New Catholic Encyclopedia

新カトリック大事典

学校法人　上智学院
新カトリック大事典編纂委員会 編

Ⅲ

シャーハキ

研究社

グーテンベルク聖書, 1456 (複製)

日本語訳聖書の変遷
― ヨハネによる福音書冒頭 ―

ギュツラフ(善徳)訳『約翰福音之伝』
(シンガポール:堅夏書院 1837)

N. ブラウン訳『志無也久世無志与』
(横浜:バイブルプレス 1879)

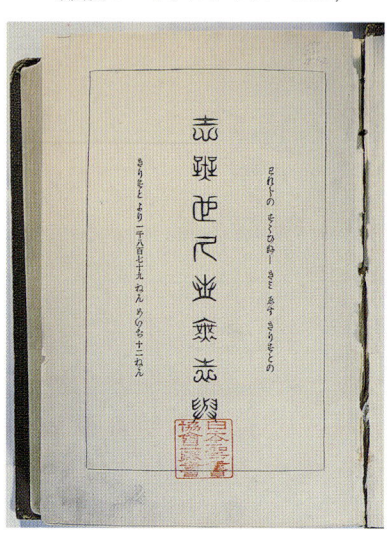

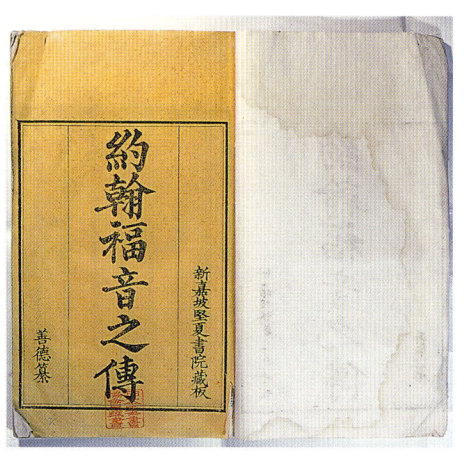

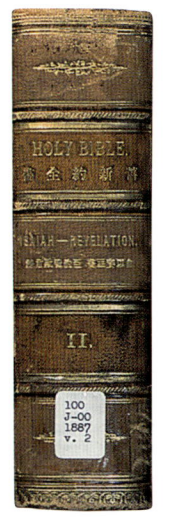

明治元訳

翻訳委員社中訳『新約全書』
（横浜：米国聖書会社　1880）

ニコライ訳『我主イイススハリストスノ新約』
（東京：正教会本会　1901）

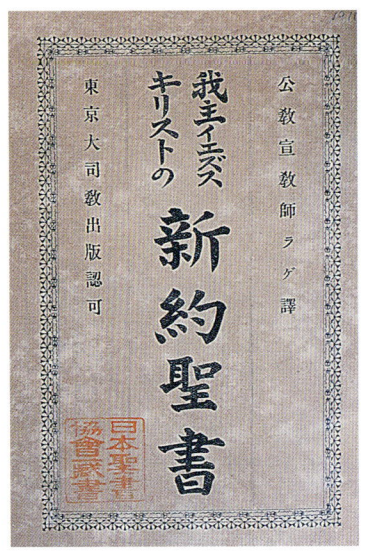

ラゲ訳『我主イエズスキリストの新約』
（鹿児島：公教会　1910）

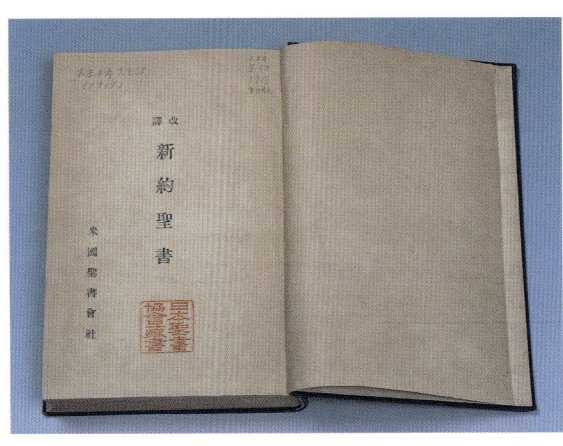

大正改訳
改訳委員会訳『改訳　新約聖書』
（横浜：米国聖書会社　1917）

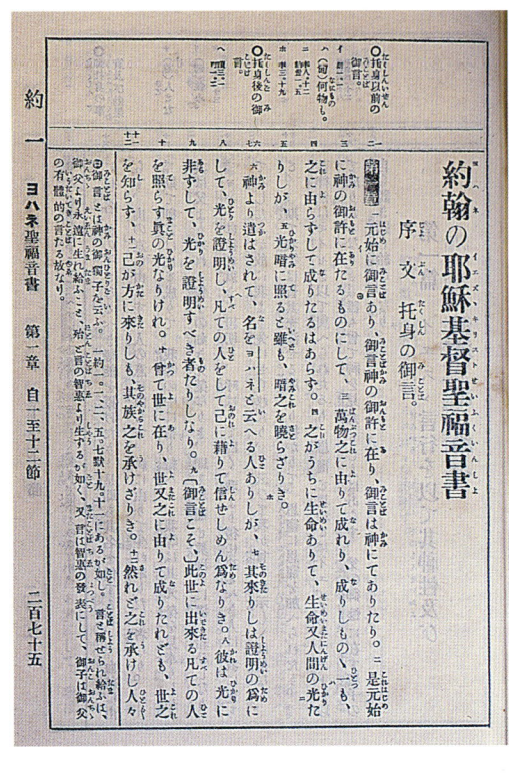

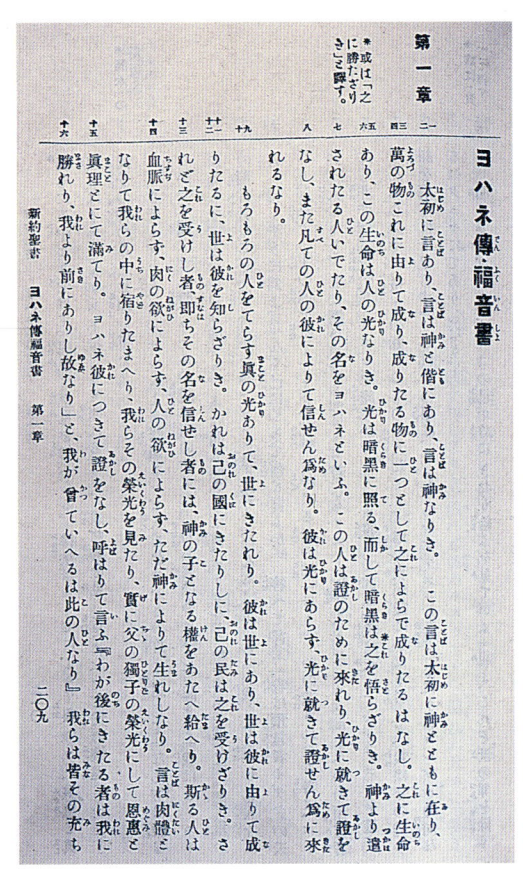

撮影協力：財団法人・日本聖書協会聖書図書館

新カトリック大事典

第 3 巻

『新カトリック大事典』編纂委員会

委員長

高柳 俊一

編集実務委員

清水 宏　　石井 祥裕　　橋爪 由美子　　富田 裕　　二川 佳巳

編集委員・監修者

*安齋 伸 (社会学)	*石井 祥裕 (典礼学)	*石神 武信 (宗教学)	磯見 辰典 (西洋史)	礒山 雅 (音楽史)
*犬飼 政一 (社会学・実践神学)	*枝村 茂 (教会法学)	*大橋容一郎 (哲学)	*小高 毅 (霊性学)	*尾原 悟 (日欧交渉史)
金澤 正剛 (音楽史)	*神吉 敬三 (美術史)	*木村 直司 (ドイツ文学)	小泉 進 (ドイツ文学)	高祖 敏明 (教育学)
*笹渕 友一 (国文学)	茂 洋 (プロテスタント神学)	清水 憲男 (スペイン文学)	*清水 宏 (旧約聖書学)	高橋 裕子 (美術史)
*高柳 俊一 (教理神学・イギリス文学)	*武市 英雄 (マス・コミュニケーション論)	田島 忠篤 (宗教社会学)	土田 将雄 (国文学)	*土屋 吉正 (典礼学・実践神学)
外川 継男 (ロシア史)	富田 裕 (ドイツ文学)	中岡 三益 (アラブ現代史)	西谷 博之 (国文学)	*ネブレダ, A. (宣教学)
*ネメシェギ, P. (教理神学)	*野村 良雄 (音楽史)	*橋口 倫介 (西洋史)	*平井 久 (心理学)	*フィルハウス, J. (教会史)
二川 佳巳 (フランス文学)	宮越 俊光 (典礼学)	三好 迪 (新約聖書学)	三輪 公忠 (国際関係論)	村上陽一郎 (科学史)
百瀬 文晃 (教理神学・エキュメニズム)	柳瀬 睦男 (科学理論)	山中 祥男 (心理学)	山本 襄治 (宣教学)	山本 浩 (イギリス文学)
吉山 登 (倫理神学)	ヨンパルト, J. (法律学)	ルーメル, K. (教育学)	和田 幹男 (旧約聖書学)	渡邉 義愛 (フランス文学)

* は分野責任者

第3巻　執筆者

相沢 久〈好則〉	相原 直美	相原 優子	青木 恭子	青木 清
青木 秀子	青山 玄	赤池 憲昭	赤津 晴子	秋山 昇
秋山 憲兄	秋山 有紀	明田 芳久	浅井 経子	浅野 孝夫
浅野 幸	朝広謙次郎	東 洋	安足磨由美	アッカーマン, I.
阿南 成一	阿部仲麻呂	阿部 美哉	雨宮 栄一	雨宮 慧
アメン, M.	アモロス, M.	洗 建	荒井 献	新井 佑造
荒木 成子	荒木関 巧	新屋 重彦	アリエタ, J.	アルグエリヨ, K.
アルムブルスター, L.	安發 和彰	安齋 伸	安西 徹雄	安藤 敬子
安藤 宏	飯塚 重男	飯野 友幸	生熊 來吉	池田 修
池田 健二	池田 裕	井桁 碧	池長 潤	石井 恭一
石井 健吾	石井 芳子	石井 祥裕	石井 米雄	石川 康輔
石川 文康	石田 友雄	石橋 泰助	伊従 信子	石脇 慶總

泉　安宏	磯崎　定基	磯見　辰典	礒山　雅	板橋　重夫
板橋　勇仁	市川　裕	井出洋一郎	伊藤　恵子	伊東　辰彦
稲垣　良典	犬飼　政一	井上　順孝	井上　洋一	猪木　武徳
猪口　好彦	今井　知正	伊能　哲大	イリバレン，J.	岩井　洋
岩島　忠彦	岩永　千一	岩橋　淳一	岩村　清太	岩本　潤一
印出　忠夫	インモース，T.	ヴァイベル・シュピリヒ，R.	ヴァジル，C.	ヴァルデンフェルス，H.
ヴァン・ブラフト，J.	ヴァンティーニ，G.	ヴェーガー，K. H.	ウェグハウス，B.	植田　重雄
植田　義子	ウェッセルズ，D.	植松　功	上村　清雄	ヴェリヤト，C.
宇田川尚人	馬杉　宗夫	梅原伸太郎	浦　一章	浦野　洋司
江川　憲	枝村　茂	越前　喜六	越中　哲也	榎本　昌弘
海老澤有道	大河原洋子	大木　英夫	大島　晃	大城　清正
太田　修司	太田　実	大谷　啓治	大塚　喜直	大貫　隆
大橋　薫	大橋容一郎	大平　尚子	大森　正樹	大和田滝惠
岡崎　才蔵	緒方　貞子	岡部由紀子	岡村　一	岡本　郁代
岡本　英雄	小川　圭治	小川　英雄	小川　量子	荻野　弘之
荻野美佐子	奥村　一郎	小倉　充夫	小澤　尚子	小田　賢二
小田　武彦	尾田　泰彦	小高　毅	オダナヒュー，P.	尾原　悟
オーブオンク，T.	小淵　康而	オヘール，P.	オールバーク，J.	

加賀美久夫	加賀谷　寛	賀川　恭子	香川　正弘	柿沼万里江
掛川　富康	傘木　澄男	カサノヴァス，J.	笠羽　映子	柏木　叔子
上総　英郎	カスタニエダ，J.	粕谷　友介	片岡千鶴子	片岡瑠美子
加藤久美子	加藤　信朗	加藤　尚武	加藤　誠巳	カトレット，J.
門脇　佳吉	金井　美彦	金澤　正剛	金子賢之介	金子　省治
鎌田耕一郎	鎌田　康男	鎌田　論珠	萱場　基	加山　久夫
河井田研朗	河島　幸夫	川島第二郎	川下　勝	川田　侃
河東　仁	川中なほ子	河波　昌	川原　義和	川村　哲嗣
川村　信三	川村　大膳	神崎　忠昭	神田　健次	神田　重幸
神林　宏和	菊地　栄三	菊地多嘉子	岸　英司	木田　献一
喜田川　信	北原　隆	北村　宗次	北村　直昭	北森　嘉蔵
キッペス，W.	木戸口智恵	木村　晶子	清永　俊一	久々湊直子
葛生栄二郎	クスマノ，J.	国井　健宏	クネヒト・ペトロ	久野　暁子
久保　文彦	倉田　清	倉松　功	グラン，J. W.	栗原　毅
クルーゼ，H.	グローブ，L.	黒崎　宏	桑原　武夫	ゲッペルト，T.
ケール，M.	小池　健男	高祖　敏明	上妻　精	孝本　貢
コエリョ，J.	越　宏一	小島　一郎	小島　幸枝	コステ，R.
コッシーニ，C.	コッホ，A.	後藤　憲正	後藤　文子	コーナン，M.
小林　章夫	小林　糸子	小林　紀由	小林　順子	小林　稔
小平　卓保	コンガール，Y.	ゴンザレス，M. M.	近藤　勝彦	今野　宏之

雜賀　美枝	齊藤　克弘	斎藤　慶典	サイモン，C.	酒井　一郎
坂口　昂吉	坂崎　紀	坂田　俊也	坂部　恵	坂本　百大

崎川　修	佐久間　勤	佐々木　博	佐々木　亘	笹渕　友一
佐竹　明	薩摩　雅登	佐藤　邦宏	佐藤　敏夫	佐藤　直子
佐藤　憲昭	佐藤　英子	佐藤　研	佐藤　三夫	佐藤　泰正
佐藤　吉昭	澤井　勇治	澤田　和夫	猿渡　重達	ザンバルビエリ, A.
塩川　千夏	茂　洋	茂　牧人	茂　義樹	シネラー, P.
渋谷雄三郎	島　弘之	島薗　進	島田　裕巳	清水　昭
清水　哲郎	清水　憲男	清水　均	清水　紘一	清水　宏
志茂　碩敏	シュナイダー, B.	シュプレット, J.	尚樹啓太郎	白石　嘉治
白川　徹	白崎　容子	白柳　誠一	スィンゲドー, J.	須賀　敦子
菅原　裕二	杉木　良明	杉崎泰一郎	杉崎　直子	杉田　孝夫
杉本　智俊	鈴木　晶子	鈴木　宣明	鐸木　道剛	鈴木　佳秀
ズートブラック, J.	須浪　敏子	住谷　一彦	関口　敦子	関根　靖光
セニク, S.	セベス, J.	瀬本　正之	宗　正孝	

高尾　由子	高木　慶子	高木　善行	高堂　要	高野　禎子
高橋　章	高橋　巌	高橋　和子	高橋佳代子	高橋　早代
高橋　重幸	高橋　達史	高橋　哲哉	高橋　裕子	高松　誠
高見　三明	高柳　俊一	高山　一彦	高山　貞美	瀧川　好庸
武市　英雄	武内　昶篤	竹下　政孝	竹島　幸一	武田　教子
武田　道生	岳野　慶作	竹山　昭	田子多津子	田代　菊雄
立松　弘孝	田中於菟彌	田中　輝義	田辺　董	田辺幹之助
谷　寿美	谷口　泰	田渕　文男	田丸　徳善	樽井　正義
丹木　博一	丹下　令子	崔　奭祐	千葉　佳子	張　奉箴
塚田　理	月川　和雄	辻　伸行	土屋　晶子	土屋　麗子
円谷　勝子	鶴田　倉造	ツーレーナー, P. M.	ディートリヒ, M.	デーケン, A.
出崎　澄男	デサンティス, G.	手塚奈々子	デトロフ, W.	出村　彰
デュモリン, H.	寺園　喜基	寺戸　淳子	デルガード, J.	デンマー, K.
土居　由美	東方　敬信	戸川　敬一	外川　継男	常葉　隆義
徳善　義和	戸田三千雄	栩木　伸明	栃本一三郎	ドネリ, J. P.
土肥　昭夫	冨来　正博	富田　武正	富田　裕	冨原　眞弓
豊田　浩志	豊田　妙子	鳥越　政晴	鳥巣　義文	ドルー, P.

内藤　克彦	中井　晶夫	長井　和雄	永井　惠子	永井　誠一
中尾セツ子	中垣　純	中川　徹子	中川　博道	中里　昭子
長澤　邦彦	中嶋　正昭	中谷　博幸	中野　記偉	永野　藤夫
長町　裕司	中村友太郎	中矢　俊博	南雲　正晴	那須　輝彦
夏秋　英房	成田　浄司	西川　冨雄	西川　宏人	西川　泰夫
西谷　博之	西野　貞子	西野　嘉章	西村　俊昭	西山　茂
西山　俊彦	二瓶　規子	沼野　充義	ネブレダ, A.	ネメシェギ, P.
ノイフェルト, K. H.	野下　千年	野尻　武敏	野村　純一	野村　良雄
野本　真也				

河 聲來	バー, F.C.	ハインツマン, R.	ハウエル, S.	朴 憲郁
橋口 倫介	橋爪由美子	橋本 昭一	ハジャール, J.	長谷川貴子
長谷川岳男	長谷川昌子	長谷川みほ	パーセル, T.	秦 剛平
英 隆一朗	羽場 勝子	浜口 吉隆	濱田 了	濱田多衛子
浜野 房江	バルトリ, J.	春見 静子	ハンビ, E.R.	比企 潔
樋口 陽一	久松 英二	ビースターフェルト, H.	ピーター, D.	日高千世子
秀村 欣二	ヒューケン, A.	平井 篤子	平井 直房	開 龍美
柊 曉生	平田 謙輔	平松 良夫	ファントリ, A.	フィナテリ, S.
フィルハウス, J.	深澤 英隆	福井 文雅	福岡 光	福島 章
福田 勤	福谷 茂	福地 幹男	福本 淳	藤田 富雄
藤田 浩	藤本 一子	ブジョストフスキ, E.	二川比利美	二川 佳巳
ブーデンス, R.	舟川 一彦	ブライテンシュタイン, H.	プラニョル, P.	ブリースコルン, N.
古川 清志	古畑 和孝	古屋 安雄	父路門フランソワ	ベジノ, J.
ペーター, A.	別宮 幸徳	ヘフナー, G.	ペルフェッティ, L.A.	ペレス, F.
ヘンゼラー, E.	保坂 高殿	星野 英紀	細川 甚孝	ホフマン, W.
堀 美佐子	ポンセ, G.	本田 誠二	本間 紀子	本間 英世
マウツ, J.	前田 徹生	前原 昭二	牧野 英二	牧山 強美
正木 光江	政本 博	増渕 幸男	マタイス, A.	町野 朔
松井 忠之	松井 千恵	松川 成夫	マッキー, J.	松永 晋一
松永 澄夫	松村 一男	松村 菅和	松本 栄二	松本 滋
松本 信愛	松本 佳子	松山 寿一	マディ, J.	マヨラル, F.
マリシ, L.	マルクス, H.J.	マルクス, K.	マルケ, G.	三浦 平三
三木サニア	御子柴善之	水嶋 良雄	溝部 脩	満留 功次
光延 一郎	水戸 博之	宮岡 孝尚	宮川 俊行	宮越 俊光
宮崎賢太郎	宮崎 正美	宮本 久雄	三好 迪	ミルサン, E.
ミルワード, P.	三輪 公忠	村井 則夫	村井 吉敬	村上 興匡
村上陽一郎	室井 俊通	メンドーサ, A.	百瀬 文晃	盛 節子
森岡 清美	森下 正昭	森田 明	森田 義之	森本あんり
森本 由子	森安 達也	守山 実花		
矢内 義顕	屋形 禎亮	ヤコブ, P.X.	矢島 文夫	矢島 基美
八城 圀衛	八代 崇	保井 亜弓	安井 光雄	安村 仁志
矢玉 俊彦	柳瀬 睦男	山内 堅治	山内 志朗	山岡喜久男
山我 哲雄	山口 和彦	山口 貴志	山崎久美子	山下 善明
山田 春子	山中 祥男	山本 祐靖	山本 巍	山本 尚志
山本 千惠	山本 浩	山脇 直司	湯浅 正彦	結城 了悟
弓削 達	湯沢 民夫	横塚 祥隆	横山安由美	吉田とよ子
吉田 泰	吉田 裕	ヨンパルト, J.		
ラプラント, A.	ラベル, J.P.	ラリー, C.	リーゼンフーバー, K.	理部良保行
柳 尚熙	ルタイジール, P.	ルーメル, K.	レオナール, A.	ロー, P.

蝋山　道雄	ローシャイター, V.	ロッカ, G.		ロペス・シロニス, R.
若山　映子	和田　誠	和田　幹男	渡辺　愛子	渡辺　和子
渡辺　和子	渡辺　秀	渡辺　深	渡辺　信夫	渡邊　昌美
渡辺三枝子	渡辺　嘉子	渡邉　義愛	渡部　菊郎	渡部　清
渡部　治雄	ワレ, J.			

写真等版権一覧

写真の収録に際しては以下の方より多大な協力を得た．厳律シトー会燈台の聖母大修道院，財団法人日本聖書協会，小高毅，金子賢之介，杉崎直子，高橋祐子，早川真一，森下正昭，山本浩，吉野宗治．また版権，撮影者，出典は（ ）内で示し，次の略号を使用した．

AKG: Archiv für Kunst und Geschichte
Biblioteca Vaticana: Biblioteca Apostolica Vaticana
BSS: Bibliotheca Sanctorum, Roma, 1961–70
Herder: Bildarchiv Herder, Freiburg i. Br.
NCP: NC Photo
NPG: National Portrait Gallery, London
ÖN: Bildarchiv d. Öst. Nationalbibliothek

シャトーブリアン (ÖN); シャーパー (ÖN); シャフツベリ (ÖN); **写本芸術**『アルバーニ詩編書』(ヒルデスハイム大聖堂);『貧者の聖書』(Biblioteca Vaticana);『ウルビーノ公聖書』(Biblioteca Vaticana); ジャム (ÖN); シャルトル大聖堂 (Herder); シャルルマーニュ (ÖN); ジャンヌ・ダルク (ÖN); ジャンヌ・フランソアーズ・フレミオ・ド・シャンタル (ÖN); ジャン・ユード (Herder); ジューヴ (ÖN); シュヴァイツァー (ÖN); シュヴァリエ (イエズスの聖心布教会); **十字架** アンク十字架 (カイロ博物館); ケルト十字架 (アイルランド政府観光局); **十字軍**『ウェストミンスター詩編書』挿画 (大英博物館, Marburger Photo); **修道院** 神言修道会多治見修道院聖堂，遠景 (神言修道会，撮影・山本浩); 厳律シトー会燈台の聖母大修道院聖廊下，外観 (厳律シトー会，撮影・山本浩); 幼きイエス会ニコラ・バレ修道院聖堂，外観 (幼きイエス会，撮影・山本浩，早川真一); **修道生活** 厳律シトー会 (トラピスト) の1日 (厳律シトー会，撮影・吉野宗治); **祝福** 司教による祝福 (撮影・山本浩); 散水による建物の祝福 (高祖敏明，撮影・早川真一); **守護の天使** ムリリョ『守護の天使』(セビリア大聖堂, Herder); **守護の天使の姉妹修道会** オルミエール (守護の天使の姉妹会); **受胎告知** (ÖN); シュタイン (女子跣足カルメル会); シュッツ (ÖN); シュティフター (ÖN); シュトラウス (ÖN); シュトルツ (ÖN); **受難** 逮捕されるイエス (Herder); 鞭打たれるイエス (Herder); **受難劇** オーベルアンメルガウの復活上演 (NCP); **受難の主日** イエスのエルサレム入城 (KNA Pressebild); シュパイアー大聖堂 (Herder); シュプランガー (ÖN); シュペー (ÖN); シュペーナー (ÖN); シューベルト (ÖN); シュペングラー (ÖN); **殉教** シルミウムのアナスタシアの殉教 (Biblioteca Vaticana); ジャン・ド・ブレブーフのカナダでの殉教 (タンネル『イエズス会殉教録』); ジャノネの日本での殉教 (タンネル『イエズス会殉教録』); **叙階** 司祭叙階 (清水宏); 司教叙階: 連願の間，平伏する受階者 (J. ピタウ); 司教叙階: 福音書を頭上に掲げる式 (J. ピタウ); 司教叙階: 牧杖の授与 (J. ピタウ); 聖公会の女性助祭叙階 (NCP); **初期キリスト教建築** ミラノのサンタンブロジオ・バシリカ聖堂; ハギア・ソフィア大聖堂 (AKG); **初期キリスト教美術** ドミティラのカタコンベ壁画 (Herder); ラヴェンナのサンタポリナーレ・ヌオヴォ聖堂モザイク (Herder); ジョセフ (パリの) (ÖN); ジョット『陰府のキリスト』(AKG); ショーンガウアー (ÖN); ジョン・ネポマシーン・ニューマン (NCP); ジョン・フィッシャー (NPG); シラー (ÖN); ジルソン (ÖN); **新約聖書** ルーベンス『東方三博士の礼拝』(ÖN); ヴェロネーゼ『十字架の道行き』(ドレスデン絵画館); ラファエロ『ペトロに羊の世話を委ねるイエス』(ÖN); **スイス** マリア・アインジーデルン大修道院 (Damian Rutishauser); **スイス人衛兵**; **スウェーデン** ルンドの旧大聖堂 (Herder); **ステンドグラス** ブールジュ大聖堂ステンドグラス (Herder); 大浦天主堂ステンドグラス (長崎大司教区); **ストラスブール** ストラスブール大聖堂; **スペイン** パルマ大聖堂 (Herder); バルセロナ大聖堂 (Herder); バレンシア大聖堂 (Editorial Masse, Barcelona); **スペイン美術** エル・エスコリアル (Anderson); フアン・デ・フニ『悲しみの聖母』(Herder); **スリランカ** バシリカ聖堂 (W. L. A. Don Peter); **聖遺物** ロマネスクの聖遺物箱 (Herder); 聖アグネスの聖遺物 (Herder); **聖家族** (ケルン大司教区); **聖公会** ヨーク主教座聖堂 (Univ. Bonn); **聖書写本** ボドマー・パピルス (Biblioteca Vaticana); ヴァティカン写本 (Biblioteca Vaticana); クラロモンタヌス写本 (Biblioteca Vaticana); **聖書の翻訳: シリア語** シリア語訳福音書 (Biblioteca Vaticana); **聖書の翻訳: ドイツ語** ドイツ語・ラテン語『貧者の聖書』(Biblioteca Vaticana); **聖書の翻訳: フランス語** フランス語『エステ公聖書』(Biblioteca Vaticana); **聖体拝領** (燈台の聖母トラピスト大修道院); **聖年** 聖年の扉を開けるピウス6世 (NCP); **聖墳墓聖堂** (AKG); **聖母子像** ウェイデン『聖母子を描くルカ』(Alte Pinakothek); **聖霊降臨** (NCP); **世界教会協議会** 1987年の世界教会協議会中央委員会 (World Council of Churches); **世界代表司教会議** (NCP); セラフィム (サロフの); **仙台司教区** 司教座聖堂 (仙台司教区，撮影・淺川敏); ソーザ (カルディム『日本殉教精華』); ソルボンヌ大学; **タイ** アユタヤの聖ヨゼフ教会 (バンコク大司教区); バンコクの司教座聖堂 (タイ・カトリック出版社); キトブンチュ枢機卿 (バンコク大司教区); **大韓民国** 李承薫 (切頭山殉教記念館); 金大建 (ソウル大司教区); ソウル司教座聖堂 (山本浩); ソウルのベネディクト会の着衣式 (ベネディクト会); ダイク『キリストとファリサイ派の人々』(ÖN); **台湾** 台南司教座聖堂外観 (台南司教区); 台南司教座聖堂内部 (台南司教区); **高松司教区** 司教座聖堂 (高松司教区); **多国語対訳聖書** 多国語対訳聖

[8]

書写本 (Biblioteca Vaticana); **田中耕太郎**; タブハ (Archaeological Encyclopedia of the Holy Land); **ダミアン**; **タルグム** パレスチナ・タルグム (Biblioteca Vaticana); **チェコ** プラハのアダルベルト (BSS); **チェストホーヴァ** ヤスナ・グラ修道院(山本浩); チェストホーヴァの聖母 (NCP); **着衣式** (KNA Pressebild); **チャールズ2世** (NPG); **チャロナー** (NPG); **中国** マルコ・ポーロ(ヴァティカン発行 マルコ・ポーロ帰国700周年記念切手); 北京のマテオ・リッチの墓碑(山本浩); シャール・フォン・ベル (ÖN); 現在の北京の北堂(山本浩); 現在の北京の東堂(山本浩); **駐日教皇大使** フマゾーニ・ビオンディ, ジャルディーニ, ムーニー, マレラ, ド・フュルステンベルク, エンリーチ, カーニャ, ヴュステンベルク, ロトリ, ガスパリ, カルー, デ・パオリ(駐日教皇庁大使館); **彫刻** 浮彫『巻物を広げるイエス』(ブレッシア市立キリスト教美術館); **チリ** ロス・アンデスのイエスのテレサの列聖式 (B. ウェグハウス); **ツヴィングリ** (NPG); **辻トマス** (タンネル『イエズス会殉教録』); **剃髪** (ÖN); **デューラー**『オリーブ山のキリスト』『騎士と死と悪魔』(ÖN); **テレサ** (上智大学史料室); **天国** (エヒテルナハのアウレウス写本); **天使** アルケーとデュナミス (BSS); **典礼書** ドイツの秘跡書 (Morgan Library); **ドイツ** ドレスデン司教座聖堂 (Herder); マインツ司教座聖堂(山本浩); テュービンゲン (Herder); **ドイツ美術** 朗読台 (Herder); 聖母子像(ケルン大司教区); **東京大司教区** 司教座聖堂(東京大司教区); **堂崎天主堂**(野下千年); **トマス** イエスの傷を確かめるトマス (BSS); **トマス・モア** (NPG); **トリエント公会議** (Herder); **トルコ** イスタンブールのスラマニエ・モスク (Turkish Press, Broadcasting and Tourist Dept.); **ドレ**『墓所の天使』(NCP); **トレス** (カルディム『日本殉教精華』); **ナイロビ** (ケニア政府観光局); **ナヴァロ** (タンネル『イエズス会殉教録』); **永井隆** (長崎如己の会); **中浦ジュリアン** (タンネル『イエズス会殉教録』); **長崎大司教区** 大浦天主堂(長崎大司教区); **中島ミゲル** (タンネル『イエズス会殉教録』); **嘆きの壁** 嘆きの壁での祈り(和田幹男); **名古屋司教区** 司教座聖堂(名古屋司教区); **那覇司教区** 司教座聖堂(那覇司教区); **納戸神** 生月の納戸神『聖母子と二聖人』(片岡千鶴子); **新潟司教区** 司教座聖堂(新潟司教区); **ニコラウス5世** (ÖN); **ニューマン** (NCP); **ノックス** (NPG); **ノートルダム大聖堂**; **ノルウェー** ビグデの木造聖堂 (Herder); **ハイデガー** (ÖN); **パウルス2世** (ÖN); **パウルス3世** (ÖN); **パウルス4世** (ÖN); **パウルス5世** (ÖN); **パウルス6世** (ÖN); **パウロ** 使徒パウロ (BSS); 墓 プリスキラのカタコンベ(和田幹男); ヨシャファトの谷の墓(和田幹男); ドミティラのカタコンベの魚とかぎ針(和田幹男); ドミティラのカタコンベの善き羊飼い(教皇庁考古学委員会); **ハギア・ソフィア大聖堂** 外観, 内部 (AKG)

しゃ

シャイト　Scheidt, Samuel（受洗 1587. 11. 3-1654. 3. 24）　ドイツの作曲家，名オルガニスト．*ハレに生まれ，アムステルダムの *スヴェーリンクのもとで学んだ後，故郷に戻り，宮廷オルガニスト，さらに宮廷楽長として活躍した．*ルター教会の *コラールに基づく作品が多く，オルガン曲集4巻と，2-8声の聖歌集8巻を出版した．　　　　　　　　（金澤正剛）

シャイナー　Scheiner, Christoph（1575. 7. 25-1650. 7. 18）　*イエズス会の会員で天文学者．ドイツ南西部シュヴァーベン（Schwaben）で生まれ，1611年望遠鏡を自作して太陽黒点を発見したが，その発見の先取権を主張した *ガリレイとの論争がしだいに激しくなった．シャイナーはその著作（Rosa Ursina sive Sol, 1626-30）のなかで，ガリレイの *太陽中心説を攻撃し，1633年のガリレイに対する *異端審問の判決に影響を与えたと思われている．
【文献】LThK² 9: 382; NCE 12: 1123.
（A. ファントリ）

ジャイナきょう　耆那教〔英〕Jainism,〔独〕Jainismus, Jinismus,〔仏〕jaïnisme　　*マハーヴィーラを祖師とするインドの宗教．ジャイナ教は *仏教とほぼ同時代に，バラモン至上・祭式万能を唱える在来の *バラモン教に拮抗してクシャトリヤ族（王族武士階級）の間から興った革新的宗教で，頽廃したバラモン教に代わり思想界を風靡した．仏教は国家の保護を得て隆昌に赴いたが，ジャイナ教はしだいにその下風に立つに至った．後1世紀頃ジャイナ教は空衣派（裸行派）と白衣派に分かれ，前者は裸行にして尼僧および餓死を認めず，厳格な苦行を重んずる清浄派で，南インドに信徒が多く，後者は折衷的な中道主義をとり，北および西インドに普及している．仏教は後にイスラム教徒の迫害により衰退したが，ジャイナ教は商人階級の支持を得て，現在も約260万の信徒を擁し，全インドの人口の約5％を占める．
【教義】ジャイナ教の宇宙論によれば，すべての存在は *霊魂と非霊魂に大別され，霊魂は地水火風植物運動に内在し，非霊魂は運動の条件（ダルマ dharma），静止の条件（アダルマ adharma），虚空，物質の4実体に分けられ，これらが宇宙を形成すると説く．霊魂は非霊魂によって緊縛されるから，人間は一切の道徳的行為を行い，苦行禁欲によって物質界から解脱しうるとなし，その結果厳酷な禁欲苦行を説くのである．ジャイナ教はまた，不殺生，不妄語，不盗，不淫，無所有の五誓戒を説くが，特に不殺生は最も重視され，そのため信徒は生物を殺すおそれのある農業を避けて，商業に従事する者が多い．ジャイナ教の聖典はシッダーンタ（Siddhānta）あるいはアーガマ（Āgama）と呼ばれ，俗語（プラークリット諸語）を用いているが，後にはサンスクリット語も使用され，聖典以外の文学作品にも優れたものがある．
【文献】鈴木重信『耆那教聖典』（世界聖典全集刊行会1921）；金倉圓照『印度古代精神史』（岩波書店 1939）209-88；同『印度精神文化の研究』（岩波書店 1944）；松涛誠廉『ジャイナ教』講座・東洋思想1（東京大学出版会 1967）71-101; H. von Glasenapp, *Der Jainismus* (Berlin 1925 ²1965); W. Schubring, *Die Lehre der Jainas, nach der alten Quellen dargestellt* (Berlin, Leipzig 1935); W. Beurlem, tr., *The Doctrine of the Jainas* (Delhi 1962).
（田中於菟彌）

シャイノヴィチ　Sajnovics, János（1733. 5. 12-1785. 5. 4）　*イエズス会員，天文学者，言語学者．現在のルーマニアのトゥルダ（Turda）に生まれ，ハンガリーのブダ（Buda, 現 *ブダペスト）で没す．ラップランドを探検し，『ハンガリー語とラップランド語と慣用句が同一であることの証明』（Demonstratio idioma Ungarorum et Lapporum idem esse, 1770）を発表した．この歴史・比較言語学研究によって彼はフィン・ウゴル語族言語学の創設者となった．彼の研究から出発してラップランド，フィンランド，エストニアその他の言語を話す部族が前1世紀までウラル山脈のヨーロッパ側に住み，後1世紀の初めにフィンランド人，エストニア人の祖先は北ヨーロッパに移り，ハンガリー人その他の祖先はウラル山脈を越えてアジア平原に移動し，9世紀に再びヨーロッパに戻り，896年，現在のハンガリーに定住したことが明らかにされた．
【文献】*Brockhaus Enzyklopädie*, v. 19 (Mannheim 1992) 84.　　　　　　　　（高柳俊一）

シャイベル　Scheibel, Johann Gottfried（1783. 9. 16-1843. 3. 21）　ブレスラウ（Breslau, 現ポーランドの *ヴロツワーフ）に生まれ，*ハレで神学を学んだが，*合理主義ではなく，聖書の学びに導かれる．その聖書解釈の深さ，確信の強さにより，ブレスラウで説教者，後に神学教授として影響を与え，時代の問題も取り上げて識者に訴えた．プロイセンの教会合同に反対してブレスラウを離れ，ルター派の立場に立って論陣を張った．　　　　　　　　（徳善義和）

シャイン　Schein, Johann Hermann（1586. 1. 20-1630. 11. 19）　ドイツの作曲家．プロテスタントの牧師の息子として生まれ，ドレスデン宮廷礼拝堂の聖歌隊員として訓練を受け，1616年以後は *ライプツィヒの聖トマス教会の *カントルとして活躍した．*モテット，*教会コンチェルトなどの教会用声楽曲は約400曲に達し，*コラールを多用している．（金澤正剛）

シャヴァッス　Chavasse, Antoine Henri Jean（1909. 5. 3-　）　フランスの典礼学者．初期ローマ典礼に関する研究で知られる．ゲラシウス秘跡書研究（Le sacramentaire gélasieu, 1958）など各秘跡書（→サクラメンタリウム）や初期の朗読聖書（→朗読）の研究を進めた．とりわけ *ローマ典礼における *四旬節の成立・発展史を主題とした研究で数々の論文を発表し，今日の四

ジャヴエー

旬節研究の基礎を据えた．特に論文「ローマ典礼における四旬節の構造とミサの聖書朗読」は四旬節成立史に関する好適の概観である．
【主要論文】"Le Carême romain et les scrutins prébaptismaux avant le IXe siècle," RSR 35 (1948) 325-81; "La structure de Carême et les lectures des messes quadragésimales dans la liturgie romaine," MD 31 (1952) 76-119.

（石井祥裕）

ジャヴエー　Javouhey, Anne-Marie

(1779. 11. 10-1851. 7. 15) 福者（祝日7月15日），修道女会創立者．コート・ドール県ジャランジュ(Jallanges)に生まれる．両親は敬虔な信者で，*フランス革命の時代には司祭たちを匿う．1798年子女の教育と病者の看病に献身することを決意，幾つかの修道院でしばらく生活した後，1803年からシャンブラン(Chamblanc)に3人の仲間と学校を開設，1806年に*ナポレオン・ボナパルトの，1807年に*オータンの司教の認可を得，学校・病院・孤児院・養老院を開設．1812年*クリュニーに本部を設置．以後クリュニーの聖ヨゼフ会(Congrégation de S. Joseph de Cluny)と名のる．1817年以降フランス国外に進出，セネガル(1819)，仏領ギアナ(1822)，インド(1827)，タヒチ(1844)等各地に支部を設立．1828-33年ギアナを訪れ，奴隷解放運動を推進，マナ(Mana)に自給村を設立．1843年に再訪．パリで死去．当時会員は1,164名を数え，118の施設を有していた．1950年に列福．
【文献】キ人 679; LThK^2 5: 885; NCE 7: 860; BSS 7: 1015-17; DIP 5: 306-308; Cath. 6: 363-65; F. J. B. DELAPLACE, *La R. mère Javouhey, fondatrice de la Congrégation de Saint-Joseph de Cluny*, 2 v. (Paris 1886).

（小高毅）

しゃか　釈迦　→　シッダールタ

しゃかい　社会　〔英〕society, 〔独〕Gesellschaft, Gemeinschaft, 〔仏〕société

【語源】社会という言葉は英語の society の日本語訳である．フランス語では société，ドイツ語では Gesellschaft あるいは Gemeinschaft である．もともとはラテン語の societas がフランス語の société になり，これが16世紀に英語に導入されて society となった．これらの言葉は何らかの目的や価値などを実現するために人々が自発的に結合することを意味している．日本では自発的な結合を可能ならしめる構造が稀薄で，自然発生的な集団と集団のつながりという概念しか存在しなかった．そのため「仲間」「会社」「交際」「世帯」等に訳されていた．これらの訳語は，語義としては人々の結びつきを説明するものとして適当なものであったが，その意味が狭義であるため，社会という言葉が用いられた．1875年に福地桜痴(1841-1906)が最初に社会という言葉を用いている．日本における社会という用語は，生活空間と同族神等を媒介にした宗教的な結合が重なる地域的な広がりを背景にしている．すなわち，*神道の神を祀ることを意味する「社」と氏子が集うことを意味する「会」が合成されたものといわれている．
【定義】一般に「社会」という言葉はかなり幅広く用いられている．日常的には漠然とした社会全体を表す言葉として，あるいは特定の集団，例えば企業社会のように何らかの目標を達成するための集団を表す言葉として，多義的に使用されている．社会科学においても同様である．一般的定義は困難であるが，おおよそ次のように用いられている．① 特定の地域的広がり全体を漠然と指す場合，② 地域を含む広義の社会集団を指す場合，③ 人間関係，相互作用の体系等を社会として理解する場合，④ ギリシアのポリス社会，中世キリスト教社会，封建社会，市民社会，戦後社会等の産業，文化等の特性から捉え，そこから形成されるイメージを重ね，それを社会として理解する場合，である．② は個人が多元的に分属している集団全体を社会としてイメージする場合である．一般に比較的類似した集団に所属している人々は，共通の価値，規範，行動様式等を内面化しているので，共通した社会に対するイメージを形成する傾向にある．③ は何らかの目的，理念，利害等を媒介にして，人々が他の人々と形成する人間関係を相互作用の体系として捉え，これを社会体系として説明しようとするものである．相互作用はいかなる地位，役割，期待のなかで展開されているのか，どのような目標，規範が存在するのか，勢力関係は同等か上下的であるのかなど，相互作用を方向づけるさまざまな要因を組み入れて理解しようとするものである．④ は歴史的発展の諸段階に現れた社会を，その発展段階の生産力，生産関係，生産様式，政治形態，社会制度等と関係づけて理解するものである．ところで，社会は客観的，分析的に説明されるだけではない．人は自らの生活のなかでさまざまな主観的，経験的な社会に対するイメージを形成している．そこで⑤ は，日常生活の諸場面では，主観的社会理解に準拠して行動することが極めて多い事実に着目した社会の理解で，「主観的，経験的現実としての社会」といわれている．我々の主観的世界の多くは，他の人の主観的世界によって共有され，日常生活として成り立っているので，これを間主観的社会と呼んでいる．⑥ は研究者が社会を説明するために用いる社会の概念のこと．一般に歴史的諸段階に現れた社会体制論あるいは社会構成体として理解されている．
【聖書】聖書には社会という言葉は用いられていない．しかし，旧新約聖書には社会を意味する言葉，譬え話が多くみられる．例えば，1コリント書12章には*洗礼によって*キリスト者は一つの身体になると述べられている．また，ヨハネ福音書15章ではキリストとその弟子との関係をぶどうの木によって教えている．*旧約聖書にはイスラエル民族の物語が多くみられるが，これらは*イスラエルという民族社会ないし*共同体の物語である．第2*ヴァティカン公会議は『現代世界憲章』の序文で「全人類と教会との深い連帯性」を*教会の基本姿勢にしているが，これは教会の現代における社会の宣言である．また，*レオ13世以降の歴代教皇の*回勅は教会の社会教説を述べている（→ 社会問題）．
【学説】社会を理解する方法の一つに，生産力，生産関係，生産様式等がどのような段階にあるかに着目する立場がある．*経済の発展段階によって社会の構造，人々の生活，政治体制等が大きく方向づけられるという認識である．社会的生産力が発達し，生産関係が発展的に変化すると，それにつれて社会全体も発展，拡大していくという．これは社会の内部の一つの部門だけでなく，さまざまな部門内部における分化，拡大である．前近代社会では血縁的・地縁的結合によって社会が維持されていた．生産様式が変化する段階を歴史的に幾つか経験しながら，そのたびに分業を進めてきた．そしてさまざまな役割，機能を担う派生集団を生み出し，階層も分化を遂

げてきた．それでも，これらの段階は多くの派生的機能を内部に含みつつも，なお血縁・地縁関係によって成立していた基礎社会であった．この社会が極めて大きく変化したのは，近代へと社会が移行した段階である．生産力，生産関係は急激に変化し，社会内部のさまざまな部門は大きく発展，分化して，既存の社会を支える構造が解体ないし機能不全となり，近代社会が成立した．ただし，近代社会形成の原因を生産力，生産関係にのみ求めることはできない．思想的・宗教的要因が極めて大きな役割を果たしたことは M.*ヴェーバー等の研究によって明らかにされている．*デュルケム，*テニエス等の古典的な*社会学は生産力，生産関係，生産様式が急激に変化してさまざまな派生的な機能集団が形成される以前の社会と，それ以降の社会を二項対立的に捉えている．すなわち，社会を前近代と近代に分類し，分類の基準をデュルケムは人間の連帯の在り方に，テニエスは人間の意志に求めて理解している．デュルケムは人間の連帯を機械的連帯と有機的連帯に分け，前者を強度の共通意識をもつ類似した構成員が形成する社会，後者を社会内部で分業が進み，分業の過程で特殊化されながらも構成員相互が協力し，連帯していく社会とした．テニエスは人間の意志を本質意志と選択意志に分けた．前者にはゲマインシャフト (Gemeinschaft 共同社会) が，後者にはゲゼルシャフト (Gesellschaft 利益社会) が対応し，前者は親子兄弟の間にみられる愛情に類似したものを結合の基礎にした社会 (→ 共同体社会)，後者は人為的に形成され，利益獲得を目的に結合する社会と捉えている．H.*スペンサーは，近代以前の社会を抑圧と自己犠牲によって特徴づけられる社会とみていたが，新たな生産様式が発明されると生産力が飛躍的に拡大，発展して，それまでの支配の構造を支えていた既存の体制を解体し産業社会つまり近代社会へと移行していくと捉えた．スペンサーの描く近代社会とは，市民的自由が与えられて自発的に産業に従事することが可能になり，自ら自治体を形成し，個人の意志が尊重されるというものである．こうした社会を彼は「*完全社会」と名づけている．デュルケムは分業がもたらす経済的な能率よりも，分業が人々の間に道徳的連帯を形成する事実に着目していた．分業が発達すると社会は機械的連帯から有機的連帯へと移行するという．強度の類似による脱個性の社会から相互に差異化しつつも連帯が形成される社会へと発展するとみていた．有機的連帯が妥当な道徳的基準を形成しないとき，社会は無規範状態 (*アノミー) になる．アノミーとは社会的変化によって，既存の社会規範の統制力が弱まり，人々の合意や連帯の基盤が弱化したり，機能不全となったりする状態のことである．戦争や天変地異によって急激に変化する場合を急性アノミーという．分業は道徳的基準を生み出すが，分業が急激に社会に広がると逆にアノミーが発生する．デュルケムは近代社会を発展する社会分化，分業として理解したが，無規範な産業化が進行すると，社会的葛藤，対立が生じるとみていた．テニエスは，あらゆる分離にもかかわらず人々が本質的に結合している社会から，あらゆる結合にもかかわらず人々が本質的に分離している社会へと変化すると考えた．こうした二分法的な社会の分類は，社会の概略的特性を捉えるには有効であるが，単純すぎる印象が残る．しかし，社会の歴史のなかで中世社会から近代社会へと移行する段階は最も大きな社会変化の時期であるから，中世社会とそれ以降の社会を二分法的に捉えることも意味がある．前近代社会における人間は，生まれながらに決定された一定の身分を強制され，狭い社会的接触関係のなかで生活していた．この社会では同じ身分の人々が，同じ労働，社会関係，社会規範に拘束されて生活していた．伝統的習慣や規則の遵守が要求され，それからの逸脱には厳しい制裁が課せられた．近代社会になると人々は身分関係からしだいに解放されて，人権や法のもとの*平等が実現する．こうした近代社会の社会関係は，思想的には人権や平等思想の高まり，生産力の飛躍的上昇，交通手段の発達を背景にしている．すなわち，初期資本主義社会では自由な個人が平等な社会関係を取り結び，さまざまな機能集団に参加していくが，それらの連繋が近代の市民社会である．この社会には異質な機能を果たす集団が存在するが，人々はこれらの集団に選択的に分属して自らの欲求を充足するので，おのずと相互に異質化していく．こうした近代の*自由と*平等を理念とする社会は，形式的にはすべての人に集団参加と活動の機会を与えたが，厳密には達成されなかった．身分関係を否定し，自由と平等を理念に社会関係を形成したが，そこに新たな身分が発生し，人々の自由と平等を抑圧する社会制度が生まれている．例えば，*フランス革命は自由，平等をもたらしたが，*ナポレオン・ボナパルトの台頭を招き，結局専制政治を生じさせた．また，社会主義社会は人間性の全面的開花や自由と平等を理想に労働者が自主管理する社会という理念を形成したが，結果としては自由と平等を保障するために，かえって自由を剥奪し，階級的上下関係，支配と服従が日常化した社会をもたらしている．このように，いずれの社会でも自由，平等等を理念とした社会は厳密には達成できなかった．今日の社会の根源的課題はこの自由と平等をいかにして実現するかということである．

【社会的発展段階論】社会を生産力，生産関係に即して歴史的に理解したのは K.*マルクスである．社会は自然史のように発展する過程であり，低い段階から高い段階へと法則的に進むものとみた．社会の発展過程は以下のようである．① 人間の歴史の始源から古代社会までの氏族共同体としての原始共産制社会，② 労働が奴隷によって担われた古代奴隷制社会，③ 領主による土地所有と農奴の労働が形成した中世封建制社会，④ 技術の手工業的段階における分業，技術過程の革新，産業革命による機械制大工場によって形成された近代資本主義社会，⑤ 最後に，資本主義社会内部の資本家と労働者という二つの階級の利害対立．これが極大化して，資本家が倒されて社会主義社会になる．こうした段階論は，西欧のみ ① から ④ まで妥当したが，それ以降の段階に関しては異なる社会が出現している．マルクス以後の論者はこれを修正して不均衡発展段階論を提唱し，アジア社会を説明しているが，必ずしも適切ではない．

【社会の構造と機能】人間は人間関係の網の目のなかで生きている．人間関係は何らかの目的や価値等を媒介に行為を他者が受け止め，反応するときに成立する．この人間関係が社会を構成する最小の単位である．また，人間関係は二人以上で構成されるが，そこでみられる相互作用の体系を*集団という．この集団の織りなす網の目全体を社会という．社会を構成する個人は社会的・身分的背景をもって人間関係のなかに立ち現れる．すなわち，個人は学歴，年齢，職業，社会的地位，性，階層等の背景をもち，それに従った人間関係を形成している．人間関係の在り方は，こうした社会的・身分的背景によって方向づけられ，また集団の目標によっても大きく方向づけられている．換言すると，それぞれの集団が制

しゃかい

度化している価値，規範，行動様式等によって行為，人間関係，役割遂行等が方向づけられている．こうして人は当該社会の要求する一定の形式を人間関係を通じて受け入れることになる．人間は社会によって形成されると同時に，所属する集団の役割を通じて社会を形成している．人間は集団を媒介にしたさまざまな社会関係のなかに置かれているので，社会の構造と機能は人間と社会の相互関係のなかで理解されなければならない．

このように社会学は人間の社会的行為，社会関係，社会集団，その相互的関係を捉えながら，全体的な社会構造を説明するが，その際に行為主体が行為状況である集団のなかでいかなる価値，規範，行動様式を内面化しているかに着目し，また集団内の他者との力関係等に着目して社会の構造や機能を説明する．社会構造は次のように定義されている．すなわち，社会構造とは，集団の構成員が集団から付与されている地位と役割に応じて展開する行為が全体として有機的に関連し，相互に影響しながら形成している恒常的なパターンのことである．このパターンは個々の集団から地域社会，*国家までを統合，維持する機能をもっている．このパターンは行為主体のパーソナリティに影響を与え，行為状況でパターン維持に向けた行為をとるよう方向づけている．

【文化と社会】社会は*文化に支えられてそのパターンを維持している．いうまでもなく，文化は多様である．日本文化，欧米文化，イスラム文化等はいずれも特定の社会に内在する文化のことである．文化によって社会は下位体系である個々の集団の価値，規範そして行動様式を根底で方向づけている．人間は通常こうした文化を意識しながら具体的な行為を営んでいるわけではない．だが，この文化から極めて大きな影響を受けつつ思考し，行動している．このように人々の行動，意識，社会構造等のすべては文化の影響のもとにある．文化とは社会を根底において支えている不可欠のファクターである．このように人間は文化の産物であると同時に，文化を媒介に社会を形成する主体でもある．

【文献】福武直，日高六郎，高橋徹編『社会学辞典』（有斐閣 1966) 324-27; 大塚久雄『共同体の基礎理論』（岩波書店 1955); F. テンニエス『ゲマインシャフトとゲゼルシャフト』改訂版, 全2巻, 杉之原寿一訳（岩波書店 1957): F. TÖNNIES, *Gemeinschaft und Gesellschaft* (Leipzig 1887); K. マルクス「資本制生産に先行する諸形態」E. J. ホブズボーム編『共同体の経済構造』市川泰治郎訳（未来社 1969); E. デュルケーム『社会分業論』田原音和訳（青木書店 1971): E. Durkheim, *De la division du travail social* (Paris *1983); T. パーソンズ『社会体系論』佐藤勉訳（青木書店 1974): T. PARSONS, *The Social System* (New York 1951); 田野崎昭夫編『パーソンズの社会理論』（誠信書房 1975); R. マッキーヴァー『コミュニティ』中久郎，松本通晴監訳（ミネルヴァ書房 1975): R. MACIVER, *Community* (London 1917); 山岸健『社会的世界の探求』（慶應通信 1977); P. L. バーガー, T. ルックマン『日常世界の構造』山口節郎訳（新曜社 1977): P. L. BERGER, T. LUCKMANN, *The Social Construction of Reality* (New York 1966); 新睦人他『社会学のあゆみ』（有斐閣 1979-84); R. MACIVER, C. PAGE, *Society* (London 1949); R. NISBET, *The Quest Community* (Oxford 1953); T. PARSONS, *Structure and Process in Modern Society* (New York 1960).

【社会関係】人々の相互行為関係において役割関係が形成されるとき，それを社会関係という．共同体的血縁，地縁関係から，現代の家庭における親子，兄弟，夫婦の関係や，教師と生徒，企業の上司と部下，先輩，後輩などの関係に至るまで，すべて社会関係である．

社会関係は直接に観察不可能な構成概念である．社会関係は直接接触と間接接触に分けられるが，一般的には両方を含めて社会関係という．相互行為が反復して行われ，相互の地位と役割関係が認められ，役割遂行における相互的期待とそれに伴う権利義務が一定の様式として確立されている状態が社会関係である．影響関係からみると，関係を構成する概念は地位，役割等である．この影響関係は何らかの力関係のなかで捉えられ，力関係が同じであれば水平的社会関係，異なれば上下的社会関係といわれる．*テニエスは社会関係を分類するにあたり人間の意志に着目し，これを本質意志と選択意志に分け，前者に対応する社会関係を「共同社会」（〔独〕Gemeinschaft），後者のそれを「利益社会」(Gesellschaft) とした．人々の社会関係は，共同社会ではあらゆる分離にもかかわらず本質的に結合し，利益社会ではあらゆる結合にもかかわらず本質的に分離しているという．ドイツ歴史学派のギールケ (Otto Friedrich von Gierke, 1841-1921) は，人間が形成する社会関係のなかに「協同体的」と「支配的」という二つのタイプを認め，その原型を家族にみいだした．家族には祖父母，親，子ども，孫という縦の関係と兄弟姉妹の横の関係が存在し，前者は支配的社会関係に，後者は協同体的社会関係に対応するという．M. *ヴェーバーは社会関係を闘争，共同体，利害関係の三つに分類している．闘争は相手の目標達成へ向けた行為を妨害する行為である．共同体は地域性とそこで形成される感情によって基礎づけられた地域概念である．利害関係は内的利害と外的利害の二つに分けられ，前者は行為の意味的次元であり，後者は利益をめぐる因果的な関係のことである．ヴェーバーは，複数の行為者が何らかの形式によって行為を繰り返す可能性がある場合を社会関係とみていた．なお，社会学では人間関係と社会関係を同じ意味をもつ用語として使用することが多い．それは人間関係が極めて社会的であるためである．厳密に区別して用いることもあるが，それは人間関係における社会性の強弱の程度の差にすぎない．

【聖書】旧新約聖書は社会関係を具体的に記述していない．しかし，イスラエル民族への神の戒めや新約聖書のイエスの言葉はすべて人がいかなる社会関係のなかで生きるべきかを教えている．マタイ福音書5章の*山上の説教は社会関係におけるキリスト者の内面的世界の在り方を示唆したものである．これらの教えの中心は，愛に基づく社会関係である．「神が愛したように，あなたがたも互いに愛しなさい」という言葉はキリスト者の社会関係の基本となるものである．またこうした社会関係は教皇の*回勅でも述べられている．*ヨアンネス23世の*『パーケム・イン・テリス』，*パウルス6世の*『ポプロールム・プログレッシオ』，*ピウス11世の*『クアドラゲシモ・アンノ』はその代表的なものである．

【文献】F. テンニエス『ゲマインシャフトとゲゼルシャフト』杉之原寿一訳（理想社 1954): F. TÖNNIES, *Gemeinschaft und Gesellschaft* (Leipzig 1887); M. ウェーバー『権力と支配』浜島朗訳（みすず書房 1954): M. WEBER, "Die Typen der Herrschaft," *Wirtschaft und Gesellschaft* (Tübingen 1921-22); 大塚久雄『共同体の基礎理論』（岩波書店 1955); O. GIERKE, *Das deutsche Genossenschaftsrecht*, 4 v. (Berlin 1868-1913).

（新屋重彦）

【社会構造】社会構造（〔英〕social structure,〔独〕Sozialstruktur,〔仏〕structure sociale）とは，一般には社会現象の斉一性とその現象を構成する諸要素間の体系的関係と定義される．社会構造は ＊社会学の基本概念であるが，社会学理論の立場によって社会構造の捉え方は異なり，その概念についての全体的な合意は存在しない．異なった社会学理論（例えば，構造機能理論，葛藤理論，交換理論，象徴的相互作用理論，エスノメソドロジー等）は社会構造を異なった方法で概念化している．

〔構造機能理論（structural-functional theory）〕構造機能理論は，社会現象をシステム（一つの統合された全体を形成するために作用している諸部分の組み合わせ）として概念化する．システムには以下の特性が存在すると想定される．(1)相互依存関係にある諸部分・諸要素の存在（各部分は他の部分に，あるいは，全体に影響を与える），(2)他のシステムと識別できるためのシステムの境界の存在，(3)システム内部の平衡・安定状態を維持するための調節作用の存在，(4)システムの存在理由としての諸部分，あるいは，全体の機能の存在．

構造機能理論は社会を有機体のアナロジーとして捉えた ＊コントに始まる．H.＊スペンサーは社会進化が社会構造の機能分化，専門化を伴い，相互依存性を増加させると論じた．＊デュルケムは社会構造の構成部分よりも構造全体に重要性を付与し，部分は全体のニーズを充たすための機能を果たすと考え，社会の統合機能に注目した．また，デュルケムはシステムを正常，あるいは病理的と評価することにより，社会構造が正常に機能する平衡状態の存在を前提とした．デュルケムの理論は人類学者の ＊マリノフスキーや ＊ラドクリフ・ブラウンによって継承され，現代の機能主義が発達した．T.＊パーソンズは社会構造をシステムという概念を中心に分析し，システム維持のための四つの機能要件（適応，目標達成，統合，潜在的パターンの維持），構造の規範的要素（文化，価値，規範，役割期待）の重要性を強調した．R. K.＊マートンは機能分析の精密化を行い，逆機能，顕在的・潜在的機能，機能的代替の概念の導入によって社会構造の経験的分析を可能にした．

〔葛藤理論（conflict theory）〕葛藤理論は，集団間の葛藤・紛争に基づいて社会現象を分析する理論的枠組みであり，社会現象には以下の特性が存在すると想定する．(1)富，勢力，社会的威信などの資源はつねに稀少である．(2)その結果，個人や集団は必然的に競争し，葛藤は不可避である．(3)一つの集団が他の集団よりも多くの資源を手に入れ，他の集団を支配・抑圧する．(4)社会秩序は支配集団が自己の地位を維持・促進するために確立した制度，イデオロギーから形成される．(5)社会構造は，合意よりはむしろ葛藤・紛争によって特徴づけられる．

葛藤理論の創始者である K.＊マルクスは社会構造を経済的要因と非経済的要因の関係と階級闘争という集団間関係から概念化した．マルクスによれば，経済的要因が社会構造の決定因子であり，経済的要因からなる下部構造は，その他の非経済的諸制度（政治，法律，家族，宗教，思想など）からなる上部構造を規定する．また，究極的には生産様式，所有関係から生じる階級間の支配と被支配の関係によって社会構造は特徴づけられる．ダーレンドルフ（Ralf Gustav Dahrendorf, 1929- ）は所有関係よりも「命令する者」と「服従する者」の間の権威の分化が階級を生じさせる規定因であると論じた．

〔交換理論（exchange theory）〕交換理論では人々の相互作用は報酬あるいはコストとなる（有形ないし無形の）活動の交換とみなされる．報酬とは，他者から得る価値ある財や活動であり，コストは罰として感じられる経験である．交換理論の前提は，相互作用する個人は選択肢となる行為のなかから自己に最大の報酬，最小の損失をもたらす行為を選択するということである．＊ホマンズは行動主義心理学と経済学の概念を使って複雑な社会現象が諸個人の行動から発達，形成されることを直接交換の分析を通じて説明した．彼は，すべての社会構造は基本的には同じ交換過程からできていると論じた．ブラウ（Peter Michael Blau, 1912-77）は社会構造を二つに分類し，直接交換を行う諸個人から構成される微視構造が，共有された価値の媒介によって，間接交換を行う諸集団・組織から構成される巨視構造へ発達する過程を分析した．

〔象徴的相互作用理論（symbolic interactionism）〕象徴的相互作用理論は社会現象をコミュニケーション過程として分析し，以下の前提をもつ．(1)社会は相互作用している諸個人に基づいて形成される．(2)諸個人は相互作用をしながら，シンボル（言語，身振り，表情など）を解釈（意味を付与）している．(3)シンボルを使ったコミュニケーション過程から生じる共有された意味が社会を形成している．象徴的相互作用理論を体系化した ＊ミードは，社会が個人間の象徴を使用した相互作用から作られる現象であると考えた．社会は，精神と自我の働きを通じて各自が「他者の役割」をとり，一般化された他者の見地から自己を評価し，自己の行動を調整する過程に依存する．ミードの理論を継承し発展させたブルーマー（Herbert Blumer, 1900-87）は，社会を構造ではなく過程として捉え，社会秩序は個人の行為の自発性と不確定性に依存するので，社会構造はつねに流動的に変化することを強調した．象徴的相互作用理論では，価値，規範，役割，地位などの社会構造は，個人の行動を直接規定するものではなく，個人が主体的に自己相互作用を通じて解釈・評価・定義づけし，自己の行動を位置づけるための対象となるものである．個人は，社会構造によって受動的に規定されるのではなく，象徴を通じて主体的に対象の世界を創造すると考えられる．

〔エスノメソドロジー（ethnomethodology）〕エスノメソドロジーは諸個人が日常的世界を構成する方法，手続きを分析する．人々が相互作用する状況で「社会秩序が客観的に現実世界に存在する」という仮定を維持するために人々が用いる手続きを研究する．エスノメソドロジーの基本的な想定は以下の点である．(1)社会秩序（社会構造）は個人の外部に客観的に存在する現実ではなく，人がその存在を信ずるがゆえに存在する．(2)社会秩序は，共通の現実が存在するという感覚，印象を維持する際に人々が用いる共通の方法，手続きによって創造され維持される．

エスノメソドロジーの思想由来は ＊現象学である．現象学者の ＊フッサールは，人々は生活世界を自明なものとみなし，「人々は共通の世界を経験している」という仮定に基づいて行為すると主張した．シュッツ（Alfred Schütz, 1899-1959）は現象学を社会学に取り入れ，社会秩序を可能にするのは「人々は共通の世界を共有している」という仮定であると論じた．エスノメソドロジーの創始者であるガーフィンケル（Harold Garfinkel, 1917- ）は，「再帰性」「報告」「指標性」などの概念を用い，社会構造は所与ではなく，特定の相互作用の状況・文脈で継続して構成され，再構成され，説明される

ものであることを経験的研究によって示した．

【文献】 R. COLLINS, *Three Sociological Traditions*, (New York 1985); J. H. TURNER, *The Structure of Sociological Theory* (Belmont 1986); N. J. SMELSER, "Social Structure," *Handbook of Sociology*, ed. N. J. SMELSER (Newbury Park 1988) 103-29. 〔渡辺深〕

【社会解体】 社会解体は英語の social disorganization の訳語として社会学などで定着しているが，社会病理学 (social pathology) では，普通「社会崩壊」と呼ばれ，社会的な問題状況を分析するキーワードとして重視されている．

この語は，社会病理学研究の始祖といわれるリリエンフェルト (Paul von Lilienfeld, 1829-1903) の著書『社会病理学』(La Pathologie Sociale, 1896) のなかですでに使用されているが，本格的にはクーリー (C. H. Cooley, 1864-1929) の『社会組織論』(Social Organization, 1909) のなかでかなり詳しく論じられている．そして社会現象分析の基礎理論として適用されたのは，トマス (W. I. Thomas, 1863-1947) とズナニエツキ (F. W. Znaniecki, 1882-1958) の『欧米におけるポーランド農民』(Polish Peasant in Europe and America, 1918-20)，においてであった．彼らはこの著書のなかで社会解体論の立場から家族やコミュニティの問題状況を解明し，その後の研究に大きな影響を与えた．

この理論が開花したのは，1920年代に実施されたシカゴ市の都市研究においてであった．当時のシカゴ市は産業経済の発達が著しかったが，他方ではさまざまな都市問題が多発した．それを調査研究したのが，前述したトマスらを中心とするシカゴ学派であったが，その中心理論が社会解体論であった．

その後この理論はさらに洗練され，モウラー (E. R. Mowrer) の『家族解体』(Family Disorganization, 1928)，エリオット (M. A. Elliott) とメリル (F. E. Merrill) の『社会解体』(Social Disorganization, 1934)，クイーン (S. A. Queen) らの『社会組織と社会解体』(Social Organization and Social Disorganization, 1935)，フェアリス (R.E.L. Faris) の『社会解体』(Social Disorganization, 1948)，ブロッチ (H. A. Bloch) の『解体論——人間的，社会的』(Disorganization: Personal, Social, 1952) などの著書が出版された．

これらの著書では社会病理学という語はあまり使用されていないが，ブラウン (L. G. Brown) の著書では，主題の「社会病理学」に対して，副題は「人間的・社会的解体」となっている (Social Pathology: Personal and Social Disorganization, 1942)．またリマート (F. M. Lemert) の『社会病理学』(Social Pathology, 1951) の中身は「逸脱論」である．この理論はフォード (J. Ford) の著書『社会的逸脱』(Social Deviation, 1939) が最初のものと考えられるが，これらはその後の社会的問題状況研究の有力な立場となっている．いずれにしてもこの種の研究にはさまざまな立場があり，それらは依然として充分に関係づけられ，整理されてはいない．

結論的に整理すると，社会的問題状況，すなわち「社会問題」(この語は1865年にアメリカ社会学で鋳造されたとされている) の研究方針としてはさまざまなものがあり，社会学もその一つではある．社会学の一部として，あるいはそれから分化して社会問題を専門に扱う立場が社会病理学であるが，その中心理論の一つが社会解体なのである．

そこで社会解体とは何かであるが，これは「社会組織 (化)」の反対概念であり，過程的状況を表す言葉である．すなわち，社会組織 (化) とは，社会の構成要素が，目的に向かって機能できるように，相互にバランスよく整備されている状態，あるいはされつつある状態をいう．社会解体はその逆の状態，または過程であり，社会の構成要素が相互にバランスがとれず，機能遂行に障害が生じる場合である．なお，社会の構成要素とは何かが問題であるが，これにはさまざまなものがあり，例えば，制度，価値観，地位役割はじめ人的・物的要素もある． 〔大橋薫〕

しゃかいかいちょく　社会回勅　→　社会問題

しゃかいがく　社会学 〔英〕 sociology, 〔独〕 Soziologie, 〔仏〕 sociologie

【定義】 ごく広い観点では，社会学とは社会現象を人間の生活の共同という観点から研究する意味では社会科学の一部門であり，また行動現象を人間の生活の共同という観点から研究する意味では行動科学の一部門でもある．いずれにしても社会学は，社会学独自の研究対象と，これをあくまでも社会的に認識・説明する独自の方法をもつ専門科学である．

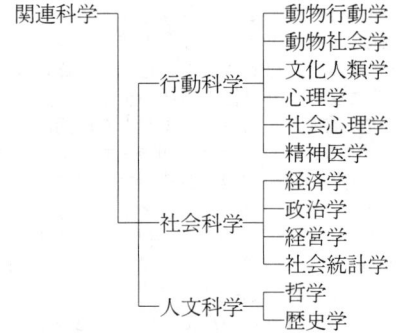

【対象と方法】 社会学独自の研究対象とは，何よりもまず人々の生活の共同が具体的になされる場としての社会集団である．さらにこの集団を中間的媒介項として，ミクロ的には集団生活の場で人々によって繰り広げられる社会的行為，社会的相互行為，社会関係が，マクロ的には多種多様，大小さまざまな社会集団が織り成す全体としての社会 (〔英〕 society as a whole, 全体社会) が社会学独自の研究対象となる．諸個人間の社会的行為の交換，社会的相互行為によって形成される生活共同のシステムを社会システムと呼ぶとすれば，社会システムは最も部分的・要素的なものから最も全体的・包括的なものへと並べることができる．すなわち社会関係 - 社会集団 - 組織 - 地域社会 - 全体社会の順である．社会学は各レベルの社会システムの構造と機能，秩序と混乱，そして変動を主題として研究する．

では，社会学の独自の方法とは何か．それは端的にいって社会学の諸概念である．一般に人がものを考えるのに *言語を必要とするように，社会学者が社会システムの構造と機能，秩序と混乱，変動を認識し，それを記述，分析，解釈，説明するためには，さまざまな社会学的概念用具を必要とする．ほんの一部だけを紹介するなら，欲求と動機づけ，地位と役割，価値と規範，学習と社会化，制度と制度化，同調と逸脱，社会的制御と社会的サンクション，社会的資源と社会階層，権力と権威な

どの諸概念である．

【社会学の内容】〔個人と社会的行為〕第一に，社会システムの最もミクロな次元である社会関係において，個人と社会的行為が問題になる．個人個人がその関係場面をどのようにみて(状況規定して)，どんな要求充足を期待しつつ，どんな態度でどのような社会的行為の交換，社会的相互行為をし合っているか．なぜ人々がそのような社会的行為をなし，なぜ社会関係を現にあるような姿のままに維持しようとしたり，または社会関係を別の姿のものに変化させようとしたりしているかの分析である．社会関係とは，俗な言葉でいえば，「仲」や「間柄」だといってよい．具体的には，夫婦関係，親子関係，上司と部下の関係，売買関係などいろいろな社会関係がある．同じ社会関係にも仲のいいものと仲の悪いもの，昵懇の間柄と犬猿の間柄，温かい関係と冷たい関係といった変化がある．社会関係はその時々に微妙に変化したり，ときには大きく変化する．ある一組の夫婦を取り上げてみても，社会関係がいかにダイナミックなものであるかがよくわかる．

社会関係に参加する個人個人は相手との相互行為を通じて，相互行為のなかでそれぞれの欲求を満たそうとするが，そのためには自分も相手もその関係場面を規制する価値と規範に従い，また相手から期待される役割を遂行しなければならない．その過程で，彼ないし彼女は価値と規範，役割期待を内面化して学習し，その時々の関係場面に適応的に対処できるものとして社会化されなければ，何ほどかの欲求充足もままならない．このことは自分ばかりでなく，関係する相手，他者にも要求されることである．自他ともにこの要求を満たし，この枠組みのなかでそれぞれの要求充足をしなければならない．関係者を律する何らかのルールを作り出して，その枠のなかで相手を満足させると同時に自分も満足するといったタイプの，費用と報酬のバランス，互酬的で二重適応的な社会的相互行為があって，初めて社会関係の秩序は安定し長続きする．例えば，売り手も買い手も誠実で共に満足するようでないと，売買関係は成り立たないし，長続きもしない．

だが，社会関係はこういったものばかりではない．圧倒的な支配従属関係では，支配者の一方的な欲求充足がまかり通り，被支配者の人権は徹底的に抑圧され忍従を強いられることがある．現行の支配秩序を悪だとする被支配者は黙っていない．被支配者は奴隷のくびきを脱すべく，支配者に抵抗したり反逆を試みたりする．関係を断ち切って自由になるか，関係を改善して自分の欲求充足を相手に認めさせるかの試みだが，多くの場合，現行の秩序をよしとする支配者は被支配者の願望を認めず，その抵抗と反抗を不当として，かえって権力による抑圧を強める．その結果，両者の緊張，対立と抗争は顕在化し激しいものになる．強権による支配秩序の安定は，平常時においても緊張と対立，敵意と不信感を潜在させ，構造的な混乱と不安定のもとを抱えているといってよい．そこには社会関係の統合の条件である費用と報酬のバランスも，互酬性も，価値と規範の共有もないからである．支配者側のよしとする価値と規範の権力による押しつけ，被支配者からの搾取と価値剥奪を正当化する支配秩序があるだけである．しかしこのような状況においても人々は(支配者も被支配者も)それぞれ何かを学習し，社会的に人格を形成していく．大きく分けて現状を維持しようとするものと，現状を改革しようとするものが支配者にも被支配者にも現れる．彼らは行為の主体として関係する相手や第三者に働きかけ，現行秩序をめぐって明に暗に対立し，混乱の度を深める．この事態は社会関係の構造変動のときまで続く．

〔社会システムの構造と機能〕第二は，社会集団より上位の社会システムの構造と機能，秩序と混乱の分析である．一般に構造とは，全体を構成している部分や構成要素の間に観察または推定される規則正しいパターンがあること，すなわちパターン化(構造化)されている状態である．社会システムの秩序は構造化された一つの状態だが，これだけが社会システムの構造ではない．社会システムの混乱もまた構造をもつことに注目すべきである．構造的逸脱，構造的緊張，構造的対立といったものが混乱の内実だからである．次に機能とは，部分や構成要素の全体に対する作用，および部分間，構成要素間の作用を意味する．作用にはプラスとマイナス，貢献と阻害，強化と弱化，促進と遅延などいろいろな形がある．

さて，社会集団は社会関係よりも上位の社会システムだと述べたが，これは社会集団が二つ以上の社会関係から構成されている一つの全体だからである．例えば，夫婦と二人の子どもからなる夫婦核家族の例でいうと，この4人集団は類型的には夫婦関係，親子関係，兄弟の関係の3種の社会関係からなるが，より具体的には6組の二人関係と，4組の3人関係からできている．そこですべての関係がうまくいき，家族が全体として統合され秩序だっていることもあれば，大なり小なり混乱がみられる場合もある．例えば，父と息子(兄)との対立関係が夫婦関係と家族全体に悪影響を及ぼしたり，逆に夫婦関係の悪化が父子の対立を深めたりする．母と息子(兄)と娘(妹)の緊密な母子関係が父(夫)をつまはじきにし，一層夫婦関係を悪化させ，家族全体を不統合状態におとしめるといったことが起こる．逆に夫婦関係がよくなると，他の関係がすべて好転するといったこともある．だから，家族は個々の社会関係を含みながら，これらを超えた一つの有機体的な全体，すなわちシステムだといえるわけである．

社会集団よりも上位の社会システムについても基本的に同じことがいえる．組織は二つ以上の社会集団と諸々の社会関係を含む一つの全体，地域社会はある一定の地域の範囲内に諸々の組織，社会集団，社会関係を含む一つの全体，全体社会は国際化・グローバル化が進んだ今日でもなお，国家と国民経済の範囲内に諸々の地域社会，組織，社会集団，社会関係のすべてを包含した一つの全体だといってよい．アメリカの社会学者T.*パーソンズは構造化された秩序を念頭に置いて，すべての社会システムは以下の四つの機能的要件が充足されることによって，その秩序ある構造が維持されると主張した．すなわち，環境への適応(A)，目標達成(G)，統合(I)，欲求充足と秩序維持(L)，がそれである．このAGILモデルでは，社会システムの全メンバーによる価値の共有と規範の制度化がシステムの秩序ある構造の維持の前提とされている．しかし，価値と規範それ自体がメンバーの間で争点になることや，欲求充足と資源配分をめぐる利害対立，目標達成をめぐる権力の不平等配分などの経験的事実は，この統合モデルの修正と，構造化された混乱への注目を要求する．

〔社会変動〕第三は社会システムの動態面，とりわけ全体社会の構造変動の分析である．現代のような変動の激しい社会では核家族化，高齢化，組織の大規模化(官僚制化)，工業化と脱工業化，都市化，*世俗化などといった社会関係，社会集団，組織，地域社会，全体社会

の社会システムの各レベルに現れる社会変動の趨勢に注目すべきである．それが何に起因し，どのような経過を経て，どんな結果をもたらすか，ということの分析なしには，現代社会の理解はおぼつかない．社会変動は，一般に，社会システムの一つの秩序ある構造から別の秩序ある構造への，自然発生的な変化あるいは意図的・計画的な変革を意味する．社会システムは，環境への適応(A)，目標達成(G)，統合(I)，欲求充足と秩序維持(L)という基本的な機能的要件をバランスよく満たすように構造化されているが，構造に作用する外生的要因(自然環境，人口，技術，資源，外部社会のインパクト，文化変容など)が変化したり，社会構造の構成要素間に不整合が生じたりして，社会システムに混乱ないし構造的矛盾が生じる．それがある限度を越えると，社会システムの機能的要件が不充足状態に陥ったり，逆に機能的要因の一部が過充足になったりして，既存の構造を維持することができなくなる．そこで既存の構造を変えることによって，機能的要件が再びバランスよく充足できるようにするか，または不充足のまま構造が解体し，システムは死を迎えるかのいずれかである．旧構造の混乱と解体，それと新構造の形成とが同時に進行する．この過程が社会変動である．

【他の社会諸科学・行動諸科学との関係】社会の機能領域には*経済，*政治，*法，*教育，*宗教などがある．また人間の行動領域としては，衣食住に関わるさまざまな活動，労働，貯蓄，保健，遊び，スポーツ，音楽，性などいろいろなものがある．*経済学，政治学，*法学，*教育学，*宗教学，*医学，体育学，音楽学などはこれらの領域ごとの学問である．領域学はその専門領域が誰の目にもはっきりしているから，大変わかりやすい．この点で，社会学は領域学ではないものだから，わかりにくい．社会学独自の研究対象と研究方法は，特定の社会領域や行動領域に限定されるものではない．社会的行為，社会的相互行為，社会システムとしての社会関係，社会集団，組織などは，上述の例でいえば，経済や政治から音楽や性に至るあらゆる領域にみいだせるものであり，また社会学的な研究方法，社会学的な概念はすべての領域に応用可能であるからである．これが社会学という学問の最大の特徴である．このように広い応用可能性をもつ学問を方法学と名づけるとすれば，社会学は*心理学と並んで有力な方法学だといえよう．社会学がわかりにくい学問だとか，対象が広大で漠然としているなどといわれる最大の理由は，社会学が領域学ではなく方法学だからである．社会学は既存の領域学を否定しこれにとって代わろうとはせず，他方，領域学のほうでも自分の領域についての社会学的な研究の有効性を認め，両者の平和共存，学問的な分業と協業を歓迎する．

例えば，経済学と経済社会学との関係である．両者の違いは，現象へのアプローチの差，具体的には取り上げる変数，概念，モデルの違いにある．だから，どちらが科学としてよいとか優れているとかは問題にならない．例えば，タバコの消費という現象を説明するために，経済学者はタバコの需要と供給，価格，所得などの純粋に経済学的な概念や，限界有効などの理論を用いて，タバコの需要と所得，価格と供給などの間に一定の関数関係があることをつきとめ，タバコの消費動向を説明するだろう．その分析と説明モデルはあくまでも経済学のそれである．そこでは，次のような社会学的な変数は「与件」として扱われ，不問に付されている．すなわちタバコの消費者(行為者)の喫煙動機，特定銘柄の購買動機，年齢や性別や階層ごとの価値観や選好，保健衛生思想の普及，嫌煙権などの世論の動向，マス・メディアの影響や個人的影響，準拠集団や集団効果などといった変数や概念である．経済社会学はこのような変数こそ社会学的なものであるとして重要視する．応用社会学 (applied sociology) は，このほかに政治社会学，法社会学，教育社会学，*宗教社会学，医療社会学，スポーツ社会学，音楽社会学，言語社会学など多数ある．

【文献】平大百科 6: 1195-98;『小学館万有百科大事典』11 (小学館 1973) 236-38;『新社会学事典』(有斐閣 1993) 599-601; 尾高邦雄『現代の社会学』(岩波書店 1958); 福武直監修『社会学講座』全 18 巻 (東京大学出版会 1972-76); M. ヴェーバー『社会学の根本概念』清水幾太郎訳 (岩波書店 1972): M. WEBER, "Soziologische Grundbegriffe," *Wirtschaft und Gesellschaft* (1921; Tübingen 1981); A. W. グールドナー『社会学の再生を求めて』岡田直之訳(新曜社 1974-75): A. W. GOULDNER, *The Coming Crisis of Western Sociology* (New York 1970); T. パーソンズ『社会体系論』現代社会学大系 14, 佐藤勉訳 (青木書店 1974): T. PARSONS, *The Social System* (Glencoe, Ill. 1951); E. デュルケム『社会学的方法の基準』宮島喬訳 (岩波書店 1978): E. DURKHEIM, *Les règles de la méthode sociologique* (1895; Paris 1927); 安田三郎他編『基礎社会学』全 5 巻 (東洋経済研究会 1980-81); 青井和夫『社会学原理』(サイエンス社 1987); 富永健一『社会学原理』(岩波書店 1986); R. COLLINS, *Three Sociological Tradition* (Oxford 1985). 〔吉田裕〕

しゃかいがくしゅぎ　社会学主義　〔英〕sociologism,〔独〕Soziologismus,〔仏〕sociologisme　*デュルケムとその学派の立場．社会現象を物理学的，生物学的，心理学的などの要因とは独立した社会的要因から説明しようとする．この立場は個人の思考の内容ばかりでなく，その法則と概念様式も社会的要因によって規定されているとする認識社会学にその出発点がある．*コントの*実証主義の影響を受けたデュルケムによれば，社会学的所与は実体的性格と形態をもち，社会制度として個人の考え方と行動のすべてを形成する．先験的範疇の普遍的効力に関する経験は，人間理性の不変的・論理的構造の存在を証明するのではなく，人間社会グループの集団的生命の発展過程の産物である．彼はこのことを*レヴィ・ブリュールの文化人類学的研究成果を援用して根拠づけた．オーストリアの社会学者グンプロヴィチ (Ludwig Gumplowicz, 1838-1909) の言葉「人間のうちで考えているのは彼ではなく，彼の社会的共同体である」は*ダーウィンの*進化論の影響を受け，*生物学に根拠を置いている．このような立場を継承しながらも，思惟の存在との一体性を相対化しようとする極端な形で，個人は集団的現実の表現であるとする考え方を展開したのは*マンハイムの*知識社会学である．社会的事実の具体例としては宗教，道徳，法，言語，芸術，国家，経済などをあげることができるが，社会学主義はこのような社会的事実の説明において社会的要因を重視し，心理的要因による説明を厳しく退ける．水 H_2O は水素と酸素の化合物であるが，水の性質が水素と酸素のそれぞれの元素の性質によって説明がつかないように，個々人の精神や個人意識が集合，融合して生じる社会的事実は個人的・心理的事実に還元できない固有の性質をもつからだとされる．だが，社会学主義は，社会的事実の心理的側面を無視し，社会的事実を個人の心理的諸過

程から機械的に切り離したところに問題がある．また，神学，法律学，哲学などの研究者で社会学に対して懐疑的考えをもつ者は，それらの学問分野で社会学的研究方法がとられるときに浴びせる批判的言辞として「社会学主義」の語を用いるようになった．
【文献】LThK² 9: 932-33.　　　　（吉田裕，高柳俊一）

しゃかいかときょういく　社会化と教育

【一般的概念】社会化（〔英〕socialization）とは，広義には個人が*社会によって産み出されると同時にその個人が社会を産み出す双方向的過程をいう．狭義には個人よりも社会の優位性に焦点をあてて，個人がさまざまな他者との相互的なやりとりを通して社会的アイデンティティや役割を形成し，社会的な存在となる人格形成の過程を指す．つまり社会の新しいメンバーが，個人が所属し通過する*集団すなわち家族，仲間集団，近隣社会，学校，教会，職場などの集団に制度化されている知識・技能・態度・価値観・行動様式などを習得し，その文化を内面化することで社会に適応する過程である．この意味での社会化は，個人がその独自性を獲得し社会を変化させる個性化の過程とは識別して用いられる．

教育は社会による意図的・方法的社会化の過程であると理解されるが，一方，教育は理念を志向して，あるべき社会や人間像を目指して行われる活動である．その意味で教育をすべて社会化に還元することはできない．

【社会化とカトリック教育】社会化機能は子どもを対象にした学校教育に主に担われているが，どの年齢層に対しても，異なる集団で異なる方向の社会化が行われている．*カトリック教会においては特に第2*ヴァティカン公会議以降，教会の教育の再定義が社会化理論を導入して行われた．つまりカトリック教育を，学校において普遍的教義と伝統を認知的または行動的に伝達する行為と捉えることから，地域の社会的文脈においてさまざまな文化を通して教えと伝統を伝達し，再発見させる行為と捉え直し，より実践的な「生き方」を強調する方向へ変化した．この*ケリュグマ神学に基づく宣教論的教育方法は，アメリカ合衆国においては1960-70年代に宗教科の教科書に取り入れられた．

【文献】E. デュルケム『教育と社会学』佐々木交賢訳（誠信書房 1976）: E. DURKHEIM, *L'éducation et sociologie* (Paris 1922); 高祖敏明「アメリカ合衆国のカトリック教育の行方」『カトリック教育研究』9 (1992) 71-88.　　　　（夏秋英房）

しゃかいきょういく　社会教育

【定義】*学校教育・*家庭教育以外の青少年および成人を対象とした組織的・意図的な教育活動をいう（行政による条件整備も含む）．欧米での成人教育（〔英〕adult education）と学校外の青少年教育（youth activities）を合わせた意味をもつ．

【内容・方法・施設】社会教育では人々の学習要求に基づいて学習機会を提供することが多いため，その内容は教養に関するもの，職業に関するもの，家庭・日常生活に関するもの，芸術・芸能・趣味に関するもの，体育・レクリエーションに関するものなど多岐にわたっている．また，その方法・形態も多様である．例えば，公的機関が行う学級・講座は少年・青年・成人一般・婦人・高齢者などを対象として開設されているし，講演会，演奏会，映画会，文化祭，スポーツ大会なども行われている．さらに，学校開放講座も開かれている．また，PTA，婦人会，子ども会，*ボーイ・スカウト，*ガール・スカウト，*YMCA・*YWCAなどの団体活動や自主的なグループ・サークル活動も活発に行われている．最近では，マス・メディアや通信教育，図書を利用した個人学習を行う者が増えているため，個人学習への援助も重視されている．人々が学習の際に利用できる社会教育施設には，公民館，図書館，博物館，青年の家，少年自然の家，視聴覚ライブラリー，婦人教育会館，スポーツ施設などがある．

【歴史】明治10年代（1877-86）にはすでに「社会教育」という言葉が使われていた．行政用語としては，1886年（明治19）の文部省官制で「通俗教育」という語が用いられたが，1921年（大正10）に文部省官制が改正されて「社会教育」が使われるようになった．明治政府は当初，学校教育制度の確立を急いだため，社会教育を顧みる余裕はほとんどなかった．しかし，日露戦争以後，政府は国民の精神的統一を図り国力増強を目指して，国民教化に力を入れるようになった．それは第一に，教化団体の組織化という方法で進められた．1906年（明治39）に内務省の主導下で結成された中央報徳会などはその例である．また第二に，講演に幻燈や活動写真などの余興を加えた通俗教育講座会を通しても行われた．1911年（明治44）には通俗教育委員会官制が公布されている．

関東大震災（1923）の後は，経済再建の必要から国民教化の再組織化が進められた．『国民精神作興のための詔書』（1923）の精神の徹底を図るべく，内務省の指導のもとで教化団体連合会（後の中央教化団体連合会）が結成された（1924）．これは1929年（昭和4）に開始された教化総動員運動の担い手となり，1937年（昭和12）には国民精神総動員運動の母体ともなった．

第2次世界大戦後は社会教育の民主化が図られ，まず第一に1949年（昭和24）に『社会教育法』が制定されるなど法制上の整備が進められた．第二に，社会教育施設の整備も進められ，施設中心主義的な社会教育が推進されるようになった．第三に，学級・講座の開設など社会教育事業面でも拡充が図られた．ただし，青年学級や勤労青年学校のように，当初勤労青年の学習機会として重要な役割を果たしたにもかかわらず，高等学校への進学率が伸びたことにより衰退した事業もある．第四に，社会教育主事，司書，学芸員，公民館主事などの社会教育指導者の充実が図られた．

【課題】時代の急激な変化に伴い，我が国でも生涯にわたる学習を可能とし，社会のあらゆる制度が学習に価値を置く「生涯学習社会」への転換が迫られている．このため，生涯学習支援の観点から社会教育を再編成し，その充実を図ることが課題となっている．

【文献】伊藤俊夫，河野重男，辻功編『新社会教育事典』（第一法規 1983）; 日本生涯教育学会編『生涯学習事典』（東京書籍 1990）; 伊藤俊夫，岡本包治，山本恒夫編『社会教育講座』1-5（第一法規 1979）; 日本生涯教育学会編『生涯教育と社会教育』（ぎょうせい 1983）.　　　　（浅井経子）

しゃかいけいやくせつ　社会契約説　〔英〕theory of social contract，〔独〕Theorie des Gesellschaftsvertrags，〔仏〕théorie de contrat social

政治的権威と義務の関係の起源，限界，条件，目的を，*契約に基づくとして説明するさまざまな説．この関連で契約は*自然法の概念から導き出される．自然法は契約の根底と合意のための究極的な拠り所である．ギリシアの*ソフィストたちと*エピクロス学派の哲学者たちは*正義が内的

しゃかいじぎょう

原理ではなく，人間は自分の安全という利益のために合意し，*国家を形成したと主張し，*キケロとローマの法律家は正義が内的原理であり，政治的権威がつねに国民全体の権威に由来するから，自然法に従っていなければならないと説いた．中世の*封建制度において主従関係は正義の実現という視点のなかで契約に基づくものと考えられていた．*トマス・アクィナスは国家の形成は自然法の要請であり，その権威は本質的に神に由来するが，その形態は*共同体を形成する国民によって決定されるべきものと述べている．15世紀，*ニコラウス・クザーヌスは人間はすべて*自由で*平等であり，同等の政治的権威を自然法によってもっており，一人の人間が政治的権威者になる場合，他の人々の選択と同意によらなければならないとした．

社会契約説の展開は表面的にみるかぎり，自然法思想に由来するが，その背後には聖書の「契約」の概念があったことは確かであろう．*宗教改革の時代にはカトリック，プロテスタント双方が契約説により，同じ信仰をもつ者の立場を擁護しようとした．国民は*神法に従っているかぎりにおいて国王に従う義務があるとされるようになった．カトリック側では*ロベルト・ベラルミーノ，*スアレス，*マリアナがトマスの考え方を発展させた．特にスアレスは国家を純粋に自然的なものとし，他のすべての*被造物と同じような程度で神の決定に依存していると考えた．政治的権威は共同体に由来し，*共通善と自然法に反する場合に，共同体のメンバーは*抵抗権をもつと主張した．*ホッブズは『リヴァイアサン』(1651)において人間の本性が自己中心的で，各自つねに権力を追求しており，自然状態とはすなわち「万人の万人に対する闘争」であると考える．そのため各自が自己保存のために安全と秩序を求め，契約を結び，共通の主権者を選び，それぞれの自然権を委譲したとき，国家が成立したと説いた．*ロックも同じように自然状態を想定したが，それはホッブズのものとは異なり，各自が自由，平等であり，自然法の義務のもとにあるものであった．公平な共通の主権者が存在しなかったので，自然法の義務について一致した理解がなく，不便であり，闘争状態になることがありえたので，生命，財産，自由の権利を守るために，人々は契約を結び，市民社会を形成したと考えられた．ロックはホッブズとは異なり，自然権は国家に委譲することができず，政治的権威を制限するものと考えた．18世紀，*ヒュームは政治的義務が自由に受け入れられたとき，拘束力をもつという考え方を拒否し，市民的従順が契約を守るという合意からは生じないと考え，教育によって教え込まれた習慣から政治的権威に対する服従が生まれると主張した．これ以後，英国の政治・社会思想から契約説は姿を消した．しかし，ニュー・イングランド植民地時代のアメリカでは*ピューリタンたちが「契約神学」(covenant theology)に基づいて社会を形成し，さらに合衆国独立時にはロックの契約説の強い影響を受けて憲法が起草されたので，米国では19世紀になってもその影響が根強く残っていた．*ルソーは契約説によって人間がもともともっていた自由を強調する一方で，人間は人民を構成するものであり，その一般意志は至上のものであると説いた．市民社会は各自が一般意志に奉仕することに合意し，それによって各自の自由が全体の理想化された一般意志のなかに生かされることによって保障される．ルソーの考え方から出発して*カントは社会契約が各自を相互に結びつけ，その結果各人の自由が保障されるようにする道であるとした．19世紀になると社会契約説は魅力を失い，政治思想から姿を消した．我が国では*中江兆民がルソーの社会契約説を紹介し，明治の自由民権運動に影響を与えたが，明治憲法制定後，その影響は消滅した．

【文献】LThK³ 4: 578-79; 福田歓一『近代政治原理成立史序説』(岩波書店 1971); 飯坂良明他編『社会契約説』(新評論 1977); E. BARKER, *The Social Contract* (London 1948); J. W. GOUGH, *The Social Contract* (Oxford 1963); P. KOLLER, *Neue Theorien des Sozialkontrakts* (Berlin 1987).　　　　　　　（高柳俊一）

しゃかいじぎょう　社会事業　〔英〕social work, social services, 〔独〕Sozialwerk, 〔仏〕œuvres sociales

【定義】社会事業とは，文化・社会的な時代背景をもった具体的な社会状況のもとに，個人，集団，組織や地域において生じるさまざまな生活上の困難や障害を社会的課題(〔英〕public issues)として，公共的責任において解決もしくは再び起こることのないように予防することを目指す特有の社会過程である．この過程としての社会事業は，個別性の原則に基づく個人・集団・組織および地域や行政区域を単位とした社会的実践を含む公私の社会的方策・施設の総体をいう．

【歴史的概観】人間の歴史を通して社会事業を眺望するとき，地縁・血縁関係による集合的意志をもって行う愛他的行為を意味する相互扶助や施与をその原型としてみることができる．また，かかる社会関係を超えたところで，普遍的な宗教的使命のもとに，非人格的に扱われ，一つの資源でしか認められていなかった貧しい階層の人々や，異邦人に人間としての*尊厳を認め，交換や報酬を前提としない愛(〔ラ〕caritas)の信仰に基づく奉仕の業や，「身分に伴う義務」(〔仏〕Noblesse Oblige)といった社会的地位につきまとった集合的罪意識の表現として，道徳的行為でもって表現された博愛活動(〔英〕philanthropy)，具体的には，個人や集団(例えば教会や*ギルドなど)の組織化によるさまざまな社会的活動(voluntary action)などを，時代的背景のもとに掲げることができる．

さらに，近代国家が成立していく社会過程で，産業化が進み，資本蓄積が一定の段階に達した資本制社会となるに及んで生じるに至った巨大な*貧困に対して，国民大衆の側から，その問題性を取り上げ，国や社会に訴え，鋭角的な対策を求めるさまざまな運動を展開していく．この動きに対処するものとして，国や社会の側からも，何らかの意味においては，道徳的感情をもって国や社会の責任において「新しい」貧困対策を「善きこと」として，さまざまな社会的救済を試みるようになる．しかし，結果的には，社会の秩序を守り，国家の治安を維持していくことを第一義的な働きとするものにほかならなかった．

この流れのなかに近代的社会事業の成立をみることができる．国家と社会，社会と個人の徹底した対峙を経験することなしに，近代化過程をたどった我が国において，近代社会事業は，加えて，成長と*福祉の幸運な連携によってもたらされた福祉国家の成立から福祉社会の形式に向けて移行していくなかで，相対的な規模の拡大化に対処する方法として，国家の介入のもとに，新しい共同体主義の構図をもって，地域・*家族を基礎的な福祉資源とする機能を構造化していく．福祉ニーズが複雑化し多様化するなか，公私にわたるサービス供給組織はま

すます多元主義の問題を抱えるようになるが，そのなかで地域の福祉化が福祉の地域化と相まって進められていく．そのとき，普遍主義的社会事業の名のもとに，国家の責任を強調し，公私の役割分担を分権化のパラダイムのもとに明確化していくことが求められる．それとともに，社会事業が，その実体的内容と同時に，目的的なものを目指した働きという面をもっており，その双方の交錯するところで全体としての性質が規定されていることについて再検討し，新しい時代に即した社会事業理論に支えられた実践を模索することが問われている．

【日本における社会事業の展開】〔明治政府の政策〕1874年（明治7），明治政府は「人民相互ノ情誼」に基づき「独身老幼廃疾病等ニテ何等ノ業モ為ス不能事実ニシテ曽テ他ニ保有スル者モ無之全ク無告ノ窮民而已ニ限ル」恤救規則を太政官達第163号によって公布した．これは，厳しい制限主義のもとでの届出主義をとる．日本政府による最初の全国的に統一し，制定された救貧制度である．この制度にみる救貧の思想的背景として，自由放任の思想にみられる*マルサス的救貧批判が色濃く示す惰民観と，封建的共同体観に基づく家族国家観，すなわち，天皇制的赤子観による情誼説があり，この二つの考え方が相乗りしたところの産物とみることができる．日本の社会事業の特質として天皇家の「御仁慈」によるものと，今一つは，「国家ノ同情ヲ以テ往クモノデ，権利デハナイ」と不十分ながらも公的救助義務を認めた下士兵卒家族扶助（1904）をはじめとしたいわゆる軍人家族に対する社会事業にみることができる．それは，西欧列強に追いつこうとして出発した日本が近代化という国策として選んだ富国強兵策にのっとったものとみることができる．

〔産業化と社会問題〕西欧化が進み，近代国家は強大な国家装置としての産業化過程で，機械の大量使用を進めていく．商品生産様式は，個人と社会の関係に根源的な変容をもたらし，人々の生活様式の枠組みを一変させ，深刻な社会問題を作り出すことになる．しかし大衆の市民意識をはぐくむとともに，自己防衛を目的とするさまざまな社会的な活動は激化し，1897年（明治30）に始まる世界的規模のもとに起こった恐慌において頂点に達する．大都市を中心に発生した慢性的不況は，生活落伍者を増大させ，新しいタイプの下層社会の世界を固定化を招き，新しい貧困は国民大衆の生活を崩壊の淵に追い込むことになった．欧米の留学を終えて帰国した片山潜（1859-1933）は『英国今日之社会』（1897）を著し，科学的・組織的慈善が貧困戦争に無力であること，その救済方法として，社会改良的思想のもとに労働運動を掲げ，それを補強するものとして社会事業という用語を日本に初めて紹介し，実践として英国の*キングズリに倣ったキングスレー館を設立し，セツルメント運動を始めた．防貧と保健を流合するなかで社会改良を高調し，社会運動の防止を計画した後藤新平（1857-1929）の保健衛生事業など，当時としては革新的な社会事業の施策であった．

20世紀に入り，世界的レベルに広がる政治不安は，日本社会にあっても，経済不況を伴う社会不安となり，特に米価の急激な暴騰による，1918年（大正7）のいわゆる米騒動事件は全国的に波及するものとなった．当時，社会連帯思想に影響を受けた政府主導による「失業ノ救済及ビ防止」や「児童保護」に関する諸施設が「賑恤救済，軍人救護ノ事項」に加わり，拡大された「社会事業」が法令用語として初めて用いられる．また，社会問題発生にアクセスする方法として，地域内互助が再検討され，知事により任命された済生顧問や方面委員の制度化（後の民生委員制度）が岡山県や大阪府といった地方都市から始まった．しかし，この救済方法は，まもなく中央主義のもとに急速に全国地方都市に広がっていく．また，第1回国勢調査の施行をはじめとした各種社会事業調査が当時新設された内務省社会局によって，あるいは地方の社会事業調査会により実施され，労働者の実態が明らかにされ，医療保護や失業者への給付制度など救貧制度の改善が促される．大企業労働者を対象とする健康保険法の制定（1922）で，予防的機能をもつ社会事業政策の出現をここにみることができる．

しかし，社会・経済的不安は，すでに社会事業諸施策によって対応しうる性質を超え，都市，農村を含めて日本全体の社会構造をも変革させかねない政治的不安は深刻なものであった．加えて，冷害，凶作という自然災害が重なることによって社会的抵抗としての政治運動は先鋭化していくことになる．政府は1928年（昭和3）内務省保安課を拡充強化し，治安警察法に代わって，治安維持法を制定・実施に踏み切っていく．政治的色彩をもつあらゆる社会運動は姿を消し，代わって，民間運動としての消費組合運動が，特に中央主導の農山漁村経済更生運動が全国一斉に展開され，地域共同体の再活，維持そして発展が促される．公的救済として，50年にわたる恤救規則は救護法の制定（1929，施行1932）によって廃止され，選挙権の消失という制裁を伴うものではあったが一応国家による義務的救護主義に基づく公的扶助をみることができる．欧米における社会事業理論や実践の日本社会への適用という企てのなかで，職業としての社会事業も実践現場にみられるようになる．しかし，昭和恐慌に見舞われ，資本制社会の危機的状況がより深刻化していくなかで，日本政府は中国大陸への進攻という活路を選択し，さらに，時代は15年戦争へと突入していく．社会事業も健民健兵策のもとに翼賛体制に組み込まれ，戦時経済体制のもとに，社会事業法が制定（1938）され，さらに，社会事業は厚生事業と改称され，軍事援助という国策に即し，耐乏と精神力の強調に基づく諸活動が社会事業の中核を占めることになる．

〔戦後〕1945年の第2次世界大戦の終了，連合国最高司令部による超国家的法規の権力は，軍事援護優先的扶助体制の打破を断行，「民主主義思想に基づき，国の資源の範囲において，日本に広範にしてかつ適切な社会保障制度を保持する」司令部の声明（1947）のもとに，公的扶助の民主化，*基本的人権の尊重，福祉行政の専門家養成が進められることになる．日本国憲法を法源とした社会福祉事業法（1951）が基本法として制定され，さらに，福祉六法の成立・運用を中軸に本格的な現代社会事業体制の整備・拡充がなされていくことになる．なかでも現行生活保護水準が憲法違反であるという東京地裁による判決（「朝日訴訟」1960）は生存権の保障という視点とともに，権利としての社会事業が実体的側面から問われ始めることを意味した．国民皆保険・年金体制が整備され，国民の請求権が高まるなかで集権的社会事業は強化されていく．しかし，80年代後半以降の福祉改革により急速に分権化の方向へと移行が始まる．また，職業的機能の充実を計るなかでボランティアなど一般国民の参加による自助，共助，共生を目指す社会事業の拡大が問われ，高齢化社会に向けて市民の自己決定を核心とした地域福祉総合化への道を模索し始めることになる．

【課題と展望】社会事業という用語は，20世紀後半を通

しゃかいしゅうかん〔フランスの〕

じて，国際的レベルでは，社会福祉サービスに関する機能的職業としてのソシアルワーク (social work as a profession) を意味するものとして用いられ定着してきている．社会的システムに組み込まれた専門職者であるソシアルワーカーによって，固有の専門性のもとに，自律的に行動する権限とともに，義務と責任を遂行していくことが社会的に期待された実践体系の総体でもある．さまざまな生活障害を抱え幅広い社会的援助を必要としている人(々)や，その周辺の環境に関心をもつワーカーは，その双方に，あるいはその相互作用に視点を据えた対人関係的サービスを提供していく．そのとき，社会的サービスの利用者をクライアントとして，その個としての固有な尊厳性に価値を求め，人権の擁護を第一義的課題とする．手段的には，個の自立支援という視野のもとに，生活権の確保を目指して生活を根底で支えることで，個としての生き方そのものの意味探求も可能になるという仮説的前提に立つ．

日本では，1989年，社会福祉および介護福祉法が制定され，ボランティアの開発・育成など福祉の広報活動を含む社会的ニーズに働きかける社会福祉士（国家資格）を確保していくための基盤作りが始まったところである．しかし，日本においては，救貧法的な特徴を払拭するものとして，また，国民の福利を積極的に目指すという政治的意図を含む政策概念として，社会福祉という「言葉」が社会事業に代わって用いられている．にもかかわらず，また，福祉を目的とした諸事業が福祉法制度が規定する準拠枠を超えて社会事業として認められている．例えば，司法・更生保護事業や，保健・医療・福祉を総合的視点より働きかける医療社会事業，地球的視野のもとに，国の内外で個としての人間の権利と利益の擁護という働きの場をみいだす国際社会事業〔[英] international social service）などをあげることができる．今後，社会事業は，その公的部門を減少し，民間活動の強化＝民営化と規制緩和を進めていくことになろう．中央と地方の権力構造の綱引のなかで，自治と参加の文脈のもとに，人間生活を総体として捉えた社会的サービスをいかに政策化し，その利用選択を保障した構造と機能を社会事業に組み込んでいくかが問われよう．

【文献】京極高宣編『現代福祉学レキシコン』（雄山閣出版 1993）122-25；岡村重夫『全訂社会福祉学総論』（柴田書店 1968）；孝橋正一『全訂社会事業の基本問題』（ミネルヴァ書房 1977）；吉田久一『現代社会事業史研究』（勁草書房 1979）；京極高宣他編『福祉政策学の構築』（全国社会福祉協議会 1988）；H. スペクト『福祉実践の新方向』高木邦明訳（中央法規出版 1991）：H. SPECHT, *New Directions for Social Work Practice* (Englewood Cliffs 1988)；H. L. WITMER, *Social Work: An Analysis of a Social Institution* (New York 1942). （松本栄二）

しゃかいしゅうかん〔フランスの〕 社会週間〔フランスの〕 Les Semaines Sociales de France

1891年，教皇 *レオ13世が発布した回勅 *『レルム・ノヴァールム』は，ドイツ，ベルギー，フランス，スイスなど多くの国で工業化に伴う諸問題や貧富の差で引き裂かれていた当時の社会に，福音のメッセージを伝えようとしていたカトリックのさまざまな運動グループに，多大の励ましとなった．

フランスにはさまざまな運動があったが，1892年，幾つかの地方グループが結束して，*リヨンで『フランス社会報道誌』(Chronique Sociale de France) を創刊することとした．やがてゴナン (Marius Gonin, 1873-1937) がその編集長となった．ゴナンとその同志たちは，キリスト教教理の深い認識なしには意義ある活動はありえないと強く感じており，またキリスト者が福音の証しとなるべき現代社会の現状について，適確な知識をもたなければならないと確信していた．「活動のための知識」というのが『フランス社会報道誌』のモットーであった．彼らは毎年フランスの違う都市で，1週間にわたる社会問題研究週間を開催した．1904-72年までは二つの世界大戦の時期を除き，毎年必ず開かれたが，近年は不定期になっている．社会週間では，大学レベルの講義，セミナーが行われるのみならず，共同の祈りの時間もある．社会週間は，信仰に照らされて，活動に向かう研究の1週間である．事後，講義録が毎年発行される．

当初からリヨンの大司教と教皇は社会週間を支持したが，当時の世論は全く無関心か，さもなければ敵視した．しかしながら，1904年の最初の社会週間参加者は400名を超え，その後毎年増えた．

保守的傾向の強かった当時のカトリック信徒の抱く疑惑を払拭するために，社会週間は，無神論的社会主義とは無縁であることを明確に示す必要があった．この運動の特質の一つは，キリスト教の教理にあくまでも忠実であるよう細心の注意を払うことであった．1913年の社会週間参加者は教皇 *ピウス10世に次のようにいっている．「我々は，教会が望んでいる以外のやり方で，教会に奉仕しようとは考えていない」．この断固とした一徹な忠誠ゆえに，社会週間は他のあらゆるカトリック社会運動と同様，攻撃された．

ゴナンのあと，フォリエ (Joseph Folier, 1903-72) が社会週間の中心人物の一人となった．1919年以来，毎年社会週間のテーマを一つに絞り，集中的に扱うようになった．テーマは時代とともに広がり，労働，家庭，女性の地位，南北問題，貧富の格差，経済発展と人間，正義と国際平和の問題などが扱われている．

【文献】A. LATREILLE, *Histoire du Catholicisme en France* (Paris 1962); C. PONSON, *Les Catholiques lyonnais et la Chronique Sociale 1892-1914* (Lyon 1979).

（父路門フランソワ）

しゃかいしゅぎ 社会主義 〔英〕socialism, 〔独〕Sozialismus, 〔仏〕socialisme

もともとラテン語の socius (仲間，友達) に端を発するこの概念は，1753年に *ベネディクト会の会員デージング (Anselm Desing, 1699-1772) が，人間の社会性を人間の本性として強調していた当時の自然法論者たちを批判して，彼らを socialistae (社会主義者) と呼んだことに由来する．一般的には19世紀の前半以来，英国では *オーエンとその思想の信奉者たち，またフランスでは *サン・シモンとその支持者たちの思想を，そして19世紀の後半からは K. *マルクスらの思想をこの概念で総称するようになった．

社会主義という概念のもとで，さまざまな，そしてしばしば宗教的で，ときにはかなり対立する見解や思想，また運動や組織などが理解されてきたが，一般に *個人主義や *利己主義に対して人間の連帯性や調和的な相互依存性を事実として強調する見解やその実現を政治・社会的目的とする秩序観がその共通の特徴をなしている．そして特に近代以後の資本主義社会の矛盾を批判し，その克服のために社会主義社会を建設しようとする社会思想や社会運動を意味する．

【近代社会主義の思想史的淵源】社会主義思想の淵源と

して *旧約聖書の *モーセの *律法や *預言者たち，特に *イザヤや *アモスの教え，また古代ギリシアの *プラトンの『国家』などにみられる社会主義に関する見解に遡ることもあるが，本来の社会主義は近代ヨーロッパ，特に英国における封建制度の崩壊と *資本主義の台頭，すなわち資本主義的商品生産と労使間の階級闘争とともに始まり，そしてその思想史的先駆となったものは *トマス・モアの『ユートピア』の新しい社会についての構想であるといわれる．また *カンパネラの『太陽の町』やフランシス・*ベーコンの『ニュー・アトランティス』などにも，初期の資本主義社会の社会的混乱と大衆の貧窮，差別と圧政に対して新しい平等な社会への構想が提示されている．社会主義思想の前史をなすこれらの構想に共通する特徴は，理想社会を多かれ少なかれ人類の原始状態や自然への回帰に求め，社会的現実の批判としての役割を果たすことはあっても，現実の変革のための社会的運動を動機づけるものにはなりえなかった．それはモアの著書の題名（ギリシア語からの造語で「どこにもない所」の意）が物語るように，結局は社会・宗教批判のためのユートピア思想である（→ユートピア）．

【市民革命期の社会主義思想】一般にブルジョア革命とか小ブルジョア革命とも呼ばれる 17 世紀半ばのイギリスのピューリタン革命や 18 世紀末の *フランス革命の時期には，新興の産業資本家を中心とする市民階級が貧農や都市貧民の不満を利用して，封建的・絶対主義的搾取階級に対抗し，国家権力を掌握した．しかしこの革命によって，貧農や都市貧民は法的には平等な市民とみなされることになったが，経済的には所有者と非所有者との新たな搾取・支配関係に置かれるようになった．そしてこの革命の過程のなかで貧農や貧民の立場に立つ社会主義思想が生まれた．ピューリタン革命期にはウィンスタンリ（Gerrard Winstanley, 1609 頃-52）とその真正水平派は *私有財産と土地所有の問題性を指摘し，貧農による荒野の占有と開拓を通して農業共同体を実現する実践運動に寄与した．またフランス革命期にはバブーフ（François Noél Babeuf, 1760-97）が 1794 年の「テルミドールの反動」以来，都市の貧民や貧農の立場に立ち，法の前の形式的平等だけでなく，実質的な財産の平等を求めて社会的平等を要求し，万人が労働の義務を負う共同生産社会の実現のために，私有財産の廃止と階級闘争を提唱した．

【初期社会主義】後にマルクスが『共産党宣言』において自分の社会主義を科学的社会主義と称し，この期の社会主義思想を，社会変革のための有効な手段を欠くという理由からユートピア的社会主義と位置づけたが，この期の社会主義思想は単なる社会批判に終わったユートピア論とは異なり，多かれ少なかれ実践されたか，実践を視野に置いたものであった．また日本語では一般に空想的社会主義と訳されているが，むしろ初期の社会主義と理解されるべきであろう．

この種の社会主義思想は，イギリスにおける産業革命とヨーロッパ大陸におけるその影響とそれに基づく社会変動のもとで生まれたものである．18 世紀の後半から 19 世紀の前半にかけて資本主義的経済の進展により，資本家と労働者，富者と貧者，所有者と非所有者の対立が激しくなった．

1799 年以来，スコットランドの村ニューラナーク（New Lanark）の紡績工場の経営者となったオーエンは，経営者としての自らの経験に基づき『新社会観』（1813-14）を著し，人間は環境の産物であるという哲学的原点に立って，産業革命以後の工場制度は無制約な利潤追求のために労働者を劣悪な労働条件と道徳環境に陥れた反人間的制度であると考え，自分の工場に協同組合的経営を導入した．この共同体的な社会組織が利潤追求的競争から人間を解放し，相互的な協働が世界の再生への手段となると提唱したのである．後にオーエンはこの理念の実現を北米のニューハーモニー（New Harmony）で共同社会建設として試みたが，失敗に終わった．

その頃フランスではサン・シモンが『欧州社会の再組織』（1814）や『産業者の教理問答』（1823-24），また晩年の『新基督教』（1825）などをもって，「産業者」を中心とした社会改造論を提唱した．それは，産業化はまだ緩慢であったが，資本主義的土地貴族と富裕な商業・産業市民層の経済的支配，また 1814 年の王政復古以来の政治的支配に対して，経営者と労働者の協働，それに独自の解釈によるキリスト教のもとでの平和な産業社会の確立を提唱するものであった．また，自然の変革と社会の意識的・科学的運営を通して，国民全体が一つの工場のようなものになって組織的に，かつ計画的に実現されるものと考えられた．

また *フーリエもこの期の 3 人の空想的社会主義者の一人とみなされている．彼は無制約な商業主義と資本主義的文明の問題性を鋭く批判し，『四運動の理論』（1808）において彼の独自の歴史観に基づく未来社会を構想し，農業を基盤としたファランジュと呼ばれた共同生産集団による産業共同組合的新世界を提唱した．またその実践を 1832 年に試みたが，数年で失敗に終わった．

なおこれらの初期社会主義思想はそれぞれ共鳴者や支持者をみいだし，イギリスではオーエンに次いでリカド派の社会主義者たちが労働価値説に基づいて資本主義を批判し，フランスでは 1830 年の 7 月革命を機にサン・シモン派とフーリエ派の社会主義者たちが資本家による労働者階級の搾取を非難した．またバブーフの流れを汲む社会主義者たちは労働者階級の階級的自覚を呼びかけ，労働運動を政治的・革命的実践へと結びつけることになった．

産業化と資本主義的進展に遅れたドイツでも，7 月革命以後 *ヴァイトリングがサン・シモンやフーリエの思想的影響のもとで社会主義思想を掲げ，さらに労働者の革命的役割を強調するようになった．また後にはヘス（Moses Hess, 1812-75）やグリューン（Karl Grün, 1817-87）がフランス的社会主義思想を哲学的に捉え直して「真正社会主義」を提唱したが，その結果，社会主義の実践的意味は失われ，人間性の思弁的考察となってしまった．

【マルクスの社会主義】マルクスの社会主義の構想には *エンゲルスもかなり関わっている．また一般に *マルクス主義，*共産主義とも呼ばれているが，共産主義という概念は彼らが 1848 年の『共産党宣言』において，当時のさまざまな社会主義思想を批判して，自分たちの社会主義を社会主義思想史の上で「科学的社会主義」と位置づけたものを意味し，また後にはマルクス・レーニン主義の意味で使われるようになった．

マルクスの社会主義はドイツ哲学，特に *ヘーゲルの弁証法哲学とその歴史観，*フォイエルバハの *唯物論，英国の古典経済学における資本主義の分析と労働価値説，フランスの社会主義思想における資本主義批判と革命的実践などの批判的総合によって形成され，人間の社会の構造とその歴史的発展に関する *史的唯物論と呼ばれる理論に基づいて構想されたものである．マルクスは

しゃかいしゅぎ

その理論の骨子を『経済学批判』(1859)において展開し，また彼の大著『資本論』(1867-94)において，近代社会の経済的運動法則を分析し，資本主義社会が必然的にその変革者である労働階級を生み出し，彼らの団結による階級闘争と革命によって真の人間的社会である社会主義社会が実現すると考えた．

しかし第2次世界大戦後の西欧諸国でのマルクス研究の過程で，初期マルクスの文献，すなわち1848年以前のマルクスの著作の研究が進められ，その結果，資本論を中心とした後期のマルクスの社会主義思想も再解釈されるようになり，マルクスの社会主義が本来，人間論的社会主義であることが評価されるようになった．

【社会主義運動と社会主義のその後の発展】1848年の革命の挫折の後に，社会主義は一時停滞したが，ヨーロッパ社会の変貌と資本主義のその後の発展段階に直面して，1864年の第1インターナショナルを機に，また1889年の第2インターナショナルを経て，社会主義は労働運動や政治活動と結びついて，ヨーロッパ諸国において新しい展開と分裂を繰り返すことになった．マルクスの社会主義も1870年代以降，批判や修正が加えられ，西欧諸国でさまざまな形態の*社会民主主義が成立し，今日の社会民主主義の原型となった．また主流マルクス主義もロシア革命を機にマルクス・レーニン主義として発展し，その後世界各地の多くの国々でさまざまな特色をもつ共産主義的社会主義として発展したが，1990年以来その多くが崩壊に直面している．

【社会主義とキリスト教】社会主義は資本主義が比較的進んだヨーロッパ諸国で発展したことで，多かれ少なかれキリスト教的な価値観を前提とする形態のものが少なくない．初期社会主義の時代にはキリスト教をかなり恣意的に解釈して，その理念の根幹にしたものもあったが，19世紀の後半から社会主義に走った労働者階級に対する司牧的配慮のために，キリスト教的な社会活動や社会主義を神学的立場から考察する試みが行われるようになった．しかしそれらは「宗教的社会主義」「キリスト教的社会主義」「カトリック社会主義」などの名称はとっていても，いずれも社会民主主義的なものである．

カトリック教会では1891年の教皇*レオ13世による社会回勅*『レルム・ノヴァールム』とその後の社会回勅(→社会問題)や教導文書において，資本主義の問題点の指摘と警告，マルクス主義的社会主義に対する批判的発言が繰り返され，社会経済と労働の問題に関する独自の見解を教会の社会教説とカトリック社会論において展開してきた．

【文献】StL⁷ 5: 10-26; *Katholisches Soziallexikon* (Innsbruck 1964) 1036-47, (Innsbruck ²1980) 2709-32.

(犬飼政一)

【社会主義経済】〔社会主義経済の類型と展開〕社会主義の系譜と同様に，社会主義経済も，その内容は一様ではなく，多様であり可変的でもある．しかし，これまで主張または展開されてきた社会主義経済には，大別して三つの類型を区別することができる．第一は，生産手段は共有で経済過程を中央で計画し管理する方式，第二に，生産手段は共有だが経済全般の調整には中央計画とともに*市場を導入する方式，そして第三は，私有と市場競争を原則とし必要に応じて社会化と計画化を進める方式である．第一は管理社会主義，いわゆる共産主義がこれに属し，第二は市場社会主義または社会主義市場経済，第三は自由社会主義の基本の類型である．

近代の社会主義は，私有と放任の自由資本主義の否定運動として出発した．したがって当初は，社会主義はほとんどが共産主義であり，用語としても一般に区別はなかった．しかし20世紀に入る前後から，労働者の状況の改善とともに社会主義運動はしだいに漸進化し，革命的な共産主義は少数派に転じていった．が，1917年に急進マルクス主義の*レーニンが革命に成功し，それを背景に第1次世界大戦直後，社会主義の二大分裂が決定的になった．

社会主義の生地である西欧では，ここでもその頃から社会主義政党が政権の座につき始めるが，しかしそれとともに社会主義はますます現実主義化し漸進化と自由化を深めていった．そして第2次世界大戦の後は，自ら民主社会主義や自由社会主義を称して，政治体制では多党議会民主制を堅持し，経済体制については明確に私有と市場競争を原則として必要なだけ社会化と計画化を進める混合体制(自由社会主義)を支持するようになってきた．

これに対して，共産主義は生地を離れ，マルクス・レーニン主義の名のもとに西欧社会の外に広がっていった．ロシア革命以来それはまずソ連に根を下ろし，第2次世界大戦の後は東欧から東洋に拡大して一挙に世界を二分する共産圏を形成するまでになった．しかし，その後の歩みは自由化の試みと分裂の歴史であった．1948年にはユーゴスラヴィアが離反し，そのときからこの国は市場社会主義への道をたどり始めた．ソ連圏でも，1956年のスターリン批判に次いで，60年代には市場経済要素の部分的な導入が試みられ，スターリン体制を固守する中国との対立が深まった．が，80年代になると，今度は中国が先頭をきってはるかに根本的な体制改革を進め，1993年からは「社会主義市場経済」を掲げるまでになった．他方，ソ連・東欧では，80年代末から改革は経済体制だけではなくて政治体制にも及び，1991年の末にはソ連邦そのものも消えて，この地域は管理社会主義から一挙に自由社会主義に転じてきた．

〔論争〕社会主義経済体制の歩みは以上のごとくだが，こうした歩みの必然性は理論的には早くから知られていたともいえる．それは結局は，社会主義，ことに管理社会主義(共産主義)経済の合理的な編成の可能性に関わり，これに関してはすでに戦前に広範な議論を通して幾つかの解答が出ていたからである．

ことに1920年代から30年代にかけて展開された「社会主義論争」または「社会主義経済計算論争」は重要である．この論争には欧米の主だった経済学者の多くが参加し，社会主義のもとでの経済計算の可能性が論議された．もしその可能性がみいだせなければ，社会主義は政治的には実現可能だとしてもその合理的な，したがって効率的な編成は不可能となるから，これは社会主義の将来に関する論争でもあった．この論争の背景をなしたのは，ロシア革命と第1次世界大戦後のドイツやオーストリアでの社会主義への関心の高まりであった．

著名な論者では，まずM.*ヴェーバーや*ミーゼスが社会主義経済の合理的編成の可能性を否定し，*ハイエクやロビンズ(Lionel Charles Robbins, 1898-1984)がそれに続いた．論点は，私有と自由市場のない社会主義体制においては，市場価格(→価格)が形成されないから物量計算はできても経済(価値)計算はできず，経済計算のないところでは合理的な資源配分は期待できず，社会主義経済はその非効率性のために挫折せざるをえない，ということにあった．もっとも，社会主義経済での合理的な資源配分の問題は理論的には解決できることが

ほどなく認められてくるが，しかしそれを実行しようとすれば中央当局に要求されてくるはずの，莫大な統計資料の収集・加工・伝達や経済の諸段階でのおびただしいチェック作業などのために，実際にはそれが不可能になっていく，と主張された．

これに対し，ラーナー (Abba Ptachya Lerner, 1900-) やディキンソン (Henry Douglas Dickinson, 1899-1968) やことにランゲ (Osker Lange, 1904-65) のような経済学者が，社会主義経済の合理的編成の可能性を説いた．代表的なランゲの論点は，中央当局がまず任意の価格を設定して下部の経済主体に伝達し，そこに生じうる需給の不均衡に応じて価格を修正しながら均衡的な価格体系に達することができる，ということにあった．しかし，そこで考えられていたのは，社会主義に市場機構を採り入れてその機能を活用することであり，そこに想定された社会主義は，個別経済主体に大幅に自主性を認める市場社会主義または競争社会主義であった．

つまり，社会主義を擁護する論者でも，共産主義経済の可能性を主張する者はむしろ例外であった．ソ連のイデオローグたちを別にすれば，著名な人ではイギリスのマルクス主義経済学者のドッブ (Maurice Herbert Dobb, 1900-76) だけであった．が，第2次世界大戦とその後の政治状況を背景に共産主義の巨大な実験は続けられ，その経済の挫折が現実に明らかになるのになお半世紀を必要とした．

〔期待機能と現実問題〕近代社会主義の登場以来，共有化と計画化によって自由資本主義の諸欠陥（恐慌，失業，私的独占，階級的支配など）が除かれるものと信じられてきた．需給は計画的に調整され，研究・開発やその社会的利用も計画的・集中的に推進されて，経済は安定し不断の成長も確保できる．また，完全雇用と分配の公正，それに人々の生活の全面的な保障が達成され，職場では労働者の参加と自主的な管理を通して産業民主主義が実現される．さらにこうして，すべてが商品化される人間不在の市場的社会に代わって自由と連帯の人間的な社会関係が回復される．以上のような経済的・社会的な諸効果が期待されてきた．

が，それらが可能になるためには，人間が関連事象のすべてを予測し計画することができ，かつ人々が一般に自らの自利心を克服できるようになること，つまり，人間理性と人間の完全性ないしは完成可能性が条件になる．シュムペーター (Joseph Alois Schumpeter, 1883-1950) のいう「半神人」と「大天使」の前提である．

しかし，人は実際にはそれほど完全ではない．したがってこの体制には，現実にはさまざまの問題が生じてこざるをえなくなる．

まず，情報技術の進歩を考慮しても，幾千万の人々の個々に異なり絶えず変化する欲求のすべてを測定し，生じうる歴史的変化のすべてを予見しながら，経済を細部に至るまで計画し管理するといったことは，合理的には望みえまい．それに，このような体制では，経済が発展すればするほど，管理機構はますます巨大化し官僚化してそれだけ管理コストは高騰し機構の硬直性が深まる．

また，共有と中央管理と生活保障の体制のもとでは，普通であればどうしても人々に自発性が欠けてくる．そこで報奨と処罰による産出高競争が導入されてくることになるが，この競争では自発的な革新やインテンシヴな効率化への力学は生じがたい．一方，共有と中央管理のこの体制は，権力の極度の集中をもたらし，いわば横の権力的支配を排して上からの権力的支配を強化する．

これらからしても管理社会主義の体制では，経済運営に合理性が欠け，経済の効率化も革新も進まず，人間の自由は抑圧されてくることになる．もっともこうした体制が，発展途上の地域（一般に，人々のほとんどが窮乏し，それでいてほんの一握りの者が法外な奢侈に明け暮れ，政治はさまざまに分裂して安定しないといった地域）の急速な近代化には適することもある．が，近代化が進み，生活が向上し経済が複雑になってくればくるほど，先のような諸欠陥が顕在化してくることになる．

〔市場の導入〕そこで，社会主義体制への市場機構の組み入れが考えられてきたのである．市場は，財の稀少性を知らせる情報機能，需給を均衡化させる調整機能，効率の良否を篩にかける淘汰機能などをもち，その導入によって管理社会主義の諸欠陥の多くが除かれることが期待される．が，自由市場もそれだけでは「市場の失敗」といわれるさまざまの限界をもち，総合的・計画的な公的施策の補完が不可欠である．こうしたところから，混合的な社会主義が構想されてきた．

が，これには初めにあげたように二つの類型がある．一つは，生産手段の共有は残しながら市場と計画の混合体制を志向するものである．かつてのランゲ・モデル，現実には旧ユーゴの実験がこれに属する．今日の中国の掲げる「社会主義市場経済」もこれに属すると考えられるが，必ずしも明確ではない．もう一つは，人々の自由と有効な市場機能を確保するために共有原則も放棄して市場と計画の混合体制に向かうものであり，西欧の自由社会主義がこれに属し，1980年代末以来のソ連・東欧の体制改革もこの方向を示している．そしてこのようになると，今や広範に社会化してきた今日の自由主義経済との間にあるのは，質というよりも程度の違いにすぎなくなる．→経済

【文献】「経済計算論争」『経済学辞典』(岩波書店 ²1979) 299-300; F. A. フォン・ハイエク編『集産主義計画経済の理論』迫間真治郎訳 (実業之日本社 1950): F. A. VON HAYEK, ed., *Collectivist Economic Planning* (New York 1935); B. E. リピンコット編『計画経済理論』土屋清訳 (社会思想研究会 1951): B. E. LIPPINCOTT, ed., *On the Economic Theory of Socialism* (Mineapolis 1938); J. A. シュンペーター『資本主義・社会主義・民主主義』全3巻, 中山伊地郎, 東畑精一訳 (東洋経済新報社 1951-52): J. A. SCHUMPETER, *Capitalism, Socialism and Democracy* (London 1952); 岩田昌征『比較社会主義経済論』(日本評論社 1971); 丹羽春喜『経済合理性と社会主義体制』(アジア経済研究所 1972); A. ウッツ『第三の道の哲学』野尻武敏訳 (新評論 1978): A. UTZ, *Zwischen Neoliberalismus und Neomarxismus* (Köln 1975); J. コスタ『現代の社会主義──理論と現実』野尻武敏監訳 (新評論 1979): J. KOSTA, *Sozialistische Planwirtschaft. Theorie und Praxis* (Opladen 1974); 野尻武敏『選択の時代』(新評論 1980); G. WEISSER, "Freiheitlicher Sozialismus," *Handwörterbuch der Sozialwissenschaften*, v. 9 (Göttingen 1956); E. KÜNG, *Sozialistische Marktwirtschaft?* (Köln 1982).　　　　　　　(野尻武敏)

しゃかいしんかろん　社会進化論　〔英〕social evolutionism, 〔独〕sozialer Evolutionismus, 〔仏〕évolutionisme social

【概要】18世紀の啓蒙主義の運動以降，中世的・封建制的な伝統秩序の打破を目指し，政治制度の民主化や市場経済の開放や産業技術の革新など，近代産業社会への一

しゃかいしんかろん

連の激しい転換の流れのなかで，社会と知性の「進歩」や「段階的発達」という思想が練り上げられた．19世紀に成立した*社会学や*文化人類学において，これを実証的な理論として確立したのが社会進化論である．

社会学におけるそれは，歴史における社会の構造的変動を，生物の成長における組織や器官の分化－連結度の増大とのアナロジーによって，異質な職能メンバーの分業－協働による連帯社会へと向かっていく有機体的で必然的な「進化」として，実証的・経験的に説明しようとする理論である．産業社会発展期のイギリスで，最適者生存の原理に基づき自由放任の競争経済を積極的に支持した，在野の社会学者H.*スペンサーが先唱した．彼の諸著作は，19世紀後半の産業資本家と中産階層の熱烈な支持を得たが，やがて時代が産業資本主義から金融独占資本主義の段階へと推移し，国家による社会改良政策が求められるようになるにつれて，イギリス国内では忘れられていった．対照的に，南北戦争後のアメリカの新興資本主義社会で自由経済を鼓舞する理論として受容されたスペンサーの思想は，大実業家たちの現状肯定的な強者の論理を正当化する一方，サムナー(William Graham Sumner, 1840-1940)やウォード(Lester Frank Ward, 1841-1913)に率いられるアメリカ社会学の第1世代に強い影響を与えた．しかし大恐慌時代になって自由放任政策の見直しとともに一時衰退する．

他方，文化人類学における社会進化論は，人間性の普遍的同一性の理念のもとに，現存する「未開」の原住民文化を人類の先史文化の「残存」([英] survival)と想定し，当時の西洋文明を頂点に置いて，人類文化史を序列的に野蛮・未開・文明の順に再構成しようとする理論で，文化進化論とも呼ばれる．19世紀後半の産業社会の隆盛期に，イギリスの比較人類学者*タイラーや，*マルクス主義の発展史観に強い影響を及ぼしたアメリカの民族学者モーガン(Lewis Henry Morgan, 1818-81)らによって唱えられたものである．しかし，自文化中心主義的に西洋近代文明への直線的・単一系統的な漸進を説くこの文化進化説は，資料面で原住民社会の実地調査が進むと反証され，また方法論の面でも，異文化間での文化要素の伝播を経験科学的に研究する文化伝播主義や，文化の有機的機能関連を統合的に理解しようとする機能主義人類学によって批判され，20世紀初頭には支持を失った．

しかし第2次世界大戦後，西側諸国の経済的繁栄をも背景に，社会進化論は，環境への「適応」による社会文化の変動という視点で，19世紀の古典的進化論の特徴であった有機体アナロジーや単系進化の発想を脱却した新しい発展段階説として再登場する．

文化人類学においては，一人あたりのエネルギー利用可能量と効率化の技術の進化を指標とするホワイト(Leslie Alvin White, 1900-75)の一般的進化論や，伝播・接触のない異文化間での進化の類似ないし並行に着目するステュワード(Julian Haynes Steward, 1902-72)の多系進化論など，他方，社会学においては構造－機能理論の立場から，テクノロジー革新を目標に発展の本流と支流を併存させるレンスキー(Gerhard Emmanuel Lenski, 1924-)の社会文化的進化論や，環境へのシステムの能動的適応能力の上昇を指標とするT.*パーソンズの発展的社会システム論など，新進化主義(neo-evolutionism)の名のもとに新たな展開がもたらされることになる．以下では社会学における社会進化論を中心に説明する．

【スペンサー社会進化論の形成史】「進化」(evolution)という語は，「巻物を解き開く」という意味のラテン語evolvereが語源で，*ケンブリッジ・プラトン学派によって「歴史の展開」の意味で用いられ始め，17世紀末から生物学での個体発生のプロセスを示す語として用いられるようになった．ただし18世紀後半まではこの語は，個体発生を卵や胚のなかに入れ子状に先在する微小な成体のひな型からの発育ないし発展とする，前成説の文脈で用いられていた．種の不変に帰結するこの説は，多様な生物種のどれもが世界の*創造の際に全能の神によって種別に不変の祖型として創られたとする神学の特殊創造説(creationism)とも合致し，教会の支持のもとに圧倒的に優勢な理論となった．だが19世紀になると，比較発生学が発展し，卵や胚からしだいに形態が変化し器官が形成され成体となるとする，後成説の主張が一般に認められるようになった．ドイツの発生学者フォン・ベーア(Karl Ernst von Baer, 1792-1876)は，未分化で同質的な胚が「分化」して異質的なものとなり特殊化する個体発生のプロセスが，種によってあらかじめ決定されており，発生の進展とともにそれが「展開」されるのだという意味でevolutionの語を用いた．スペンサーの『第一原理』(1862)における進化の一般的定義は，フォン・ベーアのこの個体発生のプロセスを参考にしたものである．スペンサーによると，進化とは「物質の統合とそれに伴う運動の分散」であり，その法則は「物質が不確定でまとまりのない同質なものから，確定したまとまりのある異質なものへ」と移行すること，そしてその構造的移行に伴い「運動も持続的に変化」を受けることである．彼はこの統合化・分化・確定化という進化の基準が，星雲の生成から地球の地質や気候の変化，有機体の種の増加，人類の進化，社会・経済・産業の発展，芸術・思想・学問の進歩，知能や倫理の向上等に至るまで，あらゆる事象を貫いていることを組織的に叙述していった．『綜合哲学体系』全10巻(1862-96)がそれである．その第6-8巻『社会学原理』(1876-96)においてスペンサーの社会進化論は確立され，そこでは「社会有機体」と「個人主義」という視点が構成軸になっている．また社会の統合度に加えて，「適応」という進化の新たな基準も提示される．

生物有機体とのアナロジーで社会の生成や発展を理解する試みは，すでに17世紀の社会思想家にもみられるが，生物学を基盤に体系として確立したのは*コントであった．コントは社会学の体系を社会静学と社会動学に区分し，社会進歩の必然的継起の法則を考察する社会動学において，人類の知性の発展を原理に「3段階の法則」を掲げる．神学的(空想的)・形而上学的(抽象的)・実証的(科学的)という精神の3段階に対応して，軍事的・法治的・産業的という社会の発展段階が示されるが，中間段階は過渡的なものにすぎず，原理的には「秩序」(中世以前)対「進歩統合」(近代)という二分法に基づいている．

コントの3段階説に対し，スペンサーは，社会の統合度という指標に沿って同質的で単純な社会から異質的で複合的－統合的な社会へ，また環境への適応の仕方の相違に沿って軍事型社会から産業型社会へという2段階説をとる．軍事型社会とは，対外的な攻撃－防衛を主眼に中央集権的に編成された戦時体制で，社会が他の社会に対して適応する組織型であり，未開社会や古代専制国家がモデルにされている．個人の自由や権利は許されず，全体の利益のための奉仕と規律が強制される．一方，産

業型社会とは，内的な生命維持を主眼とする平和体制で，社会が自然環境に対して適応する形態であり，産業革命後の市民社会がモデルとなっている．個人の権利と自由が保障され，全体は構成員の福祉を目的とし，協働も自発的である．前近代社会と近代社会との対比および後者の優位という構図は，スペンサーの生きたイギリス資本主義の安定的発展の時代を背景に，産業の発展による社会の進化が人類に幸福をもたらすという楽観的な信念に支えられている．

【社会ダーウィニズムとの異同】社会進化論という呼称は，「社会ダーウィニズム」(social Darwinism) とも同一視される．いずれも，人間の社会をダーウィン流の生物学的原理，つまり進化の視点から解釈しようとする言説だからである．もっとも，思想界に大衝撃をもたらした *ダーウィンの主著『種の起源』(1859) では人間の進化は主題とされておらず，その意味ではそもそも，社会ダーウィニズムという名称が不適当だともいわれる．ダーウィンの関心を超えて，それを人類の起源と社会学説へと適用したのは，動物学者 T. H. *ハクスリであった．ダーウィンの *進化論の普及と擁護に燃えた彼は，人類の類人猿起源を説いて人間の卓越した地位をおとしめたため，特殊創造説に立脚するキリスト教的人間観との大論争を引き起こした．しかし両方の呼称は，訳語上のニュアンスでは別物だという暗黙の了解があり，通常，社会進化論がイギリス・アメリカ系のものを指すときに用いられる一方で，社会ダーウィニズムはドイツ系の思想の呼称にあてられがちである．

例えば後者の代表には，反カトリックの闘士として進化論的な自然宗教を奉じ，宇宙の一元論的な生成発展を説いた *ヘッケルがいる．ドイツ語圏ではさらに，人種間の集団闘争によって国家の成立や社会の文化的進化を説明する思想や，生存闘争や淘汰の原理に立つ多数の進化論的社会理論が第 1 次世界大戦勃発の頃まで続出した．それらの蓄積の上に，大戦後の国家的危機を克服するために優生学的な社会対策が期待されるようになり，ついに 1933 年ナチス政権下で優生断種法が制定され，施行後 3 年間で 20 万人以上の断種手術が行われた (→ ナチズム)．社会ダーウィニズムという語には，ナチスの人種政策への暗い連想とともに，「最適者生存」の裏返しである弱者の淘汰や排除といった無慈悲な響きがつきまとう．そのせいか，個人主義的自由擁護と社会進歩への一見楽観的な展望を特徴とするスペンサー系の進化思想，とりわけアメリカのそれには，社会ダーウィニズムの呼称を避け，社会進化論という訳語があてられているとされる．しかし，実際にはすでにイギリスでダーウィンのいとこの遺伝学者ゴールトン (Francis Galton, 1822-1911) が 1883 年に *優生学の口火を切り，次いでその弟子の生物統計学者ピアソン (Karl Pearson, 1857-1936) が社会的不適応者の生殖からの排除による社会改革を説いていた．それに呼応して，アメリカで断種法の最初の制定がなされ，1907 年から 30 年代中頃までに 2 万人もが合法的に手術を施されていた．むしろアメリカの人種政策や優生学的法律が，ナチスの非道な政策のモデルとなっていたのである．

結局，社会進化論と社会ダーウィニズムの訳し分けは恣意的といってよい．イギリスやアメリカでもドイツでも，言説の一定様式と含蓄に大差はない．

【日本における社会ダーウィニズムの受容と黙殺】ヨーロッパやアメリカに導入された生物進化論や社会ダーウィニズムは，キリスト教信仰との衝突や折衷を経て，19 世紀後半には科学的な社会観や人間観として定着していった．それに比べ，一神教的な創造信仰のなかった日本では，文明開化・殖産興業を図る明治政府の欧化政策に沿って，実学的な先進思想として大した抵抗もなく導入され普及していった．渡米中に博物学者モース (Edward Sylvester Morse, 1838-1925) の講演を聴いて感服した外山正一 (1848-1900) が，1876 年 (明治 9) に開成学校で社会進化の説を教えたのがその最初であるとされる．また 1878 年に来日したフェノロサ (Ernest Francisco Fenollosa, 1853-1908) は，東京大学でスペンサー社会学を紹介している．スペンサーの著書は 1877 年の尾崎行雄訳『権利提綱』(Social Statics) を皮切りに，乗竹孝太郎訳『社会学之原理』(1822)，藤井宇平訳『綜合哲学原理』(1898) など，30 冊以上が訳出・刊行された．また，日本人ではフェノロサの弟子有賀長雄 (1860-1921) がスペンサーに依拠した『社会進化論』(1883)，『宗教進化論』(1883)，『族制進化論』(1884) の 3 巻からなる日本最初の「社会学」の書を著し，山県梯三郎 (1858-1940) の『男女淘汰論』(1887)，石川千代松 (1861-1935) の『進化新論』(1891)，丘浅次郎 (1868-1944) の『進化論講話』(1904) などによって進化論の啓蒙・普及が促進された．

社会ダーウィニズムの理論は，当初，自由民権運動の思想的支柱の一つとして受容された．とりわけ，市民の自然権的な諸権利を擁護し国権による干渉・統制に反対するスペンサーの進化論的自由思想は，熱烈に歓迎された．他方，社会ダーウィニズムの保守的解釈として有名なのは *加藤弘之で，その『人権新説』(1882) は，先天的な能力差と生存闘争による「優勝劣敗」の進化を必然的な自然法則とみなし，人権の平等思想を「妄説」と断定，むしろ人権とは，最強者による弱者の守護の制度たる国家の成立に由来するものとして，国権の優位を説き，天皇制の支配を正当化した．この説は多くの批判を浴び「人権論争」を引き起こした．

社会主義者もダーウィニズムを摂取した．*幸徳秋水は生存競争を階級闘争の原動力とみなしたし，『種の起源』(1916，新訳 1922) を訳した大杉栄 (1885-1923) や，ベルシェの『人間発生の跡』(1921) を訳した堺利彦 (1870-1933) は，同一の起源からの全生物の発生を階級制否定の根拠としている．宗教界でも *内村鑑三は聖書と『種の起源』の調和を目指し，仏教学者の井上円了 (1858-1919) は浄土真宗改革家の清沢満之 (1863-1903) は仏教革新のために進化論を活用しようとした．昭和に入ると，ドイツ優生運動の影響下に人種改良を目的とする民族衛生学の研究も着手され，1940 年 (昭和 15) には国民優生法が成立した．

このようにして，明治から第 2 次世界大戦に至るまで社会ダーウィニズムの系譜は日本の思想界に強い影響を及ぼしてきたにもかかわらず，大戦後はほとんど顧みられなくなった．正統派マルクス主義からは漸進的な改良主義の烙印のもとに葬り去られ，ヴェーバー学派 (→ M. ヴェーバー) からは価値依拠的な世界観的認識として排斥されたからである．また，新たな *ファシズムへの警戒から，社会ダーウィニズムにおける全体主義的な侵略思想や人種差別的な優生思想への傾向は，ナチス的な狂気に連なる非科学と反ヒューマニズムの典型としてタブー視され，黙殺されるようになった．

【現代的課題】第 2 次世界大戦中の甚だしい人権侵害への反省から，大戦後，国連では *『世界人権宣言』・国際人権規約・人種差別撤廃国際条約などが採択され，国内

外で人権運動が支持され軍縮・平和・民主化の気運が高まった．それとともに，階層的な優遇・排除の社会理論および人種的な選別・闘争の民族思想としてのダーウィニズムは，すでに克服され終焉したかのように思われる．

ところが現実には，「進歩」「発展」「開発」「成長」「競争」「効率」などのダーウィニズムの基本概念は日常語に根づいて，肯定的な語感で用いられている．かつて社会ダーウィニズムの言説が産業資本主義体制での社会的不平等の現状肯定や，帝国列強による植民地支配と戦争の正当化の根拠をもたらしたように，現代においても，科学・技術・産業の発展はもとより，健康優良児を理想視する教育，人格育成のためのスポーツ奨励，受験競争や出世競争や企業の国際競争での勝敗意識等々，日常的な生活感覚のうちに自明化されたダーウィニズムのエートスは，個人や集団の優勝劣敗的な序列を当然視するイデオロギー的正当化の機能を果たしている．

コントやスペンサーは科学や産業の発展が戦争をなくし平和と幸福をもたらすと考えていたが，彼らの予測に反し，科学技術文明の急激な発展によって達成された現代の高度産業社会において，貧困も戦争もなくなってはいない．むしろ，旧植民地だった開発途上国の大半は先進諸国に依存した産業しか興せず，慢性的な貧困へと構造的に布置されており，人口の爆発的増大による世界的な資源枯渇と環境破壊が進行しつつある．冷戦終結後も，かえって部族対立や民族紛争が激化し，1,000万人以上の難民が祖国を追われている．他面では，生殖操作・延命治療・*臓器移植など先端医療技術の高度化に伴って新たな優生学的乱用（精子銀行，出生前胎児診断による選択的中絶，生存の質の観点での*安楽死，臓器売買，脳中心主義的な死の概念，移植の機会の不公平性など）の危険も現実化している．

近代に誕生した社会学や文化人類学が近代社会と近代文明の自己認識であるかぎり，社会進化論のパラダイムには近代人としての現状肯定と願望とが反映している．しかしロストウ（Walt Whitman Rostow, 1916- ）の経済成長5段階説の頂点にあたる「高度大衆消費社会」への到達は，同時に産業体制の原理的転換を迫る人類の危機の到来でもあった．もはや単純な発達史観は通用しない．むしろ逆に，産業体制の近代的特化の過程で，人類社会は開発の暴走の歯止めとなっていた何かを切り落としてきたのではと問い直すこともできる．

例えば，抑圧的制度からの人間の解放という理念のもとに，民主化・合理化・産業化の過程で，個人の自由な幸福追求や産業活動を確保するために解体された，親族や共同体や宗教による制約がそれである．かつてはそれらは有機的かつ通時的な紐帯として機能しつつ対人的にも対自然的にも欲望の過剰を抑止し，共生の基盤を醸成していたとも思われる．それらを切り捨てることで，近代のエートスは*個人主義・*功利主義・*実証主義・人間偏重主義へと特化されていった．伝統的な宗教素養の衰退に伴い，進歩神話や科学信仰が「代用宗教」の役を果たし，カルト的宗教の洗脳が横行することにもなった．

他方では，1970年代から大量消費社会による生態系破壊を告発し環境保護を求める運動が活発になった．それは反原発や反戦・平和の運動とも合流して，エコロジー運動へと結集した．そして，産業社会の原理をなし環境破壊の原因となった個人主義的自由主義に対し，生態系と未来世代への責任を痛感し社会的コンセンサスを重視する共同体主義の立場から「環境倫理学」が提唱された．啓蒙主義以降の社会思想家たちの取り組んだ「秩序と進歩の統合」という課題は，「自然と文明の共存」という今日的視点において，今まさに近代産業文明の展開そのものに原理的見直しを迫る文明論的かつ日常実践的な最重要課題なのである．

これらの現代的課題に指針を与えるカトリック教会文書としては，現代文明の進歩と社会正義の新たな統合に関しては，教皇*パウルス6世の回勅*『ポプロールム・プログレッシオ』（邦題『諸民族の進歩発展について』1967），*ヨアンネス・パウルス2世の『ソリキトゥド・レイ・ソキアーリス』（邦題『真の開発とは』Sollicitudo rei socialis, 1987）および『ケンテシムス・アヌス』（邦題『新しい課題』Centesimus annus, 1991）などの諸回勅が，また先端医療技術に対する教理上の見解には，教皇庁教理省の『安楽死に関する声明』（Declaratio de Euthanasia: "Jura et bona", 1980），『生命のはじまりに関する教書』（Instruction on Respect for Human Life in Its Origin and on the Dignity of Procreation, 1987），ヨアンネス・パウルス2世の「臓器遺贈はキリスト的な愛の表現」とする声明（1990）などがある．

【文献】H. スペンサー『第一原理』沢田謙訳（春秋社1927）: H. SPENCER, *First Principles* (London 1862); 八杉竜一『進化論の歴史』（岩波書店1969）; R. ホフスタター『アメリカの社会進化思想』後藤昭次訳（研究社1973）: R. HOFSTADTER, *Social Darwinism in American Thought* (Boston 1955); 宮川俊行『安楽死について』（中央出版社1983）; T. A. グージ他『進化思想のトポグラフィ』（平凡社1987）; P. P. ウィーナー編『西洋思想大事典』第2巻（平凡社1990）549-63: P. P. WIENER, *Dictionary of the History of Ideas*, v. 2 (New York 1968) 174-89; 柴谷篤弘他編『進化思想と社会』講座・進化2（東京大学出版会1991）;「特集 ダーウィン―進化論の現在』『現代思想』2月号(1993) 84-246; D. J. ケヴルズ『優生学の名のもとに』西俣総平訳（朝日新聞社1993）: D. J. KEVLES, *In the Name of Eugenics* (New York 1985); 加藤尚武『21世紀のエチカ』（未来社1993）; 八杉竜一編訳『ダーウィニズム論集』（岩波書店1994）; P. J. ボウラー『進歩の発明』岡嵜修訳（平凡社1995）: P. J. BOWLER, *The Invention of Progress* (Oxford 1989); 富山太佳夫『ダーウィンの世紀末』（青土社1995）; H. SPENCER, *The Principles of Sociology*, 3 v. (London 1876-96).

〔酒井一郎〕

しゃかいしんりがく　社会心理学〔英〕social psychology,〔独〕Sozialpsychologie,〔仏〕psychologie sociale

【定義】社会心理学とは何かについては多様な観点がある．社会心理学は「人間の相互作用についての科学的研究を行う学問である」「社会的刺激の関数としての個々人の行動についての研究を特に含む，心理学の一下位学問分野である」「個々人の思考や感情や行為が，知覚した，想像した，ないしは暗に示した他者の思考や感情や行為などによっていかに影響を受けるかを理解し，説明し，予測しようとする学問である」「個々人の社会的状況による影響の受け方の研究である」「個々人の社会的行動に影響を与える個人的および状況的要因についての科学的研究である」．以上は，社会心理学の定義についての代表的例を幾つか示したものである．社会心理学はこれらすべてであるともいうことができよう．

【領域】社会心理学の実際の研究の主要な領域は，通常次の三つを含む．(1) 個々人の諸過程に及ぼす社会的影

響の研究．*知覚，動機づけ，*学習，帰属などに及ぼす社会的影響過程の研究はその例である．(2) 共存される個々人の諸過程の研究．*言語や社会的態度の研究はその例である．(3) 集団の相互作用の研究．リーダーシップ，*コミュニケーション，勢力関係，権威，同調，協同と競争，社会的役割の研究などはその例である．

【歴史】社会心理的現象に対する人間の興味・関心は人間の歴史とともに古い．しかし，科学としての社会心理学の歴史はまだ比較的新しい．1897年に，米国のトリプレット (Norman Triplett, 1861-1934) が，個人の行動に及ぼす競争の効果に関する研究を行ったのが，一般に社会心理学における最初の実験としてあげられている．その後1908年に，ほぼ時を同じくして，社会心理学と題する2冊の著書が公刊された．一つは社会学者ロス (Edward Alsworth Ross, 1866-1951) によって，もう一つは心理学者マクドゥーガル (William McDougall, 1871-1938) によってであった．しかし初期の社会心理学は必ずしも実験的でなく，科学的検証を経たものというより，多分に思弁的であった．

20世紀初頭の人間行動についての心理学的思考の二大潮流をなしたのは，*フロイトによる*精神分析と，ワトソン (John Broadus Watson, 1878-1958) の創始にかかる*行動主義であった．この二大学派は初期の社会心理学に影響を及ぼした．フロイトは，社会化過程への関心を高めたし，ワトソンは，実験的方法の重要性と，行動に及ぼす環境的要因の影響を強調した．だが，このいずれも成人の複雑な相互作用を記述するには充分でなかった．

1930年代に入り，社会心理学は人間行動の社会的側面につき，より明晰なものとなってきた．*ミードは象徴的相互作用主義の基礎を築き，シェリフ (Muzafer Sherif, 1906-88) は集団規範に対する同調過程を科学的に解明した．レヴィン (Kurt Lewin, 1890-1947) は場の理論を構築し始め，人間の行動に及ぼす人と環境の双方の重要性を指摘した．ダラード (John Dollard, 1900-81) らはフラストレーション−攻撃仮説を提唱し，人間の攻撃行動の説明に実験的方法を導入した．

しかし，社会心理学が急速に発展したのは第2次世界大戦以降である．レヴィンはアクション・リサーチの必要性を強調し，実験室と現場の交流，理論と実践的問題の照合が必要と主張し，*グループ・ダイナミックスの開祖となった．現代社会心理学はますます発展を遂げ，同調，攻撃，社会と人との相互作用のような従来からの問題への関心が続く一方，人間行動に関する新たな問題が提起されるようになってきた．コミュニケーション過程，対人魅力，集団の相互作用，集団間葛藤の解決などはその例である．

【理論】社会心理学は実証を重視するが，理論ももとより必要である．理論とは，ある一連の現象に関する一連の相互関連的仮説ないしは命題である．よい理論は，命題間の論理的一貫性，既知の事実や将来の観察との適合性，有用性決定のための検証可能性などを含むものでなければならない．

そのようなものとして，現代社会心理学では，三大理論として，強化理論，認知理論 (→ 認知)，役割理論がある (そのほかにも，人間行動のもっと限定された範囲を説明しようとするミニ理論も存在する)．

〔強化理論〕強化理論はワトソンの行動主義に端を発し，ハル (Clark Leonard Hull, 1884-1952)，スペンス (Kenneth Spence, 1907-67)，スキナー (Burrhus Frederic Skinner, 1904-90) らによって発展させられた．この理論は刺激(S)−反応(R)間の関係の分析に焦点を置く．ある反応がその人にとって好適な結果をもたらすとき，強化の状態が存在する．その人は自分の反応に対しいわば賞を受けるのである．

強化理論の構想は社会心理学に影響を与えてきているが，単純なS−Rのモデルを越え，刺激と反応の間をつなぐものとしての人間を考慮した，S−O−Rモデルと呼ばれることがある．ミラー (Neal Edger Miller, 1909-) とダラードは，子どもの社会的行動の学習の仕方の説明に際し，模倣に中心点を置き，それが報賞的なものであれば，その模倣反応は多くの事態に適応されることを示した．

*バンデューラは社会的学習に関する，より広範な理論を発展させた．社会的学習は直接的反応の結果によっても生起しうるが，それにも増して，他者の行動の観察の結果生起する．たとえ直接的強化がなくても，他者に強化が与えられるのを観察することにより，それが代理的強化となり，観察者は他者と同一の行動をするようになる．それには，注意，保持，運動的再生，強化の段階的過程が想定されている．

強化の原理に基づくもう一つの理論に社会的交換理論がある．この理論では，人間の相互作用は，それに関わる報賞とコストにより，人はコストより報賞の大きい関係を求め，コストのほうが報賞より大きい関係は避けようとするとみる．この理論を初めて提唱した*ホマンズは，人間は基本的に快楽志向的(快楽を最大にし，苦痛を最小にしようとする)であると想定し，人は相互作用に際し，快楽を達成するような交換を行うとみる．

ティボー (John Walter Thibaut, 1917-86) とケリー (Harold Harding Kelley, 1921-) は，相互作用過程に基づき，結果のマトリックスを用い，もっと複雑な社会的交換理論を提出している．協同と競争，結婚の関係，勢力関係，取引と交渉などを，この基本原理を用いて研究し，説明を行っている．

強化理論は社会心理学に広範に適用されている．対人魅力，聴衆の存在が遂行の促進・阻害に及ぼす交渉，結婚の関係，国際的交渉などの研究にまで適用されている．

〔認知理論〕認知理論の淵源は，コフカ (Kurt Koffka, 1886-1941)，ケーラー (Wolfgang Köhler, 1887-1967) らの主導になるゲシュタルト理論にある (→ ゲシュタルト心理学)．知覚と*思考の強調，問題解決の説明に洞察の概念の導入，全体は部分の合計よりも大であるとの基本的仮定などに基づくものであった．もう一つの先駆的立場である現象学的アプローチでは，人の行動の理解は，その人がいかに世界を知覚するかを知ることにあるとの観点に立つものである．レヴィンの場の理論は生活空間の概念を強調している点でこの立場と関係がある．

現在の認知理論は認知機制と認知構造をより明確に考慮に入れている点で先駆的諸理論を凌駕している．認知とは*経験によって獲得される知識であり，それは何らかの方法で体制化されて認知構造となる．この立場では，刺激は単なる外的対象ではなく，もっと複雑な体制型である．知識，意味，理解に関心を抱き，直接観察されるものでなく，推論される内的過程に関心を抱いている．

現代社会心理学の研究は，認知理論に基づくものが多い．例えば，印象形成，態度変化の研究などである．ハイダー (Fritz Heider, 1896-1988)，ニューカム (Theo-

しゃかいせいぎ

dore Mead Newcomb, 1903-84）の均衡理論，フェスティンガー（Leon Festinger, 1919-89）の認知的不協和理論などは認知的斉合性理論の代表的なものであるが，人のさまざまな態度，態度と行動などは相互に一貫しているとの前提に立つものであり，それらが不斉合に陥ると，斉合性回復の機制が作用して，態度変化が生起しやすいとみるのである．因果関係の認知を通して，環境内に生じる現象や，人間の行動を解釈する過程は，帰属過程といわれるが，これに関わる帰属理論は，現代社会心理学の代表的認知理論であり，この観点からの実証的研究は盛んである．

〔役割理論〕役割理論は，その起源を，役者が演劇表現のなかで演ずる役割という演劇の概念に発している．現代の役割理論は単一の理論ではなく，行動を社会的相互作用の当事者に作用している役割，役割期待，役割要求，役割の技能，準拠集団などによって説明しようとする一連の理論的枠組みを総称するものである．役割とは，ある特定の社会的文脈のなかで特定のポジションを占めているときに人が行う機能であり，行動についての期待が役割期待といわれる．規範とは，社会的過程のなかで学習される，行動についてのより一般化された期待である．役割葛藤とは，人が互いに相いれない要求をもつ，幾つかのポジションを保持しているとき（役割間葛藤），または単一の役割が互いに相いれない期待をもつとき（役割内葛藤）に生ずる．

近年，役割理論は，自己概念との関係が明白になってきている．自己概念の発達と，人が社会的相互作用のなかで自らを監視する方法に注意が向けられるようになってきている．自己モニタリングは人が他者にどう知覚されるかを監視する傾向に焦点をあてたものである．自己提示理論と自己管理理論は，多くの行為が特定の目標を達成するのに，有用性の点でどのように選択されるかに関わるものである．役割理論は，コミュニケーション過程の諸側面の理解の基礎ともなるし，またある組織体のなかでの，リーダーと部下とのポジションの理解などにも影響を与えている．

社会心理学の理解のためには，このほか，実証的データをどのようにして得，また分析するかに関わる研究法のことにも触れるべきであろう．また，上述の諸理論を基礎として，社会心理学の各分野・領域で明らかにされてきた諸知見にも言及すべきであろう．さらに，そうした社会心理学の知見が，社会現象の解明のためにどのように応用しうるかについても考察すべきであろう．

【文献】T. M. ニューカム他『社会心理学 — 人間の相互作用の研究』古畑和孝訳（岩波書店 1973 ^{5}1984）: T. M. NEWCOMB, ET AL., *Social Psychology: The Study of Human Interaction* (New York 1965); 古畑和孝編『人間関係の社会心理学』（サイエンス社 1980); M. E. ショー，P. R. コスタンゾー『社会心理学の理論』全2巻，古畑和孝監訳（サイエンス社 1984): M. E. SHAW, P. R. COSTANZO, *Theories of Social Psychology* (New York ^{2}1982); G. LINDZEY, E. ARONSON, ed., *The Handbook of Social Psychology*, 2 v. (New York ^{3}1985); K. DEAUX, ET AL., *Social Psychology in the '90s* (Pacific Grove, Cal. ^{6}1993).　　　　　　　　　　　　　（古畑和孝）

しゃかいせいぎ　社会正義　〔英〕social justice, 〔独〕soziale Gerechtigkeit, 〔仏〕justice sociale

【概念】社会正義という概念は，*プラトン，*アリストテレスの思想的伝統に立ち，*トマス・アクィナスにおいて一応の完成をみるが，その後も徐々に展開され，20世紀の思想を形成する一つの遺産となっている．

一般に，*正義とは「正しいこと」であり，人間のあるべき行動の規範を示す．倫理的な要求が，そのままに実現されていることを指してこの概念は用いられる．トマスによれば，人間関係を律する正義は三つの側面から分析される．すなわち，個人と個人の間の関係を律する「交換正義」，集団と個人の間の正しさを要求する「分配正義」，個人個人の社会に対する関わりを律する「法的正義」あるいは「一般的正義」である．法的正義の要請は *実定法を正当化することにあるわけではない．ここでいう法とは *自然法であり，倫理の基盤をなすものである．いかなる国の法もこれに背くことは許されない．かりに背くとすればそれは *法ではなく *暴力である．正義の概念がどのように分類されるにせよ，その基本となる考え方は，すべての人が基本的諸権利（→ 基本的人権）の主体であり，その諸権利は尊重されなければならないということである．ローマ法学者ウルピアヌス（Domitius Ulpianus, 170頃-228）はこれを「各人に自分のものを与える」という原理で示した．

ちょうど，*倫理学という学問が個人の道徳を強調する個人倫理学から，徐々に社会倫理学にその重点を移していったように，正義論の中心も個人と個人の関係を律する交換正義から社会正義へと移っていった．一社会における社会正義の発展度を示すバロメーターは *共通善の促進の度合いにある．社会正義に基づく社会は，働くことのできない人々も含め，すべての人々の権利が積極的に守られ活用される「共通善」を中心とする社会である．すなわち，交換正義のような個人と個人の間の正しさを示す基準のみではなく，すべての人々，社会全体を巻き込む連帯性のある社会である．

上述の正義の定義，すなわち「各人に自分のもの(unicuique suum)を」は西洋古代から発したものである．この正義観のなかにはすでにある程度，*利己主義を克服し，何らかの形で他者の存在を認めようとする意識が含まれている．他者としての相手を認めるからこそ，その人自身のものをその人に与えなければならないということになる．ここには，この世には自分自身のほかにも多くの人間が生活し，その権利が自分と同様に認められなければならない，そうしなければ人間社会が成り立たない，との意識がある．

さて，一般にこの定義が承認されるとしても，問題はそれでは終わらない．各自に与えなければならない「自分のもの」とは具体的には何を意味するのであろうか．ひとたびこの問題に移るや多くの異説が出てくる．「自分のもの」については，まずこれを正当な報酬とみる見方が現れる．社会において誰かが働くとすれば，その *労働に対する報酬が支払われるのは当然である．労働に対する報酬が「自分のもの」になる．これは，正義にかなうといってよいだろう．生命の危険を伴う労働ならば，それなりに，より高い報酬が認められてしかるべきである．また，その仕事をするために長い準備期間を要するならば，同様により高い報酬が支払われることになる．社会に対する貢献度が高ければ高いほど，その仕事の価値は高く評価される．このようにして「自分のもの」を得る資格はまず仕事，もしくは社会への貢献度にある，と確認することができる．この考え方は一般に受け入れられているものであり，とりわけ *資本主義の根本的命題の一つともなっている．

【資本主義】資本主義を支える思想的原理の一つに競争

原理がある．資本主義の思想的基盤を確立したアダム・*スミスによれば「競争原理」を取り入れることによって図られる社会の活性化とその結果である増大された富とは「見えざる手」によって，社会のすべての成員に公平に分配されるはずであった．ところが，19世紀ヨーロッパ社会における資本主義の実験を検証するならば，確かに社会の経済的活性化がもたらされ，資本が倍増したものの，機能するはずの「見えざる手」は機能せず，公平に分配されるはずの富は，ますます一握りの資本家の手に集中し，労働者に代表される貧しいプロレタリアートは，ますます搾取され，非人間的な状況に追いやられていってしまった．アダム・スミスの理想とした平等で豊かな社会の実現は遠く，代わって弱肉強食の社会が生まれた．資本主義は*フランス革命の掲げた三つのスローガン，すなわち自由，平等，友愛のうちの「自由」を拡大解釈し，最優先したと考えられる．そのなかでも，所有の自由が絶対的なものとして主張され，富を産み出すための経済活動の自由には国家のいかなる介入も許されるべきではない，とされた．自由な競争によって得られた富は，あくまでこれを得た本人のものとなる（→私有財産）．このような考え方を突き詰めていくならば，福祉等のために国家が税を徴収することは，正当な富の所有権に対する侵害であり，盗みに等しいこととなる．それでは，競争から外れ，競争によってつぶされた多くの人々は放置されてよいのであろうか．もちろん，初期資本主義の社会においてもそのように考えられたわけではない．惨めな状況に置かれた人々に対して助けの手を差し伸べる*慈善事業は当然の行為とされた．しかし，求められたのはあくまでも慈善事業であって，正義の要求を実践することではない．慈善事業は貧しい人々に「その人自身のもの」を返す行為ではないからである．

【共産主義】共産主義運動は弱肉強食の社会と化した初期資本主義社会の当然な反応として起こった．K.*マルクスは19世紀ヨーロッパ社会の諸悪の根源を所有権制度にあるとし，フランス革命のスローガン中の「平等」に重点を置こうとした．ところが，資本主義と同様に，机上の議論としては*人道主義に見合うように思われたその議論もいざこれを実施に移してみると，最近の東ヨーロッパの歴史がはっきりと示すように，経済は効率を欠いて停滞し，中央集権的官僚主義が人々の自由を弾圧することとなった．

【現代資本主義】東ヨーロッパにおける*共産主義の失敗は，資本主義が共産主義に優る思想，あるいは制度であることを示すわけではない．確かに，今日の資本主義は初期のそれとは，随分と違ったものとなっている．アメリカのように国内における貧富の差が問題とされる国においても，その格差は初期資本主義時代の社会にみられたほどのものではない．しかし，ひとたび*国際社会に目を向けるとどうであろうか．今日，北の富める人々と南の貧しい人人との間にみられる貧富の差は初期資本主義社会にみられたものを超えている（→南北問題）．国際社会は弱肉強食の社会と化した．そして，その責任の相当部分は資本主義にある．問題は国際社会における貧富の差だけではない．「公害」「大気汚染」「廃棄物処理」「世界の温暖化」等々，今日の特に資本主義社会における技術の「進歩」がもたらした弊害は数多くある．しかもその弊害は誰もが容易にそれとわかる「目に見える」弊害ばかりではない．むしろ，目に見えない弊害，確実に将来の世代に死をもたらす「殺人的」な弊害もある．今日盛んに「環境倫理」が叫ばれているが，そこで問われる倫理とは単に「今」をめぐる倫理ではない．むしろ，「今」と「目に見えない未来」を見通す「通時的倫理」である．

かりに資本主義が勝利を収めたとして，その勝利の味を我々は味わっているのであろうか．戦後日本の社会を特徴づける言葉をひろってみよう．「競争社会」「過労死」「仕事中毒」「通勤地獄」「単身赴任」「父親不在の家庭」「住宅難」等々．勝利に伴う充足感や満足感を表す言葉は容易にはみつからない．戦後日本社会は「金銭至上主義」の社会であり金銭をもつことを幸福とし，その多くの金銭を得るためにかえって「非人間的」側面を作り出してしまっているのではなかろうか．

社会の変化に一番敏感なのは子どもである．その子どもをめぐって語られる言葉も残念ながら明るい未来を予測させるものではない．「受験地獄」「笑えない子ども」「家庭内暴力」「校内暴力」「いじめ」等々．日本社会は世界のなかでドイツ社会とともに模範的とみなされ，失業も少なく経済の安定と社会治安のよさが羨望の的となっている．にもかかわらず，ここまでみたように，今日の資本主義社会を手放しで喜ぶことはできない．ここに，さらに資本主義社会のなかにおいて正義の問題を論じ続ける必要がある．

【福祉国家】正義は伝統的には「各人に自分のものを与える」ことと理解されてきた．そして，「自分のもの」は，社会に対する貢献，労働等の報酬としてまず考えられてきた．しかし，その貢献と労働の正当な報酬である金銭が，絶対的にその人自身の所有のもとに帰すると考えると，遅かれ早かれ弱肉強食の社会と化してしまう．逆に，私的所有を認めなければ，働く刺激が奪われ，国の経済の活性化は望めなくなり，いずれ破綻するであろう．そのような社会認識のなかで形成されてきた考え方が福祉国家の理念である．

福祉国家の理念のもとでは，「自分のもの」を構成する要件は社会への貢献度や労働ばかりではない．人間が人間らしく生きるために必要なものは，貢献や労働と関わりなく「その人のもの」と考えられなければならない．すべての人間は生きる権利をもち，人間らしい生活を送る権利をもっている．したがって，労働ができず，あるいは社会に目に見える形で貢献できない老人や障害者等も無援助のまま放置されたり，あるいは多くもつ者の自発的な思いやりに委ねられるのではなく，社会正義の要請として社会から，国家から，BHN（Basic Human Needs 人間の基本的なニーズ）を得る権利があるということになる．この権利は国家の手になる社会福祉のサービスにより提供されるわけであるが，そのためには国家は支払い能力のある人間から税金を徴収する必要がある．この理念のもとでは税は正当な所有権を侵す盗みではない．税を支払うことは，むしろ当然な社会連帯の義務であり，慈善事業の精神ではなく，社会正義そのものの要求するところである．福祉国家は経済活性化の条件となる競争を認めながら，税金制度を通し，ある程度財産の再分配を図り，フランス革命の理念の一つである自由に加えて，その国の人間に対し，最低限の生活を保障する平等な社会を構築しようと試みる．生活補助を受けることは，肩身の狭い思いをするべきことではなく，当然な権利とされる．社会福祉実行の主体は国民の合意を得て成立する*国家である．しかし，これは国内における社会福祉をことごとく国家の手に委ねてよいということではない．ボランティア活動は今後もその必要性を

減じることなく，むしろますます不可欠なものとなっていくであろう．国家機構と民間活動とが相互に協力し合うときに，初めて人間の顔をもつ*福祉ができる．社会正義が実践される実際の姿はそのような相互作用のなかにあるといえよう．

【国際福祉社会】一国内において BHN にこと欠く人間が存在する場合，国家は福祉の形でこれを充足しなければならない，という福祉国家の考え方は戦後急速に広がり，今日においては，大方の支持を得るものとなった．「万人に経済正義を」というアメリカ・カトリック司教協議会の打ち出した社会正義の理想に一歩近づいたといえよう．しかし，これはあくまで一国内の話である．ひとたび目を国際社会に向けるならば，「万人に経済正義を」の理想がその実現に遠い状況にあることがみえてくる．福祉国家の在り方が国際的にも適応される，いうなれば「国際福祉社会」の理念は我々が目指すべき目標であろう．一国内の人間ばかりではなく，人間でありさえすれば，例外なく人間らしい生活を営む権利をもっている．これをまず認めなければならない．今日，BHN なる語で表現される最低限の人間的生活を保障するものは，すべての人に満たされなければならない．では，BHN の具体的な内容は何か．今日に至るも必ずしも普遍的定義が存在するわけではない．しかし，古典的な意味での衣食住のほかに医療と教育と社会への参加をも意味することは間違いない．このような権利は民主的諸憲法の認めるところであり，1948 年発表された *『世界人権宣言』の規定するところでもある．人間的生活を営むことのできない人に対しては，福祉国家における国民がそうであるように，「善意に基づく」のではなく，むしろ「社会正義の要請によって」直ちに必要なものが提供されなければならない．これが，国境を越える正義の要請であるという認識が「国際福祉社会」の認識である．BHN に関しては国内の人間に対しても国外の人間に対しても本質的に問題は同じであるという，国際化時代にふさわしいボーダーレスな意識と実践とが求められている．

以上の理念については大方の支持を得るところであろう．人間は所属する国家や，人種，宗教の別なく生きる権利をもっている．これはあまりに自明の真理だからである．ところで，一方で生きる権利をもつ主体が存在するならば，他方ではこの権利を保障するための行動を義務づけられている主体も考えられる．福祉国家に関していえば，国民が最低限の人間的生活を送ることができるよう，これを保障する義務は国家が負っている．しかし，国際社会となるとこの義務の主体の問題は難しくなる．以下，この問題について整理してみよう．

まず第一に確認しなければならないことは，人間は一人ひとりが自分の人生と生活の責任者であるということである．働きうるにもかかわらず働かず，他者から生活費を受け取ろうとすることは，人間としてふさわしからざる行為であり，本人の尊厳を侵すこととなる．自分で自分の人生の道を開く，これこそ人間の正道である．この点からみれば，まず*雇用の確保こそ重要であることがわかる．一国内においても国際社会においても，生活保障と援助の形で人々の生活を支えることは，他に生存の道がない場合に初めて勧めるべきことであって，働ける人に働きの場を与えることこそは，まずもって肝心な政策であり社会正義にかなう道である．人の人生の主人公はその人自身であり，その人自身がその人生の責任主体であるべきだからである．

第二に確認しなければならないことは，人が何らかの理由で自己の生活を支えることができない場合，これを肩代わりして支える責任はまずその属する国家にあるという点である．国家が行いうるにもかかわらずその責任を超え，国際社会の援助に訴えるようなことは避けなければならない．しばしば指摘されるところであるが，国が貧しければ貧しいほどその国内における貧富の差も大きい傾向がある．国全体としてはさほど貧しいわけではないにもかかわらず，土地改革がなされず，富の公正な分配も試みられていないからである．一握りの権力者の手に権利と富とが偏り，貧困者の生活水準は非人間的なほどであるという場合が珍しくない．国際的援助に訴える前に，その国家の手で，国全体の政治と経済を公平に整備し直す必要がある．したがって，貧しい人々が存在する国家に対する援助は，その国の貧しい人々を力づけ，やがてその国家をより公平なものに変革することができるように支える援助でなければならない．

しかし，個人の生きる努力にもかかわらず，また社会正義に基づいて富を公平に分配しようとする国家の努力にもかかわらず，国際社会からの援助がなければそのすべての成員の生きる権利が守られないという場合もある．特に最貧国はそうである．このような場合には第三の道，すなわち社会正義に基づく国際社会の援助が求められる．

正義とは「各自に自分のものを与えること」であるという伝統的定義から議論を進め，「自分のものとは何か」について考察を進めてきた．自分のものとは，単に労働等を通して得られた報酬を意味するのではない．正当な対価としての報酬に加え，人間として生きるうえで必要なものを得る権利もある．これも正義によって要請される「自分のもの」である．この種の「自分のもの」を保障することはすでに福祉国家内においてある程度達成されている理念であるが，国際社会においてはなお，解決すべき問題が多く残っている．→正義，国際正義

【文献】J. Y. CALVEZ, J. PERRIN, *The Church and Social Justice: The Social Teachings of Popes from Leo XIII to Pius XII, 1878–1958*, tr. J. R. KIRWAN (Chicago 1961).

(A. マタイス)

しゃかいせいぶつがく　社会生物学〔英〕sociobiology,〔独〕Soziobiologie,〔仏〕sociobiologie　1970年代以降，主に集団遺伝学の成果に依拠しつつ，従来の哲学的，神学的な社会倫理観に取って代わろうとする挑発的な学問．その代表的論客としては，アメリカのウィルソン (Edward O. Wilson, 1929–) やイギリスのドーキンス (Richard Dawkins, 1941–) などがあげられる．ウィルソンによれば，伝統的な*神学が説くのとは正反対に，心と呼びうるものは，各個体の遺伝子の生存を促すために作られた神経系の器官にすぎず，その意味で利己的なものであり，人間を含めたどのような生物もこうした心の利己性を超越する目的などもっていない．人間社会に特徴的な宗教や人権などの諸規範も，所詮，利己的な心が生き延びるために生み出したものにすぎず，社会生物学的に説明できる．ウィルソンのこのような徹底した生物主義的社会観は大きな衝撃を引き起こし，同じアメリカの動物学者グールド (Stephan J. Gould, 1941–) らは，これを新たなソーシャル・ダーウィニズム (→社会進化論) とみなして強く批判している．他方，ドーキンスは，ウィルソン以上に過激な視座に立って，人間を含めたあらゆる生物を利己的な遺伝子によって作り出された生存機械とみなし，社会進化の過程を生物が生き

延びるための欺瞞能力の増大の過程としたが，それと同時に人間には利己的な遺伝子に抵抗しうるだけの「ミーム」と呼ばれる文化能力もまた備わっていると主張している．このような社会進化の視点は，進化の動因を愛と考えたカトリックの生物学者 *テイヤール・ド・シャルダンの思想と対極をなす．だが，人間社会のあるべき倫理をめぐっては，素朴な自然主義的倫理を説くウィルソンと，ミームという考えを導入して反自然主義的倫理の必要と可能性を示唆するドーキンスの間に明らかな食い違いもみられ，そこに社会生物学の限界が露呈しているといってよいだろう．

【文献】G. ブロイアー『社会生物学論争』垂水雄二訳（どうぶつ社 1988）: G. BREUER, *Sociobiology and Human Dimension* (Cambridge 1982); E. O. ウィルソン『人間の本性について』岸由二訳（思索社 1990）: E. O. WILSON, *On Human Nature* (Cambridge 1978); R. ドーキンス『利己的な遺伝子』日高敏隆他訳（紀伊國屋書店 1991）; R. DAWKINS, *The Selfish Gene* (Oxford ²1989); 山脇直司「進化論と社会哲学──その歴史・体系・課題」『進化思想と社会』講座・進化 2 柴谷篤弘他編（東京大学出版会 1991）199-236. （山脇直司）

しゃかいちょうさ　社会調査〔英〕social research, 〔独〕empirische Sozialforschung, 〔仏〕enquête sociologique　社会調査とは，社会事象について実地にデータを収集し，分析することである．その目的は，社会科学に用いられることはもとより，行政目的（センサスなど），社会問題解決のため（貧困調査など），営利目的（市場調査など），マスコミがニュースとして報道するため（世論調査など）等をあげることができる．

【歴史】歴史的には人口調査が最も古く，古代エジプトや古代中国で行われたという．近代的なセンサスは 18 世紀末から 19 世紀初頭に開始されている．次いで，工業化の初期の社会問題に対応するための貧困調査が 19 世紀後半に行われている．世論調査や市場調査は 20 世紀になってから盛んになったものである．

社会科学においては，当初は *経済学の分野で行われたが（政治算術学派），その後経済統計が整備されるのに伴い，経済学者は自ら調査を行うことが少なくなり，社会調査の学問的な側面は社会学者と社会心理学者に移った．1920 年頃に *社会学が哲学的な学問から経験的な科学へ変化するに伴い，調査が多く行われるようになったのである．

【方法】社会調査は統計的調査と事例調査に分けることができる．統計調査は多数の対象について比較的少数の項目を調査し，統計を中心とした客観的方法を用いて分析する．これに対して事例調査は，少数の対象について多数の項目を全体関連的に把握しようとする．統計調査は量的データを用い，事例調査は質的データを中心とする．統計調査はその代表性について客観的な評価が可能であるのに対して，事例調査ではそれが難しい．

社会調査におけるデータ収集の基本的方法は観察と質問である．観察には，対象のなかに入り込んで観察をするもの（参与観察と呼ばれる）と，外部から第三者として観察する方法がある．参与観察は対象が調査者にとってなじみの薄い場合や閉鎖的な集団である場合に用いられる．質問は，あらかじめ質問を決定しておくものと，対象の反応に応じて質問を臨機に変えていくものとがある．統計調査ではあらかじめ質問を決めておく．回答を対象者に記入してもらう（自計式）場合と，調査者が相手の回答を記録する（他計式）場合がある．他計式は個別面接法で採用される．自計式は質問紙を配布する方式によって，郵送調査，配票調査（調査員が質問紙を配る），集合調査（対象者に一堂に集まってもらう）に分けられる．統計調査は対象を全数調査するものと，一部だけ調査してその結果から全体を類推する標本調査に分けられる．

【問題点】社会調査は，対象が人間の行動や態度であるための問題点を幾つかもっている．まず，対象は観察されていると普段と異なった行動や態度を示したり，質問に事実と異なった回答をすることからくる問題がある．この点は経験や調査技法によりある程度は避けられるが，完全には除去することができない．第二は，対象が人間であるために起こる倫理上の問題である．対象者のプライバシーの侵害や，対象者を操作することにならないよう注意が必要である． （岡本英雄）

しゃかいてきふくいんうんどう　社会的福音運動 Social Gospel Movement　1870 年頃から 1920 年頃まで，特に米国のリベラルなプロテスタントの個人や団体の間で，愛と正義の聖書的原理によって，社会を個人としても団体としても改革すべく，教育，社会奉仕，政治の刷新などに関わりつつ励行された運動．南北戦争後の米国で，工業化と都市化に伴って産業資本のもたらす社会問題が表面化したとき（→ 都市と都市化），この運動はこれと対決して解答を出そうと努めた．それは当時の諸教会の神学的個人主義と経済的保守主義に対する修正でもあったし，キリストの教えから正しい社会秩序が導き出せるとの主張でもあった．それまで個人の魂の救いのみに関わっていた *福音を，社会的な救いをもたらす福音と理解し，児童労働の廃止，労働条件の改善など，主として，労働者の社会問題と取り組み，19 世紀末，20 世紀初期の米国の教会と神学の一大勢力となった．社会的福音運動の倫理的理想主義とその目標は，その神学的前提を異にしながらも，英国におけるキリスト教社会主義と，回勅 *『レルム・ノヴァールム』に現れたカトリックの社会政策の理念と並行するものだった（→ 社会問題）．

神の父性と人間の兄弟性を反映する社会秩序こそこの運動の本質的要請であった．代表的指導者には，オハイオ *会衆派教会牧師で『社会的救済』(Social Salvation, 1902) の著者グラッデン (Washington Gladden, 1836-1918)，*ハーヴァード大学神学部教授で *ユニテリアンの牧師ピーボディ (Francis Greenwood Peabody, 1847-1936)，シンシナティの会衆派牧師・福音派同盟総幹事ストロング (Josiah Strong, 1847-1916)，また社会的福音を人心に訴えた北部 *バプテスト教会牧師・ロチェスター神学校教授 *ラウシェンブッシュがいる．彼の著書は特に多数の読者を得た．1929 年の大恐慌以後，この運動の楽観的人間観などが，R. *ニーバーらに批判されたが，教会に社会意識をもたらした功績は大きい．

【文献】キ大 493; 平大百科 6: 1223; EDR 3: 3331; NCE 13: 315-16; W. A. ELWELL, ed., *Evangelical Dictionary of Theology* (Grand Rapids 1984) 1027-29; D. G. REID, ET AL., eds., *Dictionary of Christianity in America* (Downers Grove, Ill. 1990) 1104-106. （田渕文男）

しゃかいてつがく　社会哲学〔英〕social philosophy, 〔独〕Sozialphilosophie, 〔仏〕philosophie sociale　人間の社会的世界は，人間相互の行為や諸関係，および人間生活を成り立たせるさまざまな組織や制度から成り

立っているが，社会哲学はそれらを，単に記述するのみならず，それらのあるべき規範や理想という観点からも包括的に考察する学問といえる．
【思想史的展望】社会哲学の起源をいつの時代に求めるかについては，その考察の対象である社会をどう定義するかによって，見解が分かれる．もし，社会哲学の対象をどこまでも近代的な意味での市民社会と定義すれば，社会哲学は近代に至って初めて生まれた学問ということになる．しかしそう考えることは，むしろ社会哲学の射程を狭めることになるだろう．それよりも，社会哲学の歴史は政治哲学と同様に，人間の *自然・本性(フュシス)との関連で社会規範(ノモス)を初めて本格的に論じた古代ギリシアにまで遡りうると考えるほうが，妥当であろう．*ソフィストたちが人間の自然・本性と社会規範との間に対立や二律背反しかみなかったのに対し，*ソクラテス，*プラトン，*アリストテレスらは，それぞれ独自の観点から双方の調和や統合を目指す論理を展開したが，それらはまさしく根源的な意味での社会哲学と呼びうるものだったからである．そしてまた，このような人間の自然・本性との関連で社会規範を考える思想は，*孟子や荀子などの儒家思想家たちにもみられることから，東洋においても，社会哲学の起源を古代に求める見方も十分可能である．

中世カトリシズムの社会哲学は，いうまでもなく *トマス・アクィナスによって代表されるが，それは，*ストア学派の自然法思想とアリストテレスの倫理・政治思想を統合するような内容をもち，また，*社会正義の究極目的を *共通善の実現とみなす思想であった．

近代に入ると，まず，*ホッブズ，*スピノザ，*ロック，*ルソーらに代表される *社会契約説が，社会の根本規範を人間の自然・本性との関連で論じ，それぞれの人間観の違いに応じてそれぞれ異なる社会論を呈示したが，そこではいまだに，社会一般の概念は政治社会とほとんど同じものであった．それに対し，18世紀後半以降，政治社会と区別された経済社会の論理を説く社会哲学も生まれてくる．A.*スミスは，人間の利己的な自然・本性が公平な観察者の共感によって是認されるかぎり，それは経済社会を活性化するプロモーターであること，そして政治はできるだけ経済社会に介入すべきでないという視点を呈示し，19世紀になると，経済社会と政治社会とを区別する見方が一般的となった．

とはいえ，経済と政治のどちらをより根本的な社会の要素とみるかについては，各思想家の間で見解が分かれ，*ヘーゲルおよびヘーゲル主義者(シュタイン Lorenz von Stein, 1815-90 等)が，経済社会を欲求の体系と名づけ，その矛盾の克服を倫理的な政治社会(国家)の実現に求めたのに対し，*マルクスおよびマルクス主義者は，経済社会の在り方や変革こそが政治社会の在り方を定めるという社会論を展開した．さらに，この政治と経済以外の，家庭，学校，教育，組合といった組織や制度，また都市や農村などの地域共同体も重要な社会の構成要素であり，19世紀中葉以降発達した *社会学は，特にこうした領域の研究に従事していく．

【現代的展望】20世紀後半以降の社会哲学は，その内容や方法論や社会観そのものの違いに応じて，さまざまな端緒を生み出している．そのなかで，特に有力な潮流としては，批判的合理主義，社会システム論，批判的社会理論，ポスト構造主義，ネオ・アリストテリズムなどがあげられよう．

K.*ポパーとその弟子たちに代表される批判的合理主義は，開かれた多元的社会の擁護と知の可謬主義という立場から，社会の全体論的(ホーリスティック)な考察や *主知主義的な社会理論を拒否し，個々の状況における具体的な社会問題の解決とそのための理論形成，および社会制度の意図せざる結果とその人々に対する影響の分析などに焦点を合わせる実践的な社会哲学を目指している．

この批判的合理主義と対照的に，まず T.*パーソンズによって唱えられ，現在 N. ルーマン (Niklas Luhmann, 1927-)によって精力的に展開されている社会システム論は，全体論的な社会考察を試みる．ルーマンによれば，現代社会は，政治，法，経済，学問，教育，家庭，学校などの諸システムが高度に機能分化してできた複合システムとして理解されなければならない．そして，それら諸システムの間には何らの価値序列も存在せず，個人の行為やモラルや理性に基づいて展開される社会哲学ももはや有効性を失っており，それに代わって，社会の諸システムの複雑性の認識と負担の免除を目指す社会理論こそ必要と彼は主張する．

これに対し，M.*ホルクハイマーや T.*アドルノらが創始し，別名 *フランクフルト学派とも呼ばれる批判的社会理論は，理想的な社会の実現というユートピア的意識に基づき所与の社会を批判するところに，社会理論の意義をみいだす．そしてこの学派の第2世代の旗手 J.*ハーバーマスは，ルーマン流の社会システム論に対抗し，公共的世界における市民の腹蔵なき討議とコミュニケーション的行為に基づく合意(コンセンサス)形成によって，社会の在り方を方位づけるような規範的社会哲学を展開している．

他方，特にフランス語圏で有力なポスト構造主義と呼ばれる潮流においては，*ニーチェの影響が顕著であり，規範的な社会理論に対しては懐疑的な立場が貫かれている．その代表ともいえる M.*フーコーの著作は，近代社会における知と権力の結びつきや合理性の名のもとに管理される人々の姿をシニカルに描き出し，大きなインパクトを与えた．

このフーコーの社会観と著しく対照的に，ネオ・アリストテリズムと呼びうる潮流は，社会を，共同体的存在者たる人々の倫理的行為や慣習に基づく形成物とみなし，その発想上に，公共性や正義の在り方を考える規範的な社会哲学を展開している．英語圏で共同体主義者(communitarian)と呼ばれるマッキンタイア (Alasdair C. MacIntyre, 1929-)，およびドイツ語圏で解釈学的実践哲学を唱える *ガダマーやリッター (Joachim Ritter, 1903-74)とその弟子たちが，この潮流の代表といってよいだろう．

【キリスト教的展望】伝統的な意味でのカトリック的社会哲学は，人々の共同体的な自然・本性という観点から社会の在り方を考えるという点では，上述の諸潮流のなかではネオ・アリストテリズムに近い．しかし他方，キリスト教には，アリストテレスの倫理学にはみられない独自の普遍主義的倫理や歴史観および人間論が存在することも強調されなければならない．すなわち，キリスト教は，*正義，*平和，人権などの価値理念は単なる地域共同体を超えた人類社会の普遍的な共通善であること，また，教会は世俗的社会と同等視されえないけれども，より良き社会の実現へ向けてつねに歴史の印(→時のしるし)に敏感でなければならないこと，そしてさらに，人間は天使と異なり罪という次元ももつ存在者たることを自覚しつつも，その限界をできるだけ乗り越えるため

に，*隣人愛に基づく赦しや連帯を必要とすること等々の思想を共有している．このような根源的な思想に立ち返りつつ，激動する人類社会に貢献していくような論理を展開することこそ，現代キリスト教および*カトリシズムの重要な社会哲学的課題であろう．→政治哲学，経済哲学

【文献】山脇直司『ヨーロッパ社会思想史』(東京大学出版会 1992);同『包括的社会哲学』(東京大学出版会 1993)． (山脇直司)

しゃかいへんどうとしゅうきょう　社会変動と宗教

【定義】社会変動とは社会構造の変動である．社会構造とは社会を構成するポジションの体系である．ポジションの体系とは，制度化された規範によるポジションへの人員配分，役割配分および資源配分の持続的配置を指す．したがって社会変動とは，制度化された規範によるポジションへの人員配分，役割配分および資源配分に変化が生ずることである．つきつめていえば，そのような配分に関する規範が変わることである．

宗教を担う人間の組織である*宗教集団は社会構造の一部をなす．しかし宗教のシンボル体系(教義・儀礼・神像・記章など)はここでいう社会構造の一部ではなく，その外にある社会的・文化的現象と捉える．社会変動と宗教というとき，主として社会構造の外にあって相対的な独立性をもつ宗教を取り上げるが，社会構造の一部をなす宗教(集団)も併せて問題になる．

社会変動と宗教の関係を問うことは，人員配分，役割配分，資源配分に関する規範の変化に対して，これから相対的に独立している宗教がどのように関わり合うかを問うことにほかならない．この関係は宗教と社会との複雑な相互作用として具現する．まず宗教が社会変動に対してポジティブな作用をするかネガティブな作用をするかにより，① 変動創出的，② 変動促進的，③ 変動阻止的の三つが区別されよう．これは宗教の社会的機能を問うものである．逆に，社会変動が宗教に対してポジティブに作用するかネガティブに作用するかによって，④ 宗教興隆的，⑤ 宗教衰弱的，⑥ 興隆でも衰弱でもない変動順応的，の三つを区別することができる．

【宗教の社会統合機能と社会変動】③の変動阻止的とは既存の社会構造に変化が生起するのを妨害する作用であって，宗教の社会統合機能と呼ばれてきた．*ジンメルは，宗教は社会的合一の最高の表現であって，宗教観念には分裂的要素が含まれていないといい，*デュルケムは，社会こそ宗教的崇拝の対象であり，「聖」の源泉であって，宗教の本来的機能は社会的統一の保持にあるとした．この社会統合機能は，自然宗教あるいはヤン(C. K. Yang)のいう拡散宗教の場合に，また創唱宗教でも国教制度をとる場合に，顕著に現れる．統合機能とは，人員配分，役割配分および資源配分に関する制度化された規範に，超人間的な根拠に基づいて正当性を付与することにより，規範遵守の動機づけを高め，規範の拘束力と持続力を強化し，かくて社会の統合に貢献する機能である．近代日本の国家神道は，天壌無窮の神勅という神話によって，日本国元首のポジションに就くべき人の資格(人員配分)，天皇の大権(役割配分)，天皇の神聖性(資源配分)などに関する旧憲法の条文を宗教的に補強し，近代の*天皇制の宗教的支柱となった．コミュニティ・レベルでは，祭りなどの共同的宗教行事によって共同体感情を昂揚させ，既存の配分様式に対する潜在的・顕在的不満を解消させて，配分規範の保持に貢献することも，統合機能に含められる．統合機能は正当性付与と不満解消の二つの下位機能をもち，教義(→教理)が主に前者を，*儀礼が主に後者を担当する．

社会統合機能は変化の兆しがあればこれを抑止して，一定構造の社会の存続に役立つが，社会の変動が必至となっているときには，新しい事態への転換を遅らせ，混乱を助長して，逆機能的性格をあらわにする．鎖国から開国への大転換期において，「東照神君の御遺訓」が政局の混乱を深めたことなど，その例である．伝統社会では宗教は社会変動を阻止する側にまわりやすいのに対し，現代の産業社会では，社会統合が主として政治機構に依存しているので，宗教の変動阻止的な作用が薄弱になっている．

【宗教の社会変革機能】宗教の社会変革機能とは，前述の① 変動創出的機能および② 変動促進的機能に対応する．M.*ヴェーバーが解明したカルヴァン派の予定恩寵説(→予定)，経済倫理，*資本主義の精神の因果的関連は，その一例である．ただし，*カルヴィニズムの教義は変動創出的であったとの印象が強いが，変動促進的作用を果たしたにとどまるのではないだろうか．ヴェーバー的発想から内藤莞爾(1916-)が分析した浄土真宗の教説と近江商人の経済倫理との関連に至っては，一層しかりというべきであろう．

神と人間の間に厳しい断絶がなく，神人合一教といわれる*神道の世界では，克服したり制御するよりも，適応し順応する態度が卓越しやすいため，社会変革機能は現れにくい．下層階級の宗教として出発したものも，むしろ陽気に明るい面をみて暮らすことを説き，現実への順応を促す宗教ばかりであった．しかし，日本の近代には大本(教)・ほんみち・灯台社のような特異な例もある．大本教の開祖出口ナオ(1836-1918)が開顕した神は，「三千世界を立替え立直しをする神」であり，「かみよくてしもいけぬ世」を覆して上下揃った「みろくの世」をつくるのが，神意であるという．この教えに従うことは，人員配分・役割配分・資源配分に関する規範を根本的に変革することにほかならない．これらの変革的主張をもつ宗教は，運動を成功に導く諸条件と結びつきえなかったがゆえに，変動創出的ではあったが実効なく，かえって権力側の厳しい弾圧にさらされた．なかには個人として，時流に抗して非戦論を主唱し，平和を旗印として社会と教会を批判したり，あるいは貧困や社会的諸悪を生み出す社会経済機構の変革の課題に取り組んだキリスト教社会主義者のような人々があったが，その数は雨夜の星のように少なかった．

【社会変動と宗教の個人的機能】宗教が直接に社会変動に関わるというより，現実には両者の間を個人が媒介している．すなわち，宗教がその教説によって伝統維持的・体制随順的な人間類型を作り出すことを助成し，かくて変動阻止的に信者を動員することが可能となるのだし，また伝統改革的・体制批判的な人間類型の創出に手を貸すことにより，変動促進的な作用が可能となる．こうした個人への着眼は，とりわけ社会変動の側からの宗教への関わりを問うとき，必至となる．

変動期が人々の宗教的要請を刺激し覚醒させる契機として，個人レベルの剥奪と社会レベルの*アノミーとがある．まず剥奪([英] deprivation)については，政治形態の変化を含む変動期には，ポジションの上下的配置に変化が生じ，下降的移動したがって下降的剥奪を経験する人が多発する．彼らのなかに欲求不満の癒やしを宗教

に求める人々が出，その要請に応じえた宗教が興隆する．明治初年に地位上昇志向をもつ没落士族の子弟が，求めるものをみいだしえた宗教は，文明開化の時代に相応するキリスト教であった．第2次世界大戦直後のように，政治的激変に経済的破綻が伴った場合には，物的資源の調達不足から絶対的剝奪が広汎に出現する．この状況での欲求不満に応じうるのは，現世利益的な「おかげ」「現証」を示しうる宗教である．

次にアノミーとは，既存の規範 (N1) が動揺して新しい規範 (N2) が確立されるまでの，社会の規範体系が多かれ少なかれ混乱・衰弱あるいは解体した状況 (N0) をいう．そこでは価値観も動揺するので，多くの人々が生活の目標を喪失し，社会的連帯を失い，虚脱感や不安焦燥に陥る．ここに人々は新しい価値観による自らの＊アイデンティティ（自己確認）の回復を求め，新しい規範体系による連帯性，共同体の回復を希求する．しかし，既成宗教がこうした希求に応える力をもはやもたない場合，新宗教や新しい外来宗教が求め手の大群をみいだす．日本では，幕末から明治維新にかけてと，第2次世界大戦後とに，全社会的なアノミーが生じた．前者では黒住教，天理教，金光教などが出現して庶民の間に浸透し，後者では法華系教団をはじめとして新宗教の成長が著しかった．維新期の没落武士層によるキリスト教の受容も，封建的秩序の解体，武士道の崩壊といった点からみれば，アノミックな社会状況への対応でもあった．

宗教の個人的機能とは，厳しい問題状況にある人々に心理的・精神的安定を与え，生きがいを回復させ，連帯性を再発見させ，さらに新しい価値観のもとに退行から前進へと人々の姿勢を転化させる作用である．インガー (J. M. Yinger, 1916-) は，特権疎外の厳しい状況下にある人々に注目して，社会変動期に発揚される宗教の個人的機能を橋渡しの機能 (bridging function) と呼び，挫折感に屈することなく自己統制力と自尊心を保持するのを支え，過去の生活様式から新たな生活様式への移行を助ける働きと説明した．しかし，変動期の宗教がすべてこうした機能を果たしたとはいえない．マクファーランド (H. N. McFarland, 1923-) が，戦後日本の新宗教についてインガーの発想に学んで指摘した「気密室の機能」は，やがて信徒を気密室から外界へ送り出すことによって完結するはずであるが，もし過去の価値観に固執するときは，信徒をいつまでも気密室に閉じ込めることになり，新しい生活様式への移行を助ける橋渡しの機能は実現されないであろう．

個人的機能は急激な社会の変動期だけでなく，漸次的な変動期にも求められることを，高度成長以後の第3次宗教ブームといわれる小規模な新宗教の発生が証拠だてている．信徒は，教主を中心とする交わりのなかで，生きがいと実感的な人間のつながりをみいだすのである．

【社会変動への宗教の対応】社会変動のなかで人々の希求に応えた宗教は興隆し，訴える力をなくした宗教は衰弱するが，それに加えて変動に対応して自らを変えていく変動順応的な作用がある．日本では第2次世界大戦後の社会変動の重要な局面として，家に深刻な変化が生じ (→家制度)，その結果，家の超世代的存続を前提とした家の宗教が衰弱し，また家単位の永続的な宗教帰属が空洞化した．しかし，これに対する既成仏教側の対応は鈍く，核家族化の傾向が顕著になった1960年代初頭にようやく現れた．この動向の嚆矢となったのは，家の宗教から個人のあるいは世帯の宗教への基本的改革を志向した，真宗大谷派の同朋会運動であった．

社会変動は職業移動や地域移動の激化を伴うので，地域住民の職業構成が多様となり，また来住歴もさまざまとなる．人口移動の激しい大都市やその近郊では，地域の社会統合が崩れたり，一部住民を覆うだけのものとなって，地域の社会統合の宗教的象徴であった神社の存立基盤が崩壊する．こうした事態に対応して，地域ぐるみの帰属ではなしに，神道儀礼のサービスを媒介に個人や世帯の信仰を培っていく方向が模索されている．他面，特殊神事的な特色ある祭りが盛大に執行され，名社大社への年頭参拝が増えていることは，地域の社会統合を象徴する機能が減損しても，広域の文化的同一性を象徴し，人々に文化的共感を想起させる機能は持続することを示唆している．

【社会変動と宗教団体】流動性の高い産業社会では，＊聖職者による布教だけでは不十分であるため，信徒を訓練して布教の第一線に動員する傾向がある．昭和戦前期に発足した新宗教には，特に聖職者階級を設けず，在家仏教を標榜する教団もある．既成仏教教団で，信徒の中核となる者に僧職補佐の役割を与えるなど，聖職者と信徒の明確な区分を緩和した例もある．また両者の区別が曖昧でない教団では，第2次世界大戦後特に宗門民主化の観点から，意思決定への参加が制度化されるなど，平信徒層の地位が高まった．

信徒の組織方法にも変化がみられる．従来は新しい信徒を布教者が「導きの子」として自己の傘下に繰り込み，それが積もり積もって教団の成長となって現れた．しかし，信徒は地域的にまとまって居住するわけではないため，導きの親子の系譜をたどる組織方法は，信徒を管理し，また動員するうえで効率的でないことが多い．そこで，地域的に会館を建設し，布教ラインの系統が異なっても，そこをセンターとして最寄りの信徒を組織し，情報を伝達し，訓練する方策が多くの大教団で採用されている．ただ，府県や市町村の区域に即して信徒を組織し直した教団，導きのタテ線と最寄りのヨコ線を併存させている教団，親子のラインによる組織化が強靭なため，最寄りの地域活動が発展しにくい教団など，さまざまである．

政治形態の変革期でないと大規模な社会変動は起きないが，部分的な社会変動なら，現代では不断の技術的進歩，経済成長，人口移動などを誘因として絶えず進行する．それゆえ，教団も従来の布教・管理方法を繰り返したり，その場しのぎの対策では不十分であって，ここに長期的な展望のもとに企画を立てる作用が重要になる．企画は，調査によって集められた客観的な資料の分析に立脚しなければならない．さらに，企画に基づいて諸部門の活動を調整する働きも重要である．こうして，現代の大教団には調査・企画・調整の機能を担当する部局が設置され，社会変動に対応するとともに，その動向を予見した方策をとる構えがなされている．

布教方法としての文書伝道，視聴覚伝道には長足の進歩が認められる．特にマスコミ媒体を積極的に活用してラジオ放送，新聞・雑誌の刊行，図書の出版，映画制作等を行う教団が少なくない．ラジオ放送は行わない教団のほうがはるかに多いが，活字媒体のほうはほとんどすべての教団が何らかの関わりをもっている．大教団では全信徒，幹部，婦人，青年など，対象を異にする何種類かの雑誌・新聞を発刊しているものもある．1970年代に入って，非信者を対象にした雑誌が出現した．特に有名なのは，霊友会の『いんなあとりっぷ』（若者向け），創価学会の『潮』（一般社会人向け）などであろう．

【文献】堀一郎『日本宗教の社会的役割』(未来社 1962); 村上重良『近代民衆宗教史の研究』(法藏館 1963); 富永健一『社会変動の理論』(岩波書店 1965); H. N. マックファーランド『神々のラッシュアワー』内藤豊, 杉本武之訳(社会思想社 1969): H. N. McFARLAND, *The Rush Hour of the Gods* (New York 1967); 井門富二夫『世俗社会の宗教』(日本基督教団出版局 1972); 柳川啓一編『聖と俗のかなた』講座・宗教学 5 (東京大学出版会 1978); 柳川啓一, 安斎伸編『宗教と社会変動』(東京大学出版会 1979); J. M. YINGER, *Sociology Looks at Religion* (New York 1961); ID. *The Scientific Study of Religion* (London 1970); C. Y. GLOCK, R. STARK, *Religion and Society in Tension* (Chicago 1973). (森岡清美)

しゃかいほうし　社会奉仕　〔英〕social service, 〔独〕Sozialdienst, 〔仏〕service social　社会奉仕とは, 社会的視野をもった個が自由な決断のもとに, 文化・社会的制度によって拘束される程度を超えて, 感性のレベルで, 他者との間に, 相互に, 豊かな交流をもつことで, 双方が本当に相手を生かし, 肯定し合う関係を樹立し, それを媒介として, 市民生活の場づくりに向けての, 新しい連帯を目指した非営利的な社会的実践の総体をいう.

それは, 日常社会生活において, 障害に遭遇している一人の人間に目を向けた個が, 援助を必要としている他者との対人関係を媒介として, 個人, 集団, 組織, そして社会等, さまざまなレベルに働きかける社会的援助行為でもある. この行為は, 理性に基づく理解を基準にするよりも, むしろ繊細な感覚をもって, 個が他者を身近なものとして感知するなかで, 他者への負債をもつことを顧み, その社会的責任のゆえに, 自己の損失や犠牲を顧みず, 他者の要求指向に即した援助の手を差しのべていく社会的過程でもある. 社会的援助者としての個は, 他者の問題が, 私的な問題であるにもかかわらず, そこに内在する社会的な意味や性質をみいだすとともに, 個別的な視点をもって介入していく. さらに, 他者との双方の間に相互共同責任の意識をもって, 問題解決を目指す共同的にして人間的な行為(ヒューマン・サービス)の形態をとる. その結果として, ある種の喜びが個の側において生起してくることになる. しかしながら, 自己の利害を考えないという意味において滅私「奉公」の内容と「社会」奉仕が同義代替的用法として用いられたという歴史的事実を認識しなければならない. つまり, 滅私奉公という行為は本音のところでは, 自分の全体としての生活を根底から意味づける情緒としての血縁・地縁という私的なものを守るという内容を含蓄している. 同時に滅私奉公は, 外的圧力のもとに, 建前上は公(集団や国家)のためのものと考えられ, *天皇制を頂点とする家族共同体(→家制度)としての社会のなかで, 上位にある者(公)との所与の社会関係から必然的に生み出された強制を土台としていた. また, その行為システムこそが全体主義的な風土の温床でもあった. しかも, 文化的行為としての滅私奉公を可能にする民族的体質とでもいえる何かが, 行為形成の社会的仕組みのなかに, また, 我々自身のアイデンティティ生成過程の根底に, 原理的なものとしてあるのではないかということでもある. 社会奉仕を考えるとき, 滅私奉公が果たした機能とともに, その構造をいかに克服していくことができるかという課題を避けることはできない. 現実的課題として, 何のための社会奉仕であるのかという目的とともに, 奉仕の主体的担い手たる個の存在を改めて問うことが求められるのではなかろうか. 具体的には, 人間としての本源的行為の要素である主体的な意志をもって, 内発的に自己の犠牲を選び, 他者の要請に即して仕えることのできる確固たる自己アイデンティティを形成した(あるいはその途上にある)個の存在が問われる. また, その個が, 改めて自らの生活世界のなかで, 一人の生命こそ全地球よりも尊いとの価値の実現に向けての社会奉仕であろうとする展望をもつことができるかという点が問われる. そのとき, 個において生じる価値ジレンマを超えて, 個人の幸福を求め, そこに参加していくことを最優先とする思想に支えられた, 生き方としての社会奉仕が出現してくる.

(松本栄二)

しゃかいほけん　社会保険　〔英〕social insurance, 〔独〕Sozialversicherung, 〔仏〕assurances sociales　社会保険制度は, 先進福祉国家のほとんどの国が導入しており, 我が国においても社会保障制度のなかで中心的役割を果たしている. 社会保険は, 多くの人にとってライフサイクル上発生するであろう老齢や失業, 病気, 仕事中の事故などに対して, それが個人の蓄えや努力といった個人個人の対応だけでは過重な負担となることから, それらを社会的リスクとして捉え, 共同して対応しようというものである. したがって, その種類はおよそ人生で発生するさまざまな出来事に対応して, 年金保険, 医療保険, 労働災害保険, 失業(雇用)保険などの種類がある. その意味で社会保険制度は社会連帯の制度であるとともに, 個人の自助を助ける制度, 自助を制度化した制度ともいえる.

【歴史】社会保険制度は一般には 1880 年代に*ビスマルクが疾病保険(1883), 災害保険(1884), 老齢・障害保険(1889)の三つの社会保険制度を導入したことから, 国が行う近代社会保険制度として出発したといわれる. 国によって行われる制度とは, 国が国民全体や一定の職業分野に限って強制的に保険制度に加入させるという意味であり, 必ずしも国がすべてにわたって管理・運営するわけではない. ドイツで導入された社会保険制度は, その後フランスやベルギーをはじめヨーロッパに広がり, 1911 年にはイギリスにおいても国民保険法が成立した. 当初は一定の労働者に対するものであったが, しだいに国民全体に及ぶ制度となり, 給付の水準も高くなった.

このような社会保険制度は, さらにその沿革をたどると極めて長い歴史のなかで形成されたものであることがわかる. 社会福祉の歴史的源流をたどると, *ローマ帝国におけるアリメンタ(〔ラ〕alimenta), そしてカリタス(caritas)などがいわれるが, 自由人の相互扶助や社会体制の維持などの要素をこの社会保険制度はもっているといえる.

ドイツで成立したという社会保険もその基本的思想をたどれば, ツンフトや*ギルドの親方, 職人層の相互扶助制度に行き着く. ツンフトやギルドは同業者組合であり, それ自体共済的な生活扶助システムをもち, 親方たちの拠出によってある程度の相互扶助が行われていた. 職人仲間によって作られた友愛組合(〔独〕Bruderschaft)などもそうである. そしてしだいに金庫制度として独立した共済制度や扶助制度となっていくのである. 自治的な疾病扶助金庫などはその後, 疾病保険制度へとつながるものである. 1794 年にはプロイセン一般ラント法(preussische Allgemeine Landrecht)が定められ, ゲノッセンシャフト(同業組合)的な福祉責任を基調として救済を行うことを定めている. 団体による共済は拠出に

よる給付,そして組合の自治,さらに *友愛の精神といった,現在でいう社会保険の要素をその時代のなかで実現していたものである.互酬性([英]reciprocity)は一般に *市場とともに社会関係のなかで人々が行動する際の基本的原理であるといわれるが,社会保険制度はこの互酬性を基礎とした制度ということもできる.現代社会のような市場原理による経済社会にあっても,人間の行動の規範のなかでこの互酬性原理は日常の社会生活のなかにも存在しているし,それをいわば制度化したものが社会保険制度ともいえる.

【仕組み】現代社会保険における特徴は,保険の技術を使い,社会保障制度のなかで国民の生活の安定化を図るために私保険とは異なる原理を採用している点である.保険制度は収入と支出のバランスがとれていなければならず(収支相当の原則),またあるリスクが一定の集団のなかでどの程度発生するのかがあらかじめ測定されていなければならない.社会保険制度ではすでに述べたように,個人の力では対応が難しいリスク,社会的な原因で引き起こされるリスク,社会的にみて多くの人たちに起こるようなリスクに対応するもので,このような意味で現代社会保険は社会的リスクに対応した保険制度といえる.また,現代社会保険はその運営管理が,国や地方自治体ないしそれに準じる団体によって行われており,保険集団は強制加入が原則となり,任意に加入を選ぶことはできない.そのようにすると,リスクの分散という観点から逆選択が発生するからであるし,全体的な社会保障制度という観点から社会政策として保険集団を定めているからである.第四に民間保険のようにさまざまな種類があり,給付を自分で選択できるということはなく,保険給付が標準化,平均化されている.第五に給付反対給付均等の原則ではなく平均保険料を採用するとともに,応益よりも応能主義による保険料徴収を行っている.さらに第六に我が国では特に被保険者以外に事業主の負担や国庫負担が相当含まれている.

【利点】社会保険は先進福祉国家の社会保障制度のなかで中核的な役割を果たしているが,それは現代のような自己責任を基本とする社会に適していることとともに,雇用労働者が多い現代にあって社会的リスクが共通化しているということも社会保険が有力な手段となっている理由である.また,さまざまな社会的リスクに対して事前に対応できる制度であり,社会的リスクに対して事後的に対応するのではなく,問題の発生と同時に対応がなされる.次に自己責任原則に関係するが,被保険者として保険料拠出という義務を果たし,それに対する権利として給付を受けるということでは権利性が高い.また,事業主や本人の負担により財源が確保されており,一般の税による財源確保と異なり,公費依存率が低くなる.したがって,税金のみで行う制度よりも政策目標に対する財源の確保とその使途との関係が明確である.またこれにより政策の財源が一般会計ではなく特別会計となり,社会保険の政策を行う主体の主導性が確保されているということがいえる.

このように社会保険制度は現代社会にあって互酬性を基本とした社会連帯による生活維持システムとなっており,今後の高齢社会においても重要な役割を果たすと考えられる.特に近年,介護問題についても社会保険制度により解決しようという介護保険の構想が社会保険の母国ドイツで立てられ,1994年4月法律となり第五の社会保険といわれている.我が国においても2000年4月に開始された.

【文献】山崎泰彦『社会保障論入門』(全国社会福祉協議会 1981); 小山路男編『福祉国家の生成と変容』(光生館 1983).
(栃本一三郎)

しゃかいみんしゅしゅぎ 社会民主主義 [英]social democracy, [独]Sozialdemokratie, [仏]démocratie sociale 社会民主主義にはいろいろな形態と名称のものがあるが,一般的には社会主義的社会を,暴力的革命によらないで,議会を通じて民主的に,漸進的に改良して実現しようとする社会主義的政治理念と活動の総称であり,政治の領域では *民主主義の立場をとりながら,社会経済の領域では *社会主義の立場をとる.

【社会民主主義の発端】社会民主主義は社会主義の思想的発展とその運動の発展段階に端を発するもので,1864年に労働者階級の解放のために K. *マルクスらの主導によってロンドンで創立された第1インターナショナル(国際労働者協会)にはヨーロッパ諸国の社会主義者たちが結集した.そこにはイギリスの労働組合主義者,フランスや南ヨーロッパのブランキ主義者,プルードン主義者,バクーニン主義者,ドイツのラッサール主義者,そして主流のマルクス派社会主義者などが混在し,その内部の勢力関係も複雑で,やがて実践をめぐるバクーニン派とマルクス派の対立が激しくなり,1871年の *パリ・コミューンの崩壊をきっかけに分裂し,1876年に解散するに至った.

社会民主主義という概念はドイツ社会民主党(Sozialdemokratische Partei Deutschlands)の成立過程のなかから生じたもので,ラッサール(Ferdinand Lassalle, 1825-64)によって1963年に創立されたドイツ一般労働者協会に端を発し,後にベーベル(August Bebel, 1840-1913)やリープクネヒト(Wilhelm Liebknecht, 1826-1900)らによって1869年に創立された社会民主主義労働者党と彼らの北ドイツ帝国議会議員としての活動を通して一般に知られるようになった.またこの政党も1890年にドイツ社会民主党と改称された.

その間1889年にヨーロッパ諸国の社会主義者が集まって第2インターナショナルが結成されたが,そこでも *マルクス主義の立場から社会民主主義を唱える者が大半を占め,左右の対立を深めていた.しかし1891年にマルクス主義が主流を占めていた当時のドイツ社会民主党の内部で,ベルンシュタイン(Eduard Bernstein, 1850-1932)らによってマルクス主義の修正による社会改良主義が提唱され,また1917年のロシア革命と第1次世界大戦により第2インターナショナルも解散するに至った.戦後1919年に左派社会主義者が第3インターナショナル(コミンテルン)を結成するに至って,1920年以降第2インターナショナルの復活が計られ,前者が *共産主義を指導原理とするのに対して,後者は社会民主主義による社会主義の実現を提唱した.

【社会民主主義理念の形成】社会民主主義の理念は一方では初期社会主義以来の *資本主義に対する批判と,他方では革命的変革を主張する *無政府主義やマルクス主義に対する批判のうちに形成されてきた.1870年代以降の主な資本主義諸国の社会的・経済的発展過程において,マルクス主義的社会主義に対する批判も高まり,それぞれの国で固有の伝統に基づく社会民主主義的理念や運動が生まれてきた.それらはマルクス主義に対する修正的なものから,さまざまな立場からの社会改良主義まで多様な形態をとっているが,その主なものは次の二つの系統の理念である.

ドイツ・オーストリアの社会民主主義は多かれ少なかれマルクス主義の影響下にあったが，ベルンシュタインは *史的唯物論や *弁証法を否定し，革命論や階級闘争を批判してマルクス主義の修正を試みた．彼は主流マルクス主義からは修正主義と非難されたが，イギリスでの亡命の体験から，階級闘争的理論よりも実際的改革政策をもって，議会を通しての社会主義社会への平和的移行を提唱し，社会民主主義の理論の形成のうえで先鞭をつけた．

イギリスでは現在の労働党の前身である *フェビアン主義がその独自の伝統から社会民主主義の理念を展開した．フェビアン主義には明確な理論や実践論はなかったが，社会の実状を調査し，不正を倫理的な視点から指摘し，政治制度を漸次的に改良し，不合理を合法的手段によって改革することを提唱した．そしてこの運動の推進母体として労働組合，消費組合，産業組合を考え，組合員の相互扶助や経営の合理的運営によって生活の向上を計ろうとした（→ 組合）．

【現代の社会民主主義】第2次世界大戦によって第2インターナショナルも崩壊したが，戦後イギリス労働党の主導でその復興が計られた．1947年にコミンフォルム（共産党・労働者党情報局）が結成されたことに対抗して，社会民主主義者たちも同年コミスコ（国際社会主義者会議委員会）を国際的提携と協力のための組織として結成し，1951年のフランクフルト総会で第2インターナショナルの後身としての社会主義インターナショナルへと発展的に解消した．そしてこの会議で資本主義と共産主義の双方に対する反対，経済的民主主義の確立，社会民主主義の促進，*植民地主義の止揚などの宣言が採択された．

現代の社会民主主義政党にもさまざまな思想的系列に属するものがあるが，一般に1959年の当時の西ドイツ社会民主党のゴーデベルク綱領以来，社会民主主義はもはや目的としてではなく，議会政治における組織化された実践的政策，すなわち恐怖と窮乏からの解放，国家や独裁的個人の恣意からの自由，物質的にも，また精神的にもいかなる不利な状況に置かれることなく，すべての人間に連帯と相互の責任において均等な機会が与えられて，自己の能力を発揮することができるような社会の実現を目指す道と考えられるようになった．そこから経済の公的管理と計画，平等の促進，国家，社会，経済の民主化（共同決定など），社会保障制度の充実を計り，さらにいかなる *全体主義をも拒否し，非社会主義的政党との連立の可能性なども容認するようになった．また社会民主主義における基本的諸価値として *自由，*平等，*正義，連帯，*平和などが諸国の社会民主主義政党の綱領などで提唱されている．

【社会民主主義とキリスト教】社会主義，特にマルクス的社会主義やその後の共産主義に対しては，その激しい *宗教批判と *私有財産の止揚，階級闘争と歴史的必然性としての暴力革命などのゆえに，カトリック教会の社会教説では *信仰と相容れないものという立場がとられてきたが，社会民主主義に対しては *離婚や *堕胎の許容など一部の具体的政策を除いては根本的にキリスト教信仰と矛盾するものはない．現代の社会民主主義の基本的諸価値は，教会の社会教説が提唱してきたものとほぼ一致するが，それぞれの理念とその内容理解に関しては見解の相違も残る．しかし教皇 *ヨアンネス23世の回勅 *『マーテル・エト・マギストラ』（1961）以来，異なる見解や信条をもつ者たちとの対話の必要性と協力の可能性も認識されている．

【文献】A. KLOSE, ed., *Katholisches Soziallexikon* (Innsbruck 1964) 1036-47; (Innsbruck ²1980) 2601-28.

(犬飼政一)

しゃかいもんだい 社会問題 〔英〕social problem, 〔独〕soziale Frage, 〔仏〕problème social

【定義】社会問題を一般的かつ形式的に定義するとすれば，社会の維持・再生産を妨げたり危うくする諸現象・諸事態ということになる（真田是）．社会秩序という点からみるならば，その時代のその政治・経済体制のもとに現れてくる衰退や脱落の現象ということができる．社会問題の原因は社会構造にある．特に19世紀の初頭の，工業社会における労働者の状況があまりにも悲惨であり，社会的な緊張状態を生み出したので，労働問題としての社会問題が生じることとなった．

【原因と思想的背景】工業社会の労働問題を引き起こした原因は，労働者が自己の財産と所有を失ったことである．その結果，自己の労働力を契約に基づいて活用する以外に生計をたてる道がなく，それにより身体的生存限界ぎりぎりの生活を強いられ，社会に受け入れられず，政治的な無力感を味わうこととなった．彼らは労働力を譲渡することにより生活を維持するための収入を得るという関係から脱却することができないために，プロレタリアートという一つの階級が出現した．彼らの欲求不満と欠乏は決して個人的な原因からのものではなくて，明らかに社会構造からもたらされたものであった．

工業社会における社会問題を生み出している背景の思想としては，*個人主義的な *自由主義，*進歩への絶対的な信頼，経済優先の思想をあげることができる．社会的な存在としての人間の人格的な結びつきがなくなり，個人の有用性による功利的な結びつきだけになると，個人や企業の利益だけが追求されて，*共通善に対する *奉仕や *責任が無視される．技術と自然科学の進歩に眩惑されて，その機能的・機械的な思想を社会生活の領域にまで自動的にあてはめることから，楽観的な進歩への信仰が生まれる．このように個人の利益の追求が社会の進歩につながるという思想から，個人に対する *国家の介入を最小限にし，経済活動に関する最大の自由を個人に与えて，最小の経費で最大の利益をあげるという原則が社会から支持されて，資本をもつ者ともたない者のグループの対立が深まり，社会的な貧困とプロレタリアートの悲惨が浮き彫りにされた．また社会のなかで *経済が最も重要であり，最も高い価値をもつものであるという認識から，経済を人間に優先させるようになり，国家は経済原則を絶対視し，経済の成果を保護することを目的とし，その目的にかなうように生活の秩序を作り上げるようになった．こうして生活秩序は経済原則の手段と化した．

【社会問題と社会政策】社会階層として形成されたプロレタリアートは，連帯による自助組織としての労働組合（→ 組合）を結成し，資本家に対抗した．財産を手放した賃金労働者は，*失業，*病気，老齢（→ 老い）などの社会的な脅威に絶えずさらされており，一方，資本家も *資本主義社会を維持，存続，発展させるために，労働者の共通の危険に対する社会的な保障の必要を感じ，19世紀後半から20世紀初頭にかけて国家的，あるいは私的な社会政策が打ち出されるようになった．英国では，1910年代までに，社会改良の名のもとに，児童法，無拠出老齢年金制度，最低賃金制度，職業紹介所制度，住

宅都市計画法，国家保険法などが次々と制定された．ドイツでは，1880年代までに*プロイセンにおいて，プロイセン一般工場法や工場労働者に対する現物賃金禁止令などの労働立法が制定され，それらが1880年代の*ビスマルクの社会保険立法へと引き継がれた．ビスマルクは労働者のための*社会保険として，労災保険，疾病保険，老齢・廃疾保険を次々と制定した．これらは，労働者の強制加入を前提とするものであり，「あめとむち」の政策ともいわれた．つまり，労働者の社会生活を向上させ，彼らが労働組合運動や*社会主義思想に走ることを牽制するものでもあった．

【現代の社会問題】現代の社会問題は三つの種類に分けることができる．第一は階級・階層別の社会問題で，資本主義社会の維持・再生産において，必然的にもたらされる労働者の*労働・生活・*権利に関わる問題である．第二は，問題別の社会問題で，階層・階級別の社会問題が幾つかの階層に共通して成立しているもので，住宅問題，貧困問題やさまざまなハンディキャップのある人々を社会階層としてくくった，老人問題，障害者問題などを含むものである．第三は，生活の共同的再生産について生じる問題で，コミュニティの崩壊，解体などのいわゆる地域問題といわれるものである（真田是）．

個人の生活のレベルに現れてくる生活問題は，そこに個別的，人格的な要因が働いているにせよ，社会の仕組みにも大きく規定され，社会的な性格を備えたものであるのでこれも社会問題として捉えることができる．現代社会の構造的産物としての生活問題は，貧困をはじめとする幾通りかの生活上の困難があり，一方では，人々が，生活費の不足，日常生活活動能力の欠損，自立したパーソナリティを持ち合わせていないことにより，また他方では私的扶養の欠落により，日々の生命の再生産を全く，あるいは不完全にしか行えなくなった状態である（副田義也）．生活問題は貧困問題，障害問題，老人問題，疾病問題，児童問題，*非行，矯正問題などを含み，この生活問題を解消・予防するための方策が社会福祉である．しかし，現代では，社会福祉の対象はこれらにとどまらず，さらに広がりをみせているので，それとともに生活問題もより拡大して理解される．このようにより拡大して理解される現代の生活問題には，前の要因に加えて，個人的消費財の不足，社会的消費財の不足，自然環境の劣悪さ，人間性の荒廃などがその原因として付け加えられる．さらにこうした現象を起こさせる社会的な基盤として，利潤追求を至上目的とする企業，企業優先を支持する政治や行政，労働の無内容からくる*疎外と逃避などが存在している（副田義也）．さらに今日，東西ドイツの再統合やソヴィエト連邦の崩壊などによる東西冷戦の終結以後の地域紛争や民族紛争の激化による難民の流出，発展途上国の諸問題，全人類の連帯の問題など，社会問題は世界問題への広がりをみせている．

【文献】A. KLOSE, ed., *Katholisches Soziallexikon* (Innsbruck 1968 ³1980); 真田是，後藤和夫『社会体制と社会問題』(青木書店1970); 真田是編『現代の福祉』(有斐閣1978); 副田義也編『社会福祉の社会学』(一粒社1975). (春見静子)

【社会問題に関する回勅】カトリック教会の社会教説のうち*回勅の主なものは次の通りである．*レオ13世の*『レルム・ノヴァールム』(邦題『労働者の境遇について』，1891), *ピウス11世の*『クアドラゲシモ・アンノ』(社会秩序の再建，1931), *ヨアンネス23世の*『マーテル・エト・マギストラ』(キリスト教の教えに照らしてみた社会問題の最近の発展について，1961), *『パーケム・イン・テリス』(地上の平和，1963. ただし，これは厳密な意味での回勅ではない)，第2*ヴァティカン公会議の『現代世界憲章』(1965), *パウルス6世の*『ポプロールム・プログレッシオ』(邦題『諸民族の進歩推進について』，1967), *『オクトゲシマ・アドヴェニエンス』(『レルム・ノヴァールム』公布80周年を迎えて，1971), 現教皇*ヨアンネス・パウルス2世の*『ラボーレム・エクセルケンス』(働くことについて，1981), 『ソリキトゥド・レイ・ソキアーリス』(Solicitudo rei socialis, 邦題『真の開発とは』，1987), 『ケンテシムス・アヌス』(Centesimus annus, 邦題『新しい課題』，1991).

以上の諸回勅に共通する特徴は，次のように整理できる．(1) 思想の起源は*自然法と，聖書に基づく*啓示にある．(2)『レルム・ノヴァールム』の記念周年として著されたものが多い．同回勅が教会の社会問題の憲章的位置を占め，後に発表された諸文書はこれを踏まえ，新しい状況に応じて展開されたものであることがわかる．(3) あとのものほど，帰納的社会科学を活用し，その成果に立脚している．すなわち，それだけ一層*時のしるしに注目していることがわかる．(4) 具体的な諸問題に関しては多様な決定の道が残されている．(5) 第2ヴァティカン公会議以後の諸回勅はカトリック信者のみならず，「善意のあるすべての人々」に宛てられている．

社会問題に関する教会の発言権について疑念を表明する者もあるが，キリストが教会に委託した人間の*救いがただ魂だけのものではなく人間全体の救いである以上，教会が人間の権利に関わる問題に対して無関心でいることはできない，といえよう．

【文献】上記の回勅のうち立項されていないものの邦訳：教皇ヨハネ・パウロ2世回勅『真の開発とは — 人間不在の開発から人間尊重の発展へ』(カトリック中央協議会1988); 同『新しい課題 — 教会と社会の百年をふりかえって』(カトリック中央協議会1991). (A. マタイス)

しゃかいゆうきたいせつ　社会有機体説〔英〕organic theory of society, 〔独〕organische Theorie, 〔仏〕théorie de l'organisme social.

【定義】*社会を生物有機体の構造と機能の類似において捉える社会実在論的社会理論．

【学説】聖書の1コリント書12章の身体論は社会有機体論の萌芽といえよう．社会理論としては19世紀になってH. *スペンサー，*コント等の社会学者が確立した．コントは有機体との類似によって社会を捉え，社会を社会静学と社会動学に分け，前者では相互依存，連帯，共存等の有機的関係を，後者では社会進化の過程として軍事，法，産業という三つの発展の段階を明らかにした．スペンサーは社会構造を生物有機体の類似から捉え，その発展過程を単純な社会から複雑な社会へと進化する過程すなわち軍事がすべてに優先する軍事型社会から個人や*福祉が優先される産業型社会へと発展するとみていた．

【文献】田辺寿利『コント実証哲学』(岩波書店1935); 福武直，日高六郎，高橋徹編『社会学辞典』(有斐閣1966) 406-407; A. コント『実証精神論』田辺寿利訳(岩波書店1983): A. COMTE, *Discours sur l'esprit positif* (Paris 1844); H. SPENCER, *The Principles of Sociology*, 3 v. (London 1876-96). (新屋重彦)

しゃかいりんり　社会倫理〔英〕social ethics, 〔独〕

Sozialethik, 〔仏〕éthique sociale
【概念】広義には人間社会で自ら発展した倫理，狭義には何が正しく*善かの基本的価値の決定に関する社会思想．この基本的価値は*社会にあるのではなく，神学的・哲学的公理から導き出される．社会倫理には政治倫理・国家倫理が含まれることもある．最近まではむしろ社会論（〔独〕Soziallehre）という言葉が使われていた．教会の最高教導原理の体系を示す言葉としてはそのほうがよい．

古代，キリスト教が社会の各階層に浸透したとき，*労働，*婚姻，*家族，商取引をキリスト教の立場からいかに評価すべきかの問題が起こった．これが社会倫理の端緒で，今日まで社会事象や*社会問題への評価としての社会倫理が歴史的に積み重ねられてきた．しかし，一般的には，社会倫理には世俗的ヒューマニズムに基づくものとキリスト教に基づくものとがあり，後者にはカトリックとプロテスタントそれぞれの社会倫理がある．

カトリック社会倫理の源は教会の権威的な社会教説と教会の伝統的自然法論である．19世紀後半，教会の指導者たちは社会システムや労働問題について発言し始めた．ペラン（Henri-Xavier Périn, 1815-1905），*ル・プレーの流れを汲むアンジェ派は*国家の関与を排し愛徳による解決を唱えたが，リエージュ派は社会立法や保障による国家の関与を主張した．*フォーゲルザングやアルベルト・マリア・*ヴァイスは*資本主義の体制を非難し，中世の*ギルド的な新しい共同体を求めた．何といっても重要な人物は*ケッテラーで，社会立法による改良主義的解決を唱え，この流れが*レオ13世の回勅*『レルム・ノヴァールム』に結実された．

【社会倫理の任務】社会科学に関わる場合と教会・神学に関わる場合とで，社会倫理の任務は異なる．前者の場合，社会倫理はますます実証主義化しつつある経済政策や経営の倫理基準を示すことを任務とする．*社会学・*経済学・経営学の確かな知識なくしてはこの任務を果たしえない．他方，*教会・*神学に関わる社会倫理は教会の社会観を確立し宣明することを任務とする．これは教会の神学的・哲学的原理から社会問題に関する指針を追究する．その際に，直接には愛徳よりも社会制度上の問題に対する教会の立場の確立を目指す．社会倫理は*倫理神学の補助学でもある．教会の社会に関する評価的発言は宗教の領域に限られず，世俗社会に対しても向けられているからである．

【カトリック社会倫理】その神学・哲学的発言がキリスト教の教理と結びつけられて新たな解釈を示すものである場合は，倫理神学であり，それは神と人間の関係の基本である福音から出発する．カトリックとプロテスタントの社会倫理の論争点は倫理において*決疑論（カスイスティカ）が許されるかにある．カトリックは決疑論を正当だと考える．それは存在（本質）の倫理の補完であり，多様性における一つの典型である．決疑論は個別状況から倫理を導き出すものではない．それは倫理の本質たる*存在の類比によって基礎づけられている．

【社会倫理と自然法】*自然法は社会倫理の理論的基礎であり出発点である．『自然法の永却回帰』を著した*ロンメンはメンヘングラートバハ（Mönchengladbach）の「カトリック・ドイツのための国民協会」（Volksverein für das Katholische Deutschland）の主要メンバーとしてカトリック社会運動を理論的に支えた．オーストリアの*メスナーは大作『自然法』のなかで国家・法・経済の各秩序を自然法に基づいて論述展開した．英訳版はその内容にふさわしく『社会倫理』（Social Ethics）と題されている．政治・法律・経済についての豊かな社会科学的学殖に裏づけされているメスナーの自然法論は，カトリック社会理論の古典といってよい．

社会倫理の出発点は自然法にある．自然（本性）法としても定められている神の立法のうちに，人間は目的を洞察する．人間本性は*原罪によって損なわれているが，壊滅してしまってはいないから，善を完全にでなくとも認識できる．自然法によれば人間は個人的ならびに社会的本性の双方を備えている．人間は人格であるのみならず社会共同存在たる本性を与えられている．*個人主義と集団主義の両極端の中庸・調和がカトリックの人間・社会観である．人間が個人的存在でも社会的存在でもあるということが社会構成・社会秩序の原理であり，それが所有や労働などの個々の社会現象の価値判断の基準となる．

【社会共同の原理】社会共同の原理には連帯と補完の二つがある．連帯の原理では個人も社会も同等に評価され必要とされるが，両者が相剋するときには社会の善（*福祉）が個人のそれよりも優先する．*補完性の原理は，国家内の諸小集団がなしうる成果を越えて国家全体に要求することは正義にもとる，と考える．ナチズムの正当性擁護のために利用された*シュパンの普遍主義は*カトリック教会から一度も公認されたことはない．補完性の原理を欠いているからである．

【職能団体論】以上の二つの原理に基づく社会システムとしてカトリック教会が提唱したのが職能団体論である．これはイタリアの*ファシズムともオーストリアの身分国家論とも違い，形式・実質共に自治共同体であり，職能団体である．そこでは労使は対立するのではなく，一つの樹の枝である．それは技術的・法的・社会政策的諸問題に関わり，後世代の必要に配慮することを任務とする．*賃金の問題は労働者身分仲裁裁判所でなされるべしと考える．職能団体論は労働組合（→組合）の解消などは考えておらず，ストライキ権を保持する．しかし，職能団体がどれだけ経済政策上有効かは未知数である．その目的は労使の協力により対立を克服することにある．職能団体の利己的目的追求の結果，カトリック側にさえみられる危険性のため，まだ有効な手段は示されていない．また，職能団体論が*新自由主義や*社会主義とどれだけ共同歩調をとれるか疑問である．それは，いかなる社会的・経済政策的目的と手段をもちうるかにかかっている．回勅は社会主義を，利益機構的社会にのみ対置されるとしている．社会主義非難は北欧社会主義，英労働党，ドイツの*社会民主主義政党には向けられてはいない．

【社会倫理の各論】カトリック社会倫理はその歴史的・経緯的事情のゆえに，所有と労働問題を中心に展開されてきた．回勅『レルム・ノヴァールム』が契機となり，*『クアドラゲシモ・アンノ』によりさらに推し進められた．それは理論面だけでなく，むしろ実践活動を通じて形成された．当時ドイツでは社会主義が全盛で，*キリスト教労働運動により社会の危険を救い，労働者の真の利益を守る必要があった．メンヘングラートバハを中心地として，そのための実践運動とそれを理論武装するカトリック社会論の研究と啓蒙活動が行われた．当時のキリスト者労働組合の小冊子や新聞をはじめとする，あらゆる資料が同市図書館に整理・保管されている．

現代の社会倫理各論の第一は所有制限問題である．私的所有は自然法的権利として肯定されるが，社会性を有

し，特定の財産は公共の手に留保される．社会主義とは違い，カトリック社会倫理では私的所有権は一般的にでなく，場合によっては制限される(→ 私有財産)．労働者の人格を尊重する財産権(正当な賃金)，使用主との共同所有(決定)は国家経済・経営上の考察を必要とする．カトリック社会倫理は革命的にではなく，改革の方法で財産の分配を求める．共同所有(決定)は第2次世界大戦後の経済のなかで一定の役割を果たしたが，すべての国とすべての時代にあてはまる権利ではない．能力給は最低賃金との関わりがある．子女手当は家族への配慮システムとして評価されるが，補完性の原理に従い国家でなく企業が負担すべきである．労働時間問題に関しては，*主日を守る掟に反しないよう求める．

【プロテスタント社会倫理】聖書を出発点とし，聖書により方向づけられるのがその一般的特徴である．神と人間の関係が中心で，そこから人間関係も制度問題も導き出される．原罪性は解消されず，社会倫理における神学や自然法の支配的役割は否定される．世俗の社会問題に対し，キリストの直接支配が原理とされ，最近の神学でも「律法と福音」の峻別論(K.*バルト)が展開されている．社会倫理にとり各教派の神学の違いは，現代産業社会の問題の深刻さのゆえに背後に退いている．*律法と*福音の峻別は政治・社会・経済の法則に対し否定的となる．福音は私事であり，原罪を負う人間は神の*掟を完遂できず，神の*恩恵にたのむほかない(*ティーリケ)．社会生活には福音とその不可完遂性の緊張の持続があるのみで，教会は社会問題を取り上げるべきでなく，裁きと恩恵の予言に努めるべきである．それが現状容認になることはさておき，そこにはこの世は神の*創造になる善き秩序との前提がある．

1930年までは自由と保守の両方向があり，前者は社会倫理の固有法則性を，後者は*創造論を展開した．特に前者は自由な企業活動のための国民経済を評価した．1933年までは反マルクス主義が優勢だったが，戦後は全体主義国家の経験と反省が主問題となった．経済政策については強い国家への関心が高まったが，国民福祉のための経済のコントロールも論じられた．

バルト派の社会倫理は二つに分かれたが(*ボンヘッファーとE.*ヴォルフ)，いずれも経済社会領域でのキリストの王国支配が神学的基礎とされた．正しい国家・家族・経済などの世俗秩序はキリストのためにあり，キリストの上にある．「正しい」の基準は原罪状態の人間ではなく，人間キリストである．バルトは労働の目的，人間性，自由を基準とし，Recht (権利，義とされる)の聖書的基礎づけを試みた．この基準を社会倫理にあてはめるには，経済・経営の事態分析が当然の前提となる．

ヴェントラント(Heinz-Dietrich Wendland, 1900-)は人間生活のあらゆる領域へのキリストの支配を唱える一方で，歴史上の諸制度・社会構造に悪魔的変質が優勢だとみる．その終末論的見解は世俗秩序の社会倫理(自然法)による絶対化を警戒したものである．*ブルンナーは，罪にある人間の立場ながら別の独自の社会倫理を導き出した．あらゆる歴史上の生活には不変の社会秩序がある．人間が罪のゆえに失ったものを神の英知は社会共同生活を強制することで補う．社会秩序は純粋の創造秩序ではないが，罪の世界を救う神を通じて奉仕されるべきものである．そのためのものとして経済・労働団体・文化・宗教団体などを認める．

【文献】J. メスナー『自然法』水波朗，栗城寿夫，野尻武敏訳(ドン・ボスコ社 1957): J. MESSNER, Das Naturrecht (Innsbruck 1949); 大木英夫『歴史神学と社会倫理』(ヨルダン社 1979); H. D. ヴェントラント『キリスト教社会倫理概説』小池創造訳(新教出版社 1981): H. D. WENDLAND, Grundzüge der evangelischen Sozialethik (Münster 1968); 阿南成一『現代自然法論の課題』(成文堂 1991); H. WEBER, Sozialethik, evangelische Kirchelexikon, v. 2 (Göttingen 1959); C. E. CURRAN, American Catholic Social Ethics (Notre Dame, Ind. 1982); A. RAUSCHER, Kirche in der Welt, v. 2 (Würzburg 1989); R. WEILER, Einführung in die Katholische Soziallehre (Wien 1991). (阿南成一)

シャガール　Chagall, Marc (1887. 7. 7-1985. 3. 28)　ロシア出身で*パリを中心に制作したユダヤ系の画家．ベラルーシのビテプスク(Vitebsx)に生まれ，フランスのサン・ポール(St. Paul)にて死去．1910年にパリに移り，エコール・ド・パリの画家として制作．1914年からロシアに滞在し，形態を分割し装飾的な彩色の作品を制作する．しかし抽象には至らず，その点がマレーヴィチ(Kazimir Severinovich Malevich, 1878-1935)に批判された．1923年パリに戻る．ユダヤ的主題を，ロシアの民衆芸術の影響を受けた大胆かつ幻想的な様式で描いた作品を特徴とする．1957年頃から*メッスの大聖堂などにステンドグラスを制作．ニースには聖書主題の作品を集めたシャガール美術館がある．(鐸木道剛)

ジャカルタ　Jakarta　1949年インドネシア共和国の首都となる．16世紀までパジャジャラン(Pajajaran)王国の港町スンダ・ケラパ(Sunda Kelapa)として栄え，1522年ポルトガル人の来航が知られる．オランダ東インド会社統治時代(1619-1799)にバタヴィア(Batavia)と改称，*改革派教会の礼拝のみが認められた．1806年ルイ・ボナパルト(Louis Bonaparte, 1778-1846)のオランダ王時代にカトリックが公認された．日本の占領時代も宣教活動が続けられ，1942年ジャカルタと改称．1945年の独立後発展を遂げ，1961年大司教管区となり，1990年までに信徒2万7,800人余に増加した．この司教区は1893年以来*イエズス会に委託されていて，1995年現在，35名の司祭，530名の修道女が活動している．(A. ヒューケン)

しゃくぎがく　釈義学　→　解釈学

ジャコバイト　→　ヤコブ教会

ジャコバイト　Jacobite　宗教改革後のイングランドにおいて，女王*メアリ・テューダー以来のカトリック復権を掲げた国王ジェイムズ2世(James II, 在位 1685-88)が，その宗教政策に反対する勢力によって事実上退位を強制されフランスへ亡命した「名誉革命」(1688)の後も，彼とその直系の子孫を正統な君主として支持した人々の総称．ジェイムズのラテン語 Jacobus にちなんでジャコバイトと呼ばれ，スコットランド高地地方を主な勢力地盤とした．カトリック教徒のほかに*王権神授説を信条として名誉革命を是認できないイングランド国教会(→ 聖公会)保守派やトーリー党政治家たちの間にも同調者を得た．彼らは1701年のジェイムズ没後も息子と孫を擁立して1715年と1745年には大規模な反乱を起こしたがいずれも徹底的に鎮圧される．

【文献】J. R. H. ムアマン『イギリス教会史』八代崇, 中

村茂, 佐藤哲典訳 (聖公会出版 1991): J. R. H. MOOREMAN, *A History of the Church in England* (London 1953 ³1973).　　　　　　　　　　　　（盛節子）

ジャコバンとう　ジャコバン党　Club des Jacobins　＊フランス革命下の政治結社. 1789年5月に結成されたブルトン・クラブ (Club breton) が同年10月に本拠をサントノレ街のジャコバン修道院（＊ドミニコ会）に移して以来, ジャコバン党といわれるようになったが, 正式の名称は「憲法の友の会」(la Société des amis de la Constitution) である. 初めジャコバン党の目標は立憲王政で, プログラムは穏健であった. 党は最初議員だけに開かれていたが, 後に会費制によって一般にも開かれるようになった. そして地方に多くの支部を設けた. ヴァレンヌ事件以後, 穏健派が分離してフイヤン党 (Club des Feuillants) を作り, 残るロベスピエール (Maximilien Marie Isidore de Robespierre, 1758-94), ペティオン (Anne Alexandre Pétion, 1770-1818) らによって党は民主的に, そして小市民的になった. 立法議会期にジロンド派 (Girondins) はジャコバン党に属していたが, 1792年9月に脱退した. ジャコバン党は国民公会では山岳党 (Montagnards) の中核であり, 公会の議事はあらかじめジャコバン党で討議された. ジロンド派の失脚, 恐怖政治, 理性神崇拝, ＊理神論の祭儀等は主としてジャコバン党の所業であった. テルミドール (Thermidor) のクーデターによってロベスピエール一派は処刑され, 党は閉鎖された (1794年11月11日). 1795年にバブーフ (François-Noël Babeuf, 1760-97) によって再建されたが, 陰謀発覚後解散させられた (1796年2月). 1799年6月にも再建が試みられたが失敗した.　　　　　　　　　　　　　（生熊來吉）

ジャコブ　Jacob, Max　(1876. 7. 12-1944. 3. 5) フランスの詩人. 20世紀初めパリのモンマルトルでピカソ (Pablo Picasso, 1881-1973), アポリネール (Guillaume Apollinaire, 1880-1918), カルコ (Francis Carco, 1886-1958) らと交友を結び, ボヘミアンの生活を送る. 1909年自室でキリストの幻視を体験し, カトリックに改宗. 1921年サン・ブノア (Saint-Benoît) の＊ベネディクト会大修道院に隠棲し, 信仰と詩作の生活を送っていたが, 1944年ナチに捕らえられ, 強制収容所で病死した.

パリでの芸術家たちとの交友はキュビスムとシュールレアリスムの誕生に影響を与えたが, 彼は自由な韻律と口語・俗語を使用し, イマージュによって具体的な事物を通じ, 現実を絵画的に示した. 「諷刺詩の革新者」と呼ばれた彼の詩は, ユーモアに溢れ, 神秘主義に浸されており, 民衆的歌謡と祈りの形式による詩編に至る. 彼の名声が確立されるのは『聖マトレル』(Saint Matorel, 1909), 『バルセロナの修院に死せる修道士マトレルの滑稽で神秘的な作品』(Œuvres burlesques et mystiques du frère Matorel, 1911) によってであるが, ほかに画期的な散文詩『骰子筒(さいころづつ)』(Le Cornet à dés, 1917), 『タルチュフの擁護』(La Défense de Tartuffe, 1919), 詩集『中央実験室』(Le Laboratoire central, 1921), 晩年の作品で神秘主義的な『バラード』(Ballades, 1938), 死後出版された『最後の詩編』(Derniers poèmes un vers et un prose, 1945), 『宗教的瞑想』(Méditations religieuses, 1947), 『モルヴァン・ル・ガエリックの詩』(Les Poèmes de Morven le Gaëlique, 1950) がある.　　　　　　　　　　　　（倉田清）

ジャコモ〔マルカの〕　Giacomo　(1393-1476. 11. 28) 聖人（祝日11月28日）, フランシスコ会原会則派司祭, 教皇使節. イタリア中部マルカ・ディ・アンコーナ (Marca di Ancona) のモンテプランドーネ (Monteprandone) の貧しい家に生まれ, アスコリ (Ascoli) で勉学を始め, ペルージア大学で法学と＊教会法を修め, ＊アッシジで＊フランシスコ会に入会 (1416). その後, 会と教皇から各地に＊宣教師として派遣された. 1430年には＊フス派の異端鎮定のためボヘミアに, 次いで＊ボゴミール派と闘うため＊総会長の命令に沿ってボスニアに送られ (1432), 1441年には＊フラティチェリの異端審問官（→異端審問）に任命された. その後再びボスニアとダルマティアに送られ (1452), 1456年にはカペストラーノの＊ジョヴァンニに代わって駐ハンガリー＊教皇使節に任命された. ジャコモは, このジョヴァンニとシエナの＊ベルナルディヌスと並んで,「＊原会則派の三羽烏」と呼ばれ, 同派とコンベンツアル派（→コンベンツアル聖フランシスコ修道会）との合同に尽力した. 1458年イタリアに帰り, 公益質屋＊モンテス・ピエターティスを創設し, 貧民の福祉に貢献した. ナポリで逝去, ＊列聖は1726年.

【文献】A. CRIVELLUCCI, *I codici della libreria racolta da S. Giacomo della Marca* (Livorno 1889); T. SOMIGLI, "Vita di S. Giacomo della Marca di fr. Venanzio da Fabriano, secondo la redazìone del cod. di Pesaro," AFH 17 (1924) 378-414; G. CASELLI, *Studi su S. Giacomo della Marca*, 2 v. (Ascoli Piceno 1926); M. SGATTONI, *La vita di S. Giacomo della Marca per fra' Venanzio da Fabriano* (Zara 1940); A. GHINATO, "Apostolato religioso e sociale di S. Giacomo della Marca in Terni," AFH 49 (1956) 106-42, 352-90.　（石井健吾）

しゃじつしゅぎ　写実主義　→　リアリズム

じゃすい　邪推　〔ラ〕iudicium temerarium, 〔英〕unjust suspicion, 〔独〕unbegründeter Argwohn, 〔仏〕soupçon injuste　邪推とは充分な根拠なしに他人の行為を＊悪であると判断することである. 人間は不完全なものなので他人の行為に関してしばしば誤った判断を下しがちである. ゆえに, 法廷においても証拠のないときには, 判決は被告に有利に下されるのが当然となっている. 聖書にも「うわべだけで裁くのをやめ, 正しい裁きをしなさい」（ヨハ7:24）との忠告がある. このように, より悪いほうへ誤った判断を下すという可能性を避けなければならないことは確かであるが, 邪推の悪の本質は, その裁判が誤っていたか正しかったかに直接関係しない. むしろ, その悪の本質は, 充分な根拠なしに, すなわち, その行為を「悪である」とも「悪でない」とも決定的に判断することができない状況で,「悪である」というほうを故意に選ぶというところにある. ゆえに, 人間にとって最も大切な＊愛に反する行為である. さらに, もし, その判断が誤っていた場合は＊正義にも反することになる.　　　　　　　　　　　（松本信愛）

シャスタン　→　ジャック・オノレ・シャスタン

シャステル　Chastel, Guy　(1883. 8. 5-) 多様な分野で活動を展開したフランスの文人. サンテティ

じゃせいもんどう

エンヌ(Saint-Etienne)生まれのポール・グラノティエ(Paul Granotier)のペンネーム．*イエズス会系の学校で最初の教育を受ける．詩人としては，深い宗教感情を表明しつつ夫婦愛と郷土愛を歌い，小説家としては大地や自然を忘れることなく，魂についての陰影に富む透徹した研究を行う．さらに芸術批評，*アントニオ・マリア・ザッカリアなどについての*聖人伝研究，歴史，トラピスト修道会(*厳律シトー会)についての宗教史などを手がけた．　　　　　　　　　　　　　　(二川佳巳)

じゃせいもんどう『邪正問答』　排耶宗論の形を採った反キリスト教書．1886年(明治19)，山梨県七里村向嶽寺村住職・国山樵隠のところに，岡本良造という人物が現れ久闊を叙し，その間，数年，耶蘇の宗学を研究した結果を報じ，14話に分けて仏教とキリスト教の正邪を問答する形式で編されている．傍聴人香川宗碩編とあるが，奥付には著作者として国山樵隠とあり，かつその朱印を捺している．題簽は「内外宗教邪正問答」，内題は「邪正問答」．1888年(明治21)，甲府の内藤伝右衛門発行．半紙判和装，32丁．非売品．　(海老澤有道)

シャセリオー　Chassériau, Théodore　(1819. 9. 20–1856. 10. 8)　フランスの画家．サント・ドミンゴ島(当時フランス領，現ドミニカ共和国)でフランス人の家庭に生まれ，3歳から*パリで育つ．1831年に*アングルのアトリエに入門，早熟な才能を高く評価された．新古典主義の代表者アングルの特徴である，流麗な線描によるしなやかな人体表現を継承，一方でロマン派の*ドラクロアの熱っぽい色彩や劇的な明暗対比にも学んで，1846年のアルジェリア旅行でさらにロマン派的傾向を強めた．神秘的で物憂げな人物表現は，世紀末の象徴派の*ピュヴィス・ド・シャヴァンヌやモロー(Gustave Moreau, 1826–98)を予告する．パリのサン・メリ教会の壁画『エジプトの聖マリア伝』(1843)を皮切りに，教会堂や公共建築の壁画装飾に活躍し，独特の緊張感を漂わせた肖像画にも個性を発揮した．　(高橋裕子)

ジャチンタ・マレスコッティ　Giacinta Marescotti　(1585頃–1640. 1. 30)　聖女(祝日1月30日)．ローマの北西ヴィテルボに近いヴィニャネロ(Vignanello)で貴族の家庭に生まれる．世俗の生活にひかれていたが，父の意志で19歳でヴィテルボの聖ベルナルディノ修道院に入り，ジャチンタを名のる．その後の15年間は修道院にあっても虚栄に満ちた生活を送るが，病気を機に回心．以後*苦行と極貧のうちに悔い改めの生活を送る一方，ヴィテルボに施療院を2か所開設し，貧しい人々，老人，囚人への奉仕を推進．特に*聖体と聖母に対する信心に篤かった．自叙伝(Liber scriptus a B. Virgine Hyacintha de Marescottis)がある．
【文献】BSS 6: 322–24; Cath. 5: 1122–23; EC 6: 307; G. VENTIMIGLIA, *Vita di S. Giacinta Marescotti* (Roma ²1907).　(小高毅)

ジャック〔オータンの〕Jacques　(1624. 1. 18–1678)　フランスの論争神学者，カプチン会員．*オータンに生まれ，*リヨンで*カプチン・フランシスコ修道会に入会．説教師として名声を博し，1637年以降，カプチン会の諸修道院院長を務める．リヨンで没す．
【主著】*Les entretiens curieux d'Hermodore et du voyageur inconnu par le Sieur de Saint-Agran*, 1634; *L'amour eucharistique victorieux des impossibilités de la nature et de la surnature*, 1666; *Vie de saint François d'Assise*, 1676.
【文献】DSp 8: 27–29; Cath. 6: 273.　(小高毅)

ジャック・オノレ・シャスタン　Jacques Honoré Chastan　(1803. 10. 7–1839. 9. 21)　聖人(祝日9月20日)．李氏朝鮮に行った2番目の西洋人宣教師．*ソウルで司教*アンベール，司祭*モーバンとともに殉教．朝鮮名は鄭(Cheong)．
フランス南東部のマルクー(Marcoux)で生まれ，ディーニュ(Digne)の神学校で学び，*教区司祭に任ぜられる．1827年1月13日に*パリ外国宣教会に入会．朝鮮での布教活動を望み*マカオに向かい，数年間マレーシアのペナン大神学校教授を務め，その後，中国経由で朝鮮入国を試みていた初代朝鮮教区司教*ブリュギエールと行動を共にし，1837年1月15日に単独でソウル入りを果たし，彼より数か月早くソウルに到着していた司祭モーバンと出会う．主な活動地域を朝鮮南部とし，絶えず移動しながら夜間に宣教を行った．その間3回，司教アンベールと会い，活動の組織化と迫害や殉教から身を守ることを相談，アンベールは安全のため中国への脱出を勧めるが二人はこれを断る．1839年8月10日アンベールが密告により逮捕され，彼は獄中から手紙で二人にキリスト教徒を救うために自首するように訴え．彼らはそれに従い出頭し，逮捕されソウルの監獄で再会したが，1839年9月21日3人ともに斬首された．1984年5月6日ソウルにて*列聖．
【文献】キ人 682; NCE 8: 255–56.　(G. ポンセ)

シャッツガイアー　Schatzgeyer, Kaspar　(1463/64–1527. 9. 18)　神学者，フランシスコ会員，ルター派の論敵．サスゲルス(Sasgerus)とも呼ばれる．ドイツ南部ランツフート(Landshut)に生まれ，*インゴルシュタットで学び，*フランシスコ会に入会．ランツフート(1487–)，インゴルシュタット(1489–89, 1510–14)，ミュンヘン(1496–)で神学を講ず．副管区長(1514–17)，管区長(1517–23)を務める．1517年，アッシジの*フランチェスコの修道会則の解釈をめぐる同会内での論争にあたって，『会則遵守問題』(Status de observantia)を著し，中庸の道を説く．1522年以降，*オジアンダー，*シュタウピッツらを論駁，*恩恵，*エウカリスティア，*秘跡，*修道生活等に関する23以上の著作を著す．聖書を論述の根拠とし，論敵をただ論駁するだけではなく，その主張の正しい側面を生かすよう努めた．ミュンヘンで没す．
【著作全集】J. ECK, ed., *Omnia opera*, 1543.
【文献】キ人 683; LThK² 9: 371–72; NCE 12: 1121.　(小高毅)

シャッフ　Schaff, Adam　(1913. 3. 10–)　ポーランドのマルクス主義哲学者，社会科学者．1940–45年モスクワで学び，帰国後1948年よりワルシャワ大学で哲学を教える．以降，統一労働者党中央委員会，ポーランド科学アカデミー哲学社会学研究所長等を歴任．*言語哲学，*認識論等に優れ，東西対立時代の東欧を代表するマルクス主義哲学者として活躍したが，1980年の共産主義批判とそれに続く東欧改革，自由化と*マルクス主義の退潮のなかで影響力を失った．主著に1963年の『人間の哲学』(岩波書店1964)がある．

【主著】*Marxismus und das menschliche Individuum*, tr. E. REIFER, 1969: 花崎皋平訳『マルクス主義と個人』(岩波書店 1976).　　　　　　　　　　(大橋容一郎)

シャッフ　Schaff, Philip　(1819.1.1-1893.10.25) 教会史・教理史家. スイスの*クールに生まれ, テュービンゲン, ハレ, ベルリンに学ぶ. *ネアンデルの弟子. 1843年, アメリカ東部の*ドイツ改革派教会のマーサーズバーグ神学校に招かれ, そこをアメリカにおけるドイツ神学の中心地にすることに貢献. リヴァイヴァリズムや教派主義に抗し, 教会の伝統を重視しつつエキュメニカルな展望をもつマーサーズバーグ神学 (Mercersburg Theology) の運動を起こす. 1870年より*信条学の教授. 1888年よりニューヨーク・ユニオン神学校の教会史教授となり, アメリカにおける教会史・教理史研究の新時代を画した.
【主著】*The History of the Christian Church*, 6 v., 1882-92; *The Creeds of Christendom*, 3 v., 1877, ⁰1893.　　　　　　　　　　(近藤勝彦)

シャッペラー　Schappeler, Christoph　(1472-1551.8.25)　ドイツ南部のメミンゲン (Memmingen) の宗教改革者. *ザンクト・ガレンで生まれ同地で死去. 1493年から故郷で学校教師を務めた後, 1513年からメミンゲンの説教者となり, 福音主義教会改革の導入に尽力, 1524年12月には*ミサを廃絶, 1525年1月の公開討論で勝ちを収めた. しかし, *農民戦争に際して農民側への心情的共感のかどをもって同市を追われ, ザンクト・ガレンに亡命, 終生説教者として仕える. *ツヴィングリ, *ブリンガーらと広い交友関係を保った.　　　　　　　　　　(出村彰)

シャテイヨン　→　カステリオ

しゃとう　射祷　〔ラ〕oratio jaculatoria, 〔英〕ejaculatory prayer, ejaculation, 〔独〕Stoßgebet, 〔仏〕oraison (prière) jaculatoire　「射祷」は, いわば, 神という的に向かって放たれた矢のような祈りのことである. 古代の隠遁者 (→隠修士) が好んでそれを用いたといわれる. そこにも, 「無形の祈り」と「有形の祈り」の別がある. 前者は, 神に渇く魂のあえぎ, あるいは, 熱い嘆息のような形で表れる (詩 63:2; 143:6). 後者は, 極めて簡潔な言葉で言い表される祈りである. 通常これが射祷といわれる. 「わたしの主, わたしの主よ」 (ヨハ 20:28), 「アッバ, 父よ」 (ロマ 8:15; ガラ 4:6), 「神に賛美」「主よ, 憐れみたまえ」「キリスト, 憐れみたまえ」「アベ・マリア」など, 神, キリスト, 聖霊, 聖母, 守護の天使, 諸聖人に対するその他多くの射祷がある. イエス自身が父に呼びかけている, いわば「射祷」ともいえる幾つかも, 聖書に記されている (マタ 26:39; マコ 14:36; ルカ 22:42). 仏教における「南無阿弥陀仏」も射祷の典型といえよう. つまり射祷は, 数語に凝縮された*口祷であり, さらには声だけになった純声祷のことである. この口祷的射祷と声祷的射祷の中間に, 「単綴音 (monosyllable) の単語」による射祷がある. 英語の場合「God (神)」とか, 「sin (罪)」などがあげられる. 日本語では「主」とか「無」が用いられることもあるが, 一般的ではない.
【文献】DThC 13: 197-99; A. ローテル編訳『無名の順礼者』(エンデルレ書店 1967): *The Way of a Pilgrim*, tr. R. M. FRENCH (London 1931 ²1965); J. ドジャ『祈り』中山篤子訳, カトリック全書37 (ドン・ボスコ社 1967): J. DAUJAT, *Prier* (Paris 1963); 奥田平八郎訳『不可知の雲』(現代思潮社 1969); 奥村一郎『祈り』(女子パウロ会 1974); G. E. H. PALMER, P. SHERRARD, K. WARE, trs., *The Philokalia*, 3 v. (London 1986).　　　　　　　　　　(奥村一郎)

しゃとうしき　赦祷式　〔ラ〕absolutio, 〔英・仏〕absolution, 〔独〕Absolution　死者ミサの後, 故人の罪の赦しを*司祭が神に願う式. 赦しの*権能は生者と死者に及ぶという中世教会の信仰に基づく. 10世紀頃, 臨終の祈りに代わるものとして*ローマ典礼に取り入れられた. 罪の赦しを請う*祈願で始まり, リベラ (〔ラ〕Libera) が歌われ, 沈黙のうちに*主の祈りを唱える. 灌水と献香 (→香) があり, 祈願で終わる. 内容としては, 初期典礼の復活信仰への希望が薄く, 死と裁きに対する恐れが強調された. 第2*ヴァティカン公会議の典礼刷新後, 故人に別れを告げ, 魂を神に委ねる告別と葬送の儀に代わった. 罪の清めはむしろ*ミサによって祈る (→死者のための祈り).　　　　　　　　　　(南雲正晴)

シャトーブリアン　Chateaubriand, François-René de　(1768.9.4-1848.7.4)　フランスの文学者, 政治家. 特にキリスト教擁護作家として著名.
【生涯】古い貴族の家柄の末子としてブルターニュ半島の港町サン・マロ (Saint-Malo) に生まれる. 8歳の頃にコンブール (Combourg) の城館に移る. ドル (Dol), レンヌ (Rennes), ブレスト (Brest), ディナン (Dinan) で学んだ後, 1786年にナヴァール連隊に入るがまもなく退き, 1789年6月にパリに出て*フランス革命を目の当たりにする. 1791年4月北アメリカに渡るが翌年1月に帰国. 結婚の後, 反革命軍に投じたが負傷し, ロンドンに亡命. 以後7年間亡命貴族として英国で貧窮の生活を送る. 1800年5月に帰国し, *ナポレオン・ボナパルトに認められてローマ大使館書記官に任命されるが, 1804年3月21日のアンギャン公 (Louis Antoine Henri de Bourbon, Condé d'Enghien, 1772-1804) の処刑によりナポレオンと訣別. 1806年7月から約1年, ギリシア, 聖地, スペインへと旅行. 1811年にはアカデミー・フランセーズ会員となる. 皇帝没落後の王政復古期には国務大臣, ベルリンおよびロンドン大使となり, 1822年末には外務大臣となるが1年後に失脚. 不遇をかこちつつ 1830年の7月革命をもって完全に政界を退き, 余生を自伝の執筆にあてる. 墓はサン・マロ沖の小島グラン・べ (Grand-Bé) にある.

著作には『革命論』(Essai historique sur les Révolutions, 1797), 『アタラ』(Atala, 1801), 『キリスト教精髄』(Le Génie du Christianisme, 1802), 『殉教者』(Les Martyrs, 1809), 『パリ エルサレム紀行』(Itinéraire de Paris à Jérusalem, 1811),『ブオナパルテとブルボン』(De Buonaparte et des Bourbons, 1814),『モーセ』(Moïse, 1831),『歴史研究』(Etudes historiques, 1831),『イギリス文学論』(Essai sur la littérature anglaise, 1836),『ヴェロナ会議』(Congrès de Vérone, 1838),『ランセ伝』(Vie de Rancé, 1844),『墓の彼方の回想』(Mémoires d'Outre-Tombe, 1849-50) ほかがある.

【思想】シャトーブリアンは最初,宗教に対して懐疑的な態度を示した(『革命論』)が,フランス革命で母と姉を相次いで亡くすに及んで,「泣きそして信じ」てキリスト教の信仰に戻ったと『墓の彼方の回想』に記している.しかしこの回心には作為的な匂いが嗅ぎとれる.宗教なき大革命後の殺伐とした社会に倦み始めていた人心を掌握するため,ナポレオンは教皇と*政教条約を1801年に締結したが,亡命地にあってこの動きをいち早く察したシャトーブリアンが従来の考えを捨て,帰国を願い,この時流に巧みに乗ろうとした痕跡がみてとれるからである.それはともあれ,彼のキリスト教思想を訪ねるならば,『キリスト教精髄』を読まなければならない.『精髄』は4部6編からなる.第1部「教義と教理」で*秘義,*秘跡,神の存在などを説き,キリスト教の美を高らかに謳い,第2部「キリスト教の詩学」ではキリスト教叙事詩や悲劇における情熱を分析し,異教に対するキリスト教の優位を主張.「美術と文学」の第3部で,哲学や歴史をキリスト教の観点から論じ,ゴシック様式の美を賞揚する.そして第4部「崇敬」では聖職者や宣教師の業績をたたえ,「キリスト教がこの世になければ,今の社会はどうなっていたか」と結ぶ.シャトーブリアンの*カトリシズムは感覚的,情緒的で論理的ではないが,詩人・小説家の彼に神学を求めるのは無理であろう.啓蒙思想の18世紀,次いで大革命を経て後退を余儀なくされていたキリスト教に新たな息吹きを与え,その蘇生に成功し,1830年頃までのフランス・カトリシズムの大きな支えになったことは高く評価すべきであろう.なお,文学的な影響も極めて大きく,続く*ロマン主義に幾多の主題を提供したことも付言しておく.

【全集】Œuvres complètes de M. le vicomte de Chateaubriand, 31 v. (Paris 1826-31); Œuvres complètes de M. le vicomte de Chateaubriand, 36 v. (Paris 1836-39); Œuvres complètes de Chateaubriand, 12 v. (Paris 1861).
【邦訳】『キリスト教精髄』全2巻,田辺貞之助訳(創元社 1949-59);『アタラ・ルネ』辻昶訳(旺文社 1976).
【文献】P. MOREAU, Chateaubriand (Bruges 1965); V.-L. TAPIÉ, Chateaubriand par lui-même (Paris 1965); J.-P. RICHARD, Paysage de Chateaubriand (Paris 1967); P. CLARAC, A la recherche de Chateaubriand (Paris 1975); P. BARBÉRIS, A la recherche d'une écriture, Chateaubriand (Tours 1976); ID., Chateaubriand, une réaction au monde moderne (Paris 1976); R. CASTRIES, Chateaubriand ou la puissance du songe (Paris 1976); B. D'ANDLAU, P. CHRISTPHOROV, P. RIBERETTE, eds., Correspondance générale, 4 v. (Paris 1977-86); R. LEBÈQUE, Aspects de Chateaubriand (Paris 1979); M. GUITON, Politique et personnalité de Chateaubriand (Paris 1985); H.-P. LUND, François-René de Chateaubriand, Mémoires d'Outre-Tombe (Paris 1986); SOCIÉTÉ CHATEAUBRIAND, Bulletin. (瀧川好庸)

シャトロン Chatron, Jules Auguste (1844.4.20-1917.5.6) パリ外国宣教会司祭,第3代大阪司教.フランスのアン県ベレー(Belley)教区に生まれ,1872年*パリ外国宣教会に入会,1873年司祭叙階.同年(明治6)日本に派遣され,長崎で日本語習得.この頃の長崎は浦上四番崩れ(→浦上崩れ)により地方に流されていた信者たちの迫害が終わった時期で,シャトロンは少しずつ戻ってくる人々の世話や,再宣教に特に力を入れていた.1879年から,神戸の宣教会本部とサンタンファンス(カトリック児童福祉)の家の責任者となる.神戸では日本人の信者の数も増えてきて,外人専用教会と日本人専用教会とに分かれ,彼はこの日本人教会の担当司祭となる.1887年,神戸在住外国人教会の主任司祭に就任.1893年,*ヴァスロンから教区の*司教総代理に任命され,司教没後の1896年には大阪司教となる.司教として特に力点を置いたのは,(1) 宣教師たちの宣教の精神と霊性の養成,(2) 内陸の布教の発展のために,新しい教会の設立と,それに伴う財政の確保,であった.そのために,アメリカ,ヨーロッパに基金集めに渡り,地方教会建設という成果を収めた.1917年,大阪にて没す. (J. ワレ)

しゃにくさい 謝肉祭 → カーニバル

ジャネリしゅうどうじょかい ジャネリ修道女会 〔伊〕Figlie di Maria Santissima dell'Orto,〔略号〕F.M.H. 正式名称は,庭の聖母修道女会.「ジャネリーネ」(Gianelline)の通称をもつ.1829年1月12日イタリアのキアヴァリ(Chiavari)で*アントニオ・マリア・ジャネリにより,青少年教育や婦女子の更生,服役囚,孤児や病人の介護を目的に創設された修道女会.ジャネリの死後,ポデスタ(Caterina Podestà, 1809-84)の優れた指導で修道会はさらに発展し,1868年*聖座より認可される.ウルグアイをはじめラテン・アメリカ各地,またイスラエルやスペインにも活動は広がった.
【現勢】1995年現在,会員数:996名.総本部:ローマ.
【文献】DIP 3: 1634-35; NCE 10: 835-36. (神崎忠昭)

シャネル → ピエール・シャネル

ジャノネ Giannone, Giacomo Antonio (?-1633.8.28) 殉教者,イエズス会員.イタリアのビトント(Bitonto)出身.1596年10月18日*イエズス会入会.極東布教を志し,1604年インドへ,次いで同年*マラッカを経由して*マカオへ移り,同地の*コレジヨの副院長を1年ほど務めた後,1609年(慶長14)に来日した.長崎の*サンティアゴ病院にあって*聴罪司祭を務めたりしたが,1614年の追放令でマカオに移った.1617年禁教下の日本に戻り,高来地方に潜伏して司牧にあたり,この間1620年に盛式誓願を立てた.*平戸出身の*同宿ジョアン・キアラとともに捕縛され,*島原で穴吊しにより殉教した.
【文献】ARSI, Jap. Sin. 25, f. 132; J. F. SCHÜTTE, Monumenta Historica Japoniae, 1 (Roma 1975). (尾原悟)

シャーパー Schaper, Edzard (1908.9.30-1984.1.31) 作家.当時のプロイセン,現在のポーランド領オストロヴォ(Ostrowo, 現オストルフ・ヴィエルコポルスキ Ostrów Wielkopolski)の国境駐屯地に軍属

の子として生まれた．国境の最前線での戦争の勃発，2度にわたる大戦中，自己の思想と信仰を守り，政治的自主性を貫くためにヨーロッパ各国を転々と移住し，国籍をめまぐるしく変えざるをえなかった．国家の崩壊，諸民族の分裂と没落，教会の衰退という恐るべき世界史的没落を身をもって体験した証人であった．1949年ナチス（→ ナチズム）の追跡を受け，スイスに逃れてスイス国籍を得た．戦争中

シャーパー (ÖN)

長い間沈黙を強いられたがオーベルヴァリス地方に居を構えてからの創作活動は目覚ましかった．ヴァリス州の二つの町の名誉市民であった．処女作『最後の客』(Der letzte Gast, 1927)を出版して以来，15編を超える長編小説のほか短編，評論，翻訳等著書は極めて多い．故郷喪失的サーカス一座の物語『難破した箱舟』(Die Arche, die Schiffbruch erlitt, 1935)は「没落と変容」という生涯的主題を象徴的に表現した作品で作家としての出発点を示すものである．「自然的生の破局」から「恩寵の可能性」という主題は暗示的である．二重小説『瀕死の教会』(Die sterbende Kirche, 1935)，『最後の待降節』(Der letzte Advent, 1949)ではロシア革命後を時代背景に崩壊の危機に瀕した教会を描いて，一見絶望的に思われる「没落」に意味をみいだす「変容」こそ信仰の与える答えであり，決定的没落を経ることなしには恩寵によって生きることが難しいことを示した．代表作の二重小説『捕らわれの身の自由』(Die Freiheit des Gefangenen, 1950)，『無力な人々の力』(Die Macht der Ohnmächtigen, 1951)では国家権力と自由が主題である．破局には真の解放，救済に至る変容をもたらす可能性がある．罪と恩寵と救済にみられるキリスト教的逆説の現存していることを，高慢と絶望とが結びついた近代の無信仰と恩恵の導きによる信仰の確かさとを対決させながら，舞台と時代を変えて繰り返し描き続けた．

(八城圀衛)

シャビエル → フランシスコ・ザビエル

ジャーヒズ al-Djāḥiẓ, ʿAmr ibn Baḥr (767/75-868/69) *アッバース朝を代表する散文作家．名のジャーヒズは「眼が突き出ている」の意．

イラクの*バスラに生まれ，幼少にして父を失う．パンや魚の行商をしながらモスクに通って学び，*バグダードに出て言語学者のアスマイー (ʿAbd al-Malik al-Asmaʿī, 739-831頃) やナッザーム (Ibrāhīm ibn Sayyār al-Naẓẓām, ?-835/45) など当時の代表的な学者に師事．その後，著作に打ち込み，一躍有名になった．神学，科学，歴史，地理，性格学など広範囲にわたり，生涯およそ350の著作を行ったが，特に有名なのは博物学的な『動物の書』，修辞学的な『明義明証の書』，ペルシア人への諷刺に満ちた『守銭奴の書』などで，当時のイスラム社会を詳細に写実的・実証的に描き上げており，今日までアラビア語散文の模範とされてきた．ナッザー

ムの影響を受けて，神学思想的には合理主義的な*ムータジラ派の主唱者であった．
【文献】EI 2: 385-87.　　　　　　　　(池田修)

ジャービル・イブン・ハイヤーン　Jābir ibn Ḥayyān (721頃または8世紀後半-815頃)　アラブの錬金術師．ラテン世界ではゲーベル (Geber) の名で知られる．*錬金術および古代の科学全般に関する，数千の表題からなる極めて広翰な著作群『コルプス・ヤビリアヌム』(Corpus Jabirianum) によって知られる．それらの著作の大半は複数の著者の手になるものであり，科学的用語や神学的・政治的傾向からみて9世紀以前のものとは考えられない．なお彼のラテン語著作はアラビア語に基づくものではない．　　　　(H. ビースターフェルト)

シャーフィー　Al-Shāfiʿī, Muhammad ibn Idris (767-820)　イスラーム四大法学派の一つシャーフィー派の学祖，イスラームの法源ならびに法研究上の厳密な方法論に関する書物を著した．預言者の家系に連なる名家の出でガザ (Gaza) に生まれたが幼少時*メッカで過ごし，7歳にしてすでに*コーラン全章を暗唱できたという．砂漠でベドウィンと17年間生活を共にし，正則アラビア語と古詩を学んだ後メディナ (Medina) で*マーリク・イブン・アナスに師事し法学を研鑽した．その後イエメンで官職についたが*シーア派の騒動に巻き込まれ投獄された．釈放された後にはメッカや*バグダードで法研究に専念し，マーリク派やハナフィー派などとは異なった独自の法理論の完成に努めた．814年にエジプトのフスタート (Fustat) に居を定め，54歳で生涯を終えるまで著述やモスクで法学に関する講義を行い，多くの支持者を集めた．主著の『起源の書』は講義録や著作を集めて，彼の死後，弟子たちによって刊行されたものである．ほかには『法源論』，『クルアーンにおける法規定』が知られる．シャーフィーの理論の特徴は，法解釈にハナフィー派のような個人的意見（ラーイ）を一切認めず，類推（キアース）の適応に関しても厳密さを求めた点にある．シャーフィーの学風は弟子たちによって継承され，特に10世紀頃にはサラーフッディーン（サラディン）・アユービーの保護下，シリアやエジプトで大きく発展した．現在では上記以外にアラビア半島南部，バーレーン，マレー半島，東アフリカ，中央アジアなどでもこの派が優勢である．シャーフィーは人格・学識・敬虔さで生前多くの人々を惹きつけたが，今日でもその余徳を追慕する者は多く，フスタートにある彼の墓地には巡拝者が絶えない．　　　　(磯崎定基)

シャフツベリ　Shaftesbury, Anthony Ashley Cooper (1671. 2. 26-1713. 2. 15)　イギリスの政治家，哲学者，ホイッグ党の領袖初代シャフツベリ伯の孫 (Third Earl of Shaftesbury)．幼時より*ロックの指導のもとに英才教育を受け，ギリシア・ラテンの古典に通暁した．一時政界に入りフランス王*ルイ14世の世界征覇の野望に抗して，対仏大同盟の形成に尽力する．病を得て政界を退き，以後学究生活を送る．迷信と狂信を嫌悪し，*啓示宗教一般に対して批判的であったが，宗教的寛容を重んじていた．人間の徳性は直接宗教的信仰と関係するものではないとし，来世の応報（→ 報い）を考慮した人間の行為に徳性を認めず，道徳の基礎を人間の普遍的本性のうちに求めようと試みた．自然は合理的な法則によって貫かれた統一的秩序をもっていると考

シャプドレーヌ

え，こうした自然の調和と均衡ある体系は神によって創られたものであり，同時に神は自然自体に一つの創造力を賦与したと感じた．彼にとって自然は継続的に神の摂理を示すものであり，自然の秩序は神の存在を示す唯一の証拠であった．彼は調和と均衡を有する秩序に美を感じ，同時にそこに真なるものをみいだした．したがって全体系の一部を構成する人間はつねに全体的秩序を指向する本性を普遍的に有しており，徳とは公共の善を意図する人間の内的原理の実現を意味する．彼は有限な個と無限な全体との最終的な調和のうちに，人間の精神的至福を求めたのである．彼は道徳的善悪を区別し，有徳な行為の動機ともなる道徳感覚を，美的感覚と類比しながら人間本性のうちに発見し，自らの道徳哲学を神学とは別個の土台の上に構築したのであり，しばしばイギリス道徳感覚学派の源流と目されている．

シャフツベリ
(ÖN)

【主著】 *Characteristics of Men, Manners, Opinions, Times*, 3 v., 1711.
【文献】 R. L. BRETT, *Third Earl of Shaftesbury* (London 1951); R. VOITLE, *The Third Earl of Shaftesbury, 1671-1713* (Baton Rouge 1984). （板橋重夫）

シャプドレーヌ　Chapdelaine, Auguste　(1814-1856. 2. 29)　福者（祝日11月27日），清朝末期に殉教したフランス人宣教師．アヘン戦争後の1844年にキリスト教信仰が解禁されたが，外国人宣教師の内地布教は許されなかった．1853年中国に到着以来 *パリ外国宣教会の宣教師として広西省西林県に潜入して布教に従事していたが，1856年2月末に不法分子を煽動したとの理由により逮捕され，拷問のうえ斬首され，その死体は寸断された．黄埔条約には宣教師は逮捕されても危害を加えられないとあるので，フランスは直ちに賠償と西林県知事の処罰を清朝に要求したが，清朝はフランス側が処刑された匪徒馬士農と宣教師馬士巫を混同していると弁明してこの要求を拒絶した．このためフランス政府はアロー号事件を口実に出兵したイギリスと共同出兵してアロー戦争を起こし，1858年の天津条約において布教の自由を清朝に認めさせた．1900年，清末に殉教した他の宣教師とともに福者に列せられた．
【文献】キ人 686; NCE 3: 602. （金子省治）

シャープール1世　Shāhpūhr I　(?-272)　ペルシアのササン朝の王（在位240-72）．東域をタシュケントやカシュガルまで拡大した後，*ローマ帝国と戦い領土を拡大．第1回の対ローマ帝国戦(241-44)で，シリアの *アンティオケイアまで進出，*フィリップス・アラブス帝はアルメニアとメソポタミアを放棄し停戦．258年に再び開戦，260年 *ウァレリアヌス帝を捕虜にする．このとき，アンティオケイアの司教 *デメトリアノスも捕虜として連行された．しかし，新皇帝 *ガリエヌスに援軍を要請され，「全東方諸国の行政官」(correctortotius Orientis) という称号を与えられたパルミュラ(Palmyra)のオダエナトゥス(Odaenathus, 267没)とその死後に実権を握ったゼノビア(Zenobia)によってメソポタミアまで撃退された．シャープール1世は捕虜としたローマ人を使役して植民都市，灌漑用ダムの建設にあたる．宗教政策は寛大であった．このため *マニ教が急速に発展した．
【文献】平大百科 6: 1311; DEH 4058. （小高毅）

シャープール2世　Shāhpūhr II　(309-79)　統治時代が最も長かったササン朝ペルシア（イラン）の王．彼の支配のもとにペルシアの集権化が進んだ．*ローマ帝国との戦いを再開し，363年皇帝 *ユリアヌスを敗死させた．またメソポタミアとアルメニアをローマ帝国から奪還した．*コンスタンティヌス大帝によるローマ帝国のキリスト教化の結果として，シャープール2世はペルシアのキリスト教徒を敵視し，340年から79年の間に多くのキリスト教徒がペルシアで迫害され，*カトリコスであったシモン・バル・サバエ (Simon Bar Ṣabbā'ē) も341年4月17日聖金曜日に殉教した．この迫害はシリア語の殉教者列伝のなかに記録されている．
（K. マルクス）

シャボー　Chabot, François　(1756. 10. 23-1794. 4. 5)　フランスの司祭，カプチン・フランシスコ修道会員，後に還俗．南部アヴェロンのサン・ジェニエ・ドルト (Saint-Geniez-d'Olt) に生まれ，学業を終えた後，*カプチン・フランシスコ修道会に入り，司祭に叙階される．修練長を務め，説教師として活動するが，その話し方と性行の過激さゆえに，ロデス (Rodez) の司教に説教師としての活動を禁じられる．*フランス革命の勃発とともに修道院を出て，1790年にロデスで憲法友愛会 (Société des amis de la Constitution) を結成．1791年 *聖職者民事基本法に署名．以後過激な *ジャコバン党の党員として活動．王党派の手に落ち，ドイツ系ユダヤ人の申し出を受け入れ，その娘と結婚．1793年逮捕され，革命裁判にかけられ，ギロチンを逃れるために自殺を装うが失敗，翌1794年ギロチンにかけられ死去．
【文献】Cath. 2: 854-55. （小高毅）

シャポタン・ド・ヌヴィユ　Chappotin de Neuville, Hélène de　(1839. 5. 23-1904. 11. 15)　*マリアの宣教者フランシスコ修道会の創立者，*福者．フランスのナント (Nantes) に生まれ，1864年に贖罪のマリア会 (Congrégation de Marie Réparatrice) に入会し，御苦難のマリア (Marie de la Passion) と呼ばれる．1867年にインドの宣教地マドゥライ (Madurai) に派遣されるが，多くの試練の後，余儀なく退会し，1877年に世界宣教に奉献された新修道会を創立した．2,060人の修道女を4大陸20か国に派遣し，イタリアのサン・レモ (San Remo) に没す．1999年に列福が決定．
【著作】*Méditations liturgiques et franciscaines*, 5 v., 1896-98.
【文献】キ人 686; NCE 3: 454. （平井篤子）

しゃほん　写本　〔ラ〕codex, caudex, 〔英〕codex, 〔独〕Kodex, 〔仏〕manuscrit　コデックス (codex) という語はラテン語の caudex に由来する．これは樹幹や丸太を意味する語で，それから木製の書字板を指すようになった．*セネカによれば「綴じ合わされる書字板」(contextus plurium tabelarum) である．したがってコデックスとは，一般に多くの書字板が綴じられたものであ

り，そのために *巻物（rotulus）とは異なっている．いろいろの材料（木材，*パピルス，*ディプテュコンの場合は象牙）からできているが，コデックスが広く用いられるようになったのは，獣皮を材料とした *羊皮紙の発明による．羊皮紙は冊子体の形態に特に適していた．コデックスは一重ないし幾重にも折り重なったページ（fasciculi）からなり，折り目の側で綴じられている．コデックスが文学作品のための形式として使われるようになったのは紀元 1 世紀以降で，初めは *ローマ帝国の西方でのものであった．ギリシア語にコデックスにあたる語がなく，ラテン語がそのままギリシア文字で表記されたのも（kōdix）そのためであろう．コデックスの長所は，羊皮紙という材質により耐久性が増したことであるが，特筆すべきなのは小型の書物を作ることができるようになったこととページのめくりやすさである．このような長所は巻物では得られにくい．それゆえ，コデックスは一度読むだけでなく，日常的に参照する必要のある文書，すなわち，法令集（3 世紀末の写本 Codex Gregorianus, Codex Hermogenianus など），何よりも聖書，特に新約聖書のために最初に用いられた．例えばマルコ福音書や *『ペトロ行伝』はローマで最初からコデックスの形態で書き記されたらしい．エジプトで発見された 3 世紀の聖書断片はコデックスの断片であった．それにひきかえ，教会の著作家たちの文書は一般になおパピルスの巻物で伝えられた．

コンスタンティノポリスの教会のために 50 冊の聖書コデックスを作成するという *コンスタンティヌス大帝の委託も重要な役割を果たした．いずれにせよ，4 世紀以来コデックスはますますパピルスの巻物にとってかわるようになり，中世ではほとんど唯一の書物形態となった．また，このことは同時に，古代末期には古典古代のテクストのほとんどが巻物からコデックスに移されたに違いないということをも意味している．このような書写事業は，いろいろな観点からみても重要なことを含んでいる．すなわち，文書がパピルスよりもはるかに優れた耐久性をもつ材質の上に書かれたことによって，消滅を免れ，後世まで保存されるようになったこと，また，すべての文書が書き写されることはなかったわけで，そのことからすでに保存価値のあるものの選択が（しかも中世に入る以前にも）行われたということ，さらに，何といっても書き写す際にある程度の本文批判が施され，そのため信頼できるテクストが伝えられた，ということなどである．やがてコデックスは精巧に作られるようになり，装飾文字によって書物の 1 ページの半分またはページ全体に細密画が施された（→ 写本芸術）．その結果，実に豪華な写本が数多く生まれた．

【文献】LMit. 2: 2197-98; RAC 2: 683-84; EC 3: 1919-25; T. BIRT, *Kritik und Hermeneutik nebst Abriss des antiken Buchwesens* (München 1913) 344-66 (= Handbuch der klassischen Altertumswissenschaft, 1 / 3).

(J. フィルハウス)

しゃほんげいじゅつ　写本芸術　写本芸術の主体は，手写本に施された挿絵（[英]miniature）および装飾頭文字（イニシアル initial）であり，これらを総称して写本画（manuscript painting）という．手書きの文字に装飾的要素を加えたり，テクストに絵画を添えて内容を説明すること自体は，例えばエジプトの『死者の書』などから知られるように，非常に古い時代まで遡るが，写本画は西洋中世の美術独特の芸術ジャンルといってよい．キリスト教会の宣教活動が写本芸術の実り豊かな発展に大きな役割を果たしたからである．中世キリスト教世界では，書物は単に実用的な対象物ではなく，*十字架と同じようなシンボルとしての価値をもっていたから，*写本の外装にはしばしば宝石がはめ込まれ，豪華な金銀細工や高価な象牙彫りで飾られた．

写本制作はロマネスク時代までは，修道院の写本室（スクリプトリウム）で行われ，典礼関係の写本がその中心であった．すなわち，*典礼書，*福音書，典礼朗読用福音書抄本，*詩編書，*司教典礼書，*儀式書などであり，これに中世盛期以降は，交誦聖歌集（*アンティフォナーレ）が加わる．*聖書写本が現れるのは 12 世紀以降である．13 世紀になると大都市の世俗工房において，*高位聖職者や王侯貴族の個人用の書物として聖務日祷書（*ブレヴィアリウム）や詩編集などが盛んに制作された．

西欧中世の写本芸術独自の表現領域を考える場合，もともと異質である二つの要素，すなわち文字と絵画が写本ページ（ただし，中世の写本は羊皮紙一葉ずつの丁数，フォリオによって数えられる）に同居するという観点が重要である．例えば，ケルト写本芸術の代表作『ケルズの書』にみられるような，文字と装飾モチーフを結びつけたモノグラム（頭文字を組み合わせた記号）のページ（→ アイルランド初期キリスト教美術），あるいは，旧約聖書のさまざまな *預言と新約聖書でのその成就を，数行のテクストとともに絵画で対照した『貧者の聖書』や『道徳聖書』の挿絵は，写本以外のジャンルでは不可能に近い．とりわけイニシアルは，西欧中世の写本芸術独特の領域であった（ビザンティン世界の写本においては，イニシアル芸術は発展しなかった）．頭文字そのものは古代末期の写本にすでにみいだされるが，しかし文字の絵画化はまだ行われていない．*メロヴィング朝の写本特有の鳥魚式装飾文字にみられるような，元来抽象的な記号である文字と，有機的，具体的な形象とを混淆するという発想自体，中世人のファンタジーの産物である．西欧中世の文字芸術は，初期中世のブリテン諸島とロマネスクの写本において目覚ましい発展を遂げている．

中世の写本画は古代末期のものと根本的に異なり，挿

『アルバーニ詩編書』
（ヒルデスハイム大聖堂）

『貧者の聖書』
(Biblioteca Vaticana)

ジャマイカ

15世紀の『ウルビーノ公聖書』
(Biblioteca Vaticana)

絵画面と写本ページそのものとの調和をつねに欲した．いかにして挿絵を写本ページに定着させるか，この課題は例えば，ゴシックの写本画においては，写本ページ余白に配された植物文様によって達成された．ここでは，植物文様が主要画面を無地の羊皮紙面に固定する役目を果たすのである．このような，写本ページそのものを強く意識して描かれた写本画の実現は，14世紀以降，絵画一般における三次元の克服が進むにつれてますます困難になる．挿絵の空間表現の発達に従って，かえって文字や装飾モチーフとの対立が深刻になっていくからである．写本，そして写本画の没落を決定づけたのは，15世紀中葉の印刷術の発明であった．
【文献】越宏一編『中世の写本画と工芸』世界の美術 39；越宏一『挿絵の芸術—古代末期写本画の世界へ』（朝日新聞社 1989）． (越宏一)

ジャマイカ 正式国名：ジャマイカ，〔英〕Jamaica．面積：1万991 km²．人口：254万人（1998年現在）．言語：英語（公用語）が大部分，ほかにクレオール語．宗教：プロテスタント75％，カトリック，*聖公会，ポコマニア（アフリカ原始宗教）など．カリブ海第四の大島で大アンティル諸島の一つ，キューバ島南方128 km，イスパニオラ島西方142 kmに位置する．

1512年頃より1655年まで*フランシスコ会および*ドミニコ会が布教活動を行った．これは，イギリス軍による占領により一時中断されたが，19世紀初頭*イエズス会により再開される．1837年*代牧区が編成され，1967年教会組織が確立．1979年*ヴァティカン市国と外交関係を結ぶ．→アンティル諸島

【現勢】1998年現在，カトリック信者数：11万 大司教区：1．司教区：2．小教区：83．教区司祭：58．修道司祭：42．終身助祭：27．信徒修道士：52．修道女：182．
【文献】世キ百 433-37; NCE 6: 803-805; WCE 416-19.
(A. ネブレダ)

シャーマニズム 〔英〕shamanism, 〔独〕Schamanismus, 〔仏〕chamanisme
【語義】シャーマニズムとは，シャーマンと呼ばれる呪術的・宗教的職能者を中心とする複合的宗教現象を総称する，宗教学上の用語である．伝統的理解によれば，シャーマンは神や精霊等の霊的存在と直接交渉し，そこで得た力により，儀礼や予言，さらには治癒を行うカリスマ的存在である（→カリスマ）．「シャーマン」の名は元来，ツングース語や満州語などで，その地方の呪術・宗教的職能者を表す語に発するが，やがて時代と地域を問わず，神霊との直接接触という自己理解のもとにカリスマ的働きをなす同種の呪術・宗教的人間を広く表す一般概念となった．
【類型】シャーマンを他の宗教的人間類型（例えば「祭司」「僧侶」）から区別する最も重要な特徴は，神霊との直接交流である．その場合，身体から抜け出て他界に飛翔する「エクスタシー＝脱魂型」と，神霊を身に受ける「ポゼッション＝憑霊（ひょうれい）型」というシャーマンの2類型が従来考えられてきた．しかし，いずれにせよシャーマニズム現象はそれぞれの伝統の霊魂観や世界解釈と切り離すことはできず，シャーマニズムの多様性もまたそこに由来している．シャーマニズム現象の範型をなすのはやはり，北部アジアや極北地域のそれであるが，これと類似した現象はアジア全域にみられる．我が国でも古くから巫術（ふじゅつ），巫俗（ふぞく）などの語で呼ばれ，盛んに行われてきた．また今日の新宗教の教祖や，近代的な心霊術，さらにチャネリングといった現代的現象も，シャーマニズムとの関連でみることができる．
【キリスト教との関係】*キリスト教との関連においては，シャーマニズムは二つの文脈で考えることができる．シャーマニズムは，古代的で土着的な信仰と儀礼・技法に基づく宗教現象であり，また何よりも神や他界との直接的接触により成り立つ現象である．しかし，もしそうだとすると，元来脱神話的で脱民族的な「*世界宗教」「普遍宗教」であり，さらに神との無媒介な直接的接触ということに否定的であったキリスト教は，シャーマニズムとは相容れないことになる．文化の古層に属する宗教性の抑圧者としてキリスト教が語られることがあるのは，こうした事情による．しかしシャーマンやシャーマニズムという概念を広くとるならば，キリスト教もそれと無縁ではない．旧約時代の*予言者たちがある種の古代的・シャーマニズム的な宗教習俗を背景として登場したことは，よく知られた事実である．洗礼者*ヨハネや*イエス・キリストなどの預言者的存在について，ある種のシャーマン的特徴を語ることも，あながち的外れではない．確かにキリスト教は，教理のうえでは，神との無媒介な接触に懐疑的であり，抑圧的であった．しかし，*神秘主義，*聖人崇敬，心霊主義（*スピリティズム），キリスト教系新宗教など，実際の宗教現象としてのキリスト教のさまざまな局面で，宗教の古層や民衆の待望とも結びつきつつ，シャーマニズム的現象が観察されるのである．
【文献】M. エリアーデ『シャーマニズム—古代のエクスタシー技術』堀一郎訳（冬樹社 1974）; M. ELIADE, *Le*

chamanisme et les techniques archaïques de l'extase (Paris 1951); I. M. ルイス『エクスタシーの人類学——憑依とシャーマニズム』平沼孝之訳 (法政大学出版会 1985); I. M. LEWIS, *Ecstatic Religion: An Anthropological Study of Spirit Possession and Shamanism* (Middlesex 1971); 佐々木宏幹『シャーマニズムの世界』(講談社 1992).　　　　　　　　　　　(深澤英隆)

シャミナード　Chaminade, Guillaume-Joseph　(1761.4.8-1850.1.22)

マリア会創立者，福者．1761年4月8日フランス，ペリグー(Périgueux)に生まれる．1784年司祭叙階．*フランス革命中，身を賭して司牧に従事．1797年国外追放．柱の聖母の巡礼地として名高い*サラゴサで祈りの生活に専念，その間キリストの救いの業における*マリアの役割と，マリアの養育を受けてマリアの子，もう一人のキリストとなった信者の使命について感得．1800年フランス帰国後直ちにマリアにささげられた信徒の信仰共同体を組織した．それには青年男女のほかに，職業人，家庭の主婦，さらに聖職者も含まれていた．この使命の遂行を永続させる目的で，1816年女子のため*汚れなきマリア修道会を，1817年には男子のため*マリア会を創立．1850年1月22日*ボルドーで死去．2000年9月3日に列福．
【文献】J. SIMLER, *Guillaume Joseph Chaminade* (Paris 1902).　　　　　　　　　　　(冨来正博)

ジャム　Jammes, Francis　(1868.12.2-1938.11.1)

フランスの詩人．生涯を故郷ピレネーのベアルヌ(Béarn)地方で過ごし，田園生活の風物を詠い続けた．自費出版の『詩集』(Vers, 1893) でマラルメ (Stéphane Mallarmé, 1842-98) に認められたが，当時の象徴主義から脱して，1897年「ジャミスム宣言」を発表し，芸術の進むべき道は「単純さ」への方向だと主張した．詩集『暁(あ)のアンジェラスの鐘から夕(ゆ)のアンジェラスの鐘まで』(De l'angélus de l'aube à l'angélus du soir, 1898) は，村の教会を背景に農夫

ジャム (ÖN)

のつつましい生活の喜びと悲しみを自由な形式の素朴でわかりやすい言葉で詠った．『桜草の喪』(Le Deuil des primevères, 1897-1900) は，彼の詩の風土を決定づけ，信仰への飛躍とともに，福音的な簡素と清貧と慈愛があふれている．*ジッドは「感情，意志，思想すべてが，ジャムにおいては，詩と香りである」と断言した．『空の晴れ間』(Clairière dans le ciel, 1902-1906) は，ジャムが*カトリシズムへ復帰する最後の道程を明らかにする．ジャムは*クローデルの導きで1905年回心した．回心後，彼は自由詩を捨て，定型詩を書く．この変化によって，ジャミストの美学は縮小されず，彼の詩は古典的作詩法にしたがって，遥かに健全で逞ましくなる．『キリスト教的農耕詩』(Géorgiques chrétiennes, 1911-12) では大自然のなかで堂々と働く農夫の生活を古典的律動と厳正な格調で詠った．F. *モーリアックは「ジャムは〈自然〉と〈恩寵〉を和解させた」と評した．詩集『四行詩』(Le Livre des quatrains, 1923-25)，『わが詩的フランス』(Ma France poétique, 1826)，『泉』(Source, 1936) のほか，清純な乙女を描いた散文詩風な小説『クララ・デレブーズ』(Clara d'Ellébeuse, 1899)，『ポム・ダニス』(Pomme d'Anis, 1904) などがある．また，回想録『神の如き齢から忘恩の齢まで』(De l'âge divin à l'âge ingrat, 1921)，『愛・詩の女神・狩猟』(L'Amour, les muses et la chasse, 1922)，『詩人の気まぐれ』(Les Caprices du poète, 1923) はジャムの生い立ち，恋愛，交友を語って興味が深い．
【文献】倉田清『自然と恩寵——ジャムの詩の世界』(中央出版社 1966); 倉田清訳『ジャム詩集』(朝日出版社 1980).　　　　　　　　　　　(倉田清)

しゃめん　赦免　〔ラ〕Absolutio, 〔英・仏〕absolution, 〔独〕Absolution

赦免とは一般に罪の*ゆるしの意味であるがより厳密かつ狭義には，カトリック教会において，資格と必要な*裁治権を有する*司祭によって*ゆるしの秘跡(〔ラ〕sacramentum paenitentiae) のなかで与えられる，受洗後犯した罪のゆるしを意味する．キリストは復活した日の夕方，*使徒たちに向かって，「聖霊を受けなさい．だれの罪でも，あなたがたが赦せば，その罪は赦される．だれの罪でも，あなたがたが赦さなければ，赦されないまま残る」(ヨハ20: 23) と述べて，司祭にのみ罪をゆるす*権能を与えている．司祭は罪をゆるす際，教会を通じてキリストから受けた権能によってこれを行う．*トリエント公会議が第3会期中の1551年11月25日に宣言しているように (DS 1684-85)，司祭によって与えられるゆるしは，*罪が*神によってゆるされたことの単なる宣言ではなく，それによって実際に罪をゆるし，全面的に罪を消去するものなのである．この罪のゆるしは，司祭が信者の*告白を聴いた後で，「私は父と子と聖霊の御名によって，あなたの罪をゆるします」という言葉を唱えるときに与えられる．このとき司祭は裁判官のように，つまり告白する信者の*霊魂の状態についてある判定を下した後に，神の名によって罪をゆるすのである．赦免が有効となるためには，司祭叙階に基づく権能 (potestas ordinis) のみでは充分ではなく，司祭がそれを求める信者に対してそれを与える権能(裁治権)を教会から受ける必要がある．さらに信者が自分の罪のゆるしの恵みを受けるためには，赦免が与えられたときに，犯した罪を痛悔し，今後は罪を避けるよう努力する固い決意を行うことが必要である．通常，赦免は告白の後，個人的に与えられる．しかしある場合やある条件のもとでは，多くの人に一般的に与えられることもありうる．例えば，死の危険が迫っていたり，司祭が一人ひとりの告白を聴いている時間的余裕がない場合などである (『教会法典』959-87条)．教会法では，赦免という言葉は，譴責 (→ケンセラ)，すなわち教会がそれによってある重大な罪を罰する外的法廷による刑罰の赦しを表すために用いられる (同1354-63条)．
【文献】DMC 1: 20-23; DThC 1: 138-255.
　　　　　　　　　　　(J. P. ラベル)

ジャラベール　Jalabert, Louis　(1877.3.30-1943.5.12)

フランス・カトリックの碑文学者，イエズス会司祭．*リヨンに生まれ，ニース(Nice) で没す．1895年*イエズス会入会，1901-03年ベイルート大学オ

ジャリ

リエント学部で碑文研究, 1904-06年同学部で教鞭を執る. 1906年 *カンタベリで神学研修. 1910年司祭叙階ならびにベイルート大学オリエント学部に復職したが, 第1次世界大戦のため1914年フランスに帰国. 1916年以降, 雑誌『エチュード』(Études) 編集のかたわら, 同誌に *小アジアや地中海諸国, フランス植民地に関する論文を数多く発表. また1920年, 植民地研究アカデミーの設立に関与. 1940年以降のドイツ占領下, 雑誌 (Construire) 編集に重要な貢献をしたが, たび重なる戦争で研究を中断させられた. 共著『シリアにおけるギリシア語ラテン語碑文』(Inscriptions grecques et latines de la Syrie, 1929) がある.
【文献】Cath. 6: 296-97; H. DU PASSAGE, "Le Père Louis Jalabert," *Construire*, 13 (1943) 159-78; *Mélanges de l'Université Saint-Joseph*, 25 (1943) 143-52.

(清水宏)

ジャリ　Jarry, Alfred（1873.9.8-1907.11.1）フランスのラヴァル (Laval) に生まれた諷刺的な詩人, 劇作家, 小説家. この世にあるかぎりのグロテスクなものを描いたスキャンダラスな戯曲『ユビュ王』(Ubu roi, 1896) で一躍有名になった. 奇矯な言行, 放縦な生活, 涜神的な作品が後のダダイストやシュルレアリストに高く評価されるが, 死の直前後見人に宛てた手紙には「改宗し, 終油の秘跡(→病者の塗油)を受けた」と書いていた. 奇しくも聖母マリア誕生の祝日に生を受け, 万聖節にパリの慈善病院で死去した.
【主著】*Ubu roi*, 1896: 竹内健訳『ユビュ王』(現代思潮社 1965 ³1976).

(二川比利美)

ジャリコ　Jaricot, Marie-Pauline（1799.7.22-1862.1.9）信仰弘布会創設者. *リヨンに生まれ, 17歳で生涯独身を守る誓願を立てる. また, *イエスの聖心に対する侮辱を償う祈りの会 (Réparatrices du Sacré-Cœur de Jésus-Christ) を結成し, 1820年には *パリ外国宣教会の援助会を結成, 外国での宣教活動を財政的に援助するため活動する. 1822年リヨンを訪れた *ニューオリンズの司教総代理は宣教を援助する信徒の会を結成するが, その会はすでに活動していたジャリコの会に合流し, 彼女を創設者として *信仰弘布会と称することになる. 翌1823年, 同会は *ピウス7世によって承認される. 1826年ロザリオの会 (Chapelet perpétuel) を結成し, 1845年にはロレッタ (Loretta) に働く女性のための施設を設立している. リヨンで, 困窮のうちにも多くの人の敬愛に包まれて没す. 1930年より列福調査が始まっている.
【文献】LThK² 5: 880; NCE 7: 857-58; EDR 1873; BSS 7: 1012-22; J. MAURIN, *La fondatrice de la Propagation de la Foi et du Rosaire-vivant* (Bruxelles 1879; Paris ³1884).

(小高毅)

ジャルウェー　→　ガルヴェー

シャルティエ　Chartier, Alain（1385頃-1435頃）フランスのバイユー (Bayeux) に生まれた詩人, 散文家. 百年戦争下, シャルル7世 (Charles VII, 在位1422-61) に仕え, 『つれなき美女』(La Belle Dame sans merci, 1424) をはじめとする宮廷詩や多数の愛国的作品を残した. ことに, 祖国受難の因である貴族や *聖職者の堕落を嘆き, 摂理のもとでの国家一体の理想を熱烈に説いた一連の政治論文は, 彼をフランス初の雄弁家たらしめた. 王室公証人, パリ司教座聖堂 *参事会の会員, ドイツ, ヴェネツィア, スコットランド大使等を歴任.
【主著】『四人讒罵問答』: *Quadrilogue invectif*, 1422.

(二川比利美)

ジャルディーニ　Giardini, Mario（1877.12.4-1947.8.30）駐日教皇使節(1922-31). *ミラノに生まれ, 1901年 *バルナバ修道会の会員として盛式誓願を立てる. 1904年司祭叙階. 神学校教授, ローマのサン・カルロ・デイ・カティナリ聖堂主任司祭を経て, 駐日教皇使節(→駐日教皇庁大使)に任命される. 1921年 *エデッサの名義大司教(→名義司教)として司教叙階. 翌1922年(大正11)3月来日. ローマ教皇庁と日本の外交関係樹立に努める. 関東大震災によって使節館も焼失, 世界諸国の教会に呼びかけ救援に尽くす. また邦人司教の選任のため尽力, 1927年に秘書 *早坂久之助が長崎司教に選任され, ローマで教皇 *ピウス11世によって司教叙階. 1931年(昭和6)5月イタリアのアンコーナ (Ancona) の大司教として転任. 1940年2月隠退. ペダゾ (Pedaso) で死去.

(J. バルトリ)

ジャルトゥー　Jartoux, Pierre（1668-1720.11.30）フランス出身の中国宣教師, イエズス会員. 漢名, 杜徳美. *エヴルーに生まれ, 19歳で *イエズス会に入会, 数学で頭角を現す. 1701年中国に着き, *北京に滞在. 1708年に *レジスと *ブーヴェとともに康熙帝より地図の製作を命じられ, 遼東, 満州および万里の長城に沿った一帯の実測にあたる. 彼らはそれを集計し地図を作り上げたが, 完成はジャルトゥーの死の翌年のことであった. 北京で没す.
【主著】*Observationes macularum salarium*, 1705; *Observations des éclipses de lune*, 1708; *Observations de la déclinaison de l'aimant*, 1708-11. ほかに発行年不詳の漢書『周経密率』『求正弦正矢捷法』等がある.
【文献】キ人 688; L. PFISTER, *Notices biographiques et bibliographiques* (Chang-Hai 1932) 584-86.

(小高毅)

シャルトル　Chartres　*パリの南西約90 km, ボース平野の麦畑の中心に位置する司教座都市で, ウール・エ・ロアール県の県都. *シャルトル大聖堂で知られる. 人口は約4万人で, 郊外を含む都市圏では約8万5,000人(1990年現在). この町は, 古代においてはドルイド教の重要な拠点であり, ガリア人のカルヌーテス族の中心集落がここに置かれていた. 現在の町の名はこの部族名に由来している. 858年, *ノルマン人に占領され町は火に包まれるが, 911年には町を囲む城壁によって彼らを撃退する. 10世紀に伯爵領, 13世紀に王領となった後, 16世紀以降公爵領となり, 17世紀にオルレアン家の所領となる.

4世紀にはカトリック教会の *司教座が置かれ, 6世紀になるとマリア崇敬の聖地として知られるようになる. とりわけ司教座聖堂に「聖母の衣」が寄進された876年以降, 巡礼地として有名になり, 数多くの巡礼者がこの地を訪れるようになった(→シャルトルの巡礼). 1146年には, この地でクレルヴォーの *ベルナルドゥスが第2回 *十字軍の必要性を説いた. 現在の大聖堂は, 幾たびもの火災の後, 1220年頃にほぼ完成したもので, 1260年聖母 *マリアに献堂された. ここで1594年に *アンリ4世の *戴冠式が行われることになる. こ

の大聖堂は *ゴシック建築の傑作として名高く，多くの観光客を集めている．

また，シャルトルの *司教座聖堂付属学校は，司教 *フルベルトゥスと，12世紀前半に最盛期を迎える *シャルトル学派によって，教会史と *人文主義の歴史にその名をとどめている．

1998年現在のシャルトル司教区(ウール・エ・ロアール県と同一)の教区人口は約40万5,000人，カトリック信者数約35万9,000人．

【文献】AnPont (2000) 168; Cath. 2: 999-1006.

(二川佳巳)

シャルトルがくは　シャルトル学派　École de Chartres

12世紀 *シャルトル大聖堂の付属学校と関係があったとみなされる学者，教育者の総称．

従来から，この学校は10世紀末にシャルトルの *フルベルトゥスによって創設され，特に12世紀前半にその最盛期を迎え，*ベルナルドゥス，*テオドリクス，コンシュの *ゲイレルムス，*ギルベルトゥス・ポレターヌス，ベルナルドゥス・シルヴェストリス(Bernardus Silvestris, 1150頃)，アラス(Arras)のクラレンバルドゥス(Clarembaldus, 1130-70頃)，ソールズベリの *ヨアンネスなどがこの学校と関係のある人物とされてきた．このような伝統的なシャルトル学派観は，サザーン(Richard W. Southern, 1912-)によって批判されたが，この名称で呼ばれるに値する一つの思想，学問の流れがあったことは，認めてよいであろう．

この学派の多くは優れた文法学の教師として，三学と四科(→ 自由学芸)の調和を目指す一方，特に自然学に対して強い関心を示した．12世紀のプラトン主義者とも呼ばれるように，*プラトンの『ティマイオス』と創世記とに親近性を認め，カルキディウス(Calcidius, 4世紀後半-5世紀前半)の翻訳によるこのプラトンの著作に刺激されて，宇宙の理性的な説明に努めた．プラトンの宇宙観をキリスト教の教えと同じ，あるいは近いものとして解釈している．特に創造主としての観点に立った *三位一体の理解などが，サン・ティエリの *ゲイレルムスによって非難された．

【文献】A. CLERVAL, *Les écoles de Chartres au Moyen-Âge* (1895; New York 1965); R. KLIBANSKY, "The School of Chartres," *Twelfth-Century Europe and the Foundations of Modern Society*, ed. M. CLAGETT ET AL. (Madison, Wis. 1966). 　　　　　(大谷啓治)

シャルトルーズ　Chartreuse

フランス南東部イゼール(Isère)県 *グルノーブル近郊の山地．1084年に *ブルノが *カルトゥジア修道会を最初に創設したのがこの地である．1132年，修道院は現在の建築形態をとり，同会の他の修道院のモデルとなった．すなわち，聖堂，食堂，集会室，客室，および各修道士のための3部屋からなる庵が点在するように並べられている．この修道院は幾度も *宗教戦争の被害に遭ったが，13世紀には，110名の司祭修道士と140名の *信徒修道士がいた．1790年，革命政府によって国有化されたが，1816年，再び *修道者を受け入れるようになった．彼らは1903年再度追放されるが，1940年帰還が認められ，以後同地に定住している．シャルトルーズという名のリキュールが通には好まれるが，これは，その地方の薬草を使う製法のためである．ただし，生産と販売は修道院の外のグルノーブルで行われている． 　　(J. ベジノ)

シャルトルせいパウロしゅうどうじょかい　シャルトル聖パウロ修道女会

〔ラ〕Congregatio Suorum Sancti Pauli de Chartres,〔仏〕Congrégation des Sœurs de Saint Paul de Chartres,〔略号〕S.P.D.C.　創立当初はシャルトル司教区立の修道女会．1861年7月21日 *教皇庁より称賛の法令(Decretum laudis)を受けた教皇庁立の使徒生活の会である．会員は福音的勧告の *修道誓願をたて，神に完全に身を捧げる．

1696年，フランスのボース平野の一寒村の主任司祭ショーヴェ(Louis Chauvet, 1664-1710)は，地域の宗教的・文化的環境の改善，特に貧困にあえぐ人々の救済に生涯を捧げる協力者を求めた．この呼びかけに応え，厳しい苦行に合わせて手仕事で生計をたてながら，子どもの教育と病人訪問の奉仕活動に献身する数人の若い女性の共同生活が始まった．

幾多の困難に遭遇し，創立6年後の1702年には初代責任者2名が相次いで逝去した．しかし，「一粒の麦が地に落ちて死ねば多くの実を結ぶ」(ヨハ12: 24)ように協力者の数は年ごとに増え，活動範囲は隣接教区にまで広がった．1708年，シャルトルの司教ゴデ・デ・マレ(Paul Godet des Marais, 1648-1709)は「聖パウロ会」と命名し，本部を *シャルトルに置き，マレショー(Claude Maréchaulx)を *教会法による上長者と定めた．彼は，霊的師父ショーヴェが会員のために書き下した *修道会会則草案に目を通し，霊的娘たちに謙遜と離脱の精神をもって，教会のため，また，進んで人々に奉仕するよう促している．

創立精神にのっとって，会員は質素な生活を選び，聖母 *マリアの保護に身を委ね，使徒パウロの書簡から *霊的生活の指針をくみとる．マレショーの後継者トリュシ(Charles de Truchis)が強調したように，会員の間には何ら身分上の区別をつけることなく，全員がスール(sœur)と呼ばれ，キリスト中心の共同生活を営んでいる．

1727年，フランス領ギアナのカイエンヌ(Cayenne)で病院の管理と子どもの教育を委嘱され，多くの希望者のなかから初めて4人の海外宣教女が派遣された．その後，ギアナ，西インド諸島では，最低の生活を強いられる状況のなかでも，よく環境に順応しながら，病人の看護，現地の白人子弟の教育にあたり，*フランス革命以後は，流刑囚の世話を委ねられたこともあった．

フランス革命勃発で，国内52か所の修道院は没収されたが，1802年復興許可がおりると同時に，シャルトルにあった建物を購入し，そこが現在まで続いている本会の母院となっている．激しい嵐を乗り越えた会員の宣教への熱意はさらに燃え，東南アジア，ヨーロッパ，カナダ，アフリカ，北米へと広がった．1962年に総本部がローマに移った．

現在は中国，ヴェトナム，北朝鮮に孤立している1,000名近い会員を含めて4,000余名の会員が28か国で青少年の教育，身体障害者，病人，老人，孤児，ハンセン病患者，精神障害者，難民の世話，教区の仕事等を手伝いながら，教会の使徒活動に参与している．

日本には，1878年(明治11)北緯代牧区長・日本司教 *オズーフの要請で3名のフランス人修道女が派遣され，函館に学校，診療所，孤児院を開設した．現在は，札幌，仙台，東京，横浜，福岡の各教区内に13の修道院を有し，幼稚園，小・中・高等学校，短大・大学および養護施設，乳児院において宣教活動を行っている．

【文献】シャルトル聖パウロ修道女会編，『光は大洋を越

えて―シャルトル聖パウロ会のあゆみ』(シャルトル聖パウロ修道女会 1959); J. VAUDON, *Histoire générale de la congrégation des Filles de Saint Paul de Chartres*, 4 v. (Paris 1922-31); SŒURS DE SAINT PAUL DE CHARTRES, *Livre de Vie et Statuts* (Roma 1978). (西野貞子)

シャルトルだいせいどう　シャルトル大聖堂
Cathédrale de Chartres　フランス北部ボース平野の中心に位置する*シャルトルの大聖堂，正式にはノートルダム大聖堂．4世紀前半に，聖母*マリアに献

シャルトル大聖堂
(Herder)

げられた最初の聖堂が建てられ，876年「聖母の衣」が寄進されて以降，聖母マリア崇敬の中心地となった(→シャルトルの巡礼)．現在の大聖堂は，1194年の大火災後に再建されたもので，そのとき焼失を免れた*ナルテクスと*クリプタは12世紀の遺構であるが，大半は13世紀前半に建設された典型的な*ゴシック建築である．全長130.2 m，身廊(*ネイヴ)の幅16.4 m，天井の高さ36.55 m という規模は，当時としては最大のものであった．「王の扉口」と呼ばれる西正面扉口は，円柱人像など初期ゴシック彫刻によって装飾されている．西・南・北各正面の*バラ窓に代表される*ステンドグラス(現在176枚)はゴシック聖堂装飾の頂点を示すものである．
(関口敦子)

シャルトルのじゅんれい　シャルトルの巡礼
*パリの南西約90 kmに位置する*シャルトルは，フランスにおけるマリア崇敬の巡礼地の一つとして知られる．

シャルトルのノートル・ダム寺院(*シャルトル大聖堂)が建っている丘は，もともと古代*ケルト人の聖地であり，その地下には「聖なる泉」があって，傍らには「生み出す処女」(Virgo paritura)と呼ばれるキリスト教誕生以前に彫られた黒い母神像が祀られていたとされる．

そして4世紀頃には，この母神像が聖母*マリアとして崇敬されるようになったと推定される．この母神像の複製は，今日「地下の聖母」として大聖堂の*クリプタに祀られており，泉のほうも「殉教者の泉」と名を変えて崇敬されている．

すでに6世紀頃には，シャルトルはマリア崇敬の聖地として知られるようになっていたが，とりわけこの地に巡礼に訪れた禿頭王シャルル1世 (Charles I, 在位 840-77) が司教座聖堂に「聖母の衣」を寄進した876年以降，フランスにおけるマリア崇敬の中心地となった．13世紀前半にほぼ完成した現在のシャルトル大聖堂は，1260年聖母マリアに献堂されたが，それ以後，この献堂式に臨席したとされる*ルイ9世から*ルイ14世に至るまで，フランスのすべての王や王妃がこの大聖堂に詣でることになる．

20世紀になると，新たなシャルトル巡礼の形が生まれる．1912年，詩人*ペギーは次男の病気快癒を祈願して，さらに友人の魂の安息を祈願して，2回シャルトルに巡礼するが，これらの体験から生まれた「シャルトルの聖母にボース平野を捧げる歌」(Présentation de la Beauce à Notre-Dame de Chartres, 1913) は，巡礼者の歩みを思わせるその単調で力強いリズムとともに，シャルトル巡礼の霊性の見事な表現となっている．同年，*プシカリも洗礼の感謝の祈りを捧げるため，シャルトルに詣でている．以後，*ボーイ・スカウトや学生のグループによる巡礼が伝統行事となっている．
【文献】Cath. 2: 1005-1006. (二川佳巳)

シャルドン　Chardon, Charles-Matthias
(1695. 9. 22-1771. 10. 20)　神学者，*ベネディクト会員．フランス東北部アルデンヌのイヴォア・カリニャン (Yvois-Carignan) に生まれ，ヴェルダン (Verdun) のサン・ヴァンヌ修道院に入り，修練長を務め，哲学・神学を教える．1730年，*ジャンセニスムに対する教皇*クレメンス11世の回勅『ウニゲニトゥス』(1713)に服することを拒否したことから，同修道院総会によって追放され，*メッスのサンタルヌル修道院に移り，同地で没す．古代教会からの秘跡執行の歴史を論じた主著『秘跡の歴史』全6巻 (Histoire des sacrements, 1745) は今日でも高く評価される．
【文献】NCE 3: 460; DThC 2: 2216. (小高毅)

シャルパンティエ　Charpentier, Marc-Antoine
(1645/50頃-1704. 2. 24)　フランスの作曲家．*パリに生まれ，*ローマに学び，イタリア様式を故郷に持ち帰った．ローマでは*カリッシミに師事し，その*オラトリオの書法を完璧に身につけ，フランスに紹介した．1660年代末に帰国，*ルイ14世のいとこにあたるギーズ女公爵マリー・ド・ロレーヌ (Marie de Lorraine) に仕え，1684年以後は*イエズス会のサン・ルイ聖堂の楽長としても活躍，*イエズス会学院のためにオラトリオや祝祭曲などを多く手がけた．特に1688年コレージュ・ルイ・ル・グランで初演された聖書に基づく歌劇『ダビデとヨナタン』(David et Jonathas) は，*コルネイユの台本による歌劇『メデ』(Médée, 1693) と並ぶ代表作である．1698年には*サント・シャペルの楽長に就任している．彼が残した11の*ミサ曲のなかでは特に『真夜中のミサ曲』が有名で，ほかに「*テ・デウム」4曲，「マニフィカト」(→マリアの歌) 10曲，数多くの劇的*モテット，オラトリオ，*詩編，牧歌劇，器楽曲

などを残している．パリで没す．
【文献】NGDM 4: 162-76. （金澤正剛）

シャール・フォン・ベル　Schall von Bell, Johann Adam（1591/92. 5. 1-1666. 8. 15）　明末から清初の中国で活躍したドイツ人イエズス会宣教師（漢名，湯若望）．*ケルンに生まれ，1611年 *イエズス会入会．22年に中国に渡り，広州と*北京で語学習の後，陝西省西安で宣教．1630年 G. *ローとともに欽天台に招かれて改暦事業に参画．『渾天儀説』5巻，『交食暦指』7巻，『恒星表』5巻などの暦書合計36巻を編訳し，西洋暦法による『崇禎暦書』137巻の完成（1634）に貢献した．明朝が没落したためこのときの改暦はならなかったが，清朝に『崇禎暦書』をもたらし『西洋新法暦書』と改題（1645），これをもとに同年以降の「時憲暦」が作成された．順治帝（在位1644-61）の信任も厚く1645年に欽天監正（帝立天文台長）・太常寺少卿にあげられ，50年には宣武門内の下賜された地に天主堂を建立した．1664-65年，守旧派の天文学者楊光先（1596頃-1670）らの反撃によって投獄され，天主堂も破壊されたが，母后の執りなしで釈放された．入獄中の病気がもとで北京で死去．大砲製造法や望遠鏡の原理と製法なども伝え，『遠鏡説』（1626）では*ガリレイの天文学的発見についての解説もみられる．ほかに主著として1665年ウィーンで刊行された中国イエズス会宣教師史がある．
【文献】L. PFISTER, *Notices biographiques et bibliographiques*, 1 (Chang-Hai 1932) 162-82. （高祖敏明）

シャールベルト　Scharbert, Josef（1919. 6. 16-1998. 4. 12）　ドイツのカトリック旧約聖書学者，司祭．チェコスロヴァキアのグロッセ（Grosse）に生まれ，ズデーテン（Sudeten），*パッサウで哲学・神学を学ぶ．この間1938-45年兵役に就く．1948年司祭に叙階．1948-51年教会司牧の後，53年ボン大学から神学博士号を取得（Der Schmerz im Alten Testament, 1955）．さらに*教皇庁立聖書研究所，ボン大学で研究．1958-68年*フライジングの哲学神学大学教授ならびに67-68年学長を兼任，68-85年ミュンヘン大学カトリック神学部旧約聖書学教授を務めるとともに，80年刊行のドイツ語訳聖書（Die Bibel. Einheitsübersetzung）の旧約聖書の翻訳監修をなす．編著書論文は多数．晩年の著作には「新エヒター聖書注解」（Neue Echter Bibel）の創世記（1983-86），出エジプト記（1989），民数記（1992），ルツ記（1994）がある．*ミュンヘンで没す．
【著作・文献】M. GÖRG, ed., *Die Väter Israels* (Stuttgart 1989) 431-61. （清水宏）

シャール・ジョゼフ・ユージン・マズノ　→ マズノ

シャール・マルテル　〔ラ〕Carolus martellus，〔英・仏〕Charles Martel，〔独〕Karl Martell（688頃-741. 10. 22）　*メロヴィング朝フランク王国の宮宰．アウストラシアの宮宰ペパン2世（Pepin II, 714没）の庶子．父の遺業を継ぎ王国の統一と強化を進展させ，*カロリング朝の権力の基盤を固めた．「マルテル」（ハンマーの意）のあだ名は9世紀に登場した．
父の死後ネウストリア（Neustria）の反乱を鎮圧して権力を確立．732年10月，イスラム勢力の侵入を*ポアティエの北で討ち，続く数年間に南ガリアの大部分をイスラムの支配から解放，プロヴァンスとブルグンドを支配下に入れたが，*アキテーヌの大公には緩やかな高権を認めさせたにとどまった．ザクセン，バイエルン，フリースラント，アラマニアに遠征したが，前二者の屈服は形式的なものにとどまった．*ウィリブロード，*ボニファティウス，*ピルミンらの宣教師のゲルマン地域への布教を援助した．
臣下の忠誠をつなぎとめるため，彼は，俗人の臣下を司教や修道院長に据え，騎兵軍編成のために*教会領を強制的プレカリア（借地）として臣下に給付した．このため王国教会の組織と規律は極度に乱れたが，彼は改革に消極的であった．後世の歴史家は彼を教会の敵と批判するが，当時の状況と彼の宗教的信念に照らせば不当な評価というべきである．ランゴバルド王国に圧迫された*教皇からの救援の要請に対しても，彼は，対イスラム戦略の同盟者である前者への遠慮から，応ずることができなかった．
王国の事実上の支配者であった彼は，737年以後は王なしで支配した．死に臨んで彼は二人の息子に王国を分与した．遺骸はサン・ドニ（Saint Denis）に葬られた．
【文献】LThK² 5: 1361; NCE 3: 507; T. SCHIEFFER, *Winfrid-Bonifatius und die christliche Grundlegung Europas* (Freiburg 1954 ²1972). （出崎澄男）

シャルルヴォア　Charlevoix, Pierre François Xavier de（1682. 10. 29-1761. 2. 1）　フランス人イエズス会員．1698年9月15日*イエズス会に入会．人文学，修辞学および哲学の教授にあたっていたが，1705年以後たびたびカナダにあるフランス人の布教地*ケベックを訪れ，またミシシッピー川流域でも布教のかたわら各種の調査を行い，これらの体験をもとに『新フランスの歴史および総記』(Histoire et description générale de la Nouvelle-France, 1744)などを著している．また，日本布教にも関心を抱き，『日本キリシタン宗門興廃史』(Histoire de l'établissement, des progrès et de la décadence du christianisme dans l'empire du Japon, 1715)や『日本の歴史と総記』(Histoire et description générale du Japon, 1736)などを著した．これらは版を重ね，また改編されて普及し，日本でも戦前は東西交渉史の文献としてよく用いられた．厳密な史料考証による学問的研究というより，古い編纂書によった一般向けの紹介書といえる．
【文献】C. SOMMERVOGEL, *Bibliothèque de la Compagnie de Jésus*, v. 2 (Bruxelles 1891). （尾原悟）

シャルルマーニュ　〔ラ〕Karolus Magnus,〔英・仏〕Charlemagne,〔独〕Karl der Große（742頃-814. 1. 28）　フランク王国*カロリング朝第2代の王（在位768-814）．初代王*ペパンの子．西欧の最初の皇帝（→神聖ローマ帝国）．弟のカルロマン（Carloman, 751頃-71）とともに王位に就き，771年弟の死後単独支配者となる．外征により版図を拡大し，西方に帝位を復活し，教会改革と文化水準の向上を推進

シャルルマーニュ
(ÖN)

ジャレル

した．その業績は揺籃期の西欧社会に決定的な刻印を記した．同時代人が捧げた「ヨーロッパの父」の尊称は，期せずして彼の歴史的役割を言い当てていたといえる．*アーヘンで没し，そこの宮廷礼拝堂に埋葬された．

【外征と帝国形成】西欧社会定礎の大事業は，精力的な外征と大国家形成によって基礎づけられた．即位直後の*アキテーヌの反乱を克服すると，彼は教皇*ハドリアヌス1世を圧迫していた*ランゴバルド族を討ち，その王位を獲得した(773-74)．このとき*ローマを訪れた彼は，父の教皇に対する領土贈与の約束を更新したが，同時に*教皇領に対する保護権を表明した．東部国境を脅かす異教の*ザクセン人を30年間にわたる戦い(772-804)の末に屈服させて王国に編入，各地に教区を新設して布教を推進した．778年以降スペイン進出を図るが，本格的な勢力拡大はならなかった．*バイエルンの部族大公の自立を阻止し，アヴァール人の国を征服し，デーン人の北ゲルマニア制覇を阻止し，ブルターニュ人，ベネヴェント公国を制圧した．

昔日の西ローマ帝国に比肩する大領域の支配者となった彼は，800年の降誕祭の日，ローマで教皇*レオ3世から帝冠を加えられ，ローマ人の歓呼のもとにローマ皇帝となった．これを僭称とする*ビザンティン帝国との紛争は812年和解に達し，*ビザンティン皇帝はシャルルを「皇帝」にして「兄弟」と呼んだ．これは，彼が追求してきたキリスト教世界における東西両帝国の対等の実現を意味した．

【信仰の保護者・学芸の改革者】彼の王としての生涯を貫いていたのは，王権を神に委託された職務とし，正統信仰の保護と教会の発展のための配慮をその使命だとみるカロリング的王権理念であった．彼は第2*ニカイア公会議の*聖画像崇敬の決議を攻撃し(→カロリング文書)，スペイン教会の*キリスト養子説の*異端を断罪し，「*フィリオクェ」の*ニカイア・コンスタンティノポリス信条への取り入れを図るなど教理問題に積極的に介入し，王国教会の改革に取り組んで首都大司教制(→管区大司教)の整備，「聖ベネディクトゥスの修道会則」の公式の採用，*教会法や*典礼のテクストのローマからの導入，聖書の校訂等を行わせた．

彼はまた王国の教養水準の貧困を克服し，かつ古典ラテン語教養を王国の一体性の文化的基礎とするため，国の内外から優れた知識人を宮廷に招聘し，司教座・修道院に学校の設立を要求した．この文教政策は，彼個人の強烈な知的欲求にも支えられていた．彼の宮廷は王国の学芸の中心として，いわゆる*カロリング・ルネサンスの出発点となり，西欧中世文化の淵源となった．

【文献】Cath. 2: 986-89; DHGE 12: 424-41; DDC 3: 617-21; NCE 3: 497-500; LThK² 5: 1354-56; Einhardi, Vita Karoli Magni, MGH. SRG.; Notkeri, Gesta Karoli, MGH. SRG. NS.; J. カルメット『シャルルマーニュ』川俣晃自訳(白水社 1955): J. Calmette, *Charlemagne*, (Paris 1951); J. ブウサール『シャルルマーニュの時代』井上泰男訳(平凡社 1973): J. Boussard, *The Civilisation of Charlemagne* (London 1973); エインハルドゥス，ノトケルス『カルロス大帝伝』國原吉之助訳(筑摩書房 1988); D. A. Bullough, *The Age of Charlemagne* (London, New York 1965 ²1973).

(出崎澄男)

ジャレル Jarrell, Randall (1914. 5. 6-1965. 10. 4) アメリカの詩人，批評家．テネシー州ナッシュヴィル (Nashville) に生まれる．ヴァンダビルト大学に学ぶ．ノースカロライナ大学女子部その他の大学の教壇に立つ．第2次世界大戦中は空軍に所属．その詩風は，*ホイットマンの野性味と*ディキンソンの鋭利な感受性とを併せもつのが特徴とされ，戦争や歴史的危機状況の犠牲者をうたうことが多い．主な詩集に『喪失』(Losses, 1948)，『ワシントン動物園の女性』(The Woman at the Washington Zoo, 1960)，評論集に『詩と時代』(Poetry and the Age, 1953) がある．自動車事故で急死．自殺説もある．

【文献】西川正身, 平井正穂編『英米文学辞典』第3版 (研究社 1985); R. Lowell, P. Taylor, R. P. Warren, eds., *Randall Jarrell, 1914-1965* (New York 1967).

(島弘之)

シャーロック Sherlock, Thomas (1678頃-1761. 7. 18) イングランド国教会(→聖公会)ロンドン主教．*ケンブリッジ大学を卒業，父 W. *シャーロックのあとを継いでテンプル教会の牧師となる (1704)．可見的な教会の権威を否定した*ホードリ主教との，いわゆるバンゴル論争 (Bangorian Controversy) では，中心的な論敵として活躍．*バンゴル，ソールズベリ (Salisbury) の*主教を経てロンドン主教となる (1748-61)．

【文献】ODCC³ 1495.

(菊地栄三)

シャーロック Sherlock, William (1641-1707. 6. 19) ロンドンのセント・ポール大聖堂*参事会の会長．T. *シャーロックの父．サザーク (Southwark) に生まれ，*ケンブリッジ大学を卒業，テンプル教会の牧師(1685)．*王権神授説を支持，名誉革命(1688)の際は臣従宣誓拒否者 (nonjurors) の一人となったが，後新国王への忠誠を誓い，セント・ポール大聖堂の参事会長となる(1691)．なお，彼の*三位一体論は*三神説の嫌疑を受ける．

【文献】ODCC³ 1495.

(菊地栄三)

シャロン Charron, Isidor-Adolphe (1867. 3. 14-1952. 8. 4) パリ外国宣教会司祭．フランスのオルヌ県セー (Sées) 教区の生まれ．1887年，*パリ外国宣教会入会．1891年司祭叙階．同年，大阪に派遣される．四国の高知で日本語習得，その後，京都の*オーリアンティスのもとで布教見習い．1894年，宇和島に派遣され，当教会の基礎となる共同体作りに努力した．宇和島から八幡浜と岩松へ伝道巡回をし，強い仏教信仰者の多い地方であったにもかかわらず，数十人の成人洗礼という成果を収めるに至ったことは，当時としては驚異的なことであった．1898年，松山教会*主任司祭．1900年から，広島教会主任司祭となる．その頃，できたばかりの姫路教会の発展に力を入れ，特に学生のサークル活動には熱心であった．宣教司牧活動をしながら，フランス語の教会史の翻訳も手がける．日露戦争と，中国での戦争のために捕虜にされたドイツ人・ポーランド人・オーストリア人，負傷したフランス軍人の世話を広島と姫路でしていた．1936年から加古川に行き，1952年，神戸にて逝去．

(J. ワレ)

シャロン Charron, Pierre (1541-1603. 11. 16) フランスの思想家．パリに生まれる．弁護士になった後，カトリック司祭になるべく神学を学ぶ．司祭叙階

後，アキテーヌ地方で長期間，説教師として活躍．その後，*ボルドーで，*モンテーニュと知り合い，その影響を受けた．一時期，*修道生活に入ることを望んだが，優柔不断な気質のためか，その希望はかなえられなかった．パリで死去．

多くの著作のなかでも，とりわけ以下の二つが有名である．一つは『三つの真理』(Les trois vérités, 1593)．これはカトリックの*護教論で，非の打ちどころのない正統性を主張している．もう一つは『知恵について』(De la sagesse, 1601)で，論争を呼んだ書である．シャロンはここで人間の生得的な知性と信仰による知性を比較検討し，両者は共に価値があり，決して両立しがたいものではないとした．

当時のカトリックの教条主義者たちは，シャロンの思想を*無神論として不当に糾弾した．確かに彼には*懐疑主義から*合理主義への精神の変遷がみられるが，それは，シャロンの本意でもなければ，師であり友であるモンテーニュの本意でもない．むしろシャロンも変動の時代における*概念と*知識の混乱の犠牲者であり，その混乱から秩序を回復するには，*パスカルや*ボシュエのような人物の出現が必要であった． (J. ベジノ)

シャロン・シュール・ソーヌ **Châlon-sur-Saône** フランスのブルゴーニュ地方，ソーヌ・エ・ロアール県内の郡庁所在地．1990年現在の人口は約5万5,000人(都市圏は約7万8,000人)．ローヌ川の支流であるソーヌ河畔に位置し，極めて良好な交通網の中心地で，また商業活動の利益に浴したので，早くからその重要性が認められていた．シャロン・シュール・ソーヌが歴史に登場するのは，*カエサルのガリア遠征(前58-51)のときである．古称はカビロヌム(Cabillonum)で，アエドゥイ族(またはハエドゥイ族，ロアール川とソーヌ川の間に定住したガリアの部族)の首都であり，*ローマ帝国の将軍の基地であった．

キリスト教が伝えられたのは2世紀末とも3世紀末ともいわれるが，5世紀には*司教座が置かれ，516年には*司教座聖堂がサラゴサの*ウィンケンティウスに献げられたことが知られている．13世紀までに10の*教会会議が当地で開催された．特に，650年の教会会議で，ガリアの教会は第1*ニカイア公会議の決定条項を受け入れ，日曜日の労働を禁止した．1810年の*政教条約によってこの地の司教座は廃止され，現在は*オータンの司教区に属している．
【文献】Cath. 2: 870-73. (J. ベジノ)

シャロン・シュール・マルヌ **Châlons-sur-Marne** 現在のシャンパーニュ地方の，セーヌ川の支流の一つ，マルヌ川沿いの町．初めはガリア人，すなわち町の名称(Catalauni)の語源となったカタラウニア族の都市で，3世紀に*司教座が置かれた．商業，芸術文化の中心地として，中世におけるシャンパーニュ地方の文化の源であった．7世紀には人口が現在よりも多く，最大であった．中世の建築の傑作が多く，ロマネスクとゴシックのさまざまな様式をみることができる．
(J. ベジノ)

ジャン〔ヴァランスの〕Jean (?-1145. 3. 21) 聖人(祝日4月26日)，司教．リヨンに生まれ，司祭となる．*リヨンの司教座聖堂参事会員となった後，1114年*シトー会に入会．1118年ボンヌヴォー修道院の設立にあたり，初代院長となる．1141年にヴァランス(Valence)の司教に選任され，修道者としての生活を続けつつ司牧に励み，寡婦や孤児，貧しい人々の保護にあたった．ヴァランスで没す．
【文献】LThK² 5: 1094; NCE 7: 1076; BSS 6: 917. (小高毅)

ジャン〔マタの〕Jean (1160. 6. 23-1213. 12. 17) 聖人(祝日2月8日)．*三位一体修道会の創始者．一説にはマタ(Matha)の男爵(Euphemie de Matha)の息子ともいわれる．プロヴァンス地方のフォーコン(Faucon)出身．パリで勉学後司祭に叙階され，1197年*十字軍の戦いでイスラム側に捕らえられたキリスト教徒捕虜を救出する目的の上記修道会をエーヌ県セルフロア(Cerfroid)に創設，翌1198年教皇*インノケンティウス3世の認可を受けた．*アウグスティヌスの修道会則(→アウグスチノ会)を厳格に遵守しながら独自の会則を作り，修道制と海外布教の結合を試み，身代金支払いと会員の人質などにより多数の捕虜を解放した．ジャンの在世中に，北アフリカ，パレスチナ，イスラム支配下のイベリアを含むヨーロッパ各地に35か所の修道院が設置された．かつてヴァロアの*フェリクスとの共同設立説が伝えられていたが，最近の研究では単独説となっている．1655年遺品が*マドリードへ移管され，*聖人崇敬が公認された．
【文献】キ人1719; NCE 7: 1060. (橋口倫介)

ジャン・ガブリエル・ペルボアル → ペルボアル

ジャン・キドール → ヨアンネス〔パリの〕

ジャン・ド・サン・サムソン **Jean de Saint-Samson** (1571. 12. 30-1636. 9. 14) フランスのカルメル会員，神秘家，霊的指導者．本名ジャン・デュ・ムーラン(Jean Du Moulin)．パリ南東のサンス(Sens)に生まれ，3歳のとき事故で視力を失い，10歳のとき両親が死去．親戚によって教育され，文学と音楽の豊かな知識を獲得した．祈りと*苦行に専念し，27歳でパリに移ってからも信心深い生活を続けた．1606年にドル・ド・ブルターニュ(Dol-de-Bretagne)の*カルメル会の修道院に入り，優れた知恵と美徳が認められ，*信徒修道士でありながら，*修練者の指導を任せられ，多くの人の助言者となった．1612年にブルターニュのレンヌ(Rennes)のカルメル会修道院に呼ばれ，ティボー(Philippe Thibault, 1572-1638)によって始められたカルメル会改革(いわゆるトゥレーヌTouraineの改革)の指導者の一人として活躍し，同地で没す．口述による多くの著作を残したが，一部しか刊行されていない．主に聖書，教父，ドイツの*神秘家に従って，人生を愛による神との完全な一致への歩みとして描いている．彼によれば，人は「裸になって神に密着し」，キリストとともに十字架につけられて，自分の起源である神のもとに帰り，神化されるべきである．
【文献】DSp 8: 703-10; S.-M. BOUCHERAUX, *La réforme des Carmes en France et Jean de Saint-Samson* (Paris 1950) (P. ネメシェギ)

ジャン・ド・ブレブーフ **Jean de Brébeuf** (1593. 3. 25-1649. 3. 16) 聖人(祝日10月19日)，殉教者，イエズス会員，フランス出身のカナダ宣教師．ノ

ジャン・ド・マン

ルマンディー地方コンド・シュール・ヴィル (Conde-sur-Vire) に生まれ，1617年ルーアン (Rouen) で *イエズス会入会．1622年司祭叙階．ルーアンの *イエズス会学院で教え，会計係を務めた後，カナダ宣教を志願．1625年4人のイエズス会員とともにカナダに到着．1年間の準備の後，ヒューロン族のもとに赴き，彼らの言語を習得．その文法書を著し，*要理書を翻訳．しかし，キリスト教への改宗者はなく，彼ら宣教師が降雨を妨げ，病気を広めていると非難される．1629年 *ケベックのイギリス人植民者によって強制的に帰国させられるが，1633年ヒューロン族のもとに戻り，前回よりも宣教活動に成功．しかし，1649年ヒューロン族の宿敵イロコイ族はセント・イグネース (Saint Ignace) の布教所を攻撃，占拠し，長身であったジャンを選び，さまざまな拷問を加えたうえ，殺害．死後，彼の霊的手記が公刊された．1930年，他の7人の北米殉教者とともに列聖された．
【文献】F. X. TALBOT, *Saint among the Huron* (New York 1949); F. ROUSTANG, *An Autobiography of Martyrdom: Spiritual Writings of the Jesuits of New France* (St. Louis 1964); J. P. DONNELLY, *Jean de Brébeuf* (Chicago 1975). (J. P. ドネリ)

ジャン・ド・マン　Jean de Meung (1240頃-1305)　フランスのマン・シュール・ロワール (Meung-sur-Loire) に生まれ，パリに居住したと考証される詩人，学者．『ばら物語』第2部 (Le Roman de la Rose, 13世紀後半) の作者．宮廷風恋愛の諸相を優雅に描いた第1部とは一転して，恋愛の理想を打破し，人間の理性と自然を称揚，16世紀の *人文主義を予告する *汎神論的自然主義を展開した．宗教を否定したわけではなかったが，キリスト教の諸制度の弊害を批判し，*聖職者たちの偽善を嘲弄したため，死去に際して埋葬も許されずに野原に遺棄されたと伝えられる．(二川比利美)

ジャン・バティスト・ド・ラ・サール　Jean-Baptiste de La Salle (1651.4.30-1719.4.7)　聖人 (祝日4月7日)，キリスト教学校修士会(*ラ・サール会)創立者．
【生涯と事業】*ランスの由緒ある家の長男として生まれ，1678年，27歳で司祭となる．当時のフランスは *ルイ14世の治下で，繁栄を誇ってはいたが一般大衆の生活には多くの問題があった．教育事情をみても当時出版された教育書の大部分が王族教育に関するものであったといわれており，民衆教育の復興が望まれていた．ラ・サールはこのような時代に司祭となったが，初めから自分の生涯を教育に献げようと考えていたわけではない．彼がこのような仕事に関わるようになったのは30歳の頃，アドリアン・ニエル (Adrian Nyel, 1624-87) という一人の教育家と出会ってからである．ラ・サールはニエルが次々に手がけていく学校の教師たちの世話をやむをえず引き受けているうちに，しだいに教育者としての道に入っていくことになる．彼はこのことを「初めは全然予想もしなかったのに，一つのことから他のことへと導かれるようにして踏み込んでいってしまった」と記している．1680年6月24日，彼は親類の強い反対を押し切って自分の家に教師たちを住まわせ共住生活を始めたが，この日がキリスト教学校修士会(ラ・サール会)誕生の日とされている．
ラ・サールはその生涯のうちに約40の学校をフランス各地に創設したが，そのほとんどが無報酬の初等学校であった．そして「修道院での諸修業および学校での職務は，完全に霊肉をそれに献げきった人間を要求する」という確信に基づき，自己の創立した修道会を司祭を有しない修道士(→ 信徒修道士)のみの会として性格づけ，修道士と教育者の二つの姿を重ね合わせることを目指した．彼の修道会は当時「小トラピスト」と呼ばれるほどきびしい修業を続けたが，しかしその学校においてはクラス別授業の導入，*ラテン語に代わる母国語(フランス語)の教科書による授業の開始，数学や職業教育に重点を置いた中等教育などの新しい試みを実行し，近代民衆教育の先駆者としての役割を果たした．また教員養成に力を注ぎ，史上初めての師範学校を創設した(1684)．1719年4月7日，68歳で死去したが，自身が創立した修道会は1725年，教皇 *ベネディクトゥス13世により正式に認可された．*列聖は1900年(教皇 *レオ13世による)．1950年には教皇 *ピウス12世により教育者の *守護の聖人とされた．1990年現在，会員約8,500，80か国で教育事業に従事している．日本には1932年(昭和7)カナダ人会員4名が函館に来朝したが，日本の国内事情のため函館での学校開設を断念し，4年後仙台に移り外国語学校を開いた．戦後は仙台に養護施設(1948)，鹿児島に男子高等学校(1950)と中学校(1955)，函館に男子高等学校(1960)，東京に研修所(1978)を開設している．
【霊的著作】ラ・サールは1694年に『キリスト教学校修士会会則』(La Règle des Frères des Ecoles chrétiennes, 1726) を起草したが，その条文には彼独自の *霊性とともに古くからの修道会の伝統の影響もみられる．この会則は後に生まれた多くの教育修道会の会則の，一つの基準となった．会員たちへの短い教訓を集めた『手引書』(Le Recueil des différents petits traités à l'usage des Frères des Ecoles chrétiennes) が1711年に出版されたが，この小さな本は会員たちの信心と *修道生活の支えとなった．ラ・サールの霊的著作の中心となるのは『黙想集』(Méditations)で，これは192の黙想を収める「主日と祝日のための黙想集」(Méditations pour les Dimanches et les Principales Fêtes de l'Année, 1730頃) と16の黙想を収める「黙想会中のための黙想集」(Méditations pour le Temps de la Retraite, 1730) に分かれており，実践的な教訓を引き出し，また教育修士としての基本的な姿勢を育て固めるように配慮されている．また，会員，特に修練士たちのために『念禱の方法解説』(Explication de la méthode d'oraison, 1739) を書いたが，平易かつ実際的な方法で念禱者の心を神への単純な注視へ導く手引きとなっている．このほか，『書簡』(Les lettres de saint J-B de La Salle, 1952) が133通残されている． (石井恭一)

ジャン・バティスト・マリー・ヴィアンネ　Jean-Baptiste-Marie Vianney (1786.5.8-1859.8.4) 聖人(祝日8月4日)，フランスのカトリック司祭．
【生涯】*リヨンに近いダルディリー (Dardilly) の農家に生まれる．*フランス革命のため初等教育を受けるのが遅れ，読み書きを覚えたのは17歳のときであったが，19歳で司祭職を志す．1806/07年よりエキュリー (Écully) の司祭バレー (Charles Balley, 1751-1817) のもとで学ぶ．ラテン語の学習のほかに，神の超越性，罪の感覚，*苦行の必要性などが彼の魂に刻み込まれた．ヴェリエール (Verrières) で哲学を学んだ後，1813年よりリヨンの神学院で神学を学ぶ．ラテン語の試験に2度

失敗，例外として司祭叙階の試験をフランス語で受け，ようやく合格，1815年司祭に叙階された．エキュリーの*小教区で助任司祭を務めた後，1818年リヨン郊外ドンブ地方の小村アルス（Ars）の小教区司祭として送られる．以後その地で司牧活動にあたり，同地で没す．

【霊性】司牧者としての彼の姿勢は，アビラの*フアンがある司祭に語った，「人々にあることを確信させたいならば，まず自分でそのことを納得しなければならない」という言葉に喚呼されたものであった．農民に抽象的な認識は向かないことを知っていたので，彼は心をもって人々を，教会のうちに生きているキリストへ導こうとした．毎朝4時に起き，灯を手に墓地を横切って聖堂に行き，*聖櫃の前で全き沈黙のうちに何時間もひざまずいて祈り続けた．*聖体におけるイエスの現存を感じ，イエスが父と呼んだ「優しい神」に心を開いた．彼は魂に*三位一体の神の内在を感じとった観想家であった．この賜物を得るためには，イエス・キリストこそ唯一の道であると悟らねばならなかった．「イエスは私たちのうちで祈っておられる」と彼は確信をもっていいきった．彼の短い金言は説教のなかで，信仰篤い農民らがその真理を悟るまで，幾度も繰り返された．「イエスはほらそこに！」，しばしば彼は聖櫃を指してこういった．また彼の深い信仰が声の調子によく表されていたこともあって，人々はついにその真理を悟るに至った．人々がそれを信じると，次にヴィアンネはしばしば*聖体拝領するように勧めた．

【司牧と清め】1830年から死に至るまでの司牧活動として，ヴィアンネは告解(*ゆるしの秘跡)を聴き，助言を与えることに日々を費やした．幾百人という人々が各地から彼に罪を告白するためにアルスにやって来た．彼は人々に「優しい神」の子としての畏怖の心を呼び起こせるよう努めた．ヴィアンネは司牧活動が内的浄化と一体となるような方法で，祈りと説教と秘跡の執行を結びつけた．小教区の信者を訪問し，矯正すべき点，例えば，日曜日に働かないこと，泥酔しないことを指摘した．徐々に農民らはそれを認め，正していった．ヴィアンネは，その情熱，人々に及ぼした深い影響のゆえに，多くの攻撃を受けることにもなったが，そうした攻撃は彼の清めの源泉となった．同僚の司祭らも彼を危険人物とみなし批判したが，それもまた逆に彼を清めるものとなった．内的には，祈りにおける*乾燥状態，霊における貧しさの自覚，小教区での司牧活動をやめ観想修道会に入ろうとの誘惑や試みを通して清められていった．彼は「優しい神への愛」によってすべてを克服し，*神の栄光のために働いた．「人は神に最大の栄光を帰するような方法で，いつも行動しなければならない」というのが彼の口癖であった．1925年に教皇*ピウス11世によって*列聖，1928年に同教皇によって「司祭の保護者」と宣言された．『説教集』『書簡集』『祈り』等が刊行されている．

【文献】DSp 8: 840-44；戸塚文卿『農村の聖者』(中央出版社 1943)，改定版『農村の改革者―聖ヴィアンネー』(中央出版社 1966)；A. モンナン『聖ヴィアンネの精神』(中央出版社 1957)：A. MONNIN, *Esprit du Curé d'Ars: Saint J. B. M. Vianney dans ses Catéchisme, ses homélies et sa conversation* (Paris 1935); B. ブロ，M. カルージュ『アルスの司祭ジャン・マリ・ヴィアンネ』(エンデルレ書店 1991)：B. BRO, M. CARROUGES, *Jean-Marie Vianney, Curé d'Ars* (Paris 1991); R. FOURREY, *Le Curé d'Ars authentique* (Paris 1959); F. TROCHU, *The Curé d'Ars* (Westminster 1960). (J. カトレット)

ジャン・フランソア・レジス　Jean-François Régis (1597. 1. 31-1640. 12. 31)

聖人(祝日6月16日)，イエズス会員．フォンコンヴェルト(Fontconverte)の裕福な商人の家に生まれ，ベジエ(Béziers)のイエズス会高校卒業後，1616年同会に入会．1631年，*トゥールーズで司祭に叙階された後，死ぬまでの10年間一貫して，*ユグノー教徒の回心のために宣教したほか，病院，刑務所を巡り，貧者を助け，不熱心なカトリック教徒を信仰に目覚めさせ，売春婦の回心にも尽くした．ラ・ルーヴェックで(La Louvesc)で没す．生前から多くの*奇跡が彼に帰せられ，死後もそれが続いた．*ジャンセニスムを信奉する人々によって彼が死の直前，*イエズス会から追放されたと喧伝されたが，教皇*クレメンス9世に任命された委員会の調査によって，これが虚偽であることが証明された．1716年列福，1737年*列聖．　(高柳俊一)

ジャン・ユード　Jean Eudes (1601. 11. 14-1680. 8. 19)

聖人(祝日8月19日)，フランスのカトリック司祭，神学校と修道会創立者．

【生涯】フランス，オルヌ県リ(Ri)に生まれ，カン(Caen)で没す．1615年，カンの*イエズス会学院に送られる．1620年*下級品級を受け，1623年*オラトリオ会の創立者*ベリュル枢機卿により同会入会を許される．1625年司祭に叙階される．1627年*ペストが蔓延すると，ノルマンディーにおいて人々に見捨てられて死んでいくペスト患者の看護に献身す．1633年，小教区説教師としての彼の長い道のりが始まる．彼には雄弁の資質が備わり，また優れた*聴罪司祭でもあった．使徒職の主な活躍の場はノルマンディーであった．1676年には，すでに100回を超す*黙想の指導をし，そのなかには数週間，数か月にわたるものもあった．ユードはまた時間の一部を割いて，*小教区の司祭たちの霊的な養成にもあたった．1641年以降，司祭たちに対し，彼らの身分に伴う義務についてしばしば講話をする．司祭志願者の養成のために*神学校を創立する必要があることを痛感して，カンに神学校を設立しようと考える．カン教区の司教と時のオラトリオ会総会長*コンドランの支持を取りつけるが，新しい総会長がこれに反対．ユードは長い祈りと，熟考の末，オラトリオ会を去ること，そして*修道誓願を立てず，共住生活をし，有徳の*教区司祭を養成するために神学校を運営することを目的とする司祭たちの会を創設することを決める．こうして1643年，イエス・マリア修道会，通称*ユード修道会が誕生する．1644年から70年の間にユードと彼の後継者は六つの大神学校を各地に創立する．ユードは，神学校で将来の司祭の養成に務める一方，引き続き小教区の黙想の指導にあたった．ユードはさらに，乱れた生活を送り，その後回心して真にキリスト教的生活を送りたいと望む若い娘や婦人

ジャン・ユード
(Herder)

シャンカラ

を受け入れる女子修道会を創立する．愛徳聖母会 (Notre-Dame de Charité) と呼ばれるこの修道会は1651年 *バイユーの司教の，次いで1666年に教皇 *アレクサンデル7世の認可を得た．

【著作と霊性】ユードは *霊性に関する著作家として有名で，生存中に多くの著作を刊行した．そのなかで最も重要なのは次の著作である．

(1)『キリスト者の霊魂におけるイエスの生命と王国』(La vie et le royaume de Jésus dans les âmes chrétiennes, 1637).　最もよく知られ，また版を重ね，ユードの霊性を最もよく知らせてくれる本書は，*パウロのガラテアの信徒への言葉の「生きているのは，もはやわたしではありません．キリストがわたしの内に生きておられるのです」(2: 20) を実践的に注解したものである．ユードはここで，キリスト教的生活はキリスト者それぞれのうちにおられるイエスの生命にほかならないことを想起させる．

(2)『洗礼による神と人との契約』(Le contrat de l'homme avec Dieu par le saint baptême, 1654).　本書は50余版を重ねているが，ユードはここで，*洗礼について，それ自体とそれを受けた者の *召命のすばらしさ，それのもたらす数々の利点と務めを述べ，その観点から聖書と伝承の教えを要約している．

(3) ユードはまた司祭のために，例えば，『よき聴罪司祭』(Le bon confesseur, 1666) や『使徒的説教者』(Le prédicateur apostolique, 1685) など，何編かの書を著している．彼が主張するのは，司祭は何よりもまず教会のために生きる牧者であるということである．この福音への奉仕の使命を果たすために，司祭は神からの召命を受け，全身全霊を奉献するのである．

(4)『神の御母の感嘆すべき聖心』(Le Cœur admirable de la Mère de Dieu, 1681).　死の数週間前に脱稿した本書のなかでユードはマリアの聖心についての教説と歴史，実践と信心を詳細に解説している．ユードは，*イエスの聖心とマリアの聖心の信心について初めて神学書を著した人といえる．このために，1909年の列福のとき，教皇 *ピウス10世は彼を「イエスとマリアの聖心の崇敬の父，博士，使徒」と宣言した．1925年，*ピウス11世によって列聖された．

【著作全集】J. DAUPHIN, C. LEBRUM, eds. *Œuvres complètes de Saint Jean Eudes*, 12 v. (Vannes 1905-11).

【文献】NCE 5: 622-23; DThC 5: 1466-82; DSp 8: 488-501; E. M. GEORGES, *Saint Jean Eudes: Modèle et Maître de la vie mariale* (Paris 1946).　　(J. P. ラベル)

シャンカラ　**Śaṅkara**　(8-9世紀)　シャンカラチャーリャ (Śaṅkarācārya) とも呼ばれるインドの哲学者．*ウパニシャッドをその研究の基礎とする *ヴェーダーンタ学派に属する．正確な生没年は不明であるが，8世紀と9世紀の間というのが大方の学者の推定である．シャンカラは南インドのケララ州の出身で，*ヒンドゥー教の僧侶のカーストであった．早くに父親を失って，母親に育てられ，ゴヴィンダパーダ (Govindapāda) に師事し学問を始める．彼の師は，ガウダパーダ (Gaudapāda, 640頃-690頃) という高名な哲学者の弟子であった．

シャンカラは全生涯をヒンドゥーの経典の研究と哲学的考察に捧げ，ほどなく強力な論客としての名声を獲得した．彼が対面した同時代の多くの著名な学者のなかには，クマリラ・バッタ (Kumarila Bhatta, 650頃-750頃) やマンダナ・ミシュラ (Mandana Miśra, 660-720頃) がいる．シャンカラはインドの四大僧院を，ヒマラヤのバドリナート (Badrinath)，東のプーリ (Pūri)，西のドヴァラカ (Dvāraka)，南のシュリンゲーリ (Śringeri) に設立したことで知られる．

シャンカラの哲学は不二一元論 ([サンスク リット] Advaita) と呼ばれるものである．彼によれば人間の魂あるいは *アートマンは，絶対者である *ブラフマンと同一である．唯一ブラフマンのみが実在するのであり，その他一切は，無知あるいは無明，*アヴィディアーによって作り出された幻想，マーヤー (Māyā) である．救いはおのおのがこのブラフマンとの同一性を悟ることにある．シャンカラは世界の傑出した哲学者，思想家の一人であり，また多産な著述家である．『ウパデシャサーハスリー』(Upadeśasāhasri) のような教導の書とともに幾つかの有名なウパニシャッドの注釈書を著した．　　(C. ヴェリアート)

ジャンセニスム　〔ラ・独〕Jansenismus，〔英〕Jansenism，〔仏〕jansénisme

【名称の由来】オランダのイーペル (Ieper, またはイープル Ypres) の司教コルネリス・*ヤンセン (コルネリウス・ジャンセニウス Cornelius Jansenius とも記される) の遺著『アウグスティヌス』(1640) の *恩恵の教説をめぐる論争から生まれた言葉．*アウグスティヌスの教説を祖述することを目指したこの著作が，人間の *自由意志より神の恩恵を重視するがゆえに，*カルヴィニズムに近い傾向をもっているとして批判するグループから軽蔑的にジャンセニスム (日本ではヤンセン主義ともいわれる) と名づけられ，この著作を擁護する人々はジャンセニスト (jansénistes) と呼ばれた．

一方，『アウグスティヌス』の支持者たちは，ジャンセニスムは実体のない「幻影」であり，「想像上の異端」であるとして，ジャンセニストと呼ばれることを拒否し，伝統に忠実なカトリック教徒である「アウグスティヌスの弟子」と自称して，この著作を擁護する論陣を張った．彼らの中心となったのは，A.*アルノー，P.*ニコルらで，*パスカルも協力した．

【歴史的経過】最初の『アウグスティヌス』批判は，*ルーヴァンの *イエズス会の会員から出されたが，論争が激化するのはフランスにおいてである．ジャンセニウスの教理として，『アウグスティヌス』から抜き出したといわれる「五命題」が，パリの *ソルボンヌ大学で *異端の疑いありとして討議される．ジャンセニウスの朋友サン・シラン (*デュベルジェ・ド・オーランヌ) の感化を受けたアルノーをはじめとする『アウグスティヌス』支持派の反対のために決着がつかず，ローマ教皇庁に判断を仰ぐ．1653年教皇 *インノケンティウス10世は，「五命題」を異端とする勅書を公布．ジャンセニウスの支持派は，「五命題」が異端であることは承認するが (法問題)，それがジャンセニウスの教理の忠実な表現であることを否認する (事実問題) ことによって，彼の教説を救おうと試みた．しかし，1656年教皇 *アレクサンデル7世は，「五命題」は『アウグスティヌス』のなかにあり，ジャンセニウスの理解した意味において異端である，という主旨の *大勅書を公布する．この間，『アウグスティヌス』擁護の執筆を続けるアルノーがソルボンヌ大学の博士号を剥奪されるという事態になり，世論を喚起するべくパスカルは18通の書簡『プロヴァンシアル』によって論争に参加する．

教会側と中央集権化を目指す国王 *ルイ14世の意向

に反するこのような状況にあって，*フランス聖職者会議は，「コルネリウス・ジャンセニウスの五命題」を断罪したローマ教皇庁の決定に対する服従を表明する信仰宣誓文への署名を全聖職者に課す．ジャンセニストという名称の内実と王権の意図は，皇太后アンヌ・ドートリッシュ (Anne d'Autriche, 1601-66) の次の文言から窺うことができる．「私が，ジャンセニストと呼ぶのは，次の者，すなわち，この事柄について聖座が下し，次いで全教会の満場の受諾と同意を得た決定を，キリスト教徒にふさわしい謙譲と完全な服従の念をもって受け入れなかった者，そしていまだに意固地に，ジャンセニウスの教理は大勅書では断罪されていないと主張する者です」(A. アルノーの長兄 *アルノー・ダンディイ宛の手紙)．紆余曲折の後，自発的にせよ，不本意ながらにせよ署名が行われる．サン・シランの影響を受けた *ポール・ロワイヤルの修道院に当時所属していたジャクリーヌ・パスカル (Jacqueline Pascal, 1625-61. ブレーズ・パスカルの妹) は，署名を余儀なくされたあと良心の呵責に耐えかねて悶死する．

1669 年，教皇 *クレメンス 9 世の大勅書(事実問題と法問題の区別を認めたうえでの署名を可とする妥協策)により「教会の平和」が成立し，ポール・ロワイヤルにとって最後の平穏な 10 年が訪れる．この平和の到来を「宗教的ジャンセニスムの時期の終焉」とする説もある．

その後，かつて「コルネリウス・ジャンセニウスの五命題」を断罪する信仰宣誓文に署名したのは「敬譲の沈黙」からであって，その沈黙は破りえないとする悔悟者に罪の赦しを与えうるかどうか(「良心例問題」)という事例をめぐって「信仰宣誓文署名」問題が再燃すると，これに決着をつけるべく教皇 *クレメンス 11 世の大勅書 (1705) が公布される．この大勅書に関する無条件署名を，田舎のポール・ロワイヤルに残っていた約 20 名の高齢の修道女たちが拒否したために，王権が介入し，1709 年修道女たちはほかの修道院に移され，建物は巡礼地にならぬよう 2 年後に爆破された．

一方，1671 年に上梓されて以来版を重ね，増補改訂されてきた *ケネルの『新約聖書の道徳的考察』が，アウグスティヌスの教説に基づいているとはいえ，ジャンセニスムの復活と *ガリカニスム(フランス教会主義)的傾向に危惧を感じた教皇クレメンス 11 世は小勅書 (1708) によって同書を禁書処分にしたが，ジャンセニストたちが服従しなかったので，大勅書 *『ウニゲニトゥス』によってケネルの著作の 101 の命題を断罪した．この大勅書『ウニゲニトゥス』をめぐって，フランスの政界・宗教界は大もめにもめ，反ウニゲニトゥス派の司教のなかには破門される者たちもいた．こうした動向から，18 世紀のジャンセニスムは政治色の濃いものになったといわれ，民衆のジャンセニストである痙攣派を最後に，退潮の一途を辿る．痙攣派の信仰のもととなったサン・メダール教会の助任司祭パリス (François de Paris, 1690-1727) のように民衆の立場に立って活動をしていた下級司祭たちのなかに，大革命の際に民衆とともに革命派に走った者もいたため，ジャンセニストは革命協力派だと批判されることもある．

ところで，1991 年 9 月，パリの旧ポール・ロワイヤル修道院の礼拝堂で，ポール・ロワイヤルの改革者アンジェリク・アルノー (Angélique Arnauld, 1591-1661) の生誕 400 年を記念するミサ(ポール・ロワイヤル友の会主催)が，パリ大司教の司式のもとに行われたことは，ジャンセニスムの嫌疑をかけられたポール・ロワイヤル の歴史にとって極めて意味深いことであろう．

【特徴】発端となったジャンセニウスの『アウグスティヌス』は，自由意志よりも神の恩寵を重くみたためにカルヴィニズムと混同視され，その支持者たちは公会議・司教職を重視したために教皇の *首位権と *不可謬性を否定するガリカニスムの嫌疑をかけられることになった．

そして，ジャンセニウスの学友であったサン・シランの深い影響を受けたポール・ロワイヤル修道院の修道女たちの初心は，世俗との交わりを絶って静謐な祈りの生活を志したにもかかわらず，その意に反して政治的・宗教的葛藤の渦に巻き込まれ，ついには解散させられるという悲運に見舞われたのである．

【文献】キ大 1077; 現カ 665; DThC 8: 318-529; DSp 8: 102-48; 中村雄二郎『パスカルとその時代』(東京大学出版会 1965); L. コニェ『ジャンセニスム』朝倉剛，倉田清訳 (白水社 1966); L. CONNET, *Jansénisme* (Paris 1961); 国府田武「ジャンセニスムと国家」『ヨーロッパ・キリスト教史』5 (中央出版社 1972) 85-113; 支倉崇晴「ジャンセニスム」『フランス文学講座』5 (大修館 1977) 200-23; 西川宏人「ジャンセニストの教会観」『思想』4 月号 (1978) 49-62; 同「ジャンセニスム研究概観」『思想』6 月号 (1979) 129-44; 飯塚勝久『フランス・ジャンセニスムの精神史的研究』(未来社 1984); 中村浩巳『ファランの痙攣派』(法政大学出版局 1994); C.-A. SAINTE-BEUVE, *Port-Royal*, 5 v. (1840-59; nouv. éd. 3 v. Paris 1953-55); A. GAZIER, *Histoire générale du mouvement janséniste depuis ses origines jusqu'à nos jours*, 2 v. (Paris 1924); J. ORCIBAL, *Les origines du jansénisme*, 5 v. (Paris 1947-62); ID., *Saint-Cyran et le jansénisme* (Paris 1961); R. TAVENEAUX, *Jansénisme et politique* (Paris 1965); ID., *La vie quotidienne des jansénistes* (Paris 1973); A. ADAM, *Du mysticisme à la révolte: Les jansénistes du XVIIe siècle* (Paris 1968); A. SEDGWICK, *Jansenism in Seventeenth-century France: Voices from the Wilderness* (Charlottesville 1977); SOCIÉTÉ DES AMIS DE PORT-ROYAL, *Actes du colloque—Versailles 1989—Jansénisme et Révolution* [*Chroniques de Port-Royal*] (Paris 1990); F. HILDESHEIMER, *Le jansénisme* (Paris 1992).

(西川宏人)

シャントーム　Chantome, Paul (1810 頃-1877. 10. 7)　フランスの司祭(叙階 1835)，神学者．敬虔ではあったが，熱狂的なところがあり無分別ともみなされた．1848 年以降，革命にのめり込み，雑誌『改革と進歩』(La Revue des réformes et du progrès) を創刊，『ルージュ』(Le Rouge)，『民主主義者』(Le Démocrate)，『人民の旗』(Le Drapeau du peuple) 等の新聞の編集長となった．パリの大司教から警告を受け，服従した．

【主著】*Exposition dogmatique et scientifique de la doctrine chrétienne*, 1844; *De la liberté*, 1844; *Un office du saint amour*, 1846; *La pape et sa cause*, 1862; *La politique catholique*, 1862.

【文献】Cath. 2: 924.

(小高毅)

ジャンヌ・アンティド・トゥレ　Jeanne-Antide Thouret (1765. 11. 27-1826. 8. 24)　聖女(祝日 8 月 24 日)，修道女．フランスのサンシー・ル・ロン (Sancey-le-Long) に生まれ，母の死 (1781) の後兄弟た

ジャンヌ・エリザベト・ビシエ・デザンジュ

ちの母親がわりを果たすが，*修道生活を志し，1787年家族の反対を押し切ってパリの*ヴィンセンシオ・ア・パウロの愛徳姉妹会に入る．病院で奉仕し，自ら病に倒れ，危篤に陥るが回復(1792)．国民公会によって愛徳姉妹会が解散させられたため，1795年スイスに赴き，「キリスト者の隠遁所」(Retraite Chrétienne)に入るが，*ブザンソンの*司教総代理に勧められ，1799年帰国．同地に学校を開校，新たに*トゥレ修道女会を創立．1810年ナポリ王の要請を受け，*ナポリに赴き同会を興す．ナポリおよびイタリア各地に多くの修道院が設立され，1819年教皇の認可を得る．しかし，イタリアとフランスの同会の間に対立が生じ，1821年ブザンソンに戻るが，ブザンソンの新大司教の不興を買い，1823年ナポリに戻り，同地で没した．
【文献】BSS 6: 565-68; Cath. 6: 672-73; DIP 4: 1195-98; H. CALHIAT, La mère Thouret, fondatrice des Sœurs de la Charité sous la protection de saint Vincent de Paul. Histoire de sa vie et de ses œuvres (Roma 1892).
(小高毅)

ジャンヌ・エリザベト・ビシエ・デザンジュ　Jeanne-Elisabeth Bichier des Anges (1773. 7. 5-1838. 8. 26) 聖女(祝日8月26日)，修道会創立者．フランス中部アンドル(Indre)のル・ブラン(Le Branc)にある父の居城デザンジュ城で生まれ，*フランス革命の際に父を失うが(1792)，さまざまな困難を抱えつつも居城を保守し，司祭を匿った．トラピスト会(*厳律シトー会)か*カルメル会に入ることを志すが，霊的指導司祭に病者への奉仕と子女の教育のための*修道会を創設するよう勧められ，1807年十字架姉妹会(Filles de la Croix)を創立．1820年ル・ピュイ(Le Puy)に本部修道院を設立，翌21年にはパリにも修道院を開設．亡くなる頃には会員633名，23の司教区に99の施設を擁するまでに発展した．ル・ピュイで没す．
【文献】Cath. 6: 673-75; BSS 6: 581; DIP 4: 1199-200.
(小高毅)

ジャンヌ・ジュガン　Jeanne Jugan (1792. 10. 25-1879. 8. 29) 聖女(祝日8月29日)，修道会創立者．フランス，ブルターニュ地方のカンカル(Cancale)に生まれる．純朴で敬虔であったが，充分な教育を受けることなく，長らく病院での看護，個人の邸宅の家事手伝いとして働いた後，1839年冬，サン・セルヴァン(Saint-Servan)で二人の女性とともに老人の奉仕にあたる．彼女らの理想は，老人たちとともにつつましく暮らし，そのために毎日托鉢して歩くことであった．やがて他の女性たちもこのグループに加わり，*貧者の小さい姉妹修道女会へと発展し，フランスから全世界へと広がっていった．1843年ジュガンは*総会長の職を突然解任され，その後目立つ活動もなく，27年間本部修道院にとどまり，ペルヌ(Pern)で没した．1902年に会の創立者としての名誉が回復され，1983年に*列聖．
【文献】Cath. 6: 1165-67; A. HELLEU, Une Grande Bretonne, Jeanne Jugan, Fondatrice des Petites Sœurs des Pauvres (Rennes 1938). (J. ベジノ)

ジャンヌ・ダルク　Jeanne d'Arc (1412. 1頃-1431. 5. 30) 聖女(祝日5月31日)．百年戦争末期の1429年，神の*啓示を受け，イングランド兵の包囲から*オルレアンの町を解放し，皇太子に*ランスへの遠征と*戴冠式挙行を成功させて，少女の身ながら戦闘の場でフランス王国に顕著な功績を果たした人物．

ジャンヌ・ダルク(ÖN)

【生涯の活動】1420年のトロワ条約の結果，イングランド王はフランス国王をも兼ね，フランス王親族ブルゴーニュ公と結んで首都*パリを含む北フランスを占領．イングランド王支配下に「英仏二元王国」が成立しようとしていた．後に裁判法廷でジャンヌが語るところによれば，ロレーヌの片田舎ドンレミー(Domrémy)の農家に生まれたこの少女は，13歳の頃から神の「声」を聞いた．声は少女に行いを慎しむこと，イングランド兵を逐って皇太子をランスで戴冠させること，さらに1428年秋オルレアンが囲まれて以後はこの町の解放を強く命じた．意を決した少女は近くの町の皇太子派の守備隊長の援助を得て，1429年3月初めロアール川下流にあたるシノン(Chinon)の仮宮廷に皇太子を訪れてオルレアン派遣を願い出た．少女は*ポアティエでその人柄や信仰の査問を受けたうえ，白銀の甲冑と白馬を与えられ，4月末，補給部隊に同行して包囲された町に入った．少女入城後10日，攻勢に転じたオルレアン側は激戦の末，包囲の要の橋頭堡を奪回，町は解放された．旗印を手に兵士たちの先頭に立った少女の行動は敵味方の注視を集めた．この後ジャンヌは皇太子にランス遠征を決意させ，皇太子は7月17日この町で即位に欠かせぬ*聖別・戴冠の儀式を挙行し，正統なフランス王位の継承を宣明した．だがジャンヌ自身は翌年5月，コンピエーニュ

(Compiègne) 郊外の戦闘中にブルゴーニュ公麾下の兵に捕らえられ，その短い生涯の活動を終えた．
【「処刑裁判」とその後】イングランド側は高額の身代金で少女を買い取り，少女の言動に *異端の嫌疑ありとする親英・ブルゴーニュ派の *パリ大学神学部の主張に従う形で，少女を北フランスの本拠ルーアン (Rouen) で教会裁判にかけさせた．親英派の *ボーヴェの司教コーション (Pierre Cauchon, 在職 1420-42) を長とし，1431年初めから 60 余名の陪席判事を立ち合わせた法廷は数か月の審理の末，ジャンヌが聞いたと称する「声」は少女の捏造，悪魔のささやきと断定，この判断に服せぬ少女を異端者として *破門，火刑に処した(1431 年 5 月 30 日)．しかしジャンヌの堅い信仰を語る法廷の供述は，裁判の全過程を伝える「処刑裁判記録」のなかにほぼ完全な形で残され，これを読む後世の人々に強い感動を与え，その生涯は優れた詩人・作家たちの作品のなかに描かれ続けてきている．

百年戦争も終わった 1455 年，ジャンヌの家族の請願を教皇が受理して行われたいわゆる「復権裁判」は，生前の少女に接した聖俗 110 余名の証人の証言を集めて慎重審議の末，前判決を無効として棄却した．さらに 19 世紀後半になり，オルレアン司教 *デュパンルーの奔走が実を結んで実現した「列聖調査」は，長期にわたる厳しい審理を行い，1919 年教皇 *ベネディクトゥス 15 世は *列聖の勅書に署名した．

【文献】史料：処刑裁判関係．高山一彦編訳『ジャンヌ・ダルク処刑裁判』(白水社 1984); P. TISSET, *Procès de Condamnation de Jeanne d'Arc*, 3 v. (Paris 1960-71); 復権裁判関係．P. DUPARC, *Procès en Nullité de la Condamnation de Jeanne d'Arc*, 5 v. (Paris 1977-88); 同時代の諸史料．J. QUICHERAT, *Procès de Condamnation et de Réhabilitation de Jeanne d'Arc dite la Pucelle*, 5 v. (1841-49; New York 1965).
研究書：A. ボシュア『ジャンヌ・ダルク』新倉俊一訳 (白水社 1969): A. BOSSUAT, *Jeanne d'Arc* (Paris 1967); 高山一彦『ジャンヌ・ダルクの神話』(講談社 1982); R. ペルヌー『オルレアンの解放』高山一彦訳 (白水社 1986): R. PERNOUD, *La Libération d'Orléans* (Paris 1969); R. ペルヌー，M. V. クラン『ジャンヌ・ダルク』福本直之訳 (東京書籍 1992): R. PERNOUD, M. V. CLIN, *Jeanne d'Arc* (Paris 1986).
文学書：B. ショー『聖女ジャン・ダーク』福田恒存，松原正訳 (新潮社 1963): B. SHAW, *St. Joan of Arc* (London 1923); P. クローデル「火刑台上のジャーヌ・ダルク」安堂信也，矢代秋雄訳『今日のフランス演劇』4 (白水社 1967) 139-69: P. CLAUDEL, *Jeanne d'Arc au Bûcher* (Paris 1939); C. ペギー「ジャンヌ・ダルクの愛の神秘」島朝夫訳『キリスト教文学の世界』3 (主婦の友社 1978) 125-246: C. PÉGUY, *Le Mystère de la Charité de Jeanne d'Arc* (Paris 1910). (高山一彦)

ジャンヌ・ド・ヴァロア **Jeanne de Valois** (1464.4.23-1505.2.4) 聖女(祝日 2 月 4 日)，修道会創立者．フランスのジャンヌとも呼ばれる．パリの西ノジャン・ル・ロア (Nogent-le-Roi) でフランス王ルイ 11 世 (Louis XI, 在位 1461-83) の娘として生まれ，生後 26 日で従兄オルレアンのルイと婚約，12 歳で結婚させられた(1476)．生まれつき背中に障害があり，足も悪かったため，夫に侮蔑され続け，夫がルイ 12 世(在位 1498-1515) として即位すると，不当にも夫婦関係が成立していないことを理由に結婚の無効を訴えられ，離婚された(1498)．*ブールジュ で祈りと慈善の業に専念，お告げのマリア修道女会 (Annoniades de Bourges) を創立，1501 年教皇の認可を得た．ブールジュで没す．幼少からマリアへの信心篤く，逆境にめげず，その生涯は絶えず快活，温和，慈悲心に富み，病者や貧しい人々への奉仕に貫かれていた．
【文献】キ人 692; NCE 7: 993; Cath. 6: 670-71; BSS 6: 560-65; DIP 4: 1193-95. (小高毅)

ジャンヌ・ド・ランファン・ジェズ **Jeanne de l'Enfant-Jésus** (1895 頃-1967.7.30) フランス中西部のル・ドラ (Le Dorat) の *カルメル会(跣足)で 1917 年誓願を立て，1923 年ヴェトナムのフエ (Huê) へ出発する．2 年後フランスに帰り，布教地ショレ (Cholet) への派遣を希望する修道女を養成する修道院を創立し，修練長となり，1931 年に院長となる．1933 年 (昭和 8)，東京大司教 *シャンボンの要請に応えて，日本最初の跣足カルメル会のための修道女たちを伴って来日．1935 年 *スリランカのコロンボ (Colombo) での創立の折，再び東京に立ち寄る．1953 年，仏領 *アンティル諸島のグアドループ (Guadeloupe) の司教の求めに応じて最後の創立に向かい，その地で没する．*沈黙，*孤独，*離脱に養われた彼女の内的生活から，その教会への熱烈な奉仕の精神が湧き出ていた．それは布教地において，剛毅と優しさとをもって，アビラの *テレサのようにカルメル会員としての召命を生きることであった．
【文献】*Mère Jeanne de l'Enfant-Jésus, Fondatrice et Prieure du Carmel de Guadeloupe* (Guadeloupe 1967). (L. A. ペルフェッティ)

ジャンヌ・ド・レストナック **Jeanne de Lestonnac** (1566-1640.2.2) *ボルドーに生まれたフランスの修道女，聖人(祝日 2 月 2 日)．『随想録』の著者 *モンテーニュの姪である．1573 年にランディラ男爵ガストン・ド・モンフェラン (Gaston de Montferrant, Baron de Landiras) と結婚した．信仰心の篤い彼女は夫に先立たれると，若い娘たちの教育を使命とする *修道会の設立を志し，1607 年に *マリア修道女会を創立した．1949 年 *列聖．ボルドーで没す．
【文献】NCE 8: 678; 聖マリア修道女会編『聖ジャンヌ・ドゥ・レストナックの生涯』聖マリア修道女会創立史 1, 福嶋瑞江訳 (中央出版社 1994): MARIAE DOMINAE NOSTRAE, ed., *Histoire de l'Ordre des religieuses, filles de Notre-Dame*, v.1 (Poitiers 1697). (磯見辰典)

ジャンヌ・ドラヌー **Jeanne Delanoue** (1666.6.18-1736.8.17) 聖人(祝日 8 月 17 日)，アンナ修道女会 (Sœurs de Sainte-Anne-de-la-Providence) の創立者．フランスのソーミュール (Saumur) に生まれ，同地で没す．母親の死後，近くのアルディリエ (Ardilliers) の聖母教会での説教に感銘を受け *回心に及び貧しい人々に尽くすために *召命を受ける．実家の店を貧しい人々のための施設・摂理の家 (La Maison de la Providence) とし，1704 年にこれを修道会とする(司教認可 1709, 教皇認可 1968．現ジャンヌ・ドラヌー修道女会 Sœurs de Jeanne Delanoue)．1982 年 *列聖．
【文献】Cath. 6: 669-70; NCE 4: 726. (相原優子)

ジャンヌ・フランソアーズ・フレミオ・ド・シャンタル

ジャンヌ・フランソアーズ・フレミオ・ド・シャンタル　Jeanne-Françoise Frémyot de Chantal (1572. 1. 28-1641. 12. 13) フランスの修道女で聖女(祝日8月21日)．*ディジョンで生まれ，ムーラン(Moulins)で死去．父親のベニーニュ・フレミオ(Bénigne Frémyot)はディジョンの会計検査院の特別顧問であった．ジャンヌ・フランソアーズは1592年シャンタル男爵と結婚した．その孫娘が文名高いセヴィニェ夫人(Madame de Sévigné, 1626-96)である．1601年に夫が死ぬと，*フランソア・ド・サルの*霊的指導を受け，彼とともに，1610年，女子修道会を創設した．それが*聖母訪問会であり，彼女は1618年から22年までパリの修道院長を務めた．1767年*列聖．

ジャンヌ・フランソアーズ・フレミオ・ド・シャンタル (ÖN)

【文献】キ人 691; Dsp 8: 859-69; LThK³ 2: 1005-1006.

(磯見辰典)

シャンハイ　上海　Shanghai 中国の華中北東部，長江河口付近にある中央政府の直轄都市．中国最大の人口を有する商工業都市．黄埔江と呉淞江の合流点に近いこの都市は元代に市舶司が置かれて港として発展，清末のアヘン戦争の結果1842年の南京条約により5港の一つとして開港．英米仏日など各国の租界が置かれて世界有数の貿易港となった．明末の天主(カトリック)教徒を代表するパウロ*徐光啓はこの上海県の出身で，1603年(万暦31)受洗以後は*北京の宮廷にあってイエズス会員 M. *リッチらの布教・著述活動を援助するとともに，故郷の上海においても一族の改宗に努め，その墓は郊外の徐家滙にある．その孫娘カンディダ許太夫人(1607-80)も多くの教会堂を建て，天主教関係書の出版を援助し，孤児院を経営した．*イエズス会は1842年の再来後1847年にこの徐家滙に本部を置き，付属の徐家滙気象台・余山天文台は台風の観測で世界的に知られた．大・小神学校をはじめフランスのイエズス会経営の*震旦大学が置かれ，またイエズス会徐家滙出版所は多くのカトリック出版物を発行するなど，中国カトリック教会の布教・文化・教育の一大中心地であったが，1949年の中華人民共和国成立により政府に接収された．

(金子省治)

シャンパニャ　Champagnat, Marcellin-Joseph-Benoît (1789. 5. 20-1840. 6. 6) フランスの司祭，マリスト教育修道士会創立者，聖人．*フランス革命の時代に*リヨンから40 km 離れた小村ル・ロージー(Le Rosey)に生まれた．父親は農夫だったが，地元の政治的指導者でもあり，母親は信心深い女性だった．厳格な校長に追われて小学校を早期に退学したため，神学校時代(1805-16)には大きな教育の遅れを取り戻すため懸命に努力した．叙階の頃にはすでに，同志とともに，将来聖母*マリアに捧げる宗教団体の結成を夢みていた．1817年ラ・ヴァラ(La Valla)に若者を二人伴って赴き，簡素な環境のなかに*マリスト教育修道士会(別称小さきマリアの修道士会)を創設した．1817年から40年にかけてこの新修道会の長として困難な任にあたったが，それを支えたのは強靭な身体，家族意識，神と聖母に寄せる深く確固たる信頼，神の意志に従う強い信念，人間の育成と管理における優れた実践感覚，苦しむ者へ寄せる憐れみであった．会員は数百人に増え，国内の多くの教区に派遣されていくのを見届け，ノートルダム・ド・レルミタージュ(Notre-Dame de l'Hermitage)で死去．その思い出は，キリストと聖母マリアと若者に奉仕するという彼の理想の実践に励む会員にとり，かけがえのないものとなっている．1999年4月18日*列聖．

【文献】NCE 3: 441-42; Cath. 2: 888-89. (P. オヘール)

シャンパーニュ　Champagne, Philippe de (1602-74) フランドル出身のフランスの画家．シャンペーニュ(Champaigne)ともいう．

生地*ブリュッセルで修業後，1621年にパリに赴き，王母*マリー・ド・メディシスや国王*ルイ13世，宰相*リシュリューの愛顧を得て，宮殿の装飾や肖像画，宗教画の制作に従事した．*ルーベンスやヴァン・*ダイクらフランドル・バロックの画家の影響を受けながらも，彫刻的形態表現や冷やかな色調，平明な構図には，フランス17世紀絵画に共通の古典主義的傾向が顕著である．1640年代半ば，*ポール・ロワイヤルの修道院を拠点とする*ジャンセニスムに共鳴，その厳格な宗教思想を反映して表現はさらに厳しく抑制され，バロック的な明暗対比の強調や劇的なポーズなどは排除された．ポール・ロワイヤルの修道女である自分の娘の奇跡的快癒を記念した『奉納画』(1662，ルーヴル美術館)はそうした後期の画風を端的に示している．

【文献】PLaP 315-17; A. BLUNT, *Art and Architecture in France 1500-1700*, The Pelican History of Art (Harmondsworth 1953 ²1973) 251-58.

(高橋裕子)

シャンフォール　Chamfort, Nicolas-Sébastien Roch de (1741. 4. 6-1794. 4. 13) フランスのクレルモン(Clermont)に生まれたモラリスト．聖職者への道を歩ませようとする周囲の意図に反抗し，文才を頼みにパリ社交界に進出．王侯の庇護を受けるが，*フランス革命が勃発するや熱烈な革命派として活動す．しかし恐怖政治のあまりの過激さに以後しだいに危惧を覚え，ピストル自殺を図りパリで死去した．宗教とは縁遠い哲学者だったが，辛辣な語り口に*ラ・ロシュフーコー風の*ジャンセニスムが窺えるとも思われる．

【主著】*Maximes et Pensées*, 1795; *Caractères et Anecdotes*, 1795.

(二川比利美)

シャンボン　Chambon, Jean-Alexis (1875. 3. 18-1948. 9. 8) *パリ外国宣教会司祭，東京大司教，横浜大司教．フランスのピュイ・ド・ドーム県ヴォロルヴィル(Vollore-Ville)生まれ．1899年パリ外国宣教会入会．同年司祭叙階．1900年(明治33)日本の函館へ派遣され，A. *ベルリオーズのもとで日本語を習得．その後，一関で宣教活動．1902年仙台の小神学校校長，1905-24年，函館教会(現在の元町教会)の主任司祭を務める．1914年，第1次世界大戦のために帰国し看護兵として戦争参加．戦後，日本に戻り，東京の教皇庁公使館で秘書を務める．1922年，パリ外国宣教会パリ本部の顧問会に，日本の代表として派遣される．1927年，東京教区の大司教に選ばれ，パリで司祭叙階．東京教区では新しい*小教区を設立し，できるだけ邦人司祭に依

託するように努める．*フランシスコ会，*サレジオ会，*パウロ宣教会，*マリアの宣教者フランシスコ修道会，*カルメル会，*メルセス修道会などを，教区布教のために招く．1937年，*土井辰雄が東京大司教に任命されるにあたり，今までの東京教区が，新しく東京教区と横浜教区とに二分され，彼は初代横浜教区長大司教となる．彼の一番の業績は，東京大神学院（現東京カトリック神学院，→日本におけるカトリック教会）の創立であった．1940年，国際情勢の変革とともに，司教を退任することになり，横浜戸塚のマリアの宣教者フランシスコ修道会付司祭を務めた．1941年からはパリ外国宣教会横浜管区長に任命され，1948年横浜にて逝去．

(J. ワレ)

シャンマイとシャンマイ派　シャンマイとシャンマイ派 シャンマイ(Shammai, 前50頃-後30頃)は，「長老」(ha-zaken)とも呼ばれていた古代ユダヤ教の*ラビ．その少年時代については建築業に就いていたことを除き，詳細は不明．後にシャンマイ派([ヘ] bet Shammai)と呼ばれるに至った*律法研究の学校を設立したが，この学派は，律法解釈において寛容な姿勢をとっていた*ヒレルとヒレル派とは対照的に，非常に厳格な態度を示していた．しかし，シャンマイの20の律法解釈を調べると，その3分の2は厳格であるが，3分の1はむしろ寛容である．したがって，一概に彼の姿勢が厳格であったと断定することはできない．また，彼は短気な性格であったという風評があるが，*ミシュナー中の「律法の勉強を日課とせよ」「言葉少なくして，行いを多くせよ」「すべての人々を友情をもって受け入れよ」（「アボート」1-5）などの彼の言葉から考えて，それを絶対的なものとすることは困難であろう．
【文献】 EJ 4: 737-41; 14: 1291-92.　(S. フィナテリ)

しゅ　主 → キュリオス

ジュアサール　Jouassard, Georges (1895. 3. 7-1981. 11. 30) フランスの神学者．ロアール地方のベルガルド・アン・フォレ(Bellegarde-en-Forez)に生まれ，ウラン(Oullins)で学び，1921年司祭叙階，さらに*リヨンのカトリック単科大学で学び，1923年神学博士．1924年以降同大学で哲学，マリア論，*教父学を教える．1941-61年同大学の学長を務める．1949年フランス・マリア研究学会(Société française d'études mariales)会長．教父時代のマリア論，アレクサンドリアの*キュリロスのキリスト論の研究で著名．
【主要論文】 "Marie à travers la patristique," *Maria* (1949) 69-157; "S. Cyrille d'Alexandrie et le schéma de l'Incarnation Verbe-Chair," RSR (1956) 234-42.
【文献】 Cath. 6: 1041-42; DThC Tables 2692.

(小高毅)

シュアール　Suhard, Emmanuel Célestin (1874. 4. 5-1949. 5. 30) 枢機卿，パリの大司教．フランス北西部ブラン・シュール・レ・マルシュ(Brains-sur-les-Marches)に生まれ，ラヴァル(Laval)と*ローマで神学を学び，神学博士号を取得．1898年に叙階されラヴァル大神学校で30年間教鞭をとる．1928年*バイユーと*リジューの司教，1930年*ランスの大司教，1935年には枢機卿に任命され，1940年*パリの大司教に就任．リジューに神学校を設立し，棄教者への宣教を目的とした*ミシオン・ド・フランス，さらに*労働司祭の先駆となったパリ宣教司祭団(Mission de Paris)を組織した．
【主著】 *Essor ou déclin de l'Eglise*, 1947; *Le sens de Dieu*, 1948; *Le prêtre dans la cité*, 1949.
【文献】 キ人 693; LThK² 9: 1151-52; NCE 13: 781.

(杉崎直子)

ジュアンドー　Jouhandeau, Marcel (1888. 7. 26-1979. 4. 7) フランスの作家．クルーズ県ゲレ(Guéret)に生まれ，パリ近郊のリュエイユ・マルメゾン(Rueil-Malmaison)で没す．*パリで中学校の教師を務めながら書いた小説『テオフィルの青春』(La Jeunesse de Théophile, 1921)で認められ，『親しいゴドー氏』(Monsieur Godeau intime, 1926)，『結婚したゴドー氏』(Monsieur Godeau marié, 1933)，『シャミナドゥール』(Chaminadeur, 1934)，『夫の記録』(Chroniques maritales, 1938)などの作品を発表した．少年時代聖職者を目指した彼の作品は，*同性愛をも含む罪の世界を描きながら，背後に神秘的なものを感じさせ，*ベルナノスの作品に類似する側面をもつ．
【文献】 M. BLANCHOT, "Chaminadeur," *Faux Pas* (Paris 1943); H. RODE, *Marcel Jouhandeau et ses personnages* (Paris 1950); J. CABANIS, *Jouhandeau* (Paris 1959).

(渡邊義愛)

しゅいけん　首位権 〔ラ〕primatus, 〔英〕primacy, 〔独〕Primat, 〔仏〕primauté　ローマ*教皇が*ペトロの後継者および全教会の牧者としての任務の力によって，全教会に対して有している，完全で最高かつ普遍的な*権能を意味する（『教会憲章』22項参照）．キリストは使徒ペトロを他の*使徒たちの上にある者とした．それゆえ，教会を統治するためにキリストからペトロに授けられた権能は，神から由来する．ペトロの後継者である教皇はこれと同じ権能をもつ．
【新約聖書におけるペトロの首位権の根拠】〔マタイ16: 17-19〕この箇所は，カトリック神学がペトロの首位権を証明するための基礎とされている．

イエスはシモン・バルヨナをペトロ（またはケファ）に改名させた後，その岩の上に教会を建てることを宣言する．岩の上に建てられた家の譬え（マタ7: 24-25; ルカ6: 47-48）に照らすと，この岩の上に建てられた教会も同様に堅固であり，反対勢力もこれを破壊することはできない．そこで，*原始教団は，「ペトロ」「ケファ」（1コリ9: 5; 15: 5; ガラ2: 9, 11-14等）と呼びながら，この改名の意味を深く理解する．さらに，イエスはペトロに「天の国の鍵」を授け，「つなぎ，解く」権能を与えるが，これらは教会共同体に対する権能を意味する．「つなぎ，解く」という言葉はラビ的用法で，*教理と規律の問題を決定する完全な権威を意味することから，ペトロが地上で行うことを神は「天で」承認されるのである（→繋釈権）．

〔ルカ22: 31-32〕受難を目前に控えた最後の晩餐で，イエスは弟子たちに対するサタンの誘惑を予見する．しかし，イエスは，ペトロが堅固な信仰を保って兄弟たちを力づけるために，ペトロの信仰がなくならないようにと祈る．「兄弟たちを力づける」務めは，ペトロが教会の「岩・基礎」であることに対応し，イエスがペトロに授けた共同体に対する権能を，ルカが固有の表現で述べていると考えられる．

しゅいけん

〔ヨハネ 21：15-17〕この箇所で，イエスがペトロに要求した3度の応答は，*受難のときのペトロの3度の否認を暗示していよう．イエスは弟子たちを「群れ」（ルカ 12：32），自らをその「牧者」（マタ 26：31；ヨハ 10：11-16 参照）と考えた．そして，イエスは父のもとに昇る前に，自分のかわりに群れを養う務め，すなわち教会の最高の司牧職をペトロに授けた．

原始教団はキリストに由来するペトロの権威を認めており，使徒言行録ではペトロは最初から教会の指導者として語られている．新約聖書におけるこのような証言は，使徒ペトロの卓越性（首位権）を表す．ただし，これはあくまでキリストの意志に由来するものであり，キリストこそがシモンを全教会の「岩・土台」「牧者」としたのである．

【ペトロの首位権の後継者】イエスの言葉は後継者について明白に述べてはいないが，後継者がいなければならないことを含蓄的に充分表している．ペトロはイエスの建てる教会の土台となる岩であり（マタ 16：18），土台を据えることはペトロにおいて一回限りで完結しているが，土台の役割はペトロに始まり，教会が建てられている全期間中存続しなければならない．イエスによって建てられた教会は，ペトロの死すべき生命によって終結するものではなく，その後も世の終わりまで（マタ 28：20 参照）継続されるものであるから，教会が続くかぎり，ペトロの後継者が教会を堅固にするというペトロの務めを引き継がなければならない．イエスはペトロの上に建てられる教会に語りかけながら，「陰府の力もこれに対抗できない」（マタ 16：18）と，反対勢力に対する世の終わりまでの勝利を約束する．イエスは父のもとに昇る前に，自分の代理者としてのペトロに自分の羊の群れを牧する務めを委ねたが，まさにこの文脈でペトロの殉教を予告する（ヨハ 21：18-19）．その後，群れが牧者なしに捨ておかれないために，群れが存続するかぎりはペトロの務めを引き継ぐ牧者が必要となる．確かに，ペトロの後継者は使徒ではないし，教会の岩，土台という特権も使徒ペトロだけに属するものである．しかし，教会が使徒ペトロの上に設立された後，教会を建てることはペトロの死後にも続けられなければならない．ペトロの後継者たちは教会を建てるという，彼の務めを引き継ぐのである．

【古代教会の証言】ローマにおけるペトロの後継者について，新約聖書では何も述べられていない．ローマ教皇については，古代教会史が確証する使徒伝承が根拠となり，その後徐々にローマ教皇の首位権に関する神学が体系化される．

〔3世紀までの証言〕ローマのクレメンス（*クレメンス1世）は，『コリント人への手紙』で，コリント教会の不和に介入して和解させた（*エイレナイオス『異端反駁論』3，3，3；カイサレイアの *エウセビオス『教会史』4，22，2 参照）．この介入は「ローマの座の首位権の顕現」と呼ばれている．アンティオケイアの *イグナティオスは，『ローマの信者への手紙』のなかで，ローマ教会をたたえ，「ローマ人の地域の場所で上位にある」「愛の団体全体[すなわちキリスト者の共同体全体]の上位にある」教会と呼び，ローマの教会が諸教会を指導し，教えと掟を保持しているとしている（3，1）．

2世紀には，教皇 *ヴィクトル1世の在位期間を通じて *復活祭論争が続いた．これに関与したエイレナイオスは，『異端反駁論』（3，3，1-3）で，真の伝承は *グノーシス派のもとではなく，カトリック教会のなかにあり，また，使徒の後継者である個々の教会の司教たちによって福音の正しい教えが保持されていると指摘する．しかし，各教会の司教たちの使徒継承性を確証するのは容易ではない．最も容易な方法は，ローマ教会におけるペトロとパウロから始まる司教たちの間断のない連続性を列挙することである．エイレナイオスは「この[ローマ]教会に，より大きな力のある根源[起源]があり，すべての教会はこれと一致することが必要である」と述べている．ローマ教会のこの卓越性は，「ペトロとパウロという二人の輝かしい使徒たちによって設立された」ことに基づいている．

*テルトゥリアヌスは『異端者への抗弁』で，異端者に対して，諸教会の真理の判断基準として，使徒からの継承による司教たちの系列について言及する．そして，使徒に由来する諸教会のうち，とりわけローマ教会から「我々に権威が与えられる」と指摘する．*キプリアヌスも，教会の一致はローマの座によって保たれるとした．「主の声によってペトロの上に建てられた，唯一の教会と唯一の座」（『書簡集』40）であるローマの座だけがペトロに由来する特権を受け継ぐ資格を有している．「[主は]一致を表すために，同じ一致の起源である唯一の司教座を設けられた．……キリストの教会が唯一であり，司教座が唯一であることが表されるために，首位権がペトロに授けられる」（『カトリック教会の一致について』4）ともいっている．

〔教理論争の裁定者〕ローマの司教は論争，特に教理論争が起こったときの最終的な裁定者であり，すべての者がその決定に従うことが義務づけられていた．*アウグスティヌスはアフリカの司教会議による *ペラギウス派断罪を教皇 *インノケンティウス1世が承認したこと（417）に触れ，「この問題については二つの会議の議決録が使徒座に送られた．そこから承認の返事が来た．この問題に終止符が打たれた．いつか謬説がなくならんことを」（『説教集』131，10）と記している．ここから，「ローマが語った．問題は解決した」（[ラ] Roma locuta, causa finita）という格言が生まれ，古代の教会で広まった．

古代教会でローマ教皇の首位権を最もよく発揮したのは *レオ1世である．彼は，使節を通じて *カルケドン公会議を司り，『コンスタンティノポリスの司教フラウィアノス宛の信仰教説に関する手紙』（レオの第一のトムス）によって，キリストの二つの本性に関する論争に終止符を打った．これは公会議への「教理に関する指示」であり，公会議で読み上げられると，ペトロの教えとして司教たちに受け入れられ，「ペトロがレオを通して語った」といわれた．レオ1世がたびたび述べている教会一致の教えは，ペトロの首位権とその後継者であるローマ教皇に基礎を置いている（PL 54：142-56，422-32，629，656，674，676 等）．ペトロの首位権はキリストに由来する神的起源を有し，キリストはペトロに，使徒たちの上位につく首位権を与えた．それゆえ，ローマの司教座でペトロの後継者となる者はその首位権を得る．「そのため真理[神]の配慮は続行されている．聖ペトロは自分に与えられた岩のような力を持ち，自分に委託された教会[統治]の舵を放棄していない」（PL 54：146；第1 *ヴァティカン公会議による引用 DS 3057 参照）．キリストがただペトロ一人に個人的に与えたことは（マタ 16：19），ペトロとともに他の使徒たちにも授けられた（マタ 18：18）．このような教えから，レオ1世のもとにはすでに，首位権の神学のための本質的要素のすべてが

みいだされるといわれ，後の公会議はたびたび彼の言葉を引用している．

首位権をめぐる論争の歴史は長く，教会史上 2 度大きな危機が訪れた．一つは 1054 年に決定的となった *東西教会の断絶と分離であり，もう一つは中世末期の *教会大分裂の時代に現れた *公会議首位主義である．近世にも *ガリカニスム，*フェブロニウス主義など新しい公会議首位主義が登場する．

教会は公会議を開催してこれらに対処した．東西分裂に対しては，1439 年の *フィレンツェ公会議が教会合同の大勅書『ラエテントゥル・カエリ』(Laetentur caeli) で，ローマ教皇の首位権を宣言した (DS 1307)．これでギリシア人との一致は取り戻されたかにみえたが，結局，再分裂した．公会議首位主義には，1414-18 年の *コンスタンツ公会議と 1431 年の *バーゼル公会議が対処しているが，最終的には第 1 ヴァティカン公会議のキリストの教会に関する憲章『パストル・アエテルヌス』(Pastor aeternus) によって決定的に退けられた．

【第 1 ヴァティカン公会議】第 1 ヴァティカン公会議の憲章『パストル・アエテルヌス』は四つの章のうち初めの 3 章が教皇の首位権についての教えであり，第 4 章は教皇の *不可謬性を扱っている．

それによると，キリストが「聖ペトロを他の使徒たちの上に立て」，こうしてペトロ自身のうちに教会の「一致の永久的源泉と目にみえる基礎」を築いた (DS 3051)．新約聖書が示すように，キリストが首位権を直接ペトロに与えたのであり (DS 3053)，それは，ペトロの後継者であるローマ教会の司教たちのうちに存続する．また，同憲章は公会議首位主義に反対して，ローマ教皇の *裁治権が完全な権能であり，「通常の，真に司教的な，直接の」権能であるとする (DS 3060)．「通常の」とは，教皇の任務に固有のという意味であり，公会議首位主義のいうような教会から教皇に委任されたという意味ではない．「直接の」とは，ローマ教皇が自分の権能を直接に全教会の牧者と信者に対して行使しうるという意味である．したがって，この権能の自由な行使は，教会権力によっても世俗の権力によっても妨害されることはない (DS 3062)．ローマ教皇は，「信徒の最高裁判官であり」，教皇の権威に反対して「公会議が教皇以上の権威をもつかのように考えて，公会議に控訴すること」は許されない (DS 3063)．「真に司教的な」とは，教皇の権能が種類の点で司教たちの権能と同じものだからである．違いは，司教たちの場合は各司教区に限定されるが，教皇の司教としての権能は，あらゆる司教区に及ぶことである．このように，同憲章は，ローマ教皇の権能が信仰と道徳に関する事柄および全世界の教会の規律と統治に関する事柄について，全世界に対する最高の裁治権を完全に有しており，それが個々の教会，牧者，信者とその全体に対して通常の直接の権能を有することを明らかにした (DS 3064)．

【第 2 ヴァティカン公会議】第 1 ヴァティカン公会議の教会に関する教えは，ローマ教皇の裁治権上の首位権と不可謬性を定義したにすぎず，その点で不完全であった．教会についての教えの完成は第 2 ヴァティカン公会議に委ねられ，それは『教会憲章』第 3 章の司教職についての教えにおいて実現した．同憲章はこのなかで，第 1 ヴァティカン公会議の教えを「堅く信ずべきものとしてすべての信者に」提示した後 (『教会憲章』18 項)，使徒の後継者である司教についての教理に新しい光をあてようとする．それは，全教会の司教たちがローマ教皇とともに一つの団体を構成しているという観点である (→団体性)．

それによると司教の団体は，イエスによる使徒団の制定に根拠を有している．したがって使徒の団体は司教の団体の根拠であり模範である．「主の制定によって，聖ペトロと他の使徒たちとが一つの使徒団体を構成しているのと同じように，ペトロの後継者であるローマ教皇と使徒たちの後継者である司教たちとは，互いに結ばれている」(『教会憲章』22 項)．司教団体の構造から，教会において最高の権能を有する主体の性格が理解される．「ローマ教皇はその任務，すなわち，キリストの代理者ならびに全教会の牧者としての任務の力によって，教会の上に完全・最高・普遍の権能を持つ」(同上)．しかし同時に「司教団は，そのかしらであるローマ教皇とともに，そして決してこのかしらなしにではなく，全教会の上に最高，完全な機能を持つ主体でもある」(同上)．

この最高の権能の行使に関して，(1) ローマ教皇は首位権のゆえに，その権能を「常に自由に行使することができる」(同上)．さらにローマ教皇は司教団体のかしらであるから，一人のみで，司教にとっては全く権限外のある種の行為をすることができる．例えば，公会議を召集すること，司ること，承認することである．(2) 司教団体は自らの最高の権能を「公会議において荘厳な様式で行使する」．司教たちはさらに，「全世界に散在しているときにも，教皇と一致して」その権能を「行使できる」が，ただしそれは司教団体のかしらがかれらを団体的行動へ招くか，あるいは少なくとも散在している司教の一致した行動を承認または自由に受け入れるときだけである」(同上)．このように最高の権能の行使には二つあり，一つは教皇だけによる行使，他は教皇が司教団とともに行う厳密な意味での団体的な行使である．

このようないわゆる「交わりの教会論」が第 2 ヴァティカン公会議の司教および教皇についての教えの特徴をなしている．司教の団体的性格は，国・地域の *司教協議会や *世界代表司教会議によって示されるようになり，1983 年の新教会法典は「ローマ教皇と司教団体」(330-41 条)，「世界代表司教会議」(342-48 条) および「司教協議会」(447-59 条) などの条項において第 2 ヴァティカン公会議の教えを取り入れている．

【文献】Cath. 11: 980-1028; O. クルマン『ペトロ―弟子・使徒・殉教者』荒井献訳 (新教出版社 1965): O. CULLMAN, *Petrus. Jünger-Apostel-Märtyrer* (Zürich 1952 ²1960); J. S. アリエタ「O. クルマンの作品をめぐる使徒継承に関してのカトリックとプロテスタント間の対話」カ研 41 (1982) 1-22, カ研 42 (1982) 55-94; J. LUDWIG, *Die Primatsworte Mt 16, 18. 19 in der altkirchlichen Exegese* (Münster 1952); L. CERFAUX, "S. Pierre et sa succession," RSR 41 (1953) 188-202; P. BENOIT, "La Primauté de Pierre selon le NT," Ist. 2 (1955) 305-34; K. RAHNER, J. RATZINGER, *Episkopat und Primat* (Freiburg 1962); R. REFOULÉ, "Primauté de Pierre dans les Evangiles," RevSr 38 (1964) 1-41; G. DENZLER, ET AL., *Petrusamt und Papsttum* (Stuttgart 1970); Y. M. CONGAR, *Ministères et communion ecclésiale* (Paris 1971); W. TRILLING, "Zum Petrusamt im NT," ThQ 151 (1971) 110-33; P. STOCKMEIER, "Primat und Kollegialität im Licht der alten Kirche," ThPQ 121 (1973) 318-28; G. DENZLER, ed., *Das Papsttum in der Diskussion* (Regensburg 1974); H. U. VON BALTHASAR, *Der antirömische Affekt* (Freiburg

1974); H. STIRNMANN, L. VISCHER, eds., *Papsttum und Petrusdienst* (Frankfurt 1975); A. BRANDENBURG, H. J. URBAN, eds., *Petrus und Papst*, 2 v. (Münster 1977-78); P. MCCORD, ed., *The Pope for All Christians?* (New York 1976); G. HAENDLER, "Zur Frage nach dem Petrusamt in der alten Kirche," ST(L) 30 (1976) 89-122; H. J. MUND, ed., *Das Petrusamt in der gegenwärtigen Diskussion* (Paderborn 1976); R. MINNERATH, *Le Pape évêque universel ou premier des évêques?* (Paris 1978); W. KASPER, "Dienst an der Einheit und Freiheit der Kirche," Cath(M) 32 (1978) 1-23; J. MADAY, "Der Papst. Das Problem zwischen Ost und West," Cath(M) 32 (1978) 131-46; M. HARDT, *Papsttum und Ökumene* (Paderborn 1981); ANGLICAN-ROMAN CATHOLIC INTERNATIONAL COMMISSION (ARCIC), ed., *Authority in the Church I. The Final Report* (London 1981); G. FABLO, *Il Primato della Chiesa di Roma alla luce dei primi quattro secoli* (Roma 1989); G. THILS, *Primauté et infaillibilité du Pontifice Romain à Vatican I* (Louvain 1989); J. M. TILLARD, *L'évêque de Rome* (Paris 1982); ID., *Eglise d'Eglises. L'ecclésiologie de communion* (Paris 1987); A. CARRASCO ROUCO, *Le Primat de l'Evêque de Rome* (Fribourg 1990); M. MACCARRONE, *Romana ecclesia, Cathedra Petri*, 2 v. (Roma 1991); ID., ed., *Il Primato del Vescovo di Roma nel primo millenio* (Città del Vaticano 1991); J. RATZINGER, "La Primauté de Pierre et l'unité de l'Eglise," DC 73 (1991) 653-59.

(J. アリエタ)

しゅいしゅぎ　主意主義　〔英〕voluntarism,〔独〕Voluntarismus,〔仏〕volontarisme

【語義】*知性に対する *意志(〔ラ〕voluntas)の優位を主張する立場. 対概念は, *主知主義. 主意主義という用語自身は新しく, 19世紀末に *テニエスによって導入された. しかし, 意志と知性との関係は, ヨーロッパ思想史を貫く重要なテーマの一つである.

【分類】問題を捉える領域によって, 心理学的・認識論的・形而上学的・神学的主意主義などに分類される. 概念規定という観点からみると, 第一は, 意志の優位を局部的にのみ認める主意主義. W. *ヴントらの心理学的主意主義が代表で, 人間の心のプロセスにおける意志の優位を認め, あるいは知性, *感情を意志の構造から説明する立場である. ただし, 現実(環境世界)の秩序は知(学問)によって把握されうるものとして前提されている. 第二は, 現実そのものの根源(キリスト教の伝統では, 神)に意志の優位を認める全面的な主意主義であり, 中世では *ドゥンス・スコトゥスの神学的主意主義, 近世では *フィヒテ, *ショーペンハウアーの形而上学的主意主義が代表である. 認識論的主意主義は, 心理学的主意主義と形而上学的主意主義との中間的位置を占める. 認識が現実構成の条件であると考える程度に応じて, 形而上学的主意主義に近づく. *新カント学派(*ヴィンデルバント等), 実用主義(W. *ジェイムズ等)があげられるが, カント以降の主意主義は, つねに認識論的契機を含む.

【問題史】主意主義の立場は, 13世紀の *スコラ学と, 19世紀のドイツ哲学において頂点に達した.

〔古代ギリシア〕*ソクラテスから *プロティノスに至る伝統によれば, 世界の根源である神的な存在は, 永遠不変・不動である. それ自身で充足して他のものを必要としない, 永遠の存在を観照し, これと合一することが, 古代人の理想であった. *プラトンによれば, 死すべき人間は, 永遠の *イデアの認識を欲してやまない. したがって, 意志は何か欠けているものを求める心の運動であり, 知よりも低次元のものと考えられた.

〔イスラエル〕これに対して *ユダヤ教の伝統では, 無から世界を創造し, その秩序と目標とを定める *神にも, また, 神にかたどって作られた *人間が神から離反し(*罪), また悔い改める場合にも, 意志の契機が重視されている.

〔キリスト教〕意志と知性との関係は, 古代ギリシアとユダヤの伝統が交差するキリスト教の成立とともに, 重要な問題になった. 教父哲学には, 神と顔を合わせて相まみえ, 神の至福にあずかるという古代ギリシア的な思考(〔ギ〕gnosis)の痕跡がまだ多く認められる.

〔アウグスティヌス〕意志の優位を徹底させた最初の神学者は *アウグスティヌスで, *悪の起源をめぐって, また改心の可能性をめぐって, 意志の自由の問題と取り組んだ. 意志すると同時に, 意志が働きかけるもの(所与), 意志によって実現されるべきもの(目的)を完全に支配しているのは, 無から世界を創造し, 世界の秩序と目的を定める神のみである. これに対して人間は, 神の似姿として意志を有するが, その範囲は限られている.

アウグスティヌスで特に注目に値するのは, *知覚, *思考などの他の心の作用の根源にも意志の優位を認めたことである. 人間の知覚認識の場合, 例えば, そこに咲いている花の存在(所与)には, 意志の支配は及ばない. しかし, その花に注意を向け, その印象を花として意味づけるのは意志である. また, 思考の場合は, その対象すらも意志によって生み出される(*想像力). 意志することによって, 人間は神の似姿なのである. しかし, 自由意志の実現(*愛)において神と一つになり, 神のイデアを観照するという古代ギリシア的な知が究極の目標とされる. それゆえ, アウグスティヌスの意志論は, 人間に関しては局部的な主意主義にとどまる.

〔スコラ学〕*エリウゲナ, カンタベリの *アンセルムス, *アベラルドゥス, サン・ヴィクトルの *フーゴ等も, アウグスティヌスの考えを継承しながら, 意志の役割を重視した. しかし, *イスラム哲学を経由した *アリストテレス主義の影響が顕著になるにつれて, 再び知性が強調されるようになり, 意志と知とどちらが優位に立つか, という問いが13-14世紀のスコラ学の争点の一つとなる. *アルベルトゥス・マグヌス, *トマス・アクィナスは, 意志するにはあらかじめ意志の目的(*善)を知らなければならない, 意志を働かせるのは知である, として知の優位を唱えた.

〔主意主義〕トマス主義との論争を通じて, アウグスティヌス以来の意志の優位の思想は徹底されていった. ヘントの *ヘンリクスは, 知性を, たいまつを持って主人(意志)の前を歩く召使いにたとえた. 主人は灯なしには道をみることができないが, 灯の照らすべき方向を指示し, 歩む道を選ぶのは主人(意志)である.

ドゥンス・スコトゥスは, アウグスティヌスの心の分析, すなわち認識は意志によって支えられているという考えを引き継ぎながら, 意志が自ら目的を定めて所与に関わる働きを強調する. あるがままに認識される自然はそれ自身善でも悪でもない. 重要なのは, 意志がどのように自然に関わるかである. 現実は, 人間の意志の(逆の決定もできるという意味で) *偶然(〔ラ〕contingens)の決定によって初めて意味を獲得するのである. 意志す

ることによって人間は神の似姿なのであるが,同時に意志の自由によって,神に対してさえも,しかりと否とをいう可能性も生じてくる.

神の理解において,主意主義はさらに純粋な形で表現される.神はあらかじめ認識したイデアによって世界を創造したのではない.神の意志はあらゆる知性の法則に拘束されない,むしろ世界とその法則とは,神が欲し給わない可能性もあったのであり,その意味で世界と人間の在り方は偶然である.

スコトゥスは,アウグスティヌス以来の主意主義が全面的主意主義を目指しながら,人間については局部的な主意主義にとどまらざるをえない,という難点を,偶然性の思想で克服しようとした.

スコラ学の主意主義は,*オッカムによって先鋭化され,概念によって構成される知の秩序自身を偶然のもの,恣意的なものとして相対化するに至る(*唯名論).

〔近世〕ルネサンスから近世にかけては,あるがままの自然の秩序を認識しようとする知の契機が重視され,一見,主知主義の復活のような印象を与える.しかし,近世の知は,存在の秩序を観照しながらこれと合一する知という性格をしだいに失い,むしろ伝統的世界観から脱するための口実であり,さらに現実を認識したうえでこれを効果的に支配する「(科)学」という戦略的性格,知の背後に潜む意志があらわになる(「知は力なり」).神の意志を人間の意志の指針とするよりも,現実の秩序を人間が全面的に定め,構築していこうという*人間中心主義が近代合理主義,*啓蒙思想を生み出す.フランス系では*デカルトから*メーヌ・ド・ビラン,ベルグソンへ,ドイツ系では*ライプニッツを経由して*カントへと連なる意志哲学の系譜がある.

〔カントとドイツ観念論〕人間悟性(=知性)の与える法則によって自然の秩序を基礎づけ,意志の自律によって道徳を基礎づけようとするカントにおいて,人間こそが現実構成の主体である,という立場が確立し,フィヒテの全面的な主意主義へと先鋭化される.人間の意志は,外から与えられる一切の根拠(所与・目標)を放逐して,自ら全存在に意味を与え,存在として構築しようとする近世的主観となる.意志こそが知を構成するのである.*シェリングは,人間の意志による存在構築を,神の意志が永遠の相において遂行した存在構成の反復(善)ないしそこからの離反(悪)とし,*スピノザを克服しながら神学的主意主義への復帰を図った.*ヘーゲルは,精神を,主観自らが構築したものが同時に次の構築のための素材(実体)になる,という弁証法的運動と考えた.

〔観念論以降〕*マルクスは,労働の概念によりながら,存在構築を経済生産の地平に座標転換した.ショーペンハウアーは,近世的な存在構築への意志を,存在を生み出す非合理な実体と読み直した結果,形而上学的主意主義の代表とみなされるようになった.また*ニーチェにおける力への意志は,この存在構築の運動の「文法」を純粋に取り出したものである.ショーペンハウアーやニーチェは,知性の秩序が妥当することは認めつつも,絶対普遍の秩序とは考えず,意志によって構築された偶然の秩序とみなし,合理性自身を相対化するため,非合理的主意主義ともいわれる.

〔現代〕主意主義という用語が成立することで,あらゆる分野で意志の問題が扱われ,知性・認識との相互関係が論じられた結果,一方的に意志を世界の根源であると表明する主意主義は影を潜めたが,人間が自己・社会・自然を形作り,意味づけ,支配しようとする存在構築の作用を重視するという意味では,主意主義は,*サルトルの*実存主義,初期*ポパーの批判的合理主義,*ハーバーマスのイデオロギー批判・汎実用論など,さまざまな形で現代の思考方法を支配している.これに対して,*ハイデガーやポスト・モダンの思想系列から,近代主観性の主意主義的傾向が盛んに批判されている.

【文献】カ大 2: 570; キ大 651-52; LThK² 10: 870-72; SM (D) 4: 1200-203; H. HEIMSOETH, *Die sechs großen Themen der abendländischen Metaphysik* (1922; Darmstadt ⁸1987) 204-51; H. ARENDT, *Willing, The Life of the Mind*, 2 v. (New York 1978).　　　　(鎌田康男)

じゆう　自由　〔ギ〕eleutheria, 〔ラ〕libertas, 〔英〕freedom, liberty, 〔独〕Freiheit, 〔仏〕liberté

【思想史】倫理思想や*政治哲学の歴史のなかで,自由はさまざまな意味合いで論じられてきた.

まず古代ギリシアにおいて,自由は,民主的政治体制の基本理念として「何でも話せる自由」と「何でも思い通りのことをなしうる放任」を意味していた.それに対し*プラトンは,このような自由のもとでは,人々は真に必要な欲望と不必要な欲望とを区別できなくなり,真なる言論(*ロゴス)も通用しなくなって,結果的に僭主*独裁制が招来されると批判した.こうした衆愚制にも等しい民主制ではなく,*善の*イデア(真実)を観ることを何よりも愛する哲学者が政治をつかさどる体制において初めて人々は欲望の虜から解放されて真の*幸福に至ると彼は考えたのである.このプラトンの哲人支配の考えを否定した*アリストテレスにおいては,放任とは異なる意味での自由が,ポリス(都市国家)の市民徳性のレベルで捉えられたといってよい.すなわち,女性や奴隷を除く成年男子からなるポリスの市民が,行為の習慣づけによって*勇気や*節制などの*徳を,また知的学習によって思慮分別などの徳をそれぞれ身につけ幸福に至ることがアリストテレスにとって実践的自由の論理でもあった.

*ヘレニズム時代に入ると,政治の場がポリスから帝国へ移行したこともあり,政治的自由への関心は薄れ,もっぱら個人の内面のレベルで自由が論じられるようになる.この時代を代表する*ストア学派にあっては,人間は自然の理法(ロゴス)に従って生きることによって不動の心(*アパテイア)すなわち内面の自由を得る,と説かれたのである.

ローマ帝政時代に生まれた*キリスト教においては,*パウロに代表されるように,キリストの十字架上の*死による*罪からの解放が宣べ伝えられ,新しい自由観がもたらされる.このキリスト教的自由観は,中世時代に入ると独自の発展をみせ,*新プラトン主義から影響を受けた*アウグスティヌスにおいては善なる*神の*恩恵の光を受けた人間の内面性の深みのレベルで,また,アリストテレスから影響を受けた*トマス・アクィナスにおいては,善なる神の完全性を目指して自己の*自然・本性を発達させ,有徳な*信仰生活すなわち幸福へ至る自発的な意志のレベルで,自由がそれぞれ捉えられたといえる.そしてトマスによれば,そうした人間の自発的な自由意志に基づく*共通善の実現こそ政治の目的と考えられねばならない.

しかし,中世末期の*唯名論を経て近世に入ると,このようなトマスの自由観はもはや主流ではなくなる.宗教思想においては,人間の*自由意志を否定し,もっぱら信仰による救いを説く*ルターや*カルヴァンらの

じゆう

*プロテスタンティズムが登場し，政治哲学においては，アリストテレスやトマスの目的論的思想に代わって，*社会契約説が優勢となるからである．

近代社会契約説の創始者ともいえる*ホッブズによれば，自由とは「障害のないこと」を意味し，そうした自由のもとで人間は「万人の万人に対する闘争状態」に陥る．それゆえ人々は，相互契約に基づいてそうした自由を放棄し，強い行動力を成立させて人間の共倒れを防がねばならない．このようなホッブズの考えに対し，*スピノザは，そうした闘争状態は，人間が受動感情に隷属しているがゆえに起こるのであり，人間は自らの存在が神すなわち自然の一部であることを知的に悟ることによって，真の内的自由を得られるという*汎神論的思想を展開した．

近代の政治的*自由主義の父*ロックにとって，自由とは放縦ではなく，他からの干渉なしに自らの行為を律する能力を意味し，*生命と財産とともに人間固有の自然権と考えられた．このような見地から彼は，市民の相互契約に基づく統治形態を構想したのである．このロックから影響を受けたフランスの*モンテスキューにあっては，自由は「望むべきことをなしえ，望むべきでないことをなすべく強要されないこと」と定義された．ここから彼は，司法権が不当に干渉されないよう三権分立を説いたのである．また同じくフランスの*ヴォルテールは，政治的・宗教的*寛容のなかに自由の本質をみた．

こうしたリベラルな思想家と異なり，*ルソーは，近代人において失われた自由は，「つねに公的利益を目指す共同体の意志」を意味する「一般意志」によってのみ回復可能とした．人々は，この一般意志に参加すると同時にそれに従うことによってのみ，自由な市民になると彼は考えたのである．だが，このようなルソーの政治思想が後に*ジャコバン党の独裁政治に利用されたこともあって，19世紀のフランスでは，むしろモンテスキュー的な自由観を継承するようなリベラルな思想家（コンスタン Henri-Benjamin Constant de Rebecque, 1767–1830, *トクヴィル）を生み出した．

自由は*ドイツ観念論においては，非常に重要な概念となった．まず*カントは，自然の*因果律の世界とは異なる自由の世界を，人間の道徳的意識に基づいて成立する世界とみなし，さらに，その意識が外的行為にのみ関わる立場を法のレベルでの自由と，またそれが行為する意志の規定根拠となる場合を倫理的レベルでの自由と呼んだ．また彼は，私的自由とは異なる公的自由が全面的に保障されるところの世界公民（市民）体制の樹立をうたっている．続くJ. G. *フィヒテにおいて，自由は一切の知と行為の根底をなすものであり，実質的な意味での自由とは，人間の*良心から生じる衝動に従って行為を促すものと考えられている．さらに，有機的自然と自由の同一性の哲学を初期に唱えた*シェリングは，後に，自由を善のみならず悪をもなしうる人間的行為の根拠とみなす思想を展開した．

ある意味でドイツ観念論の完成者ともいわれる*ヘーゲルは，自由を「他者において自らをみいだす意識」として捉え，そのような自由の意識の進歩に基づいて世界史の発展を意味づけ，その自由の意識を万人にもたらしたものをキリスト教とみなした．彼はまた，そのような人々の自由の意識によって担われる社会制度を*人倫と呼び，その最高形態を立憲国家とした．このヘーゲルの考えに反対したK. *マルクスは，社会における自由実現の主体をプロレタリアートに託し，社会革命によって「各人の自由な発展が万人の自由な発展の条件である結合社会」の到来を夢みた．また19世紀のイギリスにおいて，自由は*ミルやグリーン（Thomas Hill Green, 1836–82）らの自由主義者によって，個性の発展という観点からも論じられた．

20世紀の思想にあっても，自由はさまざまな形で論じられている．それはまず*実存主義思想において，世界内存在者としての有限な人間がそれぞれ置かれた状況のなかでそのつど行為を選び取っていく自由として主題化された．また，社会心理学者の*フロムは，自由を「…からの自由」と「…への自由」に大別し，近代人は前者の意味での自由を得た反面，後者の意味での自由の能力を失っており，その代償として外的権威を求める傾向にあるという診断を下した．そしてそれとは対照的に，政治哲学者のバーリン（Isaiah Berlin, 1909–97）は，積極的意味での自由は結果的にむしろ政治的不自由をもたらす危険性を帯びており，現代において大切なのはむしろ他からの恣意的干渉を受けないという意味での「消極的自由」であると論じた．

以上のように，倫理思想や政治哲学の領域で論じられる自由観は多様であり，それを神学的立場からどのように受けとめて独自の自由観を発展させるかは，現代カトリック思想の一つの重要な課題といえるだろう．

【文献】山脇直司『ヨーロッパ社会思想史』（東京大学出版会 1992）． （山脇直司）

【法哲学】自由であることとは，「束縛を受けない」とか，「強制されない」とか，「…から解放される」ということであるといわれるが，これは「外部からの自由」だけの説明である．もし自由とはこのことだけであるとすれば，一つの石ころは人間よりも自由であるといわなければならないであろう．人間の自由は何よりも人間の*意志の問題であり，「内部からの自由」としても理解すべきである．この2種類の自由を英語でいえば to be free from と to be free to（*ニーチェの表現では frei wovon と frei wozu）ということであるが，前者が奪われても，後者はありうるわけである．この意味での自由の反対概念は「必然」であるが，自由は「*偶然」と同様のものではないし，意志の自由を認めることは決して因果律の例外を認めるということでもない．

自由意志の働きには*因果性があるにしても，*必然性がないから自然科学的には把握されないし，例外なしに予測されえないし，またいつも合理的に理解されるものでもない．それゆえに，自由に行われたことはその行為者に帰属するとともに，行為者はその*責任を負うことになる（自然界にも因果関係はあるが，責任はない）．人間は*理性と自由意志を有しているからこそ，自然界にはみられないような特別な創造力・破壊力を有しているが，人間がその*存在論的な自由によって「できる」ことは，すべてが*道徳的にもまたは*法律的にも許されているわけではない．

さて，自由と法律との関係を正しく理解するためには，次のことが重要であると思われる．法律的にいろいろな自由権が保障されていても，法律は人間に自由そのもの（内部からの自由）を与えることはできない．法律と正当な国家権力ができ，かつすべきことは，国民の外部からの自由を保障することだけである．人間は，人間として*平等を求めるように，個人としては自分の人格を発展させるために自由を求めるが，その自由は国家からもらうものではないし，実は国家がそれを制約できるはずもない．人間の自由は*道徳律によって制約されるの

を別として，社会のなかで生きる各個人は他人の自由をも無視できないから，その外部からの自由は，当然互いにかつ平等に制約されることになる．しかしその制約の根拠は国家権力にあるのではなく，いわゆる「共通善」（現在の「公共の福祉」，日本国憲法第13条参照）によるものである．したがって共通善を実現している国家は理由なしに個人の自由を侵害すべきでないばかりか，社会的な自由が脅かされないよう適当な処置をもとるべきであるが，自由そのものは個人に任せるはずである．これは，「国家は人間のためにある」と考えるならば自明の理であるが，国家が共通善の要する以上に国民の自由を制限すると，「人間は国家のためにある」という逆の思想が実現されることになる．

明治憲法第28条でも，言葉遣いだけをみればすでに*信教の自由は認められていたが，これは経験が教えたように不充分だったから，現行憲法では信教の自由と*政教分離の規定も設けられることになった．信教の自由は*宗教をもたない自由も含むが，政教分離の規定では国家に対し宗教的活動と宗教のための公の財産の支出・利用がはっきり禁じられている．だが，例えば地鎮祭に関する1977年（昭和52）の最高裁判所の判決などをみればわかるように，最高裁判所がこのような儀式を「宗教と関わり合いをもつものであることを否定することはできない」と認めたにもかかわらず，結果的に合憲としたことは，妥協というよりも，政教分離の一つの歪みといえよう．

第2次世界大戦後，日本でも良心の自由が法律的に保障されることになったのは高く評価されようが，それについてまだ若干の問題が残されている．まず国民については，「思想及び良心の自由は，これを侵してはならない」（日本国憲法第19条）ことになっているが，その意味は，内的な事柄としての思想またはこれと区別すべき内的な事柄としての良心の自由を保障するということではなく（その保障は不必要である），むしろ自分の思想を自由に表現する，または自分の良心に従って行動するということである（外部からの自由の保障）．しかし，このような良心の自由は法律的に許されていることに限られる自由であるから，この宣言は当然のことであり，実践的にはそれほど意味をもたない．これに対し，最近の欧米諸国では良心的な理由によって法的な義務（例えば兵役義務）から免除されることになったし，*実定法解釈の問題としても，法律の個人の良心に対する尊重は相当な広がりを示している．日本の場合は兵役義務がないから，同じ問題は起こらないが，手続き上のことについてすら（例えば外国人の指紋押捺制度の拒否），良心的な理由から法律の拘束力に例外を認めるまでには至っていなかった．

裁判官の良心の自由について，日本国憲法の次の特別規定は正当なものといってよい．「すべての裁判官は，その良心に従ひ独立してその職務を行ひ，この憲法及び法律にのみ拘束される」（第76条3項）．普通の国民は裁くということをしないから，「裁判官としての良心」と「国民としての良心」を区別する根拠はあるが，両者は存在論的に考えると別種のものではない．もし，モンテスキューが思ったように裁判官の仕事はただ機械的に法律を適用するだけであるならば，この規定は無意味であろう．しかし裁判官には実定法的にも相当の自由裁量が与えられているのだから，裁判官が外部から一切圧迫を受けないで公正な判断を下すことができるように，その良心の自由を保障するのは有意義である．

以上のように考えると，この種の良心の自由は，普通の国民の良心の自由に比べると別のニュアンスをもっていることに気がつく．信教の自由が宗教をもたない自由をも含むように，国民の良心の自由も（すべての法律に違反しないかぎり）良心に逆らう自由をも含むが，しかし裁判官は自分の良心に従うように法律的に義務づけられているということは特徴的である．むろん，これと同時に裁判官の良心的な決定の自由も完全に保障される．このことは，法律の領域でも人間の良心についての配慮がどれほど重要になったかということを示しているといえよう．

ところが，新憲法に初めてこの規定を入れてから，このような裁判官の良心は「客観的良心」として，あるいは「主観的良心」として理解されるべきかという今でも未解決の憲法解釈上の問題が生じた．この日本でだけ起こった論争では，裁判官が「客観的良心」に従うべきだというときは，裁判官はいつも客観的に正しい価値観に基づいて判断を下すべきだということであり，「主観的良心」に従うべきだというときは，裁判官が現にもっている良心に従って判断すべきだということになる．

いうまでもなく，裁判官はいつも客観的にみて正しい判決を下すように努力すべきであろうが，しかし人間である裁判官がいつも客観的にみて正しい判決を下すように法律的に義務づけるのは無理である．客観的良心論者は，良心は人間が行動するための道徳上の最終的な基準を教えてくれるが，真理の最終的な基準をいつも教えるわけではないということを見過ごしているようである．これを別として，もし憲法解釈の問題としてこのように裁判官の良心を理解すべきであるならば，最高裁判所の判事の意見が分かれたときに，少なくとも一部の判事の良心は「主観的良心」であり，それがゆえに憲法違反であるというべきであろうし，多数決で出された間違った判決はすべてが憲法違反である，または間違った判決はありえない，というべきであろう．

客観的良心説側では，もし主観的良心を認めるならば裁判官は場合によっては辞職すべきなのではないかという心配があるようである．文献のなかであげられている例は，*死刑または*カトリックのように*離婚を良心的に認めない裁判官というケースである．むろん，良心を何よりも尊重すべきであるから，自分の良心を裏切るよりも辞職を選ぶことはありうるが，日本の場合はこのようなケースはほとんど起こるはずがない．今日まで一度も起こったことのない刑法第81条（死刑だけを罰とする外患誘致罪）を除けば，裁判官は実定法（成文法）に反しないで死刑のかわりに無期懲役判決を下すことができるし（刑法では*慣習法があるはずはないから），また離婚の問題はカトリック信者同士に限る問題であるにしても，充分理由があれば，別居する手段として法律上の離婚は認められるということを忘れてはいけない（カトリックの例のように離婚者の再婚は原則として認められないが，これはもう裁判官の仕事ではない）．

外部からの自由を保障するために，日本国憲法で初めて設けられた第13条の「個人の尊重」の規定は特に意味深いものである．戦前の*家制度が廃止され，各個人の自由は公共の福祉に反しないかぎり制限できないということである．だが，例えばカトリックの教えやいろいろな国の憲法で児童を教育するのはその親の自然の権利とされているのに対し，日本の場合はそれについて実定法上の規定がない．したがってこの権利の主体は国民全体であるという説（国民教育権説）や，国民の委託によっ

て国(国家とその機関である文部省)がその権利を行使するという説(国家教育権説)があるが，どちらの場合でも，この親の権利はまだ個人の権利としてよりも，むしろ集団主義的に捉えられているといえよう．

以上は外部からの自由に関する憲法上の問題であるが，*刑法の領域では内部からの自由の問題もある．憲法も刑法も当然内部からの自由を保障することさえもできないが，いわゆる刑事責任に関してはすでに意志の自由を前提にしているかどうかが激しく論議されている．もし犯罪を行う人がいつも必然的に行うとすれば，その責任を刑罰の条件にするのは無意味だという理由から非決定論的な立場をとる学者もいれば，刑事責任は，科学的に証明されえない自由意志には全く関係がないと主張する学者もいる．また，妥協的な立場としてはいわゆる「柔らかい決定論」もある．その説によれば，人間には，動物と違って，確かに外部からの強制に対して抵抗する力もある(この意味ではその意志は自由である)．しかし抵抗するときでも，しないときでも，それは内部からの必然的な法則性によって行われるのだから，この意味においては自由ではないということである．

しかし，この説でも最終的に人間の意志(そのもの)の自由は否定されるから，必然的に行ったことについての「責任」を追及するのは理解し難いことである．そもそも刑事責任が成立するためには「他の行為(または他の決意)の可能性」があったと認める必要があるが，意志の働きを自然科学的にだけ考えるとすれば，「他の可能性」は一切存在しえないものである．したがって，刑法学が自由意志の動きの謎を説明できないにしても，刑事責任を刑罰の前提にするかぎりは，人間の意志の自由もその責任の一つの前提となるというべきであろう．

【文献】尾高朝雄教授追悼論文編集委員会編『自由の法理』(有斐閣1963); K. フォン・ラウマー『自由と国家権力』千代田寛訳(未来社1970): K. VON RAUMER, "Absoluter Staat, korporative Libertät, persönliche Freiheit," HZ 183 (1957) 55-96; T. ボヴェー『自由の秩序』ボヴェー著作集7, 井口省吾訳(ヨルダン社1974): T. BOVET, *Die Ordnung der Freiheit* (Tübingen 1951); J. ヨンパルト『刑法の七不思議』(成文堂1987); 同『人間の尊厳と国家の権力』(成文堂1990); H. J. SCHOLLER, *Die Freiheit des Gewissens* (Berlin 1958); H. SCHOLLER, *Das Gewissen als Gestalt der Freiheit* (Köln 1962); K. ENGISCH, *Die Lehre von der Willensfreiheit in der strafrechtsphilosophischen Doktrin der Gegenwart* (Berlin 1963); J. C. MURRAY, *The Problem of Religious Freedom* (Westminster 1965); J. LISTL, *Das Grundrecht der Religionsfreiheit in der Rechtsprechung der Gerichte der Bundesrepublik Deutschland* (Berlin 1971); E.-W. BÖCKENFÖRDE, *Die verfassungstheoretische Unterscheidung von Staat und Gesellschaft als Bedingung der individuellen Freiheit* (Opladen 1973); E. DREHER, *Die Willensfreiheit. Ein zentrales Problem mit vielen Seiten* (München 1987). (J. ヨンパルト)

【キリスト教】〔概念〕自由は人格的 *存在者の中心であり，自由に基づく決定(*決断)によって人は初めて *人間たりうる．それは神学的人間論の前提と出発点であり，*恩恵論で人間に対する神の働きかけを論じるとき，つねに対概念となる．人間の自由なしに神の恩恵は考えられない．人間は自由に基づく決断において，神の恩恵に正しく答えなかったがゆえに，罪と *悪がこの世に現れ，*救いの秩序が必要となった．その結果，*救済史の

ドラマが，神の自由の表現である *摂理と人間の自由との関係をめぐって展開され，それが宇宙の規模をもつことになるのである．このように宇宙の *運命は神の摂理によって動かされているが，同時に人間の自由によって決定づけられてもいる．

〔旧約聖書〕旧約聖書における「自由」は，奴隷の身分からの「解放」であり(出21:2, 26; レビ19:20; 25:10; 申15:12-18; 21:14; イザ58:6; エレ34:8-11; エゼ46:17等)，*出エジプトは自由への解放の出来事として理解されている．*預言者たちはこの概念をイスラエルの貧しく虐げられている人々(出14:30; 18:10)，「イスラエルの残り者」の自由への解放のテーマに発展させた．他方，旧約聖書では「自由」が神との関係における人間の倫理的責任に結びつけて理解されている(創4:7; 18:25; 申30:15-20; 詩18:21; 51:5-14; シラ15:14-18; エゼ18:4-32; 33:11; ヨエ2:12)．以上を背景にして，例えば，「わたしたちはアブラハムの子孫です．今までだれかの奴隷になったことはありません」(ヨハ8:33)といった，イエスに対するユダヤ人の答えがあり，イエスの言葉に耳を貸さず，「奴隷状態の頑迷さ」にとどまっているユダヤ人に対するイエスの警告が意味をもつ(同5:40)．2ペトロ書では，「自由」を得た者が道徳的退廃によって再び「滅亡の奴隷」にならないようにとの警告がみられる(2:16)．

〔新約聖書〕新約聖書のなかで，「自由」という言葉が最も多く使われているのは *パウロの手紙であり，パウロは旧約聖書の考え方を背景にしながら，*キリスト者の生き方を「福音における自由」の立場から展開している．パウロは，キリスト者は「滅びへの隷属」から解放され，「神の子供たちの栄光に輝く自由にあずかる」(ロマ8:21)が，その恵みは全宇宙に及ぶべきものであるとする．神の子どもの自由は「主の霊がおられるところにあり」(2コリ3:17)，その根拠はキリストである(ガラ5:1)．福音を受け入れる以前の奴隷状態に対して，キリスト者はそこから解放されて「今や」新しい *福音(*創造)に召されていると説かれるのである．

*ヨハネと同じく，パウロにとっても，キリスト者は罪と死に対立して *生命を与えられるが，自由はその生命の核心である．このような意味での自由は，ヨハネもパウロもそれぞれニュアンスの違いはあるが，子であるキリストによってのみもたらされるとする．パウロの場合は十字架の出来事によってもたらされ(ガラ3:13)，人がその招きに対して福音を信じて自分の生き方を開くとき現実のものとなる(ヨハ8:32; ロマ10:14-21)．「もし子があなたたちを自由にすれば，あなたたちは本当に自由になる」(ヨハ8:36)．ヨハネはこの自由を生命と真理に結びつけて話すが，パウロ的表現では，すなわち，それによって「肉に従った」生き方から「霊に従う」ものへの *回心が行われて，初めて人は真の自由へと解放されるのである．パウロの手紙の各所で繰り返されるように，この自由は放縦や無軌道ではなく，罪から解放されて(ロマ6:18)，神と人間への *奉仕における *義へと向かうものである．それゆえに，ヤコブ書1:25および2:12では「自由の律法」すなわち自由をもたらす *律法ということが述べられているが，福音に基づく自由はキリスト教的倫理の出発点なのである．

〔教理史〕*エイレナイオス，*オリゲネス，オリュンポスの *メトディオス，ニュッサの *グレゴリオスらは，*グノーシス主義，*マニ教の *運命論に対して人間の自由意志を擁護し，アウグスティヌスもまた同様で

あった．*ボエティウスは，人間の未来が神の認識においては現在であることを強調した．人間の自由とはどのような意味で，どの範囲で堕罪（→原罪）後の人間は自由であるのか，さらに，神が人間の自由を傷つけることなく，どのようにして人間を善に向かわせるのかなどの問題が，*ペラギウスとその追従者との論争におけるアウグスティヌスの関心事であった．アウグスティヌスのこの問題設定は，後の中世の神学者，近代の宗教改革者，また，彼らに対抗した16-17世紀のカトリック神学者にとって議論の枠組みとなった．

初期*スコラ学の時代，カンタベリの*アンセルムスは，自由は意志に基づき，罪人においても失われることがないと考えた．クレルヴォーの*ベルナルドゥスは，必然性を克服する自然的自由，恩恵の結果として罪に打ち勝つ自由，栄光化の結果としての苦しみからの自由を区別した．意志は本質的に自由であり，自由は人間を神の似姿(*神の像)にしている．

トマス・アクィナスは，自由を理性に導かれた意志の属性と規定し，具体化の秩序においては理性に，実現の秩序においては意志に，主として属すると考えた．絶対善すなわち神のみが具体化の秩序において意志を決定づけることができるが，その際選択の自由はないとしても，自発的自由が残されている．地上において人間は，*聖霊の導きに応じて自発的自由を行使しうる．神は*被造物の本性を尊重するがゆえに，それを妨げずに被造物を動かす．*ドゥンス・スコトゥスは，他の「自然的能力」と意志を区別し，意志にのみ決定の力を与え，絶対善に直面しても，意志にはそれを拒絶する可能性が残されているとみなした．中世末期，特に唯名論の立場では，自由意志が否定されたわけではなかったが，自然法則，道徳律が神の*精神の反映であり，自由意志は必然的に神によって規定され，事実上存在しないとみなされた．

ルターやカルヴァンが，中世末期の神学的遺産の上に立っていたことは明らかである．罪人であり，*情欲の奴隷となった人間において，自由意志は神の*予知と絶対支配に矛盾するものである．このような意見を受けて，それを反駁するためにカトリック神学は，自由の本質を究明し，自由と神の意志，摂理，行為とがいかに関係するかを考えることにもっぱら集中した．*スアレス，ルイス・デ・モリナ，*バニェスらによって，この考察は詳細になりすぎ，門外漢ばかりでなく，神学者にとっても理論的に複雑な問題となった．

自由の問題は，スコラ学においては恩恵論のなかで論じられ，教授されたが，近代哲学のなかでは人間の*尊厳を示す象徴的属性として，特に18世紀の*啓蒙思想以降，浮上してきた．その歴史の頂点となったのが，カントとヘーゲルであったといえるが，それは市民社会におけるさまざまな*権利のなかに具体的表現を得た自由へと個別化されていった．その反面，*キルケゴールは，人間が自由であるからこそ，実存的不安があると考えた．*サルトルは，自由が理性の秩序を超越するものであり，積極的意識と*実存に結びつくものであるから不条理であると考えた．

以上のような哲学思想を受けて，恩恵論の外に「神学的人間学」（→人間学）が設定された．今日「自由」は，*組織神学のなかで違った取り上げ方をされるようになり，*メッツやK.*ラーナーの考え方，それを実践に結びつけた*解放の神学を生んだ．それらは，*聖書学に刺激されながら，アウグスティヌスの人間観の新しい理解に基づいて，人間存在を単に自由に結びつけて解釈するばかりでなく，歴史的，救済史的にみる．そして，*啓示とそれに応える人類の歴史を「自由への解放の歴史」と捉え，歴史の今日を，終末論的理解に基づく自由を実現するときと考えるのである．

〔教理〕カトリック教会の公式宣言においては，「自由」の内容に関して厳密に定義されたことはなく，むしろ神への人間の義務と責任に関して言及されるときに自由はつねに前提とされている．そして自由は人間の本質の内的規定であることが強調された．古代においてすでに，*決定論，*運命論，マニ教，グノーシス主義に対して人間意志の選択・決定の自由の存在が教えられた．近代でも*宗教改革や*ジャンセニスムに対して堕罪後の状態でも根本的に意志の自由が存在することが宣言された．こうして神の恩恵の働きかけのもとでも人間は自由であり，それに反対できるとされた．しかしそれは，神を拒否する人間の自由に絶対的な*自律を認めるものではない．問題となるのは，人間の堕罪の状態において，原罪に由来する欲望と罪への傾きによって自己の人格と行動を完全に掌握することができない，傷つけられ，歪められ，弱められた自由である．しかしながら，このような「罪人における自由」も，救いをもたらす行為に向かう能力がないほど破壊されたものではなく，神の無償の恩恵の導きと助けを絶えず受けている状態にあり，それが行う良い行為は新たに罪科をもたらすのではなく，つねに神の絶対的求めのもとにある．したがって，人間はこのような自由の主体であるから，罪人である人間に絶えず呼びかける神の無償の恩恵によって，人間本来にふさわしい行為において*義認と救いへと招かれており，またその可能性をもっているのである．カトリック教会は，人間が根源的，絶対的に神の恩恵に依存しているならば，他方でその本性に根ざしている人間の自由が，このような絶対的依存とどのような関係にあるのかということに関しては，公式の立場を表明していない（DS 1510-83, 2001-2008 参照）．

近代社会において，宗教的権威に対する良心の自由が叫ばれるようになった．これについて，教皇*レオ13世は，自由が人間性のなかで最も尊いものであり，人間に尊厳を与えるのではあるが，理性に従って究極の目的に向かう自由こそが真の自由であり（DS 3245），「良心の自由」とは，自分の良心に従って各自が何ものにも妨げられず，神の掟に従うことができる自由であると述べた（DS 3250）．このようにして，*人定法の及ぶ範囲が指摘され，個別的権利としての各自由が規定されている．この考え方は，教皇*ヨアンネス23世の*『パーケム・イン・テリス』（1963）でも述べられており，第2*ヴァティカン公会議もこの路線を踏襲している．同公会議ではローマ書8:21を援用して，自由とは，自己放棄による罪の支配の克服に向けられたものであり，そのような自由が*正義と*愛と*平和の国の実現のための他者への奉仕に向けられなければならないと宣言されている（『教会憲章』36項参照）．また，福音以外には人間の尊厳と自由を完全に根拠づけるものはなく，「神の子らの自由」が真の幸福の建設のための創造的働きを促すとも述べられた（『現代世界憲章』41項参照）．

〔神学的考察〕自由とは人間の自律性，自己決定能力に代表される人間存在の核心であり，その行使によって人間は，時間・空間に閉ざされた状態から自らを超越し解放して，人間としての完成に達することができるようになる．日常における自由選択はすべて究極的にはこの自

由の核心に還元できる．神学的に「自由」を考察しようとすれば，それはストア学派以来の，内面的選択に現れた自由における人間の自律性に関する思想との対話を通じて行われなければならないであろう．

現に，神学はキリスト教が *ギリシア哲学を取り入れて福音のメッセージを体系化したものであったから，哲学的な意味での自由を人間の救済の問題とつねに結びつけて取り上げてきた．しかし長い歴史のなかで，それは抽象化されて複雑な概念構成になり，人間の現実から遊離して，聖書的・パウロ的思想の流れからはずれてしまったといってもよいであろう．近代市民社会の権利として個別化された自由が叫ばれ，しだいにそれが定着するなかで，教会は合理主義的傾向に対して内面的選択の自由，すなわち良心の自由のみを自らの存在権のために主張してきた．しかし，哲学的自由は人間中心から人間喪失に至る流れのなかで危機に直面し，その根底となるものをやがて必要とするようになろう．

神学的人間学は，聖書の神の似姿としての人間理解を出発点にする．しかし，キリスト教神学からの「自由」の考察は，人間の現実の姿を，すなわち神の自由と人間の自由との関係のなかにある具体的な救済史の流れ（現に罪に絶えず脅かされている現実）をまず踏まえていなければならない．そのような関連のなかで意志の選択の自由は，人間の人格を完成するのか，またはしないのかという問題へとつながっていくのであるが，この人格の核心としての人間の自由は神の *無限の自由のなかの有限な自由であり，その範囲から逸脱すれば罪，不自由という状態へと堕落してしまう．

福音のメッセージは，律法の奴隷状態から自由への解放を告げ知らせるものであるが，それは放縦や無軌道への解放ではなく，福音において示されたキリストの生き方に倣い，そこに示された新しい，自由かつ創造的な倫理を自発的に受け入れ，実践する自由である．パウロ的表現をするならば，それは罪と滅亡の奴隷状態から解放されてキリストによって神の子どもとなることであるが，同時にパウロは，そのような自由の状態を「神の奴隷」になること，すなわち，キリストが十字架上の死に至るほどに示した神への絶対的従順を受け入れることであると述べている．*キリスト教倫理が啓示の具体化として説く掟は，神への従順と人間の自由の総合の上に成り立つのである．

この総合はキリストによって実践され，余すところなく示され，それゆえにキリスト教的自由の概念は終末論的であるといえる（→終末論）．それは救済史のなかで絶えず神から無償で自由に与えられた恩恵によって導かれ，助けられ，平和と正義を愛によって実現することを目指して，世の終わりまで人類を内面から支えるものなのである．救済史において人間を導くものは聖霊である．神の恩恵はキリストの恵みであり，聖霊を通して与えられる．このような *三位一体的構造は，人間の自由を生かし人間を救いへともたらすものである．救いに結びつけられた自由は *洗礼への決断によって具体的に救いの共同体である教会に結びつけられている．教会は，罪の奴隷状態から自由へ解放された者の出エジプト的共同体といえるのである．

【自由と権威】キリスト教においては早くから信仰者の *神の子としての自由が強調されてきた．自由は近代思想において人間の自律性の中心であった．人間は端的に自由な存在であるとみなされ，その自由は社会生活において保障されるべき最も根本的なものである．しかし自由はつねに *権威とのダイナミックな緊張関係にある．確かに自由は近代人にとって絶対的なものであるが，自由は権威から自分で自らを保障することができないという逆説が存在する．自由は社会によって保障されなければ成り立たない．社会は制度的なものであり，何らかの権威をもつ．

権威は真の自由にそれが発揮される場を保障する．キリスト教的理解において自由は *真理と結びつけられている（ヨハ 15: 26）．真理は人を自由にする．啓示は真理の知識である（テト 1: 1; ヘブ 10: 26）．自由とは真理を求め，伝える自由である．聖霊が「真理の霊」といわれているように，真理を自由に探求し，それを忠実に知らせ，教えようとする者は内的必然性によって内面から権威をもつ．それは彼がもつようになった自律性の表現である．このような自律性，真理と結びついた自由に基づく権威のひな形は福音書における *イエス・キリストのふるまいである．彼の内面から生まれた自由に基づいた教えの権威は人間的制度によって確立された権威を超えるものであり，理解されなかった．キリスト教的観点からいえば，自由と権威を真の意味で完全にもっていた教師はイエス・キリストである．

【文献】キ大 497-98; 現カ 297; HthG 1: 392-414; LThK² 4: 325-37; RGG³ 2: 1101-10; SM(D) 2: 71-98; SM(E) 2: 349-62; NHthG 1: 374-403; ThWAT 6: 514-22; ThWNT 1: 1052-58; HWP 2: 1064-98; W. パネンベルク『神の思想と人間の自由』座小田豊，諸岡道比古訳（法政大学出版局 1991）: W. PANNENBERG, *Gottesgedanke und menschliche Freiheit* (Göttingen 1972); K. NIEDERWIMMER, *Der Begriff der Freiheit im Neuen Testament* (Berlin 1966); K. RAHNER, "Theologie der Freiheit," Rahner Sch 6: 215-37; J. BAUR, *Freiheit und Emanzipation. Ein philosophisch-theologischer Traktat* (Stuttgart 1974); J. B. METZ, *Glaube in Geschichte und Gesellschaft. Studien zu einer praktischen Fundamentaltheologie* (Mainz 1977); G. GRESHAKE, *Geschenkte Freiheit. Einführung in die Gnadenlehre* (Freiburg 1977); O. H. PESCH, *Frei sein aus Gnade* (Freiburg 1983).

（高柳俊一）

ジューヴ Jouve, Pierre-Jean （1887. 10. 11-1976. 1. 8） カトリック詩人．フランス北部アラス (Arras) に生まれ，*パリで没す．1902 年に重病にかかって数年間神経症に悩み，音楽に慰めを求める．リール大学で法律を学ぶが退学し，1909 年に *パリに出，ロマン・ロラン (Romain Rolland, 1866-1944) らと親しく交わる．アベイ派のユナニミスム（一体主義，〔仏〕unanimisme）に惹かれて反戦詩人として出発したが，1924 年にカトリックに改宗し，それまでの自分の作品をすべて否定する．彼は詩作行為を霊的修業と考えるようになり，次いで *フロイトに傾倒して精神分析的な立場から人間を観察する．本能の力と霊性との間で引き裂かれる人間を鋭く描き出し，詩人はこの相克の

ジューヴ
(ÖN)

なかで破局へと向かう人間をどう救い，この破局をどう解決するかではなく，この不可避の破局をみつめる証人であるべきだと考える．1940年には危機に瀕したフランスを後にしスイスに逃れたが，彼に固有の愛国思想のなかで，死と復活，黙示録的世界，キリストと*アンティキリスト，*フアン・デ・ラ・クルスの霊的暗闇，愛と知といった伝統的なキリスト教*神秘主義の総合を詩作を通じて試みる．

【主著】*Noces*, 1928; *Sueur de Sang*, 1933; *Porche à la Nuit des Saints*, 1941.

【文献】谷口正子「Pierre-Jean Jouve: *Sueur de Sang* の罪の意識」『フランス語フランス文学研究』3. (1963) 27-31; R. MICHA, *Pierre-Jean Jouve* (Paris 1956).

(瀧川好庸)

シュヴァイガー　Schwaiger, Georg (1925. 1. 23-) 神学者，教会史家．ドイツ南部バイエルン州ヒーンハイム (Hienheim) に生まれ，1955年ミュンヘン大学で教授資格取得，1962年同大学教授となる．1971年より同大学カトリック神学部教授，教会史研究所長を務める．

【主著】*Kardinal Franz Wilhelm von Wartenberg als Bischof von Regensburg (1649-61)*, 1954; *Päpstlicher Primat und Autorität der Allgemeinen Konzilien im Spiegel der Geschichte*, 1977.

【文献】キ人693; W. SCHUDER, ed., *Kürschners Deutscher Gelehrten-Kalender 1987* (Berlin 1987) 4278-79.

(小高毅)

シュヴァイツァー　Schweitzer, Albert (1875. 1. 14-1965. 9. 4) ドイツの神学者，哲学者，音楽家，医師．

当時ドイツ領であった*アルザス(現フランス領)のカイザースベルク (Kaysersberg) で生まれる．父親はルター派(→ルター教会)の牧師であり，キリスト教の雰囲気のなかで幼い頃より育てられる．1893年にはストラスブール大学で神学と哲学を学ぶ．幼時よりオルガンを習っていたが，*パリで*ヴィドールに師事，後にJ. S. *バッハの研究とオルガン演奏家として第一人者となる．1896年5月，30歳から人々に直接奉仕することを決意する．1900年*ストラスブールのルター派の聖ニコライ教会副牧師に就任，1902年にはストラスブール大学プロテスタント神学部講師となる．講師就任講演は「ヨハネ福音書におけるロゴス論」であった．以後数年間説教と*イエス伝研究を中心とした講義を担当する．30歳となる1905年に医学の勉強を開始するとともに，アフリカのコンゴ地方の窮状を知り，現地行きを志す．

シュヴァイツァー
(ÖN)

1910年に医師国家試験に合格し，1912年結婚．アフリカでの活動準備のためパリで熱帯医療を研究，パリ伝道協会に志願する．1913年から17年まで初めてフランス領赤道アフリカ(現ガボン共和国)のランバレネ (Lambaréné) に滞在，同地に病院を建て，病気に苦しむ黒人に対する医療と伝道活動に従事する．しかし第1次世界大戦の開始とともに，ドイツ人ゆえに捕虜となりフランスで収容所生活を送る．1918年故郷へ帰り，最初のアフリカ体験の生活記録である『水と原生林のはざまで』 (Zwischen Wasser und Urwald, 1921)，および大戦中に執筆を始めた『文化哲学』 (Kulturphilosophie, 第1部 Verfall und Wiederaufbau der Kultur, 1923, 第2部 Kultur und Ethik, 1923) を発表する．これらの作品のなかで，アフリカの体験を通して与えられた「生命への畏敬」を通して，文化の没落と再生の問題に対する思索が展開され，文化の本質である倫理の視点が確立される．

1924年再びランバレネに戻り病院を復興．1965年に同地で没するまで医療と伝道活動を続けた．その間，1927年から29年までヨーロッパ各国で神学の講演とバッハの演奏活動を行い，アフリカでの医療活動の財政的基盤を支えた．また，*ゲーテの研究が評価され，1928年*フランクフルト・アム・マイン市よりゲーテ賞を受賞．ゲーテ百年忌の講演を1932年に同市で，さらにゲーテ生誕200年記念講演をアメリカ合衆国で1949年に行った．1953年には，アフリカで長年にわたり医療を通じて人類の平和に貢献したことが評価され，ノーベル平和賞を受賞した．記念講演では「現代における平和の問題」(Das Problem des Friedens in der heutigen Welt) を講じた．以後，科学者，哲学者，政治家との書簡を通じて核時代における平和の問題に真剣に取り組み，1957年4月にノルウェーのオスロ放送を通じ核実験の危険を訴え，翌年4月にも再びオスロ放送で「平和か原子戦か」とのタイトルで核実験禁止を訴えた．

上記以外の著作としては，まず自伝的著作として『幼少年時代の思い出』(Aus meiner Kindheit und Jugendzeit, 1924)，哲学博士論文『カントの宗教哲学』(Die Religionsphilosophie Kants, 1899)，1931年までの生涯について述べた『わが生活と思想より』(Aus meinem Leben und Denken, 1931) などがある．また神学博士論文で，新約聖書のイエス伝研究の試みである『メシアの秘密と受難の秘密—イエス伝素描』(Das Messianitäts- und Leidensgeheimnis: Eine Skizze des Lebens Jesu, 1901) があり，イエスの神の国の思想は旧約聖書にみられる*黙示文学の終末論(→終末，終末論的倫理)に沿ったものであり，その行動も終末論によって徹底的に解釈できるとする「徹底的終末論」を展開した．この主張は『イエス伝研究史』(Von Reimarus zu Wrede. Eine Geschichte der Leben-Jesu-Forschung, 1906; 増補改題 Geschichte der Leben-Jesu-Forschung, 1911) においてさらに推し進められることになる．パウロ研究には『パウロ研究史』(Geschichte der Paulinischen Forschung, 1911) と『使徒パウロの神秘主義』(Die Mystik des Apostels Paulus, 1930) があり，またバッハの音楽に関しては『バッハ』(J. S. Bach, フランス語版1905, ドイツ語版1908) や『バッハ・オルガン曲集』(Préludes et fugues pour orgues de Bach, 1911-14, 1954) などがあり，レコード録音もしている．さらに没後出版の『ストラスブール説教集』(Strassburger Predigten, 1966)，『神の国とキリスト教』(Reich Gottes

シュヴァイツァー

und Christentum, 1967),1987 年刊行の『生命の畏敬 1905-1965 アルベルト・シュヴァイツァー書簡集』(Leben, Werk und Denken, 1905-1965)があり,いずれも各国語に翻訳されている.
【主著邦訳】国松孝二他訳『シュヴァイツァー著作集』全20巻(白水社 1956-72).
【文献】キ人 693; キ大 498; MEL 21: 409-10; NIDChC 888; ODCC³ 1469-70; RGG³ 5: 1607-608. (高橋章)

シュヴァイツァー Schweizer, Eduard (1913. 4.18-) スイスのプロテスタント新約聖書学者,牧師.*バーゼルに生まれる.1938年バーゼル大学で神学の学位取得後,1938-46年ネスラウ(Nesslau)で牧師として活動,この間チューリヒ大学講師を兼任する.1946-49年ドイツのマインツ,ボンの各大学教授,1949-78年スイスのチューリヒ大学で新約聖書学を講じ,1964-66年は同大学学長を兼務した.*シュナッケンブルクとともに『EKK 新約聖書註解叢書』(Evangelisch-Katholischer Kommentar zum Neuen Testament)の編著者を務め,著書論文ならびに邦訳書(説教集を含む)も多数ある.
【主著】*EGO EIMI*, 1939; *Gemeinde und Gemeindeordnung*, 1955: 佐竹明訳『新約聖書の教会像』(新教出版社 1968); *Das Evangelium nach Markus*, 1967: 高橋三郎訳『マルコによる福音書』(ATD・NTD 聖書註解刊行会 1976); *Jesus Christus im vielfältigen Zeugnis des Neuen Testaments*, 1968: 佐伯晴郎訳『イエス・キリスト―多様にしてひとつなる新約聖書の証言』(教文館 1974); *Das Evangelium nach Matthäus*, 1973: 佐竹明訳『マタイによる福音書』(ATD・NTD 聖書註解刊行会 1978); *Der Brief an die Kolosser*, 1976: 斎藤忠資訳『コロサイ人への手紙』(教文館 1983); *Die Bergpredigt*, 1984: 青野太潮,片山寛訳『山上の説教』(教文館 1989); *Das Evangelium nach Lukas*, 1981; *Theologische Einleitung in das Neue Testament*, 1989: 小原克博訳『新約聖書の神学的入門』(日本基督教団出版局 1999); *Jesus, das Gleichnis Gottes*, 1996: 辻学訳『イエス・神の譬え』(教文館 1997). (清水宏)

シュヴァーネ Schwane, Joseph (1824. 4. 2-1892. 6. 6) 司祭,神学者.ドイツ北西部ドルステン(Dorsten)に生まれ,1849年司祭叙階.1858年よりミュンスター大学の助教授となり,1867年倫理神学教授,1884年組織神学教授となる.全4巻の主著『教理史』(Dogmengeschichte, v. 1-2, 1862-69; v. 3-4, 1882-90)は*教父の時代から近代までの歴史を通説するドイツ初の*教理史として,またカトリック側から教理を解明するものとして高い評価を得た.
【著作】*Spezielle Moraltheologie*, 3 v., 1873-78; *Allgemeine Moraltheologie*, 1885.
【文献】キ人 694; LThK² 9: 531; LThK³ 9: 318; NCE 12: 1186. (小高毅)

シュヴァーバハーじょうこう シュヴァーバハー条項 Schwabacher Artikel 1529年夏,ザクセン選帝侯ヨハン(Johann der Beständige, 在位 1525-32)の指示によりフランケン地方のシュヴァーバハーにおいてまとめられた信仰条項.これは*聖書と*教父たちの文書に基づいて*宗教改革の信仰を言い表し,自らが異端宗派でないことを表明したザクセン選帝侯領の信仰的立場の公式表明となった.*ブランデンブルクの同意を得たものの,ヘッセン他の同意は得られなかった.同年10月*ルターと*ツヴィングリの*マールブルク会談の折もこの条項が基礎となり,会談の結果は マールブルク条項にまとめられた.これらの条項は1528年のルターの信仰告白とともに,1530年の*アウグスブルク信仰告白の基礎となった. (徳善義和)

シュヴァリエ Chevalier, Jules (1824. 3. 15-1907. 10. 21) フランスの教区司祭,男子布教会創立者.リシュリュー(Richelieu)に生まれ,17歳で神学校に入り,1851年に*ブールジュ教区の司祭に叙階され,1854年イスダン(Issoudun)の助任司祭に任命される.当時,*無神論の風が吹き荒れるフランスにおいて,*イエスの聖心の信心を通して,社会の福音化に努めるよう決意し,友人の教区司祭たちの協力を得て,1854年12月8日無原罪の聖マリアの祝日に*イエズスの聖心布教会を創立する.その後,フランス政府の宗教弾圧政策により,同会も迫害を受ける.しかし,そのような状況が逆にオランダやスペイン等のヨーロッパ隣国,ひいてはオセアニア等の海外宣教への契機となった.彼の精神は,「願わくはイエスの聖心が世界の至るところで愛されんことを」というイエズスの聖心布教会のモットーのなかに生きている.イスダンで没す.
【文献】DIP 2: 877-80. (高山貞美)

シュヴァリエ
(イエズスの聖心布教会)

シュヴァリエ Chevalier, Ulysse (Cyr-Ulysse-Joseph) (1841. 2. 24-1923. 10. 27) フランスのカトリック司祭,歴史家,書誌学者.*パリの南西ランブイエ(Rambouillet)に生まれ,1853年ロマン(Romans)に移り,1862年同地の神学校に入り,1867年司祭叙階.1881年ロマンの大神学校の考古学教授,1887年*リヨンの*アンスティテュ・カトリックの教会史教授,碑文・文芸アカデミー会員となる.著書・編纂書を多数刊行.1912年までに512を数える.ロマンで没す.
【主著】*Répertoire des sources historiques du Moyen Age: I. Bio-bibliographie*, 1877-86; *II. Topo-bibliographie*, 1889-1903; *Repertorium hymnologicum*, 6 v., 1892-1921.
【文献】キ人 694-95; Cath. 2: 1048-49; DThC 9: 1743-44; NCE 3: 555. (小高毅)

シュヴァルツ Schwartz, Eduard (1858. 8. 22-1940. 2. 13) ドイツのプロテスタントの教会史家,文献学者.キール(Kiel)に生まれ,*ボン,*ベルリンで学び,ロストク(Rostock, 1888),ギーセン(Gießen, 1893),*ストラスブール(1897),ゲッティンゲン(Göttingen, 1912),*ミュンヘン(1919-40)の各大学でギリシアの古典文学,文献学を講ず.1903年から1909年カイサレイアの*エウセビオスの『教会史』の批判校訂版を刊行(GCS 9: 1-3).また,『公会議記録集』(Acta Conciliorum Oecumenicorum)の*エフェソス公会議

と *カルケドン公会議の文書の批判校訂版を刊行．双方とも高い評価を受けている．総合的な見地から，原始教会から6世紀の *キリスト単性説の論争期までの諸問題を論ずる論文を多数発表している．ミュンヘンで没す．
【著作全集】H. D. ALTENDORF, ed., *Gesammelte Schriften*, 5 v., 1938-62.
【文献】キ人 695; LThK² 9: 534; NCE 12: 1187; RGG³ 5: 1589-90.
(小高毅)

シュヴァルツ　Schwarz, Karl Heinrich
(1812. 11. 19-1885. 3. 25)　ドイツの神学者．リューゲン島のヴィーク (Wiek) に生まれ，*ハレ，*ベルリンなどで学び，ハレ大学の教授となる．その後州教会の指導にあたり，国家内での教会の自由を主張し，「プロテスタント合同」(Protestantenvereins) の創立に努力した．その神学は，*ヘーゲルと *シュライエルマッハーの独特な継承で，キリスト教を純粋に歴史的存在として捉える「自由」で「合理的」な神学であった．教義学(教理神学)的制約から解放された宗教的情感の深みからあらゆる認識と意志の方向を形成しようとした．著書に『宗教の本質』(Das Wesen der Religion, 1847) などがある．
(近藤勝彦)

シュヴァルツェンベルク　Schwarzenberg, Friedrich Joseph von
(1809. 4. 6-1885. 3. 27) オーストリアの枢機卿．*ウィーンでボヘミア系の裕福な家庭に生まれ，兄はオーストリア初代首相 (Felix, 1800-52)．法律をしばらく学んだ後，*ザルツブルクで神学を学び，1830年ザルツブルクの大司教によって司教座参事会員に任命され，1833年司祭叙階．1836年ザルツブルクの大司教，1842年 *枢機卿に任命される．1848年の革命時には教会の権利保持に努め，司教会議を開催，*ヴュルツブルクでのドイツ司教会議の開催にも重要な役割を果たす．1849年ウィーンでの司教会議を主宰，ここでの宣言は，1855年に *政教条約として結実．1850年 *プラハの大司教となり，1860年同地で司教会議を開催．第1 *ヴァティカン公会議では *教皇の *首位権と *不可謬性の宣言に反対，最終的にはそれを受け入れた．
【文献】キ人 695; LThK² 9: 536; NCE 12: 1187-89; C. WOLFSGRUBER, *Friedrich Kardinal Schwarzenberg*, 3 v. (Wien 1906-17).
(小高毅)

じゆういし　自由意志　〔ラ〕liberum arbitrium, 〔英〕free will, 〔独〕freier Wille, 〔仏〕volonté libre
【一般的概念】人間および広い意味での理性的存在(*神，*天使)が備えている自由な選択もしくは決断の能力を指す．より厳密には，目的そのものへと向かう *意志 (〔ラ〕voluntas) から区別して，目的へと関係づけられた事柄に関わる選択の能力が自由意志と呼ばれている．自由意志の概念は意志の自由の概念と密接に関わりがあるが，ここでは意志の自由とそれを否定するさまざまな形の *決定論の問題，および意志の自由と神の予知(*摂理，*予定，*恩恵)をめぐる神学的問題には立ち入らず，理性的存在たる人間に特有の能力であり，他の非理性的存在から区別される第一の特徴であるところの自由意志の能力そのものに光をあてることを試みる．
【歴史的概観】*プラトンおよび *アリストテレスが自由な選択を行う能力としての自由意志について，どのように考えていたかを確定することは困難である．プラトンにおいて *自由 (〔ギ〕eleutheria) という言葉はもっぱら奴隷(比喩的な意味も含めて)から区別された自由人との関係で用いられており，理性的存在としての人間全般を特徴づける自由は強調されていない．自発的，本意的 (ekōn) という言葉は意志能力の所在を明確に示すものではないし，選択 (airesis) についても語られるが，選択がいかなる能力によってどのようになされるかは論じられていない．自由な選択の能力としての意志の理論が展開されていない点ではアリストテレスも同様である．しかし，そのことから直ちに，アリストテレスにおいては意志ないし自由意志の概念が欠けていると結論することはできない．なぜならケニー (A. Kenny) の研究が示しているように，本意 (ekousion)，選択 (proairesis) および実践的三段論法などの問題をめぐるアリストテレスの詳細な議論は，人間的行為の分析という仕方で，後に意志や自由意志の概念を用いて解明されることになる事柄に関わっているといえるからである．これに対して *プロティノスは『エネアデス』(6, 8)において本意，自由，「自己の行為の主人であること」を意志 (boulēsis) に基づくものと解し，理性的存在を特徴づける能力としての自由意志の概念の確立に接近している．

プロティノスの自由意志についての考えを頭に置きつつ，神の呼びかけに自由に応答すべき人間(そこに拒否の可能性も含まれている)についての聖書の教えに導かれて，*アウグスティヌスは *善そのものへと向かう精神の志向としての意志と，その意志に備わる自由な判断，選択ないし自己決定の働きとしての自由意志の概念を確立した．彼は(人間がなす)悪の起源はこの自由意志であること，しかし人間に自由意志を与えたのは神であることから神が悪を創ったという結論は生じないことを『自由意志論』において論じている．人間は *悪をも選びうる中間の善としての自由意志を用いて，意志が本来それへと秩序づけられている悪からの自由という最高の善を勝ちとるべきである．このようなアウグスティヌスの意志および自由意志概念はカンタベリの *アンセルムスを経て，13世紀のスコラ学者に受け継がれ，特に *トマス・アクイナスによってアリストテレスの人間論の概念を用いて厳密に理論化された．

しかし，トマスが人間の意志能力について認めた二つの側面，すなわち人間本性に適合的な善・目的へと秩序づけられた(本性としての)意志と，それによって人間が自由に選択し，自らの行為の主人となる能力である自由意志との区別は，急速に無視あるいは忘却され，本性としての意志は，本質的・根源的に自由な能力としての意志によって置き換えられた．主として神学的理由により，13世紀末のスコラ学者は，意志は完全に能動的で自己決定的な能力であるとする見解に傾いた．この見解を明確に理論化したのは *ドゥンス・スコトゥスである．彼はトマスのいう(本性としての)意志は完全な意味での意志ではなく，意志行為を，それの全体的な原因として発出させるかぎりでの意志，すなわち自由な能力 (〔ラ〕potentia libera) としての意志がそれであると主張した．さらにスコトゥスは自由な能力としての意志という概念の解明のために，意志の発端的な条件として「第一の無差別」(prima indifferentia) の概念を導入している．*オッカムは意志が本質的に自由な能力であるとする点でスコトゥスのあとに続くが，スコトゥスにおいてはまだ残っていた，意志行為を目的および形相原因の観点から捉える試みを斥けて，意志をもっぱら作動原因として理解しているかぎりで，意志の自由ないし自由意志をす

じゆういし

べて外的強制との関係において捉える近代の自由意志概念を先取りしていたといえる．*デカルト以後の近代思想に対して中世スコラ学の遺産を伝えた *スアレスにおいても、意志は完全に自由な能力、すなわち自由意志として捉えられており、トマスにおいては自由意志よりもより根源的な意志の側面であるとされていた、本性としての意志という概念は忘却されていることに注目する必要がある．

デカルトは意志がその本性からして自由な能力であることを徹底した仕方で主張する．デカルトも意志の自由を説明するために無差別 (indifferentia) の概念を導入するが、それは単に同等の魅力的な対象に関してのみでなく、極度に魅力度が異なった対象の場合においてさえ、そのいずれをも選びうる無差別の自由である．これに対して *スピノザおよび *ライプニッツにおいては無差別の自由としての自由意志は否認され、自由はむしろすべてが自然の永遠なる理法、あるいは神的決定(*予定調和)に基づいて生ずることを認識したうえで、そのことを積極的に肯定し、それに協力することに存するとされた．このような自由観はむしろトマスが本性としての意志に基づくとした本意性 (voluntarium) の概念に近い．*ロックもまた本性からして自由な能力としての意志は認めず、人間の意志活動のうちのあるものは人間がそれに対して支配力をもつところの自由な行為であるとしており、トマス的な意志と自由意志との区別に近い立場をとっているといえる．

*カントにおいて自由意志ないし意志の自由をめぐる哲学的議論は大きく転回した．カントによると、それまでの意志の自由に関する、形而上学的霊魂論(あるいは理性的心理学)における論議は、実は(理論的)理性の能力を越える越権行為であり、それらが関わるのは仮象にすぎない．意志の自由、あるいはむしろ *実践理性の *自律(自己立法)は、道徳性の成立根拠として要請されるものであって、理論的理性によって論証することは不可能なのである．このようなカントによる理性批判が有効であるかぎり、自由意志の問題に関しては次の途しか残されていないことになる．すなわち、カントが実践の立場から確立した意志の自由を、経験の分析を通じてではなく、何らかの *ア・プリオリな方法で基礎づけるか、あるいは意志の自由ないし自由意志の問題をめぐる探求と論議の全体を(肯定、否定いずれの立場をとるにせよ)経験・実証科学の範囲内に限るか、そのいずれかである．カントによる形而上学的霊魂論の批判は今日なお影響力を失ってはいないが、カントが批判の対象としたデカルト的形而上学が唯一の可能な形而上学ではないことの認識もしだいに広く受け入れられており、それに伴って意志や自由意志についての新しい哲学的ないし形而上学的な探求が試みられつつあるのが現状である．

【意志と自由意志】上の歴史的概観で示されたように、自由意志はある場合には本性としての意志から区別され、他の場合には自由な能力としての意志と同一視されてきたので、自由意志の概念を明確なものにするためには意志と自由意志との関係を明らかにする必要がある．自由意志 (liberum arbitrium) という言葉はもともと人間が自由に判断する働きを指すのに用いられたが、自由意志というものは人間が恒久的にもっている何ものかであることは明らかであり、それを働きと解することはできない．むしろそれは働きの根源としての能力、あるいは能力の完成態としての習慣 (habitus) であるとしなければならない．しかし、もし習慣であれば(自由意志は人間が本性上備えているものであるから)本性的習慣 (habitus naturalis) でなければならないことになるが、その場合にはそれに基づく働きは本性的に規定され、人間が自由になす働きではなくなる．したがって、自由意志は習慣ではなく、能力であると結論せざるをえない．

ところで意志の働きが意志すること (velle)、すなわち端的に何ごとかを欲求することであるのに対して、自由意志の働きは何らかの熟考 (deliberatio) という理性の働きを伴って選択する (eligere) のであり、一見、意志と *理性の両方にまたがるものとして、意志とは異なった能力であるように思われるかもしれない．しかし、より精密に考察することによって、熟考をもって選択するとは、端的にではなく何らかの過程を経て意志し、欲求することにほかならず、ちょうど知解する働き (intelligere) と推理する働き (ratiocinari) との対比に対応する．そして知解と推理が同一の能力によって行われるものであるように、意志する働きと選択する働きも同一の能力によって行われるのであって、意志と自由意志は同じ能力であることが結論される．ところで人間は彼が知りうるところのすべてを一挙に知解することはできず、むしろ推理することによって知解を段階的に進めていかなくてはならないところから、人間における *知性 (intellectus) が特に理性 (ratio) の名をもって呼ばれるように、人間は目的もしくは善そのものの端的な意志・欲求を最初から完全に遂行することはできず、むしろ究極目的へと秩序づけられた事柄を選択することを通じて段階的にそれを実現するところから、人間における意志 (voluntas) は、特に自由意志 (liberum arbitrium) の名で呼ばれるのである．

【目的の意図と手段の選択】意志と自由意志との関係にさらに光をあてるために、自由意志は自由な選択あるいは決断の能力である、といわれることの意味を考察する．選択はつねに我々によってなされるべき、またなされうる事柄に関わるが、選択の働きそのもの(それは何らかの善へ向かう欲求運動である)は実践理性の判断によって導かれ、いわばそれによって *形相を与えられている．しかるに、この実践理性の判断はつねに何らかの熟考あるいは推理(いわゆる実践的三段論法)の結論として位置づけられる．したがって、選択が直接に関わる事柄は実践的推理の結論に対応する．これに対して実践的推理がそこから出発する原理に対応する事柄といえば目的 (finis) であり、選択はそれには関わらない．むしろ上述のことから、選択が直接に関わるのは目的へと秩序づけられた事柄 (ea quae sunt ad finem)、つまり簡単にいえば手段である、との結論が生ずる．いうまでもなく、ある事柄にとっての目的であることが、さらに別の目的へと関係づけられることは可能であるから、その意味では選択が目的に関わることもある．しかし究極目的は決して選択の対象となることはなく、それはただ端的に欲求ないし意志されることができるのみである．そしてこのように目的を端的に意志する働き — 目的の意図 (intentio finis) — を遂行するのが厳密な意味での意志にほかならない．言い換えると、自由になされる諸々の選択の究極には、もはや「自由に」なされるとはいえない目的の意図がみいだされるのであるが、それこそは厳密な意味での意志能力に固有の働きであり、したがってそれは「自由な」働きではないにしても「意志的な」(voluntarius) 働きでなければならない．したがって自由意志における自由の意味を最終的に明らかにするためには、自由意志が「自由な」能力であるかぎりもはや直接

にはそれに関わらない，究極目的，およびそれに関わるものとしての意志にも目を向けなければならないのである．

【自由の根元】ここで選択が自由であるといわれる場合の「自由」の意味を振り返る必要がある．他者(主人)のために存在する奴隷とは違い，自由人は自らのために(sui causa)存在する(すなわち主人である)といわれるように，「自由」であるとは自らの行為に対して支配者・主人(dominus)であることを意味する．ところで自らの行為・運動が外的な根元によって決定されているならば，その者は自らの行為・運動に対して支配者ではない．このことは認識能力を有しない事物について明らかにあてはまるが，何らかの *認識・*判断に基づいて働きをなす非理性的動物においても，その判断 (judicium, arbitrium) が本性的に確定されていて，当の動物が判断に対して支配力を有していないかぎりにおいて，当の動物は自らの働きに対して支配者ではなく，自由ではないとしなければならない．ここからして，自らの行為に対して支配者でありうるためには，行為がそれに基づくところの判断に対しても支配力を有していなくてはならず，そのことによって判断は自由であるといわれる．ところが自らの判断に対して支配力をもちうるためには，自らの判断について判断しうるのでなくてはならないが，理性的存在である人間はまさしく自らの判断について判断することができる．例えば，非理性的動物に対してその本性に適合する対象が提示されたならば，その対象が呼び起こす本性的判断が必然的に行動へと駆り立てる．しかし理性的存在の場合，そのような対象が呼び起こす「好ましい」「有用・必要である」等の判断は直ちに行為へと必然的な仕方で駆り立てるのではなく，そうした判断がより高次の「なすべきか，否か」という判断に従属させられるのである．それは自らの働き(判断)の根拠へと立ち帰ることができるという理性に固有の卓越性に基づくものであり，その意味で自由の根元は理性のうちに存する，ということができる．したがって我々が自由を根元的な意味で理解しうるか否かは，我々が理性自身の働きの根拠への立ち帰りという理性の根本的構造を洞察しうるか否かにかかっているのである．

ところが，我々が個々の行為に先立つ(実践的)判断について判断できるのは，それら判断が関わっている特殊的・限定された善を越えて，意志の対象である善そのもの(それが究極目的である)を捉えうることによるものであり，このような善そのものへ向かうかぎりでの意志が本性としての意志にほかならない．そして，すべての意志行為においてみいだされる本意性(自発性 voluntarium)は，本性としての意志に由来するものである．したがって，我々が選択の自由の根拠を探って行きつくのは本性としての意志もしくは本意性であるといえる．先に述べたように，自らの働きへと立ち帰りうることによって自由を生ぜしめるところの理性は，確かに原因 (causa) という意味で自由の根元であるが，自由を担うもの (subjectum) という意味での自由の根元は(本性としての)意志そのものであり，本意性であるといえる．

ところで本意性とは意志がその対象たる善そのものへと自然本性的に向かうことにおいて成立するのであり，その意味で広義の自然本性的なもの (naturale) に属する．したがって，いかに強力な反自然力 (violentia) をもってしても自然本性そのものを破壊することはできないように，いかなる強制力も本意性そのものを破壊するような仕方で意志行為に対して働きかけることはできない．つまり意志そのものを動かすことはできないのである．意志そのものを動かしうるのは自然本性の原因である神のみであるが，神は意志をその自然本性に即して，つまり「意志として」動かすのであるから，本意性が制限されたり，破壊されたりすることはない．むしろ，*第一原因たる神が意志を「動かす」ということは，そのまま意志が「意志する」ことにほかならない．このように我々は人間的自由の根元を探求して本性としての意志に行きつき，本性としての意志の本意性は第一原因たる神の「動かし」によって基礎づけられていることをみいだす．言い換えると，自由意志とはそれによって人間が自らの行為の支配者でありうる能力であるが，人間が真に自らの行為の支配者となり，自由でありうるのは，自由を基礎づけている本性としての意志が完成されることによってであり，そのためには人間が自らの意志を第一原因たる神の動かしに一致させる必要がある．すなわち，人間は神の支配に自らを完全に従属させることによって真に自由でありうるのである．

【自由意志と悪】自由意志は善をも悪をも選択しうる能力であり，その自由は「罪を犯しうる」自由と呼ばれる．しかしこの自由はより多くのものに及びうるという能力の大きさを意味するのではなく，能力が濫用されうる可能性，その意味での能力の不完全さ，未完成を示す．むしろ我々は自由意志を正しく用いることを通じて「罪を犯しえない」自由，つまり*罪からの解放というより大きな自由に到達すべきであり，また到達しうるのである．それは善そのものへと秩序づけられている意志が，善そのものへと揺るぎない仕方で方向づけられることであり，それが善い意志と呼ばれるものにほかならない．人間の意志能力が特に自由意志と呼ばれるのは，それが当初は善へと秩序づけられた意志として根元的に未完成であり，その正しい使用を通じて善い意志，つまり倫理的な *徳 (virtus) によって完成された意志を形作らなくてはならないことを意味する．

他方，人間は自由意志によって悪をなすのであり，その意味で自由意志が悪の原因であるといわれる．しかし悪が悪として自由意志によって選択されることはありえないので，悪は自体的な原因 (causa per se) はもちえず，むしろ自由意志のうちに何らかの欠陥がみいだされるかぎりにおいて，その欠陥のゆえに付帯的・偶然的に (per accidens) 悪が選択されるという事態が起こる．何らかの欠陥に基づく選択は厳密には選択とはいえず，ある意味では善であるが端的には悪であるものが選択されるところの欠陥的選択である．ところで自由意志における欠陥とは，選択が理性によって正しく導かれないような状態のままで，より厳密には，選択を導くべき人間理性がその規準である神の法に自らを現実に従わせないままで，選択が行われるときに生ずるものである．いうまでもなく，人間理性はつねに現実に神の法に自らを従わせるよう義務づけられてはいないが，神の法を無視したままで選択が行われるときに，自由意志は欠陥的となり，選択は悪いものとなるのである．悪は善の欠如 (privatio boni) であり，罪過的な悪の原因は自由意志であるといわれるが，自由意志そのものは決して悪の原因ではない．むしろ自由意志における欠陥(神の法の無視)が悪の付帯的・偶然的な意味での原因であるが，その欠陥もさらにつきつめれば，理性が現実に神の法を考慮していないという単なる不在・否定 (negatio) であって，欠如ではない．それが欠如となるのは，不在の状態のままで選択が行われることによってである．

【文献】アウグスティヌス「自由意志」泉治典訳『アウグスティヌス著作集』3（教文館 1989）; アンセルムス「選択の自由について」『アンセルムス全集』古田暁（聖文舎 1980）; R. デカルト『省察』所雄章訳（白水社 1973）; I. カント『実践理性批判』樫山欽四郎訳（河出書房 1965）; F. W. J. フォン・シェリング『人間的自由の本質』西谷啓治訳（岩波書店 1951）; 金子晴勇『近代自由思想の源流』（創文社 1987）; K. リーゼンフーバー『中世における自由と超越』（創文社 1988）; THOMAS AQUINAS, *Summa Theologiae; Quaestiones Disputatae De Malo*; V. J. BOURKE, *Will in Western Thought: An Historico-Critical Survey* (New York 1964); A. KENNY, *Aristotle's Theory of the Will* (London 1979). （稲垣良典）

シュヴェ 〔英・仏〕chevet,〔独〕Chorhaupt　*教会堂建築における身廊(*ネイヴ)の東端の部分.「外陣」ないし「後陣」と訳される. 寝台で人の頭がくる部分をシュヴェというように, キリストの身体を写したといわれるラテン十字型の聖堂プラン（平面図）のうち, キリストの頭部にあたる部分で, 通常東側に向けられる. その形は, 初期キリスト教時代には単純な半円形が多かったが, 多角形もある. ロマネスク時代からは, その周りに多くの放射状祭室を付け加えるようになり, 形は複雑になっていった. しかし, 聖堂建築に質素さを求めた *シトー会の聖堂は, 放射状祭室がつかない単純な矩形のシュヴェを好んだ.

【文献】M. DE VOGUE, *Glossaire de terms technique* (Saint-Legar-Vauban 1965) 123. （馬杉宗夫）

シュヴェーグラー **Schwegler, Friedrich Karl Albert**　(1819. 2. 10-1857. 1. 5)　ドイツの哲学者, 神学者. テュービンゲン大学で神学を学び, 同大学ローマ文学・古代史教授. ヘーゲル中央派に属し, E. *ツェラーらと同派の雑誌(Jahrbücher der Gegenwart, 1843-48)を創刊する（→ヘーゲル学派）. 哲学を, 物の究極原理まで追究し, 知の総体性において把握することであるとした. 著書『西洋哲学史』は広く読まれヘーゲル主義の普及に貢献した. また *テュービンゲン学派として 1840 年代には『使徒後の時代』と題する一連の著作を発表した. テュービンゲンで没す.

【主著】*Der Montanismus und die christliche Kirche des zweiten Jahrhunderts*, 1841; *Die Geschichte der Philosophie im Umriß*, 1848: 谷川徹三, 松村一人訳『西洋哲学史』全 2 巻（岩波書店 1958）; *Die Metaphysik des Aristoteles*, 1847-48; *Römische Geschichte*, 1853-58; *Geschichte der griechischen Philosophie*, 1859.

（山口貴志）

ジュウェル **Jewel, John**　(1522. 5. 24-1571. 9. 23)　イングランド国教会（→聖公会）の主教. *オックスフォード大学を卒業. イタリア生まれの宗教改革者マーター(Peter Martyr, 1500-62)の感化を受け改革運動の指導者となる. *メアリ・テューダーのときにドイツに逃れ(1555), *エリザベス 1 世のときに帰国してソールズベリ (Salisbury)の主教となり(1560), アングリカン神学の強力な支持者となる.

【文献】ODCC³ 875-76. （菊地栄三）

シュヴェンクフェルト **Schwenckfeld, Kaspar von**　(1489. 11/12-1561. 12. 10)　ドイツの急進的宗教改革者. リークニツ(Liegnitz)のオッシヒ(Ossig)で生まれ, ウルム(Ulm)で死去. リークニツのフリードリヒ大公(Friedrich II, 在位 1520-27)に仕えた後, *福音主義に触れて著述を始め, シュレジエン(*シレジア)の平信徒説教者となる. しかし福音主義教会の倫理的低さに不満を抱き, 形式や外面にとらわれない内的霊性の涵養を訴え, また神秘的な聖餐(*エウカリスティア)理解を唱えたため論敵も多く, 各地を転々とする. 死後, 小さな信奉者の群れが形成され, 後にアメリカのペンシルヴァニア州にも移住・植民した. （出村彰）

しゅうか　終課 → 寝る前の祈り

しゅうかい　集会　〔ギ〕synaxis,〔ラ〕synaxis, collecta,〔英〕assembly,〔独〕Versammlung,〔仏〕assemblée　人々の集まりという全く普通の事柄がキリスト教では格別な意味をもっている. 旧約の神の会衆(カハル・ヤハウェ)および *神の民の考えを背景にしたキリスト教の *教会は新約の「神に呼び集められた民」である(1 コリ 1: 2 参照). この語は同時にその具体的な集まりの意味をも含んでいる(1 コリ 11: 18 参照). キリスト自らが彼の名のもとに二人, 三人集まるところに彼が現存すると約束したように(マタ 18: 20), キリスト者共同体の集いはそれ自体が *キリストの現存の証しとなり, キリストとの交わり, 信者相互の交わりを実現し, 各人の互いの奉仕によって *キリストの体としての教会を築いていく. このような集会としての教会の根幹的活動が *典礼である(使 2: 46 参照).

このような意味から, 古代教会(4-6 世紀)では, 集会を意味するシュナクシス(〔ギ・ラ〕synaxis)が, *ミサの名前としてよく使われた. 同義のラテン語コレクタ(collecta)は北アフリカで一時ミサの名として使われたほか, 今日に至るまでミサの *集会祈願を表す名称となっている. 典礼集会における各奉仕者（司式者・*祭壇奉仕者・朗読者・*先唱者・*歌隊）そして会衆全体の *行動参加による互いの奉仕は, それ自体が世界における神の民の参加と奉仕のしるしであり, 将来の人類の一致と互いの奉仕へと方向づけられる. 現代の典礼刷新は, このような意義を担う典礼の集会としての活性化を目指しているもので, この根本方針によって, ミサ, *教会の祈り, 諸秘跡の儀式が刷新された. また,「集会祭儀」（司祭不在のときの *ことばの祭儀と *聖体拝領）という新しい形式によっても集会としての教会および典礼の本質が追求されている.

【文献】『ミサ典礼書の総則と典礼暦年の一般原則』（カトリック中央協議会 1994）; カトリック儀式書『ミサ以外のときの聖体拝領と聖体礼拝』（カトリック中央協議会 1989）; NDSW 71-80; A. G. MARTIMORT, ed., *The Church at Prayer*, v. 1 (Collegeville, Minn. 1987) 89-111. （石井祥裕）

しゅうかいきがん　集会祈願　〔ラ〕collecta,〔英〕collect, opening prayer,〔独〕Kollekte, Tagesgebet,〔仏〕collecte, prière d'ouverture　*ミサの初めの部分で, *開祭の結びとして *司祭が捧げる *公式祈禱.

歴史的な起源については諸説がある. 入堂の行列（→入祭）の終わり, *共同祈願（キリエの連禱）の結び, *回心の祈りの結びなどが指摘されている. 新しい『ミサ典礼書』（ローマ規範版: 1970; 日本語版: 1978）では, 集会祈願は開祭の結びであると同時に, その日のミサの祭

儀全体への導入という性格を明瞭にしている(総則32).
【説明】司式者(→司式)はまず「祈りましょう」といって, *会衆を *祈りに招き, 全員はしばらく沈黙のうちに祈る. この祈りを司式者が「集める」(〔ラ〕petitiones colligere)というところから, 集会祈願はコレクタ(collecta 集められたもの)と呼ばれる. 唱えるのは司式司祭一人であるが, 祈る主体は共同体全体で, いつも「わたしたち」と複数形を使う. この祈願は, キリストによって父なる神に向けられる祈りであるが(393年の *ヒッポ教会会議), 中世にはキリストに向かう祈りが多く作られ, ときには *聖霊への祈りもあった. 新しい『ミサ典礼書』では, すべての祈願は父なる神に向けられており, 会衆の「*アーメン」という同意の表明で終わる.

集会祈願がいつ頃から使われたかは不明であるが, 教皇 *レオ1世(在位440-61)の頃といわれる. 初めは司式者が自由に作っていたものが5世紀頃リベリ(libelli)という小冊子に書きとめられ, やがて秘跡書(→サクラメンタリウム)にまとめられるようになった. ときとともにラテン語の文体に磨きがかけられ, 見事な文章法と音の美しさが加えられて, 比類のない文学的な金字塔となった. 特にローマの祈願文は簡潔明瞭で, 力強い文体をもち, 教理的に正確な表現を特徴としている. その反面, 抽象的になりすぎて, 聖書的なイメージに欠け, 高尚すぎてわかりにくいという欠点も指摘されている.

典型的な集会祈願は次の構造をもっている. (1) 父なる神への呼びかけ, (2) 神の救いの業の想起(アナムネーシス, →記念), (3) それに基づく簡潔な *嘆願, (4) *三位一体の *栄唱の形をとった結びによって, 祈りを父なる神に捧げ, 会衆は「アーメン」と答える. 古典的な集会祈願のなかで, 最も美しいものの一つに *受難の主日のものがあげられる.

全能永遠の神よ,
あなたは人類にへりくだりを教えるために
救い主が人となり, 十字架をになうようお定めになりました.
わたしたちが主とともに苦しみを耐えることによって
復活の喜びをともにすることができますように.
聖霊の交わりのなかで……

(1) まず *救いの主役は父なる神である. この荘厳な呼びかけは *グレゴリウス1世が大祝日に好んで用いた表現である.

(2) 次に, 人類の救いのために神がどのようなことをしたかが想起される. 神から遣わされた救い主が「人となり, 十字架をになう」(carnem sumere et crucem subire 肉をとり, 十字架の屈辱に虐げられる)ことを定めたのである. 罪深い, 傲慢な人間に本当の従順を教えるために, 神は最愛の御子を渡した.

(3) このアナムネーシスに心を揺り動かされて, 信仰の嘆願が続く. 苦しみに耐える主の生きた模範を眼前に置く共同体は, 復活の運命をも共にする恵みを願うのである.

このほか *復活祭や *聖霊降臨のように典礼季節(→典礼暦)のなかで, キリストの重要な神秘が祝われるとき, 集会祈願は *祝日の主題を見事に捉えている. 問題となるのは年間の *主日の集会祈願である. 年間の主日には特定のテーマはなく, *聖書朗読が救いの神秘の一面を語っているが, 集会祈願は朗読のテーマとは関係のない「いつ, どこでも」通用する一般的な内容の祈願となっている. この祈願に「ミサ典礼書の総則」が求める性格を与えるためには, 聖書朗読に合わせて抜本的に作り直さなければならない. これをすでに行っている国があるが, 日本ではこれからの課題である. 現段階では, 司式者が主日や *週日のなかから, その日の朗読に合った祈願を選ぶような配慮が必要であろう(総則323).

【文献】E. BISHOP, "The genius of the Roman rite," *Liturgica historica* (Oxford 1918); L. BROU, *Les oraisons dominicales* (Bruge 1960); Jungmann 1: 462-500; J. A. JUNGMANN, *The Place of Christ in Liturgical Prayer* (London ²1965); T. KLAUSER, *A Short Hisotry of the Western Liturgy* (London ²1973) 37-44; J. H. EMMINGHAUS, *The Eucharist* (Collegeville 1978) 127-31.

(国井健宏)

しゅうかいしていせいどう　集会指定聖堂 〔ラ〕Statio　4世紀以降, 司教座を中心とする教区の一致を表すものとして *四旬節, 主な祝祭日などに行われた司教司式の *ミサや *ことばの祭儀を行うために指定された教会のことをいう. 司教がこのように各地区の教会を巡回することによって一都市内の教会の一致を示す意味があった. これは東西教会共に発展した礼拝形式で, 特に *ローマでは5世紀から8世紀にかけて, とりわけ教皇 *グレゴリウス1世の頃に盛んになった. これは西ローマ帝国がゲルマン諸民族の侵攻で危機に瀕している折, 教皇を中心とする民の結束を示す意味もあったらしい. このときの礼拝の仕方は書き残して次に備える必要があったため, *典礼書の成立の要因となった. ローマで発達した集会指定聖堂の典礼は, その後 *カロリング朝時代に司教座都市から修道院や村落の *小教区の教会にも広まった. 近世以降は, ローマの *教皇聖堂の礼拝にその後身をみるほか, 国際的な *聖体大会がその現代的形態とみなされることもある. *司教区の共同体的意識を促す意味で, これからも新たな司牧・宣教的な役割が考えられる.

【文献】LThK² 9: 1021-22; J. P. KIRSCH, "L'origine des Stations liturgiques du Missel Romain," EL 41 (1927) 137-50; R. HIERZEGGER, "Collecta und Statio," ZKTh 60 (1936) 511-54; J. A. JUNGMANN, *Missarum Sollemnia*, v. 1 (Innsbruck 1949 ⁵1962) 76-77, 88-98; R. ZERFAß, "Die Idee der römischen Stationsfeier," *Liturgisches Jahrbuch*, 8 (1958) 218-29; A. HÄUBLING, "Was ist 'Stationsgottesdienst?'," *Liturgisches Jahrbuch*, 15 (1965) 163-66.

(石井祥裕)

しゅうかいのぎ　集会の儀 〔ギ〕synaxis, 〔ラ〕collecta　ミサ典礼を表す古代の名称の一つ. 感謝の祭儀は, *初代教会の頃からキリスト者共同体の集会ごとに行われていたことから, この祭儀を言い表すために, 端的に集会と呼ぶ場合があった. まず2-3世紀には, シュナゴーゲー(〔ギ〕synagoge)と呼んだ例があり, 北アフリカでもラテン語の同義語コレクタ(collecta)が一時的に使用されていた. 次いで4世紀から6世紀には, シュナクシスという呼び名が広まったが, その後は消滅した. 西方中世でラテン化した呼称(sacra synaxis)は一般の礼拝集会を表すために, 一時的に感謝の祭儀を表すために使われたこともある. 今日では *ミサに関する固有の呼称として使われることは少ない(『ミサ典礼書』ではみられない. 『教会法典』899条2項, 914条). この古代の名称にも似て, 今日, キリスト者共同体の礼拝集会としての基本的性格に焦点をあてて, 「集会祭儀」と呼ばれる形式があるが, これは *司祭が不在の際に行行

れる，ことばの典礼を中心とした祭儀のことである．
【文献】H. B. Meyer, "Eucharistie," GDK 4: 39.

(石井祥裕)

しゅうかいのしょ　集会の書 → シラ書

しゅうかおんがく　終課音楽〔ラ〕completorium
聖務日課(*教会の祈り)の一つである終課(*寝る前の祈り)における音楽的な部分を式次第順に列挙すると，共通の交唱つきで詩編3編，賛歌「光の消える前に」(*テ・ルチス・アンテ・テルミヌム)，交唱つきで「*シメオンの歌」(Nunc dimittis)と続き，終課終了後に聖母マリアの*アンティフォナ(交唱)を一つ歌って一日を終わる．通常詩編の交唱は第8旋法の「主よわれを憐れみたまえ」(Miserere mihi Domine)，「シメオンの歌」の交唱は第3旋法の「主よ，われらを救いたまえ」(Salva nos, Domine)で，詩編3編と「シメオンの歌」はそれぞれの詩編唱定型に従って朗唱される．

賛歌「光の消える前に」は季節や*祝日の違いによって幾通りかの旋律がある．また聖母マリアのアンティフォナには4通りの聖歌があり，季節によって特定の聖歌が歌われる．すなわち*待降節第1主日の前夜から2月2日の晩課(*晩の祈り)までは「*アルマ・レデンプトーリス・マーテル」，2月2日の終課から聖水曜日の終課までは「*アヴェ・レジナ・チェロールム」，復活の主日の終課から*聖霊降臨の祝日後最初の金曜日の終課までは「*レジナ・チェリ・レタレ」，そして*三位一体の主日前夜の終課から待降節直前の土曜日の第9時課までは「*サルヴェ・レジナ」と定められている(→聖母賛歌)．

四つの聖母マリアのアンティフォナは15世紀以後，数多くの作曲家によって*ポリフォニー曲などに作曲されているが，それに関しては各項目を参照されたい．賛歌「光の消える前に」と「シメオンの歌」はごく稀に作曲されている．前者の作曲家としては*パレストリーナと*タリス，後者の作曲家としてはフェスタ(Constanzo Festa, ?-1545)，*ラッスス，*ビクトリア，*バードらが知られている．なお*聖公会では「シメオンの歌」を晩祷式において歌っている．

(金澤正剛)

じゅうがくげい　自由学芸〔ラ〕artes liberales,〔英〕liberal arts,〔独〕Artes liberales,〔仏〕arts libéraux　本来は古代ローマ時代末期から中世初期にかけて確立された，*哲学を学ぶための準備教育として身につけるべき七つの学科目の総称であり，言語関連の基本科目である三学(〔ラ〕trivium，文法，修辞学，論理学)と数学・事物関連の基本科目である四科(quadrivium，数学，幾何学，音楽，天文学)から成り立っていた．もっとも古代ローマ共和制末期の百科全書的著作家ウァロ(Marcus Terentius Varro, 前116-前27)は，ギリシア的な*教養を受け継いでこの7科目に建築と医学を加えた9科目を自由人に必要な学芸と説明していた．しかし，20世紀の理解ではより一般的に，高度な人間としての教養を指すと考えられている．

自由学芸の理念の起源は*ソフィストにまで遡ることができる．前5世紀，*アテネの将来の都市国家の市民が広場で効果的に演説することができるためにはどんな学科を教えるべきかが議論され，話す能力を受け持つ3科目と数学関連の4科目の枠ができあがった．このソフィストの立場を*ソクラテスと*プラトンは攻撃したが，プラトンは*詩と*修辞学に代わって数学こそ真の知識への基礎であるとした．真の*知恵は*弁証法によって探究することができるが，真の知恵を捉えるのは*直観であると彼は考えた．*アリストテレスは学問的知識を確認する分析をもっぱら扱う*論理学を独立させ，*自然学や*倫理学とともに*教育の中心に位置づけた．しかし同時代，イソクラテス(Isokrates, 前436-338)はこれらの観想的・哲学的教養より文学的・修辞学的教養を重視し，以来この二つの系統の学芸観がヨーロッパの伝統的教養の内容を構成することとなった．

5世紀，*ストア学派の流れを汲むローマ人マルティアヌス・カペラ(Martianus Capella, 生没年不詳)の著作『文献学とメルクリウスとの結婚』(De nuptiis Philologiae et Mercurii)のなかに初めて七つの科目名と自由学芸という表現が現れるが，それはおそらく前出のウァロに由来する．西欧において自由学芸理論を確立したのは*アウグスティヌスであり，彼は七つの自由学芸修得を聖書研究の基礎であると主張した．その背後にあった構想は，感覚における神の反映から真の直観に至る過程を，段階的に積み上げられた科目をたどることで上がっていくという意味での諸学の体系化であった．とはいえ西欧中世の自由学芸理論はアウグスティヌスよりも*ボエティウスに依存して発達した．彼はアリストテレス，ユークリッド(エウクレイデス Eukleides, 300頃活躍)の著作をラテン語に訳したが，それは手引書風に要約され，*カッシオドルスの『聖書学綱要』やセビリャの*イシドルスの『語源考』にみられるように，*修道院学校における聖書研究の準備教育と位置づけられた．

*カロリング・ルネサンスにおいて*アルクインは自由学芸を推進したが，それが本格的になったのは12世紀，*アベラルドゥスと*シャルトル学派によってであった．サン・ヴィクトルの*フーゴとソールズベリの*ヨアンネスはアウグスティヌスの考え方を受け継ぎ，それは*ボナヴェントゥラの『学芸の神学への還元について』で完成される．13世紀，*アルベルトゥス・マグヌスと*トマス・アクイナスによる，*神学の体系化のためのアリストテレス哲学の導入によって哲学は学芸と区別され，学芸修得と神学研究との間に位置づけられた．トマスの学芸についての本格的考察はボエティウスの『三位一体論』の解説のなかにみられる．学芸(ars)とは実践的技能であるが，自由学芸は生産的・実践的生活ではなく思弁的生活に関わるもの，大部分が学問(scientia)ではあるが真理内容それ自体ではなく，他のより高度な学問の手段として学ばれる，と説明するのである．

中世では自由学芸のうち論理学と弁証法が突出する傾向があったが，特に*唯名論は論理学中心主義を極端に推し進めた．ルネサンス期の*人文主義はこれに対する反動として*キケロとクインティリアヌス(Quintilianus, 35頃-96頃)を再発見して，再び文法と修辞学を強調するようになり，「伝統的な古典教育」を発達させた．この種の古典教育は18世紀終わりまで西欧教育の主流を占め，人文教育の中心が国語に移るまで続いた．一方，20世紀は知の枠組みが問い直された時代といわれ，人間として身につけるべき教養の中身とその習得法が大学教育ばかりでなく，社会にとっても，したがって*キリスト教教育にとっても問題化している．

【文献】HWP 7: 800-19; LThK³ 1: 1045; NCE 8: 696-99; 岩村清太「中世における自由学芸」『中世の教育思想・上』教育思想史3，上智大学中世思想研究所編(東洋館出版社 1984) 29-52.

(高柳俊一)

しゅうがくしゅうし　修学修士　〔ラ〕scholasticus, 〔英〕scholastic, 〔独〕Scholastiker, 〔仏〕scolastique　聖職者修道会にあって初誓願（→修道誓願）の宣立後，聖職すなわち司祭叙階の準備のため哲学院・神学院または大学において修学している哲学生および神学生の修道士をいう．哲学および神学は *司祭養成に関する要綱に従って哲学と神学を順次に修め，哲学の課程は満2年，神学の課程は満4年である（『新教会法典』250条）．哲学・神学を修了すると，司祭叙階を授けられ，1年の司牧実習を修める．*イエズス会では第3修練を行う．
【文献】PIUS XII, Constitutio Apostolica, "Sedes sapientiae," AAS 48 (1956) 354-65.　　　　　（鈴木宣明）

じゆうカトリックきょうかい　自由カトリック教会　Liberal Catholic Church　キリスト教を*神智学の観点から解釈する教派．ローマ・カトリック教会と*復古カトリック教会の*典礼に倣って独自の礼拝形態を編み出し，七つの*秘跡と信仰・解釈の多様性を強調，*輪廻を説き，真の*使徒継承を主張する．1916年に*ロンドンでウェッジウッド（James Ingall Wedgwood）とリードビーター（Charles W. Leadbeater）によって創設され，翌年アメリカ合衆国に進出．*世界教会協議会への加盟は却下されたが，世界各国の主要都市に教会をもつ．本部はロンドン．
【文献】NCE 3: 699-700; T. MILLER, ed., *America's Alternative Religions* (Albany, N.Y. 1995) 320-21, 425.　　　　　（橋爪由美子）

しゅうかん　習慣　→　習俗

しゅうぎかい　衆議会　→　最高法院

じゅうきしゃほん　重記写本　→　パリムプセスト

19せいきのキリストきょうびじゅつとけんちく　19世紀のキリスト教美術と建築
【建築のゴシック復興】産業革命と*フランス革命による「旧体制」の崩壊後，歴史への関心を強めた19世紀の建築全般を特徴づけるのは，過去のさまざまな様式を復活させる「歴史主義」であった．すでに18世紀後半以来，新古典主義の「ギリシア復興」が教会堂を含む公共建築物に冷ややかな威厳を与えていたが，新古典主義に続いて台頭した*ロマン主義は，*ルネサンス以来「野蛮」な時代として看過されていた中世を再評価，「信仰の時代」として理想化し，感性や想像力に訴えるゴシック様式（→ゴシック美術）を復興させた．19世紀には，人口の増加と都市への集中により，教会堂の速やかな増設が求められたが，新たな教会堂建設に際しては，カトリックはもちろん，ときにはプロテスタントの場合でも，ゴシック様式が好んで採用された．本来の*ゴシック建築の修復や建設の続行も盛んとなる．例えばドイツでは，16世紀半ばに中断されていた*ケルン大聖堂（13世紀半ば着工）の建設工事が再開され，1880年，完全に左右対称の双塔をもつ理想的ゴシック建築としての現在の*ファサードが完成した．

「ゴシック復興」は教会堂のみならず，その他の公共建築物にも顕著である．この様式がイギリス，フランス，ドイツなどアルプス以北の国々で愛好されたのは，それが「異教的」な古典主義に対して「キリスト教的」であっただけでなく，*ナショナリズムが台頭したこの時代に，それぞれの国で「国民的」様式と考えられたためである．世紀半ばに建設された*ロンドンの英国国会議事堂はこの理由でゴシック様式となった．

主に修復と理論の領域で活動したフランスの建築家*ヴィオレ・ル・デュクは，ゴシック建築を構造の合理性の見地からも高く評価した．実際，石の柱や*アーチによる骨組みの間をガラス窓で充塡するゴシック建築の構造は，19世紀半ば以降，駅舎や博覧会場などに用いられた，鉄の骨組みにガラスの屋根や壁という構造を先取りしたものといえる．

19世紀半ばには，ルネサンス様式（→ルネサンス建築）やバロック様式（→バロック建築）も復興するが，教会には依然としてゴシックが最適とされ，今日まで続く典型的な教会堂のイメージがゴシック様式で定着する．尖頭アーチの形だけでも，キリスト教的な連想を誘うに充分なものとなった．*ガウディの設計により1881年に着工された*バルセロナの*サグラダ・ファミリア聖堂は，ゴシック復興の極めて個性的な一例である．

【教会のための美術】19世紀前半の支配的思潮であるロマン主義は，理性に対して感情を，普遍性に対して個性を，伝統に対して革新を，新たな価値の座に据えた．芸術活動は芸術家個人の自己表現として行われるべきものとなり，少なくとも一部の芸術家や批評家の間では，前衛として新たな可能性に挑むことが芸術家のあるべき姿とみなされるようになる．かくてロマン主義以降，写実主義，印象主義等，さまざまな「主義」が目まぐるしく交代し，19世紀の美術は加速度的な変化を遂げた．こうした状況のなかで，教会のための作品は制作され続けたものの，それらが美術史的にも重要なものであることは稀になっていく．*ドラクロアがパリのサン・スルピス聖堂天使礼拝堂に描いた壁画『天使と格闘するヤコブ』（1856-61）は，その稀な一例といえよう．

当時，カトリック教会は，美術に関しても16世紀の*トリエント公会議の方針を継承し，教会内における美術の意義を重視するとともに，その適正さに細心の注意を払っていた．その結果，教会外の美術が変化すればするほど，あらゆる変化や個性的表現を避けた伝統墨守的な態度に陥りがちだった．建築におけるゴシック復興も，こうした姿勢と切り離せない．絵画や彫刻の場合，教会のための作品の様式は，*カトリック改革期のそれ，つまり17世紀のバロック様式を手本としており，細部の迫真性を強めるにせよ，情感に訴える甘美さや劇的効果を誇張するにせよ，バロックにもともと備わっていた大衆性をさらに推し進めたものであった．イエスやマリアや諸聖人の甘く感傷的なイメージは，大量生産される印刷物の形で広く流通し，20世紀の教会美術にも受け継がれることになる．

【教会外のキリスト教美術】19世紀には，風景画や静物画，日常生活を描いた風俗画など，*宗教改革以後プロテスタント圏で宗教画に代わって台頭した画種が，カトリック圏でも絵画の中心的分野となる．しかし，一部の画家たちは，宗派を問わず，教会とは無関係に聖書や*聖人伝に取材した作品を描いた．世紀初頭，*ローマで活動したドイツ人画家のグループである*ナザレ派はその早い例で，主題・様式とも「中世」への回帰を目指した彼らの運動は，絵画における「ゴシック復興」を代表する．プロテスタントのイギリスでも世紀半ばに*ラファエル前派が聖書の場面を細部まで現実的に描き，1880年代のドイツでは，ウーデ（Fritz von Uhde, 1848-1911）が現代の貧しい人々を訪れるキリストを表した．

しゅうきょう

どちらの写実的解釈も当初は賛否両論を呼んだが，やがて大衆的支持を得る．

超越的なものの表現を意図しながら既成のキリスト教図像には飽き足らなくなった芸術家のなかには，ドイツ・ロマン派の代表者フリードリヒ（Caspar David Friedrich, 1774-1840）のように，風景画によって一種汎神論的な宗教性を表そうとした者もいた．フリードリヒの『テッチェン祭壇画』（1808，ドレスデン国立絵画館）は，磔刑像を頂く山頂の風景を伝統的なキリスト教の象徴で飾られた祭壇画の額縁のなかに収めたものである．「風景画が厚かましくも祭壇画に取って代わろうとするもの」として批判されたが，ゴシック様式の教会堂（またはその廃墟）や路傍の磔刑像など，信仰の時代の遺品を観照の対象として風景のなかに描くことは，*ゴッホや*ゴーギャンなど 19 世紀末の画家たちにとっても，伝統的な信仰の揺らいだ時代における宗教的な作品の創出の試みだった．同様に，*ミレーの『晩鐘』（1859，オルセー美術館）をはじめとして，祈りを捧げたり宗教行事に参加したりする農民の姿が多く描かれたのも，農村の伝統的な生活のなかに素朴な信仰の存続を信じようとする都会人の希望を反映している．

【宗教としての芸術】一般には世俗化の著しい時代と考えられる 19 世紀だが，現世を超えた価値は依然として求められていた．ただし，それは既成のキリスト教よりもむしろ芸術に期待されたようにみえる．フランス革命中の 1793 年のルーブル美術館の開設を皮切りに，19 世紀には各地に次々と美術館が建てられたが，多くの場合，そのファサードはギリシア神殿を模していた．この事実は，美術館が「芸術の神殿」だったことを示唆している．教会を一時廃止したフランス革命の時代に，教会の祭壇画は接収され，美術館に収められて当初の機能を失ったが，代わりに美ないし芸術の礼拝の対象としての，新たな意義を与えられたといえる．

芸術家の立場もこれに伴って変化する．注文を受けて制作するのではなく，自己の信ずるところに従って創作したものを世に問う 19 世紀の芸術家には，世間の評価を受けられずに物心両面で苦難の道を歩む危険があった．そこから「殉教者としての芸術家」という新たな芸術家像が生まれ，芸術家になることは普通の職業選択とは違う一種の*召命とも考えられるようになる．

こうした芸術観・芸術家観は新しい図像を生むが，それらは伝統的キリスト教図像を換骨奪胎したものだった．例えば，理解されずに苦悩する自己の像をゴーギャンが「ゲッセマネの園のキリスト」に擬して描いているのは，その最もわかりやすい例である．

【文献】DA 7: 212-33; EWA 3: 587-95; R. ローゼンブラム『近代画家と北方ロマン主義の伝統』神林恒道，出川哲朗訳（岩崎美術社 1988）: R. ROSENBLUM, *Modern Painting and the Northern Romantic Tradition* (New York 1975); H. W. JANSON, R. ROSENBLUM, *Nineteeth-Century Art* (New York 1984); M. P. DRISKEL, *Representing Belief: Religion, Art, and Society in Nineteenth-Century France* (University Park, Pa. 1992).

（高橋裕子）

しゅうきょう　宗教　〔英・仏〕religion, 〔独〕Religion
【語義】中国では，「宗教」とは，仏教の根本真理を把握することによって到達する究極的な至高の境地を指す「宗」と，人々を導いて「宗」にまで到達させるために，相手に応じてさまざまの角度から述べられた言説を指す「教」とから成り立ち，要するに「*仏教」という意味をもっていた．日本では，1869 年のドイツ北部連邦との修好通商条約において，Religionsübung の訳語として「宗教」が用いられ，それ以来「宗教」は，仏教のみならず宗教一般を指す類概念として採用されるようになった．さて，英語等の religion とは，ラテン語の religio に由来しており，その語源についてはさまざまな説がある．この語の用法を調べてみると，それは最も原初的には，何か不思議な事物に接したときの畏怖や不安の感情のほか，こうした感情を引き起こす対象や，その対象に対する態度・行動としての儀礼などを意味していた．後には，この語は，ある特定の社会のなかで作用する特別な信念や行為の全体系を指すようになり，特に*宗教改革の時期には，ほかの「宗教」または信念や行為の体系と比較可能である「キリスト教的な宗教」がたびたび言及される．そこから，「宗教」の用法は，しだいに三つの型に分けられるようになってきた．

第一は，具体的な「諸宗教」を指して用いる場合である．*ユダヤ教，*キリスト教，仏教，*イスラム教等のように，*信仰，*象徴，儀礼的行為および倫理的訓戒からなる具体的な伝統は，歴史的に展開し，観察可能な文化形態として研究されうる「宗教」なのである．第二は，現存するすべての宗教を含む一定の範疇を指す用法である．これは，人間がもつ「宗教性」あるいは「宗教心」とほぼ同じ意味であり，この用い方には問題がかなり多く，特に定義の問題が関わってくる．第三の用法は，宗教を規範的に捉え，望ましい信仰や倫理的規範の体系をなす宗教の理想的本質が存在し，それをほとんどすべての既存の宗教の迷信的要素と対比できるとする．この用法は，宗教の科学的な研究においては，好ましいものとはいえない．

【定義の問題】宗教の定義は研究者の数ほどあるといわれるが，大きく分けると，まず第一に，経験的自然の存在秩序と超経験的または超自然界の存在秩序との区別に基づいて宗教を定義することが多い．実体的ともいわれるこの定義を用いた場合，宗教とは，神々や精霊やその他の自然界を超えた世界に住む力強い存在に対する信仰を指すことになる．第二は，宗教の存在を特に原始社会や古代文明にみられる聖と俗の区別のなかにみいだそうとするものである．この定義は，聖と俗とを区別する根拠は，畏怖と神秘の感情を特徴とする根源的な体験に求めるべきであるという学説と結びついている．宗教の第三の定義は，人間にとって究極的な権威と価値をもつものと，人間にとって非究極的あるいは二次的な重要性しかもたないものとの区別に関わるものである．人間にとって，究極的なものと聖なるものとは融合可能と思われることから，この定義は，第二の定義と近似した点をもっているが，宗教が個人や社会の究極的関心に向けられた信仰と行為の体系として規定され，宗教の機能に重点を置くかぎり，機能的定義と呼ばれることもある．

以上のそれぞれの定義には問題点がある．例えば，仏教における*悟りの境地は，必ずしも超越的または超経験的な世界との関わりを含まないし，宗教的儀式でありながら，参加者が聖なるものに対する畏敬の感情を特に体験しない事例も多い．あるいはまた，神に対する信仰が社会における人間行動の規範の究極的正当化とは無関係である場合も少なくない．さらに，以上の定義には，いずれも概念的に明確でない点がある．しかし，これらの定義は，普遍的本質を確定的に記述するものよりも，相互補完的に人間の文化のなかで重要な役割を演じてき

た一種の人間行為を指し示す道標のようなものである．そのため，*宗教学の立場に立つと，宗教の定義はあくまでも作業仮説的規定にすぎず，それはつねに訂正ないし修正の可能性を含むべきである．例えば，日本の宗教学者 *岸本英夫は宗教を次のように仮説的に定義した．「宗教とは，人間生活の究極的な意味をあきらかにし，人間の問題の究極的な解決にかかわりをもつと，人々によって信じられているいとなみを中心とした文化現象である．宗教には，そのいとなみとの関連において，神観念や神聖性を伴う場合が多い」(『宗教学』17 頁).

【宗教の構造】〔宗教体験〕宗教現象の根底には宗教体験がある．*ヴァッハは，宗教体験を他の諸体験から区別するために四つの基準をあげる．(1) 宗教体験は，究極的な実在として体験されるものに対する反応である．(2) 宗教体験は，全人格存在の全体的反応である．(3) 宗教体験は人間に可能な体験のなかで，最も強烈，最も包括的，そして最も深奥なる体験である．(4) 宗教体験は人を行動に駆りたてる強制的性格をもっている．宗教体験は以上四つの特質をすべて備えていなければならず，そのうちの一つを欠いていても，それは宗教体験といえないという．

〔宗教体験の諸表現形態〕あらゆる人間体験と同じように，宗教体験も単なる内的事柄にとどまらず，外的表現形態を必要とする．文化的・社会的および宗教的状況によってこれらの表現形態そのものも，また体験と表現形態との相互関係も相異なるが，おおむね宗教体験の理論的・実践的・社会的表現の三つを区別できよう．

第一の理論的表現形態は，宗教的信念あるいは宗教思想である．宗教思想は，対象についても形式についても極めて多様であり，いろいろの視点から分類整理してみることができるが，思想の意味内容が非言語的なものおよび言語的なものの媒介により具体化するのがつねである．後者のうちには，*神話，教義(→教理)，聖典，呪文，祈祷文等々があげられる．また，宗教思想が取り扱う対象ないし主題により分けると，人間自らに関するもの(人間観)，人間の環境世界に関するもの(世界観あるいは宇宙観)，および究極的存在者に関するもの(神観)がある．さらに，その機能からして，宗教思想は，一方では知的な認識を与える信念体系であるが，他方では実際の宗教的行動の規範となる価値体系としての性格をもつ．

第二の，宗教体験の実践的表現は，さまざまな形をとる宗教行動である．宗教体験や信仰のように個人の内部にある思想や感情の動きを宗教の内的行動と呼ぶこともあるが，宗教行動は外から観察できる身体的行為のみを指すものとして用いられる場合が多い．これらの外的行動のうちには，*儀礼・*祈り・*修行・呪術(→魔術)などのような定型的宗教行動と，伝道・布教，社会的奉仕などのような非定型的宗教行動があげられる．また，道徳あるいは倫理行動を宗教行動のなかに含むことを建前とする宗教伝統や，両者を別のものとみなす宗教伝統もある．

第三の，宗教体験の社会的表現は，*宗教集団である．その形態はさまざまであるが，大きく分けると，長い間に生成結晶したものである自然宗教あるいは従属的宗教集団と，合理的な意図と工夫の所産である創唱宗教あるいは特殊的宗教集団があげられる．宗教集団の内部に役割の分化が生じ，それが地位の体系を作り出すと，宗教集団は宗教組織あるいは宗教団体と呼ばれる．*宗教団体のなかにもまたさまざまな類型があり，宗教史あるいは *宗教社会学のなかでチャーチ([英] church，→教会)，セクト(sect，→分派)，デノミネーション(denomination，→教派)の 3 類型が古典的概念として確定した地位を占めている．そのほかに，特に最近発生している *新宗教運動を指すためには，カルト(cult)の概念もよく用いられるようになってきた．

【宗教の起源】宗教の起源の問題は特に 19 世紀において盛んに論じられ，さまざまなタイプがあった．第一は，宗教の起源は，人間の心理にみいだされる特定，不変の構造に基づくとして，これら構造的に不変のものが，人生や文化における宗教の発生の原因であると考える立場である．そのなかには，知識あるいは情緒に起源を求めるかで二つの学説があった．第二の類型は，この問題は歴史の問題であるとする立場であり，宗教の最古の形態が *呪物崇拝，あるいは *アニミズム，あるいはまた原始的一神教であったとする諸説である．特に後者の諸説には *進化論の発展図式が伴われていたが，それらはすべて思弁的仮説にすぎなかった．そのほかにもまた，*デュルケムの社会学的学説，あるいは *フロイトの心理学的学説のように，さまざまな試みがあった．しかし，これらの学説はそれぞれ，特定形態の宗教がいかに働いているかについては正しい洞察を含んでいるものの，起源の問題それ自体を完全に解決することはできなかった．

【宗教の発展段階】進化主義に基づいた段階論，例えばアニミズムから *多神教を経て *一神教に至るという過程は，実証的根拠が極めて薄い．しかし，宗教の歴史的発展段階をある程度立ててみるとすれば，*原始宗教，古代宗教，歴史宗教，近代宗教，現代宗教というように分けることができよう．それぞれの段階の特徴については，意見の相違があるが，人間社会全体において社会内部が機能的に分化し，階層分化が進むにつれ，宗教的機能だけを果たす特殊な宗教集団も発生し，それらがしだいに知識の次元，祭礼の次元，および組織の次元で制度化していくことは一般的現象である．

信念あるいは宗教の知的側面においては合理的神学の発達がみられ，この発展は，神話から *ロゴスへの，すなわち神話時代から *合理主義への思想上の推移の一部である．信条形態の合理化は世界のすべての宗教のなかに何らかの形でみいだされるが，それは特に西欧文明のなかで明瞭であった．一方，合理化過程には限界がある．宗教の発展史において非合理性を特徴とする新しい宗教運動が絶えず発生し，あるいは原始形態の回帰現象も稀ではないということはそれを例証する．

宗教の実践的次元，とりわけ儀式の分野においても制度化の過程がみられ，時代を経るにつれ，いろいろの工夫や規格化が行われ，一定の礼拝規定が定められていく．倫理行動の規格化もこの次元における発展の一環を構成している．

宗教の社会的形態に関しては，集団の組織化がますます必要となり，それは多くの場合，社会的秩序への適応を含む．それとともに，宗教集団自体の内部に組織の分化が行われ，集団の存続のためには制度化された指導体制が必要とされるため，当初のカリスマ的権威は日常化され，官職カリスマへと移行していき，専門的聖職者と一般信徒との区別はしだいに大きくなる．

以上の三つの次元での制度化は，相異なった社会的・文化的条件のもとで相異なった様相を呈し，宗教の歴史においてそれに対する抗議運動も頻繁に起こった．しかし，宗教全体の歴史であろうと，個々の宗教集団の歴史

じゅうきょういく

であろうと，このような制度化は一般原則として宗教の展開を特徴づけているといえよう．一方，宗教の制度化そのものを宗教内部の*世俗化とみなし，それに伴い宗教思想や宗教制度の社会的影響力がしだいに衰退していく，という歴史過程を指摘する世俗化説もあり，それは現在多くの論議を呼んでいる．

【宗教の未来像】宗教の未来については，大きく分けると，宗教がしだいに社会から消滅するであろう，という衰退説と，今日存在する既成の宗教団体のなかには消滅していくものもあろうが，より洗練されて存続していくものもあるに相違ない，という存続説がある．いずれの説をとるかは，現代社会における宗教をどう捉えるかによって大いに影響されるが，岸本英夫は，宗教には人間の問題を究極的に解決したりする営みがあるだけに，その形がいくら変わるとしても，この根本的な働きは将来も続けられるであろうと述べている．

【日本人の宗教観】昔からさまざまな宗教伝統の共存に慣れてきた日本人の宗教観は極めて複雑である．統計によると，日本人のおよそ3分の2が*無宗教だと自称するし，信仰心をもつことが必要だと考える人も半数に満たないが，宗教の必要性を認めているのは70%強である．そこから，日本人にとっては，「宗教」「宗教心」，および「信仰」との間に落差があると思われる．日本人が思い描く「宗教」とは，まずキリスト教や仏教のように輪郭の鮮明な宗教団体のことである．「自分は無宗教だ」あるいは「信仰している宗教はない」というときに，このような意味での「宗教」に対する所属意識，およびそれが説く教えに対する明確な知的同意の自覚の低いことを指す．一方，自分で信仰していないのに宗教に対して親しみを覚える人，あるいは信仰心の必要性をあまり感じないのに，宗教は人間が生きていくうえで必要な心の支えや慰めを与えてくれるから，あるいは社会生活に必要な*道徳を人間に教えるから，といった理由で宗教の役割を高く評価する日本人は比較的多い．また，宗教制度が提供する儀礼(年中行事，*通過儀礼等々)に定期的に参加する人も意外に多く，日本人の心のなかに潜在的宗教心が生きていることが窺われる．つまり，日本人の宗教(観)を考えるうえで重要なことは日本人の3分の2が信仰をもっていない，ということよりも，むしろ，日本人の大多数が宗教的な心情をもち，さまざまな宗教的な行動をしている，という事実のほうであるように思われる．なお，この宗教心は必ずしも個人的なものではなく，家とか村あるいは町とかいう人間関係に立脚する場合が圧倒的に多いので，その点に関しても日本人の宗教(観)は特殊であるといえよう．

【文献】小口偉一，堀一郎編『宗教学辞典』(東京大学出版会 1973); 岸本英夫『宗教学』(大明堂 1961); W. R. コムストック『宗教—原始形態と理論』柳川啓一監訳(東京大学出版会 1976): W. R. Comstock, *The Study of Religion and Primitive Religions* (New York 1972); NHK放送世論調査所編『日本人の宗教意識』(日本放送出版協会 1984); 柳川啓一，阿部美哉『宗教理論と宗教史』(日本放送出版協会 1985); J. Wach, *The Comparative Study of Religions* (New York 1958).

(J. スィンゲドー)

じゆうきょういく　自由教育　〔英〕liberal education, 〔独〕freie Erziehung, 〔仏〕éducation libérale　通俗的には古代ギリシアの都市国家の「自由人にふさわしい教育」を指すと解されているが，自由教育とは，人間が理性的存在として完成されるための知的能力を与える教育であり，特定の職業に就くための*職業教育と区別される．他方，自由教育は直接的には*道徳教育ではなく，一人ひとりの知性を磨き，高めることによって社会の道徳的水準を間接的に高め，人類の文化の向上に貢献しようとするものである．

自由教育では知識はそれ自体の尊さと望ましさゆえに探究される．その内容は広い意味で知能と人格を磨くものであり，具体的にはそれが*自由学芸を中心とするものであると伝統的に考えられてきた．学校制度との関連でいえば，自由教育とはそのような知識を授ける教育を指す．中世の*大学では人文学部において七つの自由学芸科目が哲学によって総括され，これを履修してから*神学，*法学，*医学の専門学部へと向かうことになっていたが，歴史学，数学，*生物学，物理学，*社会学などの学問も本来それぞれの対象自体を研究するもので，それらをいかに利用するかを第一に追究するものではない．要はこれらの科目が知性の訓練を目指し，精神を高め，幅広い教養の背景を与え，情操を豊かにし，より人間的な人格形成に資することである．

自由教育の基礎は人文研究であり，それを通して文化的価値を学び，*修辞学によって自分の考えを的確かつ説得力に富む様式で表現できるようになることである．そのために，文学の理解を得，外国語の習得，哲学を身に着けることによって*判断力を養い，音楽，絵画などの芸術を鑑賞・理解できるようにする教育である．自由教育は，すべての知識の分野を広く浅く知る人間を送り出すことを目的とはしない．その意味では一般教育(〔英〕general education)とは重なる部分があるにしても区別されなければならない．確かにこのような自由教育の理想は専門分野の細分化が進行し，専門教育が人間性の発達と縁遠くなった時代に一層必要であるといえる．J. H. *ニューマンの『大学の理念』はこのような自由教育論を展開した著作であるが，自由教育がかつては社会の指導層養成を目的にして考えられた点は否めず，現代のように，教育の大衆化が進行し生涯教育の必要性が現実となった時代にどのように実施しうるか，またその際に職業教育とどう関連づけるかは今日的課題といえよう．

【文献】NCE 8: 700-701.　　　(高柳俊一，高祖敏明)

しゅうきょういしき　宗教意識　〔英〕religious consciousness, 〔独〕Religiöses Bewußtsein, 〔仏〕conscience religieuse

【定義】究極的価値観との関連にみられるあらゆる事実の内省的知覚を宗教意識という．*宗教心理学では宗教的覚醒を指すが，これは本解説の通り狭義すぎる．

文化的営為としての宗教の規定要因，宗教性は，*岸本英夫によれば，*究極的価値の定立にある(『宗教学』1961)．究極的価値との関連であらゆる事実が存在価値を得るのであれば，あらゆる事実は宗教的次元に同定されなければならないのであって，W. *ジェイムズ，*スターバック，ホール(Granville Stanley Hall, 1846-1924)，リューバ(James Henri Leuba, 1868-1946)，*プラットなど，宗教心理学の研究にみられるように，*回心，聖者性，*神秘主義のような狭義の宗教的覚醒に限定されてはならない．認識論的にいえば意識とは，何者かが何ものかについて有する内省的知覚のことである．意識するものの観方を*主観，されるものの観方を客観と呼び，意識する主体の客体的表現が*自我である．宗

教意識として捉えるべきは，究極的次元との関連でこの主客がいかなる内実をもつものか，ということである．

【宗教意識の現れ】宗教意識は生活空間に一様に存在するのではなく，個人的・社会的感性の相違によりさまざまなかたちで現れる．「聖なる」表現と規定されるものには別掲のような例があり（表1），それらの観念の体系的表出としては *アニミズム, *自然崇拝, *英雄崇拝, 民族教, 人類教, 宇宙教, あるいは *汎神論や *無神論などの各種観念教がある．表象表出の内実が忘却されれば *呪物崇拝となり，観念化されれば宗教性を抑圧する各種イズムとなる．いかなる事実もそれ自体で「聖なるもの」ではないのと裏腹に，いかなる事実も究極的価値次元に関連づけられれば「聖ならざるものはない」からであり，そこに宗教意識が顕現する．

表1 顕現表象

契機	構成	個別表象（例）
時間	自然的	年周 節分（春分 夏至 秋分 冬至）
	人為的	元旦 種蒔 収穫 お盆 村祭 クリスマス 大晦日
場所	自然的	蒼穹 蒼海 深山 田畑 森林 砂漠
	人為的	霊海 霊山 霊域 寺社 教会 祠 塚
事物	自然的	太陽 月 星辰 河川 滝 泉 巨木 巨石
	人為的	教典 絵画 音楽 演劇 スポーツ
現象	自然的	日出 日入 日食 月食 流星 闇夜 天変地異
	人為的	幸運 不運 集い 隠棲
動物	—	狐 蛇 兎 鶴 亀 牛 馬 象
人物	—	先祖 皇帝 聖人 君子 偉人 賢者 霊能者 聖職者
人生	—	誕生 七五三 入学 卒業 成人 結婚 還暦 死亡
行為	—	祈 口祷 黙想 観想 朗詠 唱歌
	—	修行 聴聞 会合 朗読 筆写 坐行 水行 巡礼 登攀
観念	社会的	歴史 人類 民族 人生 国家 家系 会社
	抽象的	自由 平等 博愛 平和 自然 各種主義
	神格的	神仏 権現 菩薩 阿修羅 天使 諸霊

【事実と意識】白兎であれ星辰であれ，あらゆる事実は人間が主体となって規定することで成立する．したがってあらゆる事実は，実は人間の心的事実なのである．事実はその事実性に関して，主として三つの分析レベルをもっているが（図1），実際には相互に多重規定を拒まない．岸本英夫は個人にみられる宗教的営為を分類し（図2），宗教意識を「宗教的行動」の内行動とした．

図1 事実規定の諸レベル

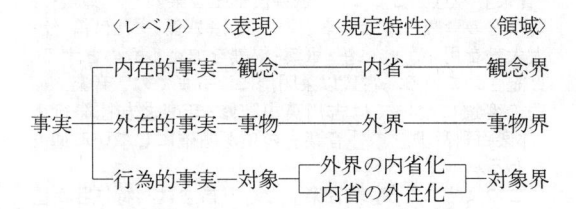

```
          〈レベル〉   〈表現〉   〈規定特性〉  〈領域〉
         ┌内在的事実─観念─────内省────観念界
事実──┼外在的事実─事物─────外界────事物界
         └行為的事実─対象─┬外界の内省化┐
                              └内省の外在化┘─対象界
```

図2 個人にみる宗教的営為

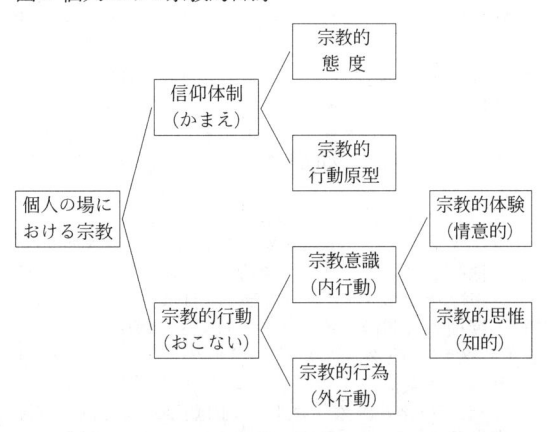

```
                    ┌信仰体制 ┬宗教的態度
個人の場        │(かまえ) └宗教的行動原型
における   ─┤
宗教            │宗教的行動┬宗教意識┬宗教的体験(情意的)
                    └(おこない)│(内行動)└宗教的思惟(知的)
                                    └宗教的行為(外行動)
```

（岸本英夫『宗教学』大明堂 1961, 36頁）

ここで明確にしておかなければならないのは，「態度」「原型」「意識」「行為」を集計すれば宗教的営為が成立するのではないという点である．心的事実としては同じ宗教的営為でも，さまざまな枠組みにさまざまなかたちで位置づけられ，意識性の領域あるいは行為性の領域などにおいて，さまざまな事実性を示すのである（→宗教的行為）．岸本英夫によれば，宗教意識はさらに情意的「宗教体験」と知的「宗教的思惟」（神観，各種世界観など）に分類されるが，ここでも同様の留保が必要である．

ところで知情意に固有な価値とされる *真・善・美は，対象としての事実の特性を規定する絶対的価値観念であるが，これらが超越的世界に関連づけられるとき，「聖」なる超越的特性を帯びる．宗教体験，宗教的思惟が「聖なるもの」といわれる理由である（→宗教的体験）．

【分類】意識基体，常態性，存在層，意識性の視点より，個人・集合，正常・異常，深層・表層，無意識・下意識・意識などに分けられる．*キリスト教の視点からは，表2に示した層的識別が重要である．

表2 宗教意識の層的理解

階層	固有表象	組織特徴
基底宗教的	崇高さ（非位格的神秘性）	究極性，神聖性の顕現
諸宗教的	神仏	具象的神格と教義・組織体系
キリスト教的	イエス・キリスト	三位一体なる人格神への信仰
カトリック的	秘跡（含教会）	三位一体なる人格神の秘跡的保持

【宗教意識のキリスト教的完成】人格存在に固有な超越的意識の涵養は，究極的価値次元の培養深化（一次的意識化）と他の諸次元との融合一体化（二次的意識化）の二つの次元で培われなければならない．一次的意識化は，自然・精神風土，家庭成育環境などを土壌に，自他の人格的触発を通して発達する．自我確立への欲求が増大し，理想主義の高揚をみる青年期に，一次的意識化の発達が著しいのも，それらの傾向が究極的次元と不可分に

対応しているからである．究極的価値はあらゆる事実の諸次元における固有の存在価値を定立・統合し，その結果として人間の営為全体を聖化する二次的意識化が生み出される．神的起源に基づく聖性は脱俗分離に尽きるものではなく，超俗滲透性のゆえに全的聖化をもたらさざるをえないものである．個々人にとっても，人類・宇宙全体にとっても，二次的意識化をまって初めて宗教意識は完成される．

　両意識化は *祈りと実践によりはぐくまれる．カトリック教会の祈りには，要素的には *黙想と *観想があり，様態としては *口祷，念祷，*秘跡への参加，各種の *修行や *信心の実践がある．眼目は「みむね」の体得と究極的人間像 *イエス・キリストの模倣である（→『イミタティオ・クリスティ』）．*イグナティウス・デ・ロヨラの『霊操』，アビラの *テレサの『完徳の道』，*フアン・デ・ラ・クルスの『カルメル山登攀』などは *霊性の指南書である．*霊的生活は *浄化，*照明，神秘的一致（*ウニオ・ミスティカ，*神との一致）の三つの段階を有し，霊性の極致はときとして *脱魂，恍惚などの特異体験を伴う神秘的一致であるが，特異体験はその条件ではない．上記の霊性指導者のほかに，アッシジの *フランチェスコ，シエナの *カテリーナ，リジューの *テレーズなど多くの *聖人が *神秘体験を伝えている．神秘体験は，W．ジェイムズ，R．*オットー，*アンダヒルなどにより心理学的考察の対象とされ，ハッポルド（Frederic Crossfield Happold, 1893–1971）はその特徴を，(1) 言語表現を絶すること，(2) 知的明晰性と強固な意志，(3) 体験の一過性と効果の持続性，(4) 自己の意志の止揚と献身，(5) 万物の実存感，(6) 万象との一体感，(7) 意識的小我から宇宙の大我への自我拡大，とする（『神秘主義』1963）．この特徴は，「成熟した」（*オールポート），「自己実現的」（*マズロー），「実存的」（*ティリッヒ，*フランクル）パーソナリティの特性と多くの共通点を示し，諸宗教の「理想的人間像」とも緊密な類似性を呈する．ルオデー（Vital Lehodey, 1857–1948）によれば霊的生活の効果は，(1)「神との深い交わり」，(2)「単純と自由」，(3)「精神の安定と心の平静」，(4)「平和と喜び」にあり，神秘的一致の証印が *愛の完成にあることは，神秘思想家と霊性神学者の一致した見解である．霊的生活の極致は愛の完成にあり，これが宗教意識の極致であるならば，自我脱却の極に現出する神秘的一致の主体はもはや自己中心的自我でも自己でもなく，最も超越しかつ内在する *神自身である．事実規定の諸レベルとして図1に示した「思い」「言葉」「行い」全レベルでの規定主体も，小我ではなく，超越的絶対主体の救済史的顕現であるイエス・キリストとなる．ここに一次的意識化の極致が神秘的一致において二次的意識化の徹底を必然のものとし，個々人と全人類のあらゆる営為が *救いの普遍的秘跡として一元一体化される．*解放の神学をはじめとしてキリスト者が示す平和創出へのあらゆる挺身が，両意識過程の一元一体化の実存的発露でなければならない理由である．

【課題】社会文化的課題と主体的課題についてのみ指摘する．まず，社会文化面では，固有具体性に欠ける普遍性，表象と分離した観念が存在しえないように，普遍的宗教意識化には，歴史風土に培われた感性を土壌とし，諸宗教が蓄積してきた霊性の真髄に学び，完成させることが不可欠な要件である．しかし，より決定的なのは主体的要件である．宗教意識について考察する真の理由とは，一般的，抽象的，客体的な意識について多言するためではなく，いかにすれば非主体的自己存在を主体として定立しうるか，という問題を解決するためである．キリスト教において，人間の自己存在が知的にも体験的にも「復活の事実」に生かされなければならないという課題は，その限定性のゆえにいかなる哲学者にも解答不能な存在論的矛盾である．ただし，極みまで己を空しくして（*ケノーシス），復活したイエス・キリストと一体化されることによって，事態は一変する（フィリ 2: 5–11 参照）．極みまで己を空しくしたイエス・キリストと一体化し，すべてにおいてすべてとなったイエス・キリストを規定主体と仰ぐことは，恩恵と信仰に生かされる各個々人の受容と決断なしにはありえない．キリスト教的宗教意識の真の完成は，*神の子であるキリスト者個々人の，絶対的主体である主キリストへの没入と普遍的秘跡としての教会共同体の実現にかかっている．

【文献】宗教学辞典 263–64；岸本英夫『宗教学』（大明堂 1961）；中村元編『自我と無我』（平樂寺書店 1963）；P. E. ジョンソン『我と汝』小野泰博訳（誠信書房 1967）: P. E. JOHNSON, *Personality and Religion* (New York 1957); S. G. スピンクス『人間心理と宗教』久保田圭伍訳（大明堂 1970）: S. G. SPINKS, *Psychology and Religion* (London 1963); C. G. ユング『人間心理と宗教』濱川祥枝訳（日本教文社 1970）: C. G. Jung, *Psychologie und Religion* (Zürich 1940); 脇本平也編『信仰のはたらき』講座宗教学 2（東京大学出版会 1977）；松本滋『宗教心理学』（東京大学出版会 1979）；宗教思想研究会編『日本的宗教心の展開』（大明堂 1980）；D. V. ルオデー『み手にすべてをゆだねて』尾崎正明訳（あかし書房 1980）: D. V. LEHODEY, *Le Saint Abandon* (Bricquebec 1907); 湯浅泰雄『日本人の宗教意識』（名著刊行会 1981）；門脇佳吉，鶴見和子編『日本人の宗教心』（講談社 1983）；西山俊彦『宗教的パーソナリティの心理学的研究』（大明堂 1985）；同「多元的事実の位相的構造」『サピエンチア』19 (1985) 1–15；同「事実規定論と絶対的事実」『サピエンチア』23 (1989) 299–321; F. C. HAPPOLD, *Mysticism* (London 1963); P. W. PRUYSER, *A Dynamic Psychology of Religion* (New York 1968).　　（西山俊彦）

しゅうきょうおんがく　宗教音楽　〔英〕religious music, 〔独〕religiöse Musik, 〔仏〕musique religieuse

【概念】ここでは日本の現状や世界の動向を考えながら，広義の宗教音楽を扱うこととする（教会音楽，キリスト教音楽については別項参照）．まず「宗教」も「音楽」も現在におけるような意味の語として使用されるようになったのは我が国では明治以来のことである点に共通性をもっている．東京大学出版会発行の『宗教学辞典』(1973) の「宗教」の項はかなり詳細に字意ないし語意を述べた後，「宗教」が「仏教のみならず宗教一般をさす類概念として用いられるようになった」のを 1869 年（明治 2）以来のこととしている．他方，前田勇編『江戸語の辞典』（講談社 1979）によると，江戸時代における「音楽」の意味として，「歌舞伎下座音楽の一．御殿・寺院などの奏楽を暗示するもの．大小鼓・鈴・または笛・鈴・大太鼓を用い，時に笙・篳篥・羯鼓を加えるものとする」と記されている．古代以来明治に至るまでの「音楽」の語の変遷については吉川英史監修・音楽之友社発行の『邦楽百科辞典』の「音楽」の項が明確にしている通りである．

このように，「宗教音楽」という概念は，特に我が国において特別な歴史と変遷をもつものであるだけに，い

わば広い「文化史」的配慮をもって取り扱わなければならない．音楽は現在，もはや単に古典派やロマン派的ヨーロッパ音楽一辺倒をもっては考えられないばかりでなく，ことに「宗教」との関連において古今東西の諸文化，文化圏と根源的に関係するものであるだけに，音楽学的にも最も現代的課題を含むものである．それゆえここでは「宗教」も「音楽」も，「全世界的」に拡大された概念として捉えることを必要とする．

【原始的宗教とその音楽】今日，いわゆる「原始的」諸民族の文化やその「宗教音楽」が多大の関心を集めている．それらは「現代音楽」の重要要因の一つであるといっても過言ではないほどである．そこでは「宗教」も「音楽」もいわば混然と一体をなしていて，「未分化」の状態というべきものであろう．比較音楽学ないし民族音楽学の成立・発展を通じて，今日も続々と「新発見」されつつある，それらの驚くべき活力と「微妙」なリズムに満ちた広義での「宗教音楽」についての総括的研究は，まだ存在しないといわねばなるまい．例えばポルト (Jacques Porte) 編集の世界最初で現在も唯一の『宗教音楽百科事典』(Encyclopédie des musiques sacrées) は，その第1巻の「原始的諸宗教」の章において，「西アフリカにおける農耕および葬儀祭式」「中央アフリカ共和国における双生児儀礼」「ヌグバカ・マンジアにおける癒やしの儀式」「インカとアズティックとその残存者の音楽」「ヴァンドゥ族の儀礼」「まじないとその西方音楽と土俗における蘇生」を考察している．

【東アジアの伝統的宗教音楽】〔日本〕『邦楽百科辞典』は，日本の「宗教音楽」について「信仰・宗教の場において奏されるもの」として，これを「もともと宗教音楽としてつくられ用いられてきたものと，本来は宗教音楽ではないが宗教的儀礼のなかに組み込まれたものとに分けることも可能である．組み込まれ方には程度があり，それなしでは儀礼そのものが成立しないほど重要な役割を担うものがある一方，なくてもいっこうに差支えないものもある．ふつう後者は宗教音楽には含めない」とする．続けて「宗教音楽の性格はそれぞれの宗教の形態により多様である．が，本質的には信念・信仰を契機として演奏されるものであり，鑑賞芸能的な立場から技の巧拙をうんぬんすることはおこなわないたてまえである．しかし当初は宗教的儀礼においてのみ奏されたものがしだいにその場をはなれ，鑑賞芸能として大成したものはたいへん多い」という．関連項目として「キリシタン音楽」「声明」「神道音楽」「普化尺八」「仏教音楽」「盲僧琵琶」があげられている．

〔インドの宗教音楽と仏教音楽〕インドには古代からの *ヴェーダの祭式の伝統があり，その伝統的朗唱法（サーマ・ガーナ）は今日に至るまで伝承されている．シャカに始まる仏教はアショーカ王（在位前268頃-232頃）の時代にほぼ全インドに普及したが，インド文化の黄金時代といわれるグプタ朝（4世紀以降）はバラモン教復興と *ヒンドゥー教発展の時代であり，8世紀にはイスラムの侵入が始まり，南インドは古典音楽を伝えるが，*イスラム教が入った北インドではヒンドゥー教と融合した伝統が今日に至る．

仏教音楽，特に大乗（ないし北方）仏教の音楽伝統は，中国と日本の伝統をもってたどることができる．仏教音楽の根幹をなすものは「声明」であるといえる．声明とは古代インド語を漢訳したもので，元来バラモン僧が習得しなければならなかった音韻（文法を含む）を意味していた．漢訳仏典ではこの意味がそのまま受け継がれ，日本に仏教が渡来した当初はそのままであったが，鎌倉時代以後，単旋律の男声による儀式音楽がもっぱら声明と呼ばれるようになる．日本の伝統音楽に絶大な影響を与えることになる声明の展開をここで詳説することはできないが，声明は，その本文によって分ければ梵文系，漢文系と和文系となる．チベットの *ラマ教音楽は独特の伝統をもっている．南方，あるいは小乗系の仏教音楽はインドと東南アジアの伝統を交えて，今日に至っている．

〔その他〕中国の *儒教や *道教の音楽はそれぞれ独自なものがあるが，仏教音楽などとの習合もあった．日本の民俗信仰に端を発した *神道の音楽には，他にみられない活気やにぎやかさがある．なお，高度の芸術的完成度をもつものとして，永平寺の道元的典礼に実践されている「霊的」リズムと音響，普化尺八における「吸禅」，典礼ドラマともいうべき能なども忘れられてはなるまい．

【中東と地中海地域】〔古代オリエント〕古代のシュメール，*バビロニアや *エジプトにおける広義の宗教的音楽は文献や遺品などによってばかりでなく，音楽文化的に重要な事実が近来明らかにされてきている．ことにエジプトに関しては，すでに古代のみならず，ギリシア・ローマ時代以降も多彩を極め，多くの研究があり，コプト音楽はキリスト教音楽の一部であるばかりでなく，古代エジプト神殿音楽の片鱗をも伝えているといわれている．エチオピア教会の音楽もコプトと関連しながら，別の伝統や特色をもっている．

〔古代ギリシア〕現存の古代ギリシアの楽譜のうちで最も有名なものがデルフォイ (Delfoi) で1893年に発見されたアポロンの賛歌（前2世紀）であることは偶然ではない．古代ギリシア音楽も宗教音楽が主体をなしていた．演劇も祭りの一部であった．ムーサ（ミューズ）を従えるアポロンがいわば純ギリシア的な学問と芸術の神とされたのに対して，デュオニソスは酒宴乱舞を伴う祭りの神として演劇に音楽に深い関係をもった．デルフォイ，オリュンピア (Olympia)，エレウシス (Eleusis) などの聖所・神殿の祭儀はギリシア音楽の宝庫というべきであろう．ネメシス賛歌，太陽神賛歌は138年に没したローマ皇帝 *ハドリアヌスの時代のメソメデス (Mesomedes) 作といわれ，エジプトで発見された *オクシリンコス・パピルスにみられる楽譜はすでにキリスト教のものである．

【ユダヤ教音楽】*ユダヤ教音楽は紀元70年におけるエルサレム第2神殿崩壊をもって，その以前と以後に分けることができる．*レビ人による神殿音楽は楽器合奏を含む壮大なものであった．その後の2000年に及ぶユダヤ民族離散期の宗教音楽は，シナゴーグ（→会堂）を中心とすることになる．そこでは楽器の使用を避けた．ショファール（ラッパ）は合図のために例外的に使用が許された．初期ユダヤ教会では *詩編が歌われ（*詩編唱），*旧約聖書の朗唱が義務づけられ，さまざまな祈祷歌が生まれた．これらは *ビザンティン聖歌や *グレゴリオ聖歌に多くの影響を与えた．イーデルゾーン (Abraham Zvi Idelsohn, 1882-1938) が採譜した各地のユダヤ人集団に伝承された詩編唱には，グレゴリオ聖歌詩編唱と驚くべき類似を示すものがみいだされる．1950年代初めにイエメンからイスラエルに帰還したユダヤ人集団の *過越祭の儀礼音楽なども，古代以来のユダヤの民衆的宗教音楽の貴重な伝承をかなり忠実に保存しているようである．

じゅうきょうかい

【イスラムの宗教音楽】イスラムの聖典である *コーランには，音楽を直接に禁ずる句はみいだせない．しかし正統派の教理学者たちは当初から音楽に対しては否定的立場をとった．それゆえキリスト教や仏教におけるような正式の *典礼音楽といえるようなものは存在しないというべきである．しかし，モスクの内部におけるコーランの読誦（キラーア）や信徒に礼拝の時を知らせる呼びかけ（アザーン）は，優れた音楽性をもっている．他方，イスラムの神秘主義派といえる *スーフィーは音楽や舞踏を積極的に利用する．その修道僧（ダルウィーシュ）は，ズィクルやサマーと呼ばれる典礼をもち，各地方の伝統によりさまざまな楽器を伴う歌や踊りをもって，法悦の三昧境を実現する．偉大な思想家，詩人，音楽家であった *ルーミーはスーフィーの代表者の一人であり，その思想に基づくメウレウィー教団は，後に「オスマン帝国の音学院」と呼ばれるようになるほど音楽を発展させた．ダルウィーシュたちの音楽と旋回舞踏による典礼を代表するのがアーインである．

【文献】J. PORTE, ed., Encyclopédie des musiques sacrées, 4 v. (Paris 1968-71); 野村良雄『世界宗教音楽史』(春秋社 1967); H. ベッセラー, M. シュナイダー監, W. バッハマン編, 全集『人間と音楽の歴史』(音楽之友社 1985-): W. BACHMANN, ed., Musikgeschichte in Bildern (Leipzig 1961-); J. マッキノン編『西洋音楽の曙』西洋の音楽と社会 1, 上尾信也監訳 (音楽之友社 1996): J. MCKINNON, ed., Antiquity and the Middle Ages, From Ancient Greece to the 15th Century (London 1990).

(野村良雄)

じゅうきょうかい　自由教会〔英〕free church, 〔独〕Freikirche, 〔仏〕église libre　国教会化されたキリスト教においては，教義(*教理)を信じる信仰が要求されるが，自由教会は，個人の信仰を重視する立場から，国教会の教義的・組織的拘束から自由に独立して，全体教会から個人の信仰の集合体としての教会になった教派．教派としては，ヨーロッパ諸国で起こり，*長老派教会，会衆(組合)派教会(→ 会衆派)，*バプテスト教会，*メソジスト教会などの多数のプロテスタント教派がある．その特徴としては，*信教の自由の概念に立脚して教会や教派が組織されることが多く，*政教分離の立場をとっている点にある．また，国教などの信条や職制に同意できない教会を指す．

(高橋章)

しゅうきょうかいかく　宗教改革〔英〕Reformation, 〔独〕Reformation, 〔仏〕Réforme　16-17 世紀ヨーロッパ・キリスト教界を分裂させ，*プロテスタンティズムを作り上げた宗教・社会・政治上の構造変革をいい，その原語 Reformation は「改革」を意味する．この語自体は，19 世紀になって史学の分野で L. フォン・*ランケにより，16 世紀の信仰上の分裂を指すものとなった．期間としては，*ルターによる 1517 年 10 月 31 日の公開質問状の発表から，1648 年の *ウェストファリア条約の締結(*三十年戦争の終結)までとされる．

【原因】宗教改革の背景として以下をあげることができる．(1) 民族国家主義の勃興．14 世紀のフランス王とフランス人枢機卿による教皇座のアヴィニョン移転(→ アヴィニョン教皇)．(2) 教皇の 70 年間に及ぶローマ不在がもたらした教皇権の失墜．(3) それに伴うキリスト教会内の大離教(*シスマ)と *パリ大学神学部による *公会議首位主義の台頭．(4) イタリア・ルネサンス期の教皇庁の極度の俗化(*ユリウス 2 世と *レオ 10 世)，道徳的に問題のある教皇(特に *アレクサンデル 6 世)による教会財政の破綻．(5) 中世教会の三大悪である *聖職売買，*ネポティズム，聖職者の妻帯の流行．(6) ミサを司式するのみの司祭の横行とその知性・倫理面での低下．(7) 修道院の過度の蓄財と修道者間の上下関係における亀裂．(8) 信徒間にはびこる迷信と無知．(9) 都市興隆による封建制度の解体と，そこから生じる社会不安，特に騎士と農民の土地離れ，その貧困化，農民一揆．(10) *人文主義の興隆．スコラ的方法論の廃棄や，聖書の原典からの研究，新約聖書の自国語への翻訳．さらに福音の倫理基準への復帰が主張されたこと．(11) ドイツで活躍した神秘家たちによる宗教運動 *デヴォティオ・モデルナの隆盛．(12) *グーテンベルクによる活版印刷技術の発明とそれによる宗教書の普及．

【ルター】ルターは *エルフルト大学で文学士となり (1505)，*アウグスチノ会に入り，司祭に叙階 (1507)，*ヴィッテンベルク大学で聖書博士号を取得 (1512)，同大学で創世記に始まって，詩編 (1513)，ローマ書 (1515)，ガラテヤ書とヘブライ書を講じた．その間，アウグスチノ会員として修道生活に精進したが，自己の聖性と救いをめぐって極度の霊的不安に陥り，大いに苦悩した．しかし，1513 年，ローマ書の講義が始まり，パウロの説く *神の義と「義人は信仰によって生きる」(ロマ 1:17)の解釈のなかで，罪深い人間が神の前に義とされるのは，神の憐れみと慈しみ，すなわち *恩恵によってのみ(*ソーラ・グラティア)得られ，また救いは，人間の善行ではなく，キリストを信じる信仰によってのみ(*ソーラ・フィデ)得られると主張した．そこから，1519 年のローマ側との討論において，キリスト教における最高の権威は，聖書のみ(*ソーラ・スクリプトゥーラ)にあると主張した．この主張は，*アウグスティニズムと当時のアウグスチノ会学派神学の底流としてみられるものであった．

ルター神学の独創性は，その内容が高度に人格的で，*スコラ学の冷たさを脱却し，聖書的，現実的，実用的な側面をもつ点にあるとされる．しかし，人間の罪への隷属という点では *トマス・アクィナスや中世神学の伝統に従っていた．そればかりか，自己の修道生活内での救いに対する不安と苦悩の体験から打ち出された結論では，人間性は徹底して腐敗したもので，自由意志は盲目で働かず (〔ラ〕arbitrium caecum)，罪に完全に服従し，神に逆らう存在であるとされた．それゆえ，人間には功徳がなく，救いとは神の憐れみと信仰のみによって罪人である人間が義とされることだとする義認論に達した．したがって，人間は聖であると同時に罪深い存在 (simul sanctus et peccatus) なのである．しかし，ルターは *善業を否定したわけではなく，この神の義にあずかるため精一杯努力することを勧めている．

〔ルターと贖宥問題〕中世の神学者や心ある知識人は，教会があまりにも形式主義と唯物主義に傾いていることを憂慮していた．なかでも 16 世紀初頭，贖宥(*免償)の乱用が問題視された．贖宥は，信徒が犯した罪に対し受けるべき罰は，キリストや聖人の遺徳によって免責されうるとする，1343 年の教皇 *クレメンス 6 世の大勅書を起源とする．通常，贖宥は，受領者による善業や献金と引き換えに教皇から認められた．公式な教義はつねに，受領者側の内的悔悛の必要性を強調していたが，この贖宥が *煉獄の霊魂にも適用できるという解釈が一般的になり，その結果，罰の免償のために献金箱に金銭を

投入するたびに，煉獄で苦しむ霊魂が解放されるという，安直な考えと行為が広まってしまった．

この献金はローマの*サン・ピエトロ大聖堂の改築資金になるといわれたが，ドイツ教会ではブランデンブルクの*アルブレヒトが，教会法に反して*マインツと*マグデブルクの両大司教座に加えて*ハルベルシュタットの司教座を占有するため，これら司教区内での献金による贖宥を認めた．その頃，マインツ大司教区に隣接する地区のアウグスチノ会の責任者であったルターは，神学者として以前から疑問に思っていた贖宥制度の在り方と煉獄に関する問題を*九十五箇条提題としてまとめ，質問状の形で公表した．教会内での反応は鈍かったが，この質問状の噂は半月のうちにドイツ中に広まり，貴族から農民までが多大な関心を示し，やがてそれが反ローマ的気運を醸成していくことになる．

〔公開討論会〕当初ルターは，教会に反抗する考えをもたず，忠実なカトリックの司祭，修道士，神学者として行動した．1518年4月には*ハイデルベルクのアウグスチノ会聖堂で公開討議をもち，参加した同僚たちから賛同を得た．ローマ側では，イタリア問題で多忙だった教皇レオ10世は関心を示さず，*ドミニコ会に押しつける形で*テッツェルや*カイエタヌスをルターのもとに派遣した．ルターとカイエタヌスの会談は*アウグスブルクで行われたが，身の危険を感じたルターは逃走し，ザクセン選帝侯*フリードリヒ3世の保護下に入った(1518.10.20)．翌年7月，*ライプツィヒでJ.M.*エックと討論したが，会談は決裂した．1520年6月15日，ルターに対しついに*破門を警告する大勅書*『エクスルゲ・ドミネ』が発布された．この時点でルターはローマ教会と教皇への態度を硬化し，抗議の姿勢(プロテスタンティズム)を強め，当時マインツでグーテンベルクによって開発された活版印刷を用いて，全ドイツに自らの考えを訴えることにした．

〔声明三部作〕ルターの声明は革命的ともいえるもので，『キリスト者貴族に与える書』(1520.8)，『教会のバビロニア捕囚』(1520.10)，『キリスト者の自由』(1520.11)の3部からなっていた．

『キリスト者貴族に与える書』は，まず長期にわたるローマ教皇庁の介入に対するドイツの不満を繰り返し，次に教会全体の再編(Restruction)を呼びかけている．そのなかで，司祭の独身制，死者のためのミサ，その他の中世的伝統の廃棄を主張した．ルターの主張する改革は，教皇権を厳しく規制することで，初めて実行可能となるものであった．すなわち，教皇の世俗への発言は止めるべきで，その役割はキリスト教世界の霊的監督に戻るべきとしたのである．そのかわりに地域のキリスト教共同体(地方教会)が，それぞれ自己の問題に責任をもつべきで，自己の共同体の*教役者は，司教も含めて自分たちのなかから選出される必要があるとした．

『教会のバビロニア捕囚』のなかでは，伝統的カトリシズムが決定的に放棄されることと，教会の性格とその秘跡的組織についての新しい理論の要約が述べられた．使徒伝来のカトリックの概念は退けられ，受けた洗礼の効果を保持する信徒全員に共通の祭司職(*万人祭司説)が最高原理として主張された．どの秘跡も，受ける側の信仰から切り離して効果をもつことはないといい，秘跡としては*洗礼と*エウカリスティア(*聖餐)の二つしか認めなかった．*叙階の秘跡に関しては，集会の秩序を維持し運営するための手段にすぎないとした．

〔民衆の反応〕ルターの主張が形成されていく際に民衆が好意的であったのは，カトリックの洗練されてはいるが複雑な仕組みと比べると，ルターの主張の明快さが一層際立っていたからである．ルター派では福音は単純なものとされ，華々しさや儀式ばったものはなく，聖職者と俗人の間にも区別はないとされた．

ルターの新しい礼拝様式も，この単純明快さの点では軌を一にした．カトリックのミサの本質的部分だけを残して，ほかはすべて剝ぎとられ，民衆の言葉に直すことでわかりやすいものにされた．このため，ルター自身多くの新しい賛美歌を作詞・作曲し，それを心を込めて歌うよう教え，集会全体の参加が強調された．*説教は今や礼拝の中心部分となり，熱心な説教者が壇上から静まり返る会衆に向けて，霊の助けのもとに感動を起こさせるみことばの解説を行った．また，会衆はパンばかりでなくぶどう酒を拝領し，特にパンは自分の手でとるよう勧められた．

〔ルターの破門〕1520年12月にルターは，*ヴィッテンベルクで教授・学生とともに前記の大勅書と教会法令集を焼却して，気勢を揚げた．翌1月3日，ローマはルターに破門を宣告した．4月には皇帝から*ヴォルムス帝国議会に召喚されたが，ルターは信念を曲げることなく，両者の対立は決定的なものとなった．法的保護を奪われた彼は，フリードリヒ3世の庇護のもとヴァルトブルク城にかくまわれるなかで，ドイツ文学界に名をとどめる新約聖書の翻訳に従事した．

ルターの運動は野火のように燃え広がり，ドイツの*自由都市では一斉にこの新しい宗教を公式に宣言し，次いで選帝侯たちがこの信仰を受諾した．しかし，カトリックとプロテスタントのいずれを選択するかでは，個人の動機は混乱していた．この選択の動機が純粋に宗教的要因によるものか，あるいは非宗教的(政治・経済など)なものかを判別するのは歴史家にとっても容易ではない．しかし，*ルター主義の発展の初期に最も活躍した運動家は，還俗した聖職者や修道者であった．

ところで，日常生活の上での差し迫った信仰上の要求は有無をいわさぬものがあった．個々の改革者は新たな教会と信仰生活の実現のために，あらゆる具体的な事柄を考慮しなければならなかった．ルター派に改宗した司祭たちは妻帯を始めた．教会の在り方と仕組みについて決断が下される必要があるばかりか，教役者の訓練も急ぐ必要があり，また，新しい集会が組織化される必要もあった．というのも，多数の者が，ルターの倫理的・宗教的理論が新しい教会組織を創出することで保持され，さらに実用に供せられるようになると考えていたからである．各地で徐々に新しいプロテスタント集会が，古い*小教区に対立する形ででき始めた．信者全員が祭司職にあずかるとするルターの万人祭司説にもかかわらず，教役者たちに指導が任されるのは避けられず，彼らは明らかに聖職者として振る舞い，やがて古い教会と同じ路線で自らの教会を聖職者制に変えていった．

〔皇帝の和解工作〕1521年から30年までの*カール5世のドイツ不在は，プロテスタント運動の結束に益するところは大きく，諸侯はカトリックとプロテスタントの両派に分かれ国内では緊張が続いた．皇帝は一方でフランスと戦い，他方でトルコの侵入にも備える必要があったので，ドイツ諸侯の支持を得るためにも，この宗教運動を強引に抑え込むことはできなかった．ルターのヴァルトブルク滞在中，ヴィッテンベルクでは*カールシュタットによって過激な改革運動が始まり，*農民戦争(1524-26)へと発展していった．また，カトリック教会

しゅうきょうかいかく

と戦う一方で，*再洗礼派との対立もあり，さらに*エラスムスとの間では自由意志論をめぐって激しい論争が行われていた．1530年，カール5世は*アウグスブルク帝国議会で両派の和解工作に乗り出したが失敗，プロテスタント諸侯と諸都市は翌年*シュマルカルデン同盟を締結し，皇帝は*ニュルンベルク和約によって公式にこれを認めるのを余儀なくされた(1532)．1541年の*レーゲンスブルク宗教会談はローマ側の譲歩がみられず，失敗に終わった．両者の抗争が激化するなかで，カール5世は，武力による鎮圧も平和的手段による和解も不可能なことを知り，*アウグスブルク宗教和議(1555)により地域諸侯の宗教決定権(「領主の宗教は領民の宗教」cujus regio, ejus religio)が明確に認められると，一応の妥協が成立した．

【プロテスタントの分裂とツヴィングリ】プロテスタント諸派における最初の分裂は，聖餐式の解釈をめぐって起きた．スイスに宗教改革をもたらした司祭*ツヴィングリは，「これは私の体である」と書かれた言葉をめぐって争い，ルターと袂を分かった．ツヴィングリが*実体変化の教えを忌避したにもかかわらず，ルターは，いまだイエスが肉体的または客観的現存によって，主観的感情や考えにとらわれず，パンとぶどう酒のうちに真に存在するという伝統的解釈にとどまっていたからである．ツヴィングリは逆に，パンとぶどう酒の外観のもとにイエスが単に象徴として現存すると主張した．1529年10月の*マールブルク会談において，聖餐論に関する両者の同意は得られず，しかも聖書のみという原則も，了承を得るうえで充分ではないとされ，未確認のままにとどまった．

ところで，この分裂はしばしば誇張されたきらいはあるようだが，実際には，三つか四つのタイプが出てくるにすぎない．まずルター派，次に再洗礼派，クェーカー派(*キリスト友会)，バプティスト派(→バプテスト教会)などの急進的諸派，ほかに*反三位一体論と合理的*敬虔主義で，彼らは批判的研究と神秘的信仰を強調したが，その最後に*カルヴィニズムが登場する．

〔スイスの宗教改革〕スイスの宗教改革はツヴィングリによって1519年1月に始められた．1520年，彼は病に倒れ，その回復期に信仰による義化と聖書の権威を強調するようになった．このような主張は，徐々に彼をそれまでのカトリックの慣行，教皇の権威，司祭の役務などに反対する立場へと向かわせた．1523年に開かれた2回の討論の末，市当局は*チューリヒを福音派の町とすること，また聖堂からの聖画像の撤去とミサの廃止を決定した．ツヴィングリはルターの福音的理論は受け入れたが，主の晩餐の解釈，礼拝中の音楽の使用，社会における教会の役割に関しては異なる見解をもっており，ルターの著作の一部を否定した．ツヴィングリの働きは*ブリンガーによって継承されたが，彼らの後継者はスイスの*改革派教会に統合されていった．

【再洗礼派】プロテスタントの第三の枝は，再洗礼派，すなわちアナバプティスト運動である．これは，改革派，ルター派，アングリカン派以外の宗派や個人のすべてに適用されてきたが，近年になってようやく，この運動に含まれていたさまざまな宗派の複雑な関係が分析されるようになった．再洗礼派には，*シュヴェンクフェルトのような神秘家，*セルヴェトゥスやF.*ソッツィーニのような合理的な反三位一体論，スイス兄弟団などがある．チューリヒを本来の拠点とし，初期にはツヴィングリの友人であるグレーベル(Konrad Grebel 1498頃-1526)，マンツ(Felix Manz 1500頃-1527)，ブラウロク(Georg Blaurock 1492頃-1529)などの大学出身者の指導のもと，ルターらの改革は不徹底なものであるとして，信ずる者の洗礼と教会の市当局による支配からの解放を主張した．また，スイス兄弟団の基本的主張は，洗礼を受けた信者によってのみ構成される教会，教会の国家からの自由，それに愛の倫理であった．*幼児洗礼は正しい洗礼ではないと信じる人々は，責任を負える年齢に達した人だけに洗礼を授け，そのような人だけが教会に属すとした．聖書の*字義通りの意味を信じる彼らは，誓いを立てるのを拒み，聖書が殺すのを禁じているとして，軍務に服するのを忌避した(→良心的兵役拒否)．また，市の役人の義務がキリスト教の原則に反することを行うよう促すとして，市政における役職につくのに反対した．彼らの信仰は公的秩序に脅威を与えるとみなされ，その結果として起きた激しい迫害により，幾千人もが溺殺刑や火炙り，絞首刑に処された．それにもかかわらず信者数は増え，ポーランドやモラヴァ(Morava, 現チェコ東部で旧称モラヴィア)などに移住した彼らの理想は*ボヘミア兄弟団(後の*モラヴィア兄弟団)や*メノナイトによって継承されていった．

【カルヴァン】世界的プロテスタンティズムの創始者といえるカルヴァンは，司祭職を目指しパリで神学を学んでいたときにルターの改革運動とその福音主義に傾倒し，プロテスタンティズムへの道を歩み始めた．中世の贖罪の仕組みを通して良心の平安をみいだせなかった彼は，キリストの贖罪に関するルターの斬新な教えによって平安と歓びをみいだし，教会における種々の悪弊を正そうとする改革者の意図がキリストの教会の分裂を図るものではないと確信する一方で，教皇制が聖書によって保証されてはいないことを主張した．やがて彼はフランスにおけるプロテスタント運動の先頭に立ち，ミサの廃止を訴える「プラカード事件」に対する当局の追及をかわすため，*バーゼルに脱出した．

1536年，彼がラテン語で著した『キリスト教綱要』は，プロテスタントの教義をわかりやすく紹介した手引書として爆発的な売れ行きをみせ，これが自身の手でフランス語に訳された時点で彼の指導者としての地位は確固たるものになった．

〔ジュネーヴ改革〕1536年，カルヴァンは，ジュネーヴのG.*ファレルに請われて，同市を「よく整えられた規則正しい」教会に改革する仕事に取り組むことになった．しかし市側の激しい反対に遭って，一時この運動は挫折し，彼と同志たちは追放された．

その後，3年間の*ストラスブール滞在中，ルター派の元ドミニコ会員M.*ブーツァーと出会い，神学と典礼の両面にわたって大きな感化を受けた．1541年9月，カルヴァンはジュネーヴ市から要請され，再度同市の改革に取り組んだが，このとき市議会に提出された『教会規程』が後の同派の発展に繋がった．この『規程』と『綱要』によって，牧師，教師，長老，助祭で構成される牧会組織が定着し，厳格な規律によって全世界への進出の道が整えられた．さらに，1559年に創設された，教役者を志す者に完璧な教育を施すことを設立趣旨とするジュネーヴ・アカデミーは，世界的伝道への強力なセンターの役目を果たし，多くの学生が改革教会の基盤となる神学を学ぶため，各地から集まってきた．

〔カルヴァンの宗教思想〕カルヴァンは，プロテスタンティズムの傑出した神学者として，大半の非ルター派プロテスタント教会の神学の発展の基礎を据えた．彼は

ルターの後継者と自任し，聖書だけが救いの唯一の源泉で，信仰によってのみ救われ，また信者は誰もが司祭職にあずかるとするプロテスタントの基本原理を踏襲した．ウェンデル（François Wendel）はその著『カルヴァン』のなかで，「ルターの信仰の義認と信仰による再生の中心的教えは，他の改革神学者の誰よりもカルヴァンによって忠実に守られ，しかもより強力に打ち出された」という．

しかし，カルヴァンの理想が完成の域に達した時点で，ルターとの間に幾つかの重要な問題（主の晩餐，聖書の正典，予定論，教会論，キリスト論，秘跡論）に関し，明らかな相違のあることがわかった．

キリストの教えを総括する際，カルヴァンは一貫性を論理的に究極まで推し進める，厳格な組織的思想家とみなされがちである．事実，彼は自らを聖書の老練な解釈者とみなし，聖書の使信全体を完璧に翻訳しようと努め，さらにその聖書が，救いに必要なことのすべてを含んでいる事実を強力に主張した．彼は聖書の注解において，逆説を分析したり，論理上の緊張関係を発見しようなどとはせず，むしろ聖書の一貫性を重視したのである．

彼はこの聖書の一貫性を強調するため，神の絶対的超越性と，全き他者性，その神秘性，理解しがたい実体，測り知れない意図，探ることのできない神慮を主張した．神は隠れたる神なのである．神の救いの認識は，聖書においてのみみいだされ，我々が尊敬や信仰，愛をもってそれを認めるときだけ，これをみいだすことができる．神は聖書においてのみ，その意味の中心で，しかも内容全体であるイエス・キリストを通して，自らを現すのである．

人間はいかにして聖書が真正であることを知るか．カルヴァンによれば，我々に語りかけられる神の言葉は聖書のなかで認識することができるが，それは聖霊の内的証言を通してのみ可能となる．聖書は確かな順序で万物を統括する神の主権を証明し，さらに神が，その摂理によって万物を支配する統治者として自らを現すことを教えている．激しい攻撃の的となったカルヴァンの予定論（→予定）も，以上の考えをその根底にもっていた．たとえカルヴァンが，この点で聖書の簡潔な要求以上のことに言及していたにせよ，神の救いの恵みの絶対的無償性，すなわち人間の功徳や行為などをはるかに凌駕する神の恩恵の絶対性を強調するために，予定論を打ち出す必要があると感じていた事実を，我々としても想起する必要がある．

原罪論に関しても，カルヴァンは他と同様に，アウグスティヌスの線を保持していた．カルヴァンは，原罪を通して人間は全く腐敗したものとなり，神に対して罪を犯すことしかできないと教えている．人間はこのような苦境から，唯一の仲介者であるイエスに対する信仰によって救われる．しかし，人間がこの信仰の働きを発動させるわけではなく，この働きの主体は聖霊なのである．『綱要』で述べられたように，信仰とは「我々に対する神の好意の，強固で確実な認識であって，キリストにおける拘束されない約束の真実の上に据えられ，しかも，我々の思考を明らかにし，聖霊によって我々の心を確固たるものにするのである」（III, 2, 7）．信仰は人間的信頼関係のなかに，キリストと我々を結びつける．しかし，この信頼自体には何の価値もなく，キリストの義を我々が自由に獲得するための手段にすぎない．しかも，それはキリストの義としてとどまり，我々に転嫁されるにすぎない．

義認論に関して，カルヴァンはルターと違って義認ばかりでなく，人間の側の成聖をも強調した．このことは，我々が義において内的に成長するばかりでなく，自らの無能さや罪深さをよく悟ることを意味している．それは，我々自身が果たすべきことを代わって成し遂げるキリストに，一層緊密に結びつくためである．義認されてからも，我々の働きはまだ罪によって汚されるが，それにもかかわらず，神はそれを受け入れる．神は罪人を義認するばかりでなく，二重の義認といわれる過程を経て，義人とされた人をさらに義認するのである．

この流れのなかでカルヴァンは，再生を説明している．我々は罪人でありながら，キリストと結ばれるかぎり，*聖性に向かうものとなる．キリストが我々に与えるこの恵みはあらがうことのできないもので，とりわけ自制し，来るべき生命を期待して用意を整えているならば，おのずと明らかになるものである．

キリスト論に関してカルヴァンは，*父なる神や聖霊とのキリストの同質性や，キリストの神性と人性の人格的結合などの古代の教会会議の教義を認めるなど，伝統的な教えを忠実に継承していた．

〔カルヴァンの教会論〕カルヴァンは，教会が救いの道をたどる弱く不安定な人間を支えるため，神によって考えられた手段，すなわち神の意志による集団であるとして，その重要性を強調した．彼にとって究極の教会とは，神の選民の全体からなる不可視的存在であると同時に，信者を一つの小教区に集めるという意味で可視的なものでもあった．ルターの忠実な弟子を自称する彼によれば，真の教会のしるしは単純かつ明快なものである．すなわち教会とは，神の言葉が宣べ伝えられ，キリストの制定に従って秘跡が授与されるところなら，どこでも存在するのである．そこから，教会は司教が継承するところにのみ存在するという，ローマ側の見解は退けられた．カルヴァンによれば，それは組織面のみを重視する見解で，あまりにも機械的であり，教義の連続性や純潔さの点では不十分なものであった．彼は教会をみことばと秘跡によって存在させたのは，ほかならぬイエスその人と強調し，聖書で明示された洗礼とエウカリスティアのみが秘跡であると説いた．

カルヴァンは，ローマ・カトリック教会の秘跡論でいわれる，秘跡がそれ自体の恵みを授ける「事効性」（→エクス・オペレ・オペラート－エクス・オペレ・オペランティス）に反対し，受ける側の信仰の重要性と並んで，信徒と神との間の人格的対話としての秘跡の役割を強調した．また，秘跡の執行にはつねにみことばの説教と伝達を伴う必要があると考えていた．

エウカリスティアに関しては，カルヴァンはツヴィングリとルターの間で交わされた*聖餐論争の調停に努める，親友ブーツァーの神学を支持した．ルターは，パンとぶどう酒におけるキリストの体の客観的現存を主張したが，ツヴィングリは，象徴する記念としてのみ存在すると説いた．ブーツァーは両説を調和させて，神の賜物はパンとぶどう酒「において」とか，「下で」ではなく，「とともに」与えられたとする説を好んで使い，パンが食べられるとき，神の賜物は信者の魂へと移っていくと説明した．このブーツァーの教えは，しだいに非ルター派プロテスタンティズムの古典的教理として定式化されていった．カルヴァンはブーツァー説を採用し，パンとぶどう酒は，我が主イエス・キリストが自ら我々にその体と血を授けるための手段であり，エウカリスティア

(聖体)は，霊的現実を把握するための単なる心理的助けではなく，神が自らの約束を成就するための手段であると説いた．また，エウカリスティアにおけるキリストの現存は，客観的で現実的な存在であるとされた．

【カルヴァンの後継者たち】カルヴァンの葬儀に際してはジュネーヴ「全市がこぞって，涙のうちに彼を送った」といわれる．ジュネーヴを中心としたカルヴィニズムは，特にスイスで勢力を伸ばし，カルヴァンとツヴィングリの後継者ブリンガーの影響のもとに新たに第1 *スイス信仰告白(*バーゼル信条)が作られ，そこから第2スイス信仰告白が生まれ，バーゼルとヌーシャテル(Neuchâtel)を除くスイス全州で広く受け入れられた．

カルヴァンの死後，ドイツでも選帝侯フリードリヒ3世のもとで*プファルツに根を下ろしたが，やがて著名なカルヴァン派の学者*ウルジヌスと*オレヴィアヌスが*ハイデルベルク大学に招かれ，この二人がまとめた*ハイデルベルク教理問答は，ドイツはもとよりポーランド，ボヘミア，ハンガリー，モラヴィアなどで改革教会の信仰告白となった．ドイツでは，ブレーメン(Bremen)，アンハルト(Anhalt)，ヘッセン(Hessen)のほか*ブランデンブルクで教勢が拡大した．

フランスでは，カルヴァン派は*ユグノー教徒と呼ばれ，カトリックとの間の激しい抗争により，国土は荒廃した．しかし，皇太后*カトリーヌ・ド・メディシスの命による*サン・バルテルミーの虐殺によって，ユグノーは一夜で数千人の同志を失い窮地に立たされた．しかし，残された人々は，ナヴァール王アンリのもとで結束を固め戦いを続けた．後にアンリは*アンリ4世としてフランス国王に即位，国家統一のためと称して，カトリックに改宗した．しかし，彼の発布した*ナント勅令(1598)は，ユグノーに良心の自由を保証した．

カルヴァンの他界した1564年，すでにカルヴィニズムはネーデルラントの17州(今日の主にオランダ，ベルギー，ルクセンブルク)で大きな勢力となっていた．しかし，当時この地方は，スペイン人の王*フェリペ2世の統治下にあって，重税やスペイン軍団の横行，高圧的教会行政に苦しんでいた．反スペインの抵抗運動の主領オランィェ公*ヴィレム1世のカルヴァン派への改宗によって，独立の気運が高まり，彼が暗殺された後，息子マウリッツ(Mauritz, 1567-1625)がスペイン軍団を駆逐，ネーデルラント北部7州でカルヴィニズムによるオランダ共和国の基礎を確立した．

スコットランドでもカルヴィニズムは大きな成果を収めた．最大の貢献者はJ.*ノックスで，彼はジュネーヴでカルヴァン自身に師事した．ノックスは若年の頃から改革思想に共鳴し，スコットランドで司祭に叙階された．スコットランドの首座大司教で枢機卿のビートン(David Beaton, 1494頃-1546)の暗殺後，セント・アンドリューズ城を占拠したグループに加盟したが，フランス軍の攻撃に敗れ捕虜となり，19か月ガレー船の漕ぎ手として酷使された．漂泊の後，ジュネーヴのカルヴァンのもとに落ち着き，1559年に*メアリ・テューダーが没すると，他の同志とともに帰国．1560年7月6日のエディンバラ条約に基く英仏両軍の撤退と，摂政ギーズのメアリ(Mary of Guise, 1515-60)の死により，議会が改革路線に乗るのも容易になった．ノックスと同志たちは，カルヴァンの基礎的教義を忠実に模した第1スコットランド信仰告白を議会に上程すると同時に，その採決に成功した(1560.8.17)．これは，1647年に*ウェストミンスター信仰告白が採択されるまで*長老派教会の信仰告白の基準として使用された．

カルヴァン派の礼拝規則書は1564年に承認された．1561年，スコットランド女王として即位したカトリックの*メアリ・ステュアートは，カルヴァン派がこの地で確固とした地歩を占めているのに気づくと，ノックスの説得と対抗勢力の懐柔を図った．ノックスは，一時メアリによってイングランドの城塞に幽閉されたが，メアリの亡命に伴い1567年に改革派教会が復興されると，ノックスのスコットランド内での活動も再開され，1572年，改革教会の定着を見届けて息を引きとった．彼の死後，ステュアート家の歴代の王はスコットランドに*監督教会の制度(主教制)を導入しようと努力したが，スコットランド教会は今日に至るまでカルヴィニズムによる*長老制を頑強に守り通している．

【文献】キ史5; EDR 3: 2991-94; LThK² 8: 1069-82; LThK³ 8: 930-49; NCE 12: 174-90; SM(E) 5: 215-33; R. ストフェール『宗教改革』磯見辰典訳(白水社1970): R. STAUFFER, La Réforme (Paris 1970); J. ロルツ『教会史』神山四郎訳(ドン・ボスコ社1976): J. LORTZ, Geschichte der Kirche in ideengeschichtlicher Betrachtung (Münster 1932 ²³1965); T. ボーケンコッター『新世界カトリック教会史』石井健吾訳(エンデルレ書店1992): T. BOKENKOTTER, A Concise History of the Catholic Church (New York 1977 ²1990); A. フランツェン『教会史提要』中村友太郎訳(エンデルレ書店1992): A. FRANZEN, Kleine Kirchengeschichte (Freiburg 1988); F. WENDEL, Calvin (New York 1963); J. M. TODD, Martin Luther, A Biographical Study (London 1964); J. P. DOLAN, History of the Reformation (New York 1965); J. LORTZ, The Reformation in Germany, 2 v. (New York 1968); E. ISERLOH, The Theses Were Not Posted: Luther between Reform and Reformation (London 1968); K. G. STECK, Luther für Katholiken (München 1969); G. RUPP, Patterns of Reformation (London 1969); G. EBELING, Luther (London 1970); S. OZMENT, The Age of Reform 1250-1550 (New Haven 1980); S. H. HENDRIX, Luther and the Papacy (Philadelphia 1981); H. A. OBERMAN, Luther, Man between God and Devil (London 1982); G. YULE, ed., Luther (Edinburgh 1985); B. LOHSE, Martin Luther (Edinburgh 1986); H. A. OBERMAN, The Dawn of the Reformation (Edinburgh 1986). (石井健吾)

しゆうきょうかいせいど　私有教会制度〔英〕proprietary church, 〔独〕Eigenkirchentum, Eigenkirchenwesen, 〔仏〕propriété ecclésiastique　*祭壇とその敷地を中心とする教会の建物およびすべての付属物が，主として世俗の王侯・荘園主等(ただし後には*司教・*修道院も含む)の私的所有権に服し，教会財産の処分(売買・交換・贈与・相続等)，さらに教会に固有な聖職任務の遂行・*聖職者の任免等までその支配を受ける体制．7世紀頃からヨーロッパ各地にみられ，9-10世紀を盛時とする．その起源を古インド・ゲルマン系家父祭司制に求める説と，荘園制に求める説との間に論争がある．私有者の多くは教会(〔ラ〕ecclesia propria, 〔独〕Eigenkirche)を私企業とみなし，教区司教を無視してこれを己の殖財に利用した(空位期間収入取得権〔ラ〕ius regaliae, 聖職者遺産接収権 ius spolii, *聖式謝礼の徴収権 iura stolae, *十分の一税の徴収権 ius decimationis 等)．

この制度は *司教区の統一を失わせ，在来の教会秩序に重大な脅威を加えるものであった．*教皇庁は *グレゴリウス改革の闘争を通じ上級教会について俗人教会支配禁止の原則を貫徹し（1122年の *ヴォルムス協約），また12世紀後半には教会保護権（ius patronatus）を制定して下級教会についても私有教会制を漸次解消へと導いた．ただし修道院の教会私有は *教会法により公認され，俗人私有教会の寄進を受けて著しく増大していった．私有教会制は中世初期教会史を特徴づける重要な事象であって，教会法の発達に大きな刺激を与えた（司教権の法的整備，*聖職禄の制度等）．
【文献】Feine 160-290; U. シュトゥッツ『私有教会・教会法史』増淵静四郎，淵倫彦訳（創文社 1972）1-96: U. STUTZ, *Die Eigenkirche* (1895; Darmstadt 1964); A. ドプシュ『ヨーロッパ文化発展の経済的社会的基礎』野崎直治，石川操，中村宏訳（創文社 1980）683-96: A. DOPSCH, *Wirtschaftliche und soziale Grundlagen der europäischen Kulturentwicklung*, v. 2 (²1924; Aalen 1961) 230-46; U. STUTZ, *Geschichte des kirchlichen Benefizialwesens* (1895; Aalen ³1972).　　（加賀美久夫）

しゅうきょうかいだん　宗教会談〔独〕Religionsgespräche　宗教会談は初代教会の終わり，5世紀初めの *ドナトゥス派をめぐるものなどが知られているが，主に *宗教改革の時代のそれを指す．1520年以来，主として世俗当局の主催のもとで開かれたスイスから各地に及ぶ神学討論をもいうが，通常宗教会談といえば，宗教改革者とローマ・カトリック教会との間で一致と調和を求めて，1530年代終わりから40年代にかけてもたれた会談を指す．この宗教会談には *ルターは参加せず，*メランヒトンが死に至るまで参加したほか，両陣営から一致を目指す神学者が出た．皇帝 *カール5世もこれに関心を示した．*ライプツィヒ（1539），ハーゲナウ（1540），*ヴォルムス（1540），*レーゲンスブルク（1541）で開催され，レーゲンスブルクでは教皇特使である枢機卿 *コンタリーニとメランヒトンの間で，義認論について一致もみたが，両陣営の同意を得られず，教会再一致というカールの宗教政策は不発に終わった．
　　　　　　　　　　　　　　　（徳善義和）

【現代における宗教間の対話と協力】〔理念〕世俗社会における技術的・文化的変化によって，人間の世界が縮小化され，そのなかで皆が相互に依存するような，いわば「地球村」または「宇宙船地球号」という意識が生まれるにつれて，今までそれぞれ自分の世界のなかに閉じ込もって，ほかを無視してきた諸宗教も顔と顔を合わせ，互いの存在を承認せざるをえなくなった．そういう状況のなかで他宗教との交流の必要性の実感が地下水のように流れてきて，それに促されてすでに諸宗教間の出会い，対話，協力の試みが出現するようになった．これは，現代の物質主義や *世俗化に対して危機感を抱いた宗教者が，それに打ち勝つためには宗教勢力の大同団結が求められると考えたことに一因がある（共同的・自己防衛的態度）．確かに対話・協力への願望は自らの宗教の現状に対する危機感とある程度比例してはいるが，宗教間の対話に参加する人々の大多数は，この活動がもたらすはずの結果や利益を追求するよりも，むしろ革命的時代が文化のさまざまな領域に投げかけている挑戦を積極的に受け止めているにすぎないともいえる．
　宗教の還元されえない多様性に対する自覚は，地域，あるいは宗教によって大きく異なる．諸宗教の多様性理解に関して，諸宗教間の協力に影響を及ぼすような重要な点を二つだけあげよう．(1) まず忘れてはならないのは，今日の諸文化の多元的出会い以前に，数世紀にわたって，西洋の拡張的文化があらゆる異文化圏に一方的に進入した時代があったということである．その結果，今日の変化は，西洋以外の文化圏では西洋人とは別の形で経験される．すなわち，西洋人以外にとって現代は主として逆行の時代として感じ取られる．キリスト教をも含む西洋文化の猛襲の時代から自己の文化的・宗教的価値を再肯定する時代へと戻るからである．(2) 西洋のキリスト教徒にとって，他宗教は今初めて本当の意味で存在するようになったといえるが，ほかの多くの民族は植民地時代以来，キリスト教の存在を認めざるをえなかった．また東洋の多くの国々は昔から自己のなかに二つ以上の宗教を抱えていたので，独自の共存法を編み出してきたことも無視できない．
　カトリック教会に限っていえば，画期的だったのは，第2 *ヴァティカン公会議が他宗教に対する従来の否定的姿勢を改めた結果，他宗教を神の救いの働きの可能な媒介者として認め，信徒に対話を勧めたことである．「カトリック教会は，これらの諸宗教の中に見いだされる真実で尊いものを何も排斥しない．これらの諸宗教の行動と生活の様式，戒律と教義を，まじめな尊敬の念をもって考察する．それらは……すべての人を照らす真理の光線を示すこともまれではない．……したがって，教会は自分の子らに対して，キリスト教の信仰と生活を証明しながら，賢慮と愛をもって，他の諸宗教の信奉者との話し合いと協力を通して，かれらのもとに見いだされる精神的，道徳的富および社会的，文化的価値を認め，保存し，さらに促進するよう勧告する」（『諸宗教宣言』2項）．公会議のこの大胆な発言は神学に二重の大きな課題を残した．第一の課題は，対話・協力の活動は教会の宣教活動とどう両立し，それにどう影響するのか，第二に，この新しい評価と態度はどう神学的に基礎づけられるのか，ということである．その問題に答えようとする試みとして *諸宗教に関する神学が生まれた．
【実践】世界の大宗教間の相互関係や態度にごく簡単に言及しよう．*ヒンドゥー教は，理論面では汎包括的になりがちであるかわりに，実践においてはヒンドゥー教をインド人のアイデンティティと同一視する態度をみせる．*ユダヤ教がイエスをユダヤ人として再評価する傾向をみせる一方で，キリスト教側からは *モーセとの *契約の継続的有効性を認めるとともに，旧約聖書のユダヤ的解釈を尊重する動きが出ている．イスラム諸国においては，イスラムの国際的力への目覚めと *原理主義の強い波がみられるので，イスラムのキリスト教に対する対話は，主として西洋で活躍する学者に限られている．*仏教は，植民地時代を突破して，国別の仏教から国際的運動に脱皮しようとし，西洋に進出し始めた．仏教とキリスト教との違いは特に大きいので，キリスト教にとって仏教との対話は非常に大切である．仏教徒の態度は概して寛容なので，その対話は比較的容易であるといえる．
〔日本における諸宗教間の対話と協力〕日本で諸宗教間の対話が比較的活発であるのは，明治維新以来，日本が東西両文化の著しい出会いの場となったためであり，また，日本には古くから多くの宗教や宗派が存在して，相互に共存の仕方を（第2次世界大戦の終わりまで国家の指導のもとに）探求してきたためにある．最近30年間の対話のなかでは，キリスト教が最も積極的態度をとっ

ているばかりではなく，ヴァティカンの力もあって，特権的な場所を与えられているとさえいえる．にもかかわらず，キリスト教におけるその活動の担い手は，日本のキリスト教会そのものではなく，少数の学者や活動家であるのが実状である．対話を目的とする組織としては，*日本キリスト教協議会の宗教研究所(京都)，上智大学キリスト教文化・東洋宗教研究所(東京)，オリエンス宗教研究所(東京)，南山大学宗教文化研究所(名古屋)，生命山カトリック別院(熊本)の五つがあげられる．日本においてキリスト教との対話を進めているのは，仏教の諸宗派と *神道，および数多くの新宗教である．

上述の外交的ともいえる対話のほかに，日本における諸宗教間の対話は次の三つに類別できる．(1) 教理のレベルでの対話(哲学・神学的アプローチ)．まず多元的なものとしては，1971年以来毎年2回さまざまな宗教の指導者や学者を集め，共に現代社会の問題を論議する場を与えた「現代における宗教の役割研究会」(コルモス)がある．二つの宗教の間の対話の大多数は，上述の研究所が「キリスト教と特定の他宗教」の形で開く会議によって占められる．しかし，学問としての仏教・キリスト教の比較研究は，対話時代のはるか以前から盛んであって，なかでもいわゆる「京都哲学派」が非常に重要な役割を果たしてきたことは注目に値する．その功績に基づいて，両宗教の相互関係の研究をさらに深めようとする組織として，国際学会である仏教・キリスト教研究学会 (Society for Buddhist-Christian Studies) と姉妹関係にある東西宗教交流学会が毎年夏に大会を開いている．(2) 社会活動における協力．宗教は，個人ばかりでなく社会そのものに対しても使命をもつことは日本の宗教界一般ではあまり認められていないので，このレベルでの協力はまだ乏しいといえる．(3) 実践(実行)のレベルでの対話(経験的アプローチ)．諸宗教の接点が，教理よりも宗教的経験のほうに存するという確信上，仏教とキリスト教の修行者(主として出家，修道士)を合わせ，霊的交流を目指す試みもみられる．主なものとして，1967年以来毎年開催されている「禅・キリスト教シンポジウム」と，1979年に発足した「東西霊性交流」というプログラムがあり，*愛宮真備の始めた，いわゆる「キリスト教的禅」の運動も注目に値する．

【文献】高柳俊一「カトリックの『諸宗教の神学』の形成と展開」『日本の神学』22 (1983) 34-60; 田丸徳善他「キリスト教と宗教をめぐって ― シンポジウム」『日本の神学』22 (1983) 199-244; 古屋安雄『宗教の神学 ― その形成と課題』(ヨルダン社1985); 中央学術研究所編『宗教間の協調と葛藤』(佼成出版社1989).

(J. ヴァン・ブラフト)

じゆうきょうかいれんめいきょうぎかい　自由教会連盟協議会　Free Church Federal Council
イギリスの自由教会連合運動の結果生まれた協議会. 1892年のマンチェスター(Manchester)における連合会議の決議により1896年に結成された全国自由教会協議会と，1919年に結成された福音主義自由教会連盟協議会とが1940年に合同し結成されたもので，*自由教会を代表する協議会.
【文献】キ大 506; ODCC³ 640.　　　　(高橋章)

しゅうきょうがく　宗教学　〔英〕science of religions, 〔独〕Religionswissenschaft, 〔仏〕science des religions
【概要】人類社会にみられる諸種の宗教現象について，客観的な立場から，経験的な資料に基づいて研究する学問のこと．通常，いずれか特定の *宗教を背景とし，また対象とする神学や，宗教の事実よりも原理ないし本質の追求を主とする *宗教哲学から区別される．
【位置と特徴】日本語でも，これに対応する幾つかの外国語の名称でも，宗教学を宗教についてのあらゆる研究の総称として用いることは可能であり，実際に一部では行われている．ただ，この広義の用法では，宗教学の立場や特徴が必ずしもはっきりしないきらいがある．それを明らかにするには，上記のようにやや狭く解するとともに，同じく宗教を扱うほかの種類の研究との関係を検討してみることが必要となる．

〔神学〕宗教についての何らかの形での反省や知的な探求は，すでにかなり早くから認められる．集団としての形が整い，教えが確立しているような宗教の場合，この傾向は特に著しい．そのような宗教では，自らの信仰の内容を明確にして伝承を助け，また場合によっては，競合する他宗教との違いを強調するという実際的な必要から，この種の論議が発達することが多い．その代表的な例が *キリスト教の *神学である．ラテン語の神学 (theologia) という呼称は，いうまでもなくギリシア語からとられたものであるが，中世以後，少しずつ体系的な学問の体裁を備え，今日に至った．そして，これに類する営みはほかの多くの宗教，とりわけ *イスラム教, *仏教などのいわゆる *世界宗教においてもみることができる．

これらの知的な営みに共通するのは，それが研究者の属するある特定の宗教を基盤とし，また対象としているという点である．ときにほかの宗教に言及するにしても，それは他を論破して自己の信仰の正しさを示すという，護教のためにほかならない．つまり，神学はある信仰共同体の内側からする学問であり，その価値規範に制約される．しかし宗教学は，このいずれの点でも異なった立場に立つ．それは，何か特定の宗教のみを対象とするのではなく，少なくとも二つ以上，最終的には人類社会のすべての宗教を視野に収め，しかもそれらを等しい価値を有するものとして，中立的に扱おうとするのである．近代の宗教学の初期によく用いられた *比較宗教学という名称は，このような基本姿勢と方法とを意味していたといえる．

〔宗教哲学〕このように，多くの宗教を公平に比較考察することが可能となるのは，概して幾つかの要件が充たされた場合においてである．そのためには，一方で多様な宗教の存在についての，ある程度の知識の蓄積が前提とされる．と同時に，他方では，特定の宗教の価値規範にとらわれない，自由な探求の精神がなければならない．これらの二つは，必ずしもつねにではないにせよ，実際にはしばしば並行し，互いに相乗的に作用することが少なくない．歴史上でみれば，古代のいわゆるギリシア啓蒙期や(→ギリシア哲学)，*大航海時代に続く近代の数世紀は，まさにそうした時代であったといえよう．そこに起こった大規模な文化接触・交流は，個々の宗教伝統の相対化ないし拘束力の低下をもたらし，宗教についての自由かつ客観的な考察の生まれる素地を作ったのである．

もっともこの状況から成立したのは，狭義での宗教学よりは，むしろ宗教哲学というべきものであった．その一つの典型を17-18世紀の *理神論にみることができる．それは，新しくもたらされた非キリスト諸宗教についての知識を踏まえつつ，それらにも共通する宗教一般

の本質を求めた．人間の本性をなす*理性に基づくとされる「自然的宗教」（〔英〕natural religion）の概念がそれである．ここで注意すべきことは，この自然的宗教が，キリスト教をも含めて，成立諸宗教に対する基準として考えられていることである．それはありのままの現実の宗教というよりは，そこからの高度の抽象によって構想された，あるべき宗教という性格が強い．特定の宗教伝統からの自由という点では方向を同じくしながら，宗教学と宗教哲学とが分かれてくる理由は，まさしくここにある．たしかに宗教学も，「宗教とは何か」の解明を目標とする．ただ，それを抽象的反省によってではなく，あくまでも現実の事実に即して遂行しようとするのである．

〔宗教学の立場〕ここでいう狭義の宗教学は，このように多様な宗教生活の事実，特に異なった地域，民族，時代のそれについての知識なしには成り立ちえない．その種の情報の収集と蓄積も，すでにかなり早くから，交易や旅行の見聞録や地誌などの形のもとに，少しずつ着手されてはいた．しかし，それが量質共に本格的なものとなってくるのは，やはり近代以後のこととみてよいであろう．この点で，*イエズス会の会員をはじめキリスト教の*宣教師たちの果たした役割は極めて大きい．彼らの活動は，さしあたっては*宣教という実践的な目的に奉仕するものであったとしても，必然的に現地の諸宗教の客観的な観察や記録，理解へと展開したのである．今日に至るまで，*宣教学と宗教学とが密接な関係にあるのも，こうした事情からうなずける．それは，海外進出のいわば副産物として始まった民族誌の調査が，後に地域研究に発展したのに似ている．

宣教師やその他の人々によって収集された諸宗教の資料は，単にその現状に関するものにとどまらない．現状に目を向けながらも，時としては，それを理解する必要から，伝承や過去の記録にまで探索の手が伸ばされたこともある．ことに*中国，*インド，中近東など，長い歴史を有する地域についてはそれがあてはまり，これらの地域・民族の宗教聖典の多くが，やがて翻訳・紹介されて，ヨーロッパ人たちに知られるに至ったのである．このようにして，人々の知的視圏は横の方向に，文化の境を越えて拡がったのみでなく，また同時にいわば縦方向にも拡大し，歴史の世界に厚みを加えた．その際，この種の知識の追求は，当初は実際の必要に促されて始まったとしても，やがて宣教その他の目的とは直接の関係なしに，事実への純粋に知的な興味からもなされるようになったことが指摘できる．

これらの多様な宗教生活の事実についての探求は，仮に「宗教史的」と呼ぶこともできるであろう．それは現在をも含めて，およそ時間のなかで生起する事柄を記述するというほどの，最も広い意味での歴史であり，過去の事実の，しかも記録に基づいた再構成という狭義での歴史をも，その一部として包摂するものである．前述のように，宗教学が「宗教とは何か」という問いへの答えを，抽象的反省によってでなく，できるだけ事実に即して求めようとするのであれば，その基礎をなすのが，この広義での宗教史の研究であることは明白である（→宗教史学）．その提供する豊富な資料は，宗教学にとっては欠くべからざるものである．欧米で今日でも，宗教学を指すために「宗教史」（history of religions）の名称が用いられるのは，この間の事情を反映したものといえよう．ちなみにこれは，International Association for the History of Religions（略称 I.A.H.R.）という，この分野の国際学会の正式名にも採用されている．

【成立と展開】宗教についての知的な省察はいろいろな形で，しかも早くから行われてきた．経験的な事実に基づく考察という，狭い意味に限っても，その萌芽はすでに古代からみいだされる．しかし，それらはやはり前史にすぎず，近代的な意味での宗教学の成立は，19世紀後半からとするのが妥当と考えられる．この頃から，それが大学などのなかに制度的に位置づけられるようになったというのが，一つの理由である．だがより実質的なのは，宗教生活の資料を用いての，さまざまな視点からの理論化が始まったという点である．その結果，ほぼ1870年から1900年を過ぎる頃にかけて，いわば記念碑的な幾つかの業績が生み出された．それゆえ，この時期を近代宗教学の成立期とみなすことができる．

宗教学の一つの際立った特徴は，その包含する内部的な多様性である．それは，前述したその基本的性格の当然の帰結でもある．いずれか特定の宗教だけでなく複数の，そして理想的にはすべての宗教を視野に収めようとすれば，その扱うべき分野は広がらざるをえない．こうして古今東西の地域，民族，伝統がその対象となってくる．さらに加えて宗教は，人間生活のあらゆる局面にわたる現象であり，それが別種の多様性をもたらす．それは宗教集団として社会的な形をとるとともに，深く個人の内面に根ざすものでもある．またそれは，信念・思想を含むとともに，*儀礼や*修行として行動の面にも表れる．*宗教人類学，*宗教社会学，*宗教心理学などの部門が分かれてくる理由はここにある．ただ以下では，これら個別分野についての詳細は別項に譲り，宗教学の全体としての流れについて略述を試みることにする．

〔成立期〕一般に近代宗教学の創唱者の筆頭にあげられるのが，F. M. *ミュラーである．1860年代から「宗教学」（science of religion）の学名を提唱し，1873年にそれを表題とした最初の書物『宗教学概論』を公刊したことが，その根拠とされる．そこで比較と原資料依拠の重要性を強調した彼は，自らもサンスクリット原典により古代インド宗教を研究し，宗教の起源を自然現象の崇拝にみる独自の説を提示した．彼の対象は歴史上の宗教，特に*神話であったが，その理論は，一般に起源の問題に大きな関心を払った初期の宗教学の在り方をよく示している．

*タイラーはほぼ同時に，しかし主にいわゆる未開民族を対象とする，やや異なった方向を開拓した．その代表作『原始文化』（1871）は，世界各地のこれらの民族についての報告を分析し，そこに宗教の起源的な形態を探ろうとしたものである．それを彼は万物に霊的な存在が宿るという*アニミズムの信仰と認め，それがより高等な宗教にまで発達する過程を跡づけようとした．その背景には明らかに，すべてを発達の図式によって解釈する*ダーウィン流の*進化論があるが，これもまた当時の宗教学の共通の特徴といってよい．

この宗教人類学の流れとともに，宗教の社会的な側面に着目する一連の業績があった．その一つとして，*デュルケムの『宗教生活の原初形態』（1912）があげられる．それは原初形態を扱うかぎりでは，初期の問題意識を受け継ぎつつ，宗教の起源よりも機能や象徴作用を重視する点で，すでに次の展開を先取りしているのである．この傾向は同時代のM. *ヴェーバーにも，やや違った形で表れている．彼はキリスト教をはじめとする歴史上の世界宗教を素材として，宗教が人々の生活形成にいかに作用するかを分析したが，その試みは根底で，

しゅうきょうきょういく

宗教の現代的意義への強い関心に導かれていたのである.

以上と並んで,さらに宗教心理学の分野の展開を忘れることはできない.宗教の内面性やその心理的な働きについての鋭い洞察は,すでに古くからみいだされる.ただ,それが資料に裏づけられた理論の形をとるようになるのは,やはりこの時期からである.その古典的なものの一つが, W. *ジェイムズの『宗教的経験の諸相』(1902)である.そこでは *回心や *神秘体験など,宗教を際立たせる現象がさまざまな実例によって記述され,さらにそうした体験の生じるメカニズムについての考察が加えられる.それは,副題にいうごとく,優れた人間性の研究でもあったのである.

〔展開と現状〕成立以来1世紀余りにわたる宗教学の歩みは,まことに複雑多岐であり,簡単に要約することは不可能に近い.ただ,概していえば,その展開は社会的・思想的な環境と,それが学問として内包する問題性との二つによって,大きく規定されてきたといえよう.

前者についていえば,最も大きいのは,今世紀に入ってからの2度の大戦とそれに続く変動である.第1次世界大戦は,それまで支配的だった楽天的な進化論を覆し,宗教に関しても安易に起源や発達を論じることを不可能にした.また,第2次世界大戦後ますますその度を加えた諸地域・民族間の交流は,それまでは単に文書のなかでのみ知られていた諸宗教に,生きた人間として出会うという状況を現出した.それによって過去を扱う狭義での歴史的研究が無意味になったのではないが,比重が現在の諸宗教に移ってきたことは,認められるであろう.

後者の問題性は,一言でいえば,専門分化の傾向と逆に再統合への要請と呼ぶことができる.宗教学においても,増加の一途をたどる資料,ますます精緻になる分析技法・概念は,当初におけるような壮大な理論の構築を困難にした.検証に堪える厳密さを求めるならば,対象は処理可能な範囲にとどめなければならない.ただ,それによって,部分の知識は増えるにしても,「宗教とは何か」はかえって捉え難くなる.こうして現在の宗教学では,実証性を重んじる方向と,一部は *宗教現象学などの名のもとに,宗教の意味の把握を目指す立場とが,互いに拮抗しているようにみえる.いまだかつてない諸宗教の交流の状況のなかで,この矛盾をいかに解決するかは,今後の課題というべきであろう.

【文献】カ大 2: 582-83; キ大 506; 宗教学辞典 267-74; EncRel(E) 6: 399-408; RGG³ 5: 986-91, 1038-42; 岸本英夫『宗教学』(大明堂 1961); G. メンシング『宗教学史』下宮守之訳(創造社 1970); G. MENSCHING, *Geschichte der Religionswissenschaft* (Bonn 1948); 小口偉一編『宗教学』(弘文堂 1981); 脇本平也『宗教を語る』(日新出版 1983); 柳川啓一,阿部美哉『宗教理論と宗教史』(日本放送出版協会 1985); 上田閑照,柳川啓一編『宗教学のすすめ』(筑摩書房 1985); 田丸徳善『宗教学の歴史と課題』(山本書店 1987); J. WACH, *The Comparative Study of Religions* (New York 1958); J. WAARDENBURG, ed., *Classical Approaches to the Study of Religion*, 2 v. (Den Haag 1973-74); G. LANCZKOWSKI, ed., *Selbstverständnis und Wesen der Religionswissenschaft* (Darmstadt 1974); E. SHARPE, *Comparative Religion* (London 1975); L. HONKO, ed., *Science of Religion: Studies in Methodology* (Den Haag 1979); F. WHALING, ed., *Contemporary Approaches to the Study of Religion*, 2 v. (Berlin 1983-85); J. M. KITAGAWA, ed., *The History of Religions: Retrospect and Prospect* (New York 1985); J. WAARDENBURG, *Religionen und Religion* (Berlin 1986).

(田丸徳善)

しゅうきょうきょういく　宗教教育　〔英〕religious education,〔独〕religiöse Erziehung,〔仏〕éducation religieuse　宗教教育という概念は,狭義ではある特定の宗派の立場からなされる宗教教育を指し,広義ではいずれの宗派にも属さない客観的な立場からなされる *宗教の知識教育や宗教的情操教育を含むものとして用いられる.各宗派がそれぞれの信仰に基づいて実践している宗教教育が,人間形成と社会の善に貢献するところは極めて大きい.

【キリスト教的宗教教育】*キリスト教における宗教教育とは,被教育者が *イエス・キリストによってもたらされた神の恵み深い愛の力を知り,体験して *信仰に導かれ,神と人とに開かれた真の人間性を開花するように育成することをいう.

〔役割〕*アウグスティヌスは『告白』の冒頭に,次の言葉を記している.「主よ,あなたは私たちをご自分に向けてお造りになりました.ですから私たちの心はあなたのうちに憩うまで,やすらぎを得ることはできないのです」(1.1). 人の心は目にみえるものや,みせかけのものでは決して満たされることはない.人は自らそれと知らずに,自分の心と存在を満たす神を求めている.不死性への望み,真理の希求,美と善への憧れ,真の自由を求める渇きなどはその表れであろう.宗教教育は人をこのような根源的願望に目覚めさせ,またこの願望に応えながら,イエスの父である神に導く役割を担っている.さらに,ひとたび心に芽生えた信仰は絶えず養い育て,成熟に至るよう配慮されなければならない.したがって宗教教育がキリスト者を対象とするとき,イエスの真の弟子を養成する役割を担う.

〔内容〕神はすべての人が救われて真理を悟るよう望んでいる(1 テモ 2:4). 救われるというのは,人が神の *恩恵によって真実の人間性を回復すること,すなわち神と人々と世界との正しい,あるべき関係を取り戻すことにほかならない.このために神は大きな愛によって,あたかも友に対するように人間に語りかけ(出 33:11; ヨハ 15:14-15), 自分との親しい交わりに招き,終わりのない神のいのちにあずからせようとする.初めにイスラエルの民を選び,預言者たちを通して,いろいろなときにさまざまな方法で語った神は,ついに独り子を通して人々に語りかけた(ヘブ 1:2). 人となってこの世に来た永遠のみことば(ヨハ 1:1-16)であるイエスこそ,道であり,真理であり,いのちであって,イエスを通らなければ,誰も父である神のもとに行くことはできない(ヨハ 14:6).

イエスはことばとわざ,十字架上の死と栄光の復活,聖霊の派遣によって,父から委ねられた救いのわざを全うし,愛である神(1 ヨハ 4:8)を世に啓示した.復活したキリストは *聖霊において,信じるすべての人を父と子と聖霊の交わりにあずからせる.

イエスを通して示された神の招きは,人間の応答すなわち信仰(ロマ 1:5, 16:26)を招く.イエスはすべての人を,特に貧しい人や罪人,世からうとんじられている人々に限りない愛を示し,十字架の死に至るまでへりくだって父に従い(フィリ 2:8), 自分を余すところなく奉献して父の御旨を成就した.そのことばとわざ,神と人間に対する限りない愛の証しである十字架上の死は,神

に応える人間のあるべき姿の啓示である．

　神と人類とを結ぶ唯一の仲介者（1テモ2：5）であり，神の招きと人間の応答の接点であるイエスこそ，宗教教育の内容にほかならない．アウグスティヌスはこのことを端的に述べている．「キリストがこの世に来られたのは，主に，神がどれほど人を愛しておられるかということを人に知らせ，そして人に，自分を先に愛してくださった神への愛に燃え，神の命令と模範に従って隣人を愛さなければならないことを知らせるためでした．神は，自分の隣人でなかった人間，自分から遠く離れ去っていた人間を愛することにより，その人間の隣人となられたのです．……神であり隣人である同じ主イエス・キリストは，われわれに対する神の愛のしるしでもあり，われわれのうちにあって，人間的謙遜の模範でもありました」（『教えの手ほどき』8項）．

【構造】キリスト教的宗教教育の構造は，その内容から理解されるように，本質的に対話である．アウグスティヌスは宗教（〔ラ〕re-ligio）を再び結ぶ（re-ligare）という語源的観点から解釈して，人間が神から離反し，再び神に結ばれていく再結合の歴史的ドラマを宗教にみている．このドラマ，すなわち救いの対話は神自身が先に人間を愛することによって始められ，歴史の流れのなかで段階的に展開し，ついにイエスにおいて成就された．完成の日に至るまで継続される神と世界との対話に，教育者が被教育者とともに参与していく．ここに宗教教育の特徴がある．

　イエス自身，対話を通してどのように弟子たちを決断と献身に導いたかを示す一例として，ルカが記すエマオへの旅人をあげることができよう（24：13-15）．この復活したキリストと二人の弟子の出会いから，宗教教育を構成する知識・体験・実践の三つの要素の必要性と関連性を把握することができる．

　〔知識〕キリストは，エマオに向かう弟子の対話に加わる形で話しかけた．二人と歩みを共にしながら，問い，かつ聖書を説き明かした．福音はあらゆる人の現実を照らす光として，また現代の人々の最も深い問いと，満たされない渇望への応答として，さらに，人間存在と歴史に意味を与える神の生きたことばとして，すべての人に向けられている．人間とは何か，1回限りの人生にどのような意義があるのか，生と死，罪悪と苦悩，そして愛とは何か．こうして人は問いから問いへと導かれながら，ついには，権力や富，名誉，学問，その他地上のいかなるものによっても答えを得ることのできない究極的な問いに行き着く．人間存在の深奥から発せられる最終の問いに対する唯一，永遠の回答こそ，人となって時間のなかに入ってきたイエス自身にほかならない．

　宗教教育において知識の伝達は不可欠の一要素ではあるが，それは抽象的な知識の伝達ではなく，全人類に告げられた福音，すなわちイエスを宣べ伝えることにある．「実に，信仰は聞くことにより，しかも，キリストのことばを聞くことによって始まるのです」（ロマ10：17）とパウロは述べている．

　〔体験〕エマオに向かうイエスと弟子たちの対話は，イエスが自らを啓示したとき頂点に達した．イエスは二人とともに食卓を囲み，パンをとり，賛美を捧げ，手で分け，弟子たちに渡す．彼らの目が開け，復活の信仰の火が心に点じられると同時に，過去の出来事のすべて，イエスの宣教，死，いましがた路上で聞いた聖書の全体が新たな輝きを帯びてよみがえり，弟子たちの存在と世界を照らし始める．

　聖書と*エウカリスティアは，イエスにおける神と世界との対話に人々を導き入れる恩恵の賜物である．エウカリスティアの祭儀にあずかる者は，人々のために生命を捧げることをいとわなかったイエスの不滅の愛に愛され，生かされている恵みを体験して，自分もまた他者のために生きる者とされる．

　宗教教育が体験をぬきにしては目的の達成に至らないのは，キリスト教がいのちだからである．「わたしたちがみ，また聞いたことを，あなたがたにも伝えるのは，あなたがたもわたしたちとの交わりをもつようになるためです．わたしたちの交わりは，おん父とみ子イエス・キリストとの交わりです」（1ヨハ1：3）．「いのちの交わり」は，自ら体験して納得される．他方，この交わりの体験は信仰の世界に属する恩恵であって，努力によってのみ得られるのではなく，まして第三者が得させうるものでもない．したがって，宗教教育においては被教育者に祈ることを教え，共に祈り，わけてもキリスト者に対しては*秘跡にあずかるための適切な指導を与えることが重要な要素の一つとなる．そのほか，*復活祭や*降誕などの主な祝祭日を迎えるにふさわしい準備と当日の祭儀，*黙想会，錬成会，その他のさまざまな宗教行事を体験の場として提供できるであろう．

　〔実践〕宗教教育には体験の実りとして，実践が伴う．エマオに向かう二人の弟子は見知らぬ旅人を温かくもてなして，復活したイエスに出会った．彼らは出会いの喜びを仲間と分かち合わずにはいられない．時を移さずエルサレムに引き返していく．

　イエスはこの世界のただなかであらゆる人と連帯して生き，死んだ．*最後の晩餐の席で使徒たちに「新しい掟」（ヨハ13：34）を与えるに先立ち，極みまで彼らを愛し（ヨハ13：1），師である自分に倣って互いに仕え合うように命じている（ヨハ13：4-17）．イエスの跡に従う者は互いに愛し合い，仕え合い，ゆるし合い（マタ18：21-35），依存し合う連帯性を生活に具現してこそ，イエスの弟子であることを世に示すことができる（ヨハ13：35）．とはいえ，生来自分中心である人間にとっては，利己的な自我との戦いなしにこの連帯性を実現するのは容易ではない．しかし，イエスを信じる者は愛のみがこの戦いに勝利を占めることを知っている．聖霊によって神の愛が心に注がれており（ロマ5：5），神自ら愛の原動力となって信じる者のうちにとどまる（ヨハ15：9；1ヨハ4：9）．「新しい掟」の実践は，もはや不可能ではない．

　以上が，宗教教育における実践の出発点であり，推進力である．つまり，宗教教育は道徳的観点から必要とされるのではなく，福音自体の一部であり，そのなかにおのずから道徳的性格が内在する点に注目しなければならない．もし宗教教育を*道徳教育と同一視し，実践のみを強調するならば，宗教教育が目指す本来の目的に達することはできないであろう．確かに，社会の複雑化，多元化に伴い，宗教教育における実践面は広範囲に及ぶものとなった．しかし，イエスの新しい創造の力は人間・社会・歴史など，世界全体と人間の関心の全領域にわたり，つねに働き続けている．宗教教育はこれと決して無縁ではなく，歴史の新しい局面が要求する決断と，新たな洞察に全力を投じうる人間の育成に貢献するのである．

【宗教教育の場】主な場として，家庭・教会・キリスト教系の教育機関があげられる．

　〔家庭〕宗教教育の最も優れた，かけがえのない場は家庭であり，第2*ヴァティカン公会議の『キリスト教教育宣言』は，家庭を「最初の学校」と呼んだ．

しゅうきょうきょういくがく

「最初の学校」における教育は，神と人々に対する愛と敬虔の心で満たされた家庭環境を作り出すことから始まる．両親の没我の愛に包まれて誕生し，育てられた子どもは，成長するにつれて自分が親の愛に応える立場にあることに目覚め，自主的かつ主体的に親に関わっていく．親と子を結ぶ人間関係が，やがて水平の次元を超え，神と子どもとの交わりへ導かれるために，親は仲介者の役割を負う．生命の絆で我が子に結ばれている親をおいて，「第一の，主たる教育者」になりうる者は誰もいない．子どもは両親の祈る姿，両親が愛し敬ゆるし合う姿を目のあたりにして，神への愛と相互愛の掟がどういうものであるかを無言のうちに教えられる．また，家族のなかで神の御旨が何よりも重んじられ，一人ひとりがかけがえのない人格として尊重されるのを体験しながら，子どものうちに宗教教育の土台が築かれていく．

〔教会〕宗教教育の場としての教会については，宣教，要理と要理教育の項を参照．

〔キリスト教系教育機関〕我が国において，キリスト教系の教育機関ほどキリスト教の宗教教育に著しい貢献をなしうる場は少ないであろう．その特色は，一方では宗教教育が教育全体に深い影響を及ぼし，他方では他の全教科が被教育者の内面の土壌を耕して，宗教教育によって播かれた福音の種が芽生え成長するのを助けることにある．

【カリキュラム】〔必要性〕宗教教育が効果をもたらすには，優れた教師の養成と相まって，適切な*カリキュラムを必要とする．その理由は以下の諸点に要約できよう．

（1）教師が教育内容の全体像と，全体を一貫する流れを把握し，毎回周到な準備をして授業に臨みうるため．

（2）各教師の担当する授業目標，内容，全体のなかの位置づけが明白となるため．これによって，担当教師の交代に伴う授業内容の重複を防ぐことができる．

（3）教育機関の年間目標，宗教行事と密に結ばれるため．

〔特徴〕被教育者を，神の招きの啓示であり，神に対する人間の応答の啓示であるイエスとの出会いと信仰の決断に導く，これがカリキュラムの根本命題である．特徴としては，主に次の事柄が配慮されなければならない．

（1）被教育者の宗教的思考と理解，心理，情操の発達段階に沿ったものであること．

（2）神のことばに根ざし，本質的な事柄が強調され，体系的で，螺旋状に深められるものであること．

（3）対象の生活体験に密着し，「今日」の問いに答えながら，しかも宗教体験と実践へ導くものであること．

さらに，教皇*ヨアンネス・パウロ2世の勧告に基づけば，思春期・青年期にある者には特に，友であり指導者であり模範であるイエスを示し，慈しみに溢れるイエスの心の思いを明示するカリキュラムが望ましい．さらに，人生の重大な諸問題に解答を与える福音を伝え，自己犠牲，信頼，愛とその現れである性を無視しないカリキュラムが求められる．

【結び】人間は心で神の招きを聞き，これに応答する．心は人間存在の活動の源泉であり，自由と責任，良心の座であり，神との出会いはこの心で行われる．ある人にとって神が抽象的な存在ではなく，心に触れるいのち，「私」を人格的な交わりに迎え入れようと招く「あなた」となるとき，その人の全生活は神に向かう．福音に従い，イエスの心を心とし，神に揺るぎない信頼を置いて生きる人は，特に苦しむ人々との連帯を実践で表すであろう．生きた信仰は人格の開花と深く結ばれている．宗教教育が人間形成と社会に及ぼす影響はまことに大であるといわなければならない．

【文献】アウグスティヌス『教えの手ほどき』キリスト教古典叢書4，熊谷賢二訳（創文社 1964）: Augustinus, *Sancti Augustini de Catechizandis Rudibus Liber*; パウルス6世回勅『エクレジアム・スアム』東門陽二郎訳（中央出版社 1967）: Paulus VI, *Ecclesiam Suam* (1964); 菊地多嘉子『父母がわが子にする宗教教育』（オリエンス宗教研究所 1973）; パウロ6世使徒的勧告『福音宣教』富沢孝彦訳（カトリック中央協議会 1977）: Paulus VI, *Evangelii Nuntiandi* (1974); 菊地多嘉子『カテケージス概論』（オリエンス宗教研究所 1977）; ヨアンネス・パウルス2世『要理教育に関する使徒的勧告』里脇浅次郎訳（カトリック中央協議会 1980）: Ioannes Paulus II, *Catechesi Tradendae* (1979); 佐々木博「カトリック校の福音的使命を問う」『布教』35 (1981) 381-84; 青木孝由「教会と幼稚園」『布教』35 (1981) 385-90; 国立教育研究所内道徳教育研究会編『道徳教育の現状と動向，世界と日本』（ぎょうせい 1982）; 小野寺功「福音のこだまとしての宗教教育，中高教育の視点から」『布教』36 (1982) 536-42; A. ラシャペル「ミッション・スクールにおける宗教教育」『布教』36 (1982) 543-49; 東木忠彦「人間の尊厳を伝える教育」『布教』36 (1982) 531-35; 粟本昭夫「全人間教育とは，宗教の授業をとおして」『そよかぜ』12 (1983); 日本宗教学会，宗教と教育に関する委員会編『宗教の理論と実際』（鈴木出版 1985）; P. ネメシェギ「カトリック系学校とキリストの食卓をまだ囲んでいない人々」『そよかぜ』17 (1985) 4-6; 菊地多嘉子「生徒に福音が告げられるために」『そよかぜ』20 (1986) 4-5; 森一弘「信者生徒の宗教教育」『そよかぜ』21 (1986) 4-5; J. A. Jungmann, *Catéchèse: Objectifs et méthodes de l'enseignement religieux* (Bruxelles 1955) 99-116, 117-52; F. X. Arnold, "Le but de la formation religieuse," *Cahiers de LV*, 12 (1958) 23-48; W. Croce, "Le contenu de la catéchèse," *Cahiers de LV*, 12 (1958) 49-58; M. van Caster, *L'Homme en face de Dieu* (Bruxelles 1958) 9-19; A. Exeler, "La catéchèse, annonce d'un message et interprétation d'expérience," *Cahiers de LV*, 25 (1970) 393-404; J. T. Dillion, "The Effectiveness of Jesus as a Teacher," *Cahiers de LV* 36 (1981) 135-62.

（菊地多嘉子）

しゅうきょうきょういくがく　宗教教育学　〔英〕religious pedagogy, 〔独〕Religionspädagogik, 〔仏〕pédagogie religieuse

【概要】宗教教育学とは，*宗教の理論と実践に基づく真の人格形成を実現するための理論と方法を研究する学問であり，広義の*教育学の一分野といえる．その場合，モデルとして掲げる理想的な人間像は，生得的な宗教性を開花させた「宗教的人間」（〔ラ〕homo religiosus）である．したがって，当然それは宗教に関わる諸学問，あるいは特定の宗教の教説を踏まえつつ，教育学・心理学・人間学・社会学などの人間諸科学を総合した学問になる．これは当初，主に西欧において自覚された全人間教育の立場から，教育学の理論や方法を応用するとともに，宗教の諸科学を基にいかにして宗教を教育するかという理論と方法の探求に始まったので，キリスト教教育学の体裁を呈していたが，しだいに人間の尊厳に対する意識の

昂まりのなかで，宗教がいかにして全人格形成に貢献するかの問題に移行していった．ゆえに，諸宗教においても宗教教育学が研究されなければならないが，現状は未だしの感である．

上述したように，宗教教育学は，単にある宗派の教説を教授学的に教えるという学問ではなく，むしろ宗教に基づく真の人格形成を目指す学である．ゆえに，こうした分野における合理的理論あるいは科学的法則の確立や発見を旨とする．それゆえ，特定の宗派が行う宣教・伝道・信仰教育・教化・牧会などとは，関連があるにしてもひとまず明確に区別される．だが，この学の理論や実施方法は，狭義の宗教教育にも大いに役立つといえる．

【内容】宗教教育学が提起する主要な問題としては，次の事柄があげられよう．(1) 宗教的および倫理的な教育の本質・目標・必要性・可能性・形式・手段，(2) 宗派別の具体的な教育学的基礎づけ，(3) 自然的な心理学的かつ教育学的な発達法則と超自然的な秩序や恩恵，およびそれを得る方法や働きなどとの関わり，(4) 宗教的教育における人格的なものの役割．これには家庭，学校，職場，社会におけるさまざまな教育的営みが関係してこよう．以上に関し，若干の補足を付加する．

【人間観】米国の精神科医で臨死研究家として著名なキューブラ・ロス博士(Elizabeth Kübler-Ross, 1926-)は，人間が身体・情緒・知性・霊性の4領域から成立していることを示した．そして，秩序正しい発達の順序として，まず身体，次に情緒，それから知性，そして最後に霊性(宗教性)と調和よく成長し開花するとき，健全で幸福で倫理的な人格の完成が達成されるという．これが真実なら，人間の自然的な発達法則に対し，教育学的な配慮をしてこそ，超自然的な領域ともいうべき不死の信仰をもった生得的な知恵，すなわち霊性が健全に顕現し，本来的な人格の成熟した完成が実現されるにちがいない．

幼児期や児童期の子どもは，意外に宗教的な事柄に敏感に反応する．この時期に適切な宗教的情操教育がなされるならば，その感化はその後の人間的成長に大きな影響を与える．これは宗教性(霊性)が人間の本性の深層に生まれつき刻印されていることを物語っている．しかし，心の深層に潜んでいるため，自我の形成による知的分別の発達に伴い，眠れるまま自覚されずにいることが多い．したがって，成人の宗教教育もまた非常に重要になってくる．

キリスト教は，「神のすがたにかたどって造られ，神の似姿になるべく予定された」(創1:27参照)特別な被造物として，人間には本来限りない尊厳があると教える．その本性は堕罪によって傷害を受け，滅びへの運命を余儀なくされたが，救い主*イエス・キリストの救済的な死と復活の秘義により，人間性は本来の尊厳を回復した．そればかりでなく主キリストと結ばれることにより「神の子」として*神の国を継ぐべき存在にまで高揚されたと説く．ゆえに，キリスト教的教育の目的は，人間をキリストへの信仰とアガペーの愛に生きる「新しい人」(エフェ4:24)に変容させることである．真にキリスト教的な人間教育は，人間的かつ自然的な教育をそうした超自然的な次元に秩序づける．

*仏教によると，『涅槃経』の「一切衆生悉有仏性」(いっさいしゅじょうしつうぶっしょう)の教えに基づき，人間には本来，仏(ブッダ)になる可能性としての仏性がある．仏性の開花を妨げているのは無明(むみょう)から生じる煩悩である．ゆえに，仏教の教化(宗教教育)は，いろいろな行によって人々が悟りを開くよう導くことが眼目になる．

*神道では，体系的な教義も明確な人間観もそれほど重視されない．具体的な生きた感性の次元こそ問題なので，清明心や惟神(かんながら)を尊ぶ．

【教育方法】*キリスト教は，人々がイエス・キリストにおける新しい人として生きるよう，主に福音の道の実践を教える．それは信仰・愛・祈り・典礼に具現されるので，それを会得・実践させることにより，円満なキリスト教的人格の形成を目指す．

仏教は，宗派により異なるが，一般に釈尊の四諦(苦集滅道の四つの真理)を根本に，戒律を守り，種々の修行方法を実践して悟りを開き，仏になることを目指す．しかし，日本仏教では戒律が有名無実化し，修行もかなり簡素化された．ゆえに教化は坐禅(禅宗)・念仏(浄土門)・題目(日蓮宗)などの行の実践が主である．

神道は，『古事記』『日本書紀』のほか，和歌などの文芸と祭りが主になっている．

【必要性】現代の教育は，全人教育といって知・情・意・身の調和のとれた円満な成長を目指すが，宗教的情操教育が欠落もしくは不十分だったりして有名無実に終わっている．*孟子は人間の性が本来善で，惻隠の心が生得的に備わり，仁義礼智という道徳心の芽生えがあるから，それを教え育てることが教育だといった．確かに本来的にはそうかもしれないが，実際の人間には，仏教も荀子(前298?-235頃)も指摘するように，無明・煩悩・業・罪への傾向など悪性的な一面がある．それを克服し，真の成熟と完成へ向かうためには，「弱さを転じて強さ」となす宗教性が，宗教教育を通して活性化されなければならない．適切な宗教教育を踏まえてこそ，生きた*道徳教育が実現しよう．それがなければ，道徳教育も根無し草に終わるにちがいない．ただこの場合でも，*トマス・アクイナスが「恩恵の力は自然的本性を前提にし，かつそれを完成する」と述べているがゆえに，科学に立脚した自然的かつ人間的な教育方法が充分に尊重され，実施されなければならない(→恩恵)．

【文献】LThK² 8: 1187;『教育学大事典』(第一法規出版 1978) 302-304; J. M. SUTCLIFFE, *A Dictionary of Religious Education* (London 1984); 大西憲明, 山崎昭見『現代仏教教化法』(百華苑 1982); 越前喜六「宗教心と人格の成熟」『人間学紀要』13 (1983) 1-30; 同「宗教心の根本問題」『宗教のこころ』井上英治, 中村友太郎編(みくに書房 1983) 26-44; 深川恒喜編『宗教教育の理論と実際』(鈴木出版 1985); E. キューブラ=ロス「死—成長の最終ステージ」『宇宙意識への接近』(春秋社 1986) 141-61; 薗田稔編『神道』(弘文堂 1988). (越前喜六)

しゅうきょうきょういくきょうかい　宗教教育協会　〔英〕National Conference of Diocesan Directors of Religious Education, 〔略称〕NCDD　アメリカ合衆国のカトリック教会内に設置された司教区ごとの宗教教育指導者のための全国組織．キリスト教教理協会(Confraternity of Christian Doctrine, 略称 CCD)により1966年に設立され，宗教教育指導者の相互援助と専門的資質の向上を図り，同時に教会の司牧・宣教の務めを統合していく方途を提供することを目的とする．構成員は各司教区の宗教教育指導主任・副主任で，教会の*管区ごとに選出された地区代表者が理事会を構成し，基本政策，活動方針，年次総会のプログラムを決定する．本部事務局は*ワシントンのアメリカ合衆国カトリック中央協議会教育部に置かれている．

しゅうきょうきょういくきょうぎかい

【文献】NCE 17: 454-55.　　（高祖敏明，K. ルーメル）

しゅうきょうきょういくきょうぎかい　宗教教育協議会 → 宗教教育協会

しゅうきょうきょうかしょ　宗教教科書　神のことばは，語る，聴く，書き記す，読む，という「ことば」に関連する人間行為を通して伝えられる．*宗教教育においては，被教育者を神とのいのちの交わり（1 ヨハ 1: 3 参照）に導くことを目指すと同時に，教育内容の核心を明確に把握させ，これを各自が自分のことばで表現できるような指導がなされなければならない．これに一役を買うのが，教科書である．

したがって，教科書は*イエス・キリストの秘義を中心とする*救いの内容を，一貫する流れに沿って螺旋状に展開し，深めていくものが望ましい．わかりやすい表現で簡潔に本質が述べられており，しかも心に訴え福音に基づく行動へと促すものであれば理想的であろう．さらに，これが被教育者の願望，不安，疑問に応え，日々の生活に適応できるよう，時代背景はもとより，被教育者の知性・心理の発達段階，関心事，生活環境が考慮されていなければならない．

いわゆるキリスト教国とみなされていたヨーロッパ諸国，カナダ，アメリカ，その他の国々では，幼稚園から高等学校に至る各年齢層を対象とする教科書が，2-3 年から数年ごとに新しく編纂されている．その種類も多彩で，選択にこと欠かないほどである．被教育者の興味をそそる写真，絵画や漫画などが豊富に織り込まれていて関心を呼び起こし，内容の理解を助けるよう配慮されている．各教科書には教師用・両親用指導書があり，ビデオ，カセット・テープ，楽譜，宿題や回答用のノートまで添えてあるものも少なくない．

教科書の内容は各国を通じて次のように大別される．

(1) 人間，人生の諸問題，人類社会と連帯性，正義と平和，自由，悪，性，結婚，家族，生命の尊厳，死．

(2) 聖書，イエス・キリストとその教え，イエスの父である神，*聖霊，信仰と希望と愛，福音に基づく生活，祈り，聖母*マリア，*永遠のいのち，教会，教会史，*秘跡，諸宗教，*召命．

(3) 宇宙，科学と文明，宇宙の未来と完成など．

以上の内容を対象別に選択し，全学業終了時には，全体を総合的に把握できるように構成されている．教科書の作成・編纂当事者は国によって異なるが，各州もしくは各教区に設置された編纂委員会であることが多い．

宗教教育において，優れた教科書が必要とされることはいうまでもない．とはいえ，被教育者に決定的な影響を及ぼすのは，つねに教師自身である．これを理解するには，宗教教育の目的を想起するだけでたりるであろう．

【文献】J. ラフォーレ『カテケジス入門』菊地多嘉子訳（中央出版社 1971）: J. LAFOREST, *Introduction à la Catéchèse* (Québec 1965) 155-60; ヨアンネス・パウルス 2 世『要理教育に関する使徒的勧告』（カトリック中央協議会 1980）92-94: IOANNES PAULUS II, *Catechesi Tradendae* (1979); C. JEZIERSKI, *Je ferai alliance avec toi, Pour les jeunes de 14-16 ans* (Bruxelles 1969); J. L. RODRIGUE, *Regard neuf sur la vie, Vers une terre nouvelle, Un sens au voyage, Force des rencontres, Des rues et des hommes* (Québec 1976); T. ZANZIG, *Sharing: Manual for Program Diretors* (New York 1985); ID., *Sex Education and Respect of Life* (New York 1987).

（菊地多嘉子）

しゅうきょうきょうし　宗教教師　*宗教教育に携わる人．各宗派にはそれぞれ宗教教師がいるが，ここでは*キリスト教の教師について述べる．

【唯一の教師イエス・キリスト】キリスト教にとって，宗教教育の唯一の教師は*イエス・キリストである．イエスは「『教師』と呼ばれてもいけない．あなたがたの教師は，キリスト一人だけである」（マタ 23: 10）といった．したがって，*教師はイエスに固く結ばれ，「わたしの教えは，自分の教えではなく，わたしをお遣わしになった方の教えである」（ヨハ 7: 16）ということができなければならない．そのために，神のことばを熱心に学び，祈りに徹し，自分自身から離脱して*聖霊に自らを委ね，父である神とキリストと深く交わることが求められる．

【宗教教師のあるべき姿】教えるキリストの姿を想起するとき，宗教教師のあるべき姿が浮き彫りにされてくる．

(1) 生活の証し．「人々はその教えに非常に驚いた．律法学者のようにではなく，権威ある者としてお教えになったからである」（マコ 1: 22）．イエスのことばは人格と生活に不可分に結びついていた．宗教教師はことばによって知識を伝達するだけではなく，全生活の証しによっても語りかけ，教え，導く使命を委ねられている．

(2) イエスとイエスに招かれている被教育者に対する忠実さ．一人ひとりの存在の深みに働きかけている聖霊のわざを洞察し，自分の考えを認めさせるのではなく，愛情と敬意をもって相手をあるがままに受容しながら，共にイエスの招きを聞き，これに応える謙虚な姿勢を身につけていなければならない．

(3) 宗教教育が対話であることから，教皇*パウルス 6 世は回勅*『エクレシアム・スアム』のなかで，教師のことばは明快でわかりやすく，相手の望みに適切に応える内容をもち，相手が考え，選択するのを助けるものであることを説いている．そのために教師は柔和で忍耐強く，平和な心，広い度量，賢明，相手の心理・道徳条件を重んじる思慮深さを備え，自分のことばのもつ力と，これを受け入れる相手の可能性とに信頼するよう勧めている (7 項)．

(4) 喜びの証人．イエスは十字架の死を経て復活した．宗教教師は復活の喜びの証人である．*アウグスティヌスはこの点を強調した．「その人の言葉は，その人のもつ喜びに比例して上手になります．その喜びを必要に応じてわれわれに与えるのは，喜ぶように命じられた神の慈しみです」（『教えの手ほどき』25 項）．真に喜ぶことができるには，自分のためには何ももとうとせず，ただ神と人々とに自分を差し出す姿勢が求められる．

教育機関で宗教教育に携わる者は，さらに，教師としての資格を最大限に備える必要を自覚し，自らの養成に絶えず努力することは言を待たないであろう．

【文献】菊地多嘉子『カテケージス概論』（オリエンス宗教研究所 1977）; ヨアンネス・パウルス 2 世『要理教育に関する使徒的勧告』（カトリック中央協議会 1980）33-35: IOANNES PAULUS II, *Catechesi Tradendae* (1979); 相良敦子「カトリック校における福音宣教」『福音宣教』7 (1985) 17-23; 8 (1985) 19-25; 9 (1985) 11-17; M. VAN CASTER, *Catéchèse et dialogue* (Bruxelle 1966) 106-10,

121-35. （菊地多嘉子）

しゅうきょうぎょうせい　宗教行政　〔英〕religious administration, 〔独〕religiöse Administration, 〔仏〕administration religieuse
【定義と類型】宗教行政とは，個人的または集団的宗教行為に対する国家意志の執行作用ということができよう．いかなる宗教行政が行われるかは，*国家と*宗教との基本的関係がどのような関係にあるかということに大きく依存している．おおまかにいえば，国家と宗教が未分化であった原始社会，国家行政が特定の宗教的原理に基づいて行われる*神聖政治，国家が承認した特定の宗教を，あらゆる国民が奉ずることを求める国教制度または公認教制度，近代に入って展開した政教分離制度などによって，宗教行政の在り方に大きな相違が生ずる．それは各国の歴史的事情に深く関わっているので，時代的にも，地域的にも，極めて多様なものがあり，そのすべてを詳述することは不可能に近い．したがって，ここでは我が国の現状にしぼって，記述することとする．
【憲法】我が国の宗教行政は，憲法第20条と第89条の規定に基づいて，*信教の自由と，これを制度的に保証する*政教分離の原則をその基本政策としている．したがって，いかなる宗教を信じることも，信じないことも，いかなる宗教活動を行うことも，また*宗教団体を結成することも，日本に在住する個人の自由であり，国家は一切これに関与しないことが原則である．しかし，これは*信仰に基づく行為であれば違法行為に対しても，国家がこれを規制し，処罰する権限を放棄しているというわけではないし，一方，信教の自由が法律の許す範囲内に限定されているということでもない．信教の自由を制限する立法は許されないし，形式上の法律違反があっても，信教の自由に基づく私権が優先する場合もある(1975年神戸簡裁判決，牧谷牧師事件)．信教の自由に内在する限界点については，必ずしも定説はないようであるが，米国ではしばしばセイフティ・アンド・ヘルス(Safety and Health) つまり，他者の安全と健康を損なう行為は許されないが，それ以外の行為は最大限の自由が認められるべきだということがいわれている．政教分離に関しても，国家がどこまで宗教と関わりをもちうるかは，困難な問題が多く，米国でも日本でも数多くの訴訟事件が提起されている．米国の判例では，目的が宗教的意義をもつ行為，効果が宗教の促進または圧迫になる行為，宗教との過度の関与をもたらす行為が違憲とされており，日本でもこれに準じた判例がある．
【宗教法人法】宗教団体が，宗教活動のみを行うかぎりでは，国法の関知しないところであるが，宗教団体が土地や施設を売買したり，契約を結ぶなどの法律行為を行う場合には，取り引きの安全を確保するために，代表権者や意志決定機関などを明確にし，法律上の人格を賦与する必要がある．我が国では，宗教団体が法人格を取得するための法律として，宗教法人法が定められている(→宗教法人)．国際的には，民法などの一般法によって法人格を取得する国，個別の宗教ごとに個別法を定める国，*ヴァティカンとの*政教条約で*カトリック教会の法的地位を定める国などがあって，日本のように宗教団体を対象とする特別法を定めるのが一般的であるわけではない．
　宗教法人法は，認証制度，責任役員制度，公告制度を三つの柱としている．認証制度は，申請者が実際に宗教団体であること，法人規則が法の要求を満たしていることを所轄庁が確認すれば，これを認証しなければならず，規則の登記によって法人が設立される制度で，行政庁の裁量権を排除して，教団自治を確保しようとする制度である．責任役人制度，公告制度は国家機関による上からの指導，監督を排し，信者など下からのチェックによって法人の自律性を確保しようとする制度である．宗教法人には，神社，寺院，教会などの単位法人と，これを包括する宗派，教団などの包括法人の2種類がある．単位法人には，教団などに包括される被包括法人と，どこにも包括されない単立法人の2種類がある．ただし，二段包括は認められていないので，カトリック教会では，単位教会が，*司教区に包括され，司教区が*カトリック中央協議会に包括されるのではなく，司教区も包括法人，協議会も包括法人で，単位法人は両者に包括される二重包括の形をとっている．また，司教座教会だけが法人となり，教区内のほかの教会は非法人にとどまり，*司教の*裁治権との矛盾が生ずるのを避けている．
（洗建）

しゅうきょうぎれい　宗教儀礼　〔英〕religious rites, 〔独〕religiöse Riten, 〔仏〕rites religieux
【定義】*儀礼とは宗教にのみみられる現象ではなく，社会生活のあらゆる分野において広く執り行われる行動の一種である．規則正しさが儀礼の基本的特徴なのでこれを「秩序ある規則正しい行為」(宮家準『宗教学辞典』)と定義できる．このような行動は三つの特徴を示している．(1) 形式性．固定した形に従って執行すべき行動である．ただし，決まった形を守るのは意図として求められるものであり，実際には形は事情によって変化することを許す枠としてみたほうがより適切である．(2) 反復性．前述の形式に従って同じような行動が必要に応じて繰り返されることが可能である．(3) 象徴性．行動の実用性よりも行動を通して表現される別のレベルの意味に重点が置かれるので象徴的性格が強い．以上の3点は慣習化された行事や入社式という俗的儀式から神社の神事や教会の*ミサに至るまでの各種の行動に共通している．したがって宗教儀礼をさらに区別し，定義するためにこの種の儀礼の対象もしくは機能を考慮しなければならない．宗教儀礼とは超越世界もしくは超自然の存在または力を対象にし，それに何らかの形で働きかけようとする行動である．したがって呪術的儀礼もこういう意味の宗教儀礼の一分野として捉えられる．その結果，こうした包括的解釈のレベルでは*迷信の問題が除外されることは注目に値する．しかし，キリスト教のより狭い枠内で宗教儀礼を考える際，ある儀礼が宗教儀礼として教会の認可を受けているかどうかという新たな点が問題になりうる．認可されないものは迷信に帰されやすい．しかし，宗教儀礼のこの最狭義的理解の場合でも，公的*典礼のみが教会の認める真の宗教儀礼ではないことは明らかである．
【研究史】教典を有しない未開社会についての*人類学の研究が軌道に乗った20世紀初頭からこれら社会の儀礼生活が研究の焦点となった．最初は儀礼と*神話および信念との関係が盛んに論じられたが，*デュルケムは儀礼の社会的機能に注目して，社会統合におけるその役割を指摘した．同様の機能論を踏まえながら，*ヴァン・ジュネップ(ファン・ヘネップ)は特に人生の折目の際に行われる儀礼，すなわち*通過儀礼の過程を分析し，分離・移行・統合という三段型を抽出した．第2次世界大戦後，儀礼研究は新たな関心を集めた．*エリアーデと

しゅうきょうげき

イェンゼン (Adolf E. Jensen, 1899-1965) は，それぞれの解釈は異なっていても，儀礼を神話時代において起きた出来事を再現する装置とみなした．ほぼ同じ頃から儀礼の象徴性に注目する新しい研究方向が出始めた．*ターナーは，儀礼中に扱われる物と儀礼自体との象徴としての性格を分析し，ヴァン・ジュネップの考えをさらに展開して儀礼では構造と反構造との間にある弁証法的関係が表現されると指摘した．晩年に彼は，儀礼を社会内の葛藤が演じられる舞台とみて，パフォーマンス論も入れ，象徴性からのみならず，心理学や行動論などの視点から儀礼の包括的研究を試みた．それに対して，*レヴィ・ストロースと*リーチは儀礼と儀礼体系を一種の言語と捉え，その構造を分析することによって体系の隠れた意味を探ろうとする．レヴィ・ストロースは儀礼が利用する時間観念に注目した．すなわち儀礼とは，そのなかで通時態と共時態の葛藤によって生じる各種の二項対立を克服・統合する装置だと解している．その反面，リーチによると儀礼は決まった行動の象徴性を通して行為者間の諸関係の性格を表現するものである．これらの試みと違って，*ギアーツは宗教という文化体系のなかで儀礼の意味を追求する．そして，人間が世界の基本的秩序についてもっている情操と観念は，儀礼において作用する諸象徴の独特な働きを通してより強化され，深化されると説いている．

【過程と構造】儀礼とは，何かを作る技術的行動というよりも，何かをいう表現的行動であるといえよう（リーチ）．しかし，儀礼自体を一種の技術とみなし，その展開過程を分析することも可能である．各種の儀礼のうち，人生の折目の際に行われる儀礼に著しい共通点があると指摘したことはヴァン・ジュネップの重要な洞察である．これらの儀礼に分離・移行・統合という形の三段階の過程がみいだされることに彼は気づいた．リーチが提出した祭りの時間論にはこれと似通っている視点が現れる．それを儀礼の過程分析に応用してみると各儀礼が執行される場合に，俗の時間からの分離，聖の時間における儀礼の実施，俗の時間への再統合という解釈が可能である．これらの見方によれば2番目の段階，すなわち聖なる時間にあたる段階には特に重要な意味が関わってくる点にターナーは着眼した．この段階の特種性は境界性（〔英〕liminality）そのもので，そこで慣行の出来事が止揚されることである．人がこの段階に滞在している間，日常の構造は止揚され，行動者の個別特徴が一時抑えられる等の傾向を示す反構造的状況が主として現れる．画一性の色彩が強いこの状態における人間関係をターナーはコムニタス（〔ラ〕communitas）と名づけた．儀礼の表現的側面を分析すると，その表現の枠組みにもなっている構造が問題になる．すでに述べたように形式性，反復性，象徴性が構造の重要な要素をなすが，儀礼は行動であるから，当然その担い手たちをも考慮する必要がある．そこでまず儀礼の主体である行動者，すなわち依頼者，それから儀礼を司る祭司等の人があげられる．次に儀礼が向けられる客体，例えば究極的対象である超越的存在，あるいは*治病儀礼の患者とか供犠の*犠牲などのように儀礼の直接対象になる中間的存在がある．これらのものは儀礼を直接に実施する諸行為者ともいえるが，多くの儀礼の場合，直接に参与しない脇の見物人や観察者も儀礼の成り行きに大きな影響を及ぼすことも，忘れてはならないもう一つの要素である．最後に，儀礼が執り行われる時間と空間も共にその性格と意味内容を裏づける大切な構造分子であることを付け加えておきたい．

【機能】機能は，儀礼の技術的行動の側面においてではなく，表現的行動の側面においてみいだされる．もちろん，儀礼には技術的な側面もあるが，しかしそれを通して表現されるもののほうが儀礼の機能といえよう．カズヌーヴ (Jean Cazeneuve) は，諸象徴を通して現れる神秘に対する人間の態度を基準にして儀礼の三つの機能を区別する．すなわち迫ってくる神秘を忌避する*タブーの儀礼，神秘の力を統御する呪術儀礼，神秘に与かる宗教儀礼である．いずれにしても儀礼は人間の条件に内在する不安を解消する方法である．こうみた場合，儀礼の顕在的機能が重視されるが，最近の研究が示すように容易に発見されない潜在的機能がむしろ重要である．すなわち儀礼は，人生のさまざまな矛盾と葛藤を具象したうえで，そういう人生そのものを統一する枠組みがあるのを改めて認識させることによって葛藤を克服し，秩序状態を再建する試みだからである．

【文献】宗教学辞典 153-59; IESS 13: 520-26; E. デュルケム『宗教生活の原初形態』古野清人訳（岩波書店 1941-42）: E. DURKHEIM, Les formes élémentaires de la vie religieuse (Paris 1912); J. カズヌーヴ『儀礼』宇波彰訳（三一書房 1973）: J. CAZENEUVE, Sociologie du rite (Paris 1971); E. R. リーチ『人類学再考』青木保他訳（思索社 1974）: E. R. LEACH, Rethinking Anthropology (London 1961); V. W. ターナー『儀礼の過程』富倉光雄訳（思索社 1976）: V. W. TURNER, The Ritual Process, Structure and Antistructure (Chicago 1969); A. ファン・ヘネップ『通過儀礼』綾部恒雄訳（弘文堂 1977）: A. VAN GENNEP, Les rites de passage (Paris 1909).

（クネヒト・ペトロ）

しゅうきょうげき　宗教劇　〔英〕religious drama, 〔独〕religiöses Drama, 〔仏〕drame religieux　宗教劇とは狭義の意味では演劇史的に発展を跡づけられる，ヨーロッパ中世のキリスト教的演劇（→ 中世演劇）と，その伝統を受け継いで現在でも上演されている地域共同体による非職業的な演劇をいうが，本項ではそれらを含めて広義に解釈し，何らかの宗教と関わる*演劇および宗教的主題をもった戯曲作品の変遷の概略を扱う．

【古代ギリシア演劇】ヨーロッパの宗教劇は前キリスト教時代およびキリスト教時代のさまざまな文化領域における*祭儀や*儀礼と不可分であり，そこに基礎を置いている．古代ギリシアにおいては，戦勝の際や婚礼，死者の葬送に際してみられる習俗的な演技と，秘密結社で行われた秘儀の伝承が多層的に重なっており，そこから演劇的表現に至る素地が生まれてくる．

祭儀のときに形成された合唱者の群から発展した合唱隊であるコロス（〔ギ〕choros）は輪舞し歌唱する集団であるが，これはやがて組織化され，紀元前5世紀におけるギリシアの宗教的古典劇成立の基礎となった．伝承によれば，詩人テスピス (Thespis, 前6世紀) が自ら合唱隊を率いてこれと対話する第1俳優となった．次いで*アイスキュロスが第2俳優を，*ソフォクレスが第3俳優を設けたという．こうして成立した演劇は，ディオニュソス（→ ギリシアの宗教）という秘儀神を褒めたたえてオルケストラ (orchēstra 舞踏の場) で演じられた．アッティカ (Attica) の都市国家*アテネでは市民が観客として，4分の3円形でオルケストラを取り巻いて設置されたテアトロン (theatron. これが劇場〔英〕theatre, 〔仏〕théâtre, 〔独〕Theater の語源となる) に座って見物

した．コロスはリズムをもった歩行と歌唱を伴ってオルケストラに入場し，俳優が対話形式で表現する出来事の進行に介入しながら演技し歌唱する．合唱隊が受け持つ部分はスタシモン (stasimon) と呼ばれ，エペイソディオン (epeisodion) と呼ばれる対話形式の所作部分の間に挿入され全体の劇曲が進行する．

劇曲の内容の主要部分は神々の神話や英雄伝説に基づき俳優を兼ねた悲劇作者によって創作され，その際つねに最高神ゼウスの意志や人間には探求できない運命の支配が最終的問題として提出される．都市国家の市民である観客はこのような「人間の意のままにならないもの」に怖れを抱きつつ，それを念頭に置かねばならない．これは彼らの国家形体である民主制度がギリシアの神々と関連をもつ法則に依拠していたことの証しである．オルケストラの中央には本来，神の祭壇が設けられていたこと，また数多くの悲劇上演後に祭壇がそこにしつらえられたことは，古代ギリシアの演劇が市民社会の公共の行事としての祭儀に結びついていたことを示している．

【中世演劇】ギリシア劇と同様に祭儀の枠内でキリスト教の宗教劇が成立した．それは主として復活祭期間の典礼から出発している．初期の賛美歌形式で表現された，聖体の秘跡（→エウカリスティア，聖体拝領）を伴う*復活祭の祝いはすでに*初代教会の頃から存在した．*東方教会ではすでに2世紀に聖書の章句を対話化しようとする演劇的萌芽があったという．しかしそれも*聖画像破壊論争の犠牲になり廃れ，後に*西方教会では復活祭の出来事を劇的に形象化しようとする新たな試みが生まれた．修道院聖堂では*ミサに列席する人々が荘厳な*十字架称賛やキリストの埋葬と*復活の演劇的再現に積極的な関心を示した．こうして復活祭の典礼から復活祭劇が発達したが，まずその中心となったのはキリスト復活の後3人のマリアが空になった墓を訪ね天使と問答する場面（マタ28: 1-10; マコ16: 1-8; ルカ24: 1-12）である．問答に使われた旋律と歌詞をもった唱句は*トロープスと呼ばれた．

*クリスマスの典礼を演劇化した降誕祭劇では，羊飼いたちに主の*降誕が告げられ幼子イエスを馬小屋に訪ねて礼拝する「羊飼い劇」が演じられた．後にはこれに「嬰児虐殺劇」や「三人の博士の「東方の三王劇」」が加えられた．このように*典礼劇としての復活祭劇と降誕祭劇は劇的対話によって演劇的要素を備えるようになっていった．一方，時代の経過とともに大規模な*受難劇が現れるようになった．キリストの誕生から受難と復活に至るまでの歴史的経過はドラマティックに表現される．中世後期ではしばしば*アダムと*エバの楽園追放（創3章）から*最後の審判に及ぶ長大な*聖史劇として上演されるようになった．

中世初期の段階では主として聖堂内部での演技と，*ラテン語による対話であったが，やがて各地域それぞれの民衆の言語によるテクスト作りへと変わっていく．聖職者たちはその役割を市民たちに譲り，テクストが民衆の言語に置き換えられるに伴い，上演場所も聖堂内から市の広場へと移される．このような宗教劇の世俗化の過程で，中世末期には滑稽な悪魔やならず者が登場する娯楽色の濃い場面が組み込まれた．この現象はしばしば教会の側からだけでなく，市民からも批判された結果，多くの劇が禁止されたが，幾つかの作品はその後の啓蒙主義時代の監視をも逃れて今日まで伝えられ，上演可能な戯曲として保存されている．*オーベルアンメルガウなど幾つかのアルプス狭谷の村ではこのような宗教劇の

上演が引き続き行われている．

また*聖体の祭日制定に伴い盛んになった停留場面劇（[独] Stationendrama）においては，人間の手で担がれる台座もしくは牽引される台車が教会の前や街路の交差点，役所の建物や富裕な市民の家の前で停留し，そこで各場面を上演する．観衆は巡回してくる山車での上演を次々に見物することで，各場面の連続性を意識するようになる．この停留場面劇の手法は特に宗教的内容を表現するのにふさわしいものであった．それぞれの場面のなかに*救済史から本質的問題を取り出して演じたり，また例えば，キリストの*陰府（よみ）への降下（1ペト3: 19）と巨大な魚に呑み込まれた*ヨナというように*予型論的意味を具体的に並べて示すことができるからである．停留場面劇の手法は20世紀になって表現主義者によって再発見され，例えばシュライアー (Lothar Schreyer, 1886-1966)，*ゾルゲ，バールラハ (Ernst Barlach, 1870-1938) などの戯曲において利用された．

中世ヨーロッパにおける宗教劇は，学問を修めた聖職者たちの古典研究からも出発している．彼らはギリシア・ローマの演劇的遺産を研究し，それを模範としてそこに宗教的内容を盛り込むための形式をみいだそうとした．その代表として知られているのは10世紀後半に現れた女子修道院長*フロスヴィタの作品である．彼女はヨーロッパで女性として初めて戯曲形式による文学作品を書いたが，*ラテン語で書かれた対話体の作品は上演を想定したものではなかった．

【人文主義演劇】15-16世紀の人文主義者は，*テレンティウスやプラウトゥス (Titus Maccius Plautus, 前250頃-前184) などの戯曲を典拠として古典劇の技法をより完全なものにしようと努めた．彼らは宗教的題材や世俗的材料を古典劇の規範のなかに盛り込もうとして，性格から発するドラマや状況から発するドラマという概念を発見した．中世演劇と人文主義演劇との重要で本質的な相異は，後者が人々に教養を与えるという性格を担ったことである．もはや宗教的祭祀を補完し，それを具象化する信仰的行為は問題とされず，むしろ舞台上で表現されるさまざまな人物がときには模範として称賛され，またときには悪しき例証として批判されたりする実演という性格が重要になる．この教育的な目的に人文主義者の知識が結びついたことで強い演劇的効果が生まれたのである．

人文主義演劇はまた古典研究の成果として劇作品における厳密な形式を初めてヨーロッパ演劇に導入した．戯曲は5幕または3幕に構成され，場所・時・筋の統一を守るべきであるとする古典劇理論が唱えられた．いわゆる三一致の法則である．また，ドラマはもっぱら登場人物の対話によって成立し，行為する人間を舞台上に再現するという理論が確認された．人間は自らの人間的行為のゆえに悩み，道を誤り試練に遭うが，何らかの転回点を経て試練を克服し，*回心に至るといった筋の展開や，人間をタイプ（典型）として提示する演劇的表現が愛好され，後者の例としては*ビーダーマンの『ケノドクス』などが知られている．

【学校劇，イエズス会劇】カトリック教会もプロテスタント教会も宗教教育に有効であるとして学校劇を評価した．過酷な*宗教戦争が続いていたこの時代には，教化手段としての演劇が極めて質の高い舞台表現技術に支えられて成立した．プロテスタント側では*カルヴァンは演劇を強く批判したが，*ルターや*メランヒトンは学校劇の上演を奨励した．ルターは宗教劇の内容と道徳的

教化に正当性を与えようとし，特に演劇のもつ重要な要素である対話を重視した．対話が本来，弁証と反論という形式をもっているため，またその雄弁術的効果ゆえに宗教上の弁護と反論，証明と反証明という論争に必要かつ有効な武器として利用されたのである．

やや遅れてカトリックの学校劇も始まった．特に*イエズス会劇は 16 世紀中葉から約 1 世紀にわたって最盛期を迎える．イエズス会劇は*イエズス会学院において上演された学校劇である．将来を嘱望されていた学院生たちは，脚本を通してラテン語を学ぶと同時に，宗教的知識やさらには宮廷生活の礼儀作法までを学んだのである．17 世紀に入るとイエズス会劇は特にドイツ南部やオーストリアで盛んになり，大掛かりな最新設備をもつ劇場で演じられ，バロック時代を代表する演劇となった（→バロック文学）．作劇法も目覚ましく改善され，題材としては支配者，聖人，殉教者などの行動が取り上げられ，学院の生徒や市民の前で宗教的教化の例証として上演された．また幕と幕の間にはパントマイム風の踊りやバレエ，あるいは滑稽な幕間劇が演じられ，さらに音楽劇の要素も加わった．しかし，18 世紀に入ると啓蒙主義の到来とともに教団活動としてのイエズス会劇は後退していった．

【近・現代の宗教劇】17 世紀におけるその他の演劇では，特にスペインとオーストリアの*ハプスブルク家の宮廷における宗教的内容をもった*オペラをあげておきたい．これらの作品はキリスト教的な価値体系のなかで，英雄や聖人を主人公として彼らの行為が*徳にかなったものであるか，あるいは*悪徳であるかを示すものである．キリスト教徒である将軍や英雄がキリスト教的徳を達成する様子が描かれたり，古典古代の英雄がキリスト教的に解釈されて登場する．また古代ギリシアの神々を笑いの対象とする滑稽な場面も描かれた．スペインの劇詩人を代表するのは*カルデロン・デ・ラ・バルカである．彼はスペインの宮廷のために，すべての上に神があるとするキリスト教的世界劇場という壮大な宇宙論的演劇理念に基づく多数の戯曲を残した．特に聖体の秘跡を賛美する一幕物の野外聖体劇を 80 編余り書いたといわれる．

なお 16-17 世紀英文学を彩る*マーロウ，*シェイクスピア，17 世紀フランス演劇を代表する*コルネイユ，*ラシーヌ，また 18-19 世紀ドイツの偉大な劇詩人である*ゲーテ，J. C. F. フォン・*シラー，*ヘッベル，グリルパルツァー (Franz Grillparzer, 1791-1872)，R. *ヴァーグナーなどヨーロッパ演劇を代表する劇作家たちは，いずれも宗教劇作家と呼ばれることはないが，しばしば宗教的題材を劇化している．シラーは『オルレアンの乙女』(1801) において信仰に裏づけられた祖国愛，自由愛を讃えている．ゲーテは『ファウスト』において最終的に神の*恩恵を求めている．また人類愛を希求し，社会正義への理想を謳い，国民的・民族的神話を求めて行動する人物を描く 19 世紀の劇作家の作品は，個々の民族の歴史を貫いて生き続ける宗教性に照らして考察されなければならないであろう．

劇場において宗教的問題を提示する演劇は，ヨーロッパの多くの国において新しい精神的潮流としてのさまざまな宗教的運動と結びつきながら 20 世紀初頭に現れた．例えばフランスの「新生カトリック」([仏] Renouveau catholique)，英国の*典礼運動，印象主義者の内的対話，そして表現主義のエクスタシーに満ちた自己主張などである．また自らの個人的・神秘的体験により宗教劇の執筆へと向かった例として*クローデル，ゾルゲをあげることができる．同時に非職業的な演劇が盛んになり，ドイツ，フランス，オーストリア，ベルギーなどでは極めて個人的で内的な精神状況を告白する作品が相次いで発表される．これらの作品は特に個人の宗教的関心や信仰に根ざすもので，いわば劇場という場を借りた「人間精神の祝祭」であった．

20 世紀の劇作家のうち，*ホフマンスタールは*『エヴリマン』を改作した『イェーダーマン』の新上演により中世劇を現代に復活させることに成功した．宗教的信条の発露が日本文化と結びついて生まれたクローデルの戯曲のなかでは，特に『繻子の靴』において華やかな世界劇場の理念が現代に再現されている．アイルランドの*イェイツもまた日本の能を『鷹の井戸』のなかで用い，ヨーロッパ的宗教劇の技法に拠りつつも東洋的な瞑想の世界がヨーロッパ人の宗教的世界と無縁ではないことを実証した．

英国の劇作家たちも宗教劇へと向かった．T. S. *エリオットは『寺院の殺人』やその他の神秘的印象を与える詩劇を創作した．C. *フライは神の視点からの「生命の不思議」を舞台上に提示した．ドイツ語圏では*ヴェルフェルの熱情的な修道者的気質が演劇的表現をとって現れ，バールラハは*被造物である人間が造物主である神に心を開き成熟する様子を表現している．スペインの作家たちは宗教的作品をもって伝統の継承者になろうとし，イタリアの詩人たちも劇場に形而上学的な要素を新たにもたらした．ほかにポーランドのザヴィエスキー (Jerzy Zawieyski, 1902-69)，モルスティン (Ludwik Hieronim Morstin, 1886-1966) や*ブランドシュテッター，スイスのロタール (Peter Lotar, 1910-86)，スカンディナヴィア諸国の*ラーゲルクヴィスト，アベル (Kjeld Abell, 1901-61) などを現代の宗教劇作家としてあげることができる．オランダのハルトーホ (Jan de Hartog, 1914-) が自身のキリスト教精神によって貫徹された戯曲『神の隣の船人』(Schiffer naechst Gott) を書いていることも特筆される．

特に 1920 年代および 1960 年代に宗教劇は再び予想外の成熟をみせるに至った．1920 年代にヨーロッパ社会の精神的窮乏と戦争体験による動揺が人々を内面性の問題へと向かわせる契機になったのに対して，1960 年代には若い世代に広がった福祉社会における精神的空虚さが宗教劇成立の要因になっているといえよう．

経済が支配する現代社会は若い人々に決して満足を与えてはいない．彼らの心奥にある神秘的なものへの憧憬は劇場で新たな主題として表現される．我々は今，21 世紀に新しい宗教劇が再び生起するか否かという問題に直面している．再生の希望は失われていない．例えばスイスの*ベネディクト会の会員ヴァルター (Silja Wakter, 1919-) は，祖国におけるカトリック的祝祭劇に回帰する作品を著している．キリスト教の祭祀と結びつく本来の宗教劇は，スイスのみでなく他の国々においても復活することが期待されよう．　　　(M. ディートリヒ)

しゅうきょうげんしょうがく　宗教現象学〔英〕phenomenology of religion, 〔独〕Religionsphänomenologie, 〔仏〕phénoménologie des religions

【概要】さまざまな地域・民族・時代の宗教現象 (→宗教) を，横断的な比較に基づいて類型化し，その構造を解明するとともに，またその意味や本質を理解・把握することを目指す，*宗教学の一分科あるいは方法．近代宗教学のなかの一つの流れとして，ほぼ 20 世紀の前半から

【成立と特徴】宗教学そのものについてと同じく，その前史を遡ることは可能であり，ド・ブロス (Charles de Brosses, 1709-77) やマイナース (Christoph Meiners, 1747-1810) などがその先駆者としてあげられることもある．しかし，はっきりとこの名称を冠したのは，*ファン・デル・レーウの『宗教現象学入門』(1925) が最初であり，それは以後，しだいに英語圏でも採用されて今日に至っている．「*現象学」という学名からしても，それは明らかに，ほとんど同時代の*フッサールの哲学上の運動と無関係ではなく，事実，そこから幾つかの要素を取り入れている．ただ，それは哲学的な現象学とは一応，区別してみるのが妥当であろう．この点をも含めて，一般に宗教現象学の性格については，論者による意見の幅が大きく，この学名もときとしてかなり曖昧に用いられるきらいがある．したがって，その立場や内容を明らかにするには，その成立を促した基本的な動機に注目しなければならない．なかでも重要と思われるのは，次の2点である．

〔比較と類型化〕一面からすれば，宗教現象学は諸宗教の歴史的な研究の進展に伴って，それらの資料を体系的に整理する必要から生まれたといってよい．近代におけるヨーロッパ諸国の世界進出は，諸地域・民族の間の交流や接触の機会を飛躍的に増大させ，それらの多種多様な宗教生活についての情報の獲得を可能にした．しかも，ただ現状についての報告にとどまらず，場合によっては伝承や聖典など，歴史についての資料も徐々に収集された．こうしてほとんど全世界にわたるさまざまな地域，時代の宗教についての知識が蓄積されたが，そこでおのずから生じてきたのは，それら相互の比較・対照の試みである．異なった諸宗教を互いに比べることにより，おのおのの特異性が明らかになったが，また多くの共通項が存在することも認識されたのである．この種の分類あるいは比較を意識的に推進しようとしたのが，宗教現象学にほかならない．

前述の先駆者たちを除けば，その最初の成果を示すのは，シャントピ・ド・ラ・ソセー (Pierre Daniel Chantepie de la Saussaye, 1848-1920) の編集した『宗教史教本』(Lehrbuch der Religionsgeschichte, 1887-89 ⁴1925) とみてよい．これは，世界の諸宗教を民族ないし系統別に概観したものであるが，その冒頭には彼自らの手になる「現象学の章」が置かれている．彼はそこで，宗教史や民族誌の提供する材料を用い，宗教の祭祀，教説，習俗の三つの主な分野について，それぞれ特徴的な型を抽出した．例えば祭祀の対象，種類，場所，時，聖なる人物，聖なる共同体，聖典，等々である．この章は同書の第2版以後は削除されたものの，このように宗教現象の全体を体系的に把握する試みは，彼の弟子ファン・デル・レーウはじめ，*ヴァッハ，*ハイラー，*メンシング，*エリアーデなどにさまざまな形で継承された．

この意味では，宗教現象学は実質的に宗教類型論とみて差し支えない．それは，宗教史を扱う過程でおのずから要請されたのであり，それと対をなすものとして，ときに「比較宗教史」あるいは「体系的宗教学」などと呼ばれることもある．もっとも，この場合の「比較」が独特な性格を有することを看過してはならない．19世紀後半に成立した近代宗教学は，もともと諸宗教の広汎な比較を基本的な視点としていた．しかも20世紀初頭頃まで，それは*進化論の影響のもとに，人類的な規模での宗教の発展を想定するのが一般であった．宗教現象学は，思想的ならびに方法論的な理由から，この種の発展史の構成が困難になったのと入れ替わりに出現したのであり，概して発展や進化，さらには通時的な考察そのものをも捨象する傾向が強い．すなわち，その用いる比較は横断的かつ非歴史的なのである．宗教現象学と狭義での宗教史との関係が問題を含むのは，ここにその理由がある．

〔意味と理解〕このように宗教現象学は，多種多様な宗教現象を収集することで満足するわけではなく，さらに進んでそれらを体系的に位置づけようとする．だがこの作業は，それら事実を歴史的・時間的な連関ではなく，むしろ意味的な連関において捉えることを要求する．そしてそのためには，単に個々の事実の意味の把握のみでなく，また全体としての宗教的な生についての何らかの洞察が必要とされる．経験的に知りうる個別的な現象を，その根底にある宗教的な生の表現とみて，そこにまで遡って捉えるこの操作は，一言で「理解」と呼ばれるものに相当する．内的な生に関わるかぎりでは，それは心理学的ということもでき，事実，シャントピ・ド・ラ・ソセーは宗教現象学を*心理学に近いものとみなした．ただこの場合の心理学が，実験的・分析的なそれではなく，以下に述べるように記述的・直観的なものであることは，注意しておかなければならない．

宗教現象の意味を理解し，それを記述しようとするこの態度は，特に*ディルタイによって主唱された構造心理学あるいは*解釈学の立場に近い．事実，宗教現象学の方法についての，最初のまとまった論述を含むファン・デル・レーウの上記の書では，「理解」が中心的な重要性をもち，ディルタイの名が同傾向のほかの思想家たちとともに引用されている．この点からすれば，宗教現象学は宗教的生の解釈学だとみてよいであろう．他方，その方法論の基礎づけにあたっては，フッサール的現象学の要素も，かなり自由に採用されている．「*エポケー」「本質（形相）直観」などの概念がそれであって，ファン・デル・レーウやその追随者においては，これらはときとして重要な位置を占めている．エポケー（判断中止）とは，この場合，自らの信じる宗教の絶対性をしばらく括弧に入れることであり，本質直観とは，宗教現象に内在する構造をありのままに直観し，記述することにほかならない．

このような理解，直観的記述の重視は，上記の人々をはじめ，ほかの何人かの学者に多少とも共通する特徴といえる．したがって彼らは，自ら宗教現象学を標榜しなくとも，この流れに属するものとみなすことができ，実際そう呼ばれることが多い．そしてこの方法上の立場は，必ずしも特定の宗教ではないにせよ，およそ宗教が独自の性質をもち，人間生活のほかの構成部分に解消されないという見方と密接に結びついている．とりわけそれは，宗教を心理的な要因，あるいは社会的な原因に還元し，そこから説明しようとするさまざまな試みと正面から対立する．宗教現象学がフロイト主義，あるいは*マルクス主義はいうまでもなく，一般に*宗教心理学や*宗教社会学など，いわゆる社会科学ないし行動科学の立場からの宗教研究に対して懐疑的なのは，このような宗教観にその原因がある．近年，こうした*還元主義への反対を最も鮮明に掲げた一人は，エリアーデであった．

【現状と問題】宗教現象学についての評価や，それをめぐる問題は，みな何程か上述したその成立の事情および動機と関わっている．宗教学の項でも触れるごとく，近

しゅうきょうさいばん

代宗教学は諸民族の宗教についての情報の蓄積を背景としつつ，それらの比較から出発した．そしてそれは，たとえ明言されなかったとしても，人類の宗教が共通の本質を有するとの前提の上に立っていた．特に初期に好んで用いられた「*比較宗教学」の名称は，こうした含意をもっていたのである．宗教現象学は，その類型論的な手法についても，また諸現象を踏まえた本質の探求の点でも，まさに近代宗教学の正統を継ぐものとみることが可能である．

ただ，それが幾つかの困難を内包していることもまた否定できない．その類型論は，個々の事実をその具体的な歴史の脈絡から切り離し，非時間的な型として定立する傾向が強い．それは確かに一定の有効性があるとしても，余りに静態的なステレオタイプになる危険をもつ．例えば *ペッタッツォーニのような宗教史家の批判は，まさにこの点をついたものである．他方，宗教現象学が多かれ少なかれもっている宗教本質論的な関心は，それを経験的な事実を離れた哲学的な論議へ，さらには規範的な *神学へと転化させることがないとはいえない．近年，広い意味で社会科学的な方向をとる宗教研究者から，それは一種の隠れた神学にほかならないとの指摘がなされたのは，こうした事情によるのである．

とりわけ，ファン・デル・レーウに代表される古典的な宗教現象学は，そのエポケーの強調にもかかわらず，キリスト教的な神中心の宗教観に立っていることは明らかである．これに対しヴァールデンブルク（Jacques Waardenburg, 1930- ）は，人間の宗教的な志向（[英] intention）に視点を定め，宗教をオリエンテーションの体系とみて，その意味を解釈する行き方を提唱している．ここに伝統を継承しつつ，しかも現代の状況に即した，宗教現象学の一つの新しい試みをみることができる．

【文献】カ大 2: 604; RGG³ 5: 322-24; EncRel(E) 11: 272-85; 宗教学辞典 281-86; G. ファン・デル・レーウ『宗教現象学入門』田丸徳善，大竹みよ子訳（東京大学出版会 1979）: G. VAN DER LEEUW, *Einführung in die Phänomenologie der Religion* (Darmstadt 1925 ²1961); 大畠清『宗教現象学』（山本書店 1982）; G. ランツコフキー『宗教現象学入門』佐々木倫生，高田信良訳（海青社 1983）: G. LANCZKOWSKI, *Einführung in die Religionsphänomenologie* (Darmstadt 1978); C. J. BLEEKER, "The Phenomenological Method," *Numen*, 6 (1959) 96-111; G. VAN DER LEEUW, *Phänomenologie der Religion* (Tübingen 1933 ⁴1977); M. ELIADE, *Traité d'histoire des religions* (Paris 1948); W. B. KRISTENSEN, *The Meaning of Religion* (Den Haag 1960 ²1968); F. HEILER, *Erscheinungsformen und Wesen der Religion* (Stuttgart 1961); G. WIDENGREN, *Religionsphänomenologie* (Berlin 1969); J. WAARDENBURG, *Reflections on the Study of Religion* (Den Haag 1978).　　　　　（田丸徳善）

しゅうきょうさいばん　宗教裁判　→　異端審問

しゅうきょうしがく　宗教史学　[英] history of religions, [独] Religionsgeschichte, [仏] histoire des religions

【宗教史学の立場】歴史における個別宗教の通時的展開（特殊宗教史・個別宗教史）を自然，人間，文化の展開，相互関連のなかで考察し，*宗教という現象解明に寄与する *宗教学の分野．植物や動物に唯一絶対的な植物や動物がないのと同様に，宗教においても存在するのは具体的な，特定の歴史的・文化的文脈のなかでの諸宗教だけである．したがって，宗教という現象を明らかにする宗教学は，まず具体例の研究としての宗教史をその基礎に置いて行われなければならない．そこにおいて何よりも重視されるのは，個々の宗教についてのできうるかぎり正確で包括的な記述である．当然ながら，そこでは宗教とはこういうものであるとか，あらねばならないという先験的，演繹的，規範的な準拠枠（[英] frame of reference）は排除されなければならず，実証的，帰納的な手法が要請される．こうした態度から，個々の宗教を発展段階のなかに位置づけたり，未開宗教／高等宗教というふうにア・プリオリに分類したり，評価したりすることを宗教史家は行わない．宗教史はその前提において *神学や *宗教哲学とは異なっているのである．

最終的に宗教現象の解明を目的にする点において，宗教史は歴史学の一環としての宗教研究とは異なっている．個別宗教史からさらに進んで，宗教史一般（一般宗教史），さらには宗教そのものの分析・解明を意図するという指向性をもっているからである．専門化の進む現在の学問状況にあっては，個々の宗教史家が宗教史の全域はもちろん，特定の宗教史についてさえその全体に精通することはますます困難になりつつあるが，その目的が一宗教の歴史についての記述の完璧さに終わらず，宗教現象一般の理解・解明に寄与するためには，宗教史家は専門の宗教史への関心のみならず，広くほかの諸宗教史の成果にも通じ，一般宗教史の確立のために自己の研究を生かしていくように求められる．したがって，宗教史においてはほかの宗教との比較が必然的に要請され，この結果，宗教史は初期においては *比較宗教学とも呼ばれた．

宗教について先験的な判断を中止して区別を設けることなく比較研究しようとするなら，文字による歴史記録を有さない社会，その多くがいわゆる「未開社会」に属する無文字社会の宗教も当然ながら比較考察の範囲に含まれねばならないが，文字記録をもたず，口承伝承による比較的最近の歴史の記憶しかもたないという点において，無文字社会は宗教史的研究となじまない部分をもっている．しかしそういった社会の宗教についてもその構造なり世界観なりを明らかにするために宗教史の場合と同様に正確で包括的な記述を行うことは，人間の営みとしての宗教の全体性を知るうえで欠くことのできない作業であるから，こうした歴史性を指向しない社会の宗教については，*宗教人類学とか *宗教民族学として宗教史とは別に取り扱うのが現在の状況となっている．しかしそれはあくまで手法上の違いによる区別であって，宗教自体の性質の違いを意味するものではないし，宗教という現象の理解のための基礎資料という意味では同等の位置を占めていると理解されるべきである．

【宗教史学の歴史】個別宗教史の成果をより普遍的な宗教研究に活用するためには，複数の宗教史研究を比較することができるような宗教現象の範疇化が必要となる．例えば，供儀，*祈り，*神話，罪，*救い等の宗教現象の構造や相互の結びつき，そしてそれらの宗教における意義などを明らかにすることは，宗教史の具体的・記述的水準からより普遍的な宗教本質の解明を目指す宗教学へと進んでいくためには，欠かすことのできない手続きである．こうした類型化によって本質構造を明らかにする手法が *宗教現象学であり，宗教史学と宗教現象学は，相互補完的な関係に立つ．すなわち，宗教現象学は宗教史学からの資料を手がかりにして範疇の設定や構造

の解明を推進するし，また，宗教史学は宗教現象学の設定した範疇を批判的・仮説的に用いながら，より完全な記述や複数の宗教史における比較を行うのである．宗教史がより普遍的な水準へと比較・抽象化を進めていく場合における宗教現象学的手法の必要性，有効性は近年広く認められてきており，両者を同時に研究する宗教研究の在り方を広義の「宗教史」あるいは「宗教学」として history of religions などの名称（ドイツ語の場合は Religionswissenschaft と異なる）で呼ぶことがますます一般的になってきている．1960年前後に相次いで創刊された history of religions の研究を目的とする研究誌である『ヌーメン』（Numen, 1958- ）と『宗教史学』（History of Religions, 1962- ）は，宗教史学と宗教現象学を総合した研究を目指している．また，最近の代表的な宗教学者の一人である *エリアーデの場合をみるなら，初期の代表的著作が宗教現象学の『宗教学概論』（Traité d'histoire des religions, 1949）であり，最晩年の大著が『世界宗教史』全3巻（1976-83）となっている．このほか，*ペッタツォーニ，ブレーカー（C. J. Bleeker, 1898-1983），ヴィーデングレン（Geo Widengren, 1907- ）らにも同様の傾向がみられる．

宗教史学の歴史を振り返るとき，まず目につくのは宗教進化論である．多少の違いはあるが，*呪物崇拝から*多神教，一神教と宗教が進化するという見解は，マックス・*ミュラー，*タイラー，*フレイザー等が主張し，これに対してラング（Andrew Lang, 1844-1912），W. *シュミット等が「未開宗教」における至高神信仰の存在を指摘して反対意見を表明したりしたが，いずれの側も宗教現象の時間的因果関係を拡大解釈し，ある種の宗教形態の進化・発達の結果として別の宗教形態が生じるという先験的・哲学的な前提に立っていたように思われる．確かに宗教は特定の歴史的・文化的な形態でしか存在しないが，その本質はあくまでも無時間的・超越的な聖の顕現であり，必ずしも社会の進歩の程度に束縛されるものではないからである．また，こうした進化論図式の諸段階を示すものとして，*アニミズム，アニマティズム，マナイズム（→マナ），多神教，一神教（その特殊形態としての原始一神教）などの概念も提唱されたが，個別宗教史における特徴を示す分類・形態上の用語としてならば，*シャーマニズムや*トーテミズムと同様に意味をもちうるとしても，宗教進化論的に用いることには慎重でなければならない．現代の宗教史において比較によって期待されている研究成果とは，個別宗教の進化段階による配列ではなく，形態的特徴やそういった特徴を生成している文化的・歴史的要因の指摘や分析なのである．

【日本の宗教史学】〔先駆的形態〕近世までに，日本の宗教史学の先駆的形態と呼べるものが，幾つか形成されている．代表的なものとして，仏教各宗派の宗学ないし教学の伝統と，江戸後期に盛んとなった国学をあげることができる．宗学・教学は，仏教という共通基盤を認めつつも，各宗派の独自な教理を研究するものであったから，比較宗教学的な要素が若干であれ存在した．しかし，近世において，特に顕著な研究上の発展があったとはいえない．これに対し，国学，特に復古神道（→神道）とも呼ばれる平田篤胤（1776-1843）や大国隆正（1792-1871）の学派は，より規模の大きな比較宗教学的発想をもっていた．依拠した文献に制限はあったものの，*仏教，*道教，*儒教，そして*キリスト教までが，比較の視野に収められていた．ただし，復古神道の目的が日本古来の神道が他の宗教に比べて優れていることを論証することにあったから，その学問としての限界は最初から明らかなものであった．

〔西洋の学問の流入の影響〕明治以後も，この宗学・教学，国学の伝統は，多少形を変えながら継承されているが，これに加えて，西洋流の宗教史学の影響が，徐々に大きくなっていった．仏教では特に浄土真宗を中心として，宗教史を見直す研究が盛んとなり，また神道では古典研究を中心とした比較宗教史が芽生えてきた．しかし本格的な宗教史学の展開は，明治後半になって，西洋の宗教学の発想が持ち込まれて以後のことである．1905年（明治38）には，東京帝国大学文科大学に宗教学の講座が置かれ，*姉崎正治が初代の教授となった．姉崎は，日蓮の研究者としても有名であるが，当時の西洋の宗教学を導入し，これにより宗教史学も新たな展開を遂げることとなった．一方，仏教の宗学の伝統は，*インド哲学，あるいは仏教学としても発展した．また国学は，皇典研究を中心とする日本の古典研究に継承された．そして今日の神道史学の大きな源がここにある．

〔日本における宗教史学の位置〕それ以後の宗教史学は，西欧諸国の宗教史の伝統を受け入れながらも，比較宗教学という側面を強めて，研究が積み重ねられていった．しかしながら，日本における宗教史学の特徴は，学としての独自性がそれほど顕著ではないということである．宗教史は個々の宗教の歴史の記述以上のことを目的とするものであるが，日本における宗教研究は，そうした研究方法は一括して，宗教学という名前によって吸収されてしまった観がある．ヨーロッパにおいて，宗教学という言い方があまり一般的でなかったのに対し，日本では宗教学という言い方が定着し，日本宗教学会もすでに，1930年（昭和5）に発足している．こうした事情から，宗教史学という言い方は特に必要とされなかったということが考えられる．ちなみに東京大学文学部には，宗教学宗教史学専攻課程が置かれ，宗教学と宗教史学とが並列されてはいるが，実際には，その区別は全く意識されていない．また，戦後の宗教学に大きな影響を与えた*岸本英夫は，宗教学をその方法論から大きく四つに分け，狭義の宗教学に近いものから順に，宗教科学的研究，宗教史的研究，宗教哲学的研究，神学的研究を区分した．これにより，宗教史学は，宗教学の一分野というような認識も生まれることになった．

そうした結果，日本の宗教史学は，どちらかというと，個別宗教史の意味に近くなっているのが現状である．日本では，キリスト教，仏教，*イスラム教という*世界宗教への個別的研究のみならず，神道，道教，*ユダヤ教，*ヒンドゥー教，さらに最近は新宗教などもそれぞれ独立した研究対象となっている．そうしたうえに，仏教と神道の比較研究，仏教とキリスト教の比較研究，といった複数の宗教の比較研究も盛んである．また教祖研究という視点から，*イエス・キリスト，*シッダールタ（仏陀），*ムハンマド，鎌倉新仏教の教祖たち，新宗教の教祖たちを比較するという研究も試みられている．つまり，宗教史全体を見通すような研究はあまり蓄積されていないが，ある宗教史の特徴ある現象についての部分的比較考察は，西欧における宗教史学の理念と相通じるものをもっている．あえていえば，こうした中程度の研究領域，例えば日本宗教史研究，東洋宗教史研究などが，日本においては，宗教史学として機能していると理解できる．

〔日本の宗教史学の独自性〕日本の宗教学，宗教史学

は，西洋の概念をそのまま利用することによって，学としての体系を築き上げてきた．しかしながら，最近の研究においては，日本独自の研究視点も出現している．それは新宗教に対する研究である．*新宗教運動は，日本やアメリカにおいて盛んであり，ヨーロッパではそれほど顕著ではない．また，19世紀以降の現象であるから，歴史的にみても新しいものである．そうしたこともあり，ヨーロッパの研究では正面切って研究対象とされることはなかった．新宗教(運動)という概念にしても，むしろ日本において定着して，欧米にも影響を与えつつある．古い宗教から出発して，新しい宗教現象に及んでくるという研究視点においては，西洋の宗教史学が確固たる体系を築いてきたが，新しい現象を出発点に置いて，宗教史を分析していくという方法に関しては，日本も西洋の学界に対し，充分貢献できる位置にある．

【文献】EncRel(E) 6: 399-408; RGG³ 5: 986-91; 宗教学辞典 291-97; 井上順孝他編『新宗教事典』(引文堂 1990); 国学院大学日本文化研究所編『神道事典』(弘文堂 1994); J. M. キタガワ編『現代の宗教学』堀一郎監訳(東京大学出版会 1970); J. M. KITAGAWA, ed., *The History of Religions* (Chicago 1967); 田丸徳善編『日本の宗教学説』全2巻 (東京大学宗教学研究室 1982-85); 田丸徳善『宗教学の歴史と課題』(山本書店 1987); P. D. CHANTEPIE DE LA SAUSSAYE, *Lehrbuch der Religionsgeschichte* (Tübingen 1925); C. CLEMEN, ed., *Die Religionen der Erde* (München 1927); M. BRILLANT, ET AL., eds., *Histoire des religions*, v. 5 (Paris 1953-56); F. HEILER, ed., *Die Religionen der Menschheit in Vergangenheit und Gegenwart* (Stuttgart 1959); C. M. SCHRODER, ed., *Religion der Menschheit* (Stuttgart 1961-); H. C. PEUCH, ed., *Histoire des religions*, 3 v. (Paris 1970-74); J. P. ASMUSSEN, ed., *Handbuch der Religionsgeschichte*, v. 3 (Göttingen 1971-72); J. M. KITAGAWA, ed., *The History of Religions: Retrospect and Prospect* (London 1985).　　　　　　(井上順孝，松村一男)

しゅうきょうしがくは　宗教史学派　〔英〕history of religion school, 〔独〕religionsgeschichtliche Schule

【概説】宗教史学派とは，19世紀末から20世紀前半(1890-1930頃)にかけてのドイツのプロテスタント神学の一つの研究傾向をいい，その中心地はゲッティンゲン(Göttingen)にあった．当時，メソポタミアやエジプトでの考古学上の出土品や発掘調査結果と聖書の宗教世界の知見との類似性が注目されるようになった．このためユダヤ・キリスト教という宗教は，それ以前の古代の諸宗教を背景にして成立したと想定され，その生成と本質はこれらの古代の諸宗教と比較することでさらに解明できるという期待と願望とが増大した．

旧約聖書研究では，とりわけ*グンケルと*グレスマン，新約聖書研究では，ブセット(Wilhelm Bousset, 1865-1920), J. *ヴァイス，ハイトミュラー(Wilhelm Heitmüller, 1869-1926), *トレルチがこの学派を代表する人物である．また，*ディベリウスや*ブルトマン，*ヴェルハウゼンらは，その影響下にある．さらに，ライツェンシュタイン(Richard Reitzenstein, 1861-1931)やキュモン(Franz Cumont, 1868-1947)などの言語学者や宗教史学者が先駆的役割を果たした．

グンケルの著書『原初と終末における創造と混沌』(Schöpfung und Chaos in Urzeit und Endzeit, 1895)は，聖書記者によって*バビロニアの創世神話が創世記から黙示録に至るまで，つまり聖書全体を貫いて受容されていることを証明しようとする試みであった．また，グレスマンの著書『メシア』(Der Messias, 1929)は，聖書のメシア待望の起源は古代オリエント世界の王の神格化という思想に求められるとし，それがイスラエルの王の即位式という「宮廷様式」(〔独〕Hofstil)で表現されているとした．さらに，ブセットは著書『キュリオス・クリストス』(Kyrios Christos, 1913)で，イエスを神として礼拝することの起源はユダヤ・キリスト教以外の異教的でヘレニズム的な神的儀礼でもって証明できると考えた．

これらの例にみられるように宗教史学派は，ユダヤ・キリスト教的な宗教つまり聖書的な宗教が成立し形成されるに際して，実に重要な内容上の本質的な諸点で異教的宗教の決定的な影響下に置かれていたことを証明しようとするものであった．そうした重要で本質的な諸点としては，終末論と*黙示文学，*秘跡(例えば，洗礼)，*最後の晩餐，また聖霊論，典礼理解，そして*天使や*悪魔などの見解が列挙された．もっともコルペ(Carsten Colpe, 1929-)は，ユダヤ・キリスト教的な宗教に対する*グノーシス主義の影響を考慮する立場から，こうした宗教史学派の主張に反論を加えた．

【評価・批判】宗教史学派が前提にし目標としていることは，まったく正当と認めることができる．聖書の宗教がそっくりそのまま天から降ってきたというわけではないし，そうしたことは明示されてもいない．古代の周辺世界の諸宗教が，本質的な諸点でイスラエルの信仰と宗教性に寄与したのは当然である．これは特にその初期において妥当する．いつ古代イスラエルの宗教(Jahwismus)が誕生したのであれ，それよりも*神と*創造の理念は古いものだからである．異教の諸宗教が「真理の小片」(Körnchen von Wahrheit)を含んでいることは否定できないし，これを前提としなければならない．しかし，諸宗教とキリスト教の考え方が本質的に異なっていることも看過してはならない．例えば，グノーシス主義は自己以外の諸要素を同化吸収する傾向をもつが，キリスト教にとっては伝承された*啓示を保護し，その純粋性を堅持することが本質的なことであるからである．宗教史学派の研究方法は認めることはできるが，何よりも諸宗教間の類似点を安易に依存関係とみなしてしまう傾向と危険性には注意しなければならない．しばしば宗教史学派が，こうした危険に陥ってしまったことは周知の事実である．

【文献】RGG³ 5: 991-94; C. COLPE, *Die religionsgeschichtliche Schule. Darstellung und Kritik ihres Bildes vom gnostischen Erlösermythos* (Göttingen 1961).
　　　　　　(H. クルーゼ)

しゅうきょうしせつ　宗教施設　〔英〕religious equipments, 〔独〕religiöse Einrichtungen, 〔仏〕équipements religieux

*宗教の用に供する設備や工作物をいう．広義には宗教の用に供する用具や自然物をも含めることができよう．具体的には，*礼拝の対象となる仏像や神像，これらを安置している*礼拝堂，本堂，神殿，拝殿など，信者の研修や修行に用いる僧堂，僧院，説教所，修行所などの建築物などがその主たるものである．これらに付随する塔や山門，鳥居などのほか，これらの維持管理に必要な教職舎，社務所，庫裡，宗務庁，教務庁，教団事務所なども宗教施設である．

宗教的荘厳を保つ境内地には，手入れされた庭園など

のみでなく，自然のままの背景林や山なども含まれる．また礼拝の用に供する作物を耕す神饌田や仏供田，*修道院の耕牧地なども宗教施設といえよう．さらに霊山や神木などの自然物も，人々の宗教行為の対象となるかぎりでは宗教施設といえるし，*墓は第一義的には遺体の埋葬施設であるが，ここで祖霊への礼拝が行われるかぎりで宗教施設である．地鎮祭の行われる建築現場など，日常的には世俗的な空間が，臨時に宗教的設備を整えられ，一時的に宗教施設としての意味をもつこともある．*教会堂や寺院などを装飾する絵画や彫刻，*宗教音楽に用いられる*オルガンやピアノなども，宗教的施設となりうる．

【宗教的意義】本来は宗教活動を行う場としての，諸設備であるが，それ自体が宗教的価値を担うに至っている場合が多い．高い尖塔に*十字架を掲げる教会や，荘厳なたたずまいの寺院などは，それ自体がその宗教の世界を表出し，信者たちの心に敬虔な信仰を呼び起こす力をもっている．その意味では，宗教施設も教義，教説や*儀礼などと同様，宗教的象徴の一つである．

宗教的信仰は，人間の内心で直接的に，全人格的に把握された究極的な実在への関心である．それは数多くの宗教的象徴を通じてのみ，表出することができる．換言すれば，外から観察できる宗教現象は，すべて宗教的象徴の体系であって，宗教的信仰それ自体ではない．その意味では，宗教の教義や，思想，*神話なども，宗教それ自体ではなく，*言語を用いた一つの*象徴である．宗教ではそのほかに身体的所作による象徴としての儀礼，教祖や教団などの人物，*出エジプトやキリストの死と*復活などの事件，その他あらゆるものが宗教的な意味を担い，他者にこれを伝える象徴として作用している．物的諸設備としての宗教施設もまたこうした宗教的象徴体系の一環をなすものである．したがって，人為的工作物でなくても，それが宗教的な意味を担うかぎり，自然物も宗教施設とみることができるし，逆に教義的には*啓示の書とされる*聖書や*コーランも，その内容を離れて書物そのものが信者に敬虔な感情を引き起こすならば，これも宗教施設の一つとみなしえよう．

【世俗的意義】宗教施設は，物質的な宗教象徴であるがゆえに，世俗的には*宗教団体の財産としての意味をもつ．境内地や教会建築物，壁画や彫刻などは，信者でない者には宗教的意義をもたないが，土地，歴史的建造物，美術品などの世俗的な財産価値をもっている．またこれらの整備には，世俗の業者との契約を要する場合も多い．したがって，その管理・運営に際しては法律上の規制も受ける．

我が国では，宗教団体が財産を所有し，法律行為を行う能力を得るために法人になる道が開かれており，*宗教法人の財産には，諸種の優遇措置が与えられている．すなわち，境内地，境内建物の固定資産税，登録免許税の非課税，登記された礼拝建物の差し押さえ禁止，諸種の宗教用具への関税，物品税の非課税などである．

【文献】岸本英夫『宗教学』(大明堂 1961)；渡部蓊『宗教法人法』(ぎょうせい 1998)． (洗建)

しゅうきょうじっせん　宗教実践〔英〕religious practice,〔独〕religiöse Praxis,〔仏〕pratique religieuse 狭義では教会や教団が定めた信仰行為の実践を，広義では信徒が内的な信仰の発露として行うあらゆる内的・外的行為を意味する．*カトリック教会を例にとれば，*洗礼，初聖体，*ミサへの参加，*聖体拝領，*ゆるしの秘跡(告解)，*堅信，共同での祈りなどが狭義の，扉を閉じてのひそやかな祈り，個人的な*黙想や念祷，貧しく，苦しむ人々への隠れた愛の実践などが広義の宗教実践である．

宗教実践の在り方は信徒が帰属する宗教によってさまざまであるが，その度合いは，信徒の年齢，性別，学歴，職業，信徒が生活する地域の文化，経済，政治など歴史的・社会的要因と関連して種々の様相と差異を示すことが宗教実践調査の進展に伴って明らかにされている．しかし，社会科学的手法による宗教実践調査は信徒個人や集団の教会や教団への帰属の量的な度合いを示すことはできても，その結果がそのまま内的信仰や宗教性を示すものではないことは，すでに調査者自身が知るところである．人はその誕生から死に至るまで，あらゆる面で社会的・歴史的・文化的諸要因と深い関わりをもつが，宗教行為においても例外ではなく，宗教実践についての社会調査は改めて人間が社会的存在であることを示し，教会の*司牧や*宣教，諸教団の布教に有効な資料を提供して*司牧社会学や宣教社会学を進展させることに貢献した．

ただ，注意せねばならないことは，宗教実践の調査が教会や教団のための宗教的な社会学の手段として理解されることである．現代フランスにおいて新しい*宗教社会学の父と呼ばれる*ル・ブラはフランス全土の宗教実践調査を通して，宗教社会学の領域に*宗教社会調査という純学問的な分野を樹立したのである．

狭義における意味での宗教実践は必ずしもその行為を内面的な信仰の現れとみることはできないのであって，宗教実践調査による量的な把握には，みえない質的な内面性の把握において本来的な限界があることを知らねばならない．他面，この調査に学問的な価値をみようとしないことも誤りであり，ときにこの調査が応用的手段として用いられることがあるにせよ，純粋に学問的な宗教社会調査であることを忘れてはならない．

【文献】柳川啓一編『現代社会と宗教』(東洋哲学研究所 1978)；柳川啓一，安齋伸編『宗教と社会変動』(東京大学出版会 1979)；森岡清美『新宗教運動の展開過程』(創文社 1989)． (安齋伸)

しゅうきょうしゃかいがく　宗教社会学
【定義】*宗教と*社会の相互関係および相互作用の諸形態を研究する学問．まず，個人が，自分もその一部であるより大きな社会の生活に自分の個人的生活を合一化しようとする場合，宗教はその個人を助けたり妨げたりすることがあるので，個人の宗教性は社会的側面をもち，宗教社会学的研究の対象となる．また，宗教はそれ自体，代々維持すべき社会構造をとり，宗教体系として種族，国家など，より大きな社会体系のなかで作用し，その社会の存続に影響を及ぼすこともあるので，社会体系の一下位部門として宗教社会学によって取り扱われる．さらに，ある社会構造あるいは社会体系は，厳密な意味での宗教から分化されたとしても，あるいは分化されなかったとしても，自ら宗教的意味合いや作用を提示することも考えられるので，この側面の研究もまたこの学問分野に属する．

なお，宗教社会学は，一般の*社会学の下位分野とみなされるとともに，*宗教学の下位分野とみなされることもある．前者の社会学的宗教社会学は社会全体を理解するために社会要因の一つである宗教を研究する学問であるのに対して，後者の宗教学的宗教社会学は宗教その

ものをより深く理解するためにその社会的側面を研究する学問といえよう.

【成立と展開の概観】宗教社会学は，19世紀後半から20世紀初頭に，西ヨーロッパにおいて成立した．その先駆者ともいわれる*コント，K.*マルクス，H.*スペンサーなどは，*実証主義あるいは*唯物論の立場に立って，社会における宗教の役割に対して基本的に否定的な態度をとったが，それに反発して，フランスの*デュルケムとドイツのM.*ヴェーバーは，両者の間に交渉，影響は認められないものの，共通の問題関心に駆られて宗教と社会の積極的な相互関係を専門的に取り上げ，こうして現代の宗教社会学の真の創立者とみなされてきた．しかし，彼らの研究は，主として原始社会あるいは過去のヨーロッパなどの社会の宗教をテーマにし，学問分野の理論的基礎を作り上げたものの，現代社会における宗教の役割に関しては彼らもそれほど肯定的な見解をもたなかったようである．

彼らの死後，社会学界の興味は宗教問題を離れ，1920年代から40年代にかけて，宗教社会学は一種の沈滞の時期に入った．しかし，第2次世界大戦後，アメリカでは，特にT.*パーソンズの構造・機能論を礎石に，学問分野の復興が起こり，理論的研究および実証的調査研究の両領域において著しい発展がみられた．一方，ヨーロッパでは，*宗教現象学と社会学の組み合わせである宗教の現象学的社会学の流派が評判を呼び，その主な代表者は（アメリカに渡った）ドイツの*ヴァッハと*メンシングであった．それと同時に，特にフランスやベルギーのカトリック教会を中心に，「宗教の社会学」（〔英〕sociology of religion）とは区別される「宗教的社会学」（〔仏〕sociologie religieuse）が発展したが，これは教会の*司牧のために社会の実情を客観的に記述しようとするものであった．この運動を進めるために，1948年に国際宗教社会学会議(Conférence Internationale de Sociologie Religieuse, 略称CISR) が設立された．

欧米諸国で*世俗化の現象がますます顕著になるにつれて，特に1960年代から，*バーガー，*ルックマン，B.*ウィルソン，*ベラー，ドベラーレ(Karel Dobbelaere, 1933-) など当時の若手学者たちは新しい理論的研究の必要性を唱え，宗教社会学界におけるさまざまな学派間の「学際化」を呼びかけた．その結果，主として世俗化問題を中心に研究が進められ，現在に至っている．しかし，現代社会と宗教の相互関係の複雑化が同時に，宗教社会学的研究に前例のない大きな問題提起を投げかけていることも否めない．

【主な研究主題と方法論】〔研究主題〕宗教社会学において，専門化の傾向が長く続き，概論的・包括的研究が比較的に少ないという状況とともに，ヨーロッパでは教会活動に役立たせるための社会状況の記述に重点が置かれ，一方，アメリカでは，*教会の内部構造などを主題とする研究と，教会と世俗社会の相互関係を主題とする研究との間にある種の均衡状態が保たれていた．この状況を考慮して，宗教概念そのものの再検討を含む新しい理論的研究の必要性を自覚し，古典的宗教社会学の再発見に伴いそれを新たに総合し，しかも乗り越えようとする試みが盛んに行われ始めた．そのためには，伝統的な制度化された宗教集団の研究のほかに，その枠外またはその周辺にある宗教形態の研究が特に役立つと思われ，主題選択の「脱教会中心化」（〔英〕deconfessionalization) がみられる．セクトやカルトといったような新しい宗教運動の実態調査や理論的意味づけに関する研究はその一つの表れであり，ベラーが提起した*市民宗教，すなわち文化や社会秩序とその宗教的基礎との問題も盛んに取り上げられるようになってきた．それと関連して，宗教と政治，あるいは宗教と世界共同体なども新しい研究主題として注目を浴びている．また，これらの諸現象のなかには民間信仰的・民俗宗教的要素が多分に含まれているので，*儀礼，祭り，*象徴などのテーマも最近再検討され，宗教社会学，とりわけいわゆる世俗化説に大きな刺激を与えている．歴史的研究は無視されてきたわけではないが，主として現代社会における宗教の役割が主題になっており，現代人が直面している急激な社会変動と，人間どうしの絶えず増加する相互依存との問題意識がその根底にあると思われ，その結果，長らく欧米社会にその拠点をもっていた宗教社会学はますます国際的次元を獲得しつつある．一方，研究主題のこの拡大は方法論の問題をも新たに提起し，宗教社会学の従来の偏狭性についての反省が行われ始めている．

〔方法論〕宗教社会学的研究は，実態調査などによる資料採集から始まる．アンケートの実施，史料の研究，そのほか多種多様の方法を通して，例えば統計の形で宗教と社会との相互関係についての量的イメージが提供される．それに基づいて，客観的立場からの解釈が行われ，理論の設定へと導く．研究者の関心が宗教の理解に向いているか，社会の理解に向いているか，そのどちらかによって理論化も大いに左右されるのであるが，その結果生じてきた学問分野の極端な分化に対して，特に現代人や現代社会へのより総合的洞察の必要性が痛感されている．宗教社会学内の相異なる流派の間だけではなく，一般社会学あるいは宗教学といったような隣接学問分野との学際的協力も最近盛んに呼びかけられる．この新しいアプローチが，「規範的宗教研究」といわれる*神学や*哲学との協力にまで拡大すべきかどうかは，現在大きな問題点になっている．

それと同時に，通文化的アプローチは現代における宗教社会学の研究方法のもう一つの特徴になっている．主題選択の点においてのみならず，方法論や概念化作業の点においても「脱西洋中心化」の傾向がみられ，この学問分野に最も大きな検討課題を与えている．それと関連して，宗教社会学における比較方法の再評価があげられる．比較方法は社会分析の「特殊」方法とみなされることが支配的であったが，最近，通文化的（かつ通歴史的）志向性がないかぎり現代の人間や社会や宗教を理解し，その理解を理論的に整理することは不可能であるという考え方が，ますます主張されるようになった．それによって宗教社会学は初めて真の意味での普遍性を獲得することができると思われる．一方，西洋的合理主義を土台とする従来の研究方法論と異なったものが現にありうるか，あるいはそれで学問の客観性が充分に保証されうるか，さまざまな問題点が残っている．

【若干の問題点】〔概念規定の問題〕現在の世俗化過程と*新宗教運動の勃興という，互いに矛盾するかのようにみえる現象を機にして，特に宗教の概念規定の問題が新たに提起され，実体的・排他的定義に対して，機能的・包括的定義の有効性が広く主張されている．異なった概念規定によって現代社会に対する判断も異なってくるのは当然の帰結で，前者の定義は容易に宗教衰退論を，後者の定義は宗教不滅論を生み出す．宗教の定義に関する現在の混乱に対して早晩反動が起こるはずであり，理論的研究そのものを充分に評価しながら実証的調査に立脚して宗教定義が再び今より限定された形で規定されること

になっても決して驚くべきことではなかろう．一方，宗教現象それ自体はますます複雑化していくことも事実であり，概念規定はあくまでも宗教社会学研究の中心的課題の一つとして残るに相違ない．

〔実証主義対解釈学〕観察者（科学者）と観察対象の相互関係をどう決めるのかということについて，宗教社会学において論争がある．(1) 観察者は自然科学者と同様に研究対象の「外」にいるのみならず，その「上」にも立っているという，「実証主義」的アプローチに対して，(2) 観察者は実際に研究対象の「内」にいるから，対象の理解はそれとの継続的弁証法によってのみ得られ，前提なしに論理的・経験的科学を設立しようとする中立の観察者の概念は，人間の事柄を研究するときに不可能である，という「解釈社会学」的アプローチも存在する．この論争は，宗教社会学的研究の客観性に関するものであり，特に宗教を研究対象にした場合，科学者は自分自身がもっている（信仰を含む）価値観をどう受け止めたらよいかとの問題に関わってくる．現在，真の客観性への道は自分の価値観に左右されることなく，それを自覚し明らかにすることによってのみ初めて開かれる，という考え方はますます支持を得ているようである．

〔社会的責任〕以上の問題と直接つながっているのは，宗教社会学者の社会的責任という問題である．価値中立を主張する学者はこういう責任をなるべく逃れようとするのだが，現在の主流はむしろ関わり合いを肯定する方向に傾いている．しかし，関わり合いの質と度合いについての議論が存在し，ある学者は，「方法論的に」価値からの自由を守ると同時に，「道徳的に」価値との関わり合いをもつべきだと主張する．それに対してある学者は，こういう微妙な区別は語義上の問題にすぎず，特に現代社会がはらんでいるさまざまな危機を克服するために，宗教現象を含む人間や社会の問題に対する全体的なアプローチが一層要求されるとし，科学的研究を行う者も，自分の研究の営みにおいてこそ社会的責任を担うべきだと主張する．

〔概念の通文化的適用〕宗教社会学の国際化に伴い，それに用いられてきた諸概念が，西洋に特有な状況の影響のもとに限定された有効性しかもたないか，それとも通文化的適用を許す普遍的な有効性をもつか，という問題とともに，西洋社会以外の世界に関する研究においてどのような概念を用いるかという問題もますます提起されるようになっている．これには学問の客観性の問題も密接な関連をもっている．一方では，通文化的なアプローチには，特定の文化の限界を超えて普遍的に適用することができるという意味で価値観とは別の次元の概念が必要である．他方，通文化的なアプローチは，結果的に従来の価値観とは別の次元を求めようとする姿勢の根底が実はいかに西洋的なものであるか，またあらゆる社会の人間がいかに自分の歴史や伝統によって限定されているかを再発見させた．この問題は，人間性そのものの同一性と多様性との問題にほかならず，現在の宗教社会学には他の学科と同様に，人間の普遍性を強調する動向と同時に個々の人間や文化の独自性をも強調する動向がみられる．このことは，この二つの要因が緊張関係にありながら，またそれを通じてこそ両立が可能であるということを例証していると思われる．

【宗教社会学とカトリック教会】教会は信者の信仰生活や宣教事業の効果についての資料採集につねに関心を示してきたが，それにより科学的な根拠を与えたのはまさに前述の「宗教的社会学」であった．第2次世界大戦後，ヨーロッパのカトリックの国々に一時流行したこの学派は司牧的な目的のために科学的手段を採用し，一般の宗教社会学にも重要な貢献をしたのだが，その限界がしだいに明らかになってきた．宗教社会学者は，価値判断を完全に排除しえないとしても，教会志向型の施策に従属するより，自律の学問分野である，より広い宗教社会学の理論に照らして研究を進めるべきだという考え方が，カトリックの世界のなかでも支配的になってきた．一方，宗教社会学と教会の関心事，あるいは宗教社会学と神学との接点を完全に否定することも適当ではないと思われる．ヨーロッパの「宗教的社会学」がしだいに純粋な科学性を帯びるようになった反面，特にアメリカにおいて，解釈社会学の流行に沿ってこの問題が盛んに取り上げられ，グリーリ（Andrew Greeley, 1928- ）やバウム（Gregory Baum, 1920- ）などがこの点に関して大きな業績をもたらした．

宗教社会学と神学とは長い間，対抗関係にあった．確かに，科学的客観性を目指す立場と信仰の立場は互いに大きく違うので，どの程度まで両者が協力し合うことができるかという問題は完全に解決できそうもない．一方，多くの具体的な場合には，両者は互いに密接に結ばれている．ある意味での極端な形の「宗教的社会学」といわないまでも，教会は自分の使命を果たすために社会科学的な分析方法を用いたりするし，社会学者は自分の研究業績を教会に提供したりすることも当然ある．また，教会の最も社会的な側面である組織体だけではなく，神学それ自体も社会学的研究の対象になっているし，その反面，社会の神学だけではなく，社会科学そのものの神学も現在行われている．このような研究の結果，神学と（宗教）社会学の相互関係は極めて複雑であるということがますます明らかになってきた．特に，神学のなかにも，また宗教社会学のなかにもさまざまな流派が存在する事実が，両者の対話を進めるにあたり重要な要因となっている．そのため，神学と（宗教）社会学との相互関係は対決の要素を含むことも，逆に結合の要素を含むこともあり，つねに新しい創造を必要とする課題としての性格をもつべきものと思われる．

【日本における宗教社会学】宗教の社会学的側面の研究は早くも明治期においてヨーロッパから日本に移入され，例えば *姉崎正治の『宗教学概論』(1900) のなかで取り扱われた．1930年代以来，デュルケムの理論は特に *古野清人に，またヴェーバーの理論は宗教学の立場から小口偉一(1910-86)によって日本に紹介され，宗教調査も行われ始めた．戦後，理論的発展のみならず，それに立脚して調査や統計を資料として使う研究も一層盛んになった．その当時，都市化現象に伴い，いわゆる新興宗教の隆盛が研究者の関心を集め，既成教団の対策の有無もまた研究対象となった．*堀一郎の機能主義，あるいは森岡清美(1923-)の組織論など，これらの諸現象に関する一般理論設定への試みが活発にみられた．それに，柳川啓一(1926-90)を中心とする宗教社会学者によって，伝統的宗教共同体，儀礼，日本の移民の宗教等々の研究も進められ，この研究を通してしだいに日本的な概念や方法論を作り上げようとする動きが現れ始めた．また，特にキリスト教と日本社会の問題を取り上げてきた学者として，社会学の立場から宗像巌(1920-)，宗教学の立場から安齋伸(1923-98)と井門富二夫(1924-)などの研究業績が特記すべきものと思われる．最後に，1975年（昭和50）に発足した若手研究者の宗教社会学研究会が幅広い活動を開始し，学際的アプローチを採

用しながら宗教と社会の相互関係の問題に取り組んでいる(1990年解散, 93年宗教と社会学会創立).

　この最近の動きを除けば, 日本の宗教社会学的研究の大きな特徴は, 宗教学のほうからは宗教と社会の問題に対する関心が極めて高いのに対して, 社会学のほうからはこのような関心が比較的に少ないということである. 社会科学者の宗教に対するこの知的冷淡さは, 世俗化へ向かう現代的傾向の反映というよりは, むしろ, *儒教の知的遺産が今も作用しているということによっているといわれるが, そればかりでなく, 西洋の宗教社会学の理論に関心を抱いている場合にも, それを日本の宗教事情に直ちに適用するのが極めて困難なので, 特に社会構造に焦点を合わせる社会学者は, 複雑な, しかも組織的に捉えにくい日本人の宗教を軽視する傾向が生まれてきたことも一因である. それに対して, 宗教学者は, 日本において *仏教, *神道, *キリスト教など, 制度化された宗教がないことはないものの, それらを西洋的な理論だけで充分に解釈できないということを考慮して, 例えば *祖先崇拝, *シャーマニズムといった宗教現象を取り上げ, 特にそれを通して宗教と社会の日本的相互関係を研究することに力を入れてきた. また, 宗教の制度化の問題の研究それ自体も, この最も基本的な宗教現象から出発すべきだという認識は, 日本の宗教社会学者のなかに強まりつつあるといえる.

【文献】小口偉一『日本宗教の社会的性格』(東京大学出版会 1953); T. オディ『宗教社会学』宗像巌訳 (至誠堂 1968): T. O'DEA, *The Sociology of Religion* (Englewood Cliffs, N.J. 1966); 井門富二夫編『秩序への挑戦』講座宗教学 3 (東京大学出版会 1978); 柳川啓一, 安齋伸編『宗教と社会変動』(東京大学出版会 1979); R. ロバートソン『宗教の社会学』田丸徳善監訳 (川島書店 1983): R. ROBERTSON, *The Sociological Interpretation of Religion* (Oxford 1970); J. WACH, *Sociology of Religion* (Chicago 1944); M. WEBER, *The Sociology of Religion* (Boston 1963); G. BAUM, *Religion and Alienation* (New York 1975); D. MARTIN, ET AL., eds., *Sociology and Theology* (New York 1980); B. WILSON, *Religion in Sociological Perspective* (Oxford 1982); F. WHALING, ed., *Contemporary Approaches to the Study of Religion*, v. 2 (Berlin 1985).　　　　　　　(J. スィンゲドー)

しゅうきょうしゃかいちょうさ　宗教社会調査
〔英〕socio-religious research, 〔独〕religiöse Sozialforschung, 〔仏〕recherche socio-religieuse　宗教の神学的・哲学的研究とは別個に, 宗教の社会的・文化的側面を社会科学の視野から, 統計調査や質問紙方法, 面接聞き取り方法などによって数量的な調査を行い, 宗教現象と社会的・文化的要因との相関関係を把握し, これを宗教史, 文化史を踏まえて分析しようとする社会調査の分野.

【各国における進展】宗教社会調査が西欧において, *キリスト教の社会的営みを研究対象として, その学的確立に歩みを進めたのは, 20世紀に入ってウィーン大学のスヴォボダ (H. Swoboda) による都市における *司牧の調査研究を先駆とするが, 学界からも教会からも注目されるようになったのは, M. *ヴェーバーや *デュルケムの宗教社会学研究以後である. 中世から近世にかけてキリスト教の研究は *神学, *哲学, 教会史の研究に限られたが, 近世以後の社会における教会の影響力の低下, つまり *世俗化の進展と *社会学の社会科学としての成立に伴って, 宗教現象を社会調査の対象とする動きが起こり, 教会側でもその結果を司牧に応用しようとする機運が高まっていった.

　そして, この動きが西欧の社会学界および教会内に広まったのは 1940 年代以降であり, その機運を作り以後の宗教社会調査に大きな影響を与えたのは *パリ大学の*ル・ブラである. 彼はすでに 1931 年にそれまでの長期にわたるフランス農村地域の宗教統計調査をもとにして, 統計に表れた *宗教実践の地域的偏差を指摘し, これを歴史的に検討してその成果を世に問うた. 当時のフランス社会学は思弁的傾向が強く, また教会関係者も統計的な宗教調査に熱意を示さなかったが, 彼は独力で教区統計を整理し, 民衆の *信仰生活の実態把握という未開拓の分野を切り開いていった. ル・ブラはこの調査において, まず受洗者, 婚姻, 聖体拝領, 埋葬, 司祭, 修道者, 信徒, 教会の数を明らかにし, 信仰生活の実態把握にとって, これらの統計調査が基礎的な役割を果たすことを示した. 第 2 次世界大戦中も彼はこの分野での調査研究を進め, 1945 年には『フランスにおける宗教実践史序論』と題する調査結果を発表して, その業績が社会学界に認められ, 1946 年には社会学の国際的定期刊行誌として著名な『社会学国際研究誌』(Cahiers Internationaux de Sociologie) の編集委員として招かれ, 以後宗教社会調査の領域で多くの業績をあげた. ル・ブラはこの社会学誌第 1 号に掲載した論文において, *宗教社会学をデュルケムの用語そのままに, 「ソシオロジー・ルリジューズ」(sociologie religieuse) と表現したが, これは宗教的社会学の意ではなく, 現在広く用いられている用語「ソシオロジー・ド・ルリジョン」(sociologie de religion) つまり「宗教についての社会学」を意味するものであった. だが現在の再び思弁的研究に重点が置かれるようになった宗教社会学の流れのなかで思わぬ誤解を受けることになった. 1969 年に初版を出して現在も広く読まれているローランド・ロバートソン (Roland Robertson) の『宗教社会学』(Sociology of Religion) においてもル・ブラの業績について記されたところはあまりにも少なく, その後の発展についてはほとんど触れられていない.

　しかし, 1950 年代, 60 年代のヨーロッパでは宗教社会調査が各国に波及し, ル・ブラの協力者としてブラール (F. Boulard, 1898-) やルブレ (J. L. Lebret, 1897-1966) 現れ, パリのルブレ研究所 (Centre J. L. Lebret-Foi et Développement) は近年, 活発に調査活動を展開している. 当初農村地域の調査に始まった宗教社会調査はその後ラベン (J. Labbens, 1921-) などが都市における宗教実践調査を行い, 質問紙法によって都市教区調査という新しい分野を開拓した学的意義は大きい.

　ベルギーにおいては *ルーヴァン大学ですでに 1892 年に社会科学研究の部門が設けられ, 同大学の J. *ルクレールが宗教現象の実証的研究を推進し, コラール (E. Collard) が知識層における宗教実践や標本抽出調査をもとにしてベルギーにおける宗教実践状況を明らかにするなど多くの研究を発表した. 特筆すべきは現在もルーヴァン大学内に宗教社会調査センター (Centre de Recherches Socio-Religieuses) を主宰して研究活動を続けているウタール (F. Houtart, 1925-) の業績であり, 彼は 1955 年にブリュッセルの宗教社会調査の優れた成果を発表し, 以後もシカゴ, 南米, アフリカ, スリランカと世界的規模で精力的に宗教調査を続けると同時に, 全世界 36 宗教調査機関の連合による社会および宗教社

会調査研究所国際連合（FERES）を主宰し，この分野の研究を知るうえで欠かすことのできない研究季刊誌『ソシアル・コンパス』（Social Compass）を刊行している．なお，この季刊誌は1989年度よりウタールを編集委員長としてイギリスで刊行されることになった．

オランダにおける宗教社会調査の本拠は1946年に設立されたカトリック社会教会研究所（KSKI）であり，これを設立したゼーガース（G. H. L. Zeegers）はすでに故人となったが，1958年までこの研究所を主宰し，極めて熱心に教会の司牧上の諸問題に取り組み，統計的方法を駆使して宗教状況を明らかにする一方，質問紙法によって政党支持と宗教所属の関係，労働者と知識層の宗教態度，伝統的司牧法と新しい在り方などを研究し，また研究所のゴッディーン（W. Goddijn）はカトリック信者とプロテスタント信者の比較調査などを行った．

西ドイツでは1958年にエッセン（Essen）に司牧社会学研究所（Pastoralsoziologisches Institut）が設立され，グライナハー（N. Greinacher, 1931- ）がこれを主宰し，彼の著した『小教区の社会学』（Soziologie der Pfarrei, 1955）は宗教社会調査の諸問題を論じ，概念規定を明らかにし，方法論を示して，ル・ブラも推奨するような入門書となった．この研究所は現在のエッセン教区教会社会調査研究所（Institut für Kirchliche Sozialforschung des Bistums Essen）の前身である．このほかミュンスター大学の*ヘフナーによる工業都市マール（Marl）での宗教社会調査や*ヘーリング，シュール（V. Schur）などが司牧社会学の面で業績を残しているが，現在はこの方面の研究者として，ドイツ社会学会会長も務めたマテス（J. Mattes）をあげることができる．

オーストリアにおいては1952年に*ウィーン教区の支持のもとにオランダのゼーガースによってカトリック教会社会調査研究所（ICARES）が設立され，まもなく*ウィーン大学のボツェンタ（Erich Bodzenta）によって主宰され，この研究所はオーストリア全域にわたって宗教集団の実態を社会的・文化的要因との関連で把握し，これらを教区（→司教区），*小教区の位置する地域の種別，地理的条件，歴史的条件に基づいて分析し，司牧への応用を目指すなど，水準の高い精密な調査を展開して，学的に注目される報告書を次々に発行し，1960年3月までにすでに51の報告書を出している．その後この研究所は教会社会調査研究所（IKS）と改称されボーゲンスベルガー（H. Bogensberger）の主宰のもとに調査活動を続行，1988年6月まで通算158の報告書を出し教会活動のあらゆる面における宗教社会調査の成果を紹介し，ヨーロッパにおけるこの分野の進展をたどるうえでも，司牧の諸問題を考察するうえでも，欠くことのできない資料を提供している．

【評価】宗教社会調査について語る場合，アメリカのフィヒター（J. H. Fichter, 1908- ）その他の業績などをあげねばならず，また世界の動向についても触れねばならないが，ここでは宗教社会学発祥のヨーロッパの数か国の動向を述べるにとどめざるをえなかった．これらから明らかになることは，この分野がまだ新しく，また司牧社会学，応用社会学の性格を結果的にもしくは意図的に帯びていることである．しかし，たとえそうであっても，客観的認識を目指し，調査方法に粗雑さや誤りがなければ，それは学的調査として成立するのであって，これを宗教の御用学として軽視することは学的な態度とはいえない．宗教社会調査に対して，量的把握で「宗教性」（〔独〕Religiösität）を理解することはできないとの批判がこの方法に対してなされることがあるが，この調査はあくまでも「教会帰属性」（Kirchlichkeit）の把握を目指すことが当初より明示されており，質的認識に向けての重要な基礎を提供するものであることを忘れてはなるまい．このような学的な価値があればこそ，例えば我が国の宗教学者や社会学者が純粋に学的関心からこの調査方法をキリスト教以外の宗教現象の研究に取り入れているのである．とはいえ，欧米における1970年代からの宗教社会調査の縮小傾向は，宗教社会学研究の主流として理論的研究が復興してきたためと，調査には文献研究に比して多大の経費を要するためと思われる．今後の学的課題としては宗教の調査研究と理論研究の協力と調和が望まれるのであって，一方に偏することは学的にも，司牧・宣教上も避けねばならない．

【文献】LThK³ 9: 777-78; H. SWOBODA, *Großstadtseelsorge* (Regensburg 1909); G. LE BRAS, *Etudes sociologie religieuse*, 2 v. (Paris 1955-1956); ID., "Influence des structures sociales sur la vie religieuse en France," *Structures sociales et pastorale paroissiale* (Paris 1948); F. BOULARD, *Problèmes missionnaires de la France rurale* (Paris 1945); ID., *Premiers itinéraires en sociologie religieuse* (Paris 1954); J. LABBENS, *Les 99 autres...* (Paris 1954); E. PIN, *Pratique religieuse et classes sociales* (Paris 1956); J. LECLERQ, *Le problème de la foi dans les milieux intellectuels du XXme siècle* (Tournai 1949); F. HOUTART, *Les paroisses de Bruxelles 1803-1951* (Louvain 1955); N. GREINACHER, *Sociologie der Pfarrei* (Freiburg 1955); E. BODZENTA, *5 Jahre ICARES Österreich* (Wien 1957); ID., "Forschungen in Österreich," *Social Compass*, 4-5 (Louvain 1959); J. H. FICHTER, *Social Relations in the Urban Parish* (Chicago 1954); ID., *Die gesellschaftliche Struktur der städischen Pfarrei* (Freiburg 1957); ID., *Soziologie der Pfarrgruppen* (Münster 1958); E. BODZENTA, N. GREINACHER, L. GROND, *Regional-Planung in der Kirche* (Mainz 1965); S. DEMOSTHENES, *Religionssoziologie* (Bonn 1977).

（安齋伸）

しゅうきょうしゅうだん　宗教集団 〔英〕religious group, 〔独〕religiöse Gruppe, 〔仏〕groupe religieuse

【定義】宗教集団とは，人間と超自然的存在や秩序（神・仏・法・祖霊・天国・来世などそれがどのように考えられるとしても）との関係を規制するための制度化された役割と地位と手続きとをもった組織形態をいう．

【性格と機能】宗教集団は，例えば「神」というような神聖なシンボルと関係する「聖なる共同体」と考えられるために，世俗的な社会集団と区別して扱われる場合がある．その場合，宗教集団としての主要な活動に数えられるものには，例えば教理・儀礼の護持・伝達，聖職者など宗教的専門家の養成と地位の配分，信者の獲得と教化，聖堂・聖具などの管理・保全，それらを含めて宗教的諸活動を保証する財政的基盤の確保などがあげられる．

宗教的価値のための結びつきという観点だけからみれば，宗教集団は他の世俗的集団と目的を異にするといえるが，どのような組織形態であれ何らかの価値の維持存続を目指している点では同一であるから，目的としての価値内容に相違があっても，集団を構成するメカニズムや社会的機能の点では宗教集団も一般の社会集団も共通項があることは当然である．したがって，宗教集団の検

しゅうきょうしょこう

討に際しては，社会諸集団との相関関係やそれらとの並行現象に注意を払わなければならない．

【諸相】宗教集団は，世界のいたる地域において存在しているという意味では，普遍的な宗教現象であるが，各時代・各地域あるいは各民族などによって，その性格・機能・社会的意味づけが千差万別でありうるという点からすれば，最も多様な宗教現象の一つである．例えば，*世界宗教と呼ばれている*キリスト教や*仏教は，イエスや仏陀に対する信仰・帰依のうえでは時代を越え地域をまたいだ共通性を維持し続けてきた．

だが，その信仰を担う母体としての宗教集団は，形態・活動・価値意識・社会的評価など，その宗教集団が属する社会的文化的脈絡とも関連しながら，それぞれの異なった個性・特性を形成する．従来，宗教集団の理解にあたっては，とかくキリスト教信仰とか仏教信仰といった神学上のレッテルから弁別推断する傾向が強すぎたといえよう．

同一教派内の集団であっても，(1)社会的・文化的・歴史的諸条件によって集団の在り方に大きな違いがありうること，(2)一般の社会的諸集団レベルとの関連において集団としての属性を認知する必要のあること，(3)預言者・教祖・改革者などの個人のイデオロギーがインパクトをもちやすい創立期の集団と，社会化・制度化が成熟した段階の集団とを識別して考察すること，これらのアプローチの再認識が今後の集団理解にあたって重要である．

【宗教集団の類型】宗教集団をその結合の原理からみた場合，「自然的宗教集団」と「特殊的宗教集団」との2類型に大別できる．前者は血縁・地縁・年齢・性別・職業・地位・民族などが結合の契機となって成立している宗教集団で，自然宗教や*民族宗教などと呼ばれている形態の宗教にみられる組織である．宗教以外の要因と合致しているところから「合致的宗教集団」ともいう．これに対して，宗教的価値を結合の一義的契機とし，共通の*信仰を目指して結合した集団が後者である．キリスト教や仏教はこの型の集団の典型例で，一般に「教団」と称される形態がこれにあたる．多くは創唱者や教祖を中心に形成される．

〔教団類型〕古代教父*キプリアヌスの言葉といわれている「*教会の外に救いなし」の表現が示すように，キリスト教は統合機能を重視する宗教として，教団形態に深い関心を寄せ続けてきた．教団をめぐる類型論についても，多くの論議はキリスト教をモデルとして行われ，特殊的宗教集団をさらに分類した教団類型の構成が試みられて現在に至っている．

論者によってそれぞれの分類法があるが，一般的には次の五つのタイプが教団類型論の基本型といえる．「チャーチ型」「エクレシア型」「デノミネーション型」「セクト型」「カルト型」である．このなかでも特にチャーチ型とセクト型が分類の出発点となっており，チャーチ型は西欧中世のカトリック教会，セクト型は*宗教改革の時代のプロテスタント諸教会で代表される．

〔チャーチ型とセクト型〕チャーチ型の特徴としては次のような性格があげられる．自己の組織体を神の*恩恵の制度として捉え，聖職者階層組織を形成して恩恵の伝達機関とし，*聖職者と*信徒との倫理体系の二重性を認める．規模としては全体社会への広がりを志向するから，国家など世俗権力を包摂しあるいは一定の合法化を計る．したがって，経済・社会・文化など各方面の活動を容認する．一方，セクト型は自発的結社に基づく組織

体として全体社会内のエリート小集団を目指し，*万人祭司説をとり聖職者階層を特定しない．聖書による直接的恩寵の伝達だけを認め倫理体系の一元性を主張する．世俗権力には強い拒否反応を示し，経済・社会・文化各面についての排他性を特徴とする．もちろん，上述の対照は理念型として描いたものであるから，現実の教団には変差があるのは当然である．

【動態】近代社会の進展に伴って，*政教分離の思想が一般化するとともに，すべての国民を一つの教会体系に包括するチャーチ型の教団はみられなくなった．かわって，社会成員の大多数が同一の教団に属しているが少数者の*信教の自由を認めるエクレシア型，セクト的排他性を脱し，社会階層と関連しながら大教派の連合体を形成するデノミネーション型，現代風の新宗教・新新宗教に盛んな組織のルーズなカルト型などが活動している．これらのタイプは固定したものではなく，例えば，セクト型↔デノミネーション型↔エクレシア型などのように，時と場に応じて流動的な場合もある．一方，カトリック教会のようなチャーチ型の体質をもつ教団が，自己の内部に「教会のなかの教会」として独特の役割を果たす*修道会をもつ例もある．「ベネディクトゥスは丘を愛し，ベルナルドゥスは谷を，フランチェスコは村を，そしてイグナティウスは都会を愛した」という象徴的な韻文が暗示するように，教会全体の発展を支えたもう一つの共同体という二重構造の理解を必要とする教団展開もある．

【文献】宗教学辞典 305-10; EncRel(E) 12: 302-308; E. R. HARDY JR., "Religious Orders and Communities," *Encyclopedia Americana*, v. 23 (New York 1970) 357-60; B. WILSON, "Religious Organization," *International Encyclopedia of the Social Sciences*, v. 13 (New York 1968) 428-37; T. オディ『宗教社会学』宗像巌訳(至誠堂 1968): T. O'DEA, *The Sociology of Religion* (Englewood Cliffs, N.J. 1966); 赤池憲昭「教団としての宗教」『講座宗教学』3, 井門富二夫編(東京大学出版会 1978) 160-229; J. M. インガー『宗教社会学』全2巻, 金井新二訳(ヨルダン社 1989-94): J. M. YINGER, *The Scientific Study of Religion* (London 1970); E. TROELTSH, *Die Sozaillehren der christlichen Kirchen und Gruppen* (Tübingen 1912); J. WACH, *Sociology of Religion* (Chicago 1944). 〔赤池憲昭〕

しゅうきょうしょこう　宗教諸侯 〔ラ〕principes ecclesiastici (imperii), 〔独〕Geistliche (Reichs-)fürsten, 〔英〕prince-bishop　*神聖ローマ帝国に特有の諸侯の一類型で，*司教(ないし修道院長)であって諸侯であるもの．

【歴史的背景】末期ローマ帝国時代から司教は世俗権力を行使したが，フランク時代，ことに*シャルルマーニュの時代に司教は王(帝)権の重要な担い手となった．この発展はドイツに受け継がれ，*オットー1世(ドイツ王在位 936-73, 皇帝戴冠 962)に始まる帝国教会制度のもとで司教や帝国修道院長は大所領と諸高権を与えられ，帝国の最高官職の担い手とされたが，その反面で教会領は帝国領となり，教会は王権に対して軍事的義務を含む諸種の奉仕を要求された．

【宗教諸侯の成立】*ヴォルムス協約(1122)が司教の法的地位に決定的な変化をもたらす．すなわち司教に対する笏による叙任が授封行為とみなされ，司教の笏権は「笏レーエン」(〔独〕Szepterlehen)と呼ばれるようになる．

レーエン法の適用を受けるようになった司教は，帝国官僚から帝国直臣へと上昇し，ここに宗教諸侯が誕生した．*フリードリヒ2世の「宗教諸侯との協約」(Confoederatio cum principibus ecclesiasticis, 1220) によって，彼らのラント高権と国法上の自立性はほぼ完全なものとなった．

宗教諸侯の数は最初90人で，これに対して世俗諸侯は16人であったが，しだいに比率は逆転し，18世紀末には37対63であった．宗教諸侯の版図はたいてい教区(管区)と重ならず，比較的小規模であった．最大のものは*ケルン，*マインツ，*トリールの3人の*大司教だが，これらはまた選帝侯として皇帝選挙に大きな影響力をもった．13世紀初期には司教選挙権は司教座聖堂参事会(→カピトゥルム，参事会)の手に握られ，このため選挙に先立ち参事会員が選挙協約によって司教候補の将来の行動を束縛することが頻繁に行われた．17世紀には，選挙協約の弊害を克服するため教皇*インノケンティウス12世が皇帝令『インノケンティアナ』(Innocentiana)を発布し，皇帝*レオポルト1世も選挙協約の無効を主張したが，効果は薄かった．

15世紀半ばから16世紀初期にかけて宗教諸侯は，*教皇庁のドイツ教会への侵害に対する「抗議」(Gravamina)の形成に重要な役割を果たした．17世紀後半から18世紀末にかけての幾度かの抗議は，当時ドイツにも台頭した*司教制主義と国民教会主義的傾向を背景にライン地域の大司教たちが唱導したもので，15-16世紀のそれと違い国民の広範な支持は得られなかった．

【世俗化と消滅】*宗教改革とともに多くの宗教諸侯領でプロテスタント化と*世俗化が進み，*アウグスブルク宗教和議の教会留保条項(Reservatum ecclesiasticum)や1629年の『復旧勅令』(Restitutionsedikt)もこれを阻止できなかった．これに対抗して17-18世紀には，ライン地域，南独，オーストリアの諸司教座をヴィッテルスバハ(Wittelsbach)，シェーンボルン(Schönborn)，ハプスブルク(Habsburg)などカトリックの有力家系が累積的に保有するという現象が起こった．

*ナポレオン・ボナパルトによるライン左岸のフランス編入に対する補償として1803年の『帝国代表者主要決議』(Reichsdeputationshauptschluß)はすべての宗教諸侯領の世俗化を定め，宗教諸侯の歴史は閉じられた．この措置は19世紀のドイツ教会の刷新に寄与したが，短期的には文化的・学術的活動や文化財の保全に大きな損失を与えた．

【文献】Feine; LThK² 4: 619-22; NCE 11: 786-87; RGG³ 5: 1280-88; H. ミッタイス，H. リーベリッヒ『ドイツ法制史概説』改訂版，世良晃志郎訳(創文社1971): H. MITTEIS, *Deutsche Rechtsgeschichte*, rev. H. LIEBERICH (München ¹¹1969). (出崎澄男)

しゅうきょうしんりがく　宗教心理学〔英〕psychology of religion,〔独〕Religionspsychologie,〔仏〕psychologie religieuse　宗教現象の心理的側面あるいは心理的次元の記述的・実証的研究．*回心，*神秘体験，宗教的*人格の構造と形成などを主なテーマとする．

広い意味での宗教心理の研究は，古くギリシア哲学者の霊魂論のなかにもみることができるが(→霊魂)，科学的実証性の立場に立つ宗教心理学は，19世紀末から20世紀初頭にかけて主としてアメリカ合衆国で始まった．今日までの発展の歴史はおよそ次の4段階に分けることができる．

(1) 1900年前後-1920年．*スターバックの『宗教心理学』(1899)やW.*ジェイムズの『宗教的経験の諸相』(1902)に代表される古典的宗教心理学が展開した時代．*ヌミノーゼの概念でよく知られるR.*オットーの『聖なるもの』も1917年に出た．

(2) 1921年-1940年代前半．主として*フロイトと*ユングの業績に基づく深層心理学の立場からの宗教心理研究が展開した時代．奇しくも同じ1938年に出版されたフロイトの『人間モーセと一神教』とユングの『人間心理と宗教』は，両者の宗教論の特徴をそれぞれよく表している．

(3) 1940年代後半-1960年代．深層心理学に加えて人格心理学や*社会心理学等の分野からの宗教心理研究が進められ，全体として極めて多様な展開をみた時代．ことに1950年には，*オールポートの『個人と宗教』，*フロムの『精神分析と宗教』，*エリクソンの『幼児期と社会』など，宗教心理の研究に重要な著作が相次いで出版されている．アージャイル(Michael Argyle, 1925-)の『宗教的行動』(Religious Behavior, 1958)は，1900年以来1950年代までに欧米で行われた宗教に関する統計的研究を項目別に総括している．フェスティンガー(Leon Festinger, 1919-)の『予言がはずれるとき』(When Prophecy Fails, 1956)は，*終末の*預言の実現しない状況における信者たちの心理と動きを参与観察の方法で記述分析したものである．

(4) 1970年前後-1980年代．上記の研究の流れのほかに，超心理学や心霊研究への関心が高まり，*超常現象や死後生存の問題についての研究が展開している時代．超能力，*奇跡，心霊現象，再生現象などは従来，科学的研究の対象とされなかったが，しだいに科学的実験が試みられるようになり，注目すべき成果もあがりつつある．またムーディ(Raymond Moody, 1944-)の『かいまみた死後の世界』(Life After Life, 1975)をはじめとする臨死体験の事例研究は，神秘体験や古来の宗教的イメージとの類同性を指摘している．こうした領域はなお今後の研究の進展が待たれる分野である．

宗教心理学の方法としては，スターバックなどが行った質問紙法，ジェイムズやエリクソン(『青年ルター』)の用いた手記資料法，フェスティンガーのような実地調査法，宗教的象徴の深層心理的意味を分析する象徴解釈法，TAT (thematic apperception test 課題統覚検査．一連の絵に基づき，被験者に自由に物語を語らせることで人格の諸特性，無意識の欲求などを読解する検査)などを使った心理テスト法などがある．

【文献】松本滋『宗教心理学』(東京大学出版会1979); 脇本平也編『信仰のはたらき』講座宗教学2 (東京大学出版会1977); J. F. バーンズ『宗教の心理学』望月一靖，丸茂湛祥訳(恒生社厚生閣1987): J. F. BYRNES, *The Psychology of Religion* (New York 1984). (松本滋)

しゅうきょうじんるいがく　宗教人類学〔英〕anthropology of religion, religious anthropology,〔独〕Religionsanthropologie,〔仏〕anthropologie religieuse

【定義・概要】未開社会をはじめ，各文化の人々がもつ超人間的世界についての観念とそれに基づく表現的行為の在り方と性格とを，該当社会の文化的・社会的条件との関連において究明し，比較する*人類学の一部門である．元来，無文字社会の宗教現象を扱ってきた人類学的宗教研究は最近，経典をもつ*世界宗教の領域にまで範囲を拡大してきた．ただし，いずれの場合にも信念を実

行する信徒側に力点を置くのが特徴である.

さらに,宗教人類学は,*宗教を文化の一側面とみなし,信念内容の真理性を問題にしない点で*宗教民族学と同様であり,二つの学問の分野を明瞭に区別するのは困難である.欧米諸国の研究伝統に従って民族学（[英]ethnology）と人類学（anthropology）という概念の使い分けが異なっているため,おのおのの分野による宗教研究の性格と内容は必ずしも統一されていない.しかし戦後の展開傾向から判断すれば,一民族の宗教現象全体を包括的に記述する宗教民族学に対して,宗教人類学は,特定の宗教現象を課題にして,社会におけるその位置を分析的に追求する傾向をみせているといえよう.現地調査で獲得した生の資料を重んずる宗教人類学では,調査当時の現況を分析対象にするのが慣習になっており,宗教現象の歴史的展開と変容の問題は軽視されるきらいがある.英語圏では宗教人類学という名称が現在通用している.日本では,*宇野円空がこれを1924年に初めて使ったが,後に彼は主に宗教民族学のほうを使うようになった.終戦後に英米の学界の強い影響の結果,一般に民族学にかわって人類学という名称が普及するなかで社会学的方法論を踏まえる*古野清人が積極的に宗教人類学という名称を導入し,これを使うよう勧めた.

【成立の条件】宗教人類学は社会生活における宗教現象の位置と役割を探ろうとする関心から発生したといえるが,設問と理論形成などの面で隣接の多くの学問から示唆や刺激を受けてきた.19世紀後半に人類学的研究が体系化されるとともに,宗教の人間的前提条件に対する関心が高まってきたが,宗教の原型を未開社会に求める各種の試みに対して,*デュルケムは*社会学の厳密な方法論を応用して,この研究に二通りの道を指し示した.一つは,社会のために宗教が果たす種々の役割を究明する機能主義的な研究法である.いま一つは,宗教的様相の性格を「聖」と名づけ,それを「俗」という宗教的でない相関様相と対立関係にあるものとして捉える構造主義的見方である.社会変動のメカニズムにおける宗教の役割に注目して,M.*ヴェーバーは,普遍的とした変動過程とそれに伴う権威の諸形態を整理し,類型化した.宗教の社会的条件と機能を把握する宗教人類学の理論はこの二人の先駆的仕事に学んだところが多い.それに比べて,K.*マルクスのイデオロギー論は遅れて取り入れられ,その理論的影響力も比較的限られている（→イデオロギー）.宗教と社会集団との関連を明らかにするのにこれらの方法論は重要であるが,社会的効果をもたらすために宗教がいかに人の精神に働きかけているかを正確に明らかにするには社会学の方法だけでは不十分である.人間の行為が心の隠れた欲求等を表現することは*フロイトが開発した*精神分析によって顕著になった.この研究成果は特に*象徴の性格と象徴的行為の解釈に大きく貢献し,人類学では,人の行為を表現的行為とし,それを言語的表現に類似したものとする見方が出てきた.すなわち,象徴的行為は表現されるメッセージの伝達の仕方およびそれが行われるコンテクスト等の観点から分析される.しかも,人類学の場合,さらに研究者自身が属す文化とは異なった文化の行為が研究対象とされるので,その正しい解読方法は特に真剣な問題となる.その結果,宗教的行為のこの側面を分析するのに人類学者は,*現象学と*解釈学の力を借りるばかりか,言語学のコミュニケーション論や*記号論などの方法をも借用する.したがって,宗教人類学の特徴は一つの独特な方法論をもつのではなく,むしろ多側面をみせる宗教という文化現象に,あらゆる方面から数多くの方法で接近するところにある.また,宗教は,何らかの形で人間の日常的能力を超える状況と関わるとしても,必ずしもいわゆる超自然的な存在を対象とするのではないし,その具体的な信念と行為がいつも首尾一貫した体系をなしているのでもない.この複雑な状況を反映するように,宗教人類学には総合理論はまだないが,特に関心を集め,集中的に論じられてきた問題領域は次のようなものである.

【主な問題領域】〔未開社会の思考〕未開社会の宗教の特性を解明するために早くから未開人の思考法が問題にされた.西洋社会のなかに流れ込む未開民族についての情報の量が増加するにつれて,彼らの考え方と行為が西洋人のそれとは異質なものであるとの認識が生まれた.フランスの*レヴィ・ブリュールは,未開人の心性が神秘的で,前論理的（[仏]prélogique）なので,彼らの思考過程は矛盾律等を認めない融即の法則（loi de participation）に基づくと説こうとした.未開人を特殊な人間にするものとして,この説は厳しい批判を受け,レヴィ・ブリュールは晩年にその説を取り下げたが,未開人の思考の性格の問題はまだ未解決のままである.一方未開人は,観察した出来事を西洋の科学に類似したモデルを利用して理解しているが,モデルの応用範囲は彼らの世界内に限定されるという仮説が出されている.

また*レヴィ・ストロースは,未開社会の思考過程は文明社会のそれと基本的に等しいが,未開人は事物を具体的に,かつ象徴として把握するので抽象化に頼る科学の捉え方とは異なっていると指摘した.彼によると,人間が必ず行う分類作用は思考過程の根本的共通性を証明している.人間を取り囲む世界の諸要素を整理し,ある程度の体系に分類することによって,人間は社会と宇宙を把握し,理解しようとする.分類作用が人間の象徴的活動のすべてをさまざまな形で貫くことは,デュルケムとその弟子モース（Marcel Mauss, 1872-1950）が未開社会の分類法を論じて以来しだいに明らかにされた.右・左,男・女,天・地等のような二元論的分類はよく利用されるが,ニーダム（Rodney Needham, 1923- ）が注意したように,こうした分類は決してすべての現象を一つの硬直した枠組みのなかに押し込もうとするものではなく,比較的柔軟なものである.

具体的な方法が何であろうとも,分類の問題は宗教を理解するのに欠かせない鍵である.宗教では,デュルケムが論じたように,聖と俗等の範疇を区分する装置として分類作用が重要な役割を果たしている.最近盛んに検討されている浄と不浄の観念もその延長線上にあるとみてよい.例えば,デュモン（Louis Dumont, 1911- ）の分析によると浄と不浄の範疇はインドのカースト制を成立させ,あらゆる形で応用されることによってカースト間の相互関係を決定する.しかも浄とされたほうが優れたものとみなされるので,この関係をもとにした複雑な身分制度とヒエラルキーが形作られたという.不浄の問題に秩序の視点から着眼したダグラス（Mary Douglas, 1921- ）は不浄とされる原因を既存の秩序の枠内に整理されえないことに求めている.すなわち,曖昧で,辺境的なものは不浄のもので,かつ危険視されるという見解である.

〔宇宙観〕万物を含む秩序の形態はコスモスと呼ばれる.各社会は世界や宇宙のあるべき秩序について何らかのイメージ,すなわち宇宙観,世界観をもっている.世界の均衡のとれた状態を保持するため,あるいは崩れて

しまった際にそれを復元するために宗教的行為が大きな役割を果たしているので，宇宙観念の研究は宗教人類学の重要な分野である．神霊等の超人間的なものと人間は同じ宇宙に共存して，相互依存の関係で結ばれているとの観念はもちろん研究の対象である．そのほかに，住居と村落等の空間，さらにまた，*儀礼に使われる空間が具体的に宇宙観を反映することをインドネシアや中南米等の多くの研究が明らかにしつつある．空間と並んで注目を浴びているのは時間の観念である．特に儀礼と関連してそれが重視され，主として二つの時間観念が働いていると指摘されている．多くの農耕社会では農耕作業のサイクルと関連して時間は反復を許す周期的なものと捉えられ，一周期が完成すると宇宙が更新されると考えられている．しかし，*ヴァン・ジュネップ（ファン・ヘネップ）の画期的研究以来，繰り返しを不可能とし，直線的に前進する時間のもう一つの観念が注目を浴びてきた．

宇宙の秩序観念は社会の価値観，倫理観にも表れている．エヴァンズ・プリチャード（Edward E. Evans-Pritchard, 1902-73）はアザンデ族の妖術複合を分析して，その基礎になる価値体系を示した．すなわち，妖術は何らかの緊張感および不和感が浮上して社会の平和な暮らしを脅かす悪質な力なので，その攻撃を，妖術師を殺害するなどの方法で打ち返さねばならない．そのために呪術（→魔術）が応用されるが，こうした危険なやりとりを通して社会関係の均衡の回復が期待されている．また，病気も人間の過ちなどで宇宙の秩序が崩されたしるしとして解釈される関係で，宗教人類学と医療人類学が力を合わせることになった．さらに逆に宇宙的秩序を守る役をもつものとして禁忌（*タブー）の現象が研究される．タブーによって聖の領域が俗のそれとは隔離され，かつ守られるとデュルケムは述べた．シュタイナー（Franz B. Steiner, 1909-52）はさらにタブーを規定違反の行為を指定する装置として考えたが，現在はタブーの概念はあまりにも多義的なので分析概念としては敬遠されるようになった．また，タブーと対をなす形で*トーテミズムが論じられた．デュルケムと機能主義者は社会とそのトーテムとの間に儀礼的関係があり，トーテム動物が社会の連帯感に焦点を提供するとしたが，レヴィ・ストロースにとっては，トーテミズムは宗教と関係のないただの分類手段にすぎないのである．特に，デュルケムのようにトーテミズムを宗教の原型とする考えは，もう認められていない．

〔儀礼〕信念とそれによる行為は宗教の2本の柱であることもすでにデュルケムが指摘した．未開社会の場合にも優れた信念体系をもっているグループもあるが，抽象的な体系よりも具体化した儀礼が関心の的であるといえよう．儀礼は行為の一つの個別的範疇であるか，それとも行為の象徴的側面にすぎないのかというように儀礼の性格についての議論は分かれ，未解決の状態である．それでも，信念と儀礼の関係や儀礼の分析と分類などは，宗教人類学の最も大きな，しかも現在最も力が注がれている研究分野であるといっても過言ではなかろう．

儀礼研究のなかで特に関心を集めている分野の一つは儀礼と社会との諸関係および儀礼における*象徴の働きである．ヴァン・ジュネップは，人生の折目を強調する*通過儀礼のタイプを抽出して，人生危機を克服し，何らかの実際的および象徴的移動を滑らかにするなど，この儀礼の特徴を示した．この示唆的な研究はさまざまな側面において後の研究者に刺激を与えた．まず何らかの危機が発生した際，社会の成員が共に儀礼を行うことによって，社会の基礎的価値体系が再確認され，その結果，社会内の連帯感と統一が強化されることが指摘された．変化に強いとされた儀礼は，社会秩序を強化し，維持するのに適切な手段とみられた．しかし，アフリカでの王に対する儀礼的反乱を分析したグラックマン（Max Gluckmann, 1911-75）は逆に，儀礼に被支配者の間にたまってきた不満を爆発させる一種のカタルシス的意味があると論じた．さらに，儀礼は社会の連帯感を強化すると参加者自身は思っていても，彼らが実際にとった行動を検討すれば，むしろ社会の分裂原理が表現され，社会の統一が逆説的価値のように上演されることを*ターナーは発見した．そして，通過儀礼における移行という段階の特殊な性格に気づき，それが常設の構造体系を一時的にどちらつかずの状態にしておく，あらゆる創造性に富んだ流動的状態だと述べた．この状態とそこにとどまる社会の特殊性を指す概念，すなわち境界性（〔英〕liminality）とコムニタス（〔ラ〕communitas）は後に広く使われ，ターナーの研究成果がいかに多くの分野に応用されうるかを証明した．儀礼が不変の行為型であるという捉え方に対してバルト（Frederik Barth, 1928- ）は儀礼の柔軟な適応性と支配体制とのつながりを論じた．ニューギニアのバタマン族のイニシエーション儀礼を分析して，儀礼を通して若者たちに伝えられる知識がいつも同じものではなく，相手の個人的状況とそのときの諸条件に合わせた内容のものであることを証明した．しかし，こうした儀礼的知識の割り当てによってそれを授ける年長者の社会的・政治的支配力が改めて強調される結果にもなるとした．

その他，儀礼の内容，特に象徴の操作に関する研究は幾つかの傾向をみせている．フロイトの心理学に影響されて，ターナーは象徴がいかに無意識の感情に働きかけるかを追求した．それとは違って，コミュニケーション論を取り入れ，儀礼，特に呪術と*治病儀礼を，メタファーを利用する言語的側面と一種の技術としての非言語側面を担う過程として捉えることを*リーチなどが考えている．最近，演劇論も借用して，カプフェラー（Bruce Kapferer）のようにパフォーマンス研究の視点から直接に儀礼活動の対象になる人だけではなく，一般参列者への反応をも考慮する試みもある．治病儀礼と密接に関連したシャーマニズムの諸現象はシロコゴロフ（S. M. Shirokogorov, 1889-1939）と*エリアーデの研究以来，ますます盛んに取り上げられ，その世界的普及範囲が明らかにされた．シャーマン的行為のトレードマークともされるトランス（〔英〕trance）と精霊による憑依（possession）などの形態学的分析のほかに，こうした行為の固定的社会構造との関連性が追求される．また，儀礼研究のなかで供犠（sacrifice）の研究が重要な位置を占めている．特にユベール（Henri Hubert, 1872-1927）とモースが指摘したように，今日でも供犠における象徴的贈与のメカニズムと，神霊と犠牲と人間のスポンサーとの間の関係が問題になっている．象徴を中心とする解釈に挑戦して，環境学の立場から供犠を，環境に適応しようとする際に生じた人口圧力の緩和を測る装置として解こうとする仮説もある．直接に，あるいはその結果において観察可能な宗教現象は，今日の宗教人類学の支配的研究対象だといえる．宗教とは何かを定義しようとする改まった努力は少ない．常識的と思われる解釈が暗黙の分析前提になるのが普通のようである．宗教と信仰対象とを文化の一側面やその生産物などとして捉え，その働

きを解明しようとする*ギアーツらの基礎的研究の新しい試みも見受けられる．
【日本】民族誌的色彩を帯びた戦前の宗教研究にかわって，終戦後は社会人類学の影響下で社会の具体的事実と関連した研究が多く公にされた．*かくれキリシタンと台湾の高砂族を調査した古野清人と世界観等を構造論的に取り上げた馬淵東一(1909-88)の指導力が大きい．海外調査活動が活発化するなかで世界各民族の宗教現象や世界観が研究されている．それとともに従来主として民俗学の領域であった国内の*民間信仰の特定課題が注目を集めることになった．海外宗教の研究のうち山口昌男(1931-)のトリックスター研究，岩田慶治(1922-)による東南アジアの世界観研究，大林太良(1929-2001)の稲作や王権神話についての仕事があげられる．国内の現象を人類学的方法で捉え，国際的視野で比較しようとする動きも強くなった．特徴的と思われるもののなかから佐々木宏幹(1930-)のシャーマニズムの比較論，吉田禎吾(1923-)の憑物研究，同じ吉田と小松和彦(1947-)による異人観の検討，伊藤幹治(1930-)の*農耕儀礼に関する形態学的研究と，祭りとの関連で神話を分析した松前健(1922-)の業績があげられる．
【問題点】ここ数年の間，人類学に対して研究の前提と方法等について投げかけられた厳しい問いかけは宗教人類学にも及ぶ．例えば，宗教のような生きた精神文化を捉える場合に研究者自身の文化的・思想的立場はどう関わるか．研究の性格はあくまでも部外者の客観的説明のみであるべきか，それとも共感的解釈の方が適切か．最終的にまとめられた組織的報告はどの程度まで相手の社会の現実に相当するのか，あるいはまとめられた研究成果は主として特定の優れたインフォーマントが考えた観念体系を受け入れたものか．読者に納得してもらえる形に資料を整理してまとめた結果，創造の原理としてのパラドクスの機能とそれに伴って，宗教が変容する可能性さえも見落されたのではないか．憑霊等の一特定現象を社会的・文化的コンテクストから切り離して論じることによってその現象が必要以上に具象化されるのではないか．以上は問いかけの例である．宗教人類学が研究対象にしている宗教は世界観に等しいのではないかという曖昧ささえも残るが，逆にこのありさまこそ研究が特定の方法に限られた領域に束縛されない保証になっているともいえる．
【文献】『文化人類学事典』(弘文堂 1987) 350-51; Enc Rel(E) 1: 308-16; *International Encyclopedia of the Social Sciences*, v. 13 (New York 1968) 398-406; 日本民族学会編『日本民族学の回顧と展望』(民族学振興会 1968) 117-23; 古野清人『宗教人類学五十年』(耕土社 1980); 日本民族学会編『日本の民族学 1964-1983』(弘文堂 1986) 42-55; M. BANTON, ed., *Anthropological Approaches to the Study of Religion* (London 1966); J. VAN BAAL, W.E.A. VAN BEEK, *Symbols for Communication* (Assen 1985); A. JACKSON, "Social Anthropological Approaches," *Contemporary Approaches to the Study of Religion*, v. 2, ed. F. WHALING (Berlin 1985) 179-230; B. MORRIS, *Anthropological Studies of Religion* (Cambridge 1987). (クネヒト・ペトロ)

しゅうきょうせんそう　宗教戦争　〔英〕religious war, 〔独〕Glaubenskrieg, Religionskrieg, 〔仏〕guerres de religion

【広義の宗教戦争】宗教的対立を原因とした戦争であり，異宗教間，または同一の宗教内の宗派間の抗争を意味する．したがって*キリスト教，*イスラム教，*ユダヤ教，*ヒンドゥー教その他の宗教間の争いと，カトリックとプロテスタント，スンナ派(→スンナとスンナ派)と*シーア派あるいは日本の仏教宗派の争いなどの対立すべてを含む．過去の歴史的出来事だけではなく，現代の戦争や紛争にも一要素として宗教が関わることがしばしばみられるので，「一種の宗教戦争」といった表現がよく使われる．しかし，どの場合でも，純粋に宗教のみを原因とする戦争はなく，民族，政治，経済などさまざまな問題が絡み合っている．

それは狭義における宗教戦争の場合も同様である．ただその争いのなかで宗教的要素の占める度合いが極めて大きいというにすぎない．歴史的に宗教戦争と呼ばれるのは，16世紀の*宗教改革の結果として起こったカトリックとプロテスタントの抗争である．騎士戦争，ドイツ*農民戦争，シュマルカルデン(同盟)戦争などもその範囲に入るが，特に次の三つの歴史的事件を指す．すなわち，通称ユグノー戦争と呼ばれるフランスの内戦，ネーデルラントにおける宗教紛争に端を発したオランダの独立戦争，それにヨーロッパ全土に及んだ*三十年戦争である．

【フランスの宗教戦争(1562-98)】*ルターの教説以上に*カルヴァンの教えがフランスに浸透し，しかもそれが商工業者のみならず王侯を含む貴族層に及んでいたことが，この内戦の背景となっている．*ユグノー教徒と称された彼らの抑圧に成功していた*アンリ2世(在位1547-59)が事故死した後，フランソア2世(François II, 在位1559-60)，シャルル9世(Charles IX, 在位1560-74)，*アンリ3世が相次いで王位に就くが，その背後にあって政権を左右したのは母后*カトリーヌ・ド・メディシスであり，彼女はヴァロア王室内で権力をもつフランソア・ド・ギーズ(François de Guise, 1520-63)やロレーヌ枢機卿(Charles de Lorraine, 1524-74)を中心とするギーズ家の勢力強化を恐れ，ユグノーに対し融和政策をとり，その勢力均衡の上に王室の安泰を計ろうとした．しかし1562年3月，ヴァッシー(Vassy)でギーズ軍がユグノーを襲撃したことから，およそ8回に及ぶ内戦が始まったのである．

カトリック側は，1561年4月に結成されたフランソア・ド・ギーズ，モンモランシー筆頭元帥(Anne de Montmorency, 1493-1567)，サンタンドレ(Saint-André, 1505頃-1562)による「三頭政治」(Triumvirat)を中心に，一方ユグノー側は王族の一人である*コンデ親王と*コリニー提督を指導者として戦った．サンタンドレが1562年12月のドルー(Dreux)の戦いで死に，モンモランシーとコンデがそれぞれ捕虜となり，フランソアは1563年2月に刺客の手で致命傷を受けたため，カトリーヌは心おきなく実権を発揮し，アンボアズ(Amboise)の和解勅令(1563年3月)を発布し平和を実現した．

しかしこれは一時的な休戦にすぎず，1567年から戦いが再開された．この年11月，サン・ドニ(Saint-Deni)の戦いでモンモランシーが負傷して没した．翌年のロンジュモー(Longjumeau)の和議の後，アンボアズの寛容王令が公布された．それから5か月後，ユグノーはラ・ロシェル(La Rochelle)に籠って再び戦争が起こり，ジャルナック(Jarnac)の戦いでコンデ公は殺され，ユグノー軍の指揮はコリニーに委ねられた．1570年にサン・ジェルマン(Saint-Germain)の和議で休戦と

なり，ユグノー側の一部は宮廷に復帰した．コリニー提督も1571年に宮廷に入り，国王シャルル9世に多大の影響を与えるようになる．

　1572年夏に，ブルボン家のアンリ・ド・ナヴァール(Henri de Navarre)とヴァロア家のマルグリット(Marguerite de Valois)の結婚式が*パリで行われたが，8月23日から24日にかけて発生した*サン・バルテルミーの虐殺が，この融和政策を一切無に帰させることになった．コリニー提督をはじめ，多くの同信者を失ったユグノーは，ギーズを中心とするカトリック勢力との戦いを再開し，フランスは再び戦火に晒されることになる．1574年に国王シャルル9世が死にアンリ3世が王位に就き，ラ・ロシェルを拠点とするユグノーと戦いを継続するが，彼は比較的寛容な政策をとり，1576年にはボーリュー王令(l'Edit de Beaulieu)によってプロテスタントの権利を認め，さらに自らの後継者としてアンリ・ド・ナヴァールを考えていた．これに対しギーズ家のアンリ(Henri de Guise)は*カトリック同盟を指導し，スペインとの接近を計った．

　この内乱の最終段階は，1585年から4年間に及ぶアンリ3世，アンリ・ド・*ギーズ，アンリ・ド・ナヴァールによるいわゆる*三アンリの戦いである．結局，ギーズ家のアンリの暗殺，その報復としてのアンリ3世の暗殺の結果，アンリ・ド・ナヴァールが王位に就いて*アンリ4世(在位1589-1610)となり，ブルボン王朝が開かれることになる．やがてアンリ4世はカトリックに*改宗，1598年に*ナント勅令を発布して，ここにフランスの宗教戦争は一応の終結をみるのである．

【ネーデルラントの宗教争乱(1565-1609)】ネーデルラントは1477年以降ハプスブルク家の所領地となっていた．1556年に神聖ローマ皇帝*カール5世がスペインを息子の*フェリペ2世に譲ってから，この地はスペイン領となった．フェリペは総督としてパルマ(Parma)のマルハレータ(Margaretha, 1522-86)を送って統治するが，その助言者*グランヴェル枢機卿の本国重視の政策に反発する空気が強かった．それに1563年頃からネーデルラントで力を得てきたカルヴァン派のプロテスタントに対し，スペインが強引な取り締まりを行ったことから，土地のカトリック教徒がプロテスタントと手を結んで，反スペイン運動を展開した．これがネーデルラント宗教争乱の初期の特色である．

　全国州議会もスペイン統治に関して抗議したが，ホルン伯(Comte de Hornes, 1518-68)とエグモント伯(Comte d'Egmont, 1522-68)の身を挺した行為は歴史や文学，さらに音楽を通じて伝えられることになった．また北部ネーデルラントに勢力をもつカルヴァン教徒，オランイェ公*ヴィレム1世もフェリペ2世の弾圧に抵抗した．

　一方，スペイン側は*異端審問を強化し，*司教区を細分化，重税を課することにより，ネーデルラントのスペイン従属を強固なものにした．反乱の指導者たちは「乞食団」(ゴイセン Geussen, Gueux)と嘲笑されるが，彼らはかえってこれを名誉ある名称とした．フェリペ2世が送ったアルバ公(Duque de Alva, 1508-82)は，反乱者のために特別法廷，いわゆる「血の評議会」(le sanglant conseil des troubles)を*ブリュッセルに創設し，苛酷な取り締まりを行った．1568年には，ホルン伯，エグモント伯が同市の大広場で斬首された．オランイェ公ヴィレムは，兵を集めて抵抗するが，アルバ公の軍に敗れ，一時この地を去る．フランスのラ・ロシェルにおいて軍船を整えて戻った「海の乞食団」(Zee Geussen)が海上におけるスペイン船を妨害し始めると，陸上においても帰国したヴィレムの指揮下で反撃が開始される．アルバ公は解任され，王の腹違いの弟ドン・フアン(Don Juan, 1545-78)が総督として派遣されるが，全国州議会の一部がウィーンから*マッティアス(在位1612-19)を招いたことで事態は複雑化する．特に1576年に，スペイン軍の撤退等，自治権を求めて締結された「ヘント(ガン)の和平」([蘭] De Pacificatie van Gent, [仏] La Pacification de Gand)に全州が加わったことがスペインに深刻な統治の見直しを強いた．1578年，ドン・フアンの死により，新たに総督となったアレッサンドロ・*ファルネーゼは，アルバ時代に創設された諸制度を撤廃するとともに，フランスの介入を防いだ．

　オランイェ公が北部7州を結束させ，なおスペインに対抗したのに対し，南部諸州は1578年アラス同盟(Union d'Arras)に結集してカトリックの信仰を保持し，改めてスペイン王への忠誠を誓ってファルネーゼに協力した．1579年，プロテスタント側は*ユトレヒト同盟を結成し，ここにネーデルラントは南北に分裂した．1581年，北部7州は独立を宣言する．オランダの独立である．1584年にオランイェ公は暗殺されるが，北部はホラント州を中心にスペインとの戦いを続ける．ファルネーゼは1585年に*アントヴェルペンを占領し，南部を掌握した．以後，1609年に12年休戦条約が結ばれるまで，オランダとスペインの戦闘は継続され，最終的な決着は1648年の*ウェストファリア条約を待つことになる．

【三十年戦争(1618-48)】最後の宗教戦争としてあげられるのは三十年戦争である．確かに，その発端がベーメン(ボヘミア)においてカルヴァン教徒がカトリックである神聖ローマ帝国皇帝に対して反抗したことにあり，また，それにドイツのプロテスタント諸侯が加わったこと，さらに1625年からはデンマーク，1630年からはスウェーデンというプロテスタント国家がこれに介入したことを考えれば，この戦争の性格が宗教問題を抜きにしては語れないのは事実である．(その経過については当該項目参照)．

【文献】G. リヴェ『宗教戦争』二宮宏之訳(白水社1968): G. LIVET, *Les guerres de religion* (Paris 1962).

(磯見辰典)

しゅうきょうだんたい　宗教団体　[英] religious body, [独] Religionsgemeinschaft, [仏] association religieuse　宗教は個人の内面世界の問題であると同時に，社会的な現実でもある．宗教団体とは，社会的な現実としての宗教に関するもので*宗教社会学の概念として捉えることができる．

【歴史的変遷】人類の歴史において，広い意味で宗教団体とみなしうるものはさまざまな形で存在してきた．(1) 原始社会においては，村落はそれぞれ独立した形態をとっており，それぞれが宇宙論的なまとまりを表現し，それが構成員の心理的安定を保証していた．このような社会は，祭儀的宗教(→原始宗教)と結びついた一つの宗教的共同体であったから，その一つひとつを宗教団体とみなすことも可能であろう．(2) 古代文明の国家は，原始社会の村落共同体を征服・統合し，さらに巨大な一つの政治単位を形成した．それは，宗教的権威によって神聖化された政治組織体であり，やはり一つの宇宙論に結びついていた．したがって，古代国家は同時に

しゅうきょうてきこうい

国家的宗教祭儀を執行する巨大な宗教団体でもあり，祭政一致の神聖体制によって国家社会の秩序は保証されていた．(3) *世界宗教である *キリスト教，*仏教，*イスラム教などは，それぞれ創立者によって設立された宗教団体であり，規模の小さなうちから国家の中枢を取り込み，神聖体制によって国家を支持するものに成長した．キリスト教の宗教団体についていえば，古代国家の枠組みが形骸化し，多数の宗教的共同体が結社的形態をとって並立することになった *ヘレニズムの時代に，初めて出現したと考えることができよう．そしてやがて西欧の混乱期が終わると，普遍的教会制度を備えた西欧中世キリスト教社会が誕生することになる．(4) 今日的な宗教団体の概念が確立するのは，比較的最近のことである．近代において中世以来の西欧キリスト教社会という一枚岩の宗教共同体が崩壊し，国家は宗教と切り離されることになった(→ 政教分離)．そしてやがて，明らかに任意的なそれぞれの宗教的信条に従って人々が自由に集まり結成した団体が，一つの国家体制のなかで何ら支障をきたすことなく容認されるようになったとき，現在の宗教団体が生まれたと考えられる．

【定義】M. *ヴェーバーによれば，宗教団体とは，同じ宗教的信条を共有し，同じ宗教的規制を受け入れた人々の総体である．それは *宗教集団より一歩進んで，一つの組織体として成長・発展を遂げた段階にあるものである．このような宗教団体は，その構成員が他の社会的団体とは区別されうるようになっており，すでに教義と祭礼の形式と周期が明確な形で定まりつつあり，制度化したことが一般に認められるものである．宗教団体は，その宗教信条を外的に表現する拠点として何らかの集会用空間あるいは建造物を共有し，定期的にそれを現実に使用したり，あるいは象徴的意味でそれと結びつくことによって，宗教的象徴体系を作り上げている．

【単位団体と上位団体】宗教団体の概念は，最も広義の場合，全世界にまたがる普遍的宗教団体となる．*カトリック教会を例にとれば理解しやすいが，過去・現在・未来を包含し，みえる世界とみえない世界，天上・地上・地下を含む普遍的教会は，このような普遍的宗教団体である．全体を包括する宗教団体は，組織の規模が大きくなった結果として，その包括的性格のゆえに全体的な上位団体と下部構造で一般に限定された地域で活動する単位団体とをもつことになる．現行の日本の宗教法人法(第2条)では，宗教団体は，(1) 礼拝の施設を備える神社，寺院，教会，修道院その他これらに類する団体，(2) それらの団体を包括する教派，宗派，教団，教会，修道会，司教区その他これらに類する団体に分類される．前者が単位団体，後者が上位団体にあたるものであるが，実際にはすべての宗教団体がこの二段構造をもっているとは限らず，より複雑な構造をもつものもあれば，包括関係をもたない単立団体もある．さらにまた，上位団体の形成方式に関しても，単位団体の間に本山末寺というような格差のある系統づけが存在する，いわば上からの展開方式と，まず複数の同系統で同格の単位団体があり，それらをまとめ上げる形で上位団体が形成される，下からの積み上げ方式とがある．後者の場合，全体の意志は合議制の形をとるが，全体が有機的に一つとなった場合には，全体を統率する権威が存在すると考えられる．

宗教団体の形態の多様性は，それぞれの団体が背景にもつ社会の歴史と文化によって生じたものであるが，同時にそのようにしてはぐくまれた宗教団体自体が，構成員ばかりでなく，その周辺の *宗教意識を形成するとともに，ある場合には従来のものに変革をもたらし，社会と文化にさらなる多様性をもたらしてもいるのである．

【文献】宗教学辞典 305-10; EncRel(E) 12: 302-308; T. オディ『宗教社会学』宗像巌訳(至誠堂 1968): T. F. O'DEA, *The Sociology of Religion* (Englewood Cliffs 1966); 小口偉一『宗教社会学』(東京大学出版会 ²1971); M. ウェーバー『宗教社会学』武藤一雄他訳(創文社 1976): M. WEBER, "Zweiter Teil, Kapitel V. Religions-soziolgie," *Wirtschaft und Gesellschaft*, v. 1 (Tübingen ⁵1976) 245-81; J. M. インガー『宗教社会学』全2巻，金井新二訳(ヨルダン社 1989-94): J. M. YINGER, *The Scientific Study of Religion* (New York 1970); N. ルーマン『宗教社会学』土方昭，三瓶憲彦訳(新泉社 1999): N. LUHMANN, *Funktion der Religion* (Frankfurt 1977); B. R. WILSON, *Religion in Sociological Perspective* (Oxford 1982).　　　　　(高柳俊一)

しゅうきょうてきこうい　宗教的行為　〔英〕religious act, 〔独〕religiöser Akt, 〔仏〕acte religieux　一定の *宗教の根本的教義あるいは理念を外的に表現することをいう．通常，宗教的行為は広義の宗教的理念の実践と同義であり(→ 宗教実践)，具体的には宗教儀式，例えば神への祭礼を行うこと等がそれにあたるが，そのほか宗教的理念の実現として他者との関係性への積極的参与や献身的行為も含まれる．すなわち，宗教的理念の実現としての宗教的行為は，自らが信仰する神の教えに忠実に従う実践的な態度表明であり，それによって行為者は自らの宗教的生と実存を実現する．

広義の自然宗教においては，自然界の大きな力(太陽，山，気象現象等)への畏怖の念が血縁，地縁に結ばれる集団内に一定の儀式を生み出し，その儀式の共同遂行によって社会的結合を強めるものとなった．我が国においては，特に農耕生活を中心に発達した原始神道的な宗教的行為は，原始的心性である *アニミズムの要素を色濃く反映するものであるが，合理的思考を重視する科学技術の盛んな現代においても，形骸化したとはいえ，社寺の祭礼や年中行事として守られているものが多い．例えば，本来は神霊の宿り木(依り代)であったものが，今日でも正月の門松や，家を新築する際の地鎮祭などの形で残っていることなどがそうである．ただし，我が国の伝統的な特殊事情として，戦没者の霊を神社に祀ったり，神式による地鎮祭などのような祭礼に公共団体や公務員が公費ないしは公職名で参加することが実際にみられ，その是非が，国家の *政教分離の原則をめぐって憲法違反かどうか争われることがある(→ 神社参拝問題)．

*キリスト教における宗教的行為の典型はキリストの死と復活を記念する *ミサであり，その他司祭・司教の叙階や告解等の *秘跡の遂行が含まれる．また，旧約聖書で述べられる *十戒を守って生活することはユダヤ・キリスト教的な宗教的行為の原点であると同時に倫理の根源になっている．　　　　　(渡部清)

しゅうきょうてきじんかく　宗教的人格　〔英〕religious personality, 〔独〕Religionspersönlichkeit, 〔仏〕personnalité religieuse　宗教信仰がつねにその人の態度や行動を一貫して特徴づけているような人格．*信仰とは，*ティリヒのいう「究極的関心」の心的状態，言い換えれば，無限なるもの，無制約的なるものに関わり合った心の状態を指す．この意味での信仰は当の人間

に対して全面的な献身を要求すると同時に，信ずる事柄の全面的成就を約束している．したがってそれは当の人間の全人格，全存在をあげての営みである．宗教的人格とは要するに究極的関心が主導権を握っているような人格のことである．

W. *ジェイムズは，非凡な宗教的人物（聖者，教祖的人物など）の多くを手記資料法によって分析考察し，それらの人物に共通する心理的特色を抽出して，これを「聖者性」（〔英〕saintliness）と呼んだ．これは成熟した宗教的人格を特徴づける規準とみることができる．その特色とは，(1) この世の利己的な卑小な利害関係からなる生活よりもさらに広大な生のなかにいるという感じ．そして理想的な力（Ideal Power）の存在を単に知的に知るばかりでなく，いわば感覚的に感じているという確信．(2) 理想的な力と自分自身の生命との間に親密な連続性があるという意識，そしてこの力の支配に対して進んで自己を放棄しようとする気持ち．(3) 閉鎖的な利己心の外郭がとけていくにつれて，無限に意気が高まり自由になったという感じ．(4) 感情の中心が調和のある愛情へと，つまり，他者のさまざまな要求に対して「否」をいわず「諾，諾」(yes, yes) と答える愛情へと移っていくこと．さらに以上の基本的な心的状態は，(a) 禁欲的態度，(b) 恐れや不安のない堅忍不抜の精神，(c) 清らかな心，(d) 慈愛の心，といった実践的結果をもたらすという．

*オールポートは人格心理学の立場から宗教的人格の構成要素となる宗教情操を分析し，その成熟を示す指標として次の六つの特徴をあげている．(1) よく分化している．すなわち物事の多様な側面をみることができ，自分に対してもつねに自己反省的である．(2) 力動的である．すなわち第1次的衝動（生理的・身体的欲求など）に左右されることなく，自律した動機づけの力を発揮する．(3) 一貫した道徳的行為をもたらす．(4) 包括的である．すなわち広い視野をもち寛容である．(5) 統合的である．すなわちさまざまな問題を一つの調和した全体構造のなかで捉える力をもつ．(6) 開発的である．すなわち一か所に固定硬直せず，前向きの開かれた態度をもって行動する．

宗教的人格の形成は，突然の *回心による場合もあるが，多くの場合，一生をかけての課題である．幼少時に素朴な信仰心をもつ者でも青年期には多かれ少なかれ *懐疑を経験する．しかし「究極的関心」としての信仰は，いかなる人間にも不可避の心の営みであり，それを通してしだいに宗教的人格が形作られていく．ただその成熟度が個々人によってさまざまなのである．一生かかっても精神的に未成熟なまま終わる人もいれば，有限なるものを究極性のレベルにまで高め，ティリヒのいわゆる「偶像崇拝」に陥ってしまう人もいる．広い意味で考えれば，宗教的人格の確立は人間としての理想的な在り方の実現，*ユングのいう「自己実現」と同義ともみうる．

【文献】P. ティリッヒ『信仰の本質と動態』谷口美智雄訳（新教出版社 1961）: P. TILLICH, *Dynamics of Faith* (New York 1957); W. ジェイムズ『宗教的経験の諸相』全2巻，桝田啓三郎訳（岩波書店 1970）: W. JAMES, *The Varieties of Religious Experience* (New York 1901-1902); G. W. オルポート『個人と宗教』原谷達夫訳（岩波書店 1953）: G. W. ALLPORT, *The Individual and His Religion* (London 1951). （松本滋）

しゅうきょうてきたいけん　宗教的体験　〔英〕religious experience,〔独〕religiöse Erfahrung,〔仏〕expérience religieuse

【概要】宗教的体験とは，*自我を超えた何か大いなるもの（宇宙の究極的な実在として感じられるもの）との融合・合一を経験することである．その結果，自我（エゴ）の脱落としての無我，名状すべからざる歓喜や平安，暫定的な人格の統合，言語表現の不能などが感得される．*神秘体験と宗教的体験の区別は，それほど明確とはいえない．*宗教学の立場から，*岸本英夫などは宗教的体験を特殊な情動現象とみなしている．そしてそれが高まり，質的変化を来し，熱烈，純粋，直観的な知的性格を帯びた宗教的体験を神秘体験と規定しているが，普遍的な説得力をもつとは考えられない．*宗教心理学の立場からいえば，宗教的体験と神秘体験を截然と区別することは難しいといえよう．

【宗教心理学】アメリカの心理学者 W. *ジェイムズは，宗教的体験に関する研究をまとめた不朽の名著『宗教的経験の諸相』のなかで，宗教体験に関わる主要な特徴を明らかにした．彼の立場は，真の実在は主客未分の限りない根本意識の流れ＝経験であるという主張から，根本的経験論といわれている．「何ものか目には見えないが，実在する感じを意識し，それとの融合合一によって，実存的不安や恐れや空虚感が消滅し，心身が満足し，喜悦，幸福を得る」（前掲書）という彼の研究は，宗教体験の特徴を規定するようになった．また，人間の心理のなかに意識界のほかに無意識界のあることをも認め，その両方が交流する境界領域において宗教体験が生じることを明らかにした．「人間が，宗教的経験をするときに，自分と結合すると感じる，『より大いなるもの』は，そのあちら側は，いかなるものであるにせよ，こちら側は，人間の意識生活と連結している潜在意識の部分にほかならない」（前掲書）．さらに，次のような内容のことを述べている．今，私たちが知覚しているこの可視的な世界は，より霊的な不可視的な *宇宙の部分にすぎず，この宇宙から存在とその主要な意義を受けとっている．人間の真の目的は，このより高い宇宙との合一，もしくは調和的な関係に生きることである．*祈り，あるいはより高い宇宙の霊（それが「神」であろうと，*仏教でいうような *ダルマであろうと）との内的交わりは，現実的な業の行われる方法であり，それにより霊的エネルギーが現象世界のなかに流れ込み，現象世界に心理的あるいは物理的な効果を生み出す．こうした宗教体験が真正のものであれば，人格の生き方に大きな影響を与えるであろうし，安心立命の境地を生むところから，愛情がより繊細で優しくなると同時に英雄的なまでに力強くなる．彼が神秘体験の特性としてあげていることは，宗教体験一般についても程度の差こそあれ，あてはまると考えられる．(1) 知的性格．通常の知識ではない，存在の実相に関する深い直観的洞察がある．仏教でいう「さとり」とみなすことができる．(2) 表現不可能性．深い情緒的体験であるだけに，経験した本人は確信をもってわかっているけれども，言語によって他者に伝達し，理解してもらうことは不可能に等しい．まさしくいわく言い難き，名状すべからざる体験である．(3) 暫時性．長い時間続かない．再び日常的経験の世界に戻る．しかし，その体験が強烈であったり，数回繰り返されるときは，人格への影響がより深く，内面的な心が豊かな意味深いものに変容していくことが多い．(4) 受動性．修行が宗教体験の呼び水になることはあっても，宗教体験それ自

体は，何の前触れもなく突然恵まれるものである．すべてが自分を超えた大いなる力によって支えられている感じがする．

第三心理学と呼ばれる人間性の心理学は，現代のアメリカを中心に世界に広がりつつある心理学の一つの潮流である．健康な人間の自己実現を目指すこうした心理学者の一人に*マズローがいる．彼は，特に至高経験(peak experience)による自己実現という学説で有名であるが，至高経験というのは，人間なら誰でも日常の生活において体験しうる一種の高揚感，深い感動である．彼の特色は，いわゆる宗教体験や神秘体験をも至高経験の一種にしていることである．これには普通，宗教体験を*超常現象として考える人々から批判が向けられている．これについては，今後より精緻な研究・討議が望まれる．彼の学説で注目すべきことは，ある意味で宗教体験を世俗化し，人間の手に届くようにしたことと，至高経験の特色と効果が驚くほど宗教体験に似ていることである．その幾つかをあげると，(1) 宇宙全体を統合された全体として知覚する．(2) 自然が，自然自身の存在においてみられる．(3) 自我超越的，没我的，非利己的な知覚である．(4) 人生を生きるに値するものとする．(5) ある種の無時間性，無空間性を経験する．(6) この世界がひたすら美しく，善く，望ましく，生きがいあるものとしてみられる．世界をあるがままに受容し，悪すらも全体のなかで適切な位置を占めているのがわかる．(7) いわば「神のように」なる．そのときに感じる唯一の感情は，憐れみ，慈愛，親切，喜びである．(8) 存在の事実と価値の融合を知る．(9) 受動的・受容的で，謙虚な存在認知である．(10) 驚嘆，畏敬，謙遜，畏怖の感情が強く，死をも進んで受容しようとする．(11) 人生におけるいろいろな分裂，葛藤，両極性が超克・解消され，統一と統合の知覚に向かう．(12) 一時的にせよ，恐怖，不安，禁止，防衛，制御，当惑，混乱，葛藤などがなくなる傾向がある．(13) 人格に比較的強い直接的な残効を及ぼし，あたかも*回心に似た心境の変化をもたらす．(14) 真の人間としての個性化が進む．(15) 真に活動的で自由な人になる．(16) 相対的に没我的・無我的になる．(17) 一層愛に満ち，自発的で，正直で，無邪気になる．(18) 心霊的な人格に変容していく．(19) 非利己的になる．(20) 幸福に恵まれていると感じ，感謝の念が強くなる．(21) 現世に属する個々の例において，神聖なるものを垣間みる．以上が，至高経験の特性であるが，宗教体験がその特殊な一面とすれば，その効果はもっと強力で広範囲なものになるにちがいない．いずれにせよ，宗教的生活の中核ともいうべき宗教体験に恵まれて，真実の自己へと解放(救い)されることが望まれる．

【文献】W. ジェイムズ『宗教的経験の諸相』全2巻，桝田啓三郎訳(岩波書店 1969): W. JAMES, *The Varieties of Religious Experience* (Edinburgh 1901-1902); 岸本英夫『宗教学』(大明堂 1961); A. H. マズロー『創造的人間』佐藤三郎，佐藤全弘訳(誠信書房 1972): A. H. MASLOW, *Religions, Values and Peak-Experiences* (Columbus, Ohio 1964); 松本滋『宗教心理学』(東京大学出版会 1979); 石津照璽『宗教経験の基礎的構造』(創文社 1968); 秋山さと子『悟りの分析』(朝日出版社 1980).

(越前喜六)

しゅうきょうてつがく　宗教哲学〔英〕philosophy of religion, 〔独〕Religionsphilosophie, 〔仏〕philosophie des religions

【起源】*哲学は，その始まりから宗教およびその内実と関わってきた．しかし宗教哲学という形をとったのは，17-18世紀のヨーロッパである．それまでは，哲学が宗教と関わる場合，哲学の側からいえば「神についての語り」とは*神学のことであり，たとえ拒絶や批判であれ，神(神々，神的存在)についての教説にほかならなかった．*啓蒙思想の進展とともに人々の関心は，神的存在，存在，一者から，神と関わる限りでの*人間へと移行した．*カントにとって，哲学の根本主題は，「人間とは何か」という一つの問いに集約される．また*ヘーゲルは，厳格に神中心主義の立場をとっていたが，「神に関する教説は，ただ宗教についての教説としてのみ把握され，提示されねばならない」と述べている．このように啓蒙主義による解放運動から発生したことは，宗教哲学という新たな哲学的部門に影響を残すことになる．というのも，自分の理性と判断力に基づいて「成熟した」自己を確立しようとする考え方は，今や，宗教の基礎的契機である権威との関わりや*伝承との重大な緊張関係に入ったからである．こうした発展を促した，哲学内部，神学，経済・社会，政治，文化・異文化交流学問史における要因を，ここで説明したり論じたりすることはできない．いずれにせよ，宗教に関してかつて自明であったものが崩壊し，それに伴って原理的考察である宗教哲学が可能になったと同時に必要にもなったのである．

【諸形態】〔関心による区分〕宗教哲学の多様な試みは従来，主要な関心に従って区分されてきた．主に次の三つである．(1) 人間の自由と自立のために，宗教に異論を唱える試み(→ 宗教批判)，(2) 宗教(殊にキリスト教)の擁護，つまり*護教論，(3) 理論的関心に基づく，人類学的，文化哲学的研究．

(1) 宗教の拒絶に対する慣用的表現になっているのが，「(急進的)批判」という表現である．けれどもそれは，「批判」という言葉の本来の意味に対応していない．そのようにいってしまうと，護教論は批判なしに行わなくてはならないと，人々に吹き込むと同時に，他方で(預言者たちや霊的教師たちにみられるように)宗教批判の起源が宗教そのもののなかにあることを覆い隠してしまうことにもなりかねない．

宗教に異論を唱える立場は宗教を虚偽意識とみなしており，そのような意識が成立した原因を調査し，治療する道を構想する．従来その理由とみなされてきたのは，自然に対する認識や支配力の欠如であり，人間が文化によって自然的感覚性から疎外されているということであった．これに対応して，自然科学や技術における進歩やあるいは自然とのつながり，感覚的直接性，「自然な」*我と汝の関係を再び取り戻すことに期待がかけられる．さらに自然的展望と並んで，社会的展望も現れる．劣っている者の無力感と，半ば意図的に行われる支配者の欺瞞が，人々に誤った観念を抱かせる．次いで学問的進歩と啓蒙思想が，社会の人間化への道を用意すると同時に，社会革命が逆に宗教的諸観念を余計なものとするというのである．

期待ないしは創造されるべき将来を視野に入れると，宗教に反対する人々の間には次のような対立がある．すなわち人間のためのより大きな幸福と成就を期待する人々と，(それが失われた原初を再び回復することによってであれ，進化の目的としての新しい人間や超人となることを通じてであれ)幻想から脱し，醒めた将来を目前

に描く人々である(*フロイト).だが近代の終わりになると,宗教と自然の対立は,宗教と社会の対立と同様,疑わしいものとなった.近年まで,近代的な都市文化における宗教の終わりが期待されていたのに,20世紀はまさに宗教の世紀であるとの印象を与える(もちろん単に肯定的な意味においてばかりではない).

(2) 宗教を拒絶する人々に対して,宗教を擁護する人人は即座に答える.それは,人間の理性的本性に基づく,形而上学的*自然神学の展開と洗練による回答となる.その際,回答の頂点に位置する*理神論とその「自然的宗教」では,権威と伝承とともに宗教にとって全く本質的であるところの歴史が無視されてしまう.また宗教の形而上学的基礎づけと並んで現れるのが,*ドイツ観念論と結びついた超越論的方法であり,これは宗教を人間の行為の可能条件として示そうとする立場である.最後に,20世紀に現れたのが破壊的戦争とその結果により,危機と変革の状況に生まれた,*実存主義や人格主義の発想である.だがこれらいずれの行動様式も,歴史の喪失,社会的視野および共同体意識の欠如が難点とされている.

(3) 第三の形態は,19世紀に重要とみなされていたもので,歴史学,*社会学,*心理学,*言語分析,*現象学などの経験科学に基づく研究である.このような研究は当初はまだ哲学的とは評価されなかったが,現在ではもはや哲学ではなく,むしろ*宗教学であるとされる.だがそれらは,自らの研究領域を限定し整理するために,一定の宗教概念を必要とする.そして宗教概念を経験的・帰納的に獲得しようと欲するかぎり,こうした研究も宗教哲学の側面をもつこととなる.そこでこれら第三の形態は,第一ないし第二の形態へと移行せざるをえなくなるのである.

〔方法による区分〕宗教哲学は哲学の一分野として,宗教についての適切な概念の展開を第一の課題としており,宗教と諸宗教の間の生きた関係を求めて,記述,比較,規範設定の任務を遂行する.宗教哲学の方法論としては次の三つがある.すなわち (1) 超越論的・演繹的方法,(2) 経験的・帰納的方法,(3) 現象学的方法である.

(1) 至高の存在である絶対者に基づいて,これに対する人間の関係を規定する*形而上学は,演繹的に行われる.形而上学はまた,人間の能力や諸活動からの超越であり,そこで,宗教は制約のない本質実現として現れるのである.*文化哲学は同じことを,主体ではなく共同体を出発点にして構想する.宗教は最後に,(個人とともに社会に対する)機能から定義され,評価される.これらすべての形態において,宗教性特有の質的性格は考慮されていないようにみえる.

(2) 経験的諸方法は「宗教的」と呼ばれる行動様式を研究する.例えば*祈り,時間,空間,人間,物,道具の選別,宗教言語,そして特に*黙想と*典礼における言語行為である.ただし,対象が増え広がってくると,概念は空疎になり,規範設定という目的には役立たなくなることもありうる.

(3) 以上の二つの方法から区別されるのは,*フッサールに従う厳密な意味における現象学的方法である.この方法は,具体的行動に即してその本質的構造を引き出し,そこから志向される現実の本質形態を引き出すものである.

【問題】〔客観性への問い〕これは一定の方法や宗教概念がどこから適切なものとみなされるのか,という問いである.かつて人は,宗教自体を土台とした自己理解や同意による了解を求めていた.これと対立するのが,宗教を外から理解しようという試みであり,そこでは同意ではなく,説明しようとの意志が支配的となる.純粋な客観性は,どちらの方法でも到達不可能である.なぜなら外部の視点からは,宗教は「本来的に」宗教以外の何かになってしまうからである(例えば「阿片」,K.*マルクスのいう「抑圧された人々の吐息」ないしは社会の安定剤).他方,内部からの視点は,理解を決定づけるものをすでに含んでおり,そのうえ一つの宗教の内部からほかの宗教をみるときは,外部からみてしまうことになる.しかし,根本的に不可能なことが可能なことの尺度とはなりえない.したがって(自己批判的に)主体を取り込むことを,主観的(主観主義的)であると過小評価してはならない.

こうしたジレンマの緩和のために提示されるのが,あらゆる宗教は究極的に同一のことを主張しようとしているのだ,という命題である.しかし宗教に関して広く支持されている確信によれば,「神に関するあらゆる知識は,知識そのものの受胎という意味で,神による知識でもある」(*シェーラー)といわれる.すると,どんな啓示も等しく有効であり,等しく検討可能(結局は同等)であるとはそもそもいえなくなる.それでも啓示に対するさまざまな見方を互いに補い合わせて理解しようとするなら,啓示は,絶対的現実,つまり聖なるものそれ自体の自己表現としてではなく,単なる主観的「見解」と捉えられることにもなる.このような立場は,それが拒絶する真理主張の立場に劣らず,「教条的」かつ「不寛容」となるだろう.教理上の「寛容」ないしは「不寛容」は,いずれにしても次元の混同に起因している.なぜなら寛容・不寛容は,(認められた,あるいは受け入れられた)真理への関係を規定するのではなく,むしろ真理の説得をめぐる論争において考えを異にする人との関係を規定するからである.不可知論的に真理を放棄することが一般化すれば,寛容も不寛容も同時に問題にならなくなるのである.それゆえ*不可知論と*相対主義が共に中立的・客観的でないとすれば,このことは多様な宗教的「諸見解」を,語の客観的意味における「諸相」つまり世界の根拠の諸相に帰する試みにも当てはまる.かけがえのなさ,自由な忠実と承諾,神の決定的な自己確定といった人格的カテゴリーを,人生の流れ,世界音楽あるいは水のなかでさまざまに映る一つの月といった自然的イメージに比べて擬人的であるとの低い評価を下す者がいるならば,それは事実の要請ではなく,個人的選択と評価に基づいているにすぎない.

〔真理への問い〕真理への問いに対する具体的な答えは,当然のことながらつねに宗教内部で,つまり*信仰から,あるいは神学的に提示されるしかないものである.しかし,一応は(例えば多神論的な考え方に関して)哲学にも批判する権限が与えられる.宗教哲学は徹底して宗教の本質とその「非本質」(*ヴェルテ),つまり疑似宗教と疑似宗教心の多様な形態を識別しなければならない.疑似宗教という概念は宗教性の領域における真理性の主題に属する.これは有限かつ限定されたものを疎外された形で絶対化すること(*偶像礼拝)を意味するからである.もちろん残念ながら,本質から逸脱したことのない宗教的実践もない.ここで究明されなくてはならないのは,宗教の内部における事実としての不自由が,この宗教と矛盾するものなのか(そしてこの宗教を通じて「正され」つまり審査され除去されうるのか),それとも反対に,この宗教から由来するものなのかということ

しゅうきょうとけいざい

とである．その限りで宗教哲学は，「宗教とは，一民族（人間，社会）が自分にとって真実であるとみなすものの定義が示される場である」というヘーゲルの言葉に方向づけられる．このように，宗教の本質についての根本的な問いは，宗教哲学の永続的な課題であることが明らかになる．その際に，哲学として，信仰をもつ者ともたない者の共通の言語である宗教哲学は，内部に向かうと同時に外部に向かって，宗教の核心をなす真理を保持するものである．これに関する根本的な二者択一は（まさに宗教哲学の人間中心的な由来を考慮するなら），次のようなものになろう．結局，問題なのは，人間であり，人間は何を希望することが許されているのか（カント），つまり宗教的にいえば，人間の救いであるのだろうか，それとも人間の答えが問題なのではないか，という二者択一である．ところで，聖なるものに対してふさわしい答えとは，その礼拝である．「神への敬意」は，つねに人間のための生命と救いを意味してもいるが，しかしそのために求められているのではない．宗教哲学は，「真理に敬意を払う」ことを意図する哲学と同様に，宗教が第一に神性，聖なるものに関わるのだと主張するものである．我々は，単に我々のためにでもなく，また神性が我々にとって好意的かどうかにかかわらず，ほかならぬ神性それ自身のゆえに，「その栄光のゆえに」，神性に感謝するのである．

【文献】R. オットー『聖なるもの』山谷省吾訳（岩波書店 1968）: R. Otto, *Das Heilige* (Breslau 1917); P. ティリッヒ『宗教哲学入門』柳生望訳（荒地出版社 1971）: P. Tillich, *Religionsphilosophie* (Stuttgart 1962); M. シェーラー『人間における永遠なるもの』シェーラー著作集 6-7，小倉貞秀他訳（白水社 1977-78）: M. Scheler, *Vom Ewigen im Menschen* (Bern 1922 ⁴1954); P. L. バーガー『聖なる天蓋』（新曜社 1979）: P. L. Berger, *The Sacred Canopy* (New York 1967); G. メンシング『宗教とは何か』下宮守之，田中元訳（法政大学出版局 1983）: G. Mensching, *Die Religion* (Stuttgart 1959); 西谷啓治『宗教哲学』西谷啓治著作集 6（創文社 1987）; M. ブロンデル『行為』増永洋三訳（創文社 1990）: M. Blondel, *L'Action* (Paris 1893); F. シュライエルマッハー『宗教論』高橋英夫訳（筑摩書房 1991）: F. Schleiermacher, *Über die Religion* (Berlin 1799); M. エリアーデ『世界宗教史』全 3 巻，荒木美智雄，中村恭子他訳（筑摩書房 1991）: M. Eliade, *Histoire des croyances et des idées religieuses* (Paris 1978-83); H. Cohen, *Der Begriff der Religion im System der Philosophie* (Gießen 1915); K. Rahner, *Hörer des Wortes* (München 1940 ²1963); H. U. von Balthasar, *Wahrheit der Welt* (Einsiedeln 1947 ²1985); A. Brunner, *Die Religion* (Freiburg 1956); R. Guardini, *Religion und Offenbarung* (Würzburg 1958); F. Heiler, *Erscheinungsformen und Wesen der Religion* (Stuttgart 1961); E. Przywara, *Religionsphilosophiche Schriften* (Einsiedeln 1962); H. U. von Balthasar, *Glaubhaft ist nur Liebe* (Einsiedeln 1963); K. Feiereis, *Die Umprägung der natürlichen Theologie in Religionsphilosophie* (Leipzig 1965); J. Macquarrie, *God-Talk* (New York 1967); K. Riesenhuber, *Existenzerfahrung und Religion* (Mainz 1968); G. Widengren, *Religionsphänomenologie* (Berlin 1969); J. Splett, *Die Rede vom Heiligen* (Freiburg, München 1971 ²1985); W. Trillhaas, *Religionsphilosophie* (Berlin, New York 1972); J. Wössner, ed., *Religion im Umbruch* (Stuttgart 1972); R. Schaeffler, *Religion und kritisches Bewußtsein* (Freiburg, München 1973); J. Splett *Gotteserfahrung im Denken* (Freiburg, München 1973 ³1985); B. Welte, *Religionsphilosophie* (Freiburg, München 1979); I. U. Dalferth, *Religiöse Rede von Gott* (München 1931); R. Schaeffler, *Religionsphilosophie* (Freiburg, München 1983); W. Oelmüller, ed., *Religion und Philosophie*, 3 v. (Paderborn 1984-86); W. Dupré, *Einführung in die Religionsphilosophie* (Stuttgart 1985); P. Koslowski, ed., *Die religiöse Dimension der Gesellschaft* (Tübingen 1985); W. Kern, et al., ed., *Handbuch der Fundamentaltheologie I: Traktat Religion* (Freiburg 1985); H. Lübbe, *Religion nach der Aufklärung* (Graz 1986); A. Halder, et al., ed., *Experiment Religionsphilosophie*, 3 v. (Düsseldorf 1986-88); H. Zinser, ed., *Religionswissenschaft* (Berlin 1988). （J. シュプレット）

しゅうきょうとけいざい　宗教と経済

*宗教も*経済も，その行動を律する原理ないし規範の面でみれば，始原的にはある共通の特徴で結びついていた．それは二つの基本原則に基づいていた．一つは対内道徳と対外道徳の二元論であり，他の一つは対内道徳の場合における相互主義である．この対内道徳の相互主義とは，「あなたが私にすることと同じことを私はあなたに対してするであろう」ということであり，宗教的に表現すれば，「あなたは自分を愛するように，隣人をも等しく愛しなさい」ということになる．この原則を経済の領域に妥当させようとすると，それは自分もその成員である共同体の諸成員＝同胞に限って行われることになる．つまり隣人間の貸借関係や利子の貸付け，富める者が貧しき者に対してもつ扶養義務，家や道の普請，結いのような隣人同士の相互的な労働奉仕．これらはすべて「私たちは同じ釜の飯を食べた仲間である」といった同胞意識に基づいて行う無償労働といった意味を帯びている．仲間や身内の関係で金銭のことをとやかくいうことは水臭いという感覚である．したがって，仲間である共同体成員以外の人々とのつきあいは対外道徳の世界に属しており，金銭関係でも掛け値や値切り，詐欺・瞞着も何ら異としない道徳外の世界が現出する．債務者を隷属状態に置くという，対内道徳的には考えられないようなことも平気で行われる．宗教的行為も最初はこの隣人的経済倫理の二元論と同じ次元に立っており，同じ信仰仲間に対する相互扶助，孤児や病人，寡婦あるいは貧しき者に対する富める者の扶助義務（富者の施し・慈善）は，世界中の宗教の根本原則となっている．

ところが，宗教が自らの有意味性を求めて救済宗教として一層倫理的に合理化されてくると，この二元論的な倫理規範は宗教心情の純化への動向と外面的にも内面的にも緊張関係に立たされることになる．外面的には共同体成員間の関係を一層平等化させる愛の共産主義を実現する方向（例えばキブツのように）に展開する．また内面的には隣人への愛は共同体の仲間という枠を越えて異邦人，さらに敵対する人々にまで押し広げられていく．すべての人々が等しく「人間」であるということが認識されてくると，初めてなぜある人は幸福であり，ある人は苦難の運命にあるかという不公平が深刻な問題となってくる．人々が本来不完全で堕落しているからだという根本悪の問題が人々の意識にのぼってくる（→ 悪）．やがて達人的宗教意識の持ち主が，この悪の意識を絶対者の

前では人はすべて不完全であるとの「くだかれた心」にまで純化させ，自分の属する信仰団体の枠を越えて愛の普遍主義が姿を見せ始める．この自覚が強まるほどに経済の領域との間にも鋭い緊張関係が生まれてくる．

宗教史の基本問題は，経験的事実に基づくとき，その発端から人間の宗教的資質の不平等ということにあった．開悟の境地に達すること，あるいは神との神秘的合一(*ウニオ・ミスティカ)は，誰にでもできることではなく，それは一つの*カリスマ(非日常的な能力)であり，宗教的達人のみがよくなしうるところのものであった．宗教的感性に欠ける人々は，その意味では一般の大衆的宗教意識の持ち主ということになる．すべての宗教史はこの二つのタイプの宗教意識にみられる落差をいかに埋めるかをめぐる葛藤の歴史であるといってよい．特に大衆的宗教意識で浸透されている俗人の日常生活が達人的宗教意識の担い手たちにとって耐え難いものとなったとき，その間の緊張も一層高まっていく．経済の営みはまさに日常生活を足場にしているだけに，達人的宗教意識の担い手たち(呪術師や巫女といったシャーマン，原始キリスト教の*パウロ主義あるいは*グノーシス主義の聖霊に満たされた人々，禁欲的苦行僧，開悟した僧侶や聖人たち)によって，救済の妨げとして富が低く評価されたとき，宗教と経済との葛藤は最高度となる．

しかし，経済の営みがまだ「手から口へ」の実物経済の段階にとどまっているうちは，両者の緊張関係も顕在化しないで終わった．経済的合理化が進み，市場経済が一般化してくると，企業も貨幣関係に媒介された実利的性格を帯びてくる．ところが，*貨幣は人間生活のなかでは最も抽象的で，しかも没人格的なものである．さらに，市場経済が支配的となればなるほど，一切の物財は，人間の労働すらも貨幣価格という没人格的なかたちでの評価なしには，その価値の計算が不可能となってくる．このような人と人との関係が物と物との関係あるいは貨幣関係として現象する経済的合理化は，近代の資本主義経済において最高度に達する．こうした人間関係の物象化に対して達人的宗教意識の担い手たちは，例えばカトリック教会の「神に喜ばるることを得ず」(〔ラ〕Deo placere non potest)といった見解を一貫して保持してきた．貨幣や物財への執着は明らかに彼らの目指す救済財の獲得にとって妨げとなるものであった．しかし，どのような宗教的達人といえども，その宣教や教団維持のためには何らかの意味で経済的手段と結びつかざるをえず，その間にあって宗教と経済との妥協がさまざまに行われることにもなる．だが，それで両者間の緊張関係が解消されたわけではない．否，それはどこまでいっても克服されるものではなかったのである．

では，達人的宗教意識はどのような対応を示したであろうか．一つの方向は現世逃避的禁欲である．カトリックの*修道院の場合はその好例である．修道僧は財貨の私有を禁じられ，その生活は自らの労働のみによって支えられねばならない．それは一種の生産と消費の*共産主義である．だが，中世ヨーロッパの修道院の歴史は，*禁欲は自らが拒否した富を自らが作り出すというパラドクスの例で満たされている．修道僧たちは「祈り，かつ働け」(ora et labora)を旨とする禁欲的生活を通じて結果的には富を蓄積したのであった．したがって，この方向で禁欲のパラドクスを回避することは原理的に不可能であり，結局，結果として富裕となることを知りつつも禁欲を奨励するほかはなかったのである．

いま一つの方向は現世逃避的瞑想である．これは禁欲による労働は「神と富との両方に仕える」誘惑が避け難いとして，もっぱら生活の糧を自然の賜物に依存するか，人々の喜捨に頼ることのうちにみいだすのであるが，このような生活にも托鉢して回る区域をお互いに決めるといった妥協が必要となるのである．

M.*ヴェーバーは，こうして宗教と経済との間で生じる緊張関係を首尾一貫して回避しようとする方向は，ただ一つ*カルヴィニズムがとった現世内的禁欲しかありえないという．それは測り知ることのできない神の聖意にかなうようにひたすら日常の労働に献身し，それによって自らの*救いの確かさを認識しようと努めるものであり，かくて労働は自らが*恩恵の状態にあることの検証として合理的に事象化されることになる．そればかりではない．すべての被造物とともに堕落の状態にあるとして低く評価された経済秩序も神の聖意を実現する場として余すところなく合理化・事象化される．日常的な経済の営みのなかで人と人との関係はカルヴィニズムの被造物神化拒否の思想によって可能なかぎり事象化され，企業は事象的な経営へと鍛え上げられていく．情義的な人間関係は，被造物神化への兆しとして抑止されたのであった．そこには，しかし，新約聖書でイエスが説いた*山上の説教にみられる，あの愛の無差別主義は片鱗だにみいだすことができないまでになる．山上の説教が説く愛は，特定の具体的な人間に何ら関心を寄せることのない愛，たまたま出会った人に，それだけの理由で外衣を求められたら直ちにそれを与えるような愛であるが，そのような愛はカルヴィニズムの聖徒たちからみれば，やはり一種の現世逃避となろう．ここに至ると，それはもはや救済宗教とは呼べなくなるであろう．宗教と経済との間に生じる緊張関係を首尾一貫して回避する道がほかにありうるかどうかは，依然問題である．

【文献】M. ウェーバー『プロテスタンティズムの倫理と資本主義の精神』全2巻，梶山力，大塚久雄訳(岩波書店 1955-62): M. WEBER, *Die protestantische Ethik und der "Geist" des Kapitalismus*, Archiv für Sozialwissenschaft und Sozialpolitik, v. 20-21 (Tübingen 1905); 同『古代ユダヤ教』全2巻，内田芳明訳 (みすず書房 1962-64): ID., *Das antike Judentum*, Archiv für Sozialwissenschaft und Sozialpolitik, v. 44-46 (Tübingen 1917-18); 同『儒教と道教』木全徳雄訳 (創文社 1971): ID., *Konfuzianismus und Taoismus*, Archiv für Sozialwissenschaft und Sozialpolitik, v. 41 (Tübingen 1916); 同『宗教社会学論選』大塚久雄，生松敬三編訳 (みすず書房 1972); 同『ヒンドゥー教と仏教』深沢宏訳 (日賀出版社 1983): ID., *Hinduismus und Buddhismus*, Archiv für Sozialwissenschaft und Sozialpolitik, v. 41-42 (Tübingen 1916-17).

(住谷一彦)

しゅうきょうとげんだいしゃかい　宗教と現代社会

【概要】*宗教が現代社会においてどのような位置を占め，どのような機能を果たしているかについては，意見の一致は全くみられない．宗教の衰退を説く*世俗化，宗教回帰，あるいは*宗教変容など，さまざまな解釈があるが，それらは宗教の相異なった概念規定に由来する．しかし，すべての説の大前提になっているのは，現代社会が急激な変動に直面しており，既成宗教教団だけではなく，人間の伝統的な*宗教意識そのものも，度合いや形態の差があるものの，この変動の影響を受けている，という認識である．宗教界においてそれに対応しよ

うとする動きが日々増している．新しい宗教運動あるいは擬似宗教の発生とともに，既成宗教の多くに，活性化の兆しが見え始めている．

【現代社会の主な特徴】現代社会の特徴のうちに，技術の発展や情報の普及などによる一種の世界統一への動向をあげることができよう．国際化社会の到来は，情報社会の到来の産物である反面，新しい情報やその他の領域における相互接触と交換を促進するものでもある．それに伴い，またその一環として，社会内の機能分化過程も進み，その結果，社会体系の構造的・文化的・個人的諸次元において多元化が起こり，宗教を含め人々の伝統的思考様式や行動様式への問いかけも当然のことながら生じている．宗教が社会の統合原理であった場合，あるいは全人格的参加を要求した場合，その機能は分化や多元化などによってしだいに果たされなくなるが，宗教上の多様性がすでに存在していたところでも従来の共存構造は，社会変動によって脅かされ，再編成が必要になってくる．一方，部分的にこれらの社会変動に対する反動として，多くの国々においては反宗教的な*イデオロギー，あるいは逆に，宗教的*根本主義に基づいて新しい社会統合を図る試みもみられ，特に前者の場合は宗教教団が苦しい立場に立たされることがある．

【宗教界の反応】〔一般〕宗教は，必ずしも社会における変動の線に沿って完全に展開しないとしても，その影響は免れない．特に情報化や国際化が最も進んでいる国々では，伝統的宗教に対する無関心層が増えつつあり，その最も顕著な現れが組織宗教離れの現象である．ところが，世俗化と呼ばれるこの過程は，多くの場合，かわりの宗教形態を生む．宗教が社会全体に対する機能を失い，「私の領域」に追い込まれると，個々の人は自分なりの意味体系を作り始め，自ら進んで新しい形での宗教的連帯を求める例も少なくない．世界中にみられる*新宗教運動の発生，自分の属していた宗教以外の宗教に対する関心の高まり，あるいは既成宗教内部における基礎共同体の結成（→教会基礎共同体）等々はこの動向を例証する．また，一般社会の世俗化を防ぐために，特に世界の大宗教の間では対話の動きがますます盛んになり，政治的活動をはじめさまざまな社会問題に取り組むことによって共同で現代社会における宗教の役割を確保しようとする試みが諸所でみられる．しかし，それがどれほど奨励されるとしても，個々の宗教教団の自己アイデンティティの保持も要求され，諸宗教の対話と協力の限界がしだいに表れてきており，将来その再検討や再編成が行われるようになることが予想される（→宗教間の対話と協力）．

〔キリスト教の場合〕*キリスト教は，西洋の情報社会にその伝統的な拠点をもっていただけに，現代の急激な社会変動によって特に影響されていると思われる．その結果，特に欧米諸国において教会離れは著しく，その反面，教会内では刷新運動あるいはセクトの活躍などが極めて盛んである．一方，社会的，政治的，および純宗教的原因などが絡み合って，キリスト教の中心はしだいに欧米諸国以外に移り始め，その国々の教会が直面している特定の問題やその解決策がキリスト教全体にますます影響を及ぼすようになっている．例えば，ラテン・アメリカの事情からは社会問題や*民間信仰への新たな関心，アジアからは世界大宗教との対話や*霊性の新しい形態の模索，アフリカからはより本格的な土着化の必要性（→インカルチュレーション）に対する自覚が全教会に広まりつつある．しかし，これらの諸影響が生み出す変動あるいは変容は，教会内にのみとどまることが多く，現代社会全体そのものの世俗化に歯止めをかける力はあまりないようである．

〔日本の場合〕日本の宗教は，教団所属を規準にみれば，現代社会において必ずしも大きな役割を果たしているとはいえない．近年，ある「新・新宗教」が人々の関心を引いているものの，宗教教団に対する所属意識は，特に若者の間で弱い．一方，宗教と関連のある伝統的行事あるいは広い意味での宗教的観念を中心にして考えれば，1970年代から微妙な宗教回帰がみられ，例えば神社と企業の結びつきが増加しているように，個人の次元だけではなく，公の次元でも著しい現象となっている．この回帰は，情報社会を支配している科学万能主義に対する一種の反動でもあると考えられ，国際化社会における日本文化のアイデンティティを確保しようとする現代日本社会の動向の一環をもなしている．宗教は，日本において言わず語らずのうちに無意識の伝承となっているので，その現状は極めて捉えにくく，将来どのように展開するかについても相反する意見がある．いずれにせよ，明確な反宗教的動きはほとんどなく，生活のすみずみにまで浸透している「見えない宗教」は，特定の時期や場所で，特にその実用性のゆえに人々に利用されることが，依然として続くものと思われる．

【問題点】現代社会も，また宗教自体も急激に変化しており，しかもそのうえ宗教の概念規定がさまざまで，それによって判断が違ってくるので，現代社会と宗教との関係を正確に理解することは極めて困難である．超自然的なものへの信仰を規準にする，宗教の実体的定義を用いると，宗教は現代社会において衰退の道をたどっているという判断になりがちである．一方，宗教を人生に意味を与える体系とみなす，機能的定義を用いると，宗教は，変化してはいるが，必ずしも衰退してはいないという判断へと導かれる．いずれにせよ，現代社会における宗教のイメージは，かなり乱雑といってよく，社会そのものの複合性を例証している．社会のなかにも，また宗教のなかにも，ときとして全く相異なる方向に進む動きが共存しているし，同一現象に対して全く相反する解釈が与えられていることも稀ではない．しかし，この複雑な状況こそが，宗教が現代社会において何らかの形で生きているということを示しているのかもしれない．科学や技術がいかに進歩しても，人間は自分の人間性について考え，そのなかに潜んでいる神秘性を体験せざるをえない．人間と人間，また文化と文化との相互依存が特徴になってきた現代社会においてこそ，人間性そのものの*宗教的体験の交換も一層盛んになり，宗教に新しい展望を開くものと思われる．

【文献】柳川啓一編『現代社会と宗教』（東洋哲学研究所 1978）；柳川啓一，安齋伸編『宗教と社会変動』（東京大学出版会 1979）；井門富二夫編『秩序への挑戦』講座宗教学3（東京大学出版会 1978）；J. スィンゲドー『「和」と「分」の構造—国際化社会に向かう宗教』（日本基督教団出版局 1981）． （J. スィンゲドー）

しゅうきょうとせいじ　宗教と政治

【類型】*宗教と*政治は，いずれも権力，権威，支配など人間が求める価値の需要が供給を超えていることから起きてくる諸問題に関わっているから，必然的に相互に作用し，影響し合っている．個人が欲しいものを手に入れようとして各自勝手に行動すれば，*社会の秩序は保てなくなる．したがって政治制度は，*死刑による禁止

を含む絶対的な強制力をもって人々の行動を制御しようとする．一方宗教は，人間の行動を決定する究極的な判断に関わっている．このような政治と宗教との関係の態様は，おおむね「合致型」「操作型」および「分離型」の三つの類型に分けることができる．

【展開】〔合致型〕第一は，宗教が社会の統合機能を発揮し，宗教と政治の役割が区別されない，宗教と政治が同義的な場合である．宗教は，政治構造と重層化し，政治権力の正統性を補強する．宗教と政治の目的が合致しているので，この類型を「合致型」と呼ぶ．

宗教の社会統合力に着目して理論化を行った学者としては，スミス (William Robertson Smith, 1846-94)，ド・クーランジュ (Numa Denis Fustel de Coulanges, 1830-89)，*デュルケム，グード (William J. Goode, 1917-) などがあげられる．統合理論の要点は，宗教は，その信仰体系を通して社会と個人の価値に基本的な定礎を与え，その*儀礼を通してこれらの価値の合一性を繰り返して強調し，さらに永遠の勧善懲悪の教えによって人間の行為に価値が実現することを保証するということにあった．

宗教の社会統合機能は，孤立し，文字がなく，宗教家が専業として分化していない未開社会において，最も顕著に現れる．未開社会においては，宗教も政治も社会全体の一部であって，宗教組織と政治組織との機能分化が行われていないからである．

しかし政治との融合による宗教の統合機能は，現代社会においても，欠如しているわけではない．例えば，ウォーナー (William Lloyd Warner, 1898-1970) によるアメリカのメモリアル・デイの行事の凝縮過程の分析や*ベラーがアメリカ大統領の就任演説など象徴性の高い政治行為のなかに宗教的統一性への志向を検出して*市民宗教の概念を構成したことなどは，現代社会においても宗教と政治が共通の目的意識を高揚し，宗教が政治的な局面において統合機能を果たしていることを立証している．

〔操作型〕社会が異文化との接触を通じて異なった価値体系を知り，社会に階層分化が現れると，社会構造が複雑になり，宗教と政治の第二の関係類型が成立する．このような傾向は，単一の社会規範の拘束力を弛緩させ，宗教と政治を別々の領域として成立させ，政治権力を握る一部の人々に宗教を操作させることになる．政治的支配階層は，宗教を現存の秩序を保全するための手段，すなわち自分たちの支配的地位の保証に利用しようとし，その目的を達成するために宗教の伝統，教義，儀礼などを政治目的に合わせて操作する．このような政治と宗教の関係類型を「操作型」と呼ぶ．

操作型の宗教と政治の関係としては，*ビザンティン帝国や帝政ロシアのカエサロ・パピスムス (*皇帝教皇主義)，近世絶対主義君主の*王権神授説，近代日本の国家神道振興政策などがあげられる．17世紀のマサチューセッツ湾植民地における道徳律不要論（アンティノミアニズム）論争は，宗教論争の形をとった権力闘争であって，これを政治による宗教操作の類型にあてはめて考察することもできよう．

K. *マルクスによれば，宗教は，社会生活や経済生活の人間意識における幻想的反映であり，現実生活の苦痛や社会生活の矛盾を一時的に和らげるための麻酔剤，つまり阿片である．宗教は，人間の活動力を弱め，社会を合理的に改善しようとする人間の決意を麻痺させ，現世の不正や矛盾の存在を助長することによって人間の真の幸福の実現を妨げるので，民衆の真の幸福を実現するために政治は，宗教を止揚しなくてはならないことになる．これをさらに展開した*レーニンは，*ロシア正教会が専制君主と結託して国民を収奪したばかりか，極めて信仰心の強いロシアの国民性が革命の障害となっていたと認識し，鋭くかつ激しく宗教を抑圧した．*マルクス主義は，政治による宗教操作の一変型とみなすことができる．

〔分離型〕宗教と政治の第三の関係は，「分離型」である．仏陀（→シッダールタ）やイエス（→イエス・キリスト）は，この世の価値を相対的だとして否定し，あの世の価値を絶対化した．個別的，相対的なこの世の政治的価値は，普遍的，絶対的なあの世の宗教的価値によって超克される．宗教が普遍性に立脚し，社会悪や人間の苦の問題に取り組んで，この世の秩序と価値を根源的に批判し，政治的な問題解決とは異なる究極的な問題解決を目指すとき，宗教と政治は，独立の規範と構造を形成する．宗教家と政治家は，固有，別種の人格として独立し，教権と政権は分離する．このような宗教と政治の関係は，*社会変動と異文化接触が常態で，苦悩に満ちた社会において生成する．

宗教による政治批判は，暴力に訴えるほどに積極的な場合と極めて内向的な場合とがある．このそれぞれをM. *ヴェーバーは，ピューリタニズム（→ピューリタン）および*神秘主義と名づけた．前者には，*イスラム教の*ジハードやキリスト教の*十字軍の例があげられるし，後者には，クエーカー（→キリスト友会）や*メノナイトあるいは*ガンディーの無抵抗主義など，政治の要求する戦争への参加拒否（→良心的兵役拒否）などの例があげられる．

政治と宗教が分離し，それぞれの領域を確立すると，政治は社会の公的秩序の維持を担当し，宗教は個人の私的自由の根底を担保する．宗教の内心倫理化は，分離型の政教関係における重要な特徴であって，宗教は，合致型および操作型における公的秩序維持機能とは全く異なった次元で把握される．

政治と宗教の関係論において，宗教の社会統合機能と政治の宗教操作はしばしば取り上げられるが，宗教の普遍性が文明の盛衰に及ぼしてきた影響については，A. J. *トインビーなどを除くと着目する学者はあまり多くない．しかし，近代における主権国家の強い政治的統制力にもかかわらず，政治の個別性を超える宗教の普遍性は人類史の大きな枠組みを構成している．創唱宗教の特性である超越的・普遍的価値こそは，政治の限界である相対的・個別的価値を超克する最も有力な契機の一つである．分離型の存在は，宗教と政治に固有の領域があり，人類の発展に両者が固有の貢献を果たしてきたことを証明している．

【文献】E. デュルケーム『宗教生活の原初形態』全2巻 古野清人訳（岩波書店 1941-42）: E. DURKHEIM, *Les formes élémentaires de la vie religieuse* (Paris 1912); R. N. ベラー『社会変革と宗教倫理』河合秀和訳（未来社 1973）: R. N. BELLAH, *Beyond Belief* (New York 1970); 相沢久『現代国家における宗教と政治』（勁草書房 1966）; 井門富二夫「政教分離に関する政策資料」『東洋文化研究所紀要』37 (1965); E. TROELTSCH, *Die Soziallehren der christlichen Kirchen* (Tübingen 1912); R. NIEBHUR, ed., *Marx and Engels on Religion* (New York 1964); J. M. YINGER, *The Scientific Study of Religion* (New York 1970).

(阿部美哉)

しゅうきょうとぶんか

しゅうきょうとぶんか　宗教と文化　→　インカルチュレーション

しゅうぎょうのいのり　終業の祈り　集会の終わりに唱えられる祈り．*聖霊の導きを求めて祈りをもって始まった集会は，感謝と今後の庇護を求める祈りで結ばれる．カトリック教会では，古くから聖母 *マリアへの祈り，特に「*スプ・トゥウム・プレシディウム」(聖母の御保護によりすがりたてまつる……)が唱えられた．現代では，*始業の祈りと同じく，自由即応の祈りもしくは聖歌の唱和等がそれに代わりつつある．　（小高毅）

しゅうきょうのるいけい　宗教の類型
【概要】*宗教は極めて複雑な文化・社会現象であるから，宗教を学問的に分類する基準や枠組みも多様であって，コムストック（W. Richard Comstock）が「宗教形態の一覧表の作成はほとんど無限の作業といってよい」と述べたのは，決して過言ではない．西欧の宗教学説の前提となっているのは，キリスト教は世界中の宗教のなかで最も進歩発達した段階にある宗教で，その中心概念は唯一絶対なる人格的存在としての神観念である．したがって，神観念の有無を基準として宗教の分類がなされたのは当然である．

【神を立てる宗教】*タイラーの *アニミズムの説では，動植物だけでなく無生物にも人間と同じように霊魂（[ラ] anima）が宿っているが，特定の自然物や自然現象と離すことのできない関係にあって個性のはっきりしない精霊（[英] spirit）から，固有名詞をもった個性の明確な *人格神（god）に進化する．すなわち，精霊崇拝，*多神教，*一神教という発展段階が考えられた．それを批判した *マレットのプレアニミズム説では，アニミズムに先立って超自然的，非人格的な呪力である *マナ（mana）の存在が主張され，W. *シュミットの原始一神観説では，文化圏を考慮に入れて，原文化の至高神から後になって多神教や精霊崇拝が生じたとする退化論的見方がなされた．このほか，F. M. *ミュラーは，宗教を「無限なるもの」の認識として，物的宗教（physical religion），人的宗教（anthropological religion），心的宗教（psychological religion）の3段階で宗教の発達を捉え，ティーレ（Cornelius P. Tiele, 1830-1902）は自然宗教（nature religion）と倫理的宗教（ethical religion）を進化論的立場から区分した．*セーデルブロムは，アニミズム，マナ的力，起因者（[独] Urheber）の3観念の複合によって神観念が成立し発展するとした．これは，アニミズムの宗教，マナイズムの宗教，起因者の宗教というように，宗教を進化論的にではなく並行的に分類したのであるが，神観念を基準とした類型であることに変わりはない．神の数により，多神教，二神教，一神教に大別するが，多神の恋愛，結婚，親子，家族，親族の関係などによって神統記（[英] theogony）という系図ができたり，主神を中心にした主従，上下関係によって神会（pantheon）という多神の組織ができる．主神が変わらないとき単一神教（henstheism），主神が交互に替わるとき交替神教（cathenotheism）と呼ばれる．善悪の二神が争う二神教においても，最後は善神が勝つとされるときには，一神教（monotheism）と同じと考えられる．一神教には，他民族の信奉する神々には干渉しない民族的一神教と，他の諸神を否定して民族の別なく世界には唯一の神しかいないと主張する普遍的一神教とがある．神の性格により，父の宗教と母の宗教，義の宗教と愛の宗教，神と人との関係により，神人即一教と神人懸隔教の分類もできる．*ハイラーは，神秘主義的宗教（[独] mystische Religion）と預言者的宗教（prophetische Religion）に分けたが，これは M. *ヴェーバーが，人間を神の容器とするか，道具とするかによって，模範預言（exemplarische Prophetie）と使命預言（Sendungsprophetie）とに分類したのに対比される．神の人に対する啓示の有無によって，*啓示宗教と非啓示宗教，また，救済に至る方法によって，他力的宗教と自力的宗教，信の宗教と行の宗教に分かれるが，特に後者は神や救い主の恩恵や助力による救済を期待しないで，人間の自己救済を目指すので，神を立てない宗教に多くみられる現象である．

【神を立てない宗教】原始宗教におけるマナイズムや原始仏教などは，神観念を中心概念としない宗教である．マナは非人格的な呪力の不思議な作用という観念に結びついているから，必ずしも霊・神という人格的存在を前提としない．*仏教は四諦八正道という法（dharma）を悟って自ら解脱することを根本とするので，神に祈願することを必要としない．このような「神を立てない宗教」は，「神を立てる宗教」を有神的宗教と呼ぶのに対して，無神的宗教とも呼ばれているが，これは唯物論的な宗教否定論としての *無神論ではない．神を否定して究極的理想に自らの全生命を捧げる生き方を主張するヒューマニズムの宗教も，無神的宗教の類型に所属するといえる．ところが，あらゆる実在の根源である抽象的な神的・絶対的な存在や理法が，宇宙の万物にあまねく行きわたり，宇宙の万物はその現れであるとする立場がある．すべての衆生はことごとく仏性をもっているという仏教の「一切衆生悉有（しつう）仏性」という立場は，「神と私とが一つである」というマイスター・*エックハルトの神秘的立場と非常によく似ている．この立場は，有神的宗教と無神的宗教に対する第三の類型として，汎神的宗教（pantheistic religion）と考えることができる．しかし，三つの類型はどれも神という語を含んでいる点からみても，やはりキリスト教的な神観念が基準となった類型の域を脱していないといえる．以上は，神観念を基準としての宗教の分類であるが，次に，別の角度から宗教の類型を考察してみたい．

【一分類原理を基準とした類型】宗教が自然に発生したのか，それとも特定の教祖・創唱者の言行や人格に基づいて形成されたかにより，自然宗教（nature religion）と創唱宗教（founded religion）とに分けられる．前者の信者が特定の地域や民族に限られるのに対し，後者は誰にでも開かれた普遍的性格をもつ．一定の時期を経て制度化されたか，発生してまもないかによって，既成宗教と新興宗教とに分かれ，現代でもなお存在しているか否かによって，死んだ宗教と生きている宗教とに分けられる．言語・民族・地理的な呼称をそれぞれの分類原理として，セム語族の宗教，ユダヤ民族の宗教，ラテン・アメリカの宗教などが分類され，社会の産業形態により，農耕社会の宗教，牧畜社会の宗教，工業社会の宗教などに分けられる．信者の範囲によって，部族宗教（tribal religion），*民族宗教（ethnic religion），*世界宗教（world religion）に分けられる．しかし，一つの分類原理による類型は，基準となる分類原理が何であるかによって，無数の類型化が可能であるし，一つの分類原理によって全体としての宗教を不充分にしか把握できないから，できるだけ多くの分類原理を用いることが望ましい．

【統合的類型】従来の宗教の類型を統合し，時間的な展

開を考慮に入れ，宗教的象徴体系，宗教的行動，宗教的組織，社会的関係という4特徴が，単純なものから複雑なものへとしだいに分化していく過程を「進歩」と定義して，宗教進化の5段階を考察し，進化の段階に沿って，原始(未開)宗教 (primitive religion), 古代宗教 (archaic religion), 歴史宗教 (historic religion), 近代宗教 (early modern religion), 現代宗教 (modern religion) という5類型を分類したのは ＊ベラーである．彼は前1000年頃から後1000年頃までの間に成立した現世拒否の思想を共通の特徴とする歴史宗教を中心とし，その前後にそれぞれ2段階をおき，原始・古代は現世受容，近代・現代は現世の意味づけや変革という態度を示すと考えている．ベラーの原始宗教は前述の部族宗教，古代宗教は民族宗教，歴史宗教は世界宗教にそれぞれ相当し，近代・現代宗教は世界宗教の枠内で取り扱うことができる．分類基準が異なると，ある概念の適用範囲が他の基準による範囲と著しく違うことも多いから，さまざまな宗教の分類基準と，それによって得られる宗教の形態・適応範囲を相互に比較することによって，宗教現象の理解が深められ，より統合された宗教の類型化も可能となるであろう．

【文献】W. R. コムストック『宗教—原始形態と理論』柳川啓一訳（東京大学出版会 1976): W. R. COMSTOCK, *Religion and Man: The Study of Religion and Primitive Religions* (New York 1972); E. B. タイラー『原始文化』比屋根安定訳（誠信書房 1962): E. B. TYLOR, *Primitive Culture*, 2 v. (London 1871); R. R. マレット『宗教と呪術』竹中信常訳（誠信書房 1967): R. R. MARETT, *The Threshold of Religion* (London 1909); W. SCHMIDT, *Der Ursprung der Gottesidee*, 12 v. (Münster 1926-55); F. M. MÜLLER, *Physical Religion 1891, Anthropological Religion 1892, Theosophy or Psychological Religion 1903*, Gifford Lectures 1890-1892 (New York 1975); C. P. TIELE, *Elements of the Science of Religion*, Gifford Lectures 1897-1899 (Edinburgh 1897-99); N. ゼーデルブローム『神信仰の生成』全2巻，三枝義夫訳（岩波書店 1942-46): N. SÖDERBLOM, *Das Werden des Gottesglaubens* (Leipzig 1915); F. J. HEILER, *Das Gebet: Eine religionsgeschichtliche und religionspsychologische Untersuchung* (München 1918); R. N. ベラー『社会変革と宗教倫理』河合秀和訳（未来社 1973): R. N. BELLAH, *Beyond Belief: Essays on Religion in a Post-Traditional World* (New York 1970). （藤田富雄）

しゅうきょうひはん　**宗教批判**　「宗教批判」という用語は一義的ではない．この語は，ある ＊宗教の信者が自らの宗教の教義や祭儀に対して差し向ける批判を意味することもある．さらに，この概念が論争神学的な批判（例えばキリスト教諸教派が互いに行う批判），ひいては諸宗教間の相互批判を意味することもある．もちろん，宗教そのものの基盤に対する反省が，神の存在ないしは超越的な存在に対する否定に行き着く場合を本来の意味での宗教批判ということができる．その場合，宗教批判とは，何よりも，理性的な議論によって神の存在に反対する無神論的宗教批判になる．これはまさに古代ギリシア・ローマの諸説を除けば，西欧の ＊啓蒙思想の典型的な帰結である．

【近代の宗教批判の背景と原因】近代の宗教批判は啓蒙時代，特にそれに続く時代に始まる．＊カントは1784年に『ベルリン月報』に「啓蒙とは何か」という文章を載せている．そのうち次の部分がよく知られている．「啓蒙とは，人間が自己の未成年状態を脱却することである．しかし，この状態は人間が自ら招いたものであるから，人間自身にその責めがある．未成年とは，他者の指導がなければ自己の悟性を使用しえない状態である．これは未成年の原因が悟性の欠如にあるのではなく，他者の指導がなくても自分からあえて悟性を使用しようとする決意と勇気を欠く状態である．それだから『あえて賢くあれ』『自己自らの悟性を使用する勇気をもて』—これが啓蒙の標語である」．ここからして，いわゆる ＊神の存在証明が人間の ＊理性だけによる批判的吟味にかけられるようになる．権威に基づく証明がはなから退けられるようになったのは偶然ではない．カントは，彼自身が知るすべての神証明を，いわゆる神の ＊存在論的証明にあたるものとして否定し，また，とりわけ形而上学的な ＊神認識の可能性を問題にすることによって，近代の宗教批判に広く根拠と基礎を与えた．

だが，このように人間の理性が神の存在の問題に関わるようになると，次のような問題が生じてくる．疑いなく，＊神という概念は最も伝達困難な言葉・概念である．確かに ＊神学はこれまでつねに誤まった神理解やあまりにも素朴な神観念を阻止ないし修正しようと努めてきた．にもかかわらず，教理問答や宣教の実際面では，＊神話や ＊擬人神観のまとわりつかない神イメージを提供するということはなかなか難しい．そこで，キリスト教の伝統や神学思想の宝庫について，いわば「外から」の知識しかもっていないような思想家たちによって近代的な ＊無神論が広く主張されるようになると，宗教批判は神の存在に疑義を唱えるものであると同時に，キリスト教的な神理解と矛盾する神概念の拒否という意味をももつようになる．どの無神論も決して誤解のみに基づくわけではないという場合でも，そのような意味をもってくる．キリスト者に反省と熟慮を促さずにはいられないような宗教批判的議論はあくまでも存在するのである．

そのほかに近代的な宗教批判の背景となっているのは，第一に，＊証明という概念が厳密科学を指向する意味をもつようになったという事実である．伝統的，および新スコラ的な ＊基礎神学では忘れられていたことだが，理性をしいるような神証明は存在しないし，また存在しえない．そして，人間は神問題に関しても自由な良心の決断の前に立たされている．この点，＊神義論の問題に関して神に反対するあらゆる見解が今日，かつて以上に明確に主張されるようになっている．明らかに罪のみによって引き起こされるのではない，幾多の苦しみ，悲惨，不安，あらゆる人間的な困窮，そして存在のはかなさの経験が，愛と配慮に満ちた神の存在に対して疑義を唱えさせる原因となっている．第二に，多元主義的世界観の影響がある．過去，現在の宗教の多様性について知識が増え，さまざまな宗教教団が空間的に相接している事実があり，そして，多元的世界観を容認する自由が明確に ＊民主主義という形で望まれている．以上のことすべてが，今日，神への問いを新たに提起するのである．

【宗教批判のさまざまな立場】宗教批判の諸見解は，互いに重なり合う部分もあるが，相違や不一致も多い．だが，一般には次のような基本構造を備えている．

どの宗教批判者たちにとっても自明なことは，宗教が人間にとって第一の欲求ではなく，むしろ二次的なものだということである．具体的にいうと，宗教は，世界内の事物から派生し，それらがもつ根源的欲求から帰結す

しゅうきょうぶんがく

るものにすぎないと考えられる(その場合，宗教が本来の一次的欲求を覆い隠し，その実現を妨げることも少なくない，とされる).この基本的欲求を何と規定するかによって，宗教批判の立場の相違が生じてくる.というのも，宗教が事実すでに長く存在し，広く普及し，一掃されることなどありえないとするなら，宗教が存在していることの根拠は簡単に見通すことのできないような人間の誤謬にあるに違いないからである.宗教批判者たちは，自分が「洞察する」までは人類は誤って，あるいは間違って神なるものを信じてきたにすぎないと確信しているようである.例えば，*フォイエルバハにとって，神信仰に導くのは，人類の類的存在としての無限の意識，*マルクスにとっては，人間の意識を規定する社会・経済的関係である.*フロイトでは，それは無意識になる.宗教批判者たちも，人間の超越志向性を否定せず，また否定しようとはせずに，宗教を具体的な現実の「上部構造」とみなしている.そこで，存在論的神証明の場合と同様に，神の現実性は単なる思考(や願望)から推論される.あたかも神学的議論のような推論だが，実際には成り立つものではないだろう.

そのほかに，さまざまな宗教批判に通ずる基本構造とそれらの相違を明らかにする問題点が二，三ある.まず，上述の人間の超越志向性が現実の世界内で実現可能なものとみなされているかどうかである.例えば，マルクス・レーニン主義では，共産主義的な自由の国が歴史的必然性をもって到来するというが，フロイトにとっては，そのような人間の願望や希求の成就は宗教と同様の幻想にすぎない.また，宗教が個人や社会にとってもつ有害性をどう評価するかという点も重要である.人間のよりよい在り方，真の人間性が同時に問題とされないなら，宗教批判者にとって，人間が神を信じるか否かは最終的にはどうでもよいこととなる.宗教批判の見地に立てば，宗教は*利己主義を生み出し，社会の不公正状態の変革を阻み，学問の進歩を許容せず，不安や心配を醸成する.宗教は，人間の自己実現を妨げる以外の何物でもない.そして，それは，聖職者階級の発明にしかみえないことも稀ではない.彼らの生存にとってこそ好都合なものだというわけである.

いずれにせよ，宗教批判は，その批判にふさわしく，宗教的な人間像よりも優れた人間像を打ち出さなければならない.それなしには，神への信仰なしに真のヒューマニズムをもたらそうと志し，それができるとする，すべての宗教批判の主張は成り立たなくなってしまうのである.

【文献】H. J. KRAUS, *Theologische Religionskritik* (Neukirchen-Vluyn 1982); K. H. WEGER, ed., *Religionskritik von der Aufklärung bis zur Gegenwart. Autoren-Lexikon von Adorno bis Wittgenstein* (Freiburg 1979 ⁴1983); R. SCHAEFFLER, "Die Kritik der Religion," *Handbuch der Fundamentaltheologie*, v. 1 (Freiburg 1985) 117-35.　　　　　　　　(K. H. ヴェーガー)

しゅうきょうぶんがく　宗教文学　〔英〕religious literature, 〔独〕religiöse Literatur, 〔仏〕littérature religieuse

【概要】宗教とは現実には*ヒンドゥー教，*仏教，*儒教，*道教，*神道，*ユダヤ教，*キリスト教，*イスラム教その他の諸宗教に具体化されている.個々の宗教伝統がそれぞれ具体的に文学活動を育ててきたのであり，その観点からいえば，宗教文学とは例えば*キリスト教文学，仏教文学，イスラム文学，神道文学のような個々の宗教伝統に基づく文学の総称であり，それらに共通する要素をまとめて，一つの包括的分野を設定し，批評し，体系化し，創作・研究のために意識化するものである.このような包括的観点からすべての宗教伝統は，聖典を通じてそれぞれの文化における文学伝統を形成することに寄与してきた.*ホメロス，*ウェルギリウスの叙事詩の神々の神話世界は古代ギリシア・ローマ人の宗教的世界観を反映したものであり，古代世界を遡れば，*バビロニアの*『ギルガメシュ叙事詩』や古代インドの*ヴェーダ聖典は宇宙・人類の形成を語り，宗教的宇宙像の枠を設定するばかりでなく，それら自体が詩的世界であった.ホメロスの叙事詩は哲学が出現すると，*プラトンによって批判され，神聖性を取り去られるようになる.古代宗教の聖典は近代文学批評の発達に伴って古代文学として読まれるようになった.『古事記』などの日本の上代文学も神道にとって一種の聖典であったが，文学研究の発達とともに文学として取り扱われるようになった.

宗教文学の概念とは，実際にはキリスト教文学の概念ができあがり，その伝統と作品群の輪郭が批評活動によって比較的に明瞭になったあとでできあがった，いわばキリスト教文学の類比概念であるといえる.あるいは，キリスト教文学の概念を拡大したところに，宗教文学の概念が生まれたといってもいいかもしれない.すなわち宗教文学とはキリスト教文学をモデルにして考えられた概念である.西欧文学における宗教文学とは内容的にはキリスト教文学を指す.日本においても仏教文学あるいは神道文学の意識はキリスト教文学の概念成立と体系化，ならびにアプローチを受容し，応用して初めて可能となった.このことは日本文学の伝統のなかで仏教文学，神道文学が存在していなかったということを意味するわけではなく，むしろ事実は全くその逆であった.しかし，それぞれが仏教文学，神道文学として意識されるようになったということは，また別の問題なのである.

【近代と宗教文学の概念】西欧でキリスト教文学というものが意識された背景には，まず近代になって，世俗が宗教の影響からしだいに分離し，独自の領域として自らを意識し始めた，全体的流れのなかで確立された近代意識がある.またその前提としては，作家活動に携わる職業人が自らの「創造的」活動の尊厳に目覚め，主張し，文学が「創造的想像力」の所産として社会から受け入れられるようになり，今日に至った経過がある.もちろん，このためには，市民的教養階級(→市民階層)の台頭と，そのような産物を消費することを可能にした経済的基盤がなければならなかった.このような状況のなかで文学の分野では，やがてキリスト教と文学を意識的に結びつける創作活動や，二つを結びつけて批評・研究する活動が起こったのである.以上の動きのなかの「キリスト教」を「宗教」と置き換えれば，容易に「宗教文学」が想定され，批評・研究のアプローチもそのまま使いうることがわかる.ところで，キリスト教という宗教あるいは*信仰とは別個の境地を開拓しようとした超一流の世界的な文学の旗手たちが，文学の本質に迫ろうとすれば，それだけ宗教的問題に近づくことになる.彼らの作品世界から湧き出すものはつねに，K.*ラーナーやオング(Walter Jackson Ong, 1912-)がいう「人間の実存的叫び」であり，深い宗教性を暗示する.例えば，*ゲーテ，*ヘルダーリン，*リルケの文学的世界はキリスト教的なものではなく，世界の永遠性，*永遠回帰を

テーマとした *異教的世界ではあるが，やはり宗教性を帯びたものといえる．このように「宗教文学」の「宗教」とは個々の宗教の総称であるばかりでなく，それらを超えた意味合いをもつことがあり，また宗教文学も人間と世界の幾つかの宗教的根本課題・テーマをめぐる作品群の体系化を通して考えるものである．

【狭義の宗教文学・近代的文学意識と宗教性】今日，我々の文学観は否応なしに西欧の文学観の影響を受け，西欧の近代作家を基準とするようになっている．非国教徒的キリスト教の背景をもった D. H. *ローレンスは小説創作によって「別の聖書」を書くことに意欲を燃やした．*スタンダール，*フォークナー，*ゴーゴリ，*カフカ等々の名前を思い出せば，彼らが特定の宗教に基づいて創作したのではなく，世俗的作品を書いたことは明らかである．しかし，今日でも狭義の宗教文学は存在し続けている．宗教文学には特定の宗教による教導を目的としたり，元来 *宣教活動の一環として重要な役割をもったもの(*説教文学，説話文学)，あるいは信仰者・帰依者の *信心を深めるためのもの，信心の表現である信心文学([英] devotional literature) に属するものが含まれている．T. S. *エリオットの「宗教と文学」(Religion and Literature, 1935) にみられるように，宗教文学をこれらの類のものに限定し，文学としては低い評価を与え，本来の文学とはいえないとすることもできる．しかし，この評価は，文学作品が取り上げる現世的・世俗的領域が宗教性とは無関係であると考え，宗教の問題は文学になじまないとか，それを取り上げることによって文学作品の世界が狭められ，弾力性のない教条主義になり，より広範で深い人間性を捉え，束縛なしに表現することを根本的に妨げてしまう結果になると考えることに由来する．*ホラティウス以来の文学観は「教え，楽しませる」であり，作品には読者を楽しませる娯楽的役割が容認されていた．もちろん，「楽しませる」行為は多層的であり，必ずしも深刻な内容を排除するものではなかったが，近代文学の自己理解の確立に伴って，狭義の宗教文学は，時代の推移とともにますます社会的少数派になっていく，特定の宗教を熱心に守り続けている信仰者を読者とする文学であり，一般的な芸術的感覚と教養を身につけた読者層にとっては深みのある内容を提供しえない大衆文学の一部とみなされている．しかし，西欧中世文学においては *聖人伝などの宗教文学は立派な文学であった．中世の *宗教劇は今日その評価が高まっている．日本でも仏教文学を除いて中世文学を論じることはできない．いずれの国の文学においても宗教は *象徴・*記号を作品創作に提供し，幅広い伝統を形成していった．近代文学の主要表現手段として現れた「小説」というジャンルの形成の背後には *ピューリタンの *回心の物語，聖徒伝，*奇跡の報告のような群小文学の隆盛があったことを忘れてはならない．それらを背景にして回心物語から発展した *デフォーの『ロビンソン・クルーソー』は書かれた．*ホーソンが考えていた「ロマンス」としての小説もピューリタン的「奇跡報告」の伝統なしには理解できない．

しかし，少なくとも表面的には近代文学者は，*ルター教会出身であった詩人スティーヴンズ (Wallace Stevens, 1879–1955) が述べたように，伝統的な信仰に基づく思考・行動パターンの退潮のあとに，暗がりのなかで「衝撃を受けた現実主義者」として創作に向かわなければならなかったのである．19 世紀 *ロマン主義以来，文学についての自己反省と理論化が意識的に行われるようになると，文学は従来の宗教に取って代わって人々に世界と人生の意義を教え導くものと考えられるようになった．文学の素材も，宗教によっては取り上げることができなかった真の人間の状態，現実，真の人間性，*実存でなければならないと考えられるようになり，文学は独自の，他の人間活動に比較して一段と高く，絶対的な芸術分野とみなされるようになった．この結果としてある近代文学者が特定の宗教的信仰をもち，積極的に *信仰生活を実践しようとしているとき，文学あるいは信仰のいずれの要請に忠実であるべきかという問題に悩まされるようになる．彼らはそれぞれ自分の宗教的背景から得られた，世界と人間についての洞察を作品に表現し，登場人物を創造するとき，公的信条あるいは教えと登場人物の行動との間にジレンマを感じるのである．

近代においては宗教と宗教性が必ずしも一体ではなく，二つは全く無関係でなくとも，分離しており，分けて考えなばならない．近代文学においては宗教性を内包し，宗教性によって生命を与えられた多くの第一級の作品が存在することは事実である．

*ダンテの『神曲』は西欧中世，つまりキリスト教が行き渡り，教会が西欧社会に精神的に君臨していた時代の産物であり，宗教文学の傑作でありながら，世界文学の重要な一部でもある．*ドストエフスキーの『罪と罰』は，*スラヴ人に固有のメンタリティと *ロシア正教会の宗教的思想や感受性なしには本当に理解できない作品である．しかし，以上の二つの作品は，キリスト教文学の範疇を越えて宗教文学として世界文学に属している．G. *グリーンはカトリック作家と呼ばれることを嫌い，自分はカトリック信者であるがゆえに他の近代作家たちが見たり，感じたりすることのない人生の次元と問題を見たり，感じたりすることによって得られた視点から作品世界を創造するのだと述べた．同じ時代のカトリック作家 F. *モーリアックは自分がカトリックであることと作家であることのジレンマにつねに直面していたが，そこで彼はドストエフスキーを意識していた．*遠藤周作はモーリアックから深い影響を受け，モーリアックの創作的問題意識を *汎神論的風土におけるキリスト教文学の確立の過程のなかで共有し，モーリアックの背後にドストエフスキーを意識していた．

【結論】*ブロッホの考え方を援用するならば，文学の創造的想像力の原点は「ユートピア的」(→ユートピア) である「希望の原理」であり，いまだ現れない意義世界を創出する力である．その点では宗教も文学と同じ希望の原理から生まれたものだとみることは可能であろう．事実，宗教はそれぞれの形態で人間の生き方の支え，規範であり，その表現形式を形成しながら，文学をはぐくみ，近代になって文学が自立するに至ったといえる．文学は芸術的美を追求し，表現するが，「美は真理であり，真理は美であり，それがすべてだ」とする審美主義で終わることができない．*アリストテレスは『詩学』のなかで詩は哲学に向かうと述べたが，文学は世界，人間，生命の意義を極めようとするものであり，混沌に対して作品という意義ある宇宙を創造することによって生命の意義を確立するものである．ギリシア悲劇は人間の限界性を徹底的につきつめたが，文学が世界における *不条理とか *悪の問題(→神義論)を繰り返し取り上げ，それが人間に由来するものとみなすならば，*罪の問題を避けることはできない．大江健三郎(1935–)は宗教ではなく，文学による救いを目指したが，罪と *贖い，*救いは文学の主要テーマであり，宗教を避けて通るこ

とはできない．R. *マリタンは偉大な文学はすべてカトリック文学だと述べた．また，K. ラーナーが *無名のキリスト者という表現を初めて使ったのは人間存在の根底からの声を表現する作家を指したときであったが，同じように，我々も偉大な世界文学が真の意味の宗教文学であるとみなすことができる．そのことは近代文学についてばかりでなく，偉大な宗教伝統の聖典文学についてもいいうることである．

【文献】EncRel(E) 8: 558-80; 金岡秀友他監『仏教文化事典』(佼成出版社 1989) 602-74; 國學院大學日本文化研究所編『神道事典』(弘文堂 1994) 547-58; 永井義憲他『古典文学と仏教』岩波講座・日本文学と仏教 9, 今野達他編（岩波書店 1995); J. H. MILLER, *The Disappearance of God: Five Nineteenth-Century Writers* (Cambridge, Mass. 1975).

(高柳俊一)

しゅうきょうへんよう　宗教変容

信仰者の立場からは，*宗教の真理は永遠不変のものである．しかし，現実の宗教は環境の変化に応じてさまざまに形を変えていく．その様態は千差万別であるが，広くみられる主要な形態に「発生」「既成化」「土着化」の三つがある．

【発生】急速な *社会変動が進んでいるとき，従来の宗教伝統がこれについていけず，個々人の精神的要求に応答しきれないと，宗教運動が発生し多くの信徒を獲得する可能性が生まれる（→ 新宗教運動）．宗教運動の参加者は，既存の社会体制の周辺部に位置したり，共同体の秩序からはみ出したような民衆が多い．彼らは宗教運動で得た救いの体験のなかに，新しい生き方や未来への希望を読み取る．*脱魂のような体験や熱狂的な行動とともに強い連帯感が呼びさまされ，理想世界の到来が夢みられることも少なくない．宗教運動の信仰内容は既存の宗教的資源に大きく依存しており，既存の宗教的世界観を再活性化しようとするものともみられる．しかし，他方これまでになかった新しい世界観や行動様式を導入するものでもある．この新しさは，しばしば *カリスマ的指導者の人格や個人的ヴィジョンに由来するものと信じられる．宗教運動の新しさは，既存の社会秩序への批判を意味することが少なくない．既存の社会勢力は宗教運動を弾圧しようとするが，生き延びた場合には宗教運動はその社会の文化的革新の重要な推進者となりうるのである．

【既成化】宗教運動が一つの宗教伝統を生み出してからある時間を経過すると，忘我・法悦の体験や熱狂的な行動は急速に弱まる．それとともに，参加者の間に，また外部社会との間に，安定的な関係を形成・維持したいという欲求が高まる．特に，教祖や初期の信者が死亡し，親から信仰を受け継いだ 2 代目以降の信者が増えるにつれて，この傾向は強まってくる．信仰をもつことによって生活秩序が確立すること，信仰者のネットワークが力となることなどのため，2 代目以降の信徒は相対的に社会的地位が向上している．彼らは正典を編纂し教義を画定するなどして内部の異端的傾向を除去し，信仰内容を安定化させる．また，体制的文化に適応し，その諸要素を取り込もうとする．その際，一般信徒以上に聖職者や役職者が大きな役割を演ずることが多い．こうして既成化が進むとともに，社会への批判は弱まり，外部社会との緊張関係も薄れていく．宗教集団は体制のなかの保守的な一構成要素となる．

【土着化】一つの宗教伝統がすでに定着している環境を離れ，新たな環境に拡張しようとするとき，その土地の文化の影響を受けて変容していくのが土着化である．宗教伝統の拡張は，政治的・経済的拡張と並行して進行することが多いが，それだけで独立して進行することもある．外部への拡張の意志を強く保持するのは，人類すべての救済を掲げる救済宗教であるから，土着化は主として，攻撃的な救済宗教と攻撃性の薄い未開宗教や民俗宗教の接触の場面で生じる．救済宗教は既存の宗教伝統を否定・排除しようとして，しばしば土地の人々の強い抵抗に出会う．土着の文化や宗教の要素を取り込むことなしには，*宣教が成功しないという状況が現れる．しかし，拡張する救済宗教の側は，教義的な統一性の維持を堅く守ろうとするから，土着化には一定の枠がはめられている．統一性を保持しようとする教団中央やエリート層と土着化を志向する地方指導者の間に，しばしば緊張関係が生じるのである（→ インカルチュレーション）．

【文献】中牧弘允編『神々の相克』(新泉社 1982).

(島薗進)

しゅうきょうほうじん　宗教法人　〔英〕religious juridical person

どこの国でも，昔から何らかの形で組織された *宗教団体が存在してきたが，この事実が法律的にどのように認められたかは，国と時代によって異なっている．憲法で *信教の自由が保障されている日本では，宗教そのもの，そして宗教的活動は自由であるはずだが，宗教団体は財産（資金，土地，建物など）を所有しているという事実があるため，これに関するもろもろの権利・義務を法律的に明確にする必要がある．日本では，この目的を達するために，宗教団体を法人化するという方法をとっている．法人は，その目的によって多種多様のものがあるが，宗教上の目的のために設立されたものを「宗教法人」という．

日本の宗教法人は，戦後 1951 年（昭和 26) に制定された旧宗教法人法（数回改正）によって，特殊な制度とされた．それは，公法人ではなく私法人であり，営利法人ではなく公益法人のようなものである．実は，戦前にも 1931 年に制定された宗教団体法というものがあったが，この法律の目的は，宗教団体を監督すると同時に，これに法律上の保護を加えてその宗教活動を助長せんとするものであった．さらに，法人として認められるには，主務大臣の認可が必要とされ，1941 年には日本天主公教（→ 天主公教会）にこの認可が与えられた．これに対して，1951 年の旧宗教法人法と 1995 年の改正宗教法人法の目的は，新憲法の精神に合わせて，宗教団体が礼拝の施設その他の財産を有し，これを維持・運用するために，宗教団体に法律上の能力を与えるものであるとされている．宗教法人が公益事業以外の事業を行うことは禁じられていないが，その収益は当然，「当該宗教法人が援助する宗教人若しくは公益事業のために使用しなければならない」．日本には神社，寺院，カトリックおよびプロテスタントの教会，修道院といった非常に異なる宗教団体があるため，この法律は相当の弾力性をもち，それぞれの宗教団体の個性を充分に考慮したものであるといえよう．宗教は自由であるから，「認証」（「認可」または「許可」ではなく）さえ受ければ，新しい宗教法人を設立することも自由である．

ところで，宗教法人は法律的に独立しているものであるから，その財産などについて国家法によって定められた決定機関をもつべきものである．しかし *カトリック教会と *修道会は，*教会法および各 *修道会会則によって運営されており，この場合，教会法上の決定機関

は国家法上の決定機関と同じではなく，また国家法上の宗教法人と教会法上の法人は同じものではないことに注意する必要がある．日本の法律に従えば，各宗教法人は3人以上の責任役員を置き，そのうちの一人を代表役員とすることになっている．したがって，例えば教会法の観点から考えると，*教皇，*司教，*総会長，*管区長が単独で決定権を有していても，法律的に考えると，宗教法人に関するあらゆる事柄においては，責任役員以外の者は決定権を有していないのである．この決定機関の規定にも弾力性があり，事実の問題としては，プロテスタントの宗教法人は社団法人のようなもので，その決定機関は信者の総会という形をとっているのに対し，カトリックの場合は財団法人のようなもので，その決定機関は役員会議だけである．また，宗教法人の解散は，ほかの宗教法人との合併，破産，認証の取消などの理由でなされるが，その残余財産の処分については，「規則にその定がないときは，他の宗教団体又は公益事業のためにその財産を処分することができる」となっている．

1995年の改正によって，この法律に新たに盛り込まれた主な点は次の通りである．二つ以上の「都道府県内に境内建物を備える宗教法人」の場合は，その所轄庁は文部大臣とする．また「信者，その他の利害関係人」に対しては，書類閲覧請求権と所轄庁の「質問権」が認められる．このように改正された法律には，曖昧な点もあり，信教の自由と*政教分離が果たして充分に守られるかどうかは，今後の新宗教法の運用の仕方にかかっているといえよう．

【文献】井上恵行『宗教法人法の基礎的研究』(第一書房 1969); 滝沢清編著『宗教法人ハンドブック』(三成書房 1970); 桜井四郎『宗教法人の税務のスベテ』(三成書房 1970); J. ヨンパルト『修道会と法人の諸問題』平岡緑訳 (中央出版社 1971); 石岡富七, 鈴木啓充『スグに役立つ宗教法人の経理と税務』(三成書房 1967); 谷口知平編『宗教法入門』(新日本法規 1976); 宗教法学会編『宗教法』第4号- (法律文化社 1983-); 宗教法人法制研究会編『改正宗教法人法の解説—国会における改正法論議の詳解』(新日本法規 1996); L. M. CIVISCA, *Le persone Giuridiche nella Legislazione Giapponese* (Roma 1954); S. B. SALINAS, *La noción de persona jurídica en el Derecho Canónico* (Barcelona 1985). (J. ヨンパルト)

しゅうきょうみんぞくがく　宗教民族学　〔英〕religious ethnology, 〔独〕Religionsethnologie, 〔仏〕ethnologie religieuse

【定義】諸未開民族が超人間的世界の在り方についてもつ観念とその表現的行為を記述し，分析して，比較研究する*民族学の一分野．特定の文化における信念を対象にして，民族誌的な性格が強い面があるが，*宗教人類学と研究内容において重複するところが少なくない．主に未開民族ないし無文字社会の宗教的信念を研究する学問として宗教民族学は従来の*宗教学と異なっている．日本で宗教民族学という用語を，当時の「欧州大陸での慣用語」を邦訳して初めて採用したのは*宇野円空と考えられている．

宗教民族学は民族学，*文化人類学とともに発展し，かつそれらの学問の一分野であるため，宗教的観念と行為を文化の全体的文脈から切り離して考えるのではなく，その文化の一側面とみなす．したがって，*宗教を人間の所産とみて，その在り方や形態を捉えようとする．問題意識は方法論の選択にも大きく反映され，学問が展開するにつれて，多種多様な方法論が相次いで誕生した．特に宗教民族学の歴史を通じて宗教という中心概念の捉え方自体が問題になってしだいに変化してきた．初期の学者たちの宗教観念には，*キリスト教などの既知の宗教にちなんで，民族中心主義的なきらいがある．この問題に気づいてから，宗教や信仰の複合を各文化の枠内で把握し，解釈しようと努める動きがしだいに顕著になってきた．このことは，文化の翻訳作業の一側面として各文化の特徴を背負う宗教の性格を明らかにしようとする民族学的・人類学的研究にとって大きな意味を占める課題である．

【成立と初期】異文化の体系的研究として民族学・文化人類学は19世紀半ばに成立したといえよう．異文化への関心，好奇心は，古代ギリシアの文献にも表れるが，*大航海時代のヨーロッパでいまだに知られていなかった民族と文化の発見によって大いにあおられるようになった．しかし，欧州諸国の文化との差違が大きく取り上げられる傾向が強く，相手文化を理解するためよりもヨーロッパの文化程度の高さを誇示するのに使われたといわざるをえない．宗教民族学が成立しても，こうした捉え方が直ちに消滅したわけではない．特に進化論的考え方の影響下でこれらの民族の文化は人類最古の，もしくはその起源に近い状態を示していると推定された．したがってこの種の研究を通じて現在の社会制度の起源まで遡れるのではないかと期待されて，宗教の分野でもその起源と発展史が盛んに論じられた．

*タイラーはそうした宗教起源論者の代表的人物である．彼の説によると，人間は，夢のなかで魂が身体から離れて遊離する体験に着目し，死後の魂も同じように存在すると考えるようになる．元来，死霊であったこの魂はやがて精霊や神に昇進する．さらにまた，このような霊は，生物，無生物を問わず万物に宿ると信じられる．霊の多数であることから*多神教が生まれ，後に*一神教にまとめられることがある．万物にそれぞれ働く霊が宿るという観念をタイラーは*アニミズムと名づけた．この仮説に基づいて彼は宗教の本質を霊的存在への信念として解くと同時に，宗教の起源を魂と死霊の観念に求めて，一神教に至るまでの発展段階を推測した．タイラーの宗教起源論には，宗教は神格化された死者の霊に対する崇拝に発するという H. *スペンサーの説と似通った点のあることが指摘されている．

ところで，知識がしだいに増加した結果，人間は，多神教から一神教に進展してきたとするスペンサーの進化論主義的説は説明原理という点において*フレイザーのそれに近い．すなわち，フレイザーの説によれば人間は早くから自然の働きが法則に従っていることを理解し，それを呪術的方法で利用して，自然を支配しようとする．しかし，その法則の誤った解釈から自然の支配に失敗して，自らの弱さを体験した結果，自然の成り行きを司る超自然的かつ人格的存在を認めるようになり，宗教を成立させた．その後，自然法則の在り方を正しく理解するようになるにつれて，超自然的存在をむなしいものとして捨て，科学をもったというのである．この呪術先行論でフレイザーは人間の知識の進化論的増加過程のなかに宗教を位置づける一方で，タイラーのアニミズム論をも批判した．この発展論とは切り離された形で特にフレイザーの呪術論は後の呪術研究を長く方向づけた．

タイラーの弟子の間からアニミズム説に対して反論が起きた．*マレットは「聖」(〔英〕sacred) の観念が霊的存在のそれより包括的で，呪術も含めて宗教的事実をす

べて包含するといい，それをアニミズムに先立つ宗教的観念としてプレ・アニミスティック (pre-animistic) と名づけた．また一方，アメリカとオーストラリアの未開社会の神話を研究した成果をもとに，ラング (Andrew Lang, 1844-1912) は，これらの社会においては霊魂観念の派生ではない最高神の観念があることを証明した．この至高神は万物の造り主で，父であるが，人間を超自然のレベルに拡大したようなものだといっている．

【20世紀前半】20世紀初頭から従来の民族学・人類学の進化論主義的傾向は主として二つの方面から批判されてきた．一つは，世界の諸民族の文化的発展を歴史学的な方法で論証することをねらったドイツとオーストリアの学者たちが築いた文化史的民族学である．特に W. *シュミットはラングの考えを受け，自ら考案した文化史学的方法論でまず人類史上，最も古い段階を示すといえる民族を探し出し，彼らがもともと唯一の神しか知らないとする，原始一神論 ([独] Urmonotheismus) を唱えた．シュミットは膨大な民族誌的資料を分析して，こうした生の資料で原始一神観念の存在とその発生過程を実証しようとした．今一つの批判は特定の社会を詳細に研究した学者の側から寄せられた．フランスの社会学者*デュルケムを除いて，これらの学者は宗教起源の問題を解決不能の問題としてその追求を諦めた．

デュルケムは個人心理によるタイラーの宗教論を批判して，それに対して霊的存在を知らないオーストラリアのアルンタ族の*トーテミズムを宗教の原始形態とみなす．デュルケムとその弟子たちは宗教を社会事実とみて，それを社会学の科学的方法で分析しなければならないと要求し，宗教における観念的側面と行動的側面を区別するだけでなく，宗教が社会を一つの信徒集団として統合する役割を追求した．宗教起源論的一側面を示す反面，デュルケムの宗教論は宗教の社会的役割，すなわち機能へその焦点を移し，大転換をみせている．さらにまた，彼は宗教の領域は「俗」の日常的領域から区別され，忌避される「聖」の領域だと論じて，構造的捉え方もする．デュルケムの研究は宗教民族学にとって一つの終止符を打ったものといえよう．宗教現象の基礎を扱う大理論ではありながら，関心が宗教の本質からその社会的機能と社会における構造的意味へと移りつつあることを示唆する研究であった．

イギリスでは新世代の人類学者が登場して，実地調査を人類学の基礎として重視し，特定の文化や民族社会においておのおのの要素が全体のために果たしている機能に焦点をあてた．*マリノフスキーはトロブリアンド諸島民が行う呪術行為と彼らの経済的・交易的活動との関係を詳しく調査して，呪術の具体的な機能を論じた．これに対して*ラドクリフ・ブラウンは社会の価値体系を支持し，それを諸成員に認めさせることを宗教の機能であると指摘した．これらの新しいタイプの研究は調査が行われた当時の状態を中心に分析を進めて，社会現象や制度の歴史的展開にほとんど関心を示さない．しかも宗教の特定の要素をその社会的機能という側面に限って論ずる傾向があるが，ファース (Raymond Firth, 1901-) はティコピア島での主要儀礼と社会組織との複雑な関係を明らかにし，機能主義的宗教研究の長所をみせた．

宗教の機能を限られた範囲内で考察するマリノフスキーの立場を間接的に批判しながら，*エヴァンス・プリッチャードは宗教現象が発生した文化と社会の全体的枠組みのなかで考えなければならないといい，関係論的分析 (relational analysis) という方法を提唱した．彼はアザンデ族の妖術や呪術の組織的研究で，それらの観念が生活の各レベルを貫き，その社会のあらゆる行動と思考に現れていることを論証している．また，ヌアー族の複雑な信念体系を分析し，彼らの霊と神の観念がいかに社会の分節的組織を反映しているかを明らかにしているが，宗教と社会のこうした構造的関連は霊神の存在そのものを説明しないことも指摘している．彼の研究によりしばらくの間敬遠されてきた未開社会の宗教に新たな関心が向けられるようになった．ルグバラ族ではリニージの長老たちの権威を維持し，かつコントロールする死者霊への信念が社会生活に及ぼす影響を示したミドルトン (John Middleton 1921-) の仕事はこうした新しい研究を代表している．

北米では民族学・人類学がボアズ (Franz Boas, 1858-1942) の事実主義と反進化論的視点の影響を強く受けた．特に北米の*インディアンの文化が集約的に調査されたが，宗教についての理論的研究は乏しい．ローウィ (Robert H. Lowie, 1883-1957) がみるところでは，宗教の根本は宗教的スリル (religious thrill)，すなわち何らかの実在 (リアリティ) の異常な出現に直面した人間が抱く畏敬の念である．ラーディン (Paul Radin, 1883-1959) も同様に宗教は心理的反応，すなわち強力な霊に対する感情から発生するといっているが，さらに，こうした感情を伴う行為，慣習や信念が生じると述べた．そこで強い恐怖感を覚えたシャーマンは自ら体験したことを言葉で表現することによって宗教を形造り，具体的に言い表す者となるのである (→シャーマニズム)．これらの宗教研究の収穫はかなり曖昧だと批判を受けた．ラドクリフ・ブラウンの方法論的影響を受けて，グード (William Josiah Goode, 1917-) は宗教を社会固有の価値体系の一要素であるとともに，その体系を維持する機能をももつとしている．宗教は具体的に経済，政治などの活動を制御して，個々人の社会的役割を定義し，かつ表現する．社会の連帯性を表すのみならず，それを実際にもたらすのである．

このようにして，1930年代の頃から民族学者，人類学者は未開社会の複雑な組織とその形態の多様性に関心を向けて，つかみどころがないとされた宗教心と神霊観念，特にその起源と発展過程を明らかにしようとはしなくなった．すなわち，当時の学界は未開民族の研究を科学として，他の社会科学の諸学問に負けないように軌道に乗せるのに全力をあげた．したがって，具体的な資料で立証不可能な，あるいは極度に困難な理論を敬遠した．しかし，それによって文化史の視点が完全に放棄されたのではない．構造主義的機能論者のエヴァンス・プリッチャードは，人類学は歴史を無視しかねると述べた一人である．ドイツではシュミットの壮大な文化史体系の試みを批判する反面，経済活動や信仰儀礼などで一貫した特徴を示すという文化層 ([独] Kulturschicht) を推定して，イェンゼン (Adolf E. Jensen, 1899-1965) が一種の修正された宗教起源発展論を提唱した．精神的に敏感な人間に突如として，あるものの隠れた，かつ本当の実在が現される感激が宗教の始まりである．その出現の体験は，元の偉大さがしだいに忘れられるにつれて儀礼化し，最後に人間は宗教を通しての救済という功利主義的効果だけをねらうことになる．古層球根栽培民の文化層を分析し，太古に神的存在が殺され，その屍 (🈟) から人間が有用植物を得るという神話がこの文化層の特徴的なものだと述べて，イェンゼンは，最高神とは違ったこ

の存在をデマ神 (Dema Gottheit) と名づけた.
【20世紀後半】イェンゼンと同じように文化形態学の代表者の一人であるシュミッツ (Carl A. Schmitz, 1920-66) は，代表的論文を収載した1964年の編著書の序章で宗教民族学の対象と課題について次のように言及した．すなわち，世界の諸現象を通して，その裏に隠れている「力を感じ取る」能力だけが全人類共通の宗教的原体験であるが，その力が実際に現れたときに感じたことは各文化の性格によってあらゆる形で表現され，演じられることになる．それゆえ宗教民族学は，口承伝承を頼りに，社会の神話のなかにこうした原古の体験の痕跡を探り，超自然的存在の観念と行為，また，これらと意思の疎通を図ろうとする人間の方法を追求するものであるという．回顧録の印象を今強く与えるこの論文集では逆に人類学者が乗り出そうとする新しい研究，例えば*レヴィ・ストロースの神話分析なども紹介されている．これは従来の宗教民族学からの新転換を示唆しているのであろう．デュルケム学派の一連の研究ですでに姿を現していた構造論的分析法は，ここで主流になっており，全人類に共通な思考法の基礎的構造を顕著にしようとしている．レヴィ・ストロースは，*神話が人間の生活上に現れる各種の緊張と葛藤を克服し解消する仕掛けであると同時に，神話自体に内在している論理から構成されていることを示そうとする．神話はもはや神霊界と信念からは切り離されて，思考の独立した装置としてしか扱われなくなる．

こうした解釈に反論して，南米の*インディオの神話がいかに彼らの宗教的世界観と人生観を反映しているかを論証しているサリヴァン (Lawrence E. Sullivan, 1949-) の包括的な新しい試みがある．ここで神話と世界観は社会統一の装置としてだけではなく，その民族文化における多種多様の出来事を人に納得させるために独特な権威をもつ枠組みを与えてくれるものとして再考されている．サリヴァンの研究は南米亜大陸の広い地域の膨大な資料を，一人の研究者が工夫した視点から分析するのみでなく，最新の資料に表れるインディオ自身の考え方を忠実に生かそうとする意欲的な仕事である．個別的研究の成果をもう一つ高いレベルで総括して解釈しようとし，インディオの宗教思考が彼らの生活のいかなるところまで浸透しているかを示したのである．

人類学者よりも宗教学者であった*エリアーデは宗教の根本的型，パターンを抽出しようとして，聖と俗，時空間などの観念，または宗教的想像とシャーマニズム等の課題を現象学的方法で追求し，宗教民族学にも多くの刺激を与えた．オーストラリア原住民の諸宗教を組織化してその要点を論じているが，静的な体系として描いたきらいがある．しかし，サリヴァンの研究でも明らかになったように，未開民族の宗教は社会と環境における変容に適応できる柔軟さと余裕をみせないわけではないのである．

宗教民族学が取り上げる宗教は大抵，一社会に一つという形のものであるが，*ギアーツは，ジャワの複雑な社会を分析し，共存している三つの制度，すなわち村，市場と官僚に，ジャワの独特な*シンクレティズム，つまり*イスラム教，*ヒンドゥー教等によって形造られたそれぞれの世界観が生きていることを明らかにした．歴史と政治的状況を背景に社会を統一する宗教の機能を論ずる反面，宗教が社会内の葛藤を表現し，克服できる場を提供することも示した．一社会の宗教を全面的に論ずる研究と比べて，特定の課題に集中する宗教人類学の

研究は活発な動きをみせているのが現状である．
【日本】日本では早くから宗教民族学に関心が芽生えた．ドイツ・オーストリアの文化史的民族学の影響を受けた宇野円空は宗教民族学を紹介し，その名称を提唱した．同じ頃，赤松智城 (1886-1960) が欧米の宗教学説を，*古野清人が特にデュルケムの研究を紹介した．こうした諸理論をもとに，日本の学者は国家の勢力圏を中心に実地調査を行ったが，彼らの研究では自らの文化から得た，稲作儀礼やシャーマニズム等の課題が特徴的である．戦後，英米学界の理論を取り入れ，宗教研究は大転換した．理論の多様化のなかで宗教の社会的機能と社会構造との関連についての研究が盛んになった．海外調査活動も活性化し，世界的な広がりをみせている．そのなかでしだいに宗教の社会的役割を重視する宗教人類学への転換がみられるようになった．欧米の理論に頼るところも少なくないが，日本文化に形造られた宗教意識等をもとに宗教現象の理解と解釈に新しい方法と視点を与えようとする動きもある．岩田慶治 (1922-) のアニミズムとカミ論，佐々木宏幹 (1930-) のシャーマニズムに関する比較研究，大林太良 (1929-2001) の神話の形態的構造的研究などはその例であろう．

【文献】宗教学辞典 348-53;『文化人類学事典』(弘文堂 1987) 350-51; EncRel 1: 308-16; *International Encyclopedia of the Social Sciences*, v. 13 (New York 1968) 398-406; E. デュルケム『宗教生活の原初形態』古野清人訳 (岩波書店 1941-42): É. DURKHEIM, *Les formes élémentaires de la vie religieuse* (Paris 1912); 宇野円空『宗教民族学』(八洲書房 1944); E. E. エヴァンズ・プリチャード『宗教人類学の基礎理論』佐々木宏幹，大森元吉訳 (世界書院 1967): E. E. EVANS PRITCHARD, *Theories of Primitive Religion* (London 1965); 日本民族学会編『日本民族学の回顧と展望』(日本民族学振興会 1968); 同編『日本の民族学 1964-1983』(日本民族学振興会 1986) 42-55; E. B. TYLOR, *Primitive Culture* (London 1871); W. SCHMIDT, *The Origin and Growth of Religion* (London 1931); ID., *Der Ursprung der Gottesidee* (Münster 1926-55); J. VAN BAAL, W.E.A. VAN BEEK, *Symbols for Communication* (Assen 1985); B. MORRIS, *Anthropological Studies of Religion* (Cambridge 1987).

(クネヒト・ペトロ)

じゅうぐんしさい　従軍司祭　〔ラ〕cap(p)ellanus, 〔英〕military chaplain, 〔独〕Feldkaplan, 〔仏〕chapelain militaire

【聖書】旧約時代，祭司はヘブライ軍について戦場に行き (申 20: 2)，兵士たちに主なる神が共にいることを思い起こさせて，励ました．キリスト教時代の初め，洗礼者ヨハネは，悔い改めの教えによって回心した兵士たちに財物の強要，誤った告発，強欲を避けるように教えた (ルカ 3: 14)．イエスは百人隊長の信仰を褒めた (マタ 8: 10)．また，「剣を取る者は皆，剣で滅びる」がゆえに，剣を使うなといった (マタ 26: 52)．この教えは，今日でも従軍司祭が武器を所持したり，戦闘に積極的な参加をすることを禁じている国際法に影響を及ぼしている．

【歴史】〔古代〕*コンスタンティヌス大帝は，*ミラノ勅令によって信仰の自由を認め，戦場に司祭を派遣する慣習が生まれた．4世紀のローマの兵士トゥールの*マルティヌスは，自分のマントを物乞いに与えた．軍役を離れた後，彼は修道者となり，やがて司教になる．その善

行によってマントは*聖遺物として尊重され，フランク族の軍隊はそのマントを戦場にもっていった．マント，ラテン語でカーパまたはカッパの管理を委ねられた司祭はカペラヌス (capellanus) と呼ばれ，またこのマントが安置された小礼拝堂がカペラ (capella) と呼ばれるようになった．

〔中世〕中世の封建時代，*司教と*大修道院長は土地所有者であった．領主に軍役を負う領臣も土地所有者であった．司教は自分の軍隊を戦場に差し向けることもあり，また軍人兼司祭の役割をもつこともあった．教皇は，*教皇領の君主として軍事同盟や軍事行動と関わるようになった．アッシジの*フランチェスコは教会が暴力と関わることに反対し，平和運動を始めた．フランチェスコの精神のもとに集まった人々は武器を携帯せず，また*フランシスコ第三会に入った信徒の多くは軍役の縮小を図った．

ほぼ300年間続いた*十字軍は，歴史上最も大きな軍事行動の一つであった．当初，キリスト教の*聖地を守るために組織されたものだったが，しばしば残虐行為や破壊を行った．この時期に*マルタ騎士団や*テンプル騎士団のような*騎士修道会が創設された．彼らは三つの*修道誓願を立て，病人の世話をしたが，聖地への巡礼者を守るために自ら武器をとり，正規の軍隊へと成長していった．その歩みはキリスト教世界を守るための勇気の歴史であるが，規律と道徳の退廃によって陰りをみせ，衰えていった．

〔近代〕封建時代が去り，国民国家が常備軍を発展させるなかで，近代社会が生まれた．そのなかで，法的に整った従軍司祭制度の考案者として認められているのは，ハプスブルク帝国の軍人*ファルネーゼである．彼はカトリックの信仰心から，部下のために宗教上の種々の慣習を作り，軍隊のなかに司祭の任務を導入した．これに対し教皇*シクストゥス5世(在位1585-90)は，ハプスブルクの軍隊に*教皇特使を送り，特使は従軍司祭長として*司教総代理の役割を果たした．このようにして，軍事司教総代理区（軍事管区，〔英〕military ordinariate) の前身ができたのである．*教区司祭や修道司祭は長上者の許可を得て従軍司祭として働いた．1587年24人の*イエズス会の会員が従軍司祭になり，各連隊に配属され種々の作戦に参加した．以後，ヨーロッパでは通常，大多数の兵士が信仰する宗派の従軍司祭が軍隊につくことが慣習となった．したがって，イギリス軍は*聖公会の従軍司祭，フランス軍とスペイン軍はカトリックの従軍司祭がつく．

第2次世界大戦が勃発したとき，全連合軍に従軍司祭が配属された．従軍司祭は将校待遇を受けたが，武器の所持と軍事命令への服従は禁じられた．司祭の役目は，ときには生命の危険を犯しても，兵士たちの宗教的要請に応えるという司牧的なものだった．連合軍がヨーロッパや極東に入ったとき，従軍司祭は，戦時の困窮や以前の占領軍の残酷な行為で苦しんでいたその土地の人々に対する援助活動の最前線で働いた．

【現行規定】カトリック教会は，軍人に対する司牧活動の継続的な必要性を認め，1951年4月25日『ソレムネ・センペル』(Solemne Semper) という文書を発表していた．これは軍事司教総代理区の教会法上の原則を提示したもので，軍人司牧を規制する教会法上の概念も示している．第2*ヴァティカン公会議は，各国がそれぞれ軍事司教総代理区を置くように勧めている（『司教司牧教令』43項参照）．最終的には1986年4月21日教皇*ヨアンネス・パウルス2世が*使徒憲章『スピリトゥアリ・ミリトゥム・クラエ』(Spirituali militum curae) で，世界中に軍事司教総代理区を再建した．軍人司牧に関するこの基本法の顕著な特徴は次の通りである．(1) 第2ヴァティカン公会議で教えられているように（『現代世界憲章』79項)，軍人は自己の役割を国民の安全と自由のためにあると考えなければならない．(2) 新しい軍事司教区は，教会法上，司教区と同じである．(3) 管轄司教は，教区長司教と同じ権利と義務をもつ司教である．(4) その*裁治権は，国外にあっても，その軍事司教区に属するすべての人々に及ぶ．(5) その裁治権は，その軍事司教区に固有のものではあるが，その軍事司教区のある地の教区司教の裁治権に対しては付加的である．それゆえ，従軍司教・司祭が不在の場合，その地の司教と司牧者が彼らの権利を行使する．(6) 従軍司祭となるのは，各自の司教または長上者の許可のもとに，軍事司教区で働く教区司祭または修道司祭である．(7) 軍事司教区は，独自に神学校を設け，直接に司祭を叙階することができる．(8) 従軍司祭は教区司祭と同じ権利，義務をもつ．(9) 軍事司教区に所属し，その裁治権に服する者は，軍人とその家族，また彼らとともに居住する者，軍病院，ホスピスなどの施設で生活したり働いたりする者である．

各国の軍事司教区は，この使徒憲章の実施細則を作ることになっており，世界の主要な言語圏を代表する司教会議に属する全軍事司教区の問題に対処するための事務局も教皇庁に設置された．軍事司教区についての教会法上の名称 (Ordinariatus militaris seu castrensis) とは別に，各国民が最も理解しやすい名称を採用することになっている．例えば，米国の軍事司教区は米国軍事大司教区 (Archdiocese for the Military Services) という．

軍事司教区の司祭手引書によれば，従軍司祭はその地の司教区の仕事，特に婚姻に関する事柄を代行し，かつその地の法律に従うことになっている．軍事司教区の裁治権のもとにいる人が，その地の*小教区で秘跡を受ければ，教会法上その小教区に記録されていても，従軍司祭はその件を軍事司教区に報告しなければならない．
【文献】『教会法典』271条2項，372条2項，373，518，564，566，569，571条．　　　　　　　(C. ラリー)

しゅうごうろん　集合論　〔英〕set theory, 〔独〕Mengenlehre, 〔仏〕théorie des ensembles　19世紀後半，ドイツの数学者カントル (Georg Cantor, 1845-1918) によって始められた数学の一分野．カントルが研究の対象とした集合の概念は，その後，数学の各分野で有効に使われるようになり，今では，集合概念が論理的には数学における唯一の基礎概念であり，集合論的方法こそが全数学を方法論的に基礎づけるものである，と考えられるようになった．

【歴史】カントルが集合概念を数学に初めて導入したのは，彼の1872年の三角級数の研究においてであった．それを契機に，彼は超限基数（一つ，二つ，……という基数の概念を無限の場合にまで拡張したもの）に興味をもち，その研究を発展させ，後には超限順序数（1番目，2番目，……という序数の概念を無限の場合に拡張したもの）についての理論を展開し，超限数の理論を完成させた．数学の伝統にとらわれず，無限というものの実態を正面から分析しようとする革命的なこの理論は，当時の数学者の大部分には受け入れられず，特にドイツの指導的数学者の一人でありカントルの旧師であったクロネッカー (Leopold Kronecker, 1823-91) がこれに強く

反対したことは有名である．

　この間デーデキント (Julius Wilhelm Richard Dedekind, 1831-1916) は，集合論の始まりから一貫してカントルの研究に興味をもち，交通によって意見交換を行うなど，カントルの数少ない支持者であった．デーデキント自身は，カントルの集合論の始まりより早く，1863年にイデアルと名づけた集合を整数論に導入し，1872年には集合を直接用いて実数を定義し，1887年に集合論的方法によって自然数を定義しようと試みた際には，現在用いられている形での集合と写像の一般論を展開するなど，カントル以上に数学における集合論的方法の現状に与えた影響は大きい．もちろん，超限数の理論以外にカントルが与えた基本列による実数の定義や点集合論・位相空間論における基礎概念などは，現代数学における集合論的方法の血となり肉となっている．

(前原昭二)

しゆうざいさん　私有財産　〔英〕private property, 〔独〕Privateigentum, 〔仏〕bien privé

【概念】私有財産は，個人または私的集団が所有権をもつ資産であり，広義には土地や家屋だけでなく資産的な価値のある株式や債権や会員権や（著作権，特許権，商標権のような）無体財産権にも及ぶ．

　近代の法制度では，所有権は物に対する全面的な支配権，つまり使用・収益・処分のすべてを包摂する権利とされる．したがって，権利内容の一部の譲渡（例えば土地の貸与）は可能だとしても，一つの物には一つの所有権しか成立できず，法規の制限内においてならそれをどのように取り扱おうと所有者の自由となる．*フランス革命とそれに続くヨーロッパ諸国の法改正によってこの自由は最大限に拡大されたが，その後しだいに社会的義務が強調されるようになり所有権の自由な行使への制限が増してきた．が，所有権が全面的な支配権であり法規の枠内ではその行使が全く自由であること，そしてそれが自由社会体制の根幹の一つをなすことには変わりはない．

　もっとも，これは近代のことである．封建時代の家臣の土地所有は用益権（〔ラ〕dominium utile）にとどまっていた．最近では，1980年代に社会主義国で導入された農地の請負制や企業のリース制も同様である．これらにおいては，所有権の内容が分割されているのである．

【根拠】しかし，形態は異なっても広義の私有制は広くとられてきた制度であり，それを基礎づける論拠もいろいろと提出されてきた．

　近代の所有権論には，*グロティウスのように所有権の起源を協定にみいだす議論もある．だが，所有権を自然権ないし自然的な権利とみるのがほとんどであり，各人各様の論拠もおおよそ3種のものに大別できる．第一は，物財は人間の生活に不可欠であり，その支配は人間に自然の権利とする生存所有権説．第二は，自らの*労働によって生み出された，ないしは付け加えられた価値は当然にその人のものとする労働所有権説であり，先に占有した物はその人のものという先占説もそれに入れることができる．第三は所有権を人間人格に関係づける人格所有権説であり，これには，人の働きの加えられたものはその人自らの人格の拡張とみる議論，所有される財は人格たる人間のその自由意思の客観化されたものとする議論，あるいは，人格たる人間の生活に固有な理性的計慮には物財の支配権が不可欠という議論や，人格たる人間の自由の保証には生活の基盤となる物財の所有が不可欠とする議論などがある．*ロックの所説では第二の労働所有権論が前面に立ち，*カントや*ヘーゲルの議論は第三の人格所有権論に属する．

　これに対し，*アリストテレスから*トマス・アクィナスの流れの所有権論は，私有原則のもつ社会的な効果を強調する点に特徴をもつ．それによれば，自然の秩序からして人は誰でも外的事物を利用する権能（自然的支配権能）をもち，地上の財はすべて人間のためのもの（万物は万人のもの）である．これが物財の所有に関わる根本の原理（*自然法の第1次規定）をなす．だが，この原理は，私有制を命ずるものでも共有制を命ずるものでもない．どちらの原則が選ばれるべきかは，*共通善の観点からする比較優位の問題となる．そこで両者を比較すれば，経済的な効率，社会的な秩序，人々の安らぎなどから，私有原則に優位が帰せられる．だが，これは一般原則であって，特定の私有制度ではない．その具体的な形態は歴史的・社会的な諸条件とともに変わる．だが，私有の原則は国や時代を越えて一般的に存在してきた．これらからトマスは，私有制は協定によって制度化される*実定法に属するものであるが，私有原則は実定法でも*万民法に，したがってまた自然法の第2次規定に属するものとした．

　*『レルム・ノヴァールム』(1891) 以来の教会の社会回勅（→社会問題）では，こうした*トマス学派の立論に近代の所有権論も導入されて私有制の自然性が強調され，及ぶかぎりすべての人々への所有権の実質保証の必要が説かれてきた．

【機能】所有権を基礎づける先のような論拠は，私有財産が個人的・社会的なさまざまの機能をもつことを明らかにするものでもある．*メスナーは，それを次のように総括している．個人的な機能としては，私有は，(1)人間に自然な所有欲求に合し，(2)同様に人間に自然な愛他的要求の実現に欠かせない．また，(3)人格としての人それぞれの自己実現，(4)その創造的な生活形成，(5)自己および自己の家族の生計配慮，これらも自らの物を必要とし自らの物をもつことによって促進される．社会的には，共有制よりも私有制の場合のほうが，(1)物財への権限と責任の帰属が明確になるから，それだけ混乱や強制が除かれて社会に秩序が形成され，(2)人は誰でも自分の物に強い関心を抱くものであるうえに，私有と結んで市場機構も有効に作動するから，社会経済的な効率も上がる．また，私有制のもとでは各自が物財の処分権能をもつから，(3)権力的なそれとは異なった真に社会的な交換流通が可能になり，(4)各自の自己責任に基づいた有機的な協働体系の形成も助成される．さらに私有財産は，(5)人間人格の社会的な自由を守る防壁となり，(6)社会の決定権力や支配勢力を分散する機能をもつ．

【政策と倫理】しかし，私有財産のこれらの機能の実現には，人それぞれが現実に財産をもっていることが前提になる．でなければ，*資本主義の展開が示してきたように，それらの機能は大幅に削減され，場合によっては逆にさえなる．

　そこで，適切な財産政策が必要になる．これは所得再分散政策とも結ぶが，その基本線は，無産者や低資産者への財産形成の促進と資産所有の適正な平準化の推進となるはずである．そして，それとともに，個々人や民間組織による自発的な助け合いも重要になる．所有権者によるその財産の取り扱いは，法規の枠内であれば法的には全く自由だが，倫理的にはそうとは限らない．物はす

しゅうし

べて人間のためにあるという物財本来の性質に従って使用されねばならないからである.

これらの財産政策や所有倫理の基礎をなす財産配分の基本原理として，トマスの所説は今日もなお有効である．トマスは所有財を，① 自己および自己の家族の生存資料，② 分相応の生計資料，③ 余剰の財の3種のものに区分した．そして，①②の財は「自然的に必要なもの」として正当に自らのものとなしうるが，それ以上の「余剰の財」は，本来，自然的に必要なもの，わけても生存資料に事欠く人々に向けられるべきものとなした．ここに物財所有に関する先述の自然法の第1次規定が支配してくるのである.

【文献】『経済学辞典』（岩波書店 ²1979）712-13; *Katholisches Soziallexikon* (Innsbruck 1964) 184-90; トマス・アクィナス『神学大全』（Ⅱ, 1, q. 94-95; Ⅱ, 2, q. 66); R. シュラッター『私有財産』明山和夫，浜田清夫訳（関書院 1954）: R. SCHLATTER, *Private Property* (London 1951); J. メスナー『自然法』水波朗，野尻武敏訳（ドン・ボスコ社1958）: J. MESSNER, *Das Naturrecht* (Innsbruck 1950 ³1958); G. ランツ『所有権論史』島本美智男訳（晃洋書房1990）: G. LANTZ, *Eigentumsrecht: Ein Recht oder ein Unrecht?* (Uppsala 1977); F. KLÜBER, *Eigentumstheorie und Eigentumspolitik* (Osnabrück 1963); A. RAUSCHER, *Das Eigentum* (Köln 1982). （野尻武敏）

しゅうし　修士　→　助修士，信徒修道士

じゅうじか　十字架　〔英〕cross, 〔独〕Kreuz, 〔仏〕croix

【十字架の起源—古代における十字架】十字架は，古くは旧石器時代に現れている．それらは，縦と横の枝の長さの等しい十字の場合が多く，太陽の象徴であったり，または地水火風の四要素の象徴であった．鉤十字形は，古代インドやスカンディナヴィア地方に多く出現している．古代エジプトでは，輪つき十字（上に輪のついたT字十字架で，アンク十字架ともいう）があり，魂の不滅を意味していた．他方，十字形に組み合わされた木片は，古代地中海世界（*アッシリアや*ヘブライ人たち）で，罪人たちの死骸をそこに結びつけ，彼らの罪と，正義の必要性を民衆に示すために用いられていた．古代ローマ時代に入ると，奴隷，非市民，大罪人などの刑罰として，彼らが木片の十字架に結びつけられ，ときには腕を広げ，釘で打たれたりした．身体がくずれないよう，足元に台が置かれることもあり，そこに死ぬまでさらされていた．十字の形は，T字型であったり，横木が少し下に下がった形，すなわちラテン十字型であったりした．上部の横木には，罪人の名前とその罪状が書かれた．キリストも大罪人として十字架にかけられたが，その十字がどちらの形であったかを語る資料はない.

アンク十字架
（カイロ博物館）

【キリスト教における十字架の出現】*十字架のしるしは，キリストがその上で磔刑にあったさらし台を想起させる．しかし，初期のキリスト教社会では額で切っていた十字の印の起源が十字架にあったとは思えない．古い文献は，十字の印とギリシア語のTの形をとるタウとを結びつけている．エゼキエル書（9:4）は，メシア的共同体の人には，額にタウの印をつけていたことを告げている．実際のところ，ヘブライ語のタウは，ギリシア語のオメガのようにアルファベットの最後の文字で，神を指示している．それゆえ，初期のキリスト教徒たちは，ヤハウェの名（→神の名）を意味するタウの印を額に記していたのである．タウ（T）と十字との関係についていえば，*ダニエルーによると，キリストの時代には，ヘブライ語のアルファベットのタウは，＋，または，Xの印で表現することができたという．後1世紀に制作されたパレスチナの石棺にみられる十字架はこの型であり，おそらくキリスト教における十字架の最も古い表現をそこにみることができる．しかし，初期キリスト教社会にあっては，旧約聖書でこの世における神の出現を意味していた名前は，神の言葉の*受肉としてのキリストの表示になった．それゆえ，初期キリスト教徒たちが記していた十字の印は，主の名前，すなわち御言葉を意味していた．しかし，ギリシア社会のなかではその象徴性が理解されず，十字の印はキリストがその上で磔刑にあった道具の表現とされた．十字の印は，その初めにおいては，キリストの*受難を暗示するためではなく，彼の神としての*栄光を指示するために現れ，磔刑のための十字架として現れたのではない.

しかし，福音書記者時代のキリスト教徒にとって，十字架が象徴的意味をもっていたとは思えない．十字架に聖的な意味を与えたのは使徒*パウロの業績であった．おそらく彼は，他の宗教との違いを明らかにするために十字の印を望んだのである．しかし彼にとってあがめるべきことは，キリストの受難そのもので，なお十字架の形態ではなかった．古代ローマ社会は，2世紀中頃まで十字架の象徴的価値を知らなかった．古代ローマ社会に十字架に対する崇敬を最初にもたらしたのは，おそらく殉教者*ユスティノスである．彼は『第1弁明』のなかで次のように記している．「もし帆の形をしたこの勝利品が船体上に聳えていないならば，人は海をわって進むことができるであろうか．十字架なしに，耕すことができるであろうか．開拓者や労働者は，この形態[十字]が作用している器具なしに働くことができるであろうか．人間自身，まっすぐに立ち，両手を広げることができ，生き生きと息をする鼻が顔の中心で十字架を描く．このこと以外は，ほかの動物と変わらない」と．これと同時に，前述したように，ヘブライ人たちの間で，タウ（T）という文字が神聖化され，司祭たちの額にその記号を記していたという事実も重要である．それが，ただ単に十字架の前兆であるのみでなく，十字架の形態が神聖な価値をもつようになった発端だからである.

【十字架の表現—受難の象徴，死に対する勝利の象徴として】*コンスタンティヌス大帝が337年に磔刑を禁止して以来，十字架はキリストの受難の象徴となり，贖罪の象徴ともなっていった．十字架の使用は最初は*殉教者の墓に限られていたが，後にはあらゆる信者の墓にも

用いられるようになった．しかし，4世紀以前には，わずかの例外を除き，隠されたかたちでしか十字架は表現されていない．5世紀の初めに単純な十字架の像が伝播していく．それは，コンスタンティヌス大帝の母 *ヘレナによる，キリストがその上で磔刑にあった真の十字架の発見の物語が伝播していったときと呼応する．十字架は死に対する勝利の印であり，それは，ときにはキリストの象徴である *アルファとオメガを伴い，勝利のアーチの下に置かれた．キリストを具体的人間像として表現する偶像表現を嫌った初期キリスト教時代や，キリストの受難表現を嫌った *ビザンティン美術では，十字架は死に対する勝利者キリストの象徴として用いられた．*ラヴェンナのサンタポリナーレ・イン・クラッセ聖堂の *モザイク画では，*アプスの部分に巨大な黄金色のラテン十字架が描かれ，その中心部にはキリストの顔のみが現れている(6世紀)．しかし，691年の *トルロス教会会議は，十字架を，キリストの歴史的現実，すなわち受難を表現するための積極的な象徴とすることをやめるよう決定している．

他方西ヨーロッパでは，人間像としてのキリスト像を表現し始めた *カロリング朝時代頃(8世紀)から，十字架の上にキリスト像を付け加えるようになる．キリスト像は，12世紀の *ロマネスク美術までは不動の姿で両目を開け，死に対する勝利者として表現されていた．しかし，ゴシック時代から，キリスト像は十字架の上で人間的情感をたたえ始め，苦痛の表情を浮かべながら体をくの字状に曲げ，十字架からはみ出るようになっていった(→ ゴシック美術)．十字架のもつ磔刑の道具としての側面が強くなっていくのである．

【十字架の種類】図解するように十字架にはさまざまな形があるが，キリスト教以前に出現していたのは次の ① ② ③ である．
① 鉤十字．おそらく四元素を表現する．
② アンク十字．古代エジプトにみられるもので，魂の不滅を象徴する．
③ タウ十字．アントニウス十字ともいう．ヘブライ人の間で用いられT字形になった．
① ② ③ を除き，キリスト教時代に一般に用いられたのは ④ と ⑤ である．
④ ラテン十字．上部と左右の枝は同じ長さで，下部の長さは通常2倍である．
⑤ ギリシア十字．4本の枝が同じ長さのもの．

特に聖堂建築のプラン(平面図)として西欧中世では ④ の形が用いられ，東欧 *ビザンティン建築では ⑤ の形のプランが好んで用いられた．
⑥ 大司教十字．十字の横木が2本で，ロレーヌ十字架ともいう．

旧 *サン・ピエトロ大聖堂(完成324)では ⑥ の形のプランが用いられ，中世最大の規模の *クリュニーの第3修道院のプランも ⑥ に従っていた．こうした大司教十字架のプランはソールズベリ(Salisbury)やリンカーン(Lincoln)など，イングランドのゴシック大聖堂のプランとしてしばしば用いられた．

上記以外に次の十字架をあげることができる．
⑦ ペトロ十字．ラテン十字を逆にした形で，*ペトロが頭部を下にした逆さの形で磔刑にされたことに由来する．
⑧ アンデレ十字．*アンデレがX字形十字架にかけられたことに由来する．
⑨ 教皇十字．横木が3本で，三重十字架ともいう．
⑩ ロシア正教十字．東方十字，ビザンツ十字ともいう．上の短い横木は *ピラトの書いた捨て札であり，中央の長い横木はキリストの腕を支えたもので，下の斜めの横木はロシアにキリスト教を伝えたとされるアンデレが殉教した ⑧ の形に由来する．
⑪ ケルト十字．アイルランドをはじめとする *ケルト人の間で用いられた十字架で，④ のラテン十字の中心に永遠を示す円を入れている．ほかに横木と

十字架の種類

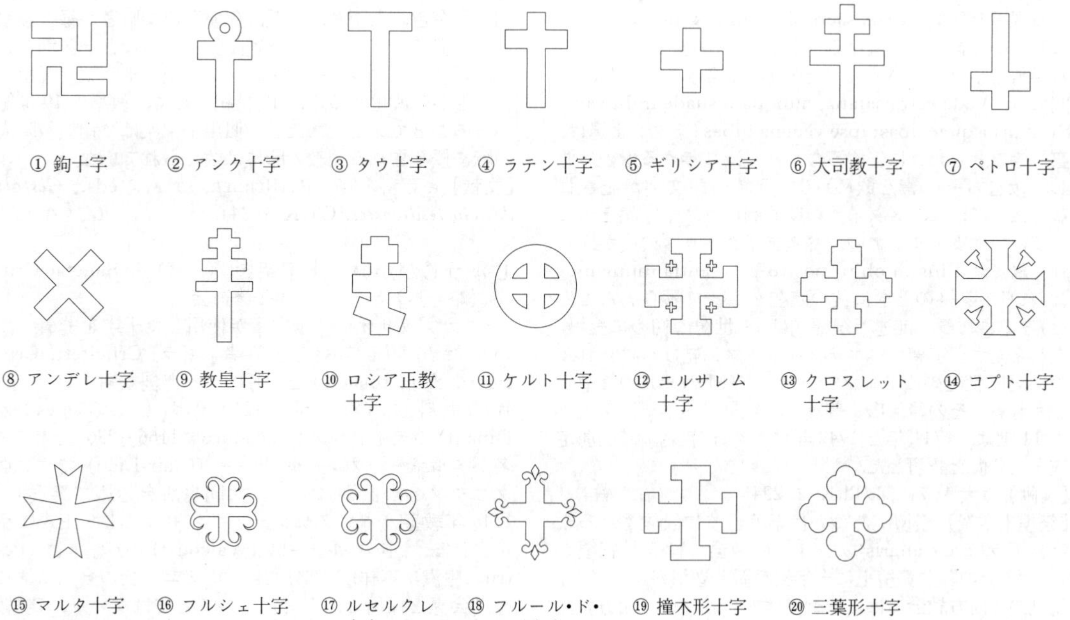

① 鉤十字　② アンク十字　③ タウ十字　④ ラテン十字　⑤ ギリシア十字　⑥ 大司教十字　⑦ ペトロ十字

⑧ アンデレ十字　⑨ 教皇十字　⑩ ロシア正教十字　⑪ ケルト十字　⑫ エルサレム十字　⑬ クロスレット十字　⑭ コプト十字

⑮ マルタ十字　⑯ フルシェ十字　⑰ ルセルクレ十字　⑱ フルール・ド・リゼ十字　⑲ 撞木形十字　⑳ 三葉形十字

じゅうじかかい

縦木の長さの等しい⑤のギリシア十字から派生したものも多い．

⑫ エルサレム十字．③のT形十字を四つ組み合わせたもので，ポーテント十字ともいう．

⑬ クロスレット十字．④のラテン十字を四つ組み合わせたもの．

⑭ コプト十字．十字の四隅を半分に分割する4個の小T字形十字を付け加えたもの．

⑮ マルタ十字．楔形の4本の枝で構成されたもの．

⑯ フルシェ十字．4本の枝の先が二つに分かれたもの．

⑰ ルセルクレ十字．4本の枝の先が渦巻き形になっているもの．

⑱ フルール・ド・リゼ十字．枝の先が百合の花の形になっているもの．

⑲ 撞木形十字．枝の先端がT字形になっているもの．

⑳ 三葉形十字．枝の先端が三葉形になっているもの．

【文献】キ大 510-11; LCI 2: 562-90; キ美術図典 389-91; 中森義宗『キリスト教シンボル図典』(東信堂 1993) 143-45; M. SULZBERGER, "Les symbol de la croix," Byz. (1925) 356-86; J. DANIÉLOU, Les symboles chrétiens primitifs (Paris 1961). 　　　　　　　　　(馬杉宗夫)

ケルト十字架
(アイルランド政府観光局)

【ベネディクトゥスの十字架】ベネディクトゥス・メダイユとも呼ばれ，*悪霊を退ける力があると信じられた十字架（[ラ] crux Sancti Benedicti）．*メダイユに刻まれた十字架のしるしの上に，ベネディクトゥス祝福と呼ばれる祝福の言葉，Crux sacra sit mihi lux, non draco sit mihi dux（願わくば聖なる十字架がわが光となり，龍がわが導き手とならざらんことを）の頭文字が記され，周囲には，Vade retro satana, nunquam suade mihi vana. Sunt mala quae libas; ipse venena bibas（サタンよ退け，空しきこともわれに告ぐるなかれ．汝の与うるものは悪し，汝自らその毒を飲め）という詩の頭文字が記される．たいていは，メダイユの反対側には，十字架を手にして祝福するヌルシアの*ベネディクトゥスの姿が描かれ，縁には Eius in obitu nostro praesentia muniamur（われらが臨終のときに彼の臨在をもって護られんことを）と記される．前述の祝福句は14世紀の初めに登場，これを記す十字架がベネディクトゥスに結びつけられたのは，17世紀の南ドイツ・メッテン（Metten）の修道院とされる．その後，広く普及し，教皇*ベネディクトゥス14世は，1741年と1742年にこの十字架の*祝別定式と*免償を認可した．

【文献】カ大 4: 711; LThK³ 2: 224. 　　　　　　(石井祥裕)

【祭壇十字架】祭壇上あるいは祭壇近くに設置される十字架（[ラ] crux altaris）．シリアの教会では5世紀頃から，*ミサの際に祭壇上に十字架を置く習慣があったが，初期の*西方教会にはこの習慣はみられない．西方教会では，ミサの入堂行列（→入祭）のときに奉持された十字架を祭壇近くに立てたことから発達し，教皇*インノケンティウス3世の時代になって，祭壇上に十字架を置くことが定められたが，やがてキリストの十字架像を用いることが一般的になった．現在は，ミサのときには祭壇上，あるいは祭壇の近くの*会衆からよくみえるところに十字架を置くこととなり，入堂行列で奉持された十字架で代用することもできる（『ミサ典礼書』総則79, 270項）．

【文献】NCE 4: 475; NDSW 306; R. BERGER, ET AL., eds., Gestalt des Gottesdienstes, GDK 3: 392.

【行列用十字架】行列の先頭部分で奉仕者が奉持する十字架（[ラ] crux processionalis）．キリストの勝利の十字架がキリスト者の行列を先導することを表すシンボルである．ガリアでは5世紀にはすでに用いられていた．ローマでは7-8世紀頃からみられるが，9世紀以降，*集会指定聖堂のミサに向かう行列での使用から普及した．宝石や七宝焼などの装飾が施され，またキリストの十字架に由来する聖遺物が先端につけられることもあった．現行の規定では，行列で十字架を奉持する奉仕者は，行列の先頭で香炉を奉持する奉仕者の後ろに位置する（『ミサ典礼書』総則82項）．また，入堂行列の際に奉持された十字架は，ミサの間，祭壇の近くの会衆からよくみえる場所に置かれる（同総則84, 270項）．ほかに行列用十字架を用いる代表的な例は*受難の主日の枝の行列のときで，枝で飾られた十字架を用いることができる．

【文献】カ大 2: 608; DACL 2: 3102-3103; LThK² 6: 611; G. DIX, The Shape of the Liturgy (London 1945) 410-11. 　　　　　　　　　　　　　(宮越俊光)

【佩用十字架】*高位聖職者が鎖や紐で首から吊し胸に掛ける十字架（[ラ] crux pectoralis）．十字架やキリストの言葉を記した印章を胸に掛ける習慣は古代教会の頃からあり，やがてそのなかに聖遺物を納めるようにもなった．西方中世の教会では，12世紀半ば以降，司教が祭服の下に十字架をつける習慣になったが，まだ任意のものであった．1570年の『ミサ典礼書』において，司教の十字架佩用が義務とされた．宝石を散りばめた十字架像が使われ，これを吊る紐の色も，教皇，枢機卿，総大司教が金色，大司教，司教，免属高位聖職者が緑と金銀の糸の混じったもの，大修道院長は黒色などと区別された．司教が*アルバや*スータンの上に十字架を佩用することが一般化するのは17世紀からで，教皇は19世紀からのことである．ただし，佩用十字架は*司教叙階式の際に授与される司教の印には数えられていない．

【文献】キ百科 1309; R. BERGER, ET AL., eds., Gestalt des Gottesdienstes, GDK 3: 344. 　　　　　　(石井祥裕)

じゅうじかかい　十字架会 [ラ]Ordo Sanctae Crucis, [略号]O. S. C.　男子修道会．

*スカプラリオに*十字軍が使用した十字を縫着していたため，「十字架を担う者」（[ラ] Cruciferi, Crucigeri, [仏] Croisiers）とも呼ばれる．創立期に関して断片的史料しかないが，1210年頃セル（Celles-lez-Dinant）のテオドルス（Theodorus, 1166-1236）と有志4名がベルギーのクレール・リュー（Clair-Lieu）で*アウグスチノ会の会則に従って共同生活を始めて発展し，1248年教皇*インノケンティウス4世により正式に認可される．同年ワルクール（Walcourt）のペトルス（Petrus, 生没年不詳）が部分的に*ドミニコ会の会則に準じた*会憲を採用し，ドミニコ会ほどではないが，*説教や典礼活動を重視するようになった．1270年頃からユ

イ (Huy) が本部修道院となり，フランスやラインラント，イングランドにも修道院が創建された．1410年に刷新され，ネーデルラントの比較的新しい修道院は *デヴォティオ・モデルナの中心地的役割を果たす．しかし *宗教改革から *フランス革命の間，また以降も各地の修道院は破壊されて会員も死亡，新入会者受け入れも禁止されたため，一時はわずかオランダに残った2修道院を4名の老会員で管理するだけの状態になる．1840年新入会者受け入れ禁止の法的処置は撤廃され，オランダやベルギーで再建が始まり，イングランドやインド，アメリカ合衆国などへ宣教師として会員が派遣されるまでになった．再建後の主な活動は，宣教と司牧，黙想指導，教育である．
【現勢】1995年現在，会員数492名(うち司祭322名)．活動地域：ベルギー，オランダ，ドイツ，アメリカ合衆国，コンゴ，ブラジル，パプア・ニューギニア，インドネシア．総本部：ベルギーのデンデルルーヴ (Denderleeuw).
【文献】AnPont (1997) 1425; DIP 3: 304-11; DSp 2: 2561-76.　　　　　　　　　　　(杉崎泰一郎)

しゅうじがく　修辞学　〔ギ〕rhētorikē, 〔ラ〕rhetorica, 〔英〕rhetoric, 〔独〕Rhetorik, Redekunst, 〔仏〕rhétorique　正しい弁論の技術や規則のことで，弁論術とも訳される．弁論術は前5-4世紀のギリシアでソフィスト，特にゴルギアス (Gorgias, 前483-376) とイソクラテス (Isokrates, 前436-338) によって作られた．*アリストテレスの書いた『修辞学』は教科書として大きな影響を及ぼした．最も有名なギリシアの弁論家はデモステネス (Demosthenes, 前384-322) である．ローマ人もギリシアから修辞学の伝統を受け継ぎ，前1世紀には *キケロがラテン語修辞学の頂点を築いた．しかし，より大きな影響をもったのは，後100年頃のクインティリアヌス (Marcus Fabius Quintilianus, 後35頃-100以前) の12巻に及ぶ修辞学の教科書『インスティトゥティオ・オラトリア』(Institutio Oratoria) である．当時はすでに弁論術の衰退期にあったが，発達した修辞上の規則は今日に至るまで詩文学に影響を及ぼし，教会関係の修辞学・*説教学にも及び，特に，本来の *説教よりも，一定の主題に従って行われる講話 (〔ラ〕sermo) に適用された．

古代では，弁論を賛辞(祝辞 panegyricus) と政治的弁論と法廷弁論の三つに分けていた．弁論の目標は(特に政治的・法廷的弁論では)聴衆を説得すること，美しく語ること，そして聴衆を喜ばせることである．誇張が過ぎると，真実に背く「煽動」になるか，形式だけで内容の乏しい「美辞麗句」になるかの二つの危険がある．キリスト教の説教や講話は，この両極端を回避する．
【文献】NCE 12: 458-59; LThK² 8: 1276-78; KP 4: 1396-414.　　　　　　　　　(J. フィルハウス)

じゅうじかけい　十字架刑　〔英・仏〕crucifixion, 〔独〕Kreuzigungsstrafe
【古代における刑罰としての十字架】十字架刑をめぐっては，今日一般的にはナザレのイエスの処刑法ならびに芸術作品の諸描写を通して理解されている．しかし，これでは十字架の理解が非常に狭められ，部分的には誤ったものにされてしまう．特に，十字架刑をめぐり「十字」と表記せざるをえない日本語の場合はそうである．磔刑のほうがよい．新約聖書でいうスタウロス (〔ギ〕stauros) は，地面に垂直に打ち込まれた杭のことであり (〔ヘ〕エッツ 'ēṣ. エス 2: 23; 5: 24; 7: 10 参照．ラテン語のクルクス crux も同様)，こうした上端をとがらした杭に串刺しにすることが，後の狭義の十字架刑の前身であった．

ギリシア・ローマ支配の到来(前4世紀以降)に伴って，処刑には単純な杭のかわりに T 字型や十字型の木が用いられるようになった．そして，受刑者はもはや串刺しにはされず，両腕が横木 (〔ラ〕patibulum) に掛けられるようになった．受刑者は，通常まず鞭打ちにされてから，その後(両腕に縛りつけられた)横木を刑場に担いでいかなければならなかった．刑場には，すでに杭が垂直に立てられていた．横木は(しばしば前もって受刑者を鉄製の釘でそこに打ちつけてから)，上端を平らにした杭の上にのせて固定したか (T 字型, crux commissa)，横に刻まれた溝にはめ込んだ(十字型，crux immissa)．イエスには，後者のやり方が行われたと思われる．

この処刑法における死因は，呼吸および血液循環の障害，つまり窒息であった．死亡するまでの時間は受刑者の状態によって異なるが，さらに虐待が加えられて死が早まらないならば(例えば，大腿を打ち砕かれるなど．ヨハ 19: 32 参照)，数時間，ときには数日であった．残虐であることにおいては，この処刑法に匹敵するのはおそらく火刑だけであろう．*キケロは，十字架を「最も残酷で最も忌むべき処刑法」(crudelissimum taeterrimumque supplicium, 『ウェッレス弾劾演説』2, 5, 64, 165) といった．

その他，刑執行人には受刑者の苦痛を増大させるために大幅な自由が与えられていた．使徒ペトロの頭を下にした逆さ十字架刑はその一例である．イエスの場合の *茨の冠や嘲笑(マコ 15: 16-20，および並行箇所)もこの例である．

十字架刑は，結局，非常に特異な処刑の一形態であり，その本質的な要素は「杭」であった．
【十字架刑の起源と伝播】串刺しの刑も含めるなら，十字架刑は最古の処刑法の一つである．しかし起源は明らかでなく，ペルシア人が初めて発明したのではない．すでにアッシリア王の年代記で，アッスルナシルパル2世 (Assurnasirpal II, 在位前883-859) は大量の処刑を誇示し，700名の男たちを彼らの町の門で杭に刺したといわれる．したがってペルシア人が十字架刑を知ったのはアッシリア人からであろう．ヘロドトス (Herodotos, 前484頃-425頃) は，串刺しの刑について何度か報告している．例えば，ダリウス (Darius, 在位前485-465) は，暴動鎮圧後にバビロニア人上層階級3,000名を十字架刑(串刺し)に処した(『歴史』3, 159, 1. 同書中に引用のエステル記の王クセルクセス〈Xerxes, 在位前486-465〉の時代の箇所も参照)．しかし，古代のほかの多くの民族についても同様の報告がある (Hengel, pp. 38-39)．ギリシア人の間では，この刑は見慣れたもので，狭義の十字架刑であった．*アレクサンドロス大王はティルス攻略の後2,000名の男を海岸沿いに十字架に掛けたと報告されている (Hengel, p. 94)．ローマ人も十字架刑は(火刑および斬首刑とともに)合法的な処刑法として行っていた．十字架刑(鞭打ちのあと)は，反乱を起こした異民族，強盗，重罪人，また特に奴隷に対して科せられる当然の刑罰であった (servitutis extremum summumque supplicium)．これに対してローマ市民は，斬首刑を受ける権利が与えられていた(使 22: 26 参照．しかし，多くの権力者はそれを無視した)．ローマのクラッスス

じゅうじかさんか

(Crassus, 前115頃-53)は, スパルタクス (Spartacus) を首謀者とする奴隷たちの反乱を鎮圧した後(前71), カプアからローマまでの*アッピア街道沿いに7,000名の奴隷を十字架に掛けた. この刑罰は, 特に反乱を起こしたユダヤ人に対して適用された. *ヨセフスによれば歴史家フロルス (Florus) が68年の大規模な十字架刑について記しているという(『ユダヤ戦記』2, 14, 9 = 307. 女性・子どもを含め630名). またヨセフスは, 特に*ウェスパシアヌスのエルサレム包囲攻撃(後70)において,「連日500名ないしはそれ以上」が包囲された町から逃れ出たが, まもなく「……十字架のための場所, そして十字架さえ不足した」と記している(『ユダヤ戦記』5, 11, 1 = 450).

*コンスタンティヌス大帝によって, ようやく法律上は十字架刑が廃止された(313). しかし, 以降も十字架刑は依然としてしばらくの間は非合法的に行われていた.

ユダヤ人にとって, 十字架刑は何ら合法的な処刑法ではなかった. 死刑の方法は, 石打ち, 火刑, 斬首, 絞殺の四つであった(ミシュナー・サンヘドリンVII, 1). 申命記21: 23 (「木にかけられた死体は, 神に呪われたものだからである」)においても, 十字架刑は前提となってはおらず, 十字架刑とは別の方法で処刑された者の死体を人々の前にさらすことが語られている(申21: 22). これに反してヨセフスによると, *ハスモン家の王で大祭司でもあったヤンナイオス (Alexandros Jannaios, 前103-76)によって, この非合法で残忍な処刑が行われた. つまりヤンナイオスは, ユダヤのある町の人々に報復するために住民800名を十字架刑に処したのである(『ユダヤ戦記』1, 6, 96).

【十字架刑の目的と評伝】大量処刑の事例から明らかなように, 十字架刑は元来, 政治的・軍事的刑罰であった. 国家や行政府に対する反乱, 反逆, 脱営が, この公然と行われる残虐な処刑によってかなり防止されたはずである. また, 刑罰の対象は多くの場合, 民の有力な指導者層であったし, 彼らは大きな不幸に見舞われぬように心がけたであろう.

しかし, 時の経過とともに, 特にギリシア・ローマの統治下においては, 十字架刑は下層階級出身の重罪人にも適用されるようになった. 強盗, 殺人者, 異邦人, とりわけ数多くの奴隷に対してである. したがって十字架刑は, 奴隷に対する典型的な刑罰 (servile supplicum) となり, 恥辱(「最も恥ずべき十字架の死」mors turpissima crucis, オリゲネス『ケルソスへ駁論』6, 10参照)となったのである. 公衆の面前で受刑者の衣服を剥ぎ取り, 鞭打ち, 横木を刑場に運ばせたり, はりつけにすることで, 恥辱が極まるように仕組まれているからである. 処刑された者の埋葬は, ほとんどの場合許されなかった. すなわち遺体は, 十字架に掛かったまま放置され, 猛禽や野生動物の餌食となった.

今日の一般的な考え方に従えば, 十字架刑は極端に残忍な刑罰であり, この刑罰の倫理上の妥当性さえ問題となる. しかし古代の人々は別の考えをもっていた. 全面的廃止の声は上がらなかった. つまり「妥当な」刑量とは, やはり時代に制約されるものだからである. しかし, こうした残忍な刑罰が罪のない人々に科せられるなら, 刑を科した者こそ罪を犯すのである.

【文献】M. ヘンゲル『十字架——その歴史的研究』土岐正策, 土岐健治訳 (ヨルダン社 1983): M. HENGEL, *La Crucifixion* (Paris 1981); J. ブリンツラー『イエスの裁判』大貫隆, 善野碩之助訳 (新教出版社 1988), 特に356-94: J. BLINZLER, *Der Prozess Jesu* (Regensburg ⁴1969); J. FRIEDRICH, ET AL., eds., *Rechtfertigung: Festschrift für Ernst Käsemann zum 70. Geburtstag* (Tübingen 1976).

(H. クルーゼ)

じゅうじかさんか 十字架賛歌

〔ラ〕crucem tuam, crux fidelis 聖金曜日(→過越の三日間)における十字架の崇敬と賛美の際に歌われる交唱歌.「クルーチェム・トゥアム」(Crucem tuam,『典礼聖歌』332冒頭句「主の十字架を崇め尊み」)と「クルクス・フィデーリス」(Crux fidelis, 同336冒頭句「けだかい十字架の木」)を指す. これは, *司祭・*奉仕者・*会衆が行列して, 順に十字架に崇敬を表す間に歌われるもので, 現在の典礼では, まずクルーチェム・トゥアムを歌い, 次にとがめの交唱(*インプロペリア), さらには*トリスアギオンもはさんで, 結びに, クルクス・フィデーリスが歌われる. クルーチェム・トゥアムは, 9世紀の交唱集に初めてみられるもので, ビザンティン典礼に由来する. クルクス・フィデーリスの歌詞「舌よ歌え」(Pange lingua gloriosi,『典礼聖歌』冒頭句「声をかぎりにたたえよう」)は, 6世紀の詩人*ヴェナンティウス・フォルトゥナトゥスの作になる(→パンジェ・リングァ). 共に, キリストの十字架の死と復活による救いの実現を喜び, たたえる歌となっている.

【文献】H. AUF DER MAUR, *Feiern im Rhythmus der Zeit I. Herrenfeste in Woche und Jahr*, GDK 5 (Regensburg 1983) 110-11.

(石井祥裕)

じゅうじかじひしゅうどうじょかい 十字架慈悲修道女会

〔独〕Barmherzige Schwestern vom heiligen Kreuz, Kreuzschwestern von Ingenbohl,〔伊〕Suore di Carità della Santa Croce,〔略号〕S.C.S.C. *カプチン・フランシスコ修道会の会員フロレンティニ (Theodosius Florentini, 1808-65) とシェーラー (Maria Theresia Scherer, 1825-88, 列福1995) によって*クールにおいて創設された. フロレンティニは, 1844年にスイス・ツーク州のメンツィンゲン (Menzingen) で*メンツィンゲン十字架教職修道女会を創設した. 看護の仕事を引き受けてからは, この地方で活動していた修道女たちを集めて, 1856年にスイス・シュヴィツ州のブルンネン・インゲンボール (Brunnen-Ingenbohl) に十字架慈悲修道女会の本部を設置し, 固有の修道会を形成した. 最初の修道院長は, 1854年以来すでにメンツィンゲン十字架教職修道女会に入会していた, シェーラーであった. 設立当初, 修道会の課題は病院やその他の施設での仕事であったが, 後に学校での活動も加わった. 今日ではまた*小教区での仕事や, *難民の世話もしている. 1894年に*教皇庁の認可を得る. 1897年には, この修道会の組織形態が最終的に承認された. 創設直後にすでにスイス以外のとりわけドイツ語圏で多くの修道院が建てられた. 1997年現在インゲンボールに本部を置き, 475の修道院と4,970人の会員を数える.

【文献】AnPont (1999) 1674; DIP 2: 380-81; LThK³ 5: 493; NCE 7: 66; M. HEIMBUCHER, *Die Orden und Kongregationen der Katholischen Kirche*, v. 2 (Paderborn 1896-97) 42-44.

(J. フィルハウス)

じゅうじかしゅうどうかい 十字架修道会

〔ラ〕Congregatio a Sancta Cruce,〔仏〕Congrégation de

Sainte-Croix, [英] Congregation of Holy Cross, [略号] C.S.C. 男子修道会. 1837年フランス, ル・マン郊外のサント・クロア (Sainte-Croix) で創立され, 教育, 小教区司牧, 外国宣教, 出版活動, 貧しい人々への奉仕活動に献身する. 創立者のモロー (Basile-Antoine-Marie Moreau, 1799-1873) は, ル・マンの司祭デュジャリエ (Jacques-François Dujarié, 1767-1838) が1820年に創設した聖ヨセフ修士会と, 自分が1833年に創設したル・マン司祭会とを統合して本会を設立. 1857年 *教皇の認可を得た.

本会は二つの会からなる. 司祭会には, *司祭と *修学修士という2種類の *修道者がおり, 修道士会は *信徒修道士だけで, 教育・社会活動を行っている. この二つの会は, 教会法上一つであり, *会憲によって制限されるが独立性をもつ. それぞれ管区・地区ごとに管理運営されるが, 同じ会憲と同じ生活形態をもち, 一人の *総会長(司祭)と同数の司祭と信徒修道士からなる総評議会のもとに結ばれている. 各管区の長は, 総集会(総集会が開かれないときは総会長とその協議会)で, 各会あるいは双方の会に共通する活動を調整し, 各管区で, 各会が提供できる援助を決定する. この決定と協力によって, 一方の会の会員が他方の会の活動に参加することもある. 司祭は, 信徒修道士の修道院の霊的指導司祭を務める.

本会は, アメリカ合衆国で大きく発展. *小教区における司牧と各種の宣教活動のほか, ノートルダム大学 (インディアナ州), ポートランド大学(オレゴン州), キングズ大学(ペンシルヴァニア州), ニュートンヒル大学 (マサチューセッツ州), セント・エドワード大学(テキサス州)を設立した. また, カナダでも, モントリオールにサン・ローラン大学とノートルダム大学を設立している.
【現勢】バングラデシュ, ブラジル, カナダ, チリ, フランス, ガーナ, ハイチ, インド, イタリア, ケニア, リベリア, ペルー, ルワンダ, ウガンダ, アメリカ合衆国で活動. 13管区からなる. 総本部: ローマ. 1998年現在, 会員数: 司祭795名. 修学および信徒修道士936名. (M. アメン)

じゅうじかしゅうどうじょかい　十字架修道女会 [英] Congregation of the Sisters of the Holy Cross [略号] C.S.C. 女子修道会. 1841年にフランス, ル・マン (Le Mans) でモロー (Basile-Antoine-Marie Moreau, 1799-1873) によって創立された十字架のマリア会 (Marianites de Sainte-Croix) から独立(1869), 1896年に *聖座の認可を得た. 教育, 医療, 外国宣教等の活動にあたっている.

1843年にアメリカ合衆国に渡った4人の十字架のマリア会の修道女はインディアナ州の *十字架修道会と合流, アメリカの先住民, 身体障害者, 孤児, 近隣の子どもたちを集め, 学校を開設. その後30年間に45の学校を開設した. *ボルティモアのセント・キャリガン大学では, 115年以上も前に, 最初の教員養成課程を設置. インディアナ州ノートルダム (Notre Dame) のセント・メリー大学は大学レベルの女子教育の好例となっている. 南北戦争の間, 会員は病院船と八つの野戦病院で活動, その後の医療活動の道を開いた.
【現勢】アメリカ合衆国, バングラデシュ, ウガンダ, ガーナ, イスラエル, ブラジル, ペルーで活動. 総本部, インディアナ州ノートルダム. 1998年末現在, 施設114, 会員数: 655名. (M. アメン)

じゅうじかしょうさん　十字架称賛 [ラ] exaltatio sanctae crucis, [英] exaltation of the holy Cross, [独] Kreuzerhöhung, [仏] éxaltation de la sainte Croix　9月14日に祝われる主の *祝日. その起源は335年, *コンスタンティヌス大帝の命によって, *エルサレムの *ゴルゴタのキリストの墓の隣に建てられた十字架聖堂の *献堂式に遡る(カイサレイアの *エウセビオス『教会史』5, 4, 43-47). *エゲリアの『聖地巡礼記』(48-49章)は481-84年における復活聖堂と十字架聖堂の献堂式の祝祭について触れている. 5世紀初めのエルサレムの *典礼暦を伝える『アルメニア朗読聖書』には, 9月13日に復活聖堂, 翌14日に十字架聖堂のそれぞれ献堂記念日が祝われたとの記録がある. 9月14日の祝日は東方各地に広まり, *コンスタンティノポリスには7世紀から記録があり, この日には十字架を高く掲げて皆で賛美する儀式, 特に十字架の *聖遺物のある教会では盛大な *崇敬の儀式があったことを伝えている. これが「十字架を掲げて賛美する式」と呼ばれ, 今日の祝日の名称のもとになった. 西方への伝播も7世紀以降のことで, ローマでは元来9月14日は殉教者 *コルネリウス(教皇在位 251-53)と *キプリアヌスの記念日であり, 当初十字架崇敬の儀式は補足的に導入されたようである. その後, しだいに固有の式文が発達して, 十字架称賛のほうが祝日の主題となった. なお西方では, 別伝承で5月3日に「十字架発見」が祝われ, 中世を通じて保持され, 1570年の『ローマ・ミサ典礼書』も十字架称賛の祝日と並んでこれを採用した. 1960年の『*典礼注規』改定はこの十字架に関する祝日の重複を廃止し, 9月14日の十字架称賛のみとした. 現在, この日の福音朗読は, 古い伝承に従い, ヨハネ福音書 3: 13-17 を選ぶとともに, 新たに民数記 21: 4-9 を旧約聖書の朗読の箇所とした.
【文献】DACL 3: 3131-39; Martimort 4: 114-15; R. BORNER, "La célébration de la sainte Croix dans le rite byzantin," MD 75 (1963) 92-108; P. JOUNEL, "Le culte de la croix dans la liturgie romaine," MD 75 (1963) 68-91; H. AUF DER MAUR, Feiern im Rhythmus der Zeit I. Herrenfeste in Woche und Jahr, GDK 5: 186-89.
(石井祥裕)

じゅうじかじょうのキリスト　十字架上のキリスト　ここではキリスト教美術の主要テーマとしての「十字架上のキリスト」を扱う.
【聖書の典拠】四福音書の記述(マタ 27: 35-56; マコ 15: 24-41; ルカ 23: 33-49; ヨハ 19: 18-37)は次の通りである. イエスは, ローマのユダヤ総督 *ピラトの尋問の後, 二人の盗賊とともに *ゴルゴタで磔刑に処せられる. *十字架にかけられたラテン語の罪状書きは「ユダヤ人の王, ナザレのイエス」(Iesus Nazarenus Rex Iudeorum, INRI) であった. 処刑に立ち会ったのは聖母 *マリア, 使徒 *ヨハネ, マグダラの *マリア等である. 兵士たちはイエスを十字架につけ, くじを引いてその服を分けて見張りを続けた. イエスが十字架にかけられると昼間であったにもかかわらず全地が暗くなり, そのなかでイエスは「父よ, わたしの霊を御手にゆだねます」と叫び(ルカ 23: 46), 兵士が差し出す棒の先の海綿に含ませたぶどう酒を受け,「成し遂げられた」といって息絶えた(ヨハ 19: 29-30). 兵士の一人がイエスの死を確認するため槍で十字架上のイエスの脇腹を刺すと,

じゅうじかじょうのキリスト

血と水が流れ出た(同 19: 34). 神殿の垂れ幕は二つに裂け, 十字架のそばに立つ *百人隊長は, 「本当に, この人は神の子だった」という(マコ 15: 38-39).

【図像表現】十字架につけられた *イエス・キリストの死は *福音書に記されたキリストの生涯のなかでも最も劇的な場面であり, 同時に人間であり神であるキリストの *受肉という教理上の問題に関して, 神とキリストをめぐる観想を促すシーンでもあったため, *初期キリスト教美術以来, キリスト教美術の中心的テーマとして盛んに表現されてきた. 全般的にみればこのテーマの表現にあたっては, 福音書の記述に従いながら, *象徴と隠喩を用いて教理的意味合いを強めようとする傾向と, キリストの生涯の物語を叙述的に表そうとする傾向がある. また一方で, 十字架上のキリストの姿のみに集中する, 瞑想性に富む作品も残されている.

〔初期キリスト教美術〕ごく初期の段階では極めて象徴的な作として, *イエスのモノグラム, *キリストのモノグラム, あるいはキリストをかたどる *小羊の像を十字架の中央交差部に置いて磔刑を表すものがあった. それに対して現存する作品のなかで, 人間像としてのキリストを十字架上に表現した作例は 5-6 世紀頃に始まり, 以後の彫刻や *板絵, 写本挿絵(→写本芸術)にみられる. 正面向きの腰布を着けた裸体像のキリストとともに, 同じく磔刑に処せられた二人の盗賊が表されたり(5 世紀, ローマのサンタ・サビーナ聖堂扉木彫), 司祭の胸十字架の中央交差部に *聖痕を受けた, 正面向きの着衣像として表されたりした. また福音書の諸モチーフを加えた, より叙述的な構成の作では, 着衣で正面向きのキリスト磔刑を描いた作品も残されている. さらにメソポタミアで制作された *写本では, 頭部を少し傾けた磔刑のキリストを中心に, 福音書の物語の展開がより詳細に描き込まれ, キリストの *復活を示す 3 場面(「墓を出る」「墓所を訪うマリアたち」「出現」)も加えられた(『ラブーラ福音書』, フィレンツェのラウレンツィアーナ図書館).

いずれにしても, これらの作品では, 人間像として表現されたキリストは正面向きの姿で堂々として厳格な雰囲気をたたえ, 両眼を見開き, たとえ脇腹を槍で刺されていようとも, 生命のある状態で表されていた. それらは受肉したキリストが自らを *犠牲とする *死に臨む姿を示し, その苛酷な死に打ち勝ち, 人間の *罪を贖った「勝利のキリスト」であることを意味していた. この種の遺例のなかには, 十字架の左右にキリストの死と復活, *再臨の後の *審判を暗示する *太陽や月が表されることもあった. なお太陽と月のかわりに *エクレシアとシナゴーグの象徴を示す寓意像が配される例もみられ, それは *ユダヤ教に対する *キリスト教の勝利を表していた. ともあれ, こうした十字架上の「勝利のキリスト」像は, 8 世紀の作では両眼を見開いた *聖顔に威厳をみなぎらせていた(ローマのフォロ・ロマーノ内サンタ・マリア・アンティクア聖堂壁画やルッカの大聖堂木彫『聖顔』Volto Santo 等).

〔ビザンティン美術〕その後 9-11 世紀にかけて東方のビザンティン世界を中心に, また別の, 十字架上で「死せるキリスト」を表そうとする試みがなされ, それも図像として定型化していった. この場合, キリストは両目を閉じて, すでに息を引き取った死者として表現された. 十字架にかけられたキリストの身体は両膝を曲げて全身がわずかに湾曲し, 頭は右肩側に垂れて, いかにも生命感の失われた像とされたのである. キリストの肉体的な死を表現するのは, キリストの人性を強調しながら, キリストの死による人間の *原罪からの *救いをより明瞭に示すことにほかならなかった. 8-9 世紀に *聖画像破壊論争が展開されたビザンティン世界では第 2 *ニカイア公会議(787)で, 福音書の *伝承に合致する, 真実にして幻影ではない神の *ロゴス(キリスト)の受肉の確証に役立つ「画像による原型の再現」が肯定され, 「神にして救世主である, 我らの主イエス・キリスト」の聖像擁護が宣告されたのであり, これによって, 十字架上に死せるキリストの表現が促進されることになった. この「死せるキリスト」の図像は, すでに 8 世紀の作品で両目を閉じ, 頭部を右肩に傾けたものがみられ, そのうえキリストの右脇腹から血と水が流れ出る表現も加えられていた(*シナイ山の聖カタリナ修道院の *イコン). この血と水は福音書にも書かれ, キリストの肉体的死をより具体的に明示する一方で, 教理上も, *血は *聖体拝領の *秘跡として記念されるキリストの聖餐(*エウカリスティア)を, また *水はキリストの *洗礼を象徴的に意味するとみなされていた. さらに 11 世紀の作では, 磔刑の十字架の根元, キリストの足下に頭蓋骨を描く場合もあった(ギリシアのダフニ修道院の *モザイク). この頭蓋骨は磔刑の場がゴルゴタ, すなわち「されこうべの場所」であったことを指すと同時に, ここが *アダムの埋葬された土地であり, この頭蓋骨はアダム自身のものにほかならず, キリストの死がアダム以来の人間の原罪を贖ったものであることを関連づけて示す表現である. アダムを誘惑し原罪を犯させた *エデンの園の *蛇(リンゴを口にくわえることもある)を頭蓋骨のかわりに十字架の根元に表した作も残されている(『ハインリヒ 2 世の朗読福音書』象牙装丁板浮彫, ミュンヘンのバイエルン国立図書館). またこの頃から, 磔刑の十字架の左右両側に聖母マリアと使徒ヨハネが加えられる作が盛んに制作された. 十字架上でまだ息のあったキリストが最後に話しかけたこの二人は, 古代以来, 死者を悼み悲しみを表明する身振りとしてしばしば描かれた, 頬や顎に手をあてた姿で描かれ, キリストの肉体的死の証人としての役割を果たしている.

〔中世からルネサンス〕初期以来, おそらく余りにも偶像的な印象を与えるがゆえに避けられてきたに違いない丸彫りに彩色の木彫像も, 10-12 世紀のドイツやスペインを中心に作品が残されている. それらが単独の「十字架上のキリスト」であったか, あるいは他の彫像(例えば聖母マリアや使徒ヨハネの像)を伴っていたのかは軽々しく判断できないが, 両目を閉じて頭を垂れ, 生命感の感じられないキリスト像(ケルン大聖堂の『ロザリオの十字架』等)も, 両目を見開いた正面向きの「勝利のキリスト」(バルセロナのカタルーニャ美術館所蔵の『オロットの十字架』等)もあり, いずれも威厳をたたえながら, 鮮やかな色彩と相まって, 迫真的に磔刑のキリストを再現している.

*ビザンティン美術の影響を強く受けていたイタリアでは, 古代以来の伝統に東方世界の象徴性を加えた劇的な表現やより堂々とした作品が, 中世からルネサンスを通じて残されている. 十字架上の死せるキリスト像は, キリストの死をめぐる深い瞑想を誘う表現性豊かな身体表現に, 誇張された身振りで哀悼の感情をはっきりと示す聖母マリア, 使徒ヨハネ, ガリラヤの婦人たち, 驚愕するローマの兵士たちが十字架の左右に表されて, 全体として劇的な瞬間の悲痛な感情が漂う作とされ(ヴェネツィアの *サン・マルコ大聖堂モザイク等), それらがル

ネサンスに受け継がれていくことになった．なかでも叙述的傾向の強い作では，キリストの死に立ち会う聖母マリアが悲しみのあまり気絶したり，マグダラのマリアが十字架のもとに跪き，血を流すキリストの足に触れたり，十字架の周囲を *天使が飛び交い，聖血を聖杯に受けたり，悲痛な面持ちで落涙したりして，切実な悲しみの感情が一層強調されるようになっていた（パドヴァのスクロヴェニ礼拝堂の *ジョットのフレスコ壁画等）．また，イタリアではすでに 13 世紀頃から，聖堂内で *祭壇の上方に掲げられるなどした十字架形の板絵に磔刑のキリストが表されるようになった．それらは，「勝利のキリスト」を描くにせよ，「死せるキリスト」を表現するにせよ，十字架上のキリストの姿を堂々とモニュメンタルに表して，その身体の周囲の小区画に福音書の記述を典拠とするさまざまな画像を加えていた（13 世紀中葉に活躍したジウンタ・ピサーノ Giunta Pisano の十字架形板絵等）．

ルネサンスにより合理的で自然主義的な傾向が育まれた結果，16-17 世紀以降，十字架上のキリストの苛酷な死の本質を追求する作品が生み出されることになった．両腕や身体をよじって深く頭を垂れる表現は凄絶を窮め（*グリューネヴァルトの『イーゼンハイム祭壇画』等），両腕と身体を精一杯に引き伸ばすかのようにして天を仰ぐ作（*ルーベンス等）には，キリストの臨終の緊張感がみなぎっている．また *神秘主義が深く根づいたスペインでは，象徴や叙述的モチーフを極力排して，暗闇のなかに強い光を受けて浮かび上がる十字架上のキリストが迫真的に表現された（エル・*グレコ，*スルバラン 等）．
→キリスト像　　　　　　　　　　　　　　（安發和彰）

じゅうじかとななつのかなしみしゅうどうじょかい　十字架と七つの悲しみ修道女会　〔仏〕Sœurs de la Sainte-Croix et des Sept-Douleurs,〔英〕Sisters of the Holy Cross and Seven Dolors　教育修道女会．1841 年にフランス，ル・マン（Le Mans）でモロー（Basile-Antoine-Marie Moreau, 1799-1873）によって創立された十字架のマリア会（Marianites de Sainte-Croix）から独立（1883），1910 年に *聖座の認可を得た．

*モントリオールの司教の要請を受け，1847 年にカナダに渡り，教育活動にあたる．アメリカ合衆国ニュー・イングランドでも一つの大学と六つの中学・高校を運営している．会員は創立者の精神に従って，愛の実践と謙遜を強調する．

【現勢】1983 年現在，会員数：1,404 名（うち 300 名以上は米国で活動）．総本部：モントリオール．米国本部：ニューハンプシャーのマンチェスター（Manchester）．
　　　　　　　　　　　　　　　　　　　（M. アメン）

じゅうじかのイエズスしゅうどうじょかい　十字架のイエズス修道女会　〔仏〕Congrégation des sœurs de Jésus Crucifié,〔略号〕C.J.C.　ヌルシアの *ベネディクトゥスの *修道会会則に基づく隠世修道女会．1995 年（平成 7）に十字架のイエス・ベネディクト修道会と改称．ゴーシュロン（Maurice Gaucheron, 1882-1951）とヴロトノフスカ（Suzanne Wrotnowska, 1902-83）が，健康者にも身体障害者にも等しく隠世修道生活の道を開くために，1930 年 *パリで創立．1960 年 *聖座の認可を受け，84 年 *ベネディクト会世界連合に加入．「アーメン・アレルヤ」を標語とし，主イエスに倣い，日常生活のなかに示される父なる神のみ旨を喜びを

もって受諾．「祈り働け」（〔ラ〕ora et labora）を旨とし，日々の糧を自らの手で得るように励み，来客の接待，献身者の協力により，十字架の秘義が世に輝くように努める．

【現勢】1995 年現在，約 20 の国籍を異にする 150 名ほどの会員が，フランス，イギリス，オランダ，アメリカ，日本等の九つの修道院に居住．総本部：フランスのブルー・シュール・シャントレーヌ（Brou-sur-Chanteraine）．1968 年（昭和 43）来日．日本本部：千葉県長生郡白子町．1998 年現在，在日会員数：19 名．千葉県と静岡県裾野市とに二つの修道院がある．
　　　　　　　　　　　　　　　　　　　（高橋和子）

じゅうじかのイエズスせんきょうしゅうどうじょかい　十字架のイエズス宣教修道女会　〔葡〕Congregação das Missionárias de Jesus Crucificado,〔略号〕M.J.C.　女子修道会．1928 年，司教カンポス・バレト（Francisco de Campos Barreto, 1877-1941）がヴィラック（Maria Villac）の協力で，ブラジルのカンピナス（Campinas）に貧しい人々への福祉，宣教司牧，要理教育を目的として設立，1952 年 *聖座に認可される．会員は *修道誓願のほかに柔和と聖母 *マリアへの愛の誓願を立て，また修道女は，修道院内での活動に専念する者たちと，宣教活動に従事する者たちとに大別される．

【現勢】1998 年現在，会員数：968 名．活動地域：ブラジル，アンゴラ，イタリア．総本部：ブラジルのカンピナス．

【文献】DIP 5: 1553-54.　　　　　　　　　　（神崎忠昭）

じゅうじかのきょうだいしゅうどうかい　十字架の兄弟修道会　〔ラ〕Canonicorum regularium Sanctae Crucis (Coimbra)　*十字軍の時代に創始された *十字架会の一つ．1131 年，ポルトガルのコインブラ聖堂の補佐司教テロ（Tello）が設立．4 年後に教皇 *インノケンティウス 2 世が承認してから急速にポルトガル，スペイン各地に広まる．テロはコインブラの修道院長と *コインブラ大学の学長を兼任．16 世紀，その規範はポルトガルにとって精神的にも政治的にも重要な役割を果たしたが，1833 年には解散を命じられた．

【文献】NCE 2: 790.　　　　　　　　　　　　（森下正昭）

じゅうじかのしるし　十字架のしるし　〔ラ〕signum crucis,〔英〕sign of the Cross,〔独〕Kreuzzeichen,〔仏〕signe de croix　キリスト教の *典礼で行われる *動作の代表的なもの．自分で行う場合と，他者や事物に対して行う場合がある．*十字架のしるしそのものは，それが神のものであることを示す「封印・証印」（〔ラ〕signaculum,〔ギ〕sphragis）の意味もあり（エゼ 9: 4-6；黙 7: 1-8 参照），人や事物に対して行う十字架のしるしは最も典型的な *祝福のしるしである．

十字架のしるしが典礼儀式のなかで使われる仕方は多様で，主に，(1) 司式者が求道者や *洗礼志願者に対して行う十字架のしるしや，事物の祝福として行う十字架のしるしと，(2) キリスト者が自らの身体をもって表す十字架のしるしがある．*ミサの初めの *挨拶や終わりの *派遣の祝福の際に，司式者が会衆に対して，手を伸ばして，大きく十字のしるしをする動作は神の大いなる祝福のしるしとなる．個人での祈りの際に定着している，十字架のしるしは，「父と子と聖霊の御名によって」と唱えるが，これも中世初期からつけられたもので，

じゅうじかのしんがく

*洗礼の想起，さらには *アレイオス派に対抗する *信仰宣言の意味もあったと考えられている．十字架のしるしを *三位一体の象徴と考える見方も，アレイオス派に対する論争から生まれたもので，おそらくこの影響のもとで，親指と人差し指，中指を合わせて額，胸，両肩に行う慣習が東方教会で始まり，西方にも伝わる．13世紀までは西方でも東方と同じく，右肩，左肩の順序でしるしをしたが，14世紀以降，西方では額，胸，左肩，右肩の順序になり，今日に至る．

ミサの聖堂に入る際に *聖水をつけて自分に行う十字架のしるしは，受けた洗礼を想い起こす意味で慣習化した．このほか，ミサの福音朗読前に額，口，胸へとする小さな十字架のしるしや *教会の祈りにおける初めの祈りの前に口だけに十字架を記す動作も，西方教会における祈りに際しての慣習として広まった．

【十字架のしるしをすること】求道期の初めの入門式で，額に十字架のしるしをすること（〔ラ〕consignare）は早くから行われ，3世紀初めの *テルトゥリアヌス，ローマの *ヒッポリュトス，*オリゲネスが言及している．これは，キリストの救いの力のもとに入り，それによって*悪霊を追い払う力にあずかることを意味していた．現在の入信式においても，十字架のしるしをすることは重要な儀式要素になっている．

【文献】LThK² 6: 630-31; LThK³ 6: 468-69; A. ADAM, R. BERGER, eds., *Pastoralliturgisches Handlexikon* (Freiburg 1980) 288-89; C. VOGEL, "La signation dans l'église des premiers siècles," MD75 (1963) 37-51.

（石井祥裕）

じゅうじかのしんがく　十字架の神学　〔ラ〕theologia crucis

【聖書】「十字架の神学」は神学概念であるから，聖書のなかに直接の典拠は求め難いが，あえて求めるなら，「十字架の言葉」（1 コリ 1: 18）というパウロの言葉が選ばれるであろう．この場合，まず注意されねばならないのは，「十字架の言葉」が「十字架と復活とのことば」を内含しているということである．ヴレーデ（William Wrede, 1859-1906）によれば復活は十字架の「裏がわ」（〔独〕Kehrseite）であるからである（Paulus, 1904, p. 61）．さらに注意されねばならないのは，この「言葉」が単に「言語」ではなく，「筋みち」すなわち「論理」を意味するということである．

【歴史】この言葉を独自の神学的術語にまで形成したのは，*ルターであるといわれる．その際，彼は当時のローマ・カトリック教会の神学を「栄光の神学」（〔ラ〕theologia gloriae）と性格づけたことに対して，自己の神学的立場を性格づけるものとしてこの言葉を用いた．その場合，この言葉は特定の内実を伴って用いられたというより，むしろ神学の性格づけとして用いられた．この言葉が特定の神学的内実を伴って用いられるようになったのは，むしろ現代においてである．その際大きな特質は，カトリック教会とプロテスタント教会両方の神学者が協力して推進しているという事実である．16世紀においてこの言葉が両教会の対立を促進する作用をしたのに対して，現代における「十字架の神学」は，典型的にエキュメニカルである．

【現代】1960 年代に入って，ヨーロッパでは「十字架の神学」が主題となった．その場合の特質を以下に述べる．

〔神論〕従来「キリストの十字架」は *キリスト論ないし贖罪論で取り上げられたが，現代においては「キリストの十字架」は神論の主題となった．それを端的に示すのは以下の表現である．「我々の死は不死なる神ご自身の死となった」（Rahner Sch 4: 146）．「神の死としてのイエスの死」（SM(D) 2: 951）．「神は自らを死んだイエスと同一視することによって何よりもまず，真の神として規定されたのである」（ユンゲル『死』183 頁）．

ここで，この神学とアレクサンドリアの *アタナシオスの神学とを比較しておきたい．彼の神学はいわゆる *ニカイア信条の支柱となったが，その中心は，キリストが父なる神と「本質を同じくする」（*同一本質）ということであった．この同一本質論は，積極面と消極面との両面をもつ．積極面は次の通りである．キリストの *受肉は従来はキリスト論ないし贖罪論で取り上げられたが，同一本質論はさらに神論の主題となった．受肉者キリストは，肉すなわち人間性を受け取ったままで，永遠者父なる神と本質を同じくしていたというのである．人間性は，生まれ，成長し，苦しみ，死ぬものであるが，その人間性をもったままで，生まれず，成長せず，苦しまず，死なない永遠者と本質を同じくしているのであるから，これは神論として決定的なことである．

しかし，アタナシオスの神学には消極面もある．それは，同一本質論を受肉者キリストに適用したにとどまって，それを受苦者キリストに適用する点で不十分であったことである．その理由は二つあった．第一は，ギリシア民族にとって，*救いとは朽ちる人間性が朽ちないものに化せられることであったから，朽ちない神の言葉が朽ちる人間性を受け取ったことによって，すなわち受肉によって，朽ちないものと化され，救いが成就すると考えたことである．受苦が固有の神学的関心にならなかった所以である．第二は，ギリシア教会を取り巻いていたギリシア哲学の神概念の影響である．*アリストテレスによれば，神は「苦しまない神」（〔ギ〕theos apathēs）である．古代教会は，正面玄関からは新約聖書の中心的メッセージとしての「十字架の言葉」を受け入れたが，同時に裏口からは「苦しまない神」という哲学的神観を受け入れて，それと調和するような神学を形成した．ここに，古代教会が同一本質論を受苦にまで展開しなかった理由がある．現代神学が「神概念の革命」（〔独〕Revolution im Gottesbegriff）を迫られるのは，このためである（モルトマン『十字架につけられた神』5, 273, 277 頁）．

ニカイア信条に次いで，*カルケドン信条も考察されねばならない．この信条は一面において，キリストが「真実に神であり，そして，真実に人間である」（〔ラ〕vere Deus et vero homo）と積極的に告白したが，ここにも消極面が指摘されねばならない．それは，この神人の両性論が，次のように悪用されたことである．すなわち十字架の苦難は，人間としてのキリストについてのみいわれることであって，神としてのキリストについてはいわれてはならないと．この考え方が，現代では次のように批判される．「もし人が，受肉したロゴスが『単に』その人間的現実においてのみ死んだのだといって，これを暗黙のうちに，この死が神にもまた触れているのではない，という意味に理解するなら，そのとき人は半分の真理を語ったにすぎず，本来のキリスト教的真理をなおざりにしたことになるであろう」（SM(D) 2: 951-52）．

「神概念の革命」が現実化するまでの経過が，*モルトマンによって次のように書かれる．「われわれは次のようなことから出発してきた．すなわち，古代教会が『苦

しまない神」というギリシア的哲学的観念を採用することによって，キリスト論におけるあの困難へと入り込んでしまったこと，そして新しい神学が初めてその克服に着手しているのだということから出発したのである」（モルトマン，上掲書366-67頁参照）．この「革命」によって，次のような神学的表現が可能となってきた．例えば *バルタザールは「救い，啓示および神学の原点としての神の死」（『過越の神秘』53-100頁参照）と述べ，リンク（H. G. Link）は「十字架の出来事は，神にとって構成的意味（konstituierende Bedeutung）をもつ」とした（Gegenwärtige Probleme einer Kreuzestheologie; Evangelische Theologie, 1973, p. 337）．十字架が神にとって「構成的意味をもつ」ということは，十字架が神の本質に関わっているということであり，ここに同一本質論が十字架にまで適用されたことを認めうるであろう．

キリスト教神学のこのような動きに対して，洗礼者ヨハネのような先駆者の役割を演じたのは，ユダヤ教のラビ，ヘッシェル（Abraham Heschel, 1907-72）である．ヘッシェルがその著『イスラエルの預言者』において展開したのは，苦しむヤハウェを主題とする「神の苦しみの神学」（pathetische Theologie）である．ヘッシェルによれば，ユダヤ教の神学もギリシア的な「苦しまない神」によって影響された．例えば *マイモニデスは次のように述べている．「神は苦しみから解放されており，喜びの感情によっても痛みの感情によっても動かされることはない」．しかし，ヘッシェルによれば，聖書の神は全く異なる．聖書の神はすでに世界創造において，自己の外に出る神である．神はイスラエルの不従順によって苦しむ．*神の怒りは傷つけられた愛である．怒りの対象を愛するとき，神は痛み（Schmerz）をもつ（モルトマン，上掲書371-77頁参照）．この神は歴史から離れて存在するのでなく，歴史に内住（Schekhinah）する．神の苦しみは，イスラエルを救おうとして神がたどる道である．苦しみは神の内にまで持ち込まれ，神は神と対置される．

ユダヤ教のラビがここまで到達したことは驚きであるが，しかし「神の苦しみ」をめぐってはキリスト教神学との間に決定的な相違がある．それは，ヘッシェルが「苦しみ」を神の「本質」にまで関わらせることを拒絶する点である．キリスト教神学が今日「イエスの死から神の存在を理解しようとする」といわれるとき（モルトマン，上掲書，272頁），その「存在」は「本質」と同義語であるといえる．

〔三一論〕現代の「十字架の神学」の第二の特質は，三一論と密接に結びつけられたことである．「三一論は十字架の形式原理（Formalprinzip）であり，十字架は三一論の内容原理（Materialprinzip）である」という命題を K. *ラーナーから継承して，モルトマンは三一論的「十字架の神学」を形成した．この点について先駆者となったのは，新約学者シュテッフェン（B. Steffen）の『十字架についての教理』（Das Dogma vom Kreuz, 1920）であるが，モルトマンは「十字架においてイエスと彼の父である神との間に生起したことを理解するためには，人は三一論的に語らねばならない」（上掲書，233頁）として，「御子の放棄において，御父はご自身を放棄したもう．……御子を放棄したもう父は，御子の死を愛の無限の痛みにおいて苦しみたもう」と記したのである（→神の痛み）．

【文献】E. ユンゲル『死―その謎と秘義』蓮見和男訳（新教出版社 1972）: E. JÜNGEL, *Der Tod* (Stuttgart 1971); D. ゼレ『苦しみ―現代神学の焦点』西山健路訳（新教出版社 1975）: D. SÖLLE-STEFFENSKY, *Leiden, Themen der Theologie* (Stuttgart, Berlin 1973); J. モルトマン『十字架につけられた神』喜田川信他訳（新教出版社 1976）: J. MOLTMANN, *Der Gekreuzigte Gott* (München 1972); A. J. ヘッシェル『イスラエル預言者』森泉弘次訳（教文館 1992）: A. J. HESCHEL, *The Prophets* (New York 1962); H. U. フォン・バルタザール『過越の神秘』九里彰訳（サンパウロ 2000）: H. U. VON BALTHASAR, "Mysterium Paschale," MySal 3/2: 133-326; W. ELERT, *Der Ausgang der altkirchlichen Christologie*, ed. W. MAURER, E. BERGSTRÄßER (Berlin 1957); E. JÜNGEL, "Vom Tod des lebendigen Gottes," ZThK 65 (1968); H. MÜHLEN, *Die Veränderlichkeit Gottes als Horizont einer zukünftigen Christologie* (Münster 1969); H. KÜNG, *Menschwerdung Gottes* (Freiburg 1970).

（北森嘉蔵）

じゅうじかのしんじん　十字架の信心 〔ラ〕devotio erga crucem　人類の救いの道具として使用された十字架が，特別な *崇敬や *信心の対象になるのは，ごく自然で道理にかなうものである．十字架に対する信心は，すでに *パウロの手紙のなかにみられる（1コリ1:17；エフェ2:16；コロ1:20，ガラ6:14）．パウロの場合，肉体上の *苦しみや *死の否定的な見方だけに集約されなかったことは明らかである．キリスト教の考えのなかでは，神の計画のなかでの十字架の救いの役割が重要であった．キリストは自らの受難によって死と罪に対する真の勝利者となり，十字架は受苦の道具であったことから，生命の源となった．ここから十字架は栄光の王の玉座やしるしとみなされるようになった．キリスト者によって使用される住居や建物に，この聖なるしるしがさまざまな方法でしるされたばかりか，個人までがその身にいろいろな素材でこのしるしをつけるようになった．

初代教会の時代においては，象徴としての十字架像にキリストの裸体をつけるのを避けるのが普通であった．このような像が正式に現れるのは，5世紀以後である．事実4世紀までは，体のついていない十字架像すら公然と使用されることはなかった．この二つの現象の原因はいろいろ考えられる．異教徒もユダヤ人も，十字架につけられるような人間を神として拝むキリスト者の信仰を想像を絶する矛盾としてみていた．キリスト者同士の間でさえ，十字架にまつわる恥辱がいつでも問題視された．ある地方の場合，キリストの人間性を抹消することを急ぐあまり，その死の事実さえ認めるのを嫌った．*エフェソス公会議（431）と *カルケドン公会議（451）は，キリスト論の最も激しい応酬の場であった．*キリスト単性説はカルケドン公会議で断罪されたが，その信奉者たちは，十字架を神がかけられた十字架としか理解しなかった．そこから彼らは，十字架上の体を描くのを拒み，十字架しか描かなかった．

事実，迫害期にはこのキリスト教の象徴は，当局から異教徒たちによる冒瀆的な画像と同一視されるおそれがあった．この例は，ローマのパラティーノの丘の宮殿の壁に異教徒の手で戯画化された十字架像をみれば明らかである．そこでは，ロバの頭をもった人間が十字架にかけられ，それを一人の男が拝んでいて，その傍らに「アレクサメノスは，自分の神を拝んでいる」と書かれてい

る.

　キリスト者が十字架上の救い主の恥辱, 特にその裸体像を観想するのに不快の念を隠さなかったのは紛れもない事実である. 彼らは十字架像をキリストの本性から推して, 神の栄光へと移る手段, すなわち彼の勝利とか生命の根元としてみるのを好んだ.

　十字架やその画像は, 3世紀までは私的な信心の対象にすぎなかった. しかし, 4世紀になると事態は一変した. 教会に平和が訪れると, 十字架はもはや隠す必要がなくなった. *コンスタンティヌス大帝までが, *ミルウィウス橋頭の戦いで宿敵*マクセンティウス帝と戦う際, 天空に太陽のように輝く十字架をみ, その加護によって勝利を手にしたと語り, その印を兵士たちの盾に刻みつけた. しかも死刑執行の際, 十字架の使用を禁じた. この頃から, 十字架像は公然と使用されるようになった.

　この信心は, 真の十字架の発見によってますます盛んになった. *エルサレムで発見されたイエスのかけられた真の十字架は, その大部分がローマに運ばれ, 後に*コンスタンティノポリスにも移されたが, さらに細かく分けられ, 世界各地に頒布されると, この聖なる木に対する崇敬のため聖地への巡礼が盛んになった. これら*聖遺物は, 宝石や金銀, あるいはモザイクで飾られた宝箱(聖遺物匣)に納められ, さらに聖堂までが建立された.

　しかし, 神学上の誤解の生じるのを未然に防ぐため, 第2*ニカイア公会議(787)は, 十字架やキリストの画像, あるいは聖人に対する崇敬は信者の義務とし(DS 600), 画像を崇敬する者は, それが表象する人物を崇敬するものと宣言した(DS 601). ところが, *トマス・アクイナスはイエスの真の十字架には, 主に対すると同じ礼拝を求め, その模型にはその他のキリスト像に帰すべき崇敬を払うべきとした(『神学大全』III, 1, q. 25, a. 4). これに反し*ロベルト・ベラルミーノは, 真の十字架にもキリストほどではないが崇敬を払うべきとしている(『勝利の教会』2, 25). 一方, 神学者は一般に, 十字架の崇敬は相対的なもの([ラ] relative latria)と解していた. そこから教会は, 聖金曜日(→過越の三日間)に十字架の前に跪いてする礼拝を取り入れ, この日の典礼の頂点は, この十字架の崇敬にあるとし, 信徒はそれに接吻するよう定めた. ところで, この聖金曜日の典礼の主要部である十字架の覆いの除去と礼拝は, 栄光の勝利を意味することに注目したい.

　*十字架称賛の祝日の起源は, 初代教会に遡る. この祝日は真の十字架の発見の直後に始まり, エルサレムにある聖墳墓やゴルゴタの域内にあるアナスタシア聖堂とマルティリオン聖堂の献堂に結びつく. この両者はコンスタンティヌス大帝の命令で建立され, その*献堂式は335年9月13日および14日の両日荘厳に挙行された. この盛式の記念は毎年盛大に行われ, 瞬く間に東方教会の各地に広がった. この祝日は, 6世紀にキプロスのアレクサンドロス(Alexandros)によって「十字架の称賛の祝日」(Encaenia)と命名された. ところが, 8世紀初めガリア教会において5月3日を「十字架の発見の祝日」として祝うようになった. この5月3日という日づけは, 東ローマ皇帝*ヘラクリウスが, 614年ペルシアのホスロー2世によって奪われた十字架を奪回し(629), エルサレムへ持ち帰った記念すべき日にあたる. このガリア教会で制定された祝日は, ガリアにおけるローマ典礼暦に加えられ, やがてローマにももたらされた. 教皇*ベネディクトゥス14世(在位1740-58)は, 聖務日祷書(*ブレヴィアリウム)の改訂に際し, 委員会に命じて5月3日の祝日を削ろうとしたが果たせず, 教皇*ヨハンネス23世が1960年の改訂にあたって, これを削除した. *ギリシア正教会では, 5月7日をエルサレムの*キュリロスの十字架の出現の祝日として, また8月1日と*四旬節の第3主日を十字架の崇敬の祝日として祝う. *アルメニア教会の場合は, 十字架の祝日を七大祝日の一つとして, 秋は聖母*被昇天の祝日の近くに祝う習慣がある.

　また*ミサにおける十字架の使用は, シリアでは5世紀にはすでにミサの間十字架は祭壇の上に安置されたが, 西方ではかなりあとに入ってきた. また*行列の際の十字架の使用は, *ヴェナンティウス・フォルトゥナトゥスによる十字架の賛歌の*ヴェクシラ・レジス・プロデウントができた6世紀に遡る. 800年, *シャルルマーニュは教皇に行列用の十字架を献上している. 13世紀に入ると, 教皇*インノケンティウス3世が, 祭壇上に十字架を安置するよう命じた.

　また我々に最も身近な十字架の使用として, 額に十字架をしるす場合は個人的にはすでに2世紀にみられ, 4世紀には典礼としても用いられた(→十字のしるし). 胸の上に十字をしるす例は, 4世紀末にはあった. 唇への十字は8世紀には行われていた. 額から胸に, 次いで肩に大きくしるされる十字は, 5世紀頃には個人的に, 10世紀までには修道院で用いられるようになった. 13世紀に教皇インノケンティウス3世は, 十字のしるしは額から胸に次いで右肩から左肩に三本の指でするよう命じている. ところが後に, 全部指を広げたまま額から胸に, 次いで左肩から右肩にするようになった.

【文献】DACL 3/2: 3045-144; EC 4: 951-81; LThK² 6: 605-15; J. GRETSER, *De Sancta Cruce*, Opera Omnia, v. 1-3 (Ratisbon 1734); A. K. PORTER, *The Crosses and Culture of Ireland* (New Haven 1931); J. B. O'CONNELL, *Church Building and Furnishing* (Notre Dame, Ind. 1955) 105-106, 205-208; R. GUARDINI, *Sacred Signs* (St. Louis 1956); F. J. DÖLGER, "Beiträge zur Geschichte des Kreuzzeichens," JAC 1 (1958) 5-19; 2 (1959) 15-29; 3 (1960) 5-16; 4 (1961) 5-17; 5 (1962) 5-22; P. THOBY, *Le Crucifix des origines au Concile de Trente: Étude iconographique* (Nantes 1959); N. LALIBERTÉ, E. N. WEST, *The History of the Cross* (New York 1960).　　　　　　　　　　　　　　　　(石井健吾)

じゅうじかのすうけいとさんび　十字架の崇敬と賛美　[ラ] veneratio crucis, [英] veneration of the cross, [独] Kreuzverehrung, [仏] vénération de la Croix 聖金曜日(→過越の三日間)における主の受難の祭儀で行われる, *十字架の顕示と礼拝の儀式. 人類に救いをもたらしたキリストの十字架上での受難を記念し, その象徴として十字架に対して賛美と崇拝をささげる. 4世紀のエルサレムの*聖週間の典礼を伝える*エゲリアの『聖地巡礼記』によれば, 聖金曜日, *ゴルゴタの丘の聖墳墓教会の十字架堂では, *受難朗読として*ピラトによる尋問の箇所までが朗読され, その後, 皇太后*ヘレナが発見したとされる十字架の遺物が顕示され, 信者は行列してその前に進み, *接吻をもって表敬した. 同様の典礼が7世紀にローマに導入され, *教皇がラテラノ大聖堂から「エルサレムの聖十字架教会」(Santa Croce in Gerusalemme, ヘレナ皇太后が十字架の遺物の一部

を移して建立した教会)まで，十字架の遺物を裸足で歩いて運んで顕示し，そこで信者一同が崇敬した．

現在の「十字架の礼拝」の典礼では，まず十字架の顕示として，布を被せた十字架を祭壇前の適当な場所に置いて，覆いをとりはずしながら(または，十字架を掲げた入堂形式の行列を行いながら)，「見よ，十字架の木」(Ecce lingum crucis, 日本の『典礼聖歌』は「見よ，キリストの十字架」)を歌う．そして，司式者，*奉仕者，*会衆は十字架の前で深くお辞儀し，崇敬の念を表す．この間 *十字架賛歌，*トリスアギオン，とがめの交唱(*インプロペリア)などを歌う．

【文献】『ミサ典礼書』(カトリック中央協議会 1978) 186-279; H. AUF DER MAUR, Feiern im Rhythmus der Zeit I. Herrenfeste in Woche und Jahr, GDK 5 (Regensburg 1983) 77-79, 107-13. (石井祥裕)

じゅうじかのせいヨハネ 十字架の聖ヨハネ
→ フアン・デ・ラ・クルス

じゅうじかのみちゆき 十字架の道行き 〔ラ〕via crucis, 〔英〕Way of the Cross, 〔独〕Kreuzweg, 〔仏〕Chemin de la Croix

【概要】エルサレムでイエスが十字架を担って歩んだ *ゴルゴタまでの順路に，その際受けたそれぞれの苦しみを記念して祈る場(〔ラ〕statio,「留」という)を設け，それを徒歩で巡りながら，各留で主の味わった苦しみを黙想し祈る信心の一形式．各留の意味内容は福音書中の各受難の記述からとられたが，その一部は古い伝承からもとられている(例えば *ウェロニカとの出会い)．エルサレムでは早くから主の *受難の道行きの各場面を記念する石製の標示や小聖堂が建立され，巡礼者の便宜が計られていた．14-16世紀，巡礼者は *フランシスコ会の会員の先導のもとに，古い *マリア伝承に従って毎日のようにこの聖なる道行きをしていた．その順路には晩餐の広間，*カイアファと *アンナの邸，ゴルゴタと聖なる *墓，裁判所，*ゲツセマネの園，*オリーブ山，ケドロンの谷，*シオンの丘が入っていた．そして聖なる墓と裁判所の間に14留の *黙想の場があるのを最初に記録にとどめたのが，1458年と1462年に聖地に巡礼した英国人ウェイ (William Wey, 1407頃-1476) であった．

西方でも5世紀にすでに *ボローニャの聖ステファヌス教会内に受難を記念する各留が設置されていた．12-13世紀，聖地に出征した *十字軍の将兵が帰国後エルサレムの街を描いた絵を飾ったことから，キリストの受難に対する信心が広まった．この信心は，15世紀には一般的となり *ドミニコ会の会員コルドバのアルバレス (Alvares, ?-1430) はコルドバに聖地にちなんだ一連の修道院を建て，彫刻をもってイエスの受難を記念した．同じ頃フランシスコ会員は，*アントヴェルペンの修道院内の墓地に道行きの各留を設置している．フランシスコ会員は，1342年に聖地の保護管理をローマから任せられると(→聖地準管区)，キリストの受難の信心の弘布を自らの使命とし，十字架の道行きを熱心に広めた．特に有名なのは同会員の *ヨアンネス・デ・カウリブスによる『イエスの生涯の観想』(1300頃)と，同じくマゴ (Michael Magot, ?-1334) による「悲しみの各留の前に立って」(cum morosis stationibus) の黙想の実践である．しかしおそらく十字架の道行きの普及に最も貢献したのは，同会員ポルト・マウリツィオの *レオナルドであろう．彼は20年間に572箇所にこの道行きを設置したという．

道行きの留の数は，時代と場所によってかなり異なっていた(5留から30留以上まで)．しかし，1731年教皇 *クレメンス12世の勧告以降，その数と信心の形式が統一の方向に進んだ．まず留の数は14となり，各留で次のような念祷が求められるようになった．(1) *ピラトによる死刑の宣告，(2)十字架を担う，(3)初めて倒れる，(4)母マリアと会う，(5)キレネの *シモンに助けられる，(6)ウェロニカが布で顔をぬぐうとそこに顔が写る，(7)再び倒れる，(8)エルサレムの女性たちを慰める，(9)3度倒れる，(10)衣をはがされる，(11)釘で十字架につけられる，(12)十字架上で死ぬ，(13)十字架から降ろされる，(14)墓に葬られる．しかし，今日では神学的・典礼的立場から，死に対する勝利を意味する主の *復活の黙想が付加されるのが望ましいとされている．

14世紀以来，フランシスコ会にとり十字架の道行きの設定は特権となり，今日なお *免償つきの道行きを設定するうえで全権をもっている．1933年3月20日付の教皇令によれば，修道院長はフランシスコ会員にのみこの権利を分与でき，ほかは直接ローマの *内赦院にこれを求めることになった(この場合も，司教，主任司祭の文書認可は必要とされる)．この道行きの設定自体は，キリスト像のつかない14の木製十字架の *祝別とその設置からなる．一般には絵画による場合が多いが，特に規定はない．免償を受けるには，個人なら各留を歩く必要があり，団体の場合は *先唱者が代表して歩む．重病者の場合は，特別に祝別された十字架像を手にして，病床で各留を黙想し，規定の祈りを唱えるだけで足りる．

【文献】カ大 2: 611-14; DDC 3: 816-17; DSp 2: 2576-606; LThK² 6: 629-30; NCE 14: 832-35; H. THURSTON, The Stations of the Cross (New York 1906); K. A. KNELLER, Geschichte der Kreuzwegandacht (Freiburg 1908). (石井健吾)

【美術】「嘆きの道」「ゴルゴタへの道」ともいう十字架の道行きは数々の造形表現を生み出した．十字架を担ったキリストがゴルゴタの丘へ至るまでの受難の道を追憶するために聖堂へ至るまでの道沿いに彫刻が建てられたり，聖堂の内壁に浮彫板や絵画が掛けられたりする．有名なものに，*ニュルンベルクの聖ヨハネ聖堂へ至る道に建てられた *クラフトによる彫刻(1490)がある．この主題を扱った版画や絵画の連作は，18世紀半ばに *ヴェネツィアやドイツで最初の盛期を迎えた．例としてヴェネツィアの聖フラーリ聖堂のティエポロ (Giandomenico Tiepolo, 1727-1804) の作品がある．第二の盛期はドイツ・ロマン派の時代に訪れた．主な例に，教皇 *ピウス9世の所有となった J. F. *オーヴェルベックの水彩連作(1850-57，ローマのラテラノ美術館礼拝堂)や，ライヒェンハル (Reichenhall) の教区聖堂のシュヴィント (Moritz von Schwind, 1804-71) の作品 (1862) がある．今日，美術館などでみられる十字架を担ったキリストの単独彫像は，おそらく「十字架の道行き」の一部だったと考えられる． (木戸口智恵)

じゅうじぐん 十字軍 〔ラ〕Cruciata, 〔英〕Crusade, 〔独〕Kreuzzug, 〔仏〕Croisade

聖地解放を目的とする中世キリスト教諸国民による中近東地域への長期にわたる進出運動の総称．シリア・パレスチナのほかメソポタミア，イベリア半島，地中海沿岸各地などでの対イスラム戦争や，キリスト教異端派，反教皇派に対する鎮圧行動も十字軍と呼ばれた．最初の遠征参加者が「十字の印

じゅうじぐん

十字軍の騎士
(13世紀の写本挿画)

をつけた者」(Crucisignanti)と称したことに由来して13世紀後半に「十字架を負う行為」(Cruciata)という名称が作られた．初期の同時代史料には「エルサレム旅行」(Iter Hierosolymitanum)と記され，その参加者は身分の別なく「巡礼者たち」(Peregrini)と呼ばれている．

【原因】最近の研究では，エルサレムの聖墳墓参詣を奨励する風潮が十字軍思想の発生を促し，その自然発生的な盛り上がりが十字軍運動を生み出したと考え，*巡礼の伝統を十字軍の遠因とみなしている．中世西欧において修道院制の発展とともに*聖人崇敬が広まり，救済願望による贖罪意識から*聖地巡礼を*苦行として実践する流行が定期的な武装集団化を招き，11世紀末に遠征軍となった．また世俗君主権に対する教皇権優位の理念が確立される過程で，キリスト教世界の「指導者」(Gubernator)を自任する*教皇が*東方教会の再統合とイスラム圏に対する反撃を企図し，全キリスト教徒に軍事遠征を要望し続けたこと —— 例えば*アレクサンデル2世(在位1061-73)のイベリア・レコンキスタへの援助，*グレゴリウス7世(在位1073-85)の東方遠征構想，*ウルバヌス2世(在位1088-99)の十字軍宣布など —— も重要な原因をなしていた．

〔近因〕*ビザンティン帝国は1071年マラーズギルド(Malazgird，またはマンジケルト Manzikert)で*セルジュク・トルコ軍に大敗した後シリアと小アジアの領土防衛に苦慮し，皇帝アレクシウス1世(Alexius I, 在位1081-1118)がプラケンティア(Placentia)の教会会議に使節を送って西欧騎士傭兵隊の来援を要請した．これが近因となって，教皇は援軍派遣を確約し1095年11月の*クレルモン教会会議において，西欧内での武力行使を抑止する*神の平和(Pax Dei)の励行と*聖地の解放を目的とする十字軍の発動を宣言した．会議最終日の11月28日屋外の集会で教皇が参加者への*免償授与を伝えると会衆は「神はそれをお望みだ」(Deus lo volt)という歓声を揚げて宗教的興奮を表明した．

〔勧説〕十字軍士の徴募や一般巡礼者の勧誘は教皇，*教皇使節，説教師が行う「勧説」(Praedicatio)により効果を上げ，遠征軍総司令官としてル・ピュイ司教*アデマルが教皇代理に任命され，出陣予定日が1096年8月15日と定められた．非公式の宣伝手段として「檄文」(Excitatoria)が広く配布され，北フランスの隠者ピエール(Pierre l'ermite)のような民間説教師の群衆向けの辻説法などがエルサレム詣でへの情熱を昂揚させた．

【組織・構造】公式十字軍は教皇の決定に従って王侯・陪臣騎士・従士・歩卒などが構成する封建制軍役の海外遠征であり，任意に「十字架をとった」君主の所領単位ごとに編成された複数の戦闘集団である．教皇代理の総司令官は全軍の指揮者ではなく，各軍団司令官たちの人間関係の調整と宗教的役割を果たすにとどまる．騎士階層以上の身分は封建社会の支配者たる貴族で，その頃発達した軍馬に騎乗して戦う広義の騎士として軍団の中核をなし，その人数(第1回遠征時は約4,500人)はそのまま戦力の大小に比例する．従士(一部の者は騎乗)と歩卒は各所領内の農民や市民からなる封建徴集軍の兵士で騎士数の平均7倍の人数と推定され，徒歩で白兵戦を行う補助的戦力であった．司教・司祭・修道士も各軍団ごとに配属され，戦士の*霊的指導にあたり*従軍司祭の役割を果たした．第2回十字軍以後は修道騎士と呼ばれる聖俗両身分を一身に兼ねる十字軍士も出現した．また正規の軍団とは別途に社会の下層に属する非武装の民衆巡礼団が随所に形成され，独立に，あるいは公式十字軍に随行して東方へ移動し，全期間を通じて王侯・騎士の軍事的・政治的十字軍と，民衆巡礼の非軍事的・信心業的十字軍の併存という二重構造を示した．

【遠征経路】聖地への主要経路は西欧人が数世紀来たどって来た巡礼路で，西欧各地からライン，ドナウ両河沿いに東欧諸国(ハンガリー，セルビア，ブルガリア，ビザンティン)を横断し中継基地*コンスタンティノポリスまでの第1段階，ボスポラス海峡を渡ってルーム朝トルコの占領下にある小アジア山中を突破する第2段階，古都*アンティオケイアからシリア・パレスチナの地中海岸を南下して最終目的地*エルサレムに到達する第3段階の3部分からなり，第2・3段階は戦場となる．第1段階にはハンガリー王国内を通過するものと，イタリア半島のアドリア海沿岸からバルカン半島のエグナティア街道をたどるものとの2系統があった．前者は11世紀初め*ベネディクト会の宣教によってキリスト教国となったハンガリーの教会・修道院の友好的援助が得られたが，後者は十字軍に先立って1081年からギリシアに進出した*ノルマン人傭兵隊に対する現地住民の反感が強く行軍は危険であった．各段階・系統とも沿道上に村落・都市・城砦・開港場などが連なり，掠奪や挑発をしないかぎり人馬の食糧補給，宿泊，救護の便宜があった．陸路に対して海路は12世紀中頃までは海峡横断と小アジア西・南岸迂回のため補助的にしか利用されなかったが，第3回十字軍以降は西欧諸国海軍の発達がみられ，遠征途中の損害・挫折を回避する目的で海路が主流となり，地中海上の重要な島嶼(クレタ，キプロス，ロードス，シチリア，サルディニア，マルタなど)を戦略的に利用する経路が確保された．

142

【時代区分・経過概要】11世紀末から13世紀末までの200余年間は十字軍時代と呼ばれ、その後の中世末期を含め次の4期に区分して十字軍の経過が解説される。すなわち初期(1095-1192)、中期(13世紀前半)、末期(13世紀後半)、後の十字軍(14・15世紀)である。

〔初期〕(1) 先発隊。1096年4月。クレルモン教会会議前後の宗教的熱狂が生み出した衝動的な非武装の巡礼団。引率者の隠者ピエール、ブルゴーニュ騎士ゴーチエ(Gauthier、またはワルター Walter)らに北仏、ラインラントの農民、市民など妻子同伴で約2万人が追随。ドイツからの集団には司教・司祭・伯など高い身分の参加者もみられ、出陣に際してユダヤ人に迫害を加えた。数か月後コンスタンティノポリスに着き後続の正規軍団に合流した。無秩序なこの先発隊は補給上の問題でしばしば沿道の住民との紛争を起こし、小アジアに入ってまもなくイスラム軍に襲われゴーチエをはじめ多数の死者を出しほぼ全滅状態となった。ピエールなどごく少人数が聖地解放の情熱一筋にエルサレムにたどり着いた。

(2) 第1回十字軍。1096-99年。ウルバヌス2世の呼びかけに直接呼応した仏・伊の諸侯・騎士4軍団による最初の公式十字軍。バス・ロレーヌ侯*ゴドフロア・ド・ブイヨン、南仏トゥールーズ伯*レーモン(Raymond IV, de Toulouse)、ノルマンディー侯ロベール(Robert de Normandie)およびタラント侯ボヘモンド(Bohemond de Taranto)を司令官とする騎士4,500人余、歩卒約3万人の軍勢が別々の経路によって1097年春コンスタンティノポリスに集結。各軍団の共同指揮者にはゴドフロアの弟ブーローニュ伯*ボードゥアン1世、フランス王フィリップ1世(Philippe I)の弟ユーグ・ド・ヴェルマンドア(Hugues de Vermandois)、イングランドの*ウィリアム征服王の女婿エティエンヌ・ド・ブロア(Etienne de Blois)など有力貴族が教皇の計画に共鳴して参加している。これらの諸侯はビザンティン皇帝に謁見の際、形式上の臣従を宣誓の後、小アジアのイスラム軍と対戦。1097年4月*ニカイアを陥れビザンティンに返還、7月ドリュライオン(Dolylaion, 現エスキシェヒル Eskishehir 付近)占領以後10月のアンティオケイア攻囲開始まで順調に進撃。1098年3月ボードゥアンの別働隊はユーフラテス川上流の*エデッサまで進出して古代以来のキリスト教徒アルメニア人の国を奪った。6月長期包囲戦の末アンティオケイアを完全占領し、投獄されていたギリシア系総主教を解放、新たにラテン系司教が着任したが、総司令官アデマル司教はこの地で死去した。同市の教会で*聖遺物の「聖槍」が発見されている。1099年7月15日、1,300人の騎士と1万2,000人の歩卒の大軍による攻城戦の末*ファーティマ朝イスラム総督が防衛するエルサレムが陥落。先陣の功によりゴドフロアが諸侯の推挙により「聖墳墓守護者」(Advocatus Sancti Sepulchri) の称号で聖地の封建君主となる。入城直後、十字軍士は市内各所でアラブ人、ユダヤ人を多数虐殺して汚名を遺した。教皇ウルバヌス2世はこの知らせを待たず7月29日ローマで死去した。ゴドフロアは1100年7月病死するまで、聖地に所領を獲得して残留している少数の騎士を従えて、*ガザに近い*アシュケロン、ヤッファ(Jaffa, 現ヨッパ Joppa)、*ガリラヤ地方などの征服を続けた。

(3) 後続十字軍。1101年春。教皇*パスカリス2世(在位1099-1118)の勧説。トゥールーズ伯レーモンが再度司令官となりロンバルディア人を主体とする増援軍と占領地に入植予定の「開拓民」約20万人の大集団が送り出され、別にアキテーヌ侯ギヨーム9世(Guillaume IX, d'Aquitaine)とバイエルン侯ヴェルフ(Welf von Bayern)の率いる軍勢も小アジアまで進出したが、ガングラ(Gangra)、ヘラクレイア(Herakleia)でトルコ軍に敗れ全滅した。

(4) *エルサレム・ラテン王国創設。1099年7月22日ゴドフロアを初代君主として聖地十字軍国家が成立。1099年末ピサ大司教ダインベルトゥス(Daimbertus)がラテン系エルサレム総大司教に叙任され、1100年降誕祭にその手で第2代君主ボードゥアン1世に国王としての*戴冠式を行った。エルサレム王に臣従する封建諸侯領としてボヘモンドのアンティオケイア侯領、*ボードゥアン2世のエデッサ伯領、ベルトラン・ド・トゥールーズ(Bertrand de Toulouse)のトリポリ伯領が聖地4国を形成した。

(5) 第2回十字軍。1147年秋-1148年7月。イスラム・ザンギー朝の反撃でエデッサ伯領全域とアンティオケイア侯領の東半部が失われ(1144-47)、衝撃を受けた西欧で教皇*エウゲニウス3世(在位1145-53)が提唱。クレルヴォーの*ベルナルドゥスがヴェズレー(Vézelay)で勧説の大集会を行い(1146)「クレルモンの興奮」が再現された。「帝王の十字軍」と呼ばれ、フランス王*ルイ7世(在位1137-80)と王妃アキテーヌの*エレオノール、ドイツ王*コンラート3世(在位1138-52)が十字架をとり、別々に約2万人の軍勢(巡礼を含む)を率いて陸路東方に遠征。再び小アジアでトルコ軍から大損害を蒙り勢力半減の状況でダマスコ攻城戦に失敗し、アンティオケイア救援の目的を達することなく撤退。この遠征時より新設の*騎士修道会が十字軍の主戦力となり聖地に常駐した。イングランドとフリースランド(Friesland)から参加した別働隊は航海の途中ポルトガルに立ち寄りポルト(Porto)の司教の要請を受けてイスラム・ムラービト朝のリスボン守備隊を破ってレコンキスタの伸展に貢献した。

(6) 第3回十字軍。1188-92年。教皇*クレメンス3世(在位1187-91)の提唱。1187年アイユーブ朝のサラーフ・アッディーン(西欧名サラディン、Salāh al-Dīn, Saladin, 1138-93)が反十字軍「聖戦」(*ジハード)を押し進めティベリアス湖岸のヒッティーン(Hittin, またはハッティーン)で大勝、同年10月2日エルサレムを再占領した状況に対処する西欧主要国君主の史上最強を誇る豪華な十字軍。ドイツ皇帝*フリードリヒ1世・バルバロッサ、イングランドの*リチャード1世獅子心王、フランス王*フィリップ2世・オーギュストが出陣。フリードリヒの率いるドイツ諸侯軍約2万人は陸路小アジアのキリキア(Cilicia)で皇帝が事故死したため中途挫折、大部分が撤退。英仏両国王軍は海路*アッコに上陸、1189年から2年がかりで同市を奪回。その後単独で聖地にとどまったリチャードはヤッファ、アシュケロンを再占領し、サラディンと暫定協定を結び(1192年9月)、キリスト教徒巡礼のエルサレム自由通行権、ラテン系聖職者の常駐権を確保した。リチャードが聖地到着前に航海中漂着したビザンティン領キプロス島は十字軍の占領(1191年5月)により16世紀まで西欧側の前進基地となった。

〔中期〕(1) 第4回十字軍・*ラテン帝国創設。1202-1204年。*インノケンティウス3世(在位1198-1216)がエルサレム完全奪還を提唱。遍歴説教師フルク・ド・ヌイイ(Foulque de Neuilly)が勧説。フランドル伯ボードゥアン(Baudouin de Flandre)、シャンパーニュ貴族

じゅうじぐんだいちょくしょ

で『コンスタンティノポリス征服』の作者 *ヴィラルドゥアン，イタリア貴族ボニファチオ・デ・モンテフェラート (Bonifacio de Monteferrato)，ヴェネツィア総督エンリコ・ダンドロ (Enrico Dandolo) らが参加．遠征費の不足からヴェネツィア人の野心にくみしてハンガリー領のザラ港を不法占領，さらにビザンティン帝位争いに干渉してコンスタンティノポリスを攻略，大掠奪の末ボードゥアン1世を皇帝とするラテン帝国を創設し「方向転換十字軍」と非難された．東方教会を一時統合したが聖地に関しては無為に終わった．

(2) *少年十字軍．1212年．

(3) 第5回十字軍．1217-21年．インノケンティウス3世の再度の提案(1215, 第4 *ラテラノ公会議) により *ホノリウス3世(在位1216-27)が宣布．ハンガリー王アンドラーシュ2世 (András II, 在位1205-35)，オーストリア侯レオポルト6世 (Leopold VI, 在位1198-1230) が第1陣，次いでエルサレム王ジャン・ド・ブリエンヌ (Jean de Brienne, 在位1210-25) がエジプトに出兵，いったんダミエッタ (Damietta) を占領しエルサレムと交換可能になったが教皇代理・枢機卿ペラギウス (Pelagius) がカイロ攻略に固執して失敗し成果なく終わった．

(4) 第6回十字軍．1228-29年．ホノリウス3世再提唱(1223)の十字軍出発予定(1227)を遷延したドイツ皇帝兼シチリア王 *フリードリヒ2世(在位1212-50) はイスラム君主と親交があり，外交手段でエルサレム回復を意図し，教皇 *グレゴリウス9世(在位1227-41)から *破門に処されながら，エルサレム王の権限(即位1225)をもって聖地入りを果たし，1229年ヤッファ協定を結んでスルタンからエルサレム，*ベツレヘム，*ナザレの返還を勝ち取り，「無血十字軍」と呼ばれる．

〔末期〕(1) 第7回十字軍．歴史家によっては前記「フリードリヒの十字軍」を回数外とし，この遠征を第6回としている．フランス王 *ルイ9世(在位1226-70)がホラズム・トルコに占領された(1244)エルサレムを奪還するためエジプトを攻略．ダミエッタ占領後カイロ攻撃に失敗して捕虜となり，新興勢力のマムルーク朝に莫大な身代金を払って釈放され，聖地に渡って頽勢挽回に努めた．このとき *フランシスコ会の会員リュブリュキの *ギヨームをモンゴルに派遣し，対イスラム同盟を提案したが実現しなかった．

(2) 第8回十字軍．1265-72年．教皇 *ウルバヌス4世(在位1261-64)の提唱．スルタン・バイバルス (Baybars) の対十字軍攻勢に怖れをなした西欧がルイ9世に再度の出陣を要請し，大軍勢を送り出したが目標をチュニスに転じ，王はカルタゴで病死(1270)，戦果のない「最後の十字軍」となった．このほか皇太子時代のイングランド王エドワード1世 (Edward I, 在位1272-1307) はアッコに上陸してスルタンと休戦協定を結んだ．

(3) 聖地十字軍国家の消滅．1291年．マムルーク朝スルタン・カラーウーン (Kalāwūn, 在位1279-90) がトリポリを占領(1289)，その子カリール (Khalil, 在位1290-93) が1187年以来のエルサレム王国代理首府アッコを陥れ，シリア・パレスチナのキリスト教王国は完全に消滅した．王位のみキプロス王を兼ねるアンリ2世 (Henri II, de Lusignan) に伝わる．

〔後の十字軍〕(1) ロードス十字軍．1310年．教皇 *クレメンス5世(在位1305-14)の提唱．東方のキリスト教徒解放を目指し *ヨハネ騎士団が *ロードス島を占領した．

(2) ニコポリス十字軍．1396年．*オスマン帝国の脅威に対抗しハンガリー王 *ジギスムント(在位1387-1437)の要請でドイツ，フランスの騎士がドナウ河畔のニコポリス (Nicopolis) で戦い惨敗した．

(3) ハンガリー十字軍．1443-44年．教皇 *エウゲニウス4世(在位1431-74)の勧説に応えハンガリーの将軍(後に摂政) *フニャディが黒海西岸ヴァルナ (Varna) で大敗した．

【評価】キリスト教徒とイスラム諸勢力との対立抗争は近世にまで持続し，ある意味で今日にも及んでいるが，十字軍は12-13世紀の西欧社会に特有な精神的特色から生じた中世的歴史事象である．同時代の心性 (mentality) はこれを「聖戦」あるいは「正義のための戦い」と捉えている．後世の評価は賛否相半ばして変遷し，18世紀の啓蒙思想家はこれを狂信的愚行とみ，19世紀の歴史家はナショナリズム的美挙として称賛した．第2次世界大戦後の平和論の立場からは，狭義の戦争の歴史ではなく総合的・国際的な人間史の全体像のなかに広義の十字軍史を位置づけようと試みている．

【文献】平大百科 7: 77-80; NCE 4: 500-12; DMA 4: 14-62; 橋口倫介『十字軍—その非神話化』(岩波書店 1974); R. グルッセ『十字軍』橋口倫介訳 (白水社 1954): R. Grousset, Les Croisades (Paris 1944); R. グルッセ『十字軍』橘西路訳 (角川書店 1970): R. Grousset, L'épopée des croisades (Paris 1939); C. モリソン『十字軍の研究』橋口倫介訳 (白水社 1971): C. Morrisson, Les Croisades (Paris 1969); A. マアルーフ『アラブが見た十字軍』牟田口義郎，新川雅子訳 (リブロポート 1986): A. Maalouf, Les croisades vues par les Arabes (Paris 1983); G. ド・ヴィルアルドゥワン『コンスタンチノープル征服記』伊藤敏樹訳 (筑摩書房 1988): Geoffroy de Villehardouin, La Conquête de Constantinople (Paris 1969); S. ランシマン『十字軍の歴史』和田廣訳 (河出書房新社 1989): S. Runciman, The First Crusade (Cambridge 1980); R. ペルヌー『十字軍の男たち』福本秀子訳 (白水社 1989); R. Pernoud, Les hommes de la Croisade (Paris 1982); S. Runciman, A History of the Crusades, 3 v. (Cambridge 1951-54); K. M. Setton, et al., eds., A History of the Crusades, 4 v. (Philadelphia 1955-77); H. E. Mayer, Geschichte der Kreuzzüge (Stuttgart 1965); J. Richard, L'esprit de la croisade (Paris 1969).

(橋口倫介)

じゅうじぐんだいちょくしょ　十字軍大勅書

〔ラ〕Bulla Cruciata　十字軍勧説の目的で発布された教皇の公開勅書．11世紀以来繰り返され十字軍終結後も教会擁護のための各種の戦いに準用された．第1回 *十字軍の発動時 *ウルバヌス2世が *クレルモン教会会議において行った演説がその内容の規準とされ，1145年12月1日 *エウゲニウス3世が発布した『クァントゥム・プラエデケッソーレス』(Quantum praedecessores) が最も典型的である．勅書はまず十字軍遠征の成果をたたえ，次いでイスラム側の反撃による危機を訴え，全キリスト教徒に決起を呼びかけており，対イスラム戦争への従軍者とその家族および間接的貢献者への物心両面での報酬を約束し各種の特権授与を明記している．霊的特権として罪の赦しと全 *免償があり，戦士とその妻子を教皇権の保護下に置くとし，経済的には遠征費調達の援助，負債利息の支払猶予や免除が認められ「聖地特権」の設定文書となっている．またイベリアの *レコンキスタ に関する *アレクサンデル2世の *アラ

ゴン王宛書簡(1063)はイスパニアの十字軍大勅書『クルサダ』(Cruzada)の嚆矢とされ，後に*インノケンティウス3世によって更新され(1212)，さらに*グラナダ奪回(1492)の後まで教会復興のため有効とされ今日に及んでいる．　　　　　　　　　　　　　　　　　　（橋口倫介）

じゆうしそうか　自由思想家　〔英〕freethinker,〔独〕Freidenker,〔仏〕libre penseur　　17–19世紀，特に*啓蒙思想の時代の哲学者ならびに自然科学者のうち，聖書，教義などにおけるキリスト教の教えが学問と道徳の進歩の妨げであり，それらは真理に矛盾し，それを歪め，真理の光に曇りをもたらし，人間が真の幸福に到達することを不可能にすると主張した者たちを指す．それゆえ，「自由思想家」は*理神論の論者，*百科全書派と重なり合うものをもっている．科学の進歩が社会的悪を除き，人類に幸福をもたらすと考えた彼らは，その目標を達成するために，思想の自由が必要であり，教会の権威によって課された重圧から解放されなければならないと考えた．この呼称はもともと英語のものであったが，彼らはフランスでは libertins, esprits forts, franc-pensants とも呼ばれ，ドイツでは Freigeister とも呼ばれた．イングランドで「自由思想家」の言葉が最初に用いられたのは，*ロック宛のモリニュー(John Molyneux)の手紙(1697)のなかで，*トーランドを名指しではっきりと，自由思想家とみなしていると述べた例であろう．文豪*スウィフトは15年後『イングランド国教会人の感情』(Sentiments of a Church of England Man)のなかで，「無神論者，放縦主義者，宗教を軽蔑する者，すなわち，普通『自由思想家』の名前で通っている者たち」といっている．しかし「自由思想家」は，コリンズ(Anthony Collins, 1676–1729)の『自由思想論』(Discourse of Free-Thinking, occasion'd by the Rise and Growth of a Sect Called Free-Thinkers, 1713)の出版によって一般化した．コリンズのほか，有名な自由思想家は*シャフツベリ，ペイン(Thomas Paine, 1737–1809)，H.*スペンサー，*ディドロらである．

　キリスト教ではこの傾向を受け入れて，自然科学と*聖書の文献批判の進歩に強調的な立場をとって，教義を見直そうとする*近代主義の考え方が起こった．カトリック教会は*ピウス9世の*『謬説表』(1864)，*ピウス10世の回勅*『パスケンディ』(1907)によってこのような傾向を厳しく規制したが，20世紀後半は世俗国家が宗教の独自性を認め始め，また第2*ヴァティカン公会議の*アジョルナメントの方針によって現代の知的潮流との対話が勧められるようになり，状況は変わった．
【文献】NCE 6: 139–41.　　　　　　　　　（高柳俊一）

しゅうじつ　週日　〔ラ〕feria,〔英〕weekday,〔独〕Wochentag,〔仏〕férie　　1週間のなかで，*主日(日曜日)でない平日を*典礼暦のなかで週日と呼ぶ．7日からなる週の周期を特徴とした古代ユダヤ暦では，元来第7日を意味する安息日(→安息)のほかの日も，週の第何日と呼んでいた．キリスト教の主日も元来は，週の第1日(「週の初めの日」マタ 28:1 および並行箇所参照)である．教会での土曜日以外の週日の呼称はこれを受け継ぐもので，月曜日は週の第2日(〔ラ〕feria secunda)，火曜日は週の第3日(feria tertia)，水曜日は週の第4日(feria quarta)，木曜日は週の第5日(feria quinta)，金曜日は週の第6日(feria sexta)となる．
【週日の礼拝慣習】教会の最も基本的な礼拝集会は，主日の*エウカリスティアの典礼であるが，週日の慣習として早くから，ユダヤ人たちの月曜日・木曜日の*断食に対して，水曜日と金曜日に断食を行うという実践が始まり(*『十二使徒の教訓』8, 1)，4世紀には全教会に広まった．また4世紀末以降，毎日*ミサを行うという実践もみられるようになった．*ローマでは週日はミサのない日とする慣習が長く続いたが，早くから土曜日を断食日とし，イエスの死に対する弟子たちの嘆きにあやかり，また木曜日には*最後の晩餐や*オリーブ山で苦しむイエスを記念するなど*聖週間を模した実践が行われた．やがて四季の斎日(→典礼暦)や*四旬節の週日にミサを行う慣習が始まった．
【各曜日ごとの信心】9世紀以降の*西方教会では，1年を通して週日もミサを行うようになり，*アルクインが週日用の信心ミサの式文を作成して以降，種々の信仰心から各週日の主題化が行われた．11世紀にコンスタンツの*ベルノルドゥスの三位一体論的な主題歌，12世紀の*ホノリウス・アウグストディネンシスによる救済史的な特徴づけ，14世紀の*デヴォティオ・モデルナの先駆者*バルボによる観想用の主題化の試みなどである．*トリエント公会議による典礼改革の成果である1570年の『ローマ・ミサ典礼書』では，一連の信心ミサが各曜日に指定され，第2*ヴァティカン公会議まで教会生活に影響を及ぼした．中世以降，各曜日に与えられた主な主題は次のようなものである．

　〔月曜日〕月曜日に関しては，*三位一体の第二の位格(御子)にささげられる日とした例(ベルノルドゥス)や罪の*観想の日とした例(バルボ)のほか，*煉獄にいる魂を思い，援助する日とする信心も生まれた．1570年の『ローマ・ミサ典礼書』では，三位一体のためのミサをささげる日とされた．

　〔火曜日〕火曜日は，第三の位格である*聖霊にささげるとするもの(ベルノルドゥス)や，イエスの*洗礼を記念する日といったテーマが与えられた．1570年以降は，*天使のための信心ミサの日とされた．

　〔水曜日〕初期のキリスト者が断食の日としたように，水曜日は特にユダの裏切りの日として記念され(*『使徒戒規』5, 14, 4)，中世にも受け継がれた．1570年の『ローマ・ミサ典礼書』では，使徒のための意向によるミサをささげる日とされ，1920年からはこれに*ヨセフのためという意向も加えられた．

　〔木曜日〕水曜日と金曜日が当初から重視されていたのに対して，木曜日は西方教会の伝統で長い間，典礼のない日とされた．ローマ教会でも，木曜日を含む週日全部のミサ式文が整うのは8世紀である．信心ミサの主題としては，ホノリウスが木曜日を最後の晩餐における*聖体の制定およびイエスの逮捕を記念する日とした例があり，これは聖週間の主題に準じたものである．1570年からは，聖霊のため，および聖体のためという意向が木曜日のミサに与えられ，1935年からは，さらにキリストの大祭司職のためにささげる日とされた．

　〔金曜日〕*初代教会以来，キリストの*受難の曜日として断食をもって記念する曜日である金曜日の主題は一貫しており，12世紀のホノリウスの考えでも，キリストの十字架上の死を記念する日とされた．中世の十字架崇敬や，近世の*イエスの聖心の信心はつねにこの曜日と結びつけられ，*十字架の道行，聖なる槍の崇敬などの信心が盛んになった．金曜日の午後3時(イエスの死亡の時刻)に鐘を鳴らすという慣習や断食または*小斎(肉類を断つ)の慣習は，今日でもカトリックの伝統の

強い国々に残っている．毎月の *初金曜日などもその一例である．

〔土曜日〕教会の暦において土曜日はサバトゥム（〔ラ〕sabbatum）と，安息日の名称を受け継いでいる．初代教会の *ユダヤ人キリスト者の一部には，土曜日に関して依然として安息日の規定を遵守する者もあったが，異邦人世界へのキリスト教の拡大とともに徐々に消えていった．一方，4世紀以降，*東方教会では，土曜日を主日と同等のものとみなすようになり，主日と同じく断食もひざまずくこともしてはならず，四旬節の間でさえも土曜日は断食してはならないとされた．これに対して，ローマをはじめ西方教会では早くから土曜日を断食日とすることが伝統となった．これは，イエスの死に対する弟子たちの嘆きにあやかるものとされる．9世紀以降，土曜日には聖母 *マリアにささげられる信心ミサが行われるようになったが，これは，イエスが墓にいた間，唯一信仰を守っていたマリアに倣う意味からのもので，1570年の『ローマ・ミサ典礼書』でも採用された．

【現在】第2ヴァティカン公会議による典礼刷新の成果である1970年の『ローマ・ミサ典礼書』では，もはや週日のミサに固有の主題を与えることはせず，週日用の共通の *叙唱を用意しているだけである．これは主日と主の祝祭日を中心とした典礼暦の特徴をより明確に表すためである．週日の典礼上の意味合いは，年間・季節における各週の位置や週日ミサの聖書朗読配分，*教会の祈り（聖務日課）などによっておのずと特色が与えられている．ただし各国の *ミサ典礼書のなかでは，それぞれの教会にふさわしい信仰心の伝統やその育成の意図などから，一定の週日に特別な意向をあてることなどもある程度行われつつある．

【文献】土屋吉正『暦とキリスト教』（オリエンス宗教研究所 1987）; F. J. DÖLGER, "Die Planetenwoche der griechisch-römischen Antike und der christliche Sonntag," AuC 6 (1941) 202-38; J. A. JUNGMANN, "Der liturgische Wochenzyklus," ZKTh 79 (1957) 45-68; G. SCHREIBER, Die Wochentage im Erlebnis der Ostkirche und des christlichen Abendlandes (Köln 1959); H. AUF DER MAUR, Feiern im Rhythmus der Zeit I. Herrenfeste in Woche und Jahr, GDK 5: 26-53. （石井祥裕）

しゅうしにんべつあらためちょう　宗旨人別改帳
領主が領内の人口と納税能力，領民の宗教を把握するために作成させた帳面．禁教政策を打ち出した幕府は *宗門改を推進するために，既存の人畜帳を利用したり，新たに宗門改帳を作成したりして領民の宗教を監視した．かくして，宗門改と人口調査，貢租徴収とを兼ねた宗門人別改帳が，徐々に完成されるに至った．その初見は1634年（寛永11），『長崎平戸町・横瀬浦町，人数改之帳』であり，領民は人別ごとに寺請を行っている．寛永年間は人別帳の様式は地方によって異なり，実施されない地方もあった．1665年（寛文5）幕府は，諸藩にその作成を義務づけ，1671年（寛文11）より毎年作成された．家ごとに戸主を筆頭に家族・奉公人・下人の名と年齢が記され，*キリシタンでないことの証明として各人の檀那寺の証印が押された．

【文献】蒔井学「江戸幕府の宗教統制」『岩波講座日本史』11（岩波書店 1963）133-70． （溝部脩）

じゆうしゅぎ　自由主義　〔英〕liberalism, 〔独〕Liberalismus, 〔仏〕libéralisme　自由主義は個々人の人間としての *自由を尊重し，それを保護し，拡大しようとする思想および運動で，自己以外のものからの侵害，特に *国家や *社会からの不当な制約，抑圧，強制，拘束などを排除して，社会的自由，市民的自由を享受し，全生活領域において自由な自己実現を計ろうとする思想である．

自由主義という概念は，明治10年代の自由民権運動以来，英語の liberalism や西欧のその他の言語のこれに類する概念の訳語として用いられてきた．もともと liberalism は古代のラテン語の形容詞 liberalis に由来し，「思いやりのある」「気前のよい」「高貴な」というような意味を有する徳性に関する概念であったが，また奴隷の身分に対して「自由の身分に生まれた者」という意味もあった．そこからヨーロッパ近代の絶対主義の崩壊期以降，この概念が政治的，社会・経済的意味での期待概念として用いられるようになった．

この思想は一般に政治のうえで，国家の権限の縮小と個人の自由の尊重，すなわち主権在民思想に基づいて，憲法の制定と法治国家の確立，議会制民主主義のもとでの市民としての個人の権利の確保と法的保証，人間の平等と自由な自己実現などを，そして経済のうえでは，市民階層による私的企業の可能性と私有財産制，市場経済と自由競争，さらに自由貿易などによる市民の経済的繁栄を主張してきた．

しかし，思想としての自由主義は，政治，経済の分野のみならず，文化，宗教，芸術の分野においても既存の価値観からの束縛を克服しようとする思想的立場であり，寛容の精神に基づいて信教・良心の自由，教育・研究の自由，言論・出版の自由などの普及のためにも貢献してきた．

現代では自由主義は *資本主義のイデオロギーとみなされて，*社会主義や *マルクス主義の立場から批判されてきたが，近年の社会主義の衰退とその *社会民主主義への移行過程において，自由主義は改めてその意味が見直され，また自由とは何か，さまざまな分野における自由やその序列と均衡，人間の基本的諸価値における自由の位置，さらに現代の自由主義そのものの問題性も問い直されるようになってきた．

【自由主義思想の歴史的背景】自由主義という概念そのものは19世紀になってから普及したものであるが，その思想史的萌芽はすでに西欧近世社会のうちにみられる．この思想の発祥の地としての西欧社会では，近世以後，中世封建社会のさまざまな束縛からの脱皮が試みられた．もちろん人間の自由への渇望と衝動は中世のある時期にもみられたが，歴史的な運動を伴う思想としては *ルネサンス期の文芸思想やそれに続く *宗教改革運動，さらに *啓蒙思想などにもその前駆がみられる．そして芸術的自由の渇望と宗教的自由の要求は，政治的・社会的自由の要求へと進展し，さらに経済的自由の要求へと発展した．

この思想の主な担い手は近代の西欧の市民社会であり，封建主義時代の末期から絶対主義の時代にかけての資本主義の発達とともに，自己の経済活動とそれによって得た財産の所有，その財産を資本として活用する自由への要求となった．そして，その際における領主や国家からの干渉と社会からの束縛，絶対主義的な制度そのものの排除への要求へと発展した．こうして自由主義が一定の主義主張をもつ思想と運動として台頭したのは，イギリスの17世紀の *ピューリタン革命や名誉革命などの市民革命期であり，またフランスでは18世紀末の

*フランス革命とその人権宣言であり，自由主義は市民社会を代表する思想となった．そして宗教や思想の面での個人の人格の尊重，文化の面では教育や文芸における宗教的制約からの解放，政治の面では市民的平等と*民主主義，経済の面では経済活動の自由が提唱され，やがて産業革命以後，自由主義は自由放任主義にまで発展した．

【政治的自由主義と経済的自由主義】自由主義が政治的理念として提唱されるようになったのは，19世紀初頭のイギリスにおいてであった．そして政治的自由主義は経済的自由主義と不可分な関わりのもとで発展した．フランス革命の人権宣言の趣旨は，フランスでよりも，経済的により進んだ状況にあったイギリスで政治的要求となり，言論，信教，出版，契約などにおける自由，すなわち市民的自由の確保と拡大のための市民階層の要求として現れた．そして，この理念はイギリスの1832年の選挙法改正，1846年の穀物法廃止，1867年の選挙法再改正による都市労働者の参政権獲得と1868年の自由党結成に至るまでの過程で，市民階層の経済活動の自由とそれに基づく経済的繁栄，そして民主主義としての自由主義が推進されていった．

これらの一連の政治的自由主義の運動は，貴族地主階級の政治経済的支配を排除し，市民階層の自由な活動を可能にし，経済的な繁栄を達成することになったが，やがて自由主義のうちに潜む矛盾を露呈することになった．すなわち経済的自由主義としての資本主義の発展は，多くの労働者を必要とし，また経済的自由主義がしだいに自由放任主義の形で発展するに及んで，労働者階層の貧困，女性労働者や幼年労働者の雇用，労働時間などの諸問題が生じ，国家による社会立法，すなわち国家による新たな干渉の必要性が生じるに至った．その結果，自由主義は社会的自由主義，*新自由主義への道，すなわち自由放任主義的な古い自由主義の欠陥を認め，国家による社会政策の導入によって，社会主義に対抗しうる現代の自由主義への道を辿らざるをえなくなった．

もともと自由主義は「最も少なく統治する政府が，最良の政府である」と主張して，国家の干渉を排除してきたが，資本主義の発展は自由主義の民主主義としての要素を，すなわち労働者階層にも経済的・政治的自由と平等を与えることを無視することができなくなり，1867年の選挙法改正で労働者にも参政権が与えられることになった．また政治的自由主義が民主主義的自由主義として普及するに及んで，自由主義は主に経済の上で，資本主義の基礎理念として社会主義やマルクス主義，またさまざまな形態の*ファシズムと対抗するようになった．

【自由主義の哲学的根拠】自由主義の根底には「個の自律」という近代の哲学的*個人主義からの原理がその前提にある．すなわち個人に本来備わっている諸能力を，自ら自発的に発展させることによって，人間の*尊厳にふさわしい社会的，経済的，政治的制度を確立することができると確信した．このような考え方の基礎には，オランダの近代自然法思想やフランスの重農主義の社会における自然秩序観があり，またそれらに基づくアダム・*スミスの『国富論』(1776)における自然と富の源泉についての研究がある．すなわち彼によれば，個人の利己心に基づく自由な経済活動は全体として公共の繁栄と調和を生み出すという楽観主義的な経済哲学が自由主義の根底にあるといわれる．さらにJ.*ベンサムの*功利主義の哲学とその信奉者たちによる個人主義的自由主義は，自由主義の一要素である民主主義の哲学的根拠となり，「最大多数の最大幸福」を目標とし，万人の平等と民主主義を目的とする個人的自由を尊重する自由主義の運動となった．しかしJ.S.*ミルはベンサムの功利主義の立場に立ちながらも，彼の『自由論』(1859)において，経済的自由の限界を認め，それを精神的な自由をもって基礎づけ，自由主義に新しい展開を与えた．

【現代の自由主義の問題】現代では経済的自由主義の成果として資本主義が高度に発展し，また複数の国々で経済活動を営むようになり，国家による統制も極めて困難になり，政治的自由ばかりでなく，文化的・精神的自由をも侵害しかねなくなってきた．そのような状況のもとで，自由主義の本質とその具体的な在り方は，改めて問われなければならなくなった．また今まで自由主義に対抗してきた社会主義思想が衰退し，その批判的機能を充分に果たしえなくなった現代では，個としての人間の自由の原点に立ち戻った自由主義そのものの再考が必要となっている．また人間の各生活分野における自由の序列や調和についての考察も現代の課題であろう．現代では自由放任主義的な自由主義の場は，理論的にはないとしても，現実には自由競争は弱肉強食に終わりがちであり，弱者の自由の保証も必要である．しかし規制を強化しすぎれば個の自由を束縛し，個人の自発的な活動を阻害し，画一化に終わらせがちになる．

【自由主義とカトリック教会】自由主義的思想はカトリック教会ではあまり好意的に受け止められてはこなかった．その理由はカトリック教会が封建主義，絶対主義に類する形態を保ち続けてきたことと，宗教改革や啓蒙思想の矢面に立たされて，いつも批判の対象とされてきたことにもある．

また自由主義の基礎理念となった近代の哲学的個人主義と自由主義の普及に貢献した功利主義，またそれらの前提となっている理神論的神概念(→理神論)と自然観，またその基礎となっている人間の理性についての考え方には，カトリック教会の信条とは相容れないものがある．19世紀前半には自由主義的思潮の影響を受けたフランスやドイツのカトリック神学者や思想家たちに対して，教皇*グレゴリウス16世が回勅*『ミラリ・ヴォス』をもって教導の立場から警告し，1888年には教皇*レオ13世が回勅『リベルタス・プラエスタンティッシムム』(Libertas praestantissimum)において，人間の自由の本質について詳論し，人間の自由も究極的には神の意志に基づく倫理法のもとにあることを指摘している．自由主義に対するカトリック教会の批判的関心は，政治的自由主義や経済的自由主義に関してよりも，主に宗教，精神，文化の領域の自由に関するものであったが，1891年のレオ13世の回勅*『レルム・ノヴァールム』に始まる現代のカトリック教会の社会教説(→社会問題)では，経済的自由主義における行き過ぎた自由主義の問題性がしばしば警告されてきた．

近代の自由主義が提起した人間の自由の問題は，今日ではキリスト教神学の立場から再考され，*聖書神学からの人間の自由に関する考察と現代のキリスト教神学に基づくキリスト教独自の人間論と社会論から，政治的・経済的自由をカトリック教会の社会教説として提唱している．

【文献】HWP 5: 256-72; LThK² 6: 1007-11; StL 916-21. (犬飼政一)

じゆうしゅぎしんがく　自由主義神学〔英〕liberal theology,〔独〕liberale Theologie,〔仏〕théologie libérale

じゅうじゅん

教会の伝統的教義(*教理)から自由であろうとする神学の意.この観点からすれば,自由主義神学は19世紀の*シュライエルマッヘル,*リッチュル,*トレルチらの神学を指すだけでなく,18世紀の*理神論やネオロギー(Neologie)などの啓蒙主義神学をも含み,さらに遡ってルネサンス・ヒューマニズムに連なる*エラスムスやF.*ソッツィーニなどの人文主義神学をも含むことになる.事実,ニク(W. Nigg)の『宗教的リベラリズムの歴史』(Geschichte des religiösen Liberalismus, 1937)は人文主義神学者に遡って記述している.

しかし人文主義神学者はむしろ先駆者であり,教会の教義から自由な,本格的なキリスト教思想を展開したのは18世紀の啓蒙主義神学からである.特にイギリス理神論は重要な位置を占める.それは,教会と国家の分離,*啓示からの*理性の独立によって特徴づけられる,中世的コルプス・クリスティアーヌムの解体に応ずる,キリスト教内部の現象であり,トレルチ的にいえば,*新プロテスタント主義の神学ということができる.

しかし,自由主義神学というとき,主として,19世紀のシュライエルマッヘル,リッチュル,トレルチらの神学を指す場合がある.これらはいずれも伝統的教義から自由な神学を志向したが,シュライエルマッヘル自身のなかには,教会の教義と近代思想を調停しようとする要素と,神学を*宗教哲学に還元しようとする要素があり,この二つの要素がそのまま19世紀自由主義神学の特徴となった.すなわち前者はリッチュル,J. W. *ヘルマンによって受け継がれ,後者はトレルチによって受け継がれた.概して自由主義神学の内容的特徴としては,内在的な神観,*原罪を否定する明るい人間観,内在的な神の国の実現という楽観的な歴史観等があげられる.

【文献】キ大513;佐藤敏夫『近代の神学』(新教出版社1964);同『キリスト教と近代文化 ― 近代プロテスタント思想史』(新教出版社1964);W. NIGG, Geschichte des religiösen Liberalismus (Zürich, Leipzig 1937); M. HUBER, Jesus Christus als Erlöser in der liberalen Theologie (Winterthur 1956); C. SENFT, Wahrhaftigkeit und Wahrheit (Tübingen 1956).　　　　　(佐藤敏夫)

じゅうじゅん　従順　〔ラ〕oboedientia,〔英〕obedience,〔独〕Obedienz,〔仏〕obédience, obéissance

【語意】従順とは,*権威に従う人格的な態度である.本来,正当な権威はすべて*神から来るので,従順は少なくとも間接に,神に従う行為である.

【旧約聖書】上述の通り,元来,人格的な態度を指すが,従順の源泉は,創造主と*被造物の関係と,被造界に神が定めた秩序に基づくものであるため,まだ人間の介在を受けない,神から造られたままの自然のうちに,従順のかたどりをみることができる.こうして,神が光あれといえば光があり(創1:3),太陽も星も風も雷鳴も,すべての被造物は,神の置いた通りに存在し,*神の栄光の表現となっている(詩8;135:7;77:16;148:3;104:2).被造物は,自分が置かれたままの状態を喜んでいる(バル3:24-25).人間に降りかかる災害さえも,神の承認によらずにはありえない(ヨブ1:12;2:6).しかし,被造物が*神の意志に服従していた従来の状態は,神がその支配を委ねた人間の,神への不従順によって破壊されていった(ロマ8:21).そもそも人間の不従順の始まりは,人祖にまで遡る.*アダムとエバ以後も,*バベルの塔や*ノアの洪水の出来事に描かれている通り,罪の本質である人間の神への不従順は絶えず,現在に至るまで人類の反抗は続いている.こうした人間の不従順に対し,神は歴史の流れのなかで,幾度も従順の回復へと人間を呼び戻した.*アブラハムは従順の最高の模範である(創22章).神は,後に*律法をイスラエルに与え,これを神への従順の規範とした(出24:7-8,詩119:2, 31).律法を守ることは*犠牲よりも大切であり(サム上15:22;エレ7:21-23),律法の遵守はさまざまな*祝福をもたらす(申6:17-18;ヨシュ1:7-8).律法の遵守は*契約の一つの中心である(出19:5;エレ11:2-5).ところで,律法のなかで,最も大切な要素は,神を神として認め,神を愛することであるが,これは律法の本質が,神と人との人格関係にあるという特徴をよく表している.ところが,捕囚期以後は,しだいに律法の文字の遵守に重点が置かれ,イエスの時代の*ファリサイ派のような形骸化にまで発展していった.ここに,非人格化されることによって,本来の意味を失い,うつろになった律法の姿がある.

【新約聖書】そこで,まずイエス自身,ファリサイ派的な形骸化した非人格的な律法の遵守を排し,*父なる神との人格的な関係からの御旨の成就に律法の完成の意味を置き直し,自ら従順の模範をたれた(ヘブ5:8;ヨハ4:34;マタ26:36-46).イエスにとっては,どのような人々に,どのように*福音を述べるかというところまで,父なる神の派遣に基づく従順の使命として捉えられていた(ルカ4:16-21).パウロは,このイエスの生涯を,「自分自身を無にして,僕の身分になり,……死に至るまで,それも十字架の死に至るまで従順でした」(フィリ2:7-8)と賛えている.あらかじめ旧約で,*神の僕の従順が語られていたが(イザ50:4;詩40:8-9),イエスはこの僕の姿をとって,その従順によって人類に*救いをもたらしたのである(ロマ5:19).神の国とその*義だけを求めるよう勧める(マタ6:33)イエスは,神の御旨に対しては「然り」,御旨でないことに対しては「否」というように教え(マタ5:37),父の御旨を行う者こそが自分の母であり兄弟であると諭している(マタ12:50).また,*主の祈りのなかで,御旨が天上の段階に及ぶまで,この地上でも行われるように祈らせる.*パウロにおいては,キリスト者の従順は,特に*霊によって生き,行動することであり(ロマ8:4;ガラ5:16, 25),何が御旨であるかを識別することも大切である(フィリ1:10).

【一般的従順】聖書はただ神に対する人の従順を語るだけではなく,人間の権威者に対する従順も語る.真の人間の権威は神から与えられたものであり(ヨハ19:11),神に背く権威には従えないが(使4:19;ダニ3:18),神に背かない権威は認めなければならず,これに背く者は神に背く者となる(ロマ13:1-2).最高の権威だけではなく,その権威に従属するすべての権威にも従うべきである(1ペト2:13-14).

被造界のあらゆる秩序は,神の摂理による.人間の社会にも一定の秩序が必要である.*共通善は,秩序のなかでこそ保たれ追求されていくので,*共同体のあるところには,必ず秩序がなければならず,この秩序を維持するために欠くことのできないものに権威と,権威への従属がある.したがって,権威と従属の存在は,それ自体,人間の本性を造った神の意志に基づくものであり,大切にされねばならない.社会共同体は,家庭,学校,軍隊,企業,*国家など多岐にわたるが,それぞれが個有の権威と従属の形態をもつ.しかし,いずれも,それ

それの共通善を維持し，発展させるための権威に従順でなければならない．なぜなら，人間の善こそ神の望むことだからである．

ところで，権威と従順の在り方について幾つかのことをいわねばならない．まず第一に，従順は一般的には人格的要素が生かされるものでなければならない．各人は人格者として造られているので，*理性，*意志，*判断力，*感情，*記憶，その他さまざまな能力をもち，さらに人格的尊厳と *自由を有している．従順そのものが，これらをその能力や状況に応じて生かされるよう配慮されるのが正当である．能力が未発達であったり不十分であるか，状況が必要としないかぎり，機械的な従順を強いるべきではない．ただ，親の権威が子を従わせるときや，軍隊で長官が部下を従わせるときなどに，ある程度例外は認められよう．第二に，どのような権威のもとにあっても，権威者の命令を従属者が果たす場合，つねに従属者にも責任はある．なぜなら，従順はつねに究極的には神への従順であり，権威者も神への従順のなかで従属者に命令を与えなければならないが，ときとして倫理的に誤った命令を与え，善でないことを命じることもありうるので，従属者は命じられたことは善でないと明らかにわかった場合，従うべきではないからである．第三に，権威が共通善を妨げる場合，抵抗が正当化される場合もある．第四に，権威者は秘密を守る必要性やその他の理由で，命令そのものの理由を示さないこともありうるので，いわゆる盲目的従順を認めるべきときもある．その場合，盲目的従順は，非人格的従順ではない．権威者への信頼やその権威の一般的承認が従属者のなかで成り立っていることが前提となるからである．

【信仰者の従順】以上，信仰者，非信仰者を問わず，一般に従順について述べたが，信仰者の場合，たとえ権威者に対する従順の実践や態度において，非信仰者と変わらないときでも，従順の内面的質において，非信仰者の場合と違ったものが出てくる．信仰者の場合，人間としての権威に服するときにも，意識的に，あるいは潜在意識的に，神との関係を自覚しやすいからである．世俗的社会の世俗的権威に服するときもそうであるが，特に教会 *位階制の権威や，*修道者が *修道会の長上に従うときはその傾向が強い．修道共同体では，従順の *修道誓願を立てるので，長上に従うことと神に従うこととは一体化されて意識されている．このほか信仰者の場合は，人間としての権威者を媒介としない，直接神への従順ということも，日常生活のなかで絶えず問題として起こりうる．特定の権威者から命じられなくても，いつも神との間の人格的関係があるため，神の御旨に沿った行動や態度や，ひいては，心の持ち方までも，神への直接の従順の自覚として成り立つからである．信仰者は信仰態度の深まりとともに，ますます生活のすみずみまで，神の意志に沿ったものとして整えようとする．さらに，信仰者においては，その事柄自体は，倫理的善とは関わりのない従順もありうる．例えば，聖母 *マリアが天使を通して神に表した「御旨のままに」という承諾（ルカ 1：38）に典型的に現れるように，*司祭や修道者の *召命に神から招かれたと感じるときに，その招きに従うような従順がそれである．もし神の招きに従わなくても，それが倫理的に *悪となるのではない．なぜなら，神は相手の自由を前提としながら招いているからである．

【従順の教育】共同体の種類や性格によって従順の在り方は異なるが，いずれにおいても，従順が優れたものになるために教育は大切な要素である．教育の内容として，次のような諸点をあげることができよう．(1) 共同体の秩序と共通善の推持，追求のために，どのように従順が必要であるかということ．この点に関しては，従属者が従順の価値を認識するところまで導く必要がある．(2) 従順は人格的であること．したがって，特別な場合を除いては，従属者の *個性，才能，自発性などが生かされ，命じられた事柄を創造的に実現していくことが望ましいこと．(3) 共同体の秩序や共通善の維持発展のための従順であるから，ときとして，個々人の望みや好みを越えなければならないこと．(4) 人間的尊厳からは，権威者も従属者も平等であり，共に共通善に奉仕するものであるが，ただ共通善追求のための責任のとり方や責任の範囲，あるいは役割が違うということ．(5) ときとして，盲目的従順もありうること．ただし，これには，権威が信頼できるという条件が必要なこと．

これら5点は，一般的に従順の教育についていえることであるが，*修道生活における従順については，なお幾つかを加えなければならない．まず長上からくる命令は，*摂理のなかで捉えなければ，修道者としての従順は不完全なものとなること．さらに従順は神との愛の絆であるという事実に目覚めていること．各自は，召命に応じる自由をもって，修道生活を選んだのであるが，この選択自体のなかに，神への愛の具体的絆の一環として，従順を受け取っているので，この事実を自覚しなければならない．従順は神への愛のなかに，その真の姿を現す．

【文献】P. E. REGAN, "The Exercise of Authority by Religious Superiors in Modern America," *Religious Community Life in the United States*, 2 v. (New York 1952); H. HOLSTEIN, "Le Mystère de l'obéissance," Études 278 (1953) 145-57; K. RAHNER, "Reflections on Obedience: A Basic Ignatian Concept," *Cross Currents*, 10 (1960) 363-74; I. HAUSHERR, *L' obéissance religieuse* (Toulouse 1966); H. RONDET, *L' obéissance: Problème de vie, mystère de foi* (Le Puy 1966).

（池長潤）

じゅうしょ〔きょうかいほうじょうの〕 住所〔教会法上の〕〔ラ〕domicilium,〔英・仏〕domicile,〔独〕Wohnsitz 「住所」はここではラテン語の domicilium の訳語である．このラテン語は domus（家の意）からの派生語で，個人が自分の家をもっている場所，すなわち個人が恒常的に居住している場所を指す．個人とその住所のある場所との間に一定の関係があることから，この場所に *裁治権をもつ教会の権威者に対して一定の義務と権利が生じる．カトリック教会が *教会法のなかで，各カトリック信者の教会権威者への帰属方式を規定しているのはこのためである．

【住所の取得】教会法では，住所は二つの方法で取得される（新『教会法典』102 条）．一つは，何らの妨げがないかぎりそこに永住する意思をもって，ある *小教区もしくは教区内に居住するという事実によってである．つまり，住所の概念は基本的には一定の場所に住むという意思に立脚する．これは教会が *ローマ法から借用したものである．住所はまた同じ場所に引き続き 5 年間居住することによって得られる．ある人が二つの住所をもつこともできる．例えば，いつも冬に住む家のある所と，夏の別荘がある所である．ある人が一定の教区内に住んではいるが，その教区内に定まった住所をもっていない場合，その住所は「教区の」住所と呼ばれ，小教区内に

じゅうしょうしゅぎ

住所がある場合は，その住所は「小教区の」住所と呼ばれる（同102条）．住所は，本人の出生地（同101条）や本籍地と必ずしも同一ではない．本籍地が住所である場合もあれば，そうでない場合もある．

住所の取得は各人の属する身分に応じて異なる．(1) 修道会および使徒的生活の会の会員は，上長から指定された修道院が住所となる（同103条）．したがってこの場合，住所選択は修道者にではなく，その上長にある．(2) 夫婦は，共通の同一の住所をもちうるし，それぞれ別に自分の住所をもつこともできる（同104条）．1917年公布の旧『教会法典』では，妻の住所は必然的に夫の住所と同一とされていた．しかし教会は，夫婦が正当な理由で別居を迫られることもあることを認めて，その理由が正当と証明される場合には，夫婦それぞれが自分の住所をもつことを認める．正当な理由の主要なものは，夫婦一方の姦通，虐待，法律で認められた別居，離婚などである．教会はこれらの理由が，できるかぎり，権限を有する教会の権威者によって証明されることを要求する（同1152-53条，1692-96条）．(3) 18歳未満の者の住所は，その者が服属する者，すなわちその両親またはこれに準ずる者の住所となる．(4) 市民法の規定に従って親権から解除された者は，自己の住所を得ることができる（同105条1項）．(5) 法律に基づいて，後見人や保護者の配慮のもとに委ねられた者（例えば，精神病その他の理由により）は，後見人，保護者の住所がその住所となる（同105条2項）．

【住所取得によって得られるもの】信者が帰属する *主任司祭は，その信者の住所がある小教区の主任司祭であり，同じく信者が帰属する教区裁治権者は，その信者の住所がある教区の *裁治権者である（同107条）．教区の *司祭評議会の委員選挙権および被選挙権は，その教区に入籍していない司祭，あるいはその教区でいかなる職務をも有していない司祭も含めて，その教区内に住所のあるすべての司祭に付与することができる（同498条2項）．教区裁治権者は自教区内に住所を有する司祭に *告白を聴く権能を与えることができる（同967条2項）．しかし住所を喪失するとき，その *権能もなくなる（同975条）．在俗聖職者志望者の助祭叙階に関しては，助祭候補者の住所がある教区の司教が管轄司教である（同1016条）．

【住所の喪失】住所は，同所に復帰する意思を有せずにそこを立ち去ることによって失われる（同106条）．

【準住所】ある小教区あるいは教区内に居住する人は，そこに少なくとも3か月間居住する意思があるか，あるいは実際3か月続けて居住している場合，準住所も取得することができる．これは特に，勉強や仕事のために家族の所から離れて住んでいる学生や季節労働者にあてはまる．

【文献】DDC 4: 1372-83; M. L. GIBBONS, *Domicile of Wife Unlawfully Separated from Her Husband* (Washington D. C. 1947); J. A. CORIDEN, T. J. GREEN, D. E. HEINTSCHEL, *The Code of Canon Law: A Text and Commentary* (New York 1985) 74-76. （J. P. ラベル）

じゅうしょうしゅぎ　重商主義

〔英〕mercantilism, 〔独〕Merkantilismus, 〔仏〕mercantilisme　一般に，貿易黒字によって国の富の増大を目指す経済思想・政策の総称として用いられる．重商主義は，最初，17世紀から18世紀半ばにかけて，イギリスなどで支配的となった思想・政策であり，その立場の代表作としてはマン (Thomas Mun, 1571-1641) の『外国貿易によるイングランドの財宝』(England's Treasure by Foreign Trade, 1644) やステュアート (James Denham Steuart, 1712-80) の『経済学原理』(An Inquiry into the Principles of Political Economy, 1767) があげられる．それに対し，アダム・*スミスが1776年の『国富論』のなかで，富の概念を人々の労働と自由競争によって得られる日常品と便益品と考える立場から重商主義を批判して以来，重商主義は自由主義経済思想・政策と対峙されるようになった．その後，重商主義を擁護する経済思想も根強く存在し，19世紀のドイツにおいてイギリスのマンチェスター学派の自由貿易政策に対し保護貿易論を唱えた歴史学派の論客たち，特にシュモラー (Gustav von Schmoller, 1838-1917) の重商主義擁護論は有名である．また，20世紀のイギリスでも，*ケインズが自由放任主義を批判する立場から重商主義を擁護している．なお，現在においても，保護貿易政策をとる諸国家が新重商主義の名で呼ばれることも少なくない．

（山脇直司）

しゅうせい　習性

〔ラ〕habitus, 〔英〕habit, 〔独〕Habitus, 〔仏〕habitude　一般的に，主体的存在の傾向および行為を規定する変更困難な特性を指す．特に *トマス・アクィナスのスコラ神学では *恩恵論のなかで重要な概念である．神学的観点では，自由の主体である人間を超自然的生命へ方向づける永続的な特性である．神学的意味での習性は存在的習性と能動的習性の二つに分けられる．人間の *霊魂を完成させ，人間を「新しい被造物」(2 コリ 5: 17) とする *成聖の恩恵は存在的習性である．*聖霊の賜物と能動的習性は神学的徳（*注入徳），倫理的徳である．これらは神によって *義認の際注入され，神の働きのみによって働く．超自然的習性は自然的習性（能力）を高め，それぞれの与えられた目的を遂行せしめる．

【文献】LThK² 4: 1298-301.　（高柳俊一）

しゅうせいてきおんけい　習性的恩恵

〔ラ〕gratia habitualis, 〔英〕habitual grace, 〔独〕habituelle Gnade, 〔仏〕grâce habituelle　人間の魂に注入され，恒常的に人を聖化する神の *恩恵を意味するスコラ神学の用語（→ スコラ学）．この概念は，アウグスティヌス的な恩恵理解をギリシア教父たちの恩恵理解と合わせてアリストテレス哲学の概念で表すことによって，13世紀のスコラ神学者が形成したものである．*アウグスティヌスは神の恩恵を，喜んで信じ愛するように人の意志を動かす *聖霊の働きとして理解し，ギリシア教父は，人間存在を恒常的に高める *神の自己譲与として理解した．それでスコラ神学者は，神の恩恵を受け入れることによって *義とされた人間の状態を表すために，*アリストテレスの徳論から，人間の本性的能力を恒常的に完成する付帯有（〔ラ〕accidens）である習性・習慣 (habitus) という概念を適用した．すなわち，練習によって得た習慣が人の能力を完成するように，神によって人の魂のなかでつくられ人によって受け入れられた習性的恩恵は人を完成し，良い業に傾いている者にする．スコラ神学者はこの習性的恩恵を，義とされる前後の一つひとつの良い行為をするために人に与えられる *助力の恩恵と区別した．*トマス学派は，アリストテレス哲学の概念 natura （→ 自然・本性）を用いて，習性的恩恵を人間本性の形相因である anima （魂）を完成するものとして理解し，人の精神的能力（*理性と *意志）を完成するために与えられる

*注入徳（*信仰, *希望, *愛など）と区別したが, *スコトゥス学派は, 習性的恩恵を愛徳と同一視した.

神の恩恵を以上のように存在論的な概念で説明することは, 第2*ヴァティカン公会議までカトリックの*恩恵論を支配していた. しかし, 現在の神学者たちは, 義化される人の心が神によって与えられ, 人のなかにとどまる義と愛によって恒常的に正しいものとされるという*トリエント公会議の教え (DS 1529-30) を認めながらも, 恩恵をむしろ慈しみ深い神と人間との人格的出会い, およびキリストとの一致として理解している.

【文献】Cath. 5: 159-68; DThC 6: 1604-36; LThK² 4: 996; NCE 6: 661-62; W. BEINERT, ed., Lexikon der katholischen Dogmatik (Freiburg 1987) 202-209; P. ネメシェギ『神の恵みの神学』(南窓社 1967) 163-65.

(P. ネメシェギ)

しゅうぞく　修族〔ラ〕congregatio monastica,〔英〕monastic congregation,〔独〕monastische Kongregation,〔仏〕congrégation monastique　複数の自治隠世*修道院が同一の上長のもとに集まり, 組織されたもの. こうした形態はすでに10世紀の*クリュニー修道院などにみられるが, 15-16世紀には修道院改革により, 観想修道会(→修道会)と*托鉢修道会双方の長所を取り入れたサンタ・ジュスティナ(St. Giustina)修族, *ブルスフェルト修族(後にカッシーノ修族)などが誕生する. *トリエント公会議が『改革教令』で修族を規定し, これを推奨したため, 17-18世紀には*サン・モール修族ベネディクト会のように*ベネディクト会の修道院が地域ごとに修族を組織する. 19世紀には新しい修族も設立される.

【文献】LThK² 6: 439-40; Cath. 3: 13-15.　(矢内義顕)

しゅうぞく　習俗〔英〕folkways,〔独〕Brauch,〔仏〕coutume

【概念】ある地域, ある時代, 一般に人間生活にあって当然行われるべき習わしとして行われ, それが定着し伝統化していき民間の慣習風俗となった行事を, 略して習俗と呼ぶ. 習俗の基盤は宗教に根ざしており, 宗教的祭儀, *典礼に基づくものが多いが, 一般化し, 芸術化するとともに本来の宗教的意図が稀薄化したものや, 先行文化, 他の異文化と習合し, 全く別の内容に変化したもの, 意味不明となりながらも慣行的に続けられているものもある. 反対に, 宗教本来の意味に遡ろうとして, 絶えず新たに敬虔性(→信仰心)を獲得しようと更新を重ねているものもあり, その様態は多種多様である. しかし, これを習俗という言葉で一つにくくって表現している.

【四季に応じた習俗】習俗のなかでも四季の変化, 1年間の大自然のリズムに関わる年間習俗はいずれの宗教でも最も習俗化しているものである. 新しい太陽や生命を迎える正月の行事, 新年をも含め, 冬至を中心に行われるクリスマス(→降誕)の諸行事は, 次の年の農耕の豊饒を願い占う習俗が多い. 12月4日, 聖女*バルバラの祭日には果樹園などの桜桃, りんごの枝を切り, 水瓶に挿し, クリスマスの日にその開花の具合をみて翌年の豊凶を占う. あるいは*待降節の特定の日を選び, 麦を水盤に蒔いて作柄を占う. また実り多いようにと麦を教会に携え, 祈りをささげることもする. 日本の神社で田植え神事を行い, 豊作を祈願するのも同様の習俗である. クリスマス前の1週間, 「マリア迎え」(〔独〕Maria Tragen)といって, マリアの図像をもって家々を訪ね, 一夜の宿を乞う. 聖母*マリアと*ヨセフの*ベツレヘムでの労苦をしのび, 宿を貸して*賛美歌を歌い, 祈りをささげる. 最後に, 図像を教会に安置する. このような集いは民間での庶民の敬虔性を表すものである.

これに対し, 2-3月に行われる謝肉祭(*カーニバル)では仮面を着け, 獣皮を身にまとい, 動物や鳥のように鳴き叫び, 吠えたて野性的・狂騒的な騒ぎを演ずる. 眠っている大地の種子の生命を呼び覚まし, 春を再生させる祭りである. しかしそのあと精進を行って*復活祭を迎える. 謝肉祭自体は長い冬を追放し, 春を待望する古代ゲルマン時代からの自然な習俗である. 農民の間には, 各所にかがり火をたき, その灰を復活祭の灰として畑に散布する習俗がある. そのあとの五月祭(Maifest)は花と緑, 太陽と鳥に囲まれた美しい季節であり, 生命の賛美の歌と踊りをもって, 村の男女が楽しく過ごす. 5月には麦も穂をはらみ, ぶどうも花をつけ, 授粉のときであるので, それにふさわしい習俗が数多くある. 謝肉祭, 五月祭などは宗教的慣行よりも人間性の要求に基づく習俗である.

【聖人の祭り】*クリストフォロスは突然の災いや死から庶民を守護する*救難聖人である. アルプスの山で荷物を運搬する人々を災いから守り, 現在は交通安全を願って自動車などの守護を祈願する行事がクリストフォロスをまつる教会で行われている. 現代的要求に応えて, 交通安全にも宗教的な視点をもち, 交通規則の正常円滑化に努めている点は注目してよい.

習俗は人間の具体的な生活の事柄と結びついているので, *守護の聖人との関係が強い. 龍退治をした*ゲオルギオスは現在では農家の馬, 乗馬などの安全を守る聖人でその祝日(4月23日)には家畜などの清めを行い, また家畜を牧草地に放牧する節目の日ともなっている.

12月6日のミュラの*ニコラオスの祭りは今日では子どもの祭りである. ニコラオスはルプレヒト, クランプスその他のお供を引き連れて, 夜子どものいる家を訪れる. 1年間の子どもの行状を調べ, いろいろ教え諭し, 良い子になるように菓子, パン, 果物などを恵む. このような習俗を通じて幼児, 少年, 少女教育が行われるのである. 恐ろしい威嚇と優しい恵みをもたらす日本の鬼神の訪問, 男鹿半島のなまはげの習俗とも似ている.

子どもの教育という意味では, *クリスマス・ツリーを美しく飾り, ろうそくを灯し, クリスマスの菓子を心をこめて作る母親や家族の姿は子どもたちにとって生涯忘れがたい懐かしい思い出となろう. トゥールの*マルティヌスの祭りの夜, ちょうちんを振り行列を作って町や村を歌い歩き, マルティヌスを迎え, 家ごとに菓子や果物をもらって喜ぶ子どもたちは, 成長した後に愛と施しがどういうものであるかを理解するようになろう.

【通過儀礼と個人的敬虔】*通過儀礼の習俗は, 個人ないし家族単位の生活で行われる. 日本の*神道では, 子どもの誕生後のお七夜, 産土神詣で, 誕生祝いの神社参拝, 七五三の祝いがあり, 結婚にまつわる習俗や死者の葬礼など, 地方ごとの特色を保持している. キリスト教では誕生後の*幼児洗礼, 少年期の*堅信などを祝って樅や樫を植える習俗がある.

祖霊, 死者をまつる行事は, 日本では7-8月の魂祭り, お盆などにみられる. ヨーロッパ・キリスト教では11月2日の*死者の日に死者を追憶する. 昔は12月の冬至の頃, 祖先や死者は親族のいる家に帰ってくると信

じゅうぞくせつ

じられ，死者迎えの祭りが行われた．祖霊はその家の*守護霊とも考えられていた．

2月2日のマリアの光のミサ(→奉献)と9月29日の大天使*ミカエルの日は冬から春へ，また夏から秋への生活の転換を示す節目の日であり，8月15日のマリアの被昇天祭(→被昇天)には畑や庭の草花，野菜などの祝福を祈るとともに，マリアの30日といって薬草の成分の成熟を待ち，薬草とりを行う習俗もある．

習俗における純粋に個人的な行為としては，教会，聖堂の朝夕の祈り以外に，路傍の十字架像，聖母，聖人像を前に*ロザリオをつまぐる営みがあり*巡礼も個人の信仰心の行いに属する(→信心，信心業)．ギリシアでは，夕方になると，路傍のマリアの*イコンに無言でろうそくを灯す村の女性の姿があり宗教的な心情を感ぜしめる．

【作用】習俗の働きは範囲が広く，かつ深い．歴史を遡れば遡るほど，人間の生活の変化とともに安定性と持続性をもたらす作用があったことがわかる．全く異なると思われる文化形態に思いがけず共通のものもあり，途中で途絶えたものもあるかわりに，新しく生まれたもの，新しい意味をもって再生するものもある．習俗は読んで理解したり，説いてわからせる世界ではなく，人間の生活全体を包み，宗教的心情を体験させる領域であり，親から子へ，世代から世代へ持続的に伝えていく共通の文化財である．人間の行為につねに新しく生活のリズムや潤いを与えるものである．習俗は多忙で機械的になりやすい現代文明を変える有望なエネルギーの一つともなるであろう．

【文献】植田重雄『ヨーロッパの祭と伝承』(1985; 講談社 1999); E. HOFFMANN-KRAYER, H. BÄCHTOLD-STÄUBLI, eds., *Handwörterbuch zur deutschen Volkskunde*, 20 v. (Berlin 1927). （植田重雄）

じゅうぞくせつ　従属説　〔ラ〕subordinatianismus, 〔英〕subordinationism, 〔独〕Subordinatianismus, 〔仏〕subordinatianisme　*三位一体の神，父と子と*聖霊の関係を論考するにあたり，子は父より下位にあり，父に従属するものと説く，あるいは聖霊は父と子より下位にあり，両者に従属するものと説く教説をいう．

父と子との関係においては，聖書の記述(ヨハ 14:28「父はわたしよりも偉大な方だからである」，マコ 10:18「なぜ，わたしを『善い』と言うのか．神おひとりのほかに，善い者はだれもいない」および同 13:32 等)にその根拠を有するが，特に2-3世紀，ギリシア教父たちの*ロゴス・キリスト論において，中期*プラトン主義の影響のもとに，ロゴス・知恵であるキリストは超越者なる神と世界の仲介者として，神に比して下位にあるものと考えられた．この傾向は殉教者*ユスティノス，*テルトゥリアヌス，*ノウァティアヌス等，第1*ニカイア公会議前の*教父・*教会著述家の多くにみられるが，特に*オリゲネスの思想に強く現れている．彼は，父と子との区別を強調することから，子を「第二の神」(〔ギ〕deuteros theos)と呼ぶ．しかし，子は父から永遠に生まれた者とし父と同じ性質をもつことが主張される．ここに，子は父にその存在の源を有することから，源とそこから発した者との従属関係が主張されることになる．このかぎりにおいて従属説は*異端とはいえない．しかし，この傾向は父と子との区別を否定する*モナルキアニスムスとの論争を通して先鋭化し，特に*アレイオス派の教説によって異端的なものとなった．*アレイオス

とその追随者らは，キリストを神とは異質のもの(heteroousios)であり，世界の創造に先立って造られた被造物であると主張し，ニカイア公会議で排斥された．

聖霊に関しては，子の下位に置く傾向がオリゲネスにみられるが，4世紀に聖霊の神性を否定する*マケドニオス派によって異端化し，その主張は第1*コンスタンティノポリス公会議(381)で断罪された．

【文献】キ大 513-14; DPAC 2: 3327; W. MARCUS, *Der Subordinatianismus als historisches Phänomen* (München 1963). （小高毅）

じゅうそくりゆうりつ　充足理由律　〔ラ〕principium rationis sufficientis, 〔英〕principle of sufficient reason, 〔独〕Satz vom zureichenden Grunde, 〔仏〕principe de raison suffisante　すべての物事に関し，なぜそれがある特定の仕方で存在し，他の仕方ではないのかを決定する理由があり，何ごとにもこの理由なしには存在しえないという原理．この場合の理由は，因果関係的な意味での原因とは区別されている．ただし，その理由が現実に認識されているか，また，そもそも認識されうるものかどうかということは度外視されているので，論理的な要請ないし形而上学的原理という性格をもっている．

現在では，この原理はもっぱら*ライプニッツの名と結びついて知られているが，すでにギリシア哲学においても同じような原理が表明されていたことが知られている．*プラトン(『ティマイオス』)，*アリストテレス(『形而上学』)に淵源し，*ストア学派(*プルタルコス『運命論』)へと受け継がれたこの原理は，*スコラ哲学においても保持された．近世哲学では，*デカルトの『省察』，*スピノザの『エティカ』に使用例がある．

しかし，この原理の明確な表現と徹底した活用は，やはり，ライプニッツに始まる．ライプニッツは『モナドロジー』(1714)において，人間の思考の二大原理として矛盾律と充足理由律とをあげ，また真理にも「思考の真理」と「事実の真理」の2種を区別した．「思考の真理」は必然的であってその反対が不可能であるが，「事実の真理」は偶然的でその反対が可能である．このうち特に偶然的な「事実の真理」を律するという役割を果たすのが充足理由律である．「事実の真理」の理由を求めることは系列を無限に遡ることになり，結局，創造における神による最善なものの選択ということによって究極的な基礎づけを得る．こうして，充足理由律はライプニッツ形而上学の柱となるのである．

【文献】永井博『ライプニッツ研究』(筑摩書房 1954); E. CASSIRER, *Das Erkenntnisproblem in der Philosophie und Wissenschaft der neueren Zeit*, v. 2 (Berlin 1907). （福谷茂）

しゅうだん　集団　〔英〕group, 〔独〕Gruppe, 〔仏〕groupe

【概念】社会心理学的には，相互作用を営んでいる複数の個人の集まりのことをいい，単なる個人の集まりである集合(〔英〕aggregate)とは区別される．集団を集団たらしめる条件としては，(1) 成員間の目標の共通性，(2) 目標達成のための相互依存性の認知，(3) 相互作用の持続性，(4) 役割の分化に基づく分業と協業のシステムの成立，(5) 集団規範の成立，(6) 仲間意識の成立などがあげられるが，これらの条件が満たされる程度の違いによって，実際にはさまざまな特徴をもった集団が存

在する.

【集団の種類】さまざまな集団は，相互作用が直接的で強い心理的一体感をもち，個人の社会化に大きな影響を及ぼす一次的集団 (primary group) と，特定の目標のために作られ，相互作用が比較的間接的な二次的集団 (secondary group)，集団の目標・構造・規則などがあらかじめ公的に設定され，それが成員を拘束する公式集団 (formal group) と，成員間の心理的な関係をもとに自然発生的に作られる非公式集団 (informal group)，さらには成員が実際に所属している成員集団 (membership group) と，実際の所属の有無にかかわらず自らを心理的に関係づけ，同一視し，その規範に強く依拠しようとする準拠集団 (reference group) などに分けることができる.

【集団規範】集団の内部で，各成員や下位集団間のさまざまな相互作用が深まるにつれて，集団内での行動の仕方や判断，態度などに関する共通の基準，準拠枠としての集団規範 (group norm) がしだいに明確になってくる. このような*規範がいったん成立すると，集団はその成員に対して集団斉一化への圧力をかけだす. すなわち，規範にある程度同調することを求める. 集団規範への同調は集団からの是認や受容をもたらすが，規範からの著しい逸脱は集団からの無視や拒絶をもたらすことになる. 規範には，法律や規則のように明文化された公的なものから，慣習や黙契のように互いの暗黙のうちに保有されているものまでさまざまな形態がある.

【集団凝集性】集団のまとまりの良さを表す集団凝集性とは，成員を集団にとどまらせようとするすべての力の総体であり，操作的には各成員の集団に対する魅力の総体と捉えられる. 凝集性 (cohesiveness) を高める要因としては，(1) 集団目標・集団活動への満足感，(2) 成員間の協同的関係，(3) 集団目標達成への道筋の明瞭性，(4) 集団活動への参加意識，(5) 成員間の活発なコミュニケーション，(6) 外敵の存在などがあげられる. 凝集性の高い集団では成員間の一体感や連帯感が強まり，集団規範への同調も生じやすい.

【集団機能】集団がもつさまざまな働きは，集団目標の設定，規範の形成とそれに伴って生じる成員に対する同調への集団圧力など，集団としての課題遂行に関わる目標達成機能と，集団の魅力や凝集性など，集団自体の維持・強化に関わる集団維持機能に大別される. これらの機能を中心的に担うのがリーダーであり，この両機能がバランスよく働くことによって，集団全体としてのやる気，すなわち集団志気 (morale) が高められる.

【集団構造】集団の成員間にはさまざまな心理的関係があり，それらの関係の種類 (構造の次元) によって，幾つかの集団構造を取り出すことができる. 主なものとしては，成員間の牽引-反発という感情レベルでの関係に基づくソシオメトリック構造，ある成員が他の成員に対してもっている影響力やその可能性に基づく勢力構造，コミュニケーションの経路の数や布置に基づくコミュニケーション構造，集団内での地位や役割の分化と統合に基づく役割構造などがある.

【文献】古畑和孝編『社会心理学小辞典』(有斐閣 1994) 112-15. (明田芳久)

しゅうちゃく　執着〔英〕attachment,〔独〕Anhänglichkeit,〔仏〕attachement

【定義】人の心が，ある物事，あるいは人物に強く引かれて思い切れないこと，また自己の判断や考え，想像の産物にこだわる態度をいう.

【概要】人は多くのものに，それとは気づかずに執着している.「目は見飽きることなく，耳は聞いても満たされない」(コヘ 1: 8). 執着が問題になるのは「神の意志を知り，それを行う」のを妨げるからである. この観点から，神を第一とする態度は，敬虔と呼ばれ，*神の意志を行うために，執着からの離脱は，祈りや*福音的生活，修徳上の必要条件となる. 修徳神学 (*霊性神学) において，執着から解放されて，内的に自由な状態，あるいは徹底的にキリストに従うことができる心の状態を*不偏心という.

*被造物は人に委ねられており，事物は救いに役立つかぎりにおいて用いられる. しかし*原罪以来，人の*知性，情緒，*意志は乱れ，自然的傾向として自己の充足に愛着を覚える.「わたしたちも皆，……以前は肉の欲望の赴くままに生活し，肉や心の欲するままに行動していた」(エフェ 2: 3) ことを，*パウロは述べている. 捕らわれている自分自身に気がつくためには，知性の輝きが取り戻され，意志は奮い立って感情的依存を断ち切ることが求められる. ここから*浄化の道との関連が出てくる.

【区分】人を捕らえて駆り立てる二つの力は，感覚的なものと意志的なものとがある. 感覚的なものは，心地よいものを求め，しばしば人を*快楽の虜にする. *理性が正しく理解し，意志を支配しているとき，意志は救いに役立つかぎりにおいて事物を正しく用いることができる.

意志が感覚的なものに脅かされるとき，意志は手段を目的と取り違えて，人生の目的を失わせる. ここから人生の目的との関連において，執着が問題とされることが理解される.

【文献】L. ラルマン『霊的生活指針』大滝美巴訳 (中央出版社 1965) 164-72; L. LALLEMANT, *Doctrine Spirituelle* (Montréal 1959); イグナチオ・デ・ロヨラ『霊操』総註 1 (1931; 新世社 1986); J.-Y. ルルー『アトスからの言葉』(あかし書房 1982); J.-Y. LELOUP, *Paroles du Mont Athos* (Paris 1980); 門脇佳吉編『修行と人間形成』(創元社 1978) 124-29; 野原清『現代の霊性を求めて』(ドン・ボスコ社 1975) 189. (戸田三千雄)

しゅうどういん　修道院〔ラ〕domus religiosa,〔英〕religious house,〔独〕Ordenshaus,〔仏〕maison religieuse　男子修道者および女子修道者の共同体の家.

【歴史的概観】キリスト教徒の男女による「神に奉献した生活」(〔ラ〕vita Deo dicata), すなわち*修道生活は，「福音的勧告に従うことを誓約することによって聖別された生活」(vita per consiliorum professionem consecrata) として教会の*権能によって認可・奨励されながら，多彩な「修道家族」(familia religiosa) をなす「修道院」(〔ラ〕cella, claustrum, coenobium, monasterium), さらに*修道会 (ordo, congregatio religiosa) を形成し，「修道諸団体」(instituta religiosa) が成立してきた. 教会史を概観すると，修道生活の四つの様式の段階的進展がみられる. その最古の段階は隠修士的独居生活であり，その祖はエジプトの*アントニオスである. 第二の段階は*パコミオスの村落共同生活で，第三の段階は霊的父権をもつ一人の修道院長のもとに一修道家族として共同生活を送るヌルシアの*ベネディクトゥスの隠世修道院生活である. さらに第四の段階として 12 世紀以来，一人の総会長のもとに修道会が組織され，近

しゅうどういん

岐阜・多治見： 神言修道会多治見修道院聖堂（左）
遠景（右）

北海道・渡島当別： 厳律シトー会燈台の聖母大修道院聖廊下（左）
外観（右）

東京・四谷： 幼きイエス会ニコラ・バレ修道院聖堂（左）
外観（右）

協力： 神言修道会，厳律シトー会，幼きイエス会
撮影： 早川真一，山本浩

代に入ると *使徒的活動の修道会が数多く創立されるようになった．

パコミオスが *ラウラ，すなわち *隠修士が同一地に散居して霊的な父としての一修道者のもとで，一定の祈りの典礼や聖体祭儀に共同で参加する生活様式に代わって，修道家族の *共同生活を採用して以来，その修道院の全敷地は隔壁で囲まれ，そのなかに共同の教会・食堂・図書室のほかに修道士のための種々の別棟が設けられ，また単独の修道室が造られた．

ベネディクト修道家族（→ベネディクト会）は，祈りと労働のために修道院を山間や森林の地に建てたので，生活に必要な一切のものを修道院の構内で整えなければならなかった（『戒律』66）．したがって修道院の構内は極めて広大で，農業用建物や種々の作業場のほかに庭園，農地，果樹園，ぶどう園，薬草園，貯水地までも含んでいた．820年頃に作成された *ザンクト・ガレンの修道院の理想設計図はカロリング時代のベネディクト大修道院の建築と生活をよく示している．修道院聖堂とともに，修道士の居住区が修道院の中核をなしている．居住区は修道院聖堂と結合し，絵画的に設計された中庭は *回廊で囲まれていた．その内部構造は本来すべて共同形式に造られ，浴室 (lavacrum)，トイレ (latrina)，食堂 (refectorium)，調理室 (coquina)，寝室 (dormitorium)，集会室 (capitulum)，図書室 (bibliotheca)，談話室 (calefactorium)，病室 (infirmarium)，衣類室 (vestiarium) 等はすべて共同であったが，しだいに私室も設置されるようになっていった．修道院禁域内でも修練者室 (cella novitiorum) は別にされていた．客室・応接室 (hospitium) は修道院禁域外にあり，大修道院長室 (cella abbatis) も後に同じく禁域外に置かれた．このような修道院設計は司教区聖職者の共同生活の模範となったばかりでなく，また *修道祭式者会修道院にも採用された．

それに対して13世紀の *托鉢修道会は，さらに後には修道祭式者会も，ベネディクト的修道院設計に代わって，都市における使徒的活動，教育事業，福祉活動等に順応した学院，病院，学寮を併設する質素かつ狭い修道院設計を採用した．近代に入ると *イエズス会のような修道会の修道院は，それぞれの使徒的活動の目的に従って設計されるようになった．回廊を囲んで集中する中世の修道院設計はバロック時代に廃止され，内部には私室が造られるようになった．

修道家族は教会の伝統に従って聖体祭儀（*エウカリスティア）を祝い，*教会の祈り（聖務日課）を修道院聖堂において共同で捧げてきた．中世のベネディクト修道家族は早暁から夕暮れまで2時間ごとに鐘の音に従って修道院聖堂に集まり，教会の祈りを捧げ，6時間から8時間は修道院区域内での勤労にいそしみ，さらに睡眠と食事の時間を楽しみ，それ以外には個人的祈り，瞑想と *霊的読書に潜心した．食事は，原則として冬季には1日1回，夏季には1日2回，中世農民のごとく質素であった．彼らの所有物は *修道服1着，帯・肩垂れ・下着2枚，ハンカチ1枚，固い靴と若干の靴下などであった．彼らは共同寝室で冬季には8-9時間の睡眠，夏季には5-6時間の睡眠と午睡をとっていた．寝室は敷物・木製寝台・藁布団・枕だけの簡素なたたずまいであった．このような修道院の日常生活は基本的に今日もなお保たれている．

しかし近代に入るや，イエズス会は従来の修道院生活の伝統を超えて，「会員はすべて司祭であるべきなので，教会の典礼規程に従って聖務日課の祈りを唱えなければならないが，個人で唱え，共唱あるいは歌唱は行わない．衣食その他，外的な事項に関しては，まじめな生活を送っている司祭に共通し，認められた慣習に従う」（『イエズス会会則大綱』）ことを定め，会員の修道院生活全体が使徒的活動への奉仕に集中された．創立者 *イグナティウス・デ・ロヨラにとっては「キリストへの使徒的活動の従い」(sequela Christi apostolica)，「キリストの使徒職」(apostolus Christi) が何よりも重要だったからである．

修道院での生活は，その使命からいえば，神と人々への奉仕である．したがって修道院は古きも新しきも，ベネディクト修道家族のごとく，典礼や学問的・慈善的・経済的事業を通じ，また教育・司牧・宣教・芸術を通じて教会のみならず国家と社会にも深い影響を及ぼしてきたことは歴史的事実である．

【第2ヴァティカン公会議後の修道院像】第2*ヴァティカン公会議の『修道生活刷新教令』および『教会憲章』（6章）によって修道院の伝統と刷新をめぐる基本指針が明示された．すなわち修道院はすべてにおいて「使徒職の必要，文化的要求，社会的および経済的状態によく適応させなければならない」（『修道生活刷新教令』3項）．各修道会の全修道院は，修道生活の共通要素たる *霊的生活を絶対優位として実践しつつ（同5, 6項），観想修道会においてはその目的に従って孤独と沈黙のうちに（同7項），使徒的活動の修道会においてはその修道生活の本質に属する使徒的活動への献身において（同8項），隠世修道生活においてはその伝統を使徒的生活とに調和させ（同9項），また信徒修道会においては現代の要請にその生活を適応させるなど刷新しなければならない．公会議は将来性のない修道会や修道院に他との合併あるいは連合を勧告している（同21, 22項）．それは，キリストを人々に示し，愛を実践する福音的修道生活のよりよい証しのためである（『教会憲章』46項）．

【文献】『教会法典』607-746条；鈴木宣明「聖ベネディクトゥス修道霊性の歴史体験」『中世研究』1（上智大学中世思想研究所1982）57-90；同「第2ヴァティカン公会議の修道生活観」『上智史学』27 (1982) 106-23；同「カルトゥジア会―創立900年を記念して」『上智史学』28 (1983) 19-49; O. NUSSBAUM, *Kloster, Priestermönch und Privatmesse* (Bonn 1961); F. PRINZ, *Frühes Mönchtum im Frankenreich* (München 1965); C. BROOKE, *The Monastic World 1000-1300* (London 1974).

(鈴木宣明)

【建築】〔起源〕建築物としての修道院とは，修道士たちが世俗から遠ざかり，共同生活のなかで自己修行する場を提供する建物全体である．それゆえその場所は，小高い山の上（*ベネディクト会）や，森のなか（*シトー会）など，人里離れたところが選ばれた．高い周壁で囲まれたその建物のなかには，修道院本来の重要な聖堂建築，参事会室，僧院の間，*祭具室，文書保管室などのほかに，食堂，寝室，暖房室，穀物室，パン焼き小屋，病院，馬小屋，鍛冶室などの日常生活に必要な建物も整えられた．

修道院の起源はエジプトやシリアの東方にあり，エジプトでは *アントニオスの修道院が有名であったが，西欧修道院運動に決定的な役割を与えたのは，ヌルシアの *ベネディクトゥスが *モンテ・カッシーノに創設した修道院（529頃）であった．しかし，これらの古い修道院建築は現存していないし，ベネディクトゥス自身も，その

しゅうどういんがっこう

修道院建築について何も語っていない．知られている一番古い修道院のプラン（平面図）は，スイスの*ザンクト・ガレンのそれである（820頃）．その建物も現存しないが，同修道院に残されている写本に描かれた計画図で，修道院建築の全体像が知られる．さらにサン・リキエ（Saint-Riquier）の修道院（787完成）の構造も，11世紀に描かれた写本（焼失したが17世紀に描かれた写しによって知られる）からわかり，これら*カロリング朝における修道院建築の全体が知られている．

しかし，現存する修道院建築のほとんどは，これらカロリング朝時代の建築を基礎にして発展させた*ロマネスク時代の修道院である．*クリュニーの第3修道院建築は中世最大の規模を誇っていたが破壊され，ブルゴーニュ地方のフォントネー（Fontenay），フランス南部のセナンク（Sénanque），トロネ（Thoronet）などのシトー会の修道院建築のなかに，その典型をみることができる．

〔基本構造〕一番重要な建物は，修道士たちが共同で祈る聖堂建築であることはいうまでもない．ラテン十字型のプランに従った聖堂は，祭室の置かれる重要な頭部が東側に向けられ，入り口は西側にされる．聖堂の側廊に接続して*回廊が造られる．それは中庭を取り囲む屋根つきの矩形のギャラリーであり，修道士たちが読書するためにあてられた空間である．聖書は回廊の壁面に置かれた本棚のなかに置かれた．回廊の周りには，聖務，俗事に必要な建物が付け加えられる．東側のギャラリーには，祭具室，参事会室，僧院の間などが配置される．矩形の参事会室（*ウェストミンスター・アベイでは多角形）は，朝一番のミサが行われる空間であり，重要な会議もここで催される．寝室は通常参事会室の2階の長い広間があてられ，夜の聖務日課（*教会の祈り）に簡単に行けるよう，階段は聖堂の袖廊部分から直接通じている．最初はおのおのの寝台を仕切るものは何もなかったが，後には*修道者独居房も造られるようになった．聖堂建築と反対側の南側のギャラリーには食堂が設置される．かつては台所もあった食堂は，修道院で唯一暖房のある空間であり，暖房室と通じていた．セナンク修道院は，なお当時の暖房室を残している．西側のギャラリーには倉庫と食料貯蔵室がある．シトー会においては，ここに*助修士のための食堂が付け加えられ，2階は彼らのための寝室にあてられた．こうした主要部分のほかに，病院，*修練者のための学校（修練院）などの付属的な建物も設置された．他方，13世紀初頭に創設された*フランシスコ会や*ドミニコ会などの*托鉢修道会は，信者を集め説教するようになったため，そのための空間を必要とした．それゆえその聖堂建築は単廊式，または広間式（ハレンキルヒェ，〔独〕Hallenkirche）という新しい形式を生み出した．

〔文献〕W. ブラウンフェルス『西ヨーロッパの修道院建築』渡辺鴻訳（鹿島研究所出版会1974）: W. BRAUNFELS, *Abendländische Klosterbaukunst* (Köln 1969); A. DIMIER, *Les moines bâtisseurs* (Paris 1964). 〔馬杉宗夫〕

しゅうどういんがっこう　修道院学校　〔英〕monastic school, 〔独〕Klosterschule, 〔仏〕école monastique
【起源】古代文化の遺産とキリスト教思想とを合体させた*カッシオドルスは，修道士を集め，イタリア南部のスキラケウム（Scyllaceum）に「ウィウァリウム」（Vivarium）を設立し，共同生活を営みながら学習と修行に励む修道院とした．古代の学習を七つの*自由学芸に整理し，『世俗的学問網要』，『聖書学網要』と合わせて統合的なカリキュラムにまとめたものであるが，これは中世の*司教座聖堂付属学校や修道院学校の原型といえるものである．これらの学校に付設してあった写本室（〔ラ〕scriptorium）もウィウァリウムから始まり，古代の文献を後世に伝える重要な役割を果たした．
【展開】カッシオドルスの影響は5世紀から急速に全ヨーロッパに普及し，*ベネディクト会等の修道院学校に数多くみられるようになった．ヌルシアの*ベネディクトゥスは520年頃，イタリアの*モンテ・カッシーノに修道院を設立したが，これと後に彼が残した*修道会会則を手本として，多くの*修道院が設立された．これらの修道院は学習と文化の中心として，中世の学問の世界のいわば燈台となった．

修道会の入会者には無学な若者が多く，彼らのために養成機関を設置しなければならなくなった．修道院にすでに入っている者，修道会に入会を希望する*修道志願者とは別に，入会を希望しない俗人の若者に対しても修道院学校は学べるよう便宜を図り，生徒は内部生（interni）と外部生（externi）に分けられた．「外部学校」は世間の人々に開放されていたため，イングランドではこれをパブリック・スクール（public school）と名づけた．
【全盛期】写本室と内部と外部の学校をもった修道院の文化は，6世紀と7世紀の間に，当初アイルランドで盛んであったが，そこから派遣された修道者は宣教師として，西ヨーロッパ各地で祖国と同様，修道院学校を併設した修道院を設立した．*コルンバヌスはアイルランドのバンゴア（Bangor）から出発して，フランスの*リュクスーユ，イタリア北部*ボッビオで修道院を開設したが，彼の弟子アイルランドの*ガルスは，ドイツ南部（現在スイス）で有名な*ザンクト・ガレンを開いた．フランス北部のコルビー（Corbie）は，リュクスーユを上回る隆盛を誇り，ボーデンゼーの島にはザンクト・ガレンと並ぶ有名な*ライヘナウの修道院が設立され，数多くの学者を養成し，その充実した図書館は広く世間に知られた．ザンクト・ガレンに保存されている全修道院の配置予定図では，*禁域の中の「内部学校」と，その外にある「外部学校」の校舎がみられる．*シャルルマーニュは，自らが打ち立てたヨーロッパ統一国家の精神的な基盤はキリスト教であると定め，その精神をローマの文化的遺産と結びつける必要があるとして，キリスト教的な*神学のみならず，その基礎となる七自由学芸の学習をも促進させた．幾つかの*カピトゥラリアを発布し，*小教区学校，司教座聖堂付属学校，とりわけ修道院学校において教育と学問の向上を促した．大帝国における学校教育を指導するため，文部大臣として，イングランドの*ヨークの司教座聖堂付属学校の校長である*アルクインを宮廷に迎えた．
【衰微】修道院学校は設立当初から，大きな問題に直面した．はたして「囲い」のなかで祈りと労働に身を捧げている修道士が，「外部」の子どもたちを教えることが，修道院の規律と両立するかどうかという懸念であった．教会から，修道者は「外部生徒」を教えてはならないという方針が示されたこともあったが，この方針は守られない場合が多かった．ただし12世紀から始まったフランスの*シトーの改革運動に従事していた修道院は，「外部生徒」を教えることができなくなった．*クリュニー改革も外部生徒を教えることを認めなかった．

さらに修道院学校の衰微をもたらした別の要因もあった．修道院学校の外部生徒の数は限られていたにもかか

わらず，しだいに多くの聖職者や一般市民の子弟が，教養を求めるようになったため，修道院学校よりも司教座聖堂付属学校のほうが多くの生徒を集め，優秀な教師を雇うこともできるようになった．これらの司教座聖堂付属学校は12世紀後半から，しだいに*大学にまで発展したため，かつて修道院学校が果たした役割よりも，さらに重要な位置を占めるようになった．

【組織と課程】修道院学校は上述の通り修道者または志願者の若者を教える「内部」と，世俗の若者を教える「外部」に分かれていたが，修道者のなかから「教師」(scholasticus) として一人が選ばれることになっていて，場合によってはこの一人の教師に数名の助手をつけることもあった．彼らの資格は学問的に優れているばかりでなく，人格的にも優れていることが要求された．

修道院学校の教科課程は*教父の文書による神学が中心であった．しかし，「神の言葉」をよりよく理解し，*説教等で話すときに七自由学芸が欠かすことのできない重要な役割を果たすとされた．七自由学芸は人間形成という本来の役割よりも，むしろキリスト教の教えを深く理解し，間違えることなく伝達できる人材を養成するための準備段階として位置づけられていた．

【図書館と写本室】修道院学校が西洋文化のために果たしたもう一つの大きな役割は，古代の文献を後世に伝えることであった．*民族大移動の動乱のなかで，古代の文献の多くは消滅したが，修道院学校に付属していた図書館には多くの貴重な文献が保存され，教科書として使用されていた．それらを書き写すためにカッシオドルスの先例にしたがって，各修道院には写本室が設けられ，修道士たちは美しい字体に芸術的な細密画（*ミニアチュール）を加えて古典を勤勉に書き写したのである．西洋の文化に欠かすことのできない文字の進歩があったのは，リュクスーユの修道院で初めて用いられた小文字体 (minusculi) に負うところが多い．それまでラテン語やギリシア語の文献は読みにくい大文字 (maiusculi) で書かれていたからである．

すべてを手で書き写さなければ書籍を増やすことができないため，書物は極めて貴重な宝物であった．ある修道院では盗まれないように鎖で壁などにくくりつけたりもしたが，厳しい条件をつけて遠隔地の修道院に貸与することもあった．書物が数百冊に及ぶ修道院も少なくなかったが，数千冊を所有している修道院はわずかであった．*シナイ山（モーセの山）の麓にある聖カタリナ修道院には，今なお5,000冊以上の写本が保存されている．この修道院は中世に多くの姉妹修道院を設立し，本部に各地から書物を送ったため書物が多く集められたのである．新約聖書の最も古い写本である*シナイ写本もこの修道院で発見された．修道院学校の蔵書の大半は聖書，教文文献等であったが，なかには「異邦人」の古典，例えば*キケロ，*ホラティウス，*オウィディウス等の著書も含まれていた．

修道院学校は民族大移動のときに，古代の文化を後世に伝えるという役割を果たした後，消滅こそしなかったが，ヨーロッパの文化の発達に及ぼす影響力は減少し，その地位を12世紀から発生した都市を中心とする大学や都市立学校に譲らなければならなくなった．現在，ベネディクト会等の修道会が経営する学校は，中世期の修道院学校とは異なり，近代的な私立学校の類に属するものである．

【文献】LMit 5: 1226-28; 田花為雄『西洋教育史ノートⅡ』（所書店 1975); 上智大学中世思想研究所『教育思想史 Ⅲ』（東洋館 1984); K. ルーメル『英知と自由の人間育成・続自由教育の系譜』（南窓社 1987); R. GRÉGOIRE, ET AL., *Die Kultur der Klöster* (Stuttgart 1985); H. SCHIFFLER, R. WINKELER, *Tausend Jahre Schule* (Stuttgart 1985). (K. ルーメル)

しゅうどういんきんいき　修道院禁域 → 禁域(制)

しゅうどうかい　修道会　〔ラ〕institutum religiosum,〔英〕religious institute,〔独〕Ordensinstitut,〔仏〕institut religieux　修道会とは，現行教会法典に従って，*福音的勧告を*修道誓願またはほかの聖なる絆により生きることを表明する*奉献生活の会の一形態であり，会員が固有法である*修道会会憲に従って，公的終生誓願，または満期時に更新すべき有期の公的誓願を立て，兄弟的生活を共同で営むキリスト者の団体をいう．

【修道会に関する教会法】〔修道会の定義〕会員が固有法に従って公的終生誓願，または終了時に更新すべき公的有期誓願を宣立し，共同で兄弟的生活を営む聖別・奉献生活の会を修道会という(新『教会法典』607条2項)．修道誓願は公的でなければならず，私的誓願または*在俗会（〔ラ〕institutum saeculare）の場合のように，他の聖なる絆 (alia sacra ligamina) による福音的勧告の宣誓とは異なる．「公的誓願」とは，教会の名において，適法な上長によって受理された誓願のことをいう(同1192条1項)．

〔修道会の設立・合併〕修道会の設立は「奉献生活の会」に関する通則に従って，教会の権限ある権威者によって教会法に従って設立される(同573条2項)．*教区司教はあらかじめ*使徒座に諮ったうえで，自己の教区内に修道会を正式の決定によって設立することができる(579条)．修道会の吸収合併，対等合併，または連合および連盟の許可は使徒座に留保されている(同582条)．

〔修道院の設立および廃止〕修道会会員は，適法に設立された*修道院に住まなければならず，修道院は，教区司教の文書による同意を得，*会憲に従い，権限ある権威者によって設立される．隠世修道女の修道院の設立の場合は，このほかに使徒座の承認が必要である(609条)．

〔修道会の統治および財産管理〕(1) 上長 (superiores)．修道会は教会の普遍法および固有法の規定に従い統治される．上長のうち，会全体，管区，または自治修道院を統治する者およびその代理者は，上級上長と呼ばれる．総長は，教会法上の選挙により，会憲の規定に従って選任され，自己の会のすべての管区，すべての修道院および全会員に対して権限を有する．ほかの上長は，自己の任務の範囲内において権限を有する(633, 625条)．上長は，会憲および会の伝統の遵守において服属者の模範となり，キリストにおける兄弟的共同体の建設のために尽力する(→修道会の長上)．

(2) 顧問会 (consilium)．上長は任務遂行のため，会憲の規定に従い協力機関として自己の顧問会を有する(637条)．

(3) 会議(*カピトゥルム)．会内で最高の権威を有する会議は*総会議 (capitulum generale) であり，その主な任務は，会の精神的遺産の保持および刷新の促進，総長の選挙その他重要な業務の取り扱い，全会員を拘束する規範の作成などである．総会議の構成および権限の範

しゅうどうかい

囲等については会憲のなかに規定される．会員は誰でも自己の望みおよび提案を総会議に自由に送付することができる．総会議以外の会議および集会の本性，権限，構成等に関しては各会の固有法によって規定される（631-33条）．

（4）財産とその管理．会，管区，修道院は，法律上当然に法人として財産を取得，所有，管理，譲渡することができる（634条1項）．ただし修道会の財産は教会的なものであるゆえ，教会の一般法の規定（第V集「教会財産」1254-310条および他の関係条項）に従い，また各会の財産使用・管理規定に従って使用・管理されなければならず，いかなる奢侈，不当な収益および財の蓄積とみられるものも避けなければならない（634条1項，635条）．会，管区には会計係が任命される．地区共同体においても，可能なかぎり会計係が任命されなければならない（636条）．譲渡および法人の財産状態の悪化を来すおそれのあるいかなる取引きも，それが有効であるためには，権限ある上長が，その顧問会の同意を得て与える書面による許可を必要とする．さらに，聖座がその地域のために定める最高額を超える取り引きの場合，誓願により教会に贈与されるもの，芸術・歴史的に貴重なものに関する場合は，聖座の許可も必要である（638条3項）．各修道会は，団体として愛と清貧（→貧しさ）の証しを与えるよう努め，能力に応じて自己の財産の一部を教会の必要および貧しい人々の援助のために寄与しなければならない（640条）． （枝村茂）

【修道生活と修道会の歴史】今日，*奉献生活とも呼ばれる*修道生活は長い歴史においてさまざまな形式や様態を有してきた．しかし，そこには共通の要素が認められる．

第一の要素は，修道生活とイエス・キリストの*福音との関係である．なぜなら，キリストの福音こそ，あらゆる修道生活の存在理由，核心，基礎だからである．次いで，キリスト者の共同体，すなわち*教会との関係である．修道生活は初めから教会のなかに生まれ，つねに教会とともに発展してきた．また，修道生活と社会との関係の考察も看過できない．さらに，修道生活自体の内的構造，つまり生活様式，*霊性，養成，*貧しさ，*祈り，*独身，*共同生活や*労働など，また性別によってそれぞれの修道生活が営まれていることなども考察の対象になるが，ここでは最も根本的な要素に限って歴史を概観する．

〔イエス・キリストと修道生活以前の禁欲〕イエスの生き方は，洗礼者*ヨハネと同じく，当時の人々に驚嘆の念を抱かせた．イエスは独身で，人間的な絆から自由であり，神の望むことを行う者は自分の家族であると語った（マコ3：35）．しかも，イエスは貧しく，何よりも*神の国の到来が迫っていることを告知した（1：15等）．その語ることによれば，この世と神の国とは相容れず，罪と神の望みとの間には根源的な対立があり，実に，「神と富とに仕えることはできない」（マタ6：24）のである．したがって，神の国のためならば持ち物すべてを売り払い（マタ13：44参照），身体さえも失う覚悟が必要となる（マコ9：42-50）．そして，つねに神の国の到来に備えていなければならない．なぜなら，神の国がいつ来るのかは誰も知らないからである（例えば，マタ25：13）．

この神の国をめぐってのイエスの教えは，あらゆる人に区別なく語られたものである．神の国とこの世とは両立するものではない．したがって，神の国に属す人たちのなかで異なる二つのタイプ（例えば，独身と*結婚）の生き方が可能であったわけではない．このため，*終末が迫っていると信じていた人々の間で独身生活と結婚生活との関係をめぐって論議が生じた．*パウロは1コリント書で，結婚前に*洗礼を受ける者に対し，洗礼後にも独身生活が強いられるのか，また，結婚後に洗礼を受ける者には結婚生活の放棄が必要となるのかとの問いに対して，完全にキリストのもの，つまり神の国にふさわしい者となる道は独身生活であるが，これはキリストによる「指示」ではないから，すべての人のための義務ではなく（1コリ7：25），既婚者は互いに相手のために配慮することを怠ってはならないという（7：34）．

もっとも，これとは別にエフェソ書（例えば，5：21-33）や*司牧書簡には，キリスト教徒の結婚はキリストと教会の一致のしるしであり，正当なものであるという見解が示されている．しかし結局，徐々にキリスト教徒の間には既婚と未婚の分化が生じ，それを明確に区分する傾向が強まる．

ある地域のキリスト教共同体では，独身生活の優位性が強調され，場合によっては数世紀にわたって，あたかも独身生活は洗礼に伴う当然の結果であるかのように，洗礼と独身とが不可分なものとみなされた．この種の生活形態は，イエスとその弟子たちの巡回活動を含めての生き方や教えを継承していこうとしたキリスト教徒グループによって実践された．彼らは定住地にとどまるキリスト教徒とは違って独身で，財産を所有せず，したがって絶えず他者からの厚意と援助を必要とし，イエスの福音を宣教しながら村や町にある共同体を巡回した．その結果，*禁欲ばかりが過度に強調されることになり，結婚を望む者は洗礼志願期（→洗礼志願者）を引き延ばしたり，死の直前まで洗礼を受けることを遅延させてしまうという傾向さえも誘発した．こうして，キリスト教共同体内には，既婚と未婚の二つのタイプに明瞭に区別できるキリスト教徒が存在するようになった．そして，後者が完全で真のキリスト教徒とみなされることになった．

他方，地中海沿岸のある教会共同体では，結婚は神聖で正当なものと考えられていた．既婚者も*司祭や*司教も（1テモテ書3：2は「監督は，……一人の妻の夫である」という）定住して，その共同体の*位階制のなかに組み入れられていた．そのなかには，「おとめの身分」（〔ラ〕ordo virginum，→童貞性）もあった．アンティオケイアの*イグナティオスは，ある教会に宛てた手紙のなかで，おとめたちに既婚の司教よりも自分たちのほうが優れていると慢心しないよう戒めている．寡婦（*やもめ）もまた，おとめたちのように教会共同体の「身分」として位階制のもとにあった（1テモ3：11）．その身分は，多くの点で女性苦行者に似た性格を有したものであった．

この最初期の苦行者の生き方は（→苦行），したがってキリスト教共同体から乖離したものではなかった．彼らも所属していた共同体の*エウカリスティアに参与した．特別な服（→修道服）は着用せず，共同生活の規定もなかった．自分の家に家族とともに住むか，あるいは巡回して説教した．少なくとも当初は独身の誓願を明確には宣立しなかった（→修道誓願）．さらに，天使のような生活を先取りし（マコ12：25），男女の性別を超えようとして，ときには男女の苦行者が「アガペーテ」（〔ギ〕agapēte）と呼ばれた共同生活をするようになったが，直ちに多くの問題を引き起こすことになり，全廃されるに

至った.

[修道生活の形成] 修道生活は4世紀頃, *ローマ帝国の西方地域よりも東方地域で特徴のある形をもって始まった(西方地域と東方地域は, 後の「西方教会」「東方教会」に相当するが, 本項では表記を変えず地域のままとする). 地域的な差異はあるが, その修道生活には共通の特徴がある. それは, 帝国内全域に存在した教会共同体のなかで生まれたということである. いまや洗礼はすべての人に行き渡り, まさしくこうして一般信徒とは一線を画するために修道生活は生まれたのである. 神の国に入るために明らかな障害になると思われた世俗との絆帯を断ち切るには荒野での生活が最適なものであった.

また歴史的にみると, 隠遁生活も修道院的共同生活も, 両者の中間の生活様式もほぼ同時期に発生している. そして, いずれもそれ以前の無統制で身勝手かつ粗野な傾向をもつ苦行者の生活様式を改革ないし是正しようとする動きと無縁ではなかった. もちろんこうした現象が生じたことをめぐっては種々の説明が可能である. 例えば, ローマ帝国の権力と結託して協約に拘束されている教会への反発, 世俗的価値ではなく神の国における価値が優位を占めることの強調, ないしキリスト教が帝国内に完全に広まった結果, 弛緩したキリスト教的生活への警告, 衰微し疲弊した*ヘレニズム文化への不信, *信心や*カリスマをめぐる見解の変化, 華美な生活に対して簡素な生活への関心などである.

アレクサンドリアの司教*アタナシオスが伝えているように, エジプトでの隠遁生活の原初的形態は必ずしも単独での生活というわけではなかったものの, エジプトの*アントニオスに始まるとされる. 共同生活の形態は, エジプトでは*パコミオスにより, *小アジアではカイサレイアの*バシレイオスによって, 隠遁生活の種々の危険や不都合を避けるため, あるいはバシレイオスがいうように*使徒時代のキリスト教徒の共同生活に倣うため(使2:44-47), さらに共同体内でこそ可能な*福音的勧告の実践のために組織化されていった.

こうして, 教会共同体内に社会学的にも明確に区分のできる集団が生まれることになった. 独自の生活様式をもつ修道生活をする集団は, 徐々に一般的な生活をする集団から分離していったのである. また, この方向は神学的にも教会法的にも妥当なものと考えられ, ますます組織化されていった.

修道生活自体の内部構造を整備するためには*修道者が日常生活において果たさなければならない事柄をめぐっても考え直す必要があった. なぜなら, キリスト教的生き方はただ一つではなく, そこには修道者的生き方もあるためである. こうして修道院での生活のあらゆる側面が徐々に吟味されていった. 労働, 祈り, 起床や就寝, 文化教養, また女性との関わり方など, このほか修道者が福音的な理想を実践するために困難だと実感した多様な事柄についても再考されるようになった.

4世紀には, その後に継承されて基礎となる修道生活の根本的な要素がみられる. 独身(ただし, 修道院に入るために証明されるべきこととは限らない), 貧しさ, 共住, 長上の*霊的指導, さらに最初の修道生活は*信徒の間で広がり, ある地域の教会共同体を指導していた(既婚の)司祭とは一線を画していたので, 週1回(ただし, *隠修士の場合, さらに機会は少なくなるが), 地域内のキリスト教徒とともにエウカリスティアに参与することなどである. もちろん, こうした要素は西方地域も東方地域も同一の様式で発展することはなかった. 特に, 世俗との分離と荒野への志向という修道生活における原初の衝動は, しだいに社会的責任の明らかになってきた教会に仕えるという欲求に取って代わるようになった.

(1) 東方地域. 5世紀にエジプトの*スケヌテ, 8世紀にはストゥディオスの*テオドロスが修道院での共同生活を擁護したにもかかわらず, 東方地域では, 隠遁生活への憧憬の念が根強かった. なぜなら隠遁生活では, さまざまな霊的修行を自分の裁量で行うことができるからである. その顕著な事例は, ギリシアの*アトス山の修道者や隠修士である.

もっとも東方地域においても, 恣意的なものに陥りがちであった隠遁生活であれ, 長上の権限下に個人を平均化してしまう傾向のあった修道院での共同生活であれ, やはり限界が認識されるようになった. そこで隠遁生活の組織化, つまり大修道院(*ラウラ)とその分院に編成し, 例えば, 少人数の共同体を形成させ, 週1回か2回だけ, 聖堂で共同の祈りをするなど共同作業を削減して, 隠遁生活と共同生活の中間を歩む道が模索されることになった. さらに, 東方地域でも前述のバシレイオスが躊躇していたにもかかわらず, すでにキリスト教徒は修道者と既婚者とに二分されていた. しかし, 修道会, *宣教会, 使徒的生活の会, *在俗会などに多様化し, さらに, *スコラ学によって修道生活を「*完徳の状態」と定義して教会内に位置づけていった西方地域とは異なり, それぞれ微妙な違いはあるものの, 東方地域では修道者は一つの集団を形成し続けた.

また, 東方地域での修道生活は, *カルケドン公会議の決定に従って, 各教区の司教(主教)の管轄下にそれぞれが自律した共同体として, 油が滲み込んでいくように対等なかたちで拡大していった. つまり, 10世紀以降の西方での動きと異なり東方での組織は, *教皇を中心とする中央集権的な位階制, または単一の修道会組織という中央集権化への道を歩むことはなかった. 東方では, 教皇が重要な役割を演じることはなかった. また, 修道会組織の中央集権化が始まるのは17世紀になってからのことで, それも*ラテン教会の影響によるものであった.

ときには東方地域でも修道生活の刷新や改革の動きは起こった. 修道院での共同生活の擁護者の間でさえ, ストゥディオスの*シメオンのように共同生活が形骸化するのを防ぐために, 内面的で隠修士のような生活の重要性を説く人物も現れた. 16世紀のロシアでは, 修道生活をめぐって孤立と貧しさとを遵守するべきだという*ニール・ソルスキーの信奉者と, 逆に積極的に社会に参与していくことが望ましいとするフォロコラムスク(Volokolamsk)のヨセフ(Josifまたは Joan Sanin, 1440-1515)の追従者との間に対立が生じた.

(2) 西方地域. 東方とは対照的に, 西方地域では修道院での共同生活が大体どの世紀でも主流であった. 5-7世紀に創立された修道会では, 特に共同生活をする*聖職者のためにはアウグスティヌスの会則(→アウグスチノ会), 聖職者ではなく信徒の状態のままの人たちのためにはヌルシアの*ベネディクトゥスによる会則に準じて*修道会会則が編纂された.

529年頃, ベネディクトゥスは, イタリアの*スビアコでの隠遁生活の経験を経て後, 世俗との分離という理想を保持しつつ*モンテ・カッシーノに修道院を創立した. そしてベネディクトゥスは会則(『戒律』66章)のな

しゅうどうかい

かで，修道者が最小限の院外への外出ですむように，その必要とするすべての物を何らかの方法で修道院内で生産するべきであると明言している．

この時期には，聖職者たちにも共同生活と独身制が受け入れられるようになった．こうして徐々に，修道者と*参事会のメンバーという二つの身分が制度化されていく．そして，参事会は*司教座聖堂で信徒の司牧を修道者に代わって引き受けていくことになり，両者の区分はますます明確になっていった．

イベリア半島の修道院ではベネディクトゥスの会則の伝播は緩やかであったが，*シャルルマーニュとその後継者たちの庇護のもとにベネディクトゥスの会則は，それまでの種々の会則に代わって，ほとんど全ヨーロッパの修道院で採用されるようになった．また，すでに豊かな地域ロンバルディア (Lombardia) でみられたように，修道院は政治権力の中心に変わっていった．修道院は封建制度のなかに組み込まれ，上流階級に属する人たちから扶持を受け，富を享受し，自衛のために兵士を擁し，領地をもち，ときには貨幣も鋳造した．*大修道院長は特別に*裁判権をもち，場合によっては死刑を宣告するほどにもなった．

どの地域も同じような発展をみせたわけではないが，こうした修道院と社会との密着した関係，また初期の厳格な生活様式からのある種の乖離に対して，当然のことながら修道者からも聖職者からも反発と改革の気運が高まった．参事会の聖職者の間での改革は，より緊密な司祭の共同生活を構築する一方，当初は許可されていた私有財産を放棄しようとするものであった．この改革の一到達点として，メッスの*クロデガングの聖職者規則 (Regula canonicorum) をあげることができる．他方，修道者の間では荒野への憧憬が強まり，各修道院の自律や世俗からの離脱，隠遁生活への復帰などとともにベネディクトゥスの会則の完全な遵守が再び目指されるようになった．この改革運動の結果として，11-13世紀にかけて，例えば*シトー会や*カルトゥジア修道会，*グランモン修道会，*カマルドリ修道会，*ヴァロンブローザ修族ベネディクト会など，数多くの修道会が誕生した．

修道生活発展の歴史のなかで11世紀には新たに異なる傾向が現れ始める．それまでは，東方地域にみられたように修道生活は対等なかたちで拡大してきた．しかし，西方地域では教会が位階制という垂直の形態をとるにつれて，修道生活も中央集権化の道を歩むようになったのである．

こうした修道生活の中央集権化の最初の形式は*クリュニーの修道院にみられる．大修道院長は，広大な地域にある傘下の数々の修道院を定期訪問して管理統率するのである．次いで，典型的な管理体制としてはシトー会のものをあげることができる．これは，個々の修道院の自律を尊重しつつ，定期訪問や*教皇庁の指導のもとでの総会によって，ないしは教会行政上の地域区分に準じて各修道院が参画する管理体制である．

また，この頃になってようやく女子修道会が組織化されるようになった．特に，6世紀にアルルの*カエサリウスが女子会則 (Statuta sanctarum virginum) を定めて以降，教皇や国家当局者も修道院の設立に好意的であった．もっとも，大半の女性は自分の家にとどまり独身のままで，特別の規則もなしに生活していた．また，一般にアウグスティヌスの会則に従いながら，小規模の施設で病人や老人，孤児などの世話をしながら暮らす女性も少なくなかった．

〔騎士修道会〕*騎士修道会の誕生は，絶えずヨーロッパを脅かし続けたイスラム勢力を考慮せずには説明できない．最初の騎士修道会である*ヨハネ騎士団や*テンプル騎士団は聖地パレスチナで活動し，聖地をイスラム勢力から解放する意図で設立された．ほかの騎士修道会，例えば*カラトラバ騎士団，*アルカンタラ騎士団，アヴィス騎士団などはイベリア半島で設立され，つねにアラブ人の放逐を目的としていた．これらの修道会にとって，ヨーロッパを包囲しているイスラム勢力との防衛戦は，まさに*使徒的活動であった．クレルヴォーの*ベルナルドゥスは，それを教会と社会にとって有益なこととして称賛さえしている．特に，12-15世紀に騎士修道会は隆盛を極め，アメリカ大陸にキリスト教を広める役割をも果たした．しかし，多くの修道会は，ある種の上流階級の社交クラブに変身して宗教性を失ってしまった（ただし，ヨハネ騎士団ないし*マルタ騎士団，*テュートン騎士団は別にする．しかし両会も今日ではもはや軍事的性格はない）．

〔托鉢修道会〕13世紀における*托鉢修道会と呼ばれる修道会の誕生は，急激な都市化と人口増加，新たな経済体制という時代を象徴する社会現象と不可分な関係にある．顕著な特徴は，これらの新しい修道会はもはや荒野に逃避しようとはせずに，むしろ*説教や*秘跡の授与，さまざまな使徒的活動を通して信徒の信仰生活の向上に貢献するべく積極的に社会の一員になろうとした点である．

托鉢修道会に顕著な一般的特徴は以下の諸点である．

（1）聖職者修道会への傾き．*ドミニクスによって創立された*ドミニコ会は，創立時から聖職者からなる修道会であった．これに対して，アッシジの*フランチェスコによって創立された*フランシスコ会は，当初は非聖職者すなわち*信徒修道士の修道会であり，コルトナの*エリアスは信徒修道士でありながら総会長を務めた．しかし，創立後の20-30年間に急激に聖職者の修道会へ変化していった．*アウグスチノ会，*カルメル会，*マリアのしもべ修道会なども同様である．

（2）中央集権化．どの托鉢修道会にも全会員に及ぶ権威を有する者，幾つかの修道院からなる*管区の責任者などがいる（→修道会の長上，総会長）．

（3）対等な会員と長上職の暫定化．長上は会員の互選により選出され，終身制ではなく任期制である．

（4）貧しさの強調．フランシスコ会にみられるように，それまでの修道会とは比較にならないほどの貧しい生活を営む．

（5）都市との緊密な関係．これらの新しい修道会は，托鉢によって都市の住民から生活の糧を得る．

もっとも，托鉢によって生活する修道会の増大は社会経済に新たな影響を与え，托鉢修道会の活動を規制し，その増大を抑制する必要に迫られた．修道院の創設に関する規則，例えば，同一地域の住民に托鉢をして過度の負担をかけることのないように一定の距離をおいて修道院を建設することなどが定められた．事実，第2*リヨン公会議 (1274) においては，例えば100以上もの修道院を擁して各地に広がっていた「サッカーティ」(Saccati) と呼ばれる会をはじめ幾つかの托鉢修道会が解散に追いやられたことは特記されてよい．アウグスチノ会もカルメル会も一時困難な状態に陥った．フランシスコ会の歴史的事例から明らかなように，こうした托鉢修道会と呼ばれる修道会の創設には教皇の意向が深く関係し

ており，会員は教会に自発的かつ無条件で仕えなければならないと考えられていた．

この時期に修道生活をめぐっての教会法的な構図が定まった．すなわち清貧，貞潔，従順の三つからなる修道誓願という変更の余地のない形式が確立し，また修道生活を *トマス・アクイナスは *完徳の状態であると理論的に定義した．

さらに，この時期には女子の修道生活に関しても，今日まで継承されている組織形態が作り出された．女子修道会は男子修道会の傘下にある一部門のような立場にあった（例えば，ベネディクト会，シトー会，ヴァロンブローザ修族ベネディクト会，*クララ会など）．また，*男女併存修道院もあった．一人の女性の大修道院長の統治のもとに，男子修道院と女子修道院とが隣り合わせで存在したのである（例えば，*フォントヴロー修道会，キルデアの *ブリギッドの修道会など）．アウグスティヌスの会則に従って生活していたアウグスチノ会の修道女は，その会則に禁域遵守の規定がない以上，*禁域を守る義務はないと抗議したが，教会当局は禁域制は修道者が守るべき規定であるとみなし，禁域のためにより厳格な形式の扉を設けるよう命じた．そして，禁域の規定に従う修道女が真正の修道女であるとした．ネーデルラントやドイツで最も興隆をみせた *ベギンではこうした厳格さはみられないが，このため教会当局からは修道女とは認められなかった．

中世を通して絶えず修道生活の改革や修道会会則の改編があったように，托鉢修道会のなかでも改革運動が起こった．その特徴は，まず会則の厳守，そして瞑想の重視，跣足の生活という語で表すことができる．どの改革運動にも，それぞれ驚嘆すべき時期や人物（例えば，フランシスコ会ではシエナの *ベルナルディヌス，カルメル会ではアビラの *テレサなど）があり，逆に衰退していく時期があった．こうして改革は次に新たな別の改革を呼び起こす．つまり，しばしば理想は日常性によって凡庸化されるので，それにあらがって最初期の情熱の炎をつねに燃やし続けなければならない定めにあるのである．

〔聖職者修道会または律修聖職者会と使徒的生活の会〕
この種の新しい形式の修道生活を営む修道会としては，1524年に創立され歴史的には最初の聖職者修道会（律修聖職者会）である *テアティニ修道会，また1540年創立の *イエズス会を例にあげることができる．これらの修道会は，それまでの種々の修道会とは著しく異なっていた．

当時，教皇や *公会議が企図した「頭と肢体を含む」（〔ラ〕in capite et in membris）全教会の改革は功を奏することはなかった（→カトリック改革）．しかし，これら新たに生まれた修道会では，使徒時代の原初の規則に従って「刷新された」司祭，かつてよりも多様な使徒的活動に献身する司祭であることを目標とした．*主任司祭であれ *チャプレン，*聖職禄の受領者であれ，無知で，ときには不道徳で，その職務を *召命ゆえでなく，単なる生活のために果たしているにすぎない司祭たちに対して，彼らは修道者や托鉢修道者たちのような仕方で異を唱えるのではなく，*聴罪司祭または霊的指導者として霊魂の保護にあたるよう，充分な鍛錬を受けた学識ある司祭を目指したのである．この刷新された司祭は貞潔の誓願を遵守するので，その語ることは人々から信用された．清貧の誓願ゆえに，ただで受けたものはただで与えよというイエスの言葉（マタ10:8）の意義を再び思い起こさせたばかりか，それを実践した（もっとも，テアティニ修道会とイエズス会の両会員には定収入はなかった）．また，教会内の要職には就かないという誓願を通して，司祭職が出世の手段ではないことを人々に示した．

これまでの修道会と異なる特徴をもつ修道会としては，このほかに1530年創立の *バルナバ修道会，1534年創立の *ソマスカ修道会，1582年創立の *カミロ修道会，1617年創立の *エスコラピオス修道会などがある．これらの修道会の特徴は，修道院ではなく一般の家を住居としたこと，旧来の修道会会則ではなく固有の *会憲ないし規則に従うこと，修道服は特有のものではなく *教区司祭のものであること，そして生活様式もかつての修道者のように孤独へと向かうわけでも，フランシスコ会にみられるように個人であれ会全体としてであれ完全なる貧しさのなかで生きるように心がけるわけでもないことなどである．孤独や荒野を標榜するのではなく，教会や社会の必要性に応じることのできるよりよい手段をみつけていこうという熱意こそが重視されるのである．結局はイエズス会のように（後のそのほかの新たな修道会もすべて），共に *教会の祈りを唱えることが数多くの多様な使徒的活動のために不可能になったので，それは義務ではなくなる．

1545-63年の *トリエント公会議は，このような司祭の生き方がキリスト教ならびに全教会にとっての再建の土台になったので，こうした新たな修道会の会員をもって *人文主義やプロテスタントの *宗教改革によって生じた諸問題への答えとした．なかでも，積年の課題であった気まぐれに放浪する修道者に関して，修道者は必ず一定の修道会に所属していなければならず，会員となるには修道誓願を宣立する必要があるという決定を下した．

トリエント公会議以降の流れのなかで，後には使徒的生活の会とも呼ばれるようになる修道会の存在が際立ってくる．そのなかでも，*オラトリオ会や *ヴィンセンシオの宣教会をあげることができる．1575年 *フィリッポ・ネリによって創立されたオラトリオ会は，個々の自律した共同体から構成されている連合組織である．その共同体では司祭も修道士も誓願を宣立することなしに共同生活を送り，愛と一致の精神をもって特に信徒の司牧に従事する．1625年に *ヴァンサン・ド・ポールによって創立されたヴィンセンシオの宣教会も，柔軟な組織形態をとっている．会員は，より自由に宣教活動に従事することができるように，私的な場合は別にしても誓願を宣立することはない．

女子修道会についても同様の傾向がみられる．1535年イタリアのブレッシア（Brescia）で *アンジェラ・メリチが修道院内にとどまらずに社会のなかで人々に奉仕する *ウルスラ修道会を創立して以降，例えば，イエズス会のように教育活動に従事し，必要に応じて会員が院外で生活するM. *ウォードによって創立された *メアリ・ウォード会，1633年ヴァンサン・ド・ポールによって創立された *ヴィンセンシオ・ア・パウロの愛徳姉妹会などは，女子修道会の歴史に新風を吹き込むこととなった．会員は禁域に束縛されず（なぜなら，ヴァンサン・ド・ポールがいうように，修道院こそ世俗の世界だから），共に教会の祈りを唱える義務からも解放され，病人を介護し宣教活動に従事するために，ときには小さな村で2-3名で共同生活をすることも可能になったのである．

これに類似した現象は宣教地でも起こっていた．禁域

制を厳守する修道院が数多く設立されていたラテン・アメリカ諸国では「ベアテリオ」（［西］beaterio）という名称で，また20世紀になるまで禁域制の修道院が存在することのなかったヴェトナムでは「十字架の熱愛者」，あるいは日本や中国では「童貞会」などの名称で，共同生活をしながら宣教師の活動を補助する女子の団体があった．これらの会は，地域の事情に適合する形式での規則（禁域制や誓願を含む）に従って統制されていたが，教会当局から修道会とはみなされることはなかった．

〔近代に創立された修道会と在俗会〕ここでいう修道会と在俗会とはそれぞれ異なった特質を有するが，双方とも *フランス革命後に起こった運動の一つである．それは，団体であるか個人としてであるかの別はあるが，新しい使徒的生活を営むものであった．こうした二つの生活形態はすでに存在していたし，近代になっては併存するようになった．歴史的には *聖座による認可が事由となって区分されることになったにすぎない．

宗教的領域と非宗教的領域を明確に分離し，宗教者たちにも社会的責任を負うことを求める社会となって，可視また不可視を問わず，そうした社会のなかにあって教会の立場を明示しうる新たな修道生活の必要性が生じた．新しい修道会は，当時の政府の認可を受けるために，会員が修道会にとどまる間は法的に有効な有期誓願を宣立するだけで充分であると考え，その旨を宣誓書に明記した．会員たちの活動は社会のあらゆる分野，すなわち教育事業から病人の介護，聖職者の活動の補助，女性の地位向上ならびに解放運動にまで及んだ．

律修者聖省（後に奉献・使徒的生活会省）と各国政府との友好協定という政治理由もあって，教皇庁は，こうした修道会の宗教的な特性を1900年の *レオ13世による教皇令『コンディタエ・ア・クリスト』（Conditae a Christo），1917年には旧『教会法典』で最終的に容認することになった．公式誓願を伴わない共同生活の会は本来の修道組織を構成するものではないが，修道生活に類似する規約に基づいて統制される．このような形態の修道会や共同生活の会をめぐっての教会法上の認可が遅延したので，すでに『コンディタエ・ア・クリスト』が公布された頃には数々の会（例えば，共同生活をしない会，特定の使徒的活動を行う会など）があったにもかかわらず，そうした在俗会の認可は先送りにされて，結局は1947年の *ピウス12世の *使徒憲章『在俗会憲章』（『プロヴィダ・マーテル・エクレジア』Provida mater ecclesia）まで待たなければならなかった．

いわば「隠れた」使徒的活動というものは，しばしば困難な，ときには政治的なレベルでの問題にも直面する．1970年代以降になって奉献・使徒的生活会省（→教皇庁）は，在俗会の場合は，「隠れた」使徒的活動とともに，この世界の内側からの奉献生活であるとした．

〔第2ヴァティカン公会議以降〕第2 *ヴァティカン公会議以前に始まっていた社会変化は教会内にも新しい共同体の誕生を促した．これらの共同体では，自分たちが公会議前後の改革や刷新運動とは異なることが明確に意識されていた．なかには，これまでのような修道会や在俗会となること，まして教会当局から認可されて位階制のなかに組み込まれることなどを拒否することも稀ではない．

こうした共同体の正確な数はわからないが，共通の要素をあげることはできる．共同体の価値や分かち合い，貧しさ，少人数（その結果，小さな共同体を形成する），ホスピタリティーの重要性，貧しい人たちとの連帯，祈り（新しい形式の祈りを含む）の再認識，新しい共同生活の可能性（男女，聖職者や修道者，既婚や未婚の別なく）の追求などである．これらの要素は価値や目標でもあるが，またその共同体にとっての制限やリスクにもなる．

すでに多くの共同体が消えていった．また，新しいタイプの共同体も生まれ，なかには成長していくものもある．このような共同体は，新『教会法典』（605条）で予見された奉献生活の新たな形式の一つとして認可される可能性を有しているが，しかし，それが実現するのは将来のことである．

【文献】修道生活の歴史的概説：DIP 1-9; Heimbucher 1-2; H. MARC-BONNET, Histoire des ordres religieux (Paris 1949); K. S. FRANK, Grundzüge der Geschichte des christlichen Mönchtums (Darmstadt 1975); L. CADA, ET. AL., Shaping the Coming Age of Religious Life (Whitinsville, Mass. 1985) 11-50; L. HOLTZ, Geschichte des christlichen Ordenslebens (Zürich 1986 ²1991); E. A. WYNNE, Traditional Catholic Religious Orders Living in Community (New Brunswick, N.J. 1987); A. LOPEZ AMAT, El seguimiento radical de Cristo. Esbozo histórico de la vida consagrada, 2 v. (Madrid 1987); J. ÁLVAREZ GÓMEZ, Historia de la vida religiosa, 3 v. (Madrid 1987-90); M. AUGÉ, E. SASTRE SANTOS, L. BORRIELLO, Storia della vita religiosa (Brescia 1988); P.-R. GAUSSIN, Le monde des religieux des origines au temps présent (Paris 1988); S. M. SCHNEIDERS, "Reflections on the History of Religious Life and Contemporary Development," Turning Points in Religious Life, ed. C. QUIGLEY (Westminster, Md. 1988) 13-77; D. O'MURCHÚ, The Prophetic Horizon of Religious Life (London 1989).

修道生活以前の禁欲：DIP 1: 917-26; TRE 4: 204-25; 18: 120-30; G. KRETSCHMAR, "Ein Beitrag zur Frage nach dem Ursprung frühchristlicher Askese," ZThK 61 (1964) 27-67; K. NIEDERWIMMER, Askese und Mysterium. Über Ehe, Ehescheidung und Eheverzicht in den Anfängen des christlichen Glaubens (Göttingen 1975).

修道生活の起源：DIP 5: 1684-707; DSp 10: 1536-47; TRE 4: 204-25; Il monachesimo orientale, OrChrA 153 (Roma 1958); A. VÖÖBUS, History of the Asceticism in the Syrian Orient, 3 v. (Louvain 1958-87); K. S. FRANK, Angelikos Bios (Münster 1964); D. J. CHITTY, The Desert a City (Oxford 1966); B. LOHSE, Askese und Mönchtum in der Antike und in der alten Kirche (München 1969); H. BACHT, Das Vermächtnis des Ursprungs, 2 v. (Würzburg 1972-83); K. S. FRANK, ed., Askese und Mönchtum in der alten Kirche (Darmstadt 1975); A. GUILLAUMONT, Aux origines du monachisme chrétien (Bégrolles-en-Mauges 1979); L. VERHEIJEN, Nouvelle approche de la Règle de Saint Augustin (Bégrolles-en-Mauges 1980); F. PRINZ, Askese und Kultur. Vor- und frühbenediktinisches Mönchtum an der Wiege Europas (München 1980); E. A. CLARK, ed., Ascetic Piety and Women's Faith (Lewiston, N.Y. 1986); A. DE VOGÜÉ, Les règles monastiques anciennes (400-700) (Turnhout 1985).

中世の修道生活：文献目録：G. CONSTABLE, Medieval Monasticism. A Select Bibliography (Toronto 1976); Medioevo latino, 1 (1978-); 研究：M. PACAUT, Les

Ordres monastiques et religieux au moyen âge (Paris 1970); *Il monachesimo e la riforma ecclesiastica (1049-1122)* (Milano 1971); *Aspects de la vie conventuelle aux VI-XII siècles* (Lyon 1975); *Les moines noirs (XIII-XIV s.)* (Toulouse 1984); *Istituzioni monastiche e istituzioni canonicali in Occidente (1123-1215)* (Milano 1984); J. DUBOIS, *Les Ordres monastiques* (Paris 1985); *Naissance et fonctionnement des réseaux monastiques et canoniaux* (Saint-Etienne 1991).

隠遁生活: *L'eremitismo in Occidente nei sec. XI e XII* (Milano 1965); H. LEYSER, *Hermits and the New Monasticism* (London 1984).

参事会: 文献目録: E. SASTRE SANTOS, "Notas bibliográficas sobre los canónigos regulares," *Hispania sacra*, 35 (1983) 251-314; L. JOCQUÉ, "Bibliographie canoniale," REAug 29 (1983) 175-206; 31 (1985) 126-67; 33 (1987) 142-78; 34 (1988) 106-43; 研究: DHGE 12: 353-405; H. SCHÄFER, *Die Kanonissenstifter im deutschen Mittelalter* (1907; Amsterdam ²1965); *La vita comune del clero nei secoli XI e XII*, 2 v. (Milano 1962); *Le monde des chanoines (XI-XIV s.)* (Toulouse 1989).

修道女とベギン: F. W. J. KOORN, *Begijnhoven in Holland en Zeeland gedurende de middeleeuwen* (Assen 1981); M. PARISEE, *Les nonnes au Moyen Age* (Le Puy 1983); J. A. NICHOLS, L. T. SHANK, eds., *Medieval Religious Women*, 2 v. (Kalamazoo, Mich. 1984-87); *Mujeres del absoluto* (Burgos 1986).

騎士修道会: H. PRUTZ, *Die Geistlichen Ritterorden* (Berlin 1908 ²1977); D. SEWARD, *The Monks of the War* (London 1972); D. W. LOMAX, *Las Ordenes Militares en la Península Ibérica durante la Edad Media* (Salamanca 1976); J. FLECKENSTEIN, M. HELLMANN, eds., *Die Geistlichen Ritterorden Europas* (Sigmaringen 1980); *Anuario de estudios medievales*, 11 (Barcelona 1981); *Les Ordres Militaires, la vie rurale et le peuplement en Europe occidentale (XII-XVIII siècles)* (Auch 1986); *Ordines militares* (Torun 1983-).

托鉢修道会: 文献目録: *Bibliographia franciscana*, 1 (1931-); *Medioevo latino*, 1 (1978-); 研究: LMit 1: 2088-93; H. GRUNDMANN, *Religiöse Bewegungen im Mittelalter* (Hildesheim 1961); J. B. FREED, *The Friars and German Society in the Thirteenth Century* (Cambridge, Mass. 1977); *Les Ordres Mendiants et la ville en Italie centrale (v. 1220-v. 1350)* (Roma 1977) 557-773; L. K. LITTLE, *Religious Poverty and the Profit Economy in Medieval Europe* (London 1978); B. NEIDIGER, *Mendikanten zwischen Ordensideal und städtischer Realität in Basel* (Berlin 1981); J. R. SERRA, ed., *Gli Ordini mendicanti e la città* (Milano 1990).

修道会改革: K. ELM, ed., *Reformbemühungen und Observanzbestrebungen im spätmittelalterlichen Ordenswesen* (Berlin 1989).

中世における教会法: J. HOURLIER, *L'âge classique (1140-1378)* (Paris 1974).

聖職者の会: DIP 2: 897-909; M. FOIS, "Il contesto ecclesiastico ed ecclesiale italiano alla nascita dei chierici regolari," AHP 27 (1989) 401-18.

使徒的生活の会: DIP 8: 1738-44; P. PISANI, *Les Compagnies de prêtres du XVIe au XVIIe siècle* (Paris 1928); O. STOFFEL, *Die katholischen Missionsgesellschaften* (Immensee 1984); J. BONIFILS, *Les Sociétés de vie apostolique* (Paris 1990).

修道会: G. LESAGE, *L'accession des congrégations à l'état religieux canonique* (Ottawa 1952); R. LEMOINE, *Le droit des religieux. Du concile de Trente aux instituts séculiers* (Bruges 1956); ID., *L'époque moderne (1563-1789). Le monde des religieux* (Paris 1976); C. LANGLOIS, *Le catholicisme au féminin. Les congrégations religieuses à supérieure générale au XIXe siècle* (Paris 1984).

在俗会: 文献目録: F. MORLOT, "Bibliographie sur Instituts Séculiers (années 1891-1972)," *Commentarium pro religiosis*, 54 (1973) 231-97, 354-62; ID., "Conspectus bibliographicus Institutorum saecularium (1973-1982)," *Commentarium pro religiosis*, 64 (1983) 193-254; 公式文書: *Secular Institutes: The Official Documents* (Rome ²1981); 研究: DIP 5: 106-21; G. POLLAK, *Der Aufbruch der Säkularinstitute und ihr theologischer Ort* (Vallendar-Schönstatt 1986).

第2ヴァティカン公会議: 文献目録: J. M. BELTRÁN, "La vida religiosa y el concilio Vaticano II. Orientación bibliográfica, 1960-1968," *Verdad y Vida*, 27 (1969); 研究: J. M. R. TILLARD, Y. CONGAR, eds., *L'adaptation et la rénovation de la vie religieuse. Décret "Perfectae caritatis"* (Paris ³1968).

新しい共同体運動: DIP 6: 479-87; M. HÉBRARD, *Voyage à travers les communautés charismatiques* (Paris 1979); ID., *Les nouveaux disciples. Dix ans après* (Paris 1987); M. -A. TRAPET, *Pour l'avenir des nouvelles communautés dans l'Église* (Paris 1987). (G. ロッカ)

しゅうどうかいかいそく　修道会会則　〔ラ〕regula religiosa　＊修道会の精神や目的，統治や会員の養成などを規定する基本法に，「会則」（〔ラ〕regula）と「＊会憲」(constitutiones) がある．特に16世紀以前に創立された修道会の基本法を「会則」と呼び，複数の会が共有していた．例えばヌルシアの＊ベネディクトゥスやアッシジの＊フランチェスコの「会則」などである．これらの「会則」に付加された形の「会憲」は各会に固有のものであり，同じ会則をもつ会を区別している．16世紀以降に創立された会では，一般に「会憲」が＊聖座から認可された基本法を指す．古来の「会則」はより霊性的でまた複数の会が共有するため，「戒律」とも訳される．

【語源】一般に規則は，義務づけたり創造性を制限したり，自発的な行動を抑制し，多種多様なものを画一化する否定的な意味合いと容易に結びつく．しかし「会則」と訳される「レグラ」(regula) は，物差しまたは定規を元来意味し，語源的には「レジェレ」(regere まっすぐに整える) に由来する．それゆえ，「会則」は正しく生活するための助けであり，目的地に至るまで，回り道や不必要な労力を省くものである．「会憲」は国家法では「憲法」と訳される語であり，12世紀から修道会の規則を示す語としても教会で用いられるようになったが，元来は＊ローマ法において皇帝が出す勅令であった．教会内では最高権威者であるローマ教皇が出す勅令となり，その他の権威者が出す法規 (statuta) と区別された．しかし「会則」も「会憲」もつねに同じ意味合いをもっていたのではなく，歴史のなかで他のいろいろな語とともに使われており，それらの語の正確な意味はそれぞれの文脈において判読されなければならない．特に中世にお

しゅうどうかいかいそく

いては容易に他の意味に転移しうるからである．12世紀以後，*教会法はスコラ学的形式を獲得し，一つの規範に一つの立法者が必要となった．しかしこれには古来の「会則」はあてはまらない．古来の「会則」は何よりもまず生活様式の描写であり，それを伝承する文書であった．

【発展】〔東方教会〕「会則」の概念は*西方教会において大きく発展したが，*東方教会においてはかなり異なる形態をもち，法的意味合いが少なく，西方に比べると種類も少ない．「会則」に至る概念の底にあるのは詩編の言葉「わたしの歩みを照らすともしび」（詩119: 105）であった．修道形態の最初に出現した「おとめ」「修行者」などは，福音書の言葉を守りながら，かなり自由に行動することを知っていた．しかし*『十二使徒の教訓』などの文書は，彼らの貞潔や清貧が堕落することのないよう注意を促し，「会則」への下準備となった．アレクサンドリアの司教*アタナシオスは*隠士たちを指導する責任を感じて『アントニオス伝』を書き，規則としてではなく独居隠修士 (anacoreta) の理想を描き，その特徴を定めていった．エジプトの独居隠修士の生活にはこのほかに『箴言集』(*アポフテグマ) や『イザヤの奨励』(Exhortationes Isaiae)，あるいは*カッシアヌスの『共住修道院の諸制度と八つの罪源の治療』および『教父たちの会談』などがある．共住修道生活 (coenobitismus) においては，*共同生活の必要上と個人の*霊的生活の保護のために規則の編纂に至った．なかでも軍人の経験をもつ*パコミオスは『贖罪規定』(Iudicia)，『長上のための手引き』(Instituta)，その他の論点について2種の規則，『法規』(Leges) と『命令』(Praecepta) を作った．パコミオスの書にも聖書への言及が多いが，カイサレイアの*バシレイオスにはこれがより顕著である．彼の『修徳原則』は新約聖書からの抜粋であり『修徳問答集』はその注解書にほかならないといえるほどである．これらは後世において「会則」とされた．皇帝や*教会会議は東方の修道院生活を『教会関係法』(nomocanon) によって整序した．個々の修道院生活を決定する霊的・物的資産は創立者によって『創立趣旨書』(*テュピコン) にまとめられたが，この組織的な編纂は西方には伝播しなかった．

〔西方教会〕800年頃アニアヌの*ベネディクトゥスはその『修道会則集』(Codex Regularum) のなかに古代修道院の25の規則を収めたとき，若干の例外を除いて，「会則」であると表記した．この語は6世紀にはガリアで，*修道生活の法的規範を指すものとして受け入れられていた．397年頃書かれたとされる*アウグスティヌスの『覚書』(Libellus: 530年以後，この書は「会則」と呼ばれる) は，彼の周囲に集められた*司祭たちの生活の法的規範として，*修道祭式者会の会則の原型と考えられている．9世紀頃の写本では，第1部は「隠世修道院の規整について」(De ordine monasterii) という表題であり，第2部は「規定」(Praeceptum) であるが後世の作である．アウグスティヌス自身は，自分の著書を「この覚書」(hic libellus) とし，かえってローマのマニ教徒修行者団体の規則を「生活会則」(regula vivendi) としている．バシレイオスの『修徳問答集』はアクイレイアの*ルフィヌスによって397年にラテン語に翻訳された．その序文はこの問答集を「隠世修道士規則」(Instituta monachorum) あるいは単に「規則」(Instituta) としている．ルフィヌスはいろいろなギリシア語を「会則」と訳しているが，一番多いのは「規範」(Kanōn) からである．404年に*ヒエロニムスがパコミオスの規則を翻訳し，そのなかの用法の一つとして，修道生活の規律を「会則」(regulae) としている．これがラテン語として公に「レグラ」の語が使用された最初であるが，複数形であり，後世ほどの明確な意味はない．西方では南仏の*レランスの修道院が「会則」の発展に寄与した．400-10年頃には『四教父の会則』(Regula Quatuor Patrum) が作成され，427年頃に書かれた『続教父たちの会則』(Regulae Patrum, secundae) がこれを補完している．また500年の少し前には同地で『聖マカリウスの会則』(Regula sancti Macarii) が書かれた．534年にはアルルの司教となった同修道院出身の*カエサリウスが『おとめたちの会則』(Regula Virginum) と『隠世修道士たちの会則』(Regula Monachorum) を書いている．これらが後にアルルの*アウレリアヌスの著とされる諸会則に示唆を与え，それがスペインやイタリアの修道院生活に影響を及ぼした．イタリアにおいては，525年頃に書かれた『賢者の会則』(Regula Magistri) が権威をもった．この書の教理的部分はその後，550年に書かれたベネディクトゥスの「会則」に引き継がれていく．アイルランドでは*コルンバヌスの『修道士の規則』(Regula monachorum) と『共住生活の規則』(Regula coenobialis) が，スペインではセビリャの司教*レアンデルの『おとめたちの会憲』(De institutione virginum)，彼の弟*イシドルスの『修道者規則』(Regula monachorum) などがある．これらのなかでも，ベネディクトゥスの「会則」は非常に大きな影響を西方教会に与えた．しかしベネディクトゥス自身はこれを単に「修道生活の入門」(initium conversationis) であるとし，さらに古代の*教父たちや東方の教えに従うように勧めている．

【中世】中世においては，ベネディクトゥスとアウグスティヌスの「会則」が非常に大きな権威をもち，これに添付したり，解釈したりする形での規則が種々作られていった．それらは「慣習」(consuetudines)，「会憲」(constitutiones)，「規整の書」(liber ordinis)，「規整」(ordo)，「細則」(statuta)，「実践」(usus) などとされ，また「聖なる教父たちの規則」(Regula sanctorum Patrum) というのもある．立法者個々の権威に基づくのではなく，福音や教父たちの権威に基づいた伝統の集成という形をとる．これらの用語は明確な区別をもっていたわけではなく，12世紀頃までは曖昧に用いられていた．隠世修道会はベネディクトゥスの「会則」，修道祭式者会はアウグスティヌスの「会則」と徐々に修道生活の形態も合わされていった（→アウグスチノ会，ベネディクト会）．ローマの聖座は11世紀からこれらの「会則」を各修道院で採用するように働きかけ，1139年の第2*ラテラノ公会議でベネディクトゥスとアウグスティヌスとともに列挙されたバシレイオスの「会則」も，南イタリアにあったギリシア系修道院をまとめるために使われた．1215年の第4*ラテラノ公会議は新しい修道会を創立することを禁止し，新たな修道院を立てる際には既存の「会則」と「制度」(institutio, この場合は「会憲」の意味)を採用するよう定めた．しかし，これは新しい修道会の創立や会憲によって破られていった．*ドミニコ会はアウグスティヌスの「会則」を採用したが固有の「会憲」(constitutiones) をもち，*フランシスコ会は「会則」も固有であった．しかもこの「会則」はすぐに非常に大きな権威を獲得し，修正不可能なものとなったので，1239年以降には別個に「会憲」が制定された．

【近世】16世紀に現れた修道聖職者会はこれまでの修道会のように「会則」の語を使うことはなかった．そのかわりに創立の根本理念を示す「生活様式」(forma vitae) あるいは「会規」(formula instituti) の認可を受け，次いで会憲や規則を制定していった．近代の修道会では「会則」とともに「会憲」の語をもって基本法を指すようになった．これが例えば*ヴィンセンシオの宣教会(1638年の会則)では『会則すなわち会憲』(Regulae seu Constitutiones) と示され，一つの基本法を示す同義語として扱われる．19世紀になると聖座は修道会の基本法を「会憲」の語で一括するようになり，1861年には新しい修道会では「会憲」だけで示されるようになる．この二つの語の内容は逆転し，「会憲」が会の基本法を指すのに対して，「会則」(regulae, 複数形) がその詳細な規定を指すようになった．さらに聖座では用語として複数形の「会則」(regulae) が古来の「会則」(regula) とは内容も異なるため，「会則」(regulae, 複数形) の使用を廃止し，「指針」(directorium) の語を使うこととした．1901年の司教修道者聖省からの『修道会の機構刷新のための規範』(Normae) は「会則」の語を古来の会の基本法，「会憲」を近代創立の会のものを指すとした．この区別は1917年発布の旧教会法にも引き継がれた．

【現行法の規定】第2*ヴァティカン公会議においては，会の基本法のなかに霊的な要素を含めることが定められ，「生活様式や生き方が表される規則」という概念に戻った．『公会議教令遂行のための規範』(Ecclesiae Sanctae, 1966) は，修道会の基本法は「会憲，会規，会則，あるいはいかなる名称で呼ばれようとも」刷新の対象となるとしたが，古来からの「会則」である四大修道会則（アウグスティヌス，バシレイオス，ベネディクトゥス，フランチェスコ）はその対象外とした(II, 12)．このため四つの会則は基本法としての直接の法的拘束力を失い，霊的な源泉としての意味だけをもつようになったといえる．現行教会法においては，修道会の基本法を一括して「基本的な法典，すなわち会憲」(587条)とする．その内容として，会の本性，目的，精神，性質に関して，教会の権限ある権威者によって承認された創立者の精神および意向ならびに会の健全な伝統(578条)，会の統治，会員の規律，入会および会員の養成ならびに聖なる絆の固有の対象に関する基本的な規定(587条)が含まれなければならない．

【文献】キ史2, 4; DIP 7: 1411-34; DMC 4: 50-56; DPAC 2979-81; Plöchl 2; *Praktisches Lexikon der Spiritualität* (Freiburg, Basel, Wien 1988) 1039-41; E. WAGNER, *Historia constitutionum generalium Ordinis Fratrum Minorum* (Roma 1954); F. M. CAPPELLO, *Summa Iuris Canonici*, v. 2 (Romae 1962); 原田慶吉『ローマ法』(有斐閣 ²1955); 野原清『霊性の流れをくんで』(ドン・ボスコ社 1976). （濱田了）

しゅうどうかいかんくちょうきょうぎかい 修道会管区長協議会 〔ラ〕confederatio superiorum maiorum 第2*ヴァティカン公会議『修道生活刷新教令』(23項) は修道会管区長協議会の設置を奨励した．これは各修道会の目的を充分に達成し，共通の問題を処理し，*司教協議会との調整や協力関係を推進するために，各国別あるいは司教協議会の範囲で，男女別あるいは聖職者会・非聖職者会別に各修道会の上級上長者によって構成されるもので*聖座によって設立される．さらに，教皇*パウルス6世の『公会議教令実施規範』や『司教と修道者の関係指針』はいろいろな段階での協議会設置の可能性を示唆した．現行教会法(708-709条)は，一般的な目的と設置について規定し，聖座の監督下にあるとしている．日本においては1965年3月26日に，日本女子修道会総長管区長会 (Association of Major Superiors of Religious Women of Japan) が設立され，1970年3月17日に男子の日本カトリック管区長協議会 (Superiors' Conference of Japan) が設立されている．

【文献】G. PELLICCIA, G. ROCCA dir., *Dizionario degli Istituti di Perfezione*, v. 2 (Roma 1975) 1423-31; D. J. ANDRES, *El Derecho de los Religiosos: Comentario al Codigo* (Madrid 1983) 659-67; J. BONFILS, "Le Conferenze dei Superiori Maggiori," *Direttorio Canonico* (Milano 1988) 268-71. （濱田了）

しゅうどうかいそうちょうきょうぎかい 修道会総長協議会 〔ラ〕conferentia religiosa, conferentiae superiorum generalium 第2次世界大戦後に始まった修道生活刷新の動きを受けて，教皇庁修道者聖省は1950年に第1回の男子修道会総長会議を，1952年に女子修道会総長会議を開催した．これらの会議で提起された数多くの刷新を実行するために，1955年には男子修道会総長連合 (〔ラ〕Unio Superiorum Generalium)，1965年には国際女子修道会総長連合 (Unio Internationalis Superiorissarum Generalium) が発足した．1974年には世界在俗会協議会 (Conferentia Mundialis Institutorum Saecularium) が設立された．第2*ヴァティカン公会議以後の公文書では，*修道生活内部の問題だけでなく，教会の成員としての交わりが強調され，福音宣教などにおける各国*司教協議会との協力のため，各国内でも上級上長による修道会協議会を設立することが推奨された．日本においても男女の上級上長協議会が設けられている．

【文献】第2ヴァティカン公会議『修道生活刷新教令』23項; J. ANDRES, ed., *El Derecho de los Religiosos: Comentario al Codigo* (Madrid 1983) 659-67; J. BONFILS, *Le Conferenze dei Superiori Maggiori: Direttorio Canonico* (Milano 1988) 268-71. （濱田了）

しゅうどうかいのちょうじょう 修道会の長上 〔ラ〕superior religiosus, 〔英〕religious superior, 〔独〕Ordensobere, 〔仏〕supérieur religieux 長上とは，*修道会の全体あるいは部分を，固有の顧問とともに種々の段階において，普遍法および固有法で定められた権限をもって統治する者を指し，その呼称は会によって異なる．上級長上とは，会全体，*管区，管区に匹敵する部分，または自治修道院を統治する者，およびこれらの副長である．さらに首席大修院長 (〔ラ〕Abbas Primas) と隠世修道会の長上もこれに加えられる(『教会法典』620条)．聖座法による聖職者修道会の場合，上級長上は配下の会員にとっての裁治権者 (Ordinarius) である(134条)．これらの会では聖職者のみが上級長上となりうる．その他，長上の任期，資格は固有法が定める(624条)．

修道会長上が帯有する権限は教会の奉仕職を通して「神から受けたもの」(618条)であり，単なる自然法的な権限(家父長権)以上のものである．創立者が*聖霊の息吹を受けて新たな会を始め，教会の認可を得て教会の

しゅうどうさいしきしゃかい

一部となることにより，その*カリスマを実践するために長上は，約教え，聖化し，導くという教会的任務を有する．*修道誓願との関連で考えれば，(1) 教える側面（貞潔）は，自己の*修道院に居住しながら(629条)，霊魂の教師であるキリストを示し，キリストにおける兄弟的共同体を建設し，すべてに超えて神が求め愛するように共同体を導くこと，*徳を培うことや会の法および伝統を遵守する点において配下の会員の模範となること(619条)である．(2) 聖化する側面（清貧）は，配下の会員に霊的・身体的な必要を適切に配慮すること(610条2項)，聖なる*典礼に導くこと(619条)，個人の正当な自由を認めながらも，配下の会員がしばしば*ゆるしの秘跡にあずかれるように配慮すること(630条)，いかなる奢侈，不当な収益，蓄財を避け(634条)，愛と清貧の団体的ともいえる証しを与えるよう努めること(640条)である．また上級長上は会計係を兼務してはならず，地区共同体の長上（修道院長）もできるだけ会計係を兼務してはならない(636条1項)．(3) 導く側面（従順）は，配下の会員を神の子として統治し，人格に対する尊敬の念をもって彼らの自発的な*従順を促しながらも，なすべきことを決定すること(618条)，配下の修道院と会員を視察すること(628条)，任務遂行にあたっては顧問の協力を求めることである．顧問は法定の場合に決議権をもって長上とともに団体的に (collegialiter) 決定を行い，その他の場合は諮問投票権のみをもって長上を助ける(627条)．従順の絆からして，*教皇はすべての奉献生活者の最高長上である(590条2項)．

【文献】B. PRIMETSHOFER, *Ordensrecht* (Freiburg ²1979); J. BEYER, *I superiori locali e la loro missione*, 〈*Quaderni di Vita Consacrata 7*〉 (Milano 1983); V. DAMENERTZ, "La Nuova Figura del Superiore," *Il Nuovo Diritto dei Religiosi* (Roma 1984) 131-51; R. SEBOTT, *Das Neue Ordensrecht* (Kevelaer 1987); R. HENSELER, *Ordensrecht* (Essen 1987). (濱田了)

しゅうどうさいしきしゃかい　修道祭式者会
〔ラ〕canonici regulares, 〔英〕canons regular, 〔独〕Regularkanoniker, Chorherren, 〔仏〕chanoines réguliers
*司教座聖堂，その他の司教区聖堂の参事会に属していたが，*グレゴリウス改革(11-12世紀)によって成立し，それ以来，三盛式誓願(→修道誓願)をもって司祭共住生活および聖務日課(*教会の祈り)の共唱を行うのが修道祭式者会である(→カピトゥルム，参事会)．祭式者(〔ラ〕canonicus) という名称は教会規律(canones) を遵守する司祭共住生活に由来する．

【歴史】司教と聖職者の共同体生活は初代教会の司祭団 (collegium presbyterorum) に遡り，使徒的生活(使4: 32)を理想としてすでに4-5世紀から実践されていた．ヴェルチェリの司教*エウセビウス，ヒッポの司教*アウグスティヌスや教皇*グレゴリウス1世はこの制度の推進者であった．6世紀以来，教会規律を遵守する聖職者は「クレリキ・カノニキ」(clerici canonici あるいは単に「カノニキ」canonici) と呼ばれるようになり，彼らは司教のもとで教会奉仕のために「教会規律に従う生活」(vita canonica) を実践した．この「ヴィタ・カノニカ」は中世初期，すなわち*メロヴィング朝から*カロリング朝において新しい意義をもつに至った．メッスの司教*クロデガングはアウグスティヌスの修道会会則(→アウグスチノ会)，ヌルシアの*ベネディクトゥスの修道会会則などの源泉に基づき，司教区聖職者団のためにいわゆる「祭式者の規則」(Regula canonicorum, PL 89: 1057-126) を著した．この規則は，*シャルルマーニュが全フランク教会の聖職者団改革を試みた際に制定された，「祭式者法」(Institutio canonicorum) の基盤となり，さらに*アーヘン教会会議(816-17)によって決議，公布された．805年のシャルルマーニュ帝勅令は全聖職者に修道会会則 (monastice) あるいは祭式者会会則 (canonice) を遵守するよう要請し，アーヘン教会会議は祭式者会会則による司教区聖職者の共住生活を宣言している．

10世紀に入るとこの生活様式は分裂あるいは解体してしまったが，イタリア北部，フランス南部，あるいはイギリス諸島の教会改革者の間では共住生活の復活が切望されていた．*アヴィニョン郊外のサン・リュフ (Saint-Ruf)，*パリのサン・マルタン・デ・シャン (Saint-Martin-des-Champ) など若干の重要な祭式者会は，すでに11世紀半ばまでには設立されていた．ついに1059年のローマ教会会議は祭式者会員の私有財産放棄および厳格な共住生活について論議し，その実践を宣言した．*グレゴリウス改革を推進した12世紀の諸教皇，*パスカリス2世，*カリストゥス2世，*ホノリウス2世，*インノケンティウス2世，*ハドリアヌス4世，および教皇と一致した司教団，例えばパッサウの*アルトマン，シャルトルの*イヴォなどは，都市化と国際化という新しい状況にふさわしいものとして祭式者会を称揚し，アウグスティヌスの修道会会則による祭式者会の組織化を図った．こうして祭式者の生活は貞潔・清貧・従順の盛式誓願をもって*修道生活と結ばれ，大多数の祭式者共同体がアウグスティヌスに由来すると称する一大修道祭式者会を結成するに至った．全西欧で300以上の修道祭式者会修道院が設立され，会員はローマ教皇庁の司教区政策および小教区改革に尽力し，13世紀の*托鉢修道会や16世紀の*イエズス会と同様に司牧，霊性や神学上の精神的刷新の一翼を担った．サン・ヴィクトル (Saint-Victor)，アルエーズ (Arrouaise)，マールバハ (Marbach)，ライヘルスベルク (Reichersberg) は代表的な修道祭式者会修道院であった．11-12世紀の時代状況と新しい修道会創設により祭式者共同体も多様化し，古い生活様式 (Ordo antiquus) を保持する黒衣の*アウグスチノ修道祭式者会，あるいは新しい生活様式 (Ordo novus) を採用する白衣の*プレモントレ会など，それぞれ教会奉仕に献身して栄えていった．

16世紀の*宗教改革によっておよそ1,600の修道祭式者会修道院がイングランド，北欧諸国，ドイツ，スイスにおいて破壊されてしまった．17-18世紀初頭，フランス，イタリア，ドイツでみられた復興の兆しも，*フランス革命，*ヨーゼフ主義，*世俗化によって消滅した．19世紀になると修道祭式者会は活動地域を拡大し，特に新たに組織されたラテラノ修道祭式者会はスペイン，フランス，オランダ，南アメリカに修道院を設立して教会司牧に奉仕するに至った．

【現状】今日，修道祭式者会の各修道院は自治修道院である．修道参事会 (congregatio canonicalis) は，隠世修道院会 (congregatio monastica) と同様，一定の制限された*裁治権を有するのみである．第2ヴァティカン公会議は「会則によって，あるいは創立の目的によって，使徒的生活を聖務日課歌唱と隠修修道生活的規律および慣習とに密接に合わせている諸修道会は，教会のすぐれた善に寄与する生活様式を保ちながらも，これを会に適した使徒職の要請と調和させなければならない」

(『修道生活刷新教令』9項)と勧告している.
【文献】DSp 2: 463-77; L. HERTLING, "Kanoniker, Augustiner und Augustinerorden," ZKTh 54 (1930) 335-59; A. V. ETTE, *Les Chanoines Réguliers de Saint Augustin* (Cholet 1953); K. BOSL, *Regularkanoniker (Augustinerchorherren) und Seelsorge in Kirche und Gesellschaft des europäischen 12. Jahrhunderts* (München 1979). 　　　　　　　　　　　　　　(鈴木宣明)

しゅうどうさんじかい　修道参事会　→ カピトゥルム, 修道祭式者会

しゅうどうしがんしゃ　修道志願者
〔英・仏〕aspirant, 〔独〕Aspirant　旧『教会法典』では, *着衣式と*修練期の前の修道志願期にある者を修道志願者(ポストゥランス, 〔ラ〕postulans)と規定していた. しかし多くの*修道会の場合, 修道志願期に入る前の段階を設けて予備的準備をさせることがあり, その段階の者をアスピラント(準修道志願者)と呼んだ. 新『教会法典』には修道志願者あるいは修道志願期について, 何ら規定はない. 新『教会法典』は, 入会を志願する者をカンディダトゥス(〔ラ〕candidatus)と呼んでおり, 修練期以前の彼らの準備について, 特別な規定は設けていない.

修道志願期の目的は修道生活史の伝統(例えば『ベネディクトゥスの戒律』58条)に従って, 入会を志願する修道会の使命を学ぶこと, 修練期に迎えられるために霊的・人間的資格として要求されるキリストへの従順と信仰, 希望, 愛を体得することにある. 志願期は少なくとも満6か月続き, 修道会長上は最大6か月まで延長することができる. 志願期終了後, *修道服の着衣式, 修練期と続く. 志願者服は修練者服と異なる.

【文献】DDC 7: 67-70; J. D. McGUIRE, "The Postulancy," *Catholic University of American Canon Law studies*, 386 (Washington, D. C. 1959).
　　　　　　　　　　　　　　(安井光雄, 鈴木宣明)

しゅうどうしふでんしゅう　『修道師父伝集』
→『隠修士伝』

しゅうどうしゃ　修道者
〔ラ〕religiosi, religiosae, 〔英〕religious, 〔独〕Ordensleute, 〔仏〕religieux, religieuse
【用語】修道者を示す単語として, ラテン語の religare (神と人間とを固く結ぶの意)もしくは religere (信心深くあるの意)に由来する religiosus, religiosa のほかに, (1)「独りで住む者」または「単独者」を意味するギリシア語 monachos をラテン文字化した monachus およびそこから派生する英語 monk, 独語 Mönch, 仏語 moine, (2)「隠れ住む者」または「隠者」を意味するギリシア語 anachōrētēs に由来するラテン語 anachoreta (〔英〕anchorite, 〔独〕Anachoret, 〔仏〕anachorète), (3)「荒れ野に独り住む者」が原義のギリシア語 erēmos (*隠修士と訳す)に由来するラテン語 eremita (〔英〕hermit, eremite, 〔独〕Eremit, 〔仏〕eremite) がある. これら三つの用語は, 最初の頃の修道者の生活形態を表現しており, ほとんど区別なしに使われていたようである. しかし4世紀に入ると, コイノビオン (koinobion 共修生活)をする修道者が現れ, コイノビオス(共同生活者)と呼ばれた. この語もまた coenobita としてラテン語化され, 近代ヨーロッパ語において生きている(〔英〕cenobite, 〔独〕Zönobit, 〔仏〕cèobite). また3世紀以来の伝統の流れを汲んで生活する修道院をモナステリウム(〔ラ〕monasterium)と呼ぶことから, そこに住む修道者を monachus, monaca (〔英〕monk, 〔独〕Mönch, 〔仏〕moine)と呼ぶ表現もある. また盛式誓願修道会(〔ラ〕ordo)の正規の修道者を指す用語として, regularis (男子), monialis (女子) 〔英〕regular, nun, 〔独〕Regular, 〔仏〕régulier がある. さらに単式誓願修道会(〔ラ〕congregatio)の*修道女の呼称として soror (〔英〕sister, 〔独〕Schwester, 〔仏〕soeur) があるが, 今日の日本では, 一般にシスター(〔英〕sister)と呼ぶことになっている.

【修道者の本性・身分および法的要件】第2*ヴァティカン公会議は, *在俗会の会員をも包括する広い意味で, 修道者を「福音的勧告の実行のため神から召され, これに従うことを忠実に宣誓することによって自己を神に特別に奉献し, 童貞で, 貧しく, 十字架の死に至るまでの従順によって, 人類をあがない聖化したキリストに従って生きている」人として記述している(『修道生活刷新教令』1項). しかし新『教会法典』に従っての狭義の修道者とは, 教会によって認可された*修道会において, 貞潔, 清貧, 従順の三つの福音的勧告の実践を公的に誓願宣立することによって, 神に聖別されたキリスト信者のことであり(573条2項, 589条, 607条), 同じ聖別・奉献者の身分を有する在俗会の会員と違って, その生活はこの世からの離脱を伴う(同607条3項). 修道者の身分は, そのものとして聖職者身分(〔ラ〕status clericalis)でも, また信徒のそれ(status laicalis)でもなく(同588条1項), その双方から召し出されたカリスマ的身分である. 有期誓願宣立のために要求される年齢は満18歳以上, 終生誓願宣立の場合は満21歳以上である(同656条, 658条). 修道者にとって, 福音書および*会憲において提示されているキリスト随従こそ, 最高の規範であり(同662条), 観想および祈りにおける神との不断の一致が第一の主要な務めである(同663条). 修道者は, 自己の属する*修道院に居住し, *共同生活を守らなければならない(同665条).

【文献】DMC 4: 74-76; 今野国雄『修道院』(近藤出版社 1971) 15-17; 同『修道院―祈り・禁欲・労働の源流』(岩波書店 1981); 枝村茂「福音的勧告の宣誓による聖別の特性」『南山神学』12 (1989) 33-54; R. SEBOTT, *Das Neue Ordensrecht* (Kevelaer 1988).　　(枝村茂)

しゅうどうしゃどっきょぼう　修道者独居房
〔ギ〕kellia, 〔ラ〕cella, 〔英〕cell, 〔独〕Zelle, 〔仏〕celle　*隠修士 (eremita) や修道士 (monachus) の個室. 古代ローマ時代において住居, 公衆浴場, 劇場, 特に神々の像が安置されている神殿の各室の呼称であったが, 次いで墓所の建物をも呼ぶようになった. キリスト教では, 隠修士が独居する小屋を指したが, 後に修道院内の各部屋も意味するようになり, 817年の*アーヘン教会会議において決議された『修道士たちに関する規定』(Capitulare monachorum)では6人を超えない修道士共同体の小修道院が「ケラ」と呼ばれている.

東方では修道制の初期からエジプト, シリア, パレスチナ, 小アジアで隠修士がおのおの離れたところに庵を建て*修道生活を営んでいた. 西方では5世紀に隠修士の生活が普及, さらに11-12世紀には砂漠の隠修士を範とする*カマルドリ修道会や*カルトゥジア修道会が誕生し, 会員は祈祷のために個室を与えられたり, 独居生

しゅうどうじょ

活を送ったりした．13世紀の*托鉢修道会も会員に個室を与えた．概して個人の内的信心を重視する修道会では個室が与えられたが，ヌルシアの*ベネディクトゥスの*修道会会則に従い，共同の祈りの生活を中心とする*ベネディクト会や*シトー会の修道院では，当初から会員に個室が与えられることはなかった．ベネディクト会の修道士が個室をもつのは，16世紀のL.ド．*ブロアによる改革以降のことである．

中世には男女の新設修道院の添え名としてしばしば「ケラ」が用いられたが，現在では各修道院において各自の個室を「ケラ」と呼ぶ慣習に名残をとどめるのみである．

【文献】Cath. 2: 771-72, 774-75; DSp 2: 396-400.

(鈴木宣明，矢内義顕)

しゅうどうじょ 修道女 〔ラ〕religiosa 狭義の意味で修道女とは，*修道会に属する女性信徒である．現行*教会法は*修道生活を「全人格の奉献であって，教会において，神によって創設された感嘆すべき契り，来たるべき世のしるしを表現する．かくして修道者は，神に捧げられたいけにえとして自己を全面的に奉献し，それによりその全存在は，愛における神への絶えざる崇敬となる」(607条1項)とする．そして修道会を「会員が固有法に従って，公的終生誓願，または満期時に更新すべき有期の公的誓願を立て，兄弟的生活を共同で営む団体」(同2項)と定義する．さらにその証しの性格を「修道者がキリストと教会に与えるべき公の証しは，各会の性格と目的に応じて，この世からの離脱を伴う」(同3項)とする．したがって修道生活の外的な要素は，(1) 公的誓願による生涯の*奉献，(2) 兄弟的生活を共同で営むこと，(3) この世からの離脱が伴う証しである．それゆえ，狭義の修道女とはこれらの3要素をもつ「修道会」の女性会員である．

第2*ヴァティカン公会議以前には，女子修道会の内部で会員に階級的区別をもつものもあったが，一般信徒は修道女を区別なく「童貞様」と呼んでいた．現代では階級的な区別は廃止され，等しく「シスター」(〔英〕Sister)あるいは「スール」(〔仏〕Sœur)と呼んでいる．一部の会で使われている「マザー」(〔英〕Mother)あるいは「メール」(〔仏〕Mère)は職務上の敬称であり，修院長あるいは元修院長に対する呼び方である．

修道生活の原点とされる*福音的勧告は，伝統的に貞潔(*純潔)・清貧(*貧しさ)・従順の三つの*修道誓願に集約されるが，*初代教会においての独身制(貞潔)は，世俗財産の放棄(清貧)と結びついておらず，また従順の義務は修道院制度の発展によるものであった．初代教会において個人的*聖性の追求は*禁欲・修行(〔ラ〕ascesis)によって*徳を高めることから始まった．男性は「修行者」(asceti)，女性は「聖なるおとめ」(virgines sacrae)と呼ばれ，清貧と独身のほかに，*断食や肉食と飲酒の*節制も修行の基本とされた．3世紀になると彼女たちは「*キリストの花嫁」(sponsae Christi)，「神に捧げられたおとめ」(virgines Deo dedicatae)などと呼ばれた．4世紀以後，修道院制度が発展して，伝統的な三誓願と定住を基本とする隠世修道女(monachae, moniales)だけが一般的となった(→定住の誓願)．近代になり*フランス革命後には，単式誓願を立て使徒職に従事する活動修道会が数多く創立された．これらの修道女は「姉妹」(sorores)と呼ばれ，もはや修道院内の活動だけでなく社会福祉や教育，宣教など，女性が社会進出する先駆けとなっていった．今世紀に入ると，社会的境遇を変えずに神に自らを奉献する*在俗会が認可され，*修道院での*共同生活を前提としない形態が認められた．現行教会法では，伝統的な三誓願を立て共同生活を送る「修道会」と共同生活を前提としない「在俗会」を「奉献生活の会」としている．また「隠遁生活」「おとめの身分」にも言及しており(603, 604条)，必ずしも団体を構成しない修道生活を規定している．

このように広義の修道生活は上述の外的3要素では規定されないものであり，内的な諸側面によって理解する必要がある．修道生活には，神からの*召命・奉献・使命，キリストが示した福音的勧告，修友の共同体としての交わりと終末論的しるし，主への奉献と*奉仕を内的に支える祈りの生活，教会との交わりという諸側面がある．修道女の場合，さらに聖母*マリアに倣う「処女，妻，母である女性としての秘義」の次元が加えられる．それは，(1) すべてに超えて愛する神にあますところなく自身を捧げることができる処女としての輝き，(2) 最も小さな者のなかにも，配偶者・キリストをみいだして奉仕する妻としての働き，(3) そしてこの夫との愛に結ばれて，新たな霊的出産を行い，育てる母性の愛である．

【文献】DThC 13: 2157-82; DMC 3: 299-301; Plöchl I-II; 枝村茂「第2バチカン公会議と修道生活」『新風かおる教会』公会議解説叢書5(中央出版社 1969) 579-629; ヨハネ・パウロ2世『女性の尊厳と使命』初見まり子，松本三朗訳(カトリック中央協議会 1991) 22: IOANNES PAULUS II, "Mulieris dignitatem" (15 Aug. 1988), AAS 80 (1988) 1653-729; ヨハネ・パウロ2世，修道者・在俗会聖省『修道生活の諸要素 — 使徒職に従事する会について』濱田了訳(フランシスコ会日本管区 1991) 13-43: IOANNES PAULUS II, "In This Extraordinary Holy Year" (3 April 1983), S. C. PRO RELIGIOSI ET INSTITUTA SAECULARIA, "Essential Elements in the Church's Teaching as Applied to Institutes Dedicated to Works of the Apostolate: The Renewal of Religious Life" (31 May 1983), L'Osservatore Romano, English Edition (8 Jun. 1983) 3-8; 世界代表司教会議事務局『奉献生活とその使命 — 第9回世界代表司教会議定例総会への提題解説』濱田了訳(日本カトリック管区長協議会・日本女子修道会総長管区長会 1993), 5-13: SECRETARIA GENERALE SYNODI EPISCOPORUM, lineamenta, " De vita consecrata deque eius munere in Ecclesia et in mundo," OR (21 nov. 1992) supplemento, I-XV. (濱田了)

しゅうどうせいかつ 修道生活 〔ラ〕vita religiosa, 〔英〕religious life, 〔独〕Ordensleben, 〔仏〕vie religieuse 【概要】修道生活(〔ラ〕vita religiosa)は，語源的にはreligare(神と人間とを固く結ぶの意)もしくはreligere(信心深くあるの意)に由来するといわれる．広義の修道生活は，主イエスの*福音的勧告に従って自己を神に全面的に奉献し，キリスト的完全愛を目指す永続的生活を意味するが，より厳密な意味では，すなわち現行教会法で認証された修道生活とは，*奉献生活(vita consecrata)の一形態であり，主の福音的勧告の実践を，教会の特別法である所属修道共同体の会則に従って公的に宣誓し，創立者の*カリスマを絶えず刷新・適応しながら，キリストに従う真摯な生き方を通して，神の愛と終末的*神の国のしるしとなる者の生活を指す．その実際については修道院の項を，また歴史については修道会の項を

参照.

【第2ヴァティカン公会議の教説】修道生活に関する第2*ヴァティカン公会議の教説は,『教会憲章』第6章および『修道生活刷新教令』において提示されている. 公会議は, 再発見した教会のカリスマ的次元を修道生活にも敷衍し, 修道生活の神中心的本性を再確認するとともに, その教会論的価値を強調した. すなわち, 福音的勧告の宣誓・実践によるキリスト随従の生活と教会およびその秘義との間にある密接不可分な関係を指摘することによって, 修道生活が全教会の霊的善益を目的としていることを強調したのである. この真理は, *イエス・キリストの救済のわざを地上において継続している, *キリストの体である教会の使命と, その頭であるキリストに対する修道者の全面的自己奉献の意味とを考え合わせるとき容易に理解される. 第2ヴァティカン公会議が, 修道生活の価値について強調したもう一つ重要な点は, その終末的しるしとしての存在理由である. すなわち修道者は, 修道誓願による福音的勧告の生活を通して, この世の中にすでに存在している天上の賜物をよりよく現し, キリストの贖いによって得られた新しい*永遠の命について, よりよく証しする. そしてさらに将来の復活と天国の栄光をよりよく予告するとしている. さらに公会議は, 従来, 修道生活についていわれてきた「完徳の身分」といった表現を廃し, 修道者もその他の一般信徒も, キリスト随従という一つの同じ道において, キリスト的完全愛の追究という共通の目的を目指すものであることを明確にすることによって, キリスト的完全性への召命の普遍性について教示した(『教会憲章』40項). 同時に公会議は, 一般信徒の召命と修道者の召命が目的は同じであるが, キリスト随従の道における徹底性および永続性, すなわち誓願の絆による福音的勧告の実践において修道者の召命はその特質を示すとしている(『教会憲章』40, 44項,『修道生活刷新教令』1, 7項).

【教会法における修道生活】新しい『教会法典』における修道生活に関する条文規定は, 第2ヴァティカン公会議の教会論および修道生活に関する教説を踏まえ, 法文化したものであるが, そこには発展もみられる. すなわち新法典は, 公会議が曖昧に使用していた「修道者」「修道生活」あるいは「聖別・奉献生活」(vita consecrata)の用語の概念を明確にし, 修道生活を*在俗会(institutum saeculare)と並列させながら, 聖別・奉献生活の一形態として規定している(573-730条). 修道会の場合, その聖別・奉献は, 会則に従ってなされる誓願, 在俗会の場合はそれに類似する他の聖なる絆による, 貞潔, 清貧, 従順の福音的勧告の実践によって実現する(573条2項). 教会の*位階制においては, 修道生活の身分は, そのものとして聖職者の身分でも, また信徒の身分でもなく(588条), 神によってその双方から召し出されたカリスマ的生活である. その生活は兄弟的共同生活を特徴とし, 世俗からの離脱を伴う(607条). 修道生活は*修練期をもって始まるが, 法に定められた権利と義務を有する正式会員として会に合体されるのは修道誓願の宣立によってである(646, 654条).

【文献】キ史2: 94-113; 3: 218-42, 349-76; 4: 259-98; 枝村茂「第2ヴァティカン公会議と修道生活」『新風かおる教会』公会議解説叢書5 (中央出版社1969) 577-623; L. M. オルシー『聖霊はみちびく ― 現代と修道生活』今泉ヒナ子訳 (中央出版社1971): L. M. ÖRSY, Open to the Spirit (London 1968); D. ノウルズ『修道院』朝倉文市訳 (平凡社1972): D. KNOWLES, Christian Monasticism (London 1969); A. ロバート『修道誓願と霊性』高橋重幸訳 (あかし書房1979): A. ROBERT, Centered on Christ: An Introduction to Monastic Profession (Still River, Mass. 1977); 安井光雄『今日の教会法―修道生活を生きるために』(あかし書房1979); 今野国雄『修道院』(岩波書店1981); A. ニコラス『希望の地平―現代における修道生活の意義』(女子パウロ会1981); 小嶋潤『西洋教会史』(刀水書房1986) 75-98, 177-98, 271-81, 384-86; 風戸義雄『修道生活』(あかし書房1988); 梅津尚志, 出崎澄男, 渡辺治雄編『ヨーロッパ文化史』(南窓社1988) 30-38, 56-63; 枝村茂「福音的勧告の宣誓による聖別の特性」『南山神学』12 (1989) 33-54; P. COUSIN, Précis d'histoire monastique (Paris 1959); C. PEIFER, Monastic Spirituality (New York 1966); K. RAHNER, The Religious Life Today (New York 1976); R. SEBOTT, Das Neue Ordensrecht (Kevelaer 1988). (枝村茂)

【霊性の源流】〔旧約聖書〕旧約聖書は修道生活について語ってはいないが, 個人や集団の存在と行為のうちに一つの生き方として修道生活の原型をみいだすことはできる. 例えば, *ナジル人は, いつでも神聖な儀式に参与できるよう神に身を献げ, その献身の決意を髪を切らない, 強いアルコール飲料を断つ, 死者と一切接触しない, などによって表明している(民6: 1-21). *パウロも一時, ナジル人としての誓願を立てていたようである(使18: 18). ブイエー(Louis Bouyer, 1913-)は, キリスト教の修道会に似た「ハブロト」といわれる複数の共同体の存在とその役割について言及している. ナジル人と似てはいるが別なものにレカブ人がいた(エレ35章参照). 彼らはカナン人のような異教徒の生活様式に染まらないために, *ヤハウェの名において禁欲的な遊牧生活を続けた宗教的グループであった.

修道生活を示唆するものとしてさらに重要なのは*預言者である. 預言者はヤハウェとイスラエルの民に仕えるという特別な使命をもち, 教義と道徳の浄化に努めた. 預言者のなかでも特に注目すべきは*エリヤと*エレミヤである. 3世紀後半のエジプトの隠修士*アントニオスの頃から, エリヤはあらゆる修道生活の創始者と考えられていた. それは, 彼が絶えず神を意識し, 隠遁者的な生活をし, 心を清らかに保ち, 祈りの生活をしていたからである. エレミヤは, 独身を生き方として守った最初の人として知られる. 彼が童貞者として生きたのは, イスラエルの民に対して不毛と死を象徴するためであった(エレ16: 1-4). また*ユディトも夫の死後, 自発的に再婚を放棄して*苦行の生活を送っている(ユディト書参照). これは寡婦や処女のままの生き方の価値を認めさせる遠因になっている. 旧約時代, 童貞あるいは処女で一生を過ごすことの価値は認められていなかった.

イエスの*奉献のときに出会う老女アンナが, 夫と死別した後, 神殿を離れず, *断食や祈りを通して神に仕えていたのは, 主に献身的に仕えるために再婚をしなかったのであり(ルカ2: 36-37), 洗礼者*ヨハネは, 童貞者として自らを「花婿の介添え人」(ヨハ3: 29)と呼んでいる.

同じく重要なのは, バビロニア*捕囚以後のユダヤ人の間に芽生えた霊的な貧しさに重きを置く一派である. 「ヤハウェの貧しい人たち」は, この世のものに一切信頼を置かず, ただ神のみに頼る生活をしていた. 旧約時代の人々は, 富やその所有を神の*祝福のしるしと考えていたが, しだいにキリスト的貧困の価値に目覚めたグ

しゅうどうせいかつ

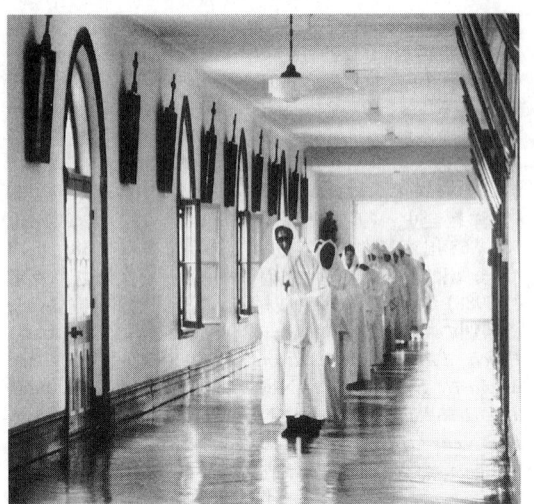

厳律シトー会（トラピスト）の1日

3:30	起床
3:45	読書の祈り
5:30	朝の祈り　共同ミサ
	朝食
8:00	三時課　作業　勉学
11:25	六時課
	昼食
13:10	九時課　作業
16:30	作業終了
17:30	黙想
	夕食
19:15	晩の祈り　寝る前の祈り
	サルヴェ・レジナ
20:00	就寝

聖廊下での行列

共同司式ミサ

教会の祈り

パン作り

しゅうどうせいかつ

農作業

聖なる読書

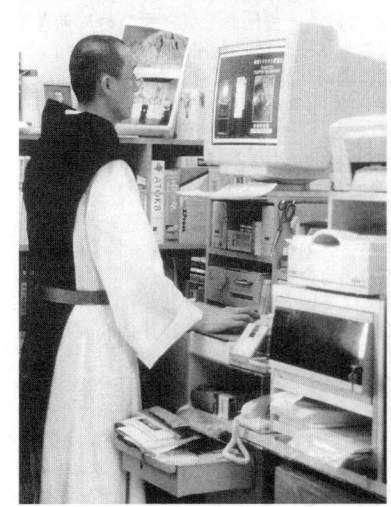

事務 　　　活花 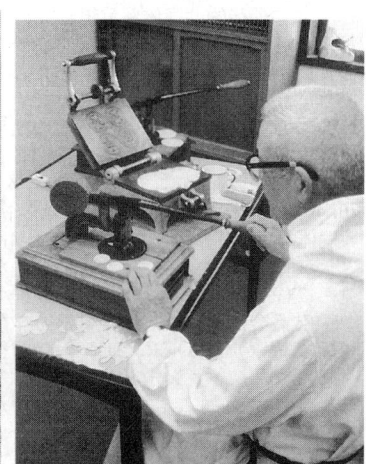　　　ホスティア作り

食事の後片づけ　　　ルルドの聖母への祈り

協力：　厳律シトー会燈台の聖母大修道院
撮影：　吉野宗治

しゅうどうせいかつ

ループが現れてくる．旧約時代の終わり頃に，より修道生活に近い生活様式が現れた．*エッセネ派は共同生活をし，独身を尊重していた．入会を望む者には試みの期間を課している．1947年の*死海文書の発見以来，研究者たちがエッセネ派の一共同体と考える*クムラン教団には，戒律と厳格な従順の意識が存在した．彼らは意図的に独身を守り，貧しさを重んじ所有物をもたず，祈りを中心に労働をし，苦行と断食をも行っていたことが知られている．

〔新約聖書〕新約聖書には，修道生活の究極的源をみることができる．すなわちイエス自身の貧しさ，独身，共同体生活，そして十字架の死に至るまでの従順である．

イエスに倣った生き方の模範は，*聖霊降臨によって新しい形態に生まれ変わった．最初のキリスト者共同体は使徒たちを中心に，心と霊とを一つにして共に暮らし，*エウカリスティアと祈りとによって力を得，貧しい人々を助けるために富を捨て，喜んで苦難や迫害を耐え忍ぶ生き方を目指した（使2: 42-47; 4: 32-37; 5: 17-40）．この使徒的共同体が重視している価値観のなかに童貞と処女性がある．例えば，使徒言行録（21: 9）には福音宣教者*フィリポの4人の娘たちが，処女で預言の能力をもっていたことが記述されている．また，パウロは1コリント書7章でキリスト者の独身を大事な教えとして説いている．未婚の男女と配偶者を失った*やもめに対して，「そのままでいる方がずっと幸福です」（7: 26, 40）ともいっている．これらは，初期のキリスト者共同体が，主の*復活の後にどのようにキリストに従うべきか模索することを通して，教会のなかでつねに目に見える形で守り，表現した生活の規範であった．

〔初代教会〕*使徒教父も，寡婦の存在の重要性を説いている．*ポリュカルポスは，やもめたちを「神の祭壇」と呼んでいる．アンティオケイアの*イグナティオスは，やもめという言葉を未亡人だけでなく，結婚の経験がなく生涯を独身で通した女性をも含めた意味で用いている．殉教者*ユスティノスは，女性だけでなく，男性もまた童貞生活を選んだと述べている．

初代教会の人々は，キリストと一つになることを極めて重要で価値あることと理解していた．その理想の形は*殉教であった．殉教は，信仰，希望，愛の最高の表現として，またキリストを証しする最上の方法として，キリストとの完全な一致を目指し，殉教の霊性ともいうるものを形成していたのである．

やがて*禁欲という側面が現れてくる．独身すなわち，童貞あるいは処女，やもめの状態にとどまることは，殉教によってキリストと一致しようとする信仰者の目的にかなう生活様式と考えられるようになっていった．時代が進むにつれ，結婚生活の断念に物の所有の断念が続き，初代教会の修道生活の原型は禁欲的性格を帯びることになる．

またキリスト者共同体はキリストの体として，それぞれ独自の機能と役割をもつ個別の職制のほうを深く意識するようになり，2世紀末頃には，寡婦と処女が教会のなかで区別されるようになる．パウロは，1テモテ書（5: 9）でやもめの条件を述べている．やもめが教会のために特別な務めを果たす者として，今日のいわゆる活動生活に参与したのに対し，処女は主として祈りと修徳，すなわち観想生活に身を献げるようになる．

〔禁欲の徹底と完徳の追求〕4世紀に入り迫害が止むと，殉教という栄冠は失われたが，新たな目的も生まれた．すなわち，禁欲が一層徹底的に追求されることになる．この世の事物から離れた生き方をすることにより，キリストの死と復活にあずかろうとして，財産の放棄や所有の否定が説かれ，貧しさは福音的価値として徹底されるようになった．*アウグスティヌスも回心後に財産を処分し，友人たちを自分の周囲に集めて修道生活を行っている．この端緒はマタイによる福音書にあった．

マタイ書19章は特に二つの生き方を示している．すなわち，童貞あるいは処女として独身を守る者と，完全さを求める者，とである．*離婚に関する冒頭の一節の後，10-20節でイエスは，キリスト者共同体には特別な使命のために結婚できない者や「天の国のために」結婚生活を放棄して独身を通す者がいる，と述べる．この最後の一節は，福音を広めやすくするために独身を守るべきだという意味で述べられたわけではなく，また独身を守れば神の国に入りやすいという意味でもない．むしろ，終末論（→終末），または神の国の到来を説くための序章と解することができる．つまり，神の国のために特別な使命をもつ者は，その使命を果たすために独身生活を送る．それは「めとることも嫁ぐこともない」（マタ22: 30）天の国に近い状態に身を置くためである．

これはまた，キリスト教の禁欲的理想に大きな影響を与えた箇所でもある．「もし完全になりたいのなら，行って持ち物を売り払い，貧しい人々に施しなさい．そうすれば，天に富を積むことになる．それから，わたしに従いなさい」（マタ19: 20-21）というイエスの言葉には完全性への動機づけがみられる．またマタイは，「あなたがたの天の父が完全であられるように，あなたがたも完全な者となりなさい」（マタ5: 48）という．完全性は，徹底した放棄を要求し，最終的には律法の規範を越える禁欲者になることを求める．

マルコ（10: 17-22）とルカ（18: 18-23）の記述は，これに比べて対照的である．マルコもルカも，永遠の生命を得るためには，貧しくなければならないと述べたが，貧しくなれば特別な階級（例えば，完全な人々のグループ）に属することができると述べたのではない．ただ，キリスト者が自分自身を全面的に献げる必要を説いているのである．

完全者とは，生活のなかで貧しさを表明することにより，天の国の究極的な価値を反映させる人である．なぜなら天の国で人が所有するものといえば，神の眼差しだけだからである．そこでマタイは，初代教会の共同体のなかに二通りの人を存在させたことになる．すなわち，独身を守る者と完全さを求める者とである．天の国の終末論的な価値を世に表明するという特別な使命をもっている点で，両者に相異はない．

〔召命〕福音的完全さと聖性への招きはすべてのキリスト者に向けられている．*召命には，「心を尽くし……神である主を愛しなさい」あるいは「隣人を自分のように愛しなさい」（マタ22: 37-40）という基本的召命と，この神と隣人への愛の役割を身をもって生きる職務としての召命がある．生活の中心に神を置くことは，神の国の生活を先取りする生き方であり，同時に神の民の在り方を世に示す道標でもある．いずれの道においても福音的完全さに至らせるのは，愛であって職務や機能ではない．

【霊性上の意義】キリスト教でいう修道生活とは，キリスト者の信仰による生き方の一つの型である．すなわち，福音的完全さと*聖性への招きに応えたキリスト者が，神への愛と福音に従って表現する生き方である．

の生き方は，一人あるいは何人かが，自分の受けたカリスマ的な召命を具体的に試みるところから始まる．最初の一人あるいは協力した数人が修道会の創立者と呼ばれ，他の人々はそこに自分のカリスマを認めて参加する．仲間を得て，創立者のカリスマはさらに生活形態や使徒職に具体化されて一つの組織となり，教会の承認を受けて修道会として成立することになる（『教会憲章』43項参照）．修道会のカリスマの成立のうちに教会の姿はより一層具体的になる．修道生活は兄弟愛に支えられながら，神の愛の理想を目指す社会的現実として，*キリストの神秘体を小規模ながら具現するからである．

　修道生活は，共同体の生活を通して隣人愛を実践しつつ，グループで地域社会に参与することを目的とする．何らかの形で社会から隔離されながらも全体への奉仕を目指し，祈りを通して，または言葉と行動を通して社会の福音化のために働く生活をとる．修道生活の役割は，しるしと証し（存在と行為）による福音宣教である．修道者は，あたかも「目に見えない方をまるで見ているようにして」（ヘブ11：27）生きることを通して預言的しるしとなる．ここには始まりつつある神の国の完成に対する終末論的希望がある（→終末）．キリストに従いたいという望みが，自らを無にする姿によって強調されればされるほど，そこにはある種の行きすぎが生じ，緊張も生まれる．現実の社会が神中心に動いていなければ，それだけ反社会的生き方ともなる．終末論的ラディカリズムである．事実，多くの修道会は，創立者をはじめ会員が無理解と迫害を受けた歴史をもっている．

　修道生活が果たす役割は，教会の外部に対しては*ケリュグマであり，福音の宣教は証しのもとになされ，存在と言葉と行動によって耳目に訴えるものとなる．それは教会の内部に対しては勧告の形をとる．すなわち，すべてを神の愛に委ね，み旨と一致するようにと，キリストが「自分を無に」（フィリ2：6）した姿に倣う者として，修道者は三誓願を生きる．誓願宣立はまさに神が偉大であることを示すものであり，誓願を守ることで神の力を内外に証しするのである．

　修道生活は個々の共同体への奉仕ではないが，修道者たちが真の*共同体を形成しないかぎり，修道生活を証しの生き方として考えることはできない．また，修道生活が示す共同体生活は，そこに生活するメンバーの信仰に比例して証しの力になりうる．修道家族は，召命と信仰に基づく共同の証しの場であり，*神の民の未来の姿と在り方を先取りした預言的しるしである．他方，*共同生活をしない修道家族もあり，メンバーは各自が生活する地域において福音化のために献身する．

【文献】公文書：第2ヴァティカン公会議『教会憲章』6章；『修道生活刷新教令』；修道会・在俗会省文書『修道生活がもつ観想的性格』（女子パウロ会1982）．

その他：現カ 305-309; NCE 12: 287-94; E. ラーキン『修道生活に関する聖書的・神学的側面』安井光雄，日下部敏子訳『神学ダイジェスト』22（上智大学神学会1971）6-18: E. E. LARKIN, "Scriptural-Theological Aspects of Religious Life," *Review for Religious*, 27 (1968) 1013-26; A. アマン『教父たち』家入敏子訳（エンデルレ書店 1972）: A. HAMMAN, *Die Kirchenväter* (Freiburg 1967); J. Y. ルルー『アトスからの言葉』高橋正行訳（あかし書房 1982）: J.-Y. RELOUP, *Paroles du mont Athos* (Paris 1980); L. ブイエー『新約聖書におけるキリスト教の源流』堤安紀訳（南窓社 1982）: L. BOUYER, *La spiritualité du Nouveau Testament et de Péres* (Paris 1960); R. シュトゥルンク『キリストへの信従』大島かおり訳（新教出版社 1984）: R. STRUNK, *Nachfolge Christi* (Gütersloh 1981 ²1988); W. ウォーカー『古代教会』キリスト教史1，菊地栄三，中沢宣夫訳（ヨルダン社 1984）: W. WALKER, *A History of the Christian Church* (New York 1918 ³1970).

（戸田三千雄）

しゅうどうせいがん　**修道誓願**　〔ラ〕vota religiosa, 〔英〕religious vows, 〔独〕religiöse Gelübde, 〔仏〕voeux religeux

【歴史的背景】人が誓いを立てて神，仏に祈願する誓願という宗教行為は諸宗教にみられる．報いを期待する場合もあるが，浄め，感謝，自己献身などを目的とする場合もある．

〔聖書〕旧約聖書において誓願はあるものあるいはある人を*犠牲として神に捧げるため，またはある特定の行いを慎むため，進んで自由に行われる*誓いである．最も一般的な誓願は犠牲を捧げるという誓いで，*モーセ五書はそのような犠牲奉献に際して守るべき手続きを詳細に規定している（レビ11, 16-17章）．誓願を満たすために捧げられる供物（同22：18-23），主に身を捧げる誓願（同27：2-8），危機，困難にあるとき捧げる誓願（詩66：13-15），神の特別な恵みを求めるための誓願（創28：20-22；民15：2-4；サム上1：11）がある．誓願は敬神のために*自由意志から主なる神に捧げる約束（レビ22：21；23：38）で，果たさなければならない聖なる義務である（民30：2-17；申23：22-23；サム下15：7-9）．

新約聖書でも旧約聖書の誓願の伝統は継承されている（ルカ21：5；使21：23；23：12, 14, 21）．イエスは誓願の乱用を強くいさめているが（マタ5：33-37；マコ7：9-13），誓願そのものを否定したわけではないと考えられる（ルカ1：15；22：16-18参照）．すでに誓願を立てていたパウロにも（使18：18），誓願の意向を述べているところがある（1コリ8：13）．

〔初代教会〕初代教会は貞潔（*純潔），清貧（*貧しさ），*従順の三つの*福音的勧告をもって，人を教会的奉仕へと招く修道誓願の道を開いた．

初代教会においては，福音書（マタ19章参照）やパウロの手紙（1コリ7章参照），そしてイエス自身や母*マリア，主の弟子たちの模範に導かれて，すでに1世紀以来，*童貞性を生きる修徳男女が存在した．女性はおとめ（〔ギ〕parthenos, 〔ラ〕virgo），男性は修徳者（〔ギ〕askētai），ないし*修道者（monachos）と呼ばれた．純潔の私的誓願に関する証言は3世紀初め，また教会の権威のもとに神に奉献された貞潔の公的誓願は3世紀末以降に登場する（*エルビラ教会会議の証言）．教皇*インノケンティウス1世は，私的誓願による童貞女と，司教により荘厳に聖別された公的誓願による童貞女とを明白に区別している（PL 20: 478-80）．修徳男女の誓願生活は後の*修道生活の前段階であり，またラテン教会における司祭職の独身制を確立するのに貢献した（→独身）．

古代教会の修道者は修道生活を送ることを誓約し，純潔および特別な規則を遵守する修道生活への誓願を行った．ヌルシアの*ベネディクトゥスは伝統を継承しつつ「定住」（〔ラ〕stabilitas loci），「福音的諸徳の実践」（conversiomorum），「従順」（oboedientia）の三つからなる誓願を定めた．このベネディクトゥスの修道誓願は13世紀まで，*カルトゥジア修道会，*アウグスチノ修道祭式者会，*カルメル会などに影響を与えた．12世紀には，*アウグスティヌスの会則に従う*隠修士たち（→アウ

しゅうどうせいがん

グスチノ会)が初めて清貧・貞潔・従順の誓願について述べている．12世紀末の教皇 *ケレスティヌス3世は福音的勧告の単式誓願(vota simplicia)と盛式誓願(vota sollemnia)について，初めて公的に言及し，続く *インノケンティウス3世も修道生活の本質が清貧・貞潔・従順にあると語っている．この三つの修道誓願は，12世紀を通じて教会刷新運動を推進した原動力であり，13世紀初頭の *托鉢修道会創立を決定づけるものとなった．

教会史上，誓願あるいは修道誓願に言及している公的な文書には次のようなものがある．
(1) *半ペラギウス派に対し誓願の義務を教える第2 *オランジュ教会会議の教令(DS 381)，(2) 前述の教令を確認する教皇 *ボニファティウス2世の教令(DS 398-99)，(3) 洗礼後に立てた誓願は信仰または *洗礼を傷つけるとする *ウィクリフ，*フス，*ルターの説を否認する *トリエント公会議の教令(DS 1622)，(4) 誓願を *完徳の妨げとする *モリノスの静観的神秘主義の誤謬に反対した教皇 *インノケンティウス11世の教令(DS 2203)，(5) *ピストイア教会会議の修道会改革決議に対する教皇 *ピウス6世の否認(DS 2689, 2692)，(6) 修道誓願は現代思潮に合わず，人間の自由を束縛し，キリスト教的完徳に至るためにも社会の福祉のためにも妨げになっているとする *アメリカニズムの思潮を否定した教皇 *レオ13世の書簡(DS 3345)．

【文献】カ大3: 102-103; DThC 15: 3182-283; HTT 2: 392-94; LThK² 4: 640-42; RGG³ 2: 1321-25; 鈴木宣明「聖ベネディクトゥス修道霊性の歴史体験」『中世研究』1(上智大学中世思想研究所1982) 57-90. （鈴木宣明）

【現代教会の教え】〔定義〕修道誓願とは，修道者が，教会から認可された修道会において，神に対してなす，主イエスの福音的勧告の実践および各会の固有法に従って付加される他の献身の公的誓願をいう．したがって神に対して，ただ私的になされる善悪，献身または贖罪的行為などの実践の私的誓願とは区別される．また厳密な意味での修道誓願は，*在俗会もしくは使徒的生活の会(*宣教会)などにおいてなされる「他の聖なる絆」による福音的勧告の実践誓約(〔ラ〕promissio)や宣誓(iuramentum)などとも異なる．

〔第2ヴァティカン公会議の教説〕第2 *ヴァティカン公会議は，一方において，すべてのキリスト者が，*父なる神の完全性に招かれていることを明確にし，*聖性への *召命の普遍性を強調した．しかし他方では，修道生活(在俗会をも包括する広義で使われている)の *カリスマ性を強調し，その召命の特別性をも教示した．すなわち，誓願の絆による福音的勧告の実践生活は，修道的聖別をもたらし，修道者に「新しい特別な資格」を与えるとしている．換言すれば，修道生活のカリスマ的特性は，神に対する全面的かつ徹底的な自己奉献とその奉献の永続性によるものであり，全面的奉献とその徹底性は，福音的勧告の完全な実践によって得られ，その永続性は修道誓願の絆の永続性に基礎づけられているのである(『教会憲章』44項，『修道生活刷新教令』1項)．さらに公会議は，こうした永続的かつ全面的な奉献生活がもたらす副次的効果として，修道生活の有する，世俗的妨げからの自由を強調している(『教会憲章』46項)．このように，修道生活もその他の一般キリスト者の生活も，同様にキリスト教的完徳に召されており，共に神的完全愛を目指している点では区別されない．すなわち，両者の生活の相違はその目的にではなく，目的追求の手段とその徹底性もしくは永続性にあるということができる．

公会議は，修道誓願による三つの福音的勧告の実践がキリストの教えと模範にその基礎を有するものであることを明言し，三誓願についての教説を刷新している．すなわち，従来伝統的に守られてきた，清貧，貞潔，従順の順位を改め，貞潔を第一にし，その次に清貧，従順を位置づけている．公会議教父たちがこの順序を採用したのは，教会の古代の伝統に従い，聖別された独身性が神との特別の友愛のしるしであり結実でもあると考えたからであり，また三つの誓願の間にある内的関連性を明確にしようとしたためである．福音的清貧と使徒的従順は，イエスによる明示的招き，「天の国のための独身」(マタ19:12参照)，すなわち受肉した神の子イエスへの愛と全面的奉献を意味する，聖別された貞潔を前提として初めて可能となるものであり，またそこから必然的に派生する実際的結論でもある．修道者は，福音的清貧の誓願を通して，「豊かであったのに」我々のために「貧しくなった」(2コリ8:9)主イエスの生き方に参与し，これを継続する(『修道生活刷新教令』13項)．また使徒的従順の誓願によって，「人間の姿で現れ，へりくだって，死に至るまで，それも十字架の死に至るまで従順」であった(フィリ2:7-8)主イエスの心を心とし，その模範に倣い，神の人類救済の意志により固く一致する(同14項)．

〔教会法〕新しい『教会法典』は，三つの異なる見地から誓願を区別している．すなわち，公的誓願と私誓願，盛式誓願と単式誓願，人的誓願と物的誓願である．誓願が教会の名において，適法な上長によって受理された場合は「公的誓願」であり，そうでない場合は「私誓願」である．教会が盛式と認める場合は「盛式誓願」であり，その他の場合は「単式誓願」である．そして立願者の行為が誓約される場合は，「人的誓願」，事物が誓約される場合は「物的誓願」，人的および物的誓願の両性格を有するものは「混合誓願」と呼ばれる(1192条)．修道者は会則に従って，三つの福音的勧告の実践の公的終生誓願，または満期時に更新すべき有期の公的誓願を宣立することによって，法に定められた権利と義務を有する者として会に合体される(607条2項，654条)．有期誓願の宣立は，会則の規定された期間をもって宣立されなければならず，その期間は3年未満でも，また6年を超えてもならない(655条)．有期誓願宣立の有効要件としての年齢は満18歳以上，終生誓願宣立の場合は満21歳以上である(656, 658条)．初誓願宣立前に，当事者は自己の財産の管理を自己の望む人に譲渡し，かつその財産の使用権および収益権を自由に措置しなければならない．単式の修道誓願の宣立者は，遅くとも終生誓願前に民法上も有効な遺言書を作成しなければならない(668条1項)．盛式誓願宣立の修道者は，自己の財産の完全な放棄を，可能なかぎり民法上も有効な方式で行わなければならず，その放棄後，財産の取得および所有する能力を喪失する．したがって，清貧の誓願に反する行為は無効とされる(668条4-5項)．また盛式であると単式であるとを問わず公的修道誓願の宣立者は，*婚姻を有効に締結することはできない(1088条)．有期誓願の期間中の退会申請については，聖座法による会の場合は，総長がその顧問会の同意を得てそのゆるし(*インドゥルトゥム)を与えることができる．ただし教区法による会および隠世修道院の場合は，そのゆるしが有効であるために，修道院所在地の司教による認証が必要である．終生誓願宣立者の退会については，そのゆるしは，聖座法による修道会の場合は使徒座に，教区法による会

しゅうどうせいしょくしゃ

の場合は，修道院の所在地の教区司教に留保される(688, 691条).

【文献】今道瑤子『現代の教会が要求する修道的従順』(女子パウロ会 1966); 枝村茂「第2ヴァティカン公会議と修道生活」『新風かおる教会』公会議解説叢書5 (中央出版社 1969) 577-623; L. M. オルシ『聖霊はみちびく ― 現代と修道生活』今泉ヒナ子訳 (中央出版社 1971): L. M. ÖRSY, *Open to the Spirit* (London 1968); A. ロバート『修道誓願と霊性』高橋重幸訳 (あかし書房 1979): A. ROBERTS, *Centered on Christ: An Introduction to Monastic Profession* (Still River, Mass. 1979); 風戸義雄『修道生活』(あかし書房 1988); K. RAHNER, "Was heißt Ordensgehorsam? Überlegungen für eine heutige Theologie des Ordenslebens," GuL 46 (1973) 115-25; R. SEBOTT, *Das Neue Ordensrecht* (Kevelaer 1988) 28-32, 101-105, 118-20.　　(枝村茂)

【誓願更新】宣立された誓願の期間が終了したときに，修道者本人が自ら出願し，かつそれが適切であると判断されると，その者は誓願の更新 (〔ラ〕renovatio professionis) または終生誓願への許可が与えられる (新『教会法典』657条参照). 更新の儀式は，修道院内の典礼として行い，*ミサのなかでも行うことができる. なお，誓願の更新が修道誓願25周年や50周年記念として行われる場合は必要な適応を行うものとされる (『修道誓願式』Ordo Professionis Religiosae, 1970, 緒言7参照). 現行の『ローマ・ミサ典礼書』(1970) には，有期誓願式，終生誓願式のための式文と並んで，誓願更新式のあるミサのための式文 (固有の*叙唱と奉献文中の取り次ぎの祈りをもつ) が備えられている.

【文献】B. KLEINHEYER, ET AL., eds., *Sakramentliche Feiern II*, GDK 8: 176-81.　　(石井祥裕)

しゅうどうせいがんしき　修道誓願式 〔ラ〕ordo professionis religiosae, 〔英〕religious profession, 〔独〕Profeß, 〔仏〕profession religieuse　貞潔 (*純潔), 清貧 (*貧しさ), *従順の誓いを立てて生涯を神にささげ，*修道会の会員となる式.

キリスト教の初期より，すべてを捨ててキリストに従う生き方が探求されたが，やがて*共同生活を基盤とする*修道生活に発展していった. 修道生活に献身する意志の表明はヌルシアの*ベネディクトゥス (547没) の時代から*典礼の*儀式となり，7世紀以降は*ミサのなかで行われるようになった. 中世には*修道誓願は「第二の*洗礼」として*秘跡とみなされていた. 中世末期になるといろいろの行き過ぎた形も現れ，それは現代まで続いたが，第2*ヴァティカン公会議はこれらの改定を決めた. 「一致と簡潔と崇高さを備えた修道祈願の儀式を作成し，ミサ中に修道誓願を行うものとする」(『典礼憲章』80項). この決定に基づき典礼省は1970年に『修道誓願式式次第』(Ordo professionis religiosae) を公布し，各修道会はこれを基本として各会に適用することになった.

修道会に入会する過程は幾つかの段階に分けられ，そのための儀式が準備されている.

(1) 修練の開始. 修道生活に入るための試みの期間として*修練期が定められており，この期間に*修練者の*召命が識別される. 修練を始める式は極めて簡潔なもので，家族や知人も招かず，*修道院の共同体のなかで簡単な「*ことばの祭儀」として行われる. 志願者の意志の表明，上長の祈り，*共同祈願が核となっている.

(2) 有期誓願. 修練が終わると有期誓願 (3-6年) を立て，*福音的勧告に従う生活を通して，神と教会に仕えることを誓う. 誓願式は「修道誓願のミサ」のなかで福音の後，次の順序で行われる. 呼び出しと意志の表明，*説教，意志の確認と祈願，誓願宣立，*修道服と会則 (→会憲) の授与，共同祈願である.

(3) 終生誓願. 終生誓願によって，修道者は生涯の献身を誓う. *主日か*祭日に行われ，多数の信者が出席できるよう配慮する. 「修道誓願のミサ」のなかで，福音の直後に行われるが，*司祭叙階式に似た構造になっている. 呼び出しと意志の表明，説教，意志の確認，*諸聖人の連願，誓願宣立，*祝福の祈り，誓願のしるしの授与である. *奉献文のなかでは，固有の*取り次ぎの祈りが入り，*閉祭の祝福も特別の形のものがある.

以上のほか，誓願更新 (→修道誓願) の式も収められている.

【文献】NCE 12: 328-31; *Ordo professionis religiosae* (Vatican 1970); P. RAFFIN, "Liturgie de l'engagement religieux: le nouveau rituel de la profession religieuse," LMD (1970) 151-66; A. NOCENT, "Monastic Rite and Religious Profession," *The Church at Prayer*, v. 3 (Collegeville 1988) 285-95.　　(国井健宏)

しゅうどうせいしょくしゃ　修道聖職者 〔ラ〕clericus regularis　広義には盛式誓願を宣立する*修道会の聖職者会員を指す. 律修聖職者ともいう. 狭義には16-17世紀に，*カトリック改革のために創立された男子修道会 (律修聖職者会) 会員を指す. 初代教会の頃から，使徒職を担う聖職者たちも自己の修徳のために*修道生活を共同で行っていた. 東方ではサモサタの*エウセビオス，西方では*アウグスティヌスが自分の周りに集まった聖職者に修道生活を教えている.

「修道聖職者」の語は，748年に*エグベルトの『抜粋録』(PL 89: 379) に用いられたのが最初である. ここでは「祭式者」(〔ラ〕canonicus) の同義語として用いられ，聖職者一般の意味でも使われている. 「祭式者」の語は*クレルモン教会会議 (535) で初めて使われており，「修道祭式者」(canonicus regularis) はサンス教会会議 (930) が最初である. 11世紀半ばになるとアウグスティヌスの*修道会会則に従った*修道祭式者会が出現するが (→アウグスチノ修道祭式者会)，これらの祭式者は何よりも「聖職者」であったので，教皇の勅書では「修道聖職者」とされていた. このように「修道祭式者」と「修道聖職者」は同義語として扱われ，前者が頻繁に使われて後者は使われなくなっていった. *トリエント公会議では，隠世修道会に属さない聖職者の修道者を「修道聖職者」と呼んで隠世修道者 (monacus) と対比し，また明らかに在俗司祭 (*教区司祭) と区別した. 1524年に*テアティニ修道会 (あるいは単に，律修聖職者会) が*聖座により認可されると「修道聖職者」はある特定の修道形態を指すようになった. *クレメンス7世による認可書 (Exponi nobis, 1524) では「修道聖職者の名前と称号のもとに」祭式者会と同じ特権をもった，聖座直属の会としている. テアティニ修道会に続いて以下の会が創立されていった. 善きイエスの律修聖職者会 (創立1526, 認可1551, 解散1651), *バルナバ修道会 (創立1530, 認可1533), *イエズス会 (創立1534, 認可1540. ただし，イエズス会を*托鉢修道会とする説もある), *ソマスカ修道会 (創立1534, 認可1540), *カミロ修道会 (創立1582, 認可1586), *カラッチョロ修道会 (創立・

しゅうどうふく

認可 1588），*神の母修道会（創立 1574，認可 1595），*エスコラピオス修道会（創立 1617，認可 1621），*マリアーニ修道会（創立 1673，認可 1699．しかし 18 世紀末に一度消滅し，1910 年に復興後は単式修道会とされた）．

初期の修道聖職者会は，隠世修道会や托鉢修道会，また特に修道祭式者会との類似点を多くもっていた．しかし修道聖職者会のほとんどが伝統的な意味での「修道会則」を採用せず，固有の *会憲によって統治し，それ以前の修道形態と比べて，かなり中央集権的で動的な体制をとっている．隠世修道会のような *定住義務はなく，テアティニ修道会に与えられた認可書では「修道院および世俗のどこに居住しても」よく，修道院（他の会では monasterium, conventus）は，彼らのもとでは住居（casa）とされるが，*禁域は教皇許可（clausura papalis）であった．聖務日課（→ 教会の祈り）も修道祭式者のように荘厳で長大なものでなく，聖務日課書や *ミサ典礼書は *ローマ典礼の通常・共通版を使用し，バルナバ修道会を除いて，歌隊席での共唱の義務はない．*修道服はその土地の司祭の共通のものを用い，固有のものをもたない．また隠世修道会や托鉢修道会のように沈黙や清貧を強調することもない．しかし盛式誓願を宣立して，司牧や説教，隣人愛の事業，神学研究など，多種多様な使徒職を果たしながら，観想的価値を守り実践していく修道形態である．

【文献】カ大 5: 374; AnPont (1991) 1745; DIP 2: 897-908; LThK² 8: 1105; J. Beyer, "De Institutorum Vitae Consecratae novo iure," PRMCL 63 (1974) 178-222; M. Dortel-Claudot, Origine du terme "clercs réguliers": Ius Populi Dei, v. 2 (Roma 1972) 307-26.

(濱田了)

しゅうどうふく　修道服

〔ラ〕habitus religiosus, 〔英〕religious habit, 〔独〕Ordenstracht, 〔仏〕habit religieux　各 *修道会の会憲によって定められた統一的な会員服．*修道者の衣服は古代教会からキリストに従う者にふさわしい身分と使命を表すしるしとみなされ，単純，質素，機能を重んじながら，時代状況に順応してきた．教会伝統，*修道院や修道会の伝統，*修道会会則や *会憲により定められた修道服は，教区聖職者と同じく，キリスト教諸国において保護され親しまれてきた．一定の修道服の新しい制定は教会の公認を要する．この公認は古い修道院や修道会には要しなかったが，古代の公会議や諸教皇も修道服の虚飾や華美を厳禁し簡素を勧告し，清貧を否認する思想には賛同しなかった．第 2 *ヴァティカン公会議の『修道生活刷新教令』が示した基本精神は教会史のどの時代においても要求されてきた．「修道服は聖別，奉献のしるしであるから，簡素で慎み深く，質素であるとともに端正であり，さらに健康の要請にかない，時代と場所の事情ならびに務めの必要に適したものでなければならない．これらの原則にそわない男女の修道服は変更されなければならない」(17 項)．そのように事実，修道服は歴史的発展を遂げてきた．

【歴史的発展】修道服はもともと単純な働く農民の衣服に似せて製作され，着用されたものであった．4 世紀末エジプト，シリア，パレスチナ等の荒野において修道士は外面的にはマント（*カッパ）をしるしとして着用した．東方の修道士は袖なしのトゥニカ（〔ラ〕tunica, 下着），羊皮衣の肩衣（*パリウム），ククラ（cuculla 上衣），帯，杖，サンダル等を着用した．これらの衣料は，ヤシの葉やイグサ，あるいは素朴な亜麻布（〔ギ〕lebitov, 〔テ〕chitov）や羊毛であった．

*パコミオスは彼の修道士のために修道服として当時のローマ人やギリシア人の着ていたトゥニカ，帯，なめした羊皮か山羊皮のマント，小さい帽子を定めている．東方修道生活の模範を示した *バシレイオスにとって，修道服は社会に生涯を通して *修道生活の理想と精神を表す効果的な道具であった．*ベネディクトゥスはその修道会則において，修道院長の判断に従って各地域の自然と気候，夏季と冬季に適したものを着用するように強調している．ベネディクトゥスは「ククラ」「トゥニカ」「労働のためのスカプラーレ」(scapulare propter opera)，「帯」(bracile)，「靴下」(pedules)，「サンダル」(caligas) の着用を定めた．彼によって定められた修道服は多かれ少なかれ変化した形で中世の修道院や新しい修道会に影響を与えた．当初，修道服は材料の自然色のままであったが，染料技術の進歩と経済の発達に伴って，灰色，褐色，黒色，白色と多彩になった．中世の各修道院や各修道会は，それぞれの生活状況に即したデザインと色彩をもって修道服を作製し，着用した．

ベネディクトゥスによる修道服の伝統は，*ベネディクト会の *修族，*カマルドリ修道会，*ヴァロンブローザ修族ベネディクト会，*シトー会等でも用いられているが，ベネディクト会修道士が黒服をまとうのに対して，改革修道会は好んで白服を用いた．*プレモントレ会，*カルトゥジア修道会，*カルメル会等もスカプラーレ(*スカプラリオ) を用いている．

816 年の *アーヘン教会会議は修道祭式者会員に修道服の着用を禁じている．彼らは教区司祭服を着用し，初めは白いトゥニカあるいは *アルバ，後には黒いトゥニカの上に短白衣を着用し，*内陣ではカッパとアルムティウム (almtium) と呼ばれる毛皮帽，後に毛皮襟とを着用した．1050 年以後に成立した *アウグスチノ修道祭式者会もこの服装を採用し，彼らはアルバと短白衣の着用を定めたが，これはしだいに細くなり，ついに 2 条の白いひだのついた縞が残り，それが肩の前後に垂らされた．*騎士修道会はその目的と修道士の身分にふさわしい服装を用い，十字架のついた幅広い赤，白または黒のマントが独自であった．

13 世紀に誕生した *托鉢修道会の修道服は種々の点で異なっている．*ドミニコ会と *マリアのしもべ修道会はスカプラーレを採用した．*フランシスコ会の本来の修道服，その色，頭巾については種々の見解があるが，スカプラーレは着用しなかった．*コンベンツアル聖フランシスコ修道会あるいは黒フランシスコ会は修道祭式者会のごとく頭巾付小マントを用いる．アウグスチノ隠修士会の修道服も同じであるが，皮帯を締め，これに対してフランシスコ会は紐帯を締める．

16 世紀以降創立された多くの近代修道会では教区司祭服を採用しているが，そのデザインや付属物によってその成立した国家や時代，また修道会の目的が推察される．また，大体の女子修道会は基本的に男子修道服の形式を継承しているが，一般民衆の衣服に順応しつつ採用され，その色彩やデザインにおいて極めて多種多様である．女子修道服の最も重要なものは，すでに古代教会以来聖別された貞潔のシンボルであった *ヴェールである．

【修道奉献のシンボル】「修道奉献」の本質は，キリスト教修道生活の霊性の教会伝統に従って「神による聖別と神への奉献」と「教会による聖別と教会への奉献」にある．修道誓願者は三つの伝統的行為，すなわち「着衣」

「修道誓願」「奉献の祈り」によって「修道奉献」を表明し，それを修道院長は神と修道家族の代理者として受け入れ，修道誓願者を祝福する．この修道奉献式は聖体祭儀のなかで行われてきた．

6世紀まで修道奉献式は修道服の授与のみであったが，この「着衣」において修道誓願者はこの世の衣を脱いで，ただキリストのみに従う人間として新たに修道服を着る．それは「キリストを着る」，すなわち「キリストにおいて死んで生きる」ことをかたどっている．古代の結婚の習わしに遡るが，神への奉献女としてのしるしとされた「ヴェール」(velamen) はキリストとおとめの霊的結婚をかたどっている．この「ヴェールの授与」(velatio) の意義について，すでに*テルトゥリアヌスが語っているが，4世紀以降多くの*教父たちの証言がみられる．

特に，東方修道院では修道服は天使的生活の衣服とみなされてきた．また，西方修道院でも，修道服の一つひとつ，例えば「頭巾付マント」(caputium, capitium) は霊的子らのしるし，あるいは「帯」(cingulum, cinctorium, zona. →チングルム) は霊的な奉仕と純潔のしるしとして解釈されてきた．スカプラーレはベネディクトゥスにとって「労働用エプロン」であったが，しだいにそれは中世盛期以来「神と聖母マリアの保護」のしるしとして祝別され，着用されるようになった．

修道服が修道者を聖とするのではない．修道者自身が*福音的勧告を実践しつつ，神の民への奉仕のためにたとえどんな衣服を着ようとも，それを聖とすべきである．だからこそ，*イグナティウス・デ・ロヨラは教会の公認のもとに一定の修道服を定めなかったのである．

【文献】JLW 5 (1925) 1-47; F. Doyé, *Die alten Trachten der männlichen und weiblichen sowie der geistlichen Mitglieder der ritterlichen Orden* (Leipzig 1930); P. Oppenheim, *Das Mönchskleid im christlichen Altertum* (Freiburg 1931); Id., *Symbolik und religiöse Wertung des Möncheskleides im christlichen Altertum* (Münster 1932); E. Krenn, *Die Trachten der katholischen Ordensleute* (Regensburg 1932); M. Viller, K. Rahner, *Aszese und Mystik in der Väterzeit* (Freiburg 1939) 41-59; K. Hallinger, *Gorze-Kluny*, v. 2 (Rom 1951) 661-732. 〔鈴木宣明〕

しゅうとく　修徳　〔ギ〕askēsis, 〔ラ〕ascetica, 〔英〕ascetic training, 〔独〕Askese, 〔仏〕ascèse

【語源】ギリシア語のアスケーシス (askēsis) に由来する．これは，何らかの価値や理想的な達成目標を目指して行う訓練や鍛錬を意味する．古代ギリシアでは，オリンピック・ゲームに向けて行われた心身のトレーニングで知られ，肉体と精神の向上だけでなく，狭義の知的・倫理的陶冶についてもこの語が用いられた．

【一般概念】広く考えるなら，人間のあらゆる分野における鍛錬に修徳的実践をみることができよう．例えば，未開社会における*通過儀礼としての成人式に備えて行われる日頃からの訓練なども，一種の修徳的実践である．ここには，大人の社会という別世界に再生する資質を得るための死の通過を目指す激しさがある．宗教的な意味をもつものとして，例えば，古代ギリシアの，*密儀における浄めのための断食や性行為の節制があげられる．犬儒学派や*ストア学派では，快楽否定や現世否定からさまざまな修徳的実践を行った．このように，煩いからの解放，浄め，より完成された状態の達成あるいは一種の飛躍など，多様な目標を目指して，修徳的実践も多岐にわたる．

【旧約時代】旧約時代のイスラエルにおいては，修徳的実践はまず悔い改めの業，償いの業，神との和解のための行為として行われた．*断食，灰をかぶること，荒布をまとうことなどによる．権威者から特定の日に課せられた和解のための断食もあった．痛悔や和解以外の目的のためにも，それぞれ臨時の必要に応じて権威者から課せられる断食もあった．特に何らかの危機を脱するための神への願いを強化するための実践が知られている．このほか，性的交わりを一時的に断ったり，*塗油や入浴を控えるといった行(ぎょう)もなされていた．

【イエスと弟子】新約時代において，まずイエス自身の修徳的実践に，*荒野での40日の断食や祈り，あるいはときとして行われた徹夜の祈りがあり(ルカ 6: 12)，さらに宣教活動のための野宿(マタ 8: 20; ルカ 9: 58)があげられる．イエスの場合，宣教活動の激しさが(ルカ 13: 33)，それ自体行(ぎょう)的なものであった．イエスは公生活の間，弟子たちを絶えず自分につき従わせ，共通の体験をさせた．またイエスは弟子たちに，修徳的要求といえるものをもっていた．持ち物を放棄すること(マタ 19: 21, 29; ルカ 18: 22, 29; マコ 10: 21, 29-30)，特定の血縁的関係の絆を断つこと(同上およびマタ 19: 12)，自分自身をも放棄すること(マタ 10: 39; 16: 25; マコ 8: 35; ルカ 9: 24)などである．イエスのため，*福音のため，*神の国のためといった目的があげられている．また*宣教には極限の*貧しさを指示し(マタ 10: 10; マコ 6: 8, 9; ルカ 9: 3; 10: 4)，内面的な徳として*謙遜と，互いに仕えることを強調した(マタ 20: 20-28; マコ 10: 35-45; マタ 18: 4)．総合的にみて，イエスはいわゆる*苦行としての行には，さほど関心があったとは見受けられない．

【パウロ】*パウロもイエスの精神を受けて，宣教の激しさのなかにイエスとの神秘的一体化を求め，労苦を忍び，死をまといつつ生きること(2 コリ 4: 11-12)に修徳の中心を置いていた．第2コリント書は，パウロの修徳的姿勢を証しする珠玉の書である．信徒に対しては，*聖霊に従って生きるためには，*罪の機会になりやすい自然の傾向としばしば戦い，自然の働きを越える必要を説いている．特に*霊と肉の対立的表現によって描かれるが，これは*霊魂と肉体とを対立させた*二元論でもなければ，自然否定でも現世否定でもない．我々のなかの神の働きへの徹底した肯定であり，聖霊の働きを受け入れた自然への徹底した肯定である．またパウロは，信仰者の霊的な成長を大切にし，知識，信仰，愛の増大をこの種の成長の柱とする．

【教会史のなかでの修徳】教会史のなかでは早くから，神の前で人間を完成させるための努力や神との神秘的一致を促すための修養をもっぱら指すものとして，ギリシア語から派生した用語を使ってきた．いわゆる行だけではなく，生活を信仰面から整えるあらゆる努力を含む．漢字で表される修徳という熟語は，本来，伝統的教会用語の訳語として使われてきたものであるが，教会の伝統のなかでの修徳は，必ずしも聖書的な人間観や正統な人間理解に立ったものとはいえない面があった．特に消極的修徳法として指摘できるのがそれである．これを大別すると，肉体的な欲望や感覚的な安楽を否定あるいは抑制することを目指す外的な修徳法と，感情や好み，その他精神的な欲求を否定または抑制することを目指す内的修徳法がある．後者は特に中世以降盛んになった．しかし，教会のこれらの伝統のなかには，*新プラトン主義

しゅうとくしんがく

などの二元論的人間観や，現世否定の観念が，かなりの影響を及ぼしてきたことは否定できない．
【心理学的評価】教会で実践されてきた修徳的実践に消極的な心理学者や精神医学者は，修徳的実践の病理を主張する．感情，欲求を表面的意識層で抑えると，深いところでは生き続け，不健康な結果を生み出す．権威アレルギー，激怒，過剰性活動，過食，強度な依存性，むら気，鬱状態など，さまざまな現象も，従来の修徳的実践で解決できる性質のものではなく，もっと深いところとの対応が必要である．苦行も性欲解消の隠れみのとなっていることがある．以上のような指摘から，伝統的な消極的修徳法は再考を促されている．問題は，*完徳という名称で，完全な人間を求め，それに達することを妨げているとみられる事柄をめぐって，人格が備える自然，肉体とその営み，感情，意欲，精神的欲求などを悪者とみなして抑圧しようとする行き方にあったといえよう．しかし同時に，人間の生命の営みのなかで秩序を乱すものをそのまま放置しておいてよいものでもないので，今後は現代の知恵も取り入れるとともに，*恩恵との結びつきのうちに向上を促す，新たな修徳的努力が必要である．さらに，伝統のなかには，神と人への愛から出発する積極的修徳法とその実践もあったのであり，今後はこれも，健全な消極的修徳との調和のうえで進めていくことが大切である．
【文献】NCE 1: 936-44; DSp 1: 936-1010; R. EGENTER, *Die Askese in der Welt* (Ettal 1957); B. ヘーリンク『キリストの掟』全4巻，岳野慶作他訳（中央出版社 1974-75）: B. HÄRING, *Das Gesetz Christi*, 3 v. (Freiburg 1963); E. PETERSON, "Eine Beobachtung zu den Anfängen der christlichen Askese," *Frühkirche, Judentum und Gnosis* (Rom 1959) 209-20. （池長潤）

しゅうとくしんがく 修徳神学 → 霊性神学

じゆうとし 自由都市 Freie Städte *神聖ローマ帝国において，帝国身分資格をもちながら帝国に対する軍役などの負担を免除された都市．もとは*司教都市だったが，13-15世紀 *司教の支配を排除して自由都市となった．*ケルン，*シュパイアー，*ヴォルムス，*レーゲンスブルク，*アウグスブルク，*カンブレ，*メッス，トゥール (Toul)，ヴェルダン (Verdun)，*ブザンソン，*バーゼル，*ストラスブールの諸都市がそれである．しかし旧都市君主と都市の対立は容易に解けず，司教が居城を市外に移転したことも珍しくない．例えばストラスブールの司教はサヴェルン (Saverne) に，ケルンの大司教は*ボンに居城を移した．15世紀に自由都市と帝国都市の間に平均化が起こり，自由帝国都市となる．なおこれとは別に，1815年以降，ドイツ連邦の成員としてのブレーメン，ハンブルク（→ブレーメン・ハンブルク），*リューベック，*フランクフルト・アム・マインの諸都市が自由都市と呼ばれた．
【文献】H. プラーニッツ『中世ドイツの自治都市』林毅訳（創文社 1983）: H. PLANITZ, "Frühgeschichte der deutschen Stadt," ZSRG. G 63 (1943), "Die deutsche Stadtgemeinde," ZSRG. G 64 (1944). （出崎澄男）

じゆうなるれいのきょうだいだん 自由なる霊の兄弟団 〔英〕Brothers of the Free Spirit, 〔独〕Brüder des freien Geistes, 〔仏〕Frères et Sœurs du Libre Esprit 13-15世紀に主にライン川周辺とネーデルラント，北フランス，北イタリアに広がった，神秘主義的・汎神論的な*異端．統一組織をもたず，起源も明確でない．リース (Nördlinger Ries) の異端者に関する*アルベルトゥス・マグヌスの1270年頃の所見がこの異端の最古の記録である．この所見や，1310年に火刑になったポレーテ (Margarete Porete) の著書，*ヴィエンヌ公会議の禁令その他からこの異端の所説を再構成すると，善良な人間は自分の意志で神との神秘的な合一に達しうるが，以後その者の霊魂は個性を喪失し，彼の感性は「自由なる霊」のうちで霊化され，彼は完全になり，神に等しくなり，世俗と教会の掟を超越する．*ベギン全体がこの異端と混同され，マイスター・*エックハルト，*ゾイゼ，*ルースブルークらも異端の誤解を受けた．激しい迫害下でこの異端は変形して生き続け，*宗教改革の時代の*神秘主義に影響を与えた．
【文献】LMit 2: 732-33; H. グルントマン『中世異端史』今野国雄訳（創文社 1974）: H. GRUNDMANN, *Ketzergeschichte des Mittelalters* (Göttingen 1963); H. GRUNDMANN, *Religiöse Bewegungen im Mittelalter* (Darmstadt ³1970). （出崎澄男）

じゅうにしと 十二使徒 〔ギ〕dōdeka apostoloi, 〔英〕Twelve Apostles, 〔独〕Zwölf Apostel, 〔仏〕Douze apôtres 「12」という数字が神学的に重要であるのは，それがイエスに選ばれた*使徒の数だからである．この12人の選定が重要な出来事であることについてはマルコ福音書の記述から明らかとなる．「そこで，[自分の弟子のなかから] 12人を任命し，使徒と名付けられた．彼らを[つねに]自分のそばに置くため，また，派遣して宣教させ，悪霊を追い出す権能を持たせるためであった」（マコ 3: 13-19 および並行箇所．使 1: 13 も参照）．この出来事があったのは，ガリラヤの寂しい山（おそらくカファルナウム付近）で，ルカ福音書によれば夜通し祈って迎えた朝であった（ルカ 6: 12, 13）．したがって，12人の選定は，よく考え抜かれ，計画されたものだったのであろう．その第一の目的は，12人がいつもイエスのそばにいて，彼の言葉と行為の証人になることであり，第二は，12人もイエスの始めた宣教活動を使徒として自ら継続することであった．イエス自身が12人を「使徒」と名づけたことは，ルカ福音書の記述に基づくが(6: 13)，それが確かなことかは明らかではない．また，そこに含意されている使徒の派遣および宣教は，単に短期間（おそらく 2-3 週間）で戻ってくるようなもの（マコ 6: 30）ではなく，世界宣教（マタ 28: 19）であろう．したがって，イエスは自分の使命を一人で果たすだけの力がないことを予見していたのであろう．もっともイエスが同労者の数をそれゆえに固定し限定するはずはなかった．逆に12の数がいかに使徒たち自身にとって重要なものであったか，それはイエスを裏切ったとされる*ユダ・イスカリオテに代わって*マティアが選出されたことから推定できる（使 1: 21-26 参照．他方，使 12: 2 では使徒の死後の補充はなされていない）．なぜなら，十二使徒の*権能は永遠に及ぶ，すなわち「人の子が栄光の座に座るとき，あなたがたも，わたしに従って来たのだから，12の座に座ってイスラエルの十二部族を治めることになる」（マタ 19: 28）からであった．同時に，ここにはなぜ12の数でなければならないかが示されている．古い契約による聖なる共同体はヤコブ・イスラエルの息子たち，つまり十二部族を基礎としていた（創 37: 9; 出 24: 4; 黙 12: 1）．しかしここでは新しい契約に

よる救済のための共同体の立案と用意そのものが問題とされ，新しい共同体の創設が問題となっているわけではない．これには，イエスが当時のユダヤ教共同体の権威者たちからの協力を期待したのは当然であり必然的であったと考えられるが，彼はそうしなかったという前提がある．こうしたことからも，やはり12人の任命はイエスの公的活動の最初期に行われたことではないことが明らかである．12人の任命に先行すべきことは，エルサレムでユダヤ教指導者たちに拒絶された経験，またガリラヤへの逃避であり(ヨハ4:3)，同様に弟子たちや知己を使徒の候補者として集めたことであった．

しかし，古いイスラエル十二部族制度が，十二使徒の選定によって，いわば止揚ないし破棄あるいは却下されたわけではなく，かえって継続・更新され，永遠に救済されたのである．だから例えば，主の兄弟ヤコブはキリスト教の諸共同体へ「離散している十二部族の人たちに」(ヤコ1:1参照．決してユダヤ人キリスト者だけを考えているのではない)と書簡に書くことができた．また特に，ヨハネ黙示録の終末論では十二部族が非常に重要な位置を占めている．黙示録7章4-8節では，イスラエルから選ばれた人の数は14万4,000名であるが，これは各部族から1万2,000名ということである(黙14:1-5は異なることを意味する)．また，同数の*異邦人キリスト者が十二使徒に準じて配列されることを期待している．しかし事実上の数は遥かに多く(「だれにも数えきれないほどの大群衆」7:9参照)，12の集団には分けられていない．神の玉座の前の24名という長老の数は，明らかに12の倍数であり(黙4:4, 10; 5:8; 11:16; 19:4)，したがって，使徒と並んで十二部族長12名を表す．契約に基づく両集団の首長が平和的に並存しているわけである．これは*天のエルサレムという象徴表現において特に顕著である(黙21章)．12の門は各族長の名をもつが，12の土台には十二使徒の名が刻まれている(21:12, 14)．これは次のこと以外は意味しないであろう．すなわち，救いは古い契約を通して始められなければならなかったが，救いの確証は新しい契約によって初めて得られる．十二使徒が古代イスラエル十二部族に対立するものとして選立されたことを暗示するものは何もない．

【文献】EWNT 1: 874-80. (H.クルーゼ)

じゅうにしとのきょうくん 『十二使徒の教訓』

〔ギ〕Didachē　いわゆる*使徒教父文書に属する古代キリスト教文献．

【伝承】古くからカイサレイアの*エウセビオス，アレクサンドリアの*アタナシオス等によってその存在は伝えられていたが，実際に写本が発見されたのは1873年，*ブリュエンニオスによる．ほかにパピルス断片，コプト語等の訳が若干，また，古代の他文書中に引用されている箇所がある．なお，本書の標題『十二使徒の教訓』は，ブリュエンニオスの写本，グルジア語訳についているが，これは本書の権威を高めるためにあとから与えられたもので，元来は無標題であったと思われる．

【内容】主として信徒の生活および教会の営みに関しての実際的勧告．神学的論議は出ない．全体は5部からなる．1部(1-6章)は，生命の道および死の道の記述．類似の二つの道の理論が*『バルナバの手紙』18-20章にも出る．両者はおそらく共通のユダヤ教的素材に遡る．他方，『バルナバの手紙』18-20章に並行するもののない，かつ*山上の説教を思い起こさせる発言(1, 3b-2, 1)は，あとからの挿入の可能性が大きい．この第1部は本書では受洗準備教育用とされているが，それを受けて第2部(7-10章)は，*洗礼をはじめとし，*断食，祈り，聖餐(*エウカリスティア)等，教会の儀式の規定を述べる．この部分には*主の祈り(8, 2)をはじめ，著者の属する教会に伝わる伝承から採用した記述が多い．これに対し，巡回伝道者等に関する規定を記す次の第3部(11-13章)には，伝承的発言はみられない．また，ほかの部分に比べ記述は詳細で，著者の教会が直面していた具体的な問題が扱われているものと思われる．第4部(14-15章)は礼拝，*監督・*執事の選出等，教会生活の個々の問題に関する発言で，まとまりに乏しい．最後に16章は終末論的色彩に富んだ警告．その締めくくりの部分は失われているようにみえる．

本書では全体を通してマタイ福音書を反映する記事が多い(例えば，主の祈りはマタイ型)．旧約からの引用も散見されるが，それらでは，「万軍の主(＝神)」を「主(＝キリスト)」と言い換える等(14, 3)，キリスト教化が行われている．

【教会の状況】*異端など教会の内部分裂を示す要素は全くない．上述のように神学的論議は行っていないが，ユダヤ人を「偽善者」と呼び，またユダヤ教が月・木曜に断食をするのに代えて，水・金曜の断食を勧告する等(8, 1)，ユダヤ教に対する対抗意識が認められる．しかし，この断食の例は同時に，著者の教会がユダヤ教の強い影響下にあることをも示している．偶像に献げた肉の食用の禁止(6, 3)も，同じ角度から理解できる．

この教会にとってはむしろ，巡回伝道者の真偽の判断が差し迫った問題である．しかし，ここでも判断の基準は彼らの教説にではなく，何日滞在するかというような，彼らの生活態度に求められている．

【成立年代・成立地】以前は1-6章における『バルナバの手紙』18-20章と並行する部分が『バルナバの手紙』に依拠しているとみなされたため，本書の成立時期は2世紀中頃とされたが，今日では依存関係を想定しなくなったため，成立時期推定の有力な決め手がなくなった．比較的簡素な教会組織，巡回教師の活躍，ユダヤ教との緊張関係，終末的切迫感の弛緩等は，それぞれ地方差，教会の伝統の差により左右されるので，年代決定の足掛かりとはしにくい．およそ2世紀初めの作と考えられる．成立地についても決め手はない．シリア説が比較的有力，というにとどまる．

【邦訳】佐竹明訳「十二使徒の教訓」『使徒教父文書』荒井献編(講談社 1998) 27-40.

【校訂版】K. WENGST, ed., *Didache*, Schriften des Urchristentums, 2. Teil (Darmstadt 1984) 1-100.

(佐竹明)

じゅうにぞくちょうのいくん 『十二族長の遺訓』

〔ラ〕Testamenta XII Patriarcharum　旧約聖書外典(→外典・偽典)の一つ．創世記49章の*ヤコブに倣い，その12人の子らが，死の床で子孫に遺言を残すという形式で語られる．未来のことを指し示す夢が中心になる*レビとナフタリの遺言を別にすると，それぞれ*族長が自分の行いを引き合いに，道徳的な教訓を垂れるという内容である．その際，*創世記の物語が敷衍されることもあれば，*ヨベル書と共通するものが述べられたり，*エノク書が引照されることもある．警告内容を要約して，各族長の遺訓に徳目が副題としてつけられている写本もある．思想的には，ハスモン朝(*ハスモン家)を支

持するもの，*死海文書と共通するもの，キリスト教的なもの，以上三つの要素が混在している．12のギリシア語写本のほか，アルメニア語写本，スラヴ語写本やシリア語訳断片があり，また*カイロの会堂跡や*クムランからはアラム語断片が，さらに後者からはヘブライ語断片も発見されている．おそらく一般的な倫理を主題とするマカバイ時代以前のヘブライ語原本がユダヤ人の間に広く受け入れられ（→ マカバイ兄弟），これにさまざまな要素が加えられていったのであろう．最終的な成立は紀元後200年頃とされている．ギリシア語に訳される以前に二つの系統の写本群があったようである．
【文献】L. ロスト『旧約外典偽典概説』荒井献，土岐健治訳（教文館 1972）156-61: L. ROST, *Einleitung in die alttestamentlichen Apokryphen und Pseudepigraphen einschließlich der großen Qumran-Handschriften* (Heidelberg 1971); 日本聖書学研究所編『旧約偽典』聖書外典偽典 5, 村岡崇光他訳（教文館 1975）221-354; R. H. CHARLES, *The Greek Versions of the Testaments of the Twelve Patriarchs* (1908; Hildesheim 1966); M. DE JONGE, *Testamenta XII patriarcharum* (Leiden 1970).

(小林稔)

ジューヴネ　**Jouvenet, Jean-Baptiste**　(1644-1717)　フランスの画家．初期には神話画なども手がけたが，1685年頃から宗教画の制作に専念，この分野の第一人者となった．C. *ル・ブランに学び，端正な彫刻的人物表現を特徴とする古典主義様式を身につけるが，表情やポーズにおける激しい情念の表出，明暗対比の強調による劇的効果の追求は，むしろバロック的といいうる．また，小道具として描き込まれた静物の迫真的描写には，同時代のフランドルやオランダの写実主義に通じるものがある．代表作に『聖ブルーノの祈り』（リヨン美術館），『奇跡の漁り』（1703-1706, ルーヴル美術館）などがある．
【文献】PLaP 926; A. BLUNT, *Art and Architecture in France 1500-1700*, The Pelican History of Art (Harmondsworth 1953 ²1973) 385-87.

(高橋裕子)

しゅうねんきねん　周年記念　〔ラ〕anniversarium　キリスト教の*典礼は，日の周期，週の周期を含む一年周期に従って*キリスト秘義を記念し祝う典礼暦年（→ 典礼暦）として編成される．この記念は，主の*受肉と*降誕を一つの焦点としながら，*受難と*復活，そして*聖霊降臨までの展開を頂点としている（『典礼憲章』102項，『典礼暦年に関する一般原則』17項）．同時にこれらの記念はいつも主の来臨への待望，将来における救いの完成を展望するものであり，それを通して，キリスト者個人と教会共同体の信仰の育成，その生活への浸透が目指される（『典礼憲章』102, 105項）．キリストの生涯と分かち難く結ばれている*マリアの生涯の秘義も教会は古来記念し続けており（同103項），さらに使徒・殉教者などの諸聖人も，キリストの受難を共にし，復活を告げ知らせた信仰の優れた例として記念される（同104項）．第2*ヴァティカン公会議の決定による典礼暦年の整備はキリストの秘義を核心とする*救済史の神学を背景に，教会の典礼による救いの秘義の周年記念の意義を再び明確にすることを目的とした．
【文献】『ミサ典礼書の総則と典礼暦年の一般原則』（カトリック中央協議会 1980 ²1994); O. カーゼル『秘義と秘儀—古代の儀礼とキリスト教の典礼』小柳義夫訳（みすず書房 1975); O. CASEL, *Das christliche Kultmysterium* (Regensburg 1932 ⁴1960); 土屋吉正『暦とキリスト教』（オリエンス宗教研究所 1987) 232-43; O. CASEL, *Das christliche Festmysterium* (Paderborn 1941); J. PASCHER, *Das liturgische Jahr* (München 1963).

(石井祥裕)

じゅうねんふんそう　十年紛争　**Ten Years' Conflict**　1833年から1843年にかけての*スコットランド教会の紛争．T. *チャーマーズの働きで，裕福な人々による牧師の任命に対し，1833年に教会の否認権法が成立するが，教会と国家間の対立が激化，国教会離脱者によりスコットランド自由教会が結成される（1843）．後にスコットランド一致自由教会を創設．
【文献】キ人 876; キ大 516; ODCC² 1349.

(高橋章)

じゅうのわざわい　十の災い　〔英〕Ten Plagues, 〔独〕Zehnplagen, 〔仏〕dix plaies　旧約聖書の出エジプト記7章8節-13章16節に伝えられている，神なる主とエジプト王ファラオ，*モーセと*アロンならびにエジプトの魔術師の民イスラエルの解放と奉仕をめぐる抗争でエジプトに生じた十の災い．元来は七つの災いであったと考えられるが（詩78: 43-51; 105: 26-36），最終編集者（*祭司文書）によりおのおのの災いは現今の順序で三つ一組ずつ，3+3+3+1=10の災いにまとめられた．第1組は血，蛙，ぶよ，第2組はあぶ，疫病，はれ物，第3組は雹，いなご，暗闇，最後に単独で初子の死の災いである．各組の叙述順序は共通の構造を示す．モーセを通しての神の告知（出7: 14-15; 8: 16; 9: 13．「ファラオ」「早朝」「ナイル川の岸辺」参照），次いで神の警告（7: 26; 9: 1; 10: 1．「王宮」参照），それから警告なしの災いの発生（8: 12; 9: 8; 10: 21），また，まず神である主とその使者の優越性（7: 17; 8: 18-19; 9: 13），次いで民イスラエルの安全は神の現存の明示（8: 22; 9: 4, 6），神の無比性（9: 14, 18, 24; 10: 6, 14）という明瞭なモチーフがある．最後の災いで頂点に達するが，これは先行する3組の災いと直結せず（11: 1），むしろモーセに与えられた約束と関連する（6: 1．さらに3: 21-22や4: 21-23を比較参照）．災いはファラオの*頑なさに対する罰であるとともに，神の強大さの証左でもある．これらの災いを自然現象として説明を試みる場合がある．しかし聖書の他の記述のように，ここでは自然現象ではなく出来事の突発性，また繰り返し不能なことが強調されている．神の自然現象への介入は，神の主権を明示する一要素でしかない．*旧約聖書続編（知11: 5以下）や新約聖書（ロマ9: 17; 黙8, 16）に十の災いの言及ないし影響がみられる．
【文献】J. KEGLER, "Zu Komposition und Theologie der Plagenerzählungen," *Die Hebräische Bibel und ihre zweifache Nachgeschichte*, ed. E. BLUM, ET AL. (Neukirchen-Vluyn 1990) 55-74.

(清水宏)

しゅうは　宗派　→ 教派，分派

しゅうはがっこう　宗派学校　〔英〕denominational school, 〔独〕Konfessionsschule, 〔仏〕école confessionnelle　中世ヨーロッパでは教育はカトリック教会の枠内で行われたが，16世紀の*宗教改革とその後の政治的動乱の結果，プロテスタント諸教会それぞれが自らの*信条を伝えるための環境をもった学校を創立し始め

た．カトリック教会のものも含めて教会立学校は宗派学校と呼ばれている．

ドイツでは *ルター教会の *メランヒトンが中部・南部で古典語教育の学校を設立し，北部では *ブーゲンハーゲンが母国語中心の学校を設立した．これらのタイプの学校は宗教を *カリキュラムの中心とした．特に母国語による学校は19世紀におけるドイツ北部諸州の有名校の基礎となり，ブーゲンハーゲンの影響はデンマークにも及んだが，スウェーデン，ノルウェーまでは及ばなかった． *三十年戦争を終わらせた *アウグスブルク宗教和議によって北部ではルター派学校が優勢となり，南部ではカトリック学校が勢力を占めた．イングランドでは国教会（→聖公会）の設立によって修道院の土地・財産が接収され，それらの売却によって得られた財源で設立された王室基金をもとに，後に有名なパブリック・スクールとなった学校が設立された．以後300年間，国教会が教員免許，学校における *宗教教育，礼拝と信条の徹底を忠誠の宣誓によって管理した．スイスの *ジュネーヴ，フランスの一部，オランダなどカルヴァン派の勢力が強いところでは母国語小学校制度が普及し，上級学校では宗教教育を中心にした古典教育が行われた．スコットランドではJ. *ノックスが *カルヴァンの教育理念を導入しようとしたが，貴族は没収した修道院財産を手放すことを嫌い，宗派的宗教教育は組織的には行われなかった．

カトリック側に残された地域では， *イエズス会の創立と *トリエント公会議による刷新によって教会内に誤った教説が蔓延するのを防ぐという目的で学校教育の整備が図られた．1599年， *『イエズス会学事規定』を定めたイエズス会の教育分野への進出は目覚ましく，下級学校から *大学までの教育網を作り上げ，プロテスタントの優勢な地域にまで進出し，評価された（→イエズス会学院）．米国の植民地ではそれぞれ異なった宗派によって学校が設立され，19世紀になって公立学校制度が完備するまで大きな役割を果たした．20世紀においてもカトリック学校のほかに聖公会，ルター教会， *バプテスト教会等の宗派学校が存在している．

【文献】LThK² 9: 504-509; NCE 4: 772-74; RGG³ 5: 1559.
(高柳俊一)

じゅうはちきとうぶん　十八祈祷文 →シュモネー・エスレー

18せいきのキリストきょうけんちく　18世紀のキリスト教建築

18世紀の建築においては，17世紀のバロック様式（→バロック建築）を継承した後期バロック様式，バロックをさらに装飾的にするとともに洗練し，優美にした *ロココ様式が共存し，世紀後半にはこれらに対する反動として，古代建築に基づく簡素さや厳格さを旨とする新古典主義が台頭する．建築におけるロココ様式は特に内装に顕著であり，世俗建築でこれを主導したのは当時の美術の中心地フランスであった．しかし，キリスト教建築の場合，ロココ様式の代表例はドイツ語圏のカトリック地域，すなわちドイツ南部やオーストリアに認められる．この地域は，17世紀末のイタリア北部の建築からも多大な影響を受けていた．

【イタリア】17世紀にバロック様式の中心として活況を呈した *ローマでは，17世紀末以降，経済的理由もあって建築活動は下火になり，過去に建設された教会堂の *ファサードを完成する工事が行われるにとどまった．しかし，イタリア北部の *サルデーニャ王国の首都 *トリノでは，17世紀後半， *テアティニ修道会の会員で数学者でもあった建築家 *グアリーニが活動，複雑な立体幾何学的構成を特徴とする *教会堂建築を生み出し，死後1737年に刊行された理論書によって，次世代のドイツ南部やオーストリアの教会堂建築に多大な影響を及ぼした．同じくトリノで活動したユヴァーラ（Filippo Juvara, 1676-1736）の建築には，古代ローマの *パンテオンに想を得たスペルガ修道院（1717-31）が示すように，すでに新古典主義への移行がみられる．

【ドイツとオーストリア】1618年から48年まで続いた *三十年戦争が，戦場となったドイツ諸国を疲弊させたため，この地域で建築活動が活発化するのは18世紀に入ってからである．そのため，後期バロック様式とロココ様式が混在して栄えることになった．ドイツ南部とオーストリアでは，この地域における「カトリックの勝利」を祝して，町から離れた景勝地に巡礼教会堂や修道院聖堂が盛んに建てられた．ヴィースの巡礼教会（ *ツィンメルマン設計），フィアツェーンハイリゲン巡礼教会（B. *ノイマン設計）， *オットーボイレンの修道院聖堂（フィッシャー Johann Michael Fischer 設計），メルクのベネディクト会修道院（ *プランタウア設計），ウィーンのカールスキルヒェ（ *フィッシャー・フォン・エルラハ設計）などが代表的な例である．堂内には，建築家，画家，彫刻家，化粧漆喰職人らの共同作業により，明るく喜びに溢れた天国的空間が広がり，主祭壇はしばしば天井まで届く巨大な記念碑的建造物で，マリアの *被昇天などの主題が，オペラのクライマックスのような高揚感をもって表されている．教会堂建築は総合芸術として作用し，天国の喜びを予感させることによって民衆の信仰心を高めようとした．

【フランス】ロココ様式の発祥の地であるフランスでは，18世紀半ば，装飾的なバロックやロココに代わる簡素で厳格な建築様式への希求が高まり，古代美術への関心の再燃と相まって，新古典主義様式が台頭する．古代ローマだけでなくギリシアも研究対象となり，1750年，建築家スフロ（Jacques-Germain Soufflot, 1713-80）はイタリアの旧ギリシア植民都市パエストゥム（Paestum）の古代神殿を計測した．一方， *イエズス会の会員で建築理論家のロージェ（Marc-Antoine Laugier, 1713-69）は，1753年発表の『建築論』（Essai sur l'architecture）で，垂直の円柱と水平の梁による構成という建築の「第1原理」（ギリシア建築を支える原理とされる）に回帰すべきことを説いた．スフロが1755年に設計したパリのサント・ジュヌヴィエーヴ教会は，ロージェによって「完璧な建築の最初の作例」と称賛されている．18世紀フランスのキリスト教建築を代表するこの教会は， *フランス革命の間に世俗化され「パンテオン」と改名，国家的偉人たちの墓所となった．

【文献】小学館美術全集18: 260-69, 277-89, 411-27; 19: 297-300; DA 22: 734-42; 26: 491-500.
(高橋裕子)

18せいきのびじゅつ　18世紀の美術

【全体的特色】18世紀美術の典型としてフランス美術を中心に述べることにする．フランスは17世紀末 *ルイ14世のヴェルサイユ宮造営を契機として， *ルネサンス以来のイタリアに代わる西欧美術の中心となった．同時に美術は世俗的性格を一段と強める．18世紀には，前世紀のバロック様式の豊かな装飾性や華麗な色彩性を受け継ぎつつ， *バロックの重厚さや仰々しさに代わって

軽妙な洗練を求めるロココ様式が発達した．*ロココの語は当時の工芸や室内装飾で好まれた貝殻型モチーフの名称「ロカイユ」に由来する．実際，18世紀には応用美術が絵画や彫刻と並ぶ活力をみせたが，このことは富裕な個人の生活に密着したロココ美術の私的性格を物語る．公共のための大規模で公式的な絵画や彫刻がすたれたわけではないにしても，形式，内容共に新しい展開をみせたのは，小規模で親密な性格の作品だった（作中の人物，特に女性像が，美しさや高貴さよりも可愛らしさを特色とするようになったことも，そうした傾向に一致する）．絵画では特に風俗画の台頭が著しい．

【風俗画と風俗画的表現】風俗画は市民社会が発達した17世紀のオランダで興隆したジャンルで，フランスもその強い影響を受けた．だが世紀初頭，ヴァトー（Antoine Watteau, 1684-1721）は貴族社会を舞台に優雅な紳士淑女が音楽や語らいを楽しむさまを描いて，「雅びなる宴」という新しい風俗画のタイプを確立する．風俗画は日常生活に取材したものとはいえ，本質的にスナップ写真的写実ではありえないが，洗練された歓楽の理想的イメージを表現した点で，ヴァトーは一層現実に距離を置いたといえる．次世代のシャルダン（Jean-Baptiste-Siméon Chardin, 1699-1779）はむしろオランダの先例により近く，子どもや女性を主役として市民の家庭生活の理想的情景を描き出した．しかし，いずれのタイプでも，後継者たちの間では理想性は稀薄になり，享楽性や感傷性が顕著になる．古代神話の主題も，ブーシェ（François Boucher, 1703-70）やフラゴナール（Jean Honoré Fragonard, 1732-1806）の例にみるように，エロティックで軽妙な風俗画風に表現されることが多かった．肖像画や肖像彫刻の顔に一瞬の微笑みが生きいきと表されているのも，こうした全体的傾向に一致する．微妙な表情を素早く捉える画材としてパステルが愛好されたが，パステルの淡く上品な色調も時代の趣味にかなうものだった．パステル肖像画は18世紀初頭，イタリアの女性画家カリエーラ（Rosalba Carriera, 1675-1758）がその魅力を開発し，フランスにも流行させたものだが，肖像画を中心にヴィジェ・ル・ブラン（Elizabeth-Louise Vigée-Le Brun, 1755-1842）ら女性画家の活躍が目立つのもこの時代の特色である．

【ロココから新古典主義へ】18世紀の絵画では，総じて主題よりも表現，とりわけ洗練された色彩のハーモニー，素早く的確なタッチの効果，画材とその塗り方が生み出す絵肌自体の魅力などに関心が寄せられた．美術の感覚的な側面を重視するこの態度は，近代絵画の在り方を予告するものとして重要である．だが，18世紀の末には，感覚的側面のみを追求することに対する反発も生まれ，普遍的・道徳的主題を厳格な様式で表現することが奨励されるようにもなる．批評家*ディドロはシャルダンの静物画の見事な絵画的効果を称賛する一方で，道徳的教訓を感傷性を交えて表現したグルーズ（Jean-Baptiste Greuze, 1725-1805）の市民風俗画に賛辞を贈った．J. L. *ダヴィッドは古代ローマ史に取材した自己犠牲の主題を古代美術に倣った様式で描き，新古典主義絵画のリーダーとなる．彼は*フランス革命にも積極的に参加し，政治でも美術でも「旧制度」を否定する役割を果たした．ただし，美術に教化や記念といった高邁な役割の復活が求められたといっても，否定された旧制度にはキリスト教会も含まれていたから，キリスト教が美術の主要な動因となりえないという事態は，18世紀を通じて変わらなかった．例外はドイツ語圏南部のカトリック地域だが，これについては「18世紀のキリスト教建築」の項に譲る．

【展覧会の始まり】フランスでは17世紀半ばに王立絵画彫刻アカデミーが創設されていたが，活動の本格化は18世紀に入ってからである．アカデミーは展覧会を開いて美術家に発表の機会を与え，優れた美術家を顕彰し，次世代の美術家を教育する機関であり，18世紀には他の諸国もこの制度を取り入れた．年1回の展覧会の開催は美術家と顧客の関係に根本的変化をもたらす．従来は教会や王侯貴族，上層市民や市民団体の注文によって制作していた画家や彫刻家が，自主的に創作活動を行った結果を不特定多数の観衆に向かって発表することになったからである．美術家は創造活動の自由を獲得したが，観衆の支持が得られない場合，生活の安定は保証されず，社会の有用な生産者としての従来の立場を離れて社会のアウトサイダーになるおそれが出てきた．この問題は19世紀に顕在化することになる．

【文献】S. ジョーンズ『18世紀の美術』ケンブリッジ西洋美術の流れ5，高階秀爾，大野芳材訳（岩波書店 1989）；S. Jones, *Cambridge Introduction to the History of Art: The Eighteenth Century* (Cambridge 1985); M. Levey, *Rococo to Revolution* (London 1966); R. Rosenblum, *Transformations in Late Eighteenth Century Art* (Princeton 1969); M. Levey, *Painting and Sculpture in France 1700-1789* (New Haven 1993).　　　（高橋裕子）

じゆうふくいんきょうかい　自由福音教会　〔独〕Freie Evangelische Gemeinden　ドイツにおける*敬虔主義的な色彩をもつ*自由教会の連合．グラーフェ（Herman Heinrich Grafe, 1818-69）創立の教会が発端（1854）．その後，21教会の団体に成長した．ドイツ福音主義自由教会連合に属す（1926）．個々の教会は，各個教会主義で独立しており，個人の信仰は，新約聖書における*イエス・キリストのみに置く．女性執事の家や病院などの社会事業の施設をもつ．
【文献】キ大517；RGG³ 2: 1097-98.　　　（高橋章）

じゆうぶんのいちぜい　十分の一税　〔ヘ〕ma'asēr, 〔ギ〕dekatē, 〔ラ〕decima, 〔英〕tithe, 〔独〕Zehntanteil, der Zehnte, 〔仏〕dîme
【聖書】収穫あるいは収益の10分の1を*祭司，*レビ人，援助を必要とする人を支えるために提供すること（例えば，民 18: 21-32；代下 31: 5-12）．聖書では，*アブラハムが戦利品を*メルキゼデクに贈ったことが最初の事例である（創 14: 20；ヘブ 7: 2-10 参照）．王が徴収する税（サム上 8: 15, 17）の場合もある．レビ記（27: 30-33）や申命記（14: 22-29；26: 12-15）には*律法の条項にあげられ，新約聖書にも事例がある（マタ 23: 23；ルカ 18: 12）．　　　（B. シュナイダー）
【教会史】主として中世から近世にかけてのヨーロッパ・キリスト教世界で，教会はその組織と宗教活動を維持するために，原則として総収入の10分の1相当額を信者から徴収した．この税の起源は一般に旧約時代のユダヤ社会の律法に求められる．そして，キリスト教が始まったとき，信者たちはこのような掟を継承するよりもむしろ財の共有や自発的な寄進によって，教会の活動を維持しようとしたと思われる．しかし教会が発展し，活動の増大に伴う財政的需用が膨張するにつれて，4世紀頃から十分の一税の支払いが少なくとも道徳的な義務として信者に訴えられるようになった．教会がこの制度を制裁

つきの義務として信者に課するようになるのは6世紀以降のことである(例えば，585年フランスのマコン教会会議)．8世紀になると，フランク王国で*シャルルマーニュが世俗法によって十分の一税の支払いを全国民に義務づけるようになった(779年の「エリスタルの王令」第7条)．イングランドでも10世紀の半ば以降同様になった．

しかし9世紀から*カロリング朝の解体に伴う公権力の衰退とともに，俗人による十分の一税徴収権の教会からの簒奪が始まり，やがて修道院もそれを取得するようになり，11世紀にはこの税の大部分は両者の手中に握られて，小教区教会の必要に応えることができなくなった．

11世紀半ばに始まる*グレゴリウス改革は，このような事態の改善に乗り出し，同教皇は俗人による十分の一税徴収権の所有を瀆聖として断罪した．しかしこの税の返還運動はなかなか進まず，結局1215年の第4*ラテラノ公会議は，この税からの収入の小教区教会への部分的返還を定めることで(1232頃)妥協せざるをえなかった．それ以後十分の一税は，教会と俗人の双方が所有しうる財源となった．

16世紀に*宗教改革が起こると，カトリック教会は*トリエント公会議で十分の一税の存続を宣言したが，*ルターも世俗君主に対するその支払いを認め，多くのプロテスタント教会もこの制度を受け入れた．

十分の一税を決定的に廃止したのは*フランス革命で，1789年国民公会は他の封建的諸特権とともに，この税の徴収権を何らの補償もなく廃止した．イタリアとアイルランドでも19世紀の末までにこの税は廃止になった．

アメリカ合衆国では国家の法によって十分の一税が要求されることはなかったが，一部のプロテスタント教会では信者が任意にそれを支払っている例がみられる．

【制度の運用】この税の使用目的は原則的には四つ，すなわち司教，*小教区の司祭，教会堂維持，貧民救済のためにあてるべきものとされた．その課税対象は形式上三つに区分された．第一は大地の生産物にかけるもので，穀物を主に，そのほか野菜・果実などの収穫物が対象となった([英]praedial tithe)．第二は労働収入にかけるもので，商取引や手工業製品の売り上げなどが対象となった(personal tithe)．第三は動物や畜産業からの収入にかけるもので，肉・乳・卵・羊毛・皮革などが対象となった(mixed tithe)．支払い期日は前述の第一と第三の場合は収入が生じたときにその義務が発生し，第二の場合は年末に支払うことができた．

十分の一税の徴収はすべて最初は司教に帰属したが，小教区の増加に伴い，司教はその一部のみを自己のために留保し，他の部分の徴収権はしだいに小教区の司祭に委ねていった．これらの司祭たちは収穫時に直接現場に赴いて現物でその税を取り立てることができたが，多くの場合「十分の一税徴税請負人」に取り立てを委託した．請負人たちはまた徴収物の販売も行った．十分の一税の支払い義務は，地域や職業に関係なく，すべての信者に課せられており，納入拒否者に対しては*破門を含む厳しい処罰が課せられた．

【文献】DDC 4: 1231-44; LThK² 10: 1318-21; NCE 14: 174-75; ODCC³ 1626; DMA 12: 62-65; 吉田道也「十分の一税の成立」『九大・法政研究』19 (1951-52) 45-70; 同「十分の一税権者」『九大・法政研究』20 (1952-53) 217-38; 同「十分の一税義務者と十分の一税の内容」『九大・法政研究』22 (1954-55) 161-70; P. VIARD, Histoire de la dîme ecclésiastique principalement en France jusqu'au Décret de Gratien (Dijon 1909); P. GAGNOL, La dîme ecclésiastique en France au XVIIIe siècle (Paris 1910); P. VIARD, Histoire de la dîme ecclésiastique dans le royaume de France aux XIIe et XIIIe siècles (1150-1313) (Paris 1912); C. E. BOYD, Tithes and Parishes in Medieval Italy (New York 1952); G. CONSTABLE, Monastic Tithes from Their Origins to the Twelfth Century (Cambridge 1964).

(河井田研朗)

しゅうまつ 終末〔ギ〕eschaton 旧約は完結した終末論をもち，新約はそれをキリストたるイエスに収斂させた独特の終末論をもっている．

【旧約聖書】終末とは神が歴史に介入してイスラエルを救う決定的な時である．それはメシアを媒介に実現される．終末は悪人にとっては審きの時，回心する者にとっては恵みの時となる．旧約の終末論は時代の中心的問題に応じて展開し，やがて黙示思想へと展開していった．

〔捕囚期以前〕終末を*主の日の預言という類型で語ったのは*アモスに始まり，*ホセアがこれに続く．彼らの時代にはイスラエルに不正が横行し(アモ8: 4-6)，*バアル崇拝が始まっていた(ホセ5: 1-7等)．そこで主の日(アモ5: 18-20)が来て，審きが下る(アモ8: 11-14)．神の怒りは自然にまで及ぶ(アモ8: 8-9)．しかしこの審きは同時に回心する貧しい人々にとっては救いの時である(アモ9: 11-15; ホセ14: 2-10)．それゆえ*回心が勧められる(アモ5: 14-15; ホセ14: 2-10)．*イザヤはこの終末の日々に(2: 10-17)，ダビデ的・民族主義的王*インマヌエル(7: 14)による歴史と自然の救いを告げる(8: 23-9: 6; 11: 1-10)．同様に他の預言者も主の日の恐るべき審きを告げる(ミカ1: 2-2: 5; ゼファ1: 2-2: 15)．ただし貧しい*残りの者が審きを免れ(ミカ5: 6-7; ゼファ3: 12-13)，*メシアによって救われる(ミカ5: 1-5)．*エレミヤは終末時に直面してシナイ契約の無力を告げ，新しい契約を預言する(31: 31-34)．このように初期預言者において「主の日」を主題として終末論が成立した．それによると終末は歴史の外から神が*救済史に介入し，イスラエルの過去の歴史を審き，契約を零とし，メシアや残りの者による救いをもたらす転換の時である．預言者はこの救いの展望のうちで回心を勧める．そこには人を探し求める神と歴史への信頼があり，新たな生き方への希望が甦る．

〔捕囚期時代〕この終末論の構造は捕囚期時代の預言者においても基本的に変わらないが，イスラエルのバビロニア捕囚・帰還という時空的大変動を契機として，その視界は世界史的で宇宙論的な次元に拡大され始める．

エゼキエルにあっても(1)イスラエルの審きへの預言，(2)587年の第1回*捕囚による破局，(3)神の恵みによる再復興という図式に変わりはない．枯れた骨の復活という幻想的描写もこの再復興への希望を語る(37: 1-11)．他方その終末論は黙示思想的となり，神は歴史的というより祭司的性格(43章)や聖なる超越的性格を帯びる(28: 25-26; 36: 21-23)．さらに*ゴグとマゴグという神話的表象が用いられる(38-39章)．イザヤ(第2イザヤ)にあっても天地創造の神(40: 12-26)がペルシア王キュロスを用いてイスラエルを救う(44: 24-45: 1)というように救済史の視界が拡大している．しかし第二の*出エジプトと称されるその救いは，栄光のメシアによらず*主の僕によって実現される(52: 13-53: 12)．この

しゅうまつ

僕は人々の罪をその苦しみによって贖うメシアであり，従来のダビデ的・政治的メシア像を転換している．

〔捕囚期後の時代〕この時代には預言者的終末論が黙示文学的終末論の性格を帯びてくる．*ゼカリヤにおいては超越的な神の宇宙論的・予定論的到来が七つの幻と託宣のなかで示され，彼岸的希望が高まる(1-8章)．そのメシア像はろばに乗ってエルサレムに来る王(9: 9-10)と神の分身たる「刺し貫かれた者」(12: 10)の2類型で描かれ，後者において罪を浄める苦しみの僕の主題が浮き彫りにされる(13: 1)．*ヨエルにおいては終末時の神の霊の再臨描写が特徴的である(3: 1-5)．いわゆるイザヤの黙示録(24-27章)においてもいよいよその終末的審きは全世界的規模となっている(24: 1-23)．主は全国民に救いをもたらす(25: 1-10)．他方，神話的怪獣の表象によって諸帝国の滅亡が語られる(27: 1, 12-13)．

黙示文学類型が典型的に確立されたのは*ダニエル書においてである．この書はエゼキエル書14: 14-20で登場する義人ダニエルの名と権威で語っている．それによると世界歴史はバビロン，ペルシア等の大帝国の興隆・滅亡のたびに決定的破局の方向に向かっている．その終末描写は神話的で(10章)，秘義的な知識に属する(12: 4)．メシア的人の子像も宇宙論的である(7: 13-14)．

黙示思想の終末論は預言者的終末論と比較すると，一般に二つの*アイオーン(世)を強調する二世界論，善悪二元論の傾向が強く，予定論的で悔い改めの動機は稀薄となり，現実に対し結局ペシミズムを抱く．終末時に関する表象は神話的で知識は秘教的である．*黙示文学の著者は過去の預言者や知者の*偽名を用い，その権威で語る(ダニエル，エノク，エズラ等)．このように一方で預言者的終末論が歴史内における救いの完成とそれに対する人間の回心と責任性を強調するのに対し，他方で黙示思想は彼岸のアイオーンに神を後退させ，黙示的知識によって現世の審きの決定を計算し，人間から歴史への責任や回心への余地を奪ってしまう傾向をもつ．この意味でそれはグノーシス的現実逃避の性格を帯びうる．ユダヤ的黙示思想はその後エチオピア語*『エノク書』や原始キリスト教の黙示文学に受け継がれていく．

【新約聖書】新約の記者は復活を新しいアイオーンの根底であり初めであると捉えた．したがってイエスこそ旧約の預言者が告知したメシアであり，救いの時を実現させた神の*仲介者であることを洞察した(ヘブ1: 1-3)．しかしこのイエス理解の性格は新約文書の類型に応じて微妙に相違している．さらにイエス時代には*原始教団以外の諸種のグループがあり，それぞれが独自の仕方で終末を待望しあるいは拒否していたのである．例えば祭司国家の根幹をなすシナイ契約を認めない黙示思想に反対し，*モーセ五書だけを認める祭司集団(*サドカイ派)もあった．逆に自らを終末的祭司の国を実現する者(出19: 6)とみなす*ファリサイ派の集団もあった．さらに*律法の徹底的遵守によって終末的到来を早めようとする*クムラン教団のような終末集団もあった．クムラン教団は共有財産制と独身制を守り，自らを真のイスラエルとみなし，病人や貧者を神に呪われた者と考え(レビ21: 18以下)排除した閉鎖的集団であった．そして終末には大祭司アロンのメシアがイスラエルのメシアとともに光の子を率いて悪魔ベリアルを滅ぼし，クムラン教団を救うという終末思想に生きた．洗礼者*ヨハネは神の審きの到来を宣言し，水の*洗礼と悔い改めによる赦しを説いた．以上の集団に対しイエスの説いた終末がかなり異なった性格をもつことは新約聖書全体を通じて窺える．

〔共観福音書〕(1) イエスの説く終末は恐ろしい主の日の到来というよりも貧しく心砕かれた人々への神の恵みの到来である(ルカ4: 18-19; マタ20: 1-16)．さまざまな奇跡の生起もこの終末時を開示する(ルカ7: 22-23)．イエスは旧約の悲しみの断食を超え，婚宴の喜びをもたらすメシアたる花婿である(マコ2: 18-20)．この終末の到来は*神の国・神の支配と呼ばれ，*律法学者，ファリサイ人よりもむしろ彼ら聖なる民と自称する集団から除け者になっていた人々が先にこの国に入る(マタ21: 31-32; ルカ14: 12-14)．(2) したがって終末的神の国の構成員は正統ユダヤ教や当時の新興密儀集団から不浄とされていた人々である．神の国には*徴税人も(マタ9: 9-13)，善人，悪人も共に集められる(ルカ13: 26以下)．イエスが日頃罪人と食事をすることが，失われた罪人を探しあて神の国を広げていく神の行為となる(ルカ15章)．例えば食事の席で罪の女が赦されるのである(ルカ7: 36以下)．(3) このような神の国は地中に埋められた真珠(マタ13: 44-46)や種子のように日常生活のうちに人知れず隠されており，自ら大きく広がり育つ(マタ13: 31-33)．その生長はもっぱら神の恵みによるから(マコ4: 26-32)，人が律法遵守や敬虔な信心によって神の国を自力で実現できると思ってはならない．また神の国の決定的実現の時は神だけが知っているので(マコ13: 32-37)，黙示思想のようにその時を算定できない．(4) かくて日常的な生活において神の国の恵みを生きるため，神の国の義を求めなければならない(マタ6: 33)．それはユダヤ教の律法が逆転される，*山上の説教などに象徴される生き方である(マタ5: 3-48)．神は小さき兄弟の一人として現存するのだから，人々が互いに相手のうちにイエスの姿を認めて助け合うところが神の国というものである(マタ25: 31-46)．かくて*愛(アガペー)が神の国を支配する最高の掟となる．(5) 一方で神の国はこのようにすでに到来している．悪魔はすでに追放された(ルカ11: 20)．旧約の預言が次々と成就している(マタ11: 5以下)．しかし他方で神の国は完全に到来していない．したがって神の国の到来を祈り求めねばならない(マタ6: 10)．弟子はまだ誘惑と艱難の時を耐え忍ばねばならない(マコ13: 9-31)．イエスとともに神の国で祝宴をする日までは(マコ14: 25)．(6) 神の国はイエスの言行とともにすでに到来し，彼の*再臨とともに完成する．その意味でメシアである彼を，新約文書の記者はダビデの子(マコ10: 47)，人の子(マコ8: 38)，神の子(マコ1: 1)，預言者(マタ21: 11)，王(ルカ19: 38)，神の聖者(マコ1: 24)などの称号によって捉えようとした．しかしイエスのメシア性を最もよく示すのは，伝統的なイスラエルの民族的メシア像を逆転させる，第2イザヤの苦難と栄光に満ちた「主の僕」の姿であろう．(7) 彼のメシア性の固有性はその受難と復活，昇天によって決定的に開示される．使徒言行録は今や神の右の座に着いた栄光のキリストの霊とともに歩む，目に見える神の国すなわち教会の生命的発展を伝えている．教会は迫害(使8: 1-3)や殉教(使7: 54以下)そして異教徒の回心(使8: 26以下; 10-11章)を通して大きくなる．その歩みはキリストの再臨によって完成される(使1: 6-11)．

以上のようにイエスの終末論は歴史的・具体的な神の恵みを強調した反二世界的な神の国の思想であり，イエス自身(の言行)とともにすでに到来し完成を待望する現実である．したがって神の国とそのメシア像も従来の黙

示思想的あるいはユダヤ教的思想を逆転させ，むしろ預言者的終末論を見事に完成昇華させているといえよう．

〔パウロ書簡〕パウロの終末論は体系的に展開されているわけではないが，根本的には肉において甦った復活のキリストと彼との実存的出会い（肉，律法，罪に死んで霊，信，恵みに甦った体験）に基づいている（ガラ 2: 15-20）．したがって彼の終末論は終末的恵みの既在と再臨の期待を共に含んでいる．すなわちキリストの復活によって失われた人間性が回復され，旧約の期待した終末は実現された（ロマ 6: 2-11）．この世は神と和解し罪人は信仰によって義とされた（ロマ 5: 6-11）．人は洗礼や*エウカリスティアによりキリストに結ばれ，キリストの肢体となっている（コロ 2: 10-13; 1 コリ 10: 16-17）．人は全く新たな被造物に再創造されて存在する（2 コリ 5: 17）．宇宙もキリストの勝利に服す（コロ 2: 15）．しかし他方でキリストの再臨が待望される．パウロは霊や*グノーシスにおいてすでに完全に復活したと信ずる霊的熱狂主義者に対し，肉における最終的な復活と審きを告知する（1 コリ 15 章）．この未来的終末は当時の黙示文学的手法によって描写されている（1 テサ 4: 13-18）．しかもこの日は突如盗人のように到来するので信・望・愛を身につけて備えておくべきである（1 テサ 5: 1-8）．全被造界はこの完成の時を待望している（ロマ 9-11 章）．したがってパウロによると教会の現在はすでにとまだの中間の緊張した時にある（2 コリ 5: 1-5）．かくて人はこの世にあってこの世にないかのように生き（1 コリ 7 章），栄光から栄光へと変えられていくのである（2 コリ 3 章）．

〔ヨハネ文書〕ヨハネにおいては終末の現在性がさらに強調されている．イエスとともに神殿に束縛されない霊によるすべての民の礼拝の次元が開け（ヨハ 4: 20-26），終末的生命の賜物が与えられた（ヨハ 5: 25）．イエス自身が命のパンである（ヨハ 6: 22-50）．彼を信ずる者はすでに生命に移っている（ヨハ 5: 24; 1 ヨハ 3: 14）．もはや死の支配下にはいない（ヨハ 6: 50）．イエスと父は同じ生命・存在である（ヨハ 8: 24, 28, 58）．イエスにおけるこの神の現存を信じない者はすでに審かれている（ヨハ 3: 17-21）．信ずる者は父と子に通い合う栄光にあずかる（ヨハ 17 章）．かくてイエスの受難・復活・昇天を通してイエスとすべての人々が兄弟として同じ一つの神，一つの父を頂く（ヨハ 20: 17）．アガペーがこの兄弟的和合をもたらす終末の力であり（1 ヨハ 3: 13-18），イエスをキリストと認めないこの世と肉は救いのない影（偶像）の場である（1 ヨハ 4: 1-6; 5: 18-21）．しかしこの世の支配者は今追放される（ヨハ 12: 31）．このヨハネ福音書の復活の光に溢れた現在的終末論と対比的にみえる黙示的文学思想がヨハネ黙示録にみいだされる．すなわち古いアイオーンの終わりにキリストの中間型千年王国が成立し，その最後の時にそれまでキリストに服していたサタンが最終的挑戦を挑むが，神に滅ぼされる．その後，全人類の復活と審きがなされ，新しいアイオーン（天地）が選民に決定的に与えられる（黙 20 章）．この終末の図式は黙示文学に一般的である（エズ・ラ 7 章）．ヨハネ黙示録には以上の二世界説，神話的表象がみいだされ，歴史の予定論的終末に関する知識も秘義に属する．本書は当時*ネロ，*ドミティアヌス帝の迫害下にある信徒を激励しようとして書かれたものであろう．他方でこの黙示全体が主の日（*主日）の出来事であること（黙 1: 10）と屠られた小羊（黙 5: 6, 12; 7: 10; 19: 7-9）や突き刺された者（黙 1: 7）というテーマが復活の勝利，キリストの救いの現在性を示し，さらに諸教会への回心の勧め，神の国の再臨の突然性が強調され（黙 1-3 章），単にユートピア的二世界を説く黙示思想の域を脱している．

以上のように新約の終末論は小さく貧しい者のただなかに到来する神の恵みと支配を強調し，この世の価値観を否定し，旧約との歴史的断絶を媒介に，イエスの復活による新たな歴史への関与，人間の生き方を開示する．だからこそ復活とキリスト再臨の間を生きる教会は，その終末の現前しつつある時をキリストの死生の刻みとして生き，決定的に彼を迎えるべく歩むのである．この生き方は超越的彼岸にのみ期待して逃避するグノーシス的黙示思想のペシミズムを超克した，希望に満ちた福音的呼びかけとして現在的に絶えず告知され，証しされているのである．

【文献】G. ボルンカム『ナザレのイエス』善野碩之助訳（新教出版社 1961）: G. Bornkamm, *Jesus von Nazareth* (Stuttgart 1956); R. ブルトマン『イエス』川端純四郎，八木誠一訳（未来社 1963）: R. Bultmann, *Jesus* (Tübingen 1926); G. ボルンカム『パウロ』佐竹明訳（新教出版社 1970）: G. Bornkamm, *Paulus* (Stuttgart 1969); J. エレミアス『イエスの宣教』新約聖書神学 1, 角田信三郎訳（新教出版社 1978）: J. Jeremias, *Neutestamentliche Theologie* (Gütersloh 1973); 関根正雄『旧約聖書文学史』下（岩波書店 1980）185-226; G. フォン・ラート『旧約聖書神学』2, 荒井章三訳（日本基督教団出版局 1982）: G. von Rad, *Theologie des Alten Testaments* (München 1960 ⁶1975); W. シュミットハルス『黙示文学入門』土岐健治他訳（教文館 1986）: W. Schmithals, *Die Apokalyptik* (Göttingen 1973); W. Wrede, *Das Messiasgeheimnis in den Evangelien* (Göttingen 1901); H. Schürmann, *Comment Jésus a-t-il vécu sa Mort?* (Paris 1977) 11-116.　　　　　　　　　　　　（宮本久雄）

【終末論の概念】終末論（[ラ] eschatologia）とは逐語的には「最終の事柄」，あるいは「終末」（[ギ] echaton）の事柄に関する論述（logos）を意味する．第 2 *ヴァティカン公会議前の新スコラ神学では，伝統的に「最終の事柄に関する教え」とされてきた．この学科のテーマは，一方では個々の人間の死後に待ち受けている*私審判，*煉獄，*天国，*地獄というような現実と出来事であり，他方では世界の歴史を全面的に終結させる現実と出来事，すなわちキリストの*再臨，死者の復活，公審判（*最後の審判）であった．20 世紀半ばにカトリック神学の内部に起こった*人間学への接近という方向転換により，人格主義（例えば*ブーバー）や*実存主義（例えば*キルケゴール，*ハイデガー）から多くの刺激を受けるようになってからは，終末論は主として「死についての神学」と位置づけられるようになり，生きている間になされた人間の自由に基づく根本決断が死に臨んで決定的なものになることを考察してきた（例えば K. *ラーナー，*ボロシュ，*ゼンメルロート）．

第 2 ヴァティカン公会議の『現代世界憲章』以降，待望される完成の世界史的・宇宙論的次元はより明確な形で終末論のなかに取り入れられるようになった．近年の視点に留意するなら，終末論とは，神の国において約束されている我々（個人，教会，全人類）の歴史と全被造界の究極的な将来に対するキリスト教的希望を，学問的な基礎をもって解釈するものだといえよう．カント流にいえば，終末論とは，「我々は，何を希望することがゆるされているか」という問いに対する，学問的に基礎づけられたキリスト教信仰からの回答ということになる．こ

の回答の神学的根拠は聖書とその解釈としての教会の＊伝承のなかにみいだされる．

【聖書と終末論】キリスト者の＊希望の真実性の根拠は，何よりもナザレのイエスという人物と彼において生起した出来事のうちにある．イエスにおいて，イスラエルに起源をもつ希望の歴史は頂点に達し，また新たな展開を始める．イスラエルの希望は，神学的な意味でキリスト教の希望の「前史」といえる．つまりイスラエルの希望は妥当なものとしてキリスト教に受け入れられ，三つの意味で止揚（[独] Aufheben）されているのである．

止揚するとは，第一に保持することである．キリストの出来事と結びつけることのできるイスラエルの希望の内容は，我々の希望のうちに保持されている（例えば，＊神の国に対する希望）．またイスラエルの希望の基本構造がもつ約束と成就という形式も，キリスト教によって保持されている．歴史的な体験（例えば，エジプトからの解放，シナイでの契約締結等）は，預言者の言葉により神との関係において解釈され，民の救いと完成に向けての約束を喚起する．約束が成就すると，その成就のうちに再び新たな約束と新たな希望が始まる．歴史上で体験される個々の成就は，究極的な成就の部分的先取りにすぎない．そこには，歴史的に成就しても尽きることのない，ますます偉大な神の約束，そして将来の約束への豊かさが内包される．

止揚する第二の意味は廃棄する，無効とする，である．なぜならキリストにおいて成就されたことと合致しないものは，すべて我々にとっての有効性を失うからである．

最後に，止揚するとは，より高い次元に引き上げることを意味する．イスラエルの希望はその真の意味，すなわち最終的にキリストとキリストのうちに自らを示す＊三位一体の神への方向性において理解できるものとなり，同時に成就される．同時に希望の構造も決定的に変化する．イスラエルにおいては約束から成就，そしてそこから再び約束へと向かう歩みは基本的に終わることはない．しかし，＊イエス・キリストにあっては質的に新しいこと，一度限りのことがこの希望の過程で生起した．キリストのうちに神からの救いが与えられており，そこでは神の賜物としての「言葉」と人間の側の「応答」とが分かたれず，融合もせずに一致している．イエスは究極的に達成された，凌駕されることのない，神のすべての約束の成就であり，神そのものがこの人間イエスにおいて我々のなかに現存しているのである．

イエスを通して，我々の現実の可能性と将来に対する展望は開かれた．すなわち，イエスの命に全被造物があまねくあずかり，救いに達するという展望である．イエスは，神の国の宣教と死と復活によって，ふさわしい備えと力があれば，いつかはイエスの決定的な救いに至るという真の約束を保持している．聖書がいう「神の国」とはそのことを指しているのである．

イエスのうちに与えられた神の愛の賜物は他のいかなるものによっても凌駕されることなく，かえって多様な被造物のなかに発展的に受容されていく．したがって，イエスの人格のうちに始まった神の国は決して滅びることはない．それは，イエス以来，＊聖霊の力をもって全被造物の普遍的和解を目指して発展するものとして現存しており，神の計画によればいかなる人も，いかなるものも，その普遍的和解から除外されてはいない．神の国は自動的に実現するものではなく，直線的，弁証法的，飛躍的な歴史の進化によって実現されるものでもない．そこに至る道は，キリストにつくかキリストに反して立つか，人間一人ひとりが決断を委ねられた自由で開かれた歴史である．開かれた歴史ではあるが，イエス・キリストによって，虚無に至る可能性は否定された．罪と死の力は最終的な神の国の到来を妨げることはできない．なぜなら，ナザレのイエスという復活した人間において，我々の歴史的・人間的現実は根本的かつ最終的に神のもとに高められているからである．

キリスト以後の歴史は希望の歴史，約束の歴史である．イエスの道を歩み，その死と復活の力によって生かされていることを自覚する者たちの共同体である教会は，我々が神の国の完成に向かう途上にあることを指し示し，希望を喚起するしるしである．

我々の将来に関するキリスト教の発言はすべて，神がイエス・キリストにおいて与え，イエス・キリストにおいてすでに成就した，神の一つの約束の展開にすぎないということができる．イエス・キリストがあらゆる事柄を内包する成就，完成だからである．

聖書の終末論の流れにおいては，希望をめぐる二つの基本線がしだいにはっきりと形成されてきた．その一つは神の国における世界全体の歴史的・社会的完成をより強く志向するものであり，もう一つは個々の人間の死後における復活すなわち永遠の生命のなかでの救いを志向するものである．実に多様な強調点の相違にもかかわらず，この二つの希望の在り方は相互に浸透し合い，総合されている．その際，イエスの死と復活へと洗礼によって沈められた者たちの共同体としての教会，同時にまた神の国の先取りである＊秘跡としての教会は，普遍的な希望と個人史的な希望とを結び合わせる仲介の役割を果たしている．このことは教理史的発展と組織神学による聖書的な希望の解明のうちにはっきりと示されている．

【終末論の教理史的観点】〔世界史的次元〕聖書の神の国の使信がどのように教会の教理史のなかに受け取られていったかを，今日に至るまで大きな影響を及ぼしている＊アウグスティヌスの『神の国』(413-26)を例に述べてみよう．

＊新プラトン主義の歴史理解の影響を強く受けたこの書の構想に従えば，地上の歴史全体の起源と目標は歴史を超えた彼岸，すなわち神とその永遠で時間を超えた意志のなかにある．歴史そのものは，したがって異郷の地にある巡礼の旅にほかならない．この巡礼は，創造における神の人間に対する根源的な計画と，それが終わりの日における終末論的完成の際に決定的に成就されるという二つの極の間を旅する．『告白』のなかで，アウグスティヌスは重点的に神から離れていた在り方から神のもとで自己を発見する(回心)までの個人としてのキリスト者の歩みについて述べているが，これに対して『神の国』では社会史的・普遍史的次元においてその同じ道程がたどられている．

そこでは，信仰か不信仰かの決断だけが歴史を神学的に評価する基準として機能する．歴史は，神と人となった神の子イエス・キリストの側につくか，それに反対するかの戦いの場，決断の場となることによってのみ，神学的な意味をもつのである．このような二者択一のなかに，二つの「国」，つまり「神の国」([ラ] civitas Dei)と「地上の国」(civitas terrena)という理念の源がある．本来は超越的，天的な神の世界のものである神の国は，この地上の歴史のなかでは，神によって回心させられ，神に導かれることを受け入れた人々，神の愛によって生きる人々で構成される．これに対して地上の国は，＊ル

キフェルとそれぞれの国の例に倣い，ひたすら自己愛の精神で定めた行動原則に従って生き，自己に閉じこもったまま無制限の自己主張をして，神によって解放されることを受け入れようとしない人々により構成される．この二つの国はしかし歴史のなかでは互いに分かち難く，絡み合って存在している．神の国は地上の国のうちに存在しているのである．これが神の国の具体的，歴史的な「異郷の地」，巡礼の旅の場なのである．しかし，この二つは神学上，厳密に区別される．神の国は「世のなか」に存在するが，「世からの」ものではないのである．

歴史における進歩はそれゆえ，ただ，この信じる巡礼者たちの永遠の目的地を目指した倦むことのない前進，したがって個々の人々の地上の国からの離脱という形でのみ存在する．このことを超えて，地上の国での信じる者たちの政治的・社会的行動に，現実の世界での神の国の先取りという神学的な意義を与えることに，アウグスティヌスは積極的ではなかった．神と世界とが余りにも一体化しすぎる古代ローマの宗教の神学や*コンスタンティヌス大帝の時代の帝国イデオロギー的キリスト教神学に対して反感を抱いていたアウグスティヌスは，妥協的な立場をとることができなかったからである．

しかし決して，神の国は悪の世界にあって内的な，隠れた道を行く信心深い個人が作る社会なのではない．アウグスティヌスはその歴史神学をむしろ*教会論と結びつける．すなわち神の国は，彼にとっては限りなく歴史上の教会と一体なのである．教会はその完成に向かって歩む神の国家であり，すでに今，神の国になっているということができる．なぜなら教会にあって，真に信じ，希望し，愛する者たちのうちに，そして彼らによって担われている位階的構造のうちに，すでに神とキリストの支配が実現されているからである．同時に教会は，従順と信仰とをより完全で純粋なものとしていく途上にある．「毒麦と良い麦」が混じり合った状態が取り除かれるとき，すなわち彼岸における歴史の完成のときに初めて，教会は自らの真の姿をみいだし，それによって神の国との完全な一致に至る．

以上のような構想の偉大さは，神の国とその歴史的先取りの約束とが実に現実的な歴史主体に関係づけられている点にある．神の国の約束は熱狂主義的かつ夢想主義的な意味で「清い者」や「正しい者」という一部のエリート集団だけに限定されたのではない．*ドナトゥス派や前もって毒麦を教会のなかから取り除いてしまおうとする厳格主義者のたび重なる試みに反対して，アウグスティヌスと教会の伝統は，聖人と罪人からなる教会という歴史的現実を，神の国の約束の本来の担い手とする立場を堅持したのである．

〔個人史的次元〕旧約聖書に始まり，新約聖書でイエスの復活によって最終的に確証された個々の信仰者の死を超えた永遠の生命に対する希望は，最初の数世紀の教会で特に*グノーシス主義との対決において教理的発展を遂げた．グノーシス主義は著しく二元論的な人間論を主張する．すなわち霊魂は人間のなかにある天的，霊的，永遠の実体，人間の本来的な自己とみなされ，これに対して肉体は単に人間の地上的，肉的，過ぎゆく形，まさに罪に堕ちた自己の形姿であるとされた．したがって歴史とは，肉体とのつながりのなかへ霊魂が追放されている状態と解釈され，それに対して死は霊魂の肉体と歴史からの解放，霊魂の天への旅の開始であり，精神の永遠の国への帰還を意味したのである．

キリスト教神学はこのような身体と歴史に対する蔑視を決して容認することはできなかった．確かに終末論的考察の最初の段階でキリスト教神学は，ギリシア的・グノーシス主義的な哲学の概念的で表象性に富んだ身体・霊魂図式を受け入れもしたが，同時に次のような要を得た命題をそれに対比させた．死に際して霊魂はまず肉体を離れて，神のもとでの(一時的な)幸福の状態に入る．しかし，それによって肉体は単に捨て去られるのではなく，希望は肉体に対しても物質界や歴史に対しても向けられる．霊魂だけでなく，肉体もまた救いに向かうもの，すなわち復活に向かうものと定められているからである．しかし，それは今ではなく，歴史の終わりにおいて初めて実現する．

個々の霊魂は新たに創造され，栄光のうちに変えられた体と再び一つにされるときまで，死と最後の日におけるすべての死者の復活との間の一種の「中間状態」にとどまり続ける．このような霊魂の「待機の状態」は人間の地上における生き方によりそれぞれ異なるが，いずれにせよ最初の2世紀の間は，ひどく制限された霊魂の幸福の状態と考えられていた．例外的に救われているのは殉教者，族長や預言者だけであった．彼らの霊魂は死後直ちに復活したキリストの栄光のうちに受け取られるとされていた．しだいに顕著になっていく新プラトン主義の影響のもとに，例えば*キプリアヌス(3世紀前半)や，特にアウグスティヌス(4世紀)以降，すべての善良なキリスト者たちには死後直ちに，しかもキリストのもとでの霊魂の完全な幸福が約束されると考えられるようになる．ここで欠けているのは体の復活にすぎない．しかし，体の復活が霊魂の幸福をどの程度増加させるかということについては，明らかにされてはいない．

「中間状態」の教理は，このようにグノーシス主義的立場からキリスト教的立場を明確に区別するために役立った．しかし，その代償として，終末論的(かつまた霊的)二元論が構築されることになった．すなわち人が現実に抱く希望はますます，死後，すなわち肉体からの分離の後に直ちに期待される霊魂の完全な幸福に向けられるようになり，終末時の体の復活は遠いかなたに押しやられてしまったのである．ある意味でこれは今日まで広く残っている傾向で，キリスト教的民間信心の根本を特徴づけている．

新プラトン主義的図式を基底にもつこのような終末論は，1336年に出された教皇*ベネディクトゥス12世の重要な教理決定*『ベネディクトゥス・デウス』(『神の至福直観と終末の出来事』，DS 1000-1002)において明確なものとなった．そのなかで教皇は，中世盛期に*トマス・アクィナスが発展させた伝統的なカトリックの教理を要約し，次のように述べている．「使徒的全権をもって，我々はこのつねに変わることのない教理決定において次のことを宣言する．すべてに及ぶ神の定めに基づき，すべての聖人の霊魂は……過去においても，現在においても，将来においても，その死後直ちに，また清めを必要とする者たちの場合はその清めが済んだ後に，彼らの肉体と再び一つになる以前，公審判に先立って，天に，天国に，天の楽園に，キリストとともに，聖なる天使たちとの交わりのなかに存在する．しかしながら，審判の日にはすべての人間がキリストの裁きの座の前に身体をもって出頭し，それぞれ自分の行いについて弁明を行う．それによって各自は自分の生前行ったことの報いを受けることになる(2コリ5: 10)」(DS 1000, 1002参照)．

【体系的終末論】体系的終末論は次の問題を扱う．すな

しゅうまつ

わち，今日，個々の人間の人生体験において，また現在の歴史的・社会的生活条件のなかで，キリスト教的希望が解放的な回答となりうるために，どのように生きられ，どのように神学的に基礎づけられるかということである．それはこの希望の世界史的展望と個人史的展望を示すということであり，そこではこの両者を結び合わせる，希望する者の共同体としての教会の機能も明らかになる．

〔普遍的な神の国への希望〕イエスと彼の運命全体に従うことによって，我々はイエスにより現在のこととして宣教され，彼の霊により今も我々のうちに働いている神の国の，まだ完成に至らない将来を希望することが許されている．この将来は自然的，文化的に形成された環境をも含めた人間の歴史全体の完成を意味する．人間，社会，自然の現実が罪と苦しみと死から解放され，完成された神の国で最終的に到達する調和，普遍的和解こそが我々の希望の目標である．

キリストの霊の力により，神の平和と正義の意志に向かって確固とした回心がなされるところ，また，人間の共存する社会が神の支配に対して受け入れる姿勢をもち，多様な生活領域のなかでも神の支配を経験しうる形をもっているところならどこでも，神の国はすでに実現されている．このような回心は現代では特に必要性を増してきている．なぜなら，この地球上におけるすべての人々，ことにますます貧困化する民族や社会階層にあっては人間らしい生がかつてないほどに脅かされているからである．それゆえ，自己破滅の道から立ち戻り，すべての人々の人間らしい生活に仕える新たな道を探求する心がけも，これまで以上に強化されねばならない．回心の覚悟が広がっていき，それが社会的にも効力をもつようになればなるほど，地の面を新たにしようとする神の霊の働く場はますます大きくなる．このような刷新は，イエスが開始し，弟子たちに託したのと同じように，地上を取り巻く神の国を先取りするしるしであり，その神の国のしるしの普遍性を志向して交わる一致こそ，歴史上に完成された神の国を実現しようとして我々が期待できる，そしてそうしなければならない最高のものであろう．だからこそキリスト教的希望は次のようなあらゆる努力を支持する．例えば，個人的，社会的，国際的な紛争を平和裡に解決する努力，また*第三世界の民族が経済，政治，文化の領域においてその権利と自立性とを獲得できるよう援助する努力，あるいはいかなる政治体制下でも人権が尊重されるよう促す努力，またそれぞれの社会で疎外され，取り残された人々に正義と尊厳を回復させる努力などである．その際重要なのは，これらすべての努力が単に点の出来事として別々になされるのではなく，しだいに法的・制度的な拘束力をもち，平和的に受容される組織になっていくことである．こうして我々の世界は，全体として神の国で救われる被造物を前もって示すものになっていくのである．

〔教会〕神の国の約束に信頼を寄せる者の共同体である教会は，全体として神の国の普遍的平和と正義を表す．社会的な形をもち，かつ秘跡的な効力をもつしるしであることに意義がある．教会は多様な人種，国家，階級のうちに現実に存在することで，今はまだごく不完全な形ではあるが普遍的な和解のモデルたりうる．さらに教会は，すべての人々の人間らしい将来と，神の国を表すあらゆるしるしの望ましい普遍的一致を目指して，すべての善意の人々と協力する．神の国の歴史的形態は教会制度の枠内にとどまるものではないからである．教会はむしろ，神から受け，我々によって伝えられている愛こそがすべての人々の人間らしい共存のために最もよく奉仕するものであることの特別な証しなのである．

神の国の賜物に対する我々の行動的な希望は，神の国の到来のために道を備えようとするすべての試みが，罪と死の力の攻撃にさらされていることを自覚している．抵抗と反撃とますます激しくなっていく対立が予期されるが，それに立ち向かうにはこの地上での生命の完全な自己放棄の覚悟が必要である．神の国の到来は我々の歴史のなかでは絶えず十字架にかけられた方のしるしのもとに存在する．しかし，我々には，次のような確信を抱くことが許されている．すなわち，教会は復活した方の霊によって神の言葉を宣べ伝え，救いの秘跡を祝い，この世界の苦しむ人々に無私の奉仕を行うところで不滅のものとして生き続け，広がっていくという確信である．

〔死と復活〕我々の希望の最大の根拠は，罪と死の力は（十字架にかけられたイエスの歴史的滅びがまさしくそうであったように），イエスの霊の力によって，今も将来も，すべてを破壊する力をもつものではなくなったことである．イエスは「眠りについた者の初穂」として，まさに神の国のために全生命をかけたことにより，神の生命力（＝復活）のうちに，究極的に高められた．同じことが，イエスに従う人すべての生命について希望することができる．私心のない献身による一つひとつの行為においてもそうであるように，生命をかけた献身においてはなおさら，神の国は不滅の仕方で成長していくのである．

このような我々の歴史を超越する神の国の現実は，今はまだ我々には隠されている．しかし，我々の希望によれば，神の国の現実は死において我々にあらわになる．それは歴史的にキリストと彼の霊によって実現された神の国と根本的に異なる形をとるものではなく，神の生命力のうちに復活した方の疑うべくもない，明らかな生命を分かちもつものであろう．このような神の国の現実のなかで，過去の歴史も過去の世代を生きた人々の生涯も，真に普遍的な和解のうちに高められているのである．このような神の国の形は，歴史のうちに存在する神の国の現実とは全く異なった何かを意味するのではなく，まさに歴史のなかにおける神の国の完成された形を意味するので，この歴史のなかで神の国の到来を求めて献身することと，死者の復活という，死のかなたに神の国を希望することとの間には決して矛盾はない．むしろそのような希望は我々の行動に力を与え，あきらめや狂信に陥ることなく，情熱と平静さをもって，神とこの地上との最も好ましい関係のために献身することを可能にするのである．

〔個々の人間の死後の生命に対する希望〕20世紀後半のカトリック神学では，死者の運命に関する問いに新たに答えようとするさまざまな試みがなされてきた．そこでは再び聖書的希望に重点が置かれるようになり，その解釈には現代の人間学的洞察が取り入れられている．霊魂の不滅は体の復活とどのような関係にあるのかという伝統的な問いがその出発点である．多くの場合，K.ラーナーに触発された新しい構想の基本的関心事は，次のような点にある．身体をもった人格としての一個の人間は，死に打ち勝つこと，すなわちイエスの復活にあずかることとしての復活に対する希望という唯一の希望をキリストから与えられている．肉体から解き放たれた不滅の霊魂の幸福は，我々の希望の目標ではありえない．復活したキリストとの，死に打ち勝つ全人間的な交わり

こそが目標である.

このような解釈によって，余りにも強い二元論的傾向が人間論においても（体と霊魂という対比），終末論においても（個人的完成と普遍的完成という対比），従来よりは回避されるようになった．霊魂の不死性と体の復活とを相互に同じこととして捉えるようになり，これらは一つの完成した出来事であり，一人ひとりの人間の死においてすでに起こることとして位置づけられたのである（死後に二つの局面に分割されるのではない）．したがって信仰者がその死において期待する完成，つまり彼の生涯全体が神の生命のなかに究極的に高められているということと，聖書が「死者からの復活」と呼ぶこととは同一のこととして捉えられる．新約聖書のいう死を超えて存続するキリストとの交わりそのものこそ，同時に死者からの復活ということなのである．人間は死によって時間の連続から抜け出て，自己の生命の究極的な形を神から受け取る．したがって，死後における時間的に区別された局面について語ることはもはや意味をもたない．

しかし，このような同一視からある種の問題が生じる．それは，経験という形においては死んで復活することのない人間の体はどうなるのかという点である．これについては次のことを考えなければならない．すなわち聖書的な意味での体（ギリシア語ではソーマ sōma）は霊魂や精神的人格と相対立するものではなく，世界や他の人間との関わりのなかで捉えられる人間の全体を意味するということである．世界と他の人間に対して関係づけられた存在としての人間は，全体として体なのである．こう考えると，人間の体と自己とは同一である．

以上のことは今日では一般的になっている肉体（身体）と体との人間学的区別によって確認されている．「身体」という言葉は，物質的な人間の現実をそのものとして表す．それに対して「体」とは，人格としての人間の世界内的・歴史的自己表現の全体を意味する．肉体そのものはあくまでもこの地上の消滅と生成という生物学的法則に委ねられているが，人間は，「体」をもつものとしての在り方に従って復活の完成された生命に入る．すなわち人間自らがその世界内的・社会的・歴史的自己実現のなかでみいだした「体」と，その「体」において集積され，人格的なものに変容したこの世界の物質性は究極的に高められるのである．人間はまさに死ぬときに，一つの共通の歴史と社会のなかで結ばれた他の人間との関係のなかにあるものとしてその完成に入る．また，人間の生活領域とし自ら作り上げた文化と技術との関係のなかにある一人の人間としてのみ，さらに自らの環境として委ねられた自然との関係のなかにあるものとしてのみ，その完成に入るのである．これらの関係は死に際して，目に見える姿という意味では滅び去る．しかし，死は終わりであるだけでなく，完成をも意味するのであるから，人間はまさに以上のような歴史的な諸関係のなかで究極的に高められ，「体」をもつものとして復活するのである．

このような人間的に仲介され，変容された仕方によって，この地上もすべての物質的被造物も，イエスの復活の生命にあずかる一人ひとりの人間の死において，その完成に向かって成長する．したがって，この完成を，いつか到来するかもしれないこの世界の歴史の終わりにおける一瞬の出来事としてではなく，むしろ，人間の「体」の延長としての世界が，人間の死を通してイエスの復活の生命のうちに受け取られていく，絶えざるプロセスと考えるほうがよい．人間の自然な生活世界も，文化的，技術的に形成された生活世界も神の国の完成に参与するように招かれている．「被造物も，いつか滅びへの隷属から解放されて，神の子供たちの栄光に輝く自由にあずかれる」（ロマ 8: 21）．しかし，この世界の非人間的要素（例えば，動物，植物，鉱物，その他の物質や人間の文化的・技術的産物など）は，人間そのもののように，そのものとして高められ，完成されるわけではない．それらのものは，生きるにしても死ぬにしても，神の愛の自由に開かれるということはありえず，そこから，新しい，究極的な，空間と時間を超えた自己の存在理由を受け取るということもありえないからである．しかし，それらのものも，人間と，その神の国のための奉仕に関係づけられているということにおいて，共に完成されることになるであろう．

以上のような新解釈が非キリスト教的，グノーシス主義的な霊性に堕していないと明言できるのは，「体の復活」に対する希望が，この地上の歴史に対して我々がもつ責任の根底をなしているからである．地上の歴史は神の国のいわば「素材」であり，それを我々は復活者の霊をもって変容させていかなければならない．なぜならそれは全体として贖われた被造物の救いに向かって呼ばれているからである．このような使命に対する忠実さが，キリスト教的希望をグノーシス主義から分ける厳然たる境界をなしているのである．それに比べれば地上の完成をどのように具体的に思い浮かべたらよいのかということは，二次的な問題である．「神の都」「天のエルサレム」「永遠の婚宴」「新しい天と地」という聖書の表現は，聖書的な象徴性により，究極的な救いとしての神の誠に対する我々の信頼が全被造物をもそのなかに含むことを表している．この信頼は，今ここでの，地上のすべての被造物に対して愛情をもって責任を果たすことで実証されるべき信頼なのである．

【文献】終末論の概念と歴史: C. Schütz, "Allgemeine Grundlegung der Eschatologie," MySal 5: 553–700; TRE 10: 254–363; H. Verweyen, "Eschatologie heute," ThRv 79 (1983) 1–12; E. Kunz, "Protestantische Eschatologie," HDG 4; P. Schäfer, "Eschatologie—Trient und Gegenreformation," HDG 4; B. E. Delay, H. E. Lona, J. Schreiner, "Eschatologie—Schrift und Patristik," HDG 4; P. Müller-Goldkuhle, Die Eschatologie in der Dogmatik des 19. Jahrhunderts (Essen 1966); W. R. Schumidt, Die Eschatologie in der neueren römisch-katholischen Theologie von der Schuldogmatik bis zur 'politischen Theologie' (Wiesbaden 1974).

新しい終末論の構想: J. モルトマン『希望の神学』現代神学双書 35, 高尾利数訳（新教出版社 1969）: J. Moltmann, Theologie der Hoffnung (München 1964); W. パネンベルク『神学と神の国』近藤勝彦訳（日本基督教団出版局 1972）: W. Pannenberg, Theologie und Reich Gottes (Gütersloh 1971); C. Schütz, et al., "Die Vollendung der Heilsgeschichte," MySal 5: 553–891; G. Greshake, Auferstehung der Toten (Essen 1969); D. Wiederkehr, Perspektiven der Eschatologie (Zürich 1974); G. Greshake, G. Lohfink, Naherwartung, Auferstehung, Unsterblichkeit (Freiburg ⁴1982); G. Greshake, Stärker als der Tod (Mainz 1976); J. Finkenzeller, Was kommt nach dem Tod? (München 1976); J. Ratzinger, Eschatologie (Regensburg 1977); G. Ebeling, Dogmatik des christlichen Glaubens, v. 3

しゅうまつしゅぎ

(Tübingen 1979); H. VORGRIMLER, *Hoffnung auf Vollendung* (Freiburg 1980); G. BACHL, *Über den Tod und das Leben danach* (Graz 1980); F. J. NOCKE, *Eschatologie* (Düsseldorf 1982); H. U. VON BALTHASAR, "Das Endspiel," *Theodramatik*, v. 4 (Einsiedeln 1982); H. KÜNG, *Ewiges Leben?* (München 1982); M. SCHMAUS, "Gott der Vollender," *Der Glaube der Kirche*, v. 6/2 (St. Ottilien ²1982); L. BOFF, *Was kommt nachher?* (Salzburg 1982); A. R. VAN DE WALLE, *Bis zum Anbruch der Morgenröte* (Düsseldorf 1983); F. DEXINGER, ed., *Tod, Hoffnung, Jenseits* (Wien 1983); W. BÜHLMANN, *Leben, Sterben, Leben* (Graz 1985); M. KEHL, *Eschatologie* (Würzburg 1986).

終末論の教理史的観点・世界史的次元: W. KAMLAH, *Christentum und Geschichtlichkeit* (Stuttgart 1951); K. LÖWITH, *Weltgeschichte und Heilsgeschehen* (Stuttgart 1953) 148–59; AUGUSTINUS, *Die Gottesbürgerschaft*, ed. H. U. VON BALTHASAR (Frankfurt 1961); J. RATZINGER, *Volk und Haus Gottes in Augustins Lehre von der Kirche* (München 1954); E. STAKEMEIER, *Civitas Dei. Die Geschichtstheologie des hl. Augustinus als Apologie der Kirche* (Paderborn 1955); B. LOHSE, "Zur Eschatologie des Älteren Augustin (De civ. Dei 20, 9)," *Vigiliae Christianae*, 21 (1967) 221–40; E. MÜHLENBERG, "Augustin — die schöpferische Grundlage der Tradition," *Handbuch der Dogmen- und Theologiegeschichte*, v. 1, ed. C. ANDRESEN (GÖTTINGEN 1982) 432–45; P. BROWN, *Augustinus von Hippo* (Frankfurt ²1982).

個人史的次元: R. HEINZMANN, *Die Unsterblichkeit der Seele und die Auferstehung des Leibes* (Münster 1965); J. PIEPER, *Tod und Unsterblichkeit* (München 1968); H. J. WEBER, *Die Lehre von der Auferstehung der Toten in den Haupttraktaten der scholastischen Theologie* (Freiburg 1973); G. GRESCHAKE, G. LOHFINK, *Naherwartung, Auferstehung, Unsterblichkeit* (Freiburg ⁴1982) 82–120, 156–84; H. SONNEMANS, *Seele, Unsterblichkeit, Auferstehung der Toten* (Freiburg 1984); G. GRESHAKE, J. KREMER, *Resurrectio Mortuorum* (Darmstadt 1986).

体系的終末論: M. KEHL, *Eschatologie* (Würzburg 1986) 215–51; K. RAHNER, "Zu einer Theologie des Todes," Rahner Sch. 10: 181–99; K. RAHNER, *Zur Theologie des Todes* (Freiburg 1958); J. PIEPER, *Tod und Unsterblichkeit* (München 1968); H. U. VON BALTHASAR, "Abstieg zur Hölle," *Pneuma und Institution* (Einsiedeln 1974) 387–400; G. GRESHAKE, *Auferstehung der Toten* (Essen 1969); ID., "Tod und Auferstehung," *Christlicher Glaube in moderner Gesellschaft*, v. 5 (Freiburg 1980) 64–123; J. RATZINGER, *Eschatologie* (Regensburg 1977) 63–91; J. MANSER, *Der Tod des Menschen* (Bern 1977); F. J. NOCKE, *Liebe, Tod und Auferstehung* (München 1978); H. VORGRIMLER, *Hoffnung auf Vollendung* (Freiburg 1980); G. BACHL, *Über den Tod und das Leben danach* (Graz 1980) 133–55; A. KELLER, *Zeit, Tod, Ewigkeit* (München 1981); H. U. VON BALTHASAR, *Theodramatik*, v. 4 (Einsiedeln 1982).

(M. ケール)

しゅうまつしゅぎ　終末主義　〔ラ〕eschatologismus, 〔独〕Eschatologismus, 〔英〕eschatologism

*神の国の宣教においてイエスが説いたのは、世の終わりの時が切迫しており、ごく近い将来に神の国が地上で実現するということであったと考える見方、理解、解釈をいう。この考え方は19世紀の様式批判（→聖書の様式史的研究）の祖 J.*ヴァイスによって提唱され、20世紀にはA.*シュヴァイツァーの『イエス伝研究史』により流布した。しかし、この考え方はすでにカトリックでは*ロアジによって1902年に提唱され、物議を醸し、*近代主義に偏向しているとして検邪聖省（後の教理省）の教令によって排斥されている（DS 3401）.

【文献】LThK² 3: 1098–99; NCE 5: 523–24.

(高柳俊一)

しゅうまつちえん　終末遅延　〔英〕delay of Parousia, 〔独〕Parusieverzögerung, 〔仏〕retard de la parousie

【問題】イエス以後の*原始教団は、世界の*終末と神の完全支配の到来がイエス復活後、まもなく起こるという強い期待をもっていた。それはイエスが*神の国は近づいたという意味の宣教を中心にしていたからである。特に終末に関する期限つきの言葉（〔独〕Terminwort. マコ9: 1; 13: 30 参照）は、終末の緊迫感を起こす作用を及ぼした。そのための社会的背景もあった。ユダヤ民族主義者の反ローマ抵抗運動が日増しに緊張感を増し、ついにローマ鎮圧軍の大挙進撃という外的危機や、ユダヤ教側からの原始教団の迫害を原始教団は黙示思想的に解釈して、これらの事件を世界終末またはその直前の前兆として理解した（マコ13章）。しかし、イエス復活後いつまでも終末が来ないだけでなく、紀元70年のローマによるエルサレム滅亡後すらも終末が来ないという事態は、教会信徒に失望と弛緩を生んだ。これを神学的に解決する必要が生じたのである。

【解決】終末遅延に対しては、まず、終末がいつ起こるか未知であるという強調（マコ13: 32）、したがってつねに目覚めて警戒せよという要請として表された（マタ24: 45–51; ルカ12: 42–46. さらにマタ25: 14–30; ルカ19: 12–27 参照）。また*黙示文学の枠組みにのっとり、終末までには幾つかの段階的期間（*救済史）が先行すると解釈された。すなわち苦しみや戦争（マコ13: 5）、異邦人宣教の時（同10節）、高挙の時（同14: 62）などがあり、これはみな、神の計画に基づくと考えられた（同13: 10）。マタイも主は突然再臨するとして迎えの準備をつねに怠らないよう促す（マタ25: 1–13）。*山上の説教、教会秩序（マタ16: 17–19）や教会分裂の警告と一致への勧告（同18章）も終末遅延を前提にしている。しかし、この問題に一層決定的な解決を試みたのは、ルカである。

原始教団は終末遅延の解決として救済史観を萌芽的に伝えていたが、*ルカは*使徒言行録を示すことによってイエス以後の宣教者を介する救済史を描く。キリスト再臨による決定的終末は測り知れない未来に起こるとする。救済史は3時代（イスラエルの時、時の中心としてのイエス、教会の時）に分類され、初めとしての世界創造と終わりとしてのキリスト再臨による終末によって限界づけられる、とするのである。教会の時が終末期に属するか否かは見方による。終末を単に時間的概念としてのみ理解するなら、教会の時は終末に属するはずもないが、教会の時を導き満たす*聖霊を終末の賜物として理解するなら（使2: 17; ヨエ3: 1以下）、教会の時は終末時に組み込まれうる。いずれにせよ、この歴史観は終末

遅延の一解決である．さらに，元来「終末」は全世界，全人類に該当すべき概念であるが，個人の死による個人への終末到来という見解による解決をも生んだ（ルカ 12: 16-21 の「愚かな金持ち」，同 16: 19-31 の「金持ちとラザロ」，同 23: 42-43 の「十字架上で回心した盗賊へのイエスの言葉」など）．また元来の終末観は，この世が時間的・直線的に終わりに向かい，その終局に神の支配が起こるという水平思考様式であったが，ルカは彼以前のキリスト高挙思想を用い，垂直思考様式を採用して終末観を垂直的に再構築した．元来の終末観が時間的思考によるのに対して，これは空間的思考である．その例は *昇天の描写である（ルカ 24: 50-52; 使 1: 9-11）．ただしその際に時間的・直線的終末観を打ち消したのではない．イエスは「同じ有様で，またおいでになる」（使 1: 11）とあるからである．こうして終末は，この世の歴史に起こる事件であると同時に，この世の歴史の終点に生起するものであるだけでなく，キリスト復活の *高挙において，すでに終末が教会の時にも神のもと（天上）では先取りされ開始したという終末観に深化したのである．

【文献】H. コンツェルマン『時の中心』田川建三訳（新教出版社 1965）: H. CONZELMANN, *Die Mitte der Zeit* (Tübingen 1962); G. BORNKAMM, "Die Verzögerung der Parusie," *In Memoriam E. Lohmeyer* (Stuttgart 1951); O. CULLMANN, "Parusieverzögerung und Urchristentum," ThLZ 83 (1958) 1-12; H. W. BARTSCH, "Zum Problem der Parusieverzögerung bei den Synoptikern," EvTh 19 (1959) 116-31; E. GRÄßER, *Das Problem der Parusieverzögerung in den synoptischen Evangelien und in der Apostelgeschichte* (Berlin 1960); A. STROBEL, *Untersuchungen zum eschatologischen Verzögerungsproblem auf Grund der spätjüdisch-urchristlichen Geschichte von Habakkuk 2, 2ff.* (Leiden 1961); O. CULLMANN, "Das ausgebliebene Reich Gottes als theologisches Problem," *Aufsätze* (Tübingen, Zürich 1966) 445-55; H. FLENDER, *Heil und Geschichte in der Theologie des Lukas* (München ²1968); G. SCHNEIDER, *Parusiegleichnisse im Lukas-Evangelium* (Stuttgart 1975); J. ERNST, *Herr der Geschichte. Perspektive der lukanischen Eschatologie* (Stuttgart 1978).

（三好迪）

しゅうまつろんてきりんり　終末論的倫理 〔英〕eschatological ethics, 〔独〕eschatologische Ethik, 〔仏〕éthique eschatologique　終末的倫理ともいう．倫理的行為というものは，本来，時間性の経験のうちに営まれる．自分を自己分裂へと追いたてる，無常というこの経験に対して，人間は自己の *アイデンティティを求めざるをえない．それゆえ人間は，挫折を乗り越えたかなたに，自己の賭け（としての行為）の妥当性を保証する歴史的視点を求める．真実は終末において明らかになると考えるのである．

このような人間共通の所見は，聖書においては *歴史神学の立場から解釈されている．旧約聖書では，*律法の普遍的・終末論的解釈がしだいに進行していった（申 4: 31）．特殊なユダヤ的待望は，明らかに徐々にその枠を越えていた．終末論的約束の担い手であった律法は *イエス・キリストにおいて成就される．彼は神からの究極的な *アーメンそのものだからである．さまざまなキリスト論的構想がこの真理をそれぞれの仕方で把握しようとしている．*共観福音書においては終末論的近未来待望が支配的である．キリストに従う条件の熾烈さは，これと関係づけて考えるとき明瞭となる．一方，*ヨハネによる福音書の *キリスト論は現在終末論を特徴としている．すなわち，キリスト者の倫理的行為は復活したキリストとの出会いの表現であり，それはいわば *復活節の次元を帯びている．*パウロのキリスト論はこれと異なっている．「キリストは律法の目標であります」（ロマ 10: 4）という考え方において，それは共観福音書の伝承を継承している．歴史は終末論的留保のもとに置かれる．つまり，キリスト者の倫理的な基本姿勢は永遠の完成に向けての開始のしるしとして位置づけられる（2 コリ 5 章）．終末論的希望によって，キリスト者は世界の現状を変革できるようになる．イエスにおいて生起した出来事のもつ終末論的緊迫性に，この世界の秩序のなかで具体的な形態を与えなければならないという意味において，キリスト者の倫理は中間時の倫理である．*司牧書簡は，このテーマをその徳目表や *悪徳表のなかで，また個々の倫理的問題についてのさまざまな指示のなかで取り上げている．それは，この堕落した世の構造への妥協的な適応とは全く異なるものである．

*キリスト教倫理は，神学的人間論に支えられることで一層推し進められる．全体として達成された良き生活を目指す目的意識は，倫理的の認識においても実践においても，終末論的展望をもつ．苦難に際しての辛抱強さや忍耐，艱難に直面しての *聖霊による慰めや喜びの体験というキリスト教的生き方にとって，終末を意識することは根本的な動機となるだけでなく，行動様式を変革するための創造性を生み出す．その結果として生まれた新たな行動様式は，歴史の因果的構造とそれがもつ強制力や不可避性に救いをもたらすことで旧来の構造を打破し，その時々でより妥当な価値評価の規準を打ち立てる．キリスト者は聖霊における新しい時代に生きているのである．

このようにみれば，倫理的規範はつねに目標としての命令と達成されうる命令との二重構造を含んでいることがわかる．それは，目指すべき目標のために余地を残し，同時に，今ここで可能であり要求されている事柄を確定する．規範的倫理は個々の行動倫理の総体に埋め込まれているのである．キリスト教的な基本姿勢はこのようなものであり，そこには特に歴史に対して，またキリスト教的自己理解と世界理解とに対して新しい質を与える *カリスマ（ロマ 12-13 章および 1 コリ 13 章）の働く場がある．つまり，人間に対する神の働きかけを体験するための，特別に恵まれた解釈学的場が開かれているのである．したがってそこにはまた，具体的な行動目標を設定し，行動に必要な戦略を決定するための，そしてみいだされた価値評価の規準を証示し続けるために，いつも立ち戻るべき出発点が置かれている．そしてこれらのことのうちに，忍耐強い世界変革に向けての自由の可能性が秘められているのである．→終末と終末論

【文献】J. モルトマン『希望の神学』高尾利数訳（新教出版社 1970）: J. MOLTMANN, *Theologie der Hoffnung* (München 1964); D. WIEDERKEHR, *Perspektiven der Eschatologie* (Einsiedeln 1974); ID., "Die Kategorie der Eschatologie," *Handbuch der christlichen Ethik*, v. 1, ed. A. HERTZ, ET AL. (Freiburg 1978) 440-58; C. SPICQ, *Connaissance et morale dans la Bible* (Fribourg 1985); R. F. COLLINS, *Christian Morality: Biblical Foundations* (Notre Dame, Ind. 1986); R. SCHNACKENBURG,

じゅうまん

Die sittliche Botschaft des Neuen Testaments, 2 v. (Freiburg 1986-87). （K. デンマー）

じゅうまん　充満　〔ギ〕plērōma　ギリシア語プレーローマの訳語の一つ．新共同訳聖書では，例えば「満ちあふれるもの」．新約聖書に限っていうなら，17回（1 コリ 10: 26 は *七十人訳聖書の引用），うち *獄中書簡で 6 回使用されている（エフェ 1: 10, 23; 3: 19; 4: 13; コロ 1: 19; 2: 9）．通常は充溢や完成，実現ないし救済された状態や事柄（例えば，ヨハ 1: 16; ロマ 11: 25; 29），時（ガラ 4: 4; エフェ 1: 10），継ぎ当て布（マタ 9: 16; マコ 2: 21）や完遂（ロマ 13: 10）などの用例に大別できる．しかし獄中書簡では，特にキリストと教会をめぐり使用されている．それはキリストの十字架と死と復活は神による和解と再生と贖罪にほかならず（コロ 1: 15-22; 2: 13 参照），それゆえキリストは神の業と効能の充満であり（コロ 1: 19; 2: 9），また教会は「キリストにおいて満たされ」（2: 10），そのキリストを「頭」（エフェ 1: 22; 4: 7-16）とする「教会はキリストの体であり，すべてにおいてすべてを満たしている方の満ちておられる場」（1: 23）でありながらも，「ついには，神の満ちあふれる豊かさのすべてにあずかり，それによって満たされるように」（3: 19）と切望されている通りである（さらに 4: 13 参照）．このような獄中書簡の独特の見解には，*グノーシス主義との思想的関係よりも（ヨハネ福音書 1: 16 もグノーシス主義との関係は考えられない），*ヘルメス文書（VI 4; XVI 3 参照）との類似がみられるが，これは汎神論的で宇宙論的にではなく，救済論的また終末論的，そして教会論的な意味に理解すべきであろう．
【文献】新約釈義 3: 142-43; 聖書思 415-16; EWNT 3: 262-64; J. B. BAUER, ed., *Bibeltheologisches Wörterbuch* (Graz ⁴1994) 130-35. （清水宏）

じゆうメソジストきょうかい〔アメリカとにほん〕　自由メソジスト教会〔アメリカと日本〕　Free Methodist Church　*メソジスト教会の一派．J. *ウェスリの全き *聖化と *聖霊の証しを強調，奴隷解放や礼拝の自由等を掲げ，アメリカ・メソジスト監督教会から分離して 1860 年にロバーツ（Benjamin Titus Roberts, 1823-93）が結成．20 か国に伝道．日本では 1896 年（明治 29）河辺貞吉（1864-1953）らが創立．1984 年に *アルミニウス主義の教会が分離し日本フリー・メソジスト教団を組織した．
【文献】日キ歴 58, 1056. （宮崎正美）

しゅうもんあらため　宗門改　キリシタン禁教政策を推進するために江戸幕府が採用した制度．禁教の初期より，転宗した者に誓詞をとった．その際仏寺より同寺の檀那であることの証印，または手形を受けたり（寺請），庄屋の証印を得たりした（俗請）．寺請の初見は 1614 年（慶長 19）京都の迫害においてであった．寛永鎖国令を通してキリスト教弾圧は強化され，1635 年（寛永 12）全国に宗旨改が令達され，全領民に寺請が義務づけられた．*五人組制度の活用，*絵踏の開始，訴人の奨励と摘発が徹底されるに至った（→訴人褒賞制）．1640 年（寛永 17）初代キリシタン奉行として *井上政重が就任するに及んで，摘発はその成果を上げた．1664 年（寛文 4）幕府は 1 万石以上の大名領に *宗門改役設置を命じ，毎年の宗門改を義務づけた．旗本領では名主，年寄に五人組の手形をとらせた．1671 年（寛文 11）幕府は *宗旨人別改帳を法的にも整備し，人民は寺請によって寺院に把握され，ひいては幕藩体制のなかに組み入れられた．近年，宗門改は，幕藩権力の全国支配のなかで理解される傾向がある．→寺請制度
【文献】五野井隆史「キリシタン訴人褒賞制について」『キリシタン研究』19（吉川弘文館 1979）; 清水紘一『キリシタン禁制史』（教育社 1981）. （溝部脩）

しゅうもんあらためやく　宗門改役　キリシタン宣教師潜入の監視，その処分，信徒の検挙・審問等キリシタン宗門に関わる江戸幕府の職名．*島原の乱（1638）の後，奥州にて 4 人の聖職者が逮捕され，彼らの糾明にあたった大目付・*井上政重が，1640 年（寛永 17），初代宗門改役に就任．1658 年（万治 1）大目付・北条安房守氏長（1609-70）がそのあとを継いだ．1662 年（寛文 2），作事奉行・保田宗雪（?-1673）が宗門改役に任命され，以後大目付と作事奉行の 2 名がこの職務を兼任した．井上政重は従来のキリシタン政策（信徒の検挙・審問等）を推し進め，誓詞，*寺請証文，*絵踏，*五人組制度，訴人の賞金などを徹底させた．これらを成文法令化して，さらに政策を推進するのは，北条氏長以降である．*宗旨人別改帳を扱った 1687 年（貞享 4）の法令はその完成である．宗門改役は諸藩に多大な力をもち，特に九州諸藩は *長崎奉行を通して監視された．1792 年（寛政 4）廃止．
【文献】藤井学「江戸幕府の宗教統制」『岩波講座日本史』11（岩波書店 1963）133-70. （溝部脩）

しゅうゆのひせき　終油の秘跡　→ 病者の塗油

じゅうよっかは　十四日派　Quartodecimani　ローマ教会が 2 世紀中葉にはキリスト復活祭をユダヤ教の *過越祭たるニサンの月 14 日後の日曜日に祝うようになったのに対し，小アジアを中心とする教会には *復活祭を同月 14 日に祝う派が残り，ローマ教会との *復活祭論争においてカイサレイアの *エウセビオスの『教会史』（5, 24, 1-7）は，これを十四日派と呼んだ．*ポリュカルポスやサルデスの司教 *メリトンなどもこの派．古代キリスト教復活暦はキリストの死の日を基準にして作られ，したがって復活祭を主の死去日に祝う十四日派は保守伝統派だった．同派はユダヤ教の過越祭と区別し，イエス受難の思い出として，ユダヤ教徒が過越祭を祝う間は断食した．それから過越の羊のかわりに *アガペーと聖餐（*エウカリスティア）を祝った．彼らはこの日に *メシアの終末日来臨があると信じ，キリストの受難死を特にイサクの *アケダ（縄目）の神学によって理解した．ポリュカルポス殉教もこれによって表現した．
【文献】三好迪「二世紀の十四日派によるキリスト教過越祭と殉教日について」『南山神学』5（1982）1-22; B. LOHSE, *Das Passafest der Quartadecimaner* (Gütersloh 1953); W. HUBER, *Passa und Ostern, Untersuchungen zur Osterfeier der alten Kirche* (Berlin 1969); A. STROBEL, *Ursprung und Geschichte des Frühchristlichen Osterkalenders* (Berlin 1977). （三好迪）

シュヴリエ　Chevrier, Antoine　(1826. 4. 16-1879. 10. 2)　フランスの聖職者，*プラド司祭団の創立者，福者．*リヨンに生まれ，1850 年司祭叙階．小教区の助任司祭を務めるうち，青少年の悲惨な現状に目を向けるようになる．19 世紀半ばの，産業化を始めたリ

ヨン郊外には，郷里を離れた多くの青少年が工場で1日に12時間も働かされていた．1856年6月，労働者のために住宅団地を造り，彼らと共に暮らし，貧しい人々の子どもたちに要理を教えていた一信徒に出会い，深い感銘を受ける．同年のキリスト降誕祭に聖堂の馬小屋の前で黙想していたとき，強烈な光明のうちに，人間に対する無限の慈愛と，自ら卑賤の身になられた謙遜と，貧しさを愛する主キリストの姿に強く打たれた．このときの悟りを後に次のように語っている．「私はこう思った．神の子は人間を救い，罪人を回心させるために，地上においでになった．しかし，人間は滅亡の道を歩み続けている．そこで私は人々の救済のためにもっと効果的に働けるように，主イエスともっと親密なつながりをもとうと決心した」．この体験は彼の生涯を貫く決定的な出来事であった．「財なく，教育もない」青少年たちを迎え入れ，5か月にわたって，彼らに基本教育と宗教教育を無料で授けるために「プラド」というナイトクラブを買い取り，貧しい人々に優先的に福音をもたらすために，キリストの真の弟子となる協力者，教区司祭，信徒を求めた．司教の許可を得て，教区司祭のグループが結成され，「プラド司祭団」と呼ばれるようになった．イスーダン(Issoudun)で没す．1986年列福．

【主著】C. CHAMBOST, ed., *Le prêtre selon l'Evangile ou le véritable disciple de Notre-Seigneur Jésus-Christ*, 1923.

【文献】J. F. シックス『貧しい人に福音を』倉田清訳(エンデルレ書店 1976): J. F. SIX, *Un prêtre Antoine Chevrier* (Paris 1965); A. ANCEL, *Le Prado* (Paris 1982).
(E. ブジョストフスキ)

しゅうれんき 修練期 〔ラ〕novitiatus, 〔英〕novitiate, noviciate, 〔独〕Noviziat, 〔仏〕noviciat　修道会入会志願者が，公的 *修道誓願の宣立に先立って，教会の一般法の規定に従い，特定の上長(修練長)の指導のもとに修練すべき入門準備期．その目的は，修練者に神の *召命および当該修道会固有の召命をよりよく認識させること，ならびに会の生活様式の体験および会独自の霊性に基づく養成を通して，*修練者の意向と適性を確認することである．

〔歴史〕すでにエジプトの隠修士 *アントニオス，*パコミオスおよびカイサレイアの *バシレイオスなどによる初期の *修道生活において修練期の証跡がみられる．パコミオスは，その戒律(49条)において3年間の試練期を規定している．その後の大勢として，1年間の試練期が慣習となっていったが，いずれにしても初期時代においては，修練期は全く私的なこととみなされていた．第4 *コンスタンティノポリス公会議(869-70)において，初めて修練期に関する教会一般法が制定された．1244年に教皇 *インノケンティウス4世は，*ドミニコ会および *フランシスコ会に対して，1年間の修練期を修道誓願の有効性の必要条件として規定した．続く *アレクサンデル4世や *ボニファティウス8世などの教皇もほぼ同様の規定を定めている．やがて *トリエント公会議(1545-63)によって，この義務はほとんどすべての *修道会に拡大適用されるに至った．同公会議が与えた包括的法規は，その後 *使徒座によって改定され，1917年，旧『教会法典』(538-71条)のなかに統合された．

【修練期に関する教会法の規定】〔修練期への受け入れ〕修道会入会志願者を修練期に受け入れる権限は，固有法(会則等)の規定に従って会の上級上長に属するが，その判断においては，以下の無効障害の有無の確認のほか，志願者の健康，性質，成熟度等も慎重に考慮しなければならない(新『教会法典』642条)．

(1) 修練期無効障害．①17歳未満の者，②婚姻継続中の者，③聖なる絆によって，奉献生活の会に結ばれている者または使徒的生活の会に入会している者，④暴力，強度の恐怖，もしくは詐欺によって入会させられた者，または上長によって同様な仕方で受け入れを余儀なくされた者．奉献生活の会または使徒的生活の会に入会していたことを隠している者(643条)．

(2) 必要な証明書．①洗礼および堅信証明書，自由の身分であるとの証明書，②聖職者，または奉献生活の会，使徒的生活の会，もしくは神学校に在籍した者の場合には，当該地区裁治権者，会の上級上長，大神学校の校長の証明書(645条)．

〔修練の場所および期間〕修練期が有効であるためには，原則として，そのために正式に指定された *修道院で果たされなければならず，満12か月を修練院共同体で経過しなければならない．ただし，修練期は2年以上に及んではならない(647条2項，648条1-3項)．例外規定(647条3項，648条2項)を除き，継続的にせよ断続的にせよ3か月を超えて修練院を不在にすることは，修練期を無効にする．不在が15日を超える場合は，これを補わなければならない(649条1項)．

〔修練者の養成〕修練者は，上級上長の権威のもとに修練長の監督，指導のもとに置かれ，会の固有法によって定められた教育方針に従って養成される．修練長とその共働者は修練者の召命を識別，確認し，修練者が会固有の完徳の生活をしだいに規則正しく営むように導く．修練者は，人間として，またキリスト者としての徳を涵養するよう指導され，かつ祈りと克己によって完徳へのより完全な道に導かれ，救いの秘義を観想し，聖書を読み，黙想するように教えられるべきである．また聖なる典礼において神を礼拝するように育成されるべきである．また *福音的勧告の実践を通して，キリストにおいて神と人々に聖別された生活の仕方を習得すべきである．また会の性格および精神，目的および規律，歴史および生活を学び，全教会およびその聖なる牧者たちに対する愛を深めるようにすべきである．したがって一般法の規定する1年間の修練期は，もっぱら修練者の真の養成のみにあてられなければならない，この養成に直接役立たない勉学や任務に従事させてはならない(650条，652条)．

〔有期誓願宣立の許可，離会もしくは修練期の延長〕修練期が終了したとき，修練者は適性を有すると判断される場合には，有期の誓願の宣立を許可され，そうでない場合には退会させられなければならない．ただし，その適性について疑いが残る場合には，上級上長は，会則に従って6か月を超えない範囲で修練期を延長することができる(653条)．

〔修練長の資格要件〕修練長は，その会の会員であり，かつ終生誓願宣立者にして適法に指名された者でなければならない．修練長には，必要な場合，共働者を与えることができる．これらの養成者は，他の職務に妨げられることなく，自己の任務を効果的かつ永続的に果たすことのできるようによく準備された者でなければならない(651条)．

【文献】LThK[2] 7: 1064-65; DMC 3: 376-77; D. J. ANDRÉS, *Il Diritto dei religiosi* (Roma 1984) 201-57; R. HENSELER, *Ordensrecht* (Essen 1987) 198-220; R. SE-

しゅうれんしゃ

BOTT, *Das Neue Ordensrecht* (Kevelaer 1988) 85–90.

(枝村茂)

しゅうれんしゃ　修練者　〔ラ〕novicius,〔英〕novice,〔独〕Novize,〔仏〕novice　*修道誓願を宣立する目的で，その準備のため*修道会に正式に受け入れられ，教会の定める修練期間中にある者．古代ローマ人が古参の奴隷に対して比較的新参の奴隷を novicius（新参者，初心者，未熟者）と呼んでいたことに由来する．教会の一般法の規定する，入修練期の前提要件は，男女を問わず満17歳以上のカトリック信者にして，自由の身分であることであるが，各修道会の固有法はそれ以上の条件を付加することができる．修練者は，上級上長の権威のもとに修練長の監督，指導を受け，キリスト教的完全性を目指し，自己の*召命の確認，会の霊性の修得に専従する．修練者は，*修道生活への召命のないことを確認したときは，いつでも自由に会を去ることができる．修練期終了時，適性があると判断される場合，有期誓願宣立の許可が与えられ，そうでない場合は会を去らなければならない．その適性について疑いが残る場合は，6か月を超えない範囲で*修練期を延長することがありうる．

【文献】DMC 3: 376–77; R. SEBOTT, *Das Neue Ordensrecht* (Kevelaer 1988).

(枝村茂)

しゅうろん　宗論　一義的には各宗教・宗派の教理的論説を意味するが，一般的には諸宗教・宗派間の論争をいう．ただしここでは日本におけるキリスト教と儒仏との論争に限定することとする．異教社会への宣教は，同時に異教の克服を意味する．したがって*フランシスコ・ザビエルの鹿児島福昌寺僧との禅問答をはじめ，布教の展開とともにいたるところで宗論は行われたのである．それらのうち公的また記録に残されたものとしては，まず豊後府内におけるザビエルとフカラ殿（Fucaradono）との宗論があるが，実はこれは伝記作者の創作であり，史実的には1551年（天文20）9月，C. デ・*トレス，J. *フェルナンデスと仏僧らとの*山口宗論がある．次いで1569年（永禄12）5月，*フロイス，*ロレンソらが京都妙覚寺で*織田信長の前で日乗朝山（?–1577）と論争，また1606年（慶長11），松永貞徳（1572–1653），*林羅山が京都*南蛮寺に乗り込み，*ファビアンと論争，*『排耶蘇』を残したことなどが特筆されよう．まず，1603年博多妙典寺におけるイルマン旧沢安都怒，すなわち*石田アントニオと法華僧日忠との宗論が『石城問答』として伝えられるが，これは宗論というより旧沢が法華宗に関する質疑をしただけの記録にすぎず，1613年長崎における浄土僧幡随意日道とイルマン伴夢との宗論は，後世の編史になり偽作の疑いがある．

これら断片的宗論記録よりも，基礎的なものとして日本宗教事情を踏まえた教理書の編纂が注目されねばならない．*イルマン，信者らもそれによるキリスト教教理の理解に立って，伝統宗教を克服ないし折伏したのである．ザビエル以来の*カテキズモの編纂，*ガゴの25箇条，そして*ヴァリニャーノの*『日本のカテキズモ』，さらにファビアンの*『妙貞問答』などが注目される．これに対し仏教側の反撃は比較的遅く，幕府の*キリシタン禁制の強化に応じて転向したファビアンの*『破提宇子』（はだいうす）に次いで，御用仏者の*『吉利支丹物語』が現れ，ファビアンと伯翁居士の問談として扱われており，その他，出版は遅れたが鈴木正三（1579–1655）の*『破吉利支丹』などが，文献による宗論として取り上げられるが，それぞれ一方的なものであることはいうまでもない．

【文献】海老澤有道『日本キリシタン史』（塙書房1966）; G. SCHURHAMMER, *Die Disputationen des P. Cosme de Torres S.J. mit den Buddhisten in Yamaguchi im Jahre 1551* (Tokyo 1929).

(海老澤有道)

じゅかいいたくしょ　受階委託書　→叙階委託書

じゅかいしょうがい　受階障害　〔ラ〕impedimenta ad ordines sacros,〔英〕impediments to sacred orders,〔独〕Weihehindernisse,〔仏〕empêchements aux ordres sacrés　聖なる*叙階を受けること，あるいはすでに受けた職階を行使することを禁じるため教会法典によって定められた障害．この不適格障害の根拠はパウロの書簡（1テモ13:1–13; テト1:6–9）およびレビ記（21章）にみいだされる．それらの理由は聖務者が聖なる義務を適切に果たす能力に関係している．

1917年公布の旧『教会法典』（968条以下）は不適格障害について犯罪によるものと無資格によるものとの伝統的区別を維持していた．しかし新『教会法典』はこの区別を廃止し，不適格障害（〔ラ〕irregularitates）の語を永久的障害についてのみ用い（教会法上の伝統に基づく用語を復活させている），一時的障害は単純障害（impedimenta simplicia）と呼んでいる．いかなる障害も候補者が叙階を受け，あるいはすでに受けた職階を行使することを不可能とする．

新『教会法典』は1041条で叙階を妨げる六つの不適格障害をあげている．すなわち，(1) 精神病または他の精神的欠陥，(2) 信仰の背棄，*異端または離教の犯罪，(3) 国家法上のものであろうと*婚姻を試みたこと，(4) *殺人，*堕胎，(5) 切断傷もしくは*自殺の試み，(6) 無資格でありながら聖なる叙階を行ったことである．1044条がさらに規定するところでは，結局，受階を妨げる不適格障害はすべてまた，その行使を不可能にする．不適格障害および他の障害はそれらが異なる原因から生じるときには累加されるが，故意の殺人または堕胎から生じる場合を除いては，同一原因の反復によって累加されることはない．

不適格障害および他の障害は受階を無効にはせず，単に不適法なものとするが，1047–49条に規定された方法で前もって*免除を受けなければならない．不適格障害および他の障害は，それらの根拠となった事柄が裁判所（教会裁判所であれ，世俗のそれであれ）に持ち込まれた場合は，すべて*聖座に留保される．すなわち，信仰の背棄，異端，離教の公的犯罪，試みられた婚姻から生じる不適格障害，さらに，故意の殺人と実際の堕胎から生じる不適格障害がそうである．*裁治権者は聖座に留保されていない不適格障害および他の障害を免除することができる．

【文献】Vermeersch-Creusen 3: 179–83; H. J. VOGELPOHL, *The Simple Impediments to Holy Orders* (Washington, D.C. 1945); J. A. CORIDEN, T. J. GREEN, D. E. HEINTSCHEL, eds., *The Code of Canon Law: A Text and Commentary* (New York 1985) 729–33.

(T. オーブオンク)

じゅかいめいぎ　受階名義　〔ラ〕titulus ordinationis,〔英〕title of ordination,〔独〕Weihetitel,〔仏〕titre d'ordination　教会法上の用語であり，上級叙階を受

けた *聖職者に対して，生涯にわたって適当な生活手段を確保するために法的に要求される保証のことである．それはまた「法定名義」とも呼ばれてきた（旧『教会法典』979-80条）．このような *教会法による処置は，キリスト（ルカ 10: 7）とパウロ（1 コリ 9: 13）の教えに基づいている．教会はつねに，聖なる職階の授与はそれを受ける個人ではなく信者たちの善益のためであると考えてきた．第 1 *ニカイア公会議(325)と，特に *カルケドン公会議(451)が，*叙階は特定の教会や修道院への奉仕のためだけに与えられなければならないと要求したのはこのためであった．当時，教会は名義と同義語であった．ある *枢機卿が名義を有していた教会は名義教会と呼ばれ，そしてある聖職者がある教会やある名義に属すということは，生計の保証を得るために，当該教会や名義から得られる所得に参与する権利を彼に付与するものであったから，名義という語は教会を意味した後，教会への奉仕が *司祭に保証する生計手段のことをも表すようになった．したがって名義という語は，時代が変わるにつれてある特定の教会やある教区への帰属，あるいは生計保証を意味するようになった．

〔聖職者の受階名義〕歴史を通じて，教会はこれまで司祭に対して五つの受階名義を認めてきた．そのうちの最古のものは教会禄(*聖職禄)であるが，この種の名義はその後廃れてしまい，今日ほとんど存在しない．13 世紀頃，教会は聖職者に自己の相続財産を受階名義として認め，さらに 15 世紀には年金も同様なものと認定した．この二つの名義を承認したあとで生じたさまざまな混乱のために，*トリエント公会議(1545-63)はその廃止を要請したが，それにもかかわらず 1917 年公布の『教会法典』(979 条)のなかに条件つきで認められている．第四の名義は，特定教区に属することである．これは，今日教会が聖職者に認めているほとんど唯一の受階名義である．聖職者はそれによって，自分の霊的な務めと引き換えに，生活手段を所属教区の *司教から受ける権利を得る．教会が認める第五の名義は，布教聖省（福音宣教省の前身）に属する地域で福音宣教するという名義で叙階されることである．この受階名義は，1638 年に教皇 *ウルバヌス 8 世によって初めて認められ，その後 1917 年公布の『教会法典』に取り込まれた(981 条 1 項)．1983 年公布の新しい『教会法典』のなかでは，聖職者については受階名義という語はもはや使われていないが，同じ意味のことはみいだされる(265-66, 1025 条)．

〔修道者の受階名義〕16 世紀半ばまでは，修道者は名義なしで司祭に叙階されていた．教皇 *ピウス 5 世は 1568 年 10 月 14 日に教皇令を発して，修道者に対しても教会法による法定名義を要求することにした．その結果，*修道誓願によって *修道会に属することが，そのまま法定名義となった．1983 年公布の『教会法典』にも同様な基準がみられる(654 条)．この新『教会法典』においては，受階名義という語はただ一度使われており，聖職者が叙階されて *属人区に所属するという意味である(295 条参照)．

【文献】DDC 7: 1278-88; EC 12: 160-64; DMC 4: 516-18; Cappello S 4: 316-29; S. Many, *Praelectiones de sacra ordinatione* (Paris 1905) 328-72; M. Conte a Coronata, "De Sacramentis, vol. 2, De Ordine," *Institutiones Iuris Canonici* (Torino 1946) 102-21; J. A. Coriden, T. J. Green, D. E. Heinstschel, eds., *The Code of Canon Law: A Text and Commentary* (New York 1985) 242. 　　　　　　　　　　（J. P. ラベル）

しゅかん　主観　〔ギ〕hypokeimenon, 〔ラ〕subjectum, 〔英〕subject, 〔独〕Subjekt, 〔仏〕sujet　　一般には，客観に対応して，*認識・*意識・*行為・*言語などによる世界関連の主体側を表す語とされるが，ギリシア語の語源的には，変化する諸性質や状態の根底に存するもの，基体(〔ラ〕subjectum)の意であり，*質料や主体の概念と同義に用いられていた．

　人間に関しても近世に至るまで，諸性質や状態を担っている *霊魂や *人格などの基底的存在を指す語であったが，*デカルトに代表される近代の主観主義的・主知主義的転回以降，主体・客体の語が存在論的にも用いられるのに対して，むしろ認識論的側面を強調する用語となるに至った．超越論的主観性の哲学(→ 超越論哲学)を唱えた *カントは，判断に 3 種類を区分し，主観的にも客観的にも不確実なものを臆見，主観的にのみ充分なものを *信仰，さらに客観的にも充分なものを *知識と呼び，その後の *ドイツ観念論でもこの主観 - 客観の二元的対立の図式が堅持されて，主観中心の独我論的認識がいかにして客観的な世界を構成しうるか，この二元的対立と *絶対者との関係などが重要な問題となった．さらに 19 世紀後半からは，哲学的主観と並んで心理的主観が *心理学や *精神科学の分野で論じられるようになる一方，哲学においてもいわゆる論理的・言語論的転回(→ 言語分析，論理実証主義)により，認識論的主観から言語使用や言語理解の主体，さらには *命題の論理的主語という意味をもたされるようになって現代に至っている．

【文献】HPTh 5: 1440-49; H. リッケルト『認識の対象』山内得立訳(岩波書店 1927): H. Rickert, *Der Gegenstand der Erkenntnis* (Freiburg 1892); I. カント『純粋理性批判』全 3 巻，篠田英雄訳(岩波書店 1962); 出隆，栗田賢三編『哲学の概念と方法』岩波講座・哲学 7 (岩波書店 1971); P. F. ストローソン『個体と主語』中村秀吉訳(みすず書房 1978): P. F. Strawson, *Individuals* (London 1959). 　　　　　　　　　（大橋容一郎）

しゅかんしゅぎ　主観主義　〔英〕subjectivism, 〔独〕Subjektivismus, 〔仏〕subjectivisme　　世界の認識・理解・評価などを，*主観に基づくもの，または主観の規整のもとにあるものとみなす立場．プロタゴラス(Protagoras, 前 500-430 頃)の人間尺度論（人間は万物の尺度である）や，主観の知覚や意識を離れてはいかなる事物も存在しない（存在するとは知覚されることである）とする，*バークリらの主観的 *観念論などがその代表的見解とされる．悪しき意味では，一切の認識・行動基準を個人的主観にのみ認める *独断論・*独我論などもこれに属する．個人の *自我を重視する近代の認識論的哲学は一般に主観主義の色彩が強いが，*カントの超越論的観念論や *ヘーゲルの体系では，単なる個人的主観を超越した理念や絶対者としての主観性が主張されており，客観主義に転じるものともなっている．

　近代の自然科学は，自然に対する人間の主観的な支配および使用の思想に貫かれてきたが，エコロジー(→ 生態学)などの台頭によって，今日では相互主観的あるいは対話的了解による自然との調和が謳われるようになった．同時に近代啓蒙主義の一元的なロゴス中心性が，ヨーロッパ中心のイデオロギー的主観性に基づいていたことが反省され，民族や文化の多元性に即応した脱主観主義，*相対主義の立場が強くなりつつある．主観主義は人間の世界理解にとって不可避の先入見でありつつ，

ジュギー

同時に世界理解の唯一の方途でもあるという面をも兼ね備えていることから，その使用には慎重を期さねばならない．さらにまた，そうした人間による世界理解という立場自体が，*超越者との関係を考えるならば一つの主観主義的立場にすぎないものであることも，つねに顧慮されねばならない．
【文献】G. バークリ『人知原理論』大槻春彦訳（岩波書店 1958）: G. BERKELEY, *A Treatise Concerning the Principles of Human Knowledge* (Dublin 1710); J. W. メイランド, M. クラウス編『相対主義の可能性』常俊宗三郎他訳（産業図書 1989）: J. W. MEILAND, M. KRAUSZ, eds., *Relativism* (Notre Dame 1982); K. O. APEL, *Transformation der Philosophie* (Frankfurt 1973).　　　　　　　　　　　　　　（大橋容一郎）

ジュギー　Jugie, Étienne (Martin)　(1878. 5. 3-1954. 11. 29)　フランスのカトリック神学者，*東方教会の神学研究者．コレーズ県のオーバジヌに近いポーリャク（Pauliac）に生まれ，1895年に聖母被昇天修道会入会．修道名マルタン．エルサレムで哲学・神学を学び，1901年司祭叙階．1902年よりカディ・コイ（Cadi Köy, 古名カルケドン）の神学院でギリシア語と教理神学を教え，東方教会の神学の研究を始める．1914年帰郷中に戦争勃発，衛生兵として病院勤務の後，1917-23年 *ベネディクトゥス15世によってローマに創設された *教皇庁立東方研究所で東方教会の神学を講ず．1932年 *ラテラノ大学，*リヨンのカトリック大学の東方神学教授，1935年教皇庁東方教会聖省顧問に任命される．第2次世界大戦中はリヨンに隠棲．1944年以降リヨンのカトリック大学およびラテラノ大学教授に復帰．1948年からラテラノ大学で教え続けながら *ウルバニアナ大学の教授をも務める．1952年病を得て，ヴァル地方のロルグ（Lorgues）に引退し，同地で没す．30の研究書，約300の論文と膨大な著作がある．『ビザンティン研究』(Revue des études Byzantines)，『オリエントのこだま』(Echos d'Orient) の両誌の創刊に協力．*西方教会と東方教会の共通点を強調するよりも，相違点を強調する護教的な態度ゆえに批判されたこともあるが，東方教会の神学を西方教会の人々に正確に伝えた点で，彼の業績は大きい．
【主著】*Theologia dogmatica Christianorum orientalium ab Ecclesia catholica dissidentium*, 5 v., 1926-36; *De processione Spiritus Sancti ex fontibus Revelationis et secundum Orientales dissidentes*, 1936; *De forma Eucharistiae. De epiclesibus eucharisticis*, 1943; *La mort et l'assomption de la Sainte Vierge*, 1944.
【文献】キ人 697; Cath. 6: 1190-93; DThC Tables 2727-29.　　　　　　　　　　　　　（小高毅）

しゅきょう　主教　〔ギ〕episcopos, 〔ラ〕episcopus, 〔英〕bishop, 〔独〕Bischof, 〔仏〕évêque　聖職者のうちでカトリック教会では *司教と呼ばれるもの．*東方教会，*聖公会等での日本語訳．　　（高柳俊一）

しゅぎょう　修行　〔英〕ascetic exercises, 〔独〕Askese, 〔仏〕ascèse　肉体・精神を鍛練することによって，個人の宗教性を高めること．修業とも書く．
【目的】宗教者が修行を行う前提には，世界を聖と俗に区分する観念が存在する．肉体や精神の鍛練を通して，俗なる状態を脱し聖なる状態に到達することが修行一般の目的である．修行を経ることによって，修行者は新しい宗教的人格として生まれ変わることになる．修行の具体的な目的は多様である．教祖的人格は，新たな宗教的世界の展開を目的として厳しい修行を営む．*イエス・キリストの荒野における40日の *苦行，*ムハンマドのヒラー山での「おこもり」などがそれにあたるが，苦行の無意味さを説くに至った仏陀（*シッダールタ）の場合にも，その認識に至る過程で自らは激しい苦行を経験したとされる．こういった *教祖たちの修行の過程は，その後に続く信者たちにとっては，*信仰生活のモデルともなる．そして，教祖以外の一般の宗教者・信者の場合には，すでに確立した宗教的な世界に参加し，その世界で一定の地位を占めることが修行の目的となる．そういったタイプの修行はイニシエーション（→通過儀礼）としての性格をもち，新たな加入者に対する試練となる．さらに，修行はイニシエーションにおける試練には限定されず，*宗教的人格の向上を目指して繰り返される．それは，人間の完全な *聖化は事実上不可能であり，不完全な人間は絶えざる修行を通して，つねに聖なる世界に近づく努力を怠ってはならないと考えられるからである．そういった考え方においては，宗教（信仰）生活 = 修行とされる（→禁欲）．
【形態】肉体や精神の鍛練に結びつく行為はすべて修行の手段となる可能性を有するが，特に苦痛に結びつく行為が利用される．その点で修行は苦行と同一視される．修行の結果としては，個人の精神的な安定，ヴィジョンをみる能力の開発，特異な超自然的な能力の獲得などが期待される．また，こういった修行による成果は，修行が成就したことの証しとしても受け取られる．
　修行の種類には，水行や滝行といった厳しい自然環境を利用したもの，*ヨーガのポーズを代表とする通常は不可能な姿勢を持続するもの，水や食物を長期間断つもの，祈りや山中歩行など同じ動作を何度も繰り返すものなどがある．持続性は修行の主要な特徴ではあるが，定められた段階を踏んで行われるべきものとされ，経験豊かな修行者の指導を必要とする．段階を踏んでいくことによって，個人は徐々に聖なる状態に接近していくことができる．そういった修行の段階は，各宗教における歴史の積み重ねの上に形成されたもので，同じ修行によって，同じ成果（例えば，一定のヴィジョンをみる能力を獲得するといった）が得られるように体系化される．また，修行の体系によって規定された段階を通過していくことで，宗教的な世界における地位が上昇し，個人の生きる世界は拡大していく．
【思想】肉体や精神の鍛練を本質とする修行は，言語による伝達が不可能な境地や能力を教え，伝える手段として考えられているため，言語化や思想化を軽視する傾向があるが，インドの『ヨーガ・スートラ』の場合のように，修行体験が思想化されることも少なくない．修行者は，修行がある程度成就したと考えられる段階において，自己の経験を，多くは象徴的な言語表現（詩，メタファーなど）によって概念化することを試みる．それは，修行の成果に基づく思想であると同時に，新たに修行を志す人間にとっては従うべき指導書の役割を果たすことになる．
【文献】岸本英夫『宗教神秘主義』（大明堂 1958）; M. エリアーデ『ヨーガ』全 2 巻，立川武蔵訳（せりか書房 1975）: M. ELIADE, *Le yoga* (Paris 1954).　　（島田裕巳）

しゅぎょう　修行　〔英〕ascetic exercises, 〔独〕Askese, [仏] ascèse　キリスト教のなかで伝統的に使われてきた修行を意味する語の源泉は，ギリシア語のアスケーシス（[ギ] askēsis）である．これは，何らかの価値や理想を目指して行う訓練や鍛練を意味し，古代ギリシアでは，身体的，精神的，知的，倫理的など，さまざまな分野の向上を目指す語として，幅広く使われた．

ギリシアにおける宗教的な修行の実践は，*密儀，*ピュタゴラス学派，*新プラトン主義の流れを汲むもので，肉体とその衝動の否定や現世否定的な傾向が強かった．

キリスト教では *祈り，*断食，愛徳の実践などが最も一般的な行である．*初代教会以来，処女性も重んじられ，4世紀初頭から *修道生活が始まると，*私有財産の否定，*独身の堅持，集団の権威者に現れる神の意志に仕える自己否定などの実践が尊重され，しだいに清貧(*貧しさ)，貞潔(*純潔)，*従順の理念が確立していった．*巡礼，*徹夜，*鞭打ち，*苦行衣も伝統的である．→ 禁欲，苦行

【文献】M. R. MILES, *Fullness of Life: Historical Foundations for a New Asceticism* (Louisville 1981).

（池長潤）

じゅきょう　儒教

【儒教とは何か】*孔子の教えをもととする儒家の教説を指すが，その開祖の名からとって「孔子教」（[英] Confucianism）とも呼び，この学術面を「儒学」と称する．孔子以来，歴史的変遷をたどって今日に至ったことからすると，「儒教とは何か」の問いに答えることは，各自の思想的視点を確立することにつながってくる．とりわけ前2世紀後半から，儒家の教説が国家としての存立すなわち国家の政治や人々の社会生活の指導理念に深く関わってきた状況が，2,000年近く続いて現在に及んでいる．その教学体系が中国はもちろんのこと，日本や朝鮮半島など東アジア全域に強い影響を与えてきた経緯と実情に即してみれば，儒教をめぐる近代の学術研究の言説そのものが問題点を含んでいる．

儒教が孔子の教えに基づく思想体系であるとして，「儒教とは何か」の問いに対して，孔子における教説の成立をもって儒教の成立とし，その教説の特質をもって儒教の本質とする捉え方は，一見当たり前の説明にみえて儒教全般を言い尽くすことにはならない．中国の思想史は孔子から書き始められることがほとんどであるが，それは孔子が単に儒教の創始者と目されるばかりでなく，中国において思想と確かに論じうるものが成立する基礎を築いた人物だからである．ただ孔子は自らは「述べて作らず，信じて古を好む」（『論語』述而篇）といい，独創的なことは主張せず，過去の英知の伝達者であることを標榜する．この点，孔子の教説の成立過程を述べるにあたって，その成立以前の社会のなかにその起源を求める議論も存する．殷・周の宗教的習俗や祭祀儀礼，社会，家族制度に関わらせて「儒」の起源を論ずるのがその典型である．この議論は儒教の宗教性をめぐる論議，ひいては「儒教は宗教か」という論議にもつながる要素を有している．

儒教は国教として長く国家の教学体系を担い続け，その一尊的地位を20世紀に失ったものの，今日でも単なる歴史的存在ではない．東アジアないし東南アジアにおいて，儒教的価値観，倫理観が近代化また経済的発展の推進力の一部をなすとして論じられる．しかし，その価値観や倫理観をもって儒教の意義を論ずるにしても，決して一様にはいかない．

ともあれ，儒教が中国の学術・思想において2,000年にわたって支配的な地位を占めてきた結果，中国人の生活の隅々にまで浸透し，政治や社会生活，行動の規範を形成する倫理や道徳，文学や歴史などにも影響を与え続け，朝鮮半島，日本にも及ぶのである．ここでは，その教説がいかなる変遷をたどるか，その史的展開に沿って教説の具体的諸相を述べることにしたい．

【時代区分】儒教の展開の歴史は，そのまま中国思想の展開の歴史と結びつく．ここでは「中国【哲学】」の項で用いた区分に合わせて，4期に分けることにする．すなわち，前漢前2世紀後半，儒家の教説が国家の公認する教説として確立することをもって第1期と第2期との区切り，北宋11世紀からの新儒学の展開をもって第2期と第3期との区切り，清末19世紀末の西洋近代文化の衝撃（ウェスタン・インパクト）と伝統思想の変容と転回とをもって第3期と第4期との区切りとする．

【第1期】この時期の儒教について，原始儒家の用語を使う者もいるが，孔子による教説の成立とその後の *諸子百家のなかの儒家としての発展のありさまとの，二つに分けてみることができよう．

春秋末期，魯の国に生まれた孔子は，魯の建国の祖であり，かつ周の政治と文化の基盤を築いた周公（生没年不詳）を敬慕し，その礼楽文化の再興を使命とした．周王室から諸侯の覇者へ，国君から卿大夫へと，政治的に支配の実権が移りつつある混乱期にあって，伝統の社会秩序，社会儀礼・習慣に人間の行為の規範と倫理的規範とを求め，統治者にそれにふさわしい内面的な倫理性を求めて秩序の再生維持を目指した．特に「*仁」を最高の徳目とし，人間相互を結ぶ親愛・孝悌の心情を重視し，忠恕を説いた．この仁の徳の主張は，自己修養を通じて自他の人格を陶冶し，その有徳の君子を理想の為政者として希求するもので，道徳による政治，「徳治」を説いた．「修己治人」の教えとして儒学の源泉となるものである．孔子は門弟を集めて教化活動に努め，学園・学派を形成していった．そこでは，詩・書などの当時に伝わった古典の理解が重視され，後に儒教の経書の成立が孔子の制定に帰せられることになる．また孔子の言行を伝える『論語』は，孔子の教説の核心を伝える聖典として重視されていき，後世に多大な影響を与えることとなった．

孔子学派を「儒」と称する例は『孟子』にみられるが，孔子以前から儒と呼ばれる者が存在していたとされる．儒という文字の意味については古くから諸説あるが，古く子弟を教育する人物，礼儀を指導する人物を呼んだものとし，孔子学派はその流れを汲む者と認められていたから儒家と呼ばれた，とする説が行われている．

孔子の没後，儒家の学団は幾つかの派に分かれたといわれる．諸子百家と呼ぶ数多くの学派・思想家が出たが，儒家は墨家・道家・法家など他の学派との論争や儒家内部における論争を通じて，影響力のある学派として発展していった．そのなかで主要な人物は，*孟子と荀子（?-前235）である．

孟子は孔子の死後百余年，戦国中期，魯の曲阜に近い鄒（すう）に生まれたが，鄒魯は儒家の活動の中心地で，孔子の孫の子思（し，前492-431），あるいはその門人に学んだといわれる．ひたすら孔子に私淑し，その教説をもって古代の聖王を同じく位置づけ，系譜づけた．孔子 - 曾子（そう，前505頃-436）- 子思 - 孟子の学統は，後に *朱子らによって儒学の正統とみなされることにな

る．孟子の思想の中核は，覇道に対して「王道」を主張し，仁義の道を説いた点にある．王道政治は民生の安定と人倫（五倫）の発揚を重視し，井田制と *性善説を唱えた．孔子の「仁」と「徳治」の思想を発展させたものであるが，王道の実現もつまるところ，一身の修養がその根本となるものであった．かくて孟子は，道徳規範と政治とを密着して思索する儒家の一典型とされ，その著『孟子』は，朱子学において『論語』と並称され，四書の一つとして後に士大夫の必誦の経典となった．

荀子は戦国末期，秦の諸国併合の勢いが増すなか，孔子の教を継承することを任としながらも，子思・孟子の一派を非難しつつ，儒家の立場から当時の諸家の説を広範に収め，諸思想を集成している．荀子は明確に天人分離の思想的立場に立ち，*天の自然性を説き，人性論（性悪説）と礼論を中心に「偽」（人為）を問題にした．人間の欲望を統御し社会的秩序を成り立たしめるのが「礼」であり，礼は聖人（先王）の「偽」によるものである．荀子は礼の政治的意義を重視し，社会を秩序づける区別・差等として「分」を考えた．礼の理解が学術の基本となり，礼学を儒学の根本としている．その礼治主義は，聖人（先王）の作為の政治的意義を現実の君主のあるべき姿として提唱していくとき，統一国家の実現に向けた流れのなかで，法家者流に強い影響を与えるものとなった．

春秋末期から戦国期にかけての思想家群を指して諸子百家というが，儒家は墨家と並んで有力な学派として戦国末に及んでいる．*『韓非子』によれば，当時，儒家には八派の学派が存在するほど盛んであった．しかし，荀子の門に学んだ韓非（前280-233）・李斯（?-前210）らの法家思想による天下統一を実現した秦代に入ると，思想統制が行われ，儒家は焚書坑儒の弾圧を被り，挟書律が施行された．漢代初期には，法治の思想の上に，*老子など道家に依拠する統治術を取り入れた黄老思想が流行した．

【第2期】中央集権的体制が強化されるにつれて，儒家思想尊重の傾向が現れ，前2世紀後半の武帝（在位前141-87）のときに，儒家によって天下の思想を統一すべき旨の，董仲舒（とうちゅうじょ，前179-104）の建策を受け入れたのが直接の契機となって，儒教国教化の道が定まった．

儒家の教説を唯一の正統思想とし，他の思想を禁絶することを主張した董仲舒の思想は，先秦儒家思想そのままではない．特に注目すべきは，天人感応の理論を打ち立てたことである．世界の秩序の根元を天に求め，有意志の天のもと *陰陽五行の展開を通じて万物は生じる．人の形体・情感・人倫道徳はすべて天に照応し，したがって天と人は感応し合う．もし人が天の意志に違背すれば，天は災異を与えて人に警告する．この天人相関の理論は自然現象と人事とが対応関係にあるとする思想で，人事ごとに君主の統治行為の在り方を天意に基づかせしめ，現実の政務にまで適用するものである．天に基づき皇帝の主権の絶対化が図られる一面，天子の政治責任を天の権威によって責めるという構造を有している．また天子は天意を受けて教化を興すことが求められるが，それは天子の行う教化の具としての性格が濃厚になることでもあった．また，天意を尊重する郊祭（天の祭祀）は，国家の祭祀さらには国礼のなかで最上位のものとなった．こうした思想は漢一代ばかりでなく，その後の天子の統治下にある王朝体制の在り方の典型となる特質を有している．

儒教の学術面を儒学と称するが，その根幹は「経学」の形式をとって展開した．経学は儒家の奉持してきた中国古典の経書（経とは「つねのみち」の意）の解釈・研究をめぐる学術を指していう．経書は古く理想とする聖賢の述作として権威づけられ，その聖人の道としての記述こそ恒久普遍の道理を内含する教義の典籍とされた．かくして経書に基盤を置く思惟の構造は，中国人の思惟の形式を特徴づけるものとなった．

儒家における経は，『荀子』勧学篇にみえるのが最も早い例で，「礼・楽・詩・書・春秋」をあげる．漢初に成立したと推定される『荘子』天運篇には，「詩・書・礼・楽・易・春秋の六経」とみえ，天下篇にもこの6種の名目がみいだせる．またこれを「六芸（げい）」と称する例もある（賈誼（かぎ），前200-168『新書』六術篇）．先王が教化のために与えた道術という在り方を意識した観念から，「六経」と「六芸」とは重なり合って用いられた．武帝の前136年，学官に五経博士を置いた．これが「五経」の成立と考えられる．この頃には，孔子による「六芸」の述作つまり経書の編纂整理という観念ができ上がり，かかる観念を前提にして，孔子の道術を五経（易・書・詩・礼・春秋）という形で王朝の制度に組み込んだものが五経博士の設置であった．

漢代の経学は，当時通行の文学（隷書つまり今文）で書写されたテクストに対して，戦国期の古い文字（古文）で書写されたテクストが出現したことから，その依拠するテクストの今文・古文の違いによって，今文学と古文学に分かれる．前漢は今文学が盛んで，博士として立てられた．董仲舒は今文経学を代表する人物で，その学説は『春秋公羊伝』に拠るものである．前漢末，劉向（りゅうきょう，前77-6）・劉歆（りゅうきん，?-後23）らが古文経学を提唱し，新の王莽（おう，前45-後23）の政変にも利用されて，その後，後漢の末期まで今文学と古文学の論争は続いた．後漢末の鄭玄（じょう，127-200）は古文学を承けて，経書に関する今文系・古文系の両学説を集大成し，訓詁による経書解釈学の学術体系を確立した．

儒教の経書は五経をもとにするが，その解説の伝・記と併せて漢・魏から六朝期の経学の展開のなかで数多くの経注・伝注，それを再解釈する集解・義疏が生まれた．『礼』は三礼（『周礼』（しゅらい），『儀礼』（ぎらい），『礼記』（らいき）），『春秋』は春秋三伝（『春秋左氏伝』『春秋公羊伝』『春秋穀梁伝』）として確立するとともに，『論語』『孝経』そして古典語の字書『爾雅』が五経に準じた扱いを受け，やがて経書の一つとして数えられるようになった．隋初の『経典釈文』には，儒教の経典としてこの十二経を収めている．唐初には科挙（官吏登用試験）の課目に経学が課せられ，その標準解釈として勅撰の『五経正義』が孔穎達（くよう，574-648）のもとで編成された．さらに唐から宋初の間に「五経」以外にもそれが拡大され，北宋の神宗期に『孟子』が昇格して，『十三経注疏』と呼ばれる国家的な標準注釈が完成した．かくして儒学は知識人に必須の教説として重んぜられたが，しだいに思想として精彩を失っていった．

ところで漢代には，陰陽五行説，讖緯説，神仙思想などの神秘思想が流行し，儒教の学説にも影響を与え，緯書の説は正統の経学にも多く取り込まれていった．魏・晋の頃には老荘思想が愛好され，『易経』が道家の書『老子』『荘子』と並んで「三玄」の学として尊崇され，玄学・清談と呼ばれる形而上学的談論が流行した．第2期の初期に伝来した *仏教は，魏・晋から南北朝期にかけて浸透し，多くの仏典がもたらされ漢訳された．その宗教教義の典籍も経と呼ばれ，仏教経学として展開していったが，仏教経学における義疏の学には，漢訳仏典の

論議の影響を受けた討論形式の解釈方法が認められる．また，道教系の宗教思想は，後漢末の太平道や五斗米道に始まるが，民間信仰・思想・科学などの諸要素が複合された *道教の成立は，中国仏教の展開と並行して5世紀頃と考えられる．この第2期において，儒教と並んで仏教・道教の三教が成立し，その成立の過程から相互に交渉し刺激し合い，摩擦や衝突を繰り返しながら展開していった．唐代には儒教の伝統思想がなお主導的な地位を占めていたが，思想的活力は仏教には及ばず，道教もまたおおいに伸展したのに比して，儒教の停滞は覆うべくもなかった．

唐代後半期になると，新しい儒学への動きも現れてくる．『春秋』三伝を批判する新しい春秋学の提唱が陸淳(?-806)らによってなされたり，老・仏の道を排撃し儒教の道を宣揚しようという *韓愈の儒学復興運動が興り，その門人李翺(りこう，?-844頃)は仏・老に対抗して儒家の性説の定立を図っている．また，韓愈とともに古文運動を推進した柳宗元(773-819)・劉禹錫(りゅううしゃく，772-842)は，伝統的天命観を批判した天論を展開している．これらは，宋代以降の新しい儒教の先駆的性格を有する動きとして捉えられるものであった．

【第3期】宋代になると隋・唐期の貴族制が解体し，科挙制による新興の官僚支配層が登場してくるにつれ，新しい傾向の学問が興ってきた．中央集権的君主独裁制が確立する一方，宋王朝は外に国際的緊張状態を抱え，内に政争が多く起こった．こうしたなかで，国家主義的な名分論や正統論が提唱され，仏教・道教の盛行による儒教自体の思想的危機感を根底にもって，道義心を養い古聖賢の道を主体的に体得しようという新儒学が生まれた．

宋代の学問の新しい動きとしては，旧来の経書解釈に対する批判と自由な解釈の試みが現れ，事実尊重の上に立つ批判的精神は欧陽脩(1007-72)・司馬光(1019-86)をはじめ史学の隆盛を導き，沈括(しんかつ，1031-95)らの自然学も生んだ．王安石(1021-86)の新法も学術の変革とともに政治・社会制度改革を志向したものであった．かかる動きのなかで，新儒学の最も主要な方向となったのが，漢唐訓詁学に対して宋明性理学と称されるように，性理の学であった．

人間の本性(性)と宇宙の原理(天道)の問題をめぐって展開する，理・気・心・性の概念を中核として構成される理論を学的特質とするので，「性理学」と呼ぶものである．特に理を最高範疇とすることから「理学」とも呼ばれ，近年の中国の学界では多くこの用語を使用している．「性理学」は経書の所説すなわち古の聖賢の道を深く理解して，あくまでその教説の主旨に依拠するものであるが，心・性にしても理・気にしても，仏教の理論や老荘・道教の所説を意識してそれらを批判的に受容している．そしてそうした理論により新たに経書を解釈し直した．漢から唐までに展開した経書の注釈書の注釈を古注というのに対して，これを新注という．ただその学問の本質は，理論の樹立や経書の解釈そのことにあるのではなく，自己の人格の修養に努め，天下統治に参画する士人としての責務を担うに足る，主体を確立するところに存している．

新儒学は宋学(そうがく)とも呼ばれるが，宋学，特に性理学を大成したのが南宋の朱子で，その学説を朱子学と呼ぶ．朱子は北宋の周敦頤(とんい，1017-73)，張載(ちょうさい，1020-77)，程顥(ていこう，1032-85)，程頤(てい，1033-1107)，邵雍(しょうよう，1011-77)らの学説を継承し，特に程頤の学説を発展させたので「程朱学」ともいう．またこれらの思想家が等しく儒教の聖賢の道の正統な後継者たらんとする意識(聖賢の道の正統な伝統を「道統」という)をもって，その学的立場を標榜したことから，「道学」という．

朱子は理と気とを基本にして体系的な学説を打ち立てている．気は物質の根源であり，理は事物の存在の原理であり，かつ人間の当為の原理・道徳的規範であった．「性即理」説を立てて本性の純粋至善であることを説き，事物の理を認識して本来備える理を自己実現することが目標とされ，そのための工夫・実践こそが学問修養であった．朱子は四書(『論語』『大学』『中庸』『孟子』)を定立し，自らの哲理に基づく注釈書『四書集注』(ししゅうしっちゅう)を著し，五経に導入するための階梯と位置づけた．朱子の晩年，朱子学は一時弾圧されたが，朱子の没後名誉が回復され，朱子学はしだいに世に広まり，元・明・清時代を通じて朱子学を信奉し継承する学者が数多く出た．科挙において朱子の四書注釈が課せられ，経書の解釈として朱子学系の注釈が採用された．1415年(明の永楽13)には『五経大全』『四書大全』『性理大全』が胡広(ここう，1370-1418)により編集され，朱子学は官学としてその地位が強化された．かくして名教として朱子学の権威は清末まで及んだ．宋代，朱子と同時代に朱子とは違った学的立場に立って，朱子の学問を批判した者として，陸九淵(りくきゅうえん，1139-92)と陳亮(ちんりょう，1143-94)がいる．陸九淵の創始した陸学は，朱子の学問を支離煩瑣とし，心の霊妙な直覚を重視し直接的に心を修養すべきこと(心学)を説いた．陳亮は朱子の学問を空理，観念的であるとし，事功を重んずることを主張した．葉適(しょうてき，1150-1223)もまたこの立場に立っている．

このうち，心学の要素が成長し，明代中期に *王陽明の心学すなわち陽明学として形成された．王陽明の学説は朱子学から入り自家の実践を通じて主張されたもので，「心即理」「知行合一」説から「致良知」説に発展した．我が心の「良知」の判断の通りに行為せよという主張は，自己の主体性を簡明直截に重視し，新たに行動的な自我意識を立てる芽を内含するものであった．陽明学派は王陽明の没後，2-3の派に分かれるが，官学となった朱子学に対して，自己の主体性を重視する王学は反官学的な性格を有することになった．特に王学左派はその主張を庶民一般に拡大し，李贄(り，1527-1602)は私欲(私的生存欲・所有欲)を肯定するほどに至るが，儒教の秩序観念そのものまでも揺り動かす傾向は激しい批判を浴び，ここからの思想的発展はみられなかった．

また，朱子学の説く理気論をめぐっても，王陽明と同時代の羅欽順(1465-1547)，王廷相(おうていそう，1474-1544)らは理よりも気を根源的な存在とみる立場をとり，この流れは清代中期の戴震(たいしん，1723-77)に至って理論的に確かなものとなった．朱子学において，情・欲は気によって説明され，悪の原因となる面を強く問題視して否定的に捉えられてきたが，戴震は人の性を気によって一元的に論じており，朱子学の立てた理という道徳的規範に対して人間の本性を問い直すものであった．しかしながら，陽明学と同様に，結局は朱子学が説く規範の枠から完全に脱却して，朱子学に代わる新しい道徳原理を確立するには至らなかった．

明末清初の混乱期には経世致用の実学が提唱された．まず東林学派の顧憲成(1550-1612)・高攀龍(こうはんりゅう，1562-1626)らが時局批判の論陣を張り，王学左派を批判した．次いで明朝の崩壊，異民族の支配という激動のなかで，黄宗羲(こうそうぎ，1610-95)・顧炎武(1613-82)・王夫之(おうふうし，1619-92)らは宋明性理学の批判的な反省のもと，「経世

致用」つまり世の中を治めるうえで役に立つことを学問の目的とした．政治論や史論が活発に展開され，史的実証，帰納的論証を重んずる経学・史学が形成された．しかし，清朝が安定すると，文字の獄などの政策によって民族意識や経世的実学思想を抑圧する一方，『四庫全書』の編修などの文化政策をとった．

そうした環境のもと，18世紀から19世紀初めにかけて，清朝考証学と呼ばれる実証的な古典学が隆盛を極めた．その業績は古書の復原・校勘・解釈・古文字の研究・文物の考証など枚挙にいとまがない．経学において宋明性理学・心学を排し，古聖により近い漢魏期の経学を尊重したので「清朝漢学」とも呼ばれるが，「実事求是」を宗旨とした古典学は，文献批評と言語考証を基本とする近代的古典学につながる要素を充分に内含するものであった．ただ清代の官学は朱子学であり，考証学者にしても日常の規範，教説として朱子学を奉ずることに変わりはなかった．

【第4期】儒教の転回は内から醸成されるよりも，外から急激に要求されることになった．阿片戦争(1840)に象徴されるウェスタン・インパクトは，文字通り伝統思想に衝撃を与え，いかに西洋近代文化・西欧思想に対処するかを模索することになった．士人の教養と体制教学は儒教(新儒学)が続いていったが，中体西用論や洋務運動による西洋文化・技術の利用の試み，変法運動による政治制度の変革の企てなどが行われた．他方19世紀末から厳復(1853-1921)によるT. H. *ハクスリの『進化と倫理』の翻訳『天演論』をはじめ多数の訳書が作られ，外来の近代的諸思想との本格的な受容と対決が続いていった．

そうしたなかで，考証学からの一転回をして，清代今文学派(清代公羊学)が経学の今文説をもとにして時局問題を論じて変法論を唱え，康有為(1858-1927)の政治改革運動である変法運動にまで展開した．また，アメリカ人宣教師からキリスト教の教義を学んだ*洪秀全は，孔子廟の破壊という反儒教の姿勢をとって太平天国を号し，十余年を長らえた(太平天国の乱1851-64)．士人層においても，変法派や革命派も経書批判を伴い，経書の有効性は失われ，その権威は失墜していった．1905年*三民主義(民族・民権・民生主義)を掲げた*孫文らの革命運動は，1911年に辛亥革命を成功させたが，それはそのまま中国の伝統思想とりわけ儒教の消滅を意味するものではなかった．中華民国成立後も政治上の混乱とともに思想上の葛藤が続くことになった．

辛亥革命後，1919年五・四運動まで思想界の中心的課題は，「孔教」国教化をめぐる論争と民主(デモクラシー)・科学(サイエンス)の宣揚であった．第1次世界大戦講和条約に対する抗議活動に端を発する運動は，政治運動の次元にとどまらず文化運動として展開し，「五・四文化運動」と呼ばれる．その指導的役割を演じたのが陳独秀(1879-1942)で，その指導原理としてとられたのがデモクラシーとサイエンスであり，「孔家店打倒」を掲げ激しく儒教批判を展開した．こうして中国の国家改造のために儒教を克服し近代性の徹底が図られたが，これをもって儒教の終焉とはいえない状況と問題をなおはらんでいた．

五・四運動後，旧思想の復活の主張という性格のものが存するとともに，西洋思想を学んだ者のなかには儒教思想と西洋哲学との調和・融合を試みる主張も現れた．馮友蘭(1895-1990)は新実存主義哲学などと宋代性理学の融合を通じて「新理学」の体系を作るのに努め，熊十力(1885-1968)は陸王学を継承しながら「新心学」を体系づけようとした．これらは，現代の西洋哲学と儒教の結合を試みる「新儒学」を代表する例である．さらには旧体制を変革していった革命思想・理論そのもののなかにも，伝統的な(つまり儒教がはぐくんできた)「公」「天下」の観念が生き続け，儒教に伝統的な道徳主義が貫かれているという点は，儒教史の根幹に関わる問題である．

中国の哲学・学問は程度の差こそあれつねに政治の動向と関わっているにしても，その後の中国の激動の歩みは，波瀾曲折を経験し決して平坦で一様な道を歩んできてはいない．中華人民共和国が成立して後，*マルクス主義を国是とするが，自国の伝統，ことにその哲学思想をいかに理解し評価するかは避けては通れぬ問題である．中国の学界はマルクス主義の指導のもと，儒教・儒学に対する探究をあらためて行ってきているが，ときに政治路線の対立に試練を強いられ，政治の揺れの波風を受けている．その著述や論考について発表時の政治と思想の葛藤の状況を考慮せざるをえない実情を忘れてはならない．文化大革命を経て後，中国現代哲学の発展の筋道をめぐり，議論と検証が行われてきて，「当代哲学史」の著述も発表され始めた．一方，中国思想史研究は活況を呈し，各時代の儒学・儒学者の研究と再評価が提起されている．そうしたなかで，中国の伝統思想・哲学とりわけ儒学が中国の今日の文化においていかなる位置を占めるかは，最も現代的な問題として認識されている．

【文献】宇野精一他編『儒家思想』講座東洋思想2 (東京大学出版会1967); 赤塚忠他編『思想概論』『思想史』中国文化叢書2-3 (大修館書店1967-68); 戸川芳郎『古代中国の思想』(日本放送出版協会1985); 山井湧他『中国思想概論』中国文化全書1 (高文堂出版社1986); 山下龍二他『中国思想史』中国文化全書2-3 (高文堂出版社1986); 戸川芳郎他『儒教史』世界宗教史叢書10 (山川出版社1987); 王家驊『日中儒学の比較』東アジアのなかの日本歴史5 (六興出版1988); T. フーブラー, D. フーブラー『儒教』シリーズ世界の宗教, 鈴木博訳(青土社1994): T. HOOBLER, D. HOOBLER, *Confucianism* (New York 1993); 池田秀三『自然宗教の力——儒教を中心に』叢書現代の宗教16 (岩波書店1998). 〔大島晃〕

【儒教とキリスト教】現代において，東洋宗教の存在とその意義は，ますます認識されるようになったが，それまではキリスト教にとって東洋宗教といえば，多くの場合，*ヒンドゥー教や*仏教が意識され，儒教が主たる関心の対象になったことはあまりなかったといえよう．ヒンドゥー教と仏教に関してはキリスト教神学の観点からも多くの書物が書かれてきたが，儒教に関する神学的研究書としてはチン(Julia Ching, 1934-)のものがほぼ唯一の例といってよい．

17-18世紀における宣教師の活動を通じて，キリスト教世界は中国の思想や制度・文化を知るようになり，特に儒教については，これを理性に基づく優れた「自然宗教」として高く評価するようになった．その先鞭をつけたのがM.*リッチである．リッチは，*祖先崇拝や天帝の捉え方を根拠に儒教を邪教と断ずる当時の宣教師の見方に反対し，儒教の教えを肯定的に捉えることを説き，それが中国宣教の主要方針となった．その後，フランスから*北京に派遣された*イエズス会の宣教師たちがヨーロッパに書き送った書簡集『教訓的にして興味ある手紙』(Lettres édifiantes et curieuses)は当時の思想界に大きな影響を与えるようになった．

ベルギー人宣教師クプレ（Philippe Couplet, 1624-92）は，ヨーロッパ滞在中の1687年にパリで，『論語』『大学』『中庸』の翻訳を含む『中国思想家孔子・中国学問概説』（Confucius sinarum philosophus）を出版した．フランス人宣教師 *ル・コントの『中国現状追憶録』と *デュ・アルドの『中国および中国領蒙古誌』などは，儒教に基づく中国の政治制度の理想化されたイメージを知識人の間に植えつけた．

ラテン語訳された『論語』『春秋』『大学』などの古典には哲学者の *ライプニツが興味をもち，彼はイエズス会宣教師 *ブーヴェと文通して正確な情報を得ようとした．ブーヴェは，儒教の根本に純粋な一神教に基づく原啓示があると信じ，中国古典を寓意的に解釈するフィギュリスム（[仏] figurisme）を編み出し，中国古代史と聖書の歴史を結びつけようとした．しかし，このような宣教方法は *中国の典礼問題についての論争や教皇庁による否定的な決定，さらに中国（清朝）による宣教師の追放によって終わりを迎えた．

他方，イエズス会宣教師によってもたらされたキリスト教は儒教哲学に強い刺激を与えた．*シャール・フォン・ベル，*フェルビーストなどの宣教師がもたらした数学・天文学・暦学・化学等の自然科学の影響についてはしばしば語られるところである．リッチの *『天主実義』（1595）は特によく知られ，彼は中国人学者から「西儒」と呼ばれた．ほかに，彼の後継者で「西方孔子」として尊敬された *アレーニの *『三山論学紀』（1625）や *トリゴーの『西儒耳目資』（1626）が知られている．イエズス会宣教師たちが赴いた当時の中国は，儒学史上，新儒学の時代であり，東林学を中心とした儒教革新運動が古代の経典に立ち戻って儒学を再建することを目指していた．宣教師たちによって儒教化されたキリスト教が歓迎されたのもそうした動向によるものである．ちなみに，日本では，鎖国時代に輸入された漢籍のなかに中国宣教師の著書が紛れ込んでおり，それらが神道教義の体系化に影響を与えた．国学者・平田篤胤（1776-1843）の主宰神や来世思想にはリッチとアレーニからの影響が認められている．

【文献】村岡典継『日本思想史研究』全4巻（岩波書店 1930）；後藤末雄『中国思想のフランス西漸』全2巻，矢沢利彦校訂（平凡社 1969）；海老澤有道『南蛮学統の研究』（創文社 1978）；後藤基巳『明清思想とキリスト教』（研文出版 1979）；J. CHING, Confucianism and Christianity (Tokyo 1977); G. W. LEIBNIZ, Discourse on the Natural Theology of the Chinese, tr. H. ROSEMONT, JR., D. J. COOK (Honolulu 1977); D. E. MUNGELLO, Leibniz and Confucianism (Honolulu 1977); C. VON COLLANI, P. Joachim Bouvet S.J. (Nettetal 1985); H. KÜNG, Christentum und chinesische Religion (München 1988); R. WIDMAIER, ed., Leibniz korrespondiert mit China (Frankfurt 1990).　　　　　（高柳俊一）

しゅくえい　宿営　[ヘ]maḥaneh, [ギ]permbolē, [ラ]castra, [英・仏]camp, [独]Lager　宿営とはテントを張って野営することで，動詞 ḥānâ（宿営する）の名詞 maḥaneh（マハネー．地名としては創32：3の「マハナイム」を参照）の訳語である．陣営，軍勢などとも訳される．旧約聖書では旅人の宿営にも言及されることがあるが（創32：22），主として *荒野の道を行くイスラエルの民の宿営と，入国後は軍隊の陣営（イスラエル以外の *ペリシテ人，*ミディアン人等のものをも含む）のことを指している．神はこの宿営，陣営と深く関係するが，荒野の道では *雲の柱（出14：19），雲（民10：11）によって宿営を導き，*シナイ滞在では宿営の外に設けられた臨在の *幕屋に雲の柱の形で顕現する（出33：7-11）．しかし，サムエル記上4：5-7では陣営に運び込まれた *契約の箱に神の現存をみている．申命記は神が陣営のなかを歩み，聖なるものであるゆえに清く保つことを主張するが（申23：10-15），これはレビ記，民数記に繰り返しいわれる「宿営の外」との区別の思想につながるものである．民数記2-3章には臨在の幕屋を中心にして東西南北に十二部族を配置した宿営組織の形態が記述されている．

【文献】TDOT 4: 4-19; H.-J. KRAUS, Gottesdienst in Israel (München 1954 ²1962).　　　　　（柊曉生）

しゅくじつ　祝日　[ラ]festum, [英]feast, [独]Fest, [仏]fête　典礼暦年（→典礼暦）における祝祭日の等級の一つで，教会の広義の祝祭日のうち *祭日に次ぐ重要性を認められるものを指す．キリストの生涯の秘義（→キリスト秘義）を記念して祝う主の祝日，*マリアの祝日（→聖母マリアの祝祭日），*使徒・*福音記者・*殉教者など聖人の祝日（→聖人の記念）がある．祭日と違って，祝日には *前晩の祈りがなく，当日の枠内で行われる．ただし主の祝日が年間と *降誕節の *主日にその代わりとして祝われる場合には，主の祝日固有の前晩の祈りを唱える（『典礼暦年に関する一般原則』13項）．読書（→読書課），*朝の祈り，*晩の祈りは祭日と同様に行われる（『教会の祈り』総則231項）．ローマ典礼一般暦における祝日は次の通り．

〔主の祝日〕主の *洗礼（主の公現後の主日），主の *奉献（2月2日），主の *変容（8月6日），*十字架称賛（9月14日），*聖家族（主の降誕の8日間中の主日．主の降誕が主日の場合は12月30日）．

〔マリアの祝日〕聖母の訪問（5月31日），聖マリアの誕生（9月8日）．

〔使徒・福音記者の祝日〕聖パウロの回心（1月25日），聖ペトロの使徒座（2月22日），聖フィリポ・聖ヤコブ使徒（5月3日），聖マチア使徒（5月14日），聖トマ使徒（7月3日），聖ヤコブ使徒（7月25日），聖バルトロマイ使徒（8月24日），聖シモン・聖ユダ使徒（10月28日），聖アンデレ使徒（11月30日），聖マタイ使徒福音記者（9月21日），聖ヨハネ使徒福音記者（12月27日），聖マルコ福音記者（4月25日），聖ルカ福音記者（10月18日）．

〔その他〕聖ミカエル・聖ガブリエル・聖ラファエル大天使（9月29日），聖ステファノ殉教者（12月26日），幼な子殉教者（12月28日），ラテラノ教会の献堂（11月9日），聖ラウレンチオ助祭殉教者（8月10日）．

〔日本固有の祝日〕*日本26聖人殉教者（2月5日），聖フランシスコ・ザビエル司祭（12月3日）．

〔移動祝日〕*復活祭をはじめ，それを基準とする *受難の主日，*昇天，*聖霊降臨の祭日など，典礼暦年において毎年日づけが変わる祝祭日を総称して「移動祝日」（[ラ]festa mobilia）と呼ぶ．降誕祭などのような月日が固定されている祝日と対比される．キリスト教の暦は *主日（日曜日）を根源の祝日とし，週の周期を根幹として成り立っているため，主日であることを条件とする主の祝祭日はおのずと毎年日づけが変わっていく．そのため典礼季節（*四旬節，*復活節，*降誕節）の主日に祝われる主なキリストの祝祭日は移動祝日の代表である．その意味で移動祝日は，キリスト教の本来の祝祭日の特徴

しゅくふく

を示すといえる．これに対し，12月25日の降誕祭をはじめとする固定祝日は，*異教の祝日のキリスト教化として成立し，他の聖人の祝日は殉教，帰天の記念日として生まれた．古来，*公現の祝日のミサ中でその年の移動祝日を発表する伝統があり，従来の『ローマ司教典礼書』にもその旨の規定があった．現在では，あらかじめ算定されたものが典礼書に記載されているのが普通である．

【文献】DACL 15: 1403-52; LThK³ 3: 1255-56; NCE 5: 865-68; RGG³ 2: 906-24; 土屋吉正『暦とキリスト教』(オリエント宗教研究所1987) 220-26;『ミサ典礼書の総則と典礼暦年の一般原則』(カトリック中央協議会 1994); A. ADAM, *Das Kirchenjahr mitfeiern* (Freiburg 1979) 52-207; A. G. MARTIMORT, *L'Eglise en Prière*, v. 4 (Paris 1983) 44-166.　　　　　　(石井祥裕)

しゅくふく　祝福　〔ラ〕benedictio, 〔英〕blessing, 〔独〕Segen, 〔仏〕bénédiction

【聖書】古代世界の人々の間には，言葉というものには魔術的な力があり，特に一定の言葉が荘厳な仕方で発せられたり，繰り返されたり，書き記されたりすると，その言葉によって神秘的な力が効力を発揮するという共通の考えがあるが，祝福は*呪いと同様，このような考えから生じたものである．

旧約聖書では，神も人間も祝福の言葉を発する．*創造のとき，神は鳥と魚，人を祝福し，「産めよ，増えよ」といった(創1: 22, 28)．さらに神は*ノア(創9: 1)，アブラム(創12: 2，→アブラハム)，*サラ(創17: 16)，*イシュマエル(創17: 20)，*イサク(創26: 3)，*ヤコブ(創28: 14)，*モーセ(出20: 24)などを祝福する．また人間が子孫の増加・繁栄を願って，例えば「父が子を祝福する」(創27章)場合もしばしばある．家族生活の場では，特に結婚のとき(創24: 60)，旅立ちのとき(創28: 6; 32: 1)，死ぬとき(創27章, 49章)など，家族の長(父)が子どもを祝福する．これは祝福によって，愛の交わりを可能にし，新しい生命を創り出し，世代から世代へと続く共同体を支える神の力が強く働くようになると考えられていたからであろう．この考えは*イスラエルの民(創22: 17)や*ダビデ王朝(サム下7: 29)に与えられる祝福や，さらに地上のすべての諸国民もイスラエルの*族長や民を媒介にして祝福を受けるようになるという神の約束(創12: 3; 22: 18; 28: 14; エレ4: 2)など，歴史共同体に関わる祝福においてもみられる．神はまた自然をも祝福し，豊かな収穫をもたらす(レビ25: 21; 申7: 13; 15: 14; 28: 8)．神は「主を畏れる」人や「主に従う」人，具体的には「戒めを忠実に守る」人を祝福するのである(申15: 4-6; 30: 16; 詩128; 箴3: 33)．

旧約聖書で祝福を意味する語(〔ヘ〕brk)は400回近く使われているが，祝福だけでなく，賛美(詩96: 2; 113: 2)，挨拶(創47: 7; ルツ2: 4)，祝詞(サム下8: 10)，祈願(エレ31: 23)，感謝(申24: 13)などの意味をも含んでいる．祝福は共同体的関係を結んだり再確認したり強化しようとする場合や，危急を救ってくれた人に感謝する場合などに，神に祈願・感謝・賛美をしながら，そのことを相手に告知する仕方で発せられる．その際，「あなた(がた)が主(神)に祝福されますように」とか「……してくださった主(神)はほめたたえられますように」という一定の「祝福の定式」(例えば，創14: 19-20; サム上23: 21)が用いられることが多い．また祝福の反意語は呪いであるが，呪いは祝福とは逆に共同体の基本的な倫理的規範に違反した者や，敵や害を及ぼす者を排除する場合に，「呪いの定式」で発せられる．このように，人間が誰かを祝福する場合，人間は神の祝福を媒介するにすぎず，祝福は神のみが与えることができる．したがって，*バラムのように，自分ではイスラエルを呪うつもりであっても，祝福しなければならない場合もある(民22-24章)．イスラエルでは，祝福は*祭司の担う重要な職務の一つとされ，*儀式の初めや終わりには*会衆を祝福したが，祭司の祝福の言葉は「アロンの祝福」として民数記6章22-27節に定められている．しかし*アロンの祭司や*レビ人の特権と考えられるようになるのは，かなり後期になってのことである(代上23: 13; 申21: 5)．

*神の言葉を聞き，戒めを忠実に守り，*掟に従って歩む者には神の祝福が与えられるが，その場合，神の祝福とはレビ記26章から詳しく知ることができるように豊かな収穫，*平和，子孫の増加，財産の増加，神の守護などであり，さらに「地を継ぐ」こと(詩37: 22)，家畜の増加(ヨブ1: 10)，名誉(箴10: 7)なども祝福の内容とみなされている．

新約聖書でも，祝福と訳される語(〔ギ〕eulogia)は70回近く出てくる．イエスは「子供たちを抱き上げ，手を置いて祝福」(マコ10: 16)し，*弟子たちに敵の呪いに対して祝福で応えるようにと教えている(ルカ6: 28)．食事のときに祝福する習慣はすでに旧約聖書でもみられるが(サム上9: 13)，イエスは*最後の晩餐のとき，パンをとり，祝福して，それを裂き，弟子たちに与えた(マコ14: 22)．また*昇天のとき，イエスは手を上げて弟子たちを祝福し，天に上げられた(ルカ24: 50-51)．

キリスト教会は，イエスを記念するため「主の晩餐」を行うようになったが，*パウロはその杯を「賛美の杯」と呼んでいる(1コリ10: 16)．キリスト教会は，神の救いの計画のなかでイスラエルに代わって新しい*神の民としての役割を担うので，イスラエルに約束された神の祝福を受け継ぐのである(ガラ3: 8-14; 使3: 25-26)．パウロはまた「あなたがたを迫害する者のために祝福を祈りなさい」と教えている(ロマ12: 14)．新約聖書では，祝福は神を賛美する意味合いが強くなっている場合が多い．また「平和(シャローム)があるように」という挨拶(マタ10: 12; ヨハ20: 19)にも，祝福の意味が込められている．　　　　　　(野本真也)

【典礼】聖書の祝福の伝統を背景にした教会における祝福(〔ラ〕benedictio)は，神の救いの業を記念しながら，神の恩恵が今，そして将来において働くことを願い求める行為である．教会的な祝福の行為は，祈りの言葉と多くの場合は儀礼的動作(*十字架のしるし，*按手，散水，*塗油など)をもって行われる．あらゆる教会的な祝福の源は，*ミサにおいて祝われるキリストの*過越の秘義にある(『典礼憲章』61項参照)．ミサにおける開祭の挨拶や，式中，繰り返される「主は皆さんとともに」の言葉，そして派遣の祝福は，ミサ自体がもたらす祝福をよく示している．

個々の祝福は，*ミサ典礼書，*司教典礼書，*儀式書に含まれる*秘跡の典礼や季節・祝祭日の典礼の一要素として組み込まれている場合と，固有の祝福式として行われる場合がある．諸秘跡の典礼の要素としては，司教によって行われる*聖香油の*聖別，司祭によって行われる場合の洗礼志願者の*油や病者の油の祝福，洗礼水の祝福(→洗礼)，結婚*指輪の祝福などがあり，また，季節・祝祭日の典礼に関しては，*灰の水曜日の灰の祝

司教による祝福

福，*受難の主日の枝の祝福，*復活徹夜祭の*火の祝福などがある．*準秘跡に数えられる祝福には，教会堂の献堂（→献堂式）や祭壇の祝福があるが，これらは恒久的な神礼拝のための奉献の意味で*奉献（dedicatio）という用語が使われ，固有の儀式書が備えられている．

種々の場合の固有の祝福式に関しては，1984年に典礼省から発行された『祝福式』（De Benedictionibus）の規範版は，次のような5部構成でモデルを示している．(1) 病人や*宣教師，*カテキスタ，巡礼者など人に関する祝福．(2) 聖堂以外の教会生活に関する建物の祝福（後述）．(3) 教会堂付属のものが新設される場合の祝福（*洗礼盤，*聖櫃，十字架，キリスト像，マリア像，聖人像，オルガン，*納骨堂など）．(4) *マリアや*聖人の崇敬に関連する*メダイユ，聖画，*ロザリオ，*スカプラリオなどの祝福．(5) その他の種々の状況における感謝や祝福の祈り．

従来は，祝福行為に関して，コンセクラティオ（*聖別または*祝別）の用語が多く使われてきたことによって，ものや人の在り方の変化に関心が向けられてきたきらいがあるが，現代の典礼では，祝福の本質である，神からの恩恵と神に対する賛美の関係を明確に表し，ものに関する場合でもつねにそれを使う人の*聖化を主眼とするように刷新されつつある（『典礼憲章』59-61項参照）．

【文献】LThK² 9: 592-96; LThK³ 2: 221-23; R. KACZYNSKI, "Die Benediktionen," GDK 8: 233-74; A. HEINZ, H. RENNINGS, eds., Heute segnen (Freiburg 1987); A. G. MARTIMORT, ed., The Church at Prayer, v. 3 (Collegeville 1988) 263-84. （石井祥裕）

【婚約者の祝福】将来結婚しようとする男女が，ふさわしい準備をすることができるように神の祝福を願う式．

婚約の起源は，古代の東方，ギリシア，ローマなどで行われていた結婚前の誓約にある．この誓約では，男性の側が女性の父親に対して，相手の女性と交際することの保証として手付金を与える．こうしてこの女性は相手の男性に譲り渡される存在となる．この手付金はやがて女性に与えられる指輪に変わった．指輪は，女性が相手の男性と固く結ばれ，将来夫となる男性に対する忠実の義務が与えられたことを表すものと考えられた．そして後日，女性の家族が花嫁を引き渡し，花婿が自宅に花嫁を迎え入れることによって結婚が成立した．

キリスト教徒も初めはこのような習慣に倣っていたが，11世紀に，結婚式が教会の入口で（[ラ] in facie ecclesiae）行われるようになると，婚約式も結婚式の一部として行われる公的な性格をもつものとなった．その後，1614年の『ローマ儀式書』では，婚約については特別に規定されていないにもかかわらず，教会が婚約を公式に承認する役割を果たすこのような習慣が広まっていった．旧『教会法典』（1917）では婚約の法的側面のみが述べられていたが（1017条），新『教会法典』（1983）では，*司教協議会が慣習と国家法を考慮して定める局地法に従うこととなっている（1062条1項）．

現行の「婚約者の祝福式」（Ordo benedictionis desponsatorum）は，1984年に発表された『祝福式』の規範版に収められており，準秘跡として任意で行うことができる．司式者は親，司祭，助祭，あるいはほかの信徒のいずれであってもよい．ただし，司祭あるいは助祭が司式する場合は，結婚式ではないことを明確にする必要がある．また，婚約者の祝福式は，ミサと結びつけて行うことはできない．式自体は，その構成の中心的な要素を守れば，状況に応じて工夫することができる．式次第は，入祭，聖書朗読と勧めの言葉，共同祈願，指輪あるいは贈り物の祝福と交換（任意），祝福の祈り，閉祭で構成される．

【文献】カトリック儀式書『結婚式』（カトリック中央協議会 1996）155-66; B. KLEINHEYER, ET AL., eds., Die sakramentliche Feiern II, GDK 8: 130-31; A. ADAM, Grundriß Liturgie (Freiburg 1985) 221-22; A. G. MARTIMORT, ed., The Church at Prayer, v. 3 (Collegeville 1988) 185-207. （宮越俊光）

散水による建物の祝福

【建物の祝福】礼拝用の建物に関しては，*司教座聖堂や*小教区の教会堂を別として，小聖堂その他の，一時的な礼拝使用に供される建物に関しては献堂式に準じたミサをもって祝福される．その場合，会衆や建物の壁に散水される水の祝福がある．また『祝福式』の規範版第2部は，礼拝用以外の，教会的またはキリスト教的施設の建物に関する祝福を扱っている．信者の新居の祝福，神学校や黙想の家や宗教的研修所，キリスト教学校や大学，病院や老人ホームなどの祝福である．これらは，それぞれの建物を使う家族や教育機関，福祉団体，使徒的活動団体などの共同体の生活や活動が神の恩恵のもとに新しく始められることを祝う．

【文献】A. G. MARTIMORT, ed., The Church at Prayer, v. 3 (Collegeville 1988) 280. （石井祥裕）

しゅくべつ

【産後の祝福】産後の産婦の祝福式(benedictio mulieres post partem)は,出産を無事に終えたことを感謝するとともに,生まれた子どもと両親の上に祝福を願って行われる式である.この式は,産婦は出産によって汚れた者となるので,聖なる者に触れたり,聖所に出入りすることを禁じるとする清めの規定(レビ12章)やマリアの神殿訪問(ルカ2:22-38)の記述に基づいて行われた習慣を起源とする.中世まではこれに基づいて,産後の産婦を清める式として捉えられていたが,1614年の『ローマ儀式書』においては,神への感謝の式とされ,以後,感謝と祝福のための式として位置づけられた.この考え方は,1969年に発行された*幼児洗礼の儀式書規範版にもみられ,1984年の『祝福式』で正式に式次第が定められた.開祭,勧めの言葉,聖書朗読と説教,感謝の祈り,祝福の祈り,閉祭からなるものである.なお,同じ『祝福式』には出産前の産婦の祝福式も掲載されている.
【文献】LThK² 7: 714; LThK³ 7: 565. (宮越俊光)

しゅくべつ 祝別 〔ラ〕consecratio,〔英・仏〕consecration,〔独〕Konsekration 表記の西欧諸語は,ラテン語の動詞コンセクラーレ(consecrare 聖なるものにする,聖別する,祝別する)に由来し,名詞コンセクラティオは,旧約聖書(→祝福)や新約聖書(→賛美)から,(1)神を賛美すること,(2)人・物に神の祝福を祈り願うこと,(3)人・物を神に奉献すること(→聖別)を意味する.この用語は,神学および霊性の歴史において,第一に*エウカリスティア(感謝の祭儀)との関連で登場し,教父たちは*ミサのなかでイエスの言葉によって*パンと*ぶどう酒がキリストの体と血に変化すること(聖変化,*実体変化)について語っている(例えば,*アンブロシウス『秘跡論』).さらにカトリックの典礼用語としては,教会の聖職者が人・物を神のために奉献する儀式(→奉献),あるいは聖職者が祝別する人・物の上に神の恵みを祈り願い求める儀式を指し,祝別の儀式書(『祝福式』)によって実施されてきている.
『教会法典』によると,「聖職者は,叙階によって新たに神に聖別され」(276条1項.1008条も参照),さらに「聖別及び奉献を有効に行うことができるのは,司教の霊印を受けた者及び……司祭である」(1169条1項).また,初代教会以来の伝統を深く顧慮しながら,同法典第Ⅱ集第3巻第1編は「奉献生活」を扱い,その意義と使命を明示している.
【文献】DSp 2: 1576-83; LThK³ 6: 288; NCE 4: 209; M. Viller, K. Rahner, eds., *Aszese und Mystik in der Väterzeit* (Freiburg 1939). (鈴木宣明)

しゅけん 主権 〔英〕sovereignty,〔独〕Souveränität,〔仏〕souveraineté 合法的に形成された国家における究極的政治権威.キリスト教的観点では国家の主権は神の主権に基づき,その正当性は神の法の原理に合致することに依存する.立法,行政,司法の三権を含み,国家はそれらによって法律,その他の行政機構および手段によって,ときには強制力によって個人,家族,その下にある組織体を*共通善に導くことができる.国際社会においては主権は国家の統治権の独立と同等の権利を有する国家としての承認を求める.国家の主権の考え方はすでにギリシアの政治哲学と*ローマ法のなかに含まれていたが,この概念が使われ始めたのは近代初頭である(*ボダン,*ホッブズ,*ルソー).近代の歴代教皇は国家主権の起源,使命,限界について発言している.
ローマ書(13:1-7),1ペトロ書(2:13-17)は信者に国家の権威に従うように諭している.カトリック政治思想では人間は社会的・政治的生物として*自由意志によってではなく,人間本性の必要性によって*自然法を通して人間に求められている完全性に到達するために正しい社会秩序と国家体制を形成し,受け入れるように方向づけられると考えられている.人間は身体的,知的,文化的,道徳的な可能性を伸ばし,実現するために,他の人間と協力しなければならない.この目的を達成するために人間にとって家族と国家に属することが必要なのである.国家の存在は人間性によって要請されるものであるから,国家にはその本質的な要素がすべて備わっていなければならない.その一つが主権である.国家の主権は各人への奉仕のためであるから,共通善に反したり,個人の自然権を侵害することは許されない.したがって,国家の主権は絶対的でも無制限なものでもない.
【文献】NCE 13: 487-88. (高柳俊一)

しゅごしん 守護神 〔英〕tutelar deity, guardian god,〔独〕Schutzgott,〔仏〕dieu tutélaire
【定義】守護神は機能神との対比によって定義づけることができる.機能神が天候,出産,正義などといった特定の領域をそれぞれ統治するのに対し,守護神はそうした固有職域をもたず,特定の個人・集団・地域に安全と繁栄をもたらすとされる点にその特徴がある.とはいえ,社会集団が特定の職業集団である場合には,守護神は同時にまた機能神ともなりうるわけで,守護神とは機能神と全く相入れない概念ではない.
【機能】守護神は大神,至高神に比してより人間に近い存在であり,大神との仲介役としての役割を果たすことが多い.その結果,公式の宗教や教義のなかでは低位に位置づけられていても,民衆の信仰にあっては大きな地位を占める傾向が認められている.またその低い地位がより強調されると,神としてではなく,より低存在の精神として捉えられるようにもなり,*守護霊という名称が用いられる.これは個人的な守護存在の場合に多い.*一神教においては主神以外に神は存在しないから,守護神はありえない.しかし主神と人間の間の仲介者の必要性は依然として残るから,守護神に代わるものとして*守護の天使や*守護の聖人などが存在することになる.
【形態】個人の守護神は,生まれたときからすでに決まっている場合もあるが,成人になる際の加入儀礼(→通過儀礼)の試練のなかで選ばれる場合も多い.これらの守護神は,祖先の霊であったり,動物の姿をした神であったりする.後者はトーテム信仰とも関連している(→トーテミズム).集団の守護神としては,*氏神や古代都市国家の守護神があり,都市国家どうしの戦いは,それぞれの守護神の戦いとも解されていた.また地域の守護神としては,日本の鎮守神があげられる.
【文献】ERE 12: 488-91; G. van der Leeuw, *Phänomenologie der Religion* (Tübingen ²1956). (松村一男)

しゅごのせいじん 守護の聖人 〔英〕patron saint,〔独〕Schutzheiliger,〔仏〕saint patron 個人や集団,場所などの保護者として崇敬され,願いを寄せられる*聖人のこと.ラテン語のパトロヌス(patronus)はローマの法律用語に由来し,富裕で地位の高い人物が被保護民(clientes)に対してもつ保護・援助関係を示した.これらの被保護民は贈り物の進呈,定期的な訪問などの義

務を負っていた．彼らはまた保護者の名を名のることもあった．この語は早くから教会でも採用され，2世紀中頃にはすでに *ペトロと *パウロが「偉大な保護者」(patroni magni) と呼ばれていた．また保護者・被保護民の関係もキリスト教的なものに変わっていった．旧約聖書では天使が守護者として現れ，例えば，ミカエルは「お前[ダニエル]の民の子らを守護する」(ダニ 12：1) とされ，福音書では小さき者らの「天使たちは…天の父の御顔を仰いでいる」(マタ 18：10) とされている．アレクサンドリアの *クレメンス，*オリゲネス，*テルトゥリアヌスなどの *教父によれば，すべての民，すべての都市と教会共同体は *天使を保護者として有している．守護聖人の教えの教理的基礎は，*聖徒の交わりという信仰箇条である．

歴史的にみると，守護聖人の考えは *聖人崇敬と密接に結びついている．そこで考えられるのは *取り次ぎの祈りである．神への取り次ぎをする聖人は最初は *殉教者，次いで4-5世紀からは特に優れて正しい人，すなわち *証聖者であった．さらに，一般的な取り次ぎの祈りが特定の願い事に対する援助の *祈願に限定されるようになったこと，また，祈願する人々と場所的あるいは人間的に何らかの特別な関係にある聖人に対して取り次ぎが請われるようになったことにより守護聖人の制度が成立し，種々の守護聖人とその崇敬が発展したのである．

【類別】〔教会の守護聖人〕教会共同体の守護聖人で，具体的にはそれぞれの聖堂の守護聖人のこと．*小教区の守護聖人，*司教座聖堂の守護聖人などがある．守護聖人崇敬が生じた経緯は例えばローマの諸教会をみるとわかりやすい．教会は元来，創建者(建設者)にちなんで名づけられた．いわゆる名義聖堂 (tituli) である(例えば，ダマスス名義聖堂 Titulus Damasi など)．6世紀になると聖人にちなんだ教会堂の名称が一般的になる．名称に単に「聖」(sanctus) を付すことが多いが(例えば，聖ダマスス名義聖堂 Titulus sancti Damasi)，改名された場合もある(例えば，ルチア名義聖堂 Titulus Lucinae が聖ラウレンティウス名義聖堂 Titulus sancti Laurentii に改称)．古代末期には，すべての教会に守護聖人を選ぶ慣習が成立し，しだいに普及していった．守護聖人はさまざまな基準によって選ばれた．最も古い時代には，実際に教会堂が殉教者の墓，後には聖人の墓の上に建てられていたことから，その殉教者や聖人が守護聖人とされた．ある聖人の遺物を得て，教会に納められたときも同様である．場所的なつながりにより聖人が選ばれることも多く，そこで生まれたか，あるいはその地方で宣教したという理由で守護聖人が選ばれた．*修道会の聖堂の場合，多くはその会の聖人にちなんで命名された．会の霊性との関係で選ばれる場合もある．例えば，*三位一体修道会の教会はすべて聖三位一体に，また，*シトー会の教会の大半は聖母 *マリアに献堂されている．教会が新しい聖人にちなんで名づけられることも多い．例えば，*マクシミリアン・マリア・コルベが列福，そして列聖された後，多くの教会がこの聖人に献堂された．聖人の取り次ぎによって得られた助けに対する感謝の念から教会堂が建てられるときなどは，聖人の選択に関してかなり個人的な動機が作用することもある．

教会の *教導職からは，比較的後になってごく一般的な原則が示されたにすぎない．すなわち，17世紀の教皇 *ウルバヌス8世が立てたとされる次のような3原則である．(1) 守護聖人は列聖された聖人でなければならない．(2) 守護聖人の選択はキリスト信者により，*司教と *教役者の同意を得てなされなければならない．(3) 選択は *使徒座による認可を要する．新『教会法典』1218条では，単に「各教会堂は，固有の名称を有しなければならない．この名称は，教会堂の献堂が行われた後は変更され得ない」とされている．

〔霊名の守護聖人〕4世紀からしだいに殉教者や有徳の人々の名を名のったり，自分の子どもにそれらの人々の名を与えることが慣習となっていった．このような名は洗礼式に授けられたため，*洗礼名とも呼ばれるが，*洗礼と命名との間に厳密な結びつきはなかったようである．霊名には当初から二重の意味があったらしい．すなわち，当該の聖人は，その名を名のる者にとって模範であり，また神への取り次ぎを通して保護をする．法的規定は *トリエント公会議によって初めてなされ，聖人の名だけが授与できるものと定められた．

〔身分・職業などの守護聖人〕「徳における守護聖人」とも呼ばれる守護聖人には，身分，職業，職種に基づく集団のための守護聖人と，特定の願い事や意向のための守護聖人がある．後者は *民間信仰に基づくものが多く，例えば，パドヴァの *アントニウスに願いをかければ失せ物がみつかると信じられている．前者は，ごく最近まで教会による守護聖人の任命の結果，勧められるようになったものである．教皇により任命された守護聖人の主な例は別表の通りである．

そのほか共同体，国，地方，地域，国民の守護聖人もある．例えば，教皇 *パウルス6世はヌルシアの *ベネディクトゥスをヨーロッパの守護聖人と表明し，教皇 *ヨアンネス・パウルス2世はさらに *キュリロスとメトディオスをヨーロッパの守護聖人に加えた．1917年の旧『教会法典』は司教区や国などの守護聖人を任命する慣習を「称賛すべきもの」としているが，これは教会による *列聖を経た聖人でなければならず，その選択に際しては聖座の認証を得なくてはならないと付け加えている．また *福者は聖座の特別な許可によってのみ守護聖人とされうるとした．新『教会法典』では，これらの詳細な規定はなくなっている．

【文献】LThK² 8：187-92；EC 9：983-90；S. BEISSEL, *Die Verehrung der Heiligen und ihrer Reliquien*, 2 v. (1890-92；Freiburg 1983)；W. DÜRING, *Geburtstag und*

守護の聖人の例

勉学に励む若者	アロイシウス・ゴンザーガ (1729, 1926)
全世界の教会	ヨセフ (1870, 1950)
カトリック大学と諸学校	トマス・アクイナス (1880)
慈善事業	ヴァンサン・ド・ポール (1885)
病者と病院，医療従事者	カミロ・デ・レリス (1886)
宣教	フランソア・ド・サル (1923)
著述家とジャーナリスト	フランソア・ド・サル (1923)
主任司祭	ジャン・バティスト・マリー・ヴィアンネ (1929)
聴罪司祭と倫理神学者	アルフォンソ・マリア・デ・リグオーリ (1959)

( )内は指名された年．各聖人についてはそれぞれの項を参照．

しゅごのてんし

Namenstag (München 1954).　　　(J. フィルハウス)

しゅごのてんし　守護の天使〔ラ〕angelus custos, 〔英〕guardian angel,〔独〕Schutzengel,〔仏〕ange gardien　天使たちのなかでも，特に人間を守護するように任命された天使をいう．

聖書は人間の守護者としての天使の存在を明示している．*トビト記が伝えるように大天使*ラファエルはトビアを導き守り(5:4)，ある天使は*イサクを犠牲の死から救い(創22:11-12)，ほかの天使は*ペトロを牢獄から解放している(使12:15)．なかでもイエス自身，「彼らの天使たちは天でいつもわたしの天の父の御顔を仰いでいるのである」(マタ18:10)と，その存在を教えている．

ムリリョ『守護の天使』
(セビリャ大聖堂, Herder)

*教父たちは聖書の教えを明白にした．カイサレイアの*バシレイオスらによれば，キリスト信者だけが守護の天使をもっているとされる．しかし，*アンブロシウスなどは，この特権を他信仰の者にも拡大しており，*トマス・アクィナスもこの意見に賛同して，彼らが受洗すると，守護の天使は，それ以前よりさらに大きな役割を果たすようになると付言している(『神学大全』I, q. 113, a. 5).

カトリック教会は守護の天使の存在を公に教えており，その存在はキリスト信者にとっては確実であり，信者でない者にとっても極めてありうることだとしている．*プラトンのように，非キリスト教著作家たちのなかにも，個々の人間に守護の天使がいることを信じる者がいる．聖書によれば(黙8:3，マタ1:20等)，守護の天使の務めは，人間の祈りを神のもとに運び，人間の霊魂と肉身を危険から守り，良き勧めをもって人を教導することにある．教皇*グレゴリウス1世など多くの教父は，個々の教会，都市，地域にも守護の天使がいると述べている．今世紀になってポルトガルの*ファティマで3人の子どもたちに天使が現れたことが知られているが，カトリック教会はこのことを教理とはしていない．

守護の天使の祝日を祝うことは教皇*レオ10世によって認可され，1526年6月3日，フランスで初めて祝われた．1670年，教皇*クレメンス10世はこれを全教会に拡大し，10月2日をその日と定め，第2*ヴァティカン公会議後の現行*典礼暦もこれを記念日として保持している．→天使
【文献】DThC 1: 1189-272; Cath. 1: 538-45; E. PATESON, *Das Buch von den Engeln* (Leipzig 1935); J. DANIÉLOU, *Les anges et leur mission* (Chevetogne 1953); P. PARENTE, *Beyond Space* (New York 1961).

(A. ラプラント)

しゅごのてんしのしまいしゅうどうかい　守護の天使の姉妹修道会〔西〕Congregación de Hermanas del Santo Angel de la Guarda　フランスの教区司祭で後に*尊者とされるオルミエール(Louis Ormières, 1809-90)とラヴリュー(Julienne-Marie Lavrilloux, 1809-75)によって1839年，フランス南部のキャン(Quillan)で貧しい子どもたちを教育するため創立され，1902年*聖座によって*使徒的活動を行う修道会として認可された．会員は*守護の天使の姉妹と呼ばれ，救いの使いである天使のように神の国を告げるための応需性をもって，特に必要とされる場での教育・宣教活動に従事する．1956年(昭和31)来日，幼稚園を運営，釜ヶ崎で老人や子どものための活動を展開

オルミエール
(守護の天使の姉妹会)

するほか，労働者として働きながら彼らとの連帯を図っている．
【現勢】1999年現在，会員数：610名．スペイン，フランス，南米，アメリカ合衆国，アフリカ，イタリア等で活動．総本部：マドリード．在日会員数：16名．日本本部：大阪府吹田市．　　(長谷川貴子)

しゅごれい　守護霊〔英〕guardian spirit　特定の人物を守護するとされる霊的存在．この信仰は日本をはじめ世界各地にみられる．個人の守護霊は，出生時に決まるか，思春期などの人生の過渡期に選ばれることが多い．前者には，日本にみられるように，干支(えと)と結びついた神仏を個人の守護霊とする例があげられる．後者には，北米先住民族のオマハ族にみられるように，思春期の夢や幻覚に現れた動物を守護霊とする例があげられる．スウェーデンの自然科学者，哲学者，宗教家*スウェーデンボリをはじめとするヨーロッパの*スピリティズム(心霊主義)の流れにおいては，人間はこの地上に生まれる前から一人に一柱の守護霊がついており，それは守護の任務を負わされた霊界の霊であるという．*ソクラテスにしばしば危機を警告したダイモンは守護霊の典型であると考えられている．日本においても，心霊研究家・浅野和三郎(1873-1937)は数多くの交霊会(霊との交信)を通して，守護霊の存在とその重要性を説き，その後，多くの*霊能者からも同様の主張がされている．こういった守護霊に関する思想は，日本の新宗教(→新宗教運動)のなかにも流れ込んでいる．宇宙を現界/霊界(あるいは顕界/幽界)の二重構造からなるとし，霊界(死者/霊魂/神々の世界)には守護霊が存在し，現界(この世)にいる人間の生命を保護してくれているとする．そして，この守護霊が人間のこの世での生活を規定しているという思想が多くみられる．また，守護霊の典型は*シャーマニズムのなかにもみられる．心身異常に陥り，幻覚や幻聴のなかに*守護神が現れたり，*修行による*宗教的体験を通して守護霊と交信できるようになることにより，シャーマンは，その守護霊の指示によって宗教的職能者としての役割を果たすことができる．
【文献】宗教学辞典366-67.　　(岩井洋)

しゅし　朱子(1130. 9. 15-1200. 3. 9)　中国南宋の

思想家，いわゆる朱子学の祖．名は熹，字は元晦，または仲晦，号は晦庵ほか．文公と諡(おくりな)され，朱子はその尊称．本貫は徽州婺源(江西省)の人(徽州は新安の改称であることから，自らは新安の人と称することが多かった)．閩(福建省)山間部の尤渓で生まれ，その生涯のほとんどを，建甌・建陽・崇安など閩北の地で送った．

中級官吏であった父朱松は14歳のときに病死したが，19歳で科挙に及第し，24歳で福建省同安県の主簿に任ぜられ官僚としての道を歩み出した．ただその任期(3年間)満了後，次に実務に就いたのは50歳江西の南康軍知事(2年)で，以下52歳で浙東提挙(1年)，61歳で福建の漳州知事(1年)，65歳で湖南の潭州知事兼荊湖南路安撫使(3か月)を経て中央に召され煥章閣待制兼侍講(天子の顧問官)となるが，韓侂冑(1152-1207)一派と衝突しわずか45日で解任，その後官吏としての資格を剥奪され，「偽学」の烙印を押されたまま生涯を終えた．官僚として実務にあったのは通算10年ほど，それ以外は祠禄官として年金をもらって家居生活を送り，講学と著述に専念した．

その思想的立場は北宋に起こった新しい *儒教の学風(道学)を継承し，周敦頤(1017-73)，張載(1020-77)，程顥(1032-85)，程頤(1033-1107)らの学説を集大成したものであるが，特に二程(とりわけ程頤)の学統を強く意識する．彼の思想の大枠は40歳で確立するが，思想形成においては李侗(1093-1163)との出会い(24歳)と10年に及ぶ交渉，張栻(1133-80)との交友が大きく関わった．また陸九淵(1139-93)と陳亮(1143-94)はその主要な論敵であった．彼は儒学の理想として修己治人の道の実現を目指し，自己の人格の修養に際し内(心)と外(現実世界)との対立をいかに止揚し統一的立場を確立するかに腐心した．その理論は理と気とを基本に構成され，気は物質を形成する根源であるのに対し，理は事物の在り方を規定する存在の原理であり道徳的規範であり人間の本性の根源であるとした．

著書には『四書集註(しっちゅう)』『詩集伝』『周易本義』『資治通鑑綱目』『楚辞集注』『儀礼(ぎらい)経伝通解』などがあるほか，没後編纂された『朱子公文集』『朱子語類』が伝わる．

【文献】三浦国雄『朱子』人類の知的遺産19(講談社1979)；安岡正篤他『朱子学入門』朱子学大系1(明徳出版社1974)．　　　　　　　　　　　(大島晃)

シュジェ　→　シュジェール

シュジェール　Suger　(1081頃-1151.1.12)　パリ近郊のサン・ドニ修道院長．国王ルイ6世(Louis VI, 在位1108-37)と*ルイ7世の顧問として国政にも参与し，同時代の重要史料となる著作を残した．裕福ではあったが身分の低い農民層の出身で，10歳頃サン・ドニ修道院に送られて教育を受け，そこで後のフランス国王ルイ6世の学友となった．修道士になってから才能を見込まれ，1107年にはノルマンディーの，1109年には*シャルトル近くの，それぞれサン・ドニの分院の院長に任命され，所領経営の改善で大きな実績を上げた．この頃から国王宮廷に親しく出入りを始め，ルイ6世の軍事遠征にしばしば同行，カペー王家の外交使節としては3度ローマ教皇のもとに派遣された．1122年にサン・ドニ修道院長に選ばれてからは経営改善により所領収入を3倍に増やす一方で，戒律の厳格な遵守を旨とする*修道生活の改善を図った．その間他方では，2代の国王の顧問として国事に関係，ルイ7世の第2回 *十字軍出征中は摂政としてよくその任務を果たし，国王から帰国後「国父」(Père de la Patrie)の称号を受けた．修道院長として再建したサン・ドニ修道院付属の聖堂(献堂1144)は，ゴシック様式聖堂のモデルとなって建築史上重要な影響を及ぼした(→ ゴシック建築)．また，同時代の基本史料となった『ルイ6世伝』(Vita Ludovici VI Grossi)や，自己の修道院運営方式を述べた『修道院運営記』(Liber de rebus in administratione sua gestis)，新しいサン・ドニ聖堂の建築の次第を語った『献堂記』(Libellus alter de consecratione ecclesiae Sancti Dionysii)などを残した．

【著作校訂版】A. Lecoy de la Marche, ed., *L'œuvre complète de Suger*, 1867; H. Waquet, ed., *Suger, Vie de Louis VI le Gros*, 1964.

【文献】DMA 11: 502-504; 森洋「初期ゴシック教会堂の成立とその社会的・思想的背景」『史学雑誌』61/2 (1952) 25-71; A. Huguenin, *Suger et la Monarchie française au XIIe siècle (1108-1152)* (1857; Genève ^{2}1974); M. Aubert, *Suger* (Paris 1950); M. Bur, *Suger, Abbé de Saint-Denis, Régent de France* (Paris 1991).

(河井田研朗)

しゅじつ　主日　〔ギ〕kyriakē，〔ラ〕dominica，〔英〕Sunday，〔独〕Sonntag，〔仏〕dimanche　日曜日のキリスト教的概念で，歴史的にも神学的にも根源的なキリスト者の集会と礼拝の日である．「全典礼暦年の基礎ならびに中核」をなす．(『典礼憲章』106項)．

【起源】キリスト教の主日は*ユダヤ教の週の周期を母胎として，元来「週(サバト)の初めの日」(安息日の次の日)であった．まず福音書は一致してキリストの*復活を「週の初めの日」のことと伝えている(朝早く，マコ16: 1-8および並行箇所．夕方，ルカ24: 36-43；ヨハ20: 19-23)．明白な最古の証言は1コリント書(55/56頃)の16章2節で，この日が教会の活動のための募金の日であるとし，主日が定期集会日であることを暗示する．また使徒言行録20章7節には「週の初めの日，……パンを裂くために集まっていると」とあり，*ミサの原型である主の食卓の祭儀が行われていたことを伝える．

【意味】2-3世紀には主日の実践を伝える証言が教会全域から得られるようになり，その種々の名称は同時に神学的意味を告げている．(1)「主の日」(主日)．シリアに由来する2世紀初の*『十二使徒の教訓』(14, 1)は「主の日に集まり，パンを裂き，感謝をささげなさい」と共同体の定期礼拝日を「主の日」と呼んでいる．この名は主の復活，終末的救いの到来，主の晩餐などの主題を含んでおり，今日に至るまで基本的な名称となる．(2)「週の初めの日」．ユダヤの週の伝統に従う名称であると同時に，天地創造の初めという意味が前面に出ている(殉教者*ユスティノス『第1弁明』67, 7)．(3)「8日目」．この名称は週の最後の日として主日を数えることでその終末論的意味を示す(*『バルナバの手紙』15, 9；ユスティノス『トリュフォンとの対話』41, 1)．(4)「復活日」．*テルトゥリアヌスは『祈りについて』(23, 2)で「主の復活の日」(〔ラ〕dies resurrectionis Domini)と記す．福音書の復活伝承に基づくこの名称は，4世紀以降，*東方教会で慣用化し，正教会の伝統で守られている(ロシア語の wosskressenije など)．(5)「太陽の日」(*日曜日)．紀元前後頃より地中海文化圏では天体

じゅじゅつ

名で週の七日を呼ぶ慣行が広まっていたが，その際，土曜日はユダヤ教の安息日，日曜日は教会の主日に相当した．ユスティノスは「太陽の日」を創造の日および主の復活の日と意味づけ（『第1弁明』67, 7），カイサレイアの *エウセビオス（PG 20: 1166），*ヒエロニムス（CChr 78: 550）もキリストを「正義の太陽」とみなすことで，この名称のキリスト教的な意義を根拠づけた．
【立法】*コンスタンティヌス大帝はキリスト教公認政策の一環としての日曜日を原則として公休日とする立法（321），兵士に日曜日の礼拝参加の権利と義務を定めた立法（337）を行い，以後の社会生活上の慣行を決定づけた．教会でもしだいに主日の礼拝参加を義務づける傾向がみられるが（506年のアグデ教会会議47条，538年のオルレアン教会会議3条など），主日ミサ参加を教会の掟とみなす考え方は近世初期以降のもので，その結果，主日礼拝が個人的な義務履行とみる観念が強められたことは否めない．また中世以来，聖人祝日の増加により，主日が陰に隠れてしまう傾向が生じており，*トリエント公会議後の祝日の整理によってもなお全般的な変化はなかった．
【刷新】20世紀の *典礼運動は主日の意義の回復を促し，これは第2 *ヴァティカン公会議の『典礼憲章』106項に結実した．それにより，初代教会における主日秘義の伝承が再確認され，主日がキリスト者の根源的祝祭日であることと，典礼暦年の基礎・中核としての優位の原則を打ち出し，この原則は，典礼全般の刷新の柱となった（『典礼暦年に関する一般原則』4-7, 43項参照）．
【文献】DACL 4: 858-994; LThK² 9: 878-82; RGG³ 6: 140-42; GDK 5: 26-49; Martimort 4: 23-41; 高橋保行『日曜日』（南窓社1978）; 土屋吉正『暦とキリスト教』（オリエンス宗教研究所1987）78-87, 193-96; J. Daniélou, *Bible et liturgie* (Paris 1950 ²1958) 303-87; W. Rordorf, *Der Sonntag Geschichte des Ruhe- und Gottesdiensttages im ältesten Christentum* (Zürich 1962); A. Verheul, "Du sabbat au jour de Seigneur," QLP 51 (1970) 3-27; G. Troxler, *Das Kirchengebot der Sonntagsmeßpflicht als moraltheologisches Problem in Geschichte und Gegenwart* (Fribourg 1971); W. Rordorf, *Sabbat und Sonntag in der alten Kirche* (Zürich 1972); S. Bacchiochi, *From Sabbath to Sunday* (Rome 1977); R. T. Beckwith, W. Stott, *This Is the Day* (London 1978); W. Rordorf, "Ursprung und Bedeutung der Sonntagsfeier im frühen Christentum," LJ 31 (Münster 1981) 145-58; R. Bärenz, *Das Sonntagsgebot* (München 1982); A. M. Altermatt, T. A. Schnitker, eds., *Der Sonntag* (Fribourg 1986). （石井祥裕）

じゅじゅつ　呪術　→ 魔術

ジュスティニアーニ　**Giustiniani, Paolo** (1476. 6. 15-1528. 6. 28)　福者，厳格な隠遁生活を目指す *カマルドリ修道会のモンテ・コローナ修族の創始者．*ヴェネツィアに生まれ，ソラッテ山で死去．*パドヴァ大学で哲学・神学を学ぶ．1505年ムラノ島で隠棲生活を始めるが，*聖地巡礼の後，1510年カマルドリ修道会に入り，1518年司祭叙階．1520年教皇 *レオ10世の認可を得て，*ペルージアに近いコローナ山（Monte Corona）で，より厳格な隠遁生活を送る．
【文献】EC 6: 833-34; A. Fiori, *Vita del beato Paolo Giustiniani* (Roma 1734); P. Lugano, *La Congregazione Camaldolese degli eremiti di Montecorona* (Frascati 1908); J. Leclercq, *Un humaniste ermite* (Roma 1951). （J. アリエタ）

ジュスティーノ・デ・ヤコビス　**Giustino de Jacobis** (1800. 10. 9.-1860. 7. 31)　聖人（祝日7月31日），司教，宣教師．ナポリ王国のサン・フェレ（San Fele）に生まれ，1818年 *ヴィンセンシオの宣教会に入り，1824年司祭叙階．数年間修練長を務めた後，1839年念願の海外宣教団の長として，エチオピアに派遣される．1847年ニロポリス（Nilopolis）の司教およびエチオピアの *代牧に任命され，1849年司教に叙階される．国外追放や投獄の辛苦をたびたび味わい，エリトリアで死去．1939年列福．1975年列聖．
【文献】Cath. 6: 1331. （小高毅）

しゅせきだいしきょう　首席大司教　〔ラ〕primas, 〔英〕primate, 〔独〕Primas, 〔仏〕primat　ある国もしくは地域の *高位聖職者に授けられる名誉の称号．この語は，近隣の *司教座に対してある程度の *裁治権を有していた *司教のことを指すために，教会の早い時代から使われていた．
　初期の教会は便宜上 *ローマ帝国の州制度を教会に取り入れた．各州では州都が重要な役割を果たしていた．帝国全体にわたって統一した支配体制を維持するために，各州には中心都市があり，それが帝国の首都である *ローマのもとで，後には *コンスタンティノポリスのもとでも，行政および司法上の中核機関となっていた．教会はしばしばこの行政区分を，自らの目的，とりわけ行政および司法上の目的のために模範として取り入れ，州都の司教にしばしば「首席大司教」の称号が授けられた．
　やがて，*西方教会では州制度が以前有していた重要性が失われていったが，*東方教会では，首席大司教は裁治権上の特権の多くを保持してきた．例えば，*エフェソス，*カイサレイア，あるいは小アジアのヘラクレイア（Herakleia）の司教は総大司教（patriarcha, →総主教）の位にあげられることはなかったが，管轄下の幾つかの管区大司教座に対する機能と総大司教からの独立を保持した．
　西欧では，首席大司教は，ある地方もしくは国の第1位にある *管区大司教（首都大司教）として存続した．首席大司教座とは，当該地方における最古の司教座である．首席大司教座が，「第一のもの」と考えられかつそう呼ばれた古い時代から，首席大司教の称号は *使徒座によって授与もしくは認証された．現行の『教会法典』438条は旧『教会法典』271条の規定を継承し，「総大司教及び首席大司教の称号は，ラテン教会においては名誉の特典以外にいかなる裁治権をも伴わない．ただし，使徒座の特権又は承認された慣習により別段の定めがある場合はこの限りでない」と述べている．例えばハンガリーのエステルゴム（Esztergom）の首席大司教はその首席大司教座権のゆえに特別の裁治権を有し，法律上および事実上の首席大司教である．また，ポーランドの *ワルシャワの首席大司教は，共産主義政権下では困難な状況のゆえに使徒座から特権を授与されていた．
【文献】B. Kurtscheid, *Historia iuris canonici. Historia institutorum*, 1 (Roma 1941) 124-29; A. S. Popek, *The Rights and Obligations of Metropolitans* (Washington, D.C. 1947). （T. オーブオンク）

ジュゼッペ〔コペルティーノの〕 **Giuseppe**

(1603.6.17-1663.9.18) 聖人(祝日9月18日),コンベンツアル聖フランシスコ修道会司祭.イタリア南部プーリエ州レッチェ近郊のコペルティーノ(Copertino)に生まれ,*カプチン・フランシスコ修道会に修道士として入会したが続かず,叔父の手引きで*コンベンツアル聖フランシスコ修道会の*第三会に入会.その資質を見込まれて神学研究を命じられ,苦労の末1628年に*司祭に叙階される.グロテラ(Grotella)に派遣されると同地でさまざまな*奇跡を行った.当局はこれを不快に思い,彼が公の場に出ることを禁止,また*ナポリでは*異端審問にかけられたが無事釈放され,次いで*ローマでは*総会長に同行して教皇*ウルバヌス8世に謁見した際,恍惚状態(→脱魂)に入り空中浮遊を行った.世評の高まりに*インノケンティウス10世は彼に蟄居を命じたが,*アレクサンデル7世は彼を自由にする(1657).次いでオジモ(Osimo)の修道院に送られ,隠遁生活のうちに余生を過ごした.教皇*ベネディクトゥス14世によって列福(1753),*クレメンス13世によって列聖(1767).
【文献】ActaSS 5: 992-1060; A. Pastrovicchi, *St. Joseph of Copertino*, tr. F. Laing (St. Louis 1918); A. Garreau, *Le Saint volant. S. Joseph de Cupertino* (Paris 1949); B. M. Popolizio, *Il Santo che volava* (Bari 1955); B. Cendrars, *Saint Joseph de Cupertino, le nouveau patron de l'aviation* (Paris 1960); G. Parisciani, *S. Giuseppe da Copertino (1603-1663) alla luce dei nuovi documenti* (Osimo 1964). (石井健吾)

ジュゼッペ〔レオネッサの〕 **Giuseppe**

(1556.1.8-1612.2.4) 聖人(祝日2月4日),カプチン・フランシスコ会司祭,説教師.*ローマの北東レオネッサ(Leonessa)で裕福な家庭に生まれる.洗礼名はエウフラジオ(Eufrasio).早く両親を失い,ヴィテルボ(Viterbo)に住む叔父のもとで教育を受け,1572年*カプチン・フランシスコ修道会に入会.1580年司祭叙階.説教師として名声を博す.1587年に*コンスタンティノポリスに派遣される.捕虜となっていたキリスト者を力づけるとともに市内で宣教,捕縛され死刑の判決を受ける.手足を縛られ3日間木に吊されたが釈放され,1589年帰国.ウンブリア一帯で説教師として活動.貧しい人々,病人への慈愛,数々の*奇跡を行ったことでも知られる.リエーティ(Rieti)に近いアマトリーチェ(Amatrice)で没す.1734年列福.1746年列聖.
【文献】BSS 6: 1309-10; Cath. 6: 1002-1003; LThK² 5: 1128; NCE 7: 1117. (小高毅)

ジュゼッペ・カファッソ **Giuseppe Cafasso**

(1811.1.15-1860.6.23) 聖人(祝日6月23日),司牧者,司祭養成者,倫理神学者.イタリア北部のカステルヌオヴォ・ダスティ(Castelnuovo d'Asti)に生まれる.司祭に叙階された後,*トリノの司祭司牧研修学院で,若い司祭たちの養成に尽くし,*アルフォンソ・マリア・デ・リグオーリの倫理神学教説を広めるのに貢献する.刑務所を訪れ,死刑囚の司牧にも従事.その聖なる生活をもって,キリスト教的希望の輝かしい模範を示し,神の愛を倦むことなく説き続けた.*ジョヴァンニ・ボスコとその事業を物心両面から援助する.1860年トリノで死去.ジョヴァンニ・ボスコの自叙伝は,カファッソが,「その定評ある徳,驚くべき平静さ,気配りのよさと賢明によって」均衡のとれた倫理教説を教えていたことを伝え,「人生のどんな決定や探究や行為もすべて師の導きに委ねていた」と記している. (石川康輔)

ジュゼッペ・ベネデット・コットレンゴ **Giuseppe Benedetto Cottolengo**

(1786.5.3-1842.4.30) 聖人(祝日4月29日).イタリアの*トリノ近郊のブラ(Bra)に生まれ,同じくトリノ近郊のキエリ(Chieri)で没す.12人兄弟の長男として生まれ,1811年司祭に叙階され,1816年に神学博士号を取得.*ヴァンサン・ド・ポールの影響を受け,1828年にトリノに「神の摂理の小さな家」(Piccola Casa della Divina Providenza)を設立.この施設は1832年にはヴァルドッコ(Valdocco)に移転,後に総合病院へと発展し,また修道女のための看護学校も付設された.コットレンゴはこの組織運営上の助けとなるように,多くの修道会を設立した.そのなかで最も有名なものが,*コットレンゴ修道女会である.彼は個人の寄付金により「小さな家」を経営することを主張し,その他の特別な援助を拒絶した.19世紀の社会福祉活動の使徒と称され,1917年に列福,1934年に列聖された.
【文献】DIP 8: 517-20; LThK² 3: 77; NCE 4: 368. (伊能哲大)

ジュゼッペ・マリア・トマッシ **Giuseppe Maria Tomassi**

(1649.9.12-1713.1.1) 聖人(祝日3月24日),ローマの枢機卿,典礼学者.シチリア島のリカータ(Licata)に生まれる.*テアティニ修道会に入会(1665)し,司祭叙階(1613).病弱なために主にメッシーナ(Messina),*フェラーラ,*ローマで研究に従事.古典語,東洋の諸言語に精通.教皇庁礼部聖省(典礼秘跡省の前身)等の顧問を務め,教皇*クレメンス9世から*枢機卿に任命される(1712).*ヴァティカン図書館等で,初期の典礼に関する多くの資料を発見し研究した.1803年に列福.1986年*列聖.
【主著】*Codices Sacramentorum nongentis annis antiquiores*, 1680; *Antiqui libri Missarum Romanae Ecclesiae*, 1691.
【文献】LThK² 10: 248; NCE 14: 196. (相原優子)

ジュゼッペ・モスカーティ **Giuseppe Moscati**

(1880.7.25-1927.4.12) 聖人(祝日11月16日),医師.イタリアのベネヴェント(Benevento)に生まれる.*ナポリ大学医学部で学び,23歳で医学博士号取得(1903).1906年ヴェスヴィオ山噴火の被災地トレ・デル・グレコ(Torre del Greco)や1911年コレラ流行の*ナポリで不撓不屈の精神で救援にあたる.ナポリの不治の病者のための病院で院長を務め,ナポリ大学で生理化学を教える.ほとんど無給で数千人の治療と貧困者のため献身しナポリで死去.その使徒的活動は信徒の模範と賞賛され1975年に列福,1987年に*列聖.
【文献】BSS 9: 602-604; LThK² 7: 646; Cath. 9: 799; J. C. Cruz, *Secular Saints* (Rockford, Ill. 1989) 366-73. (宮崎正美)

じゅそぶんしょ 呪詛文書 〔英〕execration texts, 〔独〕Fluchtexte, 〔仏〕textes d'envoûtement

呪詛文書は,紀元前25世紀から18世紀にわたる古代エジプトの古王国時代と中王国時代に用いられた正式の呪文で,国家にとっての実際の,あるいは仮想の政敵や外敵に対

じゅたいこくち

して使われたものである．儀式的に使われるこの文書は，縛られた囚人をかたどる土製の小立像や赤い陶器の器の表面，あるいはガラスの瓶に収められたパピルスに記され，特に*呪いの対象である個人名，団体名は必ず記されていた．呪文を唱え終わると，呪う相手を破ることを示すために，または*魔術の力によって破壊を引き起こすために，小立像，器，瓶は足で踏むか石で打ってこなごなにされた．外敵として最もよく名前が出るのはヌビアの首長たち，その家来と一族の者たちである．これらの呪詛文書が記されていることで知られる破片は，*ベルリン，*ブリュッセル，*カイロの各博物館に保存されているが，それらは紀元前19-18世紀に遡るものである．そこに記された近東の地名中判読しうるものには現在の*ダマスコにあたるもの，*エルサレムと思われるもの，ヨルダン，北西*ネゲブがあり，申命記2章10-11節に出るアナク人ではないかと思われる名前もある．

【文献】ABD 2: 681-82; ANET³ 328-29; IDB 2: 185.
(B. シュナイダー)

じゅたいこくち　受胎告知 → マリアへのお告げ

じゅたいこくち　受胎告知　〔ラ〕Annunciatio Nativitatis，〔英〕Annunciation of the Birth (Announcement)，〔独〕Ankündigung der Geburt (Verkündigung)，〔仏〕Annonce de la naissance (Annonciation)　旧約・新約聖書には，女性の懐妊が神または神の使いによって，本人またはその夫に啓示されるとの伝承がある．イサク（創17-18章），サムソン（士13章），洗礼者ヨハネ（ルカ1章），イエス（マタ1章，ルカ1章）の誕生などがその例である．そのなかで最も有名なのがルカ書1章の*マリアへのイエス受胎告知だが，これらは共通した一定の文学類型によって伝えられている（→聖書の文学類型）．すなわち，天使の出現，被出現者の恐れ，生まれる子の使命啓示，被出現者の反論，保証としてのしるしの授与などが含まれる．この文学類型による受胎告知の意味は，女性に子が生まれるという事実の啓示にあるのでなく（誕生の事実は誰もが知りうるから，その啓示は不要），当該の生まれた人が神からどういう使命を与えられているのかという問題にある．すなわち，当該の子，またはその人の神からの使命は，神の*啓示によってのみ知ることができる，という意味である．

【文献】X. レオン・デュフール『福音の研究』第1巻，伊藤慶技訳（あかし書房 1977）111-16; X. LÉON-DUFOUR, Études d'Évangile (Paris 1965) 76-78; S. MUÑOS IGLESIAS, "El evangelio de la infancia en S. Lucas y las infancias de los héroes biblicos," EstB 16 (1957) 329-82; R. E. BROWN, The Birth of the Messiah (London 1977) 155-59.
(三好迪)

シュタイシェン　Steichen, Michael　(1857. 12. 17-1929. 7. 26)　パリ外国宣教会司祭．ルクセンブルクのデュドランジュ（Dudelange）に生まれ，1882年*パリ外国宣教会入会．1886年司祭叙階．日本北緯代牧区（→北緯聖会）に派遣され，東京の神学校で神学，科学，ラテン語を教える．1891年（明治24）から横浜・浜松間の東海道地区のすべての布教活動の総責任者となり，巡回宣教をする．その後東海道地区は二つに分けられ，彼は静岡地区（伊豆，駿河，遠江）の巡回活動を行うようになる．1895年，静岡地区が沼津と静岡の二つに分かれ，彼は静岡を中心として司牧をしながら，福音書の翻訳やキリストの生涯の本を執筆，またフランス語で『キリシタン大名史』(Les Daimyô Chrétiens, 1904) をまとめた．1904年，麻布教会主任司祭となる．1913年（大正2），*サン・モール修道会の指導司祭となり，その頃*『聲』や『教の園』の編集長となる．第1次世界大戦の間，困難のなかで東京神学校の校長となる．1920年，築地教会の主任司祭．説教家としても高く評価されていたため，司祭，修道女，信徒への黙想指導もたびたび行っていた．

【主著】M. STEICHEN, Les Daimyô Chrétiens, ou un siècle de l'histoire politique et religieuse du Japon, 1549-1650 (Hong Kong 1904).
(J. ワレ)

しゅたいせい　主体性　〔英〕subjectivity，〔独〕Subjektivität，〔仏〕subjectivité　主体（〔英〕subject）の概念は，日本語にするときに*主観と区別して用いられる．主観がもっぱら*認識論的な場面で用いられるのに対して，主体概念は*存在論的な場面で用いられる．もともと，主体は*存在者を*実体や基体として捉えるときに用いられた．つまり個別の存在規定の担い手であり，*判断や*命題の主語となる．しかし主体と客体との分裂関係が，*近代哲学の認識論の中心的問題となり，その後，この論議の展開が，主体概念を存在論的にも明瞭にすることになる．もともと人間存在は，他の存在者と並んで客体的に考察されるものではなく，特別の仕方で存在している存在者であり，それを主体概念が表現する．つまり，人間は*自然とは区別され，*人格として捉えられる．人間だけが，事物的に存在するのではなく，*実存として存在している．したがって人間は，主体性として，他のものから派生されることもなく，他のものに解消されることもなく，自己関係において*世界全体と超越論的な関係をもっていて，その関係を遂行している．このような超越論的な関係においては，すでに主観・客観の分裂関係は乗り越えられている．以上のような主体性の理解は，まず*カントの*超越論哲学，さらに*ドイツ観念論，*現象学，*実存哲学（*キルケゴー

ル，*ハイデガー，*ヤスパースなど）において展開された．

他方で，主体性の概念は，*自由や人格の概念と同様に*キリスト教の*聖書の思想に深く基づくものでもある．西洋の世界が聖書の使信と出会ったとき，人間は*神の前で他から派生されることもなく，客観化されることもなく，自己責任をもって，究極的な*決断に召し出されることになる．このような人間の在り方を主体性と呼ぶ．また，聖書においては，人間は事物としてではなく実存として扱われるので，聖書の記述は*宇宙論的ではなく人間論的となり，人間に自己了解や存在了解を要請する．そこで人間は，一回限りの仕方で*責任をもってこの世界を引き受けるという意味で主体と呼ばれる．だからこそ人間は思弁的な世界主体から実践的な世界主体へと移行し，世界を考察する主体から世界を変革する主体となる．

【文献】LThK² 9: 1135-36. （茂牧人）

シュタイナー　Steiner, Rudolf　（1861. 2. 27-1925. 3. 30）　人智学の創始者．20世紀ドイツの*神秘主義的方向を代表する思想家で，シュタイナー学校の創立者．クリステンゲマインシャフト（キリスト者共同体）設立にも重要な役割を果たした．カトリックの両親のもとで現クロアティアのクラリエビッチ（Kraljević）に生まれ，早くから霊感を受けて，物質界の背後にある形而上的世界に関心をもつ．*シトー会の修道士を志したこともある．20代はウィーン工科大学で熱力学を学ぶかたわら，*ゲーテの自然科学研究の重要性に気づき，1890年からヴァイマール（Weimar）のゲーテ・シラー文庫に勤務して，ゾフィー版ゲーテ全集の自然科学部門を担当．1897年*ベルリンへ移り，文芸評論家として*ニーチェ，*ヘッケルを擁護，*ドレフュス事件の際には，*反ユダヤ主義を告発した．1902年神智学協会ドイツ支部の事務総長に選ばれてからは，キリスト教の秘教的側面を積極的に取り上げ，東洋的な*オカルティズムと一線を画した*人智学を提唱したが，その一方で*輪廻と*業（カルマ）の重要性を生涯説き続けた．スイスのドルナハ（Dornach）に没す．

【主著】*Mein Lebensgang*, 1925: 伊藤勉，中村康二訳『シュタイナー自伝』全2巻（人智学出版社 1982-83）．
【文献】高橋巖『若きシュタイナーとその時代』（平河出版社 1986）． （高橋巖）

シュタイヘン　→　シュタイシェン

シュタイン　Stein, Edith　（1891. 10. 12-1942. 8. 9）ドイツの女性哲学者，カルメル会員，聖人．修道名は十字架に祝せられしテレジア（Teresia Benedicta a cruce）．ブレスラウ（現ポーランド領*ヴロツワーフ）のユダヤ人商人の末子として生まれる．父を早く失い，深いユダヤ教の信仰をもつ母により育てられる．初めブレスラウ大学で心理学などを学ぶが，1913年にゲッティンゲン大学に移り*フッサールと出会う．フッサールの*現象学研究の最も重要な共同研究者の一人となり，現象学的方法に従った多くの研究を発表していく一方で，さまざまな精神的葛藤を経た後，アビラの*テレサの著作に触れたことが契機となって1922年にカトリックの洗礼を受けるに至る．

回心後，フッサールのもとを離れ，女子高校などで教鞭をとるようになるが，同時に女性問題や教育問題の論客としてしだいに有名になり，各地で講演活動を行うようにもなる．また，*イエズス会の宗教哲学者*プシュヴァラの勧めで*トマス・アクィナスの研究を始め，トマスの『真理について』のドイツ語訳に取り組む．哲学上の主著『有限なる存在と永遠なる存在』（*Endliches und ewiges Sein*, 1950）は，人間理性による「厳密なる学」の営みとしての現象学的哲学から出発した彼女が，一方でこの原点を守りながら，他方でトマス思想との出会いを通じ，有限的主観性の自己閉鎖

エディット・シュタイン
（女子跣足カルメル会）

を突破して，永遠なる存在の真理へと開かれた理性の営みとしての哲学に到達したことによって生み出されたものである．

1933年，ヒトラー政権の反ユダヤ人政策により職場から追放されたのを機に以前からの念願通り，アビラのテレサの修道会である*カルメル会に入会．当初*ケルンの修道院に入ったが，ドイツの政治情勢の深刻化のためにオランダのエヒト（Echt）の修道院に移った．エヒトでは，テレジアと並ぶカルメル会の偉大な神秘主義者である*フアン・デ・ラ・クルス（十字架の聖ヨハネ），およびキリスト教神秘思想の偉大な源泉である*ディオニュシオス・アレオパギテースの研究に沈潜しつつ，自らと同胞たちに襲いかかりつつあった運命を予感し，神の摂理のなかでのその秘められた意味に思いを巡らせていた．そして，1940年にナチス・ドイツはついにオランダを占領し，オランダのユダヤ人は直接にその脅威にさらされることになる．ナチスは，1942年7月にオランダのカトリック司教団がユダヤ人迫害に反対を表明したことに対する報復として，オランダのカトリックのユダヤ人を逮捕し始め，8月2日には親衛隊がエヒトの修道院からエディット・シュタインを連行した．ポーランドに移送され，8月9日に*アウシュヴィッツのガス室で死亡．1989年に列福．1998年10月11日*列聖．

【主著】*Endliches und ewiges Sein*, 1950; *Kreuzeswissenschaft. Studie über Johnannes a cruce*, 1950; *Des hl. Thomas von Aquino Untersuchungen über die Wahrheit*, 2 v., 1931-32 ²1952-55; *Wege der Gotteserkenntnis*, 1948 ²1979: 中山善樹編訳「神認識のさまざまな道—ディオニシウス・アレオパキータと彼の象徴神学」『現象学からスコラ学へ』（九州大学出版会 1986）193-257.
【文献】E. カーヴァ，E. シュタイン『十字架に祝せられたもの』P. エグリ，内海晶子訳（ヴェリタス書院 1959）: E. KAWA, E. STEIN, *Die vom Kreuz Gesegnete* (Berlin 1953); W・ヘルプシュトリット「エディット・シュタインの歩んだ道」E. シュタイン『現象学からスコラ学へ』中山善樹編訳（九州大学出版会 1986）259-320: W. HERBSTRITH, "Der Weg Edith Steins," *Edith Stein*, ed. W. HERBSTRITH (Freiburg 1983) 7-66.

（矢玉俊彦）

シュタウデンマイアー　Staudenmaier, Franz Anton（1800.9.11-1856.1.19）　ドイツのカトリック神学者．ドンツドルフ（Donzdorf）に生まれ，テュービンゲン大学で*ヒルシャー，*メーラーに師事し，1827年司祭叙階．1830年よりギーセン大学，1837年より*フライブルク大学の教理神学教授．神学誌（Jahrbücher für Theologie, Zeitschrift für Theologie）の共同創刊者．フライブルクで没す．ドイツ・ロマン主義および観念論哲学の影響を受けて，その用語を用いて教理を説いたが，*ヘーゲルの*観念論の体系を鋭く批判し対決している（Darstellung und Kritik des Hegelschen Systems, 1844）．反面，*教父および中世の神学者たちの伝統的思想の理解に欠けていたことが指摘される．

【主著】Enzyklopädie der theologischen Wissenschaft, 1834; Der Geist des Christentums, 1835; Die Philosophie des Christentums oder Metaphysik, 1844-52（未完）; Die christliche Dogmatik, 4 v., 1844-52.

【文献】キ人 701; LThK² 9: 1024; EDR 3383; F. LAUCHERT, Franz Anton Staudenmaier in seinem Leben und Wirken dargestellt (Freiburg 1901).　　（小高毅）

シュタウピッツ　Staupitz, Johann von（1468/69-1524.12.28）　ドイツの神学者．アウグスチノ隠修士会（→アウグスチノ会）に入会し，ドイツの同会修道院の副院長となった．神学者としても名の知れた人物であったが，特に，*エルフルトの修道院に入ってきた*ルターの指導者になったことで知られる．シュタウピッツはルターを*ヴィッテンベルクに送り，また学者として身を律するように学問研究を勧めた．その後もルターを保護する立場をとり，またキリストを中心に置く神学はルターにも何らかの影響を与えたが，シュタウピッツ自身は必ずしもルターの神学的見解に従ったわけではない．いずれにしても，ルター研究にとってシュタウピッツの貴重な証言が不可欠であることは事実である．

【文献】キ人 701; LThK² 9: 1026.　　（磯見辰典）

シュタウファー　Stauffer, Ethelbert（1902.5.8-1979.8.1）　ドイツの新約聖書学者．フリーデルスハイム（Friedelsheim）に生まれ，ハレ，ベルリン，テュービンゲンで学び，エルランゲン大学の新約聖書神学教授となる．特に後期ユダヤ教の造詣が深く，新約聖書を旧約聖書や後期ユダヤ教の宗教史的背景から理解し，キリスト中心的な歴史神学として理解した．また考古学や実証的研究に力を注ぎ，史的イエスを重視，*ブルトマンとは対照的な新約聖書神学の立場を代表した．

【主著】Theologie des Neuen Testaments, 1941, ⁴1948: 村上伸訳『新約聖書神学』（日本基督教団出版部 1964); Jesus, Gestalt und Geschichte, 1957: 高柳伊三郎訳『イエス―その人と歴史』（日本基督教団出版部 1962）.　　（近藤勝彦）

シュタットラー　Stattler, Benedikt（1728.1.30-1797.8.21）　ドイツのカトリック神学者，哲学者，司祭，イエズス会員．*バイエルンのケッツィンク（Kötzting）に生まれ，1745年*イエズス会入会．1759年司祭叙階．1770年インゴルシュタット大学の組織神学教授となる．1773年イエズス会の活動禁止の後も講義を続け，1781年教区司祭となり，1790年以降*ミュンヘンで活動，同地で没す．*カントに反対し，C.*ヴォルフを擁護した．

【主著】Philosophia methodo scientiis propria explanata, 8 v., 1769-72; Anti Kant, 3 v., 1788; Demonstratio evangelica, 1770; Demonstratio catholica, 1775; Theologia christiana theoretica, 6 v., 1776-79.

【文献】キ人 701-702; EDR 3382; LThK² 9: 1023-24.　　（小高毅）

シュタッフォルトしんこうこくはくしょ　シュタッフォルト信仰告白書　Staffortsches Buch　1590年からバーデン・ドゥルラハ辺境伯であったエルンスト・フリードリヒ（Ernst Friedrich）はシュタッフォルト城で1599年に『バーデン辺境伯領で教会と学校奉仕者が教えに際してもつべき短い簡単な信仰告白』と『公がこれまで「一致信条書」に同意を控えてきたキリスト教的考察と十分基礎づけられた動機』をまとめた．この二つの著作によってフリードリヒは領内に，ルター派信条集のかわりに*カルヴィニズムを導入しようとしたが，この意図は1604年の彼の死によって果たされずに終わった．　　（徳善義和）

シュタードラー　Stadler, Joseph（1843.1.24-1918.12.8）　ユーゴスラヴィアの大司教，哲学者，神学者．スラヴォンスキー・ブロト（Slavonski Brod）に生まれ，*ローマで学び，1868年司祭叙階．1874年*ザグレブに新設された大学の基礎神学教授，1881年サラエヴォ（Sarajewo）の初代大司教になる．イスラム教徒，東方正教会教徒の多いこの地でのカトリック教会の伸展に尽力，*イエズス会を招聘し，司教座聖堂，修道院，学校，神学校，孤児院等を建設．またクロアティア語による哲学教科書も出版．サラエヴォで没す．

【文献】キ人 702; LThK² 9: 1004.　　（小高毅）

シュタフィルス　Staphylus, Friedrich（1512.8.27-1564.3.5）　ドイツの神学者．オスナブリュック（Osnabrück）に生まれ，*クラコフと*パドヴァで学ぶ．1536年*ヴィッテンベルクに迎えられ，1546年にはプロイセンに推薦されるが，そこで*オジアンダー等と論争し，プロテスタントに反対する神学者となった．*フェルディナント1世とバイエルン大公アルブレヒト5世（Albrecht V, 在位1550-79）の顧問となり，晩年は教会の再一致の努力を助けた．　　（徳善義和）

シュチェチン　Szczecin　ポーランド北西部の県，またその県都．オーデル川河口に発達した港湾都市でドイツ名はシュテッティン（Stettin）．1972年以来*グニエズノ大司教区の属司教区シュチェチン・カミン（Szczecin-Kamień）に属している．考古学的調査によれば，集落ができたのは8世紀後半頃であり，11世紀にはポンメルン（Pommern, ポーランド語でポモジェ Pomorze）地方最大の都市となった．バンベルクの*オットーによって1124年ないしは1128年からキリスト教化された．1237年ないしは1242年に*マクデブルクの姉妹都市となって都市法，なかでも市場開催権と免税権とを得たおかげで，13-14世紀にはハンザ同盟の一員としてポンメルンの商業の中心地に育った．第2次世界大戦後ポーランド領となる．　　（丹木博一）

しゅちしゅぎ　主知主義　〔ラ〕intellectualismus,

〔英〕intellectualism, 〔独〕Intellektualismus, 〔仏〕intellectualisme　主知主義(知性主義)といっても, この名を標榜する哲学上の明確な学派が存在するというよりは, むしろもろもろの思想傾向を類型化するための用語として, あるいは自己の哲学的立場を明らかにするために設定される仮想敵に投げつけられるレッテルとして作り出され, 使われている言葉だといえる. それゆえ, この言葉の意味はそれが使用される際の文脈に大幅に依存することになるが, いかなる場合であれ, それが「知性」を, *意志, 実践, 感覚, *感情, *信仰などに対して優位に置く思想上の立場を名指すものとして使われているのは確かである.

　この言葉の起源は明らかではないが, intellectualista (主知主義者)というラテン語がすでに F. *ベーコンにみいだされる. しかし, 「主知主義」という言葉が用語として普及し, 辞書にも掲載されるようになったのは19世紀になってからのことである. 当初それは主として人間の *認識の主要な担い手を感覚ではなく *知性にみる立場を指すために用いられたが, 19世紀後半以降は, むしろ *心理学や *倫理学の議論のなかで, 意志に対して知性を優位に置く立場を意味する用語として, 主知主義または *主意主義という対立の枠組みにおいて使われることが多くなった. この用法は現在でも有力であり, 古代から現代に至るまでのさまざまな思想傾向を分類し, 特徴づけるために使用されている(「*アリストテレスの主知主義」「*スピノザの主知主義」など).

　しかし, この言葉が用いられるとき, 多くの場合そこには豊かな現実との接触を失った抽象的概念や機械的推論への非難, あるいは意志や愛の次元に対して盲目な冷たい「知性」への拒絶が何かしら込められることになり, このような否定的ニュアンスがこの言葉から完全にぬぐい去られることはなかった. そのような一般的理解に逆らってあえて積極的・肯定的な主張を込めてこの言葉を用いた唯一の例外と思われるのが, フランスのイエズス会員 *ルスロである. 彼は, しばしばその「主知主義的」傾向を非難される *トマス・アクィナスの思想の根幹を, 存在の働き(〔仏〕être)の本来的かつ究極的な姿は知性認識の働き(intellection)にほかならないとする, むしろ積極的な意味での「知性主義」(intellectualisme)として評価すべきことを主張したのである.

　だが, このような特異な一例を除けば, この言葉は自らの思想の積極的な表現として用いられるのではなく, むしろ他人の思想を単純に図式化したり, 戯画化するための道具にとどまっているように思われる.
【文献】F. BACON, *De dignitate et augumentis scientiarum*, I, 43; P. ROUSSELOT, *L'intellectualisme de saint Thomas* (Paris 1908 ²1924). 　　　(矢玉俊彦)

しゅちょうれい　首長令　Act of Supremacy

1534年にイングランド議会が *ヘンリ8世およびその後継者を「イングランド国教会の地上における唯一至上の長」と認めた法令. *メアリ・テューダーによって一度は廃止されたが, 1559年に *エリザベス1世によって復活. イングランドをカトリック教会から公式に分離し, 国教会(→聖公会)を成立させたのはこの法律である. これを基にヘンリ8世は *宗教改革に着手したが, 実際には教理上の変革よりも, 全国の修道院や教会財産の解体・没収がその主たる内容だった. 以後エリザベス1世, *エドワード6世の治世においては, 大陸からのプロテスタント思想導入が政府によって奨励されたが, ヘンリ自身の治世, さらに後のステュアート王朝の歴代の王のもとで, 王権に対する忠誠を統一の原理とするイングランド国教会の内部に, カトリック的思想もまた広く影響をもつこととなる.　(P. ミルワード)

しゅつエジプト　出エジプト　〔ギ〕exodos, 〔ラ〕exodus, 〔英・独〕Exodus, 〔仏〕Exode

【名称】「出エジプト」という名称はギリシア語 exodos, ラテン語 exodus の翻訳である. この語はギリシア語の前置詞 ek (〜から) + 名詞 hodos (道) から成る合成語で「外に出る道」「出ること」を意味し, *七十人訳聖書では出エジプト記19章1節(ほかに民33: 38, 王上6: 1, 詩104: 38; 113: 1 等)にこの名詞が使われているが, これはイスラエルの民の「エジプトからの脱出」を表すものである. *モーセ五書の第二の書のギリシア語, ラテン語の表題でもある. このエジプト脱出の出来事はイスラエルの *救済史の原体験としてモーセ五書の中心的出来事であり, その編集の結晶作用の核(M. *ノート)と考えられている.

【*ペリコペー】出エジプトの記事は, 出エジプト記1章1節から15章21節にかけて記述されているが, エジプト脱出の記念は旧約, 新約のなかで繰り返し現れる.
(1) *ファラオによるヘブライ人の圧迫 1: 1-22 (原因).
(2) *モーセの誕生と *召命 2: 1-4: 31 (介入).
(3) モーセの派遣 5: 1-6: 13 (派遣).
(4) エジプトの *十の災い 7: 1-11: 10 (対決).
(5) *過越 12: 1-13: 16 (記念).
(6) 海の奇跡 13: 17-14: 31 (救済).
(7) 勝利の歌 15: 1-21 (結果).

【道程】出エジプト記(および民33: 5-8)によれば, 脱出の道程は以下の通りである.
(1) ラメセスからスコト (12: 37).
(2) *ペリシテ人の道ではなく, 葦の海(→紅海)に通じる荒れ野の道 (13: 17-18).
(3) スコトから荒れ野の端のエタム (13: 20).
(4) 引き返してミグドルと海との間のピ・ハヒロトの手前, バアル・ツェフォンの前, 海辺 (14: 2, 9).
(5) 葦の海 (15: 4, 22).

しかしながら, エジプト脱出の道についての同定は困難であり, ここでは一般にいわれている仮説を述べてみたい.

〔北からの脱出〕これはエジプトから地中海に沿ってラフィア, *ガザへと続く *カナンの地に達するのに最も短く, 近い軍事・商業道路である「ペリシテ人たちの国の道」(口語訳・出13: 17 参照. ただし, 「ペリシテ人たちの国」という名称は時代錯誤的な後代の挿入と考えられる)を行き, エジプトの川より内陸の *カデシュ・バルネアに向かったとするものである. 出エジプトの伝承ではカデシュの重要性が説かれているが, この説に従えば, 葦の海はパピルスの多いデルタの北の沼地が考えられ, *シナイ山はカデシュにあるジェブル・ヘラルが想定される. *ヤーウィスト資料としてレア部族に属するものといわれている.

〔南東の道〕これはエジプトから南東のシナイ半島に向かうもので, 北の道がマンジラー湖(Bahra el-Manzilah)の南を行ったと考えられるのに対し, ティムサ湖の南を行ったとするものである. そして大苦湖, 小苦湖(Bitter Lakes)を経てマラ, エリムとシナイ半島を南に行くものである. この場合, 葦の海はスエズ湾か

しゅつエジプトき

紅海(出10:19; 民33:10-11)あるいはアカバ湾(王上9:26)が考えられ、シナイ山はジェベル・ムーサが想定される。この道は*エロヒスト資料(および*祭司文書)としてラケル部族によるものではないかと推測されている。

【年代】エジプト脱出の歴史的事実に関しては、聖書外資料には全くその記述がない。列王記上6章1節は*ソロモンがエジプト脱出から480年にして神殿建築を開始したと記す。ソロモンの治世は通説に従えば、おおよそ前970-930年頃であり、逆算すればエジプト脱出の時期はおおよそ前1450-1440年頃となる。しかし、出エジプト記1章11節にはファラオの物資貯蔵の町ピトムとラメセスの建設の話があり、これはラメセス2世(在位前1290-1224)の時代のことと考えられ、そうするとエジプト脱出は前1290年以降でなければならなくなる。そこで列王記上6章1節の年代(480年)は12×40という象徴的な意味合いをもったものではないかと考えられている。また、出エジプト記2章23節はエジプトの王が死んだことを述べるが、ラメセス2世の後継者はメルネプタ(在位前1224-1204)である。こうしたことからエジプト脱出の時期はラメセス2世の時代か、メルネプタの時代、おおよそ前1250-1230年頃であろうといわれている。

【動詞】エジプト脱出に関して、出エジプト記はさまざまな動詞を用いてそれを表現する。それは伝承の相違と考えられるが、第一はシャラー([ヘ] šālaḥ)という動詞である。この動詞の強調形は「去らせる」を意味し、出エジプト記3章20節(予告)から14章5節(成就)にかけて40回使われているが、第三と第六の災いを除いたほかの八つの災いのなかで顕著に表れる(→十の災い)。神(モーセ、アロン)とファラオの対立の構図は「去らせよ」-「去らせない」という表現で鮮明にされ、「去らせる」のは神に仕えるためであると強調する。これはシナイ伝承との結びつきを想定させ、この動詞の用法はヤーウィスト資料に特徴的である。シャラーはまた基本形で「送る、遣わす」を意味し、出エジプト記3章から4章では神がモーセを派遣するために用いられている。第二はヤツァー(yāṣā')という動詞で、この使役形は「導き出す」を意味し、出エジプト記3章10節から14章11節にかけて脱出との関係で18回使われている。ただし、シャラーと違い、十の災いの記事を除いた箇所に現れ(エロヒスト資料か)すべて前置詞ミン(min 〜から)を伴い、エジプトから神(モーセ)が導き出すことに重点が置かれている。基本形「出る」では、12章31,41節、13章3,4,8節、14章8節でエジプト脱出がいわれている。第三はガラシュ(gāraš)の強調形「追い出す」で、出エジプト記6章1節と11章1節でシャラー(去らせる)と並行的に現れ、これもまた前置詞ミン(min 〜から)を伴っているが、この動詞は追放を意味する。第四はアラー('ālâ)の使役形「導き上る」で、出エジプト記3章8,17節などではエジプトから乳と蜜の流れる土地へというカナンへの方向性が示されている。基本形「上る」では12章38節、13章18節でエジプト脱出がいわれている。

【目的】イスラエルの民のエジプトからの脱出は「主に仕える」ためであった。「わたしの民を去らせ、わたしに仕えさせよ」という定型句は7回(出7:26; 8:16; 9:1,13; 10:3. 4:23と7:16は変形)現れるが、場所は「この山で」(出3:12)、「荒れ野」(出7:16)といわれている。「主に仕える」ことに対立するのはファラオに仕えること、重労働で、同じ動詞アバド('ābad)を7回(出1:14; 5:18; 14:5, 12 (2回). 1:13と6:5は使役形)使ってその対立を明白にしている。出エジプト記5章1節では荒れ野で祭を行うこと、8章4,24,25節では荒れ野で犠牲を献げるという表現があるが、12章31節では除酵祭(ユダヤ人の*祭)の儀式を行うというのにこの動詞が用いられている。

【文献】R. ドゥ・ヴォー『イスラエル古代史』西村俊昭訳(日本基督教団出版局 1977) 523-56: R. DE VAUX, Histoire ancienne d'Israël (Paris 1971) 349-68; H. H. ROWLEY, From Joseph to Joshua: Biblical Traditions in the Light of Archaeology (London 1950); H. CAZELLES, "Les localisations de l'Exode et la critique littéraire," RB 62 (1955) 321-64; J. WIJNGAARDS, "hôṣi' and hé-'elah. A Twofold Approach to the Exodus," VT 15 (1965) 91-102. (柊曉生)

しゅつエジプトき　出エジプト記　[ヘ] šᵉmôt

【書名】旧約聖書の*モーセ五書第二の書。その書名はエジプト「脱出」にちなんでExodus(ギリシア語でExodos)、またユダヤ教の伝統では、冒頭(1:1)のヘブライ語を用いて weʾēlleh šᵉmôt (そしてこれらは名前である)、ないし šᵉmôt (「名」の複数形)。

五書の分割は便宜的なもので、本来は一連の書であったと考えられる。シナイ滞在中の物語が出エジプト記とレビ記に不自然に分割されていることからも推定できる。

【構成】本書の内容は独立したものではなく、天地の*創造から約束の地に至る直前までの歴史物語の一部を成し、*出エジプトからシナイ滞在までを物語る。現在の構成では、*シナイでの神の*顕現を中心に出エジプトと*荒野の旅のモチーフが結合されている。

〔第1部(1-15章)〕第1部分では、*過越を最高潮とするエジプトからの脱出が物語られる。物語の冒頭は、創世記の*族長物語が大きく展開する歴史の新段階を示している。ヤコブとその子ら(1:1-15)が、エジプトに下って一つの民となる(1:7,9)。イスラエルの人々が子を「産み」、「数を増し」、国中に「溢れた」(1:7)のは、天地創造の際に与えられた祝福(創1:28; 9:1)の実現である。しかしこの神的原因を認めることができない*ファラオは「恐怖」を抱き、民を圧迫し(出1:9-14)、生命の増加に対し死の命令で対抗する(1:15)。しかし皮肉にも神を「畏れる」助産婦たちに屈服させられ、生命はますます増加する(1:20)。

ファラオの命令が過酷を極めたとき(1:22)、いよいよ五書の中心人物*モーセの誕生が物語られる(2:1-10)。モーセはファラオの命令から免れたばかりでなく、皮肉にもその膝元で育つ。成長したモーセは、エジプト人ではなく同胞ヘブライ人に連帯しようとして、同胞をエジプト人から救い(2:11-12)、同胞間の紛争を裁こうとする(2:13)。しかし神からの派遣に基づかないこの試みは失敗に終わり、モーセは*ミディアンの地に逃亡して、そこで寄留者として生活する。

モーセのミディアン滞在は物語の展開を遅らせる遅延([英] delay)の機能をもっているが、その間にもイスラエルの苦しみは厳しさを増し加え、民の叫びに応えて、ついに神は先祖たちとの「契約を思い起こす」(2:23-24)。そこで召し出されるモーセは大*士師として、また*預言者としての肖像を与えられる。*神の名の啓示を伴うモーセの召命物語において(3:1-4:17)、生命と死をつかさどる神の*権威をもって(4:1-9)、モーセは

再びエジプトに遣わされる．モーセの救い手と裁き手としての二つの使命は，神が与える権威によって初めて実効あるものとなる．神の名の啓示は歴史において現される（「わたしは必ずあなたと共にいる」．3: 12; 4: 12, 15）．

ファラオとの最初の交渉は失敗に終わり，民は一層過酷な労役に苦しめられる（5: 1-22）．この暗黒状態で神が介入し（6: 2-13; 7: 1-7），対立は解決へと動き出す（プロットの「転換点」）．神は計画を予告し，モーセと*アロンがそれを実効する．つまり主を拒んだファラオは「心をかたくなにして」，最後の敗北まで転落し，ついに「エジプト人はわたしが主であることを知るようになる」（7: 5．その実現は 9: 20; 10: 7; 14: 25）．こうして，ファラオとモーセとの対立はファラオと主との対決であり，イスラエルの主人が誰であるかを決する戦いであることが明らかになる．ファラオの支配は暴力による奴隷化，主の支配は自由な決断に基づく選択を通して実現する．

エジプトの初子が死ぬ最後の災いに至るまでの 9 の災いは，それぞれ三つの災いからなる 3 組で構成され（7: 14-8: 15; 8: 16-9: 12; 9: 13-10: 27），世界を支配する主の威力が段階的に示される．最後にはエジプト国民も（9: 20-21），ファラオの家臣も（10: 7）主を「畏れる」に至るが，ファラオ一人かたくなに抵抗する．こうして神の計画が実現し，神を拒否するものにも神は自己を啓示する（→十の災い）．

最後の災いは対立に決着をもたらす（11 章）．モーセとの対話を断絶したファラオは，自らの意志で自覚的に死の世界に入る．神にとって*長子であるイスラエルを奴隷状態，つまり死の国エジプトに閉じ込めようとするファラオに対し，主はファラオの長子を死者の国に落とす．この出来事はイスラエルにとっての記念とされ，*過越祭と除酵祭（→種なしパン）の祭儀として永遠に守られる（12: 24-27）．

いわゆる葦の海の奇跡は（→紅海，紅海渡渉），イスラエルとエジプトの最終的分離の出来事として，最後のドラマ的緊張をもたらす部分である（final suspense）．死の世界の象徴である海が壁という正反対の性質のものに変わり，そこを渡るイスラエルは誕生ないし新しい命への再生を体験する（スカ Jean Louis Ska, 1946- ）．エジプト脱出の物語は，イスラエルの民が「誕生」した物語であり，天地創造を暗示する語彙（14: 20 光と暗闇，14: 21 激しい風，海，乾いた地，分かれる）とともに，多くの象徴的意味をもった語彙とモチーフによってこれが表現されている（夜に輝く光，過去を焼き尽くす災い，死の海を渡って新しい命へと復活する）．神の救いの業を讃える「海の歌」（15: 1-18, 21）によって「脱出物語」が締めくくられる．

〔第 2 部（15-18 章）〕第 2 部分ではシンの荒れ野からシナイに至るまでの旅が物語られる．荒野の旅全体を予説（prolepsis）するエピソード（マラの水，掟の授与，エリムのオアシス到着．15: 22-27）に始まり，マナとうずら（16 章），メリバの水（17: 1-7），アマレクに対する勝利（17: 8-16），裁き手の制定（18 章）へと続く．「荒野の旅」物語はシナイ到着以前の部分とそれ以後の部分（民 10: 11 以下）の間に多くの重複する物語がみいだされる．特に著しいのは「メリバの水」である（出 17: 1-7; 民 20: 1-13）．またマナとうずらに関する物語も 2 度物語られる（出 16 章; 民 11: 1-34）．荒れ野での欠乏がきっかけとなって民は不満を抱くが，その矛先は荒れ野に導いた神とその使命を果たすモーセの権威に向けられる．しかしここでは，最初の救いの業の場合と異なり，民はもはや「ただ見ている」（出 14: 13）だけでは充分ではなく，積極的にかつ正しく行動することが求められる．さらに重複する物語を比較すると，神の反応に相違があることも明らかである．すなわちシナイ到着以前の部分では死による処罰は下されない（例えば出 16: 20, 27-29 と民 11: 31-34 など比較）．シナイ到着以前の段階で民の責任能力は，いわばいまだ芽生えたばかりであり，*神の意志を自由意志により受諾する成熟段階に至るまで神は民を養育するのである．

実際，導入の予説部（出 15: 22-27）は楽園物語を連想させ，主の「掟と法」が中央に位置している（創 2: 9, 16-17; 出 15: 25-26）．モーセに従って主の戦いを戦ったときには勝利を得たが（アマレクとの戦い．17: 8-16），主の意志に反して戦えば惨めな敗戦を味わうことになる（民 13-14 章，特に 14: 39-45）．こうして「荒野の旅」物語群はシナイ啓示における神の意志と密接に結ばれており，その仲介者であるモーセの権威に服することによって神の民が真に成熟した生命へと成長することを物語っている．

〔第 3 部（19-40 章）〕第 3 部分は「シナイ啓示」の物語で，シナイからの出発（民 10: 11）までの一連の出来事に含まれる部分にすぎない．冒頭で述べた通り，この部分の結びは人為的であり，*契約とその違反，契約更新の物語を主な骨組みとして，それとは独立した流れで祭儀の制定が物語られる（出 25-32 章; 35-40 章）．

シナイにおいて神とその民との関係は決定的な段階を迎える．神は過去の救いの業を思い起こさせ（19: 3-4），将来を示す（19: 5-6）．「聖なる民」は創造主と特別な関係で結ばれた特権的地位（「宝の民」），世界と神を結ぶ*祭司（「祭司の王国」）の役割をもつことになる．神と民を仲介する役割は山に登り降りするモーセによって表現されている（19: 3, 7, 8-10, 14, 20, 25）．神顕現の場面は典型的な語彙とモチーフとともに，祭儀の要素も含まれ（角笛の音が鳴り響く．19: 16, 19），出来事の本質を指示している．すなわち神が民全員に顕現するという聖書中唯一の出来事であり，祭儀を通して将来の世代（読者も含む）もこれに参与する可能性を示唆している．したがって，「十の言葉」（いわゆる「倫理的十戒」．20: 1-17）と「*契約の書」（20: 22-23: 33）で示される神の意志もまた永続的意味をもつ（特に*十戒はいかなる条件も伴わない断言法 apodictic law の様式）．祭儀的前後関係で授与されているとはいえ（19: 1-20: 21; 24 章），法の内容は社会的・倫理的関心をもつものであり，神との関係が民の生活全体を律するという，神の民の本質が示される．こうして民の実存が根底から刷新され，神の救いをみ，神の意志を告げられた民はそれに応えることが求められる．神との永続的結びは契約締結の形で表現される（24 章）．

「*金の子牛」の罪（32 章）は民の実存を占めるもう一つの真実を物語る．すなわち神の意志に対する違反（32 章の場合，不安に駆られて神を他の者と取り違える）もまた救いの歴史には不可避であり，罪の経験を通して神は新しい面を啓示する．救い導く神は赦す神でもあり，それなしには，弱くかたくなである民に聖なる神が同行し「共にいる」神であることはできない（33: 12-23）．こうして契約が更新され新たに十戒が授与される（いわゆる「祭儀的十戒」．34 章）．

この前後関係のなかで祭儀の規定が命じられ（25-31

しゅつげん

章)，実行される(35-40章)．すなわち神の民が構成され，その中心に*神殿が建設され，創造の頂点である*安息日が命じられる(出31:12-17; 35:1-3; 創:2:1-4参照)．シナイ啓示は救いの歴史として神の民成長の頂点であるとともに，「天地創造」を完成するものである．

【成立】成立過程については多くの議論がなされ，いまだ定説はない．シナイ伝承はエジプト脱出と荒野の旅の伝承とは本来別の，独立したものであったと考えることもできる(*ノート)．*ヤーウィスト資料，*エロヒスト資料が結合され(王国時代末期か)，*捕囚期の悲惨な経験を背景に申命記的契約神学による加筆が行われ(例えば12:24-27a; 13:3-16; 19:3b-8)，さらに祭儀的・律法的資料(25-31章, 35-40章など)とともに，*祭司文書と結合されたと説明されるが，五書の文書化は捕囚期以後であったとする説もある(セーテルス John van Seters, 1935-)．しかし資料分析が非常に困難であることに加え，法資料がどの資料に属するかも定かではない．*ヴェルハウゼンは「契約の書」がヤーウィスト資料に，十戒はエロヒスト資料に属するとしたが，キューネン(Abraham Kuenen, 1828-91)は「倫理的十戒」をヤーウィスト資料に，また「祭儀的十戒」をエロヒスト資料に属させた．しかし法資料を物語資料とは独立した伝承として説明する傾向が強くなっている．また出エジプト記15章の「海の歌」にみられるような古い詩編資料の帰属も決定困難な問題を含んでいる．さらに出エジプト記における祭司文書が物語資料なのか，それとも単なる編集であるのか議論がある．最近では様式批判の立場から従来の資料分析とは異なった伝承の発展段階として説明する研究も進められている(例えば，レントルフ Rolf Rendtorff, 1925-)．

【文献】旧新約聖書大590; R. レントルフ『モーセ五書の伝承史的問題』山我哲雄訳(教文館 1987): R. RENDTORFF, *Das überlieferungsgeschichtliche Problem des Pentateuch* (Berlin 1977); B.S. チャイルズ『出エジプト記』全2巻, 近藤十郎訳(日本基督教団出版局 1994): B. S. CHILDS, *Exodus* (London 1974); ID., *Introduction to the Old Testament as Scripture* (London 1979); N. LOHFINK, "'Ich bin Jahwe, dein Arzt'. Gott, Gesellschaft und menschliche Gesundheit in der Theologie einer nachexilischen Pentateuchbearbeitung (Ex 15, 25b. 26)," *Ich will euer Gott werden*, ed. E. ZENGER (Stuttgart 1982) 11-73; R. RENDTORFF, *Das Alte Testament* (Neukirchen-Vluyn 1983); M. NOTH, *Das zweite Buch Mose: Exodus* (Göttingen ⁷1984); J. L. SKA, *La passage de la mer: Etude de la construction, du style et de la symbolique d'Ex 14, 1-31*, AnBib 109 (Rome 1986); W. SCHMIDT, *Exodus, Sinai und Mose: Erwägungen zu Ex 1-19 und 24* (Darmstadt ²1990). (佐久間勤)

しゅつげん　出現〔英・仏〕apparition, vision,〔独〕Erscheinung, Vision　普通の感覚によって捉ええないものをみるという宗教的な心理体験．示現ともいう．この体験を得た人は，超越的なもの(神, 仏, 天使, 鬼神, 亡霊など)が自分に実際に現れたと感じる．

出現は，ほとんどすべての民族や宗教にみられる現象であり，古代の諸宗教，*シャーマニズム，世界の大宗教(*ユダヤ教, *仏教, *キリスト教, *イスラム教), 心霊術(*スピリティズム), 多くの新宗教などに決定的な影響を及ぼしてきた．諸宗教において古代から現代に至るまでみられるこの現象については近年さまざまな学問的研究が行われてきたが，その確定的な説明はまだ得られていない．出現が起こるにあたって，人間精神の諸能力，潜在意識，精神や身体の状態，宗教的伝統などが影響を及ぼしているのは確実であるが，*唯物論の立場をとらないかぎり，神, 天使, 亡霊などの働きを除外することはできない．出現の真偽について判断することは困難であるが，すべての出現を病的な幻覚とみなすことは偏見である．

【聖書】旧約聖書において多くの出現は，実際に起こった出来事として書かれている．神の像を造ることを禁じられていたイスラエルにおいて神が人に語ることは普通で，神が姿を現すこと(イザ6:1; エゼ1:26, 27; ダニ7:9)は少ないが，*天使はたびたび姿を現しており(民22:22; サム下24:16等)，死者が現れることも伝えられている(サム上28:12-14; 2マカ15:12-15)．新約聖書においても天使の出現が述べられているが(ルカ1:26等)，キリスト教にとって特に重要なのは，復活したイエスが弟子たちに現れたことである(ルカ24:36等)．

【教会史】古代のキリスト者が出現を経験したことは伝えられているが(例えば『ペルペトゥアとフェリキタスの殉教録』)，正統教会においては，出現はあまり重視されなかった．しかし，*グレゴリウス1世の著作にみられるように，古代末期から出現についての話が多くなり，特に中世から*聖人たちが体験する出現が大いに注目され，多くの書物において，イエス, マリア, 天使, 聖人, 悪魔などの現れが伝えられるようになった．出現にはそれをみた者だけのためのものもあるが，出現した者が出現をみた者に，他の人々へのメッセージを託す場合もある．後者のうちには歴史に大きな影響を及ぼしたものもあり，例えばキリスト教以外では，*ムハンマドに天使*ガブリエルが現れたことがイスラム教の起源とされているし，キリスト教では，天使が*ジャンヌ・ダルクに現れたことがフランスの歴史を変え，またイエスがアッシジの*フランチェスコや*マルグリット・マリー・アラコックに現れたことが教会内の大運動の出発点となった．

危機の時代には，出現をみて重要なメッセージを委ねられたと主張する人々が多く現れる．19世紀から20世紀にかけてカトリック教会では聖母*マリアの出現が多く伝えられた．*カトリーヌ・ラブレーへの出現(1830)をはじめ*ラ・サレット(1846)，*ルルド(1858)，*ファティマ(1917)など，マリア出現は数百件ともいわれる．

【教会の教え】神が生きており，自由に働くことができると信じ，イエス, 天使, 聖人が神のもとに生きていると信じる教会は，神や聖人などの働きによって出現が起こりうると考えている．そのうち，復活したイエスの出現は，キリスト教の根本的な信仰内容に属す．ところで，イエスによって全人類への神の*啓示が完了したという信仰に基づいて，教会は，イエスの時代以後に起こったいずれの出現についても，すべての人が信じるべきものだとして提示しているわけではない．ある出現について教会が詳しい調査を行い，その結果出現を承認するときにも，その承認の意味は，その出現を信じてもよいということであって，信じるべきであるということではない．出現をみたと主張する人々が錯覚に陥っている危険性も大きいことから，教会は出現に関して極めて慎重である．もし出現の内容がキリスト教信仰か道徳に背くものであれば，あるいは，それをみたと主張する人が道徳面などで問題のある場合，その人が主張する出現が神からのものと認められることはない．

【神学的な評価】出現の本質，原因，価値などについての解釈は容易ではない．未解明の超心理学的な現象と関係するし，ユダヤ・キリスト教以外の諸宗教にみられる類似した現象との比較研究も充分には進んでいないからである．K. *ラーナーが述べたように，人間に対する神の働きの最も重要な点は，人の心の奥底に神が自分自身の命を注ぎ入れるという *神の自己譲与である．多くの出現はおそらく，神のこの自己譲与が人間の精神的・身体的な構造に応じて，その人の心身に放射されることによって起こる現象であろう．出現の内容にはその人の性格，精神状態，宗教についての知識，感情などが大きな影響を及ぼしており，だからこそ実際に心の奥底に神の命を注ぎ入れられた人の場合であっても，その出現に誤りが入る可能性は否定できない．*フアン・デ・ラ・クルスが出現にこだわることを非難し，それを *霊的生活の未熟なしるしとみなしたのもこのためである．

教会の歴史に伝えられている夥しい数の出現は以下の五つのタイプに分類することができる．(1) 教会改革型．出現をみたと主張する人は，社会と教会の現状を非難し，天罰を予告し，回心すれば神からの幸せが約束されるとする（秋田のマリアの出現など）．(2) 牧童型．田舎の子どもたちにマリアなどが突然現れ，回心を勧め，罪人のために祈るように命じる（ラ・サレット，ルルド，ファティマの出現など）．(3) 特別信心奨励型．現れるイエスかマリアは，救いを保証する特別の信心を勧める（*スカプラリオ，*イエスの聖心の信心，不思議のメダイユ，神の慈しみの信心など）．(4) 受難型．出現に伴って，それをみた人がイエスの受難に身体的にあずかる（*聖痕など）．(5) 悪魔型．悪魔が現れ，人を精神的・身体的に悩ます（エジプトの *アントニオス，*ジャン・バティスト・マリー・ヴィアンネなど）．

出現の世界には錯覚や偽りが入りやすく，危険が潜んでいることも多い．しかし，全人類に広まっており，キリスト教においても絶え間なく続いているこの現象は，「人はパンだけで生きるものではない」（マタ 4:4）ということを我々に思い起こさせる．出現は無批判的に信じるべきことでも，全面的に拒否すべきことでもないと思われるが，キリスト者にとって最も重要なのは，教会の歴史のなかで起こったといわれるさまざまな出現を探索することではなく，イエス・キリストの福音を立脚点にして生きることである．

【文献】DSp 1: 801-809; LThK² 3: 1047-50; EncRel (E) 15: 282-88; J. RHINE, *Extra-Sensory Perception* (New York 1934); J. MARÉCHAL, *Études sur la psychologie des mystiques* (Paris 1937); GABRIEL OF ST. MARY MAGDALEN, *Visions and Revelations in the Spiritual Life* (Westminster, Md. 1950); H. THURSTON, *Surprising Mystics* (London 1950); ID., *The Physical Phenomena of Mysticism* (London 1952); C. M. STAEHLIN, *Apariciones* (Madrid 1954); L. LOCHET, *Apparitions* (Paris 1958); K. RAHNER, *Visionen und Prophezeiungen*, QuD 4 (Freiburg ²1958); R. A. MOODY, *Life after Life* (New York 1975). （P. ネメシェギ）

シュッツ **Schütz, Heinrich** (1585. 10. 9 受洗-1672. 11. 6) 17 世紀ドイツ最大のプロテスタント教会音楽の作曲家．ケストリッツ（Köstriz）に生まれドレスデン（Dresden）で没す．1589 年カッセル宮廷礼拝堂聖歌隊員となり楽才を顕す．1609 年 *ヴェネツィアへ留学し，巨匠 G. *ガブリエーリのもとで，イタリア・*マドリガーレの音画の手法や複合唱様式を学ぶ．1617 年ザクセン選帝侯に招かれてドレスデン宮廷楽長に就任し，以後 55 年間この地位にとどまって *三十年戦争（1618-48）の苦難を音楽によって救済した．

現存する約 500 曲の作品は，大部分が宗教的声楽曲である．創作第 1 期はヴェネツィア留学の成果を反映した作品群であり，豊麗な複合唱様式による『ダビデの詩編歌集』（1619），『われらが唯一の救い主イエス・キリストの喜ばしく勝ち誇れる復活の物語』（『復活祭オラトリオ』1623），モテット集（Cantiones sacrae, 1625）がこれに属する．1628 年再度のイタリア訪問で *モンテヴェルディの劇的朗唱様式の影響を受けた第 2 期は，小編成の密度の高い表現力をもつ宗教曲集が中心となり『シンフォニア・サクラ集』全 2 巻（1629-47）や『小教会コンツェルト集』全 2 巻（1636-39）が重要である．『宗教合唱曲集』（1648）以後，第 3 期の作風に入る．『ルカ受難曲』（1653 頃），『ヨハネ受難曲』（1665 頃），『マタイ受難曲』（1666），『神とマリアの子なるイエス・キリストの喜ばしく恩寵ゆたかな生誕の物語』（『クリスマス・オラトリオ』1664），複合唱様式による『詩編第 119 編』等が重要である．

シュッツは，稀有の人文主義的教養を基礎として，イタリアのさまざまな革新と後期 *フランドル楽派の *対位法の技巧，ドイツ独自の宗教音楽の伝統を総合し，その後のドイツ音楽の基底となる独創的な表現手段を獲得したのである．

【作品】P. SPITTA, ET AL., eds., *Sämtliche Werke* (1885-1927; Leipzig ²1968-73); W. BREIG, ET AL., eds., *Neue Ausgabe Sämtlicher Werke* (Kassel 1955-).

【文献】H. J. MOSER, *Heinrich Schütz: Sein Leben und Werk* (Kassel 1936 ²1954). （正木光江）

シュッツ **Schutz, Roger** (1915. 5. 12-) *教会一致促進運動の指導者，*テゼ共同体の創始者．ブラザー（フレール）・ロジェとして知られる．スイスのプロヴァンス（Provence）に生まれる．1940 年，25 歳のとき，フランスのブルゴーニュのテゼ（Taizé）に家を購入．キリスト者間の分裂を克服するためのエキュメニカルな共同体建設を図る．第 2 次世界大戦中，この家はナチスに追われた人々，特にユダヤ人の避難所となった．当初は一人で祈りの生活を送っていたが，しだいに「兄弟たち」を集めるようになり，1949 年に最初の 7 人の兄弟で *修道誓願を立て，独身制と財産の共有を守る生活を始めた．

【主著】*Dynamique du provisoire*, 1967; *Fleurissent les déserts: Journal*, 5 v., 1977-79; *Les Sources de Taizé*, 1980.

【文献】K. SPINK, *A Universal Heart: The Life and Vision of Frère Roger* (London 1986). （J. アリエタ）

シュッテ **Schütte, Josef Franz** (1906. 5. 21-1981. 8. 12) イエズス会員．ドイツ北部のパーペンブ

ルク (Papenburg) に生まれる．1925年 *イエズス会に入会．修練を終えた後，ファルケンブルク (Valkenburg)，ヴァルス (Vals) で修学．1930年(昭和5)から1932年まで日本にあって，日本語，日本文化を学んだ．帰国して神学課程を修め，1935年司祭叙階．1937年ローマの *イエズス会歴史研究所の所員となり，以後研究に従事．1944年 *グレゴリアナ大学で論文『日本におけるヴァリニャーノの宣教方針』(Valignanos Missionsgrundsätze für Japan) によって博士号を取得．1954-57年再来日し，*上智大学大学院で演習の指導や，また *フロイスの『日欧文化比較』(Kulturgegensätze Europa-Japan, 1585) を出版．著作は1939年発表の『16世紀イエズス会員のための講義要綱三部作』(Drei Unterrichtsbücher für japanische Jesuitenprediger aus dem XVI, AHSI 8) をはじめとして70以上を数える．とりわけ日本のイエズス会の歴史の総説ともいえる『イントロドゥクティオ』(Introductio ad historiam Societatis Iesu in Japan, 1968) と『モニュメンタ』第1巻 (Monumenta Historica Japoniae, 1975) および1975年出版の人物を中心とした史料集 (Textus catalogorum Japoniae 1553-1654) は，ローマのイエズス会古文書館の「日本・シナ関係文書」をはじめヨーロッパ各地の文書館に所蔵される第一級の史料によってまとめたもので，日本教会史研究の最も基本的な文献と評価されている．

【文献】"Selectiores nuntii de historiographia S. I.: 2. Josef Franz Schütte S. I.," AHSI 50 (1981) 346-53.

(尾原悟)

シュティーフェル **Stiefel, Michael** (1487-1567.4.19) 初めエスリンゲン (Eßlingen) で *アウグスチノ会の修道士だったが，1522年の著作により *ルターを支持し，*ムルナーと論争，*ヴィッテンベルクに逃れる．マンスフェルト (Mansfeld) ほかで説教者として活動．黙示録と数学的関心から終末の日を予言して捕らえられ，後に数学に没頭，各地を経て晩年はイエナで数学の教授となった．

(徳善義和)

シュティフター **Stifter, Adalbert** (1805.10.23-1868.1.28) オーストリアの作家．

【生涯】モルダウ源流に近い市場町オーベルプラン (Oberplan, 現チェコ領ホルニ・プラーナ Horní Planá) に生まれる．父親の事故死(1817)の翌年，上部オーストリアの町クレームスミュンスター (Kremsmünster) にある，*ベネディクト会の修道院付属高等学校に入学．西南にアルプス連峰を望むこの地で，*ヨーゼフ2世以来，啓蒙主義的カトリシズムの精神に培われた人文主義的環境のなかで，ヨーロッパの古典的教養世界を吸収．

〔ウィーン時代〕1826年秋，ウィーン

シュティフター (ÖN)

大学法学部に進学．数学や物理学に関心を抱き，絵画の修業にも励む．1828年帰省の際ファニー・グライプル (Fanny Greipl) と知りあう．この恋は実ることなく終わり，彼女は生涯にわたる「心の花嫁」となった．1837年アマーリエ・モオハウプト (Amalie Mohaupt) と結婚．宰相 *メッテルニヒの息子をはじめ，上流階級の子弟の家庭教師をするかたわら，1839年にはウィーン・アカデミー展覧会に風景画を出品．1840年偶然の機会から『コンドル』(Der Condor) で作家として認められる．1842年皆既日蝕の観察，1848年三月革命の体験を通じて，自然と人間の営みとの隔たり，人間の「獣的資質」の問題，自由と節度の危機を痛感．克服の道を「人間が人間になること」に求め，作家としての使命感と教育の重要性を自覚するに至る．

〔リンツ時代〕1849年教育行政官としてドナウ河畔の町 *リンツに赴任．作家としては『石さまざま』(Bunte Steine, 1853)，『晩夏』(Der Nachsommer, 1857)，『ヴィティコー』(Witiko, 1865-67) など発表．「自由とは何か」(Was ist Freiheit, 1849)，「言葉の乱れ」(Die Sprachverwirrung, 1849) など論説を新聞・雑誌(Der Wiener Bote) に掲載．教育者として『人文教養読本』(Das Lesebuch zur Förderung humaner Bildung, 1854) を友人と編纂．行政官としては実科高等学校の開設，文化財の保存に尽力．子どもに恵まれず，養女にも先立たれ，晩年は孤独であった．1868年1月，肝臓病の激痛のため頸部を切って自殺を図り，2日後の28日に死亡．リンツ市聖バルバラ墓地に埋葬された．

【作品と思想】デビュー作『コンドル』から1846年『彫り込みのある樅の木』(Der beschriebene Tännling) まで雑誌に発表された初期の作品中，13編は改作され『習作集』全6巻 (Studien, 1844-50) にまとめられた．改作の姿勢は「激情の克服と倫理的方向への転換」にあった．「雑誌版」と「単行本版」の関係は初稿と決定稿ではなく，「いずれがより愛らしいか決めかねる野のバラと高貴なバラ」である．さらに1843-52年に雑誌に発表された5編の作品は『聖夜』(Der heilige Abend) が『水晶』(Bergkristall) と改作・改題されたように，いずれも石に因んで『石炭石』(Kalkstein) などと改められ，新たに書き下ろされた『白雲母』(Katzensilber) と合わせ『石さまざま』全2巻(1853)にまとめられた．これには *ヘッベルの潮笑に対する応酬という形をとりながら，詩人の文学的信仰告白と時代批判を含む「まえがき」が付された．その基本理念は「穏やかな法則」と呼ばれ，自然のみか，人間の内部にあっても活動し，自然と文化と歴史を根底において支える．この法則は「人間が互いに宝石として尊ばれることを欲する」．中期の発展を総合する『晩夏』は広義の教養小説の系譜に属し，人間と自然・芸術・共同体の問題を魂の発展に則して描く．後期の代表作『ヴィティコー』は12世紀の王位継承に端を発する内乱を描いた．しかし主人公の行動を決定するのは政治的大義でも，権力への意志でもない．ひたすら「事物の要請」を見極め，実践しようと努める人間にとって，ボヘミアの森は聖なる創造の痕跡をとどめる自然であり，歴史を成立させる基盤となる．

【位置づけ】文学史ではビーダーマイアー (Biedermeier)，あるいは詩的写実主義の作家とみなされている．しかし「亜流の *擬古典主義」あるいは「不自然なまでの様式化と演出」の作家とみなすべきか，それとも「現代文学においてタブー視されてきたことを表現する可能性を拓いた……秘かに期待される作家」なのか，現

在でもなお，その位置づけについては論争の渦中にある．
【文献】谷口泰『アーダルベルト・シュティフター研究』（水声社 1995）; E. EISENMEIER, *Adalbert-Stifter-Bibliographie* (Linz 1964), 3 Fortsetzungen (Linz 1971 1978 1983). （谷口泰）

シュティルナー　Stirner, Max　(1806.10.25-1856.6.25)　ドイツの思想家．本名ヨハン・カスパー・シュミット (Johann Kasper Schmidt)．バイロイト (Bayreuth) の貧しい家庭に生まれ，*ベルリン，エルランゲン (Erlangen)，ケーニヒスベルク（後の *カリーニングラード）の各大学で哲学・神学を学び，*ヘーゲル，*シュライエルマッハーの講義を聴く．*バウアー兄弟（ブルーノとヴァルター）ら急進的知識人と交わり，ヘーゲル左派の一角をなす(→ヘーゲル学派)．ベルリンの女学校で教えながら著述に励む．1845年，主著『唯一者とその所有』(Der Einzige und sein Eigentum, 1845) を出版するや一躍思想界の寵児となるが，ドイツ革命の失敗とともに忘れ去られ，ベルリンで貧窮のうちに没す．彼は *フォイエルバハらのヘーゲル批判・キリスト教批判を徹底し，個別的・具体的な自我の唯一性を強調する哲学的エゴイズムを説く．そして，主著の冒頭の一節「私は私の事柄を無のうえに据えた」に象徴的に表現されるように，一切の立場を否定し，自我を超えるいかなる一般者も認めない点から，*ニヒリズム，アナーキズムの思想家と目される．
【著作】*Der Einzige und sein Eigentum*, 1845; *Geschichte der Reaktion*, 1852; *Max Stirners kleinere Schriften*, 1898: 片岡啓治訳『唯一者とその所有』全2巻（現代思潮社 1977）．
【文献】松尾邦之助『マックス・スティルナアの生涯』（星ж書院1949); 西谷啓治『ニヒリズム』（創文社 1972); 大沢正道『個人主義』（青土社 1988); J. H. MACKAY, *Max Stirner, sein Leben und seine Werke* (Berlin 1898); V. BASCH, *L'Individualisme Anarchiste, Max Stirner* (Paris 1904); J. G. HUNEKER, *Egoists* (New York 1921); K. LÖWITH, *Von Hegel bis Nietzsche* (Zürich 1941); K. MARX, F. ENGELS, *Die deutsche Ideologie* (1845-46; Berlin 1953). （山口貴志）

シュテッカー　Stoecker, Adolf　(1835.12.11-1909.2.7)　ドイツの牧師，社会運動家．「プロテスタントの *ケッテラー」と呼ばれる．1874年 *ベルリンの宮廷説教師となり，社会事業の都市伝道会 (Stadtmission) を再建．資本主義の弊害と闘い，労働者を社会民主主義から引き離すために，1878年キリスト教・君主主義・社会改革を柱とするキリスト教社会労働者党を結成した．宗教的立場から *反ユダヤ主義運動をも支援．また牧師ヴェーバー (L. Weber) とともにプロテスタント系労働組合を育成し，1890年経済学者ヴァーグナー (Adolf Wagner, 1835-1917) とともに社会問題を協議する福音社会会議 (Evangelisch-sozialer Kongreß) を結成した．教会政治の面では，教会の国家からの独立を主張した．
【主著】*Christlich-Sozial*, 1885, ²1890; *Wach' auf Evangelisches Volk!*, 1893.
【文献】キ大 525-26; RGG³ 6: 387; 河島幸夫「アドルフ・シュテッカー」『西南学院大学法学論集』3/2 (1970) 233-54; 同『信仰と政治思想』（創言社 1985); K. KU-PISCH, *Adolf Stoecker* (Berlin 1970). （河島幸夫）

シュトゥットガルトしんこうこくはく　シュトゥットガルト信仰告白　〔独〕Stuttgarter Bekenntnis　*ブレンツの影響のもと，1559年12月にシュトゥットガルト (Stuttgart) で開かれた *ヴュルテンベルクの神学者の会議は12月19日にこのシュトゥットガルト信仰告白を承認して，聖餐論におけるルター派(→ルター教会)の立場を公にし，*カルヴァンや *メランヒトンの聖餐理解に対して厳しく一線を画した．パンとぶどう酒とともにキリストの体と血が現臨し，不信仰者もこれを食するものとし，キリストの遍在は，キリストが父の右に座すことと矛盾しない，キリストは人性においても説明し難い仕方で，すべてのものを満たすからであると論じた． （徳善義和）

シュトゥットガルトせんげん　シュトゥットガルト宣言　〔独〕Stuttgarter Erklärung　第2次世界大戦のドイツでの終戦後，トライサ (Treysa) で選ばれた *ドイツ福音主義教会 (EKD) 常議員会は1945年10月18-19日第2回の会合をもった．このとき，この常議員会は同席した世界の諸教会からの代表者に対して，ドイツのプロテスタント教会の罪責を明らかにする宣言を発表した．もっと「大胆に告白しなかったこと，真実に祈らなかったこと，喜んで信じなかったこと，燃えるように愛さなかったこと」を告白し，新しい出発の決意と世界の教会への感謝を述べ，新たに世界に起こりつつある力と報復の思いに対し，教会的奉仕によって臨むことを表明したのである． （徳善義和）

しゅとうぶん　主祷文　→ 主の祈り

シュトゥルム　Sturm, Johannes　(1507.10.1-1589.3.3)　ストラスブールの人文主義者，教育者．*ケルン近くのシュライデン (Schleiden) で生まれ，*ストラスブールで死去．*共同生活兄弟会の学校を経て *ルーヴァン大学，*パリ大学に学び，コレージュ・ド・パリで教える．*ブーツァーの招きでストラスブールへ至り，同地にギムナジウムを創立．*人文主義の教養と *福音主義の信仰との調和に尽力．ドイツ最大の教育家との声価を得た．多くの宗教会議にもストラスブールを代表して参与，ルター派(→ルター教会)に対して *改革派の立場を弁証，1581年には一時はストラスブールを追われたが，屈しなかった． （出村彰）

シュトース　Stoß, Veit　(1447/48頃-1533)　ドイツの彫刻家，画家．ニュルンベルクかシュヴァーベン地方のホルプ (Horb) に生まれ，*ニュルンベルクで没す．徒弟時代を故郷とライン川上流域地方で送り，*ショーンガウアーやゲルハールト (Nikolaus Gerhaert, 通称ニコラウス・フォン・ライデン Nikolaus von Leiden, 1430-73) の影響を受けながら自己の作風を確立した．作品は顔の表情と衣服の動きが劇的で，表現主義的傾向をみせることもある．長く広範囲に活動して多作だが，ポーランドの *クラクフで13年をかけて完成させたマリア祭壇(1489)，ニュルンベルクのザンクト・ロレンツ聖堂の『天使の挨拶(聖告)』(1519)，バンベルク大聖堂のマリア祭壇(1525頃)等が有名である．*リーメンシュナイダーや *クラフトと並び，ドイツ後期 *ゴシック美術を代表する彫刻家だが，*人文主義と *宗教改革

しゅとだいしきょう

の時代に宗教芸術の枠内で彫刻に人間的な感情表現を追究し，周辺への影響は最も大きかった．
【文献】M. BAXANDALL, *Die Kunst der Bildschnitzer; Tilman Riemenschneider, Veit Stoß und ihre Zeitgenossen* (München 1983).　　　　　　　（薩摩雅登）

しゅとだいしきょう　首都大司教　→ 管区大司教

シュトライト　Streit, Robert（1875. 10. 27–1930. 7. 31）　ドイツのカトリック宣教学者，オブレート会員．フラウシュタット (Fraustadt, 現ポーランド西部) に生まれ，1895 年 *オブレート会に入会．1901 年司祭に叙階．「宣教の神学的研究」(Die theologisch-wissenschaftliche Missionskunde, 1909) をはじめとする多くの論文を発表し，歴史的文献研究に基づいた *宣教学を樹立した．また，1919 年以降は世界各地の宣教に関するすべての著作を網羅した書 (Bibliotheca Missionum) を刊行（死後は，協力者であり後継者であるディンディンガー Johannes Dindinger に受け継がれた）．1926 年には，教皇庁立宣教図書館長として *ローマに招かれた．*フランクフルト・アム・マインで死去．
【文献】J. PIETSCH, *P. Robert Streit, Pionier der Missionswissenschaft* (Beckenried 1952).　　　　　（尾原悟）

シュトラウス　Strauß, David Friedrich（1808. 1. 27–1874. 2. 8）ドイツのプロテスタント神学者，著述家．ルートヴィヒスブルク (Ludwigsburg) に生まれ，同地で没す．ブラウボイレン (Blaubeuren) ならびにテュービンゲン (Tübingen) で哲学と神学を修め，1831–32 年ベルリンで *ヘーゲルや *シュライエルマッハーの講義に接し，1832–35 年テュービンゲンで補習教師を務めて後，著述に専念する．1839 年チューリヒに神学教授として招聘されたが，教区民から異議が起こり，即刻退職する．歴史的・批判的な *新約聖書学の先駆，*自由主義神学の先取りともいえる主著『イエスの生涯』(Das Leben Jesu, Kritisch bearbeitet, 1835–36) で，福音書の叙述を歴史的・批判的に検討した結果，それが歴史的というより神話的な叙述で，そこには *原始教団の信仰が投影されているとした．もっともシュトラウスは福音書のなかから歴史あるいはイエスの歴史的実像を浮き彫りにしようとも神話自体を除去しようともせず，ヘーゲルの *歴史哲学の影響のもとにキリストという神話のなかに隠されている「永遠の真理」を掘り起こそうと考えた．したがって彼の *キリスト論の基本的関心は，ナザレのイエスについてであるよりも，人間論にあったといえよう．こうした見解はシュトラウスを有名にしたばかりか，激しい反論が生じて，しだいに彼はキリスト教会な

シュトラウス
(ÖN)

らびに信仰とは疎遠になり，科学的合理主義また政治的民族主義に傾倒していくことになる．最晩年の著書『古い信仰と新しい信仰』(Der alte und der neue Glaube, 1872) にはキリスト教信仰の片鱗もみられない．→ イエス伝研究
【主著邦訳】『イエスの生涯・緒論』生方卓他訳 (世界書院 1994)；『イエスの生涯』全 2 巻，岩波哲男訳 (教文館 1996)．
【文献】キ人 712；平大百科 7: 240；GdK 9/2: 20–32；LThK² 9: 1108–109；RGG³ 6: 416–17；R. S. CROMWELL, *D. F. Strauss and His Place in Modern Thought* (Fairlawn 1974)；H. HARRIS, *D. F. Strauss and His Theology* (Edinburgh 1982)．　　　　　（清水宏）

シュトラウス　Strauss, Leo（1899. 9. 20–1973. 10. 18）　主にアメリカで活躍した政治哲学者．ドイツのヘッセン (Hessen) に生まれ，ユダヤ教徒として育てられる．ドイツの大学で *フッサールや *ハイデガーの影響を受けたが，ナチ政権成立後はイギリスを経て，1938 年以降アメリカに在住．ニュースクール・フォア・ソーシャルリサーチやシカゴ大学を拠点に，政治思想史や政治哲学の分野で多くの業績を残した．彼の根本思想は，古代ギリシアの政治哲学や *ストア学派にみられた宇宙論的な自然法思想の伝統が，近代の *ホッブズ以降，自己保存を至高価値とする自然権思想に取って代わられ，それが近代の政治思想や社会理論にゆがみをもたらしたと説く点にある．この立場から，彼はまた，*歴史主義を批判し，*新カント学派や M. *ヴェーバーにみられる事実と価値の二元論に強く反対した．
【文献】L. シュトラウス『自然権と歴史』塚崎智，石崎嘉彦訳 (昭和堂 1988)：L. STRAUSS, *Natural Right and History* (Chicago 1953).　　　　　　　（山脇直司）

シュトラウビンガー　Straubinger, Heinrich（1878. 7. 5–1955. 6. 16）　ドイツのカトリック神学者，宗教哲学者，教区司祭．1909 年以来 *フライブルク大学で *護教論の教授となる．*新スコラ哲学の伝統を受け継ぎながら，近代哲学，特に *ライプニツから影響を受け，神の存在の理性的証明について詳細な研究を残した．
【主著】*Die Religion und ihre Grundwahrheiten in der deutschen Philosophie seit Leibniz*, 1919; *Religionsphilosophie mit Theodizee*, 1934; *Lehrbuch der Fundamentaltheologie*, 1936.
【文献】キ人 712.　　　　　　　　　　　　（丹木博一）

シュトラスブルク　→ ストラスブール

シュトリーゲル　Strigel, Victorinus（1524. 12. 26–1569. 6. 26）　ルター派の神学者．1542 年から *ヴィッテンベルクで学び，*メランヒトンの弟子となる．その地と *エルフルトで講義の後 1548 年イェナ (Jena) に行って，一時的に *純正ルター派と接触するが，メランヒトンの立場をとって一時投獄される．*フラキウス・イリリクスと討論して注目を浴びる (1560)．*ライプツィヒではカルヴァン的聖餐論で講演を禁止された (1567)．晩年 *ハイデルベルクで教授．『神学の場』全 4 巻 (Loci theologici, 1581–84) の著者．（徳善義和）

シュトル　Storr, Gottlob Christian（1746. 9.

10-1805. 1. 17) 神学者．教会詩人の子としてシュトゥットガルト (Stuttgart) に生まれ同地で没す．外国旅行と教会奉仕の後，テュービンゲン (Tübingen) で哲学，次いで神学教授．シュトゥットガルトで教会顧問官と宮廷説教者．古い*テュービンゲン学派の創始者として，聖書的・護教論的超自然主義の立場を代表した．カント哲学のよき理解者であった． (德善義和)

シュトルツ **Stolz, Alban** (1808. 2. 3-1883. 10. 16) 神学者，著作家．ドイツ南西部バーデンのビュール (Bühl) に生まれ，*フライブルク・イム・ブライスガウで死去．法律，神学，哲学，教育学を学んだ後，司祭叙階 (1833)．*ヒルシャーの推薦で*フライブルク大学の*司牧神学の教授となる (1847-83)．1843 年から書き始めた『時間と永遠のための暦』(Kalender für Zeit und Ewigkeit, 1843-84) で有名になる．これは最晩年まで書かれた．その他，『聖女エリザベト伝』(Leben der hl. Elisabeth, 1868) などの聖人伝，『教養界にとってスペイン的なるもの』(Spanisches für die gebildete Welt, 1853) や『セム・ハム・ヤフェトの訪問』(Besuch bei Sem, Cham und Japhet, 1857) などの旅行記は多くの読者を獲得した．また，彼の日記作品 (Witterungen der Seele, 1867; Wilder Honig, 1870; Dürre Kräuter, 1877; Nachtgebet meines Lebens, 1885; Lichte Höhen, 1922) は 19 世紀中期のドイツの思潮を証言するものとなっている．当時の*自由主義，*ロンゲの*ドイツ・カトリック主義，*復古カトリック教会などに対する論争的著作もある．著作家としては，活気ある文体，ユーモア，批判精神を特徴としている．

シュトルツ (ÖN)

【文献】EC 11: 1374; LThK² 9: 1093-94; RGG³ 6: 389; J. MAYER, *A. Stolz* (Freiburg 1921); L. BOPP, *A. Stolz als Seelen- und Erziehungskundiger* (Düsseldorf 1925); F. HÜLSHOFF, *A. Stolz als Schriftsteller* (Graz 1931); A. M. WEISS, E. KREBS, eds., *Im Dienst am Buch* (Freiburg 1951). (J. アリエタ)

シュトルツァー **Stoltzer, Thomas** (1480/85-1526) 16 世紀初頭のドイツの音楽家．ブレスラウ (現*ヴロツワーフ) の*助任司祭を経て，1522 年からハンガリー，オーフェン (Ofen) の宮廷楽長．作品の大半はラテン語の*モテットなど宗教曲であるが，晩年の*ルター訳による四つの詩編曲 (→詩編歌) は，ドイツ語による宗教音楽の最初の大作として尊重され，模範とされた． (礒山雅)

シュトルベルク **Stolberg, Friedrich Leopold von** (1750. 11. 7-1819. 12. 5) ドイツの詩人．ホルシュタインのブラームシュテット (Bramstedt) の生まれ．兄クリスティアン (Christian, 1749-1821) とともにシュトゥルム・ウント・ドラング (Sturm und Drang 疾風怒濤) の時代を代表する詩人の一人．牧師の家に生まれ，兄と同じく，ゲッティンゲン大学で法律と文学を学び，ゲッティンゲン森林同盟 (Hainbund) という文学者集団に加わり，*ゲーテと親交を結んだ．兄の著作に協力するほか，ギリシア文化への憧憬から*ホメロスの翻訳にもあたっている．イタリア旅行，*ガリツィン侯爵夫人との親交を経て，1800 年にカトリックに改宗．その後『イエス・キリストの宗教の歴史』全 15 巻 (Geschichte der Religion Jesu Christi, 1805-18) を著した．晩年には*ロマン主義に近づき，『アルフレッド大王』(Alfred der Große, 1817)，『愛についての小著』(Büchlein von der Liebe, 1819) などの著作がある．
【文献】LThK² 9: 1091. (石井祥裕)

シュトルム **Storm, Theodor** (1817. 9. 14-1888. 7. 4) ドイツの詩人，小説家．フーズム (Husum) に生まれる．故郷である北ドイツの風土を背景とした硬質な叙情性が短編小説の優れた技法を生み出している．キリスト教的救済論には懐疑的で，写実主義の視点から人間の悲劇的な本質を描写する．神と人との媒介としての教会には終生距離を保ったが，宗教的には概して寛容である．ハーデマルシェン (Hademarschen) で死去．
【主著】*Sämtliche Werke*, 4 v., 1987-88; *Briefe*, 2 v., 1984.
【文献】RGG³ 6: 390-91; 日本シュトルム協会編『シュトルム文学研究』(東洋出版 1993)． (富田裕)

シュトロスマイエル **Strossmayer, Josip Juraj** (1815. 2. 4-1905. 4. 8) クロアティアの司教．オシイェク (Osijek) に生まれ，1838 年司祭叙階．1847 年ウィーン宮廷付司祭および同市のフリンタネウム (Frintaneum) と呼ばれる*教区司祭のための高等養成施設の霊的指導者を経て，1849 年ジャコヴォ (Djakovo) の司教に叙階．第 1 *ヴァティカン公会議では教皇の*不可謬性に反対したが，最後には承認．ロシアの哲学者かつ神学者*ソロヴィヨフと親交があり，*教会一致促進運動の先駆的役割を果たす．1867 年クロアティア科学アカデミー，次いで 1874 年アグラム大学の設立に助力．*汎スラヴ主義からオーストリア・ハンガリー帝国統治に反対した．教皇*レオ 13 世 (在位 1878-1903) による枢機卿任命計画はウィーン宮廷の異議申し立てにより廃案となる．クロアティアの教会，政治，文化における貢献は量り知れず，それゆえ国民から「祖国の父」と呼ばれ，尊敬されている．
【文献】キ人 715; LThK² 9: 1114-15; NCE 13: 742. (久松英二)

シュナイダー → アグリコラ, J.

シュナイダー **Schneider, Friedrich** (1881. 10. 28-1974. 3. 14) 現代ドイツの指導的な教育学者．*ケルンで生まれ，*ミュンヘンで死去．1923 年 *ケルン大学で教育学の教授資格取得．同大学で教授．1927 年 *ボンに設立された最初の教育大学 (Pädagogische Akademie) の教授となる．後にナチスの迫害を受け『国際教育学雑誌』(Internationale Zeitschrift für Erziehungswissenschaft) の編集長の職を剥奪，教育大学からも追放された．研究範囲は広く，家庭教育，教育原理，人格形成等を含み，ドイツにおける「比較教育学」の開拓者となる．戦後は*ザルツブルクに比較教育学研究所を設立し，ザルツブルク大学神学部で教授．1948 年ミュンヘン大学教授となる．

シュナイダー

【主著】 *Katholische Familienerziehung*, 1935; *Triebkräfte der Pädagogik der Völker*, 1946; *Vergleichende Erziehungswissenschaft*, 1961: 沖原豊訳『比較教育学』(お茶の水書房 1965). (K. ルーメル)

シュナイダー　Schneider, Gerhard （1926. 6. 15- ）　ドイツのカトリック新約聖書学者，司祭．*トリールに生まれ，1952年司祭叙階．トリール，ミュンヘンの各大学で学位取得後，コブレンツ (1962-66) そしてヴュルツブルク (1967-68) の大学で教え，1968年以後ボッフム大学カトリック神学部新約聖書学教授を務める．ルカ研究で著名．数多くの編著書や論文のうち全2巻のルカ福音書注解 (*Das Evangelium nach Lukas*, 1977, ²1984)，同じく2巻本の使徒言行録注解 (*Die Apostelgeschichte*, 1980-82)，また論文集 (*Lukas, Theologe der Heilsgeschichte*, 1985) や『新約聖書釈義事典』(EWNT) は重要．
【編著作】 *Neuschöpfung oder Wiederkehr?*, 1961; *Verleugnung, Verspottung und Verhör Jesu nach Lk 22: 54-71*, 1969; *Die Passion Jesu nach den drei älteren Evangelien*, 1973; *Parusiegleichnisse im Lukas-Evangelium*, 1975; *Jesusüberlieferung und Christologie*, 1992.

(清水宏)

シュナイダー　Schneider, Reinhold （1903. 5. 13-1958. 4. 6）　ドイツのカトリックの小説家，詩人，随筆家．
【生涯】 バーデン・バーデン (Baden-Baden) の生まれ．実科学校卒業後農場で働き，後ドレスデン (Dresden) へ移って印刷会社で翻訳係の仕事に就く．1922年憂鬱の深みに捉えられ自殺を図る．哲学者*ウナムーノの著作を知り危機を克服．以後著述家として生きる決心をし，ドイツ国内やヨーロッパ各地を旅行．ドレスデン (1929-32)，ポツダム (Potsdam, 1932-37) に住み，*クレッパー，*ベルゲングリューエンなどと知り合う．またそれまで離れていた教会に戻り，同時にキリスト教的立場から*ナチズムを批判．1937年に*フライブルク・イム・ブライスガウに移住した後も一層その対決姿勢を強め，叛逆罪で起訴された．戦後は東西対立のなかで平和問題をめぐって積極的に発言．1951年東ドイツの雑誌に寄稿したことでベルリン大司教区新聞によって*破門もありうると攻撃された．晩年は核兵器と人工衛星による新しい歴史の展開に対処しようと苦闘した．1958年自宅近くの教会からの帰路転倒，頭蓋骨骨折と脳内出血で死去．*フライブルク大学哲学，ミュンスター大学法学各名誉博士号 (1946)，ドロステ・ヒュルスホフ賞 (1948)，プール・ル・メリット勲章 (1952)，ドイツ書籍商組合平和賞 (1956) を授与された．
【作品】 晩年の回想的手記『おおわれた日』(*Verhüllter Tag*, 1954) においてシュナイダーは，幼い頃の夢のなかでの「底なしの深みへの墜落」体験を語っている．この彼の生涯を特徴づけることになる体験による虚無の心情から彼を救い上げたのは，歴史であった．『カモンイス』(*Das Leiden des Camoes oder Untergang und Vollendung der portugiesischen Macht*, 1930) において，このポルトガルの国民詩人の苦悩と国家の運命を重ね合わせて描き，自我を超個人的，歴史的関連のなかに秩序づける可能性をみいだした．以後彼は国王，聖人，教皇など歴史の決定的瞬間に立ち会った人物を取り上げ，歴史を「召命された力が彼岸にぶつかって砕ける」悲劇の舞台として描いた．
1930年代後半には数多くのソネットと宗教的随筆を残した．『ラス・カサスとカール5世』(*Las Casas vor Karl V.*, 1938) は，新大陸原住民を残虐な植民者から保護すべき皇帝のキリスト教的使命を説く*ドミニコ会の会員の姿を描いて，ナチのユダヤ人迫害に対する抗議の書となり，ドイツ国内の抵抗文学の代表作に数えられている．またソネット集『聖人の時』(*Jetzt ist des Heiligen Zeit*, 1943) や『主の祈り』(*Das Vaterunser*, 1941) をはじめとする随筆によって，ナチ批判を展開しつつ，ドイツ国民に今や試練の時であり，神へ回帰すべき時であると説いた．
戦後のシュナイダーは『平和の思想』(*Gedanken des Friedens*, 1946) などにおいて政治と精神の接点を探り，またドラマ『偉大なる放棄』(*Der große Verzicht*, 1950) においても魂と権力の解決困難な葛藤を取り上げた．しかし彼の現実政治に向けての発言はさまざまな誤解を生み，失意のうちに『バルコニー』(*Der Balkon*, 1957)，『ウィーンの冬』(*Winter in Wien*, 1958) などの回想的・告白的手記を綴った．これらの手記で彼は，生の終わりを予感しつつ，再び底なしの深淵に捉えられ，もはや*主の祈りすら唱えられないことを告白している．その彼を支えたのは，十字架にかけられたキリストの孤独にあずかることであり，信仰，不信仰を超えた祈りであった．
【主著】 E. M. LANDAU, ed., *Gesammelte Werke*, 10 v., 1977-81; ID., ed., *Tagebuch 1930-1935*, 1983.
【文献】 増田和宣「暗夜の流れの中に」『天と地のあわい』(南窓社 1980) 186-208; 大谷恒彦『キリスト教文学の核心』(東洋出版株式会社 1982); F. A. SCHMITT, B. SCHERER, eds., *Reinhold Schneider. Leben und Werk in Dokumenten* (Karlsruhe 1973); C. P. THIEDE, ed., *Über Reinhold Schneider* (Frankfurt 1980).

(横塚祥隆)

ジュナイド　al-Djunayd, Abu 'l-Kāsim Ibn Muḥammad （?-910）　初期イスラムの神秘主義者．自己消滅と陶酔を強調したビスターミー (al-Bistāmī) などのホラサーン派の*スーフィーに対して消滅の後に来る神的自己の残存と素面の境地を強調したバグダード派のスーフィーの代表者．穏健な思想のため後の多くのスーフィー教団の系図「シルシラ」に現れ，「グループの長」「シャイフのなかのシャイフ」などのタイトルで呼ばれている．『試練の書』『原初的契約の書』など幾つかの書簡が残るが，彼のスタイルは謎めいており難解である．有名な*ハッラージュは一時彼の弟子であったといわれる．

(竹下政孝)

シュナッケンブルク　Schnackenburg, Rudolf Bernhard Hubert （1914. 1. 5- ）　ドイツのカトリック新約聖書学者，司祭．ポーランド（旧ドイツ）のカトヴィツェ (Katowice,〔独〕Kattowitz) に生まれる．1937年司祭叙階ならびに神学の学位を取得して司牧活動に就き，1948-57年ミュンヘン，ディリンゲン (Dillingen)，バンベルク (Bamberg) の各大学，1957-82年ヴュルツブルク大学で新約聖書学を講じた．この間*教皇庁立聖書委員会や*国際神学委員会の委員を兼任，カトリック界の聖書研究の興隆と促進に大きく貢献した．ヨハネの福音書や手紙の研究者として名高く，E.*シュヴァイツァーとともに『EKK 新約聖書註解叢書』(Evangelisch-Katholischer Kommentar zum Neuen

Testament) の編著者でもある．著書論文は多数．
【主著】*Das Heilsgeschehen bei der Taufe nach dem Apostel Paulis*, 1950; *Die sittliche Botschaft des Neues Testament*, ²1962: L. エルダース, 富田昭三郎訳『新約聖書の倫理的使信』(エンデルレ書店 1970); *Die Johannesbriefe*, 1965; *Die Kirche im Neuen Testament*, ³1966: 石沢幸子訳『新約聖書の教会』(南窓社 1972); *Das Johannes Evangelium*, 4 v. (Freiburg 1965-84); *Der Brief an die Epheser*, 1982: 大友陽子訳『エペソ人への手紙』EKK 新約聖書註解叢書 10（教文館 1998); *Die Person Jesu Christi im Spiegel der vier Evangelien*, 1993.

(清水宏)

じゅなん〔イエスの〕 受難〔イエスの〕〔英・独・仏〕
Passion

逮捕されるイエス
(Herder)

【新約聖書】*イエス・キリストの死と復活に基盤を置く*原始教団は，信仰の対象としてのキリストを人々に提示する際に，イエスの*十字架での死，ユダヤ教の概念とは相容れない苦しむ*メシアという根本問題に直面せざるをえなかった(1 コリ 1: 23 参照)．そのために旧約聖書や種々のイエスの伝承に基づきながら受難の意味を解釈し，そこに神の救済計画による*救いの成就と普遍化を確認する．この理解は信仰箇条(1 コリ 15: 3-5)，*ケリュグマ(使 17: 3; 26: 23)，あるいは典礼式文(フィリ 2: 6-11; 1 テモ 3: 16)という形で定式化されると同時に，イエスの死のもつ救済的意味，ユダヤ人に対する護教論的・論争的意図，信仰者にキリストの神秘を啓蒙するための教理的・神学的意図，キリストの十字架への従いを奨励する勧告的意図といった，多様な観点のもとで展開されている．福音書，書簡，*黙示文学という種々の文学類型を含む新約聖書の各文書は，それぞれ特有の視点から独自の受難神学を展開し，その多様性を通してイエスの受難の全体像を浮き彫りにしている．

鞭打たれるイエス
(Herder)

〔マタイ福音書〕基本的にはマルコ福音書の受難記事の構成を踏襲するマタイは，キリスト論的・救済論的観点のみならず，教会論的な観点から受難を記述している．マタイは，福音書の冒頭での誕生物語における旧約の成就，ユダヤ人と異邦人の対比という構図を，受難の過程を通してより鮮明にしていく．*ユダ・イスカリオテの最期を記すマタイ固有の記事は(27: 3-10)，人間の陰謀を通して，図らずも実現されていく神の救済計画を明らかにし(2: 13-23 参照)，裁判においてイエスを死に定めるユダヤ人(26: 57-66; 27: 25, さらに 27: 41 の民を代表する「*長老」の付加参照)と，イエスの正しさを認める異邦人(27: 19)との対比は，幼子イエスの殺害を企む*ヘロデと，イエスを礼拝する異邦人占星術学者との対比の延長線上にある．

マタイの受難神学の特色は，マルコに付加された幾つかの言葉にも反映されている．罪状書きの「イエス」という言葉(27: 37)は，自分の民を罪から救う者(1: 21)という名の意味が十字架で実現することを，「もし神の子なら」(27: 40)という嘲笑は，*荒野でのサタンの*試み(4: 3, 6)を喚起しながら十字架が神の意志への従順の表現であることを示唆している．そのため死去に際しての大声の叫びも(27: 50, 「再び」は 27: 46 に照応)，マルコとは異なり，従順のなかに吐露される*父なる神への祈りへと転化されている(詩 22 のテーマ参照)．

*神殿の幕が二つに裂けたという記述(27: 51)に続く地震，岩の裂け，墓の開き，聖なる者の蘇生，墓からの脱出，都への進入，多くの人々への出現(27: 51-53)と

じゅなん〔イエスの〕

いう一連の出来事は，古い時代の終焉，新しい時代の到来を象徴している．これらの出来事は，神の介入（出19: 18；士: 5: 4 等参照）による *神の民の根元的刷新をもたらす終末的出来事（イザ 25: 8；エゼ 37: 12-13 等参照）であり，それがイエスの十字架を通して実現する．*百人隊長および共にいた兵士たちのイエス認知も（27: 54），神の民の刷新という終末的状況のなかに位置づけられ，イエスの十字架は異邦人をも包含する救いの時代を開始し，「*イスラエル」の概念を根本的に変革していくのである．

〔マルコ福音書〕マルコの受難記事は，福音書全体の基軸になっているイエスの神秘が，ここにおいて初めて人間に公にされるという点に特徴づけられる．受難の過程における二つの場面でこのことが明示され，それがマルコの *キリスト論の頂点を形成している．

イエスの死を目的とし（14: 55），宗教的次元で行われるユダヤ人の *最高法院の裁判において，「ほむべき方の子，メシア」（14: 61）という称号を用いた *大祭司の問いに対して，イエスは「そうです」（〔ギ〕egō eimi）という自己啓示の言葉（6: 50 参照）を用いて答える．裁判の場面でのイエス自らによる神性の肯定，宣言は，イエスの神性の啓示が死と不可分の関係にあること，またそれによって悪霊（1: 34；3: 12），*弟子（8: 30；9: 9）に対するそれまでの沈黙命令の意図を明らかにする．「ほむべき方の子」という称号の意味は，*再臨の *人の子に関するイエスの言葉（14: 62），さらに受難の過程において徐々に明らかにされていくが，ここでのイエス自身による最初の公的な自己啓示は，人間の拒否に直面する（14: 64-65, 70-71）．

*ピラトによる裁判において，「ユダヤ人の王」として政治的次元に位置づけられたイエスは，ここで人々から最終的な拒否を受け（15: 13, 14），この称号のもとで，死に至るイエスの道程が開始される（15: 2, 9, 12, 18. さらに 15: 17 参照）．罪状書きにも記されているこの称号は（15: 26），裸で（15: 24），二人の犯罪者と同じ位置に置かれ（15: 27），人々の嘲笑に曝される（15: 29-32），逆説的な意味での王イエスの姿を浮かび上がらせる．

マルコはイエスの死の記述（15: 37）に続いて，神殿の幕が裂けるという出来事（15: 38），百人隊長の告白（15: 39）を記す．最初の出来事は，イエスの死は旧約の神殿を無意味化するものであり，「人間の手にならない神殿」（14: 58；15: 29 参照）としてのイエスが，「すべての国の人の祈りの家」（11: 17 = イザ 56: 7）としてそれに取って代わる（サム下 7: 13 参照）ことを暗示している．「大声」（15: 39. さらに 1: 23；3: 11；5: 7 参照）を伴うイエスの死を正面からみた異邦人百人隊長の告白は，イエスの死によってもたらされる *悪の究極的支配と普遍的な救いの実現を示唆している．

マルコはこの場面において初めて，人間によるイエスの神秘の完全な理解を記し，それによって十字架を「神の子」イエス理解の鍵として，すなわちイエスの本性の決定的啓示と，人間によるその認識の合一点として位置づけている．また受難，復活を一貫した時間の指示（14: 1, 17；15: 1, 25, 33-34, 42；16: 1-2）のもとで記述することによって，マルコは出来事としての両者の本質的同一性をも強調している．

〔ルカ福音書〕ルカはマルコと異なり，最高法院の裁判（22: 66-71）の前に，*ペトロによる否定（22: 54-62）と人々によるイエス侮辱（22: 63-65）の場面を位置づける．この変更を通して，弟子をも含めた人々からの遺棄という，悲惨のうちに開始されるイエスの受難を強調し，死におけるイエスの悲惨さを先取りする．すなわち，犯罪人と同時に十字架につけられるイエス（23: 33．さらにマコ 15: 24, 27 比較参照），また議員（23: 35），兵士（23: 36-37），犯罪人（23: 39）という社会的地位の段階的低下のなかで行われる嘲笑を通して際立たされるイエスの悲惨が，すでにこの最初の変更において暗示されている．ここに，悲惨な状況にある者に救いをもたらすイエスの姿（23: 43 の救済論的意味をもつ「今日」，ほかに 2: 11；4: 21 等．また 1: 48, 51-53；4: 18-19 参照）を述べ，そこにおいてイエスのメシア性を宣言させる（23: 42）ルカの意図を読み取ることができる．

ルカがマルコの順序を変更したもう一つの意図は，イエスの受難開始の前にペトロの *回心（22: 61-62）を位置づけることにあり，この意図は十字架の場面において継続されている．一人の人間の回心のうちに開始されたイエスの受難は，その終わりとともに多くの人々の回心を喚起する（23: 48．ルカ固有記事）．人間の回心という受難のもつ救済的側面が内包するこの勧告的側面は，イエスの背後から十字架を担っていくキレネの *シモン（23: 26．マコ 15: 21 の「無理に」を省略）の姿（ルカが使徒言行録で展開する異邦人の回心の象徴）にも投影されている．

ピラトによる再三の無罪宣言（23: 4, 14-15, 22）にみられるように，ルカは受難の護教的側面にも焦点をあてる．無罪のなかでの死刑判決を強調するために，ルカは刑確定後の兵士による侮辱の場面（マコ 15: 16-20）を省略する．イエスの無罪性は十字架において一層明らかにされ，犯罪人の言葉（ルカ 23: 41），そして死に際しての百人隊長の言葉（23: 47）によって最終的に確認される．ここでの「正しい」（dikaios）という語は，イエスの無罪性のみならず，父である神への信頼のうちに（23: 46 = 詩 31: 6），神的義務（dei．ルカ 9: 22；13: 33；17: 25 等参照）としての十字架での死を成就する，義人としてのイエスの姿（イザ 53: 11；使 8: 32-33 参照）をも浮かび上がらせている．こうした種々の側面を備えたイエスの受難は，終末的な霊の時代を成就し（ルカ 23: 44-45．さらにヨエ 3: 1-5 参照．マルコと異なり，神殿の幕が裂けるという出来事は闇と結ばれる），教会の時代を開始するものである．

〔ヨハネ福音書〕ヨハネは，「時」（hōra．さらにヨハ 7: 6, 8 の *カイロス参照）を基底に受難神学を展開する．イエスの生涯全体はこの「時」（2: 4；7: 30 等）に方向づけられ，その成就の場である受難において，イエスは「子」としての栄光を受け（12: 23, 27-28；13: 31 等），救いのしるしとして父のもとに上げられる（3: 14-15；12: 32-33）．

「時」の実現としての受難において，ヨハネは種々の形でイエスの神秘を明らかにしていく．エルサレムに入るイエスは王として歓呼されるが（12: 13），ピラトによる裁判は王イエスを中心テーマとし（「王」basileus という語が 18: 28-19: 16 で 9 回），地上の権力ではなく，言葉によって王であるイエスの姿を浮かび上がらせる（18: 36-37）．三か国語で記された罪状書き（19: 20）はイエスの王性を全世界に告示し，それはイエスの埋葬においても暗示されている（19: 39 の「大量の香料」，19: 41 の「新しい墓」）．

イエスの王性を明らかにする受難は，民の統一を成就する「時」でもある．この教会論的解釈はアンナスによる裁判においてすでに暗示されているが（18: 14．さらに

じゅなん〔イエスの〕

11: 51-52; 12: 32 参照），それは十字架において決定的になる．＊マリアと弟子への約束は(19: 26-27)，十字架が終末的な＊シオンの娘マリア(16: 21; イザ 66: 7-11 等参照)を通した，全人類統一の場であることを(ヨハ 19: 24 の「裂かれぬ下着」，また 21: 11 の「破れぬ網」等参照)，脇腹からの血と水(19: 34)は新しい共同体に生命を吹き込む聖霊の時代(7: 38-39 等参照)が開始されたことを告知する．

イエスの「時」は旧約を完成する時でもある．これは受難の予型論的解釈を通して叙述される(→予型論)．死の場面で言及される「ヒソプ」(19: 29．またマコ 15: 36「葦の棒」参照)，折られぬ足(19: 33)は，イエスの死が＊新しい契約の＊小羊としての死であることを明らかにしている(1: 29; 出 12: 22, 46 参照)．ヨハネによる予型論的キリスト論はほかに，「宿る」(1: 14)，「上げられる蛇」(3: 14)，「命のパン」(6: 33)などの表現にもみられるが，旧約の出来事はイエスの救済的死を通して，その象徴的意味の完成をみるのである．

〔パウロ〕ユダヤ人であるパウロは，イエスの十字架と歴史における＊律法の役割との関連に焦点をあてながら，その救済的意味を解釈する．イエスは宥めの供え物(ロマ 3: 25)として十字架に掛かり，それを通して神と人間の間に和解をもたらし(ロマ 5: 10-11; 2 コリ 5: 18-19)，救い(1 テサ 5: 9-10)，命(ロマ 6: 4)の源となる．十字架による救いは，＊救済史における律法の意味を根本的に変革する．罪意識を喚起し(ロマ 3: 20)，人間を＊呪いのもとに置く(ガラ 3: 10)律法は，十字架によってその効力を喪失し(ガラ 3: 13)，人間は律法から解放される(ロマ 7: 6)．それは律法の廃止を意味するのではなく，人間をキリストに方向づける養育係としての律法の役割の終わり(ガラ 3: 23-25)，十字架による律法の成就(ロマ 10: 4)を意味している．

律法の終焉は，キリストへの信仰を唯一の救いの根拠とし(ロマ 3: 26-27 等)，それによってユダヤ人と異邦人の一致をもたらす(エフェ 2: 11-18; コロ 1: 20)．キリストの死にあずかる洗礼(ロマ 6: 3)によって，「キリストにある」(en Christō) 者は，新しく造られた者となり(2 コリ 5: 17)，罪，律法，死の支配から解放されて(ロマ 6: 6-14 等)，「キリストにある」命に参与する(1 コリ 15: 22)．

十字架の救済的効果を要約した「キリストにある」というパウロ固有の表現は，「霊にある」(en pneumati)，「霊によって」(kata pneumati) という言葉によって説明される．霊の助けによって，主イエスへの信仰を告白する者は(1 コリ 12: 3)，罪の場としての肉ではなく，キリストにある命の原理としての，霊のなかに歩まねばならない(ロマ 8: 2-17)．信仰者は，律法の文字による古い生き方ではなく霊による新しい生き方(ロマ 7: 6)，霊における一つの肢体(1 コリ 12: 13)での生活を通して，霊に満ちた神の子，キリスト・イエスと同じ栄光の姿へと変えられていく(2 コリ 3: 18)．

〔ヘブライ書〕本書は，大祭司キリストという独自の観点からイエスの受難を予型論的に解釈する．イエスは＊贖い(9: 12)，＊契約(9: 15)の犠牲として十字架に掛かる．旧約の＊贖いの日における犠牲(レビ 16 章参照)と異なり，一回限りの犠牲を通して(9: 12, 28 等)，イエスは人間の良心を清め(9: 14)，完全かつ決定的な契約を締結する(8: 6-13 等)．予型としての旧約の犠牲を完成する(10: 1-10)イエスの死は，人間の罪を贖う大祭司(5: 1-4)の任務の成就でもある．旧約の祭司と異なり，自らの血によって永遠の贖いを獲得する(9: 12)，罪のない大祭司イエスは(7: 26-28)，旧約の＊メルキゼデク以来の祭司職を完成し(6: 20-7: 21)，永遠の祭司として，人間のために神に執り成しをする(7: 24-25)．

〔ヨハネの黙示録〕イエスの救済的死は「屠られた小羊」(5: 6 等参照)，「小羊の血」(12: 11 等)といった言葉で表現されているが，これは罪からの解放というよりは，忠実な信仰者が天上で参与するキリストの勝利(7: 14)の意味で用いられている．キリストの死は，信仰者が＊終末において受ける最終的勝利の保証であり，信仰者に地上の艱難に対する忍耐を説く勧告(7: 14-17; 21: 4 参照)の源泉となっている．

【文献】W. Schenk, *Der Passionsbericht nach Markus* (Leipzig 1974); A. Vanhoye, et. al., *La Passione secondo i quattro Vangeli* (Brescia 1983). （泉安宏）

【美術】十字架につけられたキリストの苦難と死をめぐるテーマを表す一連の図像群を受難図という．キリスト教美術においては，主に福音書の記述によりながら，キリストの十字架上での死(磔刑)に至るまでの経緯とそれに続く幾つかのエピソードが含まれる．一連の物語として一括されて表現されるだけでなく，場合によっては各場面が独立して扱われてきた．もとよりキリストの受難は，「原罪の贖い」という神学上の中心的テーマと深く関わるために，図像としても極めて重要視されていたものである．なかでもクライマックスにあたる十字架上でのキリストの死は，人間であり神であるキリストの＊受肉とその死による＊原罪からの救いのテーマを含んでいた．受難の物語は，キリストがその死に先立ち，救世主である人の子が苦難の末に死すべきことを預言し，弟子たちとともにエルサレムに赴き，そこで＊最後の晩餐(＊エウカリスティアの制定)の後に，ユダ・イスカリオテの裏切りによって逮捕され，裁判を受け，十字架に掛けられて息絶え，埋葬される，というように展開される．美術に表現される一連のテーマとしては，「キリストの逮捕」から「磔刑」までが中心的であった．

受難図の構想では，プロローグとして「エルサレム入城」から「神殿から商人を追放するキリスト」「キリストによる弟子の洗足」「最後の晩餐」の場面がある．「キリストの逮捕」をめぐっては，「ゲツセマネでの祈り」「ユダ・イスカリオテの裏切り」，そして「ユダ・イスカリオテの接吻」がキリストの逮捕に重ねられる．また逮捕後のエピソードとしては，「ペトロの否定(否認)」「ペトロの後悔」「ユダ・イスカリオテの後悔」「ユダ・イスカリオテの自殺」がテーマとして加えられた．「キリストの磔刑」に関しては，それに先立つ「大祭司およびピラトによる裁判(審問)」を経て，肉体的苦しみである「鞭打ち」や「茨の冠」「＊エッケ・ホモ」(〔ラ〕Ecce homo，「この人をみよ」の意)，それに「十字架を担う」「＊十字架の道行き」が続き，ゴルゴタでの「聖衣剥奪」「十字架設置(昇架)」の準備の後，クライマックスの「磔刑」(十字架上のキリスト)に至るのである．さらに「磔刑」に続く場面として，「十字架降下」「死せるキリストへの哀悼」「遺骸の運搬」「埋葬」が加えられる．

こうしたキリストの受難をめぐる一連の物語的表現は，現存する作品のなかでは 4 世紀ローマの＊石棺彫刻に現れたのが最も古い．「エルサレム入城」や「弟子の洗足」「逮捕」「茨の冠」「ピラトの審問」などの場面が表現されたが，それらが受難の中心的テーマである「磔刑」とともにあることはなかった(例えば，ユニウス・バッソスの石棺，＊ドミティラの＊カタコンベの石棺

じゅなんきょく

等). その後は象牙浮彫や木彫(5世紀ローマのサンタ・サビーナ聖堂の扉パネルの「磔刑」を含む), 石彫にやはり幾つかの受難の場面を表す作品が残され,「最後の晩餐」から「刑場(ゴルゴタ)に引かれるキリスト」にキリストの復活をめぐる3場面を加えた6世紀の聖堂モザイクも伝わっている(*ラヴェンナのサンタポリナーレ・ヌオヴォ聖堂側壁). 写本挿絵にも, 連続して幾つかの受難の場面が描かれる作品がみられた(9世紀のビザンティンの『クルドフ詩編写本』等). これら中世の作品は, いずれもキリストの死と原罪からの救いを明らかにすると同時に, 4世紀以来の教会暦(*典礼暦)における*聖週間の秘義と対応していたものでもある(日曜日「エルサレム入城」, 月曜日「神殿から商人を追放するキリスト」, 火曜日「終末預言」ほか, 水曜日「ユダ・イスカリオテの裏切り」ほか, 木曜日「最後の晩餐」「ゲツセマネでの祈り」「逮捕」「審問」, 金曜日「磔刑」「埋葬」ほか).

特に中世末期からルネサンスにかけてはキリストの受難の苛酷さに共感を求める傾向が生じ, 情緒的内容を表現主義的に描き出そうとする図像が生み出されていった. この間には, 一連の受難図がより広範な「キリストの生涯」の連作のなかに位置づけられ, そのなかで特別に強調されて表される. 例えば, *ジョットのパドヴァのスクロヴェニ礼拝堂壁画(1305-10頃)では, 全体で25区画の「キリストの生涯」のなかに,「エルサレム入城」から「磔刑」「死せるキリストへの哀悼」までの11場面が, それぞれ説話的リアリズムとドラマティックな緊迫感をもって表現されている.

受難図の主要場面の中世から13世紀頃までに確立された定型的図像は, 以下のようである.「エルサレム入城」は, ろばに乗るイエスとそれに従う弟子たち, エルサレム城門の入口で出迎える老若男女, 木の枝や上衣をキリストの前に敷く子どもたちからなる.「神殿から商人を追放するキリスト」は, キリストがエルサレムの神殿境内で革の鞭を振るって商人たちを追放する場面を表す.「洗足」では, キリストが使徒たちのなかでも, ペトロの足を洗う(あるいは, 足を拭く)図像が定型化される.「最後の晩餐」は, キリストを中心に十二使徒が一緒に食卓につく場面として表現される.「ゲツセマネでの祈り」では, ゲツセマネの園(オリーブ山)で祈り苦悶するキリスト, それを助ける天使, 眠る弟子たちが主要な図像となる.「キリストの逮捕」では, 弟子たちを従えるキリストに接吻するユダ・イスカリオテを中心に, その周囲にキリストを捕らえようとする兵士たちが配される. その表現から「ユダの接吻」の別名でも呼ばれる場面である.「キリストの審問」からは,「大祭司*カイアファ(あるいはアンナス)に最高法院で裁かれるキリスト」また「総督ピラトの身の証し」(手を洗うピラト)の場面が選ばれた.「鞭打ち」は, 磔刑までにキリストが受けた肉体的苦痛の初めの情景として, 柱に縛られ背後から鞭打たれて傷つくキリストを中心に構成される.「茨の冠」では, 座したキリストに棘の鋭い*茨の冠がかぶせられる.「エッケ・ホモ」は, 中世ではみられず15世紀以降に発達した図像テーマで, 茨の冠をかぶるキリストが手を縛られて人々の前に引き出される場面を描く.「十字架の道行き」には,「十字架を負う」「躓く」「聖母マリアとの出会い」「ウェロニカの聖帛(?)」などの情景が含まれる.「聖衣剝奪」の場面は, 福音書以外に典拠のあるもので, ゴルゴタの丘で二人の死刑執行人がキリストの衣をとろうとする.「十字架設置(昇架)」には, キリストを十字架に釘づけにする様子とその十字架を立てる情景を表す二つのタイプがある(→十字架上のキリスト). これに続く図像として「十字架降下」では, 遺体を引き取るアリマタヤの*ヨセフと釘を抜く*ニコデモに, 磔刑に立ち会った聖母マリアと使徒*ヨハネも描き加えられる.「死せるキリストへの哀悼」は, 十字架から降ろされたキリストの遺体を囲み, 人々が悲嘆にくれる情景を表す. 特に聖母は, 遺体を抱き深い悲しみのうちに描かれる. その点で「聖母の嘆き」と別称される場面であり, 独立した「*ピエタ」(キリストの遺体を膝に抱き悲しむ聖母)の表現に発展する.「埋葬」では, 布に包んだキリストの遺体を人々(アリマタヤのヨセフ, ニコデモ, 聖母, ヨハネほか)が, 岩に掘られた墓に運ぶ情景が示される.

【受難具】キリストの受難の諸場面に関係する数々の道具(受難具)として中世には, キリストがかぶらされる茨の冠, 鞭打ちのための柱と鞭, 磔刑の*十字架や釘, 十字架上のキリストに差し出された海綿をつけた棒や脇腹を突いた槍などがあげられていた. これらの刑具は, 受難の象徴として, また十字架上のキリストの死をめぐる瞑想のよすがとして敬われたのである. 受難具とされたものはしだいに数を増し, 特に14-15世紀以降にはより広範に複雑化していった. 十字架に釘づけする金槌, 降下の際の梯子と釘抜きなどのほかに, キリストの逮捕についての物語のなかからはイエスを売ったユダの銀貨, ペトロの剣が突き刺さるマルコの耳, それにペトロがキリストを拒んだときに鳴いた鶏, またピラトの審問に関連した道具ではピラトが手を洗った水差し・盥・手拭い. さらに十字架への道行きからは*ウェロニカの布に加え, キリストの*聖衣を分けるための兵士の骰子も選ばれている. それらは「キリストの武器」と呼ばれる一種の武具飾りを形成したり, 受難具を網羅し並置した画像も現れた(『クニグンデ女子修道院長の受難物語挿絵』1320頃他, プラハ大学図書館). 礼拝対象用のキリストの図像である「悲しみのキリスト」では, 傷を示すキリストが受難具を手にしていたり, *カトリック改革以降しばしば表現された「聖グレゴリウスのミサ」では, 祭壇上に受難具に囲まれた磔刑のキリストのビジョンが現れる場面も描かれた. 受難以外の場面でも, 玉座のキリストを囲む天使がさまざまな刑具を携えることがあり,「最後の審判」にそれが描き込まれたりもした(12世紀初頭のサン・サヴァン聖堂玄関廊の壁画, 1120-30年頃のボーリュのサン・ピエール聖堂扉口の彫刻等).

(安發和彰)

じゅなんきょく　受難曲〔独〕Passion,〔英〕passion music,〔仏〕passion　四福音書中のイエス・キリストの*受難の物語の音楽. どの福音書に基づくかにより, 通例「マタイ受難曲」「ヨハネ受難曲」などと題される. 12世紀頃から, キリスト受難の物語を, キリスト, 福音史家(*福音記者), その他の登場人物の役割を分担して, 単旋律聖歌(*プレインソング)で歌ったところから始まる. やがて, 多声合唱曲が組み込まれ, 音楽的に大規模になっていく. カトリックでは16世紀後期から17世紀初頭に作られた*ラッススの4作品, *ビクトリアの2作品で一つの頂点を迎える. なお, これらの作品は, 歌詞にラテン語を用いている.

プロテスタントでは, *ルターの音楽面での協力者であったヴァルター(Johann Walter, 1496-1570)がルターによる聖書のドイツ語訳を歌詞に用いて, 独唱部には朗

唱を，群衆には和声的な合唱を用いた『マタイ受難曲』を作り，この形式が以後プロテスタント受難曲の規範となった．著名な作品としては，H. *シュッツによる『マタイ』『ルカ』『ヨハネ』の3受難曲(1653-66)があげられる．また，1500年以降，物語全体を，登場人物が個人であろうと，群衆であろうと，すべて*モテット風の多声合唱曲で構成した受難曲も作られた．17世紀中葉以後には，主にプロテスタントに，*オラトリオ風の受難曲が登場する．この型の受難曲では，聖書のテクストに加えて，自由に創作された詩節が挿入され，世俗的な器楽も重要な役割を与えられて，音楽劇の性格が強くなる．この型は18世紀初頭に頂点を迎え，ブロッケス(Barthold Heinrich Brockes, 1680-1747)らの詩に基づき，*ヘンデル，*テレマンなどが作曲した(この場合には，作詞者の名をとって『ブロッケス受難曲』などと呼ばれる)．しかし，この型の受難曲は，単に題材の一つとして受難の物語を用いたオラトリオといってよく，どちらかといえば宗教的意義は後退し，音楽が前面に押し出された作品となっている．このような時代の風潮のなかにあって，J. S. *バッハの『ヨハネ受難曲』(BWV 245)，『マタイ受難曲』(BWV244)の二つの受難曲は本来の受難曲の宗教的意義を失わず，福音史家の記述する客観的部分と，キリスト者の主観的な心情とを巧みに組み合わせ，宗教的見地からも，音楽的見地からも高く評価されている．バッハの死後，18世紀後半以後は，演奏の場が教会から劇場へ変わり，教会音楽の全般的衰退に伴って，受難曲の性格も本来の宗教的目的を失い，「聖週間でも上演できる娯楽音楽」とでもいうべき「受難オラトリオ」へと変化していく．この型の受難曲は，当時の音楽全般に影響を及ぼした感情過多様式([独]Empfindsamer Stil)に影響され，感傷的・叙情的音楽が支配的となった．なかでも，グラウン(Carl Heinrich Graun, 1704-59)の『イエスの死』(1755)は，19世紀に至る約150年間，ドイツで高い人気を保った．また，F. J. *ハイドンの『十字架上の最後の七つの言葉』(1794)や*ベートーヴェンの『オリーブ山のキリスト』(1803，改訂1804)も，この受難オラトリオの一種とみなすことができる．

今日では，バッハの二つの受難曲が再評価されて，演奏される機会が多い．今世紀に新たに作られた受難曲としては，ポーランド人作曲家K. *ペンデレツキの『ルカ受難曲』(1962-65)があげられる．この作品はラテン語のテクストによるが，極度の不協和音を用いるトーン・クラスターの技法を採用した前衛的な作品で，キリストの受難を現代の音楽語法で表現した特異な作品となっている．

【文献】NGDM 14: 276-84; 田辺尚雄他編『音楽大事典』3 (平凡社1982) 113-14.　　　　　　　(坂崎紀)

じゅなんげき　受難劇〔英〕passion play, 〔独〕Passionsspiel, 〔仏〕drame (mystère) de la passion　キリスト教の全西欧に燎原の火のごとく広まった中世*宗教劇は，10世紀初めに*ザンクト・ガレン修道院の*復活祭典礼の*トロープスから発生した復活祭劇に始まるが，これがキリスト教の宣教や祝祭日(→祝日)の余興を求める民心によって発展し，各祝祭日に結びつく多くの宗教劇を生み出した．教会と民衆はこぞって降誕祭劇(→降誕)をはじめあらゆる種類の宗教劇を育成したが，*聖人劇や*道徳劇なども生み出した．これらのものはしだいに教会の手を離れ，古代から生き延びたミモス(〔ギ〕mimos, 物真似劇)系の大道芸と結びつき西欧の新しい近世劇の源流となっていった．宗教劇は分化するとともに集大成されていったが，この動向は全西欧的で，国際的であり，宗教劇は各国語を用いるようになる13世紀頃から，各国民性を帯びてくる．

集大成された宗教劇は「キリスト一代記」を目指すはずだが，さらに拡大されたものは新・旧約聖書の全史を含むことになる．イエスの*受難をテーマとする受難劇は降誕祭劇から発展したのではなく，春の野外で演じられた俗化した大規模な復活祭劇から分化・発展した．その最古のものとされるラテン語の「ベネディクトボイレン小受難劇」(289行)はドイツ南部*バイエルンにあるベネディクトボイレン(Benediktbeuren)の修道院で発見された13世紀のものと推測される中世ラテン詩文集『カルミナ・ブラーナ』(Carmina Burana)に収められているものである．最後の晩餐からキリストの埋葬までを含み，聖書の記述に忠実に従っているが，当時流行の「マリア哀歌」(*スタバト・マーテル)も利用している．中世末のチェコにおける「エーゲル受難劇」(Egerer Fronleichnamsspiel, 8,312行)は，登場人物187名，上演に3日を要する一大受難劇だが，フランスには上演に数日を要する数万行の大受難劇(*聖史劇)，イングランドにもチェスター劇のような*サイクル劇が発生した．フランスの*グレバンの『キリスト受難劇』(1450頃)は「陰謀とエルサレム入城」「最後の晩餐」「ゲッセマネの園」「カイアファ，ピラトの裁判」「十字架の道行き」「カルヴァリオの丘での磔刑」よりなる大作である．イタリアでも上演は盛んで，16世紀になるとスペインで盛んに上演されるようになった．

作者は中世の習わしとしておおむね不明だが，初めは学のある聖職者で，しだいに学のある俗人(役人や書記など)に変わっていった．出演者は主要人物のほかは俗人が多く，旅芸人などもしだいに参加するようになった．*巡礼と同じく観衆に*免罪符を与えられることもあった受難劇には，聖なる宗教行事としての建て前から，男性のみが出演したが，中世末には女性も出演するようになった．詩句の台詞のほかに*グレゴリオ聖歌も多用された．受難劇は初めはラテン語の朗誦調(オペラ風)だったが，用語が各国語になるにつれ，対話劇調に変わった．

作劇の意図はキリストの受難を目のあたりに演じてみせることにあったから，受難劇は宣教の役に立ったが，娯楽の少ない当時のこととて，しだいに復活祭頃の余興的年中行事となり，一地方，一市町村をあげての盛大な一大行事となり，競演さえ行われるようになった．聖俗両当局も協力を惜しまず，教会の*聖遺物や*祭具を貸与し，莫大な費用も支出した．舞台に現れなかったキリストもしだいに登場し，猥雑な大道芸が交じり，娯楽物への暴走が始まると，受難劇は本来の聖性を失い俗化し，自滅の道をたどる．俗人の出演者はたいてい職人で，*ギルドに属する者が多く，各ギルドが得意の場(例えば大工組合が*ノアの箱舟の場)を担当することがあった．中世末のパリには聖史劇上演の特権を与えられた組合さえ出現した．

中世末の野外の受難劇舞台は，当時の演劇の粋を集め，謝肉祭(→カーニバル)劇や笑劇の猥雑さまで吸収し，けんらんたる中世宗教劇の華を咲かせた．舞台は写実的で，音響効果に音楽や火薬まで用いられた．斬首，磔刑，地獄の惨状と悪魔などのために，仮面や奇怪な扮装や巧みなメカニズムが用いられた．北ドイツ，オラン

じゅなんこくち

ダ，イングランドでは山車のような車舞台が用いられた．見物は街角に立って次々に現れる車舞台（各場面と人物を乗せた2階建）の演技をみるわけで，同一人物が何名か必要になる．車舞台が連なって演じることもある．これがイングランドのパジャント上演様式である．宗教劇の盛んなフランスや中部・南部のドイツでは，個々の場面（天国，地獄，ゴルゴタの丘，ピラトの家など）を表す舞台（マンション）を並列的に（1列か矩形に）並べた，独特の並列（同時）舞台が用いられた．おそらく宗教的行列や絵画・彫刻の影響だろう．ヴァランシエンヌ（Valenciennes）やドナウエッシンゲン（Donaueschingen）の舞台図が現存している．観客はマンションに対面するか，取り巻いて，舞台が変わるにつれ移動しながら見物したが，本来無料の観劇でひどく込み合っていたので，地獄の悪魔が整理に出動したりした．大福帳のような演出台本（ドイツのドナウエッシンゲン受難劇の稿本が現存）をもった演出家がどう演出したか，不思議なくらいである．

全盛を極めた受難劇が16世紀に急に衰退したのは，聖性の喪失，時代の生のリズムとの不調和，プロテスタント（→宗教改革）の反対，職業的な旅の劇団や*イエズス会劇の発生などのためである．中世世界が生まれ変わるように，受難劇も生まれ変わらざるをえない．かわりにカトリック（*イエズス会）とプロテスタントの学校劇が，近世劇の温床となる．受難劇を排撃したプロテスタントは，やがてJ. S. *バッハなどの「みえざる受難劇」である*オラトリオ（受難曲）を生み出す．カトリックの宗教劇はイエズス会劇として生き延びるが，それも時間の問題である．しかし芸術の生命は死に絶えはしない．

アルプス地帯（南ドイツ，チロル，スイス，オーストリア）は古くから比較的保守的で，旧来の良風を守り，素朴な人情を養ってきたが，同時にカトリック信仰を守り続けたカトリック文化圏でもある．中世受難劇はこの

オーベルアンメルガウの受難劇 (NCP)

文化圏においてかなり遅くまで生き延び，やがて人々の意識下にひそみ，時々泉のように湧き出ることがあった．その幾つかは今では観光化されているが，*オーベルアンメルガウ，ティーアゼー（Thiersee），エルル（Erl），キルシュベルク（Kirschberg）などの受難劇は伝統的で，芸術的にも一見の価値がある．さらにこのような受難劇に類似したものとして現代のミュージカルなど

の例をあげることができる．

フランスでは*ソルボンヌ大学が中心になって，グレバンの受難劇が上演されている．イギリスでも最近各地で上演されているが，中世史研究の影響だろう．

東京でも1950年（昭和25）に*マリア会の暁星学園講堂で*上智大学の関係者が中心となり，イエズス会員*ホイヴェルスの『受難』がミュージカル風に上演された．恒例の*南山大学の秋の夜間の野外受難劇は，グレバンの受難劇によったもので，学生の熱演は多くの観客を動員している．

【文献】永野藤夫『ドイツ中世宗教劇概説』（中央出版社1950）；同『オーベルアムメルガウ受難劇研究』（中央出版社1950）；石井美樹子『中世劇の世界』（中央公論社1984）．　　　　　　　　　　　　　（永野藤夫）

じゅなんこくち　受難告知　〔英〕Passion-prediction, 〔独〕Leidensweissagung, 〔仏〕Passion-prédiction
*共観福音書は，イエスによる受難告知を3回記している（マコ8：31；9：31；10：33-34と各並行箇所参照）．名称が示す通り，この告知はイエスの*受難，死，*復活への言及という三つの部分からなり（ルカ9：43を除く），つねに弟子を対象として行われる．

これら三つの告知には，マタイ，ルカの各福音書がマルコ福音書の本文を修正した部分がみられるが，告知全体に注目するならば，第一の告知で「長老，祭司長，律法学者」と指示されるイエス殺害の首謀者が，第二の告知では「人々」となっている．この相違は，後者で用いられる動詞「渡される」に呼応している．この動詞は*ユダ・イスカリオテによって祭司長に（マコ14：11, 18などと各並行箇所参照．ただし，新共同訳聖書のマコ14：18は「裏切る」），*最高法院によって*ピラトに（マコ15：1と並行箇所），ピラトによって兵士に（マコ15：15と並行箇所）渡され，*十字架刑に処せられるイエスの受難の発端とその過程を叙述し，「人々」という言葉は，その過程に携わる人間全体を表している．三つの告知のなかで，第二のものが最も簡潔であること，また「渡される」や「人々の手に」という言葉のアラム語的要素は，これが最古の受難告知であることを推測させる．第三の告知は，第一と第二の告知を統合，発展した形で行われ，イエスの捕縛から復活に至る出来事全体を要約している．これは明らかに，イエスの復活後，*原始教団において定式化されたものといえる．

告知で用いられる「多くの苦しみ」（マコ8：31と並行箇所；イザ53：4, 11；詩34：19），「排斥される」（マコ8：31と並行箇所；イザ53：3；詩118：22），神を意味上の主語とする神的受動態（〔ラ〕passivum divinum）の「渡される」（マコ9：31；10：33と並行箇所；タルグムのイザ53：5；七十人訳聖書のイザ53：12）という言葉は，*主の僕，苦しむ義人としてのイエスの死理解を背景にしている．義務，必要を意味する非人称動詞 dei（マコ8：31と並行箇所．さらにマコ9：12；14：21, 49と各並行箇所参照）は，イエスの死が旧約の預言者の死（マタ23：29-32, 34-35と各並行箇所など参照）と異なり，神の救済計画によってあらかじめ定められたものであることを示している．

イエスの受難告知は，ペトロの信仰告白（マコ8：29と並行箇所）を契機に開始される．特にマルコ福音書の特徴として，このペトロの告白は，弟子の無理解（4：41；6：51；8：17-21）から理解への到達点を形成しているが，ペトロの告白に呼応したイエスの受難告知は，イエ

スがどの意味で *メシア，*神の子であるかを，受難する *人の子の概念を用いて補完する機能をもっている．同時に，ここで初めて行われる受難告知は，イエスの究極的本性，使命を弟子に明らかにする啓示的性格を備えている（8：32「はっきりと」参照）．

第一の受難告知は，ペトロの信仰告白とそれに対する公言禁止命令（マコ 8：30 と並行箇所），およびイエスの教え（8：34-38 と並行箇所．さらにマコ 9：35-50；10：38-45 と各並行箇所参照）の中間に位置している．このことは，イエスの本性の完全な理解は，イエスの生涯全体，特に彼の最終到達点である十字架と復活を通してのみ可能であること，また従うようにというイエスの最初の招き（マコ 1：17；2：14 と各並行箇所）の本質が，受難するイエスに従っていくことにあることを明示する．したがって受難告知は，要請としての性格をも備えている．

マタイ福音書において明らかなように（16：21 の「このときから」，さらにマタ 4：17 参照），イエスの受難告知は，共観福音書の転換点となっている．3 回にわたる受難告知は，神の福音を告げるイエスの活動舞台を，*ガリラヤから成就の場としての *エルサレムへと向けていく．

【文献】受難の項を参照． （泉安宏）

じゅなんしゅう　受難週　→ 聖週間

じゅなんのしゅじつ　受難の主日　〔ラ〕Dominica in Palmis de Passione Domini，〔英〕Palm Sunday，〔独〕Palmsonntag，〔仏〕dimanche des Rameaux　*四旬節の第 6 主日すなわち復活の主日（→ 復活祭）の 1 週間前の *主日で，この日から *聖週間が始まる．主の受難の *秘義が記念されるが，初めにイエスの *エルサレム入城の記念も行われる．中世以来の名称「枝の主日」は今日では副称として使われる（『典礼暦年に関する一般原則』30 項）．

イエスのエルサレム入城
(KNA Pressebild)

【歴史】4 世紀末，*過越の三日間の典礼が形成され始めたのとほぼ同時に復活の主日直前の主日も固有の特徴を帯び始め，聖週間の概念が生まれた．特にキリストの受難の史実の場所であるエルサレムでは，聖週間の典礼が精緻に営まれ，多くの巡礼者がこれを各地に伝えた．とりわけ *エゲリアの『巡礼記』（30-41 章）は，受難の主日にイエスのエルサレムへの入城を記念する盛大な行列があり，司教を先頭に，大人も子どもも *棕櫚やオリーブの枝をもって「神の名によって来られる方に賛美」と歌う様子を生き生きと伝える．これに対して，ローマでは，5 世紀半ばの教皇 *レオ 1 世の時代以降，この主日を全受難物語（主にマタイ）の朗読を伴う *ミサで祝う伝統が生まれた．併せて朗読される箇所はフィリピ書 2 章 5-11 節で，降下と *高挙の主題で貫かれており，この主日を復活祭の秘義への導入として位置づけていたことがわかる．名称としては，『ゲラシウス秘跡書』では「主の受難の枝の主日」（Dominica in palmis de passione domini），『グレゴリウス秘跡書』では「枝の主日」（dominica in palmis）と呼ぶ例もあったが，これら中世初期の枝の言及はまだ枝の行列の実践を証明するものではない．ローマと異なって，*ガリア典礼などではおそらくエルサレムの典礼の影響でイエスのエルサレム入城の記念が重視されており，8-9 世紀にはフランク王国の領域でこの典礼が発展した．このガリア的伝統とローマ的伝統が 10 世紀以降結びつけられるようになり，やがてローマ自身にも波及し，13 世紀の『ローマ教皇庁ミサ典礼書』を経て，1570 年の『ローマ・ミサ典礼書』に統合された（→ ミサ典礼書）．ただし，その際，9 世紀以来の慣行を引き継いで四旬節第 5 主日を「受難の主日」，聖週間の初めにあたる第 6 主日を「枝の主日」とする二重化が起こり，他方，祭儀の力点がエルサレム入城の記念よりも枝の祝福式へと移り，ひいては祝福された枝が信心の対象ともなった．

【刷新】20 世紀前半における *典礼運動および *典礼学の発展により聖週間の意義が再発見され，1951 年の *復活徹夜祭の改定に続いて，1955 年には聖週間典礼の改定が行われた．それにより，受難の主日の第 1 部の典礼は主の入城の記念に重点が戻され，聖堂内外の一定の場所からの行列と簡単な祈願による枝の祝福の儀式が定められた．第 2 部はローマ典礼古来の伝統に従う主の受難のミサが行われる．第 2 *ヴァティカン公会議後の改定では，1955 年の枠組みを基本的に踏襲したうえで，この主日を明確に「受難の主日」と呼ぶことにし，さらにエルサレム入城を記念する行列の形式として（1）*集会指定聖堂から主聖堂への本来の行列と（2）盛儀の入堂とを定めた．これには，固有のエルサレム入城の福音朗読，枝の祝福が伴われる．聖書朗読では，新たに旧約からイザヤ書 50 章 2-7 節の「主の僕の歌」と従来通りのフィリピ書 2 章 5-11 節，*受難朗読はマタイ，マルコ，ルカ福音書の受難物語が各年ごとに読まれる．さらにこの日固有の *叙唱が新たに作られ，13 世紀以来の伝統であった十字架の叙唱は *十字架称賛の祝日（9 月 14 日）に限定された．

【文献】DACL 14：2060-64；LThK² 6：4-9；NCE 10：934-35；GDK 5：56-143；Martimort 4：45-90；土屋吉正『暦とキリスト教』（オリエンス宗教研究所 1987）185-243；『ミサ典礼書の総則と典礼暦年の一般原則』（カトリック中央協議会 1994）；H. J. GRÄF, Palmenweihe und Palmprozession in der lateinischen Liturgie (Kaldenkirchen 1959)；P. JOUNEL, "La liturgie du mystère pascal," MD 68 (1961) 45-64；H. BECKER, "Pascha Palmarum. Gedanken zur Palmsonntagsliturgie des neuen Karwochenordo," LJ 19 (1969) 219-33；A. ADAM, Das Kirchenjahr mitfeiern (Freiburg 1979) 52-101.

（石井祥裕）

じゅなんろうどく　受難朗読　〔ラ〕Lectiones Passionis

聖金曜日および*受難の主日の*ことばの典礼で，福音書の受難物語を劇的に朗読する典礼形式．物語の語り手(*福音記者)とキリストとその他の人物および民衆の役割を分担して朗読する点に特色がある．復活祭が一夜で*復活徹夜祭として行われていた初代教会(2-3世紀まで)では，*聖書朗読は，福音書の受難物語と昇天の物語だったという．4世紀後半以降，それが*聖週間および*過越の三日間の典礼に発展した後は，聖金曜日および受難の主日で受難物語の朗読が中心となった．その独特な朗読形式を生み出すもとはやはり福音書の受難物語のもつ独特な劇的構成にあったと考えなくてはならない．10世紀頃には3人の*助祭がそれぞれ語り手(Chronista)，キリスト，他の人物の役割に分け，会衆が民衆の部分(TurbaまたはSynagoga)を唱えるという形式が始まったらしい．15世紀のイタリアではこの民衆のところを*歌隊が多声で歌ったり，さらには独唱者の部分やすべての直接話法の箇所を多声で歌う形式が生まれ，ここからやがて16世紀に*受難曲の形式が発生する．ただし，カトリックの典礼では，おそらく*トリエント公会議による改革の影響もあってそれ以上展開せず，*スカルラッティの『ヨハネ受難曲』は稀な例である．第2*ヴァティカン公会議後，1972年の歌唱(朗唱)定式書の規範版(Ordo Cantus Missae)で受難朗読の歌唱(朗唱)が勧められており，1989年には，特に受難朗唱のための新しい規範版『カントゥス・ヒストリアエ・パッシオニス』(Cantus Historiae Passionis)が出ている．中世以来の伝統に従って，受難物語の朗読聖書ではキリストを†，語り手をC(Chronista)，会衆をS(Synagoga)の記号で表す．朗唱は原則としては助祭によって行われるものだが，不在の場合は司祭および他の朗読奉仕者(→朗読)によって行われる．

【文献】MGG 10: 888-89; B. FISCHER, "Formen der Verkündigung," GDK 3: 83, 86.　　　　　　(石井祥裕)

シュニーヴィント　Schniewind, Julius

(1883.5.28-1948.9.7)　ドイツ・プロテスタントの新約聖書学者．*ケーラーの影響を受けた．ハレ大学教授．専門は*共観福音書．様式史(→聖書の様式史的研究)を積極的に採用したが，神学的には*ブルトマンと対決．イエスにおける神の支配到来と同時に未来的終末論(→終末)をも強調した．ナチス(→ナチズム)に抵抗して職を追われた．

【文献】キ人 717; RGG³ 5: 1467-68.　　　　　　(三好迪)

じゅにく　受肉　〔ギ〕sarkōsis, 〔ラ〕incarnatio, 〔英・仏〕incarnation, 〔独〕Inkarnation

【概要】キリスト教の*教理の要・中心・根底をなす教理．*三位一体の神の第二の位格が人間となった*秘義を指し，*イエス・キリストが神=人として，真に神であると同時に真に人間でもあることをいう神学的術語．

　受肉の概念は，「言(ことば)は神であった．……言は肉となって，わたしたちの間に宿られた」(ヨハ1:1, 14)から派生し，聖書の人間観を背景にして，キリスト教にとって最も中心的な事柄を述べる．すなわち，ナザレのイエスという現実の一個の人間が*位格的結合を通して神の言葉，つまり被造物における神の自己*啓示の表現になったことをいうのである．

【新約聖書】受肉とは，神(の言葉)が人となった事実を指すが，語源的には，この語に「人」の意味は含まれていない．受肉を示すラテン語 incarnatio は肉になることのみを意味する．しかし，「受肉」における「肉」は，人間の「肉」という高度の現実を指している．位格的結合によって神の言葉と一体になった(人間の)「肉」(〔ギ〕sarx)は，人間生命の一部ではなく，人間全体である．したがって，それは人間の全体性における魂と肉体を指している．人間において霊魂が身体と一体となっているのと同じく，神(の言葉)は人間の全体性と一体になったと，受肉の教理は述べるのである．

　ヨハネ福音書の「肉」(sarx)に関する考え方はヘブライ思想を背景としている．新約聖書のなかで「肉」は「霊」(pneuma)に対して，道徳的弱さを意味する．肉の業は不道徳な行為を指している(ガラ5:16)．さらにヨハネ福音書のなかでも，人間の物質的側面を指す場合がある(6:54)．しかし，「肉」は，以下の箇所では人類全体を指している．「人は皆(直訳：すべての肉は)，神の救いを仰ぎ見る」(ルカ3:6)．「あなたは子にすべての人(肉)を支配する権能をお与えになりました」(ヨハ17:2)．「神がその期間を縮めてくださらなければ，だれ一人(すべての肉は)救われない」(マタ24:22)．

　ヨハネ福音書序文は「受肉」を神秘・秘義・玄義として告げる(1:14)．ヘブライ的思惟からは，人間は霊魂と肉体の二つの部分の結合によって成り立っている複合物ではなく，一つの全体として捉えられている．したがって，「肉」について語ることは，人間について語ることであり，「神の言が肉となった」ということは，人間になったことを意味したのである．ヨハネの思想は，キリストの人性を否定する*キリスト仮現説に反駁する側面をもっていた(1ヨハ4:2-3; 2ヨハ7)．さらに，人間を肉として全体的に捉えるヨハネの思想は，神の前での人間の卑しさをはっきりと認めており，神と人間との間の無限の距離を意識しつつ，神の愛によって初めて神と人間の結合が可能になったとしている．同じような考え方がパウロにもみられる．「キリストは，神の身分でありながら，神と等しい者であることに固執しようとは思わず，かえって自分を無にして，僕(しもべ)の身分になり，人間と同じ者になられました．人間の姿で現れ，へりくだって，死に至るまで，それも十字架の死に至るまで従順でした」(フィリ2:6-8)．

　受肉についてのヨハネ福音書の考え方は，*光と*闇の対立の図式のなかの数々の語，パン，命，水のような象徴的な語，真理，自由といった概念と合わせて捉えられねばならない．ヨハネ福音書6章51-59節では，最も集約された形で，受肉した，すなわち人間となった神の子キリストが世の救いであることが述べられている．「わたしの肉を食べ，その血を飲む者は，永遠の命を得，わたしはその人を終わりの日に復活させる」(6:54)．しかし，ヨハネにとって肉そのものは救いにつながらない．ニコデモへの言葉のなかで，次のように述べられている．「肉から生まれたものは肉である」(3:6)．*ファリサイ派の人々に対して，「あなたたちは肉に従って裁く」とイエスはいう(8:15)．神の肉との無限の相違は存在論的であるばかりでなく，認識論的でもある．肉にとらわれた認識力では神の思いはわからないのである．

　しかし，人間は信仰によって肉の認識力を超える．パウロが述べたように，「肉に従って歩む者は，肉に属することを考え，霊に従って歩む者は，霊に属することを考えます」(ロマ8:5)．「わたしたちは，今後だれをも肉に従って知ろうとはしません．肉に従ってキリストを知っていたとしても，今はもうそのように知ろうとはし

ません」(2 コリ 5: 16). 肉とは本来, 神を理解する力をもたないばかりでなく, 神から離れた人間の実存であり, 神に敵対し, 罪であり, 罪のなかから抜け出ることのできないものである(ガラ 5: 16-19; ロマ 13: 14). パウロにとって肉は感覚的なもの(肉欲)というよりも, むしろ自己正当化の形をとった, 神に対する宗教的反乱である. 「肉」は罪論的観点から捉えられた人間の現実であり, 律法とユダヤ人を指し(ロマ 3: 20), 自然法に反する行為に浸っている異邦人を含むものである(ガラ 5: 19-21; 1 コリ 3: 3-4). また, 肉は利己主義であり, 死に結びつけられる(ロマ 8: 13; ガラ 6: 8). 肉に従って生きることは, 死に終わる古い小路に入り込むことであり, そこからの解放は「命」(霊に従って生きること)によってのみ実現する.

ヨハネは受肉について象徴的な話し方をしている. しかし, 新約聖書全体の考え方をまとめれば, 「神の言葉が肉となった」といわれるときの「肉」の現実がはっきりと捉えられていることに注意しなければならない. 神は, このような行き詰まった人間の実存のなかに訪れ, 肉となって, 人間の現実を引き受けた. キリストは真に具体的な人間であり, 神話上の人物ではないのである.

受肉した神の子の人間としての現実についての意識は, 新約聖書の随所にみられる. キリスト論的定式としては, 「肉によればダビデの子孫から」という出所が強調され(ロマ 1: 3), 歴史のなかに生まれた者として *系図が掲げられている(マタ 1: 1-16; ルカ 3: 23-38). 彼の受難に際しての苦しみが最も人間的に描かれているのはマルコ福音書であるが, ヨハネ福音書でも, それが現実の苦しみ・死であったことが描かれている. イエスは宣教活動中に「大食漢, 大酒飲み」と非難された(ルカ 7: 34). 復活後, イエスは自分が身体をもった存在であることを弟子たちに示している(ルカ 24: 43; ヨハ 20: 27). ほかに「初めからあったもの, わたしたちが聞いたもの, 目で見たもの, よく見て, 手で触れたものを伝えます. すなわち, 命の言(ことば)について」(1 ヨハ 1: 1)という言葉を引用することもできる. 「わたしたちはその栄光を見た」(ヨハ 1: 14)という言葉は, ヘブライ書の次の言葉によって裏打ちされている. 「キリストは, 肉において生きておられたとき, 激しい叫び声をあげ, 涙を流しながら, 御自分を死から救う力のある方に, 祈りと願いとをささげ, その畏れ敬う態度のゆえに聞き入れられました. キリストは御子であるにもかかわらず, 多くの苦しみによって従順を学ばれました」(5: 7-8).

【教理史】ギリシア *教父たちは, 受肉の真実性を十字架の犠牲の生々しさに結びつけて, それぞれの表現で強調した. *エイレナイオスは「肉」を人間と理解し, 教父としては初めて sarkōsis という語を用いている(『異端反駁論』3, 18, 7). *ユスティノスは同じ概念を表すために sarkopoiētheis Iēsous (『第 1 弁明』66) という語を作り, *ヒッポリュトスは sarkōtheis という語を(『ノエトス駁論』17), *オリゲネスは ensōmatōsis という語を用いている(『ケルソス駁論』1, 43; 2, 38; 6, 68). ラテン教父のなかでは, *テルトゥリアヌスが incorporatio という語を用いている(『キリストの肉体について』6). *アレイオス派と *アポリナリオス派の台頭とともに, キリスト論争が激化すると, sarkōtheis (肉化) と enanthrōpēsas (人間化) が全く同じ事柄を指すことがオリュンポスの *メトディオス(『シュンポシオン』1, 5; 10, 2), *アタナシオス(『アレイオス派駁論』3, 30), エルサレムの *キュリロス(『教理講話』4, 9)らによって強調され, ヨハネ福音書の序文から派生した概念に, フィリピ書 2 章 7-8 節の *ケノーシス, assumptio hominis (キリストのように人間も高く上げられること)の考え方が加わり, さらにそれが救いの *オイコノミアの枠組みのなかでみられるようになった. このように神(の言葉)が人となったことについての考察が深められたとき, ギリシア語では sarkōsis, ラテン語訳では incarnatio が一貫して用いられるようになった.

5 世紀までの *キリスト論をめぐる東方教会の論争を経て, 三位一体の第二の位格である子=キリストが位格的結合によって神性と人性をもつ一つの人格, 完全な個別者でありながら, 霊肉全体をもつ人間と一体となった永遠の言葉であることが教理として定義された(*カルケドン公会議). 以後, 中世神学から 20 世紀前半の神学は, 受肉を理解する際に, この表現を用いた枠組みのなかで議論を展開してきた. *アンセルムス以降, 受肉は贖罪(〔ラ〕satisfactio) との結びつきで議論され, 神の受肉に向かう行為が必然的に行われたものであるか否かが議論された. *トマス・アクィナスは, 受肉が神の善性に基づく自由な行為であるとし, 三位一体の神は受肉に際して, その存在に何らの変化を被ることなく, その神性を人性に分かち与えた, と説いた. また, 人祖が罪を犯さなかったならば, 受肉は行われなかったのであるから, 受肉は人祖の罪に由来した出来事となる. 一方, *ドゥンス・スコトゥスにとって, 受肉は人祖の罪とは関係なく, 罪を犯さなかったとしても, 創造の業を完成するために行われるはずのものであった.

キリストのなかには唯一の人格しかなく, その一つの人格は存在論的に完全なものであり, かつ, 道徳的に完全な責任を果たすものである. キリストの人性は(神の)言葉の外では, その実体性を実現し, 自立存在になることはありえないから, キリストは歴史においてただ 1 回現れうる者なのである.

キリストの人格が神・人という二つの本性からなりながら, 完全に一つの人格であることを理論的に説明しようとして, 以下の提案がなされた.

(1) *カプレオルス, *カイエタヌスら *トマス学派の神学者や *新トマス主義の学者 *ビヨなどは, 位格的結合によって成立した一つの人格は一つの存在に結びつく, すなわち, それは神の言葉としての唯一の存在である, と主張した. 神の言葉(ロゴス)はキリストの人間としての本質に直接, その神的存在を与えたと考えられた(→ロゴス・キリスト論). キリストのなかの人間を可能にしているのは, 神がこの具体的な人間の本質に自らを直接に与えているからである.

(2) *ラ・タイユは, キリストの受肉において神の言葉が直接キリストの人間性に自分の存在を与えることを認めながらも, それが人間としての存在という形で実現されると主張した. キリストの人間としての本質によって, その人格的存在が実現されると考えたのである.

(3) *バスリは, 取り上げられた人間 (assumptus homo) という人間存在採用説によって, キリストのなかの人間の自我に独立した地位を与え, キリストの人格の統一性の説明として, 神の言葉(ロゴス)がキリストのなかに取り上げられた人間を直接支配しており, この人間は, 神の言葉との超越的結びつきによって存在論的に一つの人格になっていることを説いた.

20 世紀の神学においては, 伝統的な神学概念の体系がもはや一般的に正しく理解されなくなった状況を踏まえて, (1) 受肉の考え方そのものに反対して, 代案を提

示しようとする傾向(*ブルトマン，*ティリヒ，*スコーネンベルク)，(2)共観福音書の見方を受肉の考え方のうちに取り入れようとする傾向(*スキレベークス)，(3)受肉の考え方を出発点としながらも，それを現代的実存理解によって解釈しようとする立場(K. *ラーナー)，あるいは宇宙と人間全般に結びつけようとする立場(*テイヤール・ド・シャルダン，*コンガール，*リュバック)等が現れている．

【結論】受肉は神の神秘であるとともに，それによって人間とは何かを教える，キリスト教の啓示に基づく神学的人間学を含んでいる．しかし，古代神学・中世神学を通して，その概念体系は最高度に精密化され，かつ人間の理解を超えるものを表現する極限に達したので，一種のアポリアに到達したとみられないこともない．その結果，概念としての受肉は人間の実存あるいは日常生活の現実から遊離し，その内容に気づくのが困難になっている．我々は受肉(位格的結合)を現代人に理解できない神話にしてしまってはならない．おそらく，聖書的な思考をより根源的に理解することによって，受肉の根本的使信を明確にすることができると思われる．

【文献】LThK² 5: 678-79; MySal 3/1: 105-226. ほかに，イエス・キリストの項の文献を参照． (高柳俊一)

シュニュラー Schnürer, Gustav (1860. 6. 30-1941. 12. 14) ドイツのカトリック教会史家．*シレジアのイェツドルフ(Jaetzdorf)に生まれ，*ベルリン，ブレスラウ(現ポーランドの*ヴロツワーフ)，*ミュンスターで歴史，地理，文献学を学び，1889年よりスイスの*フリブール大学教授．中世以降の史料批判的研究とその総合で知られる．『歴史学年報』(Historisches Jahrbuch)の共同編集者を務めた(1891-1940)．フリブールで没す．

【主著】*Kirche und Kultur im Mittelalter*, 3 v., 1924-29.

【文献】キ人 718; LThK² 9: 442-43. (小高毅)

しゅにんしさい 主任司祭 〔ラ〕parochus，〔英〕pastor，〔独〕Pfarrer，〔仏〕pasteur 主任司祭とは，自己に委託されている*小教区において固有権を有する司牧者で，*教区司教の権威のもとに，自己に委託された共同体の司牧を行う(『教会法典』519条)．

主任司祭は小教区(〔ラ〕paroecia, parochia)の形成に伴って発達した職務である．地方では5世紀から常駐の司牧者が存在したが，都市においては10世紀になってからである．語源としては，ギリシア語の paroikos (近くに住む)や parechein (与える)とする説，また*ローマ帝国の parochi (ローマからの公使や王侯，市民に必要な薪や塩を提供する者，つまり宿泊の世話をする者)とする説があり，その職務機能から説明している．parochia が9-11世紀頃までは「教区」の意味でも使われたので，その際，小教区の司牧の任にある司祭は curio とされていた．*トリエント公会議の最終会期頃からようやく parochus の使用が定着している．旧『教会法典』での日本語訳は「小教区長」であった．

主任司祭は，信徒の共同体としての小教区に奉仕する．これは教会禄(*聖職禄)の管理者としてではなく，聖書的な牧者として教え，聖化し，治める任務であり(『教会法典』519条参照)，教区司教と共有する司牧職である．主任司祭は教区司教から派遣され，その権威のもとに*役務を実行するが，単に司教の出先機関ではない．主任司祭は小教区の霊的な「かしら」であり，みえない主を真に現前させるはずの者である．個々の信徒を，キリストに基づきキリストに向かう共同体に結ぶのが彼の役目である(『教会法典』529条；第2*ヴァティカン公会議『司祭教令』6項参照)．そのため主任司祭は共同体に対して通常・直接の固有権を有し，主の御名においてその群れを養うのである．

主任司祭の職務は基本的に聖職叙階に根ざしており，教会的派遣(missio canonica)によって明確にされる．したがって法人は主任司祭となることができず，複数の者が共同で司牧にあたっても1名が責任者となる(『教会法典』517条，520条参照)．またその職務が恒常性を要することから，期限を定めずに任命され(522条)，教会に隣接した司祭館に定住する義務(533条)を有する．さらに*主日と守るべき祝日に*ミサを自己に委ねられた民に恵与する義務(534条)と，*洗礼・*婚姻・死亡についての*小教区台帳を管理する義務(535条)，および小教区財産を管理する義務(537条)を負う．このほか，主任司祭に特に委ねられている職務としては，死の危険にある者に対する*堅信および*病者の塗油の秘跡の執行，ならびに婚姻の立ち会いおよび*葬儀の執行等がある(530条，1108条)．

【文献】DMC 3: 589-99; LThK² 8: 407-409; V. K. LUDICKE, ed., *Münsterischer Kommentar zum Codex Iuris Canonici*, v. 2 (Münster 1984) Can. 519; J. A. CORIDEN, ET AL., eds., *The Code of Canon Law: A Text and Commentary* (New York 1985) 419-20; M. MORGANTE, *La Parrocchia nel Codice di Diritto Canonico* (Torino 1985). (濱田了)

ジュヌヴィエーヴ Geneviève (422頃-502頃) 聖女(祝日1月3日)，パリの守護聖人．その生涯は多分に伝説的である．*パリ近郊で農家の娘に生まれ，7歳のときオセールの司教*ゲルマヌスの祝福を受けて，自らを主キリストに奉献した．15歳からは隠棲修道女のような生活を送った．

451年，パリが*フン族の脅威にさらされたとき，ジュヌヴィエーヴはその霊的な力を行使してパリの人々に侵略者に対して毅然としているよう説得した．その結果，侵略者はパリを去って*オルレアンに向かい，そこでローマ軍と*フランク族に敗れた．このことから，ジュヌヴィエーヴはパリの*守護の聖人とされ，今日でも特にフランスでは崇敬されている．

また，カルティエ・ラタン(Quatier latin)の中心で，現在のパンテオンの場所にあったサント・ジュヌヴィエーヴ山の聖堂で崇敬されており，パンテオンの一室には，*ピュヴィス・ド・シャヴァンヌの絵画『眠れるパリを見守る聖女ジュヌヴィエーヴ』がある．(J. ベジノ)

ジュヌブラール Génébrard, Gilbert (1537頃-1597. 3. 14) フランスの大司教，神学者，ベネディクト会員．オーヴェルニュのリオム(Riom)に生まれ，モーサク(Maussac)の*ベネディクト会修道院に入り，*パリ大学で学び，1563年神学博士となる．1569年コレージュ・ド・フランスのヘブライ語教授．1574年に*オリゲネスの著作校訂版(Origenis Adamantii opera)を*パリで刊行．1591年*エクサン・プロヴァンスの大司教に任命される．しかし，*アンリ4世の即位をめぐる混乱のため任地に入ったのは1593年のこと．1596年，司教任命の権利を取り扱う彼の著作(De sac-

rarum electionum jure, 1593) が高等法院によって不敬罪に問われ, 追放され, *アヴィニョンに移り, ブルゴーニュのセミュル (Semur) のベネディクト会修道院に居を定め, 同地で没す.
【主著】*Isagoge rabbinica ad legenda et intelligenda Hebraeorum et Orientalium sine punctis scripta, cum tabulis artium et scientiarum vocabula exhibentibus*, 1563; *Alphabeticum hebraicum*, 1564; *Traité de la liturgie ou sainte messe selon l'usage des apôtres et de Saint Denis*, 1591.
【文献】Cath. 4: 1813; DThC 6: 1183-85; LThK² 4: 662-63; NCE 6: 321. (小高毅)

ジュネーヴ Genève スイス・フランス語圏のジュネーヴ州の首都. 南方のアルプスと北方のジュラ山脈を境界とする盆地にあり, アルヴ川と合流するレマン湖から流れるローヌ川沿いに位置している. その歴史は古代ケルトのリグリア族, アロブロゲース族に遡る. *カエサルにとりジュネーヴは, 紀元前58年のヘルウェティー族討伐の出発点になった. 4世紀に, キリスト教化され, 司教座が置かれた (400年に初めて言及されている). 443年から534年までジュネーヴはブルグンド王国 (→ブルグンド族) の首都であった. *カロリング朝の解体後, ブルグンド (ブルゴーニュ) 地方とともに*神聖ローマ帝国領となった. 封建制が形成される888年から1032年にかけて, ジュネーヴ伯の所領の中心となったが, 1401年に, 伯の家系は断絶し, ジュネーヴ司教が支配権を獲得した. その世紀の半ばまで, この都市は, 国際的な貿易市場が開かれる商業の中心として経済的繁栄を大いに享受した. しだいにサヴォア侯の統治下に入っていく司教たちとの抗争に立ち上がるブルジョアジーの勃興期でもあった.

*宗教改革は*ベルンのツヴィングリ派の影響下に市民のなかで起こった政治的・社会的運動として始まった. ベルンとジュネーヴはサヴォアの脅威に対して同盟を結んでいた. 1535年または36年にカトリックの*ミサが禁止され, 1536年に宗教改革を公式に導入, 司教や多くの司祭修道者は都市を離れた (ジュネーヴ教区は*アヌシから監督され, ジュネーヴの外に存在し続けた).

1541年以後, *カルヴァンとその仲間は神政的・寡頭政治的共和制に近い形態で宗教改革の勝利を確実にした. 都市を再び獲得しようとするサヴォア侯の試みはフランスとベルンの後援のもとで行われた. ジュネーヴの独立は最終的に1602年サヴォアにより認められた.

16世紀と17世紀の間に, ジュネーヴは近隣諸国からのプロテスタントの避難民の, 特に*ルイ14世による1685年の*ナント勅令廃止後のフランスからの*ユグノー教徒の移民により利益を得た. ジュネーヴ市とカルヴァンによって1559年に創設された主にプロテスタントの司牧者のための学校であるアカデミーは「プロテスタントのローマ」になった.

共和制の厳しい政治は寡頭体制と職人層との間の恒常的な闘争によって特徴づけられる. この闘争は18世紀に最高潮に達し, 1794年の寡頭体制の崩壊により終わった. 18世紀の, ジュネーヴは*ルソーの生まれた場所であり, *ヴォルテールの亡命先であったので, 啓蒙主義の代表者を引きつける中心地になった.

*フランス革命の時代, ジュネーヴはまずフランス共和国により併合され, その後*ナポレオン・ボナパルトにより二義的な地位におとしめられた. *ウィーン会議 (1814-15) の際にこの街はスイス連邦に併合され, 次いで寡頭政治を復興した. しかし, その政治的・宗教的影響力は敬虔主義的な態度の, そして革命により広がった寛容思想の影響のもとでかなり弱くなった. 1846年に, 急進派, 自由主義者そして民主主義者が保守的な政府を倒し, 一層民主主義的な憲法を制定した. 1864年に, カルヴァンのアカデミーは近代的な一般的大学に改変された. 1907年に市民の住民投票は教会と国家の分離を確定した.

ジュネーヴの人口はその市だけで約17万, ジュネーヴを含むカトリックのローザンヌ・ジュネーヴ・フリブール管区の総人口は134万6,000人でカトリック信者は67万0,487人である (1998年現在). 近代的産業都市 (時計産業, 化学, 機械工業等, そして主にサービス産業) として発展し, 1920-46年の*国際連盟, 多くの付属機関を伴った*国際連合のヨーロッパ本部, 特に国際労働機関の所在地であり, また赤十字連盟, 列国議会連盟, *世界教会協議会, 欧州核査察協議会 (CERN) など150以上の国際組織の中心地に変貌した. 外国人の数も非常に多く, 学生数1万を超える大学もジュネーヴの国際的性格を反映している.
【文献】AnPont (2000) 406-407; R. PFISTER, *Kirchengeschichte der Schweiz*, 3 v. (Zürich 1964-84); *Handbuch der Schweizer Geschichte*, 2 v. (Zürich 1972-77).
(H. ブライテンシュタイン)

ジュネーヴいっちしんじょう ジュネーヴ一致信条 Consensus Genevensis 1552年1月*カルヴァンの執筆になり, *ジュネーヴの全牧師が署名し市当局に受け入れられた予定論に関する一致確認書. 主題を*予定と*摂理に限った論争的論文. 教理全条項を含まず, 通例*信条として扱われない. ジュネーヴ以外の地および後代に対しては拘束力をもつものとならなかった. *アウグスティヌスと聖書の証言を用いて予定の教理を確定し, 起こりつつあった反対論を封じたため*カルヴィニズムにおける予定論の位置を強化する要因となる. *ピギウスおよびシチリアの修道士ゲオルギウス (Georgius) の説に反駁し, 最後に摂理論を述べる.
【本文】CR 36 (Cal. Op. 8) 249-366: 渡辺信夫編訳『ジュネーヴ教会信仰問答』(新地書房 1989).
【文献】J. K. S. REID, *Concerning the Eternal Predestination of God* (London 1961). (渡辺信夫)

ジュネーヴきょうりもんどう ジュネーヴ教理問答 〔ラ〕Catechismus Ecclesiae Genevensis, 〔仏〕Le catéchisme de Genève *カルヴァンの*教理問答書の第二の書 (第一は1537年『キリスト教綱要』初版の縮要として問答体によらず著述. 邦題『信仰の手引き』). 1541年*ジュネーヴ帰任後直ちにフランス語で問答体によって著作. 1545年ラテン語版刊行. 全373問答を55回の日曜日に割り振ってある. 内容は, *神認識を人生の目的として立て, その目的のため, 信頼, 服従, 祈願, そして神を一切の善の創始者と認め感謝することの4部門を置く. すなわち, *使徒信条, *十戒, *主の祈り, *聖礼典の解説からなる. 第一の『信仰の手引き』では律法から福音への順序 (*ルターに従う) をとったが, 第二の教理問答では順序を逆にし, カルヴァン神学の特色を打ち出す. 日曜日の昼の礼拝で少年少女に教え, *信仰告白の準備をさせた. フランス, ベルギー, スコットランドで用いられ, 各国語に訳され, *ハイデル

シュネシオス

ベルク教理問答，*ウェストミンスター教理問答に影響を与えている．
【邦訳】外山八郎訳『ジュネーブ教会信仰問答』（新教出版社 ²1963）．
【校訂版】ラテン語本文: *Opera Selecta Calvini*, v. 2, 1952；フランス語本文: *Le catéchisme de Genève*, 1934.
【文献】K. BARTH, *La confession de Foi de l'Eglise* (Neuchatel 1946); ID., "Gotter Kenner, Gott ehren, Gott vertrauen nach Calvins Catechismus," *Theologische Existenz Heute*, 27 (München 1935). （渡辺信夫）

シュネシオス　Synesios（370/75-413頃）キュレネ (Cyrene) の主教，新プラトン主義者．
【生涯】リビアのキュレネに生まれ，*アレクサンドリアで，当時著名な女性の新プラトン主義者*ヒュパティア (415 没) のもとで学び，生涯彼女に多大な敬意を表し，親交を結ぶ．*アテネをも訪れているが，その地での哲学の低迷に落胆する．399 年 *コンスタンティノポリスの *アルカディウス帝のもとへ使節として派遣される．皇帝を前に講義を行うが，辺境の守備と治政の要職が野蛮人の手に渡っているのに屈辱を感じ，402 年に帰国，その後まもなく，アレクサンドリアで主教 *テオフィロスの司式でキリスト者の女性と結婚．405-406 年郷里がマケト人の侵略を受けると，率先してそれに抵抗する．その功もあって，410 年キュレネおよびペンタポリス (Pentapolis) の府主教に推挙される．辞退するが，後に結婚生活の継続と魂の先在・世界の永遠性・肉体の復活の比喩的解釈を放棄するよう強制されないことを条件に受諾．第二の条件は，哲学者としてとどまることを要求するもので，積極的にそれを公言することを意図するものではないが，ここにキリスト者というよりプラトン主義者であったと評される所似がある．しかしながら，受洗し主教に叙階後は，忠実で良心的な主教として司牧にあたっている．413 年以後の消息は不明．
【著作】アッティカ風の文体とギリシア古典の博識で後代高く評価される．『王権について』(Peri basileias, 400)，『夢について』(Peri enypnion, 403 頃) 等の叙階前の哲学的小品があるが，399-413 年の 156 通の『書簡集』*新プラトン主義の概念とキリスト教信仰が渾然一体となった 5 編の神学的な詩と 4 編の祈りの詩からなる『賛歌』が特に重要である．
【著作校訂版】PG 66: 1021-756; N. TERZAGHI, *Synesii hymni et opusula*, 1939- ; A. GARZYA, *Epistolae*, 1979.
【文献】Altaner 282-83; DPAC 3: 217-19; DThC 14: 2996-3002; Quasten 3: 106-14; H. F. フォン・カンペンハウゼン『ギリシア教父』古代キリスト教思想家 1，三小田敏雄訳（新教出版社 1963）: H. F. VON CAMPENHAUSEN, *Die griechischen Kirchenväter* (Stuttgart 1955); A. J. BREGMAN, *Synesius of Cyrene, Philosopher-Bishop* (Berkeley 1982). （小高毅）

シュネプフ　Schnepf(f), Erhard（1495. 11. 1-1558. 11. 1）ドイツの宗教改革者．ハイルブロン (Heilbronn) で生まれ，イエナ (Jena) で死去．*エルフルトと *ハイデルベルクで学び，その間に *ルターの影響を受けて *福音主義に転ずる．1527 年ヘッセン伯 *フィリップに招かれて *マールブルク大学教授となり，1529 年 *シュパイアー，1530 年 *アウグスブルク，1537 年シュマルカルデン (Schmalkalden)，1541 年 *レーゲンスブルクなどの宗会議にも参加．1548 年暫定協定に反対したためテュービンゲン (Tübingen) での職を失い，イエナに招かれ，*ブレンツや *メランヒトンらルター派神学者に対し論陣を張り続けた．（出村彰）

ジュネール　Jounel, Pierre（1914. 7. 16- ）フランスの典礼学者．ロアール・アトランティク県のサフレ (Saffré) に生まれる．1940 年，ナント教区の司祭として叙階．パリの *アンスティテュ・カトリックや *ローマで神学を修め，1943 年から 53 年まで *オルレアンの神学校教授．1956 年から 83 年までパリの典礼研究所の教授を務めた．第 2 *ヴァティカン公会議による典礼刷新に際しては 1960 年の典礼準備委員会時代からその中核にあって活躍した．フランスにおける新しいミサの普及のために，主日用，週日用の会衆用 *ミサ典礼書を編纂し，典礼暦年（→ 典礼暦）やミサ，その他の典礼に関する個別研究も数多い．
【主著】*La messe hier et aujourd'hui*, 1986: 中垣純監修，菊地多嘉子訳『ミサ きのう きょう』（ドン・ボスコ社 1988）． （石井祥裕）

しゅのいのり　主の祈り〔ラ〕oratio dominica, Pater noster,〔英〕Lord's Prayer, Our Father,〔独〕Gebet des Herrn, Vaterunser,〔仏〕prière du Seigneur, oraison dominicale
【概要】主キリストが唱えたからではなく，弟子に教えたからこう呼ばれる主の祈りは，「全福音の要約」(*テルトゥリアヌス) といわれ，全聖書中最も詳細な解説がなされるものの一つである．ここには神と人間との基本的な関係が明らかにされ，*キリスト者の思考と行動の指標が示されている．
　主の祈りは，マタイとルカの両福音書にみられるほか，*『十二使徒の教訓』にも含まれているが，これはマタイの本文とほとんど同じである．

　　マタイによる主の祈り（聖書新共同訳）
〔呼びかけ〕天におられるわたしたちの父よ，
〔第 1 祈願〕御名が崇められますように．
〔第 2 祈願〕御国が来ますように．
〔第 3 祈願〕御心が行われますように，
　　　　　　天におけるように地の上にも．
〔第 4 祈願〕わたしたちに必要な糧を今日与えてください．
〔第 5 祈願〕わたしたちの負い目を赦してください，
　　　　　　わたしたちも自分に負い目のある人を
　　　　　　赦しましたように．
〔第 6 祈願〕わたしたちを誘惑に遭わせず，
　　　　　　悪い者から救ってください．

　　ルカによる主の祈り（聖書新共同訳）
〔呼びかけ〕父よ，
〔第 1 祈願〕御名が崇められますように．
〔第 2 祈願〕御国が来ますように．
〔第 4 祈願〕わたしたちに必要な糧を毎日与えてください．
〔第 5 祈願〕わたしたちの罪を赦してください．
　　　　　　わたしたちも自分に負い目のある人を
　　　　　　皆赦しますから．
〔第 6 祈願〕わたしたちを誘惑に遭わせないでください．

【文脈】*エルサレムは *オリーブ山に主の祈り（パーテル・ノステル）の教会があり，教会の回廊には，この祈り

がおびただしい数の言語で提示されている．主の祈りは，マタイでは*山上の説教のなかで，ルカでは*ベタニアからエルサレムへの道中で教えられており，この教会の位置はルカの文脈と合う．

マタイの本文(6:9-13)は，偽善者の模倣(6:5-6)と異邦人の多弁(6:7-8)の禁止に続いて短い祈りの例として示され，さらに赦しの勧め(6:14-15)が加わり，全体が祈りに関するまとまった教えとなっている．しかしこの教えは，施し(6:1-4)と断食(6:16-18)の間に置かれ，この三つの共通対象は偽善者であり，中間の祈りは7節で対象が異邦人となり，文脈を破る挿入と考えられる．

主の祈りは，マタイではイエス自ら教えているが，ルカでは弟子の求めに応じてなされており，祈り続けるようにとの勧告が続く．このように両福音書では，文脈が異なっているだけでなく，本文自体にも以上のように違いがある．

【相違】ルカの呼びかけは「父よ」だけであり，第3祈願はルカにはない．第4祈願で，マタイの「今日」はルカでは「毎日」，マタイの「与えてください」のギリシア語アオリスト形がルカでは現在形である．第5祈願で，マタイの「負い目」はルカでは「罪」，「赦しましたように」は「皆赦しますから」となっている．第6祈願の後半はルカには欠けている．

それでは，マタイの長い本文とルカの短い本文はどちらが原形に近いのだろうか．文脈を考えればルカのほうが自然であり，またこういう重要な祈りが短くされることはないとの判断に立てば，ルカのほうが先に作成されたといえよう．しかしルカは，よくするように主の祈りを短くし，用語を変えたとも考えられ，今日ではマタイのほうが古いとの見解が多い．もっとも異なる状況で2回教えられたと考えられないこともないが，むしろイエスの言葉が異なる伝承を介して二通りに伝わったというべきであろう．

【背景】以上の相違の背景について，マタイは*ガリラヤ，ルカはエルサレムという相異なる共同体で独自の発展を遂げたと考えられたこともあるが(ローマイヤー Ernst Lohmeyer, 1890-1946)，むしろマタイはユダヤ教からの改宗者，ルカは異教からの改宗者を対象としているといえよう(*エレミアス)．

ユダヤ教の祈りには，*シュモネ・エスレーやカディシュ以外にも主の祈りの要素がみられるが，主の祈りは簡潔で力強く，ユダヤ教の祈りをはるかに凌駕している．ユダヤ教の祈りでは，民族主義的色彩が抜けきれず，主の祈りにみられるような隣人への罪の赦しの告白もない．主の祈りは最初*アラム語で教えられたと考えられ，20世紀初頭以来アラム語への復元が試みられてきたが，今日主の祈りの最も詳しい研究書を著しているカルミニャック(Jean Carmignac, 1914-86)は，ヘブライ語原文を主張する．この主張は，主の祈りをめぐっての終末論的理解に対する彼の批判とともに，一般的とはいえない．

【解説】主の祈りは呼びかけに続いて，神対象の三つの「汝祈願」と人間対象の三つの「我ら祈願」からなる．*シュールマンは第1祈願を全体にかかる序の祈願とし，前半の唯一の大祈願(第2祈願は大祈願，第3祈願はその解明)と後半の三つの必須の願い(第6祈願後半は追加)で構成されると立体的に解説する．

神を父と呼ぶ用例は古くからあり，旧約にもみられるが，イエスが唱えたとされるアラム語の「*アッバ」という幼児語はどこにもみあたらない．「天におられる」はマタイの特徴であり，「わたしたち」にはイエスは含まれず，「父」には神の慈愛が表明されている(→父なる神)．

主の祈りには，アオリスト命令形の使用などから終末的神支配への願いが込められている．「御名」は神自身を指し，「御国」は神の支配(→神の国)を意味する．第3祈願前半はイエスの*ゲツセマネでの祈りにも現れ，後半は三つの祈願全体を修飾することができる．第4祈願で「必要な」と訳された原語は聖書ではここにしかみえず，この祈りで最も難解な語である．両福音書で文脈に合わせて訳し分けることもできる．*ヒエロニムスはマタイでは「超実体の」，ルカでは「日々の」と訳している．「必要な」以外「今日の」とか「次の日の」とも訳せるほか，比喩的にも解される．

第5祈願の「赦しました」のアオリスト形は背後のアラム語を考慮すれば，過去形に訳す必要はなく，神からの赦しと人間への赦しの間には，前後や因果の関係ではなく，愛に基づく相関関係があるとされる．第6祈願の「誘惑」は試練とも解される．後半は前半の繰り返しとも付加とも受け取れるが，「悪い者」は，原語では性もはっきりせず，「必要の」に次いで難解な語である．

なお，マタイには「国と力と栄光はとこしえにあなたのものだからです．アーメン」という*栄唱を付加した写本があり，これは『十二使徒の教訓』にもみられ，初代教会の礼拝で用いられていたと考えられる．

【使用】主の祈りは，マタイでは群衆であるが，ルカでは特定の弟子たちに教えられている．1世紀末まで遡る上記の『十二使徒の教訓』には，主の祈りを示してからこれを日に3回唱えるようにとの指示があり，信者がこの祈りをどれほどの畏敬と感謝をもって唱えていたかを推測させる．*東方教会でも*西方教会でも今日，「私たちはあえて言います」(〔ラ〕audemus dicere)という主の祈りの導入句にその名残がみられる．

主の祈りは，人間には作りえない最高の祈り，祈りの原型であり，キリストの弟子として兄弟を「わたしたち」と意識する者が，始まった救いの完成を待望しつつ唱える祈りである．その際，イエスがこの祈りを教える直前に多弁をとがめたことを忘れてはならない．

【文献】カ大 2: 678-80; キ百科 834-36; 新聖書大 665-67; BHH 1: 524-25; BL² 1813-15; Cath. 10: 112-24; DBS 6: 788-800; DSp 12: 388-414; EJ (1974) 409; IDB 3: 154-58; LThK² 10: 624-29; NCE 10: 829-31; NIDNTT 2: 869-73; RGG³ 6: 1235-38; SM(E) 3: 343-46; I. LANDMAN, ed., *The Universal Jewish Encyclopedia*, v. 7 (New York 1939-43) 192-93; 渋谷治『山上の垂訓』下 (エンデルレ書店 1950) 23-72; 白石明，高橋勝「主禱文」『ろごす』5 (1961) 1-26; J. エレミアス『新約聖書の中心的使信』川村輝典訳 (新教出版社 1966) 39-74; J. JEREMIAS, *Das Vater-Unser im Lichte der neueren Forschung* (Stuttgart 1962); H. シュールマン『キリストの教えた祈り』増田和宣，谷口泰訳 (南窓社 1967): H. SCHÜRMANN, *Das Gebet des Herrn* (Freiburg 1957); H. クルーゼ「主の祈りとキリストの受難」カ神 7 (1968) 20-61;『聖書と教会』91 (1973); 神田盾夫『福音書研究』神田盾夫著作集 4, 松永希久夫編 (みすず書房 1978) 204-30; 塚本虎二『主の祈りの研究』(聖書知識社 ¹¹1983) 157-85; 堀田雄康「罪の赦し一新約聖書の倫理の基本構造」『清泉女子大学紀要』32 (1984) 31-70; E. LOHMEYER, *Das Vater-unser* (Göttingen 1946 ⁵1962); R. E. BROWN, "The Pater Noster as an Eschatological

しゅのいのり

Prayer," ThSt 22 (1961) 175-208; M. D. GOULDER, "The Composition of the Lord's Prayer," JThS 14 (1963) 32-45; J. CARMIGNAC, "Fais que nous n'entrions pas dans la tentation," RB 72 (1965) 218-26; G. J. BAHR, "The Use of the Lord's Prayer in the Primitive Church," JBL 84 (1965) 153-59; MD 85 (1966); P. BONNARD, J. DUPONT, F. REFOULÉ, Notre Père qui est aux cieux. La prière œcuménique (Paris 1968); J. M. FORD, "The Forgiveness Clause in the Matthean Form of the Our Father," ZNW 59 (1968) 127-31; G. SCHWARZ, "Matthäus vi. 9-13 / Lukas xi. 2-4. Emendation und Rückübersetzung," NTS 15 (1969) 233-47; R. FREUDENBERGER, "Zum Text der zweiten Vaterunserbitte," NTS 15 (1969) 419-32; J. CARMIGNAC, Recherches sur le "Notre Père" (Paris 1969); J. ANGÉNIEUX, "Les différents types de structure du 'Pater' dans l'histoire de son exégèse," EThL 46 (1970) 40-77, 325-59; J. SWETNAM, "Hallowed Be Thy Name," Bib. 52 (1971) 556-63; J. STARCKY, "La quatrième demande du Pater," HThR 64 (1971) 401-409; S. VAN TILBORG, "A Form-Criticism of the Lord's Prayer," NT 14 (1972) 94-105; F. M. BRAUN, "Le pain dont nous avons besoin," NRTh 110 (1978) 559-68; P. GRELOT, "La quatrième demande du 'Pater' et son arrière-plan sémitique," NTS 25 (1979) 299-314; L. M. DEWAILLY, "Donne-nous notre pain: quel pain?," RSPhTh 64 (1980) 561-88; W. O. WALKER, "The Lord's Prayer in Matthew and in John," NTS 28 (1982) 237-56; M. DORNEICH, ed., Vater-unser: Bibliographie, 2 v. (Freiburg 1982-88); P. GRELOT, "L'arrière-plan araméen du 'Pater'," RB 91 (1984) 531-56. 　　　（小平貞保）

【典礼】イエスが弟子たちに教えた主の祈りは，*『十二使徒の教訓』が，毎日3回この祈りを唱えることを勧めているように(8: 2-3)，初代教会からキリスト者の祈りの代表である．さらに典礼が発展するにつれ，主の祈りはさまざまな関連で唱えられるようになった．

〔ミサと主の祈り〕主の祈りは日々のパン(糧)を願う祈りとして，早くから*エウカリスティアの*聖体拝領と結びつけられていた(*テルトゥリアヌス『祈りについて』6;*キプリアヌス『主の祈りについて』18)．ミサの典礼が発達する4-5世紀には主の祈りは拝領前の祈りとして定着した．その最初の記録は，エルサレムの*キュリロスの『教理講話』である(5: 11)．ローマでは，当初，拝領の直前，*聖体を裂いたあと唱えられていたが，教皇*グレゴリウス1世のときから，*奉献文を*栄唱で結んだ直後に唱えるものとなった．主の祈りは，当初から，司式者が祈りの招きを行い，会衆一同で唱えるものであったが，中世からはこの伝統が崩れ，ミサでは司式司祭だけが唱え，*会衆は最後の「悪より救いたまえ」の部分だけを唱えることが通例になった．また，最後に「国と力と栄光は限りなくあなたのもの」という短い栄唱を加える慣習が生まれた．この栄唱については，*ルターがこれを福音書の本文にも含まれているものと解釈したため，その後，プロテスタントの教会では，主の祈りの末尾で必ずこれを唱えることが伝統となっている．カトリックでは第2*ヴァティカン公会議後のミサの刷新により，ミサ中の主の祈りは拝領の準備として会衆が共同で唱和する伝統が復活している(『ローマ・ミサ典礼書』総則56項イ)．また，主の祈りのあとには，司式者が最後の祈願を敷衍した「いつくしみ深い父よ，すべての悪からわたしたちを救い……」という祈願，いわゆる*副文を唱え，これに「国と力と……」という伝統的な栄唱をもって会衆が答える形になっている．これらは，共同体の一致を表すために，歌うか，大きな声で唱えるのが原則である．

〔聖務日課と主の祈り〕『十二使徒の教訓』に記される日に3回主の祈りを唱える実践は，後の*教会の祈り(聖務日課)の最古の姿を伝えるものの一つである．また朝晩に教会に信者が集まって祈る慣習も古くからあるが，そのなかで主の祈りは信者であることのしるしとして尊ばれていた．6世紀に修道院聖務日課の形式を定めたヌルシアの*ベネディクトゥスは，すべての主要な時課の末尾に主の祈りを唱えることを定めている(『戒律』13条)．その際，*朝の祈りと*晩の祈りでは主の祈りの本文の全部を歌い，その他の時課では初めと終わりだけ歌うこととされている．このような実践は中世を通じて受け継がれたが，*トリエント公会議後の『ローマ聖務日課書』(1568)は，主の祈りについて個々の時課の前後に小さな声で唱えることとしたため，この祈りが含む共同体的性格があまり表れなくなった．これに対し，第2ヴァティカン公会議後の改定による教会の祈りでは，古代の伝統を復興し，主の祈りは日に3度，すなわちミサ，朝の祈り，晩の祈りに荘厳に唱えるものとし(総則195項)，また参加者一同で唱える唱和を原則としている(同196項)．

〔キリスト教入信と主の祈り〕イエスが教えた主の祈りは，それ自体で神の子であること，キリストの弟子であること，教会の仲間であることの簡潔な教えである．そのため，主の祈りは*洗礼志願者が受洗後，信者一同とともに最初に唱える祈りとして尊ばれ，4-5世紀に入信準備のための教育が発達すると，*信条と並んで，洗礼準備の段階もしくは受洗直後における信仰伝授の基礎となった．モプスエスティアの*テオドロスの『教理教育講話』やミサでの聖体拝領前の祈りとしての意味を教えるエルサレムのキュリロスの『教理講話』，また受洗後の祈りの生活の導きとして主の祈りを教える*アンブロシウスの『秘跡についての講話』などが知られている．このように主の祈りを洗礼志願者に伝授することは，*主の祈りの授与の儀式としても表された．

【主の祈りの霊性】主の祈りは，神の国の福音に支えられて，*終末における神の国の完成を待ち望む心を表すという意味で，キリスト者の信仰を象徴するものである．「全福音の要約」(テルトゥリアヌス『祈りについて』1: 6)といわれる所以である．信者に対し，主の祈りをキリストの教えの要約として教えることは，古代の入信教育以来定着しており，中世以降，さまざまな信心からの祈りが発展するなかでも，主の祈りは最も重要なものとされている．近世の*カトリック要理でも，*十戒，信条と並んで，主の祈りは信仰教育の柱であり，また近代の*祈祷書でも信者に教えられる最初の祈りである．今日ではさらに典礼の国語化(→典礼言語)により，キリスト者共同体の代表的な祈りにふさわしい唱え方(朗唱，歌唱)がミサ，教会の祈りにおいて勧められ，主の祈りは再び信者の生活に親しいものとなり，生涯を通して信仰を育てていくための柱になっている．

【主の祈りの日本語本文】日本のキリスト教では，カトリック，プロテスタント諸教派とも明治の近代宣教以来のそれぞれの文語訳が今日もなお伝統的に用いられているが，1970年代以降，それぞれの典礼書，祈祷書，礼拝式文の改訂，口語化の動向のなかで，新しい口語訳の

本文が作成されている．2000年には*日本聖公会とカトリック教会による新しい共通口語訳の公式使用が始められた．
【文献】LThK² 10: 624-29; Jungmann 2: 343-63; J. A. JUNGMANN, *Gewordene Liturgie* (Innsbruck 1941) 157-72.　　　　　　　　　　　　　　　　　　（石井祥裕）

しゅのいのりのじゅよ　主の祈りの授与　〔ラ〕traditio orationis dominicalis, 〔英〕presentation of the Lord's Prayer, 〔独〕Übergabe des Gebets des Herrn, 〔仏〕tradition de l'oraison dominicale　キリスト教入信の準備段階に行われる儀式の一つ．古代の*西方教会における洗礼志願期の教話と典礼の発達とともに，*信条の授与に並行する儀式として形成され，以後，入信過程において伝統的な要素となった．4世紀から5世紀初めにかけては，特に，求道者のための教話や入信直後の秘義教話(*ミュスタゴギア)に力点が置かれ，*信条の解説や*洗礼と*エウカリスティアを中心とする典礼の意味についての説明と並んで，感謝の祭儀で唱える祈りとして，また日常生活における中心の祈りとして，*主の祈りが教えられた．この教えそのものも伝授であり，それの完了として伝授の儀式が行われた．現代の『成人のキリスト教入信式』(規範版1972)は，主の祈りの内容的・儀式的伝授を再び重視し，洗礼志願期に行うものとしている(同規範版，緒言25項)．1976年(昭和51)，日本カトリック司教団認可の儀式書『成人のキリスト教入信式』は，入門式の要素として行う形を示した(同緒言25, 53項)．
【文献】A. G. MARTIMORT, ed., *The Church at Prayer*, v. 3 (Collegeville, Minn. 1987) 11-100; B. KLEINHEYER, *Sakramentliche Feiern I. Die Feiern der Eingliederung in die Kirche*, GDK 7/1: 69-70, 255.　　　（石井祥裕）

しゅのこうたん　主の降誕　→　降誕〔主の〕

しゅのしもべ　主の僕　〔ヘ〕ᵉebed YHWH, 〔ギ〕doulos Theou, pais Theou, 〔ラ〕servus Jahve
【聖書のなかの「主の僕」】聖書中では，しばしば神が「わたしの僕」(〔ヘ〕ʿabdî)，逆に神に対して僕が「あなたの僕」(ʿabdᵉkā)という表現が使用されている．この「僕」という語(ʿebed)は「仕える者」を意味し，旧約聖書で約800回出る．同語根の動詞(abad)も「仕える」を意味する．さらに「働く」，文脈によっては「耕す」(創2: 5, 15; 3: 23)，神を「礼拝する」(出3: 12; 23: 25; 申6: 13等参照)などと訳される．「僕」は人間の社会的関係を示す用語で，「主人」(ʾādôn)に対応する．その主人が何かによって「僕」の意味内容も異なり，用法の幅が広い．主人が「僕」の所有者であれば，僕は奴隷を意味し(出20: 10; 21: 2, 5; 申23: 16等)，王であればその家臣や大臣，隊長(創40: 20; 41: 10, 16; サム下11: 11, 21等)，神であれば，その信者を意味する．ときには「あなたの僕」「あなたの僕たち」は「わたし」「わたしたち」に代わる謙譲語として用いられる(サム上17: 32; 詩119: 38; 69: 18等)．いずれの場合も，基本的に主人に帰属し，その主権を認め，忠誠と奉仕に生きる者のことである．そこには必ずしも卑屈さはなく，栄誉の念が込められていることも多い．
【主の僕とは誰か】「主の僕」という表現は，前述の約800回中270回用いられている．このように主なる神に対して僕であると表現することは，*契約の主従関係をモデルに神との関係を自覚する古代イスラエル宗教にとって当然といわなければならない．主なる神に「仕える」ことを最重要とし(申6: 13; 11: 13; 13: 5; 28: 47等)，他の神々，*偶像に「仕える」ことを徹底的に排除したからである(申4: 19, 28等)．
では神の「僕」とは誰かといえば，集団のこともあれば，個人的にいろいろな人物についていわれることもある．集団的には*イスラエルの民についていわれ，彼らはかつて強制的にエジプトで「仕える者」とされていた(出1: 13; 5: 4-19等)．ここで「仕える」は，暴力的に束縛されての意味が込められ，「奴隷」であったことをいう．そこからイスラエルは神により*モーセを通して解放されたが，それは「主に仕える」ためであった(出3: 12; 4: 23; 7: 16; 10: 8; 12: 31)．しかし，イスラエルが神に背けば，以前の奴隷状態に戻された(士3: 14等)．これは「僕」としてのイスラエルが罪深いものであることを示唆している．第2イザヤ(イザ40-55章．→イザヤ書)では捕囚の民イスラエル，*ヤコブが主の僕として呼びかけられている(41: 8-9; 44: 1-2, 21; 45: 4; 48: 20)．個人で「僕」といわれるのは，まずモーセが最も多く(出14: 31; 民12: 7-8; 申3: 24; 34: 5; ヨシュ1: 1, 2, 7等)，*ヨシュア(ヨシュ24: 29; 士2: 8)，カレブ(民14: 24)，*アブラハム(創26: 24; 詩105: 6)，*イサク(創24: 14; 代上16: 13)，父祖たち(出32: 13; 申9: 27)，それに*王についていわれ，王のなかで*ダビデが最も多く(サム下3: 18; 7: 5, 8等)，また*ヒゼキヤ(代下32: 16)，*ゼルバベル(ハガ2: 23)，また*バビロンの王にさえいわれることがある(エレ25: 9; 27: 6; 43: 10)．さらに*ヨブ(ヨブ1: 8; 2: 3等)，*預言者たち(王下9: 7; 17: 13, 23; アモ3: 7; エレ7: 25; 25: 4; 26: 5等)，預言者*エリヤ(王下9: 36; 10: 10)などについていわれる．最後に特定することなしに「主の僕」(イザ42: 1; 49: 3, 5, 6, 7; 52: 13; 53: 11)について述べるものがある．この僕をめぐって歌っているのが，「主の僕の歌」である．この僕は，前述した第2イザヤの文脈に出る僕と内容的に区別されると思われる．文脈に出る僕は，恐れおびえ(41: 8-16; 44: 1-8)，耳は聞こえず，目はみえず(42: 19)，主を忘れ(44: 21)，知らない(45: 4)のに対し，この歌の僕は，自分の命までささげても主への従順と潔白な生き方を貫く．したがって主の僕の歌は，その文脈との関連を考慮しながらも，独自の起源をもつものとして，その元来の意味が追究されてきた．
【歴史的人物としての主の僕】主の僕について最も注目されてきたのは，その死を述べるイザヤ書53章である．それは，伝統的に前8世紀の預言者イザヤが来るべき*メシアであるイエスを預言したものと理解されてきた．近代になって*聖書批評学が始まり，イザヤ書40-66章は，1-39章とは別の著者，前6世紀の捕囚期中の預言者，第2イザヤによるといわれるようになり，その主の僕はイスラエルの民を述べたものとする解釈が出てきた．さらに，1892年*ドゥームはイザヤ書56-66章はバビロン捕囚期後の預言者(第3イザヤ)によるものとし，またイザヤ書40-55章のなかから神が自分の僕と呼ぶ一連の本文(42: 1-4; 49: 1-6; 50: 4-9; 52: 12-53: 12)を摘出し，これを「主の僕の歌」(〔独〕Ebed-Jahve-Lieder)と呼び，その僕を捕囚期にいた無名の*律法の教師とみた．
それ以来，僕について伝統的メシア解釈とイスラエル民族とする集合的解釈に加えて，これを歴史的人物とみる個人的解釈がなされるようになり，その人物は誰なの

か，議論が重ねられるようになった．ベルトレト（Alfred Bertholet, 1868-1951）のエレアザル説，ゼリン（Ernst Sellin, 1867-1946）のゼルバベル説，あるいは*ヨヤキンとする説，モーセ説などいろいろ提案されたが，そのなかで*モーヴィンケルは，僕が自分について述べたとする自伝的解釈を提唱し，少なからざる影響を及ぼした．しかし，僕が自分の死を述べるかとの疑問も出され，その部分は第3イザヤか僕の弟子か，別の著者によると考える者も現れた．さらにロビンソン（Henry Wheeler Robinson, 1872-1945）が古代イスラエルにおいて集団と個人は近代以降の西欧と異なり，区別されることなく密に結びついたものであることを提唱すると，これが僕の解釈にも応用され，僕はイスラエルを具現する者という説も現れた．これをナザレのイエスにみることができるということで，その説が歓迎されたこともあった．

議論が百出するのは，ドゥームの摘出を踏み台にその正確な範囲が問われ，また本文中に難解な語句が数多く含まれていたことによる．その疑問がすべて解明されるとき，僕は誰のことか明らかにされるであろうが，現在はまだその状況にはない．しかし，最近の*聖書の編集史的研究によれば，イザヤ書には幾つかの伝承層があって，古い層には新しい層がその古い層の解釈として付加されているという過程が明らかになりつつある．主の僕の歌もそうした追究のなかで明らかになることが期待される．さらにそれが主の僕の歌が関連するエレミヤ書やエゼキエル書など，ほかの書の解明にとっても新たな助けとなる．

【主の僕の歌】主の僕の歌の第1歌の範囲については42: 1-7とみる説もあるが（*カゼル，シミアン・ヨフレ Horacio Simian-Yofre, 1946-　），42: 5-7が別の伝承層に属することが明らかにされており（フォークト Ernst Vogt, 1903-84；ディオン Paul Eugène Dion, 1934-　；コペンス Joseph Coppens, 1896-1981；それにヴェルメイレン Jacques Vermeylen の伝承史的研究），ドゥームが提案した通り42: 1-4でほぼ確定されたといえよう．そのなかでまず神が「わたしの僕」といって，ある人物を紹介する（42: 1）．そこから彼は「主の僕」といわれる．彼は主が「支える」といわれるところから，苦悩のなかにあることがわかる．しかし，主の*霊を与えられ，重大な使命を果たすものだといわれる．その使命は「国々に」といわれるように異邦の世界に及ぶ普遍的なもので，それは「裁きを導き出す」ことにある．これは42: 3, 4で繰り返され，この第1歌の鍵になる表現だが，そのヘブライ語（yôsî' mišpāṭ）の意味は大いに議論されてきた．おそらくそれは不当に苦しめられている人がそのまま捨ておかれるようなことはないということで，この世界には神の定めたモラルの秩序，その意味での法があるということを明らかにするということであろう．このような法の象徴として古代オリエントでは太陽が考えられていたが，その観念が背後にあるなら，「法を輝かせる」と訳すべきかもしれない．この僕は「叫ばず，呼ばわらず」（42: 2）といわれるが，それは助けを求めて叫ぶことはないということで，僕の信頼に満ちた忍耐をいうものであろう．「傷ついた葦」や「暗くなってゆく灯心」（42: 3）は，元来おそらくその僕自身を表現したものであろう．ただし，ヘブライ語の*マソラ本文では，その動詞を「折ることなく」「消すことなく」と読ませており，僕が主語，その「葦」と「灯心」が目的語になっているが，元来は受動形で「折られてしまうこと

なく」「消されてしまうこともない」となっていたかもしれない（マーカス Ralph Marcus, 1900-56 およびコペンス）．このように，この僕は不当な仕打ちを受け，今にも滅びそうだが，耐え抜いて最終的には神の正義の支配がこの世界に実在することを証しする使命をもつものであることを歌っているのであろう．その教えはすべての人の期待に応えるものであることをいって終わる．

この第1歌は6文節からなり，その場面設定としては，文学様式的に天上の法廷が想定されていると思われる（カイザー Otto Kaiser, 1924-　）．ここの僕像は，前に述べた個人としての主の僕のなかでモーセとの関連が指摘されよう．ただし，それは歴史的人物としてのモーセではなく，申命記（1: 34-40; 3: 23-29）に提示されるモーセである．ここではモーセは，同じ世代の人々と異なり，何の罪もないのに約束の地に入れず死んでしまうが，これによって罪もないのに捕囚の地に連れてこられた人々の模範として提示されている（N. *ローフィンク）．そこから，この第1歌の主の僕も，そのような人々の肉体的・精神的苦悩を念頭に置いて，慰め励ますために提示されているのであろう．

第2歌は，まずその正確な範囲について，イザヤ書49: 1-9aとする説（カゼル），49: 1-6とする説，49: 1-4, 5bなど議論されている．このなかで49: 7-9aは元来救いの託宣として僕の歌から除外され（コペンス），また49: 5a, 6も付加の様相を呈し，僕の使命も新たに段階的に述べていて，元来の主の僕の歌から除外されよう．それに49: 3も明らかにイスラエルが僕といわれ，加筆と思われる．そうすると，第2歌は49: 1-2, 4, 5bとなり，詩としての長さも，導入（49: 1a）を別とすると，42: 1-4と同じように6文節からなる．ここでは，僕自身が語るものとして書かれる．第1歌を受けて，島々と遠い国々に呼びかける導入のあと，僕は自分が生まれる前から主によってその使命への*召命を受けたという（49: 1b）．その使命は苦悩を伴うものであるが，神の加護もある（49: 2）．「鋭い剣」は口や舌との関連でいわれる場合，人を欺く者を意味する（詩57: 5; 箴5: 4）．「矢」も人についていわれると，偽りをいう者を意味する（詩57: 5; 箴25: 18）．ここでは僕が欺く者，偽りをいう者とされ，反対され，迫害されることをいっているのであろう．真の預言者が，偽預言者とその支持者たちのなかでは，かえって偽りをいう者とされることがあった．その使命を自覚しているものの，僕は疲労感と虚無感に襲われる（49: 4a）．しかし，主なる神への信頼は微動だにしない（49: 4b, 5b）．この第2歌は預言者としての*エレミヤの召命をモデルとしている（特にイザ49:1b とエレ1: 5．イザ49: 2の「口」とエレ1: 9を比較参照）．ただし，その召命記事に描かれるエレミヤ（エレ1: 4-19）は，モーセのような預言者（申18: 17-18）としてである（エレ1: 7b, 9bと申18: 18bを比較参照）．したがって，ここでも第1歌の主の僕モーセ像が続いているといえよう．この第2歌の場面設定は地上である．

第3歌について，その範囲は50: 4-9aとされてきたが，最近そのなかにも元来の部分への加筆があると指摘されるようになっている（ハーグ Ernst Haag, 1932-　；メレンディーノ Rosario Pius Merendino, 1931-　）．しかし，その元来の部分がどこにあるのかとなると，仮説でしかない．ここにはエレミヤをモデルとして第2歌の僕の言葉を続ける最古の部分があり（50: 5aβ-7aα, 8-9aα），それにエゼキエルを参考にした解釈が加えられ，さらにその後の加筆が重ねられているように思われる

(50: 4-5aα, 7aβ-b, 9aβ)．その最古の部分で，まず第2歌を続けて，僕が「わたし」として語り，激しい迫害を甘んじて受けたことをいう(50: 5aβ-6「わたしは逆らわず」以下)．次に僕は身の潔白を信じて疑わず，神の法廷に出ても何らやましいところがなく，神の助けがあるとの確信をいう(50: 7aα, 8-9aα)．この第3歌はエレミヤが受けた迫害を念頭に置き書かれているらしい(エレ20: 2; 37: 15)．これも6文節からなり，その場面設定は地上である．

　第4歌は主の僕の歌の頂点であるが，本文の理解は極めて難しい．その範囲は52: 13-53: 12がブロックになっているが，これも一人の作者によるものではないであろう．そのなかで「主」が一人称で出るのが，52: 13-15と53: 11-12，「わたしたち」が主語で，三人称の「主」について述べるのが53: 1-6，「わたしたち」は出ないが三人称の「主」が出るのが53: 10，その6節と10節の間にある53: 7-9が摘出される．ここで「わたしの民」(53: 8)とあり，これを神が語っているとすれば，神は一人称で出ることになる．それはまた第1歌と同じように神が述べることとして共通する．この53: 7-9に最古の部分があると思われる．第4歌のほかの部分とは対照的に，ここにエレミヤの影響がみられる(特にエレ11: 19と比較参照)．ただし，「物を言わない」(53: 7)は，厳密には「物がいえない」「口がきけない」の意で，そのヘブライ語(ne'ĕlāmāh)は，エゼキエルの受難からとられている(エゼ3: 26; 24: 27; 33: 22参照)．したがって，これはエゼキエルを参考にした解釈であり，繰り返される「彼は口を開かなかった」とともに加筆であろう．この加筆を除外した最古の部分で僕の死と葬りがいわれている．同時に彼には何の罪もなく，潔白であることが強調されている．このように僕とは，殺されても，また葬られてから名誉を回復することがなくても，潔白な生を貫くものだといっているようである．この自己の命までもささげて神を重んじることに信仰の極致があり，主の僕とはそういう人のことだというのであろう．

　その僕は，受けるであろう報いについては意識していない．そこには贖罪死の観念はなく，無垢な人の全き自己奉献を強調している．この最古の部分も6文節からなり，その場面設定は天上と思われる．そこで神が述べるものとしていわれる．

　この最古の部分にエゼキエルを参考とした解釈が加わり，さらに「わたしたち」「主」が出る部分が加筆されたと考えられる(53: 1-6, 10．このなかにさらに後代の加筆がある可能性もある)．そのなかで罪なき義人の死を前にして，それは自分たちの罪の*贖いのためであったと告白する．これも僕の死を贖罪死として説明する解釈である．さらに52: 13-15および53: 11-12は，神が僕について語るものであるが，53: 7-9と用語上の接点がなく，別人の筆によるものであろう．すなわち，信仰を守るのが極めて困難な後代の時代に加筆されたものであろう．

　主の僕の歌は，その元来の最古の部分全体を通して，もう一人のモーセとしての預言者エレミヤをモデルにして歌われている．それは特にエレミヤ書の召命と告白にあるもので，歴史的人物としてというよりも捕囚後の信仰共同体のあるべき姿として表現されているものである．したがって，主の僕の歌も信仰を極めて厳格に捉えたその共同体の理想像を表しており，ここに古代イスラエルにおける宗教的人間の理想像があるといえよう．また，この理想像を具体的な人物を描くことによって示そうとしたのが主の僕ヨブであり(ヨブ1-2章)，*祭司文書が提示する*ノアである．またこの意味で父祖や預言者など信仰の先人たちも，主の僕といわれるのであろう．この意味で主の僕は集合概念であるとともに，個人についてもいわれるのであろう．

【主の僕としてのイエス】原始キリスト教(→原始教団)は十字架上で死んだイエスを主の僕と理解した．この「主の僕」としてのイエス理解は，「メシア」(キリスト)，「神の子」「人の子」「ダビデの子」としての理解とともに最古の*キリスト論かもしれない．最古の信仰告白(1コリ15: 3b-5)のなかで「わたしたちの罪のために死んだ」の背後に，主の僕の歌が考えられているかもしれない．*最後の晩餐の伝承のなかでも「あなたがたのための」(1コリ11: 24)，「多くの人のために」(マコ14: 24)の背後に主の僕の歌が考えられているかもしれない．パウロの手紙では，パウロは自分自身を「キリストの僕」とする(ガラ1: 10．さらにロマ1: 1参照)．ただし，パウロにとってイエスは自分の内に生きるもの(ガラ2: 20参照)である．パウロは神学としてではなく，まずその生き方で「主の僕」イエスの証しとなろうとする．福音書のなかではイエスの*洗礼のときと*変容のときの天からの声(マタ3: 13; 17: 5およびその並行箇所)のなかでイエスが主の僕とみられている．マタイ書8: 17ではイザヤ書53: 4が引用され，マタイ書12: 18-21ではイザヤ書42: 1-4が引用される．ルカ書22: 37ではイザヤ書53: 12が引用される．それにマタイ書20: 28，マルコ書10: 45も主の僕の歌の影響を受けた言葉であろう．同様に義人の苦しみと死として書くイエスの*受難物語にもその影響があろう．それに1ペトロ書2: 21-25に主の僕の歌への明らかな言及がある．そのほか使徒言行録3: 13, 26, 4: 27 ([ギ] pais「子」=「僕」)，13: 47(イザ49: 6の引用)，26: 16-18(イザ42: 7への示唆)，ヘブライ書9: 28(イザ53: 12への示唆)が指摘される．新約聖書のなかでもその著作年代が遅くなるにつれ，「主の僕」キリスト論は薄れていく傾向がある．それは，旧約聖書の土壌がない異邦人世界での宣教が進んだためといえるかもしれない．他方，主の僕キリスト論が原始キリスト教における最古のイエス理解だとすると，その起源はイエスの自己理解にまで遡るのではないだろうか．イエスは確かにイザヤ書に親しんだであろうが，特に主の僕の歌から自分の使命と，その使命に生きればいかなる結末に至るかを自覚し，その死の意味を弟子たちに説明したと思われる．主の僕として十字架の死まで生き抜いたイエスを，メシア(キリスト)と告白するところに，原始キリスト教的メシア観の特徴があるといえよう．

【文献】新約釈義3: 29-31; THAT 2: 182-200; ThWAT 1: 982-1012; ThWNT 5: 653-713; H. クルーゼ『神言―イスラエル預言者の神学』(南窓社1974) 182-207; 中沢洽樹『苦難の僕』(山本書店1975); 和田幹男「主のしもべの歌―正しい研究方法を求めて」『キリストを示す』高柳俊一編(南窓社1980) 135-71; 同「イザヤ42, 1-4におけるミシュパートの再検討」『聖書学論集』16, 日本聖書学研究所編(山本書店1981) 46-79; 同「イシャヤ42, 1-4の主のしもべについて」『福音書の中のイエスス・キリスト』高柳俊一編(南窓社1982) 8-44; 同「主のしもべの歌第2歌―イシャヤ49, 1-4. 5bとイルメヤ1, 4-10」『聖書の神と人』高柳俊一編(南窓社1983) 111-45; 同「イザヤ50, 4-9aの批判的研究」『サピ

エンチア―英知大学論叢』17 (1983) 61-78; 同「イザヤ 52, 13-53, 12 の批判的研究」『サピエンチア』18 (1984) 97-116; 同「主のしもべの歌の文学様式」『サピエンチア』23 (1989) 101-20; 木田献一『旧約聖書の中心』(新教出版社 1989) 129-62; 関根清三『旧約における超越と象徴』(東京大学出版会 1994); J. S. VAN DER PLOEG, *Les Chants du Serviteur de Jahvé* (Paris 1936); R. MARCUS, "The Plain Meaning of Isaiah 42, 1-4," HThR 30 (1937) 249-59; J. LINDBLOM, *The Servant Songs in Deutero-Isaiah* (Lund 1951); H. KRUSE, "Carmina Servi Jahve," VD 9 (1951) 193-205, 286-95, 334-40; R. J. TOURNAY, "Les Chants du Serviteur dans la seconde Partie d'Isaïe," RB 59 (1952) 355-84, 481-512; H. W. WOLFF, *Jesaja 53 im Urchristentum* (Berlin ³1952); S. MOWINCKEL, *He that Cometh* (New York 1954); H. CAZELLES, "Les Poèmes du Serviteur. Leur place, leur structeur, leur théologie," RSR 43 (1955) 5-55; E. VOGT, "Die Ebed-Jahve-Lieder und ihre Ergänzungen," EE 34 (1960) 775-88; O. KAISER, *Der Königliche Knecht* (Göttingen 1962); H. H. ROWLEY, *The Servant of the Lord* (Oxford 1965); H. M. ORLINSKY, *Studies on the Second Part of the Book of Isaiah* (Leiden 1967); G. R. DRIVER, "Isaiah 52, 13-53, 12: Servant of the Lord," *In Memoriam Paul Kahle*, ed. M. BLACK (Berlin 1968) 90-105; B. DUHM, *Das Buch Jesaia* (Göttingen ⁵1968); D. W. THOMAS, "Consideration of Isaiah LIII in the Light of Recent Textual and Philological Study," EThL 44 (1969) 79-86; C. R. NORTH, *The Suffering Servant in Deutero-Isaiah* (New York ²1969); W. ZIMMERLI, "Zur Vorgeschichte von Jes. LIII," *Congress Volume: Rome 1968* (Leiden 1969) 236-44; P. E. DION, "Les chants du Serviteur de Yahweh et quelques passases apparentés d'Is. 40-55," Bib. 51 (1970) 17-38; M. DAHOOD, "Phoenician Elements in Isaiah 52, 13-53, 12," *Near Eastern Studies in Honor of William Foxwell Albright*, ed. H. GOEDICKE (Baltimore 1971) 63-73; K. BALTZER, "Zur formgeschichtlichen Bestimmung der Texte vom Gottes-Knecht im Deutero-Jesaja-Buch," *Probleme biblischer Theologie: Gerhard von Rad zum 70. Geburtstag* (München 1971) 25-43; W. A. M. BEUKEN, "Mišpat. The First Servant Song and Its Context," VT 22 (1972) 1-30; J. JEREMIAS, "Mišpat im ersten Gottesknechtslied," VT 22 (1972) 31-42; K. ELLIGER, "Nochmals Textkritisches zu Jes 53," N. LOHFINK, "Israel in Jes 49, 3," *Wort, Lied und Gottesspruch: Festschrift für Joseph Ziegler* (Würzburg 1972) 137-44, 217-29; J. COPPENS, *Le Messianisme et sa relève Prophétique* (Gembloux 1974); J. A. SOGGIN, "Tod und Auferstehung des leidenden Gottesknechtes Isaias 53, 8-10," ZAW 87 (1975) 346-55; P. BENOIT, *Jésus et le Serviteur de Dieu, Jésus aux origines de la christologie* (Gembloux 1975) 111-40; R. N. WHYBRAY, *Thanksgiving for a Liberated Prophet* (Sheffield 1978); R. P. MERENDINO, "Jes 49, 1-6, ein Gottesknechtslied?," ZAW 92 (1980) 236-48; P. GRELOT, *Les Poèmes du Serviteur* (Paris 1981); H. J. HERMISSON, "Der Lohn der Knechts," *Die Botschaft und die Boten: Festschrift für Hans Walter Wolff zum 70. Geburtstag*, ed. J. JEREMIAS, L. PERLITT (Neukirchen-Vluyn 1981) 269-87; T. N. D. METTINGER, *A Farewell to the Servant Songs* (Lund 1982-83); E. HAAG, "Die Botschaft vom Gottesknecht," *Gewalt und Gewaltlosigkeit im Alten Testament* (Freiburg 1983) 159-213; H. SIMIAN-YOFRE, "Manifestera su destino ante las naciones (Is. 42, 1b)," *Simposio Bíblico Español*, ed. N. FERNANDEZ MARCOS, ET AL. (Madrid 1984) 309-23; O. H. STECK, "Aspekte des Gottesknechts in Deuterojesajas Ebed-Jahwe-Liedern," ZAW 96 (1984) 372-90; ID., "Aspekte des Gottesknechts in Jes 52, 13-53, 12," ZAW 97 (1985) 36-58; H. HAAG, *Der Gottesknecht bei Deuterojesaja* (Darmstadt 1985); R. P. MERENDINO, "Allein und einzig Gottes prophetisches Wort, Israels Erbe und Auftrag für alle Zukunft (Jesaja 50, 4-9a. 10)," ZAW 97 (1985) 344-66; J. VERMEYLEN, "Le motif de la création dans le Deutéro-Isaïe," *La création dans l'Orient Ancien* (Paris 1987) 183-240; O. H. STECK, *Gottesknecht und Zion* (Tübingen 1992). （和田幹男）

しゅのしゅくさいじつ　主の祝祭日　〔ラ〕sollemnitas et festum Domini,〔英〕feasts of the Lord,〔独〕Herrenfeste,〔仏〕fêtes du Seigneur　教会が一年を通してキリストの救いの出来事を記念して祝う *祭日と *祝日の総称.そもそも *主日は週の周期における最も根源的な主の祝祭日であるが,これに対して一年を周期として特定の日に *キリスト秘義を祝っていく祭日・祝日があり,*マリアの祝祭日,*聖人の祝祭日とともに,教会の *典礼暦を構成する.

【歴史的経過】意義からいっても起源からいっても最も重要な主の祭日は,古代イスラエルの祝祭日を背景としてキリスト教の祭日とされていった *復活祭,*聖霊降臨の祭日である.また,主の *降誕と主の *公現は,ともに異教的な祝祭日を背景にして誕生したものであり,比較的短期間に普及・定着した祝祭日として注目される.その後,*殉教者の記念日や聖人祝日,マリア祝日などが豊富になり,中世以降からは,主日および主の祝祭日の意義さえ隠れてしまう傾向が生じた.他方で,*三位一体,キリストの *聖体の祭日,*イエスの聖心の祝日など,一定の教理内容に対する崇敬から生じた信心型の祝祭日（いわゆる理念祝日,〔独〕Ideenfest）も成立した.近代に成立した *聖家族の祭日,*王たるキリストの祭日も信心型の祭日といえる.第 2 *ヴァティカン公会議後の典礼暦年の刷新により,教会にとっての一年が主日と主の祝祭日を根源とする「主の年」であるという神学的意義が回復され,信心型祝祭日も日取りの改定と聖書朗読の刷新によって,キリスト秘義の展開のなかに組み込まれている.こうして,主の祝祭日は,信者が記念祭儀を通してキリストの秘義にあずかり,救いの恩恵を受ける機会であるとともに,信仰生活を育てる糧とされる.

【現在のローマ典礼暦による主の祝祭日】(1) 典礼季節を構成する祝祭日.祭日は主の降誕(12.25),主の公現,復活の主日,主の *昇天,聖霊降臨.祝日は聖家族,主の *洗礼.(2) その他の主の祝祭日.祭日は神のお告げ(3.25),三位一体,キリストの聖体,イエスの聖心,王たるキリスト.祝日は主の *奉献(2.2),主の *変容(8.6),*十字架称賛(9.14),ラテラノ教会の献堂(11.9).このうち聖家族の祝日,主の洗礼の祝日,三位一体の祭日,王たるキリストの祭日は主日に祝われる.なお,主の公現,主の昇天,キリストの聖体は,元来の日取りが守るべき祭日でないところ（日本など）では主日に移され

る．上記のうち固定月日のないものは，復活の主日の日取りを軸に毎年日取りが変わる．
【文献】『ミサ典礼書の総則と典礼暦年に関する一般原則』(カトリック中央協議会 1994); H. AUF DER MAUR, *Feiern im Rhythmus der Zeit I, Herrenfeste in Woche und Jahr*, GDK 5; A. G. MARTIMORT, ed., *The Church at Prayer*, v. 4 (Collegeville, Minn. 1986) 33-107.

(石井祥裕)

しゅのつかい　主の使い　〔ヘ〕mal'ak YHWH,〔ギ〕angelos kyriou

*ユダヤ教や*キリスト教の信仰によれば，神は現実の可視的世界とは別に，またそれ以前に神の近く，つまり「天」にいると表現されうる無数の霊的な存在を明らかに創造した．これらの存在を包含する総称は(例えば，「霊的存在」)，まだ聖書にはない．これらの存在が*天使と呼ばれるのは，これらが神から遣わされた場合だけである．例えば，*ケルビムと*セラフィムは神から遣わされたわけではない．聖書では，言葉でもって何かを伝えるために遣わされる場合に限らず，何かを行う(例えば，守護する)ために遣わされた場合にも，「使い」と呼ばれている．これに対して「主の使い」という語は，一種の(空間的な)隔たりをも含意する．それ以外は単に「仕える者」と表現される．そしてそれらは天の神のもとに存在していると理解されたことから，霊的な存在とみなされた．それゆえ人間(*預言者や*祭司等)が神の使いと呼ばれることは稀で，はるか後代になってからである(5回ないし2回のみ．おそらく，この場合は神殿から遣わされたためである)．

神は数多くの天の使いを有している(創 28: 12; 詩 148: 2 参照)．さらに顕著なことに，聖書には「主の使い」という用語が 56 回あるが，一度も複数形で使用されてはいないという点である．これには種々の理由がある．通常，神は単独の使いを派遣したが，それは必ずしも同一の使いであったわけではないことは確かである．しかし多くの場合，同一で単独の使いが語られているような印象が残る．冠詞を有する言語であれば，定句か不定句かが問題になる．例えば，*七十人訳聖書ではこの主の使いの最初の出現の記述である創世記 16 章 7 節において，「ある主の使い」(angelos kyriou) というようにギリシア語の冠詞は付されていない．しかし，以降の主の使いの出現の記述では定冠詞が使用され(「その主の使い」ho angelos kyriou)，この使いは前述の使いを指していることがはっきりする．この部分の最近の翻訳は「その主の使い」と最初から定冠詞を付しているが，それはすでにその使いが人々に知られていた「天使」であることを言い表そうとするものである．文法上重大な事柄ではない．上述の「主の使い」という表現では，ヘブライ語は一つの冠詞しかないため，定冠詞としても不定冠詞としても理解できる．どちらであるかは大抵は前後関係から明らかになる．その分身か主である神の*顕現の形式で登場するような特定の状況では，ほとんどつねに同一の主の使いが考えられているからである．

このような聖書の表現の仕方は，異なる資料がこの物語で混ぜ合わされている結果，つまり一つの資料では主が現れ，他の資料では使いが出現するという説明が試みられてきた．しかしそうすると，かなり拙劣な接合ということになろう．むしろ実際は綿密な神学的考察に基づいた表現の仕方なのである．なぜならイスラエルの神は本質的に人間の目にはみえず(出 33: 23)，他方では神の数々の顕現が伝えられており，その神は，それが神と同一であると同時に神とは区別される，ある種の具体的な(例えば，つねに単一の人間のような)輪郭を有していたからである．このような神の顕現の形式は，神自身が唯一であるように固有のもの(「輝き」「反映」「姿」，さらに知 7: 25 以下参照)なのである．

こうした主の使いの出現に関する神学上の見解は，*出エジプトやその後の*カナンの土地取得の物語に最も顕著に明らかにされている(出 3: 2; 14: 19; 23: 20-23; 32: 34; 33: 2-6, 12-17; 民 20: 16; 22: 22-35; ヨシュ 5: 13-6: 5; 士 2: 1-5; 6: 11-24; 13: 3-23)．主の使いは個々人，つまりイスラエルの指導者たちに遣わされているが，ここではつねにイスラエルの救済者や保護者としての役割を果たす．こうして主の使いは，いわばイスラエル民族の*守護の天使と結びついていく(申 32: 8-9 比較参照)．すなわち，主なる神自らがイスラエルの「君主」であり(ダニ 10: 20 比較参照)，*人の子の姿をとり先頭に立って悪の力と戦うのである(イザ 63: 1-6; ダニ 7: 13)．結局，第2イザヤが伝える*主の僕においても，やはりこうした神学的見解がさらによく把握されており，ここでは主である神とその僕は，これまでとは違った形でさらに明確に示されている．

【文献】H. RÖTTGER, *Mal'ak Jahwe – Bote von Gott* (Bern 1978).

(H. クルーゼ)

しゅのばんさん　主の晩餐　→ 最後の晩餐

しゅのひ　主の日　〔ヘ〕yom YHWH,〔ギ〕hēmera (tou) kyriou,〔ラ〕Dies Domini,〔英〕Day of the Lord,〔独〕Tag des Herrn,〔仏〕Jour de Seigneur

【用語】*捕囚前後を通じて主に*預言者によって使われた詩的表現で神学的に重要．文字通りの表現は比較的少ないが，「終わりの日」「その日」「終わりの時(日々)」「主イエス・キリストの日」など旧新約(イザ 2: 2; エレ 23: 20; ルカ 6: 23; 1 コリ 1: 8; 2 コリ 1: 14; 2 ペト 3: 3 参照)とも関連表現は多い(→キュリオス)．

【起源】この思想の原形は古代からイスラエルにあるが，その起源には諸説がある．代表的なものは，勇士として現れ，敵を滅ぼす*ヤハウェの，イスラエル独自の*聖戦思想(*ラート)と，年ごとに祝う王の即位(新年)の祭り，*顕現の日(*モーヴィンケル)のほか，*契約の*呪いの執行起源説(F. C. フェンシャン Frank Charles Fensham, 1925- 等)などがある．紀元前8世紀頃に確実に存在していたと思われる(アモ 5: 18-20; イザ 2: 12 参照)．

【預言書】預言者の言葉は具体的な事件を背景にし，特有の概念で，過去，未来まで包含する．その日は敵には滅亡(アモ 5: 18; イザ 13: 6; ゼファ 1: 7; オバ 15 参照)，イスラエルには救い(アモ 5: 8; イザ 2: 12; 11: 10)だが，同時に*神の民へも裁きや怒り(ゼファ 1: 7; エゼ 7: 1, 7 参照)となる複雑な側面がある．イスラエルも主の日の到来前に，本当の*回心が要求される(アモ 3: 1-2; 5: 18-20; ヨエ 2: 12; マラ 3:2-3 参照)．最も古いアモス書では聖なる勇士，ヤハウェがイスラエルにもその隣国にも契約違反への罰を伴って顕現する(2: 13-16)．イザヤ書には終末的な裁き(2: 6-12; 34: 3-4)，*ユダへの警告(2: 1-5)があり，*メシア思想との関連がある(11: 10; 61: 1)．ゼファニヤは，神の民が*審判を受ける*終末の日を指摘した(1: 4-2: 3; エゼ 4-5 章参照)．マラキは浄め(→浄化)と同時に癒やしと喜びも伝え(3: 2, 19-20)，その日の到来の前に良い便りを伝える者，「*エリ

ヤ」に言及する．新約聖書はこれを洗礼者 *ヨハネと同一視した（マラ 3：1, 23；マタ 11：10；ルカ 1：17．ほかにヨエ 2：1-3；3：4；4：14 等参照）．

【バビロン捕囚以後】ユダの復興は *バビロンの滅亡と同一視され，神の善性と救い，正義の行為が罪への罰と重なる（イザ 34：8；61：2；63：4）．現在の悲惨によっても虚無，絶望に陥ることなく，将来への展望をみいだす *楽観主義が生まれた．*黙示文学の影響から，宇宙の激変と勝利，第二の *出エジプト，神による勝利の日，海の怪物からの救いなど神話的な解釈も加わった．古代ユダヤ教の時代にはヤハウェの名を使わなくなり，この表現は消える．

【新約聖書】新約では旧約の伝統を継承し，主，審判者，*贖い主であるキリストが中心となる．黙示文学との関連が指摘される「*人の子」の表現（ルカ 17：22, 26）で，メシア，キリストの *再臨，*神の国の完成，救いの日が *最後の審判と重なる（ルカ 17：24；ヨハ 8：56；1 テサ 5：2；2 テサ 2：2；2 ペト 3：8-10 参照）．後代には黙示的性格は強くなる（2 ペト 3：12；ユダ 6；黙 6：12-17 参照）．キリストは神だけが知る日（マコ 13：32 参照），泥棒のように来る日ともした（マタ 24：42-43；1 テサ 5：2 参照）．最後の審判（1 テサ 5：1-5；1 コリ 3：13 参照）は異邦人だけでなく，教会（1 コリ 1：7-8；フィリ 2：15-16 参照）にも及ぶ．パウロでは神からの力と *啓示と関連し（1 コリ 1：5-8；フィリ 1：6-10 参照），歴史の終結（2 テサ 2：1-2；2 ペト 3：7 参照）となる．黙示録では世の終わりの「神の大いなる日」（16：14）をキリストと関連させた．また，主の日はキリスト教にあっては，週の初めの日，*主日，*復活の記念（マタ 28：1；マコ 16：2；ルカ 24：1 参照）の *日曜日であり，主の再臨まで待ち望む教会生活のサイクルの基調でもある． （浦野洋司）

しゅのへんよう（のさいじつ）　主の変容（の祭日）　→ 変容〔イエスの〕

しゅのほうけん（のしゅくじつ）　主の奉献（の祝日）　→ 奉献〔イエスの〕

シュパイアー　Speyer　ドイツのラインラント・プファルツ州（Rheinland-Pfalz）に属する，ライン川中流域の都市，および，ここに司教座を置く司教区．4 世紀にはここにローマ都市ネメトゥム（Nemetum）と司教座があったが，*民族大移動の時代に没落した．フランク王国の *メロヴィング朝時代に都市が復興し，614 年までには司教座も再興された．780 年または 782 年に *マインツ大司教区の属司教区となる．市は 843 年に東フランク王国に編入された．10 世紀には *司教都市となったが，市民の自治権拡大により 1294 年に *自由都市となった．ザリエル朝の諸王は当市の大聖堂を最大のロマネスク聖堂に改築し，ここに墓所を置いた．数多くの帝国議会が当市で開催されたが，とりわけ *宗教改革期の 1529 年の議会は重要である（→ シュパイアー帝国議会）．1527-1689 年には帝室裁判所が置かれた．市は 1540 年にルター派となった．17 世紀末と 18 世紀末の 2 度にわたってフランス軍の手で市と大聖堂が破壊され，1797 年には市はフランスに編入され，1801 年には司教座が廃された．1815 年に市は *バイエルンに編入され，1817 年に *バンベルク大司教区の属司教区として教区が再興された．1998 年現在，人口 144 万人，うちカトリック信者数 64 万人．

【文献】LThK² 9: 961-63; RGG³ 6: 241-42.

（出崎澄男）

シュパイアーだいせいどう　シュパイアー大聖堂　Speyer Dom　*マインツ，*ヴォルムスとともに，ライン川流域の三大皇帝聖堂の一つ．聖母 *マリアと

シュパイアー大聖堂 (Herder)

*ステファノに捧げられた *ロマネスクの大聖堂．建造は，コンラート 2 世（Konrad II, 在位 1024-39）治下の 1030 年に始まり，1061 年に献堂された．広大な *クリプタ（地下祭室）もこのときの建造．大聖堂全体はラテン十字形のプラン（平面図）に従い，西側入口に双塔をもつのみでなく，東側の外陣（*シュヴェ）部分にも 2 基の塔をもち，*カロリング朝時代に創案された多塔形式を継承している．改築は *ハインリヒ 4 世治下（1083-1106）になされ，1137 年完成された．三廊式の内部は，身廊（*ネイヴ），側廊共に重々しい交差穹窿（*ヴォールト）でそのとき覆われた．その後も焼失や改築を繰り返してきたが，最後は 1957-72 年の再建工事で，ロマネスク様式の面影を伝える姿で完成された．クリプタには，神聖ローマ皇帝たちの墓が納められている． （馬杉宗夫）

シュパイアーていこくぎかい　シュパイアー帝国議会　〔独〕Reichstag von Speyer　シュパイアー国会とも訳される．歴史的に特に重要なのは *宗教改革の時代に開かれた次の三つの議会である．

(1) 1526 年 6 月 25 日の帝国議会は，皇帝 *カール 5 世が *パヴィアでフランスに勝利したことにより，1521 年の *ヴォルムス帝国議会の決定を遂行するために開かれた．しかし，彼と教皇 *クレメンス 7 世の関係が悪化し，また *オスマン帝国の脅威が切迫したこともあり，信仰の事柄については何も変更せず，1 年半以内に次の議会を開くことで妥協が成立した．これによって，ヴォルムスの勅令を実施するか否かは諸王侯に委ねられたので，宗教改革が進んだ．

(2) それに対して，1529 年 3 月 15 日に開催された第 2 回議会は，前回の決議を破棄してカトリック側に有利な議決を行ったので，6 人の諸侯と南ドイツの 14 の町が抗議（プロテスト）した．ここからプロテスタントという呼び名が生まれた．

(3) 1544 年に開かれた議会は，カール 5 世がフランスとの争いを理由に宗教上の和平を引き延ばすためのものであった．間接的にはこれにより翌年の *トリエント公会議の開催が可能になった．

【文献】LThK² 9: 961-63; OER 4: 103-105.

（J. フィルハウス）

シュパイル　Speyr, Adrienne von　(1902. 9. 20–1967. 9. 17)　スイスの神秘家．*改革派の家族からラ・ショー・ド・フォン (La Chaux-de-Fonds) で生まれ，医学を修め，1927 年に結婚して*バーゼルに移り，医者として勤める．夫の死後，1936 年に歴史学者ケーギ (Werner Kaegi) と再婚する．以前からカトリック教会に心を惹かれていたが，1940 年にカトリック神学者*バルタザールと出会い，カトリックに転じる．1917 年から多くの*出現をみ，イエスの受難の苦しみをたびたび体験し，*聖痕を受け，聖書についての多くの教えを示され，それを彼女の指導司祭となったバルタザールに口述して筆記させる．彼とともに，女子の*在俗会「ヨハネ共同体」を創立し，その総長となる．1954 年から体力が衰え，苦しい病床生活の末バーゼルで没す．62 巻に上る著作を残したが，その一部はまだ未刊．バルタザールの神学思想に及ぼした影響は大きい．
【主著】*Das Johannesevangelium*, 4 v., 1948–49; *Die Apokalypse*, 2 v., 1950.
【文献】H. U. VON BALTHASAR, *Erster Blick auf Adrienne von Speyr* (Einsiedeln 1968); B. ALBRECHT, *Eine Theologie des Katholischen. Einführung in das Werk Adrienne von Speyrs*, 2 v. (Einsiedeln 1972–73).

(P. ネメシェギ)

シュパラティン　Spalatin, Georg (Burkhardt)　(1484. 1. 17–1545. 1. 16)　*ニュルンベルク近郊のシュパルト (Spalt) で皮なめし工の子として生まれる．*エルフルトと*ヴィッテンベルクで法学を学び，エルフルトの*人文主義のグループに触れる．1508 年末ザクセン選帝侯*フリードリヒ 3 世により王子たちの家庭教師としてトルガウ (Torgau) に招かれ，他の要務を委ねられ，1516 年からは宮廷官房にあって大学問題，教会問題を担当する．*ルターや*メランヒトンと協力して大学改革にあたり，選帝侯の信頼を得て，ルターのよき理解者として，*宗教改革に貢献した．1525 年以後牧師となり，1528 年アルテンブルク (Altenburg) の教区長のかたわら，選帝侯 3 代にわたり顧問を務めた．

(徳善義和)

シュパン　Spann, Othmar　(1878. 10. 1–1950. 7. 8)　オーストリアの社会学者，経済学者，哲学者．*ウィーンに生まれる．1909 年にチェコスロヴァキア (現チェコ共和国) のブルノ (Brno) にある技術大学の講師，1919 年に*ウィーン大学教授となる．*アリストテレス，*プラトン，*トマス・アクィナス，*ドイツ観念論，*ロマン主義の研究を踏まえ，社会学における*原子論，*実証主義，*個人主義，集団主義を批判して，全体の概念を中心とした哲学を打ち立てた．これは，個人を「精神をもって活動する全体」としての社会の一部として理解するものである．また職能階級的身分制国家観を掲げた．*自由主義にも*マルクス主義にも対立する，この社会政治理論はオーストリアの*保守主義や 1933 年の*ドルフスの権威主義的な国制改革に影響を与えた．*ナチズムも，その初期には彼の立場を採っていたが，1938 年の併合の後には排斥した．
【主著】H. RIEHL, ed., *Das philosophische Gesamtwerk im Auszug*, 1950.
【文献】M. SCHNELLER, *Zwischen Romantik und Faschismus. Die Bedeutung Spanns* (Stuttgart 1971); K.-J. SIEGFRIED, *Universalismus und Faschismus. Das Gesellschaftsbild O. Spanns* (Wien 1974).

(H. ブライテンシュタイン)

しゅひきてい　守秘規定　〔ラ〕disciplina arcani　古代教会において，特に入信の秘義，*エウカリスティア，*信条，*主の祈りについて，キリスト教の信者でない者に語ることを禁じた規定．この規定が生じるのは洗礼準備教育の制度の確立に対応している．ごく初期すなわち*使徒教父，*護教家教父，*エイレナイオス等には，このような規定はみられない．*テルトゥリアヌス，アレクサンドリアの*クレメンス，*オリゲネスになるとこの規定に言及されるようになり，これが定着するのは 4–5 世紀においてである．この時期の洗礼準備教育の過程 (聴聞者 audientes, 有資格者 competentes, 新受洗者 neophyti) と諸儀式 (*解放を求める祈り，*信条の授与，*主の祈りの授与と公誦 redditio) と密接に関連している．これには，哲学の学派での公的な教え (exoterica) と秘伝 (esoterica) の区別の影響も認められよう．しかし，すべての受洗者に伝授されるという点でそれと異なり，他の*グノーシス主義・*密儀とも大いに異なる．古代教会のこの規定はあくまでも教育的意図をもつものであり，体験を踏まえて段階的に伝授するため，成長に応じた糧を与えることを目的とする．したがって，主の祈りが守秘されるのも，この祈りが，「父よ」と呼びかける，*洗礼によって神の子として再生した者の祈りと考えられていたためである．
【文献】Cath. 1: 763–65; DHGE 3: 1497–513; DThC 1: 1738–58; DPAC 1: 315–17.

(小高毅)

じゅぶつすうはい　呪物崇拝　〔英〕fetishism　フェティシズムともいう．特定の自然物や人工物 (呪物) に特別の力が宿るとして，その神秘的力を崇めたり利用したりしようとすること．最初は西アフリカの習俗に対して用いられたが，18 世紀後半にド・ブロス (Charles de Brosses, 1709–77) によって学術用語として用いられるようになった．宗教の起源をめぐる議論が盛んであった 19 世紀には，宗教の原初的形態であるとみなされたこともある．

神秘的な力は呪物それ自体や，そこに宿る精霊，*マナ等により生じると考えられている．呪物には，石や金属などの鉱物，植物，動物 (もしくはその体の一部)，人間の体の一部 (どくろや毛髪など)，あるいは*護符，彫り物などさまざまな形態のものがみられる．どのような種類のものが崇拝対象になるかは，それぞれの文化圏によって大きく異なる．例えば，ヨーロッパにおいては兎の足が幸福をもたらすとする*民間信仰がみられる．東アジアでは文字を書いた紙が除災招福や治病などの目的で用いられることが多いが，これは*道教などの影響が広く及んだ結果と考えられる．動物にしても，どの動物が呪物となるかは地域によって異なる．他方，石などのように多くの文化圏で呪物となるものもある．また特別な形をした石とか植物が信仰対象となることがある．こうした現象は多くの地域で観察されるが，対象物の特異な形状が人間に与える特別な印象に基づいていると考えられる．呪物崇拝の形態については，これを幾つかに分類する試みがなされ，例えばシュナイダー (Wilhelm Schneider, 1847–1909) は，身体呪物，物体呪物，神像呪物，護符呪物の四つに分類したが，特に広く用いられた分類法はない．
【文献】吉田禎吾『呪術』(講談社 1979); 窪徳忠『道教

の神々』(平河出版社 1988). 　　　　　(井上順孝)

シュプランガー　**Spranger, Eduard**　(1882. 6. 27-1963. 9. 17)　ドイツの哲学者, 教育学者. *ベルリン大学で *ディルタイから *生の哲学, *パウルゼンから文化教育学を学ぶ. 主著『生の形式』(Lebensformen, 1914, ²1921)で生の哲学と *リッケルトの *価値哲学とを総合して, 独自の「文化価値論」を築いた. 彼は, 要素の心理学に対して, 主観と客観との関連を通して「こころ」を構造的に理解する精神科学的心理学を基礎づけたが, これは「精神の哲学」「文化哲学」「社会哲学」でもある. すでに古典となった『青年期の心理学』(Psychologie des Jugendalters, 1924)は, 価値論をもとに, 青年の心理を描き切り, 青年の「発達規範」を明示した. 彼の宗教哲学は, *ゲーテに由来する「現世的敬虔」(Weltfrömmigkeit, 1940. 1947 年の『たましいの魔術』Magie der Seele 所収) と, *パウロの言葉に拠る『知られざる神』(Der unbekannte Gott, 1951) とに集約されている. 客観的現実を重視しながら, 神の愛により, 人間は孤独で純粋なこころにおいて神と光のなかで出会うとし, 激動する現実に直面して, 人間は良心をもって, 神の法廷で決断を下すべきであるという. 彼の著作論文数は 777 に達し, 幅広く文化諸領域にわたる.

シュプランガー (ÖN)

【著作集】 Gesammelte Schriften, 11 v., 1969-80.
【文献】長井和雄『シュプランガー研究』(以文社 1973).
　　　　　　　　　　　　　　　　　　(長井和雄)

シュペー　**Spee von Langenfeld, Friedrich**　(1591. 2. 25-1635. 8. 7)　ドイツのイエズス会員, 詩人. カイザースヴェルト (Kaiserswerth) に生まれる. 1610 年 *イエズス会に入会. 1622 年, 司祭に叙階され, *パーダーボルン, *ケルン, *トリールで哲学と倫理神学を教える. 1628-29 年, パイネ (Peine) の都市と伯領でのカトリックへの再改宗に際し, 司牧活動の中心人物であったため暗殺されそうになり, 重傷を負う. 療養中に書いた民謡形式の宗教詩は, 後にカトリック聖歌として愛唱されるようになる. 新しいラテン語や外国語の詩と競うことのできる修辞に満ちた表現を好み, ドイツ詩の将来にとって重要なものは, 言葉と韻律の一致と考えていた.
バロック神秘主義 (→ バロック文学) の刺激を受けた彼は歌のなかでイエスとの内的対話を行い, 風景, および昼夜の, そして四季の美しさを称賛することで, 造物主である神を敬った. その

シュペー (ÖN)

詩は手稿の形で流布した後, 1649 年初めて『勇敢なサヨナキドリ』(Trutz-Nachtigall) として出版された. 1632 年にはケルンで *霊的生活の手引き『黄金倫理読本』(Güldenes Tugend-Buch) をまとめた. そのなかでは合理主義的な信心書とは対照的に, *ドイツ神秘主義において展開された感受性が根底に置かれている.
司牧者としては *魔女として死刑を宣告された 200 名の者の世話をし, 彼女たちの無実を確信. パーダーボルンで, 悪魔と結びついた魔術師として女性を迫害することに鋭い警告を発した書『カウティオ・クリミナーリス』(Cautio criminalis, seu de processibus contra sagas liber) を執筆, 1631 年には匿名で発表, 魔女幻想の克服に重要な貢献を果たし, 「ドイツ人の筆になる人間的な書」(C. M. *ブレンターノ) と評された. ペスト流行の際にトリールで死去. その生涯と活動は *宗教改革の危機後のドイツ・カトリック教会で強められた信仰と *カトリック改革を体現するものであった. トリールで死去.
【文献】I. GEBHARD, *Friedrich Spee von Langenfeld, sein Leben und Wirken* (Hildesheim 1893); A. BECKER, *Die Sprache Friedrich von Spees* (Halle 1912); I. MARTENS, "Die Darstellung der Natur in den Dichtungen Friedrich von Spees," *Euphorion*, 26 (1925) 564-92; H. ZWETSLOOT, *Friedrich Spee und die Hexenprozesse* (Trier 1954).　　　　　(T. インモース)

ジュベ　**Jubé, Jacques**　(1674. 5. 27-1745. 12. 30)　フランスのカトリック司祭, *ジャンセニスムの熱心な信奉者. *パリに近いヴァンヴ (Vanves) に生まれ, クレルモン (→ クレルモン・フェラン) の *イエズス会学院で学び, *ソルボンヌ大学で神学, ヘブライ語, シリア語, アラビア語を学ぶ. 1698 年司祭叙階, ヴォーグリニューズ (Vaugrigneuse) とアニエール (Asnières) で主任司祭を務める. 1701 年頃よりジャンセニスムの人々と親交を深め, 『ヤンセンの恩恵論に関する賛否両論』(Pour et contre Jansénius touchant les matières de la grâce, 1703) を発表. 彼の本領は司牧面にあり, 典礼に関して, 今世紀の第 2 *ヴァティカン公会議後の典礼刷新の諸要素を先取りしている. 1713 年ジャンセニスムの人々の諸説を禁ずる教皇の教書『*ウニゲニトゥス』の発布後, それに激しく抵抗し, 各種の文書を公刊. 1724 年モンペリエ (Montpellier), *ローマ, *ナポリを遍歴し, いったんフランスに戻った後, 1725 年オランダの *ユトレヒトに移り, ジャンセニスムを支持して, ユトレヒト大司教のもとに身を寄せる. 1728 年, *ロシア正教会との交渉のためにロシアに赴くが不成功に終わる. 1732 年ロシアからユトレヒトに戻り, 1740 年よりパリに戻り隠れ住む. パリで没す.
【文献】DThC 8: 1580-81; Cath. 6: 1111-12. (小高毅)

シュペーナー　**Spener, Philipp Jakob**　(1635. 1. 13-1705. 2. 5)　ドイツ・ルター派 *敬虔主義の祖. エルザスのラポルツヴァイラー (Rappoltsweiler) で生まれ, ストラスブール大学で神学を学ぶ. 1666 年以降フランクフルトのルター教会主任 *牧師. この時期, 彼の指導のもとに最初の敬虔主義の集会 (Collegia pietatis) が形成される. 1686 年ドレスデンの宮廷牧師となる. 1691 年には招聘されてベルリンに移る. 以後, その地の教会の要職に就くとともに, *フランケをはじめ, 各地で圧迫されていた敬虔主義者たちをプロイセンに招き

寄せ，支援した．

彼は生涯 *ルター教会を改革しようとした．そのプログラムは著書『敬虔な願望』(Pia Desideria, 1675) に示されている．*教理よりも敬虔の実践を尊ぶが，それはルター派 *正統主義のなかの *アルントの伝統に連なる．また，同じような傾向は当時，教派を超えて存在した．彼の独自性は集会論と終末論にある．彼は少数の敬虔な人々からなる集会を国教会内に組織し，教会改革の核にしようとした．また，最後の審判前に，やがてこの地上で「教会のより良き時代」が来ることを語り，教会改革が可能なことを力説した．これらの主張は，ルター派正統主義の激しい非難を招くが，*三十年戦争の後も繰り返し生じてくる戦争により失望と不安に陥っていた人々や，宮廷バロック文化に倫理的に反発した人々の心を急速に捉えていった．さらに，*ヴュルテンベルクなどでは，彼の支持者は反絶対主義の特徴を帯びる．こうして，その幅広い交友関係と相まって，彼はドイツ・ルター派内に敬虔主義運動を生み出し促進する中心的存在となった．

シュペーナー (ÖN)

【文献】LThK² 9: 959; M. SCHMIDT, "Speners Wiedergeburtslehre," ThLZ 76 (1951) 17–30; J. WALLMANN, *Philipp Jakob Spener und die Anfänge des Pietismus* (Tübingen 1970). （中谷博幸）

シュペラートゥス　Speratus, Paulus (1484. 12. 13頃–1551. 8. 12)　宗教改革者，賛美歌作者．本姓はホッファー (Hoffer) あるいはオッファー (Offer)．エルヴァンゲンに近いレートレン (Rötlen) に生まれ，1503年以降 *フライブルク・イム・ブライスガウ，*パリ，イタリア各地で哲学，神学，教会法を学び，1506年頃司祭叙階．1520–21年 *ヴュルツブルク司教座聖堂説教師を務めるが，この頃から *ルターの教説を信奉し，結婚，1522年破門宣言を受ける．イフラヴァ (Jihlava, 現チェコ領) で説教活動をし捕縛され，*オロモウツに移送されたが，*ヴィッテンベルクに逃れ，同地でルターの賛美歌創作を助ける (1523–24)．ケーニヒスベルク (*カリニングラード) の宮廷説教師を務めた後，各地の *ルター教会を訪れ，1530年ポンメルン (Pommern, 現ポーランドとドイツの国境地帯) の監督となる．マリエンヴェルダー (Marienwerder) で没す．

【文献】キ人 792; LThK² 9: 960–61; MEL 22: 270. （小高毅）

シューベルト　Schubert, Franz Peter (1797. 1. 31–1828. 11. 19)　オーストリアの作曲家．ウィーン古典派の伝統を汲みながら叙情的旋律と繊細かつ大胆な和声語法によってロマン的表現世界を開いた．その伝統性と革新性の過程は教会音楽においても著しい．地位，収入とも不安定な放浪の芸術家とみられていたが近年その像は修正され，社会的に成功した姿が浮上しつつある．同時代の *ベートーヴェンの重圧にありながら劇作品，教会音楽，交響曲，室内楽，声楽曲の全領域に独自の傑作を残した．

*ウィーン郊外ヒンメルプフォルトグルント (Himmelpfortgrund) の学校長の家に生まれ，王室ウィーン市寄宿学校に合唱児童奨学生として入学 (11歳)．上層階級の師弟とともに一般教養を学び，宮廷礼拝堂で歌う．卒業後は父の学校の助教員になるが (17歳)，『ミサ曲第1番』と近代ドイツ歌曲の扉を開く『糸を紡ぐグレートヒェン』が生まれ，教員生活のなかで翌年も『魔王』『野ばら』など傑作が噴出 (18歳)．自由な作曲活動を志すものの

シューベルト (ÖN)

(21歳) 父との相克は生涯影を落とす．劇作品への挑戦と並行して迎えた新しい語法の模索時期は，多数の未完作品がみられる「危機の時代」(22–26歳頃) で『未完成交響曲』『ミサ曲第5番』はその代表．その超克とともに，独自の大胆な和声語法に支えられた後期様式が開花 (27歳頃)．『大ハ長調交響曲』の強靭な世界 (28歳) の後，『冬の旅』『即興曲』ほかの名作が生まれる (30歳)．死の年の『ミサ曲第6番』『白鳥の歌』『最後の三つのピアノ・ソナタ』は時代様式概念を超えた超越的な響きで音楽史にそびえる．歌曲600曲余，劇作品20曲，交響曲8曲，弦楽四重奏曲14曲，ピアノ・ソナタ21曲，ピアノ舞曲など創作は約1,000曲に及ぶ．

【教会音楽】ウィーンのカトリック教会のなかで育まれ，教会音楽は15歳から死の1か月前まで全生涯にわたり創作の柱をなす．オラトリオ『ラザロ』，ミサ曲7 (ラテン語6，ドイツ語1)，レクイエム1，サルヴェ・レジナ7，スタバト・マーテル2，詩編合唱曲2など総数約45点．大半は19歳 (1816) までに古典派の伝統のもとに成立するが，1819–24年頃『ミサ曲第5番』『ラザロ』において生来の叙情旋律と大胆な和声が動機統一書法で結ばれ，革新性が生まれる．後期様式は死の年に集中．その代表作『ミサ曲第6番』は *ミサ曲の歴史に特異な位置を刻む．ミサ曲で用いられた音形が2か月後の歌曲『影法師』において不気味に鳴り続け，「神の小羊」と「引き裂かれた孤独な人間存在」が同じ動機音形のもとに歌われる．ここにおいて伝統的な *典礼音楽が「神と自己の真摯な対峙」へと深められる．従来彼のミサ曲では，「クレド」のうち「一にして聖なる公の使徒継承なる教会を」(全6曲において)，「よみがえりを待ち望む」(全5曲において) ほかの典礼文を欠くことが議論の対象とされてきた．だがここから彼自身の宗教性の欠如を語ることは短絡で，同時代の他の作曲家にもみられるように典礼性を薄める方向にあった当時の世俗化の傾向を反映していると考えられる．ただし後期ミサ曲における個性的で，深淵な音楽表現はこれと全く無縁ではない．極めて自由な思想の持ち主であった彼の内部では，時代の空気を受けながら典礼性と個人の内面性の葛藤が育っていたことも確かで，深い叙情的音楽表現を通して独自の内的宗教音楽世界を表したと考えられる．

【文献】NGDM 16: 752–811; 田辺尚雄他編『音楽大百科事典』3 (平凡社 1982) 1141–77; E. HILMAR, *Schubert-Lexikon* (Graz 1997). （藤本一子）

シューベルト　Schubert, Kurt　(1923.3.4-)　オーストリアのユダヤ教学者，カトリック信徒．*ウィーンに生まれ，1945年*ウィーン大学で学位取得 (Ph.D.)．1948年以後ユダヤ教学を同大学で教え，1965年教授．1966年大学付属ユダヤ教学研究所創設に伴い所長を兼任．この間ドイツやイスラエルの諸大学の客員教授も務めた．特に古代ユダヤ教およびその歴史，*死海文書に関する著書や論文が多数あり，あわせて専門誌 (Kairos, 1964; Studia Judaica Austriaca, 1974-) の責任編集を通し，ユダヤ教学の進展に貢献，キリスト教のユダヤ教への誤解を正し，ユダヤ教との対話促進に寄与．
【著作】 *Die Religion des nachbiblischen Judentums*, 1955; *Die Gemeinde vom Toten Meer*, 1958; *Der historische Jesus und der Christus unseres Glaubens*, 1962; *Die jüdischen Religionsparteien in neutestamentlicher Zeit*, 1970; *Jesus im Lichte der Religionsgeschichte des Judentums*, 1973; *Die Religion des Judentums*, 1992.
(清水宏)

シュペングラー　Spengler, Lazarus　(1479.3.13-1534.9.7)　ドイツの宗教改革者．*ニュルンベルクで生まれ同地で死去．*ライプツィヒで学んだ後生地に戻り，1507年から市政に携わり，1516年には参事会員に選ばれる．*ルターの熱烈な支持者としてニュルンベルクの教会改革に尽力．1519年にはルター弁証論 (Schutzrede und christliche Antwort eines ehrbaren Liebhabers christlicher Wahrheit) を刊行．1521年の*ヴォルムス帝国議会に市代表として出席．同市の教会巡察規定や教会規則制定に深く関わった．
(出村彰)

シュペングラー　Spengler, Oswald　(1880.5.29-1936.5.8)　ドイツの歴史哲学者．ハルツのブランケンブルク (Blankenburg) に生まれ，*ハレ，*ミュンヘン，*ベルリンの各大学に学び，*ハンブルクで教師生活の後，ミュンヘンに定住し，その後は著述家として一生を送った．主著に2巻本の『西洋の没落』(Der Untergang des Abendlandes, 1918-22: 村松正俊訳，五月書房，1992) がある．この書は，世界史を形態学として捉え，歴史の基本形態を，それぞれ完結した八つの文化(エジプト=クレタ・ミノス，バビロン，インド，中国，古典古代，アラブ，900年以降の西洋，メキシコ)に分け，有機体として理解される各文化の歩みは，開化，成熟，衰亡の3時期に区分できるとする．シュペングラーはギリシア・ローマの没落を考察して，現代西洋の文化情況をローマ末期のそれに比した．この衰弱は，哲学・芸術の創造力の消滅から技術偏重の大衆の存在への移行に表れており，「文化」はせいぜい「文明」の形として残るにすぎない．このように彼は，ヨーロッパ以外の多様な高度の文化を設定し，理性によらず反理性主義の直観をもって，西洋文化中心の直線的な進歩の楽観主義に代わって，近代西洋の没落を予言する悲観主義を打ち出した．この書は，19世紀末から第1次世界大戦後の人心に強く訴えるものがあった．他方，彼は他の論文のなかでは「文明」の技術的進歩を肯定し，文化的危機を*ナショナリズムによる大衆動員によって克服できると考え，プロイセン的社会主義をも評価して，個人が全体に奉仕すべきことも説いたため，ナチス(→ナチズム)は彼をその思想的先駆者として受け入れようとした．しかし彼はナチスを全く認めず，批判の論文まで発表したため，後には，彼とその著作はナチスによって有害視されるに至った．

シュペングラー (ÖN)

【その他の著書】 *Preußentum und Sozialismus*, 1920; *Der Mensch und die Technik*, 1931; *Jahre der Entscheidung*, 1933.
(中井晶夫)

シュマウス　Schmaus, Michael　(1897.7.17-1993.12.8)　ドイツのカトリック司祭，神学者．オーベルバアル (Oberbaar) に生まれ，1922年に司祭叙階．1927年*グラープマンのもとで博士号を，1930年教授資格を取得．フライジング (Freising)，プラハ，ミュンスター大学を経て，ミュンヘン大学教授となり，1951-52年同大学総長を務め，1954年グラープマン中世神学・哲学研究所 (Grabmann Institut zur Erforschung der mittelalterlichen Theologie und Philosophie) を創設．1965年より同大学名誉教授．1966-68年アメリカで客員教授．第2*ヴァティカン公会議の顧問神学者・助言者を務める．1959年(昭和34)学術研究と講演旅行の途次来日，神学思想上の大きな刺激を受ける．研究活動は広範で，体系的な教理学から歴史的(教父・中世)研究にまで及ぶ．主著『カトリック教理学』(Katholische Dogmatik, 3 v., 1938-41; 4 v., 1946, ²1960-65)，『教会の信仰』全2巻 (Der Glaube der Kirche, 1968-70)．彼の功績は，*新スコラ哲学の客観主義的な思考法に人格的関係についてのカテゴリーを取り入れたことにある．これによって重点は抽象的な概念から具体的な現実に転じることになった．これはまた，第2ヴァティカン公会議の前提となるものであった．今日すでに20世紀神学の古典的学者の一人に数えられている．ミュンヘン郊外のガウティンク (Gauting) で死去．
【文献】 J. AUER, H. VOLK, eds., *Theologie in Geschichte und Gegenwart*, Festschrift Michael Schmaus zum 60. Geburtstag (München 1957); L. SCHEFFCZYK, W. DETLOFF, R. HEINZMANN, eds., *Wahrheit und Verkündigung*, Festschrift Michael Schmaus zum 70. Geburtstag, 2 v. (München 1967) Bibliographie.
(R. ハインツマン)

シュマルカルデンじょうこう　シュマルカルデン条項　〔ラ〕Articuli Smalcaldici, 〔独〕Schmalkaldische Artikel　ルター派教会の一致*信条の一つ．1537年5月，イタリアのマントヴァ (Mantova) に招集された教会会議において，ルター派の信仰的立場を明らかにするため，「福音的教理の条項」の表題で*ルターが執筆した文書．すでに1531年以来*シュマルカルデン同盟を結んでいた諸侯と都市は，1537年2月同地に会し，前年末に執筆された上述の文章を検討したが，結局は正式文書とはならず，会議そのものも開かれなかった．後に*メランヒトンの「教皇の権能とその優位について」が追加され，合わせて*和協信条に採録されることになった．

全体は3部に分かれる．第1部は神論であるが，主要

点はすでに基本信条と合致し，カトリック教会との間に係争点もないとされる．第2部はキリストの職務と働き，罪人の贖いについて論じ，信仰のみによる(*ソーラ・フィデ)*義認を強調，そこから*ミサ，*煉獄，*巡礼，*聖遺物，贖宥(*免償)，諸聖人のとりなしなどについてルター派の立場を表明する．第3部は，教皇派ではなく「学識のある，また道理のわかる人々」と論じ合うためとして，*罪，*律法，悔い改め（教皇派の偽りの悔い改めや*免罪符を含む），福音，洗礼(*幼児洗礼の弁証を含む)，ミサ，*鍵の権能，告解(*ゆるしの秘跡)，*破門，叙任(*叙階)，*独身制，*修道誓願など広範な論題を取り上げる．いずれも成熟したルターの福音理解を充分窺わせるに足る内容といえよう．メランヒトンの小論は教皇の*首位権の主張，ことに俗権への介入を厳しく批判，司教制の必要性を退ける．
【邦訳】信条集専門委員会訳『一致信条書』(聖文舎 1982) 407-53． (出村彰)

シュマルカルデンどうめい　シュマルカルデン同盟〔独〕Schmalkaldischer Bund　宗教改革期のドイツに成立したプロテスタントの諸侯と都市の防衛的同盟．
【成立】1530年11月の*アウグスブルク帝国議会最終決定によって，皇帝による武力干渉の危機を感じたプロテスタントの諸侯と都市は，同年12月31日にシュマルカルデンで相互防衛を目的とする同盟を結んだ（条約は翌1531年2月27日付）．最初の加盟者は，主唱者のザクセン選帝侯ヨハン(Johann)とヘッセン方伯フィリップ(Philipp, 1504-67)を含めて5人の諸侯と二人の伯，11の都市であったが，初めの6年間にさらに6人の諸侯と11の都市が参加した．1535年には「緊急の援軍と防御に関する規則」(Verfassung zur eilenden Hilfe und Gegenwehr)によって内部組織が定められた．
反ハプスブルクの立場に立つ*バイエルンの大公も味方につけてドイツ最大の勢力となった同盟は，皇帝にアウグスブルク最終決定を実施することを許さず，帝国内の*宗教改革の進展に余地を与えた．
【没落】1541年6月にヘッセン方伯が自分の重婚罪を不問に付してもらうことを条件に皇帝と密約を結び，次いで皇帝がクレーヴェ大公およびフランス王*フランソア1世に勝利を収める(1543/44)と，勢力関係は著しく変化した．1546年7月に皇帝と同盟の間に始まったシュマルカルデン戦争が，翌年4月のミュールベルク(Mühlberg)の戦いで皇帝の勝利に終わり，ザクセン選帝侯ヨハン・フリードリヒ(Johann Friedrich)とヘッセン方伯が囚れの身となるや，同盟は解体した．
【文献】HKG(J) 4: 275-300; LThK² 9: 426-27; RGG³ 5: 1455-56; E. FABIAN, *Die Entstehung des Schmalkaldischen Bundes und seiner Verfassung* (Köln ²1962). (出崎澄男)

シュマルツグルーバー　Schmalzgrueber, Franz Xaver (1663. 10. 9-1735. 11. 7)　教会法学者，イエズス会員．ドイツのグリースバハ(Griesbach)に生まれ，1679年*イエズス会入会，*インゴルシュタットで学んだ後，諸大学で人文学，哲学，教理神学を，ディリンゲン(Dillingen)とインゴルシュタットで教会法を教える．ディリンゲン大学総長，イエズス会員の出版物検閲官，ミュンヘンの学院長を務める．ディリンゲンで死去．
【主著】*Jus ecclesiasticum universum*, 1719; *Succincta sacrorum canonum doctrina, seu compendium juris ecclesiastici*, 1747.
【文献】LThK² 9: 427; E. H. FISCHER, *Dillingen und Schwaben. Festschrift zur 400-Jahr-Feier der Universität Dillingen* (Freiburg 1902) 50-65. (T. オーブオンク)

シューマン　Schumann, Robert Alexander (1810. 6. 8-1856. 7. 29)　ドイツ・ロマン派の作曲家，音楽評論家．祖父は牧師，父は書籍商．音楽と文学の資質，熱狂と自省の両面を備え，言葉と音楽が融合する独自の詩的音楽表現を実現した．また『音楽新報』(Neue Zeitschrift für Musik)を創刊，華麗な文筆を振るい，音楽評論史に画期的足跡を残す．天才ピアニスト(Clara, 1819-96)を妻に得たが，後年は精神を病んでライン川に投身，精神病院で没した．オラトリオ『楽園とペリ』(1843)，ミサ曲『ミサ・サクラ』(1853)，『レクイエム』(1852)は叙情的表現と内面性において，教派を超えたロマン的宗教音楽の代表とみなされる．
【文献】NGDM 16: 831-70; 田辺尚雄他編『音楽大百科事典』3 (平凡社 1982) 1178-201. (藤本一子)

シュミット　Schmidt, Hermann A. P. (1912. 6. 26-)　オランダ出身の典礼学者．オランダ南東部リンブルフ州のルールモント(Roermond)に生まれる．1931年，*イエズス会入会．1940年司祭叙階．*ローマで典礼学・音楽学・キリスト教考古学・古書体学を研究し，1948年より*グレゴリアナ大学の典礼学教授，1962年より教皇庁立典礼研究所教授．*聖週間に関する研究で知られる．
【主著】*Hebdomada Sancta*, 2 v., 1956-57; *Introductio in liturgiam occidentalem*, 1960; *Die Konstitution über die heilige Liturgie. Text, Vorgeschichte, Kommentar*, 1965. (石井祥裕)

シュミット　Schmidt, Wilhelm (1868. 2. 16-1954. 2. 10)　司祭，神言修道会員．文化史的民族学に大いに貢献した，*民族学のウィーン学派の代表者．
【生涯】ドイツのドルトムント(Dortmund)郊外に生まれ，1890年*神言修道会に入会，1892年オランダのステイル(Steyl)で司祭叙階．*ベルリン大学でセム系諸語を学び，1895年以降*ウィーン郊外の聖ガブリエル大神学校で語学と言語学の授業を担当，1921年からは*ウィーン大学で民族学を教えた．ナチス(→ナチズム)によるオーストリア併合の際，ローマ経由でスイスへ移り，*フリブール大学で民族学の教授となる．以後，晩年まで意欲的に研究と執筆に励んだ．戦時中，兵士や学者などの福祉に貢献し，教会では*典礼運動の始まりに関わり，*教会一致促進運動にも力を注いだ．*フリブールで没す．
【著作】シュミットは南太平洋の諸言語を比較し，同じ語族に属していることを指摘して著作活動を始めた．1926年発行の『世界の語族と言語圏』(Die Sprachfamilien und Sprachenkreise der Erde)を頂点として言語の比較研究は打ち切られるが，そこで示されたのは，20世紀初頭から急速に彼の関心を支配する民族学的研究におけるのと同様，言語と言語，または文化と文化との間にある空間的・時間的な関係は立証できるという考えである．この作業の必須前提である生の資料を学界に提出するため1906年，国際的な言語学・民族学雑誌『アント

シュミート

ロポス』(Anthropos) を創刊．グレープナー (Fritz Graebner, 1877-1934) の民族学方法論に倣い，やがて世界の文化を包含する諸文化圏（[独]Kulturkreise）を設定し（→文化圏説），ここにみられる文化史的関係を『民族と文化』(Völker und Kulturen, 1924) で壮大に体系化した．この体系は何回も修正したが，これを利用して，人類史上の相対的に最古の段階を示す文化，すなわち原文化 (Urkultur) に最も近い段階の文化が把握できると考えた．この原文化の段階で，人間がすでに，万物の創造主である唯一の *神という神観念をもったことを，文化史的方法で立証しようとするのがシュミットの代表作『神観念の起源』全12巻 (Der Ursprung der Gottesidee, 1912-55) のねらいである．

【思想】初期の人類学者は，人類の社会や宗教などの諸制度の起源を探るにあたって，思弁的進化論主義の考えを抱き，原始的といわれた民族に低い位置を与えた．これに対し，ラング (Andrew Lang, 1844-1912) の研究に刺激されて，シュミットは，これらの民族が逆に優れた神観念，かつ一神観念をもっていることを実証した．文化圏体系を基に原文化の諸形態を設定したうえで，人類の最古の原文化とその宗教を推測し，この宗教は神の直接の *原啓示による原一神教だと説いた（→一神教）．非ヨーロッパ諸民族の文化，特に宗教を正確に理解してもらうために宣教師らの協力を求めるほかに「宗教民族学週間」を設け，ラテラノ宮殿の宣教地民族博物館（現*ヴァティカン博物館の一部）のほかにアントロポス研究所を創設した．シュミットの文化研究にはもう一つの実践的な側面がある．西欧文化を築くのにキリスト教と教会は大役を果たしてきたが，*不可知論と新異教主義の影響でその遺産が危機に瀕していることを憂い，カトリックの学者を養成する必要を強調，*ザルツブルクや*北京などのカトリック大学のカリキュラム編成に参画し，時勢に合った人間観を築く民族学の重要性を唱えた．文化圏体系と原一神教説は放棄されたが，彼の文化史的観点は民族学に多くの示唆を与え，創立した雑誌『アントロポス』とアントロポス研究所は人類学界で定評がある．

【主著】 Der Ursprung der Gottesidee, 1912-55; Das Mutterrecht, 1955: 山田隆治訳『母権』(平凡社 1962); Völker und Kulturen, 1924: 大野俊一訳『民族と文化』全2巻（河出書房 1969-70）．

【文献】石川栄吉他編『文化人類学事典』（弘文堂 1987) 360; クネヒト・ペトロ「シュミット—文化圏と文化層」『文化人類学群像』1，綾部恒雄編（アカデミア出版会 1985) 117-35． （クネヒト・ペトロ）

シュミート　Schmid, Josef (1893. 1. 26-1975. 9. 4)

ドイツのカトリック新約聖書学者，司祭．*バイエルンのホルツハウゼン (Holzhausen) に生まれ，*フライジンクで勉学中，第1次世界大戦のため従軍．1918年除隊後に神学研究を再開し，1920年司祭に叙階．教会司牧のかたわら研究を続け，1922年ミュンヘン大学講師，1930-52年ディリンゲン大学，1952-59年ミュンヘン大学カトリック神学部新約聖書学教授．以後名誉教授．特に聖書研究が制約されていた時代にドイツ語圏カトリックとして初めて共観福音書の *二資料説を積極的に論述 (Matthäus und Lukas, 1930; Markus und der aramäische Matthäus, 1953)．「レーゲンスブルク新約聖書注解」(Regensburger Neues Testament) の共観福音書注解や対観表 (Synopse der drei ersten Evangelien,

1949, ⁶1971) を著す．ヨハネ黙示録の本文校訂 (Studien zur Geschichte des griechischen Apokalypse-Textes, 2 v., 1955-56)，また長くドイツ語圏をはじめカトリックでは標準的であった *ヴィケンハウザーの新約聖書概論の全面改訂 (Einleitung in das Neue Testament, 1973) は重要な業績．『神学・教会事典』(LThK²) や専門誌 (BZ, StANT) の新約聖書分野責任編集も果たす．このほか編著書や論文は多数．ミュンヘンで没す．

【文献】J. Blinzler, et al., eds., Neutestamentliche Aufsätze (Regensburg 1963) 311-17; W. Pesch, "Josef Schmid wird 80 Jahre," Orientierung an Jesus, ed. P. Hoffmann, et al. (Freiburg 1973) 7-12． （清水宏）

シュミードリン　Schmidlin, Joseph (1876. 3. 29-1944. 1. 10)

ドイツの宣教学者．アルザスのクラインランダウ (Kleinlandau) に生まれる．*フライブルク大学で歴史学の博士号を得て，*パストルの助手となり，彼の『教皇史』執筆に協力．後にストラスブール大学を経て，1907年からミュンスター大学の教会史の講師となる．その後カトリック *宣教学の先駆的仕事を始め，1911年，雑誌『宣教学』(Zeitschrift für Missionswissenschaft) を創刊．1914年にはミュンスター大学の宣教学講座の初代正教授に就任．1911年からは国際宣教学研究所の学術委員長に任命された．また『宣教学入門』(Einführung in die Missionswissenschaft, 1917, ²1925)，『カトリックの宣教理念』(Katholische Missionslehre im Grundriss, 1919)，『カトリック宣教史』(Katholische Missionsgeschichte, 1925) など，今日でも宣教学の基本となる多くの著作を残し，同時に実り多い宣教運動をドイツにおいて組織，カトリック宣教学の「父」と呼ばれた．

論争的で激しやすい性格の彼には多くの敵がいたが，ナチス党（→ナチズム）に公然と敵対し，1934年には年金生活に追いやられ，何回かの逮捕拘留の後シルメク (Schirmeck) の強制収容所で死去した．

【文献】LThK² 9: 433; NCE 12: 1138-39． （神崎忠昭）

シュメールじん　シュメール人　[英]Sumerian, [独]Sumerer, [仏]sumerien

【歴史】古代オリエント時代に *メソポタミア（現代のイラク）南部，*バビロニアの南半分がシュメールと呼ばれた．前4000年紀後半，ここに移住してきたシュメール人は，前3000年紀前半に都市国家群を形成した．その後，新来民族 *セム人出身の *アッカドのサルゴン (Sargon, 前 2334-2279) とその王朝，続いて侵入民グティ人の支配を受けたが，*ウル第3王朝のもとに独立を回復し，シュメール・ルネサンスを達成した．前2000年紀初めにシュメール人は歴史から姿を消し，その覇権はセム系 *アムル人が建てた *バビロンの *ハンムラピ王朝に継承された．

【文化】シュメール人が後世に残した最大の文化的貢献は，人類史上最初の文字を発明したことであった．シュメール楔形文字は，本来，膠着語のシュメール語を表す表意文字であったが，同時に音節文字としても発達し，エブラ語，アッカド語，ヒッタイト語等の文書も，この文字によって書き残された．

シュメール文学から，多くのモチーフが間接的に旧約聖書に継承されたことが知られている．例えば，創世記1-11章の原初史にある，原始の海からの天地創造，楽園，洪水，バベルの塔などの物語の原型は，すべてシュ

メール人の創作である．また，シュメール人は多神教徒であったが，各個人は特定の神を *守護神として礼拝していた．このような一神礼拝が，創世記12章以下で，アブラハムの神，イサクの神，ヤコブの神と呼ばれている *族長の神の実体ではないかと考えられる．

しかし，旧約聖書にシュメール人に関する明瞭な記憶は残っていない．「シンアルの地」（創10：10）が，多分，シュメールを指しているらしい．また，アブラハムの故郷ウル（創11：31）が，シュメール・ルネサンスの中心都市であった可能性はあるが，決定的なことはいえない．

【文献】旧新約聖書大 593-94；EJ 15: 512-15；S. N. クレーマー『歴史はスメールに始まる』佐藤輝夫，植田重雄訳（新潮社 1959）：S. N. KRAMER, *History Begins at Sumer* (New York 1959)；杉勇編『古代オリエント集』筑摩世界文学大系1（筑摩書房 1978）5-101；S. N. KRAMER, *The Sumerians: Their History, Culture, and Character* (Chicago 1963). 　　　　　（石田友雄）

じゅもくすうはい　樹木崇拝　〔英〕tree-worship

樹木に神性を認めたり，神や神霊の宿るところとして崇拝すること．樹木の一部としての葉，幹，枝，根などに対する崇拝も含む．樹木すべてが崇拝の対象となるというよりは，特定の種の樹木や，ある伝説，いわれ等をもつ樹木が崇拝されるという形態のほうが一般的である．例えば *神道においては，樹木は神の依代として今日でも重要な意味をもつが，特に榊など常緑樹が用いられる．古代ギリシアにおいては，月桂樹，オリーブ，銀梅花，樫の木などが，神を象徴するもの，あるいは神木とみなされていた．また，樹齢が数百年と思われる老木や大木とか，白蛇が現れたなどの伝説をもつ木が特に崇拝を集めるということもある．この場合は，それぞれの木の個性が，崇拝にとって重要な要因となっている．1本1本の木が崇拝対象となるほかに，一群の木，森という一定規模の樹木が崇拝対象となることもある．この場合，樹木は神域あるいは聖域としての山，森という対象の一部をなすものとなる．

*フレイザーはその主著『金枝篇』のなかで，樹木のもつ生命力が，特に呪術的思考に大きな影響を与えた点について考察している．これによれば，ヨーロッパの *民間信仰においては，樹木崇拝は古くから広い範囲において観察されたことがわかる．フレイザーの研究においては，とりわけ生命力の象徴としての樹木という点が強調されている．樹木は死と再生との象徴にもなる．子どもが生まれたときに，樹木を新たに植えるのは，生命力を象徴し，墓地に樹木が植えられるのは，死と再生という観念と結びついていると考えられる．

ある種の樹木には神聖な力や精霊などが宿るという観念や，それらは邪悪なものを祓う力があるという観念は，多くの地域でみられる．シャーマンが，特定の樹木もしくはその一部を，霊との交流を図る際の手段として用いるという例もみられる（→シャーマニズム）．また，ある樹木が薬効などをもち，それが宗教的意味づけの一源泉となることもある．*キリスト教では，オリーブの木は，しばしば *イエス・キリストの慈愛を示す *象徴となるが，これはオリーブの油が痛み止めに用いられてきたことが，影響しているとされる．

樹木はこの世とそれ以外の世界をつないでいるという観念も多くの *神話にみられる．この場合，世界ないし宇宙は二重あるいはそれ以上の複層的な構造として想定されている．典型的には，天と地，あるいは天と地下の世界（多くは黄泉の世界）を，一つの木が結んでいるという理解の仕方である．こうした発想は多くの神話や伝説のなかにみられる．また，こうした樹木が中心という観念と結びつくと，宇宙樹（〔英〕cosmic tree），さらに世界軸（〔ラ〕axis mundi）という表象となる．

樹木崇拝は，一般に *自然崇拝の一種であると位置づけられるが，*エリアーデは，これを *ヒエロファニーの観点から理解しようとした．これによれば，樹木そのものの力よりも，その背後に想定されたもの，あるいは樹木が象徴しているものが，宗教現象としてはより本質的ということになる．

【文献】宗教学辞典 377-81；EncRel(E) 15: 26-33；J. G. フレイザー『王権の呪術的起源』折島正司，黒瀬恭子訳（思索社 1986）；J. G. FRAZER, *The Golden Bough* (1890; New York 1969). 　　　　　（井上順孝）

シュモネー・エスレー　Shemone Esreh　〔英〕eighteen benedictions，〔独〕Achtzehngebet，〔仏〕dix-huit bénédictions

ヘブライ語で18の意味だが，神に対する18の祝祷からなる祈りで，*シェマーの祈りとともに *ユダヤ教の基本的典礼行為を指す用語である．「永遠なる我らの神は祝されますように……汝は……をなさいました」と民イスラエルに対する神の過去の救済の業，また未来の死人復活の業を称える．1世紀末から2世紀初めに全ユダヤ人は義務として唱えるようになる．

【文献】蛭沼寿雄他『原典新約時代史』（山本書店 1976）546-52；I. ELBOGEN, *Der jüdische Gottesdienst in seiner geschichtlichen Entwicklung* (Hildesheim ³1967). 　　　　　（三好迪）

シュライエルマッハー　Schleiermacher, Friedrich Daniel Ernst　(1768.11.21-1834.2.12)

ドイツのプロテスタント系の思想家．

【生涯】プロイセンの牧師の家庭に生まれ育ったが，当時の教条主義的なキリスト教に飽き足らず，1799年に若くして独創的な『宗教論』（Über die Religion）を著して，一躍有名になった．そのあとは，*カントや J. G. *フィヒテに代表される形式的倫理学との対決や前期 *シェリングの学問論の批判的評価などを通じて独自の学問体系の構想に向かい，また当時の *ナポレオン・ボナパルトによる大学の実用化路線に対抗して，哲学中心の大学論を唱えた．1810年に W. *フンボルトによって創立された *ベルリン大学に招かれ，以後20余年にわたって神学と哲学的諸学問（弁証法，倫理学，教育学，国家学，心理学，美学，解釈学）を講義した．彼の業績は，これまで主に宗教思想や神学に限って評価されることが多かったが，*ヘーゲルに匹敵しうるほどの包括的な学問体系も充分に評価されうる内容を有している．

【宗教・神学思想】シュライエルマッハーの宗教・神学思想は，『宗教論』に始まり，ベルリン大学時代の『キリスト教信仰論』（Der christliche Glaube, 1821-22, ²1830-31）と『弁証法』（Dialektik, 1811）において結晶化される．1799年の『宗教論』によれば，形而上学的思惟や道徳的行為と区別された宗教固有の特徴は，宇宙の *直観と *感情にほかならない．宗教は，宇宙の一員たる人間が自己および自己以外の有限者のなかに無限の宇宙を直観し味わうところに成り立ち，人間の *自由と自然を真に和解させる．こうした無限の宇宙の直観と感情を人々が分かち合うとき，宗教の社会的（共同体的）次元

が現れる．キリスト教の教会もそこに基盤をもつ．しかし，その宗教の社会性(共同体性)は，ある特定の宗派や民族に限定されてはならず，人類的レベルで普遍的に価値のあるものとして理解されねばならない．

このような若き彼の宗教思想はその後，彼がシェリングや後期フィヒテの直観主義的 *宗教哲学との違いを自覚したこともあって，もっぱら無媒介的自己意識としての感情を基礎とした神学思想へと変遷を遂げる．

1821年に出た大著『キリスト教信仰論』において，彼はキリスト教信仰の本質を無限な神に対する有限な個としての人間の全き依存感情に求め，そこから，*キリスト論，*恩恵論，救済論，*教会論などを演繹する神学思想を展開した．神への全き依存感情こそが，あらゆる偶像崇拝の意識から解放され，神の *恩恵を最高度に感じとることができる *自己意識の最高形態であり，それはまた *敬虔という名で呼ばれうる．この敬虔さを土台にして，教会はキリストの救いを世に宣べ伝えねばならない．このような神学思想によって，彼は，その後のプロテスタント神学に大きな影響を与えることになった．

【学問思想】シュライエルマッハーの業績は神学思想のみに限られるわけではなく，学問思想一般に及ぶ．1803年の『従来の倫理学の批判要綱』(Grundlinie einer Kritik der bisherigen Sittenlehre)以来，主にカントやフィヒテの学問論に対抗する形で展開された彼の学問思想は，一貫して自然に関する学問と自由に関する学問の相互浸透を目指しており，それを主題化する第一哲学的役割を担うのが「弁証法」である．この弁証法は，ヘーゲルの *弁証法と違って絶対知を前提とせず，知の開かれたコミュニケーションという方法で，すべての学問の諸根拠と諸連関を明らかにするとともに，他者とは代替不可能な独自の世界了解に生きる個としての主体が，思考と存在のダイナミックな一致の際に感じとる永遠的なもの(神)をも主題化する．そしてこの弁証法によって基礎づけられる *倫理学は，所与の自然に対する自由な行為の働きかけとその所産としての良きもの(財態Güter)に関する事柄を主題化し，財態論，*徳論，*義務論の3部門から成り立つ．さらにその倫理学の応用部門として，教育論と国家論が位置づけられ，教育論は所与の歴史的諸状況における個としての人間形成の術を，国家論は人々の慣習的行為によく対応した法や行政組織の在り方を，それぞれ追求する学問として規定される．そしてそのほかにも人間の精神活動一般を受容性と自発性の相互浸透という視点から取り扱う *心理学，高揚した感情の自己表出に関する学問としての *美学，古典や聖書の了解の術としての *解釈学など，彼の学問思想は独自の深さと広がりをもっており，それは部分的に *ディルタイの精神科学論などに影響を与えたが，自然と文化と倫理の相互浸透という視点から，今日再評価されてしかるべきであろう．

【主著邦訳】佐野勝也，石井次郎訳『宗教論』(岩波書店1949)；高橋英夫訳『宗教論：宗教を軽んずる教養人への講話』(筑摩書房1991)；今井晋訳「キリスト教信仰」『現代キリスト教思想叢書』1(白水社1974)125-96.
【文献】山脇直司「シュライエルマッハーの哲学思想と学問体系」『自然と自由の深淵』講座ドイツ観念論4，廣松渉他編(弘文堂1990) 217-58；G. SCHOLTZ, Die Philosophie Schleiermachers (Darmstadt 1984); W. H. PLEGER, Schleiermachers Philosophie (Berlin 1988).

(山脇直司)

シュライエルマッハーがくは　シュライエルマッハー学派 〔独〕Schleiermachersche Schule　*シュライエルマッハーは自身の学派を形成してはいないが，その影響関係をかんがみて，後の *プロテスタンティズム諸派がシュライエルマッハー学派と称されることがある．*信条主義においては特に，神学的出発点を信仰経験と敬虔的自己意識に求めた *エルランゲン学派のJ. C. K. *ホフマンやF. H. R. *フランクがあげられる．A. *リッチュルやビーデルマン(Alois Emanuel Biedermann, 1819-85)らの自由主義神学においては信仰における超自然主義と *合理主義の対立の克服という問題に際して，またK. I. *ニッチや *ローテなどの *調停神学においてはプロテスタンティズムの伝統的信仰と近代的学問意識との関連を問うに際して，また1890年代以降の *ドイツ観念論の遺産の再検討の動向や，そこからほどなく出現したK. *バルトらの *弁証法神学にもシュライエルマッハーの広範な影響がみられる．
【文献】E. KATTENBUSCH, Die deutsche evangelische Theologie seit Schleiermacher (Gießen⁶1934).(浅野幸)

シュライバー　Schreiber, Christian (1872. 8. 3-1933. 9. 1) ドイツの司教，神学者，哲学者．ドルトムント近郊のゾムボルン(Somborn)に生まれ，1892-99年 *ローマに学び，1898年司祭叙階．1899年より *フルダで哲学教授，1907年より教理神学，護教論，説教学教授．1905-21年哲学誌『哲学年報』(Philosophisches Jahrbuch)の共同編集者．1921年マイセン(Meißen)の初代司教に任命され，1922-23年カトリック教会経営の学校の保守のために尽くし，1930年より *ベルリンの初代司教．優れた指導者ならびに説教家であるとともに，人々に親しまれる愛情深い人物であった．ベルリンで没す．
【主著】Der Kampf gegen Christentum und Gottesglauben, 1904; Kant und die Gottesbeweise, 1922.
【文献】キ人732；LThK² 9: 483；A. STREHLER, Christian Schreiber (Berlin 1933). (小高毅)

シュラーダー　Schrader, Klemens (1820. 11. 22-1875. 2. 23) ドイツの神学者，イエズス会員．*ヒルデスハイムに近いイッツム(Itzum)に生まれ，ローマのコレギウム・ロマーヌム(現 *グレゴリアナ大学)で *ペローネおよび *パッサリアに師事し，1846年司祭叙階，1948年 *イエズス会入会．1852-57年および1871-72年コレギウム・ロマーヌムの聖書釈義学，教理神学教授，1857-70年 *ウィーン大学，1872-75年ポアティエ大学教授を務める．1852年より聖母マリアの *無原罪の御宿りを宣言するための神学諸問委員を務める．第1 *ヴァティカン公会議の準備委員として『キリストの教会に関する憲章』の第1草案の主な起草者を務める．*ポアティエで没す．
【主著】De unitate Romana, 2 v., 1862-66.
【文献】キ人733；DThC 14: 1576-79；LThK² 9: 482；NCE 12: 1178. (小高毅)

シュラッター　Schlatter, Adolf (1852. 8. 16-1938. 5. 19) スイスの新約学者．*ザンクト・ガレンに生まれ，グライフスヴァルト(Greifswald)，*ベルリン，テュービンゲン(Tübingen)の新約聖書神学の教授を歴任．自然と歴史における神の働きの全現実に向かっていく独自な「観察」をその方法として，新約聖書神学をは

じめ，教義学，倫理学，哲学にわたる広範囲な思想展開をみせた．新約聖書神学では，古代ユダヤ教の研究と各テクストの豊富な研究を通して，結果的には多く伝統を確認する結論に到達している．
【主著】*Erläuterungen zum Neuen Testament*, 3 v., 1887-1904;『シュラッター新約聖書講解』全14巻，別巻1，蓮見和男，登家勝也，池永倫明訳（新教出版社 1976-79）; *Das christliche Dogma*, 1911.
（近藤勝彦）

シュラン Surin, Jean Joseph (1600. 2. 9-1665. 4. 22)
フランスのイエズス会司祭，著述家．*ボルドーで生まれ，同地で没す．パリで*スコラ哲学を学んだ後 1630 年，修練期の 3 年目を司祭 L. *ラルマンの*霊的指導のもとで過ごし，その熱烈な弟子となる．1634 年，枢機卿 *リシュリューによってポアトゥー地方のルダン (Loudun) の *ウルスラ修道会の修道女たちの *悪魔祓いを命じられ，この仕事は 3 年間続いた．繊細なシュランにとって，この試練は耐え難く，以後生涯にわたり *悪魔の影響だと自身がいう精神的障害が続いた．人々は単なる心身の不調と考えたが，彼に賦与されている神秘的な *恩恵の確実性や，著作や書簡から知られる彼の霊的教えの正しさを疑うことはなかった．彼の読者は，徹底的な献身，すべての事柄のなかに神の御旨を探る心，とりわけ *内的生活の価値を人々に教えようとする彼の情熱に感動した．彼はときとして聖なる行為の感覚的効果や恩恵の不思議な現れ方に重点を置きすぎたようである．*静寂主義の時代に *イグナティウス・デ・ロヨラの *霊性を厳密に解釈する人々は，シュランが *観想と *愛に溢れた *祈りに重きを置くことを逸脱の可能性のしるしとみた．シュランが同時代人や *ボシュエや *フェヌロンに支持され，今日でもラルマンと *コーサードの間に位置する，忠実だが独特な，イグナティウスの霊性の重要な証人として認められていることは注目すべき点である．
【主著】*Catéchisme spirituel*, 2 v., 1657-63; *Dialogues spirituels*, 3 v., 1700-1709.
【文献】DThC 14: 2834-42; LThK² 9: 1193; NCE 13: 820-21.
（J. ベジノ）

シュリ Sully, Maximilien de Béthune (1559. 12. 13-1642. 12. 22)
フランスの政治家．*パリの西のロニー・シュール・セーヌ (Rosny-sur-Seine) に生まれ，*シャルトルに近いヴィルボン (Villebon) に没す．貴族の出身．パリのブルゴーニュ学院で学ぶ．フランスの宗教戦争では *ユグノー教徒の陣営にあってブルボン家のアンリ・ド・ナヴァール (Henri de Navarre) に仕えたが，*サン・バルテルミーの虐殺事件では難を逃れた．1581 年には，アンジュー公フランソワ (François, duc d'Anjou, 1554-84) に従ってネーデルラントの争乱に介入，帰国後はナヴァール王の軍に加わり，寵愛を受ける．そのアンリ・ド・ナヴァールが *アンリ 4 世としてフランス王になり，カトリックに改宗した後も，特に財政問題の専門家として王を助けた．1598 年に財務総監 (Surintendant général des Finances) に就任．1610 年にアンリ 4 世が暗殺された後も，有能な行政官として，また軍人として絶対王政を準備したカルヴァン派の指導者である．
（磯見辰典）

シュリアー Schlier, Heinrich (1900. 3. 31-1978. 12. 26)
ドイツの新約聖書学者．ノイブルク (Neuburg) に生まれる．ライプツィヒ大学に学んだ後，*マールブルク大学で *ブルトマンや *ハイデガーに師事，1926 年同大学で神学博士号を取得した．1928-35 年イエナ (Jena)，マールブルク，ヴッパータール (Wuppertal) の各大学で教鞭をとるが，1935 年ナチス（→ナチズム）による迫害のなかで大学を去る．第 2 次世界大戦後の 1945 年ボン大学の新約聖書学，次いで古代教会史の教授を務めた．1927 年より牧師でもあったが，1953 年にカトリックに改宗する．数多くの著書・論文のなかで，新約聖書中のローマ書，ガラテヤ書，エフェソ書の注解書は重要であり，*パウロ神学の研究に寄与した．*ボンで没す．
【文献】キ人 734.
（泉安宏）

ジュリアナ〔ノリッジの〕 Juliana (1342-1420 頃)
イングランドの隠遁者，神秘家．正式に列聖あるいは列福されていないが，*ベネディクト会では聖女とされ，A. *バトラーの『聖人伝』(1756-59) では *福者とされている（祝日 5 月 13 日）．ケンブリッジの北東ノリッジ (Norwich) の聖ジュリアナ聖エドワード聖堂の庵で隠棲生活を送る．生涯についてはほとんど何も知られていないが，同時代のケンプ (Margery Kempe, 1373 頃-1439 以降) の伝えるところによれば，良い忠告を与えることに優れていたという．ジュリアナについて知られていることは，もっぱらその著『神の愛の 16 の啓示』(The Sixteen Revelation of Divine Love) による．これは，彼女が 30 歳のときの 1373 年 5 月 13 日に受けた啓示の記録であり，二つの形で今日に伝わっている．一つは啓示を与えられた直後に書き記したもので，もう一つは 15 年後に彼女自身が書き改めたものである．後者のほうが長く，1670 年にクレシー (Serenus Cressy) によって *パリで刊行された．この書においてジュリアナは，神の愛があたかも母の愛のように，神の創造した一切の *被造物に対して，いかに優しく注がれているか，また罪を犯した者の救いについて悩んでいた彼女に対して，「すべてが良くなる，あらゆるものがすべて良くなる」ことが約束されたことを記している．ジュリアナの素朴な中世英語の文体は愛読されるにふさわしいもので，キリスト教文学の古典のなかで特異な地位を占めている．ジュリアナが *チョーサーや *ラングランド，*ヒルトン，*『不可知の雲』の著者と同時代人であったことは注目に値する．
【著作校訂版】J. WALSH, ed., *Revelations of Divine Love*, 1961; M. L. DEL MASTRO, ed., *The Revelations of Divine Love*, 1994.
（P. ミルワード）

ジュリアーナ・ファルコニエーリ Giuliana Falconieri (1270 頃-1341. 6. 19)
聖人（祝日 6 月 19 日）．*フィレンツェの貴族ファルコニエーリ家出身．*マリアのしもべ修道会の共同創立者の一人であり，彼女の伯父でもあるアレッシオ (Alessio Falconieri, 1310 没，列聖 1888) の指導で，同修道会の *第三会を創立した (1306)．会員は無袖被布修道女（〔伊〕Mantellate）と呼ばれ，厳格な償いの生活を送るとともに，青少年教育，病人看護や貧者の世話に尽くした．1332 年に彼女は同会を律修第三会（〔ラ〕Tertius Ordo Regularis）とした．奇跡による *聖体拝領をすませて臨終を迎えたと伝えられている．1737 年に同じフィレンツェ出身の教皇 *クレメンス 12 世（在位 1730-40）によって列聖された．
【文献】キ人 1218; LThK² 5: 1201; 9: 694-95; NCE 5:

ジュリエンヌ〔リエージュの〕

813.　　　　　　　　　　　　（久松英二）

ジュリエンヌ〔リエージュの〕 Julienne（1192-1258.4.5）　聖人（祝日4月5日）．モン・コルニヨン (Mont-Cornillon) のジュリエンヌとも呼ばれる．5歳で孤児となり，*リエージュ近郊のモン・コルニヨンの*アウグスチノ会で養育される．1207年修道女となり，*アウグスティヌス，ヌルシアの*ベルナルドゥス，その他の教父たちの著作に親しんだ．さらに彼女は，*聖体に対する深い信心をもっていた．1225年には修道院長となる．聖体に対する信心を広める*召命を感じ，神学者，司教（後の教皇*ウルバヌス4世を含む），友人の助言を得て活動を展開し，1246年，リエージュで聖体の祝日が制定されるに至った．

彼女がフォス (Fosses) で没した後，ウルバヌス4世は1264年にこのリエージュの決定を承認し，全教会で祝うべき日としてキリストの聖体の祭日を制定した．
【文献】Cath. 6: 1246-47.　　　　　（J. ベジノ）

ジュリオ　Julliot, Henry Robinson de（1903.6.1-　）　フランスの聖職者，詩人．*アミアンに生まれる．宣教師としてカメルーンに滞在．詩集に『箱船のしろはと』(Colombes d'une Arche, 1942)．『あなたを愛する心について』(D'un cœur qui t'aime, 1961) は，キリストについての感動的な黙想集．（渡邉義愛）

ジュリオ・ロマーノ　Giulio Romano（1499-1546）　イタリアの画家，建築家．本名はジュリオ・ピッピ (Giulio Pippi)．*ローマに生まれ，マントヴァ (Mantova) で没す．*ラファエロのもとで修業し，助手として活躍した．1520年にラファエロが死去した後，後継者として『キリストの変容』（ヴァティカン博物館）やヴァティカン宮殿「コンスタンティヌスの間」のフレスコ画などの未完の作品を完成させている．技巧的で誇張された人体表現，強い明暗対比，複雑な画面構成などが彼の様式の特徴である．建築における代表作はマントヴァのパラッツォ・デル・テであり，マニエリスム建築の最も早い作例と考えられている．
【文献】EWA 12: 557-58; Thieme-Becker 14: 215-19; P. マレー『イタリア・ルネッサンスの建築』長尾重武訳（鹿島出版会1992）159-70.　　　（本間紀子）

シュリック　Schlick, Moritz（1882.4.14-1936.6.22）　*ウィーン学団を指導した哲学者．最初*ベルリン大学でプランク (Max Planck, 1858-1947) について物理学を学び，*マッハ，ヘルムホルツ (Hermann von Helmholtz, 1821-94)，ポアンカレ (Henri Poincaré, 1854-1912) など科学者の思想に親しむ．1922年に*ウィーン大学の哲学教授となったが，当時流行していた*新カント学派の哲学，*フッサールの*現象学などに飽き足らず，これを批判し，むしろ*カルナップや*ヴィトゲンシュタインの新思想に共鳴し，カルナップらと図って1930年代に*論理実証主義の運動を起こす．その運動の最中，学生に撃たれ，不本意の死を遂げる．その哲学は批判的実在論とも経験的実在論とも呼ばれ，現代科学哲学の源流の一つと評価される．　（坂本百大）

ジュリー・ビリヤール　Julie Billiart（1751.7.12-1816.4.8）　聖女（祝日5月13日），修道会創立者．フランス北部のピカルディー地方の小村キュヴィイ (Cuvilly) の貧しい家庭に生まれ，苦しい労働に明け暮れたが，22歳で中風の悪化で脚が不自由になり働けなくなったため，主任司祭の指導のもとで子どもたちの要理教育にあたる．*フランス革命の際には司祭を匿っていると訴えられ，*アミアンに逃れる．同地で指導司祭を得て，1803年孤児院を開設，翌年二人の同僚とともに貞潔の誓願を立て，ノートルダム修道女会 (Sœurs de Notre-Dame) を名のる．1809年讒言のためアミアンから退去するよう司教に命じられナミュール (Namur) に移り，同地の司教の庇護のもとで修道会を再建．以後*ナミュール・ノートルダム修道女会として知られるようになり，ベルギーで発展．ナミュールで没す．1906年列福，1964年列聖．
【文献】BSS 3: 189-90; Cath. 6: 1224-25; マザー・ジョゼフ・ブラン『聖ジュリー・ビリヤートの生涯』松本たま訳（南窓社1987）: MOTHER SAINT JOSEPH, *The Memoirs of Mother Frances Blin de Bourdon*, tr. SISTER MARY GODFREY, ET AL. (Westminster, Md. 1975).　（小高毅）

ジュリー・ポステル　　→　マリー・マドレーヌ・ポステル

ジュリュー　Jurieu, Pierre（1637.12.24-1713.1.11）　フランス*改革派神学者．1681年までセダン (Sedan) の神学教授．追放後ロッテルダム (Rotterdam) の亡命フランス人教会の牧師．*カルヴィニズムを強硬に擁護．1685年*ナント勅令廃止後，王権による良心の圧迫に反駁し，*抵抗権を主張した．神学，教会史，教会政治，一般政治問題に関する著作多数．
【主著】*Lettres pastorales aux fidèles qui gémissent sous la captivité de Babylone*, 3 v., 1686-89; *Les Soupirs de la France esclave*, 1683; *Histoire du Calvinisme et du Papisme*, 2 v., 1683; *L'Accomplissement des prophéties ou la délivrance prochaine de l'Eglise*, 2 v., 1686.
【文献】E. HAAG, *La France Protestant*, 6 (Paris 1846-59) 104-13.　　　　　　　　　（渡辺信夫）

しゅりょうぎれい　狩猟儀礼〔英〕hunting rites, 〔独〕Jagdriten, 〔仏〕rites de chasse
【定義】社会生活を営むのに重要な役割をもち，野生動物を獲得する経済活動と関わる諸儀礼．狩猟・漁撈に依存する狩猟民のみならず，狩猟を補足的経済活動として行う遊牧民や農耕民の儀礼生活においても重要な部分を占める場合がある．
【世界観】狩猟儀礼の世界観においては人間・動物・神霊という3世界の間に明白な分離はなく，一つの世界から別の世界への移動が比較的容易である．特に人間と動物，または動物と神霊の関係は親密であり，神霊が動物の姿をとったり，人間が獣に変身したりすることも不思議とは思われない．したがって獣は食糧源よりも人間の仲間であり，海あるいは陸を支配する神霊の化身であり，さらに家畜でもある．この神霊は獣の主霊（ぬし）や護衛者などで，狩人に獣を授けてくれる．こうした神聖視の獲得に対して儀礼的行為はふさわしい行為とみなされる．沖や山や森林などの一種の非日常界において行われる狩りは儀礼的行為によって日常界から区別されるばかりか，狩り自体が儀礼的活動となる．獣と主霊の世界は人間のそれを鏡のように映し，正反対になっているので，誘惑的魅力をもつ反面，不安感をも与える．
【種類】(1) 禁忌（→ タブー）．狩猟の運・不運は各種禁

忌の厳守にかかっている．狩人は，経血や屍体などに触れたり，陸の獲物と海の獲物の肉を同じ鍋で煮たりしてはならない．狩猟中，獲物にはわからず，仲間のみに通じる隠語，山言葉を使って武器，道具，特にねらった獣を指す．(2) 出猟の儀礼．猟期の開始および猟に出発する際に行う．全共同体または狩人個人で自然の大主あるいは特定猟場の神霊に供犠を捧げ，獣を獲る許しを請い願う．また，仮面舞踊でねらう獣をまねる呪術的儀礼をする．シベリアの諸民族では狩人たちと彼らの武器を出猟前に浄化する儀礼が重視される．(3) 狩猟中の儀礼．野営地に着き，家でとは異なった新しい火をともし，それに*供物を投げ込んだりする．獣の主霊を楽しませるためににぎやかに踊る地方もあれば，逆に厳重な沈黙を守る地方もある．(4) 仕留めの儀礼．獣を仕留めることは仲間を殺害するに等しいと狩人は思っているので，その罪を否認する．したがって獣が事故死したり別な民族に殺されたりしたとして詫びる．また，熊などの大獣が獲れるとその場ですぐ鼻先の一部を切り取り，動物に復讐させないようにする．(5) 狩猟後の儀礼．獲物を客人と同視し，注意深く家内へ迎え入れてもてなすが，獣の強力な魂が後ろからついて来ないように獲物を特別な入口から家屋内に持ち込む．良いもてなしを受けた獲物がいずれ仲間を連れて人間界へ戻ってくると信ずる地方では，狩人は生命が宿るとされる骨に傷をつけないよう，気を配って大事に埋葬することもある．(6) 増殖儀礼．特に自分のトーテム集団の動物が存続し，繁殖するように励む目的でオーストラリアの原住民が行う儀礼は有名である．
【男と女】女性は原則として狩猟に参加しない地方が多いが，猟運には大きな影響を及ぼすと考えられる．シベリアでは，狩人の武器や服に触れたり，家内に持ち込まれる獲物を眺めることさえ女性には許されない．出猟前の狩人は女性に接するのを忌む．また，夫が狩りに出た間，妻が家にこもったり，貞操を守れば狩猟は成功するという観念も広く分布している．
【文献】宗教学辞典 382-83; E. R. サーヴィス『狩猟民』蒲生正男訳（鹿島出版会 1972）: E. R. SERVICE, *The Hunters* (Englewood Cliffs, N.J. 1966); E. ロット・ファルク『シベリアの狩猟儀礼』田中克彦他訳（弘文堂 1980）: E. LOT-FALK, *Les rites de chasse chez les peuples sibériens* (Paris 1953); J. DOURNES, *Forêt, femme, folie* (Paris 1978). （クネヒト・ペトロ）

シュルツェ　Schulze, Gottlob Ernst (1761. 8. 23-1833. 1. 14)　通称エーネシデムス・シュルツェ (Aenesidemus Schulze)．ドイツの懐疑論哲学者．*ヒュームの影響下に，匿名の著『エーネシデムス』(Aenesidemus, 1792) でカント主義者*ラインホルトを批判し，*カントの*実践哲学・道徳神学(*倫理神学)を理性の越権行為，概念操作の独断論と決めつけた．J. G. *フィヒテがシュルツェを反批判して，概念による構成・実践こそが真の現実を作り出すことを主張し，*ドイツ観念論への道が開かれた．
【文献】J. G. FICHTE, *Recension des Aenesidemus*, Fichtes Werke, v. 1, ed. I. H. FICHTE (Berlin 1971) 1-25. （鎌田康男）

シュルテ　Schulte, Johann Friedrich (1827. 4. 23-1914. 12. 19)　ドイツの教会法・教会法史学者．*ヴェストファーレンのヴィンテルベルク (Winterberg) に生まれる．1854 年よりプラハで教会法教授，翌年より 1870 年までドイツ法史の教授を務める．1856-71 年プラハ大司教の顧問ならびに教会法廷の結婚問題弁護士を務めるが，第 1 *ヴァティカン公会議の決定に反対して辞任．以後*復古カトリック教会の指導者となる．1869 年皇帝*フランツ・ヨゼフ 1 世から騎士の位を受ける．1874-79 年ドイツ帝国議会議員．1873-1906 年ボン大学教授．メラン近郊のオーベルマイス (Obermais) で没す．
【主著】*System des allgemeinen katholischen Kirchenrechts*, 1856; *Die Lehre von den Quellen des katholischen Kirchenrechts*, 1860; *Die Geschichte der Quellen und Literatur des kanonischen Rechts von Gratian bis auf die Gegenwart*, 3 v., 1875-80.
【文献】キ人 736; LThK^2 9: 516; NCE 12: 1182. （小高毅）

ジュールネ　Journet, Charles (1891. 1. 26-1975. 4. 15)　スイスのカトリック神学者，枢機卿．*ジュネーヴ近郊のヴェルニエ (Vernier) に生まれ，*フリブールで学び，1917 年司祭叙階．ジュネーヴで助任司祭を務めた後，1924 年よりフリブール大神学校の神学教授．1926 年神学誌『ノヴァ・エト・ヴェテラ』(Nova et Vetera) を創刊，長年その編集にあたる．1946 年，第 2 *ヴァティカン公会議を準備する神学委員会の委員に任命される．1965 年には枢機卿に任命される．多くの著作を公刊．特に*教会論を研究し，父と子と聖霊の働きに基づく教会の本質を明らかにしようとした．
【主著】*L'Eglise du Verbe incarné*, 2 v., 1942-51; *Théologie de l'Eglise*, 1958.
【文献】キ人 737; Cath. 6: 1096-97; DThC Tables 2694. （小高毅）

シュールハンマー　Schurhammer, Georg (1882. 9. 25-1971. 11. 2)　イエズス会員，ザビエル研究家．ドイツ南部のウンテルグロッテルタール (Unterglottertal) に生まれる．1903 年 *イエズス会に入会．修練および哲学課程修了後 1908 年インドへ派遣され，*ボンベイの聖マリア高等学校で教えた．1910 年に健康を害した際，*フランシスコ・ザビエルの遺骸が顕示された*ゴアへ巡礼し，ザビエル伝の執筆を決意した．1912 年に帰国し，ファルケンブルク (Valkenburg) で神学を修め，1914 年司祭叙階．1932 年以降はローマの*イエズス会歴史研究所にあって研究に専念した．ザビエル研究では，1925 年に伝記 (Der heilige Franz Xaver der Apostel von Indien und Japan) を出版したのをはじめとして，数々の論文を発表し，1955-71 年に大著『フランシスコ・ザビエル』全 4 巻 (Franz Xaver: Sein Leben und seine Zeit) を完成させた．ほかに，日本のキリスト教史研究にとって不可欠な L. *フロイス『日本史』第 1 部のドイツ語訳 (Die Geschichte Japans 1549-1578, 1926) やザビエルの書簡集全 2 巻 (Epistolae S. Francisci Xaverii, 1944-45) を刊行し，その他の多くの研究論文は著作集 (Gesammelte Studien, 1962-65) に収められている．
【文献】『キリシタン研究』15（吉川弘文館 1974）; 「シュールハンマー神父追悼号」『キリシタン文化研究会会報』14/3（キリシタン文化研究会 1972）. （尾原悟）

シュールマン　Schürmann, Heinz (1913. 1.

18-1999. 12. 11） ドイツのカトリック新約聖書学者，司祭．ボッフム (Bochum) に生まれ，*パーダーボルンとテュービンゲン (Tübingen) で哲学・神学を学ぶ．1938年司祭叙階後，1946年まで教会司牧．1950年ミュンスター大学から神学博士号取得．1953年以降エルフルト哲学神学大学新約聖書学教授を務めた．この間，第2*ヴァティカン公会議また*教皇庁立聖書委員会の顧問(1965-71)を兼任．編著書は多数．特にルカ研究で著名．晩年の著作に，『ヘルダー新約聖書神学注解』(HThK) のルカ福音書注解 (III/1, 1969, ⁴1990; III/2. 1, 1994) がある．*エルフルトで没す．
【その他の著作】*Gottes Reich-Jesu Geschick*, 1983.
【文献】C.-P. MÄRZ, "Bibliographie Heinz Schürmann seit 1949," *Die Kirche des Anfangs*, ed. R. SCHNACKENBURG, ET AL. (Leipzig 1977) 633-58.　　　（清水宏）

シュレーゲル　Schlegel, Karl Wilhelm Friedrich von　(1772. 3. 10-1829. 1. 12)　ドイツの初期ロマン派を代表する文学者，後にカトリックの著作家．【生涯】*ハノーファーに生まれる．1790年ゲッティンゲン，1791-93年ライプツィヒ大学で法律，古典文献学を学び，哲学や近代文学にも親しむ．翌年ドレスデン (Dresden) に移り古典文学の研究に専念，一連の古代文学史論を執筆する．これらは，「美と芸術の完全な自然誌」であるギリシア文学の歴史を手がかりに文学固有の本質を明らかにしようとする「美学」の試みでもあり，それによると近代文学の課題とは，「自然的教養」に根ざすギリシア文学の「客観的美」に，悟性を指導原理とする近代の美的教養に従って無限に到達しようとすることで，彼のロマン主義文学の理論はこれに基づく．1796年の夏ドレスデンを発ち，途中ヴァイセンフェルス (Weißenfels) でライプツィヒ時代の旧友 *ノヴァーリスと *フィヒテ哲学の共同研究を行った後，*ベルリンに赴き，後に伴侶となるドロテア・ファイト (Dorothea Veit, 1763-1839)，*ティーク，*シュライエルマッハーらと交わる．この間近代文学の研究に向かい，1798年兄アウグスト・ヴィルヘルム (August Wilhelm von Schlegel, 1767-1845) と初期ロマン派の機関誌『アテネウム』(Athenäum) を創刊，宇宙における万有の無限の充溢と全き統一の詩的表現としてのロマン主義文学を鼓吹し，これを，言語表現のすべてのジャンルを統合し無限に理想に近づくべき「進展的総合文学」と呼称，その文学的試みが未完の自伝的小説『ルチンデ』(Lucinde, 1799) である．

1800年8月『アテネウム』の最終号を刊行．その冬学期イェナ大学で先験哲学を講じた後，1802年 *パリに渡り，サンスクリットとインド古代文化の研究，ヨーロッパ文学の講義，思想・文化誌『ヨーロッパ』(Europa, 1803-1805) の発行，中世研究などに従事，*観念論から*キリスト教哲学への道をたどる．1804年 *ケルンに移り，1808年『インド論』(Über Sprache und Weisheit der Indier) を上梓，ドイツにおけるインド学と比較言語学を基礎づける．次いで同年4月妻ドロテアとカトリックに改宗．仏墺戦争の起こった1809年，宮内秘書官としてオーストリア政府のために反ナポレオンの愛国的声明文を執筆し，野戦新聞を発行．また*ウィーンでは執筆・講義『近代史について』(Über die neuere Geschichte, 1811) を通して*ナポレオン・ボナパルトの普遍的王国に，世界主義的理念をも含む「真の帝制」の理想を対置し，その実現の望みをオーストリアに託す．文芸学上の最大の業績『古代・近代文学史』(Geschichte der alten und neuen Literatur, 1811) の講演では文学史の叙述に新たな一頁を開く．1813年 *メッテルニヒの要請でドイツ連邦のための政治的建白書や憲法草案を作成．1815年ローマ教皇から最高勲章を受け，*ウィーン会議に参画後オーストリア代表団参事官として *フランクフルト・アム・マインのドイツ議会に派遣され，1816-17年広報と外交活動にあたる．1819年オーストリア皇帝フランツ (Franz I, 1768-1835) のイタリア旅行に随行後，官職を退く．1820年カトリック的ロマン主義の機関誌『コンコルディア』(Concordia) を創刊，時代の精神的更新に努める．1827-28年ウィーンで生涯の哲学的思索の総括として『生の哲学』(Philosophie des Lebens) と『歴史の哲学』(Philosophie der Geschichte) を講演，さらに同年12月ドレスデンで『言語と言葉の哲学』(Philosophie der Sprache und Wortes) を講じ始めるが，翌年1月，講演原稿の執筆中に心臓発作で急逝.
【意義】従来卓越した文学史家，天才的批評家として，特に青年期の意義が強調されてきたが，第2次世界大戦後ケルナー (Josef Körner, 1888-1950) の遺業を継ぐ新校訂版全集の刊行が進捗するにつれ，観念論から回心を経て知と信の合一に基づく新しい *唯心論の確立を目指すに至る彼の全精神的発展についての理解が深まり，今日のキリスト教的実存主義や政治的新保守主義の先駆として，新たに後期の意義が注目され始めている．
【著作】*Von der Seele*, 1823: 明石裕二訳『霊魂について』（ドン・ボスコ社 1952); *Prosaische Jugendschriften*, ed. J. MINOR, 1882: 山本定祐訳『ロマン派文学論』（冨山房 1978); *Neue philosophische Schriften*, ed. J. KÖRNER, 1935; *Kritische Schriften*, ed. W. RASCH, 1956 ³1971; *Kritische Friedrich-Schlegel-Ausgabe*, ed. E. BEHLER, 1958-.
【文献】J. ジームス「実存哲学の先駆者としてのフリードリヒ・シュレーゲル」『ソフィア』2/3 (1953) 1-24; 2/4 (1953) 42-57; E. ベーラー『Fr. シュレーゲル』安田一郎訳 (理想社 1974): E. BEHLER, *Fr. Schlegel* (Hamburg 1966); 中井千之編「日本における A. W. シュレーゲルと Fr. シュレーゲルに関する文献」『ドイツ文学』68 (1982) 166-74; 富田武正「F. シュレーゲルと政治的ロマン主義」『上智大学ドイツ文学論集』21 (1984) 9-36; L. WIRZ, *Fr. Schlegels philosophische Entwicklung* (Bonn 1939); J. -J. ANSETT, *La pensée religieuse de Fr. Schlegel* (Paris 1942); A. DEMPF, *Der frühe und der späte Fr. Schlegel: Weltordnung und Heilsgeschichte* (Einsiedeln 1958); I. STROHSCHNEIDER-KOHRS, *Die romantische Ironie in Theorie und Gestaltung* (Tübingen 1960); K. K. POLHEIM, *Die Arabeske* (Paderborn 1966); V. DEUBEL, "Die Fr. Schlegel-Forschung 1945-1972," *Deutsche Vierteljahrsschrift für Literaturwissenschaft und Geistesgeschichte*, 47 (Stuttgart 1973) 48-181; K. BEHRENS, *Fr. Schlegels Geschichtsphilosophie, 1794-1808* (Tübingen 1984).　　　（富田武正）

シュレージエン　→　シレジア

シュレーダー　Schröder, Rudolf Alexander　(1878. 1. 26-1962. 8. 22)　ドイツの詩人，作家．ブレーメン (Bremen) に生まれる．建築家を志すが，ボルヒャルト (Rudolf Borchardt, 1877-1945)，*ホフマンス

タール，*リルケと出会い，詩人としての自覚を深めた．インゼル書店の土台となる文芸誌『島』(Die Insel)創刊にも協力する(1899)．処女詩集『不満』(Unmut, 1899)を発表して後，第1次世界大戦を境にしてプロテスタントの信仰に根ざした文学活動を開始した．初期の憂愁に満ちた作風から一転して宗教的確信に立脚した内省的な姿勢が認められるのは詩集『人生の半ば』(Mitte des Lebens, 1930)以降である．オード，ソネット，エレジー，バラードといった古典的な手法で表現される彼の作品には，唯美的傾向とキリスト教的内面性との緊張感が漂う．賛美歌として収められた詩もあり，論考『教会と賛美』(Die Kirche und ihr Lied, 1937)では信仰の源泉としての詩の存在を強調した．第2次世界大戦では*告白教会の一員として信仰を守った．カトリック詩人をも協力者に数えるプロテスタント文芸誌『エッカルト』(Eckart, 1924-43)を中心とする交流は，人文主義の伝統に培われたヨーロッパ文化を継承させていくべき詩人の責任を再確認させたといえる．ルター神学に裏打ちされた罪，恩寵，そして終末に寄せる思いが『世俗詩集』(Die weltlichen Gedichte, 1940)および『宗教詩集』(Die geistlichen Gedichte, 1949)を貫き，信仰告白としての詩を結晶させている．ギリシア古典，*シェイクスピア，*ラシーヌ等の名訳でも知られる．バート・ヴィースゼー(Bad Wiessee)で死去．
【主著】*Gesammelte Werke*, 8 v., 1952-65.
【文献】RGG³ 5: 1546-48; *Der Literatur Brockhaus*, v. 3 (Mannheim 1988) 324-25; H. LÖLKES, *R. A. Schröder* (Stuttgart 1983).
(富田裕)

シュレック　Schröckh, Johann Matthias (1733. 7. 26-1808. 8. 2) プロテスタントの教会史家．*ウィーンに生まれる．*モスハイムに師事．1762年より*ライプツィヒで助教授，1767年より*ヴィッテンベルクで文学，1775年より歴史学教授を務め，同地で没す．主著『キリスト教教会史』(Christliche Kirchengeschichte, 1768-1812)は45巻に及ぶ大著．初期3世紀の間，純粋に保たれていたキリスト教は，*ローマ帝国の公認に伴い，教理化ならびに儀式化されたことで純粋さを失ったが，*宗教改革によって刷新されたとする．ほかに『宗教とキリスト教会の歴史』(Historia religionis ecclesiae christianae adumbrata in usum lectionum, 1777)等の著作がある．
【文献】キ人 738; LThK² 9: 496.
(小高毅)

シュレッテ　Schlette, Heinz-Robert (1931. 7. 28-) ドイツの哲学者．ライン河畔のヴェーゼル(Wesel)の生まれ．哲学・神学の博士号取得後，1964年教授資格獲得．1960年代から70年代初め，他宗教の神学に関する著作によって知られるようになった．その主要な考え方は，キリスト教を通常な道(〔ラ〕via ordinaria)とし，他宗教にもし*救いがあれば，それは特別な道(via extraordinaria)とする従来の考え方を逆転させて，人類の大半が属す他宗教を通常の道とし，キリスト教を特別な道とするものであった．
【主著】*Die Religionen als Thema der Theologie: Überlegungen zur einer "Theologie der Religionen,"* 1964.
(高柳俊一)

シュレールス　Schrörs, Heinrich (1852. 11. 26-1928. 11. 6) ドイツの教会史家．クレーフェルト(Krefeld)に生まれ，1877年司祭叙階．1880年にランスの*ヒンクマルスに関する論文で博士号取得．1885年*フライブルク大学で教会法を講じ，1886年にボン大学教会史教授となる．1904-26年にライン川下流域歴史学会の会長を務める．*近代主義の嫌疑をかけられたが，改革と反動の中道を歩む．*ボンで没す．
【主著】*Kirche und Wissenschaft*, 1907; *Gedanken über zeitgemäße Erziehung und Bildung der Geistlichen*, 1910; *Die Kölner Wirren 1837*, 1927.
【文献】キ人 737-38; LThK² 9: 497; MEL 21: 284.
(小高毅)

しゅろ　棕櫚 青々と葉を茂らせる力強い棕櫚(なつめやし)は古代から勝利と生命の象徴とみなされてきたが，キリスト教もこの伝統を受け継ぎ，棕櫚の木を*天国の木とみなし，その葉をキリストの死に対する勝利の象徴として用いた．*殉教者たちも彼らが死に打ち勝ったことの印として，殉教具に加えてこの葉を持って表されることが多い(関連する記述は黙示録7章9節にある)．代表的作例として，*ラヴェンナのサンタポリナーレ・ヌオヴォ聖堂の身廊側壁モザイク(殉教聖人や聖女たちの行列)がある．「聖母への死のお告げ」の場面に*天使が天国の象徴としてこの枝を持つこともある．*エルサレム入城の場面には，聖書の記述に従って人々は棕櫚の葉を持ってキリストを迎える情景が表される(この日は枝の主日と呼ばれる．→受難の主日)．*エジプトへの避難の途上で，*聖家族に果実を食べ物として供するために，枝を差し伸べたと言い伝えられる樹木も棕櫚である．雅歌の一節(7: 8)に基づいて，*無原罪の御宿りなどの図像には聖母*マリアの象徴として表される．
(荒木成子)

ジュワイニー　al-Djuwaynī, Imām al-Haramayn Abu 'l-Maʿālī (1028-1085) イスラムのアシュアリー派神学者．*メッカとメディナ(Medina)で教鞭をとったので『二大聖地の師』(イマーム・アル・ハラマイン)の称号を受ける．晩年は故郷ニーシャープール(Nīshāpūr)のニザーミーヤ学院で教える．方法的には哲学の影響を受けた新しい傾向を代表する神学者だが，内容的にはバーキッラーニー(al-Bāḳllānī, 403頃没)や*アシュアリーの議論を踏襲している．また世界の永遠性などの哲学者の説を神学の立場から批判しているが，まだ哲学に対する理解が充分ではなく，神学による本格的な哲学批判は彼の弟子である*ガザーリーを待たねばならない．代表作に『信仰の原理に関する正しい導きの書』『神学大全』などがある．
(竹下政孝)

シュンエイスアクトイ 〔ギ〕syneisaktoi, 〔ラ〕subintroductae 初代教会において*聖職者や*修道者と生活を共にした未亡人・未婚女性を指す言葉で，いわば霊的結婚生活を営んだ女性たちをいう．すでに*『ヘルマスの牧者』(2世紀中頃)の「第九の譬え」の背景にこうした生活形態の存在が予想されるが，3世紀以来，*アンティオケイアや*コンスタンティノポリスを中心にかなり広まっていた．カルタゴの*キプリアヌスや*ヨアンネス・クリュソストモスはこれを危険視して非難し，さらに*エルビラ教会会議(306頃)，*アンキュラでの教会会議(314)および第1*ニカイア公会議(325)はこれを正式に禁止したが，完全な根絶には至らず，5世

じゅんきょう

紀にはアイルランドの *修道生活にも知られていたようである．これに類するものに *男女併存修道院がある．
【文献】LThK² 9: 1229-31; ODCC² 1319.　（久松英二）

じゅんきょう　殉教　〔ギ〕martyrion, 〔ラ〕martyrium, 〔英〕martyrdom, 〔独〕Martyrium, Märtyrertum, 〔仏〕martyre

【概念】新しい宗教，宗派が布教される場合，受容の過程で何らかのそれへの抵抗，反動が起こるのがつねである．多くの場合，権力者の側からの新教団への弾圧，迫害が起こり，そのために *信仰を固持しようとする信徒は受難し，ときには処刑される．それらの人々を単なる布教（→ 宣教）の犠牲者とみず，「信仰の証人」（〔ラ〕martyr, 〔ア〕shahīd）として積極的に評価してきたのが *キリスト教と *イスラム教である．キリスト教にとり，この *証しは歴史上，*正統信仰の真理，道徳を守るために自らの意志で生命を捧げた人々の行為を示す重要な概念となった．語源は *新約聖書にみいだされるギリシア語動詞 martyrein（証しする），名詞 martyrion（証言），martys（証人）で，日本語の「殉教」「殉教者」は近年の対訳造語であり，*キリシタンはポルトガル語のままマルチリヨ，マルチルと呼んだ．

【新約聖書と殉教】新約聖書にみいだされる「証し」が *迫害，受難と関係するのはマタイ福音書 10 章 18 節等の予告，使徒言行録 22 章 20 節の *ステファノの殉教への言及，黙示録 11 章 3 節等の暗示である．しかし *初代教会以降，信徒は厳しい迫害と殉教の運命に遭遇して，それへの教えと慰めとなる福音書のイエスの言葉を探し求め，マタイ福音書 10 章 16-23 節を迫害の予告，マルコ福音書 8 章 34-38 節（および並行箇所）の「わたしの後に従いたい者は，自分を捨て，自分の十字架を背負って，わたしに従いなさい．……わたしのため，また福音のために命を失う者は，それを救うのである」をキリストの *受難の模倣と殉教の要請であると理解した（オリゲネス『殉教の勧め』12）．また黙示録 1 章 5 節と 3 章 14 節の「誠実で真実な証人」から，イエスを最初の殉教者とする考えも広まった．だが，マルコ福音書 8 章 34-38 節が説く命（魂，プシケー）は，人間をヘレニズム的に魂・肉体二分説で理解しておらず，イエスの模倣は十字架の模倣であり，またイエスの真の弟子となることは自己放棄と死の覚悟を要求する厳しい決断で，その結果，全く新たな命が生まれることを説いている．イエスの言葉には具体的な殉教の命令はみいだされないが，弟子たちの多くは殉教死した．

【旧約聖書，古代ユダヤ教文書と殉教】*旧約聖書では，「証し」（〔ヘ〕ʿēdāh）と殉教との直接関係はみいだせない．しかし迫害，圧迫に屈せず神の言葉を伝えた *預言者たちの苦難と死が，後のキリスト教殉教者の具体的模範となったことは重要である．特に道徳の擁護のために命を奪われた洗礼者 *ヨハネは，イエスの受難の先駆けとして理解された．とりわけ古代教会の殉教者像形成に深い影響を与えたのは，マカバイ記 2，そして「敬虔な理性は情念を支配するか」のストア的設問を展開した偽典『第 4 マカバイ記』の両書に登場する義人エレアザルと，勇敢な 7 人の兄弟とその母の殉教記事である．

【キリスト教殉教観の発生と展開】キリスト教殉教観は国家公認までの殉教教会時代と，国教化以降から現在までの 2 期に分けて形成された．

〔キリスト教公認以前〕313 年の *ローマ帝国によるキリスト教公認まで 250 年余の第 1 期にキリスト教は非公認宗教（〔ラ〕religio illicita）としてローマ帝国から弾劾された．カイサレイアの *エウセビオスが『教会史』で書き連ねたように，この時代は実際に迫害と殉教に彩られ，他方，テルトゥリアヌスの「キリスト教徒の血は種子である」（『護教論』50, 13）の言葉通り，狂信行為とみられた殉教が実は異教徒を最大限に魅了して，信徒の急増，国教化への道を開いた．神と隣人への愛と和合を説くキリスト教のなかで激しい殉教思想が急速に発展したのは，帝国権力と各地の教会が直接出会うことになった使徒後の時代からで，その動機は二つあげられる．その第一は，*スキリウムの殉教者の記録や『リヨンの殉教』のような初期の裁判（殉教）記録，*殉教録が伝えているように，逮捕，棄教勧告に屈せず，信徒が示した勇気ある「信仰告白」（〔ギ〕homologia）であり，*プリニウスと *トラヤヌス帝の往復書簡（110 頃）が語るように，犯した行為のためではなく，キリスト教徒であるという「名前自体」（〔ラ〕nomen ipsum）が処刑または鉱山での強制労働の理由となった点である．この事態は，はかない現世での一時の苦しみを忍耐して，殉教という *血の洗礼によって獲得できるすべての罪の無条件の赦し，天国の栄冠を手にしようとする，信徒の熱烈な殉教志願を誘った．第二の動機は，古代地中海世界を支配したヘレニズム思想の理想的死生観の影響である．そこでは善のために決断して命を捨てることが人間の最高の倫理として評価された．*ソクラテスのように，賢者が尊厳と不動の心（*アパテイア）で美しく死ぬことは，刑死であっても，完全な自由死であった．初期の殉教録は，死を恐れぬ *信仰告白，*救いの確信とともに，*ストア学派の人間観，死生観を色濃く反映した，平静な魂をもつ理想的キリスト教殉教者像を描いている．他方，霊のキリストのみを信じ，肉体のイエスを否定した *グノーシス主義の多くが，キリストの十字架の模倣と殉教を無意味だとして拒否したことは注目に値する．

〔キリスト教公認以降〕この第 2 期では，ヨーロッパの拡大による辺境，新世界への精力的宣教，*宗教改革，教会と国家の抗争など，キリスト教はこれまでなかった内外の局面を迎え，そのため古代の伝統的殉教の概念と条件が崩れ，しだいに新たな形の「信仰の証人」が誕生するようになった．まず公認後，殉教者崇敬が沸き起こり，続く *聖人崇敬とともに，彼らに交わりと神への取り次ぎを願うようになった．近世になると，キリスト教社会で育った多くの信徒は，敬虔な信心生活のなかでキリストの受難，古代の殉教者への思いを募らせ，かなわ

シルミウムのアナスタシアの殉教
(Biblioteca Vaticana)

ぬ殉教への追体験の願いが彼らの心の戦いとして，高く評価された．アッシジの*フランチェスコ以来，こうした信徒の自立的信仰運動が高まり，16世紀以降の日本のキリシタンにも伝えられたが，それはキリストの十字架と古代の殉教をより美的，感傷的なものに変形した．ただ，キリシタンはそうした近世的殉教理解をそのまま実現し，棄教で魂を失うか，殉教で永遠の救いを獲得するかの二者択一のなかで，実際に古代に匹敵する殉教者を生み出し，世界を驚かせた．このような宣教の新世界で，宣教師たちは殉教が与えてくれる完全な救いに励まされて，命を惜しまず辺境に赴いたのである．

ジャン・ド・ブレブーフのカナダでの殉教
(タンネル『イエズス会殉教録』)

【殉教の神学】古代*教父の殉教論の著作は稀である．カルタゴのテルトゥリアヌスは『殉教者たちへ』(197頃)，『迫害時の逃亡について』(212)を残したが，前者は回心後の著作で，獄中で処刑を待つ信仰告白者を温かく慰め，勝利の日まで勇気と忍耐をもって試練に耐えるようにと諭す．後者は晩年過激な*モンタノス派に転じてからの作品で，迫害は*神の意志による信仰の試みであり，絶対に回避してはならぬと断言する．*オリゲネスは獄中のカイサレイアの二人の聖職者のために『殉教の勧め』(235)を書き送った．聖書の言葉を駆使して勇気と慰めを与えるこの書は，彼の少年期からの殉教への熱望と敬虔思想をよく反映している．他方，110年頃ローマで殉教したアンティオケイアの*イグナティオスは，7書簡で自らの殉教の心情を心を傾けて綴り，キリスト教殉教観の原型を後世に残した．殉教の目的は神への到達と一致であり(→神との一致)，*受肉，受難，復活したイエス・キリストの弟子になることである．それは孤独な道ではなく，信仰の兄弟の祈りと支援，正統教会，*司教，*聖職者との一致，具体的には聖体祭儀(*エウカリスティア)を通してのキリストとの一致を条件とする．そして殉教は神の恵みと慈しみにより，時が満ちて初めて完成する神と人の相互協力の結実である(→カイロス)．彼は殉教の骨太い基本構造を明らかにした．個人の自殺的殉教は*『ポリュカルポス殉教記』(4章)以後，明白に拒絶されている．

【殉教と棄教】3世紀以後信徒数が急増し，教会はローマ帝国内の陰の帝国として脅威を与えるほど組織化され，信徒の*世俗化も進んだ．*デキウス帝以後，全帝国規模の迫害が始まった．迫害は通常ごく短く，その間には信徒は平和な生活を送ったので，迫害が再開すると多くが簡単に棄教した．古代殉教者は合わせて10万人以下と推測され(日本の殉教者は*ラウレスによると4,045人)，カルタゴの司教*キプリアヌスが『背教者について』(251)で述べたように，多数の棄教した兄弟を迫害後どう受け入れるかが教会の新たな課題になった．彼にとり迫害は権力者の不当行為のみでなく，平和に酔いしれ，堕落した聖職者や信徒たちの信仰を揺り起こす神の試験，深遠な計画である．この視点から迫害は*歴史神学のなかで改めて内省され，殉教を迫害への唯一の応答，魂の生か死かの二者択一の機会だとする狭い解釈から解放した．キリシタンの迫害と殉教においても，同様な視点からの考察と理解が可能である．

【現代と殉教】現代の先進世界においては，宗教的殉教が人々の共感を呼ぶことは少ない．それに代わって自己の信念，思想，人権擁護などのために命を奪われた英雄的人々が，キリスト教徒，他教徒，無神論者を問わず殉教者と呼ばれることが多い．それは近世以来の*啓蒙思想のもとでの個人の*自由の神聖化の結果といえよう．教会は*アウグスティヌスの提唱，「殉教者は，彼らが受けた刑罰(死罪)によってではなく，彼らに与えられた訴因によって成立する」(『書簡』89, 2)を重視してきた．伝統的殉教は*天国の栄冠の獲得のための積極的信仰行動で，地上の権力に対する無抵抗の死によって神への限りない愛の証しとなり，真の命とは何なのかを問いかけてきた．だが，その陰で，殉教は極端に美化され，殉教者自体がときには神格化され，現世の平和と幸福を獲得するための苦しい戦いが軽視されたことも否定できない．逆に，現代では地上の平和こそが最も尊重され，*宗教，*イデオロギーの違いの克服が要求されている．信仰告白，道徳の擁護が受難の主原因となることは稀である．ナチス・ドイツの強制収容所で死去した*マクシミリアン・マリア・コルベ，*ボンヘッファー，独裁政権下で処刑された信徒などを伝統的殉教者であると即決することは困難であろう．逆に，植民地拡大のための近世西欧諸国の侵略政策と協力した布教活動のもとで，原住民の怒りを買って虐殺された宣教師の場合も同様である．だが，価値観の多様化や世俗化への時代変化にもかかわらず，自らの命を捧げる「殉教」という言葉はなお，現在の我々の心に迫り，訴え続ける，人間の本質に触れるものをもっている．

【文献】キプリアヌス『偉大なる忍耐・書簡集』熊谷賢二訳(創文社1965); 弓削達『ローマ皇帝礼拝とキリスト教迫害』(日本基督教団出版局1984); オリゲネス『祈りについて・殉教の勧め』小高毅訳(創文社1985); H. F. VON CAMPENHAUSEN, *Die Idee des Martyriums in der alten Kirche* (Göttingen 1936); W. H. C. FREND, *Martyrdom and Persecution in the Early Church* (Oxford 1965); D. WENDEBOURG, "Das Martyrium in der Alten Kirche als ethisches Problem," ZKG 98 (1987) 295-320.

(佐藤吉昭)

じゅんきょうきろく

ジャノネの日本での殉教（タンネル『イエズス会殉教録』）

【キリシタンの殉教】キリシタン時代にはポルトガル語のままマルチリヨ（Martyrio），マルチル（Martir）と呼ばれて「丸血留」などの字をあてた．宣教師たちは宣教の初めから *説教を通して早くも殉教への覚悟をキリシタンたちに教えた．また，1590年（天正18）に活字印刷機が到来すると，早くからできあがっていた聖人伝の *『サントスの御作業』をまとめて1591年に刊行し，また殉教の意義や偉大さを内容とする *『ヒデスの導師』や『マルチリヨの勧め』，*『マルチリヨの心得』および *『マルチリヨの鑑』などいわゆる殉教文学と呼ばれる諸書を出版した．したがって迫害時代に入るまでにキリシタンたちの間ではかなりよく殉教の精神が養われていたといえよう．キリシタン時代には長崎の *日本26聖人をはじめ数多くの殉教者を出し，その数については詳しい統計がないので異なった説があるが，ラウレスは4,045人としている．殉教は死を甘んじて受けることから *島原の乱の犠牲者，また信仰や道徳のためであるので *小西行長のように政治的な理由で処刑された者は殉教者としては数えられていない．
【文献】H. チースリク「殉教の精神」『キリシタン文化研究会会報』11/1 (1968) 1-10; J. LAURES, "Die Zahl der Christen und Martyer in allen Japan," *Monumenta Nipponica*, 7 (1951) 84-101. （尾原悟）

じゅんきょうきろく　殉教記録　〔ラ〕acta martyrum,〔英〕acts of martyrs,〔独〕Martyrerakten,〔仏〕actes des martyrs

【概念】殉教記録という語は一般に *殉教録あるいは殉教者行伝と類語的に用いられているが，狭義の殉教記録とは，最初の数世紀の迫害期（→迫害）における対キリスト教徒訴訟についての報告をいう．時代的には *ローマ帝国内での4世紀初頭までのものと，帝国外，特にペルシア帝国での6世紀までのものとの2期に限定される．史料として信頼できるものの，*殉教者に関する書簡での言及や殉教者一覧にみいだされるような非常に短い情報は，内容的に殉教記録とはいえず，したがって後代の伝説的な付加物語が殉教記録に含まれないことは論をまたない．

殉教記録は次の3種に大別できる．(1) 裁判記録．後世の付加はわずかであることが多い．(2) キリスト教徒の裁判の目撃者の報告．多くの場合，尋問が逐語的に引用されている．(3) 第三者による *殉教の報告．目撃者の報告や信頼できる文書に基づくものである．
【成立】殉教記録に関する次の二つの見解は受け入れ難い．第一は，殉教記録は単に異教徒の殉教記録，いわゆる『傑出した人々の死について』（Exitus illustrium virorum）の模倣にすぎないとする説である．ちなみに『傑出した人々の死について』は *アレクサンドリアから得られた，*カリグラから *ドミティアヌスまでの暴君皇帝のもとで例えば哲学者などの体制敵対者に対する訴訟についての報告である．第二は殉教記録結集に際して，*ローマの司教である *教皇が率先して指示を下したとする説であるが，これも却下すべきである．

*『リベル・ポンティフィカーリス』（教皇の年代記）は殉教記録に関する決定を下した3人の教皇について述べている．*クレメンス1世はローマを七つに区分し，それぞれに書記（〔ラ〕notarius）を定め，各区から殉教記録を集めさせたといわれる．また，*アンテルスは特別な記録集を作成し，*ファビアヌスは最終的に7人の *助祭を任命して書記の仕事の監督にあたらせたとあるが，これらはすべて史実ではない．それはほかならぬローマ起源の殉教記録が存在しないという事実から明白である．

殉教記録の作成と結集の一般的理由は，おそらく，キリスト者共同体の傑出した成員記録を保持したいという願いである．殉教はキリストの模倣の最高形態であるため，殉教者は模倣に値する範例となる．それに加えて，聖書のなかにもキリストの *受難と最初の殉教者 *ステファノの死の報告（使6-7章）がみいだされる．

それに対して，*典礼での用いられ方は地域によってさまざまであった．すなわち，一方では *キプリアヌスが *カルタゴの長老と助祭に宛てた手紙（『書簡集』12, 2）にその証言を求めることができる．その手紙は殉教者たちを記念して祝うために，彼らの死の日を堅持するよう要請するものである．また，393年の *カルタゴ教会会議では，例年の祝祭で『殉教者たちの受難』（Passiones martyrum）を読んで差し支えないとの指示がなされている．他方，いわゆる *『ゲラシウス教令』は『聖なる殉教者たちの偉業』（Gesta sanctorum martyrum）を私的に読むことは許されるが，執筆者が不明であるため，聖なるローマ教会の古い習慣に従って公的な礼拝で読むことはないと定めている（DS 353参照）．
【神学的意義】殉教記録は古代の教会にとって，記念祭での使用の際，殉教者たちが真理のために生命を捨てたという護教的論拠として特に重要であった．現在では，記録中に含まれている *信仰告白を通して，神学者とは異なる素朴なキリスト教徒の信仰の証人となっているため，*教理史において高い評価を有している．
【現存する殉教記録】現存する真正な殉教記録を列挙する場合，多くの殉教記録に手が加えられており，歴史的に信頼できる箇所と並んで文学的潤色も含まれている点を理解しておかなければならない．これら殉教記録のな

じゅんきょうしゃ　殉教者　〔ギ〕martys, 〔ラ・英・仏〕martyr, 〔独〕Märtyrer

【語義】ギリシア語 martys は，元来は裁判での証人を意味していたが(マコ 14: 63; マタ 18: 16; 26: 65 等)，初期キリスト教では，イエスの生涯と *受難・*復活・*昇天を実見してイエスがキリストであると証言する「証人」を意味し，したがってイエスの *弟子たちがまずそれに該当した(使 1: 8, 22; 2: 32; 3: 15; 5: 32 等)．また，神の経綸(*オイコノミア)の証明者をも含意するときがあり，この場合キリスト自身もそう呼ばれている(黙 1: 5; 1 テモ 6: 13)．その後一般的には，自己の信条に忠実に行動し，そのため国家権力などの外的迫害によって生命を捧げた人を指すようにもなった．したがって，宗教的・政治的信条が異なる立場からすれば，一方の視点で被迫害者集団であったものが，同時に他集団を *迫害することによって殉教者を生み出していることにもなる．キリスト教の歴史もそういう面を払拭できない．

【歴史的背景】通常「殉教」とは，2 世紀後半頃から，死をもってイエスがキリストであることを証明した人々を指す．厳密には，殉教者は教えのために投獄中や拷問によって絶命し，その事実が *司教によって認定された者だけを意味する(致命殉教者，〔ラ〕martyres vindicati．ただし，ローマ・カトリック教会においては，17 世紀以降この権限は *教皇の専断事項となった)．また教理研

かからどれを真正なものに数えるかは，個々の研究者の裁量に委ねられているのが現状である．このような状況を踏まえたうえで，おおよその年代順に殉教記録をあげたのが別掲の表である．

【史料集】最も重要な近代の殉教記録選集は *ルイナールが編集したもので，18-19 世紀に主要各国語に翻訳された (Acta primorum martyrum sincera et selecta, 1689)．そのほか次のような書がある．R. KNOPF, G. KRÜGER, eds., *Ausgewälte Märtyrerakten* (Tübingen ³1929); D. R. BUENO, *Actas de los Martires, Texto bilingue* (Madrid 1951); H. MUSURILLO, *The Acts of the Christian Martyres, Text and Translation* (Oxford 1972).

【文献】DACL 1: 373-446; DThC 1: 320-34; LThK² 7: 133-34; NCE 1: 106-108; Quasten 1: 176-84; Altaner 192-97; Harnack L 1: 807-34; 2: 463-82; I. ORTIZ DE URBINA, *Patrologia syriaca* (Romae 1958) 180-86; G. A. BISBEE, *Pre-Decian Acts of Martyrs and Commentarii* (Philadelphia 1988); H. DELEHAYE, *Les passiones des martyrs et les genres littéraires* (Bruxelles 1921 ²1966); M. SIMONETTI, "Qualche osservazione a proposito dell'origine degli Atti dei martiri," REAug 2 (1956) 39-57; A. HAMMAN, *Die dogmatische Bedeutung der Martyrerakten*, ThGl 45 (1955) 35-43.　　　　(豊田浩志)

殉教記録

殉教者	殉教地	年代
*ポリュカルポス	スミュルナ	156
*ユスティノスとその仲間	ローマ	165
*カルポス，パピュロスとアガトニケ	ペルガモン	170頃
ルグドゥヌム(リヨン)の殉教者	ルグドゥヌム	177-78
*スキリウムの殉教者	スキリウム(ヌミディア)	180
*ペルペトゥアとフェリキタスとその仲間	カルタゴ	202/203
アカティオス	小アジア(ピシディアのアンティオケイア?)	250
*ピオニオス	スミュルナ	250
*キプリアヌス	カルタゴ	258
*マリアヌスとヤコブス	キルタ(ヌミディア)	259
*フルクトゥオスス，アウグリウスとその仲間	タラゴナ	259
*モンタヌス，ルキウスとその仲間	カルタゴ	259
マクシミリアヌス	テベステ(ヌミディア)	259
*マルケルス	タンジール	298
カッシアヌス	イモラ	303
フェリクス(→フェリクスとアダウクトゥス)	ティビウカ(北アフリカ)	303
*ダシウス	ドロストルム(下モエシア)	303
*サトゥルニヌス，ダティウスとその仲間	アビティナ(北アフリカ)	304
クリスピナ	テベステ(北アフリカ)	304
ティパシウス	ティガウア(北アフリカ)	304
エウプルス	シチリア	304
エイレナイオス	シルミウム(パンノニア)	304
兵士ユリウス	ドロストルム(下モエシア)	304
*フロリアヌス(ノリクムの)	ロルヒ(シュヴァーベン)	304
*ポリオ	キバエラ(パンノニア)	304
*フィリッポス	ヘラクレイア(トラキア)	304
アガペ，キオニア，イレネ	テサロニケ(マケドニア)	304
クラウディウス，アステリウス，ネオン	アエゲア(キリキア)	304
*クイリヌス(シーサクの)	シスキア(パンノニア)	304
*フィレアス(とフィロロモス)	アレクサンドリア	306
*ルキアノス，マルキアノスとその仲間	アンティオケイア	312

究段階の*求道者や*洗礼志願者も自分の血で洗礼されたと判断された(*血の洗礼). しかし, このような厳密な意味で後代において認定された殉教者は, 実際の殉教者のごく一部でしかないし, そもそも殉教者認定には後述のような微妙な問題も存在していて, 問題は簡単ではない. さらに, 上述の規定はカトリックに固有のものであって, プロテスタントにそのような公認規定はない.

また古くは, 同じ受難者でも, 単に拷問を受けただけの者, 鉱山労働や追放処分に服役した者で, 死を免れた場合すら殉教者と呼ばれた例が多々あったし(*テルトゥリアヌス『殉教者たちへ』1 より「未遂殉教者」martyres designati; *キプリアヌス『書簡集』10, 1 より「追放者」extorres), 信者から*聖職者以上に崇敬されもしたので, 借金の帳消しをもくろんでキリスト教信仰を公言して官憲に出頭する者や, 背教者(→背教)や贖罪者へ口頭ないし書面で代願の労をとる際に, 金銭を要求する者すら現れて, 信者間に混乱を招いたために彼らは「*証聖者」(confessor)と呼ばれて区別されるようになった. 逆に, 4世紀初頭には殉教者が証聖者と呼ばれることもまれでなかった.

殉教者の数はしばしば論議の対象とされてきたが, 今となっては正確な数は把握し難いといわねばならない. 少なくとも, 紀元1世紀から3世紀中葉において, 信憑性のある*殉教記録(acta martyrum)や*殉教録(martyrologium)に根拠を置くかぎり, その数はどう見積もってもごく少数であった. いわゆる「大迫害」時代とされる皇帝*ディオクレティアヌスの時代以降においてすら, 史料上に出てくる数は全体で300名程度のものであり, 実名の列挙となるとさらに少数となる. 『ローマ殉教録』(Martyrologium Romanum, 1583)が記載する, ローマだけで1万3,800余名という数など, とうてい承服できるものではない. また, *カタコンベに埋葬されているのはすべて殉教者であるというのも巷間の俗説にすぎない.

むしろすでにこの時期に看過し難い微妙な諸問題が生じていたことに注意を払うべきであろう. その一つがいわゆる「自発的殉教者」の問題である. すなわち, 民衆からの告発や官憲の探索の結果, 逮捕・審判・処刑されるのではなく, 自ら出頭して信者であると公言し処刑された者たちである. ある研究者の算定では, カイサレイアの*エウセビオスの『パレスチナの殉教者たちについて』が記録する「大迫害」期の処刑者91名中, 明確に自発的な逮捕を望んだ者は31名を数えている. 史料提供者のエウセビオスは, この自滅型の人々をも殉教者に加えて少しも怪しんでいない. 興味深い事例である.

第二の問題は, 教会が現実政治と深く関わり出すとともに, その活動が単純に宗教的局面のみに限定できなくなったことである. 為政者にとって教会活動の背後に一定の政治勢力の存在を想定することは当然の認識となったので, 例えば, 4世紀中葉にササン朝ペルシアの*シャープール2世が1万6,000のキリスト教徒を処刑したと伝えられるのも, キリスト教徒がペルシア当局によってキリスト教ローマ帝国の内通者と映ったからにほかならない.

この傾向は, キリスト教が支配権力の補完システムになる中世ヨーロッパにおいて, 一層顕著となる. 純粋な教理問題においてすら, 種々の*分派・*異端が弾圧を受け, 多くの処罰者を出した. これも立場こそ違え殉教者に違いはない(もちろん, 司教や教皇は認定しないが). *十字軍運動は, 共に*ユダヤ教から発し, 殉教理念も共有している*イスラム教との戦争であった. *聖戦に殉教者はつきものである. *宗教改革以降の状況はさらに深刻になる. カトリック側からすれば, 特にイギリス, オランダで, プロテスタント側からすればフランス, スペインなどで多くの犠牲者を出した. その後の政治的変革期(*フランス革命やロシア革命など)でも, 教会が政治と連動していると認識されるかぎり, 多数の犠牲者が出ずにはすまなかったのである(→フランス革命時の殉教者).

ヨーロッパ以外の地への宣教においても, 無数の宣教師, 修道女, 信徒が血を流している. 現在においてすら, 政治的紛争地では恰好の標的とされていて, 犠牲者は絶えることがない.

【文献】E. R. ドッズ『不安の時代における異教とキリスト教』井谷嘉男訳(日本基督教団出版局 1981): E. R. DODDS, Pagan and Christian in an Age of Anxiety (Cambridge 1965); 弓削達『ローマ皇帝礼拝とキリスト教徒迫害』(日本基督教団出版局 1984); R. L. ウィルケン『ローマ人が見たキリスト教』三小田敏雄他訳(ヨルダン社 1987): R. L. WILKEN, The Christians as the Roman Saw Them (New Haven, Conn. 1984); S. ベンコ編『原始キリスト教の背景としてのローマ帝国』新田一郎訳(教文館 1989): S. BENKO, J. J. O'ROURKE, eds., The Catacombs and the Colosseum (Valley Forge, Pa. 1971); 土岐正策, 土岐健治訳『殉教者行伝』キリスト教教父著作集 22(教文館 1990); 松本宣郎『キリスト教徒「大迫害」の研究』(南窓社 1991); 同『ガリラヤからローマへ―地中海世界をかえたキリスト教徒』(山川出版社 1994); 豊田浩志『キリスト教の興隆とローマ帝国』(南窓社 1994); 同「《大迫害》直前のローマ帝国とキリスト教―殉教者伝叙述を中心として」『キリスト教史学』31 (1997) 1-20; C. DE STE. CROIX, "Aspects of the Great Persecution," HThR 47 (1954) 75-113; H. MUSURILLO, The Acts of the Christian Martyrs (Oxford 1972).

(豊田浩志)

じゅんきょうしゃせいゲオルギオのフランシスコしゅうどうかい　殉教者聖ゲオルギオのフランシスコ修道会

〔独〕Kongregation der Franziskanerinnen vom hl. Martyrer Georg, 〔英〕Congregation of the Sisters of St. Francis of the Martyr St. George　1869年, ドイツ北部*チューネの主任司祭ダル(Gerhard Dall, 1783-1874)と当時フランス領*ストラスブールにあった聖十字架の会から派遣されていた修道女ボップ(Anselma Bopp, 1835-87)によって創立されたフランシスコ律修第三会(→第三会). ボップは当時の政治事情による本部修道院との連絡困難, 宗教事情の悪化のなかで, 地方教会の求めに応じてそこにとどまり, 地域の要請, 特に貧しい子どもの教育と病人の看護に献身することを神の御旨と認め, ダルの指導と援助のもとに聖十字架の会から独立し, 赤貧のなかに新修道会の創立を果たした. 1909年*聖座の認可を得る. 会員は創立者の意志を継ぎ, アッシジの*フランチェスコの精神に倣ってキリストの福音を生き, 教会と一致した祈りの生活, 教会への奉仕, 教育と福祉活動によって神の愛の証しに努める. 日本には1920年(大正9), 当時の札幌教区長*キノルトの要請によって教育事業のために来日, 現在東京以北で幼稚園, 中学・高校, 短大, 大学, 保育園

養護施設，老人ホームの諸事業と教会の奉仕等に従事している．
【現勢】2000年現在，会員総数1,571名．活動地域はドイツ，オランダ，アメリカ，インドネシア，ブラジル，タンザニア．総本部：チューネ．在日会員数188名．日本本部：北海道札幌市．
【文献】A. フリーゼケ「日本における本会の布教活動」『日本聖マリア管区年報―50年記念号』(殉教者聖ゲオルギオのフランシスコ修道会日本管区本部1970) 1-8; EINE SCHWESTER DIESER KONGREGATION, *Das Veilchen aus dem Taubertale* (Werl 1926); M. S. EILERS, *Die Kongregation der Franziskanerinnen vom heiligen Martyrer Georg zu Thuine* (Werl 1930); M. B. FELDKAMP, *Mutter Anselma Bopp* (Thuine 1969). (二瓶規子)

じゅんきょうろく　殉教録　〔ラ〕martyrologium, 〔英〕martyrology, 〔独〕märtyrologium, 〔仏〕martyrologe　元来は，教会の*典礼での使用を目的として，*殉教者の記念日を列挙した祝日表ないし暦．記載事項も，人名と殉教地，当該殉教者を崇敬する地名を掲げた簡素なものだった．それに後には*聖人も含まれるようになる．*東方教会の*メノロギオンないしシュナクサリオン(〔ギ〕synaxarion)に相当する．

ラテン語で残存する最古のものは*『354年の年代記』で，それには「司教祝日」(〔ラ〕depositio episcoporum)と「殉教者祝日」(depositio martyrum)が含まれていて，ローマで毎年祝賀されていたローマ司教(*教皇)と殉教者の死没日づけとその墓所が記入されていた．その最初の殉教者司教は222年の*カリストゥス1世で，最後は305年に終わった*ディオクレティアヌスの迫害の殉教者たちである．それに続くのは*トゥール(5世紀)と北アフリカの*カルタゴやカルモナ(Carmona, 6世紀)のものだった．

東方では5世紀初頭に編纂された『シリア殉教録』(Martyrologium Syriacum)がある．これは362年から381年の間に*アンティオケイアでギリシア語で作成されたもののシリア語版であり，大迫害以降の，*リキニウス，背教者*ユリアヌスのもとでの殉教者，それにアルメニアやメソポタミアの殉教者も含まれている．

このように最初は地域的な表であったものが，徐々に統合され集大成されていった．初期のもので最も著名なのが5世紀半ばに成立した『ヒエロニムス殉教録』(Martyrologium Hieronymianum)である．これは東方や，ローマをはじめとするイタリア諸都市の祝日表，カルタゴの聖人暦，その他を資料にして，*ヒエロニムスを編纂者とする体裁をとっている．内容は，12月25日の降誕祭から始まる暦日に従って，日々の聖人名を記し，その墓所ないし崇敬されている都市名，および*聖人崇敬に関連する*聖遺物の移動を書きとめたものからなる．これに基づく各種写本は西方世界に広く伝播している．

8世紀になると，その日の殉教録を聖務日課(→教会の祈り)の一時課に朗読することが盛んになり，他方，聖人を各日ごとに精選し，各種資料や伝承をもとに伝記や解説を付したものが現れた．この種の最初のものが，*ベダ・ヴェネラビリスに帰せられる殉教録(735頃)で，この系列はその後，9世紀半ばにリヨンの助祭*フロルス，ヴィエンヌの*アド，サン・ジェルマンのウスアルドゥス(Usuardus, ?-875頃)らによって引き継がれていく．こうして9世紀は殉教録編纂の一大隆盛期となった．

中世においてはウスアルドゥスのものが最もよく読まれ，16世紀後半に教皇*グレゴリウス13世のもとで，それを基礎にして公式典礼用の『ローマ教会殉教録』(Martyrologium Romanum)が作成され，全教会での使用が定められた．

その後，歴史学的知識の発展と新聖人の増加に伴い，この『ローマ教会殉教録』は，*ベネディクトゥス14世(1748)，*ピウス9世(1870)，*ピウス10世(1913)，*ベネディクトゥス15世(1922)によって改訂され，今日に至っているが，歴史学的な見地からの批判がないわけではない．

【文献】H. QUENTIN, *Les Martyrologes historiques du moyen âge* (Paris 1908); H. DELEHAYE, "Commentarius perpetuus in martyrologium hieronymianum," ActaSS 11, 2/2 (1931) 9-23; H. A. SCHMIDT, *Introductio in liturgiam occidentalem* (Roma 1960). (豊田浩志)

じゅんけつ　純潔　〔ギ〕hagneia, 〔ラ〕castitas, 〔英〕chastity, purity, 〔独〕Keuschheit, Reinheit, 〔仏〕chasteté　人間の*性の秩序を守る倫理徳であり，貞潔ともいう．性能力の目的と本性から導き出される秩序に向けて性欲を正しく制御しまた統制する徳である．人間も動物として性的存在であるから本能的行動をとるが，真に人間的に行動するためには理性と意志によって欲情を制御する必要がある．純潔は肉欲に対する魂の支配または自制として*節制の徳に属するが，この徳は単に*禁欲や性行為の断念による身体的純粋さというよりも心身の霊的統合性を求めるものである．したがって，自制や禁欲そのものに絶対的価値をみるのではなく，正しい動機による性の人格的・社会的秩序からこの徳は評価されるべきである．ただその評価は民族，宗教，文化によっても異なり，宗教的規律や社会的習俗の解釈とそれらの歴史的解明が求められる．純潔はキリスト教に固有なものではないが，教会は当初から*童貞性を高く評価し，*修道生活における貞潔の誓願による完徳への道が重視されることによって，その他の独身生活や結婚生活の性倫理に大きな影響を及ぼすようになった．

【聖書】旧約聖書と*ユダヤ教では*祭司は神に属する聖なる者であり，結婚内での純潔が求められ，遊女や離縁された者をめとることは許されていない(レビ21: 7, 13-15)．人間の性別と*結婚は神の*創造に由来するものであり，性の領域も*神の言葉とその創造力に調和するものとして，神の聖性にあずかるために性における*創造の秩序を守る必要がある．イスラエルと神との契約関係における愛と忠実とは性的象徴をもって描かれており，民の不忠実は姦淫の罪として戒められている．また生理期間や産後の婦人の清めの儀式(同12: 6-8; 15: 19-30)や漏出による汚れと清め(同15: 1-17; 申23: 10-12)などは，聖所に入るための前提条件になっている．旧約聖書の多くの規則は性倫理に関するものであり，生理期間中の婦人との性関係，私通，*姦通，*同性愛や獣姦など(レビ20: 10-21)の細かい規定があるが，どこにも性そのものの蔑視はみられない．*十戒(出20: 17; 申5: 21)の禁令ばかりでなく，*ヨセフ(創39: 9)，*サラ(トビ3章)，*スザンナ(ダニ補遺)などは神の前での貞潔の模範とされる．また*知恵文学でも結婚生活における正しい性関係が勧められている(シラ26章; 知3: 13-16)．

イエスは神の創造意志に基づいて結婚を認めて離縁を禁じる(マコ10: 1-12および並行箇所)．結婚身分にお

じゅんけつ

ける純潔の価値を強調するだけでなく、心と目による内面的純潔をも勧めている（マタ 5: 27-30）．こうして外的な清めを重視するよりもイエスへの信仰による救いの視点から性的罪のなかに生きている人々を悔い改めに招き、ゆるしを約束しながら心と思いの浄化へと導く（マタ 15: 16-20; ヨハ 8: 1-11）．*パウロは信者たちを聖なる者になるように招くとき、性的純潔を求める（1 テサ 4: 3-8）．この徳はキリストに対する教会の献身のしるしであり（2 コリ 11: 2-3），人間の正しい性関係を求めるものである（1 コリ 6: 9-20; 2 コリ 12: 21; コロ 3: 5）．したがって，キリストとの霊的関係を侵す「みだらな行い」（［ギ］porneia）を避けるように戒めている．夫婦には相互の忠実と奉仕する愛を説き（1 コリ 7: 1-7; エフェ 5: 21-33），やもめと未婚者にはキリストへの信仰による献身を勧める一方，欲情を抑制できなければ結婚するように促している（1 コリ 7: 8-9, 25-26, 36-38）．

【歴史】使徒の時代以降，このパウロの勧めにもみられるように，結婚生活よりも独身生活におけるキリストへの献身に優位性を認める傾向が強くなり，*独身の身分における貞潔と童貞性の価値が高められる．それらは，すでに旧約の *預言者たちが説く「主なる神」との関係における乙女イスラエル（アモ 5: 2; イザ 37: 22-23; エレ 14: 17）の背信のイメージに通じるものである．これに対して，貞潔や童貞性は *キリストの花嫁である教会が乙女（［ラ］virgo）として花婿であるキリストに抱く排他的な忠実を示す．*教父たちはそれらの徳の理想を処女 *マリアの姿にみて，*神の国および *復活を先取りする終末論的なしるしとして解釈し，キリスト者の童貞の召命を結婚を凌駕するものとして積極的に評価するようになった．例えば，*クレメンス 1 世（『コリント人への第一の手紙』38）やアンティオケイアの *イグナティオス（『ポリュカルポスへの手紙』5）は，童貞性と貞潔と独身性との緊密な関係を説いている．*アウグスティヌスは『結婚の善』ばかりでなく，他の著作でも結婚における貞潔と独身を守る純潔（integritas）と節制の徳との関連で重視している．

初期 *スコラ学における結婚の成立要件および目的についての論考のなかで，夫婦行為は生殖のためばかりでなく，夫婦の人格的共同体を築く「愛の絆」（vinculum caritatis）でもあることが説かれている．これはサン・ヴィクトルの *フーゴを代表とする *サン・ヴィクトル学派の見解であるが，彼らは生殖を第一目的とする結婚だけでなく，神の母マリアの典型的な処女性（virginitas）を理想とする非性交的な結婚の意義も強調している．夫婦愛の積極的評価は第 2 *ヴァティカン公会議まで待たなければならない．結婚の目的に含まれていた「欲情の治療」（remedium concupiscentiae）も夫婦間の忠実や絆の不解消性を守る貞潔を指示している．*トマス・アクィナスも純潔を節制の徳に含めており（『神学大全』II, 2, q. 141），それは欲情を理性によって制する徳であって（同 q. 151），身体的愛情を満たす欲情に縛られることなく生きる人の童貞性と区別している（同 q. 152）．後者は性本能の正当な発動や満足をも断念することである．

初期の修道生活の一形態である隠修生活（→ 隠修士）でも肉体的禁欲による貞潔は重視されていたが，「ベネディクトゥスの戒律」による共同生活では貞潔は善いわざの手段とされる．したがって貞潔はキリストへの *奉献生活を規定する三誓願の中心的位置を占める．*トリエント公会議による結婚の秘跡に関する規定（DS 1809-10) では奉献生活との比較でその徳の意義を示し，第 2 ヴァティカン公会議も *福音的勧告の生活におけるその徳を高く評価している（『修道生活刷新教令』12 項）．

これに先立って，現代の諸教皇は回勅のなかで結婚生活でも独身生活でも純潔はキリスト教的徳であることを教えている．*ピウス 11 世の *『カスティ・コンヌビイ』（1930）は結婚の諸善と併せて倫理秩序を守り，極端な *厳格主義と *快楽主義に陥ることなく夫婦愛を促進し貞潔を実践することを訴えている．*ピウス 12 世の『サクラ・ヴィルジニタス』（Sacra virginitas, 1954）は，結婚だけでなく完全な貞潔に身を捧げた人たちも，処女性を生きることによって人格的完成に達することができると説く．第 2 ヴァティカン公会議はすべての人の聖性への普遍的召命を重視し，夫婦愛を生きる結婚の召命における貞潔を教えている（『現代世界憲章』48-49 項）．*パウルス 6 世の『サケルドターリス・カエリバートゥス』（Sacerdotalis caelibatus, 1967）は司祭が身につけるべき諸徳のなかでも貞潔は重要だとした．教理省の『性倫理の諸問題に関する宣言』（1975）は *性教育の必要性と純潔に反する性行為を指摘し，貞潔はより高い積極的目標を目指す全人格的な徳であるとしている．また *ヨアンネス・パウルス 2 世の使徒的勧告 *『ファミリアーリス・コンソルティオ』（1981）は，公会議の結婚観を受け入れて人格的な愛と性の関係を重視しながら，家庭の普遍的使命を果たしていくうえでも貞潔を守らなければならないと訴えている．

【倫理】基本的に他人との関係を求める人間の性は，身体の相互の結びつきによって充実した表現になる．愛し合う夫婦は一体になり，相互の人格的な与え合いによってその不解消の絆を深める．生殖機能と愛による相互授与の次元を見失った性行為は，人間を官能的欲求に陥れて人間の品位を傷つけるものである．また自己を表現する性行動は人生の発達段階での心身の調和を求めるものであり，純潔の徳を身につけていくためにも家庭における人格的な性教育が必要である．人間の性欲も自己中心的な愛から解放されて真実の姿を実現するためには，そこに相互愛といのちの共同体である結婚と家庭の意義が認められなければならない．性の誤りは極端に性欲を抑制したり，人格的な愛の基盤から切り離して身体的一致のみを求めるところにある．真の性の一体化は夫婦生活においてのみ，合法的な愛として実現される．性的関係においても他者の人格とその尊厳を認め，他者と社会に対する責任を自覚しなければならない．真の愛において性は浄化され満たされるが，性生活も救いの道の一部であり絶えざる回心が求められる．欲情の激しさと罪の意識だけに支配された性生活は，結婚生活でも独身生活でも正しいものではない．他者への畏敬の念と責任感を欠く節度のない性生活は無意味なものであり，悲哀と虚無感をもたらすであろう．真の愛に根ざした貞潔と節度は，たとえ犠牲を伴うものであっても，心身の一体性による相互の喜びを体験させる．

結婚生活における純潔は，夫婦愛の人格的共同体を築き不解消の絆を強化して，生殖と子どもの教育に献身しながら親としての充実感を味わい，キリストの言葉と恵みに信頼して救いの道を歩む二人の忠実さの表現となる．また修道生活の貞潔も，キリストの福音に従って神の国の証しとして神の子の自由を生きる道であり，神と他者への真の愛と忠実を生きる自己奉献の表現である．このようにキリスト者の純潔に対する義務と使命とは神と隣人に対する愛の掟と結ばれており，ときには困難を

感じ緊張状態に置かれることもあるが，各人の生涯の課題である．

性倫理にとって想像力を健全に保ち，品位のある表現をすることは重要である．単なる性欲の抑制だけでなく人間の性に対する畏敬の念を培い，神の創造に由来する賜物としての性の評価と，欲情による種々の罪悪からの救いを祈り求める心を忘れてはならない．姦淫，性的暴行，*近親相姦，未婚者の性交渉，*売春，乱婚，*内縁関係などは純潔に反する不道徳な行為であり，真に人間的な性の自由とその秩序を乱すものである．伝統的な倫理規範によれば，性交は明らかに夫婦の愛情の表現としてしか真実とはいえないのであり，それは人格的な愛と純潔を守るためにも重要である．確かに，性は社会的な現実であり，さまざまな人間の状況を考慮する必要がある．現代では*マスターベーションや同性愛の倫理的判断は難しい問題となっているが，人格としての人間存在の在り方を根拠にすることは大切であろう．

【文献】カ大 3: 552-57; キ大 541-42; DMC 1: 582-84; DSp 2: 777-809; LThK² 6: 133-36; TRE 18: 113-34; B. ヘーリンク『キリストの掟』4，岳野慶作訳（中央出版社 1974）: B. HÄRING, *Das Gesetz Christi* (Freiburg ⁶1961) 292-317; 同『キリストにおける性の解放』八城圀衛訳（中央出版社 1989）74-137: ID., *Free and Faithful in Christ*, v. 2 (Slough 1979) 531-64; P. ANCIAUX, *Le Sacrement du mariage* (Louvain 1963) 105-235; G. DURAND, *Sexualité et foi. Synthése de théologie morale* (Montréal 1977); H. ROTTER, *Fragen der Sexualität* (Innsbruck 1979).　　　　　　　　（浜口吉隆）

じゅんさつ　巡察〔ラ〕visitatio canonica,〔英〕canonical visitation,〔独〕kanonische Visitation,〔仏〕visite canonique　適法な上長が，*教会法の規定に従い，本人自らまたはその代理を介して行う公式訪問．適法な上長とは*信徒については*司教であり，*修道者については彼らを管轄する*修道会の長上である．

【歴史】巡察は教会の諸制度のなかでも最古のものの一つであり，*使徒時代にまで遡る．*パウロはクレタ島やエフェソの自分が建てた教会に*テトスや*テモテをかわりに訪問させている．その際パウロはエフェソの人たちに信仰の教え（1 テモ 4: 6）を教えるように，またある人たちが作り話に熱中して異なる教えを教えているのを禁じるよう命じている（同 1: 3-4）．テトスにも同じよう に勧め，特に教会を組織する責任を彼に与えている（テト 1: 5-9）．*教父のなかではアレクサンドリアの*アタナシオスが，自分の教区を巡察した最初の司教の一人である．*ヒエロニムスは，司教たちが村々や人里離れたところをも訪問する習慣があったと報告している．*アウグスティヌスは，司教が自分の庇護のもとにある民を訪問するのは義務であると述べた．

西欧で行われた最初の幾つかの*教会会議はこのような慣習を成文化した．例えばタラゴネ教会会議（516）の第 8 条は，司教が昔からの習慣に従って毎年教区内の教会を訪問するよう命じている．中世初期，司教巡察に関する大原則が法的決定をみた．すなわち，教区内教会の年次巡察，建物の視察，聖職者の面接，信徒の教化，修道院視察である．12 世紀から*トリエント公会議までは，司教の権限を衰微させた宗教的・政治的原因のために巡察の慣行はしだいに衰退していった．トリエント公会議は特に 1547 年と 1563 年（第 6・第 24 総会）に司教たちに再度巡察の義務を想起させ，巡察の主体，対象，方法，時期を決定し，その基本原則は 1917 年公布の教会法典に取り入れられた（旧『教会法典』343-46，512-13 条）．隠世修道院や修道院の巡察は 11 世紀まではもっぱら司教に限られていた．しかしこの頃から，*聖座は徐々に修道会の上級上長に対し，彼らの管轄下にある修道院の巡察を許可するようになった．*シトー会のある母院の院長は 1119 年頃から支部修道院訪問を始め，*クリュニー系の*ベネディクト会も同様の動きに転じた．上級上長による修道院巡察が広く行われるようになると教会はこれを承認し，旧教会法典において成文化されたのである（511 条）．

【新教会法典の規定】教区司教の最重要の義務の一つは教会法の規定に従い自教区を巡察することである（新『教会法典』396 条）．この巡察の権利には時効はない（199 条 7 項）．司教は毎年，教区全体あるいは一部を巡察しなければならず，少なくとも 5 年に 1 度は教区全域を巡察する義務がある．その際，司教は自ら，あるいは適法な障害があるときは*協働司教あるいは*補佐司教を介して，また*司教総代理あるいは*司教代理また他の*司祭を介して巡察を行う．司教は巡察に際して自分がよしとする聖職者を随行員または助言者として選ぶ権利がある（396 条）．司教は巡察を入念に行う（398 条）．「司教司牧任務指針」には，司教は巡察に際して，よい牧者が自分の羊の群を牧するように，またキリストの心をもって，自分の司教区の司祭，信徒を訪問しなければならないと規定されている．巡察の真髄は牧者の愛を示すことである．巡察の主たる目的は，聖職者と信徒をよりよく知るためであり，それは彼らが使徒職と宣教活動を実践するなかで遭遇する困難や，諸活動が適切に行われているかを知り，彼ら一人ひとりを勇気づけ，キリスト者として信仰のうちに生きていくよう励まし，各自が宣教精神を養い育てるよう促すためである．巡察は裁きではなく支援である．巡察を通じて司教と司祭，信徒の絆は一層強固になる．司教は自教区の状況を肌で知り，5 年ごとにローマ教皇に提出する教区報告書をより正確に作成する（399 条）．

司教は次の人物を巡察する権利と義務がある．すなわち*教区司祭，特に*小教区の責任を有する司祭，教区内で司牧上の任務を有する修道者，信徒の会のメンバー（305, 397 条）などである．ほかに巡察の対象となるのは，信者が訪れる教会および礼拝堂，小教区，学校（683, 806 条），宗教的事業あるいは霊的もしくは物的愛徳事業（683 条），さらに修道規律に関する事柄も含め自治修道院と教区法による修道会の個々の修道院（628 条 2 項），神学校（259 条 2 項），新設許可を与える前の礼拝堂（1224 条 1 項）などである．司教はまた小教区の諸台帳が正確に保管されているかどうかを確認し，小教区の記録保管庫に保管されている他の重要文書を校閲し（535 条 4 項），教会に贈与を行った者の意志が尊重されているかどうかを調べる義務がある（1301 条）．

ある教会管区に対し責任のある大司教は，所轄教区内で信仰と教会の規律が正確に遵守されているかどうかを監督しければならない（436 条 1 項 1）．同じく，教区司教の任命を受けた地区長は，司教の定めた規定に従って，自分に委託された地区内の小教区を訪問する義務がある（555 条 4 項）．

修道会の上級上長は自分の会の修道院と会員を一定の時期に，会憲の規定に従って巡察しなければならない（628 条 1 項）．それは特に修道者を励まし生活が一層活力に満ちたものになるためである．したがって，巡察中

じゅんさつし

直接に，また巡察後書面をもって彼らに適切な指針を与えるのは当然である．
【文献】DDC 7: 1512-619; NCE 14: 718-19; SACRA CONGREGATIO PRO EPISCOPIS, *Directorium de Pastorali Ministerio Episcoporum* (Vatican 1973) n. 166-70; L. CHIAPPETTA, *Dizionario del Nuovo Codice di Diritto Canonico* (Napoli 1986) 1249-51; E. CAPARROS, M. THÉRIAULT, J. THORN, eds., *Code of Canon Law Annotated* (Montréal 1993); J. F. GALLEN, *Canon Law for Religious* (New York 1983) 79-84; D. J. ANDRES, *Il Diritto dei Religiosi, Commento al Codice* (Roma 1984) 122-27.
(J. P. ラベル)

じゅんさつし　巡察師　〔ラ〕visitator, 〔葡〕padre visitador　*聖座や教区長の認可のもとに，信仰・道徳・規律などに関して共同体や施設などを公式に視察する教会の上長者．修道会でも総長の認可による視察がある．例えば *イエズス会では一定の目的のために *総会長の特使として派遣される巡察師があり，キリシタン時代(16-19世紀)，前後3回にわたって来日し，日本のイエズス会を指導した *ヴァリニャーノが著名である．
(尾原悟)

じゅんしんかい　淳心会　〔ラ〕Congregatio Immaculati Cordis Mariae, 〔仏〕Congrégation du Cœur Immaculé de Marie, 〔英〕Congregation of the Immaculate Heart of Mary, 〔略号〕C.I.C.M.　男子宣教修道会．ベルギーの教区司祭ヴェルビスト(Theophile Verbist, 1823-68)によって1862年に創立され1900年に *聖座の認可を得た．スクート会(Missionnaires de Scheut)とも呼ばれるが，それは本会がブリュッセル郊外のスクートという村で創立されたからである．国際児童福祉会の委員であったヴェルビストはこの仕事を通じて中国本土の多くの児童たちが悲惨な境遇にあることを知り，その救済のため，中国を中心に，新しい *宣教会を創設する決心をした．

　創立者の根本的思想は次の通りである．救いの神秘の中心であるキリストとともに神の国の建設に協力することは淳心会の唯一の存在目的であり，各人また共同体そのものの霊性を向上させるものでもある．祈りに支えられ，それぞれの国での宣教師の生活に適した会則に助けられて，自己の霊的進歩を図り，聖母の保護のもとに福音宣教に携わることこそ会員の使命である．

　この精神に基づいて，信仰者でない人々への福音宣教は何よりも優先され，創立時代から現在に至るまで，すべての会員を宣教師として宣教地である外国へ派遣してきた．そして，イエスが指摘したように，救いのときが来たしるしは「貧しい人に福音を伝え，捕らわれ人に解放を」(ルカ4:18-19)告げ知らせることにあるので，会員はいかなる国々でも物心両面の貧困がつのっているという現象に気づき，貧しい人を主の食卓まで導くように努めている．

　2001年現在，15か国の出身者による1,173人の会員が18か国で，それぞれの司教の指導のもとに教区司祭，さまざまな修道会の会員や信徒と協力し合って，福音宣教と司牧に従事している．会員の大部分は司祭であるが75人の修道士たちもいる．総本部はローマに置かれている．

　1948年(昭和23)に来日し，現在50人の会員が四つの司教区に分散して小教区や学校で活躍している．日本本部は兵庫県姫路市．
【文献】DIP 3: 349-54;「福音宣教に専念―淳心会」『声』1228 (1981) 96-101; V. RONDELEZ, *Scheut, Congrégation missionnaires. Ses origines et ses début* (Bruxelles 1961).
(G. マルケ)

じゅんしんじょしだいがく　純心女子大学　カトリック女子修道会 *長崎純心聖母会を設立母体とした学校法人・純心女子学園が，長崎市の三ツ山町キャンパスに開設した人文学部比較文化学科，現代福祉学科を置く女子大学．同学園は，初代邦人長崎教区長 *早坂久之助司教がカトリシズムの建学の精神に基づく女子の高等教育機関として，長崎純心聖母会員 *江角ヤスを学校長に1935年(昭和10)創立した長崎純心高等女学校に始まる．1945年8月9日原爆投下により校舎焼失，工場に学徒動員中の生徒213名を失うが戦後学園を再興．1947年宣教に働く女性の養成を目指した神学科と被服科を置く純心女子専門学校が認可され，1940年に九州初の養成所として設置していた純心保母養成所も再開された．1950年短期大学制度発足と同時にこれらを基盤に純心女子短期大学(〔英〕Junshin Junior College)社会科，保育科を開学した．西日本初のカトリック短大として *キリシタン文庫を設置し，教授 *片岡弥吉を中心に *長崎のキリシタン研究を研究使命とした．国際化，高齢化の時代に備え1983年英米文化科増設，1988年社会科で介護福祉士養成を始める．社会の高度化が進むなかで創立者が目指した女子の高等教育機関として学園を整備すべく，短大に併設して1994年(平成6)人文学部を擁する長崎純心大学を開学した．そのうち比較文化学科は長崎のキリスト教の伝統を踏まえた東西文化の比較研究，現代福祉学科は純心聖母会が設置する被爆者ホームと連携したキリスト教的福祉文化研究に特色をもつ．純心大学博物館はキリシタン・カトリック文庫を蔵して関係史料の収集がある．学園は文教町キャンパスに純心女子高等学校，純心中学校，純心幼稚園，佐世保市に聖心幼稚園，大瀬戸町に西彼純心幼稚園を設置する．鹿児島純心女子学園，川内純心女子学園，東京純心女子学園の姉妹校があり，大学としては鹿児島純心女子大学(鹿児島県川内市)と東京純心女子大学(東京都八王子市)を擁す．
【文献】『長崎純心聖母会の50年』(長崎純心聖母会1984).
(片岡千鶴子)

じゅんすいきょうかいほう　純粋教会法　〔ラ〕leges mere ecclesiasticae, 〔英〕merely ecclesiastical laws, 〔独〕rein kirchliche Gesetze, 〔仏〕lois purement ecclésiastiques　純粋会法(純粋教会法)とは，*教会法のなかで直接 *神法に根拠を置かず，*カトリック教会の権威を根拠とする法規範を指す．現行教会法11条は「純教会法に服するのは，カトリック教会で受洗した者，またはカトリック教会に受け入れられた者で，十分に理性を働かせることのでき，かつ，明示的な別段の法規定が存在する場合を除いて，満7歳に達した者である」と規定する．神法は，*啓示による *実定法と *自然法とを問わず，受洗や理性の有無，また年齢にかかわらず，すべての人間が遵守しなければならない．しかし，成文化された法律には，法の根本義(〔ラ〕ratio iuris)や規整内容，具体的実行などの規範が含まれる．したがって，ある法律が神法を根本義としてもつとしても，具体的実行についての規範は純教会法でありうる．さらに教会法にはその根拠を「神からの制定」と明示する条文もあるが

(例えば113条1項，129条1項，330条等），それらについても神からの啓示を信仰箇条とした教理上の内容と，教会の立法者が定めた具体的実行規則とは区別されることができる．

【文献】J. LISTL, ET AL., eds., *Handbuch des katholischen Kirchenrechts* (Regensburg 1983) 83-98; V. K. LUDICKE, ed., *Münsterischer Kommentar zum Codex Iuris Canonici*, v. 1 (Münster 1984) Can. 11; R. PUZA, *Katholisches Kirchenrecht* (Heidelberg 1986).

(濱田了)

じゅんすいげんじつゆう　純粋現実有　→ アクトゥス・プールス

じゅんせいルターは　純正ルター派　〔独〕Gnesio Lutheraner　*ルターの死(1546)の後，特にライプツィヒ仮協定(1548)から*和協信条(1477)まで，ルターの信仰的遺産を正しく継承する者として，ルター派内で*フィリップ派と論争したグループ．*マクデブルク，後にイエナ(Jena)を拠点とし，やがてルター派正統主義の主流となった．

(徳善義和)

じゅんてんれい　準典礼　〔ラ〕paraliturgia　キリスト者の礼拝行為のうち，*秘跡，*準秘跡の典礼とは区別され，それらの周囲のものとして位置づけられる典礼をいう．信者の信仰心から行われる礼拝行為，また*司教区で規制される礼拝的な教会行事を指す．準典礼という語が一般に広まっているわけではなく，むしろ典礼学上の概念である．20世紀の*典礼運動により，教会の公的な秘跡の典礼の活性化と充実化が求められていくなかで，中世以来，*教役者による指導からも離れて信者大衆の慣習となっていった種々の信仰心からする礼拝行事（いわゆる*信心業）は，典礼外のもの（〔ラ〕partes extra liturgicae）として，評価されないままであった．しかし，*ピウス12世は回勅*『メディアトール・デイ』で，特に共同で行われる信心行事に関しては，「ある意味で典礼的なもの」(in liturgicum ordinem quodammodo inserta)という積極的な評価を与えた．第2*ヴァティカン公会議の『典礼憲章』13項は，キリスト者の信心行事(pia exercitia)と司教区での礼拝行事(sacra exercitia)を，「典礼季節を考慮して規整され，典礼に合い，なんらかの意味で典礼に由来し，また典礼に，信徒を導くものでなければならない」としている．準典礼の意義はここに言い尽くされているが，現代の典礼刷新の意味を充分酌み取ったうえでの，新しい礼拝行事の創造はまだ探究の途上にある．

【文献】J. A. JUNGMANN, *Wortgottesdienst im Licht von Geschichte und Theologie* (Regensburg 1965); ID., "Liturgie und 〈Pia exercitia〉," LJ, 9 (1959) 1-13.

(石井祥裕)

しゅんとくじ　春徳寺　長崎市夫婦川町に建っている臨済宗建仁寺派の寺院．1630年(寛永7)に泰室清安によって岩原郷(現立山町)に建てられ，*長崎の最初の聖堂*トードス・オス・サントス教会の跡に1651年(慶安4)に移された．1685年(貞享2)の火災と，原爆によって焼失し，古い建物は残っていないが，その境内にはキリシタン井戸が残り，長崎代官*末次平蔵，長崎奉行土屋氏の墓碑，長崎県文化財の東海の墓などがある．

【文献】長崎市編『長崎市史』下巻(長崎市役所1923);

越中哲也『長崎春徳寺史』(春徳寺1981).　(結城了悟)

じゅんひせき　準秘跡　〔ラ〕sacramentalia, 〔英〕sacramentals, 〔独〕Sakramentalien, 〔仏〕sacramentaux

【概要】カトリック教会における広義の宗教的儀式のうち，*秘跡として定められたもの以外の総称．第2*ヴァティカン公会議により「秘跡になぞらえて定められた聖なるしるしであって，これによって主に霊的効果が表示され，教会の祈りの力によってそれが与えられるもの」(『典礼憲章』60項)と定義づけられ，*教会法もこれに基づいて準秘跡を規定している(1166条).

【歴史】福音書によれば，イエスは*ユダヤ教の儀礼中心主義を厳しく批判した(マタ5：21-48等)．しかしイエスは*律法そのものの意義を否定せず，祭司制度と儀式を容認した(マタ5：17-20；8：4等)．さらに自ら*祝福や*癒やし，罪の*ゆるしや*悪魔祓いなどに関して儀式的行為をし(マタ8：3；マコ10：16等)，*最後の晩餐のときには新しい宗教的儀式をも行った(マタ26：26-29)．このように新約聖書は，後に秘跡と確認された事柄ばかりでなく，それ以外の宗教的儀式をも記述しており，これらは*初代教会においてキリストの*秘義のしるしとして行われていたと考えられる．

古代教会では，教会組織の充実と多種の民族との接触を通して，さまざまな宗教的儀式が発展した．これらは全体として一つの救いに関する秘義を構成するものとして理解されていた(*エイレナイオス，*テルトゥリアヌス，*アンブロシウス，*アウグスティヌス等).

中世になって，*典礼書や教会法の整備が進むにつれ，これらの宗教的儀式のうち信仰生活により重要な事柄の識別が行われた(サン・ヴィクトルの*フーゴ等)．さらに七つの秘跡が区別され，それ以外は準秘跡と呼ばれるようになった(*ペトルス・ロンバルドゥス)．また*エクス・オペレ・オペラート－エクス・オペレ・オペランティス(ポアティエの*ペトルス)，およびキリストによる制定と教会による制定(ヘールスの*アレクサンデル)という概念の導入によって両者の区別が一層明らかにされた．

近世に至り，宗教改革者たちは準秘跡を信仰生活に不要なものとして退けた．これに対し，カトリック教会は準秘跡を軽視しないように警告した(DS 1746, 1757. 1255も参照)．その後，*秘義神学と*典礼運動の発展とともに，秘跡と準秘跡は再びキリストの救いの秘義全体との関連で研究され理解されるようになり，第2ヴァティカン公会議は，準秘跡の具体的様式を現状に則して改革する必要性を述べた(『典礼憲章』62項).

【典礼】準秘跡を儀式的行為に限定するか，あるいは教会の祈り，*典礼暦，儀式に用いる事物，例えば*聖水，*ロザリオなどを含めて広く解釈するかによって，準秘跡典礼の取り扱いは異なってくるであろう．教会法には準秘跡として，*聖別，*奉献，祝福，祓魔(ふつま)(→悪魔祓い)の4種があげられている(1169-72条)．準秘跡の典礼は，第2ヴァティカン公会議の決定に基づいて大幅に改正されつつあり，秘跡典礼と関係の深いものから順次施行されている(洗礼志願式，奉仕者選任式，葬儀など)．日本においては，暫定的なものを除いてまだ総合的な準秘跡典礼書は出版されていない．教皇庁からは1984年にローマ儀式書(→儀式書)に属す『祝福式』(De Benedictionibus)が出版されたが，日本ではこれを参考としつつ日本の実情に基づいた典礼書が作成されることになろう．準秘跡の典礼は，秘跡の場合よりも各国の伝統や風習を取り入れる可能性が大きい．地域的に

は，例えば七五三や地鎮祭様式採用などの試みが行われている．

【神学的意義】〔人間本性と準秘跡〕秘跡および準秘跡の存在理由は，根本的には人間存在の秘跡性に基づいている．すなわち，人間は非可感的現実である精神的・霊的世界を広義の可感的「しるし」によって表現伝達し，科学・芸術・技術・宗教などのあらゆる文化のうちに結実させる存在である．この人間の本性に基づいて，秘跡および準秘跡は，キリストにおいて具体化された神の愛が教会を通して今ここで我々に与えられることの可感的しるしとなると同時に，その愛を感得した我々の神に対する応答の可感的しるしとなるのである．準秘跡は，キリストの約束によって決定的効果をもたらす秘跡に，より豊かな表現様式を与えると同時に，人間生活のあらゆる側面を秘跡化するために教会によって取り入れられ提供されるのである．

〔世界の聖化と準秘跡〕現代の神学は，自然科学や経験科学によって確立され*非神話化された世界像，すなわち自然界そのもののなかに中心をみる世界像を否定することによってではなく，その同じ世界のなかに*啓示の光を通して全く別の像を照らし出すことによって，人間存在の超越的価値を明示する役割を有する．それは人類史を*救済史として捉え，自然世界をキリストの救いの実現する場として把握することであり，ここに準秘跡の意義を再確認する基礎が存する．キリストは，体である教会を通して人間の具体的状況に応じて救いを実現すると同時に，宇宙万物の*聖化(エフェ1:10)をも実現する．人間の具体的状況における救いは特に秘跡によって現実化されるが，世界の聖化はとりわけ準秘跡によって表現されるといえよう．すなわち，教会はキリストによる世界の聖化に奉仕するため，人物または事物を決定的に神のものとし(聖別，奉献)，祝福するキリストにより密接に結合し(祝福)，さらにキリストによって解放された人物や事物に対する悪の力を阻止するのである(祓魔)．

【文献】LThK² 9: 233-36; SM (E) 5: 357-78; アンブロシウス『秘跡』熊谷賢二訳(創文社1963): AMBROSIUS, De mysteriis, Sermones de Sacramentis (390-91. PL 16: 389-462); E. スキレベークス『キリスト神との出会いの秘跡』石福恒雄訳(エンデルレ書店1966): E. SCHILLEBEECKX, Christus, Sacrament van de Godsontmoeting (Bilthoven 1960); B. ボット『聖ヒッポリュトスの使徒伝承』土屋吉正訳(オリエンス宗教研究所1987): B. BOTTE, La Tradition Apostolique de Saint Hippolyte (Münster 1963); J. PINSK, Die sakramentale Welt (Düsseldorf 1966); J. AUER, "Allgemeine Sakramentlehre," Kleine Katholische Dogmatik, v. 6, ed. J. AUER, J. RATZINGER (Regensburg 1974) 111-25. (石橋恭助)

シュンフォロサ　Symphorosa (2世紀前半) 聖人(祝日7月18日)．*ローマ近郊のティヴォリ(Tivoli)で7人の息子とともに殉教したといわれる．最も古い証言は『ヒエロニムス殉教録』(Martirologium hieronimianum)で，5月29日，6月27日，あるいは7月18日に，ローマのティブルティナ街道(Via Tiburtina)で殉教と記す．『シュンフォロサ殉教伝』(Passio Symphorosae)には二つの版があり，一つの版に付された短い序文では*ユリウス・アフリカヌスの作とされている．殉教伝によると，*ハドリアヌス帝の命により寡婦シュンフォロサと7人の息子は捕えられ，ヘラクレスの像に犠牲を捧げるよう命じられるが拒絶，拷問を受けた後，さまざまな刑で殺され，遺体は深い堀に投げ捨てられた．迫害が終わるとキリスト者たちは墓所を作り，そこに丁重に遺体を埋葬した．7人の息子の名前はクレスケンス(Crescens)，ユリアヌス(Julianus)，ネメシウス(Nemesius)，プリミティヴス(Primitivus)，ユスティヌス(Justinus)，ストラクテウス(Stracteus)，エウゲニウス(Eugenius)とされている．シュンフォロサと7人の息子が殉教したのは事実であろうが，おそらくこの殉教伝は2マカバイ記7章1-42節から着想を得て後代作られたものであろう．

【文献】キ人758; LThK² 9: 1220; BSS 11: 1217-29.

(小高毅)

じゅんれい　巡礼　〔英〕pilgrimage, 〔独〕Wallfahrt, 〔仏〕pèlerinage　巡礼は世界の多くの*宗教で重要な*宗教儀礼となっている．とりわけ歴史宗教や*世界宗教で盛んである．日本語では，「巡ること」が強調されるが，ラテン語で巡礼に相当する語はペレグリヌス(peregrinus)であり，その原義は通過者とか異邦人という意味である．このように，巡礼の根本形態は，遠方の*聖地に赴くということにある．それゆえ巡礼の基本構造は，俗(日常)空間・時間と聖(非日常)空間・時間との間の往復運動と捉えることができる．そして巡礼にはしばしば苦行性が伴うことがその特徴である．

【巡礼の類型】巡礼は幾つかのタイプに分類することができる．巡礼を行う人々の形態を基準にすると集団型と個人型がある．集団型の典型は講組織によるそれである．また巡礼の目的や巡拝者の資格の範囲から限定型と開放型がある．イスラム教徒の*メッカ巡礼は限定型であるし，中世のキリスト教巡礼や日本の四国遍路は開放型といえる．次いで巡礼地の形態から，直線型と円周型という分類もある．前者は巡礼目標になる聖地が主に1か所の巡礼で，*サンティアゴ・デ・コンポステラ，*ルルドなどのキリスト教巡礼，メッカ巡礼には，この直線型の巡礼が多い．これに対して後者は，インドの四大仏跡参詣，日本の四国遍路や西国巡礼，*ヒンドゥー教巡礼など東洋宗教に特徴的である．次いで巡礼のもつ雰囲気から，静寂(修行)型と激奮(祭り)型の類型もある．日本の巡礼には前者が多いが，中南米やヨーロッパの巡礼には後者が頻繁にみられる．また巡礼に来る人々の居住地域の広がりから，国際型，国家型，地域型の類型がある．一国家の枠を越えて聖地に巡礼するのが国際型，巡礼者の範囲が一国家内に限られているのが国家型であり，地域型はそれが一地域に限定されているものを指す．

【諸宗教の巡礼】*仏教の巡礼では，まずブッダ(*シッダールタ)ゆかりの聖地を経巡るインドの四大聖地巡礼あるいは八大聖地巡礼がある．その後仏教が各地に伝播していくにつれ，スリランカ，タイ，ビルマ(現ミャンマー)，さらにはチベット，中国などアジア各地にそれぞれ仏教聖地が誕生した．日本の巡礼は平安時代に始まる．その当時は熊野，金峯山，長谷寺，高野山などが上皇や貴族の巡礼地だった．四国遍路や西国巡りもその基本形態は平安期に出現したとされる．その後江戸時代になって，日本の巡礼は完全に民衆化され，各地の聖地，霊場は大いに賑わうことになった．

*イスラム教では，*コーランにメッカ巡礼が信者の義務と規定されていて，巡礼は盛んである．毎年イスラム暦の巡礼月に行われるハッジ(大巡礼 ḥadjdj)は，全世

界のイスラム教徒を集めるイスラム大祭である．またイスラム各国にはイスラム聖者を祀った聖者廟があり，そこへの参詣もイスラム世界では極めて一般的な巡礼（ジヤーラ Ziyāra）となっている．遠方すぎるメッカ巡礼が不可能なとき，聖者廟参詣はその代用の役割を果たすこともあった．

【巡礼の社会経済史的意義】巡礼の歴史をたどってみると，それは必ず当時の商業路と密接に結びついていることがわかる．メッカはイスラムの聖地になる以前から砂漠のオアシス都市として商業都市であったし，中国の仏僧たちがインドへ求法のため通った道は，シルク・ロードであった．また，巡礼が可能になるためには，道路の整備はもちろんのこと宿泊設備の完備，沿道治安の安定など，さまざまな社会経済的諸条件が関連していたのである．また巡礼者自身が聖地，巡礼路沿いの人々に対して文化や情報の伝播者となることも多かった．

【文献】星野英紀『巡礼』（講談社 1981); 新城常三『新稿・社寺参詣の社会経済史的研究』（塙書房 1982); 山折哲雄『宗教民俗誌』（人文書院 1984) 180-96; 青木保『御岳巡礼』（筑摩書房 1985); V. TURNER, E. TURNER, *Image and Pilgrimage in Christian Culture* (New York 1978). 　　　　　　　　　　　　　　（星野英紀）

【キリスト教における巡礼】〔古代〕神聖な場所で祈りたいと念じ，*聖書に記載された場所をみたいと願う巡礼はかなり早くから発生している．4世紀には遠く西欧から聖地に巡礼（→ 聖地巡礼）した記録が現れる．*ボルドーから*パレスチナを往復した無名の巡礼者が「後人の便宜のために」書き残した旅の記録(333)，*エゲリアが故郷の同信の者のために「聖なる書物を読むときにこれらの場所で起こったことを思い描く助けになることを願って」書き送った通信(381-84頃)がその代表である．エゲリアは*シナイの砂漠で神が火中から*モーセに語ったという叢林の跡（→ 燃える柴）に案内されて「今なおその場所には叢林が生い茂っている」と記し，聖書的・地誌的・考古的関心が顕著である．現地に案内人がいて故事来歴を語った様子が想像される．6世紀半ばイタリアの*ピアチェンツァから巡礼団がパレスチナ，エジプト，シリアを訪れ，その一人が記録を残している．エゲリアの頃に比べて*巡礼所の増加，伝説の繁茂，それに歴訪の便宜の組織化が著しい．

聖地巡礼の焦点は聖墳墓（→ イエスの墓）だが，その正確な位置は4世紀にはすでに不明であった．*コンスタンティヌス大帝の命により，調査の末に聖墳墓教会（→ 聖墳墓聖堂）が建立された．大帝の母后*ヘレナの聖地巡礼は325年から329年までの間，つまり教会建造の時期にあたっている．行く先々で恩赦を発令し貧民に施与し「いかに小さな町の教会をも見過ごすことはなかった」というから，巡礼とはいえ大帝のキリスト教保

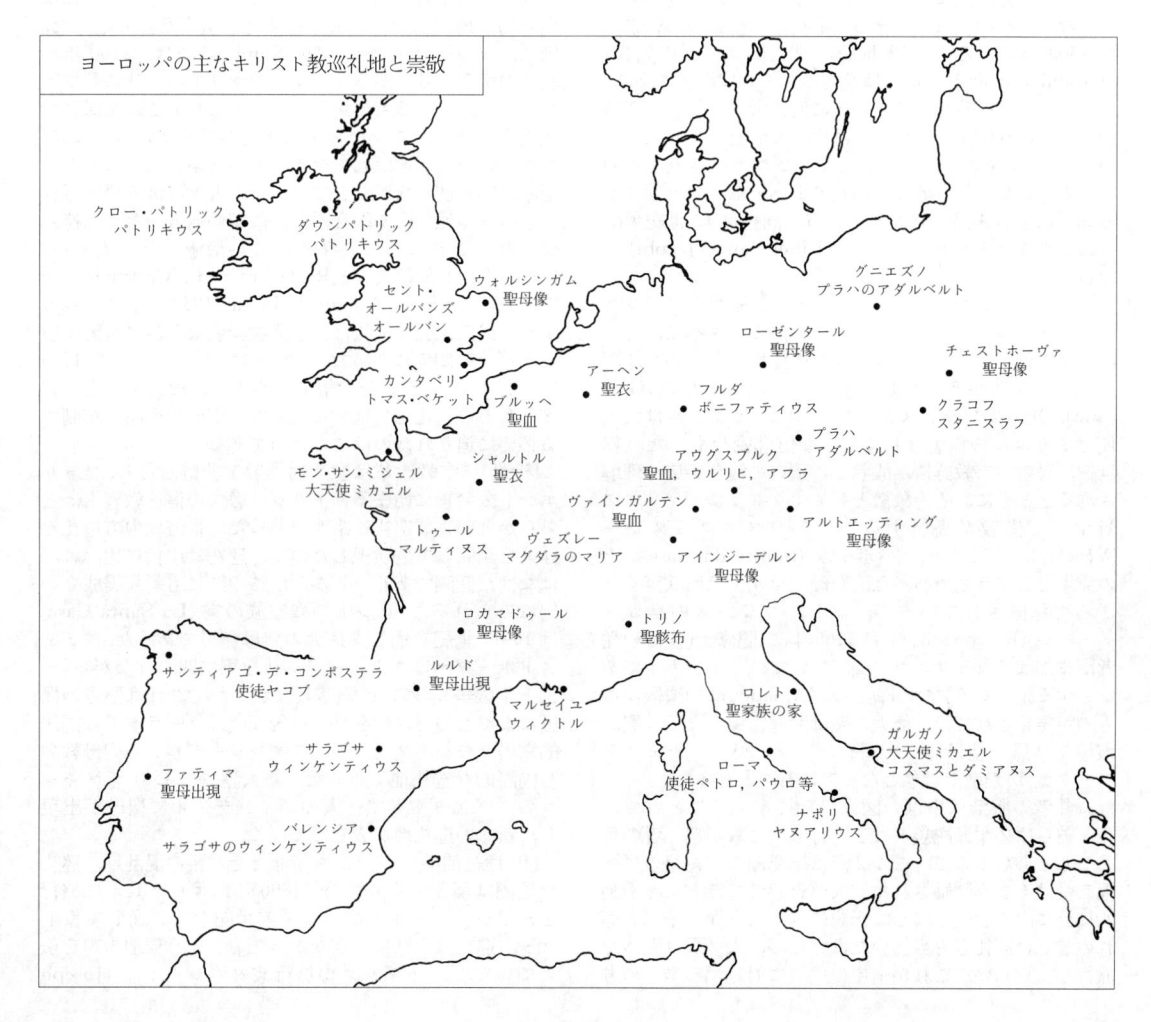

じゅんれい

護政策を推進するための公式巡回の性格が強い．

ところで聖墳墓にとどまらず「真正の *十字架」の発見を彼女に帰する伝説がしだいに形成され成長する．最初の文献は *ヨアンネス・クリュソストモスの説教（4世紀末）で発掘された3本の十字架のうち中央のものがそれと判明したと述べている．ほぼ同じ頃，*アンブロシウスの説教は「聖なるヘレナへの思い出」に触れて「彼女は大地を開き，塵埃をまき散らし，堆積のなかから十字架を発見した」と述べている．真正の証明は I.N.R.I.（*アイ・エヌ・アール・アイ）の刻文があったからとしている．同じ頃のアクイレイアの *ルフィヌスの所言も同工異曲だが病人治癒の *奇跡が生じたがゆえに真正としている．4世紀末にはこの伝説は確立していたとみてよいであろう．

こうして，巡礼の関心の焦点がしだいに *聖遺物とそれを媒介とする奇跡に移っていく過程，いわば中世的な特徴が現れてくる様子が窺われる．十字架伝説からは釘伝説（→ 受難）が派生し，その破片は西欧に伝来して *民間信心に大きな役割を果たすことになる．

〔中世〕*エルサレム，*ローマ，*サンティアゴ・デ・コンポステラは西欧全域から巡礼が集まる三大霊場，いわば国際級の霊場であった．エルサレム巡礼が *十字軍の発端につながったことは周知のとおりである．使徒ペトロとパウロ（→ 使徒）の名と不可分のローマには3世紀にはすでに巡礼が集まっていて，以後この地位の変わることはない．その頂点はおそらく最初の *聖年が布告された1300年であろう．12世紀の『大都ローマの驚異』（Mirabilia urbis Romae）は巡礼のための案内書である．サンティアゴ・デ・コンポステラに使徒大 *ヤコブの遺骸があるという伝説は9世紀にはすでに成立していたらしい．*レコンキスタと結合してヤコブは対イスラム戦のシンボルとなる．有名な『巡礼の案内』は，フランスから同所に至る4路を記述している．同書は12世紀半ばに編纂された『聖ヤコブの書』（Liber Sancti Jacobi）に収録されている．

これらに次いで，*マルティヌスの霊場たるフランスの *トゥール，*トマス・ベケットの *カンタベリ，それにアイルランドの *パトリキウスの霊場など，いわば国民級の巡礼地があったし，イタリアのガルガノ（Gargano），次いでフランスの *モン・サン・ミシェルは大天使 *ミカエルの霊場として大きな信仰圏をもった．12世紀，民衆の宗教感情が成熟し「贖いの観念が広く理解されるとともに，その象徴としてマグダラの *マリアに対する *崇敬が高揚する．フランスのヴェズレー（Vézelay），次にはサント・ボーム（Sainte-Baume）がその霊場として有名であった．聖母 *マリアは西欧至るところで尊信されているが，同じくフランスのロカマドゥール（Rocamadour）は1166年，*隠修士（聖母の従者，または *ウェロニカの夫，ひいては *ザアカイであるとする説もある）アマドゥール（Amadour）の遺骸なるものが発見されて後，最大の聖母関連霊場となる．聖母霊場では黒い聖母像（→ アインジーデルン，チェストホーヴァ）が崇敬の対象となっていることが多い．

巡礼者の服装は中世の図像から推察することができる．彼らは必ず頭陀袋と杖を携帯し，これが巡礼者の目じるしともなるので，この2点は出発前に *司祭の *祝福を受けるよう奨励された．天啓を感じてほとんど衝動的に旅に出る者，しばしば伝説にみるような親子二人連れの貧しい巡礼者も当然いたはずだが，大多数は団体で旅行したらしい．これが道中の危険に対処する唯一の方法でもあった．長途の旅が危険と苦難に満ちていたことは，多くの奇跡物語が語っている．巡礼者は「貧者」として庇護するよう奨励された．巡礼路上に救護所が設置され，救護のための団体が結成された．救護所は礼拝堂と墓地，二つの広間（男女別）に通例は12床，大救護所の場合は30床の寝台を備えていた．当時の風習で1床に3ないし4人が眠ったのである．健康な者は3泊に限るのが普通であったという．都市の条例には巡礼者搾取の予防規制を，特に旅籠の経営者に対して講じている場合もある．11世紀後半に独力で橋を架けてサンティアゴ・デ・コンポステラへの巡礼の苦難を除いたドミンゴ（Domingo または Dominicus．後に「舗石の聖ドミンゴ」Santo Domingo de la Calzada と呼ばれた）のような隠修士の事績も伝えられている．

目的地を初めて望見できる地点を「喜びの丘」（〔ラ〕Mons gaudii）という．騎馬の者もここからは徒歩となるし，ここで沐浴（→ 浄化）する．目的地の聖堂では徹夜して祈る．この祈りが贖罪と結合して，*苦行や病人の搬送や建築工事の手伝いをしている例もある．報恩の *供物を捧げて帰郷の途につくが，そのとき巡礼者は何がしかの霊力を秘めた記念品を携えているのが普通で，サンティアゴ・デ・コンポステラの帆立貝の貝殻，聖地では *棕櫚の葉，カンタベリではトマス・ベケットの血を薄めたという水（Becket Water）が有名であった．

巡礼の黄金時代は12-13世紀であろうが，その頃には地方的，地域的な多くの小巡礼地が盛衰を繰り返した．例えばフランスのクサンブ（Xambes）では，1160年小教会の傍らの井戸からマグダラのマリアならびに聖ヴァンサンの遺骨なるものが発見され，しかもこれを保証する文書が伴出した．たちまち巡礼が集まり始め，「おびただしい病人が運ばれてきた．井戸と泉の水では人々の望みに応じ切れないほどであった．人々は汲み尽くされた泉の底の泥に頭や顔を浸し，故郷の病人のために持ち帰った．これによって多くの者が治癒したのである」（『サンタマン僧院文書』R. Grant, ed., Cartulaire de l'Abbaye de Saint Amant de Boixe, 1933）．ここにみるように民衆次元で巡礼は，聖遺物崇敬ならびに奇跡待望と不可分の関係にあった．*アウグスティヌスから1215年の第4 *ラテラノ公会議に至るまで，教会が敬虔の発露としての巡礼を奨励する一方で，信仰の逸脱を統制する必要に迫られたのはこのためである．

〔近世〕*宗教改革は聖遺物崇敬を非難したし，*トリエント公会議に始まるカトリック教会の信徒教育も，どちらかといえば巡礼に冷淡であった．世俗権力も巡礼を浮浪と類同して危険視したので，巡礼は中世に比べればはなはだ低調である．しかし，この間にも新霊場成立の例はみられる．*ロレトの聖家族の家（La Santa Casa）は16-17世紀を通じて最大の聖母霊場であった．*チェストホーヴァはスウェーデン新教軍に囲まれながら（→ 三十年戦争），ついに陥落しなかった．これは聖母の保護によるものと理解され，以後同所はポーランドの国民的霊場となる．スイスの *アインジーデルンの聖母教会も国際的な巡礼地であった．新大陸でも1531年メキシコの *グアダルペで一人の *インディオに聖母が出現し，新しい巡礼地が成立している．

〔19世紀前半〕*フランス革命とその後の混乱期，巡礼の退潮は覆うべくもない．1896年にエルサレムに旅行した *シャトーブリアンは「前世紀全体を通じてカトリック巡礼は200にすぎなかった」という現地の声を伝えているし，イギリスの旅行家タウンゼント（Joseph

Townsend, 1739-1816) はスペイン旅行の際，なおサンティアゴ・デ・コンポステラに赴く巡礼者の団体と遭遇することはあったが，「巡礼の情熱は冷え切っている」と報告した．19世紀初頭の西欧カトリック世界内では国際的規模の巡礼は影をひそめた．1825年の聖年にもローマ巡礼のなかにフランス人はみられなかったという．

回復の徴候は1830年代にみられる．同年の聖母出現（→マリア）によりパリのノートルダム・デ・ヴィクトワール (Notre-Dame des Victoires) に巡礼が集まる．またその頃から *アルスには同地の司祭 *ジャン・バティスト・マリー・ヴィアンネの聖徳を慕う巡礼が訪れ始め，同師の没年たる1859年にはこの小さな町に来る巡礼は7万人に達した．中世末期から近・現代に至るまで巡礼の目的地はしだいに聖母霊場に収斂していく傾向があるなかで，アルスは *パレー・ル・モニアルの聖心巡礼（→イエスの聖心）とともにやや例外に属する．

近代の聖母巡礼の強力な潮流は1846年フランスの *ラ・サレットにおける聖母出現に始まる．1858年には *ルルドのマッサビエル (Massabielle) 洞窟で少女 *ベルナデット・スビルーに出現する．共に大巡礼地となるが，聖母出現はその後も続き，1871年にはフランスのポンマン (Pont-Main) で，1879年にはアイルランドのノック (Knock, [アイ] cnoc mhuire) で，1917年にはポルトガルの *ファティマで出現している．

1873年，フランスを中心に巡礼は稀代の高揚をみた．フランス国内およそ3,000か所の霊場が賑わい，多くの忘れられていた霊場が復活したが，最大の中心はシャルトル（→シャルトルの巡礼），パレー・ル・モニアル，それにルルドであった．同年ルルドには216本の特別列車が14万人を運んだ．この空前の巡礼熱には交通手段の大衆化，情報誌の普及が物質的条件となっているが，社会的・政治的条件もある程度関係している．普仏戦争 (1870-71) で傷ついた誇りが，信仰と道徳の再建を志向し，フランスに対する聖母やイエスの聖心の守護を求めるという *ナショナリズムの側面もみられたからである．

〔現状〕現代においても巡礼の慣行は盛んである．心願の内容は時代環境によって変わっても，敬虔（→信心）の表現の方法として，あるいはその充足の手段として，巡礼には民衆の心情に深く根ざしたものがあるからであろう．年間数十万規模，ときには100万を超える巡礼が参集する霊場は決して少なくない．
【文献】S. HORNBLOWER, A. SPAWFORTH, eds., *The Oxford Classical Dictionary* (Oxford ³1996) 1183; 渡邊昌美『巡礼の道』（中央公論社 1980）; 同『フランスの聖者たち』（大阪書籍 1984）; 同『中世の奇蹟と幻想』（岩波書店 1989）; 関一敏『聖母の出現 — 近代フォーク・カトリシズム考』（日本エディタースクール出版部 1993）; 青山吉信『聖遺物の世界 — 中世ヨーロッパの心象風景』（山川出版社 1999）; 歴史学研究会編『巡礼と民衆信仰』地中海世界史4（青木書店 1999）; 杉谷綾子『神の御業の物語 — スペイン中世の人・聖者・奇跡』（現代書館 2002）; P. A. SIGAL, *Les marcheurs de Dieu. Pèlerinages et pèlerins au moyen âge* (Paris 1974); E. R. LABANDE, *Spiritualité et vie littéraire de l'Occident, X^e-XIVes.* (London 1974); E. DELARUELLE, *La piété populaire au moyen âge* (Torino 1975); J. SUMPTION, *Pilgrimage* (London 1975); R. C. FINUCANE, *Miracles and Pilgrims* (London 1977); J. CHÉLINI, H. BRANTHOMME, *Les chemins de Dieu. Histoire des pèlerinages chrétiens des origines à nos jours* (Paris 1982); E. D. HUNT, *Holy Land Pilgrimage in the Later Roman Empire, AD. 312-460* (Oxford 1984).
（渡邊昌美）

じゅんれいしょ　巡礼所　〔ラ〕sanctuarium, 〔英〕shrine, 〔独〕Heiligtum, 〔仏〕sanctuaire　*教会法で規定された意味では，巡礼所という名称は，地区裁治権者の承認のもとに，多くの信者が特別の *信心のために巡礼する *教会堂もしくはほかの聖なる場所を意味する（新『教会法典』1230条）．さらに国の巡礼所（〔ラ〕sanctuarium nationale）といわれうるためには，*司教協議会の承認が，国際的巡礼所 (sanctuarium internationale) といわれうるためには，*聖座の承認が必要である (1231条)．巡礼所には，その場所の事情，巡礼者の数，とりわけ信者の善益が要請すると思われる場合，一定の特典が与えられうる (1233条)．
（枝村茂）

じゅんれいじようしき　巡礼路様式　〔仏〕style des routes de pèlerinage, 〔英〕pilgrimage type, 〔独〕Baustil der Wallfahrtskirchen　聖地 *サンティアゴ・デ・コンポステラへの巡礼路に沿って建てられた聖堂のプランや彫刻に共通して認められる様式．12世紀に書かれた『巡礼者案内』(Liber Sancti Jacobi) によって知られるフランスの代表的な聖堂，*トゥールのサン・マルタン（全壊），リモージュ (Limoges) のサン・マルシャル（消滅），コンク (Conques) のサント・フォワ，*トゥールーズのサン・セルナンとサンティアゴ・デ・コンポステラの聖堂は，いずれも *巡礼の大群衆を受け入れるための広大なプランをもち，信徒が聖堂内を円滑に巡回できるような構成をとっている．すなわち，*内陣の周囲には周歩廊と放射状祭室，身廊 (*ネイヴ) と翼廊の両側に *側廊，さらに翼廊には小祭室がつく．身廊は半円筒の *ヴォールト，側廊は交差ヴォールト，階上廊は四半円筒ヴォールトでそれぞれ覆われている．巡礼路聖堂間にある類似を最初に指摘したブイエ (Auguste Bouillet, 1852-1904) に続き，*マール，キングスリ・ポーター (Arthur Kingsley Porter, 1883-1933) をはじめとして多くの研究者がこの問題を考察してきたが，どの聖堂がモデルとなったか，また相互の影響関係では意見の一致をみていない．彫刻に関しても，特に様式の影響関係の解明を中心として多くの論議がなされている．（関口敦子）

ショー　Shaw, George Bernard　(1856. 7. 26-1950. 11. 2)　イギリスの劇作家，批評家．*ダブリンのアングロ・アイリッシュのプロテスタント家庭に生まれる．1884年にフェビアン協会（→フェビアン主義）の創立に参加し社会主義思想に傾倒するとともに，諸雑誌に芸術批評を寄稿．*イプセンを研究し，*シェイクスピア以来のイギリス演劇の伝統を打破することを目指して『男やもめの家』(Widowers' Houses, 1892) を発表．以後の代表作に『運命の人』(The Man of Destiny, 1895)，生命力 (life-force) の哲学を表明する『人と超人』(Man and Superman, 1903), 『メトセラへ帰れ』(Back to Methuselah, 1918-20), 『聖女ジョウン』(Saint Joan, 1923). ノーベル文学賞受賞(1925), 訪日(1933).

ショーはキリスト教正統信仰を公に批判し，しばしばカトリック教会を皮肉ったが，*チェスタトンの友人であり，悪意はなかったことは，『聖女ジョウン』がカトリックの立場に同情的であることからわかる．

ジョアン1世

【文献】西川正身, 平井正穂編『英米文学辞典』第3版 (研究社 1985). （島弘之）

ジョアン1世　João I（1357. 4. 11-1433. 8. 14）ポルトガル王(在位 1385-1433). ペドロ1世(Pedro I, 在位 1357-67)の庶子として *リスボンに生まれ，アヴィス(Aviz)で *騎士修道会の教育を受ける. 腹違いの兄フェルナンド1世(Fernand I, 在位 1367-83)の死後, その王妃レオノル(Leonor)は *カスティリャの王ファン1世(Juan I, 在位 1379-90)の圧力に屈し, 王に嫁していた王女ベアトリス(Beatrice)を王位に就け自ら摂政にあたるが, 民衆はジョアンを支持し, レオノル派とジョアン派に分裂. 寵臣を暗殺されたレオノルはリスボンから逃れカスティリャの支援を要請. 1384年カスティリャ軍はリスボンを包囲. リスボン市民によって「国の統治者, 防衛者」に任命されたジョアンは, 1385年4月コインブラ(Coimbra)で王に選定され, 8月アルジュバロタ(Aljubarrota)の戦いで勝利を収めた. これをもってアヴィス王朝が開かれる. 1387年イングランドのランカスター公の娘フィリッパ(Philippa)と結婚, 6子をもうける. 1415年の北アフリカのセウタ(Ceuta)征服を皮切りに海外進出を進める. リスボンで没す.
【文献】平大百科 7: 329-30; DEH 2426-27; EBritMa 10: 239-40; EncU Thesaurus 1537-38. （小高毅）

ジョアン2世　João II（1455. 5. 3-1495. 10. 25）ポルトガル王(在位 1481-95). アルフォンソ5世(Alfonso V, 在位 1438-81)の子として *リスボンに生まれる. 父王のモロッコのアルジラ(Arzila)征服に同行, 1474年ギニア貿易ならびにアフリカ探検の責任を託され, *カスティリャの王位継承問題では父王に代わって対スペイン戦争の指揮をとった. 即位後は貴族勢力を抑え絶対王政を確立. 黄金海岸のミナ(Mina)に商館を建設, 1485年ギニアを配下に収め, アフリカ南下政策, インド到達計画を推進. 1487年ディアス(Bartolomeu Dias, 1450-1500)が喜望峰迂回に成功. 1485年カスティリャに去った *コロンブスが, 1492年新大陸を発見. 1494年スペインと *トルデシリャス条約を締結. インド航路発見を目前に, 南部アルヴォール(Alvor)で没す.
【文献】平大百科 7: 330; DEH 2427; EBritMa 10: 240; EncU Thesaurus 1538. （小高毅）

ジョアン・デ・ブリット　João de Britto（1647. 3. 1-1693. 2. 4）聖人(祝日2月4日), 殉教者, イエズス会員, ポルトガル出身インド宣教師. *リスボンで貴族の家庭に生まれ, リスボン宮廷で小姓を務めた後, 1662年 *イエズス会に入会. エヴォラ(Evora)で哲学, *コインブラ大学で哲学と神学を修め, 1673年司祭叙階, インドの *ゴアに派遣される. 上位カーストに属する人々への宣教を志し, *ノビリの先例に倣って, パンダラ(ヒンドゥーの苦行者たち)の服装と食事, 苦行を取り入れる. その宣教活動は成功し, 上位カーストから多くの改宗者を得る. これはバラモンの憎しみを買うことになり, 1686年には危うく殉教を免れている. 翌年ポルトガルに帰国. 国王ペドロ2世(Pedro II, 在位 1683-1706)に報告. 王は彼を宮廷教師に任命するが辞退, 1690年インドに戻る. 1693年シルヴァリ(Siruvalli)の君主テリアデヴェン(Teriadeven)に *洗礼を授ける. 彼は本妻を残してほかの妻たちを離縁した. そのなかの一人マラヴァ王の姪が叔父を扇動, ジョアンは捕らえられ, インド東南部のオリウル(Oriyûr)で斬首された. 1947年に *列聖.
【文献】キ人 1318-19; Cath. 6: 444; NCE 7: 1037; A. SAULFIÈRE, *Red Sand* (Madura 1947). （J. P. ドネリ）

ジョアン3世　João III（1502. 6. 6-1557. 6. 1）ポルトガル王(在位 1521-57). *フランシスコ・ザビエルをはじめとして最初の宣教師たちが日本に赴いたのはジョアン3世の治世であった. この王はポルトガル国内のキリスト教改革と海外への宣教に多大の情熱を抱いていた. 各都市に高等学校レベルの教育制度を確立しようとした. *コインブラ大学に文芸学寮を作り, *イエズス会に委ねた. 賢明な行政手腕の持ち主で, 維持に莫大な経費を要する北アフリカの統治を諦め, ブラジルに植民し, 日本を含めた東洋諸国との交易を促進させた.
【文献】平大百科 7: 330. （J. コエリョ）

ジョアンヴィル　Joinville, Jean de（1224/25-1317. 12. 24）中世フランスの封建領主, 年代記作者. おそらくシャンパーニュ地方のジョアンヴィルで生まれたものと思われる. 1248年第7回 *十字軍に参加, エジプトで勇敢に戦うが敗北を喫し, 捕虜となる. 釈放後, *アッコで ルイ9世に仕え, 帰国後もその家族の厚い信頼を得る. 心労から隠退, 1270年の第8回十字軍には参加せず. 1305年 *フィリップ4世の妃ジャンヌ(Jeanne de Navarre, 1272頃-1305)の要請を受けて, 『聖ルイ王伝』(Histoire de Saint Louis)を著述. ほかに *使徒信条の解説書(Credo)がある. これは1250-51年にアッコで書かれ, 従軍兵士たちの間で読まれ彼らの信仰を鼓舞した. 1287年に再版されている. いずれも資料として貴重なものである.
【著作校訂版】N. DE WAILLY, ed., *Histoire de Saint Louis: Credo et lettre à Louis X*, ²1874; E. JARRY, ed., *Histoire de Saint Louis*, 1942.
【文献】キ人 748; Cath. 6: 929-30; LThK² 5: 1110; NCE 7: 1091. （小高毅）

ジョアンネ　Johannet, René（1884. 3. 17-1972. 6. 2）フランスの文芸批評家. 西部シャトールー(Châteauroux)に生まれ同地で没す. 宗教的・哲学的傾向があり, カトリック作家に関する研究書も何冊か発表している. 特に *ペギーに関する著作では, その社会主義的な面ではなく, 伝統主義的な面に焦点をあてたのが特徴. 前衛的な運動には嫌悪を示し, ペギーや *クローデルに対しても, 彼らが基本的な価値観に寄与した点でのみ評価を与えている.
【主著】*Joseph de Maistre*, 1931; *Vie et mort de Péguy*, 1950. （二川佳巳）

ジョイス　Joyce, James Augustine（1882. 2. 2-1941. 1. 13）アイルランド, *ダブリン生まれの小説家. チューリヒで客死. 20世紀モダニズムの一流の小説家. 中学から高校までダブリンで *イエズス会の教育を受けた. その様子は『若き日の芸術家の肖像』(*A Portrait of the Artist as a Young Man*, 1916)のなかに描かれているが, 彼の文学者としての成長は宗教信仰の衰退に比例していた. 1902年にダブリンを離れ, 医学を学ぶためにパリに行ったが, 医学を棄てて, 大部分の時間を図書館で *トマス・アクィナスを読むことに費した. しかしそれは彼の信仰を強めるためではなかった.

1903年，母の死のため，ダブリンに一時戻ったが，その後はローマ，トリエステ（Trieste），チューリヒ，パリを転々として暮らし，1914年に短編集『ダブリン市民』（Dubliners）を発表．

モダニズムの旗手としてジョイスの名を不滅にした作品は『ユリシーズ』（Ulysses, 1922）である．この小説は当初同人誌に連載されたが，官憲による発禁の処置を受けた．1934年米国，1936年英国で解禁される以前にも多くの版があり，パリ版（1922），ハンブルク版（1932）が最も信頼されるべきものであった．1984年ジョイスの草稿による最新版が発刊された．この小説の主人公ブルーム（Leopold Bloom）はダブリン在住のユダヤ人であり，著者の分身ディーダラス（Stephen Dedalus）が彼の同伴者である．ディーダラスが友人と別れて，ダブリンを去る決心をしたちょうどそのとき，ブルームもある危機に直面する．彼は妻モーリ（Molly）の密会を知り，それを妨げようと企てる．彼は夜中ディーダラスが売春宿の外でけんかに巻き込まれたところを助け，自分の家に連れて行くが，ディーダラスは彼の宿の提供を断り，知られざる未来に向かって去り，ブルームは寝床に就く．『ユリシーズ』の各章は違った文体で書かれ，意識の流れ，文学作品への言及・引用，新聞記事のコラージュ，シュールレアリスム的ファンタジーなどの手法が万華鏡のように使われている．この小説の題名が*ホメロスの『オデュッセイア』の主人公の名からとられたことからもわかるように，地方都市ダブリンと英雄時代の世界とのちぐはぐな対照が使われ，世俗化された主人公ブルームは現代人の代表になっている．『フィネガンズ・ウェイク』（Finnegans Wake, 1939）ではダブリンはさらに宇宙論的・終末論的規模と側面をもち，ジョイスの言語操作も極端な段階に達するようになる．

【文献】NCE 7: 1134-37; W. T. NOON, *Joyce and Aquinas* (New Haven 1957); K. SULLIVAN, *Joyce among the Jesuits* (New York 1958); M. T. REYNOLDS, *Joyce and Dante: The Shaping Imagination* (Princeton 1981); R. ELLMANN, *James Joyce* (New York 1983); D. DONOGHUE, *We Irish: Essays on Irish Literature and Sociology* (New York 1986); H. KENNER, *Dublin's Joyce* (New York 1987); M. BEJA, S. BENSTOCK, eds., *Coping with Joyce: Essays from Copenhagen Symposium* (Columbus 1989). （高柳俊一）

しょうアジア　小アジア　〔ラ〕Asia Minor

地中海と黒海の間にある半島一帯（現トルコのアナトリアAnatolia）．アジア（〔ギ〕Asia）とは異なって聖書にはみられず，5世紀*オロシウスの『異教徒反駁』（1, 2, 26）に初出する語．語源ないし由来は明らかではない．時代や人によってさまざまに表現，また境界を設けられてきたが，地勢的にみて古くから（→ヒッタイト），種々の面で東西交流の「懸け橋」の役割を果たしていた地域と考えていい．*新約時代史や*古代教会史にとっても重要な地域である．*パウロの宣教旅行が及び（使13: 13-14, 28），教会共同体の創設に成功した結果（ただし，異説はある．→エフェソス，ガラテヤ，コロサイ），その地の共同体に送ったとされる*パウロの手紙が新約聖書にはあり，地域内の都市に関して*公同書簡（例えば，1ペト1: 1）や黙示録（1: 11; 2-3章）でも言及されているからである．また，同じような手紙がアンティオケイアの*イグナティオスの手紙のなかにもある．2-3世紀には数百もの教会共同体が各地に存在し，3-4世紀キリスト教と*異教をめぐっての神学上の論究の中心地を擁するまでになるが（例えば*カッパドキア，*スミュルナ），この地域でのキリスト教の諸活動は衰微し，6世紀にほぼ終焉した．アナトリアという名称は，*ビザンティン帝国時代のアナトレー（〔ギ〕anatolē，日の出，東方の意）に由来する．→皇帝礼拝，迫害

【文献】旧新約聖書大 597; LThK³ 6: 122-24; TRE 19: 244-65. （清水宏）

ジョヴァンニ〔カペストラーノの〕　Giovanni

（1386. 6. 24-1456. 10. 23）　聖人（祝日10月23日），フランシスコ会原会則派総長代理．

イタリアのアブルッツィ州カペストラーノ（Capestrano）の名家に生まれ，1401年*ペルージアに行き，民法と教会法を修め官職に就いたが，内紛に巻き込まれ投獄され，信仰上の危機を体験した後，1415年ペルージアの*フランシスコ会*原会則派に入会．神学研究の後，1418年司祭に叙階されるとすぐに*フラティチェリの*異端に対抗して論陣を張った．ローマで教皇*マルティヌス5世の信任を得て活躍（1422），翌年*シエナで*ベルナルディヌスとともに市民の回心のために働いたが，1426年ベルナルディヌスが，*イエスの名の信心のため異端容疑をかけられると，彼の無実を証しその弁護に成功した．1430年教皇の依頼でフランシスコ会内部の抗争を調停したが，*コンベンツアル聖フランシスコ修道会との合併には失敗した．*聖地準管区や*第三会，また*クララ会の改革のために尽力し，1439年には聖地を訪れ，帰国後*ミラノで説教と著作に専念したが（1440-42），1443年にはブルゴーニュとフランドル管区の総視察者に任命され，また同年の総集会でアルプス以南地方の同派の総長代理に就任．その折ローマの*アラ・チェリ修道院が同派の総本部に決められた．1451年，*フス派の異端鎮定のため教皇からオーストリアに派遣され活躍したが，1454年には対トルコ十字軍のためハンガリーからユーゴスラヴィアに行き，ベオグラードからイロク（Ilok）に移り，同地で帰天した．1690年に列聖され，「ヨーロッパの使徒」と称えられた．

【主著】*Constitutiones Martinianae*, 1430; *Ordinationes montis Alveniae*, 1443; *Declarationes S. Mariae de Angelis*, 1445; *Declaratio primae regulae S. Clarae*, 1445.

【文献】キ人 1716-17; ActaSS 10: 269-552; BHL 4360-68; Cath. 6: 420-21; LThK² 5: 1014-15; NCE 7: 1039-40; J. HOFER, *Johannes von Capistrano*, rev. O. BONMANN (Heidelberg 1964-65). （石井健吾）

ジョヴァンニ〔サレルノの〕　Giovanni

（1190-1242. 8. 9または9. 10）　福者（祝日8月9日），説教師，ドミニコ会会員．サレルノ（Salerno）に生まれ，*ボローニャで学び，司祭叙階後，*ドミニクスによって彼の創設した修道会に受け入れられ，1219年頃11人の同志の長として*フィレンツェに派遣され，同地に修道院を設立，さらにリポリ（Ripoli）に女子修道院を設立．1220年ボローニャでの総集会に出席．1227年教皇*グレゴリウス9世によって，フィレンツェを中心に猛威を振るっていた*パタリ派に反論，正統信仰に連れ戻す説教師に任命され，多大な功績を残す．その説教でフィレンツェの市民は大いに信仰を鼓舞され，多くの人々が貧しい人々のために財産を寄進した．フィレンツェで没す．1782年*ピウス6世によって列福された．

ジョヴァンニ〔マテラの〕

【文献】 BSS 6: 896-97; Cath. 6: 435-36; LThK² 5: 1079; NCE 7: 1071. （小高毅）

ジョヴァンニ〔マテラの〕　**Giovanni**　(1070頃-1139.6.20)　聖人（祝日6月20日），修道院設立者．イタリア南部マテラ(Matera)で裕福な家庭に生まれ，若くして*修道生活を志し，タラント(Taranto)の沖のサン・ピエトロ島(S. Pietro)の*バシレイオス修道会の修道士たちのもとで生活．その後*隠修士としてカラブリア，シチリアを遍歴，マテラに近いジノーザ(Ginosa)に戻り数人の弟子を得るが，同地を去り，モンテ・ラチェーノ(Monte Laceno)でモンテヴェルジネ(Montevergine)のグイエルムス(Guilelmus)と出会い，しばらく滞在．その後バーリ(Bari)を経て，プルサノ(Pulsano)に6人の弟子とともに修道院を設立．ヌルシアの*ベネディクトゥスの修道会則をより厳格に隠修士的に遵守するよう定める．さらに近くに女子修道院を設立．フォッジア(Foggia)の彼の建てた修道院で没す．

【文献】 BSS 6: 825-28; Cath. 6: 428-29; LThK² 5: 1059-60. （小高毅）

ジョヴァンニ〔マリニョリの〕　**Giovanni**　(1290頃-1358/59)　元朝末期，中国に布教したフランシスコ会宣教師．*フィレンツェ付近のマリニョリ(Marignolli)の出身．元の首都カンバリック(Khanbalik 大都，現在の*北京)の初代大司教モンテ・コルヴィーノの*ジョヴァンニが1328年に死去したので，教皇*ベネディクトゥス12世によりその後継者に任じられた．一行30余人は1338年*アヴィニョンを出発，*コンスタンティノポリスから南ロシアを通って1342年に大都に到着した．元朝最後の皇帝・順帝(在位1333-70)は献上された名馬を喜び，その絵を描かせたことが元史にみられる．約4年間の滞在の後，反乱相次ぐ混乱した世情をみて，皇帝の制止を振り切って1346年，泉州から海路により帰国の途につき，1353年にアヴィニョンに着いた．まもなく元朝は滅んで中国布教は一時中断した．彼の編纂した『ボヘミア年代記』(Chronicon Bohemorum)のなかに旅行の記録が断片的にみられる．

【文献】 佐口透編『モンゴル帝国と西洋』(平凡社 1970) 240-45; H. YULE, H. CORDIER, eds., *Cathay and the Way Thither*, 3 v. (London 1913-16). （金子省治）

ジョヴァンニ〔ミラノの〕　**Giovanni**　(1320頃-1383.2.16)　教会法学者．レニャノ(Legnano)のジョヴァンニともいわれる．*ミラノに生まれ，数学，医学，天文学，法学を学んだ後，1350年頃から教会法，1358年からは民法を教える．*ウルバヌス6世の教皇選出の合法性を擁護，対立教皇*クレメンス7世を支持するグループに反論(Ultimae allegationes, 1380)．著書として，教令注解書，*アリストテレスの『政治学』1-2巻注解のほかに，『教会禁制論』(De interdicto ecclesiastico, 1358)，『戦争論』(De bello, 1360)等がある．

【文献】 DThC 9: 162-64; Cath. 6: 545-46. （小高毅）

ジョヴァンニ〔メダの〕　**Giovanni**　(11世紀末-1159.9.26)　聖人（祝日9月26日），修道会創立者．生涯の詳細不明．コモ湖に近いメダ(Meda)で生まれ，*ミラノに赴き，同地で聖職者からなる抑謙修道会(*フミリアティ)第一会を創設，ほかにも多くの隠修士会をミラノ，ロンバルディア地方に設立．コモ湖に近いロンディネト(Rondineto)に建てられた男女修道者のための聖マリア修道院が特に著名．ミラノに近いブレラ(Brera)の修道院で没す．この聖人が実在したかという点に関しては学者の間で意見が分かれ，否定説をとる学者もいる．現存する聖人伝は後代の作で歴史的信憑性はなく，列福あるいは*列聖の記録文書も残っていない．

【文献】 BSS 6: 839-40; Cath. 6: 429; LThK² 5: 1060-61. （小高毅）

ジョヴァンニ〔モンテ・コルヴィーノの〕　**Giovanni**　(1247頃-1328)　イタリア出身の中国宣教師，フランシスコ会員，元朝カトリック教会の基礎を築いた中国最初の大司教．イタリア南部モンテ・コルヴィーノ(Monte Corvino)に生まれる．1272年，*フランシスコ会に入会．一時，ペルシアに派遣され，イル汗国などの布教の有望性について報告した．1289年，教皇*ニコラウス4世の蒙古皇帝などへの書簡をもって東方宣教に出発．1291年，ホルムスよりインドを経て海路により福建省泉州に上陸，1294年，元の都カンバリック(Khanbalik 大都，現在の*北京)に到着した．時の大汗成宗(Timur, 在位1294-1307)の保護を受け，以後30余年間首都にあって布教に努め，*景教より改宗したトルコ族オンゴット部族長ゲオルギス(Georgis)をはじめ蒙古系住民の間に多くの信者を得，首都には三つの聖堂も建てられ，聖書の一部も蒙古語に翻訳された．1307年，教皇*クレメンス5世により東アジア最初のカンバリック大司教に任ぜられた．しかし，82歳で彼が首都で病没した後には，後続の宣教師が少なく，教勢はしだいに衰え，元の滅亡とともにカトリック教会も消滅した．

【文献】 江上波夫「東洋における最初の大司教，モンテ・コルヴィノの伝道とその動機」『東洋文化研究』6 (1947); A. C. MOULE, *Christians in China before the Year 1550* (London 1930). （金子省治）

ジョヴァンニ・グアルベルト　**Giovanni Gualberto**　(995頃-1073.7.12)　聖人（祝日7月12日）．*ヴァロンブローザ修族ベネディクト会の創始者．イタリアの*フィレンツェに生まれ，1073年フィレンツェ近郊のパッシニャーノ(Passignano)のサン・ミケーレ・アルカンジェロ修道院で没す．騎士であったが，近親者を殺害した者を許した後，フィレンツェのサン・ミニアート(San Miniato)にある*ベネディクト会の修道院に入る．後により厳格な生活を求め，*カマルドリ修道会に移った．当時の教会改革運動に刺激を受け，1030年頃からヴァロンブローザ(Vallombrosa)で隠修生活を行い，1038年ヌルシアの*ベディクトゥスの*修道会会則をもとにした独自の*修族を創立した．さらに，パッシニャーノなどに修道院を設立し，貧者や病人の世話などもした．彼は総修道院長としての権威により各修道院を統括した．*聖職売買に反対し，教会改革運動に加わり，フィレンツェの大司教で，聖職売買者であったペトルス・メッツァバルバ(Petrus Mezzabarba)と抗争した．1193年教皇*ケレスティヌス3世により列聖される．

【文献】 LThK² 5: 1040; NCE 7: 1054. （伊能哲大）

ジョヴァンニ・コロンビーニ　**Giovanni Colombini**　(1304/05-1367.7.31)　福者（祝日7月31日），*イエスアート会創立者．イタリアの*シエナに生まれ，

裕福な商人としてシエナで重きをなし，1342年に結婚するが子どもに恵まれなかった．50歳の頃，エジプトの *マリアの伝記を読んで回心．財産を貧しい人々に施し，教会で長い時間祈る生活を始める．妻の同意を得て，貞潔の請願を立て，病者の看病にあたり，アッシジの *フランチェスコに倣い貧しい生活を送る．1357年または63年，異端的な清貧運動と誤解され，シエナの有力者たちによって同市から追放される．イエスの名を絶えず口にして祈り，またイエスの名前を繰り返し説きつつ（会の名称はこれに由来する）イタリア各地を遍歴．シエナで *ペストが流行すると，それを彼の追放に対する天罰と恐れたシエナの市民に呼び戻される．1364年新修道会を設立．1367年，教皇 *ウルバヌス5世によって認可された．その数週間後ヴィテルボのアクアペンデンテ（Aquapendente）で没す．114通の手紙が現存する．
【書簡集】A. BERTOLI, ed., *Le lettere del b. G. Colombini* (Lanciano 1925).
【文献】キ人 603; BSS 4: 122-23; DIP 2: 1236-37; LThK² 5: 1022; NCE 7: 1045. （小高毅）

ジョヴァンニ・ジュゼッペ・デラ・クローチェ
Giovanni Giuseppe della Croce (1654.8.15–1734.3.5) 聖人（祝日3月5日），フランシスコ会司祭．本名カロジント（Carlo Gaetano Calosinto）．ナポリ湾のイスキア島で由緒ある家庭に生まれ，同島のアウグスチノ会員から教育を受ける．スペインから来た，アルカンタラの *ペドロに発する *フランシスコ会改革派アルカンタラ派の修道士たちによって，イタリアで最初に *ナポリに建てられたサンタ・ルチア・アル・モンテ修道院に入る．1677年司祭叙階．修練長に任命される．1702年アルカンタラ派のイタリア管区設立とともに管区長に任命される．霊的指導者として優れ，厳しい *苦行を実践し，アッシジの *フランチェスコとアルカンタラのペドロの精神に基づく会の刷新に努めた．ナポリで没す．
【文献】BSS 6: 1009-12; Cath. 6: 647-48; LThK² 5: 1105; NCE 7: 1057. （小高毅）

ジョヴァンニ・バッティスタ・デ・ロッシ →ロッシ，G. B. de

ジョヴァンニ・バッティスタ・デ・ロッシ
Giovanni Battista de Rossi (1698.2.22–1764.5.23) 聖人（祝日5月23日）．ジェノヴァに近いヴォルタッジョ（Voltaggio）に生まれ，13歳のときサンタ・マリア・イン・コスメディン聖堂参事会員であった従兄を頼って *ローマに赴き，コレギウム・ロマーヌム（*グレゴリアナ大学の前身）で文学，哲学を学ぶ．聖職を志し *ドミニコ会の会員のもとで神学を学び，1721年司祭叙階．従兄の死後参事会員を継ぎ，*聴罪司祭，説教師として活動する一方，ローマ市内の貧しい人々，病人への奉仕に献身する．特に，サンタ・ガラ救貧院では1715年から死ぬまで奉仕活動にあたり，それを支援する教区司祭会（Pia Unione di Sacerdoti secolari di S. Galla）を組織，若い聖職者たちの指導にも献身した．晩年は若い頃からの持病に苦しみ，参事会員を辞し，巡礼者の三位一体施療院に引退，同院で没した．
【文献】BSS 6: 959-63; Cath. 6: 641-42. （小高毅）

ジョヴァンニ・ボスコ **Giovanni Bosco** (1815.8.16–1888.1.31) 聖人（祝日1月31日）．イタリアで若者のために尽くした司祭，教育者，*サレジオ会の創立者．通称ドン・ボスコ．
【生涯】イタリア北部のカステルヌオヴォ・ダスティ（Castelnuovo d'Asti）のベッキ（Becchi）で，オッキエーナ（Occhiena）夫妻の次男として誕生．2歳で父親に死別し，農業・牧畜に従事しながら赤貧の少年時代を過ごす．9歳のとき，夢のなかで，貧しく，放任されている若者たちの世話をする将来の使命を示される．1829年，モリアルド（Morialdo）の老主任司祭カロッソ（Calosso）から学習の手ほどきを受け，2年後，キエリ（Chieri）に移り，各種の職業体験を積みながら公立学校に通い10年を過ごす．その間，有徳の青年コモロ（Luigi Comollo）と友情を深める．1835年，着衣し，キエリの神学校に入学．1841年，司祭に叙階され，司祭司牧研修学院で，*ジュゼッペ・カファッソの指導のもとに，倫理神学の研究と司牧の実践にあたる．産業革命の影響を受けて *トリノに出稼ぎに来ていた身寄りのない若者たちを相手に司牧活動を開始する．活動形態は「オラトリオ」（oratorio）と呼ばれ，*主日や *祝日に子どもたちを一定の場所に集め，娯楽，*典礼，*宗教教育の機会を提供するものであった．1845年，『教会史』（Storia Ecclesiastica）の教科書を執筆するが，以後，著作活動と出版活動とは，彼の使徒職の重要な側面となる．1846年，それまで各地を転々としていたオラトリオが，ヴァルドッコ（Valdocco）に施設を得て定住する．夜間学校も開かれ，彼の母は若者たちの世話をしながら余生を送ることになる．ドン・ボスコは若者たちを対象に *黙想会を行い，将来の事業の協力者と後継者の養成を目指した．トリノ教区立神学校閉鎖に伴い，教区神学生もオラトリオに寄宿して勉学を続けた．1850年，青年労働者の互助会を設立し，翌年には，彼らの権利を擁護するため，労働組合的行為の前身ともいうべき労働条件に関する「契約」を雇い主たちと結ぶ．1853年，オラトリオ内に各種の職業訓練所，学校，寄宿舎を設置．1854年，「少年聖人」の *ドメニコ・サヴィオをオラトリオに迎え入れる．1855年3月25日，後に初代後継者となるルア（Michele Rua）がドン・ボスコの前で *修道誓願を宣立し，最初のサレジオ会員となる．1857年，サレジオ修道会の会憲作成に着手し，翌年，起草文を教皇 *ピウス9世に提示する目的で，初めて *ローマに赴く．1859年12月18日，サレジオ修道会が正式に誕生する．初代会員は18名．1863年，ミラベロ（Mirabello）にトリノ市外の最初の支部が開設される．1866年，ドン・ボスコは，教皇庁とイタリア政府との仲介役を務め，司教任命問題の解決に貢献するが，生涯にわたり，*ヴィットリオ・エマヌエーレ2世や *カヴールなど，政界の大立て者とも親交を保った．1868年，扶助者聖母大聖堂を完成させ，翌年の3月1日に，サレジオ修道会は聖座の正式認可を獲得した．1872年，ドン・ボスコは，後に列聖されるマリア・マザレロ（Maria Mazzarello, 1837-81）とともに，*扶助者聖母会を創立し，8月5日に聖座より認可を得る．1874年には，サレジオ会の *会憲が認可された．1875年，サレジオ会は海外宣教活動を開始し，後の枢機卿カリエロ（Giovanni Cagliero）を団長とする10名の初代宣教師が南米の地を踏んだ．以後，宣教師派遣と宣教活動とは，ドン・ボスコの事業の本質的一端として続行する．1876年，サレジオ協力者会（Pia Unione dei Cooperatori Salesiani）が *聖座より正式認可される．1883年，ドン・ボスコはフランス各地を歴訪

し, 教皇 *レオ 13 世より依頼されたローマ市内での聖心大聖堂建立の資金集めを行い, 熱狂的な歓迎を受ける. 1886 年には, 同じ目的でスペイン各地も歴訪, 当地でのサレジオ会事業の基礎を固めた. 1934 年 4 月 1 日, *列聖. 帰天 100 周年の 1988 年, 教皇 *ヨアンネス・パウルス 2 世により, 「若者の父・教師」の称号を贈られる.

【教育法】ドン・ボスコの教育法は, 「予防教育」(sistema preventivo) と呼ばれ, 教育のかなめに, 「信仰」「道理」「愛情」を置き, 被教育者と「つねに共にいること」(assistenza) を必須条件とする. *秘跡 (聖体と赦し), 通じる愛, スポーツ, 音楽, 演劇などを活用して, 「方正な社会人」と「善良なキリスト者」の育成を目指す. ドン・ボスコの教育姿勢は彼自身の次の言葉によく示されている. 「私は, 息を引き取る最期の時まで, 貧しい青少年のために尽くすことを神に約束した」.「君たちが若者だという理由だけで, 私は君たちを熱愛する. ……君たちと共にいること, それが私の人生だ」.

【霊性】ドン・ボスコという人格においては, 「自然」と「恩恵」とが見事に調和し, 人間的要素と神的要素とが, 「若者への奉仕」という一貫した生活設計のなかで完全に融合していた. 彼は「見えないものを見ているかのように」一生を生き抜いた. 牧者キリストの模倣, 神との一致, 教会と教皇への愛と忠誠, 家庭的精神, 楽観と喜び, 仕事と節制, 創造性と柔軟性などは, ドン・ボスコにおいて認められる特徴といえる. また, 聖母 *マリア, とりわけ,「扶助者マリア」への信心も格別であった.

【文献】A. オフレー『聖ドン・ボスコ』F. バルバロ訳 (ドン・ボスコ社 ⁸1986); A. AUFFRAY, *Un grand éducateur, le bienheureux Don Bosco* (Lyon 1929); 石川康輔『ドン・ボスコ自叙伝』(ドン・ボスコ社 1988); 小坂井澄『葡萄畑から遠い道―ドン・ボスコの生涯』(春秋社 1988).

(石川康輔)

ジョヴァンニ・レオナルディ Giovanni Leonardi (1541 頃-1609. 10. 9) 神の母修道会の創立者, 聖人 (祝日 10 月 9 日). イタリアのルッカ (Lucca) 近郊の労働者階級の家庭に生まれ, *ローマで没す. 1572 年頃, 司祭に叙階. 聖母 *マリアへの信心を広め, 説教と司牧でキリスト教精神の普及を目指す聖職者修道会をルッカで設立 (1574). *聖座の認可を受け (1595), *神の母修道会として盛式誓願 (→修道誓願) の修道会に昇格した (1619). その他幾つかの修道院の設立・改革に取り組むほか, 1603 年, 外国宣教のための神学校設立にも加わり, 何度かの重要な外国宣教に関わった. また, 主著『キリスト教教理』(Dottrina cristiana, 1574) は 19 世紀まで用いられていた. 1861 年列福, 1938 年 *列聖. *聖遺物はローマのカンピテリ (Campitelli) のサンタ・マリア聖堂に納められている.

【文献】LThK³ 6: 833; NCE 8: 657; F. FERRAIRONI, *The Secoli di storia dell'Ordine della Madre di Dio* (Roma 1939).

(山口和彦)

じょうか 浄化 〔ラ〕purificatio, 〔英・仏〕purification, 〔独〕Reinigung 宗教的な意味で罪を犯したり, 汚れたものが, これを除去すること. また, 神聖なものとの接触・交流に先立って, 心身を日常よりも清らかにすること.

【宗教学】大きく分けて身体的浄めと精神的浄めがある. 身体的浄めは外清浄, 精神的浄めは内清浄と呼ばれもする. 身体的な浄めは, 水行などの行の実践とか, あるいは特定の食物を断ったりすることなどによって達成されると考えられている. これに対して精神的浄めは, 懺悔や反省などの内面的な努力によって達成されると考えられている.

罪を犯したり, 汚れたものと接触したりなどしたため, その汚れを祓うのは消極的な浄めであるが, 神聖な祭りや *儀礼などに参加するために, 常人以上に身を浄めるというのは, 積極的な浄めといえる. 前者の代表的例としては, 死者に関わったため, その汚れを浄める儀礼がある. 多くの文化で, 死ないし死者は汚れとみなされる. したがって, 死や死者と関わりをもったり, 接触した人は, その汚れを祓うために, 浄めの儀式を行う. また後者の例として, *神道の潔斎がある. 祭りに参加する神主, あるいは氏子総代などが, 祭りに先立って心身を浄めるものである. これには水をかぶるなどの簡単なものから, 長期間の禁欲・精進などの重いものまである.

こうした例でわかるように, 浄めの観念は, しばしば *汚れ (穢れ) の観念と対になっている. したがって汚れの観念が強い文化, 宗教においては, 浄めの観念もまた強いということになる. 汚れの概念は, *ゾロアスター教など古代宗教においても強く, 汚れとその浄めという観念は, 極めて起源の古いものであることが想定される. また歴史宗教においても, 汚れと浄めという組み合わせは広く観察される. 旧約聖書においては, レビ記等に数多くの汚れの例と, それを浄めるための手段についての記載があり, また *コーランにも汚れと, それを浄める方法が具体的に記されている. *ヒンドゥー教においても, 浄めの儀式は数多い. 宗教の儀礼的側面においては, 汚れの浄めということが, 重要な要素となっている. 日本では, 陰陽道が汚れと浄めという観念の広まりに大きな影響を与えた. 神道の浄めの儀礼には陰陽道起源のものが多く混入している.

具体的な浄めの場面では, さまざまなものが用いられるが, 代表的なものとしては, 火, 水, 血, 香などがある. 火を浄めとして用いる例としては, ゾロアスター教が有名である. また密教における護摩にも, 浄めとしての火という概念が作用している. 水を浄めの手段とする例も多い. キリスト教の *洗礼はその代表例である. また, イスラム教徒は, 祈りの前に水で手足や顔を洗い, 身を浄める. モスク (イスラム寺院) には, そのための場所が必ず設けてある. もっとも *イスラム教の場合, 水がない場所では, 砂をそのかわりに用いることができる. 神道においても, 古くは祭りの前に, 海岸や河川における身滌が行われた. また, 動物の血や香が浄めに用いられる場合もみられる. その他, 日本においては, *塩が浄めの意味をもつ. 相撲においては土俵の浄めに用いられ, また, 葬式に参列したあとの汚れを祓うのにも用いられる. 水や火は, かなり通文化的に浄めの手段となるが, 血や塩になると, 文化的偏りが大きくなる.

【文献】M. ダグラス『汚穢と禁忌』塚本利明訳 (思潮社 1972); M. DOUGLAS, *Purity and Danger* (London 1966); 薗田稔編『神道』(弘文堂 1988).

(井上順孝)

【聖書と霊性】浄化は清くないものを清くする行動 (〔ラ〕 purum-facere) である. それは法的 (レビ 11-17 章; 申 14: 21), あるいは道徳的 (イザ 1: 15-17; エレ 31: 34; エゼ 36: 25-31; 詩 24: 4; 51: 10) 行動である. 神は清さそのもの (puritas essendi) である. 形而上学的に, 聖なる神は畏れ多く, 有り難い神秘であり, 人間はその前で

自分の小ささと汚さを感じる(創15:12; 28:17; 出3:6; 33:22; ヨブ40:3-5). また道徳的にみて, 神は清さの源であり, 自分の民イスラエルに *聖性と清さを求める(アモ2:7; ホセ11:8-9; イザ1:4; 5:18-19). 清められた神の民は新しい心と霊を受けるのである. キリストは内的浄化を強調し(マコ7:14-23), 心と関連づける(マタ5:8). キリストの犠牲は人を清め(ヘブ9:10), 人は *洗礼によって清められるのである(エフェ5:26; 1コリ6:11). 霊性神学における個人の道徳的浄化の段階として, まず *罪との戦いを考える. 効果的な浄めのため, 罪の根を掘り出さねばならない. *フアン・デ・ラ・クルスはその根を乱れた愛着と呼び, 浄化の手段として *暗夜の道を勧めている. それは感覚と精神の能動的(activa)浄化である. ここでは *苦行と *祈りが重要である. その目的は正しい意向, 浄い魂, 神の愛に生きるという心構えや恩恵を得るためである. 次に *観想によって, 信仰・希望・愛の浄めの道を歩む人は, 自分を空にすることにより, 神から最終的に受動的(passiva)浄化を受ける. それは罪源(→七つの罪源)と, 自我からの浄めである. 苦しい砂漠の体験と比べられ, その結果として, 克己・謙遜・心の自由・神と隣人への純粋な愛を得るのである.

【文献】DSp 7: 2627-52; 十字架の聖ヨハネ『暗夜』山口女子カルメル会訳(ドン・ボスコ社 1987); 同『カルメン山登攀』奥村一郎訳(ドン・ボスコ社 1989).

(J. カトレット)

しょうがいじきょういく 障害児教育 〔英〕education for the handicapped children, 〔独〕Erziehung behinderter Kinder, 〔仏〕éducation pour les enfants handicapés 我が国の障害児教育の源流ともいうべき施設教育は, すでに明治期に石井亮一(1867-1937)が東京に滝乃川学園(1891)を, 脇田良吉(1875-1948)が京都に白川学園(1909)を開設したのに端を発する. 二人とも熱心なキリスト者であり, 人間教育という視点で, 障害の特性に適った進歩的教育を実践した.

公教育に関しては, 障害児の教育はいつも別途につくられた学級あるいは学校で行われるのが常であった. 1924年(大正13)に盲学校聾学校令が出されたのがその始まりである. 重度障害児を含めたすべての障害児が学校教育を受けることができるようになるのは, 1979年(昭和54)4月からである. すなわち, 養護学校の義務化といわれるもので, 新憲法のもとでの一般の児童の義務教育に遅れること実に22年である. 現在, 義務教育段階の特殊教育学校には, 盲学校, 聾学校, 精神薄弱と肢体不自由と病弱の養護学校の5種類があり, 普通の小中学校に設置される特殊学級には, 精神薄弱, 肢体不自由, 身体虚弱, 弱視, 難聴, 言語障害, 情緒障害の7種類がある. 今後は障害児と健常児の交流の機会を増やし, 共に育ち合う教育への取り組みがより活発になされることが期待される. 障害によっては早く発見できるものも多いので, 早期発見と早期教育が障害を予防し, その重度化を防ぐ鍵ともいわれている. 学校教育の前段階の早期教育では, 医学と教育の連携, 障害児のいる家庭との協力と家庭への援助がとりわけ重要である. 義務教育終了後の職業訓練や職業指導, 余暇活動やクラブ活動等の社会教育プログラムの充実もこれからの課題である. 障害者が地域社会で生活し, 自己実現が果たせるためには, その生活が生涯にわたって教育を伴っているものでなければならない.

(春見静子)

しょうかいしょう 昇階唱 〔ラ〕graduale, 〔英〕gradual, 〔独〕Graduale, 〔仏〕graduel *答唱詩編の伝統的な呼称. *ローマ典礼の伝統では, *ことばの典礼の聖書朗読(→朗読)において, 第1朗読で読まれる聖書の箇所について, *詩編の数節を答唱句(→答唱)を繰り返し歌いながら味わう答唱詩編を実践してきた. その際, 詩編 *先唱者が, 聖書朗読台のある壇上(〔ラ〕gradus)から *信徒席に向かって歌唱したことから, この歌唱がグラドゥアーレ(graduale 昇階唱)と呼ばれるようになった.

グラドゥアーレという名は, また, 古くからローマ教会で編纂されていた先唱者用の *ミサの *聖歌集(cantatorium)に対するフランク王国の教会での一般的呼称でもある. これが12世紀頃からミサ聖歌集に対する通称となり, 第2 *ヴァティカン公会議後に編集された新しい歌集にも採用されている. 例えば, *小教区や小さな *共同体のミサで歌われることを目的として編集された『*簡易ミサ聖歌集』(Graduale Simplex, 規範版発行1967), 1974年に *ソレーム修道院で批判版が出版された『ローマ聖歌集』(Graduale Romanum)や研究者用の『ミサ聖歌集三種』(Graduale Triplex)などである.

【文献】Jungmann 1: 539-48. (小田賢二)

しょうきょうく 小教区 〔ラ〕paroecia, parochia, 〔英〕parish, 〔独〕Pfarrei, 〔仏〕paroisse 小教区とは聖堂区ともいい, 部分教会内に恒常的に設立された, 一定のキリスト信者の *共同体である. その *司牧は, *教区司教の権威のもとに, その固有の司牧者としての *主任司祭に委託されている(『教会法典』515条1項参照). 小教区はキリストが教会に託した救済使命を正規に遂行するための, 最小限の法的に独立した部分である. その救済使命とは, まずもって神のみことばの宣布, 信仰のあかし, 神の礼拝, 秘跡の執行, 個人や社会への奉仕などである. 教区司教だけが小教区を設立, 廃止, または変更する権限を有し, 適法に設立された小教区は法人格を有する(515条2-3項). 原則として小教区は, 一定地域のすべての信者を含む属地的共同体(〔ラ〕paroecia territorialis)であるが, 必要な場合には, 信者の典礼, 言語, 国籍などの理由に基づく属人的共同体(paroecia personalis)を設立することもできる(518条参照).

現代では小教区と訳されているラテン語 paroecia または parochia はギリシア語 paroikia (外国人として住むこと, 寄留)に由来し, 牧者に率いられ, この世には国籍をもたない *寄留者であるキリスト信者の共同体を意味した. したがって8世紀頃までの文書には現代の「*司教区」の意味で parochia が使用されている.

*十二使徒の死後, 信徒共同体の統治と司牧は司教たちが担っていた. 2-3世紀に都市や近郊においてキリスト教が広まるにつれて, *司教だけでは指導しきれず, 近郊の聖堂で信者の必要を満たすよう *助祭や *司祭を派遣し, 助祭や司祭が担当する地域(regiones diaconales, regiones presbyterales)が司教のもとに作られた. しかしこれらは独立した共同体ではなく, *秘跡を受けたり, *ミサに参加するために信徒は司教のいる教会に赴かなければならなかった. 東方において2世紀末頃から始まった地方専任司教(chorepiscopus)は, 地方における司牧の責任者および共同体の長として任命されたが, 司祭叙階の権限や財政的独立の面で都市の司教と同格ではなかった. これらに代わって4世紀からは都市司教に任命された巡回聖職者(periodeuta)が遣わされ,

しょうきょうくがっこう

定住していった.

6世紀になると信者共同体の区分は, *洗礼, *葬儀などの司牧範囲に加えて, 常駐の聖職者の生計を支える三分法や四分法による奉納金, *十分の一税や教会禄(*聖職禄)が基本となった. それゆえ土地領主の設立による聖堂や修道院付のものがあり, 財政的な依存関係による母教会と子教会の関係もあり, 地域区分も明確ではなかった. 13世紀までには常駐の司祭のもとに集まる信徒共同体への細分化が進んだが, 国家の行政区域と財政基盤がその基本であった.

*トリエント公会議は小教区の要素を整理し, 確定した. すなわち, 基盤となる信徒の団体と, この信徒共同体の頭である司教の権威のもとにあって, 確固とした権利をもつように永続的に任命された司祭(主任司祭)である. 司牧者である司祭には日曜日と祭日に聖体祭儀を信徒に恵与する義務のほかに, 結婚に立ち会う権利を与え, 洗礼と*婚姻の台帳管理を義務づけた. その後, *堅信と葬儀の台帳も義務づけられることにより, 信徒の霊的・個人的記録全部が管理され, 教区行政(場合によっては国家行政)の下部組織という性格が作られた. 旧教会法(公布1917)においては, 小教区は教区の小区分であり, 固有の聖堂が定められ, 固有の牧者が任命されると定義された(旧『教会法典』216条1項参照). しかしその設立についてはなお, 教会禄を基盤としていた(1415条参照).

第2*ヴァティカン公会議は教会の中心を信徒の共同体に戻した. つまり「教区」も「小教区」も教会の行政区域や財産についての区分ではなく, 神の民の「教会」が具体化する集いを指すのである. これまでの制度面である地域性, 恒常性, 固有の司牧者をもつこと, 秘跡執行の本来の場としての性格は, これからも「小教区」に残るとしても, 信徒の交わり([ギ]koinōnia)がその中心に置かれたのである.

【文献】LThK² 8: 398-406; Plöchl 1; J. LISTL ET AL., eds., *Handbuch des katholischen Kirchenrechts* (Regensburg 1983); V. K. LUDICKE, ed., *Münsterischer Kommentar zum Codex Iuris Canonici*, v. 2 (Essen 1985) Can. 535; J. A. CORIDEN, ET AL., eds., *The Code of Canon Law* (New York 1985) 415-16; M. MORGANTE, *La Parrocchia nel Codice di Diritto Canonico* (Torino 1985).

(濱田了)

しょうきょうくがっこう　小教区学校 〔英〕parochial school, parish school, 〔独〕Parochialschule, Pfarrschule, 〔仏〕école paroissiale　*司教の統括下, *司教区内のカトリック教徒の子弟の教育を行う小教区付属の小学校. ヨーロッパで展開した歴史的概念と主にアメリカ合衆国で発展した今日的概念に分けられる.

【歴史】古代の教理学校が消滅した後, ヨーロッパでは教会が人々を教育する使命を担うことが多くなり, *修道院学校, *司教座聖堂付属学校が発展したが, 小教区学校はさらに民衆寄りの教育機関として設立されたものである. 早くも第2回*オランジュ教会会議(529)の決議にその設立が定められ, キリスト教圏各地に広まった. そうした拡張・拡大に力があったのは*シャルルマーニュで, 彼は領国内では誰もがラテン語で*信条と*主の祈りを唱えられるよう, 各*主任司祭が教師として教える小教区学校の設立を促進した. 小教区学校は13世紀の文化の興隆の気運に乗ってさらに発展し, 14-15世紀には村落地域でも初等教育を実質的に担う場となっていった. プロテスタント教会もこの種の学校の重要性を再認識して各教会に学校を開設し, カトリック側も*トリエント公会議での方針を受けて初等教育網として整備を進めた. しかし18世紀以降, 国家主導型の国民教育制度が構想され, 実施されていくにつれて, 小教区学校は後退を余儀なくされ, 教育の世俗化が推し進められるなかで公立学校に取って代わられるようになった.

【アメリカ合衆国】ヨーロッパ的伝統を受け継いだのがアメリカ合衆国で, 19世紀末までには小教区学校が全国的な組織となった. 植民地時代にもカトリック教徒が多かったメリーランド州では*カトリック学校が存在していたが, 独立後, *ボルティモアの司教 J. *キャロルらは他の宗派とも協力してカトリック児童の教育の機会の平等と権利を保証する制度が国家により整備されることを望んだ. しかしそれが不可能とわかると, キャロルは教会独自の学校制度を作るべく決断した. これが今日, 全米のカトリック教会の司教区ごとに組織されている共通の小学校体系である. 1960年代まで, 多大な財政負担を司教区が負うこと, 親たちにもかなりの負担を求めることなど幾つかの問題があったが, 豊富な召し出しに支えられた修道女会の人材によって運営され, カトリック移民をアメリカ化したり, 合衆国内のカトリックの社会的地位を高めるのに貢献した. 現在, 教区学校は需要と人員供給の間の恒常的不均衡の問題を抱えており, 「教育」や「学校」の意味や役割が問い直され, 組織自体の新しい理念をもたなければならない時代を迎えている.

【文献】Cath. 3: 1278-82; LThK² 8: 412-13.

(高柳俊一, 高祖敏明)

しょうきょうくだいちょう　小教区台帳 〔ラ〕libri paroeciales, 〔英〕parish books, 〔独〕Pfarrbücher, pfarriliche Bücher, 〔仏〕registres paroissiaux　小教区台帳とは, *小教区内で行われた*秘跡や祭式について記録するために, 各小教区に備える台帳類である.

11世紀半ば以降に, *『グラティアヌス法令集』の影響によって文書記録の体系が発展し, また異端分派などによる秘跡授与の乱れから, 有効な*洗礼や*婚姻の有無を記録・証明する台帳類が作られた. 現存する最古の洗礼台帳は14世紀のものである. *トリエント公会議(Sessio XXIV, Can. super ref. matri., cap. I et II: 1563 nov. 11)では婚姻・洗礼台帳の記載を*主任司祭の重大な義務と定め, 1614年の『ローマ儀式書』(→儀式書)では, これに信者籍台帳と死亡台帳が加えられた. 18-19世紀にこれらは国家の戸籍としても使われた.

現行教会法は各小教区に洗礼台帳, 婚姻台帳, 死亡台帳, および*司教協議会が定める台帳を備えるよう義務づけている(『教会法典』535条1項). これに従い日本司教協議会は堅信台帳と信者籍台帳を義務づけている(『日本における教会法施行細則』5項). さらに小教区での実際上, ミサ帳簿(『教会法典』958条1項), 祭式依頼および喜捨の帳簿(1307条2項), 出納簿(1284条2項7), 洗礼志願者台帳(788条1項)が必要となる. これらを管理するのは主任司祭である(535条1項). 台帳類は書庫や記録保管庫に保管され, *教区司教またはその代理が行う視察の際, あるいは他の適当なときに校閲されなければならない(535条4項). 主任司祭が病気あるいは死亡の際には, 地区長が台帳類を確保する(555条3項). 洗礼台帳は信徒の身分についての記録であり, 洗

礼の秘跡執行に関連する事柄(877条参照)だけでなく*堅信，婚姻，終生修道立願，受階，養子縁組が記載される(535条2項)．多くの小教区では統計と司牧上の便宜から，臨終洗礼(*緊急洗礼)を別の台帳にしている．堅信台帳には，当該小教区でこの秘跡が授けられた場合を記録する．堅信の秘跡執行に関する事柄が記載され，主任司祭は受洗小教区および在籍小教区に堅信授与を報告する(895条)．婚姻台帳には，挙式地の主任司祭，またはその代行者が，婚姻の秘跡に関連する事柄および，婚姻に際して与えられた*免除を記載し，受洗小教区および在籍小教区に通知書を送る(1121条1項，1122条2項)．ただし教会法上の方式の免除を得て締結された場合には，免除を与えた裁治権者が，教区本部の婚姻台帳ならびにカトリック者側の在籍小教区の婚姻台帳に記録するよう手配する(1121条3項)．信者籍台帳は，現に所属する小教区において信徒の秘跡・家族状況を把握するために記録するもので，転籍の際には信徒とともに移転するカード台帳である．

【文献】DMC 3: 84–87; Plöchl 1; *Münsterischer kommentar zum Codex Iuris Canonici*, v. 2 (Essen 1985) Can. 535; M. Morgante, *La Parrocchia nel Codice di Diritto Canonico* (Torino 1985). （濱田了）

しょうきょうくちょう　小教区長　→　主任司祭

じょうきょうくろふねいっけん　貞享黒船一件

1647年の*正保黒船一件によって*マカオは日本との貿易の希望を失ったが，*イエズス会の宣教師のなかには，つねに日本への宣教を考える者がいた．トマス(Antoine Thomas, 1644–1709)もその一人であった．彼はイエズス会の恩人であったアベイロ侯爵夫人の取り次ぎを頼んで，再度使節派遣の準備を進めていた．ちょうどその頃，1684年(貞享1)9月伊勢国渡会郡神社村の太兵衛の船が江戸まで煙草などの商品を積んで行き，その帰りに嵐に遭って中国の海岸に漂着した．中国船の援助を受けて1685年3月10日マカオに寄港し，その後マカオ市は彼らを手厚くもてなし，トマスは乗組員に対してイエズス会の*コレジヨを宿泊所として提供した．マカオ市はトマスの進言によって日本人船員を日本に無事に戻し，これを契機に再び*長崎との貿易が再開されることを願って，有力なマカオの商人の援助を得てサン・パウロ号という船を準備した．一行は6月13日マカオを出航，7月3日(貞享2.6.2)午後2時頃長崎港にその船姿を現した．このときにも使節の要求は聞き入れられなかったが，ポルトガル人はマカオに戻ることを許された．伊勢の船員たちは取調べを受けた後，故郷に帰ることができた．トマスは，マカオで日本船の船材で箱を作り，それをアベイロ侯爵夫人に贈った．その箱は現在，長崎の*日本26聖人記念館に保存されている．

【文献】長崎市役所編『長崎市史』(長崎市役所1967); 岩生成一「最後のポルトガル船」『キリスト教史学』20 (キリスト教史学会1967) 1–12. （結城了悟）

じょうきょうりんり　状況倫理〔英〕situation ethics, 〔独〕Situationsethik, 〔仏〕éthique de situation

行為の是非・善悪はその行為がなされる状況によって判断されるものであり，いかなる*規範も普遍的に適用することはできないとする立場．人格主義(→人格)と*実存主義の影響下に発生し，カトリックの*倫理神学とプロテスタント神学の倫理において，同様に受容されたが，その様相はそれぞれにおいて大きく異なっている．

【カトリック倫理神学】カトリック倫理神学では，*チューリヒの哲学・教育学教授*グリーゼバハとカトリック社会・文化哲学者ミヒェル(Ernst Michel, 1889–1964)の影響があげられる．この概念を理解するために重要なのは葛藤の*存在論である．人間をとりまく世界の現実との関わりを規定するのは，支配，自由裁量，隷従などの関係である．支配したいという欲求は他者の不可侵性に直面したとき限界につきあたり，そこに葛藤が生じる．他者との出会いという状況は一回限りのものであり，反復不能，予見不能である．規範や一般論によって理解することのできない状況である．まさに葛藤という状況こそは，規範によって安易に処理されてしまってはならないものなのである．人間が歴史を通して作り上げてきた制度的な保証も，そのような状況を前にしたら単なる虚構でしかない．状況は決断によってのみ乗り越えられるのであり，規範が決断の責任を肩代わりすることは不可能だからである．

他方，実存主義(*キルケゴール，*ハイデガー)の影響により規範の批判的理解と批判的使用が要請されるようになった．確かに規範を完全に放棄することはできない．規範があれば意志の共有も可能になるからである．しかし規範は，方向づけを得るための補助手段のようなものであって，一回限りの行為や状況に完全に対応するものではない．決断に際して判断規準のもととなるのは，状況を踏まえた洞察のみである．

状況倫理についてこれまで何回か指摘されてきたのは，*唯名論において未解決であった問題を形を変えて繰り返しているのではないかという点である．確かに状況倫理は具体的なものを強調するが，その結果としてかえって生の現実から離反する形而上学的な抽象が重視されるようになる．具体的なものには，普遍的なものの反復以上の意義がある．具体的な状況は，普遍的な原理，または高度に一般化された規範との接点以上のものである．具体的なものを演繹的に規定することはできない．個々の状況と行為を検討する状況倫理において，帰納は必至である．

状況倫理は最終的に状況を絶対的なものとするが，それは歴史の終わりを意味することでもある．すなわち，そこには規範として機能しうる伝統はもはや存在しない．存在するのは現在のみであり，規範をもとに意志が共有されることもない．状況の絶対化に際して次のような点が問題となる．そもそも責任を負うということは可能なのか．人は自己の状況のうちに閉じ込められてしまうのではないか．際限のない反省を繰り返しながら，一回限りの現実にぶつかって挫折しなければならないのか．状況倫理が規範を否定し，愛のみを行為の唯一の原理とするならば，それは，行為の妥当性に対する判断を放棄したことになる．

状況倫理はしばしば*罪についての一種の神秘思想と結びつき，罪の不可避性あるいは罪責を覚悟のうえでの行為を説明する際に用いられる．これについては，倫理神学よりも，むしろキリスト教的文学で取り上げられることが多く，特に哲学者N. *ハルトマンの影響が大きい．しかし，罪の本質には必然的に自由が含まれているのであって，避けられない罪などというものはありえない．それは宿命であって罪ではない．

状況倫理は1952年に教皇*ピウス12世と教皇庁によって否認されたが，カトリック倫理神学に種々の新し

しょうく

い洞察をもたらしたのは事実であり，以後，歴史性，*解釈学，*エピケイア等との関連で論じられてきた．状況倫理が提起した諸問題を適正に論じるためには，厳密な哲学概念が必要だが，状況倫理に倫理神学の伝統的理解に対する正当な批判の要素が含まれていることを，忘れてはならない．状況倫理が強調しようとしたのは，倫理神学とは，完全に見直され定式化され尽くした原理と規範のもとで，*決疑論の助けによって，具体的な状況を包摂しようとする単なる応用科学以上のものである，ということである．具体的な状況はむしろ，原理と規範を新たに理解し，これを定式化するよう促す．そこで取り上げられるのは一般的な抽象論ではなく，人間の行為と状況のダイナミックな相互関係である．

【プロテスタント神学】プロテスタントの神学においては，状況倫理は神学についてのある特定の前理解から出発し，ルター派の二王国論，*律法と*福音の弁証法，法廷論的義認論（→義認）によって形成された．決定的な影響を与えたのは*ティーリケである．厳格な人格主義を枠組みとする彼の神学思想は，人間の堕罪後における*被造物の存在論的な秩序に規範的な重要性を与えることを拒否した．この秩序に訴え，その普遍的な義務の要請に訴えることは，単に自己義認の疑いに身をさらすだけではなく，非現実的でさえある．人が*恩恵に促されて行動するということは，今ここにおいて可能なことをつかみとることを意味する．それは神の慈悲に対する絶対的な信頼において行われる．状況倫理はここにおいて，「弁明しうる罪責行為」の神学理論，および倫理的妥協の定律と結びつけられる．

状況倫理の卓越した代表者としてはJ. A. T. *ロビンソンと*フレッチャーをあげることができる．「愛せ，しこうして汝の欲するところを為せ」という*アウグスティヌスの言葉は実用主義的な光のもとに解釈される．伝統的な価値観が失墜してしまった多様主義社会のなかでは，そのようにしてしか責任をもって行動することができない．しかしながら，規範を失ったその場かぎりの倫理に陥る危険性があることは否定しえない．英語圏で主張されているコンテクスト倫理（H. R. *ニーバー，ウィンター Gibson Winter）は状況倫理との類似点を示しているが，単純に状況倫理のもとに包括することはできない．そこで強調されるのは行為の意向に関する信仰の力である．信仰は認識のための霊感をもたらすので，純粋に規範的な倫理に基づくより正確に現実を捉えることが可能となる．

【文献】B. ヘーリンク『キリストの掟』全4巻，渡辺秀他訳（中央出版社 1966-74）: B. HÄRING, *Das Gesetz Christi*, 3 v. (Freiburg 1954); K. RAHNER, "Situationsethik und Sündenmystik," *Stimmen der Zeit*, 145 (1949/50) 330-42; ID., *Gefahren im heutigen Katholizismus* (Einsiedeln ²1954); D. VON HILDEBRAND, *True Morality and Its Counterfeits* (New York 1955); J. FUCHS, "Ethique objective et éthique de situation," NRTh 78 (1956) 798-818; H. THIELICKE, *Theologische Ethik* (Tübingen 1958-64); J. A. T. ROBINSON, *Christian Morals Today* (London 1964); J. FLETCHER, *Moral Responsibility: Situation Ethics at Work* (Philadelphia 1967). (K. デンマー)

しょうく　唱句　〔ラ〕versus, 〔英〕verse, 〔独〕Versikel, 〔仏〕verset　*教会の祈り（聖務日課）で使われる，短い呼びかけの祈り．多くは*詩編からの引用句である．

*先唱者と*会衆が分担して交互に祈るため，二つの部分に区分して構成されている．ローマ聖務日課の伝統では，*読書課のなかで，詩編唱和から読書へと移行する際の呼びかけとして，また，*小時課では，聖書朗読のあとに歌われる短い*答唱として祈られる．この短い祈りは，*神の言葉（聖書と霊的読書）が，耳を傾ける会衆に深く浸透していくことを意図している．

【文献】『教会の祈り』（カトリック中央協議会 1973）総則 172. (小田賢二)

しょうげいじゅつ　小芸術　→ 織物工芸，貴金属工芸，金属工芸

しょうさい　小斎　〔ラ〕abstinentia, 〔英・仏〕abstinence, 〔独〕Abstinenz　教会が定める*償いの方法の一つであり，*大斎とともに食物の*節制を指す．大斎が満18歳以上，満60歳未満の信者に対する食事の量および回数の規制であるのに対して，小斎は満14歳以上の信者を対象とした食物の種類の規制であり，鳥獣の肉または*司教協議会が定める他の食物を差し控えることを課す．現行『教会法典』1251条は*灰の水曜日と聖金曜日（→過越の三日間）および，祭日を除く年中の毎金曜日に小斎を行うよう定めている．しかし日本では司教団の決定により，年中の毎金曜日の小斎を，信徒各自が判断して他の形式，特に愛徳の業または*信心業，または制欲の実行をもってこれに替えることができる．

【文献】日本カトリック司教協議会『日本における教会法施行細則』(1986.12.11) 23 項. (濱田了)

しょうざい　小罪　〔ラ〕peccatum veniale, 〔英〕venial sin, 〔独〕läßliche Sünde, 〔仏〕péché véniel　小罪というのは*大罪に対する言葉であり，後者が神の*成聖の恩恵を失う，いわゆる致死罪を指すのに対し，前者は神の成聖の恩恵を失うことのない程度の微罪を指す．

聖書にも，赦される罪と赦されない罪（マタ 12: 32），より軽い罰（マタ 10: 15），死に値する罪（ロマ 1: 32）などに関する記述があり，罪にも程度の差のあることを示している．

小罪という概念は古くから教会に取り入れられており，古代教会においても小罪は公の償いや*告白の義務から除外されていた．しかし，大罪，小罪という区別がより頻繁に教会内で使用されるようになったのは，*トリエント公会議が「告白者はすべての大罪を一つひとつ打ち明けなければならない．小罪を告白することはよいことである．告白のときに小罪を省略しても罪ではない」(DS 1680) と宣言したからである．

しかし，人間の悪い行為を大罪と小罪の二つに分けて，致死の罪でなければ犯しても大丈夫だと考えるのは間違いである．それはすぐに死なない病気ならかかってもいいという態度と同様である．たとえ即死することはなくても病気である以上，医者に診てもらう必要があり，手当てを必要とするはずである．小罪は，キリスト教的生命をすぐに消滅させるほどではなくてもそれを弱めるものであり，人は悔い改めの恵みか*ゆるしの秘跡によって小罪を癒やし，信仰と愛の熱烈さを取り戻す必要があるのである．

【文献】カ大 3: 529-41; L. オルシー『キリストに生きる』小泉ヒナ子訳（イエズス会出版 1977）: L. M. ORSY, *Blessed Are Those Who Have Questions* (Denville 1976); B. ヘーリング『価値判断の根底を探る』中村友太郎訳

(中央出版社 1990) 192-212: B. HÄRING, *Frei in Christus*, v. 1 (Freiburg 1979); C. H. PESCHKE, *Christian Ethics*, v. 1 (Alcester 1975).　　　　　(松本信愛)

じょうジェロニモ　城ジェロニモ（1575/80-1632. 9. 3）　日本 205 福者の一人. ヘロニモ・デ・ラ・クルス (Jeronimo de la Cruz) とも呼ばれる. *豊後に生まれ, 幼くして捕虜となるが *イエズス会の宣教師によって解放され, *有馬の *セミナリヨで育てられた. 1601 年 (慶長 6) *セルケイラが大神学校を開くと神学生となり, 1614 年セルケイラが亡くなった時点で *下級品級の聖職者になっていた. ジェロニモは他の教区司祭とともにイエズス会管区長ヴァレンティン・*カルヴァリョを司教代理として選んだが, *フランシスコ会のディエゴ・デ・チンチョン (Diego de Chinchon, 1617 没) 等の勧めに従ってカルヴァリョに背き, その解任を要求した. ジェロニモは公証人としてその記録を書いたため, カルヴァリョから破門される. 1614 年にフランシスコ会員とともに *マニラに渡り, そこで破門の許しを求めて *フランシスコ第三会に入会. 1619 年 *ソテロの計らいで *修道誓願を宣立, ヘロニモ・デ・ラ・クルスと呼ばれるようになる. 同年, 司祭叙階. ソテロの問題に巻き込まれて日本に直ちに渡ることができないままマニラ近郊の教会で司牧にあたる. 1630 年 (寛永 7) イエズス会の *松田ミゲルと日本に戻る準備を整え, 日本潜入に成功. *ディエゴ・デ・サン・フランシスコと協力し主に長崎で活動した. 1632 年捕らえられ, *石田アントニオ, B. *グティエレス等とともに西坂で火炙りの殉教を遂げた. 1867 年 (慶応 3) *日本 205 福者の一人として列福された.

【文献】H. チースリク『キリシタン時代の邦人司祭』(キリシタン文化研究会 1981).　　　　　(結城了悟)

しょうじか　小時課　〔ラ〕horae minores, 〔英〕little hours, 〔独〕Kleine Horen, 〔仏〕petites heures　主要時課に含まれない時課 (→ 教会の祈り) の総称. 三時課 (〔ラ〕tertia), 六時課 (sexta), 九時課 (nona) を指す. 観想修道会においては, 歌隊共唱によって行うことが定められている (『典礼憲章』89 項). それ以外は, 任意で, 各主要時課の間のふさわしい時間に行うことができる. 今日, 三つの時課は, 歌隊共唱による以外は, 特に規定のないかぎり, 三つの時課のうち, その日の時刻に一番適した時課を *昼の祈りとして選ぶことができる (『教会の祈り』総則 77 項). これらのうち一つ以上の時課を行うときは, 補充詩編を唱えるが, これは, ヌルシアの *ベネディクトゥス以来の伝統に従い, 「昇階詩編」と呼ばれる巡礼の詩編から選ばれた三つの詩編からなっている. その他の小時課の構造は昼の祈りと同じである.

【三時課・六時課・九時課】この時刻は, ユダヤ的な時刻の名称に由来する. 三時課は午前 9 時, 六時課は正午, 九時課は午後 3 時である. これらの時刻に祈りを守るという慣習は, ダニエル書 6 章 11 節の「日に 3 度の祈りと賛美」という記述や使徒言行録にみられる三つの祈りの時刻 (使 2: 15; 10: 9; 3: 1), および *『十二使徒の教訓』における日に 3 度, 主の祈りを祈るという規定から, *ユダヤ教の礼拝慣習を受け継ぐものとみられる一方で, *テルトゥリアヌスが「一日の主な区切りを成す」祈りとして言及しているように (『祈りについて』25 章), そもそもはギリシア・ローマ的な日中の時間区分に即したものとも考えられる. 早いうちからこれらの時課は, キリストの十字架上での出来事を思いながら祈ることが勧められた (*ヒッポリュトスの *『使徒伝承』41 章参照).

【文献】LThK³ 6: 125; NCE 8: 853-54; J. A. ユングマン『古代キリスト教典礼史』石井祥裕訳 (平凡社 1997); J. A. JUNGMANN, *Liturgie der christlichen Frühzeit* (Fribourg 1967).　　　　　(齊藤克弘)

しょうじき　正直　〔ラ〕honestas, 〔英〕honesty, 〔独〕Ehrlichkeit, 〔仏〕honnêteté　*虚偽, *偽善に対立する正直は, 古今東西, 人々が非常に大切にしてきた倫理徳の一つである.

【聖書】正直という語を単語として聖書のなかにみいだそうとしてもあまり多くは期待できないが, 内容的に正直な態度が高く評価されていることは確かである. *ダビデは全会衆の前で主を誉め称えて「わが神よ, あなたは心をためし, また正直 (mēšārîm) を喜ばれることを, わたしは知っています」(協会訳・代上 29: 17) といい, イザヤは「すべて正直に (nakôḥa) 歩む者は, その床に休むことができる」(協会訳・イザ 57: 2) という. また聖書はしばしば正直に対立する不正や偽善を厳しく非難する.「あなたがたは, さばきにおいても, 物差しにおいても, はかりにおいても, ますにおいても, 不正 ('awāl) を行ってはならない」(協会訳・レビ 19: 35). 特にキリストが *律法学者たちと *ファリサイ派の人々を偽善者として非難するときは強烈である (マタ 23: 1-36; マコ 12: 38-40; ルカ 11: 37-52; 20: 45-47).

【教理史】*トマス・アクイナスは『神学大全』のなかで正直を次のようなものとして説明している. (1) 正直は高潔な態度であるから *徳の一種である. (2) 正直は内面と外面の調和であるから美と呼ぶことができる. (3) 正直は役に立つとか楽しいということとは異なる観点で捉えられるべきものである. (4) 正直は *節制の一部である (II, 2, q. 145).

伝統的なスコラ学者たちは, この最後の解釈より, 正直という徳を特に性的な観点の節制と結びつけた. これは今日においても (倫理的に) 正しい人, 真面目な人といえば男女関係の乱れていない人を指すのと同様の考え方である.

【日本】日本の倫理思想史においても正直は特に重要な位置を占め, 大きな影響を日本人に与えてきた. 日本には古来より天皇尊崇の一つの大きな特徴として「清い心」があり, それが後に正直として自覚されるようになる. さらに, それが, 誠を重視する儒教思想と相まって, 日本人の心に正直の大切さを植えつけたのである.

【現代】現代人が自分に正直であろうとするとき, 自分の *良心の声に従うことこそ最も正直な偽りのない態度であると考える. なぜなら「良心は人間の最奥であり聖所であって, そこでは人間はただひとり神とともにあり, 神の声が人間の深奥で響く」(『現代世界憲章』16 項) からである. こうして, 人々は自分に正直であるために, ときには伝統に挑戦し, ときには国の政策に挑戦する (*良心的兵役拒否, 市民的不服従など) のである. このように主体性と独立心を備えている現代人にとって, 正直が徳となるためには正しく形成された良心が必要条件となる. さもなければ, 正直という言葉は, 個人の主義主張を押し通すための方便にすぎなくなってしまうからである.

【文献】和辻哲郎『日本思想史』上 (岩波書店 1952); 相良亨『誠実と日本人』(ぺりかん社 1980); C. DAVIS, *A*

Question of Conscience (New York 1967); C. H. PESCHKE, *Christian Ethics*, v. 2 (Alcester 1978).

（松本信愛）

じょうしきてつがく　常識哲学〔英〕common-sense philosophy, philosophy of common sense,〔独〕Common-sense-Philosophie,〔仏〕philosophie du sens commun　18世紀英国におけるT. *リード, *オズワルド, ビーティ（James Beattie, 1735-1803）らの哲学的立場は通常,「常識哲学」と呼ばれる.

リードによれば,「常識」とは, 人間の理論的・実践的な諸能力に元来, *ア・プリオリに備わっている「自然判断」であり, 内観的・反省的方法によってこうした「元来の諸能力と諸法則」をみいだし, それらに基づいて「人間本性のさまざまな現象」を説明しなければならない. その際,「観念」ないし「表象」に認識媒介的機能を付与しようとした「観念の理論」（*デカルト, *ロック, *バークリ）が根拠のない仮説として退けられ, さらにこの仮説の必然的結果である *ヒュームの *懐疑論が批判された.

オズワルド, ビーティはこうしたリード哲学を, とりわけ宗教や道徳の問題との関連で普及させ, 常識哲学の影響は英国内にとどまらず, 当時のドイツやフランスにまで及んだ. ドイツにおいてヒュームの懐疑論の衝撃をまともに受け, かつ批判した *カントも, 常識哲学についての見解を公にしなければならなかった. また, フランスでは V. *クーザンがリードの影響を受けた.

【文献】T. REID, *Philosophical Works*, 2 v.（Hildesheim 1983）.

（朝広謙次郎）

しょうしんがっこう　小神学校　→　神学校

しょうせいしゃ　証聖者〔ラ・英〕confessor,〔独〕Bekenner,〔仏〕confesseur　カトリック教会においてこの語は, キリスト教的諸徳を実践してイエス・キリストに対する信仰を公に表明したキリスト者を指す. これはマタイ福音書10章32節に基づく. 初代教会時代, イエス・キリストに対する信仰のために命を捧げたり, また彼に対する愛のために血を流したキリスト者は *殉教者と呼ばれた. イエス・キリストへの信仰のために石打ちにされた助祭 *ステファノを, *パウロは殉教者といっている（使22: 20）. その後, 血を流して死ぬことはなくとも, 拷問, 流刑, 鉱山労働, その他あらゆる迫害を受けながらイエス・キリストに対する信仰を宣言し続けたキリスト者も殉教者と呼ばれるようになった. しかし, 2世紀後半以降, 血を流して死んだ人だけが殉教者と呼ばれ, ほかは「証聖者」と呼ばれるようになる. カイサレイアの *エウセビオスの『教会史』（5, 2）によれば, このような区別が最初にみられたのは *ヴィエンヌと *リヨンの諸教会の手紙のなかでである（178）. *オリゲネスは, 血を流してイエス・キリストに対する信仰と愛を表明した者だけを殉教者と呼ぶことができると言明している（『ヨハネ福音書注解』2, 34）. これに対し, 死ぬことはないが, 投獄, 灼熱した炭による火傷, その他あらゆる責苦を受けた者は証聖者と呼ばれ, 3世紀以降, この区別が常用された. 教会の公の崇敬のなかで証聖者と呼ばれて栄誉を受けた最初の人たちに, *東方教会では, アレクサンドリアの司教 *アタナシオス（373没）, *西方教会では, ローマの司教・教皇 *シルヴェステル1世（335没）, ヒッポの司教 *アウグスティヌス（431没）がいる. これらの司教は, キリストのために死ぬことはなかったが, キリストを証しし, 異端者に対して信仰を擁護したためにさまざまの迫害を受けた. この時代以降, 聖なる証聖者に対する崇敬が教会に流布し, そして徐々に司教だけでなく, キリストの教えに従って生活し, キリストを証ししたキリスト者もすべて証聖者と呼ばれるようになった. 現在の典礼において証聖者という言葉はこの意味で使われている.

【文献】DACL 3: 2508-15; DThC 5: 156-57; EC 4: 249-52; NCE 4: 141-42; L. DUCHESNE, *Les origines du culte chrétien* (Paris ^{5}1920).

（J. P. ラベル）

しょうせいどう　小聖堂〔ラ〕sacellum, oratorium, cappela,〔英〕oratory,〔独〕Kapelle,〔仏〕oratoire　*教会堂のなかで主聖堂とは区別されて, 少人数の信者のグループまた個人による *礼拝・*祈り・*黙想のために使われる空間. 独立した建物をなす場合や主聖堂に連結しながらも何らかの形で仕切られる空間の場合もある. 中世から発達したもので, 特に小聖堂の祭壇中央には *聖櫃が置かれ, *聖体に対する礼拝がささげられるようになった. 後に, 主聖堂の中央祭壇に聖櫃が置かれる慣例も生じたが, 今日の『ローマ・ミサ典礼書』も聖体を保存する場所として「信者の個人的な礼拝と祈りにふさわしい小聖堂」に設けることを勧めている（総則276）.

【文献】土屋吉正『典礼の刷新』（オリエンス宗教研究所 1985）444-46.

（石井祥裕）

しょうせいむにっか　小聖務日課〔ラ〕Officium parvum　中世盛期以降, 聖務日課（*教会の祈り）に付け加えられた補充日課のことで, 特に修道者や信徒の *信心業として発展した. 三位一体, 十字架, 諸聖人への祈りを内容とするものなどがあるが, 特に普及したのは, マリアにささげられるもので, これを「幸いなるおとめマリアの小聖務日課」(Officium parvum Beatae Mariae Virginitatae, 略号B.M.V.) という. その最古の記録は10世紀のもので, 12世紀以降, 新興修道会をはじめこれを義務とする会が増え, また信徒用の時課祈祷書（→ 祈祷書）を通じて広まった. *トリエント公会議後, この小聖務日課は義務とはされなくなり, 『ローマ聖務日課書』（1568）ではかわりに「土曜日のマリアの聖務」(Officium S. Mariae in Sabbato) が入れられた. これは現在の教会の祈りの祝日共通 (Communia) におけるマリアの部の前身である. マリアの小聖務日課は, 公式の使用からは除かれた後も近世の修道会固有の聖務日課の伝統のなかに残された.

【文献】DACL 12: 2012-15; LThK^2 7: 1119; A. ADAM, R. BERGER, ed., *Pastoralliturgisches Handlexikon* (Freiburg 1980) 370-71.

（石井祥裕）

じょうたいせい　情態性〔独〕Befindlichkeit　*ハイデガーの用語で, 了解（〔独〕Verstehen）や語り (Rede) と並ぶ, *世界内存在としての *現存在の開示性の一契機. 従来の合理主義的思惟傾向のなかでは, 人間の主観的な心理状態としてのみ解釈されてきた気分を, ハイデガーは, 被投性における世界開示の機能として実存論的に捉え直し, これに現象学的存在論のための方法論的意義を与えた.

前期では, 特に *不安 (Angst) という情態性が取り上げられたが, それは不安が存在者との関わりに没頭する日常的な頽落の態度の根底にあって, 世界を存在者から

ではなく，存在理解の地平そのものとして開く機能とみなされたためである．だが中期では，非本来的実在のほうから規定されていた不安などの否定的気分に代わり，存在の真理への問いを開く気分として，驚き(Schrecken)と平静さ(Verhaltenheit)，および畏敬(Scheu)に光があてられることになる．後期では，気分(Stimmung)は存在との連関そのものとして解釈され，存在の声(Stimme)と規定されたが，現代という時代を支配するような気分はいまだ特定されえないとみなされた．
【文献】HWP 1: 775; M. ハイデガー『哲学とは何か』原佑訳(理想社 1960): M. HEIDEGGER, *Was ist das—die Philosophie?* (Pfullingen 1956); 同『存在と時間』全2巻, 松尾啓吉訳(勁草書房 1960-66): ID., *Sein und Zeit* (Tübingen 1927); ID., *Beiträge zur Philosophie* (Frankfurt 1989).　　　　　　　　　　(丹木博一)

じょうちだいがく　上智大学　Sophia University

【創立の経緯】上智大学は日本における最初のカトリック大学として 1913 年(大正 2)東京に創設された．およそ 370 年前，日本に初めてキリスト教を伝えた*フランシスコ・ザビエルの「都に大学を」の構想が実現したものといえる．ザビエルがその創立に携わった*イエズス会は，キリシタン時代には日本に*コレジョや*セミナリョを開設し，東西文化の交流に先鞭をつけた実績がある．幕末に日本が開国し*信教の自由が認められると，カトリック，プロテスタントの宣教師が来日し，キリスト教系の小・中・高の学校が次々に開校したが，高等教育機関はなかった．1906 年教皇*ピウス 10 世は日本に*カトリック大学を創立することを，教育面で活躍してきたイエズス会に委嘱した．1908 年(明治 41) 3 人のイエズス会員*ダールマン(ドイツ人)，ブーシェ(Henri Boucher, 1857-1939, フランス人)，*ロックリフ(イギリス人)が来日，大学設立準備にとりかかる．1910 年ロックリフの後任としてヘルマン・*ホフマン(ドイツ人)が着任，同年ゲッテルマン(Victor Gettelmann, 1872-1937, アメリカ人)，翌 1911 年*土橋八千太，1912 年*ケール(スイス人)が来日．1913 年 3 月まず財団法人・上智学院の認可を得た後，苦心して買収した旧江戸の外濠内の一等地，現在の千代田区紀尾井町に同年 4 月 21 日上智大学を開校した．当時，入学手続きをした者 20 名，授業の出席者 15 名であった．

【建学精神】私立大学はそれぞれ独自の建学精神をもって設立されている．上智大学のそれはキリスト教精神に基づく人格形成と学問研究であろう．その精神的基盤を知るにはイエズス会の創始者*イグナティウス・デ・ロヨラの『霊操』がよい手引きとなる．海外では Sophia University の名で知られているが，ソフィアは知恵の意，特に物事の完全な認識をいい，上智という言葉も人間存在の究極的意義の認識をいう．上智大学の教育理念は次の言葉に明らかである．「本大学の目標は人格の陶冶と学問の教授とをもって学生の人生使命を達成せしめるにある．そして教える者と教えられる者とが，相互の信頼によって生かされた精神的共同体であるという自覚に基づいて，この目標へ志向するものである．本大学の人格に関する理想は，神の制定した秩序の承認のもとに自己の本性のあらゆる能力を発展させ，天賦の使命の成就と，人類共同体への協力とを包含している．そこで本大学が学生に与えようとする究極のものは，人間存在に関しての，道徳行為において体現せられる知識である．

これこそ本大学がその名称に冠した『上智』にほかならない」(『上智大学史資料集』第 4 集, 203-204 頁)．キリスト教精神にとっては人間存在の深奥への指向とともに横へのつながり，つまり四海兄弟の精神が重要である．この大学の「国際性」も開学当初からその特徴の一つであった．教授陣に多数の外国人を擁し，欧米各国，アジア諸国の言語や文化に対する学生の関心も強く，ことに日本の伝統を重んじながらも開かれた世界の市民たる自覚をもっている．今日では日本の問題はすなわち世界の問題，世界の問題は日本の問題にほかならないからである．

【試練を経て発展へ】「専門学校令による大学」として発足した上智大学は今日まで幾多の難関に遭遇した．第一に欧州大戦の勃発，続くドイツ国内のインフレによりイエズス会ドイツ管区に依存する本学は財政危機に陥る．第二に関東大震災の痛撃，威容を誇った洋風校舎の崩壊．第三に「大学令による大学」の認可獲得に必要な供託金の調達である．ようやくその認可もおり，昇格した大学にふさわしい新校舎(現 1 号館)も落成，校歌・校旗も制定され，学生活動も活発となる．しかし突如不幸な靖国神社事件(→ 神社参拝問題)が起こり，配属将校の引き揚げとなる．事件落着後ホフマン学長の逝去，*ホイヴェルス新学長のもと創立 25 周年を祝い，これを機に各種文化活動が行われ，本邦最初の*『カトリック大辞典』の編纂，国際的学術誌『モヌメンタ・ニッポニカ』の発刊，*キリシタン文庫の創設などをみるが，やがて太平洋戦争勃発により学生の勤労動員，学徒出陣が続いた．東京大空襲により校舎の一部を焼失，学校周辺一帯は焼け野原と化す．やがて敗戦，これを機にビッテル(Bruno Bitter, 1898-1988)などの努力で校地の拡大が実現，今日の発展の基礎となった．その後，一過的な学園紛争を見事に収拾した上智大学は画期的な飛躍を遂げる．数年間に 4 学部が誕生，創立 80 周年を経て法文系・理工系あわせて 7 学部, 29 学科があり，学部学生数約 1 万，大学院生は 7 研究科 24 専攻で博士前期・後期課程におよそ 900 人が在籍, 13 の附置研究所もある．待望久しかった新機能を誇る中央図書館も完成した．四谷，市ケ谷，石神井，秦野にキャンパスがあり，広大な敷地の秦野には上智短期大学(女子のみ)もある．また四谷キャンパスには社会福祉専門学校があり，一般社会人のためのコミュニティ・カレッジも設けられ「開かれた大学」の実を示している．1981 年には教皇*ヨアンネス・パウルス 2 世が多忙な日程を縫って来訪した．
【文献】上智大学編『上智大学創立弐拾五周年記念』(上智学院 1938);『上智大学 50 年史』(上智学院 1963);『上智大学六十周年　未来に向かって―ソフィアンは語る―』(上智学院 1973);『上智大学史資料集』全 6 冊(上智学院 1980-95).　　　　　　　　　　(戸川敬一)

しょうちょう　象徴　〔英〕symbol, 〔独〕Symbol, 〔仏〕symbole

【概要】象徴(シンボル)はギリシア語の動詞シュンバレイン(symballein 塊にする)を語源とする．例えば，二つに割られたもの(割符など)が合わされると，客を歓待する意味の標識となった．象徴とは，このように何か具体的なイメージによってある事柄の認識を導く機能をもっており，多くの場合，何らかの類似性によって他のあるものを示す．一般には，感覚的に知覚できる形象を表現手段として不可視の実在や理念を思い浮かべさせる記号，*しるしを意味する．

しょうちょう

〔宗教的な象徴〕宗教的な象徴は，それを通して人間が感覚世界の限界を超えて，神的なものを捉えることができるような，聖なる神秘的なものとして機能する．象徴によって，この世界の彼方のものがこの世に現存するものとなり，可視的なものが超自然的な力をもつようになるのである．聖書には明確な象徴概念が欠如しているが，古代イスラエルの思想は，本来，象徴的な世界理解に基づいている．*シオン，*神殿などの礼拝の場所，*契約の箱や*律法の*巻物などの崇敬対象，*割礼や*過越の食事，*塗油などの祭儀的行為は，一定の信仰体験を表す象徴であり，その意味は*神の言葉に基づいて解釈される．また，*パン，*ぶどう酒，*油，*按手など，新約聖書にみられるさまざまな象徴は，*救済史の新しい状況を表している．それらは，信仰共同体の宣教の言葉によって神の*救いの業のしるしとして解釈される．神の子キリストがみえない神の姿であること（コロ1：15），そして十字架の死に至るまでの従順と高挙（フィリ2：6-7）は，あらゆるキリスト教的象徴を統合する根源的な象徴である（→過越の秘義）．古代宗教において，象徴は，さらに各教団ごとの合言葉や秘密を定式化した本文などをも意味していた．そこから，古代教会における定式化された*信仰告白である*信条もシンボルと呼ばれるようになった．*キリスト者を周囲から際立たせるしるしだからである．

〔象徴理解の変遷〕*新プラトン主義の哲学者は，象徴の形而上学を作り出した．彼らは経験的に捉えられるものと理念的な世界とを区別したが，同時に，この世の存在者には彼岸世界における理念が対応しているとの教説によって，二つの世界を結びつけた．可視の世界が不可視の世界の似姿であるという意味で，その全体が象徴とみなされたのである．

3世紀以降，キリスト教の象徴はしだいに豊かになり（魚，善い羊飼い，オルフェウス，小羊，十字架のしるし，冠，旗，鳩など．→初期キリスト教美術），中世にはキリスト教的象徴体系が完成に達する．全世界は「神の足跡」であり，あらゆる物が目にみえる神の考えであるとされた．なかでも*秘跡はキリスト教的象徴の極致であり，教会の制定による*準秘跡もまた超自然的恩恵を開示するものとして，世界を聖化するしるしとみなされた．しかし，中世後期になると，スコラ学的な抽象的思考の発達や，象徴を*魔術と混同する見方が広まったことなどによって象徴理解は衰退する．プロテスタント神学は，被造世界は罪によって堕落したものとみなし，象徴の意義をほとんど認めず，単に教育的・倫理的な機能を有するものとしたにとどまった．近代合理主義において，象徴は単に概念を表示する記号にすぎないとされたが，19世紀の*ロマン主義は，中世的な象徴理解への回帰を促した．20世紀に盛んになった*典礼運動は，キリスト教の象徴世界を再び重視するようになり，これを背景として現代の*エウカリスティアの神学では，「実在象徴」（〔独〕Realsymbol，象徴とともにそれによって示されるものが現存するという考え方）の概念がますます重要となっている．

〔現代の象徴思想〕*ユングは，象徴を何らかの元型，すなわち，無意識のなかで働いているエネルギーの核を投影するものと解することによって象徴理解を深めた．その観点から，宗教や儀礼，芸術作品などを研究し，患者たちの夢や描く絵などの読解を試み，そこから，個々人の経験に働いている集合的無意識の存在を導き出したのである．また，19-20世紀の美術・文学における象徴主義（〔仏〕symbolisme）も，新しい象徴理解から生まれてきたものである．近代の美術は，擬人的に神を表現することの不可能性に気づいたことにより，象徴を多用するようになった．他方，象徴を，何らかの意味を具体的に表す一定の記号として極めて広い意味で捉えるようになると，自然科学における数学定式や化学定式，*精神分析にとっての夢，*文化人類学や*民族学にとっての儀礼や意匠などが広く象徴概念に含まれることになった．

象徴は，人間の身体的，精神的，社会的な在り方に対応しており，それゆえ人間的なものの根源的現象であるということができる．象徴によってのみ，人間は感覚世界を突破し，形而上学的な現実に到達することができる．しかし，感覚的に知覚可能なものは，それが一定の共同体において制定された記号として公に認められているときにのみ，超感覚的なものを表現することができる．象徴は法・文化・礼拝体系を備える集団にとって了解可能なものでなくてはならず，さもなければその生命力を失う．今日の世界における*世俗化の進行は，一部は宗教的象徴の衰退に起因しているということもできるのである．

【文献】平大百科7：473-79；HthG 2：606-13；LThK³ 9：1154-61；SM(D) 4：783-89；石川栄吉他編『文化人類学事典』（弘文堂 1987）387-88；C. G. ユング『人間と象徴』全2巻，河合隼雄訳（河出書房新社 1975）: C. G. JUNG, Man and His Symbols (London 1964); V. W. ターナー『儀礼の過程』冨倉光雄訳（思索社 1976）: V. W. TURNER, The Ritual Process (Chicago 1969); E. R. リーチ『文化とコミュニケーション』青木保，宮坂敬造訳（紀伊國屋書店 1981): E. R. LEACH, Culture and Communication (Cambridge 1976); H. WAHL, Glaube und symbolische Erfahrung (Freiburg 1994).

(T. インモース)

【典礼と象徴】象徴という言葉は，キリスト教では典礼および典礼芸術との関連で使われることが多い．しばしばしるしと同義で使われるように，みえるもの（自然の生き物・道具・自然現象）がみえない実在や出来事を示す場合に，それが象徴とみなされる．あるものを象徴とみなすためには，そこにすでに一定の精神の働きが前提とされると同時に，そのもののもつ意味に対する共同体的な認知が必要とされる．そのため象徴は，しばしばそれを用いる共同体の内的一致の絆ともなる．

歴史上のある出来事が，より大きな歴史的な文脈の結実を意味する場合に，その出来事自体が象徴的な意味をもつ．キリストの十字架上の死は，神が初めから計画していた救いの実現であり（→秘義），この出来事のなかに人間の歴史の意味が凝縮されて示される．十字架の出来事そのものが象徴する意味は，さらに具象的なしるし（十字架像や*十字架のしるし）を通して示されることになる．そもそも，イエスの人格と生涯そのものが神の愛を体現するものと信じられるとき，そこには最も根源的な象徴が考えられている．ヨハネ書1章，コロサイ書などが述べる*キリスト論は，すべての典礼行為の根源となる考え方を含んでいるのである．*キリスト秘義という見方は，まさにこのような神学的な象徴思想を表すものである．キリストの生涯の一つひとつの出来事，そして究極的には，キリストの死と復活が神の救いの意志を示しつつ，それを現実にもたらすという考え方だからである．秘跡という考えもまさにここに成立する．教会の秘跡としての在り方と個々の秘跡は，キリスト自身の秘

跡的な在り方に基づき，それを表しつつ現存させていく実在象徴であり，個々の典礼的な象徴も，絶えず過越の秘義を源泉としてそれに方向づけられながら，祭儀上の役割を与えられていく．その典型が，「わたしの記念としてこのように行いなさい」としてキリスト自身によって定められたパンとぶどう酒の杯によるエウカリスティアであり，また*水の象徴を使って行われる*洗礼である．そして，洗礼とエウカリスティアを軸にやがて秘跡・準秘跡の典礼が形成され，これらは，時間的象徴を生かす*典礼暦との関連において，また空間的象徴(*東など)と結びついた*教会堂建築，さらにさまざまな道具や物の意味合いを取り込む*祭壇，*祭具，*祭服などによってより豊かに表現されるものとなった．それらは聖書に源流をもつとともに，周辺の文化に含まれる象徴思想を吸収しながら，固有のキリスト教的象徴世界を形成していくことになった．

聖書や教父の著作に含まれていた豊かなキリスト教的な象徴思想は，現代において*カーゼルの*秘義神学や第2*ヴァティカン公会議の*秘跡論の基礎となった秘跡神学(*ゼンメルロート，K. *ラーナー，*スキレベークスなど)，*バルタザールの神学などによって新たに展開され，諸民族の文化において培われた象徴のキリスト教典礼への受容という課題(→インカルチュレーション)とも絡みながら，教会生活や宗教文化の形成にとって重要なものとなりつつある．

【文献】O. ゼンメルロート『原サクラメントである教会』石橋泰助訳(エンデルレ書店 1994): O. SEMMELROTH, *Die Kirche als Ursakrament* (Frankfurt 1953 ³1963); K. RAHNER, "Zur Theologie des Symbols," Rahner Sch 4: 275-311; W. HEINEN, ed., *Bild, Wort, Symbol in der Theologie* (Würzburg 1969); H. REIFENBURG, "Sakramentesgottesdienst als aussagefähiges und verstehbares Symbol," ALW 14 (1972) 99-138; W. JETTER, *Symbol und Ritual: Anthropologische Elemente im Gottesdienst* (Göttingen 1978); E. LENGELING, "Wort, Bild, Symbol in der Liturgie," LJ 30 (1980) 230-42.
(石井祥裕)

しょうちょうがく　象徴学　〔英〕symbolic, 〔独〕Symbolik, 〔仏〕symbolique　*象徴の哲学的研究は，アメリカの哲学者*パースにまで遡ることができる．彼は，記号・象徴・指標・画像を区別し，象徴に関して多くの問題を提起した．パースを越えて決定的な理論を展開したのはドイツの哲学者*カッシーラーである．彼は主著『象徴形式の哲学』で次のように主張している．彼はまず『実体概念と関数概念』において数学的・自然科学的思考の構造を扱い，その成果を*精神科学の諸問題にも適用しようとした．しかし，認識が数学的・自然科学的な領域にとどまるかぎり，それは精神科学の基礎づけの問題には適用できないことが判明した．精神科学の基礎づけのためには，一般的認識理論の拡大が必要である．すなわち，世界の科学的認識の一般的諸前提を探究するだけではなく，世界を了解する基本形式の解明，すなわち言語・神話・宗教・芸術といった精神文化のなかに働いている象徴形式を探究することが必要なのである．このような彼の理論の後継者として，アメリカの女性哲学者ランガー (Susanne Knauth Langer, 1895-1985) が芸術記号論の分野で活躍した．最近の哲学者のなかでは，*リクールが象徴機能の解明をもとにして独自の*解釈学を展開している．

さらに20世紀の神学でも象徴は問題となっており，まず*ブルトマンが*ハイデガーなどの哲学的解釈学を聖書の研究に取り入れ，解釈学的な聖書学を新たに確立した．次いで*ティリヒは，象徴学が宗教言語のなかで演じている役割を指摘すると同時に，どのようにして人間の文化のなかの象徴の場所が「無制約的なもの」の概念のための場所となるかを示そうとした．

【文献】EncRel 14: 198-208; 哲学事典 713; E. カッシーラー『象徴形式の哲学』全4巻，生松敬三，木田元訳(岩波書店 1989-97): E. CASSIRER, *Philosophie der symbolischen Formen*, 3 v. (Berlin 1923-29); S. K. ランガー『シンボルの哲学』新装版，矢野万里他訳(岩波書店 1981): S. K. LANGER, *Philosophy in a New Key: A Study in the Symbolism of Reason, Rite, and Art* (Cambridge, Mass. 1942 ³1957).
(茂牧人)

しょうちょくしょ　小勅書　〔ラ〕breve, 〔英〕brief, 〔独〕Breve, 〔仏〕bref　恩典(→インドゥルトゥム)などを授与する際の*教皇文書の形式．*大勅書よりも荘厳でなく，重要度の低いものに使われる．文章は簡潔に作られ，ラテン語で羊皮紙の横長判に書かれる．定句で始まり，中部に内容，下部に起草場所，日づけ(通常の西暦と教皇在位年)が記される．左下部の赤色の印章(*漁夫の指輪)には，小舟で網を引き上げる*ペトロの像が描かれ，その上辺には当代教皇の名前が記される．署名は文書の重要性により教皇自身，国務長官枢機卿もしくは事務局長が行う．小勅書は*ボニファティウス9世(在位 1389-1404)に始まり，*マルティヌス5世(在位 1417-31)の時代に教皇直属の秘書局から出されることが定着した．現在は国務省の総務局が担当する．

【文献】LThK² 2: 678-79; LThK³ 2: 685; A. M. STICKLER, *Historia Iuris Canonici Latini*, v. 1 (Roma 1950) 17-18; IOANNES PAULUS II, "Pastor bonus," AAS 80 (1988) 841-930.
(濱田了)

しょうてん〔キリストの〕　昇天〔キリストの〕
〔ラ〕ascensio, 〔独〕Himmelfahrt, 〔英・仏〕ascension
【様式】新約聖書におけるキリスト昇天は文学類型的に二つの様式に大別される．

(1) 天空遍歴 (〔独〕Himmelsreise). キリスト昇天が古代中近東の表象によって，*宇宙の諸天を通っての旅として表現される(エフェ 4: 10; ヘブ 4: 14). その際，諸天を支配する宇宙の諸力に対するキリストの勝利，または彼らへの支配権を勝ち取る旅とされる(エフェ 1: 20-22; 1ペト 3: 22. → 権威と権力). この種の昇天は，昇天する者(ここではキリスト)の視点から表され，したがって目撃者への言及はない非可視的昇天として伝えられる(ヨハ 20: 17 も参照). 新約はこの種の昇天を伝える場合，特に旧約の詩編を応用する(詩 68: 19 はエフェ 4: 8-10 に，詩 110: 1 はエフェ 1: 20 および，1ペト 3: 22 など). この様式のユダヤ教の例は『アブラハムの遺訓』7: 19-8: 3, エチオピア語エノク書 14: 8-25 ほかである．

(2) 被挙 (〔独〕Entrückung). これは昇天する者の側からでなく，それを見る地上の目撃者の視点から伝えられ，したがって可視的昇天である．しかし地上の視点からゆえ，昇天する者の天空や天上での在り方への暗示すらないし，逆に地上の人々の側から見えなくなったこと，消えてしまったことが強調または前提される．ルカ文書の二つのキリスト昇天(ルカ 24: 50-52 と使 1: 9-11)が

しょうてん〔キリストの〕

これである．前者のモデルはシラ書50: 20-21の大祭司シモンによる別れの祝福，後者にはキリスト復活の朝の空の墓伝承のルカ版（ルカ24: 4-9）が物語の骨組みをなす．この様式の旧約・ユダヤ教側の例はエリヤ昇天（王下2: 11-12），エノク昇天（創5: 24；エノク70: 1-2），モーセ昇天（ヨセフス『ユダヤ古代誌』4, 8, 48）などである．
【伝承史上の位置づけ】キリスト昇天のどちらの表象にせよ，これらは元来 *高挙の *ケリュグマの一変形または亜種である．すなわち，*原始教団はイエスの死者からの *復活を神によって高められ神の右に挙げられたという高挙によっても表現した（フィリ2: 9-11; 1テモ3: 16; ヨハ3: 14; 8: 28; 12: 32, 34; ヘブ1: 3; 10: 12等）．したがって高挙と復活は元来，同一事象であり，同一事の二つの表現である．そして高挙が神のもとへの行程として理解されると，それは昇天として表象化される．これがキリストを宇宙の主として理解する宇宙論的な *キリスト論と結合すると，天空遍歴の様式をとる．しかし，このような高挙は，復活から独立して復活とは別の事象であるかのごとく表現されるのが容易である．1ペトロ書3: 22がその先行句3: 19に直接結合していた元来の伝承段階では復活と昇天が同一事象とみなされたが，19-21節の挿入段階では，それぞれ独立した別の事象として表現されている．使徒言行録2: 32-35と5: 30-32には，神によるイエスの復活と神の右に挙げられた高挙とが順序づけによって明瞭に区別され，それぞれ独立の事象として述べられている．しかし，ここまでの伝承発展段階においては，たとえ復活とは区別された独立事象として理解されていたにせよ，昇天が非可視的高挙であるかぎり，地上の時間空間内に定位されない歴史外の問題にとどまる．しかしルカは福音書と使徒言行録でそれぞれ昇天を伝えるとき，イエスの弟子たちを証人として昇天の時間と場所に位置づけた．ルカ福音書24: 50では昇天の場所は *ベタニアの近くとされ，使徒言行録1: 12は *オリーブ山のこととして伝える．しかし時間は福音書では復活の日，マグダラの *マリアらが空の墓で天使に出会った日，*エマオの弟子がキリストに出会った日と同一日とされ（ルカ24章），使徒言行録1: 3ではイエスが死んで復活してから40日後とされる．イエスの高挙をこのように歴史化し，時間的に順序化したのは，使用する文体からもルカ自身である．ルカ以前に何らかの可視的昇天の伝承があったことも不可能ではないが，その可視的昇天は復活者の出現中の最後の出現として理解される．ただし，原始教団はイエスの復活が高挙にほかならぬと理解したので，復活したキリストのすべての出現は高挙された主の出現，空間的表現を用いれば，天からの出現，神がキリストに与えた *栄光の座からの出現にほかならない（ルカ24: 26参照）．したがって弟子たちが体験した可能性もある可視的昇天とは，弟子たち共同体への最後の別れを告げるキリストの栄光の天からの出現として理解されたということである．ただしこれがルカ以前の伝承であったとしても，ルカもこのように理解したわけではない．

【神学的意味】（1）時空に位置づけられないキリストの昇天は，神の右に座す高挙として，宇宙を支配していた諸力への支配権樹立を表す（エフェ1: 20; ヘブ1: 3-4; 1ペト3: 22）．それは神の右に座すという語法が元来ダビデ王朝の王の即位式文（詩110: 1）として王子が王となり，民に対する支配権を握ることを含蓄していたからである．ここで宇宙を支配していた諸力（天使，権威，権力，権勢）とは，古代宇宙観によれば，天空にあり，地上の人心を動かし支配し，たびたび人間に精神的・肉体的死を惹起する魔的存在である．キリストの死からの復活は，死と死を人間にもたらす諸力への勝利である．キリストの復活は神によるので，その復活の勝利は神から与えられた支配力である（マタ28: 18）．高挙とはこの意味である．天空と天における勝利とは，天空の諸力が支配していた地上の人間界，すなわち人心をも従わせ治めることにほかならない．したがってキリストの復活・高挙は，天上の諸存在のみならず，地上の人々がキリストを自らの「主」として告白し服従する結果をつくる（フィリ2: 10; エフェ1: 20-21）．こうして高挙されたキリストは，すべてのものの上に立つ頭となり，それを告白する教会は彼の体といわれる（エフェ1: 22-23）．1ペトロ書3: 18, 22の「昇天賛歌」が水の洗礼式に応用されたのも（同3: 19-21），キリスト昇天が天上の諸力の服従のみでなく人間の服従を結果とするとの信仰からである．ヨハネはキリストの十字架死（十字架に「上げられる」）を神の栄光に上げられる復活・高挙・昇天と同一とするが（ヨハ3: 14; 8: 28; 12: 32, 34），それによってすべての人をキリストのもとに引き寄せる（12: 32）という．これも高挙の目的が信仰者に *永遠のいのちを与えるという昇天の救済的意味を見通しているのである．

（2）昇天を時空に位置づけたルカも同様な思想を表し，昇天するイエスを弟子たちが礼拝した（ルカ24: 52）とする．さらにルカ文書にとっての昇天の意味は，それが弟子とのイエスの別れだけでなく，また，昇天が復活後40日として（使1: 3）イエスの復活・命を円満数の命とするだけでない．昇天はキリストの *再臨への対極として（使1: 7, 11），完全な終末までの「時」，*聖霊降臨をもって始まる教会の「時」への準備である．昇天は，教会に臨在し教会を導く *聖霊をイエスが天から遣わすための必須条件である（使2: 33．さらにルカ24: 49; 使1: 5, 8）．そして教会とその発展は，可視的に地上の時間・空間内で行われる．したがって教会を始める聖霊降臨も可視的に叙述され（使2: 1以下），イエスの「時」から教会の「時」への橋渡しとして天から聖霊を送るイエスの昇天も可視的なものとして，教会の「時」の代表者である弟子たちを，その目撃者とする昇天が強調されるのである．

【文献】LThK² 5: 358-60; V. LARRAÑAGA, *L'Ascension de Notre Seigneur dans le Nouveau Testament* (Roma 1938); P. BENOIT, "L'Ascension," RB 56 (1949) 161-203; G. KRETSCHMAR, "Himmelfahrt und Pfingsten," ZKG 66 (1954-55) 209-53; P. A. VAN STEMPVOORT, "The Interpretation of the Ascension in Luke and Acts," NTS 5 (1958-59) 30-42; P. BENOIT, *Exégèse et Théologie*, v. 1 (Paris 1961) 363-411; H. SCHLIER, "Jesu Himmelfahrt nach den lukanischen Schriften," GuL 34 (1961) 91-99; ID., *Besinnung auf das Neue Testament* (Freiburg 1964) 227-41; G. SCHILLE, "Die Himmelfahrt," ZNW 57 (1966) 183-99; S. G. WILSON, "The Ascension, a Critique and an Interpretation," ZNW 59 (1968) 269-81; G. LOHFINK, *Die Himmelfahrt Jesu* (München 1971); F. SCHNIDER, "Die Himmelfahrt Jesu. Ende oder Anfang? Zum Verständnis des lukanische Doppelwerkes," *Kontinuität und Einheit*, ed. P. G. MÜLLER, W. STENGER (Freiburg 1981) 158-72; J. A. FITZMYER, "The Ascension of Christ and Pentecost," ThSt 45 (1984) 409-40.　　　（三好迪）

【昇天の祭日】キリストの昇天の出来事を記念して祝わ

れる主の *祭日．現在の名称は「主の昇天」（[ラ] Ascensio Domini）．元来，キリストが栄光に上げられる過程は *復活節全体において，特に *聖霊降臨の日に祝われていたが，4世紀に昇天の出来事が個別に記念されるようになり，使徒言行録 1: 3 を背景に，復活の主日から 40 日目にあたる日が固有の祭日となり 5 世紀以降普及した．現在でも，復活の主日から 40 日目である復活節第 6 週の木曜日を原則とするが，この日が一般に守るべき祭日となっていない国や地域の教会では，その次の主日（聖霊降臨の前の主日）に祝われる（『典礼暦年に関する一般原則』7 のロ）．
【文献】A. ADAM, *Das Kirchenjahr mitfeiern* (Freiburg 1979) 78-79. （石井祥裕）
【美術】キリストの昇天は，復活後のキリストが弟子たちの前へ最後に出現する場面で，キリストは天に召されていく．昇天図像はルカ福音書 24: 50-53 や使徒言行録 1: 9-11 の記述に拠って，4 世紀以降成立した．そして，それは二つに大別できる．西方 *初期キリスト教美術では，山上のキリストはあたかも天に昇りつつあるかのごとく横向き，天から伸ばされた神の手によって天に引き上げられ，地上では聖母と 11 人の弟子たちがこれを仰ぎ見るという図像で表される．一方，*ビザンティン美術においては，キリストはアーモンド型のマンドルラ（*後光）のなかに正面向きの立像か座像で表され，自力あるいは天使たちによってマンドルラごと天に上げられる．上記のほかに，キリストの姿は雲のなかに隠れ，わずかにその足と衣が見えるものがある．また，列王記下 2: 9-15 の預言者エリヤの昇天は，キリストの昇天の *予型とされる． （木戸口智恵）

しょうとくきりしたんきんれい　正徳切支丹禁令
江戸幕府は *鎖国政策の徹底とキリシタンの根絶を期した取締りの励行を図り，正徳年間（1711-16）に 3 度禁令を発令した．まず 1711 年 6-7 月（正徳 1 年 5 月），改元に伴って前令を断承し，*伴天連の訴人銀 500 枚，*イルマンおよび *立帰りの訴人銀 300 枚，*同宿および信徒の訴人銀 100 枚と規定した高札を書き改めて布達した．次いで 1713 年 3 月 24 日（同 3 年 2 月 28 日），江戸市中に *寺請証文と連判帳の提出を命じた法度を下達し，1715 年 1-2 月（同 4 年 12 月）には 1708 年（宝永 5）の *シドッティの屋久島上陸に鑑み，異国から潜入する宣教師に対する警戒令である伴天連令を発した．
【文献】司法省編『徳川禁令考』（吉川弘文館 1931-32）． （尾原悟）

しょうにん　承認 → 認証・確認

じょうねん　情念 〔ラ〕passio, 〔英・仏〕passion, 〔独〕Leidenschaft　意識を知と情と意に分けるとすれば，広く情の類に入るすべてを指して情念という．驚異も，快不快も，愛憎も，また情緒も，*感情もすべて情念である．原語は同じだが，情念に *受難の意味はなく，また情熱は情念のなかの一つであって，情念はより広い意味である．
その意味の情念を，特に哲学のテーマにしたのは，17 世紀の *デカルトである．デカルトは実在する世界が *精神と物体に分かれると考え，精神は思うもの，物体は広がるものとして，両者はそれぞれ別個の実体であると考えた．そして人間は個々の精神と物体界に属する身体とによって成立する．精神と身体は別個の実体だから，究極的には別々に考察されるが，現実には一人の人間として合一していることが強調される．その場合，精神と身体が絶えず結ばれて，一体となるのは情念の発生によってである．情念は外の世界の現象が身体に反応を起こし，それが精神に受け取られたものである．外部からの刺激がなくても，身体の変化が精神に情念を起こすこともあるから，直接には身体の変化によって精神が感ずる思いが情念である．情念の発生に結びつく感覚（→知覚）も，身体の変化によって精神に感じられるもので，感覚を徹底的に排除することはデカルトの理論的な立場の特徴だが，心身合一体である人間が実践し生活する場面では，感覚も重要視されている．しかし感覚は情念と密接に関係しながらも，感覚自体は一種の *認識の機能であり，情念ではない．
デカルトは心身の関係による情念のメカニズムを把握しようとしたが，それは情念のメカニズムを理解することによって，精神が自分の情念に対処して思考する可能性を得て，メカニズムへの隷属を超えた精神的意志の自律性を確保するためだった．デカルトは自然界に対しても，社会に対しても，それぞれのメカニズムを把握することによって，メカニズムに対処できる個人の精神の自由を求めたが，個人の精神現象そのものである情念についても，同じ対応を目指している．情念のメカニズムについて，デカルトの理解には，情念を運ぶ動物精気（エスプリザニモー esprits animaux）の運動など後代に受け入れられなかったものもあるが，精神的な立場をとるかぎり，情念が特殊なものを除けば精神外の要因による精神の受動態であるとすることには，あまり異論がない．
ラテン語の「パティオル」（patior）は「受ける」「蒙る」を意味し，そこから「パッシオ」（passio 受動）は情念を意味する．ギリシア語の「パトス」（pathos）も「パスケイン」（paschein）という動詞からきており，パトスは *ロゴスに対して情的なものを意味するが，現在の哲学用語としての情念の原語は，直接にはラテン語のパッシオ，フランス語のパッシオン（passion）ということになる．
精神の外からの刺激によって起こる情的なものや衝動的なものに対して，精神がいかにふるまうべきか，いかにそれらを統御すべきかは，デカルトよりはるかに古い時代から，倫理の主要なテーマになっている．古代のギリシアやローマの *ストア学派は強い意志を養成することによって情的なものを徹底的に抑え，パトス（情的なもの）のない状態に入ることを理想として，その状態を *アパテイア（不動心）と呼んだ．アパテイアは古代中世のキリスト教の思想家たちにも重要視されたことがある．キリスト教は身体を肯定するから，情念は歪められないかぎり肯定されるが，高度の宗教性を求める特殊な場合には，*禁欲を伴う *修徳の修行が行われ，したがって身体を通じて生じる情念に動かされないことが求められる．
【文献】R. デカルト『情念論』花田圭介訳（白水社 1973）165-286: R. DESCARTES, *Les Passions de l'âme* (Paris 1649). （渡辺秀）

しょうねんじゅうじぐん　少年十字軍 〔仏〕Croisade des enfants, 〔独〕Kinderkreuzzug, 〔英〕Children's Crusade　1212 年春から秋にかけてドイツとフランスで起こった民衆宗教運動．指導者が少年であり，*聖地巡礼とイスラム教徒の改宗を目的にしていたという後世の年代記の記述から「少年十字軍」と呼ばれるが，非

しょうねんのまち

武装集団であり聖地に到着していないので公式 *十字軍には数えられない．事件の伝承はかなり潤色されていて史料は乏しい．まず *ケルンからニコラス（Nikolas）という少年が十字架と軍旗を先頭に無秩序な 7,000 人ほどの群衆を引率してライン川を遡り，アルプスを越えて *ジェノヴァまで行進した．彼らは「行く手の海が分かれて足をぬらさず聖地に渡ることができる」という奇跡を信じていた．別働隊の数百人はローヌ川を下り *マルセイユに着き，悪徳商人によって船でエジプトに送られ奴隷に売られたが多くの者は途中海難に遭って死んだ．一部の者は *ローマに赴いた後，結束も緩み帰郷した．次にフランスでは，ドイツと関連なく中部のシャトーダン（Châteaudun）近くの村から，羊飼い少年エティエンヌ（Etienne）が「イエスからフランス王宛の手紙を託された」と称して 3 万人の群衆をサン・ドニまで導いた．*パリ大学の助言を受けた *フィリップ 2 世は彼らの行動を是認せず解散を命じ，混乱もなく運動は終息した．これらの事実は第 4 回十字軍の宗教的不正を償うため純真な少年少女だけが企てた美挙であると解釈されてきたが，最近の研究によって，参加者は未成年者とは限らず農村や都市の貧しい疎外者階層を多く含み，遍歴説教師などから福音的 *貧しさの理想を学び取り神の助けのみを武器とする民衆巡礼団によって十字軍の浄化を念願した行動と見直されてきている．また 1251 年と 1320 年に北フランスで起こった「牧童十字軍」（Pastoureaux）も下層民による民衆宗教運動として少年十字軍の同類型とみなされている．
【文献】橋口倫介『十字軍—その非神話化』（岩波書店 1974）; P. RAEDTS, "The Children's Crusade of 1212," *Journal of Medieval History*, 3 (1977) 279–324.
（橋口倫介）

しょうねんのまち　少年の町　Boys Town

アイルランドからアメリカに移住したフラナガン（Edward Joseph Flanagan, 1886–1948）が，家庭を失い路上で生活していた子どもたちのために，ネブラスカ州オマハ（Omaha）に創設した．環境さえ整えれば，どんな子どもも立派な市民となるという彼の信念から，小さな家を与えることから始め，1922 年，オマハの西 10 マイルの広大な農場を買い受け，普通の町の機能をもった一大施設を作り，子どもたちの自主運営に任せた．1947 年（昭和 22），占領軍司令長官マッカーサー（Douglas MacArthur, 1880–1964）の招きで来日し，戦災孤児のために同様の施設を作ることを説いた．そのため幾つかの少年の町が日本でも創設されたが，その後しだいに姿を消し，現在は児童福祉法に基づく養護施設の一つとなった神戸少年の町（創設 1948）があるのみである．
（神林宏和）

じょうのうきん　上納金　→　負担金

しょうはそう　鐘巴相　(1562–1622)

明末の中国人としては最初のイエズス会信徒修道士．名は鳴仁．字は念江．洗礼名はセバスティアヌス．広東省新会県の人．幼時，父の念山と *マカオで受洗．韶州にいたイエズス会員マテオ・*リッチのもとで修練を受け，1591 年 *イエズス会に入会．1601 年，リッチに従って初めて *北京に入り布教に活躍した．リッチの死後，*南京で布教していたが，1616 年（万暦 44）の迫害で弟で修道士の鐘鳴礼（1581–1620）とともに捕らえられ拷問を受けた後に救われて杭州に退き，1622 年，同地で死去．
【文献】方豪『中国天主教史人物傳』1（香港 1970）.
（金子省治）

しょうばやしコスメ　庄林コスメ　（生没年不詳）

五畿内の代表的キリシタン．1588 年（天正 16）五畿内の信徒代表が *イエズス会の総会長に宛てた日本文書状にその名がみえる．出身地不明．1564 年（永禄 7）に河内 *飯盛において *池田シメアンや *三箇サンチョらとともに受洗，以後キリシタンとしての模範を示した．三好長慶（1522–64），次いでその嗣子義継，後に豊臣秀次（1568–95）に仕え，1587 年には尾張の花正に領地を授けられている．1593 年（文禄 2）に *フランシスコ会の会員が京都で布教を始めると，尾張から京都に移って協力した．1596 年（慶長 1）末，京都でフランシスコ会員が捕らえられると，彼の一族もまもなく全員斬首された．しかし彼自身の最期については不詳．
【文献】松田毅一『近世初期日本関係南蛮史料の研究』（風間書房 1967）; L. FROIS, *Historia de Japam* II (1565–1578) (Lisboa 1981).
（尾原悟）

しょうひしゃかい　消費社会　〔英〕consumer society

消費社会という用語は，消費者に力点が置かれるか，消費される物またはサービスに力点が置かれるかによって意味が異なる．第一の元来の意味では，道徳的に肯定的な内容を含んでいるが，第二の意味では否定的な内容になる．

先進資本主義社会では，経済体系は四つの主要な要素からなる．大企業・労働組合・政府そして最近では消費者である（→ 資本主義）．消費者は理論的には *市場の最高の権利者といわれるが，実際には無視されていた．しかし，平和と自由と豊かさのために，消費者は，自覚を持ち始め，政府の支持は受けないまでも放任されていた生産者側の強い圧力から自分たちの利益を守るために，消費者組織を作り始めた．

消費者は，安全で信用のおける商品を求める権利や，個人的な損害や被害がある場合の補償を求める権利，さらに賃貸，広告，商標において信頼のある充分な情報を求める権利や適正な *価格と公害防止を求める権利を主張している．啓発された消費者には，環境保護団体とともに環境保護のために闘う者もいる．

特に 1960 年代以来激しくなった消費者運動のおかげで，こうした諸権利と利益を保護する法的な枠組みが作られている．この枠組みはしだいに大きくなり，企業側も，利益より価値を重んじなければならなくなっている．

倫理的に肯定的な意味での消費社会とは次のような社会である．すなわち消費者の利益が企業から尊重され，その権利が政府から保証され，消費者自体が隠れた操作や消費の魅惑に左右されることのない，自律した人間となっている社会である．

一方，商品消費を人間生活の *最高善とみて，そこに社会の中心が置かれるならば，その社会は，悪い意味で「消費社会」と規定することができる．この場合，こうした社会を非難する言葉として使われる．なぜなら，その社会の構成員は，商品獲得だけにとらわれていて，その結果，商品の交換価値が彼らの意識と行動を支配し，ひいては人間が人格としてではなく，市場価値や消費力によって評価されることになるからである．

企業は，存亡が成長に依存しているので，消費者の実

際の，また想像上の欲求に絶えず訴える．そのため消費者は，心の奥底の願望を満たすことができず，飽くことのない欲望をただちに満たそうと動かされていく．

このような先進社会でのやむことのない消費は，自然資源の汚染と計り知れない消費をもたらしている．その結果，人類の大多数を占める経済的弱者は，かろうじて生き残るためにその残りを争い求めることになる．

こうした消費社会には，公にされなければならない危機的な諸問題がある．例えば，経済体系を動かしていくために活力ある消費が必要であると認めても，その消費は，合理的な強制によって規制される必要がないだろうか．そうすれば，消費中心の生活様式にある非人間化，不平等，消費の危機が減少するであろう．消費者運動は確かに重要であるが，消費者自身と企業の過剰な動きを阻止するのに充分とはいえない．究極的な問題は，自由と豊かさを手にしながら，飽くなき欲望を合理的に秩序づけることができるかどうかにある．このことは，企業と消費者の良心に道徳的に訴えるだけで達成されるだろうか．あるいは，政治的な力による解決が必要であろうか．そして，最後に，政府やその背後にある一般大衆が飽くことのない消費を助長しているということになったら，キリスト者のとるべき対応は，人間には無条件で最高の価値があるという真理を証し，神が創った大自然を尊敬しながら，人間の価値を表し，かつそれを高める商品だけを求め，使うという生き方によって，文化的抵抗の預言者という立場をとることとなるのではないだろうか．

【文献】ヨアンネス・パウルス2世『レデンプトル・オミニス ― 人間の贖い主』（カトリック中央協議会 1980）；同『真の開発とは ― 人間不在の開発から人間尊重の発展へ』（カトリック中央協議会 1988）；R. ディジョージ『経済の倫理，21世紀へのビジネス』山田経三訳（明石書店 1985）: R. T. DE GEORGE, *Business Ethics* (London 1982); R. BENNE, *The Ethic of Democratic Capitalism* (Philadelphia 1981); J. F. KAVANAUGH, *Following Christ in a Consumer Society* (New York 1981).

(J. カスタニエダ)

じょうふく　浄福 → 至福

じょうほうかがく　情報科学　〔英〕information science, computer science,〔独〕Informatik,〔仏〕informatique　情報の計算機処理に関わる諸問題の解決法を研究する学問．特に，計算機で解ける問題や解けない問題の解明，および計算機で解ける問題に対してはより効率的なアルゴリズムの研究開発が主な研究テーマである．チューリング機械の概念を導入して，計算機でも解けない問題の存在することを示した1936年のチューリング (Alan Mathison Turing, 1912-54) の論文が，情報科学の始まりといわれる．以下では情報科学とアルゴリズムの研究の歴史を述べる．

【アルゴリズムの起源】アルゴリズムは，9世紀頃のアラビアの数学者アル・クワリズミ (al-Khwārizmī, 780頃-850頃) に由来するといわれている．簡単にいえば，「アルゴリズム」とは，問題を解くための「手続き」のようなものであり，計算機を動かすためのプログラムと考えても基本的にはよいだろう．例えば，二つの正整数が与えられたとき，その最大公約数を計算するユークリッド互除法は，アルゴリズムの代表的なものである．このように，アルゴリズムは代数学と深く関係していて，algebra（代数学）はアル・クワリズミの本の名前に由来するともいわれている．

【情報科学の出発】アルゴリズムの概念は，計算機が考案されるよりも以前からあったが，それを数学的に厳密に定義したのはチューリングである．チューリングは1936年の論文で，今日の計算機を数学的に抽象化したモデルである「チューリング機械」の概念を提案し，チューリング機械で有限の時間で解ける問題と解けない問題のあることを示した．問題を有限の時間内で解くようにチューリング機械の動作を記述することは，計算機でその問題を解くためのプログラムを書くことに対応するが，それをその問題を解くアルゴリズムを構成することと等価であると考えた．すなわち，ある問題を解くアルゴリズムを実際に作ることは，その問題を解くチューリング機械の動作を記述することであるという形で，アルゴリズムを定義したのである．チューリング機械で有限の時間で解くことのできる問題は計算機でも有限の時間で解くことができるし，逆もいえるので，チューリングの論文は，計算機で解くことのできない問題（アルゴリズムの存在しない非可解な問題）があることを示したものであるといえる．計算機で解ける問題（可解な問題）と解けない問題（非可解な問題）を類別し，可解な問題に対してはより高速なアルゴリズムを開発するのが情報科学の基本であるので，チューリングの論文が，今日の情報科学の出発点であるといえよう．

【情報科学の基礎】チューリング機械の動作に自然な制限をつけてチューリング機械の能力を分類するというオートマトン理論の研究が1950年代から活発化した．それに並行して，自然言語を単純化したモデルの形式言語理論も展開され，形式言語文法で生成される言語の分類がなされ，制限されたチューリング機械で処理できる言語と形式言語文法で生成される言語の等価性も明らかにされた．形式言語理論で得られた成果は，今日の計算機のオペレーティング・システムなどにも応用され，プログラム理論，数学基礎論にも強い影響を与えた．したがって，オートマトン理論と形式言語理論の研究を通して今日の情報科学の基礎が確立されたともいえる．

【時間のジレンマ】1960年代に入ると，実際の計算機の発展に伴い，アルゴリズムで解ける可解な問題に対して，実際の計算時間が問題になってきた．計算機の初期の段階では，有限の時間で解けるのであるから，たとえ莫大な計算時間がかかろうとも，計算機が高速化されれば，有限の時間などは問題ではなかろうということだったが，計算機の高速化が必ずしも無限でないと認識されるに従い，有限の時間，例えば，10^{20} 秒などという計算時間は，現実問題として無限に等しいのではないかということになってきた．そこで，問題を入力パラメータを用いて計算機に入力して処理する場合（現実にこのようにされている），入力パラメータの数 N をその問題のサイズとして，N に応じてその問題の計算時間 $T(N)$ がどのように変化するかに注目しようということになった．$T(N)$ が N の多項式であるようなアルゴリズムを多項式オーダのアルゴリズムと呼び，多項式オーダのアルゴリズムのない問題を難しい問題と呼んだ．難しい問題は，問題のサイズが大きくなるに従い計算時間が天文学的に増加するため，計算機で有限の時間内に解ける可解な問題であっても，現実問題としては，計算機で解けないという認識が世界を支配するようになった．一方，多項式オーダのアルゴリズムで問題を処理すれば，妥当な範囲のサイズの問題を所望の計算時間で解けるという

しょうほうくろふねいっけん

ことになり，現実の意味での可解性と調和する．しかし実際には，多項式オーダのアルゴリズムを開発しようとしてもうまくいかない問題が数多く経験され，同時に，そのような問題が多項式オーダのアルゴリズムでは決して解けないともいえないというジレンマが生じてきたのである．

【NP完全問題】この種のジレンマは1971年にクック(Kenneth L. Cooke, 1939-)によって一挙に解決された．クックは，その種の問題と関係して，「NP完全問題」([英]NP-complete problem)という概念を導入し，NP完全問題の存在を証明した．NP完全問題は，現在のところ多項式オーダのアルゴリズムで解けるかどうかということは未解決であるが，NP完全問題のうち一つでも多項式オーダのアルゴリズムで解けると，他のすべてのNP完全問題も多項式オーダのアルゴリズムで解けることがいえるし，逆に，NP完全問題のうち一つでもどのような多項式オーダのアルゴリズムでも解けないことがいえると，他のすべてのNP完全問題も多項式オーダのアルゴリズムでは決して解けないことがいえるという興味深い性質をもっている．カープ(Richard M. Karp, 1935-)はNP完全問題の概念をさらに単純化し，従来多項式オーダのアルゴリズムで解けるかどうか未解決だった多くの問題がNP完全問題になることを示した．現在のところ，NP完全問題は多項式オーダのアルゴリズムでは解けないだろうというのが一般的な見解である．これにより，現実問題として，計算機で解ける問題と解けない問題の分類はさらに精密化された．

【入力サイズと処理時間】多項式オーダのアルゴリズムで解ける問題は，いずれも現実の計算機で妥当なサイズの問題がほぼ妥当な計算時間で解けるので，それらが互いに全く同等であるかのように思えるが，実はそうでもないのである．可解な問題と非可解な問題との関係，あるいは，多項式オーダのアルゴリズムで解ける問題とNP完全問題との関係と，ほぼ同様の関係が多項式オーダのアルゴリズム(で解ける問題)間にも観察される．例えば，入力サイズNの問題に対して，$T(N)=N^3$のアルゴリズムと，$T(N)=N$のアルゴリズムでは格段に異なる．特に，大規模サイズの問題を取り扱うときこの差は顕著である．コンピュータグラフィックスやVLSI のCAD(超大規模集積回路の計算機支援設計)などの分野では，Nが数百万というケースもごく普通である．1秒間に100万回演算できる計算機(パソコンと同程度)を用いたとすると，Nが1万ならば，N^3のアルゴリズムでは$N^3=1$兆ステップ，すなわち，100万秒(11日)かかる．これに対して，Nのアルゴリズムでは，1万ステップ，100分の1秒ですむ．計算機が1,000倍高速化されたとしても，Nが10万くらいのサイズになると，N^3のアルゴリズムでは1,000兆ステップ(11日)かかるのに対して，Nのアルゴリズムでは10万ステップで1万分の1秒ですむ．計算機が1,000倍高速化されても，N^3のアルゴリズムを用いると同じ時間で処理できる問題のサイズはたかだか10倍にしかならないのに，Nのアルゴリズムを用いると同じ時間で処理できる問題のサイズは1,000倍になる．このように，計算機のハード面の高速化により，より好都合になってくるのは入力サイズNの増加に対して，計算時間$T(N)$が緩く増加するアルゴリズムである．すなわち，効率のよいアルゴリズムのほうが現実問題としては重要である．このような認識に基づいて，1970年代以降，より効率のよいアルゴリズムの開発が今日の情報科学の主要な研究テーマになってきている．

【効率のよいアルゴリズムの成果】効率のよいアルゴリズムの研究を通して基本的なアルゴリズムの設計法が開発された．一方，アルゴリズムのなかでデータをさまざまに操作するためのデータ構造も精力的に研究された．基本的で標準的なデータ構造も分類され確立されてきている．効率的なアルゴリズムは，このような設計法と適切なデータ構造を組み合わせて，初めて可能となる．アルゴリズムの効率化の研究は，現実の計算機の有効利用に直接つながるので，計算機の力を借りて情報を処理することが必要なさまざまな分野で非常に活発に研究が行われ，この1980年代から90年代にかけて極めて高度な成果が得られた．特に，大規模なネットワーク構造を有する情報や二次元以上の幾何学的図形情報は，人間の目のような視覚をもたない計算機では，効率的処理が極めて困難であろうと考えられていたが，最近開発されたデータ構造やアルゴリズム手法で効率的に処理することができるようになってきた． 〔浅野孝夫〕

しょうほうくろふねいっけん　　正保黒船一件

1644–47年の司令官シケイラ(Gonçalo Siqueira de Sousa, 1587–1648)の使節一行は，その目的を果たすことはできなかったが(→貞享黒船一件)，*長崎の生活に多大な影響を及ぼした．1640年ポルトガルはスペインから独立してジョアン4世(João IV, 在位1640–56)が国王となった．その機会を得て，イエズス会宣教師*カルディムは*マカオと長崎の貿易，また*イエズス会の日本への宣教の道を開くため，ポルトガル国の特派使節派遣計画を進めた．使節は1644年*リスボンを出帆したが，インド洋上で嵐に遭いバタビアに流された．オランダ人は彼らを親切に遇し*ゴアに行くため援助したが，この使節の便りがオランダ船によってその年のうちに日本に届いた．シケイラは1646年ゴアを出航して，7月28日マカオに着いた．8月12日日本に向かったが，台風に遭って再びマカオに戻らなければならなかった．ついに1647年(正保4)7月1日日本に向かい，同月26日長崎に錨を下ろした．日本では，シケイラの2隻のガレオン船を迎えるため2年前から準備がされていて，九州の諸大名の軍が長崎に集まっていた．長崎奉行・馬場三郎左衛門(1657没)は，伊王島と福田の間に停泊した2隻のガレオン船に使者を送り，港に入るよう要請した．シケイラは武器等の受け渡しを断り，ポルトガル国王の将軍宛の書簡を渡した．その返事が*江戸から届くまでの間，*島原，鍋島，黒田，島津，橘，細川の領地から5万余の兵が集まり，港の入口に船を並べて封じた．戸町と女神間を結んで8月15日に完成した関は，300隻の船でできていた．その上に板を張って，ところどころに櫓を造っていた．シケイラの2隻の船員は400人のみであったが，恐れをみせることなく最後まで自分に任された使命を果たすよう努力した．8月の終わり頃，ついに*井上政重と山崎権八郎が老中たちの返事を伝えた．その書状は長崎奉行に宛てたもので，6人の老中の花押があり，使節一行が無事にマカオに戻ることは許したが，キリシタン禁教令を理由にポルトガルとの貿易は拒絶した．シケイラの船は9月4日に長崎港を離れ，同月15日マカオに帰港する．

【文献】長崎市役所編『長崎市史』(長崎市役所 1967); A. F. CARDIM, *Batalhas da Companhia de Jesus na sua gloriosa Provincia do Japao* (Lisboa 1849); C. R. BOXER, "The Embassy of Captain Gonçalo de Siqueira de

Souza to Japan in 1644-1647," *Monumenta Nipponica*, 2 (1939) 40-74.

(結城了悟)

じょうほうりろん　情報理論　〔英〕information theory, 〔独〕Informationstheory, 〔仏〕theorie de l'information

情報理論は1948年，シャノン（Claude Elwood Shannon, 1916- ）の論文「コミュニケーションの数学的理論」により数学的理論体系として初めて作り上げられた．

シャノンによって情報理論の基礎が確立されるまで，科学の基礎概念は *物質と *エネルギーであったが，これに現在では「情報」を加えて工学の3本の柱となっている．もともと「情報」という言葉は「知識の素材」というような漠然とした一般用語であったが，シャノンはこれに確率・統計の概念を適用し，数学的に取り扱うため，適当な抽象化を行い，数学的なモデルに基づいて定義し，数量的に測れるものとした．

一般に情報は離散的情報（ディジタル情報）と連続的情報（アナログ情報）の二つに大別される．また時間軸方向に連続する通報を連続パラメータの通報といい，離散的な時刻にのみ通報が発せられるものを離散パラメータの通報という．現実に存在する時間信号はある周波数以下の成分しか含まないと考えることは妥当であるので，連続パラメータの通報は，離散的パラメータの通報にすべて変換して考えることができる．

図はシャノンが前出の論文で与えた情報伝送系のモデルであり，広く一般に使用されている．

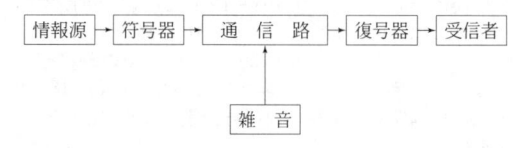

情報源 → 符号器 → 通信路 → 復号器 → 受信者
　　　　　　　　　↑
　　　　　　　　　雑音

情報量の単位はビットと呼ばれ，1か0か，白か黒か，左か右かのように二者択一の選択が与える情報量が1ビットである．一般に確率P(a)をもつ事象が生起したとき，これが与える情報量I(a)は次式で与えられる．

$$I(a) = \log_2 \frac{1}{P(a)} \text{ ビット}$$

【文献】C. E. SHANNON, W. WEAVER, *The Mathematical Theory of Communication* (Urbana 1949).

(加藤誠巳)

しょうめい　召命　〔ラ〕vocatio, 〔英・仏〕vocation, 〔独〕Berufung

【概要】語源は教会ラテン語名詞vocatioに由来する．召命という語は漢和・国語辞典にはなく，和訳辞典に造語の形でみられる．召命は広義において人生における一定の職業・身分，任務・使命を指し，これらによって各人がこの世において *聖性へと神に呼ばれていること，また生路選定としての *職業が神の命じる意志と一致し，自己の永遠の *救いを求める人生課題の実現であるとする人間の認識をいう．すべての職業は神からの召命，いわゆる天職であるが，狭義の召命は *司祭職および *修道生活への招きをいう．

(1) 職業への召命．各職業は神から人間に与えられる尊いものである．「人間はこの地上社会において……そのすべての才能を創造主の讃美と栄光のために発展させ，その職業または天職の義務を果たすことによってこの世の幸福と永遠の幸福を得なければならない」(*『クァドラゲシモ・アンノ』128, DS 3743)と教会は教えている．

(2) 聖性への召命．すべての人が神から聖性へと呼ばれている．この普遍的召命について，第2*ヴァティカン公会議は『教会憲章』(5章)で説明している．神の *恩恵による聖性への招きは職業・地位あるいは男・女を問わない．*神の子らはみな等しく聖性へと招かれている．この聖性は家庭や社会において人間生活をより人間的に高めていくものである．それはただ神への愛と人々への愛との完全な一致によってのみ豊かな実を結ぶことができる．

愛の *完徳に招くキリストに従って生きるならば，すべての人が種々の生活の道と種々の職務のなかで神の唯一の聖性にあずかることができる．したがってどのような道を歩もうともまたどのような職にあろうとも，福音のキリストの精神に従って生きるよう第2ヴァティカン公会議は諭している．教会の *聖職者もその職にふさわしく，またすべての信徒もそれぞれの職にふさわしく，キリストに従って生きることによって神の呼びかける聖性に至ることができるのである．*修道者の道もまた同じで，種々の道のなかの一つである．最も大切なことは，すべてを生かす愛であって，この神の賜物に応えて生きること，すべてを超えて神と，神において人々を愛することである．

(3) 司祭職および修道生活への召命．人間を招く神の声はキリストによって人間に呼びかけられる．この神の選ぶ愛に対し，人間はキリストに従うことを自由に選ぶことで応える．特にこのような召命は教会の教えと伝統に従って，司祭職および修道生活への召命として語られる．この召命について *教父や *教会博士，修道霊性家や神学者は「聖霊が人々を呼ぶ」「キリストの恩恵によって呼ばれる」「人間によってではなく，イエス・キリストによって召される」と説いている．このように教会は，*神の国の建設のための重要な司祭職および修道生活への召命は神から発するもので，超自然的であると教えてきた．しかし，この召命の本質については諸見解がある．まず，召命の本質は，教会権威が知的・精神的・身体的・倫理的適性と正しい意向をもつ者を，司祭職および修道生活に受け入れることにあるとする意見がある．また，召命の本質は，神が *聖霊の働きによって直接個人的に人間を司祭職および修道生活に呼ぶことにあるとする意見や，さらに召命の本質は，神が特別な恩恵をもって人間に呼びかけ，働く，これに対し人間が自由に応えることにあるとする説もある．

これらの三つの見解のなかで，第三の見解がより正しいと考えられる．すべての生活身分は神の賜物であり，さらに教会の伝統は司祭職および修道生活の道には神の特別な賜物なしに入ることができないとして，第三の見解をより強く指向するからである．*ピウス12世は使徒憲章『セーデス・サピエンティアエ』(Sedes sapientiae, 1956)において「神が人間を呼ぶ．それが召命の本質である．教会権威は人間を試し認めて，司祭職および修道生活に受け入れるのである」と教えている．神学的にみるならば，この召命は神の恩恵による神と人々への奉仕であり，それに対する信仰・希望・愛による人間の自由決定である．

司祭職および修道生活への召命を受ける者は，自由な同意が絶対に必要である．強制は教会の強く否認するところであって，*叙階の秘跡前または *修道誓願前に志

しょうめい

願者がいかなる強制をも加えられることなく，完全な自由をもって同意するのでなければならない．教会は司祭職および修道生活という重要な責務と使命を，志願者の完全な同意なしに強制することはない．司祭職・修道者の召命への適性をもつキリスト者はそれに応える義務があるとされるが，受け入れなければ罪になるということではない．この召命は，神の招きまたは神の勧告である．しかし，価値の低い動機による拒否は，聖性への召命あるいは自己の救霊を危くすることがありうる．

この召命には，主観的召命と客観的召命がある．主観的召命とは，人間を司祭職および修道生活にあずからせる内的恩恵を指している．*司祭または修道者になろうとする個人の自由決定は，卑しい*現世利益を追求する動機によるものでなければ，神の恩恵の協力なしには起こりえない．しかし，この人間の霊魂内における神の働きが特別な恩恵として意識されるとはかぎらない．客観的召命とは，自然的・超自然的賜物を人間に与える神の業を指す．司祭職および修道生活を遂行するのに必要な人間的諸条件も客観的召命といえる．

さらに，真の召命には，正しい意向が要請される．この正しい意向とは，すなわち神と教会，*神の民と世界のためにキリストに倣い，奉仕しようとする信仰・希望・愛の堅固な意志にほかならない．

(4) 福音的勧告への召命．第2ヴァティカン公会議は，種々の*福音的勧告のなかで秀でたものとして貞潔(→ 純潔)と*独身の道を愛のしるしとして勧め，神の偉大な賜物と称讃している．加えて，神の子らの自由をもって受け入れた清貧(→ 貧しさ)，神のために自己の意志を捨てて生きる*従順を愛の表れとして称讃している．貞潔・清貧・従順は，修道者の福音的勧告に対する答えである修道誓願を意味し，キリストに従うこと，しかも十字架につけられたキリストにより完全に似た姿となって従うことを意味する．この福音的勧告の生活と使命は，より完全な愛の道であるから称讃に値すると教会はつねに推奨してきた．

【文献】DThC 15: 3148-81; 南山大学監修『公会議文書全集(別巻)』公会議解説叢書7 (中央出版社 1976) 140-55, 277-97, 299-325, 534-91; Pius XI, "Ad catholici sacerdotii," AAS 28 (1936) 5-53; Pius XII, "Sedes sapientiae," AAS 48 (1956) 354-65; M. Quatember, *De vocatione sacerdotali* (Tübingen 1950); J. Leclercq, *The Religious Vocation* (New York 1955); K. Rahner, "Die Ignatianische Logik der existentiellen Erkenntnis," *Ignatius von Loyola*, ed. F. Wulf (Würzburg 1956) 345-405; C. A. Schleck, *The Theology of Vocations* (Milwaukee 1963).　　　　　(鈴木宣明)

【聖書における召命】〔用語〕聖書では，一般に「呼ぶ」(〔ヘ〕qârâ',〔ギ〕kaleō．ただし，「名を呼ぶ」出 31: 2; イザ 43: 1 参照)という語で召命の事象を示す．

〔旧約聖書〕神は*出エジプトの出来事を*イスラエルに思い起こさせながら「彼を呼び出し，わが子とした」(ホセ 11: 1)といわれているように，神からの民イスラエルに対する呼びかけは*選びであると同時に民族形成をも意味した．さらに，この神の呼びかけは*創造の業とも同一化されている(イザ 43: 1, 7, 21)．つまり，イスラエルの召命は神の主権の現れであって，神の絶対的・根源的行為，すなわち世界の創造と同じものだからである(イザ 48: 12-13 参照)．

召命は*契約という概念のなかに包含されている．契約の発端は神の選びと呼びかけにあるからである．事実，しばしば「聞け」という言葉がみられる(申 5: 1; 6: 4; 詩 50: 7; イザ 1: 10; 7: 13; エレ 2: 4 等)．こうした民に対する呼びかけは，*約束と使命を喚起するためのものである．他方，神からの呼びかけは特定の個人に対する場合もある．それは*アブラハム(創 12: 1)，*モーセ(出 3: 16)，*預言者(イザ 6: 9; エレ 1: 7; エゼ 3: 1, 4; アモ 7: 15)などのように，「行け」「行って告げよ」という命令の言葉に示されている．

このような呼びかけを受けた民あるいは個人は，神の救いの計画，神の民の運命との関わりのなかで特別な使命を与えられる．したがって，この呼びかけは*神の意志に基づき，その意志を実現するための選びでもある．それゆえに呼びかけを受ける人間の側には，根底からの*回心，全く新しい存在の根拠に根ざす生き方をする新しい人間となることが求められる．また，それは神との新しい人格的関係の確立をも意味する．こうして呼びかけに際して，神はその名を呼び(創 15: 1; 22: 1; 出 3: 4; エレ 1: 11; アモ 7: 8)，あるいは新しい名を与え(創 17: 1; 32: 29)，信頼して直ちに応じるよう求める(創 12: 4; イザ 6: 8)．そしてしばしば，呼びかけられた者は一時的に躊躇し(出 4: 10 以下; エレ 1: 6; 20: 7)，また自分の民のなかにありながらも民からは区別される(創 12: 1; イザ 8: 11; エレ 12: 6 等)．

〔新約聖書〕旧約聖書での召命の諸特徴はイエスのうちにすべてみいだされるものの，イエスに対して召命という語が使用されているわけではない．逆に，*共観福音書が伝えているようにイエスは*使徒たちを選び，彼らに使命を与える(マコ 3: 13-19 および並行箇所参照)．イエスに出会い(例えば，マコ 1: 16, 19; 2: 14)，彼から呼びかけられた者は(同 1: 20)，それまでの職業や人間的な紐帯を断ち切ってイエスに従っていく(1: 18, 20)．また彼らは新しい*神の民の再結集のために活動を展開する．

一方，*パウロによれば，自分をはじめとして召命とは神の恩恵(例えば，ロマ 9: 12; ガラ 1: 15)，神の救いの計画に基づくものであるという(ロマ 8: 28-30; ガラ 1: 15-16)．つまり，召命とは神の恩恵による「取り消されない」(ロマ 11: 29)ものとなる．そして，使徒としての活動と不可分なものである(ロマ 1: 1; 1 コリ 1: 1; ガラ 1: 1)．

さらに，キリスト者はみな召命を受け(ロマ 1: 5-7; 1 コリ 1: 2, 24)，神に選ばれ(ロマ 9: 11-12; 2 テモ 1: 9)，使命を与えられた者といえる(ガラ 1: 15-16)．神からの呼びかけであるから(1 テサ 4: 7)，誰もが召命を尊重しなければならず(1 テサ 2: 12; エフェ 4: 1)，また，召命は自由と奉仕をも意味し(ガラ 5: 13; エフェ 4: 1-3)，誤った教えを警戒し(ガラ 1: 6; 5: 8)，信仰ゆえの苦闘から逃避せず(2 テモ 4: 7)，「賞を得るために，目標を目指してひたすら走ること」(フィリ 3: 14)を要求する．

【文献】聖書思 437-39; LThK³ 2: 302-306; NBL 1: 275-76.　　　　　(高柳俊一)

【召命の心理学】〔概念〕召命の心理学とは，独身・従順を伴う司祭・修道生活への献身の始まり・発展・批判的選択・危機・終了の各段階において繰り返し現れる心理的因子・力学を対象とする研究である．これは，司祭・修道生活に入るという高度な人格的決断を行いやすくする助けとして，その隠れた動因を明らかにし，さまざまな感情や願望を充分な決断にまで(再)編成することを目的とし，また養成者が力を注ぐべき，恒常的な要素の解明を目指すものである．

〔歴史〕聖職者に関する心理学的研究は1920年代に始まっており，1945年から1960年にかけては，司祭・修道生活の志願者に対し心理テストを行うことが急速に広まった．その際に重視されたのは，精神的不安定，情緒的未成熟，性的逸脱行動などに関する準医学的な心理測定による「不適性審査」や，召命生活が長続きし，成功するかどうかを計るための適性(知能指数，興味，才能)の審査であった．

1955年から1965年にかけて，関心は「積極的適性」の解明に移る．この場合もまた司祭・修道生活における将来のさまざまな課題や活動の成功を導くような，個人の興味，才能に関する検査結果に基づいて行われた．

1965年以降，心理学的・社会学的研究の枠は拡大する．これは司祭・修道者の召命の質と数の両面で生じた危機と，*心理学に対する過大な期待の二つに帰因している．研究の重点は，召命の決断をめぐる意識的・無意識的動機，および変革期の教会における召命のより科学的解明に置かれるようになった．

〔研究成果と最近の動向〕心理学者は司祭・修道者の召命・職業生活の将来の預言者でもなければ，*霊の識別の代行者でもない．元来別の目的のために考案された心理テストを使って行われた召命に関する心理鑑定は，長い間手段以上の役割を果たしてきた．はっきりとした精神病理学的な不適性がすぐにみつかっても，それはつねに専門家による召命の吟味のうえでの一材料となるにすぎないので，もはや心理測定のみに基づいて志願者の選別を行うことはなくなった．最近の司祭・修道者の*カウンセリングの中心は「選別」ではなく，「加入」にある．共同体の一員として生活する力，状況の変化に対応できる能力，何よりも，自分と同じように他者の性格をある程度深く理解できるかどうかが重視される．

今日，さらに必要とされているのは，召命に含まれるさまざまな要素と，相互に影響を及ぼし合い，葛藤し合うさまざまな動機の研究である．召命の動機は価値観，行動，意識的・無意識的欲求を考慮して分析しなければならない．

職業選択や非宗教的献身と違い，司祭・修道召命は，現在の自己イメージ(〔英〕Self-Concept-In-Action)によってではなく，現在の理想の自己イメージ(Ideal-Self-In-Action)から生まれる．決断に際して，人は司祭・修道制度に対して，現在の自己を献げるのではなく，理想の自己を献げるのである．

忍耐・能率・個人的充足感といったものは，個人の価値観・行動・欲求が，集団の認知と調和するときに増大する．

修道者にはつねに根本的かつ深刻な葛藤感情がみられる．自閉的になり，イニシアティヴをとらないこと，自己批判，強い罪意識がそれである．

修道者における価値観の葛藤は，主に自律性，他者との触れ合い，孤独感，自分の行動が役に立つかどうか，自分の*アイデンティティへの疑問といった問題をめぐって生じる．

少なくとも3人に一人の割合で，「母性イメージ」に基づく感情的コンプレックスと，独身生活の選択とが結びついている．無意識的な母性固着は，一時的に修道生活の何でも決められた環境に素直に適応するのに役立つが，長期的には自発性・創造性の喪失となって現れる．キリスト教が置かれた現実状況がつねに変化することを受け入れる心理的成熟が得られるよう，修道誓願は変更可能なものであることが必要である．

息子(娘)と母親の間の前エディプス期の結合関係は，司祭・修道者が自分の誓願を忠実に守り，新たな洞察によってそうした関係を捉え直すことができる場合，後エディプス期の成長と成熟によってより豊かなものとしていかなければならない．

ある種の召命の危機は，制度としての教会の官僚的性格に対する不満ないし幻滅から生じることが多い．現在の独身制をめぐる問題は，イデオロギー・機構・構造の変化が生み出した，極めて複雑かつ深刻な召命の危機の現れである．

召命の選択と決断を行わせた因子，選んだ生活を続ける忍耐，行動力，またどうすれば成功あるいは失敗するかを見究める力は，それぞれ別である．

現代の価値観と司祭・修道生活に含まれた，この世を変革する永遠の活力とを統合していくような，*共同生活を育てていく必要がある．

【文献】L. M. RULLA, *Depth Psychology and Vocation* (Rome 1971); L. M. RULLA, J. RIDICK, F. IMODA, *Entering and Leaving Vocation* (Chicago 1976); ID., *Psychological Structure and Vocation* (Dublin 1979); A. GODIN, *The Psychology of Religious Vocations* (Lanham, Md. 1983).

(W. キッペス)

しょうめい　証明　〔英〕proof，〔独〕Beweis，〔仏〕preuve　ある主張された言明に対し，何らかの仕方でその言明の正しさを明らかにする試みは，最も広い意味で証明といえる．認識論的に重要なのは，その言明が主張通り確かに真である根拠を明示ないし提示する試みであろう．

最も直接的証明は，「百聞は一見にしかず」式に，言明内容の存在を端的に明示する明証的経験に訴えることであるが，通常そのような単純なケースは少なく，言明の肯定へ間接的に導く他の証拠などを引き合いにしなければならない．その場合，「その証拠が提示されれば言明内容は確かに真であると判断される」などの条件関係が前提されている．このような条件関係を顕在化し，その真ないし確実性を示し，さらに証拠も真であるとして提示すれば，問題の言明は証明されたことになる．

一般的に，言明 p の真を証明するためには，まず条件(群) C と p との条件−被条件関係 R を示し，それが真ないし確実であることを明示し，さらに条件 C が確かに充足されていることを併せて示し，最後に関係 R に基づき，条件 C から被条件 p に至る道程の全系列を段階ごとに提示すればよい(その典型が，諸*公理から推論規則に従い当の言明を定理として導出する演繹的証明)．C−p の条件関係や C の真が不確かな場合は，真が確定的なより上位の条件(理想的には，究極的な無条件)にまで条件系列を遡る必要があるだろう．

(関根靖光)

しょうめい　照明　〔ラ〕illuminatio　文字通り「照らす」という行為，あるいは照らされている状態を意味する．霊性においては，人が救いの普遍的な知恵を得るのに役立つ特別な神の関与のことをいう．照明はしばしば*観想と取り違えられてきた．しかし，光が視覚の条件であるのと同様に，観想もまた照明のための条件なのである．

【教理の源泉】ディオニュソスとオルフェウス教の*密儀においては，人間は元来聖なるものであるが，事物という牢獄に縛られているので，神の光を享受できないと

しょうめいせつ

される．禁欲主義によると，人間は事物から解き放たれるとますます神の光に向かって引き返していく．後に*プラトンはこの考え方を取り上げ，「人間としての前存在」と英知と神から与えられた恍惚を得るための事物からの浄めという理論を打ち立てた．神からの恍惚とは照明の状態であり，プラトンにとっては人間の原初の状態の「想起」（［ギ］anamnēsis）であった．プラトンの弟子であった*プロティノスはこの「神の光への参与」を，ヌース（神的精神）を通して「一者」（神）から流出するという一元論的な考え方により説明した．しかし，この神の光の流出である「照明の道」は「両方向」の過程である，とプロティノスは考えた．身体から反射した光線は神秘的な上昇のうちに，魂へ，ヌース（精神）へ，そして一者へと戻っていくからである．
【キリスト教における照明】*アウグスティヌスはヨハネ福音書（1: 9）における神の光の教えを利用して，*照明説へと発展させた．彼によると，人間の知識とは，人が光の流出によって神の世界と一致することにおいて生まれるものではなく，むしろ，人間の個人としての独自性を失わずに，神の世界と出会うところに生まれるものであった．また，知識の構成要素を三つに区分している．第一に，知られる対象となる物質と精神的事柄である「客体」．第二に，もし人が神の光によって照らされていないならば暗闇で物事を知る知性，人間の魂，全人（知性と意志）である「主体」．第三に，それ自体神の照明による関与である「知識という媒介」である．感覚は魂の外側で起こっているものに，その注意を引きつけ，それによる報告は知性によって神の光のうちに判断される．知識の真の対象は「永遠の原因」（［ラ］rationes aeternae）であり，それは造り上げられた知性よりも高く位置し，神からの照明による知性のうちに含まれている．神は，ちょうど太陽がすべてを照らすように，神の照明によって，人間を「永遠の原因」に介入させるのである．後に*ボナヴェントゥラは照明についての理論を総合し，知的，道徳的，神秘的照明の3種類に分けた．知的照明は，13世紀アラビアの哲学者を経由して*アリストテレス哲学の影響を受けたもので，感覚を通しての知識の抽象化として説明される．そこには，絶えず第二原因である被造物とその感覚，知性などの潜在的能力を照らす*第一原因，すなわち神の関与がある．道徳的照明は神が人間の*良心に注ぎ込んだものから実証され，神秘的照明は，喜びのうちに人間を神と結びつける，人間の知性と愛の清めという経験である．アビラの*テレサ，*フアン・デ・ラ・クルスなどの*カルメル会の霊性において，それは照らし出す信仰の目をもって浄めの夜を通過し，*神との一致を目指して歩む「霊的婚姻」という譬えをもって説明される．
【文献】DSp 7: 1330-46. （J. カトレット）

しょうめいせつ　照明説　〔英〕theory of illumination, 〔独〕Illuminationstheorie, 〔仏〕doctrine de l'illumination　人間の理性は神の光に照らされることによってだけ真理を認識しうるとする説．これをどのように理解するかによって諸解釈が生ずるが，それらは*アウグスティヌスの教説の理解にかかっている．

「言葉」である「子」が世の「光」であり，「真理」であるとするヨハネ福音書の教えに深く浸透されているアウグスティヌスにとって，この説は神への人間の魂の上昇過程において重要な意味をもつ．神は真理そのものであり，真であるすべてのものは真理である神によって真である．それゆえ，人間の魂が真である理性的真理を理解しうるのは，真理そのものである神の光によって，いわば太陽の光に照らされるように，照らされることによってだけである．

ここには，認識されるもの（*イデア）を照らしてこれを真なるものとして理性に認識させる「善のイデア」の働きを，可視的なものを照らして目に見えるものにする太陽の働きになぞらえた*プラトンの『国家』の「太陽の比喩」の*プロティノスを介した影響がある．

アウグスティヌスでは，神を「不可変な光」とし，不可変であるがゆえに神はすべての可変なものを超越するという点が強調される．それゆえ，可変なものである人間の魂が不可変な理性的真理を認識するのは，ただ不可変な光である神に照らしてだけである．すなわち，理性的な真理を不可変な光である神に照らして不可変なものとして認識することによって，可変な物体の秩序から不可変な神の秩序への人間の魂の上昇は始まるのである．こうして，照明説はアウグスティヌスでは可変性から不可変性への志向の転換を導くものとして機能する．それゆえ，それは理性的な真理の原理であり，与えられる光は特別に神秘的な光ではない．ただ，それが魂の神への上昇を導くかぎりで神秘的な役割をもつのである．
【文献】アウグスティヌス「ソリロキア」清水正照訳『アウグスティヌス著作集』1（教文館 1979）327-452; 同「教師」茂泉昭男訳『アウグスティヌス著作集』2（教文館 1979）199-278; 加藤信朗「CONSULERE VERITATEM (Augustinus, De Magistro, XI, 38-XII, 40)——アウグスティヌスの初期照明説をめぐる若干の考察」『中世思想研究』18（1976）21-44. （加藤信朗）

じょうもん　城門　〔ヘ〕ša'ar, 〔ギ〕pylē, pylōn　聖書にみられる城壁に囲まれた町の城門は，防御上重要な役割を果たしていただけでなく，町の営みの中心になっていた．しばしば，両面に扉を有し，上部は部屋になっていた（サム下 18: 24; 19: 1）．また，町の*長老，裁判官，王の職務や商取引の場としても利用された（創 23: 10, 18; 申 21: 19; 22: 15; ルツ 4: 1-4, 11; サム下 19: 9; 王下 7: 1, 17-20; 代下 32: 6; アモ 5: 12, 15）．「あなたの城門で」という表現は，「あなたの町の門の中で」と訳されることもある（出 20: 10; 申 12: 12, 15, 17, 21）．「敵の門を制する」とは，その町全体を支配下に置くことを意味する（創 22: 17; 24: 60）．マタイ書 16: 18 では，教会に敵対する力が文字通り直訳すれば「陰府の門」と呼ばれている．聖書には，*エルサレムのさまざまな城門（王下 14: 13; 代下 26: 9; 33: 14; ネヘ 2: 13-14; 3: 1-6; 13以下; 12: 39; エゼ 48: 31-34; ヨハ 5: 2），*天のエルサレムの門（黙 21: 12-13, 21）への言及がある．
【文献】IDB 2: 355. （B. シュナイダー）

しょうやろん　『笑耶論』　*排耶書．仏嶺杞憂道人，すなわち浄土僧養鸕徹定（1814-91）が，帰正痴士こと*阿部真造の*『夢醒真論』を，付録に至るまで逐条掲げて反論・批難した書．美濃判和綴，木活字36丁（29丁の異版がある）．序に「己巳夏五」，巻末に「治巳仲夏下浣」とあり，1869年（明治2）5月末頃刊と認められるが，発行元などは不明．『夢醒真論』は同年3月の刊行であるから，直ちに本書を起稿したものと認められる．内容的には，著名な学僧とも思われない俗説や浅見による駁論で特にみるべきものはないが，当時広く読まれ，29丁の異版もあり，*『破邪叢書』上巻にも抄されてい

る．維新当時の神道国教策のもとにおける仏耶論争書として注目される．
【文献】海老澤有道「夢醒真論と笑耶論」『カトリック研究』21 巻 3 号（岩波書店 1941）67-72．　　　（海老澤有道）

しょうようがくは　逍遙学派　→　ペリパトス学派

じょうよく　情欲　〔ギ〕epithumia，〔ラ〕concupiscentia，〔英・仏〕concupiscence，〔独〕Begierde, Konkupiszenz

情欲は好ましい対象への欲求，特に性的な事柄への欲望である．それは反省や自由意志に基づく決断に先立つ生来の性向であり，倫理的自由や責任以前の自然本性的な欲求である．情欲それ自体としては悪ではないが，キリスト教では *原罪との関連で理解され，理性の命令に反する感覚的欲望は意志的・霊的に自由な決断を妨げる意味で悪いとされる．人は *恩恵の助けによる誠実な努力によってのみ，その欲による傾向を克服しうる．情欲は自己保存能力と自己破壊的欲求の二面性をもっている．

【聖書】*アダムの罪の結果，神は人間に呼びかけるが，情欲は人を神に対立させる悪い欲求となる（創 3: 7-10; 8: 21）．旧約聖書では情欲は *律法のなかに表明された *神の意志に反抗する力として理解される．*知恵文学は情欲に従って生きないように戒める（シラ 18: 30-33; 23: 4-6; 知 4: 12）．

新約では特に *パウロが情欲を原罪の原初的しかも普遍的な表れとしてみる（ロマ 7-8; ガラ 5）．肉（*サルクス）と *霊（プネウマ）との対立は体と魂とのそれではなく人間内部の深い分裂として経験される．「肉の欲望」を満足させないように勧告しつつ，「肉の業」を列挙している（ガラ 5: 16-21）．情欲は「むさぼり」（ロマ 7: 8）ともいわれ，人間を諸悪と罪に陥れる力である．恩恵によって真に義化された者はそれに打ち勝つことができる．パウロは情欲と死との内的結びつきを知っており（ロマ 8: 6），アダムの罪と律法のもとで情欲に注目し，神に敵対する力と人間の救いとの関連を重視している．ヤコブの手紙も欲望と罪と死の連係を述べ（1: 14-15），ヨハネの手紙は 3 種の欲を語る（1 ヨハ 2: 16）．

【教父】*教父はギリシアの人間論，特に *ストア学派の「情念」の影響のもとに，情欲を人間の精神性や理性に反する罪深い欲求として理解する．初期のギリシア教父たち（アレクサンドリアの *クレメンス，*オリゲネス）および *テルトゥリアヌスは，人間の内面的分離について思索し，それを原初の堕落でもって説明する．より下部の罪深い（肉的）魂の深層に対して，より高い精神的なものの優越性を認める．倫理的な努力目標をより下位の欲望を抑止することによって反抗する欲情のないことにみている．

*ペラギウス派は情欲を「自然の暴力」あるいは「自然の欠陥」とみるが，*アウグスティヌスはそれに対抗し，また *マニ教の肉体蔑視とも対決する．情欲を神に対する高慢な不従順としての原罪と関連づけている．それは原罪の結果の「魂の分裂」（〔ラ〕dissipatus animus）として人間のあらゆる次元に関連し，二つの意志の分裂した習慣（habitus）になる．「転倒した意志から情欲が生じ，情欲に仕えているうちに習慣ができ，習慣に逆らわずにいるうちに必然となってしまった」（『告白』8, 5, 10-12）．情欲は心の抑制に逆らうもので，特に性欲は霊魂の欲情を肉の求めに結びつけ，混合させて人間全体を動かす力となる（『神の国』14, 15）．アウグスティヌスはヨハネの手紙の三つの欲を解説しながら情欲について述べている（『告白』10, 32-39）．

【中世の神学者】*トマス・アクイナスによれば，「情欲は感覚によって愛求される善い何ものかを理性のもとで欲求することである」（『神学大全』II, 1, q. 30）．それは原罪から生起する破壊された存在の習慣（habitus entitativus corruptus）であり，理性の命令に反して無秩序な感覚的欲求の動きに従い感覚的善に傾かせる．したがって，現実の人間生活と歴史において，情欲は霊・精神に対抗する罪深い欲求の戦いとして現出する．

*ドゥンス・スコトゥスと *スアレスも情欲を原罪の結果として理解し，*原始義や *救いをもたらす恩恵との関連で神学的論考を試みている．アウグスティヌスからトマスへの思潮のなかで情欲は原罪の質料的要素として捉えられる．「原罪は質料的には情欲であり，形相的には原初的義の欠陥である」（『神学大全』II, 1, q. 82, a. 3）．

【教導職】洗礼を受けた者も神の絶えざる助けがなければ，情欲に打ち勝ちえない（DS 241）．*トリエント公会議は *バニェスの誤謬（DS 1974-76）や *ジャンセニスムの見解に対して，情欲はそれ自体としては自然なもので罪ではないとする．しかし情欲は原罪の結果であり（DS 1512），人間の原初的召命の欠如を示し，「弱さ」（infirmitas）として個人の罪への誘因と刺激になる（DS 1515）．バニェスの誤謬は，「情欲すなわち肉体の法とその悪い情欲を感じても，律法に対する真の不従順である」（DS 1951）という見解にある．公会議によれば，原罪の結果，「人間の本性の力は減少し，悪へ傾いたが，そのために自由意志が消されてしまったのではない」（DS 1521）．洗礼を受けた者でも心のなかでは欲情や罪への傾きが起こりうるが，それに流されず，イエス・キリストの恩恵によって勇敢に抵抗する者に欲情は危害を加えることはできない．*ルターの見解に対して，公会議は情欲は善をなす倫理的な自由を破壊しないことを力説する．

第 2 *ヴァティカン公会議も子どもが善から遠ざかり悪に陥るのは，社会環境によるばかりでなく，人間の高慢と利己主義にもよると説く．「ものの秩序が罪の結果によって腐敗しているところでは，生まれつき悪に傾きやすい人間は罪への新たな煽動を感じるものであり，恩恵の助けと熱心な努力なしには，これに打ち勝つことができない」（『現代世界憲章』25 項．13 項も参照）．このように *教導職によれば，情欲は自然な欲求であり，人間の自由が情欲によって破壊されるわけではないが，人は恩恵なしには倫理法を長く完全には守れないのである．

【神学的解明】この世の現実は物質的・精神的な諸価値の混在であり，人は諸欲求による多種多様な葛藤を覚える．人間の経験と啓示によれば，人間は本性的な自由の賜物とそれを圧する無秩序な反抗的欲求をもっている．全人間（感覚的・霊的）の生来の欲求行為は人の自由な決断に先立つものであり，その前提である．自由な決断の本質的様相は人格的であり，人の自然発生的な欲求は非意志的な行為，本質的に前倫理的（〔英〕pre-moral）なものである．情欲は人間本性の自然的行為また所与であるが，人は神の前に（良心的に）自由に決断する行為によって人格が規定され形成される．人はこの *自然・本性と *人格との緊張関係のなかで情欲を経験する．原罪の結果を身に帯びている人間は決して善または悪のうちに全

面的に吸収されてはいない.

ところで，情欲は悪い倫理的判断に対して積極的に作用する．その自然な衝動性のゆえに，情欲は人が善をなすのを妨げ，全面的で自由な人格的決断を困難にし，自己実現するのを阻むのである．また情欲は罪の危険を避けるという消極的な面だけでなく，善へ方向づけられた人格的決断を可能にする．罪の新しい可能性を情欲にみいだすことを否定しないが，義化(→義認)の恩恵と人格の統合性の賜物のゆえに，人は弱さの罪として妥協するだけでは不十分であろう．人の倫理的成長の目標は自己全体を倫理的に善い決断に方向づけ，情欲による内面的分裂と自己破壊の可能性をも自覚しながら，神の恩恵のもとに全力を尽くして神と人への愛の実践に生きることである．したがって，情欲を罪深さとしてだけ理解するのではなく，人間の人格的な実存と全人的救いへの*召命との関わりで評価しなければならない．救いに招かれている人間は情欲を体験しつつ善をなす習慣と恩恵に支えられて，イエス・キリストによる贖いにあずかる可能性をもっている.

【文献】金子晴勇『アウグスティヌスの人間学』(創文社 1982); DMC 1: 840-43; DSp 2: 1334-73; DThC 5: 803-14; LChM 82-86; LThK² 2: 108-12; SM(E) 1: 403-405; Rahner Sch 1: 377-414.　　　　(浜口吉隆)

しょうろう　鐘楼　〔英〕belfry,〔独〕Glockenturm,〔仏〕clocher　　上階に鐘が吊るされた塔．西洋では鐘楼は都市の発達に伴って，世俗の公共建築にも設けられたが，当初は教会と結びついていた．*鐘は初期キリスト教時代から教会の儀式に取り入れられ，鐘楼はイタリアで7世紀頃から，独立建築として*教会堂の傍らに建てられた(最古の現存例は *ラヴェンナのサンタポリナーレ・イン・クラッセ聖堂の塔，9世紀)．その後もイタリアでは独立形式が受け継がれ，特にカンパニーレ(campanile)と呼ばれる．しかし，アルプス以北では，*カロリング朝以来，鐘楼は教会堂本体の一部をなした．塔は正面の左右に2基並ぶことが多く，さらに身廊(*ネイヴ)と袖廊の交差部にも設けられ，いずれも鐘楼として用いられたりした．　　　　(高橋裕子)

じょかい　叙階　〔ギ〕cheirotonia,〔ラ〕ordinatio,〔英・仏〕ordination,〔独〕Weihesakrament　　聖職(*司教，*司祭，*助祭)に叙する*秘跡．
【聖書】イエスは*十二使徒を選び，自分の使命にあずかってそれを遂行するように彼らを派遣した(マコ3: 13-15; 6: 6-13; マタ28: 19-20 等)．イエスの死と復活の後，十二使徒および復活したイエスに選ばれた*パウロは，イエスによって与えられた任務を果たしつつ，協力者たちを立てた．エルサレム教会で使徒たちによって立てられた「7人」(使6: 1-6)や，パウロと*バルナバが教会ごとに任命した長老たちがその例である．1世紀に使徒たちの任務に協力し，またその教会指導の任務を受け継ぐ人々の職名はまだ定まっていなかったが，各教会共同体にそのような人々が存在したことが，新約聖書の多くの箇所によって示される(使15: 2; 1 テサ5: 12; ロマ12: 8; フィリ1: 1; エフェ4: 11; ヘブ13: 17; 1 ペト5: 1-4 等)．この人々を「聖霊は……神の教会の世話をさせるために，……群れの監督者に任命なさった」(使20: 28)．任式について記しているのは，「わたしが手を置いたことによってあなたに与えられている神の賜物を，再び燃えたたせるように勧めます」というパウロの言葉を載せるテモテへの手紙である(2 テモ1: 6; 1 テモ4: 14 も参照).

【古代と中世】2世紀の前半の教会制度について，アンティオケイアの *イグナティオスの手紙は，各教会には*監督(〔ギ〕episkopos)と呼ばれる一人の指導者がおり，彼を囲む者として*長老団(presbyterion)と*執事たち(diakonoi)がいたと記す．聖職のこの3段階は2世紀に全教会で広まり，現代に至るまでカトリック教会，*東方正教会，*聖公会で守られている．日本のカトリック用語で，ラテン語 episcopus は「司教」，presbyter は「司祭」，diaconus は「助祭」と訳されている．「司祭」と「助祭」という訳語は，中世以来，聖職者の典礼上の務めに一方的に重点が置かれたことの結果であり，適切な訳とは思われないが，定着しているので，以下本項でもそれに従う．

3世紀の初めに書かれたローマの*ヒッポリュトスの*『使徒伝承』は，当時の叙階式の行い方を次のように伝えている．「民全体によって選ばれた申し分のない者が司教に叙階される．民は司祭団及び列席する司教たちと共に，主の日に集まる．一同の同意に基づいて，司教たちがその人の上に手を置く．その後，列席する司教のうちの一人が，一同の求めに応じて，司教に叙階される者に手を置いて次のように祈る」続く祈りは，神が霊の力を注ぎ，司教に選ばれた人に群れを牧し，祭司職を果たし，教会の供え物を献げ，罪を赦す*権能を授けるように願うものである．司祭の叙階の場合，司教がその頭の上に手を置き，受階者に「恵みの霊と司祭団の評議にあずかる霊」が与えられるように祈る．司祭叙階の場合，司教の*按手の後，司祭たちも受階者の上に手を置くが，それは「霊を授ける」動作ではなく，司祭職に共通した霊を表すしるしにすぎない．助祭が叙階されるときには，司教だけが彼の上に手を置き，教会に仕えるために神が彼に「熱心の霊」を注ぐように祈る．

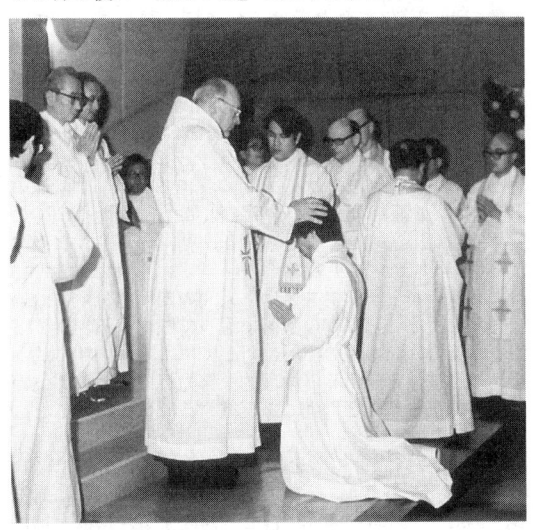

司祭叙階

上述のような按手と祈願は，東方教会において今日に至るまで叙階式で用いられている唯一の儀式である．そのため，東方教会では，叙階は cheirotonia (按手)と呼ばれている．

西方教会では，「社会団体」を意味するラテン語 ordo は，教会の職階を表す語として*テルトゥリアヌスに

司教叙階：連願の間，平伏する受階者

司教叙階：福音書を頭上に掲げる式

司教叙階：牧杖の授与

よって教会用語に取り入れられ（『貞潔の勧めについて』7），叙階を表す ordinatio は，*ヒエロニムスによって教会用語に取り入れられたと思われる（『イザヤ書注解』16, 58）．

　西方教会の叙階式は，9世紀まで概してヒッポリュトスが描いた通りに行われたが，司教叙階の場合，福音書を受階者の頭の上に置く儀式が加えられ，司祭叙階の場合，祭服を着せる儀式が加えられた．ところで，9世紀からフランク王国の教会では叙階式がますます複雑になり（*ガリア典礼），司教叙階の場合，従来の按手と祈願のほかに，頭や手に油が塗られ（*塗油），*指輪や司教杖（*牧杖）や福音書が渡され，司祭叙階の場合，手に油を塗られ（6-7世紀以降），ミサ用のパンを載せた *パテナ（皿）とぶどう酒の入った杯が渡され（9世紀以降），助祭叙階式の場合，祭服が着せられ，福音書が渡されるようになった．10世紀半ばに *マインツで編纂された『ローマ・ゲルマン司教典礼書』（Pontificale romano-germanicum）に詳しく記されたこれらの儀式は，10世紀末にローマ教会によって受け入れられ，しだいに西方教会全体に広まった．メンドの司教 *ドゥランドゥスが1290年頃に著した『司教典礼書』は，当時のローマ教会の叙階式を伝えるもので，上述の諸儀式のほかに，司祭叙階の場合，罪を赦す権能をもたらす第二の按手と，司教への従順の約束を加えている（→司教典礼書）．叙階された新司祭が司教と共同でミサを司式することは，同じく13世紀からの習慣である．

　司教，司祭，助祭の三つの聖職のほかに，古代教会でそれ以下の幾つかの職階が生まれた．3世紀冒頭の文書には subdiaconus（*副助祭）と lector（朗読奉仕者）が言及されており，251年に書かれた教皇 *コルネリウスの手紙は，当時のローマ教会で，一人の司教と46人の司祭と7人の助祭のほかに，「副助祭は7名，祭壇奉仕者（acolythus）は42名，祓魔師（exorcista）と朗読奉仕者と守門（ostiarius）は合わせて52名いた」（エウセビオス『教会史』6, 43）と記している．副助祭とそれ以下の職階は *下級品級，司教，司祭，助祭の職階は上級品級と呼ばれ，以上八つの聖職階級がカトリック教会に定着するようになった（なお，副助祭は，12世紀から上級品級とされた）．五つの下級品級への任命式も「叙階」（ordinatio）と呼ばれたが，按手は行われず，それぞれの仕事を果たすために必要な用具（朗読聖書，典礼用の瓶，聖堂の鍵など）が渡された．

　中世初期に *秘跡論が形成されるにつれて，神学者たちは叙階を七つの秘跡のうちの一つとして認めるようになった．そこで，叙階の秘跡を授けるときに行われる多くの儀式のうちのどれがその秘跡の本質をなしているかという問いが起こり，*ボナヴェントゥラやその他の少数の神学者は，按手とそれに続く祈願が秘跡の本質であるとしたが，*トマス・アクイナスを含む大多数の神学者は，用具の授与とそれに伴う言葉が秘跡の本質であるとみなした．司祭と助祭の叙階と同様，下級品級の叙階に際しても用具が渡されることから，中世の神学者の大部分は，下級品級への叙階をも秘跡とみなした．他方，司教叙階に関しては，スコラ神学者の大部分は，中世で司祭だけが司教に叙階され，しかも *エウカリスティアの司式に関して司祭と司教が同様の権限を有しているという理由で，司教叙階を秘跡とはみなさなかった．司教叙

じょかい

階の場合，叙階 (ordinatio) ではなく *聖別 (consecratio) という語が用いられるのは，この見解の名残である．

*フィレンツェ公会議で発布されたアルメニア教会合同の大勅書 (Exsultate Deo, 1439) に収められている秘跡に関する教令は，トマス・アクィナスの著作『信仰箇条と教会の秘跡』を引用したものであるが，そこでは秘跡の本質が *スコラ学に従って *質料 (materia) と *形相 (forma) という用語で表され，叙階の秘跡については次のように記されている．「叙階の秘跡の質料は用具の授与である．司祭叙階の形相は，『教会において生者と死者のためにいけにえを献げる権能を受けよ．父と子と聖霊の御名によって』であり，他の聖職階級の形相も，ローマ司教典礼書のなかで詳しく書かれた言葉である」(DS 1326)．

東方教会の叙階式では用具の授与がなく，按手のみであったが，ローマ・カトリック教会は，その叙階を有効と認め，東方教会との合同を達成したフィレンツェ公会議の場で東方典礼に従って按手だけによる叙階が荘厳に行われた．したがって問題は，ラテン典礼で行われる叙階式に関してカトリック教会が秘跡の本質をなす儀式を按手から用具の授与に変えたか否かということである．

【近代】中世以来，権能を強調しすぎる教会の *位階制に反対する声は教会権力者によって抑圧されてきたが，16世紀の *宗教改革で不満が爆発し，叙階の秘跡に関する従来の教えを否定する改革者が盛んに活動するようになった．例えば *ルターは叙階が秘跡であることを否定し，教会によって定められた単なる儀式にすぎないと強く主張した（『教会のバビロニア捕囚』）．また *カルヴァンは，奉仕者の叙任を「秘跡」(sacramentum) と呼んでもよいといったが，その叙任によって神の *恩恵が与えられるのではなく，ただ説教し教会を統治する権限のみが与えられるのだと主張した．プロテスタントの諸教会では，さまざまな形の聖職制度がみられ，多くの教派で任命式として按手礼が行われるが，司教からの叙階による聖職継承はなく，必要とされてもいない．

宗教改革者の主張に対して，*トリエント公会議は叙階について次の点を宣言した．(1) 教会にはキリストによって定められた可視的な祭司職 (sacerdotium) が存在し，祭司は *聖体を聖別し，罪を赦す権能をもっている．(2) 司祭叙階は七つの秘跡の一つである．(3) 司祭叙階によって聖霊が与えられ，*霊印 (character) が刻まれる．(4) 教会には，神的な定めによって (divina ordinatione) 制定され，司教たちと司祭たちと奉仕者たち (ministri) から成り立つ位階制度が存在する．(5) 司教は司祭より上位であり，司祭にはない *堅信と叙階を授ける権能をもつ．(6) 教会には司祭以下の幾つかの聖職階級もある (DS 1765-68, 1772-77)．

トリエント公会議のこの宣言は，古代に由来する教会の聖職制度を擁護しながら祭司という語を優先させることで聖職者の典礼上の務めを強調し，司教叙階には触れず司祭叙階だけを秘跡と宣言，奉仕よりも権能を強調した点で，中世的な見方の影響を受けている．同公会議は，司教と司祭の区別について語るときには言葉を慎重に選び，その区別がキリストによって定められたとはいわず，「神的な定めによって制定された」という，解釈の余地を残す表現を用いた．司教のみが堅信と叙階の秘跡を授ける権能をもつと宣言されたが，堅信を授ける権能は司祭にも合法的に委ねられており，また中世には司祭であった幾人かの修道院長に助祭叙階を授ける権限が教皇によって委託されたこと，さらに教皇 *インノケンティウス6世，*ボニファティウス9世，*マルティヌス5世が司祭だった修道院長に司祭叙階の権限さえ委託したこと（後に撤回された）に関しては，神学者の間にさまざまな説がみられるが，特別の委託がないかぎり堅信と叙階は司教のみによって有効に行われうるというべきであろう．また司教叙階は，カトリック教会，東方正教会，聖公会において，つねに例外なしに司教の権限とされてきた．

叙階の秘跡の本質的な儀式に関して，17-18世紀からしだいに用具の授与ではなく，司教の按手とそれに続く祈願が本質であるという説が広まり，ついに *ピウス12世は1947年の教皇令『サクラメントゥム・オルディニス』（『叙階の秘跡』Sacramentum ordinis）によって，この問題に対する答えとして，「助祭，司祭，司教の叙階の唯一の質料は按手であり，唯一の形相は聖職階級の権能と聖霊の恩恵の授与を表す言葉であり，用具の授与は，少なくとも今後，叙階の有効性には不必要である」と宣言した (DS 3857-61)．教皇は，「少なくとも今後」という言葉を用いることで，教会の過去の決定により叙階の秘跡の有効性のために用具の授与が必要とされたかどうかという問題に立ち入ることを避け，仮にそうであったなら自分がその決定を撤回し，少なくとも今後は用具の授与は不必要であると定めたのである．しかし，用具の授与は付随的な儀式として今でも行われている．

【第2ヴァティカン公会議とその後】第2 *ヴァティカン公会議は，叙階の秘跡の理解の点でも重要な刷新を行った．同公会議の『教会憲章』によれば，「キリストは，その使徒たちを通して，かれらの後継者すなわち司教たちを自分の聖別と使命とに参与する者とした．そして司教は自分の役職の任務を教会の中において，種々の段階によって，いろいろの配下の者に正当に授けた．こうして，神の制定による教会的役務は，種々の聖職階級において，古代から，司教，司祭，助祭と呼ばれる人々によって執行される」(28項)．「信者の中から選ばれて聖なる叙階を受ける者は，神のことばと恩恵をもって教会を牧するために，キリストの名において立てられる」(11項)．「教会会議は，……叙階の秘跡の充満が司教聖別によって授けられる，と教える．司教聖別は，聖化の任務とともに，教える任務と治める任務をも授ける．……按手と聖別のことばによって聖霊の恩恵を授けられ，聖なる霊印をしるされる結果，司教たちが……師・牧者・大司祭であるキリスト自身の代理者となり，その役目を受け持つ者となることは……伝承から明らかである」(21項)．「助祭は秘跡の恩恵に強められて，典礼と愛の奉仕において，神の民に仕える．今後助祭職は，終身の聖職として再興することができる」(29項)．

公会議は以上のように，教会における聖職制度を神の民への奉仕として理解し，聖職者のすべての任務が叙階の秘跡を通してキリストに由来するものであると教えた．また司祭叙階を叙階の秘跡の充満とみなし，聖職者の務めとして宣教と司牧と典礼司式とを同等に強調し，司教・司祭のほかに助祭をも終身の聖職と認めることでカトリックの叙階理解を新たなものとした．ローマの典礼省は1968年に，司教，司祭，助祭の叙階式の新しい規範版を発布した（改訂1989）．式は従来のものに似ているが，より一層簡素なものとなり，司教叙階における第二の按手など不必要な儀式は省略された．

同公会議は下級品級には触れなかったが，公会議後 *パウルス6世が1972年に発布した自発教令『ミニステ

リア・クアエダム』(Ministeria quaedam) によって，ラテン典礼の教会では，副助祭，祓魔師，守門の職階が廃止され，acolythus (*教会奉仕者，*祭壇奉仕者) と lector (*宣教奉仕者，朗読奉仕者) のみが「任務」(ministerium) として残され，簡単な*選任式が定められた．その式は叙階 (ordinatio) ではなく，選任式 (institutio) と呼ばれ，もはや叙階の秘跡の一部とはみなされていない．

【教会法】新しい『教会法典』が叙階について定めた主な規則は次の通りである．叙階の秘跡による職階は，司教職，司祭職および助祭職である．叙階の秘跡は，按手および各階のために典礼書が規定している聖別の祈願によって授与される (1009 条)．叙階の秘跡の執行者は司教である (1012 条)．司教聖別式において司式司教は少なくとも 2 名の共同聖別司教を加えなければならない (1014 条)．各人の司祭叙階と助祭叙階は，自分の管轄司教によって行われるか，または管轄司教あるいは聖職者修道会員の場合，所属修道会の上級上長の発行した*叙階委託書に基づいて行われる (1015-19 条)．洗礼を受けた男子のみが有効に叙階されうる (1024 条)．司祭叙階は満 25 歳に達した者，助祭叙階は，司祭叙階に進もうとする人の場合，満 23 歳に達した者，終身助祭になる未婚の人の場合，満 25 歳に達した者，終身助祭になる既婚者の場合，満 35 歳に達した者に限る (1031 条)．司祭になろうとする者は，哲学・神学課程の第 5 年目を終了した後，助祭叙階を受けることができ，少なくとも 6 か月が経ってから司祭叙階を受けることができる (1031-32 条)．*背教や*異端の罪を犯した者，殺人罪を犯した者，自殺を試みた者，司教・司祭ではないのに司教・司祭の叙階権に固有の行為をした者など*受階障害のある者は，受階不適格者である (1041 条)．男性の信徒は，規定された典礼儀式によって朗読奉仕者 (→朗読) および祭壇奉仕者に恒常的に任命されることができる (230 条)．教皇は自由に司教を任命し，または適法に選出された者を認証する (377 条)．司教叙階の前に，教皇委任があることを確かめなければならない (1013 条)．

【文献】カ大 4: 391-95; NCE 10: 726-34; B. ボット『聖ヒッポリュトスの使徒伝承』土屋吉正訳 (1983; オリエンス宗教研究所 1987): B. BOTTE, *La Tradition Apostolique de Saint Hippolyte* (Münster 1963); 聖公会－ローマ・カトリック教会国際委員会『最終報告』聖公会－ローマ・カトリック教会日本委員会訳 (日本聖公会エキュメニズム委員会，日本カトリック・エキュメニズム委員会 1984) 33-56: ANGLICAN-ROMAN CATHOLIC INTERNATIONAL COMMISSION, *The Final Report* (London 1982) 29-48; J. FUCHS, "Weihesakramentale Grundlegung kirchlicher Machtgewalt," Schol. 16 (1941) 496-520; E. LOHSE, *Die Ordination im Spätjudentum und im Neuen Testament* (Göttingen 1951); J. LÉCUYER, *Prêtres du Christ, Le sacrement de l'Ordre* (Paris 1957); ID., *Etudes sur la collégialité épiscopale* (Paris 1964); *The Rites of the Catholic Church as Revised by Decree of the Second Vatican Ecumenical Council*, v. 2 (New York 1980). (P. ネメシェギ)

【聖公会の叙階】聖公会の教会制度は，叙階に基づく聖職位制度によって成り立っている．しかし，洗礼と*聖餐以外は秘跡ではないとする聖公会での叙階が，ローマ・カトリック教会の叙階の秘跡に相当し，有効なものであるかどうかは論議の対象となり，カトリック側では疑わしいとされている．聖公会の司祭がカトリックに転向した場合の地位については，1896 年春に教皇*レオ 13 世が調査委員会を設けて検討させ，これを受けて教皇は同年秋に勅書『アポストリカエ・クーラエ』(Apostolicae curae) を発布し，聖公会の叙階が形式の欠陥と秘跡執行者の意向の欠如から無効で効力がないことを宣言した．これ以後，カトリックに転じた多くの聖公会聖職者は，東方正教会の主教やローマ教会によって有効に叙階されたと認められる*高位聖職者から叙階される方法を選んだ．第 2 ヴァティカン公会議後に設立された聖公会－ローマ・カトリック教会国際委員会 (Anglican and Roman Catholic International Commission, 略号 ARCIC) において聖餐と教会の*役務 (ミニストリー) の問題に関して基本的な合意が生まれた (『最終報告』1982)．1988 年，聖公会の*ランベス会議は ARCIC の結論を承認したが，その後に起こった聖公会における女性の司祭叙階 (→女子教職者) は，現在のところカトリック側からは聖公会の叙階の有効性を認めるための新たな障害と考えられている．

【文献】キ史² 10: 42-44; ASS 29 (1896-97) 193-97; LThK³ 1: 668-70; N. LOSSKY, ET AL., eds., *Dictionary of the Ecumenical Movement* (Geneva 1991) 26-28; R. W. FRANKLIN, ed., *Anglican Orders: Essays on the Centenary of Apostolicae Curae, 1896-1996* (London 1996).

聖公会の女性助祭叙階 (NCP)

【女性の叙階】カトリック教会は*司祭職を伝統的に男性の信者に限ってきた．新約聖書では*使徒は例外なく男性であり，使徒言行録およびパウロの手紙に女性が愛徳的奉仕で重要な役割を果たし，家屋を提供して教会の集いを可能にしたことやディアコニッセ (*女執事) の言及はあるが，女性が使徒団には加えられることはなかったからである．古代教会以来，女性が司祭に叙階された例は皆無である．司祭は説教者，信者の霊的世話をする者であるばかりでなく，叙階の秘跡によって教会を公的に代表し，信者のために秘跡を執行する任務をもっている．東方諸教会，聖公会のような司祭職と位階的*教導職の伝統をもつ教会はカトリック教会とともに司祭職への叙階を男性に限ってきたが，聖公会はまず米国で，次いでイングランド国教会でも女性に司祭職の門戸が開かれるようになった．*教皇庁にとってこの事態は*教会一致促進運動の観点から憂慮すべき事態である．同時に，聖公会内の*高教会や*アングロ・カトリック主義の傾向をもつ人々にとって，この問題は信仰上の危機と帰属の困難な問題となっている．カトリック教会内でも，一部の高学歴の修道女，フェミニズムの論者 (→女

じょかいいたくしょ

性神学)や女性神学者などが，現代社会での職業上の差別撤廃の進展を踏まえて司祭職の門戸を女性にも開くべきであると強く主張している．

司祭が未来永劫にわたって男性に限られるべきものであるかどうかは予測できない問題である．近い将来，全教会に例外なく適応しうる説得力ある解釈がみいだされないかぎり，カトリック教会が使徒的＊伝承と考えているものに基づく決定を変えないであろうとだけはいいうる．しかし，この点に関して1976年10月15日に教理省が出した文書に関するK.＊ラーナーの論文は注目に値する．司祭職に女性を認めないとする決定は教理ではなく，この問題はまだ開かれており，対話を通して教会の意識の成熟を待つことが賢明であるということになろう．すべての中心はキリストへの忠実である．しかし，何が「忠実」であるかは歴史のなかで教会に明かされていく問題である．

【文献】K. Rahner, "Priestertum der Frau?," Rahner Sch 14: 208-23. （高柳俊一）

じょかいいたくしょ　叙階委託書　〔ラ〕littera dimissoria,〔英〕dimissorial, dimissory letter,〔独〕Entlaßschreiben,〔仏〕dimissoire　管轄の裁治権者(＊司教もしくは＊修道会の長上)がほかの司教に自己の従属者の＊叙階を委託し，候補者の適性を推挙する書状(新『教会法典』1018-23条参照)．この文書は叙階される者が教会法上の籍をもたなければならないという前提に立って求められる．在俗(教区)聖職者の場合，受階者は所属教区に入籍し，修道者の場合は，当人が終生誓願(→修道誓願)を宣立した修道会に入籍する．

叙階委託書は受けるべきそれぞれの職階(＊助祭・＊司祭)のために送付され，通常，これに受階者の叙階への適性についての証明書が添えられる．在俗司祭に関しては叙階委託書は，所属＊教区司教，＊使徒座管理区長，また顧問団の同意を得た教区管理者が発行できる．しかし，教区管理者は，自教区の教区司教，使徒座管理区長，また使徒座知牧区長(＊知牧)によって叙階を拒否された者のためにこれを発行することはできない(同1018条)．聖座法による聖職者修道会の会員または聖職者の使徒的生活の会の会員である候補者に関しては，叙階委託書を発行する権限を有する上長は，当該修道会もしくは使徒的生活の会の上級上長である(同1019条)．叙階委託書は，証明書類を土台にし，他の条件がすべて整い，かつ候補者の誠実さと適性とが調査・審査によって確認・立証されないかぎり発行されるべきではない(同1050-52条参照)．

【文献】J. A. Coriden, et al., eds, The Code of Canon Law: A Text and Commentary (New York 1985) 720-23. （T. オーブオンク）

じょかいけん　叙階権　〔ラ〕potestas ordinis,〔英〕power of order,〔独〕Weihegewalt,〔仏〕pouvoir d'ordre　＊叙階の＊秘跡を受ける者に神から与えられる権限．信者の牧者となり，万民に神の言葉を告げ，＊ミサの奉献と秘跡の執行を中心とする典礼を執り行う権限である．この権限は叙階の秘跡によって授けられ，＊助祭，＊司祭，＊司教に叙階される人々は，それぞれの段階に応じてそれを与えられる．叙階の秘跡によって受階者は＊聖霊の賜物を受け，特別の＊霊印を刻まれる．叙階される者は，大祭司キリストにかたどられた者となり，キリストの名によって，またその代理として，聖化し教え治め

る権限を与えられる．叙階の秘跡によって人は新約の真の祭司として決定的かつ永久的に聖別される．叙階権は＊神定法によるものであるが，その行使は＊教会法によって規制されている．したがって，叙階権が行使される条件と範囲は，教会法によって決定される．例えば，司教は教え，治める任務を＊教皇と全司教団との位階的交わりのなかでしか行使できない(『教会法典』375条2項)．また，司祭は＊ゆるしの秘跡を授ける権限を行使するために，所属教区の＊裁治権者からその＊権能を与えられていなければならない(965-69条)．

【文献】DDC 6; 1148-50; 第2ヴァティカン公会議公文書『教会憲章』21, 28, 29項；『司祭教令』2, 12項；『宣教活動教令』16項． （J. P. ラベル）

しょきカトリシズム　初期カトリシズム　〔独〕Frühkatholizismus　初期カトリシズムとは，はるか後に発展したカトリック教会のありようから福音書や＊原始教団を理解しようとするもので，本質的に歪曲した観念である．その萌芽はかつては3世紀から4世紀に始まったとされたが，この原始教団から初期カトリシズムへの推移は1-2世紀に生じ，すでに新約聖書の諸文書中にその傾向が認められるという見解が今日プロテスタントの研究者の間でますます強くなっている．特にルカ書や使徒言行録，＊司牧書簡，ヤコブ書そして2ペトロ書は，一部の研究者から初期カトリシズム的文書と呼ばれ，新約聖書正典の文書間での諸矛盾も指摘されて解明が試みられている．

これに関してドイツの新約聖書学者マルクセン(Willi Marxsen, 1919-95)は，三つの事例をあげる．2ペトロ書1章20節によれば，聖書解釈は個々人によるのではなく，教会の＊教導職に留保されている事柄である．しかしパウロが信徒は皆，霊の賜物(＊カリスマ)を受けていると語っており，これと対立する(1コリ12: 13)．カトリックの立場からは，これに対してパウロは信徒のすべてに聖書解釈の賜物が与えられているわけではないとも語っていることを指摘すればよい(1コリ12: 10)．第二の事例としてヤコブ書2章26節によれば，「行いを伴わない信仰は死んだもの」，すなわち審きは行いに準じて下されるわけである．これに対して，プロテスタントの基本的信条として「信仰のみ」(＊ソーラ・フィデ)と主唱されているように，パウロは信仰によって＊義とされると語る(ロマ3: 28)．しかしカトリック的な聖書解釈に従えば，パウロはローマ書のこの箇所で義とされた人，ないし＊救いは神の恵みによることだけを説明しようとしているのである．第三の事例はマタイ書16章18節であって，マルクセンはそれを聖書のことだと歪曲するが，ペトロはイエスがその上に教会を建てる岩とされ，ペトロ個人には「天の国の鍵」が委ねられる．マルクセンによれば，その後に教会共同体に「つなぎ」そして「解く」(マタ18: 18)権能が与えられたという(→繋釈権)．しかし詳細にみれば，ここではまずペトロに無制限の権能が，次いで教会共同体には頑迷な罪人を断罪して追放し，他方では容認して再び迎え入れる権限のみ与えられたということが明らかになる．

この三つの事例はいずれもその文脈に注意するなら，何らの初期カトリシズムの論題とはならない．

【文献】W. Marxsen, Frühkatholizismus im Neuen Testament (Neukirchen 1958); H.-J. Schmitz, Frühkatholizismus bei Adolf von Harnack, Rudolf Sohm und Ernst Käsemann (Düsseldorf 1977). （H. クルーゼ）

しょきキリストきょうおんがく　初期キリスト教音楽

【本質】ここでは年代的には1世紀から3世紀まで、つまり *初代教会の音楽を主体とし、それに続く *教父の時代にも触れる。その後に本格的なキリスト教的中世が始まる。キリスト教礼拝とその音楽はユダヤ教の *会堂での礼拝を母体としながら、広義でのヘレニズム文化やそれぞれの地方の民族音楽と関連しながら、ゆっくりと形成される。初期の *聖歌を確証することのできる資料は皆無に等しいが、当時の記録や近来の比較音楽学的・民族音楽学的研究によって、推測する作業が進められている。

【根底と最初の発展】新約聖書によると、イエスとその弟子たちは、*マタイによると *最後の晩餐の後「一同は賛美の歌をうたってから、オリーヴ山へ出かけた」（マタ 26：30）と記されている。ギリシア原文に hymnēsantes と三人称動詞で示されているのは「hymnos を歌った」ということであり、聖書学者によると、ユダヤ教の *アレルヤの歌、あるいは *過越の季節に歌われる詩編 113 か 114 であろうと想像することができる。使徒 *パウロはエフェソの信徒への手紙では「霊に満たされ、詩編と賛歌と霊的な歌によって語り合い、主に向かって心からほめ歌いなさい」（エフェ 5：18-19）、またコロサイの信徒に対しては「詩編と賛歌と霊的な歌により感謝して心から神をほめたたえなさい」（コロ 3：16）と勧めている。ギリシア語原文によるとプサルモスとヒュムノスとオーデー・プネウマティケーの3種の歌があげられているが、第一のものは *詩編唱のようなものであろうが、第二のものが旧約や新約からの歌であるカンティクム、第三のものがギリシア起源の文学的な歌であるかどうかは明らかではない。第三の実例としては、エジプトの *オクシリンコス・パピルスにギリシア文字楽譜によるヘレニズム文化圏のキリスト教霊歌(解読譜、野村良雄『世界宗教音楽史』45 頁)が伝えられている。最古のキリスト教聖歌楽譜も実証しているように、母体がユダヤ教礼拝音楽、つまり詩編唱的なものであったとしても、文化的にはヘレニズム的であり、ギリシア的音楽観、美意識の影響も確実である。迫害の時代はむろんのこと、その後も、教会の指導者たちはギリシア・ローマ的異教の音楽、特に器楽には反対であり、教父たちもそのように言及することがしばしばであった。しかし、すでにパウロはその手紙において極端な精神主義には反対して、声をあげて霊的に歌うことを勧めている(1 コリ 14：9, 15-16)。歌詞、つまり文学と一心同体であったギリシア音楽に比すれば、キリスト教音楽はユダヤ、東方的音楽の影響のもとに、カリスマ的、純音楽的な音楽へ歩み出したともいえよう。

【ユダヤ教の歌とグレゴリオ聖歌】初代教会および教父時代の *典礼とその聖歌の形成がユダヤ教のそれと密接な関連をもったことは、最近の比較音楽学的研究によって、しだいに明らかにされるようになった。特に1959年に出版されたウェルナー (Eric Werner, 1901-88) の『聖なるかけ橋』は、1-10世紀間におけるユダヤ教とキリスト教礼拝とその聖歌の関わり合いを明らかにした画期的な研究である。キリスト教聖歌史の研究においては、*ビザンティン聖歌をはじめ東方諸教会聖歌とローマ・カトリック教会の *グレゴリオ聖歌の比較研究の近年における進展と相まって、ユダヤ教とキリスト教聖歌の関連が明確化されつつある。完全に隔離されていたイエメンのユダヤ人集団の歌とグレゴリオ聖歌との著しい一致はその一例である。

【文献】水野信男『ユダヤ民族音楽史』（六興出版 1980）; 野村良雄『世界宗教音楽史』（春秋社 ⁴1986）; K. G. FELLERER, *Geschichte der katholischen Kirchenmusik*, 1 (Düsseldolf 1939) 15-164; E. WERNER, *The Sacred Bridge* (London 1959). 　　　　(野村良雄)

しょきキリストきょうけんちく　初期キリスト教建築

初期キリスト教建築は、古代ローマの建築様式を受け継いで新しいキリスト教の *教会堂の形式を模索するさまざまな試みを示している。最初のキリスト教徒たちは *集会のための広い空間があればよく、特別の教会堂建築をもたず、民家が流用されて教会堂に変えられた(使 2：46)。なかでもシリアの *ドゥラ・エウロポスで発掘された遺跡が最も重要で、3世紀半ばに民家が会堂と洗礼室に改築されていることがわかる。

4世紀の教会史家カイサレイアの *エウセビオスによると、303年の *ディオクレティアヌス帝の大迫害に先立つ寛容の時代に、キリスト教徒たちはすべての町で広大な教会堂の建築を始めている(『教会史』8, 1, 5)。313年に *コンスタンティヌス大帝は *ミラノ勅令でキリスト教を公認し、地上での *神の国の再現を目指して、教会による教会堂の所有を認め、*ローマ、新首都 *コンスタンティノポリス、*パレスチナの聖地などにおいて教会堂建築に大規模に着手し、「金、銀、豪華なタペストリーなどで宮廷風に」装飾した(エウセビオス『コンスタンティヌス伝』3, 43)。

ミラノのサンタンブロジオ・バシリカ聖堂

教会堂はまず *ユダヤ教のシナゴーグ（→会堂）ですでに使用されていたローマ帝国の世俗建築に由来する長方形プランの *バシリカ、および霊廟建築に倣って建設されるようになった。後者は墓所や *聖遺物、*聖地などの記念物をめぐっての集中式で、十字架形(コンスタンティノポリスの聖使徒聖堂、337)、八角形、三葉形、四葉形(*ミラノのサン・ロレンツォ聖堂、370頃)、円形(ローマのサンタ・コスタンツァ廟堂、350頃)、楕円形

しょきキリストきょうびじゅつ

(*ケルンのザンクト・ゲレオン聖堂，4世紀)などのさまざまなプランがあった．しかしまたローマにおける殉教者 *ペトロの墓(*サン・ピエトロ大聖堂)やパレスチナにおけるキリストの生涯にまつわる聖地(*エルサレムの*聖墳墓聖堂や*降誕教会)，また北シリアの聖シメオンの柱を中心とする教会堂(カラト・セマンの聖堂)では，集中式の中心部とバシリカとが組み合わされた．

5世紀を通じて聖遺物への *崇敬が盛んになると，バシリカはそのための集中式の *礼拝堂を備えるようになり，また集中式教会堂は記念教会堂としての意味を稀薄にし，バシリカと集中式の機能と意味上の違いは曖昧となり，6世紀にはバシリカと中央に円蓋(*ドーム)をもつ十字架形の二つのプランの間でさまざまな選択が試みられたことを示す遺跡もある(エーゲ海のパロス島やセルビア南部のツァリチン・グラード Caričin Grad 等)．

また教会堂は既存の形を踏襲するばかりでなく，建築の際には既存のギリシアやローマの神殿の建築部分を流用・再使用(「スポリア」という)したが，そこには *パウロが語っているように，キリスト教はそれまでの宗教の成就であるとの考えがあった(使17: 23 参照)．

ドミティラのカタコンベ壁画
(Herder)

ハギア・ソフィア大聖堂
(AKG)

しかし概してイタリアを中心とする西地中海地方は長方形のバシリカ式のプランを，コンスタンティノポリスやシリアやエルサレムなど東地中海地方は集中式を好む傾向があり，*ユスティニアヌス1世によるコンスタンティノポリスの *ハギア・ソフィア大聖堂の537年の完成以来，最終的に教会堂建築は，天国の目に見える複製として(カイサレイアの *プロコピオス『建築論』1, 1, 61)，ドームを備える集中式建築に定まった．

【文献】DA 9: 506-669; R. KRAUTHEIMER, *Early Christian and Byzantine Architecture* (1965; Harmondsworth 1975); C. MANGO, *Byzantine Architecture* (New York 1974); R. MILBURN, *Early Christian Art and Architecture* (Berkeley 1988). 〔鐸木道剛〕

しょきキリストきょうびじゅつ　初期キリスト教美術

初期キリスト教美術とは，キリストに関わる美術の現存する3世紀から，476年に *ローマを中心とする西ローマ帝国が滅亡し，*ビザンティン帝国が *コンスタンティノポリスを中心として東に重点を移し，再び地中海全域を支配するようになる6世紀の *ユスティニアヌス1世の時代までの美術をいい，古代以来の異教作品と共存しつつ，異教美術を継承し，キリスト教的な解釈を行った時代である(→異教的主題)．

初めはキリストの神性を強調する *キリスト単性説の傾向があり，キリストの復活の *予型である旧約物語の場面(炉のなかの3人，獅子の洞窟のなかのダニエル，巨大な魚から吐き出されるヨナ)やキリストの *奇跡物語が多く描かれた．例えば3世紀シリアの *ドゥラ・エウロポスのキリスト教会の壁画，ローマの *カタコンベ壁画，石棺レリーフ(→石棺彫刻)などである．そして神は目に見えないとの当時の考え方によって，物語場面において形式的に描かれる以外では，キリストの肖像画が具体的に描かれることはなく，新約聖書の記述に従って「良き羊飼い」や「*羊」，またはキリストの頭文字のXP (キー・ロー) という記号で表された(→キリストのモノグラム)．また神である *イエス・キリストの地上での姿は幻であり，キリストは見る人によって姿を変えたとの異端の *キリスト仮現説により，キリストは老人や青年の姿で，ときには女性の姿でさまざまに描かれた(5世紀 *ラヴェンナの石棺等)．ラヴェンナの大司教礼拝堂の *モザイク(500頃)においても，*ペトロや *パウロらの使徒たちの図像はすでに定まっているのに対して，キリストの姿はいまだ定まらず髭もなく美しい若者の姿で抽象的に描かれている．

ラヴェンナのサンタポリナーレ・ヌオヴォ聖堂モザイク
(Herder)

しかし300年頃までにはカイサレイアの *エウセビオスが『教会史』(7, 18) のなかで，長血の女を癒やしたキリストの奇跡(マタ9: 20-23)を記念して，彼女の生家

の前にキリストと長血の女のブロンズの彫像が最近まであり，ギリシア人の間ではキリストの画像が作られていると記しているし，また*コンスタンティヌス大帝の妹のコンスタンティアがキリストの肖像画が欲しいとエウセビオスにいっており，キリストの画像の存在が窺える記録が残るようになる．福音書記者*ルカが*聖母子像を描いたとの伝承も伝えられるようになった．

コンスタンティヌス大帝は313年にキリスト教を公認し，325年に第1回の公会議(第1*ニカイア公会議)を召集するが，*コンスタンティヌス凱旋門(315)には，*トラヤヌス帝らの事績を描く2世紀のレリーフが再使用されるとともに，太陽神崇拝が窺われ，キリスト教を示すものはない．またコンスタンティヌス自身も死の床におけるまで*洗礼を受けず，コンスタンティヌスの母*ヘレナの石棺レリーフには野蛮人を征服するローマの騎馬軍団が描かれるのみで，そこにもキリスト教主題は皆無であった．しかしパウロが*アテネでの説教で「あなたがたが知らずに拝んでいるもの，それをわたしはお知らせしましょう」(使17:23)というように，キリスト教は*ユダヤ教のみならず，すべての宗教を成就するものと考えられていたのであり，異教主題には新たなキリスト教的な意味が付与され，異教の建築部分はキリスト教の聖堂建築に転用され(「スポリア」という)，またローマの皇帝崇拝の図像はキリスト教図像に借用された．

また様式についても，1世紀から3世紀までのエジプトのミイラ肖像画や，4世紀初頭の四帝統治時代の彫刻やコンスタンティヌス凱旋門にみられるように，ローマ美術は*新プラトン主義に傾き，古代の自然主義から離れ，個々の人物の造形はおろそかにされ，集合的で権威主義的な構図に変化しており，キリスト教の美術も同じ特徴を示す(350年頃のローマのサンタ・コスタンツァ廟堂のモザイク)．しかし古典的な造形感覚(359年のユニウス・バッススの石棺，388年の*テオドシウス1世の献呈皿，432年頃のローマのサンタ・サビーナ聖堂の木製扉浮彫，クリーヴランド美術館のヨナ連作彫刻等)や異教主題(4世紀末のプロイェクタの小箱，400年頃のシンマキ・ニコマキ象牙浮彫)も同時にみられる．テオドシウス1世が391年にキリスト教を唯一の国教と定め，すべての異教の礼拝を禁止した後にも異教モチーフは描かれ続け，古代の彫像はコンスタンティノポリスの装飾に使用され続けた．『クヴェドリンブルクのイタラ』の写本挿絵(425頃–450)や『コットン創世記』『ウィーン創世記』『ロッサノ福音書』『ディオスコリデスの植物譜』などの6世紀初めの写本挿絵，またラヴェンナの*ガラ・プラキディア廟(430–50)やローマのサンタ・プデンツィアーナ聖堂のモザイク(5世紀初頭)は，自然主義的な背景に人物像が描かれ，古代との連続を感じさせるが，*テサロニケの聖ゲオルギオスのロトンダのモザイク(4世紀末/5世紀)やローマの*サンタ・マリア・マッジョーレ大聖堂のモザイク(432–40)は，モザイクの石片(テッセラ)の巧みな使用をみせるなどの古代に遡る優れた技術による人物と建築物の表現のなかに金地が組み込まれており，ユスティニアヌス帝時代以降の*ビザンティン美術における，古代以来の伝統と中世的で超越的な金地(背景，→スフォンド・ドーロ)との総合を準備したものといえる．

【文献】DA 9: 506–669; H. P. L'ORANGE, *Art Forms and Civic Life in the Late Roman Empire* (Princeton 1965); A. GRABAR, *Christian Iconography* (Princeton 1968).

(鐸木道剛)

しょくぎょう　職業　〔英・仏〕occupation, 〔独〕Beruf, 〔仏〕profession

【概要】職業とは収入を伴い，継続的になされる活動である．収入を伴うが活動の必要のないもの(地主，金利生活者など)，活動は必要であるが収入のないもの(PTA会長など)，臨時的なものは職業と呼ばない．収入を伴うことは，職業活動の成果が*市場で交換されることを意味し，いわゆる分業によって経済活動の一端を担っていることになる．社会が必要とする財やサービスの一部を生産し，その対価として収入を受け取るのである．個人にとっての職業はもちろん収入源であるが，アイデンティティの拠り所であり，また能力や個性を発揮する場でもある．現代社会においては人々の社会的地位は職業によって決まる部分が大きい．

【歴史】職業は分業と一体であるから，自給自足の経済の段階では存在しない．生産力の発展に伴い，食料生産以外に携わる人が徐々に増加し，手工業や商業に関連する職業が登場してくる．この段階で職業が登場したといえる．工業化以前の社会では職業の種類は少なかったが，工場制の登場に伴ってその数は飛躍的に増大した．つまりそれまでは一つの商品の生産を一人の人が行うことが普通であったから，職業の数は商品の種類と一致していた．しかし，工場においては一つの製品を作る工程が幾つにも分割され，それぞれが専門の担当者によって担われることになって，その一つ一つが別々の職業となったためである．前者の分業を社会的分業，後者を技術的分業という．

前近代社会では多くの人が農業に従事していたが，工業化に伴って製造工程に関連する職業従事者(ブルーカラー)が増大した．産業革命以降は機械化が進展し，職業は細分化されると同時に，必要とされる技能も初期の熟練工中心から半熟練工中心へ移り，単調でつまらない仕事というイメージが定着した．20世紀の後半になると先進国ではホワイトカラーが大幅に増加し，現在では半数を超えている．彼らが働く組織はしだいに大規模化し，*官僚制度が発達し，ブルーカラーに比べると自律性があった仕事も細分化され，組織の歯車の一つとしか感じられないとする人が増加した．

産業革命以前の前近代社会においてはカーストや身分によって人々の携わる仕事は制約を受けており，職業はカーストや身分のなかでの分化でしかなかった．しかし，近代社会では身分やカーストの制約はなくなり，職業はそれらに代わる社会の構成単位となった．人々はまず職業によって社会のなかで位置づけられるようになったのである．

【多様な職業】現代では職業の種類は極めて多い．数え方にもよるが数千の職業名を列挙できるという．これら多様な職業を概観するためには，職業を分類することが必要である．最も単純な分類はノンマニュアル(非肉体労働)の職業とマニュアル(肉体労働)の職業に分ける二分法である．現在，日本で用いられている職業分類は「日本標準職業分類」を基本としていることが多い．

職業のなかで特異な地位を占めるのが専門職である．聖職者，法律家，医師が古典的専門職とされるが，これらはそれぞれ神学，法学，医学という学問を背景とした職業で，特別な威信，権力をもっている．彼らは専門職団体を構成し，その職業的活動に関して他から干渉を受けない．そのかわり，専門職倫理と呼ばれる行動基準を

しょくぎょう

もっており，それによって自らを統制している．近年，学問を背景とした職業の増加がみられ，しかも専門職とされると他よりも多くの自律性と報酬が確保されるため，従来専門職とされていなかったものが専門職としての認知を求める運動が幾つかみられる．

ノンマニュアルの職業には専門職のほかに，技術者（これは現在の多くの職業分類の大分類では，専門職とひとまとめにして専門・技術の職業とされる），管理的職業，事務，販売が含まれる．管理的職業は人や組織の管理が仕事の内容をなすものであり，経営者や組織の役職者（通常，課長以上）をいう．

マニュアルの職業は農業従事者，サービス職業（料理人，家事使用人，美容師など），それに実際にものの生産に直接携わる職業すべてを含む．製造に携わる職業はかつては技能度によって熟練，半熟練，非熟練に区分されたが，現在では熟練と半熟練はひとくくりとされることが多い（技能工・製造工程従事者と呼ばれる）．

これら各種の職業は仕事の内容で区別されているが，報酬，権力，社会的評価，心理的満足も異なる．

【職業の意味】職業は社会の側からみれば，社会が必要とする活動を分割して配分したものである．個人の側からは，この社会的役割の分担ということになる．分担することによって収入を得，社会的義務を果たし，さらには自らの能力や個性を発揮する場ともなっている．

ギリシアやローマの古代においては*労働は災厄だと考えられていた．働かなければ生きていけないので働くが，天災と同じでなぜ我が身に降りかかってくるのか理解できなかった．労働は奴隷に任せて自らは働かないのが理想であった．初期のキリスト教においては労働は人間が犯した*罪の*償いとしての意義は認められたが，消極的な評価にすぎなかった．労働が積極的に評価されたのは*宗教改革以降で，*ルターや*カルヴァンは神への奉仕としての労働を強調した．啓蒙主義の時代には宗教的色彩は薄められるが職業を積極的に評価する傾向は続き，職業活動と個性を結びつけることもこの時代に強くなった．いわゆる近代的職業観がこれである．

20世紀に入り大量生産の時代になると，職業の価値に疑いがもたれるようになった．無条件で社会への貢献とされた職業は必ずしも人の役に立つとは限らないとされ，生産よりも消費が賞賛されるようになった．加えて，労働の細分化や機械化などによる労働の喜びの減少もあり，労働は再び苦役とみられる傾向が強まって，労働における疎外感の問題が重大になってきている．生きがいを職業の場に求めることが難しくなって，余暇にそれを求める人が多くなっているが，余暇は個人的な活動なので，能力や個性の発揮はともかく，社会とのつながりを確認することは難しく，かつて職業が果たしてきた役割のすべてを代替することは難しい．その意味で職業の再生を求める動きが少しずつみられる．

現在の職業は多くの人にとってまず何よりも収入源である．収入源はほかにもないわけではないが，主要であり，最も正当な収入源であると考えられている．ほとんどの社会において，収入は職業によって異なる．専門職や管理的職業の収入は高く，ブルーカラー，特に非熟練の職業は収入が低いことが多い．人が評価されるときの基準はいろいろあるが，職業はその重要な一つである．職業に貴賤なしというイデオロギーは日本においてかなり浸透しており，社会の必要としている役割を果たしている点ではどの職業も同じであるが，実際には職業によって異なる社会的評価が与えられる傾向がある．

このように，職業は社会的役割のなかで最も重要な役割であるが，そのため職業に就けない場合，自己の存在を否定されたかのように感ずる者も出てくる．例えば，失業者は収入を失うだけでなく，心理的に大きな打撃を受ける．職業に就くことに困難を感ずることが多い女性は，社会に受け入れられていないと感ずる傾向がみられる．職業から引退した高齢者は，生活を保障されても必ずしも満足しない．現在の職業は社会の連帯や，心理的満足の源泉としては充分とはいえないにもかかわらず，個人と社会を結ぶ絆として依然として重要なのである．個性や能力を発揮する場としても不充分であるが，余暇においてそれを発揮することも容易ではないので，職業への期待はこの点でも依然として大きい．

【職業と社会】前近代社会においては職業はカーストや身分に規定されており，それぞれのカーストや身分によって就業可能な職業が決まっていた．しかし，近代社会では職業の選択は自由になり，社会的地位は職業によって規定されるようになった．職業の選択は競争を通して行われる．職業選択の自由とは，自分の希望する職業に自由に就けるということではなく，自分の希望する職業を目指す競争に自由に参加できることを意味する．しかし，自由な競争といっても完全に本人の能力によるのではなく，出身など生まれつきの要素の影響はなくなっていない．特に性別，民族などによる差別は現在でも根強い．

職業をめぐる競争に最も影響を与えるのは*教育である．高い学歴をもった者が社会で高くランクされている職業に就きやすいのは，ほとんどの社会でみられることである．この学歴が，本人の能力だけでなく，出身家庭の影響を強く受けるので，本人の職業と出身家庭とには教育を通じた結びつきがみられる．つまり，高くランクされる職業の親をもつ子どもは高いランクの職業に比較的就きやすい．

職業はテクノロジーの影響を強く受けるので，急速な変化を示している．ブルーカラーの仕事は機械化，自動化の影響を早くから受けてきたが，コンピューターの普及はホワイトカラーの仕事を大きく変えつつある．彼らの仕事は人と情報を扱うのであるが，そこに情報処理の機器が介在するようになり，機器も扱えないと仕事ができなくなってしまった．また，情報伝達の仕方が大きく変化したために，仕事の内容が大きく変わるものが出てきた．ものの生産や単純な事務処理は機械による代替が進んだため，人手が少なくてすむようになり，いわゆるサービス経済化に合わせてサービスに関連する職業に従事する人が増えてきている．これらの変化は急激であるため，個人の適応が必ずしもうまくいかない例がみられる．

【文献】尾高邦雄『新稿職業社会学』(福村書店 1953); E. デュルケム『社会分業論』田原音和訳 (青木書店 1971); E. DURKHEIM, *De la division du travail social* (Paris 1893 / 1960); M. ウェーバー『プロテスタンティズムの倫理と資本主義の精神』大塚久雄訳 (岩波書店 1988); M. WEBER, *Die protestantische Ethik und "Geist" des Kapitalismus*.　　　　　(岡本英雄)

【女性と職業】本項で述べる職業をもつ女性とは，ごく少数の家庭内企業における無報酬女性労働者を除いて，臨時に失業中の者をも含む，収入のために働くほとんどすべての女性を指す．歴史的に女性は主に家庭内において大きな貢献を果たしてきたが，産業革命後の人口の都市集中に伴い多くの女性が家庭を離れて繊維・紡績また

食品工場などで働くようになると，収入を求める女性の労働人口は急激に増加した．当初，独身女性で占められていた職場にはしだいに家庭婦人，18歳未満の子どもをもつ母親までが進出するようになった．1996年(平成8)の時点で15歳以上の女子人口のうち労働力人口は50％を超え，女子年齢別労働力率も30歳代前半においてやや減少するものの，50歳代後半に至るまでほぼ変わらない．これら女子雇用労働者全体の3人に一人は短時間雇用労働者であり，その労働実態はフルタイム型パートタイマーという無権利・低賃金・最初に解雇という不利なものである．彼女たちの45％は小規模企業，あるいはサービス業で働き，年齢構成の特徴として35歳以上が81.2％を占め，55歳以上の層も高まってきている．出生率も1947年のベビーブームの4.32人から減少し続け，1995年には1.42人となっている．子育てや教育の経済的負担と，高学歴からくる高齢出産を好まず，職業に差し障るということが出生率低下の大きな理由とされているが，これは女性の高い有職率の結果でもある．1995年には保育所の充実とともに保育時間の延長など，子育ての支援事業が促進されつつあるので，6歳未満の子どもをもつ女性の33％以上がフルタイムで働くことを希望し，その数は増加するものと予想される．

ここで問題となるのは，生涯職業に携わる女性の職種と収入の問題，結婚と妊娠による退職，末子の成長による復職などである．また，男性と同等の教育を受けた女性が職業に対して平等の可能性を与えられているか，結婚や妊娠が雇用者側からの解雇の妥当な理由となるか，その場合の補償，さらに再就職の権利，就労を継続する適正な労働条件，雇用者側からの家庭婦人，特に母親への配慮が女性のみならず子どもの人権の問題として取り組まれているかなどの問題もある．さらに子どもをもつ女性自身が職業に就くことを経済的にやむをえないと判断する場合でも，自身の自己実現の場と考える場合でも，家庭生活において夫婦や子どもの身体的・精神的成長のみならず，霊的成長に充分な配慮がなされているかが重要な問題である．

伝統的にカトリック教会のなかでは女性がやむをえない経済的理由がある場合を除いて，自立と自己実現のために家庭を離れて職業に就くことに対して否定的な傾向が強かったが，先進諸国の現実の社会・経済・家庭構造からこれを肯定する者が増加している．教皇 *ピウス12世は家庭外で働かざるをえない状況に理解を示し，むしろ女性が労働組合に積極的に参加してよりよい *賃金と労働条件を獲得することを奨励した．また女性がその天性にふさわしい職業，例えば *教育，*看護，介護などの面で社会に貢献することを強く勧めている．

一方，第2 *ヴァティカン公会議の『現代世界憲章』にはすでに万人の本質的 *平等，*社会正義，*平和がうたわれ，人間は労働と才能によって，特に科学と技術の力によって人類共同体に貢献しなければならないことが明記されているので，以来カトリック教会は女性の使命についても積極的に発言している．多くの国々で男女雇用平等法が採択された．また，21世紀の男女平等に向けてナイロビで開催された世界女性会議では「平等・開発・平和」が将来戦略として出され，1995年9月の北京世界女性会議の前には現教皇 *ヨアンネス・パウロ2世がメッセージを送り，女性の教育と積極的な政治参加を促している．女性の教育の欠如は男性による暴力と搾取をもたらすものであり，政治は男性と女性が相補的に，しかも単に個人的にでなく公共の場において一貫した人間の価値を追求しなければならない場だからである．同年，教皇が「国際協力の日」に女性の働きを強く求めたのも，今日の不安定な世界情勢のなかで弱い女性のためにいかに女性が政治・社会的に働かなければならないかを物語るものである．

【文献】日本婦人団体連合会編『婦人白書 1994』(ほるぷ出版 1994)．
教皇ヨアンネス・パウルス2世文書邦訳：使徒的勧告『家庭』長島正，長島世津子訳 (カトリック中央協議会 1987)；回勅『新しい課題』イエズス会社会司牧センター訳 (カトリック中央協議会 1991)；使徒的書簡『女性の尊厳と使命』初見まり子，松本三朗訳 (カトリック中央協議会 1991)．

(川中なほ子)

しょくぎょうきょういく　職業教育〔英〕vocational education　職業活動に必要な知識，技能，態度などを育成するための教育をいい，*学校教育と社会における職業訓練や産業教育を包摂した広い概念である．戦前の日本では実業教育と呼ばれていた．また歴史的には一般教育ないし *自由教育と対応して，生産的職業分野に携わる者に対する職業準備教育を指し，現在では，人間教育の職業的側面を受け持つものと考えられている．

職業には，生計の維持(経済的)機能すなわちその人の生活様式や社会的地位を決定づける機能や，職業のなかで個性を発揮して得る生きがいなどの精神的報酬が人の自己実現欲求を充足する機能，また，社会的役割と地位や信頼を得て人に社会的存在証明を与える連帯の実現(社会的)機能の，三つの機能がある．

教皇 *ヨアンネス・パウルス2世は回勅 *『ラボーレム・エクセルケンス』(邦題『働くことについて』)のなかで，働くことはすべての人への *召命であって，人間らしく働くことにより人は次の三つの領域で主体的な深まりを得るとしている．すなわち(1)人間として自己を充実させ「もっと人間的に」なり人格的な深まりを得る，(2)共同生活体である家庭と生計の維持を可能にするとともに教育を可能にする，(3)一定の社会や国家において *共通善を増大させる．働くことは本質的に，神の似姿を与えられ地を従わせよと創造主から委任されたすべての人が，連帯し協働してその使命を実行に移し，人間固有の「地を治める」業，創造の業を達成し救済と神の国の建設に参与することであり，翻って深い人間性を実現することにほかならない．今日のカトリック教育における職業教育は，家庭生活，学校生活のなかで知識と体験を通じて人間らしく働くことを学ぶ機会を提供し，人間への召命(vocation)としての職業観を育成しようとしている．

【文献】教皇ヨハネ・パウロ2世回勅『働くことについて』沢田和夫訳 (カトリック中央協議会 1982)；同『新しい課題―教会と社会の百年をふりかえって』イエズス会社会司牧センター訳 (カトリック中央協議会 1991)．

(夏秋英房)

しょくぎょうしんりがく　職業心理学〔英〕vocational psychology, career psychology
【概要】職業心理学とは，個人の職業的行動と職業的発達とを研究する *心理学の一領域である．人は皆，一生涯を通じて直接的，間接的に *職業と関連をもつ．そして人は単に生計を維持する目的だけで職業に就くのではない．職業を通して自己の存在意義を実現し，*社会と

しょくぎょうしんりがく

の関わりをもち，社会の一員としての役割を果たしている．つまり職業は個人の*人間としての存在に大きく関係している．

職業は多角的な研究テーマであるが，職業心理学では個人が将来の職業生活を計画し，実際に職業を選択したり転職したりしながら自分の職業生活を確立し，それに適応し，さらに職業生活から引退していく全過程において，職業が個人の人間的成長にどのような関わりをもつかを研究の主題とする．

職業心理学は英語の vocational psychology の訳語である．類似した用語として occupational psychology があり，これも日本語では職業心理学と訳されるが，両者はその意味するところを異にする．イギリスでは，産業心理学を含め職業関連のすべての事象を心理学的に研究する分野を総括して occupational psychology と呼んできた．現在アメリカでは，職務の集合である職種 (occupation) に関して研究する分野を職業学 (occupationology) と呼び，職業および職業生活に関与する個人の行動を研究する職業心理学 (vocational psychology) と明確に区別している．日本では職業心理学はいまだ独立した専門領域としては確立されていない．

【発展史】職業心理学が生まれ発達したのはアメリカ合衆国においてであり，心理学のなかで独立した研究領域の一つとして認められたのは1950年代後半であった．

クライツ (John Orr Crites, 1928-) は著書『職業心理学』(1969) のなかで，職業心理学の発達を促した理論的背景として，(1) 人と職業の結合という思想に始まる特性-因子論，(2) 職業行動に関する精神力動学，および (3) 職業的発達論の三つの心理学的アプローチをあげている．

まず，20世紀初頭，ボストンで*青少年のための職業相談を始めたパーソンズ (Frank Parsons, 1854-1908) が著した『職業選択法』(1909) が職業心理学の礎石といわれる．そのなかで彼は，個人の特徴の分析と職業分析，および，人を職業と結合する相談を賢明な職業選択の3要因として言及した．特に最初の2要因の研究は，精神測定法の発展に伴って急速に進歩し，後の特性-因子論の基礎を築いた．なかでも1937年に職業興味検査を開発出版したストロング (Edward Kellogg Strong, 1884-1963) の研究は，職業興味と職業選択の関連という職業心理学独自の研究分野を確立するものとなった．また全米雇用局が1930年代に労働者特性と労働者機能に基づく職務分析法を導入したことにより，個人と職業に関する心理学的研究が促進された．

他方，同時代，ヨーロッパから亡命してきた*精神分析や*臨床心理学の研究者のもたらした精神力動学 (psychodynamics) や人格論，*発達心理学は個人の表出行動の記述にすぎない当時の特性-因子論に満足しなかった研究者に大きな影響を与えた．特に，人間の種々の行動のなかで職業行動は職業だけが刺激となって生起するという特異性をもつことに注目した人々は，*動機や欲求充足，発達などの共通概念を導入しながらも他の行動の研究とは分けて，職業行動自体のメカニズムの研究にとりかかった．こうして1950年代以降，職業選択，職業適応，職業的発達などに代表される一連の職業行動の心理学的研究が盛んとなった．なかでもスーパー (Donald Edwin Super, 1910-) の職業的発達論 (vocational development theory) とそれを検証するためのキャリア・パターン研究 (career pattern study) の開始は職業心理学の独自的存在を確固たるものにするのに貢献した．クライツはスーパーの理論のなかで特性-因子論と精神力動的アプローチが統合されたと言及している．それ以後現在に至るまでさまざまな理論が構築されてきた．理論は選択や適応，発達のメカニズムについての捉え方においておのおの独自な立場をとるが，次の見解においては共通している．すなわち個人と職業との相関関係は一生涯を通して生起する発達的現象であり，この職業的発達は個人の全人格的発達の一側面として，知的，情緒的，宗教的，社会的，身体的発達と相互に深く関係しているという見解である．職業行動の発達の側面が職業心理学の中心命題の一つとなってから，vocational よりも明確に時間的経過を含む career という語のほうが好んで使用されるようになり，career psychology という用語が生まれた．

【代表的理論】スーパーの職業的発達論は最も代表的かつ影響力をもつ理論である．彼は職業選択と適応に関する多くの心理学的・社会学的研究を網羅したうえで，自我理論と発達理論に基づく次のような12の命題を軸として理論構築をした．すなわち，(1) 職業的発達は，つねに前進する継続的な，そして一般的には不可逆的な過程である．(2) 職業的発達は秩序ある一つの型をもった，予測できる過程である．(3) 職業的発達はダイナミックな過程である．(4) 自己概念は青年期以前に形成され始め，青年期においてしだいに明確になり，職業的な言葉に置き換えられる．(5) 現実的要因 (自己の特徴と現実の社会) は青年前期から成人へと年齢が増すにつれて職業選択上ますます重要な役割を占めるようになる．(6) 親あるいはそれに代わるべき者との同一視は*年齢に応じた役割の発達，役割間の一貫した調和のとれた人間関係の発達，職業計画や偶発的な出来事を通して行うそれらの役割についての解釈の発達に関係をもつ．(7) 一つの職業水準から他の水準への上下移動の方向と速度は，知能，両親の社会経済的水準，地位上の欲求，価値観，興味，人間関係の技能，経済的需要供給状態などと関係する．(8) 個人が入っていく職業分野は，その個人の興味，価値観，欲求，親またはそれに代わる役割モデルに対する同一視，利用した地域社会の文化的資源，学歴の水準と質，住んでいる地域社会の職業構造，職業動向，および職業に対する態度と関係する．(9) おのおのの職業は，能力，興味，*性格特性についてそれぞれ特徴的型を要求するが，そこには充分な許容性があり，同じ職業にもいろいろな人が従事できるし，一人の人間が異なる幾つもの職業に従事することができる．(10) 職業上の満足や生活上の満足は，個人が自分の能力，興味，価値観，性格特性などを仕事のなかで実現できる程度によって決まる．(11) 個人が仕事から得る満足度は，自己概念の実現の程度に比例する．(12) 仕事や職業はほとんどの男女にとって人格構成上の焦点となる．一部の人ではこの焦点が周辺的，偶然的であったり，全く存在しないこともある．また社会的活動や家庭などが中心的な焦点となることもある．

ティードマン (David Valentine Tiedeman) とオハラ (Robert P. O'Hara) は職業的自我同一性を形成していく過程を職業的発達とみなし，その形成過程を促すものとして個人の*意志決定過程の重要性を指摘した．

このほかの主な理論としてボーディン (Edward S. Bordin) の精神分析的職業選択理論，ホランド (J. J. Holland) のパーソナリティ型と労働環境モデルの交互作用に基づく職業選択理論，ジェラット (H. B. Gelatt) の意志決定モデル，クルンボルツ (John Dwight Krum-

bolts)の社会的・学習論的選択理論などがある.
【文献】D. E. スーパー『職業生活の心理学』日本職業指導学会訳(誠信書房 1960): D. E. SUPER, *The Psychology of Careers* (New York 1957); F. PARSONS, *Choosing a Vocation* (Boston 1909); A. RODE, "Early Determinants of Vocational Choice," *Journal of Counseling Psychology*, 4 (1957) 212-17; D. A. TIEDEMAN, R. P. O'HARA, *Career Development: Choice and Adjustment* (New York 1963); J. O. CRITES, *Vocational Psychology* (New York 1969); W. B. WALSH, S. H. OSIPOW, *Handbook of Vocational Psychology*, 2 v. (Hillsdale 1983).

(渡辺三枝子)

しょくざい　贖罪　→ 贖い

しょくざいせいど　贖罪制度 〔英〕penitential discipline,〔独〕Bussdisziplin,〔仏〕discipline pénitentielle
キリスト教古代の贖罪制度とは，受洗後に重大な罪に陥った者に贖罪(*回心・償い)と *ゆるしを得させることと同じ意味であった．中世になると *赦免を伴った *秘跡としての回心は元来の贖罪制度あるいは教会規律からは分離された．

【罪の赦しの方法】*オリゲネスは『レビ記講話』(II, 4) のなかで7種の罪の赦しの方法をあげている．*洗礼，*殉教と並んであげられているのは，慈善の業，他人の罪を赦すこと，誤った道にいる罪人を回心させること，愛の業，最後に「困難で苦労のいる罪の赦免」である．これは罪の告白，命ぜられた償いの骨の折れる実行，教会の側からの赦免によって成立する神と教会とに対する最終的 *和解とから成り立っている．

使徒時代の実践は *パウロの叙述から明らかにできる (1 コリ 5; 2 コリ 2: 5-11)．すなわち，罪を犯した者は「神の国を受け継ぐことはできない」(ガラ 5: 21; 罪の目録については 5: 19-21; ロマ 1: 29-32)とされ，教会の交わりからも排除されている．しかし，罪を犯した者は，*痛悔とそれに相当する償いの業を果たすことによって，再び教会と和解することができ，また信徒の交わりに受け入れられる．このことは *監督(*司教)の *按手によって行われたらしい(1 テモ 5: 22)．このような教会的回心の形態は本質的に *破門と和解によって規定されていたので，「破門贖罪」と呼ばれたが，破門なしの秘跡による回心が一般的になるにつれ，実際上行われなくなった．

使徒時代以後の重要な記録は *『ヘルマスの牧者』である．この書のなかでは，教会における回心は一回限りのものであると教えられている．すなわち，それまで知られなかった罪の赦しがそれによって初めて一回だけの例外として導入されていたのではなく，むしろ，本来何度も起こりうる罪の赦しがただ一度に限定されていたのである．ヘルマスの考えは，教会的回心に要する長い時間(数年にも及ぶ)に照らしてみて，また他方で，世界の *終末(*再臨)が近いと考えられたがために，このような償いが実に純粋に時間的な意味でただ一度しかできなかったということである(『ヘルマスの牧者』第 4 戒参照)．確かなことは，一回限りの回心という実践(〔ラ〕poenitentia publica)が教会のなかで一般的なものになったということである．

回心者への要求は地域ごとに非常に異なっていたが，やがて各地の司教の判断に委ねられるようになった．このような厳しさから，極端な事例では赦しを完全に拒否する場合もあった．しかしながら教会の教えとしてつねに確保されたことは，教会は本来すべての罪を例外なく赦す *権能をもっているということである(このことは，*背教，*殺人，*姦通といった三つの重罪を教会の赦す権能から除外しようとした *テルトゥリアヌスに対して，アフリカとローマの司教会議によって確認された)．このような権能はただ司教によってのみ，場合によっては司教から委任された *司祭によってのみ行使された．これは，ローマ皇帝 *デキウス治下の迫害後に生じた論争によって決定的に明確化され，その詳細は *キプリアヌスの手紙で説明されている．

【罪の償い】要求された罪の償いは一般に厳しく(*断食，へりくだって信徒の取り次ぎを請うことなど)，また長いもの(数週間から生涯にわたる)であった．そこで，オリゲネスは『レビ記講話』(14, 3)のなかで，「それぞれの罪はその種類と重さに従い，それ相当の適正な償いを要する」と説いている．また *アウグスティヌスも「適正な償い」について語っている．それにもかかわらず，罪の赦しはこのような償いによってではなく，和解の儀式によっても達成される．それは，教会的回心が秘跡であることの本質をなしているのである．罪の償いをどのように行うかは元来，個々の司教たちの判断に任されていた．しかし，キリスト教公認以来，325 年の第 1 *ニカイア公会議を含む数多くの教会会議が回心の業を取り扱い，とりわけ実行すべき業の様式と長さを確定した．最も影響があったのは，カイサリイアの *バシレイオスがイコニウムの *アンフィロキウスに宛てた，いわゆる「教会法規についての手紙」のなかにある 84 箇条で(『書簡』188, 199, 217)，回心の実践における統一化を促した．

【ギリシア教会の制度】贖罪制度の発展はギリシア教会においてもラテン教会においても根本的に同じものであったが，4 世紀以来，それぞれの教会の特殊性が現れるようになった．まずギリシア教会では，段階的な回心の制度が生まれ普及した．バシレイオスの 22 箇条は，その四つの段階について初めて言及している．すなわち，(1) 最も低い段階で回心の始まりをなすのは涙を流す (〔ギ〕prosklaiontes) こと，すなわち，教会の前庭にとどまり，礼拝に訪れる者たちに泣きながら祈りを請うことである．(2) 聴くこと (akroōmenoi)，すなわち，*説教が終わるまで *ことばの典礼に出席し，それが終わると(求道者と同じく)教会から退出しなければならない．(3) ひざまずくこと (hypopiptontes)，すなわち，説教が終わって解散が告げられる前に司祭から特別な祝福を受けることである．そして最後に，(4) 立ち会うこと (systantes)，すなわち，ミサ典礼全体に出席することは許されるが *聖体拝領からは外されることである．他方，東方では西方よりも早く贖罪制度における「公開性」の要素が後退化した．ギリシア教会では贖罪司祭 (presbyteros epi tēs metanoias) の制度があり，彼らは一定の監督義務を負い，罪人として認知された人たちを回心へと招かなければならなかった．しかし 391 年にコンスタンティノポリスでの醜聞を機に，大主教 *ネクタリオスはこの贖罪司祭制度を廃止した．それによって償いは大幅に個々人の裁量に委ねられるようになった．

その一方で，ギリシア教会では贖罪制度が内容的にも司牧上の指導へと広げられ，*霊的指導のほかに償いの履行そのものにも関心をもつ「霊的医者」(pater pneumatikos) によって実践され，修道者の主要な務めとなっていった．修道者が司祭でない場合もあったが，秘

しょくざいふ

跡に該当する告解が一人の司祭の前でのみ実行されるべきだといった要求は問題にされなかった．

【ラテン教会】通常の回心期間は *四旬節に限られ，伝統的な長年にわたる公式の回心は重大な違反の場合にのみ要求された．他方，教会的回心が受け入れられ，赦免や教会との和解が成立した後にも，回心者であった者は教会での交わりを完全には享受できなかった．すなわち，一度罪を償う者になった事実は，その後の全生涯に影響を及ぼし，そのような人は「いつまでも劣った権利を身に帯びたキリスト者」とみなされ，*聖職者になることも，公職に就くこともできなかった．そのうえ，普通の生活でも一種の放棄が求められ，とりわけ，夫婦関係を断念するようにとの要求は失意のもとになった．もっとも，ラテン教会では生活状況が大幅に考慮されていた．例えば，聖職者の場合は，*聖職剥奪と *聖職者身分の喪失をもって償うことがあったが，それでもそのまま聖体拝領にあずかることが許され，一人の信徒としての権利は確保されていたのである．

【アイルランドの贖罪制度】中世初期に決定的な変化がアイルランドで起きた．アイルランドでは，頻繁に回心の業が行われ，贖罪制度はなお非常に厳しいものであったが，当然，時間的に限定され，また，大罪に対してだけでなく，すべての罪に対しても秘跡としての回心が行われた．いつでも司祭から回心の秘跡が受けられるという事実を除き，告解の構造そのものに関しては何ら変化はなかった．回心の秘跡が執行されるに際し，司祭を助け，特に適切な償いの業の確定作業を容易にするための手引書として *償いの規定書が現れた．これはさまざまな罪に対する償いの軽重を列挙したもので，たちまち大陸でも採用されるようになり，589 年の第 3 回 *トレド教会会議はその 11 条でこのような個人的な告解方式を排斥したが，650 年のシャロン司教会議はその 8 条でこれを承認，8 世紀にはこれが一般化した．償いの規定書の諸規定の一部は，後に *『グラティアヌス法令集』を経て *教会法に取り入れられた．なかでも次の点は特に重要である．すなわち，予定された償いを果たすのが困難あるいは不可能であったならば，それは別の償いと交換できる，あるいは慈善の業のような他の業によって置き換えられるということである．

これと並んで，古代の公的回心も少なくとも理論上は存続した．実際には非常に重く，公共社会を危険に陥れた重罪の場合に限り，荘厳な形で公的回心が行われ，その後各地に存続したが，16 世紀にはすべて消滅した．

【文献】LThK² 2: 805-15; RAC 2: 802-12, 814-16; TRE 7: 452-73; G. RAUSCHEN, *Eucharistie und Bußsakrament in den ersten 6 Jahrhunderten der Kirche* (1908; Freiburg 1971); B. POSCHMANN, *Die abendländische Kirchenbuße* (Bleslau 1930); ID., *Paenitentia secunda im frühen Mittelalter* (Bonn 1940); ID., "Buße und Letzte Ölung," HDG IV / 3 (Freiburg 1951) 1-82; C. VOGEL, *La discipline pénitentielle en Gaule des origines à la fin du VIIe siècle* (Paris 1952); J. GROTZ., *Die Entwicklung des Bußstufenwesens in der vornizänischen Kirche* (Freiburg 1955); J. HÖRMANN, *Untersuchungen zur griechischen Laienbeicht* (Donauwörth 1913); H. KARPP, *La pénitence* (Neuchâtel 1970); L. BIELER, ed., *The Irish Penitentials* (Dublin 1975); H. VORGRIMLER, *Buße und Krankensalbung*, HDG IV / 3 (Freiburg ²1978) 1-113; K.-J. KLÄR, *Das kirchliche Bußinstitut von den Anfängen bis zum Konzil von Trient* (Frankfurt 1991). （J. フィルハウス）

しょくざいふ　贖罪符　→　免罪符

しょくせい　職制　→　役務（えきむ）

しょくぜんしょくごのいのり　食前食後の祈り

〔ラ〕Oratio ante et post mensam　食前食後の祈りの例はすでに聖書のなかにみられる．キリスト自身，パンの増加の奇跡を行う前に行い（マタ 14: 19），また使徒 *パウロも難破の後，空腹の人々の前でパンをとり，神に賛美と感謝を捧げ（使 27: 35），同じく食前に神に感謝するよう 1 テモテ書 4 章 4 節で勧めている．また *初代教会でもこの祈りは習慣としてすでにあった（*テルトゥリアヌス『祈りについて』25,『護教論』39, アレクサンドリアの *クレメンス『教育者』2, 9）．宗教的行為として食事のたびに祈る習慣がユダヤ人にあり，特に儀式的性格をもつ祝宴（*アガペー）にその影響がみられる（*『十二使徒の教訓』第 9 章参照）．その反響は *アタナシオス（『処女について』12. PG 28: 265-269）の食事の祈りにも窺われ，*サクラメンタリウムの一つである『古ゲラシウス秘跡書』（3, 86 以下）には食事に関する祈りや祝福が数多く含まれている．同様に *アルクインによる『グレゴリウス秘跡書』の補遺のなかにも多くみられる．これらは中世の修道院で用いられ，*詩編と組み合わされて発達，後に一般家庭に入り，信徒による食前食後の祈りとなった．今日では一般の *祈祷書に収められている．

【文献】DACL 2: 713-16; J. PIZZONI, "De benedictione mensae," EL 50 (1936) 153-60. （石井健吾）

しょくだい　燭台　〔英〕candlestick,〔独〕Kerzenständer,〔仏〕chandelier

キリスト教では，*典礼における *ろうそくの使用とともに燭台が必要な道具として伴われるものとなった．特に，*復活徹夜祭での *光の行列，そのほか死者の追悼，福音書奉持の際のろうそく奉持，洗礼式のときのろうそくの授与，主の *奉献の祭日の光の行列などである．*ミサの間，*祭壇の上に燭台を据えてろうそくを灯す慣習が定着したのは 11 世紀以降である．ロマネスク時代以降，大燭台（枝状燭台，〔英〕candelabrum）には華麗な装飾が付されるようになり，美術工芸の対象ともなった．今日の典礼において，燭台は，崇敬と喜びを表すために，すべての典礼行為の際に必要なものとされ（『ミサ典礼書』総則 269 項），ミサの入堂行列（→ 入祭）では，奉仕者による香炉や十字架の奉持に続いて，燭台の奉持ができる（同 79, 82, 84 項参照）．燭台は，祭壇や *司祭席域の構造を考慮しながら，全体の配置が適当なものとなるよう，また信者が祭壇の上で行われることをみることを妨げないように，祭壇の上か近くに置かれる（同 269 項）．

【文献】A. ADAM, R. BERGER, eds., *Pastoralliturgisches Handlexikon* (Freiburg 1980) 245-46. （石井祥裕）

しょくぶつ　植物　〔英〕plants,〔独〕Pflanze,〔仏〕plantes

【聖書の植物】聖書のなかにおいて，植物は，最初の場面（創 1: 11-12）から最後の場面（黙 22: 2）まで，重要な役割を演じている．その役割とは，植物固有のもの，また人間の身体的存続のためばかりか，精神的な価値を表現し伝達することにある．つまり聖書は，植物界のなか

に神の驚嘆すべき業(マタ6: 28-30), 人間に対する高価な贈り物(詩104: 14-15)をみてとっているわけである.

イスラエルの民は, 元来遊牧民であったが, とりわけ*カナン入国以来, 農耕民として定住してから, 植物とつねに関わることになる. こうして, 植物は, 食糧, 薬, 衣服, 装飾品, また道具や住居のための資材, そして燃料や灯火, その他の生活必需品とみなされるようになった.

さらに, 植物が宗教上の概念を表現するために使用されることになったことも何ら不思議ではない. 楽園(パラダイス → 楽園物語)は, 神が樹木を植えた樹園(創2: 8-9)と考えられていた. そこには「命の木」(長寿の薬と考えられる)と「善悪の知識の木」(喜びと楽しみの源の意)があり, どちらも神からの恵み(*恩恵)に基づく*幸福のシンボルであった. 木や他の植物は, 旧約聖書また新約聖書の譬えのなかにおいて, 好んで比喩の題材として使用されている.

実際の植物と比べると, 聖書のなかで名のあげられている植物は数少ない. その名のうち, 幾つかは類名(例えば, 木, 葉, 茨, 草, 野菜), 約110は特定できる名である. しかし, 実際に, どの植物であるのか必ずしも明らかではない. 幾世紀も経るうちに, 語の意味が変化してしまったからである(例えば「ゆり」「りんご」). しばしば名のあげられている植物(例えば「杉」75回)はわずかで, かなりの植物(約30)は, 1回しか名が出てこない. そのほとんどは*パレスチナに育つ植物であるが, なかには熱帯地方原産の外来の植物, また植物産品(例えば乳香)もある(→香).

パレスチナの気象条件は, 一般的に地中海気候であり(*エルサレムの緯度は, ほぼ鹿児島に相当する), 日本と比較すれば, はるかに乾燥しており, 平均気温も高い. 特に夏は, 高温となる. しかし, 海抜2,800 mから海面下400 m (*死海)に及ぶパレスチナには, かなり相異した気候があって, それに準じて種々の植物分布がみられる.

聖書に登場する植物のすべてを列挙することはできないが, なかでもよく知られ頻度の多いものは, 以下のように五つに分類できる.

(1) 栽培果樹. なつめやし([へ] tāmār), いちじく(t'ēnâ), オリーヴ(zayit), ぶどう(gepen), りんご(tappûaḥ), ざくろ(rimmôn), アーモンド(šâḵēd), いちじく桑(šiḳmâ).

(2) 野生の樹木. 杉(erez), つげ(t'aššur), 糸杉(brôš), 樫(ēlôn, ēlâ), プラタナス('ermôn), 柳('ărābâ), ぎょりゅうの木(ēšel), アカシヤ(šiṭṭâ), コフェル(kôper), 没薬(lōṭ), レモン('ēṣ hādār), ミルトス(hǎdas), バラ(rhodon), 茨(sir).

(3) 農作物. 小麦(ḥiṭṭâ), 大麦(s'orâ), レンズ豆('adāšâ), 亜麻(pištâ), からし(sinapi), コエンドロ(gad), 豆(pol), にんにく(šûm).

(4) 野生の草花. ゆり(šûšan), バラ(ḥǎbaṣṣelet), アネモネ(krinon), サフラン(karkōm), ヒソプ(ēzôb), 毒麦(zizania), 葦(ḳānê), パピルス(gōme'), とうごま(kiḳāyôn), 恋なすび(dûday), 毒草(rô'š).

(5) 外来植物. 乳香(lbônâ, ṣori), ミルラ(môr), アロエ(ăhālôt), ヘルベナ香(ḥelbnâ), シナモン(kinnamon), きゅうり(ḳṣî'â), ナルド(nērd).

【文献】L. FONCK, *Streifzüge durch die biblische Flora* (Freiburg 1900); H. N. MOLDENKE, A. L. MOLDENKE, *Plants of the Bible* (Waltham, Mass. 1952); M. ZO-HARY, *Plants of the Bible* (Cambridge 1982); P. VON GEMÜNDEN, *Vegetationsmetaphorik im Neuen Testament und seiner Umwelt* (Fribourg, Göttingen 1993).

(H. クルーゼ)

【象徴としての植物】植物は春の訪れとともに芽を出し, 花を咲かせて実をつけ, 種を残して枯れるという生, 死, 再生のサイクルを繰り返すがゆえに, 生きとし生けるものの命を象徴するのに極めて適している. また, 葉の緑や色鮮やかな花々, 滋養に富んだ果実や種は古くから豊穣を象徴するものとみなされてきた. 植物は種類の豊富さに加えて, 枝, 幹, 芽, 葉, 花, 果実など多様な要素をもつがゆえに, 豊かな象徴性を包含している. *キリスト教美術における植物の象徴的意味は基本的には聖書に負うところが大きいが, 個別の宗教を超えた全人類的な広がりをもつ象徴機能によっていることもあり, その起源は多様で複雑である. 古代ギリシア・ローマ神話で用いられた象徴的意味が受け継がれている例もしばしばある. 例えば, ざくろは春に大地をよみがえらせる女神ペルセフォネ(プロセルピナ)の持ち物であり, 転じてキリストの*復活の象徴となった. オリーヴは古代から平和を象徴し, その意味がそのままキリスト教に受け継がれて, *受胎告知の*天使が手にしている例もある.

大地に根を生やし, しっかりと天に向かって幹を伸ばして枝を広げ, 豊かに葉を繁らせる木は天上界と地上界を結ぶ世界の中心軸の具象化とみなされる. いわば*宇宙の全体像を木になぞらえることができるのである. また, その強い生命力は古代文明の成立期から信仰の対象となっていた. 不死の象徴である「命の木」は古代メソポタミアに発祥する古い歴史をもち, 世界中の文明に広く同様の考え方をみいだすことができる. *創世記には, 「命の木」が「善悪の知識の木」と並んで, 地上の楽園の中心に生えていたと記されている(→生命の樹, 楽園物語). キリストが架けられた*十字架は永遠の命を人々に与えるがゆえに「命の木」そのものとみなされ, 緑の葉が生え出す若木として表されることがある. 緑豊かな木はキリストの復活を予告し, 枯れ木はその死の象徴となるのである. また, 十字架の材料となった木材の由来と歴史, 後世に起こした奇跡は*『黄金伝説』中に「聖十字架伝説」としてまとめられ, *ピエロ・デラ・フランチェスカのアレッツォ(Arrezo)のフレスコ画などの主題となった. 樹木はまたイエスの*系図を表すのにも用いられた. *エッサイの樹の図像はイザヤの預言(イザ11: 1-10)に基づいており, 横たわる*ダビデの父*エッサイの腰から生え出た木にキリストの祖先が垂直に重なり, その頂きに聖母子が載っていて, *救いの歴史が旧約から新約へと連なっていることを明らかにしている. この図像を創造したのはパリのサン・ドニ修道院長の*シュジェールといわれ, 代表的作例が*シャルトル大聖堂の西正面の*ステンドグラスにみいだされる.

オアシスに生い茂る*棕櫚の木は地中海地域では早くから命と勝利の象徴とみなされていた. キリスト教においては, キリストの勝利を象徴し, 天国に生える木(命の木)とみなされ, 初期キリスト教時代からその作例をみいだすことができる. *ラヴェンナのサンタポリナーレ・ヌオヴォの*モザイク(6世紀)では, 棕櫚の並木の間を聖人, 聖女たちの行列が進んでいく. 殉教した聖人たちは彼らが天国に迎え入れられることの証しとして, その枝を手にして表される. エルサレムに入城するキリストを称えて迎えに出る人々が手に持つのも棕櫚の枝で

しょくぶつすうはい

ある．天国に育つ木としてはほかにオレンジがあり，『神秘の小羊の祭壇画』(*エイク兄弟作，ヘントのシント・バーフ大聖堂，1432)には，天国の園のなかに棕櫚とオレンジの木が描かれている．その他，オリーヴ，樫（信仰の強さ），月桂樹（勝利）など，異教や土着の信仰から受け継がれて象徴的な意味を担う木々がある．

*救済史との関わりで，非常に重要な役割を果たすのは*アダムとエバが食べた知恵の木の実である．この果実は*原罪を象徴するがゆえに，キリストの*贖いの教えを語る重要な要素として，非常にしばしば美術に表現される．この木の名は聖書に明記されていないが，西欧においてはしばしばりんご，いちじくあるいはオレンジなどであったと考えられた．これらの果実は「原罪」の場面に加えて，贖いの始まりとなる「受胎告知」や「聖母子」のなかにしばしば表される．これに対して天国に実る果物とされるのは「さくらんぼ」である．

キリスト自身と関わる重要な植物はぶどうである．聖餐（→エウカリスティア）の*ぶどう酒の原料であるぶどう（の木および房）あるいはぶどう酒造りの場面は初期キリスト教の時代から数多く表現された．「わたしはぶどうの木，あなたがたはその枝である」（ヨハ 15: 5）など，聖書にはぶどうの譬えが多く，美術表現に数多くみいだされるのは当然であろう．麦（麦の穂や麦藁の束）は*聖体のパンを示唆するものとして描かれる．イエスの*受難に関わる植物には冠のかわりに頭に被せられた茨，手に笏として持たされた葦がある．茨と同じくとげをもつ柊，アザミ，苦菜と称されるタンポポ，原罪の果物とみなされるいちじく，釘の形の丁字に香りが似ているカーネーション（なでしこ，石竹を含む）も「*十字架刑」など受難の場面や「聖母子」に登場する．受難の際に聖母*マリアが味わった悲しみはアイリス（*シメオンが，マリアの胸がそれによって刺し貫かれるであろうと預言した剣に葉の形が似ている）や紫色（悲しみの色）の苧環（おだまき）で表される．

旧約聖書の雅歌のなかで恋する乙女の比喩として用いられたゆり，バラは聖母マリアの純潔を象徴する代表的な植物になった．ゆりは「受胎告知」の表現には欠かせない花である．「無原罪の聖母」にも，これらの花がオリーヴや棕櫚，その他の象徴物とともに描き込まれる．*アンブロシウスによれば，聖母マリアは原罪を免れているがゆえに，棘のないバラである（→無原罪の御宿り）．ほかに聖母を象徴する花として菫，鈴蘭，雛菊などがある．雅歌に語られる「閉ざされた園」（4: 12）は聖母マリアの純潔を象徴し，受胎告知や聖母子とともに描かれる．*ロッホナーの『バラ垣の聖母』ではバラの垣根で閉じられた庭に聖母が坐っている．聖母の*童貞性は*モーセがみた，燃え尽きない柴（出 3: 1-10）によっても象徴される．一般に白い花は聖母マリアや聖女の純潔を，赤い花（アネモネ，けしなど）はイエスの受難や聖人の殉教を象徴する．ゆりやバラは赤か白かによってその意味合いが変化するのである．また，聖人の*アトリビュートとして植物が表現される例もある．*ドロテアはバラの花籠を，*ヨセフは花の咲いた枝を持つ．

果物はすぐに腐り，花はすぐにしおれる．こうしたはかなさゆえに，17 世紀になると，果物や花々は虚栄（[ラ] vanitas）の象徴としてしばしば静物画のなかに描かれるようになった．植物が象徴的な意味合いから解放されて，純粋に美的対象として描かれるようになるのは，近代以降のことといってよい．一方，装飾としての植物，唐草文などの植物文様は古代から用いられ，キリスト教美術のなかに受け継がれて豊かな伝統を築いた．*ロマネスク建築や*ゴシック建築の聖堂の柱頭，*ティンパヌムなどを飾り，手写本の頁の周囲を縁どってきた．植物は象徴的意味をもつにせよ，もたないにせよ，キリスト教美術のなかで大きな役割を果たしているのである．

【文献】キ美術図典 376-85. （荒木成子）

しょくぶつすうはい　植物崇拝　〔英〕plant-worship

樹木をはじめ飲食・薬用植物に至る広範囲な植物への呪術，宗教的態度の総称で，広義の*自然崇拝に含まれる．*神話や*儀礼のなかに具現化されていることが多い．神話のなかにみられる典型的な植物崇拝は，ドイツの民族学者イェンゼン（Adorf E. Jensen, 1899-1965）が「ハイヌウェレ型神話」と呼んだ，殺された神の屍体から作物が発生するというタイプの神話である．日本では，『古事記』のオホゲツヒメや『日本書紀』のウケモチの神話がこれに相当する．また，古代インドのように，先祖への祈りや人身供犠などの死者の儀礼が，豊作を祈願する予祝儀礼や豊作を感謝する収穫儀礼と結びついた場合もあった．これは，霊魂が地中で穀物のなかに宿り，それが再生して豊作をもたらすという信仰に基づいており，ハイヌウェレ型神話の世界観と結びつく．穀物に精霊や霊魂が宿るという穀霊信仰は，穀物栽培を生業とする諸民族に広く分布するが，とりわけ稲作地帯に典型的にみられる．また，古代より植物はその生命力ゆえに崇拝の対象となってきた．とりわけ常緑樹は，冬になっても枯れないために，不死の力の象徴として特別の意味をもっていた．*ケルト人のドルイド教では，カシに寄生したヤドリギが，カシが不毛になっても緑を保つので，不死のシンボルとされた．また，かつてのヨーロッパでは，不死の力によって死者を*悪魔や*悪霊から守るという意味で，イトスギ，ツゲ，イチイなどの緑葉樹を墓地に植える習俗があった．さらには，テンニンカとローレル（月桂樹）も常緑樹であるため，永遠のシンボルとして崇拝され，テンニンカは結婚式の花冠として編まれ，花嫁・花婿のみならず列席者もそれを頭に載せた．日本の*神道においても，常緑樹を崇拝する古代の名残りがサカキにみられる．

【文献】A. E. イェンゼン『殺された女神』大林太良他訳（弘文堂 1977）: A. E. JENSEN, Die gotötete Gottheit (Stuttgart 1966). （岩井洋）

しょくほうがいき　『職方外紀』

*イエズス会の中国宣教師*アレーニ（漢名，艾儒略）編の世界地理書．全 6 巻，1623 年杭州刊．叢書『*天学初函』や『四庫全書』『守山閣叢書』などにも収録された．M.*リッチの世界図の解説書として編まれ，亜細亜，欧羅巴，利未亜（リビ，アフリカ州），亜墨利加，墨瓦蠟尼加（メガラ）の五大州にある各国の風土，民情，気候，名勝などを興味深く説明している．江戸初期の日本にも伝えられ，*寛永禁書令（1630）で禁書に指定されたもののひそかに読み回された．享保の緩禁書令（1720）で一時解禁となり，鎖国下に世界地理知識を教える貴重な書として蘭学者・洋学者の視野を拡大させた．*新井白石の*『采覧異言』と並ぶ必読の書であったとされる．現に西川如見『増補華夷通商考 五』（1708）は本書によって知識を補強しており，小沢廷美は本書に訓点と注を施し，桂川甫周の墓碑銘には本書の一節が引用されている．

【文献】徐宗沢『明清間耶蘇会士訳著提要』（台北 1958）;

海老澤有道『南蛮学統の研究』増補版（創文社 1978）．
（高祖敏明）

しょくみんちしゅぎ　植民地主義　〔英〕colonialism，〔独〕Kolonialismus，〔仏〕colonialisme

【植民】〔概念〕普通，植民とはある人間集団ないしはその一部が本土を離れて新たな土地に移住・定着し，その土地の利用・開発を行って新しい*社会を形成することをいう（→移住者）．その場合，移住・定着を植民の主概念とする説，移住のほかに統治権（政治的従属関係）の延長も植民概念の重要な要素とみる説，また統治権の延長のみを植民の必要概念とする説などがあり，論者によって見解が異なる．しかし，植民について語るとき，移住・定着を重くみるべきかあるいは統治権（政治的権力）の延長を重くみるべきか，この二つの要素の相対的重要性については，時代とともに変化するとみるのが妥当であろう．

〔植民活動〕フェニキア人の地中海沿岸の都市づくりにみられるように，古代も植民活動は活発で，それによって建設された都市を植民市または植民都市と呼んでいる．ギリシア語には植民市を意味するものに，アポイキア（apoikia）とクレルキア（klerchia, klerouchia）の二つの語がある．アポイキアは前8世紀から約200年にわたって古代ギリシア人が建設した植民市のことで，黒海沿岸，地中海沿岸などに多数分布した．この植民活動の原因としては，本土の土地の貧しさ，人口過剰，内部での抗争なども考えられるが，新天地開拓のための運動であったとも推測される．アポイキアは「郷土を離れる」意であり，その語義からもわかるように，これらの植民市は本国（母市）からおおむね独立しており，その政治的従属関係は稀薄であった．クレルキアは前5世紀および前4世紀前半に主としてアテーナイ（→アテネ）によって建設された植民市のことで，ヘレニズム時代にはエジプトやアジアの内陸部にも建設された．その目的は軍事的に重要な地点を占領し確保することにあり，植民者はアテーナイの覇権の直接の担い手として移住し，したがってまた本国との政治的従属関係は密接であった．クレルキアは「くじ引きにより土地の割り当てを受ける」意である．

古代ローマ人も辺境警備などの軍事目的のために，また貧民や老兵の救済のために，多くの植民市を建設した．これをラテン語でコロニア（colonia）という．*ローマの植民市はラティウム（Latium）の海岸での建設に始まり，共和政末期からは遠方の属州にも設けられ，属州支配の拠点になるとともに，ローマ文化普及の拠点ともなった．これら植民市は政治上，法律上ローマに従属し，ローマ政府の直轄のもとに置かれた．このように，植民活動は古代でも盛んに行われたが，近世に入ってからは世界的規模で，それも都市の建設のみでなく，都市を含む広大な植民地の建設が進められるようになった．その先導者は近代ヨーロッパであり，その追随者は近代日本およびアメリカ合衆国であった．

【植民地】〔語義〕植民地を意味するヨーロッパ語のコロニー（〔英〕colony，〔独〕Kolonie，〔仏〕colonie）は，ラテン語のコロニアに由来するもので，その語源 colere は「土地を耕作する」という意味である．イングランドでは17世紀頃は植民地のことをプランテーション（plantation）と呼んだ．イングランドで植民地行政を司る最初の政府機関として1660年に設けられた委員会は「プランテーション委員会」（Committee for the Plantations）と呼ばれ，次いで「対外プランテーション評議会」（Council of Foreign Plantations）が設立された．プランテーションは，ローマのコロニアと同じように，当初は本国によって設定された耕作者ら（プランターズ planters）の移住地を意味したといわれる．しかし，後に植民地を意味する語としては，プランテーションという呼び名はすたれて，コロニーという用語がもっぱら使われるようになった．日本で植民地というのは，このコロニーの訳語であり，初めは法律語としては「殖民地」という文字が使われたが，今日普通に用いられるのは「植民地」である．

〔植民地の形成と概念〕近代ヨーロッパ，とりわけ西欧列強による植民地の獲得・形成は，15世紀末の地理上の発見を契機として*重商主義の時代に行われた．まずポルトガル，スペインが，続いてオランダ，イングランド，フランスの3国が先を争って植民地の獲得に乗り出し，さらにこうした大勢に動かされて他のヨーロッパ諸国も植民地獲得のための対外的進出を試みるようになった．こうして重商主義時代を通じて南アメリカ，中央アメリカ，西インド諸島，アフリカ西岸の若干，さらに北アメリカ東部，オランダ領東インド，インド沿岸地方などが植民地としてヨーロッパ諸国に領有されることとなった．当時の「冒険商人」（〔英〕merchant adventurers）の海外貿易活動によく示されたように，このような植民地領有の有力な動因となったのは，商業的利益の追求であったが，領有後の鉱山開発や農園経営等に従事するための本国人の移住・定着も増大していった．特に17世紀からの北アメリカへの植民にはヨーロッパの農民の過剰人口の温帯農業地方への移住という性格が色濃くみられ，これに照応して植民地の概念も本国人の移住・定着による土地の利用・開発という側面が強調されるようになった．そして1776年にはアメリカ合衆国，1810年から25年にかけて中南米のスペイン領諸植民地が相次いで独立し，「植民地は果実のごとし，熟すれば落ちる」とのテュルゴー（Anne Robert Jacques Turgot, 1727-81）の言葉がもてはやされて，植民地領有の悲観論が盛んとなった．

ところが，植民地の獲得を目指すヨーロッパ列強による海外進出熱は，19世紀後半，特に1870-80年代以降再び顕著となり，これにアメリカと日本が加わって世界はいわゆる*帝国主義の時代を迎えた．この拡張政策の行われた範囲は極めて広大であり，これら諸列強はアフリカおよびアジアの広大な部分，および太平洋その他の無数の諸島にまでその政治的支配権を及ぼして植民地とした．しかし，植民地の概念はこの時代に入ると大きく変わり，植民地は属領（dependency）と同義に解されて，本国への政治的従属という側面が重視されるようになった．いわば植民地は「移住植民地」（settlement colony）という性格よりも，列強によって政治的・経済的に支配された資本投下の対象地，すなわち「投資植民地」（investment colony）という性格を帯びるようになったといってもよい．実際にこの時代に獲得された植民地の多くは，本国人の移住に適さない熱帯地方であり，また人間の移住よりも資本の輸出が重要となり，投下資本に結びつくべき*労働には原住民が動員された．またこの時代の植民地概念の中心要素となった政治的従属関係は，法的にはいろいろの形態をとり，本来の属領のほかに，保護国，保護地，租借地，特殊会社領（イギリス東アフリカ会社など），委任統治領なども植民地と考えられるようになった．さらに名目的には独立国であって

も，実質的には列強の政治的・経済的支配のもとにある弱体な諸国も植民地に含めて，これを半植民地と呼んだ．かつての中国やバルカン諸国がその例といえる．

【植民地主義】〔概念と態様〕植民地主義という言葉は近代的な概念であるが，2種の用法がある．一つは人口の自然増加等に伴い，民族の一部が人口皆無もしくは稀薄な外地へ新天地を求めて行う移住活動を指す場合である．ホブソン (John Atkinson Hobson, 1858-1940) は，植民地主義の本来の意味は，民族の純粋な拡張もしくは民族の自然的な溢出であり，植民者がその代表する文明を自己の移住した自然的および社会的環境へ移植する活動を意味すると述べている．植民地主義の他の一つの用法は，近代帝国主義の時代に入って以降，欧米諸国や日本などの帝国主義列強によって行われた植民地の獲得・領有，そこに居住する異人族（植民地住民）に対する支配・統治を指す場合で，ときに植民地支配を正当化するイデオロギーも含めて使われる．今日広く用いられているのは後者であり，このような意味での植民地主義は今日でも残存植民地の一部にみられるが，第2次世界大戦まで世界的規模で広く行われた．

その態様についてみると，概して植民地領有国（宗主国）は植民地支配にあたってその統治権を植民地に及ぼし，植民地政庁等を置いて植民地の主権を掌握し，植民地住民の政治的意識の低いことにつけ込んで抑圧を強め，資源の収奪や原住民労働の搾取をあからさまに行った．他方，植民地支配を正当化するために「後進民族」に対して布教・文明化を進めることは文明人の使命であるとするイデオロギー的言説が盛んに唱えられた．それは「白人の責務」(white man's burden)，「明白な宿命」(manifest destiny)，「文明化の使命」(mission of civilization)，日本においては「皇道化」「八紘一宇」などの言葉に象徴的に示された．

植民地統治の原則もしくは方針については，植民地領有国により，また支配の対象となった植民地の状況によって，幾つかの異なった特徴がみられた．それを概括すると，従属 (subjection)，同化 (assimilation)，および自主 (autonomy) のおよそ3主義に大別することができる．従属主義は植民地住民の利益を顧みないでもっぱら宗主国の利益のために植民地の政治・経済を律する方式をいう．同化主義は植民地を本国の延長として取り扱い，本国に同化させようとする方式で，植民地住民は本国におけると同様の政治的・経済的・社会的制度のもとに置かれる．かつての日本の植民地政策は同化主義の典型といえるが，同化主義は植民地の制度，習慣等の特殊性を無視してその本国化を図るために，原住民社会を圧迫して植民地住民の不満・反抗を激化させた．自主主義は植民地社会の特殊性を尊重し，宗主国による干渉はできるだけ控えて，植民地の自主的な発展を促そうとする方式であり，植民地統治政策の歴史的傾向としては，従属主義や同化主義からしだいに自主主義へ向かうようになった．

〔植民地主義の矛盾〕植民地主義には，*自由・*平等・*友愛などの西欧近代の*民主主義との間に越え難いみぞがあり，植民地住民に対してはいうまでもなく，宗主国の市民に対しても強い説得力をもつわけではなく，やがて自己の否定者となる反植民地主義，さらには植民地民族主義の思想と運動を生み出すことになった．特に植民地における社会生活上の人種差別（→人種問題，差別）や官吏登用の機会の不平等などに反発を高めた土着知識層や，その経済的・政治的活動が植民地支配のために束縛されている状態を耐え難い抑圧と考えるようになった土着市民階層は，糾合して民族の独立を主張するようになり，各地で植民地民族解放運動が展開されるに至った．それは19世紀末から20世紀にかけて大いに強まったが，特に第2次世界大戦はこの傾向を加速し，戦後には植民地の政治的独立が急速に進んだ．そして独立した国々は*国際連合に加入して，植民地主義を激しく批判・攻撃するようになった．今日まだ植民地は残存しているが，世界的な植民地体制は大きく崩壊し，解体の方向にあるものとみられる．

【文献】E. R. A. SELIGMANN, *Encyclopaedia of the Social Sciences* (New York 1951); 矢内原忠雄『植民及植民政策』改訂第4版（有斐閣1933）; J. A. ホブスン『帝国主義論』全2巻, 矢内原忠雄訳（岩波書店 1951-52）: J. A. HOBSON, *Imperialisn, A Study*, 4 ed. (London 1948); 川田侃『国際関係概論』（東京大学出版会1958）; 同『帝国主義と権力政治』（東京大学出版会1963）; W. G. F. ROSCHR, R. JANNASCH, *Kolonien, Kolonialpolitik und Auswanderung* (Leipzig 1885); P. S. REINSCH, *Colonial Government* (New York 1902); ID., *Colonial Administration* (New York 1905); A. ZIMMERMANN, *Kolonialpolitik* (Leipzig 1905); H. E. EGERTON, *British Colonial Policy in the Twentieth Century* (London 1922).

(川田侃)

しょくもつきてい　食物規定　〔英〕dietary laws, 〔独〕Speisegesetze, 〔仏〕lois alimentaires　もろもろの宗教にみられる食物規定は，旧約聖書のなかの肉食に関しても認められる．レビ記11章および申命記14章3-21節には，動物，鳥類，魚類および地上を這う生き物について，清いものと汚れたものに関する規定がある．動物のうちで食べてよいものは，ひづめが分かれていて，しかも反芻するものであり，魚に関しては，ひれ，うろこのあるものである．地上を這う爬虫類は汚れている．清い動物であっても，死んだ動物，かみ殺された動物を食べることは禁じられている（レビ17:15）．そのほか禁止されていることは，脂肪と血（レビ3:17），腿の関節上の腰の筋（創32:33）を食べること，子山羊をその母の乳で煮ること（出23:19），牛や羊の母と子を同日に屠ること（レビ22:28）などである．背景には病気などに対する衛生上の配慮，偶像の供物を避けることなどがあると考えられるが，神学的には神の聖性に根拠を置いている（レビ11:44）．*ユダヤ教では現在も一般にコシェル (košēr) という名のもとに食事規定が存続する．しかし，新約聖書においては，偶像に献げた肉と，絞め殺した動物の肉と血の禁止（使15:20; 21:25）の言葉もあるが，全般的にはこうした規定からの自由がいわれている（マタ15:11; 使10:15; 11:9; ロマ14:3, 14; 1コリ8:8; 10:25; 1テモ4:3). →清さ，汚れ

【文献】旧新約聖書大615; ABD 4: 648-50; EJ 6: 26-45.

(柊曉生)

しょくゆうじょう　贖宥状　→免罪符

じょこうけい　徐光啓　(1562. 4. 24-1633. 11. 8) 明末の代表的カトリック教徒，学者，政治家．字は子先（せん），号は玄扈（げん），諡は文定．洗礼名は保録（パウロ）．*上海の徐家滙（ジカウ）の人．イエズス会員*カッタネオや M. *リッチからキリスト教や西洋自然科学を学ぶ．1603年，*南京で*ローシャより受洗．翌年進士と

なり，*北京でリッチらの宣教と著述を助け，リッチとユークリッド幾何学の漢訳*『幾何原本』を出版．1616年の迫害下に『弁学章疏』を奉呈して護教に献身．満州族撃退のため西洋火砲の使用を上疏してマカオ追放中の*ロンゴバルドを北京に招き，また，1629年の日蝕で観測を誤った回回暦に代わり西洋暦法による改暦事業を*李之藻や*テレンツらと進め，『崇禎暦書』(1634)となった．この間，古来の農学や西洋水力学を紹介した『農廷全書』(1639)を編述．1630年に礼部尚書，1632年に東閣大学士，次いで文淵閣大学士となる．その子ジャコモ徐驥，孫娘カンディダ許太夫人も教会のために尽力した．
【文献】矢沢利彦「徐光啓」『歴史教育』5. 10 (1957) 36-42; 佐伯好郎『支邦基督教の研究』3 (春秋社 1944) 364-74; 張廷玉他編『明史』第251巻，列伝139 (北京 1974); P. M. D'ELIA, ed., Fonti Ricciane, 3 v. (Roma 1942-49).　　　　　　　　　　　　　　(金子省治)

じょさい　助祭〔ギ〕diakonos,〔ラ〕diaconus,〔英〕deacon,〔独〕Diakon,〔仏〕diacre　ギリシア語のディアコノス (diakonos) は動詞ディアコネイン (diakonein) に由来する．ディアコネインは元来「給仕すること」を意味し，次に他人のための奉仕すべてを意味するようになった．一方，ディアコノスは初めは「食卓への奉仕者」を，次に*奉仕者一般を指すようになった．
【新約聖書】ディアコノスという語は「食卓への奉仕者」という初めの意味を保っており(ヨハ 2: 5, 9)，次に王の「側近の者」(マタ 22: 13)のように他者に仕える者を意味する．この意味でキリストの弟子はキリストに奉仕すべきで，キリストの奉仕者となる(ヨハ 12: 26)．しかしキリストの奉仕者は，「仕えられるためではなく，仕えるために来られた」(マタ 20: 28)キリストの模範に従って他人にも仕えるべきである(マコ 9: 35; 10: 43; マタ 20: 26; 23: 11)．キリストは，我々が小さな兄弟に対して行う*奉仕のすべてを，自分自身になされたこととして受け取る(マタ 25: 35 以下)．この高尚な動機から，教会におけるあらゆる奉仕が高い倫理上の価値をもつものとみなされ，キリスト教的愛のしるしとなる．*パウロは自分自身と福音のために働くすべての人をキリストの「奉仕者」と考える．パウロは「キリストに仕える者」(2 コリ 11: 23)，「福音に仕える者」(エフェ 3: 7; コロ 1: 23)，「新しい契約に仕える者」(2 コリ 3: 6)である．以上の箇所で，*ウルガタ訳聖書は diakonos というギリシア語を minister というラテン語に訳している．

ウルガタ訳聖書には diakonos というギリシア語をそのまま残している箇所もある．例えばフィリピ書 1 章 1 節や 1 テモテ書 3 章 8, 12 節である．これらの箇所で用いられた diakonos という語には特別な意味があり，教会の初期に特定の*役務を果たしていた人を指すと思われる．フィリピ書 1 章 1 節の*監督とディアコノスは二つのそれぞれ異なる職務を指していると思われるが，diakonoi (diakonos の複数形) が監督と極めて密接に結ばれていることは明らかである．1 テモテ書 3 章 1 節以下も同様に解釈するのが妥当であろう．そこでは，監督に要求されることが列挙された(1-7 節)直後に，ディアコノス(= 奉仕者)がどんな人物でなければならないかが述べられている(8-13 節)．彼らは品位のある人で(8 節)，一人の妻の夫であって(12 節)，彼らの奉仕が信者に信頼を抱かせるように(13 節)，奉仕者の務めにつく前に審査を受けた者であり(10 節)，「清い良心の中に信仰の秘められた真理を持っている」(9 節)霊的な人でなければならない．以上のことから，助祭の任務は何よりもまず信者の団体の世話やそれへの奉仕であると考えられる．監督(「教える人」2 節)と異なり，助祭には教える任務は帰せられていない．

使徒言行録 6 章 1-6 節によると，使徒たちは信者の中から選ばれた 7 人に手を置いて(6 節)，彼らを役務者とした．この 7 人はそれぞれ「ディアコノス」と呼ばれたわけではないが，彼らの任務は「食卓に仕えること」(2 節)と述べられており，それは信者の団体の食卓を司る任務であったと考えることができる．7 人はさらに神の言葉を伝える使徒たちの任務(2 節参照)にもあずかったと思われる．例えば*ステファノは宣教に対する熱意のために殉教に至り(使 6: 8-7: 60)，*フィリポはサマリア人にキリストを宣べ伝え(5: 5-7)，エチオピア人の男に聖書の教えを説き洗礼を授けている(8: 26-40)．したがって，この 7 人は，パウロが後に自分の諸教会に立てた助祭とは異なるというのが，今日の聖書学者たちの通説である．しかし両者が無関係であったとは考えにくい．そのために初期の*教父たちの伝承において，7 人はときとして後代の助祭の模範と考えられ，また後代の助祭は 7 人の後継者と考えられたのである．

新約聖書のなかには男性の助祭とともに，女性の助祭について言及されていると思われる場合もある(→ 女執事)．パウロはローマ書 16 章 1 節で，「教会の奉仕者」(ousan diakonon) である*フェベを紹介している．しかしパウロがここで特定の役務のことを述べたのか，それとも教会でのフェベの奉仕のためにのみ彼女をディアコノスといったのかは定かでない．同じく，1 テモテ書 3 章 11 節が助祭の妻たちのことを述べているのか，それとも女性の助祭のことを述べているのかも定かではない．オリエントの古代の教会で，手を置く(*按手)ことによって女性の助祭が立てられたことは確かと思われる．この制度のために大きな役割を果たしたと思われるのが，やもめたちの集団である．この集団は，1 テモテ書 5 章 3 節以下で語られているように，清い生活と教会への絶えざる奉仕のゆえに，教会によって認められていたのである．しかし，こうした制度は中世初期には消滅し，西方のローマ教会では存在しなかった．

【教会史】〔古代教会〕すでに使徒直後の時代から，「監督」(*司教)と同様「助祭」も教会組織の発展において重要なものであった．ローマの*クレメンス 1 世は使徒たちが福音を宣教しながら「将来信じる人々の監督と助祭を立てた」(『コリント人への第一の手紙』42, 4)と主張している．アンティオケイアの*イグナティオスは書簡の随所で，司教と司祭に従属して第三の位階を構成する助祭が「イエス・キリストの神秘に奉仕する者たち」(『トラレスの信者への手紙』2, 3)であり，したがって信者は彼らを尊敬すべきであると述べた(同 3, 1;『フィラデルフフェイアの信者への手紙』4;『スミュルナの信者への手紙』8, 1)．*ポリュカルポスは助祭が非難されないような生活を送ることを望んだ．助祭は「人間にではなく，神とキリストに仕える者」(『フィリピの教会への手紙』5, 2)だからである．

〔助祭の任務〕助祭の主要な任務は*典礼である．ゆえに*『十二使徒の教訓』は*エウカリスティアについて述べ(14: 1-3)，「主にふさわしい司教と助祭をあなたがたのうちに立てなさい」(15: 1)と結んでいる．殉教者*ユスティノスは，助祭には聖体のパンとぶどう酒を

じょさい

出席した信者に授け，不在の信者にはもっていくという任務があると述べている（『第1弁明』65, 5; 67, 5）．*テルトゥリアヌスは，司教と司祭だけでなく助祭にも，司教の許可を得て洗礼を授ける権能があると主張している（『洗礼について』17）．*キプリアヌスによると，助祭は祭壇で司教と司祭とともに（『書簡集』5, 2），聖体を授け（『背教者について』25），さらに人の臨終に際しては，司祭不在の場合，告解を聴くことが許される（『書簡集』18, 1）．*『使徒戒規』は助祭が「司教の耳，口，心，魂である」（3, 13, 7; 11, 44, 3-4）と述べる．司教は彼らを通して一般信者の願いを聞き（9, 28, 6），貧者と病人の必要に対処する（3, 13, 1-3.7; 16, 13, 1, 5-7）．このためにローマの*ヒッポリュトスは助祭の叙階の際，司教だけが按手することを望んでいる．助祭は「司祭職のためではなく，司教に奉仕するために叙階される」（*『使徒伝承』9）からである．助祭は典礼祭儀が秩序正しく行われるよう配慮する．例えば「ひざまずきましょう」あるいは「立ちましょう」と指示したり，「行きましょう，ミサは終わりました」と解散を告げたりする（レメシアナの*ニケタス『賛歌の効用』）．こうした助祭は祭壇と民との間の仲介者と考えられ，祭壇に近くあることから，徐々に*独身の掟を守るよう要求されるようになった（*エルビラ教会会議の33条）．

信者の団体のために*慈善事業を行うという助祭の任務は，すでに初めから典礼での奉仕と緊密に結ばれていた．感謝の祭儀（*ミサ）のとき信者たちは奉献のためのパンとぶどう酒とともに他の供え物をも祭壇にもっていった．供え物は祭壇で祝福されてから，助祭によって信者のなかの貧者に分配された．アンティオケイアのイグナティオスは食べ物と飲み物を分配する助祭たちに「食べ物と飲み物の助祭ではなく，神の教会の助祭である」（『トラレスの信徒への手紙』2, 3）と考えるよう勧めている．信者数と教会の富が増えてくると，助祭は信者の団体のためにその富を管理する者となる．ローマの助祭であった*ラウレンティウスは，迫害者が教会の財宝を差し出すよう迫ったとき，施しを与えていた貧者たちを指して，「この人々こそ教会の財宝である」（*アンブロシウス『教役者の義務について』2, 28）と述べたと伝えられるが，この逸話も助祭が教会の財宝の管理者であったことを示すものである．4-7世紀になると，助祭（特に*助祭長）は司教の代理者として貧者の世話と教会の財産管理を任された．慈善の業は*司牧の務めをも伴うものであった．助祭は家庭訪問をして人々を助け，キリスト教の教義を教え，特に*カテキスタとして*洗礼志願者を洗礼へと導いた（*アウグスティヌス『教えの手ほどき』）．堕落した人々の世話も助祭の任務で，助祭はそうした人々を励ましたりした．

〔中世の助祭〕中世になると，慈善の業と教会の財産の管理という助祭の任務は徐々に廃れていった．教会には平和が訪れて，主要な都市には病院，宿舎，孤児院などが建てられ，これらの管理や運営は*信徒にも委ねられた．助祭には荘厳さを増した典礼での任務が主に残されるようになり，1917年に公布された旧『教会法典』でも助祭の務めは，*荘厳ミサでの奉仕，洗礼の特別な授与（741条），聖体の授与（845条2），聖体の顕示（1274条2），説教（1342条1）とされ，助祭は司祭になる過程で通る一段階としか考えられなかった．

【神学】*聖書と伝承に基づいて，カトリック神学はこれまでつねに教会の*位階制のなかで司教，司祭に次ぐ第三の段階として助祭を捉えてきた．使徒たちはキリストから授かった権能を行使しながら，「自分の役職の任務を教会の中において種々の段階によって，いろいろの配下の者に正当に授けた．こうして，神の制定による教会的役務は，種々の聖職階級において，古代から，司教，司祭，助祭と呼ばれる人々によって執行される」（『教会憲章』28項）．使徒たちはこれを按手によって行い，その按手によって恩恵を授け（1テモ4: 14; 2テモ1: 6; 使6: 6），したがってこの按手は「秘跡的なもの」と信じられている．

*トリエント公会議はカトリック教会のなかに，「司教，司祭，奉仕者（すなわち助祭）からなる」位階制度が存在すると宣言した．そしてこの位階制度を「神の定めによって設けられた」ものと主張する（DS 1776）．トリエント公会議は，助祭職を位階制度の秘跡的秩序のなかに組み入れることにより*秘跡として考察したのである．

*ピウス12世は使徒憲章『サクラメントゥム・オルディニス』（Sacramentum ordinis, 1947）において助祭職を司教職と司祭職とともに聖なる位階のうちに数え，これらの位階のそれぞれの本質的な質料と形相が何であるかを宣言した．すなわち助祭職の叙階における質料は司教の按手であり，形相は助祭職を果たすために*聖霊の賜物を祈願する*叙唱である（DS 3860）．第2*ヴァティカン公会議は教会の位階制度に言及しながら司教（『教会憲章』18-27項），司祭（28項），助祭（29項）について述べている．

〔助祭職の位置づけ〕「聖職位階の下位の段階に助祭がある」と公会議は述べ（29項），その理由として，助祭が『司祭職のためではなく，奉仕の務めのために』按手を受ける」という．公会議は，助祭を聖なる位階制度の役務者のうちに数えたが，司祭職からは排除し，したがって助祭が位階制度の下位の段階に属すると主張する．さらに公会議は，助祭は叙階によって「秘跡の恩恵に強められる」と明言し，助祭を一般信者とは区別された，秘跡的位階制度の構成員として認めている．

助祭の務めは「ディアコニア」すなわち「奉仕」と呼ばれ，「司教およびその司祭団との交わりの中で」果たされるべきものである．このディアコニアは「典礼とことばと愛の奉仕」という三つの奉仕であるといわれる．典礼の奉仕に関して，助祭は「所轄権限所持者からの指定の範囲内において」任務を果たすことができる．具体的には，聖体を保管し，分け与えること，臨終にある者に聖体を運ぶこと，信徒の祭礼と祈りを司会すること，*準秘跡を授けること，*葬儀と*埋葬を司式することである．助祭も「荘厳に洗礼式を執行すること」ができ，ラテン教会では教会の名において*婚姻に立ち会い，祝福することができる（29項）．ことばによる奉仕に関する助祭の任務は，「信者たちのために聖書を朗読すること，人々に教え勧告すること」（同上）であり，「伝道師として神のことばを宣布すること，あるいは主任司祭や司教の代理として遠隔のキリスト教共同体を指導すること」（『宣教活動教令』16項）である．慈善の奉仕は，「愛と管理の務め」という言葉により詳述されている．ここであげられた任務は助祭の仕事のすべてに及ぶものではなく，したがって現代教会の必要に応じて，権限のある権威者により将来他の任務が助祭に与えられることもあるだろう．

この聖なる役務を行使するために，助祭には固有の*霊性が必要である．すでに初期の時代から，パウロに始まって（1テモ3: 8-13），教父たちは聖なる役務者と

して助祭が備えておくべき諸徳にたびたび言及している．『教会憲章』はこれらすべてを集約し，ポリュカルポスの言を援用して，「すべての人の奉仕者となった主のまことの教えに従って歩み，あわれみ深く，熱心であれ」（『フィリピの教会への手紙』5, 2 参照）と助祭に勧告している．

〔終身助祭職の再興〕『教会憲章』29 項はまた，「聖職位階の固有の永続的な段階」として助祭職を再興することができるとした．終身助祭職の再興の一因となったのは，司祭の不足である．助祭職を永続的な段階として再興することは，義務ではないが，「人々を世話するために，このような助祭を立てることが適切」だと判断される場合，ラテン教会でも再興が可能になったのである（東方教会では古代教会の終身助祭職をこれまで守り続けてきた．公会議は東方教会のために，「永続的な助祭職の制度が廃止された所において再興されることを」望んでいる．『東方諸教会教令』17 項）．終身助祭職を再興することが適切かどうかは，「教皇自身の認可のもとに」，「地域所轄司教団」によって判断される．終身助祭とされるべき男性に関して特に問題とされたのは，ラテン教会で助祭に課される独身の掟である．しかし，独身の掟が終身助祭職の再興の障害とならないように，公会議は終身助祭職が「適任と認められた人，さらに結婚生活をしている人にも授けられうる」と定めた．若い人も，ふさわしいと認められれば終身助祭に叙階されうるが，若い人の場合「独身の掟は堅く存続しなければならない」と公会議は定めている．

【教会法】新『教会法典』は第 2 ヴァティカン公会議が助祭に関して定めたことを具体的に法文化している．例えば，終身助祭を養成すること(236 条)，妻帯している助祭への報酬(281 条 3)，助祭が典礼祭儀に参加すること(835 条 3)，聖体を顕示し聖体による祝福を与える役割(943 条)，聖体を授ける役割(910 条 1)，説教する役割(757 条)，死の危険にある人に *婚姻障害を免除しうること(1089 条 2, 1080 条 1, 1081 条)．さらに，終身助祭が義務づけられていないことが幾つかあげられている(288 条)．

なお終身助祭を希望する者は 3 年間の霊的・教義的養成を受ける．朗読奉仕職(lectoratus)と祭壇奉仕職(acolythatus)への任命，実践の後，初めて助祭に叙階される．必要書類は洗礼，堅信，奉仕職選任，勉学修了の各証明書，自由な叙階であることを表明する自署の文書，さらに妻帯者の場合は，結婚および配偶者同意証明書である．叙階最低年齢は，未婚者 25 歳，妻帯者 35 歳で，助祭の務めを果たしながら世俗での生活を継続し，同時に *教会の祈りの一部を唱える務めを果たす．

【文献】Cath. 3: 126-36; DSp 3: 799-817; LThK² 3: 318-23; NCE 4: 667-69; 山本襄治『終身助祭制度』（カトリック中央協議会 1996）; J. HORNEF, *Kommt der Diakon der frühen Kirche wieder?* (Wien 1959); ID., "Die Wiedergeburt des Diakonats und die Missionen," ZM 44 (1960) 1-15; J. COLSON, *La fonction diaconale aux origines de l'Eglise* (Bruges 1960); K. RAHNER, H. VORGRIMLER, eds., *Diaconia in Christo* (Freiburg 1962); M. D. EPAGNEUL, "Le diaconat, demain," P. TIHON, "Quelques études sur le diaconat," NRTh 87 (1965) 588-601, 602-605; H. VORGRIMLER, "Erneuerung des Diakonates nach dem Konzil," *Seelsorger*, 35 (1965) 102-15; I. HORNEF, "Der Diakon kommt wieder! Möglichkeiten der Verwirklichung," ThGl 55 (1965) 96-105; P. WINNINGER, Y. M. CONGAR, ed., *Le diacre dans l'Eglise et le monde d'aujourd'hui* (Paris 1966); K. RAHNER, *The Theology of the Restoration of the Diaconate*, Theological Investigation 5 (Baltimore 1966); T. HORVATH, "Theology of a New Diaconate," *Revue de l'Université d'Ottawa*, 38 (1968) 248-76, 515-23; E. P. ECHLIN, "The Origin of the Permanent Deacon," AEcR 164 (1970) 92-105; L. BERTELLI, *Il diaconato permanente nel Concilio Vaticano II* (Vicenza 1974); C. VAGAGGINI, "L'ordinazione delle diaconesse nella tradizione greca e bizantina," OrChrA 40 (1974) 145-89; J. GALOT, "Le diaconat permanent," *Esprit et Vie*, 94 (1984) 433-40; L. SPINELLI, "Il diaconato permanente," *Le nouveau Code de Droit canonique*, 2 (Ottawa 1984) 261-70; *Permanent Deacons in the United States: Guidelines on Their Formation and Ministry* (Washington, D. C. 1985).

(J. アリエタ，J. P. ラベル)

じょさいじょかいしき　助祭叙階式　〔英〕ordination of deacons, 〔独〕Diakonenweihe, 〔仏〕ordination des diacres　*叙階の秘跡を授けて *助祭の職務に就けるための式．

【歴史】助祭叙階に関する最古の文献はローマの *ヒッポリュトスの *『使徒伝承』である．*司祭叙階式と同様に *司教による *按手に続いて叙階の祈りが唱えられるが，司祭叙階とは異なり按手をするのは司教のみである．これは助祭が司教への奉仕のために叙階され，司教が命じたことを行うからであると説明されている．その後の助祭叙階式の発展は，*司教叙階式，司祭叙階式と同様の道をたどり，主に *ガリア典礼の影響を受けつつ 10 世紀頃には式次第が整えられていたと思われる．そしてメンドの *ドゥランドゥスによる『司教典礼書』(1294)によって叙階式全体の構成が確立された．また，助祭叙階式の本質は福音書の授与であるとの考えも生じたが，1947 年の教皇 *ピウス 12 世の使徒憲章『サクラメントゥム・オルディニス』により，叙階式の本質は按手と叙階の祈りであることが明示され，第 2 *ヴァティカン公会議後の改訂もこれに基づいて行われた．

【第 2 ヴァティカン公会議後の刷新】刷新された助祭叙階式は司祭叙階式とほぼ同様である（儀式書規範版 De Ordinatione Episcopi, Presbyterorum et Diaconorum, 1989）．司祭叙階式と大きく異なるのは，按手は司教のみが行うこと，新助祭は助祭の形にした *ストラと *ダルマティカを着用すること，*祭服の着用の後に福音書が授与されることである．また，叙階式に続いて行われる感謝の典礼では，新助祭は司教を助け，*祭壇の準備，信者に *聖体を配ること，招きの言葉を述べることなどを通して助祭としての最初の務めを果たす．なお，妻帯者の助祭叙階の場合も，式文を若干変更するのみで，原則として特別な式は行われない．助祭叙階式に関する地方教会の適応については司教叙階式の項目を参照．

【文献】NDSW 915-21; B. KLEINHEYER, *Ordinationen und Beauftragungen*, GDK 8: 7-65; A. ADAM, *Grundriß Liturgie* (Freiburg 1985) 198-201; A. G. MARTIMORT, ed., *The Church at Prayer*, v. 3 (Collegeville 1988) 139-79.

(宮越俊光)

じょさいちょう　助祭長　〔ラ〕archidiaconus, 〔英〕archdeacon, 〔独〕Archidiakon, 〔仏〕archidiacre

じょしきょういく

【語義と起源】原語の語義は大助祭の意味であるが，まず4世紀以来，教会のなかで助祭団の頭を指して用いられた．初出史料は365年のミレウィスの *オプタトゥスの記述であるが，実際には3世紀以来，*司教が慈善物資分配の管理責任者として助祭のなかから1名をこの役に選抜する慣行があったらしい．

【制度発展の歴史】〔第1期：4-7世紀〕古代末から中世前期にかけての教会財産の増大と教区行政事務の増加は，助祭長の職務と権限の増大をもたらした．その結果，助祭長は典礼執行と行政面とにおける司教の補佐役となり，教区の *聖職者に対する監督権も掌握し，*教会会議にもしばしば *司教代理として出席し，やがては教区内で司教に次ぐ地位を占めるに至った．

〔第2期：8-9世紀〕この時代になるとまずフランスで大助祭（助祭長）の複数化が始まり（他の地域ではもっと遅く大体11世紀以降），司教区内の一定地域が大助祭区として大助祭に割り当てられ，彼らは当該地区に対する固有の *裁治権をもつようになった．しかしこのような変化の過程は，今なお充分に明らかではない．

〔第3期：10-13世紀〕大助祭の司教区内の裁治面における重要性はさらに増大し，13世紀に絶頂に到達した．彼らはしばしば司教座聖堂参事会（→ カピトゥルム）のなかに受け入れられて，その高位の役職者となり，教区行政と裁判の両面において司教代理というより，そのライバルとして行動することが多くなった．またこの頃から称号は大助祭でありながら，実際は *司祭がその地位に就くことが一般化した．

【職権の制限と制度の衰退】このような状況に対して司教は大助祭の *権能の削減と，自己の職権に属する留保事項の拡大を教会会議を通して企図するようになった．早くも1123年の第1*ラテラノ公会議は，大助祭による *聖職禄の授与に司教の同意を義務づけており（第4条），1179年の第3ラテラノ公会議は，大助祭の管区定期訪問の出費節約と聖職者からの税の徴収の禁止を定めている（第4条）．その後13-15世紀に，教区行政面では *司教総代理が，教区裁判面では教区主席判事（officialis）などの役職が設けられて，大助祭の権限と役割の空洞化が図られた．この動きは16世紀の *トリエント公会議をもってほぼ完了し，近世においてもその名称と制度自体は残存したが，大助祭のかつての実質的な機能は失われてしまった．1917年公布の旧『教会法典』以後は大助祭に関する言及は消え，ある地域で歴史的な呼称として残存しているにすぎない．

【文献】Cath. 1: 785-86; DDC 1: 948-1004; LThK² 1: 824-25; 東出功「イングランドの"司教補佐"―1300年から1541年まで―」上・中・下『北大文学部紀要』38/3 (1990) 1-24; 39/1 (1990) 51-101; 39/2 (1991) 1-47; 同「イングランドにおける司教補佐の代行者委任―1198年から1471年まで―」上・中・下『北大文学部紀要』39/3 (1991) 91-116; 40/1 (1991) 111-59; 40/2 (1992) 97-131; 岡崎敦「パリ司教区の大助祭(11-12世紀)」『西洋史学論集』(九州西洋史学会) 32 (1994); A. GRÉA, "Essai historique sur les Archidiacres," *Bibliothèque de l'Ecole des Chartes*, 12 (1851) 39-67; A. H. THOMPSON, "Diocesan Organization in the Middle Ages: Archdeacons and Rural Deans," *Proceedings of the British Academy*, 29 (1943) 153-94. 〔河井田研朗〕

じょしきょういく **女子教育** 女子を対象とした教育をいう．

古代ギリシア・ローマの学芸が *ローマ帝国の崩壊とともに衰退してから，教育および文化は，キリスト教会と修道院のなかに保存された．中世と近世においては，教会学校（→ 日曜学校）と *修道院学校が民衆の教育を支えていたが，一般に女子はその対象から外されていた．

女子の学校教育は，16世紀の *人文主義の論者たちにより始まった．17世紀初頭，女子の *教育修道会が生まれ，女学校が開かれた．当時の女学校は性別役割分業観に基づき，よき母，よき妻になる準備教育が主であった．19世紀後半，女子の高等教育や職業教育の運動が実り，*大学が女子にも開放され，新たに女子大学が創立された．*カトリック学校も高等教育に取り組み，社会の要請に応えた．20世紀以降，女子の高等教育への就学率が高まり，社会で働く女性が増加した．

日本においては，1872年(明治5)に学制が敷かれ，明治政府は女子の就学に力を入れたが，*儒教や *家制度の影響により女子教育は低調であった．明治中期に定められた複線型学校体系のなかでは，女子は男子より一段低く位置づけられた．1903年の専門学校令により，女子にも高等教育の道が開かれたが，一般的には高等女学校が女子の高等教育の場とみなされた．男女別学は，教科目や教育内容に男女の格差を許した．戦前の女子教育を支配した良妻賢母という教育理念は，元来キリスト教学校が唱えたものであったが，明治政府はその内容を儒教的に変え，生徒だけではなく，全日本女性の拠るべき規範としたのである．

近代日本の学校，特に女学校の発展にキリスト教宣教師の果たした役割は大きい．明治維新になり，キリスト教宣教のために欧米から派遣された宣教師は，日本に欧米の学校教育を紹介する使命を担うことにもなった．特にキリスト教女学校は啓蒙的役割を果たした．また，女子高等教育もキリスト者によって開拓された．キリスト教学校の卒業生のなかから，優れた女子教育家，社会事業家，婦人運動家等が輩出したのもその大きな功績であろう．

カトリックでは，1887年，*サン・モール修道会（幼きイエス会）が来日し，横浜に紅蘭女学校（現横浜雙葉学園）を開設したのに続き，来日した女子修道会の多くが，幼児教育と初・中等教育に従事した．また1897年に，*聖心会が女子高等教育のために教皇より派遣され，東京に専門学校を開いた．第2次世界大戦後，多くの日本人が新しい人間観をキリスト教に求めた．新たに来日した修道会も宣教活動の場として学校を選んだので，ほぼ全県にカトリック学校が存在している．現在あるカトリック学校は，例外を除き修道会が経営し，男子校より女子校が圧倒的に多い．*宗教教育，*道徳教育ばかりでなく，語学と国際的な教育で評価を得ている．しかしながら，カトリック学校は一般の私立学校と同様に偏差値競争に組み込まれ，受験校化，地方の公立優先主義に対する問題等を抱え，本来のキリスト教教育がしにくくなっているのが現状である．

戦後，女子教育は大きく変化した．教育改革は単線型学校制度と男女平等を柱に展開され，女子に高等教育への道を開いた．男女共学制は女子の学歴・学力を伸ばし，専攻分野を拡大させたと評価されている．社会構造，家族構成，女性観，女性のライフ・サイクルが変化し，女性の生き方は多様化してきた．女子教育の目的は，性差別なしに能力を充分に伸ばし，主体性をもった女性を育成することにある．そのためにも，女子教育は，学校教

育ばかりでなく，高齢化社会における社会教育，生涯教育の立場からも構築されなければならないであろう．

（羽場勝子）

じょしきょうしょくしゃ　女子教職者　〔英〕woman minister，〔独〕Pfarrerin，〔仏〕femme ministre　*初代教会，古代教会では，女 *預言者，*やもめ，*女執事の *役務があり，重要な役割を果たしていたが，その後の教会の伝統において女子を *教会の教職（→ 教役者，牧師）として叙任（→ 按手，叙階）することは認められてこなかった．*宗教改革の時代に，伝統的な職制から離れた教派の一部（*再洗礼派など）で女子の教職叙任を行うところも現れたが，これが本格的な関心事となったのは 19 世紀半ばからのことである．まずアメリカ合衆国の *ユニテリアン系の教会，*ディサイプル教会，*バプテスト教会，*カンバーランド長老教会，*会衆派などの教会で女子の教職叙任がみられるようになった．20 世紀に入ると，イングランド，スコットランドでも広まり，*ルター教会などでも行われるようになり，1970 年代までに欧米諸国の主要教派で広くみられるようになった．また，主教（監督）職への女子の最初の叙任が 1980 年に米国の *メソジスト教会で行われた．女子の教職叙任は *教会一致促進運動の文脈でも検討が続けられ，1982 年の『リマ文書』は，この問題を，エキュメニカルな交わりのなかで共同で研究されるべきものとしている．

【文献】LThK³ 1: 557-61; ODCC³ 1761-62; N. LOSSKY, ET AL., eds., *Dictionary of the Ecumenical Movement* (Geneve 1991) 752-55; 日本キリスト教協議会信仰と職制委員会，日本カトリック教会エキュメニズム委員会編訳『洗礼・聖餐・職務 ── 教会の見える一致をめざして』（日本基督教団出版局 1985）83-85．

【聖公会】伝統的教会の一つである *聖公会系教会における最初の女子聖職者の誕生は，戦時下の緊急事態におけるサクラメント（→ 秘跡）の執行の必要性から生じたものであった．日本軍占領下の中国で *マカオの信徒の牧会上の必要性に応えて，香港教区で女性司祭の叙任が行われた．しかし，戦後，同司祭は異常事態の措置であることを認めて自ら退職した．1948 年の *ランベス会議は「伝統と秩序に反する」として女子聖職叙任を否定した．しかし，1968 年以来この件はランベス会議の検討事項となり，1971 年，香港教区では 2 名の女性を司祭に叙任した．アメリカ合衆国では，主教会が 1972 年に女子聖職叙任の賛成を決議，その翌年，総会がこれを否決するなど混乱状態となったが，1974 年，突如数名の主教により 11 名の女子が司祭按手を受ける事態となり，1976 年総会がこの件を追認する決議を行った．これを契機に他国の聖公会にも女子の聖職叙任が広がり，カナダ，ニュージーランド，ウガンダ，ケニアでも行われた．今後の動向の鍵を握るイングランド国教会では 1984 年，主教会で承認され，さらに総会（*コンヴォケーション），英国議会の決議を経て 1994 年，イングランド国教会にも女性司祭が誕生し，その数もわずかの間に 600 名を超えた．また，1989 年には米国聖公会で初めて女性主教が誕生し，その後ニュージーランド聖公会にも誕生した．今後，女性主教が急増することはないにしても，徐々に増えていくことになろう．このように聖公会全体としては，女性聖職を容認する傾向は一層高まるであろうが，依然としてこれに反対する少数の強硬派もいないわけではない．今後，ローマ・カトリック教会が女性聖職問題にどのように取り組むかによって，彼らの動きも変わってくることになろう．

（塚田理，石井祥裕）

ジョシスム　→　カトリック青年労働者連盟

ジョージタウンだいがく　ジョージタウン大学　Georgetown University　アメリカ，ワシントン D.C. にある *イエズス会運営のカトリック大学．1789 年，アメリカの初代司教 J. *キャロルによって創設されたもので，アメリカにおける最も古い高等教育機関である．キャロルの意図するところは，独立を勝ち取り，同年発効した新しい憲法をもつところの，自由な新しい国家の国民にふさわしい信念と学びの場を作ることであった．1814 年イエズス会が再興されると（キャロルもイエズス会に属していた），大学の運営はイエズス会に任された．104 エーカーのキャンパスに，全米および世界各国からの 1 万 2,000 名（1987 年）の学生が学んでいる．大学には文理学部，外交学部，外国語および言語学部，経営学部，看護学部の 5 学部が，大学院には医学部，外交学部，法学部がある．その他，夏季講座と公開講座も開設している．外交学部は国際関係分野ではアメリカで最も古く，最大の規模である．大学付属の機関として有名なのは，ケネディ倫理研究所およびウッドストック神学センターである．

【文献】J. M. DALEY, *Georgetown University: Origin and Early Years* (Washington, D. C. 1957); J. T. DURKIN, *Georgetown University: The Middle Years, 1840-1900* (Washington, D. C. 1963); R. E. CURRAN, *The Bicentennial History of Georgetown University: From Academy to University, 1789-1889*, v. 1 (Washington, D. C. 1993).

（D. ウェッセルズ）

しょしひゃっか　諸子百家　中国の春秋末期から戦国時代にかけて輩出した思想家群を総称したもの．戦国期の諸侯はすでに自立し，互いに富国強兵に努め，流動的な天下の情勢と社会変革の動きのなかで，それに対処できるような政策と人材を求めた．「諸子」とはこの期にそれぞれ独自の主義主張を掲げ，その技芸と術策を身につけ専門の学説を展開した思想家たちをいい，「百家」とはその流派の多さを表現した言い方である．彼らの多くはその術策と能力によって政治に参画しようとして諸侯に説き歩く，遊説の士であった．かくして多彩な思想家・学士群を生み出し，それは諸子の文章として結実して後世に伝わるが，その特質として説得のための比喩の豊富さと弁争的色彩の濃厚さがあげられる．

諸子について，幾つかの名称をあげて対比して批判するのは，戦国末期の『荀子』非十二子篇，*『韓非子』顕学篇や前漢初期の成立と推定される『荘子』天下篇（→ 荘子）などにみえるが，諸子の思想を分類しその特徴を記述する資料としては，司馬遷（前 145/135-?）の父，司馬談（?-前 110）の「六家の要旨」（「論六家要旨」『史記』太公史自序）に始まり，*陰陽の術・儒者・墨者・法家・名家・道徳（道家）に分けてその長所と短所を述べている．次いで『漢書』芸文志の諸子略は九流十家に分類し，儒・道・陰陽・法・名・墨・従横（縦横）・雑・農・小説の十家を立て，小説家を除く九家を主たる学派として九流と総称した．『漢書』芸文志は劉向（りゅうきょう，前 79-前 8）・劉歆（りゅうきん，?-23）の父子による漢の王室の蔵書の校勘・解題・分類に依拠し，班固（32-92）が編成した書籍目録であり，

六芸略・諸子略・詩賦略・兵書略・術数略・方技略に分けられる．六芸略は漢代，国家教学となった儒家の奉持する経書を別格に分類する部門で，諸子略は経書を除いた儒家の書を筆頭に諸子の書を九流十家に分属してまとめたものである．後世，経・史・子・集の四部の学術分類ができると，「子」部の書の中核として受け継がれていった．【文献】戸川芳郎『古代中国の思想』（放送大学教育振興会 1985）．　　　　　　　　　　　　　　　　（大島晃）

ショシャール　Chauchard, Paul　（1912.6.14– ）　神経生理学者，医学者．*パリに生まれる．*パリ大学理学部および医学部で学び，1930年より3回にわたり海洋調査周航に参画した後，エコール・プラティックの神経生理学実験室長，1954年より臨床心理学校の心理学・生理学教授，1972年より79年までパリの*アンスティテュ・カトリック教育学部教授を務める．多くの一般向き著作を執筆し，生物学や大脳生理学，心理学に関する知識の普及に寄与している．【主著】*La médecine psychosomatique*, 1955: 吉倉範光訳『精神身体医学』（白水社 1956）; *Le langage et la Pensée*, 1956: 吉倉範光訳『言語と思考』（白水社 1972）; *Précis de biologie humaine*, 1957: 八杉竜一，八杉孝三訳『人間の生物学』（岩波書店 1959）; *La vie sexuelle*, 1966: 石田春夫訳『人間と性』（白水社 1971）．　（浅野幸）

しょしゅうきょうにかんするしんがく　諸宗教に関する神学　〔英〕theology of religions, 〔独〕Theologie der Religionen, 〔仏〕théologie des religions
【概要】第2*ヴァティカン公会議は『諸宗教宣言』において，人類の*救いにおける他の*宗教の役割をキリスト教と関連づけて積極的に評価し，諸宗教との対話を促進した．この考え方を出発点として発展した*教理神学の一部門が諸宗教に関する神学で，「諸宗教の神学」とも呼ばれる．
　諸宗教との関係に関して，キリスト教は*啓示に答える*信仰であって，人間の精神的努力の業の結果である宗教とは相容れないとする神学者もいる（K. *バルト等）．一方，キリスト教は自らを「真の宗教」（*アウグスティヌス），「終末論的，唯一正当な，絶対的宗教」（K. ラーナー）であるとする自己認識と主張をもっている．これは，キリスト教誕生以前の諸宗教が不完全な形で示していた宗教の本質をキリスト教が余すところなく完全に表現したということを意味する．キリスト教の理解によれば，宗教の本質とは*イエス・キリストの人格において現れた神の*救いそのものである．
　しかし，同時にキリスト教は自らが歴史的宗教であることを自覚している．歴史においてキリスト教より以前に出現したさまざまな宗教があり，それらのうちのあるものは今日まだ存在し，さらに，キリスト教の出現後，すなわち神の新しい啓示がもはやなくなった時点で現れた宗教も現実に歴史のなかに存在し続けている．諸宗教に関する神学とは，それらの宗教が織りなす歴史のなかの宗教現象を受けとめ，それによって神の救いの*秘義と*救済史の神学による理解を深め，あらためてキリスト教の自己理解に貢献しようとする意図のもと，ドイツ語圏のカトリック神学において K. ラーナーや*シュレッテらによって1960年代後半から始められた神学的試みである．
【諸傾向】確かに，第2ヴァティカン公会議前からすでにフランスの*ヌヴェル・テオロジーの流れのなかで，*ダニエルー，*リュバックらによる教父神学の影響のもとで，「義人である異教徒の救い」についての考え方や，救いの機関としての教会の現実をキリスト教が生まれる以前の「アベルから」考える考え方が展開されていた．しかし，ラーナーとシュレッテは，キリストの*受肉が人類の救いをもたらす決定的出来事であり，これはキリスト教出現の前の出来事であることから，受肉はキリスト教の独占物ではないと考え，その受肉の事実がすべての*文化と宗教に本質的な関わりをもつと主張した．もちろん，その事実が知らされるのはキリスト教によってである．このように，ラーナーらの「諸宗教の神学」は*キリスト論と終末論（→終末），さらに聖霊論（→聖霊）を宗教現象に適用させたものといえる．彼らの考え出した*無名のキリスト者という神学仮説はこの考え方を展開させたものである．
　このほか，R. *パニッカーのように，ドイツ語圏のカトリック神学とは距離を置きつつ，インドの宗教的思考によってキリスト教の*教理を神学的に解明しようとした試みもある．*キュングは，ラーナーらの無名のキリスト者論が本質的にはキリスト教中心論だとして批判し，すべての宗教が平和裡に協調しながら，人類の幸福と救いのために努めなければならず，同時に諸宗教はそれに対する貢献によって21世紀に生き残れるかどうかが決まるとして，「真の宗教の判断基準」を提唱した．ラーナーの傾向を受け継ぐ者としては，ヴァルデンフェルス（Hans Waldenfels, 1931– ）をあげることができる．さらに「諸宗教の神学」の分野を英語圏に導入したカトリックのニッター（Paul F. Knitter, 1939– ），プロテスタントのヒック（John Hick, 1922– ）らはキリスト中心的な「諸宗教の神学」に対抗して「神中心的な」（〔英〕theocentric），またはニッターの言葉では「救い中心的な」（soteriocentric）「諸宗教の神学」の確立を目指し，すべての宗教を同列に取り扱う．
　キリスト教が少数派である我が国においても，特に*仏教との接触においてそれぞれ独自の諸宗教の神学の確立を目指す神学者がいる．カトリック側はどちらかといえば禅瞑想を通しての*霊性の実践に関心が集中し，プロテスタント側ではバルト神学のなかから*滝沢克己のような神学が現れ，古屋安雄（1926– ）のような*ティリヒを背景とした「宗教の神学」が現れた．特に国際舞台で活躍する八木誠一（1932– ）は神学でもなく，哲学でもない「フロント構造の」無/神学，おそらく救い中心的といえる体系を確立しようとしている．
【課題】今日，世界は一つのものであることがますます強く意識されるようになっているが，反面，多極的・多元的であることも意識されている．このような状況のなかでキリスト教にとって他宗教は決して遠い現象ではない．*世俗化のなかで現世的・物質的になり究極目的を喪失し，その結果として深い悩みに苦しむ世界のなかで，キリスト教も諸宗教も互いに接触し，共に人間の究極目的を知らせるべき使命を負っている．諸宗教は協力しなければならないが，同時に，協力を通してどの宗教が真に人類の救いに導きうるかという競争も続いている．そのためにも，諸宗教は互いから学ばなければならず，*回心と刷新を絶えず行う必要がある．キリスト教の終末論的主張はこのような過程を通して明らかにされなければならない．それはキリスト教の人格の核心であるイエスとその教えに絶え間なく回帰していくことである．諸宗教の神学の根底にあるのは，他宗教との対話の際につねに最後に浮上する「イエスとは何か」という問いで

ある．諸宗教の神学といえども「神学」である以上，完全な相対主義となることはありえない．
【文献】F. KÖNIG, H. WALDENFELS, eds., *Lexikon der Religionen* (Freiburg 1987) 557-59; 古屋安雄『宗教の神学』(ヨルダン社 1985); 八木誠一『フロント構造の哲学』(法蔵館 1988); J. ヒック『宗教多元主義』間瀬啓允訳 (法蔵館 1990); J. HICK, *Problems of Religious Pluralism* (London 1985); 高柳俊一「最近の諸宗教の神学」『上智大学キリスト教文化研究所紀要』11 (1992) 35-77; 同「『諸宗教の神学』の形成と展開」『カール・ラーナー研究』(南窓社 1993) 120-45; J. ヒック，P. F. ニッター編『キリスト教の絶対性を超えて』八木誠一，樋口恵訳 (春秋社 1993); J. HICK, P. F. KNITTER, eds., *The Myth of Christian Uniqueness* (New York 1987); G. デコスタ『キリスト教は他宗教をどう考えるか』森本あんり訳 (教文館 1997); G. D'COSTA, ed., *Christian Uniqueness Reconsidered* (New York 1990); R. PANIKKAR, *The Trinity and the Religious Experience of Man* (New York 1973); H. BURKLE, *Einführung in die Theologie der Religionen* (Darmstadt 1977); W. STROLZ, H. WALDENFELS, eds., *Christliche Grundlagen des Dialogs mit den Weltreligionen* (Freiburg 1983); P. F. KNITTER, *No Other Name?* (New York 1985); M. SECKLER, "Theologie der Religionen mit Fragezeichen," ThQ 166 (1986) 165-84; H. R. SCHLETTE, "Zur Theologie nichtchristlicher Religionen," *Orientierung*, 51 (1987) 151-56. (高柳俊一)

しょしゅうきょうひょうぎかい　諸宗教評議会
〔ラ〕Pontificium Consilium pro Dialogo inter Religiones　本評議会は教皇 *パウロ6世が設置した諸宗教事務局を継承するものである．第2*ヴァティカン公会議閉幕後の1964年5月19日，同教皇は使徒書簡『プログレディエンテ・コンキリオ』(Progrediente Concilio) をもってこの事務局を設置したが，これは公会議そのものの決定によるものではなく，公会議の特色の一つであったすべての信仰者間の一致と協力という雰囲気から生まれたもので，教会が *隣人愛に促されて，キリストを認めない人々に対し配慮，関心，理解を示すことの必要性を認識したためでもある．初代事務局長には，駐日教皇使節を務めた *マレラ枢機卿が就任した．

本事務局の設置目的は，キリスト教以外の諸宗教をよりよく知り，その教理を整理し，そこにあるよい面をみいだし，それらについての研究を促進することである．なぜなら，それらのよい面は自然と法の創始者であるキリストへと人々を少しずつ導いていくからである．こうして，諸宗教に対する共感が生まれ，相互理解が深まり，偏見が消えることが期待される．

諸宗教事務局は設立当初から *イスラム教との親しい関係を保持しており，例えば *ラマダーンの終わりの大きな祝日に際してはイスラム世界に向け祝詞を送っている．イスラム教との宗教上の交流が活発になったことから，パウロ6世は新たにイスラム教諸関係委員会を設けた．1974年10月22日付で設置されたこの委員会は別組織であったが，諸宗教事務局と緊密な関係を保っている．諸宗教事務局は，教理上および宗教上の事柄を取り扱うにあたって，公会議の『諸宗教宣言』の精神に沿って行動する．

教皇 *ヨアンネス・パウロ2世は，1988年6月28日付 *使徒憲章『教皇庁改革憲章』(Pastor Bonus) をもって教皇庁組織の再編を行い，諸宗教事務局を教皇庁諸宗教評議会と改称した．当評議会は，「キリスト教」の名を冠しない宗教団体やそのメンバーとの，またいわゆる宗教心を抱いている人々との関係を促進し調整する(『教皇庁改革憲章』159項)．したがって当評議会はすべての大きな非キリスト教団体を，それらがたとえ厳密な意味での宗教団体ではなくても，対象とし，対話の促進に努める．そのために，よりよき理解と相互評価を目指して，関係促進を図り，諸宗教の人々と協力して，人間の尊厳ならびに人間が高く評価する道徳的・霊的事柄を高めるよう努める．また，この種の対話にあたるキリスト者の養成を図る(160項)．この対話はしばしばカトリック信仰の根幹に関わる事柄を取り扱うことになるので，事情によっては，教理省や東方教会省や福音宣教省との合意のもとに行動しなければならない(161項)．イスラム教徒との関係調整のためパウロ6世が設立した委員会は，1988年以来もはや独立した機関ではなくなり，本評議会に所属し，その長官の管轄下にある(162項)．本評議会は1名の *枢機卿が長官を務め，これを複数の枢機卿および司教が補佐する．顧問として各国の *司祭，*修道女，*信徒が参画する．1966年より機関誌を発行している．
【文献】AnPont (1992) 1226-31, 1725-26; DC 61: 699-700; 71: 959-61. (J. P. ラベル)

じょしゅうし　助修士〔ラ〕frater coadiutor, frater laicus　男性の *修道者のなかで，*修道生活に参加はするが *修道誓願を宣立しない人々を指した旧称．今日では *信徒修道士と訳される．

5世紀以降，*隠修士や修道士 (修士とも訳す，〔ラ〕monachus) はすべて回心者 (conversus) と呼ばれた．7-13世紀に，修道院家族 (familia) に帰属はするが公的な修道誓願は宣立しない，修道士と一般信徒の中間に位置する者として助修士が現れ，カマルドリの *ロムアルドの修道院や，*ヴァロンブローザ修族ベネディクト会，*クリュニー，*シトーなどの修道院で助修士制 (institutum conversorum) が成立した．教皇 *グレゴリウス13世は教皇書簡『クワント・フルクトゥオシウス』(Quanto fructuosius, 1983) および『アスケンデンテ・ドミノ』(Ascendente Domino, 1584) により，初めて *イエズス会の助修士 (霊務助修士 coadiutor spiritualis, 実務助修士 coadiutor temporalis) を正式な修道士として認可し，以後，*ベネディクト会，*ボイロン修族ベネディクト会などで，司祭叙階は受けないまま単式あるいは盛式誓願を宣立する修道士が誕生するようになった．これが今日，信徒修道士と呼ばれるものである．
【文献】DSp 2: 2218-24; 5: 1194-210; LThK² 6: 518-19; NCE 4: 285-86. (鈴木宣明)

しょしょ　諸書〔ヘ〕kᵉtûbîm,〔ギ〕hagiographa ヘブライ語旧約聖書正典中の「*律法」(〔ヘ〕tôrâ)，次いで「*預言書(者)」(nᵉbî'îm) のあとに置かれ結集ならびに区分された11文書を指す総称．「書かれた物」(複数形) の意．各文書内容は歴史記述，詩歌，格言や預言と多種多様である．11文書の順序は伝承本文により異なるが，一般的には詩編，ヨブ記，箴言，ルツ記，雅歌，コヘレトの言葉，哀歌，エステル記，ダニエル書，エズラ記，ネヘミヤ記，歴代誌上下の順である．このうちルツ記からエステル記の5書を「*メギロート」(mᵉgilôt) と呼ぶ．この旧約聖書の3区分に基づく総称，ならびに

じょしょう

諸書中の各文書の順序と数え方はユダヤ教の伝統に従ったもので(エズラ記とネヘミヤ記，歴代誌上下はそれぞれ1書と数える)，*七十人訳聖書のそれを受け入れたキリスト教会のものとは異なる．こうした類例は古くは*シラ書(前190頃)に付された紀元前132年頃の序言(1-2, 7-10節．さらに同書44-49章；2マカ15：9参照)に，また新約聖書にもあるが(マタ7：12；ルカ16：16；24：44；使13：15)，これらの箇所に各区分や総称やそれに含まれる文書ならびに順序などが今日みられるような形式で具体的に一致して示されているわけではない．いつ頃からこの総称が使用され，旧約聖書中の区分や諸書中の各文書の順序や数え方が最終的に確定したのか，またどのような事由や基準に基づくのか，旧約聖書正典成立の問題とも深く関連し(→聖書の正典)，正確に明言するのは困難である．律法や預言書中の各文書と比較すると諸書中の各文書の著作編集年代が新しいことは明らかであるが，少なくとも紀元1世紀末頃*ヤブネで旧約聖書の正典が成立した，つまりこの総称や諸書中の各文書や順序また数え方が確定されたと断言する論拠はない．

【文献】TRE 6: 1-8; O. EISSFELD, *The Old Testament: An Introduction*, tr. P. R. ACKROYD (Oxford 1965) 562-71: *Einleitung in das Alte Testament* (Tübingen ³1964); I. BALDERMANN, G. STEMBERGER, *Zum Problem des biblischen Kanons* (Neukirchen-Vluyn 1988).

(清水宏)

じょしょう　叙唱〔ラ〕praefatio，〔英〕preface，〔独〕Präfation，〔仏〕préface　　*ミサの*奉献文の冒頭で，*司祭が*会衆を代表して神にささげる感謝の祈り．

【歴史】*ユダヤ教の宗教的食事を母胎として生まれたミサは，食事の終わりのベラカー(→祝福)の祈り(〔ヘ〕birkat ham-mazōn)を奉献文に発展させていった．奉献文は本来一つの祈りで，その初めの部分が叙唱と呼ばれる．*東方典礼では，*祝日や季節(→典礼暦)に応じて異なった奉献文を用いるが，*ローマ典礼では多くの叙唱が作られ(*サクラメンタリウムの一つである『ヴェローナの秘跡書』には167の叙唱があった)，祝日や季節によってその部分だけ独自のものを使う方向性がとられた．5世紀頃に*感謝の賛歌(〔ラ〕Sanctus)が東方典礼から導入され，奉献文が中断される形となった．その結果8世紀になると，まず*ガリア典礼で叙唱はもはや奉献文とはみなされず，序文あるいは導入と考えられるようになり，感謝の賛歌のあとの，不変の部分を典文(カノン canon actionis)と呼んで，これが奉献文の本体とみなされるようになった．この理解はさらに奉献文の祈り方によって裏打ちされた．叙唱と感謝の賛歌は歌うか声を出して唱えるが，その後の部分は沈黙の祈りとなり，ますます叙唱が奉献文の本体から切り離される結果となった．また*トリエント公会議のあとは15の叙唱に限定され，選択の幅も著しく狭められてしまった．この状態は*パウロ6世の*『ミサ典礼書』によって変わり，叙唱が奉献文の本質的部分であることが再確認され，その数も100以上に増やされた．

【説明】ラテン語のプラエファティオ(praefatio)は普通は序文の意味で使われるが，ことば本来の意味は，「……の前で述べる」である．つまり司祭が会衆の前で，神の前に立って，感謝の祈りをささげるのである．「司祭は聖なる民全体の名によって，神なる父に栄光を帰し，救いの業全体のため，または，日，祝日，季節に従って，それぞれの特別な理由のために*感謝をささげるの

である」(『ミサ典礼書』総則55項イ)．ではどのように感謝をささげるのであろうか．人間の体験においても，感謝を表すとき，「……してくださってありがとう」と，相手の好意をことばに表して感謝し，ときには感謝の心を表す贈り物を添える．公の祈りで神に感謝するときも同様で，神の愛に満ちた業をことばに表して，それを感謝の理由とするのである．日本の『ミサ典礼書』(1978)には80近い叙唱があるが，東方典礼にみられる叙唱も含めて，叙唱の感謝の動機を次のように分類することができる．

(1) 神自身の偉大さ．神の聖性，美しさ，偉大さ，知恵と力，超越性などを称える．この種の賛美と感謝の動機は東方典礼で好んで用いられるが，ローマ典礼にはみられないものであった．新しく加えられた第4奉献文が唯一の例外で，これは東方典礼のカイサレイアの*バシレイオスの奉献文を土台としている．「あなたは唯一のまことの神，始めもなく終わりもなく，すべてを越えて光り輝く方．あふれる愛，いのちの泉，万物の造り主」という祈りは，いうなれば神秘的で観想的な感嘆の祈りである．

(2) 創造の業．自然界は神の業であり，「天は神の栄光を物語り，大空は御手の業を示す」(詩19)．このように自然の美しさのゆえに神を称える叙唱も，現在の『ミサ典礼書』には一つしかない．

(3) 救いの歴史．最も多い感謝の動機は，救いの歴史(→救済史)，つまり神がキリストによってどのようにすばらしい業を成し遂げたかを述べて感謝するものである．なかでも救いの働きの頂点であるキリストの死と復活を述べるものが多く，そのほか降誕祭(→降誕)や*聖霊降臨など典礼季節に応じて*記念される救いの業を述べている．

(4) その他．叙階式，結婚式など他の儀式を伴うミサでは，その祭儀の中心に神がどのように働いているかを述べ，また聖人の祝日(→聖人の記念)には，聖人のうちに示された恩恵の力をほめ称える．

このように司式司祭が述べる感謝の祈りは，会衆の*応唱「感謝の賛歌」に引き継がれ，共同体全体が感謝を表すのである．以上，伝統的な叙唱について述べたが，独自の奉献文が求められる日本の教会を考えるとき，叙唱については二つの点があげられる．第一は日本の歴史をどのように救いの歴史として理解し，表現するかである．第二は，自然界の美しさに対して特別の感受性をもつ日本文化を背景として，例えば，四季の移り変わりのなかの神の働きを称える「四季の叙唱」のようなものが望まれる．

【文献】Jungmann, v. 2 (Wien ⁵1962) 145-61; C. VAGAGGINI, *Il canone della Messa e la riforma liturgica* (Torino 1966); L. BOUYER, *Eucharistie* (Paris 1966); A. HÄNGGI, I. PAHL, *Prex eucharistica* (Fribourg 1968); J. B. RYAN, *The Eucharistic Prayer* (New York 1974); E. MAZZA, *Le ordierne preghiere eucaristiche* (Bologna 1984); F. C. SENN, ed., *New Eucharistic Prayers* (New York 1987).

(国井健宏)

しょじょかいたい　処女懐胎〔ラ〕conceptio virginalis (partus virginalis)，〔英〕virginal conception (virginal birth)，〔独〕jüngfräuliche Empfängnis (Jungfrauengeburt)，〔仏〕conception virginale (naissance virginale)

【新約聖書】〔伝承の概観〕イエスの母*マリアは，夫と

の交わりによらず，子イエスを神の力（=*聖霊）によって懐胎したというのが処女懐胎である．イエスの「処女降誕」として扱うこともある．この伝承は新約聖書中，マタイ福音書1章18-25節とルカ福音書1章26-38節に伝えられている．双方の物語は甚だしく相違し，同一伝承ではない．例えば，マタイ版では*天使によるマリアの*受胎告知は*ヨセフに対してであり，ルカ版ではマリア自身に対するものである．マタイ版のヨセフは，天使の告知前にすでにマリアが身重になったことを知っていたとされ，ルカ版では，告知を受けるまでマリア自身も知らなかったことを前提とする．しかし双方の伝承には共通点もある．第一に，処女（おとめ）マリアは婚約者ヨセフとの交わり以前に子を宿したということ，第二に，それが聖霊によるということ，第三に，マリアの懐胎は，ヨセフに対してもマリアに対しても，神の使いによる*啓示を通して明らかにされたということ（双方の文学類型はこの点に関しては同じである），第四に，生まれる子は*ダビデの子孫としての*メシアであり，同時に*神の子であるといわれている．したがって処女懐胎をめぐる論議は，つねにこの4点に留意すべきだが，たびたび第3点つまり，人間にはマリアの処女懐胎の事実性は神の側からの一方的な啓示によってのみ知りうるということを認識し理解していない議論が多い．このことは，マリアの処女懐胎が歴史学的方法によって確かめることのできるものでもなく，また信仰のない者には初めから閉ざされた*秘義であることを示唆している．歴史学的方法で確かめられるのは，マタイとルカの各福音書に共通するマタイ・ルカ以前の伝承段階において，マリアの処女懐胎を信じる人々が*原始教団の一部に確実に存在していたということである．ただし，この信仰は，当時まだ全教会に行き渡っていたわけではない．マタイとルカ以外の他の新約諸書には伝えられず，*パウロも，マリアの処女懐胎に言及しやすい文脈（例えば，ガラ4: 21-31）においてすらこれに言及しないので，この信仰を知らなかった可能性が強い．ただし，マルコ福音書6章3節の「マリアの息子」という父親でなく母親の名によって示す表現はユダヤ社会においては異常であり私生児を暗示するので，マルコ伝承を担うキリスト教会内ではこれが処女懐胎を暗示するものと解釈された可能性もある．なお，ヨハネ福音書1章13節の一部のラテン語写本伝承（イタラ訳b，その他）は，ここに処女懐胎信仰を読み込もうとしたが，これもヨハネにこの信仰がないので補足の試みにすぎない．

〔意味と由来〕まずここでの処女の意味は，イザヤ書7章14節（[ヘ]'almâ）を引用するマタイ福音書1章23節（[ギ] parthenos）においても，それが旧約聖書内ではどうあれ，マタイの文脈では，妻になる以前の，男を知らない女性である（マタ1: 18, 20, 25. → 知る）．ルカ福音書1章34節も同じことを示す．しかもルカ版の処女懐胎は，その受胎告知伝承全体（ルカ1: 26-38）に先行する*ザカリアに対する天使による老婆*エリサベトの受胎よりも一層優位にあるものとして提示され，前者の超自然性をより強調する．マタイ・ルカによれば，処女懐胎は聖霊によってなった．聖霊はここでイエスに人間性を付与する生命の原理である．生まれる子はダビデの子孫であると同時に，神の子であるといわれる（ルカ1: 32-35）．マタイはそれをイザヤ書7章14節の引用によって，イエスが*インマヌエルとしてダビデの子孫であると同時に，「われらと共に在す神」と呼ぶ（1: 23 参照）．しかるに初期の原始教団は，イエスの*復活の信仰定式において，イエスが*ダビデの子として生まれ，復活において新しい命を聖霊によって付与された神の子と定められたと宣言する（ロマ1: 3-4）．この復活信仰定式はマタイ・ルカよりも古い信仰表現であるから，これを応用してのマタイ・ルカ伝承におけるイエスが聖霊によって処女から生まれ，ダビデの子，神の子と呼ばれるという信仰表明は，復活信仰に由来するとみられる．すなわち，十字架死を遂げたイエスに，もう死ぬことのない全く新しい命を付与した聖霊は，かつてマリアの胎内に，自然の方法とは異なる新生命を芽生えさせた．また，イエスが聖霊から復活の，また永遠の命を付与されることによって永遠の神の子と定められたように，聖霊によって自然秩序を超えて，処女の胎内に生を受けて神の子と呼ばれるようになる，というものである．さらに*救済論的観点がある．すなわち，マタイにおける「インマヌエル」（1: 23）は，分裂した諸民族を統一する*メシアである（18: 18-20; 28: 20）．聖霊は諸民族をキリストにおいて統一する霊であるから（例えば，*聖霊降臨），イエスが聖霊によって処女から生まれるのは，諸民族統一の機能と関わる．ルカも聖霊の異邦人への降臨を強調する（使10: 44-45; 11: 15-17）．しかるにユダヤ教は血縁に基づく民族宗教であり，その不可欠の構成要素は男性である．したがって，血縁に基づく民族宗教の構成員たる父親をもたずに，聖霊によって処女から生まれるということは，異邦人を含めた普遍的全人類の*救い，または神における統一という使命に全く合致するであろう．これがイエスが処女から生まれたという信仰に含蓄された意味であろう．

〔宗教史的由来〕主に3説がある．まず，男性神と人間である女性との性交または類似の交わりによって英雄が生まれたという聖婚（[ギ] hieros gamos）の神話がマリアの処女懐胎の起源とする説がある．しかし聖霊による懐胎は，いかなる意味での性的な関係とも無関係である．またエジプトでは*王は神の子として生まれたという政治思想がある．さらに*プルタルコスが伝えるエジプト神話によれば，女性に神の霊または息（[ギ] pneuma）が近づいてその女性に存在（命）の始まりをはらせるという．これをマリアの処女懐胎の信仰の契機とする説があるが，しかし，このエジプト神話での女性は処女として伝えられてはいない．最後に，ヘレニズム・ユダヤ教の思想家アレクサンドリアの*フィロンの『ケルビムについて』によれば旧約聖書中の*アブラハムの妻*サラ，*イサクの妻*リベカ，*ヤコブの妻*レア，*モーセの妻ツィポラは皆，各自の夫の徳の寓喩（→アレゴリー）として神によってはらんだという．特にサラの寓喩がマリアの処女懐胎を説明するという説がある．フィロンによれば，「神のみが，汚れなく触れられたことのない清い本性（[ギ] physis）たる真の処女（parthenos）と交わるにふさわしい」とされ，神は「サラが女のすべての特性を失い，卑しい女性の欲情から遠ざかって処女に戻ったとき，彼女と交わった」，そしてサラの処女性（parthenia）とは，変化せず，つねに同じくとどまるイデアであるという．ここには確かに神とサラとの性的交わりの表現はないが，すべては徳の寓喩として用いられているので，マリアの処女懐胎信仰を充分には説明できないであろう．ただし，原始教団で成立したこの信仰がヘレニズム・キリスト教全体で一般化するための素地を与えた可能性は考えられよう．なお，一説にマリアの処女懐胎の知識はマリアかヨセフの家族伝承に由来するというが，しかしこの説では，パウロだけでな

しょじょせい

く，マリアに近かったというヨハネすらも処女懐胎について全く沈黙していることへの説明がつかないであろう．マタイ・ルカは処女懐胎を神の啓示による信仰としてのみ説明するのである．

【文献】 E. NORDEN, *Die Geburt des Kindes* (1924; Darmstadt 1958); M. DIBELIUS, "Jungfrauensohn und Krippenkind," *Botschaft und Geschichte*, v. 1 (Heidelberg 1932) 1-78; J. GALOT, "La virginité de Marie et la naissance de Jésus," NRTh 82 (1960) 449-69; T. BOSLOOPER, *The Virgin Birth* (Philadelphia 1962); E. NELLESSEN, *Das Kind und seine Mutter* (Stuttgart 1969); P. GRELOT, "La naissance d'Isaac et celle de Jésus," NRTh 94 (1972) 462-87, 561-85; R. E. BROWN, *The Virginal Conception and Bodily Resurrection of Jesus* (New York 1973); J. A. FITZMYER, "The Virginal Conception of Jesus in the New Testament," ThSt 34 (1973) 541-75; M. MIGUENS, *The Virgin Birth* (Westminster, Md., 1975); J. MCHUGH, *The Mother of Jesus in the New Testament* (Garden City 1975); R. E. BROWN, ET AL., eds., *Mary in the New Testament* (Philadelphia 1978); H. RIEDLINGER, "Zum gegenwärtigen Verständnis der Geburt Jesu aus der Jungfrau Maria," ThGl 69 (1979) 22-61; M. MIYOSHI, "Zur Entstehung des Glaubens an die jungfräuliche Geburt Jesu in Mt 1 und Lk 1," *Annual of the Japanese Biblical Institute*, 10 (1984) 23-62; J. GNILKA, "Jungfrauengeburt Jesu," *Das Matthäusevangelium*, v. 1 (Freiburg 1986) 22-33. （三好迪）

【教理史】イエスが「聖霊によっておとめマリアから生まれた」という言葉は，*使徒信条をはじめ，古代教会の多くの*信条にみられ（DS 10-30, 42, 44, 46, 48, 50 等），*ニカイア・コンスタンティノポリス信条にも含まれている（DS 150）．*教父たちは，2世紀冒頭のアンティオケイアの*イグナティオス（『エフェソスの信者への手紙』7, 2; 19, 1）をはじめ，異口同音にマリアが聖霊の働きによって処女としてイエスを生んだことを主張しており，マリアについて語るときにはつねに「おとめマリア」という表現を用いている．イエスの処女懐胎をイスラム教も認めており，キリスト教の内部では19世紀まで論争が起こることはなかった．*宗教改革の時代に作られたプロテスタントの諸信条書にも，処女懐胎の教えはうたわれている．

19世紀のプロテスタントの*自由主義神学において初めてマリアの処女懐胎についての疑問が起こり，1892-94年にドイツで，使徒信条にうたわれている「聖霊によっておとめマリアから生まれ」という言葉を象徴的な意味に解釈してもよいのではないかといった幾人かの神学者と，それを実際に起こった出来事として認めるべきであると主張した*ルター教会の指導者たちの間で，いわゆる*使徒信条論争が交わされた．象徴的な解釈を主張した神学者たちは当時，教会の指導者たちから厳しく非難されたが，現在ルター教会やその他の多くのプロテスタントの教会では，象徴的な解釈の自由が承認されている．

カトリック神学者の間でも近年，象徴的な解釈をとる人が現れたが，カトリック教会は，第2*ヴァティカン公会議の公文書（『教会憲章』52項）にみられるように，聖霊による処女懐胎を教会の正式な教えとしている．

【神学的解釈】マタイおよびルカ福音書に書かれたイエスの*幼年物語は，イエスの*洗礼以後の出来事についての話と比較すると，多くの証人によって裏づけられた伝承ではなく，この物語の歴史的な信憑性を歴史批判学的方法で証明することは困難である．しかし，マタイとルカ福音書の著者たちが処女懐胎を実際に起こった出来事として記す意図をもっていたことには，疑いの余地がない．

*受肉，すなわち神である「子」が人間となったということは，キリスト教の根本的な教理である．この受肉が成り立つために必要なのは，*カルケドン公会議が教えたように，神性と人間性が「子」という一つの位格（*ペルソナ）において結合するということである．したがって，処女懐胎による誕生は，受肉が成り立つためには充分でもないし，必要でもない．しかし，処女懐胎による誕生は，イエスが人間となった「子」であるということの適切な*しるしであるといえる．すなわち，人間である母親から生まれることによってイエスと人類との連帯性が現れ，誕生に人間である父親が関与しなかったことによってイエスが神から一方的に人類に与えられた*恩恵であるということが示される．

イエスが処女懐胎によって生まれたということは，夫婦の性関係が汚らわしいものであることを意味するものではない．キリスト教によれば，夫婦の性関係は尊いことである．しかし，*神の国のために選ばれた処女（*童貞性）が特に優れたものであるということも事実である．したがってキリスト者たちは，処女懐胎によってイエスを生んだマリアを，「処女」と「母」という，女性の二つの優れた理想を共に実現した人間として尊敬するのである．

【文献】 W. BEINERT, ed., *Lexikon der katholischen Dogmatik* (Freiburg 1987) 295-98; R. E. BROWN, *The Birth of the Messiah* (Garden City 1977); J. DE FREITAS FEREIRA, *Conceição Virginal de Jesus* (Roma 1980); L. LEGRAND, *L'annonce à Marie* (Paris 1981).

（P. ネメシェギ）

しょじょせい　処女性　→　童貞性

しょじょほうけん　処女奉献　〔ラ〕consecratio virginum, 〔英〕consecration of virgins, 〔独〕Jungfrauenweihe, 〔仏〕consécration des vierges　*使徒時代から，世俗の生活にありつつもキリストの花嫁として*純潔を守り，教会に奉仕する「処女」（「おとめ」「童貞者」，1コリ7:34参照．→童貞性）が存在した．ローマの*ヒッポリュトスの*『使徒伝承』が，*叙階（*按手）はされないが，本人の決意によるとするおとめの身分に言及している（12章）．4世紀になると，おとめの身分に入る際，司教が本人に勧めの言葉を述べ，*ヴェールを授与するという奉献式が形成され始めた．ヴェールの授与は結婚式の儀式要素からとられたもので，キリストの花嫁になることを示すしるしである．中世には*司教典礼書に属する儀式として，結婚式・叙階式の要素が導入され（*指輪の授与など），賛歌や式文が発達した．しかし，中世以降は事実上，世俗に生きる独身女性の奉献式は衰退し，*修道女の奉献式のみに限られていった．教皇*ピウス12世の使徒憲章『キリストの花嫁』（Sponsa Christi）は明確にこの奉献式を修道女に限定した．

第2*ヴァティカン公会議の要請（『典礼憲章』80項）による処女奉献式の刷新は，1970年5月31日発行の新しい『処女奉献式』(Ordo consecrationis virginum) 規

範版に結実したが，その大きな特徴は，修道女のための奉献式と並んで世俗に生きる独身女性たちのための奉献式が復興されたことである．これは司牧者・司牧援助者などとして教会に奉仕する女性たちの登場という現代教会の状況を反映している．両方の儀式に共通の要素は，志願者の招き，勧告，確認，連願，おとめの身分をもってするキリストへの信従の約束，ヴェールと指輪の授与などである．修道女の奉献式は誓願式（→ 修道誓願）と結びつけることができる．現代生活における *奉献生活の実情に即して，処女奉献式の形成にあたっては各地域所轄司教団による適応努力が求められる．

【文献】LThK² 5: 1213; LThK³ 6: 1095-96; A. ADAM, R. BERGER, eds., *Pastoralliturgisches Handlexikon* (Freiburg 1980) 227-28; A. G. MARTIMORT, *The Church at Prayer*, v. 3 (Collegeville, Minn. 1987) 209-20.

(石井祥裕)

ジョスカン・デプレ　Josquin Desprez　(1440頃-1521. 8. 27)

ルネサンス中期における最大の作曲家．*フランドル楽派に属し，模倣の手法を中心とする *ポリフォニー様式を完成し，その作風は 16 世紀を通じて模範となった．出身地は不詳で，北フランスまたは南ベルギーと推察され，ピカルディー地方，サン・カンタン (Saint-Quentin) 近郊などという説もある．

【生涯】少年時代イタリアに赴き，1459-72 年にはミラノ大聖堂で歌手を務めていた．ガレアッツォ・マリア・スフォルツァ公 (Galeazzo Maria Sforza) の礼拝堂歌手としてその名が 1474 年の記録にあるが，1476 年以後，枢機卿アスカニオ・スフォルツァ (Ascanio Sforza) に仕え，その供で *ローマに移り，1486-94 年には教皇庁礼拝堂に属していた．その後 *ミラノに戻ったり，*フェラーラのエステ宮廷で活躍したりしたが，16 世紀初頭にはフランス国王ルイ 12 世 (Louis XII, 在位 1498-1515) に仕えた可能性もある．1504 年 5 月には北フランスのコンデ司教座聖堂主事に就任し，以後コンデ (Condé) を根拠地として活躍を続けた．

【作品】現存する 18 の *ミサ曲は名曲揃いで，特に『ミサ・パンジェ・リングァ』が有名であるが，ほかに『ミサ・ロム・アルメ』(2 曲)，『フェラーラ公エルコーレのミサ』などがある．*モテットは『アヴェ・マリア』『わが子アブサロン』『はじめに言葉ありき』など 110 曲余が知られ，シャンソン，フロットラなどの世俗歌曲も多い．

【評価】いわゆる通模倣様式はジョスカンによって完成されたといわれるが，そのほかにも効果的な *定旋律の用法，さまざまな模倣の手法の応用，*カノンの使用などによる，4 声部を標準とした彼のポリフォニー書法は，音楽における均整美の理想を達成したものとして高く評価される．数多くの作品は 1502-19 年 *ヴェネツィアのペトルッチ (Ottaviano Petrucci, 1466-1539) によって出版された曲集を通して広く紹介され，それ以後の作曲家に模範を示し，長く影響力を残した．

【文献】NGDM 9: 713-38; H. M. BROWN, *Music in the Renaissance* (Englewood Cliffs 1976); E. E. LOWINSKY, *Josquin des Prez* (London 1976).

(金澤正剛)

じょせい　女性

女性の考察にはさまざまな見地があるが，ここでは聖書に基盤を置いてキリスト教的理解を示す．古代イスラエルでも他の古代文明の国々と同じく女性の地位は劣っていたが，信仰的には男女を平等に創造した唯一の神を信じ，生命を伝える妻・母として女性を位置づけている．

【人類の創造】創世記 1 章 27 節には「神は御自分にかたどって人を創造された．神にかたどって創造された．男と女に創造された」とある．この前の節には *被造物の管理の役割を担った「人」という語が初めて出てくるが，その人が補い合う男女という二つの面をもっていることがここで述べられているのである．男女それぞれの社会的役割は歴史的にも地理的にも多様であり変動するものであるが，聖書は *神の像として創造された人間の，性を媒介とした人格的な相補性を表している．愛が神の本質であり，内にも外に向かっても愛の交わりのうちに万物を創造する神の姿こそが，男女の，そしてその交わりの本質である．男女の存在は人類全体を代表するものであり，神の似姿である男女の平等な重要性は冒頭から示されたのである．

象徴的な *エデンの園の物語で，「人が独りでいるのは良くない．彼に合う助ける者を造ろう」と神はいい，人を深い眠りに落とした後，人のあばら骨の一部を抜き取り，女を造り上げた（創 2: 18-23）．この箇所は歴史的に男性に従属する存在として女性が造られたと解釈されてきた．事実，当時のイスラエルの社会は結婚・家族において男性中心であり，結婚前は父の権威のもとに置かれ，結婚後は夫が主人であり（出 21: 22; 申 24: 4），債務上奴隷として売られることも解放されることも夫に従うものとされていたが（出 21: 3; マタ 18: 25），ここでいわれる「助ける」は単なる補助以上に *生命の存続に関わる意味をもつ．塵で造られても神の息によって生命を得たように，女も神に造られ，しかもあばら骨で象徴されるように男を内から支えるにふさわしい助け手として造られたのである．強調されているのは，男と女は元来一つであり再び一体になることを求める強い衝動をもった存在であること，したがって相互の密接な関わりのうちに男であり女である自分をみいだして喜び満たされるという実存的な姿である．神に与えられた愛の尊さは，*婚姻によって男女が一体となる根拠であり，結婚が *秘跡となる所以である．

【エバ】*エバの誘惑の物語の中核にあるのは，蛇に誘惑されて禁断の実を食し，神からの離反と罪の報いとして死と苦しみを受けることになった人間の話である．これを誘惑に陥りやすい女の話，何の主体性もなく女に誘われる男の話と考えることは不可能である．食欲という身体的欲求，審美的・感覚的欲求，さらに知的欲求により善悪を知る者になるという誘惑に負けて，人間は神に挑戦した．存在の根拠である神への依存を拒否したとき，人間は塵に返る日までの苦しみと *呪いを受けることになる．不従順の女への罰は産みの苦しみ，自主性と自由の喪失，夫への従属であった．裸でいても恥じることなくおおらかで自由であった二人の本来の関係は失われ，妻は夫の支配下に置かれることになる．しかし最初の女性の名前がエバ（命）と名づけられたように（創 3: 20），すべての人類の母となったエバは，出産の苦しみを担うとともに母としての栄誉をも担うことになる．神は歴史のなかで救済の業として新しい *アダムであるキリストによって全人類に新たな生命を与えたが，イエスの母 *マリアが示した神への従順によってエバの不従順は打ち消され，奇跡の出産はエバの出産の苦しみと呪いからの解放を意味する．

旧約の時代の女性の役割はいつも限られ，公の *祭儀に出られないなど律法的にも劣った地位を与えられてい

じょせい

たが，神の霊のままに動くミリアム(出 15: 20-21)，*デボラとヤエル(士 4: 4-5: 31)，*フルダ(王下 22: 14-20)など英雄的女性もいた．なかでもユディトは美貌・賢慮・勇気・貞操をもって知られた旧約の典型的理想像であった(→ユディト記)．しかし女性の尊厳と，結婚が家系や財産，労働のためではなく男女平等の人格的愛の一致であることが明確にされるにはイエス・キリストの来臨を待たなければならなかった．それがいかに革命的なものであるかは，他の古代文明諸国の例をみれば理解できる．男性中心の大家族制のインドでは女性の地位は低く，財産権もなく，結婚も親の定めた幼年時に行われた．家父長制の強い中国でも，女性は生涯男性に従属的な地位しかなく，結婚も両親の決めるところであった．家長の権限のやはり強力なローマでは，女性と子どもは市民ではなく経済的にも法律的にも男性の所有物とみなされていた．ギリシアでも女性の地位は低く，愛はむしろ男性間において語られていた．

【イエスの女性観】イエスは，ひたすら信仰による救い，父なる神への*回心と父のように完全になることを求め，性別や地位などに全く拘泥しなかった．それは長いユダヤ社会の歴史，*律法，伝統からは考えられない革命的な教えで，弱く劣等だとみなされていた女性に対する価値の逆転がみられる．イエスは女性であっても共に食事をし，病を癒やし，罪を赦し，彼の言葉を信じ従う者であれば自分に従うことを許し，宣教に従事させた．そのため彼の時代には，さまざまな形で使徒たちに奉仕する女性が出てきたのである．ベタニアの*マリアと*マルタの話にあるように(ルカ 10: 38-42)，イエスは当時女性の役割であった接待からも解放して，必要なことはただ一つだと教えた．このようなイエスを理解し愛し信じた女性は多い．受難物語の冒頭でイエスに高価な香油を注いだ*ベタニアの女性から始まって(マタ 26: 6-13; マコ 14: 3-9)，イエスの十字架のもとにたたずんだ母，母の姉妹，クロパの妻マリアとマグダラの*マリア(ヨハ 19:25)，イエスの*復活の証人となる 3 人の女たち(マタ 28: 1-10; マコ 16: 1-8)など，愛するがために忠実であり勇気のあった女性の重要性は，男性をはるかに凌駕している．このように福音書では女性が高く評価され，最初に記されたマルコによる福音書から最後のヨハネによる福音書に至るまでその評価は変わっていない．

【パウロの手紙】パウロの手紙には女性についての両義的な発言がある．高い評価と敬意がみられる一方で，妻に対しては夫に従うべきだとする当時の家父長制に沿った教えがみられる．

パウロはローマの信徒に宛てて*フェベを「多くの人々の援助者，特にわたしの援助者」と極めて重要な女性として紹介し，どんなことでも助けるようにという(ロマ 16: 1-2)．また同章には皆のために非常に苦労したローマの*マリア，「わたしの協力者」である*アキラとプリスカ，「わたしにとっても母」であるルフォスの母，「主のために非常に苦労した愛するペルシス」など多くの女性が登場する．主において結ばれた者の間では，男女が全く差別なしに遇されている．教会の奉仕者(*女執事)の役職の内容についてさまざまな理解があるにしても，彼女たちが献身的に「主にあって働き」，積極的な使徒活動に携わっていたことは疑いない．キリストの教えが多くの女性の心を捕らえたのは，弱き者への福音であったためばかりではなく，彼女たちにこのような大き自由が与えられていたからにほかならない．

しかし一方でパウロは，「女の頭は男」であり，「女は男の栄光を映す者」，「女が男から出て来た」のであり，「女が男のために造られた」という(1 コリ 11: 2-16)．さらに「婦人たちは教会で黙っていなさい」といい，「律法でもいっているように従う者でありなさい」「何か知りたいことがあったら，家で自分の夫に聞きなさい」と教える(1 コリ 14: 34-35)．同じような文脈で「主に仕えるように，自分の夫に仕えなさい」「教会がキリストに仕えるように，妻もすべての面で夫に仕えるべき」で夫を敬うようにと説く(エフェ 5: 22-24, 33)．これらの女性差別的な言葉は，かつては男性優位の社会秩序を支持する規範として理解され，現在はフェミニスト神学(*女性神学)の視点から反駁されている．しかし当時の習慣や文化，社会状況のなかで宣教するパウロが，良俗や自然に配慮し，改宗者たちの無秩序や熱狂を警戒して，霊的自由を得たならばむしろ「おのおの召されたときの身分のまま，神の前にとどまっていなさい」(1 コリ 7: 24)と戒めたことと関連があると考えられる．彼は時代的制約と順応のなかで，注意深く，しかし大胆に女性のキリスト者の新しく自由な信仰の秩序を唱えたのである．確かに「夫に仕えなさい」の句の前には「キリストに対する畏れをもって，互いに仕え合いなさい」(エフェ 5: 21-22)という主における相互関係が示され，女が男のために造られたというあとでは「男も女から生まれ，また，すべてのものが神から出ている」(1 コリ 11: 12)と究極的な神への従属が主題となっている．「もはや，ユダヤ人もギリシア人もなく，奴隷も自由な身分の者もなく，男も女もありません」(ガラ 3: 28)と明確に男女の平等を表し，「皆，信仰により，キリスト・イエスに結ばれて神の子」(ガラ 3: 26)だからであると信仰の核心を説いたのである．

教会においては男性も女性も完全に対等の権利をもつ．女性は未婚でいても，結婚してもよく(1 コリ 7: 8, 9)，若いやもめが再婚して子を産むのもよく(1 テモ 5: 14)，「信仰と愛と清さを保ち続け，貞淑であるならば，子を産むことによって救われます」(1 テモ 2: 15)と母性を重視しながらも，信仰を具体的な生活のなかで保てば，当時の社会のなかにあっても女性が全く自由であることが述べられる．すなわち，身分などすべてを超える信仰による自由である．

【マリア】キリスト教会のなかで女性を論ずるときに聖母が取り上げられるのは，マリアがすべての信徒・聖人のなかで最も*恩恵に満ち溢れ，最高の地位を与えられているからであり，信徒，特に女性にとってキリスト者の生き方を具現しているからである．処女でありながらイエスの母となるように神からの招きの恩恵を受けたとき，マリアは謙遜と従順な信仰をもって受け入れ(ルカ 1: 26-38)，賛歌を歌って(ルカ 1: 47-55)，神の母となり，キリストの贖いの業の核心に置かれる栄誉を受けた．マリアはシメオンの預言も，神殿で教える 12 歳のイエスの言葉も，カナの婚宴の席での言葉も理解できなかったが，これらを沈黙のうちに心にとどめ，神の言葉に従ったのである(ルカ 2: 34-35, 49; ヨハ 2: 4)．幸いなのはむしろ神の言葉を守る人(ルカ 11: 28)，また私の兄弟・母とは神の言葉を聞いて行う人とイエスはいい(ルカ 8: 19-21; マタ 12: 46-50)，マリアにおいて女性の歩むべき生涯を示し，信じる女性を高めたのである．マリアへの崇敬は弟子たちがイエスの復活を信じて，神の母であることを理解したことに始まる．聖母への崇敬は歴史的に*東方教会を中心としてかなり早い時期に始まっ

ていて，これが後に欧州の文芸・美術に大きな影響をもたらすと同時に，女性に対する尊敬の念の要因となった．しかし，*宗教改革の時代に過度の信心が批判され，受動的な姿だけが評価されてきたことに対して今日では反省が生まれている．しかし，マリアの神の言葉を聞き，母としての愛ゆえに十字架にまで従う勇気と，弟子たちに開かれた生き方は，今日のキリスト教的女性像の重要な構成要素である．

【中世以降】*初代教会の*教父たちは当然，男性と平等である女性の人格の尊厳，結婚の秘跡性，したがって*一夫一妻婚とその不解消性を信じてはいたが，*マニ教の影響から*霊と肉の対立，*新プラトン主義的な精神性の感性に対する優位，肉体蔑視，性欲の罪悪観から逃ることはできなかった．したがって*アウグスティヌスや東方の教父にも女性を危険視する言葉が多くみられる．*アリストテレスを受容した中世*スコラ哲学では女性が欄外に置かれていたといわれる．

しかしギリシア・ローマと異質の北方民族にキリスト教が浸透し，封建制度が確立するにつれてその社会体制のなかでキリスト教的女性観・家庭観が定着していった．当時*修道院が教育の中心であり，特に多数創設された女子修道院は多くの優れた修道女を輩出した．そこでは女性が結婚によらず一人の人間として，また*キリストの花嫁として生きることが高く評価されていたのである．母なる神を語ったノリッジの*ジュリアナ，王・司教・枢機卿に大きな影響を与えたビンゲンの*ヒルデガルト，シエナの*カテリーナ，偉大な神秘家アビラの*テレサ，女子教育のために多くの迫害と闘ったM.*ウォード，また近代では24歳で病没するまで観想的祈りによって全世界に影響を与えたリジューの*テレーズなど，それぞれ神の愛のうちに人格を開花させた女性たちである．このような意味での高い女性観は中世から*ルネサンスを経て花開き，近世でも宮廷文化のなかで欧州独特の文化を作り出していった．

キリスト教神学が聖書のなかの女性の自由と男女平等に気づき，抑圧された女性に自由と人格の尊厳を促進するには，近代社会の人権意識の目覚めからさらに長い年月を要した．父権社会で温存されてきた男性中心の教会組織が，教会の中枢を占めてきたからである．教会そのものが女性を支配する旗頭であるかの感さえあるが，キリストの真理はつねに社会との関わりのなかでみいだされていくものなのであり，教会外部では近代の*啓蒙思想・革命思想によって個人および社会的人権意識が進み，女性も平等の市民的権利意識を主張するようになってきた．さらに産業革命によって生産体制と生活様式が変化し，ブルジョワジーの台頭と同時に，劣悪な生活条件と非人間的搾取に苦しむ貧困階級が出現すると，必然的に女性，特に母親の労働，家庭生活への圧迫，子女の教育などが社会問題化した．このような状況のなかで教皇は，*社会問題と関連する倫理・道徳的問題のために新たな対応を迫られるとともに，伝統的な女性像を守りながら揺れ動いていた．*レオ13世は結婚に関する父権を擁護し，*ベネディクトゥス15世は女性の投票権を支持した．*ピウス11世は男女共学に反対し，*ピウス12世は婚姻における男性の指導的地位を強調した．

【第2ヴァティカン公会議以降】神学的理解が深められて女性への肯定的姿勢が示されたのは，第2*ヴァティカン公会議以降のことである．*ヨアンネス23世の回勅*『パーケム・イン・テリス』は希望に満ちた女性の力に触れ，『信徒使徒職教令』は今日「教会の使徒職の種々の分野においても，女性の参加がより広範囲に及ぶことは，極めて重要である」(9項)という．

また『現代世界憲章』でも人間共同体を述べるときに，万人が基本的に平等であり，社会的・文化的差別のために，今もなお神の意図に反し性差別などがあって「夫を選ぶ自由や身分を選ぶ自由，男性と同様の教育や文化を身につける権利を女性に対して認めない」(29項)のはまことに悲しむべきことであるという．これは教会の民の場合も同じで，「救いは一つ，希望は一つ，愛は分割されることがない」ので，「すべての人が同じ道を進んでいるのではないが」「選ばれた神の民は一つ」であり，「民族，国家，社会的地位，性に関しては何の不平等もない」と明言している(『教会憲章』32項)．信徒はすべて(男女の区別なく)共通の祭司職に招かれていて，世そのものを奉献し，「キリストのからだの建設に関しては，すべての信者に共通の尊厳と働きの真実の平等性がある」(32項)とする．「司教は義務の名であり，キリスト者は恩恵の名である」とアウグスティヌスを引用したように，そこには*聖職者と神の民の残りの者との間に区別はあるが，その関係は奉仕と協力という横の相互関係である．もちろん女性聖職者の可能性についてはフェミニスト神学からの問いかけばかりでなく，多くの神学者も歴史的・聖書的にそれを不可とする根拠はないとしている．しかし*叙階の概念は極めて厳密に規定されていて，現在の教会の公式見解では女性の叙階が肯定されるには至っていない．長い伝統が変革するには，普遍的教会においてそれだけの歴史的必然性が顕在化しなければならないのであろう．

【現在の女性観】このように，女性観は*女性解放の意識から明確化してきたが，現在では性差別否定だけの女性解放論ではなく，むしろ差別を超えるための積極的な女性論となって心理的深みと宇宙論的広がりをもつようになってきている．女性の全人格的構造が実存的に把握されるようになり，女性性が生かされる社会が望まれるようになったのである．そこで取り上げられるのは母性，他者に対する配慮，柔軟性であり，また根源的な生命性と創造性である．女性は魂をもった自分の身体性の深淵を理解すればするほど，絶えず家族・出産といった状況に関わっている自分をみいだす．女性は，他者との関わりのなかで自らが求められていることに気づき，柔軟に対応し，自らの場と人々の場を作り出していく．女性の認識の仕方はこのように感性的・直観的であり，女性は本来，共同体的存在なのである．

女性がこのように自らを*世界内存在として感じるとき，そこには環境に対して自らを開いている女性の姿がある．自然やほかの生物たち，自分を直接取り囲む物質環境でさえも，恣意的な支配・被支配の関係に置くのではなく，すべて神に造られた被造物として共存したいと願い，開かれた喜びを感じる．それは自分の生存のための必要性や欲望ではなく，自己の広がりと充実がもたらされるからである．これが女性はエコロジカルな存在だとされる所以である．このような自然・宇宙的な視野は，かつてヌルシアの*ベネディクトゥスやアッシジの*フランチェスコが説いた生き方，*霊性そのものである．自然環境が楽観を許さないほど危機的状況に陥った今日，初めて生命を大切にし周囲を配慮する女性性の重要性が着目されるようになった．多くの小さな女性グループが始めた環境運動と，人類共存の平和運動は今日の女性の大切な課題といえよう．

このように女性が世界内存在として共同体・世界のな

かにあり，開示と受容，自己放棄と同化を続けながらもなお自己を喪失せず，かえってそのことによって内面性の充溢をみるのは，すべての存在の存在論的根拠である超越者・神に開かれているからであり，絶え間ない霊の流出を受けるからである．それは論理的知識ではなく，分析的認識が不可能な領域であり，人間のもつ神秘性ということができる．

*神秘家のもつ極めて高度に先鋭化された厳密な意味での神秘性は別としても，女性は自らが根源的に作られた存在であることを，したがって絶対者との依存関係をその深淵において感じることができる．たとえそれを概念化，組織化しえなくても，女性は人間の神秘性についての感性をもっている．女性が一般的により宗教的だといわれる所以である．

他宗教でも此岸と彼岸の異次元領域の中間的・媒介的存在として巫女を置くことが多い．また*仏教では教義のなかで女性の占める位置がないにもかかわらず，救いの手を差し伸べている仏像はいずれも女性の特徴をもった中性的存在である．社会に顕在化・意識化されていないことを宗教的預言として語るのはしばしば女性である．超越への開きと全宇宙への感性と呼びうる女性固有の感性は，女性が人類社会へ復権させなければならないものである．

【文献】聖書思 447-450; NCE 14: 991-1000; L. タトル『フェミニズム事典』渡辺和子訳（明石書店 1991）: L. TUTTLE, *Encyclopedia of Feminism* (New York 1986); J. S. ミル『女性の解放』大内兵衛，大内節子訳（岩波書店 1957）: J. S. MILL, *The Subjection of Women* (London 1869); S. ド・ボーヴォワール『第二の性』全5巻，生島遼一訳（新潮社 1953-56）: S. DE BEAUVOIR, *Le deuxième sexe* (Paris 1949); 池上千寿子『アメリカ女性解放史』（亜紀書房 1972）; 水田珠枝『女性解放思想の歩み』（岩波書店 1973）; 松井やより『女性解放とは何か』（未来社 1975）; B. フリーダン『新しい女性の創造』増補版，三浦富美子訳（大和書房 1977）: B. FRIEDAN, *The Feminine Mystique* (New York 1963); 渥美育子『女性文化の創造へ』（ELEC 出版部 1978）; 水田珠枝『女性解放思想史』（筑摩書房 1979）; 森山真弓『各国法制にみる職場の男女平等』（東京布井出版 1979）; 目黒依子『女役割』（垣内出版 1980）; I. イリイチ『シャドウ・ワーク』玉野井芳郎，栗原彬訳（岩波書店 1982）: I. ILLICH, *Shadow Work* (New York 1981); 原ひろ子，綾部恒雄編『女の文化人類学』（弘文堂 1982）; 牛島巖，松沢員子編『女性の人類学』（至文堂 1983）; 青木やよひ編『フェミニズムの宇宙』（新評論 1983）; K. ミレット『性の政治学』藤枝澪子他訳（ドメス出版 1985）: K. MILLETT, *Sexual Politics* (New York 1970); J. ドノヴァン『フェミニストの理論』小池和子訳（勁草書房 1987）: J. DONOVAN, *Feminist Theory* (New York 1985); 荻野美穂他『制度としての〈女〉』（平凡社 1990）．　　　　　　　　　　（川中なほ子）

じょせいかいほう　女性解放〔英〕women's liberation, 〔独〕Frauenemanzipation, 〔仏〕libération des femmes　女性の解放とは，女性であるために置かれている非人間的抑圧の状況から女性を解放し，人間としての尊厳と自由を回復させることである．女性の権利および両性の平等についての最初の主張は，18世紀末の*フランス革命初期に遡る．理論的にはいわゆる「理性の時代」の*啓蒙思想によるもので，一定の自然権を基盤として*政治哲学を展開させると，それは万人，す

なわち女性にも及ぶとして，そのために女性を無知から解放しようというものであった．これがやがて19世紀の女性の諸権利要求の運動へと発展していった．その社会的背景には産業革命によって家庭から切り離された仕事の出現があり，家父長が君主から*私有財産を守ろうとするとともに，女性も夫と平等な人間として夫への隷従からの解放を主張したのである．それがJ. S. *ミルの『女性の解放』の刊行，テイラー（Harriet Taylor, 1808-58）の女性の参政権獲得の主張である．また，結婚・離婚法廃止の提案がなされ，やがてパンクハースト（Emmeline Pankhurst, 1858-1928）の女性社会政治同盟の設立ともなった．

先にバハオーフェン（Johann Jakob Bachofen, 1815-87）が母権制の理論を唱えたが，男女平等と母性について多くの影響を与えたのはケイ（Ellen Key, 1849-1926）である．母性保護の立法をめぐっては日本でも青踏派の平塚らいてう（1886-1971）や与謝野晶子（1878-1942），山川菊栄（1890-1980）の論争が大きな反響を呼んだ．またフェミニズムと平和主義を結びつけたアダムズ（Jane Addams, 1860-1935）によって第1次世界大戦に先立って平和運動も起こり，そのための女性の国際連盟も設立された．

資本主義社会の大きな弊害をみたマルクス主義者たちも，女性を疎外された弱者とみなし抑圧的支配階級からの解放を唱えた．労働の対象化，商品・剰余価値の男性支配を否定して家庭において階級闘争を展開し，解放された女性の社会的再構築を唱えたのである．

『性の政治学』を書いたミレット（Kate Millett, 1934-　）などによって男性至上論は否定され，女性を潜在的な劣等意識から解放しようとする試みが続いた．実存主義的な立場から女性が『第二の性』ではなく，可能性へ自己投企できる自由な存在でなければならないと主張したのは*ボーヴォワールであった．

このように法律面での権利主張から女性解放運動は生活・文化面へと広がりをみせ，女性に固有な価値，生命性，非暴力，直観的知覚，全体性を主張するようになってきた．これは女性を疎外的シャドウ・ワークの担い手に陥れた近代産業主義への反対となって*イリッチのヴァナキュラー・ジェンダー論を生んだ．また同じように男性＝近代文明，女性＝自然という図式にのっとって，自然や身体の復権を求めるエコロジカルな女性性回復運動も生まれ，自然食や生協運動という形をとってきている．前者はアメリカでは女性の性差肯定として解放運動とみなされていないが，日本では広く人間性の回復として受容されてきた．

ウーマン・リブは1960年代に北米で始まった女性解放運動のことで，全米女性機構 NOW（National Organization for Women）に代表される主流派と，公民権運動や反戦運動から生まれた過激な新左翼運動を含む．黒人や第三世界とともに自らを解放するという意味で広く普及し，現在多様な形で世界的な規模の運動となっている．当初『新しい女性の創造』で登場したフリーダン（Betty Friedan, 1921-　）は NOW の創立者・会長をしていたが，1980年代以降はむしろ男性と協力して人間解放へ向かうべきだという新保守主義へと転向した．女性解放の思想はますます一般社会に定着し，雇用の平等やキリスト教会内でもフェミニズム神学（*女性神学）を生む結果となっている．

【文献】L. タトル編『フェミニズム事典』渡辺和子訳（明石書店 1991）: L. TUTTLE, *Encyclopedia of Feminism*

(New York 1986); 以下の文献に加え，女性の項の文献も参照．井上輝子，上野千鶴子，江原由美子編『日本のフェミニズム』全7巻（岩波書店 1993-95）; 上野千鶴子『家父長制と資本制』（岩波書店 1993）; 同『近代家族の成立と終焉』（岩波書店 1994）; 福島瑞穂『結婚と家族』（岩波書店 1994）; 原ひろ子他編『ジェンダー』相関社会科学2（新生社 1994）.　　　　　　　　　　（川中なほ子）

じょせいしんがく　女性神学　〔英〕Feminist Theology, 〔独〕Feministische Theologie　女性神学（フェミニスト神学）は，神学の一つの方向であり，諸種のキリスト教会のなかで，女性が意識を高めていくプロセスである．もっともそのプロセスは，その基本的関心において宗旨を超えた性格をもつ．1960年代の後半に，アメリカで成立したもので，主として，アメリカ，オランダそしてドイツがその拠点となっている．女性神学は，（宗旨とは無関係の）フェミニズム運動および*解放の神学そして公会議への反発を重要な契機としている．女性神学が依拠する聖書の言葉は，ガラテヤ書3章28節の次の言葉である．「そこではもはや，ユダヤ人もギリシア人もなく，奴隷も自由な身分の者もなく，男も女もありません．あなたがたは皆，キリスト・イエスにおいて一つだからです」.

女性神学は，神学の一部門としてではなく，今まで一方的に男性色に彩られた神学を，全体として矯正するための働きかけを目指すものである．そのためには，女性たちの信仰の体験が，自分たち独自の表現をもち，新しい重点を置き，さらに，まだ意識されていないにせよ，忘れられてしまったにせよ，信仰の現実とその告知を意識しなくてはならないとしている．

女性神学は，（個々において立場が異なるが）神学の全領域に関わるものだが，特に次の諸点を取り扱う．

【神の像】キリスト教の歴史において，ますますはっきりと男性的に作り上げられてしまったために，このように一面的に男性的特徴を帯びた像は速やかに修正される必要があるとする．すなわち，旧約聖書の言語においてすでに，父なる神の像と並行して，母なる神の像がみられるように（両者ともに，擬人的な像にすぎないのであるが），神は男性的であると同時に女性的特性をも具えている．しかし修正を要するのは，この厳然とした神＝父の関係だけではなく，それと関連して，父権的に作り上げられた神の像なのである．それによれば，神は支配者として絶対視され，権力の座がその特徴となっているからである．最終的には，男・女の図式を超えた，より包括的な神の像を表現するような像を，どのように選ぶかが問題となってくる．この点に関して，女性神学はダイナミックな存在としての神を強調する．

【三位一体の教理】これは神の多様性を表現するものであるが，女性神学においては新しい意味をもつ．三つの位格（*ペルソナ）のうちで，特に*聖霊（この概念にあたるヘブライ語の「ルアハ（rûaḥ）」は女性形である）は，女性的機能をもつとされる．聖霊は，生命，愛そしてコミュニケーションを体現する．神は共同体であり，個の孤立を打開するものである．それゆえに女性神学においては，聖霊神学が再び大きな意味をもってくる．

【マリアの役割】（カトリック側からだけでなく）女性神学によって*マリアの役割は見直されている．マリアは預言者的伝統のなかで生き，救いの業の女性的面を体現する．マリアは，イエスの生涯の全体に関わっている．このことから，マリアの救済論的および解放的意義が特に重要になる．このような関連でみると，*マリアの歌は新しい比重をもつ．

【イエス】男・女を統合した，全き人間存在の範としてのイエス，およびイエスの女性との交流は，新たに重要になる．当時の歴史的な背景に照らしてみれば，それは革命的であったとすらいえる．イエスは，宗教的・社会的な因習の圧迫から女性たちを救い出し，彼女たちに人間存在の道，および他との関わりにおける新しい能力の可能性を指し示した．これにより，地上の人，ナザレのイエスは人間そのものとして，また種々の人間との交わりにおいて，あらためて考察され，告知されるべき中心人物となった．このようにイエスの人間的側面を強調することで，神学において誇張されがちであった「支配者的」キリスト論が是正されたといえる．

【教会における女性の地位】男性によって一方的に規定されてきた教会像は，女性の関心，体験，方向性を採り入れることにより，つまり女性の創造性や自発性を活かす場をより多く設けることにより，修正されなければならない．女性神学は（カトリック教会における）司祭職からの女性の排除を問題視し，さらに教会の職務への女性の参加を目標の一つとみなしている．教会のなか，および神学研究の場において，決定の過程から女性が排除されていることは，同様に克服されなければならない一段階であるとみなされる．しかし教会において，女性にふさわしい場が提供されるか否かが問題なのではなく，それを通じて，現実の教会のなかに人間存在の全体が可視的になることが問題なのである．

【文献】R. R. リューサー『マリア』加納孝代訳（新教出版社 1983）: R. R. Ruether, *Mary, the Feminine Face of the Church* (Philadelphia 1977); E. ゴスマン『フェミニズムとキリスト教』岡野治子他訳（勁草書房 1984）: E. Gössmann, *Die streitbaren Schwestern. Was will die Feministische Theologie?* (Freiburg 1981); E. モルトマン・ヴェンデル『乳と蜜の流れる国—フェミニズム神学の展望』大島かおり訳（新教出版社 1988）: E. Moltmann-Wendel, *Das Land wo Milch und Honig fließt. Perspektiven einer feministischen Theologie* (Gütersloh 1985); M. Daly, *Beyond God the Father* (Boston 1973); E. Moltmann-Wendel, *Freiheit, Gleichheit, Schwesterlichkeit* (München 1977); C. J. M. Halkes, *Als vrouwen aan het voord komen* (Kamen 1978); Id., *Gott hat nicht nur starke Söhne. Grundzüge einer feministischen Theologie* (Gütersloh 1980); Id., *Zoekend naar wat verloren ging* (Baarn 1984); C. Schaumberger, M. Maassen, eds., *Handbuch Feministische Theologie* (Münster 1986); U. Gerber, *Die feministische Eroberung der Theologie* (München 1987); D. Sölle, *Und ist noch nicht erschienen, was wir sein werden. Stationen feministischer Theologie* (München 1987).

（I. アッカーマン）

しょせいじんのさいじつ　諸聖人の祭日　〔ラ〕Sollemnitas omnium sanctorum, 〔英〕All Saints' Day, 〔独〕Allerheiligenfest, 〔仏〕(fête de) Toussaint　すべての*聖人を記念して祝う11月1日の*祭日．日本ではかつて「万聖節」と呼ばれた．古代東方ではすでに4世紀にすべての*殉教者を記念する慣習があり，シリアの*エフラエムによると5月13日が祝日だった．*ヨアンネス・クリュソストモスは，*アンティオケイアで*聖霊降臨後の主日が諸聖人祭であったことを伝え，これは

しょせいじんのつうこう

今日 *ギリシア正教会で守られている. *東シリア教会では *復活祭後の金曜日があてられていた. ローマには以上の三つとも伝えられたが, 教皇 *ボニファティウス4世(在位608-15)は特に5月13日を定めた. これは, 609年ないし610年のこの日に皇帝から譲られたパンテオン(万神殿)を処女 *マリアとすべての殉教者のために献げて教会堂としたことを記念する意味もあった. 8世紀の教皇 *グレゴリウス3世が *サン・ピエトロ大聖堂に殉教者だけでなくすべての聖人のための小聖堂を設けさせたことも, 後の諸聖人祭の形成に一役買っている. 11月1日を祭日とする慣習は8世紀のイングランドやアイルランドに初めてみられ(ヨークの典礼暦など), 9世紀には教皇 *グレゴリウス4世の要請を受けて, 皇帝 *ルートヴィヒ1世がフランク王国全土にこれを義務づけた. 当初から徹夜祭(→徹夜)が行われ, 15世紀末からは *8日間の祝いをもったが, 1955年の改定で両方とも廃止された. 現在の諸聖人のミサの聖書朗読箇所は, 黙示録(7: 2-4, 9-14), 1 ヨハネ書(3: 1-3), マタイ書(5: 1-12a)である.

【文献】J. PASCHER, *Das liturgische Jahr* (München 1963) 708-709; A. ADAM, *Das Kirchenjahr mitfeiern* (Freiburg 1979) 188-89. 　　　　　(石井祥裕)

しょせいじんのつうこう　諸聖人の通功　→ 聖徒の交わり

しょせいじんのれんがん　諸聖人の連願　〔ラ〕litaniae sanctorum,〔英〕litany of the saints,〔独〕Allerheiligenlitanei,〔仏〕litanies des saints　*典礼で公式に使用される *連願のうち, 特に諸聖人の取り次ぎを願う祈りの形式をいう. 4世紀末の小アジア・ギリシア語圏の教会での慣習に端を発し, 西方には7世紀以降伝来した. やがてキリストへの連願および意向を唱える連願と組み合わさって, ひとまとまりをなす形式が整えられた. 普通はこれを「諸聖人の連願」と呼んでいる. 現在の形では, 導入の「あわれみの賛歌」の連願が唱えられた後に, 第1部で諸聖人の名を呼び, 「われらのために祈りたまえ」と願う. 呼ばれるのは「神の母聖マリア」をはじめ大天使や主な聖人で, さらに洗礼名の聖人や教区や修道会ゆかりの聖人の名を入れることもできる. 第2部はキリストによる救いの秘義をたたえて「主よ, われらを救いたまえ」と繰り返す部分, 第3部は共同祈願的な意向を唱えて祈る部分である. 現在は, 主に, *復活徹夜祭での洗礼水の祝福(→洗礼)の際や叙階式, 処女奉献式, 誓願式などで唱えられる(『典礼聖歌』343参照).

【文献】RGG³ 4: 387-88; LThK² 1: 348-49; H. B. MEYER, ET AL., eds., *Gestalt des Gottesdienstes*, GDK 3: 215.
　　　　　(石井祥裕)

ジョセフ〔パリの〕François Joseph Le Clerc du Tremblay　(1577.11.4-1638.12.18)　フランスの聖職者で, 政治的活動家. *パリに生まれ, リュエユ(Rueil)で没す. 1599年 *カプチン・フランシスコ修道会に入る. 1617年にカルヴァリオ姉妹会の改革に手を貸し, 西部, 南部のプロテスタントの改宗に専念した. イタリアのマントヴァ公の継承問題にあたって, フランスのヌヴェール公を推してその実現に努めた. 1625年, カプチン会の宣教責任者となり, カナダやモロッコ, 近東に宣教団を送った. その前年, 終生彼に対して尊敬の念を忘れなかった *リシュリューの顧問となり, 外交問題に指導的役割を果たした. ペール・ジョセフの名で親しまれ, リシュリューの懐刀として「陰の枢機卿」(Eminence grise)と呼ばれた. 早くから *十字軍の構想にとりつかれ, ローマ教皇を含む有力者に精力的に働きかけた. 対 *ハプスブルク家の戦いにも献身し, 1630年には *レーゲンスブルクの帝国議会にフランスを代表して出席した. 彼は, *フェルディナント2世とマントヴァ問題について協議し, カトリックであるバイエルンのマクシミリアン(Maximillien, 1597-1651)と和睦して, 地方皇帝との全面的平和,「レーゲンスブルクの和議」を結んだ.

パリのジョセフ　(ÖN)

　　　　　(磯見辰典)

ジョセフひこ　ジョセフ彦　Heco, Joseph　(1837.8.21-1897.12.12)　彦蔵, 彦太郎. 兵庫県加古郡播磨町古宮の農家に生まれる. 1850年(嘉永3)*江戸から船で戻る途中, 嵐に遭い漂流して50日後, アメリカ船オークランド号に救助され, *サンフランシスコまで行く. 日本に戻るため *マカオまで行ったが, 再びアメリカへ戻って *ボルティモアのカトリック学校で勉強し, 1854年洗礼を受けた. 1858年アメリカに帰化した. 鎖国後に最初に公に洗礼を受け, また最初にアメリカに帰化した日本人である. 1859年(安政6)神奈川領事館で通訳として勤めるため *長崎に上陸し, 6月30日神奈川に到着した. 1861年アメリカに帰り, 翌1862年 *リンカーン大統領を訪問. 同年(文久2), 再び横浜へ行き, 1864年『海外新聞』を発行, 日本の新聞の父と呼ばれる. 1867年(慶応3)長崎に行き, 木戸孝允(1833-77)と伊藤博文(1841-1909)を訪ねる. その後神戸に移り, 1888年健康がすぐれず東京に移り住むことになった. 1895年自伝『アメリカ彦蔵自伝』(The Narrative of a Japanese)を完成. 東京で没す.

【邦訳】中山努, 山口修訳『アメリカ彦蔵自伝』全2巻(平凡社 1964).

【文献】近盛晴嘉『ジョセフ・ヒコ』(吉川弘文館 1963).
　　　　　(結城了悟)

しょだいきょうかい　初代教会　ここでは初代教会を, *使徒時代の教会と, そのとき形成された伝統が信徒共同体の維持統合に主導的であった2世紀末頃までの教会として捉えることにしたい. 3世紀からは各種の新しい動きが教会内に発生し, 使徒以来の伝統も新たな形に発展し始めるからである. 創立期の教会を知るためには新約聖書が最も重要な史料であるが, *ルカがギリシア人のために書いた *使徒言行録は原始キリスト教の一側面を主として描いているだけなので, それを補うために新約聖書の他の文書や旧約聖書, *死海文書, ならびに *『十二使徒の教訓』その他のユダヤ・キリスト教系の文書, 教会外の歴史書なども参照しながら, 総合的に史実を理解することに努めたい.

【キリストによる教会創立の地盤】キリスト時代のユダヤ教中枢部は，*エルサレムの神殿祭儀とその収入をほとんど独占していた*サドカイ派も，聖書の合理的解釈と聖書から法規を導き出すことに没頭し，民衆の宗教教育と*会堂での礼拝の指導とを独占していた*ファリサイ派も，ごく一部の例外を除き，余りにも世俗の権勢・権利・慣例などをめぐる勢力争いに関与して，自由な愛の神の働きに対する心の感覚を鈍化させ，人間中心の形骸化した信仰生活を営んでいた，とみてよいであろう．

自分と考えの異なる者を排斥する，そのような党派的宗教家のいうことに心の渇きを癒やされない民衆は，荒野で預言者の信仰精神を大切にしながら黙々と*メシアを待望し，修道的共同生活を営んでいた*エッセネ派に，しだいに強く引かれるようになった．このような社会的空気を吸って成長したキリストは，民衆のその宗教心を地盤にして，*ユダヤ教を根底から刷新する新たな信仰者共同体の創始に努めたが，これは人間の側から神に向かって清く生きようとするエッセネ派の生き方とは異なり，むしろまず神の救う働きを体験し，自分をその働きの奉仕者・器のように，また神を自分の人生の主役のようにして生きようと努める，全く新しいタイプの生き方と神の支配（*神の国）とを全人類に広めようとするものであった．

【家庭的共同体と社会的共同体】社会の基礎は家庭にあり，社会の成員は家庭のなかで造られるが，キリストも社会的教会共同体の創始に先立ち，まず家庭的な信仰者共同体の育成に努め，死去の直前には母*マリアを*ヨハネに託しヨハネをマリアに与えて，結婚や血縁によらない新しいタイプの家庭的共同体を創始した．この信仰者共同体は，キリストの復活後には急速に増大したが，使徒たちも皆「婦人たちやイエスの母マリア，またイエスの兄弟たちと心を合わせて熱心に祈っていた」（使1：14）という表現から察すると，神の愛による一致であるこの私的共同体では，女性が大きな地位を占めていたのではなかろうか．後述するヨハネ的教会像とも関係が深い．

この家庭的共同体を基礎にして，まもなく男性優位の社会的共同体が生まれた．すでに*五旬祭の前に*ペトロは*十二使徒の欠員を補足する必要性を強調して*マティアに使徒職を継がせたが，このように外的形態や法規や外部社会との関係などを重視するのが社会的共同体の一特徴で，何よりも内的精神を重視する前者とは対照的に異なっている．五旬祭の劇的な*聖霊降臨によって誕生したといわれているのは，この社会的の教会共同体である．

【ユダヤ・キリスト教とヘレニスト・キリスト教】この五旬祭直前頃に120人ほどとされていた信徒数は，聖霊降臨直後に約3,000人に，しばらくして約5,000人に増えたが，教会がユダヤ社会内ではその後も少数者グループと思われていることから察すると，聖霊降臨直後の入信者の多くは，エッセネ派の人々であったと思われる．

聖霊降臨後のペトロたちは，初めはイエスの復活の証人として，メシアを死刑にしたユダヤ教指導層からの迫害も恐れずに，*奇跡をなす神の力にも支えられながら，ユダヤ人たちに*回心を勧める説教を続けたが，ファリサイ派の*ガマリエルが*最高法院で，その活動が神からのものであるか否かを慎重に見定めるよう提言した頃から，当時のユダヤ社会の価値観に順応して，*律法を模範的に遵守しようと努め始めたようである．彼らが律法を遵守しているかぎり，最高法院ではファリサイ派を味方にしうると思われたからでもあろう．こうしてユダヤ教と仲良く共存し，その社会的枠内でイエスの言葉に従う信仰生活がユダヤに定着して，信徒数も増加した．彼らはすべてのものを共有にし，毎日心を一つにして神殿に詣で，*パンを裂く式（*エウカリスティア）は個人宅で行っていた．律法遵守のこのような教会を，ここではユダヤ・キリスト教と呼ぼう（→ユダヤ人キリスト者）．そこではペトロよりも律法に通じていたと思われる使徒*ヤコブが，しだいに指導的*監督の地位を占めるに至った．

これに対して，ユダヤ以外の異教国に住むユダヤ人入信者たちはメシア信仰による律法遵守からの脱皮を志向し始め，ペトロらによってこの人たちの指導を委ねられた7人の一人*ステファノは，エルサレムの会堂でそのような見解を主張したために，同じく異教国出身のファリサイ派律法学者サウロにより訴えられて殉教した．サウロはその後も，律法を厳守しようとしないヘレニスト・キリスト教に対する迫害に奔走し，多くの信徒はエルサレム以外の地へと離散したが，律法を遵守していた使徒たちは，エルサレムにとどまることができた．離散した信徒たちにより，キリストの福音は*サマリアやその他の地方にも伝わったもので，ペトロとヨハネたちは，それらの地方教会とエルサレム教会との一致のために尽力する新しい使命を担うに至った．

【使徒パウロの宣教の地盤と特徴】サドカイ派大祭司の支持も得て，*ダマスコにまで*異邦人キリスト者を捕らえにいった迫害者サウロは，復活したキリストの示現に接して回心すると，キリストがメシアであると主張したが，迫害されて3年間ほどアラビアに退いた．サウロはそこにいる間に神から数々の*啓示を受け，その啓示の真実を確認するためか，2週間ほどエルサレムを訪れ，キプロス生まれの*バルナバの紹介で使徒ペトロとヤコブに会ったが，まもなく故郷*タルソスに退いた．

その間にヘレニスト・キリスト教はオロンテス河畔の*アンティオケイアに伝わって盛んになり，信徒はここで初めて「キリスト信者」（〔ギ〕Christianoi）と呼ばれたが，エルサレム教会はバルナバを派遣して，アンティオケイア教会との一致結束を固めた．このバルナバに連れ出されてアンティオケイアで一緒に働いたサウロは，紀元47年頃からバルナバとともに，キプロス島を経て小アジアへの第1回宣教旅行をなした．そしてこの旅行を機に，自分のローマ名*パウロを名のるようになった．二人は，この*宣教で体験した神の働きに基づき，異教からの改宗者が*割礼を受けずに，ユダヤ教から完全に独立した信徒共同体を形成するのを認めてくれるよう，使徒たちの主宰するエルサレム教会に願い出た．二人の宣教活動のうちに神の新しい働き方を認めた同教会はそれを承認し，ここにキリスト教がユダヤ教から完全に脱皮する道が大きく開けるに至った．

パウロは，その後バルナバと別れ，なおも小アジア・マケドニア・ギリシア諸都市への第2回，第3回宣教旅行に挺身して各地に信徒共同体を創立し，やがてキリスト教がこれらの地方で栄える基礎を築いた．ちょうど異教社会では商工業の発達で人口の流動化が進み，祖国愛のない個人主義や伝統的慣例に批判的な合理主義が風靡して，異教の祭典が衰微したり，性生活が乱れたりしていたが，力強く教え導く神への憧れからか，各地のユダヤ教の会堂での礼拝に参加する異教徒が多かった．それで，使徒パウロが，主キリストからの使者としてそのような会堂や地方都市の広場などで公然と新しい教えを説

しょだいきょうかい

き，どんな迫害にも屈せずに信仰者の明るい確信と内的力を明示したり，知識人や地元有力者とも堂々と論じ合ったりするのをみて，この人の説く神こそ我々が必要としている神だ，という印象をもつ者が多かったのではなかろうか．彼が貧しい巡回宣教師として相手に依存しながら教え，福音を「救いを得させる神の力」（ロマ1:16）としてその地の文化や社会に適応させたことも，その地の出身者が自主的に運営する信徒共同体を創立して回ったことも，大きな魅力であったことだろう．

キリスト信仰に生きる優れた聖書学者パウロが，異教からの改宗者向けに，キリストの福音の新しさと深遠な本質を大胆に解説した教えは，後世のキリスト教神学への道を開いた貴重な労作であることも，注目に値する．

【エルサレムの滅亡と教会の国際化・多様化】紀元49年に*クラウディウス帝がローマからユダヤ人を追放すると，以前からの根深い反ローマ感情がユダヤ人の間に爆発的に広がり，ユダヤのエッセネ派やキリスト教信者をも，またユダヤ教の会堂礼拝に参加していた多くの異教徒をも，ローマに対する反抗に加わらせようとする過激な運動が，エルサレムを中心として展開されたようである．ユダヤ・キリスト教内部にはその動きに賛同する過激派も少なくなかったのか，使徒パウロは，第2回宣教旅行のとき以来，エルサレムから来たそのような信徒たちに迫害され，慎重に対処していたと思われる初代エルサレム司教ヤコブも，62年に大祭司の憎しみを受けて神殿の凸壁から突き落とされ，石殺しされた．しかし，過激派の牛耳るエルサレムが70年にローマ軍によって滅ぼされたとき，キリスト教会はユダヤ教会から完全に解放されて，自由に*世界宗教への道を模索し始めた．

早くからユダヤ教の会堂が比較的多く分布していた小アジアならびにエジプト以東のオリエント諸地方では，一般に各個人の祈りと実践と清さを重視するユダヤ・キリスト教の名残が濃厚なキリスト教が普及したが，ユダヤ人があまり存在しなかったギリシア系のパレスチナ沿岸諸都市とアンティオケイア，ならびに小アジア北中部のギリシア系諸都市，およびギリシア以西の地方では，ペトロの権威を大切にし，各地のキリスト教会の世界的交流と一致を尊ぶ傾向がみられる．これらの地方では，監督（*司教）のもとでの*執事（*助祭）制度と合議的*長老（*司祭）会制度も比較的早く確立され，一般に信仰者集団を新しい「*神の民」（1ペト2:10）として捉え，司教のもとで団結を強化しようとする権威主義的傾向が強い．

これに対して小アジアのヨハネ・グループは，ヨハネ福音書その他から知られるように，真の牧者キリストの声に聞き従う群れや，キリストの幹に内的につながっていることによってのみ実を結ぶぶどうの枝などの譬えに象徴される内的・本質的な教会像，または草の根運動的教会像を重視し，主がペトロに委ねた権威を愛の奉仕的司牧権と理解して，ローマ司教の権威を強調する動きに対しては睨みをきかす反骨精神を示していたようである．

【グノーシス主義の流行と教会側の対応】ヘレニスト・キリスト教，ならびにユダヤ人在住者の少ないギリシア・ローマ系諸都市の教会は，一般に*ローマ帝国の官憲や異教社会との摩擦および誤解をなるべく回避するように努めており，ただ1世紀後半に皇帝側の特殊事情から発生した*ネロ帝と*ドミティアヌス帝からの*迫害を短期間経験しただけであったが，ユダヤ・キリスト教とその名残を濃厚にとどめている地方の教会は，ローマを悪魔の拠点である「バビロン」（黙18:3）のようにみなして，ギリシア・ローマ社会ともなるべく交わらずに清く生きようと努める傾向が強く，社会に閉ざされたこの特殊集団のような信徒がその数を増した2世紀初頭頃から，オリエント諸地方では一般社会からの突発的迫害が頻発した．

ユダヤ・キリスト教の名残が強いこの同じオリエント諸地方のキリスト教は，同時に1世紀後半から*グノーシス主義の温床にもなり，キリスト教会の*位階制や星辰の規則的運動に神聖な社会秩序の範型をみるローマ人の世界観に批判的なこの地方の反体制的知識人の間には，星辰界を含む被造世界全体を神に敵対する悪とみなし，人間本来の神的本性についての知識（*グノーシス）を与えられて覚醒した魂は，この被造世界の汚れを避けて至高の神の世界に帰還すべきだと唱道する，二元論的宗教思想が広まった．彼らは，イエスが人々の聞く力に応じて多くの譬えを語り，弟子たちにはひそかにすべてを説明したこと（マコ4:33-34）などを引用して，自分がそのようなひそかな説明の知識を授かった「霊の人」であるかのようにふるまっていた．しかし，被造世界全体を否定的に評価し，人間の魂を*被造物ではなく神と同質のものと考えたり，人間の肉体を卑しい被造物として軽視して，キリストの*受肉を否定する*キリスト仮現説に傾いたりするこのような思想は，キリストの福音を歪めてしまう毒素を秘めていて，まだ神学思想が確立していなかった初代教会にとっては，甚だ危険であったと思われる．パウロが*テモテに避けるよう警告している知識（1テモ6:20）も，ヨハネが*アンティキリストまたは偽り者と呼んで退けている者（1ヨハ2:18-23）も，初期のグノーシス主義に属するものであろう．

このような思想が2世紀の前半から後半にかけて急速に各地の教会内に広まったり，その代表的思想家の一部がローマにまで来てその思想を広めたりすると，正統信仰の司教たちは互いに情報を交換し合って，グノーシス主義者を教会内から排除するよう一致して対処するとともに，各信仰共同体がそれぞれの正統司教の権威のもとに固く団結し合って生きるよう指導した．また自分の思想に都合のよいものだけを新約聖書として認めようとするグノーシス主義者の動きに対しては，2世紀中葉のローマ司教が，ほぼ現行の新約聖書を聖書として認定した．

【グノーシス主義の排除】しかし，教会からのグノーシス主義の排除に最も大きな成果をあげたのは，リヨンの司教*エイレナイオスの神学的著作活動であった．彼はその著『異端反駁論』のなかで，(1) 4世紀になっても混同されることの多かった神の子ロゴスと*聖霊とを，「神の両手」として明確に区別した*三位一体論を説いていること，(2) 完全な人間は肉と魂と霊との3要素が一つになり，神との類似性を得て初めて実現すること，(3) 創造されたばかりの幼児性からまだ抜け切れない原初段階で蛇にだまされ神から離れた人間も，神により長い年月をかけて教育され，霊による神との類似性に達しうること，また肉体も霊によって教育され復活して，*永遠の命に入りうること，(4) 神の子は処女地の土から肉体を受けた*アダムの血を受け継ぎながらも，その罪の修復のため処女から生まれるという類似性をもつべきであったことなど，多くの注目に値する議論を展開して異説を反駁したが，これはその後，教会内に神学が盛んになる素因となった．

(青山玄)

ショータール　Chautard, Jean-Baptiste
(1858. 3. 12–1935. 9. 29)　フランスの厳律シトー会修道院長．ブリアンソン（Briançon）に生まれ，19歳でエグベル（Aiguebelle）の*厳律シトー会に入り，1884年司祭に叙階され，1897年にシャンバラン（Chambarand）の修道院長に選ばれる．*フランス革命の後，同会の手を離れていた*シトーの修道院を取り戻す．1899年セット・フォン（Sept-Fons）の修道院長に選任される．以後36年にわたって同修道院の指導にあたり，多くの子院を設立．その霊的指導は，*ベネディクトゥスとクレルヴォーの*ベルナルドゥスの流れを汲む古典的で，単純かつ力強いものであった．1900年代，フランス政府と修道会との対立の時期に，男女厳律シトー会の権利を擁護し，紛争を鎮めるよう努め，時の首相クレマンソー（Georges Benjamin Clemanceau, 1841–1929）からも高く評価される．多くの霊的著作を著したが，特に『使徒職の秘訣』(L'âme de tout apostolat, 1910) は広く読まれ，各国語に翻訳されている．1930年(昭和5)，極東の子院巡察の際に来日．
【主著邦訳】山下房三郎訳『使徒職の秘訣』(ドン・ボスコ社 1966)．
【文献】キ人 744–45; Cath. 2: 1030.　　　(J. ベジノ)

ジョック　→ カトリック青年労働者連盟

ショット　Schott, Anselm
(1843. 9. 5–1896. 4. 23)　ドイツの*典礼運動に寄与した典礼学者，ベネディクト会司祭．ヴュルテンベルク州のシュタウフェネク（Staufeneck）に生まれる．洗礼名はフリードリヒ・アウグスト（Friedrich August）．1867年，ロッテンブルク（Rottenburg）教区の司祭として叙階され，翌年，*ボイロン修族ベネディクト会の修道院に入り，その後*マリア・ラーハなど，各地のボイロン系修道院の創設に協力．1884年に，ラテン語・ドイツ語対訳の信徒用ミサ典礼書（Meßbuch der heiligen Kirche）を発行した．やがてこれは「ショット」という名で親しまれ，ドイツ語圏の会衆用ミサ典礼書を代表するものとなった．ドイツの典礼運動の推進に果たした役割は大きい．
【文献】LThK³ 9: 242–43; NCE 12: 1178.　(石井祥裕)

ジョット　Giotto di Bondone
(1267頃–1337. 1. 8)　イタリアの画家，彫刻家，建築家．コレ・ディ・ヴェスピニャーノ（Colle di Vespignano）の生まれ．初期活動に関して学者間の意見は一致しないが，一般には，*アッシジのサン・フランチェスコ聖堂上堂の『イサク伝』と『聖フランチェスコ伝』は，1296–1300年頃の彼と彼の工房作とみなされる．その特徴は，平面分割による画面構成と，*カヴァリーニ風の量感ある人物描写にある．1300年には*ローマで*聖年のための壁画を制作．1303年以降，*パドヴァのスクロヴェーニ礼拝堂に，高度な透視画法で構成した三次元的空間のなかに色彩豊かで彫塑的な人物像を調和よく配して，品格ある物語絵（マリア伝，キリスト伝，美徳と悪徳の寓意像，公審判）を描いた．その後ローマ，リミニ（Rimini），パドヴァで再び制作．フィレンツェの*サンタ・クローチェ聖堂内ペルッツィ礼拝堂の1322年頃の『洗礼者聖ヨハネ伝』と『福音記者聖ヨハネ伝』の力強く雄大な構想は，*ミケランジェロをはじめとする後世の芸術家たちの研究の対象となった．隣接するバルディ礼拝堂の『聖フランチェスコ伝』制作には，弟子が大幅に参加した．1327年に医薬業者組合に加入．1333–34年*ナポリで制作．1334年4月，フィレンツェの大聖堂および要塞の建築を委託され，同年7月鐘塔に着手．翌年*ミラノに赴きヴィスコンティ（Azzone Visconti）のために制作．フィレンツェ帰国後まもなく没した．前述のフレスコ画以外に，テンペラ技法による荘厳な祭壇画も多数手がけた．同時代の文学界での刷新者であった*ダンテ，*ペトラルカ，*ボッカッチョと彼らに続く著述家たちは，位階的で形式的に硬化していたイタリアのビザンティン様式を脱し，人間の心理や感情を的確に描写し，生き生きとした実在感に富んだ物象の描出に傑出したジョットを絵画の真の改革者としてあげて称賛している．*チマブエが彼の師といわれている．

ジョット『陰府のキリスト』(AKG)

【文献】14世紀から1982年までの文献については次の2資料を参考．R. SALVINI, C. DE BENEDICTIS, *Giotto: Bibliografia*, 2 v. (Roma 1938–73); C. BRANDI, *Giotto* (Milano 1983).

その後の出版物としては，*Studi sullo stato di conservazione della Cappella degli Scrovegni in Padova*, Bollettino d'Arte, Serie speciale 2 (Roma 1982); L. BELLOSI, *La pecora di Giotto* (Torino 1985); G. BONSANTI, *Giotto* (Padova 1985).　(若山映子)

しょとくぶんぱい　所得分配　〔英〕income distribution, 〔独〕Einkommensverteilung, 〔仏〕répartition des revenus
【所得】所得は個人，家計あるいは企業に入ってくる収入であり，貨幣経済の社会では貨幣単位で示される．ストックとなる資産とは区別され，ある期間に入ってくるフローの価値額である．

基本的には所得は，広義の生産への参加から生じ，生産の成果の分け前となる．したがってこの所得は，別言すれば生産に必要な生産要素への代価であり，そのため要素所得といわれる．そして，一定期間に一国の国民の受け取る要素所得の総計がいわゆる国民所得であり，これは一定期間にその国民によって生産された純生産物の価値額の合計に等しくなる．

じょにん

しかし，人々の収入には，要素所得と別のものもある．例えば，株式や土地のような資本的資産の *価格の変動から生ずる差益である．これはキャピタルゲインと呼ばれ，その資産の売却によって実現されるから税法上は譲渡所得といわれる．また，失業保険金や年金のように，社会保障的な制度によって人々の手に入ってくるものもある．これらはいずれも，直接には生産に結びつかない移転所得であり，社会全体としては一方の取得は他方での供出となって国富の増減と直接の関係はなく，国民所得総計には計上されない．

所得はその取得者によって自由に処分されうるが，実際にはそのなかから税金や社会保険料が支払われる．したがって個々人が実際に使用できるのは，それらを差し引き移転所得を加えたものになる．これを可処分所得という．

【所得分配】〔分配と再分配〕個々の所得の形成は社会全体からみれば所得の分配となる．まず，生産に必要な生産要素には，*労働，*資本，土地，それにそれらを結合する企業者機能などがあるから，それらの提供に対して，協働の成果が *賃金，利子，地代，そして利潤として分配される．これらの要素所得の形成は機能的分配といわれる．これに対し，個人やその集団の間への分配に注目されるとき，これは人的分配と呼ばれる．一人の人が所得源として，一つの生産要素(例えば労働力)しかもたない場合もあれば他の諸要素(資本や土地)を併せ持つ場合もあり，ときにはそれらをどれももたないこともある．分配の平準化が問題になってくるのは主としてこの面からである．

そしてそうしたところから，いったん分配された所得を，租税や *社会保険などを通して，高所得層から低所得層や無所得層へ，あるいは健康者から病人へと分配しなおして，所得の平準化が図られることになる．これを所得再分配という．市場経済(→市場)での所得関連の重要な政策として，このほかにも，経済の安定成長のために所得形成に国が介入することがある．いわゆる所得政策はそれを指す．

〔分配の公正基準〕所得の分配には何よりも公正が求められ，その基本の基準に貢献原則と必要原則がある．マルクス主義者はよく前者を *社会主義，後者を *共産主義の原則とするが，共に古くからいわれ支配してきた公正基準である．貢献原則は貢献に応じた分配であり，人々の自発性への誘因ももつが，しかし所得の格差を正当化し，それだけでは所得と資産の格差が拡大されていく．これに対し，必要に応じた分配を要求する必要原則は所得の再分配を基礎づけ所得の平準化に貢献するが，それ自体は効率化への誘引をもたない．したがって問題は，あれかこれかではなく，両原則の最適結合点をみいだすことにある．

【文献】大阪市立大学経済研究所編『経済学辞典』(岩波書店 1979) 424-25, 711-12; Katholisches Soziallexikon (Wien 1964) 190-95; T. PÜTZ, "Die gerechte Einkommensverteilung als Problem der theoretischen Wirtschaftspolitik," Naturordnung in Gesellschaft, Staat, Wirtschaft (Wien 1961). (野尻武敏)

じょにん　叙任　〔ラ〕provisio, 〔英・仏〕provision, 〔独〕Provision　カトリック教会は，創立者キリストから託された霊的使命を遂行するために必要と判断した機関もしくは *教会職を設ける権利を有する．教会は位階的社会であるから，それらの教会職に就く者を任命する権限は，*教会法の規定に従い正当な権威を有する者にある．教会職へのこの任命は教会法で「叙任」といい，書面でなされる．教会職は次の四つの仕方のいずれかによって付与される．(1) 当該教会権威の側からの任意的授与．*教区司教は自己の部分教会において叙任する．(2) 推薦権を有する者の推薦に基づいて当該教会権威が行う指名．しかし，誰も自分の意志に反して推薦されることはない．(3) 選挙に基づいて与えられる承認，あるいは要請に基づいてなされる許諾．(4) 承認を必要としない選挙および被選出者の受諾．教会職に任命されるためには，教会との交わりのなかにあり，さらに教会法が要求する適性を具えていなければならない．人々の全面的な司牧責任を伴う教会職は，その責任を果たすために司祭職が要求される場合，司祭職にあげられていない者に有効に授与することはできない(『教会法典』145-83条).

【文献】J. A. CORIDEN, ET AL., eds., The Code of Canon Law: A Text and Commentary (New York 1985) 99-108. (J. P. ラベル)

じょにんけんとうそう　叙任権闘争　〔英〕Investiture Controversy, 〔独〕Investiturstreit, 〔仏〕Querelle des investitures　11世紀より12世紀初頭にわたる *グレゴリウス改革から生じた教権と俗権の衝突をいう．*司教と帝国修道院長の叙任(〔ラ〕investitura)をめぐる争いであったのでこう呼ばれる．

古代教会において司教は，近隣の司教3人以上の監督と協力を得つつ聖職者と民衆によって選出され，首都大司教(→管区大司教)の認可と叙任を受ける，という形式をとっていた．ところが中世に入りゲルマン的な *私有教会制度の発達は，この様相を激変させた．*ゲルマン法によれば，ある土地のなかにある建物などすべてのものは，その土地の私有物と考えられた．そのため領主は領内にある教会堂さらにはそれを管理する聖職者すら私有物とみなすようになった．ここに聖職者自身による聖職者の叙任は廃れて，皇帝・国王・君侯など俗人による聖職者の叙任という歪んだ現象が生じた．特にドイツでは10世紀頃より皇帝が帝国領内の司教や帝国修道院長を自ら叙任した．しかも皇帝は，世襲的に地位を保つ世俗君侯よりも，*独身ゆえに代替わりのたびに新任者を任命できる *高位聖職者のほうが統御しやすいため，これら聖界君侯を帝国官僚として統治の支柱としたのである．

【教会改革】このような私有教会制・帝国教会制においては，聖職者の規律の乱れが甚だしかった．その第一が *聖職売買であり，聖職位を金で売買したり，権力者の口ききで得たりすることである．弊害の第二は独身制の規律に反して妻帯している，いわゆる蓄妾司祭の存在である．

このような教会の弊害は，中心の教皇庁自体がローマ周辺の貴族に取り込まれ，腐敗の極に達していた間はあまり問題にならなかった．しかし皇帝 *ハインリヒ3世が *教皇庁をローマ貴族の手から解放し，*レオ9世をはじめとする改革派教皇をローマに送りこむようになると情勢は変わった．改革派教皇たちは聖職売買や蓄妾司祭を非難し，このような聖職者の道徳的腐敗の根源として私有教会制さらには俗人による聖職者の叙任を攻撃した．レオ9世は *枢機卿の制度を設けて教皇庁の普遍的活動を支持する官職を作った．1057年枢機卿シルヴァ・カンディダの *フンベルトゥスは『聖職売買者弾劾』を

著し，聖職売買を犯した司祭の授ける*秘跡は無効であるとまで極論した．ただしこの論は神学上は誤謬であった．また，1059年教皇*ニコラウス2世は教皇選挙令を発布して枢機卿会議による選出を定めた．これはローマ貴族・皇帝など一切の俗人による*教皇選挙への関与を排除したものである．

【グレゴリウス改革】これら歴代の改革派教皇の運動を推進してきた人にローマ司教座の大助祭ヒルデブラントがあった．彼は1073年*アレクサンデル3世の死後，聖職者と民衆の嵐のような喝采に推されて聖座に就き，*グレゴリウス7世と名のった．彼は神と教会に対する献身的精神に燃え，しかも優れた政治的判断力に恵まれた人物であった．彼の目指した正義は，教会を一切の宗教的・道徳的腐敗から浄化することであり，またこのために教会を世俗権の支配から解放することであり，さらにこのためにキリストの代理たる教皇の地位を皇帝も含めた聖俗一切の権威より高めることであった．1075年彼自身が起草した*教皇令二十七か条は，教皇が皇帝を廃位でき，不正な君主の臣下をその忠誠誓約から解くことができると謳っているのである(→グレゴリウス改革)．

当時のドイツ皇帝*ハインリヒ4世は才能に恵まれ活動的な人物であったが，わがままであり，悪い顧問たちの影響を受けていた．しかしグレゴリウスの登位の初年度，皇帝との関係は友好的であった．1074年教皇はラテラノ教会会議で聖職売買と蓄妾司祭の禁を厳格に更新した．皇帝はザクセン貴族の反乱に手を焼いていたため教皇の改革志向に好意さえ示した．しかし1075年*四旬節中の*教会会議で，グレゴリウスは俗人叙任を無効とし，さらにこれを行う者を*破門に処すると宣言した．彼がこの挙に出たのは，改革法令が期待はずれの効果しか生まなかったため，諸悪の根源として俗人叙任の禁に踏み切ったといえる．ただし直接には，ミラノ大司教座をめぐって皇帝側と教皇側の候補が対立していたためもある．だがこの聖職叙任の禁は，皇帝にとっては長年の習慣の変更たるにとどまらず，帝国官僚層を奪い国制を脅かしかねない珍事であった．折しもザクセン貴族の反乱を鎮圧したハインリヒは，1076年1月24日*ヴォルムスに司教たちと諸君侯を召集し，グレゴリウスの廃位を宣言した．これに対しグレゴリウスは同年2月22日ローマ教会会議でハインリヒを破門しかつ廃位し，臣下の彼に対する服従の誓いを解いた．

【カノッサ事件】皇帝が破門され廃位されるとは未聞の事件であったが，その効果は甚大であった．しかもこのときザクセン貴族が再び蜂起した．1076年10月トリブール(Tribur)の帝国君侯会議は，ハインリヒの破門が1年間以上続く場合は，彼を永久に見放すと決めた．また君侯たちは翌年2月2日に*アウグスブルクで帝国会議を開き，教皇臨席のもとに事後の決定をすることも決めた．窮地に立った皇帝は教皇に面会して赦しを求めようとした．1077年1月25日からハインリヒはグレゴリウスの滞在するカノッサ城の門前で3日間にわたって赦しを乞うてそれを得た．教皇は政治家としての判断を曲げ，司祭として罪人を赦す義務に従ったのである．情勢は一変した．アウグスブルクでの会議は開かれなくなった．皇帝反対派は1077年3月対立皇帝ルドルフ(Rudolf von Schwaben, 1057-80)を立てたが，その勢力は復権を果たしたハインリヒに及ぶべくもなかった．グレゴリウスは両皇帝のいずれをも支持しなかった．しかし優勢なハインリヒは自分の承認とルドルフの廃位をグレゴリウスに強要した．1080年3月教皇は再びハインリヒを破門し廃位した．同年6月ハインリヒは対立教皇クレメンス3世(Clemens Ⅲ, 在位1080-1100)を立てた．同年10月ルドルフはホーエンメルゼン(Hohenmölsen)で敗死した．1081年ハインリヒはイタリアに兵を進め，1084年ローマを占領し，グレゴリウスをカステロ・サンタンジェロに包囲した．教皇はノルマン大公ロベルト・グイスカルド(Roberto Guiscardo, 1015頃-85)に救助され，*サレルノに逃れ，1085年5月25日同地で没した．

しかし教皇の死後，彼の主義を奉ずるグレゴリウス主義者の勢力は眼にみえて強力となった．*ウルバヌス2世は1089年アマルフィ(Amalfi)の教会会議，1095年*クレルモン教会会議で，聖職売買・蓄妾司祭・俗人叙任の禁を唱えたのみでなく，聖職者が俗人に封建的宣誓を立てることをも禁じた．また対立教皇クレメンス3世の勢力は減退し，死後彼の後継者はとるにたりないものとなった．ハインリヒ4世は1090年から1097年に第2回イタリア遠征を行ったが，グレゴリウスの弟子トスカーナ辺境伯夫人*マティルデとその同盟者となったロンバルディアの都市民の抵抗を受け，勝利を得られなかった．

【ドイツ以外の叙任権問題】グレゴリウス7世とその後継者たちは，フランスおよびイングランドの叙任権問題に関しては，ドイツに対するよりも慎重であった．フランスにおいて教会改革の理念は*クリュニーの修道院の活動により多くの支持者を得た．グレゴリウス7世はフランス王フィリップ1世(Philippe I, 在位1060-1108)を聖職売買と教会弾圧のかどで廃位をもって脅し，またフランス国土を聖務執行停止(*インテルディクトゥム)をもって脅したが，効果はなかった．ウルバヌス2世はフィリップとの長い交渉の後，1098年，司教杖(*牧杖)と*司教指輪による叙任を放棄させ，そのかわりに，司教選挙の前にこれを許可する権利と，選挙後にこれを承認する権利，ならびに司教付土地財産(*レガリア)を封建的忠誠の誓いのもとに授与する権利を認めた．これは教会法学者シャルトルの司教*イヴォの提案に従ったものである．彼の説は，司教の宗教的職位とそれに付属する世俗的な土地財産を区別したもので，以後フランスのみでなくヨーロッパ各地の叙任権闘争終結の指針となった．

イングランドでは，征服王*ウィリアム1世が高位聖職者の任命と授封に固執し，教会の問題にしばしば介入した．しかし彼は，カンタベリ大司教*ランフランクスおよび*教皇使節の助力のもとに，聖職売買と蓄妾司祭の除去に協力したので，教皇庁との関係は悪くなかった．しかし彼の息子ウィリアム2世(William Ⅱ, 在位1087-1100)は，聖職売買で金を儲け，教会財産を横領し，カンタベリ大司教*アンセルムスを迫害したため，教会と衝突した．アンセルムスは再三国外へ亡命した後，1105年ヘンリ1世(Henry I, 在位1100-35)との間に協約を結び，王に司教杖と司教指輪による叙任を放棄させ，そのかわり司教が王に受封誓約を立てることを承認したのである．

【闘争の終局】ドイツ帝国内では，教皇・皇帝両派が叙任権をめぐり実力行使と文書合戦を繰り返していた．ハインリヒ4世は次男*ハインリヒ5世の謀反により廃位され，1106年リュティヒ(Lüttich)で死んだ．ハインリヒ5世は自分の地位が不安定な間は教会に服従していたが，権力を握ると教会に対し厳しい態度をとった．1110

じょにんしさい

年，彼はイタリアに入り，1111年2月9日，教皇 *パスカリス2世との間にストゥリ(Sutri)の協定を結んだ．それによると，皇帝は叙任権を放棄し，かつ教会法による高位聖職者の選出を承認する．そのかわりドイツの高位聖職者は帝国から受領した一切の土地・財産を皇帝に返還する．教会に残されるものは，*十分の一税と私的寄進に限られるのである．この協定の内容は教会と国家の権限や所有が互いに重なっている中世社会の実情と合わず，聖俗双方からの激しい反対にあい不成立となった．ハインリヒ5世は問題を暴力で解決しようとし，1111年4月12日，新しくポンテ・マモロ(Ponte Mammolo)の協定を結んだ．それによると，高位聖職者の教会法による選出を認めるが，そのかわりに皇帝が司教杖と司教指輪によって叙任するというのである．しかしグレゴリウス主義者の勢力が強まった当時としては，このような皇帝の暴力による叙任権の奪取など到底認められるものではなかった．この勢いに押されてパスカリス2世は，1116年ポンテ・マモロの協定を破棄した．ハインリヒ5世は再度の交渉を求めたが，パスカリス2世も後継者 *ゲラシウス2世も応ぜず，特に後者はフランスへ逃れた．

次いでクリュニーで教皇に選出された *カリストゥス2世のもとでは，叙任権闘争終結への気運が生まれた．人心は多年の争いに疲れており，フランスやイングランドで解決の先例が生まれていたし，また特にシャルトルのイヴォのような教会法学者が教会の *権能に属すべきものと世俗権に属すべきものの理論的区別を行っていたからである．1121年カリストゥスはローマに帰り，3人の枢機卿を交渉のためドイツへ送り，1122年9月23日 *ヴォルムス協約が成立した．これは特にドイツの司教および帝国修道院長の地位を考慮に入れたものである．これによってドイツの司教と帝国修道院長は教皇によって叙任され，皇帝から封土として教会領を受けることになった．したがって彼らは従来の家産官僚的性格を捨て，皇帝の封建臣下となった．ヴォルムス協約で最も注目すべきは，教皇が叙任権を手に入れ，皇帝が授封権を手に入れたことである．これは教皇側の勝利ではあるが実質的な勝利とはいいにくい．司教領なき司教の存在は中世社会ではありえないからである．しかしヴォルムス協約を基礎に，教皇は13世紀初頭の *インノケンティウス3世までに，教会の普遍的 *裁治権を獲得するに至るのである．

【文献】PL 148: 283-645; A. フリシュ『叙任権闘争』野口洋二訳（創文社 1972）: A. FLICHE, *La querelle des investitures* (Paris 1986); 野口洋二『グレゴリウス改革の研究』（創文社 1978）; A. F. GFRÖRER, *Papst Gregorius VII und sein Zeitalter*, 7 v. (Schaffhausen 1859-61); W. MARTENS, *Gregor VII. Sein Leben und Wirken*, 2 v. (Leipzig 1894); A. FLICHE, *Saint Grégoire VII* (Paris 1920); ID., *La Réforme grégorienne*, 3 v. (Paris 1924-37); A. FLICHE, W. MARTIN, *Histoire de l'Eglise depuis les origines jusqu'à nos jours*, v. 8 (Paris 1944) 51-85; W. ULLMANN, *The Growth of Papal Power in the Middle Ages* (London 1955). 　　　　　　　（坂口昂吉）

じょにんしさい　助任司祭　〔ラ〕vicarius paroecialis, 〔英〕parochial vicar, 〔独〕Pfarrvikar, 〔仏〕vicaire paroissial 　助任司祭とは *主任司祭の協働者であり，またその労苦にあずかる者として，主任司祭と協議し，力を合わせ，かつ主任司祭の権威のもとに司牧の役務に助力する司祭である（『教会法典』545条1項，546条参照）．旧『教会法典』においては，臨時代理人(vicarius substitutus, 465条4項)，代務司祭(sacerdos supplens, 同条5項)，管理代理人(vicarius oeconomus, 472条1項)，補助代理人(vicarius adiutor, 475条1項)，協働代理人(vicarius cooperator, 476条)などと，その機能によっていろいろと呼ばれていた．現行法においては，複数の *小教区のため，あるいは同じ小教区内の特定の部分あるいは一定の信者の集団のために働くとしても（『教会法典』545条2項参照）同じ名称で呼ばれる．

教区司教は当該主任司祭の意見を聞いたうえで，自由に助任司祭を任命することができる（547条）．ただし *修道者の場合は，権限を有する上長の推薦または同意を必要とする（682条1項）．助任司祭の義務と権利は『教会法典』で規定されるほかに，教区の規則，教区司教の書簡，また主任司祭の指令によって規定される（548条1項）．助任司祭は，予定され着手された司牧計画について規則正しく主任司祭に報告して，彼とともに小教区の司牧に対して責任を有する司牧者である（548条3項参照）．

【文献】V. K. LUDICKE, ed., *Münsterischer Kommentar zum Codex Iuris Canonici*, v. 2 (Münster 1984-) Can. 545; M. MORGANTE, *La Parrocchia nel Codice di Diritto Canonico* (Torino 1985); J. A. CORIDEN, ET AL., eds., *The Code of Canon Law: A Text and Commentary* (New York 1985) 436-37. 　　　　　　　（濱田了）

しょねんどけんじょうきん　初年度献上金　〔ラ〕annata, 〔英〕annates, 〔独〕Annaten, 〔仏〕annate　*教皇庁に納入される，*聖職禄の初年度収入にかかる租税．11世紀頃にある司教たちが配下の *聖職者たちへ聖職禄を授与した後，その初年度収入を自己のため収用する慣習が生じ，「初年度の収益」（〔ラ〕fructus primi anni）と呼ばれたこの収入を，その後財政困難に陥った司教や世俗君主がしばしば教皇の許可を得て徴収するようになった．13世紀を通じてヨーロッパ諸国でしだいに聖職禄を直接授与するようになった教皇は，14世紀になり財政的に逼迫してくると，この慣習を法制化して教皇庁のために利用するようになった．その最初の例は *クレメンス5世で，1306年イングランド・スコットランド・アイルランド3国のすべての空位聖職禄の初年度の収入の納入を命じた．1318年 *ヨアンネス22世はこの要求をほとんどのヨーロッパ諸国の教会に拡大した．この慣習はやがてアンナータ(annata)と呼ばれるようになり，教皇に留保された全聖職禄がその対象となったため，14世紀以降の教皇庁にとっては，重要な恒久的財源となった．しかし，中世末からはこの献上金の徴収に対する反対が各国教会の間から生じるようになり，*トリエント公会議は課税限度額を著しく制限した．また政治的変化もこの制度に大きな影響を与え，イングランドでは *宗教改革により国王 *ヘンリ8世がその納入先を王権に変更し，フランスでは大革命の結果，全面的に制度が廃止され（→フランス革命），オーストリアでも同じ頃に皇帝 *ヨーゼフ2世が禁止令を出している．20世紀では，イタリアでのみ特別の目的をもって徴収される慣例として残った．

【文献】DHGE 3: 307-15; NCE 1: 556-57; J. P. KIRSCH, *Die päpstlichen Annaten in Deutschland während des XIV Jahrhundert* (Paderborn 1903); C. SAMARAN, G. MOLLAT, *La fiscalité pontificale en France* *au XIVe siècle* (Paris 1905); W. E. LUNT, *Financial Relations of the Papacy with England to 1327* (Cambridge, Mass. 1962).

（河井田研朗）

ショファイユのおさなきイエズスしゅうどうかい　ショファイユの幼きイエズス修道会　→　幼きイエズス修道会

ジョベルティ　Gioberti, Vincenzo　(1801.4.5-1852.10.26)　イタリア哲学者，政治家．*トリノに生まれ，生地の宮廷付司祭として神学，哲学研究に励む一方，政治活動にも参加し，1833年以降*パリ，*ブリュッセルに亡命を余儀なくされた．1848年トリノに戻り内閣に参与するが，再度パリに亡命，その地で没した．この間，『イタリア人の倫理的・市民的優位について』(Prolegomeni del primato morale e civile degli italiani, 1845) などの著述活動により，イタリアのリソルジメント(*イタリア統一運動)に大きな精神的影響を与えている．哲学の分野ではキリスト教的*唯心論の代表的な人物の一人として，自らの立場を本体論主義と呼び，人間のあらゆる認識の根源に現実的・絶対的存在なる実有，すなわち神の直観を認める．また人類の歴史を神の*啓示の継続および人間の向上として捉え，啓示を聖書の教えにかぎらず，歴史および人間の意識のうちにつねに永続的に表れるものと解した．没後『啓示の哲学』(Filosofia della rivelazione, 1856)，『プロトロジア』(Della Protologia, 1857) などの著作が出版された．

（大谷啓治）

ショーペンハウアー　Schopenhauer, Arthur　(1788.2.22-1860.9.21)　ドイツの哲学者．
【生涯・著作】ダンツィヒ(→ グダニスク)の豪商の家に生まれ1793年以降*ハンブルクに移る．母ヨハンナ(Johanna, 1766-1838) は，夫の死後，小説家として*ゲーテ等と交友を結んだ．ショーペンハウアーは実業家の教育を受けたが，父の死後*シュルツェ，*フィヒテのもとに哲学を学ぶ．イェナ大学に提出した博士論文『根拠律の四つの根について』(Über die vierfache Wurzel des Satzes vom zureichenden Grunde, 1813), 主著『意志と表象としての世界』(Die Welt als Wille und Vorstellung, 1819) により，独自の哲学体系を築く．1820年から*ヘーゲルの活躍する*ベルリン大学の講師．1831年にコレラを避けて*フランクフルト・アム・マインに移住，著作活動を続けたが，学界からは忘れられた．晩年，「生活の知恵のためのアフォリズム」(Aphorismen zur Lebensweisheit) を収めた『余録と補遺：哲学小品集』(Parerga und Paralipomena: Kleine philosophische Schriften, 1851) によって注目を浴び，再発見された．フランクフルト・アム・マインで没す．
【思想】ショーペンハウアー哲学における世界の根源は，非合理的な生への意志である．この意志が，*表象の形式(主観・客観の対立)を生み出し，自らが客観となって表象としての世界が成立する．まず，無機物から生物，動物，人間へと至る存在の階梯の原理(*プラトン的イデア)が現象し，さらにこの*イデアが，根拠律(*個体化の原理)に従って，具体的な*個体として現象する．表象としての世界は，本来盲目な生への意志が*認識の助けによって，自らをよりよく実現するための手段にすぎず，世界自身には何らの目的も意味もない．それどころか，個体へと分裂した生への意志が抗争し合う，苦の世界である．しかし，本来は盲目な意志の道具にすぎないはずの認識の光がともることによって初めて，苦の世界が盲目な意志の現象であること，したがって，意志が自らを否定することによって表象としての世界が消滅し，苦の世界が救済される可能性も認識される．
【影響】*認識論，*自然哲学，芸術論，道徳・政治・宗教論など，いろいろな問題がユニークに扱われているので，焦点の合わせ方によって多彩なショーペンハウアー像が成立する．E. フォン・*ハルトマン，*ニーチェ，*ヴィトゲンシュタイン，*ホルクハイマー等の哲学者，さらに R. *ヴァーグナー，*ブルクハルト，*マンなどさまざまな分野の人々に影響を与えた．一般には彼の哲学は世界の根源としての神的理性も，よりよい世界を実現しようとする人間理性をも認めない非合理主義である，と考えられた．厭世主義，反動主義，自殺の擁護者，精神異常，といったレッテルをはられ，キリスト教的世界観からも，自由主義的な人間観からも批判の的になった．
【問題点】ショーペンハウアー哲学は19世紀半ばの哲学の重要問題，すなわち世界の根源に理性的秩序があるかどうか，という問いを極端に否定する非合理主義という位置をあてがわれ，その「配役」のおかげで日の目をみるという皮肉な運命をたどった．しかし，「世界は，非合理的な意志が現象したものである」「ショーペンハウアーの意志は，神から知性を取り除いたものである」といった従来のショーペンハウアー解釈は，体系的な整合性に難点が多い．今日のショーペンハウアー研究は，『遺稿』(Der handschriftliche Nachlaß, 1966-75) などの資料をもとに，彼の思想を*カント，*ラインホルトから後期フィヒテという*超越論哲学の延長線上に再構成し，あるいは意志と表象の問題を西洋思想史を貫く*主意主義・*主知主義の問題と連携させるなど，基礎研究を積み重ねている段階である．最近は特に，*人間中心主義的な近代主観性の批判(意志の否定)と共同性の回復(同情の倫理)の問題が評価され，また比較思想研究への影響も大きい．
【全集】斎藤忍随他訳『ショーペンハウアー全集』全14巻，別巻1(白水社 1972-75): A. HÜBSCHER, ed., *Sämtliche Werke*, 7 v., ³1972, ⁴1988.
【文献】西尾幹二「ショーペンハウアーの思想と人間像」『ショーペンハウアー』(中央公論社 1975) 7-100; 兵頭高夫『ショーペンハウアー論』(行路社 1985); 鎌田康男「若きショーペンハウアーにおける『表象としての世界』の構想」『武蔵大学人文学会雑誌』19/3-4 (1988) 39-66; 同「若きショーペンハウアーにおける『意志としての世界』の構想」同 20/3-4 (1989) 1-32; R. ザフランスキー『ショーペンハウアー』山本尤訳 (法政大学出版局 1990): R. SAFRANSKI, *Schopenhauer und die wilden Jahre der Philosophie* (Berlin 1987);『ショーペンハウアー研究』1 (日本ショーペンハウアー協会 1993); A. HÜBSCHER, *Denker gegen den Strom* (Bonn 1973).

（鎌田康男）

しょゆうせいど　所有制度　[英] property, [独] Eigentum, [仏] propriété
【論争の系譜】*アリストテレスは，所有権に関して三つの選択肢を提起する．すなわち (1) 共有，(2) 非共有，(3) 共有と非共有の併存，である．国家の制度としては，共有制を全く排除することは不可能である．他方，国家は家族や個人とはなりえないので，妻や子どもの共

有は実現不可能である．彼は土地のような生産手段については私有を認めつつも，耕作用具や生産物(穀物)の鷹揚な共用を推奨している．彼の理論は＊ソクラテスらへの反論であった．

　古代の＊教父たちは概して＊私有財産に対しては否定的であった．＊トマス・アクィナスはアリストテレスから影響を受け，この問題に新しい光を投げかけた．トマスは，財の生産・管理・分配の効率性の観点から私有制の利点を認めた．これらは＊レオ13世に受け継がれ，「私有共用」という概念は，その後大きな影響を与えている．ただし回勅＊『レルム・ノヴァールム』(1891)は，＊社会主義思想を批判するという側面が強い結果，私有権の断定的・先験的擁護の側面が目立つ．

【私有制擁護の根拠】私有財産制度が擁護されるのは，大別すれば二つの理由による．一つは人間個々の本性からの要求であり，もう一つは人間の社会性に由来する．＊メスナーは前者を説明するものとして，(1)自己愛(人間の自然的欲求)，(2)＊隣人愛(愛他心)，(3)＊人格の充実，(4)創造的な生活展開，(5)貯蓄や保険性向の実現，(6)家族共同体の展開(人間の実存的諸目的の実現)を，後者の根拠づけとして，(7)社会の平和維持(紛争の防止)，(8)財の効率的利用，(9)交換経済の維持・発展，(10)人間の自覚的協働の発展，(11)人格の社会的自由の保障，(12)多元的価値観の擁護，を列挙している．カトリック社会論は，私有財産制を絶対化，神聖化するものではないが，他方，人間社会はいかなる所有制度を採用しようとも，私的所有制を完全に排除することはできない．

【その他の理論】一方，イギリスの啓蒙思想を代表する＊ホッブズや＊ロックは，人類の祖先たちが，いかなる理由により所有に関わる契約を交わしたかという観点から所有の自然権を説明しようとする．ロックは所有と＊労働とを結びつけること(「労働による所有権」)により，A.＊スミスや＊マルクスの理論を用意したとも評価される．しかし，啓蒙思想期の＊自然法思想は，19世紀に大きな影響をもった歴史主義的・実証主義的な立場から批判を受けた．18世紀末に＊ベンサムによって体系化された＊功利主義は，現在でも私有財産制の有力な根拠を与えるものと評価されており，その系譜を引くロールズ(John Rawls, 1921-　)などは，効率や自由や公平の側面を強調している．

　所有の権利の源泉，所有の主体や対象の捉え方について，現代では知的所有権や環境保護などの新しい問題を取り扱うことが必要となっているが，私有と共有のある種の混合形態が現実的な所有制度である点，またそれにもかかわらず，いずれか一つの所有制度を絶対的なものとして推奨する根拠はないという点で，大方の論者の意見は一致している．他方，歴史上に登場した各種の所有制度を評価する基準をどこに置くかについては，社会哲学，倫理学，法学，政治学，経済学，社会学などの領域において，各学問の固有の問題と結びつけながらの，激しい論争が1980年代後半以降，繰り広げられている．

【文献】J. ロック『市民政府論』鵜飼信成訳(岩波書店 1968); 五百籏頭真治郎『聖トマスの所有権思想』カ神 1 (1962) 4-28; J. ロールズ『正義論』矢島鈞次監訳(紀伊國屋書店 1979): J. RAWLS, *A Theory of Justice* (Cambridge 1971); J. ヴァイナー『キリスト教思想と経済社会』久保芳和他訳(嵯峨野書院 1981): J. VINER, *Religious Thought and Economic Society* (Durham 1978); J. メスナー『自然法 — 社会・国家・経済の倫理』水波朗, 栗城寿夫, 野尻武敏訳(創文社 1995): J. MESSNER, *Das Naturrecht: Handbuch der Gesellschaftsethik, Staatsethik und Wirtschaftsethik* (Wien ²1950). (橋本昭一)

じょりきのおんけい　助力の恩恵　〔ラ〕gratia actualis, gratia adiuvans, 〔英〕actual grace, 〔独〕aktuelle Gnade, 〔仏〕grâce actuelle　＊救いに役立つ行為をするように人間の心を動かす神の働きを意味する．＊アウグスティヌスの恩恵理解に基づく＊スコラ哲学の概念．アウグスティヌスは，＊原罪によって傷つけられた人間がふさわしく信じ，愛することができるためには，＊聖霊によって心を動かされる必要があると教えた．中世のスコラ学者たちは，神によって＊至福直観(すなわち，神との直接的一致)という超自然的な目的に招かれた人間がこの目的に向かって進むことができるためには，超自然的＊恩恵によってその能力が高められなければならないと説明して，この必要性をさらに裏づけ，＊習性的恩恵が与えられる義化(→義認)に向かう準備ができるように，一つひとつの精神的な行為(＊信仰，＊回心など)を刺激する勧めである一つひとつの助力の恩恵を神が人間精神のなかにつくると説明した．＊トリエント公会議は，スコラ的用語を避けながらも，義化への準備について語るとき，このような説明を用いた(DS 1515-26). 神学者たちはさらに，＊被造物が行動するために神の協力(〔ラ〕concursus)が必要であるという理由で，人が義化されたあとでも救いに役立つ行為をするために新しい助力の恩恵が必要であると教えてきた．スコラ神学者は，助力の恩恵をさまざまの種類に分け，その本質と働き方について多くの論争を交わしたが，現代のカトリックの＊恩恵論は，恩恵をまず第一に神の慈しみ深い愛として理解し，人を神のいのちに参与させる父と子と聖霊の自己譲渡を恩恵の本質と考え，恩恵を神との人格的な出会いとキリストとの一致として説明し，聖霊を心に宿した人間は神の子にふさわしく生活するために充分な力を与えられていると述べている．

【文献】DThC 6: 1636-87; LThK² 4: 996; Cath. 5: 159-62; W. BEINERT, ed., *Lexikon der katholischen Dogmatik* (Freiburg 1987) 202-209; M. ハインリッヒ『恩恵と信仰』マウルス・ハインリッヒ講義集6, 福田勤編(中央出版社 1986) 154-62; A. LANDGRAF, "Die Erkenntnis der helfenden Gnade in der Frühscholastik," ZKTh 6 (1931) 177-238, 423-37, 562-91; H. BOUILLARD, *Conversion et grâce chez saint Thomas d'Aquin* (Paris 1944); H. RONDET, *Gratia Christi* (Paris 1948). (P. ネメシェギ)

ジョルジョーネ　**Giorgione**　(1476/78-1510) 16世紀のヴェネツィア派画家．本名はジョルジオ・ダ・カステルフランコ(Giorgio da Castelfranco). カステルフランコ・ヴェネト出身で，＊ヴェネツィアでジョヴァンニ・＊ベリーニに学ぶ．＊レオナルド・ダ・ヴィンチの影響を受け，深い明暗意識と柔軟な色彩的形象，詩的な雰囲気表現を結びつけた新様式を確立，＊ティツィアーノをはじめ当時の画家に多大の影響を及ぼした．作品の多くはヴェネツィア貴族のための小型油彩画で，物語主題よりも風景や人物のロマンティックな情趣表現に重点を置くその詩的絵画ヴィジョンは，ジョルジョニズムとしてブームを呼んだ．代表作に，『嵐』(1505-1507頃，ヴェネツィアのアカデミア美術館)，『三人の哲学者』(1505-1507頃，ウィーンの美術史博物館)，『眠れるヴィーナス』(1510頃，ドレスデンの国立絵画館)など．

【文献】辻茂『詩想の画家ジョルジョーネ』（新潮社 1976）; 前川誠郎, 森田義之『ジョルジョーネ, ティツィアーノ』（中央公論社 1984）; P. ZAMPETTI, *L'opera completa di Giorgione* (Milano 1968); T. PIGNATTI, *Giorgione* (London 1970).　　　　　　　　　（森田義之）

ショレ　Chollet, Jean-Arthur　(1862. 4. 8-1952. 12. 2)

フランスの司教, 神学者. ムーズ川沿いのアヴォクール (Avocourt) に生まれ, ヴェルダン (Verdun), リール (Lille) で学び, 1886 年司祭叙階. 1893 年神学博士. 1888 年よりリールのカトリック大学で論理学, 哲学を講じ, 1896 年哲学教授, 1903 年倫理神学教授. 1910 年ヴェルダンの司教, 1913 年 *カンブレの大司教に任命される. 神学大事典, 神学研究誌に多くの論文を寄稿した.

【主著】*La morale stoïcienne en face de la morale chrétienne*, 1898; *De la notion d'ordre*, 1899; *La psychologie du Christ*, 2 v., 1903.

【文献】Cath. 2: 1070; DThC Tables 600-601.
　　　　　　　　　　　　　　　　　（小高毅）

ショーレム　Scholem, Gershom Gerhard

(1897. 12. 5-1982. 2. 20)　ユダヤ神秘主義および *カバラ研究の現代における第一人者. *ベルリンに生まれ, 青年時代に *シオニズム運動に参画. ベルリン, イェナ, ベルン, ミュンヘンの各大学で数学, 哲学, 後にセム語学を学ぶ. 1922 年, 現存する最古のカバラのテクスト『セフェル・ハ・バヒール』（『清明の書』Sēpher hab-bāhīr) の独語訳と注解により博士号取得. 翌年 *エルサレムに渡り, 1933-65 年へブライ大学教授, 1968-74 年イスラエル科学人文学アカデミー会長. ユダヤ人の西欧社会への同化と啓蒙主義的・合理主義的解釈のもとで失われつつあったユダヤ神秘主義の潮流を, 膨大な古代・中世文献の精緻な考証により発掘し, カバラがユダヤ精神史のみならずヨーロッパ精神史に寄与した影響を再認識させた. 象徴・儀礼の具体的諸相の分析と一貫した歴史的・批判的洞察をもってなされたそのユダヤ神秘主義の学問的基礎づけは, 高く評価されている. 第 2 次世界大戦後は *ユングを中心とするエラノス会議の定期的参加者としても多くの論文を発表. 盟友 *ベンヤミン, *フランクフルト学派やウォーバーグ研究所に関わる思想家・歴史家をはじめ同時代の知識人に大きな影響を与えた. エルサレムで没す.

【主著】*Judaica*, 3 v., 1968-73: 高尾利数訳『ユダヤ主義の本質』『ユダヤ主義と西欧』『ユダヤ教神秘主義』（河出書房新社 1972-75); *Walter Benjamin. Die Geschichte einer Freundschaft*, 1975: 野村修訳『わが友ベンヤミン』（晶文社 1978); *Die Jüdische Mystik in ihren Hauptströmungen*, 1957: 山下肇他訳『ユダヤ神秘主義』（法政大学出版局 1985); *Zur Kabbala und ihrer Symbolik*, 1960: 小岸昭, 岡部仁訳『カバラとその象徴的表現』（法政大学出版局 1985); *Walter Benjamin/Gershom Scholem, Briefwechsel 1933-1940*, 1980: 山本尤訳『ベンヤミン-ショーレム往復書簡』（法政大学出版局 1990); *Ursprung und Anfänge der Kabbala*, 1962; *Sabbatai Sevi: The Mystical Messiah. 1626-1676*, 1973.

【文献】EJ 14: 991; D. ビアール『カバラーと反歴史—評伝ゲルショム・ショーレム』木村光二訳（晶文社 1984): D. BIALE, *Gershom Scholem: Kabbalah and Counter-History* (Cambridge 1979 ²1982); E. E. URBACH, ed., *Studies in Mysticism and Religion, Presented to G. G. Sholem on His Seventieth Birthday* (Oxford 1967).
　　　　　　　　　　　　　　　　　（浅野幸）

シヨン　Le Sillon

サンニエ (Marc Sangnier, 1873-1950) によって 1893 年に創始されたフランスのカトリック信徒運動. 1894 年に最初に出版された雑誌『ル・シヨン』にちなんで名づけられた. 1892 年に教皇 *レオ 13 世はフランスのカトリック信者に, それまで彼らが嘲笑していた共和制を受け入れること, およびその政治に参加することを勧めた. すでに 1891 年に教皇は回勅 *『レルム・ノヴァールム』で, 近代産業社会の社会問題に注意すべきことを説いていたのであり, シヨン運動は, *民主主義や共和制, そして産業社会に対する教会の関心の文脈のなかで考察されるべきなのである. サンニエの周囲の友人たちは大部分が知識人であって, 教皇によって与えられた指針に熱狂的に従った. 彼らは, 現代社会でのキリスト教生活に関する彼らの理想を発展させるために, 学生, ブルジョア, 労働者, 職人, 雇用者など, 中産階級の多くの人々を集会や研究会に連れてきた. 当初, 知的運動というよりもむしろ霊的運動であったシヨンは若い人々の情熱に訴え, 当時のカトリック教会によっても非常に高く評価され, 受け入れられた. 1904 年に, シヨン運動は消費と生産の共同体の形を企図し, 1905 年にはサンニエが共和主義者の *反聖職者主義, およびカトリックの反共和主義の両方に反対する政治活動に手を広げることを決定した. 1907 年に計画された「拡大シヨン」(le plus grand Sillon) は, プロテスタントと非キリスト教徒をも含むものであり, すぐに保守的なカトリック教会と敵対することになった. 1910 年 8 月 20 日付で, 教皇 *ピウス 10 世はシヨンを断罪する書簡をフランスの司教に送った. サンニエは無条件で服従し, 運動は消滅した. しかし, その理想と熱狂は後に, キリスト教民主主義運動の成長の遠因となり, シヨン運動は第 2 次世界大戦のレジスタンス運動において再び活発化したほか, 1944 年以降は民主共和主義運動 (M.R.P.) の基礎となった.

【文献】A. DANSETTE, *Histoire religieuse de la France contemporaine* (Paris 1965).　(H. ブライテンシュタイン)

ジョン〔欠地王〕　John the Lackland　(1167. 12. 24-1216. 10. 19)

イングランド王 (在位 1199-1216). *ヘンリ 2 世とアキテーヌの *エレオノールの第 4 子. 初め父が大陸の封土を与えず, 欠地王と呼ばれる. 兄 *リチャード 1 世の死後王位を継ぎ, 兄の長子 *アーサーを支持するフランス王 *フィリップ 2 世と戦い, 1204-1206 年にノルマンディーをはじめ大陸所領の大半を喪失した. カンタベリ大司教選出に関し, 教皇 *インノケンティウス 3 世と対立, イングランドは 1208 年秘跡授受停止 (*インテルディクトゥム) を受け, 1209 年王は *破門, 1211 年王位剝奪となり, 1213 年ついに王は教皇の推す *ステファヌス・ラングトンを大司教に認め, 教皇よりイングランドを封土として受ける破目になる. 後に教皇の保護を得て大陸政策を企て, 貴族らの反抗と大陸の同盟軍の敗北で挫折, 1215 年貴族らの既得権擁護の特許状 *マグナ・カルタを認めた. しかし王は, 教皇の支持を得てこれを無効としたために生じた内乱中に病没した.

【文献】W. L. WARREN, *King John* (New York 1961).
　　　　　　　　　　　　　　　　　（川村大膳）

ジョン・オジルヴィ **John Ogilvie** (1579–1615. 3.10) 聖人(祝日3月10日),殉教者,イエズス会員.スコットランドのドラム・ナ・キース(Drum-na-Keith)に生まれ,カルヴァン教徒として育てられるが,ベルギー滞在中カトリックに転じ,1596年 *ルーヴァンのスコットランド学院に入学.1599年オーストリアの *イエズス会に入会.*グラーツで哲学, *オロモウツで神学を修めた後, *ウィーンで短期間教職に就く.1610年 *パリで司祭叙階.1613年までフランスで活動.この年,スコットランドでの宣教活動の願いが長上に受け入れられ,変装のうえ同地に赴き,特に *エディンバラと *グラスゴーで活動,多くの人をカトリック教会に連れ戻す.1615年10月4日,グラスゴーでプロテスタントのスポッティスウッド(John Spottiswoode, 1565–1639)の間諜に捕らえられ,投獄,尋問と拷問を受ける.尋問の間,教皇の *首位権と権威を主張.翌年3月10日公判に付され,直ちに死刑の判決を受け,絞首刑に処される.1929年に列福,1976年に *列聖.
【文献】BSS 9: 1132-35; NCE 10: 659; T. COLLINS, *Martyr in Scotland: The Life and Times of John Ogilvie* (London 1955). (J. P. ドネリ)

ジョン・ネポマシーン・ニューマン **John Nepomucene Neumann** (1811.3.28–1860.1.5) 聖人(祝日1月5日),フィラデルフィア司教.ボヘミアのプラハティツェ(Prachatice, 現チェコ)に生まれ, *プラハ大学神学部で学んだ後,アメリカ合衆国での宣教活動に関心を抱き,着のみ着のまま *ニューヨークに上陸した.1836年に司祭叙階,ナイアガラ滝付近でドイツ人に宣教する.1840年に *レデンプトール会に入会,後に同会の準管区長となる.同時に *教区司祭として教育・司牧活動に従事した.1852年には教皇 *ピウス9世によって, *フィラデルフィアの司教に立てられた.同地で没す.

ジョン・ネポマシーン・ニューマン (NCP)

組織力に優れ献身的な彼の8年間の在職期間に,フィラデルフィア司教区内に80以上の教会が新たに建設された.また多くの教育修道会の協力を得て, *小教区学校制度を司教区規模で組織し,数年のうちに約100の学校を設け,生徒数をほぼ20倍にした. *40時間の祈りを定着させ,司教区内のあらゆる教区を訪れた.さらに小神学校を設立し,フィラデルフィア大聖堂の建設に着手した.一方で新聞などにたびたび寄稿し,公教要理などの著書も多い.

1963年に列福,1977年に *列聖.アメリカの司教として初の聖人となった.
【文献】EBritMi 7: 275; LThK² 7: 914; NCE 10: 364-65. (神崎忠昭)

ジョン・フィッシャー **John Fisher** (1469–1535.6.22) 聖人(祝日6月22日),殉教者,司教,枢機卿.ヨークシャーのベヴァリ(Beverley)に生まれ, *ケンブリッジ大学に学び,1491年教皇の許可を得て22歳で司祭に叙階され,1504年ロチェスター(Rochester)の司教に選任される.1504年以降クイーンズ・コレッジ学寮長,1505年および1514年以降大学総長を務める. *ヘンリ8世の祖母にあたるダービ伯夫人マーガレット・ボーフォート(Margaret Beaufort, 1443–1509)の *聴罪司祭として夫人に助言,クライスト・コレッジ(1505)とセント・ジョンズ・コレッジ(1511)の創設,ケンブリッジならびに *オックスフォード大学に夫人の名を冠した神学講座を開設.彼女の要望で行われた *悔罪詩編に関する説教は1509年に出版された.1511年, *エラスムスをクイーンズ・コレッジに招き,新約聖書ギリシア語の講義を依頼.エラスムスは彼を「生活は清廉,学殖豊かで,その魂は偉大」と称賛している.他方, *ルターとは論戦を展開.ヘンリ8世の離婚問題に際して,王妃アラゴンのキャサリン(Catherine, 1485–1536)を強く支持し,聖職会議においては,国王をイングランド国教会(→聖公会)の首長とする *首長令制定に反対した.さらに1534年, *トマス・モアとともに,ローマ教皇の権威を否定する王位継承法に対し宣誓を拒否したためロンドン塔に送られ,教皇 *パウルス3世によって枢機卿に任じられた翌日,処刑された.1886年列福,1935年 *列聖.

ジョン・フィッシャー (NPG)

【文献】BSS 6: 997-1002; Cath. 6: 460-63; NCE 5: 946-48; P. HUGHES, *Earliest English Life of Saint John Fisher* (London 1935); E. P. BELLABRIGA, *De doctrina beati John Fisher in operibus adversus Lutherum conscriptis* (Roma 1935); E. E. REYNOLDS, *Saint John Fisher* (New York 1956). (P. ミルワード)

ショーンガウアー **Schongauer, Martin** (1450頃–1491) ゴシック末期のドイツを代表する画家,銅版画家.金工師の子として生まれる.生年に関しては諸説があるものの,近年は1450年頃とする説が一般に認められている.生地コルマール(Colmar)を中心に活動し,晩年はブライザハ(Breisach)の大聖堂壁画制作のため同市に移住して,同地で没した.

ショーンガウアー (ÖN)

生前から高い評価を得ていたショーンガウアーの絵画は,『薔薇垣の聖母子』(1473, コルマールのドミニコ会聖堂)などの数点が現存している.伝統的な *祈念像の様式と初期ネーデ

ルラント絵画の自然主義的な描法や優美な趣味を融合したこれらの作品は，15世紀後半の上部ライン派絵画の主流を形成することとなった．また，エングレイヴィング技法によって制作された116点に及ぶ銅版画は，『十字架を担うキリスト』をはじめとして，15世紀前半に始まる銅版画史のなかで，初めて絵画に等しい完成度を達成している．それらは模刻も含めて広く流布し，しばしば当時の版画家，彫刻家，画家，金工師らによって粉本として用いられると同時に，次の世代に属する*デューラーに多大な影響を与え，銅版画の発展の方向を決定づけた．

【文献】展覧会図録: *Der hüpsche Martin, Kupferstiche und Zeichnungen von Martin Schongauer*, Unterlinden Museum (Colmar 1991). （田辺幹之助）

ジョーンズ　Jones, Stanley（1884. 1. 3-1973. 1. 25）　アメリカの*メソジスト教会のインド宣教師．メリーランド州クラークスヴィル(Clarksville)に生まれる．1907年宣教師としてインドに渡る．1908年執事(Deacon)に任じられ，1924年*監督に推されるが辞退．インド文化に根ざしたキリスト教宣教をつねに模索．*アシュラム運動を指導，1930年にサト・タル(Sat Tal)のアシュラムを開く．1930年から40年にかけて世界各地に伝道旅行．1940年インド独立運動を支援したとしてインドから追放されたが，1946年インドに戻る．1949年(昭和24)来日．1963年ガンディー平和賞を受賞．著書に『インド途上のキリスト』(Christ of the Indian Road, 1925)等がある．インドのバレイリー(Bareilly)で没す．　　　　　　　　　　（C. ヴェリヤト）

ジョンソン　Johnson, Samuel（1709. 9. 18-1784. 12. 13）　イギリスの文人．リッチフィールド(Lichfield)に生まれる．*オックスフォード大学のペンブルック・コレッジを中退．『ランブラー』誌(The Rambler)を創刊，ほぼ単独で執筆(1750-52)．「アイドラー」(The Idler)と題するエッセイを週刊新聞に寄稿(1758-60)．独自の英語辞典(A Dictionary of the English Language)に着手(1747)，完成(1755)．教訓的小説『ラセラス』(Rasselas, Prince of Abyssinia, 1759)が好評を博する．「(文学)クラブ」を組織し(1763/64)，レノルズ(Frederick Reynolds, 1764-1841)，E. *バーク，*ゴールドスミス，ギボン(Edward Gibbon, 1737-94)らが参加．*ボズウェルとスコットランドへ旅行(1773)．『詩人伝』(The Lives of the Poets, 1779-81)を執筆．熱心なイングランド国教会(→聖公会)の信者であり，その深い信仰心は個人的祈りや瞑想にみられる．

【文献】西川正身，平井正穂編『英米文学辞典』第3版(研究社 1985) 667-68.　　　　　　　　（島弘之）

ジョンソン　Jonson, Ben (jamin)（1573頃-1637. 8. 6）　英国の劇作家，詩人，批評家．イギリス演劇の黄金時代たるエリザベス朝の劇作家のなかで，作風も性格も*シェイクスピアとは対照的ながら，彼と親交を結び，かつ彼の天才に真に比肩しうる唯一の人物．*ウェストミンスター(現在はロンドンの一部)に牧師の子として生まれたが，父はまもなく死亡．母は煉瓦職人と再婚．ウェストミンスター校に給費生として学び，著名な歴史家キャムデン(William Camden, 1551-1623)に深い影響を受けた．卒業後しばらく義父の仕事を手伝い，また志願してオランダに出征した後，俳優となり，同時に他人の脚本の改作などをしていたが，1598年『十人十色』(Everyman in His Humour)がシェイクスピアの劇団で上演され，劇作家としてデビュー(古い口伝によれば，この上演を推薦したのはシェイクスピアその人だったという．なおこの頃から10余年間，ジョンソンはカトリックに改宗していた)．以後1620年代に至るまで数多くの劇を書き続け，そのなかには『セジェイナス』(Sejanus, 1603)，『キャティライン』(Catiline, 1611)などの悲劇もあるが，ジョンソンの天才がその本領を発揮したのは『ヴォルポーニ』(Volpone, 1606)，『物言わぬ女』(Epicoene, 1609)，『錬金術師』(The Alchemist, 1610)，『バーソロミューの市(いち)』(Bartholomew Fair, 1614)などの諷刺喜劇で，特に『ヴォルポーニ』はその人間悪の苛烈な描出において，世界演劇史上最高傑作の一つに数えられる．ジョンソンの業績としてもう一つ重要なのは，舞台美術家ジョーンズ(Inigo Jones, 1573-1652)と組んで多産した宮廷仮面劇で，主としてその功績によりジョンソンは*ジェイムズ1世から終身年金を受け，事実上の桂冠詩人となった．また厳格な*古典主義に立つ批評家・詩人としても重要で，*王政復古以後の文学・演劇界に，シェイクスピア以上に大きな影響を及ぼすこととなった．

【文献】標準的全集・注解は，現在もなお次の版である．C. H. HERFORD, PERCY AND EVELYN SIMPSON, eds., *The Works of Ben Jonson*, 11 vols. (Oxford 1925-53). また伝記としても，その第1巻が依然として標準的だが，より通俗的な読み物として，M. CHUTE, *Ben Jonson of Westminster* (New York 1953) がある．現在，新しい選集として，カーナン(A. B. Kernan)とヤング(R. B. Young)の監修による The Yale Ben Jonson が刊行中で，各巻には詳細な参考書目があげられている．

（安西徹雄）

シラー　Schiller, Johann Christoph Friedrich von（1759. 11. 10-1805. 5. 9）　ドイツの劇作家，詩人，思想家．ドイツ西南の小さな田舎町マールバハ(Marbach)に生まれた．キリスト教信仰に篤い両親のもとに育ち，幼少時から牧師になることを夢みていたが，13歳のとき，領主カール・オイゲン公(Karl Eugen, Herzog von Württemberg, 1728-93)の恣意的指図を拒みきれず，創設されたばかりの軍学校(通称カール学院，シラーの卒業1年後に大学に昇格)に入学し医学を学んだ．この軍隊式の規律と監督の厳しい寄宿学校での生活は，彼の人一倍強い正義感情を一層たくましく鍛え上げる鉄床となった．かくて卒業論文と同じ頃にひそかに書き進められ，元来，宗教的・道徳劇的構図において聖書の「放蕩息子の帰郷」の譬え話に示される神のような父の愛に絶望した理想家肌

シラー
(ÖN)

シラー

の青年の反抗と破滅とを描こうとした処女作『群盗』(Die Räuber, 1781) は，同時に現実社会の退廃と偽善と非道に対する激烈な抗議の書ともなったのである．これが 1782 年 1 月にマンハイム国民劇場で初演されるや空前の大反響を呼んだ．しかしシラーはこの作品のために亡命を余儀なくされ，5 年間の流浪生活を送ることになる．この苛酷な試練期を彼がどうにか乗りきることができたのは，彼のマンハイムへの亡命を共にしてくれた若い音楽家シュトライヒァ (Andreas Streicher, 1761-1833) と，2 年間の寄寓の便宜を提供して彼の作家生活が軌道に乗るのを助けたドレスデンの上級宗務局顧問官ケルナー (Christian Gottfried Körner, 1756-1831) らの友情のおかげであった．今日 *ベートーヴェンの第九交響曲の合唱によって全世界の人々に親しまれている『歓喜の歌』(An die Freude, 1786) は，まさにそのような友情の記念碑であった．亡命直後，シラーは共和制の悲劇『ジェノーヴァのフィエスコの謀反』(Die Verschwörung des Fiesko zu Genua, 1783) と宮廷社会の腐敗を鋭くえぐった『たくらみと恋』(Kabale und Liebe, 1784) を矢継ぎ早に完成し，これによって 1 年間マンハイム国民劇場付詩人となることができたが，契約は更新されず，窮地に陥ったとき，ケルナーの友情に救われたのであった．ケルナーのもとで理想主義的な政治的教養劇『ドン・カルロス』(Don Carlos, 1787) を書き上げ，この作品をもってシラーはそれまでの散文による疾風怒濤的な攻撃的激越調から韻文で高雅で節度のある古典主義的様式へと進んだ．1787 年夏ヴァイマール (Weimar) へ移住．1789 年『オランダ離反史』(Geschichte des Abfalls der vereinigten Niederlande von der Spanischen Regierung, 1788) によりイエナ大学歴史学担当教授 (無給) となった．1791 年には死の誤報が流れるほどの大患に見舞われたが，デンマーク王子アウグステンブルク公 (Friedrich Christian, Herzog von Schleswig-Holstein-Augustenburg, 1765-1814) から 3 年間の年金の贈与を受け，療養のかたわら『三十年戦争史』(Geschichte des Dreißigjährigen Kriegs, 1791-93) を書き続け，哲学，特に *カント哲学を研究して，『優美と尊厳について』(Über Anmut und Würde, 1793)，『人間の美的教育に関する書簡』(Über die ästhetische Erziehung des Menschen in einer Reihe von Briefen, 1795)，『素朴文学と感傷文学について』(Über naive und sentimentalische Dichtung, 1795-96) など一連の重要な美学論文を書いた．1794 年夏，ある対話がきっかけとなって *ゲーテと肝胆相照らす仲となり，相携えて古代ギリシア芸術を模範としつつドイツ *古典主義と呼ばれる理想主義的文学様式を確立した．1799 年，*三十年戦争に取材したドイツ史劇の最高傑作『ヴァレンシュタイン』(Wallenstein, 1800) 三部作を完成．その後 1 年 1 作のペースで最後の『ヴィルヘルム・テル』(Wilhelm Tell, 1804) に至るまで，合計 4 編の人間の道徳的崇高性を主題とした戯曲を書いた．遺作『デメトリウス』(Demetrius) は断片に終わった．

キリスト者としてのシラーの宗教的見地はかなり自由で，彼の思想は *万有内在神論的であったが，ゲーテがシラーの内的本質を評して，「凡俗のものを高め上げずにはおかない」「真のキリスト的傾向がシラーには生まれつき備わっていた」(1830 年 11 月 9 日付のツェルター宛の手紙) といった通り，彼が真のキリスト教的詩人であることは疑いの余地がない．

【文献】新関良三『シラーと希臘悲劇』(東京堂 1941)；新関良三『シラー 生涯と著作』(東京堂 1959)．

(内藤克彦)

シラー　Schiller, Maxime-Joseph　(1896. 3. 14-1960. 9. 6)　カナダ人宣教師，フランシスコ会員．ケベック州トロワ・リヴィエール (Trois Rivières) に生まれ，1915 年に *フランシスコ会のモントリオール管区に入会．1922 年司祭に叙階．翌年 (大正 12) 来日し，1 年間の日本語研修の後，奄美大島に派遣され，1930 年 (昭和 5) からは沖縄に行き 2 年間宣教に従事．その後，鹿児島で司牧にあたり，1937 年まで同地に滞在した．同年埼玉県浦和小教区の初代主任司祭に任命され，同時にカナダ分管区の会計を担当した．第 2 次世界大戦の抑留生活で健康を害したが，1945 年から 13 年間，戦後の困難な時期に浦和司教区教区長 *内野作蔵を補佐し，教区長代理を兼務したが，1954 年に日本におけるカナダ分管区長に任命され，病気にもかかわらずその職責を果たした．なおその間，フランシスコ会の東京聖アントニオ神学院で倫理神学を講じていた．1960 年カナダ本国の管区会議に出席中，急逝した．

【文献】『フランシスコ会カナダ管区の日本における宣教活動—50 年の歩み 1921-1971』(宇都宮市峰町フランシスコ修道院 1971).

(石井健吾)

しらいサンチヨ　白井サンチヨ　→　三箇(さんが)サンチヨ

しらいマンショ　白井マンショ　→　三箇(さんが)マンショ

シラしょ　シラ書　〔ヘ〕yěšûaʻ ben sīrāʼ, 〔ギ〕sophia Sirach, 〔ラ〕Sirach seu Ecclesiasticus

【歴史的背景】シラ書の著作年代は，パレスチナがセレウコス朝の支配下に移された前 2 世紀頃であった (→ シリア)．セレウコス朝の支配下にある小国は，民族的，文化的，宗教的に異なっていた．セレウコス 4 世 (Seleucos IV Philopator, 在位前 187-175) は王国に調和と秩序を与えるためにギリシア化政策 (*ヘレニズム) を取り入れようとした．この政策は神や人間，世界についての独自のヒューマニズムであり宗教のようなものであり，その結果としてユダヤ人の多くは自分の父祖たちの宗教を捨てて，新しい思想に甘んじるようになった．しかし，伝統的なユダヤ人は *ユダヤ教に忠実にとどまりあえてこの新政策に抵抗した．マカバイ記 (1 マカ 1: 1-15; 2 マカ 4: 7-17; 6: 1-11) にその事情が記述されている．

シラの子，イエススという人物 (シラ序言 7 節; 50: 27) が，イスラエルの伝統を尊重し *律法を守ることの大切さについて長大な瞑想録を書きあげたのは当時の人々に対する呼びかけでもあり，彼の第一の関心事は父祖たちから伝えられてきたイスラエルの文化的・宗教的遺産を大切に守り伝えることであった．

【名称】シラ書は *知恵文学のなかで著者名が判明している唯一の書である．原文ヘブライ語の写本はすべて断片的であり書名ははっきりわからないが，51 章 30 節の付記で「ベン・シラと呼ばれているイエシュア [= イエス] の子の言葉」「シラの子，イエシュア [= イエス] の知恵」といわれている．ギリシア語の写本では本書の名称は，「シラの子，イエスの知恵」あるいは「シラの知恵」である．

シラしょ

*教父たちは本書をパナレトス（［ギ］Panaretos, 最も優れた本）もしくはパナレトス・ソフィア（Panaretos Sophia 最も優れた知恵）と呼んでいる．教会は今日までエクレシアスティクス（Ecclesiasticus）つまり「集会の書」と呼んでいる．これはアクレイアの *ルフィヌスによれば，本書を *教理テクストとして求道者（*洗礼志願者）に読ませていたからだといわれる．現代は一般的には短く「ベン・シラの書」もしくは「シラ書」という名称が用いられている．

【著者】著者の名前は「イエスス」でその苗字は「シラ」である．彼は *エルサレムに生まれ（50: 27），生涯の大部分をそこで過ごし，律法の専門家であった．エルサレムでこの著作に取り組み，完成させた．

シラが *律法学者であり祖国の伝統の研究者でもあったことについては，ギリシア語本文の序言にも，またシラ自身の言葉にも明らかである（38: 24; 39: 1-11）．彼は律法の専門学校（アカデミア）を開いていたと思われる（51: 23）．エルサレムに住む比較的富裕な階級の子弟たちがここに通い，*礼拝，律法，祖国の伝統についてシラの講義を聞いたであろう．彼は若いときに外国にいたこともあり，さまざまな人々や出来事との出会いによって，豊かな経験と知識をもっていた（34: 11; 51: 13）．本書の執筆にかかったとき，シラはすでに老境に入っており，髪も白くなっていたであろう（51: 14-15）．彼には心から愛する妻がおり（26: 16-18），また悩みの種となる娘たちがあった（7: 24; 22: 3-5; 42: 9-11）．エルサレムで多くの弟子たちから敬愛され，貧しい人々に対して親切であった（12: 1）．

シラはその思想のゆえに後に *サドカイ派と呼ばれる宗教運動の先駆者であったと考えられている．シラは *来世についての問題に一度も言及しておらず（14: 12-19; 30: 17; 41: 4; 48: 5），サドカイ派の人々も *永遠の命や来世の報いを認めていなかった．人間の自由と道徳的な責任の強調（32: 23; 37: 27-28），*祭司らへの尊敬の念（7: 29-31; 50: 1-21），異邦人世界に対する好意的態度（1: 9-10; 13: 15; 17: 17），貧しい人々に対する深い慈しみ，人間の栄誉と幸福を求める心，さらに *預言書よりも *モーセ五書を熟読していたという事実，以上のすべてのことから彼が初期のサドカイ派に近い者であったことが明らかであろう．

【年代】本書の執筆年代は次の二つの事実から見当をつけることができる．一つは本書がギリシア語に訳された際に付された序言にみられる年代，他の一つはシラが50章に記している *大祭司シモンについての描写が歴史上の大祭司シモンを指していることである．

序言にあるように本書をギリシア語に訳した者はシラの孫である．彼が本書の訳を始めたのは，エジプトの王エウエルゲテス（Ptolemaius VII, Euergetes II, 在位前170-116）の治世38年，エジプトにおいてであった．エウエルゲテスの治世38年は前132年にあたる．そこで祖父と孫の年齢差を約50年とすれば，本書のヘブライ語原文が書かれたのは前2世紀の初め頃であろう．50章1-21節にオニアの子，大祭司シモンが描写されていることから，著者自身祭司の務めを果たしているシモンを直接にみたことがあったと推測される．シラが描いている大祭司シモンは，オニア3世（Onias III, 前227頃）の子，シモン2世（Simon II, 在位前225-195）を指すといわれている．彼は前225年頃から195年の間，大祭司の職にあった．要するにシラが本書を執筆したのは，およそ前3世紀の末から2世紀初めにかけて，すなわち，前200年から180年にかけてであったといえよう．

【内容と区分】本書は *旧約聖書の教訓書のなかで最も長編のものであり，内容も豊かである．そのため著者がどういう順序でその思想を展開しているかをみいだすのは困難である．多くの学者たちは，本書を二つの部分に分ける．すなわち，第1部（1: 1-42: 14）と第2部（42: 15-50: 29）である．第1部は「格言の書」の文学類型に従って，日常生活に関する事柄を格言の形で並べている．この第1部は次の四つに分けることができる．すなわち（1）知恵とは何か（1: 1-16: 23），（2）神と被造物（16: 24-23: 27），（3）知恵と律法（24: 1-32: 13），（4）宗教生活と社会生活（32: 14-42: 14）である．第2部は二つの部分に分かれている．（1）被造物のうちに輝く神の栄光（42: 15-43: 33），（2）イスラエルの民の歴史にみられる神の栄光（44: 1-50: 29）で，アダムから著者と同時代の大祭司オニアの子，シモン2世に至るまでの歴代の父祖たちに対する称賛を含んでいる．最後に付録として感謝の祈り（51: 1-12）と知恵を求める著者の情熱（51: 13-30）が記されている．なお，ヘブライ語本文には，付録の二つの部分の間にさらにもう一つの付録，*ヤハウェへの賛美が挿入されている．

【思想】シラ書の中心思想は一言でいえば *知恵そのものである．シラはこの知恵の本質と働き，すなわち，自然，*救済史，イスラエルの民の倫理・社会・宗教的な生活のなかでの働きを通して描写している．そしてそれをイスラエルの民に理解させることを本書の執筆の目的としている（24: 30-34; 33: 16, 18; 39: 1-11; 50: 27-29）．

〔知恵の概念〕知恵はつねに神とともにあり，すべての知恵はこの神から来る（1: 1）．したがって，知恵には *創造と *啓示の力があり，全宇宙とすべての人々のうちに働きかける．この知恵は律法に *受肉したものであるから，律法と知恵とは同一であり，*神の言葉は知恵の源である．その知恵の奥深さは測りしれない（1: 2, 6）．

〔知恵と創造〕創造に際して神はすべての *被造物にこの知恵を注いだ．そのために人は神の知恵をすべてのもののなかにみいだすことができる（1: 9; 24: 3-6）．

〔知恵と人間〕知恵はすべての国を支配し，そこに自分の住まいをみいだそうと努めたが（24: 6-7），結局はイスラエルにとどまり（24: 8），その民のなかに根を下ろした（24: 12）．知恵はイスラエルの祖先たちを保護し（42: 15; 50: 29），愛するエルサレムから全世界を治める（24: 11）．

〔知恵のもたらす恵み〕知恵は善徳を実行させ，悪を避けさせる（10: 14-17）．また知恵のもたらす恵みは地上的なものでもある．例えば，長寿を全うすること，喜び，平和，健康，楽しみ，栄誉をもたらすことである（1: 11, 12）．

〔知恵の初めと完成〕神を畏れることは知恵の初めであり，その完成でもある（1: 16, 20）．人間は神を畏れることによって律法を完全に守ることが可能になり，同時に知恵を授けられるのである．この知恵を獲得するためには，知恵の命じることに対する愛と順従が必要である（4: 23. 特にヘブライ語本文, 28）．知恵を愛しそれに従おうとする意志をもつ者は，知者の言葉を深く悟り，これに思いをめぐらす（6: 32-37; 8: 8-9）．

【原本と古代訳】〔ヘブライ語原本〕シラ書はヘブライ語で書かれた．これはギリシア語本文に付された序言で明らかであり，*ヒエロニムスも本書のヘブライ語の写本を手にしていた（PL 28: 1242）．11世紀になってヘブラ

『シラブス』

イ語の写本は失われたが，19世紀の終わり頃，*カイロにある古いユダヤ教の会堂のゲニザ（廃本保管所）で発見された数多くの写本断片のなかから，シラ書の約3分の2を占める写本が，また20世紀には*死海文書からも断片写本が発見された．

〔ギリシア語訳〕本書は前132年頃，シラの孫によってギリシア語に訳された．これは*七十人訳聖書の写本に含まれている．

〔ラテン語訳〕ラテン語*ウルガタ訳聖書のシラ書は古ラテン語の一種の校訂本である．ヒエロニムスはシラ書を正典文書として認めていなかったので，古ラテン語訳のものはほとんど手をつけずにおいた．この古ラテン語訳はすでに2世紀には完成していた（→聖書の翻訳：古ラテン語）．

【正典性】*アレクサンドリアのユダヤ人たちは，初めからシラ書が聖なる書であることを認めていた．次いでキリスト教は4世紀末，*カルタゴ教会会議において本書を*霊感を受けた正典の書であると認めた．本書の正典性に関する問題は，他の*第二正典の場合と同様である（→聖書の正典）．

【文献】ABD 6: 931-45; LThK³ 9: 628-30; フランシスコ会聖書研究所『シラ書：集会の書』（中央出版社 1980); 清水宏「いまひとりのイエス」『聖書のドラマに登場する人物』高柳俊一編（リトン 1996) 143-67; F. V. Reiterer, ed., *Bibliographie zu Ben Sira* (Berlin 1998).

（S. フィナテリ）

『シラブス』　　→『謬説表』

しらゆりじょしだいがく　　白百合女子大学
*シャルトル聖パウロ修道女会を設立母体とするカトリック系女子大学．1878年（明治11），フランスより3人の修道女が来日し，函館に修道院を設立．1881年には東京で教育事業を開始，現在の白百合学園が発足した．1946年（昭和21），白百合女子専門学校設立．1950年，学制改革により短期大学となった．1965年，調布市緑ヶ丘の現在地に約5万m²の土地を得て，四年制大学を設立．国文，仏文，英文の3学科が置かれたが，1985年，児童文化学科が加えられ，近代的設備の整った新館も増築され，新時代に向かって充実した学問研究と，キリスト教精神に基づく人間教育が行われている．

（松井千恵）

ジラール　Girard, Prudence-Séraphim-Barthélemy（1821. 4. 5-1867. 12. 9）　パリ外国宣教会司祭，日本国布教総責任者．フランスのアンリッシュモン (Henrichemont) 生まれ．1845年司祭叙階．1847年*パリ外国宣教会入会．1848年（嘉永1）日本に派遣されたが，キリスト教司祭の入国はままならない時代であったため，しばらく*香港に滞在し同地滞在中のポルトガル人とスペイン人の司牧にあたっていた．同時に，宣教会極東本部に務め，日本入国の好機を待ちながら，中国の広州で宣教活動を行う．1855年（安政2），日本の布教の開拓者として，*フュレ，*メルメとともに沖縄に渡り，那覇滞在の許可がおりた．1857年6月15日，日本の布教の総責任者（〔ラ〕Superior Missionis）に任命される．1858年香港に戻り，そこからフランス大使と同じ船で，外交官の訳官として*江戸に向かった．1858年9月6日，初めて江戸で日仏条約が結ばれ，彼はカトリック司祭であるにもかかわらず，フランス総領事の訳官として日本政府から認められ，優遇された．また，日本語習得のために，3人の日本人教師から学ぶこともできた．しばらくは江戸，そして横浜に滞在したが，彼の布教活動は，江戸と横浜に滞在していた外国人に対してのみであった．当時の日本ではカトリック司祭は彼とメルメの二人だけであった．1862年（文久2）1月12日，横浜に近代日本の最初の教会「聖心の天主堂」が彼によって献堂され，東京，横浜において将来の布教のために大きな役割を果たすことになった．同年，日本からの使節団がフランスに派遣された関係で，彼もまた*パリと*ローマに入った．1863年日本に戻り，1866年（慶応2），横浜で*プティジャンから*司教総代理に任命される．1867年，横浜にて死去．

（J. ワレ）

ジラール　Girard, René（1923. 12. 25-　）　フランス生まれの文芸批評家，カトリック思想家．フランスとアメリカで学業を修め，アメリカにとどまり，研究，教育，著作に従事．1981年以降スタンフォード大学教授．文芸評論『ロマン的な嘘とロマネスクな真実』(1961, 邦訳『欲望の現象学』）の模倣理論と三角形欲望理論は，文学以外の社会学などの領域でも注目された．この理論を発展させたものが主著『暴力と聖なるもの』(1972)．『世の初めから隠されていること』(1978) では，さらに旧約・新約聖書の独自の解釈を試み，現代の平和は人類を絶滅させることも可能な強大な武力でかろうじて支えられている，この平和を維持しうるのは結局「敵を愛し，自分を迫害する者のために祈る」キリスト教の精神以外にはなく，具体的には，報復の権利の放棄，無条件の暴力放棄だと力説する．『邪な人々の昔の道』(La Route antique des hommes pervers, 1985) も悪の問題を論じ，注目すべきヨブ論となっている．

【主著】*Mensonge romantique et vérité romanesque*, 1961: 古田幸男訳『欲望の現象学』（法政大学出版局 1971); *La violence et le sacré*, 1972: 古田幸男訳『暴力と聖なるもの』（法政大学出版局 1982); *Des choses cachées depuis la fondation du monde*, 1978: 小池健男訳『世の初めから隠されていること』（法政大学出版局 1984).

（小池健男）

シリア　正式国名：シリア・アラブ共和国，〔ア〕al-Jumhūrīya al-ʿArabīya al-Sūrīya,〔英〕Syrian Arab Republic. 面積：18万5,180 km². 人口：1,495万人(1997年現在). 言語：アラビア語. 宗教：スンナ派を大多数とするイスラム教．キリスト教は10%．

【概要】シリアはアジア西南地域の歴史的呼称で，範囲は時代によって異なるが，基本的には西の地中海，東の*メソポタミア，北のアナトリア（トルコ），南のアラビア半島を境界とする．シリアはギリシア語のシュリア (Syria) に由来する．語源について，ある意見は*アッシリア (Assyria) の短縮形と解釈するが，ある意見は前2000年紀のこの地域の文化に強い影響を与えた*フリ人（旧約聖書のホリ人）を表すエジプト語フル (Huru) と関連づける．聖書ではアラム (Aram) という．

【歴史】シリアは地中海世界と内陸部を結ぶ．南北，東西を結ぶ主要通商交易路が走り，貴重な建材を供給するアマヌス山やレバノン山があり，その支配をめぐり各時代の王たちは争った．すでに前24世紀半ば，シュメールの王ルガルゼガシは「下の海（ペルシア湾）から，チグリスよりユーフラテス沿いに，上の海（地中海）まで」を支配したという．ルガルゼガシを破ってアッカド王朝を

立てたサルゴン大王は，「上の地方，すなわち(ユーフラテス中流の)マリ，ヤムルティ，エブラ，杉の森(アマヌス山)，さらに銀の山(タウロス山)に至る」地域を征服した．しかしサルゴンの孫ナラムシンは，エブラ，アルマヌム，アマヌス(山)，杉の山，そして地中海沿岸地域を征服したのは自分が最初であると主張する．*エブラの遺跡(アレッポ近郊のテル・マルディク)の発掘と1万数千枚の粘土板の発見は，当時北シリアに強大な都市国家が栄えていたことを証明した．ナラムシンに敗れた後，エブラは復興してシリアの中心的商業都市の一つとして繁栄し続けた．アルマヌムはおそらくアレッポのことであろう．アッカド王朝最後の王シャルカリシャリについてある碑文は，王が「バサル山に住むアモリ(西方)人」と戦って勝ったと記している．バサル山はシリア砂漠北東に横たわるビシュリ山(標高867m)のことであり，ラガシュのグデア王(前22世紀末)の碑文に「西方の地の山」として出てくる．

マリ王朝の創設者ヤハドゥンリム(前19世紀末)によれば，彼はマリの王として初めて「大海」(地中海)まで軍を進めた．海岸に着いた王と兵士は「大海」に犠牲を捧げ，剣を(聖なる)「大海」に浸して清めた後，「大いなる杉とつげの山」に入って，つげ，杉，松，その他の木を伐った．これは(アマヌス山ではなく)レバノン山であったかもしれない．彼は森に自分の名前を刻んで記念とし，沿岸地域の住民に年貢を課した．アッシリアのシャムシアダド1世はマリ王朝を倒して「上の地方」(シリア)に対する主権を手にすると，ヤハドゥンリムに倣って地中海沿岸への遠征を試み，自分の名前を記した遠征記念碑を「大陸沿岸のレバノン(Labān)の地」に建てた．

前2000年紀半ばに近づくと，シリアはフリ人の王国ミタンニの影響を強く受ける．アラク王イドリミの自伝的碑文(前1500頃)によれば，かつて若いときに国を追われたイドリミはシリア砂漠のストゥ人のもとに逃れ，さらにカナンの地(mat Kinanum)のアッミヤへ行き，7年間そこで過ごした．アッミヤは多分フェニキア沿岸にあった．やがてイドリミはアララクに戻って王位に就くが，そのためには，ミタンニの「強き王，フリ国の戦士の王バラタルナ」の承認を得ることが必要であったと自伝には記されている．

同じ頃，トトメス1世の率いるエジプト軍はレテヌ(Retenu)，すなわちシリア・パレスチナ地方へ軍を進めたが，ミタンニからの目立った抵抗もないまま，ユーフラテス流域に着いた．しかし，これは，シリアへの勢力拡大をもくろむミタンニに対する牽制であって，シリアをエジプトの植民地にしようという意図からではなかった．だがミタンニは，それまで反目し合っていたシリア・パレスチナ諸都市国家を結集して反エジプト同盟を作らせることに成功した．エジプトはトトメス3世の治世22年(前1168頃)，ファラオの単独統治が始まると，第1回目のアジア遠征を行った．反エジプト同盟軍はオロンテス上流のカデシュの王とパレスチナ北部*メギド

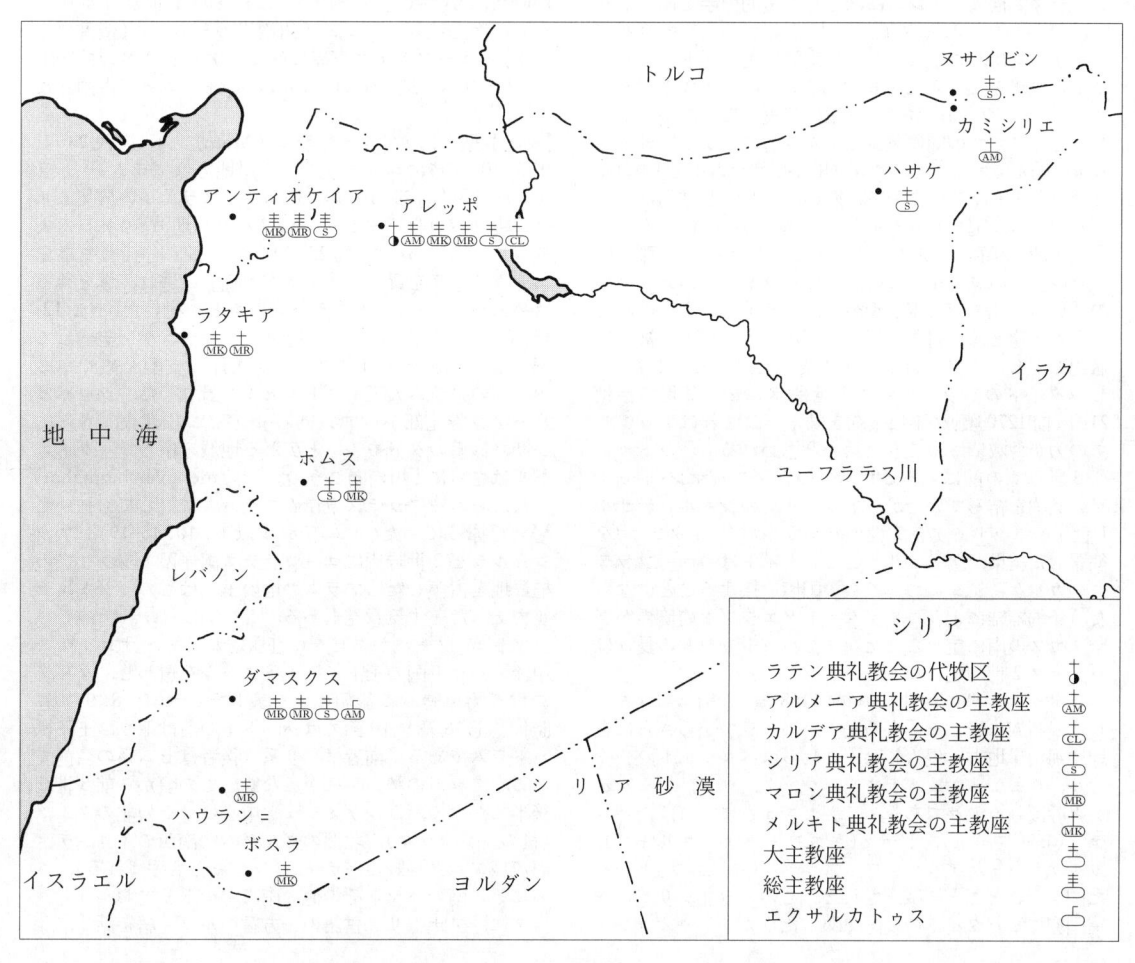

の王の指揮下にメギド平野に展開したがファラオの軍の前に敗れ，メギドの町は7か月の攻囲の末，陥落した．ファラオのアジア遠征はこの後さらに16回，毎年のように続けられた．ファラオは第6回遠征（治世30年）のときオロンテスのカデシュを征服し，第8回遠征（治世33年）ではアレッポ近郊でミタンニ軍と直接対決してこれを破った．カルケミシュ近くでユーフラテス川を渡り，戦勝碑を建てた．帰路オロンテスの湿地帯で象狩りをし，再びカデシュを屈伏させた．しかしアレッポ周辺以南の北シリアにおけるエジプトの主権が確立するのは，第17回遠征（治世42年）においてであり，トトメス3世はシリア・パレスチナの植民地をアムル（州都フェニキア海岸のツムル），ウピ（州都レバノン谷のクミディ），カナン（州都南パレスチナ海岸のガザ）の3州に分けて統治した．

エジプト王アメンヘテプ2世の治世に，ミタンニは一時的に北シリアにおける勢力を回復してエジプトと対立したが，ヒッタイトのトゥトハリヤ2世のシリア進出とアレッポ征服という新しい展開を前に，エジプトとミタンニは和平交渉を始めた．トトメス4世の治世（前1412-1402頃）に両国間に条約が締結され，ミタンニのアルタタマは娘をエジプト王に嫁がせてその証しとした．前1370年頃，ヒッタイトのスピルリウマ1世はミタンニのトゥシュラッタ王を破り，シリアのカルケミシュ，アレッポ，ウガリト，ヌハシェ，そしてミタンニをヒッタイトの属国とした．このとき，エジプトのアメンヘテプ3世はミタンニにほとんど援助の手を伸べようとしなかった．ヒッタイトの支配はオロンテスのカデシュまで及び，こうしてシリア南部でエジプトとヒッタイトは国境を接することになった．*ビブロスや*ダマスコ（ダマスカス）はエジプト王に忠実であったが，ウガリトとビブロスの間にあったアムル国のアジルはヒッタイトと結んでエジプトのアムル州の州都ツムルを占拠し，ビブロスを一時その支配下に置いた．しかし結局は，アジルのアムル国もヒッタイトに隷属することになる．

前1286年頃，エジプトのラメセス2世とその軍隊は，オロンテスの*カデシュにおいてヒッタイトのムワタリの率いるシリア連合軍と衝突した．ラメセス2世の碑文にある記述とは反対にエジプト軍は多大の損害を被って撤退し，ヒッタイトはシリアの支配を続けた．しかし，ヒッタイトのハットゥシリ3世はラメセス2世の治世21年（前1270頃）に平和条約を結んだ．これはアッシリアの力が脅威になってきたためと思われる．ハットゥシリ3世はその前に*バビロニアのカダシュマン・トゥルグと条約を結んでいたが，アッシリアのシャルマナサル1世がシャットゥアラ2世のハニガルバト（ミタンニ）を征服した結果，アッシリアとヒッタイトは，ユーフラテスのカルケミシュにおいて直接国境を接することになった．条約締結により，ヒッタイトとエジプトの境界がダマスカスの南に定められた．またハットゥシリの長女はラメセス2世の妃になっている．

ラメセス3世の治世8年（前1168頃），*インド・ヨーロッパ語族に属する「海の民」が小アジアからさらに東地中海沿岸地方へ侵入した．これらはペルシェト，チェケル，ウェシェシュ，デネン，シェクレシュ，シェルデンと呼ばれる人々であり，ラメセス3世によれば，ハッティ（ヒッタイト），ケディ（キズワトゥナ＝キリキア），カルケミシュ，アルツァワ，アラシア（キプロス）といった国々がことごとく滅ぼされた．このとき北シリアの商業国家でヒッタイトの属国であったウガリトやオロンテス上流のカデシュも滅ぼされた．アムル地方に集まった「海の民」は海岸地域を南下し，海から来たグループと呼応したエジプトを攻めたが，ラメセス3世の軍隊はこれを撃退した．ペルシェト（聖書のペリシテ人）やチェケなど「海の民」の一部はパレスチナ海岸地域に定着した．

同じ頃，パレスチナ中央丘陵地帯にはやはり新興のイスラエル人が定着して勢力の拡大を図り，さらにシリアでは，半遊牧的生活から定着生活へ移行しつつあった*アラム人が周辺の沃地を侵寇しつつあった．アッシリアのティグラト・ピレセル1世（在位前1116-1076）は，メソポタミアへの侵入を繰り返すアラム人をユーフラテス中流のスフから北のカルケミシュまで追撃し，ビシュリ山麓ではアラム人の六つの村を襲撃した．あるいはスフからシリア砂漠（mudbaru. 聖書ヘブライ語 midbar「荒野」）を横断し，タドマル（代下8:4のタドモル，後のパルミラ）を経て，レバノン山のふもとまでアラム人を追った．ティグラト・ピレセル1世はアラム人を追って28回もユーフラテス川を越えなければならなかった．同様に，ティグラト・ピレセル1世の子のアッシュルベルカラ（在位前1073-56）は，ユーフラテスからレバノン山まで，シリア全土を自由に行動するアラム人を追撃して年に2度はユーフラテス川を越えた．さらにこの頃アラム人は北はチグリス上流に向かうカシヤリ山付近（現在のトゥル・アバディン）から南のハブル川一帯にかけて広がっていた．アッシュルラビ2世（在位前1012-972）の時代，かつてティグラト・ピレセル1世がカルケミシュの南を流れるサジュル川沿岸のピトゥル（聖書のペトル）とユーフラテス東岸に建てたアッシリアの植民地が，「アラムの地」（mat Arumu）の王によって占領された．

【聖書】聖書はシリアをアラム（Aram）と呼び（民23:7; 士3:10），特にユーフラテス沿岸地方はアラム・ナハライムと呼ぶ（創24:10; 申23:5）．イスラエルの族長イサクの妻リベカはパダン・アラム（ハラン地方）のアラム人ラバンの妹であった（創25:20）．イサクの子ヤコブは兄エサウの怒りを買って「アラムの野」に逃れ，妻を得るためにパダン・アラムのラバンのもとで働いた（ホセ12:13; 創31:18）．前10世紀初頭，イスラエルを統一して王となったダビデは，ヨルダン東岸の支配をめぐってツォバのアラム人王ハダドエゼルと対立した．ツォバはレバノン谷北部からアンティ・レバノン山北東，さらにシリア砂漠のタドモルへと広がる地域を指し，ハダドエゼルはさらに「川の向こうの」（[へ] me 'ever hannahar）すなわちユーフラテス東岸のアラム人に対しても強い影響力を揮っていた（サム下8:3以下; 10:15-19）．アッシュルラビ2世時代にユーフラテス両岸のアッシリアの植民地を占領した「アラムの地の王」はこのハダドエゼルであったとする意見もある．

アラム・ツォバがダビデに征服されると，オロンテス中流のハマト国の王トイは王子ヨラムを遣わし，ダビデに貢ぎ物を贈って恭順の意を表した（サム下8:9-10）．歴代誌上18章9-10節ではハマト王の名はトウ，王子はハドラムである．前者はフリ系，後者はセム系の名前である．アラムの勢力が広がるなか，この頃から前8世紀後半にかけて，カルケミシュを中心に，その北のクムフ（後のコンマゲネ），北西のグルグム，南西のオロンテス河流域アムク平野のパティン（ウンキとも呼ばれる），さらにその南のハマトその他，南東アナトリアおよび北シリアに，アナトリア言語の一方言のルヴィ語を話し，象

形ヒッタイト文字を使用する「新(または後期)ヒッタイト」文化が栄えた．ユーフラテス東岸，カルケミシュ南にもティル・バルシプを首都とする「新ヒッタイト」王国マスワリがあった．一方，西岸においてはハマトの北のビト・アグシ(首都アルパド)やパティンの北のサマル(首都ジンジルリ)などはアラム系住民が支配する国であった．またハマトも，前8世紀初めにはアラム系の王が支配していた．しかし，「新ヒッタイト」王国の存在はユーフラテスの西，北シリアにおいては顕著であり，事実，アッシリア人は北シリアを「ハッティ(ヒッタイト)の地」(māt Hatti)と呼んだ．

ユーフラテス東岸の「新ヒッタイト」国マスワリ(首都ティル・バルシプ)の周囲ではビト・アディニ(アモ 1:5 のベト・エデン)のアラム人が勢力を拡大し，前9世紀半ば近く，マスワリもその支配下に入る．ハブル川上流のビト・バヒヤニ，下流のビト・ハルペもアラム人の国である．ビト(bit, [ヘ] bet)は「家」の意であり，アラム人はその後に王朝創立者の名前をつけて国の名前とした．例えば，ビト・アディニは「アディニの家」すなわちアディニ王朝の意味である．

前9世紀になると，アッシリアは西方遠征を再開した．アッシュルナツィルパル2世(在位前883-859)はユーフラテス東岸のアラム人の大半を征服し，前870年頃，ユーフラテス川を渡って，カルケミシュをはじめとする「ハッティの地」の王たちから貢ぎ物を受けた後，パティンの王ルバルナの要塞アリブ(Aribua)を占拠してアッシリア人を住まわせ，食糧を集めて保存し，アッシリアの基地とした．レバノン山に向かって進み，ツロ(ティルス)，*シドン，ビブロス，アルヴァドその他のフェニキア諸都市の王の貢ぎ物を受け，マリのヤハドゥンリムと同じく，「大海で武器を洗い清め」，神々に犠牲を捧げた．しかし，シャルマナサル3世(在位前858-824)がシリアの完全制圧を目指して遠征を開始すると，ビト・アディニのアフニを指導者とする北シリア諸国は反アッシリア同盟を結んで抵抗した．同盟軍とアッシリア軍の衝突は，すでにシャルマナサル3世の治世第1年目から始まった．治世第3年にシャルマナサル3世は北シリア軍を破り，ビト・アディニを征服し，首都ティル・バルシプの名をカル・シャルマナサル(シャルマナサル埠頭)と変え，続くシリア攻略の中心基地とした．

ビト・アディニが滅び，北シリア同盟が消滅すると，今度はアラム・ダマスコを長とする反アッシリア同盟が結成された．アラム・ダマスコはアラム・ツォバが滅んだ後，南シリアのアラム人の盟主として台頭，イスラエル人にとって「アラム」は何よりもアラム・ダマスコを意味するようになる．アラム・ダマスコはすでにソロモンの治世からイスラエルと対立し(王上 11:23-25)，以後前8世紀にアッシリアに滅ぼされるまで，特にヨルダン川東岸地方の支配をめぐりイスラエルと抗争を続けた．イスラエル王国が南北に分裂すると，アラム・ダマスコのタブリモンは南王国ユダのアビヤム(在位前910-908)と同盟を結んだ．しかしベンハダド1世のときダマスコは北王国イスラエルのバシャと同盟を結び，さらにユダのアサが金銀の贈り物をしてバシャとの同盟の破棄を求めると，ベンハダドはイスラエルに侵入，ガリラヤ地方の町々を攻略した(王上 15:18-22)．

ベンハダド2世(アッシリア碑文のアダドイドゥリ)は，イスラエルの*アハブ(在位前871-852)と戦闘を繰り返したが，前853年，シャルマナサル3世がシリアに侵寇すると，ハマトの王イルフレニとともに反アッシリア同盟軍を率いてオロンテス川沿岸のカルカルで戦った．アハブもこれに参加した．このとき，ベンハダド2世は戦車1,200，騎馬1,200，歩兵2万，イルフレニは戦車700，歩兵1万，そしてアハブは戦車2,000，歩兵1万を動員した．

この後シャルマナサル3世は前849年，848年，さらに845年にも同じシリア同盟軍と戦った．前842年，ベンハダド王朝を倒してアラム・ダマスコの王になったハザエルはイスラエルとの戦闘を再開し，アハブの子ヨラムとラモト・ギレアドで戦い，これに傷を負わせた(王下 8:7-15, 28-29)．反アッシリア同盟に亀裂が起きたのをみて，シャルマナサル3世は，前841年と838年にアラム・ダマスコを攻略した．しかし，ハザエルの勢力は衰えることなく，東ヨルダンを侵略してアルノン川にまで及ぶバシャン・ギレアド地方を占領した(王下 10:32-33; アモ 1:3-5参照)．エホアハズ(在位前818-802)の治世中，ハザエルは絶えずイスラエルを攻めてこれを屈伏させた(王下 13:7, 22)．ハザエルの脅威はユダ国境にまで及び，ユダの王ヨアシュに多量の貢ぎを支払わせた(王下 12:18-19)．

ハザエルの後ダマスコの王位に就いたベンハダド3世は，アルパドのアタルシュムキとともに反アッシリア同盟を結成した．これを粉砕するため，アッシリアのアダドニラリ3世は，前805-802年，シリアへ遠征した．このとき同盟に参加しなかったハマトの王ザクルは，同盟軍の攻撃を受けた．ザクルの碑文によると，反アッシリア同盟にはアルパド，ダマスコ以外にクエ(キリキア)，ウンキ(パティン)，グルグム，メリドなどおよそ10の国の王が参加していた．前796年，アダドニラリ3世はシリアを攻めてハマトを危機から救った．しかし，アッシリアの王はハマトの領土の一部を割譲してアルパドに与え，アルパドとダマスコの協力体制の分断を図った．

この時期，カル・シャルマナサル(ティル・バルシプ)からハランにかけての地域を支配したのはアッシリア総督(トゥルターヌ turtānu)のシャムシイルであり，アダドニラリ3世のシリア遠征においても積極的な働きをしている．前773年，シャルマナサル4世のハアディアヌ(ベンハダド3世?)が支配するダマスコ攻略の際も，実際にそれを指揮したのはシャムシイルであった．おそらく前772年，765年，755年におけるアッシリア軍のハタリカ(ハマト北部)遠征もシャムシイルが行ったものと思われる．イスラエルはすでにヨアハズの息子ヨアシュ(在位前802-787)の治世に，アラム・ダマスコに占領された町々を奪還していたが(王下 13:19, 25)，ヤロブアム2世(在位前787-747)は，前773年のアッシリアのダマスコ攻略を機にヨルダン東岸全土だけでなく，北はレバノン谷のレボ・ハマト(ハマトの入口の意)までの領土を回復し，アラム・ダマスコをその影響下に置いた(王下 14:25, 28)．

前733年，アラム・ダマスコのレツィンはヨルダン東岸に侵入，ラモト・ギレアドから南のエイラトまでを占領した．さらにレツィンは，イスラエルのペカと組んでユダを攻撃した．ユダの王アハズはアッシリアの*ティグラト・ピレセル3世に救援を求めた．ティグラト・ピレセル3世はその年，そして翌年(前732)とダマスコを攻めて陥落させた(王下 15:37; 16:5以下; イザ 7:1以下)．ティグラト・ピレセル3世はレツィンを処刑し，住民を捕囚として連行した(王下 16:9)．アラム・ダマスコも領土は北のツビテ(ツォバ)，北西のマンツワテ，中央のダマスコ，南のカルニ(カルナイム)，ハウラン，さら

シリア

に南のギレアドの地域に分割された(ダマスコの終焉についてイザ 17: 1-3; エレ 49: 23-27 参照). こうして, シリアはアッシリアの支配下に入り, アッシリア崩壊(前 712)の後はバビロニアが, バビロニア崩壊(前 539)の後は *ペルシアがその支配者になった. ペルシア時代, シリアはエベル・ナーリ (eber-nāri, エズ 4: 10 の 'abar-nahrah), すなわち「川向こうの州」と呼ばれた.

【文献】ANET³; Y. アハロニ, M. アヴィ・ヨナ『マクミラン聖書歴史地図』池田裕訳(原書房 1988): Y. AHARONI, M. AVI-YONAH, *The MacMillan Bible Atlas* (Jerusalem 1978); D. J. ワイズマン編『旧約聖書時代の諸民族』池田裕監訳(日本基督教団出版局 1995): D. J. WISEMAN, ed., *Peoples of Old Testament Times* (Oxford 1973); A. MALAMAT, "Campaignings to the Mediterranean by Iahdunlim and Other Early Mesopotamian Rulers," *Assyriological Studies*, 16 (1965) 365-73; D. D. LUCKENBILL, *Ancient Records of Assyria and Babylonia*, 2 v. (1926-27; Chicago 1968); D. O. EDZARD, ET AL., eds., *Répertoire géographique des textes cunéiformes*, 1 (Wiesbaden 1977); N. K. SANDERS, *The Sea Peoples* (New York 1978); Y. IKEDA, "Hermon, Sirion, Senir," *Annual of the Japanese Biblical Institute*, 4 (1978) 32-44; A. Aharoni, *The Land of the Bible* (Philadelphia ²1979); Y. IKEDA, "Royal Cities and Fortified Cities," *Iraq*, 41 (1979) 75-87; J. A. TVEDTNES, "The Origin of the Name Syria," JNES 40 (1981) 139-40; Y. IKEDA, "Assyrian Kings and the Mediterranean Sea," *Abr Naharain*, 23 (1984-85) 22-31; A. K. GRAYSON, *Assyrian Rulers of the Third and Second Millenia B.C.* (Toronto 1987); ID., *Assyrian Rulers of the Early First Millennium* (Toronto 1991).　　　　　　(池田裕)

【キリスト教史】〔使徒時代と古代〕シリアとその大都市の幾つかはすでに旧約聖書で言及されている. 新約聖書は, 福音が広められた当初からシリアが重要であったことを示している. イエスは *デカポリスや *ティルスおよび *シドンの周辺で説教した. 後に *パウロと呼ばれるサウロが回心した際に向かっていた *ダマスコ(ダマスクス Damascus)にはすでにキリスト教徒の共同体があった. パウロは数年間をダマスコの周辺, アラビアと呼ばれる南部の州で過ごしたが, *バルナバに伴われてオロンテス川の *アンティオケイアに赴き, そこから福音宣教の途についた. アンティオケイアはキリスト教宣教の最初の中心地となったのである.

シリアは当時, 大都市アンティオケイアを中心として *ローマ帝国の属州のなかでも極めて重要な位置を占めていた. 初期の司教会議が開催されたのもシリアで, 特に *オリゲネスが参加したボスラ司教会議(244)と他の教会管区の司教たちも参加した *アンティオケイア教会会議をあげることができる.

〔寛容令からイスラム教徒侵略まで〕神学的大論争, 教理面で重要な *公会議が行われた時代で, *アレイオス派, *キリスト単性説, *キリスト単意説などの *異端が現れた. これら異端的教説は, 西方に伝播したアレイオス派を除き, *カルデア教会, *ヤコブ教会(シリア正教会), *アルメニア教会, *マロン教会などにより継承されている.

〔イスラム教徒の侵略以降〕シリアはたび重なる侵略を経て 638 年にはアラブ人イスラム教徒, 10 世紀には *ビザンティン帝国, 11-13 世紀には *十字軍によって占領された. さらにエジプトのバフリー・マムルーク朝(1291-1382)とブルジー・マムルーク朝(1382-1516), *オスマン帝国(1517-1917)の統治を経てフランスの委任統治領(1918-46)となった. 1946 年にシリアは独立を達成, 1958 年にエジプトとアラブ連合共和国を結成したが 1961 年に分離してシリア・アラブ共和国となった. 国土は古代より著しく狭められ, フランスの委任統治時代までシリアに含まれていた北方はトルコ領, 南はパレスチナ, イスラエル, ヨルダンに含まれ, 西はレバノン領となった.

1268 年にエジプトのバイバルス 1 世によって破壊されたアンティオケイアが以後, 大都市になることはなかったが, 1098 年の十字軍遠征によって導入されたローマ・カトリック教会の組織は存続し, アレッポ(Aleppo)の使徒座代理区(→ 代牧区), わずかな *ローマ典礼の *小教区, 多くの男女修道会が残っている.

東方教会とローマ・カトリック教会との合同の試みも一部でなされている. マロン教会は 1182 年にローマ教会との一致を公式に認め, 1215 年の第 4 *ラテラノ公会議に総主教が出席して以来, ローマ教会との密接な関係を保っている. *フィレンツェ公会議での決定をもとに進められた合同は, 原則として, 従来の *東方教会の遺産(典礼, 言語, 秘跡)を保持する一方, 教皇の首位と, 公会議によって明確にされたカトリックの教理を認めるものである. これら *カトリック東方教会と総称されるもののうちシリアにあるのは *メルキト教会, *シリア・カトリック教会, *カルデア・カトリック教会, アルメニア教会である. また, 東方教会は委任統治から独立を経た後も, アンティオケイアの総主教を中心とする旧来の教会組織を保持している.

【アンティオケイア系教会】〔メルキト教会〕東方典礼でアンティオケイア総主教のもとにあったメルキト教会は, 17 世紀末以来, ローマとの合同を図り, 1724 年カトリック東方教会としてのメルキト教会が成立した. 以後, アンティオケイアのメルキト教会総主教区は, ローマ教皇のもとに統合された少数派からなる分派として存続している. 合同によりメルキト教会の総主教は「アンティオケイア, 全オリエント, アレクサンドリアおよびエルサレムの総主教」の称号をもち, *裁治権を行使することができるようになった. また, 1894 年には教皇 *レオ 13 世によって, 当時, 主教が居住していたオスマン帝国の東方属州に対する裁治権も認められた. 主教は教皇庁東方教会省によって任命される. 総主教座はアンティオケイア, 府主教座はアレッポ, ボスラ・ハウラン(Bosra Haūrān), ダマスクス, ホムス (Homs), 大主教座はラタキア (Lattaqiya) に置かれている. 信者数は約 20 万人で, ホムスおよびラタキアは農村の小教区を主とする管区である.

ローマと合同しなかったメルキト教会には「神の都市アンティオケイア, キリキア, イベリア, シリア, アラビアおよび全オリエントの総主教」の称号をもつ総主教がおり, ダマスクスにも大主教座が置かれている. 裁治権はシリア, レバノンおよび東方離散地(イラク, クウェート, ペルシア湾沿岸都市, イエメン), 海外離散地(ヨーロッパ, アメリカ, オーストラリア)に及ぶ. シリアにはダマスクスのほかにボスラ・ハウラン, ホムス, ハマー (Hamāh), ラタキアの 4 管区がある. シリア内の信者数は 50 万人, さらにレバノンに 40 万, 東方および海外離散地に 50 万の信者を擁している.

メルキト・カトリック教会には男女修道会と司祭養成のための神学校がある. メルキト東方教会は, 司祭養成

の初期は総主教区修道院と管区主教のもとで行い，高等教育はヨーロッパ，アメリカの大学神学部で行うという慣習に従っている．1945年に創始された東方教会青年運動は多くの司祭召命の源となった．また，近年の主教職人事の刷新は教会の活性化に役立っている．

メルキト・カトリック教会とメルキト東方教会の両者に共通するのは，アンティオケイアの総主教のもとにありながら，*コンスタンティノポリスのビザンティンの伝統をも受け継いでいる点である．したがって主たる典礼言語はギリシア語である（アラビア語も使用する）．

〔キリスト単性説派の諸教会〕*カルケドン公会議（451）において*キリスト両性説を正統とする決定がなされると，キリスト単性説派は分離し，シリアでは543年に*ヤコブ・バラダイオスを主教とするヤコブ教会が成立した．以後，シリアの単性説派の教会はヤコブ・バラダイオスに対する崇敬の念を込めて自らをヤコブ教会と呼ぶようになったが，近年はシリア正教会と自称するのが通例である．

638年のイスラム教徒による征服以降，ヤコブ教会は一時期100余の主教座を擁するまでに教勢を拡大したこともあったが，メルキト教会との対立など問題も多く，ローマとの合同を求める声が出るなど困難な道を歩んだ．1782年にローマとの合同が具体化し始めると，ヤコブ教会はキリスト単性説を保持するシリア教会と，両性説をとりローマ教皇の首位を認めるシリア・カトリック教会とに分裂した．シリア・カトリック教会は高地シリアとメソポタミアで徐々に発展した．総主教座は，19世紀初頭からその時々の情勢とアレッポやマルディン（Mardin, 現トルコ領）の総主教の意向により移転を繰り返したが，第1次世界大戦後，最終的に*ベイルートに落ち着いた．シリア・カトリック教会の信者数は10万弱で，ベイルートの総主教座に加えてイラクに2管区，シリアにはダマスクス，ホムス・エメサ（Homs, Emesa），アレッポ，ハサケ・ニシビ（Hassake-Nisibi）の4管区がある．各管区の信者数が減少しているため大規模な事業はできないが，慈善事業，聖歌隊，信心会などの活動は続けられている．

シリア・カトリック教会と分離したシリア教会の信者数は100万で，インドのケララ州に多数の信者が居住している．近東ではトルコ中央部と高地メソポタミアに信者が多い．シリアでは1959年以降，総主教はダマスクスに居住している．ダマスクスの総主教区に加えてアレッポ，ホムス，ハサケの3管区がある．近年，スウェーデン，イギリス，アメリカ，カナダ，ブラジル，アルゼンチンに多くの信者が移住したが，日曜学校が組織されているため，キリスト教教育にも何ら支障はきたしていない．なお，1984年にシリア教会とローマ・カトリック教会は共同宣言を発表し，キリスト両性説をとり*ニカイア信条を共有すること，また信徒の司牧に関して相互に協力することを表明した．

〔マロン教会〕カルケドン公会議の決定を受け入れたマロン教会は，第3*コンスタンティノポリス公会議によりキリスト単意説が排斥された後に独自の主教を立て，レバノンに移住して教勢を拡大した．1215年にローマとの完全合同を果たしたことから，必然的に典礼などの面で西方の影響を受けることになったが，特に西方の影響が決定的になったのは，1580年に教皇*グレゴリウス13世の指示により*イエズス会の会員がマロン教会公文書を教理的にふさわしいものであるか調査をしてからのことである．さらに18世紀にはレバノンを中心とするマロン教会の*位階制も整備されたが，19世紀には多数の信者が海外に移住した．1998年現在，シリアのマロン教会の信者数はダマスクス総主教代理区に8,000人，アレッポに4,100人，ラタキアに2万7,000人である．

【その他の東方教会】〔カルデア教会〕カルデア教会とローマ教会との合同の試みは16世紀から徐々に具体化した．シリア内のカルデア・カトリック教会はアレッポに主教座を置き，1998年現在の信者数は1万5,000を数える．ローマと分離したカルデア教会の信者でシリアに残っている者はごくわずかで，アメリカに移住した者が多い．

〔アルメニア教会〕第1次世界大戦前のシリアのアルメニア教会は，オスマン帝国からの移住者により構成されていた．多くはローマ教会と合同したアルメニア・カトリック教会の信者で，周辺のアラビア語を話すアラブ人キリスト者の社会に溶け込んでいた．

教皇*ベネディクトゥス14世は1742年にアルメニア・カトリック教会の総主教を承認したが，さらに1850年には*ピウス9世がオスマン帝国内に6主教座を設立した．しかし，第1次世界大戦中のトルコ軍によるアルメニア人大虐殺により信者が犠牲になると，ほとんどの管区は廃絶された．存続したのはエジプトの*アレクサンドリア，イランのイスファハーン（Isfahan），シリアのアレッポのみであった．1954年に新設された主教区カミシリエ（Kamichlie）には4,000人，アレッポ大主教区には1万7,000人の信者がいる（1998年現在）．

アルメニア東方教会の信者でシリアに残っているのは，第1次世界大戦時の虐殺のわずかな生存者とトルコ政府により追放された人々である．総数15万ともいわれる．レバノン，アルメニア，ロシアなどに移住する人々も多く，共同体は必ずしも固定していないが，アルメニア人であるという民族意識に支えられて強い連帯感を保っている．

【西欧から伝来した教会】〔ローマ・カトリック教会〕18世紀後半に*聖地を含むレバノン，ヨルダンなど広大な地域で宣教・司牧にあたっていた多くの宣教師たちの活動を調整するために設けられたアレッポの代牧区（現在は使徒座代理区）は，総司教区*エルサレムの設立に伴い1847年に分割し，1954年以降はシリア，レバノンのみを裁治権下に置くようになった．

1997年現在の信者総数はカトリック東方教会も含め30万9,000人（人口の2%）である．信者の一部を占めているのはカトリック東方教会から転向した人々である．これは19世紀半ばにオスマン帝国がカトリック東方教会の聖職者に圧力を加えたため，司祭が不足した結果，必要に迫られてローマ典礼の教会に入った人々を起源とする．しかし，ローマ教会の信者の大多数は19世紀後半からの宣教会の活動がもたらしたものであり，またフランス委任統治時代に多数開設されたカトリック学校の教育の成果である．しかし，1967年にカトリック学校が国営化されると，ローマ・カトリックの教職員は新しい状況に順応せざるをえず，外国人の多くは国外に退去してしまった．

アレッポの使徒座代理区で活動している男子修道会は，*カプチン・フランシスコ修道会，*フランシスコ会，イエズス会，*ヴィンセンシオの宣教会，*サレジオ会，*マリスト修道会で会員総数は約60名，女子修道会は12あり，200名ほどの会員が活動している．これら修道会の会員たちは小教区での宣教・司牧，黙想会指導，女

性のための援助，大学生の司牧に従事している．若干の女子修道会はカトリック学校の国営化後も学校を運営する許可を得て，教育に携わっている．また，*イエスの小さい姉妹の友愛会のようにローマ教会の修道会ではあるが，東方教会の主教の裁治権下で活動する会もある．

〔プロテスタント諸教会〕19世紀にアメリカ人宣教師によって伝えられた*長老派教会はダマスクス，ホムス，ラタキア，アレッポに共同体を形成し，5,000人ほどの教会員を有している．*バプテスト教会なども伝道を試みたが，1946年の独立以降，目立った成果はあげていない．

以上の諸教会に対し，政府は寛容な態度で接し，好意と敬意を示している．種々の教会の間には宗派の枠組みを超えてキリスト者であることの連帯感が根強い．国と教会が協調し，連帯しているこのような雰囲気こそシリアの教会を特徴づけるものである．

【文献】世キ百 437-42; AnPont (2000) 31-32, 116, 214-15, 302, 307-308, 329-30, 356, 406, 1124; NCE 13: 894-906; K. PARRY, ET AL., eds., *The Blackwell Dictionary of Eastern Christianity* (Oxford 1999) 54-59, 67, 122-23, 262, 305-308, 340, 466-76; R. G. ROBERSON, *The Eastern Christian Churches* (Rome 1995).

(J. ハジャール)

シリア・カトリックきょうかい　シリア・カトリック教会　〔英〕Syrian Catholic Church, 〔独〕Syrisch-katholische Kirche, 〔仏〕Église Syrienne Catholique　*カトリック東方教会の一つで*アンティオケイアの伝統を継承する教会．西シリア・カトリック教会ともいう．西シリア典礼 (→ シリア典礼) で典礼言語はシリア語またはアラビア語．

【歴史】*十字軍が1098年にオロンテス川のアンティオケイアを征服した後，シリア正教会 (→ シリア教会，ヤコブ教会) とローマ・カトリック教会との合同は再三試みられたものの，決定的に一致するには至らなかった．*フィレンツェ公会議で*エデッサの主教アブダラ ('Abdallāh) は，総主教イグナティオス9世・バーナーム (Ignatios IX Bahnām) の名において，ローマ教皇の*首位権を認め，両教会の合同を公布する文書 (Multa et admirabilia, 1444) も発表されたが，総主教はローマの*位階制に従わなかった．総主教イグナティオス17世・ニマタラ (Ignatios XVII Ni' matallāh, 在職1557-76) は，しばらくイスラム教の信者になっていたが，再び改宗してローマに移住し，カトリックとなった．彼の勧めによって，後の総主教イグナティオス・パトロス3世 (Ignatios Patros III) は，ほかの主教たちとともに教皇*グレゴリウス13世との親交関係を築いた．

こうした一致の関係は一時的なものであったが，17世紀にアレッポ (Alleppo) で始まった合同運動の結果，小さなシリア・カトリック共同体が生まれ，*イエズス会や*カプチン・フランシスコ修道会の宣教師がそれを援助した．このとき重要な役割を果たしたのは，1649年にカトリックに改宗した*アンドレアス・アキジャンである．彼はローマのマロン教会神学校で学んだ後，*マロン教会の総主教ヨアンネス・アス・サフラウィ (Ioannes as-Ṣafrāwī) により司祭に叙階された．1649年以後アレッポのシリア教会主教座が空位であったため，在アレッポのフランスの執政官ピク (François Piquet) は，アキジャンを主教にするようマロン教会の総主教に要請した．これには多少の反対もあったが，トルコの総督の勧めでシリア正教会総主教イグナティオス21世・シモン (Ignatios XXI Simon) は彼を主教とした．1662年にアキジャンはトルコ皇帝の同意を得てシリア・カトリック教会のアンティオケイア総主教になった．彼の死後，*オスマン帝国は正教会を支持し，シリア・カトリック教会は親ローマであるとして迫害したため，後継者グリゴリオス (Patros Grigorios, 在位1678-1702) は獄死した．その後アンティオケイアのシリア総主教区はカトリック教会から離れた．

1782年，シリア正教会主教会議はアレッポの府主教*ガルヴェーを総主教に選出した．アレッポ府主教時代にすでにカトリック教会への転向を公言していたガルヴェーは，総主教になるとレバノンに亡命，教皇*ピウス6世の承認を受けて正式にシリア・カトリック教会が成立した．

迫害が始まったために総主教座をより安全なレバノンに移したガルヴェーはシャルフェー (Sharfeh) に大修道院を創立，シリア・カトリック教会がオスマン帝国の公認を得る1829年まで，総主教座はシャルフェーに置かれた．その後総主教座はアレッポ (1831-50) とマルディン (Mardin)，第1次世界大戦後はベイルート (Beirut) に移された．

シリア・カトリック教会は，これまで3回の全国教会会議を行っている．シャルフェー (1853)，アレッポ (1866)，シャルフェー (1888) の各会議である．通常この会議は，総主教が主宰した．

総主教のなかで著名な人物は，世界的に名声を得た典礼学者イグナティオス・エフレム2世・*ラーマニ (在職1898-1929)，総主教区を再編成し1935年に枢機卿になったイグナティオス・ガブリエル1世・タップーニ (Ignatios Gabriel I Tappouni, 在職1929-67)，教会史の著述家イグナティオス・アントゥン2世・ハイエク (Ignatios Antūn II Hayek, 在職1968-　) である．アントゥン2世のもとでシリア・カトリック教会とシリア正教会との緊張関係が緩和され，友好関係が続いている．

シリア・カトリック教会の信者数は約11万人．アンティオケイア総主教のもと，イラクに*バグダード，*モスールの2大主教区，シリアにダマスクス (*ダマスコ) とホムス (Homs) の2府主教区およびアレッポとハサケ・ニシビ (Hassake-Nisibi) の2大主教区，エジプトの*カイロに主教区がある．共通語はアラビア語である．なお移民の増加に対応するため，教皇*ヨアンネス・パウルス2世は1995年，米国ニュージャージー州ニューアーク (Newark) に主教区を新設した．またローマでは，カンポ・マルツィオ (Campo Marzio) にあるサンタ・マリア教会 (ローマ在住総主教代理者宿舎) が総主教座を代表している．

【文献】W. DE VRIES, "Dreihundert Jahre syrisch-katholische Hierarchie," OstKSt 5 (1956) 137-57; J. MADEY, "Syrisch-katholische Kirche," *Kleines Wörterbuch des Christlichen Orients*, ed. J. ASSFALG, P. KRÜGER (Wiesbaden 1975) 343-44; J.-M. FIEY, M. DAOUD, "From Rejection to Symbiosis: The Syrian Catholic Church," *The Future of the Oriental Catholic Churches*, ed. J. MADEY, S. T. ERACKEL (Tiruvalla 1979) 53-65; J. MADEY, "Die Kirche in Nordafrika und im Nahen Osten," *Die römisch-katholische Kirche*, Die Kirchen der Welt 20, ed. W. LÖSER (Frankfurt 1986) 145-46, 153; R. G. ROBERSON, *The Eastern Christian Churches* (Rome 1995) 136-38.

(J. マディ)

シリアきょうかい　シリア教会　〔英〕Syrian churches

本項ではシリアの教会の概略を扱う．西シリア典礼の東方教会であるシリア正教会についてはヤコブ教会の項を，また東シリア典礼のネストリオス派教会についてはカルデア教会の項を参照．

【歴史】ユダヤやガリラヤに近いシリアには，早くからキリスト教が根づいた．*ダマスコ（ダマスクス）には*パウロの回心（38頃）以前から信徒がおり，*ペトロによって教会が創建された（37）というオロンテス川の*アンティオケイアは，*エルサレムの陥落（70）の後に*ローマ帝国東部のキリスト教の中心となった．また*エデッサでは*バル・ダイサンや*タティアノスが書を著し，ここからメソポタミア，ペルシアへの宣教が行われた．4世紀にエジプトから修道制が伝わると，シリアでも多くの修道院が建てられ，柱頭行者*シメオンや教父*ヨアンネス・クリュソストモスも*修道生活を送った．

教会の公認・国教化以後，歴代のローマ皇帝は，あらゆる手段で教会の統一を維持しようと努めた．しかし4世紀には*アレイオス派の論争，5世紀以降はキリストの神性と人性をめぐる論争によって教会は分裂した．

まず*ネストリオス派が*エフェソス公会議（431）で弾劾された．同派の*バルスマスはペルシアに逃れ，王ピールーズ（Pirūz, 在位457-84）の厚遇を得て，ペルシアの教会にネストリオス主義を受け入れさせた．489年に同派の中心地であったエデッサの学院が閉鎖されると，*ニシビスの学院に拠点を移した．次に*キリスト単性説が*カルケドン公会議（451）で*異端とされたが，シリアのキリスト教徒の大半は単性説派にとどまった．これにはヘレニズム化を嫌うシリア人の感情があったといわれる．彼らは正統派を軽蔑を込めて皇帝派（メルキト派）と呼んだ（→メルキト教会）．その後アンティオケイア総主教座では単性説派と正統派から交互に総主教が選出されていたが，東ローマ皇帝*ユスティヌス1世の即位（518）から単性説派の追放・弾圧が始まった．同派は大きな打撃を受けたが，*ヤコブ・バラダイオスの努力によって単性説派教会は再建された．シリアの単性説派教会の自称はシリア正教会であるが，彼の名にちなんでヤコブ派とも呼ばれる（→ヤコブ教会）．これ以降アンティオケイア総主教座では正統派（東方正教会）とシリア正教会の双方から対立する二人の総主教が選出され，二つの教会組織が敵対することになった．結果として，ギリシア・ローマ文化が浸透していた都市部は*東方正教会，海岸部を含むシリア西部は単性説のヤコブ派，内陸のシリア東部からメソポタミアまではネストリオス派（→カルデア教会）という色分けになった．

638年にシリアがイスラム教徒によって征服されると，その政権下でキリスト教徒とユダヤ教徒は，貢納を行うかわりに生命・財産の安全を保障された民（*アフル・アル・キターブ）となった．征服当初はキリスト教徒が圧倒的多数であったが，イスラム政権下で徐々に改宗が進んでいった．東方正教会のイコノクラスムに対しては，シリア，パレスチナは反イコノクラスムの立場を守った（→聖画像破壊論争）．ダマスコの*ヨアンネスは，イコノクラスムに対する反論の書を著した．9世紀には，ニシビスの学院やシリア正教会の聖職者たちによるギリシア古典の（主にシリア語を介しての）アラビア語への翻訳が盛んになり，イスラム教徒の学術の発展を促した．

十字軍時代（11-13世紀），シリアに十字軍国家が建てられると，エルサレムとアンティオケイアにラテン人の総主教が立てられた．また12世紀末にはシリア正教会が*十字軍に接近し，レバノン山中の*マロン教会とカトリック教会との合同運動も始まったため，シリアの東方正教会は動揺した．しかし十字軍が最終的にマムルーク朝（1260-1516）によってシリアから駆逐されると（1291），ラテン総主教座も失われた．

12世紀から13世紀はシリア正教会の学術復興の時代となり，総主教ミハイル1世（Mīkāyel I, 在職1166-99）や*バルヘブラエウスを輩出した．当時シリア正教会の府主教座は20，主教座は100を超える勢力を誇っていたが，13世紀からは何人もの対立総主教が立って分裂し，急速に衰退した．

*オスマン帝国支配下のシリア（1516-1918）では非イスラム教徒はそれぞれの宗派（ミッレト）に分類された．当初は東方正教会（ルーム），*アルメニア教会，ユダヤ教会の三つのミッレトがあり，各ミッレトの長には総主教あるいは大ラビ（ハハム・バシュ）が任命され，宗派内の問題に責任を負い，徴税を担当した．東方正教会のミッレトでは*コンスタンティノポリスの総主教が長とみなされ，政府との交渉はすべて彼を介して行われた．この政策によってコンスタンティノポリス総主教および同地のギリシア人高位聖職者による他の総主教座（*アレクサンドリア，アンティオケイア，エルサレム）への支配が強まり，各総主教座の高位聖職のギリシア人による独占が進んだ．

カトリック教会からの合同の働きかけは十字軍時代に始まり，フェラーラ・*フィレンツェ公会議（1438-39）などでさまざまな努力がなされたが，実際の教会合同は進まなかった．ただしマロン教会は合同の努力を続け，しだいに教理・典礼のラテン化が進んだ（最終的な合同は1856年）．

17世紀からはフランスに支援された*イエズス会，*フランシスコ会などによる宣教活動が活発になり，この結果，東方の典礼を保持したままローマ・カトリック教会と一致した複数の合同教会（*カトリック東方教会）が生まれた．前述のマロン教会や*シリア・カトリック教会（成立1662），メルキト・カトリック教会（1724），アルメニア・カトリック教会（1742），*カルデア・カトリック教会（1830）などがそれにあたる．これらの教会の成員は，現地のキリスト教徒からの内部改宗者であったため，現地諸教会（特に東方正教会）とカトリック教会の対立が深まった．一方，東方正教会内部ではギリシア人聖職者に対するアラブ人信徒の反発が強まり，アンティオケイア総主教座（14世紀にダマスクスに移転）では19世紀末にアラブ人総主教が選出され，アラブ化が進行した．

【文献】ERE 12: 167-81; NCE 1: 623-26; 5: 13-21; 13: 897-905; R. M. HADDAD, *Syrian Christians in Muslim Society* (Princeton 1970); 森安達也『キリスト教史 3』世界宗教史叢書 3（山川出版社 1978）; 上智大学中世思想研究所編訳『キリスト教史』1-11，新装版（講談社 1990-91）; 中東教会協議会編『中東キリスト教の歴史』村山盛忠，小田原緑訳（日本基督教団出版局 1993）; C. A. FRAZEE, *Catholics and Sultans* (London 1983); I. SAKA, *Kanisati al-Suryaniya* (Dimashq 1985); A. RUSTUM, *Kanīsa Madīna Allāh Antākīya al-'uẓmā*, 3 v. (Bayrut ²1988); M. YATIM, *Tarikh al-Kanisa al-Sharqiya* (Bayrut 1991).

（大河原洋子）

シリアごとぶんがく　シリア語と文学

シリアごとぶんがく

【言語】シリア語はマンダ語，バビロニア・タルムードの言語と並んで東アラム語（→アラム語）の方言の一つで，オスロエネ地方の＊エデッサ（現トルコのウルファ Urfa）で紀元1世紀から8世紀まで用いられていた方言である．キリスト教伝播以前の幾つかの断片，例えば紀元6年の最古のものを含む碑文，『エデッサ年代記』に記された紀元201年の洪水の記録，マラ・バル・セラピオンの『息子への手紙』等を含み，東はインド（＊マラバル教会）や＊ネストリオス派教会の布教により中国にまで及ぶ東方キリスト教の最も重要な言語であった．＊マニと初期マニ教徒の言語もシリア語であった．シリア語（ときにはアラム語あるいはカルデア語とも呼ばれたが）はイエスの用いた言語（1世紀のガリラヤ西方のアラム語）に近い．しかし，語彙や語形論上，イエスの言語との相違がしばしばみられる（その典型的な相違は，三人称単数未完の前綴り n-，例えば「御名があがめられますように」は，シリア語で，netḳaddaš šmāk となる）．シリア語は，イスラム教徒による征服とアラビア語の侵入によって駆逐され，9世紀以降は典礼や学問で用いられるだけの死語と化した．ただし，レバノン（Ma'lula）やトルコ（Tur Abdin），イラク（Mosul）など幾つかの僻地において「新シリア語」方言は生き生きと保存されていた．現在，シリア語を（部分的であれ）典礼で用いているのは＊カルデア教会，＊メルキト教会，＊シリア・カトリック教会，マラバル教会，＊マランカル典礼の＊南インド教会，＊マロン教会，ヤコブ教会（シリア正教会），そしてトルコ南東のグルジスタンなどの＊ネストリオス派の諸教会で，総計300万弱のキリスト教徒である．

古典シリア語は，5世紀に＊キリスト単性説を堅持したネストリオス派が分離したことで，東西の方言に分裂した．しかし，その相違は小さく，ほとんどが語彙と発音に関するものであり，ネストリオス派の東シリア語が西シリア語より古い形態を保っていることが多い（例えば，東シリア語の pšiṭtâ は西シリア語では pšiṭṭô になる）．

シリア語には，ヘブライ語の方形文字から発展し，同じように右から左へと筆記される固有の文字がある．三つの形態があり，なかでも東西の分裂以前の最も古いものは母音なしに筆記される．ネストリオス派の文字は母音を点で記す．ヤコブ教会のものはギリシア文字によって転記される．

【文学】シリア文学はアルメニア語，グルジア語，アラビア語，コプト語，エチオピア語と並んで，キリスト教東方文学のなかで最も豊かでかつ最も重要なものである．内容的には教会文学・宗教文学が多い．その歴史は，(1) 2-5世紀のキリスト教正統信仰期，(2) 6-10世紀の分離したヤコブ教会，ネストリオス派教会の全盛期，(3) 11-14世紀の中世における第2次全盛期に分けることができる．

〔第1期〕シリア文学の最古の部分に数えられるべきものはシリア語訳聖書である．訳者不詳で「ペシッタ」と呼ばれるこの翻訳は2世紀に始められ，5世紀に最終的な形になった．その最古の部分（モーセ五書）は，部分的に＊アディアベネのユダヤ人によって作られたことが今日認められている．ペシッタ聖書はシリアの教会全体に承認された．しかし，その翻訳を改訂する試みがなかったわけではない．種々の改訂の結果，いわゆるフィロクセニア（6世紀），シリア語＊ヘクサプラ（7世紀），シリア語パレスチナ聖書などが生み出された．しかし，これらは断片しか残っていない．

＊タティアノスの『四福音書の調和』（＊ディアテッサロン，170頃成立）は，初めにタティアノスの母国語であるシリア語で書かれたのか，それともギリシア語で書かれたのかについては議論がある．たとえ初めはギリシア語で書かれたとしても，すぐシリア語に翻訳されたと考えられる．これは5世紀に至るまでシリア地域では最もよく使用された福音書の形態であった．＊エフラエムはこれについて重要な注解を著したが，残念ながらアルメニア語でしか残っていない．

最初の有名なシリア語著作家はエデッサの＊バル・ダイサン（154-222）である．散逸してしまったが，＊マルキオンの謬説に対して反論する著作などを著した．彼は150の詩歌によってシリア文学に後代まで影響を及ぼした．ただし，これらの作品に彼の名は冠されていない．後に誤って＊グノーシス主義とみなされたからである．それに対し，『諸国の法』という作品が，おそらく彼の存命中に弟子のフィリッポスによって保存されており，そのなかでバル・ダイサンは中心的な語り手として登場している（1, 2, 536-658）．

42の偽典『ソロモンの頌歌』はシリア詩の最も古い作品で，以前はギリシア語からの翻訳と考えられていたが，シリア語で書かれたものである．グノーシス派やマニ教徒に愛好されたが，グノーシス派起源であることは証明されてない．同様のことは，＊『トマス行伝』に含まれている二つの歌（「真珠の歌」と「婚宴の歌」）にも該当する．

シリア語『トマス行伝』そのものは，シリア聖人伝説（230頃成立）の最古の例である．＊エピクレーシスなど古代典礼のさまざまな要素をも含み，初期シリア・キリスト教徒の信仰生活を理解するうえで貴重な資料である．彼らが禁欲主義であるという非難が根拠のないものであることを示す．サルデスの＊メリトンに帰されていた簡潔な『キリスト教の弁明』は3世紀に属する．

エデッサの使徒は，イエスの72人の弟子の一人とされているアダイである．筆者不詳の＊『アダイの教え』は伝説ではあるが，エデッサの王アブガル5世・ウッカマ（紀元50頃没）とイエスとの往復書簡についての報告を含んでいる（→アブガル伝説）．その後の版には皇帝＊ティベリウスとの往復書簡が加えられている．これは400年頃に成立したらしい．

幾つかの伝説的な殉教者言行録もこの時期に属する．それに対して歴史的に確かなのは，309-10年の迫害による殉教者シュモーナ（Shmônâ），グリヤ（Gûryâ），ハビブ（Ḥabbîb）の言行録である．これらは360年頃に書かれた．歴史記述にとってさらに重要なのは一連の＊年代記である．特に『エデッサ年代記』（550頃）は重要である．いわゆる『アルベラ年代記』は近代の偽作である（L'Orient Syrien, 12 (1967) 265-302 参照）．

＊メッサリアネ派から生まれた著者不詳の説教集『登攀の書』と，国外にも影響を及ぼした伝説集『宝の穴』（5世紀の成立）も言及に値する．

しかしながらシリア文学は，このような著者不詳の作品によってよりも，偉大なシリア語著作家，特に＊アフラハトとエフラエムによって知られている．ペルシアの賢者と呼ばれるアフラハトは，＊モスールにあるマタイ修道院の大修道院長であり司教であった．また，337年から344年の間に22（ないし23）の釈義的説教を著した．ユダヤ人キリスト者の伝承に遡る彼の旧約聖書釈義はヘレニズムの影響を全く示していない．

シリア文学はエフラエムにおいてその頂点に達した．彼は助祭の地位にとどまりながら，まず，*ニシビスの神学学派の指導者として，次いでエデッサ学派の指導者としても活躍し，シリア・キリスト教の発展に最大の影響を及ぼした．さらに散文の作品も遺しているが，彼の浩瀚な著述の重点は教訓詩にある．彼は，バル・ダイサンをマルキオン，マニ等と並ぶ異端者と見立てて論争しているが，バル・ダイサンによって作られた古いシリアの伝統にのっとっていることは疑いない．

この時期に属する後期の著作家たちのうち，マイフェルカト（Maipherkat）の司教マルタ（Marûtâ, 420 以前没）と詩人のキリローナ（Kirillônâ, 450 頃没），さらに，アンティオケイアの *イサク，*バライとエデッサ司教 *ラブラの名をあげなければならない．ラブラはシリア語のほかにギリシア語にも精通した著者で，著作よりも司牧活動の面でよく知られている．

シリア文学のこの第1期は，内容豊富な時代ではないが神学的には最も重要である．この時期のシリア文学はパレスチナ地方とユダヤ教から直接伝統を築いてきた大教会の分枝であり，少なくとも，初期においては西方ギリシア語圏からさほどの影響を受けていない，シリア教会の固有の姿を示している．パレスチナ・シリアの伝統は，抽象的な概念でよりもむしろイメージや譬え，ときには詩歌の形式で語るものである．西方の神学はこのような伝統からさらに多くを学ぶことができるように思われる．

〔第2期〕この時期は，キリスト単性説派とネストリオス派とによって，シリア教会が西方教会と分離したことで始まる．このことは当然，文学にも反映している．キリスト論論争は，*エフェソス公会議でのネストリオス派排斥によって終わりはしなかった．両派を一致させようとするビザンティン皇帝の努力は *カルケドン公会議の教理定式が受け入れられた西方教会で成果をもたらしただけだった（→メルキト教会）．

シリア教会の大部分はキリスト単性説に傾いたが，エデッサの神学校は *イバスの指導のもとにネストリオス主義の傾向を強く示すようになった．そこで，エデッサ司教ラブラが自らの権威によりネストリオス派を抑えた結果，多くの者が近隣のペルシア領ニシビス，*セレウケイア・クテシフォンに避難した．ところが，ラブラの死後，イバスがエデッサの司教になると，ネストリオス派が勢力を盛り返した．489年，エデッサの神学校は皇帝 *ゼノによって閉鎖され，ペルシアへの移転を余儀なくされた．ビザンティン帝国では，単性説もネストリオス派も *異端とされたが，単性説派はネストリオス派よりも早く帝国内で黙認されるようになった．

ネストリオス派は西方から著しく孤立していたため，単性説派のヤコブ教会よりも古来の伝統や伝承が保たれ，それは典礼面でも同様であった．さらにネストリオスの著作のほかに，特にモプスエスティアの *テオドロスやキュロスの *テオドレトスなどの著作のギリシア語からの翻訳も手がけられた．この時期，最もよく知られ，多作であったネストリオス派著述家は *ナルセスである．彼は初めエデッサで教え，それからニシビスでも教育に携わった．彼の教理的な詩作は驚くほど豊かな思想を含んでいる．

また，*バーバイは，ネストリオス派における古典的教理学の体系を整えた．サードナ（Sahdonā, ギリシア名マルテュリオス Martyrios, 650 以降没）は，その修徳的作品『完徳について』が保存されている．ニネベの *イサクも同じく修徳文学作家である．「予見者」ともいわれるヨセフ・ハザヤ（Joseph Hazzāyâ, 8 世紀）の神秘主義的著作はネストリオス派からも拒否された．メルヴの *イショダードは聖書釈義家として重要である．マルガ（Marga）のトマス（Thomas, 9 世紀）は修道者の伝記で知られている．

主にローマ領に属し，6世紀以降にヤコブ教会と呼ばれる単性説派に傾いた文学は，少なくともアラブ人侵入後はギリシアの影響を強く受けるようになった．ここでは，そのうちの最も重要な著作家だけをあげる．まず，サルグの *ヤコブは，特に大部の詩作品で知られているが，その半分がかろうじて残っているだけである．独創性の点ではエフラエムに及ばないが，彼に次ぐ存在であることは確かである．*フィロクセノスの大部の福音書注解は，不完全ではあるが残っている．多才なエデッサの *ヤコブは，ほとんどすべての分野で注目すべきものを残している．9 世紀の著述家のなかでは，*バル・ケファが釈義学と教理学の分野で優れている．

シリア語は，イスラムの支配によってしだいにアラビア語の俗語に押しのけられ，死語と化した．文学的創作活動もそれに応じて衰え，1000 年頃には消滅した．それとともに終焉したこの第2期は，文学的豊かさは際立っているが，教理上ますます特殊な方向をたどっていくためにあまり重視されていない．

〔第3期〕この時期は，しばしばシリア・ルネサンスと呼ばれる．中世においてシリア語が死語と化したにもかかわらず，文学的創作は盛んになる．この時期の重要な著作家はシリア語だけでなく，周辺で使われているアラビア語をも使用した．

ネストリオス派では，まず，*エリヤ・バル・シナヤをあげることができる．彼はシリア語とアラビア語で，教会の歴史と年代記を合体させた『年代記』を遺した．*アブディショー・バル・ベリカは特に教会法の領域で業績を残した．さらに，『ガンナ・ブサーメ』（Gannat Bussamê.『喜びの園』）のように著者不詳の作品もある．これはネストリオス派典礼暦による聖書朗読箇所について釈義を施した詞華集であり，注目に値する．

ヤコブ教会では，まず，聖書釈義家として有名な *ディオニュシオス・バル・サリビがいる．シリア人ミハイル1世（Mikāyel I, 1126-99）は，シリア語で大部の『年代記』を著した．*バルヘブラエウスは質量共に彼らをしのいでおり，シリア語・ギリシア語双方による多様な創作において，同時代の *アルベルトゥス・マグヌスと比較される．あまり独創的ではないが，神学の全領域また哲学や諸科学，それに散文・韻文に活躍した．

総括すると，シリア語とシリア文学は，特に第1期において，ギリシア・ラテン（西方）型キリスト教を補完する形で重要な貢献を果たしていた東方キリスト教の姿を伝えるものである．しかし，原典が散逸してしまったため，*聖書の本文批判のための利用価値は低く，またギリシア文学のシリア語訳も重視されることはなかった．西方でシリア語・シリア文学研究の必要性が認識され始めたのはルネサンス以降のことで，最初は聖書学の補助学（ポリグロト）としてであった．しかしその後，シリア語の原典が公刊されることによって研究は促進されていく．例えば *アッセマーニ家のヨセフ・シモニウスによって『クレメンス・ヴァティカン東方教会文庫』（1719-1728）が発刊され，*グラファンは『シリア教父全集』（1894-1926）を出した．現代では，特に，二つの重要なオリエント・キリスト教原典叢書，すなわち『東方

シリアごやくせいしょ

キリスト教著作家全集』(略号 CSCO) と『東方教父全集』(POr) がある. シリア文学はそれらのなかで最も大きく, 重要な位置を占めている.
【文献】 NCE 13: 895-97; LThK² 9: 1259-62; T. NOLDEKE, *Kurzgefasste syrische Grammatik* (Leipzig 1880); A. BAUMSTARK, *Geschichte der Syrische Literatur* (Bonn 1922 ²1968); K. BROCKELMANN, *Lexikon Syriacum* (Halle 1928 ²1966); R. MURRAY, *Symbols of Church and Kingdom: A Study in Early Syriac Tradition* (Cambridge 1975).　　　　　(H. クルーゼ)

シリアごやくせいしょ　シリア語訳聖書　→
聖書の翻訳: シリア語

シリアせいきょうかい　シリア正教会　→ ヤコブ教会

シリアてんれい　シリア典礼〔ラ〕liturgia syriaca, 〔英〕Syrian rite, 〔独〕syrische Liturgie, 〔仏〕liturgie syrienne
【概要】古代教会以来, シリアを中心とする各地で用いられている *東方典礼の総称. 典礼とは, 広義には, 神に捧げる公的な祈祷(祭儀)の総体を指すが, 狭義には, 公的な祈祷で用いられる祈祷の文章, すなわち典文を指す. なお, 東方では現代ギリシア語, ロシア語など典礼 (liturgia) という言葉で *ミサ聖祭そのものを意味することもある. 東方典礼は, その起源, 発達, 相互影響の点で極めて複雑な様相を示しているので, シリア典礼という場合, 典文として主にシリア語を用いる典礼について述べることにする.
【シリア語】シリア語というのは, シリアの *エデッサ (現トルコ領ウルファ Urfa) を中心に用いられた *アラム語の一方言のことである. アラム語は, *ヘブライ語と同じく, 北西セム語派に属する有力言語で, 古代の近東で広く用いられ, イエス・キリストの日常言語でもあったが, その方言であるシリア語は, ヘレニズムの及ばなかったシリア内陸部で *典礼言語として, また多彩なキリスト教文献の翻訳言語として発達した. なお, 5 世紀中葉の *カルケドン公会議の後シリアの教会が分裂し, その結果, シリア語も東西の 2 方言に分かれた. そして *ローマ帝国の属州シリアの首都 *アンティオケイアを中心とする *キリスト単性説の教会が西シリア方言により, 他方, 迫害を逃れてシリアからペルシアに拡大した *ネストリオス派教会は東シリア方言によった. ネストリオス派教会は原則として典礼の他言語への翻訳を許さなかったから, 東シリア方言は, 一時期はシベリアと中国, さらにインドまで拡大した. ところが 7 世紀に始まるシリア, パレスチナのアラブ化によって, シリア語の繁栄にも影がさしてきた. 当初, アラブ人はシリア語を媒介として古典ギリシアの学問を取り入れ, そのためアラビア語にもシリア語の影響が少なからずあったが, やがてその意味でのシリア語の役割は終わり, 全体的なアラブ化の波のなかでシリア語は典礼用語として残るにすぎないことになった. 現在ではシリア語は死語となっており, 細々と行われるシリア典礼においても, その一部はアラビア語に置き換えられている. なお, *カルケドン信条を受け入れたシリアの正統派教会(*メルキト教会)は, ギリシア語による典礼に固執した.
【ヤコブ典礼】最古のシリア典礼は, 聖ヤコブ典礼のシリア語訳である. 「主の兄弟」で, エルサレムの初代主教とされる *ヤコブに帰せられるこの典礼は, おそらくエルサレム起源であるが, 4 世紀までにはアンティオケイア主教管区全域に広まった. ところが, 前述のようにカルケドン信条をめぐる教会の分裂で, 正統派教会が少数派になり, この教会はコンスタンティノポリス総主教座と密接なつながりをもつことになった. そのためビザンティン典礼の影響が強まり, 典文としては *ヤコブ典礼に代えて, *クリュソストモス典礼が一般的となった. けれども *東方正教会でヤコブ典礼が全く失われたわけではなく, ギリシアのザキントス島では東方で聖ヤコブの記念日とされる 10 月 23 日(ユリウス暦)にこの典礼が用いられるし, 同様にエルサレムでも降誕祭のあとの日曜日にヤコブ典礼を執行する.
【シリア典礼の背景】いわゆるシリア典礼は, 古代教会時代に行われたさまざまな典礼のシリア語訳と考えられるが, このことは, シリアにおけるキリスト教の隆盛, アンティオケイア神学の繁栄などを物語るものであると同時に, ヘレニズム文化の影響力が地中海沿岸の都市部に限られていたことを示している. すなわちキリスト教が内陸の農村部に拡大するにつれ, ギリシア語の知識は稀薄となり, 民族語であるシリア語の世界が現出したわけである. さらに, 4 世紀頃から, シリアにおいてもローマ帝国中央に対する反感が強まり, 5 世紀から普及した聖書のシリア語訳であるペシッタ版(→ 聖書の翻訳: シリア語)および *教父文献の翻訳もあって, シリア語の地位が確定した. 以上のような状況がネストリオス派およびキリスト単性説派の分離の遠因として指摘されるであろう.
【西シリア典礼】カルケドン公会議後の教会分裂は, シリアのキリスト教を大きな混乱に陥れたが, それがまたシリア典礼の複雑さを生んでいる. シリア典礼は西シリア典礼と東シリア典礼に二分されるが, 前者を用いるのはキリスト単性説派教会である. シリアの単性説派教会は *ヤコブ教会の名称で知られるが(ただし自称はシリア正統教会), それは, 6 世紀にビザンティン皇帝 *ユスティニアヌス 1 世の弾圧のなかで教会を建て直した *ヤコブ・バラダイオスの名にちなむものである.

　典礼の代表例としてミサ聖祭を取り上げると, 西シリア典礼の特徴は, 他の東方典礼と同じく, *奉献(供えものの準備)が *ことばの典礼の前に行われることであり, この儀式は, 会衆が集まる前に *司祭と *助祭が執行する. その主眼は, ミサで *ホスティアとして用いるパンを準備することで, 通常の丸いパン(西方教会のような除酵パンではない)を複雑な儀式と祈祷とともに切り分ける. 奉献の後に司祭は祭服を着替え, 階段祈祷からことばの典礼に入るわけである.

　ミサの典文の数は極めて多く, アナフォラ(典文の固定部分, → 奉献文)は, 一説によれば 80 を数えるという. それは祝日によって使い分けられるほか, 司祭の裁量によって選ばれることもあるという. そのうちヤコブ典礼が最も重要であることはいうまでもないが, その他, 使徒 *ペトロ, *マルコ, *ルカ, さらに *アタナシオスをはじめとする 4 世紀の諸教父, 前述のヤコブ・バラダイオス, さらに 13 世紀の *バル・ヘブラエウスの名を冠した典礼も存在する. なお, ヤコブ教会の繁栄時代の最後を飾る大学者で, 「東方の *アルベルトゥス・マグヌス」と呼ばれたバル・ヘブラエウスは, ヤコブ典礼の簡約版を編集したことでも知られている. この簡約版は, インドのヤコブ教会などでも広く用いられている. インドのヤコブ教会は, 17 世紀にそれまでのネストリ

オス派教会に置き代わる形で拡大したもので，現在なお南部のケララ州を中心に有力な勢力となっている．ただし，典礼は上述の簡約版をマラヤーラム語に翻訳して用いているので，もはやシリア典礼と呼ぶべきものではないであろう．

【東シリア典礼】他方，ネストリオス派教会で用いられる東シリア典礼の基礎を成すのは，*アダイとマリの典礼文と呼ばれるものである．アダイ（またはタッダイオス Thaddaios，ただし同一人物説には異論もある）は，72人の使徒の一人で，エデッサ教会の創設者とされる．マリ (Mari) はその弟子である．アダイは1世紀の人だが，その名を冠した典礼はおそらく200年頃の成立で，シリア語典礼としての体裁を整えたのはさらにあとのことであろう．それでもキリスト教世界最古の典礼の一つであることは疑いない．このほか，モプスエスティアの司教 *テオドロス，5世紀前半のコンスタンティノポリスの司教 *ネストリオスに帰せられる典礼（両者ともギリシア語のシリア語訳）も教会暦の特定の日に用いられる．

【ネストリオス派教会と典礼】ネストリオス派教会は，アッシリア教会の名称で呼ばれることもあるが，これは19世紀前半にクルディスタン (Kurdistan) で再発見されたネストリオス派教徒にプロテスタント側が与えた呼称である．*エフェソス公会議(431)でネストリオスが断罪されると，その信奉者たちは教会独立を図り，カルケドン公会議以降は東シリアからペルシアに拡大，ペルシアのヤコブ教会を退けて勢力を確保した．ネストリオス派教会は特に布教に力を入れ，ペルシアからシルクロード沿いに中央アジア，シベリア，チベット，モンゴル，中国に，またアラビア半島からインドに達した（→ネストリオス派教会の布教）．中国には7世紀前半に伝わり，*景教の名で知られたが，教勢は伸びなかった．ネストリオス派教会は，典礼の純粋さを保つため，典礼のシリア語から他の言語への翻訳を許さなかった．その典礼の特徴は，ミサ聖祭が必ずしも *聖体拝領と結びつかないため，聖変化（→実体変化）の典文を欠くことであり，聖体拝領は特別の機会に行われる．

ネストリオス派がインドに伝わったのは4世紀のこととされる．南インドにはそれ以前からキリスト教が知られており，その伝道者とされる使徒トマスの名から *トマス・キリスト教徒と呼ばれているが，それがネストリオス派とどのような関係にあったかは不明である．インドのネストリオス派教会は16世紀末にカトリック教会の強引な合同工作にさらされ，一部が合同教会を形成した．これをマランカル教会と呼ぶが，シリア典礼にラテン典礼による変更が加えられ，ミサ聖祭のなかでは，奉献，聖変化などの典文が補われた（→マランカル典礼）．なお，この際，教会合同にあくまで反対したネストリオス派教徒が17世紀中葉にシリアからヤコブ教会の主教を受け入れたため，ヤコブ派がインドに広まることになった．同じシリア典礼とはいえ，元来，ネストリオス派とヤコブ派はキリスト論をめぐって対極的な立場にあったはずだが，この時代には教理上の差異はあまり問題とされなかったわけである．

シリアをはじめとする近東のネストリオス派教会は，教勢が衰えた15世紀からカトリック教会の合同の働きかけを受け，複雑な経緯を経て，19世紀になって合同教会が成立した．これを *カルデア教会と呼ぶ．インドのマランカル教会の場合と同じく，カルデア教会のシリア典礼もラテン化の度合いが著しいが，教会堂の構造，祭具，祭服などは元来のものを伝えている．なお，カトリック教会と関係をもたなかったネストリオス派教徒は，トルコ人やクルド人の圧迫を受けてクルディスタンの山中に逼塞していたが，前述のように，19世紀の前半に再発見され，アッシリア人の発見として大きな話題となった．

【結論】シリア典礼と呼ばれるものは，極めて数が多く，複雑であるが，一部は古代教会時代に遡る古いもので，キリスト教典礼の原型を伝えている．ただし典文の古写本はほとんど現存しない．現在，シリア典礼を用いるのはヤコブ教会，ネストリオス派教会，カルデア教会であって，信徒の数は限られており，またシリア語は典文に残るだけで，祭儀のその他の部分はだいたいアラビア語で行われる．

【文献】LThK² 6: 1086-91; NCE 13: 899-906; ODCC³ 1571-72; P. VERGHESE, *Die syrischen Kirchen in Indien* (Stuttgart 1974); N. LIESEL, *Las liturgias de la Iglesia oriental* (Madrid 1959); A. S. ATIYA, *A History of Eastern Christianity* (London 1968). 　　　（森安達也）

シリキウス　Siricius (?-399.11.26) 聖人（祝日11月26日），教皇（在位384-399）．*ローマに生まれ，教皇 *リベリウスによって *助祭に叙階された．*ダマスス1世の死後，満場一致で教皇に選出された．使徒 *ペトロの後継者としての教皇の首位性を確立するために尽力．386年ローマで *教会会議を開催．その決定はアフリカ，ガリア，スペインの司教たちに通達され，その遵守を命じている．390年 *サン・パオロ・フオリ・レ・ムーラ聖堂の *献堂式を執行．8通の手紙が現存．そのなかには最初の *教皇教令と呼ばれるものがある．特に385年2月に書かれたタラゴナ (Tarragona) の *ヒメリウス宛の手紙では，*使徒座の決定として隣接の教区の司教たちにも伝えるよう命じたうえで，再洗礼の禁止，*洗礼の執行を *復活祭と *聖霊降臨の祝日に限定，聖職者の独身制（→独身）を強く命じている．

【著作】PL 13: 1131-78; DS 181-85.
【文献】キ人 753; BSS 11: 1234-37; DPAC 3239; LThK² 9: 793-94; NCE 13: 258-59. 　　　（小高毅）

じりつ　自律〔英〕autonomy,〔独〕Autonomie,〔仏〕autonomie 他律に対する語．意志や行動などを他者や外部の力に依拠するのではなく，自ら決定すること．さらに積極的には，自己を律するの文字通りに，その決定が客観的な原則のような基準的性格を保持していること．自らによって自らに法則を課すことから，自己立法性とも呼ばれる．心理的・経済的自立とは異なる哲学的概念である．自律には一般に，自らを律することができるための理論的・実践的「能力」，他律の強制によらない自己規定における「*自由」，さらには自由な自己規定の結果に対する帰責性としての「*責任」などが前提とされており，これによって自律は価値論的・倫理的性格の強い概念となっている．

*カントは啓蒙の概念を定義するにあたって，理性的存在者である個々の人間が他律的な未成年状態を脱却し，自らの *理性を自律的に使用して判断や行動を行いうることがその証左であるとしている．とりわけ倫理的自律を体現して行為する者は，仮想的な「目的の王国」の成員であるとされ，この自律的な人格が実践によって形成する叡智的共同体が，今日の *国際連合のような国際的共同体の原型として想定されていた．自律は意志な

しりつがっこう

どの自己決定という性格をもつことから，悪しき場合には独断や利己的恣意の原因ともなりかねないが，理性の*ア・プリオリな同質性を信頼するカントの啓蒙思想では，個人の理性的な判断は自律的であれば*共通善などの普遍的目的に向かいこそすれ，恣意的な独断などに陥ることは考えられなかった．近代の世俗的な社会共同体や科学の普遍性の根底には，こうした啓蒙的で非宗教的な理性の自律の善性という理念が置かれている場合が多い．しかし20世紀になって以来，さまざまな理由から理性のア・プリオリな同質性という一元論は覆された．その意味では自律という概念もかつてのように普遍的法則性や心性の善さに直結するものではなくなっており，根本的な見直しを迫られるものとなっている．
【文献】HPG 1: 155-70; I. カント『啓蒙とは何か』篠田英雄訳（岩波書店 1950）；同『道徳形而上学原論』篠田英雄訳（岩波書店 1960）；田村一郎『ドイツ観念論における「自律思想」の展開』（北海道大学図書刊行会 1989）.

（大橋容一郎）

しりつがっこう　私立学校　〔英〕private school, 〔独〕Privatschule, 〔仏〕école privée, école libre
【定義】私立学校という名称は，国家が学校教育を掌握し公共学校を設置するに及んで，私人が設置主体となっている学校を意味するものとして出現した．私立学校出現の過程・事情等が国によって異なるため一様に詳細な定義づけをなすことは困難である．我が国では私立学校法に規定された学校法人の設置する学校をいう（私立学校法 2 条 3 項）．
【類型】私立学校は国・公立学校制度の補充的役割を果たすものと，独自の教育方針に基づいて創立されたものに大別される．前者には，国・*公立学校の教育内容に含まれない分野の補充，定員・地域などの制約の補充などがある．後者には，宗教的信条に基づくもの，独自の教育学的理念に基づくもの，民族的・文化的要素の伝達を目的とするものなどがある．設置主体に関しては，個人立と法人立があり，他の観点からは営利的なものと非営利的なものに分類できる．
【私立学校行財政】私立学校行政は国によって異なるが，その代表的な類型には，私立学校の存在を認めない教育の国家独占方式，公権力による強力な統制により国・公立学校に類同化させんとする統制的私学行政方式，私立学校の独自性を重視し国・公立学校と差違化させんとする自主的私学行政方式がある．私立学校設立については届出制，認可制などがあり，後者の場合は通常設置認可基準が定められている．これは就学者に好ましい教育条件を保障することを意図して定められる場合と，国家統制を目的として定められる場合に大別される．基準の対象については教育の外的条件を定める場合，教育の内的条件を規制する場合などがある．

　財政に関する国と私立学校との関係については，不援助・不干渉主義，援助・干渉主義，援助・不干渉主義がある．公費による財政援助の形態には直接交付と間接交付があり，前者には，国がすべての私立学校に同一の原理に基づいて補助金を交付する場合，補助金交付の類型を設けそれによって私立学校も分類される場合（例えば，フランスのドブレ法，1959）などがある．後者には，納税猶予，授業料に対する減税措置，授業料償還，奨学金，バウチャー（education voucher 学校利用券）などの私立学校在籍者に対する直接援助や給食・教科書・保健などについての国・公立学校と同等の扱いなどがある．

このような公費による財政援助は私立学校の公共性の重視に基づくものであるが，私立学校の自主性を強調し，ともすれば干渉・統制を伴う公費補助は受けるべきではないとする設置者負担主義もある．
【教育の自由】私立学校の問題は教育の自由の問題と密接に関連し，フランスのように自由学校（école libre）という名称が場合によっては用いられる国があるほどである．教育の自由には，学校設置の自由と学校選択の自由の二つの側面がある．カトリック教会は第 2 *ヴァティカン公会議における『キリスト教教育宣言』において，学校設置の自由については国家による学校教育独占は排するべきであるとし，その理由として「生来の人権と文化自体の進歩と普及，市民の平和な社会生活，さらに今日極めて多くの社会にみられる多元性に反する」（6 項）ことをあげ，学校選択の自由については「こどもを教育する第一の，他に譲ることのできない義務と権利をもつ両親は，学校を選択するうえの真の自由をもたなければならない」（6 項）と主張する．また，教皇 *ヨアンネス・パウルス 2 世の 1984 年の訪仏時の演説では，教育の自由と平等について，人は皆自己の信条に基づいた教育を不当な経済的負担なしに受ける権利があることが明言された．
【文献】国立教育研究所『私学関係文献目録』（国立教育研究所 1975）；同『各国における私学の現状と問題』（国立教育研究所 1975）；同『高等学校調査報告書』国立教育研究所紀要 92（国立教育研究所 1977）；同『各国における私学の動向』『私立大学の社会的構造』『私立高等学校の立地と社会経済環境』『幼稚園調査報告書』（国立教育研究所 1978）；相良惟一『私学と裁判』（教育開発研究所 1983）；同『私学運営論』（教育開発研究所 1984）．

（小林順子）

じりつそんざい　自立存在　→ ヒュポスタシス

しりょうへんさん　資料編纂　アルヒーフ（〔独〕Archiv），アーカイブ（〔英〕archive）という語は，公的あるいは私的な事務上の文書からなる原典資料が集められ，保存されている資料編纂所ないし文書館を指す．以下，その歴史をたどりながら教会的な資料編纂の役割をみてみよう．

　文書資料が存在するかぎり，文書館は存在する．なぜなら，一般的に文書資料は長期間通用し，価値を有し，また必要なものだからである．最古の文書館は，早くも紀元前 3000 年のメソポタミアとエジプトにみられる．教会は*ローマ帝国の官庁の習慣から文書館の構想を引き継いでいる．少なくとも 3 世紀半ば以降，ローマ司教のもとに文書館が存在し，教皇*ダマスス 1 世（在位 366-84）の頃には独立した建物（San Lorenzo in Damaso）にまでなっていたようである．後にローマ教会の文書はラテラノ聖堂（→ラテラノ）あるいは*サン・ピエトロ大聖堂に保存され，特に重要な文書群はコンフェッシオ（Confessio ペトロの墓上の祭壇）の下に保存された．中世では，文書館は*ヴァティカン図書館の一部（特別な書庫，後には一室）にあったが，17 世紀からは独立した建物になった（*ヴァティカン文書館）．古代に起源を有する他の司教区も事情はローマと同様であり，中世以来，とりわけ司教座聖堂参事会（→カピトゥルム）と*修道院も固有の文書館をもっていた．文書館は安全な場所にあったので，他の価値あるものの保管場所として役立てられたことも多く，そのなかには修道院外

の人々が預けたものも多かった.

　文書館の文書をきちんと整理するためには目録の設置が肝要である. 教皇秘書局ではおそらく*レオ1世以降, 確実には*グレゴリウス1世以後, 公表された文書群(多くは書簡)の写しを保存することが慣例化し, これが白紙からなる本に写しとられて保存された. 教会にはどこでも文書館が置かれるようになったが, *教会法がこのことを定めたのはかなり後のことである. *トリエント公会議後の教皇たちは折にふれて規則を発布し, 教皇*ベネディクトゥス13世は, 1727年に『マキシマ・ヴィギランティア』(Maxima vigilantia) という規則をまとめた. これは直接にはイタリアでしか通用しないものであったが, その規定の大部分が1917年の『教会法典』に採用されたため, 普遍的な意義をもつに至った. 1884年, 教皇*レオ13世は文書館員育成のために古字体・古文書学学院を設立した(この学院の規則は1976年*パウルス6世により改定されている). 文書館の統一と効率のために1955年*ピウス12世はイタリアの教会文書館を管轄する教皇委員会を設置した. 現行法規は1983年の『教会法典』482-91条で規定されている. それによると文書館(記録保管庫)は教区事務局, 司教座教会, 団体の教会(聖堂参事会), 小教区教会で維持されるべきものである. 教区文書館は現行文書を保存する場として考えられている. このため, 特別に機密を要する文書館が(少なくとも一般の文書館のなかで, 安全な, 例えば鋼鉄の書庫の形で)配置されなければならない. 『東方教会法』(1990)の256-61条も, 全体として同様の規定を明記している.

　これらすべては現行の文書すなわち現在の事務遂行に重要かつ必要な文書をもつ独立した文書館を扱っている. 文書の現実的効力が失われると, それらは古文書館(歴史的記録保管庫)の一部となる. 『教会法典』の491条2項によれば, 司教は「教区内に歴史的記録保管庫が置かれ, そこに歴史的に価値のある書類が保存され, またそれが組織的に整理される」ように配慮しなければならない. そのような古文書館は中世末以降成立し始めたが, 蔵書の大部分はしだいに現実的意義を失った. また, 時代の経過につれ(特に火災や戦禍により)多くのものが消失した. とりわけ17-18世紀の*国家教会体制期や, 18世紀末から19世紀初頭の世俗化政策を通して教会文書館は最大の損失を受けた. これらの時代を通して教会文書館の大部分は国有化され, 今日では国家により保管されている.

【文献】LThK^2 1: 826-27; NCE 1: 769-70; TRE 3: 687-89; RAC 1: 614-31.　　　(J. フィルハウス)

シリング　Schilling, Dorotheus (1886. 7. 20-1950. 6. 5)　ドイツ人宣教師, フランシスコ会員, 宣教学者. *チューリンゲンのアルテンミットラウ(Altenmittlau)に生まれ, 1904年フルダ(Fulda)の*フランシスコ会に入会. 1912年司祭に叙階され, 同年(大正1)秋に来日. まず札幌で日本語を習得. 次いで函館市亀田教会の司牧にあたり, かたわら小神学生の養成に携わったが, その後札幌北一条教会の主任司祭に任命された. 1917年には小樽教会の司牧を委ねられたが, 1919年からは週刊誌『*光明』の発行責任者となった. 1920年ドイツに帰国し, 宣教学の研究に従事したが, 1931年に, 18世紀に刊行され専門家の間で紛失したとみなされていた『マカオ司教区資料集』(Apparatos para Historia do Bispado de Macao)の所在をつきとめ, その所有者で*トゥールーズ在住のサルダ(Paul Sarda, 1850-1905)を訪れ, 2巻の資料集を発見した. 前巻には*フロイスの*『日本史』の1583-87年の部が, 後巻の『日本司教区史料集』には, 同『日本史』の1588-93年の部が謄写されていた. さらに1933年, *リスボンの文書館(Archivo Historico Colonial)で別の『マカオ司教区資料集』と題される477頁の1本を発見. その299-474頁には, 冒頭に『日本史』の1578-82年の部が謄写されていた. この発見は, 日本キリシタン史の研究において非常に意義あるものであった. なお在日中は聖歌集の編纂にあたり, 1918年に『公教聖歌集』を刊行. 1933年には宣教学の教授としてローマに呼ばれ, アントニアノ大学とプロパガンダ・フィデイ大学(現*ウルバニアナ大学)で日本教会史を講じ, 同地で逝去した.

【文献】カ大3: 86; 4: 628; 松田毅一, 川崎桃太「解題」L. フロイス『日本史』1, 松田毅一, 川崎桃太訳(中央公論社1977) 28; G. HUBER, *50 Jahre in Japan 1907-1957, Geschichte der Hokkaido Mission der Thüringischen Franziskaner* (Fulda 1957).　　　(石井健吾)

しる　知る　旧約聖書に限ると, 「(精神的に)認識する, 理解する, 知る」ことを表す*ヘブライ語や*アラム語は, 通常は動詞YD'を語根とする(元来はWD'). 同義語(例えば, BYN や NKR, ŚKL)もあるが, あまり使用されることはない. このヤダーという語の命令形「知れ」(da')や不定形「知ること」(da'at)は, 最初の語基 Y を規則的に消失する. また「知ること」の同義語には, de'â や 'esâ, hokmâ というヘブライ語がある(→知恵). 名詞は, 接頭辞 M を付して, madda' (認識の意)や môda' (親友の意. コヘ10: 20参照)である. 名詞マダーは, アラム語では N を付加されてマンダー(manda', →マンダ教)となる. マンダーはギリシア語の*グノーシスに相当する. この語根は, アラビア語は別にしてセム語系の言語全般に流布しているが, インド・ゲルマン語の VID (例えば, 〔サンスク リット〕veda, 知識の意. 〔ギ〕oida, voida, 私は知るの意)との関連については論議されている.

　ヤダーの一般的な意味は, 意図的に異なる意味合いで使用されることもあるが, 日本語や英語(know)と同じである. しかし純粋に理性的な認識という意味で使用されることはほとんどない. また, 理解し認識する器官は, 理性ではなく, *心と考えられていた. 人間の意志や感情も理解や認識に関与し, 単に存在や真理という抽象的な事柄ではなく, その対象は善や価値にあったからである.

　これに関しては, この語の聖書での最初の用例から明らかになる. 創世記2章9節には, 「善悪の知識の木」という表現がみられる. これは, 倫理道徳上の判断能力のシンボルでもなければ, 自律性や文化, あるいは神のような全知を追求することのシンボルでもなく, 愉悦と苦悩という「経験」をめぐるシンボルなのである(サム下19: 36参照). この愉悦は, 容認されない不自然な性的行動を伴う異教礼拝に関係するものであろう. もちろん, すべての性的行為が否定されるわけではない. また創世記4章1節には, 「アダムは妻エバを知った」とある. これはしばしば性的関係の婉曲な表現と考えられ, それに準じて翻訳されるべきだと思われている. しかし, ここで中心的な考えは, 男女が信頼し合うことにある. 性的な経験や男女が信頼し合う関係は, 一般的な信頼関係のうちの一事例でしかないからである. さらに,

「サムエルはまだ主を知らなかった」（サム上3：7）ともいわれているが，これは神からの*啓示を与えられて神との親密な関係にはまだ至っていないことをいうものであろう．彼は，主なる神を充分に知っていたはずである．これをめぐっては，イザヤ書53章3節の「病を知っている」やアモス書3章2節の「地上の全部族の中からわたしが選んだのはお前たちだけだ」（ただし，原典は「選ぶ」ではなく，「知る」つまりヤダーというヘブライ語が使用されている．また，この意味は，友人のように信頼して接したことである）などの箇所を参照すればよい（さらに，創18：19；詩144：3；エレ1：5；ホセ2：22；13：5；ナホ1：7比較参照）．

他方，気遣いや心配のように認識する対象に対するある種の関心，あるいは否認の気持ちがある場合，その認識に際しては意志の要素が顕著となる．例えば箴言27章23節には，「あなたの羊の様子をよく知っておけ．群れに心を向けよ」，サムエル記上2章12節には，「エリの息子はならず者で，主を知ろうとしなかった」とある（さらに，ヨブ9：21；イザ1：4参照）．また，エレミヤ書31章34節で語られている新しい*契約の古い契約との相違は，神を認識することに関してではなく，神への熱意をめぐってのことにある（さらに，ホセ6：6比較参照）．要するに，エゼキエル書に頻繁にみられる神による「証言」（［独］Erweiswort）の通り，それは単なる神の表明にとどまるものではない．イスラエルに敵対する者は，イスラエルに対する神の救いの業をみるなら，そうした業をするのが神である主であることを認識するばかりか承認すること，つまり，彼らが主を神として承認し，その神である主への信仰を表明するというものだからである（例えば，エゼ36：23参照）．

【文献】THAT 1：682-701． （H. クルーゼ）

ジル → アエギディウス

シルヴァ Silva, Duarte da （1535頃-1564頃）
キリシタン時代のポルトガル人イエズス会宣教師．1550年頃インドで*イエズス会に入会．1552年（天文21）4月17日に*ゴアを出発，9月7日に*豊後に到着．以後*平戸，*山口など*下地方で熱心に布教に従事し，1564年4月から5月にかかる頃，筑後の高瀬で死去した．初期に来日した宣教師のなかでは，J. *フェルナンデスとともに日本語と日本の文字に通じ，日本語の語学書を編纂したと報告されているが，いずれも現存していない．
【文献】ARSI, Goa 11, f. 254v; J. F. Schütte, *Monumenta Historica Japoniae*, 1 (Roma 1975). （尾原悟）

シルウァノス → シルバノス

シルウィア Silvia （?-592/94） 聖人（祝日11月3日），教皇*グレゴリウス1世の母．グレゴリウスがシチリアに家財を投じて七つの修道院を建てていることから，母シルウィアはシチリア出身とも考えられている．二人の息子をもうけ，夫ゴルディアヌス（Gordianus）の死後，573年にグレゴリウスが*ローマの実家を修道院にすると，シルウィアも隠棲生活に入り，ローマのアヴェンティノ丘の聖サバ聖堂の傍らの住まいで*修道生活を送る．そこからたびたび銀の皿で豆を息子グレゴリウスのもとに届けたという．9世紀に聖サバ聖堂の近くの礼拝堂がシルウィアに献じられた．
【文献】BSS 11：1082-84；LThK² 9：760． （小高毅）

シルウィヌス Silvinus （?-717/20） 聖人（祝日2月17日），司教．*トゥールーズに生まれ，婚約を破棄して，北西部パ・ド・カレーのテルーアンヌ（Thérouanne）に赴き，祈りと説教に献身．司教に任命されるが，司教座はもたず巡回．聖地を巡礼．豆だけを食べ，土の上に寝，荒布をまとうなど，生涯厳しい*苦行を行った．オーシー・レ・モワヌ（Auchy-les-Moines）に二つの聖堂を建立．同地で没す．死後まもなく書かれた伝記がある．
【文献】BSS 11：1089-91；LThK² 9：760． （小高毅）

シルヴェイラ Silveira, Gonçalo da （?-1640）
ポルトガル人貴族，軍人．長年インド，ペルシア湾で活躍した．1630年（寛永7），兄である*マカオの司令官ジェロニモ・デ・シルヴェイラ（Jeronimo de Silveira）の代理として5隻のガレウタ船を率いて*長崎に行き，貿易で成果をあげた．高潔な人物で1635年*ゴアに戻ろうとしたが，マカオと長崎の交易が危機にあったので再び長崎に赴くことを承諾，3隻のガレウタ船を伴い長崎に渡来，交渉に成功した．1636年にも4隻のガレウタ船で長崎に赴いた．途中，オランダ艦隊に追跡されたが無事に長崎に入港することができた．長崎では完成したばかりの*出島に滞在，また将軍に拝謁するため*江戸に赴く．日本滞在中，シルヴェイラが乗船する予定だった船で長崎の混血児たちがマカオに追放された．彼は同じ船に M. *ディアスに宛てた手紙を託し，*フェレイラの背教の事実を知らせた．1637年マカオに戻ることが許された．*末次平蔵は1635年マカオに宛てた手紙で，シルヴェイラの態度や日本の風俗に関する知識などを称賛している．
【文献】C. R. Boxer, *The Great Ship from Amacon* (Lisboa 1959). （結城了悟）

シルヴェステル1世 Silvester I （?-335.12.31）
聖人（祝日12月31日），ローマ教皇（在位314-35）．ローマ出身．教会史上極めて重要な時期に司教座にあったが，皇帝*コンスタンティヌス大帝の影に隠れ，*アルル教会会議（314）や第1*ニカイア公会議（325）に彼自身は出席せず司祭や助祭を派遣するなど，指導的な役割は演じていない．むしろローマを皇帝の援助でキリスト教的都市に変貌させることに熱心だったようで，バシリカ・コンスタンティアナ（現サン・ジョヴァンニ・イン・ラテラノ大聖堂）や聖ペテロと聖パウロのバシリカを建てた．5-6世紀になると，彼が*ラテラノの洗礼堂でコンスタンティヌスに授洗し，また皇帝のらい病を癒やしたなど数々の伝説が創作された．さらに8-9世紀には，有名な偽作文書*「コンスタンティヌス寄進状」も作成され，その内容は16世紀まで信じ続けられた．
【文献】LP 1：cix-cxx, 170-201；DCB 4：673-77；W. Levison, "Konstantinische Schenkung und Silvester-Legende," StT 38 (1924) 159-247. （豊田浩志）

シルヴェステル2世 Silvester II （940/50-1003.5.12） 教皇（在位999-1003）．*アキテーヌに生まれ，オーリヤック（Aurillac）の修道院で教育を受け，967年頃から約3年間*カタルーニャの修道院で学ぶ．オーリヤックのジェルベール（Gerbert）と呼ばれる．*ランスの*司教座聖堂付属学校を指導してヨーロッパ有数の学

府に育てた．981年 *ラヴェンナで *オットー2世の面前での学問論の論争で圧勝，ボッビオ(Bobbio)の修道院長職を得た．987年ランスの大司教アダルベロ(Adalbero, 920/30-989頃)と協力して *ユーグ・カペを王位に上げた．991年ランスの大司教の座に就くが教皇の承認が得られず996年に退任．同年ローマで出会った *オットー3世から信任され，その尽力で998年ラヴェンナの大司教，翌年にはフランス人では初めて教皇の座に就いた．オットーのローマ帝国革新の構想に関わり，ポーランドとハンガリーの教会育成に尽力．当代最高の学者の一人として特に数学と天文学に卓越した知識をもち，このため魔法使いであったとの伝説も生まれた．

【文献】LThK² 9: 758; LMit 4: 1300-303; F. WEIGLE, ed., *Der Briefsammlung Gerberts von Reims*, MGH. Ep, Die Briefe der deutschen Kaiserzeit 2 (1966); P. RICHÉ, *Gerbert d'Aurillac* (Paris 1987). （出崎澄男）

シルヴェステル3世　Silvester III （生没年不詳）教皇(在位1045-46)．前名はヨアンネス(Ioannes)，教皇に選任される前はサビーナ(Sabina)の司教．*ローマのクレシェンティ家の扇動で *ベネディクトゥス9世がローマを脱出した後，教皇に選任された．そのために私財を投じたともいわれる．しかし，1か月後(1045年2月10日)ベネディクトゥス9世の帰還で追放され，サビーナに戻る．1046年12月10日，皇帝 *ハインリヒ3世の主宰するストゥリ(Sutri)の教会会議で，ベネディクトゥス9世，*グレゴリウス6世とともに教皇位を罷免され，さらに司教職をも剥奪されたうえで修道院に隠居させられた．

【文献】キ人754; LThK² 9: 758-59． （小高毅）

シルヴェステルしゅうどうかい　シルヴェステル修道会〔ラ〕Congregatio Silvestrina,〔略号〕O. S. B. Silv.　1231年の創設．イタリア東部オジモ(Osimo)の聖堂参事会員 *シルヴェストロ・グッツォリーニがマルケ地方のファブリアーノ近郊のモンテファノ(Montefano)に *ベネディクトゥスの *修道会則に基づく修道院を創設したことによる．1247年，教皇 *インノケンティウス4世はモンテファノ修道院とそれに倣う諸修道院を固有の単式誓願修道会として認可した．シルヴェストロが死去するときには，11の修道院と約120名の修道士を擁するまでになっていた．シルヴェストロ自身は *会憲を著さなかったが，第4代総長ファブリアーノ(Andrea di Giacomo da Fabriano, 1298-1325)が初めて『会憲』(Liber constitutionum)を起草した．

シルヴェステル修道会は主として中部イタリアに広がった．発祥地のような人里離れた土地からしだいに近隣の都市に設立されるようになり，修道会の目標も徐々に司牧活動に移っていった．会員が比較的少ないのに，多くの修道院に分散する傾向は絶えず問題となった．例えば，16世紀中葉には25の修道院に70人の修道士しかおらず，そのうち21の修道院の居住者は4人に満たなかった．1652年にはわずか164人の会員が29の修道院に分散していたため，教皇 *インノケンティウス10世は15の修道院を閉鎖させた．さらに教皇 *アレクサンデル7世は同修道会を1657年 *ヴァロンブローザ修族ベネディクト会と統合した(この統合は5年後に解消)．18世紀末の革命期の混乱の後，1824年になって初めて修道会総会を開催することができたが，会員数は42人に減少していた．その後，新たな発展が始まる．

1845年にはセイロン(現スリランカ)への宣教活動を始め，20世紀にはアメリカ合衆国，インド，オーストラリアに修道院が設けられた．1999年現在21の宣教地に201名の会員がおり，そのうちの123名が司祭である．彼らの霊性はベネディクトゥスの会則にのっとっており，主たる活動分野は，宣教，学校運営，小教区司牧である．1233年には女子修道院も設けられ，シルヴェステル修道会に準じた会則を遵守したが，*第二会が形成されることはなかった．1822年に最後の女子修道院が閉鎖されると，修道女たちは *ベネディクト会の系列の諸修道院に分散して移された．

【文献】DIP 8: 1507-19; LThK² 9: 759; Heimbucher 1: 211-12． （J. フィルハウス）

シルヴェストロ・グッツォリーニ　Silvestro Guzzolini （1177頃-1267. 11. 26）聖人(祝日11月26日)，*シルヴェステル修道会創立者．アンコーナのオジモ(Osimo)で名門貴族の家に生まれ，法律を学ぶために *ボローニャと *パドヴァに送られるが，父の命に反して神学を学び(このため10年間父から絶縁された)，司祭に叙階され，郷里の司教座聖堂参事会員となる．司牧活動に献身するが，1227年50歳で隠棲生活を志し，オジモを去り，グロッタフチレ(Grottafucile)の荒れ野に住み，*ベネディクトゥスの修道会則に従って生活．多くの弟子が集まったことから，モンテファノ(Montefano)に移るが，また多くの弟子が集まり，同地に修道院を設立．1247年教皇 *インノケンティウス4世によって新修道会として認可される．モンテファノで没す．1275-80年に書かれた伝記がある．

【文献】キ人755; BSS 11: 1075-77; DIP 8: 1520-23; LThK² 9: 760; NCE 13: 217． （小高毅）

シルヴェリウス　Silverius （?-537. 12. 2）聖人(祝日6月20日)，教皇(在位536-37)．教皇 *ホルミスダスの子，ローマ教会の *副助祭であった．536年，教皇 *アガペトゥス1世が *コンスタンティノポリスで急死したとの報告が *ローマに届くと，東ゴート王テオダハド(Theodahad, 在位534-36)に支援されて教皇位に就く．しかし，同年11月東ローマ帝国軍が東ゴート軍を破り，ローマに入城した際，シルヴェリウスは元老院議員とともに開門したという．537年2月ヴィティギス王(Vitigis)の率いる東ゴート軍がローマを包囲すると，*キリスト単意説を支持した皇后 *テオドラの意に添わなかったこともあって，東ローマ帝国軍司令官 *ベリサリオスによって東ゴート軍に内通したかどで罷免され，小アジアのパタラ(Patara)に追放された．パタラの司教からそれを知らされた皇帝 *ユスティニアヌス1世によってローマ帰還が許されるが，すでに *ウィギリウスが教皇に選出されており，テオドラの意を受けたベリサリオスに阻止され，教皇位を剥奪され，ティレニア海のポンツァ島に移され，同島で没す．

【文献】カ大2: 751; キ人755; BSS 11: 1069-71; LThK² 9: 757; NCE 13: 217． （小高毅）

しるし〔ラ〕signum,〔英〕sign,〔独〕Zeichen,〔仏〕signe
【聖書】一般的に既知ないし認識の容易な事柄を通して，未知あるいは認識の困難な事柄を知ることができる．この場合，前者は後者のしるしである．そうした事例は聖書にもある(創4: 15; ヨシュ2: 12; マタ26: 48; ルカ2: 12参照)．しかし，聖書でのしるし(〔ヘ〕'ôt,〔ギ〕

sēmeion）は，神がそれを与え，あるいはそれとともに約束を付与するかぎりにおいて神学的な意義を有する．例えば，人間が神と結んだ*契約を想起するように，神はおのおのの契約に伴う「契約のしるし」を定めた．虹は，あらゆる人間を包括する*ノアとの契約のしるしであって（創9:17），また*割礼は，*アブラハムと彼の子孫のための契約のしるしであり（創17:13），安息日は，選ばれたイスラエルの民と結んだシナイ契約のしるしであった（出31:13）．さらにイエスは，種々の「前兆」（［独］Vorzeichen）をあげている（マコ13:4以下；ルカ21:7-11等参照）．それらの前兆は，救いにとって重要な将来起こる出来事であり，人間に回心を勧める警告となっている．他方，イエスは「時代のしるし」（マタ16:3等参照）についても語る（→時のしるし）．これらは，現在の出来事を指すが，やはり救いにとって重要であり，警告の意味合いを帯びている．

しかし旧・新約聖書のなかでは，しるしという語は*奇跡の同義語の一つとしても使用されている．その用例のほうが圧倒的に多い．したがってしるしは，奇跡（［ギ］teras, thauma），あるいは神の力ある業（dynamis）であって，ある人物（例えば，預言者）の使命や語る言葉の真正性を保証する．ただし，病人治癒という奇跡の場合，憐れみという動機を想定できる．例えば，出エジプト記7章8節以下の*モーセによる奇跡は，彼の真正性を保証するものであり，また「神は，イエスを通してあなたがたの間で行われた奇跡と，不思議な業と，しるしによって」（使2:22）イエスが神から遣わされた者であることを証明した．確かに，神の個々の*啓示は奇跡的なしるしを通し証明されるべきだが，そのために特定のしるしを要求する権利は人間にはない（マタ12:39；1コリ1:22）．他方，人間は神がしるしを与えるなら（イザ7:11），それを拒絶したり軽視したりすることは許されない．

もっとも，しるしは無条件にではなく，ある明確な前提や条件のもとでだけ信頼しうるものとなる（申18:22；13:2-6参照）．奇跡と思わせるようなことをする偽預言者がいるからである．結局，神が与えた最大で，他のあらゆるしるしを包括し凌駕するしるしは，たとえ反対を受けるしるしであるにしてもイエス自身である（ルカ2:34）．

【文献】EWNT 3: 569-75; ThWNT 7: 199-268; 10: 1262-63. （H. クルーゼ）

【典礼におけるしるし】しるしという概念は，現代のカトリック教会において*秘跡や*典礼の本質を考えるために重要な役割を果たすようになっている．一般に記号は，「一定の事象や内容を代理・代行して指し示す働きをもつ知覚可能な対象」（『大辞林』）であり，狭義には符号・印・標識を指し，広義では言語や文字も含む．別な観点からは，事象との関係が一義的・直接的な信号や合図と，間接的・多義的なシンボル（*象徴）が区別される．人間の文化は広い意味で記号から成り立っており，とりわけ*宗教儀礼は，ある共同体にとって根源的な意味をもつ存在や出来事を指し示すしるしから成り立つ行為である．

キリスト教においても，このようなしるしの働きは本質的な意味をもっている．それは，何よりも*イエス・キリストが目にみえない神の現れであり（コロ1:15；ヨハ1:18；14:9；2コリ4:4等），キリストの死と復活の出来事が全人類に対する神の救いの実現であるということ（*過越の秘義，*キリスト秘義）に基づいている．キリストのこのようなしるし的構造（*受肉的構造）を世界のなかで継続しているのが，「キリストにおけるいわば秘跡，すなわち神との親密な交わりと全人類一致のしるしであり道具」（『教会憲章』1項）である教会である（秘義としての教会）．キリストの在り方，そして教会の本質が示すように，キリスト教的な意味でのしるしは，人間の身体性や人格的関係性，したがって共同体性を前提としている．このようなものとしてまさに神は人間を創造し，救いをもたらしたのである．したがって，しるしの構造は救いの秘義の本質に根ざしているといえる．

キリスト教典礼は，救いの普遍的な秘跡である教会の在り方を具体的に展開するものとして営まれる．典礼は「信者が，キリストの秘義と真の教会の本来の性格とを生活をもってあらわし，他の人々にも示すために役立つもの」（『典礼憲章』2項）であり，典礼において，「人間の聖化が感覚的なしるしによって示されるとともに，また，おのおののしるしに固有な方法で実現される」のである（同7項）．ここでは，いわゆる七つの秘跡のみならず，*準秘跡やキリスト教生活全体が*キリストの現存（同7項参照），神の*恩恵のしるしとして包括的に意義づけられる．また，他方で，そのような見方に基づいて，典礼を形づくるうえで，何がキリスト教的なしるしとして適当であるかが判断できるようになる．

典礼の分析のためには，「しるし」は，しばしば「ことば」と区別されて，非言語的典礼要素，すなわち，もの（*パン，*ぶどう酒，*水，*油，*香など）や*動作（パンを裂く，灌水，*塗油，献香，*十字架のしるしなど）や身体の*姿勢などを指すために使われる．ことばはこの場合，しるしの意味を説き明かす機能をもつ．しかし，同時に典礼におけることばは，*朗読，朗唱，歌唱によって声として具体化（身体化）されるものであり，この形式においてもキリストの現存の最も重要なしるしとなるものである．

ある意味でしるしの理論を展開したのは中世の*秘跡論であり，「しるし」（［ラ］sacramentum）と「もの」（res）の違いと関係についての考察は，「意味するもの」（指し示すもの）と「意味されるもの」（指し示されるもの）との区別と関係の考察として，今日なお顧みるべきものを含んでいる．とはいえ現代の教会理解における，より普遍化されたしるしの概念は，中世の秘跡論の範囲を越えて，信仰生活全体を視野に収めつつ，しかも，文化の理論との関係において，キリスト教を捉えるための新しい出発点になりつつある．

【文献】R. GUARDINI, *Von heiligen Zeichen* (Mainz 1922); C. VAGAGGINI, *Il senso teologico della liturgia* (Roma 1957); A. ADAM, *Grundriß Liturgie* (Freiburg 1985) 60-81; R. BERGER, ET AL., eds., *Gestalt des Gottesdienstes*, GDK 3; K. SCHLEMMER, "Zeichen und zeichenhaftes Tun," *Heute segnen*, ed. A. HEINZ, H. RENNINGS (Freiburg 1987) 59-71. （石井祥裕）

ジルソン　Gilson, Etienne（1884.6.13-1978.9.19）　中世哲学史家，哲学者．*パリで生まれ，*ソルボンヌ大学で哲学を学ぶ．*レヴィ・ブリュールの指導のもとに歴史的方法を徹底的に駆使して仕上げた，*デカルトにおける*スコラ学の遺産に関する学位論文（*Index Scolastico-Cartésien*, 1912）は画期的なデカルト研究として高い評価を受けた．1913年助教授としてリール大学に着任してから本格的な中世哲学研究に着手，翌年第1次世界大戦が始まり，動員されたジルソンは前線

で戦い，1916年2月捕虜となるが，約2年半に及ぶドイツでの収容所生活を研究とロシア語学習にあて，美学に関する論文を発表し，*ベルグソンについての講演も行う．戦後リール大学に復帰，ストラスブール大学を経て1921年からソルボンヌ，1926年以後は彼のために創設された中世哲学の講座を担当，1932年コレージュ・ド・フランス教授に就任．北米における中世哲学研究の推進にも尽力し，頻繁にアメリカ，カナダで講義を行い，1929年には*トロントに中世研究所を設立する．

ジルソン
(ÖN)

ジルソンは1920年代の終わり頃から，*アウグスティヌスや中世スコラ学者は信仰の導きのもとに古代，近代のいずれとも異なる哲学，すなわち「キリスト教哲学」を生み出したと主張し，特に*トマス・アクィナスは出エジプト記3章14節の「わたしはある」という*神の名の啓示に導かれて，哲学史上の革命ともいえる「存在」（〔ラ〕esse）の形而上学を打ち立てたとの解釈を示した．彼はトマスの認識理論が徹底した*実在論であること，また，トマスの哲学が完全に神学のうちに組み込まれていることを強調し，トミズムの内部で独自の位置を占める．ジルソンは美学，文学論，言語哲学の分野でも盛んな著作活動を行い，その思想家としての影響は中世哲学の領域を超えて広く及んでいる．
【文献】L. K. SHOOK, *Etienne Gilson* (Toronto 1984).
(稲垣良典)

シルバノス Silbanos　シルウァノス (Silvanos) ともいう．

(1) エメサの司教 (311頃没)．聖人 (祝日2月6日)，殉教者．エメサ (Emesa, 現シリアのホムス Homs) で，*ガレリウス帝と*マクシミヌス・ダイア帝の時代の迫害により他の二人の信徒とともに殉教．当時，すでに高齢に達していたという (カイサレイアの*エウセビオス『教会史』8, 13, 3-4; 9, 6, 1)．
【文献】キ人 754; BSS 11: 1060-61.

(2) ガザの司教 (311頃没)．聖人 (祝日5月4日)，殉教者．マクシミヌス・ダイア帝治下の迫害の際に，パレスチナの*ガザ地方で逮捕される．労役刑を科されて，ファイナ (Phaina) の鉱山に送られ，そこで，39人のキリスト者とともに殉教した (エウセビオス『教会史』8, 13, 5; 同『パレスチナの殉教者』13, 4)．
【文献】BSS 11: 1062-64.

(3) タルソス (Tarsos) の司教 (371頃没)．4世紀の神学論争で，キリストは*父なる神にあらゆる点で相似した者 (相似本質説，〔ギ〕homoiousios) と主張したグループの一人．第2*シルミウム教会会議 (351-52)，セレウケイア教会会議 (359)，それに続く*コンスタンティノポリスでの皇帝*コンスタンス1世臨席の討議に出席．360年のコンスタンティノポリス教会会議で罷免されたが，コンスタンス帝の死 (362) の後，復職．356-66年，*ローマでの教会会議に出席，教皇*リベリウスに協力して*アレイオス派と戦う．このとき，*ニカイア信条の*同一本質の教説を受諾，署名している．
【文献】LThK² 9: 754; DPAC 3195.
(小高毅)

ジルベール Gilbert, Jacques (?-1712)　フランスの神学者，*ジャンセニスムの支持者．フランス北西部アラス (Arras) に生まれ，ドゥエー大学に学び，ボーメッス・アン・カンブレシ (Beaumetz-en-Cambrésis) で主任司祭を務める．1682年*パリでの*フランス聖職者会議で*ガリカニスムの4条項の宣言に反対．1682年ドゥエー大学で神学博士となり，同大学の大学監になる．1687年教皇の*首位権を擁護する論文 (*Tractatus theologico-canonicus de sedis apostolicae primatu, de conciliorum oecumenicorum auctoritate et infallibilitate, de regum in temporalibus ab omni potestate humana libertate*) を発表．同年ソルボンヌの5人の神学者による審問を受け，サン・カンタン (Saint-Quentin) に追放され，その後，彼のジャンセニスム支持が暴かれるとさらに遠方に追放される．追放中もドゥエー大学に影響を与え続けた．
【文献】Cath. 5: 10; DThC 6: 1348-50.
(小高毅)

シルミウム Sirmium　現在のユーゴスラヴィアのスレムスカ・ミトロヴィツァ (Sremska Mitrovica)．*ベオグラードの西約76kmのサバ川左岸に位置する．初めタウリスキ族の古代ケルト時代の集落があり，そこに前1世紀後半にローマ都市が建設された．歴史的には後1世紀のパンノニア・ダルマティア反乱で初登場し，フラウィウス朝下で植民市に昇格，3世紀にドナウ国境の重要拠点都市に成長した．しばしば軍事作戦の司令部が置かれ諸皇帝が訪問した．3世紀の4皇帝 (*デキウス，*アウレリアヌス，プロブス，*マクシミアヌス) が当地および近隣の出身である．下パンノニア州総督駐在地，後の*イリュリクム州都．兵器廠，ドナウ艦隊司令基地，そして330-78年には帝国造幣所も置かれていた．4世紀には帝国首都の一つになった．大迫害期に多くのキリスト教殉教者 (304年殉教の*エイレナイオスが最初の知られる司教) を出す．その後州内で最も重要な司教座都市となり，4世紀には教会会議も数回開かれた (→シルミウム教会会議)．441年に*フン族の手に落ち，576年に*ビザンティン帝国によって奪還されたが，582年に今度はアヴァール人によって破壊された．最後の司教はセバスティアヌス (Sebastianus) でローマに逃亡した．4世紀の宮殿，競馬場，公共倉庫，*リキニウスの浴場等の遺跡が発掘されている．
【文献】PRE 3A: 351-53; M. MIRKOVIC, "Sirmium: Its History from the 1st Century A. D. to 524 A. D.," *Sirmium*, 1 (1971) 5ff.; J. GUYON, "Sirmium chrétienne dans la basse antiquité et le haut moyen âge," *Mélanges d'Archéologie et d'Histoire de l'École Française de Rome Ant.*, 86 (1974) 621 ff.; R. BRATOŽ, "Die Geschichte des frühen Christentums im Gebiet zwischen Sirmium und Aquileia im Licht der neueren Forschungen," *Klio*, 72 (1990) 508-50.
(豊田浩志)

シルミウムきょうかいかいぎ　シルミウム教会会議　〔ラ〕Concilium Sirmiense, 〔英〕Council of Sirmium, 〔独〕Synode von Sirmium, 〔仏〕Conciles de Sirmium　*ローマ帝国の東帝*コンスタンティウス2世治下に政府所在地であった*シルミウムで5回にわ

ジレ

たって開かれた *アレイオス派優勢の *教会会議(349, 351/52, 357, 358, 359). 第3回目に採択された信条(第2シルミウム信条)は *本質([ギ]ousia)など非聖書的概念の使用を一切禁じ, *アレイオス以上に強く, 御父に対する御子の従属を力説し, ポアティエの *ヒラリウスの論駁により「冒瀆信条」として有名になった. 第1 *ニカイア公会議の議長を務めた, シルミウム幽閉中のコルドバの *ホシウスは *アタナシオスの弾劾を拒否したが, 同信条に署名した.

【資料】ATHANASIUS, *De synodis*, 27-29: PG 26: 736-45; HILARIUS, *De Synodis*, 9-11, 36, 63: PL 10: 486-89, 509-12, 522-53.

【文献】キ大 555-56; DThC 14: 2175-83; LThK² 9: 795-96; Hefele-Leclercq I/2: 850-955; HKG(J) II/1: 42-48; J. N. D. KELLY, *Early Christian Creeds* (London 1950 ³1973) 274-95. (H.J. マルクス)

ジレ　Gillet, Martin-Stanislas

(1875.12.14-1951.9.4) フランスの哲学・神学者, ドミニコ会総会長. ルピー・シュール・ロアゾン(Louppy-sur-Loyson)に生まれ, 1897年 *ドミニコ会入会. *ルーヴァンと*フリブールに学び, 哲学博士号取得. 1905年からドミニコ会の諸神学院で教え, 1921年パリの *アンスティテュ・カトリックの倫理学教授となる. 1927年ドミニコ会パリ管区長, 1929年総会長に選任され, 1946年に*ピウス12世によって名義大司教に任命されるまで, その職にとどまる. *ローマで没す.

【主著】*Le fondement intellectuel de la morale d'après Aristote*, 1905; *Thomas d'Aquin*, 1949.

【文献】キ人 756; LThK² 4: 895; NCE 6: 490; Cath. 5: 24-25. (小高毅)

しれいすうはい　死霊崇拝　〔英〕worship of the dead

【死者と生者】死霊は, いうまでもなく単に死者の霊であるということで崇拝の対象となるわけではない. どのような文化にとっても克服困難な脅威である死と, 死といういわば特異点を通過した死者に対し, 生者が抱く両義的感情こそが, 死霊崇拝のさまざまな現象形態の源泉である.

【死霊への崇拝】「死霊崇拝」の語を, 「死者崇拝」「死者儀礼(供養)」などの類語と厳密に区別する立場もあるが, 以下ではこの語を広く解していくことにする.

まず「死霊」という言葉が問題となる. 死霊とは, 死後肉体を離れつつもなお実体的に存続し, 生者にも作用を及ぼす人格的霊魂を意味する. またいわゆる「身体霊」のような人格性の稀薄なものも, 死霊に含まれる. こうした霊魂観が原始社会に通有のものであると唱えたのが, *タイラーの著名な *アニミズム説である. これに対しては, ヨーロッパ的な霊肉二元論を原始社会に応用しているとの批判が早くからあった. 実際, 原始社会の死者を「死せる人」以上に, 肉と原理的に離れた「霊」と考えると, 例えば遺骸崇拝など, 位置づけの困難な信仰形態が数多く出てくる. とはいえ, 遺体と, それに付着する霊質や生命力, さらには人格魂などの相対的区別は, ほとんどあらゆる文化圏にみられる観念である.

死霊への「崇拝」が, 深刻な両極感情を前提としていることも見逃せない. 一方で死んだ親族や権威者は, 愛慕と追憶の対象である. しかし他方で, 死という否定的特異性を帯びた死者は, 本能的な恐れの対象でもある. そしてこれらの両者のモチーフは, 相互に深く関連している.

【死霊崇拝の諸相】死霊への愛慕・追想の念には, 故人の無事なる「霊化」「成仏」の願いと, そして死者による加護を願う気持ちとが含まれている. またこの場合, 前者は後者の実現の条件ともなっている. 広く世界の諸文化にみられる「祖霊化」のプロセスは, こうした事情を表している. 死霊は直ちに集合的ないし個的な祖霊となるのではなく, 生ある縁者の祭儀と供養により初めて死穢を振り払い, 子孫を守護するなどの肯定的な作用を及ぼす存在となる. すなわち「祖霊化」するわけである. 古代諸世界以来, 今日までみられる副葬品への配慮やさまざまな追善供養, また遺骸・遺骨の再処理(二重葬, 洗骨等), 33(49)回忌の弔い上げなどは, こうした祖霊化の観念を背景としている.

このことは逆に, 祖霊化せぬ死霊が荒らぶる霊として恐れられることを示唆している. *他界観の性格はさまざまだが, 未知なる死後生への不安や死体の変形・腐敗への嫌悪は, 一般に死者(の運命)に投影される. ここから, 生者により然るべき祭祀的介助を受けぬ死霊が, 死の否定性のままに生者に *祟りをもたらすとの観念が生じる. こうした観念は, 原始社会のみでなく, 例えば現代日本社会にも, 極めて生き生きと存続している.

以上の諸観念の結合が最も劇的に窺えるのは, 権力者や貴種の死霊, ことに非業の死を遂げたそれらへの信仰である. ここでは死者の生前の *カリスマが, そのまま怨霊としての威力に転移され, 恐れられる. しかしながら, 宥和の諸儀礼と, 狭義の死霊「崇拝」を受けることにより, これらの霊は逆に最高度の *守護霊となり, 場合によっては神格化される. 我が国の天神信仰などはその典型である. またボルネオ, ミャンマーなどでは, 処刑死や横死を遂げた者が逆に神格化されたこともある.

【文献】宗教学辞典 229-31; RGG³ 6: 959-63; 内田基光, 山下晋司『死の人類学』(弘文堂 1986). (深澤英隆)

シレジア　〔独〕Schlesien, 〔ポーランド〕Slask, 〔チェコ〕Slezsko, 〔英〕Silesia

【地理】チェコのスデーティ山地(Sudety, 〔独〕Sudeten)に源流をもちバルト海に注ぎ込むオーデル川の上流と中流にまたがるポーランド南西部の地域名称であり, 上部シレジア(上流)と下部シレジア(中流)に分けられる. シレジアという名前は元来この地域に住んでいた *ヴァンダル族の支族シリングに由来する. 現在のシレジア地方はチェコ東部のモラヴィア(Morava, 〔独〕Mähren)地方およびドイツのコトブス(Cottbus)やドレスデン(Dresden)に接する部分を除いて, ポーランドに属する. ドイツ語のシュレージエンという名称が広く使われてきたのは, 長くこの地域に文化的影響を与えてきたドイツの歴史的な名残である. 上部シレジア(〔ポ〕Górny Slask)は全土が実質的にポーランドに属し, 工業上の重要都市オポーレ(Opole, 〔独〕Oppeln)とカトヴィーツェ(Katowice, 〔独〕Kattowitz)を含んでいる. 下部シレジアは*ヴロツワーフのような歴史的古都に広がっている.

【歴史】〔中世〕キリスト教がこの地域に根づくのは1000年頃にポーランドのピアスト王朝の勇敢王ボレスワフ1世・クロブリ(Bolesław I Chrobry, 992-1025, 王位は1025に公認された)がヴロツワーフ, *クラコフ, コウォブジェク(Kołobrzeg, 〔独〕Kolberg)を統括する *グニエズノ(〔独〕Gnesen)に大司教座を据えてからである. 1163年にはピアスト王国内で制限つきではあ

が独立したシレジア公国が形成されるが，1173年に上部シレジア公国と下部シレジア公国とに分裂したのを契機に多くの小国へと細分化していった．13世紀以降，君主たちがドイツから妃を迎え，さらにドイツの植民が奨励され決定的にドイツ的な影響が現代にまで残ることになった．*ヤドヴィガの*列聖(1267)によりシレジアの地歩は固められたが，14世紀にはベーメン王国(Böhmen, 現在のチェコ)に吸収され1526年には*ハプスブルク家の支配下に置かれた．

〔近世〕ヴロツワーフの人文主義者J.*ヘスによってシレジアに*宗教改革の火がつけられ，民衆のなかに*ルターの信仰が深く溶け込んだが，ほぼ同時にハプスブルクの支配が強化され，*アウグスブルク宗教和議(1555)を契機としてシレジアにも*カトリック改革の波が押し寄せた．それでもバロック文化においてプロテスタントは大きな役割を果たし，*ベーメの神秘主義から発する思想家*アンゲルス・シレジウス，詩人*グリュフィウス，哲学者C.*ヴォルフなど幾多の重要な人物が輩出する．

〔プロイセン時代：1740-1918〕オーストリアとの3回にわたるシレジア戦争(1740–42, 1744–45, 1756–63)の結果，*プロイセン王国の*フリードリヒ2世がこの地の大部分を領有し，シレジア在住のドイツ人やプロテスタントにとっては表面的には歓迎される事態となっただけでなく，*啓蒙思想の影響もありカトリック教会，さらに*ユダヤ教にも寛容政策がとられたが，教会は国家の一機関として認識されることになった(→国家教会).ブレスラウ(ヴロツワーフのドイツ語名)にシレジアを統括する王立プロテスタント宗務局(〔独〕Konsistorium)が置かれ(1815–1945)，1811年に当地の大学にプロテス

シレジウス

タント神学部が設置されたこともシレジアの精神生活を左右する出来事であった．シレジアのカトリック教会はプロテスタント国家教会との友好的な関係を築いてはいたが，1830年に*教皇庁が，両親のいずれかがプロテスタントである場合（→異宗婚）子どもにはカトリックの教理を教育すべきであるとの見解を示したとき，ブレスラウの*領主司教ゼードルニツキ（Leopold Graf von Sedlnitzki, 在職 1835-40）はそれを過激であるとしたために退任させられ，後にルター派に改宗した．当時の啓蒙思想を克服するような*シュライエルマッハー，コットヴィッツ（Hans Ernst Freiherr von Kottwitz, 1757-1843）らの神学は，*ヘルンフート派の福祉活動・文書伝道などを通しての働きと並んで，*信仰覚醒運動の土壌をもつこの地の*合理主義に偏らない姿勢を暗示しているといえよう．

〔近現代〕ヴィルヘルム2世（Wilhelm II, 在位 1888-1918）の退位を経て*ナチズムの台頭を迎え，ユダヤ人迫害から終戦に至るまでの間シレジアにおいて教会は分裂させられ，多くの聖職者が捕らえられ，あるいは国外亡命の運命をたどった（→ドイツ教会闘争）．1945年以降シレジアのドイツ・カトリック教会はポーランド・カトリック教会に吸収され，またプロテスタント教会はその多くが破壊またはポーランド・カトリック教会に接収され，1947年にポーランド政府によって解散させられた．現在は例えばレグニツァ（Legnica,〔独〕Liegnitz）やシフィドニツァ（Swidnica,〔独〕Schweidnitz）のような中央・下部シレジアにおいて細々とドイツ語による礼拝が行われているがその教会人口も減少傾向にある．第2次世界大戦前はシレジアには223万6,256人のプロテスタント，214万6,784人のカトリックが数えられた．1994年の時点でシレジアの大部分を占めるポーランドにおいてはカトリック人口は91%であり，26万7,700人のプロテスタント人口のうち，ごく少数の信徒がシレジア地方に住んでいる．例えばドレスデン東部オーデル川支流ナイセ川左岸（〔独〕Neiße,〔ポーランド〕Nysa Luzycka）のゲルリッツ（Görlitz．第2次世界大戦後右岸はポーランド領となりズゴジェレツ Zgorzelec と呼ばれる）に教会本部を置くプロイセン時代の名残であるドイツ語福音主義教会（Evangelische Kirche der schlesischen Oberlausitz）は，1990年から1996年の間に23.2%も信者数を減少させながらも存続している．またドイツ語カトリック教会は同じく左岸のゲルリッツに*ベルリン大司教区に属する*使徒座管理区（1972 以降）となって存続しており，カトリック人口は4万9,470人（1997）である．
【文献】平大百科 7: 799; AnPont (1999) 260; EBritMi 9: 201; MEL 21: 122-23; 17: 528-29; RGG³ 5: 1436-41; TRE 30: 189-200; G. TADDEY, ed., Lexikon der deutschen Geschichte (Stuttgart ²1983) 1106-107; G. RICHTER, ed., Deutschland. Porträt einer Nation, v. 1 (Gütersloh 1985) 54-58, 195-200; Das Neue Duden-Lexikon, v. 8 (Mannheim 1989) 3365; I. BARNES, R. HUDSON, The Historical Atlas of Europe (Shirley, N.Y. 1998); G. TADDEY, ed., Lexikon der deutschen Geschichte (Stuttgart ³1998) 1123; R. IRMLER, Ihre Heimat war Schlesien (Lorch ²1977); M. VON BARATTA, ed., Der Fischer Weltalmanach 2000 (Frankfurt 1999).

（富田裕）

シレジウス → アンゲルス・シレジウス

しれん　試練　→　試み，誘惑

シロ　Shiloh　〔ヘ〕šilōh, šilô, šilô　語源は不明．*ベテルの北 14.5 km にあり，古代イスラエルの民が*カナンに定住する過渡期（紀元前12世紀頃）の行政，宗教の中心地．ヨシュアの時代に臨在の幕屋を造り聖所とし（ヨシュ 18: 1），そこで祭りを祝い，またくじを引いてカナンの地を分けた（ヨシュ 18: 8-19; 19: 51）．特にここで行われた毎年の祭り（士 21: 19）は有名で，エリ，サムエルの時代には*契約の箱が置かれた（サム上 1: 3; 4: 4）．ペリシテ人が契約の箱を奪ったが，これは神がシロを捨てたと解釈された（詩 78: 60）．後代シロが滅びるまで，長い間巡礼の地となった．

（浦野洋司）

ジロー　Giraud, Jean-Joseph　(1720/21-1790 以降)　フランスのドミニコ会員．ニース（Nice）に生まれ，1743年*ドミニコ会入会．神学教授を務めた後，*パリで同会の修練院図書館長となり，同会員リシャール（Charles-Louis Richard, 1711-94）に協力，16巻からなるキリスト教大事典（Bibliothèque sacrée ou dictionnaire universel, dogmatique, canonique, historique, géographique et chronologique des sciences ecclésiastiques, 1760-65）を刊行．その後もパリの同修道院に居住していたことは明らかであるが，1790年以後の消息は不明．
【文献】DHGE 20: 1486-87.

（小高毅）

シロアム　〔ギ〕Silōam,〔ラ〕Siloae　シロアムとは，ヨハネ福音書9章7, 11節で，イエスが盲人の目を開けるために彼の目に泥を塗り，それを洗い流すために彼を差し向けた*エルサレムにある池とされている．同箇所では，シロアムが象徴的に「遣わされた者」の意に解されているが，このギリシア語は，本来，水道，すなわち「（水を）送るもの」を意味するヘブライ語シロア（šilōaḥ）からの派生語である．この池は，*ヒゼキヤ王（在位前 716-687）が城壁外にある*ギホンの泉から城壁の内側に通じる長さ 533 m のトンネル状の水路を掘り，その末端に造ったものである（王下 20: 20; 代下 32: 30; シラ 48: 17．またネヘ 3: 16 の「貯水池」参照）．長さ 17 m，幅 5 m で現在でも使われている．ルカ福音書13章4節では，シロアムはこの池の近くに立つ塔の名をいう．
【文献】IDB 4: 352-53.

（B. シュナイダー）

シローネ　Silone, Ignazio　(1900. 5. 1-1978. 8. 22)　イタリアの作家．本名セコンド・トランクィリ（Secondo Tranquilli）．神学校に学んだが，1913年に地震で父と5人の兄弟を失ったため，聖職に就くことを断念する．共産党の設立に参加したが，1930年に離党，戦時中はスイスに逃れた．『フォンタマーラ』『パンと葡萄酒』など初期の小説では，貧しい故郷の農民たちの生活を歪められた社会構造のなかで現実的に描いた．『一握りの桑の実』（Una maciata di more, 1956），『ルカの秘密』（Il segreto di Luca, 1956）など後年の作品では人間の内面の自由が問題にされ，晩年の戯曲『貧しいキリスト教徒の冒険』（L'avventura di un povero cristiano, 1968）は，わずか5か月で退位し，*ダンテが『神曲』で卑怯者となじった教皇*ケレスティヌス5世の内面の葛藤を描いた問題作である．
【邦訳】Fontamara, 1930: 橋本福夫，奥野拓哉訳『フォンタマーラ』（岩波書店1952）; Pane e vino, 1937:

山室静，橋本福夫訳『パンと葡萄酒』全 2 巻（月曜社 1951）．
【文献】I. シローネ「わが少年の日の思い出」『カトリック・ダイジェスト』3/1 (1950) 74-83; 同「神は躓けり」龍口直太郎訳『日本評論』25/9 (1950) 90-105; 25/10 (1950) 94-107; 奥野拓哉「シローネの文学」『日伊文化研究』4（日伊協会 1958）; Storia della letteratura italiana, v. 10 (Milano 1968) 705-707.　　　　（須賀敦子）

ジロラモ・ミアーニ　Girolamo Miani　(1481-1537. 2. 8)　ソマスカ修道会の創立者，聖人（祝日 7 月 20 日）．*ヴェネツィアの貴族の家庭に生まれ，初めは軍人であった．ヴェネツィア共和国軍に従軍していたとき捕虜となったが，奇跡的に解放された後，神への献身を決意し，ティエネの *ガエターノらが創設した神愛祈祷会 (Oratorio del divin'amore) に入会，1518 年，司祭に叙階された．その後，ヴェネツィアに貧者および孤児のための施設を創設，問答形式を用いた社会・宗教教育を行った．1534 年，ソマスカ (Somasca) で新しい修道会を創立し，1568 年 *ピウス 5 世より *ソマスカ修道会として正式に認可を受けた．同会は救貧院，孤児院，病院，女性のための救護施設をイタリア各地に創設して大きな成果を収めたが，これらは *カトリック改革の一環として位置づけられるものである．また，ミアーニは多くの時間をソマスカの隠遁所で祈りと悔悛に捧げ，徹底した慈善，キリストの苦しみへの参与，*守護の天使への献身，孤児の母である *マリアへの崇敬で知られる．1767 年，*クレメンス 13 世により列聖，1928 年，*ピウス 11 世により孤児の *守護の聖人に指定された．
【文献】BSS 6: 1143-48; EC 6: 670-71; NCE 5: 304-305; G. LANDINI, S. Girolamo Miani (Roma 1947).
（山口和彦）

シーン　Sheen, Fulton John　(1895. 5. 8-1979. 12. 9)　アメリカのカトリック作家，教育家，ニューヨーク補佐司教，ロチェスター司教．1919 年に司祭となりイギリスでエドマンド・コレッジの教理神学教授 (1925)．帰国後 *アメリカ・カトリック大学で教鞭をとるかたわら，テレビなどを通じ精力的な宣教活動を展開する．1948 年（昭和 23）訪日．1951 年司教叙階．第 2 *ヴァティカン公会議では宣教準備委員会に参加．『神と知性』(God and Intelligence, 1925)，『共産主義と西洋の良心』(Communism and the Conscience of the West, 1946) のほか，ベストセラーを含む著書多数．
（島弘之）

じん　仁　*孔子によって提挙された *儒教の中心的かつ最高の *徳．*人間を人間として相重んずる，人と人との関わりにおける親愛による一体性の自覚を宣揚するものである．個人の全人格的道徳目標であるとともに，徳治の基礎と考えられている．*孟子の提唱した王道政治も，君主自身の心に存する「忍びざるの心」を他に推し及ぼすことによって，仁政を行うことを期待するものであった．また孟子は仁とともに現実の差別相に応じてけじめをつける道理として義をいい，仁義を説き，これに礼智を加えて人倫を説いている．前漢になるとさらに信を加えて五常が説かれるが，首位に置かれたのは仁であり，仁は他の諸徳に対して中心的・包括的な性格を有し続けた．仁は人間に備わる絶対的な愛の理とされて，性善説（→ 性善説・性悪説）の根拠となり，また天地という世界においては万物を生に，生育することそのことが仁と捉えられ，人倫としての仁の根源的性格を根拠づけることになった．
（大島晃）

しんあいしゅうどうじょかい　神愛修道女会　〔独〕Töchter der göttlichen Liebe，〔英〕Daughters of Divine Charity，〔伊〕Figlie della Divina Carità，〔略号〕F.D.C.　女子修道会．1868 年に *ウィーンで，レヒナー (Franziska Lechner, 1833-94) が貧しい子どもたちのための家を開設したことによって創設され，1869 年にウィーン大司教に認可され，1897 年に *聖座によって認可された．貧しい家庭の子女の教育・養護施設と，大都市に女子勤労者のための家を開設している．*アウグスティヌスの *修道会会則に従い，独自の *会憲をもつ．ドイツ語圏で急速に伸展し，チェコスロヴァキア (1870)，ユーゴスラヴィア (1882)，ポーランド (1885)，ハンガリー (1892) に進出．1913 年にアメリカ合衆国 *ニューヨークに最初の修道院が設立され，1914 年にはイギリスに進出．1974 年には世界各地に 12 の管区，185 の施設，1,841 名の誓願立願者を擁するまでになっている．1965 年以降，本部修道院はローマ郊外の *グロッタフェラータに置かれている．1999 年現在，施設 181，会員数 1401 名．
【文献】AnPont (2001) 1307; DIP 3: 1575; 5: 558; NCE 4: 915.
（小高毅）

しんい　神意　→　神の意志

しんおんがく　新音楽　→　ノイエ・ムジーク

しんか　神化　〔ギ〕theopoiēsis, theōsis，〔ラ〕deificatio，〔英〕deification, divinization，〔独〕Vergöttlichung，〔仏〕divinisation, déification　人間が神の恵みによって神の本性にあずかるという思想．古代のギリシア思想において，人間の魂が神的なものであるという考えが広く支持され，神に倣い，神に似たものになることが人間の目標とされていた．ギリシア語の theousthai, theopoieisthai（神化される）という言葉は，このような考えを表している．ギリシア思想では，このような思想はかなり *汎神論的に理解されていたが，ギリシア教父たちは，神の子の *受肉と *聖霊の派遣によって人間に与えられた絶大な恵みを表すためにこの言葉を用いるべきであると判断した．聖書は，(1) 人間が神にかたどって創造され（創 1: 27），(2) キリストと結ばれ聖霊を受けて神の子とされ（ガラ 3: 26; 4: 5），(3) 神に倣うべき者であり（エフェ 5: 1），(4) 神の子に似た者とされてありのままに神をみるようになり（1 ヨハ 3: 2; 1 コリ 13: 12），(5) 神の本性にあずかるようになる（2 ペト 1: 4）ことを教えている．この教えに基づいて，*エイレナイオス，アレクサンドリアの *クレメンス，ローマの *ヒッポリュトス，*オリゲネス，*アタナシオス，*カッパドキア三教父，アレクサンドリアの *キュリロス，証聖者 *マクシモス，*ディオニュシオス・アレオパギテースらは，異口同音に，「神の子が人間となったのは，人間が神となるためである」といい，キリスト教的な神化思想を展開している．彼らによると，人間の神化 (theōsis) を可能にするのは，神である子の受肉と神である *聖霊の内住である．あらゆる悪徳を捨て，知識と愛によって完全に神と一致した人は，聖霊と一致し，子の姿に変えられて神化される．この過程はこの世で始ま

り，来世に完成される．人間の*被造物としての存在は存続するが，神は人間の魂に浸透して，それを自分と完全に一致させる．

中世のスコラ神学者たちは，*恩恵による人間の神化について語っているが，それを神が人間の魂に注入する「造られた恩恵」（[ラ]gratia creata）の結果として説明している．神自身が人間の魂の奥底に入って人間を神化するという考えを再び強調したのは，中世の神秘家たち，マイスター・*エックハルト，*タウラー，*ルースブルーク，*フアン・デ・ラ・クルスなどである．

スコラ学派の*恩恵論とは異なり，*成聖の恩恵の本質として聖霊の内在を強調した*ペトーに従って，現代の指導的なカトリック神学者たちは，*神の自己譲与を成聖の恩恵の本質とみなしており，神と直接に一致するために創造された人間がそれによって神自身の命にあずかると説明している．

【文献】DSp 3: 1370-459; P. ネメシェギ『神の恵みの神学』（南窓社 1967）123-31, 263-98; M. ハインリッヒ『恩恵と信仰』マウルス・ハインリッヒ講義集 6, 福田勤編（中央出版社 1986）; J. GROS, *La divinisation du chrétien d'après les Pères grecs* (Paris 1938); H. RONDET, "La divinisation du chrétien," NRTh 71 (1949) 449-76, 561-88; Rahner Sch 1: 347-74; M. LOT-BORODIN, *La déification de l'homme selon la doctrine des Pères grecs* (Paris 1970).　　　　　　　（P. ネメシェギ）

シンガー　Singer, Isaac Bashevis（1904.7.14-1991.7.24）　アメリカの小説家．ポーランドのラビの家に生まれ，*ワルシャワで教育を受け，1935年渡米．*ニューヨークのイディッシュ語新聞『前進』（Jewish Daily Forward）に連載した『モスカット家』（The Family Moskat, 1945-48）はナチス・ドイツ（→ナチズム）によるワルシャワ壊滅に触発されて書き始めたという．ユダヤ文化の中心地ポーランドには戦前311万余のユダヤ人が住んでいたが，生き残ったのは20万人ぐらいだという．強制収容所の煙突から消え去ったイディッシュ語とその文化を，記憶にある姿のままに後代に残すことが彼の仕事になり，作品をイディッシュ語で書き翻訳者と共同で英訳して発表している．長編『ルブリンの魔術師』（The Magician of Lublin, 1960），『奴隷』（The Slave, 1962），『屋敷』（The Manor, 1967），『領地』（The Estate, 1970）も，『患者ギンペル』（Gimpel the Fool and Other Stories, 1957）に始まる十指に余る短編集も，ほとんどが戦前のポーランドを題材にしている．1978年ノーベル文学賞を授与される．　（渋谷雄三郎）

しんがいじゅうりつ　『深慨十律』　排耶詩集．豊後戸畑の真宗西派万福寺南渓が，淮水老杜多と号して，清の王忠作『十二深慨』に倣い．七言八句の七言律で吟じた10編の漢詩が収められている．1841年（天保12）以前の作で，明末天主教の例をあげ，「名を互市に托し，以てわが神州を鯨呑し，ついに三道を斥け，妖教を施さんと欲す」と述べ，『明朝破邪集』に触発されたことが序に一言されている．幕末の海防論に呼応するもので，10編の詩とはいえ，会沢正志斎（1782-1863）の『新論』に次ぐ護国，彼にあっては護法の先駆的著作である．刊行は1862年（文久2）頃，佐田介石（1818-82）の識語によれば，これを作者から贈られて感動し，同志に示そうとしたもので，半紙判，5丁．『明治仏教全集』第8巻護法篇所収．　　　　　　　　　　（海老澤有道）

しんがく　神学　〔ギ・ラ〕theologia, 〔英〕theology, 〔独〕Theologie, 〔仏〕théologie　テオロギア（[ラ]theologia, 神学）は，本来「神についての陳述」を意味する語である．本項目で取り扱うのは，キリスト教神学，したがって，キリスト教の神についての陳述である．以下では．この神がどのようにして自らを啓示したか，また，その*啓示に基づいてキリスト教神学がどのように発展し，どのように行われるかを考察する．

【キリスト教における神認識】キリスト教は，さまざまな象徴によって表されうる単なる信心や宗教的実践ではなく，一連の言葉と出来事を通じて与えられた神の啓示に由来するものである．この啓示によって神は，自らの意図を人間に示し，神へ至る道を教え，それを通じて自分自身の本性を人に垣間みさせる．*救済史を構成するさまざまな出来事と言葉によって行われるこの啓示は，それを客観的な真理として受け入れるように，人間に要求する．これを受け入れることが，キリスト教徒となることの条件である．

この救済史は，神的なものであると同時に人間的なものでもある．すなわち神は自らの発意で自らを人間に告知していることから，相対的なものである人間的歴史のなかに神の絶対的な知恵が現れた．この歴史は，*アブラハム以来のイスラエル民族の歴史，*神の言葉であるイエスの歴史，イエスの直弟子たちの歴史である．こうして，「すべての光を超える光」と呼ばれる神，定義されることも名づけられることもできない神は，人間の歴史のもろもろの出来事や，人間のもろもろの言語を通じて自らを表した．その際，神は自らの啓示を，特定の文化における表現手段と特定の言語（ヘブライ語，アラム語，ギリシア語）を用いて表した．しかし，その啓示の内容は特定の文化や言語に制限されることなく，別の文化を有している諸民族にも伝達されうるものとなっている．

神の啓示に基づく*神認識とそれを表す表現は，共同体的であると同時に個人的でもある．共同体的といわれるのは，それが2000年にわたって存在し，また今日全世界に広まっている教会の宝だからである．教会が伝えているこの教理は，イエスの直弟子たちの*信仰告白に由来するものであるが，長い歴史を通じ，*伝承として発展させられたものである．この伝承は神の啓示という唯一の源泉から発し，多くの国々と多くの時代を経てきた大河であり，この長い歴史を通じて，教会共同体は*初代教会の教えを掘り下げ，明確化してきた．カトリック神学者はすべて，この共同体と心を一つにしなければならない．しかし，それと同時に神学者はそれぞれ，自分の時代と環境によって提起された問題に取り組みつつ，自分自身の天分に由来する考えを展開し，それを自分なりに表現するべきである．それゆえ，神の啓示は一つであるが，その啓示についての神学的表現は多様である．カトリック神学は，一枚岩のようなものではなく，一つでありつつも多様性に富むものである．

教会の歴史のなかでは，教会から分離する運動を起こす者も現れた．それゆえ，キリスト教には種々の神学の学派が生じただけでなく，キリスト教会は*東方教会，*カトリック教会，プロテスタント諸教会，*聖公会などのような諸教会・教団に分離した．*教会一致促進運動（エキュメニズム）は，キリスト教の共通の源泉を再検討し，相互に対話を交わすことによって，これらの諸教会を接近させ，一致させようと努めている．

【神学の方法】初期キリスト教の段階から，東方教会と

*西方教会における神学の方法の間には相違がみられた. 両教会は基本的には同じキリスト教信仰を奉じ, 西方教会は東方教会から多くの影響を受けているが, 両教会は, 長期間にわたり異なった歴史的発展過程をたどってきた.

東方教会の神学は, 現在も古代教会の *教父および *典礼の伝承と密接な関係を保っている. 東方教会の神学は, 神の *恩恵による人間の *神化を強調して, 神と人間の一致を強調しており, 典礼への参加によって教会の伝承の共同体的思考を各個人の心に浸透させることを重視している. 典礼において行われる神への正しい賛美こそが, 正しい神理解の土台であるとされる.

一方, 西方教会の神学の性格は, 「理解するために信じ, 信じるために理解するよう努めよ」という *アウグスティヌスの言葉によって的確に表されている. 西方教会の神学者たちは, 神が啓示し, 人が *信仰によって受け入れた「所与」から出発して, それを思弁的に理解するために多大の努力を払った. 特に13世紀の *スコラ学は, 神学を展開するために理性的推論と哲学思想を大幅に使用した. 神学における哲学の援用は, 14-15世紀には度を越すこともあり, *東方正教会の神学者, さらに16世紀の *宗教改革の指導者による非難を招くことになった. 特に *ルターは神学からあらゆる哲学を退け, 聖書の言葉のみに頼る神学を展開しようと努めた (→ ソーラ・スクリプトゥーラ). 宗教改革者たちの神学は次の二つの原理に基づいている. (1) 聖書のみが神学の源泉である. 教会の伝承は固有の価値をもたない. (2) 神の言葉は, *聖霊によって照らされている各個人の意識のうちで現実となる. この第二の原理からは, 各個人に聖書を解釈する自由があるという考えが生じた. 宗教改革から生じ, 現在も盛んであるプロテスタント諸教会の聖書学と神学の分野における活動には目覚ましいものがある.

一方, カトリック神学は, 聖書, 教父, *公会議, *教皇の教え, 大神学者たちの思想, 典礼, *神の民, *聖人の生活などといった「所与」を学問的に研究する *実証神学と, それらの所与を, とりわけ哲学的推論を用いて体系化する *組織神学とに区分されてきたが, 神学の営みをこのように二つに分けることは必ずしも正しくないと思われる. 神学者は, 神学の源泉となるもろもろの所与によって養われた自らの意識を用いて, キリスト教についてのより深い理解を求めなければならない.

現代カトリック神学における神学の方法としては, 特に *解釈学の必要性が強調されている. 解釈学的方法とは, 神の啓示の意味, イエスの出来事の意味, 教会の諸体験の意味を現代人の文化的・社会的状況を考慮して解釈することによって, それを現代人に具体的に伝えようという方法である. この方法に伴う危険は, 余りにも現代人の問題にとらわれすぎて, 人間の考えを神の考えに入れ替えてしまうことにあるが, この危険に陥ることから神学者を守るのは, 教会の核心である使徒的伝承という客観的な規範である.

【学問としての神学】神学は学問である. 神学を取り扱う学問的研究書の存在や, 神学が大学教科の一つであるという事実は, 神学の学問性を示している. さらに次の二つの理由により神学は学問としての資格を満たしていると考えられる. (1) 神学は, キリスト教の基礎をなしている歴史的な出来事によって所与として与えられた, 固有の研究対象を有している. (2) 神学は, 固有の研究方法を用いてこれらの所与を把握し, その多様な内容に関する一貫した理解を提示する. 神学の研究方法は無批判的ではなく, 哲学, 歴史学, 文献学, *聖書解釈学, 心理学, 社会学, *知識社会学等の成果を取り入れた批判的学問方法である. したがって, 神学は, 他の諸学問による宗教現象の解釈と学問的に対決し, 宗教現象の意味をその一側面に還元してしまうそれらの学問の捉え方を修正することができる.

神学者は, キリスト教信仰を立脚点にすると同時に, 学問的な研究方法を厳しく守らなければならない. もし信仰を立脚点としなければ, 神学者としての独自性は失われてしまう. 神学は *宗教哲学に還元されえない. 宗教哲学は宗教現象を分析し, キリスト教などの諸宗教において主題化されたさまざまな宗教体験を研究する. したがって, 宗教哲学は神学と同じ研究対象や所与を取り扱う場合があるが, 両者の間には根本的な相違がある. すなわち神学は, 神によって啓示され, 信仰によって受け入れられた事柄を研究するが, 宗教哲学は, 主に宗教的実践を研究対象とし, しかも神によって啓示された事柄がまさにその啓示のゆえに真実であるということを, 当面度外視する. 宗教哲学は, *宗教学や *宗教心理学のように宗教現象をただ記述するだけでなく, 宗教的実践に含まれている合理的構造を発見し, それを批判的に検討する学問であるが, 神学は, さらに一歩進んで, 神によって啓示されたことが真実であるという確信のもとに論を進めている.

【神学の多様性】すでに述べたように, キリスト教信仰は根本的に一つであるにもかかわらず, 特定の文化に限定されていないことから, 神学は多様であってもよいし, 多様でなければならない. 神学の多様性は, 相互の交わりを保っている人々の十全な信仰の一致を提示する一つの特徴である. もちろんあらゆるキリスト教神学は, 多様でありつつも *使徒たちの信仰告白を忠実に守るものでなければならない.

キリスト教が多数の教会に分裂したことは, 多様性が極端な形をとったことの実例であるが, この事実は現存する諸教会のなかのどの教会も一つとしてキリスト教の全体を包含していないということを示している. 教会一致促進運動はこれらの分かれた教会の間での対話を通じて, また, すべてのキリスト教の共通の源泉を再検討することによって, 全教会の再合同を目指して努力を続けている. この再合同のために, 歴史の研究は極めて大きな助けとなる.

【神学者の務め】すべての教会には, それぞれの伝承があり, 多くの教会には正統信仰の規準と, 教えの正統性の規準を検討する機関がある. また, カトリック教会においては, *位階制を構成する教皇と *司教の *教導職と並んで, 神学者にも固有の奉仕職が認められている. この奉仕職は, 新約聖書に述べられ, 古代教会で活躍した *教師 (1コリ 12: 28; 使13: 1等) の職を継続するものである. 司教も神学者も, 使徒伝来の信仰という同じ一つの規範に従い, 同じ世界のなかで, 同じ信徒に奉仕するが, それぞれの任務は異なる. 神学者は, 研究に専念して一般の思潮に従わない研究者や新しい文化を創意する人々とも交わりを保っている. 神学者が彼らに固有の任務を果たしていくためには, 学問研究の自由が必要である. しかし, 諸教会において, ある神学者の教説が, 教会共同体が正統信仰に基づいて保持している一致を危険に陥れると思われる場合には, この一致の保持に対して責任をもつ教導職に携わる人々が, それぞれの教会の規律に従って介入することがある. 幾つかの教会には,

じんかく

神学者と教導職に携わる人々との間に起こりうる意見の対立を調停するための制度と法規もある.
【文献】カ大 2: 753-58; DThC 15: 341-502; SM(E) 6: 233-46; K. バルト『福音主義神学入門』加藤常昭訳（新教出版社 1962）: K. BARTH, Einführung in die evangelische Theologie (Zürich 1962); P. アドネス『カトリック神学』渡辺義愛訳（白水社 1968）: P. ADNÈS, La théologie catholique (Paris 1967); M. グラープマン『カトリック神学史』下宮守之, 藤代幸一訳（創造社 1971）: M. GRABMANN, Die Geschichte der katholischen Theologie seit dem Ausgang der Väterzeit (Freiburg 1933); H. U. フォン・バルタザール『歴史の神学』森下晶子訳（中央出版社 1979）: H. U. VON BALTHASAR, Theologie der Geschichte (Einsiedeln 1959); P. ネメシェギ編『キリスト教の未来』コンキリウム叢書 6（南窓社 1971）; M. GRABMANN, Die Geschichte der scholastischen Methode, 2 v. (Regensburg 1909 ²1911); M. D. CHENU, La théologie comme science au XIIIᵉ siècle (Paris ²1943); E. L. MASCALL, Existence and Analogy (London 1949); M. D. CHENU, Introduction à l'étude de saint Thomas d'Aquin (Paris 1950); E. L. MASCALL, Words and Images (London 1957); A. M. RAMSEY, From Gore to Temple: The Development of Anglican Theology between Lux Mundi and the Second World War, 1889–1939 (London 1960); Y. CONGAR, La foi et la théologie (Tournai 1962); R. MEHL, La théologie protestante (Paris 1966); J. MEYENDORFF, Byzantine Theology (New York 1974); G. H. ANDERSON, Asian Voices in Christian Theology (New York 1976); T. J. NORRIS, Newman and His Theological Method (Leiden 1977); Y. CONGAR, Diversités et communion (Paris 1982); J. RATZINGER, Les principes de la théologie catholique (Paris 1985). （Y. コンガール）

じんかく　人格〔ギ〕prosōpon,〔ラ〕persona,〔英〕person,〔独〕Person,〔仏〕personne

【倫理神学】〔概念〕一般に人格とは *理性と *自由意志を備えた自立的存在である *人間についていわれる. 人間とは「何」という問いへの答えであり, 人格とは「誰」という問いへの答えであり, 他と交換不能な精神的価値を有する独自の存在である. 人格は *権利や *義務の主体として社会的な役割を果たし, *責任ある行動をとりうる. また, 一回限りの人生において *良心の具体的で *自由な決断に基づいて, 自分と他者に責任ある応答をなすよう呼ばれている.

*ペルソナは人間についてだけでなく, *神についても言及される概念であり, 人間人格の真の意味と尊厳性は究極的には神格との関わりで解明されるべきものである.

〔語義〕人格は顔や仮面を意味するギリシア語の「プロソーポン」に由来し, 劇中の人物や役割・役柄を示す. ラテン語の「ペルソナ」の語源は「響きわたる, 反響する」(personare), また「それ自身によってあるもの」(per-se-una), さらにはエトルリア語の「フェルスゥ」(phersu) であるという諸説があるが確定し難い. 日本語の「人格」の「格」は「高くそびえるさま」を意味し, 明治時代に *カント哲学の「ペルゾーン」(〔独〕Person) の訳語として「人格」が定着するようになった. いずれにせよ, 仮面をつけた演技者（俳優）の意味から法廷で自分の市民権を主張しうる自由人, そしてすべての個人的人間の意味へ発展した. 各人は世界という舞台でそれぞれに固有の役割を演じる演技者であるから, その人の人柄や人物が問われ, 評価されるが, 人格の神秘と価値は極め難い.

〔聖書〕人は単に *被造物の一つとしてでなく, 「神の似姿」（創 1: 27）として造られ, 自由な存在として神の呼びかけを聞きうる. 人間の被造性は神への依存性を示すだけでなく, 神との *契約の相手に選ばれ, 呼び出されたことを前提する. 契約による *神の民の成員は, 神の *選びと *救いの *恩恵に対し自由に責任をもって応答する. 神はさまざまな仕方で人間に働きかけるが, 「わたしはある」（出 3: 14）という「主の名」の *啓示はペルソナとしての神が *モーセを呼び, 彼と出会い, *イスラエルを相互の契約関係に導き, 人格的な *愛の絆で結ぶことを示す. イスラエルを救う神を絶えず呼び求める人は, 神の顔を探し求める. 人間は神に不忠実な罪人であるにもかかわらず, 契約の相手として絶えず人格的な関係に呼び戻される.

イエスは「新しい人」としてこの世に到来し, 神に顔をそむけながらもなお「神の顔」を探し求めている罪人を招いた. 彼の *回心への呼びかけ（マコ 1: 15）に応える人は, 罪と *死に打ち勝ったイエスの *復活にあずかる. 罪がゆるされ, イエスへの *信仰に生きる人は責任ある人格的な応答として愛に生きることができる. 主イエスは人間の歴史のなかに現存し, すべての人を新しい契約の相手として招き, 「父と子と聖霊の名によって洗礼を授け」（マタ 28: 19）るように弟子たちを全世界に派遣した. それは世の終わりまで人間と共にいて, 真の対話に招き, キリストの似姿として生まれさせるためである.

〔神学史〕古代ギリシアにおいては人間本性の哲学的思索が盛んであったが, 人格の概念は「主なる神」による *ユダヤ教の歴史的な救済体験を踏まえたキリスト教の固有な信仰内容と関わっている.

(1) 初期キリスト教. ペルソナの概念は初期に確立されたキリスト教の最も基本的な教理である *三位一体論と *キリスト論の専門用語である. *イエス・キリストを通して自己を啓示した神を人間の信仰体験に基づいて言語化するときに考案されたものである.

*三位一体の秘義は神の唯一性と父と子と *聖霊との三つのペルソナの区別と関係にみられる. この神の内的生命の秘義を表すのに, *テルトゥリアヌスはギリシア語の「プロゾーポン」や「*ヒュポスタシス」という概念に代えて, 法廷での権利主体である人間を指す法律用語であった「ペルソナ」を初めて神格に適用した. アレクサンドリアの *アタナシオスはアレクサンドリア教会会議（362）で「ヒュポスタシス」が神の三つの自立者を指す語であることを主張する. 第 1 *コンスタンティノポリス公会議（381）では神の唯一の本性や *実体は三つのペルソナのうちに成立すると宣言された. 三つのペルソナのそれぞれの固有性は他のペルソナとの相互関係性のうちにあると力説された.

キリスト論においては, イエスの人間性と神性との共存の在り方が論じられた. キリストの唯一のペルソナには二つの本性がある. これは第 1 *ニカイア公会議（325）, 第 1 コンスタンティノポリス公会議（381）, *エフェソス公会議（431）, および *カルケドン公会議（451）で議論され確立された（DS 302 参照）.

(2) 教父時代. *教父たちは二つの本性におけるキリストのペルソナと唯一の神における三つのペルソナの相互の関係と交わりの在り方を探求し, 人格である人間理

解を深めていく．＊アウグスティヌスは『三位一体論』において三位一体の各ペルソナの固有性と相互関係の理解に努め，人間の＊精神における＊記憶，知解，＊意志の構造のうちに神の似姿としての人間をみる．彼は神の三つの「ヒュポスタシス」（実体）に代えて「ペルソナ」を用い，物と区別されたペルソナの尊厳を強調する．＊ボエティウスは『二つの本性について』のなかで，「ペルソナとは理性的本性を有する個的実体である」と定義し，これは中世以降よく知られるものとなった．

（3）中世．サン・ヴィクトルの＊リカルドゥスはボエティウスの定義を批判しながら，ペルソナを「知的本性の交換不可能な実在」と定義し，ペルソナの一回性と自存性および相互関係を明示した．＊トマス・アクィナスは『神学大全』で三位一体の神のペルソナを論じ（I, q. 29-37），ペルソナを「交換不可能な自存する個別者」であると理解する．理性的本性において自存するものは＊自然全体のなかで最も完全である．そのような人間人格は自己認識すると同時に，究極的な存在である神に無制約的に開かれていて自由に自己形成する．この開放性は他の人間人格への関係に導く．

（4）近世．人格的存在は理性と意識を中心に理解される．＊デカルトは人間の平等性を理性のうちにみて，反省的自己意識を重視する．自己意識は自己の限界である他者の存在を前提する．＊ホッブズは自然的人格と人為的人格を区別し，前者には生まれながらに自然的諸権利が帰属するとした．しかし，各人は自己の利益獲得を求めるがゆえに相互の人権侵害の危険性があり，最大の人為的人格である＊国家の強制力が必要である．この万人共通の自然権の思想を継承する＊ロックは，ペルソナを自己統制しうる理性の持ち主であるとする．＊自然法は理性の法則であり，人格はその自律的行為の主体である．＊カントにとって人格は行為の主体であり，目的自体としての絶対的価値を有する．人間の人格性は道徳法則の自己立法としての自律性に求められる．理性的存在として自存する人格は，相対的価値を有する事物と区別される＊尊厳をもつ．それは他者に譲渡不可能な取り替えることのできないものである．

（5）現代．20世紀には人格主義や＊実存主義の思想のもとで，人格の理解に新しい光があてられ，＊出会いと＊対話が重視されるようになった．＊ムーニエによれば，人格は心身を備えた存在であるが，何らかの意味で自然を超越する存在である．大衆のなかで個性と独自性を見失う現代は人格喪失の時代でもある．人格は規格化されたり取り替えられたりする危険性をもつ．＊ブーバーは『我と汝』で出会いと対話のなかに人格の奥深さをみる．「ことば」によって自己表現し相手に語りかける「我」は，「汝」との人格的な関係世界に入る．人と人，人と神（永遠の汝）との人格的な出会いと対話が呼びかけと応答のなかに成立する．また，＊マルセルは人間の生きる状況を直視し，人格相互の交流には言語伝達によるメッセージと霊的・精神的交流である交わりの二通りがあると指摘する．人格であることに神の似姿を認めるとともに，罪の現実のなかにあってもキリストの恩恵による救いの可能性があること，信仰の交わりを重視する．また＊シェーラーの典型と随従の考え方もキリスト教の信仰と道徳の理解を深めさせる．

〔解明〕（1）人格と人間本性．身体性と精神性を備えた人間本性（『現代世界憲章』14項）は＊時間と＊空間のなかに生きているが，人間人格はその本性を生かしながら，歴史のなかで人格形成を図る．人間の歴史と世界に生きる人々はすべての被造物と神との交わりを通して，責任ある行為によって各自に固有の仕方で自己を実現していく．

（2）人格と共同体．人は独りで自己充足することはできない．人間は本性からして社会的存在であり，深い人格的な交わり，連帯性と相互依存による相互の＊奉仕を通して全人類の＊共通善に貢献し，その＊召命を全うする（同12, 24-26項参照）．他者とその世界への開放性は，神の似姿としての人間人格が神に開かれていることを前提する．

（3）人格の尊厳・自由・責任．人格は行為の主体であり，自由は＊善を志向する．「人間の尊厳は，人間が知識と自由な選択によって行動することを要求する．このような選択は人格としての内面的な動機に基づくものである」（同17項）．信仰は自己を啓示する神への人格的な応答である．＊信教の自由の権利は人間の尊厳に基づくものであり，理性と自由意志を備えた人間の人格的な責任ある行為を要求する（『信教自由宣言』2-3項；『現代世界憲章』16項）．

（4）人格と人権．人間は人格として尊重される．人間の権利と義務は普遍的なものであり，侵すことはできない（『現代世界憲章』26項）．人間社会における相互依存と国際化が進む現代にあって，ことに人間の生と死をめぐる＊生命倫理において人間の人格的生命の＊基本的人権が尊重されることが要求される．＊生存権だけでなく，人格にふさわしい死の受容の権利も保証されるべきである．また，不当な＊差別を避けることが要請される（同27, 29項）．

〔評価〕キリスト教信仰の中心的教理であるキリスト論と三位一体論の解明のなかで示された「ペルソナ」概念は，現代においても神との関係で人間の召命と使命を解明するために重要である．神を認めることは人間の尊厳に反するものではなく，理性を備える自由な社会的存在として造られた人間は，神との交わり，永遠の至福にあずかるように呼ばれている（同21項）．キリストへの信仰に生きる人は人間尊重と＊隣人愛を積極的に実践することが急務である．

人類の歴史が演じられる舞台である世界にあって，人間は各自の役割を責任をもって果たすことが大切であろう．愛に生き，キリストに従うことは人格の完成と結ばれている．役割を負うことは単に主観的な自己完成ではなく，他人の期待と呼びかけに応えることである．神の創造的な愛の意志によってそれぞれに固有の名で呼ばれ，＊存在と＊生命を与えられた人間は，キリストを通して＊神の言葉を聞きうる．人間を相手に契約を結んだ神は，無条件の愛と＊ゆるしによる救いの生命共同体を形成した．しかし今日，信仰共同体だけでなく，人類すべてを含む地球規模の共同体における生命の価値が問われている．

人格としての人間を正しく捉えることによって，単なる個人の倫理は排斥される．人格の核である良心に従う誠実な人間は，生物学的な人間理解に終始する倫理観を退けうるであろう．今や人間人格の尊厳とその真価が問われているのである．

【文献】DThC 7: 369-437; HTT 5: 381-90; LThK² 8: 287-97; NHthG 3: 339-50; SM(E) 3: 358-70; 4: 409-19; ThWNT 6: 769-81; 和辻哲郎『人間の学としての倫理学』（岩波書店 1934）; J. ムールー『人間—そのキリスト教的意義』三雲夏生訳（中央出版社 1964）135-64: J. MOUROUX, *Sens chrétien de l'homme* (Aubier 1945) 105-

しんかくか

30; 三嶋唯義『人格主義の思想』(紀伊國屋書店 1969); 金子武蔵編『新しい倫理―現代倫理事典』(清水弘文堂 1972) 194-201; 同編『人格』(理想社 1974); 小倉貞秀, 清水哲臣『価値と人格』(以文社 1977); K. リーゼンフーバー「人間の尊厳とペルソナ概念の発展」『中世における自由と超越』(創文社 1988) 183-203; J. B. ALFARO, "Person und Glaube," MThZ 11 (1960) 1-19; P. LERSCH, *Aufbau der Person* (München 1962); J. BÖCKENHOFF, *Die Begegnungsphilosophie. Ihre Geschichte, ihre Aspekte* (Freiburg 1970); J. B. LOTZ, *Person und Freiheit* (Freiburg 1979). (浜口吉隆)

【心理学】「パーソナリティ」(英 personality) という言葉は英語圏でよく用いられる. これに「人格」という訳語が与えられて,「あの人は人格者だ」とか「高邁な人格」というように道徳的意味が含まれるが, 心理学では脱価値的に扱う. それゆえ,「人格」という語は心理学では使われず, パーソナリティとカタカナ表記されるようになった. 類似語として「性格」や「気質」があるが, いずれも行動にみられる多様な個人差や類型を説明する概念である.

〔パーソナリティの定義〕パーソナリティという言葉は, 上述のように, 演劇の仮面を意味するラテン語のペルソナ (persona) からきている. 転じて, それは役者が演ずる役割をいうようになり, さらにその役を演技する人の意味となった. すなわち, みかけの, 目に見える表面的な性質を暗示しているという. persona とは,「それを通じて人が自分を語る」ものなのである. パーソナリティという用語は, 人の特性を統一的に表現する場合に用いられる. したがって, パーソナリティには知能, 態度, 興味, 価値観なども含められ, 包括的な概念である.

*オールポートは「パーソナリティとは個人のうちにあって, その個人に特徴的な行動や思考を決定する心理物理的体系の力動的体制である」とし, キャッテル (James Mckeen Cattell, 1860-1944) は,「パーソナリティとは人がある状況に置かれたとき, その人がどうするかを告げるところのもの」であるとした.

〔パーソナリティ論〕研究者が拠り所としている心理学的な理論, 使用している研究方法によって, パーソナリティの考え方は少しずつ異なる. 主要なものとしては, クレッチマー (Ernst Kretschmar, 1888-1964), シェルドン (William Herbert Sheldon, 1899-1977), *ユング, *シュプランガー, イエンシュ (Erich Rudolf Jaensch, 1883-1940), *ディルタイなどにみられる類型論と, オールポート, アイゼンク (Hans Jürgen Eysenck, 1916-97), キャッテル, ギルフォード (Joy Paul Guilford, 1897-1987) などにみられる特性, 因子論とがある. 前者のドイツで発達した類型論の果たした役割は大きく, その性格像が直観的に理解できるという長所をもつ. 人間を「独自な全体」とみなし, それをより小さな部分に分析できないものと考えている. さらに, 具体的な人間の研究には典型的な事例研究が重要であるとする. 後者のアメリカやイギリスで研究された特性, 因子論は性格を幾つかの特性に分解し, それを測定することに興味を示しており, 統計的な基礎がしっかりしているという長所をもつ. ただし, 研究者によって異なった因子が抽出されており, 結果は必ずしも一致しない. このほかには, *フロイト, A. *アードラー, ハルトマン (Heinz Hartmann, 1894-1970), *フロム, ホーナイ (Karen Horney, 1885-1952), サリヴァン (Harry Stack Sullivan, 1812-1949) などの精神分析的理論の立場, パヴロフ (Ivan Petrovitch Pavlov, 1849-1936), スキナー (Burrhus Frederick Skinner, 1904-90), シアーズ (Robert Richardson Sears, 1908-89), ダラード (John Dollard, 1900-81), ミラー (Neal Elgar Miller, 1909-) などの学習理論の立場, C. R. *ロジャーズなどの自己理論の立場などがある.

パーソナリティがどのように形成されるかについては, 遺伝と環境の問題が論じられたり, 社会的学習メカニズムが考察されてきた.

【文献】G. W. オールポート『パーソナリティ』詫摩武俊他訳 (新曜社 1982): G. W. ALLPORT, *Personality: A Psychological Interpretation* (New York 1937); 同『人格心理学』全 2 巻, 今田恵監訳 (誠信書房 1968): ID., *Pattern and Growth in Personality* (New York 1961); 小川捷之, 詫摩武俊, 三好曉光編『パーソナリティ』臨床心理学大系 2 (金子書房 1990); R. CATTELL, *Motivation and Dynamic Structure* (New York 1975).

(山崎久美子)

しんかくか　神格化〔英〕apotheosis,〔独〕Apotheose,〔仏〕apothéose　ある人物に神的尊厳を付与すること. これはローマ帝政初期においては死後の皇帝ないしその縁者になされたが, *ドミティアヌス帝 (在位 81-96) 以来, 存命中の皇帝をもその対象とする場合があった. 死んだ皇帝の魂が彗星に運ばれるという考えは神格化の一表象をなしたが, これは英雄が死んで星座になるとか, 死者が地球を取り巻く天界を通り抜けて上昇するというヘレニズムの *民間信仰に由来する. こうした異教世界での神格化の思想と実践はときとして, キリスト教における *列聖の起源とみなされた. *聖人が中世ラテン語で「神的な者」(divus) と呼ばれたのもこの理由による. なおギリシア語の apotheōsis は神の本質への参与という意味で東方神学に固有な *神化をも指して用いられることがあるが, この場合, 通常は theōsis というギリシア語が使用される.

【文献】ODCC³ 92; LThK² 1: 766-67. (久松英二)

しんがくきょういく　神学教育　神学教育は, アレクサンドリアの *クレメンスと *オリゲネスの神学塾の時代から, また中世には *司教座聖堂付属学校や大学などでつねに行われてきた. 教会の指導者たちは, 特に *司祭志願者の養成の一環としての神学教育に関して多くの指針を発布した. *トリエント公会議の教令に従って世界中に設置された *神学校で伝統的に行われてきた神学教育では, *教理神学と *倫理神学に重点が置かれ, 反対する者に対してカトリックの *教理を守る姿勢が強く打ち出されたが, 現代世界に対して開かれた態度をとった第 2 *ヴァティカン公会議が発布した『司祭養成教令』は, 神学教育に関しても開かれた姿勢を示している. 教令が神学教育について述べている主な点は次の通りである.

(1) 学生は, 哲学を学ぶことによって人間と世界と神について, 堅固で一貫した認識に達すべきである.

(2) 神学科目は, 信仰の光のもとに, 教会の *教導職の導きに従って教えられるべきであり, 学生がカトリックの教理を神の *啓示から正確に汲み取り, 深く理解し, *霊的生活の助けとし, 司祭になってからそれを宣言し, 解明し, 擁護することができるように育てられるべきである.

(3) 聖書研究に特に力を入れるべきである.
(4) 教理神学を教えるにあたって，まず聖書の諸主題を提示し，次いで東西の *教父たちによるその主題の解明を紹介し，その後の時代の *教理史を述べ，*トマス・アクィナスの模範に従って理性的な考察を用いて救いの諸神秘を解明し，それらの相互関係を明らかにし，それらが *典礼や教会生活のなかで力を発揮していることを示し，また，神が啓示した教えを現代の諸問題に適用する方法を示さなければならない.
(5) 倫理神学に聖書の教えが豊かに入れられるべきである.
(6) *教会法と教会史を教えるにあたって，教会の神秘との関係が示されるべきである.
(7) *典礼学は，神学，歴史，霊性，司牧，法規の観点から教えられるべきである.
(8) エキュメニカルな精神をもって，カトリック以外のキリスト教の諸宗派やキリスト教以外の諸宗教についての知識が与えられるべきである.

公会議後 *司祭養成について教皇庁教育省が発布した『司祭養成の基本指針』(1970)と『司祭志願者の神学教育』(1976)，および *ヨアンネス・パウルス2世の使徒憲章 *『サピエンティア・クリスティアーナ』(1979)によって公会議の方針はさらに詳しく述べられ，司祭志願者が学問的にしっかりした方法で，カトリックの教えを人の心を動かす力として身につけるよう配慮されている．なお，*教会法典には，司祭志願者の哲学課程は満2年，神学課程は満4年とされている(250条)．公会議後の新しい傾向として，司祭志願者以外にも多くの信徒が神学教育を望むようになり，ドイツ，米国などでは大学神学部の学生のなかで信徒のほうが多いという現象がみられる.

【文献】 Sacra Congregatio pro Educatione Catholica, "Ratio fundamentalis institutionis sacerdotalis," AAS 62 (1970) 321-84; The Sacred Congregation for Catholic Education, *The Theological Formation of Future Priests* (Roma 1976); Ioannes Paulus II, Constitutio Apostolica "Sapientia christiana," AAS 71 (1979) 469-99; Sacra Congregatio pro Institutione Catholica, "Ordinationes," AAS 71 (1979) 500-21.

(P. ネメシェギ)

じんかくけいせい　人格形成　〔英〕personality formation, character development

【語義】アイゼンク(Hans Jurgen Eysenck, 1916-)によると，パーソナリティは，人格(personality)と性格(character)の二つの概念に分けることもできる．この場合，人格は機能的，力動的な面を指すのに対して，性格は道徳的，静的な面を意味する．したがって用語として人格のほうがより広い概念であり，性格は操作的に作られた概念で，応用的に使われることが多い.

人格形成は一生の課題である．それは環境に適応しようと努めながら，同時に，環境適応によって変容を受けるプロセスである.

【理論】*フロイトの説によれば，人格形成は5-6歳位で，口愛期，肛門期，男根期を経て終わる．したがって，人格形成は子どもの性心理的発達と同一であり，社会からの影響はほとんどない．しかし後の心理学者は，時間的な面(生活周期 life cycle)と社会的な面(社会化 socialization)を強調した．代表的なのは *エリクソンの後成説(epigenesis)である．この説によれば，人格形成は，人が生まれてから死ぬまでに8段階を経て行われる．すべての段階にはそれぞれの課題があって，危機的な要素をもっている.

1	口唇－感覚期	信頼
2	筋肉－肛門期	自律
3	歩行－性器期	イニシアティブ
4	潜在期	勤勉
5	思春－青年期	同一性
6	若い成人期	親密性
7	成人期	生殖性
8	成熟期	自我の統合

前述したように，人格と性格を区別する学者もいる．したがって，英語では personality formation のほかに character development という表現も用いられる．これは子どもの良心，道徳的な概念，宗教的な価値の発達を意味する(ゴールデンソン Robert Myar Goldenson, 1908-99)．コールバーグ(Lawrence Kohlberg, 1927-)はこれを「道徳的な発達の段階」(stages of moral development)と呼んで6段階に区別している.

エリクソンとコールバーグは，あくまでも一人ひとりの人格形成の過程を説明しようとしたが，これに対してカーディナー(Abraham Kardiner, 1891-1981)は，文化が基本的人格(basic personality)を形成すると主張した.

人格形成は単なる受動的要素，すなわち遺伝と環境から成り立っているのではない．また，能動的要素，例えば本人の努力と，その指導者の努力だけによるものでもない．むしろ，自分自身に与えられた固有の使命をみいだし，その使命を忠実に果たしていく挑戦の過程とみるべきであろう.

【文献】下中弥三郎編「人格の成立」『心理学辞典』(平凡社 1957) 325-26; 依田新監修『新教育心理学辞典』(金子書房 1977) 458-60; R. Goldenson, "Character Development," *The Encyclopedia of Human Behavior*, v. 1 (New York 1970) 196; H. Eysenk, ed., "Personality," *Encyclopedia of Psychology*, v. 2 (London 1972) 1385; B. Wolman, ed., "Personality," *Dictionary of Behavioral Science* (New York 1973) 275; D. Statt, *Dictionary of Psychology* (New York 1981); R. Harre, ed., *The Encyclopedic Dictionary of Psychology* (Oxford 1983) 399; 戸川行男『性格の形成』(金子書房 1984); 桂広介『人格の発達』(金子書房 1984); G. W. オルポート『人格心理学』今田恵監訳 (誠信書房 1984): G. W. Allport, *Pattern and Growth in Personality* (New York 1961); E. Erikson, *Childhood and Society* (New York 1963); F. Barron, "The Individual Life Span," *The Shaping of Personality* (New York 1979) 113-238; L. Kohlberg, *Moral Stages* (New York 1983).

(J. クスマノ)

しんがくし　神学史

本項においては，キリスト教神学の歴史の意義および神学研究の歴史を述べる．詳細は，聖書神学，教父，教父学，中世神学，スコラ学，アウグスティニズム，トマス学派，フランシスコ会神学派，ルター主義，カルヴィニズム，新スコラ哲学等の項目，および神学の各テーマ(神，イエス・キリスト，三位一体，恩恵，教会，終末等)に関する項目を参照されたい.

【神学史の意義】神の *啓示に基づく信仰の理解を求める努力である *神学は，すでに旧約時代に始まり，現代に至るまで続けられてきた．神の啓示はイスラエル民族

しんがくし

の歴史における神の一連の行為と言葉を通して与えられたものであるから、そこには、*イスラエルの歴史の各時代に固有の文化の影響がみられ、*神の言葉はその文化の各段階に応じた言葉で表現される。キリスト教の理解によれば、神の公的な啓示は*イエス・キリストによって終了したが、この啓示はギリシア・ローマ世界をはじめ、さまざまな文化をもつ全世界の全民族に宣べ伝えられなければならないものである。この全世界への*宣教と、各時代の各民族に属する人々のキリスト教受容に伴い、当然、キリスト教の教えはさまざまな言語、思惟方法、価値観等に即して表現し直されることになる。こうして、各文化との対話によって、神の啓示に関する理解、すなわち神学は発展し、多くの潮流からなる大河のようなものとなっている。

【神学史研究の歴史】上述の理由から、キリスト教神学は必然的に歴史的な次元を有しているが、この事実がはっきり意識されるようになったのは、18世紀以降、西洋思想において歴史的な思惟方法が生まれ、それが思想のあらゆる分野に徐々に浸透してからのことである。古代・中世の人々は、永遠不変の神によって啓示された教えを、聖霊による*霊感を受けた人々によって聖書に書き記され、聖霊に導かれる教会によって宣言されたものとして、永遠の妥当性を有しているとみなし、*教理の展開に注目することはあまりなかった。しかし、それにもかかわらず、キリスト教の自己理解によって、すでに古代教会の神学者は、神の啓示が数世紀にわたる長い歳月を通して「多くのしかたで」（ヘブ1:1）人々に与えられ、「時が満ち」（ガラ4:4）たときにこの世に到来したイエス・キリストにおいて頂点に至ったことを認めざるをえなかった。こうして、旧約から新約へと進む*救済史の歩みが認められたものの、古代教会の神学者は、聖書にみられる神理解の歴史的な変化に注目するよりも、聖書全体が霊感を受けた人々によって書かれた無謬の書であるとする確信に基づき、聖書のなかで年代的に最も古い書にも、イエスが示したような完全な神理解がすでに表されているはずであると考え、その理解とは一致しない章句を比喩的に解釈し、そのような章句からもキリスト教の神に「ふさわしい」意味を引き出すよう努力した。新約聖書に関していえば、各書の著者たちの神学的な見解に相違があることに、古代教会の神学者も気づいてはいたが、ここでも、彼らは各聖書記者に固有の神学的特徴を歴史的に考察するよりも、内容上の相違を互いに調和させ、それらが同一の理解の異なった側面を提示するものにすぎないことを示すよう努力している。

以上のような理由で、古代においては、聖書に関する歴史学的な研究はほとんど行われなかったが、4世紀になると、キリスト教思想家たちの思想が歴史的に研究され始める。この分野での最古の著書がカイサレイアの*エウセビオスの『教会史』であり、そこには教会の歴史の一部として、*オリゲネス等の1世紀から4世紀初頭までのキリスト教神学者たちの生涯と思想がかなり詳細に取り扱われている。この書や他の諸資料を用いて、392年に*ヒエロニムスは『著名者列伝』を著し、使徒たちの時代からヒエロニムス自身の時代に至るまでの135人の人物の生涯と思想を簡潔に紹介したが、そのうちの多くは神学者であった。同時代の*エピファニオスは『薬箱』（『全異端反駁論』）を書き、キリスト教の初めから彼の時代に至るまでの「異端者」の説を紹介し、反論している。もちろん、これらの著書は純粋に歴史学的な意図をもって書かれたものではなく、過去の偉大な教父たちの教えを提示して正統信仰を裏づけ、異端説を排斥し、*異端の汚染から信者を守るために書かれたものである。このため、異端者たちの「新奇な教え」に対して、初めから変わらぬものとして「聖なる教父たち」が宣べ伝えた教えの同一性に力点が置かれていた。特に5世紀以降、*キリスト論をめぐって交わされた論争において、「教父たちの教え」、特に第1*ニカイア公会議に出席した教父たちの教えは、真偽を区別する基準として用いられるようになった。このような教理神学的な意図で行われた研究の場合、当然、後の時代に生じた問題提起や用語規定に従って、以前の神学者たちの思想が解釈され、評価されたり非難されたりすることになり、後代の思想の読み込みや、不当な異端宣告も稀ではなかった。*ユスティニアヌス1世が強引に推進したオリゲネスの異端宣告（DS 403-11）は、その典型的な例である。このようにして異端とみなされた神学者たちの著書の多くが破棄されたことは、神学の歴史を研究するうえで大きな障害となっている。他方、教会に承認され、権威者と認められた著作家たちの著書は熱心に読まれ、筆写され、保存されることになった。西方教会において、この点で大きな影響を及ぼしたのが、6世紀初頭に書かれたと思われる*『ゲラシウス教令』（『容認されるべき書と容認されざるべき書に関するゲラシウス教令』）である。そこでは「容認すべき書」として、聖書およびニカイア、第1コンスタンティノポリス、エフェソス、カルケドンの4公会議文書のほかに、*キプリアヌス、ナジアンゾスの*グレゴリオス、カイサレイアの*バシレイオス、*アタナシオス、*ヨアンネス・クリュソストモス、アレクサンドリアの*テオフィロスと*キュリロス、ポアティエの*ヒラリウス、*アンブロシウス、*アウグスティヌス、ヒエロニムス、アクイタニアの*プロスペルの著書、およびオリゲネスの著書のなかでヒエロニムスがラテン語に翻訳して正統と認めた書があげられている。東方教会でも、容認すべき書と容認してはならない書がはっきりと区別され、前者は権威ある書として読み継がれてきた。数百に及ぶ神学・文学書を紹介した*フォティオスの『図書目録』は、過去の思想的遺産に関する東方キリスト教の、このような関心の端的な現れである。

中世ヨーロッパの文化は書物文化であったといえよう。聖書をはじめ古代の教父たちの著書は、権威ある書物として中世の人々の思想を全面的に支配している。中世ヨーロッパの教育施設、特に*大学の発展に伴い、これらの書物の学問的な研究が始められるにつれて、さまざまな歴史的・文化的状況のもとで書かれたこれらの書の間には、内容的にも相違があることに気づかれた。この発見は、権威ある諸書の間で相異なる主張を併記した*アベラルドゥスの『然りと否』によく現れており、相異する主張を調和させようとした思弁的な努力がスコラ学の出発点となる。その後書かれる多くの大全においても、個々の問題について、それぞれ賛成意見もしくは反対意見を表明していると思われる聖書、教父、その他の古代の著作家たちの言葉を引用するのが常套手段となった。しかしながらそのように提示された問題点は、思想の歴史的な発展と変化を認めることで解決されたのではなく、相反するようにみえる証言を思弁的に調和させることで解決された。後代に宣言された教理と合致しない、古代教会のある教父の発言に直面した場合、中世の神学者たちは、異端との論争を通してその教理が教会において明確にされる以前に、教父たちは「あまり注意せ

ずに」単純な気持ちで誤解しやすい言葉を用いたと認めるのがせいぜいであった．

ルネサンスとヒューマニズムの時代になると，ようやく古代神学史に関する研究が盛んになり，*エラスムスなどによって聖書や教父たちの著作の批判校訂版が出版され，古代の神学者たちの思想を客観的に把握しようとする努力が払われるようになった．*宗教改革によって，16世紀には神学史に対する関心が一層高まっていった．原始キリスト教の純粋さに回帰することを目指した宗教改革者たちは，歴史的な研究によってカトリック教会の教えがしだいに堕落したことを証明しようとした．*フラキウス・イリリクスを中心とする学者たちによって書かれた全8巻の教会史 *『マクデブルク世紀史』は，このような意図のもとに著述された最初の詳細な研究書である．これに対して，カトリック側も同様に歴史的な研究によって，カトリック教会の教えこそ古代から綿々と継承されてきた正統信仰を受け継いでいることを提示しようとした．*アイゼングライン，*ロベルト・ベラルミーノ，*バロニウスなどの著書は，この分野で多大な努力が払われたことを示すものである．もちろん，このような論争的な意図で著された両陣の研究書が，歴史的な客観性を欠いていることは否めない．

論争的な意図をもたず，冷静な精神をもってなされた神学史研究として特筆に値するのが，17-18世紀のフランスの *サン・モール学派の研究である．*マビヨン，*モンフォコンなど，この学派に属する多数の優れた学者による，教父の著作の批判校訂版刊行および教父思想研究は，現代でもその価値を失っていない優れたものである．同様に，*イエズス会のフランス人会員 *ペトーや *オラトリオ会の会員 *トマサンも，教父学の分野で大きな功績を収めている．

ところで，神学史研究が本格的に始まるのは，啓蒙主義とともに歴史的な思惟方法が生まれ，神学の分野にもそれが導入されてからのことである．ハレ大学のプロテスタント神学教授 *ゼムラーは，初めて聖書の逐語的霊感説を斥け，聖書も教会の教理も批判的・歴史的研究の対象とされなければならないと主張した．もちろん，歴史的な考察に固有な相対性を，普遍妥当な正統教理の確信とどのように両立させうるかということは，19世紀以降，プロテスタント神学にとっても，カトリック神学にとっても大きな課題となっており，これは今日でもキリスト教神学の解決すべき重大な課題である．しかし，歴史的な思惟方法の導入により，神学史の学問的な研究は大いに促進された．19-20世紀を通して，聖書，古代・中世の神学者たちの著作の批判校訂版の優れた諸叢書が刊行され続けている (PG, PL, GCS, CSEL, POr, CSCO, SC, CChr)．現在，聖書に関する批判的・歴史的研究は，プロテスタント・カトリック双方の聖書学の主流になっており，神学史の諸問題に関する研究書も多数公刊されている．この分野における専門誌（例えば，Revue d'histoire ecclésiastique, Biblica, Bulletin de théologie ancienne et médiévale, Bibliographia Patristica）の文献目録をみれば，このような研究活動がどれほど盛んであるかを知ることができる．

20世紀初頭から，*ハルナック，*ロオフス，ゼーベルク (Reinhold Seeberg, 1859-1935) といったプロテスタントの学者たちによって，キリスト教の教理史を総括的に論ずる書物が執筆され続けたが，研究者の主観的な判断が歴史の把握に多大な影響を及ぼしている．このため，それらの研究書は，著者の優れた学識にもかかわらず，満足のゆく神学史になっているとは言い難い．その後も，教理史や神学史を全体的に論ずる研究書が刊行されているが，テーマが広すぎて，まだ充分に説明されていない印象がある．おそらく，キリスト教神学史の全体像を正しく書き記すには，それぞれの時代，テーマ，学派，個々の神学者等に関する，より一層詳細な研究・出版を待たねばなるまい．現在続刊中の，多数の専門家によってテーマ別に書かれた *シュマウス編『教理史便覧』や，*グリルマイアーの『教会の信仰にみるキリストであるイエス』等の研究書が，将来の総括的な神学史の下準備になるものと思われる．

キリスト教神学史の執筆にあたって，他のあらゆる分野の歴史を執筆するのと同じ困難が痛感される．すなわち，キリスト者ではない学者には，キリスト教の歴史を書くのに必要な共感が欠けており，そのためにキリスト教思想に関する充分な理解を得られないおそれがある一方，幾つかの教会に分かれているキリスト教の現状では，そのうちの一つの教派に属す学者は自分の教派の立場を擁護するような神学史の捉え方をし，客観性を欠くおそれがあるからである．おそらく，*ガダマーが史学一般について指摘しているように，キリスト教の基礎となっている出来事に由来する「影響作用史」（〔独〕Wirkungsgeschichte) を，神学史学者は受け継いでいることを，自らはっきり意識したうえで，教派にとらわれない対話の精神をもつ歴史家によって書かれた神学史であれば，それが最良の神学史となるであろう．

過去において神学史は，キリスト教の内部に生じた論争において，論敵を打破するための武器として用いられたが，*コンガールが指摘しているように，教会一致を目指す精神をもってなされた神学史・教理史研究は，相互理解と諸教会の和解のために大いに役立つものとなろう．教理に関する思弁的な理解とは別に，教理がどのようにして生まれ，発展し，定式化されたかを理解することで得られる歴史的な理解もあり，後者によって，表現面で正面から相反するような教理の間にも収斂をみいだすことができよう．神学の多様性を富として認めたうえで，多様な神学によって表される「一つの信仰」（エフェ 4: 5）をみいだすために，神学史研究は，現代の *教会一致促進運動の大きく寄与するものといえよう．

【文献】カ大 2: 758-67; DThC 15: 346-497; HTT 7: 247-56; M. グラープマン『カトリック神学史』下宮守之，藤代幸一訳（創造社 1971）: M. GRABMANN, *Die Geschichte der katholischen Theologie seit dem Ausgang der Väterzeit* (1933; Darmstadt 1974).　　(P. ネメシェギ)

しんがくじょうのかせつ 神学上の仮説 〔ギ〕theologoumenon　信仰する義務を伴う厳密な意味での教理に直接には含まれない，神学上の意見・命題．キリスト教信仰にとって本質的かつ普遍的真理であると確認されたものと区別して，いまだ究明中の信仰理解の試みを指すために用いられる用語．

神学上の仮説は，これと区別される *教理と密接に結びついている．なぜなら教理も，種々の神学上の仮説のなかから選び出されて信仰の義務を伴う真理であるとして公式に決定されたものであり，その成立においてこれを必須の前提とする．また教理自体にとっても，たとえその表現内容は *信仰を義務づけるものであっても，その表現形式は単なる神学上の仮説にとどまる場合もある．教理の表現も，必ずしも絶対的ではない神学の概念や思想を使用するからである．さらに，決定された教理

の意味を正しく理解するためには，再び何らかの神学上の仮説が必要になる．それゆえ，教理の命題と神学上の仮説としての命題を区別することはできても，分離して考えることはできない．

　神学上の仮説は信仰にとって絶対必要であり，その必要性は *啓示の本質に由来する．啓示が伝達される際，必ず何らかの解釈が伴う．そこで用いられる概念・言語・思想体系は，歴史的制約をもつ文化や世界像などに規定されており，何らかの真理を志向する能力はあっても，必ずしも絶対的であるとはいえず，表明しようとした啓示内容を他の用語や思考パターンで解釈する可能性もある．しかも，啓示内容は本質的に人間の把握能力を超える超越的事柄を中核としており，啓示の解釈的提示は，どのような思考形態と表現をもってしても決して十全なものとなることがない．つまり啓示の理解・表明を求めるあらゆる神学的試みは，必然的に仮説的性格をもつことになる．しかも啓示は何らかの形で理解・表明・提示されなければならないのであり，そのかぎりにおいて神学上の仮説は信仰にとって不可欠なものであるということになる．

　教理において，信仰を規定する命題から神学上の仮説を明瞭に分離することは事実上不可能であるが，教理は次の点で単なる神学上の仮説と区別される．神学上の仮説のすべてが等しく適切に信仰の真理を志向しているわけではなく，また明らかに誤っている場合もある．そのなかで，信仰の感覚（〔ラ〕sensus fidei）をはじめとして種々の基準によって吟味され，教会の *教導職の *不可謬性によって信仰上の真理を表明していると保証されたものが教理である．それゆえ教理は，神学上の仮説のもつ特徴と制約をもちながらも，これと異なった質を有するのである．ただし教理とされた神学上の仮説が誤っていないということは，最も適切な用語・思考形式がとられたということではなく，教理とされていない神学上の仮説により適切な啓示の解釈・主題化がみられる可能性はつねにある．

【文献】LThK² 10: 80-82.　　　　　　　　（岩島忠彦）

しんがくじょうのきじゅん　神学上の基準　〔ラ〕notae theologicae, censurae doctrinales

神学上の命題の確実性を表す定式文をいう．*神学は神の *啓示の理解を求める学問である．それゆえ神が何を啓示したか，また，*教会が何を神の啓示として *権威をもって教えているか，したがってキリスト者は何を信じるべきかを明らかにすることは，神学の務めの一つである．すでに *パウロの手紙には，彼が告げ知らせた福音に反することを告げ知らせようとする者について，「たとえわたし自身であれ，天使であれ，呪われるがよい」（ガラ1：8）と書かれている．古代の *教会会議は同様な表現を用いて，正統な教理に反する説を唱える人を排斥し，「異端者」（〔ラ〕haereticus）と呼んだ（DS 126, 151, 153-76 等）．

　時の経過とともに，はっきり啓示されたことに反する説だけではなく，教会で一般に教えられ，守られてきたことに反する説も教会会議や *教皇たちによって退けられるようになったが，そのときにそれぞれの説がどの程度教会の教えに反するかを表すために，「異端説」「異端に近い説」「異端の疑いがある説」「謬説」「軽率な説」「つまずかせる説」「反逆的説」「信心深い人にとって耳障りな説」（DS 979, 1251, 1980, 2006, 2269, 2332, 2374, 2502, 2601-93）などのような定式文が用いられることが

あった．このような非難的な定式文は *ケンスラと呼ばれる．教皇や教会会議のほかに神学大学も，問題を引き起こした神学説を検討し，以上のようなケンスラを用いてそれを退ける判決を下したことがある．一神学者が個人として論争相手の説を *異端などと決めつけることもたびたびあったが，教皇たちは，教会の権威筋によってまだ排斥されていない説をそのような言葉を用いて非難することを禁じた（DS 2167, 2679）．

　ある神学者たちは以上とは逆のアプローチで，教会内で教えられている諸説のうちでそれぞれの説がどれほど確実であるかを明白にしようとした．この分野での研究の開拓者であった M. *カーノに続いて，16-18世紀にこの問題を取り扱う研究書を刊行したのは，ヴェロニウス（François Veronius, 1578-1649），ホルデン（Henry Holden, 1596-1662），ブラウ（Felix Anton Blau, 1754-98）である．19世紀末から神学の教科書を諸命題を羅列した形で書く習慣が広まったが，著者たちは各命題にその確実性を表す「神学上の基準」をつけることが普通となった．主なものは，(1) de fide divina（神によって啓示され，信じるべきこと），(2) de fide divina definita（神によって啓示され，教会によって決定的に宣言され，信じるべきこと），(3) fidei proximum（信仰箇条に近い教え），(4) doctrina catholica（信仰箇条ではないが，教会の権威筋によって述べられている教え），(5) theologice certum（啓示された真理から推論によって確実に引き出された説），(6) sententia communis（神学者たちの共通の説），(7) sententia probabilis（蓋然的な説）などである．このような基準をつけることは，全信者によって信じるべき教理と幾人かの神学者の説にすぎないこととを区別するためには有益であるが，神学研究の進歩につれて，それぞれの命題にそれぞれの基準をつける際に各著者の主観がかなり入っていることが明らかになり，20世紀半ばから神学書にこのような基準を細かくつけることは行われなくなった．

【文献】カ大 3: 468-69; DThC 2: 2101-13; 15: 2681-82; LThK² 8: 914-19; NCE 10: 523-24; 岩島忠彦「〈教義〉についての一考察」カ研 45 (1984) 65-90; S. CARTECHINI, De valore notarum theologicarum et de criteriis ad eas dignoscendas (Roma 1951).　　　　（P. ネメシェギ）

じんかくしん　人格神　〔英〕personal god

神が，一般的な人間とははっきり異なるとはいえ，人間のような体，あるいは意志と感情をもち，また人間の世界に対する介入を含むさまざまな行動をすると想定する神観をいう．神を人格神として表象することは，*擬人神観とも呼ばれ，宗教的表象における基本的志向形態である．

【宗教史における人格神観】人格神観の原型は *アニミズムといわれ，未開民族によくみられる神観である．いろいろな自然現象に精霊が宿ると考えられ，それらが特殊な能力をもつ超自然的な個体の存在とみなされるようになった例が多い．この霊的存在を表象する際，人体の部分的・象徴的表象と，人体全身による表象という外形的擬人神観もあるし，また内面や行動面に表れる人間化という精神的擬人神観もある．歴史宗教においても両方の形態がみいだされる．擬人的な神は，複数である場合（*多神教）と一人である場合（*一神教）とさまざまであるが，文化が進展するにつれて，人格的存在者としての神の観念は薄れてしまい，例えば「内在神」あるいは「神性」といったような，より抽象的なものになる傾向が強い．人格神観に対して，非人格的な力が宇宙に遍満して

おり，人間の世界がその運行の法則によって決定されるという，通常「汎神観」と呼ばれる神観がある(→汎神論).

【日本の宗教における人格神】神社神道の信仰対象である「八百万(やおよろず)神」のうちには，自然的な現象もあげられるが，神話に出てくる天つ神と国つ神のように，極めて人間的な姿で活躍する人格神も多い．その神々は，超越神ではないだけに，人間の心意にしたがって神格も高下があるとされるし，人間自身も神となって神として祀られることがありうる．しかし，*神道には，人格神的な信仰構造をそのまま象徴的に残しながらも，汎神的な体系を展開させていく動きもある．一方，仏教は，「宗教的無神論」といわれるごとく本来神を立てない宗教であるだけに，人格神はない．ただ，*日本の仏教の実際の姿，とりわけ*民間信仰の次元でその姿をみると，仏と神々の両方が礼拝の対象になっており，一種の擬人神観の傾向は極めて強い．さらに，日本の新宗教においても，また現代の一般の日本人の神観念においても，一神教的要素の強化に伴い神を人格神として表象する場合が少なくない．

【キリスト教における人格神】ユダヤ・キリスト教の伝統においては，創造者である唯一神は超越的存在であって，人間とは全く性質が異なるが，人間は神の姿をかたどって造られた者であるので，より一層強く神も，最高の意志と知恵と愛情，つまり完全な人格性をもつものとみなされている．また，神と人間との関係も，人格的なものとされている．聖書は，神について語るときに，擬人神観的言語を用いるが，神の超越性を確保するためにこの言語のもつ限界をつねに意識している．一方，超越性を推し進めると，神についてただ抽象的な観念しか残らないという危険性も存在するので，擬人神観的言語を完全に排除することはできない．その結果，キリスト教神学においても，神の人格性の正しい理解が中心的主題であり，特に現代では人格神を立てない東洋の神秘思想の影響も一要因となり，重要な課題となっている．

【文献】G. ファン・デル・レーウ『宗教現象学入門』田丸徳善，大竹みよ子訳(東京大学出版会 1979): G. VAN DER LEEUW, *Phänomenolgie der Religion* (Tübingen 1933).

(J. スィンゲドー)

しんがくたいぜん　神学大全　〔ラ〕summa theologiae　「スンマ」とは元来「全体の総括，要点」を意味し，*グロッサ，フロリレギウム(詞華集)，センテンティアエ(*命題集)，*カテナ，コメンタリウム(注解)の形式とともに中世の学問の性格を示すものである．中世においては，すべての学問が過去の文献の集成，抜粋，テーマ別の配列，組織化，要約，釈義，討論を経て，すべてを簡潔にして，全体をまとめ上げる方法がとられた．*スンマの形式は*教会法の分野でも用いられたが，広く一般に知られているのは神学の分野，つまり「神学大全」である．神学大全は中世*スコラ学の発展の集大成であり，*信仰と理性の調和を見事に表現したものであったが，聖書や*教父に関する知識は原典ではなく*教父詞華集や命題集によるものであり，ルネサンス期以降の学問とは性格を異にしていたことは否めない．

神学大全が出現するのは 12-13 世紀のことである．11-12 世紀は*修道院学校と*司教座聖堂付属学校の時代であり，教父詞華集，要約集，命題集を通して*神学教育が行われていた．12-13 世紀に司教座聖堂付属学校が*大学に発展し，学問が量的・質的に向上した結果，教授用の素材を整理し，理路整然と体系づけるため，テーマの設定と，テーマ間の関連づけが求められ，神学大全がまとめられるようになった．

すでに 12 世紀以降，神学の分野で聖書や教父たちの著作からの引用の詞華集以上に，「大全」と名づけたり，神学テーマの組織化を目指す兆しが認められる．しかし，中世の神学大全形式の形成の直接の基礎は，当時広く用いられ，*トマス・アクィナスを含むすべての神学教師が解説した*ペトルス・ロンバルドゥスの『神学命題集』で，*命題・テーマごとに体系的に論述したものである．

リールの*アラヌスやロンバルドゥスの弟子ポアティエの*ペトルスによって神学大全への勢いが強まったが，13 世紀にヘールスの*アレクサンデルによって『神学大全』が書かれ，弟子のミドルトンの*グイレルムスによって不完全ながら完成され，次いでトマス・アクィナスの師*アルベルトゥス・マグヌスの『神学大全』が現れた．アクィナスには『神学大全』のほかに『対異教徒大全』がある．アクィナスの『神学大全』においてこの形式は，神存在とその本質論，*三位一体論等を経て，*終末で終わる一貫性をもつものとして完成された．以後の神学はこの『大全』の解説に終始するようになる．

【文献】LThK² 9: 1164-67; A. リチャードソン，J. ボウデン編『キリスト教神学事典』佐柳文男訳(教文館 1995) 371.

(高柳俊一)

しんがくてきしょうせん　神学的証泉　〔ラ〕loci theologici　*神学的認識論と方法論で用いられる用語．神学的知識(例えば，*恩恵，*罪，*信仰)の体系づけのために，*真理，観点，*啓示の区分を指す．16 世紀，R. *アグリコラ，*メランヒトンらの宗教改革側の神学者によって用いられ，啓示された真理を発見，吟味，分析する際の認識論的基準と，それをさらに敷衍し，神学的結論に到達する方法論の確立が叫ばれ，その際に源泉が何かが問われた．カトリック側の神学者も「証泉」の考え方を受け入れ，展開した．M. *カーノは『神学的証泉』(1563)を書き，*トマス・アクィナスの影響(『神学大全』I, q. 1, a. 8 ad 2)を受けつつ，以下の証泉をあげている．① 聖書，② 使徒的伝承，③ 全教会，④ *教会会議，⑤ *教皇の教導権，⑥ *教父，⑦ 神学者および教会法学者，⑧ 自然理性，⑨ 哲学者および法学者，⑩ 歴史および人間的伝承．① ② は啓示の源泉であるから，③ ④ ⑤ の発布的性格をもつもの(不可謬的)，⑥ ⑦ の論証的性格をもつもの(蓋然的)，⑧ ⑨ ⑩ の人間理性によるものから区別されるべき基本的な証泉である，とカーノは考えた．以上の証泉の序列によって，彼は神学的結論の価値を判断する*神学上の基準の体系を作り上げたのである．

【文献】LThK² 6: 1110-12.

(高柳俊一)

しんがくてきにんしきろんとほうほうろん　神学的認識論と方法論　*神学は*信仰の学であるとされ，*聖霊の働きに促された神の*啓示との実存的・内的関わりを内包する，知を求める学的営みであり，それに適合した方法を用いて体系化する分野である．その知識は信仰・*希望・*愛に基づく，神とその働きに関する知識であるといえる．

19 世紀以降，すべての学問分野はその対象とする分野の認識の可能性と構造について反省・究明するように

なっている．神学もまた学問であるかぎり，その認識の可能性を立証し，自らの構造・体系を形成する際の論理と方法論について反省し，それに忠実であろうと努めなければならないのは当然である．しかし，キリスト教神学が学として意識された時代からすでにこのような反省は行われてきており，神学的認識論と方法論では，超自然的啓示の知識・認識の可能性を前提にして，その固有の構造と体系づけの前提条件を吟味する．

【教理史】〔古代神学〕古代神学において，*グノーシス主義などとの対応に際して，*エイレナイオス，ローマの*ヒッポリュトスの著作のなかで，はっきりと信仰と真理の認識の基準が打ち出されており，アレクサンドリアの*クレメンスと*オリゲネスはヘレニズム文化のなかでギリシア的知恵によって信仰の理解を深め，正当化する作業を行っている．*アウグスティヌスの著作にはすでに神学的認識についての反省がみられる．

〔中世神学〕中世神学では，キリスト教の伝統を*論理学と*弁証法によって思弁的に体系づける様式がとられた．これがいわゆる*スコラ学の方法論であり，*アベラルドゥス，*ペトルス・ロンバルドゥスを経て，*トマス・アクィナスによって完成された，命題，異議，聖書・*教父の例証，論理的証明，結論からなる方法・様式は『神学大全』冒頭における神学的認識論に結びつけられ，基礎づけられている．中世における認識論・方法論的な神学の学としての体系化は，*アリストテレスの学問理論を背景にしながら，13世紀における大学制度の整備によって初めて可能になったといえる．

【近代神学】近代神学は教派間の論争の必要性から，M. *カーノにみられるような*神学的証泉による構造・形式化された神学体系の考え方を発展させ，さらに各分野が半独立的になり，専門分野になった．啓蒙主義の聖書批判に対応するため，*聖書学の分野が大きくなり，ますます重要度が増した．第1*ヴァティカン公会議は，相対主義的な傾向に対して新スコラ主義を採用して，神学を学問として保証しようとした．19世紀末から20世紀にかけての*ピウス12世までの教皇は，*回勅によって聖書学の方法論に対する指針を与え，教会的学問分野としての範囲を定めようとした．しかし，すでに20世紀前半のドイツの*ケリュグマ神学，フランスの*ヌヴェル・テオロジーなどの試みにみられるように，新スコラ主義の枠組みからではなく，聖書，教父神学，中世の聖書解釈から着想を得，現代思想にふさわしい様式で神学を展開しようとする動きが現れ，さらに先験的方法論によって神学的認識を掘り下げ，意義あるものにしようとする傾向が現れていたが，第2*ヴァティカン公会議はこれらの動きを活気づけ，推進した．現在の神学的認識論と方法論に関する問題は，以上の背景のもとに理解することができる．

【現代神学】第2ヴァティカン公会議以後の神学における認識論と方法論に関する意識は，結局のところ，神学における概念・言語の歴史性の意識である．あらゆる概念体系がその成立時の歴史と文化の認識の地平によって規定されているという認識が一般化したのである．

こうして，にわかに神学的言語が問題化され，*解釈学が神学的認識論と方法論を論じる際，中心になった．教理の定義と規定する言語の歴史的限界が論じられ，そのテーマ化に際して，文化・言語的制約によって取り上げられなかった信仰生活に関連するものが意識され，新しい認識と方法によって，それが抽出され，解釈され，表現されるようになったのである．神学における認識の地平は，伝統におけるテクストと歴史を通しての人間の対話による新しい意義の発見と解釈によって広げられる．近年，*知識社会学と科学史における*パラダイム論が神学に導入されつつある．いずれも，それぞれの文化・時代は現実理解のモデルをもっており，教理形成とそれらに関する神学的反省も，その文化・時代特有のパラダイムによって解釈されてきたと考える．啓示の理解と認識は，歴史的にみて，一つの文化から他の文化へとその意義のより広い理解へと進む過程を経てきている．

神学的認識の出発点は神の言葉を聞き，受け容れることである（ロマ10: 17, ガラ1: 11以下）．しかし，神学は神の言葉を直接聞くのではなく，聖書と教会の*伝承，古代神学，教父などの媒介を通して間接的に受け取る．その際，すでにそれらの文献の証言の重要度の段階と相互の関連が考えられなければならない．神学は当然のことながら，教会の伝統より高く位置づけられるものではなく，また，それを形成する信仰の意識より価値あるものと位置づけられるものでもない．ある観点からいえば，神学は信仰の意識の一部を構成し，そこからインスピレーションを得ると同時に，積極的に貢献するものである．それは，イエス・キリストの直接的証言を出発点とするが，その証言も，すでに聖書のなかで直接の弟子たちが彼について証言する多様な段階と関連・結びつきを通して，多岐にわたる表現・概念・考え方によって伝えられている．神学的認識は自らの間接性，媒介された本質をわきまえ，今日における文化と方法論の多様性における一致を前提にしなければ，その普遍・妥当性を失ってしまうことになろう．真の普遍性はまだ到達されていない．したがって神学的認識は未来に向けて開かれ，より包括的な知覚を希望し続けるものでなければならないのである．

【文献】LThK² 3: 1003-12; K. RAHNER, ed., *The Concise Sacramentum Mundi* (New York 1975) 1671-78; F. SCHLEIERMACHER, *Kurze Darstellung des theologischen Studiums* (Berlin ²1830); G. SAUTER, ed., *Theologie als Wissenschaft* (München 1971); W. PANNENBERG, *Wissenschaftstheorie und Theologie* (Frankfurt 1973); G. SAUTER, ET AL., *Wissenschaftstheoretische Kritik der Theologie* (München 1973); G. EBELING, *Studium der Theologie eine enzyklopädische Orientierung* (Tübingen 1977); P. KNAUER, *Der Glaube kommt vom Hören. Ökumenische Fundamentaltheologie* (Graz 1978); H. PEUKERT, *Wissenschaftstheorie, Handlungstheorie, Fundamentale Theologie* (Frankfurt 1978); O. BAYER, *Zugesagte Freiheit* (Gütersloh 1980); R. SCHAEFFLER, *Glaubensreflexion und Wissenschaftslehre* (Freiburg 1980); D. TRACY, *The Analogical Imagination: Christian Theology and the Culture of Pluralism* (New York 1981); K. RAHNER, H. FRIES, eds., *Theologie in Freiheit und Verantwortung* (Köln 1981); O. BAYER, "Systematische Theologie als Wissenschaft der Geschichte: Verifikationen," *Festschrift für Gerhard Ebeling*, ed. E. JÜNGEL, ET AL. (Tübingen 1982) 341-61.

（高柳俊一）

しんがくとてつがく　神学と哲学

【問題提起】信仰と知の関係への問いはキリスト教において必然的に生じる．信仰は，自然的・理性知と同様に普遍的な究極的真理への要求を掲げながら，歴史による基礎づけのゆえに理性と無縁な神話として理解されうる

こともなければ，その超理性的内容のゆえに合理的知に還元されうることもないからである．また，信仰と知の間のこの緊張関係は，信仰をもつ人間によって必ず経験される．というのは，信仰はすでに自己理解と世界認識を得ている人によってのみ責任をもって受け入れられるが，反省的意識に目覚めた人は不可避的に自己と世界をめぐって理性的に考え，つまり少なくとも潜在的な形で哲学をするからである．しかし，理性によって提出される人間と世界の起源・本質・意義に対する問いが，理性自体によっては充分に解決されることなく，信仰において初めてその答えをみいだすのであるから，信仰と知との間の緊張関係は両者の相互的補助関係へと止揚される．かくして信仰と知は，そのどちらも人間にとって不可避的な自己自身への問いに関わり，また無条件的かつ普遍的真理への要求のもとにあるため，完全に分離しておらず，また信仰は自然的理解を前提にすると同時にこれを凌駕するため，一致してもいない．

【聖書と教理】聖書は神学と哲学の関係について明確に述べてはいないが，次のような言明によって哲学的思惟を展開させる可能性と哲学の宗教的・倫理的重要性を間接的に肯定している．すなわち，神の存在と本質は，世界のなかからその原因として認識されることが可能であるか（知 13: 1-9），あるいはすでに根源的に認識されているのだが（ロマ 1: 18-20），そのような認識は祈りへと通じるものである（ロマ 1: 21）．また神の意志は良心において告知されている（ロマ 2: 14-16）．しかしその一方で聖書は，救いを人間の知に求めキリストにおける神の歴史的呼びかけに自己を閉ざすことがないように警告している（1 コリ 1: 18-25; コロ 2: 8）．そして聖書は，理性的判断に制約されることなしにこの自然的理解をも包括できる理解，すなわち信仰を通して聖霊によって与えられる理解の優位性を示唆している（1 コリ 2: 15）．

19-20 世紀には教会の教導職は *二重真理説（哲学的真理と神学的真理の無関係性を主張）を否定する（DS 3019, 3042）とともに，*信仰主義・*伝統主義・*不可知論に反対して，神とその摂理，また道徳法則に対する人間の自然本性的認識能力（DS 3004, 3875），さらに信仰に対する理性的基礎づけの可能性（DS 3019）を認めた．教会は同時に神学的合理主義あるいは自然的（哲学的）認識能力に関する理性の最終的自立を唱える立場に対して反論を述べる．したがって教導職は，理性に対する信仰の優位と，信仰に関わる哲学的問題に関しての教会の権威を強調し（DS 2738, 2858-59, 2910-11, 2914, 3018, 3486），また人間の理性能力の限界を指摘しつつ（DS 2859, 3005），信仰と理性の相補性（DS 3019）を示している．すなわち，信仰は理性を誤謬から保護し，本質的には哲学の理性にとっても認識可能な事柄を，すべての人に容易にそして確実に認識させる（DS 3005, 3875）．一方，理性は所与の信仰命題を解明し，その意味を展開させることができるのである（DS 3019）．

【問題の歴史】信仰と知の関係は，信仰内容を学問的に反省する神学と，存在・世界・人間についての理性的理解を体系的に展開させる哲学との相互的影響において明確な形をとる．このような相互作用は今日まで西洋の思想史を規定し，この思想史を通して，またそれを越えて，現代の世界の思想的状況を刻印している．聖書においてはギリシアの通俗哲学の痕跡がわずかに示される（知恵の書，パウロの手紙）だけであるが，ヘレニズム世界に普及したキリスト教は，2 世紀の *護教家教父以来，特に *ストア学派，中期プラトン主義および *新プラトン主義との対話に取り組むようになる．信仰を *グノーシス主義やギリシア的英知に解消してはならないと再三再四戒告しながらも，教父，特にアレクサンドリアの *クレメンスと *オリゲネス，4 世紀には *カッパドキア三教父と呼ばれるカイサレイアの *バシレイオス，ニュッサの *グレゴリオス，ナジアンゾスの *グレゴリオス，そしてとりわけ *アウグスティヌス，教父時代の末期には *ディオニュシオス・アレオパギテースはキリスト教的に再考されたプラトン的思想（宇宙論，分有，存在の諸段階，魂と精神の概念，超越と神理解）に基づく信仰理解を形づくった．しかし教父たちは同時に，キリスト教的主題（世界の偶存性，無からの創造，救済史と終末論，罪と恩恵，神と人間におけるペルソナ概念）を導入することによってギリシア・ヘレニズム的形而上学の枠組みを越え出る．教父時代の信仰理解は方法論や体系性に乏しく，哲学と神学を明確に区別していないが，中世においてまず初期 *スコラ学が反弁証家の反対を克服して，また修道院神学と道を異にして，福音宣教という目的のもとで信仰を理性的に理解することに努め（カンタベリの *アンセルムス），そのため古代の三学（文法学・修辞学・論理学）による弁証術とアリストテレス論理学を適用して，討論の「問題」(quaestio) と「大全」(summa) からなる新たな論証的学問形式を作り出した．12 世紀の中葉以降に行われる神学に対しての学問論的反省とアリストテレス的形而上学・自然学の広汎な受容に基づいて，13 世紀の盛期スコラ学において特に *トマス・アクィナスは，神学的な現実理解の地平を保ちながらも哲学と神学を初めて明確に区別し，古代の伝統の全体を踏まえたうえで独自の哲学を発展させた．14 世紀以降の後期スコラ学において，哲学と自然的・理性的知は神学的問題との関連をつねに保持しつつも，しだいに自律的に発展した．近世においては，哲学は神学の権威をもはや拘束的な規範として前提せず，精神の *ア・プリオリな体系を構築し，神学のテーマとなるものを含むあらゆる現実をその思惟可能性へと還元したうえで，それを理性に固有な力により再構成することを試みるに至った（合理主義の理神論的神概念，啓蒙主義の理性宗教，受肉や三位一体論などのキリスト教的基本教理に対する *ヘーゲルの思弁的体系化の試み）．これに対応して神学も，14 世紀初頭の *ドゥンス・スコトゥス以来，*唯名論の認識論や *宗教改革の聖書解釈に影響されながら方法的・合理的体系として展開される傾向を示した．哲学と神学は，19 世紀中葉以降 1 世紀にわたって，それぞれの限界や人間的経験との関連，そして自らの歴史性を反省しつつ，相互の独立を主張してきた．同時に双方共に諸科学との隣接問題に取り組み始める．20 世紀前半では，神学は *キリスト教哲学(*新スコラ哲学)の助力を得，自らの理性的基礎づけを確固たるものとしようとしたが（→ 永遠の哲学），時代精神に対しては批判的な立場をとった．20 世紀中葉以降，神学は解体されつつあった新スコラ哲学の体系の限界を乗り越え，現代のさまざまな思潮や，神学的動機から示唆を与えられた哲学との対話に努めるが，それに伴い，哲学と共通の実践的・世界的責任を顧慮することになった．その共通の関心は，人間の（実存的または社会的）自己理解，理論と実践の相互連関，また解釈学・歴史性への問い，そして人間の身体性(*医の倫理)，社会性(政治・経済・福祉)の諸問題においてみいだされる．

【体系的考察】〔哲学と神学の区別と関係〕哲学は存在理解を追求し，感覚的経験と自己認識においてつねに与

られたものを出発点にして，思考に到達可能なかぎりでの現実全体を思惟する．他方，神学は*神認識を求め，言葉によって表されキリストにおいてその頂点に至った歴史的啓示を源泉として，神と人間の関係を思慮することを通して現実全体を思惟する．したがって哲学と神学とは，認識をもって現実全体と関わるという点に関しては一致するが，さまざまな主題の大幅の重複にもかかわらず，特に双方共に人間の本質と課題を大きな関心事としているにもかかわらず，具体的な対象領域，また源泉や方法，とりわけ認識行為そのものの在り方においては区別される．哲学は知識や知恵への愛から生じ，自然的理性の光にのみ基づくが，一方，神学は神への希求と人間の救いへの憧れに動かされて，信仰を授ける恩恵の光に基づいて思惟しようとする．哲学は特殊な命題を前提とせず，一般的な現象からその根拠と可能性の制約へと遡り，事柄の真理によって導かれながらいかなる主張をも論証的に問うことができる．神学は救済史と神の言葉を基盤にし，教会の公的教えを支えとして，キリストにおいてあらわになった終末論的神秘を，その構造・諸前提・意味に関して解明する．両者は単に幾つかの問題点と概念を根本的に共通なものとして有するばかりでなく，たとえ両者の関係がその超越に向かう開きのゆえに明確に確定されなくとも，その具体的問題提起と対象領域に関して基本的に共通な影響作用史にあずかり，対話的な関係に置かれている．

〔神学における哲学〕信仰は，各人がそれを肯定し自らのものとし，生活において生かしうるために，理解をもたらす解釈，すなわち神学を必要とする．このような福音と教理の解明は，本質的に哲学的な洞察と思考法をも包含している．なぜなら神学は，まず本質的に自らの歴史へと関わり，そして教理と神学の歴史は根本的に哲学の歴史と密接につながるため，神学は哲学史なしには理解されないからである．そして神学は，ロゴスによる理解可能な意味関連として，*存在論を内包する論理学を用い，また自らの知の構造と限界を反省できるように，認識論・学問論・言語論をも必要とする．神学の自己根拠づけはさらに，神の存在や本質の認識に関わる諸前提の根拠づけを要請するが（→神認識，神の存在証明），その根拠づけもまた神学的啓示によって得られるのではなく，自然的・哲学的認識，特に存在論と形而上学によって遂行されねばならない．さらに神学は歴史的啓示と伝統への反省としてコミュニケーションや歴史性についての理論を必要とするが，その理論は哲学的解釈学と歴史哲学なしには成り立たない．加えて神学は人間の救いや完成を語り，また人間に実践的行為を促すものとして，哲学的要素を含む人間論と倫理学の基礎づけを展開しなければならない．

このような哲学的思惟の摂取は，福音の光のもとでその限界が顧慮されなければ，確かに合理主義・人間中心主義・信仰のヘレニズム化のごとき神学を逸脱する結果をもたらす危険もある．他方，例えば神の自由や神の言葉の純粋性などのために自然的理性や神学における哲学をすべて拒否するならば（→弁証法神学），神学的思考を無反省的に何らかの哲学に基づいて形成されてきた予備理解や時代精神に任せてしまいそれに従わせるだけになる．それゆえ神学における哲学は，不断の反省契機として，あるいは未解明のものへの問いとして，自明と思われた諸前提と信念に絶対視された命題を創造的に破壊するとともに，事実をその意味と根源に向けて，個別的な事柄を現実全体の意味連関に位置づけつつ解明する．また哲学は，そのつどの時代精神をも表明するから，いまだ信仰をもたぬ人々に対して信仰の意味を理解可能な形で説くことによって，世界へと福音を宣べ伝えるキリスト教の使命に寄与する（1 ペト 3: 15 参照）．

〔哲学における神学〕人間の自然的自己意識と存在理解が信仰の受容を可能にするものとしてそれに先立っているように，哲学は神学に対して基本的に自立しているが，それに向かって開かれている．なぜなら，存在そのものと人間存在は共にその無制限性のゆえに反省的意識にとって全面的には包含不可能であり，そのため哲学は完全な体系化に至らず，かえって自己批判的に人間の無知を意識しつつ，つねにより広い問題意識に対して開かれていなければならないからである．その際，人間の存在意識と自己認識は顕在的神認識にまで深まることが実際に可能であり，それゆえ，ア・プリオリに哲学を限界づけることはできない．そのうえ，哲学的思惟が精神そのものに固有な無限への開きにあずかるから，神学的にみれば，哲学者も事実上の救済の秩序のなかにあり，信仰を授ける恩恵の光を自然的理性から反省的に区別することはなくとも，その思惟においてはすでにこの恩恵の光によって照らされている．さらに哲学的思惟は，自らの歴史性を知り，教理神学についての知識を参考にしながら，人間存在に関する根本的問いを哲学的に発見し展開しうると同時に，その問い（例えば人生の究極的意義についての問い）は哲学のみで充分に答えられないということを認めることにより，理解のなかに信仰を問題とする場を開くことができる．西洋哲学史が現在に至るまで示しているように，哲学者は信仰と神学のうちに，問題・理念・仮定として哲学的思惟を刺激し導きうる多くの主題をみいだしてきた．哲学に対する神学の実りの多い影響は現代までも，神認識と神のペルソナ性の問題において，あるいは道徳法則の基礎づけとその展開において，世界の偶然性と創造の認識において，自由・愛・人格性についての理解において，人間の対話性と歴史性への洞察等において事実上認められるのである．

【文献】HWP 3: 646-55; NHthG 4: 283-95; RGG³ 6: 782-830; TRE 13: 365-84; P. ティリッヒ『神の存在論的探究』土居真俊訳, 宗教思想選書 1 (1961 理想社): P. TILLICH, *Biblische Religion und die Frage nach dem Sein* (Stuttgart 1956); K. ヤスパース『啓示に面しての哲学的信仰』重田英世訳 (創文社 1986): K. JASPERS, *Der philosophische Glaube angesichts der Offenbarung* (München 1962); M. BLONDEL, *La philosophie et l'esprit chrétien* (Paris 1946); ID, *Exigences philosophiques du christianisme* (Paris 1950); A. BRUNNER, *Glaube und Erkenntnis* (München 1951); A. MARC, *Raison philosophique et religion révélée* (Bruges 1955); J. RATZINGER, *Der Gott des Glaubens und der Gott der Philosophen* (München 1960); H. FRIES, *Glauben – wissen* (Berlin 1960); C. TRESMONTANT, *La métaphysique du christianisme et la naissance de la philosophie chrétienne* (Paris 1961); J. DANIÉLOU, *Message évangélique et culture hellénistique aux IIe et IIIe siècles* (Tournai 1961); E. GILSON, *The Philosopher and Theology* (New York 1962); G. SÖHNGEN, *Philosophische Einübung in die Theologie* (Freiburg 1964); A. H. ARMSTRONG, R. A. MARKUS, *Christian Faith and Greek Philosophy* (New York 1964); B. WELTE, *Heilsverständnis* (Freiburg 1966); E. SIMONS, K. HECKER, *Theologisches Verstehen* (Düsseldorf 1969); J. MÖLLER, *Glauben und Denken im*

Widerspruch? (München 1969); E. BISER, *Gott verstehen* (München 1971); G. SAUTER, ed., *Theologie als Wissenschaft* (München 1971); W. PANNENBERG, *Wissenschaftstheorie und Theologie* (Frankfurt 1973); G. SAUTER, ET AL., *Wissenschaftstheoretische Kritik der Theologie* (München 1973); J. A. MARTIN, *Philosophische Sprachprüfung der Theologie* (München 1974); B. CASPER, *Sprache und Theologie* (Freiburg 1975); R. SCHAEFFLER, *Glaubensreflexion und Wissenschaftslehre* (Freiburg 1980); ID., *Die Wechselbeziehungen zwischen Philosophie und katholischer Theologie* (Darmstadt 1980); K. KIENZLER, *Glauben und Denken bei Anselm von Canterbury* (Freiburg 1981); F. VON KUTSCHERA, *Vernunft und Glaube* (Berlin 1991).

(K. リーゼンフーバー)

しんがくのはしため　神学の侍女　〔ラ〕ancilla theologiae　神学に仕える学問としての哲学を指す表現．キリスト教が自らとは異なる高度に完成された独自の合理的世界観と出会うとき，信仰者は，自立的な理性認識を自らのものでもありうるような可能性として意識することになる．「神学の侍女」という言葉は，西洋中世がこの問題に対して与えた答えを象徴するもので，自然的理性とそれに基づく学，とりわけその頂点としての*哲学を，*信仰に基づく知としての*神学に服従し奉仕すべきものとしてキリスト教的世界観のなかに位置づけるという態度が，そこに示されている．

ただし，そのような位置づけを行うとしても，その際には，自然的理性にそれ自身の権限内において独自な自立性を認めうるか否かということに関して，言い換えれば理性的学はなるべく無力化したうえで服従させるべきなのか（例えば，*ペトルス・ダミアニ），それとも積極的に強化して奉仕させるべきなのか（例えば，*トマス・アクィナス）ということに関して，いまだ深刻な対立が残る．これは西洋中世の思想史を貫く根本問題の一つであり，「神学の侍女」という表現もそれぞれの立場によって全く異なった意味を与えられているということに注意しなければならない．

【文献】PETRUS DAMIANI, *De omnipotentia divina*, c. 6; THOMAS AQUINAS, *Expositio super Librum Boethii De Trinitate*, 2, 3.

(矢玉俊彦)

しんがっこう　神学校　〔ラ〕seminarium, 〔英〕seminary, 〔独〕Priesterseminar, 〔仏〕séminaire　司祭志願者の養成を目的に司教によって設置された寄宿舎つきの学校．

【古代・中世】古代教会では，司祭志願者を養成するために設立された学校は存在しなかった．中世初期になると，多くの場所で*司教座聖堂付属学校が開設され，*司祭職を目指す青少年たちはそこで基礎的な*司祭養成を受けることができた．さらに，*ベネディクト会をはじめ，諸修道会が修道院のなかで司祭になる会員の霊的・学問的養成を行った．*大学が誕生するにつれて司教座聖堂付属学校は衰え，司祭職を目指す多くの者は大学で学ぶようになった．しかし，大学で学問は授けられたものの，学生の倫理的・人間的教育は不充分であった．さらに，司祭職を目指す大多数の人は大学に入らず，ごく簡単な学習を済ませるだけで司祭となった．その結果，中世盛期・末期では，充分な養成を受けなかった無知の司祭が多く，司祭養成の改革の必要性が痛感された．

【トリエント公会議とその後】*宗教改革によって引き起こされた危機に応えカトリック教会の刷新を目指して開かれた*トリエント公会議は，1563年の第23会期で発布した改革教令のなかで，司祭志願者のため各教区で神学校を設立するように命じた．教令の作成にあたって参考にされたのは，枢機卿*ポールがイングランドの教会の改革のため1556年に出した教令である．司祭志願者養成の学校を指す名称として公会議の教令が初めて用いた seminarium（苗床の意）という語は，公会議後しだいに一般化し，今日まで用いられている．同教令の規定により，さまざまな*聖職禄の受領者は神学校の費用を提供するよう義務づけられた．神学校の経営責任者は*司教である．満12歳の少年たちの入学が許され，学校は寄宿舎でもあり，生徒たちは，人格陶冶，信仰生活の養成，学習，司教座大聖堂での典礼奉仕などによって，全人教育を受けることになっていた．貧しい家庭の子どもは無償で教育を受け，豊かな家庭の子どもは実費を払うという条件で入学を許された．一つの*司祭区が神学校を設立する力をもっていない場合，幾つかの教区が協力して神学校を設立することになっていた．

公会議のこの決定は当を得たものであったが，その実施にはかなりの時間がかかった．*ローマでは1565年に神学校が創立され，ミラノの大司教*カルロ・ボロメオは，多数の信徒を抱える司教区のために5校の神学校を創立して，優れた模範を示した．公会議の教令の発布以前の1552年に*イグナティウス・デ・ロヨラによってローマに設立された*コレギウム・ゲルマニクムをはじめ，世界中で設置された多くの*イエズス会学院も，司祭養成の分野で大きな業績を上げた．日本でも*イエズス会によってキリシタン時代に*セミナリヨが開設され，多くの困難に直面しながら司祭養成を続けたことはよく知られている．

トリエント公会議の決定を実施するのにフランスで大きな業績を上げたのは，*ヴァンサン・ド・ポール，*オリエ，*ジャン・ユードの3人である．ヴァンサンは1635年に神学校を設立し，彼が創立した*ヴィンセンシオの宣教会の会員によって経営される神学校がフランスをはじめ，世界の多くの国々に開設された．オリエは1642年にパリのサン・シュルピス聖堂のそばに神学校を創立し，以来，*聖スルピス会の司祭たちによって経営される神学校も世界各国に設立され，今も活動を続けている．ユードは1663年に神学校を作り，彼が創立したイエス・マリア会（*ユード修道会）も神学校教育に大いに貢献している．

フランス革命とナポレオン戦争の結果，多くの神学校が閉鎖されたが，19世紀から20世紀にかけて世界中で多くの神学校が設立され，教会法の規定に従ってすべての司祭志願者は現在，神学校で養成を受けている．学生の年齢に従って，12-18歳の少年を育てる学校は，「小神学校」（〔ラ〕seminarium minus）と呼ばれ，19歳以上の青年を育てる学校は，「大神学校」（seminarium maius）と呼ばれている．20世紀には，宣教地に多くの神学校が設立された．*ベネディクトゥス15世と*ピウス11世が現地人の司祭養成の必要性を強調する回勅を出してから，これらの神学校の数は著しく増大し，それらを経済的に支援するため，全教会的な組織として使徒聖ペトロ事業（Opus Sancti Petri Apostoli）が作られ，すべての国の信者から寄付を集めている．

【第2ヴァティカン公会議とその後】現代化を目指した

しんがっこうえんじょしまいかい

　第2*ヴァティカン公会議は,『司祭養成教令』を発布して神学校を改革するための規定を定めた. 従来の神学校教育への批判, すなわち, 学生たちが若いときから社会から遊離した環境で育てられ, 多くの規則に縛られる結果, 学生の自主性が育たないという非難に対して, 同教令は神学生が人々と対話し, 愛をもって人々のさまざまな状況に応えることを学び(19項), 学校の規律が学生の年齢に応じて適用され, 学生が徐々に自分の判断によって行動することを学び, 自由を賢明に用い, 自発的に行動し, 司祭や信徒と協力して働く習慣を身につけるようにすることを命じている(11項). 神学校の必要性と目的については, 大神学校は学生が師, 祭司, 牧者である主イエス・キリストの模範に従った, 人々の真の霊的牧者となることを目的とし, 彼らを言葉の奉仕者, 礼拝と聖化の奉仕者, すべての人のしもべとなって多くの人を得る牧者として養成すべきであると述べている(4項). したがって神学校での養成は共同生活の形で, 霊的生活, 学習, 司牧訓練という三つの分野にまたがって行われている.

　公会議後, 教皇庁教育省が1970年に発布した「司祭養成の基本指針」によって, 公会議の方針が一層詳しく述べられ, さらに各国の司教団が定めた指針によって, 司祭養成は各国の状況にふさわしいものとなっている.

　日本では2002(平成14)年現在, 東京カトリック神学院と福岡サン・スルピス大神学院という2校の大神学校が*教区司祭の養成にあたっている(→日本におけるカトリック教会:神学校).

【文献】NCE 13: 70-75; J. A. O'DONOHOE, *Tridentine Seminary Legislation* (Louvain 1957); *Status Seminariorum indigenarum quae a Pontifico Opere a S. Petro Apostolo subsidia recipiunt* (Roma 1961-); SACRA CONGREGATIO PRO EDUCATIONE CATHOLICA, "Ratio fundamentalis institutionis sacerdotalis," AAS 62 (1970) 321-84.　　　　　　　　(P. ネメシェギ)

しんがっこうえんじょしまいかい　**神学校援助姉妹会**　福岡司教区所属の*在俗会. 1941年(昭和16)に, 第3代教区長*深堀仙右衛門によって設立された. 主キリストに全生涯を捧げ, 主に司祭養成機関である小神学校(→神学校)で炊事や洗濯等の奉仕をし, また*教区司祭の要望に応じて保育等の教区内の施設の援助に従事する. 会員は有期の私誓願を立てる. 2001年現在, 会員数2名.　　　　　　　　(松井忠之)

シンガポール　正式国名:シンガポール共和国, [英] Republic of Singapore. 面積: 618 km². 人口: 356万7,000人(2000年現在). 言語:マレー語(国語), 北京語, 英語, タミル語(以上公用語). 宗教:中国系(64%)は仏教, 道教, マレー系(12%)はイスラム教.

【近代史】シンガポールの教会は, おおむねシンガポール国家とともに発展してきた. シンガポールの近代史は, 1819年東インド会社のラッフルズ(Stanford Raffles, 1781-1826)がここに貿易の地点を設立したときに始まる. 5年後, ジョホール(Johore)の君主は, シンガポールを会社へ永久譲渡した. 1826年シンガポールは, *マラッカとピナン(Pinang)とともにイギリス海峡植民地となり1867年にはマラッカ海峡における戦略的位置のために, イギリスの直轄植民地になった. 2年後スエズ運河が開通すると, バタビア(現*ジャカルタ)に代わって, シンガポールの戦略的重要性が高まった.

　その後約100年間, シンガポールは英国の植民地として着実に発展した. その間, 1942-45年には日本がシンガポールを占領し, 昭南島と呼んだ. 第2次世界大戦後, 植民地支配に対する国民運動が起こるなかで, マラヤ諸州と海峡植民地はマラヤ連邦として独立し, 1963年シンガポールはマラヤ連邦と合併, この連邦には英領北ボルネオも含まれていた. しかし1965年, シンガポールは連邦から脱退して完全な独立国になった.

　シンガポールは国家の発展の要素を国外に求め, 独立後の23年間で, 商業, 金融業, 電子・化学工業, 情報産業の一大拠点となった. なかでも驚くべきなのは, シンガポールが諸民族, 諸言語, 諸宗教, 諸文化を一体化した国家へと成長した点である. もう一つの特色は, 人口の80%が政府の持家制度を利用していることである. カトリック教会は, 多民族からなる信徒, 学校教育, 社会福祉によって, このような「進歩の奇跡」といわれる国家の発展の恩恵に浴している.

【キリスト教の歴史】[複雑な宣教事情]植民地支配終了後も外国人宣教師や司教の影響力は残存し, シンガポールは1981年まで*マカオの司教の*裁治権のもとに置かれた. 宣教国におけるこのような教会組織の複雑化は, 1494年以来のものである. スペインとポルトガルが南北アメリカ, 東インド諸島に進出した際, 教皇は, 東経50度から130度までの東側の宣教をポルトガルに, 西側の宣教をスペインに任せた(*トルデシリャス条約). その後, この教皇子午線の確認・修正が行われ, *ゴアの大司教がインド, 東インド諸島, 日本をその管轄下に置いた. 教皇庁はポルトガルの影響力を制限し, 現地人聖職者の養成を奨励するために*代牧と*教皇特使を任命し, その結果, 宣教国では信徒と司祭が教区昇格に充分な数に達した. 当時, 極東の代牧は*パリ外国宣教会の会員で, 同宣教会は1665年にシャムに神学校を創立, 1807年その神学校をピナンに移した.

　1558年最初のマラッカ司教区が創立され, ゴアの大司教の管轄下に入った. マラッカ司教区には, マレー半島全体が含まれていた. 当時シンガポールにはほとんど人が住んでおらず, 海賊や漁師の一時的な避難所にすぎなかったが, ラッフルズがシンガポールを手に入れた直後から, マレー半島, 近くのリオー諸島, そして特に中国から多数が移住してきた.

　1821年, パリ外国宣教会員*ロラン・ジョゼフ・マリー・アンベールはシンガポールに1週間滞在し, 惨めな生活を送る12-13人のポルトガル人カトリック信者がいることを代牧に報告した. これを受けて, エ・マイア(Francisco da Siiva Pinto e Maia)がマカオから到着し, 現在聖アントニオス修道院がある地に教会と家を建て, 約200人のカトリック信者に奉仕した. 25年間働いたあと, 彼は亡くなり, シンガポールに葬られた.

　1827年教皇*レオ12世がシンガポールをシャム代牧区に編入したため, 次の50年間ポルトガル人とフランス人の聖職者たちがシンガポールのカトリック信者の司牧の権利を争うことになった. 教皇庁は宣教師の不足を考え, 双方が共に働くように決定したが, 両者の争いは続いた. 1832年, 総督は約500人のカトリック信者のために教会を建てることを認め, ポルトガルとフランスの聖職者たちは建築資金を募り, 1846年に後の司教座聖堂が完成, シンガポール初のカトリック学校も付設された.

[自立した教会へ]1839年パリ外国宣教会のブーレル(J. M. Beurel)が到着し, 教会と学校の建設を精力的に

進めた．彼は30年間働き，今日「シンガポール・カトリック教会の創立者」と呼ばれている．ブーレルはまた*ラ・サール会，*幼きイエズス修道会を招き，1852年にはそれぞれの会が運営する学校が建てられた．1841年に設立されたマラッカ・シンガポール代牧区から1888年に分離したマラッカ司教区は当初，フランス領インドのポンディシェリ（Pondicherry）大司教区の管轄下にあったが，1953年にマラッカ・シンガポール大司教区が設立されると，その属司教区となり，クアラルンプール（Kuala Lumpur）とピナンにマラッカとシンガポールそれぞれ司教座が置かれた．しかし，マレーシアとシンガポールが一つの大司教区になっていることは実情に合っていなかったため，1972年にマラッカ・ジョホール司教区がクアラルンプール大司教の管轄下に作られ，シンガポールは教皇庁直属の大司教区となった．1977年以後，司教，大司教は現地人司祭から選ばれるようになった．

〔自国の文化への寄与〕シンガポールを訪ねると，東洋と西洋が混合していることに気がつく．英語，中国語，マレー語，タミール語が公用語になっているが，第2国語として母国語が必修になっている．教会用語はほとんど英語であるが，中国語，タミール語，その他の言語も会衆の必要に応じて使われている．シンガポールの政治的安定は，民族と文化の多様性を認めたところに成り立っている．100年以上の間，*聖公会，カトリック，*メソジスト教会が運営する学校がキリスト教信仰とその実践を通じて，人権平等を促進してきた．歴史的背景からみてもこれらの学校は，非キリスト教徒からの大きな期待も集めてきた．

修道女，修道士，また多くの信徒が教育や貧しい人々や老人，病人や身体障害者，また困難な問題を抱えた青少年のために働いている．1988年の統計では，研修期間中の教師と看護婦の40％，また大学の教員養成と看護婦養成課程に在学する学生の40％がキリスト者である．カトリック信者と他のキリスト教徒との割合は約4対5である．

シンガポールのキリスト教各派は，学校教育の諸問題についての政府の対応，*エキュメニズム促進のための努力，カリスマ運動における共同の祈りなどの面で相互に協力している．カトリック信者も他宗教との対話を進め，社会生活における信頼関係と正義実現，人種間・宗教間の調和を促している．教会も，教会外の人々にカトリック信仰とその実践を説き明かそうとあらゆる努力をしているが，彼らの良心を尊重しており，一方的に改宗を説くことはしていない．

〔カトリック教会の現況〕シンガポールの司祭の半数と修道者の90％はアジア人である．教区司祭のほかに，*レデンプトール会，*イエズス会，*フランシスコ会等の修道司祭がいる．他の宣教国と比べて，シンガポールには司祭，修道者の数が多く，主日，祝日，祭日の典礼への参加率も高い．*カリスマ刷新，*日曜学校，成人への*宗教教育などの活動も盛んである．

しかし，司祭，修道者への召命の減少，カトリック学校に聖職者の教師がほとんどおらず，宗教を教える教師が少ないなど，問題もある．カトリックの子どもの51％はカトリック学校に通っていない．このような状況下，若いカトリック信者は魅力あるほかのキリスト教会に引かれていくこともある．

司祭，修道者，信徒は一致協力して家庭集会，信徒指導者の育成，青少年問題，エキュメニズム，社会正義の促進などのために働いている．また，学校での宗教・道徳教育を重視する政府が援助する道徳教育計画において，カトリック司祭は指導的立場にある．政府の人口抑制策も過去のものとなり，カトリック信者個人に対しても，組織としてのカトリック教会に対するのと同様に高い評価が与えられるようになっている．

【現勢】2000年現在，カトリック信者数：14万7,000．大司教区：1．小教区：30．教区司祭：76．修道司祭：64．信徒修道士：54．修道女：248．

【文献】世キ百442-46; WCE 613-16; C. B. BUCKLEY, *Anecdotal History of Old Times in Singapore*, 2 v. (1902; Kuala Lumpur 1965); N. MAKEPEACE, *One Hundred Years of Singapore* (London 1921); M. TEIXEIRA, *The Portuguese Missions in Malacca and Singapore*, 3 v. (Lisbon 1961-63); F. G. LEE, *The Catholic Church in Malaya* (Singapore 1963). (P. ロー)

しんカルヴァンしゅぎ 新カルヴァン主義 → ネオ・カルヴィニズム

しんカルケドンしゅぎ 新カルケドン主義 〔英〕Neo-Calcedonianism, 〔独〕Neuchalkedonismus, 〔仏〕néochalcédonisme　1940年代以来の名称で，*カルケドン信条とアレクサンドリアの*キュリロスの*キリスト論とを調停する6世紀の試みを指す．*カルケドン公会議後もなお*ヒュポスタシスは本性（〔ギ〕physis）の「具体的な現れ」の意味で通用していたので，「二つの本性」は*ネストリオス派の異端の疑いを招きがちであった．ダマスコの*ヨアンネスによれば，本性は誕生以来のあらゆる生命活動の総体であり，ヒュポスタシスはそれを担う究極的現実ひいては主体であり，キリストの場合，*先在のロゴスにほかならない．さらにネストリオス主義と*アポリナリオス派の主張の誤解を退けるため，「一つの本性」と「二つの本性」の同時使用を進言し，これが厳格な新カルケドン主義の特徴となる．

穏健な新カルケドン主義はあくまでもカルケドン信条の排他的妥当性を主張しつつ，先在のロゴスこそキリストの究極的主体であるとの説明を試みた．エルサレムの*レオンティオスによればロゴスは自分のために人間的本性を創造し，そのヒュポスタシスとなる．それゆえ，キリストの人間的本性は自らヒュポスタシスをもたず，もっぱら先在のロゴスのうちに実在する．

551年の信仰令（Homologia）において，皇帝*ユスティニアヌス1世はレオンティオスより明確にヒュポスタシスを他によらず自らによって実在する自存者と定義し，かつロゴスにおける両性の結合はただ*受肉の結果ではなく，まさしくロゴスの継続的創造行為であると力説した．同教令の要点は第2*コンスタンティノポリス公会議により教理化された．

【文献】Chalkedon 1: 666-96; LThK² 2: 1009; P. ALLEN, "Neo-Chalcedonism and the Patriarchs of the Late Sixth Century," Byz. 50 (1980) 5-17; P. T. R. GRAY, "Neo-Chalcedonianism and the Tradition from Patristic to Byzantine Theology," *Byzantinische Forschungen*, 8 (1982) 61-70; A. BAXTER, "Chalcedon and the Subject in Christ," DR 107 (1989) 1-21; A. GRILLMEIER, *Jesus Christus im Glauben der Kirche*, 2/2 (Freiburg 1989) 48-82, 286-328, 344-54, 450-59, 467-84.

(H. J. マルクス)

しんかろん　進化論　〔英〕evolutionism, 〔独〕Evolu-

しんかろん

tionismus, 〔仏〕évolutionnisme　天地の *創造の日から種は不変であるとする特殊創造説（〔英〕creationism）に対し，種は変化し現在の形態に至ったとする自然観．

【進化論とキリスト教の対立】進化論は *ダーウィンの『種の起源』の出版以来，長期間にわたり西ヨーロッパとアメリカでキリスト教諸派から強い反対を受けてきた．実際，現代でも，進化論とキリスト教の世界観が相容れないものであると考える人は少なくない．

しかし今日では，多数の自然科学者およびカトリック神学者の大部分は，進化論とキリスト教的人間論の間には何ら矛盾がないとみなしている．むしろ，進化論と *キリスト教哲学は，生命観と人間観について相補う二つの立場を示すものと考えられている．*テイヤール・ド・シャルダンをはじめ多くの学者は，進化論が神による創造の理解を一層深めるものであると述べた．

進化論について述べる場合，この用語が異なった三つの意味で用いられることに注意する必要がある．まず第一に進化の根拠となる客観的事実を示すために自然科学者が用いる場合．これは，例えば，*生命の歴史を示す化石記録，あるいは比較生態学，比較発生学，動物地理学から得られる知見を意味する．この観点からは，特に化石から得られた知見をもとに，現存する動物のすべての種が少数の下等な生物を祖先として生じたことを生物学者は，一般に認めている．この事実はダーウィン以後の発見すべてが裏づけるもので，進化論という学説ではなく，進化学という名称で，この分野の研究を示すことが妥当といえよう．

第二に，進化論という用語が，進化を生じる生物学的要因についての学説を意味する場合．その学説の一つは，自然淘汰の概念と遺伝のメカニズムを根拠にしたネオ・ダーウィニズムであり，現在，生命体系を最もよく説明するものとして生物学者に広く受け入れられている．しかし，最近では，自然淘汰が進化で重要な役割を果たしたことを認めながらもネオ・ダーウィニズムが進化現象のすべてを説明するものではないと考える生物学者も多い．この第二の意味では，進化論を進化要因論と呼ぶのが妥当であると考えられる．

第三に，進化論が進化のある哲学的解釈として用いられる場合．特に19世紀後半に目立ったもので，ドイツの発生学者 *ヘッケルやイギリスの哲学者 H. *スペンサーのように進化論を自らの *唯物論あるいは無神論的世界観の重要な構成要素として用いた場合などである．このような解釈からダーウィンの意図とは違って，進化論は唯物論的，あるいは無神論的世界観や人間観に結びつくものと人々の目には映ったのである（→ 社会進化論）．

進化論が生まれた当時の知的状況をみれば，長い間カトリック教会がその学説に対し非常に慎重な態度を取り続けたことをある程度まで理解できるであろう．1949年になって初めて，教皇 *ピウス12世が回勅 *『フマニ・ジェネリス』において，公に進化と *神学の関係の研究を奨励することになる．

以下，キリスト教哲学と神学で，進化に関する自然科学的知見とネオ・ダーウィニズムをどのようにみているのか，また進化の研究がキリスト教哲学と神学にどのような影響を与えたかに論点を絞って述べる．

【進化と創造】キリスト教と進化論が対立した主要な原因の一つは，一般に創世記（1-3章）の天地創造の描写にあると思われている．確かに，創世記の述べる *宇宙・生命の「誕生」と古生物学のデータに基づくそれとは非常に異なったものである．創世記は宇宙と生命が6日間で *神により創造されたことを記し，他方，自然科学は地上の生命の歴史でさえ数億年もの長さであると述べる．また創世記で神は，すべての動物の種を現存する種の形態そのままに創造するのに対し，進化論は，下等な動物の種から高等な種が進化して生じたことを示す．進化論では現存のあらゆる生物が人間も含め，系統上つながっているのである．

このように，創世記冒頭の創造物語の *字義通りの意味が，生物進化に関する科学的データと両立しえないことは明らかである．しかし，カトリック神学が，創世記を字義通りに解釈するという態度を認めていない点に注目すべきである．

すでに4世紀，北アフリカの司教 *アウグスティヌスは，なぜ創世記を字義通りに解釈すべきでないかについて論じている．また，カトリック教会最大の神学者 *トマス・アクィナスも同様に述べている．

創世記を字義通りに解釈しようとする傾向が盛んになり始めたのは *宗教改革以後で，プロテスタントが聖書のみに権威を認めようとする態度（*ソーラ・スクリプトゥーラ）をとったことから出てきたものと考えられる．おそらく，プロテスタントの字義通りに解釈しようとする態度は，神の言葉に対する深い尊敬に根ざしたものであろう．しかし，この解釈は創世記がどのような書物であるかを誤解させることにもなった．もし，字義通りの解釈に従うならば，創世記の著者の意図を全く見逃すことになる．創世記の著者が歴史的にも科学的にも地上における生命の起源を描こうとしなかったのは明らかだからである．カトリック聖書学者は，かなり以前から創世記の最初の11章の特徴を指摘してきたが，例えば *教皇庁立聖書委員会からの書簡では，「それほど発達していない文化を有する民族の理解力に応じた，単純で比喩的な言葉で，救済のために必要とされる根本的真実を語っている」と述べられている．創造物語では，神と *人間との関係や，人間にとっての宇宙と生命のもつ意味が，根本の重要事項として語られている．ここで注目すべきことは，イスラエル近隣の中近東諸民族が天体や動物を神聖視し崇拝の対象としていたのに対し，創世記はイスラエル民族にそのような崇拝を禁じ，天地万物は神によって造られたもので，それらは人間に仕えるため，また人間がそれらの支配を神から委ねられたと教えている点である．すなわち創世記は，人間が天地万物の創造者である神だけを礼拝し，自分たちに託された楽園を耕し，神以外のものに決してひざまずいてはならないと述べるのである．このようなイスラエル民族独自の *被造物としての自然観を，西洋における自然科学と技術文明の重要な源泉の一つと考える科学史家もいる．

以上述べた点から，創世記と自然科学それぞれの生命に関する見方がどのような点で異なっているかは明らかである．自然科学は，生命の進化を歴史的に跡づけることを目的とし，また生命の起源とその進化の能動因を探究する．しかし，自然科学は進化の意味については我々に何も教えない．一方，創世記の重要な目的の一つは生命の意味について語ることなのである．自然科学と聖書とは全く異なる質問に答えようとしているといえる．前者は，生命がどのように始まり，動植物の種が現在の形態に至るまでにどのようなメカニズムが働いたのかと問い，後者は，人間にとって自然の意味は何か，人生の目的とは何かを問う．したがって，一方の問いに対する答えは，他方の答えとはならないのである．この点が了解

されるなら，自然科学的説明が神学的説明に取って代わるものではないこと，また宗教の *啓示が自然科学の質問に答えられないことが明らかとなろう．さらに，創世記の動物および人間の創造に関する教えが，生命の歴史と人間の起源に関する自然科学の発見によって否定されたわけではないということも明らかである．

創世記の教え以外にキリスト教思想家が進化論を認めることを躊躇した理由としては，当時の人々がもっていた世界像とかなり異なる世界像を進化論が提示した点をあげることができる．すでに *コペルニクスと *ガリレイの示した *太陽中心説に基づく宇宙観は，ヘブライ人や他の古代民族，またキリスト教に先立つギリシア・ローマ人たちの抱いていた地球を中心とする宇宙像とはかなり異なるものであった．ガリレイの例が示すように，神学者にとっても，ある文化的背景のなかで聖書の筆者が記したイメージと，その宗教の教理の根本的内容とを区別することは容易ではない．コペルニクスの地動説が示した新しい空間像に神学者が慣れるには時間が必要だったのである．進化論も同様である．

しかし，実際には進化論の示す生命の起源と進化についての見解は，幾つかの点においてギリシアの古典的世界観よりも聖書の世界観や人間観に近いともいえる．例えば，聖書においては，神の *救いの計画が，人類の歴史，*イスラエルの歴史のなかで展開していく．このような歴史は一回性のものであり，したがって聖書のなかにみられる時間は，直線的，不可逆的なものである．同様に，生命の進化も一回性のもので繰り返されないものである．他方，ギリシア思想では，時間は回帰的なものとされ，その考え方は他の文化圏でも多くみられる．*仏教の *輪廻の思想がその例である．

ヘブライ思想のもう一つの特徴は，時間を成長と成熟の要因とみることである．この考えも，生命が時間のなかで絶えず多様化と複雑化の道をたどってきたとする進化論の立場と一致する．それに対しギリシア思想は，*アリストテレスにみられるように，時間をもっぱら崩壊と消滅の要因と考えていた．

以上のことから進化論の示す世界観は，ギリシアの伝統的世界観よりむしろヘブライ人の世界観と調和しているといってよいであろう．歴史の捉え方，また時間の果たす役割についても同様である．

そこで，今日のキリスト教神学者は，進化論のこれらの考察を通して，ギリシア思想の宇宙論から影響を受けた神学にはみいだせなかった創造の新しい側面を発見することになる．例えば，神の創造は，持続的なプロセスとして捉えられ，二次原因という媒介を通し遂行されるとの理解である．しかし，中世においても優れた神学者には，これに近い直観がみられる．例えば，トマス・アクィナスは『対異教徒大全』で次のように書いている．「神のみ業をあらゆる細かな点に至るまで計画し秩序づけることは神にふさわしいことであるが，この計画の多くの道具の働きを通じて実現することも，また神にふさわしいことである．勢力ある王が，多くの従者に命令することによって自分の意志を行うのと同じように，神がさまざまな程度に完全性を備えた被造物の働きを用いることによって，自らの計画を実現するのは，適切なことである」(III, 77, 400)．トマスの直観に従って，今日の神学者は，遺伝や自然淘汰のなかに神の計画を行う従者を求める．このように進化の研究で発見されるものは，神の創造的計画なのである．

ただし，進化論の示す新しい世界像の限界を見逃してはならない．この世界に対する神の創造の内在性は強調されるが，創造の超越性という側面はそれほど注目されないからである．すなわち進化の考察は，第二原因としての自然法則の果たす役割を中心とするが，*第一原因である創造主の働きは全く考慮に入れないのである．

以上を要約すると，創造と進化が相容れない対立した概念と受け取られた，その誤解の原因は，(1) 創世記の字義通りの解釈（著者の真の意図の無視），(2) 多数の人人が進化論を唯物論哲学と結びつけて考えたこと，(3) 長期間キリスト教哲学に支配的であった世界像が変化を被ることになったことの3点にある．今日これらの原因はかなり解消されている．むしろ，ギリシア哲学の古典的世界像の影響を受けた創造のイメージより，聖書にみられるヘブライ人の思想を反映した創造のイメージが進化による創造の探究を助けているのである．

【自然淘汰と神の摂理】進化論が，キリスト教哲学に攻撃を加えるものと受け取られたもう一つの理由は，動植物にみられる適応を単なる自然淘汰の産物であるとするダーウィニズムの主張にあった．多くの哲学者や神学者は，これらの適応を創造における神の知恵の証しと解釈していた．そこで，少なからぬキリスト教徒が，ダーウィニズムのこの主張を，種の起源に関する創世記と進化論による説明の差異以上に，キリスト教哲学に対する大きな挑戦と受け取ったのである．

ヨーロッパの知識人の間で *無神論と *実証主義がますます浸透していた19世紀後半，いわゆる自然主義神学は，動物にみられる優れた適応を神の存在の強力な証拠とみなそうと考えていた．例えば，その適応は意図的計画を明確に示すものとして，*超越者の存在を前提すると考えたのである．

イギリスでは，このような内容をもつ *ペイリの著書が神学のカリキュラムで広く用いられていたし，またダーウィンは彼の著書を好んで読み，『種の起源』で動物の適応の適切な例を示すものとして肯定的に引用したのである．しかしながら，ダーウィンは，動物の適応についてペイリとは全く異なる解釈を示した．すなわち，その適応を超越者の業ではなく，自然淘汰の産物と考えたのである．ダーウィンにとって，そのような適応は，創造者の知恵に訴えずとも単に自然現象として生起すると充分に説明できるものだったのである．自然淘汰説は，偶然に生じた変異のうち，動植物の生存に有利なものが残り，また発達していき，遺伝によって（当時，遺伝のメカニズムはまだ明らかではなかったが）その有利な変異が蓄積し，動植物のみごとな適応が生じるとする説である．

創造主の知恵あるいは神の摂理に訴えることを避けたダーウィンの説が，無神論あるいは実証主義に歓迎されたことは当然といえよう．アメリカの *デューイは自然科学を *目的論の枷から解放し，「神の事物のなかから追放した」としてダーウィンを高く評価した．同様に多数の人々は，ダーウィンの自然淘汰説が，機械論的，唯物論的であり，自然の自足性と万能性を主張するものとみなしたのである．こうして，*ニュートンとラプラス (Pierre Simon Laplace, 1749-1827) が天体の運動を説明するのに用いた機械論システムは，ダーウィンに至って生命界の説明にまで拡張されることとなった．

自然淘汰と神の摂理の問題に関しても，創造の概念について検討した場合と同様，進化論とキリスト教哲学の間の対立はみかけほど大きなものではない．この場合，自然における目的性の問題を自然科学的立場による説明

しんかろん

と哲学的立場からの解釈とに明確に分けることで，その対立は取り除くことができる．動植物の適応を創造主の知恵によって説明することは，自然科学では意味をなさない．なぜなら，自然科学は実験あるいは観察によって検証できる仮説のみを認めることができるからである．他方，動物の適応が自然科学的に説明されたからといって，それだけで創造主の摂理を否定することはできない．この場合も，創造の場合と同様に，自然法則（偶然による突然変異と自然淘汰）が神の計画のなかで道具として用いられたと解釈できるからである．ただしこれは，あくまでも哲学的見方であり，科学的説明とは異なることを忘れてはならない．

このように，動物の適応の説明にあたり哲学と自然科学の領域を正しく区別すれば，さらに次のことが明らかとなる．それは，自然科学で説明すべき事実に，神の摂理を持ち出し，それを論拠に＊神の存在証明のような哲学的問題を論ずることは妥当性を欠くということである．自然現象がまだ科学的に充分説明し尽くせない場合，その間隙を埋めるために神の存在を持ち出そうとするのは，神の超越性についての理解が不充分だからである．

哲学的考察を経て神の存在を認めるに至った哲学者は，この世界を至高の知者による創造の結果とみるであろう．こうした理解に達した人にとって，動植物の形態と行動にみられる驚嘆すべき適応を創造主の知恵の現れとみることは困難ではない．すなわち，そのような目をもつ人は，宇宙のすべてのものがある目的性に貫かれていると考えるようになる．しかしこのような人こそ，神の摂理という哲学的概念が論理性をもっていても科学的説明のかわりにはならないことを最もよくわきまえているのである．哲学者，あるいは神秘家の視点は自然科学の研究を不用のものとするのではなく，むしろその研究を求めているといえる．

後の遺伝子研究によりさらに補強されたダーウィンの自然淘汰説がもつ利点は，自然における目的性の問題を，自然科学と哲学とそれぞれの立場から論ずるべきであることを明らかにした点にある．神の摂理の概念は自然淘汰説に置き換えられるものでも，またその逆でもないのである．

それぞれの生物にみられる適応を越えて，進化全体のなかに計画性を認めることができるかどうかという問題も，自然淘汰説を受け入れるか否かにより解決されるものではなく，哲学的問題として，哲学固有の領域において答えていくべきものである．

19世紀，自然主義神学の提唱者は，自然科学と哲学の領域を明確に区別しえなかったが，同様な混同が今日の進化論者にみられる場合がある．特に自然淘汰が言及される場合，そこにはすでに何らかの哲学的前提が含まれていることが多い．例えば，自然淘汰の対象となる生物における遺伝子の突然変異が無作為に生じることを述べつつ，言外に超越者による計画の存在を否定する意味合いが含まれることがある．これは，進化における計画性の場合と同様，明らかに自然科学の領域外についての判断を含むものであり，適切とはいえない．

【人間観】キリスト教哲学と進化論の間に交わされた論争の中心は，最初から人間観に関するものであったといっても過言ではない．創造の概念や自然淘汰と神の摂理の問題よりも，キリスト教の伝統的人間観こそが進化論によって問われていたのである．ダーウィンは『種の起源』のなかで人類の起源について直接語ることは慎重に控えていたが，進化論を受け入れた人は，当然の流れとして人類の祖先を動物の系統に求めるようになった．そのような見方は，多くの人々にとっては人間の尊厳を犯すものと感じられたのである．

しかし考えてみれば，人類が他の動物の系統（例えば類人猿）とどれだけ生物学的に離れているかに基づいて人間の尊厳を決めようとしても，そこには何の哲学的根拠もないのである．人間の尊厳の根拠は，生物学的種としての人類の起源に求めるべきものではなく，人間が神の永遠の生命に招かれており，自己の自由をもってそれに応答することのできる人格性を有するところに求めるべきであるとキリスト教哲学は考える．この点を見逃していたところに論争の原因があったともいえる．

ダーウィン自身にもこの誤解の原因はあった．彼の旅行記からわかるように彼自身も時代の子として，当時のヨーロッパ社会がもっていた偏見を免れることはできなかった．南米南端のフェゴ島の原住民に対する軽蔑がその一例で，見慣れない人種の真似をしようとする彼らの行動を類人猿の行動と比較したのである．そのような記述から人類の祖先がサルの系統に属すと考える人々が出たとしても不思議ではない．おそらく，フェゴ島の原住民を動物に近いものとみなすダーウィンの人間観は，多くのキリスト教徒に進化論をも拒絶させる一因となったのであろう．しかし彼のこのような偏見は進化論ではなく，当時のヨーロッパ人が抱いていた他民族に対する優越感によるものであった．

当時の人間観論争は，人間性をどう考えるかという哲学の問題というよりは，むしろ人類の誕生をどのように捉えるか，というものであった．陶工が器を形造るように創造主が人間の身体を造るという創世記の擬人的記述は，当然のことながら生物学的な人類の起源については何も教えてくれない．一方，人類の起源を説明しようとする進化論は，自然の力と法則が創造主の計画のなかに組み込まれていたかどうかについては何も語らない．生命の進化に関して前述したことが人類の起源についてもあてはまる．すなわち，多くの人々が進化論に脅威を感じたのは，聖書で用いられる象徴に満ちた文章を字義通りに解釈したためである．進化論に関するカトリック教会の公式文書としては最初の回勅『フマニ・ゲネリス』は，神学者と自然科学者がそれぞれの立場に立って，共同で研究を進め，人類の起源の理解を深めることにどのような貢献ができるかを検討するように指示している．そして，特に慎重な検討を要する二つの領域として回勅が指摘したのは，人間の精神的活動の起源に関する研究と人類の起源と＊原罪の神学とに関する研究である．

〔人間の精神的活動の起源〕人類の起源と進化を理解しようとするとき，キリスト教哲学は人間の生物学的側面と精神的側面を慎重に区別する．しかし＊スコラ哲学が強調するように，両側面を切り離して理解してはならない．その意味で，人間は動物の系統進化のなかにその根をもっているといえる．一方，人間の精神的活動は，人類が祖先とする動物から受け継いだ要素だけでは充分に説明できない何かを含んでいることも確かである．言語・技術・死者の埋葬などにみられる人類特有の行動は，人間性のなかに他の動物にはみられない活動の原理が存在することを示している．ギリシアの哲学者はこの原理を「プシケー」と名づけ，動物に還元できない人間の有する質的差異と考えた．またスコラ哲学は，この動物との非連続性を神の創造の特別な業とみなした．人類進化の科学的研究は主に連続性に焦点をあて，霊長類の系統

進化が示す脳の漸進的拡張を指摘する．また同じ頭脳化の傾向が初期人類からホモ・サピエンスの出現まで続いたことも示す．そこで，生物学的人類学は，人類の文化的・精神的活動が中枢神経系の漸進的拡張の結果生じたと考えるのである(→ 人類学)．

このように，キリスト教哲学と生物学は人類進化に関して異なった見解を示しているようにみえる．すなわち前者は非連続性を，後者は連続性を強調する．しかしさらに考察を進めるならば，人類進化についての異なった二つの見解は互いに排斥し合うものではなく，むしろ相互に補う立場にあることが明らかになる．というのは，精神的活動と脳の関係について考察する場合，脳の増大は精神的活動を生ずる十分条件であったのか，それとも脳の拡張はその活動を可能にする単なる必要条件にすぎなかったのかという問題が出てくるが，この問いに答える手段を自然科学はもっていない．これは哲学が取り組むべき課題なのである．

キリスト教哲学は，進化の研究が明らかにした動物から人間への現象的な連続性のより深い層に，存在論的な非連続性が横たわっているとみる．この非連続性の検証には哲学的な分析が必要であるが，初期人類の生態と行動を研究する考古学者も非連続性を示すと考えられるものを発見している．それは，東アフリカで200万年前の地層中から発見された人類最古の石器で，初期人類が他の霊長類のように世代を通じた遺伝的変化により適応していくのではなく，自ら創り出した技術とその伝達によって環境に適応していたことを示す証拠と考えられる．この最古の石器がはたして動物と人間の間の存在論的非連続性と関係するのかどうかについて，哲学も考古学も確かな答えを与えることはできない．しかし，人類の進化における脳の漸進的拡張が行動の面でも非連続性をもたらしたとする考古学の発見は，人類進化の連続性・非連続性の両面を研究することにより初めて人類の起源の正しい理解に到達できることを物語っている．

ここでもう一つの問題がキリスト教哲学に生じる．それは，人類の起源にみられる存在論的非連続性が，神からの特別な創造を必要とするものであるか，それとも生命の誕生と進化が時間において展開していくなかで，神の計画通り精神的活動を可能とする条件が整い人間の精神も現れることになったのか，という問題である．

この難問に対する答えについては，人間の新生児の誕生にあたって両親と神が共に働いているとみる神学の伝統的考えが，重要な示唆を与えるように思われる．この場合，神学は両親の側の生殖行為のみで精神をもつ新しい人間の誕生が可能であるとは考えない．しかし，トマス・アクィナスは，生物的条件が整えば精神的な生命の原理である魂も必然的に創造されるとみる．トマスは，現象的には父親と母親の生殖行為の結果であるが，存在論的には神の生命創造の行為に両親が協力し，その協力行為は精神としての魂を宿すに必要十分な条件を創り出すとみなすのである．同様な説明が人類の起源にもあてはまる．ここでは，両親のかわりに神によって創造された物質の特性が作用因(→ 動力因)になると考えればよいのである．

神学が人類の誕生に必要と考える神の「特別な創造」([英] special creation)は，生物としての人類の動物界における起源を否定するものではなく，むしろ人類が神の生命へ招かれていることを表現しようとするものである．すなわち，人類とともに生命世界に生じた精神活動のこれまでにみられない特質を強調する概念として，その言葉を理解することが最も妥当であると思われる．

以上を要約すると，新生児の誕生についての考察と同様に，人類誕生の神秘を考察する際にも人間の精神と身体の起源とを切り離して考えるべきではない．身体が両親あるいは進化によって造られ，精神は神のみから授かるかのように人間を捉える二元論的考えは，身体と精神の密接なつながりを強調するスコラ哲学に受け入れられるものではない．むしろ，人格全体が身体と精神の両面において，両親と進化の働きを通し神によって創造されると考えるべきである．すなわち，人類の起源を論ずるに際し区別が必要なのは身体と精神ではなく，第一原因である神と第二原因である自然との区別である．しかもその区別は，第一原因の働きは，第二原因の働きを通してしかみられないという仕方で特別なのである．ベルギーの神学者 *メルシュは次のように述べている．「新しい創造[人類の創造]は最初の創造[宇宙の創造]に含まれており，新しい創造は最初のものの完成にすぎない」．

〔人類の起源と原罪の神学〕人類の進化に関して，神学上留意すべきもう一つの点は多元説(人類多原発生説 polygenism)の問題である．この言葉は神学と人類学では異なった意味で使用されており，注意を要する．19世紀の人類学者のなかには，現生の人種は別々の動物種であり，それぞれが異なった動物種から生じたとする多原発生説を主張する者がいた．しかし，現代の人類学は現生の人類が皆同種のホモ・サピエンスに属しており，しかもその祖先も過去において一つの種だけに属していたと考える単一起源説(monogenism)の立場をとるので，多原発生説はもはや支持されなくなった．

カトリック神学が初めから人類学の多原発生説を否定したのは，生物学上の理由からではなく，あらゆる人間は神の子，神の似姿(→ 神の像)に造られた者としての尊厳を有しているからである．そのためにこそ人類学的多原説から生じた人種差別(白人に対する黒人やアボリジニー差別，ナチのユダヤ人排斥等)に対して，カトリック教会は倫理的に反対したのである．神学での多元説とは，神によって造られた人祖(アダムとエバ)は必ずしも一組の夫婦だけでなく，*アダムという名によって，より広い人類のグループを示すとする神学上の説を指す．聖書学者が指摘しているように，創世記のアダムという名は必ずしも一人だけを意味しない．他方，原罪に関するパウロの文章(ロマ 5: 12)は人祖が二人だけであったことを前提としていると考える神学者が少なくなかった．しかしながら，ローマ書におけるパウロの教えを全体的に把握するならば，根本主張は第二のアダムである *イエス・キリストが全人類の *救い主であるという教えである．この教えによると，狭い意味での神学的単一起源説は前提とされず，むしろ全人類が同じ種に属するという広い意味での人類学的単一起源説が前提とされているのは明らかである．現在の神学者はそれを多元説と呼んでいるのである．

【文献】村上陽一郎「生物進化論に対する日本の反応」『東京大学教養学部比較文化研究』5 (1960) 145-83; P. テイヤール・ド・シャルダン『現象としての人間』美田稔訳 (みすず書房 1961): P. TEILHARD DE CHARDIN, Le Phénomène Humain (Paris 1955); C. トレモンタン『ヘブル思想の特質』西村俊昭訳 (創文社 1963): C. TRESMONTANT, Essai sur la pensée hébraïque (Paris 1956); A. ファントリ「因果律と進化論」カ神 12 (1967) 388-400; 北原隆『人間とは何か』(どうぶつ社 1983); 八杉龍一『生命論と進化思想』(岩波書店 1984); 横山輝雄「進化

しんかん

論と社会』『進化思想と社会』講座進化2（東京大学出版会 1991) 55-96; A. G. SERTILLANGES, L'idée de création et ses retentissements en philosophie (Paris 1945); J. M. VOSTE, "Lettre de la Commission Biblique," Angelicum, 25 (1948) 164; J. DE FRAINE, The Bible and the Origin of Man (New York 1962); E. MERSCH, Le christ, l'homme et l'univers (Bruxelles 1962); K. RAHNER, Hominisation (London 1965); A. ALLAND, Human Nature: Darwin's View (New York 1985); J. DURANT, ed., Darwinism and Divinity (Oxford 1985). （北原隆）

しんかん　神感　→　霊感

しんカントがくは　新カント学派　〔独〕Neukantianismus　　J. G. *フィヒテ, *シェリングを経て*ヘーゲルで極まる*ドイツ観念論に代表される思弁哲学, およびそこに含まれていた*非合理主義, *ロマン主義等のもたらした行きすぎに対する反省に基づき, それに対抗して, 再び*カントに定位しつつ厳密な学としての*哲学を再興しようという共通の意識のもとに, 19世紀後半から20世紀初頭にかけて, 主にドイツを中心に繰り広げられた一連の哲学再編成の運動. もともと一般に学の厳密性の基礎づけを自己の課題としていたことから, カント哲学にみられた形而上学的志向は乏しいが, *社会学, *心理学, 法律学, 自然科学等, 経験諸科学への影響は多大である.

初期新カント派の運動はリープマン(Otto Liebmann, 1840-1912)の『カントとその亜流』, 特にそこに繰り返し現れる「カントに帰れ」という合言葉に始まるといわれる. 最盛期の新カント派は*コーエン, *ナトルプらを代表とするマールブルク学派と, *ヴィンデルバント, *リッケルト, *ラスクらを代表とする西南ドイツ学派に大別され, いずれの学派からも, 先駆者・後継者間の稀にみる密な継承・発展的連携によって, *認識論, 方法論, 価値論, *論理学, *倫理学, *美学における時代の学的要請に応じた独特で実り多い成果がもたらされた. 特にマールブルク学派は, コーエンに顕著なように, カントの三批判の区分を継承し, 独自に体系論を樹立しつつ, 『純粋理性批判』の分析論に定位し, 数学や自然科学に立脚した論理学を展開する一方, 自我を他我の上に基礎づける独特の倫理を提唱した. この倫理学は個人を共同体のなかに位置づけるナトルプの倫理学, 教育学へ発展する. 西南ドイツ学派は, 一般に, カントの妥当性概念を継承・発展させた独特の価値論によって特徴づけられる. ヴィンデルバントは, 哲学は普遍妥当的な価値に関する批判的学問でありかつ規範的学問である, とする*価値哲学を展開した. 彼によれば, カントの上の三区分に従って, 論理的価値である「真」, 倫理的価値である「善」, 美的価値である「美」に分類される. これを受けて, リッケルトは哲学の課題を, 超時間的価値の領域の探求と定める一方, 現実と価値の領域の間に「意味像」の領域を求める. そのほか, この学派において顕著なのは, ヴィンデルバントが普遍的法則を求める自然科学と個別的事実を重んじる文化科学を区別したのを発展させて, リッケルトが特に後者の学的・方法論的特異性を際立たせたことである.

後期新カント派は最盛期の新カント派を踏まえつつ, 哲学上のほかの学派(*現象学など)や新しい経験諸科学(*アインシュタインの相対性理論など)の影響のもとに独自で自由な, 場合によっては再び形而上学あるいは*存在論を志向する体系的哲学を展開した. N. *ハルトマンはマールブルク学派から出て, この学派および一般に新カント派が避けたカントの「物自体」概念を積極的に前提した客観的存在論を樹立, 同じくマールブルク学派から出た*カッシーラーは宗教や神話を含めて人間のあらゆる精神的営みを*象徴という概念で捉え,「象徴形式の哲学」を樹立した. そのほか, 新カント派の一角を占めるものとして, 今日の国際カント協会の創設者でいわゆる虚構主義の*ファイヒンガー, カントの影響のもとに独自の感覚心理学的認識論を展開し, エネルギー保存則を確立した物理学者ヘルムホルツ(Hermann von Helmholtz, 1821-94), 実証的・批判的実在論のリール(Alois Riehl, 1844-1924), *精神科学の認識論を打ち出した*ディルタイ, いわゆる純粋法学の提唱者*ケルゼンらがあげられる. 我が国では, 西洋哲学の受容期が新カント派の隆盛期と重複するため, その影響は大きく, 新カント派そのものの研究も侮り難いものがある.

（石川文康）

しんきゅうどうきかんのみち　新求道期間の道　〔西〕camino neocatecumenal　　1964年に*マドリードの貧しい村落パロメラス・アルタス(Palomeras Altas)で, アルグエリヨ(Kiko Argüello)とヘルナンデス(Carmen Hernandez)によって始められた, キリスト教的な養成の一時期. 特別の団体を形成することなく, この時期が終われば大人の信仰をもつキリスト者として*小教区の一員としてとどまる. 第2*ヴァティカン公会議の後, 教会は*世俗化の過程によって無神論者になった現代人に福音を宣べ伝えるために神学的に要理教育上での総合をみいだす必要があった. つまり, 神の言葉の宣言(*ケリュグマ)によって, 生活の改善をもたらすと同時に, 典礼によって復活したキリストのもたらす新しい生命を生きるように導くことである. *初代教会において, *洗礼志願者がいろいろの段階を通して歩んだ求道期間と同じく, 現代人のための新求道期間は小教区のなかで, 復活したキリストがもたらす新しい生命に生まれさせるキリスト教入門の道である. このキリスト者の養成の道は, ナザレの*聖家族のような小さな共同体で行われ, それを通して*洗礼によって植えつけられた信仰の種子が大人のものになるまで成長することを目指すものである. 教皇*パウルス6世から祝福を受け, *ヨアンネス・パウルス2世からも支援されている.

1993年現在, 82か国, 700司教区, 5,000小教区に広がり, 約1万の共同体がある. 各共同体は40名くらいの成員からなる. 我が国では, 1973年(昭和48)に山口県の岩国で始められ, 1993年現在, 8司教区に27の共同体がある. 22組の宣教家族が来日し, 1990年(平成2)には新求道期間の道のなかで司祭への*召命を感じた人々のために高松教区立レデンプトーリス・マーテル国際宣教神学院が設立された.

（K. アルグエリヨ）

しんきゅうどうしゃきょうどうたい　新求道者共同体　→　新求道期間の道

しんきょう　信経　→　信条

しんきょう　新教　→　プロテスタンティズム

しんきょういく　新教育　〔英〕New Education, 〔独〕Reformpädagogik, 〔仏〕éducation nouvelle

【特徴】広義には，19世紀末から20世紀初頭にかけて，近代産業社会の進展に伴うさまざまな危機状況を教育によって変革しようとした，教育の思想および運動の総称をいう．教育制度改革では，従来の中等教育における伝統的教養主義を批判し，近代的労働力の育成にみあった実業教育の充実を目指した．また，画一的形式主義を打破するため，子どもの生活経験や興味，個性を重視し，作業中心の教育や自由・進歩主義の教育を実験的・実証的研究によって開発した．狭義には，1921年に結成された世界新教育連盟(New-Education Fellowship)の第1回総会で採択された連盟綱領7箇条に基づく教育改革運動を指す．

【発展】広義の新教育を目指して創立された学校としてはイギリスのレディ(Ceil Reddie, 1858-1932)による「アボッツホルム(Abbotsholme)の新学校」や，フランスのドモラン(Joseph Edmond Demolins, 1852-1907)による「ローシュ(Roche)の学校」，ドイツのリーツ(Hermann Lietz, 1868-1919)による「田園教育舎」などがある．思想および実践の推進者としては，パーカー(Francis Wayland Parker, 1837-1902)，*デューイ，『児童の世紀』を著したケイ(Ellen Key, 1849-1926)，実験的研究に基づき『子どもから』(Vom Kinde aus)を著したモイマン(Ernst Meumann, 1862-1915)，さらに障害児の*治療教育ならびに幼児教育に貢献した*モンテッソーリなどがいる．この思想や運動は，欧米やロシアから，さらには日本，中国，インドなどアジア諸国にまで流布した．日本では，欧米の新教育の影響を受けた明治後半期の運動や，第1次世界大戦後の新教育運動の流れを汲む大正自由教育運動，さらに，第2次世界大戦後の連合国占領軍の指令と指導に基づく一連の教育改革を新教育と呼んでいる．なお，この一連の新教育の思想や運動に対して，*自由学芸(リベラルアーツ)を重視する本質主義の立場から批判が寄せられたほか，教会の立場からは，国家主導の教育改革のもつ危険を憂い，国家権力の侵害から教育を救うため，1929年，教皇*ピウス11世による回勅*『ディヴィニ・イリウス』(『青少年のキリスト教的教育』)が出された．そこでは，国家権力に対して個人や家庭の教育権を守ることが説かれ，また，物質的価値や目的が支配する新教育の傾向に対して，精神的価値の重要性が指摘されている．

【文献】長尾十三二『新教育運動の生起と展開』世界新教育運動選書，別巻1(明治図書 1988); J. OELKERS, Reformpädagogik: Eine kritische Dogmengeschichte (Weinheim 1989).　　　　　　　　　　(鈴木晶子)

しんきょうのじゆう　信教の自由

〔英〕freedom of conscience, 〔独〕Religionsfreiheit, 〔仏〕liberté religieuse　信教の自由という人権は今日，国家と宗教の問題の最も重要な要素の一つである．これは普通内心における信教の自由，宗教上の活動の自由，宗教上の結社の自由を意味するとされる．信教の自由の根は神の前でいかなる国家権力でも侵しえない人間の*尊厳を認めるところにある．すでに，古代においてキリスト教徒は「宗教は力によって強制されるべきものではなく，自由に信ぜられるべきものである」といった．しかし信教の自由が長い間の曲折を経て，実定憲法で規定されたのは1791年の米国連邦憲法修正1条においてである．1949年*国際連合総会が採択した*『世界人権宣言』は，信教の自由の原則を含んでいる．信教の自由について従来，比較的消極的であったカトリック教会が，1965年，第2*ヴァティカン公会議で圧倒的多数の賛成で，この自由を承認した意義は大きい(『信教の自由に関する宣言』)．

【日本における信教の自由】明治政府は，種々の理由からして不完全な絶対主義政府であり，その思想は復古的神社神道(以下，神社と記す)に基づく絶対君主制思想だった．1889年の明治憲法28条における信教の自由も「安寧秩序を妨げず又臣民たるの義務に背かざる限り」保障される臣民の権利であり，人が人であることで保障される*基本的人権ではない．信教の自由は警察命令によってさえも制限された．この傾向は一方で血縁的家族共同体や地縁的村落共同体を底辺とし天皇を頂点とする縦組織による集団尊重，個人軽視の風潮によって助長された．他方で国家が神社に特権を与え，国家神道とすることで促進された．また神社を宗教ではない国民道徳とみて，神社参拝を義務づけ，それを怠る国民は非国民と呼ばれた．1930年(昭和5)以降には神社は唯一の公認の哲学となり，その国教性は絶頂に達した．1939年，政府は宗教の保護助成の法であるとして宗教団体法を制定した．だが，宗教の保護監督は欧米の例が示すように意外に宗教への干渉を招き，信教の自由を侵す．これを倍加したのが当時の軍国的風潮である．これに応じて国民の草の根から生じた弱小諸宗教が激しく弾圧された．

この状況は1945年，敗戦によって原則的に消滅した．ポツダム宣言は信教の自由の尊重を要求したからである．同年，神道指令によって神社は国教性を失い，他宗教と同じ私的宗教となった．同年の宗教法人令は充分な信教の自由を目指した．1946年天皇は自ら神ではなく人であると宣言，1947年施行の現行憲法20条は徹底した信教の自由の原則を定めた．1951年の宗教法人法は宗教法人令を改正した法律で，宗教団体に法人格を与え，財産の基礎を提供するが，宗教行為や宗教団体内部には干渉しない建前をとる．

【信教の自由と日本国憲法】信教の自由が基本的人権の先駆者だという説は外国でも日本でも通説だったが，それが歴史的真理であるかどうかは，近年ヨーロッパの歴史家や公法学者によって疑われている．信教の自由の普通の意味は前述したが，この自由を個人的，教会的，市民的の三自由に分ける説は今後参考になろう．この三分説は新しく市民的信教の自由が保障されることで，主権者たる市民が信仰に関する立場から統治に影響を与え，これを批判し否認できるからである．これは理論的には一部の外国にみられるように，兵役義務の拒否を含む(→良心的兵役拒否)．

さて，日本国憲法20条は次のように定めている．「①信教の自由は何人に対してもこれを保障する．いかなる宗教団体も国から特権を受け，又は政治上の権力を行使してはならない．② 何人も，宗教上の行為，祝典，儀式又は行事に参加することを強制されない．③ 国及びその機関は宗教教育その他のいかなる宗教的活動もしてはならない」．「何人」は外国人や法人も含む．「保障する」とは公権力がこの自由を侵すのを禁ずるということである．「国」とは国のほかに地方公共団体等の公法上の法人，例えば公社，公団，公共組合などを含む．「政治上の権力」とは立法権，課税権，裁判権，公務員任免権等のように国または地方公共団体が独占する統治の権力のことである．祝典，儀式，行事はほとんど同じものである．厳密な意味での信教の自由の原則は，20条の1項前段および2項が定めているものである．残りの1項後段および3項は実は*政教分離，すなわち国家と教会

しんぎろん

または寺院の分離の原則を定めたものである（→教会と国家）．

憲法20条のほかに特に財政の見地から政教分離原則を定めているのは次の89条である．「……公の財産は宗教上の組織若しくは団体の使用，便益若しくは維持のため……これを支出し又はその利用に供してはならない」．法人税法7条は，学校法人や社会福祉法人等と並べて宗教法人についても収益事業からの所得に法人税を課さないとしている．政教分離の具体的内容も現実に起こる諸問題のなかで個々に明らかになるのであり，憲法が定めたことに限られていない．憲法の禁ずる国等の宗教活動は広く解されるべきであり，宗教の布教・宣伝，信徒の育成だけでなく宗教上の祝典・儀式・行事などもそれに含まれる．

【信教の自由が侵される場合】人権としての信教の自由は，巨視的にみると，まず民主政治と結びついている．民主政治とは人間の尊厳の確保を最高理念とする統治形態である．民主政治の成立，発展は信教の自由および他の一般的自由の確保の成果であり，民主政治の衰退はそれらの自由の喪失の結論である．したがって信教の自由が侵されるのは民主政治の衰える場合である．

次に微視的にみると，信教の自由が直接に侵される場合がある．1975年神戸簡裁の種谷牧師（犯罪を犯した高校生をかくまった）事件判決において裁判所は，信徒に対する精神的配慮としての牧会の権利たる牧会権を信教の自由の内容として認め，また国家は信教の自由の原則を踏まえて謙虚な態度で一歩踏みとどまるべきだとした．もし，これと反対の判決を行ったとしたなら，直接に信教の自由が侵されたことになる．

しかし，より重要な問題は，信教の自由が間接に侵される場合である．まず考えられるのは，この自由が限界を越えて濫用される場合である．人権は一般に不可侵である（憲法11条）とともにその限界を内在させていて濫用することを許さず，国民は人権を公共の福祉のために活用する義務を負う（同12条）．信教の自由もその例外ではないことは諸外国の憲法も示している．ただ信教の自由は他の人権と比べて極めて内面的なため，容易に権力の介入を許さない領域である．また公共の福祉を教条的に用いて治安維持などの名目で，この自由を抑えるべきではない．日本人は特に内面生活について今も国に頼りがちであり，また個人が同時に複数の信仰をもつという多重信仰のために，宗教と習俗の区別を曖昧にし，信仰上および思想上の潔癖さを乏しくする傾向があり，これが信教の自由の保障を妨げる一因ともなっている．信教の自由の限界に関するほとんど唯一の最高裁判例（1963）は，一僧侶が一少女の精神障害の治療のため線香護摩による加持祈祷を行って彼女を死なせた事件に関するものである．判決は本件行為は宗教行為であるとしても結果からして著しく反社会的で信教の自由を逸脱した以上，これを刑法205条の傷害致死罪に該当するとして罰するのは合憲だとした．妥当な結論だろう．

信教の自由が間接的に侵される第二の場合は，政教分離が行われていないときである．政教分離は現代では信教の自由を充分効果的に保障するために必要な方法として重要で，信教の自由という人権に密接に関わる人権的原理である．ただし人権的ではあるが，人権そのものではない．これを人権とみると，憲法の建前からして政教分離が目的化して独り歩きをし，肝心の信教の自由を抑え込むおそれがある．信教の自由と政教分離は目的と方法の関係に立つものなのである．日本では特に信教の自由と政教分離の関係に関する認識不足があり，政教分離と切り離したり，さらには政教分離を否認しながら信教の自由だけを主張する見方がある．これは結果的に他人の信教の自由を否認するという自由の濫用の一例になる．

【第2ヴァティカン公会議と信教の自由】この公会議は信教の自由の大原則を圧倒的多数で承認した．教会は伝統的に信教の自由の承認について比較的消極的だったにもかかわらず，このような変化を遂げたのは，教会が*三位一体の神をより深く知ろうとしたこと，働き，考え，愛し，喜び，悩み，生きた人間をよりよく知り，現代社会の急激な変化を理解しようとしたこと，それによって新しく人間に奉仕することを決意したことによる．公会議が承認した信教の自由の内容はすでに述べたことと原則的に同じである．信教の自由とは，宗教についてどんな個人も*宗教団体も*良心に反する行為を強制されず，良心への服従を妨げることができないということであり，人間の人格の尊厳に基づくものである．信仰は良心を介して行われるものである（『信教自由宣言』2-8項参照）．良心を強調しているのが一つの特徴である．また信教の自由は宗教への無関心を意味しないという見方は独特なものであろう（同9-15項参照）．また，国家は市民の現世的生活について配慮すべきで，信仰には干渉すべきではない，という主張は（同3，6項参照）は政教分離原則を唱えるものであり，この原則の承認について消極的であった従来の教会の姿勢の大きな前進を示すものである．また，信教の自由の濫用を許さず，この自由にも限界があるとしたことは注目すべきである（同7項参照）．次に，国民の特殊事情を考慮して特定宗教に特権が与えられるとしても，信教の自由はすべての市民と宗教団体に保障されるべきである，と述べている（同6項）．特定宗教に特権が与えられるのは現実にそれが最有力な宗教である場合で，ある程度やむをえないとしても，信教の自由は保障されるべきだという．これは現実と理論の必要な妥協であろう．理論的には宗教の特権化は信徒を甘やかすことで，宗教の霊的生命を枯らし，また宗教的少数者の自由を抑圧し，この少数者の差別を助長しがちである．以上のように公会議が信教の自由を宣言したことは『諸宗教宣言』と並んで，人類の内的発展に大きく貢献するものとなろう．

【文献】M. S. ベーツ『信教の自由に関する研究』海老沢亮訳（教文館 1949）: M. S. BATES, *Religious Liberty* (New York 1945); P. フィステル『第二バチカン公会議』中村友太郎訳（南窓社 1967）; 中山建男『国家と宗教』（有信堂 1965）; 南山大学監修『新風かおる教会』公会議解説叢書5（中央出版社 1969）; 相沢久『現代国家における宗教と政治』（勁草書房 1969）; 井上恵行『宗教法人法の基礎的研究』（第一書房 1969）; 熊本信夫『アメリカにおける政教分離の原則』（北海道大学図書刊行会 1972）; 相沢久『国家と宗教』（第三文明社 1977）; 大家重夫編『政教分離・信教の自由』宗教関係判例集成2（第一書房 1984）; G. デンツラー『教会と国家』相沢好則監訳（新教出版社 1985）: G. DENZLER, *Kirche und Staat auf Distanz: Historische und aktuelle Perspektiven* (München 1977).　　　　　　　　　　（相沢久〈好則〉）

しんぎろん　神義論〔ラ〕theodicea,〔英〕theodicy,〔独〕Theodizee,〔仏〕théodicée　「神義論」という用語を最初に用いたのは*ライプニツで，悪の実在を盾に神の存在を否定しようとする*ベールに対し，神の存在

の擁護を目指す自らの著作の標題として用いた．すなわちベールは，人間の歴史にかくも悪が実在するとき，もし神が悪を避けることができたにもかかわらずそう望まなかったのであるなら，神は善ではないし，逆に望んだにもかかわらずそうすることができなかったのなら，神は全能ではないといった論法で，神の存在を否定しようとする．これに対しライプニツは，自らの唱える*充足理由律を根拠に，神はこの世界を可能なもののうちで最善の世界として創造したのであり，悪とは被造界の有限性に根ざす不完全さであって，陰影が絵画の全体の美に役立つように，悪は最善の世界の全体的な完全さの形成に寄与するものであるとして，その難問の解決を図っている．しかし，この解決には，世界が可能なかぎり最善のものであることと有限的であることとは矛盾しており，かつまた悪も世界の全体的な完全さのために必ずしも必要とは限らない，と反論することができよう．

むしろその点では，*アウグスティヌスと*トマス・アクイナスによる解決のほうが説得力がある．彼らは，キリスト教的な神の*啓示と哲学的反省を通じて，一切の形而上学的二元論と宿命論を斥け，神から創造されたあらゆるものが*善で，*悪とはいかなる実体でもなく，善の欠如にすぎないことを説く．すなわち，あらゆる*被造物は善なるものであるが，その善良さは本性上欠けることが可能で，実際に欠けてもいる．決して欠けることのありえない被造物というものは語義矛盾で，それはもはや被造物ではなく，創造者たる神にほかならないからである．したがって，悪とは被造物の欠如可能性に由来し，特に道徳的な悪は，理性的被造物の自由，すなわち，本来善なるものではあるが，その善良さが欠如可能で，実際にもしばしば欠如している自由に由来しているのである．だが，神は全能かつ善なる存在で，そのような欠如可能な被造物の善を望み，それらの悪からさえも善を生じさせることができる．それゆえ，悪の実在を引き合いに出して神存在を否定しようとする企てに対しては，悪の経験は善と生の意義の経験によって凌駕されることができ，人間の歴史を見舞った数々の悪も，それをはるかにしのぐ神の救いの歴史のおびただしい出来事，とりわけ神の子であるキリストの受難と復活の神秘によって超克されうる，と答えられるのである．キリスト教の信仰は，人間がそのキリストの復活の秘義にあずかることにより，善によって悪を制することができることを説く．悪とは結局，この世の生においてはどこまでも完全には解き明かされることはないが，信仰と希望と愛によって超克されうるような謎であるといえよう．なお神義論の問題には，現在では，自らの罪の自覚に立って神による自らの義化（*義認）を希求するよりも，被造界の存在を正当化することを神に要求しようとする現代人のメンタリティーの動向が窺われる．なお，「神義論」という名称は広義に*自然神学を指す場合もある．
【文献】SM(E) 6: 213-17; F. ペレス『悪の形而上学』（創文社 1981）; J. マリタン『聖トマスと悪の問題』稲垣良典訳（ヴェリタス書院 1957）: J. MARITAIN, *Dieu et la permission du mal* (Paris 1963).　　(R. ロペス・シロニス)

シング　Synge, John Millington　(1871. 4. 16-1909. 3. 24)　アイルランドの劇作家．*ダブリン郊外でアングロ・アイリッシュのプロテスタントの家庭に生まれトリニティ・コレッジを卒業．初め音楽家を志したが，1896年に*パリで*イェイツと出会い，その勧めでアイルランド西北端のアラン島を調査し，後に旅行記『アラン島』(The Aran Islands, 1907) を書く．『海へ騎りゆく人々』(Riders to the Sea, 1904)，『西の国の伊達男』(The Playboy of the Western World, 1907) 等の戯曲を発表し，イェイツ，グレゴリー (Isabella Augusta Gregory, 1852-1932) と並んでアイルランド国民演劇運動の重鎮となった．詩劇『嘆きのデアドラ』(Deirdre of the Sorrows, 1910) は彼の死により未完に終わった．
【文献】西川正身，平井正穂編『英米文学辞典』第3版（研究社 1985）1312-13.　　（島弘之）

シンクレティズム　〔英〕syncretism　相異なる宗教，哲学，世界観などが，相互に接触した結果生じる意識的・無意識的融合過程もしくは状態をいう．混交，習合などと訳される．この用語は本来，共通の危機に臨んだ敵味方を問わぬ超党派の協力態勢を意味したが，しだいに無節操な混交主義，便宜的折衷主義のような軽蔑的な色彩を帯びるようになった．シンクレティズムが価値判断から離れた，普遍的文化現象に対する学術用語となりえたのは近年のことである．

いかなる宗教も，特定の歴史や文化のうちに発生し，存続するかぎり，その影響を受け，また自らそれに影響を及ぼす．その結果，あらゆる宗教は歴史的には何らかの形でのシンクレティズムを避けられないが，特に新宗教は，既存宗教の否定から発生した場合ですら，この傾向が強い．宗教の歴史が示すところによればシンクレティズムは，教理の合理化があまり進んでいない宗教集団や，*民間信仰の次元では意図されずに起こる．一方，古代エジプト，ギリシア，ローマの宗教に始まり現代の*バハーイー教，*世界基督教統一神霊協会などに至るまで，意識的に既存の宗教思想を受け容れようとする例も少なくない．また，*ヒンドゥー教や*仏教のように，宗教的寛容を特徴とする宗教伝統においては，無意識的および意識的シンクレティズムの両方が盛んであり，特にそのなかから諸宗教の統合によって最善の世界宗教の樹立を目指す動きが出やすい．

キリスト教は唯一神教であるだけに*異教に対して強い排他性があるにもかかわらず，シンクレティズムの要素は比較的多い．教会は他宗教と異なる自己アイデンティティを強調しながらも，最初から*インカルチュレーション（文化受容）を行い，例えばギリシアの哲学思想，あるいはゲルマン民族特有の奇跡信仰や*英雄崇拝などの要素を教理と実践の両面で受け容れてきた．時代によって，またキリスト教内の宗派，とりわけカトリックとプロテスタントによって，シンクレティズムの限界をどう決めるかに関してさまざまな考え方がある．シンクレティズムは民間信仰の次元で最も著しく，アフリカや中南米の伝統的な神々が，カトリックの聖人と同一視されている例は典型的である．近年のキリスト教にみられる民間信仰の再評価は，シンクレティズムの問題に対しても新しい見方を生み出すものと期待される．

日本の宗教におけるシンクレティズムは世界でも有名である．*神道の多神教的性格と仏教の寛容性によるものと思われるが，それはまた日本人が，日本古来の神信仰に基づく思考方法で仏教やその他の伝来した宗教を捉えようとする無意識的な傾向にもみられるし，平安時代の，仏を本地，神々を垂迹とする説に基づく意識的な神仏習合の試みにも現れる．特に近代に発生した，万教同根を唱える*新宗教運動はシンクレティズムを意図的に促進したものである．ただ，民衆の思想，とりわけ具体的な宗教行動において，神仏のシンクレティズム的な共

しんけん

存がどれほど徹底して行われているとしても，状況あるいは時期に応じて，例えば生に関連する事柄を神道に，死に関連する事柄を仏教にというように，神仏を見分ける習慣が認められる点は注目に値する．
【文献】J. H. KAMSTRA, *Encounter or Syncretism* (Leiden 1967).　　　　　　　　　　(J. スィンゲドー)

しんけん　神権　→　神法

しんげん　箴言　〔ヘ〕mišlê (šᵉlōmō)，〔ギ〕Paroimiai (Salomontos), 〔ラ〕Proverbia (Salomonis), Liber Proverbiorum
【概観】*旧約聖書の一書．ユダヤ教の聖典では*諸書に属し，キリスト教の聖書では教訓書（または詩歌書）として*詩編のあとに位置する．また，現代の聖書学では*知恵文学の一書とされる．

〔書名〕1章1節（〔ヘ〕mišlê šᵉlōmō．*ソロモンのマーシャール）に由来する書名は，邦訳聖書では「箴言」（新共同訳，口語訳，新改訳），「格言の書」（バルバロ訳，フランシスコ会訳）とされている．しかし，これは原語に即した訳ではない．旧約でマーシャールとはある事象の範型や比喩となるような言表一般を指す概念であり，格言・箴言だけでなく多様な文学形式がこれに含まれている．本書にも格言・箴言以外の形式がみられる．

さらに，1章1節には旧約で賢者の誉高いソロモンの名があげられているが，本書にこの王の時代にまで遡る部分があるか否かは明らかではない．
【構成】表題をもつ七つの部分からなる．
　　　第1部　1-9章　　　　第2部　10: 1-22: 16
　　　第3部　22: 17-24: 22　第4部　24: 23-34
　　　第5部　25-29章　　　第6部　30章
　　　第7部　31章
ただし，第3部の表題は*マソラ本文では明確ではない．

比較的長い部分（第1部，第2部，第5部）には「ソロモンのマーシャール」という表題が付され，他の小部分の表題には「……の言葉」とある．第6部，第7部はさらに前半と後半に分けられる（30: 1-14, 15-33; 31: 1-9, 10-31）．*七十人訳聖書では，これを加えた九つの部分の配列が異なっており，表題も一部省略または変更されている．
【文学類型】格言集（第2部，第5部）．教訓（第3部，第7部前半．第1部，第4部は教訓の変形）．数え詞（第6部後半），アルファベット歌（第7部後半）などの文学類型が認められる（→聖書の文学類型）．

格言集には独立した格言が連ねられているが，なかには，共通の音韻，単語，主題などをもつ格言がまとめられている部分もある．このようなまとまりによって，単独でも意味をもちうる格言に解釈の文脈が与えられている．特に*ヤハウェに関する格言と教育に関する格言および訓戒は，格言をまとめ，宗教的または教育的な解釈の地平を与える機能をもっている．

個々の格言は，普通二つの半句からなり，各半句に対立的概念が用いられる対立的並行法，類似の概念が用いられる同義的並行法，また，類似（「……は，……（のよう）である」），比較（「……は，……よりよい」）などの形式が認められる．シュメール語，アッカド語，アラム語の文学にも本書の格言集に類似する作品があるが，それらは寓話，叱責，祝福など多様な類型を含む点で趣を異にしている．

教訓の特徴は，教えに耳を傾けよ，という語り手（「わたし」）の呼びかけによって発話の状況が示される点にある．教訓の中心は，訓戒（命令や禁止とその根拠）であるが，これに格言などが加えられることも多い．1-9章の「わたし」が「わが息子」に語る形式は，教訓と同じ特徴をもつが短いので「小教訓」と呼ぶことができる（1: 8-19; 2: 1-22; 3: 1-12, 21-35; 4: 1-9, 10-19, 20-27; 5: 1-23; 6: 20-35; 7: 1-27）．

格言集と教訓は西アジアおよびエジプトで前3000年紀にまで遡る伝統をもつ文学類型である（ただし，格言集がエジプトに現れるのは末期王朝時代）．したがって，本書がこれらの地域の文学の影響を受けて成立した可能性は大きい．特に本書の教訓とエジプトの教訓は形式，表現法，主題に数多くの共通点があるばかりでなく，本書第3部は「アメンエムオペの教訓」を直接あるいは間接に前提にして書かれている．
【内容】〔世界像〕本書には，人が生きるこの世界の規則性・秩序が示されており，秩序の欠如，混乱は例外的に言及されるにすぎない．自然の秩序と社会の秩序の類比が捉えられることもあるが（26: 20; 30: 33），主な関心は，個人の行動や生活態度とその結果の結合（いわゆる行為結果連関）にある．個別的な行為の帰結が示され具体的な処世の術が与えられる（6: 20-35; 20: 4; 21: 17; 29: 4, 12）だけでなく，人の生き方全般が善または悪として捉えられ，おのおのを見舞う運命が描かれる（1: 32; 3: 35; 11: 5, 6, 21; 12: 7; 13: 21; 28: 18）．後者の場合には「正しい」と「よこしまな」，「知恵ある」と「愚かな」という対立項によって二つの生き方（命に至る道と死に至る道）を示し，聞き手・読み手に選択を促すという教育的意図が顕著である．

〔神学〕本書ではほぼ一貫して*神の名としてヤハウェ（主）が用いられている．すべてをみ（15: 3; 22: 12），人の内面までを知り尽くす（16: 2; 20: 27）主は，善悪の基準であり（11: 1; 12: 22; 15: 8, 9; 17: 15; 20: 10），善人・悪人それぞれにふさわしい報いを与える（3: 33, 34; 10: 3; 12: 2; 15: 25; 20: 22）．また，神と人との関係は親しさと隔絶の両面をもつ．人の創造者である主（20: 12; 22: 2）は，貧者，寡婦，孤児を守り（14: 31; 15: 25; 17: 5; 19: 17），正しい者の傍らにあり盾となる（2: 7-8; 3: 26）．一方，すべての事象を決定する主（16: 33; 19: 14）は，人間の認識を超え（20: 24; 21: 30），繁栄や成功は個々人の賢い努力によって得られるのではなく，完全に主の働きによるのである（10: 22; 16: 1, 3, 9; 19: 21; 21: 31）．さらに王の支配に神の導きを認める王権思想がみられる（16: 10; 21: 1）ほか，第1部では世界の創造（3: 19, 20; 8: 22-31）についても言及されている．

〔知恵〕知恵は，諭し，正義，主を畏れること（＝敬虔）と並んで，本書の目的である（1: 1-7）．本書によれば，知恵と教育，道徳，信仰とは不可分なのである．また，第1部では知恵（ヘブライ語では女性名詞）は神的権威にあずかる女性として人格化される（1: 20-33; 8: 1-36; 9: 1-6）．彼女は自らの諭しを受け入れるよう「浅はかな者たち」に呼びかけ，安全（1: 33），富と名誉（8: 18, 21），命（8: 35; 9: 11）を約束する．この知恵は天地創造以前に生まれ，主による天地創造に「名匠」（一説に「愛児」，また七十人訳聖書では「組み立てる者」）として臨在したのである（8: 22-31）．この表象は，後のユダヤ教文学に受け継がれた（シラ1: 1-10; 24: 1-22; 知8: 6; 9: 9; バル3: 38）．
【成立】〔年代〕各部分が本来独立の文書であった可能性

は大きいが，第5部以外の成立年代の決定は困難である．第5部はおそらく *ヒゼキヤの時代（前8世紀後半）に編集された．最終的編集は早くて前5世紀，遅くとも前3世紀末までに完了したと考えられる．

〔過程〕古代イスラエルには格言・訓戒の伝承があったが，本書にそれらがそのまま収集されたわけではない．本書の編集素材となった格言集と教訓は，おそらく古代エジプトや西アジアの諸国家の場合と同様に，宮廷が関与する書記教育の教科書として書かれたと考えられる．実際に本書にも宮廷で編集された格言集が含まれている．しかし，本書にみられる個々の倫理規範（父母の戒めへの従順，勤勉，慎重さ，自己抑制，「杖」による息子の教育，裁判の公正，偽証の禁止，不正な升・秤・分銅の禁止，貧者・寡婦・孤児の保護，宮廷での作法，王の正義など）は宮廷だけではなく多様な生活の場（家族，地域共同体，都市など）を背景としており，本書にみられる知恵は特定の社会層に由来するというよりは，広く一般市民の間で育まれた認識というべきである．

バビロニア捕囚後，宗教的，倫理的な知恵の教育のために，王国時代の文学に手が加えられて，本書は最終的に成立した．最終的編集では共通のモチーフによって知恵（1-9章）と徳高き女性（31章）を描く部分が冒頭と末尾に置かれ，主を畏れることと知恵の一致という基本構想が強調されることになった（1: 7; 31: 30）．

【文献】旧新約聖書大 631; 松田明三郎『箴言』（日本基督教団出版局 1967）; R. N. ワイブレイ『箴言』松浦大訳（新教出版社 1983）: R. N. WHYBRAY, *The Book of Proverbs* (Cambridge 1972); H. リングレン, W. ツィメリー『箴言・伝道の書』有働泰博他訳（ATD・NTD 聖書註解刊行会 1991）: H. RINGGREN, W. ZIMMERLI, *Sprüche, Prediger* (Göttingen 1962 ³1980); 勝村弘他「箴言」『新共同訳旧約聖書注解』2（日本基督教団出版局 1994）182-219; J. G. WILLIAMS, *Those Who Ponder Proverbs* (Sheffield 1981); C. V. CAMP, *Wisdom and the Feminine in the Book of Proverbs* (Sheffield 1985); B. LANG, *Wisdom and the Book of Proverbs* (New York 1986); D. RÖMHELD, *Wege der Weisheit* (Berlin, New York 1989); C. WESTERMANN, *Wurzeln der Weisheit* (Göttingen 1990); A. MEINHOLD, *Die Sprüche* (Zürich 1991); R. E. MURPHY, *Proverbs* (Nashville 1998).

（加藤久美子）

じんけん　人権 → 基本的人権

しんげんしゅうどうかい　神言修道会〔ラ〕Societas Verbi Divini,〔独〕Gesellschaft des Göttlichen Wortes,〔英〕Society of the Divine Word,〔略号〕S.V.D.【創立】1875年9月8日，ドイツ人福者 A. *ヤンセンによりオランダのリンブルク州ロールモンド教区ステイル（Steyl）で最初のドイツ系 *宣教修道会として創立された．ドイツ国内での創立は，1873年の反カトリック的な五月法により極度に激化した *文化闘争のため不可能であったが，鉄血宰相 *ビスマルクの封じ込め政策を機に盛り上がったカトリック者の信仰と抵抗を活力として，海外宣教の道を開いた神言会は，その後ビスマルクが徐々に政策を転換した後にも，長くドイツ人カトリック者からの強力な援助に支えられた．当初 *修道誓願を宣立しない *宣教会の形態をとっていたが，しだいに *修道会の形態へと傾き，1885年に司祭および修道士から構成される宣教修道会となった．1889年に司教による公認を，1901年1月25日に教皇庁による認可を受け，*修道会会則も，1905年5月2日に暫定的公認を，1910年4月5日に最終的公認を受けた．なお，ヤンセンは同じステイルで，1889年12月8日に *聖霊奉侍布教修道女会を，1896年12月8日に永久礼拝の聖霊奉侍観想修道女会を創立している．

【創立者の霊性】1837年に下ライン地方に生まれたヤンセンは，14世紀以来この地方の庶民の間に伝えられていた *ドミニコ会の神秘神学者マイスター・*エックハルトの流れを汲む霊性，すなわち，神のみことばの *受肉を媒介として神と人との神秘的一致を説く，*三位一体の神中心の世界観と，その神のみことばの力を強調するヨハネ福音書的キリスト観・聖霊観・聖母観とを，深く吸収しながら成長した．1861年にミュンスター教区の司祭となってからは，同じ思想的地盤に立つ *シェーベンの神学的著作からも多くを学び，1869年に *イエズス会から依頼を受け，ミュンスター教区の *祈祷の使徒会の会長となり，*イエスの聖心の信心を大いに広めた．1874年1月に月刊宣教雑誌『イエスの聖心の小使者』(Kleiner Herz-Jesu-Bote) を発刊してからは，三位一体の神中心の信心を一層深め，イエスの聖心だけではなく，不信と異教の暗闇のなかに埋もれている無数の人々の霊魂をも人となった神のみことばの座と観じ，それらを神のみことばの光で照らし輝かせる宣教事業の推進に全力を投入し始めた．神言会創立期のその無数の断片的著作を総括すると，創立者の霊性は，次のようにまとめることができよう．

〔三位一体の信心〕ヤンセンは三位の神への直接的礼拝と賛美を何よりも優先して実行し，その秘義に絶え間なく目を注ぎつつ生きることにより，心の深奥での神の *現存を生き生きと実感し，大きな内的照らしを受けることを説き，1891年に作成した最初の神言会会憲では，天の玉座と聖体の秘跡（*エウカリスティア）と *キリストの神秘体のなかに現存する三位の神に対する信仰と礼拝を深めるため，月曜日を *聖霊に，木曜日を子に，金曜日を父に，日曜日を三位の神に捧げることや，すべての手紙の冒頭に，「三位の神が我らの心に生きたまわんことを」と書くことなどを規定した．ヤンセンは，各会員の奥底の意志が，このようにして三位の神中心の生き方に徹底的に変革されることを，特に重視していたようである．

〔人となった神のみことばの崇敬〕天の父の栄光のため，また失われた者をたずね求めて救うために人となった神のみことばの模範と，そこに示された神の意志とを心に銘記し，全生涯を捧げてそれに従う．また修道者・司祭・宣教者の理想を体現した救い主の聖心と聖体の秘跡に対する，礼拝・賛美・感謝に努め，何よりも霊魂の奥底の人間的意志を，人となった神のみことばの功徳と苦しみに合わせて天の父に捧げる．イエスの聖心に対する礼拝・賛美・感謝のためには，特別に毎月 *初金曜日のミサを捧げる．

〔聖霊の崇敬と諸信心業の有機的一体化〕人となった神のみことばとその活動に終始伴われる神の愛・照らし・力で，生命の与え主でもある聖霊に一層深く結ばれ，導かれ，支えられるため，聖霊の崇敬に励み，全教会・全世界の上にも聖霊の恵みを豊かに祈り求める．また聖霊に対する礼拝・賛美・感謝のために，毎月曜日のミサを捧げる（1905年，教皇庁からの指導で毎月1回となる）．幼子イエスの崇敬，*十字架の道行きの祈り，*ロザリオの祈り，聖母・諸天使・諸聖人の崇敬なども，つねにそれ

しんげんしゅうどうかい

らのなかでの聖霊の働きに留意しつつ，三位の神への信心と結んでなされる．

　何ごとにおいても神から出発し，天の父の御旨に目を向けながら生きようと努めるこのヨハネ的霊性は，その後の世界の変化と神言会の発展とに適応する必要性や，ローマ教皇庁の指導の変遷などによって種々の変化を遂げたが，根本的には今日に至るまで受け継がれており，1975年の神言会創立100周年記念と創立者の列福を機に再確認され，高い評価を受けている．

【事業の発展】〔草創期〕1875年9月に創立されたステイルの大神学校には，同年末に印刷所も併設されて『イエスの聖心の小使者』と1874年発刊の『ステイルの布教速報』(Steyler Missionsbote)の刊行が続けられ，1878年1月に新しく月刊宣教雑誌『神の都』(Stadt Gottes)も発刊された．これに先立つ1877年秋に司祭および一般信徒のための黙想会が開かれたが，以後この種の黙想会は毎年数回開催され，宣教雑誌の刊行とともに，宣教精神の普及や宣教のための献金の募集に大きな効果を上げた．1879年3月，最初の宣教師アンツァー(Johann Baptist von Anzer, 1851-1903)と福者 *フライナデメッツの2名を中国へ派遣し，1880年にカトリック生活と海外宣教に関する年報を兼ねた暦『ミカエル・カレンダー』を発刊．1885年秋，中国・南山東省の神言会担当宣教区が*代牧区となり，翌年アンツァーが神言会最初の司教に叙階された．

〔発展期〕1888年，教皇庁との連絡と研学会員の便宜のため，*ローマに聖ラファエル学院が設置され，1889年*ウィーン近郊メードリンク(Mödling)に聖ガブリエル大神学校が，1892年シレジアのナイセ(Neisse 現ポーランド領ニサ Nysa)近郊に聖十字架小神学校が創立された．この頃ステイルの大神学校も数回にわたって増改築を続け，1895年に双塔も建設して，ほぼ現存の大修道院の威容をもつに至った．志願者の増加に応じて，1898年西独ザール州に聖ヴェンデル小神学校，1904年オーストリアのチロル地方に聖ルペルト小神学校と，神学校の建設はその後も相次ぎ，1930年には，ドイツ語圏のドイツ・オーストリア・スイス3国を合わせて，大神学校2，小神学校12，ほかに中国，米国，オランダ，ポーランド，チェコスロヴァキア，ハンガリーなどに，大神学校5，小神学校11を数えていた．

　こうして司祭も修道士も数多くなると，会員は中国だけでなく，1889年アルゼンチン，1892年西アフリカのトーゴ，1895年ブラジルと米国，1896年ニューギニア，1900年チリ，1906年米国ミシシッピ州の黒人宣教，1907年(明治40)日本，1908年フィリピン，1910年パラグアイ，1911年アフリカ東海岸のモザンビーク，1912年インドネシア，1936年インドにも派遣された．このうち，アフリカのトーゴ宣教とモザンビーク宣教は，第1次世界大戦(1914-19)でドイツが負けると，他の宣教会に譲渡させられたが，神言会の事業は1920年代と1930年代に大きく発展し，前記の国々のほか，ベルギー，英国，アイルランドにも進出して，1938年には，全世界で22管区，417修道院，司教13名，知牧6名，教皇代理の臨時管理者(現 *使徒座管理区長)1名，司祭1,706名，大神学生および修練士1,188名，ギムナジウム在校の小神学生3,636名，修道士1,758名，修練者238名，志願者282名を数えた．

〔担当事業〕神言会は，異教国および司祭不足に悩む国々での福音宣教を第一の目的としているが，創立当初から，宣教を支える各種の関連事業にも積極的で，1870-80年代のドイツではまだ一般に開かれていなかった信徒の黙想会を頻繁に開催したほか，日曜日の小教区司牧の援助，宣教雑誌(前記のほかにも1919年創刊の『少年イエス』(Der Jesusknabe)，1928年創刊の『週刊ポスト』(Die Wochenpost)など)や信心・宣教関係の良書の出版と，その販売網の組織化，学問研究と教育事業，広大な農園の経営と数多くの各種技術者修道士の養成などに努めている．

　なお，創立者ヤンセンは，一切の事物のなかに隠れている神のみことばの光を輝かすことによって，不信と異教の闇のなかに置かれている人々の心を照らし救うことを望んでいたので，諸民族の異教的伝統文化のなかにも神のみことばの種が播かれているのではないか，それを学問的に明るみに出せば，宣教のために裨益するところが大きいであろうと考え，W. *シュミットに命じて，会員による言語学・民俗学・人類学などの研究を奨励した．シュミットは，1906年に国際的学術雑誌『アントロポス』(Anthropos)を創刊し，多くの会員や外部の学者たちの協力を得て，メードリンクの聖ガブリエル大神学校内にアントロポス研究所を設立．1926-55年には，有名な『神観念の起源』全12巻を公刊した．神言会員のなかには，ほかにも同様の視点から宣教地諸民族の伝統文化に大きな理解を示し，それへの適応を力説したタウレン(Johannes Thauren, 1892-1954)など宣教学者も少なくない．

　世界一流の学者から農園で働く修道士に至るまで，多種多様の学者・教師・黙想会説教師・各種技術者・労働者の集まりでありながら，各地方の宣教事業が個々別々の管区によって分割経営されることなく，すべて今なお同一の総会長の直轄下に置かれているほど，全会員が出身地や国民性の別を乗り越えて国際的に団結しているのは，一つには，ヤンセンの残した三位一体の共同体的神観念の観想と，多種多様の事物や特性をすべて神のみことばと聖霊の作品・住まい・働き場とみる，心の広い精神によるものと思われる．1930年代の後半になると神言会は，1927年に*北京で創立され，1933年に経営を委譲されたカトリックの*輔仁(ﾌｼﾞﾝ)大学とその付属中学校，1595年に創立され，1935年に経営を委譲されたフィリピン・セブ島のサン・カルロス大学のほか，全世界で中学校15，工芸学校14，教区神学校7，伝道士学校16，それに宣教地での小規模の小学校811を経営するようになり，4か国語で6週刊誌，13か国語で33月刊誌，18か国語で32年報を発行，聖霊奉仕布教修道女会と協力して無数の慈善事業と教化活動にも努め，1943年8月6日，教皇庁直属修道会の一つに加えられた．

〔現状〕第2次世界大戦中(1939-45)，神言会は特にヨーロッパ各地と東南アジア，ニューギニアなどで多くの犠牲者を出したが，戦後の復興は急速で，再び西アフリカのアクラ・ガーナ地方に進出できた1947年には，5大陸22か国31管区で，3,779名の立願会員を擁するに至った．しかし，1949年に成立した中華人民共和国政府による国外追放で，会の最古最大の宣教地とその資産を失った．その後は比較的順調に発展し，1949年(昭和24)に名古屋で創立された *南山大学に続いて，1961年に*台北で輔仁大学が再興され，1966年には30か国44管区で立願会員5,232名を記録した．しかし，その翌年から特に西欧と米国で会員の減少が続き，アジア諸国での漸増がその減少を多少補ったが，1985年には39か国48管区で立願会員5,075名となっている．なお，ドイツ・オーストリア・スイスなどのドイツ語圏出身の会員

は，すでに1970年に全体の41％となり，1985年には20％を割っているので，もはやドイツ系宣教修道会という語も使われなくなっている．

【日本での宣教】1907年(明治40)9月に来日した神言会員は，まもなく秋田県から福井県までの東北・北陸6県の宣教に従事したが，当初6県合計で教会数は6，信徒数は400名に満たなかった．1912年(大正1)8月，この6県は新潟知牧区として独立し，1922年2月には新潟知牧区が新潟・山形・秋田の3県に限定され，北陸3県と愛知・岐阜両県が新たに名古屋知牧区とされて，神言会に委託された．いずれも当時は宣教が極めて困難とされていた保守的地方であったが，会員は数々の誤解と不便に耐え，積極的に社会や人と交わり，自転車で宣教・司牧に奔走した．同時に，それぞれの地域社会の必要性に応じ，秋田には女子の聖霊学院(現在の聖霊学園)，新潟には伝道士学校と聖ヨゼフ印刷所，金沢には聖霊病院，名古屋には南山中学(現在の南山学園)を創立したり，諸所に幼稚園を開園したり，良書を出版したり，幻灯会・映画会・紙芝居・キリスト教美術展を開いたりと努力を重ねた結果，改宗者は徐々に増え，1940年(昭和15)には，会員20名，邦人教区司祭1名の働く新潟知牧区の教会数が13，信徒数は1,345名，会員37名，邦人教区司祭3名の働く名古屋知牧区の教会数が13，信徒数は2,062名に達した．なお，東京でも，1935年吉祥寺に開設したアルベルト・ホームを中心に会員5名が活動していた．

前述の成功をもたらした要因として，以下をあげることができる．(1) 初代新潟教区長で，後に初代名古屋教区長となった*ライネルスが，1920年(大正9)5月に秋田で創立した*聖心の布教姉妹会の福祉活動，(2) ガブリエル(Theodor Gabriel, 1882-1962)が1930年夏に横手で創立し，やがて全国的に広まったアヴェの友会(男子青年会)の教化活動，(3) *ゲマインダーが1930年11月に秋田で創立した聖母姉妹会(全国的に普及し会員数5,000を超え1935年に日本姉妹会と改称)の草の根的婦人倫理運動，(4) 聖霊奉侍布教修道女会が1932年に秋田で創始し，後に金沢や岐阜に広まった共励会の隣愛バザーなどである．

第2次世界大戦後の米軍占領下(1945-52)に信徒数は2倍以上に増えたが，1952年頃から，神言会は新潟・名古屋両教区の大半を新来の諸修道会に譲り，ほかに東京の吉祥寺小教区と長崎の西町小教区とを担当しながら，名古屋と長崎の南山学園の経営に力を入れている．日本管区所属の立願会員は，2002年1月に20か国人118名で，うち日本人は59名を数えている．

【文献】E. J. エドワーズ『み言葉の使者』木村太郎訳(エンデルレ書店1975): E. J. EDWARDS, *The Herald of the Word* (Techny, Ill. 1950); H. FISCHER, *Arnold Janssen* (Steyl 1919); ID., *An heiligen Quellen aus der religiösen Gedankenwelt des Dieners Gottes P. Arnold Janssen* (Steyl 1947); F. BORNEMANN, *Arnold Janssen* (Steyl 1969).

(青山玄)

しんけんせいじ　神権政治　→　神政政治

しんこう　信仰　〔ヘ〕'emunâ，〔ギ〕pistis，〔ラ〕fides，〔英〕faith，〔独〕Glaube，〔仏〕foi

【一般的概念と定義】信仰は一般にもろもろの宗教において神聖なものをあがめ敬い，信頼をもってより頼む内的態度を指すのに用いられるが，ここではキリスト教における信仰について述べる．それは，より一般的な意味での信念(〔英〕belief)ないし信頼(faith)から区別されて，神を対象とするところの信仰，すなわち我々の知性が自らを第一の真理である神に揺るぎなき仕方で固着させることを意味する．*アウグスティヌスの「承認を与えつつ思いめぐらす」(〔ラ〕cum assensione cogitare)という有名な言葉はこの信仰のもつ二つの側面を明らかに示す．すなわち，「理解する」(intelligere)あるいは「知る」(scire)という行為から区別された，すべての「信じる」(credere)という行為がそうであるように，神に対する信仰は直接的に(精神の目で)みること，あるいは論証に基づいて神に関して何らかのことを知る行為ではない．むしろ信仰は神の直視(visio Dei)にたどりつく前の何らかの探求であり，直視の確実性において憩う前の精神の運動であって，それが「思いめぐらす」という言葉で言い表されている．他方，神を信じる者の精神は，疑い，臆測ないし臆見の段階にとどまっているのではなく，揺るぎなき仕方で神に固着している．この不動の固着は直視の確実性ではなく，むしろ意志の側からの確定であり，認識を越えて神と結びつく愛に支えられた確実性であって，それが「承認を与えつつ」という言葉で表現されている．ここからして行為としての信仰は，*トマス・アクィナスに従って「神によって恩恵を通じて動かされる意志の命令のままに，神的真理に対して承認を与える知性の行為」と定義できる．この定義は神を信じるという行為に含まれる三つの側面，すなわち神に関わる事柄を(credere Deum)，神が第一の真理であるがゆえに(credere Deo)，意志によって動かされて(credere in Deum)信じる，ということを明らかにしている．

【対神徳としての信仰】カトリック神学において信仰は*希望(spes)および*愛(caritas)とともに*対神徳の一つに数えられる．それらが対神徳と呼ばれるのは，それらによって我々が神へと正しく秩序づけられるかぎりにおいて神が対象(objectum)であること，それらが神によってのみ我々に注ぎ込まれること，聖書に含まれている神的啓示によってのみ我々に知られることに基づくのであるが，それらが必要とされるのは，人間の究極目的である*至福は人間に自然本性的に備わった能力によっては到達不可能であるということに基づく．そのような至福に人間が到達しうるためには，それへと人間を秩序づける道としての*徳が神の恩恵によって注ぎ込まれることが必要なのである．このように信仰の徳は人間の能力を彼の自然(本性)を越えて高め，完成するのであって，その発端も成就もすべて神の恩恵によるものであることを強調しておきたい．

信仰の徳は直接的には知性能力を高め，完成する．すなわち通常の認識においては，知性は第一原理の直知(intellectus)と呼ばれる知的徳ないし習慣(habitus)に基づいて探求を行うのであるが，至福への道において知性はより高次の徳によって照らされ，強められることが必要であり，それが信仰の徳である．ここからして信仰の徳は「知性としてみえざる事柄に承認を与えさせ，かくて，それによって我々のうちに永遠の命が始まるところの精神の習慣」というふうに定義される．しかし，信仰の行為が意志に動かされることによって成立したように，信仰の徳も意志を完全に神と一致させる徳としての愛によって完成される(fides caritate formata)ことなしには真の徳として成立しない．

【文献】LThK² 4: 913-31; NCE 5: 792-804; トマス・アクィナス『神学大全』11，稲垣良典訳(創文社1980); 同

しんこう

15 (創文社 1982); J. PIEPER, *Über den Glauben* (München 1962).　　　　　　　　　　　　　(稲垣良典)

【聖書】〔旧約聖書〕旧約聖書において信仰の概念は神に対する人間の態度であり，従順と信頼の側面が強調される(創 15：6；イザ 7：9．この反対の態度は民 14：11；申 1：26，43；9：23)．信仰による従順は詩編(34：5-11；40：2-5；46；56：4-14；91)などで称賛されているが，信仰の態度の最も古典的な例は神の *召命に直ちに従った *アブラハムである(創 15：6)．アブラハムの信仰は新約のモデルとして *パウロが取り上げている(ロマ 4：3)．信仰は *神の民の命の基礎である(イザ 7：9)．神 *ヤハウェに信頼する者は欺かれない(同 28：16)．義人は信仰によって生きる(ハバ 2：4；ロマ 1：17；ガラ 3：11；ヘブ 10：38)．初期ユダヤ教ではギリシア化の脅威に対して信仰の知的側面が強調された(1 マカ 1：11-15)．死後において神を恐れない者を罰し，義人に報いを与える唯一の神とその義を信じるか信じないかが信仰の試金石であり，神に対する従順と信頼が真のアブラハムの子孫としての証しであった(シラ 44：19-23)．信仰によって神の民は神を恐れない者から区別され(知 3：1-9；15：7-13)，救いと *霊魂の不滅が約束されている(知 15：3)．さらに，アレクサンドリアの *フィロン等においても信仰は重要な位置を与えられ，イスラエルの宗教生活において終末論的に理解されていた．

〔新約聖書〕新約聖書のなかで信仰(〔ギ〕pistis)や「信仰する」(pisteuein)という語は，旧約聖書よりも頻繁に現れる．共観福音書では，救いはイエスの *奇跡を行う力への信仰を前提としている(マコ 5：34，36；9：23-29)．イエスはしばしば弟子たちの信仰のなさを非難し，ローマの *百人隊長の信仰がイスラエルのものを越えているとほめている(マタ 8：10．並行箇所参照)．信仰は奇跡を起こし(マタ 17：20；21：21；ルカ 17：6)，信仰がないところで奇跡は行われない(マタ 17：20；13：58；マコ 6：5)．信仰の対象は神であり(マコ 1：22)，それは神の力が示されていること(マタ 12：28)，イエスの派遣を信じることに結びついている．それは救いを求める者がイエスの力(*権能)を認め(マコ 1：40；2：3-5)，神の子，あるいは *メシアとしてイエスが神との特別な関係にあると信じることである(マコ 1：24；3：11；15：32；マタ 8：29；14：33；ルカ 4：41)．弟子たちにイエスが自分が何者かを尋ねたとき，彼は自分のメシアとしての尊厳に対する信仰告白を求め(マタ 16：13-20)，この信仰告白によって *永遠の命が決まる(マタ 10：32)．イエスの十字架上の死と *復活の後，救い主・神の子イエスに対する信仰は弟子たちによって *原始教団の信仰の核心として展開され，確定した．それ以来，キリスト教徒にとって唯一の神への信仰が同時に *イエス・キリストへの信仰であり，「信じる者」という表現(使 2：44；4：32 およびマコ 9：23；16：16 参照)はキリスト信者を指すようになった．キリストを信じることにより罪の *ゆるしが得られ(使 10：43；26：18 およびマコ 2：5；ルカ 7：50)，キリストを信じることは救いのための唯一の必要条件であり(使 4：12；16：31；ロマ 10：10)，*律法の範囲を越えて，異邦人キリスト教徒にも及ぶ(使 10：4；15：7-18)．

パウロにとって信仰とは，*使徒によって宣教された救いの福音を受け入れることであった(ロマ 1：8；10：17；1 コリ 2：5；15：1-21；1 テサ 1：8)．信仰の対象は唯一の神(1 コリ 8：5-6)，神の子，主であるキリスト(ロマ 8：5-17；1 コリ 12：3；ガラ 2：16)である．イエス・キリストの *父なる神に対する信仰が，神がその約束を必ず実現し，人間を愛し，罪から解放し救うためにひとり子を遣わし，その血によって贖ったという確信を含んでいる．さらに，それはひとり子を十字架上の死の後に復活させたのと同様に，我々をも死から復活させ，栄光を与えるという確信につながる(1 テサ 1：8-10；ガラ 3：6；2 コリ 1：9；ロマ 3：25；4：17-25；6：8 等)．キリストへの信仰はイエス・キリストが *救い主，神の子であり，彼が復活し，天に昇り，世の終わりのとき，栄光のうちに再臨し，すべての人間を裁くという事柄を含んでいる(ロマ 10：9；1 コリ 15：1-11；1 テサ 1：10；4：14；5：9)．信仰とは *神の言葉と権威を認める行為であり(2 コリ 5：7；1 テサ 2：13)，希望に結びつけられる(ロマ 5：1-5；1 コリ 13：13；ガラ 5：5；1 テサ 1：3；5：8)．なぜなら信仰とは神の言葉を約束として受け入れ，神を信頼することだからである．同時に信仰は救いの福音に対する従順であるから，人間が自由意志によってそれを受け入れる決断を意味する(ロマ 10：16-21；2 テサ 1：8)．パウロにとって信仰は「信仰による従順」において具体化される(ロマ 16：26)．この「信仰による従順」はキリストによって実現された救いの計画に完全に服従することである(ロマ 6：8；10：9-13)．この従順は愛の行為として示されるものでなければならない(1 コリ 7：19)．信仰は神とキリストに対して全人格を委ねることであり，それは福音が宣教されるのを聞くことによって初めて起こり(ロマ 10：14-21)，神の霊の働きを通して示された神の恩恵である(1 コリ 2：4-16；フィリ 1：29)．信仰はこのようにして霊の賜物を受け(1 コリ 12：9；13：2；2 コリ 8：7)，「山をも動かす」(1 コリ 13：2)ほど超自然的な業を行うことができるが，愛がなければ無に等しい．信仰は希望と愛に結びつけられている(1 コリ 13：13)．しかし，愛は神を直視する永遠の能力・徳であり，信仰と希望はまだ神をみない状態に結びつけられている(2 コリ 5：7)．信仰は罪のゆるしを与え(1 コリ 15：17)，神との *和解を打ち立てる(ロマ 3：25)．信仰は行動に示されなくてはならないが，信仰のみが人間を神の前に *義とする．神の恩恵によって，信仰はどんな人間をも神の前に義とするのである(ロマ 3：28；ガラ 2：16)．

パウロの信仰についての考え方は，*獄中書簡，*司牧書簡のなかで熱狂主義や *グノーシス主義的異端に対抗する立場から繰り返される．その過程で信仰から出た愛の業の実行が全面に現れている(1 テモ 1：5；テト 1：13；2：2)．エフェソ書(4：3-6)では，「信仰の唯一性」を保つようにと要請されている．コロサイ書では，信仰が持続的で新しい創造として知識においても深められていくことが説かれるが，「揺るぐことなく信仰に踏みとどまり，あなたがたが聞いた福音の希望から離れてはなりません」(コロ 1：23)と諭されている．「主は一人，洗礼は一つ」であるから，*洗礼のときの共通の基盤が最後にキリストによって導かれ，信仰と知識において一体となり，「キリストの満ちあふれる豊かさに」達することができるようにしめられている．イエスはヘブライ書で「信仰の創始者また完成者」(12：2)と呼ばれる．信仰は旧約の例に基づいて定義され，来たるべきものへの信頼と救いの確信が述べられる．神の約束を与えられている者として，神の民は信仰に基づいた行いに励むよう諭される．

ヨハネ文書では信仰は啓示された真理を受け入れることを意味し，信仰の対象は神ではなく神の子キリストである(ヨハ 5：24；12：44；14：1；1 ヨハ 5：10)．人間はキリストが救い主，メシアであり(1 ヨハ 5：1；ヨハ 1：41

参照), 父から派遣された者であり(ヨハ 8: 28-30; 11: 42; 16: 27, 30; 17: 20-21), 子あるいは神の子(ヨハ 3: 16, 36; 6: 40; 11: 27; 20: 31)であって, 父のなかにあり, 父も子のなかにいること(ヨハ 14: 10), 彼が啓示と救いの唯一の仲介者であること(ヨハ 8: 24; 13: 19)を信じなければならない. 彼は光であり(ヨハ 12: 36; 46), 生命であり(ヨハ 11: 25), 世の救い主である(ヨハ 4: 21; 5: 38; 10: 37-42; 11: 24-27 等)ことを信じなければならない. しかも信仰は理性による同意だけではなく, 全身全霊をキリストに捧げることである(ヨハ 3: 21; 6: 35, 37, 44-58). 信仰は認識(1 ヨハ 2: 3-5; 5: 3; ヨハ 8: 31, 51; 14: 21, 23)ばかりでなく, 実践的愛である. このように信仰と真理の認識は一体である(ヨハ 6: 69; 10: 38; 16: 30; 17: 7-26; 1 ヨハ 4: 16). 信仰は神が人間に求める行為であり(ヨハ 6: 29), 永遠の命と救いに導く掟である(1 ヨハ 3: 16). 不信仰は罪であり, 死と審判をもたらす(ヨハ 3: 18, 36; 5: 24-29). これに対して信仰は神の子となるための条件であり(ヨハ 8: 12; 1 ヨハ 3: 1-10), 永遠の命を与える(ヨハ 3: 15-21, 36; 5: 24; 6: 40, 47, 50; 8: 51; 11: 25-27). 信じる者には永遠の命はすでに与えられているが(3: 18, 36; 5: 24), それは世の終わりのとき, 復活によって明らかとなる(ヨハ 5: 29; 6: 39-40; 11: 25). このような信仰は, イエスが父から派遣されているという自分の本質を明らかにするために行うしるしとしての奇跡を目撃することによって証明される(ヨハ 2: 11, 23; 4: 53; 5: 36; 9: 33; 10: 25, 38; 11: 42; 14: 11; 15: 24). また *預言の成就(ヨハ 2: 22; 13: 19; 14: 29)や洗礼者 *ヨハネの証言(ヨハ 1: 7; 5: 33)と父の証言(ヨハ 5: 37)によって証明されている. これらの証言, 特に父の証言は旧約聖書から裏づけられ(ヨハ 5: 36, 39), キリスト自身の言葉を最も信頼できるものとしている(ヨハ 4: 41-42; 5: 24; 6: 68-69; 17: 8, 20; 1 ヨハ 5: 10). このような信仰はイエスの奇跡を目撃して信じる信仰よりも完全である(ヨハ 20: 29). 信仰は善業を要求し(ヨハ 3: 21), 悪を行う者は信仰に入れない(ヨハ 3: 19-21; 8: 44-47). 信仰は倫理的行為を行う心の準備を前提とするが, 同時に神の賜物である(ヨハ 6: 37-40; 8: 23, 43-47; 1 ヨハ 4: 6; 5: 1). 「わたしをお遣わしになった父が引き寄せてくださらなければ, だれもわたしのもとへ来ることはできない」(ヨハ 6: 44).

ヤコブ書は信仰に反する生き方を捨てるように信仰者に求めている(1: 6). 神の掟に対する従順とそれを守ることが信仰を完全なものにする(2: 22). ヤコブ書1章3節とともに1ペトロ書は信仰の証しが重要であり(1: 7), 希望と結びついていることを強調する(1: 21). 黙示録ではキリストは「アーメン」(3: 14; 19: 4)であり, 神の言葉が真実であることを確証している(21: 5). 信仰を持ち続け, キリストのように苦しみを受け入れるならば, キリストが永遠の報いとなる(22: 12).

【教理史】〔教父〕*護教家教父たちは古代末期の哲学思想における宗教的・倫理的傾向に対してキリスト教信仰の独自性を弁明し, 哲学は *ロゴスを部分的にしか捉えられないのが, 信仰はロゴスそのものに結びつき, 「最も確実で, 救いに導く哲学」であると主張した(殉教者 *ユスティノス『トリュフォンとの対話』8, 1). こうして初めて信仰と理性の関係がテーマとなり, 存在の根源を問う *形而上学に対して, 信仰はどのような意味で存在の根源を明らかにするのかが問題になった. グノーシス主義への対応の過程で *アレクサンドリア学派は信仰と認識の関係を明らかにしようと努め, 両者の間に対立点はないと結論した. 「信仰なしの認識(〔ギ〕gnōsis)はなく, 認識なしの信仰もありえない. ……なぜなら, 信仰から人は認識に至るからである」(アレクサンドリアの *クレメンス『ストロマテイス』5, 1; 2, 11). そして, 啓示の権威に基づく信仰は認識の出発点であり, 理性によって権威に基づいて信じているものの合理性を確証することがキリスト教的哲学の使命だと考えられた(クレメンス 同7, 10 および *オリゲネス『ケルソス駁論』1, 9-11; 3, 79).

3-5 世紀, *三位一体論と *キリスト論の教理が定められるなかで信仰内容が客観化され, *アタナシオス信条に具体化されると, 信仰は信条として客観的に表現された事柄を信じることに限定され, それが正統とされた. そして信条を受け入れないことは *異端とされた. *教会は「信仰の宝庫」, 信仰の母体であり, 信仰の行為は *信仰基準を受け入れることであるとされ(*テルトゥリアヌス『異端者への抗弁』XIV, 4), 教会が正しい信仰として提示する事柄を受け入れることによりその信仰に参与するだけで充分であり, 教会の教導職が「信仰の宝庫」(→信仰の遺産)から信じるようにと教える事柄を受け入れることが信仰であるとされた.

アウグスティヌスはこのような考え方を踏襲しながらも, 教会の権威に基づく信仰の内容を理性によって理解する道を開いた. 彼は *新プラトン主義に基づいて, 神は存在そのものであり, *真理と神の認識は一つであるとした. *救済史と教会を通して信仰において受け取られるものは, 理性によって求める真理と同じものである. 理性は過ぎ去るものに執着する人間性に基づいたものであるから英知界(〔ラ〕mundus intelligibilis)に到達できない. したがって理性の道(via rationis)は権威の道(via auctoritatis)を前提にしなければならない. 信仰に基づく認識のみが真理に到達しうる. この認識は認識をさらに深め, 内面化するものであり, 2 種類の認識が存在するのではない. こうして深められた真理の認識は真理との実存的・人格的出会いである.

信仰に関するアウグスティヌスの思想のもう一つの側面は *自然・本性と恩恵の関係をめぐる人間の救いの視点で信仰を取り上げたことである. 救いは自力ではなく神の恩恵によるので, 信仰は神の贈り物である. アウグスティヌスは繰り返し, 信仰が神の *霊感(inspiratio Dei)であることを説き, しかも同時にそれが意志を解放し, 活動させるかぎりにおいて意志の行為であることを強調した. こうして神を信頼することは神を信じることへと深められるのだが, これを彼は「善を行う神を信頼することによってよく行動することにとどまる」(Credendo adhaerere ad bene operandum bona operanti Dei)と定義している. これは人間性を回復させるものが愛であることを意味しているのであり, 信仰と愛は密接に結びつく. このような全人格的出来事が *義認である. 愛を行う信仰のみが義とされるのである.

〔中世神学〕*アベラルドゥスは啓示と理性の関係についてまず理解できなければ何ものも信じえないと述べ, カンタベリの *アンセルムスは信仰内容を理性によって理解できるように努めることを目的とし, アウグスティヌスの *知解を求める信仰を踏まえながら信仰内容を信仰とは別に理性によって証明しようとした. こうして理性が自主的に信仰内容を把握できることから, 不信仰は非理性的ということになる.

アリストテレス哲学を神学に導入し, 体系化したトマス・アクィナスにおいて理性と(啓示)信仰との関係はさ

らに精密に議論されるが、その議論の構造は自然・本性と恩恵の関係の場合と同じであるといえよう。*経験を出発点とし、抽象によって事物の*形相を抽出する人間の認識にとって*神認識は経験を超えるものであり、すべての地上的形相の否定の上に成立しているのであるから、神概念はすべてのものの認識の根底でありながら、直接の認識は不可能であり、したがって啓示と信仰は理性とは異質である。ここからトマスは*信仰の前備と信仰箇条(→信条)とを区別する。理性は信仰に助けられて啓示を理解し、完全なものとなる。反面、信仰はトマスにとって他の認識を超える認識的行為であるが、その対象が人格的神とその言葉による啓示であり、理性的原理では捉えられないものであるため、意志の働きを受けなければならない。これは神によって与えられた信仰的本能によって可能となる。信仰は神によって捉えられた主体的認識行為であり、*習性であるが、それは隣人に向けられ、徳となって完成されなければならない。愛徳によって完全なものとなった信仰は、第一義的に神に向けられているかぎりにおいて、人間に義認の恩恵を与える。信仰は理性的行為であっても救いそのものに関しては確実性の予想であるから、希望によって絶対的救いの確実性を目指す。

*ドゥンス・スコトゥスは、信仰の確実性を形而上学的に保証しようとする試みを不充分とみなし、信仰の絶対性を確保しようとして、「信仰は思弁的習性ではなく、実践的習性である」と説いた。神は究極目的であり、神は自分に到達する手段を必ず与えてくれるのであるから、信仰は直接的確実性をもち、超自然的起源をもつ習性である。信仰の行為はすべて「注入された信仰」(fides infusa)であり、教会の教えと宣教を「聞くことによって得られた信仰」(fides acquisita ex auditu)である。教会の教えについては*懐疑が可能であるから、信仰と懐疑とは絶対的に相容れないものではない。

*オッカムは神の存在それ自体を厳密な意味で証明不可能なものであり、自然的思考法では信仰の事柄を証明できないと考えた。神の存在は信仰の対象であり、信仰は肯定的態度、同意である。このような信仰は自然に起こり、心理学的に説明可能な霊魂の「獲得された習性」(habitus acquisitus)である。各信仰箇条への同意の総体が啓示に対する信仰であるが、これは理性的には説明できない。しかし、洗礼において秘跡的に啓示を受け入れる傾向が与えられる。注入された信仰は啓示に対する同意によって現実のものとなり、確実性をもつようになる。オッカムにとって信仰の対象は聖書の啓示と超自然的真理である。

宗教改革者*ルターは習性としての信仰、特性としての恩恵に反対して、信仰を約束としての福音への応答とみなした。人間が信じなければならないのは福音の言葉において訪れる神であり、形而上学的真理の集大成ではない。信仰の源泉は教理ではなく、宣教される言葉であり、信仰を受け入れる器官は耳であり、良心である。神はその言葉によって信仰を呼び起こし、自己に栄誉をもたらし、また人間に救いをもたらす場を自ら設定する。理性は神を神として認めることを欲せず、神の審判と恩恵の提供に対して反逆するが、信仰のみがそれを受け入れる。恩恵は信仰以外の何ものによっても受け入れられず、信仰だけが神との関係を決定づける。信仰によって人間は初めて恵みの神に近づくことができ、神の力を分け与えられる。この関連で良心は自律的ではなく、ただ神からの自分の罪の責めを認める、受け身の姿勢しかとれない。信仰は神の業である。義認は信仰のみによって行われる。キリストへの傾きは秘跡によって準備されるのではなく、言葉によって起こる。信仰に残された唯一の能動的行為は神の約束を捉え、受け入れることであり(fides apprehensiva)、その意味で信仰は信頼の感情である。愛の業が重要なのではなく、「現存するキリスト」(Christus praesens)が信仰の本質である。

*カルヴァンは律法と福音の両方を神の言葉として信仰の基礎・源泉とし、信仰によって初めて罪の認識が可能になると考えた。信仰において聖霊の働きによって神の言葉は従順と*聖化に向けられる。*メランヒトンは義認を*回心に結びつけ、信仰は罪の恐ろしさにおののく人間の良心に神の約束を与え、新しい従順に向かわせるとする。信仰には「歴史的証拠」が必要であり、約束によって照らされた心は信頼で満たされるようになる。したがって信仰は人間の理解能力を照らす神の約束の内容に対する同意であり、信仰は神の掟に基づく倫理的行為を内的従順によって行わせるようになる。

【教理】第2*オランジュ教会会議(529)は信仰の必要性を公に宣言した最初の教会会議である。信仰は始まりにおいても自由な行為であるが、人間の知性を照らす神の恩恵を必要としている。自然の力だけで人は救いに至る業をなしえない(DS 373-95)。信仰は神の慈悲とゆるしへの信頼であるとする宗教改革者たちの考え方に対して、*トリエント公会議は「信仰によって義とされる」の意味を説明し、改革者が教会の伝統的教えに反していることを宣言した(DS 1532-40)。しかし、それは*恩恵論・義認論の枠内で取り上げられたものである。信仰に関する最も重要な宣言は第1*ヴァティカン公会議のカトリック信仰に関する宣言(1870.4.24)である。その第3章、第4章は信仰の必要性、その役割、理性との関係に関して近代的思想の展開に鑑み、広範な対応を示した(DS 3008-20)。信仰は自然的認識とは本質的に異なる認識であり、啓示における神の権威に基づき、神の恩恵の助けによって得られる。だが同時に信仰と理性は補い合いつつ、共に啓示する神に関わる。信仰は論証の科学的・必然的結論ではなく、恩恵に対する同意と協力であるから、自由な人格的行為である。理性は超自然的信仰を必然的に導き出すわけではないから、信仰の本質的原因とはいえない。信仰はすべての人間にとって救いのための必要条件である。人間理性は啓示を認めなければならない。超自然的な賜物として信仰は理性に先行する。信仰の動因として内面的体験は不充分であり、外的しるし、預言、奇跡、特にキリストの復活、*殉教者の英雄的行為、キリスト教の世界的広がり、教会の存在を認めなければならない。

第2*ヴァティカン公会議は、信仰と理性が唯一の真理において一致することを深く究めることを勧め(『キリスト教教育宣言』10項)、信仰者は信仰の証しを現代世界のなかで文化との対話を通して積極的に行い、自らも信仰の理解を求めなければならないと説いている(『現代世界憲章』91-92項参照)。キリストの預言職への参与として信仰者には信仰宣言の義務がある(『教会憲章』12項)。洗礼を通して教会に属することは信仰にとって必要不可欠であり、信仰・希望・愛の共同体に属して初めて信仰は可能となる。信仰はこのような文脈で共同体内の一人ひとりに公平に与えられ、総体としての信仰者は信仰において誤ることがない。第2ヴァティカン公会議の諸文書は信仰を人格的行為と位置づけ、使徒的・教会的伝統によって裏づけながら、信仰の共同体的側面を指摘

して救済史における信仰とし，その使徒的性格のゆえに，*共同体として，また個人として世界への奉仕へと召されていることを強調している．

【近代・現代思想と神学】キリスト教世界は，近代における内部分裂ばかりでなく，思想的にも自然科学の発達がもたらした新しい状況のなかで神と啓示の確実性を証明しなければならなくなった．カトリック神学は，信仰の客観性を説くことで近代的考え方に対応しようとした．

信仰を神への絶対的信頼と従順として自然的理性を退けたプロテスタント神学においても，程度こそ違え，まず啓示の言葉と信仰が，一方では救いに至る客観的手段であり，他方では心理的，主観的プロセスであるというように分離されている．啓蒙主義時代の神学においては，信仰は神の言葉に含まれた理性的真理のもとにあって，理性の進歩に伴い不必要になるものとみなされるようになった．信仰は倫理的に理解され，イエスの宗教をなぞり，引き継ぐものになったのである．*シュライエルマッハーは信頼としての信仰を直接的依存性の感情と規定した．

*ヘルメス，*ギュンターなどのカトリック神学者は*啓蒙思想と*観念論を信仰理解に導入しようとして，教会の排斥に遭い，挫折した．*教導職による外的・客観的な定義に反発して，J. *ラムネー，*ボネッティは内的体験と宗教的直観に信仰を基礎づけようとしたが，それは，外的客観性と結びついた理性を重視する教導職に対して意志を重視した *ロアジらの *近代主義を生み，第1ヴァティカン公会議によって最終的に退けられた．しかし，この考え方が後に*ブロンデルらの具体的宗教表現から信仰を理解しようとした「内在的方法」につながり，さらに人間の実存的生命の諸側面に一貫して存在する内的論理が，信仰による超越的存在の肯定を要求するという説明にもつながっている．

プロテスタント神学界では第1次世界大戦直後，*自由主義神学に反発して *弁証法神学が台頭し，信仰をあえて決断する行為とした *キルケゴールの考えを発展させた信仰理解を打ち出した．K. *バルトは信仰は宗教ではなく，人間の宗教性が危機に直面し，神の審判に直面するときを直観するものとし，*ブルトマンは信仰はイエスの呼びかけに対して実存的決断をする行為であるとした．哲学者 *ヤスパース，*マルセル，*ブーバー，*ヴェルテから神学者 *ティリヒ，*エーベリング，K. *ラーナーを含む人々は，客観的内容に対する同意ではなく，人間の人格を賭けて，暗黒のなかであえて行う実存的決断として信仰を捉えたといえよう．カトリック神学者は，信仰内容や教会性を否定するのではなく，それらが人格的決断の背景であるとともに，そのうちに含まれるとする傾向をもっている．第2ヴァティカン公会議の諸文書およびそれに触発されたカトリック神学は，信仰と救済史の結びつきを聖書的に表現するとともに，信仰が人間に解放をもたらすということに注目している．

【組織神学的考察】信仰は超自然的賜物である．希望，愛とともに伝統的に三大対神徳の一つであり，またその基礎，救いをもたらす行為である．キリスト教理解における信仰は，神が自己を明らかにした啓示に結びつけられて，神に対し人間の全存在を向けることである．それは神の恩恵によってのみ可能となる人間の自由意志に基づく自己完成であり，救いのために必要不可欠な行為である．それゆえ，信仰の行為は神の前に人が義とされる義認の始まりであり，基礎である．信仰を通して人は神の意志と一致し，永遠の生命の保証を得る．そして聖霊によって与えられる「信仰の光」によって，自然的次元の事柄を「永遠の相」のもとに理解できるようになるのである．

信仰は非理性的な感情的行為ではなく，理性に基づき，しかも理性が指し示すものであるが，それが啓示の光によって照らされ，聖霊の内的導きによって高められなければ理解できない行為である．究極的には信仰の確実性は自らを啓示する神とその神が真理であることに基づき，理性による論証と体系化が可能なものである．信仰の確実性の根拠という主題は，カトリック神学では伝統的に「信仰の解明」(analysis fidei) として取り上げられてきた．人格から遊離して実体化された信仰が存在するわけではなく，信仰は人間が聖霊を通して開かれた人格を与えられることであり，恩恵の助けによって，イエス・キリストに示された神の救いの意志を認識し，それに自由に従うことである．信仰は地上では感覚的に捉えられず，思考的にはるか遠くから近づくことができても，*至福直観のときまで神秘であり続ける．しかし信仰は，キリストにおいて決定的，終末論的に与えられた*神の自己譲与である愛に全身全霊をもって応えることであるから，当然希望と愛につながっている．信仰は神に向けられた自己を開き，決定する行為であり，その持続的特性からいって超自然的徳であるが，まさに人間を根源から神へと向けるものであり，呼びかけに対して一人の人間として恐れず肯定的に「あなた」と神に応えることである．

同時に，それによって人間は神に応える責任をもつものとなる．もし神の恩恵の呼びかけに全意識を傾けて応えないならば人格は全うされない．そればかりでなく，その責任は他者である隣人との交わりに向けられなければならない．これは，「信仰を完成させた信仰者」であるイエスが，その生涯の宣教における神への奉仕と隣人への奉仕，とりわけ十字架による贖罪と救いという，全人類に対する奉仕を通して示した神への奉仕に倣うことだからである．したがって信仰とは他の信仰者との交わりと責任関係における教会的信仰であり，それを通して三位一体の神の内的生命における交わりに関わっていくことであり，神の三位一体性のこの世界におけるしるしである．それは教会の内部のみで問われる責任ではなく，世界と全人類に対して責任を負い連帯するものでなければならない．第2ヴァティカン公会議後のカトリック神学はこのことをますます深く悟るようになったが，信仰理解をこの視点からさらに一層解明する必要に迫られていると思われる．

【文献】キ大 563-64; 現カ 342; 旧新約聖書大 631-32; LThK² 4: 913-31; LThK³ 4: 666-92; RGG³ 2: 1586-1611; SM(D) 2: 390-409; SM(E) 2: 310-26; HthG 1: 528-48; NHthG 2: 91-109; DSp 5: 529-603; TDOT 1: 292-323; TDNT 6: 174-228; ThWNT 6: 174-230; BL 578-83; HDG 1/2 a, b.; HWP 3: 627-45; 高柳俊一「キリスト論と信仰」カ神 13 (1974) 196-219; J. H. NEWMAN, *An essey in aid of grammar of assent* (London 1870); P. ROUSSELOT, "Les yeux de la foi," RSR 1 (1910) 241-59, 444-75; M. C. D'ARCY, *The Nature of Belief* (London 1931); A. STOLZ, *Glaubensgnade und Glaubenslicht nach Thomas von Aquin* (Roma 1933); G. ENGLHARDT, *Die Entwicklung der dogmatischen Glaubenspsychologie in der mittelalterlichen Scholastik* (Münster 1933); K. RAHNER, *Hörer des Wortes* (München 1941); G. DE BROGLIE, *Pour une théorie rationelle de l'acte de foi*, 3 v. (Paris 1955); K. RAHNER, "Über die Möglichkeit des Glaubens heute," Rahner Sch 5: 11-32; ID., "Was heißt heute an Jesus Christus glauben?," ibid. 13: 172-87; ID., "Glaube als Mut," ibid. 252-68; ID., "Zur Situation des Glaubens," ibid. 14: 23-47; R. AUBERT, *Le Problème de l'acte de foi* (Louvain 1945); H. U. VON BALTHASAR, *Sponsa Verbi*, Skizzen zur Theologie 2 (Einsiedeln 1960); J. PIEPER, *Über den Glauben* (München 1962); U. GERBER, *Katholischer Glaubensbegriff* (Gütersloh 1966); F. KERSTIENS, *Die Hoffnungsstruktur der Glaubens* (Mainz 1969); H. J. POTTMEYER, *Der Glaube vor dem Anspruch der Wissenschaft* (Freiburg 1968); G. EBELING, *Wort und Glaube*, 3 v. (Tübingen 1960, ³1967-75); ID., *Das Wesen des christlichen Glaubens* (Gütersloh 1959, ⁴1977); P. KNAUER, *Verantwortung des Glaubens. Ein Gespräch mit G. Ebeling aus katholischer Sicht* (Frankfurt 1969); B. WELTE, *Was ist Glauben?* (Freiburg 1982); B. HÄRING, *Frei in Christus*, v. 1 (Freiburg 1980); M. KEHL, *Hinführung zum christlichen Glauben* (Mainz 1984); R. SCHNACKENBURG, *Die sittliche Botschaft des Neuen Testaments*, 2 v. (Freiburg 1986). （高柳俊一）

じんこう　人効 → エクス・オペレ・オペラート―エクス・オペレ・オペランティス

しんこうかくせいうんどう　信仰覚醒運動〔英〕revivals of religion,〔独〕Erweckungsbewegung,〔仏〕revivalisme　一般的には沈滞していた宗教および信仰が復興ないしは覚醒する現象が次から次へと起こり,広がっていく運動を指す. プロテスタントの歴史的用語としては18世紀前半にほとんど同時代的にドイツ, イギリスおよびアメリカで起こった一連の信仰覚醒運動を指す. まずドイツで*ツィンツェンドルフを中心とする*敬虔主義の運動が起こった. 彼はもともと敬虔派の人であったが, ボヘミアで迫害されてザクセンに移住してきたモラヴィア派の人々を迎えて保護し, ヘルンフートに*モラヴィア兄弟団の教会を設立した. 当時のプロテスタント正統主義の教理主義や主知主義に反対して, 心の宗教や信仰の感情的側面を強調して多くの人々の信仰を覚醒させた. 同じ頃, 新大陸のアメリカでは*エドワーズや*ホイットフィールドを指導者とする信仰大覚醒運動が起こった. *ピューリタンの*神政政治が1世紀続いたニュー・イングランドで, 2代目や3代目の人々の宗教生活が形式化し, 道徳も低下していたとき, エドワーズらは*神の怒りと悔い改めを説き, 信仰的覚醒と道徳的再生が多くの人々の間に起こった. その頃, ジョージアでの伝道に失敗し, イギリスに戻ったJ. *ウェスリは心の燃える*回心の体験をしたが, モラヴィア派をヘルンフートに訪ねて確信を与えられた. その後イギリス全土を旅行して路傍説教を続け, 名目的なイングランド国教会(→聖公会)の教会員であった多くの大衆を回心させ, 後に*メソジスト教会となる信仰覚醒運動を起こした. 以上の歴史的運動を典型として, その後, 特にアメリカで時々, いわゆるリバイバル運動が起こる. 何千何万という大衆を集めて, 悔い改めを迫り, 信仰に入る決断を促すものである. 19世紀の*ムーディ, 20世紀のグラハム (Billy Graham, 1918-　) が有名なリバイバリストであるが, 特に後者は各国でリバイバル集会を開いた. （古屋安雄）

しんこうかくせいしんがく　信仰覚醒神学〔独〕Erweckungstheologie　19世紀の初めに*シュライエルマッハーの感化を受けた*ネアンダー, さらにその影響を受けたトールック (Friedrich August Gottreu Tholuck, 1799-1877) などの主張したプロテスタントの神学を指す.

*信仰覚醒運動や*敬虔主義に近い神学であるから, 思弁的な*正統主義, 主知主義に反対して心や感情, 罪の悔い改めと回心, 聖霊による再生や新生を強調する. 特にネアンダーは「神学するのは心である」といって「心の神学」(Pectoral-Theologie) を主張し, トールックは東洋の神秘主義にも関心をもったが, それぞれ教会史や聖書注解の著作を通じて, 当時の学生や信徒たちの信仰の覚醒に深い影響を与えた. （古屋安雄）

しんこうきしだん　信仰騎士団〔仏〕Chevaliers de la Foi,〔英〕Knights of the Faith,〔独〕Glaubensritter　カトリック王党秘密結社. 創始者はベルティエ (Ferdinand de Bertier). パリの知事であった彼の父親は, 1789年7月22日に暴徒によって殺された. ベルティエは*フランス革命は*フリーメイソンに責任があるとし, 1810年独自のやり方で戦うために反フリーメイソンの信仰騎士団を設立した. 会員はフランスの各行政機関において団結して働き, *騎士修道会としての認可を望んだが教皇から認められることなく, ついに1826年1月に解散した.

【文献】NCE 8: 211; キ史² 8: 331. （伊従信子）

しんこうきじゅん　信仰基準〔ラ〕regula fidei　すべての誤った教えから正しい信仰を区別し, それを守り, 啓示された真理を信ずべき教えとして示す基準. 神の*啓示を含んでいる聖書と*伝承は信仰の究極的基準, 教会の*教導職の教えは直接的基準といわれる. *信条や*信仰宣言は信ずべき教えとしてこれらの基準によって形成される.

【教理史】教会の歴史のなかで*教理が生まれるのにはそれなりの動機があった. まず正しい信仰を*異端の誤りから守ろうとする努力から教理が生まれた. いわば護教的動機から信条といった形式をもつ教理が作り出された. *パウロは*復活についての正しい教えのために, 信仰宣言の形式をもつ, ごく初期的なものを与えている. 「最も大切なこととしてわたしがあなたがたに伝えたのは, わたしも受けたものです. すなわち, キリストが, 聖書に書いてあるとおりわたしたちの罪のために死んだこと, 葬られたこと, また, 聖書に書いてあるとおり三日目に復活したこと」「キリストが復活しなかったのなら, あなたがたの信仰はむなしく, あなたがたは今もなお罪の中にあることになります」(1コリ15: 3-5, 17).

次に, 時代がたつにつれて, 信仰生活を力強く営むために聖書を読むだけでなく, これに説明を加え, 解釈し, 大切なところを強調する必要が出てきた. そのために聖書に記されている救いの教えを本質的な点に短くまとめ上げた信条や信仰宣言が作られた. また教会では, 共同体の典礼のためにも, 個人としての祈りのためにも, 信仰を表す信仰宣言の一定の形式が必要となった. さらにこの信仰宣言の成立には, 別の理由, すなわち救いのわざのゆえに神を賛美する形のものも加わった. それは神の救いの神秘をいつも身近に思い起こし, これを褒め称えようとするものである.

教会の歴史のなかでみられるこのような動機に従って，啓示された真理を，信条や信仰宣言の形式などで，信ずべき教えとして示すのが信仰基準である．

【神学的解明】教理は教会における *信仰生活のためにどうしても欠くことのできない必要性から生まれた．この教理成立のために教会の教導職が与える教えが信仰の直接的基準として大きな役割を果たす．

イエスは教会の存続の礎である *十二使徒に *権威を与えた．その頭 *ペトロには天国の門を開閉する管理者責任と，規律や教理上の問題に関する権威の行使とが委ねられる (マタ 16:18-19)．他の使徒たちにも，*最後の晩餐で命じられた行い (*エウカリスティア) を繰り返すこと (ルカ 22:19) 以外に，特に「良心の問題に関して「つないだり解いたりする」責務が課せられる (*繋釈権．マタ 18:18, ヨハ 20:22-23)．これらのことは，教会が一定の制度をもつ可見的社会であり，地上に *神の国を開くものであることを意味している．このようにして教会は *キリストの現存を永続させ，命とゆるしの泉として存在していく．

イエスの考えでは，教会のこのような使命は世が存続するかぎり続けられるべきものである．イエスは復活のあと使徒たちに教えを説き，*洗礼を授け，教導する義務を負わせると同時に，自分が世の終わりまでつねに彼らと共にいることを約束した (マタ 28:20)．これは彼が授ける *権能が，使徒たちの死後も永久に存続することを意味している．*初代教会の信者たちもこのように理解していた．かくして使徒の権能は，使徒たちが選び，*按手によって聖別した指導者によって (2 テモ 1:6)，いつまでも行使されることになる．このようにして教会には，キリスト自身によって教導職が委ねられた．

ところで，啓示を含んでいる聖書と伝承は *信仰の遺産であり，聖なる委託物である．委託物いわば神からの預り物であるから，直接にそれぞれの人の勝手に任されているものではなく，あたかも管理人のもとに置かれているものである．それでこの管理人を通して宛てられた人々に届けられなければならない．この聖なる委託物，信仰の遺産を守るために，*神の民全体，すなわち牧者と民の一致が必要となる．牧者も民も共にこの信仰の委託物を守り，それを実践して父なる神に証言しなければならない．

信仰の遺産である聖書と伝承を権威をもって解釈する役目は教会の教導職の職務である．いうまでもなく，聖書を読んで正しく解釈することは誰にでも可能であるが，しかしその解釈をキリストの名をもって公認し，信ずべきものとして公言する権利と役割はもっぱら教導職に限られる．特に神の民が信じかつ保持しなければならない教理に関して，共同体内に不一致が生じたり広がったりするとき，この教導職の介入と助けが必要になる．それは神の民が主の一つの体のうちに，唯一の信仰の交わりを失わないためである (エフェ 4:4-5)．このようにして，キリストから教会に委ねられた生きた教導職は，啓示された真理を，歴史を通じて，キリスト者の信仰と生活の規範として与え，教会のなかでつねに正しい信仰を保持していくのである．

【文献】P. GRELOT, *Problèmes de morale fondamentale* (Paris 1982); ID., *Eglise et ministères* (Paris 1983).

（高木善行）

しんこうこうふかい　信仰弘布会〔ラ〕Opus Pontificium a Propagatione Fidei

【概要】教皇庁宣教援助事業 (〔ラ〕Pontificia Opera Missionaria) の一部門 (→ 宣教事業後援会)．この事業は，宣教地における宣教者の活動を支えるための普遍教会ならびに地方教会の機関であり，神の民の宣教意識の高揚，教会間の相互援助と霊的富，物質的資源や使徒的人材の交流を推進することを目的としている．この事業には，ほかに宣教地司祭育成会 (Opus Pontificium a Sancto Petro Apostolo)，児童福祉会 (Opus Pontificium a Sancta Infantia)，宣教師連盟 (Pontifica Unio Missionalis Cleri) がある．

信仰弘布会は，(1) 神の民のあらゆる層に，世界的規模の福音宣教への関心を呼び起こし，(2) 世界の福音化のために，霊的・物質的援助と使徒的人材の交流を，各地の地方教会の間に推進することを目指す．

【起源】この会のそもそもの起こりは，一フランス人女性の直感にあった．*ジャリコは，フランスの教会の海外宣教活動が *フランス革命のために援助が断ち切られ大きな困難のなかにあるとき，すべての宣教活動を一つの機関によって支援すべきだという考えを抱いた．この会が設立されるにあたって三つの段階があった．最初は，海外宣教における *宣教師の指導者たちの提案によって，宣教のために祈りと善業を捧げる会を始めることであった (1818-19)．次いで，会が組織された (1819-22)．*リヨンの司祭のなかには，このような会に協力することに反対する者もいたが，強力な支持者たちのおかげで，宣教活動を物質的に援助するために会は成長し続けた．第三の段階として 1822 年 5 月に，アメリカのルイジアナで働く宣教師を支援するための会議が開かれ，革命後のフランスで愛の実践によって活躍していた人々も参加した．そこで，普遍的つまりカトリック的に会を設立すべきという基本線が承認された．

【会の歩み】会はフランス全土に広がったが，1823 年 3 月教皇 *ピウス 7 世によって正式に承認され，1826 年には国際的な会に成長し，1836 年頃までにはヨーロッパのほとんどの国に設立された．1922 年までは，リヨンとパリの中央委員会がすべての援助金の分配を決定していたが，宣教地の実情に疎い信徒たちの判断には限界があるとの不満が出された．*ピウス 11 世は，ついに *教皇自発教令『ロマノールム・ポンティフィクム』(Romanorum Pontificum, 1922) によって，この会を教皇庁のものとし，布教聖省 (現福音宣教省) と聖職者で構成される総会議によって運営される機構としてローマに本部を置くことにした．

【組織】信仰弘布会は，会の活動に参加している国々から教皇によって選ばれた最高会議 (Consilium Superius) によって管理運営がなされ，そのうえに福音宣教省の書記長がいる．各国の担当者ならびに各教区の担当者は総会議に所属する．各国の担当者は福音宣教省の任命によって選ばれるが，各教区の担当者は司教によって任命される．援助金の分配はこの総会議によって決定される．

この機構が目指しているのは，単なる物質的援助ではないので，今後特に求められるのは，教会全体が福音宣教の使命にどのように取り組むことができるかという基本的養成と実践にあるといえよう．

【文献】NCE 11: 844-46; PIUS XI, "Romanorum Pontificum," AAS 14 (1922) 321; ID., "Rerum Ecclesiae," AAS 18 (1926) 65.

（佐々木博）

しんこうこくはく　信仰告白〔ラ〕confessio fidei,

しんこうこくはく

〔英〕confession of faith, 〔独〕Glaubensbekenntnis, 〔仏〕confession de foi

【概要】「信仰告白」は，(1) 自らの *信仰を公に表明するという行為もしくは生き方と，(2) 表明された信仰内容(*信条もしくは信経，そして *信仰告白文書)との双方を意味しうる．いかなる宗教においても，内的な信仰は外的に表明されて初めて伝達可能となり，社会的意義をもつようになる．したがって当然，信仰告白の行為は成文化を志向し，成文化された信条は時空の制約を越えて伝達され，礼拝儀式や宗教教育や宣教活動に用いられ，自らの信仰共同体の自己同一性を確立する規範となるものである．

特にユダヤ教やキリスト教においては，信仰告白は重要な役割を果たした．すでに聖書のなかにはイスラエル民族や原始のキリスト教会の信仰告白が確認される．また後のキリスト教の歴史においても，信仰告白は礼拝や要理教育や宣教のために定式化され，また *異端との戦いにおいて正統信仰の保持のために新たに形成され，特に *宗教改革以後はそれぞれの教派の自己確立のためにさまざまに展開されてきた(→ 要理と要理教育)．

【聖書】旧約聖書には，イスラエルの民が神の特別の *選びと導きに対する感謝を，さまざまな儀式のなかで公的な形で表明したことを窺わせるテクストが散在している．イスラエルは「ヤハウェこそ我々の神である」と告白し，他の神々を退ける決意を繰り返し表明した．それは，神の救いの業，なかでもエジプトの隷属状態から救い出された経験に基づき，神の特別の選びに対して忠実をもって応えようとするものである．したがって，その信仰告白が具体的な神の救いの業の歴史的な叙述を通してなされることに特徴がある．例えば申命記(6: 20-24; 26: 5-9)やヨシュア記(24: 2-13)などはその典型的な例で，旧約聖書学者 *ラートはこれを「救済史的信仰告白」と呼んでいる．おそらく当時すでに *賛歌や教訓などの形をとった公的な *救済史の叙述が存在し，儀式のなかで唱えられていたのであろう．

新約聖書にみられる特徴は，イスラエルの伝統に共通な創造主なる神への信仰告白と並んで，キリスト教信仰の独自性を形づくる主イエス・キリストへの信仰が明白に表明されていることである．福音書は，すでに生前のイエスと弟子たちとの出会いの物語に後の原始教会の信仰を重ね合わせて，弟子たちの口を通して「あなたはメシア，生ける神の子です」(マタ 16: 16 および並行箇所，ヨハ 1: 49; 6: 68-69; 11: 27 等参照)と語らせている．また，「だれでも人々の前で自分をわたしの仲間であると言い表す者は，わたしも天の父の前で，その人をわたしの仲間であると言い表す」(マタ 10: 32)といわれるように，人々の前で信仰を表明することが求められている．原始のキリスト教会は，ユダヤ教や周囲の社会からの迫害のなかで，あえてイエス・キリストへの信仰を告白した(ヨハ 9: 22; 12: 42 等参照)．

また使徒文書の記述のなかには，原始教会が主イエス・キリストへの信仰を短い文章に定式化し，賛歌として編み，これを礼拝のなかで唱えたり，信仰の規範として入門者の教育や宣教に用いたりしたことを推測させる数多くの断片的テクストが確認される(フィリ 2: 6-11; コロ 1: 15-20 等参照)．パウロは主イエスへの信仰の表明を救いを得るために必要不可欠のこととみなして，「口でイエスは主であると公に言い表し，心で神がイエスを死者のなかから復活させられたと信じるなら，あなたは救われる」(ロマ 10: 9)と述べている．

【教会の伝統】キリスト教がヘレニズム世界にもたらされるにつれ，さまざまな異質の文化的・宗教的伝統との対決を余儀なくされたのは当然の成り行きである．教会はイエス・キリストへの原初の信仰を純粋に守るために *信仰基準(〔ラ〕regula fidei)を定式化しただけでなく，これをそれぞれの時代と民族の言語と精神性にのっとって表現し直さなければならなかった．*教会会議や教会の *教導職によって公認された信仰内容の定式は「信条」もしくは「信経」と呼ばれ，古代の文献にさまざまな形式のものが存在したことが確認されている(DS 1-76 参照)．

325 年第 1 *ニカイア公会議で *アレイオスの異端を反駁するために宣言された信仰告白は，*カイサレイア教会の洗礼式のなかで唱えられていた信仰告白(DS 40)を基にしており，初めて聖書にはないギリシア哲学の概念を用いてイエス・キリストの本質を「父と *同一本質のもの」(ホモウシオス)として規定する(DS 125)．381 年の第 2 *コンスタンティノポリス公会議において補足され，後に *ニカイア・コンスタンティノポリス信条として，今日に至るまでキリスト教諸教派の最も中心的な信仰告白の一つとされている(DS 150)．この信条は初めは東方教会で，また 6 世紀には西方教会で洗礼式の信仰告白として用いられ，また聖餐式に取り入れられるようになった．ただし，「父から発出」するものとされていた聖霊に関する箇所は，西方教会では「*フィリオクェ」が付加されて「父と子とから発出」するものとされたために，東方教会と西方教会との間の論争の種となった(→ 聖霊発出論争)．ラテン語の冒頭の言葉は「クレド」(credo, 私は信じる)で始まり，多くの音楽家たちによってさまざまに作曲されている．日本でもベートーヴェンやモーツァルトの *ミサ曲における「クレド」はよく知られている．

ニカイア・コンスタンティノポリス信条と並んで，現代でも古代教会からの伝統を重んじるキリスト教諸教派が大切にしているものに *使徒信条(DS 30)がある．これは *十二使徒の合作であるという伝説に基づいて命名されているが，歴史的には根拠がなく，2 世紀頃には存在した古ローマ信条の変形と考えられている．390 年ミラノ教会会議における *アンブロシウスの書簡に初めてこの名称が登場し，さまざまな変遷を経て 8 世紀に現在の定式文として定着した．主として西方教会において大切にされ，東方教会では知られていないが，プロテスタント諸教会やイングランド国教会(→ 聖公会)においては現代に至るまで尊重されている．ローマ・カトリック教会においては，使徒信条は *トリエント公会議によって要理教育の規範に指定された．16 世紀にキリスト教を日本に伝えた宣教師たちも，この使徒信条を規範として用い，すでに 1591 年(天正 19)に刊行された教理書『*どちりいなきりしたん』には，「けれど」(クレド)，また「ひいですのあるちいご」(信仰の箇条)として邦訳されている．

そのほかに古代教会の信条として知られているものに *アタナシオス信条(DS 75-76)がある．これは *アタナシオスの作と言い伝えられているが，歴史的には西方で 5 世紀頃に作成されたもので，ラテン語を原文としている．特に典礼のなかに用いられた．

カトリック教会では，*主日や *祭日のミサのなかで聖書の朗読と説教の後に信仰宣言を唱える慣習があるが，第 2 *ヴァティカン公会議によるミサ式文の国語化(→ 典礼言語)の動きのなかで，日本の教会ではニカイ

ア・コンスタンティノポリス信条よりも，簡潔な洗礼式の信仰告白を好んで用いているのが現状である.

【宗教改革の教会】近代精神と自己意識の確立にともない，信仰告白は特にキリスト者の主体的な信仰を強調するプロテスタント諸教会で，重要な役割を果たすものとなった．とりわけ独自の聖書解釈により伝統的な教会から独立していった諸教会は，自らの教会を他と区別する印として次々と新たな信仰告白を定式化した．宗教的・政治的な外圧に抗して独自の信仰を表明することはしばしば命懸けであり，信仰告白は非常に実存的な意義を有するようになった.

最も古典的なものは，*アウグスブルク信仰告白である．これは1530年ドイツ皇帝 *カール5世によって召集された *アウグスブルク帝国議会で，ルター派の教会の信仰内容として表明された文書である．*ルターの同志 *メランヒトンによって起草され，もともと信仰上の相違を解消し，教会的一致を回復することを目的としていたものであったが，教皇派の厳しい反駁に遭い，政治的抗争が絡んで，後には皮肉にもローマ教会に対抗するルター派教会の旗印の役割を果たすようになった．しかし，現代の *教会一致促進運動の気運のなかで，ローマ・カトリック教会のなかにもこの信仰告白を正統なキリスト教信仰の表明として高く評価する動きが出てきている.

ルター派教会はローマ・カトリック教会のみならず，後に起こったカルヴァン派（→カルヴィニズム）の教会との神学的論争のなかで，独自の信仰的・教理的立場を明らかにすべく，1577年には *和協信条を作成し，さらに1580年には古代教会の三つの主要信条とアウグスブルク信仰告白とその弁証，ルターの大・小教理問答書，*シュマルカルデン条項，和協信条の宗教改革の6文書を合わせて *『和協信条書』（『一致信条書』）として刊行した.

カルヴァンの宗教改革とその流れを汲む *改革派教会では，教理的な拘束が自由なだけに信仰告白はつねに改編され，新たに作成され，多くの地方教会の告白文書が形成された．そのなかでも，改革派教会の原点ともいうべき1536年のカルヴァンによる *ジュネーヴ一致信条，ドイツ国内の改革派教会の旗印となった1554年の *ハイデルベルク教理問答，スコットランドを中心に発展した *長老派教会がイングランド国教会の弾圧に対抗して表明した1647年の *ウェストミンスター信仰告白などは，その後の諸教派の展開に大きな影響を与えたものとして知られている.

改革派教会とイングランド国教会から派生した諸教会，特に *バプテスト教会は，さまざまな迫害の経験を通じて独自の信仰告白を教会の存亡に関わるものとして重要視するようになった．1644年の第1ロンドン信仰告白，1742年のフィラデルフィア信仰告白，1833年のニューハンプシャー信仰告白などが，歴史を画するものとして知られている.

現代日本における最大のプロテスタント合同教会である *日本基督教団は，1954年（昭和29）第8回総会において独自の信仰告白を制定し，これを使徒信条とともに規範として用いている.

【現代の教会】現代のキリスト教諸教会の信仰告白は，異端との戦いにおいて正統信仰の規範として教理を定式化することよりも，むしろ現代世界に対してキリスト者の生き方を表明し福音の証しを立てること，あるいは古来の信条の時代的制約を負った用語から自由になって現代人に理解できる形で信仰を提示することを関心事としている．その最も顕著なものは，1934年 *ドイツ福音主義教会の *バルメン宣言である．*ニーメラーやK. *バルトの指導のもとに *告白教会を形成した人々は，*ナチズムの不当な干渉に対抗し，純粋な *福音主義を守ろうとして戦った.

カトリック教会では第2ヴァティカン公会議の後，現代世界の新しい状況に対して信仰の真髄を提示することの必要性が呼ばれ，さまざまな試みがなされた．1968年の教皇 *パウルス6世による「神の民のクレド」や，1975年に西独カトリック教会会議が *ヴュルツブルクで宣言した「我々の希望」などが代表的なものである.

【文献】LThK² 2: 142-46; 4: 935-39; RGG³ 1: 988-1009; 北森嘉蔵『日本基督教団信仰告白解説』（日本基督教団出版局 1955）; O. クルマン『原始教会の信仰告白』由木康訳（新教出版社 1957）: O. CULLMANN, *Die ersten christlichen Glaubensbekenntnisse* (Zollikon 1943); K. ラーナー「キリスト教の新しい基本的信条」『神学ダイジェスト』28 (1972) 4-14: K. RAHNER, "Reflexion zur Problematik einer Kurzformel des Glaubens," Rahner Sch 9: 242-256; R. マルレ「現代人の信仰告白を試みて」『神学ダイジェスト』36 (1974) 38-48: R. MARLÉ, "Une confession de foi pour notre temps?," ET 337 (1972) 447-458; 西独カトリック教会会議「われわれの希望」『神学ダイジェスト』43 (1977) 22-36; W. ニーゼル『福音と諸教会—信条学教本』渡辺信夫訳（改革社 1978）: W. NIESEL, *Das Evangelium und die Kirchen: Ein Lehrbuch der Symbolik* (Neukirchen 1960); 石居正己, 徳善義和『アウグスブルク信仰告白とその解説』（聖文舎 1979）; 斎藤剛毅編『バプテストの信仰告白』（ヨルダン社 1980）; P. ヤコブス『改革主義信条の神学』池永倫明訳（新教出版社 1981）: P. JAKOBS, *Theologie reformierter Bekenntnisschriften in Grundzügen* (Neukirchen 1959); K. ラーナー『キリスト教とは何か』百瀬文晃訳（エンデルレ書店 1981) 588-602: K. RAHNER, *Grundkurs des Glaubens* (Freiburg 1976); 信条集専門委員会訳『一致信条書』（聖文舎 1982); *Die Bekenntnisschriften der evangelisch-lutherischen Kirche* (Göttingen 1930); パウロ6世『神の民のクレド』デルコル神父訳（世のひかり社 1986); K. RAHNER, "Die Forderung nach einer 'Kurzformel' des christlichen Glaubens," Rahner Sch 8: 153-64; J. N. D. KELLY, *Early Christian Creeds* (London ³1972); D. B. BRYAN, *From Bible to Creed* (Wilmington 1988). （百瀬文晃）

【典礼における信仰告白】典礼においては信仰を告白する行為およびその言葉が重要となる．教会の教えに基づいて基本的な信仰内容を告白（または宣言）する行為（〔ラ〕professio fidei，→信仰宣言）は洗礼式とともに発達し，それが信条成立の源泉となった．教会の正統信条としてニカイア・コンスタンティノポリス信条が承認されると，*東方教会では，5世紀末以降，*ミサにおいて *奉献文の準備段階としてこれが唱和されるようになり，*西方教会でも11世紀までにミサ中の信条の唱和がローマを含む全域に広まり，*聖書朗読に続く部分に定着した．これ以外にも，ミサでは，*聖体拝領前の一同の信仰告白があり，また個々人が聖体を受けるときに「キリストのからだ」という言葉に対して「アーメン」と答えることも重要な信仰告白である.

【文献】J. A. ユングマン『ミサ』福地幹男訳（オリエンス宗教研究所 1992）: J. A. JUNGMANN, *The Mass* (Col-

しんこうこくはく〔キリストろんてき〕

legeville 1976).　　　　　　　　　（石井祥裕）

しんこうこくはく〔キリストろんてき〕　信仰告白〔キリスト論的〕　〔英〕Christological creed, 〔独〕christologische Glaubensbekenntnis, 〔仏〕credo christologique　信仰告白は，まず神体験が言葉によって実存的に表明されることに始まり，次いで一定の表現形式に定着し，その過程は最終的に*信条として固定し結実する．聖書における信仰告白はこの過程内のものである．申命記26章5-9節は，旧約におけるイスラエルの民の信仰告白の簡潔な形式だとされる．そのほか，*十戒の発布の冒頭の言葉にそれが認められる（出20: 1-3；申5: 6-7; 6: 4-9; 11: 13-21）．信仰告白は実存的神体験から内発的に発せられたものが，教導や礼拝，説教を通して伝えられ，伝統的内容をもち，信仰の基準となる．*詩編は神殿における礼拝の*賛歌に信仰告白が取り込まれたことを暗示する．これらは一貫して*出エジプトにおける神の救いの業と将来の約束を骨子としている．旧約での信仰告白は，唯一神すなわち*ヤハウェを前提にしているが，神の本質や創造主としての唯一の神ではなく，イスラエルの歴史における救い主としての働きが強調されていた（*創造はイスラエルの歴史の背景としての世界の始まりである）．

新約聖書では，信仰告白の内発的である段階が定式によって信仰の基準になった段階から逆に振り返って反省されている．イエスの弟子たちは，父である神とイエスの類例のない結びつきについて復活の出来事のあとで悟り，彼が*神の子，主，キリストであることを霊の働きによって体験し，*ケリュグマを形成した．そして信仰告白は，新約聖書を構成する文書が書かれていった過程で教えられ伝えられる一定の形式と内容をもつものになっていった．*パウロは「しっかり立って，わたしたちが説教や手紙で伝えた教えを固く守り続けなさい」（2テサ2: 15）と述べ，「あなたがたは，かつては罪の奴隷でしたが，今は伝えられた教えの規範を受け入れ，それに心から従うようになった」（ロマ6: 17）といっている．コロサイ書2章7節は「キリストに根を下ろして造り上げられ，教えられたとおりの信仰をしっかり守る」ように諭し，エフェソ書4章5-6節は「主は一人，信仰は一つ，洗礼は一つ，すべてのものの父である神は唯一であって，すべてのものの上にあり，すべてのものを通して働き，すべてのものの内におられます」と述べている．ヘブライ書4章14節では「わたしたちには，……大祭司，神の子イエスが与えられているのですから，わたしたちの公に言い表している信仰をしっかり保とうではありませんか」と信者を勇気づけている．使徒言行録は，信仰告白が*洗礼を受けるために必要であることを幾度か暗示している．同書8章26-38節では，宦官がフィリポに対して，「イエス・キリストは神の子であると信じます」（8: 37）と宣言して洗礼を受けている．また，16章14-15節では，家族とともに洗礼を受けたリディアという婦人が「私が主を信じる者だとお思いでしたら」その家に泊まるようにと願っている．ローマ書10章9節にある，「口でイエスは主であると公に言い表し，心で神がイエスを死者の中から復活させられたと信じるなら，あなたは救われる」という言葉は，信条の存在を示唆している．同じくエフェソ書1章13節の「あなたがたもまた，キリストにおいて，真理の言葉，救いをもたらす福音を聞き，そして信じて，約束された聖霊で証印を押されたのです」という言葉は，すでに洗礼に際して定式化された信条があり，それを受け入れることが洗礼の前提であったことを暗示している．マタイ書28章19節は*三位一体を思わせるものだが，新約聖書における信仰告白は「子」を中心とし，イエスがキリストであることを宣言するものである（ロマ1: 1-4；フィリ2: 6-11；コロ1: 15-20参照）．

【文献】ISBE 1: 805-812; O. CULLMANN, *Les premières confessions de foi Chrétiennes* (Paris 1948); J. N. D. KELLY, *Early Christian Creeds* (London ³1972).

（高柳俊一）

しんこうこくはくぶんしょ　信仰告白文書　〔英・仏〕confessions, 〔独〕Bekenntnisschriften　キリスト教は新約聖書の証言以来，イエスをキリストと告白する信仰の承認，讃美としての*信仰告白と，これを基礎として，異なる信仰に対するという特徴をもつ．このような特徴は，例えばキリスト論的称号（マコ8: 29；ヨハ1: 14-1: 34 等），*キリスト賛歌（フィリ2: 5-11）などにみられる．

初代教会では洗礼受領者のための信仰定式の形で，*異教と*異端に対して一線を画する箇条が形成され，2世紀半ばの*ローマ信条から，6-7世紀ガリア地方で確認される，いわゆる*使徒信条に至る系譜が確認される．これが教会の公式な決定の形をとったものが，*三位一体の論争を契機とする325年の*ニカイア公会議，381年の第1*コンスタンティノポリス公会議において決定されたコンスタンティノポリス信条（通称*ニカイア・コンスタンティノポリス信条）である．

【宗教改革】*宗教改革は信仰告白文書の時代でもある．宗教改革の諸陣営はさまざまな機会に，文書の形で信仰的・神学的立場を明らかにし，それを直接，間接の形で「信仰告白」（〔ラ〕confessio, 〔独〕Bekenntnis）と呼んだ．教会の正統信仰の伝統に立ちつつ，教会改革の信仰，神学，実践を明示しようと努めたのである．

【ルター教会】*ルターとその同調者たちの信仰と神学に賛同する諸侯，都市代表が，*カール5世の求めを受けて*アウグスブルク帝国議会に提出したのが，*アウグスブルク信仰告白（1530）である．これを起草した*メランヒトンは，帝国議会で朗読されたカトリック神学者たちによる『駁論』(Confutatio) に応えて，さらに*『アウグスブルク信仰告白の弁証』を書いた．これと並んで，その前年1529年に公にされたルターの『大教理問答』と『小教理問答』も，しだいに重要な役割を果たすようになる．その後ルターは，1537年に，マントヴァ(Mantova)に招集された教会会議への提出を考えて，*シュマルカルデン条項を執筆し，カトリック教会との共通点と相違点を一層明瞭にした．並行して，アウグスブルク信仰告白の補遺を予想してメランヒトンによって『教皇の権能とその優位について』も起草され，シュマルカルデン条項の付属文書の扱いを受けるようになった．その後1550年頃から主としてルター派の神学者たちの間でもたれた神学論争の結着がまとめられて，1577年に*和協信条が成立した．初期の文書は，ルター派内でしだいに重要視され，信仰告白集がさまざまな形で各地で編集されたが，最終的に1580年に*『和協信条書』（『一致信条書』）が三つの古代信条と上述の6文書を収めてまとめられ，ドイツの*ルター教会の信条集となった（北欧のルター教会の多くはここから和協信条を除くものを，自らの信条集としている）．

【改革派教会】*ツヴィングリのチューリヒ改革運動や

*カルヴァンのジュネーヴ改革運動も，必要に応じて文書の形で信仰と神学の立場を明らかにし続けた．しかし，ルター派と異なり，その信条形成は各地で独自に行われたのを特色とし，したがって*改革派教会の信条集と呼びうるものはないが，共通した神学的傾向は確認できる．

宗教改革に対して，*カトリック改革と対抗改革を果たした*トリエント公会議の教令や教規は，これら信仰告白文書に匹敵する意義をもつものであろうし，『トリエント公会議信仰宣言基準』(1564, DS 1862-70)はその意図を一層鮮明にしている．

【文献】M. ルター他『一致信条書』徳善義和他訳（聖文舎 1982); P. SCHAFF, *The Creeds of Christendom* (New York 1979). （徳善義和）

しんこうしゅぎ　信仰主義　〔英〕fideism,〔独〕Fideismus,〔仏〕fidéisme

ラテン語の fides（信仰）に由来し，神存在，霊魂の不滅性，*啓示の事実性および道徳原理等に関して人間理性の認識能力を過小評価し，*権威による教えをそのまま受け入れなければならないとする立場．信仰主義は*信仰と理性の関係の問題として生まれた．*ストア学派にすでにこのような考え方がみられ，キリスト教の時代では，*テルトゥリアヌスの「不可能ゆえに，確実である」（『キリストの肉体について』5）という言説にみられるが，はっきりしたものは*オッカムの*二重真理説である．オッカムによれば上記の事柄は信仰のみによって認識可能だからである．オッカム主義は全ヨーロッパに広まり，*ルターの*義認を達成するのは「信仰のみ」(*ソーラ・フィデ)とする立場につながる．この立場が L. A. *サバティエによって，聖書は象徴的言語で信仰を表現しているから，信仰は救いに向かう運動であると考えられるとき，信仰主義になる．この立場はプロテスタント神学者によって批判されたが，*キルケゴール，K. *バルト，*ブルトマン等に受け継がれている．カトリックでも*パスカルと*ジャンセニスムに信仰主義が現れ，*マルセルにもみられる．近代になって教会内に現れた信仰主義に対して教導職は，第1*ヴァティカン公会議の教令 (DS 3008-3009, 3026, 3033)，*ピウス12世の回勅*『フマニ・ゲネリス』(DS 3875) 等で対処した．

【文献】LThK² 4: 117-18; NCE 5: 908-10.　（高柳俊一）

じんこうじゅせい　人工受精

【定義】夫婦間の性交によらないで，あらかじめ採取された精液を卵管に移植することによって，人間の受胎を行う技術．広義には*体外受精を含むこともあるが，狭義には夫の側に障害のある場合に行われる上記の技術をいう．配偶者間で行われる人工受精 (Artificial Insemination by Husband, 略称 AIH) と非配偶者間の人工受精 (Artificial Insemination by Donor, 略称 AID) とがある．

【倫理的問題】家畜の品種改良のため開発されたこの技術をそのまま人間に応用するのは，不妊の治療の限界を超えた重大な倫理的問題がある．特に AID は*婚姻・親子の本質を否定する倫理的危険をはらんでいる．AIH であっても，精液の採取にあたって*マスターベーションその他の人工的手段が用いられる点で倫理的問題が生じる．AIH および AID のいずれであれ，人間の生殖に関わる医療の倫理的基準は，医療が夫婦の自然の営みである生殖に技術的に取って代わるべきではないというところにある．およそ医療は人間に仕え助けるためのもので，特に人間の生と死を技術的に処理してはならない．

〔AIH〕夫の側に自然的性交によっては射精液が出ないための不妊治療として正当化し，また配偶者間であるからさして困難な問題も生じないとして，それが許されてよいとの意見もある．しかし，配偶者間であっても AIH は夫婦間の全人格的営みによる子の生殖という人格的一体性を損ない，夫婦の営みと子の生殖の目的－手段関係を分裂させるもので，倫理的に許されない．

〔AID〕この場合，精液の提供者 (Donor) は夫以外の第三者である．それは夫婦間の営みに医療技術により第三者が介入し，生まれてくる子は夫の子ではないという二つの重大な倫理的問題をもたらす．すなわち，一夫一婦制の破壊と，親子（父子）関係の混乱が生じる．AID 以外に不妊の治療方法がないとか，AID は養子よりも半分血のつながりがあるとか，女性には子を産む権利があるなどと唱えて賛成論者は手段を選ばない．AID は，子に対して責任のある人間の生殖とは結婚を通じての夫婦の営みの結果としてのみであり，それが人間の生殖に親と子の人間としての尊厳性を与えることを否定するものである．

【教会の見解】1897年3月17日ヴァティカンの教理省は「人為的受精は許されるか」という質問に答える形で初めてそれを否定する公式的見解を表明した．それがいかなる人工受精をも否定したものかは明らかでない．*ピウス12世は1949年9月29日の第4回国際カトリック医師会での演説で，人工受精は一般的には許されないとした．その後1951年のカトリック助産婦協会での演説，1956年「出産と不妊について」の第2回ナポリ大会での講演，1958年の国際血液学会第7回大会での講演で同じ見解を繰り返している．

これらの機会を通じての教会の一貫した見解は，AID は絶対に認められないというものである．AIH も「夫婦の自然の営みを助けるためか，あるいは通常に従って行われるその行為が目的を保証するためにある種の人為的手段を用いる」場合を除いて許されないとする．その後の生殖技術の発達によって体外受精が可能になり，看過できない状況になったので，教皇庁教理省は1987年に『生命の始まりに関する教書』を発表し，婚姻と人間の生殖の在り方を明確に説いた．一言でいうなら，それは動物とは違う人間の生殖の「人格的性格」への覚醒を訴えたものである．第一は*一夫一妻婚のもとでの子の生殖のみが責任のある人格的親子関係の基盤となりうることであり，第二には夫婦の営みは夫婦が同時に協力して行う人格的行為で，行為自体の本性と性格は互いに与え合うこと（夫婦の一体性）である．人工受精は夫婦の行為がもつこの二つの意味を否定し，夫婦の行為と生殖との人格的関係を分裂させるもので，AID はもとより AIH も認められない．

英国*聖公会はカンタベリ大司教招集の神学者が AIH について検討の結果，生殖の目的に限定されたマスターベーションは罪ではないとの報告書を1948年に提出した．AID に関してはこの報告書では「いかなる第三者も夫婦の排他的結合権と相互権を破るような手段をもってこの結合に入り込む権限を有しない」として AID を否認した．*ルター教会，*メソジスト教会の指導者も AID を非難している．

【法律上の問題】AIH は配偶者間で行われるものであるから，法律上の問題はほとんどない．これに対して

しんこうしん

AID は提供者たる第三者との間で行われるので，さまざまの困難な法律上の問題をもたらす．

第一は AID が姦通罪になるかである．英国には姦通罪はなく，AID を姦通罪とする判例も立法もない．アメリカ合衆国では多くの州が *姦通を刑事上の犯罪とする制定法を有する．1930 年ユタ州裁判所は，姦通は性器の直接結合を要件とするから，AID は姦通罪に該当しないとした．次に，AID が民事上の別居または離婚理由たる不貞行為になるかの問題がある．1921 年のオルフォード事件まで不貞行為は肉体の交渉を要件とするとされていたが，同事件で裁判官は肉体交渉は必要とせず，公序良俗違反に基づいて AID を不貞行為とみなすべきだとの判断を示し，生殖能力を配偶者以外の第三者に提供することが不貞であるとした．これに対し 1958 年のスコットランドのマックレナン事件では，不貞概念を，両当事者がその場におり，性交渉が行われたことに限定すべきだとした．1956 年英国王立委員会の報告は不貞概念を無理に拡張するよりも，AID が離婚理由になるよう立法すべきだと勧告した．

第三の法律上の問題は AID 児の嫡出性についてである．AID は秘匿裡になされることが多く，夫との子として出生届がなされる．しかし，AID 児の父が精子提供者であることは明白である．姦通子を夫が受け入れても嫡出子とならないが，AID 児の出生届が提出されると，法律上の夫婦間の子には「強い嫡出性の推定」が与えられるから，よほど明白な反証がないかぎり AID 児の嫡出性を否認することはできなくなる．もちろん，真実が判明すれば，訴えによって嫡出性は否認され，虚偽の出生届が法律上の問題となる．

第三は本来権限がないのに AID 児が相続権を有し，行使することが起こる．また AID 児が成人して同じ提供者の AID 児（異母兄弟姉妹）間の婚姻（近親婚）の問題をもたらす．

最後に，AID の法律による禁止ないしは規制の可否の問題がある．AID は秘匿されているので，かかる立法が実際にどれだけ実行可能か，また有効かが論議の的となっている．世界でいまだ AID 禁止を立法した国がないから，その効果はわからないが，立法が全く効果がないことはなく，AID の流行を食い止めるのに影響を与えうると思われる．

【文献】小池隆一他編『人工授精の諸問題』（慶応義塾大学法学研究会 1960）; A. ファン・コール『倫理神学概論』1, 浜寛五郎訳（エンデルレ書店 1975）: A. Van Kol, *Theologia Moralis*, v. 1 (Roma 1968); 阿南成一『医の倫理』（六法出版社 1985）; T. A. Shannon, L. S. Cahill, *Religion and Artificial Reproduction* (New York 1988); E. D. Pellegrino, et al., eds., *Gift of Life: Catholic Scholars Respond to the Vatican Instruction* (Washington, D. C. 1990). （阿南成一）

しんこうしん　信仰心　〔ラ〕pietas, 〔英〕piety, 〔独〕Frömmigkeit, 〔仏〕piété　広く民衆の心に形成された信仰生活の在り方，心性，礼拝形態を包括する．原語はいずれも敬虔・信心深さを意味する言葉である．信仰心は，知的な反省や学問的考察よりも，教会生活や家庭生活，諸慣習を通して伝承される．

よく似た概念に *霊性があるが，これはむしろ正しい信仰内容とそれに対する神学的解釈によって裏打ちされた *信仰生活の内実様式を指すのに対して，信仰心は，より広く民衆生活に定着した心情とその具体化としての礼拝形態・行事・慣習を指すものである．

広義の *典礼史が示すのは，正しい *信仰宣言を中心とする教会の公の礼拝としての典礼と，それを源泉としつつ教会生活の多種多様な場面に形成されてきた信仰心の実践である．信仰心は，*典礼の本来の中心である *キリスト秘義に向けられた礼拝形態の周辺に形成されたマリア崇敬，殉教者崇敬に始まる *聖人崇敬，*聖画像崇敬など，またさまざまな敬虔な祈りの行事を豊かに生み出してきた．しばしば，それは，聖母像，十字架のキリスト像などの芸術表現を伴っている．また，中世後期以降作られた *聖母賛歌，*お告げの祈り，*ロザリオなどの祈りの形態も信仰心の産物である．

*典礼暦は，このような信仰心の表現としての *祝日や記念日を多く含み，それに沿った行事の実践も民衆の生活にとって大変親しみあるものとして，その精神に大きな影響を及ぼしている．19 世紀末以降，*典礼運動の高まりとともに，本来の典礼を求める見地からは，*信心業とも呼ばれる種々の信仰心の表現としての礼拝行事（〔ラ〕pia exercitia）に対して，これを主観的・個人的な実践として否定的にみる傾向も現れた．しかしこれに対して，教皇 *ピウス 12 世の *『メディアートル・デイ』も説くように，教会は，典礼の根源性，中心性を守ったうえで，数々の信仰心による礼拝行事も信者の信仰生活を促進するものとして奨励している．第 2 *ヴァティカン公会議の『典礼憲章』は，「教会の法規と基準に沿うものであれば，キリストを信ずる民の信心行事は大いに勧められる」とし，「しかし，これらの行事は，典礼季節を考慮して規整されるべきであって，典礼に合い，なんらかの意味で典礼に由来し，また，信徒を典礼に導くものでなければならない．典礼は本質的に，これらの行事よりはるかにすぐれたものだからである」（『典礼憲章』13 項）と典礼への方向づけを明らかにしている．今日では信仰心は，各民族の宗教伝統・文化・風土に教会およびその典礼が根ざしていく過程に必然的に伴われるべきものとして，新たな典礼的信仰心の形成への期待のなかで問われるものとなっている（→インカルチュレーション）．

【文献】LThK² 4: 398-405; LThK³ 4: 166-71; A. Adam, R. Berger, eds., *Pastoral-Liturgischen Lexikon* (Freiburg 1980) 153-54: J. A. ユングマン『古代キリスト教典礼史』石井祥裕訳（平凡社 1997）: J. A. Jungmann, *Liturgie der christlichen Frühzeit* (Fribourg 1967); J. A. Jungmann, "Liturgie und pia exercitia," LJ 9 (1959) 79-86; G. Duffler, "Pascha-Mysterium und liturgische Frömmigkeit," LJ 16 (1966) 27-37.

（石井祥裕）

しんこうせいかつ　信仰生活　〔英〕Christian life, 〔独〕christliches Leben, 〔仏〕vie chrétienne　キリスト者の信仰に根ざした日常生活．

【目的】キリスト者とは，キリストを神の独り子，人間の罪の贖い主，神と人間の間の唯一の仲介者と信じる者で，キリスト自身の望みに従って（マタ 28: 19），教会で *洗礼を受け，キリストにおいて「神の子」となった者である．すなわち，洗礼によってキリストの死と復活にあずかる．しかし洗礼を通して与えられた「神の子としての命」はまだ，「からし種」（マタ 13: 31）のように小さい．それゆえキリスト者は，一生を通して日常生活のなかで，このからし種を大木にまで成長させていかなければならない．「御子の姿に似たもの」（ロマ 8: 29）とな

り，「生きているのは，もはやわたしではありません．キリストがわたしのうちに生きておられるのです」（ガラ2:20）といえるまでに，日々の生活の場において，キリストとの一致を深めなければならない．具体的には主に（1）*典礼，*ミサ，（2）*秘跡，聖体（*エウカリスティア），*ゆるし，（3）*祈りを通してこれを達成しようとする．
【手段】（1）ミサ．キリストは*最後の晩餐において，自分の体と血による「聖体の犠牲」を制定した．それは，十字架の犠牲を主の*再臨まで永続させ，教会に自分の死と復活の記念を託すためであった．キリストを信じる者はミサのなかで，司祭とともにこの清い供え物を捧げるとき，自分自身をも奉献して，自らを*父なる神に捧げるキリストと一致することによって，日々の生活のなかで信仰を深めていく．
（2）聖体の秘跡．自分を犠牲として父なる神に捧げたキリストは，パンの形態のもとに人々とともに世の終わりまでとどまり，人々を自らの体「命のパン」（ヨハ6:48）で養うことを望んだ（マタ26:26）．キリストを信じ，*聖体を拝領する者は，キリスト自身の死と復活に密接に一致する．*聖体拝領で，パンが人の肉となり血となるのにも似て，我々の全存在がキリストの聖なる体に変えられる．キリストとのこの一致は，キリストを信じるすべての兄弟たちとの一致ともなる．
（3）ゆるしの秘跡．しかし現実には人は，まだ自分の弱さと傲慢によって絶えず神に背き，兄弟たちと互いに傷つけ合う．*ゆるしの秘跡において罪や過ちが赦されることはただ心の汚れが拭いとられるというだけではない．キリストの愛の炎のうちに，自分のすべてを投げ入れて，その愛の火に変容されることである．キリストの愛によって兄弟たちと互いに一つとなり，新しくなる．
（4）祈り．「わたしを離れては，あなたがたは何もできない」（ヨハ15:5）とキリストはいう．それゆえ初代教会の偉大なる宣教者*パウロは，「絶えず祈りなさい」（1テサ5:17）と勧告している．また信仰は単に人間の側からの神への信頼ではなく，神からの賜物である以上，「信じます．信仰のないわたしをお助けください」（マコ9:24）と絶えず懇願する必要がある．
【特徴】キリスト者の信仰生活は，現世的な，ご利益主義ではない．キリストに従い，キリストに倣い，つねにキリストと一致して生きることを目指すキリスト中心の生き方である．社会的・歴史的責任を他の人々とともにとり，キリストの思い，キリストの心を自分自身のものとして人々と関わっていくのである．キリスト者は，「この世のもの」ではないが，「この世」の最中にあって，「この世」を造り変えていく酵母のようなものでなくてはならない．
【文献】 R. LAWLER, ed., *The Teaching of Christ* (Huntington 1976 ⁷1978)　　　　　（伊従信子）

しんこうせんげん　信仰宣言　〔ラ〕professio fidei, symbolum, credo，〔英〕profession of faith，〔独〕Glaubensbekenntnis，〔仏〕credo　　*ミサの*ことばの典礼のなかで，*会衆が神のことばに応えて信仰の規範を思い起こし，信仰を新たにするために*信条を唱えること．

【信条】*パウロ6世の*『ミサ典礼書』（1970）によって初めて「信仰宣言」という表現が使われたが，以前は信条（〔ラ〕symbolum, credo）と呼ばれていた．

使徒時代から信仰の基本はいろいろな形でまとめられていたが，求道者制度（→洗礼）の確立とともに信条も定式化されていった．洗礼前の*信条の授与（traditio symboli）において，*洗礼志願者にキリスト者の*秘義が伝えられ，志願者は*共同体の面前でそれを唱え返す（redditio symboli）式があった．さらに洗礼そのものが，父と子と*聖霊を「信じます」という信仰表明のなかで授けられた．すでにローマの*ヒッポリュトスの*『使徒伝承』（215）の時代にこのことは確立されていた．信条は求道者（→洗礼志願者）に対する*ケリュグマの要約であり，同時に*洗礼の*秘跡の定句となったのである．

これと並行して*ローマ信条と呼ばれる古代からの形があり（ヒッポリュトスの信条もその一つであるが），*使徒から伝えられたものといわれていた．このローマ信条に準ずるものが*西方教会の各地で求道者の信仰教育のために用いられていた．これが4-5世紀から*使徒信条と呼ばれ，8世紀の初頭には定式化されて聖務日課（*教会の祈り）のなかで唱えられるようになった．*カロリング・ルネサンスの後は，使徒信条を信者に説明することが*宗教教育の中軸とみなされた．

この流れとは別に，3-4世紀のキリストの神性をめぐる神学論争のなかで，第1*ニカイア公会議（325）と第1*コンスタンティノポリス公会議（381）が開かれ，正統な信仰の内容を，神学的に正確なことばで表現しようとした．これが*ニカイア・コンスタンティノポリス信条で，現在でも東西両教会で用いられている．

【信仰宣言】信条をミサのなかで信仰宣言として用いるようになったのは6世紀の*東方教会で，568年には皇帝*ユスティニアヌス2世の命令で，*主の祈りの前にニカイア・コンスタンティノポリス信条を歌うことが義務づけられた．西方教会でもビザンティウムと関連の深いスペインとガリアで6世紀の終わり頃から，この信条を歌うように決めたが（589年の*トレド教会会議），これは*アレイオスの異端から正統信仰を守るためといわれる．信条を歌う習慣は9世紀にアイルランドで広まり，福音朗読のあとに歌うようになった．イングランドを経て*カロリング朝のドイツに入り，ヨーロッパ全域に広がったが，ローマだけがこの習慣を受け入れなかった．1014年に皇帝*ハインリヒ2世が*戴冠式のためにローマに行き，*主日と大祝日にニカイア・コンスタンティノポリス信条を唱えることを西方教会全域に義務づけることになったのである．

日本の教会では第2*ヴァティカン公会議の刷新に伴い，信条が本来は洗礼の信仰宣言に基づくこと，またミサのなかで洗礼の信仰を経て*聖体へという秘跡の関連を示すために，洗礼のときの信仰宣言が次のような短い形にまとめられ，*使徒座の*認証・確認を得ている．「天地の創造主，全能の神である父を信じます．父のひとり子，おとめマリアより生まれ，苦しみを受けて葬られ，死者のうちから復活して，父の右におられる主イエス・キリストを信じます．聖霊を信じ，聖なる普遍の教会，聖徒の交わり，罪のゆるし，体の復活，永遠のいのちを信じます」．

このほかにも，ニカイア・コンスタンティノポリス信条と使徒信条をミサ中の信仰宣言として用いることができる．教会の普遍性と信仰の一致のしるしとして，国際的な集まりでは，ニカイア・コンスタンティノポリス信条がラテン語で歌われるので，日本の信者にもこれに親しむことが勧められている．

【文献】LThK² 7: 938-40; NCE 4: 431-38; Jungmann,

1: 591-606; J. N. D. KELLY, *Early Christian Creeds* (London ³1972).
（国井健宏）

じんこうちょうさ　人口調査　〔ヘ〕p⁽ᵉ⁾qudîm, mis⁽ᵉ⁾pâr,〔ギ〕apophēe,〔ラ〕census, descriptio,〔英〕census, enrollment,〔独〕Zensus, Volkszählung,〔仏〕cens, recensement, dénombrement

旧約聖書には3回の全体的な人口調査，すなわち①*出エジプトの1年後シナイにおいて（出 30: 12-16; 38: 25-26; 民 1-4章），② 40年間の砂漠放浪の後モアブのシティムにおいて（民 26章），③ ダビデ王によるもの（サム下 24章；代上 21章）が記されている．これらはすべて軍事力を調べるためである．前述の ① と ② は *レビ人を含まず，20歳以上で武器が使える男子の数は ① では約60万3,550名（出 38: 26；民 1: 45-46），② では約60万1,730名（民 26: 2, 51）である．武器はとらず，他の部族のすべての初子に代わってその身をささげるレビ人の場合は生後1か月以上の男子を数え，① では2万2,000名（民 3: 39），② では2万3,000名（民 26: 2, 62）である．ダビデ王の調査では，サムエル記下 24章9節によれば，剣をとりうる勇士がイスラエルに80万，ユダに50万，他方，歴代誌上 21章5節によれば，レビ人とベニヤミンを除き，イスラエルに110万，ユダに47万となっている．しかし，これらの数字は現実的でないというのが通説である．

部分的な調査として，ゼルバベルとともにバビロニア捕囚から帰った者の調査がエズラ記 2章に記されている．また新約聖書には，ローマ人による調査がルカ福音書(2: 1-5)と使徒言行録(5: 37)に記されている．
【文献】EJ 5: 281-83; IDB 1: 547. （B. シュナイダー）

しんこうてつがく　信仰哲学　〔独〕Glaubensphilosophie

*理性にのみ立脚する態度の限界を指摘し，*宗教・*道徳の領域における神的 *啓示の優位を積極的に提唱する思想を指す．理性と *信仰をめぐる議論は中世キリスト教思想全体の主要な主題の一つであり，また *イスラム教世界においても，*ガザーリーによる *アリストテレス哲学の批判など，理性的論証に対して内面的信仰を優先する思想がみられる．しかし一般的に「信仰哲学」ないし「信仰主義」（〔ラ〕fideismus）という名称は，理性の自律的活動の要求が高まった近世以降の西欧で，それに対する応答ないし反動として現れた思潮に関して用いられる．その思想は主に，*合理主義または *啓蒙思想との緊張のうちで展開され，理性を絶対化する傾向を批判し，純粋な内的体験を強調することによって理性の自発的能力に制限を設けようとするものである．

近世合理論の祖とされる *デカルトが確実な理論的認識に基づく知の体系化を目指したのに対して，*パスカルは，理論的 *証明によっては獲得しえない「心情」（〔仏〕cœur）の事柄としての信仰を主張することによって，また『デカルト哲学検証』を著した P. D. *ユエは人間の *知性の限界を指摘することによって，信仰哲学の先鞭をつけた．直接的 *感情のうちに信仰の場を認める思想が，*ヤコービにおいて独自の「信仰哲学」ないし「感情哲学」（〔独〕Gefühlsphilosophie）として集約される．ヤコービは，理論理性に対する *実践理性の優位という *カントの思想を継承しながらも，超越的領域に関しては積極的言明を認めない *批判哲学の立場を糾弾し，内面的感情（Gefühl）における信仰によって *神が直接的に体得されると主張した．イギリス *経験論からも影響を受けたヤコービにおける「信仰」は，経験的 *実在の領域での「信念」（〔英〕belief）という意味をもつことによって，カント的 *観念論に対立する *実在論の地盤をなすものであるが，それは何よりも，個々の人間的 *人格が最高の人格としての神と交わる場である．信仰においては同時に，神が信仰という感情そのものの真の源泉として示され，個々の人間の存在根拠としての神の根源性が明かされる．

同様の思想は，*自然や歴史を導く神の啓示を強調し，啓蒙主義的 *悟性を批判した *ハーマンや，「絶対的依存感情」を宗教の根源と考えた *シュライエルマッハーにもみられる．ハーマンは理性の自立とそれに基づく *独我論を否定し，理性的根拠づけの限界である「ソクラテスの無知」を積極的に評価し，そこから神との人格的関係としての信仰を人間の根源的 *事実とみなす．シュライエルマッハーもまたヤコービと同じく *敬虔主義の *ヘルンフート派の影響を強く受け，理性的活動をも包括する宗教的経験の普遍性・直接性を訴えた．信仰を最も包括的な次元とみなすその思想の影響は，理論的把握に対しては二次的意義のみを認める L. A. *サバティエの象徴信仰論にまで及んでいる．

ヤコービが *ヘーゲルによって「主観性の反省哲学」として批判されたように，信仰哲学はともすると主観的な内的感情を絶対化する傾向をもつが，論理的・理性的推論によっては代替不可能な次元としての信仰を人間の主体的・人格的根拠とみなす点では，*生の哲学や *実存哲学などの先駆けともいえよう．

【文献】F. シュライエルマッハー『宗教論』高橋英夫訳（筑摩書房 1991）: F. SCHLEIERMACHER, *Über die Religion* (Berlin 1799); A. SABATIER, *Esquisse d'une philosophie de la religion* (Paris 1897); J. G. HAMANN, *Sämtliche Werke*, 8 v., ed. J. NADLER (Wein 1949-53); F. H. JACOBI, *Werke*, 4 v., ed. F. ROTH, F. KÖPPEN (Darmstadt 1976-80).
（村井則夫）

しんこうとしょくせいせかいかいぎ　信仰と職制世界会議　〔英〕World Conference on Faith and Order,〔独〕Weltkonferenz für Glauben und Kirchenverfassung,〔仏〕Conférence mondiale sur «foi et ordre»

19世紀以来の *教会一致促進運動のなかで，その前提となる信仰内容，教会制度，礼拝形式などの神学的・教会史的側面を検討し，教会一致への基礎作りを担った運動体．

【発端】教会一致の必要性は19世紀後半から各地の宣教師たちによって指摘され，国際宣教会議が次々に開催された（→ 国際宣教協議会）．1900年のニューヨーク会議は，教理と教会制度の一致のための信仰と職制運動と，海外宣教協力のための国際宣教会議と，難民救済と人権擁護のための生活と実践運動の開始を呼びかけた．1910年 *エディンバラ世界宣教会議は，1925年ストックホルムで *生活と実践世界会議と，1927年ローザンヌで信仰と職制世界会議を開催することを決定した．

【成立】ローザンヌ第1回世界会議は，*ブレント，*セーデルブロム，W. *テンプルらの指導のもとで，108か国394名が参加し，信仰告白，典礼，職制などの一致について討論した．1937年，生活と実践委員会はオックスフォードで，信仰と職制委員会はエディンバラで並行して第2回会議を開き，両運動を発展的に解散し，新設の *世界教会協議会（WCC）に合流することを

決めた．しかし第2次世界大戦のために中断され，戦後1948年のWCC創立総会で上記両運動はその常設委員会となった．カトリック教会は，WCC構成教会にはならなかったが，信仰と職制委員会には1968年以来，常任委員らの役員を派遣してきた．
【展開】第1回，第2回会議を経てWCC創立までは，各教会の信仰と職制の共通点と相違点を洗い出す事実確認の時代で，1952年ルンドでの第3回と1963年モントリオールでの第4回の会議の時期は，その相違点を比較・整理する比較教会論の時代であった．

次に，1961年*ニューデリー世界教会協議会総会が教会のみえる一致の実現に踏み出すことを決議したのを受けて，モントリオール会議の資料を踏まえ具体的な合意文書作成が始まった．1971年ルーヴァンでの信仰と職制委員会総会で基本線が確認され，1974年ガーナのアクラでの同総会で成文化された「アクラ文書」は，この運動50年の成果をまとめたものである．1975年の*ナイロビ世界教会協議会総会でこの文書が全会一致で承認され，各教会の応答を求めて送付された．その応答が1978年南インドのバンガロールでの委員会総会（第5回世界会議にあたる）を経てまとめられ，1982年ペルーのリマでの委員会総会で改訂版合意文書が確定された．「アクラ文書」が過去の討論を踏まえて一致の可能性を求める歴史を振り返った文書であったのに対して，この「リマ文書」は，古い議論は表に出さず，聖書の引用を主として積極的な未来への展望を示す文書となった．この文書は1983年の*ヴァンクーヴァー世界教会協議会総会に提出されて承認された．この2文書は，信仰と職制運動の具体的成果であるとともに，今後の教会一致促進運動の課題を示したものといえる．
【文献】キ大 566；LThK² 4：1；ÖL 475-83；RGG³ 4：1573-75；日本キリスト教協議会信仰と職制委員会，日本カトリック教会エキュメニズム委員会編訳『洗礼・聖餐・職務―教会の見える一致をめざして』（日本基督教団出版局 1985）；L. VISCHER, ed., *A Documentary History of the Faith and Order Movement, 1927-1963* (St. Louis 1963)；J. E. SKOGLUND, J. R. NELSON, *Fifty Years of Faith and Order* (New York 1963).　　　　（小川圭治）

しんこうとりせい　信仰と理性

信仰と理性（あるいは知識）という形で問題が提起される場合，信仰は人間の理解を超えるような教えに対して自らを開き，それに信頼する態度を意味し，これに対して人間が自らに固有の能力を働かせて世界の意味や根拠を探求し，解明する営みが理性と呼ばれる．このように解するとき，信仰と理性は人間存在における二つの本質的次元であり，人間が自らの有限性を自覚するかぎり，共に不可欠であるといえる．しかし過去において，とりわけキリスト教の歴史のなかでこの二者の間にはいろいろな形で緊張や対立関係が生じ，またその調和・総合のための努力がなされてきた．そこには次の三つの歴史的段階を区別することができる．

【古代】キリスト教初期の思想家は，キリスト教信仰とギリシア的教養との出会いの形で，信仰と理性の問題に直面した．彼らのなかには「アテネとエルサレムの間に何の関わりがあるか」と叫んだ*テルトゥリアヌスに代表される*信仰主義，信仰を哲学的洞察や神秘的体験へと解消した*グノーシス主義に走る者もあったが，殉教者*ユスティノス，アレクサンドリアの*クレメンス，*オリゲネスはピスティス（［ギ］pistis, 信）と*グノーシス（知, 悟り）を統一的に理解し，信仰と理性の総合に道を開いた．この総合は真理なる神への愛に駆り立てられて，信仰の真理を探求し，発見することに専念した*アウグスティヌスにおいて高度の成熟に達したが，それは後にカンタベリの*アンセルムスによって「*知解を求める信仰」という言葉に結晶化され，中世*スコラ学の指導理念となった．

【中世】キリスト教信仰は中世において*アリストテレス哲学の導入という形で理性の挑戦を受けたが，*トマス・アクィナスは積極的に哲学的探求を前進させつつ，それを神学に組み込むという仕方で信仰と理性の総合を目指し，スコラ学を完成させた．しかし，彼における哲学，つまり自然的理性の自律性の尊重は，一方では信仰に対する脅威と受け取られ，信仰の純粋さを保持しようとする神学的反動を引き起こし，他方では哲学が神学から離れて独り歩きする結果を生じた．

【近代】近代における信仰と理性の問題は，トマス的総合のうちに含まれていた緊張関係が分離への道をたどることによって生じたものである．すなわち，一方では*ドゥンス・スコトゥス，*オッカムなどの神学者が信仰を守るために理性的認識の限界を明確にしようとした努力が，*ルターにおいては信仰と理性の二つの「王国」を完全に分離する立場に行き着く．他方，*デカルトにおいて神学から離れて独自の歩みを始めた哲学は，啓蒙時代には信仰を盲信ないし迷信として斥ける理性万能の立場を確立する．信仰と理性の分離が近代思想の根本的性格として打ち出されるのである．そして，啓蒙主義のいう理性は科学的理性であるところから，近代思想においては信仰と理性の問題はとりわけ科学と宗教との対立として捉えられた．

【現代】信仰と理性の関係をめぐる現代の思想的状況は，この二者の分離を自明的とした近代思想についての反省，および新しい総合の予感として特徴づけられる．*フッサールの後期思想における*合理主義の批判，*ヤスパースの「哲学的信仰」の概念，*ヴィトゲンシュタインにおける「知」（Wissen）を基礎づける「信」（Glaube）という考え方は，信仰と理性の分離という近代思想の自明的前提が崩壊したことを示している．信仰と理性の総合を目指すより積極的な動きとしては*ブロンデルにおける「キリスト教的哲学」の理念，*テイヤール・ド・シャルダンがその科学者としての生涯を通じて行ったキリスト教信仰と科学との総合可能性の証言，*ホワイトヘッドのプロセス哲学に示された科学的・経験的思考と*宗教哲学との統一（→プロセス神学）などをあげることができる．
【文献】村上陽一郎『科学・哲学・信仰』（第三文明社 1977）；稲垣良典『信仰と理性』（第三文明社 1979）；N. ウィルディールス『科学と信仰―テイヤール・ド・シャルダン』美田稔訳（第三文明社 1981）：N. M. WILDIERS, *Teilhard de Chardin* (Paris 1960)；E. ジルソン『中世における理性と啓示』峠尚武訳（行路社 1987）：E. GILSON, *Reason and Revelation in the Middle Ages* (New York 1938).　　　　（稲垣良典）

じんこうにんしんちゅうぜつ　人工妊娠中絶
→　堕胎

しんこうのいさん　信仰の遺産
〔ラ〕depositum fidei,〔英〕deposit of faith,〔独〕Glaubenshinterlage,〔仏〕dépôt de la foi　「信仰の遺産」という語はパウロの手

しんこうのぜんび

紙の次のような語句に由来する．「あなたにゆだねられているものを守り」(1テモ6:20)，「あなたにゆだねられている良いものを，わたしたちの内に住まわれる聖霊によって守りなさい」(2テモ1:14)．*パウロが使ったこの「ゆだねられたもの」にあたるギリシア語の「パラテーケー」(parathēkē)は，当然の権利を有する者にあとで引き渡すために完全な形で保全するよう，委託されたものを意味する．このような法的な意味の用例は，世俗の古典作家にもみられる．信仰の遺産という表現は*テルトゥリアヌスやレランスの*ウィンケンティウスなど，*教父の著作にもみられたが，中世になるとみられなくなった．16世紀に再び現れ，通常の神学用語となる．第2*ヴァティカン公会議では，『現代世界憲章』62項で用いられたほか，『啓示憲章』10項で，「聖伝と聖書とは，教会に託された神のことばの一つの聖なる委託物を形造っている」とされている．

旧約時代，神は人間(*アダムや*ノア)に対して，あるいはユダヤ人に対して，超自然的な目的に彼らを導くために必要なさまざまな真理を啓示した．これらの真理は，イスラエルの民自体に委ねられ，民は伝統と，特に預言者を通して与えられる相次ぐ*啓示とによって，その寄託物を保持した．

新約時代，人となった神の子イエスは，この寄託物の内容が何であるか，それを受けた者がその役割を果たすことができるように，彼が*カリスマを与える被寄託者が誰であるかを明らかにした．この寄託を受ける者とは，*十二使徒とその後継者であって，彼らはすべての国民に対して，「あなたがたに命じておいたことをすべて守るように」(マタ28:20)教えなければならず，彼らは「つなぎ」「解く」権能(マタ18:18)を，そのために受けた聖霊の光(ヨハ20:22-23)をもって行使する(→繋釈権)．彼らはしばしば，イエスによって人里離れたところに連れて行かれ，耳元でささやかれたことを，屋根の上で述べるように(マタ10:27)と特別に教えられている．師の言葉は永遠の御父から受けた言葉であり，使徒たちに伝えられたものであるがゆえに，「決して滅びない」(マコ13:31)．

したがって信仰の遺産は，「人類を超自然的な目的へ導くために，イエス・キリスト自身が人類に啓示した真理の総体であり，それを時代の要請に応じて，保持し，解き明かし，弁護する任務をもつ教会の不可謬の教導職に委託されたもの」(*コンガール)と定義することができる．すでに第1*ヴァティカン公会議も「神が啓示した教理は……キリストの花嫁(教会)に与えられた神の遺産であり，これを忠実に守り，誤ることなく解釈しなければならない」(DS 3020)と宣言している．

啓示は，それを純粋に保持し，誤りなく解釈すべき任務をもつ全教会に委ねられている．この責任とカリスマは教会全体に与えられたものであるが，特に正式の使命として教会の*位階制に，なかでも使徒の頭*ペトロに与えられたものである．彼とその後継者たちは，信仰の遺産を汚れなく保持し，それによって信者の信仰を堅固にするため，キリストから特別のカリスマを受けた．

教会は信仰の遺産の持ち主ではなく，管理者，奉仕者である．*カイエタヌスは，「遺産の下僕」([ラ]ministra objecti)であると述べた．教会はこの遺産に何も付け加えることはできないし，何かを切り離すこともできない．教会は，人間の救いに役立つ光明のすべてを有する者として，それを明らかにし，もし必要なら，誤謬や疑問に対して，その遺産に含まれる教えの意味を「決定する」こともある．この役割を果たすために，教会は教導職として固有の権限を受けており，真と偽を明別する．そしてこの教導職は，必要であれば，このように決定された教義を信者に信奉させるための*裁治権をもっている．この教導職のカリスマは，人類の救いとなる啓示された信仰の遺産を保ち，それをそのまま伝えていくために，直接あるいは間接に必要なすべての真理に及んでいる．すべての教理は信仰の遺産に含まれているが，この遺産を構成するすべての部分が，教会によって定められた教理の一つひとつに対応しているわけではない．

【文献】DThC 4: 526-31; 6: 377-82; SM (D) 3: 354; Y. M. J. CONGAR, *La foi et la théologie* (Tournai 1962) 40-71; F. A. SULLIVAN, *Magisterium* (Dublin 1983).

(A. ラプラント)

しんこうのぜんび　信仰の前備　〔ラ〕praeambula fidei, 〔英〕preamble of faith, 〔独〕Glaubensvoraussetzungen, 〔仏〕préambule de la foi　中世以来，本来の*啓示に属する信仰内容ではないが，*信仰へと導く自然的認識内容を信仰の前備と呼んできた．これには，信仰内容を解明するこの世界からの認識内容を指す場合と，信仰行為へと導くそれへの論理的前提としての認識内容を指す場合とがある．

【歴史】中世のスコラ神学においては，神学の原則論を，前備(〔ラ〕antecedentia)，本来的諸原理(principia propria)，諸帰結(conclusiones)の3部に分けて論じることがあった．本来的諸原理では信仰箇条が扱われたが，それに先立つ前段階では，自然的に認識可能な倫理的および宗教的諸真理が扱われた．*アルベルトゥス・マグヌスは本格的に信仰に先立つ論理的証明に取り組んでいる．*トマス・アクイナスは，信仰を理性的認識によって根拠づける傾向はほとんどなく，むしろ信仰の内容の理解に資する自然的認識を前備として捉えており，そこでは*形而上学をも含む幅広い領域での*理性の真理が考えられている(『神学大全』I, q. 2, a. 2)．中世後期の*唯名論には啓示の事実を根拠づける認識を前備と考える傾向もみられたが，大勢とはならなかった．近世に至っても，信仰の理由は*恩恵であるという基本的理解から，理性的認識や真理が信仰へ至らせる必然的根拠となることはないという見方が主流であった．17世紀以降，特に19世紀から20世紀にかけて，*合理主義への対抗意識から，信仰の信憑性は自然的理性によって根拠づけられるべきであるとの意識が強まり，*護教論ないし*基礎神学の領域で，啓示の事実およびその真理内容に理性的に根拠を与えようとするさまざまな試みがなされ，それが信仰の前備と呼ばれた．ここにみられる極端な客観主義的傾向に対して，*ニューマン，*ルソロ，*ブロンデルなどの内在論的護教論が台頭し，今日のK. *ラーナーに至るまで強固な流れを形成している．ここでは人間存在(とその人格，理性，自由，実存など)そのもののなかに啓示の真理を志向する要因を確認しようとしており，そこに主要な信仰の前備をみているということになる．

【神学的解明】歴史が示すように，信仰の前備はさまざまな強調点をもってきたし，必ずしも一義的に用いられているとも考えられない．人間理性が*認識の確実性の最高基準であるとの意識が広まった近世以降，この言葉は多くの場合，哲学的・思弁的意味に理解されている．他方，人間理性が信仰の真理を確実に根拠づけるとする意見は，神学史上ほとんど存在しなかった．それゆえ，

信仰の前備は，今日より広い文脈のなかで，また別の観点から考察されるべきであろう．より広い文脈とは，単に思弁や論理の説得力だけでなく，自然的，人間論的，美的，倫理的，社会的等の人間経験の領域に信仰の前段階を求めるべきであろうという意味である．別の観点とは，信仰の理性的根拠づけを主要な関心とするのではなく，むしろ啓示の真理が世界経験といかに関連するかを確認することを主眼点とするという意味である．このようにすることを通して，個々の人間実存の様相が信仰において初めて統合を得ることを示しうるのみならず，信仰にもまたより深い意味解釈が加えられることになる．このように新たに理解するなら，信仰の前備は，神学の前段階ではなく，今日の神学にとって最も中心的営みを構成するものとなる．ただし，それを従来通り，信仰の前備と呼ぶことが適切か否かには議論の余地がある．

【文献】LThK² 8: 653-57; NCE 11: 702-703; M. NICOLAU, I. SALAVERRI, *Sacrae Theologiae Summa*, 1 (Madrid ⁵1955); W. KERN, ET AL., eds., *Handbuch der Fundamentaltheologie*, v. 4 (Freiburg 1988).

(岩島忠彦)

しんこうのとっけん　信仰の特権

〔ラ〕privilegium fidei, 〔英〕privilege of the faith, 〔独〕Glaubensprivileg, 〔仏〕privilège de la foi　*婚姻は創造主が定めた制度として，単一性と不解消性という本質的特性を有する(『教会法典』1056条)．それゆえ有効に結ばれた婚姻は，受洗の有無にかかわらず，当事者の自由には解消されえない(内的不解消性)．さらに受洗者同士における完成した認証婚は，死亡の場合を除いて人間のいかなる権力によっても，またいかなる理由によっても解消されえない(外的不解消性『教会法典』1141条)．

しかし内的不解消性はあっても外的解消性を有しない婚姻は，教会がその最高の権威によって解消できる．受洗者同士の未完成の認証婚について教会法は，ローマ教皇が解消できると規定する(1142条)．また「信仰の特権」による解消も実践されてきた．これは「*パウロの特権」と狭義の「信仰擁護のための特権」に区別される．「パウロの特権」とは聖パウロの書簡に基づいて，受洗者の信仰を婚姻に優先させるものである(1 コリ 7: 15 参照)．これは非受洗者同士で結ばれ，片方の受洗により破綻した婚姻を解消するもので，受洗者側が新たな婚姻を締結することで解消される(『教会法典』1143条)．狭義の「信仰擁護のための特権」は「*ペトロの特権」とも呼ばれ，カトリック者の信仰擁護のために，有効な婚姻を教皇の権威によって解消するものである．これは「パウロの特権」の援用から歴史的に発展してきたものであり，受洗者と非受洗者の間の婚姻，およびカトリック者がその再婚相手となる非受洗者間の婚姻にも適用されうる．→婚姻の不解消性

【文献】枝村茂「婚姻の解消の不解消性と教会権についての神学的考察」『アカデミア人文・自然科学編，保健体育編』28 (1978) 1-24; T. オーブォンク『あなたの愛と忠実を』(中央出版社 1984); F. M. CAPPELLO, *Summa Iuris Canonici*, v. 2 (Roma 1962); L. CHIAPETTA, *Il Matrimonio nella nuova legislazione canonica e concordataria* (Roma 1990).

(濱田了)

しんこうのようごしゃ　信仰の擁護者

〔ラ〕Defensor Fidei　1521年10月11日イングランド王 *ヘンリ8世に教皇 *レオ10世から与えられた称号．*ルターに対してローマ教会の *秘跡の教理を擁護した『七つの秘跡の弁護』(1521) の著述を評価されたことによる．しかし，ヘンリがイングランドの修道院を没収し，*首長令の制定により自らをイングランド国教会(→聖公会)の霊的首長と宣言したため，1534年に教皇 *パウルス3世により剝奪された．1544年，イングランド議会はこの称号の存続を認め，以後の英国元首は「信仰の擁護者」を称号に含め今日に至っている．

(T. オーブォンク)

しんこうのるいひ　信仰の類比

〔ギ〕analogia tēs pisteōs, 〔ラ〕analogia fidei　新約聖書のローマ書12章6節で「信仰に応じて」と訳される部分に含まれる「信仰のはかり」(analogia tēs pisteōs) という表現を，K. *バルトがその主著『教会教義学』のなかで，カトリック神学の方法とみた *存在の類比 (analogia entis) に対する批判と自らの神学，*神認識の方法の提示のために用いた．バルトは『教会教義学』で「存在の類比」を否定したが，その契機となった「存在の類比」理解は，直接にはカトリック神学者 *プシュヴァラの著作『存在の類比』などによるものである．

『存在の類比』によれば，*被造物である人間と創造者である神とは，それぞれ異なる仕方においてではあるが，共に存在に関与するものとされる．しかし，バルトは，それが実質的には，イエス・キリスト，*啓示を捨象した神認識の可能性を人間に与えるとして否定的な判断を下した．バルトの神学は神認識における神の主導権の確立を目指したが，カンタベリの *アンセルムスの神学方法の研究を通して伝統的な類比の概念そのものの拒否には至らず，「信仰の類比」を神学の方法として確立することに帰結した．それによれば，神認識は神の言葉に対する我々の信仰のなかでのみ生起するとされる．これは，神認識の根拠を，神と世界との存在論的連関にではなく，神の恩恵の行為としてのイエス・キリストの *受肉にのみ置くことを意味する．「存在は行為・働きに従う」(〔ラ〕esse sequitur operari) はその本質を最もよく表す命題である．しかし，地上の現実における人間の在り方を問う神学的倫理学の展開に際し，「信仰の類比」はバルトの神学の内部で修正され，「関係の類比」(analogia relationis) がそれに代わる新しい方法として用いられた．

【文献】井上良雄, 吉永正義他訳『バルト教会教義学』(新教出版社 1959-); H. U. VON BALTHASAR, *Karl Barth: Darstellung und Deutung seiner Theologie* (Köln 1951); G. SÖHNGEN, "Analogia entis in analogia fidei," *Antwort* ed. E. WOLF, ET AL. (Zürich 1956) 266-71.

(掛川富康)

じんこうもんだい　人口問題

一定の地域に住む人間の数を人口という．その規模が拡大し，国土ならびに各種資源(農産物，石油等のエネルギー，鉱物，水産物といった我々の生活に関係した資源)に対して過剰になると，社会に住む人々の生活が圧迫されるようになる．その結果，出生を抑制しようとする傾向と，死の危険にさらされる程度とが増大するが，このことを社会に住む人々が解決すべき問題として意識することを人口問題と呼ぶ．

【現代の人口問題】人口問題は，一国のみに固有の問題であるだけでなく，全世界的な規模でも大きな問題を提起する．その問題は，一国に限ったとしても時代ととも

じんこうもんだい

に変化するし，全世界的といってもそれぞれの国で置かれている状況が異なっており，この問題を解決するための施策等，難しい問題が山積しているのが現状である．

〔過剰人口問題〕国連の推計によれば，世界の人口は1995年現在約57億人であり，このままの増加を続けていくとすると，中位推計でも2050年には100億人を突破し，2150年には約115億人に達するという．

この地球が何人を扶養できるか（人口容量）については，多様な意見がある．それは，現在の食糧等のエネルギー資源の消費量が，先進国と発展途上国とでは大きく違うからである．したがって，過剰人口の問題の原因を，一方的に発展途上国の人口爆発（年率2％の増加）によるものとするのは，問題を正しく捉えたことにはならない．なぜなら，牛・豚・鶏といった動物性蛋白質を大量に摂取する先進国の人々は，一人で発展途上国の人々の10倍近い食糧等のエネルギー資源を消費しているからである．端的にいうならば，発展途上国が人口の増大を速やかに抑えることのみならず，むしろ先進国が食糧等のエネルギー資源の消費量を大幅に削減することこそ，人口と食糧等のエネルギー資源のバランスを保つうえで必要とされよう．

ところで，「人口転換」の理論によると，出生率と死亡率との関係は，両者が共に高い（すなわち人口増加率が低い）第1段階から，出生率は下がらずに衛生や医学の進歩により死亡率が低下する（すなわち人口が爆発的に増加する）第2段階を経て，両者が共に低下する（すなわち人口増加率が低い）第3段階に移行するという．

現在の約57億人という世界人口を，先進国と発展途上国とに分けてみると，前者は約12億人，後者は約45億人である．これは，先進国の多くは第3段階に，発展途上国は第2段階にあるという現状を示している．先進国が第2段階にあったときには，経済社会の発展等によりその過剰人口を吸収することが可能であった．しかし，今日の発展途上国にみられる過剰人口は，まさにそれらの国々が第2段階にあるということを物語っており，これまでのように経済社会の発展による解決が，多くの点で困難になりつつあるというのが，今日提起されかつ認識されている問題である．ゆえに，発展途上国では人口増加を政策的に抑制すること（人口に関する教育や家族計画の指導，避妊具の無料配布，強制的な人工妊娠中絶など）が最重要課題であるが，その社会の慣習や人権問題から極めて難しい問題となっている（→計画産児，堕胎）．

〔過少人口問題〕現代の先進国は，発展途上国とは性格の異なった人口問題に直面している．一つは出生率の継続的な低下傾向であり，もう一つは人口の高齢化傾向である．

先進国では，子女の教育や余暇ならびに高い生活水準等への選好が高まり，人々が意識的に家族計画を実行している．また，婦人の人権や母体の保護といった立場から，避妊薬や避妊器具ばかりでなく，人工妊娠中絶等も合法化されている．これらも出生率低下に拍車をかけている（日本では，一人の女性が生涯に出産する子どもの数，すなわち合計特殊出生率が1997年に1.39人と過去最低の水準になったことが，今日注目されている）．

人口の高齢化は，最近の出生率低下傾向に続いて必然的に生起する問題である．人口の年齢構造が極端な「つぼ形」，すなわち65歳以上の高齢者の割合が15％を超え，出生率が大きく低下すると，医療や年金を中心とする一国の社会保障制度に対して大きな圧力となる．人口の高齢化や出生率低下は，労働人口の減少と税収の不足を招き，一国全体の市場の狭隘化と相まって，国力を低下させることから，これを民族と国家の存亡に関わる最重要課題だと指摘する人も少なくない．

出生率の低下傾向については，職場進出に伴う女性の経済力の向上，独身生活の魅力の増大，他方，結婚や育児に対する負担の重圧があげられよう．国の施策も，そのことを考慮に入れて，出産手当てや児童手当てをはじめ，産前・産後の休暇や保育施設等の充実があげられているが，住宅事情の改善が急務であるとの指摘もある．

【人口理論】その時代の人口の増加あるいは減少がどのような問題を提起するのか，その解決にはどのような方法があるのかについて論理的に考察したものを，人口理論という．古代に地中海沿岸地方でみられたもの，ギリシア・ローマ時代のもの，中世のキリスト教的なもの，近代中央集権国家成立時のもの等，*マルサス以前にも当然のことながら人口理論は存在している．しかし，それまでの考え方を整理し体系化したのはマルサスの『人口論』であって，以後の人口理論はそのほとんどすべてが，彼の理論に賛成か反対を表明したものであるか，あるいはそれを修正・発展させたものだといってもよい．

〔人口増強論〕マルサス以前の人口理論は，その多くが（ギリシア哲学者や空想的社会主義者の人口理論を除いては）人口増加を好ましいものと考えていたようである．というのは，個人にとって大家族をもつことは，男性の精力が旺盛な証拠であり，それを維持することは自尊心等を満足させ，また血族間の緊密さを図るうえからも好まれたし，農村では，子どもはまさに生産力だったからでもある．国家にとっても，大規模でかつ増大する人口は，国家権力の象徴であり，国力の源泉であった．その国の王や支配者階級にとっては，多くの兵士をもつことが，外敵からその国を守るためにも，また海外に領土を広げるためにも必要なことだったのである．

〔マルサスの人口論〕マルサスの『人口論』は，元来ゴドウィン（William Godwin, 1756-1836）や*コンドルセといった空想的社会主義者の人間完成可能性説に対する反駁を意図した書物であった．人々が貧困にあえいでいるのは，空想的社会主義者のいうように，社会制度に何らかの欠陥があるからではなく，人口と食糧がバランスをとって増大しない自然の法則によるものだというのが，彼の主張である．彼の論理は単純明快であった．自然の法則とは，(1)食糧は人類の生存に必要であるということ，(2)両性間の情欲は必ずあり，ほぼ今のままで変わりがないということ，である．そして，人口の増加力のほうが人類のために生活資料を生産すべき大地の力よりも大きいことを，アメリカでの経験をもとに次のように表現した．「人口は制限されなければ，幾何級数的（〔英〕geometrical）に増加する．生活資料は算術級数的（arithmetical）にしか増加しない」．すなわち，人口は25年間に2倍ずつ幾何級数的(1, 2, 4, 8, 16, ……)に増加するけれども，食糧は25年間に算術級数的(1, 2, 3, 4, 5, ……)にしか増加しないのである．したがって50年後には人口と食糧のバランスが崩れ始め，75年以後はそれが決定的になるという．そうなると，"不幸と悪徳"（misery and vice）が増大した人口を規制し始める．すなわち，飢饉，非衛生的な住居，婦人に対する悪習，大都会への人口集中，不健康な職業，伝染病，戦争等が過剰となった人口を規制するようになる（死亡率を上昇させる戦争・飢饉・伝染病等のことを積極的制限といい，出生率を低下させる結婚の延期・子どもの遺棄等を予防

的制限という). 以上のことを, マルサスは3命題として, 次のようにまとめた.「① 人口が生存手段なしに増加できないことは, あまりに明瞭な命題であるから, 例証を必要としない. ② 生存手段があるところでは, 人口は変わることなく増加することを, かつて存在したすべての国民の歴史が, 豊かに証明している. ③ そして, 人口の優勢な力は, 不幸あるいは悪徳を生み出さないでは抑制されないこと, これらのあまりに苦い成分が, 人生という器において大きな部分を占めること, またそれらのものを生み出したと思われる自然的諸原因の永続性は, 強い確信を抱かせるに足るだけ充分に立証されている」. 要するに, ① の規制原理と ② の増殖原理による人口の振動(oscillation), 言い換えれば, 人口の「逆転および進展運動」こそが, マルサス人口理論の核心であった. そこで, そのような苛酷な状況を打破するためにも, 彼は晩婚(結婚前の厳格な禁欲を伴う結婚の延期)と修養, ならびに節制といった道徳的抑制 (moral restraint) を提案した. 近年しばしば行われている産児制限については, 彼自身, 道徳的に受容できるものとは考えなかったことを指摘しておきたい. また, 厳しい自然の法則は, 克服可能な多くの困難と, 必要最低限の害悪とを人々にもたらすことになるが, このような人口と食糧の不均衡といった強い刺激こそが, 人類の進歩に極めて有益であり, 人々は額に汗して大地を耕し, 力を尽くして働くことが, 人間らしい精神や徳性の覚醒には必要である, というのがマルサスの真意であったことを強調しておこう(『人口論』初版, 18-19章).

〔マルクスの相対的過剰人口論〕マルサスの人口論は, 人口の増加が食糧生産の増大をつねに上回るという意味で, 絶対的過剰人口論と呼ばれている. しかし, 食糧生産技術の改良と社会組織の改革とによりその問題を払拭し, *資本主義社会の矛盾を抉り出そうとしたのが, 『資本論』を書いた K. *マルクスであった. 資本主義社会成立当初に, エンクロージャー(囲い込み)で農民が無産の労働者となったり, 資本主義社会が進むにつれて, 資本家は利潤拡大を図り機械などの資本設備を導入するために, 労働者はつねに相対的に過剰となる(有機的構成の高度化による産業予備軍の増大)ので, 過剰人口の問題は, 資本主義社会に固有の現象であると彼は主張した. その問題は, ひとたび *共産主義社会に移行するならば, 生産性の向上によりおのずと解決されるというわけである. マルクスの貢献は, 過剰人口の問題を社会制度の問題としたところに, また人口の抑制ではなく経済の発展を重視した点に認められてもよい.

〔プレイスの産児制限説〕マルサスの『人口論』が出版されてから24年後に, プレイス (Francis Place, 1771-1854) は『人口論の論証』 (Illustrations and Proofs of the Principle of Population, 1822) という書物のなかで, 初めて避妊法を用いての人口抑制を主張する. 若いうちに結婚をして元気な子どもを生むことや, その後必要が生じたならば受胎調節を行い, 家族数を調整することはよいことであり, マルサスが主張するような道徳的抑制は, 必ずしも現実的であるとは言い難いと彼は論じた. そして, このプレイスの議論が, 今日の受胎調節を中心とした家族計画運動(新マルサス主義)として発展することになった. 経済学者の J. S. *ミルやヴィクセル (Johan Gustub Knut Wicksell, 1851-1926) 等も, 労働者の境遇を改善するこの産児制限 (birth control) 運動に賛成したことは, よく知られている.

〔出生率の低下現象を説明する理論〕マルサス以後の人口理論は, 経済学だけでなく社会学や生物学の領域にも広がったが, ここでは19世紀末頃から出てきた出生率の低下現象を説明する理論を概説しておく.
*デュ・モンは, 近代の競争社会で自分の社会的な地位を上げようと思えば, 出生を制限せざるをえないという社会環境説を提起した. ダブルデイ (Thomas Doubleday, 1790-1870) は, 生物学からの類推(種の保存を脅かす危険が減少するにつれて増殖力が低下する)により, 社会が進歩するにつれて, 人口の増加率は低下していくと説いた. H. *スペンサーも, 生物の発達と生殖との背反関係に着目し, 人間という生物もだんだん完成に近づくにつれて, 出産力が低下せざるをえないと説いた. モンベルト (Paul Mombert, 1876-1938) は, 人口扶養力に着目し, 福祉説を唱えた. 人間は社会福祉が整うようになると, それを増大させようとして子女の数を制限するよう家族計画を実行するというわけである. マッケンロート (Gerhard Mackenroth, 1903-55) の人口様式説, チャールズ (Enid Charles, 1894-1972) の計画生態説は, 共に資本主義社会のもつ特殊性からの説明である.

〔ケインズの過少人口論〕マルサスの理論は, 一人あたりの資本資源の多いほうが生活水準を上げるために必要であることから, 人口のほうの過度の増大を悪として捉えたのに対し, 人口が過度に減少することも同様に悪であると主張したのが, 『雇用・利子および貨幣の一般理論』の著者である *ケインズであった. 彼によると, 世界的高度資本主義の上昇期であった19世紀には, 人口の急激な増大が技術の改良や新資源の獲得等によって吸収されるほど豊富な投資機会が存在していた. そして, そのために富と所得の分配に関する不平等や, そこから発生する過度の貯蓄は何ら問題とならず, かえって首尾よく処理された. しかし, 第1次世界大戦を境にこのような豊富な投資機会は消滅し, 過度の貯蓄は社会的な機能を失い, 生産過剰や失業を生み出すこととなった. したがって, 人口減少の状態に順応するように, 我々の蓄積に対する態度を, 漸進的に進化させなければならない. そこでは, 所得のより均等な分配を実施することにより消費を増大させることと, 投資に有利なように利子率を強制的に引き下げることが必要となる. このことを理論化したのが, 「有効需要の原理」であった(→ケインズ革命).

【過剰人口と家族計画】1972年に『成長の限界―ローマ・クラブ「人類の危機」レポート』, という書物が出版された. これは, マサチューセッツ工科大学教授のメドウズ (Dennis L. Meadows) らのグループが, ローマ・クラブの依頼により研究発表したときの報告書をまとめたもので, 急速に増大する世界人口を憂い, 次のような警告を発した. すなわち,「人口増加の問題を解決するために, 何の行動もとらないということは, 強烈な行動をとることに等しい. 幾何級数的成長の日々が続けば, それだけ世界システムはその成長の究極の限界に近づく. 何もしないという決定は, 破局の危険を増大させるという決定である」.

当時38億人であった世界の人口は, 警告の通り増大し続け, 1995年現在57億人となった. このままでいくと, 2000年には64億人に, 2050年には100億人になるという. このような人口増加が続くならば, 近い将来, 地球は破局を迎えるに違いない. なぜなら, その人口を支えるには, 多くのエネルギー資源が必要だからである. そのレポートにも,「世界人口, 工業化, 汚染, 食糧生産, および資源の使用の現在の成長率が不変のまま

しんこうりはん

続くならば，来るべき100年以内に地球上の成長は限界点に到達するであろう．最も起こる見込みの強い結末は，人口と工業力のかなり突然の，制御不可能な減少であろう」とある．

　このような爆発的な人口増加を前にしては，家族計画は単に必要というだけでなく，人類の命運をかけた大事業であるといえよう．そのためにも，発展途上国の人々に対する全般的な教育水準の向上，人口教育の普及，女性の地位の向上，経済面での支援等を欠かすわけにはいかない．各国政府は，権限の範囲内で，適切な広報活動と政策処方とを行使しなければならない．しかし，当然のことながら，それは道徳法の要請と，夫婦の正当な自由を尊重するものでなければならず，強制的な出生制限（不妊手術や人工妊娠中絶など）は，人間の尊厳という立場からも決して認められるものではない．結婚と出産は，人間にとって侵すべからざる権利だからである．

　提起されている問題は，決して簡単に解決されるものではないが，我々はもう一度マルサスに戻る必要があるのではないだろうか．人工的な出生制限は道徳的にも認め難いことから，彼は道徳的抑制を提案し，晩婚すなわち結婚の年齢を遅らすことを勧めた．男女の性別を問わず，教育を受ければ受けるほど，結婚についての考え方も変わるに違いない．もちろん，出産についても同様である．また，女性の教育が進めば，女性の地位の向上や職場進出が進むに違いない．発展途上国でも，出生率は確実に下がるものと思われる．これまで先進国でみられた，経済発展により過剰人口が解消されるという図式は，幾多の制約から今後とれそうにもない．我々はここに，重大な困難が存在していることを認識すべきときにあるのである．

【文献】A. ジマーマン『過剰人口とカトリシズム』関場須美子訳（春秋社 1961）: A. ZIMMERMAN, *Catholic Viewpoint on Overpopulation* (Tokyo 1961); レオ13世『レールム・ノヴァルム―労働者の境遇』岳野慶作訳（中央出版社1961）: LEO XIII, "*Rerum novarum,*" ASS, 23 (1891) 641-70; D. H. メドウズ他『成長の限界―ローマ・クラブ「人類の危機」レポート』大来佐武郎監訳（ダイヤモンド社 1972）: D. H. MEADOWS, *The Limits to Growth* (New York 1972); T. R. マルサス『人口論』永井義雄訳（中央公論社1973）: T. R. MALTHUS, *An Essay on the Principle of Population* (London 1798); 舘稔，黒田俊夫『新版人口問題の知識』（日本経済新聞社1976）: G. タピーノス, P. T. ピオトロウ『60億の人口』武井昭訳（日本ブリタニカ 1980）: G. TAPINOS, P. T. PIOTROW, *Six Billion People* (New York 1978); 小林和正『東南アジアの人口』（創文社 1984）; M. S. タイテルボーム, J. M. ウインター『人口減少―西洋文明衰退への不安』黒田俊夫, 河野稠果監訳（多賀出版1989）: M. S. TEITELBAUM, J. M. WINTER, *The Fear of Population Decline* (New York 1985); D. D. BROMLEY, *Catholics and Birth Control* (New York 1965). （中矢俊博）

しんこうりはん　信仰離反

〔英〕apostasy, 〔独〕Glaubensabfall, 〔仏〕apostasie　カトリック者がキリスト教の *啓示を信じなくなり，信仰と実践を放棄すること（離教，棄教，*背教，*異端）．

　信仰は，神からの無償の *恩恵であるとともに，人間の側の自由な同意，人格的決断が要求されることに基づいている．恩恵を失う場合と同様に，人間の側の自由な共働が保留されるから，もはや同意しえない場合，信仰から離れることは可能である．

【罪を伴う場合】充分な恩恵を失ういかなる *罪も信仰を失う原因になるのではなく，信仰に直接反する大罪，充分な理解と意志をもって信仰を否定する場合にだけ，信仰を失うことになる (DS 1578)．これによって，超自然的な信仰の徳を失い，もはや信仰の真理をもたず，単なる人間的な見解をもつにすぎなくなる．

【罪を伴わない可能性】*ヘルメスが，信ずべき事柄の確証を得るまで一時的に信仰を疑い，同意を保留できると主張したことからこの問題が起こる．第1*ヴァティカン公会議は，教会の *教導職に従い，信仰の賜物を受け入れた者が，この信仰を変えたり，疑ったりすることはできないとして，彼の意見を排斥した (DS 3014, 3036)．この決定の解釈に関して，客観的には信仰を放棄する正当な理由はないが，主観的にはありうるとする意見（*グランデラート等）と，主観的にも正当な理由はなく，罪であるとする意見（*ヴァカン等）が起こる．*オーベールは，恩恵の効力と，*しるしとしての教会の存在の面から，特別の場合，正当な理由をもちうると主張する．したがって，形式的に罪のない可能性があるが，この場合でも，少なくとも実質的に，信仰を守る義務の重大な怠りがあったといいうる．

【文献】LThK² 4: 931-34; NCE 4: 931-34; R. AUBERT, *Le Problème de l'acte de foi* (Louvain ³1958).

（湯沢民夫）

しんこてんしゅぎ　新古典主義　→　古典主義

しんさよく　新左翼　→　ネオ・マルキシズム

しんしときょうかい　新使徒教会

〔独〕Neuapostolische Kirche, 〔英〕New Apostolic Church, 〔仏〕Eglise néo-apostolique　初代の使徒的教会の再興を志す教派の一つ．前身は，カトリック使徒教会(*アーヴィング派)で，これから分かれた人々が1863年以降，ドイツ，オランダなどで新しい派を創立．やがて合同して1930年代から新使徒教会と称する．*監督, *長老, *牧師, *執事の上に，主使徒（〔独〕Stamm-Apostel）を中心とした使徒という職制を置く．洗礼，聖餐のほか，使徒だけが授けることのできる「証印」(Versiegelung)という聖礼典(→ 秘跡)があり，これはキリストの再臨の際の第一の復活を約束する．教理的にも精緻な終末論(→ 終末)を特徴とする．ドイツから全世界に広がり，2001年現在，約1,000万の信徒を数える．日本では1968年(昭和43)に伝道された．

【文献】LThK² 7: 889-91; LThK³ 7: 749-50; NCE 10: 371; F. ビショッフ編『新使徒教会の信仰に関する問答書』矢幡賢治訳（キリスト新聞社1969）: F. BISCHOFF, ed., *Fragen und Antworten über den Neuapostolischen Glauben* (Frankfurt 1950); F. BISCHOFF, ed., *Questions and Answers Concerning the New Apostolic Faith* (Frankfurt ²2001).

（宮崎正美）

シンシナティあいとくしゅうどうじょかい　シンシナティ愛徳修道女会

〔英〕Sisters of Charity of Cincinnati, 〔略号〕S.C.　教皇庁立修道女会．同会の起源は，*エリザベス・アン・ベーリ・シートンの創立になるエミッツバーグ(Emmittsburg)の修道院から来た4人の修道女が形成した共同体に由来する．1852年に母体となった修道会から独立，1939年に独自の *会憲の最

終認可を得た．会員は主に看護，教育，慈善事業に従事し，病院，学校，孤児院等を運営してる．1997年現在，会員数657名．総本部はシンシナティ．
【文献】AnPont (1999) 1529; DIP 2: 316-17. （和田誠）

じんじゃさんぱいもんだい　神社参拝問題

明治維新の到来とともに，明治新政府は皇室を中心として国民的統一を図るとすれば，神社神道を通じてそれが最もよく行われうるであろうと確信するに至った．日本の西欧化が進行するにつれ，また1889年(明治22)発布の明治憲法により，信教の自由が保障されると，政府は神社参拝が非宗教的なものであり，むしろ公民的・政治的性格を有するものだと力説した．

1899年に文部省は「訓令12」を発令し，「一般教育を宗教から分離することは教育行政上すこぶる肝要なことである」と定めた．同時に政府当局は，青少年の心に日本国民の伝統的価値，特に天皇への忠誠心を植えつけるため学校，わけても小学校を利用する全国的規模の組織的な運動に専念した．国家神道は各種の法律的手段や指令を通じて宗教の範疇から外されたので，政府は何ら矛盾を感ずることなく国家神道を積極的に奨励し，かつ全国民に神社参拝を義務づけた．

カトリック教会は当初，入信者は国家儀礼行事に参加すべきではないと主張した．1742年の*中国の典礼問題に関する教皇庁の決定を踏まえ，極東のカトリック信者は非キリスト教的宗教儀礼に参加してはならないと考えていたからである．しばしば団体で神社に参拝することになっていた日本の学生や軍人は，特に当惑せざるをえなかった．この問題が頂点に達したのは，1932年(昭和7)*上智大学の学生が靖国神社参拝の義務を回避しようとしたときであった（→靖国神社問題）．東京大司教*シャンボンは文部省に書簡を送り，神社参拝義務の意味について明確な説明を求めた．文部省の回答に基づき日本の司教団と教皇使節*マレラは，神社参拝の儀礼の意味が時代とともに変化を遂げ，単に公民的・政治的意味しか有していないと判断し，*聖座に対し，カトリック信者がこれらの儀式に参加できるよう許可を請願した．許可は1936年ローマの布教聖省からマレラ宛に与えられ，許可の範囲は冠婚葬祭などの家庭的行事にまで及んだ．日本人のほとんどもまた，それら儀礼にもはや宗教的意味を感じなくなっていた．

教会側の指導原理は，1939年に布教聖省から中国の教会に宛てた典礼論争に関する最終的指令（Plane compertum est）からも読み取ることができる．「東洋の諸地域では，ある儀式は古代には異教的儀礼と関わりあっていたが，幾世紀もの間に慣習や思想が変化し，現在では祖先への畏敬，祖国愛，隣人への礼儀などの公民的な意味しか残っていないことは明らかである」．

第2*ヴァティカン公会議が力説したキリスト教の日本文化への土着化（*インカルチュレーション）という課題の一部をなすこの原理は，現在もなおカトリック教会によって，例えば日本司教団諸宗教委員会の指針に述べられているように，守り続けられている．無論，この原理の具体的適用は単純なものではなく，疑わしい場合には思慮深い決断が必要であることはいうまでもない．

【文献】日本カトリック司教協議会諸宗教委員会編『祖先と死者についてのカトリック信者の手引き』（カトリック中央協議会 1985）; D. C. HOLTOM, *The National Faith of Japan* (London 1938); G. MINAMIKI, *The Chinese Rites Controversy from Its Beginning to Modern Times* (Chicago 1985). （T. ゲッペルト）

しんじゅ『真珠』The Pearl

中英語による著者不明の頭韻詩．14世紀後半の作．現在大英博物館コットン・コレクションに現存する唯一の写本には，この詩とともに，「サー・ガウェインと緑の騎士」(Sir Gawain and the Green Knight, 1375頃)のほか，「忍耐」(Patience)，「貞節」(Purity または Cleanness) の詩が含まれ，すべて一人の書記の筆跡によっているが，すべてが一人の著者に帰されるのかどうかは，学者の意見が分かれている．

『真珠』は哀歌の形式をとり，主人公は，2歳になった我が子の死を悲しんでいるうちに，庭で寝てしまい，夢のなかで失った我が子に出会う．女児は父親に悲しまないようにと告げ，天国の喜びについて教え，自分が処女の群れとともに神の座の前で舞い続けていると説明し，黙示録にあるように，壮麗な塔や建物からなる*天のエルサレムを父親にみせる．

『真珠』は寓意詩であるが，その意味はさまざまに解釈されている．しかしこの詩が恩恵を失った体験，神との一致の道の第1段階である*暗夜の体験について語っていることは確かである．

【文献】NCE 11: 46-48; T. BOGDANOS, *Pearl: Image of the Ineffable, A Study in Medieval Symbolism* (University Park, Penn. 1983). （高柳俊一）

しんしゅうきょううんどう　新宗教運動〔英〕New Religious Movements

【概念】新宗教運動とは，既成宗教（〔英〕established religion）のものとは相対的に区別された新たな宗教様式の樹立と普及によって，19世紀半ば以降の急激な社会変動下における人間や社会の矛盾に対処しようとする，民衆主体の非制度的な成立宗教の運動のことである．新宗教運動という用語は，一般に，新宗教（new religion）と同じ意味で使われている．したがって，以後，ここでは，新宗教運動のことを，単に新宗教と略称する．

新宗教という用語は，第一には，1850年前後（幕末維新期）以降の日本で成立・展開した新しい諸宗教を指すが，第二には，1970年前後のアメリカで新たに活発化してきた非正統的なキリスト教や東洋宗教の運動（カルト）を含む世界各地の新しい諸宗教を指す．第一の意味での新宗教は，それまで使われていた軽蔑的な新興宗教という呼称に代わって，1960年代初頭以降の日本で，価値中立的な用語としてしだいに使われるようになった．これに対して，第二の意味での新宗教は，1970年前後の欧米で台頭してきた非正統的なキリスト教や東洋宗教の運動（カルト）などを，それまでキリスト教会の類型論として発達してきたチャーチ・セクト論では把捉できなくなったことを契機に，欧米の宗教社会学者のなかで使われ始めた．

【日本の新宗教の発生】日本の新宗教の発生時期については，19世紀半ば（幕末維新期）説と20世紀初頭説という2説があるが，総じて，前者のほうが有力である．19世紀半ばには，後に教派神道の有力教派となる天理教(1838)と金光教(1859)が開教したほか，本門仏立講(1857)も開講した．如来教(1802)や黒住教(1814)はそれ以前に開教しているが，これらを含む新しい諸宗教が教勢を伸ばしてくるのは，やはり19世紀半ば以降のことである．また，この時期に台頭してきた新しい諸宗教には，(1)現世での幸福の追求を積極的に認める現世主

義，(2)易しい教えと簡便な実践を旨とする平易主義，(3)世俗の職業をもつ信者が宗教活動の主体となる信者中心主義など，以後の新宗教を特徴づける民衆的な要素がすでに認められる．

【日本の新宗教の源流】日本の新宗教は，既存の宗教様式とは全く別に発生してきたものではなく，それらを源流としつつ，それらを革新することによって，それらと相対的に区別された新たな宗教様式を樹立するに至ったものである．日本の新宗教の代表的な源流は，民俗宗教(*民間信仰)，日蓮法華宗(日蓮諸派)，真言密教の三つである．

日本の民俗宗教は，一般民衆が長年の日常生活のなかから自然に生み出した伝統的な信仰と儀礼のセットである．それは，成立宗教のような教祖や教義・教団をもってはいないが，多少とも成立宗教の影響を受けて，それとの混融形態を示している．民俗宗教には，集落社会の成員が共同祈願を行う講(田の神講・子安講・庚申講・地蔵講など)の形態をとるものと，現世利益を求める個人がシャーマン的職能者を頼ったり，流行神のもとに参集したりする形態のものとがある．新宗教運動の源流となったものは，主として後者の民俗宗教である．それは，江戸時代後期に多くの生き神・生き仏を生み出すことによって新宗教の教祖信仰の苗床となったばかりでなく，幕末期には，民衆の不安と世直し願望を触媒として，この世における個人と世界の救済を説く現世主義的な救済観を生み出し，新宗教が新しい教えを創唱するための下地を作った．こうして，民俗宗教は，天理・金光・黒住の諸教に代表されるような幕末維新期に生まれた創唱系新宗教の源流となったのである．

日本の新宗教の第二の源流となったものは，日蓮法華宗である．この源流には，もともと，法華経を最勝とする排他的な正統意識と，立正安国という世直し的な使命感，唱題と祈祷による現世利益，それに，日蓮の生涯にみられる不屈の戦闘精神など，民衆を魅了する要素が豊かに備わっていた．そのため，江戸時代後期の江戸や京・大坂には日蓮諸派の多くの在家講が生まれ，活発な活動を展開するに至った．そして，幕末維新期になると，こうしたなかから法華系新宗教の先駆としての本門仏立講(母教団は八品派)が生まれ，大正・昭和初期には，さらに，霊友会(母教団は身延派)や創価学会(母教団は富士派)などが生まれてくるのである．しかし，本門仏立講と創価学会がそれぞれの宗派信仰の再生運動であるのに対して，霊友会とその分派は法華経による先祖供養と法華シャーマニズムを内実とする民俗宗教的な法華系新宗教であるといえる．なお，これらのうち，本門仏立講を除く法華系新宗教の多くは，太平洋戦争後に著しく教勢を伸ばした．

日本の新宗教の第三の源流は真言密教である．しかし，真言密教そのものから新宗教が発生してきたというよりも，正確には真言密教に含まれている儀礼的な呪術性と*アニミズムや*シャーマニズムの要素をもつ民俗宗教性が新宗教発生の土壌になったというべきであろう．具体的には，加持祈祷や各種の霊術，口呪としての真言，シャーマン的な祈祷師，包摂している弁天・不動・観音などへの根強い庶民信仰などが，新宗教を生み出す要素になった．そして，教祖的な人物が出現して，独自の観点からこれらの要素を一つの新しい宗教様式へと組み替えるとき，真言密教系の新宗教が成立したのである．真言密教を源流とする新宗教には弁天宗(母教団は高野山真言宗)・解脱会・真如苑(双方とも母教団は醍醐派)・阿含宗(母教団は金剛院派)などがあるが，これらは，既成の真言密教の宗教様式から多くのものを学びつつ，それぞれ新宗教としての独自性を打ち出している．なお，弁天宗と解脱会は太平洋戦争後に教勢の発展をみたが，真如苑と阿含宗は，高度経済成長後，とりわけ1980年代に急速に教勢を伸ばして，真言密教系の代表的な新宗教として注目されるに至った．

【日本の新宗教の歴史】日本の新宗教の歴史は，およそ，五つの時期に区分することができる．

第1期は，幕末に発生した新宗教が明治前半期に教派神道へと編成される時期(幕末から帝国憲法発布)である．教派神道とは，明治政府が，国家神道体制の確立のために，非宗教とみなした神社神道から分離して独立を認めた宗教的な神道のことで，初めて独立した神道黒住派(今日の黒住教，独立1976)から最後に独立した天理教(独立1908)までの13教派(教派神道十三派)がこれにあたる．これらのうち，新宗教といえるものは，天理・金光・黒住の創唱系3教派と習合神道系の若干の教派だけである．このほかに，独立した教派にはならなかった丸山教(開教1870)・如来教・蓮門教(開教1877頃)・本門仏立講などの新宗教も，この時期に成立している．

第2期は，新宗教の最初の飛躍的な教勢拡大期から教派神道体制の最終的な確立に向かう時期(帝国憲法発布から日露戦争後)である．1890年代には，病気治癒などの現世利益を強調した蓮門教や天理教・金光教が著しく教勢を伸ばして，新宗教が初めて社会的な注目を浴びた．その結果，蓮門教や天理教はマスコミの厳しい批判にさらされ，これを契機に風俗紊乱・医薬制止などの名目で官憲の取締りを受けるに至った．こうして，蓮門教は教勢を衰退させ，天理教の独立運動も挫折しかかった．そこで天理教は，1903年に天理教教義とは異質の『明治教典』をつくって国家神道体制と妥協し，1908年にようやく独立を果たしたが，それはまた，新宗教が国家神道体制に従属する歴史の始まりともなった．

第3期は，法的に不安定な非公認の新宗教が台頭してきた時期(日露戦争後から昭和恐慌)である．この時期の代表的な非公認の新宗教には，大本教(大本)や「ほんみち」(1913年に天理教から分派)などがある．このほか，PL教団の前身の「ひとのみち教団」(開教1924)も，この時期に開教している．第3期は，明治末の1908年の戊申詔書の発布や大逆罪・不敬罪の新設などにみられるように，ようやく確立した近代天皇制国家が社会的矛盾の噴出に危機感を強め，さらなる安定化に本腰を入れ始めた時期である．そのため，この時期には，天皇制にからめて世の終わりや国難の到来を主張した大本教(大本)と「ほんみち」などが，不敬罪容疑で官憲の厳しい取締りを受けた．

第4期は，戦時下における新宗教の受難の時期(昭和恐慌から敗戦)であるが，この時期には，霊友会(発会式1930)や大日本立正佼成会(立正佼成会の前身，1938年に霊友会から分派)，創価教育学会(創価学会の前身，発会式1937)，それに立照閣(真如苑の前身，開創1936)などの仏教系の新宗教が生まれたほか，本門仏立講や「ひとのみち教団」の教勢が伸びた．第4期においては，新宗教が，従来の不敬罪に加えて治安維持法(成立1925)の取締りの対象となった．不敬罪と治安維持法の双方による取締りを受けた新宗教には，前期に続いて第2次の取締りを受けた大本教(大本)と「ほんみち」，それに創価教育学会などがある．

第5期は，*信教の自由のもとで新宗教が乱立と盛衰

を経験した時期(敗戦から第1次石油危機)である．この時期には，新宗教を受難の淵に立たせた不敬罪も治安維持法も国家神道もなくなり，以後，新宗教は奔放な布教活動を展開できるようになった．そのため，この時期の初期(戦後復興期)には，当時の急性アノミーと経済的窮乏を反映して，天照皇大神宮教や璽宇教(共に開教1945)のような戦後の新宗教をはじめ，前期までに成立していた霊友会・立正佼成会・創価学会などの法華系の新宗教も，競って教勢を伸ばした．高度経済成長期になると，人々の暮らしもしだいに落ち着き，それに伴って人々の宗教的なニーズも，漸次，呪術的・実利的なものから精神的・生きがい模索的なものへと変化していった．こうした変化に対応して，立正佼成会と創価学会は，教えと実践の脱呪術化を進めて教勢を飛躍的に伸ばし，この時期の終わりには新宗教界の両雄となった．

第6期は高度経済成長後の「豊かな社会」にあたるが，この時期には，脱呪術化して大教団に発展した新宗教の教勢が停滞し，代わって大胆に呪術や神秘を強調する霊術系新宗教(いわゆる新新宗教)が台頭した．それらには，1970年代半ばから80年代にかけて教勢を伸ばしたGLA(開創1969)や阿含宗(観音慈恵会を母体に1978年に開創)，さらには世界真光文明教団や崇教真光(母体は同一，共に開創1959)などがあるが，1980年代後半から90年代になると，神秘的ではあるがあまり呪術色の濃くないオウム真理教(開教1984)や幸福の科学(開創1986)が台頭して，マスコミを利用した布教を行い社会的な注目を浴びた．

【世界の新宗教】日本の新宗教と類似した新宗教は，急激な社会変動を経験した世界の多くの国々にもみられる．19世紀のアメリカでは，モルモン教(*末日聖徒イエス・キリスト教会，成立1830)や，*セブンスデー・アドヴェンチスト(成立1845)，エホバの証人(*ものみの塔聖書冊子協会，成立1931)，*クリスチャン・サイエンス(成立1876)などのキリスト教系の新宗教が相次いで生まれた．また，アジア・アフリカなどの第三世界では19世紀半ば以降，*ヒンドゥー教やキリスト教，仏教などの影響下に新宗教が数多く発生した．すなわち，ヒンドゥー教の再生運動としてのインドのラーマクリシュナ・ミッション(成立1897)や，キリスト教のアフリカ的な土着教会であるザイール(現コンゴ民主共和国)のキンバング教会(20世紀前半に成立)，仏教・道教・キリスト教の混融形態であるベトナムの*カオダイ教(成立1925)などが，それである．

1970年前後になると，アメリカを中心とした欧米社会に，カルトと呼ばれる新宗教が数多く台頭してきた．それらのうち，あるものはキリスト教的な伝統から生まれ，他のものはヒンドゥー教などの東洋宗教に由来し，第三のものはその他の系譜に属しているか何の系譜にも属していない．このように多様な新宗教ではあるが，効率と管理を強調する産業社会の合理主義と，それをもたらした既存のキリスト教文化を批判する1960年代の対抗文化運動の伝統を継承した若者の運動であるという共通の特徴をもっている．

キリスト教的な伝統から生まれた新宗教には，チルドレン・オブ・ゴッド(1971年に成立，80年代にファミリー・オブ・ラブと改称)に代表される幾つかのイエス運動のグループと，韓国から上陸したユニフィケーション・チャーチ(*世界基督教統一神霊協会，略称は統一協会，1970年代初頭以降に台頭)などがある．チルドレン・オブ・ゴッドと統一協会は，共に指導者をメシア視し

た*千年至福説的な主張を行い，コミューンでの信者の共同生活を重視している．ヒンドゥー教の伝統に由来する新宗教には，国際クリシュナ意識協会(ハレ・クリシュナ，1966年にアメリカで成立)や，ディヴァイン・ライト・ミッション(来米1971)，トランセンデンタル・メディテーション(TM，来米1958，60年末以降に台頭)などがある．これらの新宗教は，マントラの唱和と瞑想によって神との合一や無我の体験を可能にさせると説いている．その他の系譜に属するか何の系譜にも属していない新宗教には，*シーク教とヨガの行法を混成した3HO(ヘルシー・ハッピー・ホーリー・オーガニゼーション)や，日本の創価学会の在米組織であるアメリカ日蓮正宗(NSA，成立1960)，インドネシアの回教徒によって創始されたスーブドゥ(来米1950)，それに，科学的な心理療法を宗教的に発展させた霊的健康法を行うサイエントロジー(成立1952)などがある．

他方，西欧諸国ではあまり新宗教の発生をみないが，例えば，フランス人が異星人と遭遇したとして1973年に創設したラエリアン・ムーブメント(本部はスイス)などのような新宗教が，数は少ないが存在している．

【文献】井上順孝他編『新宗教事典』(弘文堂1990); C. Y. GLOCK, R. N. BELLAH, eds., *The New Religious Consciousness* (Berkeley 1976); D. BROMLEY, A. SHUPE, JR., *Strange Gods* (Boston 1981); J. A. BECKFORD, ed., *New Religious Movements and Rapid Social Change* (London 1986).　　　　　　　　　　(西山茂)

しんじゆうしゅぎ　新自由主義　〔英〕neoliberalism, 〔独〕Neoliberalismus, 〔仏〕néolibéralisme　1920年代以降に生まれ，第2次世界大戦後有力となった経済思潮の一つ．普通，*ミーゼスや*ハイエクらの新オーストリア学派に代表されることが多いが，旧西ドイツのオルド学派や現代アメリカのブキャナン派もこの流れに属している．これらの学派は，統制経済に対する市場経済の優位をうたい，*社会主義のみならずケインズ主義にも反対する点では一致する．しかし，国家(政府)の意義と役割に関しては若干見解が異なり，国家(政府)の経済活動をできるだけ排そうとする新オーストリア学派に対し，オルド学派とブキャナン派は市場経済の利点を活かすための国家(政府)の経済活動の意義と役割を積極的に認め，さらにW.*オイケンらに代表されるオルド学派は，キリスト教的社会観の影響も受けて，市場経済礼賛論とは異なる「社会的市場経済」の論理を提供している．

【文献】古賀勝次郎『ハイエクと新自由主義』(行人社1983); C. DÖLKEN, *Katholische Sozialtheorie und liberale Ökonomik* (Tübingen 1992).　　　　　(山脇直司)

じんしゅもんだい　人種問題　人種問題とは，人種の相異それ自体が一方の人種に支配と特権を，他方の人種に従属と被差別をもたらす唯一絶対の理由となり，差別される人種の人間の尊厳と人権に対する重大な侵害が差別する人種の人々の間で当然のものとされ，人種的差別と人種的偏見が正当化される現象である．一言でいえば，それは人種主義(〔英〕racism)のことである．これを論じる前に，人種それ自体が概念的に明らかにされなければならない．

今日，地球上に生きている人間はすべて，ホモ・サピエンスという同一の種に属するが，その変異は大きい．そこで人類を変異に基づいて区分する試みがさまざまに

なされてきた．人種もその一つである．スターン（Curt Stern, 1902-81）の定義によれば，「人種とは遺伝的に多少なりとも隔離された人類集団で，他のいかなる隔離集団とも異なる集団遺伝子構造を有するものである」．人類を下位集団に区分するうえで，人種は *民族（ethnic group）などとしばしば混同される．人類の生物学的・遺伝学的区分である人種は，文化的区分である民族や，政治的・行政的区分である国民と明確に区別されなければならない．人種問題は民族問題，すなわち民族間の対立と抗争，民族的差別・偏見と区別されなければならない．

人種分類法には大小さまざまなものがあるが，最もよく知られているのは，コーカソイド，ニグロイド，モンゴロイドの三つに大分したものである．これらを二つに分けると，白色人種のコーカソイドと，有色人種のニグロイドとモンゴロイドということになる．人種主義の最も典型的な例は白色人種優越説である．歴史的には，16世紀の*大航海時代に始まるヨーロッパ人による新大陸の「発見」，植民地経営の発展，アフリカ黒人や中国人の奴隷貿易は白色人種の有色人種への優越と支配をもたらし，18世紀には人種主義が*イデオロギーとしてヨーロッパと北米に広く普及・定着した．ゴビノー（Joseph Arthur de Gobineau, 1816-82）の『人種不平等論』（1854）は，*アーリア人と*ゲルマン人は優秀人種，セム人と黒人は劣等人種だと断じ，後年，ヒトラー（Adolf Hitler, 1889-1945）という有力な愛読者を得たことで有名である（→ ナチズム）．白色人種の人種主義のイデオロギーは，有色人種は身体の特徴や皮膚の色の相違に加えて，頭脳の知的能力，道徳的志操，社会的特性に関しても本質的に劣等な「人種」に属し，他方，白色人種は本質的に優秀な「人種」に属していると主張し，これを証拠だてるために生物学上の遺伝的特質を所与のものとして持ち出す．そして人類の文明を創り出したのはもっぱら優秀な人種，白人の力によるものであり，本質的に劣等な有色人種は文明の達成度が低く，人類文明の創造に全く貢献するところがなかったとし，歴史的事実がこれを証明しているという立場に立つ．したがって有色人種の民族と国民が白色人種の民族と国民によって支配されるのは，当然のことであるという．では，白色人種の優越した地位を維持し，文明の一層の発展を期すために何が肝心か．白人の人種主義者の回答は，人種の純血を守り，有色人種との混交を絶対に回避することである．

人種主義のあやまちは今日では明瞭である．人種にはその優劣を決定する科学的・客観的基準がないという事実の認識と，人種主義は人間の*尊厳と*基本的人権を踏みにじる点で道徳的に*悪だとする倫理的判断とが，人種主義のあやまちを克服する途である．

なお，教皇庁の*正義と平和委員会は1988年に『教会と人種主義』（The Church and Racism）を発表した．→ 差別，ナショナリズム，民族． 　　　　（吉田裕）

しんじょう　信条 symbolum　信条とは根本的には教会の*信仰を公に宣言するものである．それはまた，神の*啓示に対する教会の応答であり，キリストの救いと栄光の告知である．「我は信ず」（Credo in）という言葉で始まることが多いことから「クレド」ともいわれる（英語の creed はこれに由来する）．

信条の萌芽は新約聖書にみられる*信仰告白にある．アンティオケイアの*イグナティオス，殉教者*ユスティノスに定式化された信仰告白がみられるが，その背景には*洗礼における信仰告白がある．洗礼時には浸水とともに父と子と聖霊に対する三重の問答形式の信仰告白がなされた．これが叙述式の定式文とされ，洗礼志願者の教育の素材とされる一方，*異端に対処する言葉が挿入され，形が整えられてきたものと思われる．この過程で*信仰基準からの影響もあったものと思われる．これらの洗礼と結びついた信条は各地で多少の相違をもつものとして形成されたが，後に，特に西方教会では典礼の統一の動きに伴い一本化され，それが各地に普及することになった．それが*使徒信条である．

これに対して，異端に対処して開催された公会議でそれらの洗礼信条をもとにしながら，神学的な宣言を含めた信条が作成される．*ニカイア信条，*ニカイア・コンスタンティノポリス信条がそれである．第1*ニカイア公会議から第1*コンスタンティノポリス公会議の間に開催された*教会会議で盛んに信条が作成され，教会会議での信条作成は禁じられ，以後公会議で信条が作成されることはないが，*ネストリオス派に関する論争を解決するために開催された*カルケドン公会議の宣言も信条とみなされる（*カルケドン信条）．これは他の信条が*三位一体の神に対する信仰を宣言する形をとっているのに対して，キリストに関わることだけが宣言されている．これらの信条は先の洗礼と結びついた信条に対して，「司教たちの信条」あるいは「公会議の信条」とも呼ばれる．このほか，著名な信条として*アタナシオス信条があるが，これは個人の作になるものである．

なお，信条が「シンボルム」と呼ばれるのは4世紀以来の習慣で，このラテン語はギリシア語の symbolon に由来する．信条が「シンボルム」と呼ばれるに至った経緯については諸説ある．その語源 symballein（一緒に投げる）から説明されることが多い．アクイレイアの*ルフィヌスは，戦争時に敵と味方を区別する符牒の意味と解し，その意味でこれは暗記されるべきで，決して書きとどめてはならないという．彼はそのほかに「しるし」（〔ラ〕indicium），「一緒にすること」という意味もあげている．*アウグスティヌスは古代の商人の間で契約相手を識別する符号を意味したことから説明を展開している．現代のある学者は古代の*密儀からの借用と解する．すでにシッカの*アルノビウスはエレウシス（Eleusis）の儀式で，初心者が復唱するよう要求される式文が symbola と呼ばれていたことを指摘している．ここにはキリスト教の信条との類比がみられる．*ラッツィンガーは信仰の共同体性を示し，信仰が教会を指向するものであることを示すと解する．

【校訂版】DS 1-76, 125, 150, 301-302.
【文献】キ大 569-70; NCE 4: 432-38; J. N. D. KELLY, *Early Christian Creeds* (London 1950 ³1972).

　　　　　　　　　　　　　　　　　（小高毅）

しんじょうがく　信条学〔英〕symbolics,〔独〕Symbolik,〔仏〕symbolique　本来，古い*信条の解説をいい，古代教会時代のサラミスの*エピファニオスの『薬箱』（『全異端反駁論』）や*アウグスティヌスの『信仰と信条』などがこれにあたる．しかし，*宗教改革以来，例えば*アウグスブルク信仰告白のような重要な*信仰告白に信条の概念が適用され，宗教改革の信仰告白を基礎として教会間の相違を克服し，真の教会を目指す試みが行われた．*ルター自身の『キリスト教信仰の三つの信条あるいは信仰告白』，や『公会議と教会論』は，今日からみれば信条学的著述である．しかし，「信

条神学」（〔ラ〕theologia symbolica）という表現を初めて使用したのはザンデン（Bernhard von Sanden, 1636-1703）で，それによって他教会とのはっきりとした違いを論争神学的に打ち出そうとした．これはプロテスタント教会とカトリック教会の相違を*ルター教会の立場からできるだけ強調しようとしたものであり，カトリック側の*ロベルト・ベラルミーノあるいは*ボシュエの論争法にほぼ匹敵するものであった．さらに宗教改革運動の結果生まれた教会間でも相違が強調されたが，一致学（〔独〕Irenik）の要素が加わるのは 1796 年，G. J. *プランクが『教義体系の歴史的・比較的叙述入門』によって信条学を諸教会間の教理体系を比較検討する専門分野にしたときであった．

信条学は神学教育の課程では教理学のあとに教えられ，その内容からそれぞれの教会の教理体系と教会史の中間に位置づけられるべきものであった．19 世紀，ロマン主義的傾向によって歴史的視点と比較論が意識されると，*シュライエルマッハーの神学の影響を受けた*マールハイネケが信条を歴史的に比較検討する信条学的立場を打ち出した．カトリック神学の枠内で信条学を始めたのは*テュービンゲン学派の*メーラーであった．彼はルター教会の信条を意識して，信条学を「カトリックとプロテスタント側の教理上の相違点の研究」であるとし，16 世紀のプロテスタント側の信仰告白から出発して，護教論的でも論争神学的でもなく，客観的に提示することを意図した．以後 20 世紀まで自分の教会の視点から多くの教理体系の相違を比較検討する教科書が書かれた．しかし信条学は，メーラーの場合のように，違いを明らかにすることを目的にしていたため限界があり，さらに 1954 年 E. *ヴォルフが提唱したエキュメニズム学（Ökumenik）に吸収されることになる．
【文献】LThK² 9: 1212-13; ÖL 1131-32. （高柳俊一）

しんじょうしゅぎ　信条主義　〔英〕confessionalism, 〔独〕Konfessionalismus, 〔仏〕confessionalisme　ある特定の，歴史上の*信条や信仰箇条に立って，それに応じる意識と行動の基礎とし，他の立場に対して一線を画そうとする，神学的・世界観的立場をいう．その際，信条は正統性の主張に立って規範的なものとされ，キリスト教理解の規準となり，他の信条的立場と争うことになる．この立場を維持するために，教理，秩序，実践も規定される．

教会史は正統と*異端の対立において，その初期から信条主義的傾向を示してはいたが，16 世紀，*宗教改革によって信条を異にする諸教派が生じて以来，教理体系をめぐって，互いに相容れ難いとする対立と論争が起こり，自らの信条を絶対化し，他の立場を否定することになった．19 世紀になると，信条的意識を革新，強化するよりも，これを組織化して，*啓蒙思想，*合理主義，*敬虔主義に対する論争に走るという方向に展開した．教会政治的には教会合同への反対となって現れた．この立場は 20 世紀，例えばヒトラー（Adolf Hitler, 1889-1945）と*ナチズムに対する教会闘争では正しい役割を果たし，第 2 次世界大戦後のドイツの教会再編にも効果的であった．しかし，この立場が強すぎれば，*教会一致促進運動が進められる時代の趨勢に逆行することになろう．
（徳善義和）

しんじょうのじゅよ　信条の授与　〔ラ〕traditio orationis dominicalis,〔英〕presentation of the Creed,〔独〕Übergabe der Glaubensformeln,〔仏〕tradition du symbole de la foi　キリスト教入信の準備段階に行われる儀式の一つ．古代の*西方教会における洗礼志願期の教話と典礼の発達とともに儀式として形成された．*主の祈りの授与もこれと並行して成立した．古来，*信条は入信準備期の教えや洗礼式での*信仰宣言を通して形づくられたが（→洗礼信条，使徒信条），4 世紀には，洗礼志願期の教育が重視されるなか，信条を解説しつつ，信仰内容を伝授する方法がとられた．この教育と相伴って伝授の式が行われ，時期はさまざまだったが，*ミラノでは*復活祭前の主日，ローマや北アフリカでは 3 週間前の主日（アウグスティヌス『告白』8, 2, 5）に行った例が知られる．信者だけの秘密を伝授することによって教会の一員とするという入信過程の考え方や*守秘規定の意識が働き，信条の文言を正確に暗記することが勧められた（アンブロシウス『信条の解説』）．なおローマや北アフリカではその次の主日に志願者が伝授された信条を暗唱して復唱する儀式（〔ラ〕redditio symboli）も行われた．現代の『成人のキリスト教入信式』（規範版 1972）は，信条の授与を洗礼志願期に行うとし（同緒言 25 項），1976 年，日本カトリック司教団認可の儀式書『成人のキリスト教入信式』は，基本的に洗礼志願式に行う形をとった（同緒言 25, 53 項）．
【文献】A. G. MARTIMORT, ed., *The Church at Prayer*, v. 3 (Collegeville 1987) 11-100; B. KLEINHEYER, *Sakramentliche Feiern I. Die Feiern der Eingliederung in die Kirche*, GDK 7/1: 69-70, 255. （石井祥裕）

しんじん　信心　〔ラ〕devotio,〔英〕devotion,〔独〕Devotion,〔仏〕dévotion　完全な献身をいう．この神への絶対的帰依はさまざまな形をもっているが，それらは「善を求めるあらゆる願いと信仰の働き」（2 テサ 1: 11）の種々の表現である．

信心とは神に関することを実行しようとする意志の状態で，神のみ旨を実行しようとする迅速さと持続性を伴う．*トマス・アクィナスは，「信心とは，神の奉仕に関わることに，喜んで身をささげようとする意志にほかならない」（『神学大全』II, 2, q. 82, a. 1）と述べている．

信心は第一の*敬神徳としてあげられるもので，父に対する子どものような愛情を神に抱く精神の状態，あるいは心構えである．これはまず内的な祈りの生活のうちに始まり，具体的な形で表現されて*信心業となる．これは「まことの礼拝をする者たちが，霊と真理をもって父を礼拝する時」（ヨハ 4: 23），外的な敬神の行為が伴われるからである．

賛美と感謝，神の意志を行うことにおいて，意欲と実行力のある人を信心深い人，あるいは敬虔な人という．特別な対象への注意と崇敬の行為を呼び起こすために，用いられる絵や小道具を信心具といい，心臓の形で示される*イエスの聖心の絵，*ロザリオ，*十字架の道行きの彫刻等がある．

真実の信心は，啓示された真理と一致するのみでなく，人間的でもある．霊的な体験が感覚的にも感じられるために，実に多くの信心の型が生まれ，時代，文化，階層，関心の所在等によって特色をもつに至った．信心は信仰者の必要に応えるもの，人間的にみて魅力のあるものでなくてはならない．各時代ごとに，人々の必要に応える信心が生まれ，栄え，そして衰退していった．個人的信心の段階において風変わりなものもあったが，教会は信徒の*霊的生活の向上に導くものに対して寛容

しんじんかい

で，例えば，ロザリオ，十字架の道行き等のように公認されて，教会生活に取り入れられたものもある．歴史的にみると，神自身に中心を置いたものよりも，中世，キリストの人間性に焦点を当てたもののほうが，大きな影響を及ぼした．アッシジの *フランチェスコが受肉した神，キリストの生涯のうちに模倣することのできる徳をみいだして敬神の行為を具体的に表したことは，よく知られている．

神の愛，特に *受肉と *受難において示された愛を黙想することによって感覚的感動が湧いてくるが，信心は感覚的要素を必ずしも含まないし，必要としない．意志の奉献が中心である．感覚が激しく動かされると涙が出るが，涙は感覚的慰めである．内的平安や歓喜の情は霊的慰めである．信心の実質は意志の迅速さと熱心さにある．信心には一種の甘美な感覚がある．これを *慰めといい，この欠如を *すさみ，*乾燥状態という．慰めは信心そのものではないが，慰めがあれば敬神の行為を果たすのは一層容易になる．慰めが心のうちにおいてだけで，感覚として感じられない場合，これを必ずしも，すさみ，乾燥状態というわけではない．

感覚的信心の場合，感動が外見にあらわになると，眼の輝きと涙，晴ればれとした顔つき，声の震え，恍惚状態等がみられる．恍惚に似ているものに陶酔〔英〕intoxication）がある．病的な陶酔は内向する傾向がある．例えば，自己憐憫のような場合がそうである．他方，上からの慰めは，我を忘れるような状態，宗教的なものに引きつけられ，外に向かう傾向がみられる．これを *脱魂という．反対に感覚が何の感動も覚えない場合，すさみ，乾燥状態，霊的遺棄等といわれる．本人の側の落ち度でないなら，これは上からのもの，すなわち試練である．

【文献】B. ヘーリング『キリストの掟』2，田代安子，長沢トキ訳（中央出版社 1987): B. Häring, *Das Gesetz Christi* (Freiburg 1954); 門脇佳吉編『修行と人間形成』(創元社 1978) 124-29; E. ミルサン『霊的生活入門』3（ドン・ボスコ社 1962) 287-97; J. Y. ルルー『アトスからの言葉』高橋正行訳（あかし書房 1982) 34-35, 131-36: J.-Y. Leloup, *Paroles du Mont Athos* (Paris 1980).

（戸田三千雄）

しんじんかい　信心会　〔ラ〕confraternitas　通常，一般信徒からなる法人団体をいい，ある特定の敬神事業の推進・発展を目標とする．例えば特定の *信心業の実践（*ロザリオの祈り，*聖体や *イエスの聖心に対する崇敬など），それを通しての個人の成聖，貧者や病人の救済・看護，死者の埋葬，孤児の世話などを行う．

古い記録によれば，336年すでに *コンスタンティノポリスに信徒の葬儀・埋葬のための信心会が，また5世紀の初めには *アレクサンドリアにペスト患者の看護を目的とする団体があり，やがて祭式の奉仕を目的とする祈祷信心会も生まれた．また，ランスの大司教 *ヒンクマルスの著作にギルドニアエ（〔ラ〕gildoniae）あるいはコンフラトリアエ（confratriae）と呼ばれる団体があって，彼らはヒンクマルスの指導のもとに，頻繁な施しや祈りに献身し，*ミサにあずかっていた．活動内容は，教会への奉仕，例えば燈明を供えたり，葬儀の用意をしたり，施しを集め，それを分配するなどであった．集会には教区司祭が立ち会い，会員に一致団結を勧め，会食の後に解散した．10-12世紀の記録はわずかしか残されていないが，13世紀に入ると信心会は急激な発展をみせた．パリの司教オド（Odo, ?-1208）は，自分の教区内で聖母の信心会の祝日を毎年定期的に祝っていた．イタリアの場合，1260年にローマで旗（団体旗，〔伊〕gonfalone）の信心会が設立され，またたく間に全イタリアの市町村に広がり，この信心会の設置されていない教区を探すのが難しいほどに発展をみた．

旧教会法は，信心会に関して多くの条項を割いている．同法によれば，信心会は次の三つの本質的要素をもつものとされる．(1) 法人であること(708条), (2)「社団」もしくは有機的組織体として設立されること(707条1-2項), (3) 公式の表敬の増進を目的とすること(707条2項).

信心会の創設は，小教区聖堂あるいは修道院付属聖堂のいずれに属する場合も，*教区司教に従属する．司教はその目的や規則を調査のうえ，文書によって創設の許可を与える(708条, 686条). 規則の変更，所在地の移転には必ず司教の認可を受ける必要がある(719条1項). 司教は信心会の会長を任命し，視察を行い，ときに応じて会を解散させる(715条1項). また会員は会の制服，記章を使用しないかぎり典礼に奉仕することはできない(709条1項). 女子は会員に与えられる *免償と霊的恩恵を受けるためにのみ，加入することができる(709条2項). 会の名称に関しては，神の特性，キリスト教の秘義，主あるいは聖母マリアの祝日，聖人あるいは社団自体の敬神事業のうちから採用しなければならない(710条). 特別な *聖座からの特権により一定の *修道会に信心会の設立権が留保されている場合でも，これと反対の条項がないかぎりその教区司教の同意を必要とする(686条). いかなる場所であれ，あるいは一定の地域内において，自己と同一の名称あるいは目的をもつ他の信心会を自己に所属させる権限を聖座から与えられた信心会は，大信心会（Archiconfraternitas）と呼ばれる．また旧教会法は，教区司教に向かって，あらゆる *小教区に至聖なる聖体あるいはカトリック要理の信心会が設立されるよう配慮することを要請している(711条2項). 信心会が優秀な指導者に恵まれた場合，その果たす役割は大きく，信心業，慈善業，使徒職などの奉仕により，一般信徒に非常な感化を及ぼした．なお史上有名な信心会は修道会との関連によって盛んとなった．

しかし，1983年発行の新教会法では，信心会のほか，*第三会や敬信団に関する項目が省かれ，かわりに，第2集「神の民」の第1巻第5部「キリスト信者の会」のなかで，「奉献生活の会及び使徒的生活の会とは異なる会」として一括され，その会のなかで，キリスト信者は，聖職者もしくは信徒または両者が共に共同の努力によって，より完全な生活を奨励し，公の礼拝もしくはキリスト教の教えを広めることを推進し，または他の使徒的事業，すなわち福音宣教の企てを実践し，地上的秩序をキリスト教的精神によって活性化するのを目的とするものとされている(新『教会法典』298条1項).

【文献】NCE 4: 154; J. A. Coriden, et al., eds., *The Code of Canon Law: A Text and Commentary* (New York 1985) 1152.

（石井健吾）

しんしんがく　新神学　→　ヌヴェル・テオロジー

しんしんがくしゃシメオン　新神学者シメオン
→　シメオン〔ストゥディオスの〕

しんじんぎょう　信心業〔ラ〕exercitia pietatis,〔英〕practices of piety, devotions,〔独〕Andachtsübungen,〔仏〕exercises de piété, dévotions　広義に典礼祭儀をも含めていう場合と，狭義に典礼祭儀を含めないでいう場合とがある．父である神に向かう *回心と畏敬，そしてイエス・キリストに仕えようと献身する熱意を増すための信心業は信仰の道を歩む人に絶対必要であるが，具体的にどのようにするかは境遇に応じて創意工夫が求められる．

　日本語の「信心」は「仏の教えを信じて疑わない心」というように基本的に重要なことに思えるが，教会用語のラテン語での devotio の訳としては「身を惜しまずに速やかに神に仕えようとする心」だともいわれ（トマス・アクィナス『神学大全』II-2, q. 82, a. 1 参照），信心業となるとラテン語の exercitia pietatis の訳語にあたり，pietas すなわち *信心（敬虔）の exercitia つまり訓練（修練）のことである．

　背景とも基本ともなるのは 1 テモテ書 3 章 16 節のラテン語 pietas であり，もとはギリシア語の eusebeia, すなわち神から人間への eusebeia（いつくしみとまこと）が出発点にある．これに人間がまことをもって応答するのだが，日本語訳は信心，それを敬虔と言い換え，宗教生活と言い換えもされているが「信心のために自分を鍛えなさい」（1 テモ 4: 7）というのにあたる．

　信心業は父である神への畏敬，友であり兄弟であるキリストへの道を尽くす *信仰と *愛の訓練だとも解され，どのように訓練するかには任意性があるとされるが，何かの訓練をすることは *キリスト者にとって任意でなく絶対に必要である．

　典礼祭儀と区別される信心業は典礼参加を個々の人のために内面化し，また大衆化することで補足的な役割を果たす．*ミサ以外の *聖体礼拝がミサへの参加を一層内面化し，各個人が *ゆるしの秘跡を信心をもってたびたび受けることで共同の回心が一層深められ，諸聖人の*崇敬がキリストとの交わりを一層深めかつ助け大衆化するが，反対にミサと関係のないような聖体礼拝があったとしたら，またキリストによる回心と無縁のただたびたびの罪の告白，キリストとの交わりを軽視するような聖人信心となった場合は信心業の歪みといわれても仕方がない．

　1917年の旧『教会法典』125 条では聖職者のために念祷（*黙想），聖体訪問，*ロザリオ，*良心の糾明，頻繁な告白が特に推奨されたが，絶えず祈る生活を養うためにこれらは司祭修道者のために特に必要な信心業だと『修徳神秘神学概要』を著した *タンクレは述べている．1947 年 *ピウス 12 世の典礼に関する回勅 *『メディアトール・デイ』は一般信徒のためにも，黙想，良心の糾明，聖体訪問，そしてロザリオの信心業を説き，厳密に典礼的でない信心業も必要であると説いた．1950 年ピウス 12 世の司祭宛の訓戒『メンティ・ノストラエ』（Menti nostrae）は，聖体祭儀と時課の祈り（*教会の祈り）のほかに他の信心業を用いよと訓し，黙想，ロザリオ，聖体訪問，良心の糾明，たびたびの告白を教会は奨励するとした．第 2 *ヴァティカン公会議の決議のなかでは『司祭養成教令』が「信心業を熱心に奨励しなければならない」としながらも，福音の模範に従って，信仰と希望と愛とを堅固にすることを特に求めた．これを受けて発布された『司祭養成に関する基本綱要』（Ratio fundamentalis institutionis sacerdotalis, 1970）も，「現代の要求に適応させ」ながらも信心業を重んずべきことを指示した．信心は信心業に限定されない広さと豊かさをもつ．信心業は幾つかの具体例に限定されるわけでなく，創意工夫が歴史のなかで特に推奨され公認されてきた．聖書の *神的読書，聖体礼拝の種々の賛美式，幼児の心でする聖母崇敬行事，家庭の祈り，祈り求める回心の目標を設定した回心の秘跡の祝い方などである．

【文献】DSp 4: 1933-49; 3: 747-78; NCE 4: 833-34; TDNT 7: 176, 178; S. DE FIORES, ET AL., eds., *Dictionnaire de la vie spirituelle* (Paris 1983) 351-57; 福岡大神学校編訳『司祭職』（中央出版社 1960）163-68; A. ジンマーマン『聖職者・修道者の養成と霊的生活』浜寛五郎訳（エンデルレ書店 1974）; F. グドルフ『聖書による信心生活』（エンデルレ書店 1983）; AAS 39 (1947) 521-84; 42 (1950) 671-72.　　　　　　　　　　（澤田和夫）

しんじんきょうどうせつ　神人共働説　→　神人協力説

しんじんきょうりょくせつ　神人協力説〔ラ〕synergismus,〔英〕synergism,〔独〕Synergismus,〔仏〕synergisme　救いに至るためには，神の *恩恵とともに，それに協力して働く人間の意志が必要であるとする説．ギリシア語の synergein（協力するの意）に由来する神学用語．協働説，神人共働説ともいう．

　新約聖書によれば，人間が *救いに向かって歩むためには，心を照らし，導く *聖霊の働き，すなわち人の「内に働いて，御心のままに望ませ，行わせておられる神」（フィリ 2: 13）の働きが必要である．これと同時に聖書は，人間が神の照らしを受け入れ，回心し，「自分の救いを達成するように努め」（同 2: 12）なければならないとも強調している．努めるか否かは人間の自由意志の決断による．

　古代の *教父たちは異口同音に同じ 2 点を述べ，神の本性にあずかるという目的に達するためには，人間の心を照らし高める恩恵が絶対に必要であると強調するとともに，当時広まっていた *運命論に対して，また，人がそれぞれ善あるいは悪を行うように本性上定まっているとした *グノーシス主義に対して，人間に善悪を選択しうる *自由意志があることを力説し，「理性的魂が自由意志と決断力を有していること」は「教会のはっきりした教えである」といっている（オリゲネス『諸原理について』1，序，5）．

　ところで，以上の 2 点に関して，強調点の置き方が*東方教会と *西方教会との間で異なっている．東方教会の神学者たちは，神が各人の自由意志の決断に先立ってある人を救いか滅びに予定するという考えを退け，神が与える充分な恩恵に人間が自由意志によって同意し，救いに向かって歩むことができるといい，恩恵と自由意志を「天国に至るために人間に与えられた二つの翼」（証聖者 *マクシモス）と呼んでいる．この意味での神人協力説を，東方教会は今でも支持している．一方，西方教会の神学者たちは，*アウグスティヌス以来，救済予定説をとり，原罪後の人間の救いに役立つ意志行為そのものが，充分な恩恵とは異なる効果的恩恵の結果であるとする．この神学者たちも，人間の意志行為を自由な決断と呼んでいるが，その自由性を説明しようとするときに困難に直面している．

　*ルターは，西方教会の神学のこの傾向を極端に推し進め，*回心に関しては人間の自由意志の協力を否定したが，*メランヒトンは人間の意志の働きを回心の一要

しんじんしょ

素として認めた．ドイツ・ルター教会では神人協力主義論争（[独] Synergistischer Streit）が数年間続いたが，*和協信条(1577)では神人協力説が否定された．

*トリエント公会議は，人間の自由意志が人祖の罪によって消失しなかったことを述べ(DS 1521, 1555)，恩恵と自由意志の働きについて，罪を犯して神に背いていた人々は，回心するように彼らを刺激し，助ける神の恩恵を通して，その恩恵に自由に同意し，協力することによって，彼ら自身の義化のための準備を行っているとした(DS 1525)．

カトリック神学では，神の恩恵と人間の自由意志の関係に関するアウグスティヌス的な見方が長い間共通の説として支持されてきたが，最近，東方教会の見解をより正しいものと考える神学者の数が増えつつある．

【文献】キ大 572; RGG³ 6: 561-62; LThK² 9: 1231; P. ネメシェギ『神の恵みの神学』（南窓社 1967）97-118, 421-72; M. LOT-BORODINE, La déification de l'homme selon la doctrine des Pères grecs (Paris 1970) 86-99, 216-35.　　　　　　　　　　　　　　　　（P. ネメシェギ）

しんじんしょ　信心書

〔英〕devotional literature, 〔独〕Erbauungsliteratur, 〔仏〕livre de dévotion　読書を通して敬神の念を深め，神の国の実現のために知性を導き，信仰の喜びと崇高さを鼓舞する内容の著作．

*初代教会において受難や迫害，差別に直面したキリスト者は，キリストに従う道を*殉教という行為のうちにみいだした．アンティオケイアの*イグナティオスの手紙をはじめ，*殉教記録，*十二使徒の教訓』等が読まれていた．カイサレイアの*エウセビオスにより4世紀初頭に書かれた『教会史』の影響も大きい．書物がまだ個人の持ち物ではなかった時代に，参列者は典礼で聖書や聖人の言行録，*教父の説教集等が朗読されるのを聴いた．ヴァラッツェの*ヤコブスの『黄金伝説』は，史実性には疑問があるもののヨーロッパのキリスト教化に貢献し，文学的にも評価が高く，信心書としてよく読まれた．

その他の信心書としては，*聖人の回心の物語や自叙伝，説教や黙想書等がある．*アウグスティヌスの『告白』，クレルヴォーの*ベルナルドゥスや*アルフォンソ・マリア・デ・リグオーリの説教集は，聖母信心や聖体信心の展開に大きな影響を与えた．*イグナティウス・デ・ロヨラが著した『霊操』は，約400年来，教会の伝統のなかで内的な祈り，あるいは黙想の指導書として用いられ，日本でも1596年（慶長1）に天草でラテン語版が出版されている．『*イミタティオ・クリスティ』は，初めは修道者のために書かれたものだが，一般読者も獲得し，聖書に次ぐ発行部数を誇るほどになった．また*フランソア・ド・サルは，一般の人々が主体的に福音を生きるようにと『信心生活入門』を著した．聖人の言行録として広く読まれているものに，アッシジの*フランチェスコの『小さき花』，リジューの*テレーズの『自叙伝』等がある．*ピューリタンの敬虔文学としては，*バニヤンの『天路歴程』や*ミルトンの『失楽園』等があげられる．

信心の意味するところは，神の国のため，キリストに従うために，自らをささげていこうとする意志である．ゆえに，信心書の意義は，この意志を鼓舞し，進んで自己放棄していくのを助けるところにある．信心は，捨て身や自己放棄，禁欲の行為を伴う．これはキリストに従うための手段であり，絶えざる自己回心の力を生みだすが，他方，信心のあれこれの行為によって救われるという，一種の自己中心的なある種の律法主義を生みだす傾向をももつ．現代の教会にふさわしい新しい信心と信心書が，今待たれており，また生まれつつある．

【文献】キ大 371; 聖書思 311-13; NCE 4: 832-34.
（戸田三千雄）

しんじんどうけいろん　神人同形論　→ 擬人神観

しんじんミサ　信心ミサ　→ ミサ

しんしんもんだい　心身問題

【概要】心身問題が厳密に哲学の問題になったのは，*デカルトが精神と物体（身体は物体の一つである）をそれぞれ独立な*実体とし，相互の作用関係を原理的に否定してからである．古代*ギリシア哲学にも心身問題はあった．しかし，それは独立に存立する二つの実体間の関係であるよりは，一つの全一的な人間存在を構成する二極の関係としてである．*教父・*中世哲学はこの問題を受け，キリスト教的理解のなかで再構築することにより，問題に新たな相貌を与えた．

【古代哲学】古代ギリシアにおける論証科学の成立は流動変化する世界内に永遠不変の秩序の存立することを明らかにした．この永遠不変の秩序を認識するのは*理性の働きである．そこで，理性はこの永遠不変の秩序に属するものであり，認識する人間全体のなかにあって，変化する物体の一つである身体の秩序を超越して，それ自身として存すると考えられるに至る．しかし，理性は魂（→霊魂）がもつもの，魂に宿るものである．また，魂は生物体において身体を生かしている原理である．それゆえ，理性・魂・身体の相互関係がギリシアの心身問題を形成する．それは理性を獲得するに至った人間が自己の存在の全体を顧みるとき，そこにみいだされる二つの秩序，すなわち，変化する物体界に属する身体の秩序と不変な形相界に関わる理性の秩序の間の関係の問題である．それゆえ，それは認識するものとしての人間の全一的な存在を構成している二極の間の関係の問題なのである．

(1) 初期*自然学では，魂(= 心)も物体の一つである．魂は微細な，運動性に富む，例えば，気息や火のようなもので(*ヘラクレイトス，*デモクリトス)，他の物体に作用して運動を引き起こす運動の原因である．しかし，認識の原因である理性としては，他の物体を混入せず，変化を受けない純一なもの(アナクサゴラス Anaxagoras, 前500頃-428頃)である．(2) *プラトンでは，魂は永遠な形相に類似する永遠なものであり，その本性において永遠な形相の認識を含む．それゆえ，変化を免れない身体の秩序に本性上は属さないが，身体に結ばれることによって，身体の感覚から雑多な影響を被る．この雑多な影響から自由になり，理性による不動の知識に固められることによって，魂の本然は回復される．(3) *アリストテレスでは，魂と身体の関係は全一なる生命体の*形相と*質料の関係にある．魂はある機能をもつ生物体を形成する原因であり，かつ，この機能を十全に発現している生物体の在り方である．それゆえ，魂は身体と不離である．しかし永遠の秩序を認識する理性の働きそのものは，この生物体の形相である魂に外から付け加わるとされる．

【教父・中世哲学】キリスト教的理解では，人間は究極的

には*神によって救済されるべき魂である．魂はこの身体においてある人間の全体であり，それは個である人格である．魂は不死であり，終局には肉体をもって復活すると信じられる．また，人間が神に嘉せられ，救済されるものとなるのは人間に加わる神の*霊の働きによる．そこから，霊・魂・身体の相互関係，また，ギリシア哲学から受け継いだ理性・魂・身体の相互関係という二層の問題相が教父・中世哲学における心身問題を形成する．(1) *アウグスティヌスでは，プラトン哲学における理性・魂・身体の構造は保たれながら，自己の最内奥の心（[ラ] cor）に神の霊と交わる接点が置かれる．それは魂と身体からなる人間の全体性が集約されるところ，全人格の核心であり，神の救済の業が実を結ぶ場所である．(2) *トマス・アクィナスでは，アリストテレス哲学の心身論がすべて受容されたうえで，なお，理性が人間の全体性を形成することのゆえに，不滅の理性が人間においては身体を形成する形相であることに基づいて，肉体の*復活が要請されてくる．

[文献] 加藤信朗『身体論素描』『哲学』25 (1975) 20-35; 同「ギリシア哲学と身体―哲学と宗教の臨界面」『宗教と文化』(聖心女子大学キリスト教文化研究所)，14 (1992) 1-27. （加藤信朗）

近代哲学 冒頭でも触れられたように，心身問題が厳密な哲学の問題となったのは，デカルト以降のことといえる．精神と身体の厳密な*二元論を唱えたデカルトは，当時のイギリスの医師*ハーヴィの血液循環論にも刺激されて，人間の身体を徹底的に機械として捉えた．その際に彼は，一方で，血液中の最も微細で高温で動きやすい動物精気が脳や神経を通じて人間の身体運動や情念を引き起こすと考えたが，他方で，人間の精神が脳の松果腺を通して身体運動や情念をコントロールすることによって，高邁なモラルが生まれるとも考えた．したがって，デカルトの心身論は，二元論と相互作用論を同時に含むことになり，その点を批判することが，大陸の合理論の一大関心事になった．

まず*マルブランシュは，精神の働きと身体の働きの相互作用はそれが起こることをそのつど神が欲したから起こるという機械原因説を唱えた．次いで*スピノザは，精神と身体の相互作用を否定し，人間の精神は身体の働きを理解しえないという心身並行説を唱えたが，他方，精神も身体も唯一の実態たる神の二つの様態にすぎないとも考えた．さらに*ライプニッツは，動物や植物に魂はないというデカルトの自然観を批判し，自然を生けるモナド（→ 単子）からなる有機体と考え，精神と身体の関係も生けるモナドの相互作用において一体のものとした．

以上の大陸の合理論に対し，イギリス*経験論においては，*ホッブズが人間の精神を物体の刺激に対する受動的反応の産物にすぎないとする徹底した機械論的*唯物論を唱え，それとは全く反対に，*バークリが物体をすべて人間の知覚としての精神の産物にすぎないとする*唯心論を唱えた．

大陸合理論の神学的傾向に反発しつつ生まれたフランス*啓蒙思想においては，医者でもあった*ラ・メトリがデカルトのいう精神の存在を否定して*人間機械論を唱え，*ディドロや*オルバックが戦闘的なかたちで自然主義的唯物論を展開した．そしてこの唯物論的な思潮は，19世紀以降，自然科学の急速な発達とダーウィニズム（→ 進化論）の出現によって強められていく．

現代哲学 20世紀に入ると，心身問題を自然科学的アプローチで片づけようという立場が一方に存在し，それに反対する哲学が他方に存在するという構図が有力となる．前者は，人間の心ないし精神を外的行動や物理的言語に還元して観察しようとするワトソン(John Broadus Watson, 1878-1958) の*行動主義や*ノイラートの物理主義に始まり，心(精神)のプロセスを脳のプロセスの随伴現象とみるスマート(John Jamieson Carswell Smart, 1920-)，アームストロング(David Malet Armstrong, 1926-)，ブンゲ(Mario Augusto Bunge, 1919-)らの唯物論的哲学に代表されよう．また後者は，外的行動にも内省にも還元されない生ける人体の在り方を知覚の原体験として考察した*メルロ・ポンティの*現象学や，言語ゲームという観点から心的プロセスの記述が脳のプロセスの科学的記述とは異なることを説いたマルコム(Norman Malcom, 1911-90)らの後期ヴィトゲンシュタイン主義者らに代表されよう．また，多くの脳科学者が心脳同一説をとるなかにあって，ノーベル生理学賞の受賞者であるエクルズ(John Carew Eccles, 1903-97) は，哲学者*ポパーとともに，物質(世界1)と区別された人間の心(世界2)が進化の所産である文化(世界3)との相互作用によって成長していくという三世界相互作用説を唱えていることを，付け加えておきたい．

[文献] J. O. ド・ラ・メトリ『人間機械論』杉捷夫訳 (岩波書店 1957); 野田又夫編『デカルト』世界の名著22 (中央公論社 1967); M. ブンゲ『精神の本性について』黒崎宏，米澤克夫訳 (産業図書1982): M. BUNGE, *The Mind-Body Problem* (Montreal 1980); K. ポパー，J. エクルズ『自我と脳』全2巻，西脇与作，大村裕訳 (思索社 1986): K. POPPER, J. ECCLES, *The Self and Its Brain* (Berlin, New York, London 1977). （山脇直司）

身体 [用語] 身体という語は，文化圏によって違った意味内容を担って分化発達してきた．ここでは日本語とドイツ語の場合を取り上げ，用法の整理をしておくことにする．

日本語には身体を表す類語が多い．古語では「から」(殼・軀)，「からだ」(体・軀)，「み」(身) の三つがある．「から」は魂の抜けた体を意味し，「み」は語源的に実(み)と同じで，*生命のこもった人間全体を指すのに対して，「からだ」は古くは生命のこもらない肉体を意味したが，現代の用法では生きた身体を指すことが多い．その他，類語として肉体(肉からなった身体)と肉身，生身などがある．ドイツ語でも Leib と Körper の二つがある．Leib は生かされた身体を意味し，ある特定の人格を表すので，身体・霊魂関係 (Leib-Seele-Verhältnis) の議論に用いられるのに対して，Körper は*精神と区別された肉体を意味するので，精神(Geist)と一致することはない．この項目では身体は Leib と同じように生かされた体を意味するものとし，肉体は Körper と同じように精神と区別された体を意味するものとする．身は生命のこもった人間全体を意味し，東洋思想の身心一如の立場から人間全体をみる場合に用いることにする．聖書の「肉」「身体」はギリシア思想(→ ギリシア哲学)の肉体や身体と全く違い，人間全体を表し，東洋の身に非常に近い．

[身体観の諸相] そこでまず (1) 現代思想に大きな影響を与えたデカルトの精神・肉体二元論を調べ，次にその源であるギリシア思想の身体観を考察する．ギリシア思想のなかで (2) プラトンと (3) アリストテレスの心身論を説明する (4) 次にアリストテレス思想を発展さ

しんしんもんだい

せたトマス・アクイナスの心身論を考察する．(5)次に聖書の身体観を論じ，(6)最後に東洋の身観を省察することによって聖書の身体観をより深く解明したい．

(1) デカルトの心身二元論．デカルトは精神を「思惟するもの」([ラ] res cogitans)とし，肉体を「延長するもの」(res extensa)として，肉体を精神と完全に分離させた．この二元論的見方は現代人の人間観に大きな影響を与え続けている．例えば，医学において医療の対象は精神から分離した肉体であるが，近年では末期治療，*臓器移植などの諸問題が起こり，デカルト的二元論の誤謬がようやく認識されるようになりつつある．

精神と肉体の二元論はデカルトほど極端ではないが，昔から西洋でも東洋でも存在した．古代日本人は生(いき)を息(いき)と同根とみなし，肉体を呼吸させ生かしているものを*霊魂と考えた．霊魂は肉体を生かす生命原理であるから，生きている間は肉体と一致しているが，死ねば肉体を離れて遊離魂となると考えた．これとほとんど同じ考え方が古代ギリシア人にみられる．

(2) プラトンの心身二元論．この古代人の肉体＝霊魂観を反省し，そこからギリシア的人間が生まれ，それを完成したのがプラトンである．彼によれば，霊魂は人間を人間たらしめるもので，不滅のものであるのに対して，肉体は影のように随伴するものである．彼は*ピュタゴラス学派に倣って，肉体は霊魂の墓であるとさえいう．霊魂の本質は精神であるが，この地上に生まれるとき，肉化し，生命活動の原理となった．この地上にあるかぎり，精神としての霊魂は，馭者が2頭の馬を御して車を動かすごとく，勇気魂と情欲魂を御して肉体を動かし，人間全体の生命活動の原理となる．プラトンは不滅なる精神魂を人間の本質とし，肉体を死後滅びるものと考える点で，霊魂・肉体の二元論を認めるが，この地上に生きる間，明白な二元論ではなく，情欲魂を生命活動の原理とすることによって，霊魂・肉体二元論を調停しようとしている．晩年には魂と肉体が調和することを大切にし，円熟した人間になるためには，勉学によって*理性を磨くだけでなく，*体育を忘れてはならないことを教えた．プラトンのこの肉体・霊魂二元論は西洋思想の歴史に大きな影響を与えた．

(3) アリストテレスの実体的一致論．アリストテレスは初期にはプラトンと同じように肉体と霊魂の二元論を説いていたが，晩年の著作『魂論』では身体と霊魂の実体的統一を説いた．霊魂は全体をもって身体全体にあり，人間は身体と霊魂からなる統一的実体である．霊魂は本質的に精神であるが，成長・栄養を司る植物的魂の機能をもち，また感覚・欲求・場所的運動を行う感覚的魂の機能をもつ．精神としての精神は，植物的魂と感覚的魂の2機能を所有することで，人間の生命活動の原理となり，実体の存在論的レベルのみならず，活動のレベルでも機能的に身体と一体となって活動する．ことに感覚的魂の視覚・聴覚・嗅覚・味覚・触覚と身体の器官とは協力しながら感覚的事物を認識し，共通感覚・想像力を使って事物の表象を作り，それを記憶する．精神としての霊魂は表象に能動的に作用し，そのなかに事物の本質を直感し，概念と根本命題を観照する．この能力こそ最も高次の認識主体で，ヌース(知性)と呼ばれ「永遠で神聖で，不死である」．この点でアリストテレスはプラトンの遺産を受け継いでいる．現代思想に対するアリストテレスの身体観の影響がいかに大きいかは，五感・共通感覚・想像力・記憶などが現代の*心理学でもそのまま使われていることからも明らかである．

(4) トマス・アクイナスの実体論．存在のレベルでの一致．トマス・アクイナスはアリストテレスの実体的一致の思想を継承し，*創造論からの洞察によって，それを発展させた．トマスは自分の経験した人間存在の深みを反省し，アリストテレスのように本質のレベルにとどまらず，本質を超えた存在のレベルに達した．トマスは「無からの創造」のキリスト教的信仰を理解しようとして事物の存在こそ神の創造の「固有な結果」であることを発見する．アリストテレスは事物の生成を形相・質料論で説明した．人間では霊魂が形相であり，身体は質料であると考えた．それに対して生成する事物には形相・質料の因果性では説明できない「存在」の局面があることを洞察し，この「存在」こそ神の創造的因果性によって「流入」されたものとした．

(5) 聖書の人間観．神の霊に生かされた「生身」．聖書的人間観はギリシア的二元論と全く違っている．旧約聖書で「身体」([ヘ] bāśār)は人間を表し，新約聖書で「身体」([ギ] sōma)も「肉」(sarx)も人間全体を意味する．聖書的身体が人間全体を表すのは，創世記2章7節に述べられるように，「主なる神は，土(アダマ)の塵で人(アダム)を形づくり，その鼻に命の息を吹き入れられた．人はこうして生きる者となった」からである．人間は神の「命の息」つまり「霊」によって造られた．その際，神はわざわざ人間の顔に顔を近づけ，親しく息(霊)を吹き込んだと述べられている．このような表象をもって聖書記者は，神が慈しみを込めて自らの霊を人間に直接吹きかけ，人間を「語り相手」として造ったことを表現している．このようにみてくると，聖書ではギリシア思想のように人間の精神にまず注目し，精神との関連で肉体を考えることはない．聖書では身体は神の霊によって生かされて神から語りかけられ，応答することのできる主体である．人間が神の相手でありうるのは，理性(ヌース)であるからではなく，神の霊によって造られ，生かされているからである．この神との交わりのなかで主役を演じるのは，人間に吹き込まれた霊であって，理性ではない．人間は神との交わりのなかで理性を使うが，理性は霊の奉仕者としての役目を果たすにすぎない．このことを最もよく示しているのが，*イグナティウス・デ・ロヨラの『霊操』の「霊動弁別の規則」だろう(→霊の識別)．

「霊」は根本的に神に属するがそれに生かされている人間の中心にあって人間をあるべき姿にしていく原動力である．同時に，この「霊」は神・人間・霊の関係を結ぶ統一力でもある．人間のなかには精神と肉体の矛盾が存在する．プラトンもデカルトもこの矛盾を統一する原理をみいだせなかったために心身二元論に陥った．しかし聖書的人間観では「霊」がこの矛盾を統一し，人間全体を形成しうる．それのみかアリストテレス，トマスによって洞察された形相・質料の対立も，存在と非存在の対立も統一しうるのである．このように高次の統一力であるからこそ，「霊」は矛盾と対立に満ちた人間関係を統一的な「生身」として創造しえたのである．

(6) 道元の身心一如論．東洋の身心一如の人間観は聖書的人間観に最も近い．チベット仏教の『死者の書』は，死んで肉体が滅んでも霊魂は不滅で輪廻転生すると教える．大乗仏教の本来の立場は身心一如であるが，大乗仏教のなかでも『死者の書』のように身体は生滅し，霊魂は不滅であるという説がしばしば現れた(→仏教)．

身心一如説を最もよく説いた人物は道元(1200-53)である．道元は身心一如説を次のように性相不二論で説明

する．性とは動物の本性とか本体とかいわれるものである．相とはその本性が外に現れる現象を指す．相は目前に五官で認識される森羅万象のこと，性はこれらの現象の根源である．大乗仏教の一乗教によれば，性と相とは融合して性の外に相はなく，相の外に性はない．変化するもの（相）の奥にその根底となって変わらないもの（性）があるのではなく，変わるものがそのままが変わらないものである．このような見方は智慧（般若）の営みである．智慧は物事の全体を直観する．性と相が融合して現成している事態を全体的に捉える．その全体観のもとに性と相との両側面を考察し，性が本体であって，平等の根拠であり，相は現象であって，差別の根拠である．身心関係もこの性相不二の一つの具体例である．智慧をもって身心関係をみると，人間は身と心が融合している全体であることがわかる．この人間全体において，身が，五官で認識される現象であり，この現象の根源が心であるが，現象としての身は心を含んでおり，根源として心は身を含んでいる．

道元の身心一如説を最もよく示しているのは，「悟りは身で得る」という思想である．心を放下し，理性作用を静めて，身心を統一して，三昧になったとき，智慧が全身に満ちてくる．そこで，悟りを得るのは身で得ることになる．道元が祗管打坐（ひたすら座ること）を強調するのはそのためである．

道元が「身心は一如である」と主張する理由を「仏の御いのち」（『生死』）から説明しよう．「仏の御いのち」は人間の生の一瞬一瞬に全体的に顕現している．そこで，「生は全機現なり」という（全機現の全は全体を，機は「仏の御いのち」の働きを，現は現成することを意味する）．人間は「仏の御いのち」によって生きているから，身と心はこの「仏の御いのち」によって統一され，活動する．このようにみてくると，聖書的な人間観と似ていることになる．道元の場合，身心を統一するものは「仏の御いのち」であるが，聖書の場合，それは神の霊である．ただし，「仏の御いのち」と神の霊はその内容において相違していることは明らかであるから，両者の人間観は構造的に類似するが，内容的には違っているといわねばならない（→仏教とキリスト教）．

【文献】H. G. LIDDLE, R. SCOTT, eds., *Greek-English Lexicon* (Oxford ²1968) 2026-27; C. トレモンタン『ヘブル思想の特質』西村俊昭訳（創文社 1963）: C. TRESMONTANT, *Essai sur la pensée hébraïque* (Paris 1953 ²1956); G. マルセル『存在と所有・現存と不滅』マルセル著作集 2, 信太正三他訳（春秋社 1971）: G. MARCEL, *Etre et avoir* (Paris 1968); 門脇佳吉『身の形而上学』（岩波書店 1991）; C. A. VAN PEURSEN, *Body, Soul, Spirit: A Survey of the Body-Mind Problem* (London 1966).

〔門脇佳吉〕

しんスコラてつがく　新スコラ哲学　〔英〕neoscholasticism, 〔独〕Neuscholastik, 〔仏〕néo-scolastique

【一般的概念】19世紀中頃ヨーロッパのカトリック諸国で起こり後に世界的な広がりに達した，*トマス・アクィナスによって代表される *永遠の哲学（〔ラ〕philosophia perennis）を現代思想との対決ないし対話のなかで復興しようとする哲学的運動．「新スコラ哲学」という名称は，この哲学的運動において指導的役割を果たしたベルギーの枢機卿 *メルシエに由来する．しばしば軽侮的に用いられる「*スコラ哲学」の名称をあえて使用したのは，いたずらに独創性や新奇さを追うのではなく，あらゆる時代の思想家の共同体としての「学校」（スコラ）のうちに身を置いた，中世のスコラ学者たちによって形成された恒久的に妥当する知的伝統を受け継ごうとする意図の現れであり，「新」は近代科学の成果を積極的に吸収することによって現代人の要求に応えうる哲学を創り出そうとする意欲を示すものである．このような新スコラ哲学の精神は，この哲学的運動の合言葉となった「古い遺産を新しい要素によって増強せよ」（vetera novis augere）という言葉においても表明されている．

【回勅『アエテルニ・パトリス』と新スコラ哲学の課題】新スコラ哲学を一つの強力な哲学的運動として発進させ，それに明確な方向を与えたのは教皇 *レオ13世の回勅 *『アエテルニ・パトリス』であった．この回勅を起草したのは著名なトマス学者 *クロイトゲン（*イエズス会）であったといわれるが，*初代教会から中世スコラ学者まで千数百年に及ぶ，信仰の光のもとに行われた真理と知恵の探求を振り返ることを通じて「カトリック信仰の保全と栄光のために，社会の福祉のために，そしてすべての科学の増進のために，聖トマス・アクィナスの黄金の知恵を復興し，力のかぎりそれを普及させる」ように呼びかけている．このように，回勅がカトリック哲学者にとっての主要課題として提示しているのは，信仰の真理の解明と普及，およびそれに対立する誤謬の反駁，新しい，キリスト教的原理に基づく社会秩序の哲学的な基礎づけ，科学的研究をより高い諸原理の光のもとに導き，真の意味での実在認識を推進させること，の三つであり，それらはそのまま新スコラ哲学が取り組むべき課題とみなされた．そして，現実に新スコラ哲学者たちは，形而上学および認識理論の新しい基礎づけを行うことによって神の存在および諸属性について哲学的に，すなわち経験と第一の諸原理に基づいて考察する道を開き，*自然法，*正義，*共通善に関する伝統的な理論と思想を復権させることを通じて，人格の基本的権利を擁護しつつ *社会正義を実現しうるような社会哲学を提示し，またキリスト教は科学と対立し，科学の発展を阻害するという誤解や偏見に立ち向かって，実証科学とキリスト教信仰とを媒介しうるような *自然哲学ないしは哲学的人間学の構築を試みたのである．これらの課題を追求し，成果を上げることを通じて，新スコラ哲学は19世紀末から20世紀前半にかけて一つの学派としてのアイデンティティを確立し，現代哲学のさまざまな潮流のなかで独自の地位を確立したといえるであろう．

【諸国における新スコラ哲学】(1) イタリア．19世紀前半まだトマス研究が危険視されていた時期に，イエズス会員であった S. ソルディ（Serafino Sordi, 1793-1865）と D. ソルディ（Domenico Sordi, 1790-1880）の兄弟によって着手されたスコラ哲学復興の企ては，*リベラトーレおよび *サンセヴェリーノによってナポリで新しい運動として定着した．ローマでは19世紀後半に *ドミニコ会の聖トマス大学（旧称，ミネルヴァ Minerva, アンジェリクム Angelicum）およびイエズス会の *グレゴリアナ大学が運動の拠点となり，特に1870-79年聖トマス大学の総長であった *ツィリアラはトマス哲学復興の功績を認められて1879年枢機卿に任ぜられ，トマス全集批判版（レオ版）の初代編集長を務めるなど，この時期の新スコラ哲学運動において大きな役割を果たした．

(2) スペイン．17世紀，*ビトリア（ドミニコ会），*スアレス（イエズス会）によって代表される *スコラ学の復興の舞台となって以来，スペインにおいては19世紀に至るまでスコラ学の伝統が絶えることはなかった．

しんせい

19世紀中頃，*バルメスは自らのよって立つ立場がトマスのキリスト教的哲学であることを明らかにした著作を著し，その友人*ドノソ・コルテスはトマスに基づいてキリスト教的政治理論を構築した．しかし，トマス復興において最も重要な役割を果たし，世界的名声を得たのはドミニコ会のゴンザレス (Ceferino González y Díaz Tuñón, 1831-94) である．初めマニラで哲学を教え，後には司教，枢機卿に任ぜられたゴンザレスの著作『聖トマス哲学研究』全3巻 (Estudios sobre la filosofía de Santo Tomas, 1864)，『哲学綱要』全3巻 (Philosophia elementaria, 1868)，『哲学史』全6巻 (Historia de la filosofía, 1879-85) は多くの国語に訳され，世界中で新スコラ哲学の標準的教科書として用いられた．

(3) フランス．19世紀の中頃，ドミニコ会員のルー・ラヴェルニュ (Pierre Roux-Lavergne, 1802-74)，グランクロード (Eugène Granclaude, 1826-1900)，ロセ (M. Rosset) などによる「聖トマスの教説に基づく」哲学教科書が現れたが，新スコラ哲学者として影響が大きかったのは19世紀後期から20世紀にかけて活躍した*ガルデイユ，ドメ・ド・ヴォルジュ (Edmond-Charles-Eugène Domet de Vorge, 1829-1910)，および*ルスロなどである．このほか新スコラ哲学運動において重要かつ独特の役割を演じた人物として，同じドミニコ会員でありながら極めて対照的な*ガリグー・ラグランジュ (「厳格派」トマス主義者) と*セルティヤンジュ (開放的トマス学者)，トマス哲学ないし新スコラ哲学を「市民広場にもたらした」と評される J.*マリタン，「キリスト教哲学」の概念を一貫して強力に弁護することによって新スコラ哲学者の間で特異な位置を占める*ジルソンなどの名前をあげることができよう．

(4) ドイツ，オーストリア，スイス．19世紀前半のドイツ・カトリック思想界は，カント哲学の基本的原理，およびキリスト教神学の全体を哲学へと止揚することを試みたヘーゲル哲学に倣って信仰の真理を基礎づけ，超自然的な秘義を説明しうると主張した*ヘルメスおよび*ギュンターなどによって代表される．半合理主義 (Semirationalismus) の影響下にあった．クレメンス (Franz Jacob Clemens, 1815-62)，ヴェルナー (Karl Werner, 1821-88)，シュテックル (Albert Stöckl, 1825-95)，クロイトゲンなどによって代表される19世紀後半の新スコラ哲学運動は，ヘルメスやギュンターがカトリック信仰と近代思想とを和解させようとした試みに対抗して，トマス哲学を復興したものである．特にクロイトゲンは，19世紀カトリック神学を代表する*シェーベンによって「生き返ったトマス」と称せられ，教皇レオ13世によって「哲学者たちの長(<small>おさ</small>)」と評されたほどの名声を得た．20世紀に入ってドイツ思想界で影響力の大きかった新スコラ哲学者として*ヴィルマン，*プシュヴァラ，歴史的研究で大きな業績を上げた者として*デニフレ，*ボイムカー，*グラープマンの名前だけをあげておく．

(5) ベルギー．1882年教皇レオ13世の要請によって*ルーヴァン大学に創設されたトマス哲学講座の初代教授となり，1889年同大学に哲学高等研究所を設立した枢機卿メルシエは新スコラ哲学運動の強力な推進者たるにとどまらず，新スコラ哲学そのものを体現していたというべきであろう．彼は欧米において広く新スコラ哲学の教科書として使用された*論理学，*存在論，*心理学，*認識論の4巻からなる著作をものしたのみでなく，弟子たちの協力を得て，回勅『アエテルニ・パトリス』において指示されている新スコラ哲学のすべての課題を有効に遂行しうるような仕方で彼の研究所の研究・教育活動を指導したのである．また，後にトマス哲学研究に対して大きな影響を及ぼすことになった*マレシャル (イエズス会) の先駆的な形而上学的研究についても触れておくべきであろう．

【文献】カ大 2: 800-808; NCE 12: 1153-70; M. DE WULF, *Introduction à la philosophie néo-scolastique* (Louvain 1903); G. A. McCOOL, *Nineteenth-Century Scholasticism* (New York 1989); ID., *From Unity to Pluralism: The Internal Evolution of Thomism* (New York 1989).

〔稲垣良典〕

しんせい　神聖　→　聖

しんせい　新生　→　再生

しんせいせい〔せいしょの〕　真正性〔聖書の〕

〔ラ〕authenticitas,〔英〕authenticity,〔独〕Authentizität,〔仏〕authenticité

【法的真正性】聖書は，教会の信仰によれば「神のことば」であって，他のあらゆる単なる人間の書物とは区別される．神の*霊感を受け，当然信頼に値し拘束力を有するためである．つまり聖書は人間のことばであるが，同時に神のことばなのである．これを「聖書の内的権威」と呼ぶ．しかし，聖書のかかる神的要素は，聖書の内容と形式から明らかになるのではなく，教会による認証を必要とする．これが「聖書の外的権威」である．つまり教会が，(1) 一つひとつの文書は聖書を構成するものとみなして聖書に帰属すること (正典性・*聖書の正典)，(2) 現行の翻訳を含む聖書が霊感に基づく本文内容を間違いなく含むこと (法的真正性，ないし有権性) を認証するわけである．*東方正教会は*七十人訳聖書を公認しているが，ローマ・カトリック教会は1546年の*トリエント公会議の宣言以来，*ウルガタ訳聖書を公式聖書本文としている (DS 1506)．これはウルガタ訳聖書自体が霊感によるというわけではなく，ウルガタ訳聖書は霊感の直接働いた聖書の原本文を確実に伝えていることを意味するにすぎない．ウルガタ訳聖書と原本文との (ときには明らかな) 相違を考えるならば，ここでいう「間違いなく，確実に」とは非常に広い意味で理解されるべきであろう．これまで教会がある一つの聖書原典 (刊行版) を優先したことはない．その刊行をめぐっては，つねに変転していく研究者の批判的検討に任せられているからである．

【学問的・批判的真正性】上述の法的真正性と学問的・批判的真正性とは区別されねばならない．著者の書いた本文と伝えられてきた実際の本文とが一致するなら，学問的・批判的真正性は確立する．この場合にも問題領域は二分される．(1) ある具体的な聖書本文が，誰によって，いつ書かれたのかという*聖書の文献批判の理解に特に重要な問題，(2) どれほど現行の聖書本文は原著者の自筆原稿と一致するのかという*聖書の本文批判上の真正性に関する問題である．

(1) 伝統的に伝えられている書名や著者名は，元来の霊感によって書かれた聖書本文に属しているわけではない．教会は聖書のどの文書の著者についてであれ一度も確定 (〔ラ〕definitio) したことはない．しかし教会は，伝統的に著者とされている事柄は保持し重視すべきであるという方針を，特に20世紀初めに公布した (*モーセ五

書, DS 3394-97; *イザヤ書, DS 3505-509 参照). もっとも当時, すでに聖書本文の改変や付加に関しては正しく評価されていた (DS 3397). 後に上述の方針はかなり緩和され, 部分的には撤回もされた (DS 3862-64). 今日では, 聖書の大半の文書は現状のような定まった形態になるまで, 旧約聖書は前 100 年以降, 新約聖書は 100 年以降までの長く複雑な形成過程を経ていることが, ますます認識されるようになってきた. 特に旧約聖書の諸文書のなかには, 非常に多くの付加(補足, 説明, 現状への適用)が含まれている. そのような付加をなした執筆者は信仰共同体から全権を与えられ聖書記者のようにふるまったのであり, 霊感を受けていたとみなさなければならない. これに対し, 私的で不当な追加である*グロッサは霊感を受けたものではない.

　上述の執筆者は編集者ないし刊行者であって共同体(教会)の委託と名目で活動したので, 自分たちの名前を残さず(匿名), 例えばモーセやダビデ, ソロモン, イザヤ, マタイ, パウロなどの昔の権威者の名を *偽名として用いて記述したのである. 他方, 執筆者が共同体の承諾なしに書いた文書は霊感を受けておらず, 権威を欠く(*外典・偽典). ある文書が霊感によるかどうかの判断は教会共同体に留保されているが, 文献学的真正性(ある文書が伝承の通りの著者, ないし時代のものか等)をめぐる判断は聖書学的研究を通して行われる. こうした真正性は本文内容と形式によって(内的根拠), ある程度確定できるからである. 例えば, イザヤ書の第 2 部(40-66 章)は前 6 世紀を前提にしているので, 預言者イザヤ(前 8 世紀)に由来するものではない. また, 箴言 1-9 章は捕囚後の観念を顕著に反映させているから, ソロモン時代(前 10 世紀)に遡るものではないだろう. そして聖書の文献批判上の問題は, 多くの場合, 充分に確実な結論に到達するわけではなく, 判断はさまざまに分かれるものである. その詳細はおのおのの聖書注解書に明らかである. また, このような問題に教会は介入することはない. 聖書の霊感をめぐる事柄とは関係ないからである.

　(2) 聖書の本文批判をめぐる真正性についても, 同じような問題がある. 種々の聖書写本を比較してみると, 書き写す際に数多くの誤りが本文中に入り込み, 部分的には(不当な)意図的改変さえもなされたことが明らかとなる. 聖書文書の各執筆者自身による原稿など現存してはいないし, 最古の写本さえも執筆者に由来すると想定できる文書(自筆原稿)と完全に一致するわけではない. しかし多くの場合, 本文が誤っているか, 元来の本文はどのようなものであったか, 大体は推定して決定できる. とはいえ, 特に旧約聖書では, 場合によって本文が不確かなままになる. こうしたことは, それでも古代の一般的な文書(例えば *ホメロス)と比較すると聖書でははるかに少ない. 聖書の写字は最大の注意を払って行われていたからである.　　　　　　　　　(H. クルーゼ)

しんせいせいじ　神政政治　〔英〕theocracy, 〔独〕Theokratie, 〔仏〕théocratie

【語義と特質】ギリシア語のテオス (theos 神)とクラトス (kratos 支配)から出たこの語は, 神から直接に由来すると考えられる政治的権力と法規をもって, 人民を支配し統治する形態を意味する. 実際の政治的権威や権力は, 神の化身, 代理, 役務者などを通して行使される. この語 (theokratia) を初めて使用したのは, ユダヤ人*ヨセフスで, 王政・寡頭政・民主政と数ある政体のなかで「我らの立法者(モーセ)は, そのいずれにも注意を払わず, 我らの政体を神に権力と権威を置くことによって, 神政政治と名づけられうるものとなるように定めた」(『アピオーンへの反論』2, 16)と述べている.

【聖書】旧約聖書では, 国家あるいは民族を神自身が支配するという考え方で, 具体的には *祭司, *預言者などの宗教家が神の支配を代行する形をとる. 古代イスラエルの初期においては, *レビ人でもあった預言者*モーセが神の仲介者としてイスラエルを支配したとされる. バビロン *捕囚後, ペルシア帝国はユダヤ人にダビデ王朝の復興を許さなかったが, *アロンの家系の*大祭司を首長とする教団国家の復興を認めた. 大祭司による教団民族国家ユダの支配は神政政治と呼ばれるが, それに対して王による支配は, 預言者によって油注がれて即位した *サウルや*ダビデのようなカリスマ的な王の場合でも, 神政政治とは呼ばない. 預言者は神の直接的支配を信じ, 油注がれた者(*メシア)である王も神に服従すべきだとし, 現実の王に対して, しばしば神の審判を告知した.

【キリスト教と神政政治】イエスは自ら「わたしの国はこの世には属してはいない」(ヨハ 18: 36), 「皇帝のものは皇帝に」(マタ 22: 21)と述べて, 政治権力と宗教を区分したが, パウロは「神に由来しない権威はない」(ロマ 13: 1)ことも認めた. 4 世紀に *ローマ帝国がキリスト教を公認して以来, 国家と教会の融合が始まったが, 教権と王権の独立性を認め, 両者の協同による支配と秩序の維持を説く教皇 *ゲラシウス 1 世の考え方はその後長くキリスト教政治理論の基本的立場となった. しかし中世前期には, 実際には *ビザンティン帝国の *皇帝教皇主義や, フランク王国の *シャルルマーニュの統治にみられるように, 教皇と聖職者は君主に従属し, 君主が教会を含む国家全体の支配者として行動した.

　これに対して, むしろ教皇中心の教権優位の神政政治理論が形成されるのは 9-14 世紀間のことである. その決定的な第一歩となったのは, 教皇 *グレゴリウス 7 世である. 彼は 9 世紀以来進行した国家と教会の封建化の弊害から教会を解放し, あるべき正しい秩序を回復するため, *ペトロに与えられた天国と地獄との *繋釈権を根拠に, 霊的事柄を裁く権利を有する *聖座には, 世俗的事柄を裁く権利もあると主張して, 教皇の俗人 *叙任の禁令に逆らう皇帝を廃位した. しかし皇帝側は同教皇の聖俗両権の混同を非難すると同時に, 神によって立てられ, 聖化された皇帝も国内の全キリスト信者の指導責任を負っていると反論し, ここに両権のいずれが優位に立つべきかの論争が生じた.

　13 世紀初めに多くの政治問題に関与し, イングランド王 *ジョンの *破門まであえてした教皇 *インノケンティウス 3 世は, 世俗権の自律的活動を認め, 帝権と教権の完全な協働を理想としながら, グレゴリウス同様「罪の理由による」場合は, いかなる世俗問題にも教皇が介入しうることを主張した. さらに教皇 *インノケンティウス 4 世は, 教皇はその「至高権」(plenitudo potestatis) により全領域であらゆる機会に介入が可能であり, 自己の権威を皇帝に対して直接的に行使できるとまで述べて, ここにいわゆるキリスト教的神政政治理論はその頂点に達した. この理論の最後の光輝は, 14 世紀初めにフランス国王 *フィリップ 4 世と聖職者への課税権をめぐって争った教皇 *ボニファティウス 8 世である. 彼もまた, 教皇は霊的問題に絶対的介入権をもつことを確認するとともに, 人間社会に生起するすべての事柄に教皇は関係をもつことを理由に, 世俗領域のなかで

しんせいとうしゅぎ

も教皇が究極的権威を有していることを主張した．しかし 14 世紀中葉にかけて，政治理論の面ではパドヴァの *マルシリウスの人民主権論などの提唱により，現実政治の面では世俗国家の発達や，*アヴィニョン教皇の分立による *教会大分裂などにより，教皇を中心とする神政政治理論はその効力をしだいに喪失していった．

近世になって *宗教改革が起こると，プロテスタント支配地域では，例えばジュネーヴの *カルヴァンや，イングランドの O. *クロムウェル，アメリカのマサチューセッツ植民地のウィンスロップ (John Winthrop, 1588-1649) などのように，神政政治的支配を行う指導者が現れたが，いずれもその体制は永続しなかった．同じ頃に他方では神政政治理論は，イングランド国王 *ジェイムズ 1 世のように，国王に霊権も俗権も含む国家の全統治権が神から直接に付与されたと主張する *王権神授説として，絶対主義の政治理論に姿を変えていった．

【文献】DThC 15: 222-23; NCE 14: 13; RGG³ 6: 751; 渕倫彦『第 12・13 世紀ヨーロッパにおける両剣論』宗教法 1 (宗教法学会 1983) 164-90; W. ウルマン『中世ヨーロッパの政治思想』朝倉文市訳 (お茶の水書房 1983): W. ULLMANN, *A History of Political Thought: The Middle Ages* (Harmondsworth 1965); M. パコー『テオクラシー』坂口昂吉訳 (創文社 1985): M. PACAUT, *La Théocratie* (Paris 1957); 池谷文夫『教皇権と皇帝権』中世史講座 6, 木村尚三郎他編 (学生社 1992) 213-39; J. TOUCHARD, *Histoire des idées politiques*, v. 1 (Paris 1967).

(河井田研朗，木田献一)

しんせいとうしゅぎ　新正統主義　→　ネオ・オーソドクシー

しんせいどうめい　神聖同盟　〔英〕Holy Alliance, 〔独〕Heilige Allianz, 〔仏〕Sainte-Alliance　1815 年 9 月，ワーテルロー (Waterloo) における *ナポレオン・ボナパルトの最終的敗北の直後に，当時のロシア皇帝 *アレクサンドル 1 世によってオーストリアおよびプロイセンの皇帝に提唱された同盟．

キリスト教的神政一致原理に基づく同盟で，その目的は将来の国際関係とそのおのおのの国家の政治をキリスト教の教え，つまり「正義と慈悲と平和」の教えに絶対的に基づかせることであった．発案は，ドイツ・ロマン派の政治的・社会的思想の影響を受けたストゥーザ (Alexander Stourdza, 1791-1854) による．当時，皇帝はクリューデナー男爵夫人ジュリアナ (Juliana Krüdener, 1764-1824) の敬虔主義的・神秘主義的思想の強い影響下にあった．それによれば，これからの君主は普遍的平和と福祉へと至らしめる神の正義により選ばれたものとして，キリスト教的倫理や家父長原理に従わなければならない．*メッテルニヒは，これに幾つかの修正を加え，その本来の宗教的性格の多く (特に皇帝が非常に好んでいた悔悛の呼びかけなど) を取り除き，より伝統的な外交書式にした．修正はしたものの，メッテルニヒはカスルレー (Robert Stewart, Viscount Castlereagh, 1769-1822) 同様，この同盟を「全く役に立たないもの」と思った．しかし，ロシア皇帝に対する尊敬の念から，オーストリアのカトリック皇帝フランツ 1 世 (Franz I, 在位 1804-35)，プロイセンのプロテスタントの王フリードリヒ・ヴィルヘルム 3 世 (Friedrich Wilhelm III, 在位 1797-1840) をはじめ，多数の君主が調印した．イギリスは，調印しなかったものの，公式に賛意を表明した．しかし，イスラム国家であるオスマン・トルコは招かれず，またローマ教皇は，カトリックとプロテスタントと *ギリシア正教会の違いを無視する同盟に調印するのを拒否した．

神聖同盟は，20 世紀の *国際連盟と *国際連合とを考え合わせてみると，正義の原理に基づいた世界秩序という発想の先駆けとも考えられる．しかしながら当時は一般的に，西ヨーロッパや南アメリカ諸国で芽を出しつつある革命運動を抑圧するための，保守的列強の道具であると思われていた．神聖同盟は 1820-22 年の首脳会談で失敗に終わるが，それは列強諸国の自国の利益追求のほうが崇高な理想よりも強かったからである．

【文献】NCE 7: 60; M. BOURQUIN, *Histoire de la Sainte Alliance* (Geneva 1954); J. H. PIRENNE, *La Sainte-Alliance*, 2 v. (Neuchâtel 1946-49).

(H. ブライテンシュタイン)

しんせいほうしゅう　神聖法集　〔英〕Holiness Code, 〔独〕Heiligkeitsgesetz, 〔仏〕Loi de sainteté, 〔略記〕H

【名称】*契約の書 (出 20: 22-23; 32) や申命記法集 (申 12: 1-28: 68) との比較から，レビ記 17 章 1 節から 26 章 46 節を一つの独立した文学的単元とみなし，これを 1887 年クロスターマン (August Klostermann, 1837-1915) が Heiligkeitsgesetz と名づけて以来，この名称で呼び慣わされ，聖潔法典，聖性法典，神聖法典などと邦訳されている．こうした名称は，「あなたたちは聖なる者になりなさい．あなたたちの神，主であるわたしは聖なる者である」(レビ 19: 2) に代表されるような「聖となる」という戒めが，この法集の根幹となっているという理解に基づいたものである．少数の学者を除き，元来，*レビ記とは別個に作成され，独立して存在していた法集とみなされている．もちろん，現代的意味の「法典」とか「法集」という概念で捉えることのできる，体系的構成を提示してはいない．

【内容と特徴】全体の構成は，契約の書や申命記法集と同様，冒頭に *犠牲に関する規定を置き，末尾に *祝福と *呪いの勧告を配置している．内容的には，王制度の存在を前提にせず，社会的規定と宗教的規定を並置もしくは相前後させて配置し，平等な社会建設の基礎を示そうとしている．諸規定は説教の形態で叙述されているものの (18: 24-30; 20: 22-26 等)，申命記法集とは異なって，「主はモーセに仰せになった」という導入句により神の言葉として提示されている．以下のような配置になっている．

17 章: 動物の血の処理についての規定 (1-9: 祭儀用動物の屠り場所; 10-12: 血を食べることの禁止; 13-14: 非祭儀用動物の血の処理; 15-16: 死んだ動物や野獣にかみ殺された動物を食べた者に対する規定)．18 章: 婚姻法 (1-5: 勧告; 6-23: 家父長への戒め; 24-30: 勧告)．19 章: 社会的諸規定．20 章: 死刑に処せられる行為 (1-8: モレク神礼拝，口寄せ，霊媒の禁止; 9: 父母を呪うことの禁止; 10-21: 性的戒め; 22-26: 勧告; 27: 口寄せ，霊媒の禁止)．21 章: 祭司のための規定 (1-15: 祭司に関する規定; 16-24: 祭司に任職するための前提)．22 章: 祭儀規定 (1-3: 勧告; 4-16: 聖なる物を食べることのできる者; 17-25: 満願の献げ物と随意の献げ物; 26-30: 焼き尽くす献げ物，和解の献げ物; 31-33: 勧告)．23 章: 主の祝祭日．24 章: 祭儀規定 (1-9: 燭台と供えのパン; 10-23: 神

を冒瀆する異国人への法の適用例). 25章: 安息年とヨベルの年の規定(1-7: 土地の安息年; 8-17: 土地のヨベルの年; 18-22: 土地の安息年; 23-55: 土地のヨベルの年). 26章: 祝福と呪いによる勧告(1-2: 偶像礼拝の禁止と安息日の規定; 3-45: 報いと罰; 46: 結び).

様式的にみてエゼキエル書の規定(14: 1-11; 18: 5-17; 20: 1-44; 22: 6-12; 34: 25-31)との顕著な類似が認められる. 両者の関連については決定的な説明がなく, 三つの観点から説明がなされている. その一つは預言者 *エゼキエルが神聖法集を利用したか, あるいはその作者であると考える. 第二は神聖法集の編纂者がエゼキエル書を利用したとするものであり, 第三はエゼキエルも神聖法集の編纂者も, 共に同じ古い規定集を利用したと考え, それが神聖法集の核になっているとみる. これは成立年代の決定とも関係しており, 申命記法集との関連で考えるなら, 第三の説明が妥当な意見であろう.

【神学思想】(1) レビ記26章46節によると, 神聖法集なるものは, シナイ山で与えられたことになっているが, 起源的に王国時代以前に遡りうる規定があるにしても, 明らかに王国の滅亡と *捕囚を前提にして編纂されたものである. そこでは土地からの追い出し(捕囚)が神の裁きとして捉えられ, 故国への帰還と安全な生活とを関心事としている(25: 18-19). 掟の遵守こそが平和の保証であり, それゆえ, 守らねばならない規定をモーセの権威のもとにこのような形でまとめたのである.

(2) ヨベルの年の規定は, この法集にだけみられるものである. ペルシア王 *キュロスによる故国帰還の許可は, エルサレム神殿の滅亡から数えて49年目になされた(前538). ヨベルの年の規定はこの出来事を前提にして制定されたものと思われる. 「あなたは安息の年を七回, すなわち七年を七度数えなさい. 七を七倍した年は四十九年である. ……全住民に解放を宣言する. ……あなたたちはおのおのその先祖伝来の所有地に帰り」(25: 8-10)とあり, これは, キュロスによる解放と故国帰還を, 神によるものとして捉えたのである.

(3) *安息をめぐる神学は, *祭司文書にみられる一つの特徴である(創2: 1-3; 出16: 23-30; 20: 8-11等). 神聖法集では休耕地の規定(出23: 10-11)を国土の安息という思想にまで発展させている. おそらく古代オリエントの農業において行われていた休耕地の習慣を, 安息の概念で捉え直してイスラエル化し, 安息年の規定としたものであろう(レビ25: 4). また, 「わたしはあなたたちを異国に追い散らし, 抜き身の剣をもって後を追う. あなたたちの国は荒れ果て, 町々は廃墟と化す. 国が打ち捨てられ, あなたたちが敵の国にいる間, 土地は安息し, その安息を楽しむ. 土地は, 打ち捨てられている間, あなたたちがかつて住んでいたころには得られなかった安息を得る」(26: 33-35)とし, 住民がいなくなったことを休耕という概念で捉え, 捕囚期を国土の安息の「時」として意義づけている.

(4) 神である主(*ヤハウェ)の聖性を強調して, その神の共同体に属する構成員は社会のあらゆる領域で, その聖性にふさわしく行動しなければならないのである. その要求は, 儀礼的清さや法的正しさのみならず, 行動の倫理性をも追求させるものになっている. また, 神の自己紹介句(「わたしは主である」「わたしは主, あなたたちの神である」)が50回も使用されている. この自己紹介句は, 出エジプト記3章や6章のように, *神の名を紹介し啓示することを目指したものでなく, むしろ自己紹介が済んだ者同士の間に成立する新しい関係を前提にした, 申命記で *契約関係として概念化されている. 神とイスラエルの関わりを強調して, そこから規定の遵守を促そうとしたものであろう.

(5) エジプトからの脱出を根拠にして神とイスラエルの関係に光を当て, 同胞間の社会的平等の回復を目指している. エジプトからの解放を奴隷状態からの神による買い戻しとして捉え, イスラエルの構成員を親しく神の「奴隷」(25: 55)と呼び, 一人ひとりが神と固く結ばれた関係にあることを示し, 同胞が同胞を奴隷とすることを否定する根拠にしている. また, エジプトからの脱出の目標が約束の地へとイスラエルを導くことにあったとし(25: 38), 神をその約束の地の所有者, イスラエルをその土地の *寄留者・滞在者とみなして, 構成員の社会的平等の根拠にしている. しかも, この思想は単に同胞間だけでなく, さらに他国人の権利の擁護にまで延長されている(19: 33-34).

【文献】フランシスコ会聖書研究所訳注『レビ記』(中央出版社 1959) 6-10; H. J. ベッカー『古代オリエントの法と社会』鈴木佳秀訳(ヨルダン社 1989) 288-93; H. J. BOECKER, *Recht und Gesetz im Alten Orient* (Neukirchen-Vluyn 1984); E. CORTESE, "L'esegesi de H (Lev 17-26)," RivBib 29 (1981) 129-46; D. PATRICK, *Old Testament Law* (London 1986) 145-85; R. P. KNIERIM, "The Problem of Ancient Israel's Perspective Legal Traditions," Semeia, 45 (1989) 7-25.　　　(岡崎才蔵)

しんせいローマていこく　神聖ローマ帝国　〔ラ〕 Sacrum Imperium Romanum, 〔独〕Heiliges Römisches Reich, 〔英〕Holy Roman Empire　800年ないし962年から1806年まで続いた西欧のローマ帝国.

【帝国の本質】この帝国は, 西方キリスト教世界の政治的統一を成し遂げて西欧の基礎を築いたフランク王国の *シャルルマーニュが, ローマ帝国の帝位に就いたことによって誕生した. しかし帝国成立の過程で作用した政治的・宗教的な諸理念はその後も拮抗を続け, 真に説得力のある新しい皇帝理念は樹立されなかった. それに加えて, まもなくフランク王国が分裂して西欧が政治的統一を失ったことや, 11世紀から聖俗両権の在り方に巨大な変化が生じたこともあって, 帝国の理念と現実は時代とともに甚だしく変転した. したがって帝国の本質を超歴史的・抽象的に規定することは不可能であり, それはただ歴史的にのみ捉えられる. なお, ドイツ王 *オットー1世の帝位獲得(962)をもって神聖ローマ帝国の始めとする説もある.

【カロリング帝国】シャルルマーニュは800年のクリスマスにローマで教皇 *レオ3世による *戴冠と市民の歓呼をもって帝位に就いたが, 帝国の成立をもたらした歴史的諸要因は少なくとも半世紀以前から準備されつつあった. その一つは教皇権の状況である. 当時ビザンティンの帝権からの自立の道を模索していた教皇権は, *「コンスタンティヌス寄進状」にもみられるように, 西方キリスト教世界に対する一種の皇帝的権威を我がものにしようとする傾向をみせながら, フランク王国のカロリング家に接近してこれを教皇権の保護者とした. もう一つはフランク王国の状況である. 教皇権との接近を通じてイタリアおよび地中海との直接の関係に足を踏み入れたフランク王国では, シャルルマーニュが自らの形成した大王国を *ビザンティン帝国と対等な自立的世界と捉え, 東西に対等な兄弟的権力の併存する新しいキリスト教世界の理想像を描くようになっていた.

しんせいローマていこく

しかし799年ローマ市で起こった教皇レオに対する暴行事件を契機に、教会保護の強い使命感を抱くシャルルマーニュは、おそらくこの事件に明確な法的解決を与えるために、自己の世界像の理想に反して普遍的な世界支配者としての伝統的な帝位を引き受けた. おそらく帝位問題の推進者の一人だったと思われるレオは、彼の頭上に帝冠を加える役割を演じることで、教皇が帝位に関する裁量権者となる可能性に道を開いたが、その後シャルルマーニュは帝位を教皇とローマ市から切り離すことに努め、813年には、完全に教皇の関与抜きで息子・敬虔王 *ルートヴィヒ1世に手ずから帝冠を与えた. 今や西欧の帝国は、*アーヘンを首都とする非ローマ的な「キリスト教帝国」に変貌していった.

800年以後悪化していた東西関係は、812年にビザンティン皇帝が自らは「ローマ人の皇帝」を名のりつつシャルルマーニュを「皇帝」と認めることで妥協が成立した. これは伝統的な帝権観からすれば、二人の皇帝の存在という変則的な状態の始まりであったが、シャルルマーニュにとっては対等な東西両世界の併存という固有の世界像の実現にほかならなかった. 843年のヴェルダン条約によって王国が分裂すると、帝位はフランク王国の分国の王たち、次いでイタリアとその周辺の貴族たちの間を転々として、924年に消滅した.

【オットー朝の帝国復興と初期ザリエル朝時代】フランク王国の後継諸国家のうちで最強の国を築いたドイツのオットー1世は、マジャール人を撃退して西欧の守護者の名声を得た後、962年教皇 *ヨアンネス12世から帝冠を受けて西方の帝国を復興した. 以後帝位は排他的にドイツ王権と結びつく. 意識的に *カロリング朝の伝統を継承したオットーは、教皇座に対する王(皇帝)の保護権の伝統を再興したが、反面で教皇を帝位の授与者として認めた. このためドイツ王のなかには、戴冠を受けないために長期(ときに生涯)にわたり帝位を得られぬ者が多く出て、帝国は著しく継続性に欠けたものとなる.

*オットー2世と、続く *オットー3世のもとで古代ローマの伝統への回帰が強まった. とりわけ後者は、自らの帝国を文字通り古代ローマの帝権の復活と捉え、これを「ローマ人の帝国の再生」(*帝権の刷新)と表現した. 彼は「黄金のローマ市」に宮殿を造営して帝国の中心に位置づけ、ローマ風の官職と宮廷儀式を導入した. しかし彼のこの普遍帝国の夢は、イタリアの反乱で脆くも崩れた. ドイツとイタリアの結合はその後も一層強化され、ザリエル朝のコンラート2世(Konrad II, 在位1024-39)のもとでイタリアは帝国の不可分の一部となった. 彼はブルグンド(Burgund)の王位も得たため、帝国はドイツ、イタリア、ブルグンドの3王国で構成されるものとなった. この3王国の支配者が教皇による戴冠を経て皇帝となるので、*ハインリヒ3世以後ドイツ王は皇帝としての戴冠以前に「ローマ人の王」([ラ] rex Romanorum)を称し、*コンラート3世は戴冠を待たずに皇帝を称した.

【叙任権闘争】ハインリヒ3世のもとで絶頂に達した帝権は、腐敗の極にあった教皇座の改革に着手した. 改革された教皇権は、俗権の支配からの教会の自由を目指し、また、教皇権は俗権の上位に立つという思想を強調した. このため *ハインリヒ4世のとき *叙任権闘争が起こる. この闘争は、教皇 *グレゴリウス7世の「教皇は皇帝を廃位しうる」などの文言にみるように、帝権と教皇権の優位争いの一面をもつが、本来むしろ伝統的な王の教会支配権をめぐる争いであった. にもかかわらず、これは帝権に大きな変質をもたらした. この闘争を通して古来の聖なる王権の基礎を奪われた国家が、自己の存立の新しい法的基礎を求める必要に迫られたからである.

【シュタウフェン朝の神聖帝国】この変化はシュタウフェン朝の諸帝、とりわけ *フリードリヒ1世に典型的にみいだされる. 彼は、帝権の基礎を *ローマ法に求め、帝位が神から直接に与えられるものだと主張し、帝国の教皇権からの自立を強調して「神聖帝国」(sacrum imperium)の国号を用い(「神聖ローマ帝国」の国号が登場するのは1254年である)、対立教皇パスカリス3世(Paschalis III, 在位1164-68)にシャルルマーニュの *列聖を行わせて、帝国の神聖性を強調した. 一方、教皇の権威と皇帝の権力を太陽と月にたとえた教皇 *インノケンティウス3世は、*帝権の移動の理論に基づいてドイツ王位への被選出者に関する認可権を主張し、ドイツの王権紛争に介入した.

フリードリヒ1世が普遍的帝権の基盤としてイタリアの支配を目指したときからおよそ1世紀間にわたり、シュタウフェン朝はこの地の実効的支配を確保しようとして多大の精力を注ぎ、*ハインリヒ6世に至って *シチリアの獲得にすら成功した. しかしこのイタリア進出は教皇権との間に激烈な闘争を引き起こし、イタリア諸都市の永続的な反抗と、南イタリアの *ノルマン人やビザンティン帝権、西欧諸国からの時に応じての介入を生み、ドイツ内の聖俗諸侯勢力に対してする帝権の側からの種々の譲歩を不可避にしたことによって、ドイツの王権ないし帝権を甚だしく衰弱させた. *フリードリヒ2世の死とともに帝権は急速に没落し、大空位時代(Interregnum)が始まる.

【皇帝と帝国の乖離】大空位時代の克服(1273)の後も帝国の栄光は帰らなかった. その背景には、西欧諸国における主権国家的・国民国家的体制の急速な発達がある. ドイツでも類似の状況が諸侯の領邦において進展していた. ルクセンブルク家の *ハインリヒ7世は普遍的帝権の再現を企て、ローマに遠征して戴冠したが、それも所詮は一場の夢にすぎず、彼の死とともに普遍的帝国の理念は永遠に消滅した. *カール4世はイタリアに対する支配権を放棄し、ブルグンドに対するそれも事実上放棄して、帝国の3王国構成を終わらせた.

カール4世の『金印勅書』(Goldene Bulle, 1356)は新しい状況に対する帝権の新しい選択であった. これにより、7人の選帝侯の多数決で選出された者はそれだけで真正の皇帝であることが国法的に確定され、教皇の認可権は暗黙のうちに退けられた. ローマで戴冠した最後の皇帝はハプスブルク家の *フリードリヒ3世である. 続く *マクシミリアン1世は、教皇の承認のもとに戴冠なしに皇帝を称した. 『金印勅書』は、反面において帝国と皇帝の対立を固定化した. 以後帝国は独立国家にも等しい自立的な帝国等族([独] Reichsstände)の集合体になっていく. 帝国と皇帝の関係を調整するべく15世紀以降、幾つかの帝国改造計画が企てられたが、とりわけ重要なマクシミリアン1世のもとでのそれも含めて、すべての試みは失敗に終わった. 皇帝の帝国に対する権力は著しく弱体化し、わずかな留保権がその手に残るにとどまった. 一方、帝国等族は帝国の統治に関して責任ある統一意志を形成できず、個別的な利害を優先した. *三十年戦争以後は諸領邦の宗派による分裂が固定化し、帝国の統一意志形成は一層困難になった. 形骸化した帝

国はフランツ2世（Franz II, 在位1792-1806）のとき最終的に歴史の幕を閉じる．*ナポレオン・ボナパルトの進出に抗しえなかった彼は，1806年にライン同盟（Rheinbund）の成立とともに帝位を放棄し，神聖ローマ帝国の消滅を宣言した．
【文献】LThK² 5: 1247-50; NCE 7: 92-95; RGG³ 3: 1093-99; G. バラクラフ『中世帝国―理念と現実』『転換期の歴史』前川貞次郎，兼岩正夫訳（社会思想社 1964）167-204: G. BARRACLOUGH, "The Medieval Empire: Idea and Reality," *History in a Changing World* (Oxford 1955) 105-30; H. ミッタイス，H. リーベリッヒ『ドイツ法制史概説改訂版』世良晃志郎訳（創文社 1971): H. MITTEIS, *Deutsche Rechtsgeschichte*, ed. H. LIEBERICH (München ¹¹1969); R. フォルツ『シャルルマーニュの戴冠』大島誠訳（白水社 1986): R. FOLZ, *Le couronnement impérial de Charlemagne* (Paris 1964); J. BRYCE, *The Holy Roman Empire*, New Edition (London 1904); W. OHNSORGE, *Das Zweikaiserproblem im früheren Mittelalter* (Hildesheim 1947); R. FOLZ, *L'idée d'empire en occident du Ve au XIVe siècle* (Aubier 1953); P. E. SCHRAMM, *Kaiser, Rom und Renovatio* (Darmstadt ³1962); F. HEER, *Das Heilige Römische Reich* (Bern, München, Wien 1967).　　　　（出崎澄男）

じんせいろん　人生論
〔英〕philosophy of life,〔独〕Lebensphilosophie,〔仏〕philosophie de la vie　狭義の哲学・宗教に限らず，広く人間の生き方全体をめぐってなされる多様な思索の総称．純粋に理論的な考察にとどまらず，社会的・倫理的諸問題をも総括する実践的な教示を意味し，本格的な哲学的論説から断片的なアフォリズムや文学的な寓話，さらには日常的な所感を綴った随想や日記・書簡など，多様なものを含む．
【歴史】人生論はすでに古代において，テオフラストス（Theophrastos, 前372-287）の『性格論』，国家論・政治論をも含めて人間の在り方を論じた*ストア学派（*キケロ，*セネカ等）の論考，自然学的問題から通俗的話題までをも対象とする*プルタコスの『倫理論集』等のように，*プラトンや*アリストテレスの学問区分を踏まえながらも，特定の領域に限定されない論考として展開されている．*教父および中世思想においては，人間の究極的な完成という観点から，人間の超越という神学的問題が導入され，その枠組みが広がった．

ルネサンスにおいては，人文主義者（*エラスムス，*モンテーニュ等）が「人間の尊厳」の主題のもとに，人間の全体像を提示するさまざまな試みを行った．その際には表現形式に関しても多大な貢献が果たされ，17-18世紀の*モラリストに継承される柔軟な思考が繰り広げられた．人間理性一般の開発を目指した18世紀の*啓蒙思想においては，広い視野と幅広い知識，それらを総括する確実な判断力に支えられた人生論や「人間学」（〔独〕Anthropologie），教育論が流布した．19世紀以降には，精神（人文）科学と自然科学との対立を背景として，自然科学の対象とはならない人間の精神性・創造性を強調する傾向が顕著となり（*生の哲学，*実存主義），種々の*世界観・人生観を類型的に把握する世界観学などが提唱された．これらの着想を基盤として20世紀には，個別科学の成果をも取り込みながら全体の人間像の構築を目指す哲学的人間学の試みがなされる．また人文主義的な人生論の形態は，フランス・モラリストの系譜を継ぐ*アランなどによっても継承されている．

【意義】人生論は世界観と相互に結びついている．人生論は明確な哲学的立場を基盤とするのではなく，むしろ人生経験から導き出されたものの見方である．世界観がどちらかといえば，各人の生きる場に文化的・時代的パラダイムの枠組みを提供するのに対して，人生論は人生に意義を提供するものだといえるであろう．人生論はいわば体系化されていない哲学的人間論であり，世俗的，宗教的，享楽主義的，禁欲主義的等々さまざまな形が可能である．この世界に生を受けていかにして真の人間たりうるか，いかにしてその目的を達して幸福になりうるかを自分の経験から語る人生哲学として，キリスト教人生論の古典には神のうちに憩うことを究極の幸福とした，*アウグスティヌスの『告白』がある．
【文献】河盛好蔵他編『世界人生論全集』全16巻（筑摩書房 1963-64); H. G. ガーダマー，P. フォーグラー編『講座現代の人間学』全7巻，前田嘉明他編訳（白水社 1979-80): H. G. GADAMER, P. VOGLER, eds., *Neue Anthropologie*, 7 v. (Stuttgart 1972-75).

（村井則夫，高柳俊一）

じんせいろんてきしょうめい　人生論的証明
〔ラ〕argumentum ex appetitu felicitatis,〔英〕eudaemonic argument,〔独〕eudämonistisches Argument,〔仏〕argument eudémoniste　*神の存在証明の一形態．人生についての普遍的・実存的体験から出発して，人間の心・精神のなかに刻み込まれた絶対で無限の善への志向性を解明し，その志向性を完全に満たす究極目的としての善そのものである神の存在を証明する．

「あなたは，主よ，私たちを，ご自身に向けてお造りになりました．ですから私たちの心は，あなたのうちに憩うまで，安らぎを得ることができないのです」という*アウグスティヌスの言明は，この証明を簡潔に示している．人間は自分の心を満たすことのできる人生の充実した意義と充実した善を欲求し，それを獲得することによって，自己実現・自己充実を得ようとする．その欲求は根源的で本性的なものである．しかるに人間は，この世の時間とともに過ぎ去り，死によって消えてしまう時間的で有限な意義や善のうちに憩うことができず，それらを人生の究極目的にすることができない．それゆえ，人間は人生そのものの無条件で絶対的な意義と目的について問い続けるのであり，それがみいだされて初めて，人生の特殊なおのおのの意義や目的が基礎づけられる．人間がはかない人生のなかでも抱く希望は，その根源的な*本性的願望が満たされうることの自然なしるしである．しかしその欲求を満たす意義と善は，時間のうちにある存在者を超越する存在との関わりのうちにみいだされざるをえない．そのような省察によって，人間に人生を与え，人間を生かしているところの根源的存在が，有限な自然ではなく，人間の精神を引きつけ，人間を完全に憩わせうるパーソナルな絶対無限の存在・善であることが理解できる．その存在・善が，宗教において神と呼ばれているのである．それゆえ現代の思想家*マルセル等は，神の死（すなわち神存在の拒絶）が人間の死（すなわち人生の不条理）をもたらし，神の存在の肯定が全き人間や充実した人生の可能性を根拠づけるという．
【文献】R. ロペス・シロニス『旅する人間と神』（中央出版社 1993) 123-143; K. リーゼンフーバー「意義の発見から神との出会いへ」『ソフィア』19 (1970) 227-48; V. FRANKL, *Man's Search for Meaning* (Boston 1962).

（R. ロペス・シロニス）

しん・ぜん・び　真・善・美　〔ラ〕verum, bonum, pulchrum,〔英〕truth, goodness, beauty,〔独〕das Wahre, das Gute, das Schöne,〔仏〕le beau, le bien, le vrai

【精神的価値としての真・善・美】今日，人間が追求し，実現すべき価値として多くの場合にあげられる真・善・美は，19世紀後半 *ロッツェによって基礎を据えられ，ドイツでは *新カント学派や *現象学に属する哲学者たち，オーストリアでは F. *ブレンターノ，エーレンフェルス (Christian von Ehrenfels, 1859-1932) などによって発展させられた *価値哲学において，精神的諸価値を代表するものとして枚挙されたものである．ここでは現象学者 *シェーラーの『倫理学における形式主義と実質的価値倫理学』(1916)に従って，精神的価値としての真・善・美について説明する．

　シェーラーはもろもろの価値の間の実質的な序列として快適価値，生命価値，精神価値および聖の価値という様態(〔独〕Modalität) を区別する．価値の最低段階はすべての感覚を備えた存在にみいだされる快と苦痛の感情に対応するもので，快適なものが不快なものに優先する．次の生命価値は生命的感情に対応する価値の総体である．シェーラーによると生命はすべての有機体に共通する特徴のようなものでは決してなく，独自の価値様態であり，そこにおいて我々は高貴を卑俗に優先させる．精神的価値が生命価値よりもより高次の，独特な価値様態であることは，それが身体および環境世界の分野の全体から脱離し，独立したものとして受けとめられ，その実現のためには生命価値は犠牲にされるべきことが明瞭に自覚されていることに示されている．そして，このような精神的価値の主な種類が真，すなわち哲学が実現しようと努める純粋な真理認識の価値，適法性から明確に区別された正しさ，すなわち倫理的善の価値，そして美と醜，および純粋に審美的な価値の全領域であるとされる．最高の価値段階である聖については，それに対応する状態として，いわゆる幸福ではなく至福(Seligkeit)，および絶望の感情があげられていることだけを指摘しておく．

【超越的なものとしての真・善・美】しかし価値哲学の出現にはるか先立って真・善・美は中世 *スコラ学において，すべての存在するものに共通してみいだされるところの，したがって類(〔ラ〕genus)を超越するところの存在様相 (modus essendi) としての超越的なもの(後には超越的特性 proprietas transcendentalis とも呼ばれた)のうちに数えられていた．すべて存在するものは，存在するかぎりにおいて真であり，善であり，美であるとされたのである．多くのスコラ学者はこのほかにも一(unum)，もの(res)，あるもの(aliquid)などを超越的なものとして枚挙した．真と善はすべてのものになりうる可能性を含む霊魂(anima)との関係において成立する存在様相であり，認識能力たる知性との関係においては可認識的(cognoscibile)ないし可知的(intelligibile)なものとしての存在するもの，すなわち真が，欲求能力たる意志との関係においては可欲求的(appetibile)なものとしての存在するもの，すなわち善が成立する．これに対して美は「見られて悦ばせるもの」(id quod visum placet) という定式が示す通り，認識能力と欲求能力の両方に関わるかぎりでの存在するものについて語られる．

　存在するものは存在するかぎりにおいてすべて真，善，美であるという洞察は，存在するものはすべて存在そのもの(Ipsum Esse)である神から存在(esse)を与えられることにより存在していることの理解なしには不条理と映るであろう．真，善，美はもともと神の名であり，真理そのもの，最高善，第一の美である神から存在を受け取っているがゆえにすべての存在するものは，まさしく存在するかぎりにおいて真，善，美なのである．

【文献】NCE 14: 527-31; P. EDWARD, ET AL., eds., *Encyclopedia of Philosophy*, v. 8 (New York 1967) 229-32; 栗田賢三, 上山春平編『価値』岩波講座哲学9 (岩波書店 1968); T. アクィナス『真理論』花井一典訳 (哲学書房 1990); M. SCHELER, *Der Formalismus in der Ethik und die materiale Wertethik* (Bern ⁵1966). 　（稲垣良典）

じんそ　人祖　〔英〕first parents, progenitors,〔独〕Stammeltern,〔仏〕parents premiers　創世記(1: 26-28; 2: 7, 18-25)によれば，人祖とは全人類の祖(創 3: 20 参照)，神が造った最初の男女，*アダムと *エバのことをいい，創世記3章は，彼らは神の命令に従わず，罰が下されたという(2: 17; 3: 3, 19, 22-24 参照)．しかし同時に，彼らの子孫から救い主が出るという約束(3: 15)もほのめかされる．→原罪，人類一元説

【文献】C. WESTERMANN, BK. AT I/1.

（B. シュナイダー）

じんたいじっけん　人体実験　〔英〕human experimentation, experimentation on human beings,〔独〕Experiment am Menschen,〔仏〕expérimentation sur l'homme

【概要】〔語義〕人体実験とは，広義には *生命科学をはじめ *心理学など行動科学や社会科学まで含むあらゆる科学領域で行われる生きた人間を被験者とする研究的実験のことをいう．しかし，人体実験の名のもとに特に問題にされてきたのは *医学・医療を中心とする生命科学上の実験で，これを狭義における人体実験とすることができる．本項でもこれに論述を限定する．主観的に試験・研究を直接あるいは主たる目的として行う，および主観の如何にかかわらず少なくとも客観的にそのような性格を備えた，生体を被験者とする実験，すなわち，病気の原因についてのより深く正確な知識の獲得や，疾病の予防・診断・治療方法の改善や技術の習得ないし開発を目指す，新しい医薬品や医療用機械・器具の試験や，医療法の試験のことである．生体実験あるいは臨床実験とも呼ばれる．

　治療を中心に据え純粋型において捉えると二つのタイプに区別できる．(1) 治療的人体実験(〔英〕therapeutic human experimentation)．研究者が少なくとも主観的には患者の健康上の利益を直接意図して行う治療だが，客観的には実験的性格が濃厚なもの．医学的にまだ確立していない新しいものを用いたり，新しい方法を試みる．結果は研究者に知識として獲得されるから社会にも恩典を及ぼすことになるのが普通である．(2) 研究的人体実験(nontherapeutic human experimentation)，非治療的研究(nontherapeutic research on human beings)．例えば医学上・薬学上のある真理を発見するため，またはある仮説を確かめ実証するため被験者にある処置を施す．被験者の生命・健康上に引き起こされる結果を少なくとも充分には予知できないままこの処置を行い，事後にそれらの結果を観察することによって一定の新しい知見を獲得しようとする．被験者自身には健康上の利益は直接的にはないのが普通で，研究者が新しい医学上の知識を獲得することによって第三者あるいは社会や人類が健康上の恩典を受ける．新しい医療技術の開発が目指される

実験も同様である．

〔意義〕新しい医薬品や医療機械・器具あるいは予防・診断・治療方法の開発は医学・医療の進歩を生み出し、人類に大きな福祉をもたらす．だが新しいものに避けられない不透明性のゆえ、実用化のためには、期待される効果の確実性と安全性を高めるため、効果の程度や種類、副作用の性質や程度をはっきりさせ、有害な副作用を可能なかぎり小さくしていく努力が必要である．動物実験は不可欠だが、人とは性質や条件が異なるためさまざまな限界が避けられない．結局、最終的には人間に実際に用いてみることが必要となる．人体実験の結果は正しく捉えられるかぎり、有効であっても無効であっても、科学にとっては貴重な情報源であり、社会的に重要な資産となる．人体実験は社会の＊共通善にとり有益である．近代医学のこれまでの進歩は人体実験なしには考えられない．

〔問題〕人体実験は被験者の生命、身体、精神や人権に対する重大な侵害をもたらす危険を伴っており、実際しばしば悪用もされてきた．ニュルンベルク医師裁判(1946-47)では第2次世界大戦中のナチス・ドイツ(→ナチズム)の強制収容所における非人道的実験が明るみに出され、我が国でも軍の関与した不正な人体実験があったとされている．大戦後も共産主義国や第三世界でさまざまの不正な人体実験が行われてきたことは周知のところだが、一応人権の保障が充分とみられている先進自由主義諸国でも、特に医薬品開発に関係した不当な人体実験がしばしば明るみに出されてきた．

〔法的・倫理学的対応〕悪用防止のための法律的・倫理学的対応も行われてきた．重要なものとしてニュルンベルク綱領(1947)や世界医師連盟総会が採択したヘルシンキ宣言(1964, 修正1975)がある．ほかにも国際的レベルでの指導指針や綱領は多い．さらにアメリカの「医療および生医学的・行動科学的研究における倫理的および法的諸問題の検討のための大統領委員会」の総括レポート(1983)をはじめ、諸国家にも人体実験の被験者保護のための倫理的・法的規定を定めているところが少なくない．医療倫理学(→医の倫理)においても人体実験は重要なテーマとされてきた．

カトリック倫理学も精力的な取り組みを行ってきた．＊教導職の発言も少なくない．以下、カトリック倫理学の人体実験論を概説する．

【基本原理・原則】〔人間の尊厳〕人体実験問題における＊倫理学の基本原理の第一は人間の＊尊厳である．これはまず＊自然法の原理である．＊人格としての人間はそれ自身目的、すなわち自己目的であり、全面的に手段とされてはならない．この原理はさらに＊神の像としての聖書的人間観によって高められ豊かにされる．

この原理によって＊全体主義の人間観は退けられる．人間は全体としての社会の善のために利用されるべき部分ではない．

この原理は絶対的＊個人主義(extreme individualism)をも退ける．人は＊被造物であり自己の生命や身体の絶対的支配者ではなく、神に属するものの管理者であるにすぎない．各人は委ねられた自己の身体・生命の保全と、それらにおいてどう生きるかの責任を負っている．自由な自己決定の権利は神授のものであり不可侵であるが、無条件でも絶対的でもなく、直接的に自己の生命の終焉をもたらそうとする＊自殺や、ある目的実現のための手段として自己の死を意図することなどは許されない．また一般に人は重大な肉体損傷にも同意できないし、自分の生命を勝手に危険にさらす権利ももたない．だがある大切な目的のために自己の生命を死や重大な損傷の危険にさらすことは一定の条件のもとに許されている．

尋常の努力と配慮をもって自己の生命の保全・健康増進・延命のために努めることは誰にも義務づけられている．一般的に、治療的人体実験を受けることは延命や健康維持の非常特別な努力であり、義務づけられてはいない．

〔社会正義〕人は人格として社会的存在であり、社会の一員として共通善のために貢献するようにと＊社会正義から求められている．身体の目的性は、それが他者の善に対してある程度秩序づけられていることを意味する．したがって、僅少の犠牲を払うだけで正当な理由のために自分の身体をもって隣人や社会の大きな善のために貢献できるときなど、これを自発的に引き受けることは社会正義の要請となる．

〔キリスト教的愛〕人は自発的に自由な自己犠牲を社会や隣人への愛のために捧げることができる．福音はキリスト信者に、自然法の要求を越えキリストの霊の促しに応えた神と隣人への犠牲的献身を呼びかける．神の愛への信仰的応答としての隣人への自発的な奉仕である．この愛の原理によって、研究的人体実験への自発的参加が高く評価されうる場合も多い．自然法からは誰も自分の健康や生命にとって役に立つ希望もないような人体実験のために、生命をある程度の危険にさらすことは求められていない．しかし、愛徳はそのような実験をもそれが共通善のためになり、医学の進歩に役立つことが明らかな場合、自発的に受けるようにと勧めるのである．さらに特別の場合、愛徳は人が自分の生命や身体の保全を隣人や社会のために犠牲にする覚悟で、かなり危険な人体実験の被験者になることを自発的に承諾することさえ許しうる．ただしそれによって自分の他の重要な義務に反するようなことにならない場合にかぎり、またそれほどの犠牲を払うことによって得られる社会の利益が非常に大きく、その実験が社会に真に必要とされているということが条件である．

【倫理的妥当性のための条件】人体実験が倫理的に問題なしとされるためには次の諸条件が満たされねばならない．

〔目的の正しさ〕研究目的そのものが＊道徳の理念に照らして是認できるものであること．自然法道徳やキリスト教的福音道徳の要求に矛盾するような目的の人体実験は許されない．

〔必要性〕安易に人体実験に赴いてはならず、実験に意義があり、是非必要で、ほかに目的達成の適当な手段がないことが前提となる．

〔合理性〕人体実験は行う以上、意味のあるものでなければならない．期待される利益(potential benefit)の重要さを被験者が被る危険性のある苦しみや損傷、さらに死などの損害の程度やそれらの被害を受ける危険性の度合いと比較考量し、全体的・総合的にみて有意味性が認められるという場合に限る．被験者への危険の種類や程度が予見できない場合、原則として人体実験は行ってはならない．また実験は学問的(一般的には医学的)資格をもつ者の監督のもとに学問的・臨床的に充分の能力がある者によって行われるべきである．

〔人権尊重〕熟知のうえでの同意、すなわち自己決定のために必要な情報をすべて与えられたうえでの承諾(informed consent)が被験者により、完全に自由に与え

しんたいふよう

られていること．完全な自由の確保は特に貧困者や囚人，身寄りのない入院患者などの場合，留意されなければならない．また，人格の自己目的性が絶対的に尊重されなければならない．各人はそれ自体目的であり，他人や公共のために勝手に犠牲にされてはならない．被験者は極力生命と健康の危険から守られるべきである．危険や有害度の可能性をゼロにしてしまうことは要求されないにしても，実験が死を引き起こしたり身体や精神に回復不能の重い障害をもたらすことを避けるために，万全の配慮がなければならない．ただし，治療的人体実験の場合には全体的にみて現時点で患者にとって最良と判断される種類の治療であればよい．そもそも治療的実験が健康・身体の深刻状態を避けよう，改善しようという根本的意図をもっている以上，状況次第ではかなり危険なものも許されることになる．好ましくない副作用の危険が大きい場合でも，ほかに方途がなくこれだけが生命を救う可能性をもつというような状況では，これに賭けることも許される．特にその病人が目下，治療を意図している病のためにすでに死に瀕している場合など，事情次第では一か八かの冒険さえ許されうることになろう．いうまでもないが，このような治療的人体実験を受けるかどうかの決定はあくまでも患者自身の選択の問題であり，医師の行う事柄ではない．

〔自己決定権の正しい行使〕正しい自己決定権の行使は尊重されなければならない．

正当な理由があれば，人は自発的に自己の生命を死や重大な損傷の危険にさらす実験に被験者として参加することも，一定の条件のもとに許される．治療的人体実験の場合，目的は延命であったり，健康の改善・回復である．研究的人体実験の場合，それは隣人愛の動機からの医学の進歩であり，人類の福祉であり隣人の助けである．

身体の損傷や生命の危険が全くないか些細なものであることが予想される場合，人が自発的にこのような実験に応じることは問題ない．研究的人体実験の場合は，これまでみてきた諸要求が満たされているかぎり，社会正義が自発的に被験者となることを求めているものである．

生命や健康への有害さの危険の程度がこの中間であるような領域の場合も，一般的にそれに釣り合った重大な理由があれば被験者となることは差し支えない．

【特殊なケース】〔自己自身における人体実験〕自分自身を被験者とする実験の場合，自分の身体でなら何を実験してもよいかというとそうではない．熟知のうえでの承諾の点は問題ないにしても上述の一般論としてみた，他のすべての要求も満たされていなければならない．死をもたらすとか健康を決定的に破壊するような実験は許されない．また期待される成果の重要性に比例しない深刻な危険に，重大な理由なく身をさらすことも禁じられる．

〔代行的同意〕人体実験が倫理的に問題なしとされるための基本的条件の一つとして，被験者による熟知のうえの自由な承諾があるが，被験候補者が必要な判断の能力を備えていない無能力者 (incompetent person) である場合，一般には後見人，親権者，保護者などによる代理的同意 (proxy consent)，すなわち代行的同意 (vicarious consent) をもってこれに代えうる．ふさわしい代行者が代わって行う同意を被験者自身の承諾とみなすというものである．無能力者の立場に立って同意するのであるから推定的同意 (presumed consent) である．

一般的に胎芽・胎児，幼少児，知的障害者，精神障害者，意識混濁・喪失者などの弱者を人体実験の被験者にすることは好ましくない．自由な自己決定ができないので人権侵害の危険が大きいからである．特に研究的実験は原則として許されない．しかし，どうしても実験が必要なことも起こりうる．事実，医療の現場では意識が朦朧となった重病者に治療的人体実験を受けさせるかどうかの決定が迫られるような状況もよく起こる．これらの場合，人権の充分な保護・保障が確実に与えられるという条件のもとに許されうることになる．

〔胎児を対象とする人体実験〕教導職の公式の立場によれば，人間の精子と人間の卵子の合体であるあらゆる生命体は，自然受精によるものであれ人為的受精によるものであれ，また母胎外にあろうと母胎内にあろうと生きているかぎり不可侵の尊厳を備えた人間的生命として取り扱われなければならない（『生命のはじまりに関する教書』1章）．すなわち胎芽や胎児での実験は人体実験である．また研究的人体実験は一切禁じられる（同4項；『いのちの福音』63項）．

【文献】DETM 1025-34; LThK³ 3: 1130-31; NCE 5: 756-57; 17: 220-21; 教皇庁教理省『生命のはじまりに関する教書』J. マシア，馬場真光訳（カトリック中央協議会 1987）: CONGREGATIO PRO DOCTRINA FIDEI, "Donum vitae," AAS 80 (1988) 70-102; 教皇ヨハネ・パウロ2世勅『いのちの福音』裏辻洋二訳（カトリック中央協議会 1996）: IOANNES PAULUS PP. II, "Evangelium vitae," AAS 87 (1995) 401-522; 宮川俊行「人体実験の倫理学的考察」『上智大学人間学紀要』23 (1993) 123-45; E. ショッケンホフ「医学研究のための必要性と限界」『神学ダイジェスト』87 (1999) 72-85; J. J. SHINNERS, *The Morality of Medical Experimentation on Living Human Subjects in the Light of Recent Papal Pronouncements* (Washington, D. C. 1958); R. TROISFONTAINES, "A propos de l'expérimentation médicale sur l'homme," NRTh 91 (1969) 631-42; M. MARLET, "Medizinische Experimente am Menschen," *Orientierung*, 33 (1969) 21-23; A.-W. VON EIFF, F. BÖCKLE, "Experimentation in Clinical Research," Conc. 7/5 (1971) 71-87; R. H. ZIELINSKI, "Notwendigkeit und Grenzen des Experimentierens in der Humanmedizin," *Arzt und Christ*, 17 (1971) 90-98; J. KATZ, *Experimentation with Human Beings* (New York 1972); C. J. MCFADDEN, *The Dignity of Life: Moral Values in a Changing Society* (Huntington 1976) 204-13, 259-61; T. J. O'DONNELL, *Medicine and Christian Morality* (New York 1976) 90-104; W. E. MAY, "Proxy Consent to Human Experimentation," *The Linacre Quarterly*, 43 (1976) 73-84; B. M. ASHLEY, K. D. O'ROURKE, *Health Care Ethics: A Theological Analysis* (St. Louis 1978 ³1989) 234-41; R. A. MCCORMICK, *How Brave a New World?: Dilemmas in Bioethics* (Garden City 1981); K. D. O'ROURKE, D. BRODEUR, *Medical Ethics: Common Ground for Understanding* (St. Louis 1986) 77-81; O. N. GRIESE, *Catholic Identity in Health Care: Principles and Practice* (Braintree, Mass. 1987) 321-27. （宮川俊行）

しんたいふよう　身体浮揚　〔ラ〕levitatio　さまざまな宗教で，人間が宗教的な絶頂体験の際に実際に重力から解放されて「浮揚」することを身体浮揚と呼ぶ．アビラの*テレサは，彼女自身は抵抗したにもかかわら

ず身体浮揚を体験せざるをえなかったと語っている. *カプチン・フランシスコ修道会の会員コペルティーノの *ジュゼッペ(1663没)はたびたび身体浮揚を経験したことで有名である.

しかし,そうした体験の報告のかなりのものが虚偽ないし誤りであることも指摘されなければならない. 例えばマハリシ・マヘシュ・ヨギ (Maharishi Mahesh Yogi, 1917-)が主宰するTM教団 (Transcendental Meditation)のように身体浮揚能力の育成を喧伝する新興宗教もある. 至福感や気分の高揚を味わった瞬間に多くの人々は,「浮揚」したような一種の内的軽さを体験する.「浮揚」や「翼を得る」ことを夢みるのは,心理学と神話学によると一般的な現象である.

カトリック神学では,そのような現象は真実の身体浮揚の場合でも副次的神秘主義(〔独〕Paramystik),すなわち神中心的神秘主義の随伴現象以上のものではないという点で一致している. にもかかわらず,そうした身体浮揚が「神的」ないし「悪霊的」力のしるしだと信じている人もいる. しかし,身体浮揚とはそのための素質のある人が*神秘体験と同様,精神を集中させたときに生じる,純然たる自然現象であるとみるのが無難であろう.

(J. ズートブラック)

しんたく 神託 〔ラ〕oraculum,〔英・仏〕oracle,〔独〕Orakel, Gottesspruch
【宗教学】超自然的存在がその意志を人やものを通して伝えること. その形態は大きく二つに分かれる. 一つは「託宣」と呼ばれ,人間の日常的な判断によって解決することができない事柄に関して,人間のほうからその判断を超自然的存在に求めるもの. もう一つは「*啓示」と呼ばれ,超自然的存在のほうから自分を信仰する特定の人物にその意志を告げるものである. ここでいう超自然的存在とは,狭い意味では神々を指し,広くは精霊や死者などを含む. 託宣は*占いの要素が強く,しばしばシャーマンと呼ばれる呪術・宗教的職能者を介してなされる(→ シャーマニズム). その方法は民族や宗教によって異なるが,一般に歌・楽器・舞踊・幻覚剤などの助けを借りてシャーマンが神懸かり状態になり,超自然的存在の意志を直接一人称で語ることが多い. この場合,託宣を判断し人々にわかりやすく表現しなおす審神者(さには)と呼ばれる人物を伴うこともある. シャーマンを介した託宣のほかにも,人間以外のものに超自然的存在から与えられたしるしを求め,それを解釈することで託宣を得る方法がある. 例えば,夢判断,動植物の状態や行動,犠牲獣の内臓の状態,焼いた亀甲や肩甲骨の割れ方,天変地異などである.
【文献】M. ローウェ, C. ブラッカー編『占いと神託』島田裕巳訳(海鳴社 1984): M. LOEWE, C. BLACKER, *Divination and Oracles* (London 1981). (岩井洋)
【聖書】*神の意志がさまざまな媒介によって示されることを「神託」という.「託宣」「神のお告げ」などともいわれる. 夢,占い,くじ,口寄せ,*預言者などさまざまな手段による神託がある. 人間が必要に応じて神のお告げを求める場合もあるが,聖書では神が預言者を通して審判や救いの告知を行う場合が最も重要な役割を果している. 旧約聖書では「口寄せ」や「占い」による神託は異教的なものとして退けられている(申 18: 10-11; サム上 28: 3). しかし*バビロンの王がさまざまな手段による占いで神託を求めていたことは記されている(エゼ 21: 26). 旧約においても新約においても,夢やくじによる神託について,何度か記されている(サム上 28: 6; 使 1: 23-26; 16: 16). *ウリムとトンミムは元来神託を求めるくじであったらしい(民 27: 21; サム上 14: 41; 28: 6). 預言者も楽器や踊りなどの人為的手段によって恍惚状態に入り,神託を告げる場合があった(サム上 10: 5; 王上 18: 26-29; 王下 3: 15-16). しかしイスラエルの代表的な預言者たちにとって,このような人為的手段はほとんど全く無縁で,神の直接的な語りかけだけが重要である. エレミヤは,夢をみる預言者たちを批判している(エレ 23: 25-32). 古典的預言者は,しばしば彼らの神託の初めに「主はこう言われる」,また神託の間と結びに「主は言われる」という言葉を語る. そのほか, *祭司や祭儀預言者が,王や民の求めに応じて神託を与えたことが,詩編の「嘆きの歌」や「王の詩編」から推定される. 嘆きの歌においては祈る人への「救いの託宣」が,詩編 6 の 9-10 節や 22 の 25 節などにみられる. 救いの託宣は,第 2 イザヤ(→イザヤ書)にもみられる(イザ 41: 10 以下; 49: 14-15). 王の即位の宣言も(詩 2: 7-9; 89: 20-30; 110: 1; 132: 11-12),勝利の約束も(詩 20: 7; 60: 8-10),神託の形式をとっている.
【文献】BHH 1: 598-600; LThK² 7: 1186-88; 宗教学辞典 424-25. (木田献一)

しんたんだいがく 震旦大学 1913 年フランス人イエズス会員が中国人の協力を得て中国の *上海に創設した大学. 中国に誕生した西洋式大学としては最も古いものの一つで, 20 世紀初頭,清朝皇帝が康熙帝(在位 1661-1722)および乾隆帝(在位 1735-95)に対するイエズス会宣教師たちの貢献に感謝する意味で, *イエズス会に大学設立を要請したことに端を発する. 当初は *北京に開設する意向であったがかなわず,上海に開かれた. 以来徐々に発展し,医学部,理学部,法学部,中国経済学部,文学部の 5 学部を擁するまでになったが, 1953 年共産党政府によって閉鎖され,医科大学に変えられた. なお,震旦(Zhèn dan)とは中国全体を指す古名で,漢字が「あけぼの,夜明け」を意味することから,西洋諸語では「オーロラ」(Aurora)大学と呼ばれた.

(M. M. ゴンザレス)

しんちがく 神智学 〔英〕theosophy,〔独〕Theosophie,〔仏〕théosophie ギリシア語の theos (神)と sophia (英知)の合成語. 新約聖書の 1 コリント書 2 章 7 節に「わたしたちが語るのは,隠されていた,神秘としての神の知恵 (theosophia)であり」とある. その後 19 世紀までは神秘的直観によって把握された神の英知についての教義を意味していた. ツェートラー (Zedler) の『百科事典』(1732-54)には, *パラケルスス, *ヴァイゲル, フラッド (Robert Fludd, 1574-1637), *ベーメ, ファン・ヘルモント (Jan Baptista van Helmont, 1577-1644)らが神智学者と称していたとある. しかし,狭義には,ブラヴァツキー夫人 (Helena Petrova Bravatsky, 1831-91)がオルコット (Henry Steel Olcott, 1832-1907)とともに, 1875 年に設立した神智学協会の立場を指す. ブラヴァツキーによれば,太古から宇宙と人類の進化の過程は,秘密教義として特定の秘儀参入者たちの間で伝承されてきたが,その重要な部分を公開するときが来たのだという. そして『ヴェールをぬいだイシス』(*Isis Unveiled*, 1877)と『神秘教義』(*The Secret Doctrine*, 1888)の二大著作のなかで,その秘伝内容を公開する一方,その内容を学ぼうとする人のために設けた神智学協

じんちがく

会のためには，(1) 人種，宗教，身分の区別をもたぬ友愛精神の普及，(2) 古来の世界宗教の比較研究と普遍的な倫理の提示，(3) 各人のなかにひそむ神的な力の研究と開発という三大目標を与えた．この近代神智学運動はその後世界的規模に発展し，ベザント (Annie Besant, 1847-1933)，クリシュナムルティ (Jiddu Krishnamurti, 1895-1986) など，神智学系の思想家だけでなく，A. *シュヴァイツァー，*グアルディーニ，*ベルジャーエフ，*ガンディーなどの宗教思想家，グルジエフ (Georgei Ivanovitch Gurdjieff, 1877 頃-1949)，*シュタイナー，クローリ (Aleister Crowley, 1875-1947) などのオカルティスト，カンディンスキー (Vassilij Kandinskij, 1866-1944)，*モンドリアン，*クレー，スクリャービン (Aleksandr Skriabin, 1872-1915)，*イェイツなどの芸術家，中国清末の譚嗣同 (1865-1898) のような革命家などに影響を与えた．日本では，すでに 1889 年 (明治 22) にオルコットが仏教徒たちの招待を受け来日し，*鈴木大拙，今東光 (1898-1977)，浅野和三郎 (1873-1937) などにもその影響が及んでいる．
【文献】H. P. BLAVATSKY, *Isis Unveiled* (Boston 1877); ID., *The Secret Doctrine* (London 1888).　　　　（高橋巌）

じんちがく　人智学〔英〕anthroposophy, 〔独〕Anthroposophie, 〔仏〕anthroposophie　ギリシア語の anthropos (人間) と sophia (叡智) の合成語で，17 世紀イギリスの錬金術師ヴォーン (Thomas Vaughan, 1622-66) の著書『アントロポソフィカ・マギカ』(Anthroposophica magica) 以来，スイスの哲学者トロクスラー (Ignaz Paul Vital Troxler, 1780-1866) やオーストリアの心理学者ツィンメルマン (Robert von Zimmermann, 1824-98) も自分の立場を人智学と名づけたが，狭義の，現在一般に用いられている「人智学」は *シュタイナーの思想をいう．

シュタイナーはブラヴァツキー (Helena Petrova Bravatsky, 1831-91) の創始した *神智学を受け継ぎながら，それを西洋の学問系譜のなかで再構築し，*アリストテレス，*トマス・アクィナス，*カント，*ヘーゲルの哲学を踏まえて，①『神智学―超感覚的世界の認識と人間の本質への導き』(1904)，②『いかにして超感覚的世界の認識を獲得するか』(1905)，③『神秘学概論』(1910) の三大主著のなかで，その立場を展開した．

① では，人間という存在が，肉体，エーテル体，アストラル体，自我というそれぞれ固有の存在形式をもつ四つの本性からなる複合存在であり，肉体を鉱物界，エーテル体を植物界，アストラル体を動物界と共有しながら，それらを自我と結びつけることによって，大自然のなかで，第四の人間界という独自の世界を作り上げていると述べ，さらにこの「自我」が不滅の性格をもって，過去から未来へ輪廻転生を繰り返すことを主張し，死後における各人の「自我」のゆくえを追求している．② では，すべての人間の魂には超感覚的な知覚能力をもつ内部器官がまどろんでおり，それを目覚めさせることにオカルティズムの使命があるとしたうえで，そのための一見遠回りながら確実な道として，自我の力でアストラル体とエーテル体と肉体の調和を達成する方向を示し，それが同時に人間社会のみならず，一切の自然界との新しい関係をみいだすことに通じると説いている．③ では以上の点をあらためて詳論したうえで，ブラヴァツキーの説を踏まえて，神的ヒエラルキアと人間との関連，ヒエラルキアによる天地創造の意味を「宇宙論」として語り，人間の居住地である地球そのものも，土星紀 (熱宇宙紀)，太陽紀 (気体宇宙紀)，月紀 (液体宇宙紀)，地球紀 (固体宇宙紀) と濃縮化の過程をたどり，地球紀以後はさらに，木星紀，金星紀，ヴルカン星紀と霊化の過程をたどりながら，進化の 7 段階を達成するとし，その過程のなかに存在一般の意味をみいだそうとしている．

以上の立場からシュタイナーは，特に第 1 次世界大戦後の 1919 年から 1924 年まで，シュタイナー学校運動，ホメオパティー医学，バイオダイナミック農法，有機的建築，オイリュトミー舞踏など，文化的・社会的な活動に力を注ぎ，特に「社会有機体の三分節化」と呼ばれる，精神生活と法＝政治生活と経済生活との有機的統一を原理とする社会論を発表して，資本主義と社会主義を統合する第三の立場を提唱した．

シュタイナーの基本的な立場は，ブラヴァツキーが西洋の植民地主義に抗して，非ヨーロッパにおける先住諸民族の宗教，文化の復興に生涯を捧げたのとは逆に，もっぱらヨーロッパにとどまり，西洋の伝統，特にキリスト教文化の役割を霊的観点から掘り下げ，あるべきヨーロッパ像を提示することにあった．人智学は彼の死後，特に 1960 年代から世界的に注目されるようになり，スイスのドルナハ (Dornach) に本部ゲーテアヌムをもつ一般人智学協会 (Allgemeine Anthrosophische Gesellschaft, 1924 年にシュタイナーにより創設) は今日も存続している．またクリステンゲマインシャフト (キリスト者共同体) はシュタイナーの影響を受けたプロテスタント系の聖職者を中心に 1922 年設立され，今日も活動を続けている．　　　　（高橋巌）

しんていほう　神定法〔ラ〕lex divina (positiva)　人間を永遠の至福という超自然的で神的な目的へ導くために，また *自然法とその導出である *人定法を補足するために，*啓示によって神から授与された法．旧約時代には父なる神によって，救い主キリストへと人々を秩序づけるために *イスラエルの民に与えられた．いわゆる旧約の *律法であり，旧法とも呼ばれる．これに代わる新約時代の神定法は，キリストが立法者であり，人間を聖化し，キリストの恩寵を完成する法である．信仰の法，恩寵の法，愛の法，新法とも呼ばれている．
【文献】カ大 772; 現カ 350, 493-94.　　　　（桑原武夫）

じんていほう　人定法〔ラ〕ius humanum　*自然法を補うものとして人間の意志によって創り出された法．一定の時代，社会で実効性を有する．一般的には自然法に対置される *実定法と同じ概念であるが，制定法に限定される傾向が強い．人定法は，内容が自然法や *神法に違反する場合は，法としての正当性を有しない．
【文献】カ大 772-73; 現カ 350.　　　　（桑原武夫）

しんてきどくしょ　神的読書〔ラ〕lectio divina　主に聖書などを黙想風に読むことで，観想的な祈りへと連なる読書のこと．ヌルシアの *ベネディクトゥスの頃から修道院で聖書が読まれるというとき，多くの場合，声を出して読まれていた．声を出して読むと，二つの目に劣らず，それ以上に二つの耳も読書に参加するといわれる．このような読書法は，12 世紀の *シトー会の修道者によって再発見され，信徒にも勧められた．現代においてもその意義が見直されつつある．

*霊のうちなる読書としての神的読書を通して，読者は自分が今置かれている状況のなかで神の語りかけを受

け止め，神とともに生きる交わりに至る．具体的には，まずテクストをゆっくりと心静かに反芻しながら読む．他の事柄への関心から離脱した読み方である．テクストの背後に，これに*霊感を与えている神の生きた臨在を魂が捉え，自分に向けられた言葉として受け取る．神的読書は魂と神との対話であり，多くの場合，そこで黙して神に語らせることを意味する．

【文献】DIP 5: 561-66; DSp 9: 470-510; J. LECLERCQ, "La lecture divine," MD 5 (1946) 21-33; D. STANLEY, "A Suggested Approach to Lectio Divina," *American Benedictine Review*, 23 (1972) 439-55; F. ROSSI DE GASPERIS, "Reading and Praying the Bible Today," *Review for Religious*, 43 (1984) 724-32. （澤田和夫）

しんでん　神殿　〔ヘ〕hêkāl, bayit，〔ギ〕naos, hieron，〔ラ〕templum，〔英・仏〕temple，〔独〕Tempel

【歴史的背景】古代イスラエルでは，*ベテル(創12: 8; 28: 19)，*ベエル・シェバ(創26: 23; 46: 1)，*シケム(創33: 20)などで*祭壇が築かれ，主の名を呼ぶ(創12: 8; 26: 25)という祭儀行為はあったが，神殿は存在していなかった．

*シナイの荒れ野で，神は*モーセに移動聖所である*幕屋(オーヘル 'ōhel，またはミシュカン miškan)建設の指示を与え，彼は幕屋を建設する(出25-31章；35-40章．祭司文書であるこの箇所には，後代の神殿の思想が反映されている)．これは「臨在の幕屋」(オーヘル・モーエド 'ōhel mô'ēd, 出33: 7; 40: 34 等)とも「掟の幕屋」(ミシュカン・ハエドゥト miškan hā'ēdūt, 出38: 21 等)とも呼ばれ，雲の到来は神の来臨を暗示し(出33: 7-11; 40: 34-38)，神がそこに住み(出25: 8; 29: 45-46)，神がそこから語る(出25: 22; レビ1: 1; 民1: 1)場所であった．

*カナン定住後は，*ギルガル(ヨシュ4: 20-23; サム上11: 15)，シケム(ヨシュ8: 30-35; 24: 1-28)，*シロ(サム上1-4章)に聖所ができるが，カナン人の神殿とは異なるものであった．シロには「主の神殿」(ヘカル hêkāl)があり，そのなかに神の箱が安置されていた(サム上3: 3)．しかし，*ペリシテ人との戦いに敗れ，神の箱はイスラエルから奪われてしまう(サム上4章)．神の箱は7か月間ペリシテ人の地にあったが，返還されてキルヤト・エアリムに長い間置かれていた(サム上7: 2)．その後，*ダビデがイスラエルとユダの王となり，彼は*エルサレムに神の箱を運び上げ，天幕のなかに安置し(サム下6: 17)，そこを政治的・宗教的中心地とする．

ダビデは王宮に住むようになると，神殿建築を考える(サム下7: 1-3; 代上22: 1)．しかし，この考えは神の意志に反する．神は*預言者ナタンを通じて，ダビデが主のために神殿(=家 バイト bayit)を建てるのではなく，主がダビデのために王家(=家 バイト bayit)を建てると告げる(サム下7: 5-17)．

神殿建築に反対する意見の背後には，過去の遊牧時代の幕屋を理想とする思考，カナン的な神殿に対する抵抗，政治的な反対勢力の存在などが考えられる．しかし，神殿建設は，ダビデの子*ソロモンにおいて行われることが容認される(サム下7: 13．ただし代上22: 5-16には反対はない)．あるいはカコ(André Caquot, 1923-)がいうように，ダビデの時代にはまだ神殿を建設する状況が整っていなかったのかもしれない．神の超越性に関する記事(王上8: 27)を除いて，ソロモン時代に反対意見がないことから，ソロモン時代は不安定なダビデ時代に比べて政治状況も安定したものと推測される．いずれにせよ，神殿は王国存立の神学的基盤をなすものであり，ダビデ王朝の神聖な権威を確立するものであった．これは王と神殿は国家形成の原理であるという古代オリエントの考えにつながるものである．

【神殿の神学】ソロモンは神殿を建設し，主の*契約の箱を*至聖所に運び入れ，*ケルビムの翼の下に安置する(王上8: 1-10)．*祭司たちが聖所から出ると，荒れ野時代の幕屋と同様，主の現存を表す雲，主の*栄光が神殿に満ちる(王上8: 10-11)．また「主は密雲の中にとどまる(=住む，シャカン)」(王上8: 12)といわれるが，この密雲は出エジプト記(20: 21)，申命記(4: 11; 5: 22)のように神の現存を表すものであり，神殿は「いつの世にも(=永遠に)とどまっていただける(=住む，ヤシャブ)聖所(マコーン)」(王上8: 13)である．この神殿は，神の現存の場であるゆえ，「この所に向かって」(王上8: 29, 30, 35)，「あなたに」(同8: 33, 48)祈る，祈りの場所でもあった．神殿が祭儀，典礼の場であるという考えは列王記下19章14節以下の*ヒゼキヤの態度にも窺え，詩編のなかにおいても頻繁に見受けられることである(27: 4; 42: 5; 76: 3; 84; 122: 1-4; 132: 13-14; 134 等)．

預言者にとっても神殿は重要な意味をもち，アモスは「主はシオンからほえたけり，エルサレムから声をとどろかされる」(アモ1: 2)と，神の*審判が神殿から出ることを述べ，イザヤは*召命を天上の神殿の幻のなかで受ける(イザ6: 1-4)．そして特にイザヤの時代から，*シオンはその上に神殿が建てられた場所として，重要な宗教的意味をもつようになる(イザ2: 2-3)．エレミヤはシオンは主の栄光の座(エレ14: 21)であるが，人々のなかでの神の現存は恵みであって，不忠実である場合には，神殿は安全の保障とはならないと説教する．「主の神殿，主の神殿，主の神殿という，むなしい言葉に依り頼んではならない」(エレ7: 4)．同様に，エゼキエルもエルサレムの堕落によって主の栄光が神殿を去ることを述べる(エゼ8-11章)．しかし，彼は主の栄光が再び神殿に満ちることを述べ，エルサレムの名は「主がそこにおられる」(エゼ48: 35)と呼ばれるという．*捕囚から帰還した預言者たちが神殿再建を鼓舞するのも，神がエルサレムに再び住むという理由からである(ゼカ2: 14; 8: 13)．

ところで，歴史の流れのなかで，神殿における神の現存の考えも進展をみる．それは神が地上の神殿に住むというのは，神の超越性を限定することになるのではないかという疑問から生じたものである．列王記の申命記史家(→申命記史書)はこのことを知っており，「神は果たして地上にお住まいになるでしょうか．天も，天の天もあなたをお納めすることができません．わたしが建てたこの神殿など，なおふさわしくありません」(王上8: 27)とソロモンをしていわしめる．それに対する答えは，民が神殿に向かって祈るとき，神は住まいである天において耳を傾ける(同8: 30, 39, 43, 45, 49)というものであり，神が住むというよりも，「主がその名を置くために全部族の中から選ばれる場所，すなわち主の住まい」(申12: 5 等)という申命記の「神の名の神学」に従い，「主の御名のために建てられた神殿」(王上8: 17, 20, 29, 44, 48 参照)という表現をする．名は存在を表すものであり，「主の名」のあるところ，そこに神は特別な仕方で現存する．この考えはユダヤ教のなかにあって「シェキナー」(šekinah)という神学に発展する．これは動詞「住む」(šākan)の派生語で，神の超越性を軽減すること

しんでん

なく，神の地上的現存を言い表すものである（→ 神の名）．

【外国の影響】ソロモンの神殿に対する諸外国の影響については，ソロモンの外交関係や神殿の前の広場，中庭の構造などからエジプトの影響，神殿が長方形であること，神殿用語の多くがアッカド語に由来することなどからメソポタミアからの影響等々が指摘されてきた．

しかし，現在ではカナン，*フェニキア，シリアの神殿建築の伝統に沿って，ソロモンの神殿建築の設計はなされたものとみられている（ライト George Ernest Wright, 1909-74, *パロほかの説）．考古学上の発掘から，前13世紀の北シリアのアララク（Alalakh テル・アトハナ）の神殿や，前9世紀のテル・タイナト（Tell Tainat）の神殿との類似が顕著であると指摘されている．それは神殿の3部構造，王宮との結合，レンガ造りの壁などであるが，テル・タイナトの神殿との関係は，神殿の入り口の2本の柱や，至聖所が一段高いことなどである．カナンではテル・エド・ドゥベイル（Tell ed-Duweir）や*ベト・シャンに3部構造の神殿が発掘されており，*メギド，*ハツォル，*ラキシュとの関係も重要である．

旧約聖書の観点からは，列王記上5-7章にみいだされるフェニキア人との関係が強調されている．*ティルスの王*ヒラムの神殿建築に対する協力は，レバノン杉や糸杉などの建築資材を提供するとともに，伐採の熟練者である*シドン人や，造船の技術者であるゲバル人，石工たちという建築労働者を派遣することにも及んだ．神殿の備品の製作には父がティルス人である青銅工芸の職人ヒラムが携わり，労役の監督のアドニラム（王上5: 28）の名前はフェニキア人の名前である．

【神殿の場所】列王記には神殿の場所の記載はないが，歴代誌には「ソロモンはエルサレムのモリヤ山で，主の神殿の建築を始めた」（代下3: 1）とある．さらに続けて「そこは，主が父ダビデに御自身を現され，ダビデがあらかじめ準備しておいた所で，かつてエブス人オルナンの麦打ち場があった」（同）と説明されている．この記事は歴代誌上21章14-30節のエブス人オルナン（＝アラウナ，サム下24: 15-25）の麦打ち場と関係し，歴代誌上22章1節の「神なる主の神殿はここにこそあるべきだ．イスラエルのために焼き尽くす献げ物をささげる祭壇は，ここにこそあるべきだ」という言葉に根拠をもっている．この場所はエルサレムの東，オフェルの丘の北に位置し，現在イスラム教のオマルのモスクがあるエル・ハラム・エーシャリフ（el-Haram esh-Sharif 高貴な場所）で，神殿は「岩のドーム」にある「聖なる岩」（Qubbet es-Sahkra）に関係づけられている．神殿の入り口は東（エゼ47: 1）に位置していたと考えられるが，この岩と神殿の関係については二つの説がある．第一はこの岩は神殿の前にある「焼く尽くす献げ物をささげる祭壇」の基礎であり，神殿はこの岩の西にあったというものである．しかし，この説では神殿は丘の急な斜面に建てられていたことになり，技術上困難な問題がある．第二はこの岩は内陣（dᵉbir）＝ 至聖所の基礎であったとするものである．しかし，岩の上に至聖所の壁を作るのは難しいと考えられ，この説にも問題がある．ラビ伝承は後者の説を支持し，この岩は「礎石」（'eben šᵉtiyyāh）と呼ばれている．

【建築の準備】ソロモンは神殿建築の準備をするにあたり，ティルスの王ヒラム（歴代誌ではフラム）にその協力を依頼し，条約を結ぶ（王上5: 15-26; 代下2: 1-15）．ヒラムはレバノン杉，糸杉，白檀（代下2: 7）の木材をレバノンから海路 *ヤッファ（代下2: 15）まで送る．ソロモンはそれに対し，小麦，オリーブ油など（代下2: 9参照）の食糧を提供する．石材はエルサレム近郊から切り出されたと考えられ，ソロモンの石工たちは，ヒラムの石工たちやゲバル人と共同で働く．イスラエルからは工事のために男子3万人が徴用され，荷役の労働者7万人，石を切り出す労働者が8万人，工事監督者が3,300人（代下2: 1, 17では3,600人）が動員される．ヒラムはシドン人の伐採人を用い，青銅工芸の職人ヒラム（代下2: 12ではフラム）が神殿の備品の製作にあたった．

【建築の年代】列王記上6章1節によれば，ソロモン王が神殿建設に着手したのはエジプト脱出後480年目，その治世第4年のジウの月，すなわち第二の月（太陽暦で4-5月）の第2日（代下3: 2）であったとされている．*七十人訳聖書は440年目，*ヨセフスは592年目とする．しかしながら，480年は40×12という人為的，象徴的な数字であり，申命記史家の編集によるものと考えられている（*ノート）．実際の歴史的年代は明白ではないが，ソロモンの即位を前961年とすれば，その第4年目は前957年となる．神殿建築は7年の歳月を要し，治世第11年のブルの月，すなわち第八の月（太陽暦では10-11月）に完成した（王上6: 38．→ 聖書年代学）．

【神殿の構造】〔前廊〕口語訳聖書では単に「廊」と訳されるが，ヘブライ語でウーラム（'ûlām）またはエーラム（'êlām）といい，アッカド語 ellamu（前部）と関係する．この前廊は神殿3部構造の一番前にある部屋であり，奥にある聖なる二つの部屋と俗なる外の領域を区別する空間といえる．奥行きは20アンマ，間口は神殿の前で10アンマ（王上6: 3），高さは歴代誌下3章4節によれば120アンマであるが，これは本文の破損か混淆によるものと考えられ，20アンマとする者もいる．内部は純金で覆われていた（代下3: 4．→ 聖書の度量衡）．

〔外陣〕口語訳聖書は「拝殿」と訳出する．ヘブライ語でヘカル（hêkāl）といい，アッカド語エカルー（ekallu, シュメール語 e-gal＝大きい家）に由来する語で，「宮殿」と「神殿」の両方を表すが，狭義として神殿のなかの一室である「外陣」を指すためにも用いられる．これは元来カナンで，「神殿」はヘカルと呼ばれる一つの大きな広間であったが，その前と後ろにさらに部屋（前廊と内陣）が付け加えられたため，ヘカルは中央の主要な部屋＝外陣の呼称として残ったものと考えられる（*オールブライト）．外陣には前廊から入るが，その間口は10アンマで，入り口にはオリーブ材の四角形の門柱があり，糸杉材の2枚の折り畳みの扉（王上6: 33-34）がつけてあった．この第二の部屋は神殿のなかで最も大きく，奥行き40アンマ，間口20アンマ，高さ30アンマ（王上6: 2, 17）の長方形で，ほかの近東の神殿と比較しても広大なものである．上部には格子作りの窓（王上6: 4．エゼ40: 16は「明かり取り」とする）があり，これは外側が広く，内側が狭い当時のシリア・パレスチナに共通のタイプのものと推測される．この外陣は祭儀に関わる聖所であり，内部には金の祭壇，供えのパンを載せる金の聖卓（代下4: 8では左右に五つずつ），金の燭台が左右（＝南北）に五つずつ（王上7: 48-49; 代下4: 7-8, 19-20）置かれていた．

〔内陣〕口語訳聖書は「本殿」と訳出する．ヘブライ語でドゥビル（dᵉbir）といい，神殿の最奥にある第三の部屋を指す．このドゥビル（dᵉbir）の語根はアラビア語の「後部」と関係すると考えられるが，アクイラ訳，シンマコス訳のギリシア語，ウルガタ訳のラテン語はヘブ

ライ語 dbr（語る）と結びつけて dᵉbîr を「神託の間」(oraculum) と訳す．最近もメイヤーズ（Carol Lyons Meyers, 1942- ）はこの説をとる．ドゥビル（dᵉbîr）の語はソロモン神殿に関してのみ（ただし，詩 28: 2 は不明）用いられており，「聖の中の聖」，すなわち最も聖なる場所という意味で別名「至聖所」(qōdeš haqqodāšîm, 王上 6: 16; 8: 6) と呼ばれる．大きさは奥行き 20 アンマ，間口 20 アンマ，高さ 20 アンマの正立方体で，純金で覆われていた（王上 6: 20; 代下 3: 8-9）．内部には 2 体のケルビムがあり，その翼の下に主の契約の箱が置かれていた（王上 6: 19; 8: 6）．この部屋には窓がなく（「主は，密雲の中にとどまる」，王上 8: 12），内壁はレバノン杉，床は糸杉の板（王上 6: 15）で仕上げられ，壁面はひょうたんと花模様の浮き彫りで飾られ，石は全くみえなかった（王上 6: 18）．内陣の入り口には，外陣の入り口と同様にオリーブ材の 2 枚の扉があり，壁柱と門柱は五角形であった（王上 6: 31-32; 7: 50）．ただし，歴代誌下 3 章 14 節ではケルビムの縫い取りを施した「垂れ幕」となっている（マタ 27: 51; ヘブ 9: 3 参照）．

ただここで問題となることは，前廊と外陣の間には壁があったが，外陣と内陣の間には壁があったかどうかということである．外陣と内陣は本来一体（王上 6: 2）であり，この二つは神殿の聖所，至聖所という聖なる領域で，脇間のつかない前廊とは区別されている．外陣は 40 アンマ，内陣は 20 アンマの奥行き（王上 6: 16-17）で，二つ合わせて 60 アンマ（王上 6: 2）といわれるが，もし壁があればこれ以上の長さになるはずである．*ヴォーはそれゆえ列王記上 6 章 16 節の本文を読み変えて至聖所を「切り離し」と解釈し，木の仕切りを想定する．そしてこれは後代の「垂れ幕」の考えや*ミシュナーやヨセフスの記述に適合するという．

また，聖書には何の記述もないが，内陣の床はほかのオリエントの神殿同様に外陣よりも一段高かったと考えられる．外陣は 30 アンマ（古ギリシア語訳，ルキアノス訳は 25 アンマ），内陣は 20 アンマの高さであるから両者には 10 アンマ（あるいは 5 アンマ）の差が生じることになる．この説明のためにある者は内陣の屋根は外陣の屋根よりも低かったし，ある者は一つの部屋が内陣の上にあったとする．それに対し，ヴォーは内陣の地面が外陣の地面よりも高かったと考え，内陣に上がるために階段があったのではないかと推測する．

〔脇間〕口語訳聖書は「脇屋」と訳出する．ヘブライ語でヤツィアー（yāṣiaʻ, 王上 6: 5, 6, 10）といい，別名の脇廊（王上 6: 5, 8; エゼ 41: 5-9, 11, 26. 口語訳聖書では「脇間」と訳す．ただし，新共同訳聖書でもエゼキエル書では「脇間」と訳す）はツェラー（selāʻ）を訳したものである．この二つの語は元来同義語ではなく，ヤツィアー（yāṣiaʻ）はその語根からすれば建物の基礎部分，1 階の脇を覆っていた付属家屋で，ツェラー（selāʻ）は人間の肋骨や建物の脇を意味するところから，その後付加された 2 階，3 階の脇の部屋を指すものと考えられる．脇間は神殿 3 部構造のうち，脇廊を除いた外陣と内陣の壁の周囲，東側を除いた 3 側面を囲んで造られており 3 階建てで脇間の幅は 1 階 5 アンマ，2 階 6 アンマ，3 階 7 アンマで，下に行くほど 1 アンマずつ狭くなっていた（王上 6: 5-6）．各階の高さは 5 アンマで，3 階合わせると 15 アンマ，あるいはそれを少し超える程になるが，神殿本体の高さは 30 アンマであったから脇間全体の高さは神殿本体の約半分であったであろう．この脇間の入り口は，列王記上 6 章 8 節によれば神殿の右側，エゼキエル書 41 章 2 節によれば両側にあって，らせん階段（lûlîm）によって上の階へ通じるように造られていた（王上 6: 8）．各階には 30 の脇間が仕切られてあり（エゼ 41: 6），内部には祭儀用の品物，備品等が保管されていた．脇間は付属家屋として倉庫の目的で造られたと考えられるが，歴代誌には脇間に関する記述が欠けている．列王記によれば，脇間は神殿とともにソロモンの時代に建てられたことになっているが，ガーリンク（Kurt Galling, 1900-87）はユダ王国後期のもの，メーレンブリンク（Kurt Möhlenbrink, 1906- ）はゼルバベル時代のものとして，後期の付加とする．

〔祭壇〕内陣の前には，純金で覆われたレバノン杉材の祭壇（王上 6: 20）があった．これは別名「金の祭壇」（王上 7: 48 = 代下 4: 19. 出 40: 26 参照）と呼ばれるものと同じであると考えられるが，その用途については明白な記載がない．間接的に列王記上 9 章 25 節および幕屋内の祭壇の記述（出 30: 3; 37: 26; 40: 27）から推測すれば，香を焚くための「香の祭壇」であったと理解される．エゼキエルの神殿にはこの祭壇への言及はないが，捕囚後の第 2 神殿にもこれは存在していた（1 マカ 1: 21; ルカ 1: 11）．さらに，「青銅の祭壇」（王上 8: 64; 9: 25; 王下 16: 14; 代下 4: 1）が神殿の前の内庭に置かれていた．これは別名「主の祭壇」（代下 8: 12）と呼ばれるもので，後に*アハズ王はそれを新しく造った祭壇の北側（王下 16: 14）に移す．大きさは 20×20×10 アンマ（代下 4: 1）で，これは*焼き尽くす献げ物のため（王上 8: 64; 代下 8: 12）に用いられた．

〔ケルビム〕神殿の最奥，内陣 = 至聖所にはオリーブ材（王上 6: 23. ただし，代下 3: 10 では「鋳物」= 新共同訳，「木を刻んだ」= 口語訳）で造られ，金で覆われた 2 体のケルビムが翼を広げ，契約の箱を覆っていた（王上 8: 7）．高さは 10 アンマ，翼の長さは 5 アンマ+5 アンマで 10 アンマあり，2 体は同形，同寸であった（王上 6: 23-28; 代下 3: 10-14）．ケルビム（kᵉrûbîm）という語はケルブ（kᵉrûb）の複数形で，アッカド語の karibu または kuribu に由来し，神々の補佐として，人々の祈りを取り次ぐ仲介者を指していた．その姿は二つの翼，二つの顔（人間と獅子，エゼ 41: 19）をもつもので，足で立っていた（代下 3: 13）．これは古代近東に広くみられた祭儀神話上の半人半獣の像で，翼のあるスフィンクスのようなものであった．メギドやサマリア出土の象牙細工にそのモチーフがみられる．ケルビムは神に仕えるものとして（サム下 22: 11 = 詩 18: 11），生命の木を守り（創 3: 24），契約の箱を守るものであった（王上 8: 6-7）．幕屋のなかではケルビムは契約の箱の上，贖いの座の上にあったが（出 25: 18-22），ソロモン神殿では 2 体の像のほかに，壁（王上 6: 29）や扉（王上 6: 32, 35）にもその浮き彫りがあった．

〔青銅の柱〕前廊の前に（王上 7: 21）2 本の「青銅の柱」（王上 7: 15; 王下 25: 13, 17; エレ 27: 19; 52: 17. ただし代下 3: 15 には「青銅」の語が欠ける）が建てられていた．1 本は南にあってヤキンと名づけられ，他の 1 本は北にあってボアズと名づけられていた（王上 7: 21）．この柱の高さはそれぞれ 18 アンマ，周囲は 12 アンマ（王上 7: 15; エレ 52: 21）であった．しかしながら，歴代誌下 3 章 15 節の原文およびエレミヤ書 52 章 21 節の七十人訳は高さ 35 アンマとする．この 35 アンマについて諸説があるが，18 アンマ+12 アンマ（「周囲」の語を「付加して」と読み変える）+5 アンマ（柱頭）=35 アンマではないかと考えられる．また，列王記上 7 章 15 節の七

しんでん

十人訳(7:3)およびエレミヤ書52章21節の原文は，柱が指4本の厚さで空洞であったとする．柱頭は5アンマ(王上7:16．ただし王下25:17では3アンマ)で，ゆりの花の形の柱頭は4アンマ(王上7:19)であった．この2本の柱が，屋根の支柱として前廊に接続して立てられていたのか，あるいは前廊の前に独立して立てられていたのか不明であるが，一般的には後者の意見が妥当であると考えられている(メイヤーズ等)．そして，これが装飾的なものか，祭儀的なものか，象徴的なものか種々論議されている．かがり火を燃やすための柱，巨大な香の台，エジプトのオベリスクのように太陽を象徴するもの，アッシリアの聖なる木，*生命の樹のように宗教的意味合いをもつもの，あるいは古いカナンの聖所にみられる*石柱(マッツェバー)の伝統に関連するもの等の説がある．類似するものとしては，ヘリオポリスの2柱，ティルスのヘラクレス神殿の2柱があり，キプロスのイダリオン，アッシリアのビト・ヒラニ(bit-hilani)に関連するものがみいだされている．ヤキンとボアズという名に関しても，明白なことはわからないが，ヤキン(yākin)は動詞クーン(kûn 立てる，固くする)の三人称単数形として「彼は立てる」，ボアズ(bōʻaz)は前置詞ブ(bᵉ ～において)+名詞オズ(ʻoz 力)で「力をもって」を意味すると考えられる．ヤキンは「主はダビデの王座を固く立て，その王国は世々に続くように」，ボアズは「主の力に於いて王は喜ぶ」(詩21:2 参照)を意味する文句の最初の単語であるとの解釈(スコット Robert Balagnie Young Scott, 1899-)がある．

〔海〕「海」(冠詞つき．王上7:24；王下16:17)は「青銅の海」(王下25:13；代上18:8；エレ52:17)とも「鋳物の海」(王上7:23；代下4:2)とも呼ばれるが，青銅工芸の職人，ティルスのヒラムの作(王上7:23)といわれている．神殿の右側，南東の方向(王上7:39)に置かれており，直径10アンマの円形で高さは5アンマ，周囲は30アンマ(王上7:23)，その容量は2,000バト(王上7:26．ただし代下4:5では3,000バト)であった．しかしながら，「海」の大きさからする容量と，記載されている容量の数値の間にはかなりの差異がある．「海」は厚さが1トファで，縁にはゆりの花がかたどって作られていたが，縁の下にはひょうたん模様が2列に並んでいて，12頭の牛の像がその下にあった．牛は3頭ずつが東西南北，4方向に向いており(王上7:24-26)，四季の象徴とも，十二部族の象徴とも考えられている．この「海」のなかには水が入っていたわけで，歴代誌下4章6節によれば祭司が身を清めるために用いたとされている．ヨセフス(『ユダヤ古代誌』VIII, 3, 5)は「海」という名前の由来をその大きさからくるものと考えているが，この「海」と古代近東世界との関係，象徴的意味についても多くの説がある．エジプトの神殿にある聖なる湖，メソポタミアのアプスウ(apsû 原始の太洋)，カナン人のヤム(yam 海)，あるいはキプロスのアマトンテの石の水盤との関係などがいわれている．

〔青銅の台車と洗盤〕青銅の台車については列王記上7章27-37節に詳述されているが，歴代誌下4章14節は単に台車を造ったとのみ記すだけである．台車は10台造られ，各台車の長さは4アンマ，幅は4アンマ，高さは3アンマであった．その装飾としては動物のモチーフ(獅子，牛，ケルビム)と植物のモチーフ(なつめやし，唐草模様)があった．この台車の上に青銅の洗盤(ただし，代下4:6には「青銅」の語が欠ける)が載せられており，それぞれの容量は40バト，直径は4アンマ(王上7:38)であった．五つは神殿の右側(南)に，五つは左側(北)に置かれ，その用途は歴代誌下4章6節によれば，いけにえの用具を洗い清めるためであった．エゼキエル書には台車も洗盤の記述もないが，キプロス，メギド，*ウガリトからはこれに類似するものが出ている．

【エゼキエルの神殿】預言者エゼキエルが，前573年捕囚の地で幻のなかにみた神殿は実際には建築されなかったが，全体の構造に関しては，エゼキエルが捕囚の前にみていたであろうソロモンの神殿が基礎となって，ゼルバベルの神殿，ヘロデの神殿の影響が見受けられるものである．エゼキエル書40-42章(神殿全体)，43章13-17節(祭壇)，46章19-24節(祭司の部屋ほか)にその記載がある．エゼキエルは捕囚の25年目，1月10日，幻のうちにイスラエルの高い山に連れていかれ，そこで青銅のように輝いている姿の人から神殿を示され，神殿を測るのをみる(エゼ40:1-4)．荒野の幕屋やソロモンの神殿では「造る」(アサー)という動詞が重要であったが，エゼキエルの神殿では「測る」(マダド)という動詞が重要になっている．神殿全体は縦横500アンマの正方形(42:20; 45:2)で，その対角線上の交点に「祭壇」(40:47; 43:13-17)があり，西半分の長方形の対角線上の交点に「至聖所」(41:4)が位置している．幾何学的な整合性に基づいた構築の背後には，完全性を求める精神の働きがあるといえる．また，神殿の記述は外から内へと向かっているが，至聖所に至るためには，内庭と外庭を取り囲む二重の囲いにある門(それぞれ東，北，南にある)を通らなければならず，外国人は入ることができない(44:9)．これは聖と俗を峻別する聖性の神学(42:13, 20; 44:23; 45:1-4)に基づくものである．さらに神殿は東向き(8:16; 11:1; 43:1-4; 44:1-3; 47:1)に建てられているが，神殿全体の記述も東から始まるというように，東が最上であるという方位観がある．しかし，太陽崇拝(8:16-18)は忌まわしいこととして斥けられ，そのかわりに主の栄光が東から到来するといわれる(43:1-5)．主の栄光はエルサレムの堕落により，神殿から東のほうに去っていたのだが(10:18-19; 11:22-23)，それは再び東のほうから到来し，神殿に満ちる(43:1-5; 44:1-4)．「契約の箱」はすでになく，神殿に主の栄光が満ちることによって，神がそこに住む(43:7-9)といわれる．そのためにはイスラエルの民の*回心が必要であり(43:6-12)，それによって新しい救済のときが到来する．エゼキエルの神殿に特徴的なことは，「至聖所」(41:4)である「内陣」(ドゥビル)の語がないこと，「命の水」(47:1-12)については述べられているが，「海」の記述がないこと，神殿内部の備品について幾つかの言及はあるが，詳述はされていないこと，その他王宮との分離などである．

【ゼルバベルの神殿(第2神殿)】バビロニアの*ネブカドネツァル王によって前587年滅ぼされたソロモンの神殿(第1神殿)は捕囚後再建されることになる．この神殿を称して*ゼルバベルの神殿または第2神殿という．第2神殿と呼ぶ場合，一般には捕囚期以降の神殿を指し，ヘロデの神殿(第3神殿ともいわれる)をも含むが，ここでは別個に記載する．ゼルバベルは神殿再建に指導的な役割を果たした人物で，その名は「バビロンの裔」という意味をもち，ダビデ家の子孫といわれ，神から選ばれた者として神の「印章」(ハガ2:23)と呼ばれている．彼は大祭司イエシュアとともに(ハガイ書1:1, 12-15によれば預言者ハガイの言葉に従って)，神殿再建の工事に取り組む(エズ3:2, 8; 4:3; 5:2; ハガ1:14等)．神殿

再建の記事は主としてエズラ記，ハガイ書などに記されているが，神殿再建が捕囚からの帰還の目的そのもので，神殿はイスラエル祭儀共同体の信仰の中心であった．

エルサレムの神殿の再建は，ペルシアの *キュロス王による前538年の布告が発端になっている（エズ1:2-4＝ヘブライ語，同6:3-5＝アラム語）．彼は寛大な宗教政策を実施し，エルサレムの神殿再建のため，捕囚の民に帰還を許し，ネブカドネツァル王が神殿から略奪した品々を持ち帰らせ（エズ1:7-11），工事費用は国庫負担とした（6:4-8）．そこでゼルバベルとイエシュアの二人が中心となって祭壇を築き（3:2），神殿の基礎を据えた（3:10）．その後工事の妨害，中断があったが（4:1-24），工事は再開，続行され（5:1-6:12），ダレイオスの治世第6年（前515）のアダルの月の23日（6:15）に完成する．これはバビロンの王に70年間仕えるというエレミヤの言葉（エレ25:11,12;29:10;ダニ9:2;代下36:21）との関係でいえば，神殿崩壊から約70年目のことである．

祭壇は昔の土台の上に築かれたが（エズ3:3），神殿もかつてあった場所に以前の基礎を保持しつつ再建するようにと命じられた（6:3,7）．高さ60アンマ，間口60アンマと記されているが，奥行きについては言及されていない．ソロモン神殿は高さ30アンマ（ただし，代下3:3では120アンマ），間口20アンマ，奥行き60アンマであったが，グンネヴェク（Antonius H. J. Gunneweg, 1922- ）はじめ多くの学者はエズラ記6章3節の本文は破損していると考え，建物は昔と同じ大きさであったものと推測する．切り石や木材の配列（エズ5:8;6:4）はソロモン神殿と同様（王上6:36）であり，祭司室と呼ばれる部屋（エズ8:29;10:6;ネヘ10:38-40;13:4,8）は脇間（王上6:5-6）のことと思われるが，幾つかの点で両者には相違がみられる．ソロモンの神殿には至聖所と外陣を隔てるために木の仕切り（王上6:16）があったと想定されるが，それは垂れ幕（1マカ1:22;4:51;*『アリステアスの手紙』86）となり，10本の燭台は7枝をもつ1本の燭台（ゼカ4:2;1マカ1:21;4:49）に取って代えられた．また，ゼルバベルの神殿に欠けるものは，契約の箱（エレ3:16-17参照），エジプトの王シシャクが奪った宝物，金の盾（王上14:26＝代下12:9），ネブカドネツァル王が奪った青銅の柱，台車，海，その他の祭具，備品（王下25:13-15;エレ52:17-23）等である．再建工事のためには石工，大工が働き，ソロモン神殿の場合と同様，シドン人，ティルス人がレバノンから海路ヤッファに杉材を運んだ（エズ3:7）．神殿の基礎が据えられると，昔の神殿を知っている人々は喜びの叫び声をあげた（同3:12-13）．それは以前に比べてみると「無に等しいもの」（ハガ2:3）といわれるが，新しい神殿の栄光は昔の神殿にまさる（同2:9）とも述べられている．

ヨセフス（『ユダヤ古代誌』XII, 3, 4）によれば，アンティオコス3世は異邦人は聖所の囲いのなかに入ってはいけないという布告を出していたが，前169年 *アンティオコス4世・エピファネスは聖所に入り込み，金の祭壇，燭台，供えのパンの机，垂れ幕，金銀の祭具，財宝を略奪した（1マカ1:21-24;2マカ5:15-16）．さらに前167年には祭壇の上に「憎むべき破壊者」（ダニ9:27;11:31;1マカ1:54）と呼ばれる「ゼウス・オリンポス」（2マカ6:2）を祀り，異教礼拝を強要し，ユダヤ教を迫害した（1マカ1:41-64;2マカ6:1-6）．しかしながら，3年後の前164年，ユダ・マカバイ（→マカバイ兄弟）は聖所を清め，神殿内部を修復し，燭台，香壇，供えのパンの机などを神殿に運び入れ，垂れ幕を垂らし，キスレウの月の25日（神殿が汚されたのと同じ日）に祭壇を新たに奉献した．これ以降，毎年その日から8日間，神殿奉献記念祭（ハヌカー）が催されることになる（1マカ4:36-59;2マカ10:1-8.→祭）．

【ヘロデの神殿】*ヘロデはその治世の第18年目（前20/19. 治世の第15年目，前23/22ともいわれる）に神殿の修築を開始し，神殿自体に1年半，全体に8年の歳月をかけて終了した（ヨセフス『ユダヤ古代誌』XV, 420-21）．しかし，実際に完了したのはアルビヌス（Lucius Albinus, 生没年不詳）が*総督であった後62-64年（同XX, 219）とされている．この神殿は70年，アブの月の9日，第1神殿の崩壊と同じ日にローマ軍によって破壊され，略奪された．ローマの*ティトゥスの凱旋門には神殿の祭具類などの戦利品を運ぶ様子が浮き彫りにされている．ヘロデの神殿の壮大さは「先生，御覧ください．なんとすばらしい石，なんとすばらしい建物でしょう」（マコ13:1）という聖書の言葉や，「ヘロデの神殿を見たことのない者は，その生涯において美しい建物を見たことのない者だ」（ババ・バトラ4a）という*タルムードの文句に表されている．神殿全体は以前に比べ2倍に拡張され（『ユダヤ戦記』I, 401），現在のエル・ハラム・エーシャリフ（el-Haram esh-Sharif）がこれに相当する．工事には巨大な石（『ユダヤ古代誌』では25×8×12アンマ，『ユダヤ戦記』では45×5×6アンマ）が用いられたが，西壁（現在の *嘆きの壁）で12mの石，南壁で7mの石がみいだされている．石材を運ぶために1,000台の車が用いられ，1万人の職人，大工，石工が働いた．

新約聖書にはこの神殿への言及が多くみられるが，神殿を表すギリシア語にはナオス（naos）とヒエロン（hieron）の二つの語があり，前者は神殿自体を，後者は神殿の領域全体を意味する．イエスは神殿の境内を歩き（マコ11:27），そこで教え（ルカ20:1），両替人や鳩を売る者をそこから追い出し（ヨハ2:13-16等），彼自身が神殿であるという（ヨハ2:19-21）．

〔神殿の丘〕神殿自体を含む全体を「神殿の丘」，あるいは「神殿の境内」と呼ぶが，ミシュナー（ミドート1, 1-4）によれば五つの門が周囲にあった．南に二つのフルダ門，西にキポヌス門，北にタディ（トディ）門，東にシューシャン（スサ）の宮廷門，ただし，ヨセフスによれば，七つあるいは八つの門であったとされ，現在では南に二つ，西に四つの門が確認されている．東の「黄金の門」もヘロデ時代のものと推測される．周囲の壁の長さは西448m，東466m，北315m，南281mで，北が長く南が短い台形をなしていた．総面積は約14万4,000㎡．周囲には「異邦人の庭」を取り囲む回廊が造られ，なかでも東側のソロモンの回廊（ヨハ10:23;使3:11;5:12），南側の王室の回廊（『ユダヤ古代誌』XV, 415）が有名であった．高さ約13mのコリント様式の柱頭をもつ美しい柱が2列，二重に建てられていた．回廊の内部に広大な「異邦人の庭」があったが，これはヘロデのときに新しく造られたもので，異邦人もここまで入れるようにしたものである．この「異邦人の庭」のなかに神殿の建物があり，格子作りの柵のついた低い壁，ソレグ（soreg, 約70cm, あるいは1.5m）がその周囲に設けられていた．ソレグの上には，異邦人がこの聖域に入ることを禁じた石灰石の禁札が掲げてあった．これはギリシア語とラテン語で書かれていたが，ギリシア語の碑文が1870年と1936年に発掘されている．ソレグのなかにヘル（hel）という塁壁が築かれており，そこには12段（あ

しんでんきしだん

るいは 14 段）の階段がついていた．そして北に三つ，南に三つ，東に一つ，合計七つの門があった．神殿には三つの庭があり，第一は「婦人の庭」，第二は「イスラエル人の庭」，第三は「祭司の庭」である．「婦人の庭」（'ezrat nāšîm）は東側に位置し，135 平方アンマの広さであった．7 年に 1 度，*仮庵祭の日にここで *大祭司，あるいは王が律法を朗読した．この庭の四隅には 40×40 アンマの広さの部屋が四つ，「癩病人の部屋」「薪の部屋」「油の部屋」「ナジル人の部屋」があった．「婦人の庭」の西に半円形の 15 段の階段が設けられており，その上のニカノル門を通ったところにイスラエル人の庭があった．長さ 135 アンマ，幅 11 アンマの長方形で，北にピネハスの部屋，南に菓子職人の部屋があった．これに続いて 2 倍半高い敷地に祭司の庭があり，ここには祭司のみが入ることを許されていた．祭司はここで神への祭儀を執り行い，民への祝福を与えた．神殿の建築はこの庭のなかにあったが，神殿の前には下部が 32 平方アンマ（あるいは 50 平方アンマ），上部が 24 平方アンマの焼き尽くす献げ物の祭壇が置かれていた．祭壇の南側には長さ 32 アンマ，幅 16 アンマの斜道がついていた．この祭壇の北には「屠殺場」，南西には「洗盤」があった．「祭司の庭」の西に，「前廊」「聖所」「至聖所」の 3 部構造から成り立つ神殿の建築物があった．全体の幅と高さは 100 アンマであったが，後部の幅は 70 アンマであった．これは前廊の両側にそれぞれ部屋があったためである．「前廊」（'ûlām）は祭壇から 22 アンマの距離のところにあり，12 段の階段を上がって入った．前廊の入り口は高さ 40 アンマ，幅 20 アンマ（ただし，ヨセフスは 70×25 とする），正面の両側に 2 本ずつ，計 4 本の柱が立っていた．内部自体は幅 11 アンマの長方形で，無蓋の建物であった．前廊に続いて，長さ 40 アンマ，幅 20 アンマの「聖所」（qōdeš）があり，ここには「大門」と呼ばれる高さ 20 アンマ，幅 10 アンマ（ただし，ヨセフスは 55×16 とする）の入り口がついていた．内部中央には金の「香の祭壇」，北には「供えのパンの机」，南には「金の燭台」が置かれていた．建物の最奥部，西端に「至聖所」（qōdeš haqqodāšîm, dᵉbîr）があったが，「聖所」と「至聖所」を分けるものは二つの「垂れ幕」（マタ 27：51；マコ 15：38；ルカ 23：45；ヘブ 9：3）であった．至聖所は長さ 20 アンマ，幅 20 アンマの正方形で内部には何もなく，年に 1 度，贖罪の日に大祭司が香を焚くために入ることが許されるのみであった．ミシュナー（ケリム 1：6）によれば，神殿に関して 10 の聖性の段階があり，神殿の丘はエルサレムの町全体より聖であるということから始まって，至聖所が最高度に聖なる場所であるということがいわれている．

聖所の周囲には倉庫の役割を果たしていたものと思われる 38 の「脇間」が設けられていた．これは 3 階建てになっており，北側と南側に各階五つの部屋があり，西側に八つ（1, 2 階に三つ，3 階に二つ）の部屋があった．

【文献】旧新約聖書大 636-40；新聖書大 724-32；聖書思 471-75；EJ 15：942-88；IDB 4：534-60；TDOT 2：111-13；K. GALLING, ed., *Biblisches Reallexikon* (Tübingen ²1977) 333-42；G. E. ライト『概説聖書考古学』山本七平訳（山本書店 1964）98-107：G. E. WRIGHT, *An Introduction to Biblical Archaeology* (London 1960); A. パロ『エルサレム』波木居斉二，辻佐保子訳（みすず書房 1977）：A. PARROT, *Le Temple de Jérusalem* (Neuchâtel, Paris 1954) 1-44；R. E. クレメンツ『旧約聖書における神の臨在思想』船水衛司訳（教文館 1982）；R. E. CLEMENTS, *God and Temple* (Oxford 1965); K. MÖHLENBRINK, *Der Tempel Salomos* (Stuttgart 1932); K. GALLING, "Das Allerheiligste in Salomos Tempel," JPOS 12 (1932) 43-46; W. F. ALBRIGHT, "Two Cressets from Marisa and the Pillars of Jachin and Boaz," BASOR 85 (1942) 18-27; G. E. WRIGHT, "The Temple in Syria Palestine," BA 7 (1944) 65-77; L. H. VINCENT, A. M. STEVE, *Jérusalem de l'Ancien Testament*, 2-3 (Paris 1956) 373-610; R. DE VAUX, *Les institutions de l'Ancien Testament*, v. 2 (Paris 1960) 147-73; L. A. SNIJDERS, "L'orientation du temple de Jérusalem," *Oudtestamentische studiën*, 14 (1965) 214-34; A. KUSCHKE, "Der Tempel Salomos und der syrische Tempeltypus," Festschrift L. Rost, BZAW 105 (1967) 124-32; T. A. BUSINK, *Der Tempel von Jerusalem. Von Salomo bis Herode*, 2 v. (Leiden 1970-80); K. RUPPRECHT, *Der Tempel von Jerusalem* (Berlin 1977); V. FRITZ, *Tempel und Zelt* (Neukirchen-Vluyn 1977); M. HARAN, *Temples and Temple-Service in Ancient Israel* (Oxford 1978); C. L. MEYERS, "David as Temple Builder," *Ancient Israelite Religion*, ed. P. D. MILLER, ET AL. (Philadelphia 1987) 357-76. （柊曉生）

しんでんきしだん　神殿騎士団　→ テンプル騎士団

しんと　信徒〔ギ〕laikos，〔ラ〕laicus，〔英〕laity，〔独〕Laie，〔仏〕laïc, laïcat　聖職者でないキリスト信者をいう．

【概要】日本語の「信徒」という語は，ギリシア語の laikos，さらにラテン語化された laicus の訳である．近年の研究によると，この言葉は，すでに「聖なる」という概念を除外するような何か「俗なるもの」を意味しており，laos という語からできた laikos も，人民一般（〔ラ〕populus）を意味するよりは，むしろ人民の一部の人たちという制約が含まれていた．なぜこのような制約的意味ができ上がったのか，教会における信徒の捉え方の歴史的変遷を振り返ってみる必要がある．しかし，第 2 *ヴァティカン公会議の神学によって，再発見された信徒の位置づけと役割こそ，これからの教会を決定する大切な鍵になるといえよう．

【歴史的変遷】初代ならびに古代教会においては，*神の民はこの世界と対照的な存在として捉えられていたので，いわゆる *聖職者と信徒の相違より，むしろ両者の神の民における一致のほうが強調されていた．しかし，*教父の時代に入ると，しだいに成立する「キリスト教的世界」のなかでの，聖職者（これにはいわゆる *修道者が含まれる）と「世に」あるキリスト教信徒との対置が定着してきた．つまり，聖書的意味から離れた新しい概念が入り込んできたのである．*コンスタンティヌス大帝治下の平和の後，教会は世俗的権力を与えられ，聖職者や修道者は社会生活であらゆる特権と免除を獲得する結果になった．したがって，教会内に明らかに区別された二つの層ができ上がったのであって，これはギリシア・ローマ社会の二重性の反映ともいえよう．

古代教会においては，*司祭職の *召命と *修道生活への召命は，明らかに異なったものと理解されていたが，その後これら二つの生き方が接近して，修道者たちも「聖職者」という名称を要求するようになった．このようにして，修道者をも含んだ聖職者層と信徒層の二重

構造は強められた．

　さらに中世になると，教会は文化の中心的担い手になったが，特に教育を一手に引き受ける必要があり，結果的に聖職者とは「学問した者」あるいは「賢い者」，これに対して信徒は「無学の者」あるいは「愚者」すなわち読み書きのできない者と同義語になった．このように，両者は社会的・文化的階級にまで分離し対照的な存在となったのである．このようにして，結局両者は教会と社会における「身分」として確立され，固定化され，キリスト教世界においては信徒はつねに聖職者の*司牧を受ける単なる対象となった．

　12世紀の*グラティアヌスはこのような背景に立って，キリスト者を二つの「種類」(genera) に分け，聖職者と信徒をはっきりと対立させている．しかし，このような考え方に対して，聖書的・教父的資料に遡ることによって，反対する人々も出てきた．それは，教皇の権威に代表される，教会の権力に対する諸国家の独立主権の主張というような動きにも反映されている．

　しかし，近代になって，地上的次元における人間と世界との再発見を契機に，信徒が勢い注目されるようになってきた．つまり，人間と世界は，根本的に，信徒的かつ世俗的な領域であるとの認識に基づいて，初めて教会のなかでも信徒が重視されるようになった．この線上に，第2ヴァティカン公会議による信徒の再発見があったのである．

　ここで，*宗教改革によるプロテスタント側の信徒の捉え方について略述する．*ルターによって，階層的な聖職者の観念は拒否され，「聖職者」と「信徒」との相違は原理的には撤廃された．したがって，秩序のためにだけ，ある人々が特に会衆によって，「役者(えきしゃ)」(minister) と指定される．この人たちは，*祭司ではなく，ただ「み言葉の役者」(verbi divini ministri) である．しかし，その後の歴史は，結局，プロテスタント教会内においても，教職者が支配的な地位を占め，信徒が充分に生かされえなかったことを示している．したがって，結果的には，信仰者の*万人祭司説の原理は実行に移しえなかったものである．

【第2ヴァティカン公会議と信徒】第2ヴァティカン公会議が再確認した教会像の中心は，「神の民」としての教会である．聖職者と信徒を語る前に，両者に共通な基盤としてのキリスト信者であることの根源的重要性の主張がある．『教会憲章』は明らかに聖書的教会像に戻っているので，聖職者と信徒との役割と使命に触れる前に，まず第2章で「神の民」について説明する．この神の民は，キリストの唯一の*祭司職・預言職・王職に参与する信仰者の集いであり，一つの民として時代と民族の境界を越えた旅する共同体である．したがって，この民の全成員は，まずキリスト信者としての根本的な特質を備えている．「ある人々はキリストの意志によって他の人々のための*教師，*秘義の分配者，牧者に定められているが，*キリストのからだの建設に関しては，すべての信者に共通の尊厳と働きの真実の平等性がある．主は聖職者と，神の民の残りの者との間に区別を制定したが，牧者とその他の信者は共通の必然関係をもって互いに結ばれているため，この差異自身のなかに結合が含まれている」(32項)．

　このように，神の民の一員として信徒は聖職者と同等のキリスト者としての尊さと資格を備えているので，従来のようにいわゆる教会の下部構造として，一段と低い身分のように考えることは決してできない．いまだに，聖職者という言葉は残っているが，神の民全体が「選ばれた民，王の系統を引く祭司，聖なる国民，神のものとなった民」(1ペト2: 9) であり，信者の*共通祭司職にあずかるという本質を忘れてはいけない．しかし，神の民のなかで，信徒は固有の役割と特性をもっており，一方，役務者は，本質的に異なる役割，職位的祭司職 (sacerdotium ministeriale) を行使する．しかし，信徒は，自分たちの様式において (suo modo)，キリストの祭司職・預言職・王職に参与することによって，教会の使命そのものを果たすキリスト者である．次に，信徒の特質はこの世に生きこの世に参与するというこの世的特性 (indoles saecularis) であるから，現世的働きに従事し，この世の仕事に専念しながら，自分の生活とこの世の事柄をすべて神に従って秩序づける．この使命のために神から召されているのが信徒なのである (31項)．

　このように信徒の本領を発揮する場は，この世界，この世，世俗社会の只中である．しかし公会議は，信徒が教会内でも重要な役割を担うことを主張している．『司教司牧教令』では，各教区に設立される*司牧評議会のメンバーに信徒を加えることを決めている (27項)．また，『宣教活動教令』も宣教における信徒の役割を高く評価するだけでなく，特に聖職者の働きが難しい領域においては，信徒こそその主役を演ずべきことを強調する．さらに，*福音を市民社会のなかへ深く浸透させるのは，特に信徒の役割である．したがって，このような信徒がいないならば，教会は真に生かされえないのである (21項．さらに『教会憲章』33項も参照)．『信徒使徒職教令』は，当然のことながら，教会と世界における信徒の働きを最大限に強調する．ますます世俗化していく現代世界にあって，信徒こそはこの世に福音をもたらす大切な働き手であり，言葉と行いとをもって，この世の秩序をキリストにおいて刷新する使命を担っている (6-7項)．公会議は，このほかの文書においても，信徒の立場と役割さらに使命を積極的に再確認し，その働きに期待している．

【典礼における信徒】信徒が*典礼においてどのような役割を担うかは，根源的には，まず彼らがキリストの祭司職にどのようにあずかっているかを土台としている．「すべての仕事，祈り，使徒的努力，結婚および家庭生活，日々の労苦，心身の休養を霊において行ない，なお生活のわずらわしさを忍耐強く耐え忍ぶならば，これらのすべてはイエズス・キリストを通して神に喜ばれる霊的供え物となり (1ペト2: 5)，聖体祭儀の挙行において主のからだの奉献とともに父に敬虔に捧げられる」(『教会憲章』34項)．信徒も司祭とともに*ミサにおいて「清い供え物を奉献して，自分自身を奉献する」(『典礼憲章』48項)．さらに，典礼における具体的な参加は教会法の規定に従って実践されるが，*祭壇奉仕者，朗読奉仕者 (→朗読)，解説者，*歌隊は，真の典礼奉仕者である (29項)．いずれにしても，典礼の祭儀では，役務者 (minister) と信徒のそれぞれの役割が，その事柄の性質上規定されており，信徒の*典礼参加は公会議後の教会生活の特徴となった (→行動参加)．

【信徒の霊性】司祭や修道者の*霊性に比べて，信徒の霊性は結局彼らの信徒性からくる特徴を備えている．つまり，この世に参与しているという生き方のなかで培われる霊性である．『教会憲章』は，神の民の全員が聖性への根本的召命をもっていることを再確認したが (39-42項)，信徒は結婚生活，家庭さらに職業を通して自分たちにとって固有の霊性を生きるよう召されている．特

しんとう

に、*婚姻の秘跡によって育てられる霊性は，神の民を永続させる大切なものである．また，家庭が教会となって，そこで信仰が育成され強められるのである(『教会憲章』11項)．「キリスト者は，職人として働いたキリストの模範に従い，人間的・家庭的・職業的・学問的・技術的努力を宗教的価値と結びつけ，いきいきとした一つのものとして総合することによって，自分のあらゆる地上的活動を行なえることを喜ばなければならない」(『現代世界憲章』43項)．

この世に関与することによって，そこで *神の国の完成のために働くなかで育てられる霊性こそ信徒のものであり，彼らに与えられた *カリスマも地上的役割のなかで生かされる．したがって修道者の生き方とは明らかに区別される．

【教会法での位置づけ】旧教会法では，信徒の捉え方が消極的かつ受動的であったが(682-83条)，新教会法においては，第2ヴァティカン公会議での成果を踏まえ内容が実に豊かになり，また深められた．特に「神の民」についての条文で，まずキリスト者一般について述べた後に，聖職者つまり役務者 (ministri sacri) と，信徒とを説明する．さらにこの両者のなかに，修道者の生き方をする人たちがいる(204-207条)．すべてのキリスト者に共通の義務と権利について(208-23条)と信徒固有の義務と権利について分けて説明する(224-31条)．ここでも，信徒の福音宣教における重大な責任と，結婚と家庭生活による神の民育成の大切さが強調されているが，典礼活動や秘跡において彼らが大いに起用されることも積極的に規定されている．また，ミサ以外で説教もできるのである(766条)．

【文献】H. クレーマー『信徒の神学』小林信雄訳 (新教出版社 ²1968): H. KRAEMER, *A Theology of the Laity* (London 1958); E. スキレベークス「新しい信徒のタイプ」『新しい教会をめざして』B. ランベール編，石福恒雄訳 (エンデルレ書店 1968) 97-109: E. SCHILLEBEECKX, "Un nouveau type de laïc," *La nouvelle image de l'Eglise, bilan du concile Vatican II*, ed. B. LAMBERT (Tours 1967); L. J. スーネンス『今日の教会における共同責任』山下房三郎訳 (あかし書房 1975) 289-333: L. J. SUENENS, *La coresponsabilité dans l'Eglise d'aujourd'hui* (Paris 1968); 犬養道子『生ける石・信徒神学』(南窓社 1984); G. PHILIPS, *Pour un christianisme adulte* (Tournai 1963); Y. M.-J. CONGAR, *Jalons pour une théologie du laïcat* (Paris ³1964). (佐々木博)

しんとう　神道　〔英〕Shinto

【概要】神道とは多神教的な日本民族の神観念に基づいて，有史以前から日本に発生し，主として日本人の間に展開している *民族宗教であって，わずかな例外を除き教祖はもたない．「神道」の語は720年の『日本書紀』が初見だが，当時は固有の神事・神々・神社などを称しており，教えを含む「神々の道」という意味を帯びるのは12世紀末の鎌倉時代からである．神道にも歴史を貫く宗教的特質や種々の教説はあるが，確立されたドグマや厳密な意味での教典はない．それは整備された神学や哲学というより，基本的な価値体系や思惟形式・行動様式という形で，日本人の生活に深く関わっている．

【種類】神道は現代の時点で横断的にみると，互いに絡み合う三つの流れ，すなわち神社神道・教派神道(戦後の神道系新宗教を含む)・民俗神道の三者に分類される．神社神道は古代から現代まで，歴史的にも社会的にも神道の主流をなし，個人の信仰であると同時に国家や地域社会の統合団結に深く関わってきた．神社神道には教祖はないが，神社を精神的結合の中心とし，日本神話や神道の伝統に根ざす教説と，祭りその他の宗教的実践と，氏子・崇敬者による信仰者組織をもっている．教派神道は日本在来の宗教伝統を基盤に，19世紀頃日本に形成された13派の神道教団を中心とする神道の運動をいう．その特色は復古神道または個人の宗教体験をもとに展開され，教祖あるいは組織者をもち，主として庶民階層の間に個人救済の活動を行い，それぞれ教会や教団を形成した点にある．民俗神道とは，*民間信仰のなかで特に神道と関係深いものをいう．社会の底辺には，明確な信仰者組織もなく教説といえるほどの教えももたずに，一般民衆の間で行われている民間信仰がある．その内容は古代宗教の残留や外来宗教の断片をも含み多岐にわたるが，田の神・屋敷神の信仰や禁忌(→タブー)・浄めの習俗など，神道の下部構造をなしているものを民俗神道という．以上の三者は複雑に絡み合っており，学問的に画然たる境界線を引くことは困難であろう．

【歴史】〔古神道とその展開〕仏教などの影響があまり顕著でなかった8世紀中頃までの古神道の神は，本居宣長(1730-1801)のいうごとく「尋常(よのつね)ならずすぐれたる徳(こと)のありて可畏(かしこ)き物」であった．すなわち人間に対して威力を振るい恵みを与える，神秘で超自然的な存在だった．そうした神々は ① 自然神(自然物や自然現象に宿りそれを支配する神)，② 人間神(英雄・偉人・長上などの神格化)，③ 観念神(抽象的な力や観念をつかさどる神)の3種に分類できよう．しかし別の視点からみれば，最も重要な神は当時の社会生活の単位だった氏族の守り神(氏神)であった．*氏神には上の3種のどれかが選ばれ，時代の下降とともに氏神を祖神とみなす傾向も生じている．

古神道の後期に至ると儒教倫理の触発などにより，倫理性・合理性への動きも出始めた．統一国家の出現に伴い，神話は皇室を中心に統合された．また大化改新(645)頃から，有力な諸氏族の守り神が氏神としての機能を保ちながら，国の守り神に編入される神祇(じんぎ)制度が施行され，毎年国から国民と国家の平和や繁栄を祈って，幣帛(へいはく)が捧げられた．服属した地方豪族に中央政権の神々の信仰は強制されず，逆に彼らの氏神が国から礼遇され，国家的統合に参与する形となった．平安時代に入ると生活圏の拡大に伴い，氏神信仰が中心であった村落社会に八幡・熊野・祇園など著名大社の神々が浸透を始め，氏神と並存した．あるものは御霊(ごりょう)や怨霊を圧伏するため迎えられ，氏神の社に合祀された．

〔神仏習合と反本地垂迹説〕神道と *仏教の習合は，8世紀中頃から顕在化する．神々は仏教の守護者と信ぜられ，寺院に鎮守の社が祭られた．僧侶のなかには，神々はまだ解脱に達せず苦悩している天 (Deva) だとの理解もあり，若干の神社には神々の仏道修行のため寺が建てられ，神前で読経がされた．しかし平安初期以後は仏が神の本体(本地)，神は仏の仮の現れ(垂迹)とされ，神を菩薩号で呼び，仏像を祭神の本体として神社に祀る場合もあった．鎌倉時代には思想体系としての仏教的神道が完成した．例えば天台神道は根本的仏性(釈迦仏)をすべての根元とし，真言神道は神々を含む宇宙万物を大日如来の現れだとして，神社の祭神に諸仏・諸菩薩を付会した．こうした理論や実践は，仏僧が管理した神社では幕末まで続いたが，これに対抗する運動は鎌倉初期から始まった．伊勢神宮に展開した伊勢神道は，古典にみえる

「混沌」を仏・菩薩を含むすべての根元だとした．古神道以来の清めは深められ，神に融合する方法として正しく素直な真心と祈りが説かれた．吉田神道はこれを受け，15世紀後半京都で大成された．万物は宇宙の根元神たる太元尊神からの派生とされ，人の肉体は天地と同根だが心は浄化されれば神明の舎(やど)であり，自己の心に宿る神を祀りながら生きる神秘主義的境地が理想とされた．吉田神道は現実の活動では天照大神の信仰を強調し，神職養成にも熱心で，江戸時代には仏教の支配を受けない神社の神職の大半を支配した．

〔近世の神道〕江戸時代前期には儒家神道が栄えた．その主流は吉川神道と垂加神道で，朱子学の中心概念たる太極を，『日本書紀』の冒頭に出現する国常立(くにのとこたちの)尊と同一視した．人は生得的にこの神の理(万物の根元たる理法)を内在しているが，欲望に妨げられて神の明智が発揮できないとし，修養を勧め謙虚さ・誠の心・祈りを強調するとともに，熱烈な尊皇主義を説いた．江戸後期の復古神道の大成者・本居宣長は，儒仏思想と結合した在来の神道説を批判し，日本古典の文献学的研究を通じて理解される古神道の精神に帰るべきことを主張して，現代神道への路線を敷いた．神々の恵みや生命力・生産力の表現たる産霊(むすひ)の語を神学の場に登場せしめたのは彼であった．中世以降，諸学派に重視された天照大神は，日本神話の中軸をなす皇祖神として新たな意味づけを得た．世の中の一切は神々の意志により展開するものであり，すべてを神々に任せ各自の職分を通じ現世でなしうる努力をするところに，人生の道があるとした．その門人・平田篤胤(1776-1843)の説いた幽世(かくりよ)や祖先祭祀の方式は，以後の神道に貢献したが，同時に彼は明の*イエズス会の会員による布教書(*『三山論学紀』ほか)の影響も受けた．例えば『古事記』冒頭の天御中主神を宇宙主宰の造化神とし，産霊の二神をその働きの動的表現とする三神一体観を説いた．また，*原罪は否定したが，現世を仮の世とし来世における大国主神の裁判や応報を述べた．しかし現世中心的な神道にあってはこのような理解はなじまず，多神教的伝統のなかでは造化神観も勢力をもちえなかった．終戦後，神社本庁が，特定の一神が一切の神の本質を併呑するごとき教義は除外されるという方針を立てたのは，その現れである．

【宗教集団の変化と現代神道】中世以来の神道説の展開にもかかわらず，神道の一般信仰者たちは叙上の諸教説に深くはこだわらなかった．現実の信仰は種々の祭り・清め・祈り・参詣・禁忌・年中行事などを通じ保たれてきた．氏族や一門の氏神は，現在も同族神の祭りに痕跡をとどめているが，中世以降は荘園や郷村の守り神，すなわち村氏神・産土(うぶすな)神・鎮守の信仰に移行し，生活や生産活動の折り目，または集団の危機に際会するごとに祈願や報告・感謝がなされた．明治維新を迎え，政府は神社内部にあった仏教的要素を除去するため神仏分離を命じた．社寺の領地は上地され，神社については中世以降中断していた古い神祇制度をもとに，社格が制定された．第2次世界大戦後，連合軍は占領政策の一環として古代から続いた神道と国家のつながりを切断した．しかしながら国や地方公共団体からの公的援助はなくなったが，祭りを通じ民間団体である地域社会が住民の連帯感・共属感を育成する機能は，多くの土地にまだかなりの保たれており，個人的・家族的な信仰の営みとともに，将来に生かされねばならないものとされている．

【文献】加藤玄智編『神道書籍目録』(明治聖徳記念学会1938)；下中弥三郎編『神道大辞典』全3巻(平凡社1937-40)；安津素彦，梅田義彦編『神道辞典』(堀書店1968)；大塚民俗学会編『日本民俗事典』(弘文堂1972)；鶴藤幾太『教派神道の研究』(大興社1939)；宮地直一『神祇史大系』(明治書院1941)；村岡典嗣『日本思想史研究』全4巻(岩波書店1940-47)；同『神道史』(創文社1956)；『定本柳田国男集』全36巻(筑摩書房1962-71)；小野祖教『神道の基礎知識と基礎問題』(神社新報社1963)；『折口信夫全集』全32巻(中央公論社1965-68)；上田賢治「神道―その存在論的理解への試み」『東西思惟形態の比較研究』峰島旭雄編(東京書籍1977)；平井直房「神信仰における持続と変化」『神道宗教』112(1983)；南山宗教文化研究所編『神道とキリスト教』(春秋社1984)；伊東多三郎「禁書の研究」『近世史の研究』第1冊(吉川弘文館1981) 183-249；『宮地直一論集』全8巻(蒼洋社1985)；平井直房「近代の開幕と新宗教運動」『日本の宗教』堀 一郎編(大明堂1985) 215-37.

(平井直房)

しんどうじしょう 『真道自證』　清代の中国で活躍した*イエズス会のフランス人会員シャヴァニャック(Émeric de Chavagnac, 漢名，沙守信，1717没)が著したキリスト教の護教書．全4巻2冊で1718年北京刊．第1巻は「究性以推其理」，第2巻は「考事以追其道」，第3巻は「弁難以釈其疑」，第4巻は「提綱以示其路」という内容をもつ．1858年と1868年に上海上山湾印書館から改版が発行され，明治維新前後の日本にももたらされた．1886年(明治19)には三島良忠による訓点本も公刊されている．明治期のカトリック出版物は，初期のキリシタン的伝統にのっとったもの(*プティジャン版はその代表例)から後期の近代欧米カトリック書の翻訳へと移っていくが，その間の過渡的現象として中国で出版された天主教関係書の復刻および訓点本，和訳本が発刊された．三島本はその一画を占めるものである．
【文献】徐宗沢『明清間耶蘇会士訳著提要』(台北1958)；海老澤有道『南蛮学統の研究』増補版(創文社1978).

(高祖敏明)

じんどうしゅぎ　人道主義　〔英〕humanitarianism, 〔独〕Humanitarianismus, 〔仏〕humanitarisme　普遍的人間性への信頼に基づき，恵まれない人々や社会層に対する博愛主義的な援助をはじめとしたさまざまな社会・経済改革によって人間および社会の向上を目指す運動と結びついた思想傾向・精神態度．18世紀の*啓蒙思想，19世紀の*実証主義の影響のもとで，特に産業社会における下層階級の人々の惨状への同情の広がりによって展開したが，思想的にはキリスト教的基盤をもち，さまざまな宗教運動，特にプロテスタントの社会活動と結びついている．
【思想的基盤】すべての生命の根源的一性を伝えるブッダ(→シッダールタ)の教説や*ピュタゴラス学派等，古代文明においてもこのような思想傾向はみられるが，人道主義の初期の理念はすべての人間が同胞であるという信念に基づく倫理的教説を形成した古代ギリシア・ローマの*ストア学派に現れ，キリスト教ヨーロッパへ同化されていった．キリストの兄弟愛のメッセージは古代の普遍的人間性の考えに新たな宗教的基盤を与え，人道主義の新たな次元を開いた．キリストは貧しく苦しんでいる人々への援助を勧めただけでなく，兄弟愛を実践する人々に永遠の*救いを約束した．彼は*山上の説教では最も貧しい人に*神の国を約束し，友のために命を

捨てる愛を示した．このようなキリストの生涯は，その後のキリスト者の生活の模範とされた．アッシジの *フランチェスコは人間や動植物への大きな愛を示したが，おそらく彼は中世のキリスト教的人道主義の際立った規範であろう．

【近代における人道主義の展開】ルネサンス期に至ると，天国における未来の生活よりも地上の生活に関心を向ける傾向が文人貴族の間で優位を占めるようになる．*ボッカッチョのような人々の関心は，伝統的なキリスト教的価値観から離反してまでも地上における人間の自然的幸福を追求する近代人道主義への変化の前兆であった．このような変化は，人間と宇宙に関する科学的知識の増大する 17-18 世紀にさらに促進されていった．*デカルトは自然の力を制御することによって人間は自然の「主人」となり，特に医学の助けによって健康を保持し，病を免れることができると考えた．そうして，極めて実践的で実利的な自然科学の進歩の信仰に支えられ，もっぱら人間の地上での幸福のみに関心を向け，人間はいつの日か自然を征服してすべての苦悩を終結させることができると信じられるようになった．ここでキリスト教の *原罪についての教説が捨てられた．人間本性は本来，全く善であり，諸悪は時代の社会機構に帰せられ，社会が人間を悪くすると考えられるに至った．したがって，世界の諸悪は啓蒙の原則に基づく社会改革によって，例えば奴隷性や拷問の廃止，人民の利益に基づく政治の発展，教育の普及によって取り除かれると考えられ，現代の人道主義運動の一つの流れとなった．

英国の人道主義は，*シャフツベリや *ハチソンに代表されるが，前者は『人間・風習・言論・時代の特徴』(1711)において *博愛([英] benevolence)を唱えた．牢獄や精神病院の条件改善運動など英国で始まった社会改革は，英国王立人道主義協会の設立(1774)をはじめ全ヨーロッパへと広がっていった．このような人道主義的活動は，産業革命の開始とともに増大し貧困する労働者階級の要求と合致した．クエーカー教徒(→キリスト友会)と *メソジスト教会の宗教運動の進展は人道主義的活動を助長した．こうして孤児院や公共の診療所，精神病院や産院が各地に設立された．*カントの *定言命令は各人の個人的行為が人類にとって普遍的妥当性をもつように行為せよという願いであったが，彼の倫理的原則は人道主義に新しい局面を与えた．19 世紀に至ると実証主義者の *コントが「他者のために生きる」([仏] vivre pour autrui)ことを提唱し，利他主義(→愛他主義)という語が生まれた．彼はさらに人間性の宗教を唱えるに至ったが，実証主義は多くの人々から人道主義の「科学的」基礎づけとして受け入れられた．

【社会改革運動】19 世紀には資本主義的産業社会の弊害と戦う労働者階級の過激な主張と社会主義運動が広まったが，人道主義者たちは勃興する資本主義体制の打倒よりはその改革を主張した．文学においてもその動きは広まり，小説家 *ディケンズは児童虐待，都市スラムの労働者，債務者の牢獄の実体をありありと描き，ゾラ(Emile Zola, 1840-1902) に代表される *自然主義の文学者はその写実主義(→リアリズム)と *悲観主義によって民衆の人道主義的社会意識を動かし，民主政府に新たな社会的法律の制定を促し，また多様な民衆運動を引き起こした．

アメリカでは，19 世紀初頭にアフリカの植民地化と奴隷制度廃止運動，牢獄改革運動，精神病者の人間的扱いを要求する運動，平和運動等が現れる．動物保護のためのアメリカ協会が逆に児童保護と児童虐待防止のためのニューヨーク協会の設立(1874)へ導いた．アダムズ(Jane Addams, 1860-1935) やウォールド(Lillian D. Wald, 1867-1940) らは大都市のスラム街にセツルメントハウスを設立し，それが社会福祉問題の討議の焦点となり，州・連邦レベルでの専門的社会事業の組織化へ向けての立法措置へと発展していった．アメリカの人道主義の発展においては，宗教家グループ，*ユニテリアン，クエーカー教徒，倫理協会運動(Ethical Culture) が重要な役割を果たすが，特に *社会的福音運動は人間の社会的・経済的改良の強調こそがキリスト教の本質的なメッセージであるとした．「慈善事業」の意味での人道主義は，ロックフェラー(John Davison Rockfeller, 1839-1937), カーネギー(Andrew Carnegie, 1835-1919), フォード(Henry Ford, 1863-1947) 等の主導的資本家によって設立された財団の仕事によって現代にも大きな影響を与え続けている．

日本における「人道主義」は，幕末以前の思想家のなかに天道に対しての人道や天道と関連した人道を説く者もいたが，一般には明治以降西洋から伝わった人間尊重の思想を意味する．*ルソー，*ヴォルテール等の個人主義的人権の思想や，カントの人格主義，また *トルストイやロラン(Romain Rolland, 1866-1944) 等の人類の根源的な生命への賛美等々の影響によるものだが，キリスト教との関連は薄く，封建的な制度や社会，物質的・実利的価値を優先させる傾向に対して，人間の生命や本性に属するもの，根源的な感情を何よりも尊重しようとするところにその特色がある．白樺派の運動が日本における人道主義の代表であろう．

【文献】NCE 7: 229-30; W. E. H. LECKY, *History of European Morals*, 2 v. (New York ³1929); J. MARITAIN, *Humanisme intégral* (Paris 1936); H. M. JONES, *American Humanism* (New York 1957). （渡部菊郎）

しんとうのこと 「神道之事」

*キリシタンの神道批判は，当時の思想状況下にあって儒仏に含まれるものが多く，*神道のみを対象としたものは，*ファビアンの 1605 年(慶長 10)著 *『妙貞問答』中巻後半の「神道之事」が伝えられるだけである．それも完全なのは神宮文庫林崎文庫本のみで，新出の吉田宗家本，現天理図書館吉田文庫本は途中で擱筆している．日本書紀神代巻の神々国土の創成を取り上げ，生殖神話として徹底的に批判するもので，近世的合理主義の嚆矢をなしているといえる．なお，寛政年間(1789-1801)，長崎奉行所が *浦上の教徒らから没収した教書類が明治後期に写本され，*姉崎正治によって紹介されたが，そこで「証拠論の一節」とされたものは『妙貞問答』下巻中の一節であり，「仏法之次策略抜書」は，同じく上巻に，「神道之事」は中巻後半部にそれぞれ同様の文をみいだす．これらは『妙貞問答』の抄ではなく，取捨のあること，字体・文体の異同・出入などから，むしろ『妙貞問答』成立以前の草稿であろうと推定される．

【文献】海老澤有道「妙貞問答」『キリシタン書・排耶書』日本思想史大系 25 (岩波書店 1970) 113-80; 同「不干斎ハビアンの神代記批判」『日本歴史』405 (吉川弘文館 1982) 1-13; 同「仏法之次策略抜書再考」『ゑびすとら』73 (1985). （海老澤有道）

しんとしとしょく 信徒使徒職

〔ラ〕apostolatus laicorum,〔英〕lay apostolate,〔独〕Laienapostolat,〔仏〕

apostolat des laïcs

【概要】教会の歩みとともに, *信徒による使徒職(→使徒的活動)は絶えず実践され続けてきた. なかでも特に第2*ヴァティカン公会議によって, その意味づけと方向づけが神学的にも極めて積極的になされた. ゆえに, 信徒使徒職の分野と領域において, 信徒が教会と社会のなかで今まで以上に重要な役割を演ずるのは, まさにこれからである.

「信徒の使徒職への召し出し」は, まずキリスト者となったということから生ずる本質的なものである. なぜなら,「キリスト者としての召し出しは, その本性上, 使徒職への召し出しである」(『信徒使徒職教令』2項)からである. したがって,「信徒使徒職の基礎」は, *洗礼と*堅信とによって, 主自らが使徒職へ任命したことにある(同3項). さらに確認すべきことは, 信徒使徒職は,「信徒の教会の使徒職そのものへの参加」であって, 決して聖職位階(→位階制)の使徒職への協力・参加に限定できないということである(『教会憲章』33項参照). したがって「信徒使徒職の特性」は, まさに信徒固有の生き方と役割に基づく. 信徒は「世間のそれぞれのまたあらゆる務めと仕事に携わり, 家族と社会の一般的生活条件のなかで生活する……. 彼らはそこに神から招かれたのであり, 自分の務めを果たしながら, 福音の精神に導かれて, 世の聖化のために, あたかもパン種のように内部から働きかけ, こうして信仰・希望・愛の輝きをもって, 特に自分の生活のあかしを通して, キリストをほかの人々に現すように召されている」(『教会憲章』31項).

【目的と方法】信徒使徒職は, キリストを告げ知らせ, この世を福音によって刷新することを目指す. それにはまず言葉と行いとによってキリストを世に伝え, また「この世の秩序の刷新を信徒の固有の任務として受け取り, 福音の光と教会の教えに導かれ, かつキリスト教的愛をもって, この世の秩序において決然として具体的に行動しなければならない」(『信徒使徒職教令』7項). 信徒が,「個人として行う使徒職は, 真にキリスト教的な生活からあふれでるものであり(ヨハ4: 14参照), 組織活動を含めたすべての信徒使徒職の根源であり条件であって, それに代わるものはほかにない」(同16項). しかし,「現代の情勢では, 信徒の活動分野において, 統一され組織化された使徒職の強化が肝要である. というのは, 緊密な協力のみが, 現代の使徒職のあらゆる目的を十分達成し, その成果を持続できるからである」(同18項).

【必要な秩序と養成】「信徒の使徒職を促進し, 原則と霊的な助けを与え, 使徒職の実践を教会の共通善に向けて秩序づけ, 教義と秩序が保たれるように配慮するのは, 聖職位階の務めである」(同24項). 司牧者(→司牧)と信徒との正しい協力関係が大切である. 信徒がもっている神からの賜物(*カリスマ)を十分生かすように, *霊の識別と援助を与える責任は, 司牧者にある(同4, 6項参照). したがって,「信徒使徒職は, 種々の形態と対象に応じて, 聖職位階に対して種々異なった関係をもつ」(同24項). 特にこれからは, 今まで以上に信徒の自主性が重んじられるべきであり, 自由なイニシアティブが望ましい. そして, そのような使徒的活動に対して, 司牧者は, 励ましと賞賛を与えるべきである. もちろん, 活動内容によっては, 司牧者からの承認あるいは委任などの形で指導的結びつきを必要とするものもありうる. 特に教義や倫理的原則に関する領域では, 十分な指導が司牧者によってなされるべきである(同24項参照).

しかし, 何より大切なのは, 信徒一人ひとりがふさわしく使徒職を果たせるようなしっかりとした養成である. それにはまず人間としての養成が必要であるが, 特に重要なのは霊的養成である. つまり, *信仰生活がおのおのの人間的成長段階に応じて育てられることである. 「そのため信徒は養成の最初から, 徐々に賢明に, すべてを信仰の光のもとにみ, 判断し, 行動し, その活動を通してほかの人々とともに自分を磨き, 向上させ, こうして教会のための活発な奉仕に参加することを学ぶべきである」(同29項). 使徒職の中心は福音を証しすることであるが, そのために信徒は日々の生き方のなかで絶えず福音的価値観・ものの見方・考え方を身につけるよう努めなければならない. この目的のために, 信仰の仲間との定期的な祈り, みことばの分かち合いを続ける必要がある. つまり, 養成共同体が育てられるということが, 個人の養成にとってなくてはならない.

【変遷と今後の課題】信徒使徒職の実践は, 時代の流れによって, 異なっていた. *初代教会のように, 一般信徒の熱意と確信によって力強く教会が成長したときもあった. しかし, やがて聖職者から一方的に司牧され, 指導される極めて受動的な信徒が多くなった時代もあった. 他方, 聖職者の手足になって社会の改革に積極的に取り組んだいわゆるカトリック・アクション(→アクティオ・カトリカ)に代表されるような使徒職もあった. さらに, 第2ヴァティカン公会議によって, 信徒の教会と社会における位置づけと役割の重要性を再発見した今日, まさに今後の課題として信徒使徒職は重要な鍵といえよう.

日本の教会の歴史においても, すでに*キリシタンの時代に信徒の組織的な使徒職が実現していた. 特にコンフラリヤ(confraria)といわれた信心の組講組織(→組)は, 信仰の日常的実践として隣人に対する身体・精神両面の兄弟愛を実行していた. さらに, *慈悲の所作を目的とした*慈悲の組などは封建的圧制下で苦しむ人々のために, 医療, 救癩, 救貧, 孤児や寡婦の保護の活動に取り組んだ. そしてこのような使徒職的組織は, やがて始まった迫害のなかで, 地下教会の形成と維持のためになくてはならないものとなった. しかし, 明治以降の日本の歴史のなかで, 信徒による使徒職は教会の主要な働きにはなりえなかったといえよう. むしろ, どちらかといえば聖職者主導型の教会であった. ゆえに, 実に今後の課題として, この日本においてどのように信徒が活躍できるのかは, 日本の教会の将来を決める重要な要因となるであろう. 特に, 日本という国が世界のなかでますます大きな責任を担わなければならない時代に入るとき, 今まで以上に国内だけでなく国際的にもあらゆる分野で信徒が福音を分かち合う場が多くなる. さらに, これからの社会が抱えるであろうさまざまな問題に対して, 真に教会が社会的責任を福音的に果たすことができるか否かは, まさに信徒の双肩に懸かっているといえよう. この意味で, 21世紀へ向かうこれからは, 信徒の時代となるであろう.

【文献】佐々木博「信徒使徒職とヒエラルキアーその教会法的考察」カ神12 (1967) 137-73; P. リェジェ「教会の使徒職への信徒の参加」『新しい教会をめざして』B. ランベール編, 石福恒雄訳(エンデルレ書店1968) 222-30: P. A. LIÉGÉ, "La participation des laïcs à l'apostolat ecclésial," La nouvelle image de l'Eglise, ed. B. LAMBERT (Paris 1967); 犬飼政一『現代の信仰と宣教—

しんとしゅうどうし

その神学的再考と生涯学習』(あかし書房 1980) 142-80; 海老澤有道『キリシタンの弾圧と抵抗』(雄山閣出版 1981) 122-43; 犬養道子『生ける石・信徒神学』(南窓社 1984) 184-251; 佐々木博『人とのかかわりの中で—信徒による福音宣教』(女子パウロ会 1986); Y. M.-J. CONGAR, *Jalons pour une théologie du laïcat* (Paris ³1964); K. RAHNER, "L'apostolat des laïcs," NRTh 88 (1956) 3-32; J. SASAKI, *The Lay Apostolate and the Hierarchy* (Ottawa 1967); J.-P. DELOUPY, "Promotion du laïcat et sacerdoce," NRTh 110 (1978) 19-35.　　　(佐々木博)

しんとしゅうどうし　信徒修道士〔ラ〕frater laicus, 〔英〕lay brother, 〔独〕Laienbruder, 〔仏〕frère convers, frère lai

【語義】「信徒修道士」は教会史的に「悔悛者」(〔ラ〕poenitens)、「修徳者」(continens)、「修道士」(monachus)、*助修士を指すが、特に聖職者修道会(『教会法典』588条1-2項)の一員であって司祭ではない者、あるいは司祭職のために準備していない者をいう。この呼称は本来、聖職者でない男子修道者のうちで、聖務日課 (*教会の祈り) の交唱を義務づけられていない者 (laicus) を指し、司祭ではないが聖務日課の交唱義務をもつ歌隊修道士 (monachus choralis) と区別する際に用いられた。信徒修道士という名称は聖職者会員を正式な会員とみなし、その区別を明確化させるための表現であるから、会員がすべて非聖職者である信徒修道会(『教会法典』588条1項、3項) でこの名称が用いられることはない。

【歴史】古代教会において、特に5世紀以降のイスパニア教会において、教会権威者の承認のもとに公に贖罪を誓約し、修徳生活に献身することを決心した「自由な回心」(conversio libera) の人々を信徒修道士と呼んだ。彼らは特別な衣服を着て、*独身を守り、修徳と慈善の業に専心しながら共同体を構成した。しかし、この古信徒修道士制は、修道院制の組織化につれて6世紀から7世紀末頃に衰退する。

西欧修道制において、壮年になってから修道院に入った修道士は「回心者」(conversus) と呼ばれた。「福音的勧告への回心」(conversio morum) を目指して修道院に入ったからである。このような信徒修道士 (conversus) は完全な意味での修道士であり、アニアヌの*ベネディクトゥスやクリュニーの*オドのように、司祭職あるいは修道院長職を受けることができた。

多くの修道士が司祭叙階を受けるようになるにつれて、新信徒修道士制が11世紀初頭カマルドリの*ロムアルドの修道院に、1039-51年に*ヴァロンブローザ修族ベネディクト会、次いでヒルサウ (Hirsau)、*クリュニーの各修道院に成立し、1119年までには*シトーでも採用された。この制度はやがて*騎士修道会や*病院修道会でも取り入れられるようになった。当初、信徒修道士は修道院長への従順の誓願のみを立てたが、三つの*修道誓願は立てず、「無学の修道士」あるいは「信徒修道士」と呼ばれた。修道士とは異なる衣服を着て修道院外で生活した。シトー会では修道院の農耕地減少につれて、信徒修道士は修道士と同じ修道誓願を立て修道院内で生活するようになった。このような信徒修道士は修道院における修道士と一般信徒助力者との中間層的存在となり、11世紀後半の開花後、12世紀末には衰退した。ベネディクト会系の修道院では15世紀後半に信徒修道士制度が栄えたが、近代の新しい修道会では創立当初から修道誓願の区別がなく、18世紀には若干の修道院に信徒修道士が存在するにすぎなかった。信徒修道士の概念も変化し、17世紀の*サン・モール修族ベネディクト会は信徒修道士もまた修道士 (monachus) であると主張した。19世紀のフランス社会の変化に応えて、*ソレームの大修道院長*グランジェが信徒修道士に公式単式誓願 (vota simplicia) を認めるや、1837年以降、*ボイロン修族ベネディクト会、*オッティリア修族ベネディクト会などがこれにならった。さらに20世紀の修道士の減少に対応すべくソレーム修道院は信徒修道士に盛式誓願を認めるようになった。

【文献】T. A. BROCKHAUS, *Religious Who Are Known as Conversi* (Washington, D. C. 1946); K. HALLINGER, "Woher kommen die Laienbrüder," ASOC 12 (1956) 1-104; A. THIELE, "Laienbrüder, Mönchspiester, eine Entwicklung," *Studien und Mitteilungen zur Geschichte des Benediktiner-Ordens und seiner Zweige* 89 (1978) 301-45; K. ELM, *Beiträge zur Geschichte der Konversen im Mittelalter* (Berlin 1980).　　　(鈴木宣明)

【現在】第2*ヴァティカン公会議は「会員間の兄弟のきずながより親密であるために、信徒修道士、協力会員、あるいはその他の名で呼ばれている者を一種類の会員組織になるように配慮すべきである」(『修道生活刷新教令』15項) と指示している。しかし、第2ヴァティカン公会議以後においても聖職者修道会 (institutum clericale) と信徒修道会 (institutum laicale) の区別は存在しており、聖職者修道会においては依然として聖職者修道士 (frater clericalis) と信徒修道士 (frater laicus) の区別は存続している(『教会法典』588条1-3項)。しかし今日では、*叙階権を前提とする任務は別として、かつて存在した信徒修道士に対する投票権上の制限、共唱祈祷の義務からの排除、仕事や衣服上の差別といったことは、ほとんどみられなくなっている。聖職者修道会においては、信徒修道士の会員は聖職者会員の指導のもとにあり、養成や職務 (例えば上長職) に関して両者の間に相違はありえても、それは決して身分上または法律上の階級差別を意味するものではなくなっている(同588条1-2項;『修道生活刷新教令』15項)。なお修道誓願に関して注意すべきことは、旧『教会法典』においては単式誓願修道会 (congregatio religiosa) における貞潔の終生誓願は婚姻の禁止障害 (impedimentum impediens) であった。しかし新『教会法典』では、盛式誓願、単式誓願の如何を問わず、貞潔の公的終生誓願は婚姻の無効障害 (impedimentum dirimens) とされている。したがって信徒修道士による*免除なしの婚姻は不適法 (matrimonium illegitimum) であるのみならず無効 (matrimonium invalidum) となる(旧『教会法典』1058条;新『教会法典』1088条)。

【文献】LThK² 6: 600; J. A. CORIDEN, T. J. GREEN, D. E. HEINTSCHEL, eds., *The Code of Canon Law: A Text and Commentary* (New York 1985) 460-61; R. HENSELER, *Ordensrecht: Kommentar zum Codex Iuris Canonici* (Essen 1987) 66-67.　　　(枝村茂)

しんとせき　信徒席〔ラ〕locus fidelium, 〔英〕place of the faithful, 〔独〕Raum der Gläubigen, 〔仏〕lieu des fidéles　　信徒席または信者席とも訳せるが、二つの意味で使われる。それは司祭席域と司式者席と区別にも似て、堂内一般の信者会衆が座ったり、動いたりする空間 (〔ラ〕locus fidelium) と、文字通り信者の座席 (sedilia pro fidelibus)の意味である．広義には，聖堂内で司祭席域が区別されているのに対して，会衆一般のための空間である．この区別が明確になったのは，4世紀にバシリカ型の聖堂以降のことで，特に中世を通して，*司祭席域(*アプス)と *信徒席(*ネイヴ)との間に，仕切りや柵，また修道者・聖職者団の席が設けられ，また祭壇自体が高く，奥まった所に配置されるようになった結果，*典礼は司祭席域・祭壇で行われるもので，信徒席は典礼とは別な *信心の祈りの場となっていくことになった．現代の典礼刷新は，聖堂全域が神の民の一致と共同行為としての典礼を表すために有機的に結びついていることを再認識させた(『ミサ典礼書』総則 257 項)．そこで，信徒席(域)も信徒の *行動参加に適したものとなることが求められ，また狭義の信者席(座席)も祭儀中の各動作が容易であること，特に *聖体拝領のために支障のないことが求められている(同 271 項)．　　　(石井祥裕)

しんとだんたい　信徒団体　〔ラ〕consociationes laicorum,〔英〕associations of the laity,〔独〕Laienorganisationen,〔仏〕associations des laïcs
【概要】第2*ヴァティカン公会議によって，教会と世界における *信徒の地位と役割が再発見された．すなわち，信徒とは，「洗礼によってキリストに合体され，神の民に加えられ，自分たちの様式においてキリストの祭司職・預言職・王職に参与するものとなり，教会と世界の中で自分の本分に応じてキリストを信ずる民全体の使命を果たすキリスト者である」(『教会憲章』31 項)．したがって，信徒は，主自らが *洗礼と *堅信とによって，教会の救いの使命に参加するよう任命する．特に，信徒によらなければ教会が地の塩となることができない場において，信徒は教会を生き生きと存在させる使命を与えられている．これらの活動は，信徒固有の使徒職(→使徒的活動)である(『教会憲章』33 項参照)．すなわち，この世の只中で福音を生き，福音を伝え，社会の福音化のために家庭，職場，地域で福音の精神を浸透させる使徒職を果たす使命を神から受けている(『信徒使徒職教令』2 項参照)．
【組織的使徒職の重要性】信徒が実社会にあって，使徒職を果たす場合，まず個人として自分が置かれた場で実践することが土台となる．つまり，真にキリスト教的な生活から溢れ出る信仰の証し人として，周りの人々にキリストを伝え，福音を分かち合うことは使徒職の根源である(『信徒使徒職教令』16 項参照)．
　しかし，*神の民である教会の使徒職に参加する方法として，互いに一致協力し，共同体的支えのもとに実践することはさらに重要である．そもそも人間が社会的存在であり，教会が本来的に共同体であるという本質的性格から，当然組織的に協力態勢を備えた方法が必要である．「共同で使徒職の活動をするためにつくられた会は，会員の支えとなり，会員を使徒職のために養成し，使徒的活動を正しく調整し指導する．その結果，各自が個別に働くよりも，はるかに豊かな成果が期待できる．現代の情勢では，信徒の活動分野において，統一され組織化された使徒職の強化が肝要である．というのは，緊密な協力のみが，現代の使徒職のあらゆる目的を十分達成し，その成果を持続できるからである」(『信徒使徒職教令』18 項)．
【信徒団体の目的】*信徒使徒職を実践する会は，その目的によって種々に分けられる．教会の一般的使徒職を目指すもの，特に福音宣教と聖化を目的とするもの，キリスト教の精神を世に浸透させることを活動目的とするもの，あるいは *慈善事業を通してキリストの愛を証しすることを目標としている会などがある．信徒団体に要求されるのは，特に実生活と信仰を一致させるような実践的使徒職の遂行である．したがって，会そのものが目的なのではなく，あくまでも会員たちが会の活動を通して，教会の世に対する使命に参加することが目的である．今日，信徒はこの世界における教会の使徒的使命に目覚め，すでにある会を発展させるだけでなく，現代の世界情勢にふさわしい協力態勢をもつ新しい会をも生み出していく責任がある．特に，自分たちの置かれている具体的な状況のなかで，信徒の使徒職を生きるための一致協力を推進することが大切であり，外国の会を無批判に自分たちの国に導入することは，適切とはいえない場合がある」(『信徒使徒職教令』19 項参照)．
【守るべき秩序】「聖霊が神の教会を統治するように定めた人々との一致は，キリスト教的使徒職の本質的な要素である．種々の使徒職団体間の協力も聖職位階によって適切に秩序づけられるべきである」(『信徒使徒職教令』23 項)．
　新教会法において，キリスト信者が組織できる団体に関して共通の規範が述べられている．まずこのような団体(会)の性格としてあげられるのは，*奉献生活による *修道会や使徒的生活の会 (instituta vitae consecratae, societates vitae apostolicae) とは区別されるということである．キリスト信者は，使徒的目的のために会を組織できるが，教会指導者 (auctoritas ecclesiastica) に賞賛され推薦されているだけの場合は，私的団体 (consociatio privata) になり，さらに教会指導者自身によって設立された場合は，公的団体 (consociatio publica) となる(新『教会法典』299, 301 条)．
　さらに「カトリック」という名称をつけるためには，教会指導者の同意が必要であるが，教区，国，国際レベルの会は，その性格に応じた設立の手続きも決められている(新『教会法典』300, 312 条)．また，前に述べたような公的団体と私的団体はおのおの法の定める規準に従うよう求められている．法人の資格を得るためには，当然正式認可が必要であるが，設立，役員の選出，財産の管理，解散などはすべて法の定める手続きを必要とする．また，特に教導権に関する使徒職に協力するような目的をもつ場合は，関係指導者から法的委託 (missio canonica) を受ける(新『教会法典』313 条)．
　信徒がこのように組織的な団体を通じて，*完徳への道を歩み，公の礼拝を推進し，キリスト教的教えを広めることによって，社会の福音化に努めることは大いに評価される．特に，世の中に福音を浸透させるために，各団体間の密接な協力のうちに信徒独自の使徒職を実践することは，これからさらに必要である(新『教会法典』327-29 条)．
【文献】佐々木博「信徒使徒職とヒエラルキア」カ神 12 (1967) 374-87; E. KNEAL, "Associations of the Christian Faithful (cc. 298-329)," *The Code of Canon Law: A Text and Commentary*, ed. J. A. CORIDEN, T. J. GREEN, D. E. HEINTSCHEL (New York 1985) 243-57.
(佐々木博)

しんトマスしゅぎ　新トマス主義　〔英〕Neo-Thomism,〔独〕Neothomismus,〔仏〕néo-thomisme
【トマス，トミズム，ネオ・トミズム】「新トマス主義」という用語は一般に 19 世紀中頃復興された *トマス・ア

クイナスの哲学を指すのに用いられる．歴史的にみれば，新トマス主義は，トマスの死の直後，彼によって導入された「革新」を異端視した保守的神学者を中心とする批判勢力に対抗して，*ドミニコ会を中心に形成された第1次トミズム，*宗教改革運動に刺激されて16-17世紀にイタリア，スペインで起こったトマス復興(第2次トミズム)に続く第3次トミズムである．より狭い意味での「新トマス主義」は19世紀後半の*新スコラ哲学運動の中心人物である枢機卿*メルシエを創始者とする*トマス学派を指す．メルシエによると，再生トミズムは信仰や神学から独立した自律的な哲学であり，諸科学の成果を積極的に吸収・同化することによって現代人の要求に応ずることができ，他のもろもろの哲学体系に伍して自己主張のできる現代哲学でなければならない．しかし普通「新トマス主義者」とみなされている哲学者たちがすべてこのような考え方を受け入れているのではなく，例えば J.*マリタンはトマスの「現代化」の試みを拒否して「私は新(ネオ)トマス主義者であるよりはむしろ古(パレオ)トマス主義者でありたい」と言明している．ここでは現代のトマス哲学という広い意味での新トマス主義について述べる．

【新トマス主義の基本思想】1879年の回勅 *『アエテルニ・パトリス』で教皇 *レオ13世は「聖トマスの精神」に基づくキリスト教的哲学の復興を呼びかけ，その後「聖トマスの主要な教え」「方法，教説，原理」などの表現がしばしば用いられたが，復興されるべきトマス的哲学の基本的内容については必ずしも全般的な合意はなかった．1914年ローマ教皇庁研学聖省(教育省の前身)は *イエズス会の会員マティウシ(Guido Mattiussi, 1852-1925)がまとめた「トマス哲学の24テーゼ」(Le XXIV Tesi della filosofia di S. Tommaso d'Aquino)が聖トマスの提示した主要な原理およびテーゼであるとして，これを認可・公布した．この24テーゼの内容は一般形而上学に関するテーゼが12，次いで *自然哲学が5，*認識論が4，*自然神学が3という配分で，*可能態と *現実態という形而上学的原理の説明から始めて，*本質と *存在の実在的区別，類比(analogia)，個体化の根源は量によって指定された質料(quantitate signata materia)であること，人間における実体の形相は単一であること，人間における知的認識の在り方，*ア・ポステリオリな神の存在証明などがトマス哲学に特有な主要テーゼとして提示されている．これらテーゼは当時のトマス研究の水準に照らして，トマス学説の要約としては妥当であり，哲学が *神学教育のための予備学とみなされるかぎり，また新トマス主義がイデオロギーの性格を帯びていたかぎりで，積極的に評価できる．しかし哲学研究の観点からいえば，トマス自身において最後まで未完成であった知恵の探求をこのように定式化することにはさまざまの弊害が伴ったことも否定できない．何よりも哲学を教条化し，権威づけることが「トマス的」といえるかが問題であった．

この24テーゼによって代表されている初期の新トマス主義はトマス哲学の(信仰ないし神学からの)自律性，体系性，および *アリストテレスの哲学との結びつきを強調した．しかし，歴史的研究が精密に進められるにつれて，これら三つの点はいずれも重大な修正や留保を必要とすることが明らかになり，新トマス主義も著しい変容を遂げた．何よりも神学者トマスにおける哲学の「キリスト教的」性格に光があてられ，近代哲学の意味での体系性はトマスの哲学については一般に否定され，さらに形而上学の基本的洞察においてトマスはアリストテレス的であるよりはむしろ(新)プラトン哲学的であるとの解釈が有力となった．第2*ヴァティカン公会議の前後，制度化され，創造性と活力を失っていた新トマス主義は一時的に衰退したが，その後カトリック教会の壁を越えて，自由な学問的雰囲気のなかでトマス哲学に対する関心が高まってきている．

【現代トミズムの多元性】新トマス主義の源流を受け継ぐルーヴァン学派のファン・ステンベルゲン(Fernand van Steenberghen, 1904-93)は現代トミズムの状況を「科学に大きく門戸を開き，同時代のあらゆる思想と対話しようとする，明白に進歩的な」新トマス主義と，「聖トマスの教えへの字義的忠実さによって特徴づけられる」厳格派ないし超保守的トミズムとの対立として捉えているが，より適切な捉え方は，現代のトマス研究は顕著な多極化もしくは多元化の様相を示しているというものであろう．ジョン(Helen James John)は『トミスト・スペクトル』(The Thomist Spectrum, 1966)で，現代トミズムをキリスト教哲学派，分有([英] participation)派，マレシャル派に大別したうえで，さらにそれらを全体で10学派に再分し，「トマス的」という共通用語の仮面を取り去ると，現代トミズムには驚くべき立場の多様性がみいだされることを示した．新トマス主義が20世紀の思想界で注目を浴びるようになったのは J. マリタンと *ジルソンの創造的で多彩な活動によるところが大であるが，20世紀後半のトマス研究に新しい刺激と活気をもたらしたのは *マレシャルの先駆的な仕事から霊感を得た，K. *ラーナー，*メッツ，コレット(Emerich Coreth, 1919-)，*ロナガンに代表される超越論的トミズムである．超越論的トミズムは，トマスの経験論ないし実在論的側面を重視するジルソン学派，トマスにおける分有思想を重視するファブロ(Cornelio Fabro, 1911-95)などによって激しく批判され，さらに最近は *言語分析，*解釈学の手法を用いる新しい接近も試みられており，現代トミズムはますます多元化の傾向を強めている．

【文献】NCE 14: 126-38; 稲垣良典「超越と類比—現代トミズムの問題」『現代の哲学』岩波講座哲学2，古在由重，真下信一編(岩波書店1968); F. ファン・ステンベルゲン『トマス哲学入門』稲垣良典，山内清海訳(白水社 1990); F. Van Steenberghen, *Le thomisme* (Paris 1983); H. J. John, *The Thomist Spectrum* (New York 1966); G. A. McCool, *From Unity to Pluralism: The Internal Evolution of Thomism* (New York 1989).

(稲垣良典)

しんねん　新年〔英〕New Year, 〔独〕Neujahr, 〔仏〕nouvelle année　古代の諸宗教が新年を神話的起源への回帰，*共同体の生命力更新のときとし，これに儀礼的表現を与えているのに対して，キリスト教では，一年全体を通してキリストの生涯の記念と主の来臨(救いの完成)への待望とを絶えず結び合わせる将来志向的，終末論的な新年観を特徴とする(→ 周年記念，典礼暦)．教会の *典礼書では，10-11世紀以降から，最初に *待降節第1主日の式文を置く慣習が始まり，これは16世紀末，*トリエント公会議後の統一的な典礼書の成立により普及し，今日に至っている．この慣習は充分に神学的意味を認めることができるもので，とりわけ第2*ヴァティカン公会議後の典礼暦年や *ミサの *聖書朗読の刷新に徹底され，年間最後のいわゆる終末主日から

待降節への内容的なつながりがよく考えられている．他方，公用暦上の年始はユリウス暦以来1月1日とされてはいたが，中世キリスト教世界での年始慣行は多様で，16世紀末の*グレゴリウス暦の制定が1月1日の年始を普及させるきっかけになった．典礼暦上，1月1日は主の降誕の8日目である*神の母聖マリアの祭日であり，一般的な新年祝いの特徴はもっていない．

【文献】M. エリアーデ『永遠回帰の神話』堀一郎訳（未来社 1963）; M. Eliade, *Le mythe de l'éternel retour: Archétypes et répétition* (Paris 1949); 土屋吉正『暦とキリスト教』（オリエンス宗教研究所 1987）127-28; M. Meslin, *La fête des Kalendes de janvier dans l'empire romain* (Bruxelles 1970); R. Schwarzenberger, "Die liturgische Feier des 1. Januar. Geschichte und pastoraltheologische Desiderate," LJ 20: 216-30.

（石井祥裕）

ジンバブウェ

正式国名：ジンバブウェ共和国，〔英〕Republic of Zimbabwe．面積：39万580 km²．人口：1,166万9,000人（2000年現在）．言語：英語（公用語）のほか，ショナ語，ヌデベレ語などのバントゥー諸語．宗教：キリスト教，部族固有の宗教．1895年，英国南アフリカ会社（British South Africa Company）がこの地を支配し，ローデシアと命名する．1923年，南ローデシアとしてイギリス連邦内自治植民地になり，1953年には北ローデシア（現ザンビア）およびニアサランド（現マラウィ）と中央アフリカ連邦を結成するが，1965年に白人国家ローデシアとして一方的に独立宣言．1980年ジンバブウェとして独立．

熱帯地方に位置し，北はザンビア，南は南アフリカ共和国と接する．人口のほとんど全部がアフリカ人で，このうち112万人（2000年現在）がカトリック教徒である．

【キリスト教の歴史】カトリックが現在のジンバブウェの地に伝来したのは400年以上も前のことで，*イエズス会のポルトガル人司祭*シルヴェイラが東からこの国に入国したときに始まる．彼の宣教の努力は最初のうちは成功したが，彼がイスラム教徒の商人たちの扇動によって殺害されると中断してしまった．次いで*ドミニコ会の会員が数名渡来したが，17世紀末に追放された．1879年に新たなカトリック宣教師が今度は南から入国した．アフリカ大陸南端の東側を裁治権下に置く司祭は，*リヴィングストンが活躍した大陸奥地の宣教を志すイエズス会員の派遣を要請したが，結果としては，彼らは北部奥地までには達せず，ザンベジ川の南岸にとどまった．

一方，プロテスタントの宣教師たちはすでに1859年から族長ロベングラ（Lobengula）の広大な村落近くに拠点を置いていた．この地域に住むことを望む者は誰でもまずこの族長を訪問し，その許可を得なければならなかった．イエズス会員は歓迎されたが宗教活動は許されなかった．1890年になってようやく，族長と英国南アフリカ会社との間の協定の結果，宣教が認められ，イエズス会司祭とドミニコ会修道女が英国南アフリカ会社の護衛隊付司祭および看護婦として到着した．1892年にこの護衛隊が現在のハラレ（Harare）の町に到達すると，カトリック教会は永続的活動拠点をもつに至った．キリスト教徒であるヨーロッパ人は主として都市部に住み，しだいに数を増していった．村落地帯では司祭は伝来の信仰と習慣を守る現地の農民たちに奉仕した．

【教会の発展と使徒活動】このような小さな発端から，広範な使徒活動は展開されてゆき，現在では七つの教区のもとに，140の都市小教区と農村宣教所を擁し，さらに800の付属教育センターを抱えるまでになった．これらを担当するのは400人以上の司祭および修道士，そして1,000人以上の修道女で，そのうち約3分の2は西欧6か国からの宣教師である．ただし，修道女の場合はアフリカ人の割合がヨーロッパ人よりも多い．

宣教活動としては，最初から学校開設の利点が重視されていた．学校教育により地元の共同体の指導者が養成され，生活水準も一般的に上昇した．学校は学術知識だけでなく，農業，木工，裁縫などの生活技術をも教えた．近年，多くの学校はアフリカ人の経営に移されたが，それでもおよそ10万以上の生徒がカトリックの小・中学校，家政学専門学校や師範学校に通っている．ほかに教会が重点を置いているのは，社会活動および看護である．例えば50余の病院と診療所がカトリックの修道女会によって経営されている．

【アフリカ人の召命】西欧からいかに多数の宣教師が到来しても，この国の人口増加についていくことはできなかった．歴代の司教は，アフリカ人修道女およびアフリカ人司祭の養成を急務とし，これに意を注いできた．

修道女の生活は，結婚せずに人々の間で献身的に働くことが求められる．これは大家族を営むことが女性の主な仕事と考えるアフリカ人にとっては，革命的な考えであった．娘たちが熱心にこのような召命に応じようとするとき，多くの両親たちが直ちに同意することは難しかった．しかし，現在，当国には幾つかのアフリカ人修道女会が根づき，数を増してきて今では修道女は1,000人余にのぼっている．

同国人の司祭の数は修道女ほど顕著に伸びていない．当国に神学校ができて半世紀近くになるのだが，ここでもまた，大きな障害はアフリカ人の習慣である．アフリカ人の男性は年老いた両親を扶養するのが当然とされているが，司祭は両親を敬愛していても，充分な世話はできず，必要な経済的援助を行うこともできない．そのうえ，司祭となる勉強を始める前に要求される学歴は修道女に求められるものよりもかなり高く，修学期間も長いため挫折する青年も少なくない．叙階に至る者は神学校に入った者のわずか10分の1である．

【教会と人種問題】1955年に*位階制が確立されたことで，司教たちは極めて困難な時期に対処すべく指導力を

しんぱん

新たに結集した．白人支配のローデシアが黒人ナショナリズムとの対決姿勢を明確に打ち出すという状況下にあって，司教団は政府の政策を強く批判し，人種差別にも強く反対した．

1960年代には白人の非難と政府の妨害にも抵抗して，カトリック施設は白人にも黒人にも平等に開放され，南アフリカに存在するような人種隔離政策を根本的に断ち切ろうとした．多くの白人カトリック信者は，差別撤廃を目指す司教団の行動を時期尚早と考えて司教から離れ，教会の指導者たちを排他的なアフリカ民族主義および*共産主義を支持しているとして非難した．

【苦難と再建】1965年のローデシア政府による一方的な独立宣言とこれに伴う苛烈な政治的情勢のもとでは，30余の*司教教書，*訓令，声明を通して行われた司教団の積極的な働きかけも，多くは効果がなかった．司教団はつねに「正義からの平和」を訴え，これが国益に沿うものと確信し，その実現のためには祈りと正当な権利の付与が必要であることを説いてきた．しかし，司教団の意に反して多量の銃弾が飛び交うゲリラ戦となった．

内乱によって増加する暴力のため司教一人を含む18人の修道会宣教師，カトリックの医師一人，献身的な信徒の協力者一人および数人の*カテキスタと教師が殺害された．多くの宣教所と学校は閉鎖を余儀なくされ，建物はしばしば甚大な損害を被った．政府は，白人政権に反対しアフリカ人を支持したかどで，ためらうことなく一人の司教と数人の司祭を国外追放に処した．それは教会と国にとって不幸な時代であった．

多数支配体制のジンバブウェ独立承認以来，多くの白人が国を去ったので現在の教会の成員は圧倒的にアフリカ人である．教会は戦禍による破壊から立ち直るため多くの精力を要したが，新たな信頼の精神がアフリカ人の司祭，修道女，信徒の間に認められる．新しい政府との関係はおおむね友好的で，未来に対しては大きな希望がもてよう．

【現勢】2000年現在，カトリック信者数：105万7,000．大司教区：2．司教区：6．小教区：168．教区司祭：159．修道司祭：264．終身助祭：16．信徒修道士：102．修道女：1,112．

【文献】世キ百446-51; WCE 768-71; WCE² 1: 821-25; A. J. DACKS, *The Catholic Church and Zimbabwe, 1879-1979* (Gwelo 1979); C. F. HALLENCREUTZ, A. MOYO, eds., *Church and State in Zimbabwe*, Christianity South of the Zambezi, 3 (Gwelo 1988).

(F. C. バー)

しんぱん　審判 → 最後の審判

しんぱん　審判〔ラ〕iudicium,〔英〕judg(e)ment,〔独〕Urteil,〔仏〕jugement

【聖書】聖書の提示する審判を一部の神秘主義者のように厳格すぎる解釈で曲げることや，近代の*啓蒙思想のように審判を過去の遺物として葬り去ることも正しくない．審判は*救済史の根幹をなすもので，聖書が提示する審判についての事実に注目する必要がある．

〔旧約聖書〕(1) 審判の初期概念．*ヤハウェ(以下「主」)は全宇宙を支配し，人の心の秘密を知る(エレ11: 20; 17: 10)最高の裁き主である(サム上24: 16; エレ11: 20)．旧約時代初期には人の幸不幸はもっぱらこの世との関連で把握され，神の審判もおおむね現世的であった(創18: 23-25)．出エジプトからダビデのエルサレム征服まで，神の審判とは敵を滅ぼすが自分の民は救う(出6: 6-7; 民10: 35-36)という民族中心の狭い見解が支配的であった(詩83: 10-19)．

(2) 神の審判とミシュパト．「裁き」「審判」のヘブライ語はミシュパト(mišpāṭ)で，複雑で種々の意味合いをもつ．罰，怒り(エゼ5: 5-9; イザ1: 16-17)また権利，社会正義，権利保障，違反に対する秩序回復との関連で述べられ，憐れみ(イザ30: 18-20)や解放(イザ59: 9)の意味もある．主は特に貧しい者，孤児，寡婦の保護者で(申10: 18; 33: 21; 詩82: 3)，ホセアは主と神との関係をミシュパトと「憐れみ」(ヘセド ḥesed)に関連させ，結婚の概念で説明した(ホセ2: 21-24)．*メシアは「正義」(ツェダカー ṣᵉdāqâ)とミシュパトを特徴とする理想の救い主で(イザ9: 5-6; 11: 1-5)，ミシュパトを行うことによって，主の*霊をもつ貧しい者を「正義」で裁く者である．

(3) 神の審判の神秘．超越と内在の神の支配は神秘に満ちたものであるから，審判も逆説的にしか表現できない．国家主義的な近視眼的な見方は預言者たちによって改められ(アモ5: 18-20; ホセ1-3章)，敵は神の民イスラエルをその罪ゆえに罰する主の道具とみなされるようになった(イザ7: 13-19; エレ6: 22-26)．救い主が同時に罰を与える者であり(出20: 5-7; イザ42: 24-43: 1)，緊張感のうちにも「裁き」が同時に「贖い」「救い」の業となるパラドックスが審判の神秘的な一側面なのである．

(4) 終末と残りの者，*主の日，怒りの日．やがて来る審判の時は「主の日」と把握され，後には*黙示文学の一つになり，その表現は終末論的な色合いが濃くなった(詩75: 2-11; 96: 12-13; ヨエ4: 9-11)．*終末とは審判の大切な側面で，神の超越と歴史の最終の救いの接点といえる．「*残りの者」の思想は古代イスラエルの戦闘で，一部の者が奇跡的に救われる体験などに根源があるともいわれるが，預言者によって神の審判を免れるという意味にまで発展し，選ばれた新しい民を指すようになった(アモ5: 15; イザ6: 13; ミカ4: 6-8)．恐ろしい審判の日は，決定的な「最後の日」として告げられ，また「主の日」(アモ5: 18)や「万軍の主の日」(イザ2: 12)，「終わりの日」(ミカ4: 1-5)，「暗闇の日」(アモ5: 18-20)，「その日」(イザ24: 21; アモ9: 11)，「懲らしめの日」(ホセ5: 9)などの表現が多々ある．神は慈悲，憐れみの神であり，また怒る神であり(ナホ1: 2)，審判の日は「怒りの日」となる．人間に向けられた神の怒りに対して，「なぜ」「いつまで」という人の嘆きの問いがあり(エレ14: 19; ハバ1: 2-3)，残りの者は自分に迫る神の怒りのなかで(詩80: 5)，さらに神に帰依し救いを得るのである(アモ9: 11; ゼファ3: 8-20; ハバ3: 2)．

〔新約聖書〕(1) 共観福音書と審判．神は立法者であるだけでなく，創造者，支配者である(マタ8: 25-27)．新約聖書はキリスト中心である．子であるキリストには*権能が与えられ(マコ6: 2-4)，究極的には「*人の子」(マタ16: 27-28; マコ8: 38-9: 1)への態度が決定的意味をもつ(マタ10: 32-33; 25: 31-46; ルカ7: 20-23)．しかし同時に，審判(〔ギ〕krisis)の大切な基準が隣人(兄弟)への態度であるとする(マタ5: 21-22; ロマ2: 1-3; 14: 10-12)．隣人とキリストへの態度は同一視され(マタ10: 40; 25: 31-46)，隣人を裁くやり方で自分も裁かれる(マタ18: 23-35; ヤコ2: 13; 4: 11)．しかし，救いである神のゆるしは人間の功徳によらず，それはいつも恵み

である．罪がどんなに大きくても神のゆるしは存在するが（マタ 18: 2-35; マコ 2: 9; ルカ 7: 36-50），最後の審判が解放となるように祈り求めなければならない．

(2) ヨハネ．イエスは「裁く」ためではなく「救う」ために来た（ヨハ 3: 17; 8: 15; 12: 47）．ヨハネは審判について逆説的な表現をする．審判はイエスの来臨，宣教開始に端を発し，世の裁きは「今」である．イエスの死はサタンの敗北（16: 11），「栄光」の時で（12: 27-31），「上げられた」（12: 32）時は「霊を渡す」（19: 30 参照）時である．その霊は世の過ちを証ししてはっきりさせる（16: 8-11）．審判はすでにイエスへの態度で実現し（3: 1-21, 31-36; 8: 12-20），特に歴史のなかで出会うイエスの言葉を受け入れるか否かが裁きの基準となり（12: 48），これが永遠を決定する．しかし，「信じる者」は裁かれず，すでに死から命に移っている（3: 18; 5: 24）．

(3) 使徒パウロ．ダマスコ途上の劇的な回心から始まりパウロを貫いているキリストへの「信仰」が，パウロの審判の教えの中心をなしている．最終決定は *律法によらず，キリストの法（1 コリ 9: 21; ガラ 6: 2）および信仰（ロマ 3: 27）によってキリストを認めることによる（フィリ 3: 20）．世にいるキリスト教徒は罰を受ける可能性があるが（1 コリ 11: 29 ほか），救いは神と「和解」させる恵みで，*聖霊によって実現するものであるから（ロマ 5: 9; 8: 33-34），霊によって生活する者には罰はない（ロマ 8: 3-4）．審判の基準は単一でなく，法のない人は法なしに裁きを受け，律法をもつ者は律法で裁かれる（ロマ 2: 12）．一般的な啓示に従う人も（ロマ 1: 20），心に刻まれた法に従う人も（ロマ 2: 5, 14-15），それぞれ裁かれる．

(4) 終末と黙示録．新約聖書が書かれた時代は，終末への期待が大きかった．世の終わりについて種々のことがいわれていたようである．まさにイエスの到来は最後の時代の開始とみなされ，その後，イエスの *再臨を待つのである（マタ 19: 28; 25: 31）．最後の裁きの日が近い将来起こると考えた点も新約聖書の特徴で（ルカ 13: 1-5; ロマ 13: 11-14; 1 テサ 5: 1-4），審判と救いとは終末的である（ロマ 13: 11; 1 テサ 5: 8-9）．ヨハネ黙示録は共同体への警告から始まり（2: 5, 16, 22; 3: 3），最後の裁きの後に *新しい天と地が来るとする（21: 1; ヨエ 4: 12-16）．

(5) 最後の日．旧約の「主の日」などと同様に，例外なく全人類に及ぶ「審判の日」は（マタ 25: 31-45; ロマ 2: 12-16），新約でも歴史上のある「時」に突然起こる裁きの日，最後の時期を示し，突然に起こる神の介入と区別なしに表現される（マタ 10: 15; 2 ペト 2: 9; 1 ヨハ 4: 17）．この日は父である神だけが知る秘密の時で（マタ 24: 36; マコ 13: 32），「目を覚まして」いなければならない（マタ 25: 13; 1 テサ 5: 6; 1 ペト 4: 2）．共同体や時代によって差は多少あったと思われるが，*初代教会は最後の審判を緊迫したものと理解していた（1 コリ 7: 29; ロマ 13: 12-13; 1 テサ 5: 1-3）．ある者は最後の日まで生きると信じられていた（マコ 13: 30; ヨハ 21: 20-23）．ギリシア語のパルーシア（parousia）とは到来や現存，王や貴人の地方への公式訪問（フィリ 1: 26）を意味するものでもあったが，聖書では各自がその報いを受ける（マタ 13: 41-43; 2 テモ 4: 8; 1 ペト 5: 4）キリストの再臨を示し（マコ 13: 32-33; ヨハ 14: 2-4），単なる終わりの到来だけでなく，栄光の時（1 コリ 15: 23; 1 テサ 2: 19），新しい時代の開始を意味している．

総括．*神の民に代表される人類の歴史は同時に罪の歴史で，至上権を有する神がその歴史のなかで悪の力にあらがうことになる．しかし，聖書は神が全被造物を裁き，誤りなく判決を下すと宣言する．しかも神は裁きと同時に恵みと力を与える者であるから，人は啓示された事実と神の体験のなかで裁きとともに祝福，救いも体験する．キリスト教の特徴は，隣人への態度も含めてキリストへの態度に基づいて審判が行われるということである．キリストの死は神の業であり，全人類（ヨハ 12: 31-46）を罪のくびきから解放する（ロマ 8: 3）．この神の業を信じることによって審判は救いになり，人は義とされるのである（ロマ 3: 24-26; 8: 1）．

【文献】新聖書大 550; 聖書思 376-81; IDB 2: 127-28; TDNT 2: 174-82; 3: 921-54; T. C. フリーゼン『旧約聖書神学概説』田中理夫，木田献一訳（日本基督教団出版局 1972）: T. C. VRIEZEN, *Theologie des Alten Testament in Grundzügen* (Wageningen 1956); C. ヴェスターマン『旧約聖書』時田光彦訳（ヨルダン社 1976）: C. WESTERMANN, *Altes Testament in Arbeitsbuch Religion und Theologie* (Stuttgart 1976); S. MOWINCKEL, *He That Cometh* (Oxford 1956); J. BLANK, *Krisis* (Freiburg 1964); K. NIELSEN, *Yahweh as Prosecutor and Judge* (Sheffield 1978); G. BARBAGLIO, *Schede Bibliche Pastorali*, v. 4 (Bologna 1984) 1770-86.

(浦野洋司)

【神学】審判とは，神による被造界ならびに歴史の導きの計画がその究極において明らかになる事態を指す．神はその計画を人間の自由意志を通して遂行する．したがって各人の神の計画に対する自由な答えとそれに由来する各人の神との関係がいわゆる *私審判において明らかになる．さらに世界の終局において総括的な公審判によって歴史と個人の自由な答えの関連が決定的に明らかにされる（→ 最後の審判）．

聖書の証言によれば，*イエス・キリストは救い主として神の審判を宣べ伝えると同時に，この世を裁く者である．その裁きの規準は，各人のイエスに対する態度によっている．この世はキリストによって裁かれていると同時に，終わりの日に到来する者としてのキリストによって究極的裁きを受ける．審判は私審判と公審判を問わず，イエス・キリストにおいて決定的な現れとなった神の愛と憐れみの意志と計画に対して，被造物がどのような態度をとったかによって決まる．現代においてこの使信を宣べ伝えるに際して，世界に一般的に広まっている内在論的傾向と世界の自律性と永遠の進歩への「信仰」に対して，この世は真に終わるものであること，それを内在的進歩主義に基づかない希望の使信として表現することが急務である．キリスト教の審判に関する考え方は地獄の恐れ，絶望，自暴自棄，世界の建設に対する消極的かつ否定的態度を助長するのではなく，かえってキリストにおける神の憐れみの審判のゆえに，世界に対して積極的に働きかける態度の基礎なのである．なぜなら神の審判は，すでにキリストの具体的な姿によって愛としてこの世に示されたからである．

【文献】HthG 1: 483-91.

(高柳俊一)

しんぴ 神秘 → 秘義

しんぴか 神秘家 〔英〕mystic, 〔独〕Mystiker, 〔仏〕mystique　神秘家の真贋を判定する材料は彼ら自身の言動と周囲の人々の言動だけである．そのため，「無名の」神秘家と呼びうる多くの人々がいるといわれる．

しんぴげき

　規準を「神についての体験的知識」というキリスト教的定義に置くなら，すべての誠実な信仰者のうちに神秘家としての特徴はみられる．なぜなら，積極的な肯定の体験をもたない信仰は信仰ではないからである．

　さらに，「偉大な神秘家たち」の証言のうちに「神秘的」体験の特性を求めると，ほとんど例外なく「詩的な卓越性」をみいだすことができる．一般に考えられているように，「神秘的なもの」と「詩的なもの」との間には確かに密接な関係がある．

　第三の規準は言語と体験の近さである．すなわち，「唯一神教的」で「愛」の神秘思想(例えば，アビラの*テレサ)はどこまでも体験を直接反映したものと考えられる．他方，多神教的色彩の濃い神秘思想は(ある程度はマイスター・*エックハルトも)おおむね，体験と，その体験に関する言明との間に思考の過程を含んでいる．

　　　　　　　　　　　　　　　(J. ズートブラック)

しんぴげき　神秘劇　→　中世演劇

しんぴしゅぎ　神秘主義　〔ラ〕mystica，〔英〕mysticism，〔独〕Mystik，〔仏〕mystique　「神秘主義」とはキリスト教独自の用語であった．「神秘的」という形容詞は初め聖書の言葉のより深い意味(どの言葉もイエスについて語る)，次いで*秘跡の「神秘的意味」(神の力がさまざまな形態のもとで現存する)，最後にしかるべき神体験を表すために使われてきた．17世紀になって形容詞「神秘的」から「神秘主義」という名詞が作られ，これによって体験の対象と区別される純然たる「体験」の局面が表されることになった．

　こうして主体への転回と意識の特性のみを問題にする体験事実の心理主義化，神秘主義という概念を*ヒンドゥー教や*仏教，さらに覚醒剤などによる「絶頂」体験と同一視することから，「神秘主義」という言葉の意味と体験に混乱が生じた．神秘主義をめぐる言葉の理解背景が解明されたとき初めて，神秘主義に関する対話は宗教的・文化的境界を越えて可能となるのである．

　キリスト教でいう神秘主義とは，*トマス・アクィナスによれば「神の体験的認識」(〔ラ〕cognitio experimentalis de Deo)と定義される．この定義では，イエスにおいて我々に語りかけた，啓示する*三位一体の神が客観の側から言い表され，主観の側からは「体験」という要素が「信仰」と「認識」に関して拡張されている．「信仰」による積極的肯定は，それによって否定されるのではなく，逆に深められるのである．*フアン・デ・ラ・クルスは神秘主義の頂点としての「裸」の信仰について語っている．体験という難解な概念はキリスト教神秘主義において，分析的でない直観的認識の契機をも包含する．だからこそマイスター・*エックハルトの神秘主義は，彼の知的洞察を充分考慮することなくしては理解できないのである．

　信仰と洞察を除外して純粋な体験のみを問題視しようとする，神秘主義の心理学的解釈はしたがって克服される．初期のキリスト教神秘主義は，ニュッサの*グレゴリオス，*ディオニュシオス・アレオパギテース，クレルヴォーの*ベルナルドゥスから*『不可知の雲』に至るまで，まさしく緊密に信仰とその秘密に満ちた暗闇のうちに根をおろしている．そのために当然，「非」体験を体験の中心とする「信仰神秘主義」について語らなければならない．巡礼は当然，神秘主義的「暗闇」を含んでいる．また，キリスト教神秘主義は同時に神の現実性と密接に結びつき一体化しているが，この場合，上述したように，直観的洞察という認識が一定の役割を果たしている．東方教会の神秘主義は教会という神秘的現実体(リアリティ)のなかで存続してきた．それはラテン教会と比較にならないほど濃密であるが，しかし神秘主義がみせかけのものと区別できなくなるようなことはない．

　しかし，キリスト教神秘主義の歴史のなかでかなり強固な心理主義の転換があった．おおよそ中世の終わりまでラテン教会の神秘主義をめぐる言動は，信仰を介した客観的叙述，例えば，ニュッサのグレゴリオスとクレルヴォーのベルナルドゥスでは聖書の言葉，ビンゲンの*ヒルデガルトでは形象やイメージ，マイスター・エックハルトでは新プラトン主義的哲学体系，そしてディオニュシオス・アレオパギテースなどでは位階的・典礼的秩序と一体化していた．

　こうした時期にもまた発展があったことは確かである．なかでも最も重要な発展は体験の「実体化」である．アッシジの*フランチェスコの時代すなわち*聖体礼拝や*聖人崇敬などがますます重んじられるようになった時代から，*聖痕(すなわちイエスの傷跡を身に受けること)が生じている．

　中世末期には体験の主観性が一人歩きするようになる．そのため，神体験をもつ者である「神秘家」のうちに数えてよい*ルターは自我を問題にして，「私に，私の主観性に何の関係があるのか」と問う．このような主観的体験に目を向ける神秘主義がキリスト教のなかで正当に評価されるようになったのは，16世紀の偉大な神秘家のおかげである．すなわち神秘主義は*イグナティウス・デ・ロヨラにとっては教会の内部の事柄であり，アビラの*テレサにおいてはイエス・キリストと不可分に結合している．またフアン・デ・ラ・クルスは，主観的確信にとどまるすべてのことを精神の*暗夜に関する教説で打ち壊した．そのなかで彼は感覚の暗夜を，つまり外面的なものを放棄し自己発見も自分の体験をも乗り越えて，「盲目になって」超越する神の手のうちに自らを委ねる(*愛宮真備によれば，こうした「体験」は禅仏教にはみられないものである)．

　17-18世紀はフランスの神秘主義の黄金時代で，その代表者は，霊的指導者として名高い*フランソア・ド・サルである．しかし，キリスト教における神秘主義的要素はいつの時代にもみられた．*ルルドや*ファティマをはじめとする各地での子どもたちの体験はそのしるしである．20世紀初頭，フランスでは神秘主義と積極的に取り組む神学が起こり，その成果として『霊性事典』(Dictionnaire de Spiritualité)が生まれた．特殊な問題に関しては激しい論争があった．例えば，*ガリグー・ラグランジュが説くように神秘主義はキリスト教の*信仰生活の正常な継続と深化であるのか，あるいは*プーランがいうように神秘主義は神が少数の人々に与える質的に新しい恵みであるのか，という点が議論された．ほとんどの専門家たちは，今日ではガリグー・ラグランジュの見解をやや弱めた形で受け入れている．

　このことは，あらゆる信仰実践のうちには一種の「小さな神秘主義」が含まれていることを意味する．ただし，その場合でも「大きな神秘主義」といったものについては確たることは何もいえない．さらに，キリスト教以外の宗教の神秘家たちとの対話も，絶頂体験についてではなく，この「小さな」神秘主義との関連で始められていくべきだろう．

　その意味で，*脱魂などがキリスト教に典型的なこと

だとはいえない．キリスト教の初期以来すべての真の神秘家たちはそうした体験から距離を置いている(1 コリ12-14章参照)．テレサやエックハルトが書くのは，大きな体験ではなく日常生活である．イエス・キリストとの関係こそがどこまでも重要なのである．このことはエックハルトの「抽象的神秘主義」(抽象的スコラ学 schola abstracta とも呼ばれる)でも守られている．

　K. *ラーナーによれば，神を思念せずとも「神秘的」と呼んでもよい「体験」はあり，それはそれ自体で価値あるものとなりうる．一例として，「自己の神秘主義」があって，これは，あらゆる限界を超え出ることにおいて現れ，当事者の人格を強固にするものとして個人にとって重要となる．もう一つの例は万有との合体感情という「宇宙的神秘主義」で，これは多くの芸術家にとって創作力の基盤となっている．これら二つの形態の神秘主義と「神中心神秘主義」とは異なっている(体験の点では一体となっているのでしばしば区別し難いが)．しかし，注意深く観察するなら，上述の3形態を区別する規準はみいだせる．つまり，神中心の神秘主義には，いかなる体験によっても汲み尽くされない開放性があり，そこに，相手である神の自由が明らかになる．そのため，神中心の神秘主義は，「今」どれほどの確信をもっていても，信仰の「未来」を宿す希望のうちに生きる．神を確信することは苦悩の棘をうちに含み，その苦しみは理解されることも，克服されることもなく，あるいは人格を高めるものとして統合されることもなく，ただ未来の主である神にのみ委ねられるものである．神中心の神秘主義は秘義の深奥においてもつねに信仰の肯定と人間の精神性によって担われている，精神的責任と認識の営みにほかならず，しかも社会的責任ももっている．

　他面，神中心の神秘主義は，ほかの体験と共有しうる幾つかの特徴を備えている．体験の突発性，感情の無限性と振幅，幸福感と平安，そして倫理的活力の継続などである．

　上述の事柄は，体験論的術語によって表現されているものの，キリスト教的伝統の刻印を受けている．しかしながら，そうした基盤の上に立つことによって初めて，神秘体験に関する諸宗教間の実のある論議が成り立つ．多くのキリスト教以外の体験のなかにも，キリスト教神秘主義に対応する要素はみいだされるし，それらはキリスト教信仰に対してそれらの体験の真実性を示唆すると同時に，またイエス・キリストを通してなされる神の啓示においてそれらの体験が初めて完全なものとなることをも示唆している．

　体験の最高形態とは，日常的理解に従うならば，愛の出会いである．この出会いにおいて，自己を「他者」の自由に向けて根本的に開放することが完成なのである．神秘家はそのためそうした体験を何らかの仕方で誰かと共有するのではなく，あらゆる現実の初めと終わりである存在の究極根拠とともに体験する．それこそが神の体験であり，神秘主義なのである．

　明日のキリスト教の課題を考えるとき，「神秘主義」を無視することは許されない．キリスト者が他の諸宗教の人々と出会っている事実に注目するとき，我々は，キリスト教信仰の体験の根源を目指し，その根源と関わること以上に急を要する課題があるかどうか，自問しなければならない．そのような体験の根源を目指して生きることこそ，神学と教導職が長い間等閑に付してきた神秘主義の核心なのである．　　　(J. ズートブラック)

しんぴしんがく　神秘神学 → 神秘主義，霊性神学

しんぴたい　神秘体 → キリストの体，キリストの神秘体

しんぴたいけん　神秘体験　〔ラ〕experientia mystica,〔英〕mystic experience,〔独〕mystische Erfahrung,〔仏〕expérience mystique　人々が生活するところには，つねに神的なものに対する感覚が息づいている．この感覚が深まるとき，神的なものを体験したいという願望が生じる．しかし，神的なものとの出会いは，抽象的な，世界観と無関係な場所ではなく，一定の伝統をもつ言語と文化において生じる．それゆえ，そうした体験の真偽を問う前に，一体どのようにして人々は自己の伝統のうちにあって「神的なもの」を体験するのかということが考察されなければならない．

　キリスト教の伝統は，旧約聖書の体験に基づいている．旧約聖書において，「神的なもの」は唯一の神，すなわち天と地を創造し，イスラエルの民を自らの民として選んだ*ヤハウェという明確な姿として捉えられる．この神体験は，三つの極から成り立っている．(1) 全知全能である神の現存．詩編139はこのことを先例のない美しさで述べている．(2) 究め尽くすことのできない隠れたる神の秘義．イザヤ書40章の冒頭にはこうした秘義に対する力強い賛歌が記されている．(3) 神の具体的で歴史を創造する働きかけ．この働きかけが(アブラハムとモーセにおける)イスラエル民族の召命という体験を生み出した．神の働きかけはイスラエルの民の自己意識のうちに，神の裁きによる民の苦難のうちに，そして解放された民の喜びのうちにみられる．それは族長たち(アブラハムの召命，シナイ山上のモーセ)や預言者たちの召命物語に例示されている．

　*セーデルブロムと*ハイラーは，イスラエル民族のこうした歴史における具体的な神体験を「神秘主義」には含めず，むしろ「預言」に属させる．しかし，旧約聖書における体験は，ホレブ山におけるエリヤ(王上 19: 8-18)やヤボク川におけるヤコブ(創 32: 22-31)，そして神の玉座の前におけるイザヤ(イザ 6: 1-13)など，いずれも真実の神を直接体験したものであり，「神秘主義」と呼べるすべての事柄を含んでいるのである．

　イエス・キリストにおいて，使徒たちは神の「具体的で歴史・創造的な働きかけ」を唯1回，明確な形で体験した．それで，キリストに関する発言は，ヨハネ福音書20章28節でトマスがイエスは神であると告白するまで，ほんのわずかのものでしかなかった．ヘレニズムの哲学を応用することによって，上述の告白は精確に定式化されるようになった．これにより，神認識と神体験とは実質的に一層深められることにもなった．すなわち，イエス・キリストのうちに顕現した神は永遠の秘義のうちに隠れたままにとどまる．神は父であり，万物を定める永遠の起源である．同時に，神はつねに現存し，万物のうちに力を及ぼしている．神は霊であり，すべての被造物に浸透し，人間に対しては人間の自己よりもはるかに奥深いところに存在する．そして，この神はイエス・キリストにおいて人間となった．神は，父によって語り出され，独り子として生まれた，永遠の御言葉である．

　キリスト教における神秘体験は，上述した三一の秘義につねに関わっている．全体を包括する体験(*イグナティウス・デ・ロヨラ)のほかにも，特に神の永遠の秘義

しんぴてきこんいん

を体験すること(*フアン・デ・ラ・クルス)や，受肉した神の身近さに専心すること(アビラの *テレサ)，あるいはまた自分の心のうちなる神を霊の力として感じること(*ドイツ神秘主義)などがある．キリスト教神秘主義の一つの特徴は，極めて多様な仕方で人間の体験のうちに具体化されていることのように思われる．

(J. ズートブラック)

しんぴてきこんいん　神秘的婚姻〔ラ〕matrimonium mysticum　魂が *観想において神と一致する最高段階の状態のこと．アビラの *テレサも *フアン・デ・ラ・クルスもこの表現を用いた．神秘的婚姻により人の魂はただ神の栄光だけを望み，神と救いの熱意のために苦しむことを喜びとするようになる．また孤独を愛し，被造物から離脱し，内的平和と調和を手に入れる．旧約の預言者(主にホセア，雅歌)は「神とイスラエルとの婚姻」という隠喩を用い，集団的・共産的共同社会の意味におけるキリストと教会との一致を表現した．またそれは秘跡的，終末論的，神秘的な意味で個人の次元にもあてはまる．天におけるキリストとの永遠の一致に関して，*洗礼によって魂は神と結ばれる．*教父たちは，奉献された乙女は「*キリストの花嫁」であると説き，後の聖人たちにも同じ教えがみいだされる．
【文献】DSp 10: 388-408.　　　　(J. カトレット)

しんぴてきりんり　審美的倫理〔英〕aesthetic ethics,〔独〕ästhetische Ethik,〔仏〕morale du beau　人間が目的を追求するにあたって，その活動を導く規範となるのが倫理である．従来，倫理は主として *真・善・美のいずれかに即して説かれてきたが，審美的倫理は美に即して説かれる倫理である．

古代において，審美的倫理をきわめて印象深く説いた者に *プラトンがいる．プラトンの名編『饗宴』のなかで，マンティネイアの女ディオティマは *ソクラテスに，美のさまざまな段階をのぼって，永遠の美，造られざる美，不滅の美の観想に達することが人間の究極の目的であると説いて，「親愛なるソクラテスよ，この生命に価値を与えるなにものかがあるとしたら，それは絶対美の観想です」と語り，人間の肉も色も他のすべての滅びる虚栄もつけない美，神の美そのものを観想することを許された人間こそ，その最高の目的に達した者であると述べている．そのうえ，ディオティマによれば，この崇高な目的をみつめながら人生を送り，この崇高な対象を観想し，これと一致する者こそ，まことに有徳な者であり，神に愛される者であり，不滅な者となるのである．

中世において，この審美的倫理を雄大な詩編によって示したのは *ダンテである．ダンテは，『新生』において，彼の人生が，美しい少女ベアトリーチェとの出会いを契機として，美に対する愛によって導かれたことを語り，さらに『神曲』においては，*ウェルギリウスに導かれて「地獄界」と「煉獄界」とを遍歴した後，ベアトリーチェに導かれて，その遍歴の終着界である「天上界」に達するのであるが，ダンテがベアトリーチェと一緒に観想する天上界は，美と愛との世界であるということができる．確かに『神曲』には，中世の神学と哲学とが浮き彫りにされている．しかし，神学や哲学を介して描写されている三界の遍歴を導いているのは美と愛である．醜い罪の世界に対して美しい *恩恵の世界が描き出され，争いと憎しみとの世界に対して愛の勝利が歌われている．人生のさまざまな迷いを美の化身ともいうべきベアトリーチェに導かれて脱出したダンテ自身の告白が語られている．

現代において，審美的倫理を説いた思想家は少なくないが，そのなかで，フランスの哲学者 *ラヴェソン・モリアンをあげることができる．彼は，*レオナルド・ダ・ヴィンチが『絵画論』のなかに書いた「美とは固定した優しさである」という言葉を受けて，「優しさには慈しみがこもっている」と説いている．彼によれば，*宇宙を審美的な目をもって観想する者にとって，美には優しさがこもっているし，優しさには慈しみがこもっている．その代表的な例は『ミロのヴィーナス』である．しかも，ラヴェソンによれば，神の摂理は，古代ギリシア人がこのヴィーナスによって示した愛と優しさとによって営まれる．それゆえ，彼は，美を愛し，美における創造に情熱を傾けることを倫理の原理と考え，*アウグスティヌスの「愛せよ，そして欲することを実行せよ」という教えをこの意味に解釈し，このような愛はすべての人の心に存するものであると説いている．

いうまでもなく，審美的倫理が，はかない美，虚飾にすぎない美の追求に堕することもありがちなことである．そのような倫理は，上に述べた絶対美の観想を目指す倫理とは違って，中途半端なもの，迷ったものであることは論ずるまでもない．→ 美，美学
【文献】プラトン『饗宴』世界の名著 6，鈴木照雄訳(中央公論社 1966); ダンテ『神曲・新生』世界文学大系 6，野上素一訳(筑摩書房 1962); J. G. F. RAVAISSON-MOLLIEN, La Vénus de Milo (Paris 1891); ID., Testament philosophique et fragments (Paris 1890-1900).

(岳野慶作)

しんぷ　神父〔ラ・独〕Pater,〔英〕Father,〔仏〕Père　日本のカトリック教会における *司祭の呼称．明治時代に中国から入ったもので，神父の「神」は神的なものを指すのではなく，霊ないし霊的なものという意味である．かつては神父のかわりに霊父という語が使われた．神父という呼称は，福音宣教，*秘跡の執行，*霊的指導などによって，神と教会のために霊的に子どもを生み育てる司祭の使命を表す．したがって神父という語は司祭の霊的父性を示すものといえる．教会の歴史においては，父(パーテル)とはまず第一に *司教を指す．司教は信仰の師として信者の上に霊的権威をもっているからである．次いで修道者が父と呼ばれるようになり，現在ではすべての司祭が父と呼ばれる．日本語ではこれが神父となる．
【文献】キ百科 901; NCE 5: 852; Dictionnaire Encyclopédique de la Théologie Catholique, v. 17 (Paris 1901) 302-303; O. DE LA BROSSE, Dictionnaire de la Foi Chrétienne, v. 1 (Paris 1968) 572-73.　　　(J. P. ラベル)

しんぷくはったん　真福八端　→ 山上の説教，至福

しんプラトンしゅぎ　新プラトン主義〔英〕Neoplatonism,〔独〕Neuplatonismus,〔仏〕néoplatonisme
【概要】新プラトン主義とは，*プロティノス以降，*ペリパトス学派，*エピクロス学派，*ストア学派等古代哲学諸派の思想を援用しつつ，*プラトンの思想を解釈するところに成立してくる思想形態を指す．ただし，「新」プラトン主義という用語自体は，18世紀後半の哲学史研究において提起された枠組みであって，そこにはこの

思想形態の折衷的性格に対する批判が込められている．新プラトン主義の特色としては，全宇宙の生成を根源としての究極的実在からの「発出」（プロオドス，〔ギ〕proodos）として捉える側面と，人間各自の根源への「還帰」（エピストロフェー epistrophē）を要請する側面の2面が一般にあげられ，特に後者の面で神秘主義的・宗教的色彩を濃厚に有し，中世キリスト教世界，イスラム世界，さらには＊ルネサンスに至るまで影響を及ぼしている．

【プロティノス】弟子＊ポルフュリオスの『プロティノス伝』（301）によれば，プロティノスは＊アレクサンドリアにおいて11年間＊アンモニオス・サッカスの教えを受け，ゴルディアヌス3世（Gordianus Ⅲ, 在位238-44）のペルシア遠征に加わった後，ローマで学校を開き講義を行った．その間に＊ガリエヌス帝の寵を受け，理想都市プラトーノポリスの建設を計画した．彼の死後ポルフュリオスは，師の残した論文を54編に編纂し，1巻が9編（エネアス enneas）からなる全6巻の『エネアデス』（301）として刊行した．

プロティノスは，超越的な究極的実在を立て，一面ではそれを「一なるもの」（ト・ヘン to hen），「＊善」等の名称で呼ぶが，他面，それは完全かつ限定不可能なものであるとし，その不可言表性を強調する．「一なるもの」はすべての根源として無尽の源泉に譬えられ，そこからの「発出」によって＊宇宙の生成は説明される．「一なるもの」の下位に「＊知性」，魂が漸次階層をなして可知的世界を形成し，これらは後に「三つの原理的なもの」と呼ばれる．さらに「魂」はその影としての「＊自然」を通して可感的世界の成立に関わり，全階層の最下位には「＊質料」が位置づけられる．全宇宙の生成は，すべてのものを階層化しつつ連続させる原理である「＊ロゴス」に貫かれる一連の必然的過程として表され，これが「プロオドス」の側面である．彼にあっては，可知的世界と可感的世界は次元を異にはするが，連続するものとして捉えられている．

我々各自の魂もこうした宇宙の生成の一環として身体のうちに降下するのであるが，この場合，各自の魂にとって身体は本来の住み処ではなく，そこからの可知的世界への還帰，さらには「一なるもの」との合一が目標（テロス telos）として要請されてくる．これが「エピストロフェー」の側面である．「還帰」とは，一面では「発出」の過程を遡行し，＊存在の階層の下位から「一なるもの」へ上昇することを意味する．しかし「還帰」の側面は各自の魂の内的経験と緊密に関連し，我々各自における知性と魂の内在を根拠に，根源への「還帰」は，各自が自己の内面へと向き直り，自己内深化の究極において「一なるもの」と合一する過程と重ね合わされている．そしてその方途として「魂の浄化」（カタルシス katharsis）ならびに「観照」（テオリア theōria）が提示される．こうした内面化の重視は，後に＊アウグスティヌスの神探究の道程にも深い影響を与えることになる．

【プロティノス以後】ポルフュリオスは，師プロティノスの思想を伝える一方，＊アリストテレスの『範疇論』への入門書とされる『エイサゴーゲー』を著した．同書は，＊ボエティウスによるラテン語訳を通して，西方中世において哲学のための基礎教育（＊自由学芸）の一部門である＊論理学の基本的書物の一つとなり，またいわゆる＊普遍論争の端緒ともなった．他面，彼は当時激化していたキリスト教と異教との対立のなかで『キリスト教徒駁論』を著し，伝存するその断片から歴史的側面からの聖書批判をなしたことが知られる．

ポルフュリオスの弟子ヤンブリコス（Iambrichos, 250頃-330頃）は異教の宗教的伝統と哲学とを総合，存在の階層における人間の魂の位置づけを明確化し，「降神術」（〔英〕theurgy）の実践によって出身地シリアにおいて独自の学派を形成した．その思想は背教者＊ユリアヌス帝の異教復興政策の精神的支柱ともなった．

5世紀にはアテネの＊アカデメイアが新プラトン主義の中心となった．その学頭を務めた＊プロクロスは，プラトンの諸著作に対する注解活動を行い，『神学綱要』において，プロティノスの思想を，「滞留」（モネー monē)・「発出」・「還帰」の三つを軸として体系化し，これが新プラトン主義の基本的特色として後代に流布していくことになる．彼は，「一なるもの」の絶対的超越性を強調し，可知的世界の階層秩序を垂直，水平の両方向に複雑に細分化する．各階層間は，差異，原因，結果の系列によって関連づけられ，また「合一」の方途としては降神術が重視されている．

【後代への影響】アウグスティヌスはすでにウィクトリヌス（Gaius Marius Victorinus, 4世紀中頃）のラテン語訳によってプロティノス，ポルフュリオスの思想に触れていた．6世紀頃プロクロスの思想の影響下に一連の＊擬ディオニュシオス文書が成立し，それが＊エリウゲナによるラテン語訳を通して，西方中世の思想家に影響を及ぼすことになる．これとほぼ同時代のダマスキオス（Damaskios, 480頃-544頃），シンプリキオス（Simplikios, 6世紀前半）等がプラトンとアリストテレスの諸著作に対する注解書を著し，今日まで伝存している．この注解活動の意図は両者の思想の基本的一致を示すことにあり，この点は後代の新プラトン主義の特色の一つである．また『エネアデス』等多くの著作がシリアを経由してアラビア語に翻訳され，新プラトン主義はイスラム世界にも浸透していく．12世紀以降，それらの文献がラテン語に訳され，あらためて西方にもたらされることになる．ルネサンス期には＊フィチーノがプラトンの著作と並んで『エネアデス』全巻をラテン語に訳し，新プラトン主義に基づくプラトン解釈が流布した．

【文献】キ大 577; カ大 2: 533-38; DThC 2258-392; P. Edwards, et al., eds., *The Encyclopedia of Philosophy*, v. 5 (New York 1967) 473-76; 田中美知太郎編『プロティノス，ポルピュリオス，プロクロス』（中央公論社 1980）; 水地宗明「新プラトン派」『哲学の原型と発展』新講座哲学 14, 大森荘蔵他編（岩波書店 1985）; プロティノス『プロティノス全集』田中美知太郎，田之頭安彦，水地宗明訳（中央公論社 1986-88）J. フィッシャー他『プラトン主義の多面体』ヒストリー・オヴ・アイディアズ 11, 川田殖他訳（平凡社 1987）; E. R. Dodds, et al., *Les sources de Plotin*, Entretiens sur l'antiquité classique, 5 (Genève 1960); P. Hadot, *Plotin ou la simplicité du regard* (Paris 1967 1973); A. H. Armstrong, ed., *The Cambridge History of Later Greek and Early Medieval Philosophy* (Cambridge 1967); J. M. Rist, *Plotinus: The Road to Reality* (Cambridge 1967); R. T. Wallis, *Neoplatonism* (London 1972); J. Brun, *Le Néoplatonisme* (Paris 1988). 　　　　（田子多津子）

シンプリキアヌス　Simplicianus　（?-400）
聖人（祝日8月16日），司教．＊ミラノに生まれ，ローマ滞在中（355-56頃）キリスト教に改宗．その受洗は＊マリウス・ウィクトリヌスと＊アウグスティヌスの受洗に

影響を与える（アウグスティヌス『告白』8, 1, 1-2, 3 参照）．ミラノで司祭叙階，374 年 *アンブロシウスに洗礼を授ける．アンブロシウスは彼を自分の魂の師と呼び，死の床で彼を自分の後継司教に指名した（397）．ブレッシアの *ガウデンティウスの司教叙階を司式し，398 年には *トリノでの *教会会議を主宰した．アウグスティヌスは，列王記とローマ書の幾つかの箇所を論じた書（De diversis quaestionibus ad Simplicianum, 396）を彼に献呈している．
【文献】キ人 759; BSS 11: 1194-97; DPAC 3210; EC 11: 648; LThK² 9: 776-77.　　　　（小高毅）

シンプリキウス　**Simplicius**　（?-483. 3. 10）聖人（祝日 5 月 2 日または 3 月 10 日），教皇（在位 468-483）．*ローマ近郊のティヴォリ（Tivoli）に生まれる．西ローマ帝国将軍リキメル（Flavius Ricimer, ?-472）が実権を握り，その死後はローマ人の将軍オレステス（Orestes, ?-476），スキラエ族の傭兵隊長オドアケル（Odoacer, 430 頃-493）が次々と立ち混乱した時期に教皇に即位．オドアケルの信奉する *アレイオス派の異端に対して戦う一方，教会の財産を守るために，教皇の許可なしに教会財産を譲渡することを禁じる（PL 62: 74）．他方東方では *キリスト単性説をめぐって混乱が続くが，コンスタンティノポリスの司教 *アカキオスに手紙を送り，第 1 *ニカイア公会議，*エフェソス公会議，*カルケドン公会議での宣言を遵守するよう勧めるとともに，*公会議に対する教皇の主権を主張した（DS 343）．また，皇帝バシリスクス（Basiliscus, 在位 475-76）に対しても手紙を送り，キリスト単性説に寛容な勅令に抗議している．
【著作校訂版】PL 58: 35-62; CSEL 55: 124-55.
【文献】キ人 759-60; DPAC 3210-11; DThC 14: 2161-64; LThK² 9: 777-78.　　　　（小高毅）

シンプリキウス〔オータンの〕　**Simplicius**　（4 世紀後半-5 世紀前半）　聖人（祝日 6 月 24 日），司教．生没年を含め生涯の詳細は不明．トゥールの *グレゴリウスの報告によって知られる（De gloria confessorum, 73, 75, 76）．それによると，裕福で由緒ある家庭に生まれ，結婚後，妻とともにオータン（Autun）に来て，二人とも貞潔を守って暮らしていたが，同市の司教の死後，その信仰と愛を知っていた市民によって後継者に選ばれた．374 年のヴァレンティア（Valentia）での *教会会議と，418 年の *オセールでの教会会議の記録に彼の名がみられる．
【文献】BSS 11: 1198; LThK² 9: 778.　　　　（小高毅）

しんプロテスタントしゅぎ　新プロテスタント主義〔独〕Neuprotestantismus　*ローテに始まり特に *トレルチによって代表される *プロテスタンティズムの見方で，特に啓蒙主義以後の近代のプロテスタンティズムをいう．*リッチュルの学派の歴史家が，*ルターによる *宗教改革から今日のプロテスタンティズムまでを一つの連続的なものと考えたのに対し，トレルチは啓蒙主義を挟んで，それ以前の *古プロテスタント主義とそれ以後の新プロテスタント主義とを基本的に区別する 2 段階のプロテスタンティズム理解に立った．これによると，宗教改革ならびに 17 世紀前半までの古プロテスタント主義は，そこに近代的なものの萌芽はみられるとしても，基本的には教会的・権威的統一文化のもとにある中世的なものと考えられる．これに対し新プロテスタント主義は，啓蒙主義と融合したり，その問題提起を受け止める近代的なプロテスタンティズムである．新プロテスタント主義の特徴としては，純然たる「教会型」でなく，「分派」や「神秘主義」のモチーフと融合した教会であること，啓蒙主義と *敬虔主義の間を振幅する個人主義的傾向がみられること，その他神学における主観主義，心理主義，歴史主義の侵入などがあげられる．近代の神学の諸問題，例えば理性と啓示，信仰と経験，信仰と歴史，宗教哲学の台頭，教理神学と倫理学の関係といった問題は，いずれも新プロテスタント主義の問題である．その根本には，近代世界とキリスト教の関係をどう把握し，この関係から生じる諸問題をどう克服していくかという大問題が横たわっている．
【文献】RGG³ 4: 1430-32; E. トレルチ『プロテスタンティズムと近代世界』トレルチ著作集 8-9，堀孝彦，河島幸夫訳（ヨルダン社 1984-85）; W. VON LOEWENICH, *Luther und der Neuprotestantismus* (Witten 1963).
　　　　（近藤勝彦）

じんぶんしゅぎ　人文主義〔ラ〕humanismus,〔英〕humanism,〔独〕Humanismus,〔仏〕humanisme
【語義】原語フマニスムスはラテン語の名詞フマス（humas 地）から派生したホモ（homo 人）に関わることを意味する形容詞フマヌス（humanus 人間的，人間に固有の）に由来する．この形容詞は「人間的」の意味から派生して「博愛の」「人道的」（→人道主義），また「教養ある」という意味をもつ．イタリアでは 15 世紀以降，humanus を語源とするウマニスタ（umanista 古典語に精通し，それを保護する人）という表現が定着した．そこから 18 世紀に，古典語の精通者，古典語に関すること（例えば古典語ギムナジウム），高貴で教養ある倫理的な人間性をもっていることを意味する形容詞「人文主義的」と名詞「人文主義」が派生した．
　人文主義は，（1）古典語の *ラテン語と *ギリシア語，（2）政治，文学，芸術を含む広義の古代文化，（3）古代文化の基礎としての *ギリシア哲学を 3 要素とし，さらにこれらの保存，伝承，発展をも意味する．
【教会史と人文主義】キリスト教信仰の立場からみた場合，キリスト教の教えにかなう古典古代的な文化と教養は価値あるものとされるが，それが規範として絶対視される場合には，拒否すべきものとされてきた（→古代文化とキリスト教）．
　〔初代教会〕すでに *初代教会において，*キリスト者が異教的・世俗的文化に対してどのような態度をとるべきかという問題がもち上がった．*テルトゥリアヌスは，「アテネがエルサレムと何の関係があろうか．……我々は福音の哲学的研究を要しない」（『異端者への抗弁』7）と異教的文化を否定し，*ヒエロニムスも同じ態度をとっている．彼らほどはっきりと表明したわけではないが同じく過激な態度を示したのは，*隠修士や初期の *修道者であり，中世の *千年至福説の論者や *托鉢修道会の会員も同様であった．これは，*救いに「教養」は不必要であるとする見解に基づくものであったが，逆に異教的文化をはっきりと肯定する見解もすでに 2 世紀からみられ，殉教者 *ユスティノスは「ギリシア人のなかでソクラテスやヘラクレイトスのように，ロゴスに従って生きた人は皆，たとえ彼らが神を信じないように思われても，キリスト者だった」（『第 1 弁明』46）と述べている．

古典語との関係をみると，*新プラトン主義および*ヘレニズムとの論争で指導的立場にあったのは，ギリシア語で著述したアレクサンドリアの *クレメンス，カイサレイアの *バシレイオス，ナジアンゾスの *グレゴリオス，またラテン語で執筆した *アンブロシウスや *アウグスティヌスである．4-5 世紀の *公会議はギリシア語で信仰を宣言し，*新約聖書はギリシア語(*コイネー)とラテン語(*イタラ)で流布していた．

〔中世〕古代末期の *民族大移動によって *ローマ帝国に *ゲルマン人が侵入し，政治的変革をもたらしたが，*西方教会ではラテン語が，*東方教会ではギリシア語が教会における言語として存続した．ラテン語は特に *修道院によって保護され，教養人の言葉であった．*ベネディクト会，*シトー会などの *修道院学校では，*自由学芸を聖書研究や *説教，伝記，歴史書などの文学的研究の基礎としていた．この時代の代表的人物は *ペトルス・ヴェネラビリス，マームズベリの *グイレルムス，ドイツの *ルペルトゥス，サン・ヴィクトルの *フーゴである．教育の中心が *大学へと移行した 13 世紀以降も，この教育課程は保持された．

言語事情をみると，『神学大全』を *トマス・アクィナスが著した当時，ギリシア語はほとんど忘れられており，トマスはギリシア語に堪能なムールベーケの *グイレルムスを語学上の顧問にしていた．*アリストテレスの著作がアラビア語からラテン語に翻訳された．ほか，*コーランをラテン語に訳出する計画がペトルス・ヴェネラビリスによって立てられていたが，実現には至らなかった．この時代，ボーヴェの *ヴィンケンティウスは大規模な百科事典『偉大なる鏡』を編纂している．

〔ルネサンス期〕*ルネサンスによる「古典古代の再発見」は古典ラテン語に生気を与え，ギリシア語を新たに豊かにした．教会はこの動きにこぞって参加した．教皇 *ニコラウス 5 世，*ピウス 2 世，*シクストゥス 4 世，*ユリウス 2 世，*レオ 10 世，神学者では *ニコラウス・クザーヌス，*エラスムス，ヒメネス・デ・*シスネーロスなどがその代表例である．

〔宗教改革と近代〕*宗教改革において大きな役割を果たした人文主義者は，プロテスタント側では特に *メランヒトンと *ブーツァーであり，*カトリック改革の側では *コンタリーニ，*モローネ，*ポール，チェルヴィーニ(後の教皇 *マルケルス 2 世)，*セリパンド，シルレート (Guglielmo Silleto, 1514-85) の各枢機卿および *ジョン・フィッシャーと *トマス・モアである．*レッシウスを始祖とする「敬虔な人文主義」(〔ラ〕Humanismus devotus) という変わり種も生じた．この派は，人間性は根本から腐敗しているとの見解(→アウグスティニズム，カルヴィニズム)にも，人間性は自力で完全になりうるとの見解(→ペラギウス派)にも反対し，人間性における *善を擁護することを目指した(例えば *フランソア・ド・サル，*ジャンヌ・フランソアーズ・フレミオ・ド・シャンタル)．20 世紀にこの考え方は「全人的ヒューマニズム」(〔仏〕Humanisme integral) によって再び盛んになった (J. *マリタン，*マルセル，*ドーソン，*ダーシ，*マレイ)．また，*『イエズス会学事規定』とベネディクト会の学習計画において人文主義(人文学)は恒久的な成果をとどめている．ラテン語は今日なおカトリック教会の正式な公用語である．

【人文主義とルネサンス】〔起源〕「人文主義」と総称される精神運動は，*ダンテと彼の古代ローマへの回帰にまで遡る．ダンテはギリシアの *知恵とキリスト教の *真理(〔ラ〕rerum humanarum et divinarum scientia) の結合を考え，アンブロシウス，アウグスティヌス，ヒエロニムスなどの *教父において両者の共存が体現されているとみなした．*キケロが言語上の規範とされ，*修辞学が最高の教養とされた．しかし，実際に人文主義の道を切り開いたのは *ペトラルカである．彼にとって文学は価値ある人生の表現であり，文学の研究は価値ある人生の完成であった．キケロの影響を受けて，彼はまずラテン語を真の教養言語とみなしたが，後に自らギリシア語を学んだ．こうしてイタリアにおけるギリシア古典主義への道を備えた．

〔伝播〕イタリアから始まった人文主義は，15 世紀にはヨーロッパ全土に広まった．それには *コンスタンツ公会議と *バーゼル公会議，また *グーテンベルクの印刷術の寄与するところが大きかった．人文主義は *大航海時代，*植民地主義を通してアジアや中南米にも伝播し，日本には *イエズス会の宣教師によってもたらされた．

〔影響範囲〕(1) アカデミア (〔ラ〕academia, →アカデメイア)．精神主義の交流の場とされ，芸術家や学者として声価を得た人物が参加できた．この種の最初の施設は *フィレンツェで，*メディチ家の後援によって設立されたアカデミア・プラトニカである．他のアカデミアは *ローマ(教皇邸)と *ナポリ(王宮)にもあり，小規模のアカデミアは人文主義者のサークルとしてイタリアとドイツの諸都市に芽生えた．

(2) 大学．人文主義の範囲を広げたのは大学である．そこで古典からの学識を学生に伝授する教授たちは「人文主義者」(〔ラ〕humanistae) と自称した(これはラテン語学者 latinistae，ギリシア語学者 graecistae，詩人 poetae，雄弁家 oratores に分かれる)．これらの人文主義者は，大学で地歩を固めなければならず，法学者，神学者，医学者などの安定した地位をもつ教授たちとは衝突することもしばしばであった．

(3) 諸侯の宮廷．多くの諸侯が学識ある顧問(大抵は法学士)を自分の宮廷に招致したことが，人文主義導入のきっかけとなった．

(4) 聖書校訂版．人文主義は特に *聖書学において長所を発揮した．中世ではラテン語のウルガタ訳聖書が聖書解釈(→ 聖書解釈学)にとって議論の余地のない唯一の聖書本文であったが，人文主義によってギリシア語と *ヘブライ語の原典が討論の対象となった．この種の試みを最初に行ったのはウルガタ訳聖書とギリシア語本文を比較研究した L. *ヴァラである．1505 年にエラスムスはヴァラの『新約聖書の注解』を出版し，1516 年には詳細な注解を付したギリシア語原典にウルガタ訳と異なるラテン語訳を載せた校訂版『新約』を刊行した．このエラスムス版新約聖書を *ルターはドイツ語訳の底本とした(→ 聖書の翻訳：ドイツ語)．スペインの人文主義は，1514-21 年刊行の 3 か国語(ラテン語，ギリシア語，ヘブライ語)聖書 (Polyglotta Complutensis) に結実した(→ 多国語対訳聖書)．

カトリック教会では，*トリエント公会議において「何世紀にもわたり教会において使用され承認されてきた古いウルガタ版を公の朗読，論議，説教，解説において使用すべき決定版とみなす」(DS1506) という，ウルガタ訳聖書使用令が出されたが，ギリシア語原典を研究することは差し支えないとされていた．*エティエンヌ家のロベール (Robert, 1503-59) は，エラスムスに基づくギリシア語新約聖書を 4 回出版した(→ 聖書の章節区

じんぶんしゅぎ

分).また,枢機卿カラッファ(Antonio Caraffa, 1538-91)の指導のもとに*七十人訳聖書の新訂版がローマで1587年に刊行された.スペインでは,国王*フェリペ2世の要請によりモンターノ(Arias Montano, 1527-98)が新しい多国語対訳聖書を編纂し,1568-72年に*アントヴェルペンで出版したが(『欽定版多国語訳聖書』Biblia Polyglotta Regia),この底本となったのは前述の3か国語聖書である.この時期,最も普及したウルガタ訳聖書は,ルーヴァンの*ドミニコ会の会員ヘンテン(Jan Henten, 1499-1566)校閲のもの(初版1547)であり,後には1589年に出版された『シクスト・クレメンティーナ版ウルガタ訳聖書』が普及した.

プロテスタント側では,特にルター,メランヒトン,*フラキウス・イリリクスの3人の名があげられる.ルターは徹底した言語学的研究に基づく初のドイツ語訳聖書を著した.メランヒトンは自分の聖書釈義に修辞学と討論術を応用した.フラキウスが1567年に刊行した『聖書の鍵』は内容に富む基本的学術書で,その第1部は聖書神学辞典,第2部は聖書の文法,修辞的表現,文体を論じたものである.

(5) 教父著作の出版.人文主義のもう一つの活動分野は教父の著作の出版であった.アウグスティヌスの最初の活字版全集本が*バーゼルの出版社アメルバハ社から刊行された(1506).エラスムスはその改訂版を1528-29年に同じくバーゼルで出版させ,1577年にこの全集のルーヴァン版が現れた.エラスムスはまたヒエロニムスの著作の最初の活字版を完成した(バーゼル版1516-19,ローマ版1565-72).アンブロシウスの活字本も1527年バーゼルで出版され,1579-87年にはそのローマ版が出た.1532年バーゼルでアレクサンドリアの*アタナシオスの著作のギリシア語版が初めて刊行された.1575-89年にはパリで,*ソルボンヌ大学教授ド・ラ・ビニュ(Marguerin de La Bigne, 1546-97)らが『教父全集』(Bibliotheca Sanctorum Patrum)を出版した.これは古代と中世の200人以上の著者の著作を印刷したものである.教父の文書は,主にエラスムス版などを通して,当時の*討論神学において引き合いに出された.17世紀になると,主要なギリシア教父のギリシア語・ラテン語対訳書が出版された.

(6) 言語学.中世を通じて教養人の言語はラテン語だったが,ペトラルカ以来ギリシア語が,また後にはヘブライ語がラテン語と併用された.フィレンツェのアカデミアではギリシア哲学の諸著作(たとえば*プラトン)がギリシア語で読まれ,論じられた.パリのソルボンヌ大学では1476年以降,ギリシア語とヘブライ語の講座が開講された.*ロイヒリンは『ヘブライ語入門』(1506)により,ヘブライ語学の創始者となった.

ラテン語,ギリシア語,ヘブライ語という学者たちの三つの主要言語のほかに,各国の言語が重要性を増してきた.ダンテはイタリア語で『神曲』を書き,15世紀には,ヴィーレ(Niklas von Wyle, 1410頃-1478頃),シュタインヘーヴェル(Heinrich Steinhöwel, 1412-82)らによって,ドイツ語の最初の文法書が作られた.

東方教会では教養人たちが種々の著作をラテン語からギリシア語に翻訳する仕事を始めた.*マクシモス・プラヌーデースは*オウィディウス,アウグスティヌスの『三位一体論』,*ボエティウスの『哲学の慰め』,キケロの『スピキオへの夢』を,キュドネス(Demetrios Kydones, 1324頃-1398頃)はトマス・アクィナスの『対異教徒大全』『神学大全』などを翻訳した.

(7) 歴史研究.中世では*年代記作成が主に行われたが,L.*ブルーニとL.ヴァラによって歴史の本格的な研究が始まった(史料研究,資料批判,*「コンスタンティヌス寄進状」の批判).マインツ大学には1504年に歴史学の講座が開講された.フラキウス・イリリクスが1559-74年に編集したプロテスタントの*『マクデブルク世紀史』は討論神学に援用された.カトリック側では*バロニウスが1198年までの教会史を1588-1607年に刊行した.

(8) 法学.*法学の起源は*ローマ法がイタリアで復興した12世紀に遡る.法学を初めて批判したペトラルカは,法学者は*法律の歴史的起源と法律の言語を理解していないので,法律を知らないのも同然であると非難した.この批判をイタリアのアルチアーティ(Andrea Alciati, 1492-1550),フランスの*ビュデ,ドイツのツァジウス(Ulrich Zasius, 1461-1535)らが受け継いだ.この後,二つの学派が生じたが,その一方は主にイタリアで支持され,法律の原則を現在に適応することを重視した([ラ] Mos Italicus, イタリア方式).もう一方はフランスに広まり(Mos Gallicus フランス方式),原典批判に従事し,法律原典中の挿入や原典の発生史を研究した.両学派の方法の統合したのはバーゼルのアメルバハ社で,同社の編纂出版上の業績としてローマ法大全(*『市民法大全』)のフィレンツェ写本(Codex Florentinus)の刊行(1559)があげられよう.

(9) 論争.ルネサンスの副次現象である論争は,すでに15世紀にイタリアの人文主義者によってしばしば行われたが,*クロトゥス・ルビアヌス,*フッテン共編の*『高名ならざる人々の書簡』(1515-17)でその頂点に達した.その攻撃の狙いは*スコラ学で,とりわけ*ケルン大学が槍玉にあげられた.これは極めて拙劣なラテン語で書かれた,全くの創作の書簡で,聖職者を中傷し,スコラ学を揶揄するものであった.

(10) 宗教会談.宗教改革が起こったとき,エラスムスは和解の努力をし,『教会の和合回復論』(1533)で,もし教会が初代教会の素朴な信仰に戻り,*使徒信条の根本的諸真理に自らを限定するなら,教会内に一致は実現されるとの見解を述べた.エラスムスの提唱に呼応して1534年,1539年に*ライプツィヒ,1540年にハーゲナウ(Hagenau)と*ヴォルムス,1541年にレーゲンスブルクなどでも宗教会談が行われた(→レーゲンスブルク宗教会談).

プロテスタント側では,メランヒトンが*アウグスブルク信仰告白で人文主義の流れを汲む思想を取り上げ,「キリスト教的生活の単純性」([ラ] simplicitas vitae christianae)は信仰における一致を達成するはずだとした.メランヒトンとブーツァーは,この意味でフランスにも宗教改革を導入できると期待した.イングランドからは*クランマーが1535-52年にメランヒトン,ブーツァー,*ブリンガー,*カルヴァンと書簡を交わし,ローマから離れた全キリスト者の公会議を*公会議首位主義の意味で招集しようと努めた.プロテスタント一致運動はサンドミエシ(Sandomierz)での合意(1570)で一応の成果を上げ,*ルター教会,カルヴィニズムの両派および*ボヘミア兄弟団が相互支援を決議したが,*教理上の合意に至らなった.

【人文主義と古典語教育】ルネサンス期の知識人はギリシア語・ラテン語で書かれた古代ローマ時代の古典を人間的価値の最高の表現とみなし,そこに描かれたフマニタス(人間性)を研究し,これを模倣することによって自

らの人間性を向上させようとした．彼ら人文主義者は，それまでのスコラ的神学を中心にした学問とは異なる「新しい学問」，すなわち人文研究に従事し，これを人間教育の根幹と位置づけてその価値の普及に努めた．

こうして古典古代と彼らの時代との間の長い時代を中間の時代とみなしたことから「中世」（〔ラ〕medium aevum）という概念も生まれた．しかし，20世紀に中世研究が進んでその文化水準の高さが認められるようになると，「人文主義」は特に中世の12世紀や*カロリング・ルネサンス期に起きた類似の現象についても使われるようになった．事実，中世も古典古代の文化を意識し，大幅にこれに依存していた．この意味では人文主義は中世の継承であったが，ギリシア語の原本は少なく，その知識も稀であった．ルネサンス期には，それらがビザンティン世界から北イタリアに多く移入され，さらに印刷術の発明により手にしやすくなった．こうして，人文主義者たちは，中世ラテン語で書かれた本文よりも，ギリシア原典の本文を重んじ，それらをスコラ学に代表される中世の学問を革新する象徴として掲げた．その中心人物がペトラルカやエラスムスであった．

彼らは古典の古い写本に強い関心を寄せ，ギリシア語ばかりでなく，ラテン語の古典，ギリシア語新約聖書，ヘブライ語旧約聖書など，*聖書写本を収集し，*聖書の本文批判の創始者となった．C. S. *ルイスが名著『16世紀英文学史』（1954）で述べたように，中世ラテン語を蔑視し，キケロ的古典ラテン語を偏愛した結果，ラテン語は話されることのない死語になってしまった．

人文主義は古典ギリシア語，ラテン語，ヘブライ語を中心とし，人文主義者の多くは宗教改革者ではなかったものの*デヴォティオ・モデルナによりキリスト教の刷新を目指し，ギリシア・ラテン教父の作品の校訂出版を行い，聖書の原典確立と注釈に力を尽くした．彼らは原典優先主義でこれら三つの言語のほかはアラム語等を付随的に研究した程度で，学校教育では主としてギリシア，ラテン語を教え，国語教育はなかった．しかし，古典語教育のいわゆる人文学課程では作文が重んじられ，それは古典作家の文章の模倣を中心とした．叙事詩・オード（〔英〕ode）・諷刺詩・牧歌・演劇・演説の模倣・翻案が学校教育の日課となり，一般人に向けた古典作品の国語への翻訳は国語文学の育成に大きな影響を与えた．

人文主義は中世の*アリストテレス主義に代わるものとして新プラトン主義と結びつき，*ピコ・デラ・ミランドラ，*フィチーノ等の哲学者が活躍した．人文主義が宗教改革とカトリック改革の両方の圏内で共通の現象であったことは，*イエズス会学院が人文教育により確たる評価を得た事実からも理解することができる．

【文献】キ大 876-77；平大百科 7: 1053-54；LThK² 5: 526-30；LThK³ 5: 319-27；NCE 7: 215-24；RGG³ 3: 477-84；TRE 15: 639-61；G. TOFFANIN, *Storia dell'Umanesimo*, 3 v. (Bologna 1950)；P. O. KRISTELLER, *Humanismus und Renaissance*, 2 v. (München 1974-76)；A. RABIL, JR., ed., *Renaissance Humanism: Foundation, Forms and Legacy*, 3 v. (Philadelphia 1988).

（J. マウツ，高柳俊一）

しんヘーゲルしゅぎ　新ヘーゲル主義　〔英〕Neo-Hegelianism, 〔独〕Neuhegelianismus, 〔仏〕néo-hégélianisme　19世紀後半より20世紀初頭にかけてドイツを中心にしてみられたヘーゲル哲学復興の動きの総称．これを促した背景としては，19世紀後半からの*新カント学派の運動と，*生の哲学の運動があげられる．かつて*カントに始まる*ドイツ観念論の運動が*ヘーゲルを引き出したように，新カント学派が経験科学の認識論的基礎づけを哲学の固有の職分とするとき，*認識が存在するものに向かうかぎりで，その運動はやがて*存在論，*形而上学を招来せざるをえなかった．しかも，その存在への関心が時代の危機意識と結びついて人間の歴史的生に向かうとき，*弁証法の論理に立つヘーゲル哲学は*合理主義と*非合理主義を共に超える地平に立つものとして見直された．この意味で，当時ベルリン王立図書館に所蔵されていたヘーゲルの遺稿を資料にして，あらためてヘーゲル哲学の発展史的研究の必要を訴えた*ディルタイや，自ら新カント主義運動に棹さしながら，1910年，ハイデルベルク大学総長就任演説を「ヘーゲル主義の復興」（Die Erneuerung des Hegelianismus）と題して行った*ヴィンデルバントなどが果たした役割は大きい．そして，この運動はヘーゲルの没後100年に相当する1930年代初頭，ことに国際ヘーゲル連盟（Internationaler Hegelbund）が結成された1930年に頂点に達し，以後ナチス（→ナチズム）の台頭とともに急激に変質していった．

【文献】W. ヴィンデルバント『プレルーディエン（序曲）』第2巻，河東涓，篠田英雄訳（岩波書店 1925-26）：W. WINDELBAND, *Präludien* (Tübingen 1884 ⁹1924)；R. クローナー『ヘーゲルの哲学』岩崎勉，大江精志郎訳（理想社出版部 1932）：R. KRONER, *Von Kant bis Hegel*, 2 v. (Tübingen 1921-24 ²1961)；H. LEVY, *Die Hegel-Renaissance in der deutschen Philosophie* (Charlottenburg 1927).

（上妻精）

しんぽ　進歩　〔英〕progress, 〔独〕Fortschritt, 〔仏〕progrès　文字通りの意味は「前に進んで歩くこと」で，基本的に二つの性質をもっている．一つは，その状況が決して不動のものではなく少しずつ変化していることで，もう一つは，その動きが前方にある何か新しいものに向かっており，後退したり円を描いたり周期的に繰り返したりするものではないことである．このように，前進とは，「より完全なものへと漸次進んでいくこと」を意味する．前進しているものは果たして何なのかという問題については，その答えは多岐に及び，個々の事物や人物，または各種の集団や社会から人類さらには宇宙全体までの共同体などが考えられるだろう．前進の行く先については，外部のある目標とも内部のそれとも考えられるだろう．したがって，進歩とは，多様な分野において起こるものと考えられ，文化的・精神的・道徳的範疇はもちろん，科学技術，社会経済，政治などにまで及ぶのである．

*運命や万物の*輪廻や来世での救済のような観念がある一方で，個々人が道徳的に少しずつ改善することができるという考えは，洋の東西を問わず非常に古くからある．また，*プラトンの思想において，すでに，技術的な進歩が徐々に進行しているという認識もみてとることができる．それ以来，今日に至るまで，時代の変遷によって程度の差はあるものの，果たして技術的・物質的な進歩は人類にとってありがたいものであるのか，あるいはむしろ人間の道徳的退廃をもたらす災いなのかという疑問が生じてきた．

*アウグスティヌスは『神の国』のなかで，生涯を通じての「人類の教育」を提唱している．それは，独自の段階を経て発達するのに適した能力を人類に与えた，創

しんぽう

造主である神の意志なのである．12世紀になって，フィオーレの*ヨアキム*は，神が3段階の過程において進歩を定めたとするアウグスティヌスの信念の再認識に至った．

しかし，無知と貧困の段階から芸術や科学，自然を支配する力を養い，社会政治的組織などにおいて，つねにより高い水準へと前進していく全人類が，自力でその完成へと前進しているという楽天的な考えは，近代ヨーロッパ的なもので，17世紀後期の*コンドルセや*コントなどフランスの哲学者を主唱者とし，K. *マルクスにより取り上げられ，*進化論によって扇動され，19世紀には H. *スペンサーにより激賞された．これらの典型的世俗論者・人文主義者たちは，進歩をこの世にしか起こらない不可避前進として捉えており，進歩は人間の努力と合理的手段のみによるものとされる．19世紀後期以降の批判的な考えと，20世紀の厳しい歴史的事実とによって，その単純な楽観主義は衰退し，代わって悲観的・虚無主義的な風潮が繁栄した．

人間存在の重要問題である進歩を適切に捉えるためには，まず進歩の概念とそれに対する賛否両論の論拠を詳しく検討しなければならない．第一に，進歩の概念に内在する曖昧さに注目する必要がある．その基本的なものは，一つには，進歩がゴールに向かって進む運動であるにもかかわらず，そのゴールの善悪を判断する基準が運動自体の外側にあるという相反する事実に根ざしている．このことを知らずにいると，単なる独断と偏見によって選ばれたゴールを何の疑いもなしに受け入れてしまうことになる．要するに，変化があるという事実だけによって，その変化が良いほうへ進むのか（進歩），あるいは悪いほうへ進むのか（退歩）決めることはできない．別の曖昧さは，人生にはさまざまな次元で起こる異なった様相の変化があるのだが，それら異なった次元での変化は決して調和し合うものではないという事実による．外面的な技術的・経済的進歩があっても，必ずしも内面的な精神的・道徳的発展が保障されるわけではない．また，人間の社会生活自体にも問題があり，その社会において，無数の事実の善悪を分類することはもちろん，それらのなかから本当に有効な長期的・歴史的な潮流を見極めることさえも決して容易ではないのである．端的にいうと，進歩という概念を用いるときには二つのレベル，すなわち倫理的レベルと現実的レベルにはっきりと分けておかなければならない．要するに，我々は，進歩を到達すべくある理想に向かって進むこととして語っているのか，あるいは結果が予測できないことを忘れ，結果として生じた事実や出来事や風潮それ自体を「進歩的」なものとして扱うのかの二つである．

進歩していると主張する際には，さまざまな理由が考えられる．神の導きを信じる宗教的理由，物事には本質的に秩序が備わっているとする形而上学的理由，人間性に対して楽天的にみるヒューマニズム的な理由もあれば，経験から得た知識の積み重ねとそれによる発展を主張する合理主義的理由，進化という事実と方向性を信じる自然主義的理由もあるだろう．さらに，例えばカトリックの人類学者*テイヤール・ド・シャルダンの説のように，複数の理由が混合したものも考えられるだろう．それらのいずれの考え方にも，人間の真実を説き明かすには短所と長所とがあり，結果的には，どれ一つとして演繹的に排除することは許されない．カトリック的観点からみた場合，ことに第2*ヴァティカン公会議以降，キリストにおける神の救済の計画を信じることとは，す

なわち，*聖霊に励まされてたゆまず努力することで，この世における人間の進歩的自由を勝ち取ることなのだとする解釈が徐々に明らかになってきている．永遠なる神の国で万物が最終的に完成されることを信じながらも，すべての人類と自然全体に対しての理性と自立した自由という我々特有の能力ゆえに，厳密に宗教的な領域においてだけでなく，人類の試みのすべての領域においてもこれらの努力を発揮しなければならないのである．しかし，蛇行しながら流れる川が最終的には大海に流れ出る宿命にありながら，なおあてもなく進んでいるかにみえるのと同様，人類の歴史も肉眼には方向感覚を全く失ってしまっているようにみえるかもしれない．単に哲学的に考えるならば，人類の進歩は不可能なものとも宿命的なものとも断定できないといいうるだろうが，それも所詮は多くの可能性のなかの一つにすぎない．

【文献】教会公文書：パウロ6世回勅『ポプロールム・プログレシオ』（中央出版社1968）．

古典邦訳：M. J. コンドルセ『人間精神進歩史』全2巻，渡辺誠訳（岩波書店1951）；A. コント「実証精神論」霧生和雄訳，H. スペンサー「進歩について」清水礼子訳『コント，スペンサー』世界の名著36（中央公論社1970）．

その他：J. B. ビュアリー『進歩の観念』高里良恭訳（創元社1953）：J. B. BURY, *The Idea of Progress* (London 1920); C. ドーソン『進歩と宗教』刈田元司訳（1942；創元社1954）: C. DAWSON, *Progress and Religion* (1929; New York 1960); P. テイヤール・ド・シャルダン『人間の未来』テイヤール・ド・シャルダン著作集7，伊藤晃，渡辺義愛訳（みすず書房1974）: P. TEIHARD DE CHARDIN, *L'Avenir de l'homme* (Paris 1959); R. NISBET, *The History of the Idea of Progress* (New York 1980).

(J. カスタニエダ)

しんぽう　神法　〔ラ〕ius divinum　天地万物を創造し，主宰する神の永遠の世界計画の法．宇宙世界全体の支配者としての神にあっての事物統治の理念，神的理性の導きは，法としての本質を備えている．神的理性の働きは，時間的制約に従わず永遠なものであるから，この種の法は，*永遠法とも呼ばれる．すべての法は，正当な理性に従うかぎりにおいて神法から導出されるのであり，それゆえ神法は，すべての法の源泉である．神法には物質的秩序に関わる法則，すなわち自然法則（〔ラ〕lex naturae）と精神的秩序に関わる規律，すなわち広義の*道徳律が含まれる．道徳律は，理性的存在である人間には，第一に自然界の何らかの輝きと*自然法によって示される．第二に超自然的方法，すなわち神の*啓示（*神定法）によって示される．人間の超自然的で神的な目的のため，人間には自然法と*人定法に加えて神定法が必要とされる．

【文献】カ大772；現カ356；トマス・アクィナス『神学大全』第13冊，稲垣良典訳（創文社1977）．　（桑原武夫）

シンボル　→　象徴

シンマクス　Symmachus　（?-514. 7. 19）　聖人（祝日7月19日），教皇（在位498-514）．*サルデーニャに生まれる．教皇*アナスタシウス2世の死（498）の後，混乱のなか，教皇に選出される．当時のローマ教会は*アカキオスの離教に対する処置で分裂しており，前教皇の親ビザンティン政策に不満を抱いていた者を含む聖

職者の大多数は，ラテラノ聖堂でサルデーニャの助祭シンマクスを，親ビザンティン派の少数聖職者たちは，*サンタ・マリア・マッジョーレ大聖堂で司祭長であったラウレンティウス (Laurentius) を，498年11月22日にそれぞれ教皇に選出した．両派は *東ゴート人の王 *テオドリクスに訴え，王はシンマクスを支持した．シンマクスは直ちに教会会議を開催 (499. 3. 1)，教皇生存中に後任を選出することを禁じる．ラウレンティウス支持派はテオドリクスに上訴し，王は両者を *ラヴェンナに召喚する．反対派による罠を察知したシンマクスがローマに逃げたことで激怒した王は，ローマで司教会議を開催することを決定し，暴動と流血のなか会議が開催される．501年10月，俗に「棕櫚の教会会議」と呼ばれる第4会期で，シンマクスは「教皇は何人によっても裁かれない．教皇の問題は神の裁きに任される」との原則を打ち出す．これに不満の王はラウレンティウスのローマ帰還を許す．ラウレンティウスは混乱・暴動・流血のなか，*サン・ピエトロ大聖堂を除くローマのほとんどすべての聖堂を掌中に収める．その後も文書合戦が展開されるが，506年アレクサンドリアの助祭 *ディオスコロスの仲介で王と和解，ローマの全教会はシンマクスに返還され，対立は解消された．

彼の掲げた原則について，当時ミラノの助祭であった *エンノディウスが『弁明書』を書いているが，それを擁護するために多くの偽造文書が作られることになる (Gesta de Xysti purgatione, Synodi Sinuessanae de Marcellino papa, Gesta Liberii, Constitutum Syrvestri)．これらの偽造文書はいずれも「教皇は何人にも裁かれない」(prima sedes a nemine judicatur) という原則を証明するためのものであり，*教皇文書集に収録され広く流布することになる．

アルルの *カエサリウスと親交を保ち，彼に *パリウムを送り，ガリアとスペインの首位聖職者とする．皇帝 *ゼノの『統一令』に反対し，*カルケドン公会議で宣言された正統信仰を擁護したほか，サン・ピエトロ大聖堂の増改築を手がけ，現在の *ヴァティカン宮殿の地所に，最初期の教皇公邸を建設するとともに巡礼者のための宿舎を建てている．また，すべての主日と殉教者の祝日の *ミサで，*栄光の賛歌を歌うよう定めたと伝えられる．

【著作校訂版】PL 62: 49-80; A. THIEL, ed., *Epistolae romanorum pontificum*, 1 (Braunsberg 1868) 641-734.
【文献】キ人 740; DPAC 3205-206; DThC 14: 2984-90; LThK² 9: 1217-19; NCE 13: 876-77. （小高毅）

シンマクス **Symmachus, Quintus Aurelius**
(340頃-402頃)　ローマ帝国元老院議員．ローマ市長官の息子として生まれ，*ウァレンティニアヌス2世によって373年にアフリカ総督に，384年頃ローマ市長官に任命され，391年にはテオドシウス (Theodosius) とともに執政官を務める．ローマの伝統的宗教の熱烈な信奉者として，382年の *グラティアヌス帝による元老院議会場からの勝利の女神の祭壇の撤去に激しく抗議，その再建を求めたが聞き入れられず，384年伝統的宗教の復興とグラティアヌス帝の勅令の撤回をウァレンティニアヌス帝に求めたが，ミラノの司教 *アンブロシウスの反論に敗れる．さらに，389年末にも勝利の女神の祭壇の再建を求めるが，このときもアンブロシウスに阻まれる．書簡集10巻が現存する．
【文献】キ人 740; DPAC 3206-207; F. CANFORA, *Sim-maco e Ambrogio o di un'antica controversia sulla tolleranza e sull'intolleranza* (Bari 1970). （小高毅）

しんむらいずる　新村出　(1876. 10. 4-1967. 8. 17)
言語学者，国語学者．父・関口隆吉（当時山口県令，1836-89）と母・静子 (1849-1928) の次男．1889年（明治22）新村家の養子となる．1899年東京帝国大学文科大学博言学科卒業．西欧留学後，京都帝国大学教授となり，1936年（昭和11）の退官まで言語学講座を担当．1910年（明治43）文学博士．1928年（昭和3）帝国学士院会員．1956年文化勲章受章．没後，『新村出全集』全15巻（筑摩書房 1971-73）が刊行された．『大言海』の新編完成 (1937) に努めたうえで，自身も戦前に総合百科事典を包含する国語辞典『辞苑』(1935) を編纂，戦後は『広辞苑』(1955) の編者として知られる．上田万年 (1867-1937) の高弟で，西欧の言語理論を導入して国語学の樹立に貢献した．抄物資料を紹介し，室町時代の言語研究につながるキリシタン関係の文献の考証および語源研究や外来語の考証に先駆的な役割を果たした．著書にロンドンの大英図書館で筆写した *『イソポのハブラス』，天草版 *『平家の物語』などキリシタン文学関係の論考をまとめた『南蛮記』(1915) がある．『新村出全集』第5-8巻は「南蛮紅毛篇」および「書誌典籍篇」として，南蛮・キリシタン，紅毛・蘭学関係の論考，研究史を擁し，「南蛮更紗」「薩道先生景仰録」「日本吉利支丹文化史」「吉利支丹研究余録」「文禄旧訳伊曽保物語」（後に「天草本伊曽保物語」）などが収録されている．このほか，監修・編纂したものに，*海表叢書全6巻 (1927-28)，『日本古典全書』*『吉利支丹文学集』全2巻 (1957-60) を収める日本古典全書がある． （小島幸枝）

しんめいき　申命記　〔ラ・独〕Deuteronomium, 〔英〕Deuteronomy, 〔仏〕Deutéronome
【名称】旧約聖書の一書．*ユダヤ教では冒頭の2語「これらは言葉（である）」(〔ヘ〕'ēlleh haddᵉbārîm), ないし単に「言葉」(dᵉbārîm) を書名として用いる．「第二法の書」「申命記」は *七十人訳聖書の「第二の律法」「繰り返された律法」(〔ギ〕deuteronomion) に由来する（申 17: 18 では「律法の写し」の意味）．
【本文】本書は *マソラ本文中で最も変化少なく伝承されている．*サマリア五書にみられる重要な異読 (27: 4) および *死海文書での異読 (32: 8, 43) は，（前）マソラ内部の本文伝承での意図的変更によるものと考えられる．
【五書中の位置】*創造に始まる *モーセ五書の結びとして，*モーセの最後の行為と死を物語る．しかし，4章 41-43 節や 31 章の一部，34 章 1-9 節以外はモーセの語った言葉が中心であり，この死期を迎えたモーセの最後の言葉という設定は本書に遺言・遺訓としての重要性を与えている．申命記に含まれている *律法も，*シナイ（ホレブ）でモーセ個人に啓示された神の *掟（出 19-22章）が約束の地を目前にしたモアブでモーセの口を通して全イスラエルに告知され説明されたものとして（申 1: 1; 4: 13 など），約束の地において守るべき *神の意志としての特別の権威を与えられている．
【構成】現在の形での申命記はモーセの語った言葉の記録集であり（古くはクライネルト Paul Kleinert, 1837-1920, 今日では N. *ローフィンクの見解），その構成は表題 (1: 1, 3; 4: 44, 45; 28: 69; 33: 1) が示している．第1部は 1-4 章で，ホレブを出発してベト・ペオルまでの旅路の歴史の想起がなされ (1: 6-3: 29)，約束の地に

しんめいき

入った後の掟への従順の勧告(4:1-40)で結ばれるモーセの「言葉」(1:1)である．第2部の5-28章はモーセが示した「律法」(4:44)で，「掟と法」の繰り返しにより(5:1；11:32；12:1；26:16)，さらに3区分に細分化される．5-11章では律法公布の正当性がホレブでの出来事に基づいて歴史的に根拠づけられ，枢要な掟(「唯一の主のみ礼拝」．6:4-5等)に関する勧告が展開される．12章1節から26章16節は申命記法集の本体で，個々の具体的規定が集められ(古くはシュルツ Friedrich Wilhelm Schultz, 1828-88, 最近はブラウリク Georg Braulik, 1941- によれば，法の配列は *十戒と並行しているという)，28章は掟に伴う報いとしての *祝福と *呪いの枚挙，26章17-19節は5-28章が神である主とイスラエルの間の *契約の文書であることを明示する．第3部の29-32章はモアブでの契約締結の儀式を伝える「契約の言葉」(28:69)で，モーセの言葉とともに後継者 *ヨシュアの任命(31:1-8)およびモーセの歌(32章)が収められている．最後の第4部，33章はモーセの「祝福の言葉」で，*族長である *ヤコブの祝福(創49:1-28)に対応する．以上の4部分からなるモーセの言葉の記録には，それに付随する出来事も記述される．ただし，記録集の枠組みから逸脱するのは，約束の地に入ったときに行うべき一回的儀式を伝える27章と，モーセの死に関する部分32章48-52節ならびに34章である．

【様式】本書の様式として，古代オリエント法典，契約更新祭，宗主権条約などが提案された．*ハンムラピ法典などの古代オリエント法典は序文，法典の本体，後文の3部から構成され，それぞれ申命記1-11章，12章1節から26章16節，そして26章17節から34章12節が対応する．ただし，現在の申命記ではこの構造とは異質の内容も多く含まれる．*ラートは本書の様式の由来を *シケムにおける定期的な契約更新祭に求める．シケムでの契約更新祭(ヨシュ24章，申27章)とシナイ契約(出19章以下)は共通した構成要素をもち，申命記にも対応する要素がみられる(「歴史的叙述と勧告」1-11章，「律法朗読」12:1-26:15，「契約締結」26:16-19，「祝福と呪い」27章以下)．典礼的性格は繰り返し強調される「今日」という表現，また律法公布に先立ち民に向けられた勧告の存在が示している．民と主なる神の対等の契約締結という法的性格は確かに存在し(26:17の「民の意志表明」，26:18の「主の意志表明」)，申命記が契約更新祭と結ばれていた時期があったことは大いに考えられる．また，申命記が古代オリエントの宗主権条約の構造をもつことはメンデンホール(George Emery Mendenhall, 1916-)やバルツァー(Klaus Baltzer, 1928-)により提唱された．ハットゥシャ(Hattusa)の発掘により発見された *ヒッタイト帝国と諸国との宗主権条約(前14-13世紀)の様式は，序(前書きとして，条約の当事者の自己紹介)，前史(条約締結に至るまでの両者の関係の歴史叙述)，基本法の内容・宣言(帝王に対する忠誠の要求)，義務(個々の規定)，祈り(約束の証人である神々への祈り)，祝福と呪い，議定上の注記からなる．申命記においてこの定型(「契約様式」)の要素(少なくともその一部)は一つの章のなかにみいだされ(4:1-40；29-30章)，幾つかの章がこの定型で結ばれ(5-26, 28章)，全体の構造にも影を落としている．特に5-26章と28章はこの定型構造をもち，5-11章は前史と基本法としての第一の掟の宣言，12-26章は第一の掟の具体化としての個々の規定，28章は祝福と呪いの部分である．この定型は新 *アッシリア時代(前9-7世紀)の条約にも用いられており，申命記およびその他の契約様式で特徴づけられる文書(出34章；ヨシュ23-24章；サム上12章)はその影響を受けていると考えられる．そして，申命記28章20-57節にはエサルハドン(Asarhaddon, 在位前680-669)の後継者に関する条約の直接の影響がみられる．申命記は主なる神と民との契約を宗主権条約の定型を用いて新たに表現したのであるが，しかし26章17-19節が示すのはむしろ対等の条約関係であり，宗主権条約の構造からは外れている．

【文体の特徴】申命記は特徴的な文体をもち，それが本書を越えて各所にみいだされる．その一つとして「勧告」が注目されてきた．申命記のなかでは，勧告が歴史の現在化により勧告自体を根拠づけるとともに，伝承された法規定を拡張，解釈して現在の生の活性化のために働きかける(例えば，15:1-6)．この勧告は，伝承を伝え解釈する権威ある職位の説教活動が記録されたものと考えられ，律法朗読の祭儀を背景に(古代アイスランドの民会との類比によるクロスターマン August Klostermann, 1837-1915 の見解)，歴代誌史家が伝える *ネヘミヤ時代の *レビ人の律法説明(ネヘ8:7-8)の源流が申命記に形を与えたとされたが(ラートの見解)，申命記でのレビ人の地位は極めて低く(申12:12, 18-19；18:1-8等)，職務も伝統の誤りない伝達にあったとみられ，本書の勧告の文体をレビ人に求めるには根拠が薄弱である．

他方，申命記の文体が説教などの口頭言語ではなく純粋に文学作品の文体とする立場から，その言語は非常に修辞的で芸術的な散文とされる(ローフィンク，ブラウリクの見解)．それは挿入された副文で引き延ばされた大きな広がりを単位とするリズムをもち，押韻もみられ，特定の意味に刻印された用語や古い重要文書を暗示する定式表現の繰り返しなどを用いて調和感覚に富んだ教育的効果を生む．この文体は，新アッシリアの法律文書と同様，公の儀式で朗読されるべきものとして作成されたものと考えられ，したがってその著者も法律に詳しく，文学的才能に恵まれ神学的にも有能なグループとして *エルサレムの宮廷書記が考えられる．本書にみられる「*知恵」の影響もここから説明される(ヴァインフェルト Moshe Weinfeld, 1925- の見解)．

創世記から民数記までの部分にも「申命記的」挿入や付加がみられる．そのなかには，申命記の文体の後代の模倣であるよりはむしろ申命記に先立つものがあり，それは初期申命記的と称される．前8または7世紀の *ヤーウィスト資料(J)と *エロヒスト資料(E)の結合(それにより *祭司文書，略号P以前のモーセ三書が編集された)を行ったのはエルサレムの指導者階級であって，それが申命記の言語と神学の源流であったかもしれない．

【ヨシヤ王の改革と本書の成立】申命記の特徴である「祭儀集中化」の規定は，犠牲祭儀を主である神が選ぶ唯一の場所(おそらく初めからエルサレムを指していた)に限るという革命的な規定である(12:4-7, 8-12, 13-19, 20-28等)．この祭儀集中化と *ヨシヤ王の改革との関係は，本書の成立の年代確定にとって重要である．

列王記下22-23章は，ユダ王国のヨシヤ王の第18年(前622)に，*神殿の修復に際して「律法の書」が神殿内で発見されたことを伝えている．ヨシヤはこれに基づいて民の集会で神と民の契約を結び，次々と *祭儀の改革を行い，最後に *士師の時代以後途絶えていた *過越祭をエルサレムで挙行した．このヨシヤ王の改革と申命

記法集との対応から，改革時に指針となったとされる「律法の書」が申命記に相当することは，*デ・ヴェッテ(1805)以来学問的に基礎づけられた．列王記の記事から判断して，この律法の書は現在の申命記よりはるかに小規模なものであったと考えられ，申命記5-26章と28章に核として含まれていると想像されるが，このヨシヤ王の時代の申命記の原型，いわゆる「原申命記」の確定には成功していない．デ・ヴェッテは列王記の記録を修正して，申命記がヨシヤ王の改革に際して書かれたとし，モーセ五書の諸資料の成立年代をめぐっての絶対基準を確立した．しかし，この主張に対する異論にみられるように現在もなお未解決の問題がある．歴代誌の記述によれば，ヨシヤはアッシリア帝国の政治的・文化的支配を排除する目的をもつ改革を「律法の書」発見以前に開始しており(代下34:3, 8)，書物の発見自体は改革にさほど重要な意味をもたず，したがって申命記は改革に際して成立したのではなく，すでに前史をもっていたか(エストライヒャー T. Östreicher, Das deuteronomische Grundgesetz, 1923参照)，あるいは列王記の記録の歴史的信憑性を疑問視する立場からは，ヨシヤ王の改革と申命記とを結びつけたのは，*捕囚の時期，あるいはそれ以降に成立した申命記に律法としての権威を付与するための虚構ではなかったかと問われる(カイザー Otto Kaiser, 1924-)．特に後者の論拠は，祭儀集中化を含め申命記の改革は実現困難なユートピア的性格をもっていて，直接間接に関係したはずの*預言者，つまり*エレミヤ，*エゼキエルが申命記には全く言及しておらず，列王記中の律法の書発見の記録は捕囚時代の申命記史家の手になることである(→申命記史書)．他方，*アラドと*ベエル・シェバの発掘結果は地方聖所の祭儀の廃止が*ヒゼキヤ王(前715-687)治下にすでに始まっており，*ヤハウェの聖所の完全な破壊もヨシヤ王以前に始まっていたらしいことを示している．ヨシヤ王の改革は単に祭儀集中化の原則だけではなく，古い特権法(「他の神々の聖所の破壊規定」．出34:13; 23:24; 申7:5)にも基づいていた可能性がある．また列王記の記録に歴史性を認める立場から，申命記はヒゼキヤの反アッシリア改革時に部分的に成立したが，*マナセ王の反動政策の間は神殿内に隠され，前622年にヨシヤ王のもとで再発見されて神と民の契約の基本文書として用いられたものと考えられる(ローフィンクの見解)．

　文書の成立過程を再構成する基礎となる文献批判の基準は前後関係の断絶や不整合にあるが(→聖書の文献批判)，特に申命記の場合，「数の交替現象」(〔独〕Numeruswechsel，二人称単数と複数の交替)が重要で，古い層では単数・複数の区別がその層の成立時代区分に対応するらしいが，新しい層では単数・複数の交替を文体として模倣しているために層の区別の基準にはなりえないと考えられる．そのほかに神学的に鍵となる概念の分布，また法集の部分では様式の区別(断言法と決疑法)，あるいは特徴ある表現を伴ったまとまり(例えば，「いとうべきもの」tô‘ēbâ, 17:1; 18:10-12; 22:5等，「(悪を)取り除かなければならない」biʻartā, 13:2-6, 7-12, 13-19等参照)が基準になる．申命記の文献批判は非常に複雑で，成立過程にもさまざまな仮説があるが，ここではローフィンクによるモデルを紹介する．

　申命記が前提とする文書は「*契約の書」(出20, 22-23, 33章)，モーセ五書の古い物語資料，そして今は伝わっていないその他の法集，また申命記の新しい層ではヨシュア記から列王記下までのいわゆる「申命記史書」であるが，特に国家成立以前に遡る「主の特権法」(「祭儀的十戒」とも呼ばれる．出34:10-26と23:12-33を比較参照)および「倫理的十戒」(申5:6-21に引用される)が重要である．前者は申命記16章の祝祭規定とそれを基礎として生まれた「祭儀集中化の規定」という，本書の最も古い層の土台となった．後者は比較的新しく申命記に入ったが，神の意志の表現としてホレブでの啓示内容そのものとしての位置を与えられている(申5, 9-10; 28:69)．この十戒の冒頭部は本書の言語に大きな影響を与えており，申命記4章15-20節や6章10-15節，また7章8-11節と8章7-20節は第一戒の敷衍的注解である．

　申命記の成立は「祭儀的十戒」という古い特権法と，祭儀集中化の規定とが結びついた「時」である．基本的な部分はすでにヒゼキヤ王の祭儀集中化に由来するらしい．ヨシヤ王は(当時の形の)申命記を前622年の契約更新祭の基礎文書として用いた．このとき申命記は「契約証書」となり，同時に国家の基本法とされた．アッシリア帝国の政治的・文化的支配から独立し伝統を回復するため，イスラエルの多くの伝承が新たに神との条約としての「契約神学」に組織化され，申命記はアッシリアの高度に修辞的な言語，条約制度などを模範に，宗主権条約文書の形態をとった．次の段階は申命記が申命記史書の一部に取り入れられたときに始まる．このとき申命記にモーセの語りの形態が与えられ，申命記1-3章が加えられた．申命記史書の一部としての申命記はその後，ヨシヤ王の戦死，ユダ王国の滅亡とバビロン捕囚の歴史的体験に基づく加筆を受けた．例えば，申命記29章21-27節は破滅すなわち神との契約関係の崩壊の責任をイスラエルに求めて，6章18-19節やヨシュア記23章などは土地取得が初めから律法への*忠実を条件にしていたことを強調する．捕囚後期には*アブラハムまたは族長たちとの契約伝承に基づく(創15:18; 17章)，イスラエルの服従如何に左右されない無条件の恵み(→恩恵)としての契約という，更新された「契約神学」が形成され，新たな土地取得に備えて分権制度による憲法草案(申16:18-18:22)が作られ，また捕囚後の必要に応じた法資料の大幅な拡張(19-25章)がなされ，申命記は刷新されたイスラエルのための真の意味での律法の書となった．捕囚期以後に申命記27章(および11:29-30)，レビ人の規定(10:8-9)などが付加されたと考えられる．申命記形成の最終段階は，おそらく前4世紀初頭に申命記が申命記史書から切り離され，当時のJ資料とE資料の結合，ならびに二次的付加を伴うP文書からなっていたモーセ五書に編入されたときである．これに応じてモーセの死を物語るP文書(32:48-52; 34:1前半, 7-9)などが申命記に挿入された．また古いモーセの祝福(33章)が加えられた．申命記全体の構造をモーセの語った言葉の記録集として規定する表題組織もこの段階の編集による．

【神学的思想】約束の実現のときを目前にして「*神の民」の在り方を教える申命記の神学は歴史のなかに体験される神の導きに基づき，*終末の完成へと開かれている．イスラエルを自分の宝の民，遺産とする神の*選び(4:20; 7:6; 14:2等)は，ただ神の*愛にのみ基づいて祖先になされた*誓いの実現であり，イスラエルの側には何らの功績のない，神からの全くの恵みであった(7:7以下; 9:4-5; 10:15; 26:3, 15)．神の愛への応答としてイスラエルには神の意志とその具体化である律法への全面的忠実が求められる(6:4以下)．「祭儀集中化」は

しんめいきししょ

聖所をエルサレムに限ることにより唯一の神である主への信仰を貫徹するものであり（聖所破壊後は「主の名の神学」による適応を行う），またその主から与えられる *土地も *異教のシンボルやそれに従う諸民族から浄化されなければならない（7:2 以下；12:2-3；13:1-17 等）。イスラエルは絶えず律法を学び実行し（6:4-9），子孫に教えなければならない（6:20-25）．また「主の聖なる民」（7:6；26:19；28:9）としてのイスラエルの在り方は，その社会的次元においても例外なく神である主の意志に従うものでなければならない．唯一の神である主に属する民イスラエルは相互に兄弟・姉妹であり，個々人の尊厳の擁護は特に *寄留者をも含めた社会的に弱い立場に置かれた者への配慮に発揮される（いわゆる「人道的規定」，10:19；15:1-18 等参照）．さらに社会的機構そのものも神の意志の実現に服するものでなければならず，王権の制限を含む国家権力の分権制（16:18-18:22，→ 王），神の意志を民に仲介する預言者の職能の制度化（18:15-22）など大胆な改革の構想が立てられている（ローフィンクの見解）．イスラエルがこの主なる神との関係に全面的また排他的に入るのは，主の愛に答える自由な決断に基づく承諾による（26:17-19）．神はイスラエルの善のために（祝福，特に土地所有と繁栄），イスラエルと契約を結んで掟を与え，イスラエルが祝福を享受するときには，これを神が先祖に誓った *救いの実現として，祭儀の大きな喜びのうちに感謝しなければならない（12:5-7，11-12；26:1-11，12-15 等）．他方，掟に対する違反は呪いをもたらす．王国の滅亡と捕囚の災いがこの実現として暗示されているが（4:25-28；28:15-44），律法の本質である神の愛がイスラエルの不忠実を乗り越え，再び民を集め，祖国に連れ戻し，心の *割礼を施す（4:29-32；30:1-10）．申命記神学はイスラエルの罪深い現実を目前に据えて，新たなそして決定的な「再」出発，*回心，受諾を求めている．

【文献】旧新約聖書大 643；IDB Suppl. 229-32；TRE 8：530-43；G. フォン・ラート『旧約聖書の様式史的研究』荒井章三訳（日本基督教団出版局 1969）3-125；G. VON RAD, Gesammelte Studien zum Alten Testament (München 1958); J. ブレンキンソップ『旧約の知恵と法』左近淑，宍戸基男訳（ヨルダン社 1987）142-51；J. BLENKINSOPP, Wisdom and Law in the Old Testament (Oxford 1983); H. D. PREUSS, Deuteronomium (Darmstadt 1982); N. LOHFINK, "Besprechung über H. D. Preuss Deuteronomium," ThLZ 108 (1983) 349-53; ID., ed., Das Deuteronomium. Entstehung, Gestalt und Botschaft (Leuven 1985); G. BRAULIK, Studien zur Theologie des Deuteronomiums (Stuttgart 1988); ID., Die deuteronomischen Gesetze und der Dekalog. Studien zum Aufbau von Deuteronomium 12-26 (Stuttgart 1991).

〈佐久間勤〉

しんめいきししょ　申命記史書　〔英〕Deuteronomic History, 〔独〕Deuteronomisches Geschichtswerk, 〔仏〕Histoire deutéronomiste

【名称】「前の預言者」（→ 旧約聖書）に関する研究は 1943 年の M. *ノートの『旧約聖書の歴史文学』によりコペルニクス的転回をみた．それまでヨシュア記は *モーセ五書との関連で，モーセ六書として研究されていたのであるが，それ以後はヨシュア記から列王記までを一つの作品として研究するようになった．「前の預言者」は全体として王国樹立とその王朝史を内容としたものであるが，資料としては伝説，古い記録文書，それに小歴史文書などが利用されている．その際の資料の採用ならびに編集の基準は *申命記の理念に基づいたものである．したがって，現代の *旧約聖書学では「前の預言者」を一人の作者の作品とみるか，あるいは複数の執筆者（学派）によるものとみるかについては意見が分かれるが，「前の預言者」を申命記の立場から執筆されたものとして，申命記史書と呼ぶことでは一致している．

【内容】「前の預言者」は *カナン定住から *ヨヤキン王の解放までの約 800 年間の *イスラエルの歴史を取り扱ったものである．しかし，それは単なる政治史，王朝史の叙述を目的にしたものではなく，*神の民の土地取得と土地喪失という観点から捉えて，イスラエルの民に神 *ヤハウェを知らしめようとした神学的作品である．そのことは北王国の首都 *サマリアの陥落も，南王国の首都 *エルサレムの陥落も国際紛争の結果としてではなく *神の怒りの結果として説明されていることによく示されている．

【申命記史書的編集】「前の預言者」には編集の手が加えられたとみられる多くの箇所がみいだされる．それらの箇所を分析し，申命記の用語や文体，それに思想と比較すると多くの共通点がみいだされる．その主要な箇所はヨシュア記では 1 章，2 章，21 章 43 節から 22 章 6 節，23 章などにみられる．原伝譚（主として 5-11 章にみられる．→ 始源論），*部族や町々のリスト（主として 13-22 章にみられる）や *シケムでの *契約更新の報告（23 章）などを資料として使いながら，カナンへの侵入と土地取得を神の *約束の成就として描こうとしている．士師記では 2 章 6 節から 3 章 6 節，10 章 6-16 節があげられる．*デボラの歌（5 章）や各部族の英雄伝（エフデ，*ギデオン，*サムソンなど）も使用して，王国樹立までの時代を神が *士師を通して導いたことを述べたものである．サムエル記で顕著なのはサムエル記上 12 章とサムエル記下 7 章 18-29 節である．サムエル記では神の箱物語（サム上 4:1-7:1；サム下 6:1-19，→ 契約の箱），ダビデ台頭史（サム上 16 章-サム下 5 章）や王位継承史（サム下 9-20 章）などの小歴史文書，それに歌（サム下 22-23 章）や預言（サム下 7:1-16）などを使ってダビデ王国の樹立とその繁栄を語り，ダビデ王朝による神の導きを述べている（→ ダビデ）．それは列王記では列王記上 8 章 12-61 節や列王記下 17 章 34-41 節に顕著にみられる．*預言者の物語（*エリヤ，*エリシャ，*イザヤなど）や *ソロモンの事績の書（王上 11:41），イスラエルの王の歴代誌（王上 14:19），ユダの王の歴代誌（王上 14:29）などの小歴史文書を利用してダビデ王国の滅亡を跡づけたものである．

【執筆年代】執筆者を一人とするか学派にするか，また執筆年代を *捕囚前の王国末期にするか，王国滅亡後の捕囚時代にするか，あるいはそれが幾度の改訂を経たものであるかについては意見が分かれている．しかし，少なくとも申命記史書が現在我々が有する形に完成されたのは捕囚期の後半の紀元前 560 年から 538 年にかけてであったという点では一致している．それは *バビロン王によるヨヤキンの解放（前 561）の記事（王下 25:27-30）が単なる補足資料として追加されたものではなく，ダビデ王朝の子孫が解放されたという出来事に新しい時代の到来を予測し，その観点からイスラエルの歴史を捉え直そうとした者により改訂されたと考えるからである．「前の預言者」なるものが幾度か改訂されたということについては異論がないが，その最初のものが *ヨシヤ王

の改革との関連で起草されたものであるか，あるいはユダ王国が消滅した時代に初めて執筆されたものであるかについては意見が分かれている．つまり，最初は王国の存続を意図して執筆されたものとみるか，あるいは最初から王国の再興を目指して執筆されたものとみるかで意見が分かれている．

【編集の特色】全書を通じて，各時代の指導的立場にある人物の演説や祈りが数多くみられる．それらはいずれも時代的転換期に配置されており，歴史を展望ないしは回顧して，神の民イスラエルの歴史の分析・解説を行っている．例えば，ヨシュアはヨシュア記の1章あるいは23章で，サムエルはサムエル記上12章で，ダビデはサムエル記下7章で，ソロモンは列王記上8章でそれぞれ演説ないしは祈りを行っている．申命記自体が＊モーセの演説という体裁で構成されているのも同様の手法によったものと考えられる．当然のことながらこれらは執筆者の思想を反映したものである（申4:29-31；30:1-10；王上8:47-49）．

ヨシュア記に描かれたヨシュアは多くの点でモーセのイメージを反映している．彼はモーセと同様スパイを派遣して土地を偵察させ（2章），＊ヨルダン川を渡る際にイスラエルの民に乾いたところを渡らせている（3章）．また＊過越祭を祝い（5:10-12），死の前には遺言をしている（23-24章）．このようなモーセとの並行関係は事実報告というより執筆者の歴史像である．ヨシュアはモーセが命じたすべてのことを成就し（8:30-35；11:15；14:2；20章；21:1-42），申命記17章18節で述べられた理想的な＊王は＊律法の書を写すということに従って，モーセの教えを石に刻むことさえしている．このようにしてヨシュアをイスラエルの指導者の原型にして，イスラエルの理想的王であるダビデ，＊ヒゼキヤ，それにヨシヤの鑑としている．

士師記は本来的には各部族の固有の英雄（士師）であった人物らを，イスラエル全部族の救助者として描き，しかも彼らが時間的に継続して出現したかのように配置することにより，定住部族時代を，(1) イスラエルの民の背反，(2) 神ヤハウェからの罰としてのイスラエルの民の困難，(3) イスラエルの民の祈りに応えて，神が士師を立て，イスラエルの民をその苦境から救うというパターンの循環として示している．このような歴史観は士師記2章11-19節に明瞭に述べられているが，士師記10章6-16節ではイスラエルの人々が＊回心をして，主に叫んだこと，そしてそれに対して神が応じたとして，「彼らが異国の神々を自分たちの中から一掃し，主に仕えるようになったので，主はイスラエルの苦しみが耐えられなくなった」（10:16）と示唆を与えている．これは罪－罰－回心－救いという図式が安易な人間的慰めを与えようとするものではなく，むしろ「神の立ち返り」という人間の知識にありうべからざる神秘を明らかにしようとしたものといえる．

サムエル記はダビデ王国を神の契約のもとにあるものとして叙述している．イスラエルの十二部族の連合は契約思想を原理にして，宗教的・政治的共同体を結成することを可能にした．しかし，王朝国家の形成には不十分で，そのためにはダビデ契約なるものが必要とされた．サムエル記下7章では，ダビデへの無条件的約束としてダビデ王国の永久性が述べられている．「あなたが生涯を終え，先祖と共に眠るとき，あなたの身から出る子孫に跡を継がせ，その王国を揺るぎないものとする．この者がわたしの名のために家を建て，わたしは彼の王国の王座をとこしえに堅く据える．……わたしは慈しみを彼から取り去りはしない．……あなたの家，あなたの王国は，あなたの行く手にとこしえに続き，あなたの王座はとこしえに堅く据えられる」（7:12-16）．これに対して前587年の悲劇を知る執筆者はダビデ王朝の永久性なるものはダビデの子孫がヤハウェの前に忠実に歩むときにのみ実現されるものであるとして手直しをしている．「あなたの子孫が自分の歩む道に留意し，まことをもって，心を尽くし，魂を尽くしてわたしの道を歩むなら，イスラエルの王座につく者が断たれることはない」（王上2:3-4；6:12-13；8:25；9:4-5）．

列王記においては預言者物語（王上17:1-22:40；王下1:1-13:21）が重要な位置を占めている．これを王の略伝と組み合わせることによってイスラエルにおける預言者の役割を明確にしている．つまり神ヤハウェは預言者を通じて誤れるイスラエルの民を神の道へと立ち帰らせようとしたのであり，彼らを神からの人として位置づける．したがって，預言者の言葉は神からの勝利の保証（王上20:13），脅し（王上22:8），責め（王下1:3-4），平和の約束（王下7:1）となる．王国の約400年の歴史の縦糸となっている王の略伝は，導入（① 即位の年代，② 即位時の年齢，③ 治世の年限，④ 母の名），本論（北王国の王は＊ヤロブアム1世の罪に従った度合いで批判され，南王国の王はダビデ王の模範に従わなかった度合いで批判されている），および結び（① 詳細な文献の紹介，② 王の死と埋葬，③ 後継者の名）から構成されている．この定型構造が崩れている箇所で，特徴ある編集の手を窺うことができる（例えば，王下22:1-23:30）．

【申命記と「前の預言書」】通常，申命記の1-3章，4章，27章，29-33章を申命記史書の執筆者の手に帰している．それらはちょうど，本来の申命記を取り囲む形で補完されており，そうすることによって申命記を「前の預言者」の序文としている．申命記は一つの神，一つの民，一つの＊神殿を根本理念として，申命記法集（12-26章）をその実現のためのものとみなしている．イスラエルは唯一の神の選びによって神の民となったのであり，それは決してイスラエル自身の偉大さ，功績によるものではなく，ひとえに神の愛によるものである（申4:37以下；7:9以下）．この神の選びがイスラエルにヤハウェのみを神として礼拝し，その申命記法を守ることを求める．こうして＊十戒を敷延したものとしての申命記法は神の与える土地で，イスラエルが神の民であるための生き方を示すものとなった．このような＊土地と律法とがヤハウェからの贈り物，つまり＊恩恵であるという思想に基づいて，「前の預言者」は編纂されていると考えられる．ヨシュア記からサムエル記までは神が一つの民，一つの神殿をどのようにして実現したかを描き，列王記はその理想の実現であるダビデ王国が南北両王朝に分裂し，異教礼拝の混入によっていかに崩されたかを描いている．そうして恩恵としての土地の分配が行われた最初の時点から，イスラエルの民は神によって与えられた律法に違反し，各時代を通じてつねにそれに従わず，その結果国土を失うことになってしまったと結論する．しかし，申命記史書が意図するところは単なる＊神義論に終始することではなく，国土を喪失してしまったそのときも（捕囚の状態），イスラエルにはなおも律法があること，神の恵みに信頼できることを強調して，希望をみいださせようとすることであった．「もし，わたしがあなたたちに行うようにと命じるこのすべての戒めをよく守り，あなたたちの神，主を愛してそのすべての道に従っ

しんめいきしりょう

て歩み，主につき従うならば，主はあなたたちの前からこれらの国々をすべて追い払われ，あなたたちは自分よりも大きく強い国々を追い払うことができる」（申11: 22-23）．

【ヨシヤ王の改革と申命記史書】北王国を滅亡させた*アッシリアの勢力は南王国をも不安に陥れたが，紀元前8世紀の中頃までには，オリエントを震撼させたこの勢力も自国の内紛によりしだいに衰退した．こうしてユダ王国は，かつてのダビデ王国の栄光を回復すべき願ってもない機会を得た．列王記下22-23章はこのような時代にヨシヤが王として即位し，ヤハウェ主義に基づく刷新運動を推進したことを述べている．通常，この刷新運動を申命記改革と呼んでいる．それはエルサレム神殿修復の際，発見された「律法の書」を「原申命記」とみなすからである．ヨシヤによって推進されたこの刷新運動がイスラエルの宗教祭儀のエルサレム神殿への一極集中化を目指したものであったから，原申命記なるものをヨシヤ王の改革の起爆剤とみるか，あるいはその青写真とみるかについては異論があるにしても，いわばヨシヤ改革なるものが申命記的であるとすることにおいては一致している．たとえ，列王記下22章8-13節の「律法の書の発見」なるものがフィクションであったとしても，申命記史書はヨシヤ改革なるものをそのような形で評価し，それをヨシヤ改革の理念とみなしているといえる．

申命記史書は捕囚にあるイスラエルの人々に回心すること，また積極的希望に望みを託すよう励ましたものである．それが決して単なる楽観主義でも，空頼みでもないことを示すため，イスラエルの歴史を通して神ヤハウェの性格を明らかにし，回心のためのふさわしい動機を与えて，積極的に未来に期待できることを示したのである．ヤハウェは慈しみ深い神であり，イスラエルを決して見捨てるような神ではないこと，捕囚にあってもなお神はイスラエルのために働いていることを示そうとしたのである．事態としてはさほどはかばかしいものではないにもかかわらず，バビロン王によるヨヤキンの解放の出来事をその現れとして取り上げ，ヤハウェがイスラエルのためにもう一度働くことを信じるように求めていることは，申命記史書を信仰の書と呼ぶに足るものである．「隠されている事柄は，我らの神，主のもとにある．しかし，啓示されたことは，我々と我々の子孫のもとにとこしえに託されており，この律法の言葉をすべて行うことである」（申29: 28）．

【文献】G. フォン・ラート「古代イスラエルに於ける歴史記述の開始」『旧約聖書の様式史的研究』荒井章三訳（日本基督教団出版局 1969）169-228; G. VON RAD, *Gesammelte Studien zum Alten Testament* (München 1958); 関根正雄『旧約聖書文学史』下（岩波書店 1980); 山我哲雄「申命記史書研究小史」M. ノート『旧約聖書の歴史文学』（日本基督教団出版局 1988) 439-82.

（岡崎才蔵）

しんめいきしりょう　申命記資料〔英〕Deuteronomic Source, 〔独〕Deuteronomische Quelle, 〔仏〕document deutéronomiste, 〔略号〕D　19世紀から20世紀の中頃にかけて，*聖書の文献批判的研究の立場から*モーセ五書の成立を解明する仮説として，資料文書説（〔英〕documentary hypothesis）が有力となった．この説はモーセ五書を構成する四つの主要な資料文書の存在を想定し，その分析を行い，それをさらには「前の預言者」（→旧約聖書）の解明にも応用しようとしたもので，申命記資料というのはその四つの文書の一つにつけられた名称である．この資料の特異性は他の資料文書（*ヤーウィスト資料，*エロヒスト資料，*祭司文書）が創世記，出エジプト記，レビ記，民数記の4書の内に混在して用いられているのに対し，*申命記のみに使用されていることである（33-34章を除く．申命記資料の著作年代や起源については申命記の項を参照）．現在では申命記はモーセ五書の一部としてより，「前の預言者」の一部として研究されるのが普通であり，モーセ四書にみられる申命記的特色は申命記がモーセ四書に結合されたときに加えられた編集として説明している（出 12: 24-27; 13: 3-16; 19-20章等）．

【特徴】*デ・ヴェッテが*ヨシヤ王の時代に発見された「律法の書」（王下 22: 8）を「原申命記」と呼んで以来，申命記のどの部分がそれに該当するかが問われてきた．しかし，いまだその明確な答えは得られていない．通常，それを4章44節から28章68節のなかに求め，1章1節から4章43節と28章69節から31章29節を*申命記史書の執筆者の手に帰し，残りは補足追加されたものとみている．

申命記には「数の交替現象」（〔独〕Numeruswechsel）が頻繁にみられる．文体的にみると，大きく分けて，*モーセを一人称で叙述する部分と，三人称で叙述する部分とに分けられる．前者の形式が大半を占めているが，それはさらにモーセがイスラエルの民に二人称単数形で語りかけるものと二人称複数形で語りかけるものとに分かれる．この単数形と複数形の変化を「数の交替現象」と呼んでいる．この現象は全書にわたってみられるものであるが，特に4-11章と28-30章に顕著である．

申命記には条約文書を意識した形式や特徴的用語・表現が多い．これは古代オリエントの社会に流布していた宗主権条約の形式にのっとって構成することにより，神*ヤハウェの*契約という伝統的宗教思想を当代風に理解可能なものにしようとした神学的努力の結果といえるだろう．これにより，王朝国家のもとで*神の民イスラエルを再解釈し，さらに日常倫理を神の*祝福と*呪いに結びつけて，社会的・国家的繁栄と衰退を宗教的レベルの祝福と呪いとして捉えさせようとしている．

祭司文書が，*掟と*法をヤハウェの*律法として提示するのに対し，申命記はモーセの法として提示している．申命記では*十戒を敷延するものとして，申命記12-26章にそれをまとめている．そこに述べられた掟と法の多くは「*契約の書」（出 20: 22-23: 33）にみいだすことができる．しかし，それとの大きな相違は*エルサレム神殿への*祭儀の集中化と純粋化を目標にして，総じて掟と法が倫理的になっていることである．このことは申命記なるものが古い法を新しい状況に適応させようとして作成されたものであることを示すものである．

【文献】渡辺和子「申命記の編集」『聖書学論集』15 (1980) 5-43; R. E. クレメンツ『神の選民』船水衛司訳（教文館 1984); R. E. CLEMENTS, *God's Chosen People* (London 1968); 鈴木佳秀『申命記の文献学的研究』（日本基督教団出版局 1987).

（岡崎才蔵）

しんめいさいばん　神明裁判〔ラ〕iudicium Dei, 〔英〕ordeal, 〔独〕Gottesurteil, 〔仏〕ordalie　犯罪の嫌疑に関して有罪・無罪を定め，紛争に関して権利関係を定めるのに，超自然的な力に判定を委ねる裁判の一形態．古代的社会に広く行われ，我が国でも盟神探湯（くかたち），参籠起請（さんろうきしょう）等の形で古代から近世初頭まで行

われた．神判，神裁ともいう．

【神明裁判の諸形式】学者により分類が異なるが，主な形式として，被疑者に灼熱した鉄を握らせる，灼熱した鉄鈎や燃える火の上を裸足で歩ませる，煮えたぎる水または油のなかに手を入れさせるなどして肉体の損傷の程度をみる方法，手足を縛り冷水（流水が多い）に投げ入れて沈むかどうかをみる方法，毒を飲ませて中毒死するかどうかをみる方法，一定量の特定の食物を呑み込ませる方法，籤を引かせる方法などがある．ヨーロッパ中世には，このほかに紛争当事者同士の決闘による方法，当事者に両腕を十字架のように挙げさせ，先に下ろしたほうに非があったとする方法，*聖体拝領をさせて神罰をみる方法，その他があった．

【中世ヨーロッパの神明裁判と教会】神明裁判の習慣のないローマ帝国時代には，教会はこれに対する態度決定を迫られることもなかったが，ゲルマン諸王国の成立とともに，そのなかに生きる地方教会は神明裁判の問題に直面し，ゲルマン化していく社会の現実の圧力に屈して，これを受け入れる方向に進んだ．*カロリング朝の権力成立以降，神明裁判は一層広汎に行われるようになる．この習慣を批判したリヨンの大司教*アゴバルドゥスの声は，ランスの大司教*ヒンクマルスの神明裁判擁護論によってかき消された．8-12世紀には各地の*教会会議の決定が神明裁判を肯定しただけでなく，神明裁判が*ミサと結びつけられ，あるいは神明裁判のための種々の祭式が生み出されたので，神明裁判はあたかもキリスト教の制度であるかのような観を呈した．

教皇権は，*ニコラウス1世に典型的にみられるように，神明裁判に対して批判的な態度を保ち続けた．しかし古くは*グレゴリウス1世から，新しくは11-12世紀の何人かの*教皇のように，特定の場合に限って神明裁判を容認するかにみえる人もいた．このため教会法学者も，神明裁判に対する肯定・否定両方の条文を収録した*グラティアヌスのように，不安定な態度をみせた．そのなかでミラノの*ウグッチョは，例外的に明確な否定的態度を表明した．神学者では*ペトルス・カントルが，同じく例外的に明確な否定的態度をみせた．

しかし第4*ラテラノ公会議が転換点となる．この公会議の第18*カノンは*聖職者の神明裁判への一切の関与を禁止した．次いで*グレゴリウス9世の教皇令集は，教会法の分野から神明裁判を最終的に排除した．これ以後ヨーロッパ諸国は，神明裁判を世俗の裁判からも追放しようとしたが，実際には決闘などの習慣は生き続け，魔女裁判においては教会の承認のもとに類似の制度が復活し，近代初期まで存続した．

【文献】DThC 11: 1139-52; DDC 6: 1117-23; LThK² 4: 1130-32; NCE 10: 719-20; TRE 14: 100-105;『国史大辞典』7（古川弘文館 1986）912-13; J. W. BALDWIN, "The Intellectual Preparation for the Canon of 1215 against Ordeals," Speculum 36 (1961) 613-36; J. GAUDEMET, "Les ordalies au Moyen Âge," Recueil de la Société Jean Bodin, 17 (1965) 99-135. 　　　　（出崎澄男）

ジンメル　Simmel, Georg　（1858. 3. 1-1918. 9. 26）　ドイツの社会学者，生の哲学者．ベルリンの裕福なユダヤ人家庭に生まれ育ち，*ベルリン大学で歴史学，心理学，哲学を学んだ後，長らく同大学の私講師を務め，その間『社会分業論』(Über soziale Differenzierung, 1890)，『貨幣の哲学』(Philosophie des Geldes, 1900) など注目される書を著した．1909年には M. *ヴェーバーや*テニエスらとともにドイツ社会学会を創設，1914年には当時ドイツ領にあったストラスブール大学教授へ招聘されたが，第1次世界大戦終了直前に同地で没した．業績としては，文化の社会学というジャンルを切り開いたことや，社会の分化と個人の自立との相克を*生の哲学から受け止め（→ カント，ゲーテ），*シュライエルマッハー，*ショーペンハウアー，*ニーチェらに対する独自の解釈を行ったことがあげられるが，特に最近では彼の貨幣の哲学に関心を示す社会学者も多い．

【邦訳】『ジンメル著作集』全12巻（白水社 1994）．
　　　　　　　　　　　　　　　　　　　　　　（山脇直司）

しんやくじだいし　新約時代史　新約時代史とは，新約聖書を理解するために，新約聖書を生み出した世界の政治社会的・宗教文化的展開の総合的歴史記述をいう．大別して福音書成立の直接の背景となるユダヤ人と*ユダヤ教の動向と，使徒言行録および使徒パウロの手紙よりヨハネ黙示録までの諸文書の基盤となる*ローマ帝国の状況を概説する．

【新約時代のユダヤ史】〔ヘレニズム時代〕新約時代の発端は新約聖書の諸文書の創出に先立つマケドニア王*アレクサンドロスの東征を起点とする．彼は前332年頃*パレスチナを征服，エジプトおよび西アジアを包含する大帝国を建設した．しかし前323年，彼の早世とともに大帝国は分裂し，パレスチナも彼の後継者たちの争奪戦に巻き込まれた．まず*プトレマイオス朝エジプトの支配後，前198年以後セレウコス朝*シリアが領有した．同王朝の統治下に*ヘレニズムがユダヤに流入し，*アンティオコス4世・エピファネスは前169年，*エルサレム神殿の宝物を略奪し，翌前168年，エルサレムをヘレニズム都市に改造するため，南東丘（アクラ Akra）を城塞化し，その翌前167年ユダヤ教の律法遵守を禁止し，神殿をオリュンポスのゼウスに奉献した．これに抵抗する運動が*マカバイ兄弟を中心にして起こり，シリア軍を破り，エルサレムを奪回して，神殿奉献祭（宮清め）を行った．しかし解放戦争は長引き，ユダ・マカバイの戦死後，弟ヨナタンはセレウコス朝の内紛を利用し，前152年*大祭司として公認された．彼も前143年暗殺されたが，その弟シモンが地位を継承し，アクラを撤去して，エルサレムを完全に解放した．彼はユダヤ人の政治的独立をシリアに承認させ，前140年，大祭司と国家元首を兼ねる地位を世襲するハスモン朝（→ ハスモン家）を創設し，後にローマもこれを承認した．

このシモンによるユダヤ人の完全独立は平和と幸福の時代の到来と称賛される一方，相当数の*祭司たちや敬虔派（*ハシディーム）の人々は，大祭司の家系にも*ダビデの血統にも属さないハスモン朝の支配に従わず，荒野に退き，*死海のほとりで厳格な律法に忠実な集団生活を送り，*エッセネ派の起源となったと考えられる．シモンの子ヨハネ・*ヒルカノス1世は傭兵を使用して*ゲリジム山上の*サマリア人の神殿を破壊し，*イドマヤにも進出して，その住民を強制的にユダヤ教に改宗させた．彼は軍事行動では成功したが，ハスモン朝の権力追求は世俗的だとして非難された．そしてマカバイ独立戦争に協力した，*律法に忠実なユダヤ人のなかから*ファリサイ派集団が生じた．彼らとハスモン家との間には厳しい対立が生じた．その結果，ヒルカノス1世は冷厳な現実政策をとり，ヘレニズムにも寛大であった*サドカイ派に接近した．サドカイ派は*ソロモン王の

しんやくじだいし

もとで大祭司に任命されたツァドクの子孫で，*捕囚以後のユダヤ教創建に指導的役割を果たし，正統な祭司として神殿祭儀を担当した．ハスモン家が大祭司職を取得した後もサドカイ派は王家と結び，祭司職を遂行した．ただし律法に厳格な祭司の一群は「*義の教師」の周りに結集し，上記の敬虔派とも合体して死海西岸に契約共同体としての *クムラン教団を作ったと推定される．

ヒルカノス1世の子 *アリストブロス1世は *ガリラヤを征服して住民に *割礼を強制，死後その妻サロメ・アレクサンドラはアリストブロスの弟ヨナタンの妃となった．ヨナタンはヤンナイオスとギリシア風に改名，ヨルダン川東岸地域にも進出して，その領土はソロモン王の時代に匹敵するものになった．しかし彼はファリサイ派と対立し，800人を捕らえて *十字架刑に処するという恐怖政治を敢行した．

ヤンナイオスの死後，妃サロメはファリサイ派と和解し，善政を行った．彼女は女王であったが，女性ゆえ大祭司になれず，息子 *ヒルカノス2世を大祭司とした．サロメはそれまでサドカイ派の祭司と *長老たちによって占められていた *最高法院において，ファリサイ派の *律法学者にも議席を与えた．

前67年サロメが死んで王位を継承すべきヒルカノス2世に対し弟アリストブロス2世が謀反を起こして王位と大祭司職を奪取した．しかしイドマヤのアンティパトロス（Antipatros）はナバタイ王アレタス（Aretas Ⅲ, 在位前85頃-62）と連合してエルサレムに進撃してアリストブロス2世を包囲した．その時点でローマが登場し，情勢は一変した．

〔ローマ支配の開始〕ローマの将軍 *ポンペイウスは前64年，すでに弱体化していたセレウコス朝シリア王国を滅ぼし，ローマの属州シリアとした．ユダヤで対立していた両陣営はポンペイウスを味方につけようとし，民衆は王政の廃止と祭司政治の復活を請願した．アリストブロス2世は静観していたポンペイウスに耐えきれず，武力に訴えたので，ポンペイウスの攻撃を受け，エルサレムに3か月籠城後，降服した．ポンペイウスは大祭司だけしか立ち入ることができない神殿の *至聖所を検分したが，何も略奪せず，礼拝の再開を許した．エルサレム占領後，ポンペイウスはパレスチナを管理下に置いた．アリストブロス2世はその二人の息子アレクサンドロスとアンティゴノスとともにローマに連行され，ヒルカノス2世は大祭司に復職，ヨルダン川東岸のヘレニズム諸都市は北は *ダマスコから南はフィラデルフェイア（現アンマン）まで自由都市同盟（*デカポリス）を構成した．

やがてローマ帝国内部の激しい権力闘争によってパレスチナもその影響を受けた．ポンペイウスは *カエサルに敗れ，前48年エジプトで殺されると，ヒルカノス2世とアンティパトロスはカエサル側についた．カエサルはヒルカノス2世に大祭司の地位を保証し，「民族の指導者」および「ローマ人の盟友」という称号を与え，アンティパトロスにはローマ市民権とユダヤ統治の実権を委ねた．ユダヤ教に対してはエルサレム神殿における信教の自由だけでなく，ローマ帝国全土に散在する *会堂（シナゴーグ）も帝国の保護を受けた．

カエサルの暗殺（前44）によって，ローマ帝国内部に新しい混乱が生じた．カエサル暗殺者ブルトゥス（Marcus Iunius Brutus, 前85頃-42頃）とカッシウス（Gaius Cassius Longius, ?-前42頃）の支配も永続せず，カエサルの養子オクタウィアヌス（→アウグストゥス）とカエサルの部将アントニウス（Marcus Antonius, 前83頃-30頃）は前42年，フィリピの戦いで，ブルトゥスとカッシウスを敗死させた．この勝利後，アントニウスはローマ国家の東半部を支配し，エジプト女王クレオパトラ（Kleopatra Ⅶ, 前69頃-30頃）と結び，彼女を愛人とした．ヒルカノス2世は依然大祭司の地位にあったが，アンティパトロスは暗殺された．しかし彼の二人の息子ファサエルと *ヘロデにはそれぞれ，ユダヤとガリラヤの統括が委ねられた．

そのとき，東方からパルティア人がパレスチナに侵入し，アリストブロス2世の子アンティゴノスと同盟を結んだ．パルティア人はヒルカノス2世とファサエルを捕らえ，ファサエルは自殺し，ヒルカノス2世はアンティゴノスにより両耳を切り落とされ，大祭司の資格を失った．アンティゴノスはパルティア人によって大祭司およびユダヤ人の王として承認された．

この状況においてヘロデは最も賢明に行動した．彼はローマに行き，元老院の議決によってユダヤ国王に指名された．やがてローマ軍はパルティア軍をパレスチナより駆逐，ヘロデもこれに従って前37年，エルサレムに入り，実質的にユダヤ王となった．アンティゴノスは捕らえられて処刑され，ハスモン朝の支配は完全に終わった．さらに前31年アントニウスがアクティウムの戦いでオクタウィアヌスに敗れると，ヘロデは素早くアントニウスからオクタウィアヌスへと寝返り，翌前30年にはすでにオクタウィアヌスに従って，アレクサンドリアにおけるアントニウスとクレオパトラの没落に協力した．オクタウィアヌスはローマに凱旋し，元首（プリンケプス）の資格とアウグストゥスの称号で，実質上，ローマ帝政を開いた．

〔ローマ帝政期のユダヤ史〕ヘロデはエルサレム神殿を改修し，ほとんど新築に等しい壮麗な建造物にし，パレスチナの海岸に港湾都市 *カイサレイア，死海西岸に強固な要塞 *マサダなどを建設した．彼の治世の終わり頃，洗礼者 *ヨハネとナザレのイエスが生まれた（マタ2:1; ルカ1:5）．前4年のヘロデの死後，その王国は3人の息子アルケラオス，アンティパス，フィリッポスに分割された（→ヘロデ家）．アルケラオスはヘロデ王国の主要な領域ユダヤ，サマリア，イドマヤを領有したが，圧政のため民心を失い，紀元6年アウグストゥスによって廃位，追放され，ローマの *総督が代わって統治した．第5代総督ポンティオ・*ピラトによってイエスは十字架刑に処せられた（30頃）．イエスより前に洗礼者ヨハネもガリラヤと *ペレアを領有したアンティパスによって処刑された（マコ6:14-29）．パレスチナはヘロデの孫 *ヘロデ・アグリッパ1世のとき再統一された．彼はファリサイ派に迎合してエルサレムのキリスト教団を迫害し，ゼベダイの子 *ヤコブを処刑し，*ペトロを投獄した（使12:1-4）．彼の支配は短期間（41-44）に終わり，その死後，全土はシリア州に編入され，シリア州長官に従属したユダヤ総督がカイサレイアに駐留した．

ローマ帝国の支配と重税に対するユダヤ人の反感は増大し，*熱心党（ゼーロータイ）は異教徒ローマ人の支配を実力をもって打倒することを呼びかけた．ついに66年総督フロルス（Gessius Florus, 在位64-66）のときユダヤ人は武装蜂起し，エルサレム神殿に隣接した *アントニア城砦のローマ守備隊をも屈服させ，エルサレム全市を掌握，フロルスに代わって進撃してきたシリア長官ケスティウス（Gaius Cestius Gallus, 在位63/65-67）の軍をも撃退し，パレスチナ全土の解放に成功した．

しかし皇帝*ネロは有能な将軍*ウェスパシアヌスを*ユダヤ戦争の司令官に任命，彼は息子*ティトゥスを伴ってパレスチナに赴いた．ローマ軍はまずガリラヤに攻勢をかけ，前線の守備にあたった*ヨセフスは停戦後降伏し，ウェスパシアヌスが皇帝になることを予言して助命されるとローマ軍にとどまり，ユダヤ戦争の全経過の目撃者として後に『ユダヤ戦記』を著した．ローマ軍は前進してエルサレムを攻撃したが，エルサレム市内では熱心党その他の過激な集団が主導権を握り，しかも彼ら同士で抗争した．反乱に加わらなかったキリスト者はヨルダン川東岸に移った．他方ウェスパシアヌスはネロの死後の帝位争いに部下に推戴されてローマに赴き，ユダヤ戦争の指揮をティトゥスに委ねた．ティトゥスはエルサレムを包囲し，ユダヤ人も内部闘争を止めて抗戦したが，それも空しくエルサレムは陥落，神殿は炎上した(70)．ユダヤ人の小集団はなお，幾つかの山塞に立てこもって抵抗，特にマサダの砦では74年までもちこたえた後，婦人・子どもを含む二千数百名ほとんど全員自決，第1ユダヤ戦争は終結した．エルサレム神殿の焼失とともに神殿祭儀を司るサドカイ派は消滅，律法学者に指導されたファリサイ派がシナゴーグにおいてユダヤ教団を構成，ローマに認可された．ただパレスチナとそれ以外の世界からエルサレム神殿に献納されていた神殿税はローマへの税金に変更された．

ユダヤ人は再度，2世紀に*バル・コクバの指導のもとに反乱を起こした．*ハドリアヌス帝がエルサレム神殿の廃墟にユピテル・カピトリヌス神殿の建立を命じ，*割礼を禁じたのが契機となった．最も尊敬されていた律法学者*アキバ・ベン・ヨセフの支持のもとに，バル・コクバは奇襲攻撃によってユダヤとエルサレムを奪回したが，やがてローマ軍は反攻し，バル・コクバは戦死して，第2ユダヤ戦争(132-35)も終わった．エルサレムにはローマ植民市が建設され，ユピテル神殿が建立され，ユダヤ人は立ち入りを禁止された．紀元4世紀に初めてユダヤ人はエルサレム滅亡の日に市内に入り，ヘロデ神殿廃墟に残った「*嘆きの壁」に向かって祈りを献げることが許されるようになった．

【新約時代のローマ帝国とキリスト教】イエスが後代のような*教会を創設しようとしたとは思われないが，自身の周りに12人の弟子(*十二使徒)を中核とする共同体を作ろうとしたことは認められる．その集団の主な代表者はペトロであった．この集団が中心となり，イエスの復活と宣教により*原始教団が成立した．その特徴はユダヤ教の生活の保持，財産の共有，*洗礼，*聖餐，主イエスの*再臨の期待などであった．原始教団は当初，ユダヤ教の一分派とみなされていたが，ユダヤ教の主流からは迫害された(使4:1-13；5:17-42)．原始教団とユダヤ教の原則的差異はイエス・キリストの名をめぐるものであった(使4:10)．やがて*ディアスポラのユダヤ人がエルサレムにおいてキリスト教共同体を形成(使6:1．→異邦人キリスト者)，神殿礼拝と律法遵守からの分離を特色とした．そのなかの一人*ステファノがユダヤ教徒のリンチによって36年頃殉教したが(使6:8-15；7:54-60)，宣教はユダヤ以外の諸地域と非ユダヤ人にも広まり(11:20)，シリアのオロンテス川の*アンティオケイアでキリストを救い主と信じる人たちは「*キリスト者」と呼ばれるようになった．前述したゼベダイの子ヤコブの処刑とペトロの投獄によってイエスの兄弟ヤコブがエルサレム教会の指導者に加わり，やがて使徒パウロが登場する(以下の年代には，異説もある)．

パウロは*小アジア，キリキアの*タルソスに生まれ(使9:11等)，またすでに生まれたときからローマ市民権をもち(使21:39)，これを繰り返し利用した(使16:37-38；25:11；26:32)．彼が青少年期のかなりの期間暮らしたタルソスでヘレニズム文化の影響をどの程度受けたかは明らかでない．「この都で育ち」(使22:3)という表現はエルサレムで大律法学者*ガマリエル1世の弟子であったことを意味し，手紙のなかで彼は繰り返し，「わたしもイスラエル人で，アブラハムの子孫であり，ベニヤミン族の者です」(ロマ11:1等)と述べただけでなく「律法の義については非のうちどころのない者」(フィリ3:6)と自負しており，前記ステファノの死のとき，若者としてエルサレムにいて，このリンチに賛成している(使7:58)だけでなく，ファリサイ派の一員としてキリスト者を激しく迫害しており(使8:1-3ほか)その延長としてダマスコに行く途中，突然*回心を体験した(使9:1-19等)．その後アラビア(ナバテア，→ナバタイ人)に行き，ダマスコに帰り，3年後短期間エルサレムを訪問，14年後(49頃)もう一度*使徒会議のため上京した(ガラ1:18)．彼はまたアンティオケイアから3回のかなり大きな宣教旅行をした．第1回(47-48頃)はキプロスと小アジア，第2回(50-53頃)は小アジア，マケドニア，ギリシア，第3回(54-58頃)は*エフェソスとその周辺，マケドニア，ギリシアへであったが，彼の手紙からはこのほかに多くの旅行をしたことが推定される．しかし彼は58年頃エルサレムで捕らえられ，カイサレイアに送られ，皇帝に上訴して，60年ローマに護送され，そこでなお2年間獄中生活を送った．彼の最期については新約聖書からは確かではないが，それ以後の伝承によれば64年のネロの迫害のとき殉教した．ペトロもおそらく同じ頃，ローマで殉教したと思われる．「*クオ・ヴァディス」という題で後に名作が生まれる，ペトロの逆さ十字架刑の伝説は2世紀末に生まれた．

パウロは異邦人世界にキリスト教会を設立した唯一の人物ではない．しかし小アジア，マケドニア，ギリシアのような重要な地域に言葉と行動による福音宣教の中心が生まれたのは彼の宣教の熱意によってであった．彼の働きにより，異邦人キリスト教は世界宗教に発展することとなった．

パウロの手紙と伝えられてきた13のうち，ローマ書，1，2コリント書，ガラテヤ書，フィリピ書，1テサロニケ書は今日真正なものとされ，2テサロニケ書，エフェソ書，コロサイ書については論議が多く，1，2テモテ書，テトス書の*司牧書簡は文体・内容からパウロの流れを汲みながら*初期カトリシズム的信仰・教会の傾向を示している．ヘブライ書もパウロ著作説は今日認められないが，彼に代わる作者としてのアポロ，ステファノなどの説は仮説にとどまる．ヤコブ書，1，2ペトロ書，1，2，3ヨハネ書，ユダ書はパウロの手紙とも対比して，すべての教会のために書かれたものとして*公同書簡と総称される．新約聖書の最後に置かれるヨハネ黙示録の作者は使徒ヨハネ，長老ヨハネのいずれの説も疑問が残るが，*ドミティアヌス帝(在位81-96)末期の小アジアにおける*皇帝礼拝とキリスト者迫害を反映している(13章)ことはほぼ確実である(上掲の文書についての詳細は当該文書の項目を参照)．

【文献】E. ローゼ『新約聖書の周辺世界』加山宏路，加山久夫訳(日本基督教団出版局 1974); E. LOHSE, *Umwelt des Neuen Testaments* (Göttingen 1971); 蛭沼寿雄，秀村欣二，荒井献他『原典新約時代史』(山本書店 1976);

しんやくせいしょ

H. コンツェルマン『異教徒・ユダヤ教徒・キリスト教徒』小河陽訳（新地書房 1990）: H. CONZELMANN, *Heiden, Juden, Christen* (Tübingen 1981). 　　（秀村欣二）

しんやくせいしょ　新約聖書　〔ラ〕Novum Testamentum, 〔英〕New Testament, 〔独〕Neues Testament, 〔仏〕Nouveaux Testament

ルーベンス『東方三博士の礼拝』
(ÖN)

【聖書】〔集録・名称〕四福音書と使徒言行録、および書簡集、黙示録からなる、原語がギリシア語の27書が新約聖書の正典として全キリスト教会に採用され定着するまで、約400-500年余を要した。そしてアレクサンドリアの*アタナシオスの『復活祭書簡』(367頃)に代表される27書正典目録が全教会の信仰になった。これらを「新しい契約」(〔ギ〕kainē diathēkē)の書と呼ぶのは、まず2世紀末の*オリゲネスに認められる(『ヨハネによる福音注解』2, 33; 10, 28 等)。もっともパウロには、モーセ律法を「古い契約の書」とする概念的な先駆けがみられる。パウロはモーセ律法の書を石に刻まれた文字に基づいて死に仕える務めの書として「古い契約」と呼ぶ(2 コリ 3: 14)。彼はこれを神からキリストによって我々が授かった「新しい契約に仕える資格、文字ではなく霊に仕える資格」(同 3: 6)と対比させるが、パウロの時代にはもちろん書としての「新約聖書」という概念はまだなかった。この「新約」という語自体は、キリスト教の典礼生活、つまりヘレニズム・ユダヤ人の*原始教団の*エウカリスティア(聖餐式)に遡る1コリント書11章25節(ルカ 22: 20)の言葉「この杯は、わたしの血によって立てられる新しい契約である」に由来する。この「新しい契約」という語自体は、エレミヤ書31章31節(*七十人訳聖書)を暗示するものであるが、前記の式文は古代教会が福音書をはじめとする27書全体にこの語を採用した理由を示唆している。すなわち特にモーセを介したイスラエルに対する神の*契約を「旧約」とし、十字架上で流されたイエスの血(死)によって神が全人類と救いの新しい契約を結び、新しい秩序を立て、これについて書かれているのが「新約聖書」であるというのである。

ヴェロネーゼ『十字架の道行き』
(ドレスデン絵画館)

〔形成史概観〕新約27書のうち、最初の文書は紀元50年頃のパウロのテサロニケの信徒への手紙1であり、これに50年中頃のガラテヤやフィリピ、コリントの信徒への手紙1と2が続き、最後に多分2世紀中頃にペトロへの手紙2が位置づけられるので、新約聖書とは約100年間にわたって書かれてきたものといえる。そのうち四福音書は60年代(マルコ福音書)から100年頃(ヨハネ福音書)に成立した。

ラファエロ『ペトロに羊の世話を委ねるイエス』
(ÖN)

〔手紙〕パウロ自身の各手紙(1 テサロニケ、ガラテヤ、フィリピ、1-2 コリント、ローマの各書、それに個人へ宛てたフィレモン書)、これにおそらくパウロの弟子による各手紙(2 テサロニケ、エフェソ、コロサイの各書と*司牧書簡である1-2テモテ書、テトス書)が加わり、1-3 ヨハネ書、このほかに作者不明の各手紙(ヘブライ書、ヤコブと1 ペトロ、ユダ書とこれを用いた2 ペトロ書)がある。これらの手紙のなかには、しばしば著者以前の伝承が認められる。主なものは3種類である。(1) 原始キリスト教の信仰告白文。これはつねにキリストの死と復活を中心にする。すなわちキリスト教はユダヤ人の*一神教を前提にするので、キリスト教独自の信仰とは、イエスが人々のために死んで復活したという信仰にほかならない。1 コリント書15章3-5節やローマ書1章3-4節は代表例である。そのほかに短文形(1 テサ 4: 14; ロマ 8: 34; 14: 9)もあり、特にパウロの手紙はこの告白文を中心にする。(2) 原始教団の賛歌。内容はやはりキリスト中心で、その卑下死と復活と高挙(フィリ 2: 6-11; 1 テモ 3: 16)やキリストの普遍的宇宙支配の賛歌である(コロ 1: 15-20; エフェ 1: 3-14; 1 ペト 2: 22-25;

ヘブ 5: 7-10)．手紙以外ではヨハネ黙示録に賛歌が多い (5: 12-13; 7: 10, 12; 11: 15, 17-18; 12: 10-12; 15: 3-4; 19: 5, 6-8)．(3) 典礼式文．特にイエスの最後の晩餐伝承(1 コリ 11: 23-25; マコ 14: 22-24 と並行箇所)ならびにその影響文(1 コリ 10: 16-17; ロマ 3: 24-26)．洗礼式文の影響下にあるもの(1 コリ 6: 11; 手紙以外ではマタ 28: 19)．(4) 奨励伝承．正しく生活するようにとの戒めで，徳目表(ガラ 5: 22-23 等)や *悪徳表(ロマ 1: 29-31 等)，*家庭訓(教会発展後の後期に作成される．コロ 3: 18-4: 1; 1 テモ 2: 8-15 等)，同様に職責表(1 テモ 3: 1-7 等)．

〔福音書〕(1) 口伝段階．イエスの時代と文書化されたあとの福音書に伝えられているイエスの言葉と行いとの間には，数十年の経過がある．イエスの言葉と行いをめぐってはこの間，弟子集団＝教会の口伝として受け継がれてきた．こうした口伝には二つの側面がある．まず第一に古代の口伝は伝えられる事件の叙述であっても，一定の叙述文体の法則や形式という鋳型に流し込まれて伝えられ，第二に伝える集団の生活状況，生活環境や生活活動に適合されて伝えられることである．したがって同じイエスの伝承でも伝える集団ないし個人が変われば当然生活環境等も変わるので，その伝承は変化を受ける．第三に伝える人物，つまりイエスの言葉と行いは，それを伝える側とは性格上著しく異なるから，双方には区別が必要である．言葉はそのままの形で伝わる可能性があるが，行いは千差万別に受け取られる．こうしてこの段階では特に「鋳型」による伝え方が支配する．なかでも奇跡伝承(病人の癒やし等)は当時のヘレニズム周辺世界の影響を強く受けた鋳型すなわち様式によって伝えられているが(→ 奇跡，奇跡物語)，出現・*顕現伝承(イエスの復活出現や *ザカリヤや *マリアへの天使の出現等)は旧約聖書の神の使いの出現物語から深い影響を受けた様式によって伝えられた．しかし様式にはめ込まれないで独自の伝え方をされたのは，イエスの *受難伝承である．これは「言葉」としてのイエスの死の預言(マコ 8: 31; 9: 31; 10: 33-34)と密接な関連がある．受難伝承はこの預言の発展とも考えられる．

(2) 文書化．口伝が漸次，同類または同じ様式の伝承群に集録され，最初に文書化されたのはおそらくイエスの言葉の伝承群である *Q 資料と，行いの伝承では *マルコによる福音書ないしその原型である．マタイとルカの各福音書はこれらを底本にし，おのおの独自の神学的見地から他の口伝をも採用して福音書を編集した．ヨハネ福音書は，これらの *共観福音書以前の口伝と接触があり，これを前提にする．

〔ヨハネの黙示録〕新約 27 書中，特異な書だが，これはユダヤ教において前 2 世紀から紀元 1 世紀末まで，盛んであった *黙示文学の一つとして紀元 90 年代に書かれた．魔的な力のもとにある世界史の終局が迫り，宇宙の秩序は破壊し天変地異と大災難が起こり，その後突如として神による世界への直接介入によりメシア的世界が天上から出現する．こうした全くユダヤ的な黙示文学の記述方法を使用しながら，キリストの死と復活，高挙から彼の再臨と全世界への支配確立による新世界出現までの終末的事件の過程を示すことが，この書である．しかも迫害されているキリスト教会の信者の状況にそれをつねに関連づけるという独自性がある．

〔神の言としての新約聖書〕新約聖書も初めから終わりまで「人間の言葉」だが，しかし古代からキリスト教はその事実を認めてはいたが，同時に初めから終わりまで「神の言(ことば)」であると信じている．この両側面こそ，この書が学問的な研究の対象になりうると同時に，精神を養い，人の心を高揚してやまない「生きた書」となる所以である．

なお，福音書の内容については神の国の項を，古代の聖書写本については聖書の本文批判の項をそれぞれ参照されたい．

【文献】Wikenhauser-Schmid; K. H. シェルクレ『新約聖書とは何か』上智大学神学部編 (南窓社 ²1970): K. H. SCHELKLE, Das Neue Testament (Kevelaer 1963); E. F. ハリソン『新約聖書緒論』島田福安訳 (聖書図書刊行会 1977): E. F. HARRISON, Introduction to the New Testament (Grand Rapids, Mich. 1971); C. F. D. モール『新約聖書の誕生』大竹庸悦訳 (日本基督教団出版局 1978): C. F. D. MOULE, The Birth of the New Testament (London 1962); 荒井献他『総説新約聖書』(日本基督教団出版局 1981); W. マルクセン『新約聖書緒論』渡辺康麿訳 (教文館 1984): W. MARXSEN, Einleitung in das Neue Testament (Gütersloh ⁴1978); H. ケスター『新しい新約聖書概説』全 2 巻，井上大衛，永田竹司訳 (新地書房 1989-90): H. KOESTER, Introduction to the New Testament, 2 v. (Berlin 1987); A. GEORGE, ET AL., Introduction à la Bible, v. 3 (Paris 1976-77); W. G. KÜMMEL, Einleitung in das Neue Testament (Heidelberg ²¹1983); E. LOHSE, Die Entstehung des Neuen Testaments (Stuttgart ⁵1991).

新約聖書本文: E. NESTLE, K. ALAND, Novum Testamentum Graece (Stuttgart ²⁶1983 ²⁷1993); A. MERK, Novum Testamentum Graece et Latine (Roma ¹⁰1984); K. ALAND, ET AL., The Greek New Testament (Stuttgart ⁴1993).

(三好迪)

【図像】芸術家に多くの主題を提供したのは，救い主イエス・キリストを中心とした新約聖書の世界である．特に四福音書に記されたイエスの生涯，奇跡は説話的主題として教会堂の壁画に好んで描かれた．使徒言行録のペトロやパウロ，ステファノ物語，ヨハネ黙示録も芸術家に多くの霊感を与えた．特にイエスの幼年期や公生活，*受難，栄光の物語はキリスト教芸術の基本的テーマになっていった．

初期キリスト教時代には，イエスの *幼年物語や奇跡物語のほとんどが *カタコンベ内の壁画や石棺彫刻に描かれている．しかしこの時代には受難の表現はみられない．そのうえイエス・キリストを人間的な実像のように表現することにはなお抵抗感を呈し，象徴的形態で表現することが多かった．5-6 世紀の *ビザンティン美術になると，髭のない青年としての *キリスト像と，髭を生やし長髪で威厳のあるキリスト像の二つのタイプが生まれ，聖人や天使に囲まれた栄光のキリスト像が現れた．教会堂モザイク画にも歴史的順序に従い「キリスト伝」が表現されるようになったが，受難の表現は少なく，奇跡を中心とする勝利者キリストが好まれた(例えば，*ラヴェンナのサンタポリナーレ・ヌオヴォ聖堂)．

西欧中世美術では，写本挿絵の発展とともに，受難を含む説話的物語としてのキリスト伝が，ロマネスク時代の教会堂壁画に多く描かれるようになった(例えば，イタリアのカンペーニャ地方のベネディクト会修道院サンタンジェロ聖堂，フランスのブールジュ南西のノアン・ヴィク聖堂，同じく中央部シェールのブリネー Brinay の教会堂サン・エナン 等)．他方，ヨハネ黙示録は中世スペインでもてはやされ，10-11 世紀の「ベアトゥス

本」(Comentario al Apocalypsis por Beato) と呼ばれる注解書挿絵を数多く生む．またロマネスク様式の教会建築の扉口彫刻でも，黙示録のキリストは主要なテーマの一つになり，石造大彫刻の誕生に貢献した(例えば，フランス南部モアサック Moissac のサン・ピエール聖堂南入口の彫刻).
【文献】M. パコ『キリスト教図像学』松本富士男，増田治子訳(白水社 1970): M. PACAUT, *L'iconographie chrétienne* (Paris 1962); L. RÉAU, *Iconographie de l'art chrétien*, v. 2 (Paris 1957).
(馬杉宗夫)

しんやくせいしょがく　新約聖書学　〔英〕New Testament studies,〔独〕Neutestamentliche Wissenschaft,〔仏〕science du Nouveau Testament
【新約聖書学史(正典史を除く)】(1) *教父時代．釈義についてギリシア教父は *アレクサンドリア学派と *アンティオケイア学派に大別される．前者は *クレメンスに代表される隠喩解釈(*アレゴリー)で，*オリゲネスはこの霊的釈義以外につねに字義的解釈を提示し，マタイとルカの福音書の注解書を書いた最初の人である．後者は *ディオドロスが主唱者であり，その言語学・文献学・歴史学的方法による釈義は，モプスエスティアの *テオドロスや *ヨアンネス・クリュソストモスが継承する．この派の *ルキアノスは福音書のギリシア語本文校訂者として有名である．ラテン教父ではポアティエの *ヒラリウスが『マタイ福音書注解』，*アンブロシウスは『ルカ福音書注解』を著した．パウロの 13 書簡の注解 *『アンブロシアステル』，また *ヒエロニムスは数多くの注解書や *ウルガタ訳聖書を通し，後の *ラテン教会に決定的影響を与えた．もっとも彼自身の訳は現存せず，その復元も不可能に近い．さらに *アウグスティヌスにとって聖書釈義の規範は教会の信仰である．*グレゴリウス 1 世の『福音書講話』は中世全般を通じてよく読まれた．

(2) ラテン中世時代．教父の釈義の集録が中心で，*ベダ・ヴェネラビリスがその好例である．12-13 世紀には *スコラ学の影響下，聖書の内容を *質料，*形相，様態，意図により分類し釈義を行った(例えば，*トマス・アクイナスや *ボナヴェントゥラ等)．しかしラテン中世の学者は *聖書の言語を知らなかった．

(3) 1500-1650 年．*人文主義の時代には隠喩解釈やスコラ学から離れたが，*宗教改革時代以後，プロテスタントもカトリックも自派の護教と他派攻撃に終始する釈義に移った．しかし，主に教父の解釈を軸にして *説教や *修徳のための材料を聖書に求めた(代表的人物として，例えば，*コルネリウス・ア・ラピデや *マルドナド)．

(4) 1650-1880 年．カトリック聖書学の方法に進歩はなかったが，サバティエ(Pierre Sabatier, 1683-1742)の古ラテン語訳集大成(1739-51)は近代的意味での学的成果である．R. *シモンは歴史批判的聖書学の創始者だが，このためあらゆる立場の陣営から迫害攻撃された．

(5) 19 世紀以降．*エコール・ビブリックを設立した *ラグランジュはカトリック聖書学に歴史批判的方法を導入し，その著書『歴史的方法』(1903)は，後に *ピウス 12 世の回勅 *『ディヴィノ・アフランテ・スピリトゥ』(1943)の採用した基本路線であったが，それまでは教会内の保守的立場との長く苦しい戦いを惹起する契機となった．その方法を採用した多くのカトリック学者は，*ロアジのように *近代主義の信奉者と混同され，その暗い雰囲気は第 2 *ヴァティカン公会議第 2 会期(1963)まで続いた．この公会議は『ディヴィノ・アフランテ・スピリトゥ』の考えを確認し，カトリック聖書学はプロテスタント学者が始めた伝承史的方法，様式史，編集史，比較宗教史的方法を素早く吸収し，今日では目覚ましい成果を上げつつある(→ 聖書解釈の歴史，聖書の伝承史的研究，聖書の様式史的研究，聖書の編集史的研究).

【新約聖書学の領域と内容】(1) 新約ギリシア語の文法と語彙研究についてはコイネーの項を参照.

(2) 新約聖書本文研究．現存のギリシア語テクストはすべて写本のため，写本間に多くの異読があるので，同一異読を示す写本群を分類し(例えば，ビザンティン・西方・中立系，カイサレイア系)，写本の系譜ならびに歴史を解明，推定される近似の原文に遡ろうと試みる必要がある．この場合，ギリシア語以外の古代訳とその写本研究を含む(→ 聖書写本，聖書の本文批判，聖書の翻訳).

(3) 新約聖書正典史．新約文書全 27 書は最初から「聖書」と考えられていたわけでも，ある時点で一括して聖書として採用されたものでもない．300 年以上にわたる長い論争を経ての結果である．それゆえ 27 書，またそれだけが正典にされた過程が研究される．正典に関連して聖書の *霊感も研究対象になる．聖書が *神の言葉であるという教会の信仰は，どの意味でどの程度，なぜなのかなどの問題である(→ 聖書の正典).

(4) *新約時代史．当時の *ユダヤ教と，*ヘレニズムおよび *ローマの宗教の研究で，前者は *ラビ文学のみならず *クムラン教団，旧新約の *外典・偽典や *黙示文学などを，後者は古代キリスト教が出会った諸宗教，特に *グノーシス主義を含む．その他，倫理思想(例えば，*ストア学派)，ヘレニズム・ローマ時代の民話，神話，手紙などもある．また最近は当時の経済や社会の研究も重視される．

(5) 新約緒論学．新約各書の成立史，文学的特徴や各書間の文学的関係を研究する文献・資料批判，いわゆる *聖書の文学類型や様式史，著者，著作年代，場所などを扱う．

(6) 原始教会史．*イエス・キリスト，*パウロ，*ペトロなど代表的人物のみならず，*原始教団の発展・移行・変遷の歴史を探究する．

(7) 新約各書，各部分の釈義と釈義史．釈義史はそれ自体として意味があるだけでなく，現代では聖書の同一箇所について学者間の釈義の一致がみられないことが多く，互いの異論異説の根底にある釈義の伝統や伝承を辿ることはその理由を解明するのに役立つ．

(8) 新約聖書神学．新約各書または全書の教えや内容に使用される概念・表象の並列的・平面的研究のみでなく(1950 年代までのカトリックの *聖書神学はこれが中心)，特に各概念，各表象の歴史，時間的・年代的順序配列や発展史の研究であるが，新約聖書神学とは何かという基本的問題は未解決である．これは歴史批判的方法を中心にした *聖書学と *教理神学との関係が充分に融和されていない実情のためだけでなく，前者の研究結果が新約聖書学の内部で統一性と一貫性のある思想・信仰体系に抽出されず，逆に多様であることにも起因する．

【新約聖書学の方法論】(1) 史的方法論．20 世紀には本文研究と正典史を含めての伝承史的研究が中心である．これには，*聖書の文献批判，様式史，編集史そしてこれを補完する *聖書の文学社会学が含まれる．伝承史には新約各書が書物になるまでの，それに含まれている概念，表象，思想，文章単位の伝承過程がある．

聖書の文献批判では，特に各文書の相互関係や文書間に共通内容がみられる場合，その由来する共通資料が検討される（例えば，*共観福音書に関する問題）．

さらに様式史は，文献批判が各書の伝承過程における文書化（資料）された段階を扱うのに対して，それ以前の口伝段階での伝承過程を中心にする．この場合，伝承者は特定の個人ではなく集団・教会である．伝承断片の形は古代ヘレニズム世界に共通の一定形（［独］Form. 一般に「様式」と訳す）である．*福音書では大別して「主イエスの言葉」（*預言，金言・*知恵，法などについての），「*アポフテグマ」，すなわち主の言葉がどのような史的状況で発せられたのかを物語形式で枠づけして伝える伝承単位（例えば，マルコ書3:1-6では「安息日に律法で許されているのは，善を行うことか，悪を行うことか．命を救うことか，殺すことか」という主の言葉を中心にして，その枠組みとして論争・奇跡物語が伝えられる），「*奇跡物語」「聖伝」「出現・*顕現物語」，それに新約独自の「*受難の物語」が加わる．出現物語はイエスの*復活での出現，あるいは*天使の出現（ルカ書1章のザカリアやマリアへの出現，その他）がその例である．

他方パウロなどの手紙が採用する伝承様式は，*典礼および奨励の各伝承に大別される．前者には*賛歌（例えば，フィリ2:6-11，コロ1:15-20. → キリスト賛歌），*信仰告白（1コリ15:3-5；ロマ1:3-4），聖餐式文（例えば，1コリ11:23-25. → 最後の晩餐）など，後者には徳目や*悪徳表（ガラ5:19-23），*家庭訓（例えば，コロ3:18-4:1）などがある．これらの様式の各伝承単位は，これを形成し伝える教会の*信仰生活の表現であるから，その信仰生活や活動の多様性が各様式間の相違に反映される．その活動は宣教，典礼，論争，信仰教育（→要理と要理教育）などであり，これらは一括して伝承単位の「生活の座」（［独］Sitz im Leben）と呼ばれる．この様式史の目的は伝承する教会の信仰生活の解明である．創唱者は*ディベリウスと*ブルトマンである．

様式史が口伝段階における集団の伝承を研究対象としているのに対して，編集史では主に個人としての文書作者が口伝伝承と彼以前に文書化された資料とを，どのように取捨選択して改変，配列し編集したか，その神学的目的は何であったのかを解明する方法である．これは特に共観福音書間の相違の詳細な比較と各福音書の全体，すなわち第1章の冒頭から最後の章句までに流れる一定の信仰思想や神学との総合によって得られる．この編集史の目的は各書の著者の神学・信仰の解明である．創唱者は*コンツェルマンである．

文学社会学的方法は，古典的様式史研究がイエス伝承を伝え，または受け継ぐ集団・教会をそれ自体として扱い，その伝承の生活の座をキリスト教信仰の生活内にのみ求めたのに対して，その伝承の担い手・集団がその信仰集団を超えて所属する自分の一般社会内において，どのような社会層（社会の最下層，小市民層など），さらにその社会がどういう地理的区域に位置するか（*ガリラヤ，*ユダヤ，オロンテス川の*アンティオケイアなど）を究明する．同一伝承単位が口伝から文書化され，さらに編集者によって集録・改変され，さらに他の文書編集者によって編集・改変された場合，伝承の担い手が別の担い手に移行するのに応じて，彼らの属する社会層と地理的条件も移行する．このような歴史を追究するので，その研究方法は様式史と編集史の補完である．創唱者はドイツのタイセン（Gerd Theißen, 1943- ），日本では荒井献（1930- ），大貫隆（1945- ）である．

（2）*聖書の構造主義的解釈．上記の方法がすべて史的観点（通時的）によるのに対して，この方法は聖書テクストをその起源や発展などの歴史的状況や環境から切り離して，テクストまたはその各単位を平面的・共時的に研究する．すなわちテクストを一つの閉じた総体とみなし，共時的テクスト内の分節，単位間の関係，言語の配列関係または諸要素を並列的に調べる．しかしこれも史的方法と対立せず，これを補完しうる．この元来は言語学の方法を聖書に応用したのは，フランスのR.*バルトや*リクールである．

（3）信仰との関係．新約聖書学は教理神学とは異なるが，しかし個人の信仰と全く無関係な*比較宗教学とも相違する．ここでプロテスタント聖書学とカトリック聖書学のそれぞれの前提の違いが現れる．プロテスタントはそもそも信仰を個人の決断のみ（ここで「のみ」に留意）に置き，聖書を信仰の唯一の基準にすると主張しつつ，各個人こそが聖書解釈の絶対的基準となる．したがって聖書を生み出した伝承の担い手＝教会との非連続性がたびたび認められる．カトリック聖書学は，聖書を共同体の信仰伝承の所産として，その*伝承と伝承史を担う信仰集団＝教会の現代までの生きた連続性のなかでの活動とみなす．したがってカトリック聖書学は，その固有性と研究の諸成果を受容・納得させようとして教会の*教導職と激しく論争することはあっても，対決して教会を捨てることはない．

【文献】LThK² 2: 349-451; 3: 1274-93; RGG³ 1: 1236-51.

新約聖書神学：P. シュトゥールマッハー『新約聖書解釈学』斎藤忠資訳（日本基督教団出版局 1984）: P. STUHLMACHER, *Vom Verstehen des Neuen Testaments* (Göttingen 1979); H. ボアズ『新約聖書神学とは何か』高橋敬基訳（教文館 1985）: H. BOERS, *What is the New Testament Theology?* (Philadelphia 1979); G. STRECKER, ed., *Das Problem der Theologie des Neuen Testaments* (Darmstadt 1975).

方法論：日本基督教団出版局編『聖書学方法論』（日本基督教団出版局 1979）; E. V. マックナイト『様式史とは何か』加山久夫訳（ヨルダン社 1982）: E. V. MCKNIGHT, *What is Form Criticism?* (Philadelphia 1969); N. ペリン『編集史とは何か』松永希久夫訳（ヨルダン社 1984）: N. PERRIN, *What is Redaction Criticism?* (Philadelphia 1969); W. G. ドーティ『原始キリスト教の書簡文学』土屋博訳（ヨルダン社 1985）: W. G. DOTY, *Letters in Primitive Christianity* (Philadelphia 1973); H. ZIMMERMANN, *Neutestamentliche Methodenlehre* (Stuttgart ²1968); O. KAISER, W. G. KÜMMEL, G. ADAM, *Einführung in die exegetischen Methoden* (München ⁵1975); K. BERGER, *Exegese des Neuen Testaments* (Heidelberg ²1982); F. HAHN, ed., *Zur Formgeschichte des Evangeliums* (Darmstadt 1985).

文学社会学：荒井献『イエス・キリスト』（講談社 1979）; G. タイセン『イエス運動の社会学』荒井献，渡辺康麿訳（ヨルダン社 1981）: G. THEIßEN, *Soziologie der Jesusbewegung* (München 1977); 大貫隆『福音書研究と文学社会学』（岩波書店 1991）; G. THEIßEN, *Studien zur Soziologie des Urchristentums* (Tübingen ²1983); ID., *Lokalkolorit und Zeitgeschichte in den Evangelien* (Göttingen 1989).

構造主義的解釈：久米博，小林恵一編訳『構造主義と聖書解釈』（ヨルダン社 1977）; D. パット『構造主義的聖

書釈義とは何か』山内一郎, 神田健次訳 (ヨルダン社 1984): D. PATTE, *What is Structural Exegesis?* (Philadelphia 1976); P. RICOEUR, *Essays on Biblical Interpretation* (Philadelphia 1985). この方法に近いものとして, N. R. ピーターセン『新約学と文学批評』宇都宮秀和訳 (教文館 1986): N. R. PETERSEN, *Literary Criticism for New Testament Critics* (Philadelphia 1978). (三好迪)

しんやくせいしょギリシアご　新約聖書ギリシア語 → コイネー, 聖書の言語

しんやくせいしょのうた　新約聖書の歌 〔ラ〕cantica novi testamenti, 〔英〕canticles of the New Testament, 〔独〕Cantica aus dem Neuen Testament, 〔仏〕cantiques du Nouveau Testament　*新約聖書における歌は, *旧約聖書から影響を受けたと思われるルカ書の三つの *賛歌(ルカ 1: 46-55 *マリアの歌; 1: 68-79 *ザカリアの歌; 2: 29-32 *シメオンの歌), ヨハネ書の冒頭のロゴス賛歌(ヨハ 1: 1-18), 使徒の手紙のなかの *キリスト賛歌(フィリ 2: 6-11; コロ 1: 15-20; 1 テモ 3: 16; ヘブ 1: 3-4; 1 ペト 1: 19-20; 2: 23-24), エフェソ書にみられる祈りの歌(5: 14)およびヨハネの黙示録のなかの賛歌(11: 17-18; 12: 10-12; 15: 3-4; 19: 1-2, 5, 7-8)である(ほかに 2 テモ 2: 11-13 を *信仰告白の歌ととることもできる).

*パウロが *詩編以外に賛歌や霊的な歌で神をほめたたえ, 主に向かってほめ歌うように勧めている(コロ 3: 16; エフェ 5: 19)ことからみて, これら以外にも聖書に書かれていなくとも当時の礼拝で用いられた歌もあったと思われる. キリスト賛歌をはじめとする歌をみると, *初代教会における歌は神やキリストを賛美するのみならず, 当時から流布していた *異端に対する反駁を含めた, 信仰宣言定式による信仰伝授のためにも用いられており, 非常に大きな役割を果たしていたことがわかる. しかし, このような賛歌が実際にどのように, またどのような形態で歌われていたのかは, 現在では確認することができない. さらに, 新約聖書には随所に詩編の引用がみられることから, パウロが第一に勧めているように, 初代教会では詩編による賛美が盛んに行われていたことが想像できる. ルカ書の三つの賛歌は詩編や賛歌をはじめとして *旧約聖書の歌からの影響があることは間違いないであろう. このことは, 5世紀の *アレクサンドリア写本に, 詩編に続いて九つの旧約聖書の歌とともにこの三つの賛歌と *栄光の賛歌の冒頭の言葉(ルカ 2: 14)が含まれていることからも窺うことができる. 一方, ヨハネ書のロゴス賛歌やフィリピ書, コロサイ書などの

現行の『教会の祈り』における新約聖書の歌の配分

主日前晩	フィリピ書	2: 6-11
主日晩	黙示録	19: 1b, 2a, 4b, 5b, 6b, 7
月曜日晩	エフェソ書	1: 3-10
火曜日晩	黙示録	4: 11; 5: 9, 10, 12
水曜日晩	コロサイ書	1: 12-20
木曜日晩	黙示録	11: 17-18; 12: 10b-12a
金曜日晩	黙示録	15: 3-4
四旬節主日	1 ペトロ書	2: 21b-24
公現前晩・主の変容晩	1 テモテ書	3: 16

キリスト賛歌には *ヘレニズムの影響がみられる. これらのことから, 新約聖書の歌はそれぞれの生活の座が重要な背景になっていることが窺える.

現在の *教会の祈りで歌われる新約聖書の歌は, *晩の祈りの二つの詩編唱和のあとの第3唱和として, 使徒の手紙ならびにヨハネの黙示録からとられた七つの歌が毎週の各曜日のために指定されて歌われる(配分表参照).

【文献】旧新約聖書大 162-65; 岸辺成雄他編『音楽大事典』2 (平凡社 1981) 650.　　　　　　　　　　(齊藤克弘)

しんらい　信頼 〔ラ〕confidentia, 〔英〕confidence, 〔独〕Fiduz, Vertrauen, 〔仏〕confiance　ラテン系の言葉の語源からは, fides (信の意)と関係があり, 信を置くことのできる状態から生まれる, 他者への心の様態を指す. 我が国の漢字による表現からは, ラテン系の信のほかに, さらに他者に, 少なくともある事柄をめぐって, 自分自身を委ねることができる拠り所としての感覚が含まれてくる.

聖書とキリスト教では, 神に対する信頼もしばしば取り扱われるが, 宗教とは別に一般用語では, 人と人との人格的な関係に使われる. 通常の用法としては, 相手が約束に忠実であるとか, 学問的に正確であるとか, 偽りをいわないとか, 委ねた事柄に信が置けるとか, 忠実, 真実, 誠実といった人格的特徴に対してもちうる心情を表す. 相手に対して, このような心情が形成される素因として, 回を重ねる人格的ふれあいの時間的経過を重視する考え方と, 相手との出会いの空間的・質的要素を重くみる考え方がある. いずれにせよ, 人間対人間の信頼関係は, 時間的経過に基づくふれあいや, 空間的・質的体験を前提とする. 最も深い信頼の在り方としては自分自身の存在を端的に相手に委ね, 相手に自分を全面的に投げ込み, 任せてしまうことができる心情にまで発展する. この場合, 相手に愛と受容の深さが必要である. 旧約時代から, 神は絶対に信頼できる対象として, 神を頼る者にとっての, 盾, やぐら, 城, 砦, 岩, 隠れ場, 避け所などといわれている.　　　　　　　(池長潤)

しんり　真理 〔ギ〕alētheia, 〔ラ〕veritas, 〔英〕truth, 〔独〕Wahrheit, 〔仏〕vérité

【聖書】聖書における真理概念は, 旧約ではエメト (〔ヘ〕'emet), 新約ではアレーテイア (〔ギ〕alētheia)の語の用法から推察される. おおよそ, 旧約の真理は倫理的概念に近い「真実」「誠実」を意味し, 新約の真理は「キリストの秘義」を顕す *啓示を意味する.

〔旧約聖書〕エメトの原義は, 「堅固である」「確実である」「信頼に値する」である. これを人間にあてはめるとその人物の信頼性に重点が置かれ, 旧約では *神, *契約および *律法に対する人間の誠実さを意味する(出 18: 21; ヨシュ 24: 14; サム上 12: 24; ネヘ 7: 2). 他方, 神もエメトに性格づけられ, 真実で, 信頼に足る方とされる(詩 31: 6). しかし, エメトは神が本来有する属性としてではなく, 人間が経験しうるものと考えられ, その意味で *愛とも同義になる(出 34: 6; 詩 86: 15). 他方, 神のエメトの一貫した確固さは, 人間を助けもするが, 人間への要求でもあるので, *神の義の意味にもなりうる(詩 25: 9-10; 40: 10-11).

エメトが言葉や陳述をも性格づけるとき, その内容の信頼性と現実での妥当性・有効性を意味する. 神のエメトはその真実の証明として律法, 規範としても経験され

る(ネヘ9:13;マラ2:6).さらに詩編には神の真理のなかを歩むという表現があるが(25:5;26:3;86:11),そこには倫理的行為そのものがエメトであるばかりではなく,神の教えのなかに神の*知恵をみいだすという,真理と神の知恵を同一視する傾向が窺われる.このエメトに神の知恵を付加する傾向(箴23:23)は,旧約末期の*知恵文学や*黙示文学ではさらに強まり(トビ12:11;知6:22;ダニ10:21),いわば啓示としての真理概念の先駆けとなる.

〔新約聖書〕*パウロは,アレーテイアを「真実」という意味で使用する点で,旧約のエメトの用法を受け継いでいる(2コリ7:14;フィリ1:18).特に「神の真実」(ただし,ギリシア語は pistis)がイエスにおいて実現したことが指摘される(2コリ1:18-20).また,倫理的行為と規範の意味でアレーテイアを不義と対立させる(2コリ13:8;ロマ1:18;エフェ5:9;6:14).一方,旧約の律法がイエスの啓示において凌駕された点を,「福音の真理」(ガラ2:5),「真理の言葉」(エフェ1:13;コロ1:5;2テモ2:15)などの表現で強調する.パウロにおいては,真理は*イエス・キリストのうちにあるとして(エフェ4:21),真理とキリストの同一性が暗示されてはいるが,*ヨハネによる福音書のようにイエスの啓示に関する意図的な真理概念のキリスト論的展開はみられない(→キリスト論).もっぱら真理の主眼はキリスト自身を宣布する使信に重点が置かれる(2コリ4:2-6).パウロの真理概念は基本的には「啓示型」といえようが,その論法においては啓示の教えとしての性格が濃厚である(エフェ6:14-15;1テモ3:15;4:3).

一方,啓示について特別の神学的思索をめぐらすヨハネは,啓示型のキリスト論的真理概念を明確に提示する.ヨハネによれば真理はイエスのみが*父なる神から聞いて語る言葉であり(ヨハ8:26,40;17:17),その証しこそイエスの使命である(18:37).真理は目にみえない神の実在ではなく,人となった目にみえるイエスの地上での言動を指す.イエスは啓示の伝達者であるばかりでなく,啓示そのものである.この啓示は*受肉において実現し,旧約の啓示をはるかに超える恵みの出来事である(1:14-17).ヨハネは真理を神の超越的本質そのものとしてではなく,それを歴史的に具現され人間に把握可能な実在として提示する.すなわち,真理とは父である神への愛と従順で貫かれた生涯のなかで,人間のレベルで顕されたイエスの神の子性である.それは*弟子たちがみ,父である神が与えた独り子の*栄光でもある(1:14).人間はこの真理によって父である神のもとに導かれ,父と子の愛の交わり,すなわち*永遠のいのちにあずかるのである(14:6).「真理の霊」はこれを人間に悟らせる(14:17,26;15:26;16:7,13).

以上,ヨハネは真理をイエスの受肉とその秘義に不可分に結びつけ,啓示された真理の機能的・動的な側面と救済論的構造を展開する(→救済論).と同時に信仰者の生活のなかで働く真理の内的な力を,アレーテイアという語を伴うさまざまな表現で強調する.*信仰生活において,真理には二つの働きがある.人はまず真理を受け入れ*回心の歩みを始める(「真理を行う」3:21;1ヨハ1:6).そして徐々に「真理を知り」,それによって*罪の力から解放される信仰の深化(ヨハ8:31-33)は,真理が人間に内在し,新しい生き方の内的原則となる過程を意味する.その結果,人間の内から外へ,目にみえる姿で真理に基づく生活が始まる(2ヨハ1-6;3ヨハ1-4).真理は愛の実践の内的原動力となる.この真理の二つの働きは真理の霊の働きを通して相互に循環しながら,真理に同化する絶え間ない内的成長を人間に遂行させる.この過程がいわば「真理における聖化」である(ヨハ17:17参照).こうして人間はキリストの真理の現存に基づく兄弟愛の実践を通して,*メシアの終末時代にふさわしい「真理と霊による礼拝」を捧げるのである(ヨハ4:23-24参照).

【文献】聖書思477-81; EWNT 1:138-45; TDOT 1:292-323; G.ネラン『キリスト論』(創文社1979)240-56; R.ブルトマン「ヨハネ福音書の考察若干」『ブルトマン著作集』7,杉原助訳(新教出版社1982)224-89: R. BULTMANN, "Untersuchungen zum Johannesevangelium: A Alētheia. I. Der Begriff der Wahrheit im Alten Testament und unter alttestamentlichem Einfluss," "II. Alētheia in der griechischen und hellenistischen Literatur," ZNW 27 (1928) 113-63; Y, IBUKI, Die Wahrheit im Johannesevangelium, BBB 39 (Bonn 1972); I. DE LA POTTERIE, La Vérité dans Saint Jean, AnBib 73/74 (Roma 1977). (大塚喜直)

【哲学】「真理」と訳される抽象名詞(alētheia, veritas, truth など)は,「真の」「真なる」を意味する形容詞(alēthēs, verus, true など)に対応するものであり,「真であるということ」あるいは「真そのもの」を表す.「真理とは何か」という問いは,大別すると次の三つの仕方で応じられてきた.① 実在ないし存在についての教理とか教説を求める問いとして.②「(あることが)真である」とはいかなることであるかの説明を要求する問いとして.これには代表的な幾つかの説があるが,現代では*意味論や*分析哲学の登場によって,新しい装いのもとでの論争が生じた.③ 懐疑論や*相対主義に対して,人間の生における探究の可能性や知の成立根拠を問う問いとして.ここではまず ② の諸説について簡単に述べ,次に ③ についてそもそも何が問題であるかを述べる.

〔真理についての諸説〕(1) 対応説([英] correspondence theory of truth). この説の最も古い定式は,*プラトンの『ソフィステス』(240 D, 260 C-263 D)にみいだされる.*アリストテレスの有名な「そうであることをそうであると言い,そうでないことをそうでないと言うのが真である」(『形而上学』1011 b 26以下)はそれを受ける.*イスラエリに基づくと*トマス・アクィナス自らがいう,「真理は事物と知性の一致である」([ラ] veritas est adaequatio rei et intellectus,『真理論』q. 1, a. 1)との立場もこの伝統の延長上にあるが,トマスはこの上に真理の*形而上学を構築した.*命題の真を「表示されたその通りにある」(ita est sicut significat)ということに求める中世の*論理学の考え方も同じく対応説の延長上にあると解される.

20世紀に入ると,近世の*観念論に対して,経験主義的な*実在論の立場から対応説が主張され,ここに新しい論争が始まった.この名を広めることになった G. E. *ムアによれば,真なる信念([英] true belief)にはそれに対応する事実(fact)が存在する.すなわち,「真である」とは,信念とその信念を抱く対象である「事実」との間の関係として捉えられ,この関係が「対応」(correspondence)と呼ばれる.B. *ラッセルは,それを信念と対応する事実のおのおのを構成する諸項間の関係として分析しようとしたが,このような考え方の誤りであることは,後に*ヴィトゲンシュタインによって,またラッセル自身によっても明確にされることになる.

対応説への批判としては，古代ギリシア以来，嘘つきの*パラドックスをはじめさまざまな困難が指摘されてきたが，現代ではとりわけ意味論的観点から重大な問題が提起された．その核心は，「事実」を非言語的な対象と考えることはできないとするところにある．我々は「事実」を言語的に認識することしかできないのであり，「信念」を表現する文と，対応する「事実」を表現する文とは同じとせざるをえない．だが，言葉は，自身以外のモノについて，あるいはモノを，指示したり記述したりするところに成立する．このようなモノと言葉の関係は，初めにラッセルの考えたような「信念」と「事実」の構成要素間の関係としては分析できない．対応説は実在論と結びついて，後に J. L. *オースティンが指摘したように，その「対応」という呼び名によって肖像画と実在の人物の間にあるような関係を連想させがちだが，これはモノと言葉の間の規約的関係とは根本的に異なるのである．また「事実」を表す言明はつねに真なる言明であり，その意味で「事実」という概念にはすでに「真」という概念が含まれているということができる．とすれば前者によって後者を定義することはできない．

(2) 意味論的真理規定 (semantic conception of truth)．対応説のもつ諸困難を避けてしかもその延長線上に新しい理論を得ようと試みたのがタルスキ (Alfred Tarski, 1902-83) である．彼は，例えば，文「雪は白い」は雪が白いときまたそのときにかぎり真である，のような同値式が最もよく真理概念を表していると考え，このような同値式のすべてを与えるような真理の定義こそが求められているのであるとした．彼による真理規定の最大の特徴は，「真である」を，ある特定の対象言語をもつ文Sに適用されるメタ言語に属するところの意味論的概念であるとする点にある．そのうえで彼は，ある文が真であるとは，すべての対象によってそれが「充足」されるということであるとし，「充足」というもう一つの意味論的概念によって真理を定義しようとした．

(3) 真理の行為遂行理論 (performative theory of truth)．これに対して，ある言明が真であるということはその言明をそのまま主張することに何も付け加えてはいない，とするラムジ (Frank Plumpton Ramsey, 1903-30) を受けて，*ストローソンは，ある言明を「真である」と言うのはそれに「同意する」あるいはそれを「受け入れる」「認める」といった行為をなすのと同じであって，そもそもそれ自体はいかなる意味でも言明についての言明ではなく，それゆえメタ言語に属するようなものではない，と主張する．しかし，すべての場合に「真である」と付け加えることは余分であるとはいえない．また，多くの場合に「真である (と言う)」を「同意する」などへと書き換えることは可能だとしても，そのことが告げているのは「真 (なる)」という形容詞の一つの用法でしかないと批判される．

(4) 整合説 (coherence theory of truth)．伝統的に対応説と対立してきたのは，*ライプニッツ，*スピノザ，*ヘーゲルのような体系家，観念論者，*ノイラート，ヘンペル (Carl Gustav Hempel, 1905-) のような純粋数学や理論物理学の影響を受けた*論理実証主義に連なる人々の名と結びつく，真理の形式的規定としての整合説である．この説の最も一般的な定式は，ある言明ないし判断が真であるとはその言明が他の諸言明と整合している (coherent) ないし無矛盾である (consistent) ことである，であろう．したがって，そのような真なる諸命題を部分とする全体としての論理的な体系の存在が想定されており，ある個別の命題の真偽はその体系から*ア・プリオリな推論によって導き出されるとされる．すべての真なる言明がそれに整合するような体系とは，理論上体系が複数ありうるとする人々によれば，その時代の文化に属している科学者によって受け入れられるところのものであり，また形而上学者によれば，整合的な体系を形成している，世界ないし現実の説明が一つあってこれに整合している場合に言明は真であるといわれることになろう．

後に全く異なった観点から，*カルナップが『言語の論理的構文論』(1934) で定式化した説もこの名で呼ばれる．彼は，特に自然科学の分野で，観察された現象をどのように記述すべきかについてはある程度選択の場面がありうるが，その選択はすでに採用されているある理論ないし体系に整合するようになされるとした．整合説については，すでに「真である」とされる体系を前提せざるをえない点，無矛盾であれば等価であるとみなさざるをえない複数の体系を想定したときこれを選択する基準を整合性以外の何かに求めざるをえない点，言明に属さないいかなるものも真偽の決定にはあずからないとする点などに困難がみいだされよう．

(5) 実用主義の真理説 (pragmatic theory of truth)．*パースは，探究の実践からかけ離れた過去の，主として観念論的真理概念を批判して，真理とはすべての探究者に一致した意見 (opinion) のことであると主張した．彼は科学的探究の場面を念頭に置いてこう主張したが，*デューイは基本的にこれを継承しつつも，パースが実在論に傾いていたのに対して真理の可変性を主張し，「真である」とは探究の結果「検証された」ということであるとして真理の先在性を否定した．しかしこの可変性の主張は，当初からムアやカルナップによって批判されてきた．

[真理をめぐる問題] 真ないし真理という概念を，単純に，事実，無矛盾，充足，同意，検証といった概念に置き換えることによって説明することはできない．上述の諸説のような仕方での置き換えは，この概念が我々の生を基礎づける根元的な価値概念としてあることを見失わせることになろう．また，正確さ，明証性，必然性なども，真であるということが何らかの仕方でそれらを伴うと語られうるとしても，それらによって真が説明されるのではない．真は，知るとか探究するといった我々の生の根幹に関わる営みとの相関においてある価値である．一般に真はそのような営みの目指すところと解される．しかし，それは，「*知る」の目的語として想定される対象のもつ性質のようなものではなく，「探究する」とか「知る」ということそれ自体を可能ならしめる原理として解されるべきである．このような真理観を我々は*アウグスティヌスの思索に求めることができる．

アウグスティヌスは，回心後最初に着手した著作『アカデミア派論駁』(386) のなかで，*ストア学派の*唯物論を批判するアカデミア派に共感を示しつつも，彼らのとる懐疑論的立場を批判したが，その論点はストア学派による懐疑論批判とも近現代のそれとも異なった真理観に基づくものである．彼は，人間の生のあるべきあり方を「真理を探究すること」([ラ] quaerere veritatem) と捉える．同じくそう主張するアカデミア派は，同時に他方で「真理はみいだされえない」として，かわりに「是認可能なるもの」(probabile) ないし「真に似たこと」(verisimile) に従って生きるべきことを説くが，自身を「不知なる者」と自認するアウグスティヌスは，にもか

かわらずアカデミア派の *不可知論的主張を批判する．彼が問題にするのは，人間が個別的な諸言明の真 (vera) に至りうるか否かではなく，それらを真として語ったり応じたりするという我々の営み自体を，真ということに関わるものとして認めるか否かだからである．不知を自認する彼が，懐疑論に対抗して「真理はみいだされうる」(veritas posse inveniri) と主張すべきだと説くとき，真理 (veritas) は，みいだされるはずの真なる信念の総体とか，全体的知識として捉えられているのではない．むしろ真理は，我々が自らの思いの内に閉ざされてあるものではないこと，我々の思いに左右されない仕方で「真である」ということが成立することを保証し，我々が自分自身の思いをさらに問い直すということを支える，原理として捉えられる．*ヘレニズムの哲学からアウグスティヌスを訣別させたこの洞察は，『告白』(397-400)，『三位一体論』(399-419) へと引き継がれて結実し，現代においてむしろ新しい真理観として注目されるものである．

【文献】カ大 845-48; EBritMa 22: 287-89; P. EDWARDS, ET AL., eds., *The Encyclopedia of Philosophy* (London 1967 ²1972) 2: 130-33, 223-32; 6: 88-90, 427-30; J. デューイ『論理学—探求の理論』世界の名著 48，魚津郁夫訳 (中央公論社 1968): J. DEWEY, *Logic: The Theory of Inquiry* (New York 1938); 稲垣良典「トマスにおける真理の形而上学序説」『哲学雑誌』759 (1972) 19-41; 松永雄二「アレーテイアについて」『理想』497 (1974) 19-28; 加藤信朗「Consulere veritatem—アウグスティヌスの初期照明説をめぐる若干の考察」『中世思想研究』18 (1976) 21-44; M. ダメット『真理という謎』藤田晋吾訳 (勁草書房 1986): M. DUMMET, "Truth," *Truth and Other Enigmas* (London 1978) 1-24; A. タルスキ「真理の意味論的観点と意味論の基礎」飯田隆訳『現代哲学基本論文集』2，坂本百大編 (勁草書房 1987) 51-120: A. TARSKI, "The Semantic Conception of Truth and the Foundations of Semantics," *Philosophy and Phenomenological Research*, 4 (1944) 341-76; 松永雄二『知と不知』(東京大学出版会 1993); 岡部由紀子『アウグスティヌスの懐疑論批判』(創文社 1999); P. F. STRAWSON, "Truth," *Analysis*, 9 (1949) 83-97; G. E. MOORE, *Some Main Problems in Philosophy* (London 1953); B. RUSSELL, *Logic and Knowledge*, ed. R. C. MARSH (London 1956); L. WITTGENSTEIN, *Notebooks 1914-1916* (Oxford 1961); J. L. AUSTIN, "Truth," *Philosophical Papers* (Oxford ²1970) 117-33; AUGUSTINE, "*Against the Academicians*" *and "The Teacher*," tr. P. KING (Indianapolis 1995). 〔岡部由紀子〕

しんりがく　心理学　〔英〕psychology, 〔独〕Psychologie, 〔仏〕psychologie　心理学は，広い意味では「心」についての学問研究すべてを含むが，現代の学術分科の一つとして心理学というときは，実験，調査，観察などによるデータに基づいて心理的な過程を推論する現代心理学を指す．

【歴史】広い意味での心理学，つまり *心についての体系的な究究は，ごく古い時代から始まっている．*ギリシア哲学では，エンペドクレス (Empedokles, 前 490 頃-430 頃) の四元素説に基づいてヒッポクラテス (Hippocrates, 前 460 頃-375 頃) が，土は粘液，火は黄胆汁，水は黒胆汁，空気は血，として四元素を体液と関係づけ，これらのバランスが心身の健康につながるという理論を提唱した．これをさらに発展させたガレノス (Galenos, 129 頃-200 頃) の気質四類型論は，現在でも性格心理学の一モデルとしてよく引用される．

また，*ソクラテスや *プラトンは知識の獲得や検証を問題として考察したし，*アリストテレスは生命活動としての心を植物的，動物的，理性的と 3 段階に階層づけ推理や記憶についての理論化を行った．

中世になると，肉の誘惑を斥けて神を認識し神との霊的一致を求めるというキリスト教の問題意識のもとに，例えば *アウグスティヌスは神の認識と *自由意志の問題を論じ，*トマス・アクィナスは神の認識における理性的推論の役割を述べた．

*ルネサンスから近代に及んで，多くの思想家や哲学者が *精神についての省察を行った．なかでも *デカルトは心身関係に関心を寄せ (→ 心身問題)，脳の機能に注目し，動物における反射，人間における「明瞭かつ判然」たる *認識の能力など，問題意識としてはそのまま現代に通じる考察を行った．また，*ロックもイギリス経験主義哲学(→ 経験論)は，観念の連合についての理論を提唱し，これも後の心理学に大きな影響を及ぼした．

しかし以上はいずれも，主として思索や個人的洞察の所産であった．それが経験科学としての現代心理学に脱皮する引き金となったのは，19 世紀に入ってからの神経生理学の飛躍的な発達であった．感覚と *知覚の区別をたて，また優れた色覚理論を提唱したことで知られるヘルムホルツ (Hermann von Helmholtz, 1821-94)，現在でも用いられている大脳皮質の領域図を作ったブローカ (Paul Broca, 1824-80)，刺激量と認知可能な最小刺激変化量との関係を定式化したウェーバー (Ernst Heinrich Weber, 1795-1878) と *フェヒナーなど，優れた神経生理学者たちが現代心理学の基礎をなす業績を残した．

そして，これらを踏まえて，現代心理学を一つの学術領域として確立したのが W. *ヴントであった．実験生理学者として訓練されたヴントは，1879 年に世界最初とされる心理学実験室をライプツィヒ大学に開設した．それに先立ち 1873-74 年には『生理学的心理学綱要』という著書を公にしている．精神を身体とは別の組織と考えた彼は，心理学の対象を直接経験([英] immediate experience) であるとし，それを捉える方法が，統制された条件のもとでの内観 (→ 内省) であると考えた．外界の刺激を組織的に操作し，それに伴う直接経験の変化を内観によって捉え，両者の関係を明らかにするのが彼における実験の基本的な形であった．しかし彼の業績は実験心理学のみに限られるものではない．晩年には言語，コミュニケーション，民族心理学などにおいても精力的な業績をあげている．

ヴントが活動したのとほとんど同じ時期，米国では W. *ジェイムズ，*デューイらの機能主義心理学，ソーンダイク (Edward Lee Thorndike, 1874-1949) の結合主義などがそれぞれに業績をあげていたが，ヴント以来の内観法にパラダイム変換を強いたのが，ワトソン (John Broadus Watson, 1878-1958) の *行動主義の提唱であった．パヴロフ (Ivan Petrovich Pavlov, 1849-1936) の条件反射の研究に刺激を受けたワトソンは，条件反射理論を軸に心理学から内観的な情報や主観的な概念を一切排除し，客観的な行動のみから自然科学としての心理学を構成しようとした．あまりに急進的なその立場は，そのまま引き継がれることはなかったが，刺激と反応の結合の形式を主題としながらも，要求，動因，期待，習

しんりしゅぎ

慣など心理学的な媒介概念を許容する新行動主義心理学は，1940年代から60年代初頭まで心理学の主流として強い影響力をもった．

しかし1960年代に入ると，行動を刺激と反応との機械的な結合で説明するのではなく，より高度な知識による情報処理に注目する認知心理学(cognitive psychology)が台頭し，やがて最も有力な流れを形成することになった．すでに1920年代末から，ヴェルトハイマー(Max Wertheimer, 1880-1943)らの唱導する*ゲシュタルト心理学が，結合主義や要素主義を批判して，特に認知過程が相互に関連し合って力学的に体制化されることを指摘していた．また*ピアジェは，子どもの認識や論理の発達の研究に基づき知的活動の構造について体系的な理論を構築しており，新行動主義の陰に隠されがちだったとはいえ，*認知，つまり知識を得たり思考したりする働きの研究の歴史は長い．しかしそれが1960年代に急に活発化したのは，サイモン(Herbert Alexander Simon, 1916-   )らが問題解決過程のコンピュータによる模擬に成功したのがきっかけであった．それ以来，人の推論や問題解決や知識の獲得と利用がどのように行われるかを綿密かつ組織的に分析し，どういう処理過程が存在しなければならないかについての仮説を作って検証する認知心理学が，研究者の関心を集めるようになった．

以上に述べたヴント以来の実験心理学的な系譜のほかに，現代心理学の重要な一翼を形成しているのは，心理的な異常や失調の研究を踏まえた深層心理学の系譜である．その起源は*フロイトの*精神分析に求められる．ヴントらの内観による心理学がもっぱら意識の研究であったのに対し，フロイトは本人の意識にのぼらない無意識の世界を問題にした．超自我による性的欲求の抑圧に心理的失調の根源を求めるフロイトの治療理論は，ときに汎性説としてキリスト教からの批判を受けたが，その後フロイトの考えを受け継ぎながら必ずしも性的な欲求のみにこだわらない立場が多く現れ，それらを深めた深層心理学が現代の*臨床心理学の理論的基礎をなしている．

【心理学の分科】すでにみてきたように，現代心理学にはさまざまな歴史的な背景があり，また，それが包含する範囲も広いので，多くの分科に分かれている．

方法の上では，実験的研究によって行動の法則をみいだそうとする実験心理学，統計学的な尺度化や多変量解析によって反応の構造を求めようとする計量心理学，神経生理学的な研究によって心理学の問題に答えようとする生理心理学，各個人の主観的な世界の理解を通じて人の心理を捉えようとする*現象学的心理学，そして上述の深層心理学などがある．基礎心理学と応用心理学という分け方もあるが，理論や方法の基本的体系化が充分進んでいない心理学の現状のもとではあまり意味のある分け方ではない．

研究の対象となる心理現象に基づく分け方では，知覚心理学，思考心理学，性格(人格)心理学，*発達心理学(*児童心理学，青年心理学，老年心理学)，犯罪心理学，小集団心理学，*社会心理学，組織心理学，宗教意識や宗教体験を対象とする*宗教心理学，理論心理学，異文化間心理学(cross-cultural psychology)，*差異心理学，などがある．このうち最後の三つは，方法上の分類だともいえる．

社会活動との関わりでいえば，心理的な悩みや心理障害の研究や治療にあたる臨床心理学，心理学的な立場から教育の方法，内容，組織などを研究する教育心理学，人間と機械環境とのインターフェイスを研究する人間工学，災害時の心理を研究して対処方法を助言する災害心理学，作業過程や職業適性から労務上の組織などを対象とする産業心理学，犯罪の心理と矯正方法を研究する犯罪心理学，心理学的な立場から社会福祉に協力する福祉心理学などがある．キリスト教との関係では教会員の霊的・道徳的指導の方法を研究する*司牧心理学がある．

【日本の心理学】日本でも古来，そして特に江戸時代に，育児，教育，社会倫理，言語，文学などの関係で心理学的な問題に対する興味深い洞察が現れていたが，現代心理学の導入は明治以来のことである．しかし上述のように現代心理学の誕生自体が19世紀後半のことだったことを考え合わせると，極めて早い時期からそれが紹介されていたわけである．「心理学」という語を初めて用いたのは*西周で，英語のmental philosophyの訳語としてだった．1870年代には東京大学ですでに心理学が講じられ，1888年(明治21)には元良勇次郎(1858-1912)が最初の心理学担当教授に任じられた．その後，京都大学をはじめ諸帝国大学，早稲田大学，日本大学，同志社大学などに心理学の講座が設けられ，1926年(大正15)には研究誌として『心理学研究』が創刊された．

第2次世界大戦後は心理学の盛んな米国の影響もあって，新制大学のほとんどすべてで心理学が教えられるようになり，心理学専攻の学科や研究機関が増えたほか，臨床，教育，産業，法務などでの心理学者の活動も活発になった．現在，日本心理学会は6,000名，日本心理臨床学会は1万名，日本教育心理学会は5,000名と会員数の多さで人文系学会のトップを占めている．幾つかの学会に重複する会員が多いが，研究者その他心理学を専門とする者の数は7,000を超えるとみられている．カトリック関係では*上智大学の臨床心理学，*白百合女子大学の発達心理学などが全国的に高い評価を得ているほか，さまざまな福祉，教育活動に心理学専攻者が加わっている．

心理学関係の資格としては，日本心理学会の認定心理士，日本心理臨床学会を中心とする認定協会の臨床心理士などがあるほか，国家・地方公務員には心理職が設けられている．

【文献】東洋他編『心理学事典』(平凡社 1981); T. OYAMA, T. SATO, Y. SUZUKI, "Shaping of Scientific Psychology in Japan," *International Journal of Psychology*, 36 (2001) 396-406.　　　　　　　　(東洋)

しんりしゅぎ　心理主義〔英〕psychologism, 〔独〕Psychologismus, 〔仏〕psychologisme　　1866年にJ. E. *エルトマンがベネケ(Friedrich Eduard Beneke, 1798-1854)の哲学的立場を表示するために初めて用いたとされる語．広狭二義に解され，まず広い意味では，あらゆる学問が，とりわけ哲学的諸学科は，表象や判断などの心理現象を基盤にして成立しているのであるから，それら心理現象の経験的発生などを解明する心理学こそが，*認識論，*論理学，*形而上学，*倫理学，*美学，*教育学など，あらゆる諸学の基礎学であり，逆にそれら諸学は応用心理学であるとする立場を表す．そして狭い意味では，論理学の諸概念や諸命題を心理的な形成物とみなし，さらに論理法則をも心理的な事実法則とみなすことによって，論理学全体を心理学によって基礎づけうるとするJ. S. *ミル(『論理学体系』1843)やW. *ヴント(『論理学』1880-83)らの立場を表す．この狭義

の心理主義に対しては，1880年代に，*フレーゲや*ナトルプらが論理法則の*ア・プリオリな客観性を擁護する立場から的確な批判を加え，次いで*フッサール（1900年刊の『論理学研究』第1巻）が，それらの批判をさらに補正する形で，心理主義が内包する理論的な矛盾点を詳細に摘出し，その相対主義的な欠陥を徹底的に批判した．　　　　　　　　　　　　　（立松弘孝）

しんりしんがくりょうほう　心理神学療法〔英〕psychotheological therapy

【定義】心理学的な原理を人間に対する神学的な観点に統合することによって療法の対象の一つとして，また療法のやり方の一部として，経験の宗教的な次元を採り入れる心理学療法を意味する．最近の心理神学療法の試みの一つは，*イエズス会の会員ティレル（Bernard James Tyrrell, 1933- ）のキリスト療法（Christotherapy）である．

【歴史的な経緯】*フロイトによると，*宗教は依存性の欲求と原初的な恐怖感から生じる幻想であり，適応に問題をもつ*自我の防衛機制であるので，*精神療法の目的の一つはその幻想に打ち勝つことであった．*ユングは，宗教が幻想であるという古典的な*精神分析の立場を拒否し，35歳以上の彼のすべての患者にとって，最終的な問題は人生に対して宗教的な見方をみいだすことであったと述べている．特に*司牧心理学の観点から興味深いのはコフート（Heinz Kohut, 1923-81）の研究で，自己愛人格の患者の治療において，*他者と関係を結べないというとき，その他者のなかに宗教体験における「他者」も含まれていることを示した．

【心理学と神学の統合】1990年代のドーラン（Robert Doran, 1939- ）などによる*心理学と*神学を統合しようとするキリスト教の最近の試みはH. R.*ニーバーが提供したモデルまで遡ることができる．神学と心理学の基本的な違いは，神学は聖書における神の自己*啓示から始まるのに対し，心理学は普通，他の人が観察した人間行動から始まる点にある．人は生活の多くの分野において宗教的な確信に従って行動するので，行動の科学としての心理学は神学を無視することはできない．他方，人々の自分自身および他人に対する*感情や*知覚は，神をどうみるか，また自分の人生経験をどう解釈するかということに影響を及ぼすことが多いので，神学は心理学を無視することはできない．心理神学療法が現れたのは，この事実が認められたことによるとみなすことができる．

【心理神学療法と司牧カウンセリング】司牧（牧会）カウンセリングは，神学生に*カウンセリングの訓練を受けさせる必要性から1960年代に生じた．臨床司牧教育（Clinical Pastoral Education, 略称CPE）もやはり，聖職者にカウンセリングを教える必要から発展した．創立者はプロテスタントの牧師であるボイセン（Anton Theophilus Boisen, 1876-1965）とみなされているが，CPEがアメリカの全国的な組織になったのは，1967年に臨床司牧教育協会ができたときであり，その直後に日本へも広がった．CPEを受けた精神療法家は基本的に司牧カウンセラーとして，自分の宗教的な信念とクライアント（来談者）の宗教的な信念，さらに臨床的な視点の三つの釣り合いをとるように努める．振り返ってみると，CPEは心理神学療法を独立させるための第一歩であったと考えることもできよう．

【心理神学療法と霊的指導】*ティリヒは，神の恵み（→恩恵）に受け入れられることと心理療法において受容されることの類似性を初めて指摘した．心理療法で経験した修正感情体験により以前よりも健全な宗教体験に導かれる人は多い．同じように，修正宗教体験がより健康的な感情体験を伴うことがある．例えば精神的レベルで愛されていない人は，キリストとの出会いを通して神聖な赦しの欲求を満たすと同時に，精神的なレベルで愛される欲求をも満たすことがある．1980年代以降，*霊的指導の出発点として人間の体験を取り上げることが多くなっている．心理学は宗教体験のより深い理解のために欠かすことのできない伴侶といえよう．すべての人間の感情的・精神的な問題は，本質的には霊的な問題であり，聖書的な服従によって解決されるという考えから，心理学を一切拒否すべきだとする立場もあるが，多くの信者にとって，神との間に正当な関係さえあれば精神的な問題はなくなるという立場は受け入れ難い．それどころか，心理療法（→臨床心理学）により自己の*アイデンティティがみいだされたときこそ，神の自己啓示において神と出会うことになるといえる．

【文献】EncRel(E) 12: 75-81; S. FREUD, *The Future of an Illusion* (New York 1928); H. R. NIEBUHR, *Christ and Culture* (New York 1951); P. TILLICH, *Morality and Beyond* (New York 1963); H. KOHUT, "The Psychoanalytic Treatment of Narcissistic Personality Disorders," *The Psychoanalytic Study of the Child*, 23 (1968) 86-113; C. JUNG, "Psychotherapists or the Clergy," *The Collected Works*, 11 (Princeton 1969) 334; J. ADAMS, *Competent to Counsel* (Grand Rapids 1970); B. J. TYRRELL, *Christotherapy* (New York 1975); ID., *Christotherapy II* (New York 1982); ID., "Christotherapy: An Approach to Facilitating Psychospiritual Healing and Growth," *Clinical Handbook of Pastoral Counseling*, ed. R. J. WICKS, ET AL. (New York 1985) 58-75; S. CLINTON, "A Critique of Integration Models," *Journal of Psychology and Theology*, 18/1 (1990) 13-20; R. DORAN, *Theology and the Dialectics of History* (Toronto 1990); B. COLLINS, "The Changing Relationship between Psychology and Contemporary Spiritual Direction," *Pastoral Psychology*, 40/5 (1992) 285-93.　　　　　　　　　　　　（J. クスマノ）

しんりのふくいん　『真理の福音』　　→ナグ・ハマディ文書

しんりのほんげん　『真理之本源』　*パリ外国宣教会の司祭*ドルアール・ド・レゼーによって書かれたキリスト教入門書．松本・甲府地方で宣教司牧活動をするために筆記された説教や講話を，伝道士（*カテキスタ）として協力していた林寿太郎（1864-1926）が選択・分類し編集したものである．内容は「造物主」「人間」「イエズスキリスト」「教会」の四つに分けられ，わかりやすくカトリックの教えを紹介しているとともに*護教論（弁証論）でもある．一般の間でも高く評価され，カトリック書物のベストセラーとなる．第1版の発行は1897年（明治30）．1934年（昭和9）には，*田口芳五郎（後の大阪司教）によって改訂され，再度発行された．レゼーの宣教生活のすべてを凝縮し，彼を代弁する書物とされる．　　　　　　　　　　　　　　　（J. ワレ）

じんりん　人倫〔独〕Sittlichkeit　*ヘーゲルの用

語．この概念は，習俗（〔独〕Sitte）という概念に由来し，特に，古代ギリシアのポリスにおける習俗をモデルに考えられている．ただ『精神現象学』においては，人倫は道徳の前段階に置かれているが，後期の『エンチクロペディー』や『法哲学』においては，人倫は道徳の完成態とみられる．『法哲学』では，人倫は，抽象法の，ただ形式的に他人の権利を侵害しないという適法性の立場と，積極的によい意志をもつというだけの道徳の立場を弁証法的に止揚した立場である．言い換えれば，社会倫理と個人道徳とを相互に媒介し，両者を相互に促進することを意図する立場である．それによって，純粋意志と善，つまり主観と客観が分離した抽象的な立場から，主観と客観が媒介し合った，つまり個人と制度が媒介し合った現実的で実質的な具体的普遍の立場となる．個人の自由の展開は，制度としての共同体の展開抜きには考えられないのである．したがって，自己変革と社会変革とは相互媒介的に遂行される．その人倫は，具体的に弁証法的に「家族」「市民社会」「国家」という3段階において実現される．

【文献】岩崎武雄編『ヘーゲル』世界の名著35（中央公論社 1967）；小林靖昌『ヘーゲルの人倫思想―市民社会再生への道』（以文社 1992）．　　　（茂牧人）

じんるいいちげんせつ　人類一元説　〔ラ〕monogenismus, 〔英〕monogenism, 〔独〕Monogenismus, 〔仏〕monogénisme

人類の起源を最初の一組の男女，あるいは*アダムと呼ばれる人祖・祖先に帰し，これ以外にないとする考え．一元説は全人類が血縁であり，人祖の犯した罪の遺産が子孫に伝えられていることを意味する．したがって，一元説は*原罪に関する神学的議論から間接的に導き出された結論である．近代，自然科学の発達，*進化論の普及と人類学上の数々の発見や議論を通して，人類多元説（〔ラ〕polygenismus），あるいは人類多系説（polyphylismus）が優勢になり，教会・神学との間に緊張を生んだ．

【聖書】聖書（創2：5；3：20；使17：26；ヘブ2：11）では，一貫して人祖アダムが一人の人間として取り扱われている．アダムの罪に由来する原罪は，旧約聖書全体のなかで一貫した主要テーマではないが，*ラビ文献などに*パウロによる体系化に至る考え方の朋芽がみられる．その際，アダムは一人の人間として描かれているが，創世記の「アダム」とは人間の意味であり，旧約学者は一致して，それが集団的人格を指すことを指摘している．聖書における一元説は，全人類が一つのものとして創造され，罪によって救いを必要としていることをまず述べ，さらに，神からの*救いと*恩恵がキリストを通してすでに与えられ，人類が恩恵によって一つであることを述べている．パウロは人祖をアダムとして一人の人物のように取り扱うが，それは第二の(最後の)アダム，すなわちイエス・キリストとの対比においてであり，強調点はキリストにおける救いと恩恵の現実にある(ロマ5：12-21)．

【教理】*トリエント公会議の『原罪についての教令』は，原罪の起源が「一つ」であり，「遺伝によって伝えられ，すべての人一人ひとりに固有のものとして内在する」(DS 1513)と述べたが，これは一般的に一元説の定義ではないとされている．第1*ヴァティカン公会議では，一元説を*教理として宣言する草案が作成されたが，可決されるには至らなかった．教皇*ピウス12世の回勅*『フマニ・ジェネリス』は多元説を排し，一元説を推しているが，それは多元説が原罪の教理と調和しないから排斥するというものである(DS 3897)．今日の神学の原罪に関する考え方と説明の進展をかんがみると，多元説は一元説に代わって原罪の事実を現代人に対してよりよく説明しうるようになっている．したがって，今日では，一元説を原罪の裏づけとして「神学的に確実な教理」とする神学者はみられないといえる．

【神学的対応】進化の過程における新しい種の*発生をどの時点に置くのかは大きな問題である．一般に，同じ特徴をもつ，ある新しいグループの出現をもって新しい種の発生の時点とされるが，その種が環境のなかで固定していく過程で近似系統との交わりが必要になる．このような観点から，キリスト教の側の立場を単一系説(monophylismus)に限定するのは賢明ではないように思われる．

キリスト教信仰に固有な貢献は，キリストにおける全人類の一体性(平等性)である．人類学が多元説を打ち出した19世紀に，原始的で劣った民族に対する本性的に優越した民族という考えを支持するために，多元説が利用されたことを思い起こせば，教会が一元説を主張したことは余りにも教条主義的であったと見受けられるにせよ，その主張が人種差別に対する厳しい批判でもあったことは注目されてよい．

【文献】LThK² 7: 561-62; NCE 9: 1063-64; SM (D) 3: 594-99.　　　（高柳俊一）

じんるいがく　人類学　〔英〕anthropology, 〔独〕Anthropologie, 〔仏〕anthropologie

ここでいう「人類学」とは，人類の生物的多様性の理解を目指す生物学的人類学を示している．

多様性の研究には，二通りの方法がある．一つは，同時的多様性の空間的な広がりに関する研究で，例えば，人種や異なった気候への生理学的適応，血液型の分布，遺伝的特徴の分布状態の研究がこれにあたる．もう一つの研究方法は，通時的に多様性を扱うもので，時間の経過のなかで，その多様性がどのように変化してきたかを研究する．それはすなわち，現生人類が他の霊長類と枝分かれした時代まで遡って人類進化の研究をすることにほかならない．

ここでは，化石人類学を中心に人類の起源と進化の研究に焦点をあて，初期人類の探究がキリスト教哲学の人間観をどのように豊かにしてきたかを考えていきたい．

【ヒト科の誕生】ヒトの祖先に関する探究の結果は，どのように生命の進化がヒト科の誕生の準備を進めてきたのかを語ってくれる．

〔ヒト科〕約3万年前，現生人類(Homo sapiens sapiens)が出現し，その脳の増大を特徴とする400万年にわたるヒト科の進化は完成した．さらに，ヒト科が誕生する前には6,000万年以上にわたる霊長類の進化の時代があった．霊長類は，5億年の歳月をかけた脊椎動物の進化の歴史の最後の段階に現れたのである．

ここには，地球上の生命の歴史に一つの方向性があるかのようにみえる．そこで次のような疑問が生じる．「生命は，突然変異や，自然淘汰のような単なる偶然によって，ヒトという終点に向かって進化したのだろうか．またさらに，たとえこの方向性が純粋に生物学的に説明されたとしても，哲学や神学のいう『創造主』の影響がないといいきれるものだろうか」．この問いに対し，人類学は答えをもたない．人類学は，ヒト科の誕生に必要な予備的な条件を整えてきた生命の歴史を事実として

示すことができるだけである．それを人は「あたかも計画されたかのような生命の発展」という．

〔化石人類学〕化石人類学は，ヒト科が進化した 300 万年の間にいかに持続的にその脳容積が増加したかを示している．人類学は，神経中枢の発達を有利にした淘汰圧の結果，脳が増大したと説明するが，*神学はこの事実からさらに深い意味を読み取ろうとする．神学者にとって，化石記録は，進化に内在する神の*創造の力が，いかにして進化過程を展開させる生命のエネルギーとして役立ったかを示すものなのである．

最近では，化石人類学は，初期人類の形態を研究するだけにとどまらず，その探究の対象を広げ始めた．ヒトの行動の起源と進化をもまた理解しようとし始めたのである．この場合，霊長類の行動の研究者や考古学者の集めたデータが役に立つ．

ここでもまた，化石人類の研究の場合と同じように幾つかの連続性が示されている．長い間ヒト特有のものであるとされてきた行動のなかに，ヒトでない霊長類の行動にまでその起源を遡れるもののあることがわかったのである．例えば，チンパンジーは，野生状況下でも道具として幾つかのものを用いる．心理学者の行った実験では，チンパンジーはヒトが作った象徴化された記号を学び，それを使うこともできた．

チンパンジーがヒトの祖先であると信じる人類学者はいないが，チンパンジーは，ヒトの祖先に最も近いモデルとなりうる．霊長類の行動の研究が示すように，形態と同じく行動の進化においても，霊長類はヒトの出現の準備段階にあったのである．

〔ヒトの進化の非連続性〕一方，ヒトの進化の化石記録がより正確なものとなり，霊長類の行動の研究が進むにつれて，人類学は人類の出現に伴って現れた幾つかの重要な非連続性を浮き彫りにした．第一に，霊長類の系統は，進化していく際に幾つかの違った種に分化していった（例えば，アフリカの類人猿の系統は，ゴリラと 2 種類のチンパンジーに分かれた）．しかし，ヒトの系統は，ある時点からそのような分化現象がなくなってしまった．すべての人種間で遺伝子の交換が可能であるがゆえに，現生人類のすべての人種はただ一つの種であるといえるのである．これは，最も古いホモ・サピエンス（ネアンデルタール人）の出現以来，変わらない事実である．おそらく，ホモ・エレクトス（例えばジャワ原人，北京原人）の時代からそうであったと考える根拠がある．すると洪積世中期から，同時代にヒト科のなかの 2 種以上が一緒に住むことはなかったことになる．そこで，ヒトの遺伝子の進化は，人類学者によると，単系型の進化パターンを示すといわれている．このような進化パターンは，類人猿を含む他の動物に普通にみられる多系統型の進化パターンとの間の著しい断絶を示している．

第二の非連続性とは，ヒトの祖先が環境に適応していったその方法である．ヒトでない霊長類は他の動物の種と同じように，世代を通じた遺伝的変化によって適応していった．しかし反対に，ヒトは，*技術や農耕のように自ら造り出した文化的伝統によって環境に適応した．少なくとも 200 万年前に現れた石器は，ヒトの適応方法を現す目に見える最も古い証拠である．ここでもまた，人類学は，霊長類の進化とヒトの進化の間に深い溝があることを示す．確かにチンパンジーは道具として幾つかのものを用い，使いやすいようにものの形を整える．しかし，ヒトだけが他の道具を作るために道具を使い，それによって技術の誕生をもたらしたのである．

石器は，ヒトの化石記録が霊長類の形態との非連続性を示したのと同様に，ヒトの行動と霊長類の行動の非連続性を示した．このことは，この二つの非連続性が互いに関連していることを示唆している．というのは，技術によって適応していく能力をヒトがもっていたからこそ，ヒトは遺伝的適応に頼らずにすみ，他の霊長類の系統のように多くの系統に分化することなく，ただ一つの種として進化することができたのである．

ホモ・サピエンスの単一型の進化パターンのもう一つの原因は，地理的に隔離されたグループ同士の言語を用いた*コミュニケーションの能力を，種全体を通して発達させたところにある．このような言語能力もまた，技術や脳の絶え間ない拡張と同じく，他の霊長類との間に大きな非連続性をもたらした．

ほかにも，ヒトの行動の起源に関してはまだ答えのみいだされていない多くの問題がある．例えば，いつ死後の生命に気がつくほどにヒトの*精神が発達したのかという問題がある．死後の生命に対する意識は，先史時代にすでに存在していたことが，*埋葬や埋葬に伴う儀式があったことによって明らかになった．約 6 万年前の古いホモ・サピエンス（ネアンデルタール人）の埋葬習慣を，考古学者が発見したからである．このときすでに，ヒトはアフリカを越えて，アジアやヨーロッパへと生活圏を広げていた．

【ヒト科の特徴】生物学的人類学が明らかにした，霊長類進化における人類と他の霊長類の間の断絶は，人類のどの能力がその特異性の根拠となっているかを明らかにする．それはすなわち，(1) ヒトの自然環境を変えていく能力であり，(2) 種を通じて，社会的，生物学的まとまりを作り出すに至った遺伝的，文化的な複雑なコミュニケーションの仕組みを維持することのできるヒトの能力にほかならない．このどちらの能力も，*理性とともに，他者との間でもの（例えば食物）や思考（言葉を通じて）を分かち合おうとする心の働きがあって初めて可能となる．

このようにヒト科の特徴を示すことで，生物学的人類学は，*神の像にかたどって造られたとする神学的人間観に現代科学のイメージを添える．技術を通じて人間は神の創造力に参与する．一方，コミュニケーション能力（遺伝的，文化的）は，すべての人間が，その根源において，他者との交わり（相互愛）なしには生きることのできない存在であることを示している．キリスト教の神学者の目から見ると，その交わりは，相互愛のなかに生きる*三位一体としての神の生命に参与するために人間が造られたことを示している．→人間

【文献】W. E. ル・グロ・クラーク『霊長類の進化』金井塚務訳（どうぶつ社 1983）: W. E. LE GROS CLARK, History of the Primates (London 1970).　　　　（北原隆）

しんルターしゅぎ　新ルター主義　→　ルター主義

しんれい　浸礼　→　洗礼

しんれいげんしょう　心霊現象　→　超常現象

しんれいしゅぎ　心霊主義　→　スピリティズム

しんれいしゅぎょう　心霊修業　→　霊操

しんれいじゅつ　心霊術　→　スピリティズム

しんろう　身廊　→ ネイヴ

しんわ　神話　〔ギ〕mythos,〔英〕myth,〔独〕Mythos,〔仏〕mythe　ギリシア語の「ミュトス」は元来，言葉，話の意味であるが，同じく言葉を意味する「ロゴス」(logos) が討論を呼び起こすものであるのとは対照的に，神々，超自然的存在に関する物語であり聖なるものの表現であった．神話とは世界の起源の物語であって，人間の社会，知識，知恵の源泉であった．神話の定義と評価は立場によってさまざまある．新約聖書の手紙でギリシア語の神話 (mythos) は一貫して「作り話」(1テモ1:4;4:7;2テモ4:4;テト1:14;2ペト1:16) であり，神の *啓示やキリスト教に対立する，*異教の神々やユダヤ教の物語を意味する．

【思想】〔啓蒙主義と19世紀〕近代啓蒙主義の理解では不安・恐怖の感情の表現である神話は，理性の勝利によって克服され，ロゴスの時代がミュトスの時代に取って代わったと主張された．F. *ベーコンは啓示，奇跡，神学，*形而上学を含むすべてを人間の恐怖が生み出す作り話，神話とみなし，それからの解放に近代の意義をみいだした．同様の思想はフランスの *百科全書派や，ドイツの心理学者 N. *ヴント等にも認められる．

しかし，*フレイザーは合理主義的立場に立ちながらも，『金枝篇』で古代人の精神を表現するものとして神話を見直し，体系的に研究したばかりでなく，神話的思考が近代人の心理の根底にあることを指摘し，19世紀末から20世紀の宗教学，社会学，文化人類学，心理学に影響を与えた．*レヴィ・ブリュールは神話の概念を原始人の *儀礼にまで拡大し，それが原始民族の社会文化を統合する重要な役割を果たしていた事実を指摘した．*ベルグソンはこの考え方に基づきながら，神話を宗教とともに道徳の二つの源泉であると主張した．さらに神話には固有の論理的構造・宇宙像があり，現代まで生き続けていることを *新カント学派の *カッシーラーが説き，ランガー (Susanne Knauth Langer, 1895-1985) はそれを人間思考の象徴主義的傾向に結びつけた．

〔神話的思考の評価〕神話と神話的思考を再評価・再定義しようとする傾向は，20世紀前半の文学とそれに続く文学の神話批評に著しいが，神話に対する高い評価の背景には *ロマン主義の運動があったことを忘れてはならない．ロマン主義運動は，18世紀 *合理主義が切り捨てた非理性的，神秘的なものを人間性に肝要なものとして復権しようとした運動であった．*シュレーゲルらは，神話のなかに理性では表すことのできない事柄を表現するための形態をみいだした．また，理性の捉える世界像を超えた「宗教的意識」が神話として代々伝えられていくことで，「伝統」が成立すると理解されるようになった．こうして神話は詩と言語とともに人類の起源に結びつけられる傾向をもつに至った．

神学者 *ティリヒはすべての宗教の構成要素は神話的なものであり，神話は宗教的カテゴリーであると述べている．深層心理学の分野で神話に重要な位置づけを与えたのは *ユングであった．彼によれば，神話は人類の集団的無意識の原型を含むものであり，人間の現実の基本的パターンを示しているというのである．宗教学や文化人類学は神話を積極的に評価する．ケレーニ (Karl Kerenyi, 1897-1973) と *エリアーデは，神話が人間性に不可欠なものであることを証明した．特にエリアーデは神話の象徴性に注目し，人間が超自然的次元について語ろうとするとき，人間には神話的・象徴的言語と表象が必要不可欠で，しかもそれを人間の精神的生活と切り離すことはできないと指摘した．すなわち神話とは人間の本質に属するもので，無限な宇宙のなかで自らの位置を定めなければならない実存的な状況において，人間はつねに神話と象徴によらざるをえず，それは現代でも変わっていないというばかりでなく，むしろ必要性を増しているというのである．

〔現代の神話〕エリアーデは，科学と進歩という考えに支配されている現代は一見神話を必要としないようにみえながら，実はそれを最も必要としている時代であるという．近代の *実証主義による *非神話化を経験した世界で人間性回復の役割を与えられたと考える現代文学は，自らの創作活動を意識的な神話創作とみなすようになる．しかし神話と神話創作の営みは，文学の分野に限られるものではない．近代世界の支柱とみなされる *進歩という概念も一種の神話とみなすことができる．今日は脱イデオロギーの時代といわれるが，20世紀のさまざまなイデオロギーは神話であり，それぞれの物語と象徴体系に対する人々の忠誠を要求した．神話を真理，事実ではなく「神話」として認識するためには，一定の距離を保ち，批判的に分析する態度がなくてはならない．そういう観点で考えれば，我々の社会・文化のなかにはまだ気づかれない神話が潜んでいるといえよう．

【文献】EncRel (E) 10: 261-85; HWP 6: 281-318; NHthG 3: 163-74; N. FRYE, *The Great Code: The Bible and Literature* (New York 1982); L. L. PATTON, W. DONIGER, eds., *Myth and Method* (Charlottesville 1996).

〔高柳俊一〕

【聖書】聖書のなかに神話は存在するのであろうか．この答えは神話をどのように定義するかにかかっている．*グンケルによれば，神話とは「神々の物語であって，行為者が人間である伝説とは区別される」が，多くの場合，神話は神々の「原初の時」の出来事を物語りし，それによって世界の存在や秩序の意味，人間や社会の現実や諸規定の由来などを説明し，共同体を秩序づけようとするもので，暦に従って繰り返し行われる *祭儀のなかで演技や朗誦によって提示され，その機能を絶えず新たに発揮するものであるとされる．確かに聖書の周辺世界でも数多くの神話が存在し，世界の諸現象や人間の経験の根源にある事象や関係構造を神々に人格化して物語っている．

それに対して聖書の世界では，神経験が当初から歴史に深く関わったものであり，*歴史神学的な思考が強烈であったために，周辺世界のような神話は聖書の人々の経験を表現するにはふさわしいとは思われず，主として伝説という文学類型を応用することになったのであろう (→聖書の文学類型)．しかし神の超越性や啓示の神秘性，世界や人間存在の有限性などを語るためには，神話の助けを借りなければならなかった．そこで周辺世界の創造神話や洪水神話などをイスラエル独自の神理解のもとに解釈し直して採り入れ，世界や人間の存在の在り方や問題性，救済の意味などを語ろうとしたのである．したがって，*顕現や神の奇跡的行為を描写する場合や古代の神話的世界像に基づく自然描写のほかは，神話や神話的モチーフを積極的に採り入れている箇所といえば，創世記1-11章の原初史物語(*原歴史)の部分にほぼ限られている．しかしこの部分にしても，シュメール・バビロニア神話のモチーフや構成の影響を受けているにもかかわらず，大幅に変容している．例えば「混沌」も，*『エヌマ・エリシュ』の場合のように神々としてではな

く，創造以前の「状態」(創1:2)として描かれ，海の怪物(1:21)や天体(1:14-18)も，神の *被造物として位置づけられている．道具，芸術，職業など文化や文明の発生も，文化発生神話のように神々にまでは遡らない(4:17-22)．また特に神話的色彩の濃い「神の子たちの結婚」(6:1-4)にしても，人間の悪事(6:5)の具体例を示すだけの目的で用いられているにすぎないし，洪水神話のモチーフもノアの洪水物語(6:9以下)では *『ギルガメシュ叙事詩』とは異なった新しい機能を与えられている．

　他方，神話，伝説，童話，歴史などを文学類型的に細かく区別したり狭義に定義するよりも，それらの根底にある深層構造に注目し，それらの多様な類型に属するものが，日常の経験世界を超えた太古や始源や *終末や架空の時空での出来事を物語りながら，実は共通した形で人間や世界の現存在の根源にある深層構造や深層心理などを照射するものとして分析し解釈する試みも積極的になされてきている．すでに第2次世界大戦後，*ブルトマンは新約聖書のイエス・キリストの出来事を *グノーシス主義との関連で神話的とみなし，*非神話化による実存論的解釈を提唱したが，さらに *構造主義の台頭後は *リーチのように，表層構造における神話と伝説，神話と歴史といった対比よりも，むしろ深層構造におけるモデルの類比から，例えば生と死，神と人間，男と女，善と悪などの二項対立的な関係構造や，それを調停する知恵といったものを読み取ろうとする共時的な考察も試みられている(→ 聖書の実存論的解釈，聖書の構造主義的解釈)．このような深層構造の共通性や相違などの分析によって聖書のなかのさまざまな物語の機能やメッセージの解明を進めていくためには，神話に関する諸分野間での学際的対話をさらに深めていく必要がある．

（野本真也）

【神話学】〔定義〕神話学（〔英〕mythology）とは神話を研究対象とする人文科学の一分野で，神話の内容に注目するか，あるいは神話という表現形態の意味に注目するかで大きく二つの流れに分類することができる．前者の立場からは *民族学，民俗学，文化史学などによる研究があり，後者の立場からは *文化人類学，*哲学，*心理学，そして宗教現象の一環として捉える *宗教学などによる研究がある．広義の意味での神話学といえる神話を対象とした思索はすでに古代ギリシアに発するが，正式の学問分野としての大要が整ったのは，19世紀になってからであった．以下では神話研究の歴史的流れを概観しつつ，どのような神話解釈が提示され現代に至っているかを述べていく．

　比較的近年までの神話学の一般的傾向としては，学問としての意識が過剰なあまり，すべての神話が唯一の目的をもち，唯一の動機から生まれるという見方が大勢であった．しかし今日，神話が特殊歴史的であると同時に普遍的であり，人間の無意識と意識の両面を反映しつつ，しかも集団によって認可され始めて真に神話たりうる社会的産物であるという，極めて多面的，多義的な現象であることが理解されるようになってきている．

〔古代〕文字記録が残っているかぎりでは，神話についての最古の思弁は古代ギリシアに発する．哲学的・科学的思弁の隆盛によって，神話は思索の対象となり，その存在理由が論じられることとなった．この時代には以後の神話解釈に長く影響を与える二つの説がすでに現れている．その一つは，神話が語る内容とは事実そのままではなく，自然の様子や諸道徳を象徴的に描いたものであるという，寓意(*アレゴリー)による解釈の寓意説(allegorism)である．もう一つは，神話の神々をいにしえの時代に偉業を成し遂げた人間と考える説で，その代表者としてよく知られたのが前3世紀シチリアの哲学者エウヘメロス(Euhemeros)であったことから，この説は通常 *エウヘメロス説と呼ばれる．

〔中世〕キリスト教の *教父たちは，異教の誤りを指摘して自己の立場を弁護する必要があったが，その際，彼らは前述の2説のうち，主としてエウヘメロス説に拠った．これは，異教の神々が人間にすぎないとするほうが，脱神話化のインパクトが大きく，論争に適していたためである．しかしこのことは，逆にいえば異教神話の神々の実在を認めることにもなった．寓意説は *新プラトン主義の論者により支持され，異教を擁護したローマ皇帝・背教者 *ユリアヌスらが異教神話の優位性の立証に用いたので，当初は教父たちには人気がなかったが，*ゲルマン人の侵入によって文明崩壊の危機感が広まるにつれ，ギリシア・ローマ文明をキリスト教体系に取り込む必要が生じ(→ 古代文化とキリスト教)，教父のなかにも新プラトン主義の影響を受ける者が現れ，中世を通じてエウヘメロス説と寓意説は，共に神話解釈に適用され続けることとなった．

〔近世〕ルネサンス期には古代神話への関心が高まり，新プラトン主義的な寓意説による解釈が流行した．18世紀には，*啓蒙思想のもとで神話は非合理的な妄想の産物としておとしめられたが，イタリアの哲学者 *ヴィーコは，『新科学』(1725)において，従来の科学が明らかにできなかった神話の真理を解明しようとし，「神々の時代」「英雄の時代」「人間の時代」という発展図式を中心に，神観念の発達を論じた．19世紀になると *ロマン主義の立場から神話研究が盛んになった．*ヘルダーは民族に与えられた神的啓示として神話を捉え，神話は神の啓示を含むのだから，人間の思索である哲学に優ると論じた．*シェリングも同様の考えに立つ．他方，クロイツァー(Friedrich Creuzer, 1771-1858)は，インド文明の卓越性と真理の表れとしての象徴の意義を強調し，インドの英知がギリシアに伝わって神話を生んだと論じたが，こうした奔放な歴史像は，同じロマン派ながらより着実な歴史観を有するミュラー(Karl Otfried Müller, 1797-1840)らによって批判された．

〔近代〕19世紀後半の進化論的史観と印欧語比較言語学の発展によって，F. M. *ミュラーらの比較神話学派が誕生した．神話学はこれ以降，学問としての基盤を固めることになった．サンスクリット語学者であったミュラーは，*進化論の立場から言語と神話両方の起源を探ろうとし，原初の「無知な」人間が日の出に代表されるような偉大な自然現象をみてその驚きを表現したが，原初の人間はそれを太陽が暁を愛して擁護したというふうな人間的行為としてしか表現できなかったと考えた．しかし人類が進化するにつれ，こうした隠喩的表現の本来の意味が忘れ去られ，自然現象の神格化が生じ，神話となったとミュラーは考えた．このように彼は，神話の生成過程を文化や言語が未開から進化する途上で経験する言語の欠陥から説明するという「言語疾病説」(disease of language)を唱え，神話の源は自然現象にあるとしたので，比較神話学派は自然神話学派と称されるようになった．また19世紀には古代オリエント文明の研究が進み，*バビロニアを中心に栄えた天体観測，天体への関心から神話群が生まれ，世界各地に伝播したという説が19世紀から20世紀にかけてドイツを中心に盛ん

なった．彼らは天体神話派または汎バビロニア主義と呼ばれる．エーレンライヒ (Paul Ehrenreich, 1855–1914) やヴィンクラー (Hugo Winckler, 1863–1913) らがこの立場に属する．しかし自然神話学派も天体神話学派も限られた地域の特定の現象のみからすべての神話を説明しようとした点に問題をもっていた．

これに対し，神話の起源ではなく機能に注目する研究も始まってきたが，その契機を作ったのがスミス (William Robertson Smith, 1846–94) である．彼は『セム人の宗教』(Religion of the Semites, 1889) において神話を宗教の一部として位置づけ，*儀礼という行為を説明するものが神話であり，したがって儀礼は神話に先行すると主張した（→宗教儀礼）．こうした考え方は神話儀礼学説と呼ばれ，古代オリエントの王権の儀礼や神話を分析するフック (Samuel Henry Hooke, 1874–1968)，ヴィーデングレン (Geo Widengren, 1907–)，ガスター (Theodor Herzel Gaster, 1906–92) らの狭義の神話儀礼学派のほかにも，*フレイザーや*デュルケムにも認められる．フレイザーは『金枝篇』において，「未開人」は王の活力と自然の活力の間にある呪術的関連を信じており，王の活力が衰えると，王を殺害し，活力あふれる新王によって自然をよみがえらそうとする王殺しの儀礼を行っていたとして，神話においては同じテーマが「死してよみがえる神」として語られていると指摘した．デュルケムは，人間生活に必要不可欠な社会を神聖化することから宗教が生まれたとし，宗教の一部をなす神話についてもその社会起源を唱えた．人類学者*マリノフスキーは，神話が憲章 (charter) として社会を維持する機能をもつとし，この観点から神話を伝説や昔話などの他の物語群と区別した．民族学からは，一定の特徴を共有する文化圏を考える*文化圏説が興り，文化圏の分類の重要な手掛かりとして，神話を重視した．*フロベニウス，グレープナー (Fritz Graebner, 1877–1934)，W. *シュミットらが代表的研究者である．哲学の立場では，神話を無統一で矛盾だらけと考えた*レヴィ・ブリュールが，そうした神話の性格を説明しようとして，「未開人」は近代人と異なる前論理的思考を行うから神話を生むのだと説明した．しかしこれは神話の表面のみしかみていない感が強い．心理学では，*フロイトが神話を夢と同じような幼児期の抑圧された無意識的性的願望の産物であるとした．しかし，父から母を奪い独占することを夢想するというエディプス・コンプレックスの観点だけからの彼の神話解釈は極端すぎる場合が多い．

〔現代〕*ユングはフロイトよりも無意識の概念を拡大し，普遍的な集合無意識が存在するとし，それは元型という象徴の姿をとって夢や神話に現れると説いた．また彼は集合無意識が人類史上の経験の蓄積から生まれたとして，フロイト的な個人の性的抑圧の産物という視座から神話を解放した．歴史民族学のイェンゼン (Adolf Ellegard Jensen, 1899–1965) はフロベニウスの文化圏説学派を引き継ぎ，「未開人」の世界像を神話から解読しようとした．そして芋や果樹のみを栽培する古層栽培民文化圏では，神が殺害されてその死体が切り刻まれて埋められると，そこから食用植物が発生したという神話（ハイヌヴェレ型神話）が認められ，より進んだ穀類栽培民文化圏では，これとは別の天上からの穀物盗みの神話（プロメテウス型神話）が認められると指摘した．宗教史学者*エリアーデは，神話が人間の生き方の祖型として個人や社会の存在を基盤づけているとし，そうした普遍的な側面が，時代や地域ごとに表現を変えつつ，しかし本質は損なわれないまま生き続けているのを示した．人類学者*レヴィ・ストロースは，神話中の個別要素ではなく要素間の関係を発見する構造分析によってこそ，神話の真の意味が明らかになるとした．彼は神話を人間精神が最も自由に思索しうる形態であるとし，その基本構造は二項対立の対比・逆転による知的秩序にあるとした．また彼は，人間が神話を用いることにより文化の矛盾を思弁の水準で弱化・解消しようとしているとも主張した．
【文献】 DBS 6: 225–26;『西洋思想大事典』3（平凡社 1990）3–51: P. P. WIENER, ET AL., eds., *Dictionary of the History of Ideas*, 3 (New York 1973–74) 272–318; 大林太良『神話学入門』（中央公論社 1966）; M. エリアーデ『神話と現実』中村恭子訳（せりか書房 1973）: M. ELIADE, *Aspects du mythe* (Paris 1963); G. S. カーク『神話——その意味と機能』内堀基光訳（社会思想社 1976）: G. S. KIRK, *Myth: Its Meaning and Functions in Ancient and Other Culture* (Berkeley 1971); 吉田敦彦, 松村一男『神話学とは何か』（有斐閣 1987）; R. CHASE, *Quest for Myth* (New Orleans 1949); J. DE VRIES, *Forschungsgeschichte der Mythologie* (Freiburg, München 1961); B. FELDMAN, R. D. RICHARDSON, *The Rise of Modern Mythology: 1680–1860* (Bloomington 1972); M. S. DAY, *The Many Meanings of Myth* (Lanham 1984); W. G. DOTY, *Mythography* (University, Ala. 1986).　　　　　　　　　　　　　　　(松村一男)

しんわせい　親和性　〔ラ〕connaturalitas　*トマス・アクイナスによれば，真なる判断に至る*認識には二通りある．*理性の完全な使用によるものと，親和性による認識とである（『神学大全』II, 2, q. 45, a. 2）．親和性とは認識対象への*愛のことである．この愛によって認識主体は対象と同じ本性をもつことになり，その結果，対象をより深く知るようになる．認識しようとする対象が神のような超越的なものである場合には，理性だけを使う認識方法よりは親和性による認識のほうが対象をより深く認識することができる．この理由から，*イエズス会の会員アロンゾ・ロドリゲスのように，神学的知識がなくとも，神を深く愛したがゆえに*三位一体の神秘を神学者よりも深く理解することが起こりうるのである．　　　　　　　　　　　　　　　　　　　　(門脇佳吉)

す

スアレス Suárez, Francisco de （1548.1.5-1619.9.25） イエズス会司祭，16-17世紀のスコラ学派の指導的神学者，哲学者．「卓越博士」(Doctor eximius) と呼ばれる．出生地はスペインの *グラナダ．

【生涯と著作】*サラマンカで教会法を学んだ後，16歳で *イエズス会に入会．当初その才能が疑われたが，ほどなく優れた能力が明らかになり，哲学(2年)と神学(4年)の勉学をサラマンカで終えて，1570年から教鞭を執り，まず，4年間セゴビア (Segovia) で哲学を教えた．次いで，*サラマンカ大学，*アルカラ大学を含めスペインの幾つかの大学とローマそして特に *コインブラ大学で40余年間神学を教えた．退職後1615年に *リスボンに移り，そこで1619年に安らかに死んだ．

著作に力を入れた彼は多くのものを自分で出版することができたが，死後出版になったものも数多くあり，いまだ出版されていないものも少なくない．大判の23巻からなる最初の『スアレス全集』は *ヴェネツィア (1740-51) で，そして，28巻から成るもう一つの全集は *パリ (1856-78) で発行された．近世の神学者のうちで最も多作と思われる彼の著作は早くから人気を得，版を重ねたものが多い．内容的には哲学，倫理，法律，政治，神学，霊性の重要な諸問題を論じているが，一般に，束縛されない自由な精神で自分なりに問題をよく検討していくことを好む．以前の諸学説を広く知っており，妥当なものと認めることのできる要素は喜んで受け入れるが，一つの学派に執着することは断固として退ける．それは決して安易な折衷主義ではなく，彼が学生時代にサラマンカで習得した自由な勉学の方法であった．「スアレスに全スコラ学が聞き取れる」([ラ] in Suarez tota auditur schola) といわれるほどに彼の学識は広範なものである．例えば『形而上学の諸問題』(Disputationes metaphysicae) のなかだけでも彼は247名の著者の考えに触れており，その一人ひとりのいっていることを注意深く調べたうえ，他の諸真理との関係を考慮に入れながら，その意見を受け入れるか退けるかを決定している．

【哲学】哲学的にとりわけ重要な著作は，2巻からなり2,000頁にも及ぶ『形而上学の諸問題』(1597) である．それは初めて，神学と *アリストテレスのテクストから独立した方法で *形而上学の根本問題を体系的に検討した画期的なものである．その出版は大成功で，39年の間に17版が重ねられた．形而上学のしっかりした知識なしには誰もよい神学者になりえないと考えていたことから，彼はこの著作を著したが，*神学に仕える *哲学が真の哲学でなければならないと考えて，意識的に自然理性の光によって知られる事柄だけにとどまるように努めた．アリストテレス注解という伝統的方法を退けているが，これは，「内容の正しい順序に即して」問題をよく検討していくためである．こうしてスアレスは，アリストテレスから多くを学びながらも，神学のためになる独立した体系的形而上学を自分なりに作り上げた．

【倫理と法】*法哲学や政治学などの分野でもスアレスの業績は格別に優れている．これに関する最も主要な著作は『法律論』(De legibus, 1612) であるが，そのほかにも幾つかの重要なものがある．一般的にいえば，現在でも彼は法哲学の一大家であり，フランシスコ・デ・*ビトリアと並んで *国際法の創始者の一人とみなされている．彼の考えでは，あらゆる法律の究極的根源は，神によって定められ，理性的被造物が自由に従わなければならない永遠の法である．それは，自由に従うべきであるので自然法則とは異なり，正しく生きるための一般的な諸規範を示すだけにとどまるので，具体的な場合に適用したことを具体的に告げる *良心とも違う．*永遠法は，*自然法としてすべての人の心に刻まれており，ただどうすればよいかを知らせるだけではなく，なすべきことを命令するのである．しかし，意志の働きであるこの命令は，*オッカムの場合と違って，理性的本性と合致することを前提する．

自然法に基づく各国の法律のほかに，諸国の共通の法である *万民法があるとして，スアレスはこの法の合理的根拠を人類の根本的一致にみる．分立している諸国家は必ず人類の普遍的社会の構成員であり，相互の関係を正しく保っていくためには何らかの法を必要とする．万民法と国家の法律は一般的な形では自然法によって必要とされるが，具体的に成立するためには当人たちの自由な同意が必要であるとスアレスはいい，全く恣意的契約ではなく，人間の自然本性にかなう自由な契約に政治的社会の基礎をみる．そしてそこから多くの重要な結論を導き出していく．

【神学】神学教授として長年 *トマス・アクィナスの『神学大全』を解釈し続けた彼の大部分の著作は，トマス注解であり，一般的にはトマスの意見を尊重し，新しい体系を試みてはいない．しかし多くの点に関して独創的な展開をみせており，*トマス学派の神学者と対立する意見を主張することもある．当時の論争との関係もあって，彼が特に詳しく論じている一つの問題は *恩恵と *自由意志についてである．また，イエズス会に対する批判に答えて，優れた *修道生活の神学を展開し，イングランドの *ジェイムズ1世に対する『カトリック信仰擁護論』(Defensio fidei catholicae, 1613) のように教皇の要請により書いたものもある．

【主著】*Opera omnia*, 28 v. (Paris 1856-78); J.-B. MALOU, ed., *Suarezii opera sex inedita* (Bruxelles 1859); F. STEGMÜLLER, ed., *F. S. quaestio de gratia efficaci* (Freiburg 1933); *Selections From Three Works of Francisco Suárez S. J.*, 2 v. (Oxford 1944); *Conselhos e pareceres*, 2 v. (Coimbra 1948-52); J. GIERS, ed., *De iustitia et iure* (Freiburg 1958); *Disputaciones metafísicas edicion y traduccion*, 7 v. (Madrid 1960-64); L. PEREÑA, ed., *De legibus* (Madrid 1963).

【文献】DSp 14: 1275-83; DThC 14: 2638-728; EC 11: 1452-58; EF 4: 1025-30; LThK² 9: 1129-32; NCE 13: 751-56; Copleston 3: 353-405; P. EDWARDS, ET AL., eds., *Encyclopedia of Philosophy*, v. 8 (New York 1967) 30-33; 田口啓子『スアレス形而上学の研究』(南窓社

スアレスしゅぎ

1977); R. DE SCORRAILLE, *François Suarez de la Compagnie de Jésus*, 2 v. (Paris 1912-13); H. ROMMEN, *Die Staatslehre des F. Suárez* (Mönchengladbach 1927); J. HELLÍN, *La analogía del ser y el conocimiento de Dios en Suárez* (Madrid 1947); J. M. ALEJANDRO, *La gnoseología del Doctor Eximio y la acusación nominalista* (Comillas 1948); J. ITURRIOZ, *Estudios sorbe la Metafísca de Francisco Suárez* (Madrid 1949); T. U. MULLANEY, *Suárez on Human Freedom* (Baltimore 1950); L. PEREÑA VICENTE, *Teoría de la guerra en Francisco Suárez*, 2 v. (Madrid 1954); P. DUMONT, *Liberté humaine et concours divin d'après Suárez* (Paris 1960); S. CASTELLOTE CUBELLS, *Die Anthropologie des Suárez* (Freiburg 1962). (F. ペレス)

スアレスしゅぎ　スアレス主義〔ラ〕Suarezianismus, Suarismus　一般的に*スアレスおよび彼の信奉者たちの哲学と神学を指す．スアレスは新しい体系をつくり，新しい学派を創始することを別に望んではいなかった．彼はただ，問題を検討するとき，まずそれまでに試みられたいろいろな説明をできるだけ広く好意的によく検討してみただけである．しかし，その結果，彼の考えは当時の有力な学派のいずれとも必ずしも一致しないということになった．多くの場合，彼は*トマス学派の人々と一致するかあるいは少なくとも非常に近い立場をとるが，*ドゥンス・スコトゥスや*唯名論の影響を受けている場合も，また独自の考えを主張する場合も少なくはない．それはしばしば折衷主義として非難されるが，むしろ問題の誠実な検討の結果であり，スアレスはあくまで安易な折衷ではなく一貫した考え方を懸命に求めている．

スアレス主義者は，いわゆる自然神学を含む形而上学を*教理神学の前提として重視し，その主な問題を哲学的な方法で体系的に論じる．全く存在しないもののみを除いて，存在するまたは存在しうるいかなるものをも漠然と意味する有という概念を確実なものとみなすが，いろいろな種類のものが，すべて全く同じ意味で有であるといっているのではなく，被造物が神に依存するものとしてしか存在せず，偶性が実体に内属するものとしてしか存在しないといって，有の内的帰属性の類比を主張する．それはトマス的分有説の本質的な一側面をよく捉えているといえる．実証的方法の確立，諸科目の構造設定，教説の神学的評価の方法は，教理神学の方法論への重要な貢献となっている．内容に関しても多くの点で貢献している．*法哲学の分野で特に重要なのは，本来国家の主権が人民にあるということと，全人類に及ぶ*万民法の主張である．

【文献】DThC 14: 2638-728; EF 4: 1025-30; LThK² 9: 1151-52; NCE 13: 754-56; SM(E) 6: 184-86.
(F. ペレス)

ずいいとうろんしゅう　随意討論集〔ラ〕quodlibet　正確には「クアエスティオ・デ・クオリベト」(quaestio de quolibet) であり，誤って「クオドリベト」と呼ばれ，慣習となった．中世の大学では神学部ばかりでなく他の学部でも1年間に定期的に数度あらかじめ掲げられた問題(quaestiones ordinaria) について教授による討論(disputationes) が行われた．随意討論とは，取り上げるテーマがあらかじめ決まっておらず，一般公開で聴衆のなかからの疑問に対して答える形で討論するもの

の(→スコラ哲学，スコラ学)．随意討論は通常2度，すなわち*待降節と*四旬節に行われ，随意討論集によりその時代の神学的関心事のみならず，政治的・社会的問題がどのようなものであったかを知ることができる．随意討論も論題討論と同じく，出席した学生によって筆記され，その記録は「レポルタティオネス」(reportationes) と呼ばれ，それぞれ異同がある写本系統が成立した．あるいはまた，教授によって一定の様式に従って推敲され，書き改められたものが流布した場合もあった．

【文献】LThK² 8: 925-28.　　　　　　　　（高柳俊一）

すいさんしゅぎしゃ　水餐主義者　aquariani, aquarii　聖体(*エウカリスティア)祭儀においてぶどう酒のかわりに水を用いた人々をいう．*『ペトロ行伝』や*『トマス行伝』のような新約聖書偽典にも言及されている．*エイレナイオスは，これを*エビオン派の習慣として，彼らがキリストにおける神と人との一致を認めないためと述べている(『異端反駁論』5, 13)．アレクサンドリアの*クレメンスは*エンクラティス派の習慣とし，*レオ1世は*マニ教の教徒と同一視している．キュロスの*テオドレトスは*タティアノスの弟子たちをヒドロパラスタタイ(hydroparastatai) と呼んでいる．これは，聖体祭儀にも，厳しい禁欲からくる断酒を適応したためとみられる．

【文献】DPAC 300; DACL 1: 2648-54.　　　（小高毅）

スイス　正式国名：スイス連邦，〔独〕Schweizerische Eidgenossenschaft,〔仏〕Confédération Suisse,〔伊〕Confederazione Svizzera,〔英〕Swiss Confederation. 面積：4万1,288 km². 人口713万人(2000年現在)．言語：ドイツ語，フランス語，イタリア語，レト・ロマン語(以上公用語)．宗教：プロテスタント，カトリックなど．

【キリスト教の歴史】〔古代末期・中世初期〕スイスのアルプス地方にキリスト教と教会組織を伝えたのは南のローマ人である．中央アルプス地域に残る最古の銘文は，現在サン・ベルナール峠(St. Bernard) と呼ばれている地域の長官であったポンティウス・アスクレピオドトゥス(Pontius Asclepiodotus) が377年にジッテン(Sitten) の政庁にとりつけさせたものである．中央アルプス地域，ヴァレー地方ならびにラエティア地方の司教区の創設もローマ時代末期に遡る．ローマ軍が401年にアルプスの南に後退すると同時に，*アレマン人による領有が始まったためアルプスの北の教会組織は存続できなくなった．

中世初頭，主に修道者と貴族によって再び宣教が行われた．特に*コルンバヌスと*ガルスが率いるアイルランドの修道者たちが活躍し，彼らはアレマン人の領有下にあるスイスに610年から宣教を開始した．7世紀以降，*ローザンヌの司教区と新たに創設された*コンスタンツの司教区がもとになって司教区制度が導入され，しだいに南部のアルプス各地方にまで広まった．

修道院は政治・経済の両面で影響力をもつ荘園領主に成長していった．大修道院長や司教たちは世俗の領主になったのである．1207年に*ザンクト・ガレンの大修道院長は王侯(Fürst) となったが，その結果生まれた修道院国は領邦国家(Territorialstaat) として1798年まで存続した．修道院はまた中世文化の担い手でもあった．例えば，820年に書かれたザンクト・ガレン修道院の建

築設計書はスイスにおけるカロリング朝建築様式の唯一の文献というだけでなく，*ベネディクト会の修道院建築の理想像を示している．

中世の学校教育は修道者と*教区司祭たちしか享受できないものだったが，やがて修道院に学校が新しく付設されるようになると，貴族階級の子弟を中心に，一般信徒たちの教育への道も開かれた．

〔中世盛期〕中世の盛期になると，旧スイス連邦が結成され始める．1291年に結ばれたウーリ(Uri)とシュヴィツ(Schwyz)とウンターヴァルデン(Unterwalden)の同盟はスイス連邦の誕生にあたる．13世紀には数多くの都市が築かれ，当初その領主の大半は司教，大修道院長や司教座聖堂首席司祭たちであった．しかし，都市の市民階級はしだいに自立し，14世紀に入ると教会と世俗の分離意識が非常に高まった．そうしたなかで，1370年10月7日に，*チューリヒ，*ルツェルン，ツーク(Zug)，ウーリ，シュヴィツ，ウンターヴァルデンの諸州は，連邦領域内では聖職者も世俗の民事裁判に服するという，いわゆる「坊主協定」(Pfaffenbrief)に署名した．15世紀には連邦に国教会制度が成立し，世俗の政庁は同時に宗教的すなわち教会上の統治機構になった．文化的な活動は都市の市民階級が担うようになり，例えば*バーゼルでは市議会が，連邦との結束が弱まってきたこととも関連して，教皇*ピウス2世から出されていた大学創設の許可を得た．バーゼル大学は，1460年に，神学，法学，哲学，医学の4学部を備えて開校された．キリスト教生活の理想を模索する信徒も多数現れ，その代表としてウンターヴァルデン州出身のフリューエの*ニコラウスをあげることができる．

〔宗教改革〕中世の末期には，スイスのドイツ語圏に*デヴォティオ・モデルナだけでなく，*人文主義の運動も広がり，1510年から20年にかけて，スイス独自の人文主義が成立した．その代表者の一人が1519年に教区司祭としてチューリヒの大聖堂に招聘された*ツヴィングリである．彼の福音書講解は物議を醸し，チューリヒの市長もその問題を取り上げざるをえなくなった．チューリヒの改革は，当初，スイス連邦の反改革派からの圧力を受けて実施された．当時のスイス連邦は13の独立した地域，都市および州からなり，それらがさらにまた多くの小地域に分かれていた．スイス本領の五つの地域は1524年にツヴィングリの「謬説を退ける」ことに決定した．その結果として，改革派地域と反改革派地域の間に対立が生じるようになり，共同領地では争乱が避けられない事態となった．1529年にチューリヒが始めた戦争(第1次カッペル戦争)は決着がつかないまま和約(第1次国土平和令)が結ばれ，スイス本領の5地域における改革派の活動禁止が決められた．しかし，これに逆らって改革派が活動したため，2年後には第2次カッペル戦争が始まった．その後，再度国土平和令が出され，両派の各支配地域にそれぞれ宗教上の特権が承認されることになった．さらに共同領地内の改革派となった集落はそのまま「新しい信仰」にとどまっても，あるいは「旧来の真実の信仰」に戻ってもよいとされた．これによって，スイスには以後200年間，政治的構造に対応した信教上の関係が確立された．

改革派のその後の勢力拡大にとって重要だったのは，改革派の都市であった*ベルンが1536年に南西部の州ヴァート(Waat, 仏名ヴォー Vaud)を征服して勢力下に置いたことである．その数か月前には*ジュネーヴが改革派に改まり，1536年に*カルヴァンが訪れると改革派の拠点となった．

1549年にカルヴァンとG. *ファレルは，ツヴィングリの後継者である*ブリンガーと聖餐論に関して和解し「ティグリノの同意書」(Consensus Tigurinus)を発表し，1566年の第2*スイス信仰告白(Confessio Helvetica Posterior)をもって*改革派教会は*ハイデルベ

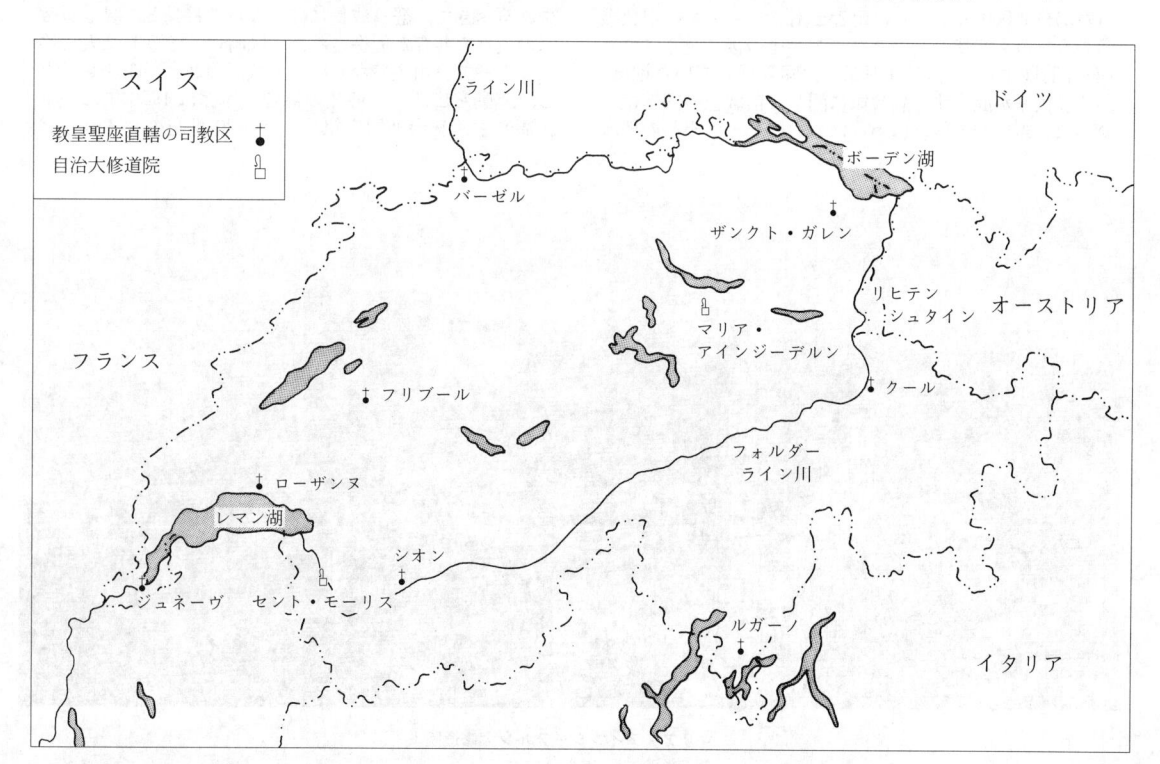

スイス

ルク教理問答に先立つ信仰宣言書を手に入れた.

〔カトリック改革〕1570年にカトリック側は*トリエント公会議(1545-63)の決定を受け入れたが, *カトリック改革の遂行に際しては外国からの介入が必要であった. 同年, ミラノの大司教であった枢機卿*カルロ・ボロメオはスイス国内の教会領の責任者として, スイスの中部・東部を視察した. 1579年になると, *教皇大使がスイスに派遣され, カトリック側の前哨都市ルツェルンにとどまり, 教会の制度上分裂したスイスの国家体制にトリエント公会議の改革理念を導入するべく努めた. 19世紀まで, スイスのカトリック圏は実際には外国の教会管理区, ないしは司教区に属していた.

教育制度上功績のあった反改革運動の旗手は*イエズス会であった. 1578年にはルツェルンに, 1582年には*ペトルス・カニシウスの指導を得た*フリブールに, そして1591年にはバーゼル司教座のあったプルントルート(Pruntrut)にそれぞれイエズス会の神学校が創設された. 霊的指導と民衆への宣教の点では*カプチン・フランシスコ修道会が活躍した. 彼らは1581年にアルトドルフ(Altdorf)にスイス国内最初の修道院を開き, 教会刷新運動の強力な推進者となった. 同時期, 政治的・経済的勢力はますます, 特権を与えられた少数の家族からなる上流階級に集中するようになっていった.

〔17-18世紀〕エンゲルベルク(Engelberg)とザンクト・ガレン以外の地では, 古い大修道院はしだいに領地支配権を失っていった. カトリック側の刷新運動と関連して, それらの大修道院は17-18世紀には再度繁栄し, 力を拡大するが, その点で重視されるべきは巡礼地となっていた修道院である. 例えば, 1703年から35年にかけて改築された*アインジーデルンの大修道院はヨーロッパのバロック建築のなかでも最大の*ファサードを備えたものである. またバロック期には2度にわたるフィルメルゲン戦争が勃発した. 特に2回目の戦い(1712)は3,000人以上もの死者を出し, スイスの宗教戦争のうち最も悲惨なものとなった. その後に発布された第4回目の国土平和令は両派が共同管理していた地域, つまり両派が混在する教会領に関して信教上の同等権を認めた. 幾つかの例外はあったものの, それぞれの地域の宗派を守る義務は人々に課せられており, 他の宗派の地域に移住する権利は保証されていなかった. 変化が現れたのは啓蒙時代になってからである. 1761年には, 指導的な啓蒙家たちにより「スイス協会」が組織される. この組織は各地のカトリック改革派の人々からなるもので, 国家意識と寛容の精神の拡大に貢献した. とはいうものの, 1782年にはスイスでヨーロッパのドイツ語圏における最後の魔女の焚刑が行われている.

〔フランス革命以後〕1798年になると, フランス軍が侵入し, 当初は国民に歓迎されたが, フランス軍によって結局, 旧スイス連邦は崩壊し, 50年後に新しい連邦国家が建設された. これが現在のスイス連邦の原型である. その間はスイス革命の時代であり, 連邦主義と中央集権主義, あるいは自由主義と保守主義の間の激しい対立は, 全国規模の戦争にまで発展した. 過激な自由主義は国家が教会を管理することを要求した. その結果, 現在の司教区の境界線に従って各州の領域が決定された. やがて, 第1*ヴァティカン公会議が終了し, 司教ラシャ(Eugène Lacat)が公会議の教義憲章を公示するや, ただちにバーゼル, ベルンそしてゾロトゥルン(Solothurn)の諸州は司教に抗議し, 彼を司教の座から引き降ろした. これがいわゆるスイス文化闘争(Kulturkampf)であり, 戦いに破れたカトリック(保守)陣営は大きな屈辱を味わった. カトリック側は, 多くの団体を教会の下部組織として創設して文化闘争に抵抗した. 他方, 革新的・自由主義的なカトリックなど少数派の人々にとっても第1ヴァティカン公会議の決議はやはり衝撃であり, 結果的に彼らは*復古カトリック教会を形成し, 1884年にはベルン大学に独自の神学部を開設した.

それ以後の展開で重要なのは, 1919年の全国ストの結果として, 国民議会に比例代表選挙制度が導入され, 現代の連邦制度におけるカトリックの統一勢力の発言力が強まったことである. さらにまた経済的な発展も重視されるべきで, 経済成長に伴い人口の移動と, 異なる教派の人々の共存が促進された. 同時に, そうした人口移入によって自由主義ならびに少数派の教会の組織も成立し, 運動を広げた. 各州の福音改革派は1920年にスイス福音主義教会連盟を組織した. 20世紀のスイスのプ

マリア・アインジーデルン大修道院

ロテスタントが果たした特別の功績を示すのは K. *バルトと *ブルンナーの二人の神学者である.

【現状】スイスは 26 の州(カントン Kanton)からなる連邦国家であるが,そのうち 19 の州はドイツ語圏,6 州はフランス語圏,残る 1 州のティチーノ(Ticino)はイタリア語圏であり,そのうえ,幾つかの州ではさらに別の言語が少数住民によって話されている. カトリック人口が多数派(5 割から 9 割)を占める州の数は 12,逆にプロテスタントが多数を占める州は 11 あり,両宗派の比率が全国平均を示す州はわずか 3 州のみである. このようにカトリックとプロテスタントは文化的に分離しており,両者間に秩序立った関連はみられず,また全体的に特別顕著な相異はないものの,経済面では,カトリックが優勢な諸州はおおむね発展が遅れており,それに反してプロテスタントが優勢な諸州は高度に発達しているというように,宗派と経済状態との間に関連性のあることがわかる.

近年,教会は社会道徳と司牧の両面で,スイス国民と国内に多数滞在する外国人との間の文化的断絶という問題に直面している. 外国人は全人口の 15% を占め,彼らがスイスの社会の底辺を形成しつつあることは,つねに社会政策上の問題点となっている. 彼らの 7 割までがカトリックであり,さまざまな外国語を話す人々のために独自の司牧方法が要請されるなど,スイスのカトリック教会は新しい司牧上の諸問題と取り組まざるをえなくなっている.

〔教会組織〕カトリック教会の現在の組織は,本来*フランス革命とその影響から成立したものである. その結果,フランス語地域は外国の大司教区の管轄から独立し,同時にスイスの司教区も国外に管轄権を行使しなくなった. 唯一の例外として,リヒテンシュタイン公国はスイスのクル (Chur) 司教区に属している. 現在ある六つの司教区(バーゼル,クル,ローザンヌ・ジュネーブ・フリブール,シオン Sion,ザンクト・ガレン,ルガーノ Lugano)は大司教区を形成することなく,個別に直接ローマの *聖座に属している. これは司教区の成立がローマの聖座によるものであったり,司教区に含まれる諸州ないしはスイス連邦政府とローマとの *政教条約によるものだからである. 結果的に例えばバーゼル司教区では,司教座聖堂参事会(→カピトゥルム)が司教を教区司祭のなかから自由に選挙する権利を保持していく. 以上六つの司教区のほかに独立した二つの大修道院管区,すなわちアインジーデルンとサン・モーリス (Saint-Maurice) がある.

1960 年以降,司牧に従事する司祭の割合は司祭の絶対数と同じく減少してきている. 修道会員数の減少は,従来修道会によって支えられてきた活動分野,特に福祉施設と学校において最も顕著な結果を引き起こしている. 修道会は従来からの各種事業を維持するためにより多くの信徒を雇わざるをえなくなり,その経費が甚大なものになった. 多額の出費を強いられるカトリック系学校は,多くの場合,比較的高収入の親だけが支払える学費によって維持されるようになる. さらに,後継者不足と高齢化に苦しむ修道会は,往々にして,他のさまざまな仕事と並行して学校を維持していくだけの余力を全くもたないため,近年ではカトリック系学校の経営から修道会が撤退する例がふえている.

司牧者養成機関としては,以下の 3 校がある. まず,クル神学専門大学であるが,これはクル司教区によって維持され,この大学で取得できる資格は,グラウビュンデン州を通して国家により承認される. 州立ルツェルン大学神学部には,教理研究所,社会倫理研究所,ユダヤ・キリスト教研究所,および哲学研究所がある. フリブールにある国立大学の神学部も多くの研究所をもっている. そのほかにも各司教座都市に神学院がある.

第 2 ヴァティカン公会議以来,スイスにおいても,各司教区ごとに司祭と司牧者のための評議会が置かれている. また 1969 年に,スイスの司教団は協働する連邦制に倣った教会会議を招集した. この教会会議は全国で統一的に準備され,各司教区ごとに独立して実施され,スイス全体にとって重要かつ特別な諸問題に関して共通の解決策を審議するもので,1972 年 9 月 23 日に開会し 1975 年 11 月 30 日に終了した. この教会会議により,参加者の信徒,司祭,修道会員たちによる実質的共同決議が可能になり,同時に,司教個人および司教団の *権能が保証された. さらに,この会議は国内全域のスイス人カトリック信徒と外国人信徒との協働を実現した.

こうした教会法的体制と並んで,教会が公法によって承認されている諸州では,さらに国家が介入できる国家教会法の構造がある. スイスにおける宗教改革の結果として成立したプロテスタントの州や,プロテスタントとカトリックが同権の州などとは異なり,以前からカトリック色の強い諸州においては,純粋に *教会法によって認められた *小教区と並んで,国家教会法の範囲内で成立する小教区が存在する. その場合,町や村はその小教区に対する管理上および経済上の責任を有し,またそのため教区司祭の招請に際しても経費を分担する収税権をもつ. 司祭の就任に関しても,協働権および選任権がカトリック教会に帰属する場合(教会保護者の権利,任命権)と州の法律によって規制される場合とがある. 1970 年以来,国家教会法の枠内で成立する組織は,経済援助を通してしだいに国家と州への依存度を増してきている.

【カトリック教会の社会的影響力】20 世紀におけるカトリック教会は信徒カトリシズムの出現によって特徴づけられる. 19 世紀から,プロテスタント的ないしは自由主義的なスイス社会と比べて経済的,社会的,政治的見地からみるとカトリックの人々は遅れていたが,このような事態を解決するために,19 世紀のうちから多くの団体と政党が組織され,20 世紀初頭にはようやくカトリック的保守体制が確立された. 1905 年に,カトリック団体と政党は結束して大規模なスイス・カトリック国民連合を創立した. 1912 年には婦人団体がスイス・カトリック婦人連盟に結集した. この年はさらにスイス・カトリック国民党が創設され,1919 年にはスイス・キリスト教社会労働者同盟が結成された. こうして,カトリック陣営は信条的にも組織的にも統一と団結を達成し,スイスの社会のなかで揺るぎない地位を確立した. このようなカトリックの地位再確立の動きは,第 2 次世界大戦後に促進され,カトリック政党はやがてキリスト教民主国民党へと発展した. この政党の支持者はカトリック信徒が大多数であるが,政党としては一つの教会に拘束されることなく,キリスト教的信条と責任に基づいて決定を下すことを意図している. また,キリスト教社会労働者同盟ならびに社会的カトリシズムはスイス・キリスト教社会運動に発展した. これらは比較的結束力の緩い活動協同体である.

しかし,これまで宗教的な教会中心の文化教育活動を行ってきていた諸団体は,最大の変動を経験した. その変化は,各言語圏ごとに異なっている. 例えば,フラン

スイスじんえいへい

ス語圏のカトリック系諸団体はカトリック・アクション（*アクティオ・カトリカ）の見地に従ってフランス語圏信徒使徒職共同体に結集された．長い伝統をもつスイス・カトリック国民連合は全く拘束力をもたない「カトリック諸団体の事業共同体」に変わった．そのほか直接に小教区の生活を志向せずに結成される新しい運動やグループもある．それらは，一定の霊性の体得を課題にしている（*フォコラーレ，*シェーンシュタット運動，コムニオーネ・エ・リベラッツィオーネ，*カリスマ刷新）．

信徒を中心とする団体が教役者や修道会と協力し合う新しいかたちの事業連合の創設は，一般的な社会の発展と関係している．スイスとリヒテンシュタイン公国におけるカトリック成人教育事業連合は，スイスのカトリック系学校と教育機関の協議会と連携して教育問題に積極的に取り組んでいる．

団体カトリシズムから生まれ，のちに独立してスイス国内のすべてのカトリック教会と協働するのが，スイス・カトリック者の四旬節献金運動とカリタス・スイス（→カリタス・インテルナツィオーナリス）である．カリタス・スイスは国内で各支部やボランティアの協力を得て特に難民救援の領域で活躍する一方，社会問題の調査，相談などの面でも働いている．1960-61年の宣教年にちなんで開始されたスイス・カトリック四旬節献金運動は，改革派教会の援助活動団体「兄弟にパンを」と協力して人々に回心と分かち合いとを呼びかけている．

マスメディアやマスコミの面で生じる道徳的諸問題に対しては，カトリック教会と復古カトリック教会および改革派教会が専門家の助言を得ながら共同声明を作成し公表している．

【エキュメニズム】1920年代にスイスの各キリスト教会において*教会一致促進運動の前兆はみえたものの，教会間の共同作業は，第2ヴァティカン公会議後に初めて可能になったものである．スイス・カトリック司教協議会は，公会議の*エキュメニズムに関する教令が出されてから1年後に，早くもプロテスタント教会および復古カトリック教会と公式の対話を行っており，そのために二つの委員会が設立された．両委員会は，司牧上および神学上の諸問題を取り上げ，例えば1973年7月5日にプロテスタント，復古カトリックそしてローマ・カトリックの3教会によって合意された「洗礼の相互承認」の準備作業を行った．1982年に3教会は，「スイスにおける全キリスト教徒，全教区における教会一致促進運動のための手引き」という包括的な提案を公表した．また1983年には，3教会により『国際的連帯』と題するスイスの海外発展援助に関する覚書が発表された．

近年のスイス社会の変動と海外からの，および海外への移住者の問題は，国家に従属しない自由教会と少数派教会の創設を生み出している．その結果として1971年にスイス・キリスト教教会協議会が組織された．これにはローマ・カトリック，復古カトリック，プロテスタントのほかに，福音メソジスト派教会，バプテスト派教区連盟および*救世軍が含まれ，1973年には福音ルター派教会連盟が参加した．1980年に行われた第1回の超教派協議会において，キリスト教教会協議会はスイスのエキュメニカル運動の現状を踏まえ，より一層の対話を督励し，共同歩調をとるための実現可能な提案を集めることに努力した．

【国民生活と宣教】スイス人のほとんどはキリスト教を信奉していると自認しており，日常生活でもキリスト教的な価値を大切にしている．しかしながら，人々の生活ぶりは福音よりも時代精神を反映するものであるのが現実である．西部スイスの大都市では，*幼児洗礼が減少している．近代の*世俗化と社会的細分化の結果として宗教と他の生活領域の分裂が生じてきている．教会と文化との間の対話や結びつきはもはや当然のことではなくなっている．その結果，カトリシズムを全体としてではなく部分的に選択して受け入れる立場がしだいにみられるようになっている（例えば主日のミサ参加率の減少，伝統的な告解を実践する人の減少など）．こうした状況に直面して，スイスのドイツ語圏とレト・ロマンス語圏の宣教協議会は，「スイス国内の宣教」というスローガンを掲げている．ある識者のいうように「現状に関するかぎり，スイスは宣教国である．スイスが過去数十年の間に突入した新しい社会構造のなかで，そして工業化時代の世界ないしはポスト工業化時代の世界のなかで，人々は新しい自己理解を展開させてきている．こうした状況のなかで，キリスト教を今日再び人々が自己のものとするように図ることこそ急務である」．

【現勢】2000年現在，カトリック信者数：329万．枢機卿：2．司教区：6．大修道院区：2．小教区：1,695．教区司祭：1,921．修道司祭：1,292．終身助祭：95．信徒修道士：385．修道女：6,479．

【文献】世キ百451-59; NCE 13: 845-53; WCE 650-56; U. ALTERMATT, "Der Schweizer Katholizismus im Bundesstaat. Entwicklungslinien und Profile des politischen Katholizismus von 1848 bis zur Gegenwart," *Historisches Jahrbuch (der Görresgesellschaft)* 103 (1983) 76-106; R. PFISTER, *Kirchengeschichte der Schweiz*, v. 3 (Zürich 1985); R. WEIBEL, "Auf der Suche nach einem gemeinsamen Weg. Zum Profil der Schweizer Protestanten," HerKorr 37 (1983) 503-507; ID., "Eigener Weg mit Verunsicherungen. Der Schweizer Katholizismus vor dem Papstbesuch," HerKorr 38 (1984) 287-92.

(R. ヴァイベル・シュピリヒ)

スイスじんえいへい　スイス人衛兵

〔ラ〕Cohors Pontificalis Helvetica, 〔英〕Pontifical Swiss Guards, 〔独〕Schweizergarde (Päpstiche Garde), 〔仏〕Garde Suisse Pontificale, 〔伊〕Guardia Svizzera Pontificia　教皇警固のため*ヴァティカン市国に奉職するスイス人兵士団．14世紀末からスイス人兵士多数が*聖座や他のヨーロッパ諸国に従軍していた．教皇*シクストゥス4

スイス人衛兵

世（在位 1471-84）は，*教皇領を守るために，特に 1480 年 1 月 21 日，スイスの 2, 3 の州と合意書を交わしてスイス人兵士を徴集した．しかし，教皇警固にあたらせるため，聖座直属のスイス人兵士による常設の規律正しい軍隊を創設したのは *ユリウス 2 世（在位 1503-13）である．教皇代理シーナー（Matthaus Schiner）枢機卿とチューリヒ州およびルツェルン州の合意書は 1505 年 6 月 21 日に調印され，スイス人兵士 200 名が *ローマに送られることになった．兵士のローマまでの引率責任者は，フォン・ヘルテンシュタイン（Peter von Hertenstein），初代隊長はフォン・シレネン（Caspar von Silenen）であった．実際には 150 名の兵士が 1506 年 6 月 21 日ローマに到着した．ポポロ広場を通ってローマに入り，サン・ピエトロ広場に着くと，ユリウス 2 世は広場を見下ろすパウルス 2 世バルコニーから荘厳に彼らを祝福した．この日とこの荘厳なローマ入場をもって，スイス人衛兵の正式の創設としている．事実，1906 年には 400 年記念祭が教皇 *ピウス 10 世のもとで挙行され，記念メダルが発行された．

創設後 25 年を経ずして，スイス人衛兵が教皇への忠誠心を証しする機会が訪れた．1527 年，*カール 5 世の軍隊によるローマ掠奪に際して，教皇を警固して戦ったときである．147 人のスイス兵がサン・ピエトロ広場と聖堂内で殺害され，ほかの 42 名が教皇 *クレメンス 7 世を守ってカステル・サンタンジェロ（Castel Sant'Angelo）に脱出した．この出来事を記念して，1927 年，衛兵棟入口に碑が立てられ除幕式が行われた．碑には，「祖国は記憶する」（Patria memor）と記されている．そのとき教皇 *ピウス 11 世が演説をし，そのなかで「ローマ掠奪は歴史上最も悲しい頁の一つである．それは流血と火，前代未聞の残虐非道に満ちた頁である．しかしスイス人にとっては栄光と誉れに満ちた頁である．この悲しみの日，スイス人は勇気と忠誠の証しを立てたのである．……スイス人らしく」と語った．再度スイス人衛兵を有名にしたのは，1848 年の革命家たちによるクイリナーレ宮殿襲撃のときである．組織の改変は，1914 年 3 月 13 日 *ピウス 10 世，1959 年 8 月 6 日 *ヨアンネス 23 世，1976 年 1 月 28 日 *パウルス 6 世，1979 年 4 月 5 日 *ヨアンネス・パウルス 2 世によってそれぞれ行われてきた．1970 年 9 月 15 日，教皇庁の軍隊はスイス人衛兵を残してすべて廃止され，1971 年 1 月 20 日，ヴァティカン宮殿の警固はスイス人衛兵のみに任されるようになった．現在スイス人衛兵は 100 人のみで，隊付司祭がいる．任務は教皇警固のほかに，ヴァティカン宮殿およびその出入口の警備である．隊員募集の対象はスイス人であり，出身州は問われず，カトリック信者の独身者（将校を除く），25 歳以下の男子である．勤務年数は通常 2 年であるが，延長することもできる．入隊に際して，衛兵隊旗に左手を置き右手をあげて，「私はここに約束することを忠実に衷心より遵守することを誓います．神と諸聖人のお助けがありますように」と宣誓する．教皇とその合法的な後継者，*教皇空位のときは枢機卿団に忠実に仕えることを誓う．宣誓式は，毎年，ローマ掠奪事件の記念日 5 月 6 日に，サン・ダマリ広場で荘厳に行われる．スイス人衛兵には固有のサン・マルティノ・サン・セバスティアノ聖堂があるほか，多くの特権が与えられている．青，黄，赤の色彩豊かな制服を着用する．これをデザインしたのは *ラファエロ，あるいはおそらく *ミケランジェロであろうといわれてきたが，実際には 1914 年に衛兵隊長レポン（Jules Respond）が史料をもとに復元したものである．
【文献】EC 6: 1206-207; NCE 13: 840-41; DHGE 19: 1231-32; F. HAYWARD, *Le Pape et la Cité Pontificale* (Monaco 1945) 81-85; D. LATHOUD, *Avec le Pape au Vatican* (Paris 1955) 151-53; J. C. NOONAN, JR., *The Church Visible* (New York 1996) 96-101.

(J. P. ラベル)

スイスしんこうこくはく　スイス信仰告白　〔ラ〕 Confessio Helvetica, 〔英〕 Helvetic Confessions, 〔独〕 Helvetische Konfessionen, 〔仏〕 Confessions helvétiques　宗教改革時代の二つの信仰告白（信条）．

(1) 第 1 スイス信仰告白（信条）．第 2 バーゼル信条ともいわれる．1536 年チューリヒの *ブリンガー，らによって書かれた．聖餐論の議論を経て，スイス全土の一致した信仰告白を目指して作成された．基本は *ツヴィングリ的信仰であるが，*ルター的要素も取り入れた．スイス全土のプロテスタントで受け入れられたが，*ストラスブールと *コンスタンツは拒否した．

(2) 第 2 スイス信仰告白（信条）．これもブリンガーの手になる（1566）．*カルヴィニズムに同意した選帝侯 *フリードリヒ 3 世の要請によって書かれた．この信条の特色はツヴィングリ主義とカルヴァン主義とを一致させたところにあって，*改革派教会の信条のなかで最も広く受け入れられている．
【文献】キ大 587; ODCC² 631; *The Oxford Encyclopedia of the Reformation*, v. 2 (Oxford 1996) 219-22.

(茂洋)

ズイトベルト　Suitbert　(?-713)　聖人（祝日 3 月 1 日），イングランドの修道士，フリースランド司教．Swithbert, Swidbert とも表記．ノーサンブリアで生まれアイルランドに渡って修道士となり *アイオーナのエグベルト（Egbert, 729 没）の指導を受け，690 年 *ウィリブロードとその一行に加わってフリースランドで宣教．693 年帰郷してヨークのウィルフリッド（Wilfrid, 634-709/10）により司教に叙階され，再び大陸へ戻りライン川北東岸の住民に宣教．宮宰 *ペパンよりイン・リトーレ島（In-Litorre, 現カイザースヴェルト Kaiserswerth）を贈られ，そこに修道院を創設，*ベダ・ヴェネラビリスによると没年まで同地で「非常に謹厳な生活を送った」という．
【文献】キ人 761; NCE 13-845; ベダ『イギリス教会史』長友栄三郎訳（創文社 1965）．

(橋口倫介)

すいへいしゅぎ・すいちょくしゅぎ　水平主義・垂直主義　〔英〕horizontalism / verticalism, 〔独〕Horizontalismus / Vertikalismus, 〔仏〕horizontalisme / verticalisme　隣人ないし社会と神に対する現代キリスト者の態度の両極端を対照的に特徴づけて表した，K. *ラーナーの造語．水平主義とは，キリスト教の本来の意味，本質的な教えの中核，*教会の真の使命を，*隣人愛または社会政治的かつ社会批判的参加，世界に対する責任とする教説ないし生き方である．この立場では，*神はただ，人間の不可侵の *尊厳またはいずれ獲得すべき未来を示す符号にすぎない．神学的諸概念も *礼拝も *祈りもすべては，人が責任を自覚し行動する助けとなる題目だけになる．イエスでさえ，社会的・政治的目標を追求する世俗的な隣人愛の模範にすぎない．教会の役割は，抑圧される人々への社会的関与のみであり，その使命は

すいろん

世界の人間化であると，この説は主張する．*非神話化の傾向，現代人の本能的 *無神論，世界に対する新たな責任に起因するこの極端な水平主義は，事実上，*異端以上のものであり，結局はキリスト教の廃棄・*背教に相等しい．キリスト者たちは，神と啓示された諸神秘を観想する祈りに費やされた時間を，隣人たちへの献身から奪われた時間のように感じてきた（特に隣人が病気や人種差別または飢餓などの経済的問題に苦しむ場合）．この見解はしばしば効果的な社会活動に導くが，たびたびキリスト者たちと神との直接的関係をも排除するに至らしめる．隣人愛はこのように神への愛から切り離されて，世俗的世界が自らの手段で自らを修復するための口実となる．しかしラーナーは，神への愛と隣人愛とは今こそ密接不可分に実現されなければならないとして垂直主義を説いた．
【文献】K. ラーナー「教会の使命は世界を人間らしくすることか」清水弘訳『神学ダイジェスト』39 (1975) 55-62; K. RAHNER, "Heilsauftrag der Kirche und Humanisierung der Welt," Rahner Sch. 10: 547-67; THE THIRD GENERAL CONFERENCE OF THE LATIN AMERICAN EPISCOPATE, "Evangelization in Latin America's Present and Future," *Puebla and Beyond*, ed. J. EAGLESON, P. SCHARPER (New York 1979) 123-285.　　（田渕文男）

すいろん　推論　〔英〕inference, 〔独〕Schlußfolgerung, 〔仏〕inférence　推論は，ある信念や見解からもう一つの他の信念や見解を引き出す，精神内の心理的な活動であり，論拠や結論，またその両者の間の関係を発見する過程である．推理（〔英〕reasoning）や論証（argument）と同義的に用いられる場合があるが，現代の*論理学では区別する．推論を立言の形で述べたものが論証であり，推論は論証の形に置き換えられて初めて論理学的な分析や吟味が可能になる．*神学における*理性の使用（神学的推理）は，*信仰の*真理から他の信仰の真理または理性の真理への推理，あるいは*哲学による神学体系の構築を意味している．　　（湯沢民夫）

スウィジン　Swithin（805頃-862. 7. 2）　ウィンチェスター司教，聖人（祝日7月15日）．Swithun とも記す．ウェセックスの王子エセルウルフ（Aethelwulf, 858没．*アルフレッド大王の父）の教育係を務め，852年 *ウィンチェスターの*司教に叙階．デーン人の襲撃を受ける多難な時代に司牧に尽くしたとマームズベリの*グイレルムス等は伝えているが，詳細は不明．死後に多くの*奇跡が起こったため*聖人崇敬が始まり，司教*エセルウォルドの時代には修復された聖堂内に遺骸が移された．英語の諺「スウィジンの祝日の天気は晴雨を問わず40日続く」は，聖堂内に改葬されるのを遠慮した謙虚なスウィジンが，遺骸を移す7月15日から雨を降らせ続けたという民間伝承による．
【文献】NCE 13: 845; S. L. OLLARD, ET AL., eds. *A Dictionary of English Church History* (London 1948) 589-90.　　（橋爪由美子）

スウィフト　Swift, Jonathan（1667. 11. 30-1745. 10. 19）　イギリスの諷刺作家．アイルランドの*ダブリンに生まれ，同地のキルケニ・グラマー・スクールで学ぶ．同校において厳しい国教会（→聖公会）の教育を受けた．その後ダブリンのトリニティ・コレッジに進むが学業を怠り，ようやく卒業する．1690年頃，政治家にして文人のテンプル（Sir William Temple, 1628-99）邸に寄寓し，秘書を務めるかたわら詩作や古典研究に励む．また同邸で多くの政治家に接している．一時アイルランドに戻って牧師となるが，長老派（→長老派教会）に属する信者と肌が合わず，テンプルのもとに戻り，著作にいそしむ．なおこの頃，ステラ（Stella）ことエスター・ジョンソン（Esther Johnson, 1681-1728）と重大な交渉をもったと考えられる．
1699年，テンプルの死後，アイルランドで再び聖職に就くが，政界進出への野心が強く，頻繁に *ロンドンを訪れ，政界，文壇，社交界に足しげく出入りして激烈な政治冊子などを発行した．1713年にダブリンのセント・パトリック教会の主任司祭となるが，トーリー政権崩壊後は出世の望みを失い，アイルランドに隠棲してイングランドのアイルランド政策糾弾の筆を振るう．その後も中央復帰の機会をうかがうが果たせず，晩年は持病が高じて発狂し，ダブリンで死去．
詩や政治冊子も多く著したスウィフトだが，彼の本領は散文による諷刺にある．『ガリヴァー旅行記』（Gulliver's Travels, 1726）はその最大傑作だが，ほかにも宗教諷刺の『桶物語』（A Tale of a Tub, 1704）や古代近代優劣論争に関する『書物戦争』（The Battle of the Books, 1704），あるいはアイルランド問題を取り上げた『控え目な提案』（A Modest Proposal, 1729）などがある．
【主著邦訳】深町弘三訳『桶物語・書物戦争・他一篇』（岩波書店 1968）；平井正穂訳『ガリヴァー旅行記』（岩波書店 1980）；中野好之，海保真夫訳『スウィフト政治・宗教論集』（法政大学出版局 1989）．
【文献】NCE 13: 838-39; I. EHRENPREIS, *Swift: The Man, His Works and the Age*, 3 v. (London 1962-83).
　　（小林章夫）

スウィンバーン　Swinburne, Algernon Charles（1837. 4. 5-1909. 4. 10）　イギリスの詩人．*ロンドンに生まれる．イートン校と *オックスフォード大学のベイリオル・コレッジに在学する間に古代ギリシアの文学に親しみ，古典詩の技法を自家薬籠中の物とすると同時に，異教的耽美趣味を身につけた．古典ギリシア劇の形式に倣った出世作『カリュドンのアタランタ』（Atalanta in Calydon, 1865）にはその異教趣味が横溢している．以後の作品において彼の耽美的嗜好はますます高じ，イングランド国教会（→聖公会）の信仰を中核とする既成の倫理観と相容れない傾向を示すようになる．『詩とバラッド第1集』（Poems and Ballads, first series, 1866）のなかの幾編かをはじめとする彼の作品の多くは，不道徳と反キリスト教的精神のかどで世人の激しい批判を招いた．ロンドン近郊プットニ（Putney）にて死去．
【文献】G. LAFOURCADE, *Swinburne: A Literary Biography* (London 1932); J. J. MCGANN, *Swinburne: An Experiment in Criticism* (Chicago 1972).　　（舟川一彦）

ズヴェーヴォ　Svevo, Italo（1861. 12. 19-1928. 9. 13）　イタリアの小説家．本名エットレ・シュミッツ（Ettore Schmitz）．オーストリア帝国治下のトリエステ（Trieste）に生まれる．父はユダヤ系ドイツ人の実業家．12歳から18歳まで教育をドイツ南部で受け，この間，ドイツ哲学，フランス自然主義文学，*シェイクスピアの戯曲などに親しむ．家業の倒産に伴って銀行勤務を始

めるかたわら書き上げた処女長編『ある一生』(Una vita, 1892)を「イタリアの(Italo)シュヴァーベン人(Svevo)」の筆名で発表する．主人公は都会の生活に適応できない銀行員．続く『老境』(Senilità, 1898)の主人公は文学的野心を秘めた会社員．いずれも作者自身の分身といえる．長編第3作『ゼノの良心』(La coscienza di Zeno, 1923)も同じ傾向に属するが，*フロイトの精神分析が取り入れられ，かつまた諧謔精神に貫かれている．この作品を，たまたまトリエステに滞在中でズヴェーヴォと親交のあった*ジョイスが評価．まもなく*パリの批評家の間で話題を呼び，その後イタリアでも知られるようになった．「意識の流れ」を追う手法は斬新であり，内容には普遍性がある．ほかに『感情小旅行』(Corto viaggio sentimentale, 1949)などの短編や戯曲，良識ある市民の顔をみせる書簡も数多く残す．
【主著】*Romanzi*, 1985, ³1994.
【邦訳】河島英昭訳「わが老衰」『近代小説集』筑摩世界文学大系93(筑摩書房1965)332-45；清水三郎訳『ゼーノの苦悶』(集英社1976)． (白崎容子)

スウェーデン　正式国名：スウェーデン王国，〔スウェーデン〕Konungariket Sverige，〔英〕Kingdom of Sweden. 1994年，国民投票によりヨーロッパ連合(EU)加盟が決まり，翌年1月欧州自由貿易連合(EFTA)を離脱，EUに加盟した．面積：44万9,964 km². 人口：885万(1997年現在)．言語：スウェーデン語(公用語)，ラップ語，フィンランド語など．宗教：ルター教会(国教)95%，カトリック1.7%ほか．
【キリスト教の歴史】スウェーデンのヴァイキングにキリスト教を伝えようと最初に試みたのは9世紀の*ベネディクト会の修道者*アンスガルである．彼は中央スウェーデンのビルカ(Birca)にキリスト教共同体を築いたが，それはわずかの間しか続かなかった．スウェーデンにキリスト教が本格的に浸透したのは11世紀のことで，これはイングランドおよびドイツの宣教師の力による．スウェーデン全土はカトリックになり，1164年には一つの教会管区となった．スウェーデン人の聖人としては*ビルギッタがいる．彼女は聖ビルギッタ会として知られる修道会を創立した．

　1520年代には*宗教改革がスウェーデンに起こった．カトリック教会の財産は国に没収され，修道院は閉鎖された．1593年の決定に従って，*ルター教会の信仰が国教となった．1860年までは，国民はスウェーデン国教会以外の他のいかなる宗派に属することも禁じられた．カトリック教徒はごく少数で，そのすべてが外国人居留者だった．1781年には外国人のために司祭を置き，外国人子女はカトリック信仰教育を受けることが認められた．1783年にはスウェーデン代牧区が設置されたが，それも外国人のためだけのものである．1837年に宗教改革後初めて，ドイツ生まれのカトリックの王妃ヨセフィナ(Josefina)の援助を得て，カトリックの教会堂が*ストックホルムに設立された．さらに，19世紀の後半にはイェーテボリ(Göteborg)，マルメ(Malmö)およびイェーヴレ(Gävle)にも教会が設立された．1860年にはスウェーデン人はカトリック教徒になってもよいとの許可が出たが，その後のカトリック教徒の数は依然極めて少なかった．カトリックに対する一般的態度としては反感と偏見がある．1940年のカトリック教徒の数は約5,000人にまで達した．社会保障や技術面での高度先進国であるスウェーデン社会は*世俗化が進んでいる．学校での宗教教育は中立的立場を保持するものである．

12世紀建造のルンドの旧大聖堂
(Herder)

スウェーデンしんがく

【カトリック教会の発展】1952年以降，スウェーデンには *信教の自由が存在する．今日カトリック教会は国内でその活動を遂行する完全な自由を享受している．カトリック教徒の数は第2次世界大戦の間とその後を通じて著しい増加を示した．これは中央ヨーロッパからの難民とスウェーデンの産業のために南ヨーロッパから労働者が移住したことによるものである．カトリック教徒の移住は継続しているが，その規模は減少した．1984年には，カトリック教徒の数は13万と算定されたが，そのうちスウェーデン人は約2万5,000人だけで，残りは50以上の国の人々である．なかでもポーランド人，スロヴェニア人，およびクロアティア人はそれぞれかなりの集団を構成している．また，毎年，約100人ほどのスウェーデン人がカトリック教徒となっている．そのなかには，著名な作家や知識人もいる．しかし，高等教育を受けていない人々もいる．

スウェーデンでは，ストックホルムが1953年にカトリック司教区となった．カトリックの大部分は主な三大都市ストックホルム，イェーテボリ，マルメに住んでいる．スウェーデン北部の諸小教区は広範な地域にまたがるが，所属信徒はたかだか数百人にすぎない．

スウェーデンには100人余のカトリック司祭と約250人の修道女が働いている．彼らの大部分は，主にドイツ，ポーランド等の外国出身で，しかも司祭の3分の2は修道会員である．修道女たちは *小教区，教育，養護あるいは病院の分野で活動している．

信徒は小教区を要理教育および管理業務を通じて助け，教区司牧協議会，また要理教育，典礼，*教会一致促進運動のための教区委員会に代表を送っている．ストックホルムには二つのカトリック書店があり，カトリック雑誌が幾つか出版されている．

スウェーデンのすべての宗派のなかでは，スウェーデン国教会のみが *教会税の形式で国から補助を受けている．1974年からは，他のすべての宗教団体も国から小額の寄付金を受け取るようになった．カトリック教徒の自発的な寄付ではカトリック教会の出費はまかないきれない状態である．国外からのかなりの財政援助を必要としてきたが，それは特に，1950年代以降のカトリック教徒の増加に対応するため，新しい教会の建設を支援するためであった．ちなみに，それらの寄付の出所は主に旧西ドイツであった．

【問題と期待】カトリック教会は現在，スウェーデンでは2番目に大きい宗教団体である．それでも人口の2％にも満たない．他の宗派ほどの知名度もなく，活動も目立つものではない．しかし，国際交流の増大により今まで以上にカトリック教会は注目されるようになっている．第2*ヴァティカン公会議以後は，カトリック教徒もまた，他の宗派に対してそれまで以上に心を開き，彼らとともに活動するようになっている．カトリック教会は現在，スウェーデン教会一致委員会の一員である．

一世移民の子どもたちをカトリック教会内に引き留めることは困難なことが多い．最も近い教会でも，相当遠くにしかないことも多く，早く一人のスウェーデン人として受け入れてもらいたいという欲求と，世俗化した社会の影響もあって，教会に来なくなってしまう若者も多い．他の問題は，小教区所属信徒の真の共同体を作ることが容易でない点である．というのは彼らは多くの場合，さまざまの違った国籍をもち，多種多様な文化的要素をもっているからである．このことは司祭たちの場合にもあてはまる．教区の目標はスウェーデン全土でその土地にふさわしい形の奉仕を試み，教育活動および青少年運動を推進していくことである．スウェーデン生まれのカトリック教徒の数が増加している以上，スウェーデン人によるスウェーデン人のためのカトリック教会の建設が望まれている．

【現勢】2000年現在，カトリック信者数：16万．司教区：1．小教区：40．教区司祭：68．修道司祭：67．終身助祭：15．信徒修道士：15．修道女：230．

【文献】世キ百 460-64; NCE 829-33; WCE 646-50.

(J. W. グラン)

スウェーデンしんがく　スウェーデン神学　スウェーデン神学は，宗教改革者，特に *ルターの神学をその基盤としている．O. *ペトリとL. *ペトリ兄弟が，*ヴィッテンベルクにおいてルターから直接教えを受け，スウェーデン神学の基礎を築いた．スウェーデンの国教がルター派教会であるために，神学も，国教会に属す人もそうでない人も共に，ルター神学を基調としている．

スウェーデン神学が注目されるようになったのはビリング(Einar Magnus Billing, 1871-1939)と *セーデルブロムの神学上の貢献による．共にルター研究に基本的動機を求めるという新しい方法を用いて新生面を開いた．この方法は，根本動機探究法([スウェ] motivforskning)と呼ばれ，ルンド大学の *アウレンと，*ニーグレンを中心にルンド神学で用いられた．特にアウレンの『キリスト教会の信仰』(Den allmänneliga kristna tron)はその方法論を用いた均衡のとれた組織神学である．ニーグレンは，『アガペーとエロス』(Den Kristna Kärlekstanken genom tidena, Eros och Agape)でその方法論を用いて神の愛と人間の愛の二つの動機を明らかにした．

スウェーデン神学は，つねに国家，教会，職業について関心をもち，聖書とルターの著作に基づいてそれらの問題について研究した書物が多い．

【文献】キ大 588.

(茂洋)

スヴェーデンボリ　Swedenborg, Emanuel
(1688. 1. 29-1772. 3. 29)　スウェーデンの自然科学者，神智学者．*ストックホルムに *ルター教会の聖職者の次男とし生まれる．*ウプサラ大学で学び，鉱山局監査官となるが，『生物界』全3巻(Regnum animale, 1744-45)を著すなど自然界の現象を研究するうちに，外的なものが根本的に内的原因，つまり霊的な本質の表れであることに気づき，創造主である神の言葉としての聖書の霊的意味を知ることが必然的に宇宙の秘義を解明する鍵となる，という確信を神から直接受けたといわれる(1745)．『天界の秘義』全8巻(Arcana coelestia, 1749-56)など多くの *神智学の著作を残したが，彼の神学は，物理的世界は精神的世界の象徴であるから，世界が人間に関わる仕方で人間は神に関わる，といういわばデカルト的 *二元論の克服ともいうべき思想に貫かれている．それはつまり永遠(魂)が非永遠(肉体)と交差する神秘を記したものが聖書であり，聖書の言葉を天界の事物の「照応」([ラ] correspondentia)であると捉え，キリストの *再臨とは決して未来に起こる歴史的現実ではなく，隠された神の言葉が完全に人間に解き明される過程にほかならないということである．ここでは地上で行いを伴う信仰(ヤコ 1: 19-27)を全うする「最高の人間」([ラ] maximus homo)こそが，その愛の行いが神から発するものであるという真理に達し，初めて天界の秩序は

その人間のなかで麗しい園のように輝き出すという極めてプラトン的な人間論が展開されており，身体性を強調する点においては，身体（［ギ］soma, → 心身問題）が完成された神のわざを示す，というシュヴァーベン敬虔派のエーティンガー（Friedrich Christoph Oetinger, 1702-82）に共通するものがある．十字架による *贖いの神学を否定し，行いを重視したことは当時の形骸化したルター教会の現実に対する批判とも考えられるが，*パウロ神学を福音の堕落であるとしたスヴェーデンボリ神学の問題提議を伝統的キリスト教会がいかに真摯に受けとめ，さらにそれを克服していくかが今もなお求められている．*ロンドンにて死去．遺体はその後ストックホルムに移された（1908）．

【その他の主著】*De Coelo et Inferno*, 1758: 高橋和夫訳『天界と地獄』（春秋社 1997）．

【文献】Brecht 2: 277, 281; EncRel (E) 14: 192-93; LThK² 9: 1199-1200; MEL 23: 78-79; NCE 13: 833-34; ODCC³ 1563-64; RGG³ 6: 535-36; G. トロブリッジ『スウェデンボルグ — その生涯，信仰，教説』柳瀬芳意訳（静思社 1961 ⁴1975）: G. TROBRIDGE, *Swedenborg: Life and Teaching* (New York ⁴1955); 高橋和夫監訳, ロビン・ラーセン編『生誕300年記念出版エマヌエル・スウェーデンボルク―持続するヴィジョン』（春秋社 1992）: R. LARSEN, ET AL., eds., *Emanuel Swedenborg: A Continuing Vision* (New York 1988); 高橋和夫『スウェーデンボルクの思想―科学から神秘世界へ』（講談社 1995）: 同『スウェーデンボルクの宗教世界―原宗教の一万年史』（人文書院 1977）; E. BENZ, *Emanuel Swedenborg. Naturforscher und Seher* (Zürich 1969); G. KRANZ, *Lexikon der christlichen Weltliteratur* (Freiburg 1978) 911-20; I. JONSSON, "Emanuel Swedenborgs Naturphilosophie und ihr Fortwirken in seiner Theosophie," *Epochen der Naturmystik*, ed. A. FAIVRE, R. C. ZIMMERMANN (Berlin 1979) 227-55; C. ANDRESEN, ed., *Handbuch der Dogmen- und Theologiegeschichte*, v. 3 (Göttingen 1984 1988) 113; F. C. OETINGER, *Biblisches und Emblematisches Wörterbuch* (Hildesheim 1776 ²1987) 407; E. BENZ, *Beschreibung des Christentums* (Stuttgart 1993). （富田裕）

スヴェーリンク　Sweelinck, Jan Pieterszoon

（1562. 5-1621. 10. 16）　ネーデルラントの作曲家，オルガン奏者．デーヴェンター（Deventer）に生まれ*アムステルダムで没す．1580年以来，父の跡を継いでアムステルダムの教会のオルガン奏者を務め，高名を馳せた．門下からは，17世紀北ドイツ・オルガン楽派の基礎を築いた*シャイトやシャイデマン（Heinrich Scheidemann, 1596頃-1663）等を輩出している．多数のシャンソン，*モテット，仏語訳詩編歌集を作曲し，鍵盤楽器のための*トッカータ，*リチェルカーレ，ファンタジア，*コラール変奏曲は，バロック時代の器楽への道を開いた．

【作品】R. LAGAS, ET AL., eds., *Opera omnia* (Amsterdam 1957-). （正木光江）

スヴェンソン　Svensson, Jón Stefán

（1857. 11. 16-1944. 10. 16）　アイスランドの作家，*イエズス会の会員．メドリュヴェリル（Mödruvellir）に生まれ，*ケルンで死去．故国を去りデンマークで主に活躍する．ドイツ語で書かれた自伝的な物語として故国アイスランドの少年ノンニ（Nonni）をめぐる作品は30か国語に翻訳出版されるほどに世界的な愛読者を得ることになった．ノンニがスヴェンソンの通称となったのはそのためである．カトリック精神に裏打ちされた人間性に対する暖かな眼差しが全編の魅力となっている．来日した際には*上智大学の教授館に滞在した（1937）．

【主著】*Sonnentage*, 1915: 伊藤保訳『ノンニと氷のお国』（歐亞書房1937）; *Auf Skipalón*, 1950: 大宮司季松訳『スキパロンへのクリスマスの訪問』（鳳舎 1974）．

【文献】MEL 23: 71;『岩波・ケンブリッジ世界人名辞典』（岩波書店 1997）479-80; 小林珍雄編『キリスト教用語辞典』（東京堂出版 1954 ⁹1972）297; H. ホイヴェルス『人生の秋に』林幹雄編（春秋社 1969; 増補版 1973）249-50; *Aus dem Lande der aufgehenden Sonne: Briefe und Nachrichten deutscher Jesuiten-Missionare aus Japan*, 30 (1937.9) 416-19. （富田裕）

スウォヴァツキ　Słowacki, Juliusz

（1809. 9. 4-1849. 4. 3）　ポーランドの詩人，劇作家．*ミツキェーヴィチ，*クラシンスキとともに，ポーランド・*ロマン主義の「三大詩聖」とされる．西ウクライナ（当時ポーランド領）のクシェミニェツ（Krzemieniec）に生まれ，ヴィリニュス（Vilnius 現リトアニアの首都）の大学で法学を学ぶ．1831年，ロシアからの独立を目指した「11月蜂起」が失敗に終わったとき西側に亡命して，*パリに居を定めた．1842年にパリでポーランド人の神秘思想家トヴィヤンスキ（Andrzej Towiański, 1799-1878）と知り合い，彼の影響下に独自の神秘主義的な歴史哲学を展開していった．結核のため，パリで没する．詩の代表作には，逸脱の積み重ねを通じて自らの文学観・世界観を開陳した未完の長編詩『ベニョフスキ』（Beniowski, 第1-5章刊行 1841, 第6-10章刊行 1866），難解な哲学的長編詩『精霊王』（Król-Duch, 未完，第1部のみ 1847刊）などがある．また劇作家としての仕事も重要．戯曲の代表作としては，ロシア皇帝を暗殺しようとするポーランド人の若者を主人公とした『コルディアン』（Kordian, 1834）や，古代の神話的世界を描いた『バラディナ』（Balladyna, 1839）などがある．

【文献】J. KRZYZANOWSKI, ET AL., eds., *Literatura polska: przewodnik encyklopedyczny*, v. 2 (Warszawa 1985) 375-78; S. MAKOWSKI, *Juliusz Słowacki* (Warszawa 1987). （沼野充義）

スヴォラト　Svorad

（?-1009）　聖人（祝日7月17日），スロヴァキアの隠遁者．アンドレイ・スヴォラト（Andrej Svorad）とも呼ばれる．ポーランドではSwirada, ラテン語ではZoerardusと記される．ポーランドに生まれ，同地で隠遁生活を送っていたと思われる．ハンガリーの*ステファヌス1世の治世に，スロヴァキアに移り，15世紀まで同地における*ベネディクト会の中心であった，ニトラ（Nitra）近郊の修道院に入る．大修道院長の許可を得て，弟子のベネディクトゥス（Benedictus）とともに，ヴァーフ川沿いのスカルカ（Skalka）の洞窟で，独居と共住を組み合わせた，厳しい苦行と禁欲生活を送る．スヴォラトの死後3年目の1012年，ベネディクトゥスは盗賊に殺害され，ヴァーフ川に投げ捨てられた．1年後，その遺体は無傷で発見され，スヴォラトの遺体とともにニトラの大聖堂に埋葬された．

【文献】キ人 763-64; BSS 1: 1175-76; LThK² 10: 1394;

すうききょう

NCE 14: 1125. （小高毅）

すうききょう　枢機卿　〔ラ〕cardinalis,〔英・仏〕cardinal,〔独〕Kardinal　教会創設当初より，使徒たちの模範(使6章)に倣い，神への道を教え，*洗礼の準備をさせ，貧しい人を助けるため，*助祭が任命された．キリスト信者の増加につれ，*小教区を設け，*司祭にその世話を託す必要が生じてきた．5世紀頃，*教皇は，司祭，助祭のなかでより優れた者を選んで自分の顧問とした．彼らは cardinales (枢機卿) と呼ばれた．教会の cardo (蝶番，かなめ) だからである．時代が下って，ローマに属する幾つかの *司教区が設けられたとき，その教区の司祭も教皇の顧問となり，枢機卿位を授けられた．こうして枢機卿制度が生まれ，教会のなかに徐々に広まった．したがって枢機卿は，全教会の統治にあたっての教皇の最も重要な協力者，助言者である．枢機卿は特別の団体，すなわち枢機卿団を構成する．12世紀以降，ローマ以外に住む者で枢機卿団に加えられる者も出てきた．枢機卿については歴史のなかで教皇が数回にわたって改革を行ってきており，最近では *ヨアンネス23世と *パウルス6世がこれに着手している．

1983年に改訂公布された新『教会法典』によれば，教会で枢機卿は二つの職務を担っている．一つは，ローマ教皇の選出である．これは *使徒憲章『ロマーノ・ポンティフィキ・エリゲンド』(Romano Pontifici eligendo, 公布1975.10.1)に規定された特別法に従って行われる．なお，*教皇自発教令『イングラヴェスケンテム・アエターテム』(Ingravescentem aetatem, 公布1970.11.21)は，枢機卿は80歳で教皇選挙権を喪失すると規定している．もう一つの職務は，全教会の牧者として働く教皇を補佐することで，それは枢機卿団として(特に教皇によって召集された *枢機卿会議の場で)，あるいは個人として各自教皇から託された職務を果たすことによってである．それは特に教皇庁諸官庁の長官および顧問の職である．

枢機卿は，学識，徳，信心および賢明さに秀でた者のなかから教皇が自由に任命する．枢機卿の数は時代によって差があり，1217年には7名だけであったが，近年は約160名である．枢機卿は三つの階級に区分される．司教階級(ローマに属する諸教区の一つを称号として有する司教枢機卿)，司祭階級(教区司教である枢機卿)，助祭階級(教区司教でない枢機卿)である．*カトリック東方教会の総大司教は，教皇自発教令『アド・プルプラトールム・パトルム』(Ad purpuratorum Patrum, 発布1963.2.1)によって，枢機卿団に加えられ，司教階級に属する．1962年以来，枢機卿はすべて，原則として，司教に叙階されている．

通常，教皇は新枢機卿任命を枢機卿会議，すなわち召集された枢機卿団の前で発表する．この時点で新枢機卿は法によって規定された職務と権利を手にする．教皇は名前を公表しないで枢機卿を叙任することがあるが，この枢機卿は枢機卿の義務も権利も有しない．すべての枢機卿にはローマ教皇と堅く協働する義務がある．枢機卿は *使徒座が承認した定式に従って，本人自身 *信仰宣言をする．枢機卿団をとりまとめるのは首席枢機卿であるが，これは首席枢機卿がほかの枢機卿に対して支配権を有するということではない．助祭階級の第1枢機卿には選出されたローマ教皇の名を人々に告知する特権がある．特別の祭式，あるいは集会のために教皇が自分の代理をさせるべく任命した枢機卿は *教皇特使と呼ばれ，

教皇の「名代」（通常，教皇に帰される栄誉を受ける）とみなされる．教皇が特定の司教任務を託した枢機卿は，「特別に派遣された者」と呼ばれる．両者とも教皇から委任された事項以外については何の権限も有しない．枢機卿団は，使徒座が空位になった場合，その固有の規定による権限を有する．
【文献】CIC 349–59; DDC 2: 1310–44; DThC 2: 1717–24; NCE 3: 104–106; SM(E) 1: 259–62; *Enchiridion Vaticanum*, v. 2 (Bologna 1977) 854–57; D. BOUIX, *Tractatus de Curia Romana* (Paris 1859); L. THOMASSIN, *Ancienne et Nouvelle Discipline de l'Eglise*, v. 2 (Bar-le-Duc 1864) 418–45.　（J. P. ラベル）

すうききょうかいぎ　枢機卿会議　〔ラ〕consistorium,〔英〕consistory,〔独〕Konsistorium,〔仏〕consistoire　重要事項もしくは典礼儀式以外の荘厳儀式執行のために，*教皇によって行われる全 *枢機卿および特別法によって関係ある他の者の荘厳な召集．それゆえ枢機卿会議は，教皇執行の祭式に列席する枢機卿の集まりとは異なる．
【沿革】枢機卿会議は中世初期にその起源を有している．それ以前は解決すべき問題は集会において審議および討議がなされた．時代が進むにつれて解決すべき問題が増し，また枢機卿団の権威と地位も増大していった．こうしてしだいに直面する問題の審議が枢機卿会議においてなされるようになった．教皇 *インノケンティウス3世（在位1198–1216）は週3回荘厳に枢機卿会議を召集し，それほど重要でない裁判上の問題についても枢機卿たちの意見を求めたうえで，厳密に審議し慎重かつ賢明な判断を下した．17世紀に入ると枢機卿会議は毎月1回開かれるようになるが，しかしすでに16世紀からは，ごく重大な教会上の問題はもはや枢機卿会議のみで審議されることはなくなり，その審議は種々の枢機卿集会に分担されるようになった．以後，枢機卿会議の頻度は減少の一途をたどるに至った．今日では教皇の意向もあって多くの審議事項は，枢機卿による種々の会議および事務局に委任され，実際には枢機卿会議はごく稀にしか召集されない．
【枢機卿会議の種類】枢機卿会議には，枢機卿のみが出席する秘密会議，*司教も出席する半公開会議，その他の *高位聖職者も招待される公開会議の3種類がある．秘密会議では，概して重要な事柄，例えば枢機卿の叙任，空位の大聖堂への叙任，司教の転任などの事項が取り扱われる．この会議では教皇の挨拶が行われるのが通例である．半公開会議では枢機卿のほかに大司教，ローマ在住の司教も出席し投票が許される．主に列福，*列聖の手続き，被選大司教および総大司教の *パリウム申請などが審議される．公開会議では枢機卿のほかに選ばれた信者も参加が許される．しかしこの種の会議では問題の審議は行われず，枢機卿に対する赤い衣服の授与，*神の僕の列聖要求といった儀式が行われるのが通例である．
【文献】LThK² 6: 476–77; DMC 1: 935–36.　（枝村茂）

すうけい　崇敬　〔ギ〕proskynēsis,〔ラ〕veneratio,〔英〕veneration,〔独〕Verehrung,〔仏〕vénération　広義の礼拝態度のなかで，尊敬を中心にした態度のこと．神的存在に対する尊敬，*賛美，畏敬を含む態度であるが，教会用語においては，神およびキリストに対する *礼拝（〔ギ〕latreia）と，人間である聖母 *マリアや *聖人に対

する崇敬とを区別する伝統がある．このような区別は，*聖画像破壊論争において，真の神に向けられる礼拝とその写しである*聖画像に向けられる崇敬との区別が必要となったときに明確化され，また現代における*典礼（礼拝）と*信仰心の定義にも関連している．また，近年の例として，アジア・アフリカの宗教的風土にみられる*祖先崇拝が崇敬の一つの形として，キリスト教的に受容され，位置づけられつつある．
【文献】A. ADAM, R. BERGER, eds., *Pastoralliturgisches Handlexikon* (Freiburg 1980) 63-65, 153-54.
(石井祥裕)

すうこう　崇高　〔英〕sublime,〔独〕Erhaben,〔仏〕sublim　偉大な芸術作品を特徴づける精神，感情，思想の巨大さのこと．ロンギノス (Kassios Longinos, 210頃-267) に帰せられた，ギリシア語の『崇高論』(Peri hypsous) に「最初の崇高」の分析がみられる．この著作はほとんど顧みられていなかったが，17世紀以降，特に18世紀後半にかけて，*ホメロスの評価の高まりとヘブライ語詩韻律の理解の広がり，さらにゴシック的美の評価とともに，崇高は文学批評における中心的概念となり，天才の特質とみなされた．E.*バークの『崇高と美の観念の起源についての哲学的探求』は有名であるが，18世紀後半のイギリスでは古典主義的規則・調和・均整で説明できない美的原理について盛んに議論され，その特性のうちの高尚なものが崇高と名づけられた．崇高と画趣（〔英〕picturesque）・美の区別についての議論は大陸の哲学者によって受容され，*カントの例にみられるように，哲学における*美学の分野の形成につながっていった．
【文献】HWP 2: 623-35; A. SEIDL, *Zur Geschichte des Erhabenheitsbegriffes seit Kant* (Leipzig 1889); H. J. HOFMANN, *Die Lehre vom Erhabenen bei Kant und seinen Vorgängern* (Halle 1913); S. H. MONK, *The Sublime: A Study of Critical Theories in the Eighteenth-Century England* (Ann Arbor 1960).
(高柳俊一)

すうじ　数字　〔英〕number,〔独〕Nummer,〔仏〕nombre
【数の象徴性】数はいうまでもなく人間の認識の基本をなす枠組みであるが，単なる自然的な意味を超えた多彩な象徴的意味をももつことがある．古来，宗教においては，数の象徴が大きな役割を担ってきた．
　すでに天と地，昼と夜，男と女，右と左，湿と乾，善と悪などの両極性の観察は，自然数の展開の最初にある2という数字に，象徴的・世界観的意味を与える．逆に1は，こうした両極性の統一として，根源にあるとともに終極の目的点でもある神や超越的なるものを暗示する．一方，3は，両極性や分裂の最初の統合として，あるいはまた動的な多数性の始まりとして，重要な象徴的価値をもち，しばしば聖数ともされた．古代ギリシアでは，三角形は最も完全な図形であるとともに，多角形の始まりとして重視された．三神を神体系の基本とする例は数多い．*キリスト教の*三位一体のみでなく，エジプト，オリエント，インド，日本などでも三柱の根本神の考え方がみいだされる．また天国・地上・地獄，天上界・中間界・地下界，天・地・人など，実在を三つの次元に分けて把握する場合も多い．以上のほか，7や12が聖数としてよく知られているが，*比較宗教学は主だった自然数のすべてが宗教的象徴としての価値をもちうることを明らかにしている．
　数の象徴化の根本には，神・自然・人間の照応を前提とする，類推的思考法がある．この思考法にとって数は，大宇宙と小宇宙の共有する根本的秩序を意味した．呪術（→魔術）や*儀礼の実践において数の要素が重視されたり，また数秘術や占いなどで複雑な数の象徴学が展開されたり，聖典解釈でテクストに現れる数字に深い象徴的意味が読み取られたり，といったことはこれに基づいている．
【文献】『世界宗教大事典』(平凡社 1991) 1033-36; EncRel (E) 11: 13-21.
(深澤英隆)

すうでん　崇伝　(1569-1633.2.28)　江戸時代前期の臨済宗の僧侶．字は以心，円照本光国師．足利義輝の臣・一色秀勝の子．足利氏滅亡とともに南禅寺に入山．醍醐三宝院などにも学び，1605年(慶長10)南禅寺に住した．1608年*徳川家康の招きにより外交文書を扱い，1612年以降は寺院行政に携わって諸法度の制定，方広寺の鐘銘事件，さらに紫衣勅許事件などにも関与，幕府の枢機にあずかって「黒衣の宰相」と称された．対キリシタン政策にも深く関与し，1614年2月1日(慶長18年12月23日)付で全国にキリシタン禁制を布達した*「排吉利支丹文」は崇伝の起草になるものであった．著作として，外交事務にあたっていた間のことを記した*『異国日記』などが伝えられる．
【文献】辻善之助「黒衣の宰相金地院崇伝」『日本仏教史之研究』続編上(岩波書店 1984) 239-390.
(尾原悟)

すうようとく　枢要徳　〔ラ〕virtutes cardinales,〔英〕cardinal virtues,〔独〕Kardinaltugenden,〔仏〕vertus cardinales　枢要徳とは，諸徳のなかでも主要な人間的徳を意味する．一般にギリシアの倫理思想に由来する*賢明(賢慮，知慮)，*剛毅(勇気，勇敢)，*正義，*節制の四元徳を指すが，時代や社会，また民族によって何を枢要徳とするか，また幾つあるか，どのような徳の順序であるかは異なっている．*キリスト教倫理はギリシアの四つの*徳を受け入れ，さらにそれらを*信仰と*希望と*愛の*対神徳によって統合し，*モーセの*十戒と併せて*倫理神学の体系を構築した．キリスト教的徳の秩序は三つの対神徳と四つの倫理的枢要徳からなるが，それらの秩序づけがキリスト教倫理の課題でもあった．
【ギリシアの倫理思想】*プラトンは『国家』第4巻で理想国家の秩序を哲学者，防衛者，労働者の三者の調和的協調と理性，気概，欲望の魂の三つの部分との関係で論じ，四つの主要な徳の機能を説いている．正義はすべての成員が国家のなかで自分が占める場所を知ることである．*勇気は国家の防衛の働きに該当し，魂の気概的部分が理性の命令を守ることである．*知恵とは国家の統治者(哲学者)の支配的命令に関連し，魂の理性的部分が共同体全体の利益を図る徳である．節制は国家の特定の階層に属するものではなく，勇気と知恵によって肉体が*快楽に惑溺しないように生活を制御する徳である．また正義は魂の特定の部分や部分間の関係にではなく，魂の全体的な秩序づけに関わっている．
　*アリストテレスによれば，徳は*理性の働きにふさわしい卓越性であり，人間の実践的活動に関わるものである．理性には*思考・*認識活動とそれ以外の活動がある．前者が人間に最も本来的な活動であり，知恵や知慮などの知性的徳に関わる．後者は動物的な諸能力の機能

すうようとく

する部分で理性の統制に関わるもので，訓練によって得られる節制や勇気などの倫理的徳が成立する場である．『ニコマコス倫理学』では四つの枢要徳以外の諸徳についても論じられているが，知慮，正義，勇気，節制のうちで知慮に力点が置かれている．それは自分自身にとって善いこと，有益なことを全体的にポリスの善として思案できる能力である．具体的な状況にあって無規定の要素を思案しながら，確定した善への指針を与える実践的な知性の徳である．正義と勇気と節制は生まれながらにもっている自然徳であるが，訓練によってその素質を完成させる必要がある．人間の幸福は徳に従った活動によるが，最も高く評価されるのは *最高善の *観想において生きることである．

【聖書】旧約聖書ではイザヤ書で知恵，識別，勇気，畏敬の霊が述べられ(11: 2)，知恵の書ではギリシアの四つの枢要徳が数えられている．「だれか正義を愛する人がいるか．知恵こそ働いて徳を得させるのだ．すなわち，節制と賢明，正義と勇気の徳を，知恵は教えるのである．人生にはこれらの徳よりも有益なものはない」(8: 7)．新約聖書のパウロの手紙には諸徳のカタログ（ガラ 5: 22–23; コロ 3: 12; エフェ 4: 2; 1 テモ 6: 11）があるが，そこでは節制以外にはヘブライ的諸徳が数えられている．

【初期キリスト教倫理思想】キリスト教倫理学では聖書の諸徳よりもギリシアの四つの枢要徳が重視されてきたように思われる．*アンブロシウスは *キケロの『義務論』における徳の概念を自己の倫理徳の概念を展開するモデルとして用い，『教役者の義務について』を著した．キケロはギリシアの四つの枢要徳を正しさと善の根源，倫理的行為の根拠とみる．知慮は真理の探求と識別の働きである．正義は不当な挑戦を受けないかぎり他者に害を加えないこと，公共のものは公共のために，個人のものは個人のために使用し，それぞれに自分のものを得させることである．正義の基礎は誠実であって，約束や協定を忠実に守ることである．人間社会の人と人とを結合する共同体の原理は正義であるとするキケロは，社会的義務における正義の優位を説き，それを「諸徳の女主人・女王」と呼んでいる．アンブロシウスは四つの徳のうちキケロと同じく徳の柱を知慮と正義に置いているが，それらの基礎を信仰における真理・神の認識，知恵に置いている．そして特に正義と知慮の緊密な関係を説きながら，知慮のほうを優先している．「道徳的義務の最初の源泉は知慮である．人間のあらゆる献身と敬虔とを創造者に捧げる以上に優れた道徳的義務が存するであろうか」（同書 1, 17, 126）．この徳と信仰における敬神と知恵との内的関連も強調して，アンブロシウスはキリスト教信仰の立場からギリシア的諸徳を解釈している．

*アウグスティヌスはギリシアの倫理哲学の重要な概念であった徳をキケロ，ウァロ (Marcus Terentius Varro, 前 116–前 27), *セネカの *ストア学派の哲学を媒介として受け入れ，「善く生きる術」(ars bene vivendi),「善くかつ正しく生きる術」(ars bene recte vivendi)（『神の国』12, 24; 4, 21）と考えている．ギリシアの四元徳を知ることが，「善く生きる」卓越した生き方である．徳とは理性に一致する魂の習慣であり，魂を最高にすることである．しかも徳は幸福な生に通じる最高の卓越した生をもたらす．アウグスティヌスの『カトリック教会の道徳』は四つの枢要徳を愛のなかに位置づけた最初の書物である．彼はキリスト教倫理を至福と愛の視点から述べた後，愛と諸徳との関係を考察し，それらの実践の場として共同体・修道院の倫理を説いている．愛こそがキリスト教的徳行の土台であり，四つの枢要徳の区分は愛そのものの種々の性質 (affectus) を示すものである．「節制とは自分の愛するものに自分のすべてを捧げる愛であり，勇気とは自分の愛するもののためにすべてを喜んで耐え忍ぶ愛であり，正義とは自分の愛するものだけに仕え，そのために正しく支配する愛であり，深慮とは愛によって有害なものと有益なものとを明確に分ける愛である」（同 2, 15, 35）．ここでは節制は献身と，勇気は忍耐と，正義は奉仕と，深慮は分別と結合されており，その根源的動機は神の愛に置かれている．「宗教的教養を完全にするために四元徳に三つのもの，信仰と希望と愛を加えなければならない」（書簡 171 断片 b）．真の生はキリストの愛に動機をもつ愛に生きることであり，キリストは真の愛を知らせるために来られたのであり，真の生は真の愛によって完成される．また正義もギリシア的な市民的徳としてではなく，*パウロの神学思想の影響のもとに *神の義，信仰の恩恵による *聖化および *贖いと関連づけられている．究極的には徳の根源を神のわざを実現するキリストのうちに，つまり神の愛と義のうちにみている．

【中世における倫理思想】*グレゴリウス 1 世は救いのための対神徳の必要性を説くとともに，四元徳と併せて，謙遜の徳を強調する（『大倫理書』1, 2, 76; 14, 9）．*教父たちはキリスト教的徳の超自然的性格を強調するが，*アベラルドゥスや *ペトルス・ロンバルドゥスなどのスコラ哲学者たちも徳を人間が正しく生きるための心の善い性質と理解し，対神徳と枢要徳との関係と秩序づけを探求している．

*トマス・アクイナスは特にアリストテレスの徳論と *救済史の観点からアウグスティヌスの徳論を踏まえて独自の習慣・徳論を展開している．徳は善をなす能力，完全な習慣であるとするトマスは，人間の *自然・本性に適合する善い習慣として四つの主要な倫理徳を取り上げている．まず理性の善を二つの仕方で考察し，理性が行う考察そのもののうちに存するかぎりでの善に対する徳を知慮と呼び，何らかのものに関して理性の秩序が打ち立てられることに基づく善・正しさが実現される場合にこれを正義と呼ぶ．またそのような善が *情念（[ラ] passio）に関わる場合，情念は二つの仕方で理性に背反する．その情念を抑制し，制御するのが節制であり，情念に対抗して理性の命じるところに堅固にとどまらせるのが剛毅である．また理性の命じることに関わる徳が知慮，同等の者が相互に負うている行為に関わる徳が正義，触覚の快楽にまつわる欲情を抑制するのが節制，死の危険に対抗して我々を強める徳が剛毅である（『神学大全』II, 1, q. 61, a. 1–5）．徳とは働きの根源としての能力が完成された状態であるから，人間は具体的な種々の徳によって自らを完成するのである．人は神の創造のわざに参与しながら，神の似姿として種々の徳のわざによって自己を創造する．しかし人間の救済の視点からすれば，人は知性的徳や倫理的徳だけでなく，*注入徳によって理性的な能力を真の至福へと秩序づける必要がある．それは超自然的な目的である神を直接に対象とする信仰と希望と愛の対神徳による．キリスト教的な根源的徳は愛であるが，他の諸倫理徳はその愛の諸相であり，愛は諸徳の形相であるといわれる．

【倫理神学】キリスト教，特にカトリック倫理神学の教科書や *『ローマ・カトリック要理問答』は，第 2 *ヴァティカン公会議前後の神学の刷新までは，トマスの徳論

とモーセの十戒に従って倫理の課題を取り扱ってきた．例えば，*フェルメールシュの『倫理神学』全4巻（1922-24）では，対神徳に続いて倫理徳（賢明，礼拝，孝愛，上下の身分関係，正義，真偽，剛毅，忍耐と謙遜）を取り扱っている．また，*ヘーリングは『キリストの掟』第1巻（1954）の最後で，「キリスト教的徳・キリストにならうことにおける進歩と完成」と題して伝統的なギリシアの枢要徳（賢明，正義，剛毅，節制）を取り扱い，キリスト教的枢要徳として謙遜を加えている．第2-3巻では対神徳と*敬神徳の内容を展開している．伝統的な倫理神学における四つの枢要徳のキリスト教的な解釈は次のようなものである．

〔賢明〕キリスト教信仰における賢明の役割は，神に仕える道において種々の特殊な価値ある事柄につき，意志に正しい秩序を得させることにある．具体的な時と場において現実を見分け，判断を下し，神の恵みのときを認めて行為を決断するのが賢明である．信仰に照らされた理性によってまず客観的・具体的事実を正確に把握し，それぞれの場合に現実の要求する行動を起こすが，一般的な規則や事例に照らしても明確に判断できないようなときに，賢明の徳による判別が必要である．しかし具体的な状況下で*神の意志を感得するには，一般的な基準を適用するだけでなく，*聖霊の賜物による識別とキリストの言葉や精神によって育成され形成された倫理的良心の働きが重要である．今，現にここにある善を識別する力は賢明の徳の働きであり，その義務づけは*良心の命令機能からくる．人間の全生活と究極目的に関わる事柄についての賢明な判断と健全な良心の命令との統一が求められる．またこの徳を習得するためには他者の経験による教えや忠告，さらには神に聴く必要がある．

〔正義〕基本的には「その人のものをその人に与えよ」「各人は自分の分をなせ」という社会的な徳である．物に対する関係，物的財産の使用やその秩序，またそれについての他者との関係を規制するものである．「正しさ」（〔ラ〕jus）を対象として，各自の権利（jus）を実現し，何らかの均等をもって人間相互間の関係を調整し，社会の成員または共同体に対して正しい善を実現する．一般に正義は一般的正義または法的正義（justitia generalis, justitia legalis），交換正義（justitia commutativa），配分正義（justitia distributiva）に区分される．聖書およびキリスト教的正義論では神の慈しみの愛と恩恵による信仰と義を重視するところから，正義の要求を前提しつつ愛の尺度でそれを超越しようとする．愛はつねに法律や権利の要求する最少限度に目をとめるだけでなく，隣人の必要を考慮し，自分の権利を捨て，他人の利益を最優先しようとする．キリストによって啓示された愛の精神と人間の根本的な相互の連帯性を重視する立場から現代の諸教皇の社会教説，特に*ピウス11世の回勅*『クアドラゲシモ・アンノ』（1931）では*社会正義（justitia socialis）が説かれ，社会のなかでの困窮者に対する基本的・自然的権利の擁護および信仰に基づいた人類家族間の正義の実現を訴えている．

〔剛毅〕剛毅（勇気）は戦士の身分と生活に関係する徳であり，特に死に直面したときまた危機に瀕し生が脅かされている際の人間のふるまいが問題である．倫理の領域では苦痛を耐え忍ぶ力だけでなく，他の人が傷つく場合など世論に動じない不屈の精神をもって人間の不正と戦い，真実を守る必要がある．キリスト教的には真実の擁護のための戦いだけでなく，さらに精神的な罪悪との戦いが求められ，正義の実現のためには死をも辞さない覚悟・心構えを重視する．剛毅の徳の最高の表現は，信仰の観点からすれば，キリストへの信仰と*神の国のために死を甘受する*殉教である．より大きな善を愛するために，より小さな善である自分の生命を犠牲にする覚悟であり，殉教はすべての有徳な行為のなかで最高の愛徳の完全性を表現している．剛毅の徳をもつ人は善行に際してはすべての危険を乗り越えて，神から与えられる苦痛や試練を忍び，死をも受容しうる恵みを祈り求める．

〔節制〕節制とは快楽，特に肉体的快楽における中庸であると考えられており，この徳を有する者は適度な仕方で正しい理性の命じるところに従う人である．キリスト教的倫理では節制は*原罪によって生じた混乱・無秩序の状態に生きる者にとって欠くべからざる徳である．食欲や性欲を無目的に抑制するのではなく，各自の肉体的生命の保持と救済のために感覚的欲望と意志と理性との正しい秩序を図り，神への愛と*隣人愛を動機として生きるのである．教会の伝統では*断食や貞潔（→純潔）の価値が積極的に評価されてきた．感覚的な快楽を制限するだけでなく，日々直面する苦しみをもキリストの十字架の犠牲と併せて受容する力もこの徳の働きである．物質的に豊かな社会でこそ犠牲の精神が求められる．

現代の倫理神学では正義は*社会倫理の重要な課題になっている．賢明は倫理的良心の問題との関連で扱われ，勇気と節制は隣人愛と*責任・応答倫理の視点で包括的に取り扱われるようになっている．

【文献】LChM 1606-14; LThK² 10: 395-99; LThK³ 5: 1232-34; SM(E) 6: 337-39; B. ヘーリング『キリストの掟』第1巻，渡辺秀他訳（中央出版社1966）: B. HÄRING, *Das Gesetz Christi* (Freiburg 1954); J. ピーパー『キリスト教的人間像について』稲垣良典訳（エンデルレ書店1968）: J. PIEPER, *Über das christliche Menschenbild* (München 1950); 稲垣良典『習慣の哲学』（創文社1981）; 岩田靖夫『アリストテレスの倫理思想』（岩波書店1985）; A. マッキンタイアー『西洋倫理思想史』上，管豊彦他訳（九州大学出版会1985）: A. MACINTYRE, *A Short History of Ethics* (London 1967); 茂泉昭男『アウグスチヌス研究』（教文館1987）25-195; J. PIEPER, *The Four Cardinal Virtues* (Notre Dame, Ind. 1966).

（浜口吉隆）

すえつぐへいぞう　末次平蔵（1573-1630）　元キリシタン信徒．ジョアン末次平蔵政直はコスメ末次興善の息子で，末次家には*フランシスコ・ザビエルのとき以来，優れた*キリシタンがいた．*長崎の開港の初め頃にこの町に入り貿易によって大きな富を得，御朱印船主として活躍した．1618年（元和4）代官になるため*村山東安と争い，信仰を棄て，代官になってからは激しくキリシタンを迫害した．勝山町の*ドミニコ会の修道院跡に自分の屋敷を建てた．*江戸で亡くなったが，オランダ商館長の記録によると平蔵は理解力を失い鉄格子に囲まれ最期を迎えたとある．*トードス・オス・サントス教会の跡地に建立された*春徳寺はその墓所となったが，1676年（延宝4）4代平蔵のとき，密貿易の科によって末次家は断絶，政直の墓も壊された．

【文献】嘉村国男編『新長崎年表』上巻（長崎文献社1974）; 長崎新聞社編『長崎県大百科事典』（長崎新聞社1984）; J. L. ALVAREZ-TALADRIZ, "Fuentes Europeas sobre Murayama Toan, I. El Pleito de Suetsugu Heizo,"

スカプラリオ

『天理大学学報』(1966).　　　　　　　　(結城了悟)

スカプラリオ　〔英〕scapular,〔独〕Skapulier,〔仏〕scapulaire　肩（〔ラ〕scapula）と胸に掛ける2枚の布．幅は肩幅，長さは膝までのものが徐々に長くなり，くるぶしに達する．昔のイタリアでは農夫の仕事着だった．教会史のなかで次のような発達をみた．

（1）*ベネディクトゥスの『戒律』で修道士の労働用着．11世紀頃*修道服の一部となり，肩に負う*十字架，キリストのくびきを象徴するようになる．色，形は異なり，各*修道会の特徴を表す．なかでも*ドミニコ会，*カルメル会のスカプラリオが有名．スカプラリオには，それを身に着けて死に臨む者の救いを聖母*マリアが保障するという特別な*恩恵があると信じられている．聖母の衣を身に着けることはキリストに日々生かされて*永遠のいのちに導かれることを意味する．

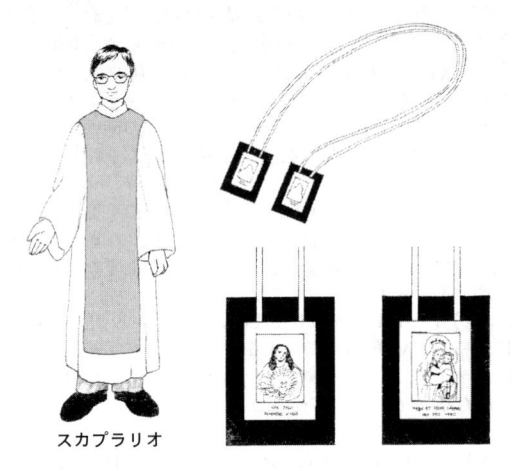

（2）修道的身分が救いに不可欠と考えられていた時代，*信徒で修道会の*霊性を生き，*修道者の*祈り，*功徳に参与したい者は特定の修道会の*第三会，または*信心会へ入会し，修道服の一部であるスカプラリオを縮小したものを身に着けた．

（3）16世紀以降，細いリボンでつないだ，より小さいスカプラリオが普及し，約17種が公認された．片面に*イエスの聖心，もう片面には聖母の像が刻印された*メダイユでも後に代用できるようになった．

【文献】キ百科 914-15; 現カ 364; NCE 12: 1114-16.

　　　　　　　　　　　　　　　　　(伊従信子)

スカボロがいこくせんきょうかい　スカボロ外国宣教会　〔ラ〕Societas Scarborensis pro Missionibus ad Esteras Gentes,〔英〕Scarboro Foreign Mission Society,〔略号〕S.F.M.　男子修道会．1918年11月フレイザー（John Andrew Mary Fraser, 1877-1962）によってカナダのオンタリオ州オルモント（Almonte）で外国宣教を目的に創立され，1940年6月*聖座によって認可される．カナダ，アジア，ラテン・アメリカ，インドで宣教活動に従事し，日本には1948年(昭和23)6月に渡来．*長崎大司教区，*大阪大司教区，*東京大司教区，*横浜司教区，*福岡司教区，*名古屋司教区にある教会の司牧を担当している．1974年から司祭以外にも信徒を准会員（〔英〕associate member）として受け入れる試みが始まり，これが1978年さらに1982年の総会で承認された．

【現勢】1999年現在，会員数80名（うち司祭65名）．本部カナダ・スカボロ（Scarborough）．

【文献】日キ歴 713; AnPont (2001) 1285; DIP 8: 1663.

　　　　　　　　　　　　　　　　　(清水宏)

スカラブリーニせんきょうかい　スカラブリーニ宣教会　〔伊〕Missionari di San Carlo (Scalabriniani),〔ラ〕Congregatio Missionariorum a S. Carolo,〔略号〕C.S.　教皇庁立男子修道会．イタリアの*ピアチェンツァの司教スカラブリーニ（Giovanni Battista Scalabrini, 1839-1905）によって，海外のイタリア移民の物心両面における援助のために1887年に創立され，同年，会の有益性を認めた時の教皇*レオ13世によって認可された．会の目的は創立者自身の次の言葉によって明白に規定されている．「私たちの同胞イタリア人移民たちの心のなかに絶えずカトリック信仰を固く保つよう導き，かつ，可能なときには彼らの倫理的，社会的，経済的な援助をも提供する．そのため，必要とあらばいかなる地にも宣教師および教師たちを派遣してイタリア人教会を建設し，イタリア人師弟のための学校を開設する．移民船に同乗し，出入国手続きを助け，イタリア人たちにカトリック信仰およびイタリア文化を保たせるためにあらゆる努力を惜しまない」．現在，会員はイタリア国内における移動労働者の司牧にも従事している．

【現勢】1997年現在，施設240，会員数741名（うち司祭619名）．活動地域は南北アメリカ，およびヨーロッパ諸国．総本部はローマ．

【文献】AnPont (1999) 1474; DIP 5: 1478-81; *Regola della Congregazione dei Missionari di san Carlo per gli Italiani emigrati* (Piacenza 1895); M. CALIARO, *La Pia Societa dei Missionari di san Carlo* (*Scalabrini*) (Roma 1956).

　　　　　　　　　　　　　　　　　(和田誠)

スカラメリ　Scaramelli, Giovanni Battista　(1687. 11. 23-1752. 1. 11)　イタリアの霊的著作家．*ローマで生まれ，マチェラータ（Macerata）で没した．1706年*イエズス会入会，1717年司祭叙階．短期間哲学を教えた後，演劇的手法を盛り込んだ*小教区の巡回説教や*黙想会の指導などで活躍した．1750年に出版した*マリア・クロチフィッサの伝記は，この人物の*聖性を不当に主張しているという理由で，1769年*禁書目録に入れられた．他の著書はすべて没後刊行された．このうち最も広く読まれたのは『修徳の手引き』全2巻（Direttorio ascetico, 1754）で，各国語に訳されている．また，神秘的観想を求める人のための書物『神秘生活の手引き』（Direttorio mistico, 1754）はより深い内容を含む一方で，神学者たちの論議の的ともなった．

【その他の著作】*Discernimento degli spiriti*, 1753.

【文献】キ人 765; EC 11: 16-17; EDR 3: 3208; NCE 12: 1116-17.

　　　　　　　　　　　　　　　　　(田渕文男)

スカルガ　Skarga, Piotr　(1536-1612. 9. 27)　ポーランドの説教者，神学者，護教家．グルイェツ（Grójec）に生まれ，地元の教区学校で学んだ後，*クラコフ大学へ進学．1564年ルヴーフ（Lwów, リヴォフ Lvov）で司祭に叙階され，*イエズス会に入会．1564-71年*ローマで神学を学び，1671年プーウトゥスク大学で教授に任命されるが，説教，宣教活動に従事するため辞退する．1579-84年，ヴィルノ大学の初代学長に就任．1588-1612年，ジクムント3世（Zygmunt Ⅲ, 在位

1587-1632) の説教師を務める.

カトリックを擁護し，プロテスタントを改宗させるためにポーランド語で多くの論文を著し，ポーランドの*ボシュエと称され，*ヨアンネス・クリュソストモスにもなぞらえられた．特に護教的論文「神の教会の一致について」（O Jedności Kościoła Bożego, 1577）は*ブレスト合同に大きく影響した．また国家的規模の良心の究明を扱った「国会での説教」（Kazania Sejmowe, 1600）は 19 世紀のポーランド文学や愛国主義に多大な影響を及ぼした.

さらに病人の世話をする慈善兄弟団（Bractwo Miłosierdzia）やベタニアの聖ラザロの兄弟団（Bractwo Betanii Św. Łazarza），貧者を高利貸しから守る敬虔銀行（Bank Pobożny）を設立し，慈善事業に尽力した.
【文献】キ人 765; NCE 13: 275; LThK² 9: 816-17.

(杉崎直子)

スカルラッティ　Scarlatti, Alessandro（1660. 5. 2-1725. 10. 22）　イタリアの作曲家，ナポリ派オペラの代表者．*パレルモに生まれて*ローマに学び，スウェーデン女王*クリスティーナの宮廷礼拝堂楽長として，1679 年に作曲活動を開始．1684 年には*ナポリの宮廷に移ったが，その後もローマとの関係を保ち，主としてそのつながりから，聖書の物語や*聖人伝に取材した三十数曲の*オラトリオを生み出した．その様式は，美しく情熱的な旋律のアリアを*レチタティーヴォで結ぶ，オペラ風のものである．ほかに，新旧の技法を用いた 60 曲程の*モテットや宗教的*カンタータ，*ミサ曲，*受難曲がある．ナポリで没す. (礒山雅)

スカルラッティ　Scarlatti, Domenico（1685. 10. 26-1757. 7. 23）　*ナポリの生まれの音楽家，アレッサンドロ*スカルラッティの息子．才気に満ちた鍵盤楽器用ソナタの作曲者として有名だが，1719 年にイベリア半島に居を移す以前には*ローマでジュリア礼拝堂の楽長（就任 1713）を務め，「*スタバト・マーテル」など，十数曲の礼拝音楽を書いている．*マドリードで没す. (礒山雅)

すぎこし　過越〔ヘ〕pesah,〔ギ・ラ〕pascha,〔英〕Passover,〔独〕Passa(h),〔仏〕pâque　*過越祭を指す言葉．ニサンの月の 14-15 日の夜に祝われる*ユダヤ教の主要な祭りで，イスラエルの民が*モーセに率いられてエジプトを脱出した出エジプトの出来事を記念する.

共観福音書の見方によれば（マコ 14: 12-16; マタ 26: 17-19; ルカ 22: 7-13）イエスが弟子たちと祝った最後の晩餐は旧約の過越祭に相当する．最後の晩餐は弟子たちとの別れのための食事であったが，旧約から新約への通過を象徴した祭りでもあった（ルカ 22: 15）．イエスは過越の祝いのための小羊のかわりに自らを提供し，「過越の小羊として屠られた」（1 コリ 5: 7）．新約の過越祭は旧約の考え方を受け継ぎ，かつての神の救いの業を記念することによって現在のものとすると同時に，さらにそれが未来において完成されることを保証する.

3-4 世紀頃まで*アレクサンドリア学派は過越の祭日に注目し，新約におけるユダヤ教の祭りに対応するものとしてキリストの受難を考えた．過越（〔ギ〕pascha）と受難（paschein, 苦しみを受けるの意）という結びつきはサルデスの*メリトンによって強調され，過越祭が受難を記念して祝うことと理解された．*エイレナイオスは受難が我々の解放を指すと述べ，*オリゲネスも同様の解釈をしている．*ヒエロニムスは『マタイ福音書注解』のなかで「過越」（〔ラ〕transitus）の観点に注目し，受難と復活によってキリストは死を克服し，信者に天国の門を開いたと書いている．この考え方を*アウグスティヌスも取り上げ，受難と復活によって救いの業が完成され，それによって我々が*洗礼の秘跡を受け，*エウカリスティアの秘跡にあずかることができるようになったことを強調した．彼はヨハネ書 13: 1 を 5: 24 に関連づけて，「信者はこの死すべき生命から，もう一つの不滅の生命に移り，こうして主の死と復活を証言する」（『書簡』55, 1, 2）と述べている.
【文献】LThK² 8: 133-37; NCE 10: 1068-70.

(高柳俊一)

すぎこしさい　過越祭〔ヘ〕pesah,〔ギ・ラ〕pascha,〔英〕Passover,〔独〕Passa(h),〔仏〕pâque　「パスカ」の祭りともいわれるイスラエルの三大祭の一つで（→祭），古代イスラエルの民が神によってエジプトから救出されたことを祝う祭りである．キリスト教会では，これをイエスの*復活祭として祝っている.

【用語】パスカという語は，春の満月の日に捧げられる「いけにえ」を指して用いる場合と，そのいけにえが中心になった祭り全体を総称する場合とがある．その語源をエジプト語の「打撃」「記念」「収穫」などを意味する語，あるいはアッカド語の「宥和する」という語，あるいはまたアラビア語の「分離する」という語に求めようとしているが，決定的な説はない．またイザヤ書 31: 5 の用法（「保護する」「守る」），サムエル記下 4: 4 や列王記上 18: 21, 26 の用法（「片足で跳ぶ」）に語源を求めようとしているが，つまるところ出エジプト記 12: 12-29 の通俗的説明（「過ぎ越す」）の域を出ない.

【旧約聖書の過越祭】パスカは，旧約聖書に述べられた他のいけにえと異なって，古代アラブ人のいけにえに近似している．アラブ人のこの儀式は，家畜の群れの保持とその繁殖を確かなものとするためのもので，春になって牧草地を求めて出発する際に，祭司や祭壇を必要とすることなく，家長の司式によって行われた．家畜の繁殖を願って，魔除けのために小羊の血がテントの支柱に塗られ，一族の結束を固めるために食事が行われた．古代イスラエル人は，このような儀式を*出エジプトの体験と結合させて救済的意味を付与し，過越祭へと発展させたと考えられる.

(1) 申命記伝承に述べられる過越祭（16 章 1-8 節）．申命記 16 章 1, 2 節および 4 節後半から 7 節は，過越祭に関するもので，一方 16 章 3 節，4 節前半，8 節は除酵祭に関するものである．おそらく，本来，別々の規定であったものが一つの規定として結合されたのであろう．ヨシュア記 5: 10-12 の*ペリコペーが*ギルガル伝承を反映したものでなければ，いわゆる申命記改革によってパスカの祭りと除酵祭が結合されたと考えられる．この改革によって，従来，家族の祭りであったものが，神殿での祭りとなり，巡礼祭（〔ヘ〕ḥag）として格づけされた．いけにえの動物も小羊だけではなく，子牛でもよくなり，その料理の仕方も焼くことから煮て食べる仕方に変わった.

(2) 祭司文書の過越祭（出エジプト記 12 章 1-20, 40-51 節，レビ記 23 章 5-8 節，民数記 28 章 16-25 節）．*祭司文書にみられる過越祭は，*捕囚の時代ないしはそれ以後の時代に成立した儀式を反映している．祭りは家

すぎこしのこひつじ

族単位で行われ，少人数の場合は，隣家と一緒に行い，*割礼を受けているなら奴隷や*寄留者でも参加可能とされている．祭りの日時が指定され，その年の大麦の実り状況とは関係なく，第一の月（アビブあるいはニサンの月＝3月ないし4月）の10日に，無傷の，1歳の雄小羊を用意し，14日の夜それを屠り，焼いて，旅装束で食した．その際，*種なしパンと苦菜も食された．いけにえの小羊の骨は折ってはならず，余ったものはすべて焼却せねばならなかった．*バビロニアによるエルサレム神殿の破壊，その後の捕囚は，巡礼祭としてのパスカを不可能にし，祭りは家族単位のものに戻された．こうして神殿がなくても祝える民族的祭りとしてのパスカは，捕囚期には一層重大な意味を担った．バビロニアからの故国帰還は，「第二の出エジプト」と解され，パスカはその希望を育み，確信させる祭りとなった．旧約聖書の過越祭では，*ぶどう酒が言及されることはなく，まだ儀式的役割は与えられていないようである．

【新約聖書の過越祭】*共観福音書では，過越祭は除酵祭，あるいはその一部とみなされている（ルカ22：1, 7；マコ14：2, 12；マタ26：17）．しかし，除酵祭は農耕祭であり，過越祭は本来的には牧畜民の祭りで，起源の異なるタイプの祭りである．農耕民族の間で大麦の収穫に際して行われた除酵祭が，過越祭の期日と同じ頃祝われたために，過越祭の翌日から7日間，祝われるようになった．そうして，しだいにパスカは除酵祭の一部とみなされるようになった．

パウロは，イエスの十字架上の死をパスカの小羊の屠りと重ね合わせてみており（1 コリ 5：7），洗礼者ヨハネはイエスを「神の小羊」と呼んでいる（ヨハ 1：29）．ヨハネ福音書がイエスの死の「時」を，パスカの準備の日としているのに対して（18：28；19：14, 31, 42），共観福音書はイエスが祝った*最後の晩餐をパスカの食事としている．おそらく，これはイエスがパスカの頃に*十字架刑に処せられたことから，イエスの死を旧約のパスカの成就と解し，そこからイエスの死を記念する最後の晩餐を，パスカの食事と考えるようになったためであろう．イエスの時代のパスカは再び巡礼祭となり，ギリシア・ローマの饗宴形式が取り入れられ，横寝の状態で食事が行われ，ぶどう酒が欠かせないものになった．

【ミシュナーの過越祭】70年のローマ軍によるエルサレム神殿の破壊は，古代ユダヤ教の性格を変えた．神殿崩壊以後，*ファリサイ派が中心となり，*神殿を必要としない，すなわち，いけにえを必要としない宗教儀式の確立と聖典の研究に努力が払われるようになった．このような時代状況を反映して，パスカは民族的独立を祝う巡礼祭としてではなく，再び家族の集いとしての意味合いを強め，未来の救いを確信させるものへと再編された（*ミシュナーのペサヒーム10参照）．ニサンの月の13日の夕方，家にある一切のパン種を捨て，翌日，パスカの宴を催した．食事はぶどう酒で始まり（第一の盃），種なしパン，苦菜，ジュース，それに小羊，あるいはその代用品として調理した2品を準備する．次いで，第二の盃にぶどう酒を注ぎ，年少者にパスカの祭りの意味を尋ねさせ，家長がそれに答える形式で，エジプトからの脱出を記念する．詩編113と114を歌い，木の実や果物で作るハロセト（ḥaroset）をつけた苦菜をパンに添えて食べる．第三の盃にぶどう酒を注ぎ，食事を感謝しつつ飲む．それから第四の盃を乾して，詩編115-18を歌う．デザートにあたるアフィコマン（aphikoman）を食べて，パスカの宴を閉じる．全体的にぶどう酒と種なしパンが

儀式にとって重要な位置を占めるようになっている．

【パスカと復活祭】イエスの*受難と死を，パスカによって解釈したキリスト教は，イエスの復活を旧約のパスカに代わる新しい祭りとして祝っている．パスカが，エジプトにおける奴隷状態からの解放とシナイでの*契約の締結を祝い，未来の解放を待望させるものであったように，キリスト教は復活祭を，キリストによる罪と死からの解放と*新しい契約の締結として祝い，復活したキリストに一致しつつ，その栄光に満ちた*再臨を待ち望む機会にしている．こうして，年ごとにキリスト者は復活祭を祝いながら，もはやこの世の者ではなく，*神の国という約束の地に向かって，過ぎ越していく*神の民であることを再確認する．

【文献】ABD 6: 755-65；加納政弘『過越伝承の研究』(創文社 1971)． 　　　　　　　　　　　(岡崎才蔵)

すぎこしのこひつじ　過越の小羊　〔英〕paschal lamb，〔独〕Paschalamm，〔仏〕agneau pascal　*過越祭で屠られる*小羊（〔ヘ〕pesaḥ．例えば，出 12：11, 21 参照）のこと．春の満月の日に，いけにえとして屠られ，その肉は家族で食された．小羊の類比を使ってイエスの死の意味を解釈する新約聖書では，「過越の小羊」（〔ギ〕pascha）は*キリスト論のうえで重要な概念になっている．*原始教団は，本来，別個の概念である「贖罪の献げ物」としての小羊（レビ12：6），イザヤ書の「屠り場に引かれる小羊」(53：7)，イサクのかわりに献げられた雄羊（創22：13）などのイメージを「過越の小羊」に組み合わせてキリスト論を展開した．パウロは，「キリストが，わたしたちの過越の小羊として屠られた」（1 コリ 5：7）と述べ，ヨハネ福音書も十字架上でのイエスの死の時刻を，神殿で過越の小羊が屠られる時刻に合わせる（19：36）．*共観福音書は，*最後の晩餐を過越の食事として描き，十字架上の死を先取りし，イエスの死を過越のいけにえとしている．本来，過越のいけにえに*贖いの意味はない．しかし，この新しい「過越の小羊」であるイエスには，「わたしたちの罪をすべて負わせられた」者（イザ 53：6）として，「世の罪を取り除く神の小羊」（ヨハ 1：29, 36）という名称を与え，1 ペトロ書は，「贖われたのは，金や銀のような朽ち果てるものにはよらず，きずや汚れのない小羊のようなキリストの尊い血によるのです」(1：18-19)と述べている．ヨハネ黙示録5-12章は，屠られた小羊のイメージで栄光の主（復活のキリスト）を描くほどである．

【文献】新約釈義 1: 103-105；旧新約聖書大 655-6． 　　　　　　　　　　　(岡崎才蔵)

すぎこしのひぎ　過越の秘義　〔ラ〕mysterium paschale，〔英〕paschal mystery，〔独〕Pascha-Mysterium，〔仏〕mystère pascal　神の救いの計画が，*イエス・キリストの生涯，特にその*受難・死・復活・*高挙という頂点の出来事において実現したことを意味する言葉．過越秘義ともいう（復活秘義とする訳もあるが，過越秘義が原語に忠実）．*キリスト秘義の中心を意味し，典礼式文や神学的叙述における「キリストの死と復活の秘義」も同じ意味である．現代において再び注目を浴び，特に秘跡・典礼の本質を考えるうえで根本的な概念となっている．

【概念】第2*ヴァティカン公会議の『典礼憲章』は*救済史における神の救いのわざの頂点としてキリストの派遣の意味を述べながら，過越秘義を教会の源として説明

している．「人間にあがないをもたらし，神に完全な栄光を帰するこのわざは，神の偉業によって旧約の民のうちにかたどられたが，主キリストは，特に，その受難，死者の国からの復活，光栄ある昇天による過越の秘義によってこれを成就し，この秘義によって『われわれの死を死によって打ちこわし，生命を復活によって回復した』．十字架上に眠るキリストの脇腹から，すばらしい秘跡である全教会が生まれたのである」(5項).

そもそも *過越は，古代イスラエルの民がモーセに導かれてエジプトによる隷属状態から救い出され，神の契約の恵みにあずかる民として立てられるに至る，一連の歴史的出来事を意味し，それは *過越祭によって記念され伝えられた．イエス・キリストの生涯は，まさにこの旧約の過越との対比で解釈されるようになり，その受難と死の出来事は，過越の小羊の奉献になぞらえて受け止められた(1 コリ 5: 7)．イエスの十字架上の死と復活は，人類を死からいのちへと救い出し，新しい契約の恵みにあずかる新しい神の民を生み出すのである．このように，キリストの死と復活は，旧約の歴史によって前もってかたどられ，預言者の預言を通して約束されていた救いが決定的に実現したことを意味するものであり，*教父たちによって過越の概念は深められていった．新約の *神の民である教会はキリストが定めた *エウカリスティアによって，その死と復活を記念し，神に感謝をささげるとともに，1 年ごとの死と復活の記念祭として新約の過越祭(パスカ)，すなわち *復活祭を祝う．

【典礼と過越秘義】新約の神の民は過越の秘義を繰り返し記念し，神の救いの恵みから絶えず力を汲む．その具体的な営みが典礼である．過越秘義は，*秘跡・*準秘跡をはじめとする教会の典礼の源をなすものであり，特に *洗礼とエウカリスティアにおいて端的に示される．すなわち，人はまず，「洗礼によってキリストの過越の秘義につぎ木されてキリストとともに死し，ともに葬られ，ともに復活する」(『典礼憲章』6 項．ロマ 6: 4-5 参照).「洗礼によって記念され，現実となるのは，まさしく過越の神秘であり，わたしたちは洗礼によって死から生命へと移って行くのである」(『成人のキリスト教入信式』緒言 8)．キリストは *最後の晩餐で，「愛する花嫁である教会に，自分の死と復活の記念を託した」(『典礼憲章』47 項)．そして教会は，過越秘義を「祝うためにともに集まることを欠かさなかった」(同 6 項)．このような *ミサの本質は，特に *奉献文において示されてきた．例えばローマの *ヒッポリュトスの *使徒伝承では，「わたしたちは，[キリスト]の死と復活を記念し……パンと杯をささげます」と唱え(『使徒伝承』4 章．現行第 2 奉献文参照)，古典的なローマ・ミサの奉献文では「いま，御子，わたしたちの主・キリストのとうとい受難，死者のうちからの復活，栄光の昇天を記念して……ささげます」としている(現行第 1 奉献文参照)．ミサの *聖書朗読を通してキリストの生涯のもろもろの秘義が思い起こされ，感謝の典礼では救いの計画が主の過越によって頂点に達したことが記念される．この救いの現実において，キリストの *奉献に結ばれつつ教会は自己を神に奉献する．*聖体拝領(交わりの儀)を通してキリストの体に結ばれた信者は，神の民の一員として世界に派遣されていく．

洗礼とエウカリスティアを軸に，すべての秘跡，準秘跡の典礼は，信者の生涯のあらゆる出来事を，「キリストの受難と死と復活である復活秘義[= 過越秘義]からわき出る神の恩恵によって，聖化する働きを持っている」(『典礼憲章』61 項)．また，過越秘義を八日目ごとに祝う *主日を軸として(同 106 項)，*典礼暦は，1 年を通してキリストの秘義と特に過越の秘義を祝いつつ，信者の *信仰心を養う(同 102, 107 項)．聖人の記念も，「キリストとともに苦しみ，ともに栄光を受けた聖人において」過越秘義を告げ知らせるものである(同 104 項)．

【実践神学的意義】過越秘義の概念は，現代における典礼や秘跡の本質の探究過程で秘義概念と並んで重要なものとなった．中世・近世を通じて，民の *信仰心の対象が *聖体，*イエスの聖心，*十字架上のキリスト，聖母 *マリアなどへと分化していく一方で，キリスト教の本質への問い直しが進められたためである．キリストの生涯への聖書学的・歴史学的な探究や教父思想の研究，初期の *典礼史の研究などを踏まえた救済史的な神学が復興されるなか，中世以降の神学のなかでイエスの復活の意義が捉えきれていなかった反省がなされ，キリストの死と復活の意味が新たに照らされるようになった．このような神学の発展のためには，*カーゼルらのいわゆる *秘義神学や K. *ラーナー，そして *バルタザールなどの神学者が大きく貢献している．

キリストの父なる神への奉献である過越秘義に結ばれることによって，教会は「主の奉献を自分のものとして，それによって主とともにこの世から神へと高められ栄光化されつつある」(カーゼル『秘儀と秘義』)．このことは人類史的な意義をもっている．神と人類との出会いと交わりの歴史のなかで，キリストの死と復活の出来事は決定的な転回点となり，すべての人の生き方に関わりつつ，人類と個々人の未来を神の未来として約束する．キリストはその過越を通して，人間を *罪への隷属から解放したのであり，過越秘義に結ばれた者は，希望に力づけられて，復活に向かって進む．そして *聖霊は，すべての人が過越秘義にあずかる可能性を提供しているのである(『現代世界憲章』22 項参照).

このように，過越秘義を中心にするキリスト教の見方は，ある意味で現実における人間の解放の神学的根拠となる．賛美と感謝を通して過越秘義を告げ知らせ続けるものとして，典礼はあらゆる教会活動や *キリスト者の生き方全体に関わっているのである．

【文献】LThK³ 7: 1410-11; F. X. デュルウェル『キリストの復活』及川英子訳(南窓社 1975): F. X. DURRWELL, *La Résurrection de Jésus, mystère de salut* (Lyon 1963); V. ワルナッハ『キリスト秘義と救いの歴史』土屋吉正，福地幹男訳(あかし書房 1984): V. WARNACH, *Christusmysterium* (Graz 1977); 土屋吉正『典礼の刷新』(オリエンス宗教研究所 1985) 80-101; F. X. デュルウェル『エウカリスティア 過越の秘跡』小平正寿訳(サンパウロ 1996): F. X. DURRWELL, *L'Eucharistie, sacrement pascal* (Pris ³1985); H. U. フォン・バルタザール『過越の神秘』九里彰訳(サンパウロ 2000): H. U. VON BALTHASAR, *Mysterium Paschale*, MySal 3/2 (1969) 133-326; G. DUFFRER, "Pascha-Mysterium und liturgische Frömmigkeit," LJ 16 (1966) 27-37.

(石井祥裕)

すぎこしのみっかかん　過越の三日間　〔ラ〕Sacrum Triduum Paschale, 〔英〕Easter triduum, 〔独〕österliches Triduum, 〔仏〕triduum pascal　*聖週間のうち，キリストの *過越の秘義を 1 年のなかで最も盛大に祝い，典礼暦年(→ 典礼暦)全体の頂点をなす三日

すぎこしのみっかかん

間のこと．聖木曜日の主の晩餐の夕べの*ミサから始まり，その中心を*復活徹夜祭に置き，復活の主日の*晩の祈りで締めくくられる（『典礼暦年の一般原則』18, 19項参照）．正式には「過越の聖なる三日間」といい，この名称は，第2ヴァティカン公会議による典礼暦年の刷新によって使われるようになった．

典礼暦年の一般原則において，「主の受難と復活からなる過越の聖なる三日間」と呼ばれているように，この「三日間」とは次のような古代ユダヤ暦を背景とする日の数え方に基づいている．

（1）第1日（ユダヤ暦の週の第6日）．木曜日の日没から金曜日の日没までを指し，イエスの*最後の晩餐から十字架上での死，そして埋葬までを記念する．したがって，典礼上の聖木曜日の主の晩餐の夕べのミサから，正式には午後3時頃行われるべき聖金曜日「主の受難」の祭儀までが第1日である．

（2）第2日（ユダヤ暦の安息日）．金曜日の日没から土曜日の日没までを指し，主の*受難と死を思うという意味で，祭壇の飾りを取り除き，ミサをささげない日となる（いわゆる聖土曜日）．

（3）第3日（ユダヤ暦の週の初めの日）．土曜日の日没から日曜日の日没までを指す．復活徹夜祭によって主の受難と復活の秘義を盛大に祝い，翌朝，復活の主日のミサを行い，この日の晩の祈りで締めくくられる．

【歴史】初代教会では，*復活祭は土曜日から復活の主日にかけての一つの徹夜の祭儀で祝われていたが，4世紀後半に西方では，主の受難と復活の出来事を記念すべき三日間として受難の金曜日から復活の主日までを特に重要視するようになった．*アンブロシウスは386年の手紙で，「主が苦しみを受け，憩い，復活した（〔ラ〕et passus est, et requievit, et resurrexit）聖なる三日間（triduum sacrum）」に言及し（『書簡集』23, 13. PL 16: 1030），*アウグスティヌスは400年の手紙で「十字架と埋葬と復活の，最も聖なる三日間」（sacratissimum triduum crucifixi, sepulti, resusciati）という言葉を使っている（『書簡』54, 14. PL 38: 215）．これらの史料では，*過越の三日間という表現はなく，*過越はあくまで復活徹夜祭を指す言葉だった．東方では，このような形で三日間を特に取り上げる考えはみられないが，4世紀末の*エルサレムでは受難の主日に始まる聖週間の典礼が発達し，*エゲリアの巡礼記』が伝えるように，主の受難の出来事（最後の晩餐，イエスの逮捕，イエスの死）を記念する典礼および復活徹夜祭の典礼が記念祭儀として深い印象を放った．その後，*ローマ典礼では，それぞれの典礼を行う時刻が変化し，*トリエント公会議後の『ローマ・ミサ典礼書』（1570）では，聖木曜日には一つのミサだけをしかも朝に，受難の典礼も聖金曜日の午前，復活徹夜祭も聖土曜日の午前に行うものとされた．1955年に聖週間典礼の改定，第2ヴァティカン公会議後の『ローマ・ミサ典礼書』（1970）により記念祭儀としての本来の原則や伝統的要素を選別しながら，現行の典礼が構成された．以下では，このミサ典礼書に従う，過越の三日間の典礼のうち，聖木曜日の主の晩餐の夕べのミサから，聖土曜日までを扱う．聖週間，復活徹夜祭については別項参照．

【聖木曜日】（〔ラ〕Feria V Hebdomadae Sanctae,〔英〕Holy Thursday, Maundy Thursday,〔独〕Hoher Donnerstag, Gründonnerstag,〔仏〕jeudi saint）．過越の三日間の第1日（前述）にあたる典礼は，この日の「主の晩餐の夕べのミサ」に始まるが，聖週間第5日のこの日には，ローマ典礼では，回心者の和解の式（→ゆるしの秘跡）が行われる伝統がかつてあった．また現在でも，いわゆる*聖香油のミサが*司教座聖堂で行われる．

【主の晩餐の夕べのミサ】（〔ラ〕Missa in Coena Domini,〔英〕evening Mass in Coena Domini,〔独〕Abendmahlmesse,〔仏〕messe du soir in Cena Domini）．受難の始まりにあたるイエスと弟子たちとの最後の晩餐を記念するミサ．すでに400年頃，北アフリカで行われていたことをアウグスティヌスが伝えている（『書簡』54, 5）．ローマでは7世紀から行われている．中世を通じて種々の慣習が導入され，現在は次のような特徴をもつミサとなっている．（1）開祭の*栄光の賛歌を歌う際に教会の鐘を鳴らすことができるが，その後，復活徹夜祭までは鳴らさない．これは*カロリング朝の時代に生まれた慣習で，メッスの*アマラリウスによれば，主のへりくだりに倣った謙遜の表れである．（2）聖書朗読箇所は，第1朗読は出エジプト記12: 1-8, 11-14による主の過越，第2朗読は，パウロによる主の最後の晩餐における聖体の制定の箇所，福音朗読はヨハネ書13: 1-15で，イエスが弟子たちの足を洗う場面である．（3）福音に対応して，互いに兄弟として仕え合うことを説く説教に続いて，そのしるしとして*洗足式を行うことが勧められている．聖木曜日の洗足式は7世紀にスペイン，ガリアで始まり，10世紀に定着した．（4）奉納行列では，*四旬節の回心と愛の業の実りとして貧しい人々への贈り物を供えることができる．その際に，奉納の歌として歌われる「いつくしみと愛」（*ウビ・カリタス・エト・アモール）は，800年頃，*ライヘナウの修道院で作られたもの．洗足式に伴われる歌としても歌われてきた．（5）*聖体拝領の後，聖金曜日の典礼のために聖体を*聖櫃に安置する．安置のために行列する式や安置された聖体の前で祈りをささげるなどの儀式化は12-13世紀に始まった．（6）聖体の安置によって，このミサは終了するが，その後，司式者と奉仕者が祭壇の上にあるものをすべて取り除く（〔ラ〕denudatio altarium）．当初は実際の必要から行ったものにすぎなかったが，アマラリウスにより，キリストが弟子たちから取り去られ，衣服も奪われたことの象徴として説かれた．

【聖金曜日】（〔ラ〕feria VI in passione Domini,〔英〕Good Friday,〔独〕Karfreitag,〔仏〕vendredi saint）．聖金曜日の典礼は，本来，主の死と復活の記念であるミサの形はとらない点に特徴がある．元来，主の死の出来事に合わせて午後3時に開始された．刷新された現在の典礼では，午後や夕刻に行うことができる．特徴は，（1）通常のミサの開祭と呼ばれる部分はなく，司式者は祭壇に着くと，床に伏せるかひざまずいてしばらく沈黙のうちに祈り，一つの祈願をもって始める．（2）*受難朗読を中心とする*ことばの典礼が古来この日の特色をなしている．現在，第1朗読はイザヤ書52: 13-53: 12，第2朗読はヘブライ書4: 14-16, 5: 7-9．*詠唱としてフィリピ書2: 8-9．受難朗読はヨハネ書18: 1-19: 42．（3）ことばの典礼の結びに*盛式共同祈願が行われる．（4）続いて，*十字架の崇敬と賛美が行われる．（5）その後，前日に聖櫃に安置された聖体によって，*交わりの儀が行われる．古代にはこの日の聖体拝領はなかったが，中世に行われるようになり，現在の刷新でもこの日の交わりの儀への参加が勧められるようになった．（6）この日の典礼は，通常のミサのような*派遣の祝福と閉祭の挨拶は行われず，会衆のための祝福の祈りによって終了する．

【聖土曜日】（［ラ］sabbatum sanctum,〔英〕Holy Saturday,〔独〕Karsamstag,〔仏〕samdi saint).聖金曜日の日没から始まる聖土曜日は，古来，*断食をする日，したがって，感謝の祭儀，典礼集会のない日である．ミサの欠如がキリストの死を思い続け，墓のもとにとどまることのしるしとなる．中世には聖金曜日から主日の朝まで行う *40 時間の祈りの信心も生まれた．この日の意味合いは，*教会の祈りがよく示している．
【文献】カトリック中央協議会『聖週間の典礼』（カトリック中央協議会 1993); H. AUF DER MAUR, *Feiern im Rhythmus der Zeit I. Herrenfeste in Woche und Jahr*, GdK 5 (Regensburg 1983) 70-143; A. G. MARTIMORT, ed., *The Church at Prayer*, v. 4 (Collegeville, Minn. 1986) 46-56. （石井祥裕）

スキタイじん　スキタイ人〔英〕Scythians,〔独〕Skythe,〔仏〕Scythe　前 7 世紀頃に黒海北部ならびに東部一帯に居住していた民族．あるいは前 1000 年紀中頃に前後して中央アジア平原からコーカサスを経て中東一帯を移動しつつ遊牧生活をしていた騎馬民族の総称．解釈の分かれる箇所だが旧約聖書のエレミヤ書に北からの脅威として (4: 29; 5: 15-17; 6: 22-26; 50: 41-42．さらにゼファ 2: 4-15 参照)，またマカバイ記 2 (4: 47) には彼らの蛮行を暗示する言及がある．新約聖書ではコロサイ書 (3: 11) にのみ「未開人」(［ギ］barbaros) と対照して述べられている．他方，ヘロドトス (Herodotos, 前 484 頃-425 頃) もスキタイ人の歴史や中東一帯への侵入を伝える（『歴史』I, 103-106; IV)．しかし都市 *スキュトポリスとの関係は不明．また文字による彼ら自身の記録が残っていないこともあり，その宗教や文化を確証することも困難である．いわゆる旧約聖書の *民族表によれば，彼らはゴメルの子孫「アシュケナズ」(創 10: 3; 代上 1: 6; エレ 51: 27) であるが，帰属はイラン系の *インド・ヨーロッパ語族とみなされている．そして黒海一帯の墳墓から数々の副葬品が発見されたが，なかでも特徴のあるのは「動物意匠」(〔英〕animal style) の黄金製器物である．
【文献】ThWNT 7: 448-51; 藤縄謙三『歴史の父ヘロドトス』(新潮社 1989) 193-220; E. YAMAUCHI, "The Scythians: Invading Hordes from the Russian Steppes", BA 46 (1983) 90-99; T. MARTIN, "The Scythian Perspective in Col 3:11," NT 37 (1995) 249-61. （清水宏）

スキッフィーニ　Schiffini, Santo（1841. 7. 20-1906. 12. 10)　イタリアのイエズス会員，哲学者，神学者．カラブリアのサンタ・ドメニカ (Santa Domenica) に生まれ，ピエモンテのキエリ (Chieri) で没す．スペインで学び，1855 年に *イエズス会に入会．1881 年から 85 年にかけてローマの *グレゴリアナ大学で教える．*トマス・アクィナスの研究で知られる．
【主著】*Principia philosophica ad mentem Aquinatis*, 1886, ²1892. （伊能哲）

スキュトポリス　Scythpolis〔ギ〕Skython polis　*ヘレニズム時代の *パレスチナの主要都市 (ユディ 3: 10; 2 マカ 12: 29．新共同訳聖書「スキトポリス」)．元来は *ベト・シャン．スコト (創 33: 17)，偶像（「シクート」アモ 5: 26)，ないし前 7 世紀パレスチナに侵入した *スキタイ人に由来する都市名といわれるが確証はない．ニュッサ・トリコーミア (［ギ］Nyssa Trikōmia) とも呼ばれた．ローマ時代は *デカポリスの一つで，人口も産業も *エルサレムをしのぐ．重要な貨幣鋳造所があった．古く使徒時代からキリスト教徒が居住，70 人の殉教者についての伝承もある (ActaSS Iun. VII [1771] 324-35)．スキュトポリスの *ヨセフォスが最初の聖堂を建設．4 世紀初めには司教座が置かれ，6 世紀末まで首都大司教座であった．この間は修道生活の一つの中心地になるが，他方 361 年頃と 521-31 年には多くのキリスト教徒が迫害され殉教．636 年（「ベイサンの日」）イスラム支配地域になって以降，名義大司教座となっている（→名義司教)．ローマ時代の劇場，神殿や競技場，5 世紀初めの円形教会堂遺構，6 世紀中頃のマリア修道院のモザイク床面は考古学上，貴重な遺物である．
【文献】聖書考大 841-61; LThK² 9: 830-31; LThK³ 2: 330-31. （清水宏）

スキリウムのじゅんきょうしゃ　スキリウムの殉教者　Martyres scillitani　聖人（祝日 7 月 17 日)．北アフリカ，*カルタゴ近郊の村スキリウム (Scillium) の 12 人の殉教者．180 年 7 月 17 日に，カルタゴで総督サトゥルニヌス (Publius Vigellius Saturninus) の前で行われた裁判の記録が現存．これは正式の裁判記録もしくは目撃者の証言に基づく信憑性の高い記録であり，最も古いラテン語による資料として重要．それによるとスペラトゥス (Speratus), ナルトザルス (Nartzalus), キッティヌス (Cittinus), ウェトゥリウス (Veturius), フェリクス (Felix), アクイリヌス (Aquilinus), ラエタンティウス (Laetantius), ヤヌアリウス (Januarius), ゲネロサ (Generosa), ドナタ (Donata), セクンダ (Secunda), ウェスティア (Vestia) の 12 人で，総督の前で信仰を告白，斬首刑を宣告され，全員「神に感謝します」と答え，即日斬首された．早くからカルタゴで崇敬されており，*アウグスティヌスも彼らの祝日に説教を行っている．彼らの遺骨は *シャルルマーニュの時代にフランスに移送され，*リヨンの聖堂に安置された．
【文献】BSS 11: 733-41; DPAC 3113; Quasten 1: 178-79; 土岐正策訳「聖なるスキッレウム人の殉教」『殉教者行伝』キリスト教教父著作集 22 (教文館 1990) 63-65; H. MUSURILLO, ed., *The Acts of the Christian Martyrs* (Oxford 1972) 86-89. （小高毅）

スキレベークス　Schillebeeckx, Edward（1914. 11. 12- ）ベルギー人のカトリック神学者．*ドミニコ会の司祭．*アントヴェルペンに生まれる．新スコラ神学 (→新トマス主義) 隆盛の時期に司祭養成を受け，*トマス・アクィナスに通暁する．しかし，師デ・ペター (D. De Petter) の影響で哲学，特に *現象学を学び，柔軟なトマス解釈をするようになる．フランスで *シェニュと出会い，歴史の枠組みで現代的に神学することを学ぶ．彼のもとで *秘跡に関する博士論文を書き，学位を取得，*ルーヴァンの神学校で神学を教えた後，1957-82 年，オランダのネイメーヘン・カトリック大学で *組織神学と *教理史を講じる．ネイメーヘン時代初期の代表作は『キリスト―神との出会いの秘跡』(Christus, sacrament van de godsontmoeting, 1957) である．当時はまた教理史的アプローチで教理解釈を試みた (Het ambts-celibaat in de branding, 1965: 英訳 Clerical Celibacy under Fire: A Critical Appraisal,

1967; Christus' tegenwoordingheid in de eucharistie, 1967: 英訳 The Eucharist, 1968).

　1961年，第2*ヴァティカン公会議の準備として神学誌(Tijdschrift voor Theoligie)を創刊，編集長となる．公会議中はオランダ司教団の顧問として貢献する．1965年には，共同で神学誌『コンキリウム』(Concilium)を創刊し，以後共同編集責任者を務める．また，1966年刊行されたオランダの新しい要理書『新カトリック教理―成人への信仰のメッセージ』(De nieuwe katechismus, 1966)にも貢献している．公会議後，アメリカ合衆国の世俗化の神学に触発されて，現代世界のコンテクストにおいて神学する必要を痛感し〔独語題 Gott die Zukunft des Menschen, 1969: 英訳 God the Future of Man, 1969),*言語哲学，*フランクフルト学派との対話から*解釈学に取り組む(Geloofsverstanan: Interpretatie en kritiek, 1972: 英訳 The Understanding of Faith: Interpretation and Criticism, 1974)．さらに現代*聖書学に取り組み，*救済論的関心から*キリスト論に関する三部作を著した(①『イエス――人の生ける者の物語』，Jezus, het verhaal van een levende, 1975; ② Gerechtigheid en liefde, 1977: 英訳 Christ: The Christian Experience in the Modern World, 1980; ③ Mensen als verhaal van God, 1989: 英訳 Church: The Human Story of God, 1990)．これを彼のライフワークと呼んでもよいだろう．特に第一の書は新鮮なイエス像を示して注目されると同時に，教理省によって検討の対象とされたが，弾劾されることはなかった．1982年，神学部退職後もオランダの教会のために草の根的に活動をし，同年，ヨーロッパ・エラスムス賞を，1983年，オランダ最高の勲位(De Order van Orange)を，1989年には黄金の筆賞(Gouden Ganzevver)を受けている．
　スキレベークスの神学は，トマスを軸とする前期と，聖書学を含む現代思潮との対話を求めた後期とに分けられるが，一貫して人間関係を出発点としており，*現代カトリック神学，特にキリスト論の分野での発展にかけがえのない寄与となった．
【その他の著作および英訳】*Het huwelijk, aardse werkelijkheid en heil smysterie*, 1964: *Marriage: Human Reality and Saving Mystery*, 1965; *Openbaring en theologie*, 1965: *Revelation and Theology*, 1967; *Wereld en Kerk*, 1966: *World and Church*, 1971; *Tussentijds verhaal over twee Jezus boeken*, 1978: *Interim Report on the Books Jesus and Christ*, 1980; *Pleidooi voor mensen in de kerk*, 1985: *The Church with a Human Face*, 1985.
【邦訳】石脇恒雄訳『キリスト―神との出会いの秘跡』(エンデルレ書店 1963); J. ヴァン・ブラッセル，山崎寿賀訳『新カトリック教理―成人への信仰のメッセージ』(エンデルレ書店 1971); V. アリバス他訳『イエス――人の生ける者の物語』全3巻(新世社 1994-99).
【文献】T. IWASHIMA, *Menschheitsgeschichte und Heilserfahrung: Die Theologie von E. Schillebeeckx als methodisch reflektierte Soteriologie* (Düsseldorf 1982); R. J. SCHREITER, ed., *The Schillebeeckx Reader* (New York 1984); P. KENNEDY, *Schillebeeckx* (Collegeville, Minn. 1993).　　　　　　　　　　　　(岩島忠彦)

スキーン　Skehan, Patrick William　(1909. 9. 30-1980. 9. 9)　アメリカの旧約聖書およびセム語学者，司祭．*ニューヨークの生まれ．フォーダム大学，ヨンカース(Yonkers, N.Y.)のセント・ジョセフ神学校を卒業し，1933年司祭に叙階．知恵の書に関する研究で1938年*アメリカ・カトリック大学から学位取得(S. T.D.)．以後1980年に退職するまで同大学のセム語・エジプト語学の教授であった．この間，ジョンズ・ホプキンズ大学(1947-56)やエルサレムのアメリカ・オリエント学研究所(1954-56)，*教皇庁立聖書研究所(1969-70)の客員教授，また*教皇庁立聖書委員会の顧問(1965-71)も務め，アメリカ・カトリック聖書学会の創設(1946)と発展など多方面にわたり長く積極的に寄与，1970年刊行の英語訳聖書(The New American Bible)の翻訳監修の重責を果たした．ワシントンD.C.で没す．知恵文学や死海文書に関する論文が多数ある．
【著作】*Studies in Israelite Poetry and Wisdom*, 1971; *The Wisdom of Ben Sira*, 1987 (A. A. Di Lella 補遺).
【文献】A. A. DI LELLA, "Patrick William Skehan: A Tribute," CBQ 42 (1980) 435-37; CBQ 43 (1981) 96-98.
　　　　　　　　　　　　(清水宏)

すくい　救い　〔ギ〕sōtēria, 〔ラ〕salus, 〔英〕salvation, 〔独〕Heil, 〔仏〕salut
【概要】救いはキリスト教の*信仰と*宣教の中心的テーマである．救いが神*ヤハウェのみによって与えられるという信仰は，旧約聖書において明示され，キリスト教は，キリスト・イエスの登場によってこの救いが決定的になり，全人類に分け隔てなく提供されていると教える．イエスという名は「ヤハウェは救う」という意味である．彼は*メシア，すなわちヤハウェから*塗油を受けた者である．ヤハウェがイエスに与えた塗油は人類にとっての救いである(→イエス・キリスト)．
　*救済論は古代教会の*公会議における*キリスト論の定義の根本動機であった．救いが終末論的(→終末)にキリストであるイエスによってもたらされたことを*啓示が示しているならば，救済のための核心であるキリストの人格と存在において神性と人間性がどのように関わっているかは，単に理論の問題ではなく，宣教にとって重要な問題であり，それを明らかに示すことが急務だったからである．
【旧約聖書】旧約聖書において*神の民の信仰は神ヤハウェの助け・救いへの希望に基礎を置いている．ヘブライ語で「救い」はyš'を語根とする派生語である．これは「助ける」「解き放つ」「切り離す」「離れさせる」「治す」などを意味する．ギリシア語*七十人訳聖書の用法でも名詞ソーテーリア(sōtēria)，動詞ソーゾー(sōzō)はまず「助ける」「解き放つ」を意味し，ラテン語の名詞サルス(salus)，動詞サルヴォー(salvo)もほぼ同じ意味である．*契約の神は*イスラエルの民を敵の手から解放し(詩69:19)，病，荒廃，滅亡の危険，あらゆる汚れから解放する(エゼ36:29)．神は貧しい人々を救う(詩72:4)．
　イスラエルの民は*出エジプトの出来事にみられるように，強大な帝国の圧迫からヤハウェがつねに彼らを守り，救うことを体験してきた．その民の罪にもかかわらず，ヤハウェは憐れみ深く契約に忠実である．しかも一人ひとりの人間に対してもそうである(サム下22:3, 36, 47; 詩71:6-7)．*預言者たちは以上のような考え方を深め，純化していった．ヤハウェの憐れみと助けの前提として彼らは*回心と償いの業を求め，現世的に捉えられた救いへの希望を宗教的なものにし深化させた．例えばイザヤ書40-66章は救いを平和と正義，つまり内的秩序に結びつけ，救いは解放，帰還，再建，豊穣，民の

増加につながると述べている．ヤハウェがその民を選び，栄光と契約の忠実な遵守を明らかにしたからであり，*神の子は異邦人にも光明と解放を与える．

【新約聖書】*初代教会の宣教はキリストを*福音の出発点・内容・基礎・目標として掲げ，救いはその中心テーマとなった．*共観福音書では主として sōzō がイエスの*癒やしの業について使われている．sōzō は全人格に及び，治癒される側の信仰が決定的な役割を果たす(マコ 10: 52; ルカ 8: 48; 17: 19; 18: 42)．しかし治癒を行うのは，イエスの言葉であり，治癒される側の信仰の行為ではない．イエスが権威をもって悪霊を追い払うのである．このような治癒の*奇跡は使徒によってもイエス・キリストの名のもとに続けられた(使 4: 10)．

「治す，悪や病から解放する」という意味の sōzō の救済論的意味は，すでに共観福音書の用法のなかに含まれている．マタイ書 1: 21 によれば，イエス誕生の折，天使はヨセフに「その子をイエスと名付けなさい．この子は自分の民を罪から救うからである」と告げた．イエスという名は旧約聖書の*ヨシュアと同じ名前である．ヨシュアは神がイスラエルの民を敵から救うために派遣した人物であるが，イエスは罪から人類を救う*救い主である．ルカ書の洗礼者*ヨハネの誕生からイエスの誕生に至る部分は，旧約の救い主への待望が実現されたとし，幼子は「主の民に罪の赦しによる救いを知らせ，……暗闇と死の陰に座している者たちを照らし，我らの歩みを平和の道に導く」(1: 77-79)方であり，「わたしはこの目であなたの救いを見た……これは万民のために整えてくださった救いで，異邦人を照らす啓示の光，あなたの民イスラエルの誉れ」(2: 30-32)とたたえている．そして救いはイエスの説教と治癒を中心とした罪をゆるす活動を通して現実のものとなる(ルカ 19: 9)．

使徒言行録の救いについての記述では，救いが現に差し迫っている点が強調される．ペトロは，「[キリストの]ほかのだれによっても，救いは得られません」(使 4: 12)という．ペトロの「邪悪なこの時代から救われなさい」という要請に応えるものとして救いはもたらされる．ペトロはイエス・キリスト以外の名前による救いがないことを*律法と預言者の言葉の実現としてまず*ユダヤ人に，それから異邦人に語りかけ，罪のゆるしによって救いが神との新しい関係をもたらすことを説いている(使 13: 26; 16: 17; 10: 43)．

ヨハネ文書では sōtēria, sōzō の用例は多くない．ヨハネにおいては*永遠のいのちが救いについての概念を指示する表現だからである．さらに*真理を知るということが救いに結びつけられている．ヨハネ福音書では，名詞 sōtēria は 1 度だけ 4: 22 に使われている．動詞形 sōzō は，イエスが世を裁くのではなく，救うために来たと述べる箇所(ヨハ 3: 17; 12: 47)で使われており，病からの解放の意味の用例もある (11: 12; 12: 27)．

パウロの手紙では，sōtēria, sōzō は神の救いの業を示す．パウロにおける救いの概念は福音・*ケリグマ・信仰・*恩恵と結びついている．「福音は，ユダヤ人をはじめ，ギリシア人にも，信じる者すべてに救いをもたらす神の力だからです」(ロマ 1: 16)．「神は，宣教という愚かな手段によって信じる者を救おうと，お考えになったのです」(1 コリ 1: 21)．福音を受け入れたということは，信仰をもつ現在において救いが実現したことであるが，同時に信仰が未来に希望をもつものであるため，未来における決定的な終末論的現実の先取りであるともいえる(ロマ 8: 24 参照)．この最終段階が切迫していると考えたパウロは，キリスト者が高い倫理に基づく生活をすることで最終的救いに導かれうると考えたのである(1 コリ 5: 1-13; 9: 24-27; 2 コリ 2: 10)．最終的救いでは，神の怒りを免れ(ロマ 5: 9; 1 コリ 3: 13; 5: 5; 1 テサ 1: 10; 5: 9)，神の子の似姿に近づくことで与えられ始めた栄光は完全なものとなり，信仰によって約束された救いを受けることになる(ロマ 8: 29; 2 テサ 2: 13-14)．

*司牧書簡では神がすべての人々の救いを望むことが強調される(1 テモ 2: 6)．イエスは罪人の救いのために世に遣わされた(1 テモ 1: 15)．このことはパウロ自身が個人的に恩恵の救いの力を体験したことで，確かなものとして強調されている．テトス書 3: 5 は，*洗礼と*聖霊によって命が新しくされることで救いはもたらされるとしている．1 ペトロ書は他の多くの表現とともに sōtēria を終末論的救いを示すために使っており，最終的に救いが到来するまで信仰を通して神によって守られると説いている(1 ペト 1: 3-9)．信仰者は説教と教えを通じて与えられる「霊の乳」によって，この最終的救いの日に向かって成長するのである(同 2: 2-3)．また 1 ペトロ書では，救いは洗礼に結びつけられている(同 3: 21)．2 ペトロ書 3: 15 は*再臨の遅延は神の忍耐の結果であり，信者は日々*聖化されることを忘れず，終わりの日に救いを得るようにと説く．ヘブライ書はキリストを救いの創始者・源・保証(2: 10; 5: 9; 7: 22)と呼ぶ．キリストはこの世に現れ，その完全な*贖いの犠牲によって終末の日に至るまでのすべての救いの業の基礎を築き，永遠に生きる者として彼を通して神のもとに来る者を救い(7: 25)，再臨のとき救いの業の完成者となる(9: 28)．黙示録では，救われた群れの礼拝が 3 度描かれており(7: 10; 12: 10; 19: 1)，救いは神と*小羊に帰されている．

【教説】教会の公的な教えは特に*教理の定義を必要としないほど明らかである．キリストの救いの業が決定的な*神の意志の啓示であることは，信仰を受け入れるかぎり疑う余地がない．初代教会で形成された*洗礼信条をはじめとする*信条においてキリストは救い主と宣言されている．信条に含まれた「キリストは地上で誕生し，十字架にかけられて死に，三日目に復活し，父の右に座している」というイエスの生涯の基本的な救済の事実は，罪のゆるしと永遠の命の付与に結びつけられる．以後，初期の重要な公会議の信条はさらにキリストの地上への到来の理由を述べる方向に教理を発展させたのである．

救いの教理は聖書と信条の言葉によって宣言されており，*教理の展開は特になかったとみられる．14 世紀の教会公文書は，キリストの*受難と十字架上の死の*功徳として，救いは人類に及ぶと記す．*トリエント公会議では，*原罪を定義する過程で功徳と*償いの概念がキリストの救いの業と結びつけられて示された．そして，どのようにして人類が罪から救われるのかが述べられ，*ミサをキリストの*犠牲として強調し，キリストの犠牲という立場から救いを捉える視点が定着した．

第 2 *ヴァティカン公会議によって，教会は世界のために存在する「キリストにおける[救いの]秘跡」(『教会憲章』1, 9, 48 項)として捉えられるようになった．『現代世界憲章』は前文で，現代社会が直面している矛盾・不均衡等を分析し，それらから人間が自力で脱出できないことを指摘し，十字架にかけられ，復活した「新しい人」キリストにおける以外に救いがないことを明らかにしている．「神は人間がその全存在をあげて，神の

すくい

朽ちることのない生命の交わりにおいて永遠に神に一致するよう人間を招いている．キリストは自分の死によって人間を死から解放して生命によみがえったとき，この勝利を獲得した」(『現代世界憲章』18項)．

救いとの関連でこの憲章が強調するのは，人間の神のかたどりとしての人格性の回復と救いへの *召命であり，また，救いと解放が個人の段階ばかりでなく，むしろ共同体の次元に結びついている点である(同25項)．この共同体性は，受肉した言葉としてのキリストの人類との連帯性に根拠づけられている(同39項参照)．このように，第2ヴァティカン公会議は救いを創造の秩序を回復する神のキリストにおける働きとして捉えた．公会議後の諸教皇の回勅はこの方針を社会問題に適用し，特に *ヨアンネス・パウロ2世は幾つかの回勅で，これを人格主義的な用語で表現している(*『レデンプトール・ホミニス』など)．

【古代神学】ギリシア教父(→教父)はいわゆるテオロギア([ギ]theologia)と *オイコノミア(oikomonia)を区別し，前者を神の本質に関する事柄，後者を神による世界の経綸に関する事柄とみなした．後者は堕罪後の世界をその本来の目的に向かわせるために神が何を行い，行いつつあるかという問題を扱う．そこで教父は救いを神による超自然的秩序の再建というテーマのなかで取り上げる．その秩序の再建においてキリストは中心的な鍵であり，2ペトロ書1:4から着想を得て，キリストにおける救いの業の目的が人間の *神化にあると考える．*神の像に造られた人間は，堕罪以前の状態で神の本質に分有する原初的幸福を味わっていたが，堕罪によってこの幸福を失い，死の支配がすべてに及んだ．救いの秩序により人類は死から解放されるが，それは *神の言葉の *受肉の秘義によって人間性が神化されるからである．すなわち受肉において神性と人間性が分離せず，混合せず結合した *位格的結合を通して死は破壊され，キリストの復活において神化は始まるのである．

以上の考え方は *アタナシオスの『受肉論』やニュッサの *グレゴリオスの『大教理問答』にみられるもので，その起源はすでにヨハネ文書，*エイレナイオスの『異端反駁論』に現れ，エルサレムの *キュリロスなどギリシア教父に共通するものである．さらに *ネストリオス派を論破するとき，例えば教皇 *レオ1世のようなラテン教父も同様の教説を提示した．とはいえ，キリストの十字架上の死が忘れ去られていたわけではなく，アタナシオスは神が人間に課そうとした罰の代償であるとし，ニュッサのグレゴリオスは贖罪的犠牲であるというパウロ的考え方を受け継いでいる．ギリシア教父は，受肉中心の思想と十字架のもつ贖罪的役割とが相矛盾するとは考えなかった．ギリシア教父の思想には人間の生をめぐって善と悪とが戦うというテーマがあり，人間の救いとは *悪魔から神のもとへと移されることだとみなしたのである．

十字架の贖罪という考え方はまだはっきりと打ち出されてはいないが，「買い戻す」行為との類比によってキリストの十字架を救済論的に説明しようとした点に後世の教説の原点をみいだすことができる．すなわち，聖書的考え方に基づいてキリストの血が悪魔に対する代償だとする解釈は，*オリゲネス，ニュッサのグレゴリオス，ナジアンゾスの *グレゴリオス，ダマスコの *ヨアンネスなどにみられ，ラテン教父では *アンブロシウス，*ヒエロニムスにも認められる．特にラテン教父の間では，悪魔には人間を懲らしめる権限が与えられていたが，神はすでに堕罪のとき救済のためにキリストの受肉・誕生を未来に想定しており，無垢のキリストを死に至らしめた悪魔は，暗殺者として神から *罰を受けたという考えがみられる．このような考えはすでにエイレナイオスにおいてみられ，*アウグスティヌスによって，人類の敵である悪魔は受肉を通じて人類の一人により征服されたが，それは神の *知恵による世界の経綸の計画をなすものであると説明された．神による人類の救いはさらにアンブロシウス，*ヨアンネス・クリュソストモス，アルルの *カエサリウスによって，キリストの洗礼に始まり，十字架において頂点に達する戦いのドラマとして描かれ，キリストが *陰府に下り，復活して悪魔に対して最終的勝利を得たと説明された．

このように多様なアプローチをとりながらも，教父たちの神学は，十字架を頂点とする救済論の枠組みをしだいに明らかにしていった．神化の神秘についても，十字架上の死を贖いのための死とする考え方を含む形で展開されていった．

【中世神学】西方神学の救済論の特徴は宇宙的視野が欠落し，個人を中心とした *主意主義的傾向を示すことである．罪は神の掟を破ることを意味するようになり，その際，人間の *自由意志が決定的役割を果たし，責任が問われることになる．罪はとがに結びつく．この点で *ストア学派の影響をみることができるが，*テルトゥリアヌス，アウグスティヌスを通してこの傾向は強まっていく．ギリシア教父たちの救済論は贖罪論の要素を含んでいたが，それ一色ではなかった．贖罪論としての中世の救済論は，*ゆるしの秘跡についての考察，さらには *秘跡論全体と密接に関わっている．

教皇 *グレゴリウス1世は当時の民衆にもわかるように，悪魔から人間を買い戻すという譬えを用いて救いを説明する一方で，西方神学における穏健なアウグスティヌスの伝統を公認した．中世の教会では，救いは *秘跡を通して達成されると考えられたからである．中世神学の救済論はほぼ贖罪論に等しいといえる．その先鞭をつけたのはカンタベリの *アンセルムスの『神はなぜ人間となられたか』であり，彼の主題設定は中世を通じて影響を及ぼし，さらに20世紀に K.*バルトによる新たな解釈を生み出した．アンセルムスによれば，神は *創造のときの人類に対する計画を変更することができず，受肉による救済はいわば必然的であった．キリストは神に対して自己を完全に捧げ，人類の罪を永久に贖い，功徳を受け，その益を分け与える．しかし人類の罪は完全に弁済される必要があり，人間はそれを行うことができないから，神人を必要とした，というのである．アンセルムスは，救いを法律的な意味での贖いとして捉えたが，キリストの贖罪死を強調しすぎたあまり，その生涯の働きを軽視し，復活を救済論的意義のないものにしてしまう傾向がみられる．

このような法律的理解に対して *アベラルドゥスは，ローマ書の解説のなかで幾つかの問題点を指摘した．すなわち，人類の救いのために受肉するにあたって，神にどのような必要性があったのか．キリストの死によって救われたにもかかわらず，人類は一向に完全なものになっていないのはどうしてか．罪人を救うために無垢な者を犠牲にしたのは不正義で残忍ではないか，といった点である．アベラルドゥスは，救いの源泉はキリストが死に至るまで示した愛であり，その愛によって勇気づけられることで救いは達成されるとした．

これに応える形で中世の教会は，大筋においてアンセ

ルムス思想を踏襲しながら救済論的教理を発展させていくようになったが、その際に多大な貢献をしたのは *ペトルス・ロンバルドゥスをはじめとするスコラ学者たちである．ロンバルドゥスは主にアウグスティヌスに依拠しながら，キリストの業を功徳と犠牲のカテゴリーで捉えると同時に，*愛の観点をも取り入れた．*アルベルトゥス・マグヌスはロンバルドゥスの『命題集』の注解のなかでアンセルムスとほぼ同じ見方を示し，人類を救うために神は御子の十字架上の死以外の方法を選択することもできたが，十字架上の死は救いにとって適切 (convenientia) であったという説明を採用している．*トマス・アクィナスは『神学大全』で，堕罪の結果被った状態から人類を救済するために，神にとってキリストの受肉がすでに最も適切な手段であったと述べ，受難そのものは必要ではなかったが，もたらす恩典の大きさを考えれば受難もまた適切であったとする．

【宗教改革者】宗教改革者の救いの理解は聖書から出発して罪のゆるしに焦点をあてるものであった．すなわち，キリストが人類の救いにとってどのようなものであったのか，さらには，その救いのためにキリストが十字架にかけられなければならなかった人間とはどのような状態にあったかが出発点であった．

*ルターは，人間は例外なしに罪人であったことを強調し，キリストは無垢でありながら，人類の救いのために罪を背負い，罪人になったと考える．ルターにとって十字架にかけられた方は，（神の）*義認を受ける者の雛型 (exemplar justificati) であり，この方において神が行ったことが我々にも行われる．罪人の罪の告白が義認をもたらし，信仰のみが義認につながるのである．

*カルヴァンも「信仰のみ，恩恵のみ，聖書のみ」の原則を厳格に守り，有名な *予定の教説を彼の救済論の中心に置いたが，啓示を神の意志の現れとし，この神の意志の現れへの絶対的従順が信仰者の救いにとって最も肝要なことであるとした．彼もキリストが神の正義を満たすために呪いである死を受け入れたと述べている．宗教改革者にとって救いは主観的に捉えられた信仰 (fiducia) を出発点とするもので，罪人である一人ひとりの人間が罪を告白し，回心するとき，神によって行われる義認が救いなのである．

【近代・現代哲学における救い】中世の *信仰と理性の総合は近代において挫折し，*理性中心の立場が力をもち始める．救いは，さまざまな哲学によって世界・人間存在における不完全性・悪・災害・病気・死・罪などの克服の問題として取り上げられる．F.*ベーコンは自然科学が将来人間を救うだろうと考えた．また18世紀後半のフランスでは人間の *幸福がどこにあるかに関心がもたれ，幸福論が盛んになった．救いは幸福に置き換えられたのである．

*スピノザのように，個人が学問によって全体的な見方に到達し，感情から完全に解放されることに救いを設定する者がいれば，*ライプニッツのように，学者による知的共同体の設立に救いを求める者もいた．イエスはスピノザにとっては知恵と愛の具現者，ライプニッツにとっては神の世界計画の告知者，*ロックにとっては人々の啓蒙者，*ヘルダーにとっては *霊魂の不滅を教える者，*カントにとっては道徳的理念の具現者であった．救いというものは人間のもつ能力と人格が妨げられることなく開花することとみなされ，十字架・受難・復活の出来事による救いは理解されないようになっていった．*シュライエルマッハーは，イエスをキリスト教的信心の感情の原型とみなしたが，救いは救済史的出来事を通してもたらされるのではなく，内面の問題とされた．

*近代哲学において *ヘーゲルは受肉・復活・昇天の出来事をキリストがより高度の存在に高められる過程と考え，世界にとっての雛型であるとみなした．ヘーゲルが自らの哲学体系を救済論の体系とみなしていたことは重要である．*キルケゴールはこのような考え方が人間の自己欺瞞であることを鋭く指摘した．K.*マルクスの *唯物論，*フロイトの *精神分析は，集団としての人間に世俗的メシアの王国を保証したり，あるいは個人が理知的に探りえない精神の奥底の動きに光をあてることによって世俗的救いをもたらそうとしたものとみることができる．

このような近代精神の歴史を背景にしてみると，K.バルトが「宗教」を人間の自己救済の試みとして退けたことが理解できる．さらに彼は救いを *救済史なしに霊魂内の問題と考える傾向に反対して，救いとはこれから到来する神による世界の完成であると述べ，キリストにおける神の業であるところの *和解であると主張した．*ティリヒにとって救いとは「新しい存在」の癒やす力が神と人間・世界の対立を克服することを意味する．*ボンヘッファーも世界を超越したところに救いを求めることに反対し，人間が地上の生活に向けられ，奴隷にされた状態が救われるという希望の上にあると述べた．

【現代神学からの分析】救いは神の意志，イエス・キリスト，終末論，*恩恵論と罪，創造の秩序と救済の秩序，救済史，秘跡論，*教会論などの神学的主題の出発点となったり，結論として関与することがある．キリスト教にとって，救いとは何かという問いは避けて通ることのできないものだが，上記の諸問題との関連がつねに意識されてきたわけではない．救いを論じるとき，神学者たちはそれぞれ固有の時代状況と概念体系のなかで救いを論じてきた．時代精神に左右されたり，視野を狭められることもしばしばであった．

〔救いと神の国〕キリスト教神学の中心はキリストであり，救いとはイエス・キリストにおける救いである．神学的観点から，救いは神の *選びと和解に結びつけられる．救いは個人的超越の（神秘）体験における悟りと同じものではなく，歴史を通して実現される神の具体的な意志の現れである．聖書の表現を使うならば，それはイエスが宣教を通して告げ知らせた *神の国と一つである．救いは神の国の実現によって成就する．したがって，救いとは個々人に関わるばかりでなく，神が教会を通して実現しつつある，人類と被造界全体の罪と悪からの解放であり，それらの克服によって輝き出る世界の新しい秩序に向かうものである．神は，人間社会の体制から完全に疎外された罪人と貧しい者をこの神の国に召し，自由にする．救いについての考え方の基礎には契約神学的な捉え方がなければならない．しかし，自由に基づく救いを示す神の国の建設は，この世界における愛と正義と平和の建設につながっていなければならず，我々は救いがもっていた聖書的意味，すなわち正すこと，解き放つこと，解放という意味を取り戻さなくてはならない．

〔全人類に向けられた救い〕救いに関する現代カトリック神学の関心は，従来とは異なった方向に向けられているように思われる．救いはもはや教会とその内部の個々の信者の個人的な目標ではなく，広く教会の枠を越えて神が，キリストとその根源的秘跡である教会を通して，世界に自らを向け，他人事として外から眺めるのではなく，積極的に関わっている事柄なのである．この視

すくい

点からみたキリストの受難（[英] passion）は，プロテスタント神学者 *モルトマンの考え方を借用するならば，神の情熱（passion）である．そのように救いを考えるならば，キリストを通して示され，教会によって世の終わりまで示される神の救いの意志ばかりでなく，救いの働きがあまねく，分け隔てなく全人類へ向けられたものであることが肯定できるであろう．神の救いの意志は具体的にイエス・キリストにおいて示された．神の子である言葉の受肉，キリストの誕生は十字架を目指すものであり，十字架は復活への道である．キリスト者はこの世をあとにして救われるのではなく，彼とともに世界も神の国へと解放されるのである．

確かにこのような考え方は，例えば *バルタザールなどから，神を内在化することで超自然を世界のなかに埋没させる結果に行かざるをえない神学として，厳しく批判されているが，当然のことながら，神の救いの業における，神の呼びかけに応える人間の人格的決断，すなわち *神の自己譲与である恩恵の行為に応える人間の信仰の行為を忘却に付すことはできない．しかし，今日では，かつてのような救いにおける個人主義（[独] Heilsindividualismus）の欠陥が強く意識され，その克服が目指されている．救いは神の自己譲与に対する人間の人格的関係であり，この神の側からの働きかけは，*三位一体の神における，父が子キリストを通して贈る現実であり，これは聖霊の働きによって可能となるのである．

〔救いと復活〕キリスト教は人間の真の住みかが地上にあるのではなく，天にあると教える．確かに一方では，この世は仮住いのためのものであり，来るべき新しい世を渇望して「*マラナ・タ」（主よ，来てください）というのがキリスト者の姿勢である．他方，キリスト教における救いは霊魂の救いだけに限られないことは「からだの復活」のことを思い起こせばうなずけよう．人格は霊魂と身体が結びついたものである．*プロティノスにおけるように，霊魂が肉体から抜け出して救われるのではない．あるいは世界からの解脱によって救いが達成されるのでもなく，また，優れた霊的能力をもっていたり，生まれながらにして特別な資質をもつエリートが個人的に勝ち取る性格のものでもない．救いとは神の自己譲与に対して人間が完全に応えるとき可能となる神と人間との一致であり，人間の人格的存在全体を包含した上昇である．そしてそれはキリストにおける神の恩恵によってのみ起こりうる．

個々人それぞれの救いは重要であるが，現代カトリック神学が個々人の救いを，神の民，社会，さらに人類すべてとその居住環境である世界・自然の文脈のなかで捉えて考えるようになったのは正当なことといえる．人間が人格として完成され，神に向かうことができるのはこれらの場・空間においてであるからである．身体は精神が人格としての形をなすのに必要不可欠な空間である．身体を通して初めて個人の人格は人間として現れ，可視的になる．身体は個人の人格の境界を特定すると同時に，その境界を越えた広がりのなかに自らを位置づけてもいくのである．

【結論】救いとは神の約束による，キリストにおいてすでに達成された人間と世界の完成である．それはキリストの復活において先取りされているが，将来に必ずはっきりと現れるものであり，そのとき，人間はイエス・キリストとの兄弟・姉妹の関係において神の養子，パートナーとして神との正しい関係，すなわち神との一致に高められ，死から神の永遠の生命への参与へと移行し，すべてのものとの愛と *平和の関係に入り，神の恵みによって復活する（1 コリ 15: 53–58；ロマ 8: 19–24；黙 21: 1–7 参照）．

ヨハネ文書は救いを新しい「生命」として捉えたが，生命とは完成に向かって成長するものである．この新しい生命とは個々人ばかりでなく，その個人をとりまく社会や環境をも含む有機的なまとまりである．この有機的まとまりは原罪に由来する悪と苦しみを克服し，すでにキリストにおいて先取りされている新しい生命に向かって，聖霊に勇気づけられながら，世界の完成の日を目指し進んでいく．個人の罪を軽視してはならない．しかし罪は個人の次元にとどまるものではなく，あるまとまった現実を構成する一要素である．ヨハネ文書は，新しい生命と悪との間の世界を舞台とし，二つの時に挟まれた中間の時間における戦いを示す．その意味で世界は，バルタザールがテーマとして展開したように「神の演劇」（[独] Theodramatik）なのである．

キリストは救いの達成者，提供者としてすでに悪と罪に打ち勝っている．キリストは傷つき，病んでいる人間性を癒やし，人間の責任によって社会や自然のなかに入り込んだ悪から世界を解放する解放者である．それゆえに，最近の神学と教会の公的文書で救いが解放としばしば置き換えられるのは適切なことであるといえる．救いの神秘（[ラ] mysterium salutis）は，すなわち解放の神秘（mysterium liberationis）なのである．このような救いの神秘は，歪められ，傷ついた人間と世界を癒やすばかりでなく，同時に聖化する．それは被造界全体を新しくし，その趣を一変させる．人間はこの過程で神の救いへの奉仕の使命が与えられている（申 7: 6–9 参照）．

現代キリスト教神学における救いの理解は，決してもともとあった秩序の回復ではなく，また未来での実現を夢想した計画へ向けての革命でもない．さらにまた，この罪深い世界をあとにして上昇し，歴史を超越することでもない．救いとは，イエス・キリストが十字架において示した，神の愛によって達成される復活的出来事としての治癒と解放としての全人的救いであり，正義と愛の神との平和の確立（和解）である．この神との和解である救いにより人間は，キリストの完全な永遠の生命において一致し，神ばかりでなく，隣人をはじめとする被造物に対しても積極的な愛の関係を築くことができるようになり，共に完成の日に向けて歩む連帯性を与えられるのである．

【文献】Barth 4: 1–3; A. T. PEPERZAK, *Der heutige Mensch und die Heilsfrage* (Freiburg 1972); H. KESSLER, *Erlösung als Befreiung* (Düsseldorf 1972); L. SCHEFFCZYK, ed., *Erlösung und Emanzipation* (Freiburg 1973); H. SCHÜRMANN, *Jesu Ureigener Tod* (Freiburg 1975); G. EBELING, *Wort und Glaube*, v. 3 (Tübingen 1975) 349–61; D. WIEDERKEHR, *Glaube an Erlösung: Konzepte der Soteriologie vom Neuen Testament bis heute* (Freiburg 1976); K. LEHMANN, ed., *Theologie der Befreiung* (Einsiedeln 1977); H. URS VON BALTHASAR, *Theodramatik*, v. 3 (Einsiedeln 1980); G. FRIEDRICH, *Die Verkündigung des Todes Jesu im Neuen Testament* (Neukirchen 1982); G. GRESHAKE, *Gottes Heil-Glück des Menschen* (Freiburg 1983); W. BEINERT, ed., *Heil und Heilen als Pastorale Sorge* (Regensburg 1984); T. PROPPER, *Erlösungsglaube und Freiheitsgeschichte: Eine Skizze der Soteriologie* (München

1985); B. STUDER, *Gott und unsere Erlösung im Glauben der Alten Kirche* (Düsseldorf 1985). (高柳俊一)

【非キリスト者の救い】〔聖書〕聖書には，非キリスト者の救いに関係する教えとして二つの柱がある．第一は，神には普遍的な救いの意志があるという教えであり(1 テモ 2: 4 参照)，これは旧約聖書における諸民族のエルサレム巡礼の幻(イザ 2: 2-5; ミカ 4: 1-5)と結びついている．第二に，その救いの完成はイエスという人物とその十字架上での死に結びついているという教えである(1 テモ 2: 5-6)．イエスによる救いに至る道が信仰であり，これは洗礼を受けることによって表される(マコ 16: 16; ヨハ 3: 5 参照)．洗礼により，救いの共同体である教会への加入が実現する．

その結果，キリスト教的理解における救いは三つの関係を構成することになる．すなわち，救いは，(1) 神から，(2) イエス・キリストを通して，(3) 信者の共同体である教会において人間に訪れる．したがって，救いは神中心的，キリスト中心的，そして教会中心的に規定されることになる．その際，聖書においてさえ見過ごしてはならないのは，救いの効力が教会の範囲を超えているということである．この点に関してはイエスのユダヤ人への態度や異教徒の間での影響力，また使徒言行録 10 章にみられるような初代教会のコルネリウスとの関わりなどが参考になる．教会が救いを理解する際の，このような二つの観点の緊張関係は，教会と神学の歴史において今日までみられる．

〔教会の外に救いなし〕教会の救いの排他性という考えは，キプリアヌスやオリゲネスにみられる *教会の外に救いなしという *公理と結びつけられることが多い．しかし，この有名な公理はもともと教父の間では，さほど普遍的な意味をもっていたわけではなく，実際問題としての教会の分離や混乱，また *背教などの罪責を負う人々を念頭に置いたものであった．後世のキリスト者の意識に必要以上に刻み込まれた狭隘な定式を生み出したのはアウグスティヌスの弟子であったルスペの *フルゲンティウスで，彼の定式は，後に文字通り *フィレンツェ公会議で採用され，それにより教会行政に重大な影響を及ぼした．

〔「望み」の教理〕しかし，このような厳格な言葉は，全く逆方向の，「アベル以来の教会」(*コンガール)や *望みの洗礼という教理に関する命題群との関連においてのみ理解されうる．なぜなら，救いには信仰・洗礼・教会が必要であるという教理と，イエス・キリストにおいてすべての人が救いに招かれており，キリストの救いの恩恵がすべてにわたって有効であるという教理とは共に同じように根本的だからである．救いの普遍性の教えは，洗礼や教会に加入することへの「望み」(〔ラ〕votum, desiderium)という教理に具体化される．この教理の出発点は，*洗礼志願者であった皇帝 *ウァレンティニアヌス 2 世の逝去に際してのアンブロシウスの教訓的な説教(De obitu Valentiniani)にある．以来一般に用いられるようになった「望みの洗礼」という用語は中世盛期に重要な神学用語となった．

この教理はトリエント公会議(DS 1524, 1543)によって支持され，その後，とりわけ教皇 *ピウス 12 世の回勅 *『ミスティキ・コルポリス』(DS 3821-22)において，また，*フィーニ問題をめぐって，「含蓄的な望み」(votum implicitum)について述べた『ボストンの大司教に宛てた検邪聖省の書簡』(1949 年 8 月 8 日付: DS 3866-73)で展開された．このように「望み」の教理が普遍化されるにつれて，教会の姿はますますみえにくくなり，ついには，今日「*無名のキリスト者」(K. *ラーナー)という言葉で扱われている事柄が問題とされるようになった．

〔教導職の教え〕永遠の救いに達する範囲をキリスト教，厳密には，ローマ・カトリックに明確に限定するような宣言として，フィレンツェ公会議の大勅書『カンターテ・ドミノ』(Cantate Domino)があげられる．そこでは，「教会は次のことを堅く信じ，宣言し，教える」として，「『カトリック教会の外にある者〔カトリック教会内にいない者〕は異教徒だけでなく』，ユダヤ人も，異端者も，離教者も永遠の生命に参与することはできない．彼らは臨終の前に教会に受け入れられないかぎり，『悪魔とその使者たちのために準備された』(マタ 25: 41)永遠の火に投げ入れられるであろう．教会の体との一致は非常に重要であり，教会の諸秘跡は教会のなかにとどまる者だけの救いに役立つ．断食，慈善行為，他の信心業，キリスト教的戦いの実践は，彼らだけに，永遠の報いを与える．『どれほど多くの施しをしても，キリストの名のために血を流したにしても，カトリック教会の群れとの一致に属さないかぎりだれ一人として救われない』」と述べている(DS 1351)．この大勅書の位置づけは今日まで議論されているが，この宣言によって，「教会の外に救いなし」という，元来は教訓的で状況に制約された命題が教理的な重要性をもつに至ったのである．

フィレンツェ公会議の宣言文は，第 2 ヴァティカン公会議『教会憲章』14 項でも使われている．ただ，反対の傾向も表されている．「〔聖なる教会会議は〕，聖書と伝承に基づいて，この旅する教会が救いのために必要であると教える．事実，キリストだけが仲介者であり救いの道であって，そのキリストは自分のからだ，すなわち教会のなかで，われわれにとって現存するからである．しかもキリストは，信仰と洗礼の必要性を明白なことばによって教え(マコ 16: 16; ヨハ 3: 5 参照)，人々がちょうど戸口を通してのように，洗礼を通してそのなかに入る教会の必要性をも同時に確認した．したがって，カトリック教会が神によってイエス・キリストを通して必要不可欠なものとして建てられたことを知っていて，しかもなおその教会に入ること，あるいは教会の中に終わりまでとどまることを拒否すれば，このような人々は救われないであろう」(ほかに『宣教活動教令』7 項参照).

救いのために教会が必要であると強調することは，教会の必要性について何らかの知識をもつことを前提とする．逆に知識が過剰になると，目にみえる教会の輪郭がぼやけてしまうことがある．そこで，『教会憲章』16 項では次のように記されている．「事実本人の側に落度がないままに，キリストの福音ならびにその教会を知らないが，誠実な心をもって神を探し求め，また良心の命令を通して認められる神の意志を，恩恵の働きのもとに，行動によって実践しようと努めている人々は，永遠の救いに達することができる．また本人の側に落度がないままに，まだ神をはっきりと認めていないが，神の恩恵に支えられて正しい生活をしようと努力している人々にも，神はその摂理に基づいて，救いに必要な助けを拒むことはない．事実，教会は，彼らのもとにみいだされるよいもの，真実なものはすべて福音への準備であって，ついには生命を得るようにとすべての人を照らす方から与えられたものと考えている」(ほかに『宣教活動教令』7 項，『現代世界憲章』22 項参照)．人々を信仰へと導くための，神だけが知っている道を強調する公会議の言葉

すくい

(『宣教活動教令』7項参照)には,「望み」の教理が反映されているのである.

【神学的解明】現代神学は,これまでのキリスト教史にみられる緊張関係,すなわち神の普遍的な救済意志と,救いが具体的にキリストの贖いの死と結びついていることとの間にある緊張を,すべての*善意の人のために開かれたものとして保持し,根拠づけることに努めている.その際には二つの問いが区別されなくてはならない.すなわち個々の非キリスト者の救いについての問いと,諸宗教が救いにとって意味をもっているかという問いである.

どの人も根本的に救われる可能性があるかどうかという問いは,今日では,神の恩恵がすべての人に救いをもたらすことを信頼することによって,かなりの程度肯定的に答えられる.しかし,救いに達するために特定の宗教に所属することの価値については,依然として論争が続けられている.

〔救いの道としての諸宗教〕今日,多かれ少なかれすべての宗教が救いの道となると説明する傾向が広まっているのに対して,第2ヴァティカン公会議は,そのような教説を支持するような言明はしていない.人がキリストの道についてはっきりと知らないままでも救いに到達できると述べているところでも,それは全能の神の普遍的な救済意志のもとで起こることであるとされる(1テモ2:4参照).このことは,公会議が「人々の心と精神に,あるいは諸国民のそれぞれの儀式や文化のなかに種まかれたすべて善なるもの」(『宣教活動教令』9項)に対して尊敬の念を表し,信徒に,他の宗教にある「精神的,道徳的富および社会的,文化的価値を認め,保存し,さらに促進するように勧告する」(『諸宗教宣言』2項)ものであったとしても依然妥当する.いかなる場合でも,第2ヴァティカン公会議にとって,救いは基本的にいつもイエス・キリストによってなされた贖いの業に結びついているのである.

『教会憲章』16項は,神の普遍的な救済意志を語るなかで,ユダヤ人のほかに,キリスト教以外の宗教を信じる人々について言及する.「救いの計画は創造主を認める人々をも包容するのであって,そのような人々のうちには第一に,アブラハムの信仰を保っていると主張し,最後の日に人々を審判する唯一の慈悲深い神を我々とともに礼拝する回教徒が含まれる」.

〔正当な諸宗教〕「無名のキリスト者」の教えとの関連でラーナーは特定の宗教に所属することの意義を問い,自らの見解を次の二つの命題にまとめた.(1) キリスト教は,自らをすべての人に向けられた絶対の宗教として,ほかに同等の権利をもった宗教はないと自覚している.(2) 福音が特定の人間の歴史的状況に現実に入り込む瞬間まで,キリスト教以外の宗教は(ユダヤ教以外にも),原罪とそれ以後の人間の腐敗と混合した自然的な神認識の要素をもっているだけでなく,キリストを通して神から人間に贈られた恩恵に由来する超自然的な契機をももっている.したがってそれらの宗教は,自らが含む誤りや腐敗を否定されることなしに,また,段階はさまざまであっても,正当な宗教として認知されうる (Rahner Sch 5: 136-58).

このような見解に対して今日,二つの面から批判がなされている.第一に,このような態度は真の対話には適さない.真の対話は,他者を同等の権利をもつ者として認め,その主張を真摯に受けとめなくてはならないというものである.第二の批判は極度に排他的な態度は克服されているものの,逆に包括的な態度によって他者が吸収されてしまう,というものである.英語圏で興ったいわゆる「宗教多元主義の神学」はこの二つの傾向に対して反対するものである.

【宗教多元主義の神学】ニッター(Paul Francis Knitter, 1939-)の著作『この名による以外に救いはないのか』(No Other Name?)などの主張によると,徹底した教会中心主義を放棄する必要があるだけでなく,*キリスト中心主義の救いの理解も,神中心主義,もしくは救済中心主義(*仏教などでは神概念が用いられないので)によって置き換えられなければならない.使徒言行録の「わたしたちが救われるべき名は,天下にこの名のほか,人間には与えられていないのです」(4:12)という言葉は初代教会で好まれた常套句だが,そのような誇張的表現は,包括的な救いを主張することを正当化するわけではない.キリスト教自身,多様な宗教や世界観のなかで相対的な位置を占める一つの立場にすぎない.それらの一つひとつが救いを提供しており,それぞれが「救いの道」なのである.

この立場での議論において,いずれにしても救いが中心となっていることを見過ごしてはならない.キリスト教神学の一方法として,救済中心主義を語ることだけで充分かどうか,あるいは,キリスト教神学の根本主張から結果的に離れてしまうことになるかどうかが次に問われなければならない.

〔主な論点〕(1) 救いと真理.救いと真理の関係は再度,神学的に問われなければならない.すべての宗教に,その真理主張とは無関係に救いをもたらす機能があるということはもとより否定されなければならない.真理主張が問題にされないならば,キリスト教の自己理解も他の宗教の自己理解も飛び越えられてしまう.また,そこでは,対話的関係の前提となるべき諸宗教の権利の対等性だけでなく,諸宗教の価値の同等性までもが問題なく前提とされる.さらに付け加えると,基本となる宗教理解についての問いも,救いの理解についての問いも,依然答えられないまま残ってしまうのである.

(2) 宗教と救い.宗教史が示すところによれば,救いの概念は決してすべての宗教で中心になっているわけではない.とりわけ*民族宗教や*民間信仰など典典をもたない多くの宗教では,まず何よりも,世界と人間を担う現実が問題とされる.ところが,*ユダヤ教やキリスト教の*信仰宣言では,神は「天地の創造主」であり,起源であり,根源である.第2段階でようやく*終末や完成を問い,*悪として経験されるものとの関わりや否定的なものの経験を,完成や救いや癒やしの憧れへと高めていくものが問われてくる.

(3) 救い.「救い」という概念は内容的にも決して自明のものではない.宗教と救いをめぐる議論は,いまだ潜在的にキリスト教的な理解を基礎にして行われており,救いを問う際にも,キリスト教的な救いの理解が他の宗教の判断基準として置かれている.キリスト教の範囲を越えて,救いがあり,救いが実現されていると推定するには,その前提として,少なくともキリスト教的な「救い」の理解が明確にされていなくてはならない.

(4) 神と救い.神中心主義が救済中心主義に取って代わられているところでは,神と救いの関係も根本的に考え直す必要がある.というのは,一見して明らかなように,すべての宗教において神と救いが不可分であると考えられているわけではないからである(唯一の神が明確に主題化されていない宗教,例えば仏教,*道教,*儒

教，*神道，*ヒンドゥー教などを参照）．長い間，西洋では仏教は自力救済への道程として理解されてきたのに対して，キリスト教は他力救済の宗教として理解されてきた．しかし，この対比をもって救済中心主義を論ずることは問題であろう．救済中心主義は，一方で，宗教多元主義の神学が「神学」の一形態であるかぎり乗り越えられない「神」の問題性を示しているからである．他方，ここでようやく正しく，救いをどう理解するかという問題が提起されるのである．

自力救済と他力救済との対比は，今日の神学における「（人間による）自己救済論」（〔独〕Autosoterik）と「神による救済論」（Theosoterik）の対比にも反映している．これに関しては次のような考察が役に立つ．

① 自力救済と他力救済の対比において顕著な「救済」（Erlösung）問題への集中はいささか狭く，キリスト教的な救いを完全に理解するためには不当である．そして，神学が「救い」というものを，喪失はしないまでも，忘却する結果になる．

②「救い」は確かに神学や*宣教において最も頻繁に用いられる概念の一つだが，救いの概念が濫用されると，広範囲で神学の厳密さや一義性が欠如することになる．これは，「救いの道」「救いの歴史」「神の救いの意志」「救いの必要性」などの派生概念についてもあてはまることである．

③ 自力救済が自己救済論に対応すると考えると，他力救済は神による救済論と対応するように思われるかもしれない．しかし，自力救済が自力による自己実現を意味するならば，他力救済は他律，*宗教批判がいうところの「疎外された意識」と関連してくる．しかし，神が人間の自己に対立する存在であるならば，神は人間にとって単なる「客体」になるだけでなく，無縁な「他者」になってしまう．他者概念は思想史上，途方もなく強力な意味をもち，神学的思索にまで及ぶほどに成長してきた．このような状況のもとで人間の救いに関するキリスト教的理解は，新たな問題を投げかけられているのである．

（5）神による救済論．宗教多元主義の神学が前提とする理解に反して，キリスト教では神中心主義が救済中心主義によって凌駕されることはありえない．神と救いはむしろ一つのものとして考えるべきである．それを表すために最近使われているのが「神による救済論」（Theosoterik）の概念である．これは，人間の救いは*動力因としての神「によって」生じ，神の存在にあずかりつつ，神「のうちにあって」その目標に到達するということを意味する．このことと，救助・救済・解放のような過程として起こる出来事や，解放・治癒・罪のゆるし・和解など，聖書において具体的に記述されるようなあらゆる出来事とは，区別されなくてはならず，また，究極的な目的の実現，つまり終末の救いとも区別されなくてはならない．「神による救済論」の理解では，すべてはほかならぬ神に遡るのである．したがって，神こそが究極的に人間の救いであり，救いはその成就と至福に至るまで神ご自身であり続けるのである．キリスト教的にいえば，このような「神による救済論」は，イエスの姿を仰ぎつつ，*キリスト論的に媒介されるのである．

これに対して自己救済論は，人間を理想として捉えつつその理想を人間自身および人間の力に投げ返す．この概念は，近代の宗教批判や神否定の時代に由来するもので，そのため，自己救済論と神による救済論は*自律と神律，*無神論と*有神論との対立に対応する．しかし，キリスト教的な救いはあらゆる人間の疎外を排除する．神によって生じ，神のうちに存続する救いこそが，人間を自身の固有の実現および完成へともたらすとキリスト教は説くのである．

そのほか，一般に自己救済論に含まれるような幾つかの要素も，実際には，神による救済論の枠組みのなかで共に考えられ，また実現されうるものである（例えば「恩恵のみ」という宗教改革者の教理に関する，恩恵との協働についての論議を参照．→ ソーラ・グラティア）．その際，前面に出された自己救済論の裏側には，いわば「無名の」，神による救済論の刻印があり，「無名のキリスト者」や「無名の有神論」と類比的に，たとえ隠れた仕方であれ，事実上の，神による救済論を内容として含むことができるのではないかと思われる．この点に関して，例えば，哲学者・久松真一（1889-1980）の仏教における「無神論」と，彼がいうところの「自律的他律」（autonome Heteronomie）の定式についての考察を参照されたい．

（6）救いの保証と救いの確信．他の諸宗教とその救いの主張をみると，次のような特徴が浮かび上がってくる．

① 仏教などの宗教において，解脱（解放する救い）が中心であるならば，その救いはさしあたり，人間は自らの救いを成就しなければならないとするキリスト教の宣教内容や，神がすべての人の救いを望んでいるがゆえに，人間は救いを意味ある仕方で成就するという信念をそれなりに確証するものにほかならない．

② これはもちろん，キリスト者がその救いの確実性を出発点にして，他の諸宗教の救いの理解についてより厳密に問うことを妨げるものではありえない．なぜなら，「救いの道」という言葉がもっぱら人間の完成と成就への渇望を表すために用いられるのか，あるいは，この渇望が無に帰することなく成就されうるという，断固とした確信がその背後にあるのか，という点での相違があるからである．それに対応して，人間の救いへの探求を表すものとして，人間学的に方向づけられている「救いの道」という言葉と，目標の実現が保証されていて，救いが確実であることを表す神学的な「救いの道」とは，原則として区別されなければならない．

③ 人間学的に根拠づけることのできる救いへの探求と神学的に根拠づけられた救いの確実性との区別は，本質的にはキリスト教神学の諸原理に基づくものである．出発点は，イエス・キリストを仰ぎみて得られた「救いの確実性」（Heilsgewißheit）である．しかしこれを個人の「救いの保証」と混同してはならない．救いの保証は，誰も，キリスト者個人でさえも自分自身に与えることはできないのである（DS 1540 参照）．この意味で，キリスト者が非キリスト者より先立ってもっているものは何もない．

④ 他の諸宗教がそれぞれの仕方で普遍的な救いが確実であることを示そうとするならば，その根拠づけに際しては真理に対する顧慮がなければならない．キリスト教は，イエス・キリストにおいて唯一独特な人間の顔をもった救いの神との結びつきを真理として提起する．それに対して，他の多くの宗教は，単純に神について語るだけであり，究極的な現実が何の顔も何の名前ももっていない漠然としたものという宗教もある．しかし，諸宗教間の対話の目標は，キリスト者にとっても非キリスト者にとっても，主の到来（〔ラ〕adventus Domini）にあるのである．

【文献】LThK² 2: 112-15; 5: 73-80, 148-60, 161-63;

すくいぬし

LThK³ 1: 702; 2: 143-44; 4: 1252-56, 1258-64, 1336-48, 1355-57; SM(D) 2: 572-76, 638-64; SM(E) 5: 405-38; H. Waldenfels, ed., *Lexikon der Religionen* (Freiburg ²1988) 243-55; J. ヒック『神は多くの名前をもつ』間瀬啓允訳（岩波書店 1986）: J. Hick, *God Has Many Names* (Philadelphia 1982); 同『宗教多元主義』間瀬啓允訳（法藏館 1990）: Id., *Problems of Religious Pluralism* (London 1985); J. ヒック, P. F. ニッター編『キリスト教の絶対性を超えて』八木誠一, 樋口恵子訳（春秋社 1993）: J. Hick, P. F. Knitter, eds., *The Myth of Christian Uniqueness* (New York 1987); J. ヒック『宗教の哲学』間瀬啓允, 稲垣久和訳（勁草書房 1994）: Id., *Philosophy of Religion* (Englewood Cliffs ⁴1990); J. Daniélou, *Le mystère du salut des nations* (Paris 1948); J. Vicedom, *Jesu Verheißung für die Völker* (Stuttgart 1956); U. Valeske, *Votum ecclesiae* (München 1962); S. G. F. Brandon, ed., *The Saviour God* (New York 1963); H. de Lubac, *Geheimnis aus dem wir leben* (Einsiedeln 1967); W. Molinski, ed., *Die vielen Wege zum Heil* (München 1969); J. Ratzinger, *Das neue Volk Gottes* (Düsseldorf 1969); E. Klinger, ed., *Christentum innerhalb und außerhalb der Kirche* (Freiburg 1976); W. Kern, *Außerhalb der Kirche kein Heil?* (Freiburg 1979); N. Schwerdtfeger, *Gnade und Welt* (Freiburg 1982); H. Waldenfels, *Der Gekreuzigte und die Weltreligionen* (Zürich 1983); Id., *Begegnung der Religionen* (Bonn 1990); W. Strolz, ed., *Heilswege der Weltreligionen*, 3 v. (Freiburg 1984-87); P. F. Knitter, *No Other Name?* (Maryknoll, N. Y. 1985); M. Seckler, *Die schiefen Wände des Lehrhauses* (Freiburg 1988); Id., "Theosoterik: Eine Option und ihre Dimension," ThQ 172 (1992) 257-84; W. Ariarajah, *The Bible and People of Other Faiths* (New York 1989); E. Hillman, *Many Paths* (New York 1989); J. Dupuis, *Jesus Christ at the Encounter of World Religions* (New York 1991); K. Müller, W. Prawdzik, eds., *Ist Christus der einzige Weg zum Heil?* (Nettetal 1991); M. von Brück, J. Werbick, eds., *Der einzige Weg zum Heil?* (Freiburg 1993).

（H. ヴァルデンフェルス）

すくいぬし　救い主　〔ギ〕sōtēr, 〔ラ〕salvator, redemptor, 〔英〕savior, redeemer, 〔独〕Heiland, Erlöser, 〔仏〕sauveur

【救済と救い主】いずれの宗教も，不幸や悪や罪などといった否定的な生存状態からの脱出と，幸福で罪なき境地への到達とを目指している．そうした救いに至る道は，ごく大まかにいって自力救済の道と他力救済の道の二つに分けることができる．後者において，外部からの救いへの願望が神的・人間的形象に投影されるとき，救い主信仰が成立する．自力救済論も，それが宗教的救済論である以上は，人間の否定的転換と，そこでの神的力の介入を前提とする．そのようにみると，何ら救い主の形象にあたるものをもたない宗教は皆無といってよい．

【救い主の類型】「救い主」はもともと*キリスト教の概念であって，それが*宗教学において諸宗教に転用されるに至った．したがって，宗教学的な有効性をもつためには，救い主の概念は多様な救済者の類型を包含する必要がある．おそらく救い主を類型化するための第一の軸は，神性・人間性の軸であろう．また救い主の現臨が遠い過去か，未来においてか，あるいは歴史と現在のうちでか，といった時間の相も，類型化の基準の一つとなろう．

【救い主の諸形態】（1）いわゆる救済宗教からみると，人間の地上的・文化的生存状況はそのままで肯定しうるものではない．しかし，そもそも人間が自然的生存から文化的なそれへと移行しえたことは，一つの「救い」とみることができる．実際に多くの神話は，宇宙のカオスを引き裂き，人間の生存を可能とした神的存在を救済者的存在として描いている．カオスを表す竜と戦ったインドラ神やカナン神話の*バアル神などはその例であり，こうした原初の神々への信仰は，明らかに救済神信仰の性格をもっている．またことばや火や穀物を人間にもたらした半神的存在たる「文化英雄」も，この類型に属する．

（2）諸文明がある段階に達し，人間の内省的生活が熟してくると，現世を苦とし，別の世界に救いを求める狭義の救済宗教が生まれてくる．これとともに*救済論と呼ぶべきものがしだいに形をなし，また*救済史に類する観念が生まれてくる．そこでは救い主はしばしば，苦なる現在をいずれの日にか打ち破る未来的存在として表象される．また古代神話の宇宙論的側面も，救い主出現の終末論的背景として残存する．さらに救い主は，今や発展をみた倫理的宗教意識に応じて，善悪の裁き手とされることが多い．こうした救い主の典型としては，*ゾロアスター教のソーシャンス（ゾロアスターの秘められた精により処女懐胎され，未来において終末と審判を導くメシア）や，*ユダヤ教の*メシアがある．後者は元来ダビデ王家出身の民族の王とされたが，時代が下るとともに，超自然的・神的な*人の子と表象されるに至った．大乗仏教の未来仏である弥勒もやはりこうした救済者とみなしうる．我が国では6世紀以来，宗派を超えて弥勒信仰が盛んであり，中世から近世にかけては弥勒の来臨と「弥勒の世」の到来を願う民衆信仰が発展した．

（3）原初でも未来でもなく，歴史的過去のある時点において，また現在において，救い主の現前が語られる場合がある．*イエス・キリストはそうした意味での救い主であり，またやはり歴史的存在である仏陀（*シッダールタ）は，大乗の仏身論において超自然的救い主として基礎づけられた．現に生きている人間が救世主願望を引き受け，救済者信仰を生み出すさまは，今日の世界の*新宗教運動において生なましく目撃することができる．

【文献】RGG³ 2: 576-79; EncRel(E) 13: 418-26.

（深澤英隆）

【キリスト教】ヘブライ思想には明らかに神*ヤハウェはその民を罪と異民族の圧迫から解放し，救いをもたらす神であるという考え方があった．この考え方はヤハウェがメシアを遣わすという考え方，メシアへの期待，メシア主義につながっていき，それが*ダビデの子孫からのメシア出現，あるいは*神の僕の考え方に結びつくようになった．しかし*七十人訳聖書が成立した時代以後，ヘレニズム世界との接触によってギリシア的救世主（ソーテール sōtēr）の考え方に対応する意味合いが生まれてきたことは事実である．だがメシアは救い主とは同一化されなかった．初期キリスト教の時代，ローマ帝国では皇帝を「救い主」（sōtēr）として崇拝する慣習が生まれたので，イエス・キリストを「真の救い主」として掲げるようになった．

七十人訳旧約聖書でソーテールは神のみに対して使われている（申 32: 15, 代上 16: 35; 詩 24: 5; 25: 5; 27: 1, 9; 62: 2, 7; 65: 6; 79: 9; 95: 1; ミカ 7: 7; イザ 12: 2; 17:

10; 25: 9; 62: 11). 特にイザヤ書45: 21の次の言葉は重要である. 「わたしをおいて神はない. 正しい神, 救いを与える神はわたしのほかにはない」. ヘブライ語原文では「わたしの救いの神」といわれているものが, ギリシア語聖書では「わたしの救い主である神」(ho theos ho sōtēr mou) となっている. しかしメシアはソーテールとは呼ばれていない.

新約聖書ではソーテールは24回使われているが, それらのうち16回がキリストを指し, 8回が神を指している. さらにこの語の用例は新約聖書中でも後期の文書に集中し, *司牧書簡で10回, 2ペトロ書で5回使われている. 共観福音書のなかではルカだけがこの語を2回使っている. 天使たちが羊飼いたちに現れて救い主の誕生を告げる場面(2: 11)と*マリア賛歌のなか(1: 47)である. しかし*ザカリアの歌(ルカ1: 68-79)においては,「救い主」ではなく「救い」(ソーテーリア sōtēria) が神によって約束された業として使われている. マタイ福音書の誕生物語でも天使がヨセフに対して「その子をイエスと名付けなさい. この子は自分の民を罪から救うからである」(マタ1: 21)と告げている.

ルカ福音書の場合は, 明らかにローマの皇帝崇拝が皇帝を救い主としてあがめていたのに対抗して, キリストが救い主であることを宣言している. ヨハネ福音書では「救い主」(sōtēr) は1回だけ, サマリアの女の信仰宣言のなかで使われている. 4章22節でイエスが彼女に対して救いがユダヤ人から来ること, また, 真の信仰者が霊と真理で礼拝するときが訪れることを教え, さらに彼女に答えてキリストと呼ばれるメシアが自分であることを教えるようになっている. パウロの手紙のなかではソーテールはわずかに2回, フィリピ書3章20節とエフェソ書5章21-33節でしか使われていない. これらの箇所ではキリストが「救い主」とされている.

司牧書簡の用例では, ソーテールが神に対して6回, キリストに対して4回使われている. 神は真に生きている神であり,「すべての人, 特に信じる人々の救い主」であり, 救いの使信を伝えるために宣教するよう命じられたのであり(テト1: 3), 信者の道徳的生活は「救い主の教え」を輝かせることになる(同2: 10). キリストを救い主とした箇所は2テモテ書1章10節を除いてすべてテトス書のなかにある. 2テモテ書1章10節では神の永遠からの恵みが救い主イエス・キリストの出現によって明らかにされたと述べられ, テトス書3章4節では救い主のなかに神の慈しみと人間に対する愛が現れたとされている. 救い主キリストを通して聖霊が豊かに注がれ, 信者は義とされ, 永遠の命を受け継ぐ者となったのである(テト3: 5).

ヘブライ書2章10節ではイエスは「救いの創始者」(arc hēgos tēs sōtērias)と呼ばれ, 数々の苦しみを通して完全な者になったといわれている. 1ヨハネ書4章14節は以下のように述べている. 「わたしたちはまた, 御父が御子を世の救い主として遣わされたことを見, またそのことを証ししています」.
【文献】LThK² 5: 80-82; NCE 12: 1105-106; ThWNT 8: 965-1024; O. CULLMANN, *Die Christologie des Neuen Testamentes* (Tübingen 1958). （高柳俊一）

すくいのれきし　救いの歴史 → 救済史

スクートかい　スクート会 → 淳心会

スクポリ　Scupoli, Lorenzo (1530頃-1610. 11. 28)　イタリアの霊性著述家. *ナポリ王国の港町オトラント(Otranto)に生まれる. 洗礼名はフランチェスコ(Francesco). 1569年, ナポリで*テアティニ修道会に入るが, それ以前の経歴は不詳. *アンドレア・アヴェリーノのもとで修練, 1571年に盛式誓願(→ 修道誓願), 1577年司祭叙階. イタリアの諸都市で修徳, 司牧, 著作に励んだ. 1585年に同修道会から*還俗処分を受けたが(同僚の嫉妬による中傷が原因), 生涯同会の修道院に寄居し, 瞑想生活に浸りつつも多くの人に深い感銘を与えた. 1589年に匿名で著した『霊の戦い』(Il combattimento spirituale)の1冊を贈られた当時パドヴァで勉学中の*フランソア・ド・サルは同書を高く評価し, 自著のなかで言及している. この書にスクポリの名をつけた初版は, 彼がナポリで死ぬ1610年*ボローニャで刊行された. 心理的に繊細な筆致と聡明さを示す優れた霊的書物であり, 諸国語訳がある.
【邦訳】*Certamen Spirituale*, 1913: 渋谷治訳『心戦』(カトリック思想科学研究所1937).
【文献】カ大3: 19; キ人767; キ百科919; Bremond 7: 52-57; EC 11: 203-204; LThK² 9: 554; NCE 13: 13.
（田渕文男）

スクルティニウム → 司祭叙階式, 修道誓願式, 洗礼

スクルテトゥス　Scultetus, Abraham (1566. 8. 29-1624. 10. 24)　ドイツの改革派神学者, 牧師, 教会著作家. 1595-98年*ハイデルベルクの宮廷説教師. 1618年*ハイデルベルク大学旧約学教授. *ドルトレヒト会議に代表として出席. 1619年, 選帝侯フリードリヒ5世(Friedrich V, 1596-1632)に随行し*プラハに赴くが政変により1622年, エムデン(Emden)に亡命, 同地の牧師になる.
【文献】RGG³ 5: 1628; LThK² 9: 554. （榎本昌弘）

スクレ　Sucre (Sucrensis)　ボリビア共和国の大司教区. 1551年, 司教区, 1609年, 大司教区となる. 1924年までの旧名はラ・プラタ(La Plata). 1964年にサンタ・クルス(Santa Cruz)ほか七つの属司教区を有した. スペイン植民地時代, ここは南米のなかで最も重要な*司教座の一つであり, 現在のボリビア, アルゼンチン, チリ, パラグアイ, ウルグアイに*裁治権を行使していた. （伊能哲大）

スクロソッピ → ルイジ・スクロソッピ

スケヌテ　Schenute (Sinouthios) (350頃-466) エジプトの修道院長. 上エジプトのアクミン(Achmin)に近いアトリペ(Atripe)にある修道院(現在「白修道院」Deir el Abiad と呼ばれる)に入り, 長きにわたって同修道院の院長を務め, エジプトにおける*修道生活, 教会生活に大きな影響を及ぼした. コプト文学の初期の偉大な著作家としても知られる. ギリシア語の文献に言及されることはなく, 彼の生涯を知る資料はコプト語の文献のみ. *パコミオスの*修道会会則をもとに, 時代に即応した形の生活規則を作成, 非常に厳格な生活を修道士たちに求めた. *アタナシオス, *テオフィロス, *キュリロス, *ディオスコロスといったアレクサンドリアの司教とも密接な関係を保ち, *エフェソス公会議の

際にはキュリロスに同行したものと思われる．修徳，修道生活に関する説教，要理講話のほか，多くの手紙が現存．*ネストリオスや*オリゲネス派に対する駁論も著している．

【主著】校訂版: CSCO 41, 42, 73; E. C. AMÉLINEAU, *Oeuvres de Schenoudi*, 2 v. (Paris 1907-14).

【文献】キ人 652; LThK² 9: 390-91; DPAC 3110; J. LEIPOLDT, *Schenute von Atripe und die Entstehung des national-ägyptischen Christentums*, TU 25/1 (Leipzig 1903). 　　　　　　　　　　　　　（小高毅）

スケープゴート　〔英〕scapegoat, 〔独〕Sündenbock, 〔仏〕bouc émissaire

【語義】旧約聖書（レビ16章）によると，古代イスラエルでは山羊を燔祭（*焼き尽くす献げ物）に付したり，野に放逐することにより，人間の罪を祓う儀礼習慣があった．ここから「贖罪の山羊」を意味するこの語は，人間の身代わりとなって罪過を背負うものを一般に表すようになった．

【宗教史における例】単なる宥和儀礼と異なり，スケープゴートの観念を含む*儀礼は，この罪や災いの転移と，それによるカタルシス効果という要素を含んでいる．スケープゴートとなる存在としては，山羊のみならず，さまざまな動物がある．また人間が生贄（にえ）とされる例は，アフリカ，古代ギリシア・ローマ，南米など，世界各地でみられた．犠牲となる人間は，奴隷，捕虜，身体障害者などの弱者のみでなく，逆に容貌や霊能，身分などにおいて秀でた者がその対象となることも少なくない．古代社会における儀礼的「王殺し」，ことに「模擬王」の殺害などは，スケープゴートの色彩が濃い．さらに植物や無生物，人形などに人間の罪過が託されることもある．スケープゴートの心理は今日の世俗社会にもみいだされるものであり，我々はそれをつねに自覚する必要があろう．

【文献】EncRel(E) 13: 92-95. 　　　　　　（深澤英隆）

スコット　Scott, George Gilbert　(1811. 7. 13-1878. 2. 27)

イギリスの建築家．「ゴシック・リヴァイヴァル」（ゴシック建築復興運動）の代表者の一人で，イギリス全土を舞台に精力的な設計活動を展開するとともに，多数のゴシック聖堂・大聖堂の修復も手がけた．ただしスコットは中世への回帰を目指したわけではなく，古典主義様式に比べ，より合理的で自国の伝統により深く根ざしているという理由から，ゴシック様式を彼の時代の建築の手本としたのである．聖堂建築だけでなく，*ロンドンのセント・パンクラス駅および駅ホテル(1868-74)のような世俗建築にもこの様式を応用している．ほかにケンジントン公園のアルバート公記念碑(1862-72)，首相パーマストンの要請でやむなく古典主義様式を採用した外務省庁舎(1862-73)などがある．

【文献】鈴木博之『建築家たちのヴィクトリア朝』（平凡社 1991）96-108; K. CLARK, *The Gothic Revival* (London 1928 ²1962) 173-91. 　　　　　（高橋裕子）

スコット　Scott, Walter　(1771. 8. 15-1832. 9. 21)

スコットランドの小説家，詩人，歴史家．弁護士の子として*エディンバラに生まれエディンバラ大学に学ぶが，学業を全うせずに弁護士として世に出る．同時に早くからスコットランドの伝承物語やバラッドに興味を抱き，各地を旅行してその収集にいそしんだ．またフランス，イタリアの古詩や近代ドイツの詩にも関心を示し，その英訳を出版する．1797年にフランス王党派の亡命者の娘シャーロット・カーペンター (Charlotte Carpenter, 1770-1826) と結婚，2年後にはセルカーク (Selkirk) の知事代理となる．この間もバラッドへの興味は続き，これが『スコットランドの国境の吟遊詩人の歌』(Minstrelsy of the Scottish Border, 1802-1803) に結実するとともに，ロマンティックな詩集『最後の吟遊詩人の歌』(The Lay of the Last Minstrel, 1805) が発表される．1806年スコットランド最高裁の書記となる一方，出版者バランタイン (James Ballantyne, 1772-1833) の共同経営者となり，自作をすべてこの出版社から出すことを約す．1808年物語詩『マーミオン』(Marmion) を発表，その後約10年間にわたり『湖上の麗人』(The Lady of the Lake, 1810)，『ロウクビー』(Rokeby, 1813) などの詩を次々と世に送る．また前記バランタインの弟の出版社に資本金を提供，共同経営者となるとともに，1812年エディンバラの南アボッツフォード (Abbotsford) に敷地を買って邸宅を建てた．また1813年桂冠詩人 (Poet Laureate) に推されるも，これを辞退する．

1810年代半ばからは自己の詩才に見切りをつけて散文物語の執筆に転じ，匿名でほとんど毎年作品を発表する．その最初の小説が『ウェイヴァリー』(Waverley, or 'Tis Sixty Years Since, 1814) で，以後の作品が「ウェイヴァリーの作者」(The Author of Waverley) の名で出版されたため，彼の小説は「ウェイヴァリー小説」(Waverley Novels) と総称される．またこの時期に書かれた小説はほとんど歴史に材を採ったもので，代表作としては『ミドロジアンの心臓』(The Heart of Midlothian, 1818)，『ラマムアの花嫁』(The Bride of Lammermoor, 1819)，『モントローズ綺譚』(A Legend of Montrose, 1819)，『アイヴァンホー』(Ivanhoe, 1819) などがあり，同種の小説は1820年代後半まで精力的に発表された．この間，1820年には男爵に叙せられるが，1826年前記の共同経営出版社が破産，スコット自身12万ポンドの借財を負い，以後死ぬまでこの返済に専心し，ついに完済したとされる．1831年から病気保養のためイタリアへ旅行，翌年帰国したが，アボッツフォードの自邸で死去した．

スコットの文学活動の中心をなすのは歴史小説で，その描写は華麗にして読者を引きつけるものの，人物造型などが浅薄で型にはまり，小説として一流とは言い難いとされる．詩に関しても同様の評価があるが，面白さという点では小説も詩も高い評価を与えられるだろう．また歴史や文学，考古学的な事実に関するスコットの造詣は深く，『イングランドとスコットランドの国境地帯の遺物』(The Border Antiquities of England and Scotland, 1814-17) や『小説家の生涯』(Lives of the Novelists, 1821-24)，あるいは『ブリタニカ百科事典』(Encyclopaedia Britannica) のなかの*騎士道とロマンスについての論文(1814, 1822) などは優れたものである．なお彼はヴィクトリア朝初期の*オックスフォード運動にも影響を与えた．

【主著邦訳】玉木次郎訳『ミドロジアンの心臓』全3巻（岩波書店 1956-57）; 菊池武一訳『アイヴァンホー』全2巻（岩波書店 1964）; 島村明訳『モントローズ綺譚』（松柏社 1979）.

【文献】NCE 12: 1238; T. CRAWFORD, *Scott* (Edinburgh 1982). 　　　　　　　　　　　（小林章夫）

スコットランド　Scotland

【概要】ブリテン島ソルウェイ湾とチェビオット丘陵以北の地域を指す．イングランド（→イギリス）との関係は深く，1707年，イングランドとともに連合王国となったが，スコットランドは独自の歴史と伝統をもつ国家であり，民族的にも異なっていた．実際，イングランドによって征服されたアイルランドとは異なり，17世紀にスコットランド王がイングランド議会に要請されてその王位を継承し，双方の王を兼ねたことを発端として連合王国が成立し，その後，スコットランド議会はロンドンの議会に統合され消滅したが，現在，*エディンバラに議会が復興され，連合王国政府はスコットランドに最大限の自治を許す方針を打ち出している．スコットランドは古くはローマ人によってカレドニア（Caledonia）と呼ばれていたが，現在の名は，*ケルト人が定住した南西部の名称「スコティア」（Scotia）に由来する．*ローマ帝国の版図はスコットランドまでは及ばなかったものの，スコットランドが歴史に登場したのはローマ帝国との接触を契機としている．スコットランド史の黎明期はローマ文化をもたらした*キリスト教によって支えられている．これを伝えたのはケルト人宣教師であった．

【キリスト教の伝播と初期の教会】スコットランドにキリスト教がもたらされたのは5世紀初めの頃と考えられる．名前が後世に伝えられた最初の宣教師*ニニアンは*ローマでの教育を終え397年頃，現在のスコットランド南西部ホイットホーン（Whithorn）に*修道院を創立し，イングランド北西部カンブリア（Cumbria）に宣教，その後ここを拠点にスコットランド中部・南部のピクト人への宣教が進められたようである．543-60年，*ケンティガーンらが*グラスゴーに教会を建設し，563年に*コルンバがアイルランドから*アイオーナ島に到来するとスコットランド南部および中部・北部ハイランド（Highland）への宣教活動が本格化した．アイオーナ島を拠点としたコルンバと同僚たちは，インヴァーネス（Inverness）を首都とするハイランド王国のピクト人王ブルード（Brude）を改宗させ，これを機にキリスト教はスコットランドの隅々まで伝わった．

ニニアンとコルンバによって建てられたスコットランド教会はケルト的キリスト教を反映しており，ローマとのつながりはもっていたものの地理的に遠く，部族的組織を持ち込んだ修道院を中心とする独自の特徴をもっていた．ローマから派遣された宣教師たちがイングランドで活動し始めると，習慣等の問題で対立が起こり，特に*復活祭の日づけの決定法をめぐる問題で*ホイットビ教会会議が開かれ（664），*西方教会に行き渡った習慣の採用が決められた．アイオーナ島の修道院長*アダムナヌスがこの決定の実施を推し進め，710年ピクト人王ネクタン（Nechtan）がローマの習慣に従うよう命令を出してから徹底された．

しかし，スコットランド全土はまだ完全に統一されていなかった．8世紀末から9世紀の北欧民族の侵入があり，これを機にピクト人とスコットランド人を統合したアルバ王国が成立した（843）．しかし，たび重なる侵入と略奪によりシェトランド（Shetland）や，オークニ（Orkney）の教会が破壊され，その結果，従来アイオーナ島にあったスコットランド教会の主座は中東部ダンケルド（Dunkeld）に移された．865年，ダンケルドの大修道院長がアルバ王国の首席司教と呼ばれるようになる．さらに900年に教会の首座はエディンバラの北東のセント・アンドリューズ（Saint Andrews）に移された．9-10世紀の混乱の時代，スコットランド教会にはある程度の司教区制度も成立していたらしいが，ケルト的キリスト教に由来する修道院中心の古い制度がまだ残されていたようである．11世紀にはアルバ王家から出たダンカン1世（Duncan I，在位1034-40）がスコットランド全土を統一し，スコットランド王国を樹立した．

【中世】〔西方教会への統合〕1070年頃，マルカム3世（Malcolm III，在位1057-93）の妃でイングランド出身の*マーガレットの尽力により，スコットランド教会の整備と改革が始められた．彼女はイングランド教会のカンタベリ大司教*ランフランクスに修道士の派遣を要請し，ダンファームリン（Dunfermline）に当時の*ベネディクト会の改革を取り入れた修道院を設立させた．彼女によるスコットランドの修道院改革は制度面のみならず，建築，芸術，古典教育に革新をもたらすものであった．彼女は改革推進のため，自分の*聴罪司祭サーゴット（Thurgot）をセント・アンドリューズの司教に任命したが，同時に従来のケルト的伝統にも配慮を示している．マルカム3世と彼女の息子である国王たち，エドガー（Edger，在位1097-1107），アレグザンダー1世（Alexander I，在位1107-24），デイヴィッド1世（David I，在位1124-53）は，マーガレットの改革政策を推進し，特にデイヴィッドは多くの修道院を建設するとともに，ローマ教会の制度に基づいて*司教区を再編成した．彼が没した頃には，スコットランド教会はケルト的伝統を脱却し，完全に西方教会の一部となっていた．

スコットランド王家とイングランドのノルマン王家（1066-1135）との確執は，スコットランド教会の位置づけに少なからず影響を与え続けた．スコットランド教会には首座司教が存在せず，管区教会会議によって統治されていたが，イングランドの*カンタベリと*ヨークの大司教がそれぞれスコットランド教会に対する*裁治権を主張したからである．1192年，教皇*ケレスティヌス3世の勅書『クム・ウニヴェルシ』（Cum universi）により，アバディーン（Aberdeen），アーガイル（Argyll），ブレチン（Brechin），ケイスネス（Caithness），ダンブレイン（Dunblane），ダンケルド，グラスゴー，モレー（Moray），ロス（Ross），セント・アンドリューズがローマ直属の司教区，オークニ，アイルズ（Isles）がノルウェーのトロンヘイム大司教区所属教区となり，ホイットホーンはヨーク大司教区の管轄に入ることになった．このような事情からスコットランドの司教たちはイングランドに対するスコットランド王家の独立姿勢をつねに支持し，1296年イングランドのエドワード1世（Edward I，在位1272-1307）がスコットランド侵略を企てると強く反対した．教皇*ヨアンネス22世宛のスコットランド独立宣言にも司教たちの署名がある．

〔中世末期の諸問題〕12-13世紀，スコットランドにさまざまな*修道会が大陸から渡来して大きな広がりをみせ，主な修道会が揃った．例えば，*ドミニコ会は国王アレグザンダー2世（Alexander II，在位1214-49）の招きで1230年に渡来し，翌年には*フランシスコ会が到着した．これら*托鉢修道会はスコットランドにおける学問水準の向上に寄与したばかりでなく，信仰生活の深化にも貢献した．しかし，百年戦争（1338-1453）およびイングランドとの紛争により，これらの修道会と大陸との関係は断絶し，財政難と知的荒廃が進んだ．*ペストの流行は一般民衆よりも*教区司祭を襲い，その数の減少は教会に容易に回復できない打撃を与えた．さらに中世

スコットランド

末の *教会大分裂が広範なモラルの低下と規律の乱れをもたらした.

しかし, 最大の問題は, 修道院や諸施設の拡充資金として *小教区の収入が使われたために教区司祭用の基金が大幅に不足し, 大学教授の司祭と教区司祭とが *聖職禄を奪い合う事態が生じたことであった. 1487 年, 教皇 *インノケンティウス 8 世はジェイムズ 3 世 (James III, 在位 1460-88) に司教と修道院長を任命する権利を与えたが, これが政治的, 経済的なご都合主義と *ネポティズムを助長することになった. 例えば 1497 年に, ジェイムズ 4 世 (James IV, 在位 1488-1513) は聖職者でもない弟をセント・アンドリューズ大司教に任命, 弟が没すると 11 歳の自分の婚外子を任命した. また, ジェイムズ 5 世 (James V, 在位 1513-42) は 1533 年に, 教皇 *クレメンス 7 世にこの大司教区と他の二つの司教区が 3 人の婚外子に与えられるよう要請した. この時代の司教たちは神学的な素養も不充分で, 教会改革への意欲も欠如しており, 互いの対抗心を募らせるばかりだった. 1472 年のセント・アンドリューズの管区大司教座昇格は強い反発を招き, 1492 年にはグラスゴーにも同等の地位を与えなければならなくなった. 修道院長には貴族の *信徒が任命されることが多くなり, 修道院の収入を受け取って外部で生活するようになっていった. 一般に *高位聖職者と一般の *司祭・*修道者の間の社会的格差は広がった. しかし, このような弊害にもかかわらず, 教会は文化と教育を提供し, 世俗法では受けることのできない場合の保護を *教会法は民衆に与えていた. さらに教区司祭と修道会司祭の双方に *人文主義に対する関心が高まり, 改革への気運が起こった.

【宗教改革から連合王国成立まで】1513 年, イングランド軍と戦っていたスコットランド王ジェイムズ 4 世がフロデン (Flodden) で戦死し, 息子のジェイムズ 5 世が即位したが, 幼少であったため摂政が必要になった. 貴族と司教たちはオールバニ公 (John Stewart, Duke of Albany, 1481-1536) を支持する派と王妃マーガレット・テューダー (Margaret Tudor, 1489-1541) を支持する派に分かれ, 争いはしばらく続いたが, ジェイムズ 5 世は若くして 1545 年没した. オールバニ公はフランス育ちであり, 当時のイングランド王 *ヘンリ 8 世は反フランス政策をとっていた. 1533 年, イングランド国教会(→聖公会) を設立したヘンリ 8 世はスコットランドがフランスの影響下に入るのを嫌い, ジェイムズ 5 世の王妃であるギーズのメアリ (Mary of Guise, 1515-60) がスコットランド女王 *メアリ・ステュアートの摂政として勢力をもったのに対抗してプロテスタントに同調した. さらにヘンリ 8 世は, フランスの勢力下に入るのを嫌ったスコットランド貴族に働きかけて反乱を起こさせた. カトリックの司教たちはフランス側につき, イングランドから入ってくるプロテスタント勢力に対抗して厳しい姿勢をとるようになった.

ヘンリ 8 世の死後に即位した *メアリ・テューダーの短い治世の間, プロテスタント支持の有力貴族たちは国境を越えてスコットランドに亡命するようになった. 同時にスコットランドでは, フランス王と教皇 *パウルス 4 世にくみしてイングランドに攻め入ろうとしたギーズのメアリがカトリック, プロテスタント双方の貴族の支持を失った. 1558 年, *エリザベス 1 世がイングランド女王となると, スコットランドのフランス支持者一掃が急務となった. 1559 年, スコットランドのプロテスタント貴族たちの要請を受けて, エリザベスは派兵, エディンバラを占領した. 1560 年 6 月ギーズのメアリが没し, 同年 8 月, スコットランド議会は教皇の権威を否定する法案を通過させ, 11 世紀以上にわたるスコットランド教会の歴史は終わった.

フランス王 *アンリ 2 世の没後フランス王を兼ねていたメアリ・ステュアートは 1561 年, フランスから帰国するが, もはや歴史の流れを変えることはできず, 1567 年退位を余儀なくされた. しばらくの間, プロテスタント側内部での不一致もあり, *長老制とともに司教制と国王の支配を存続させる妥協策が模索されたが, カトリック教会と司教制は解体され, 司教の多くは従来の信仰を棄てた. しかし, セント・アンドリューズ大司教 J. *ハミルトンは処刑され (1571), フランスに逃亡していたグラスゴー大司教ビートン (James Beaton, 1517-1603) は枢密院によって国事犯と宣言された (1574). 司祭の多くが棄教し引退したが, 国外に亡命した者もいた. 多くの教会財産が略奪, 破壊され, 1587 年には司教区ならびに修道院の土地建物は国王のものであると宣言され, 1582 年アバディーン大学, グラスゴー大学, *セント・アンドリューズ大学は改組されてエディンバラ大学とともにプロテスタントの大学となった.

*カトリック改革はスコットランドにほとんど影響を及ぼさなかった. *パリやドゥエー (Douai) で教育を受けた教区司祭と *イエズス会の司祭が北部の有力な貴族を再びカトリックに取り戻すことに成功したが, この運動は非合法なものであった. エリザベス 1 世の死後, イングランド王とスコットランド王を兼ねた *ジェイムズ 1 世 (スコットランド王としては 6 世) はスペインの脅威を感じ, カトリックの反乱を恐れていた. またプロテスタント貴族も王がカトリック支持を匂わせることに敏感であり, 不穏な情勢であった. この時期, 一部地域での迫害によりイエズス会司祭 *ジョン・オジルヴィがグラスゴーで処刑されている. 当時, *教皇庁の関心は, フランス, スペイン, ドイツ, *低地諸国に向かっていたが, 1622 年の布教聖省 (現福音宣教省) の設立以降, カトリックから離れた国々に対して現実的な政策がとられるようになった. 以後, 宣教師たちは信者の司牧に専念して政治活動を避けるようになり, 布教聖省は彼らを財政的に援助した. 1653 年, スコットランド人の教区司祭は *知牧区に統合され, 新たな歩みを始めた. ローマと *マドリード (後にバリャドリード Valladolid に移転) に設立されたスコットランド学院は, 司祭養成の拠点となった. アイルランドのフランシスコ会員がゲール語 (ゲーリック) を話す島々と高地の人々に対して司牧を始め, 続いてイエズス会員やベネディクト会員が全土で活動するようになった. その結果, 1694 年, スコットランドは *代牧区に昇格し, 1731 年西部と北部のハイランドのゲール語圏とそれ以外の東部ローランド (Lowland) の二つの管区に分割される.

ところで, イングランド王 *チャールズ 1 世によるスコットランドへの *英国教会祈祷書の導入は長老派の反発を招き, 長老派は *ピューリタンと結ぶことになった. スコットランドではイングランド国教会とカトリック教会が禁止され, 1690 年, スコットランド教会は長老制を公認した. イングランド議会による名誉革命はカトリックに同情的なジェイムズ 2 世 (James II, 在位 1685-88. スコットランド王としては 7 世, 在位 1685-89) を追放した. 17-18 世紀, 神学校はローランドではスカラン (Scalan), ハイランドでは最終的にリズモア (Lismore) に置かれ, 困難な時代の司祭養成に重要な役割を

果たしていた.

【カトリック教会の再生】ステュアート王家の命運が尽きたとき，カトリックに対して寛容な雰囲気が生まれ始め，1793年カトリック救済法 (Catholic Relief Bill) が可決された．さらに＊フランス革命を機にイギリス政府は司祭・修道女などのフランスからの亡命者に居住を許すようになった．当時，パリとドゥエーの神学校が失われたことで神学校の再編も急がれ，最終的には1829年アバディーンに建てられたブレアーズ・コレッジに統合された．

18世紀末から19世紀にかけての経済的・社会的変動は，スコットランドにおけるカトリック人口の変化を促した．18世紀末にカトリック信徒の一部はスコットランドからカナダへ移住したが，1798年のアイルランドでの反乱鎮圧後にはアイルランドのカトリック信徒がスコットランド南西部，特にグラスゴーに多数移住した．1800年にスコットランドのカトリック人口は3万だったが，1827年に7万を数え（うち2万5,000がグラスゴーに居住），さらにアイルランド飢饉の結果，1851年には14万人，1878年には33万2,600人（うち22万2,300人がグラスゴーに居住）となった．移民たちは貧しく，コレラやチフスの蔓延に加えて反カトリック暴動がしばしば発生した．さらに移民とともに渡来した司祭とスコットランドの司教たちとの間にも緊張が高まった．こうして従来は北東部に教会の中心があったのに対して，大きなカトリック人口を抱えるようになった南西部へと比重を置き換えるような組織改革の必要性が明らかになってきた．1878年，教皇＊レオ13世はセント・アンドリューズとエディンバラを一つの管区として大司教区に昇格させ，これに四つの属司教区を振りあてた．グラスゴー大司教区は教皇庁直轄とされた．教皇＊ピウス12世は1947年5月25日，グラスゴー大司教区を管区大司教区とし，マザーウェル (Motherwell) とペイズリ (Paisley) をその属司教区とした．現在，スコットランドの約14％がカトリックであり，大部分はグラスゴー大司教区の管区内に居住している．司祭養成機関は現在，ローマの教皇庁立スコットランド学院のほか＊サラマンカとパリにあり，国内ではグラスゴーにある．カトリック高等教育機関としてはグラスゴーのセント・アンドリューズ教育大学をあげることができる．

【現勢】1998年現在，カトリック信者数：71万3,539．大司教区：2．司教区：6．小教区：458．教区司祭：662．修道司祭：159．信徒修道士：263．修道女：732．

【文献】NCE 12: 1229-35; N. M. DE S. CAMERON, ET AL., eds., *Dictionary of Scottish Church History and Theology* (Edinburgh 1993); G. DONALDSON, *Scotland: Church and Nation through Sixteen Centuries* (London 1960); N. K. CHADWICK, *The Age of the Saints in the Early Celtic Church* (London 1961); J. BULLOCH, *The Life of the Celtic Church* (Edinburgh 1963); P. F. ANSON, *Underground Catholicism in Scotland 1622-1878* (Montrose 1970); D. MCROBERTS, ed., *Modern Scottish Catholicism 1878-1978* (Glasgow 1979); J. COONEY, *Scotland and the Papacy* (Edinburgh 1982); C. JOHNSON, *Developments in the Roman Catholic Church in Scotland, 1789-1829* (Edinburgh 1983); T. GALLAGHER, *Glasgow: The Uneasy Peace* (Manchester 1987); C. JOHNSON, *Scottish Catholic Secular Clergy, 1879-1989* (Edinburgh 1991).　　　（高柳俊一）

スコットランドきょうかい　スコットランド教会

グレート・ブリテン島の北部を占める，スコットランド地方への最初のキリスト教宣教は397年にブリテン人ニニアン (Ninian) が，＊アイオーナ島ホイットホーン (Whithorn) に石造教会堂を建立したのが始まりである．＊コルンバヌス（6世紀後半），リンディスファーンの＊エイダン（7世紀）などケルト系の宣教師によって宣教が進められていたが，664年の＊ホイットビ教会会議で＊ローマ典礼を取り入れてからはしだいに＊ケルト典礼の色彩は薄く，11世紀以降ローマ・カトリック教会の影響下に再編された．16世紀になると＊ルターやスイスの宗教改革の影響を受け，J. ＊ハミルトン，＊ウィシャートの遺志を継いだ J. ＊ノックスにより，＊カルヴィニズムを基礎とする改革が実現，スコットランド信仰告白 (Scots Confession) と『規律の書』(Book of Discipline) による長老派の教会改革が達成され，スコットランド国教会 (Church of Scotland) が成立した．後に主教制が導入され，争いが絶えなかったが，1643年，＊ウェストミンスター会議の結果，長期議会との間に厳粛同盟を結び，＊ウェストミンスター信仰告白と『＊ウェストミンスター教理問答』を受理し，＊長老派教会に落ち着くこととなった．19世紀に至り長老派教会一致の動きが高まり数回の合同を経て，1929年に現在のスコットランド国教会が母体として形成されることとなった．

【文献】キ大 592；平大百科 8: 17；キ百科 920-21；*Dictionary of Scottish Church History and Theology* (Edinburgh 1993) 183-85.　　　（高橋章）

スコトゥスがくは　スコトゥス学派　〔ラ〕Scotistae, 〔英〕Scotists, 〔独〕Scotisten, Skotisten, 〔仏〕scotistes

【概要】スコトゥス学派とは，＊ドゥンス・スコトゥスの哲学・神学思想を肯定する立場であるが，その影響に基づいて形成された立場や広く類似・関連する立場をも指す．当初は主に彼の属した＊フランシスコ会の一部の神学者たち（→フランシスコ会神学派）に支持された立場であったが，しだいにカトリックだけでなく，プロテスタントの教職者や学者にまで影響は及んだ．時代の推移とともにスコトゥス主義とスコトゥス自身の説との間に多少のずれが生じたが，哲学的には存在の一義性，＊個体化の原理，＊形相的差異，＊質料の現実態性などの観点によって，神学的にはこの世に偶然的に関わる神の自由な意志の可能性を強調し，神への愛に人間の実践的規範の根拠と究極的至福を認める彼の基本的立場から特徴づけられる．神学史的には，神の＊愛に基づくキリストの＊受肉の理解と＊マリアの無原罪説が注目される．

【スコトゥス以後】初期のスコトゥス主義は生前のスコトゥスから直接影響を受けた世代による．オックスフォードではオールンウィクの＊グイレルムスとカウトン (Robert Cowton, 1275頃-1300) が，パリではスコトゥスの直弟子である＊アントニウス・アンドレアス，アンフレドゥス・ゴンテリ (Anfredus Gonteri, ?-1325以後)，アスコリの＊ヤコブス，特にスコトゥス主義の発展に寄与したメーロンヌの＊フランシスクスなどが，多少の変更を加えながらもスコトゥスの説を継承した．ほかにバソリスのジョン (John of Bassolis, ?-1347)，ニューカッスルの＊フーゴ，アクイラのペトルス (Petrus de Aquila, ?-1361)，＊カラッチョロ，マルカの＊フランシスクスらがスコトゥス主義者として数えられる．初期の

スコトゥスしゅぎ

スコトゥス主義は*オッカムに基づく*唯名論に対立する立場として位置づけられた.

【16-17世紀】16世紀には印刷術の発達に伴い，スコトゥスおよび初期のスコトゥス主義者の著作が編集し直され，多くの注解書，スコトゥス関連の学術雑誌およびスコトゥス辞典なども現れた．このようなスコトゥス主義の復興には，ペトルス・タルタレトゥス (Petrus Tartaretus, ?-1509/13)，アイルランドの*コンベンツアル聖フランシスコ修道会の会員オファイリ (Maurice O'Fihely, 別称 Mauritius de Portu Fildaeo, 1460-1513)とイタリア人のトロンベッタ (Antonio Trombetta, 1436-1517)，*リケトゥスなどの努力がある．

1550年以降の*カプチン・フランシスコ修道会が，スコトゥスではなく*ボナヴェントゥラに戻る主旨をとったのに対して，フランシスコ会は1593年スコトゥスを会の博士と宣言した．16世紀の終わりまでにはサラマンカ，アルカラ，コインブラ，ローマ，パドヴァ，パリ，ルーヴァン，ブタペスト，クラコフなどの諸大学でスコトゥス主義は大きな勢力をもつことになった．1633年のフランシスコ会の総会で，スコトゥス主義の要綱の作成と，それに基づいて会の哲学講義がなされることとなり，スコトゥスの全集の発刊が命ぜられ，1639年には，アイルランドの*ウォディングを中心とする会員たちにより，12巻のスコトゥス全集が*リヨンで発刊された．このような会の方針に沿って，17世紀にはC. *フラッサン等によって各種のスコトゥス主義の解説書が書かれ，トマス主義との異同が盛んに論じられた．

【18世紀以降】18世紀初頭のドイツにおいてスコトゥス主義はC. *ヴォルフの哲学に影響を与えたが，*カントによるその批判は*スコラ哲学への批判として受け取られた．19世紀初め，*ルター教会の神学者バウムガルテン・クルジウス (Ludwig Friedrich Otto Baumgarten-Crusius, 1788-1843)も『スコトゥス神学について』(De theologia Scoti, 1826)を書いている．さらにアメリカの哲学者C. S. *パースもスコトゥスの哲学に深い関心をもった．現代におけるトマス主義の復興(→新トマス主義)とともにフランシスコ会員以外の研究者によるスコトゥスに関するさまざまな歴史的文献研究も始められ，スコトゥス自身の正確な理解が求められるようになった．*教皇庁の支援により国際的なスコトゥス学会が組織され，1950年以降スコトゥスの著作の批判版が発刊されることになった．

【文献】C. BÉRUBÉ, *Regnum Hominis et Regnum Dei: acta quarti Congressus Scotis internationalis*, 2 v. (Roma 1978); ID., *De L'homme à Dieu selon Duns Scot, Henri de Gand et Olivi* (Roma 1983); B. BONANSEA, *L'Uomo e Dio nel pensiero di Duns Scoto* (Milano 1991); L. HONNEFELDER, "Scotus und der Scotismus, ein Beitrag zur Bedeutung der Schulbildung in der Mittelalterlichen Philosophie," *Philosophy and Learning Universities in the Middle Ages*, ed. M. J. F. M. HOENEN, ET AL. (Leiden 1995) 249-62; L. SIELO, ed., *Via Scoti: atti del congresso scotistico internazionale*, Roma 9-11 marzo 1993, 2 v. (Roma 1995). （小川量子）

スコトゥスしゅぎ　スコトゥス主義　→　ドゥンス・スコトゥス

スコーネンベルク　**Schoonenberg, Piet**
(1911.10.1-)　オランダの神学者，*イエズス会の会員．マーストリヒト (Maastricht) のイエズス会神学院で学んだ後，1939年に司祭叙階．1948年，神学博士号取得．ネイメーヘン大学で教理学を教える．教理の再解釈を提唱し，特に*原罪は生殖によって後代に伝えられるのではなく，社会的に伝えられるとした解釈は，現在では一般に受け入れられている．彼の聖餐論は*実体変化ではなく，聖餐(*エウカリスティア)のなかに，復活して栄光を受けたイエスの人格的・霊的現存をみるものである．ただ，彼の*キリスト論は，*ロゴスを神が人間のうちに存在するときの形態としてみようとするものであることから議論を呼んだ．

【主著】*Het geloof van ons doopsel*, 1955: P. TOMLINSON, tr., *Covenant and Creation* (London 1968); *Gods wordende wereld*, 1963: *God's World in the Making* (Pittsburgh, Pa. 1964); *Hij is een God van mensen*, 1970: D. COULING, tr., *Christ* (London 1972).
【文献】EDR 3: 3224; NCE 19: 353-54.　（高柳俊一）

スコラがく　スコラ学　〔英〕scholasticism, 〔独〕Scholastik, 〔仏〕scolastique

【用語】元来，「学問的話し合い・討論」を意味し，しだいに学校，学問研究が行われる場所を意味するようになっていったラテン語のスコラ (schola) に由来する．スコラから派生したスコラスティクス (scholasticus) という語は11世紀の年代記に初出する．その際の意味は「学校の教師」(magister scholae) だった．*アルクインの用例においては教師ばかりでなく，学問を修めた教養人の意味をももっていたが，12世紀には学習とともに学生を指すようになっていった．19世紀の歴史学において中世とルネサンスというように，西欧の歴史を大別する史観が支配的になると，14世紀に始まるルネサンスとは学問，精神，表現形式その他あらゆる点で異なる中世の傾向をまとめて「スコラ学」と表現するようになった．さらに，*宗教改革との対比において「スコラ学」は中世の中心的学問である神学の傾向を示す語となり，カトリックの教えが*聖書と*教父の神学に基づくものではないとするプロテスタント側の主張の根拠とされた．それに対してカトリック側では，復古的要請からスコラ学，特にトマス主義(→トマス学派)が近代思想との対決に効果的な拠り所として推奨された．この限りでは，スコラ学とは*中世哲学と同義であり(→スコラ哲学)，中世の思想的動き，その学問的体系と教授法の遺産を受け継ぎ，発展させようとする運動ということができる．

【起源】スコラ学は中世における学問の精神・様式を共に特徴づけるものであるが，その形式が古典古代末期から中世初期までの不安定な時期に，*ベネディクト会の修道院や*司教座聖堂付属学校に伝えられた知識の伝達方法からしだいに姿を現したことを踏まえておかねばならない．修道院では聖書とキリスト教古代の文献の写本を作り，保存し，解説することが営々となされていた．聖堂付属学校ではそれが生徒に対して音声によって行われていた点で*修道院学校とは異なる．その出発点は，権威的書物の精読・理解であった．講師を意味するレクトル (lector) が動詞レゲレ (legere 読む) に由来することからもわかるように，教授法はまず権威者 (auctores, auctoritas) の著作を読み上げて，それを解説し，その意味を明らかにすること (expositio) を出発点とする．

中世の神学にとってはすべての書物が同等の権威をもつわけではなかった．最も権威ある書物は聖書であり，

続いて教父たちの著作であった．続いて中世の神学者の著作，最後に哲学者たちの著作が位置づけられた．解釈を行い，結論を導き出す際には，それぞれのテクストがもつ表面的には矛盾する点も，実は同じ問題の異なる側面を取り上げていることを指摘し，総括し，結論(真理)を得る弁証法的分析が行われた．このような分析の主な対象は聖書であったが，*教会法や神学の著作も分析の対象となった．中世のスコラ神学者は，テクストを文脈と無関係に引用したり，比喩的解釈をすることに抵抗を感じなかった．思想的大前提となる知識全体が一つの総合体であり，理性と信仰の調和的関係を反映しているという確信があったからである．この確信に基づいて*知解を求める信仰が求められたのである．

【性格】中世の*弁証法は「不一致のものの一致」(concordia discordiantium)という確信によって諸命題の解決を追求し，それらの答えを体系にしようとしたものである．このような分析を行うに際して，*ボエティウスらを通して伝えられた*アリストテレスの論理学が最も強力な武器で，しだいに彼の論理学的著作が知られるようになると，アリストテレス的概念と用語がもっぱら議論で使用されることになった．しかし，スコラ神学者たちが無批判にアリストテレスに追従したわけではない．*アルベルトゥス・マグヌス，*トマス・アクィナス，*スアレスらの著作からは，彼らがアリストテレス哲学の重要な部分に変更を加えていることがわかる．アリストテレス的概念や用語を用いて考察しながらも，信仰こそが彼らにとって最後の拠り所であった．彼らの学問が目指したものはキリスト教的なものであり，最終的に権威ある源泉とされたのは聖書と教会の伝統であった．哲学はあくまでも*神学の侍女であり，最も権威ある哲学者アリストテレスも例外ではなかったのである．19世紀にスコラ学の復興が推進され，いわゆる*新スコラ哲学が生まれたとき，スコラ学はもっぱら「哲学」として扱われ，トマスらも哲学者とみなされた．しかし，13世紀の大学の学問体系において，哲学は七つの*自由学芸の上に位置づけられ，それらをまとめる学問ではあったが，上部的学問ではなかった．トマスの哲学も神学のための弁証法と論理的精密性を提供したものであり，彼の神学から切り離してみるわけにはいかないのである．

【方法の確立】スコラ学の学問的方法としての整備は*大学の形成と密接に関係している．12-13世紀の大学の授業ではまず権威的著作が読まれ，次に内容の説明と解説がなされる方法がとられた．これはサン・ヴィクトルの*フーゴが述べた知識獲得の2段階方法，すなわち朗読(lectio)と瞑想(meditatio)を大学の教室に適応させたものであろう(『学習論』序文)．こうして，中世においては解説(commentaria)が文学ジャンルとして大きな位置を占めるようになった．また弁証法の台頭によって，権威的著作の朗読から生まれた問題(quaestiones)をめぐる討論(dispuationes)が流行し，著作の解説から離れて問題についての議論が盛んになった．大学の授業は午前中は講義(lectiones)にあてられ，*待降節と*四旬節の午後には問題をめぐる討論が行われた．あらかじめ定められた問題の場合は「クアエスティオネス・ディスプタタエ」(quaestiones disputatae)と呼ばれ，随意の問題についての場合は「クアエスティオネス・デ・クオドリベト」(quaestiones de quodlibet)と呼ばれた(→随意討論集)．問題は論題(thesis)の形にまとめられ，教授は関係のある権威的著作から肯定，反対それぞれの立場のものを引用し，慎重に練られた解答(responsio, determinatio)を提示し，出された反論に応答した．大全(*スンマ)は初心者のために編み出された体系的解説で，論題についての序論をもち，すでに一般的に受け入れられた順序で各問題が配列され，論題に関する定説から構成された．*神学大全は信仰箇条に沿って各問題が配列された．13世紀以降の大全は討論の手順を踏襲し，以前同様に数多く現れた解説も，おおむねスコラ学的討論の手順によって書かれるようになった．

スコラ学的方法が多用されたのは神学と*教会法学の分野で，11-12世紀には各問題に関して肯定，反対の立場の権威的著作がしだいに収録されるようになった．例えば，*アベラルドゥスの『然りと否』では，そのような相対立するテクストを調和する試みは行われていない．*ペトルス・ロンバルドゥスの『命題集』は，アリストテレス論理学によってテクスト間の調和を図ったものであり，中世の大学の神学の授業では公的な教科書に匹敵するものとして，スコラ学形成の基礎となった．例えば，トマス，*ボナヴェントゥラのような大神学者もそれぞれの教歴の初めには，聖書やアリストテレスの形而上学を講じ，次いでロンバルドゥスの『命題集』に基づいて神学を講義し，討論を行った．教会法学の分野では*公会議や*教会会議の決定，*教皇教令，教会当局のその他の法令の矛盾すると思われた言明を一致させ，法的意味を引き出すことが目的とされた．最も高く評価された例として*グラティアヌスの『教会法矛盾条令義解類集』(*『グラティアヌス法令集』)があげられる．

【時代区分】スコラ学の時代はおよそ以下の三つの時代に分けられる．初期スコラ学の時代(9-12世紀)を代表するのはアベラルドゥスとソールズベリの*ヨアンネスである．テクストの分析・解釈が中心で，思想的体系化には至っていないが，弁証法の発達によって概念の批判が行われた．盛期スコラ学の時代(12世紀末-13世紀末)になると，問題の設定から解決までの営みは，テクストを読むこと自体からは独立して思弁的になっていった．特にトマスにみられるように，アリストテレスの論理学による分析，論点の立て方ばかりでなく，その形而上学の概念によって神学的命題への接近が行われ，啓示が形而上学の目指したものを明らかにすると考えられた．後期スコラ学の時代(14-15世紀)は，問題の解決よりも討論の巧妙さが競われ，*オッカムに代表される*唯名論の論者たちは精密な文法的手段によって概念を分析し，概念が指す実在には関心を示さず，信仰に導くはずの神学の使命を放棄する結果になった．いわゆるバロック期スコラ学において頂点に達した16世紀以降，スコラ学の方法はもっぱら*神学校で使われるものとなり，影響力は弱まった．

【文献】キ史4; Grabmann MGL; Grabmann SM; Landgraf D; J. ヒルシュベルガー『西洋哲学史 2—中世』高橋憲二訳 (理想社1970): J. HIRSCHBERGER, *Geschichte der Philosophie*, v. 2 (Freiburg 1965); E. ジルソン『中世哲学の精神』全2巻，服部英次郎訳 (筑摩書房 1974-75): E. GILSON, *L'Esprit de la philosophie médievale* (Paris 1943); M.-D. CHENU, *La théologie comme science au XIIIe siècle* (Paris 1927 ^{3}1957); G. SIEWERTH, *Der Thomismus als Identitätssystem* (Frankfurt 1939 ^{2}1961); K. RAHNER, *Geist in Welt* (Innsbruck 1939 ^{3}1964); M. MÜLLER, *Sein und Geist* (Tübingen 1940); J. MARÉCHAL, *Le point de départ de la métaphysique*, v. 5 (Brussel, Paris 1947 ^{2}1949); E. GILSON, P. BÖHNER, *Die Geschichte der christlichen Philosophie von ihren*

Anfängen bis Nikolaus von Cues (Paderborn ³1954); J. Lotz, *Das Urteil und das Sein* (Pullach 1957); J. Pieper, *Scholastik* (München 1960); J. de Finance, *Etre et agir* (Roma ²1960); P. Wilpert, ed., *Die Metaphysik im Mittelalter* (Berlin 1963). 　　　　　　　（高柳俊一）

スコラ・カントールム　schola cantorum

「聖歌隊学校」を意味するラテン語.

　スコラ・カントールムは、古代ローマ時代、音楽団体の意味で用いられていたが、キリスト教の発展に従い、教皇 *グレゴリウス1世（在位590-604）に代表されるような教会音楽家の養成機関となった. 最初、大人の読師（朗読奉仕者）を養成する組織であったものが、聖歌隊員の養成へと発展し少年も迎え入れるようになったもの. *シャルルマーニュの時代には、各地の修道院や司教区にもそれが作られた. しかし教皇庁立スコラ・カントールムは、アヴィニョンの教皇 *ウルバヌス5世の時代（1370）に廃止されている. その後、聖歌隊のうちで難しい箇所を歌う一群すなわちコールス (chorus) に対するスコラと称されたり、教会音楽の教育機関名としてみられたりしている. それらのうち音楽学校の意味での代表的なものは、1894年、ボルド (Charles Bordes, 1863-1909) や *ダンディ等によって *パリに設置されたスコラ・カントールムであろう. そこは当初、聖歌と教会音楽の学校を目指したが、1896年から一般音楽の教育へも門戸が開かれた. そのため同校の器楽科では古楽器からジャズ・ピアノまで、幅広く教育されている. 1935年、初心に返ることを望む人々によってセザール・フランク音楽学校が分離、独立した. 　　　（水嶋良雄）

スコラスティカ　Scholastica　(480-543/47)

聖女（祝日2月10日）. ヌルシアの *ベネディクトゥスの妹. 兄の指導のもとに、*モンテ・カッシーノ近郊のピウマローラ (Piumarola) にベネディクト会女子修道院を設立、初代院長となる. 兄妹は年に一度モンテ・カッシーノで会見し、敬虔な議論をした. *グレゴリウス1世の『対話』(2.33-34) には、最後の会見の際のスコラスティカの奇跡が次のように記されている. 「543または47年2月7日、自らの死期を悟ったスコラスティカは神に祈りを捧げて嵐を起こし、夕刻修道院に戻ろうとする兄を無理に引きとめ、天の国について一晩語り明かした. 3日後の2月10日、ベネディクトゥスは庵室の窓から妹の魂が白い鳩の姿で昇天するのを目にし、自らのために用意した墓に埋葬した」. 以上の伝説から、スコラスティカは兄との最後の会見の場面で描かれることが多いが、15世紀以降はしばしば鳩と会則を手にした修道女姿で示される. 雨乞い、雷よけの聖人. 1950年、第2次世界大戦で破壊されたモンテ・カッシーノの再建中、中央祭壇の下から兄とともに遺骨が発見された.

【文献】キ人 794; キ大 594; LThK² 9: 445; グレゴリウス1世「対話」矢内義顕訳『中世思想原典集成』5, 上智大学中世思想研究所編（平凡社 1993）493-95; ヤコブス・デ・ヴォラギネ『黄金伝説』1, 前田敬作, 今村孝訳（人文書院 1987）479-80; Jacobus de Voragine, *Legenda aurea* (Dresden 1890). 　　　　　　　（杉崎直子）

スコラスティーク　Scholastique, Jeanvoine　(1869.12.19-1929.12.24)

函館の *厳律シトー会天使の聖母トラピスチヌ修道院（天使園）の修道女. フランスのヴォージュ県ウプシー (Ubexy) に生まれ、1887年同村の聖ヨゼフ修道院に入る. 当修道院が日本での修道院創立に着手した際、8名の創立メンバーの一人として来日した. 初代院長ジェルトルード (Gertrude, 在職1898-1900) の退任帰仏のあと、1900年（明治33）第2代院長に任命され、1928年（昭和3）天使園が *大修道院に昇格したのに伴い、大修道院長の称号を受ける. 1929年にミサの後、函館の修道院長室にて、持病の心臓病で急逝するまでの29年間、長上職にあって天使園の基礎を築いた. 当初、日々の糧にも事欠く貧しさ、言語・風俗・気候の異なる地での生活の厳しさ、創立メンバーの病気による相次ぐ帰国などで創立事業は困難を極めた. ついに総長から全員帰還を促す書簡が届くがそのとき、「たとえ皆帰っても私は残る」と答えたといわれる. 日本のトラピスチヌの存在はこの一言に負うものである. その後も本館焼失などの試練に見舞われたが、彼女の賢明な管理者としての配慮は修道院を発展に導き、その死去のとき、共同体は86名を数えるまでになった.

　　　　　　　　　　　　　　　　　（青木秀子）

スコラてつがく　スコラ哲学　〔ラ〕philosophia scholastica, 〔英〕scholastic philosophy, 〔独〕scholastische Philosophie, 〔仏〕philosophie scolastique

【一般的概念】「スコラ哲学」という言葉はかつては広く、カトリック系の *大学、*神学校で長い間教えられてきた「アリストテレス―トマス的哲学」の体系を指すのに用いられ、今日でもその用法は残っているが、哲学史の用語としては中世において宮廷、大聖堂、修道院に付属する学校 (schola) ではなく大学 (*ストゥディウム・ゲネラーレ) を舞台に、キリスト教信仰と何らかの関わりを保ちつつ形成された哲学を指すのが普通である. すなわち *ボエティウスや *エリウゲナによる先駆的な仕事のあとを受けて、11世紀のカンタベリの *アンセルムスと12世紀の *アベラルドゥスはキリスト教信仰の導きのもとに世界と人間に関わる理性的探求を体系的・方法的に推進する営為、すなわちスコラ哲学の基礎を築いた. そして12世紀末から13世紀初めイスラム文化の波に乗ってラテン・キリスト教世界にもたらされた *アリストテレスの著作は、上述の理性的探求に対して豊かな素材や強力な刺激を提供すると同時に、キリスト教的な世界・人間理解を脅かし、対決を迫る挑戦でもあった. 13世紀の代表的な神学者 *アルベルトゥス・マグヌス、*ボナヴェントゥラ、*トマス・アクィナスはこの挑戦に応答し、それぞれの仕方で *信仰と *理性の総合を試み、その成果としてここでいうスコラ哲学が成立した. 言い換えるとスコラ哲学は神学的総合に組み込まれた哲学であるが、14世紀における二人の代表的哲学者 *ドゥンス・スコトゥスおよび *オッカムにおいて信仰と理性は分離の傾向を強め、スコラ哲学は崩壊への道をたどることになったのである.

【スコラ哲学の復興と新スコラ哲学】このように13-14世紀の大学を舞台に形成された哲学（それはまだ「スコラ哲学」とは呼ばれていなかった）は15-16世紀の人文学者や宗教改革者による批判と軽侮にさらされ、その反動としてカトリック教会の内部では教会の教えと合致する哲学としてそれを弁護・継承する動きが強まった. その成果が *スアレス、聖トマスの *ヨアンネスによって代表される17-18世紀における数多くの註解および教科書的著作である. そして18世紀後半にはこのように復興された哲学の源泉である中世のキリスト教的哲学を「スコラ哲学」と呼ぶ慣習が確立された. しかしここで

注意すべきはこの時期初めて用いられるようになった「スコラ哲学」という哲学史的用語は，厳密な歴史的研究に裏づけられたものではなく，数世紀にわたる誤解と偏見の歴史を背景にもつということである．

19世紀後半，歴史的・批判的研究の進展に伴い，それまで「スコラ哲学」と総称されていたものが実は極めて豊かな多様性を含んでいることが明らかにされると同時に，そのような伝統的哲学に含まれている真理と知恵を現代の思想的状況に適用し，現代の緊急な問題に対して適切な解決を与えうる哲学体系として復興させようとする運動が起こった．19世紀におけるスコラ哲学の復興と弁護において大きな影響力を及ぼしたのは *クロイトゲンであり，またトマス・アクィナスの教説を中心とするスコラ哲学を復興し普及させようとする哲学的運動は，1879年に公布された教皇 *レオ13世の回勅『*アエテルニ・パトリス』によって公式に認可され，強力に支持された．19世紀末から20世紀初頭にかけてこの哲学的運動の象徴ともいえる地位を占めたのは *ルーヴァン大学の *メルシエ枢機卿であり，彼を中心に形成されたルーヴァン学派はスコラ哲学が現代哲学であることを強調し「*新スコラ哲学」という名称を定着させた．

【スコラ哲学の方法】スコラ哲学の本質的特徴は哲学史家によって「スコラ学的方法」（〔独〕scholastische Methode）と呼ばれる探求・考察の方法である．*教父たちも信仰の導きのもとに理性的探求を行ったかぎりにおいてスコラ哲学の先駆者であったが，スコラ学的方法の歴史はそのような理性的探求を通じて学（〔ラ〕scientia）としての神学の建設が企てられたときをもって始まるのであり，その意味で『三位一体論』などの神学的小論によって中世に大きな影響を与えたボエティウスは「最初のスコラ哲学者」と呼ばれる．スコラ学的方法は信仰をもって受け入れた真理に関して徹底的に理性的探求を行ったエリウゲナおよびアンセルムスによって発展させられ，後者はしばしば「スコラ哲学の父」と称せられる．しかしスコラ学的方法が方法として確立されるのに寄与したのはアベラルドゥスの『然りと否』であった．この著作は「信仰は人間の理性的議論によって支えられるべきか」から始まる158の神学的問題をめぐる過去の権威ある著作家たちによる賛否両論を提示し，それらの対決を通じてよりよき根拠に基づく総合的解釈を求めるべきことを示唆している．『然りと否』において示されているスコラ学的方法の原型は *ペトルス・ロンバルドゥスの『神学命題集』において，より洗練されたものとなり，中世大学の主要な授業形式としての討論（通常の授業計画に組み込まれた正規討論 disputatio ordinaria と降誕祭や復活祭の季節に公開で行われた任意討論 quaestiones quodlibetales）および権威ある書物についての講義（lectio）を通じて完成された．スコラ学的方法とは，すなわち，権威ある伝統を尊重することによって真理の共同的探求における連続性を保持すると同時に，そのような権威をめぐる多様で対立的な理解と解釈を鋭く対決させ，より高次の立場からの総合を図ることによって理性的探求を絶えず進展させることを目指す方法である．

この方法はトマスの『神学大全』において最高の完成度に達したが，14世紀に入ると *神学からの *哲学の分離の傾向が強まり，それに伴ってスコラ学的方法は急速に発展的・創造的性格を弱めた．そして17世紀の代表的なスコラ学者スアレスの哲学的主著は『形而上学の諸問題』という表題をもつものの，実質的にはスコラ学的方法は用いられず，さまざまの異説を紹介しつつ自らの見解を提示，解説するという近代的な論述形式が採用されている．すなわちスアレスによる中世スコラ哲学の復興において，スコラ哲学の「教説」を継承する試みはなされたが，中世スコラ哲学を内的に生気づけていたスコラ学的方法は放棄されたのである．

【信仰と理性，神学と哲学】中世のスコラ哲学が古代および *デカルト以降の *近代哲学から明確に区別されるのは，それがキリスト教信仰に導かれつつ行われた理性的探求であるという点においてである．代表的なスコラ哲学者はすべて神学者であり，彼らは神学者としての仕事をより完全に遂行しようとする努力のなかで自らの哲学的探求や考察を行った．その意味で彼らにおいて哲学は「*神学の侍女（はしため）」（ancilla theologiae）であったといえるが，その際，哲学は決して自らの学としての自律性を喪失して神学に隷属したのではない．スコラ哲学はあらかじめ受け入れられている信仰の真理という結論へ向けて議論を進めるにすぎないので真の意味での哲学とはいえないという批判は，18世紀後半から現代の哲学史（例えば B. *ラッセル『西洋哲学史』）に至るまで繰り返されているが，これは誤解と偏見の所産にすぎない．哲学が神学の「侍女」としての役割を果たしうるためにはあくまで哲学として卓越したものであることが第一の条件であり，そのためには哲学は自らの固有の原理に基づき固有の方法をもって展開される自律的な学でなければならぬことを中世のスコラ哲学者は自覚していた．

しかし哲学が自律的な学であることと信仰の導きに服することとの間には何らかの緊張関係がみいだされるのは確かであり，スコラ哲学における信仰と理性，神学と哲学の間の結びつきに関してはさまざまな解釈がある．その一方の極には哲学は理性的探求であるかぎり信仰からは独立してその営為を遂行し，ただ外的な規範としてのみ信仰に従属するという，哲学の自律性を強調する解釈がある．他方の極には哲学が固有の原理と方法を有する自律的な学であることを認めつつも，信仰が理性的探求を内的に照らし，導くという積極的役割を果たすことを強調する解釈がある．前者の解釈に従えば「キリスト教的」哲学なるものはありえないが，後者によればスコラ哲学は「キリスト教的」哲学として特徴づけられるのである．

スコラ哲学の最も創造的な時期においては，信仰と理性は実り豊かな緊張関係を保っていた．すなわち，理性は信仰に対立するものではなく，むしろ信仰に対して自らを開くこと，つまり信仰に向かって自らを超越することによって真の理性であることができると考えられた．しかるに13世紀末頃から信仰と理性，および神学と哲学の分離の傾向が強まり，それらは互いに対立し，排除し合うものとして捉えられるようになった．理性がまさしく理性であるのは自らを超える信仰の真理に対して自らを従属させることによってではなく，むしろ自らが真理の究極の規準であることを要求することによってである，と考えられるようになった．この意味での信仰と理性の分離をもってスコラ哲学は崩壊したのである．

【スコラ哲学の統一性と多元性】19世紀のスコラ哲学復興運動に際しては多くの概論書や入門書においてみられるように，*形而上学（*自然神学を含む），*自然哲学（哲学的心理学を含む），*認識論，*倫理学，*美学など，哲学の諸部門を含むスコラ哲学の体系を提示し，基礎づけようとする試みがなされた．こうした試みの背後にあったのは，中世のスコラ哲学者たちはそれぞれ独自の仕方

で信仰と理性の統合を成就したのであって，そこには必ずしも一様性はみいだされないにしても，何らかの基本的な共通性，つまり「スコラ哲学」として統一することが可能な共通的教説をみいだすことが可能である，という考え方であった．このような見方をより徹底させたものが，人類の歴史のなかで絶えず自らをより豊かに，かつより純粋なものにしていくという仕方で継続されている理性的探求としての＊永遠の哲学の思想であり，スコラ哲学は永遠の哲学の伝統への参与であるとされたのである．

これに対して最近の哲学史的研究は「スコラ哲学」という時代区分のなかで生み出されたさまざまな思想の間にみいだされる根元的な相違を明らかにしつつある．同時に近代哲学によって克服されたと思い込まれていたスコラ哲学の遺産を独自の思想的実験として再評価しようとする試みも現れている．その意味で最近の研究はスコラ哲学の統一性と多元性に新しい光をあてるものであるといえよう．

【文献】HWP 8: 1332-42; F. C. コプルストン『中世哲学史』箕輪秀二，柏木英彦訳 (創文社 1970): F. C. Copleston, *Medieval Philosophy* (London 1952); E. ジルソン『中世哲学の精神』全2巻, 服部英次郎訳 (筑摩書房 1974-75): E. Gilson, *L'esprit de la philosophie médiévale* (Paris ²1943); 稲垣良典『信仰と理性』(第三文明社 1979); M. Grabmann, *Die Geschichte der scholastischen Methode* (Freiburg 1909); D. J. Mercier, *A Manual of Modern Scholastic Philosophy*, 2 v., tr. T. L. & S. A. Parker (St. Louis 1928); J. Pieper, *Scholastik* (München 1960). 〔稲垣良典〕

【スコラ哲学の用語と定式】アリストテレス哲学の影響を受けて中世の西欧で発展し，新スコラ哲学として20世紀に至るまでカトリック思想に大きな影響を及ぼしたスコラ哲学は，すべての哲学思想と同様に，多くの固有の用語や定式を生み出した．その一部は，哲学・神学以外の分野にも広く用いられ，ラテン語からの借用語として多くの西洋語に入った．一覧は，主なものを，アルファベット順にあげたものである．

【用語】

原語	訳語	解説
de facto	実際上	ただ実際にそうであることと，論理上の必然性によってそうあらざるをえないこととを区別するために用いられる．
de iure	論理上	
ens in actu	現実有	存在を＊現実態(actus)と＊可能態(potentia)に分けることは，アリストテレス哲学の根本思想である．現実有は，実際に存在するものであり，可能有は，何かになる可能性，あるいは何かをする可能性をいう．アリストテレスはこれらの概念を変化を説明するために用いた．
ens in potentia	可能有	
ens quod	存在するもの	アリストテレス哲学によれば，実際に存在するものは，可能態と現実態，＊実体(substantia)と＊偶有性(accidens)という存在要素から成り立っている．スコラ学者は，すべての被造物が＊本質(essentia)と＊存在(esse)という二つの要素から成り立ってい
ens quo	あるものを成り立たせる存在要素	
ens reale	実在的有	るということを言い加えた．
ens rationis	思考上の有または概念的有	思考上の有とは，実在しないが概念として考えられているもの．その概念には，実在的な根拠がある場合(cum fundamento in re)，また，ない場合(sine fundamento in re)がある．
obiectum formale	形相的対象	形相的対象とは，どのようなものとして対象が把握されるかを示す．質料的対象とは，全体としての対象である．例えば，視覚の形相的対象は色であり，質料的対象は，見られる事物そのものである．
obiectum materiale	質料的対象	
simpliciter	端的に	
secundum quid	ある限られた意味で	
sui generis	独特の，独自の	比類ないものを意味する．

【定式】
(1) Ab esse ad posse valet illatio.
  意味：存在からその可能性を推理することができる．
  解説：何かが実際に存在し，あるいは行われるときには，それが可能なものであることを結論することができる．
(2) Actiones sunt suppositorum.
  意味：行動するのは，主体(基体)である．
  解説：手によって行われる行動は，実際には主体である人間の行動である．
(3) Agere sequitur esse.
  意味：能動は存在に従う．
  解説：おのおのの存在者の在り方は，それに固有の行動を規定する．例えば，理性的な魂を有している人間は，理性的に考えることができる．
(4) Bonum est diffusivum sui.
  意味：善は自らを押し広げる．
  解説：＊新プラトン主義に由来する定式．善であるものは，惜しみなく自分のもっているものを他者に与えるという意味．神の自由な世界創造の動機を表すためよく用いられる表現である．
(5) Bonum ex integra causa, malum ex quovis defectu.
  意味：全要素が善ければ存在または行動は善く，一つの欠点があっても存在または行動は悪い．
(6) Nemo dat quod non habet.
  意味：自分がもっていないものを，他者に与えることはできない．
  解説：因果律の原則．すなわち能動因は，もっていない完全性を他者において引き起こすことができない．
(7) Nihil est in intellectu, quod prius non fuit in sensu.
  意味：先に感覚になかったものは，知性にない．
  解説：アリストテレス的な認識論の定式．すなわち，人間の認識は感覚の働きで始まり，能動

知性（intellectus agens）が感覚的な表象像を照らして，可知的な形象を可能知性（intellectus possibilis）に刻み込み，その結果洞察（intelligere）が生じる．
(8) Quidquid recipitur ad modum recipientis recipitur.
意味：受け取られるものは，受け取るものの有り様に応じて受け取られる．
解説：受け取るものの性質によって，受け取り方が左右される．例えば，知性は物質的なものの表象を知性的に受け取るし，愚かな人は賢い論述を誤解して愚かな意味で受け取る．
(9) Veritas est adaequatio intellectus et rei.
意味：真理は，知性と事物の合致である．
解説：次の二つの意味がある．① 神の知性は神によって創造されたおのおのの被造物にその真理を与える．② 人間の知性は，事物をありのまま把握することによって，真理を知る．
【文献】NCE 12: 1147-53; G. K. ピオヴェザナ『スコラ哲学用語』（中央出版社 1961）；長倉久子，蒔苗暢夫，大森正樹編『トマス・アクィナス「神学大全」語彙集』（新世社 1988）． (P. ネメシェギ)

スコリオン Scholion 聖書注解の一形式．聖書本文にみられる難解な語彙，歴史的あるいは地理的な記述で曖昧な箇所，写本によって相違する箇所を説明するもの．しばしば聖書写本の欄外に記入される．いわば現代の脚注にあたる．後代，写本の複写にあたって，本文に書き移される場合もある．また，*カテナに取り入れられることも多い．元来この手法は古代ギリシアの古典研究に用いられた．これを聖書注解に取り入れたのは，アレクサンドリアにおいてのことと考えられる．最古のスコリオンは，アレクサンドリアの*クレメンスの『ヒュポトュポセイス』（Hypotyposeis, 現存せず）と思われる．この手法を定着させたのは*オリゲネスで，出エジプト記，レビ記，民数記，イザヤ書，コヘレトの言葉，詩編 1-15, ヨハネ福音書のスコリオンを著した（部分的に現存）．*ヒッポリュトス，ナジアンゾスの*グレゴリオス，*ヒエロニムス，エルサレムの*ヘシュキオス，ガザの*プロコピオスらもスコリオンを著している．
【文献】EDR 3222; LThK² 9: 448-49; NCE 12: 1171. (小高毅)

スコーレル Scorel, Jan van (1495-1562) 北部ネーデルラント（後のオランダ）の画家．*アムステルダムや*ユトレヒトで修業．1519 年，ドイツを経て*ヴェネツィアに行き，さらに*エルサレムを訪れる．1522 年頃*ローマに赴き，ユトレヒト出身の教皇*ハドリアヌス 6 世に重用された．1525 年にはユトレヒトに戻り，以後同地を拠点に国際的に活動．祭壇画では*ミケランジェロに代表されるイタリア盛期ルネサンスの雄大で理想化された裸体表現を故国に移植した．背景の新鮮な風景描写には，*ヴェネツィア派の影響と自身の旅行経験の反映が共に認められる．彼は一方で*ネーデルラント美術の綿密な写実の伝統を受け継いで，17 世紀のオランダで栄える市民団体の集団肖像画という形式の創始者ともなった． (高橋裕子)

スサ Susa 〔ヘ〕šûšan, 〔ギ〕Sousan, Sousa 考古学・民族学上また文化史上も重要なメソポタミアの*エラムの古代都市（現代名シューシュ Shūsh）．古くは紀元前 400 年代に遡る．イラン南西部，ペルシア湾から北へ内陸部約 80 km のホウル川（〔ヘ〕Ulai, 〔ギ〕Eulaeus）河畔にあった．前 640 年*アッシリアに滅ぼされるが，前 5 世紀ペルシアにより再建されて行政上の中心になり，冬季の王宮も建設された（ダニ 8: 2; エス 1: 2）．*ネヘミヤも在住していた（ネヘ 1: 1）．数回にわたる発掘（1851-1979）での数々の出土品のうち*『ハンムラピ法典』は有名．また，7 世紀に遡る預言者*ダニエルの廟がある．
【文献】ABD 4: 242-45. (清水宏)

すさみ 〔英〕desolation, 〔独〕Enttäuschung, 〔仏〕désolation *イグナティウス・デ・ロヨラの『*霊操』の*霊の識別で使われている言葉（317）．神に向かう者の心に引き起こされる種々の動きのなかで，霊的慰めと正反対の状態をいう．霊的な暗さと乱れ，現世的なものに強く引かれる心の傾き，誘惑によってかき立てられる不安，不信などの心の乱れであり，希望をなくし，愛に無感動となり，ものうく，なまぬるく，もの悲しくなり，創造主である神から見離されたように感じてしまう．
原因としては三つ考えられる．(1) 神の奉仕における生ぬるさ，怠慢．(2) 神への愛の誠実さの試練．(3) 自分の意志だけでは，熱心な状態に到達することもとどまることもできないという謙遜の教え．
内的生活または神の業を果たす外的生活において重要な決断をする前など，かなり普通に陥る状態である．この状態を切り抜けられるか否かは，神に向かってさらに前進するか後退するかを意味している．
この霊魂のすさみと十字架のヨハネ（*フアン・デ・ラ・クルス）のいう霊魂の*暗夜とは同じではない．
【文献】キ百科 1866；イグナチオ『霊操』ホセ・バラ訳（新世社 1986）；十字架の聖ヨハネ『カルメル山登攀』奥村一郎訳（ドン・ボスコ社 1969 ⁶1989）；同『闇夜』山口カルメル会訳（ドン・ボスコ社 1987）． (伊従信子)

スザンナ Sousanna 〔ギ〕Sousanna
(1) 新共同訳聖書*旧約聖書続編ダニエル書補遺中の一文書の主人公．ヨアキムの妻．スザンナとは伝統的に「ゆり」（〔ヘ〕šôšannâ. 例えば，雅歌 2: 2 参照）の意と解され，歴史叙述というよりも，徳（スザンナ）が神の助けで悪徳（二人の長老）に打ち勝つことを教える教訓物語．主に短い本文の*七十人訳聖書と長い本文のテオドティオン訳の二つのギリシア語訳を通して伝えられてきた（→ 聖書の翻訳：古代語）．*第二正典であるが，通常はヘブライ語旧約聖書ダニエル書 13 章に充当されている．数多くの芸術作品の主題ともなっている．同書の著作年代や場所は不詳．
(2) 自分の財産を提供してイエスの活動を助けた女性の一人（ルカ 8: 3. ただし新共同訳聖書は「スサンナ」と表記）．
【文献】ダニエル書補遺の文献として，H. Engel, Die Susanna-Erzählung (Fribourg, Göttingen 1985). (清水宏)

スザンナ〔ローマの〕 Susanna (?-295 頃) ローマの殉教者（祝日 8 月 11 日）．異教徒の詩人*クラウディウス・クラウディアヌスによって初めてこの名が明らかにされた．*ヒエロニムスの『殉教録』には，8 月 11 日*ディオクレティアヌス帝の大浴場付近で殉教し，この地に聖スザンナ聖堂が建立されたとの記録があり，現在も 17 世紀に再建された聖堂が残されている．6

すず

世紀の伝説的な『殉教物語』(Passio)によれば、スザンナは、司教 *カイウスの姉妹で、ディオクレティアヌス帝の従兄弟でもある司祭ガビニウス(Gabinius)の娘であり、皇帝の息子に求婚された際、拒否したため斬首されたという。伝承はいずれも真正性に欠け、伝説上の殉教者であるとする説が有力である。
【文献】キ人 771; NCE 13: 825; LThK² 9: 1196.
(杉崎直子)

すず　鈴　〔ラ〕tintinabulum,〔英〕bell,〔独〕Handglocke,〔仏〕cloche　中世後期以降、小鐘(*カンパヌラ)が教会の歌隊席や *祭壇の近くに掛けられ、*ミサの聖体奉挙、さらに *感謝の賛歌の冒頭などで鳴らされる慣習が生じた。この役割はやがて *祭壇奉仕者がもつ鈴が行うようになった。第 2 *ヴァティカン公会議後の新しいミサでは、感謝の賛歌の冒頭で小鐘や鈴を鳴らすことは廃止され、典礼での小鐘・鈴の使用に関しては、*聖別直前と、*パンと *カリスが会衆に示されるときに会衆の注意を喚起するために鳴らすものとされている(『ミサ典礼書』総則 109)。対面司式に改められた現在のミサは、かつてのミサに対して実質的な必要性はなくなっているということもでき、総則も司式上の適切さの顧慮を求めている。
【文献】キ百科 924; 土屋吉正『ミサがわかる—仕え合う喜び』(オリエンス宗教研究所 1989) 137.　(石井祥裕)

すずきしげゆき　鈴木習之　(1894. 1. 24-1968. 6. 5) フランシスコ会員。茨城県出身。東京帝国大学哲学科卒。1916 年(大正 5)東京の関口教会で *ドルアール・ド・レゼーから受洗。洗礼名トマス。1919 年以降、公教青年会常任幹事として雑誌『カトリック』の編集主任を務め、また雙葉学園や松島女子高校で教鞭をとった。1963 年(昭和 38) *フランシスコ会に入会。5 年後、胃癌のため死去。著書に、『神は支配す』(1925)、『カトリックの信仰』(1929)、『日本 26 聖人』(1932)などがある。
【文献】『カトリック新聞』(1968. 6. 16)　(尾原悟)

すずきだいせつ　鈴木大拙　(1870. 10. 18-1966. 7. 12)　仏教学者、思想家。本名、貞太郎。

禅仏教を西洋に紹介した第一人者であり、この草分けとなる偉業によって極東の精神への門戸を開いた。東西の邂逅に果たした彼の比類のない業績は、20 世紀の画期的な出来事の一つに数えられる。彼によって開始された禅ルネサンスを活動の中心とし、学問的研究としては大乗仏教(→ 仏教、仏教哲学)に関する我々の知識を根本的に豊かなものとした。人格と著作によって我々の時代の精神生活に及ぼした多大な影響は、またキリスト教にも及んでいる。

【生涯】金沢市の医者の家庭で 5 人兄弟の末子として生まれ、父の早逝により貧しい生活を強いられて育った。17 歳で石川県専門学校予科(学制改革により後に第四高等学校予科)を中途退学し、英語を教えて生計を立てる。家族は臨済宗で、母親は熱心に阿弥陀を信仰していた。青年時代、禅仏教の寺に通い、当時を回想して、「宣教師を通じて知ったキリスト教は、創造神への信仰のゆえに受け入れ難いものと思われた」と記している。神と人間との二元論は、生涯を通じてキリスト教を拒否する主要な理由であった。

1891 年(明治 24)、兄の援助で東京に移り、大学に通うことができるようになった。精神の故郷は鎌倉となり、そこで、今北洪川(1816-92)とその死後は釈宗演(1859-1919)のもとで定期的に座禅をした。自叙伝には、師の釈宗演について、非常な賛嘆を込めて、「まことに偉大な人物である」との確信が記されている。宗演は円覚寺住職を務めるかたわら慶応大学で西洋の学問を研究し、大拙ら弟子たちの精神を啓蒙した。大拙は、1893 年 *シカゴで開催された世界宗教会議のために宗演の講演草稿を英訳したが、それがきっかけとなってアメリカの東洋学者・出版業者ケイラス(Paul Carus, 1852-1919)から宗演を通じて『老子道徳経』の英訳の補助を依頼され快諾するが、これは以前にケイラスの『仏陀の福音』(The Gospel of Buddha, 1894)を日本語に訳し、その出版の労をとっていたからでもある。また長年公案の「無」をめぐって禅を行い、1897 年アメリカに出発する直前に悟りを開く。

10 年間のアメリカ滞在により、その後の生涯の活動基盤が定まった。外国語の知識は完璧なものに近づき、西洋世界の精神性にもしだいに親しむようになった。同時に多くのアメリカ人が極東の哲学や宗教に多大な関心を寄せていることをも発見した。大拙の活動は、大乗仏教研究の強力な推進力となり、彼の重要な論説『大乗起信論』(The Awakening of Faith in the Mahayana, 1900)を自ら英訳したほか、仏教に関する西洋世界で初めての講演や講義を行った。そこから英文著作『大乗仏教概論』(Outlines of Mahayana Buddhism, 1907)も成立した。

1909 年に日本に帰国するとき、ヨーロッパを経由、パリの国立文書館では発見されたばかりの敦煌石窟の仏教関係の草稿を研究し、筆写した。主に華厳経と禅仏教のテクストに焦点を合わせ、その学問的な解明のために重要な貢献を果たした。帰国後、学習院大学で英語の講師(後に教授)となる(1909-21)。さらに、アメリカ人レーン(Beatrice Erskine Lane, 1878-1939)と結婚。座禅の行と研究を鎌倉で続けた。

1921 年(大正 10)真宗の大谷大学の仏教哲学教授として京都に移り、英語の学術誌『イースタン・ブッディスト』(Eastern Buddhist)を創刊する。それは、禅仏教と極東の精神性を西洋に伝えるという彼の人生の目標の最初の実現であった。掲載された彼の多くの論文は、著作刊行のための根幹となり、仏教界のみならず R. *オットーなど宗教学者からも注目されるようになった。特に『楞伽経の研究』(1930、翻訳 1932)、『梵文楞伽経梵漢索引』(1934)、『敦煌出土荷沢神会禅師語録』(1934)、禅仏教のエッセイ『随筆　禅』(1927)などが秀でている。この時代また、禅仏教や日本の文化に関する本も出版された。

第 2 次世界大戦後は活動の場を世界的な次元に広げ、多くの国際会議に出席した。*ハーヴァード大学をはじめプリンストン、コロンビア、イエール、シカゴ、コーネル等、アメリカの一流大学で講演を行い、ハワイ大学やクレアモント大学では講義をした。1947 年(昭和 22)学士院会員、1949 年には文化勲章を受章。活動の中心は *ニューヨークにあるコロンビア大学に移り、その名声はヨーロッパにも及んだ。1953-54 年スイスでのエラノス会議に参加、ヨーロッパ中で講演を行う。また、メキシコでは禅と心理分析に関する会議を主宰した。

【思想】若いときは心理学的で哲学的な関心が支配的であったが、後になって深い宗教性が強く前面に出てくるようになった。禅思想と浄土教思想の統一理解を行い、その核心に霊性的自覚を置いた。また西欧の *神秘

主義, 特にマイスター・*エックハルトの思想に強い関心を寄せ, 禅思想との接近性を強調した. *スヴェーデンボリの日本への紹介者でもある. *キリスト教との関係では理解を示す表現がないわけではなく, 修道院によく宿泊し, キリスト教の*霊操を重んじる人々との交流もあったが, しばしば鋭い対立もみせた. それは根本的に異なる世界観からというよりも, 先入観やある種の反感に由来するものと思われるが, 積極的な対話をもたらすには至らなかった. しかしその著作のもつ力は, 今日の仏教とキリスト教との対話にさまざまな面で影響を及ぼしている(→仏教とキリスト教).

【著作】『鈴木大拙全集』全30巻, 別巻2(岩波書店1968-71).

【文献】西谷啓治編『回想・鈴木大拙』(春秋社1975).

(H. デュモリン, 村上興匡)

すずきパウロ　鈴木パウロ　(1548-1597. 2. 5)　*日本26聖人の一人で尾張出身. 1584年(天正12)*洗礼を受けた. 1594年に*ペドロ・バウティスタ・ブラスケスたちが*都に教会を建てたとき, 同じ尾張出身であった*烏丸レオンの紹介で彼らを知ることになり, 教会近くに家を移し, 伝道士(*カテキスタ)の一人となった. 書に優れ筆も立ったので*フランシスコ会の会員の諸問題に関わること, あるいは祈りや教理の書写などの面で協力した. また, 深い愛徳をもって教会に近い聖ヨゼフと呼ばれた小さな病院で奉仕に励んだ. 結婚して二人の子どもがあったが, 幼くして病死したため捨て子を拾って自分の家で育てた. 1596年(慶長1)12月9日他の殉教者たちとともに捕らえられ, 1597年*長崎で殉教を遂げた. 1862年(文久2)*列聖.

【文献】結城了悟『長崎への道』(日本二十六聖人記念館1987); M. DE RIBADENEIRA, *Historia de las Islas del Archipielago Filipino y Japon* (Madrid 1947).

(結城了悟)

すずた　鈴田　長崎県大村市陰平郷. 鈴田川が大村湾に注ぐ入江の南側に広がる. 鈴田氏は*大村純忠の家臣で, 1570年(元亀1)に純忠の妻と嫡男が*洗礼を受けたとき, 司祭*フィゲイレドは鈴田の村人たちにも洗礼を授けた. 1600年(慶長5)頃*大村のレジデンシア(住院)に属するレジデンシアも開かれて, 司祭 B.*ロペスと*イルマンの*西ロマノが活躍した. 1606年レジデンシアが閉鎖された. 鈴田の地名がキリシタン史で知られるようになったのは1617年(元和3)から1622年まで宣教師のための牢屋があったからである. その牢には*木村セバスティアン, *スピノラ, F. デ・*モラレスらが投獄されていて, アンブロジオ・*フェルナンデスとフアン・デ・サンタ・マリア(Juan de Santa maria)が殉教した. ほかは*元和大殉教で殉教者となった. 牢屋跡は1967年(昭和42)に教会の所有地となり記念碑が建てられた.

【文献】D. パチェコ『鈴田の囚人』佐久間正訳(長崎文献社1967); F. A. スピノラ『カルロ・スピノラ伝』宮崎賢太郎訳(キリシタン文化研究会1985).

(結城了悟)

スズダリ　Suzdal'　ヴォルガ川上流とオカ川の間に位置する, 中世ロシアの面影を残す古都. かつては周囲の森が軍事的な要害であり, この森を横切って*ノヴゴロドなどとの通商路が開かれ, 交易が盛んで, 13世紀にはスズダリ工芸の華を咲かせた. 12世紀末から13世紀初めにスズダリ公国の首都となり, タタール人などの外敵の侵入に遭いながらも復興し, 後にモスクワ大公国に抗してスズダリ・ニジュニ・ノヴゴロド(Nizhnij Novgorod)公国として独立を保ったが, 1392年に公国は崩壊. 17世紀にはポーランドの侵略や*ペストの流行があり, 18世紀には大火に見舞われ, 木造建築の多くが消失した. 現在も町に残る古い修道院としては, スパソ・エウフィミエフスキー(Spaso-Evfimievskij), アレクサンドロフスキー(Aleksandrovskij), ポクロフスキー(Pokrovskij), ドミトリエフスキー(Dmitrievskij), リスポロジェンスキー(Rizpolozhenskij), ワシリエフスキー(Vasilevskij)などがある.

(大森正樹)

スタイロン　Styron, William　(1925. 6. 22-　)　アメリカの小説家. ヴァージニア州ニューポート・ニューズ(Newport News)に生まれ, *聖公会系の寄宿学校に学ぶ. デューク大学および*ニューヨークのニュースクールで創作を学び, 作家としての下地を作った. その間, 第2次世界大戦, 朝鮮戦争と2度の兵役経験がある.「意識の流れ」([英] stream of consciousness)の手法を巧みに使い,「愛の言葉を喪失した」時代を描いた処女作『闇の中に横たわりて』(Lie Down in Darkness, 1951)で一躍新進作家として認められる. 1831年にヴァージニア州で実際起こった黒人奴隷の反乱を素材とし, 南部の悲劇と救済を探求した『ナット・ターナーの告白』(The Confessions of Nat Turner, 1967)ではピュリッツァー賞を受賞. 聖書の言葉がちりばめられた荘厳な作品であるが, 反乱の首謀者である黒人説教師の人物像に対して, 黒人批評家から激しい批判があった.『ソフィーの選択』(Sophie's Choice, 1979)は, ユダヤ系カトリック教徒ソフィーが, *アウシュヴィッツの強制収容所から逃れる際に犯す裏切り行為の罪に苦しむさまが語られる物語. 比較的寡黙な作家であり, その他の作品には『長い行進』(The Long March, 1953),『この家に火をつけろ』(Set This House on Fire, 1960)などがある.

【文献】J. H. CLARKE, ed., *William Styron's Nat Turner: Ten Black Writers Respond* (Boston 1968); S. COALE, *William Styron Revisited* (Boston 1991).

(山口和彦)

スタイン　Stein, Gertrude　(1874. 2. 3-1946. 7. 27)　アメリカの女性詩人, 小説家. ペンシルヴァニア州でユダヤ系の裕福な家庭に生まれ, 心理学・医学を学ぶが, 学業半ばの1902年に渡欧し, 生涯を*パリで過ごした. 独特の抽象的な文体を創始するとともに, 自宅をサロンのようにして画家や若い作家たちと広く交遊し, 強い影響を与えた. パリにて没す.

【主著】*Tender Buttons*, 1914: 金関寿夫訳『やさしい釦』(書肆山田1984).

【文献】金関寿夫『現代芸術のエポック・エロイク: パリのガートルード・スタイン』(青土社1991). (飯野友幸)

スタインベック　Steinbeck, John　(1902. 2. 27-1968. 12. 20)　アメリカの小説家. カリフォルニア州サリナス(Salinas)の製粉業者の家に生まれる. 少年時代から読書に親しみ, 特に聖書と*マロリの『アーサー王の死』は彼の作品世界に重要な影響を与えた. 1920年, スタンフォード大学に入学するも, 文学に熱中し中退. その後, 作家を目指して*ニューヨークに出たが挫

スタキュス

折しも故郷に帰り，農民の生活を中心に地方主義的リアリズムを特徴とする作品を書き，『トーティーヤ台地』(Tortilla Flat, 1935) で世に認められた．以後，カリフォルニアを舞台に社会主義的リアリズム色の濃い『二十日ねずみと人間』(Of Mice and Men, 1937), *出エジプト記を枠組みにジョード一家の不幸な運命を描く『怒りのぶどう』(The Grapes of Wrath, 1939), 善と悪の追及が旧約聖書に比して語られる『エデンの東』(East of Eden, 1952) などを発表．1962 年，ノーベル文学賞を受賞．そのほかの作品には『赤い小馬』(The Red Pony, 1949), 『缶詰横町』(Cannery Row, 1945) などがある．*ニューヨークで死去．
【文献】H. LEVANT, The Novels of John Steinbeck (Columbia 1974). （山口和彦）

スタキュス　Stachys（1 世紀）　聖人（祝日 10 月 31 日）．使徒 *パウロによって「私の愛するスタキス」（ロマ 16:9）と挨拶を受けている．パウロと親しかったこと以外は不明．おそらく *異邦人キリスト者．一説によれば，キリストの 72 弟子の一人，ビュザンティオン（後の *コンスタンティノポリス）の司教に叙階されたという．
【文献】ABD 6: 183; LThK² 9: 1003. （神崎忠昭）

スタニスラフ〔クラコフの〕　Stanisław（1030 頃-1079. 4. 11）　ポーランドの守護聖人（祝日 5 月 8 日）．ポーランド語ではスタニスワフ．グニエズノ (Gniezno) や西欧で学んだ後，*クラコフの参事会員．1072 年に教皇 *アレクサンデル 2 世によってクラコフ大司教に叙せられ，教会改革を推進．ポーランド王ボレスラフ 2 世（またはボレスワフ Bolesław II, 在位 1058-79）の失政のため生じた諸侯の反乱に加わり王を *破門．謀反人として，1079 年王自身の手でクラコフの聖ミカエル教会内で殺害された．大司教を「殉教」に至らしめたため，王は国を追われ，痛悔者として余生を修道院で送らざるをえなかった．多くの奇跡譚が報告され，彼の遺骸は 1088 年クラコフ司教座聖堂（彼にちなんで改称される）に移送される．1253 年教皇 *インノケンティウス 4 世によって *列聖．
【文献】LThK² 9: 1018; NCE 13: 642. （神崎忠昭）

スタニスラフ・コストカ　Stanisław Kostka（1550. 10. 28-1568. 8. 15）　聖人（祝日 11 月 13 日）．ポーランドのロストクフ (Rostkow) の大貴族出身．ポーランド語ではスタニスワフ．厳格で宗教的な家庭教育を受ける．14 歳で *ウィーンの *イエズス会の学校に兄パウルとともに入学．祈りと痛悔の生活を送り，聖母を幻視するなどの霊的体験を得た．父と兄の目を逃れ，イエズス会入会のためドイツ各地を彷徨．イエズス会ドイツ管区長 *ペトルス・カニシウスと出会い，彼の推薦を得て，1567 年 *ローマにおいて総会長フランシスコ・デ・ボルハ (Francisco de Borja, 1510-72) によって修練士として入会を認められる．約 10 か月の敬虔な生活を送るが，1568 年自らの死を予知，数日後に病を得，ローマで没した．1670 年に列福，1726 年に *列聖．ポーランドの *守護の聖人，勉学にいそしむ青年，病人の守護の聖人．
【文献】LThK² 9: 1017-18; NCE 8: 258-59. （神崎忠昭）

スターバック　Starbuck, Edwin Diller（1866. 2. 20-1947. 11. 18）　アメリカの宗教心理学者．アメリカ，インディアナ州で生まれ，1897 年にクラーク大学で哲学博士号を取得する．1891 年からヴィンセンス大学の数学教授，1904 年からアールハム・カレッジの教育学教授等を経て，1906 年から 1930 年までアイオワ州立大学の哲学教授を務めた．1923 年には性格研究所長，1930 年には南カリフォルニア大学で哲学教授，心理学教授となる．1899 年の著書『宗教心理学』(Psychology of Religion) は，宗教意識の発達を統計的・帰納的方法で研究した最初の書で，これによって *宗教心理学を確立したといえる．天文学，物理学，生物学などが哲学から離れたのに続き，心理学も実証科学としての道を歩み始めたが，宗教は依然として哲学の対象であった．しかし彼は宗教を，心理学のテーマとして統計学を用いて研究することの必要性を主張した．1973 年の論文「神秘主義の経験的研究」(An Empirical Study of Mysticism) に，その研究手法の一例をみることができる．青年期を重視した彼は，神秘主義者と非神秘主義者の 2 群の大学生を対象に，感覚的弁別能力，感覚運動反応，反応時間等の計測を行った．その結果，これらの指標に両群で差はなく，神秘主義者は環境刺激の影響を受けやすいというこれまでの説を批判し，宗教的態度は単に社会的態度を反映したものにすぎないと結論づけた．神秘主義者がそうでない者と最も異なる点は，被暗示性が強いことであった．さらに，神秘主義者は独創性にも乏しいことが指摘された．
【主著】Moral Education in the Public Schools, 1904; The Wonder Road, 3 v., 1929; Living through Biography, 3 v., 1936; Look to This Day, 1944. （山中祥男）

スタバト・マーテル　Stabat mater　キリストの受難に立ち会う聖母 *マリアの悲しみを黙想する歌．「悲しみの御母はたたずみ給えり」(Stabat mater dolorosa) で始まる．一般に，13 世紀末のイタリアの詩人 *ヤコポーネ・ダ・トディの作とされる．
　悲しみにくれる聖母への崇敬は，13 世紀から広まり，*キリスト教美術でも表現されるようになった．スタバト・マーテルは，*続唱の形式によって *典礼に取り入れられたが，他方，大衆的な旋律の宗教歌として広く民衆に受け入れられていった．続唱の多くは，*トリエント公会議で廃止または制限を受けたが，スタバト・マーテルは，その後 1727 年に導入された「悲しみの聖母の祝日」(9 月 15 日) のミサの続唱および聖務日課 (*教会の祈り) の賛歌となった．また合唱曲および器楽曲として *パレストリーナ，A. *スカルラッティ，*ペルゴレージ，M. *ハイドン，*ロッシーニ，*ドヴォルザーク，*ペンデレッキなどの作品が著名．物語性をもつ続唱の形式で受け入れられてきたこの歌は，*キリスト秘義を記念し，それに積極的に参与するという典礼の本来的意義に沿って評価されるべきであろう．現在では任意で悲しみの聖母の記念日の続唱として歌われる．
【文献】カ大 3: 46; 現カ 366, 520; EDR 3: 3376; LThK² 9: 1000-1001; NCE 13: 625-26; 野村良雄『世界宗教音楽史』（春秋社 1967 ³1978）; 田辺尚雄他編『音楽大事典』3（平凡社 1982）1295-96; 遠山一行，海老沢敏編『ラルース世界音楽辞典』上（福武書店 1989）892, 928-29. （宮崎正美）

スターレツ　starets　長老を意味するロシア語で

隠遁修道を経た正教会の霊的指導者．その霊性はビザンティンの修道霊性を中核とし*アトス山を経て砂漠の*隠修士と連続性をもつ．この霊性を長老は現在なおギリシア等の*東方正教会のなかで継承している．彼らは自らの生を全く聖霊の導きのもとに置く．すなわち共住生活を経て後に許可を得，修道院近くの森で隠遁生活をし，その後は神から示されるままに*修練者や民衆の訪問を受け入れ指導し，その特別な賜物で人々の苦悩を癒やす．そうした姿は『カラマーゾフの兄弟』で*ドストエフスキーが描くゾシマ長老の生に垣間みられる．ラドネジュの*セルギーや*ヴェリチコフスキー，サロフの*セラフィム等がその典型である．彼らは聖職者や修道者とは限らず，またときに社会の変革に影響を与えた預言者的存在である．全被造物とともに神を讃え彼らの痛みに涙する心を有した者も多い．人間の究極的救い(*神化)を証しする点では稀有な福音宣教者でもある．東方正教会の霊性の深さ・豊かさは彼ら抜きでは語れないであろう．

【文献】キ大 595; I. ゴライノフ『サーロフの聖セラフィーム』E. ブジョストフスキ訳 (あかし書房 1985): I. GORAINOFF, ed., *Séraphim de Sarov* (Bonheiden 1973); N. ゼルノフ『ロシア正教会の歴史』宮本憲訳 (日本基督教団出版局 1991) 163–66: N. ZERNOV, *The Russians and Their Church* (New York 1978).

(宮崎正美)

スータン 〔ラ〕vestis talaris, 〔英〕cassock, 〔独〕Talar, 〔仏〕soutane *聖職者の正装．首からくるぶしにまで及び，下はゆったりしたスカート状，上は詰め襟の学生服のような形で白いカラーがある．胴には約 20 cm 幅の帯を締め，左側にたらす．色は*司祭が黒，*司教は赤紫，*枢機卿は赤，*教皇は白である．

聖職者服は初め一般の*信徒と同じローマ人風の衣服であった．4–5 世紀の*民族大移動とともに人々は侵入者と同じ衣服となったが，聖職者はローマ風を守った．第 4 *ラテラノ公会議(1215)は，あまり短いものや長すぎるものを禁止し(第 16 条)，聖職者服の長さはしだいに踵まで(〔ラ〕talos)となった．15 世紀頃から色はしだいに黒が一般的となり，20 世紀までには，イングランドやドイツにおける迫害などから，黒または灰色の市民服に*ローマンカラーをつけるクラージマン型(〔英〕clergyman style)が生まれた．現行『教会法典』284 条は，聖職者が各地の*司教協議会が定めたふさわしい教会衣服を着用するよう規定した．日本司教団は教会法施行細則 3 項において，聖職者の通常服はクラージマンとし，聖堂内において正式に典礼行為に参列するときはスータンあるいは*祭服を着用することを義務づけている．

スータン

【文献】カ大 4: 482; 現カ 366; DMC 3: 515–18; LThK² 6: 326–27.

(濱田了)

スターン Sterne, Laurence (1713.11.24–1768.3.18) イギリスの小説家．アイルランドに生まれ，貧困のうちに*ケンブリッジ大学を卒業．聖職に就き，ヨークシャー (Yorkshire) に牧師として赴任．1759 年から創作を始め，多くの作品を残すが，宗教性は稀薄．代表作には破天荒な小説『トリストラム・シャンディ』全 9 巻 (The Life and Opinions of Tristram Shandy, Gentleman, 1760–67)，旅行記『感傷旅行』(A Sentimental Journey through France and Italy, 1768) などがある．*ロンドンで死去．

【主著邦訳】山口孝子，渡辺万里訳『センチメンタル・ジャーニー』(新潮社 1952); 朱牟田夏雄訳『トリストラム・シャンディ』全 3 巻 (岩波書店 1969).
【文献】伊藤誓『スターン文学のコンテクスト』(法政大学出版局 1995); A. CASH, *Laurence Sterne*, 2 v. (London 1975–86).

(小林章夫)

スーダン 正式国名：スーダン共和国．〔ア〕al-Jumhūriya al-Sūdānīya, 〔英〕Republic of the Sudan. アフリカ最大の面積をもつ国．1983 年，スーダン人民解放軍 (SPLA) の武装蜂起で南部での内戦が再燃する．1989 年，クーデターでバシル軍事政権が権力を掌握し，南部での軍事攻勢を強めた．その後も内戦は続き，難民も増加している．面積：250 万 5,813 km². 人口：2,829 万人(1998 年現在)．言語：アラビア語(公用語)，ディンカ語，ヌエル語など．

【概要】地理的状況よりも社会的・経済的状況の違いが，北部と南部の格差を生んでいる．英国・エジプト共同統治の期間(1899–1955)，北部は，南部よりも農業・工業・社会施設が発達した．独立(1956)以来，政治権力や行政の鍵は北部人によって掌握され，南部人の参画は皆無に等しい．今日のスーダンの状況理解のために，この南北の格差は知っておく必要がある．

【北部の古代キリスト教】第 1 瀑布(エジプトのアスワン)と，白ナイル川と青ナイル川の合流点(現在のハルトゥーム Khartoum) の間の両岸域は，一般にヌビア

スーダン

(Nubia) として知られている．キリスト教伝来以前は，メロエ帝国（首都はハルトゥームの北部200 km）といった．キリスト教に関する最初の記録は，使徒言行録に出てくるエチオピアの女王カンダケの宦官の改宗である．「カンダケ」という語はメロエのピラミッドにも刻まれている．

最後のローマの迫害(284-304)のとき，エジプトの修道者たちは，上テーベ（アスワン付近）に避難し，ノバティア人やブレミイ人に宣教した．その様子は*『隠修士伝』などに記されている．最近の考古学の調査によると，公にキリスト教国になる少なくとも100年前に，ヌビアには幾つかのキリスト教徒の村落があったことが確かめられている．

543年*コンスタンティノポリスの宮廷から宣教師が派遣され，ヌビアで宣教した．また王たちに*ローマ帝国と同盟を結ばせて，ヌビアをローマ帝国に編入させた．メロエ帝国滅亡後ノバティア，マクリア，アロディアの各王が洗礼を受けたとき(543-80)，全国民も王に従い，ヌビア全体がキリスト教化した．6世紀にヌビアを訪れた宣教師には，*カルケドン公会議(451)の支持者と反対者の両者がおり，そのためヌビアにはごく初期からカトリックと*コプト教会の両者の*裁治権が存在することになった．7世紀ヌビア全土は*アレクサンドリアのコプト教会総主教の裁治権のもとに入った．

エジプトからのアラブ人の侵攻(641-52)の後に締結された条約により，ヌビア人は，毎年360人の奴隷をエジプト王に差し出すことになった．一方，イスラム教徒は，ヌビア人に布類・食糧を提供した．この条約は1275年まで効力をもった．

1172年以降，サラーフ・アッディーン王(Salāḥ al Din, サラディン, 在位1171-93)とその後継者たち（エジプトのアイユーブ朝）が，ヌビアと地中海世界のキリスト教勢力との交渉を阻止したため，ヌビア王国とその教会は弱体化した．1550年までにはキリスト教は完全に消滅したようである．1960-70年に発掘された美しいフレスコ画のある教会は，かつてのキリスト教の姿を伝えている．

【近代の宣教】1821年，エジプトのムハンマド・アリー(Muḥammad ʿAlī, 在位1805-48)がスーダンを征服すると，アフリカ奥地からの報告書がヨーロッパに届き始めた．10万人以上のキルディと呼ばれるアフリカ人キリスト教徒が，司祭不在のままサハラ砂漠の奥地にいることも伝えられた．

1846年教皇*グレゴリウス16世は，今日のスーダンと隣接諸国を統括する中央アフリカ代牧区を設立した．ポーランドの*イエズス会の会員リルロ(Maximilian Ryllo, 1848没)は，宣教師たちを率いて最初にナイル川を上り，1848年2月にハルトゥームに到着した．同年6月彼は死に，オーストリア人のクノプレヒャー(Ignaz Knoblecher, 1858没)が宣教活動を引き継いだ．1849-62年には，主にオーストリアから60人以上の宣教師や協力者が中央アフリカ宣教を志願したが，3分の2が熱帯病により死亡した．教皇庁は，成功を収めることなく多くの人命が失われたのをみて，宣教活動を中止し，「よりよい時期」を待つように命じた．中央アフリカ宣教の唯一の成果は，幾つかの部族の状況・慣習・言語を直接知りえたことであった．

最初の南部宣教に参加したイタリア人のコンボーニ(Daniele Comboni, 1831-81, 後に司教・列福)は，1872年再び南部宣教の許可を得た．彼は，奥地のアフリカ人を改宗させるためにはアフリカ人との協力が必要だと確信していた．そこで*カイロに二つの養成機関を開設し，かつて奴隷だった若い男女を別々に集め，宗教と科学，さまざまな職業訓練を授け，中央アフリカ宣教の協力者になってもらうことを考えた．またイタリアで*コンボーニ宣教会を設立し，アフリカでの活動が途絶えないようにした．1872-81年の9年間で，コンボーニと宣教師たちは，200人もの改宗者を生み，30の自給自足できる家庭を育て，司祭職と修道生活への*召命を増やしていった．こうして今日のスーダンのカトリック教会の基礎は築かれたが，コンボーニが死亡した1881年，イスラム教の一派によるマフディー反乱により，すべての宣教拠点は破壊され，宣教師と改宗者たちはエジプトへ逃れた．1898年イギリス軍により反乱が鎮圧されると，スーダンは英国とエジプトの共同統治のもとに置かれ，コンボーニ宣教会の活動は再開された．キリスト教の宣教活動がイスラム教徒の反感を買うことを恐れたスーダン政府は一時，キリスト教の宣教活動を禁止するが，イギリス人の圧力により方針を変えた．1903年，政府は北スーダン全域（ほぼ北緯10度の北）をイスラム教徒の地域であると布告，この地域でのキリスト教宣教は厳禁された．認められたのは社会活動（教育と医療）や既存のキリスト教徒（主に国籍離脱者）に対する宣教だけであった．南部は，それぞれ分割して，各宣教会の活動が認められた．

1903年までにカトリック教会は，北部に二つの宣教本部，南部に一つの宣教本部を設けていたが，以後は南部に力を注ぐことに決めた．1903年12月司教ガイヤー(F. X. Geyer, 1859-1945)は，コンボーニ宣教会の会員たちとともに，ハルトゥームを船で出発し，カトリック教会に認められた地域に新しく教会を建て始めた．宣教師たちは熱帯特有の病気や気候風土のほかに，故国から離れた隔絶感に悩まされた．多くは湿地帯と乾燥地帯で，道路もなく，交通と生活必需品の供給は困難を極めた．原住民は，白人による奴隷売買という苦い経験から，宣教師に対してあからさまな敵意ではないが，不信感を抱いた．しかし初期の宣教師たちは各部族の長老には尊敬の念をもって接し，諸部族の言語を学び，病人や貧しい人々の世話をした．1918年には女子修道会としては初めてコンボーニ修道女会が中央アフリカに到来した．

1919年カトリックの各宣教会は自由に宣教できる赤道地域のナイル川東岸で活動を始めた．コンボーニ宣教会員たちは，まず南部の部族の改宗を目指し，奴隷売買や戦争の被害を受け続けてきた少数部族は，キリスト教を受け入れ，政府保安隊基地近辺に居住することで部族の安全を計った．1907年カヤンゴ(Kayango)で最初の成人（ジュール族）の洗礼式が行われて以降，徐々に宣教の成果は上がり，南部におけるカトリック教徒の数は，1907年に7人だったのが，1930年には1万1,182人，1970年には34万1,525人になった．

プロテスタントの宣教活動も，カトリック同様に進んでいった．*聖公会の伝道協会は，1905年ナイル河畔のマレク(Malek)に南部最初の教会を建て，アメリカの*長老派教会宣教部は，ナイル川とソバト川の合流点近くの上ナイル地区に1902年，最初の教会を，1903年には学校を建てた．1920年代には，他のプロテスタントの伝道会も活動を始めた．プロテスタントの伝道会は，資格のある医師と看護婦を伴ってきたので，南部では初の診療所を建てることができた．

【カトリック教会の成長】南部のカトリックの宣教会が担当していた教会は，距離的にハルトゥームから離れていたので，1913年バール・エル・ガザル（Bahl el-Ghazal）知牧区として独立した（代牧区昇格1917）．他の地区でも活動が盛んになるにつれて，それまでの*知牧区は再編成された．

カトリック教会は*信教の自由と矛盾する地区別宣教割当制度を廃止するよう，たびたびスーダン政府に申し入れたが，スーダン政府と聖公会の支持により，この制度は1955年まで存続した．カトリックからプロテスタントに改宗する者が出始めた結果，カトリックとプロテスタントの間にはしばしば緊張が生じることもあったが，1935年以降はカトリックとプロテスタント双方の宣教師がそれぞれの宣教地区間を往来するようになった．

1944年まで南部で唯一の学校であった宣教会経営の*ミッション・スクールはキリスト教の拡大にとって決定的な役割を果たした．1929年まで，学校は各地区の*洗礼志願者の連合体であり，小学校には政府の教育計画もなかった．学校の目的は，改宗者を増やし，彼らに基本的な読み書きを教えることだった．そこでは，現地語をローマ字で表したものが使われた．適性のある者や政府機関で働くことになる者には英語が教えられた．1927年スーダン政府は，ミッション・スクールに条件つきの補助金（1校あたり年間100ポンド）を出すことを提案した．南部の教育事業拡大に関心を示すようになった政府は，1946年以降補助金を増額，宗派間の協力もあって学校は増加し，宣教活動も進展した．

1930年頃，数人の青年が司祭職を望んだことから，代牧区内に小神学校が開設された．1944年最初の3人の司祭が叙階された．1955年には最初のスーダン人司教ドゥド（Irenaeus Wien Dud）が叙階された．1940年最初の修道生活の志願者が現れ，1950年代には男子修道会と女子修道会が三つの代牧区で初めて創立された．

【独立後の国家と教会との関係】1956年1月1日スーダンは独立した．政府は，独立以前から南部と北部の統一を目指してアラビア化とイスラム化の計画をもっていた．南部に対する政策は「一国語・一宗教・一国家」というもので，宣教師たちはイスラム化を危惧しながらも，南部の学校でアラビア語を採用した．これによって混乱が起こらなかったので，あらゆる学校でアラビア語が用いられるようになった．

1955-72年の内乱の間，政府は，1957年に南部のミッション・スクールをすべて国有化，1962年には宣教会法により，いかなる宣教活動に際しても内閣発行の許可証の携行を義務づけた（しかし，決して許可証が発行されることはなかった）．1964年には南部から全外国人宣教師が追放された．教会はスーダン人のカトリック司祭とプロテスタント牧師により運営されることになった．1965-71年に内乱が激化すると，スーダン人の司祭や牧師も多数が隣国へ避難した．

1969年5月のクーデターで大統領となったヌメイリー（Muḥammad Djaʿfar al-Numayrī, 1930-　）は，1972年2月27日アディス・アベバで南部ゲリラと平和条約を結んだ．この条約によって，南部では大幅な自治と信教の自由が保障されるようになった（同年スーダンは*ヴァティカンと外交関係を結ぶ）．国外に避難していた司祭や修道士，修道女の多くも戻ってきた．

【司教区創設後】1974年に教皇庁は正規の教会組織を設立した．北部にハルトゥーム大司教区とエル・オベイド（El Obeid）属司教区を含む教会管区，南部にはジュバ（Juba）大司教区と四つの属司教区（マラカル Malakal, ルムベク Rumbek, トンブラ Tombura, ワウ Wau）を含む教会管区を設けた．1983年ジュバ大司教区からトリト（Torit）が新司教区として分立した．

アディス・アベバ条約の後の1972-82年は，南部の教会にとって初めて自由を享受する実りの時代だった．しかし，カトリック司祭の約40％が司牧活動から退いたために生じた人材不足などが原因で，福音宣教は充分な効果を上げるには至らなかった．

1977年以降，ヌメイリー政権はイスラム化政策をさらに推進，1983年には公私にわたる市民の生活すべてを規制するイスラム法を導入し，純イスラム社会の建設を目指した．西欧文化は，腐敗をもたらすものとして主要な攻撃目標の一つとなった．

イスラム法導入に反発する南部で反乱が起こる一方，1989年にはクーデターによりヌメイリー大統領が失脚，続いて成立したイスラム原理主義政権は経済破綻を招き，教会の活動も少なからぬ影響を受けた．しかし，より深刻なのは教会内部の弱体化である．1964年に外国人宣教師が国外退去となった際の痛手からカトリック教会は立ち直っておらず，長年にわたる内戦により破壊された施設も多い．カトリック信者の総数は増加しているが，自然増の域を出ない．

【近年の教会活動】北部と南部では，社会・経済の条件がかなり異なるので，教会活動もこの両地域では異なっている．北部はほとんどイスラム圏である．カトリックとプロテスタントを合わせても全人口の1％に満たない．1950年まで北部にはほとんど南部人がいなかった．南部の内戦が激しくなると，多くの南部人が職を求めて北部へ移住した．北部にいる南部のカトリック信者は，約5万人から10万人の間で，プロテスタント信者もほぼ同数いる．司祭・修道者は北部に集中している．教会の主要な活動は，*小教区における司牧・宣教と学校教育である．各小教区に設置されている多目的センターでは要理教育に加えて，保育，レクリエイション・クラブ，夜間の成人学校・母子相談，家庭科教育なども定期的に行われている．センターは，普通大きな町の周辺にあり，南部人の集合の場となっている．北部の教会は，幼児教育から中等教育までの学校をもち，宣教師や信徒が運営にあたっている．ハルトゥームではコンボーニ修道女会が産科病院と養護施設を運営している．ほかにインド，エジプト，イタリア，スペインから来た修道女会も，国立病院や療養所などで活動している．

南部のカトリック人口がそれぞれの地域で占める比率は，かつての地区別宣教割当制度の影響で，司教区によってかなり異なり，トンブラ司教区では70％，マラカル司教区では1.7％である．司祭は不足しており，司祭不在のため閉鎖されている小教区も多い．

【現勢】1998年現在，カトリック信者数：247万3,000．大司教区：2．司教区：7．小教区：113．教区司祭：169．修道司祭：133．終身助祭：4．信徒修道士：68．修道女：291．

【文献】世キ百465-69; NCE 13: 773-74; WCE 638-41; J. S. Trimingham, *Islam in the Sudan* (London 1949 ²1972); J. Dempsey, *Mission on the Nile* (London 1955); F. Morlang, *Missione in Africa Centrale 1855-63* (Bologna 1973); Yusuf Fadl Hasan, *The Arabs and the Sudan* (Khartoum 1973); E. Toniolo, R. Hill, *The Opening of the Nile Basin* (London 1974); P. M. Holt,

スタンダール

M. W. DALY, *The History of the Sudan from the Coming of Islam to the Present Day* (London 1979); L. PASSMORE SANDERSON, G. N. SANDERSON, *Education, Religion and Politics in Southern Sudan 1899-1964* (London 1981); G. VANTINI, *Christianity in the Sudan* (Bologna 1981).　　　　　　　(G. ヴァンティーニ)

スタンダール　Stendhal　(1783. 1. 23-1842. 3. 23) 本名 Marie Henri Beyle. フランスの *グルノーブルに生まれた小説家. 17歳で *ナポレオン・ボナパルトのミラノ遠征に従軍した際, イタリアの風土に深く魅せられた. ナポレオン失脚後, 文壇人となり, 古典主義ともロマン主義とも異なる新しい文学を追究.『赤と黒』(Le Rouge et le Noir, 1830) は時代の諸相を克明に反映した写実主義の先駆的作品として, スタンダールにフランス近代小説の開祖の座を与えた. 同書出版の年, 七月王政下で, ローマ教皇領駐在領事としてチヴィタ・ヴェッキア (Civita-Vecchia) に赴任.『イタリア年代記』(Chroniques italiennes, 1839), 『パルムの僧院』(La Chartreuse de Parme, 1839) 等, 精力的に執筆を続けた. 父への反発が原因で早くから *無神論と *反聖職者主義を掲げ, 個人の意志と情熱の力を礼讃, 既成の道徳を打破してまでも自己の理想を追い求める野心的な青年像を描き出した. 自らも情熱の生涯を幸福とみなし女性遍歴を重ねたが, 1841年脳溢血の発作に倒れ, 翌年休暇のために帰った *パリで死去した.
【主著】桑原武夫, 生島遼一他訳『スタンダール全集』全12巻 (人文書院 1968-73).　　　　　(二川比利美)

スティーヴンソン　Stevenson, Robert Louis (1850. 11. 13-1894. 12. 3)　スコットランドの小説家, 詩人. 灯台技師の子として *エディンバラに生まれる. 大学では工学専攻から法律へ転じ, 弁護士の資格を得るが, やがて文筆活動に専念. 小説, 評論, 詩, 劇など多方面にわたって活躍. 晩年には *サモア島に定住し, 同地で死去. 代表作には冒険小説『宝島』(Treasure Island, 1883) や恐怖小説『ジキル博士とハイド氏』(The Strange Case of Dr. Jekyll and Mr. Hyde, 1886) がある.
【文献】NCE 13: 708-709; J. P. HENNESSY, *Robert Louis Stevenson* (London 1974).　　(小林章夫)

ステイプルトン　Stapleton, Thomas (1535. 7-1598. 10)　イングランドのカトリック論争神学者. イングランド南部ヘンフィールド (Henfield) の出身. *オックスフォード大学で学び, チチェスター (Chichester) の司祭となる. *エリザベス1世の即位後は *ルーヴァン等で神学を研究. 1590年 M. *バーユスの後任として *ルーヴァン大学の教授に就任. 1597年, 教皇 *クレメンス8世により名誉職の教皇庁書記長 ([ラ] protonotarius) に任命される. 当代屈指のカトリック神学者で多大な影響を及ぼす.『信仰の根本的教義の論証』(Principiorum fidei doctrinalium demonstratio, 1578), *ホイティカーに反論する『教会権威の擁護』(Auctoritatis ecclesiasticae defensio, 1592) をはじめ多作で, *ベダ・ヴェネラビリスの『イングランド教会史』を英訳したことでも知られる.
【文献】キ人 778; NCE 13: 643-44; ODCC³ 1537.
　　　　　　　　　　　　　　　　　(橋爪由美子)

スティリングフリート　Stillingfleet, Edward (1635. 4. 17-1699. 3. 27)　イングランド国教会 (→聖公会) 主教, 神学者, 名説教家. 1689年, ウースター (Worcester) の主教. 著書には, 国教会と *長老派教会との協調を求めた『イレニクム』(Irenicum, 1659) や『プロテスタント宗教の基礎理論』(Rational Account of the Grounds of the Protestant Religion, 1664), 『英国の起源』(Origines Britannicae, 1685) があり, J. *ロックと *三位一体論をめぐり論争. 神学的には *自由主義だが, 伝統的教義を擁護した.
【文献】キ人 778; キ大 595; ODCC³ 1544.　(榎本昌弘)

スティール　Steele, Richard (1672. 3. 12-1729. 9. 1)　イギリスのジャーナリスト, 劇作家, 政治家. *ダブリンに生まれ, *オックスフォード大学を中退後, 入隊して大尉となる. その後執筆活動に入り, 3編の喜劇を発表した後, ジャーナリズムの世界で活躍. 世相万般を描いた雑誌や政党機関誌を執筆・編集し, 友人 *アディソンとともにイギリス・ジャーナリズムの発展に寄与.『タトラー』(The Tatler, 1709-11) や, アディソンと共同執筆した『スペクテイター』(The Spectator, 1711-12) は特に有名. また政治家としても活躍した. ウェールズのカーマーザン (Carmarthen) で没す.
【主著】D. F. BOND, ed., *The Spectator*, 1965; ID., ed., *The Tatler*, 1987.
【文献】EBritMa 17: 635-37.　　　　(小林章夫)

ステインド・グラス　　→　ステンドグラス

ステッファニ　Steffani, Agostino (1654. 7. 25-1728. 2. 2)　イタリアの作曲家, 司祭, 外交官. *ヴェネツィア近郊に生まれ, *フランクフルト・アム・マインで没す. 少年時代その才能を認められ, 1667-88年 *ミュンヘンの宮廷に仕え, その間 1672-74年 *ローマに留学. 後 *ハノーヴァー, デュッセルドルフ (Düsseldorf), *ロンドンで活躍. *ヘンデルに影響を与え, 彼をハノーヴァーの宮廷楽長に推薦したことで知られる.　　　　　　　　　　　　　　　　(金澤正剛)

ステピナツ　Stepinac, Aloizije (1898. 5. 8-1960. 2. 10)　福者, 枢機卿. クロアティアのクラシチ (Krašić) に生まれ, 同地で没す. 1930年に司祭叙階, 1937年に *ザグレブの大司教に叙階. 第2次世界大戦後は共産主義体制に反対し, 1946年逮捕. 戦争協力の罪で16年間の禁固刑判決を受ける. 1951年釈放されるが, 自宅に軟禁. 1952年に教皇 *ピウス12世によって「使徒的熱意とキリスト教的勇気の模範」として枢機卿に叙せられる. 亡命を拒否し, 死ぬまで自宅軟禁のまま祖国に留まった. 1998年10月3日列福.
【文献】LThK² 9: 1053; NCE 13: 702-703. (神崎忠昭)

ステファヌス1世　Stephanus I　(?-257. 8. 2) 聖人 (祝日8月2日), 教皇 (在位 254-57). *ローマ出身. *デキウス帝の迫害後生じた *異端者洗礼論争で, その有効性を認め, 再洗礼を退けたことで, 別の伝承を受け継いでいたカルタゴの司教 *キプリアヌス, カッパドキアのカイサレイア司教 *フィルミリアノスと激しく対立. この対立は彼の死で終焉した.
【文献】NCE 13: 694; DThC 5: 970-73; DPAC 3309-10; キプリアヌス『手紙 67-75』; エウセビオス『教会

史』7, 2-9. （小高毅）

ステファヌス1世〔ハンガリーの〕 Stephanus I
(975頃-1038.8.15) 聖人(祝日8月16日), 初代ハンガリー王. ハンガリーではイシュトヴァン(István). ハンガリー公ゲザ(Géza)とキリスト者の母の間に生まれ, ヴァイク(Vajk)と名づけられる. 受洗とともに改名. 995年以降, 皇帝*ハインリヒ2世の姉ギゼラ(Gisela)と結婚. 997年, 父の跡を継ぎ, 1000年の降誕祭に, 教皇*シルベステル2世に要請して送られてきた王冠をもって即位. 熱心なキリスト者として教会を支援, 国民にキリスト教信仰が浸透するよう, ドイツ, フランス, イタリアから*ベネディクト会の会員を招聘し, 宣教と司牧を委託する一方, 行政区とともに教会管区を確立する. 二つの大司教区と八つの司教区が設立された. 息子のために『君主の鏡』(Libellus de institutione morum)を著したといわれる. ストリゴニア(Strigonia)で死去. 自らが建立したセーケシュフェヘールヴァール(Székersfehérvár)のバシリカに埋葬された. 1083年に*列聖. ハンガリーでの祝日は8月20日. 11世紀末に書かれた『大伝記』(Legenda maior)と12世紀初頭に書かれた『小伝記』(Legenda minor)がある.
【文献】キ人130; NCE 13: 697-98; LThK² 9: 1048; BSS 12: 19-21. （小高毅）

ステファヌス2(3)世 Stephanus II (III)
(?-757.4.26) 教皇(在位752.3.26-757.4.26). 752年3月13日に没した*ザカリアスの後継者として, 3月23日に別のステファヌス2世が選出されたが, 3日後の25日に司教叙階を受けることなく死去したため, 一般には正式の教皇として扱われない. 翌26日ローマ出身の司祭がステファヌス2世として正式に教皇に就任.
　753年*ローマが*ランゴバルド族の王アイストゥルフ(Aistulf, ?-756)による攻撃を受けた際, 教皇として初めてアルプスを越えてフランク王国に援助を求め, 国王*ペパンに塗油し, 「パトリキウス・ロマノールム」(Patricius Romanorum)の称号を与えた(754). 本来東ローマ帝国の官職名であるこの称号の使用を正当化するため, 有名な偽文書*「コンスタンティヌス寄進状」が利用された. ペパンは754年8月と756年1月の2度にわたってランゴバルド族を討ち, その占領地を奪還して*教皇領として寄進した. その結果教皇領が成立し, 東ローマ皇帝から教皇権が独立するに至る.
【文献】キ人780; キ大596; NCE 13: 695; LThK² 9: 1038-39. （杉崎直子）

ステファヌス3(4)世 Stephanus III (IV)
(720頃-772.1.24) 教皇(在位768.8.7-772.1.24). シチリア出身. ローマ貴族によって非聖職者である対立教皇コンスタンティヌス2世(Constantinus II, 在位767-69)が選出されたことから, 769年*ラテラノに教会会議を召集し, 聖職者のみが選挙権を有し, 被選挙権も枢機卿, 司祭, 助祭に限定するよう教皇選挙法を改正した. また754年の*コンスタンティノポリス教会会議で定められた教令を非とし, *聖画像崇敬を承認した.
【文献】キ人780; キ大596; NCE 13: 695-96; LThK² 9: 1039. （杉崎直子）

ステファヌス4(5)世 Stephanus IV (V)
(?-817.1.24) 教皇(在位816.6.22-817.1.24). *ローマ出身. 皇帝の承認を得ることなく教皇に就任したが, 自らフランク王国を訪れて*ルートヴィヒ1世と皇后に塗油し, 816年10月18日ランス大聖堂においてローマから持参した*コンスタンティヌス大帝の帝冠による皇帝*戴冠式を行った. さらに*教皇領の独立性と*教皇選挙に対する皇帝の不可侵性をうたったルートヴィヒ協約(Pactum Ludovicianum)を締結し, 教皇権を拡大した.
【文献】キ人780; NCE 13: 696; LThK² 9: 1039-40. （杉崎直子）

ステファヌス5(6)世 Stephanus V (VI)
(?-891.9.14) 教皇(在位885.9-891.9.14). *ローマ出身. 887年東フランク王*カール3世がその甥アルヌルフ(Arnulf, 850頃-899)により廃位された後, イタリア支配権をめぐる争いに巻き込まれ, 891年意に反してスポレト公グイド(Guido, 894没)に戴冠した. そのため*教皇領はグイドに支配され, 教皇権は失墜した.
【文献】キ人780; NCE 13: 696; LThK² 9: 1040. （杉崎直子）

ステファヌス6(7)世 Stephanus VI (VII)
(?-897.8). 教皇(在位896.5.22-897.8). *ローマ出身. スポレト公派に支持される. 896年教皇*フォルモススが, 帝位を東フランク王アルヌルフ(Arnulf, 850頃-899)に授けたため, スポレト公派は反フォルモス派となり, ステファヌス6世は, 897年1月いわゆる「死体裁判」の*教会会議を召集して, 教会法違反のかどでフォルモススの遺体を発掘し, 教皇印を剝奪したうえでテヴェレ川に投棄した. ローマ市民の暴動により捕らえられて獄死. 毒殺との説もある.
【文献】キ人780; NCE 13: 696; LThK² 9: 1040. （杉崎直子）

ステファヌス7(8)世 Stephanus VII (VIII)
(?-931.2.) 教皇(在位928.12-931.2). *ローマ出身. 前任の*レオ6世の頃から, 教皇権はローマ貴族テオフィラクトゥス(Theophylactus)の娘, 元老院議員*マロツィアの支配下にあり, 教皇としては全く無力であった. しかし*クリュニーの修道院の*オドを招いてローマに教会改革運動を広めた.
【文献】NCE 13: 696-97; LThK² 9: 1040. （杉崎直子）

ステファヌス8(9)世 Stephanus VIII (IX)
(?-942.10) 教皇(在位939.7.14-942.10). *ローマ出身. ローマ貴族*マロツィアの失脚後, その息子アルベリクス(Albericus)が実権を握り, 引き続き無力な教皇の時代が続いていた. ステファヌス8世は*クリュニー改革など宗教活動に専心した. 西フランク王国の王位継承争いでは, パリ伯ユーグ(Hugues le Grand, 897頃-956)を抑えてカロリング家のルイ4世(Louis IV, 在位936-54)を推したとされる.
【文献】NCE 13: 697; LThK² 9: 1040-41. （杉崎直子）

ステファヌス9(10)世 Stephanus IX (X)
(1000頃-1058.3.29) 教皇(在位1057.8.2-1058.3.29). ロレーヌのロートリンゲン(Lothringen)出身. 本名フリードリヒ. *モンテ・カッシーノの修道院長を経て, 兄ロートリンゲン公ゴットフリート(Gottfried)の推薦により, 教皇に選出された. 1057年5月*ミラノで起

ステファヌス〔ミュレの〕

こった＊パタリ派を支援するなど教会改革に尽力し，後の＊グレゴリウス改革の先駆的役割を果たした．
【文献】キ人 781; NCE 13: 697; LThK² 9: 1041.
(杉崎直子)

ステファヌス〔ミュレの〕 **Stephanus** (1046頃-1124.2.8) 聖人(祝日2月8日)．＊グラモン修道会創立者．オーヴェルニュ(Auvergne)の貴族の家に生まれ，若い頃イタリア南部を巡礼，カラブリア(Calabria)の＊隠修士たちの生活に感銘を受け，郷里に戻ると隠遁生活に入る．1080年頃，リモージュ(Limoges)の北に位置するミュレ(Muret)に居を定める．彼の聖性に惹かれた人々が集まり，共同生活を始めるようになり，グラモン修道会へと発展した．
【文献】NCE 13: 700-701; BSS 11: 1406-408; Cath. 4: 581-82.
(小高毅)

ステファヌス・ハーディング **Stephanus Harding** (1059頃-1134.3.28) 聖人(祝日7月16日)．＊シトー会第3代院長．アングロ・サクソン人．イングランド南西部メリオット(Merriott)に生まれ，シャーボーン(Sherborne)で＊ベネディクト会の修道院に入る．ローマ巡礼の際＊カマルドリ修道会などの修道院改革の気運に触れ，モレムの＊ロベルトゥスのもとで厳格な＊修道生活を体験．1098年ロベルトゥスが＊シトーに創設した新修道会に移り，1109年院長に選ばれ，1112年入会してきたクレルヴォーの＊ベルナルドゥスの協力を得て＊クレルヴォー，モリモン(Morimond)など多くの修道院を建設して発展の基礎を築いた．1119年，会の統一的運営を立法化した『カルタ・カリターティス』(『愛の憲章』Charta caritatis)，修道会総会と巡察制を基本とする『会則』(Exordium Cistercii)を起草して教皇＊カリストゥス2世の承認を受けた．典礼，聖歌，聖書のシトー会共通テクスト作成にも業績を遺した．近年の研究は上記2書と『総会議聖書』(Instituta capituli generalis)は従来のように彼の著作とは認められず，後世の編纂物であるとしている．
【文献】キ人 1104; NCE 3-699.
(橋口倫介)

ステファヌス・ラングトン **Stephanus Langton** (1155頃-1228) イングランドの聖書学者，神学者，カンタベリ大司教，枢機卿．イングランド東部ラングトン・バイ・ラグビ(Langton-by-Wragby)に生まれ，＊パリで＊ペトルス・コメストル等に学ぶ．1180年から20年以上にわたり＊パリ大学で教え，1206年，教皇＊インノケンティウス3世により＊枢機卿とされる．1207年＊カンタベリの大司教に叙階されるが，欠地王＊ジョンの拒絶により大司教着座を果たせず，＊ローマでジョン王の＊破門が解除されるようとりなした後の1213年にカンタベリに着座．王に奪われた諸権利奪回のため諸侯と協議を重ね，＊マグナ・カルタの成立に参与した．今日でも踏襲されている＊ウルガタ訳聖書の章区分を定め，聖書の全書に注釈を施したほか，ペトルス・コメストルの『スコラ的歴史』および＊ペトルス・ロンバルドゥスの書の注解を執筆した．大司教としては第4＊ラテラノ公会議の結果を踏まえてオックスフォード(Oxford)に＊教会会議を招集，イングランドの＊教会法を整備し，聖職者の風紀や教育の徹底を図った．多数の説教を残し，＊聖霊降臨の祭日に歌われる＊ヴェニ・サンクテ・スピリトゥスを作詞したとも伝えられる．

【文献】キ人 1777; NCE 13: 699-700; ODCC³ 950.
(橋爪由美子)

ステファノ **Stephanos** キリスト教史における最初の殉教者ステファノ(ギリシア語で「冠」の意．祝日12月26日)について，新約中，ルカだけが言及(使6-7章; 11: 19; 22: 20)．エルサレムには＊ディアスポラ出身のユダヤ人が多く在住しており(使2: 9-11参照)，彼ら自身の＊会堂をもっていた(使6: 9参照)．彼らのなかからキリスト者になる人々が起こり，したがって，エルサレム教会の最初期から，＊十二使徒を中心とするヘブライストたち(ヘブライ語〈アラム語〉を話すユダヤ人)のほかに，ヘレニストたち(ギリシア語を話すユダヤ人)が存在した．しかし，ヘレニスト側から，日々の食物の分配のことで仲間のやもめたちが軽んじられているとの苦情があり，両グループ間に摩擦が生じるところとなった．そこで教会は，食事の世話をさせるために，「信仰と聖霊に満ちている」7人(ステファノ，フィリポ，プロコロ，ニカノル，ティモン，パルメナ，ニコラオ)を選んだ(使6: 5参照)．これらはすべてギリシア名であり，ディアスポラ出身の人々であったと考えられる．その職務については，ステファノは食卓の奉仕ではなく，12人同様，宣教に従事している(使6: 8-14; 7: 2-53参照)．これには，教会の一体性を損なう理由づけをできるだけあたり障りのないものにしようとするルカの意図がはたらいているようだ．フィリポもまた，伝道者として活動し(使8: 4-40)，「福音宣教者」と称されている(使21: 8)．とすれば，両グループ間の摩擦の理由は日々の食事の分配以上に，福音理解をめぐる神学的事柄と関係していたのではないか．ヘレニストたちがディアスポラ出身者としてギリシア語を話す人々であったということは，単なる言語上の相違にとどまらず，ヘレニズム文化的背景や生活習慣上の相違があったものと考えられる．

ステファノがエルサレム教会内のヘレニスト集団の指導者としての地位にあり，宣教活動に携わっていたとすれば，ヘブライストの神学的立場と比べて，＊律法や神殿祭儀に対してより自由な見解をもっていたのであろう(使6: 11, 13参照)．それゆえ，ステファノはユダヤ人から糾弾され，瀆神者として，律法に従って処刑されたのである(申17: 6-7を参照)．ただし，ローマ総督の許可のもとに処刑されたイエスの場合と異なり，ステファノの石打ち刑は私刑であった．ステファノの仲間は，この事件後，大迫害を受け，遠隔地に散っていった(使8: 1参照)．しかし，使徒たち(ヘブライストたち)はエルサレムにとどまりえた．つまり，彼らは律法や神殿祭儀を守り，その意味でユダヤ教社会の許容範囲内にあったわけである．このような神学的相違こそが両者間の摩擦の原因であり，やもめたちへの扶助問題はそれに火をつけたのかもしれない．いずれにせよ，エルサレム教会内での緊張，そしてユダヤ教指導者たちによるステファノ処刑およびヘレニストたちの迫害とエルサレムからの離散を経て，キリスト教の宣教活動は彼らを通してパレスチナの外へ広がっていくことになる(使11: 19)．したがって，ステファノを中核とするヘレニスト集団は原始キリスト教における地理的発展の最初の開拓者であるとともに，神学的にもイエスから＊パウロへと架橋する中間項としての役割を果たしているといえよう．ルカはイエスと重ね合わせてステファノの姿を描くとともに(使6: 11とマコ14: 58; 使6: 12前半とマコ15: 11; 使6: 12

bとルカ 22: 16; 使 6: 13 前半とマコ 14: 57; 使 6: 14 とマコ 14: 58; 使 7: 1 とマコ 14: 60; 使 7: 59 とルカ 23: 46; さらに使 7: 60 とルカ 23: 34 参照)，「この男は，民と律法とこの場所[神殿]を無視することを，至るところでだれにでも教えている」(使 21: 27-28)と糾弾されるパウロの姿とも重ねる．また，ルカは，ステファノの殉教の場面にパウロ(サウロ)を登場させ，両者を結びつけている(使 7: 58; 8: 1; 22: 20 参照)．ステファノはイエスへの随順者であるとともに，パウロの先駆けであった．ちなみに，イエスの死が紀元 30 年頃，ステファノの殉教がパウロの回心の少し前のことであったとすれば，殉教は紀元 31-34 年頃に生じた出来事であったと推測される．つまり，*ピラトがその反ユダヤ政策の支持者セヤーヌス(Lucius Aelius Sejanus, 前 20 頃-後 31)を失いピラト自身のユダヤにおける権力が弱体化した時期であったのではないか．

ステファノの説教(使 7: 2-53)はステファノの殉教の物語枠内に置かれているが，その内容はステファノが実際に語ったものではない．それは *アブラハムから *モーセへ，そして神殿建設に至るイスラエル史の要約を内容とする伝承にルカが大幅に手を加えたものである(編集句: 7: 35, 37, 39, 43, 48-53)．それは *申命記史書の悔悛説教の形態をもつ，ヘレニスト・キリスト者たちの説教の典型的一例であろう．この説教はピシディアの *アンティオケイアにおけるパウロの説教(使 13: 16-41)の内容とも多分に共通する．後者においてイスラエル史はイエスの出現と連結され，キリスト論的に展開されている．だが，異邦人に開かれたキリスト教の普遍主義の使信はすでにステファノの説教(例えば，神殿の *非神話化やモーセ律法の相対化)にみいだされる．

【文献】旧新約聖書大 659-60; ABD 4: 207-10; EWNT 3: 657-59; E. トロクメ『使徒行伝と歴史』田川建三訳(新教出版社 1969) 279-91; E. TROCMÉ, Le "livre des actes" et l'histoire (Paris 1957); 荒井献「エルサレム原始教団におけるいわゆるヘブライオイとヘレーニスタイの問題をめぐって」『原始キリスト教とグノーシス主義』(岩波書店 1971) 57-69; 加山久夫『使徒行伝の歴史と文学』(ヨルダン社 1986) 23-111; 荒井献「ステパノの弁明」『聖書の使信と伝達』日本聖書学研究所編(山本書店 1989) 478-504.　　　　　　　　　　　　　　(加山久夫)

ステファノス[サバの]　Stephanos

(1) 隠修士(725-94. 3. 31)．聖人(祝日 3 月 31 日)．若くしてマル・サバ(Mar Saba) の *ラウラに入る．修道院の役職に就いたあと，孤独での生活を志し，まず修道院内の独房にこもり，次いで死海沿岸の荒れ野に隠棲した．弟子のレオンティオス(Leontios) の記した伝記がある．多くの奇跡を行ったことからタウマトゥルゴス(Thaumaturgos 奇跡行者)と称される．

(2) マル・サバの修道士(?-807 以前)．聖人伝作家，賛歌作家．前者と混同されてきたが，近年，明確に区別されるようになった．『20 人の修道士たちの殉教』(Passio XX Sabbaitarum) や殉教者小ロマノスの伝記，典礼で用いられる多くの *賛歌を作ったことが知られる．

【文献】DSp 4: 1520-21; LThK² 9: 1050; LThK³ 9: 971.
(小高毅)

ステファノーニ　Stephanoni, Giovanni Francesco (1540 頃-1611/12)　イエズス会員．ローマ出身．1560 年 *ローマで *イエズス会入会．1566 年 10 月，インドに派遣されてローマを発ち，翌年 *ゴアに到着．数年間インド各地で働いた後，1574 年(天正 2)に来日．翌年から *五島で宣教に従事し，1576 年には五畿内へ送られ，1581 年に新設の *安土の *セミナリヨに赴任した．翌年安土が破壊された際には，生徒と *都へ，さらに *高槻へ避難した．1584 年 7 月 *豊後へ呼ばれ，3 年間，*野津のレジデンシアで司牧に従事した．1586 年，島津軍が豊後に侵入し，他のイエズス会員が *山口へ避難した際に豊後に残り，1587 年 *大友義鎮(宗麟)の葬儀に参列したが，葬儀直後の 7 月に出された *伴天連追放令のため *平戸へ移った．1589 年 *天草，*本渡，1592 年 *有馬で働き，1599 年(慶長 4) *長崎に移り，その後は *長崎コレジヨにおり，1611 年 10 月から 1612 年 2 月 26 日までの間に同地で死去．

【文献】J. F. SCHÜTTE, Monumenta Historica Japoniae, 1 (Roma 1975).
(尾原悟)

ステラ・マリス　→　海洋使徒会

ステンセン　Stensen, Niels (1638. 1. 11-1686. 12. 5)　コペンハーゲンのルター派の家庭に生まれ，ドイツのシュヴェリン(Schwerin) で没す．ラテン語では Nicolaus Stenonis と表記．解剖学，古生物学，地質学，結晶学の先駆者．1656 年から医学を学び始め，1660 年 *アムステルダムで耳下腺の排泄管であるステノ腺を発見．*コペンハーゲンなどで学んだ後，1664 年 *ライデンで博士号を取得．*パリ滞在後，1666 年 *メディチ家に招かれ，*フィレンツェに移り，古生物学や地質学の基本的な発見をした．1667 年 11 月 7 日，カトリックに改宗．1672-74 年のコペンハーゲン滞在後，1675 年の復活祭にフィレンツェで司祭叙階．1677 年，ノルウェーの宣教を命じられ，ティティオポリス(Titiopolis) の *名義司教に叙階される．この北欧宣教の時代，*ライプニッツと会談を行っている．1680 年ドイツの *ミュンスターの補佐司教となったが，1683 年 *聖職売買に抗議してミュンスターを去り，*ハンブルクで 2 年間活動した後，シュヴェリンへ移り，その地で没す．

【著作】V. MARR, ed., Opera philosophica, 2 v., 1910; K. LARSEN, G. SCHERZ, eds., Opera theologica, 2 v., 1944-47; G. SCHERZ, ed., Epistolae, 2 v., 1952.

【文献】LThK² 9: 1037; NCE 13: 689.
(伊能哲大)

ステンドグラス　[英] stained glass, [独] Glasmalerei, [仏] vitrail　彩色されたガラス片を鉛の枠にはめこんで固定し，窓の開口部に用いたもの．その起源は定かではないが，古代エジプトないしは東方世界で，ガラス製法の歴史と相まって発展したと考えられる．ローマ時代に入り一般に用いられるようになり，中世初期の西洋では文献に記された使用例も多い．現存する最古の遺例は，*カロリング朝の時代のガラスで，ドイツのダルムシュタット美術館にある「聖人頭部」(9 世紀)とされる．

12-13 世紀には，大規模な石造穹窿天井をもつ教会堂が建立され，内部は多彩なステンドグラス窓で覆われた．特に，フランス北部を中心とする各都市の中心に位置するゴシック大聖堂では，入口上部にうがたれた巨大な円型の *バラ窓をはじめ，内陣周歩廊や側廊部の多数の高窓のすべてにステンドグラスが用いられ，例えば *シャルトル大聖堂の場合，ガラスの総面積は 2,600 m² に及ぶという(→ ゴシック建築)．それらのガラス面には，キリスト伝，聖母伝，旧約預言者や聖人伝の図像が

表されている．12世紀ドイツ出身のベネディクト会員テオフィルス（Theophilus）は，その著『諸技芸提要』(Schedula diversarum artium) において，ガラス製法のための炉の作り方や，材料，着色法とともに絵つけの技法を詳述している．なかでも興味深い点は，人像表現の細部に用いられる一般にグリザイユ（[仏] grisaille）と呼ばれる陰影のつけ方である．鉄，銅などの金属酸化物を溶媒で溶き，三層の濃淡をつけた釉（うわぐすり）に似た絵具の一種で陰影を施すのである．人体のモデリング，立体感の表出に配慮をしていることがよくわかる．ただ，そうした配慮は太陽光を直接背後に受けて輝くガラスの素材性とは必ずしも相容れず，相当な距離を隔ててそれをみる一般信徒がみたのは，刻々と変化する彩られた光の乱舞といっても過言ではない．

ガラスの色彩については，12世紀には明るく澄んだ青と透明ガラス板に薄い被膜の紅色をかけた赤ガラスを基調とし，黄，緑，紫，褐色などが用いられたのに対し，13世紀後半には白ガラスの量産が可能となり濃い青ガラスとともにその時代の特徴となる．14世紀になると銀の酸化物を用いた黄色ガラスが作られて琥珀色から黄金色に至る多彩な黄色が登場，中間色も自在に出せるようになり格段の進歩を遂げる．ルネサンス期には，さらに遠近法に基づいた空間表現も現れ，16世紀には第二の隆盛期をみたものの，近代に入って衰退した．19世紀前半に中世美術の再評価の気運とともに再び脚光を浴びるようになり，20世紀の2度の世界大戦を契機に，聖堂建築の修復作業にあたって新たに抽象ガラスを用いた取り組みや，*シャガール，*ルオー，*マティスなどの同時代の画家の手になる作品なども作られ，聖なる空間の荘厳手段としてステンドグラス芸術は，今新たな段階を迎えつつある．

【文献】L. グロデッキ『ロマネスクのステンドグラス』黒江光彦訳（岩波書店 1987）: L. GRODECKI, *Le Vitrail Roman* (Fribourg 1977); L. グロデッキ, C. ブリザック『ゴシックのステンドグラス』黒江光彦訳（岩波書店 1993）: L. GRODECKI, C. BRISAC, *Le Vitrail Gothique* (Fribourg 1984). 　（高野禎子）

ブールジュ大聖堂ステンドグラス
(Herder)

大浦天主堂ステンドグラス
(長崎大司教区)

ストー　Stowe, Harriet Elizabeth Beecher (1811.6.14–1896.7.1)　アメリカの作家．コネティカット州リッチフィールド (Litchfield) の名家に生まれ，牧師だった父の厳格な*カルヴィニズムの影響を受けて育つ．姉が経営する学校で学び，教師となる．1832年オハイオ州シンシナティ (Cincinnati) に移り，1836年に神学校の聖書学講師ストー (Calvin E. Stowe) と結婚．生計を助けるため短編小説や随筆の執筆を始め，1843年に作品を出版．オハイオやケンタッキーでの体験をもとに*奴隷制を題材とする小説を雑誌に連載 (1851-52)，これが『アンクル・トムの小屋』(Uncle Tom's Cabin, or, Life Among the Lowly, 1852) として刊行されると奴隷制廃止論者の絶大な支持を獲得した．奴隷制を告発する証言集 (A Key to Uncle Tom's Cabin, 1853) も発表，南北戦争に至る世論に多大な影響を及ぼしたが，過激な活動に走る奴隷制廃止論者とは一線を画した．ニュー・イングランドを舞台とする小説『牧師の求婚』(Minister's Wooing, 1859) をはじめ国内やヨーロッパを旅した際の紀行文等，当時のアメリカで最もよく読まれた作家である．マサチューセッツ州ハートフォード (Hartford) で死去．

【主著】*The Writings of Harriet Beecher Stowe*, 16 v., 1967.　（橋爪由美子）

ストアがくは　ストア学派　[英] Stoicism, [独] Stoizismus, [仏] stoïcisme　ポリス崩壊後の*ヘレニズムの時代とローマ帝政時代に栄えた哲学派．同時代のほかの哲学と同じく特に人間の内面に注意を向けて，自分によらないものにとらわれるべきでないことを主張する．そのための方法には固有のものがあり，*懐疑主義がものごとに対する判断中止を主張し，エピクロス派が快楽の正しい選択を決定的なものとみなすのに対して，ストア学派はもっぱら徳だけを求めるべきだとした．

【歴史的変遷】創始者はキュプロスのゼノン (Zenon, 前336-264) で，彼が300年にアテナイのストア・ポイキレすなわち壁面に絵がある柱廊で教え始めたことから，ストア学派と呼ばれることになった．ギリシア哲学の最後まで存在し続けたこの学派の歴史は，大きく古期・中期・新期に分けられる．古期ストアには，創始者ゼノンのほかにクレアンテス (Kleanthes, 前331項-233項) と*クリュシッポスが属しているが，3人とも生まれながらのギリシア人ではない．ゼノンが教え始める6年前から*エピクロスがすでにアテナイで教えていたので，ゼノンは最初からエピクロスの教え，とりわけ，人間の目的を快楽にみる考えと万物の起源が偶然であるという主張に対抗して自らの思想を展開したと考えられる．クレアンテスはゼノンの後継者として学派の指導者となり，ストア学派の宗教心に強い影響を与えたと思われる有名な『ゼウス賛歌』を著した．次の指導者クリュシッポスは極めて多くの著作を著し，学派の第二の創始者とみなされるが，後世にはその数多くの著作のなかからわずかな

断片しか残らなかった．中期ストアは折衷主義の傾向が強く，プラトン学派とアリストテレス学派の要素を多く取り入れたばかりか，ときには *エピクロス学派からの影響さえも受けている．ローマ人の間に深く根を下ろすことに成功した中期ストアの主要な人物は，パナイティオス（Panaitios, 前185頃-110頃）と *ポセイドニオスである．*キケロはストア学派ではないが，ストア学派の思想に関する多くのことを伝えており，ストア学派の種々の考えを主に『義務論』で自分の考えとして述べている．ローマ帝政時代に栄えた新期ストアを代表するのは *セネカ，*エピクテトス，*マルクス・アウレリウスで，古期や中期と異なり，新期ストアに関する資料が極めて豊富なのはこの3人に負うところが大きい．ただし，その多くは倫理に関するものである．

【学説】ストア学派の人々は哲学を *論理学，*自然学，*倫理学の3分野に分けるが，これはクセノクラテス（Xenokrates, 前396-314）が提唱したもので，当時一般的に採用されていた哲学の区分である．ストア学派に固有なのは，この三つの部分の関係を体系的に捉えている点で，論理学は自然学を基礎づけて弁護するものであり，倫理学は自然学の実りとされる．しかし，自然学で彼らが主張するすべてのことを彼らの論理学で充分根拠づけることができるかは問題であり，また，彼らの自然学が倫理学で主張される最も優れた点を基礎づけることができるかどうかも問題である．

ストア学派の論理学は，推理の形式上の問題だけに関わるのではなく，むしろより広い意味での *認識論であり，その主要な問題は *認識と *実在との対応関係である．彼らによれば，実在を認識する過程は感覚的表象から始まり，質的飛躍なしに知的活動に進み，ついに学識までに至るのだが，自然学と倫理学の真理性を弁護するためには *真理の基準についての検討が必要となってくる．この問題を完全に解決したとはいえないにしても，ストア学派が真理を求める熱意と真理をみいだす可能性に対し強い信頼を示していたことは確かであり，後世一般的に用いられるようになる *明証や承認，また *アリストテレスの論述を越える三段論法の新しい展開に関して検討したのもストア学派である．

ストア学派の自然学もまたアリストテレスのそれとは違って，全存在を対象としており，*ヘラクレイトスの火と *ロゴスを万物の原理とみなしている．ロゴスは神聖なものであるといわれ，万物を形成する原理はしばしば神と呼ばれるが，それについての理解は必ずしも一様ではなく，物体主義的 *汎神論から *有神論に非常に近い考え方までさまざまである．いずれにせよ彼らは，宇宙が合理性に貫かれたものであり，人間に神聖なロゴスの一部が宿るという．そして，宇宙にロゴスの働きをみいだすことができるのはまさにそのためであると付言する．さらに，この働きは，人間の善のために万物を支配する摂理であるともされるが，それは，いうまでもなく，エピクロス学派の攻撃に対しつねに弁護されねばならなかった説である．

倫理学はストア派にとって哲学の最も大切な部分であり，この点で彼らは後世に大きな影響を与えた．一般的には *理性と *徳により情念や欲望を支配することで心の平安と幸福が得られるとしており，そのために徳の自足性，努力の意義，快楽の危険性を強調してやまない．神聖な知性の産物である宇宙のなかで人間の占める位置をよくわきまえ，自然に従って生きるべきであるという．自然はロゴスに貫かれているので，それはロゴスに従って生きるということになる．そこで彼らは，自分による事柄と自分によらない事柄との区別を認め，善悪は自分による事柄に関してのみありうるという．すなわち真の善悪とは徳または悪徳だけで，ほかのものはすべてどうでもよいもの（*アディアフォラ）なのだと考えるべきであるということになる．*善と *悪の間に，全くどうでもよい事柄のほかに，比較的に望ましいまたは望ましくない事柄をはっきりと認めるストア学派の人々もいるが，その場合にも論点となるのは道徳的善悪だけである．ストア学派はほかのものにこだわらず，心の自由だけを大切にするが，社会的活動は肯定し，与えられた役割をよく演ずる義務を強調して，社会の刷新を積極的に促す．初めて国家の枠を越えた世界市民主義（→コスモポリタニズム）を唱え，奴隷も含むすべての人に共通の *自然法を明白に主張した．

エピクロス派の偶然に対してストア学派は運命を強調し，運命から逃れる可能性を否定するが，「運命は欲する者を導き，欲せざる者を曳きずる」といって，従い方の根本的な相違を認めており，自由を否定したわけではない．ストア学派の極めて厳格な考えによれば，一つの徳をもっている人はすべての徳をもっていなければならず，すべての罪は同じであり，自分に打ち勝ち不動の心境を貫く生き方のできる者のみが賢者とされる．人間の弱さを無視しすぎた高慢な考え方として非難されることも多かったストア学派のなかには，例えばエピクテトスのように，賢者の生き方を理想としながらも自身が賢者だとは思わず，周囲に賢者の例が簡単にみいだせるとも考えない人々がいた．実際，エピクテトスが具体的に賢者としてあげたのは，何世紀も前の *ソクラテスやゼノンのような者だけだったのである．

【文献】Copleston 1: 385-400; EF 4: 978-82; LThK² 9: 1088-90; NCE 13: 717-21; P. Edwards, et al., eds., *Encyclopedia of Philosophy*, v. 8 (New York 1967) 19-22; H. von Arnim, *Stoicorum veterum fragmenta*, 4 v. (1903-24; Stuttgart 1964); A. A. Long, D. N. Sedley, *The Hellenistic Philosophers* (Cambrige 1987) 1: 158-437; 2: 163-431; C. J. de Vogel, *Greek Philosophy*, v. 3 (1959; Brill 1973) 44-183, 231-339, 594-99.

(F. ペレス)

ストイケイア　stoicheia　単数形のストイケイオン（[ギ] stoicheiōn）は単語を構成するアルファベットや音楽における音符のごとき「基本的要素」を意味し，さらに，古代ギリシア思想（*プラトン，クセノフォン Xenophōn, 前430-354；エンペドクレス Empedoklēs, 前493-433頃ほか）では，万物を構成する基礎物質（地，水，空気，火）を指し，神的性質をもつものとして畏敬の対象とされた．新約聖書中（7回），いずれも複数形（ストイケイア）で使用され，ヘブライ書5章12節で教育上の初歩的事柄を指す以外では，星辰と関連づけられた宇宙構成要素として（2ペト3: 10, 12），あるいは，グノーシス的・混淆主義的色彩をもつ「世を支配する諸霊」ないし「霊力」（ガラ4: 3, 9；コロ2: 8, 20）として人格化されている．パウロによれば，諸霊は *異邦人キリスト者たちがかつて仕え，いままた逆戻りしようとしている「神ならぬ神々」（ガラ4: 8）であり，ユダヤ人にとって支配原理である *律法と相通じる．パウロはこれら二つの主要原理に対して，キリストによる自由の福音を語る．*コロサイの教会において，ある教師たちはキリストによる救いを補完するものとして諸霊礼拝やそれに関

ストゥディウム・ゲネラーレ

連する規則や教え（コロ 2: 21 以下参照）の遵守を要求したが，著者はパウロと同様（ロマ 7: 4, 6; ガラ 2: 19），キリスト者の諸霊礼拝などの無意味さを語る（コロ 2: 20）．【文献】旧新約聖書大 660-61; EWNT 3: 664-65; TDNT 7: 666-87; 佐竹明『ガラテヤ人への手紙』（新教出版社 1973）358-62; E. シュヴァイツァー『コロサイ人への手紙』斎藤忠資訳（教文館 1983）112-45: E. SCHWEIZER, *Der Brief an die Kolosser* (Zürich 1976); B. REIKE, "The Law and This World According to Paul: Some Thoughts Concerning Gal 4: 1-11," JBL 70 (1951) 259-76; E. SCHWEIZER, "Slaves of the Elements and Worshippers of Angels: Gal 4: 3, 9 and Col 2: 8, 18, 20," JBL 107 (1988) 455-68. （加山久夫）

ストゥディウム・ゲネラーレ studium generale この語は中世 13 世紀まで *大学を意味していたが，13 世紀半ば頃から修道会での付属特別学院を指す用語となった．特に *ドミニコ会の総長が 1228 年頃，*パリの聖ヤコブ修道院のために設けた付属特別学院が大きな影響を及ぼし，ドミニコ会だけでも近世初期まで 20 か所以上の付属特別学院が創設された．パリのほか，*トゥールーズ，オックスフォード (Oxford)，ケンブリッジ (Cambridge)，*ケルン，*ストラスブール，*サラマンカ，*ボローニャ，*プラハ，*ブダペストの各地である．ほかの修道会，特に *フランシスコ会もこの制度を採用した．セグシアのハインリヒ (Heinrich von Segusia, 別名ホスティエンシス Hostiensis, 1271 没）によると，この付属特別学院は，「三学科と四学科（→自由学芸），*神学，*教会法が教授される場合に」成立し，しかも，修道会の他の管区に属する者も研究できる施設でなければならなかった．それ以外は，一修道院のための付属学院 (studia particularia) や一管区のための管区学院 (studia provincialia) とされる．付属学院は大学と異なり，学位授与の権限はない．

今日，米国，ドイツなど多くの国々では，学問の専門化，細分化の進展に対処するために，学際的な課程や講義を設けることが盛んに行われており，「ストゥディウム・ゲネラーレ」はそのような課程を指す言葉となっている．これは，学問の全体としての意義を明らかにし，個々の学問分野や基礎的な問題の判断基準がどのように相互に関連しているかを示すことを目指している．【文献】LThK² 4: 666-67; LPäd(F) 4: 524-27; J. ヴェルジェ『中世の大学』大高順雄訳（みすず書房 1979）: J. VERGER, *Les universités au moyen âge* (Paris 1973). （J. フィルハウス）

ストゥディオス Studios *コンスタンティノポリス近郊の修道院の名．伝説ではローマの執政官ストゥディオス (Studios) が 463 年に創設したことになっている．初めは，眠らずに主なる神を賛美するという *アコイメートイ修道派の規則を採用し，正統信仰を熱烈に擁護する気風を育てた．このことは *カルケドン公会議の決定事項を固く守り，*キリスト単性説に反対し，*聖画像破壊論争の際には熱心に *イコンを擁護したことでも知られる．後にストゥディオスの *テオドロスがカイサレイアの *バシレイオスの規則を導入して，荒廃したストゥディオスを再建し，この修道院は新しい展開をみせた．数多くの *総主教はこの修道院から出た．そこでは *賛歌や *聖歌が作成され，多数の筆写本を有し，東方修道制の中心となった．しかし，1204 年 *十字軍に破壊され，1290 年再建，1453 年にはトルコによって徹底的に破壊され，一時モスクになったこともあるが，現在は廃墟となっている．ちなみに新神学者ストゥディオスの *シメオンも聖ママス修道院に移る以前にここで修行した．【文献】ODCC² 1316-17; N. D. PATRINACOS, ed., *A Dictionary of Greek Orthodoxy* (Pleasantville, N. Y. 1984) 343. （大森正樹）

ズドゥラレク Sdralek, Max (1855. 10. 11-1913. 7. 2) 教会史家．ポーランド南西部ウォシュチチェ (Woszczyce) に生まれ，ロンデク・ツドルイ (Lądek-Zdrój) で没す．ブレスラウ（*ヴロツワーフ）と *フライブルク・イム・ブライスガウで学ぶ．1880 年司祭叙階．1882 年ブレスラウで教会史と教会法の教授資格を得る．1884 年，ミュンスター大学の教会史の教授となり，1896 年以降ブレスラウ大学に移り，1906-1907 年に学長を務める．卓越した教育者で，多くの弟子を輩出した．共著として『教会史研究』全 6 巻 (Kirchengeschichtliche Studien, 1891-1903) などがある． （伊能哲大）

ストゥルツォ Sturzo, Luigi (1871. 11. 26-1959. 8. 8) イタリアの司祭，社会学者，政治指導者．シチリアのカルタジローネ (Caltagirone) で生まれる．1894 年司祭叙階．教皇 *レオ 13 世の社会回勅 *『レルム・ノヴァールム』と *トニオーロの影響を受ける．1919 年イタリア人民党を結成，その指導者となったが，1926 年，ムッソリーニ (Benito Mussolini, 1883-1945) によって解散させられ，以後 1946 年まで英米に移り住んで執筆活動に従事した．戦後のイタリアのキリスト教民主党の指導者は彼の弟子であった．政治の自律性を強調，*キリスト教的民主主義の確立に努め，思想家としては *教会と国家の両極化が西欧社会の文化的発展の原動力になると考えた．【主著】*Chiesa e stato: studio sociologico-storico*, 2 v., 1959. 【文献】EBritMi 9: 629; NCE 13: 749-50. （高柳俊一）

ストゥルミウス Sturmius (710-779. 12. 17) 聖人（祝日 12 月 17 日），ベネディクト会員．バイエルンの貴族出身．*ボニファティウスに感化され，弟子となる．740 年頃叙階され，ヘッセン (Hessen) への宣教活動に従事する．744 年ボニファティウスの要請で *ベネディクト会のフルダ大修道院を設立，初代院長となる．在職期間中，*フルダはドイツにおける知的・文化的中心地となり，経済的にも繁栄する．しかしフルダの *免属をめぐって，マインツの大司教 *ルルスと対立し，763-69 年フランク王 *ペパンにより追放された．779 年宣教師として *シャルルマーニュの *ザクセン遠征に随行中，病に倒れ，フルダに帰院後死去．1139 年第 2 *ラテラノ公会議で *列聖．【文献】キ人 784; キ大 527; NCE 13: 749; LThK² 9: 1127. （杉崎直子）

ストックホルム Stockholm スウェーデン王国の首都．1953 年以降は全土を含む *司教区の中心．伝承によれば，ビルイェール・ヤール (Birger Jarl) により 1250 年頃建設され，中世の間，バルト海貿易の拠点として栄え，*ウプサラ司教区に属し，*ドミニコ会，*フランシスコ会，*クララ会の修道院が置かれていた．

今日，王家の墓は以前のフランシスコ会の教会にある．しかし，*宗教改革が始まると，国王 *グスターヴ1世は1527年にカトリック教会を追放し，ルター派(→ルター教会)による国教会体制を作った．その後カトリック信仰は1617年から1783年まで禁じられた．1783年に *啓蒙思想の影響を受けた宗教寛容政策によりカトリック信仰が認められ，スウェーデンに *代牧区が作られた．これは1868年までノルウェーを含んでいた．カトリックの復興に関して特に重要なのは1823年のオスカー1世(Oskar I, 在位1844-59)とカトリック教徒のジョゼフィーヌ・ボーアルネ(Josephine Beauharnais)との結婚である．彼女の *聴罪司祭であったシュトゥダハ(Jacob Studach)は1833年から73年まで代牧を務め，1837年にはストックホルムに聖エウゲニア教会を建てた．これは，近代になってスカンディナヴィア半島に建設が許された最初のカトリック教会であった．
【文献】NCE 13: 829-33; LThK² 9: 1085.　(伊能哲大)

ストラ　〔ラ〕stola, 〔英〕stole, 〔独〕Stola, 〔仏〕Étole *叙階の秘跡を受けた者(*司教，*司祭，*助祭)が，そのしるしとして典礼において着用する *祭服の一つ．細長い帯状の形で，肩あるいは首に掛け前に垂らして着用する．襟垂帯，頸垂帯などと呼ばれた．語源は「衣服，礼服」を意味するギリシア語「ストレー」(stolē. 黙 6: 11; 7: 9, 14 参照)．古代ローマでは婦人が着る長い衣をストラと呼んだ．

【歴史的変遷】ストラの起源に関しては不明確な部分が多い．東方教会では輔祭(助祭)用のストラを *オラリオンと呼んでいることから，古代ローマで用いられたオラリウム(〔ラ〕orarium)と関連があると思われる．これは，ナプキンのように手や口を拭う役割を果たす布であったが，同時に，首や頭部を寒さから守るためにも用いられた．これがキリスト教に導入されるに際し，古代ローマの役人が階級を示すために用いた肩章に倣って，*パリウムと同様，*聖職者としての身分を表すしるしとして定着したと考えられる．

このオラリオンの導入は，西方教会よりも東方教会のほうが早く，372年のラオディケイア教会会議は輔祭より下位の奉仕者の使用を禁じた．西方教会では563年の第2ブラガ教会会議の記録中で言及され，西ゴートやイスパニアの教会では，助祭がオラリウムを着用していたことが伝えられている．また，633年の第4 *トレド教会会議では，オラリウムを司教，司祭，助祭が共通に着用するものとした．パリの司教ゲルマヌス(Germanus, 496頃-576)に帰せられている解説によれば，*司祭職のしるしとして首の回りに掛けるものをパリウム，助祭のものをストラと呼んでいる．ストラという名称はこの頃から用いられるようになったようで，*カロリング朝時代以降，司祭職のしるしとして定着し，9世紀頃からストラが一般的な名称になった．ローマの教会におけるストラの導入は遅く，8世紀前半の *『オルド・ロマーヌス』では，教皇はストラは着用せず，パリウムだけを着用した．フランク王国の影響を受けた9世紀後半の『オルド・ロマーヌス』では，教皇も他の聖職者もストラを着用することが記載されている．

東方教会では，輔祭は初期の時代と同様にオラリオンと呼ばれる祭服を左肩に掛ける．主教と司祭のものはエピトラケリオン(〔ギ〕epitrachelion)と呼ばれる．

【現行】西方教会では13世紀頃からのローマ教会の伝統に従って，司教は首の後ろに掛けて両肩から胸の前に下げて着用する．司祭はかつては胸の前で交差させていたが，現在は司教と同様の方法で着用する．助祭は左肩から胸の前を斜めに横切って右腰まで伸ばして固定する(『ミサ典礼書』総則302項)．ストラは通常 *アルバの上に着用し，その上に *カズラあるいは *ダルマティカを着用する(同299-300項)．ストラの色は，白あるいはその日の *典礼色に相当するものが用いられる．

【文献】カ大 2: 356; LThK³ 9: 1016; NCE 13: 722; NDSW 1309-10; A. フリューラー『新しい祭服』林良子訳 (南窓社 1966) 101-105: A. FLUELER, *Das sakrale Gewand* (Zürich 1964); J. BRAUN, *Die liturgische Gewandung* (Freiburg 1907) 562-620; R. BERGER, ET AL., eds., *Gestalt des Gottesdienstes*, GDK 3: 324-25, 340.
(宮越俊光)

ストラヴィンスキー　Stravinsky, Igor Feodorovich (1882. 6. 17-1971. 4. 6) ロシア生まれの作曲家．コルサコフ(Nikolai Andreevich Rimsky-Korsakov, 1844-1908)に師事．ロシア・バレエ団のディアギレフ(Sergey Pavlovich Dyagilev, 1872-1929)にみいだされ，活動の場を西欧に移した．『春の祭典』(1913)は，不規則で強烈なリズムと不協和な和声によって一大センセーションを巻き起こし，原始主義として現代音楽に多大な影響を与えた．第1次世界大戦後は，新古典主義的傾向とジャズの要素が顕著になった．第2次世界大戦の勃発とともにアメリカへ移り，音列的作法も試みるなど，その作風の変化はつねに話題を呼んだ．*ニューヨークで死去．

ストラヴィンスキーの宗教的音楽作品は，*ロシア正教会，あるいはカトリックの典礼での使用が意図されたものと演奏会用のものとに大別され，その作風も多様である．前者には，かつては捨てたロシア正教の信仰への復帰が契機となって生まれた最初の宗教音楽作品『主の祈り』(1926, 改訂1949)等のロシア語歌詞(改訂版ではラテン語)に基づく無伴奏合唱曲，また，『ミサ曲』(1944-48)，『レクイエム・カンティクルズ』(1965-66)といったラテン語歌詞に基づく合唱，独唱と器楽のための作品がある．後者の非典礼的作品には，ボストン交響楽団創立50周年記念の委嘱作品で，*ウルガタ訳聖書から詩編 38, 39, 150 を用いた『詩編交響曲』(1930)，創世記に基づくカンタータ『バベル』(出版1953)，音列作法を採用したものとして，エレミアの哀歌に基づく『トレニ』(1957-58)，そのほか，ヘブライ語聖書に基づく『アブラハムとイサク』(1962-63)等がある．　(藤田浩)

ストラスブール　〔仏〕Strasbourg, 〔独〕Strassburg フランス北東部アルザス地方のライン川左岸に位置する都市．ヨーロッパ議会の所在地でもある．

紀元後1世紀に *ケルト人を征服したローマ軍の居住地に始まり，4世紀初めに教区が作られた．5世紀に *ゲルマン人の支配下に入り，それまでのアルゲントラトゥム(Argentoratum)からストラテブルグム(Strateburgum)と改称する．7世紀半ばに修道院が造られ，8世紀半ばには *ボニファティウスの改革を受け入れる．870年のメルセン条約により東フランク，次いで *神聖ローマ帝国の支配下に入り，*マインツの大司教に従属した．12世紀以降文化の中心となり，吟遊詩人として知られる *ゴットフリート・フォン・シュトラースブルクが出た．14-15世紀には，神秘主義者の *タウラー，『阿呆船』で知られる人文主義者の *ブラントが出，ま

ストラデラ

たマイスター・*エックハルトも一時ここで活動した．16世紀の初め，*宗教改革の影響で修道院は閉鎖されたが，16世紀後半からカトリック回復運動が進み，17世紀末以降に修道会が戻り，神学校が作られ，*フランス革命の際もカトリックの地盤は守られた．その後，1871年から1919年にドイツの支配下に置かれ，シュトラスブルクと呼ばれたが，現在はフランス領となっている．
【文献】NCE 13: 730-31; LThK² 9: 1104-107.

ストラスブール大聖堂

(伊能哲大)

ストラデラ　Stradella, Alessandro (1644. 10. 1-1682. 2. 25)　イタリアの作曲家．*ローマに生まれ育ち，創作活動の大半をそこで過ごした．スウェーデン女王*クリスティーナやコロンナ家の庇護を得て，*オペラ，劇音楽，*カンタータなどを手がけたが，一方では*ミサ曲や詩編(→詩編歌)などの教会音楽にも優れた作品を残した．代表作は*オラトリオ『洗礼者ヨハネ』であるが，ほかにもオラトリオ数曲を残している．*教会ソナタなどの器楽曲も手がけているが，特にコンチェルト・グロッソの様式を発展させた業績は高く評価される．1677年恋愛事件のもつれからローマを離れ，5年後刺客の手で命を落とした．

(金澤正剛)

ストラボ　→　ヴァラフリドゥス・ストラボ

ストランビ　→　ヴィンチェンツォ・マリア・ストランビ

ストーリ　Stor(e)y, John (1504-1571. 6. 1)　イングランドの殉教者，福者．*オックスフォード大学を卒業後，国会議員としてイングランド国教会(→聖公会)の成立に反対，投獄される．大陸に移るがカトリックの*メアリ・テューダーが即位すると帰国し，国会議員に復帰．続く*エリザベス1世の治世に*首長令の成立に公然と反対したため女王の不興を買い，再び大陸に逃れるが拉致され*ロンドンで投獄，陰謀を企てたかどで処刑された．拷問を耐え忍び，無実を主張しながらも助命嘆願をせず，カトリック信仰を守る様子に感動した*エドマンド・キャンピオンは，ストーリの例に倣い自らも半年後に殉教した．
【文献】DNB 18: 1314-17.

(橋爪由美子)

ストリンドベリ　Strindberg, Johan August (1849. 1. 22-1912. 5. 14)　スウェーデンの詩人，劇作家．*ストックホルムに生まれ同地で没す．O.*ペトリを題材にした戯曲『オロフ師』(Mäster Olof, 1872)から自伝的小説『女中の息子』(Tjänstekvinnans son, 1886-87)を経て深刻な精神的危機を示す日記『インフェルノ』(Inferno, 1897)に至るまでキリスト教の教義には懐疑的でありながらも地獄の恐怖に苛まれる無神論者にとどまっていたが，晩年には*スヴェーデンボリの影響から十字架の贖いには否定的な姿勢を示す一方で，罪とその実としての苦悩を描こうとした．
【文献】MEL 22: 695-96; NCE 13: 739-40; RGG³ 6: 418-19; *Der Literatur Brockhaus*, v. 3 (Mannheim 1988) 457-58; P. WEISS, "Gegen die Gesetze der Normalität," A. Strindberg, *Fräulein Julie*, tr. P. WEISS (Frankfurt 1986) 73-87.

(富田裕)

ストレイチ　Strachey, Giles Lytton (1880. 3. 1-1932. 1. 21)　イギリスの伝記作家，批評家．*ロンドンに生まれる．リヴァプール大学で学んだ後，さらに*ケンブリッジ大学に進む．その後，*ケインズやA. V.*ウルフらとともにブルームズベリ・グループをなし，その指導的存在となった．批評家としては1912年に『フランス文学案内』(Landmarks in French Literature)を出版するが，むしろ伝記作家として評価され，*マニング枢機卿などの伝記を収めた『ヴィクトリア朝の名士たち』(Eminent Victorians, 1918)は，伝記文学に新たな境地を開いた．対象となる人物の偶像性を破壊しようとする叙述態度は，批判を招きながらも多くの支持を得た．代表作には，『ヴィクトリア女王』(Queen Victoria, 1921)，『エリザベスとエセックス』(Elizabeth and Essex, 1928)などがある．バークシャーのハンガーフォード(Hungerford)近郊で死去．
【文献】EBritMi 9: 596;『英米文学辞典』(研究社 ³1985) 1293; M. DRABBLE ed., *The Oxford Companion to English Literature* (Oxford ⁵1985) 942.

(杉木良明)

ストローソン　Strawson, Peter Frederick (1919. 11. 23-)　20世紀の分析哲学者．指示論や心身論などに多大な影響を及ぼした．B.*ラッセルの記述理論の批判によって世に出る．判断主張の条件である指示は，表現の意味の一部ではなく，主語という言語表現を用いて我々が行う行為だと主張した．その後，彼は，この主述形式を基盤とする言語行為論を発展させるために，記述的形而上学を提唱する．それは，経験の制約である概念枠の特徴と条件を明示するという*カント的な企てを，日常言語の分析に基づいて果たすことであった．主著『個体と主語』において，彼は，特殊者のなかで物体と人格を基礎的なカテゴリーとみなし，それらが論理的主語となる条件として，時空的規定による同定指示をあげた．確かに心的規定についての述語(P述語)の場合，一人称的用法と三人称的用法とで意味基準を異にするため，この見方には疑義が生じうる．だが彼は逆に，この非対称的な両面の理解こそがP述語の理解には不可欠であるとし，人格を，P述語と物的規定についての述語(M述語)が共に適用される主体とみなした．これによって，無我論と心身二元論を退けた．
【主著】"On Referring," *Mind*, 59 (1950) 320-44: 藤村龍雄訳「指示について」『現代哲学基本論文集』2，坂本百大編(勁草書房 1987) 203-51; *Individuals*, 1959: 中村秀吉訳『個体と主語』(みすず書房 1978); *The Bounds of Sense*, 1966: 熊谷直男他訳『意味の限界』(勁草書房 1987).

(丹木博一)

すな　砂　現在の大阪府四条畷市にある地名で，*キリシタンの時代の教会所在地．1563年(永禄6)に*結城

左衛門尉は奈良で*ヴィレラから*洗礼を受け自領の河内に戻った後，1564年に砂の寺内に河内で最初の教会を設けた．左衛門尉は1565年7月に若くして死去し，1577年(天正5)には砂の東北東の*岡山(現在の四条畷市)に新しい教会ができたので，砂のことはそれ以後の*イエズス会関係の史料には現れないが，昭和初年に発見された*高槻発見切支丹文書の「パウロ人見の切支丹暦」には，1594年(文禄3)に砂のキリシタン衆が会合したことが記されている．
【文献】L. FROIS, *Historia de Japam*, P. I, cap. 38, 54 (Lisboa 1976); 松田毅一『近世初期日本関係南蛮史料の研究』(風間書房 1967). (尾原悟)

スナイダー　Snyder, Gary Sherman (1930. 5. 8-) アメリカの詩人．*サンフランシスコで生まれ，山林監視員や伐採人夫として働き，1950年代半ばにはビート派の運動に加わる．その直後京都に行き，8年近く臨済禅の修行を行う．この多彩な経験と研鑽から，自然保護と北アメリカ先住民文化(→インディアン)への意識の強い作品を書くようになり，『亀の島』(Turtle Island, 1974)でピュリッツァー賞を受賞．後にカリフォルニア大学で教鞭をとる．
【抄訳】*No Nature: New and Selected Poems*, 1992: 金関寿夫，加藤幸子訳『ノー・ネイチャー：スナイダー詩集』(思潮社 1996). (飯野友幸)

スニガ　Zuniga, Pedro de (1580-1622. 8. 19) アウグスチノ会員，*日本205福者の一人．スペインの*セビリャの出身．父はビリャマンリケ公爵アルバロ・マンリケ・デ・スニガ(Alvaro Manrique de Zuniga)で，1585年から89年までノバ・イスパニア(現メキシコ)の総督であった．セビリャの*アウグスチノ会に入会し，1609年*日本26聖人の*殉教を目にしたディエゴ・デ・*ゲバラの話を聞き，日本宣教に生涯を捧げることを決意，家族などの反対を乗り越えてゲバラとともにフィリピンへ行った．日本へ渡るため待機し，ついに1618年(元和4)，多くの宣教師たちとともに*長崎に上陸した．直ちに発見されたが奉行*長谷川権六はスニガを捕らえず，ひそかに離日を勧めた．スニガは*マカオへ行き，さらに*マニラへ戻り，1622年*平山常陳の御朱印船に変装して乗船し，司祭L.*フロレスとともに日本へ向かったが海上でイギリス人によって捕らえられ，*平戸の*オランダ商館の獄に入れられた．長い対決の後，*壱岐ノ島の牢に移され1622年8月19日フロレス，平山常陳，船員たちとともに火刑による殉教を遂げた．
【文献】D. パチェコ『鈴田の囚人』佐久間正訳(長崎文献社 1967); A. ハートマン『17世紀の日本におけるアウグスチノ会士たち』(聖アウグスチノ修道会 1990); A. HARTMANN, *The Augstinians in Seventeenth Century Japan* (King City, Ont. 1965). (結城了悟)

スニョル　Suñol y Baulenas, Gregorio Maria (1879. 9. 7-1946. 10. 26) スペインの*ベネディクト会の会員で司祭，教会音楽家．*バルセロナに生まれ，17歳で*モンセラートの大修道院に入り，1902年には司祭，1943年には大修道院長となった．『グレゴリオ音楽古文書学入門』(Introducción a la paleografía gregoriana, 1925)をはじめ聖歌に関する重要な著作を残し，ミラノ枢機卿の依頼で，一連の*アンブロシオ聖歌の歌集(1934-39)の編集を手がけた． (金澤正剛)

スパイザー　Speiser, Ephraim Avigder (1902. 1. 24-1965. 6. 15) アメリカのオリエント学者．ガリツィア(現ウクライナ)のスカラト(Skalat)に生まれる．レムベルク(Lemberg)のギムナジウム卒業後，1920年渡米．ペンシルヴァニア大学を経て，24年ドロプシ・カレッジよりヘブライ語音韻の研究で博士号取得．1924-26年ペンシルヴァニア大学，1926-27年*バグダードのアメリカ・オリエント学研究所研究員となる．この間イラク北部，特にテペ・ガウラ(Tepe Gawra)の発掘調査を行い，エルサレムのヘブライ大学で比較セム語学を教える．1928年ペンシルヴァニア大学のセム語学助教授，31年教授になる．1930-32年，1936-37年テペ・ガウラおよびテル・ビラ(Tell Billa)の発掘調査を指揮，古代メソポタミアの民族，言語，文化研究のうえで貴重な成果をあげた．『メソポタミアの起源』(Mesopotamian Origins, 1930)や『ヌツィ文献選集』(One Hundred Selected Nuzi Texts, 1936)また『フリ語入門』(Introduction to Hurrian, 1941)は今日でも同分野の基本文献である．第2次世界大戦中は中東情報分析の主任として戦争の早期終結に尽力．1947年ペンシルヴァニア大学教授に復帰，研究教育を再開し，*アッカドの神話伝説の翻訳(ANET所収)や創世記の翻訳と注解(1964)を出版するとともに，55年以後聖書(Jewish Publication Society's Bible "TANAKH", 1985)の翻訳刊行に寄与．論文や発掘報告は多数．
【著作】J. J. FINKELSTEIN, M. GREENBERG, eds., *Oriental and Biblical Studies: Collected Writings of E. A. Speiser*, 1967.
【文献】J. B. PRITCHARD, ET AL., "Ephraim A. Speiser," BASOR 179 (1965) 2-7; M. GREENBERG, "In Memory of E. A. Speiser," JAOS 88 (1968) 1-2. (清水宏)

スパーク　Spark, Muriel Sarah (1918. 2. 1-) イギリスの小説家．*カルヴィニズムの強いスコットランドの*エディンバラでユダヤ人を父として生まれ，20歳代の数年間を中央アフリカで過ごした．その間に結婚，出産，離婚を経験．第2次世界大戦後，文学雑誌『ポエトリー・リヴュー』(Poetry Review)の編集者として働いたのをきっかけに文学活動を始めた．初めは評論を主としていたが，1951年に新聞『オブザーヴァー』(Observer)の懸賞短編小説に首席入選したのを機に小説に転ずる．1954年にはカトリックに改宗し，以後，『死を忘れるな』(Memento Mori, 1959)や『ミス・ブロウディの青春』(The Prime of Miss Jean Brodie, 1961)等，自らのカトリック的思想を表明する小説を次々に生み出して文壇に地歩を築いた．宗教的・倫理的なテーマを皮肉や諧謔を交えて扱う冷静・知的な作風は，同じくカトリック作家である*ウォーの衣鉢を継ぐ作家としての地位を彼女に与えている．
【文献】R. WHITTAKER, *The Faith and Fiction of Muriel Spark* (London 1982). (舟川一彦)

スビアコ　Subiaco ローマの東約80 kmにある地名．スビアコは「湖の下」([ラ] Sublaqueum)の意味で，ローマ時代には人造湖が造られ，また皇帝*ネロの別荘が建てられていた．ヌルシアの*ベネディクトゥスは，529年に*モンテ・カッシーノに移るまで，この地の洞窟(Sacro Speco)で*隠修士として3年間過ごし，その後12の修道院を建て，修道生活を行った．現在，

ここで中心となっているのは彼の妹の名をとった聖スコラスティカ修道院であるが，その初期の歴史は不明である．9世紀には＊サラセン人の侵入を受けるものの修道生活は存続し，10世紀以降は教皇の援助を受け，院長ヨアンネス5世 (Ioannes V, 在職1069-1122) の時代に最盛期を迎える．14世紀には一時衰退するが，院長バルトロマエウス3世 (Bartholomaeus III, 在職1363-69) のもとで改革が行われ，『スビアコ修道院慣習規則』(Consuetudines sublacenses) が編集される．1456年以降，空職俸禄 (＊コンメンダ) となるが，1915年，教皇＊ベネディクトゥス15世によって＊大修道院区 (Abbatia nullius) とされ，諸権利を回復した．

【文献】LThK² 9: 1134; NCE 13: 756-67.　（矢内義顕）

スピック　**Spicq, Bernard Ceslas**（1901. 4. 29-1992. 1. 14）　フランスのカトリック新約聖書学者．ドミニコ会司祭．北東部のサン・ミエル (Saint-Mihiel) に生まれる．1920年＊ドミニコ会入会，1926年司祭叙階．1928-39年ベルギーのル・ソールショアール (Le Saulchoir) にあるドミニコ会神学院，1943-44年スペインの＊サラマンカ大学の新約聖書学教授．この間，1939-41年兵役につき虜囚となる．1953-71年スイスの＊フリブール大学新約聖書学教授．研究教育ならびに旺盛な著述活動のかたわら，司牧にも貢献．数多くの浩瀚な著書があるが，最晩年には『新約聖書神学辞典』全3巻 (Notes de lexicographie neó-testamentaire, 1978-82. 後に改題 Lexique théologique du Nouveau Testament, 1 v., 1991) を著す．

【主著】*Les Epîtres Pastorales*, 1947; *L'Epître aux Hébreux*, 2 v., 1952-53; *Agapè dans le Nouveau Testament*, 3 v., 1958-59; *Théologie morale du Nouveau Testament*, 2 v., 1965.

【文献】*Geschichte der Universität Freiburg Schweiz 1889-1989*, v. 3 (Fribourg 1992) 992.　（清水宏）

スピノザ　**Spinoza, Baruch (Benedictus) de**（1632. 11. 24-1677. 2. 21）　オランダの哲学者．
【生涯】宗教的迫害を逃れポルトガルからオランダに移住したユダヤ人商人を父に，＊アムステルダムで生まれる．当地のユダヤ人たちが創設した生命樹学院・律法学院でヘブライ語をはじめ徹底した＊ユダヤ教の教育を受け，さらに独学で旧約聖書の注釈家やユダヤ中世の哲学者を研究した．その後20歳からラテン語を学び，ヨーロッパの学問に広く接するようになった．しかし聖書の批判的研究によってユダヤ教団に批判的態度をとるに及び，1656年に破門された．破門後の数年間はスピノザの思想形成には重要なもので，＊デカルトの哲学を研究したのもこの時期である．
1663年の『デカルトの哲学原理』の出版により一躍有名となる．その後，当時勢力のあったカルヴァン派 (→カルヴィニズム) に対し，匿名の著『神学・政治論』(1670) で聖書の文献学的批判を展開するとともに，＊政教分離と言論の自由を主張した．この書物は内外に大きな反響を引き起こしたが，国内においては非難の的となり禁書扱いとなった．＊ハイデルベルク大学からの招聘もあったがこれを固辞し，友人からの年金とレンズ磨きの収入で生活を賄い，44歳で亡くなるまで終生独身であった．主著『エティカ』(Ethica ordine geometrico demonstrata) は生前出版が不可能であったため，友人たちの手で『遺稿集』(1677) の一部として刊行された．

【思想】世界は絶対的に単一な存在であって，精神や物体といった部分に分割することは許されない．すべての個体は，いかに外見が異なっていようとも，その単一なるものの局面・様態にすぎない．これがスピノザの根本的洞察である．
スピノザの出発点はデカルト哲学にある．彼は，デカルト哲学における無限実体としての神の概念を受け入れたうえで，有限実体としての精神と物体の並存に由来する困難の克服を課題としている．人間的要素を払拭された神は唯一無限の自己原因と解され，全体としての自然と合致する (神即自然，＊汎神論)．また，デカルトにおいて精神と物体の＊属性とみなされた思惟と延長は，神の有する無限の属性に組み込まれることによって，神の様態という位置づけを得る．それゆえ，没交渉である精神と身体から人間が成り立っているとみることに起因する二元論の困難は，精神と身体は同じ存在の異なる側面にすぎないがゆえに対応関係にあるという解決 (物心並行論) をみいだす．
必然的に存在し必然的に万物を産出する力としての神によって，すべての存在者は因果的に決定されている．したがって，人間には意志の自由はない．漫然と自分を自由であると思い込むのは，妄想の自由である．人間の認識には，第一に，漠然とした経験の認識である想像知，第二に，知覚対象に共通な性質を捉え事象をその原因から必然的なものとして認識する理性，そして第三に，最も高い認識として直観知がある．この直観知は神の属性の十全な観念に基づく個物の本質の認識を意味する．人間は第一の認識から第三の認識へと高まりゆくときに，「永遠の相のもとに」 (〔ラ〕 sub specie aeternitatis) すべてをその必然性のうちに理解する．そしてこの必然性の認識こそ真の自由なのであり，これに伴う喜びは「神への知的愛」 (amor Dei intellectualis) となる．認識行為を含め一般にこのような受動状態から能動状態へのダイナミズムにスピノザ哲学の根本がある．
スピノザ・ルネサンスと呼ぶべき再評価の現象は2度あった．最初は，1780年代におけるドイツでの＊レッシング，＊ヤコービ，M.＊メンデルスゾーンらに始まる汎神論論争を機縁にしたもので，スピノザの実体観は＊ドイツ観念論に多大な影響を及ぼし，＊ヘーゲルは「あらゆる哲学者はまず最初にスピノザ主義者にならなければならない」と述べた．そして第二のルネサンスはポスト・モダンと呼ばれる状況との関連で，1960年代末からフランスを中心に始まり現在に至るもので，スピノザの政治・社会理論における現実主義的なラディカリズムを重視している．

【主著】C. GEBHARDT, ed., *Spinoza Opera, im Auftrag der Heidelberger Akademie der Wissenschaften*, 1924; *Korte Verhandeling van God, de Mensch en des zelfs Welstand*, Spinoza Opera, v. 1: 畠中尚志訳『神・人間及び人間の幸福に関する短論文』(岩波書店 1955); *Renati Des Cartes Principiorum Philosophiae*, Spinoza Opera, v. 1: 同訳『デカルトの哲学原理』(岩波書店 1959); *Ethica*, Spinoza Opera, v. 2: 同訳『エチカ』(岩波書店 1951): 工藤喜作訳「エティカ」『スピノザ，ライプニッツ』世界の名著25 (中央公論社 1969); *Tractatus Theologico-Politicus*, Spinoza Opera, v. 3: 畠中尚志訳『神学・政治論』(岩波書店 1944); *Tractatus Politicus*, Spinoza Opera, v. 3: 同訳『国家論』(岩波書店 1940).

【文献】桂寿一『スピノザ哲学』(東京大学出版会 1956); 竹内良知『スピノザの方法について』(第三文明社

1979); S. ハンプシャー『スピノザ』中尾隆司訳 (行路社 1979): S. HAMPSHIRE, *Spinoza* (New York 1951); 工藤喜作『スピノザ』(清水書院 1980); G. ドゥルーズ『スピノザと表現の問題』工藤喜作他訳 (法政大学出版局 1991): G. DELEUZE, *Spinoza et le problème de l'expression* (Paris 1968); E. カーリー『スピノザ「エチカ」を読む』開龍美, 福田喜一郎訳 (文化書房博文社 1993): E. CURLEY, *Behind the Geometrical Method* (Princeton 1988); A. MATHERON, *Individu et communauté chez Spinoza* (Paris 1969); M. GUEROULT, *Spinoza* (Paris 1969). 　　　　　　　　　　　　　　　　　　　　(開龍美)

スピノラ　Spinola, Carlo　(1564/65-1622. 9. 10) イエズス会員, *日本 205 福者の一人. *ジェノヴァのタッサローロ伯爵オッタヴィオ・スピノラ (Ottavio Spinora) の息子として 1564 年末または 1565 年初頭に *マドリードに生まれる. 1576 年イタリアに移り, ノラ (Nola) と *ナポリで学び, 1584 年 *イエズス会に入会. ナポリ, *ローマ, *ミラノで神学, 哲学などを勉強した後 1594 年ミラノで司祭に叙階され, 日本への任命を受けた. 1596 年 *リスボンを出帆したがブラジルまで船が流され, その帰途イングランドの海賊の手に落ちイングランドに数か月とめおかれた. 1598 年リスボンに戻り *修道誓願を立てた. 再び出発し, 1599 年 *ゴアに, 1600 年 *マカオに入港した. 新しい教会建設のためマカオに 2 年間滞在, 1602 年 (慶長 7) 7 月 *長崎に着いた. *有馬の *セミナリヨで日本語を勉強している間に生徒たちのなかに聖母の *組(*信心会) を創った. 1603 年から 11 年まで京都(*都)で活躍し, 下京の教会建設のため尽力し科学アカデミー, *同宿たちの聖母の組などを結成した. 1611 年長崎へ管区会計係として赴任, 1614 年長崎で潜伏したが 1618 年 12 月捕らえられ *鈴田の牢へ護送された. 4 年間, 獄中で苦しみに耐え, 修練長として数名の同宿を育て宗教的にも歴史的にも価値ある書簡や他の記録などを書いた. 育てた修練者たちと他の修道者や信徒たちとともに長崎の西坂で火刑により殉教を遂げた (→ 元和の大殉教). スピノラの数多くの書簡 (ARSI, Jap. Sin. 36) には心情も綴られており, 彼の人柄だけでなく当時の教会の諸問題を知るうえでも貴重な史料となっている. 強い性格の人で, 書く際には情熱がその判断を左右することもあったが, 一貫して正直に自らの考えを伝えている. その活躍は目覚ましいもので, 青年時代から殉教への憧れを育ててきた宣教師であった.
【文献】D. パチェコ『鈴田の囚人』佐久間正訳 (長崎文献社 1967); F. A. スピノラ『カルロ・スピノラ伝』宮崎賢太郎訳 (キリシタン文化研究会 1985); B. FERNANDES, "Da vida e virtudes do Pe. Carlo Spinola," ARSI, Jap. Sin. 60, f. 222-56. 　　　　　(結城了悟)

スピノラ　Spinola, Cristobal Rojas de　(1625/26-1695. 3. 12)　神学者, フランシスコ会員. フランドルのルールモン (Roermond) で生まれたスペイン人. ヴィーナー・ノイシュタット (Wiener Neustadt) で死亡. *フランシスコ会の *原会則派から分かれたレコレクティ派に入会後, 神聖ローマ皇帝 *レオポルト 1 世に仕え, 外交使節として活動, スペインやローマを訪れた. 1666 年にダルマティアのクニン (Knin) の *名義司教, 1686 年にヴィーナー・ノイシュタットの司教になる. カトリックとプロテスタントの平和的な再一致を目指してドイツ諸侯のもとを何度も訪れ, *ライプニッツや *モラヌスなどプロテスタントの重要な人物とも交流した. 合同のためにカトリックとプロテスタントの教理上の差異を論ずる会議の開催, 教皇権を認めるプロテスタント聖職者の認可, 聖職者の妻帯などを主唱したが, 厳格な *ルター主義を掲げる教派とフランスの干渉により失敗した.
【文献】LThK² 9: 969-70; NCE 13: 565.　(伊能哲大)

スピノラしゅうどうじょかい　スピノラ修道女会　〔西〕Esclavas del Divino Corazon, 〔ラ〕Ancillae Divini Cordis, 〔略号〕A.D.C.　女子修道会. 正式名称はイエズスの聖心の婢女会.
1885 年, スペインのコリア (Coria) において, スピノラ (Marcelo Spinola, 1835-1906, 列福 1987) と協働者のメンデス (Celia Méndez, 1844-1908) により創立された. 聖心の愛が会の中心にあり, 会員は神のみ旨を行うようつねに心がけていた *マリアを手本とし, 幼児, 青少年の教育を通して, キリストの愛を伝えることを使命とする. 1997 年現在, 会の活動はスペイン, イタリア, 中南米, フィリピン, アフリカと日本の 10 か国にわたる. 来日は 1953 年 (昭和 28) で, 東京を本部とし, 東京, 大阪, 浜松で教育活動に従事する. 1998 年 (平成 10) 現在, 施設 59, 会員数 430 名 (在日会員数 25 名). 総本部はマドリード.
【文献】日キ歴 729; AnPont (2000) 1624; DIP 1: 560-61.　(佐藤英子)

スピュリドン　Spyridon　(?-348 頃)　キプロスのトレミトス (Tremithos) の司教. スピュリディオン (Spyridion) とも記される. 第 1 *ニカイア公会議 (325), サルディカ教会会議 (343) に出席. アクイレイアの *ルフィヌス, 教会史家 *ソクラテス, *ソゾメノスはそれぞれその『教会史』で, 司教就任後も羊飼いの仕事を続け, 多くの奇跡を行ったことを述べている.
【文献】キ人 791; DPAC 3238; P. VAN DEN VEN, *La Légende de S. Spyridon évêque de Trimithonte* (Louvain 1953).　(小高毅)

スピリツアルしゅぎょう　『スピリツアル修行』　書名は「スピリツアル修行のために選び集めたる衆観 (諸観しょかん) のマヌアル」. 1607 年 (慶長 12) 長崎コレジョ刊. 404 葉よりなる日本文文語体のローマ字本. オクタヴォ (八折) 判. *イエズス会の日本人司祭と修道士用に編纂された黙想用修徳書. 内容は, ① 第 1 部「ロザリオの観念」, ② 第 2 部「御パシションの観念」共にロアルテ (Gaspar Loarte, 1578 没) の著, ③ 同「4 福音書より編纂されたキリストの受難録」, ④ 第 3 部「種々の黙想の要点」P. *ゴメスの著の 3 部 4 編よりなる. ポントス (要点) を掲げて綴られているため, 「ポントスの書」と呼ばれるが, なかでもロザリオおよびイエスの受難を述べた ① ② の国字写本は, *キリシタンたちに愛読され, 個々の信仰生活を支えた. ③ は *バレト写本 (1591) の「我らが主ゼズ・キリストの御受難」にも収録されている. また明治期には *プティジャンが ③ を *『御婆通志輿』(ぼつう) と題して石版印刷で翻字復刻した. ローマ字刊本の各黙想の冒頭には銅版画が貼付されており, 黙想者がそれをみながら黙想するよう注記されている. ただし, 現存本では剝落しており数枚を残すのみである. 現在, 長崎の *大浦天主堂とスペインのバリャドリード

スピリティズム

(Valladolid) の *アウグスチノ会の修道院に各1本の所蔵が知られる．*マニラの*フランシスコ会の修道院にも1本あったが第2次世界大戦で焼失した．しかしこのフィルムが1983年頃に言語学者・浅井恵倫の遺品から発見され，現在は東京の国文学資料館に収蔵されている．
【文献】海老澤有道『切支丹典籍叢考』(拓文堂 1943); H. チースリク，土井忠生，大塚光信『キリシタン書・排耶書』日本思想大系25(岩波書店 1970); 林田明『スピリツアル修行の研究・翻字影印篇』(風間書房 1975); 小島幸枝『キリシタン版スピリツアル修行の研究』(笠間書院 1987-89); 海老澤有道編著『スピリツアル修行』(教文館 1944). 　　　　　　　　　　　　(小島幸枝)

スピリティズム 〔英〕Spiritism, 〔独〕Spiritismus, 〔仏〕spiritisme　精霊主義，心霊主義．欧米でいわれる「スピリチュアリズム」(〔英〕spiritualism) とほぼ同義だが，「スピリティズム」という語と教えはフランスのカルデック (Allan Kardec, 1804-69) によって広められたため，独自の意味をもっている．
【語義】カルデックによれば，「スピリチュアリズム」は語義的にいえば*唯物論の反対の立場を意味し，宇宙間に物質的でない何かの存在を認める人はすべてスピリチュアリストである．しかし，通常，スピリチュアリズムは狭義に用いられ，交霊による霊的示現を認める立場のことである．カルデックはこの狭義の立場を明確にするために「スピリティズム」という語を用いた．
【教義】スピリチュアリズムは，1848年，アメリカの*ニューヨーク近郊の村ハイズヴィル (Hydesville) に起きた騒動事件がもとで心霊現象に対する一般の関心が高まったことから世界に広まったといわれ，死後の個性存続や人間と霊の交渉を認める立場をいう．英米系のスピリチュアリズムが再生を重視しないのに対し，スピリティズムは重視する．英米のスピリチュアリズムの内容が個々の霊媒の説くところに任され，一致はあるが格別教義のようなものをなさないのに対し，カルデックは独力で霊媒からの答えを集大成し一つの教義大系に近いものを築き上げた．どちらかといえば，スピリチュアリズムが認識の断片であるのに対し，スピリティズムは信仰体系に近い．カルデックの著書にはしばしば聖書が引用され，愛，正義，奉仕などの徳義，および信仰の重要性が説かれている．スピリティズムによれば，天使存在のほかにさまざまな霊の段階が連鎖的に存在し，人との交渉をもつ．人は再生を繰り返すことによって霊魂として向上し，最後には地球を高級霊のみの住まう星にするのがその目的だとする．またスピリティズムは*モーセ，*イエス・キリストの後に説かれた福音であるとの主張がなされている．スピリティズムはキリスト教との親縁性が強く，カトリックの信仰の厚いラテン諸国に広まる傾向がある．特にブラジル，アルゼンチン，フィリピンなどでは土着の*シャーマニズムと結びついて多くの信者を獲得し，その影響下で心霊手術が行われている．これは欧米のスピリチュアリズムでは物的現象に重きを置かない霊的治療が盛んなのと対照的である．
【教祖】スピリティズムの父といわれるカルデックは，本名をリヴァイユ (Hypolyte Léon Denizard Rivail) といい，スイスの教育者*ペスタロッツィの門下となり，数学，語学，物理，天文などの諸学に通じた．その著書のなかには大学の教科書に用いられたものもある．著述をするかたわら学院を創始し，無料で子弟に教えた．初め，骨相学やメスメリズム (mesmelism 磁気療法) に興味をもったが，友人に勧められて交霊会の物理的現象の示現をみたことがきっかけとなり，残りの生涯を霊魂研究に捧げることになった．ロシアの有名な心霊研究者アクサコフ (Alexander Aksakoff) によれば，カルデックの主著である『霊の書』は，主としてセリナ・ベケットという霊媒の交信から得られたものであるという．彼女は彼女の祖母の霊，および有名なメスメルの霊の支配を受けていたといわれる．カルデックがベケットと交渉をもったのは1856年のことである．またローズと名のる霊媒を用いたことでも知られている．カルデックは，互いに知らない複数の霊媒から得られる答えの一致が霊の答えの真実を保証すると考えて，複数の霊媒に数々の質問を試みて答えを記録し，それを書物に著した．生前，博識と高潔な人格で人々から敬慕された彼の墓はパリのペール・ラシェーズ (Père-Lachaise) にあり，世界中から毎年百万人以上の人が訪れるという．
【カルデックの主著】Le livre des esprits, 1857; 梅田義美訳『精霊の書』(日伯心霊協会 1970); Le livre des médiums, 1864; 桑原啓善訳『霊媒の書』(潮文社 1986); L'Evangile selon le spiritisme, 1864; Le ciel et l'enfer, 1865.
【文献】田中千代松『新霊交思想の研究』(共栄書房 1971) 77-81; N. Fodor, An Encyclopaedia of Psychic Science (London 1934); G. L. Playfair, The Flying Cow (London 1975). 　　　　　　　　　　　(梅原伸太郎)

スーフィー 〔ア〕ṣūfī, 〔英〕sufi, 〔独〕Sufi, 〔仏〕soufi　イスラムにおいて霊的生活を追求した人々．語源に関しては「清浄」(サファー ṣafā')，あるいは「(預言者のモスクの集まりで)ベンチ (スッファ ahl al-ṣuffa) に座った人々」，ギリシア語のソフィア (sophia) からなど諸説があるが，最も一般的な説は初期の禁欲的修行者がまとった羊毛 (スーフ ṣūf) の粗衣に由来するという説である．「スーフィー」という呼称は8世紀の後半にバスラ (Basra) の禁欲主義者たちに対して使われ，それがイラクに拡大され，さらに2世紀後にはイスラム世界全体で使われる一般的な用語となった．ほかにザーヒド (zāhid 禁欲主義者)，ファキール (faqīr 清貧な者)，デルウィーシュ (derwīsh 托鉢僧) などとも呼ばれる．またスーフィーの間では師弟関係が重要視され，師(シャイフ shaykh, あるいはペルシア語でピール pīr) は弟子 (ムリード murīd 欲する者が原義) が不断の禁欲的修行により神に近づくよう指導を与えた．スーフィーのなかには自らの意志ではなく，いわば他力的に神に引き寄せられる者もおり，ムラード (murād 神に欲せられる者が原義) と呼ばれた．スーフィーのなかでも特に高い境地を究めた者が聖者 (ワリー walī) と呼ばれる．聖者は空中飛行や読心術や分身術などの奇跡を行うことができる．聖者の間には，彼らの間にしか知られない階級がある．最高位はクトブ (quṭb 枢軸) でその下に4人のアウタード (awtād 楔)，40人のアブダール (abdāl 代替者) などが続く．後になると聖者の廟が巡礼地として崇拝の対象となり，またこの廟を中心にスーフィー教団が発展した．また北アフリカではマラブー (marabout) と呼ばれる生きた聖者が崇拝される．→スーフィズム
　　　　　　　　　　　　　　　　　　　　(竹下政孝)

スーフィズム 〔ア〕Taṣawwuf, 〔英〕Sufism, 〔独〕Sufismus, 〔仏〕Soufisme　イスラム世界において法学者の文字拘泥主義，神学者の主知主義に対する反動として

神から与えられた人間の正しい道である聖法（シャリーア sharīʻa）の内面化を試み，宗教体験と倫理的実践を強調したイスラム的霊性で，敬虔主義，神秘主義（→スーフィー），禁欲主義的要素を含む．アラビア語ではタサッウフ（taṣawwuf），ペルシア語，トルコ語ではタサッヴォフ（tasavvof）というがすべてアラビア語の「スーフィー」（ṣūfī）に由来する．しばしばスーフィズムは，イスラムのセクトの一つ，あるいはイスラムの異端として論じられることがあるがこれは誤りである．

スーフィズムは最初 *ハサン・アッ・バスリーを中心とするサークルで始まった．初期のスーフィーは神の怖れを強調した禁欲主義的傾向が強く，自己の欲望を克服するために，肉食を断ったり，長期間の断食を行い，昼夜絶え間なく祈り続けた．しばしば彼らは妻子と一切の財産を捨て，放浪の乞食生活に入った．このような禁欲的スーフィズムのなかに「神への愛」を導入して，後の神秘主義的傾向への道を開いたのは，女性スーフィー，ラービア（Rābiʻa, 714–801）であった．神的愛に基づく神秘主義は，「我は神なり」と叫んだ *ハッラージュによって頂点に達する．初期のスーフィーの著作では，形而上学や神学上の問題はほとんど扱われておらず，修行の方法やさまざまな倫理的徳目に関する心理的考察が中心であった．神に至る修行過程でスーフィーが身につけなければならない徳目は神秘階梯（マカーマート maqāmāt）としてまとめられた．階梯の数や順序は各スーフィーによって違い，100 の階梯を述べているスーフィーもいる．多くのスーフィーが最初にあげる階梯はキリスト教の *回心にあたる悔悟（タウバ tawbah）である．そのほかに重要な階梯としては「神への絶対的依存」（タワックル tawakkul），「（自我の）消滅」（ファナー fanā），「消滅の消滅」とも呼ばれる「（神的自我の）残存」（バカー baqā）などがある．多くのスーフィーが最高の階梯としてあげるのは「愛」（マハッバ maḥabba）であるが，*グノーシスに対応する「真知」（マアリファ Maʻrifa）をあげる者もいる．また修行過程は魂の浄化過程としても捉えられる．魂は最も低い魂である「命令する魂」（ナフス・アンマーラ nafs ammāra）から「非難する魂」（ナフス・ラッワーマ nafs lawwāma）を経て「平穏な魂」（ナフス・ムトマインナ nafs mutmaʼinna）へと上昇する．

11–13 世紀に二人の偉大な思想家，*ガザーリーと *イブン・アラビーは神学や哲学や *シーア派の思想を吸収してスーフィズムに形而上学的な基礎づけを与えるのに貢献した．また 13 世紀頃からタリーカ（ṭarīqa. 原義は道）と呼ばれるスーフィー教団が発達し，この永続的な教団組織に民衆が参加することによってスーフィズムの理念は社会の隅々にまで浸透していった．スーフィー教団は小さな支教団に枝分かれしていく傾向があるため，その数は無数といってよい．重要な教団にはカーディリー教団，スフラワルディー教団，ナクシュバンディー教団（これらの教団はイスラム世界に広く普及），*オスマン帝国の領土に広がった *ベクターシュ教団，メウレウィー教団，北アフリカのシャージリー教団，インドのチシュティー教団などがある．またスーフィーは宗教体験を体系的な著述というよりは詩の形で表現することが多いため，多くのスーフィー詩人が現れた．これらの詩は教団の集まりにおいて朗唱された．有名なスーフィー詩人にはアラビア語ではイブン・アルファーリド（Ibn al-Fāriḍ, 1181–1235），ペルシア語ではアッタール（ʻAṭṭār, 1136 頃–1230 頃），*ルーミー，ジャーミー（Jāmī, 1414–92），トルコ語ではユーヌス・エムレ（Yunus Emre, ?–1321 頃），ウルドゥー語ではミール・ダルド（Mir Dard, 1719 頃–1785 頃）などがいる．

このように中世後期にはイスラム世界全体を覆ったスーフィズムは，ワッハーブ運動（→ ワッハーブ派）などのイスラムの純化を唱える復古主義や西洋の合理主義思想の影響を受けたイスラム改革運動などによってイスラム世界の堕落の元凶としてしだいに批判攻撃されるようになり，20 世紀に入ると急速に衰退していった．しかしイスラムの普遍的側面を代表するものとしてスーフィズムは西洋の研究者を引きつけ，また近年はイスラム世界でも再評価の動きが高まっている．

【文献】H. A. R. GIBB, J. H. KRAMERS, eds., *Shorter Encyclopaedia of Islam* (London 1961) 579–83; J. P. BROWN, *The Darvishes or Oriental Spiritualism* (London 1968); J. S. TRIMINGHAM, *The Sufi Orders in Islam* (Oxford 1971); A. SCHIMMEL, *Mystical Dimensions of Islam* (Chapel Hill 1975). 　　　　（竹下政孝）

スフォンド・ドーロ　sfondo d'oro 「金地」の意味のイタリア語．15 世紀以前のイタリアのプリミティヴ絵画（*チマブエ，S. *マルティーニなどの *板絵）にみられる金箔を張りつめた背景で，奥行きのある現実の空間ではなく，*神の国の天上的な異次元の空間を表した．また世俗主題でも祝祭性を高めるために金地が使用された．金箔はすべての彩色に先立って下地に張りつけられたが，金地の表面に変化をつけて輝きを増すためにしばしば金地の下地に規則的な模様が印刻または型押しされた．菱形のパターンの模様では *モザイクのテッセラ（石，大理石，ガラスの一片）のような効果も期待された．金地は 14 世紀の *国際ゴシック様式の写実の展開と 15 世紀の初期ルネサンスの *自然主義により使用されなくなり，再び風景や室内の背景が復活する．古代絵画の自然主義の背景に代わって，金地背景が現れ始めたのは 5 世紀から 6 世紀で（*ラヴェンナのサンタポリナーレ・ヌオヴォ聖堂等），初め金地は金箔を半透明のガラスで挟んだモザイクのテッセラによったが，板絵，さらには写本挿絵（→ 写本芸術）でも使用されるようになった．*ビザンティン美術の影響下で描かれた *イコンでは，ロシアやバルカンにおいて後まで金地背景が使用され続けた． 　　　　（鐸木道剛）

スフォンドラーティ　Sfondrati, Celestino (1644. 1. 11–1696. 9. 4) ザンクト・ガレン修道院長，枢機卿．*ミラノの出身．多くの聖職者を出したスフォンドラーティ家の血筋．1668 年，自ら修練を積んだ *ザンクト・ガレンにて哲学・神学教授となる．ノヴァラ（Novara）の司教を経て，1687 年ザンクト・ガレン修道院長，1695 年ミラノ大司教・枢機卿となる．*恩恵に関して *モリナ，レシュス（Leonhard Lessius, 1554–1623）に近い立場をとった著作（*Nodus praedestinationis dissolutus*, 1697）は評判となり論争を巻き起こした．

【主著】上記のほかに，*Regale sacerdotium*, 1684; *Gallia vindicata*, 1687; *Legatio Marchionis Lavardini*, 1688; *Innocentia vindicata*, 1696.

【文献】LThK² 9: 711; NCE 13:153; J. F. MICHAUD, ed., *Biographie universelle. Ancienne et moderne*, 39 (Paris ²1958) 214–15. 　　　　（塩川千夏）

スブキンクトリウム

スブキンクトリウム 〔ラ〕subcinctorium *教皇ミサの際の教皇の*祭服の要素で,*チングルムの右側に着けられる垂装飾.もとはチングルムを固定させるものであったが,後に単なる装飾となった.その一方の端には金色の小羊,他方の端には金色の十字架が刺繍されている.10世紀の終わりに初めて司教の祭服の一部として言及されており,やがて司祭や司教座聖堂参事会員(→カピトゥルム)も着けるものとなった.16世紀からは教皇のみが使用する.プレキンクトリウム(〔ラ〕praecinctorium),スブチングルム(subcingulum),バルテウス(balteus)ともいう.
【文献】LThK² 9: 1132-33; NCE 10: 973. (石井祥裕)

スブ・トゥウム・プレシディウム Sub tuum praesidium *マリアに向けられる最古の祈りの一つ.この冒頭句(あなたの保護によりすがるの意)が示すように,マリアの保護と危機からの救いを願い求めるもの.エジプトで発見された4世紀のギリシア語パピルス写本に最古の記録がある.起源は3世紀と考えられ,当時からのマリア崇敬を窺わせる.西方では,9世紀,マリアの*被昇天の祭日の朝の祈りで*ザカリアの歌の交唱として使われ始め,やがて聖母マリアの*小聖務日課に取り入れられてから,*終業の祈りとして広く知られるようになった.
【文献】EEC 2: 797; LThK³ 6: 1358; G. GIAMBERARDINI, "Il 'Sub tuum Praesidium' e il titolo 'Theotokos' nella tradizione egiziana," *Marianum*, 31 (1969) 324-62.
(石井祥裕)

『スプレンドル・ヴェリターティス』 Splendor veritatis 第2*ヴァティカン公会議以後の*倫理神学で試みられている基礎理論を正しく識別するよう全世界の司教たちに宛てられた教皇*ヨアンネス・パウルス2世の*回勅(1993.8.6).正式の題は『ヴェリターティス・スプレンドル』.*アルフォンソ・マリア・デ・リグオーリの帰天200周年(1987.8.1)を機会に発案され,『カトリック教会のカテキズム』(1992.10.11)の公布を待って発布されたもの.
【内容】第1章は「金持ちの青年とのイエスの対話」(マタ19:16-21)の黙想を通して神の*掟を守る倫理的*善とイエスに従う福音の倫理を説く.第2章は本回勅の中心課題である*自由と*法,*良心と*真理,*根本選択と特定の行為,人間的行為の倫理性の根拠について伝統的な教会の教えを述べ,現代の誤謬を指摘し排斥する.すなわち人間の自由と法とは矛盾・対立するものではなく,魂と体との統一性における人格的本性からして*永遠法および*自然法の普遍性と恒久性とは擁護されるべきであるとし,特に「つねにどこでも例外を許さない神の禁令」の意義を力説する.また,倫理的良心の尊厳と役割は真と善に基づく判断にあるとして,良心の決定を重んじる創造的理解を警戒し,*教導職の*権威は良心の自由と矛盾しないという.さらに,人間の根本的決断による自己決定を重視し,特定の諸行為の意義を軽視することにより,*大罪と*小罪の伝統的な区別を曖昧にする現代の倫理的傾向を警戒する.人間的行為の倫理性は*最高善や究極的目的である神を指向する目的論的性格(〔英〕teleologism)をもつが,それは予測可能な結果の推定を基準にする結果論主義(consequentialism)または種々の価値・善を比較計量する均衡主義(proportionalism)と区別される.これらの理論は前倫理的(premoral)な善悪と倫理的善悪とを区別し,行為主体の意図や状況また結果を重視するが,本来の倫理性の決定的要素は対象・目的にあり,「内在的悪」(〔ラ〕intrinsece malum)は行為者の意向や状況とは無関係に本質的な悪である.第3章は真理と善と自由との本質的な絆を守り,信仰と道徳生活による救いの道を説く教会の司牧的任務を述べる.十字架上で犠牲となったキリストに従い,愛の掟を守り,倫理的善と真理のために殉教するまでの忠実が求められる.普遍的な倫理規範を擁護する教会の任務とその母性とは不可分のものであり,世俗化する現代文化の新たな福音化が肝要である.最後に教導職と協力して働く倫理神学者の固有の任務と司教の責務を思い起こさせ,信者の生活を神の慈しみの規範である聖母マリアに委ねる.
【邦訳】成相明人訳『真理の輝き』(カトリック中央協議会 1995).
【文献】R. A. MCCORMICK, "Some Early Reactions to 'Veritatis splendor,'" ThSt 55 (1994) 481-506; J. RIEF, "Grundlinien und Grundanliegen kirchlicher Moralverkündigung in und nach der Enzyklika 'Veritatis splendor,'" *Forum Katholische Theologie*, 10 (1994) 3-29.
(浜口吉隆)

スペイン 正式国名:エスパニャ王国,〔西〕Reino de España,〔英〕Kingdom of Spain. 面積:50万4,782 km²(バレアレス,カナリア諸島およびセウタ,メリリャなどを含む). 人口396万3,000人(2000年現在). 言語:スペイン語(公用語). 宗教:カトリック.
【国土と教会】ヨーロッパ南西にあるスペインは,フランスとポルトガルに国境を接し,地中海と大西洋に囲まれた半島である.このイベリア半島に,地中海のバレアレス諸島,15世紀に征服されたカナリア諸島が加わる.スペインとフランスを隔てるピレネー山脈中に,13世紀からの独立国である*アンドラがあるが,その教会はウルヘル司教区に属している.また*ジブラルタルは,1713年からイギリスの支配下にあって,独

パルマの大聖堂

自の司教区をもち,教皇庁に直属する.スペインはアフリカの海岸にもメリリャとセウタを領有している.前者はマラガ教区に属し,後者は独立した教区を有する.スペイン全土は65教区に分けられ,11の教会管区に統合される.さらに教皇庁直轄の二つの大司教区(*マドリード,*バルセロナ),および軍とその家族のカトリック信者を司牧する軍事管区である大司教区がある.
【キリスト教の歴史】〔ローマの支配〕二つの海の間に位置し,二つの大陸の通路であったため,スペインはとりわけ東と北からさまざまな民族が侵入して定住し,文化が伝播した.フェニキア人,ギリシア人,そしてカルタゴの人々は,以前からの住民とともにイベリア人となっ

た. 北部に最初に定住したのはバスク人(*インド・ヨーロッパ語族の侵入以前の先住民族で, 南フランスにも広く居住していた)と, ケルト人(インド・ヨーロッパ語族)であった. 彼らはおのおの固有の信仰, 慣習, 儀礼をもっていた. しかし, 前3世紀末から, 地中海におけるライバルのカルタゴに勝利を収めたローマが全半島の征服を試み, 7世紀を費やしてイベリア半島を帝国の支配下に置いた. その結果, イベリア半島は, 文化・政治・法の面でローマに同化した. そして, ローマにキリスト教が広まるにつれて, イベリア半島のキリスト教化も進んだ.

バルセロナの大聖堂 (Herder)

バレンシアの大聖堂
(Editorial Masse)

後世, 特に8世紀以降に生まれた伝承によると, スペイン宣教は使徒 *ヤコブに始まる. スペイン国民はこの伝承に深い愛着をもっているが, 歴史的な根拠は弱い. これと異なり使徒 *パウロがスペインを訪れたことは, より確実と思われる. 聖書のなかで彼自身スペインへの旅について「わたしはこのことを済ませてから, ……あなたがたのところを経てイスパニアに行きます」(ロマ15:28)と語っているからである.

しかし, キリスト教化には, 主にキリスト教徒の軍人, 商人, 奴隷, 小作人などが大きな役割を果たしたに違いない. 初期, キリスト教徒は小さく孤立した共同体を作り生活していたと考えられている. リヨンの *エイレナイオス(2世紀), *テルトゥリアヌスまた *キプリアヌス(3世紀)がイベリア半島全体にキリスト教徒の共同体があったと証言している. 教会の組織は帝国の政治的な区分によっている. 最初の司教座は *サラゴサ, レオン・アストルガ (León-Astorga), そしてメリダ (Mérida) にあった.

*デキウス帝(250)から特に4世紀初めの *ディオクレティアヌス帝の時代は殉教が相次ぎ, キリスト教徒にとって厳しい時代であった. 皇帝を神として礼拝することを拒否したキリスト教徒は, 国家の宗教の敵とされたのみならず, 政治的な敵ともみなされた. 信憑性のある文書には最初の殉教者が259年に出たと記載されている. アウレリウス・*プルデンティウス(348-410)は, スペイン文学史上際立ったキリスト教詩人であるが, 殉教者に作品を捧げている. *ミラノ勅令(313)がキリスト教徒に平和をもたらした.

スペインにおけるキリスト教共同体の組織に関しては, *エルビラ教会会議(295, 314)の開催がおおよその全体像を示してくれる. その議事録は全世界の教会で現存している最古のもので, 19人の司教, 24人の司祭の署名があり, 少なくとも37のキリスト教徒の共同体があったことが証明される.

〔西ゴート教会〕スカンディナヴィアやコーカサスにいた諸民族がローマ帝国に侵入し, 4世紀にはスペインまで *ヴァンダル族, ゴート族, スエビ族, アラン族, *フン族が来た. 411年にローマ帝国の属州イスパニアが消滅し, 西ゴートの支配が始まった. 587年, 西ゴート王レカレド (Recaredo) がカトリックに改宗した. 西ゴート族は, 先住のイスパノ・ローマ人と融合した. 新しい国の法的・宗教的枠組みを作ったのは王や司教たちが参加した教会会議であった. 重要なものはサラゴサ, *ブラガ, タラゴナ (Tarragona) の教会会議で, なかでも一連の *トレド教会会議は重要である.

修道生活は4世紀に組織化され始め, 7世紀に繁栄期を迎えた. 修道院では古代文化が保持され, セビリャの *イシドルス, レアンドロ (Leandro) の兄弟などの人材がそれに貢献した. イシドルスは, 当時を代表する世界的な人物で, 多くの作品を著し, なかでも20巻からなる『語源考』は古代の知を中世に伝える役割を果たした.

西ゴート王国期を通して, ユダヤ人の活動は注目すべきものがあった. 613年には, 彼らを強制的に改宗させようとする動きがあったが, 司教たちは自由意志によらない改宗を否定した.

〔アラブ人の侵入〕イスラム教徒は, 北アフリカで勝利を収め, その地を占領すると, 711年ジブラルタル海峡を渡り, 短期間でイベリア半島をほとんど手中に収めた. 716年から19年の間にはパンプロナ (Pamplona) に到達した. 土地領有の意図はなく, ただ戦利品目当てに略奪を繰り返しながら, 732年にはフランスの *ポアティエに迫り, この地で *シャルル・マルテルに敗北を喫したが, スペインには長期間とどまった. 侵入者は主にアラブ人, ベルベル人であった. イスパノ・ローマ人の司教, 貴族の消極的または積極的な協力と, 少数のユダヤ人の幇助があったことは事実である. ただ, あまりローマ化されていなかった北の山岳地帯に住んでいたガリシア人, カンタブロ・アストゥール人, そしてバスク人という部族集団は, イスラムのくびきから自由だっ

スペイン

た．彼らはイスラムに対して国土回復戦争（*レコンキスタ）を始め，徐々にその運動を進めていった．この時期からスペイン教会は，イスラム教徒占領下の地域と占領を免れた地域に分かれ，おのおの別々の展開をみる．

〔モサラベ教会〕キリスト教徒は，イスラム教徒からは，聖書の伝統に根ざした「啓典の民」（*アフル・アル・キターブ）とみなされて，特別納税による信仰の自由を享受した．教会組織やコルドバ，トレドの司教座も従来通り保たれた．ローマ・西ゴート典礼は，新しい環境のなかで発展し，「モサラベ典礼」として現在まで伝えられている（→イスパニア典礼）．支配者によるキリスト教徒に対する最初の迫害は，850年から59年にあり，その後も散発的に行われたが，基本的には平和であった．

11世紀初頭からはコルドバが重要な文化の中心地となり，哲学・法・医学・天文学・詩・音楽が高度に発達した．代表的な人物は*アヴェロエスである．中世ヨーロッパのすべての文化は，コルドバやトレドの翻訳者により，スペイン・アラブを経由してギリシアの知を受け継いだのである．

〔国土回復戦争〕718年，キリスト教徒はアストゥリアス（Asturias）のペラヨ（Pelayo）を王に選出し，722年コバドンガ（Covadonga）で，初めてイスラム教徒を破った．しだいにアストゥリアス・レオン王国ができ，イスラム教徒に占領されていない地域では西ゴート時代の司教座が回復された．

814年頃，イリア・フラビア（Iria Flavia，現在の*サンティアゴ・デ・コンポステラ付近）で石棺が発見され，いつの間にかそれが使徒ヤコブの墓だと信じられるようになり，この「サンティアゴの墓」は世界的規模の巡礼気運を生み出した．10世紀から15世紀にかけては，諸国間の交流によって，その宗教的，文化的影響が全ヨーロッパに広がった．9世紀にナバラ王国が，後にカスティリャ，アラゴン王国そしてバルセロナ伯領ができた．11世紀，モーロ人を追い出し，西ゴート王国を再建するというレコンキスタの思想が流布した．1085年にはトレドが376年ぶりに奪回された．

この頃，*修道生活が繁栄し，新たな修道院の創立や農民の組織化が社会や文化に影響を及ぼし，またレポブラシオン（レコンキスタされた地域の再植民）の推進力ともなった．*クリュニーの修道士たちは徐々に西ゴート典礼，さらにモサラベ典礼を廃止し，*ローマ典礼を定着させていった．

つねに戦争状態にあった社会での典型的な修道生活として*騎士修道会がある．これは，一方で修道規則に従って生活し，他方要塞の防衛にあたる人々の共同体である．主なものに*カラトラバ騎士団，*ヤコブス騎士団，*アルカンタラ騎士団，*モンテーサ騎士団がある．もう一つは，人質の救出に従事する修道士たちで，彼らは身代金によって，ときには自分自身が身代わりになって目的を遂行した．*三位一体修道会（創立1198），*メルセス修道会（創立1235）などが知られている．

1213年頃，アシジの*フランチェスコがサンティアゴ・デ・コンポステラに巡礼し，スペインの町々を訪れた．その直後から*フランシスコ会と*クララ会は繁栄期を迎え，一方スペイン人*ドミニクスは*ドミニコ会を創立した（認可1216）．*カルメル会は1218年イベリア半島に入り，13世紀には*ベネディクト会と*アウグスチノ会が最盛期を迎えた．また教会は1212年に最初の大学をパレンシア（Palencia）に創設し，1218年に

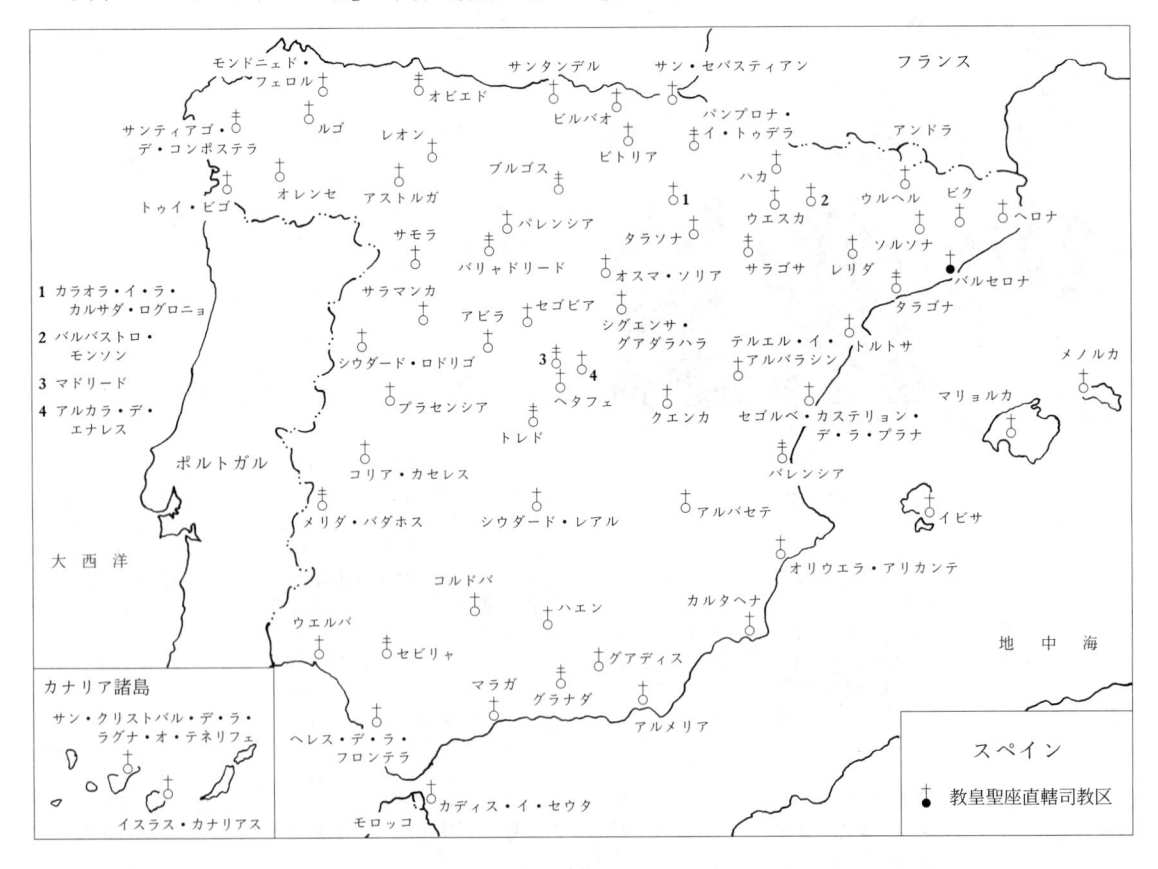

は*サラマンカ大学が創立された．

　新たに征服された領地には，キリスト教徒とともに多数のイスラム教徒すなわちムデーハル（mudéjar）が住んでいたため，イスラム教徒支配下で生活していたキリスト教徒モサラベと同様の問題を抱えていた．ムデーハルはアラブの工芸技術をもっており，ムデーハル美術を造り出した（→ムデーハル建築）．信仰の自由は保証されており，13世紀になると，多くの修道会は，スペインのイスラム教徒のみならずアフリカのイスラム教徒をも改宗させようとして活発な宣教活動を繰り広げた．修道士たちは，アラビア語その他の東方諸言語を習得することから始め（ライムンド・*ルルスのマジョルカ学派が重要），多くの論争や*教理問答書を出版した．

　中世末期の*教会大分裂とヨーロッパ全域に及んだ危機により，これらすべての宗教運動は下火になった．スペインの司教は，教会大分裂を解決するために開かれた*コンスタンツ公会議に参加した．*対立教皇のなかにはベネディクトゥス13世と呼ばれたスペイン人ペドロ・デ・ルナ（Pedro de Luna）もいた．

　他方，レコンキスタは続いていた．1275年頃には，イスラム教徒の支配地は小さなグラナダ王国だけになった．1492年には*フェルナンド5世，*イサベル1世両王がこの最後の町も征服した．

〔宗教的少数者〕（1）ユダヤ人．再統一されたスペインの歴史について述べる前に，宗教的少数者との共存に触れておかなければならない．キリスト教徒支配地にも，またイスラム教徒の支配地にもいたユダヤ人である．ユダヤ人がいつスペインに来たかは不明だが，3世紀末にその存在が確認されている．民族的にも宗教的にも，キリスト教徒ともイスラム教徒とも交わらなかったので，イスラム教徒支配地と同様，キリスト教徒支配のスペインにおいても，ユダヤ人に対して寛容な時期と迫害の時期があった．ユダヤ人は主に金融，商業（そのため，犠牲者を自称する人々の頻繁な報復や，彼らの富への嫉妬が出てくる），また自由業，主に医学や天文学に従事していた．王宮で政治力をもった時代もあった．文化的には，イスラム教徒とキリスト教徒とともに，10世紀にはコルドバ，12世紀にはトレドにあった翻訳学院で非常に重要な役割を果たした．ギリシアの科学と哲学がヨーロッパ諸大学に広がるのに，アラブ人とユダヤ人の翻訳者たちは大きく貢献した．コルドバ，トレドを経てヨーロッパに浸透した東方の宗教文学についても同様である．また，12-13世紀，*パリ大学に伝わった*汎神論も，スペインの翻訳者によってヨーロッパにもたらされ，ヨーロッパで*異端審問が始まる原因になった．スペインのユダヤ人の間では詩作や文学研究，*タルムードの研究が極めて盛んだった．

　三つの宗教，あるいはそのうち二つの平和的共存の期間はつねに短かった．レコンキスタの戦いが続き，ユダヤ人は係争者のいずれかの同盟者だったからである．14世紀初頭，ユダヤ人とキリスト教徒の関係は悪化した．15世紀に，閉鎖的なユダヤ人居住区（judería）すなわちゲットーが定められ，ユダヤ人を識別するものを身につけることが義務づけられた．そして，スペインにおけるイスラム教徒支配に終止符を打ったグラナダ征服の後，1492年3月ついにカトリック両王はキリスト教に改宗しないすべてのユダヤ人を追放する勅令に署名した．スペインから約20万人のユダヤ人が出国し，北アフリカ，トルコ，イタリア，ルーマニアに向かい，セファルディム文化のもとになった．

　（2）モリスコ．宗教的少数者の追放は，17世紀初頭，モリスコ（morisco 残っていたイスラム教徒）に対して再び行われた．アラゴン（1118），バレンシア（1238），グラナダ（1492）を征服したとき，諸王はモーロ人に信仰の自由，モスク，裁判所，衣服，アラビア語の使用を保証した．しかしこの条件は後に守られなくなり，支配者側が協定を尊重しなかったためにイスラム教徒による蜂起も多発した．そのうえスペイン帝国は領土を拡大し，ヨーロッパに加えてアメリカでも敵と戦わねばならなかった．そのような状況のなかで，モリスコは，スペインの国土内にいてアルジェリア人やトルコ人と通じる危険分子とみられたのである．1502年のイスラム教からの改宗命令，1525年のモスク閉鎖，帽子に青い半月印をつけること，アラビア語の使用禁止などの命令の後，モリスコに対する不信感はますます深まった．工芸や農業にたけていたモリスコの経済的重要性にもかかわらず，*フェリペ2世は，1609年モリスコをイベリア半島から追放する最終勅令に署名した．27万2,000人（スペインの全人口の3％）がスペインを出たが，女性や子どもの多くはイベリア半島に残った．

〔異端審問〕宗教的少数者の問題は，現在最も深く研究され議論されている異端審問所の問題と無関係ではない．1000年頃のヨーロッパは*カタリ派すなわち政治的・社会的反乱の可能性をもつ異端に動揺していた．1150年頃，民衆と公権力は血と炎をもって彼らに相対した．ちょうどその頃，宗教を口実にして個人や有力者が暴力を使うのを阻止する目的で，教皇*グレゴリウス9世は判決を下す前に調査をする法廷を設立した．それが異端審問所である．このように異端審問所の起源はスペインではないが，後にフランスとイタリアで*アルビ派と*ヴァルド派を抑え，さらにヨーロッパの多くの国でプロテスタントの進展を阻止した．カトリック両王の願いによって，教皇*シクストゥス4世は1478年にスペインにおける異端審問所の設立を許可した．この異端審問所は何らかの政治的脅威となる宗教的少数者を対象とした．すなわちユダヤ人とモリスコ，後にはプロテスタントである．異端審問所は，ユダヤ教やイスラム教の信者であるか否かを調査するのではなく，外面的にキリスト教徒を装いながら，密かに元の信仰に戻った者（異教に戻った者として豚を意味するマラノ marrano と呼ばれた）を調査した．後には*ルター主義や*アルンブラドスの支持者も対象とされた．そのうえカトリック両王は異端審問所を，アルジェリアの海賊や，フランドル，シチリア，あるいはナポリの独立を目指してスペインに対抗する勢力との戦いに利用したいと考えていた．教会の法廷では決して死刑の判決が下されることはなかったが，世俗の法廷はときに火刑を執行した．異端審問は長期に及び，投獄期間は長く，その他の刑も非常に厳しかった．しかしながら，現在の古文書の研究から，調査はほとんどの場合，非常に真面目かつ公平に行われたことが明らかになっている．またスペインでは，異端審問所の存在が民衆による大量殺戮（宗教戦争，魔女狩り等）を阻止したともいえる．しかし，告発の行きすぎがあったことも確かである．*イグナティウス・デ・ロヨラや*テレーズ・ド・ジェス・ジョルネなどの偉大な教会人でさえ，後に釈放されたとはいえ，審問を受けている．スペインはアメリカ大陸にも異端審問所を設けたが，*インディオは対象にしないという制限がつけられていた．またフランドルやイタリアにも設置しようとしたが，成功しなかった．異端審問所は徐々に衰え，最終

スペイン

的に1834年の法令で廃止された．

〔新世界への拡大〕14世紀のスペインとポルトガルは地理上の発見を始める．レコンキスタが終結する前，カナリア諸島はすでにスペインのものとなっており，1531年カナリア諸島に最初の教区が設けられた．1492年，グラナダ征服と同時に，カトリック両王フェルナンドとイサベルに後援された*コロンブスは，アメリカを発見した．将来のスペインとポルトガルの争いを想定して，教皇*アレクサンデル6世は，1493年に両国の管轄地を区分する教皇子午線を決定した(翌年*トルデシリャス条約により改定)．フェルナンドの死後，孫のカルロス1世(*カール5世)はカスティリャに続いてアラゴンも継承し，スペイン，新大陸アメリカに加え，シチリア，ナポリ，サルディニア，ミラノ，チュニス，そして現在のベルギー，オランダ，ルクセンブルクの大部分を支配した．さらに1519年*マクシミリアン1世の跡を継いで*神聖ローマ帝国の皇帝に即位し，新たにオーストリア，アルザス，ボヘミア，モラヴィア，シレジア，ハンガリーをも掌握した．

ちょうどその頃，*ルターの一派がローマ教会と袂を分かち(1520)，イングランドでは*ヘンリ8世がローマ教会と断絶したため，スペイン王国はカトリック教会の擁護を決意した．スペインはアメリカ大陸の征服，ヨーロッパにあった領土の防衛(フランドル戦争とイタリア戦争)，そしてプロテスタント諸国と神学者に対する軍事的・思想的戦いの推進力となったが，ヨーロッパでの戦いはむしろ神学者や法学者を中心としてカトリック信仰を支えるものであった．

〔アメリカ大陸のキリスト教化〕スペイン諸王は，教会の創立資金提供の義務と引き換えに司教を指名し，*教会税を徴収できる教会の*保護権を*ユリウス2世から受けた．1504年サント・ドミンゴ，1511年プエルトリコ，1515年キューバのバラコア(Baracoa)，1522年に同じくキューバのサンティアゴ(Santiago)の司教区がそれぞれ設立された．1551年にはメキシコとリマに大学が創立された．1536年メキシコに印刷所ができ，また1580年から現地語の講座が設けられ，文法書・辞書・教理問答書が印刷された．宣教師たちは，現在のアメリカ合衆国(カリフォルニア，ニューメキシコ，テキサス，フロリダ)から，現在のチリ最南端のティエラ・デル・フエゴ(Tierra del Fuego)まで町を建設し，休むことなく宣教を行った．

当初，征服者による権利の乱用が放置されていたのは事実である．スペイン王の代理で領地を治めた軍司令官や修道院は，以前から存在していたインディオの王国を考慮に入れずに現地住民を支配し，政治，経済に力を振るっていた．このような状態では従属するインディオの人格，良心また財産に対して権利の乱用があったとみられるのは当然である．しかし，それに対して，多くの司教や宣教師が立ち上がった．メキシコでは最初の管区会議が1554年，1565年，1585年に開催された．ドミニコ会員*ラス・カサスは王に不正を抗議し続け，ついに目的を達した．1515年にはスペイン王カルロス1世がアメリカ征服の正当性，また，現地住民の政治的・宗教的服従の倫理的・法的妥当性の問題を提起した．*サラマンカ学派の*ソト，*カーノ，コバルビアス(Diego de Covarrubias y Leyva, 1512-77)，そしてことに*ビトリアは，民衆の権利を基礎づけ，今日まで，法の領域において有効性をもつ*国際法の輪郭を作った．

1542年にカルロス1世によって発布されたインディオ新法は，インディオの自然的自由，職業の自由，正当な報酬の権利，住居の自由，財産利用の自由，自分の土地を回復する自由，そして伝統的な制度を保持する自由を宣言している．さらにインディオの教化を義務づけるかわりに徴税権と労役権を付与するエンコミエンダ制を抑圧の一形態であるとして，その廃止を副王，統治者，軍司令官，高位聖職者，修道院に通達した．

新大陸が故国から遠く，かつ広大であったことを考えると，すべての権利乱用を抑止できなかったであろうことは容易に推察される．しかしながら，キリスト教的な基盤は，19世紀に政治的独立を獲得したラテン・アメリカの国々に調和のとれた輪郭を与えるのである．

〔聖人と優れた人物たち〕新大陸における物理的，組織的，文化的そして宗教的拡大の礎として貢献したのは，後に列聖される*イエズス会の創立者イグナティウス・デ・ロヨラ，*エスコラピオス修道会の創立者*ホセ・デ・カランサス，*ヨハネ病院修道会の創立者*フアン・デ・ディオス，アビラの*テレサ，*フアン・デ・ラ・クルス，アビラの*フアン，ビリャヌエバの*トマス，アルカンタラの*ペドロ，*フランシスコ・デ・ボルハ，*パスクアル・バイロンなどである．また，アメリカ大陸の教会でも，征服者の野蛮さとは対照的に，スペインの聖人が光彩を放っている．例えばコロンビアの密林で宣教し，後に日本で殉教するL.*ベルトラン，カルタヘナ(Cartagena)の黒人奴隷に献身した*ペドロ・クラベル，リマ司教*トリビオ・アルフォンソ・デ・モグロベホ，ペルーの宣教師*フランシスコ・ソラーノなどの活躍は特筆に値する．東洋で休むことなく働いた*フランシスコ・ザビエルもこの時代のスペイン人である．

1545年に開催された*トリエント公会議は，カトリック教会内部の改革を訴え，またプロテスタント神学への対応を協議した．スペインからの参加者は，教理と*教会法の面で決定的な影響を与えた．公会議の全期間を通じて延べ200人の司教が出席したが，そのうち66人がスペイン人であった．また他の国々の神学者の合計が200人であったのに対し，半数以上の110人をスペイン人が占め，そのなかにはカーノ，*カランサ，ドミンゴ・デ・ソト，ペドロ・デ・ソト(Pedro de Soto, 1495/1500-63)，D.*ライネス，*サルメロンらがいた．

中世からの古い大学に加えて，カルロス1世の治世まで摂政だった枢機卿*シスネーロスは*アルカラ大学を創立し，*多国語対訳聖書の編纂を推進した．また，*ヴィエンヌ公会議で，オックスフォードやパリ，ボローニャと同等であるとされたサラマンカ大学が，帝国の権威を恐れることなく，アメリカの征服の教理的基礎を見直したという事実に，その偉大さと権威の絶頂をみることができる．少しあとに，イエズス会員*スアレスが*法哲学を体系化した．神学の隆盛期は文学の黄金時代でもあり，*スルバランなど美術の大家も多数輩出した．

〔帝王教権主義と国力の衰退〕17世紀後半から国の疲弊の時期が続く．オーストリアの*ハプスブルク家に代わって，フランスの*ブルボン家がスペインの王座に就くと，危機が表面化した．1700年にフェリペ5世(Felipe V, 在位1700-46)がブルボン家最初の王になると，*ガリカニスムの影響はスペインにも及び，スペインの伝統的な思想との対立が鮮明になった．聖職者，カトリック信者はまとまって，宮廷人や政治家，急進的な知識人に対抗した．

他方，ハプスブルク家とブルボン家間のスペイン王座

をめぐる争い(スペイン継承戦争, 1701-14)に教皇が中立の立場を保ったことも双方を苛立たせ, フェリペ5世はスペイン教会を国家に従わせる方針を打ち出した. それからの時代は「帝王教権主義」の時代ということができる. 王は長く続いた民衆の伝統を廃止し, 制度を大きく改革した. 民衆を考慮することなく, 王の民衆に対する絶対的な力が強まった(啓蒙専制主義). 教会との関係においては, 王の教会保護権を再強化し, スペインとアメリカ全司教の任命権を手に入れた. 教皇庁の文書も王の承認なくては公布できないことを要求した. さらに世俗の法廷が教会の *裁治権に属す事柄に介入できるようにした. 1753年, 国内の混乱を目の前にして, やむなくローマとの間に *政教条約が結ばれたが, それは一時的な平和をもたらしただけであった.

カルロス3世(Carlos III, 在位1759-88)の治下, 物質的な発展はあったが, 宗教事情は悪化した. *ヴォルテールや *百科全書派の思想は, アランダ伯爵(Conde de Aranda, 1719-98)やフロリダブランカ伯爵(Conde de Floridablanca)等の大臣の考えにもみられ, その政策に取り入れられた. アランダは, *フリーメーソンの歴史における最初のスペイン人グラントリアン(Grand Orient)であった. 彼は, 1767年のある夜突然, スペイン領からのイエズス会員追放を進言し, 約5,000人のイエズス会員が国外に退去したが, その多くは学問・文芸の著名人だった. アメリカやアジアの宣教地から彼らが欠けたことによる損害は極めて深刻だった. イエズス会員はすでに, 1764年フランスから, 1759年ポルトガルから追放されており, スペインからの追放は, 教皇 *クレメンス14世によるイエズス会解散命令に先立つものであった. イエズス会に対する反感は, 教会自体に対する反感の一表現にほかならなかった. カルロス4世(Carlos IV, 在位1788-1808)と大臣ゴドイ(Manuel de Godoy, 1767-1851)は教会財産の没収を図り, 教会永代財産解放政策(desamortización)の実施に至る.

不幸なことに, この世紀のすべての反教会的動きの一つの理由として聖職者や修道士の過剰があげられる(1787年の時点で教区司祭3万5,704, 修道士6万2,249, 修道女3万3,670. これは人口1,000万人の1.3％にあたった). 彼らの教養水準は低く, 貧しかったので, 頽廃的な思想と対決することも, 絶対主義を求める王権に反対することもできなかった. そのうえ王から任命された司教たちは非力で官僚的になっており, その多くがガリカニスムに賛同して, 反ローマの立場をとっていた. とはいえ歴史家の修道士 E. *フロレス, 哲学者であった作家フェイホー(Benito Jerónimo Feijóo, 1676-1764), 福者ディエゴ・デ・カディス(Diego de Cádiz, 1743-1801)など傑出した人物もおり, 比較言語学の創始者エルバス・イ・パンドゥロ(Lorenzo Hervás y Panduro, 1735-1809)は300の言語を研究し, 自身でそのうち40の言語の文法書をまとめあげた.

19世紀を通じて, 迫害の時期と比較的平穏な時期が交互に訪れた. *ナポレオン・ボナパルトのスペイン侵攻に際してカトリック教会は対フランス戦争を十字軍とみなし, 1809年以降は独立戦争に参加した. しかし, カディス(Cádiz)に国会が招集され, 自由主義的な憲法が制定されると, 再び絶対主義と革命の時期が繰り返された. ナポレオンの侵入と独立戦争の間追放されていたフェルナンド7世(Fernando VII, 在位1808, 1814-33)は1814年に帰国し, 絶対主義政治を行い, さらに, 1843年, イザベル2世(Isabel II, 在位1833-68)が13歳で成年を宣言してから1868年に失脚するまでこの体制が続いた. 憲法制定議会は, 1870年にイタリア人の王アマデオ1世(Amadeo I, 在位1870-73)を即位させた. その後, 第1共和国に代わるが, これも11か月続いただけで, 1874年, クーデターによって再びブルボン朝のアルフォンソ12世(Alfonso XII, 在位1875-85)が王位に就いた. この目まぐるしい政治の変化は, 教会にも影響を与えずにはおかなかった. 異端審問所の再開(1814)とその廃止, 1834年の修道士の大量殺戮, 1836年と1854年のイエズス会員の再追放, 1836-37年の教会財産の没収, 将軍エスパルテロ(Baldomero Espartero, 1793-1879)による3年間の迫害(1840-43), 1846年 *ピウス9世との関係回復, 1851年には教皇庁と政教条約締結, 再びエスパルテロによる教会の迫害(1854-56)と教皇大使の追放, 1860年新たな政教条約締結といった混乱を極める状況であった. さらに, 政府は, 教会を大学教育から閉め出し, すべての国立の学校を世俗化, また *神学校の教育を独占した.

しかし, 政治的迫害に苦しみつつも, 教会は巨大な内的エネルギーを示した. この世紀, 14以上の修道会が創設された(*クラレチアン宣教会, 聖心宣教会, *マリアのしもべ修道会, 身寄りなき老人保護の姉妹会, *マリアの無原罪修道会, *イエズス孝女会, *聖心侍女修道会, *十字架修道女会, *愛徳カルメル修道女会, 労りの姉妹会, カテキスタ侍女会, *ヨゼフ修道女会, テレジア会など). 教育修道会のなかでは司祭マンホン(Manjón)の学校が民衆教育の方法で重要な一歩を踏み出した. また, 哲学者 *バルメスや *ドノソ・コルテス, *メネンデス・イ・ペラヨ等の文化人が活躍し, イザベル2世の聴罪司祭 *アントニオ・マリア・クラレト・イ・クララのような聖人も出た. しかし, カトリック側は政治的にも分裂し, 攻撃的な世俗主義に対抗する力はもはやなかった.

これらカトリックの政治的分裂による争いは, 3度のカルリスタ戦争(1833, 1847, 1872)により最悪の時期を迎えた. カルリスタ戦争はフェルナンド7世の娘イザベル2世と彼の弟カルロスの王位をめぐる外見的には王朝内部の争いだったが, 実際には明らかに宗教戦争だった.

[20世紀] 1810-24年のアメリカの国々の独立は, 1898年のキューバの解放, そしてプエルトリコとフィリピンのアメリカ合衆国への譲渡によって完遂された. スペイン教会は, 政治的に分離した国々の教会の存続に大いに貢献したが, アメリカの領土を失い, 合衆国に敗北を喫したスペインは低迷と衰退の空気のなかで20世紀を迎えた. このとき, 王位には, 母親を摂政とする幼いアルフォンソ13世(Alfonso XIII, 在位1886-1931)が就いていた.

「二つのスペイン」と呼ばれるほど増大した党派間の乖離は, 周期的に繰り返される迫害と平和の原因となった. マウラ(Maura)との平和(1904), 教会の略奪と放火があったバルセロナの「赤い週間」, その直後の首相カナレハス(José Canalejas y Méndez, 1854-1912)による迫害(1910), 第1次世界大戦中の緩和政策(1914-18), 政府の長ダト(Eduardo Dato Iradier, 1856-1921)と枢機卿ソルデビラ(Giovanni Soldevila y Romero, 1843-1923)の暗殺, プリモ・デ・リベラ(Miguel Primo de Rivera y Orbaneja, 1870-1930)の独裁(1923-30)と続き, 王国が崩壊して第2共和国が成立すると民衆の無秩序も放置されるようになった(1931-36). 内戦(1936-39), フ

ランコ (Francisco Franco Bahamonde, 1892-1975) の独裁(1939-75)を経て，フアン・カルロス1世 (Juan Carlos I) が即位し(1985)，新しい憲法によってスペインは「宗教をもたない」国家となった(1987)．王政復古後最初の政府はこれを中立と解釈したが，社会党政権は「世俗主義」と解釈した(1982).

1909年の「赤い週間」と呼ばれる事件においては，無政府主義者の明らかな指導があった．そのとき40以上の教会が略奪されている．人民戦線の民衆は暴力で教会に圧力をかけ，政府は自由教育学校のような反教会的思潮に鼓舞され，法規によって教会を圧迫した．第2共和国の5年間も同様であった（すでにイエズス会員は1932年に追放され，財産も没収された）．内戦が勃発すると，赤い地域と呼ばれたところでは12人の司教，4,184人の司祭や在俗の神学生，2,365人の修道士，283人の修道女が殺された．追放にもかかわらず，いやまさに追放されたがために，教会は20世紀最初の30年，思想や社会組織の分野で大きな貢献をした．カトリック組合，カトリック農業連合，社会週間などの運動，社会教説に関する雑誌の発行，「宣教者の国民カトリック・アクション」の結成(1909)，『エル・デバテ』(El Debate, 創刊 1911) や『ラ・エディトリアル・カトリカ』(La Editorial Católica, 創刊 1912) などの新聞，スペイン初の新聞学の学校開設などがその例である．マリア信心会と*ヴィンセンシオ・ア・パウロ会は最盛期を迎えた．1928年，*エスクリバー・デ・バラゲルが*オプス・デイを創立した．教会文化の刷新にあたってはコミリャス大学とローマのスペイン学院が際立った影響力をもった．内戦が終わると教会は急速に再組織され，内戦で失った人材を補い，さらにそれをしのぐ*召命の時代を迎え，アメリカその他の宣教地に何千人もの司祭，修道女を送り出せるようになった．

〔現在〕第2*ヴァティカン公会議は，全カトリック世界に考え方の大きな刷新をもたらした．スペインでも，穏健な全体主義をとったフランコ将軍の独裁制から教会が分離することになった．将軍の体制は，経済的にも法的にも教会に好意的であったが，司教の任命に介入する特権を保持し，公会議が，明らかに宗教的で非政治的なこの問題は教会が決定権をもつとしたあとでさえ介入を続けた．

1965年のスペイン司教協議会の設立により，教会内部が強化された．この協議会には65司教区および関連地域から75人の司教が結集した．同様に，男女修道会の会長がスペイン修道者連合を結成した．その結果，一致して，また計画的な司牧活動が行われるようになった．

1975年，国家元首となったフアン・カルロス1世は教会内の人事の任命権を一切放棄し，司祭も政治上の特権的立場を断念した．新憲法(1978)は*信教の自由を打ち出した．ほとんどのスペイン国民が属しているカトリック教会との関係は，新しい政教条約によって規定された (1976年と1979年1月に調印)．そのなかには，教会と国家の軋轢が激しくなる可能性を含んだ，法律・経済・文化の諸問題が取り上げられている．

スペインも，西欧諸国同様，社会の*世俗化のなかにあったが，教会は民法上の信教の自由の枠内で，真剣にスペインの民主主義の発展を支えた．世俗化は出生率の低下，離婚を承認する法律の制定(1981)，中絶の一部合法化(1985)から顕著である．また1982年以降，政権の座に就いた社会党は，歴史を通じて教会が育んできた文化的・芸術的遺産や教育事業の国有化を図っており，その国有化政策は病院や慈善センターにも及んだ．

〔カトリック以外の宗教〕スペインにおける宗教人口は明確ではない．なぜなら各宗派や教会がその数を公開しないからである．またスペインの憲法が，国民の宗教的な思想調査を禁じているからでもある．受洗者の数だけからいうとスペインの96%がカトリックの信者ということになる．そのほかにスペインで，一定人口を保っている歴史ある教派には，東ヨーロッパや近隣諸外国の人々，スペインに亡命している外国人の居留地で信仰されているギリシア，ロシア，ルーマニアの正教会，聖公会，ルター派，英語圏の福音教会，改革監督教会とスペイン福音教会などがある．歴史は浅いが，現在積極的な勧誘運動を展開しているのはバプテスト，セブンスデー・アドヴェンチストなどである．キリスト教徒以外にはユダヤ教徒，イスラム教徒がおり，イベリア半島やカナリア諸島の主要都市在住の外交官，商人にはヒンドゥー教徒もいる．

今日，信教の自由の枠内で，カトリック教徒は政治的セクト主義や内的衰退によってこの何世紀間に失った分野を回復しようとしている．とりわけ，社会正義への接近と文化へのキリスト教の浸透に力を注いでおり，そのためには聖書の教える精神的生活の再活性化が求められている．

【現勢】1999年現在，カトリック信者数: 3,686万．大司教区: 14．司教区: 53．小教区: 2万2,666．教区司祭: 1万8,602．修道司祭: 9,036．終身助祭: 224．信徒修道士: 5,181．修道女: 6万0,908．

【文献】世キ百 470-78; NCE 13: 494-515; WCE 627-33; WCE² 1: 687-94; A. MONTERO, *Historia de la persecución religiosa en España: 1936-1939* (Madrid 1961); Y. BAER, *A History of the Jews in Christian Spain*, 2 v. (Philadelphia 1962); J. M. GARCIA ESCUDERO, *Historia política de las dos Españas*, 4 v. (Madrid 1976); M. ANDRÉS, *La teología española en el siglo XVI*, 2 v. (Madrid 1976-77); A. J. CHEJNE, *Historia de la España musulmana* (Madrid 1980); G. VILLOSLADA, ET AL., *Historia de la Iglesia en España*, 7 v. (Madrid 1979-82); P. VILLANUEVA, ET AL., *Historia de la Inquisición en España y América* (Madrid 1984-); J. IRIBARREN, *Documentos colectivos de la Conferencia Episcopal Española: 1965-1984* (Madrid 1984). (J. イリバレン)

スペインがいこくせんきょうかい　スペイン外国宣教会　〔ラ〕Institutum Hispanicum Sancti Francisci Xaverii pro Missionibus Exteris, 〔西〕Instituto Español de Misiones Extranjeras, 〔英〕Burgos Foreign Mission Society, 〔略号〕I.E.M.E.　男子宣教会．

1899年，枢機卿ビロダ (Gerardo Villoda) は中南米に派遣する司祭を養成するため，自らが大司教を務めるスペイン北部*ブルゴスに神学校を創設した．教皇*ベネディクトゥス15世は，この神学校を教皇庁布教聖省(後の福音宣教省)直轄の宣教会とすることを望み，1919年ブルゴス外国宣教会が誕生した(後にスペイン外国宣教会と改称)．会員は原則としてスペインの*教区司祭で，教区に属したまま宣教地に赴き，相互の助け合いを通じてより効果的に宣教活動を進めるため共同体を構成する．1953年(昭和28)にオンダラ (Thomás Ondarra)，マンソ (Clemencio Manso) の2司祭が来日．香川県丸亀教会に日本管区本部を置き*小教区での宣教司牧に従

事する．総本部はマドリード．1998年現在，会員数は182名（司祭172名），うち在日会員数は13名である．
【文献】AnPont (2000) 1572.　　　　　　　　（F. マヨラル）

スペインごやくせいしょ　スペイン語訳聖書
→ 聖書の翻訳：その他の言語

スペインびじゅつ　スペイン美術
イベリア半島スペインでは，ピレネー山脈を隔ててヨーロッパの西端に位置し，東を地中海に，西を大西洋に開くという地理的条件のもとで，特殊な歴史と文化・宗教性が形成されてきた．この国のキリスト教美術も同様に，ヨーロッパのなかでも特異な独自の展開がみられた．古来，ギリシアやローマ，北アフリカやオリエントの文化が地中海を通じてもたらされる一方，ピレネー山脈を越え，あるいは地中海の交易路を経て，ヨーロッパ各方面の美術形式も半島各地に浸透していった．全体的にみれば，深く熱烈な宗教的感情を率直に表明しようとするのが，スペインのキリスト教芸術の特徴である．中世には，ローマ的伝統に加え，オリエント伝来の徹底した装飾主義の影響を受けて，鮮明な色彩，大胆な形体によって宗教的ヴィジョンを表現する傾向が生じ，その後中世末期からルネサンス期以降には，フランドルの自然主義的な写実描写を摂取し，イタリア・ルネサンスの豊穣な美術にも接しながら，信仰の本質を追求する精神的表現が極められていった．

【古代美術】スペインのキリスト教芸術は，他のヨーロッパ各地でそうであったように，古代末期のローマ的美術の影響下に始まるが，もとより先史以来，イベリア半島にはさまざまな芸術遺産が豊富に残され，それぞれに個性的な特徴が明らかであった．旧石器時代の，力強く充実した形体で野牛や牛などを生き生きと表現したアルタミラの洞窟絵画，中石器時代にかかる，図式的に様式化された人物像を含むレバンテ地方の岩壁画群，新石器から青銅器時代にかけては，東部地中海地域を中心に巨石墳墓がみられ，豊麗な線条装飾を施した鐘形土器も特異な作品である．紀元前1000年頃から，シリア遠来のフェニキアや同系のカルタゴが，半島南部の沿岸地域にオリエント的で装飾性豊かな美術を伝え，また紀元前7世紀末から植民活動を展開したギリシアも，半島土着のイベロ族やケルト族の美術に影響を及ぼした．紀元前6世紀から前1世紀頃のスペインの古代イベリア美術では，東南部一帯の神殿や墓所に出土した石彫像が特に注目され，『エルチェ夫人像』や『バーサ夫人像』，セーロ・デ・ロス・サントス（聖人の丘）の一群の奉納像（いずれもマドリードの国立考古学博物館）などは，いずれもギリシア・イオニア様式の理想的表現の伝統に，フェニキアの豊麗な装飾性が加えられた作であった．それでも厳格な様式化，力強く堂々とした形体，全体の深い精神性，宗教的雰囲気には，イベリア美術の独創性が表れていた．

その後5世紀初頭までのローマ，古代末期には，半島全域にわたって，神殿や世俗の各種建築，墓所の形式，それらを飾る彫像や*モザイク，工芸品に至るまで，古代ローマのスタイルが深く根づき，初期キリスト教時代のスペイン美術を決定づけた．ローマ人の神殿跡や別荘が改築されてキリスト教の墓廟や聖堂，洗礼堂に変えられると同時に，古代的で壮大なモザイクや彫刻も，キリスト教的構想のもとに新たな体系に組み込まれていった．タラゴナ近在セントセーリェス（Centcelles）は，別荘内に建てられた廟堂形式もその円蓋モザイクも，異教的古代とキリスト教の新構成が融合した典型的な遺構である．また一方，地中海を通じて北アフリカやビザンティン的な東方の伝統と触れ合い，『エシハの石棺』浮彫（エシハのサンタ・クルス聖堂）をはじめ図式主義的傾向を強めながらしだいに古代末期様式を脱するスペイン的特性も育まれた．

【民族移動とイスラムの進出】6世紀，移動民族の*西ゴート人が，軍事的・政治的にイベリア半島全域を統轄して西ゴート王国が形成される．7世紀には，王がローマ・カトリックへの改宗を宣言，セビリャの*イシドルスのもとに統一的典礼様式（古*イスパニア典礼）が明確にされると，キリスト教の教会を紐帯としたスペインの国家的統一基盤があらためて決定的となった．この西ゴート時代のキリスト教聖堂は，古代ローマ風の重厚な構造で建てられ，随所に重々しい馬蹄形アーチを用いるのが特徴的であった．ただ内部装飾は，古代地中海的な伝統に，ゲルマン独特の金工品の感覚や東方伝来の諸要素が加えられた文様の浮彫が施されるにとどまり，聖堂全体に粛然とした禁欲的雰囲気が保たれていた．

711年にスペインに武力侵攻して西ゴート王国を倒し，1492年までイベリア半島にとどまったイスラム勢力は，南部アンダルシア地方を中心に独自の文化を形成し，スペイン・イスラム美術を展開させた．10世紀に最盛期を迎えた後ウマイア朝時代には，コルドバ（Córdoba）の大モスク（創建785）の大増築が試みられ，12-13世紀のアルモハド朝時代には，セビリャの塔（通称ヒラルダ）やアルカーサル（王城）など重要建築が建てられた．13世紀から14-15世紀のナスル朝時代の*グラナダでは，広くイスラム世界を通じても傑出した宮殿であるアルハンブラの建設が続けられた．これらはいずれも，旺盛で華麗な各種の装飾が施され，東方的な世界を現出させていた．このスペイン・イスラム美術は，ササン朝ペルシア伝来のモチーフを駆使して，高度に抽象的・幾何学的なアラベスク装飾を発展させ，繊細で洗練された感覚と卓越した技術によって，象牙彫りなどにはつらつとした工芸的作品を次々と創り出した．そしてその創造性に富む装飾主義，華麗な色彩，明快な形体表現は，スペインのキリスト教美術にも影響を及ぼし，*モサラベ美術やムデーハル美術（→ ムデーハル建築）といった融合的様式を生み出した．

イベリア半島に帝国を築いたイスラムとの軍事的・宗教的対立は，半島北部のキリスト教の王たちに*レコンキスタの南進政策を促し，芸術の面ではその初期の10世紀にドゥエロ川北岸の辺境地帯を中心として，各方面の創造的エネルギーを結集したスペイン新様式が芽生えた．すでに9世紀のアストゥリアスでは，王都オビエド（Oviedo）とその周辺に西ゴートの伝統を継承しながら，ビザンティン風の宮廷的装飾形式も摂取した洗練様式が形成され，離宮のサントゥリャーノ（Santullano）やサン・ミゲル・デ・リーリョ聖堂などにその遺例が一部残る（→ アストゥリアス王国の建築）．10世紀に入ると，軍事的に回復された辺境地に新たな植民が進められ，半島各地から修道士をはじめ多くの人々が入植し，イスラム支配を逃れた人々も移住してきた．ここに建築・美術の両面で，西ゴートやアストゥリアス以来の伝統の上に，イスラム的・東方的要素も融合し，モサラベと呼ばれる新様式が生み出された．なかでもレオン地方のエスカラーダ（Escalada）やペニャルバ（Peñalba）の聖堂建築には，アストゥリアスとイスラムの諸要素が確認できる．

スペインびじゅつ

エル・エスコリアル
(Anderson)

また修道士リエバナの *ベアトゥスの『ヨハネ黙示録注解』を筆頭とする各種の写本の挿絵には，西ゴートの図形主義的傾向とイスラムの東方的装飾性を合わせた華麗で表現性豊かな様式が確認できる．

【ロマネスク美術からゴシック美術の時代】その後の11-13世紀のロマネスク期は，スペインにフランスやイタリアから重大な影響がもたらされた「ヨーロッパ化」の時代であった．カタルーニャ地方では，北イタリア，ロンバルディア系の建築形式や絵画様式が導入され，タウル (Tahüll) の聖クリメント聖堂と聖マリア聖堂壁画やセオ・デ・ウルヘル (Seo de Urgel) の祭壇飾り *板絵などの絵画や彫刻には，モサラベ伝来の色彩に大胆で力強い形体表現が新たに加えられた．一方，半島北西端の*サンティアゴ・デ・コンポステラを目指す巡礼の道は，フランス各地から，*ロマネスクの聖堂形式や絵画・彫刻の新様式をスペインに流入させた．このフランスとの交流は，次の13-15世紀のゴシック期にも新たな成果をもたらし，レオン (León)，*ブルゴス，*トレドに垂直性を強調したゴシック大聖堂が相次いで創建された．そしてそれとは別に，ロマネスクからゴシック，16世紀まで，イスラム系の建築技術者，タイルや石膏装飾の職人たちが，半島各地の修道院や聖堂，王宮，城などの造営に参加し，東方的で繊細な装飾性を加えたムデーハル様式を展開していった．

あらためてスペインの国家統一の基盤が築かれた15世紀後半から16世紀前半にかけては，女王 *イサベル1世をはじめスペイン王室の積極的な芸術擁護のもと，北方フランドルやルネサンス期のイタリアの影響を受け，建築では，過剰な装飾を特徴とするプラテレスコ様式が発展し，絵画では，自然主義的態度による厳格な写実描写が追究された．ベルメーホ (Bartolomé Bermejo, 15世紀後半)，ガリェーゴ (Fernando Gallego, 1440頃-1507)，ベルゲーテ (Pedro Berruguete, 1450頃-1504頃) などが代表的な画家であった．しかしながら，調和を重んじ，古典的主題と理想的表現をキリスト教精神に融合させようとするイタリア・ルネサンスの芸術性は，カトリック信仰が深く根づき，個々の魂の問題に執着する傾向の強かったスペインにあっては，断片的に受容されるにとどまった．

【マニエリスムの時代】16世紀後半のスペイン芸術は，*ハプスブルク家のマドリード王宮で宮廷画家制度が確立され，王宮を兼ねた *エル・エスコリアル修道院に，イタリアからマニエリスムの画家たちが招聘されて主潮流が形成された．*フェリペ2世のもとでは，ナバレテ (Juan Fernández de Navarrete, 1526頃-1579) や肖像画

フアン・デ・フニ (1507-77) 作
『悲しみの聖母』
(Editorial Masse)

家のサンチェス・コエリョ (Alonso Sánchez Coello, 1531頃-1588) が自然主義的態度と色彩対比の明暗法(テネブリスモ)の先駆けとなり，宗教画家の「聖なる」*モラーレスやギリシア出身でヴェネツィア，ローマを経て来西したエル・*グレコは，それぞれ聖なる光とマニエリスムの形体表現を駆使して，敬虔かつ激しい神秘主義的傾向を帯びた作品を創造した．

そしてこの時期から17世紀の黄金時代にかけてのスペイン芸術は，対抗宗教改革運動(→カトリック改革)の急先鋒となって，*トリエント公会議(1545-63)の教令を尊重し，また厳しい *異端審問の制度を設けて，表現内容は新たな方向に進んでいった．17世紀黄金時代の画家たちは，従来の北方フランドルやイタリア・ルネサンスの外来様式を克服して，反理想的でより具体性に傾き，ダイナミックな構図，強烈な明暗対比を用い，緊張感みなぎるなかに厳粛なキリスト教的宗教感情を表現していった．リバルタ (Francisco Ribalta, 1565-1628) やホセ・デ・*リベラ，A. *カーノ，*スルバラン，*ムリリョ，*バルデス・レアール等がそうした「スペイン的リアリズム」を極限まで発展させ，それぞれに深いキリスト教的精神を極めた画家たちで，同様の傾向を示した木彫聖像(彩色)の彫刻家には，G. *フェルナンデスやモンタニェース (Juan Martínes Montañés, 1568-1649)，メーナ (Pedro de Mena, 1628-88) などが出た．初期カ

ビリャ時代に現実感あふれる宗教画や風俗画を残した*ベラスケスは，マドリード王宮にあっては，寓意や象徴をも織りまぜながら「視覚の真実」を追究して孤高を保った．

【18-19世紀】フランスの*ブルボン家の支配が始まった18世紀は，フランスやイタリアの外国人画家が主流を占める時代となり，フランス流のアカデミー制度とローマ留学が，スペイン芸術の新たなヨーロッパ化を促した．建築では装飾主義が一層進み，グラナダの*カルトゥジア修道会修道院やコンポステラ大聖堂の西側ファサードが，アランフェスの離宮などと並んで豊麗な装飾性のもとに創設された．ねじり柱を駆使した壮大で豪華な*チュリゲーラ様式の祭壇衝立が広まったのは，17来期後半以降だった．

18世紀から対ナポレオン戦争を経た19世紀までの激動期には，広範で旺盛な活動を展開した*ゴヤが，リアルな人間性を追究する姿勢を貫き，宗教画にも深い宗教感情の漂う作品を残した．その後のスペインは，ピカソ (Pablo Ruiz Picasso, 1881-1973)，ミロ (Joan Miró, 1893-1983)，ダリ (Salvador Dalí, 1904-89) といった現代芸術の新たな可能性をきりひらいた巨匠たちを生み出したが，ダリは韜晦的で独特の宗教画を描き，ピカソやミロは，中世スペインの力強い形体と鮮明な色彩の宗教画に深い共感を抱き続けていたのであった．

【文献】C. R. POST, ed., *A History of Spanish Painting*, 14 v. (London 1930-66); J. PIJOAN Y SOTERAS, ed., *Summa Artis (Historia general del arte)*, 41 v. (Madrid 1931-); *Ars Hispaniae (Historia universal del arte hispánico)*, 22 v. (Madrid 1946-77).　　　　(安發和彰)

スペインぶんがく　スペイン文学

【スペイン語文学の起源と展開】今日のスペインにあって公式言語として認められているものは四つある．カスティリャ語いわゆるスペイン語，*バルセロナを中心とするカタルーニャ語，*マドリード北西のガリシア地方のガリシア語，それと北のバスク語(→バスク人)である．以下概説するスペイン文学は，原則的に「スペイン語文学」である．地理的な意味でのスペインでは，当然スペイン語以前にラテン語文学の流れがあったわけだが，ここではスペイン語が自立して以降の文学を扱う．

【中世】スペイン語で書かれた最古の記録として知られている文書は，スペイン北部の*ベネディクト会の聖エミリアヌス修道院 (San Millán de la Cogolla) で発見された『エミリアヌス注記』(Glosas Emilianenses) である．従来10世紀中頃のものという説が支配的だったが，近年では970-80年，11世紀に入ってからなどの説も出てきており，定説には至っていない．さらには959年の書き込みのある文書が北のレオン (León) の*司教座聖堂で発見されたとの報告もあるが，まだ学術的な検証を経ておらず，現段階で最古のスペイン語文書となると，この『エミリアヌス注記』となる．断片的な注記ではあるが，いわゆるスペイン語として自立していた様子が充分に伝わり，話し言葉としてのスペイン語は，それよりもかなり遡って成立していたことが推定される．

〔ハルチャ〕このスペイン語を用いた最初の文学作品は「ハルチャ」(〔西〕jarcha) と呼ばれる小品群である．いわゆるロマンス語による叙情詩の起源はフランス・プロヴァンス地方というのが長い間の定説とされてきたが，1948年，スターン (Samuel M. Stern) の研究発表によって大きくこの定説は揺らぐことになる．古代アラビア語もしくはヘブライ語で書かれた詩のなかに，スペイン語の原初形態を保った叙情的詩文が定期的に盛り込まれていることが判明したのである．これをハルチャと呼び，ほぼ11世紀初頭のものと考えられている．ハルチャの多くは女性から男性への愛の苦しみを綴ったものだが，実際には自分の仕える主君への想いを女性からの想いに託して書いたものである．ハルチャは現在約50編ほど確認されており，今後さらなる発見・確認が期待される．

〔詩〕しかしハルチャがその後のスペイン詩の大道を築くことはなく，スペイン文学の真の曙を告げる記念碑的作品としては，武勲詩『エル・シードの歌』(Cantar de Mío Cid もしくは Poema de Mío Cid, 作者不詳，12世紀中葉-13世紀初頭) を待たねばならなかった．3,730行余りの本作品は見事な詩文と構成を背景に，主人公の英雄シードがイスラム教徒の占領地を次つぎに奪還しながら，自分を誤解して追放した主君アルフォンソ6世への忠誠，自分の家族と家臣への愛を全うするさまを描いている．実在の武将シードが傷つけられた名誉を回復していく過程がリアリズムを基調とした韻文で描かれ，その後のスペイン文学でも頻繁に取り上げられることになる「名誉」の概念の素地を作った作品でもある．キリスト教的視点からは，大天使*ガブリエルがお告げを伝える場面等がみられるほか，一貫して深い信仰心が昂揚され，特に*イスラム教と戦う*キリスト教のイメージが明確に打ち出されている．

これ以外に小品ではあるが中世スペイン文学で際立ったものに，いわゆる「論争」ものがある．例えば『魂と肉体の論争』(Disputa del alma y del cuerpo) は37行からなる断片詩で，1201年の年号がみられるが，実際に書かれたのは12世紀末とも考えられる．ラテン語とフランス語の源泉を翻案したもので，死者の肉体と魂とが，生前の罪をそれぞれ揶揄し合う．この題材は以後のヨーロッパ文学でもよく取り上げられている．

また13世紀初頭の同じく作者不詳の詩に『水とワインの罵倒』(Denuestos del agua y el vino) がある．水は他のものを薄めて台無しにし，ワインは飲む人の理性を失わせるというのを互いの中傷の出発点とし，論争はキリスト教論に及ぶ．ワインは「自分はイエス・キリストの体(=血)になる」と主張し，水は「*洗礼は水を用いて施される」と論拠を主張し合う．このように水とワインが論争を展開するのはヨーロッパ諸国で広くみられたもので，スペイン文学の独創ではないが，土臭い論争口調に興味深い展開をみることが可能である．

スペイン文学史上，最初に名前の知られている文学者・詩人となると，ゴンサロ・デ・ベルセオ (Gonzalo de Berceo, 1190頃-1264以降) を待たねばならない．彼はスペイン北部の出生地に近い*ベネディクト会の修道院で教育を受けている．『聖ドミニクスの生涯』(Vida de Santo Domingo de Silos)，『聖エミリアヌスの生涯』(Vida de San Millán de la Cogolla) などの長編詩のほか，最高傑作『聖母の奇跡』(Milagros de Nuestra Señora) の作者として知られる．11世紀にラテン語による聖母*マリアの奇跡物語が広くヨーロッパで書かれ，それが12-14世紀に頂点を迎えてロマンス諸語に翻訳・紹介されていったなかで，ベルセオは本書を執筆している．親しみやすい詩文で綴り，あえて田舎臭い表現や地方色豊かな情景を盛り込んだうえで庶民的な題材を大事にしながら，ときには優しい，そしてときには厳しい聖母を見事に浮き彫りにしている．

スペインぶんがく

同じ中世の長編詩作品でも，ベルセオとは対極的な面をみせるのがイタの主席司祭 (Arcipreste de Hita) の地位にあったフアン・ルイス (Juan Ruiz, 13 世紀末-14 世紀中葉) の『良き愛の書』(Libro de Buen Amor) である．作品の冒頭では神，聖母を賛美するものの，その後の中身はイソップ物語に依拠した寓話，売春にまつわるエピソード，肉欲と禁欲との相克など多岐にわたり，そして何よりも宗教的な「良き愛」と理性的判断を大きく逸脱した「狂気の愛」の相克とが，自伝風の語りを交えながら生きいきと描かれる．作品の特性上，統一的な内容解釈は困難で，性的快楽指向と高次の信仰指向との両性具有的存在たる人間の複雑なドラマを力強く表現したものとなっている．また宗教倫理を優先させる中世的ベクトルと，現世の生にこだわるルネサンスの到来を予感させるベクトルとが微妙に共存している．

こうした作品以外に，長編宗教詩を 2 作あげておかねばならない．共に作者不詳だが，マグダラの*マリアの話で肉体的な腐敗と心の浄化の相克を描いた『エジプトの聖女マリアの生涯』(Vida de Santa María Egipciaca, 13 世紀初頭) と，*家族が逃避行の際に遭遇する二人の強盗とのやりとりを劇的に描くのに成功した『イエスの幼児期と死の書』(Libro de la infancia y muerte de Jesús または Libre dels tres Reys d'Orient, 13 世紀中葉) である．

〔アルフォンソ 10 世と散文の成立〕スペイン語散文の成立に多大な貢献をしたのは賢王アルフォンソ 10 世 (Alfonso X el Sabio, 1221-84) である．彼は 1252 年に王位を継承して文化活動に力を注ぎ，手を染めた領域は広く法律，歴史，科学，娯楽，文学に及んだ．実際に彼がすべてを書いたわけではなく，企画を立て，擁護していた大勢の学者を導きながら草稿を推敲・編集していったのだった．いわゆる「トレド翻訳学派」を推進した彼のもとではスペイン人聖職者，アラビア人，ユダヤ人などが精力的に働き，おのおのの言語と専門知識を生かして共同執筆活動を行った．法律系統では大著『七部法典』(Siete Partidas) が顕著だが，これは必ずしも今日いう法律書ではなく，明快な言葉遣いで書かれた百科事典的なもので，中世スペインの社会を知るための必読書になっている．壮大なスペイン史，世界史にも取り組み，史実，伝説，神話，聖書の記述などの整合性を図り，読み物として実に興味深いものとなっている．自然科学系統では『アルフォンソ表』(Tablas alfonsíes) を編纂している．アラビア語原典からの翻案で，14 世紀にはフランスの天文学者によって加筆・修正されることで広くヨーロッパに広まり，ルネサンス期にも活用された．こうした著作をすべて俗語たるスペイン語で編纂・執筆したことから，彼は散文スペイン語の創始者と呼ばれる．文学作品では 420 編からなる大部の『聖母マリア頌歌』(Cantigas de Santa María) がアルフォンソ 10 世の唯一の作品だが，この作品のみガリシア・ポルトガル語で書かれている．題材としてはラテン語による聖母の奇跡物語，スペインやドイツの民話等に広く取材した形跡が窺われる．豊かな叙情性と音楽性に溢れ，謙虚で誠実な宗教心が吐露された一大傑作で，残された楽譜や資料をもとに再現され，今日でも演奏され続けている．

〔ドン・フアン・マヌエル〕アルフォンソ 10 世の甥ドン・フアン・マヌエル (Don Juan Manuel, 1282-1348) はスペイン文学史上初の説話作家であるだけでなく，芸術創造者としての文学者を鮮明に意識した人物としても重要である．文体意識も強く，作中，自分の文体を自画自賛したりして，後世に自分の作品を伝える積極的な姿勢を示す．現存するのは『騎士と従士の書』(Libro del caballero y del escudero)，『狩猟の書』(Libro de la caza)，『聖母被昇天論』(Tratado de la Asunción de la Virgen)，『身分の書』(Libro de los estados) 等のほか，代表作『ルカノール伯爵』(Conde Lucanor) 等がある．

50 編からなる説話物語集『ルカノール伯爵』の各説話は次のような構成になっている．伯爵が相談係のパトロニオに具体的な悩みを提示すると，パトロニオが別の逸話を想起して伯爵に語って聞かせる．この語りが説話の本体で，話が終わると伯爵の問題提起にその逸話を適用し，最後に作者が実名で介入し，教訓めいた詩文で話を結ぶ．この作品には「裸の王様」をはじめ知名度の高いものがあり，源泉としてはイソップのラテン語コレクション，民話，当時のスペインの *年代記，イスラム系の物語集のほか，作者自身が関わっていた修道会 *ドミニコ会に伝わる説教集などが使われている．

ドン・フアン・マヌエルは対イスラム意識の強い作家だったが，作品では必ずしもイスラム教徒を否定的にみていないどころか，聖母の *被昇天の話を展開するのにイスラムの諺を援用するのさえ躊躇しない．同時に，キリスト教徒としての最高の栄誉はイスラム教徒との戦いに勝利することだともいう．

対イスラムの聖戦意識とイスラム評価の共存はいかに説明されうるのだろうか．こうした「矛盾」は前述の『エル・シードの歌』などにも管見される．ドン・フアン・マヌエルはキリスト教のみが人間の *霊魂を救うことのできる真の宗教であると意識しながらも，知的レベルでイスラムを認めるのにやぶさかではなかった．イスラムへの敵対は，宗教が異なるからというよりも，彼らが自分たちの領土を踏みにじった「不法者」だからであり，政治的理由から許されないものだったのである．

上記に呼応するように，中世スペインにあっては，相当数のイスラム系の物語がスペイン語に翻案されて伝わった．代表的なものに源泉を仏教系にまで遡ることができる『バルラームとヨセファットの書』(Barlaam e Josafat)，『カリーラとディムナの書』(Calila e Dimna)，『偽りの書』(Libro de los engaños または Sendebar) 等があり，一つの流行現象まで生み出した．

〔戯曲〕スペインの中世演劇は近隣諸国と較べると概して貧弱，もしくは記録に乏しい．15 世紀以前にスペイン語で書かれ現存する唯一の作品は作者不詳の『東方の三博士の聖史劇』(Auto (= Representación) de los Reyes Magos) の断片だけである．キリスト生誕にまつわる話で，ベツレヘムに出現した星を尋ねて *三人の博士が *ヘロデ王に謁見した後に現地に向かい，残された王の狼狽する様子が 150 行弱の韻文で描かれている．12 世紀末もしくは 13 世紀初頭の作品と推定され，特異な押韻方法，キリストの確認方法等から，作者はフランスのガスコーニュ地方出身の聖職者で *サンティアゴ・デ・コンポステラに至る巡礼路を辿ってスペインに入った人物ではないかとの説が有力である．この作品の劇的効果の成熟度からして，スペイン中世にそれなりの演劇の伝統が存在していたことが推定され，例えばドノヴァン (R. Donovan) 等の調査により，ラテン語ではあれ 12 世紀以前の *典礼劇の記録が相当数確認されている．

以降の劇作家で重要なのは，ゴメス・*マンリケ (1412 頃-1490 頃) で，妹が入っていた修道院のために 4 編の戯曲を書いている．代表作は短編『我らが主の生誕劇』

ルカ福音書に依拠した作品で，妻の *処女懐胎に疑問を抱く *ヨセフや，我が子が十字架にかけられる運命にあることを知り苦悩するマリアの様子が巧みに描かれているものの，全般的には紋切り型に終始する．

【黄金時代】16-17世紀のスペイン文学の圧倒的な質と量からして，この時代を「黄金時代」と呼ぶことが多い．「太陽の沈むことなき帝国」などといわれる時代に生を受けたスペインの文豪たちは特異な嗅覚で，いち早くその落日を嗅ぎ取った．スペインの政治・経済的衰退は芸術の衰退を意味するものでは無論ない．芸術は国の混迷そのものを己のエネルギー源にするだけの骨太さをもつ．偏った富と全般的貧困，華美なルネサンス宮廷詩の世界とグロテスクなバロック文学の世界，夢と覚醒の世界がスペインの黄金時代に共鳴し合っていた．対立するものの共存はスペイン文化史の常数であり，後にみるようにバロック表現の常数（スペイン芸術がルネサンスよりもバロックにおいて精華をみせたのも偶然ではない）でもある．

以下ではいわゆる黄金時代を16世紀を中心としたルネサンス期と17世紀を中心としたバロック期に区分したうえで説明を試みる．

【ルネサンス】スペインのルネサンスは中世との明確な断絶をみせるというよりは，むしろ中世文化の一つの到達点を示すものだった．*レコンキスタ（国土回復戦争）が終結してキリスト教スペインの国家体制が一応整った1492年は，「カトリック両王」の呼称をもつ *フェルナンド5世と *イサベル1世によるユダヤ人追放令発布の年，新大陸発見の年でもある．ユダヤ人追放は *異端審問と相まって，純正なカトリックの追求を，そして新大陸の発見は，*教皇庁との合意のもとにキリスト教布教を主旨としたものであった．

この時代のヨーロッパ文学では *ペトラルカを筆頭とする詩が強調されがちだが，詩へのこだわりは言語表現力自体への執着につながり，人文学でも言語論が重要な位置を占めるようになる．スペインでこうしたルネサンス人文学の突破口を開いたのはネブリハ (Elio Antonio de Nebrija, 1441/44-1522) だった．彼の基本姿勢は「我らの至福のため，そしてすべての善を満たすためには，我らの宗教，キリスト教国家のみならず，民法，教会法もが立脚する言語の知識以上に必要とされるものはない」（『ラテン語入門』Introductiones Latinae）に集約され，こうした知的環境のなかに，スペインのルネサンス文芸運動は独特の展開をみせていく．

〔詩〕中世からルネサンスへの移行期の詩人かつ年代記作家としてまずあげられるのはペドロ・ロペス・デ・アヤラ (Pedro López de Ayala, 1332-1407頃) である．長編詩文集『宮殿詩集』(Rimado del Palacio) の表題と内容は必ずしも一致せず，己の罪を告白した後，弱者の立場から当時の教会内外，社会の諸悪を告発する．力強い描写と静かな宗教性とが混在する場面が多く，世界の中心に神を設定し，地上の世界の代表者を王とし，以下あるべき社会組織および調和を中世的な発想で説いている．

サンティリャーナ侯爵 (Íñigo López de Mendoza, Marqués de Santillana, 1398-1458) は初期ルネサンスの代表的詩人で，イタリア，フランス文学のほかカタルーニャ文学にも通暁していた．詩はギリシア語やラテン語で書かれた「崇高な」もの，教養人がスペイン語などの俗語で書いた「凡庸な」もの，俗謡などの「低俗な」ものに三分されると主張し，それぞれを詳論した文学論も残している．最高作は素朴な田舎娘を歌った「セラニーリャ」(serranilla) で10編ほど伝わっており，明快な語調と色彩感覚を見事に調和させている．

フアン・デ・メナ (Juan de Mena, 1411-56) も同時代の詩人で，サンティリャーナ侯爵と深い親交があった．イタリア文学にも通じていたが，それ以上に *ウェルギリウスをはじめとする古典詩の世界に通暁し，それを自分の詩作で最大限活用した．賢明に「詩的言語」の問題を追求した様子が窺え，代表作に短い歌300編を連ねた『運命の迷宮』(Laberinto de Fortuna) がある．

しかし同時代の詩人で，最も顕著に中世的要素とルネサンス的要素を融合させたのはホルヘ・マンリケ (Jorge Manrique, 1440頃-1479) だった．約50編の詩しか残しておらず，その大半はさしたる独創性のない恋愛詩，それ以外は諷刺詩と，父親への哀悼の意を歌った傑作を含む道徳的な詩である．亡き父を歌い上げた長編『父親の死を悼む詩』(Coplas por la muerte de su padre don Rodrigo) は，これだけでもスペイン文学史に名をとどめえたといわれる傑作で，勇士として名を残して老衰で他界した父親への思いが，激情に流されることなく静かに歌われている．死しても父親はその人徳によって救済され，名声と名誉とを現世に残すことで，近親者は悲しみのうちにも安らぎをみいだすことができるとする．教義・修辞面で中世的要素が濃厚だが，美徳に満ちた生涯への見返りとしての名声にこだわるという意味においてはルネサンス的な様相が濃い．

16世紀前半に少壮の天才が出現し，スペイン・ルネサンスの詩は急展開をみせる．名家に生まれ国王カルロス1世（→カール5世）の側近として仕えた，スペイン「宮廷詩人」の代名詞ともいえるガルシラソ・デ・ラ・ベガ (Garcilaso de la Vega, 1501頃-1536) である．ガルシラソは政治色の濃い結婚をした翌年に別の女性と出会ったことで報われぬ恋に身を焦がし，豊かな叙情性を秘めた恋歌を書き綴った．最大の貢献は *ホラティウス，ウェルギリウス，*オウィディウスをはじめとする古典詩人を消化し，中世来のスペイン詩の伝統を尊重しながらも，ペトラルカを総帥とするルネサンス・イタリア詩を咀嚼してスペイン詩の伝統に盛り込んだことである．B. *カスティリョーネの『宮廷人』のスペイン語による紹介にも重要な役割を果たした．注意すべきは，ガルシラソがイタリア詩を表面的に模してスペイン詩に接ぎ木的に導入したのではないという点である．彼はソネット形式を用いてスペインなりの詩が可能であることを実作をもって証明し，それを以後の伝統詩に定着させたのであった．頂点を示すのは三つの長編作品『牧歌』(Egloga I-III) で，スペイン・ルネサンスの一大成果であると同時に，スペイン詩通史でも珠玉の作品である．

〔散文作品〕セルバンテスを到達点とする小説世界への歩みは着実に進められていった．例えば「タラベラの主席司祭」(Arcipreste de Talavera) の俗称でも知られるアルフォンソ・マルティネス・デ・トレド (Alfonso Martínez de Toledo, 1398頃-1470頃) があげられる．歴史関係の著作も書いているが，『鞭』(Corbacho) で小説家としての文才をいかんなく発揮した．4部からなり，第1部は愛欲非難，第2部は女性攻撃，3-4部では該博な知識をもって人間の本性全般と愛との関係を論じる．

ネブリハの弟子で司祭でもあったフランシスコ・デリカド (Francisco Delicado, 1480頃-1533以降) もルネサンス移行期の小説家として知られる．スペインを離れて

スペインぶんがく

1528年までローマに住み、この年に『アンダルシアのロサーナ』(Lozana andaluza)を出版，主人公の女性が社会的地位と富を掌握する過程を興味深く描いている．掠奪以前のローマの腐敗ぶりが強烈な写実主義と諧謔とで浮き彫りにされ，当時の社会風俗や習慣を知るのにも貴重で，格式を重んじる当時の言語感覚への反動ともとれる俗語を駆使した対話が顕著な作品である．

アルフォンソ・デ・バルデス (Alfonso de Valdés, 1490頃-1532) はユダヤ改宗者の家系に属する．スペイン国王カルロス1世の側近として活躍し，国王とともにヨーロッパ各地を回った．反ルターの精神を貫き，同時代人に「エラスムス以上にエラスムス的」といわれるほど徹底したエラスムス主義者だった．二つの代表的散文著作『ローマで起こったことに関する対話』(Diálogo de las cosas ocurridas en Roma または Diálogo de Lactancio y un arcediano) と『メルクリオとカロンの対話』(Diálogo de Mercurio y Carón) は，共に幅広い教養に裏づけられた辛辣な諷刺作品で，これら著作が原因で *異端審問に追われる身となった．前者は1527年のローマ掠奪に関する対話で，助祭長による国王批判を受けて騎士ラクタンシオが国王弁護にまわり，逆に教会の腐敗を揶揄しながら表面的な誇飾を排除せよと反論する．後者は中世の *死の舞踏の系譜を踏まえ，一連の人物を裁いて地獄行きの船に乗せていく．2部のうち前編では聖職者の虚偽，無神経な伯爵，独善的な国王等を皮肉り，後編では優れた教会関係者や俗人を積極評価する．本書は16世紀最高のスペイン語散文作品ともいわれる．

フィクション作家ではないが，弟のフアン・デ・バルデス (Juan de Valdés, 1510頃-1541) は兄同様に *エラスムスの影響を受け，『キリスト教問答』(Diálogo de doctrina cristiana) が原因で異端審問にかけられた．『キリスト教序説』(Alfabeto cristiano)，『110の宗教的考察』(Ciento diez consideraciones divinas) などのほか，対話形式の『国語問答』(Diálogo de la lengua) はルネサンスの文化運動だった母国語論の系譜に属する．厳密な規範を課そうとするものではなく，当時のスペイン語の柔軟な実相を的確に伝える読み物とみなすことができる．

〔騎士道小説〕スペイン語散文が完成度を高めてきたところに，『ドン・キホーテ』の攻撃対象たる騎士道小説群が絡んでくる．この騎士道小説の典型は，青年騎士が崇高なキリスト教精神にのっとって怪物や魔物と勇敢に闘っていくさまを声高に語るもので，騎士を冒険に駆り立てる動因は貴婦人への愛，弱者への博愛，正義への衝動である．16世紀のスペインで大流行し，『トリスタンとイゾルデ』，*アーサー王物語のように北欧系の物語・伝説を源泉としてフランス経由を基本とする．スペイン初の騎士道小説としては教訓物語と冒険物語が渾然一体となった14世紀初頭の『騎士シファールの書』(Libro de caballero Zifar) があるが，作者に関しては定説をみていない．騎士道小説が量産された16世紀の代表作はアーサー王伝説の系譜を引く『アマディス・デ・ガウラ』(Amadís de Gaula) で，本書への言及は実際には中世からあり，15世紀末にモンタルボ (Garci Rodríguez de Montalvo, 1450頃-1505以降) によって体系化された．

〔戯曲〕中世のスペイン演劇は総じて貧弱なものであったが，ルネサンス期のそれはかなり異形の展開をみせる．というのも今度は突如として大作が出現するからである．フェルナンド・デ・ロハス (Fernando de Rojas, 1475頃-1538頃) の長編戯曲『ラ・セレスティーナ』(La Celestina) である．現在知られる最初の1499年版，それ以降の1500年，1501年の各版では16幕だが，1502年版より21幕に増えている．作者が同一人物か本当に劇作品として書かれたのかなど論議が絶えないが，その高度な文学・演劇性を疑う者はいない．中世的な宗教精神が崩れて世俗的色彩の濃い社会に移行していくさまが見事に描かれている．鷹狩りをしていて道に迷った青年カリストが遭遇した女性メリベアに一目惚れをし，取り持ち婆のセレスティーナを介して熱愛に漕ぎ着ける．ところがカリストの強欲な下男はセレスティーナを殺害し，カリストも不慮の事故で落命，それを知ったメリベアは自殺を遂げる．理性を忘れた恋を戒める伝統倫理と放恣な恋を描くルネサンス的発想が共存する本作品はスペイン演劇史上，突如いわば孤高の作品として登場し，前後の演劇史に整合的に連結することはなかったが，もしスペイン文学に『ドン・キホーテ』がなかったら，本作品がスペイン文学を代表する作品になったと主張する研究者も少なくないほどの金字塔であることは確かである．

ルネサンス演劇の真の創始者として知られるのは作曲家として，また *高位聖職者としても名を残したフアン・デル・*エンシナ (1468-1529) である．キリストの生誕や *受難にまつわる短編作品を書いたが，最も意欲的な作品は『プラシダとビトリアーノの牧歌』(Egloga de Plácida y Vitoriano)．*エウリピデスもしくはイタリアの牧人劇を踏襲し，悲劇的な結末を迎えるはずの筋展開を女神ヴィーナスを登場させることでハッピー・エンドに転向させる．なお，この作品はスペイン古典文学には稀な自殺のテーマが盛り込まれているほか，方言を駆使して生きた会話を創出するなどの配慮がなされている．

エンシナの弟子でライバルでもあったルカス・*フェルナンデス (1474頃-1542) は生涯の後半を *サラマンカ大学の音楽教授として過ごしたが *受難劇の作家として傑出し，『受難の聖史劇』を書いた．この作品は黄金時代の演劇史上キリスト教への改宗テーマを初めて扱ったことでも貴重な作品とされる．

演劇理論で重要なのはトーレス・ナアーロ (Bartolmé de Torres Naharro, 1485頃-1520頃) で，ほとんどイタリアで著作活動を行った．古典演劇やイタリア演劇理論に精通し自分なりの主張も相乗りさせていった．演劇を現実味をもったジャンルと空想的なものを浮き彫りにするジャンルとに二分したうえで，創意の重要性，喜劇と悲劇の融合などを提唱したほか，5幕物で登場人物は12人前後が適当などと主張した．

〔ルネサンス文学のジャンル〕スペイン文学はジャンル上，三つの貢献をヨーロッパ文学に果たしたといわれる．ピカレスク小説，神秘主義文学，ロマンセである．この3ジャンルが揃って開花したことも，この時代を黄金時代と呼ぶ一因であることはいうまでもない．

(1) ピカレスク小説．悪者小説，悪漢小説などと訳されることがあるが，この小説群では主人公が凶悪犯罪を犯すわけではない．主人公のなす悪さは自分の糊口を凌ぐため，不当な社会へのささやかな抵抗をするための必要悪なのである．セルバンテスによれば「不潔で太っていて，脂光りした見かけ倒しの文無し，体の不自由も表向きだけ……，ピカロという呼称で一絡げにされるその烏合の衆」が，とりわけ16世紀後半以降，主要都市にたむろしていた．新大陸から大量に入ってきたはずの金銀財宝と無縁のはぐれ者たちに，文豪の眼は吸いついたように離れなかった．それどころか，彼らを観察して描く常套手段を捨て，自分の視点を彼らピカロの眼球にす

げ替えて自伝風に社会と人間とを語る．畢竟，従来の文学では着目されなかった社会層や人間像が生なましく浮上する．怪しい主人に奉公しながら，その主人や取り巻きの偽善や強欲を赤裸々に暴く．その告発は直截的でブラック・ユーモアに富む．奉公は一向に報われず，空腹を凌ぐことが日々の最大の課題なのである．

この分野の草分け的短編作品(作者不詳)『ラサリーリョ・デ・トルメスの生涯』(Vida de Lazarillo de Tormes)を一読すれば，読者は聡明な作家によって書かれたこの作品の魅力にたちどころに引き込まれる．少年ラサリーリョの生き方に呼応するかのように作品の構成はアンバランスで，少年は奉公する主人を次つぎに替え，ついにはトレドの司祭が囲っていた愛人を娶って幸せの頂点に立ったと公言する．ピカロは反英雄主義を誇り，人間味溢れるリアリズム小説の可能性を開いたピカレスク小説はスペイン黄金時代文学の一つの支柱になると同時に，諸外国の近代小説の展開にも無視しえない存在となった．

こうしたピカレスク小説の一つの頂点を示すのがマテオ・アレマン(Mateo Alemán, 1547-1615頃)の2部からなる長編『グスマン・デ・アルファラーチェ』(Guzmán de Alfarache)である．家出した主人公がイタリアまで出かけて盗みを働き，彼を召し抱えた枢機卿からも離れてマドリードに戻った後も悪事を重ねる．恋に落ちて司祭への道も頓挫する．自分の妻に売春さえ強要する．ついには徒刑船送りになって，そこで今までの罪を後悔する．全編を通して鋭いブラック・ユーモアが冴え渡り，人間の本性的な弱さへの温情が溢れる．ピカレスク小説群は，紋切り型の英雄や理想化された牧人世界ばかりを描いた作品やスペイン社会への反発を試み，徹底した写実主義をもって社会の底辺に蠢く人間像を描いていったが，それも17世紀前半になると主人公の行動範囲が拡大して描写の中心性が失われ，冒険小説に溶解していった．

(2) 神秘主義文学．*神秘主義は現世の人間の本来及ばぬはずの高次の信仰世界に関わる．その域にあって神は特定の個人を抽出し，その選ばれた人にあまたの恩寵の雨を降らせることによって，神とその体験者との神秘的合一が現世において実現するという．人間側からの能動的な働きなくして*神秘体験は望むべくもないが，神はわずかな者を神の基準によって選ぶ．その意味で*神秘家は受動的である．現世で神との官能的な一致を得た神秘家には，それを広く伝える義務があるが，その神秘体験は人間の未熟な言語では表現し尽くせない．直截的な言語表現が及ばなくなったとき，神秘家たちは大胆な比喩・引喩に活路をみいだす．その頂点を極めたのが*フアン・デ・ラ・クルス(1542-91)である．*カルメル会の刷新努力が誤解されて牢獄生活を体験し，その体験をも踏まえて綴った『聖霊頌歌』では自分を未熟な花嫁，神を花婿にたとえ，花嫁がひたすらに花婿を追い，ついには神の恵みを得て神秘体験を得る過程を見事な叙情的詩文で歌い上げる．同じくカルメル会に属していた女性神秘家アビラの*テレサ(1515-82)は『完徳の道』や精神的自伝等で自分の神秘体験を徹底的に分析し，神秘体験の真実性をつまびらかにしようとした．

上記二人と並ぶ文豪がサラマンカ大学の神学教授で16世紀スペインの知性の象徴的存在だった，*アウグスチノ会の司祭フライ・ルイス・デ・*レオン(1527頃-1591)である．学者としての業績のほか，多くの詩や散文作品を残している．散文作品『完全な妻』，特に『キリストの名について』では，俗語スペイン語が古典語の表現力に劣るものではないと主張し，それを実証した．『完全な妻』では観念的な理想像ではなく，当時のスペイン社会の現実と聖書とを照合し，自分なりの現実的な省察を盛り込んで書き上げている．このようにスペインの神秘主義者は現実を回避したのではなく，神との神秘的な一致の成果を現世に伝えようと腐心したのであった．

もう一つ注意しなくてはならないのは，スペインの神秘主義が思想ではなくルネサンスの文学として開花したことである．これは文学に思想性が欠落しているという意味ではなく，スペインでは思想性を文学という表現手段を用いて，読者に審美的喜びを込めて伝える道を選んだということである．自分の神秘体験の喜びを伝える道は，擬似的であれ読者にも追体験を享受させることをおいてないと理解したからとみなすことができよう．

(3) ロマンセ．同時期のスペインに奇妙な詩歌が流行し，その後のスペイン文学の脊椎のような役割を果たすことになった．作者もわからないそれを「ロマンセ」，ロマンセを集めた詩歌集を「ロマンセーロ」と呼ぶ．ロマンセーロが出版されるようになったのは16世紀前半だが，実際には15世紀初頭からロマンセはスペインの土壌に根づいていた．各行8音節，偶数行で韻を踏むことを原則とし，行数は一定せず，研究者によってさまざまな分類や起源の説明が試みられている．

典型的な成立は次のようなものである．中世の叙事詩，とりわけ武勲詩が吟遊詩人によって語り継がれたり古楽器に合わせて朗詠されるなかで，際立った一節が徐々に独立していく．そして原典を知らない，読めない大衆がそれに恣意的な味つけをして，幾つもの独立したロマンセに発展する．テーマは歴史に基づくもの，イスラムとの国土回復戦争の進捗を伝えるもの，叙情溢れるフィクション，騎士道精神溢れる波瀾万丈のロマンセ等々だ．史実を扱うものは，情報手段を特にもたない地方の庶民たちに大事な情報源としての機能をもった．

無数の庶民が取捨選択や改作を繰り返して成立させていくものである以上，ロマンセは「作者不詳」にならざるをえない．個人の主体性が最大限に発揮されて集約され，ついには民主主義的合作のなかに個人は溶解する．しかしまた，原型が一つだったロマンセが改作とともに同時に複数の形で伝えられていき，一つのロマンセに複数のヴァリエーションが生まれることもある．作者が特定できないだけでなく，どの範囲までを変奏曲とし，どこからを別のロマンセとするかさえ困難な場合がある．

ロマンセの特徴は主題を個人に集中させて劇的な緊迫感を与える傾向と，作品を享受する側の想像力に全幅の信頼を置くことである．往々にして前置き抜きに具体的状況描写に突入し，話が頂点に達したところで結末も示さずに断片のまま終わる．充分な前置きも最後の結末も知らされない読者は想像力を飛翔させるしかない．ロマンセは本来的に民衆のものであったが，その魅力を知った「教養ある文学者」が黙っていられるはずもない．ロマンセは宮廷にも「侵入」を開始する．そしてついには，いわばプロの詩人たちがロマンセを書き始め，スペイン社会の上部から庶民に至るまで深く浸透したのである．ブルボン王朝到来の頃になると下火になるかにみえたが，庶民の間で根強く生き続けた．暗唱が容易であったことも手伝い，新大陸に渡った征服者たち，モロッコに渡った者，遠く小アジアまで逃げていったユダヤ人などによっても歌い継がれた．20世紀になってもロマンセを書き続ける詩人が少なくない．

スペインぶんがく

〔セルバンテス〕こうした過程を経てスペイン文学の頂点に立つ*セルバンテスが登場する。死んだのが1616年であることを考えればバロックにかかるが，発想そのものはルネサンスのそれとみなすことができるので，あえてここで取り上げる。セルバンテスは通常考えられる以上に作品が多く，主要なものだけを列挙すると牧人小説『ラ・ガラテーア』(1585)，代表作『ドン・キホーテ』(前編1605，後編1615)，13編からなる『模範小説集』(1613)，長編詩『パルナッソス山への旅』(1614)，遺作小説『ペルシーレスとシヒスムンダの苦難』(1617)，そのほか劇作品では『ヌマンシアの包囲』(初版1784)を名作としてあげることができる。

セルバンテスは生涯深い信仰心を抱き，晩年には清貧と宗教行事励行を旨とする*信心会に加わり，1613年には*フランシスコ第三会に入る。死ぬ20日前には*修道誓願まで立てる。遺体はマドリードの*三位一体修道会修道院内の墓地に埋葬された。また彼はアルジェの異教徒の間で長期の捕虜生活を送り，その経験をもとにした戯曲『アルジェ物語』(初版1784)ではイスラム教徒のキリスト教への改宗が見事に描かれている。同じく戯曲『幸福なごろつき』(1615)では罪に目覚めて改悛していくさまが丹念に描かれている。

代表作『ドン・キホーテ』でもキリスト教精神が随所にみいだされる。イスラム教からキリスト教への改宗テーマや，聖書および神学思想に基づく記述を前編，後編を通じて読み取ることが可能である。ドン・キホーテが狂気から正気に戻る終結部で，彼がまずもって感謝するのは情け深く寛大な神であった。

ドン・キホーテは荒唐無稽な騎士道小説を読みすぎて理性を失い，自分を遍歴の騎士であると思い込む。騎士の倫理基本は教会に仕えることであるから，正義の騎士ドン・キホーテがキリスト教精神を尊ぶのは当然となる。

『ドン・キホーテ』とキリスト教の問題に関わる重要な要素として，エラスムスとの関係もあげられる。エラスムスのスペイン来訪はかなわなかったが，セルバンテスの故郷の*アルカラ大学が招聘を試みたり，国王カルロス1世をはじめとする同時代のスペイン知識人たちとの交流はあった。『キリスト教兵士提要』も1526年に翻案を含むスペイン語訳が出版されている。以来，16-17世紀のスペイン思想にはエラスムス思想が深く関わっていく。若きセルバンテスの恩師もエラスムス思想信奉者であった。スペインにおけるエラスムス思想の系譜を研究したバタイヨン(Marcel Bataillon)は，「もしスペインがエラスムスを体験しなかったとしたら，スペインは『ドン・キホーテ』を生み出すことはなかっただろう」とまで述べている。

『ドン・キホーテ』に潜む慈善や自由意志尊重，反階級の姿勢などはエラスムスの思想と関連づけて理解することができる。特にドン・キホーテの狂気は，エラスムスの『痴愚神礼賛』との関連から考えることができよう。バタイヨンは，『ドン・キホーテ』で*パウロへの言及が目立つことや，後編の16章の「緑色の外套の騎士」の台詞などは，エラスムス思想の体現と指摘している。以上のように，セルバンテスは生まれ育った環境，聖職者や修道会との密接な関係を通してキリスト教的精神を深め，さらにエラスムス思想をも咀嚼し，自らの作品群に盛り込んでいった。

【バロック】〔詩〕ルネサンス詩をガルシラソが代表するなら，バロック詩を代表するのは司祭でもあったルイス・デ・*ゴンゴラ(1561-1627)である。「誇飾主義」(〔西〕culteranismo)の頂点を極めた詩人で，「誇飾主義」に「ゴンゴラ主義」(gongorismo)の呼称が用いられることもある。詩作品では宗教色よりも美学を最優先した。誇飾主義はラテン語を十二分に意識した構文や語彙，アナロジー，音楽性，色彩，輝き，とりわけメタファーを駆使して日常言語の世界を脱しようとした。現実の直接的表示を嫌い，メタファーを介して日常的なものを非日常的な詩的空間に送り込む。ゴンゴラによればあるがままの可視的現実は詩にならず，それが詩になるまで美化することが詩作である。したがって特に『孤独』のような長編詩でみられるように，登場人物は美的要素，詩の筋運びのための言い訳のようなものとなる。神話の題材を好み，その代表作は『ポリュペーモスとガラテアの寓話』である。*ヴェルレーヌ等により高く評価され，スペインでも没後300年を機に再評価の動きが出た。

〔小説〕他方，ゴンゴラ流の「誇飾主義」に対応する手法がバロック小説で用いられた。「誇飾主義」が主に韻文で展開されたのに対し，「奇知主義」(conceptismo)は散文を原則とした。この手法を用いて執筆活動をした代表的人物が*イエズス会の司祭*グラシアン(1601-58)である。彼によれば，「奇知」とは「文体の生命，言葉の精神であり，軽妙であればあるほど完璧」で，少数の理解しか得られなくとも，「傑出して優れたものは少なく，稀であることを常としてきた」という認識があるなら，そこに悔恨はない。畢竟，ペダンティックなだけの偽作家と，技法に呼応するだけの技量を備えた本物との間に歴然たる差が出てしまうのが，ほかならぬ奇知主義であった。

この技法を駆使して書かれた長編哲学小説が『論評の書』だった。世故に長けたクリティーロと，それとは正反対のアンドレニオという二人の男の問答を軸に，クリティーロが人間の虚偽，スペイン社会の矛盾を暴いていく。孤島で世間との関係を断ったまま育ったアンドレニオは，クリティーロを介して社会や人間の実相を悟っていく。実相を悟って真の知に目覚めるさまを描くのは，スペイン・バロックの得意とするところであった。最後に二人は改めて人間の脆弱さに思いを馳せ，永遠の生に到達しうるのは，徳と思慮深さに貫かれた生涯を全うした者に限られると結論づける。*悲観主義に裏打ちされた本作品の随所にちりばめられた社会・人間批判は，国内のみならず*ヴォルテール，*ニーチェ，とりわけ*ショーペンハウアー等に高く評価された。宗教的題材の著作には信者を敬虔な愛に誘うことを基本姿勢とする『聖体拝領台』がある。ほかに，美学論『鋭さと才覚の技法』，道徳論『慎みの提要と技法』等が代表作である。

グラシアン以上に広範な文筆活動をしたのが*ケベド(1580-1645)で，詩，演劇，ピカレスク小説，さらには諷刺と道徳理念を絶妙に混合させた『夢』でスペイン・バロック小説を一つの到達点にまで高めた。そこでは当時の風俗，職業，さまざまな人間像が諷刺を込めた寓意画のような強烈なタッチで描かれている。

〔戯曲〕16世紀に優れた劇作家がいなかったわけではないが，16世紀末から17世紀中頃までの演劇の圧倒的な隆盛を前にすると，それは「嵐の前の静けさ」にもたとえられる。黄金時代演劇の台風の目となったのが，好敵手セルバンテスに「自然界の怪物」といわしめ，「才知の不死鳥」と呼ばれたロペ・デ・*ベガ(1562-1635)であった。波瀾万丈の生涯を送りながら作品を書き続け，1614年の司祭叙階後も，静寂とは程遠い毎日を送った。ロペ・デ・ベガは本領を発揮した演劇以外にも，ロマン

セを含めた詩，小説，評論などあらゆる分野に手を染めた．*日本26聖人の殉教に取材した歴史小説『日本諸王国における信仰の勝利』まで書いている．現存する演劇作品で彼の作品と確認されているものだけで300編を超える．また，後のスペイン演劇，ひいてはヨーロッパ演劇に多大な影響を与えた演劇論『当世における劇作の新作法』(口頭発表1609)で，当時のヨーロッパ演劇の主流であったイタリアの劇作法の亜流に甘んじていたスペインの劇作家に反旗を翻した．「新作法」の基本にあるのは観客の嗜好で，これは従来の演劇作法からすれば「作法」の名にも値しない原始的発想である．無論，ここには彼の皮肉が込められている．芝居を根本的に成立させているのが観客であるという基本を忘れて観客とのコミュニケーションを放棄したとき，芝居は荒廃を覚悟せねばならない．具体的には，まず悲劇的なものと喜劇的なもの双方を同一の作品に盛り込むことが提唱された．また「三一致の法則」のうち，時と場所に流動性をもたせる．登場人物相応の言葉を用いて人物に現実味を出す．3幕物とし，3幕目の終わりまで結末を観客に悟られないよう配慮して緊張を維持する．そのためにも芝居には曖昧さを残し，個々の観客の想像力を刺激しなくてはならない．女性が男装して登場したり，「名誉」が絡む筋運びにすると観客の受けがよいことを劇作家は知らなくてはならない等々，一連の助言は圧倒的な影響力をもった．自らの演劇理論に加え重視したのは自国の歴史，広義の伝統，叙事詩だった．東洋や新大陸に取材しようがその基本姿勢が変わることはなく，自国という特定地域を描くことが，「普遍性」に齟齬を来すものではないことを証明し，演劇芸術を庶民のものとして活性化させるのに成功した．彼をスペイン「国民演劇」の確立者とするのは決して誇張ではない．

〔ドン・フアンもの〕*メルセス修道会の会員 *ティルソ・デ・モリナ(1579頃-1648)は中米のドミニカで神学を講義した経験があり，新世界征服にまつわる演劇も書いた．いわゆるドン・フアンものを確立した『セビリャの色事師と石の招客』(El burlador de Sevilla y el convidado de piedra)の作者とされてきたが近年，異論も出ている．ただし本作品がティルソの作品でなかったとしても，スペイン・バロック演劇の傑作である事実は揺るがない．プレイ・ボーイ物語と理解されがちだが，本作品には宗教的な内容が盛り込まれている．主人公の騎士ドン・フアンの虚偽と不変の宗教倫理，作中にたびたび聞こえてくるドン・フアンへの警告，それに対して「ずいぶん気長に信用をしてくれたものだな」と答えるドン・フアンの不遜，純粋な乙女心に対する愚弄，名誉の葛藤などを複雑に錯綜させながら，作者はドン・フアンを最終的な破滅に導く．作品の基底にあるのは，不確かな死期を思って大罪を犯すことなく後悔すべしというメッセージである．傲慢で享楽を追い求める人間の悲しい性(さが)を背負った，余りに人間的なドン・フアン像は以来，*バイロン，*モーツァルト等，後に多くのドン・フアン変奏曲を生み出していくこととなった．

バロック演劇の頂点を極めたのは *カルデロン・デ・ラ・バルカ(1600-81)だった．彼の存在が余りにも大きいため，17世紀中頃をもって黄金時代の名に値する作品群がほぼ出揃ったにもかかわらず，彼が他界した1681年をもって区切りとする研究者も多い．代表作は『人の世は夢』だが，ここでは彼が完成させた宗教劇ジャンル「聖体劇」(秘跡劇 auto sacramental)を概観する．

14世紀に組織化された*聖体行列の慣例はしだいに活性化し，17世紀には行列が目的地に着くと，参集者相手に聖体劇が上演されるようになる．原則は*アレゴリーを駆使した短めの一幕物で，「信仰」「ユダヤ教」「受難」「罪」「本性」などの抽象概念を擬人化した登場人物が舞台(当初は行列で用いた山車を使用)で動き回る．往々にして聖体の*秘跡の介入を得，最終的にはキリスト教が勝利を収め，*聖体や聖母を讃えて終わる．1649年に聖体劇の実質的な独占制作権を得たカルデロンによれば，聖体劇は「韻文になおした説教，神聖な神学上の諸問題を，上演可能な発想に，焼き直したもの」で，娯楽的な要素をも含む上演を通して，宗教・神学的な教えを庶民に感得させる機能を果たしたのであった．

カルデロンは持ち前の高度な神学知識を咀嚼したうえで劇的効果や叙情性を加味して聖体劇を創造していったが，最終的なモチーフが事前に決まっていた以上，形骸化の道は避けられなかった．彼に独占権が与えられたことへの反発，神聖な宗教儀式を教会の外で俗人が上演するのは神への冒瀆につながるとの考えも浮上する．カルデロンが他界し，新古典主義思想がフランスから入ってくる頃になると聖体劇は急激な後退を余儀なくされ，ついに1765年，国王カルロス3世(Carlos III, 在位1759-88)によって聖体劇は禁じられる．

【近代から現代へ】17世紀末からの文学的下降は18世紀に加速されたといわれるが，それは黄金時代のような大作が現れなかったという意味において真である．1701年にブルボン王朝のフェリペ5世(Felipe V, 在位1700-24, 1724-46)がマドリードに到着してフランスを源とする王政が始まることによって，文化的にも圧倒的な勢力をもっていたフランスの影響がスペイン文化に波及する．「新古典主義」の時代と呼ばれる18世紀にあって，スペイン文学は外来ヨーロッパ思想と旧来思想との間で葛藤を余儀なくされた．黄金時代のスペインの文学者たちが徹底した個人主義を貫いたのに対し，教条主義的な発想のもとに画一性が求められるようになる．実学・教育を重視する外来思想は形骸化したスペイン・バロックに歯止めをかけはしたものの，インスピレーション，感情の奔放な発露をふさぐことにもつながった．つまり新古典主義は民衆的風土に最終的に馴染むことのない貴族趣味的なものとして，スペインで大輪の花を咲かせることはなかった．これは*啓蒙思想がスペインで深く根をおろすことがなかったのと同様である．

ベネディクト会員フェイホー(Benito Jerónimo Feijoo, 1676-1764)のように自然科学の重要性，学問の実証性を声高に主張して膨大な著作を著した知識人や，イエズス会員 *イスラ(1706-81)のように，従来の説教方法を痛烈に諷刺する長編小説で一世を風靡した者もいるが，総じて新古典主義時代の文学の最高作を書いたとされるのはモラティン(Leandro Fernández de Moratín, 1760-1828)であった．代表作の芝居『娘たちの「はい」』(El sí de las niñas)では若者の教育と結婚の問題が取り上げられ，ブルジョアの偽善，親の独善や横暴が攻撃される．しかしモラティンを精読すると，新古典主義的な作風のなかで，すでに*ロマン主義の素地が築かれつつあったともいえる．

〔ロマン主義文学〕ロマン主義は新古典主義への反動として台頭し，矛盾を抱えた個人の感情世界を復権させんとするものだった．折しもドイツやイギリスによるスペインの伝統再評価の動きとともに，範としていたフランスのスペイン侵入によって威信が傷つけられたこともあり，愛国心に燃える自由主義を標榜するロマン主義者

たちが立ち上がったのであった．このロマン主義運動は19世紀前半に顕著となる．スペイン文学のロマン主義は地方色を求めつつ，特に中世史に着目する．また宗教を「信仰」として捉えるより，感情表現あるいは逃避の手段として導入する例が多かった．ただし反教会的な視点，奇跡物語を民話に取材する場合もあったことも指摘しておかねばならない．スペイン・ロマン主義は詩や演劇のみならず，「風俗主義」(costumbrismo) 運動が盛んだったことが特徴とされる．これは散文を用いて，移り行く社会を記述しようとするもので，歴史書などには記されずともスペイン社会のまぎれもない実像を構成する日常性の把握を試みる運動であった．

ロマン主義の代表的作家としては，スペインのバイロンとも称され，韻文による幻想的物語『サラマンカの学生』(El estudiante de Salamanca) を書いたエスプロンセーダ (José de Espronceda, 1808-42)，風俗主義作家でスペインの社会と歴史を掘り下げた作品『風俗記事』(Artículos de costumbres) を書いたララ (Mariano José de Larra, 1809-37)，音楽性豊かな長編叙述詩『グラナダ』(Granada) で国土回復戦争に敗れたイスラム教徒の文化を讃える高潔なキリスト教精神を描いたソリーリャ (José Zorrilla, 1817-93) 等がいる．

その後，フランスのゾラ (Emile Zola, 1840-1902) やフローベール (Gustave Flaubert, 1821-80) 等を範とする *自然主義や写実主義(→ リアリズム)が台頭し，あたかも実証科学的に現実に迫ろうとする小説家やパルド・バサン (Emilia Pardo Bazán, 1851-1921) やイバニェス (Vicente Blasco Ibáñez, 1867-1928) 等が活躍したが，スペイン近代小説の再生を告げたのは，壮大な規模の「国家挿話」シリーズの作者 *ペレス・ガルドス(1843-1920) と名作『ラ・レヘンタ』の作者 *アラス(1852-1901)であった．この二人の作品では伝統的カトリックと進歩的イデオロギーの葛藤が人間劇のなかに巧みに盛り込まれ，当時のスペイン社会の葛藤を反映させている．同時代のカトリック作家としてはイエズス会員 *コローマ(1851-1915)がいて『ささいなこと』が代表作である．自らを創作を介した説教者と位置づけ，自然主義小説や風俗主義の流れを汲み，マドリードの社会・生活を浮き彫りにして，腐敗したブルジョア階級を痛烈に批判した．

〔98年世代の作家たち〕この時代，スペインは新世界の広大な植民地をしだいに失い，国力を疲弊させていった．ついには中南米における最後の砦たるキューバも独立運動を起こした．そこにアメリカが介入したことによって，スペインの敗北は必至となった．1898年，スペインはキューバの独立を認め，フィリピン，プエルト・リコ，グアムも喪失し，文字通り本来のスペインに戻る．

この敗北を機に，スペインの行く末を案じて立ち上がった文学者たちを「98年世代」と呼ぶ．悲観主義を出発点としてスペインの再生を求めた彼らが着目したのは，スペイン中央部のカスティリャ地方だった．それは自分たちの思索を深めるための精神的風景としてのカスティリャで，物理的な意味でのカスティリャではなかった．スペイン精神の中枢がこの地方で育まれた以上，この地方を賛美することが論理的にも必須だったのである．興味深いのは，98年世代の構成メンバーが，いずれもカスティリャ地方出身者ではなかったことである．その意味ではカスティリャ賛美は発見でもあった．98年世代の先駆者となったのはガニベー (Angel Ganivet, 1865-98) である．スペイン史を回想する著作で，現在の無気力状態を脱出するための秘策は本来の伝統に今一度忠実になることだと主張し，*セネカ，イスラムの影響，神秘主義などに鋭い考察を巡らせる．同世代の支柱的存在はスペインのキルケゴールと呼ばれ，宗教上の不安を全作品の根底にした *ウナムーノ(1864-1936)であった．本来はギリシア語学者であったが，小説，詩，演劇，随筆のあらゆるジャンルを開拓し，自己の哲学・宗教上の問題意識を盛り込んでいった．異端的になりつつも神への接近を試みた論考『生の悲劇的感情』(1913)，『キリスト教の苦悶』(1925)，真摯な信仰告白詩『ベラスケスのキリスト』(1920)，問題意識を集約した小説『殉教者聖マヌエル・ブエノ』(1933)等が主要著作で，イギリスのG. *グリーンら外国作家に及ぼした影響も多大であった．

このほか現代詩の礎となった詩人でカスティリャへの思いを歌い上げたアントニオ・*マチャド・イ・ルイス(1875-1939)や「文体の師」と称され，珠玉の随筆や極度に動きの少ない小説世界を築いたアソリン (Azorín, 本名 José Martínez Ruiz, 1873-1967)，生命力溢れる激烈な写実手法を用いた小説家バロハ (Pío Baroja, 1872-1956) 等がこの世代の代表的存在であった．

〔27年世代の詩人たち〕98年世代に続いたのは，バロック詩人ゴンゴラの没後300年にあたる1927年に産声をあげた少壮の詩人グループ「27年世代」である．ギリェン (Jorge Guillén, 1893-1986)，*ガルシア・ロルカ(1898-1936)，ノーベル賞詩人のアレイクサンドレ (Vicente Aleixandre, 1898-1984) 等が代表的で，この世代以降，いわゆるシュルレアリスム運動の影響を大なり小なり受けるようになるが，ロルカのように根本的にはスペインの民衆的なテーマにこだわり続けた詩人もいる．

〔20世紀後半〕スペインの20世紀中頃以降の文学は総じて詩が優勢といってよい．小説ではノーベル賞作家セラ (Camilo José Cela, 1916-) などの傑出した例もあるが，相対的にはいわゆるラテン・アメリカ文学の威力に押された感は否めない．演劇でも優れた作品は生まれたが，スペイン内戦以降続いた検閲もあり，自由な展開は望むべくもなかった．そのような状況のなかでスペイン現代詩壇では今でも有望な詩人が次つぎに登場してきている．例えばウナムーノのように宗教上の問題を正面から扱う詩人こそ稀だが，現代詩の重鎮として敬愛される *ロサレス(1910-92)の処女詩集『4月』では，恋愛のテーマがしだいに形而上学的世界に向かい，ついには信仰告白に昇華される．また代表作『燃える家』のほか，宗教色の濃い詩集『主ご生誕の祭壇画』等も書いており，キリスト教的主題が現代スペイン文学のなかでも堅実に生きている証左といえよう．

【文献】A. VALBUENA PRAT, *El sentido católico en la literatura española* (Zaragoza 1940); ID., *Estudios de literatura religiosa española* (Madrid 1963); B. W. WARDROPPER, *Historia de la poesía lírica a lo divino en la cristiandad occidental* (Madrid 1958); R. RICARD, *Estudios de literatura religiosa española* (Madrid 1964).

(清水憲男)

スペウシッポス，エレウシッポスとメレウシッポス　Speusippos, Eleusippos, Meleusippos

(2-3世紀)　聖人(祝日1月17日)，殉教者．*カッパドキアに生まれた三つ子の兄弟．両親と死別後，祖母ネ

オニラ (Neonilla, もしくはレオニラ Leonilla) に養育され，キリスト教に改宗．長い尋問と拷問の末，祖母とともに殉教．その殉教は *アウレリアヌス帝の時代(270-75)とも *マルクス・アウレリウス帝の時代(161-80)ともいわれる．ギリシア語による彼らの *殉教録は20世紀初頭に公刊された．彼らの殉教は西方にも伝えられ，『ヒエロニムス殉教録』のある写本では，翻案されフランスの *ラングルの殉教者とされている．
【文献】BSS 11: 1349-50; H. GRÉGOIRE, "Saints Jumeaux et dieux cavaliers," *Revue de l'Orient chrétien*, 9 (1904) 453-90.
(小高毅)

スペルペリケウム 〔ラ〕superpelliceum, 〔英〕surplice, 〔独〕Superpelliceum, 〔仏〕surplis　*祭服の一種で *アルバを短くしたもの．短白衣．日本では「スルプリ」として知られる．膝までとどく広い袖の短衣で，冬の通常服ペリコア (〔ラ〕pellicoa) の上にまとう服というところからその名が由来する．スペルペリケウムはかつて *副助祭以下が典礼に奉仕するときの衣とされ，男子信徒が祭壇奉仕や聖歌奉仕の際にも着用するものとなった．司祭もミサ以外の典礼のとき着けた．11世紀に最初の記録があり，13-14世紀に普及した．袖の狭いものはロシェトゥム(ロケット)といい，*高位聖職者や司教座聖堂参事会員(→カピトゥルム)が儀典の際に徽章として用いた．
【文献】キ百科 939.
(石井祥裕)

スペルマン **Spellman, Francis Joseph** (1889. 5. 4-1967. 12. 2)　アメリカの枢機卿，大司教．マサチューセッツ州ホイットマン (Whitman) に生まれ，1916年に *ローマで司祭叙階．1925-32年，アメリカ人として初めて *ヴァティカンの *教皇庁国務省に勤務，枢機卿パチェリ(後の教皇 *ピウス12世)などの知己を得る．1932年，司教叙階．1936年のパチェリ訪米に際しては合衆国大統領との会談を準備し，以後歴代の大統領と親交を結ぶ．1939年 *ニューヨークの大司教．また合衆国軍のカトリック *従軍司祭の総責任者として1942年以降，第2次世界大戦，朝鮮戦争，ヴェトナム戦争の戦地などをクリスマスには訪問し続けた．1946年 *枢機卿となる．強い愛国心の持ち主で *ファシズムと *共産主義に対する強硬姿勢は批判もされたが，生来の思いやり溢れる性格から社会的弱者を支援，カトリック教育と文化の振興を図り，当時のアメリカのカトリック指導者として絶大な影響力をもった．第2 *ヴァティカン公会議では *信教の自由とユダヤ人との和解を説き，『信教自由宣言』『諸宗教宣言』の成立に貢献した．恒例の軍の慰問旅行の準備中，ニューヨークで没す．
【文献】キ人 793; NCE 16: 430-31; M. GLAZIER, T. J. SHELLY, eds., *The Encyclopedia of American Catholic History* (Collegeville, Minn. 1997) 1347-50.
(橋爪由美子)

スペンサー **Spencer, Herbert** (1820. 4. 27-1903. 12. 8)　イギリスの社会学者，社会思想家．
【生涯】ダービー (Derby) に生まれ，学校にはほとんど通わず，教会に対し批判的で科学のみを信ずる父と極端な自由放任思想を奉ずる叔父から教育を受ける．鉄道技師や雑誌のコラムニストを経て，1850年代から執筆活動を開始．進化論と総合哲学(〔英〕synthetic philosophy)の名のもとに，社会学のみならず，生物学，心理学，教育学，倫理学など多くの分野にわたって膨大な著書を残した．なお日本でも，そのうちの30余冊が明治初期に邦訳され，一世を風靡した．
【思想】スペンサーは，彼の同時代人 *ダーウィンよりも早く *進化論という言葉を用いた．彼のいう総合哲学とは，星辰から人間社会に至るまでの万物の進化を「単純なものから複雑なものへ」あるいは「同質なものから複雑なものへ」という法則によって体系的に論ずる哲学を意味している．彼は，特に社会のレベルにおいて，変化する条件に適応をする者は生き残り，適応しない者は滅びるという「最適者生存」(survival of the fittest) の法則があてはまると説き，硬直して単純な軍事型社会から柔軟性に富み複雑な産業社会への移行を社会進化の自然の成り行きとみなした．このようにスペンサーは，社会を有機体的に捉えたが，他方では国家の社会への干渉をできるだけ排除しようとする自由主義的 *個人主義の信奉者でもあり，結局そうした個人主義的社会の実現へ社会進化はおのずと向かうという楽天的展望を抱いていた．しかしながら，社会の進化と並行して倫理の進化も生ずるという彼の自然主義的な倫理観に対し，彼の同時代人であり同じく熱烈な進化論擁護者であった生物学者 T. H. *ハクスリから，社会の進化は決して倫理の進化を伴うものではないという異論が出され，この問題は今日の社会生物学でも一つの争点を提供している．
【主著】"The Genesis of Science," *The British Quarterly Review*, 1854: 清水礼子訳「科学の起源」『コント，スペンサー』世界の名著 36(中央公論社 1970) 335-96; "Progress: Its Law and Cause," *The Westminster Review*, 1857: 「進歩について」同 397-422; "What Knowledge Is of Most Worth," *The Westminster Review*, 1859: 「知識の価値」同 443-86; *The Principles of Ethics*, 2 v., 1892.
(山脇直司)

スペンサー **Spenser, Edmund** (1552頃-1599. 1. 16)　イギリスの詩人．毛織物商人の子として *ロンドンに生まれ，マーチャント・テイラーズ校で校長マルカスター (Richard Mulcaster, 1531-1611) の薫陶を受けた後，*ケンブリッジ大学のペンブルック・ホールに学ぶ．在学中に古典をはじめイタリア，フランスの文学に親しむとともに，ケンブリッジで支配的だったピューリタニズム(→ピューリタン)の影響を受けた．この時期に書いた詩には，*新プラトン主義への関心が濃厚に表れている．卒業後，貴族の邸に出入りしながら栄達の機会をうかがいつつ，1579年に『羊飼いの暦』(The Shepheardes Calender) で新進詩人としての名声を一気に高めた．1580年，総督秘書としてアイルランドに渡り，この後，*エリザベス1世の宮廷に職を得ようとする試みも失敗に帰し，後半生を政治の荒波にもまれながら異郷アイルランドで過ごすことになる．この間に書き進め，ついに未完に終わった寓意的叙事詩『妖精の女王』(The Faerie Queene, 1590-96) が彼の代表作となった．この作品は，当時確立されつつあったエリザベス女王体制への忠誠を表明するプロテスタント色の強いものであるが，それと共存して中世世界への愛着や新プラトン主義，*ダンテ等を経て吸収した *神秘主義の影響もみられ，ピューリタニズムの枠にとどまらない広がりをもっている．ほかに恋愛ソネット集『アモレッティ』(Amoretti, 1595)，妻との結婚を祝う『祝婚歌』(Epithalamion, 1595) 等の高名な作品がある．ロンドンで死去．

スポーツりんり

【文献】V. K. WHITAKER, *The Religious Basis of Spenser's Thought* (Stanford, Cal. 1950); R. ELLRODT, *Neoplatonism in the Poetry of Spenser* (Geneve 1960).

(舟川一彦)

スポーツりんり　スポーツ倫理

【現代のスポーツ文化】現代のスポーツの多くは19世紀のヨーロッパで誕生した．これには，歴史的，社会的，宗教的，イデオロギー的要因が相互に関連している．あたかも一つの世界観といえるようなスポーツ文化が成立したのである．精神文化が優位にあったヨーロッパ社会でスポーツが認知されるにあたっては，古代ギリシアの運動競技の再評価が影響を及ぼした．クーベルタン (Pierre de Coubertin, 1863-1937) によるオリンピックの復興がその例である．

多くのスポーツは軍事を起源とする．軍事訓練はスポーツの形式をとることが多かった．19世紀初頭に始まったドイツ式体操は，強力な*ナショナリズムに導かれた軍国主義の産物として理解されている．スポーツにはさらに，祭りにおける*踊りからくる宗教的起源のものもある．人間の身体的な表現行為として発達し，共同体で受け継がれてきたものである．さらに，*学校教育における体育の重視や教育学的・医学的根拠に基づくスポーツ振興政策によっても現代スポーツは発展してきた．特に，スポーツの現代的な在り方に決定的な影響を及ぼしたのは，19世紀から20世紀にかけて世界中に広まった工業化と技術化である．労働時間が徐々に短縮され，余暇とその過ごし方がしだいに人々の関心事になると，レクリエーションとしてのスポーツが競技スポーツとは別の新しい領域として発展し始めたのである．

このように，現代スポーツは一般には，レクリエーションとしてのスポーツと競技スポーツとに大別することができる．レクリエーションとしてのスポーツは，目的にとらわれず，制約のない遊びの領域を含んでいる．遊びは能力や成績を問わない．不定期にも定期的にも行われるが，つねに限られた時間のなかで行われ，楽しむことが眼目である．自発的，創造的で，規則や練習を強制されることはない．休養のためのもので，人間的な自由を回復させる効果がある．これに対して，高度な能力を競う競技スポーツは，別の原理に基づいている．すなわち，最高の成績を求める努力を伴い，競争により成績を比較することが不可欠である．良い成績のためには，特別な訓練に時間と費用をかける．トレーニングに費やされる時間，技術や能力の向上や戦術の合理化などのために，つねに新しい方法が編み出される．自由な決断で行えるという点で労働の原理とは異なるが，それに近いものがあるのである．

【倫理的な判断基準】今日では，特に競技スポーツの領域にみられる諸問題に関して，倫理的に判断する場合の幾つかの基準を考えることが必要であろう．*キリスト教倫理は，これをあくまで，神に関係づけられる場合にのみ，人間は人間を正しく理解できるとする視点から考えていくものである．

まず第一にスポーツの能力や成績・成果を絶対視するような価値観は，倫理的にみて疑わしく，否定されるべきである．第二の基準は，スポーツが身体をもった人間の表現行為であり，「遊び」(→遊びの神学) という要素をもつことから導き出される．すなわち，活動自体やその目標・目的が，人間の自発的な自己表現を侵害したり，全く不可能にしてしまうようなスポーツは倫理的に疑わしいものとなる．第三の基準は，主に競技スポーツに関するものである．スポーツがもっぱら仕事になってしまい，それが他者からの強制や計画設定に服し，訓練手段の機械化の結果としてのみ実現されるようなものとなるなら，このような場合のスポーツ行為は，倫理上，疑わしいものとなる．第四の基準は，スポーツを行う人の人格に関わる．それを行う人の健康を損ない，その人の創造的な自己実現を妨げるようなことが充分予想されるようなスポーツは，倫理的に問題があり，否定されなければならないのである．

【現代スポーツの問題傾向】このような判断基準は，具体的な指針につながるわけではないが，少なくとも，今日のスポーツの幾つかの問題的な傾向を認識させる．

現代人には，運動をすることによって，健康を維持・増進することはよいのだという価値観が一般に広まっている．現世的な幸福に価値を置く現代社会にとって，健康は最高価値の一つである．健康産業が盛況なのも驚くにあたらない．しかしながら，スポーツが健康を約束するという見方は一面的である．スポーツを何らかの原因とする内科症状で死亡している人が少なくないという事実は憂慮すべきものである．いずれにしても，スポーツと結びついた健康至上主義は倫理学的に退けられなくてはならない．

高度な競技スポーツの世界がまざまざと示すように，競技能力や記録の向上を目指す選手は，まさしく心身すべてを投入することになり，周囲のスタッフは，選手を周囲から隔離するようになる．そうなることで，選手にとって，仕事や余暇，人との交際や私生活，ものの考え方あるいは社会文化的貢献などすべてが競技中心になってしまうなら，これは一種の人間性の縮小であり，決して正当化することはできない．特にこのような境遇が健康に及ぼすマイナス面に目を向ける必要がある．高度の競技スポーツは，実に生物学的な限界領域で営まれているのである．ある整形外科医は，競技者の激しいトレーニングを，工場での材料の摩耗テストにたとえているほどである．特に，青少年の競技スポーツに対して倫理上の歯止めをかけることは必要である．

スポーツ倫理における緊急課題の一つは，薬物による競技能力の人為的操作つまりドーピング問題である．その際，ただ興奮剤ないし刺激剤の使用が問題となるだけでなく，ほかに自家血輸血法，エリスロポエチン(赤血球生成促進因子)の使用，広範囲で使われている代用薬，とりわけ筋肉増強剤や成長ホルモンの使用などがある．スポーツの商業化がこのような薬物による能力操作に対する歯止めを小さくさせていることも見逃せない．これらの現象のかげに競技における成功のためには，健康を損なったり，犠牲にしてもよいのだという価値観がみられる点が倫理的にみて問題である．それによって健全な人格形成が阻害されてしまうからである．

さらに，競技スポーツの世界で，選手をある意味で別世界に置き，道具として利用するような傾向も見過ごすことはできない．競技上の成功がもたらす賞金を目当てに，選手が所属組織の幹部や監督，医師や興業関係者などによって次々と利用される危険さえある．

さらに一般的な現象として顕著なのは，スポーツが多くの人々にとって，ますます生き甲斐の対象となっているということである．しかしながら，これは，スポーツには本来期待できないような過大な役割といわざるをえない．スポーツは宗教の代わりにはなりえない．商業主義に陥り，健康を損なうばかりのショー・ビジネスに

なってしまうなら，スポーツは生の真の意味を見失わせるような「民衆のアヘン」にもなりかねないであろう．

【文献】W. KUCHLER, *Sportethos* (München 1969); K. H. BETTE, U. SCHIMANK, *Doping im Hochleistungssport* (Frankfurt 1995); A. KOCH, *Der Sport am Scheideweg* (Thaur, Wien, München 1995); O. GRUPE, D. MIETH, eds., *Lexikon der Ethik im Sport* (Schorndorf 1998).

（A. コッホ）

スホーネンベルヒ → スコーネンベルク

スポールディング　Spalding, John Lancaster (1840. 6. 2-1916. 8. 25)　アメリカの司教，教育者．M. J. *スポールディングの甥．ケンタッキー州レバノン (Lebanon) に生まれ，*ルーヴァンと*ローマで学び 1863年に司祭叙階．ケンタッキー州ルイヴィル (Louisville) で司牧後，1872年*ニューヨークに移り M. J. スポールディングの伝記を執筆．1877年新設司教区であるイリノイ州ピオリア (Peoria) の司教になり，病気で引退する1908年まで司教職を務める．1908年，名義大司教（→ 名義司教）となる．アメリカの社会でカトリック教徒が重要な貢献を果たすためには崇高な倫理観と高度な教育が必要だと確信し，*アメリカ・カトリック大学の基礎作りに尽力，女子大学の創立を支援したほか教区立学校の設立にも奔走した．自由と*民主主義を尊重し，教会が国家の干渉を受けないよう*政教分離を唱えた．教育・社会問題に関する評論，随筆など多数の著書はカトリック教会外にも読者を獲得した．ピオリアで死去．

【文献】キ人 794; NCE 13: 515-17; M. GLAZIER, T. J. SHELLY, eds., *The Encyclopedia of American Catholic History* (Collegeville, Minn. 1997) 1340-42.

（橋爪由美子）

スポールディング　Spalding, Martin John (1810. 5. 23-1872. 2. 7)　アメリカの大司教．ケンタッキー州ローリング・フォーク (Rolling Fork) の出身．*ウルバニアナ大学に派遣されアメリカ人として初の神学博士号を取得し，司祭叙階 (1834). 1844年ケンタッキー州ルイヴィル (Louisville) の*司教総代理．*ルーヴァンのアメリカ神学院，*ローマの北米神学院設立に貢献，*アメリカ・カトリック大学の創立の礎を築いた．南北戦争に際しては教会が中立を守るよう指導し，1864年に*ボルティモアの大司教になると南部の教区の復興に尽力した．*教会法に精通し，*ボルティモア教会会議を通じて移民で構成される多様なアメリカ教会の司牧方針をとりまとめた．第1*ヴァティカン公会議では消極的ながら教皇の*不可謬性を支持した．厳格な倫理観と被差別者への理解を合わせ持ち，優れた教育者，説教家として著書も多い．ボルティモアで死去．

【文献】キ人 794; NCE 13: 517-19; M. GLAZIER, T. J. SHELLY, eds., *The Encyclopedia of American Catholic History* (Collegeville, Minn. 1997) 1342-45.

（橋爪由美子）

スマラガ　Zumárraga (Cumarraga), Juan de (1468/69-1548. 6. 3)　メキシコの初代司教，フランシスコ会員．スペインのタビラ・デ・ドゥランゴ (Tavira de Durango) に生まれ，若くしてアブロホ (Abrojo) の*フランシスコ会に入会．院長，管区長 (1520-23) を務め，1527年スペイン国王カルロス1世 (*カール5世) によって異端審問官，同年12月メキシコの司教に任命される．司教叙階前，翌年12月メキシコに到着，ミチョアカン (Michoacán) とハリスコ (Jalisco) からグアテマラに及ぶ広大な司教区の組織化に着手．1531年，*グアダルペの聖母マリアの出現の正真性を認め，最初の礼拝堂を建立．インディオ保護官に任命され，世俗の権威者らと対立，彼らを*破門とする．1532年カルロス1世の命で本国に呼び戻され，国王の前で弁明に成功．翌1533年バリャドリード (Valladolid) で司教に叙階された後，職人と原住民 (*インディオ) の子女の教育に携わる6人の婦人を連れてメキシコに戻る．インディオの子女のための学校を多数開校，1536年副王メンドサ (Antonio de Mendoza) とともに*メキシコ・シティにアメリカ大陸初の神学校と高等学校サンタ・クルス・デ・サンティアゴ・トラテロルコを開校．1537年大学設立に着手 (死後1553年に開校)．また，メンドサの援助を得て，出版活動にも尽力．要理問答書，修徳書，典礼書を出版したほか，自ら要理問答書を執筆している．1535-43年異端審問官を務めるが，土着の宗教・文化には厳しい態度で臨み，多くの神殿，肖像，著作を破壊させる．四つの*司教区を新設．グアダルペの聖母出現以後に急増した改宗者に対する集団洗礼式および*一夫多妻婚の合法性といった難問を打開するため，たびたび*教会会議を開催，その決議は部分的に教皇*パウルス3世の勅書『アルティトゥド』(Altitudo) によって認可された (1537). 1546年パウルス3世はメキシコをセビリャ首都大司教管区から切り放し，五つの属司教区をもつ大司教区とし，スマラガをメキシコ初代大司教に任命する．それを伝える勅書の到着前，貧しい人々への喜捨のため赤貧のうちメキシコ・シティで没す．

【文献】キ人 795; NCE 14: 1137-38; EC 12: 1829-30; J. GARCÍA ICAZBALCETA, *Don fray Juan de Zumárraga: Primer obispo y arzobispo de México*, 4 v. (Mexico City 1947).

（小高毅）

スマラガ　Zumárraga, Tomás de (1577. 3. 9-1622. 9. 12)　ドミニコ会員，*日本205福者の一人．スペインのビトリア (Vitoria) に生まれ，16歳で同市の*ドミニコ会に入会し，バリャドリード (Valladolid) の聖グレゴリオ学院で勉強した．1600年司祭となり，翌年フィリピンに向かって出帆した．そのとき名前を改めトマス・デル・エスピリトゥ・サント (Thomas del Espiritu Santo) と呼ばれた．1602年 (慶長7) 日本に着き，鹿児島の*甑島（こしきじま）へ行ったが，1603年報告のため*マニラへ派遣された．1605年再び来日して京泊の教会に赴任し，また*大村，*平戸などを巡回した．管区長代理に任命され1608年マニラの会議に出席，1609年京泊に戻ったが追放されて佐賀の教会で活躍した．1612年*長崎へ行き，追放令のときは潜伏に成功したが 1617年 (元和3) 7月に捕らえられ*鈴田の牢に投獄された．長い獄中生活の後に1622年9月10日牢内の宣教師，信徒の大部分が長崎で殉教したが (→ 元和大殉教)，スマラガは牢に残された．これは精神的に大きな苦しみであったが2日後，司祭 A. *フランコほか数名とともに大村の*放虎原（ほうこばる）刑場で火炙りにより殉教した．

【文献】D. パチェコ『鈴田の囚人』佐久間正訳（長崎文献社 1967）; G. デルガード『福者トマス・デル・エスピリトゥ・サント・デ・スマラガ書簡，報告』（キリシタン文化研究会 1984）.

（結城了悟）

スマラグドゥス Smaragdus (?-825頃)
*ベネディクト会の会員で，おそらくアイルランドの出身．カステリョン (Castellion) で文法の教師を務めた後，サン・ミイェル (Saint-Mihiel) に修道院を建設する．*シャルルマーニュと*ルートヴィヒ1世(敬虔王)の相談役を務め，特にルートヴィヒ1世に対して霊的な論文 (Via Regia) を書いている．彼はブザンソンの*ドナトゥスの修道生活手引書の注解 (Liber in partibus Donati)，修道士への勧告を含む『修道者の王冠』(Diadema monachorum)，『聖ベネディクトゥス会則の解説』(Expositio in Regulam S. Benedicti) などを著している．サン・ミイェルで没す． (伊能哲大)

スミス Smith, Adam (1723.6.5-1790.7.17)
スコットランドの経済学者，道徳哲学者．スコットランド，カーコルディ (Kirkaldy) に生まれ，*エディンバラで没す．グラスゴー大学と*オックスフォード大学で教育を受けた後，1752 年グラスゴー大学の道徳哲学教授に任命され，7 年後『道徳感情論』(The Theory of Moral Sentiments) を発表．主著『国富論』(An Inquiry into the Nature and Causes of the Wealth of Nations, 1776) により*資本主義経済の自由放任主義の古典的代弁者と後世にみなされる．その経済思想の根本は，道徳的共感の感情によって正しい法秩序を形成し，個人の利益の増進により公共の福祉を促進することにあった．
【主著邦訳】大河内一男訳『国富論』全3巻(中央公論社 1978)．
【文献】EBritMa 16: 904; NCE 13: 301-302.
(高柳俊一)

スミス Smith, Wilfred Cantwell (1916.7.21-2000.2.7)
カナダのイスラム学・比較宗教学者．マックギル大学比較宗教学教授，同大学イスラム研究所初代所長を経て，1963-73 年*ハーヴァード大学の世界宗教研究所所長を務めた．超越者との全人格的関わりとしての信仰や，宗教者が自らの宗教的伝統に対し施す主体的・創造的解釈のうちに表れる「信仰主体の理想」に宗教の本質を求める．宗教間の相互理解を助けるための*比較宗教学を目指し，その方法として「宗教の人格化」([英] personalization) を提唱した．
【主著】*Islam in Modern History*, 1957: 中村廣治郎訳『現代におけるイスラム』(紀伊國屋書店 1974)．
(寺戸淳子)

スミス Smyth (Smith), John (1554頃-1612)
英国の普遍バプテスト教会([英] general Baptist) の創始者．イングランド国教会(→聖公会)の司祭に叙階されるが，1600 年，リンカーン (Lincoln) で*ピューリタンの説教師，次いで分離派の牧師となる．迫害のため，1608 年，アムステルダムに亡命．同地の*再洗礼派，アルミニウス主義(→アルミニウス)の影響で，1609 年，*バプテスト教会を設立．
【文献】キ人 798; キ大 603-604; ODCC² 1284; ODCC³ 1511.
(榎本昌弘)

すみのおやいし 隅の親石 〔ギ〕akrogōniaios, kephalē gōnias
新約聖書中，akrogōniaios はエフェソ書 2: 20 と 1 ペトロ書 2: 6 に，kephalē gōnias はマタイ 21: 42，マルコ書 12: 10，ルカ書 20: 17, 使徒言行録 4: 11 および 1 ペトロ書 2: 7 にのみ用いられている．両用語はそれぞれヘブライ語 'eben pinnâ (イザ 28: 16) および rô'š pinnâ (*七十人訳聖書の詩 117: 22 参照＝詩 118: 22)の訳語であり，家屋の建築の際，外側の角(隅)に置かれた石を指す．この石は家屋建築の最も重要な土台であり(エレ 51: 26; ヨブ 38: 6)，建築工事はそれを据えることから始まった．旧約聖書において，隅の親石は信仰の礎としての*シオン(イザ 28: 16)，あるいは人間が退けたにもかかわらず神が選んだ義人(詩 118: 22)を指すなど，象徴的意味を付与されている．新約聖書では，詩編 118: 22 が引用され(マタ 21: 42; マコ 12: 10; ルカ 20: 17; 使 4: 11; 1 ペト 2: 7)，義人を指すこの語 kephalē gōnias の意味はもっぱらイエスに適用されている．すなわち，神は人間が拒んだ者を甦らせたという，イエスの十字架と復活の使信として，この詩編の言葉をキリスト論的に解釈している．エフェソ書 2: 20 は，霊的建物としての教会の土台である使徒や預言者と区別して，キリストを「かなめ石」とする．信じない者には，隅石は「つまずきの石」ともなる．
【文献】旧新約聖書大 662-63; 新約釈義 1: 313-15; ThWNT 1: 792-93; 4: 272-83; J. JEREMIAS, "Kephale gonias—Akrogoniaios," ZNW 29 (1930) 264-80; J. D. M. DERRETT, "The Stone That the Builders Rejected," TU 102 (1968) 180-86.
(加山久夫)

スミュルナ Smyrna
*小アジアの西海岸の都市．現在のトルコのイズミール (Izmir)．前 12 世紀にアイオリス人によって建設されたが，前 6 世紀リディア (Lydia) の王によって破壊された．*アレクサンドロス大王の死後アンティゴノス (Antigonos Monophthalmos, 前 382 頃-301 頃) によって再建される．ローマ時代にはこの地域の政治の中心地となり，前 2 世紀にはヘレニズム文化が隆盛した．キリスト教がスミュルナにもたらされたのは 1 世紀後半で，ヨハネの黙示録 (2: 8-11) はスミュルナにある教会に言及している．最初の司教は*ポリュカルポス．一時，キリスト教宣教活動の拠点となり，*エイレナイオスをはじめとする多くの宣教師をガリア地方に派遣した．11 世紀以降，*セルジュク・トルコ，*ビザンティン帝国，*オスマン帝国，*ヴェネツィアが占領・奪還を繰り返したが，1425 年オスマン帝国が奪取した．1920 年サン・レモ条約によってギリシアに割譲され，1922 年再びトルコに占領され，そして 1932 年再建された．
【文献】平大百科 1: 949; NCE 13: 308.
(高柳俊一)

スミルナ → スミュルナ

スメット Smedt, Charles De (1833.4.6-1911.3.4)
ベルギーのボランディスト，イエズス会員．*ヘントに生まれ，*ブリュッセルで没す．*ルーヴァンで学び，1851 年*イエズス会に入会．1862 年司祭となり，1864 年から 76 年までルーヴァンの*イエズス会学院で教会史の教授を務める．1869 年*パリに雑誌『宗教研究』(Etudes religieuses) の編集者として派遣される．一連の論文で教会史と聖人伝における史料批判の原則を発表した．1876 年以降，*ボランディストの研究所員となり，1882 年から 1911 年までは所長を務め，雑誌『アナレクタ・ボランディアーナ』(Analecta Bollandiana) を創刊した．1900 年にベルギー王立アカデミーの会員となった．彼が編集した『聖人伝校訂史』(Acta

Sanctorum) の 11 月を扱った最初の 3 巻はその後の規範ともなった.
【主著】*Principes de la critique historique*, 1883.
【文献】LThK² 9: 837; NCE 13: 300-301.　（伊能哲大）

スメット　Smet, Pierre Jean De（1801.1.30-1873.5.23）　イエズス会員．北米の宣教活動を開始，促進した．ベルギーのテルモンデ（Termonde）に生まれ，アメリカのミズーリ州 *セント・ルイスにて死去．1821 年 *イエズス会に入会，1827 年司祭に叙階され，まずセント・ルイス大学の出納官の職に就いた．宣教活動の資金調達や人材募集のためヨーロッパに派遣された際，病を得て，イエズス会を退会．1837 年セント・ルイス大学に復職した．以来ミズーリ川沿岸やオレゴン地区の先住民（*インディアン）への宣教に尽力し，1841 年，モンタナ地区にセント・メアリ宣教会を，オレゴンのウィラメット川沿岸に宣教センターを設立した．しかし，「過度の楽天主義・軽率・基金転用」との芳しくない報告書が提出されたため，イエズス会ミズーリ管区の基金担当出納官の職に呼び戻された．再び先住民のもとを訪れる許可がおりたのは 1850-60 年代になってからであった．合衆国政府からの要請により，たびたび対先住民交渉委員に委嘱され，多くの種族，特にスー族との和平交渉に貢献した．
【文献】NCE 4: 804; L. KOCH, ed., *Jesuiten Lexikon* (Paderborn 1934); H. MARGARET, *Father Smet: Pioneer Priest of the Rockies* (Milwaukee 1940).
　　　　　　　　　　　　（H. ブライテンシュタイン）

すもと　栖本　熊本県天草郡のうち現在の栖本町一帯の地名．町の中央を流れる川を栖本川，その川の注ぐ湾を栖本湾という．中世，菊池氏の庶流栖本氏の所領であった．『栖本系図』には菊池則隆（四世）の孫・通弘に「栖本領主」とある．史料では『吉川文書』永和 4 年（1378）の条に，「天草一揆須本」とみえる．1589 年（天正 17）*フロイスによって *洗礼を受けた鎮通（洗礼名バルトロメウ）や，その子 *栖本親高（ジョアン）などはその子孫である．一帯には古江・馬場・湯船原等に中世城跡があり，栖本氏関係遺跡と思われる．栖本氏は熊本に移って細川家臣となったが，湯船原城跡には一国一城令のあと栖本郡代が置かれて一帯を支配した．1637 年（寛永 14）から 38 年の天草 *島原の乱で栖本は乱鎮圧の一拠点となった．乱後，郡代制は廃止されて栖本組となり，1889 年（明治 22）市町村制施行によって栖本村，さらに 1962 年（昭和 37）栖本町ができた．　（鶴田倉造）

すもとちかたか　栖本親高（1566-92）　栖本下野守八郎親高．洗礼名ジョアン．天草五人衆の一人，兵部大輔鎮通の子．『栖本家先祖付』によれば，栖本八郎は天正 16 年（1588），*豊臣秀吉から天草郡内に知行 850 石を賜った．『栖本系図』によれば，栖本氏は菊池則隆（四世）の孫・通弘の頃から天草上島南東部 *栖本一帯の地頭となったようで，以後天草氏・志岐氏・上津浦氏・大矢野氏等とともに「島衆」または「天草一揆中」と呼ばれた．*天草へのキリスト教の伝来は 1566 年（永禄 9），志岐に L. デ・アルメイダが来島したことに始まるが，次いで天草・*大矢野・栖本等に伝わった．なかでも 1589 年（天正 17），栖本親高が入信したのは，*天草久種に嫁した姉の勧めによるという．さらに姉弟の勧めによって同年，父・鎮通（洗礼名バルトロメウ），母（クララ）をはじめ一族が入信した．鎮通・親高父子は 1592 年（文禄 1），梅北一揆に関連して滅んだが，親高にはほぼ同年配の兄弟がいたとあり，それが当時，文禄・慶長の役に出陣していた甚右衛門通隆と思われる．ほどなく通隆も順天で討死し，子の鎮弘が相続した．栖本氏は関ヶ原の合戦で *小西行長が滅んだ後，加藤氏，さらに細川氏に仕え幕末に至る．
　　　　　　　　　　　　（鶴田倉造）

スモレット　Smollett, Tobias George（1721.3.19-1771.9.17）　イギリスの小説家．スコットランドのダンバートンシャー（Dumbartonshire）に生まれ，同地のグラマー・スクールからグラスゴー大学へ進み，医学を学ぶが，学費に窮して中退．その後，*グラスゴーの薬局勤めの後，悲劇の原稿を携えて *ロンドンに行くが上演を果たせず．海軍軍医助手としてカルタヘナ（Cartagena）遠征に赴く．後ロンドンに戻り，1774 年外科医を開業．かたわら文筆活動にいそしむ．自らの経験をもとにした冒険小説などを書く一方，『ドン・キホーテ』(Don Quixote, 1605, 1615) の翻訳も手がけ，イギリス史も著した．1756 年雑誌 (The Critical Review, 1756-1817) の創刊に関わったのを契機にジャーナリストとしても活動するが，政治諷刺によって筆禍を買い投獄されたこともある．晩年は健康を害してフランス，イタリアで転地療養し，イタリアでは代表作の『ハンフリー・クリンカー』(The Expedition of Humphry Clinker, 1771) を完成させたが，故国での成功を目にしないままリヴォルノ（Livorno）近郊で客死した．
　スモレットは多方面にわたって著作をものしたが，その真骨頂は小説にある．ピカレスク小説 (Picaresque Novel) と呼ばれる，あぶれ者を主人公にして社会の一面を写実的に描く方法は彼の得意としたもので，代表作には前記『ハンフリー・クリンカー』のほか，『ロデリック・ランダム』(The Adventures of Roderick Random, 1748)，『ペリグリン・ピックル』(The Adventures of Peregrine Pickle, 1751) などの作品がある．構成上の不統一といった欠陥はあるものの，写実性の豊かさと生彩ある筆致によって近代小説の発展にそれなりの寄与をしたと考えられる．
【文献】EBritMa 16: 908-909; L. M. KNAPP, *Tobias Smollett, Doctor of Men and Manners* (Princeton, N.J. 1949).　（小林章夫）

スラヴきょうかいおんがく　スラヴ教会音楽
【概説】本項では *東方典礼を受容したスラヴの正教会圏，すなわちロシアとバルカン東部（セルビア，ブルガリアほか）の教会音楽を扱う．いずれも他宗派と他宗教の音楽に大きく影響された．「タタールの軛」(1223-1480) はロシアとその母教会との絆を弱め，1453 年の *コンスタンティノポリスの陥落以後，ロシアは正教会の唯一の正統的擁護者を自負する．しかし 17 世紀中頃から *ロマノフ朝の宮廷では主に *ルター教会からの改宗正教徒が活躍し，帝政ロシアの精神的支柱だった正教会でも非正教徒の音楽家（イタリア人，ドイツ人ほか）が聖歌を近代化，教会音楽における西欧派（宮廷礼拝堂）とスラヴ派（修道院と宗務院）の対立は 19 世紀以降表面化した．一方，14 世紀末頃から約 500 年 *オスマン帝国の支配下にあったバルカン東部は西欧音楽圏から断絶され，20 世紀まで *ビザンティン聖歌（唱詞は通常，教会スラヴ語に翻訳）を主体とした．つまりスラヴ教会音楽は三つのリトゥルギア（*ミサにほぼ相当）と聖務日課（→

スラヴしゅぎ

教会の祈り）に規定された基本的唱詞，無伴奏合唱，8旋法組織などビザンティン教会の音楽伝統を基盤とした．しかし西欧音楽の浸透度に応じて，唱法，記譜法，詩と旋律の様式，旋法組織と聖歌レパートリーの詳細，*典礼における聖歌の意味は，ロシアとバルカン東部の正教会で大きく異なる．

【賛歌・旋法・記譜法ほか】典礼を構成するのは詩編朗唱と，詩編朗唱後の短い祈りに基づく賛歌（トロパリオン，スティヘロン，カノンほか）などである．スラヴの正教会は，祈りを歌うという初代教会時代以来の伝統を西方教会圏よりも忠実に継承し，賛歌は典礼の他部分に比べ歌謡性が著しい．バルカン東部の賛歌はすべてグラス（旋法の一種）に基づくが，ロシアではグラスに基づくストルプ（ズナメニ）聖歌のほか，グラスに無関係のデメストヴェニ聖歌などが 16 世紀頃に登場した．また単旋律に持続低音（イソン）を唱和するイソクラテマ唱法を現在まで伝えるバルカン東部の正教会に対し，*ロシア正教会では遅くとも 16 世紀中頃から固有の多声聖歌（2 声・3 声）が登場し，1654 年のウクライナ併合以降，西欧の多声音楽から影響を受けたパルテス聖歌（最大で 48 声）などが急速に普及したようだ．ただ 12 世紀中頃以後，西ロシアへ出没したハンザ商人やローマ育ちの*ゾエ・パレオロガ（最後のビザンティン皇帝*コンスタンティヌス 11 世の姪．1472 年*イヴァン 3 世の妃となる）の側近らにより，西欧音楽は断続的ながら早くからロシアへ伝えられ，後の西欧音楽興隆の素地を形成した．17 世紀中頃以降，西欧音楽語法による聖歌が多数創作され，特に*ボルトニャンスキーらの合唱コンツェルトは 1797 年に典礼での歌唱を法令で禁ずるほど愛好された．また 1816 年以降，宮廷礼拝堂の楽長は聖歌の創作・出版についての検閲権をもち，修道院以外ではイタリアやドイツの音楽語法を採用したペテルブルグ楽派の聖歌が義務づけられた．聖歌の音楽性を重視するこの楽派に対し，宗教性を強調しロシア古来の聖歌伝統復活を目指すモスクワ楽派が 19 世紀末頃から宗務院を中心に発言力を強め，*ラフマニノフの『徹夜祷』(1914/15) などが創作された．なおロシア古来の多声聖歌はモスクワ総主教*ニーコンの改革 (1653) に反対する旧教徒の一部が今日まで伝えている．ロシアでは 19 世紀中頃以降に聖歌研究が始まり，教会音楽刷新に関する活発な議論のなかで楽器導入も試みられた．バルカンではビザンティン・ネウマを現在まで使用するが，ロシアでは 13 世紀以降に独自の*ネウマ体系が発達し（全容は未解明），16 世紀頃から絶対音高表示と近代五線譜が浸透，1772 年には近代五線譜の宗務院版聖歌集が刊行された．

【文献】C. Kodov, *Starobulgarski muzikalni pametnici* (Sofia 1973); J. von. Gardner, *Gesang der russisch-orthodoxen Kirche*, v. 1 (Wiesbaden 1983), v. 2 (Ebenda 1987); B. I. V. Kondratovich, *Opyt sravneniya vizantiiskich i drevnerusskich pevcheskich pamyatnikov* (Leningrad 1987).　　　　　　　　　　（伊藤恵子）

スラヴしゅぎ　スラヴ主義　〔英〕slavophilism, 〔独〕Slawophilismus, 〔仏〕slavophilisme

ロシアの社会思想の一潮流．1830 年代末から 1850 年代にかけて，ドイツ古典哲学，特に*ロマン主義の影響を受けて展開され，同時期の西欧主義と対立した．その主張によると，ロシア精神とは正教精神そのものであり，ロシア正教（→ロシア正教会）は，統一や調和を維持しつつもカトリックのような形式主義や集団主義は存在せず，信者個人の自由は保ちながら*プロテスタンティズムのような*個人主義には陥らず，本来のキリスト教信仰を保持している．愛と自由と真理によって結ばれた共同体精神は，農村共同体など*スラヴ人の社会生活に存在してきた．西欧は*合理主義に傾き，物質主義や個人主義によって危機に瀕しており，正教精神を広め，対立のない調和のとれた社会を創造することこそ，ロシアが果たすべき役割と信じた．1860 年代以降になると理念的な性格は失われ，*汎スラヴ主義などへ転化する．代表する思想家として，*ホミャコーフ，*キレエフスキー兄弟，*アクサーコフ兄弟，サマーリン (Yurii Samarin, 1819-76) などがあげられる．

【文献】*The Modern Encyclopedia of Russian and Soviet History*, v. 35 (Gulf Breeze, Fla. 1983) 229-32; B. A. Дьяков『スラヴ世界』早坂真理，加藤史朗訳（彩流社 1996）: V. A. Diakov, *Slavianskii vopros* (Moskva 1993).　　　　　　　　　　（青木恭子）

スラヴじん　スラヴ人　〔英〕Slavs, 〔独〕Slawen, 〔仏〕Slaves, 〔露〕Slavyane

ヨーロッパ最大の民族集団．東スラヴ人（大ロシア人，ウクライナ人，ベラルーシ人），西スラヴ人（ポーランド人，チェコ人，スロヴァキア人，ソルブ人），南スラヴ人（ブルガリア人，セルビア人，クロアティア人，スロヴェニア人，マケドニア人，ボスニアのイスラム教徒）からなり，約 2 億 6,000 万人．最大の大ロシア人がその約半数を占める．スラヴ人のほとんどは欧露，東・中欧に居住するが，シベリア，極東ロシア，アメリカ合衆国，カナダ，オーストラリアなどにも多くのスラヴ人が住んでいる．

【歴史】スラヴ人の故郷がどこかについては定説はないが，カルパティア山脈の北部，プリピャチ川の南と推定される．彼らは民族移動に伴って 1-2 世紀から 6 世紀にかけて西はエルベ川から東はドニエプル川まで，北はバルト海から南はアドリア海までの広い地域に分散して住むようになった．この民族移動の過程で*ゲルマン人やマジャール人など周辺の有力民族の進出によって居住地が分断されたスラヴ人は，東，西，南の三つのグループに大きく分かれた（→民族大移動）．

これらのスラヴ人は 9-10 世紀に国家を形成するが，まず 9 世紀初めにモラヴィアの西スラヴ人が大モラヴィア王国を建てる．これがスラヴ人の国家としては最初のものである．10 世紀初めに大モラヴィア王国が崩壊し，チェコ人はボヘミア王国（後には*神聖ローマ帝国）に組み入れられるが，スロヴァキア人はハンガリー王国のマジャール人に支配されるようになる．その北では 9 世紀から 10 世紀にかけてポラーニ族を中心に国造りが進められ，10 世紀末にはポーランド人の最初の王国ができる．一方，東スラヴ人は 9 世紀後半に*キエフ・ロシアによって統一されるが，13 世紀にモンゴルの支配が始まると，大ロシア，小ロシア（*ウクライナ），白ロシア（ベラルーシ）の 3 民族に分かれるようになった．

【宗教】スラヴ人の国家形成と*キリスト教の導入とは密接な関係がある．もともと東・中欧の森林や湖沼地帯に住んで狩猟，漁撈，農耕，牧畜，養蜂などを生業としていたスラヴ人は，*自然崇拝と*祖先崇拝を行っていた．彼らは天に住む雷神ペルン (Perun) をはじめ，火の神スヴァローグ (Svarog) や太陽神ダージボグ (Dazhbog) を敬ってきた．それが 9 世紀から 12 世紀にかけてゲルマン人など異民族の進出とともにキリスト教の布教が行われるようになり，スラヴ人は次々に改宗した．そ

の際，チェコ人やポーランド人はカトリックを国教として取り入れ，スロヴァキア人，スロヴェニア人，クロアティア人はその支配民族のカトリックに改宗した．これに対しロシア人，ブルガリア人，セルビア人，モンテネグロ人などは *ビザンティン帝国から *東方正教会のキリスト教を取り入れた．さらに中世以来 *異端とされる *ボゴミール派を信じてきたボスニア人は，*オスマン帝国の支配下に *イスラム教に改宗した．またウクライナやトランシルヴァニアではローマ教皇の権威を認めながら，*典礼や *秘跡は従来の *東方教会のものに従う *カトリック東方教会が成立した．

【政治・民族問題】これらスラヴ人はロシアを除いて長くオスマン帝国やオーストリア・ハンガリー帝国など他民族の支配下にあったが，19世紀に入ると *ロマン主義思想の影響下に民族主義（→ナショナリズム）が芽生え，そのなかからさらにスラヴ人の政治的団結を説く *汎スラヴ主義も生じた．第1次世界大戦の直接のきっかけとなった「サラエヴォ事件」はセルビア人の民族主義が生んだものであった．彼らスラヴ人は第1次世界大戦後，ようやく念願の独立を獲得したが，第2次世界大戦中はナチス・ドイツの支配のもとに苦しいレジスタンスを行うことになった．第2次世界大戦後，彼らはソ連の圧力下に「人民民主主義国」を作ったが，ソ連崩壊後は西欧への接近を望み，ポーランド，チェコはハンガリーとともに北大西洋条約機構（NATO）に加盟し，将来ヨーロッパ連合（EU）への参加を期待している．

バルカン半島のスラヴ諸民族は第2次世界大戦後ユーゴスラヴィアを作ったが，これは冷戦後崩壊し，正教会のセルビア，カトリックのクロアティア，ムスリム（イスラム教徒）のボスニア・ヘルツェゴヴィナの間で戦争が行われた．

(外川継男)

スラヴてんれい　スラヴ典礼　〔英〕slav liturgy,〔独〕slawische Liturgie, slawischer Ritus,〔仏〕rite slave

一般にいうスラヴ典礼とは，9世紀に *キュリロスとメトディオスが文章語として創案した教会スラヴ語によって執り行われる *典礼様式を指す．

*神聖ローマ帝国と中世のブルガリアの間に緩衝国として位置する西スラヴ諸国の一つ，大モラヴィア王国では，すでにフランク人宣教師たちの手によって一部の *儀式書が翻訳されていたが，キュリロスとメトディオスは863年に同国に到着すると，直ちに実際に使用する典礼文の翻訳に着手した．この作業は，南イタリアおよび東イリュリクム（キュリロスとメトディオスの故郷）で使われていたいわゆる「聖ペトロ典礼」のギリシア語典礼文に基づいたものとみられる．この典礼様式は主にビザンティン典礼の様式（→クリュソストモス典礼）に沿うものであるが，*ローマ・ミサ典文を *奉献文として用いていた．翻訳を通して成立した *典礼書は，福音書・使徒書・詩編のほか *エウコロギオン，*ホロロギオン，*トリオディオン・カタニュクティコン，*ペンテコスタリオン，*オクトエコス，*メノロギオン，賛歌集，そしてキュリロスの没後追加された *テュピコンを含んでいた．

【スラヴ語ローマ典礼】スラヴ語を表記する2種類の文字である *グラゴール文字とキリル文字を創案したのはキュリロスとメトディオス，あるいは彼らの弟子とされているが，実際にはグラゴール文字のみがキュリロスの創案したものである．キリル文字は少しあとにブルガリアで創案された．現在，*東方正教会のスラヴ人が使っているスラヴ語典礼文はキリル文字で表記されているが，最古のスラヴ語典礼文はグラゴール文字で表記されていた．グラゴール文字は，その後，西バルカン地方，特にマケドニアで広く使われたが，最終的にはキリル文字に取って代わられた．一方，「スラヴ語ローマ典礼」あるいは「グラゴール典礼」と呼ばれるものがローマ・カトリックに属するクロアティア人の間で発達した．これはラテン様式のミサ典礼書を教会スラヴ語のクロアティア方言に翻訳し，グラゴール文字で表記したものである．クロアティアの八つの司教区で行われたこの典礼様式は，教皇 *インノケンティウス4世および *トリエント公会議によって承認され，*ラテン教会においてラテン語以外で *ミサを行うことが許された唯一の例となった．

20世紀には，「スラヴ語ローマ典礼」の施行は，当時のチェコスロヴァキアの一部の地域で特別な場合に限って認められ（1920），その後ユーゴスラヴィアの全域で認められた（1930）．グラゴール文字で綴られたスラヴ語『ローマ・ミサ典礼書』は1905年の版が最後となり，それ以降の版はラテン文字で表記され，ミサ典礼文に限りグラゴール文字でも記された．ローマ典礼のなかで国語の使用を認めた第2 *ヴァティカン公会議以降，クロアティア人の間でのスラヴ語『ローマ・ミサ典礼書』の使用は衰退し，近代クロアティア語が使用されるようになった（→典礼言語）．

【今日におけるスラヴ典礼】東方正教会，ギリシアおよび *カトリック東方教会に属するスラヴ人の間では，ビザンティン典礼が教会スラヴ語で執り行われている．ただ同じ教会スラヴ語であっても，東スラヴ地方のロシア人，ウクライナ人，ベラルーシ人，ルテニア人，南スラヴ地方でビザンティン様式に準ずるクロアティア人，セルビア人，マケドニア人，ブルガリア人，および東方正教会に属するスロヴァキア人などの共同体ごとに，発音やアクセントなど多少の違いが存在し，ロシア人を除くすべてがそれぞれの典礼に何らかの形で現代の民族語を取り入れている．

【文献】LThK^2 4: 906-908; 9: 832-33.　(C. サイモン)

スリアーノ　Suriano, Francesco　(1548/49-1621)

イタリアの作曲家．ソリアーノ（Soriano）とも呼ぶ．*パレストリーナの弟子，そして後継者として知られ，*ミサ曲，*モテット，詩編（→詩編歌）などを作曲した．1581-86年にマントヴァ宮廷の音楽監督を務めた以外はローマ諸教会で活躍，最終的にはカペラ・ジュリアの楽長となった（1603）．*ローマで没す．

(金澤正剛)

スリウス　Surius, Laurentius　(1522/24-1578.5.23)

カルトゥジア修道会員，霊的著作家．独語表記はLorenz Sauer．*リューベックに生まれ，フランクフルト・アム・オーデル大学およびケルン大学で学び，1539年人文学修士号を取得，*ペトルス・カニシウスらと親交を結ぶ．1540年に *カルトゥジア修道会に入会，1543年に司祭に叙階される．

彼の著作活動は三つの時期に区分できる．(1) J.*タウラーや *ロイスブルクなどの俗語による霊的著作のラテン語訳・校訂に従事した時期（　-1555）．(2) 反プロテスタント論争書の翻訳に携わっていた時期（1556-61）．(3) 教会史料編纂に専心した時期（1561-　），である．*ケルンで没するまでのこの時期には，後の *ボラン

ディストによる『聖人伝校訂史』に多くの素材を提供した主著（De probatis sanctorum historiis）のほかに、クラッベ（Petrus Crabbe, 1470/71-1554）の『教会会議史料集』（Conciliorum omnium, tum generalium, tum provincialium）を継続編纂するなど多くの特筆すべき業績を残した．
【文献】DSp 14: 1325-29; LThK² 9: 1193-94; NCE 13: 820-21. （神崎忠昭）

スリナム　正式国名：スリナム共和国，〔蘭〕Republiek Suriname，〔英〕Republic of Surinam. 面積：16万3,265 km². 人口 44万 2,000人（2000年現在）．言語：オランダ語（公用語），英語，ヒンディー語，スラナン（ヨーロッパ諸語の混合語）など．宗教：*ヒンドゥー教，カトリック，*イスラム教．

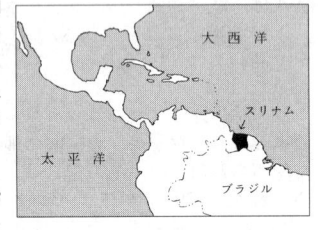

南アメリカ大陸北東部に位置する共和国．旧オランダ領ギアナ．16世紀にスペインが植民地化，次にイギリスとオランダの間で領有が争われたが，最終的にオランダ領となった．1975年に独立．住民は移民を中心に構成され，インド人やインドネシア人，アフリカ系黒人，*インディオなど．カトリックは17世紀に伝わっていたが，宣教は19世紀に入ってからなされた．主に黒人に信仰されている．
【現勢】2000年現在，カトリック信者数：10万2,000．司教区：1．小教区：28．教区司祭：5．修道司祭：13．信徒修道士：8．修道女：20．
【文献】平大百科 8: 204-205. （高橋佳代子）

ズリーニ　Zrínyi, Miklós（1620. 5. 1-1664. 11. 18）　ハンガリーの詩人，評論家．*ウィーンとイタリアで*イエズス会の教育を受け，帰国後は一家の領地を引き継ぎ，侵攻してくる*オスマン帝国と戦う．*ホメロス，*タッソ，そして*マリーノなどの影響下に詩を書き始めた．代表作として知られるのは，トルコ軍と戦った先祖の勇敢な姿を描いた愛国的叙事詩『シゲトの危難』（Szigeti veszedelem, 執筆1645-46）で，詩集『アドリア海のセイレン』（Adriai tengernek Syrénája, 1651）に収められた．そのほかに軍事・政治評論の著作がある．
【文献】LÓRÁNT CZIGÁNY, The Oxford History of Hungarian Literature (Oxford 1984) 55-60; R. B. PYNSENT, S. I. KANIKOVA, eds., The Everyman Companion to East European Literature (London 1993) 460.
（沼野充義）

スリピー　Slipyj, Josyf Ivanovič（1892. 2. 17-1984. 9. 7）　ウクライナ・カトリック教会の府主教，後に枢機卿．ウクライナ西部のテルノーポリ（Ternopol'）に生まれ，*ローマで死去．*リヴォフの神学校で学び，1917年司祭叙階．*インスブルック大学で神学博士号を取得，*グレゴリアナ大学，聖トマス・アクィナス大学，*教皇庁立東方研究所で学んだ．1922年リヴォフの神学校で神学教授となる．神学協会の創設（1925），その学術雑誌の編集にも参加．1925年に，府主教*シェプティツキーにより修道院長に叙任され，1928年，シェプティツキーがリヴォフに神学院を創設すると初代院長に就任．

第2次世界大戦勃発直後，ソ連軍の西ウクライナ占領に伴い，シェプティツキーは内密にスリピーを補佐主教とした（1939）．1944年11月，シェプティツキーの死によりスリピーはガリチア（Galicia）の府主教とリヴォフの大主教を兼任．ソ連が勝利を収めると，反ウクライナ・カトリック教会運動が盛んになり，他の主教らとともに1945年4月拘禁された．18年にわたる監獄や強制収容所での強制労働を経て，1963年，教皇*ヨアンネス23世の執り成しで国外退去を条件に釈放される．同年2月ローマに移住，1965年には*パウルス6世により，*枢機卿に任命された．その後はウクライナ主教協議会議長などを務めながら離散ウクライナ人に仕え，ウクライナ教会の東方的伝統（→カトリック東方教会）を守ることに尽力した．
【文献】LThK³ 9: 668. （S. セニク）

スリューテル　Sluter, Claus（?-1405 / 06）　ネーデルラント出身の彫刻家．ブルゴーニュ君主フィリップ豪胆公（Philippe le Hardi, 1342-1404）に仕えるフランドルの彫刻家マルヴィル（Jean de Marville）の助手として，1380年代半ばから宮廷所在地*ディジョンで活動，1389年にマルヴィルが没したあとを受けて，フィリップ豪胆公を施主とするディジョン郊外シャンモール（Champmol）の*カルトゥジア修道会修道院のための彫刻群を制作した．修道院礼拝堂の扉口の彫像（1385-93），『モーセの井戸』として知られるキリスト磔刑群像の台座部分（1395-1406）などが現存する．これらの彫刻においては，ブルゴーニュ公夫妻のような実在の人物ばかりか，聖人や預言者たちも個性的風貌と量感ある肉体を備えた現実的存在として表され，そこに同時代の*宗教劇との関連をみる研究者もある．写実的かつ重厚な人物表現，力強い襞の起伏が人物の迫力を強調する衣服の表現は，繊細優美な*国際ゴシック様式と訣別した新時代を予告するものであり，ファン・*エイク兄弟に始まる次世代のフランドル絵画（→フランドル美術）にも深い影響を与えた．ディジョンで没す．（高橋裕子）

スリランカ　正式国名：スリランカ民主社会主義共和国，〔英〕Democratic Socialist Republic of Sri Lanka. 1948年イギリス植民地から独立．1972年共和制に移行．国名をセイロンからスリランカに改めた．タミル人の分離独立運動が1980年代から武装闘争へと激化している．面積：6万5,610 km². 人口：1,855万人（1997年現在）．言語：シンハラ語が多く，ほかにタミル語（以上公用語），英語．宗教：仏教，ヒンドゥー教，キリスト教，イスラム教．

インド南方のインド洋上にある島で，古くはギリシア人やローマ人からタプロバナ（Taprobana）と呼ばれた．旧石器時代より先住民がいたが，前3世紀に北インドから文明をもったアーリア人が移住して，主要民族であるシンハリー族を形成し，*仏教をその宗教とした．他方南インドからドラヴィダ人も移住して，*ヒンドゥー教を奉じ，主にスリランカ北部や東部に住む少数民族タミル族を形成した．ほかにも少数のイスラム教徒が主として沿岸の都市やその近郊に住んでいる．

シンハリーの王国は2,000年近くにわたりインドから大きな影響を受けつつ，この島独自の文明と文化を築き繁栄を続けたが，1505年，植民地支配を目指すヨー

スリランカ

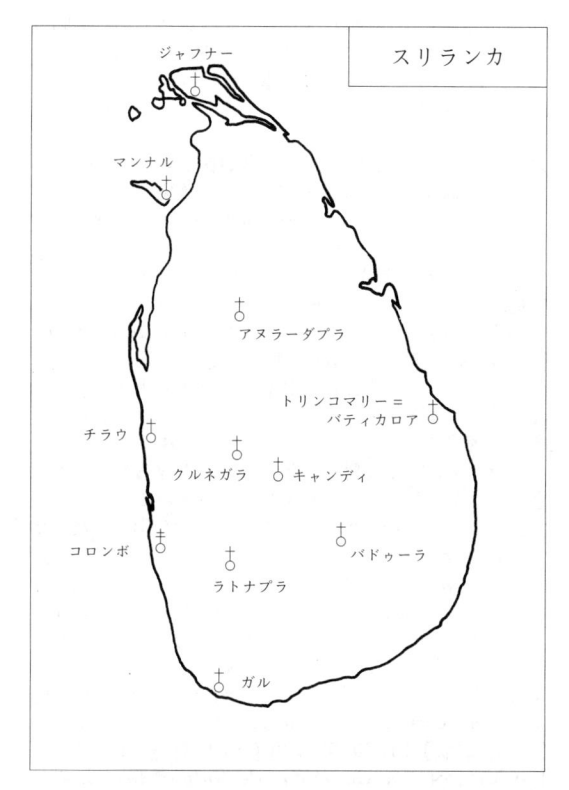

ロッパ列強の第一陣としてポルトガルが侵入した時代には、シンハリーの国王はコロンボ (Colombo) 近くのコッテ (Kotte) を拠点に自らの王国を統治するとともに、北部ジャフナー (Jaffna) のタミル人王国と中央高地キャンディ (Kandy) のシンハリー人王国をも支配していた。

【キリスト教の歴史】キリスト教徒は中東出身の商人たちや南インド出身の雇用者たちの間に少数ながら存在したが、土着の島民をキリスト教へ改宗させようとする本格的な努力は、ポルトガル人の渡来によって始まった。

植民地の宗主国としてポルトガルは当時、ローマ教皇の要請を受けて海外の領土にカトリック信仰を広めようとしていたが、スリランカの場合、ポルトガルの第一の目的は通商であった。しかし、コッテの王国分裂とコッテとシタワカ (Sitawaka) の抗争の結果、コッテ王ブヴァネカバフー (Bhuvanekabahu) は、兄弟のシタワカ王マヤドゥネ (Mayadunne) に対抗するため、ポルトガルと政治上の同盟を結び軍事的援助を得ようとし、同時に宣教師の派遣をも要請した。その結果、*フランシスコ・ザビエルがインドを訪れていた頃、6名からなる*フランシスコ会の宣教団がポルトガル国王*ジョアン3世の命を受け、スリランカに到着した (1543)。ブヴァネカバフー自身はキリスト教徒になることを拒み、また臣下が改宗することも望まなかったが、王位後継者になるはずの孫の教育はフランシスコ会員の手に委ねた。

ザビエル自身は、彼の手紙から窺われるように、スリランカ島民のキリスト教への改宗に強い関心をもっていたが、ブヴァネカバフー王の時代には大きな成果は得られなかった。それに対し、スリランカ北西部沿海の島マンナル (Mannar) ではインド本土にいる人々からザビエルの名声が伝わり、そのため島への来訪を請われたザビエルは仲間の宣教師を送り、数百人ものマンナル島住民を改宗させた。ところがジャフナー王サンキリ (Sankili) は、それがポルトガルの政治的干渉に進展することを恐れ、軍隊を派遣して棄教を拒んだキリスト教徒約600人を虐殺した。

コッテの王国では1551年にダルマパラ (Dharmapala) が王位を継ぎ、フランシスコ会員に宣教活動を許すとともに、自らもキリスト教徒になったが、王位を譲るべき子どものなかった彼は王国をポルトガルに贈り、その結果1597年彼の死とともにコッテの王国はポルトガルの支配下に入った。1623年にはジャフナーの王国もポルトガルに併合された。しかし、キャンディの王国だけは、ポルトガルによる再三の征服の企てにもかかわらず、シンハリー人の仏教徒の王のもとに独立を保った。

コッテとジャフナーの王国では宣教活動が活発になり、大きな成果を収めた。フランシスコ会員に協力するために、1602年に*イエズス会、1606年には*ドミニコ会と*アウグスチノ会が会員を派遣した。住民の多くがキリスト教徒となったが、なかにはポルトガル支配下でキリスト教徒になることにより得られる物的利益のために改宗した者もいた。

17世紀中頃になると植民地支配を目指す別の勢力、オランダが登場する。1658年にオランダはポルトガル人を追放し、その領土を支配下に置くが、カトリック教会がポルトガルとの政治的な絆の役を果たすのを恐れて、その根絶を図り、かわりに*カルヴィニズムのオランダ改革派教会を広めようと努めた。カトリック信仰は禁じられ、教会と学校は全部没収されて、信者たちはオランダ改革派教会の学校や礼拝に出席するよう強制された。またカトリックの司祭をかくまったりすれば厳罰に処せられた。そのため約30年間カトリックの司祭はスリランカから姿を消したが、1687年、*オラトリオ会設立を手伝っていた*ゴアのインド人司祭ヴァズ (Joseph Vaz, 1651-1711) が、スリランカでのカトリック信者の窮状を聞き、変装して島に潜入、ひそかに信者たちの司牧に努めた。その後ゴアのオラトリオ会からインド人司祭たちが加わった。オランダ当局からは追及されたが、キャンディの仏教徒の王たちからは厚遇された。ヴァズは1711年の死に至るまでスリランカの教会のため勇敢にかつ使徒的情熱を傾けて尽力し、今日でも「スリランカの使徒」として敬愛されている。オランダの支配は1796年まで続くが、その間スリランカの教会の司牧を支えたのはこれら一握りのインド人オラトリオ会員たちであった。教会史上これは、アジア人が他のアジアの国へ宣教に赴くという、当時としては類のない壮挙であった。

オランダは1796年イギリスに敗れ、スリランカもイギリス領となる。1815年にはキャンディの王国もイギリス領となり、以後イギリスはスリランカ全島の宗主国となった。1829年にはカトリック信者に*信教の自由を回復する*カトリック解放令がイギリスで可決され、ヨーロッパの宣教師の活動も再開される。イタリア人オラトリオ会員をはじめとして、フランスの*オブレート会、イタリアの*シルヴェステル修道会、ベルギーのイエズス会が宣教師を派遣した。ポルトガル支配の時代からインドのコーチン (Cochin) 司教区に編入されていたスリランカは、1834年にインド人オラトリオ会員ロサイロ (Vicente de Rosayro) を初代司教とする独立の教会管区になった。1887年には教会組織が整えられ、コロンボが大司教区、ジャフナーとキャンディが属司教区と

スルバラン

され，卓抜な洞察力と行動力を備えたフランス人オブレート会員ボンジャン (Christopher Bonjean) がコロンボの初代大司教となった．

イギリスの統治下で教会は着実に発展を遂げた．1948年スリランカは独立国となり，現地人の教役者数も増加し，今日でもその数に不足はない．コーレイ (Thomas Cooray) は，1965年にスリランカ初の枢機卿になった．司教区は現在10あり，それぞれにスリランカ人の司教がいる．教会はこの国の発展のため特に教育や社会奉仕の分野で目覚ましい貢献を果たしてきた．現在1,855万余の国民のうち，カトリック信者数は120万余りで，キリスト教諸宗派のなかでも格段に多い．1947年には聖なるおとめマリアが「ランカの聖母マリア」という称号で国の*守護の聖人とされ，コロンボ近郊のテワッテ (Tewatte) には記念の聖堂が建てられた．

バシリカ聖堂

【現勢】1996年現在，カトリック信者数：123万8,000．大司教区：1．司教区：10．小教区：384．教区司祭：568．修道司祭：308．信徒修道士：246．修道女：2,237．

【文献】世キ百 481-85; WCE 634-38． (D. ピーター)

スルバラン　Zurbarán, Francisco de
(1598-1664.8.27) スペインの画家．エストレマドゥーラ地方の小村フエンテ・デ・カントス (Fuente de Cantos) に生まれ，*マドリードで没す．17世紀のスペイン絵画黄金期の巨匠の一人．

*セビリャで徒弟修業を積み，1620年代半ばからセビリャの修道院からの注文を受けて数多くの作品を手がけた．郊外トリアナ (Triana) の*カルトゥジア修道会修道院の『聖フーゴの食卓の奇跡』(1625頃)，*メルセス修道会修道院回廊の連作『聖ペドロ・ノラスコの生涯』(1628頃) などには，簡潔な構想，真摯な*リアリズム，*カラヴァッジョ風の明暗法のうえに個性的なスタイルを確立したスルバランの特徴がよく現れている．その後もセビリャを中心にアンダルシア地方で活動を続け，聖人像 (『聖トマス・アクイナス礼賛』1631，『聖女カシルダ』1640頃) や宗教的テーマを日常的情景に表した作品 (『ナザレの家の聖母とキリスト』1635-40，『祈る幼い聖母』1633頃)，苦行者 (『聖ヒエロニムスの誘惑』1639，『墓の中の聖フランシスコ』1640頃) などを描いた．いずれの作品にも静謐で厳粛な雰囲気が溢れ，慎み深い信仰心と*殉教を尊ぶ敬虔な精神が明らかである．静物モチーフに細心の注意が払われ，入念に現された事物は，それが何であれ厳粛さがある．そこには，日常の卑近な物にも神の存在を感じとる*神秘主義的な傾向が指摘できる．1634年にはフェリペ4世 (Felipe IV, 在位1621-65) のブエン・レティーロ宮で*ベラスケスと並んで制作 (連作『ヘラクレスの功業』等)．また特に1640年代以降，セビリャから新大陸に輸出される作品も多く手がけた．ほかに『修道士ヘロニモ・ペレス』(1634頃)，『エル・ソティーリョにおけるキリスト教徒とムーア人の戦い』(1638)，『レ・マルケの聖ヤコブ (聖体の神秘の奇跡)』(1658-59頃) などが伝わる． (安發和彰)

スルピキウス・セウェルス　Sulpicius Severus
(360頃-420頃) 教会史家，聖人伝作家．アクイタニアの名家に生まれ，ボルドー (Bordeaux) で古典と法学を学び，ノラの*パウリヌスと親交をもつ．名家の子女と結婚するが死別．389年頃受洗．パウリヌスに倣い隠遁生活を志し，*トゥールーズに近いエルソンヌ (Elsonne) に，次いでプリムリアクム (Primuliacum, Prémillac) に隠棲，禁欲と著述に専念する．トゥールの*マルティヌスをたびたび訪れ，彼から大きな影響を受ける．マルセイユの*ゲンナディウスは，彼が司祭であり，晩年，*プリスキリアヌス派の謬説に好意的であったために絶対沈黙の苦行を課されたと伝えるが，信憑性は薄い．*アタナシオスの『アントニオス伝』と並び称される聖人伝の名著で，後代に多大な影響を及ぼすことになる『マルティヌス伝』，それを補完する『対話』，天地創造から400年までを扱う『年代記』(第1巻と第2巻27章で旧約の歴史，第2巻28章以下でエルサレム壊滅後の教会の歴史を記述)，3通の手紙が現存．古典に倣い，古典からの引用も多いが，大仰な修辞に走ることなく，「教会著作家のなかでも最も明晰な著述家」(ecclesiasticorum purissimus scriptor) と評される．

【著作校訂版】PL 20: 95-240; CSEL 1; SC 133-35; A. LAVERTUJON, *La Chronique de Sulpice Sévère*, 2 v. (Paris 1896-99).

【文献】キ人 803; NCE 13: 787-88; DPAC 3333-36; Quasten 4: 537-39; F. GHIZZANI, *Sulpicio Severo* (Parma 1983). (小高毅)

スルプリツィオ　Sulprizio, Nunzio
(1817.4.13-1836.5.5) 福者 (祝日5月5日)．イタリア中部のスルモナ近郊のペスコサンソネスコ (Pescosansonesco) に生まれる．9歳のときに両親や祖母を相次いで失い，鍛冶屋であった叔父のもとに引き取られる．生来の病弱な体質に加え，長期にわたる過酷な労役や虐待がもとで，1831年に左足にひどい損傷を負って入院する．1832年に別の叔父が*ナポリに呼び寄せ，ヴォフィンガー (Felix Wochinger) の援助で入院，手術も施されたが，治癒せずに19歳で生涯を終える．学生の模範である*アロイシウス・ゴンザーガに対し，青年労働者の模範と称され，1963年12月1日列福される．

【文献】BSS 12: 66-67. (田渕文男)

スロヴァキア
正式国名：スロヴァキア共和国，[スロヴァキア語] Slovenská Republika, [英] Slovak Republic. 面積：4万9,012 km². 人口：538万7,000人 (2000年現在)．言語：スロヴァキア語 (公用語)，ハンガリー語．宗教：カトリック67.9%．

【キリスト教の起源と発展】スロヴァキアにおけるキリスト教の存在を示す記録はローマ皇帝*マルクス・アウレリウスの時代まで遡る．172-74年，スロヴァキアのローマ軍兵士のなかには多くのキリスト教徒が含まれていた．また，ドナウ左岸のローマ軍駐留地や商人の居留地跡で発見された遺物は，4世紀におけるキリスト教徒の存在を裏づけている．*スラヴ人は，5世紀に起きた*民族大移動の時期に現在のスロヴァキアへの移動を開

スロヴァキア

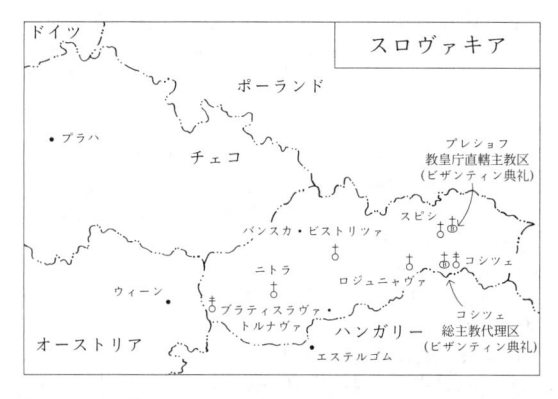

始した．8世紀から9世紀にかけてアヴァール人（[ラ] Avares）による支配が崩壊し，*フランク族が中央ヨーロッパへ集中すると，スロヴァキアのキリスト教宣教師の活動は容易になった．スロヴァキアには*アクイレイア，*ザルツブルク，*パッサウから宣教師が派遣され，フランク人宣教師のほかにもアイルランド・スコットランド系，アングロ・サクソン系の宣教師が活動していた．ニトラ（Nitra）にあるスロヴァキア皇子プリヴィナ（Privina, ?-860頃）の要塞都市内にある城内教会は，スロヴァキア最古の教会堂で，828-33年にザルツブルク大司教アダルラム（Adalram）により設立された．スロヴァキアの領地は833年頃に新しい統一国家に統合され，これは後に大モラヴィア王国と呼ばれた．パッサウから来たバイエルン人宣教師はモラヴィアのスラヴ人の間で活動し，特に9世紀初め頃からは指導者層の間で精力的に活動した．彼らが*洗礼や*主の祈り，*使徒信条などの基本的な典礼文を古代スラヴ語に翻訳したことが，『フライジング断片』において証明されている（→スラヴ典礼）．大モラヴィア王国全土でキリスト教が受容されるにあたっては，*ビザンティン帝国から派遣された*キュリロスとメトディオスの働きによるものが大きい．この二人はラスティスラフ王（Rastislav, 在位847-70）の要請に応え863年，大モラヴィア王国を訪れた．最初の宣教期間にキュリロスは，スラヴ人が使用する言語を表記するために*グラゴール文字を考案した．ビザンティン宣教師の指導のもと，ビザンティン教会の聖書と典礼文が古代スラヴ語に翻訳された（→東方典礼）．例えば10世紀の東方式*典礼書であるシナイ祈祷書（Euchologium Sinaiticum）はこのグラゴール文字で表記されている．ビザンティン皇帝*レオ3世およびコンスタンティノス5世（Konstantinos V, 在位741-75）の共同統治によって741年に*『市民法大全』をもととするビザンティンの法典エクロガ（[ギ] Ecloga, 抜粋の意）から民法が制定された．メトディオスは*ヨアンネス3世・スコラスティコスが編集した『50題法令集』を古代スラヴ語に翻訳した．キュリロス，メトディオス兄弟が，典礼書と典礼における土着語の使用の許可をローマ教皇*ハドリアヌス2世および*ヨアンネス8世より得たこと，また初めての*司教座が880年ニトラに設けられたことは特に重要で，大モラヴィア王国における宗教生活は西方およびビザンティン両者の典礼・神学・思想に深く影響された．しかしフランク王国は政治的な理由もあって西方教会を支持し，885年にメトディオスが死亡すると，その弟子の大半は*ラテン教会の聖職者により大モラヴィア王国から追放された．ハンガリー系遊牧民の侵出により大モラヴィア王国は崩壊，それと同時に

スロヴァキアは自治も崩壊，教会自治も衰退した．その後，スロヴァキアは1918年までハンガリー王国の領地となった．

【ハンガリー王国時代】ハンガリー王国における教会活動を統制していたのは，ラテン様式を好んだ*ステファヌス1世であった．ヘプ（Cheb, 現チェコ西部）とニトラの各司教区をはじめ，18世紀末までスロヴァキアの大部分がハンガリーのエステルゴム（Esztergom）大司教区の管轄下に置かれていた．主に11世紀から13世紀にかけてキリスト教は精神および文化の中心となった．*スヴォラトなどの*隠修士以外にも*ベネディクト会，*プレモントレ会，*カルトゥジア修道会，*シトー会，*パウロス修道会などの修道会から多くの修道士が生まれた．スピシュスカ（Spišska）の司教座聖堂*参事会やほかの施設での共住により聖職者は団結を深めた．まもなく*フランシスコ会もスロヴァキアに派遣されてきた．都市部の知識人は修道会が運営する*修道院学校や*司教座聖堂付属学校で教育を受けた．*チェコとは対照的に*フス派はスロヴァキアでは繁栄しなかった．スロヴァキアにおいて*宗教改革の影響が顕著になった時期，ハンガリー王国の大部分は*オスマン帝国に占領された（1562-1683）．*イスラム教の中央ヨーロッパへの浸透はスロヴァキアの国境付近で停滞したため，政治活動はスロヴァキアに集中した．オスマン帝国が引き起こす戦乱と*ハプスブルク家に対抗するハンガリー貴族による反乱は政治・宗教の混乱を引き起こし，カトリック教会にも被害を及ぼしたが，同時にスロヴァキアにおけるカトリック復活運動にも刺激を与えた．なかでも*イエズス会会員で枢機卿の*パーズマーニの活動は特筆に値する．17世紀中頃になると*カトリック東方教会では*位階制が再編され，カトリック東方教会の独自性は弱まったが，元来のビザンティン様式の伝統が途切れることはなく，その傾向は後にルーマニアおよびウクライナからの東方正教会系の移民によって強められた．この東方正教会はスロヴァキアにおいて徐々にカトリック教会へ統合され，1646年には*ウジゴロドで合同が成立し，カトリック・ルテニア教会が生まれた．ムカチェヴォ（Mukačevo）主教区（現ウクライナ共和国南西部）を除いて，*プレショフ主教区は1816年カトリック東方教会として創設された．オーストリアの*マリア・テレジアはスロヴァキアのスピシ（Spiš），バンスカ・ビストリツァ（Banská Bystrica），ロジュニャヴァ（Rožňava）に主教区を新設し，1804年にはコシツェ（Košice）主教区も設置された．カトリック聖職者たちは文化・政治面で活躍し，例えばベルノラーク（Anton Bernolák, 1762-1813）はスロヴァキア西部の方言をもとに，スロヴァキア語の標準語ベルノラーク語を確立しようとした．またカトリック司祭であり詩人のホリー（Ján Hollý, 1785-1849）も文学の分野に貢献した．19-20世紀には多くの教会代表者がスロヴァキア独自の国家，および文化の権利を主張し，後には政治上の自治権をも主張した．パルコヴィチュ（Juraj Palkovič, 1769-1850）は聖書をベルノラーク語に翻訳した．ラドリンスキー（Andrej Radlinský, 1817-79）は『一連の敬虔な考察』（Nábožné vylevy）を書き上げ，人々の信仰の形成のために聖ウォイテハ会（Spolok sv. Vojtecha）を創設した．パラーリク（Ján Palárik, 1822-70）は出版事業を始めたほか劇場を開設し，クメチュ（Andrej Kmet', 1841-1908）は科学振興に貢献した．バンスカ・ビストリツァ主教区の司祭であったモイゼス（Stefan Moyzes, 1797-1869）は民族啓蒙文化団体として

スロヴァッキー

重要なマチツァ・スロヴェンスカー (Matica Slovenská, 1863) の発足に立ち会い，スロヴァキア語による教育を促進させた．政治の分野ではルジョムベロク (Ružomberok) の司祭 *フリンカが活躍した．

【1918年以降】〔1918-39年〕オーストリア・ハンガリー帝国の崩壊に伴ってチェコスロヴァキア共和国が誕生した．この新しい社会状況下で沸き上がった自由かつ*反聖職者主義の風潮にどう対応するかが，スロヴァキア教会の最優先事項の一つに数えられた．1921年に執り行われた3人の新主教，バンスカ・ビストリツァのブラホ (M. Blaho, 1869-1943), ニトラのクメチェコ (Karol Kmet'ko, 1875-1948), スピシのウォイタシャーク (Jan Vojtassak, 1877-1965) の*叙階と1926-27年の主教会議は，スロヴァキアにおける教会の影響力を強化する出来事で，特に主教会議の成果は1928年にチェコスロヴァキア新政府との間で合意された非公式協定に結実し，教会と国家それぞれの主張の間に生じていた根本的なずれが調整された．カトリック教会はスロヴァキアの自治を支持する姿勢を示したが，戦時下のチェコスロヴァキアでは教会の諸活動の自由は充分に保証されなかった．自治政治に関する運動の指導者は先にもあげたフリンカ司祭で，1938年に彼が死亡すると*ティソが後継者となった．

〔1939-45年〕ナチス・ドイツによる圧政(→ナチズム)はチェコスロヴァキア共和国の終焉とスロヴァキア国家の独立(1939.3.14)を促したが，ドイツの支持を受けての国家独立は全面的に肯定できるものではなかった．ドイツ側としての参戦や人種差別的法律の制定，*ユダヤ人の迫害などである．1939-45年のスロヴァキア大統領は前述したティソである．カトリック教会は学校での活動を許されており，少なからず社会的影響力をもっていた．しかし戦時中のスロヴァキアにおける教会と政府の関係に関して，動乱期の大統領を聖職者が務めることに*教皇庁は遺憾の意を表明している．戦時中，特にスロヴァキアがドイツ軍に占領されてから，カトリック司教団はユダヤ人の追放に関して何度も公的な形で抗議し，カトリック団体はユダヤ人の保護に努めた．

〔1945-89年〕新チェコスロヴァキア共和国は，第2次世界大戦以降，ソヴィエト連邦の影響下に置かれ，また1948年以降は*共産主義政権の影響を受けた．この政府は*無神論を掲げており反教会の立場をとっていた．1949年には連邦政府教会局が設置され，教会に関する新しい法律が発布されたことで教会に対する公的な迫害が始まり，1950年から1960年にかけての迫害は残酷極まりないものであった．共産主義者は教会の分裂を企てたが失敗に終わった．1950年4月13日夜から14日朝にかけて，ほとんどすべての修道会員が投獄された．続いて修道院はすべて閉鎖され，修道女も連行された．これらの修道会員たちは法的手続きなしに強制収容所へ送られ，総計1万4,000人の修道者が投獄されたことになる．このような修道院の徹底的な破壊の後には，カトリック東方教会に対するさらなる弾圧が計画されていた．1950年4月28日，国家政府はプレショフで教会会議を開き，*ロシア正教会の*総主教代理の受け入れ，ローマ・カトリック教会との合同の破棄，およびすべてのカトリック東方教会をロシア正教会へ改編することを公式に発表した．ゴイジチュ (Paul Gojdič, 1888-1960) とホプコ (Basil Hopko, 1904-76) 両主教は投獄され，後に有罪の判決を下された．また国家が設立した正教会に加わることを拒否した聖職者(うち80%は司祭)は投獄

の後，国外追放された．すべての主教は国家の監督下に置かれ，その多くが国家政策への服従を強いられ，また何年も服役させられた．平和のための司祭運動や*ヨアンネス23世の回勅*『パーケム・イン・テリス』にみられる教会の団結を崩そうとした政府は，政府関係の人間を教会に潜入させたり政府側に妥協した聖職者を利用したりした．宗教書物の流通は最小限に抑えられ，厳しい検閲を受けた．すべての宗教活動は人々の生活から消え，聖職者の活動はごく基本的な典礼と*秘跡に限られ，それも厳しく管理された．司教区や神学校は閉鎖され，1950年から1990年にかけて聖職者の教育はただ1校の神学校でのみ行われた．ただし神学生の数は限られており，国家の厳しい監督を免れることはなかった．教会に新しい風が吹くのは，政府が弾圧の手をゆるめる1968年である(ただし，民主化の動きは1968年8月21日ワルシャワ条約同盟国軍の侵入により阻まれる)．このとき，それまで禁止されていたカトリック東方教会の活動が制限つきながらも合法化された．1970年代には地下教会，すなわち国家の干渉を回避するための非合法教会の活動がさらなる影響力をもった．この活動を指揮したのは長期間の投獄から解放され，秘密裡に叙階を受けた司教や，主に若者と活動を共にした一般人指導者である．また，修道士・修道女も法の目をくぐって活発に活動した．宗教書の不足は地下出版物や海外から密輸入された書籍によって補われた．人々の間に信仰心は根づいており，無神論を唱える政府にもそれを取り払うことができなかったため，1970年代に入ると知識人や若者の間で宗教活動が再び盛んになった．聖母*マリアの巡礼所へ巡礼の旅を行うことは，無神論を掲げる共産主義政権への強い抗議行動となった．積極的に活動するカトリック聖職者および信徒に対する政府の弾圧と国家警察の残酷な攻撃は，国家が期待したのとは逆の結果を導いた．

〔1989年以降〕共産主義政権の崩壊(1989)により，教会は個人的な信仰の自由と公的機関の宗教活動の自由を獲得した．40年にわたる迫害を経ても，スロヴァキアでは人口の約3分の2がカトリック教会の一員であると自認している．1990年以降，修道院の活動は合法化され，教会財産が被った最悪の被害は償われたといえる．神学校の設立は再び認可された．*基本的人権と自由(出版の自由と集会の自由)が新しい政府のもと確保され(スロヴァキアは1993年1月1日より独立国家となった)，教会にも自由がもたらされた．長い間無人だった司教館にも住人が戻り，今では人々の生活に教会が存在していることがさまざまな場所で確認できる．1995年7月に行われたローマ教皇*ヨアンネス・パウルス2世の視察旅行は霊的再生を促す出来事であった．教会は共産主義に代わる新しい社会の形成と，霊的および道徳的価値を模索する個人・社会にとって重要な役割を果たすであろう．

【現勢】1998年現在，カトリック信者数: 359万6,000人．大司教区: 2．司教区: 5．小教区: 1,449．教区司祭: 1,863．修道司祭: 493．終身助祭: 11．信徒修道士: 210．修道女: 3,099． (C. ヴァジル)

スロヴァッキー → スウォヴァツキ

スロヴェニア　正式国名: スロヴェニア共和国, 〔スロヴェニア〕Republika Slovenija, 〔英〕Republic of Slovenia. 面積: 2万256 km². 人口: 199万人(1997年現在)．言

語: スロヴェニア語. 宗教: カトリック 81.7%.

バルカン半島北西部, 旧ユーゴスラヴィア連邦の北端をなす共和国. 1997 年現在, 総人口のうち 91% を南スラヴ系(→ スラヴ人)のスロヴェニア人が占める. 長期にわたり *神聖ローマ帝国, オーストリア・*ハプスブルク家などの支配を受けた関係からドイツ文化の影響を色濃く残し, 首都リュブリャーナ (Ljubljana) はドイツ語名ライバハ (Laibach) で呼ばれることも多い.

6 世紀末に現在の地に定住しサモ (Samo), カランタニア (Carantania) の両王国を形成したスロヴェニア人は, 745 年フランク王国(→ フランク族)の支配下に入るとともに *西方教会のドイツ人宣教師を通じてキリスト教を受容した.

スロヴェニアは *宗教改革の時代にプロテスタントの影響を強く受けた地域である. 1551 年にはプロテスタント聖職者 *トルーバルによるスロヴェニア語の *教理問答書の出版, 1584 年には聖書のスロヴェニア語訳が行われた. これらの運動は続く反宗教改革(→ カトリック改革)のもとで実を結ぶことなく終わったが, スロヴェニア語の形成およびスロヴェニア人の政治的・文化的独自性の自覚に寄与する役割を果たした. 反宗教改革以降は再びカトリック化が進み, 現在国民の大多数がカトリック教徒である.

【現勢】1998 年現在, カトリック信者数: 162 万 3,000. 大司教区: 1. 司教区: 2. 小教区: 803. 教区司祭: 828. 修道司祭: 301. 信徒修道士: 49. 修道女: 785.

【文献】 M. BUNSON, ed., *2001 Catholic Almanac* (Huntington, Ind. 2000) 336; J. BENDERLY, E. KRAFT, eds., *Independent Slovenia: Origins, Movements, Prospects* (London 1994). （栗原毅）

スワジランド　正式国名: スワジランド王国, 〔英〕Kingdom of Swaziland. 面積: 1 万 7,363 km². 人口: 95 万人 (1998 年現在). 言語: スワジ語, 英語 (以上公用語). 宗教: キリスト教 60%, ほかに部族固有の伝統的宗教.

アフリカ第二の小国であり, *レソトの隣にあるアフリカ大陸最後の王国の一つである. 隣国で *南アフリカ共和国, *モザンビークといった異なった体制の国々がある. スワジランドが南アフリカ共和国に対してアパルトヘイトの明確な拒否宣言をできなかったのは, 南アフリカ共和国で, 3 万人のスワジランドからの出稼ぎ労働者が働いていたからである. また輸入の大半は南アフリカ共和国からであり, 輸出も 3 分の 1 以上が南アフリカ共和国向けである. スワジランドは, 南アフリカ共和国からの亡命者に避難所を与えていたが, 政治的活動は許可していない. スワジランドは現在変革期にある. 1968 年に独立国家になってからは急激な経済的発展を遂げつつある. 重要な地下資源もあり, 農業も発展を続けている. したがってもはやアフリカの貧しい国とはいえない. 約 80 万人の居住者のうち, 60% 以上がキリスト者であり, 約 5% はカトリック信者である. 約 40% がアフリカの伝統宗教を信奉している. プロテスタント教会は, 19 世紀になって初めて宣教師を派遣した. カトリックの宣教師は 1914 年に初めて到来している. 当初はある種の競争意識が存在したようだが, キリスト教諸教派間の関係は改善されている.

1971 年にカトリック教会は, スワジランド・キリスト教協議会に加盟した. 1976 年にはスワジランドを包括するマンジニ (Manzini) 教区の司教ズワンがキリスト教協議会の委員長に任命されたが, 惜しくも 1980 年に交通事故で死去した. 後に後継者である司教ンドローヴ (Louis Ncamiso Ndlovu) が協議会委員長に任命された.

カトリック教会は教育や社会事業を通じて高い評価を得ている. また, ズワン司教による次のような司牧要綱は現在も活用されている. (1) *カテキスタの重視. 教会は信徒奉仕に多くの可能性があることを知る必要があるからである. (2) 青年司牧の緊急の必要性. 人口に占める青年の比率が高いためである. (3) 外国人宣教師は今後, 二次的役割を担う自覚をし, 自国人指導者の力に委ねるべきこと. スワジランド人の聖職者が育つまでには, まだ多少の時間が必要である. 1997 年の時点で教区司祭はわずか 8 人のみで, 修道司祭のなかでもアフリカ人は少ない. また修道女の半数はヨーロッパ人である.

【現勢】1998 年現在, カトリック信者数: 5 万. 司教区: 1. 小教区: 15. 教区司祭: 9. 修道司祭: 29. 信徒修道士: 9. 修道女: 58.

【文献】世キ百 485-88; NCE 829; WCE 644-46.

（W. ホフマン）

スンナとスンナは　スンナとスンナ派　Sunna, Sunni

【概要】スンナとは, アラビア語で「慣行」「生活規範」の意で, イスラムでは, 狭義にはイスラムの預言者 *ムハンマドの模範的言行で, 教徒はこれに従って生活しなければならない. スンナ派, いわゆるスンニー派とは, 分派の *シーア派と区別される多数派で, イスラム史上では体制派であり, 西欧側は「正統派」と呼ぶことがある. スンナの反対がビドア (bid'a) で, 確立された規範から「逸脱」した誤った行為をいい, 「異端」に等しい.

【部族のスンナ】イスラム出現以前のアラブ族では自分の属する部族の伝統的な生活規範をスンナと呼んで, これを厳格に守ることを誇りにしていた. これに違反すると部族から保護を受けられず, 制裁を加えられた. ムハンマドが新宗教イスラムを提唱したとき, *メッカでクライシュ族が彼を迫害したのは, 新宗教の提唱がそのスンナに反したからであった. これに対してイスラムでは, 部族のスンナに従う者を非難して, 「まことに汝らは古いスンナをそのまま模倣しているが, トカゲの穴に這入れと言われたならば, 汝らはそのまま従うつもりか」(イブン・ハンバル Aḥmad ibn Muḥammad ibn Ḥanbal, 780-855 の『ムスナド』ii, 327) と戒めている.

【コーランでの用法】イスラムの啓示の書『*コーラン』のなかに, 「かつて行われたスンナ」(sunnat al-awwalīn), あるいは「神のスンナ」(sunnat Allāh) の語が現れるが, いずれもムハンマドの宗教が周囲から反対を受けたメッカ後期に属し, 預言者を拒否した民に対する神の懲罰物語に結びつけられている. したがってメッカの不信徒への警告を意味する.

【預言者のスンナ】教徒個人の具体的な導きとして, 預言者のスンナが狭義のスンナとなった. イスラム法学では, 啓示コーランに次いで, これが第二の法源としてス

ンナ派全体の合意(idjmā')によって承認された．こうして預言者の言行録(Ḥadīth)のなかに，コーランとスンナが信仰の基礎を示すキー・ワードとして現れる．言行録の「コーランとスンナを教えてくれる人々を私たちに送ってください」(ムスリム Muslim ibn al-Ḥadjdjādj, 817-75 編)，「信仰が人々の心の奥深く根を下ろした．彼らはこうしてコーランとスンナを学んだ」(ブハーリー al-Bukhārī, 810-70 編)，「人々はコーランのなかの不明確な点について汝と議論するようになるだろう．彼らにはスンナで返答しなさい．なぜならばスンナの人々はコーランについて，最もよく決定できるからである」(ウマル'Umar ibn al-Khaṭṭāb, ?-644 の伝承)などがこれを示している．コーランでは回数が明確に規定されていないが，教徒に定められている例に，1 日に 5 度の礼拝があり，ムハンマドのスンナに従って確立されている．また *割礼もコーランでは命じられていないが，スンナとして行われている．アラビア語，ペルシア語，その他の地域の言語でも，スンナの語が割礼を指している．この位置づけについて，後述する法学派間に不一致があり，ある法学派はこれを義務的行為とし(シャーフィイー法学派 Shāfi'ī)，またある法学派はこれを義務ではないが望ましい行為と定めている(マーリク法学派 Mālik)．

【スンナ派の四学派】今日，イスラム世界のなかでスンナ派教徒は多数派(全体の約 9 割)を占めているが，彼らはイスラム法学(フィクフ fiqh)上，四学派のうちのいずれか一つに属している．四学派とは，(1) ハナフィー(Ḥanafī), (2) シャーフィイー, (3) マーリク, (4) ハンバリー(Ḥanbalī) で，いずれも祖師の名に由来して命名されている．スンナ派はイスラム世界の多数派らしく，内部の差異には寛容であり，多様性を肯定的に神の恵みとして受け止める．

【文献】EI 9: 878-81. H. A. R. GIBB, J. H. KRAMERS, eds., *Shorter Encyclopaedia of Islam* (Leiden 1953) 116-21, 552-53. (加賀谷寛)

スンニヴァ Sunniva (10 世紀頃) 聖人(祝日 7 月 8 日)．Sunnifa とも表記．*オットー 1 世の時代のアイルランドの王女と伝えられるが詳細は不明．12 世紀の伝説によると，他国からの侵略者に追われて兄弟や他の娘たちとともに逃走，ノルウェーの海岸に近いセルイェ島へ渡るが本土の人々に襲われ洞窟のなかで死亡．ノルウェー王 *オーラフ 1 世が遺骨を発掘し，セルイェに教会を建立した(996)．1070 年にこの教会が司教座となるが，1170 年には司教座も *聖遺物もベルゲン(Bergen)へ移された．
【文献】LThK² 8: 1189. (久野暁子)

すんぷ 駿府 1590 年(天正 18)，*豊臣秀吉が *徳川家康に北条氏の故地関東八か国を与え，さらに 1603 年(慶長 8)，*江戸に幕府が開かれ，1606 年家康が大御所として駿府に居を移すと，各修道会の駿府への往来が盛んになった．*イエズス会は 1607 年に管区長 *パジオが駿府に家康を訪れている．当時同地には相当数の *キリシタンがおり，そのなかには家康直臣の旗本 *原主水，侍女の *おたあジュリアらが含まれていた．イエズス会はここに布教所を設け，司祭を常駐させた．また，*フランシスコ会も 1609 年に修道院を設け，*ドミニコ会でも F. デ・*モラレスが駿府を訪れている．しかし，1612 年には *有馬晴信と *岡本大八の事件が起こり，これを機に，家康はまず旗本ら 14 名のキリシタンらの追放と禁教を命じた．このとき，キリシタンの指導者道寿如庵(1614 没)が殉教．禁教令下には *結城ディエゴや B. *フェルナンデスらが駿府を訪ねたが，1616 年(元和 2)のカクスケ・ペドロの殉教が伝えられるほかははっきりしない．
【文献】『イエズス会日本年報』1607 年度 (ARSI, Jap. Sin. 55, ff. 365-441v); 同, 1612 年度 (Jap. Sin. 56, ff. 184-246v). (尾原悟)

スンマ 〔ラ・英・独・仏〕summa 中世神学では教理を体系化するための手続きとして神学的問題を提示し，まず聖書と *教父の著作を引用して解答を出し，理性に基づく論証を行って結論を出す方法がとられた(→スコラ学)．当初，教科書として最も普及した *ペトルス・ロンバルドゥスの『神学命題集』に解説を加える形がとられたが，13 世紀になると「解説」の枠組みにとらわれない新しいアプローチと様式としてスンマ(大全)が現れた．これは神学の全命題を体系的にまとめるものである．
【文献】LThK² 9: 1164-67. (高柳俊一)

せ

せい　性　〔英〕sex, sexuality, 〔独〕Sexualität, Geschlechtlichkeit, 〔仏〕sexe, sexualité　生まれつきの性質や性別．性は人間に独特なものではなく，多くの動植物にも共通する生理現象であるが，人間の性（〔英〕human sexuality）は生殖を唯一の目的とするものではなく，人格的な出会いと*愛との関わりが重視される．つまり，人間の性の充足は性交により性欲を満たすだけでなく，身体的な側面をも含めた他者に開かれた異性への献身によって得られる．性欲や性衝動また性的快楽は卑しいものではなく，それらの性能力は神の賜物・善いものとして理解されるべきである．しかし人間は性欲に他の諸能力と同じく自制することのできない力も体験するから，性の成熟過程と*人格の成長との密接な関係や調和を探求する必要がある．性本能に身を委ねることなく，人間性に巣くっている自己中心的・利己的傾向（→利己主義），自己閉鎖的あるいは自己陶酔的性向から解放されるためには，他者との出会いや対話を大切にし，人間の人格的な生き方全体のなかで性の問題を捉えるように努めなければならない．

【生物学的理解】生物学的な基本法則によれば，人間の性も種の存続のためにある．各個人は自分の生の存続だけでなく，自分の存在の限界である生物学的な*死を越えて，人種の存続に寄与する．両性に分かれた生殖器官を通じて，それぞれの生理的リズムの特定の時期に性交し，新しい命を受胎するのである．英語の sex はラテン語の seco（分断・切断・分割する）の意から，男女の性別や性交を意味する．また gender は「文法上の名詞の性」の意であるが，ギリシア語の genos は氏族や部族であり，genete は「子が生まれること」，genetēr は「父親」を意味し，父親が子を発生させるという観念を反映している．ラテン語の genus はものの種類や属を意味し，geno また gigno は「産む」ことであるが，現代の「ジェンダー」は男女の社会的役割での性差を意味する．日本語の「性」は雌雄・男女の区別のほかに，「生まれつきの心」や「さが」を意味するが，「姓」は「生まれつきの母の血統」から「一族」や「家筋」を表している．このような語義からもわかるように，性（sex）は有性生殖における精子と卵子の結合のような生物学的な性別構造とその機能を表現するものである．人間の場合でも，男性性器の勃起や女性性器における陰核の硬直などの身体的な興奮現象によって射精を伴うオルガズム（〔英〕orgasm）という性的快感の頂点に達するのは反射的機能である．それは一般的な刺激に対する反応であり，また人間の愛が存在しなくても起こりうる生理的現象である．しかし人間の性は単に身体的な性本能による反射的現象だけでなく，異性に対する性の心理的呼応でもある．その呼応も自己中心的な欲望を満たすための手段として用いることもできる．また性の欲望を自分の身体で満たす*マスターベーションは性の自己充足のように錯覚しがちであるが，それは性の非人格的な表現であり，自己刺激による自然な反応である．性は人間の生全体のなかで意味をもつものであり，他者との関係における人間の愛と切り離されるならば，それは自己快楽の道具となり非人格的なものになってしまう．

【人間論的理解】人間の性は男性と女性とに分化されており，人間の意識はいずれかの性を付与されたものとしてしか存在しえない．大多数の場合，両性は互いに求め，愛し，相互に与え合う．人間の性別は男女それぞれの人格性を規定し，人格性は性別を通して現れるのである．それは外的な生殖器だけの営みではない．「人間の性的素質と生殖能力は，下等動物にみいだされるそれをはるかに越える．したがって，人間の正しい品位に基づいて行われる夫婦生活の固有の行為に対して，大きな尊敬を払わなければならない」（『現代世界憲章』51項）．

〔性とエロス〕人間の性衝動は，例えば恋愛のような感情や想像力をも含む*エロスの愛，他者との一致を求める．エロスは根本的には自己本意の愛であり，自己認識や自己承認，また愛撫などの要求を満足させるものである．それは異性の心情や表情に現れ，それぞれに魅力ある異性として，両者が互いに愛情を育てるのに重要な愛である．しかし美しく，好ましいものを所有したいという性衝動は，性欲を満足させようとする自己陶酔的・利己的傾向にも陥る．そのようなエロティックな愛は，異常な性欲の身体的表現を伴う倒錯現象，不自然な関係にもなる．けれども，エロスの性愛は文学や芸術を生み出す原動力でもあり，人間の生活文化の大切な要因である．

〔性と友愛〕セックスとエロスによって表現される異性に方向づけられる性愛は，自己超越の方向をもって他者との出会いと相互の人間愛に進展する可能性をもっている．人間の性は「汝」という他者との出会いと対話の場を開き，人間としての間柄の愛を実らせ，同性また異性との*友情関係を結ぶことができるようになる．思春期における性意識の目覚めはある具体的な異性との出会いをもたらし，相手との主体的・人格的関係に進展する．愛する相手に全面的に自分を傾け，人格としての性と愛の関係を確立し，やがて生涯の伴侶を選び結婚生活に入る．友愛（フィリア，〔ギ〕philia）は夫婦関係においても実現されるものであり，人生の真の伴侶としての人格的な愛を可能にするのである．

〔性とアガペー〕人間の性はエロス的愛や友愛によって「我々」の関係の次元に向かう．アガペー（→愛）は二人の世界を超越して，相手との相互責任を自覚させる無私的な愛である．相手が価値ある存在か否かを基準にすることなく，愛することによって相手のうちに価値をみいだしていく愛である．男女の愛の人格表現である夫婦関係においては，相手の外面的な優劣にかかわらず，相手のために生きる道を開き，互いにゆるし合う犠牲を伴う愛である．特に結婚生活はセックスやエロスの愛だけでなく，性愛を含む友愛と痛みを伴うアガペーの愛に高められるとき，夫婦は相互の人格としての成長と完成をみることができる．

〔人間の性と愛の調和〕人間は性的存在であり，性の能力を異性への愛と調和させる必要がある．相手の肉体

の美や精神的な魅力にひかれる感覚や性的快感の体験は，相手を性欲の対象としてみることではなく，*幸福への期待へとつながる．現代では人間の身体性を再評価し，「性的な言語」（［英］sexual language）としての自己表現が重視されている．人間の性は身体による自己伝達の言語であり，それぞれの文化的また民族的表現法が異なるのであるから，性的行為も習得されるものである．また性は人間の存在と生を支える基本的なものであるから，肉体的要素を含む人格的な愛と緊密に結ばれている．性的な成長と*成熟は人格との相関関係にあり，人間の発達途上にある少年や青年においては性と愛との不統合の不安定状態にある．特に性的次元においては身体は他者との関係を求めるから，握手や接吻などの身体的表現は彼または彼女への語りかけでもあり，特別の意味をもつ．このように，人間の性は人間全体の表現・言語として他者との出会いの場であり，人間は肉体を通して他者の心を開き，相互に知り合うことができる．

【聖書神学的理解】聖書もその時代の文化的また社会的状況のなかで書かれたものであるから実践的な諸問題については制約もあるが，人間の性やその尊厳について普遍的な見方を学ぶことができる．

〔旧約聖書〕創世記の二つの創造物語はその神話的表現のなかに人間の性の真の姿を描いている．神の似姿として造られた男女の性別（1: 27）は，神の賜物として人間に固有な性関係と生命伝達の任務をも示している．第二の創造物語（2: 4-24）では男女の性の在り方と意義が述べられている．特に「女の創造」（2: 18, 21-22）では，人の助け手としての尊厳と存在価値が認められ，仲間・伴侶として男との深い関係のなかに生きるという相互に補い合う存在，共にいる喜びの体験が語られる（2: 23）．男女はやがて結婚し，父母を離れて「二人は一体となる」（2: 24）が，性は子孫の繁殖のためだけでなく，相互に助け合う人格共同体の形成が示唆されている．*原罪の物語（2: 25-3: 24）では，性的羞恥心や男女の関係の亀裂も*罪の結果として述べられている．夫婦の性の交わりは互いに「知る」（4: 1）ことでもある．

シナイ*契約における*十戒は「姦淫してはならない」（出 20: 14; 申 5: 18）と述べ，神とイスラエルの契約関係を語る．神は自由な愛をもってイスラエルを自分の民として選び，互いの愛と忠実を約束したが，この契約関係は男女の愛と忠実の表明である*結婚の原型になる．レビ記はいとうべき性関係を述べているが，*近親相姦（18: 6-16; 申 27: 22-23），人妻との*姦通や強姦（レビ 18: 20; 20: 10-12; 申 22: 22-27）は死刑に処せられる．処女であることが大切にされ*純潔を求め（申 22: 13-21），処女を犯す人は父親に罰金を支払うか妻とし，離縁してはならない（同 22: 28-29）．そのほか，*同性愛（レビ 18: 22; 20: 13），獣姦（同 18: 23; 20: 15-16），月経期間の性交禁止（レビ 18: 19; 20: 18）などが列挙されている．預言者たちも姦淫を神との契約関係で語り，イスラエルの民の不忠実・背教を「姦淫」と呼ぶ（エレ 5: 7-9; ホセ 4: 1-2）．主なる神の花嫁であるイスラエルは，自分の花婿を見捨てて他の神々と売淫する（エゼ 23 章; ホセ 1-3 章; イザ 57: 3-5; エレ 3: 1-9）．*知恵文学でもしばしば姦淫について述べられる（箴 2: 16-19; 5: 2-23; 6: 24-7: 27）．姦淫はいと高き神の*律法の侵害であり，単に地上的な人間の夫婦間の不忠実であるだけでなく，神の意向に反することである（シラ 9: 1-9; 23: 16-28; トビ 7-8 章）．イスラエルでは婚外性交は厳格に禁止されている．結婚の絆を大切にし，新婚夫婦の場合には祝福と喜びに満たされ，兵役からも免除されている（箴 5: 18-19; 申 20: 7; 24: 5）．

〔新約聖書〕新約の教えは旧約の根本的な教えに基づいているが，性の理解もイエスによる*神の国の到来と罪の*ゆるしの福音によって深められる．福音書には売春婦や公の罪人と称せられる女性に対するイエスの慈悲深く寛大な態度が記されている．ユダヤ人の不信仰や*ファリサイ派の無理解や非難にもかかわらず，「姦通の女」（ヨハ 8: 1-11）を罰しなかったり，「罪深い女」（ルカ 7: 36-50）をゆるすばかりでなく，信仰による*救いを約束している（マタ 21: 31-32）．他方，イエスは十戒を思い起こさせながら，行為による姦淫ばかりでなく，心のなかの姦淫，無秩序な性欲による心の支配を克服するように求めている（マタ 5: 27-29）．結婚や*離婚に関する教えにも，創世記にみられる結婚に関する神の本来の意志を思い起こさせ，結婚における男女の深い一致を強調し，姦淫を禁じている（マコ 10: 2-12; マタ 5: 31-32; 19: 3-12; ルカ 16: 18）．

特に*パウロはキリスト教への改宗者に対して福音の精神から性に関する規律を教示している．それはパウロの宣教による諸地方における教会の設立とその*司牧の立場からの基本的主張である．ローマ統治下における性道徳は乱れており，姦淫や離婚ばかりでなく，さまざまな性的関係の乱れの描写や勧告をしている（ロマ 1: 24-32; 1 コリ 6: 9-10; エフェ 4: 17-24; 1 テサ 4: 3-5）．異教の不道徳を暗闇のなかに生きることとし，キリスト者になった者は神の子ども，神に倣う者として光の武具を身につけるように勧め，性の乱れを戒めている（ロマ 13: 11-14; エフェ 5: 1-14）．キリストの教えの核心はアガペーとしての愛であるから，他人を自分の欲望や快楽の道具のように利用するのではなく，互いに仕え合うことを学ぶように勧める（2 コリ 12: 20-21; 1 テサ 4: 1-12）．異教徒の性的不道徳の根源は彼らの*偶像礼拝と神に対する無知であるという．パウロは人間の肉体と性との正しい秩序づけを教え，純潔を守り，キリスト者としての*聖性への*召命にふさわしくあるようにと戒める．人間の肉体もキリストの*復活と永遠の救いの視点から再評価される（1 コリ 6: 13-20）．単にみだらな行い（［ギ］porneia）を避けるだけでなく，*神の意志に従って生きることである．また，パウロは童貞の理念を肯定しながらも，すべての人に絶対的な*禁欲を求めるのではなく，現実的な夫婦生活の道を説いている．夫婦は自分の体に対する権利を相互に授受し，互いのために生きる道を学ぶのである（1 コリ 7: 1-9）．欲情を制御できない人には結婚を勧めながらも，終末的な緊迫感をもって*独身の道も求めている（同 7: 7-8, 36-38）．キリスト者の夫婦愛はキリストと教会との深い神秘的な一致のしるしとされる（エフェ 5: 25-33）．イエス以降には，パウロの教えにあるように，キリストへの信仰に基づく結婚への召命と神の愛に応える献身的独身の召命の生き方が認められる．後者は前者の価値を失わせるものではなく，それぞれの生き方が選択される．

【倫理神学】キリスト教の性倫理を考えるとき，特に*アウグスティヌスの結婚についての教えが今日に至るまで強い影響力を保持したことに驚かされる．アウグスティヌスの教えは，*アリストテレスの哲学を受け入れて人間の性の意味を解明する*トマス・アクィナスの権威によって教会の伝統的教えとなったが，現代の人格的な性の理解により見直されるようになっている．

〔アウグスティヌス〕アウグスティヌスは自分の青年

時代の性体験をも踏まえて，性欲や性的快楽について否定的かつ悲観的な見方をするようになる．原罪の伝播の直接の原因は欲情（[ラ] concupiscentia）であると考え，『告白』によれば，彼の *回心の一つの要因はその欲情からの解放でもあった．元来，欲情という概念は人間の生の根本的な性向として中立的であるが，彼は愛欲（cupiditas）や 情欲（libido）と並んで，性に結びついた罪深い欲情つまり性的邪欲，神に不従順で無秩序な欲望として理解する（『神の国』14巻 15-17参照）．原罪の結果，欲情はもはや理性の支配下に置いて抑制することはできず，生殖器に強く働くという．こうして，たとえ *婚姻の善は認められるとしても，夫婦行為は善悪の混合であり，生殖目的であっても罪深さが伴い，「ゆるされる罪」とされる．欲情のゆえの夫婦行為もそれに伴う快楽も罪悪視される．子どもを産むという善に欲情を従属させるべきであり，結婚における相互の契約も性関係を許容する「体に対する権利」を授受するものである．アウグスティヌスによれば，配偶者に対する愛と忠実を尽くす結婚の貞潔（castitas）は独身における純潔（integritas）や *童貞性よりも劣るものである（『結婚の善』参照）．

〔トマス・アクィナス〕トマスは創造の教理に基づいて生殖という自然の目的のために性と夫婦行為の善性を認めている（『命題論集注解』d.26, q.1）．人間が経験する性欲の反抗や性器の自律は原罪の結果であり，その罰である．そのため夫婦行為における欲情は悪や無秩序と関連するものになる．アリストテレスの快楽論（『ニコマコス倫理学』1153a 14-15）を受け入れ，自然に即した生殖活動に伴う快楽を否定するものではないが，過度の肉体的快楽は悪であるとみる．それは性欲の無秩序な力や性的快楽による恍惚が理性をもつ人間にはふさわしくないからである．「性的快楽は魂を奪う感覚的快楽へ引きずり込んでしまうが，思慮や他の知的徳の完成は感覚的なものを抜き取ることにあるのである」（『神学大全』II, 2, q.53, a.6）．性行為において人間は激しい快楽のために理性をもたない動物のようになる（同 I, q.98, a.2；『命題論集注解』d.31, q.1, a.1）．欲情はその性質上，理性の統制から最も離れたもので生殖行為のなかにも混在しており，原罪の伝達の手段でもある．このような性欲の非理性的要素と原罪の結果からみて，人間の性の自然的善性を認めてはいるが，夫婦行為も悲観的に評価される．けれども性行為の本性的傾向は自分の存在を維持するだけでなく，人間の生命維持に寄与するという生物学的な目的を重視する．この自然的目的は人間の種族的本性に刻み込まれている自然の秩序であり，倫理的義務を負わせる．したがって，生殖と関係ない性行動はすべて「自然に反する」罪であり，殺人の次に重い罪である（『対異教徒大全』3, c.122；『神学大全』II, 2, q.154, a.12）．これらは生殖行為を中心とした性の理解であり，性生活と夫婦愛との関連は稀薄であり，その喜びの体験も軽視されている．

〔現代の人格的理解〕現代では人間に関する諸学問の影響のもとに，性の人間学的研究も進み，性の生物学的機能のみでなく，人間文化的また人格的理解が深められた．人間の性は生殖を唯一の目的とするものではなく，性的快楽も人格関係のなかで正しく評価される．物質的消費社会にあっては性の商品化や官能主義による非人間化の社会現象もみられる．しかし人間の真の性の力は人格的な「我と汝」との出会いと対話への呼びかけであり，異性との愛における深い一致に関わるものである．

「いのちと愛の共同体」としての結婚と家庭，また夫婦愛に関する第2 *ヴァティカン公会議の教え（『現代世界憲章』47-52項）は，夫婦愛の表現としての性交と生殖および子どもの教育の意義を人格共同体のなかに位置づけている．人間の性と夫婦の性生活は生殖を目的とするだけでなく，人格的な夫婦愛と親子の愛を通じて社会全体に向けて開かれたものでもある．また夫婦の排他的な愛といのちの交わりは愛である神の生命への参与という救いの次元にも関わる．その人全体の表現である夫婦の性生活は人格的な愛の言葉・表現であるから，それに伴う快楽も出会いと相互授与また一致の喜びの体験として決して人間の品位を損なうものではない．このように，現代の教会と *倫理神学はアウグスティヌスやトマスによる伝統的な性と結婚に関する教えを再検討し，人格共同体としての結婚と家庭，夫婦愛の価値認識，夫婦愛と夫婦行為との関係，召命としての結婚という視点から人間の性の意義を唱えている．

公会議後には，教皇 *パウルス6世が回勅 *『フマナエ・ヴィタエ』（1968）で夫婦愛と産児調節（→計画育児）との密接な関連，つまり夫婦行為と生殖との緊密なつながりを強調した．生殖機能は本性上，神がその起源である人間生命の産出に向けられている．また，教理聖省は『堕胎に関する教理聖省の宣言』（Declaratio de abortu procurato, AAS 66 ⟨1974⟩ 730-47）によって人権の立場から胎児の生命を擁護し，意図的中絶を避けるように勧告する（→堕胎）．さらに『性倫理の諸問題に関する宣言』（Declaratio de quibusdam quaestionibus ad sexualem ethicam spectantibus, AAS 68 ⟨1976⟩ 77-96）によって試験結婚や婚前交渉，自慰行為などの諸問題を取り上げて，人格的な愛と性の関係を重視し，結婚準備教育や *性教育の必要性を説いている．公会議の新しい人格的な理解は，教皇 *ヨアンネス・パウルス2世の使徒的勧告 *『ファミリアーリス・コンソルティオ』（1981）や新しい『教会法典』（1983），また『カトリック教会のカテキスムス』（1992）にも受け継がれている．教会の歴史を振り返るとき，確かに倫理神学や *教会法による人間の性に関する罪は，欲情と原罪との結びつき，生殖による原罪の伝播，また快楽の悲観的見方などによって，結婚生活内外における性行為の罪の過重な評価がなされてきたことを認めざるをえない．

【生命倫理】現代医学では医療技術を用いて人間の生殖過程に介入し，発生のメカニズムを利用して生殖を促進また阻止することも可能になった．いわゆる不妊治療として推進される *人工受精や *体外受精は子どもに恵まれない夫婦にとっては福音であるが，それらの生殖技術は夫婦の愛と性の具体的な関係や結婚の意味を再考させている．配偶者間の人工授精（AIH）については，すでに1897年当時の検邪聖省（現教理省）が条件つき容認の慎重な見解を示しているが（DS 3323），教皇 *ピウス12世も同じ見解である（1949）．一般的に人工授精を否定する理由は，その手段が夫婦行為の二つの目的である生殖と愛の一致を分離するからである．また倫理的に「いつも悪い」と判断される自慰行為による精子の採取方法を正当化できないからである．体外受精についても同じ理由が適用された．しかし配偶者間の体外受精の倫理的許容性を認める見解も議論されている．それによれば，人間はその生命を保持する自然権を有しており，普通の手段が助けにならないか有用でないとき，人工的手段を使用しうる．通常の夫婦行為で子どもができない不妊症の場合，人工的手段を用いることは倫理的に可能ではない

か．しかし教導職の教えによれば，体外受精か人工受精は非配偶者間は論ずるまでもなく夫婦相互の人格的な贈与行為である愛と生殖を分離してしまうという理由で，それらの倫理性を容認していない．それは教理省の『生命のはじまりに関する教書』(Instructio de observantia erga vitam humanam nascenten daque procreationis dignitate tuenda, AAS 80 〈1988〉 70-102) でも確認された．けれども，倫理神学者のなかには人工受精も体外受精も結婚生活全体のなかでみるとき，それらが配偶者間のものであれば，夫婦行為の補完的なものとして解釈しうるから必ずしも愛と生殖との分離ともいえないという見解もある．

【総合的見解】人格的な存在としての人間の性は種族保存という生殖機能を重視しながらも，人格的な交わりと一致の生の営みへ，また神の愛の交わりに開かれていることも忘れるべきではない．人間の性における矛盾や罪はキリストの救済の恵みから見直される必要がある．利己的で非人間化する性体験は確かに原罪のもとにある経験でもあるが，それはキリストによる救いの歴史のなかで，神の「愛」(アガペー) による自由と解放の恵みと無関係ではない．性の軽視や蔑視ではなく，*受肉の秘義による神と隣人への愛，救いへの召命から解明されるべきである．人間の性は結婚生活と独身生活のいずれにおいても他者との関わりのなかで理解されるし，神の国のための独身性の意義も評価される．夫婦の相互愛も独身者の献身的愛もそれぞれの人間の生の選択における人格的交わりの表明である．

【文献】キ大 605; 聖書思 491-95; DETM 993-1006; DSp 14: 768-88; LChM 630-98; LThK² 4: 803-10; SM (E) 6: 73-87; F. COMPAGNONI, ET AL., eds., *Nuovo Dizionario di Theologia Morale* (Milano 1990) 1222-36; A. マタイス, 高田徳明『愛と性の秩序』(中央出版社 1969); 同『性の進歩と愛の調和』(新教出版社 1972); A. マタイス, 井上英治編『エロスの原点』(南窓社 1974); M. オレゾン『性の神秘』伊藤晃, 竹田宏訳 (春秋社 1974): M. ORASON, *Le mystère humain de la sexualité* (Paris 1972); 今道友信『愛について』(講談社 1974); J. モレイ「性の人間学的考察」カ研 26 (1974) 57-77; 同「神学と性」カ研 28 (1975) 58-74; 同「現代における聖トーマスの性倫理の意義」『トマス・アクィナス研究』松本正夫, 門脇佳吉, K. リーゼンフーバー編 (創文社 1975) 325-49; 宮川俊行「体外受精の倫理学的考察」『自然法』水波朗他編 (創文社 1987) 399-453; 荒井献『新約聖書の女性観』(岩波書店 1988); 吉山登『現代の性のモラル』(中央出版社 1991); 百瀬文晃, 井上英治編『女性と男性』(中央出版社 1993); J. E. ZIEGLER, "Das natürliche Sittengesetz und die Sexualethik," ThGl 57 (1967) 323-56; A. HUMBERT, "Les péchés de sexualité dans le Nouveau Testament," *Studia Moralia*, 8 (1970) 149-83; A. VALSECCHI, *Nuovo vie dell'etica sessuale* (Brescia 1972); P. SCHMITZ, "Normenfindung in der Sexualmoral," StdZ 189 (1972) 165-76; J. G. MILHAVEN, "Conjugal Sexual Love and Contemporary Moral Theology," ThSt 35 (1974) 692-710; H. ROTTER, "Zur Grundlegung einer christliche Sexualethik," StdZ 193 (1975) 115-26; R. CANTALAMESSA, ed., *Etica sessuale e matrimonio nel cristianesimo delle origini* (Milano 1976); A. GUIDON, *The Sexual Language* (Ottawa 1976); A. KOSNICK, ed., *Human Sexuality: New Directions in American Catholic Thought* (New York 1977); P. KEANE, *Sexual Morality: A Catholic Perspective* (New York 1977); G. DURAND, *Sexualité et foi* (Montréal, Paris 1977); E. HAMEL, "La sexualité illuminée par la Révélation," StMiss 37 (1978) 307-25; W. KASPER, *Theology of Christian Marriage* (New York 1981); W. WOLBERT, *Etische Argumentation und Paränese in 1 Kor 7* (Düsseldorf 1981); B. HÄRING, "25-Jahre Katholische Sexualethik," *Studia Moralia*, 20 (1982) 29-66; L. S. CAHILL, *Between the Sexes* (New York 1983); J. DE FINANCE, "Devoir et amour," Gr. 64 (1983) 243-72; E. FUCHS, *Sexual Desire and Love* (New York 1983); R. LAWLER, J. BOYLE, W. E. MAY, *Catholic Sexual Ethics* (Huntington, Ind. 1985); P. DE LOCHT, *Morale Sexuelle et Magistère* (Paris 1992); I. FUCÈK, *La Sexualità al servizio dell'Amore* (Roma 1993); F. GIUNCHEDI, *Eros e Norma* (Roma 1994). （浜口吉隆）

せい　聖　〔ギ〕hagios, 〔ラ〕sanctus, 〔英〕holy, sacred, 〔独〕heilig, 〔仏〕sacré, saint　*神，および*祭儀に関わるものや神の意にかなった生活を送る人間などを表示する語．*真・善・美といったあらゆるものに妥当する普遍的な概念とは異なり，聖は，対立概念である俗からの限界画定を行うことによって，神的次元の超越性を表現する点にその特徴をもつ．

すでに聖書には，聖なる神が，聖なる方キリストを信じる人間を，*聖霊によって*聖化するという思想がみられ，その後の歴史のなかでその展開が遂げられたが，特に 18 世紀以降，聖は，哲学的にも重要な概念として頻繁に論じられるようになる．そこには，キリスト教の多元化現象に思想的に対処するため，宗教の意味を，超越的な神の特徴づけによってではなく，人間の具体的な宗教体験のほうから解明しようという時代の要請がみられる．聖とは，人間からみた神的領域の性格として，関係における *超越を内的に表現する語とみなされたために，この時代以降，*宗教哲学の中心的主題に高められた．

*最高善の実現のために神を要請した*カントは，聖を，道徳法則に完全に適合した心情と規定し，また絶対的依存の感情に宗教の根源をみいだした*シュライエルマッハーは，聖を，それによって人間のうちに*良心が据え置かれるような神的原因とみなした．人間の最も内的な情意に根づくとされたこうした聖性の理解は，*ヘルダーリンや*ゲーテにも継承されると同時に，あらゆるものを統合するという意味が新たに付け加えられるようになる．20 世紀になると，聖は，価値意識や世界理解の要として解釈されるに至る．聖を真・善・美という価値の規範意識とみなした*ヴィンデルバント，畏怖と魅惑という相反する要素からなる*ヌミノーゼの合理化として規定した R. *オットー，愛という価値感情のうちで把握される最高の人格価値として捉えた*シェーラー，神の住処として世界を統合する一契機として思惟した*ハイデガーらは，その代表的な例である．なお聖なるものの統合機能に関しては，*社会学や*文化人類学の面からも幾多の注目されるべき研究が輩出している．

【文献】HWP 3: 1034-37; LThK³ 4: 1267-74; 金子晴勇『聖なるものの現象学』(世界思想社 1994); B. HÄRING, *Das Heilige und das Gute* (München 1950); J. HESSEN, *Die Werte des Heiligen* (Regensburg ²1951); B. CASPER, ET AL., eds, *Besinnung auf das Heilige* (Freiburg 1966);

J. SPLETT, *Die Rede vom Heiligen* (Freiburg 1973).

(丹木博一)

せいい　聖衣　〔英〕Holy Garment,〔独〕Heiliger Rock,〔仏〕sainte tunique　ヨハネ福音書19章23節で語られている，イエスが着用していたという，一枚織りで縫い目のない長衣のこと．*コンスタンティヌス大帝の母 *ヘレナがこれを発見してドイツの *トリールに贈ったという説やフランスのアルジャントゥーユ (Argenteuil) に *シャルルマーニュがもってきたという説などがあり，それぞれ自分たちのものが縫い目のない下着で相手方のものは上着だと主張し（アルジャントゥーユの衣服は幼児のものという説もある），論争が続いている．

【文献】LThK² 8: 1348-50.

(和田誠)

せいいきけん　聖域権　→ 庇護権

せいいぶつ　聖遺物　〔ラ〕reliquiae,〔英〕relics,〔独〕Reliquien,〔仏〕reliques　*崇敬の対象とされる *聖人たちの遺骨，聖人が生存中使用したもの（衣服等），聖人の遺骨が触れたもの（布等），受難具等の遺品をいう．

【歴史】死者，特に宗教的に偉大な人物の遺骨を保存し，崇敬することは，多くの民族のもとでみられる習慣であり，その人が宿していた不思議な力がその遺骨を通して働き，人を危険から守ると広く信じられてきた．*仏教では，仏陀の遺骨とされている仏舎利が特に崇敬され，仏教国で多くの仏舎利塔が建築されている．

イスラエルの宗教では，唯一の神への礼拝が何よりも強調されていたので，聖遺物崇敬はみられない．新約聖書には，イエスの服やパウロが身に着けていた手ぬぐいに触れた病人が癒やされたと記されている（マタ 9: 20; 14: 36; 使 19: 12）．

古代教会では，聖遺物崇敬は，*殉教者の墓を崇敬することで始まった．155 年頃 *スミュルナで殉教した *ポリュカルポスについてスミュルナ教会の報告書は，「私たちは，宝石よりも高価で金よりも貴重なその骨を集め，彼の殉教の日を記念する」（*『ポリュカルポス殉教記』18）と記している．ほかの諸教会の信者たちも，自分の教会で殉教した人々の遺体を大切にし，その墓に集まって，記念祭を行っていた（→ 聖人崇敬）．

*ローマ法によって墓に葬られた遺体を動かすことが禁じられていたので，殉教者を記念するために建てられた聖堂は，初めのうちはその墓の真上に建築された．しかし，4 世紀の半ば頃，墓を開けて，別のところに建てられた聖堂に遺体を移す習慣が *東方教会で生まれ，急激に広まり，さらに，日本の分骨の習慣のように，聖人たちの遺骨が細かく分けられ，多くの聖堂や個人に分け与えられるようになった．*エルサレムで発見されたと思われたイエスの十字架も，これと同様に細かく分けられ，最も貴重な聖遺物として多くの場所に送られた．カイサレイアの *バシレイオス，*ヨアンネス・クリュソストモス，*アンブロシウス，*アウグスティヌス，*ヒエロニムスなどは，聖人たちが模範的なキリスト者であり，彼らの遺体を通して神が多くの *奇跡を行っているという理由で聖遺物崇敬を奨励し，異教的なお守りを身に着けるかわりに，聖遺物の入った容器を身に着けるように勧めた．エルサレムなどの巡礼地では数多くの聖遺物が安置され，巡礼者たちに崇敬の対象として公開された（→ 巡礼）．*聖画像崇敬を承認した第 2 *ニカイア公会議（787）のあと，聖遺物崇敬は一層盛んになり，同公会議によって *エウカリスティアが献げられる祭壇の下に聖遺物を埋蔵することが決められ，この習慣もしだいに全教会に広まり，教会法上の定めとなった．

西方教会は，聖人たちの遺体を分骨することに長い間反対し，教皇 *グレゴリウス 1 世は，ローマの殉教者の遺骨を送るように要請されたときそれを拒否し，遺骨のかわりに殉教者の墓に触れた布（〔ラ〕brandea）を送った（『書簡』4, 30）．しかし，8 世紀になると，キリスト教に改宗したゲルマンの諸民族の願いに応じて，ローマ教皇たちもローマの殉教者たちの遺骨を分けて，各国に送るようになった．*十字軍に参加した兵士たちは，占領した *アンティオケイア，エルサレム，*コンスタンティノポリスなどからおびただしい数の聖遺物を西欧に運んだ．そのなかには，*ケルン大聖堂に安置されている *ベツレヘムを訪れた *三人の博士たちの頭蓋骨や，*トリールの大聖堂に安置されているイエスの下着，ローマの *サンタ・マリア・マッジョーレ大聖堂に安置されている幼子イエスが寝かされていた飼い葉桶，あるいは *コンスタンティヌス大帝の母 *ヘレナの発見譚で名高い磔刑の十字架，*ルイ 9 世が持ち帰ったとされる

ロマネスクの聖遺物箱
(Herder)

聖アグネスの聖遺物
13 世紀ドイツ
(Herder)

*茨の冠，聖母 *マリアが *受胎告知の際に身に着けていたとされる絹の衣等，真贋をめぐる論争を引き起こしたものも多い．聖遺物崇敬が頂点に達したのは 13 世紀であり，当時作られた多くの聖遺物匣には金細工術の傑作が多い．

教皇や司教たちは，聖遺物の偽造や売買を厳しく禁じていたが，聖遺物とみなされているもののなかで信憑性の疑わしいものが多いことは確かで，13 世紀初頭に真贋の決定権は教皇のみに委ねられることになった．

【教理】J. *フス，*ウィクリフ，*ルターなど宗教改革者たちは，聖遺物崇敬を神の言葉と一致しない風習とし

て非難し，排斥した．また*カルヴァンは論考「聖遺物について」(1543)のなかで，巷にあふれる多数の聖遺物の実態を皮肉を込めて列挙し，その不合理性を説いた．それに対して，*トリエント公会議は，聖人の遺体は崇敬すべきものであることを信者に教えるよう司教たちに命じた．その理由として，聖人の遺体はかつてキリストの生きた肢体，聖霊の神殿であったこと，将来キリストによって復活させられること，神がそれらを通して多くの恵みを人々に与えることがあげられた(DS 1822).

トリエント公会議後，カトリック教会では聖遺物崇敬は相変わらず重視され，新しく列聖された聖人の遺物を手に入れることも多くの人の憧れの的となったが，キリスト教の神髄に重点を置いた第2*ヴァティカン公会議は聖遺物について，「聖人は，伝統に従って教会において崇敬され，その真正な遺物と肖像とは尊敬される」(『典礼憲章』111項)と述べているだけであり，公会議後，聖遺物に対する信者の興味・関心は薄くなった．聖遺物に関して数々の規定を載せていた旧教会法典と違って，新教会法典は，聖遺物に関しては，それを売却することは許されないこと，重要な聖遺物は*教皇庁の許可なしに譲渡されえないこと(1198条)，固定式祭壇の下に聖遺物を埋蔵すべきこと(1237条)だけを定めている．

キリスト教にみられる聖遺物崇敬は，人間の一般的な宗教心に由来する現象をキリスト教に取り入れる*インカルチュレーションの一例であるといえよう．それはキリスト教の神髄に属してはいないが，*ニューマンが指摘したように，神の子の*受肉を信じているキリスト教にとって，神の祝福が物質的なものを媒介にして与えられるという考えは，異質なものではない．

【文献】カ大 3: 81-83; DThC 13: 2312-76; LThK² 8: 1216-21; NCE 12: 234-240; J. カルヴァン「聖遺物について」『カルヴァン小論集』波木居齊二編訳（岩波書店 1982）; 渡邊昌美『中世の奇蹟と幻想』（岩波書店 1989）; H. DELEHAYE, *Les origines du culte des martyrs* (Bruxelles 1905 ⁴1955); ID., *Sanctus* (Bruxelles 1927); P. LEFEUVRE, *Courte histoire des reliques* (Paris 1932); M.-M. GAUTHIER, *Les routes de la foi: Relique et reliquaires de Jérusalem à Compostelle* (Paris 1983).

(高野禎子，P. ネメシェギ)

ゼイエル　Zeyer, Julius　(1841. 4. 26-1901. 1. 29) チェコの作家．*プラハの出身．チェコ・ネオロマン主義の旗手で，中世ヨーロッパや東洋を舞台にした詩と小説はその華麗な文体とともに，旅行家としての広い視野をも示している．浪漫的な作風は晩年にはしだいに宗教的な色彩を帯び始め，内省的なカトリック神秘主義者の面影を強くしている．プラハで没す．

【主著】*Jan Maria Plojhar*, 1891; *Drei Legenden vom Kruzifixe*, 独訳 1906.

【文献】『世界文藝大辞典』4（中央公論社 1936）293; *Der Literatur Brockhaus*, v. 3 (Mannheim 1988) 719.

(富田裕)

せいおうしょきちゅうせいけんちく　西欧初期中世建築　→　オットー朝美術，カロリング朝美術，西欧初期中世美術，メロヴィング朝美術

せいおうしょきちゅうせいびじゅつ　西欧初期中世美術

【概要】6世紀から11世紀中葉にかけて西欧各地に発展した美術の総称．統一的な様式的特徴はみいだし難く，時代差・地域差が顕著である．初期中世美術を構成する要素として重要なのは，アイルランドおよびアングロ・サクソン美術，西ゴート美術，アストゥリアス美術，*モサラベ美術，イタリアのランゴバルド美術，*メロヴィング朝美術，*カロリング朝美術，*オットー朝美術である．一般に初期中世においては，小規模な浮彫彫刻は別にして，大彫刻は数世紀にわたり傍流にすぎなかった．*モザイクや*壁画の大部分は失われたが，写本画の遺例は豊富である（→写本芸術）．学術・芸術の分野において中心的役割を果たした*修道院で制作された各種の手写本を飾る挿絵は，初期中世を代表する美術ジャンルを形成した．この時代にはまた金工芸術の遺品にも注目すべき作例が多い（→金属工芸，貴金属工芸）．

【アイルランドおよびアングロ・サクソン美術】前4世紀頃からケルト系部族によりラ・テーヌ系文化が栄えていたアイルランド島は，*パトリキウス（387頃-461）に代表される宣教活動を通じて急速にキリスト教化し，エジプトで発達した修道院制度が5世紀末に導入されるに及び，極めて独創的なキリスト教美術を生み出した（→アイルランド初期キリスト教美術）．*ケルト人の異教的伝統が大幅に受け継がれている点が大きな特色である．一方，5-6世紀に北欧方面から侵入した*アングロ・サクソン人によりゲルマン系異教文化が営まれていたブリテン島は，6世紀末にローマ教会およびアイルランド修道士の活動によりキリスト教化，以降，1000年頃のデーン人による征服までアングロ・サクソンの美術が続く．アングロ・サクソンのキリスト教化とともに，アイルランドの美術はブリテン島（*アイオーナ，リンディスファーン Lindisfarne 等），さらには大陸（*リュクスーユ，*ザンクト・ガレン等）へも発展した．各地にアイルランド系修道院が創設され，8世紀にはブリテン島のノーサンブリア（Northumbria）の諸修道院のほうがアイルランド島の本修道院よりも重きをなすことになった．9世紀以後，アイルランド島におけるケルト的キリスト教美術は急速に衰えた．アイルランドおよびアングロ・サクソン美術を代表するジャンルは写本画であり，その様式はケルト的伝統とゲルマン的伝統との混合が特徴である（装飾モチーフは螺旋文，組紐文，動物組紐文等）．代表作としては，7世紀初頭の『ダロウの書』（ダブリンのトリニティ・コレッジ図書館），7世紀末の『リンディスファーンの書』（ロンドンの大英図書館），800年頃の『ケルズの書』（ダブリンのトリニティ・コレッジ図書館）の三大写本があげられる．なお，アングロ・サクソンの写本芸術は，1000年前後にも，*ウィンチェスターを中心として，『聖エセルウォルドの司教定式書』（ロンドンの大英図書館）などの傑作を生み出している．

【西ゴート芸術】3世紀頃バルト海から移動を開始したゴート族のうち，バルカン半島を通過してイタリア北部に入ったあと，5世紀前半から中頃にかけてフランス南部およびスペインに定着を始め，王国を作った*西ゴート人は，713年にアラビアに滅ぼされるまで，ゲルマン系キリスト教の重要な一世界を形成した．東方美術との関係が深い．方形祭室と馬蹄形アーチを特色とする聖堂建築は，現存のものはほとんどが首都以外のもので作例に乏しいが，これに対して金工芸術には注目すべきものが多い．特に多数の奉納祝，*十字架などを含む『グアラサールの宝物』（653-72頃，マドリード国立考古学博物館等）は名高い．

【アストゥリアス美術】イスラム教徒の侵寇により西

ゴート王国は滅ぼされたが，スペイン北岸のアストゥリアスにイスラム支配を免れ王国を建てたキリスト教徒は，8-10世紀に西ゴートの伝統を受け継いだ独自の美術を発展させた．首都オビエド(Oviedo)およびその周辺(ナランコ Naranco のサンタ・マリーア聖堂等)に建築の遺例がみられる(→アストゥリアス王国の建築，スペイン美術)．その特色は石造の半円穹窿でおおわれた垂直感の強い内部空間である．壁画の作例も数か所に残り，特にオビエドのサン・フリアン・デ・ロス・プラドス聖堂(812-42)のものが有名である．ここでは，主題として人間像や鳥獣は登場せず，*ファサードなどの建築モチーフや幾何学文のみが描かれている．この反図像的傾向は金工芸術にもみいだされる．

【ランゴバルド美術】ゲルマン民族の一部族である*ランゴバルド族は，ドナウ川流域方面からイタリア北部に侵入し，そこに568年から774年まで王国を築いた．イタリア侵入以前とそれ以降のランゴバルドの工芸を分かつのは，後者においては，ゲルマン・ランゴバルド的要素が地中海的・ビザンティン的伝統の影響を受け継いでいるという点である．金工と並んでイタロ・ランゴバルド美術で重要なジャンルは石彫である．その中心地は，イタリア北部のフリウリ地方であり，代表作としてチヴィダーレ(Cividale del Friuli)の『ペンモの祭壇』(744 以前，チヴィダーレ大聖堂美術館)の浮彫があげられる．この作品にみられるような，強く様式化された人間像の表現とともに，ランゴバルド石彫の特徴を決定づけたのは組紐文である．この抽象文はランゴバルド王国が滅びたあとも生き残ってロマネスク時代にまでその痕跡を残した．

【文献】J. ユベール，J. ポルシェ，W. F. フォルバッハ『民族大移動期のヨーロッパ美術』富永良子訳(新潮社 1973): J. HUBERT, J. PORCHER, W. F. VOLBACH, *L'Europe des invasions* (Paris 1987); 柳宗玄『初期ヨーロッパ美術』(学習研究社 1974); H. ホレンダー『初期中世美術』越宏一訳(グラフィック社 1979): H. HOLLÄNDER, *Kunst des Frühen Mittelalters* (Stuttgart, Zürich 1969). (越宏一)

せいか　聖化　〔ラ〕sanctificatio, 〔英・仏〕sanctification, 〔独〕Heiligung　対象を聖なるものとする行為としての聖化は，聖書においては，神が民に対して行う，神との交わりを可能にする出来事である．

【聖書の教え】旧約聖書における聖化とは，神自身のみについていわれることで，神の名が聖とされ，崇められることと表現される(エゼ36: 23; イザ5: 16等)．そして，この神との交わり(*契約)に導き入れられた神の「聖なる国民」であるイスラエル(出 19: 6)には，主である神を崇め，その名を聖とすることが求められ(出 20: 7)，これを守ることによって，民は神の*聖性に到達すべきものとされる．

新約聖書によれば，イエスは，神に自らをささげることで人類の神との交わりを決定的に可能にした(ヨハ17: 11, 17, 19; ヘブ9: 13-14; 13: 12)．教会は，神のものとされた聖なる国民(1ペト2: 9)として，神が聖であるように聖となることを求められる．「聖なる方に倣って，あなたがた自身も生活のすべての面で聖なる者となりなさい．『あなたがたは聖なる者となれ．わたしは聖なる者だからである』と書いてあるからです」(同 1: 15-16)．

新約では，聖化の教えに倫理的な観点と聖霊の働きへの眼差しが含まれる．キリスト者は自らの生活自体を聖とすることを求められる(ロマ 6: 19, 22)．聖化は神の*恩恵であり，*信仰によって*神の子となること，あるいは*義認また*聖霊が人のうちに宿ること，あるいは神の愛が注がれることで始まる(ロマ5: 5)．「[わたしたちは]主イエス・キリストの名とわたしたちの神の霊によって洗われ，聖なる者とされ，義とされています」(1コリ 6: 11)．

【神学】*西方教会の伝統によれば，聖化とは*洗礼によって恩恵の状態にある人のなかで聖霊の働きかけに応えて深まっていく過程であり，それは生涯を終えて最終的に*天国で神と完全に一致し，*至福直観に到達したとき完全なものになる．*東方教会の表現では，聖化は*神化に相当する．

*ルターは義認の教説を強調し，聖化が業による救いの考え方につながることを恐れ，「恩恵における成長」という考え方を警戒したが，*カルヴァン派と後の J. *ウェスリは聖化の考え方を認めた．

*トリエント公会議は，信仰によって義とされた者が『『徳から徳に進み』(詩 83: 8)，使徒が言うように，『日々に新しくなる』(2コリ 4: 16)．すなわち，神と教会の掟を守ることによって自分の『肉体を抑制し』(コロ 3: 5)，それを聖化のための『正義の武器』(ロマ 6: 13, 19)とするのである」と宣言している(DS 1535)．

伝統的神学では，聖化は義認と同様に，洗礼によって与えられた神の恩恵に応える人間に限定された事柄とみなされてきた．しかし，現代においては，第 2 *ヴァティカン公会議の『現代世界憲章』22 項を敷衍し，キリストの*過越の秘義を通して明らかにされた人間の意義に応えるようにと招かれている人々，また目にみえない方法でこの招きに応える人々も含むすべての人々が「新しい天と地」を目指す過程としてみることも重要となっている(同 39 項)．

【文献】LThK³ 4: 1331-32; RGG³ 3: 177-81; TRE 14: 718-37. (高柳俊一)

せいか　聖歌　〔英〕chant, 〔独〕liturgischer Gesang, 〔仏〕chant d'Eglise　一般にキリスト教の*典礼において歌われる歌を総称する言葉．

【初代教会】*キリスト教は*ユダヤ教から*礼拝の要素を受け継いだが，聖歌も例外ではない．主キリスト自身，*最後の晩餐のときに「賛美の歌をうたってから，オリーブ山へ出かけた」(マタ 26: 30)が，これは，ハレル詩編 115-18 であった．*パウロは*フィリピで投獄されたとき，*賛美の歌で神に祈った(使 16: 25)．また，手紙においても，*詩編と*賛歌と霊的な歌により，感謝して心から神をほめたたえるように勧める(コロ 3: 16)とともに，当時の*キリスト賛歌を引用している(エフェ 5: 14; フィリ 2: 6-9 等)．キリスト教以外の記録にも，*プリニウスの『トラヤヌス帝への手紙』で，早朝の礼拝において*アンティフォナが歌われたことが言及されており，聖歌は礼拝に不可欠であったことが窺える．この時代，詩編以外どのような聖歌が歌われていたかを確認する資料は残っていない．

【教父時代以降】*ヒエロニムスは，詩編が 4 世紀のパレスチナで愛唱歌として広まっていたことを記している．*ヨアンネス・クリュソストモスも教会での祈りのなかで，詩編が最も重要な位置を占めていたことを述べていることから，*東方教会において詩編が聖歌の中心であったことが推測される．一方，*西方教会で詩編を歌

せいがいふ〔トリノの〕

う慣習は，4世紀に*アンブロシウスによって東方から導入されたもので，それまでは賛歌が一般的だったというのが定説である．*アウグスティヌスはミラノ教会の*詩編唱に関連して，聖歌は旋律などの音楽的要素より，内容すなわち歌詞が重要なことを指摘しているが（『告白』10, 33, 50参照），裏を返せば，当時も甘美な音楽が好まれていたといえよう．

東方から西方に修道制度（→ 修道生活）が導入され，ヌルシアの*ベネディクトゥスによって整備されると，修道院での聖歌の中心は詩編唱和となっていった．一方，*会衆の参加する*ミサでは，最初に*答唱詩編や*聖体拝領の歌に詩編が用いられ，ミサの*行列の歌では詩編を歌うようになったが，その他ではより広く賛歌が歌われるようになった．*感謝の賛歌はすでに4世紀に*奉献文のなかの会衆の賛歌として登場し，その後，*あわれみの賛歌，*栄光の賛歌，*平和の賛歌も会衆の賛歌として歌われた．

【中世】しかし，典礼においても音楽が高度化，専門化され，しだいにミサの賛歌も複雑になり，四つのミサ賛歌では，歌詞の間に装飾句を挿入した*トロープスが作曲されるようになった．また，*アレルヤなどの*メリスマに歌詞を割り振った*続唱も*祝日ごとに歌われ，ミサの聖歌は複雑化の一途をたどることになる．反面，大衆の歌う一般賛歌は，*信心業や*民間信仰と結びついたものも多く作られるようになった．とはいえ，中世の聖歌は，各地域ごとに独特のものが多く，言語もラテン語ばかりでなく，各地の言語が用いられており，各地の言語文化圏ごとの聖歌が発達した．

【近世】*ルターに始まる*宗教改革運動の中心の一つは礼拝の国語化であり，会衆賛歌（*コラール）では，有名な「血しおしたたる」（「いばらのかむり」）のように，世俗歌の旋律に歌詞をつけたものも現れた．また，*賛美歌は会衆の*説教といわれるように，個人の*信仰告白が中心となったが，反面，聖書本文，特に詩編を歌うという要素は弱まっていった．*トリエント公会議は，プロテスタント運動への警戒から*典礼言語をラテン語に限定し，その結果，聖歌もラテン語のみとなった．また，聖歌も整理され，トロープスや続唱は一部を除き廃止された．しかし，会衆には理解できない言語の使用，音楽のさらなる専門化は，聖歌においても会衆の*行動参加を遠ざける結果となった．その一方では，数かずの有名作曲家による名曲も出現したが，演奏とは別に司式する司祭は典礼文を唱え，演奏時間によってミサの時間が左右されるなど，聖歌が典礼の本質から遊離してしまったことは否めない．

【近代】*ゲランジェによるソレーム修道院（→ソレーム）の復興に端を発した*典礼運動は聖歌の復興や歌唱の促進，聖歌学に関して大きな影響を及ぼした．それらを背景に，教皇*ピウス10世は歌における会衆の行動参加を勧め，種々の*教会音楽を認めたが，あくまでローマ教会固有の聖歌は*グレゴリオ聖歌であり，教会音楽はそれに近ければ近いほど聖であると規定した．そして，グレゴリオ聖歌集（→聖歌集）を整備させ，全教会的にそれを歌うように勧めた．その一方で，典礼運動における典礼の国語化への熱意は，プロテスタント教会で作曲された，会衆賛歌・賛美歌をカトリック教会にも導入させることにもなった．しかし，この時代の正式な典礼文はラテン語であり，これらの各国語の聖歌はあくまでも代用品にすぎず，会衆が歌う間，司式司祭は一人で典礼文を唱えなければならなかった（日本の『カトリック聖歌集』に含まれる多くの歌はこのような時代のものである）．

【現代】第2次世界大戦後，典礼運動の趣旨を承認した教皇*ピウス12世の回勅*『メディアトール・デイ』は，会衆が聖歌をさらに歌うように勧め，聖歌は専門家の歌ではなく，会衆の賛美の声，信仰告白，*祈りとして重要な位置を占めるものとした．これらの経緯を受けて，第2*ヴァティカン公会議の『典礼憲章』はその第6章「教会音楽」において，これからの聖歌の在り方について，（1）聖歌が典礼の*ことばと結びつき，ことばに奉仕するものであること（112項参照），（2）聖歌の歌詞は主として聖書と典礼の源泉からとられるべきこと（121項），（3）聖歌は祈りをより美しく表現するためのものであること（112, 113項参照）を指摘し，全会衆による信仰告白，神への賛美の祈りそのもの，典礼行為の本質であり，*対話句をはじめ，多くの部分を歌うように勧めている．公会議後の1967年には礼部聖省（典礼秘跡省の前身）から『典礼音楽に関する指針』（Musicam Sacram）が出され，対話句などから歌うことを勧める，より具体的な指針が打ち出された（同指針7, 16, 27-31項参照）．

第2ヴァティカン公会議の『現代世界憲章』は，諸民族の伝統や現代人の好みに合う新しい芸術様式をも認めるべきであるとし，それらが典礼の要請にかない，心を神に高めるものであれば，積極的に受け入れるべきであるとしている（62項）．したがって，これからは聖歌も各言語および音楽文化圏固有のものが作曲される必要もあろう．ただし，そのためには，『典礼音楽に関する指針』でも言及されているように，作曲家ならびに演奏家ばかりでなく，*教役者も含め典礼と聖歌に携わる人々には，神学と典礼の教育および音楽教育はもちろん，自己の民族文化や民族音楽についての充分な教育がなされなければならない．

【文献】NCE 7: 295-304; 水嶋良雄『グレゴリオ聖歌』（音楽之友社1966）; 野村良雄『世界宗教音楽史』（春秋社1967）; 土屋吉正『ミサ その意味と歴史』（あかし書房1977）; 高橋重幸『詩編を祈る』（中央出版社1979）; 土屋吉正『典礼の刷新』（オリエンス宗教研究所1985）; J. マッキノン編『西洋音楽の曙』西洋の音楽と社会1, 上尾信也監訳（音楽之友社1996）: J. MCKINON, ed., *Antiquity and the Middle Ages: From Ancient Greece to the 15th Century* (London1990); J. H. ホワイト『キリスト教の礼拝』越川弘英訳（日本基督教団出版局 2000）: J. H. WHITE, *Introduction to Christian Worship* (Nashville 1990); J. ハーパー『中世キリスト教の典礼と音楽』佐々木勉，那須輝彦訳（教文館2000）: J. HARPER, *The Forms and Orders of Western Liturgy from the Tenth to the Eighteenth Century* (Oxford 1991). （齊藤克弘）

せいがいふ〔トリノの〕 聖骸布〔トリノの〕〔伊〕Sindone di Torino,〔英〕Holy Shroud,〔独〕Turiner Grabtuch,〔仏〕Saint Suaire 「トリノの埋葬布」とも呼ばれる．長さ4.36 m，幅1.10 mの細長い亜麻布で，人体の前面と背面の全身像が映し出されている．*イエス・キリストの遺体を包んで埋葬したとき（マコ15: 42-46; ヨハ19: 38-40）使われたとされ，*聖遺物として崇敬されて今日に至っている．

その信憑性に関して，現在までに蛍光X線分析，X線透過分析，赤外線熱分布分析，炭素14年代測定法など種々の科学的調査が国際的に行われたが，方法論的問

題などにより，はっきりした結論はまだ出ていない．またこの聖骸布ほど多方面（写真，繊維，解剖学，生理学，医学，薬学，付着している花粉，立体写真，美術）にわたって研究されたものはない．

聖骸布の人物は身長181 cm，体重77 kgの地中海民族で，年齢は30歳から45歳位とみられるが，それがキリストであると証明することも，否定することも現時点ではできない．

聖骸布に付着している花粉の分析は，この布がフランス，イタリアを遍歴する14世紀以前の段階で，パレスチナとトルコ（アナトリア高原地方を含む）にあったという強力な証拠を提供している．5世紀初頭の*ビザンティン美術において，キリストはすでに*トリノの埋葬布の人物のように詳細に描かれ，7世紀の*東方典礼では，「キリストの面影」の映し出された埋葬布の複製が使用されていた．1354年聖骸布は，*パリ近郊のリレー(Lirey)の聖堂に安置された．この時点から聖骸布の歴史は明確になった．1453年リレーのシャルニー家からサヴォイ家に寄贈された．その後1578年にイタリアのトリノの大聖堂に移され，王室礼拝堂に納められて現在に至っている．1983年サヴォイ家の元の王ウンベルト2世(Umberto II, 1946 退位)は，王朝の最大の宝物であった聖骸布を*ヴァティカンに寄贈した．

【文献】現カ371; NCE 13: 187-89; G. コンプリ『見よこの人を』（中央出版社 1984 ⁴1987）; I. ウィルソン『トリノの聖骸布』木原武一訳（文藝春秋社 1985 ³1987）: I. WILSON, *The Shroud of Turin* (New York 1978); W. BULST, *Das Turiner Grabtuch* (Frankfurt 1990).

（伊従信子）

せいかく　性格　〔英〕character, 〔独〕Charakter, 〔仏〕caractère　性格は*人格〔英〕personalityと気質(temperament)の中間に位置する概念である．人格には社会的評価や価値感があらかじめ含まれているが，性格にはそれはない．人格者といった場合，そこには立派な人であるといった評価がみてとれるが，性格者という表現はない．内向的性格の持ち主とか，明るい性格といった形容する言葉が付与されて初めて評価が成立する．性格を測定するにあたって基本となる人間観には二つの対立する立場がある．一つは類型として性格を捉えようとする立場であり，もう一つは特性として性格を捉えようとする立場である．前者の立場をとる類型論では，人間は一人ひとり独自な全体を構成しており，一見個別に存在しているかにみえる性格の構成要素は必ず相互に関連し合い，統一のとれた全体として成立していると考えられる．したがって分析的に人間を測定することに意味を認めることはできず，全体としての類型からのみ性格が判断される．類型（タイプ）はある特定のモデルから抽出されるが，よく知られたクレッチマー(Ernst Kretschmer, 1888-1964)の類型では精神病者の病態像がモデルとして採用されている．分裂気質や躁鬱気質はこの考え方から生み出されたタイプであり，さらにクレッチマーはこの二つのタイプが体型と相関をもつと主張している．細長体型の人は分裂気質，肥満体型の人は躁鬱気質であるとされる．後者の立場をとる特性論では，あくまで分析的，要素論的に性格を測定しようとするものである．性格の構成要素を一つひとつ個別に取り出して検討しようとするものである．*オールポート，アイゼンク(Hans Jürgen Eysenck, 1916-)，ギルフォード(Joy Paul Guilford, 1897-1987)の特性論がよく知られているが，よく用いられている質問紙法の一つであるY-G検査はギルフォードの特性論に基づいて作成されている．

（山中祥男）

せいがくはん　『西学凡』　中国に渡来した*イエズス会の宣教師*アレーニの著作の一つ．16世紀初頭のヨーロッパの教育制度や学問体系，教育内容を，文科（勒鐸理加 Rhetorica），理科（斐録所費亜 Philosophia），医科（黙第済納 Medicina），法科（勒義斯 Leges），教科（加諾搦斯 Canones），道科（陡禄日亜 Theologia）の6科に区分して紹介している．理科では*アリストテレスの論理学・自然学・形而上学・数学・倫理学の大要が，また道科では*トマス・アクィナスの『神学大全』の概要が略述されている．初版本（1623年に杭州で刊行）に加えて，重刻本（閩中刊 1626）と『*天学初函』所収本とがあり，中国で流布したほか，日本では*寛永禁書令の際に禁書に指定されながらも江戸後期の儒者・蘭学者・洋学者（古賀侗庵，高橋景保，渡辺崋山，宇田川榕庵等）の間で写本で回し読みされた．彼らが新来の西洋教学事情を摂取する際の仲介の役割を果たした事例もみられる．

【文献】高祖敏明「艾儒略 Giulio Aleni 著『西学凡』の内容と日本への影響」『キリシタン文化研究会会報』98(1992).

（高祖敏明）

せいかしゅう　聖歌集　〔ラ〕cantatorium, hymnarium, 〔英〕hymnal, hymnary, 〔独〕Gesangbuch, 〔仏〕hymnarie　*典礼で歌われる*聖歌を収めた書．

【古代・中世】聖歌集として最も重要なものは*聖書である．「聖書から詩編が歌われ，聖書の息吹と感動から典礼の祈りや祈願や聖歌がわき出し」（『典礼憲章』24項）ているからである．古代教会における聖歌集は残されていないが，*ヒエロニムスや*ヨアンネス・クリュソストモスの証言から*東方教会では*詩編を歌う慣習が定着していたことがわかる．この実践は4世紀頃に*西方教会にも導入された．5世紀初頭のエルサレム典礼を反映しているとみられるアルメニア典礼の朗読聖書（→朗読）では，通常の*詩編唱（→答唱詩編）と詩編を伴った*アレルヤが一組となっている．

西方教会で残されている古い聖歌集としては，8世紀前半の*『オルド・ロマーヌス』（第1集）があり，*集会指定聖堂における*教皇ミサの進行とともに，各固有文聖歌が記されている．9世紀になると記譜されていない『ローマ・ミサ聖歌集』(Graduale)が現れ，10世紀初頭には記譜されたものが登場する．この時代の記譜法では音の高さは記されていない．初めて音の高さが記されるのは11世紀になってからであるが，まず1本線から始まり，徐々に線が増えていく．11世紀以降，多声楽（→ポリフォニー）が教会でも認められるようになると，各地域ごとに聖歌が作られ，聖歌集もさまざまなものが作られた．その多くは*修道院の図書館に残されており，各地域によって言語や音楽に特色がみられる．

【近代】*トリエント公会議による典礼改革の一環として聖歌も整理され，全教会的に画一化される．聖歌の改変作業はF. *アネーリオや*スリアーノらによって行われ，1614年ローマでメディチ家版といわれる*グレゴリオ聖歌の楽譜が出版されたが，旋律や*メリスマの削除，音程の変更など，原曲が改竄されたにもかかわらず，最終的には1568年の『ローマ聖務日課書』に組み込まれ，1907年ヴァティカン版『ミサ聖歌集』が出版されるまで用いられた．1869年*ヴィットによって

せいがぞう

*セシリア運動が始まり，音楽学も発展し，メディチ家版の改訂版となるレーゲンスブルク版の聖歌集が1873年に『ピウス9世の聖務日課』として出版された．これは実質的に礼部聖省（典礼秘跡省の前身）から公認されたもので，以後19世紀中に4回再版された．その一方で，1884年に教皇 *レオ13世は *ベネディクト会の *ポティエによるレーゲンスブルク批判版を認め，これによってグレゴリオ聖歌の研究に弾みがついた．

1903年，教皇 *ピウス10世は自発教令『トラ・レ・ソレキトゥディニ』(Tra le sollecitudini) のなかで，グレゴリオ聖歌を教会音楽の基本として位置づけ，ポティエを委員長とするヴァティカン版作成委員会を組織した．そして，1905年の *キリアーレをはじめとして，1907年に『ミサ賛歌集』(Cantus Missae)，ヴァティカン版『ミサ聖歌集』(Graduale Vaticanum)，1909年に『死者のための聖務日課』(Officiorum Defunctorum, → 死者のための祈り)，1911年『一般賛歌集』(Cantorinus)，そして1912年『聖務日課のためのローマ教会聖歌集』(Antiphonale Sacrosanctae Romanae Ecclesiae pro diurnis horis, → アンティフォナーレ) を編纂した．また，1908年には『ローマ・ミサ聖歌集』(Graduale Romanum) が規範版として出版された (→ ローマ聖歌集)．ちなみに，ソレーム唱法のリズム付加版のグレゴリオ聖歌集として広く行き渡った *『リベル・ウスアリス』は元来 *ソレーム修道院における私用版であり，上記の各版にはリズム記号はつけられていない．

一方で，*典礼運動によって促進された *会衆の *行動参加は聖歌にも強く影響し，会衆賛歌が歌われるようになり，これらの歌集も出版されたが，これらは正式の典礼文の代用品にすぎなかった．トリエント公会議も会衆賛歌については一切規定をしていない．日本における『公教聖歌集』『カトリック聖歌集』の会衆賛歌も同様のものである．

【現在】第2*ヴァティカン公会議は，聖歌集について，グレゴリオ聖歌の諸書の規範版の作成とピウス10世以降に出版された諸書の批判版の出版を要求する一方，小さな教会でも使える簡単な曲を集めて出版することも勧めている（『典礼憲章』117項）．現在，ラテン典礼の聖歌集としては，『ローマ・ミサ典礼書』(Missale Romanum)，『ローマ・ミサ聖歌集』(Graduale Romanum)，『聖務日課のための聖歌集』(Antiphonale)，『聖務日課のための答唱集』(*レスポンソリアーレ)，および *『簡易ミサ聖歌集』があるが，いずれも規範版とはなっていない．これは，聖歌集を一律に規制したり，単に翻訳した聖歌を用いるのではなく，世界各地域の諸文化における言語・音楽表現に基づいた聖歌集を作成することを基本理念としているからである（『典礼憲章』119項および『現代世界憲章』58，62項参照）．

現在の日本のカトリック教会における公式の聖歌集は1980年（昭和55）に出版された『典礼聖歌』であり，このほかに1993年（平成5）に東京大司教区が認可した『カトリック典礼聖歌集』がある．また，1973年に出版された『教会の祈り』(同年日本カトリック司教協議会認可，使徒座認証)が正式な聖務日課である．*日本基督教団では1997年に『讃美歌21』を出版した．これは，用語・歌詞・音楽を現代の会衆が理解できるものに改め，欧米に限らず世界各地の *賛美歌を取り入れたものである．また，エキュメニカルな視点をもつ歌や特に詩編の歌を増やし，公同礼拝にふさわしいものにしている．翻訳聖歌という限界はあるが，新しい試みとして今後の聖歌集にとって大いに参考になるだろう．

【文献】水嶋良雄『グレゴリオ聖歌』(音楽之友社 1966); J. マッキノン編『西洋音楽の曙』西洋の音楽と社会1，上尾信也監訳 (音楽之友社 1966): J. MCKINON, ed., *Antiquity and the Middle Ages: From Ancient Greece to the 15th Century* (London 1990); 日本基督教団讃美歌委員会編『讃美歌21』(日本基督教団出版局 1997); J. ド・ヴァロワ『グレゴリオ聖歌』水嶋良雄訳 (白水社 1999): J. DE VALOIS, *Le Chant Grégorien* (Paris 1963); J. ハーパー『中世キリスト教の典礼と音楽』佐々木勉，那須輝彦訳 (教文館 2000): J. HARPER, *The Forms and Orders of Western Liturgy from the Tenth to the Eighteenth Century* (Oxford 1991); H. MUSCH, ed., *Musik im Gottesdienst* (Regensburg 1983 ³1986). （齊藤克弘）

せいがぞう　聖画像　「聖なる画像」の意味で，礼拝の対象となる人物像を指す．正教会ではそれを「イコン，聖像」（または聖像画）と「聖画」の2種類に分け区別している．前者は教会の教義の絵画化であり，それゆえ構図が原則として定められているが，後者は個人の解釈による聖書の自由な絵画化である．

*イコンは，*神や *聖人たちの肖像画として，また神の地上での生活の記録や聖人の思い出として，文字による記録（聖書）に並んで，またときには聖書より重要であった．神の肖像が可能であるかとの議論は8世紀から9世紀にかけての *聖画像破壊論争（イコノクラスム）において問われた問題であり，最終的にイコンを可能としたのは，神の *受肉であり，神キリストは完全な人であったこと（*キリスト論）を根拠とした．すなわちイコンはモデルのコピーであり，モデルそのものではなく，モデルとコピーを混同してはならない．8世紀の教父ダマスコの *ヨアンネスは，モデルである神ないし聖人への *崇敬は絶対的（ラトレイア）であり，コピーである聖像への崇敬は相対的（プロスキネーシス）であるとしてこれを区別した．それゆえにモデルとコピーの混同を誘いやすい立体像は *ビザンティン美術では忌避されたのである．一方，西ヨーロッパでは13世紀の *トマス・アクィナスの体系が示すように，そのモデルとコピーの区別は神の世界と現実世界とのアナロギー（類比）関係によって徹底されたために，立体像も混同されるおそれなく制作されえたのであった．

こうしてビザンティン世界において，神キリストの肖像画と神キリストの物語を描くことがキリスト論を根拠に許容されると，教会の定めた枠を越えてすべて聖書に記されていることは絵画化してもよいというようになる．不可視であるはずの父なる神や，黙示録に記されている幻なども絵画化されるようになり，非歴史的なものが想像で描かれるようになる．ここにすでにルネサンス以降の西ヨーロッパの宗教美術（聖画）の源がある．

【文献】S. RINGBOM, *Icon to Narrative: The Rise of the Dramatic Close-Up in Fifteenth-Century Devotional Painting* (Turku 1965). （鐸木道剛）

せいがぞうすうけい　聖画像崇敬　〔ラ〕Cultus Sacrarum Imaginum, 〔英〕veneration of images, 〔独〕Bilderkult, 〔仏〕culte des images　*イエス・キリスト，聖母 *マリア，*天使，*聖人の肖像，および聖書，聖人伝の場面描写画像に対する敬意．

【聖書】捕囚期に先立って画像禁令（出20: 4; 申5: 8; 27: 15）は厳守されなかった．ソロモン神殿の *至聖所

には二体同形の *ケルビムが安置されていた(王上 6: 23-28). 神殿の壁面, 門柱, 扉などはケルビム, なつめやし, 花模様の浮彫で飾られていた(王上 6: 29-32). 獅子, 牛の模様で飾られた車台が神殿の左右におのおの 5 台並んでいた(王上 7: 27-39). 12 体の牛の像は鋳物の「海」を支えていた(王上 7: 23-26). *ヒゼキヤの改革で撤去された青銅の蛇は明らかに宗教的祭儀の対象であった(民 21: 4-19; 王下 18: 4).

元来は *ヤハウェの彫刻像の製造(イザ 40: 18; 44: 10)のみが禁じられていたが, *預言者と申命記改革派の影響で一般的画像禁止に拡大解釈された. *ヘロデ大王とは違って *ヘロデ・アンティパスはこれを無視し, 貨幣に皇帝の肖像を鋳造させたが, イエスから問題にされなかった(マコ 12: 15-17).

【教理史】画像禁令のゆえに *聖画像は割合遅く現れ, その *崇敬はまず一般信徒の間に広まり, ついに教会の指導部から承認された.

〔古代〕*オリゲネスは彫刻家や画家を共同体に受け入れないユダヤ教徒をほめ(SC 136: 260-63), *テルトゥリアヌスは彼らに塗装工への転職を勧める(CChrL 2: 1106-107). アレクサンドリアの *クレメンスは印章つきの指輪を必要とする *信徒にキリスト教的にも解釈しうる *鳩, *魚, *船, 錨が刻まれたものの選択を勧める(SC 278: 180). テルトゥリアヌスは杯を飾る牧者像をイエスの譬え(ルカ 15: 4-7)と結びつけて, 罪の寛大な許しを弁解する者(司教?)を批判する(CChrL 2: 1292, 1301). 牧者に加えて漁師, 祈願者, 哲学者の浮彫は石棺に, その壁画はローマの *カタコンベにみられ, キリスト教に転用された最古の例を 220 年または 230 年とみるのが通説である. 以後, まず旧約の典型的な救済事件(ヨナ, ノア, イサク), 次いでキリストの奇跡(給食, 治癒, 復活)を描く壁画が現れる.

*エルビラ教会会議は「教会において画像があってはならず, 敬い崇められ礼拝されるものが壁面に描かれるべきではない」と定める(Mansi 2: 11). カイサレイアの *エウセビオスは初めてキリストの聖画像に言及し, その神的本性が表現不可能であり, その人間的姿の描写が禁じられていると力説する(PG 20: 1548-49). *ヨハンネス・クリュソストモスはアンティオケイアの信徒が *メレティオスの肖像を部屋の壁, 指輪, 器, 杯に飾ったことを報告する一方, 聖人に倣い生活することこそ適切な崇敬法であると力説する(PG 50: 516, 521).

5 世紀前半以降, まず西方において評価が変わる. *アウグスティヌスはまだ「墓と画像を敬い崇める輩」(PL 32: 1342)と非難するが, ノラの *パウリヌスはその教会の壁面を聖画像で飾り, その助けにより無学な信徒が教化されると弁解する(CSEL 30: 298). 教皇 *グレゴリウス 1 世は聖画像の破壊を命じた一司教を戒め, 「文字を知らぬ人々が文章で読めない事柄をせめて壁面を眺めて読む」のに聖画が役立つと力説する(PL 77: 1027-28).

6 世紀以降, 東方において本格的な聖画像崇敬が現れる. 信徒は聖画像の前にろうそくやランプを灯し, 香油を焚き, それに接吻し, その前にひざまずく. テンペラ画として *イコンも現れ, キリストや諸聖人の存在を身近に感じるため胸や, 修道院, 民家, 牢獄の壁, 町の城門や船首などに飾られた.「人手によらない聖画像」についての伝説も現れ, なかでもイエスが *エデッサの王アブガル 5 世に送ったと伝えられた「自画像」が特に有名であった(→ アブガル伝説). *トルロス教会会議 (691-92)はキリストを小羊の形で描く慣習を禁じ, かわりに人間としての描写を義務づける.「それは私たちが聖画像により, 神の言葉のへりくだりの尊さを理解し, かつ肉における公生活, 受難, 贖罪死を記念するよう助けられるためである」(Mansi 11: 977-80).

8 世紀の初め頃, 聖画像崇敬の迷信的傾向にまずアルメニア, 小アジアで反動が起きた. 726 年, 皇帝 *レオ 3 世は宮殿のカルカ門からキリストの聖画像を撤去させ, 730 年, 聖画像破壊を命じる勅令を出した. その間ダマスコの *ヨアンネスは『聖画像弁明』(Patristische Texte und Studien 17)を著し, 神とキリストのみに帰されるべき *礼拝(〔ギ〕latreia)と聖画像に示される崇敬(〔ギ〕time)との区別を説き, 聖画像の本質と機能を解明する. 画像一般は「実在の似姿であり写しであるので, 実在それ自身を示す」(PTS 17: 128). 聖画像は天上の実在を示すので, それに対する崇敬は原像に移る. 第 2 *ニカイア公会議はこの論証を受け継いで,「聖画像に対する崇敬が原像に移るがゆえに, 聖画像を崇め敬う者はそのなかに描写されている実在を崇め敬う」との教理を宣言した(DS 601).

〔中世〕第 2 ニカイア公会議の教理宣言はフランク王国において抗議を引き起こした. *カロリング文書によれば, 聖画像は救いの出来事を思い起こすのに役立っても, 無言のゆえにその真理を解き明かすことはできず, 神の言葉を聞き, その要求を実践することこそ信仰の本質である. 聖画像破壊を命じたトリノの司教 *クラウディウスに対して *ドゥンガルスと *ヨーナスが聖画像の教育的価値とともに礼拝と崇敬との区別(PL 105: 467; 106: 319, 325)を解き明かしてからフランク王国においても聖画像崇敬に対する抵抗はしだいに治まった.

その後, *ヴァルド一派をはじめ, *ウィクリフ, J. *フス等が再三聖画像崇敬に反対の声をあげた. クレルヴォーの *ベルナルドゥスも「教会は壁面に輝き, 貧者のうちに悩む」(PL 182: 194-95)と嘆いた.

スコラ神学の見解は *ペトルス・ロンバルドゥスの『神学命題集』第 3 巻第 9 区別第 1 問題第 2 項に関する各神学者の注解にみられる. *トマス・アクイナスは三つの機能をあげる. (1) 敬虔な感情を引き起こさせること. (2) 諸聖人の模範を思い起こさせること. (3) 文章のかわりに民間人を教育すること. さらに『神学大全』第 3 部第 25 問題第 3 項においてトマスは「キリストの聖画像は礼拝をもって崇められるべきか」を問う. *属性の融通のゆえにキリストの人間性は神性と同様な礼拝(〔ラ〕adoratio latriae)に値するという第 2 項の結論が前提となっている.「聖画像に対する崇敬は原像に移る」との原則(DS 601)に従い, トマスは単なる事物としての聖画像に向かう運動とキリストを表すかぎりの聖画像に向かう運動とを区別し, 後者のみが礼拝であると結論づける. 第 2 ニカイア公会議以降の礼拝と崇敬との概念上の区別を知らなかったことはトマスの欠点であったが, キリストのみが絶対的礼拝, その聖画像は相対的礼拝の対象であると結論づけた点では伝統と一致する.

〔近代〕*宗教改革は新たな聖画像論争を引き起こした. *カールシュタットは聖画像を *偶像とみなし, これを教会に展示することは *姦通や強盗以上の罪であると唱えた結果, 1522 年, まず *ヴィッテンベルクの教会から聖画像が撤去され, 翌年以降スイス, フランス, オランダにも同様な事件が起こり, 特に *チューリヒでは大規模な聖画像破壊運動にまで発展した.

当初, *ルターも聖画像崇敬を批判したが, あくまで

せいがぞうはかいろんそう

もこれを*アディアフォラ（善悪いずれでもないもの）とみなし，かつ破壊運動が広まったところでますます強く聖画像の教育的価値を説くようになった．*ツヴィングリは聖画像破壊には反対したが，教会に展示しているかぎり神にのみ帰せられるべき礼拝の対象になりがちであるとの理由で，聖画像の撤去を支持した．*カルヴァンは救いの出来事を描く聖画像の教育的価値を認めたが，ツヴィングリと同様の理由で教会における展示に反対した．『キリスト教綱要』第1編11-12章において，彼は聖書に加えて古代教会の習慣，*教父の証言およびカロリング文書を引用し，教会に展示される聖画像は必ず神的なもの，特別能力をもつものとして崇められるがゆえに，理屈上の聖画像崇敬は事実上の*偶像礼拝にほかならぬと結論づけた．

*トリエント公会議は特にカルヴァンの批判を真剣に受け止め，まず聖画像には「ある種の神的なもの，あるいは力」があり，また「聖画像に何かを願い求めたり，それに信頼を置くべきである」との見解を退け，次いで第2ニカイア公会議以降の教理を再確認する．「聖画像に表される敬意はそれらによって描写されている原像に向けられている．かくて私たちは聖画像に接吻したり，その前に帽子を脱いでひざまずくとき，その聖画像を通してキリストを礼拝し，諸聖人を崇敬する」(DS 1823). 引き続き，公会議は*救済史と*聖人伝の出来事を描く聖画像の教育的価値を称えながら，あらゆる誤用の廃止を求める (DS 1824-25).

以後，教導権は*静寂主義の傾向をもつ*神秘主義に対して聖画像の教化力を弁明し (DS 2187, 2218)，父なる神と*三位一体を描く聖画像を承認した (DS 2325, 2669-72). 他方，誤った*信心を引き起こすものとして聖母マリアを司祭服で描く聖画像を禁じた (DS 3632). 第2*ヴァティカン公会議は教会における聖画像展示を再度承認する一方，現代人の感覚と健全な信仰に配慮するよう「その数を制限し，適正な順序によって配置されなければならない」と指示した(『典礼憲章』125項).

【神学的解明】聖画像崇敬は民間の信仰から生まれたもので，各世代の聖画像破壊論者はその迷信的傾向を見抜き非難した．神学および教導権により「聖画像」と「偶像」との本質的差異が力説されたのも，聖画像崇敬をその迷信的傾向から保護するためであった．「偶像」がそれ自体のうちに絶対的価値をもつのに対して，「聖画像」はそれを越えたところの価値を指し示す．したがって「偶像」がそれ自体で礼拝者の注意を集めるのに対して，「聖画像」は礼拝者の注意を画像そのものからそらし，超越に向かわせる．聖画像はかかる標示機能を果たすかぎりにおいて宗教的敬意ないしは崇敬の対象となる．

【文献】キ大 206-207; DThC 7: 766-844; DS 7: 1224-39, 1503-19; EJ 8: 1216-22; LThK² 2: 464-67; NCE 7: 370-72; RAC 2: 287-341; 3: 1-24; 14: 66-96; RGG³ 1: 1268-76; SMCD 1: 598-604; TRE 6: 515-68; 高橋保行『イコンのこころ』(春秋社 1981); H. J. マルクス「イコンの霊性」『エイコン』2 (1990) 1-12; 3 (1990) 12-22; G. OSTROGORSKY, Studien zur Geschichte des byzantinischen Bilderstreits (1926; Amsterdam 1964); E. BEVAN, Holy Images (London 1940); H. JEDIN, "Das Tridentinum und die bildenden Künste," ZKG 74 (1963) 321-39; T. KLAUSER, "Erwägungen zur Entstehung der altchristlichen Kunst," ZKG 76 (1965) 1-11; J. OULETTE, "Le deuxième commandement et le rôle de l'image dans la symbolique religieuse de l'Ancien Testament," RB 74 (1967) 504-16; H. D. ALTENDORF, "Die Siegelbildvorschläge des Clemens v. Alexandrien," ZNW 58 (1967) 129-38; L. DE BRUYNE, "Importanza degli scavi lateranensi per la cronologia delle prime pitture catacombali," RivAC 44 (1968) 81-113; A. GRABER, Christian Iconography (Princeton 1968); G. LANGE, Bild und Wort (Würzburg 1969); H. HENNENPHOF, ed., Textus byzantinos ad iconomachiam pertinentes (Leiden 1969); J. GUTMAN, No Graven Images (New York 1971); C. KONIKOFF, The Second Commandment and Its Interpretation in the Art of Ancient Israel (Genf 1973); M. WARNKE, ed., Bilderstürme (München 1973); L. REEKMANS, "La chronologie de la peinture paléochrétienne," RivAC 49 (1973) 271-91; L. W. BARNARD, "The Emperor Cult and the Origins of the Iconoclast Controversy," Byz. 43 (1973) 13-29; ID., The Graeco-Roman and Oriental Background of the Iconoclast Controversy (Leiden 1974); H. GESE, Vom Sinai zum Sion (München 1974) 63-80; V. BUCHHEIT, "Tertullian und die Anfänge der christlichen Kunst," RQ 69 (1974) 133-42; U. SCHUBERT, Spätantikes Judentum und frühchristliche Kunst (Wien 1974); S. GERO, "Notes on Byzantine Iconoclasm in the Eighth Century," Byz. 44 (1974) 23-44; T. NIKOLAOU, "Die Ikonenverehrung als Beispiel ostkirchlicher Theologie und Frömmigkeit nach Johannes v. Damaskos," OstKst 25 (1976) 138-65; P. SCHREINER, "Legende und Wirklichkeit in der Darstellung des byzantinischen Bilderstreites," Saec. 27 (1976) 165-79; C. LINK, "Das Bilderverbot als Kriterium theologischen Redens von Gott," ZThK 74 (1977) 58-85; P. MACK CREW, Calvinist Preaching and Iconoclasm in the Netherlands 1544-1569 (Cambridge 1978); J. IRMSCHER, ed., Der byzantinische Bilderstreit (Leipzig 1980); G. LADNER, Images and Ideas in the Middle Ages (Rome 1983); C. MANGO, The Art of the Byzantine Empire (Toronto 1986); F. BOESPFLUG, N. LOSSKY, eds., Nicée II, 787-1987, douze siècles d'images religieuses (Paris 1987); M. BARASCH, Icon (New York 1992). (H. J. マルクス)

せいがぞうはかいろんそう　聖画像破壊論争

〔ギ〕eikōnoklasmos,〔ラ〕iconoclasmus,〔英〕Iconoclastic controversy,〔独〕Bilderstreit, Ikonoklasmus,〔仏〕controverse iconoclaste　聖画像破壊とは，一般に*聖画像を排斥したり，破壊したりしたあらゆる運動（例えば，*宗教改革の時代における*カールシュタットや*ツヴィングリの運動などをも含む）を指すが，固有な用語としては8-9世紀に*ビザンティン帝国に起こった運動を指す．ここでは，ビザンティン帝国での聖画像破壊論争の原因と経過および神学的論争について述べる．

【原因】聖画破壊運動の原因として従来，本来の問題とはさほど関係のない事柄をあげるのがつねであった．例えば，(1) ビザンティン帝国のイサウリア朝(717-802)，とりわけその最初の皇帝である*レオ3世(在位717-41)の思想的背景．シリア出身の彼は*イスラム教の思想的影響を受けていたためあらゆる聖画像に対して反感をもっていたとされる．(2) 皇帝が修道士の経済力を圧迫しようとしたこと．修道者たちは聖画像の製作と販売，聖画像が保存されている巡礼地の管理などで収入を得ていたが，皇帝たちはこの経済力を圧迫するために，

収入源である *聖画像崇敬に反対したとされる.
　これに対して最近の研究は真の原因はむしろ, 純粋に教会内の問題であったとする. この見解は, 論争を開始したのが *小アジアの司教たちであったという事実とも合致する.
　きっかけとなったのは, 教会で聖画像を崇敬することが教理的, 神学的に許容されるかという問題である. これは古代教会以来提起されていたが, 充分に議論されず, 教会の権威筋によっても未決定の問題であった. 問題が8世紀に至ってのっぴきならぬものとなったのは, 聖画像に対する当時の人々の崇敬の表現がキリスト教の正統な教えに対する疑念を生じさせるものとなったからである. すなわち, 聖画像自体に人間の *救いをもたらす力があると強調されたり, 聖画像とそれが表しているものとが過度に同一視された場合などである.

【経過】聖画像破壊論争は, 787年の第2 *ニカイア公会議を挟んで二つの時期に区分される. 第一の時期は726年から780年頃まで続いた. まず726年に, 小アジアの司教たち, とりわけニコレイア (Nikoleia) の司教コンスタンティノス (Konstantinos), クラウディアノポリス (Klaudianopolis) の司教トマス (Thomas), *エフェソスの司教テオドシオス (Theodosios) の聖画像排斥の見解に同意したレオ3世は, 演説によって人々を説得し, 聖画像崇敬を制限しようとした. しかし, すでにこの頃, 後の展開を予告するような不吉な出来事が起きる. 皇帝の命によって, 宮殿の門からキリストの像を取り去ろうとした兵士が, 怒り狂った群衆によって殺害されたのである. 皇帝は730年, 厳しい聖画像崇敬禁止の法令を発布した. それは, 聖画像崇敬を阻止する措置として, キリストや諸聖人の画像は礼拝堂から取り除かれるか, それが不可能な場合には, 少なくとも地上2mほどの高さに置き, 触れたり接吻したりできないようにすると定めていた. しかしレオ3世の治世下でも, この法令がすべての地域で, 周到にまた厳格に実施されたことはなかったようである.

　聖画像排斥運動が尖鋭化したのは, レオ3世の子コンスタンティヌス5世 (Constantinus V, 在位741-75) の治下であった. 彼は754年, *コンスタンティノポリスで教会会議を開催し(そのアジア側の河岸にある宮殿の議場にちなんでヒエレイア Hiereia 教会会議と呼ばれる), エフェソス司教テオドシオスを議長として, 聖画像破壊の神学的理由づけを行った. これ以降, 徹底的な聖画像破壊と, 聖画像崇敬者の殺害を伴う迫害が行われるようになる. 聖画像崇敬のために殉教した者のうちで最も著名なのは, 小ステファノス (Stephanos, 715-65) である. コンスタンティヌス5世の死後, 皇帝レオ4世 (Leo IV, 在位775-80) のもとで迫害は緩和されたが, これは前皇帝の行き過ぎに対する当然の反動であるとともに, レオ4世妃で熱心な聖画像崇敬者であった *エイレネの影響によるところが大きい. レオ4世の息子で10歳のコンスタンティヌス6世 (Constantinus VI, 在位780-97) の治下の780年には, その母エイレネの摂政制のもとで, 聖画像排斥令が撤回され, 787年9-10月に行われた第2ニカイア公会議において, 聖画像崇敬の意味と正当性が宣言された.

　聖画像破壊論争の第二の時期は, *レオ5世(在位813-20)に始まり, ミカエル2世 (Michael II, 在位820-29) およびテオフィルス (Theophilus, 在位829-42) の代まで続いた. 争いが再開された主要な原因はおそらく, 聖画像崇敬に好意的な君主たちが, 特に797年から802年まで, 初めての女帝としてビザンティン帝国を支配したエイレネが政治的につまずいたことへの反動と思われる. しかしこの争いは, 第一の時期のものほど過激ではなく, 843年にテオフィルスの妃 *テオドラによってさしたる反対もなく聖画像崇敬は復活することとなった.

【神学上の議論】聖画像破壊に関する神学上の議論においては, ヒエレイア教会会議が重要な意味をもつ. この会議以前, とりわけ聖画像の製作および崇敬の不当性は, 旧約聖書(出20:4;申5:8)の偶像禁止に基づいて強調され, 新約聖書の幾つかの箇所(ヨハ4:24;使17:29)によって根拠づけられ, この考えに基づいて聖画像崇敬者は偶像礼拝者として非難された. しかし, この非難を聖画像崇敬者は次の三つの理由をあげて容易に退けた. (1) 聖画像の禁止は旧約時代にのみ妥当し, 新約の時代にはもはやあてはまらない. (2) 聖画像とそこに描かれているものとは区別されねばならない. 崇敬は画像そのものに対してではなく, そこに描かれているキリストや聖人に向けられている. (3) *崇敬と *礼拝は区別されねばならない. 聖画像は, 崇敬(〔ギ〕douleia) の対象とされているが, 礼拝(〔ギ〕latreia) の対象とされてはいない.

　そこで, ヒエレイア教会会議は, 問題をさらに掘り下げて, 神, キリストおよび聖人たちを画像で表すことが不可能であると証明しようとした. すなわち, 神は *霊であって, 画像で表しえない. キリストは確かに, 神だけではなく人間でもあるが, このキリストを画像で表そうとすることはもっと危険である. キリストの神性が画像で表しえないとすれば表すことができるのは, 人間性だけである. もし画像がキリストを表しているというならば, 人間キリストを神である御子と別な者と考える *ネストリオス派の異端に陥ることになり, また反対に, もしその画像がキリストの本性を表しているというならば, キリストの神性と人間性を区別しない *キリスト単性説の異端に陥ることになる.

　聖画像崇敬を支持する神学者たちは, この論証に対して神の御子の *受肉の教えを強調している. すなわち神の御子が受肉によって可視的な人間イエスとなったので, そのイエスを地上の生活の姿で描写することは, 可能なのである. *聖人たちも本来はキリストの栄光のうちにあるので描かれうるものではないが, キリストと同じように, 生存中の姿でならば描くことができる. 聖画像崇敬の意義はダマスコの *ヨアンネス, ストゥディオスの *テオドロス, コンスタンティノポリスの *ニケフォロス等のような傑出したビザンティン神学者によって明らかにされ, 弁明されている.

【資料】第2ニカイア公会議議事録, およびそれに含まれるヒエレイア教会会議の議事録の断片: Mansi 13 (DS 600-603 も参照). *ヘルゲンレーターによれば *フォティオスが編集したと思われる聖画像崇敬支持者たちの抜粋資料が以下に収められている: Euthymios Zigabenos, Panoplia dogmatica, XXII, PG 130: 1164-69, および Matthaios Blastares, Syntagma alphabeticum, PG 144: 1268-72.

【文献】TRE 6: 532-40; HKG (J) 31-61; P. D. ALEXANDER, *The Patriarch Nicephorus of Constantinople* (Oxford 1956); H.-G. BECK, *Kirche und theologische Literatur im byzantinischen Reich* (München 1959) 296-306, 473-519; G. OSTROGORSKY, *History of the Byzantine State*, tr. J. HUSSEY (Oxford 1968) 145-209.

(J. フィルハウス)

せいかぞく

せいかぞく　聖家族　〔ラ〕Sancta Familia Iesu, Mariae et Ioseph, 〔英〕Holy Family, 〔独〕Heilige Familie, 〔仏〕Sainte Famille　イエスと*マリアと*ヨセフからなる家族のこと．福音書によれば，*ナザレの処女マ

聖家族
（ケルン大司教区）

リアは，ヨセフのいいなずけであったが，*聖霊の働きによって身ごもってイエスを生んだ．ヨセフは，夢に現れた天使の指示に従ってマリアを妻として迎え入れた．イエスが*ベツレヘムで生まれた後，3人はナザレで生活した．イエスが12歳になったとき，3人は*過越祭を祝うために*エルサレムに上り，ヨセフとマリアは帰路についたが，イエスは神殿に残った．両親がイエスを探してみつけてから，イエスはマリアとヨセフと一緒にナザレに帰り，両親に仕えて暮らした（マタ1: 18-2: 23; ルカ1: 26-2: 52）．

聖書には以上のように，イエス，マリア，ヨセフについてかなり詳しく記されているが，17世紀に初めてこの3人からなる家族に対する特別の*信心がキリスト者の間で生じた．この信心の起こりが遅かったことの一つの理由は，ヨセフに対する*崇敬が，*ジェルソンやシエナの*ベルナルディヌスなどの努力により，14-15世紀に初めて盛んになったことにある．他の一つの理由は，西洋の諸言語で「家族」を意味する語が，近代の初期に至るまで，両親と子どもからなる核家族ではなく，召使いをも含めて，一人の家父の権限のもとにあるすべての人からなる大家族を意味していたことにある．

家族という語がしだいに核家族を意味するようになった17世紀に，聖家族に対する信心が現れた．この信心を促進した人々のなかで，影響力が特に強かったのは，フランスの信徒ル・ロアイエ（Jérôme Le Royer de La Dauversière, 1597-1659）である．彼は聖家族への信心を広め，フランスの植民地であったカナダで*モントリオールの都市建設を助けるために，聖家族兄弟会（Confrérie de la Sainte Famille）を創立した（1636）．1642年にモントリオールの創立が決定されたとき，この都市はパリの*ノートルダム大聖堂で聖家族に献げられた．それ以来，聖家族への信心がカナダで盛んになり，入植者のキリスト教的な家庭生活を育てるため，聖家族の模範に従うことが勧められた．*ケベックの優れた司教モンモランシ*ラヴァルは，1684年にカナダのために聖家族の祝日を定め，彼の司教区であったカナダの全土で聖家族への信心を広めた．

19世紀になると，聖家族に対する信心は，フランスとイタリアをはじめ，ヨーロッパの国々でも非常に盛んになり，聖家族の名で呼ばれる20以上の男子・女子修道会が創立され，また，フランス革命とナポレオン戦争の嵐のあとで信徒たちのキリスト教的な家庭生活を再建するために，ヨーロッパ中で多くの聖家族信心会が設立されるようになった．この運動を支え，整えるために，教皇*レオ13世は，1890年にこれらの信心会を一つの組織にまとめ，さらに1893年に，全教会的な任意の祝日として，聖家族の祝日を定めた．この祝日は後に*守るべき祝日とされ，第2*ヴァティカン公会議の後，全教会で，降誕祭（→ 降誕）の後の最初の日曜日に祝われている（12月中に日曜日がない場合，および最初の日曜日が1月1日の場合は，12月30日に祝われる）．

聖家族への信心は，神を中心として温かい愛情で結ばれたナザレの労働者の家庭の生き方に倣うようにキリスト者たちの家族を助けるもので，家庭の危機が叫ばれている現代では重要な役割を果たしうるものである．

【文献】DSp 5: 84-93; LThK^2 5: 93-95; F.-L. Filas, *The Family for Families* (Milwaukee 1947).

（P. ネメシェギ）

【美術】聖母子と聖ヨセフを家庭的雰囲気のうちに表した図像で，「エジプトへの逃避途上の休息」から派生したとの推定もある．礼拝像としても，説話的場面としても，15世紀から頻繁に描かれるようになった．説話的に描かれる場合には，時代が下るにつれて，人物描写にも背景の表現にも，風俗画を思わせる現実感が強まる．当初，老人として表されたヨセフが，17世紀には若い聖母や幼子に似つかわしい壮年の姿で描かれることもあった．一方で，16世紀の*トリエント公会議以後，特に*イエズス会によって，聖家族が地上の*三位一体として天上の三位一体に対応するという考え方が提唱され，この主題は神学的意義を深める（「二つの三位一体」の作例は，ロンドンのナショナル・ギャラリーの*ムリョの作品など）．

聖家族と呼ばれる群像には，年配の女性（マリアの母*アンナか従姉妹*エリサベト）ともう一人の子ども（エリサベトの子，洗礼者*ヨハネ）が加わることもある．また，アンナが3回結婚してそのつどマリアという娘を生んだという中世の伝説から，15世紀のアルプス以北では，聖母子を一族に囲まれた形で表す「聖親族」（聖アンナの家族）という図像が登場するが，トリエント公会議以降，廃止された．

【文献】Réau 2/2: 146-50.

（高橋裕子）

せいかぞくしゅうどうじょかい　聖家族修道女会　〔伊〕Piccole Suore della Sacra Famiglia, di Castelletto di Brenzone, 〔略〕P.S.S.F.　教皇庁立女子修道会．イタリアの*ヴェローナのカステレット・ディ・ブレンツォーネ（Castelletto di Brenzone）の主任司祭ナシンベーニ（Giuseppe Nascimbeni, 1851-1922）によって，*小教区の司牧協力者を得る目的で1892年に創立され，1903年管轄司教によって，1910年には*聖座によって認可された．ナシンベーニは初め既存の修道女会から，特に規模の小さい教区の幼児や少女たちの教育，病人や老人の介護のための協力者を求めたが，彼自身が抱いていた理想に完全に合致する修道会をみつけることができなかったため，司教の許可を得て，小教区*信徒使徒職団体の一つだった「マリアの娘たち」（Compagnia delle Figlie di Maria）の3人のメンバーの協力で新修道会を創立した．会の主要目的は二つで，幼児・少女たちの教育と，老人・病人の介護である．会は急速に発展し，カ

ステレット・ディ・ブレンツォーネ小教区以外にも活動を広げ，スイス，エチオピア，アルゼンチン，ブラジル，ウルグアイなどにも支部を開設した．今日では創立当初の二つの目的に宣教活動という目的をも加え，広く海外にもその*使徒的活動の輪を広げている．学校教育に力を入れるばかりでなく，特に女性労働者たちの物心両面における援助のために活躍する．また各地に散らばる神学校の家事などにも携わる．1997年末現在の施設162，会員数1,126名．総本部はヴェローナ．
【文献】AnPont (1999) 1654; DIP 6: 1648-51; G. DALDOSS, *Mons. Giuseppe Nascimbeni e l'istituto delle P. S. della S.F.* (Torino 1942); A. PRONZALO, *Il diritto di chiamarsi padre: profilo di mons. Giuseppe Nascimbeni, fondatore delle P. S. della S.F.* (Torino 1980).

(和田誠)

せいかぞくせんきょうかい　聖家族宣教会　〔ラ〕Congregatio Missionariorum a S. Familia, 〔仏〕Missionnaires de la Sainte Famille, 〔略号〕M.S.F.　教皇庁立聖職者修道会．*ラ・サレット宣教会の会員ベルティエ (Jean-Baptiste Berthier, 1840-1908) により，教会の宣教精神に沿って，*司祭職への召命促進のために，1895年オランダのグラーヴ (Grave) で創立された．創立者ベルティエは当時，司祭職への*召命を感じながらも，すでに成人年齢に達していたり経済的な理由から司祭職への道を断念せざるをえなかった多くの青年たちを援助する必要を強く感じ，*ラ・サレットの聖母の保護のもとに会を創立し，永遠の司祭キリストが養成された*ナザレの*聖家族を倣うべき模範として示した．1911年に教皇庁立となり，1931年には*聖座から*会憲が暫定的に認可された．1997年末現在の施設77，会員数955名（うち，司祭674名）．総本部はローマ．
【文献】AnPont (1999) 1475; Cath. 9: 361; DIP 5: 1468; F. NOLTE, *Historische Skizze der Missionäre von der hl. Familie*, 5 v. (Bertzdorf 1931).

(和田誠)

せいかたい　聖歌隊　→ 歌隊

せいカタリナじょしだいがく　聖カタリナ女子大学　前身は1925年（大正14）に*ドミニコ宣教修道女会によって松山市に設立された松山美善女学校．1951年（昭和26）に上妻久恵 (1905-) を初代理事長として学校法人聖カタリナ学園に改組後，全国各地に幼稚園や高等学校が設立された．1965年幼稚園教員養成所として聖カタリナ女子短期大学が開校，次いで88年全国初の社会福祉系女子大学として開設された．神愛と献身から人々より「母」と慕われたドミニコ会修道女，シエナの*カテリーナを*守護の聖人とし，「真理を観想し，観想の実を他に伝える」という*ドミニコ会の精神に基づいて運営されている．「誠実・純潔・奉仕」を学訓とする．

(酒井一郎)

せいかつとじっせんせかいかいぎ　生活と実践世界会議　〔英〕Universal Christian Conference on Life and Work, 〔独〕Weltkonferenz für Praktisches Christentum, 〔仏〕Conférence Universelle du Christianisme Pratique　今日の*教会一致促進運動が*世界教会協議会として組織的に結成される前の準備段階を担った三つの運動の一つ（他の二つは，国際宣教会議と*信仰と職制世界会議）．1910年の*エディンバラ世界宣教会議がその後の活動の出発点となったが，その後第1次世界大戦後の世界の悲惨な現実に対する教会の責任と課題を追求するために成立した1914年のコンスタンツ国際友好促進教会世界連盟の流れを受け継いで*セーデルブロムらの提唱でこの会議は成立した．1920年*ジュネーヴで最初の準備会議が開かれ，1925年8月19-30日*ストックホルムで第1回世界会議が37か国から661名の代議員の参加のもとに開かれた．これは分裂した諸教会の正式代議員が参加した教会史上最初の世界会議となった．1927年には神学的運動である信仰と職制世界会議が*ローザンヌで開催され，1937年には両世界会議がおのおののオックスフォード (Oxford) と*エディンバラで解散総会を開いて，1938年には*ユトレヒトで世界教会協議会が成立するはずであった．しかし，これは第2次世界大戦によって阻まれ，戦後に持ち越された．このオックスフォードでの第2回生活と実践世界会議は，1937年7月12-26日に「教会，共同体，国家」を主題として40か国から，プロテスタントと*東方正教会の120教会の代議員425名を集めて開催され，*フィセルト・ホーフト，オールダム (Joseph Houldsworth Oldham, 1874-1969) らの指導のもとで，教会と世界についての真剣な討議が行われた．
【文献】キ大 608; LThK² 6: 1050; LThK³ 2: 350-51; NCE 8: 745; ODCC³ 980-81; ÖL 971-79; RGG³ 4: 1572-73.

(小川圭治)

せいがんこうしん　誓願更新　→ 修道誓願

せいき　『世紀』　月刊のカトリック文化誌．*イエズス会の会員*デュモリン等の発議により，季刊誌『カトリック思想』のあとを受けて，現代文化における精神の対決を目指し，1949年（昭和24）1月号から創刊された．初代編集長は岡田純一．発行所は，エンデルレ書店から*中央出版社を経て『世紀』編集室に移った．当初は，例えば*田中耕太郎，*小林珍雄，柳宗悦 (1889-1961)，*ホイヴェルス，野村良雄 (1908-94) といった創刊号の主だった執筆者からもわかるように，*カトリシズムの立場から宗教，哲学，歴史，文学，芸術，社会問題など広く文化の全般にわたって論じた記事を掲載して，思想的啓蒙に努めた．その後多少の変遷を経て，1972年，イエズス会員の赤波江春海 (1937-93) が第4代編集長に就任して以来，毎号さまざまな特集を組んで，生活に則した問題を理論的，経験的，実践的な側面から取り上げ，より広い読者層に呼びかけるようになったが，1994年3月第46巻第3号（通算526号）をもって休刊となった．

(大谷啓治)

せいぎ　正義　〔ラ〕justitia, 〔英・仏〕justice, 〔独〕Gerechtigkeit
【一般的概念】正義の最も有名な定義は*ローマ法の「正義は各人にかれの権利を帰属させようとする不動にして恒久的な意志である」略して「各人に彼のものを」(〔ラ〕suum cuique) というものである．この定義は，正義とは各人が何らかの根拠に基づいて自らのものとして要求しうる*権利（原語は「正しさ」を意味するラテン語 jus）に関わるものとしたうえで，それを各人に与えようとする「不動にして恒久的な意志」によって正義と呼ばれる*徳が成立するとしており，正義という徳の定義としては今日でも古典的地位を失ってはいない．しかし，正義の徳ではなく，正義の理念ないし原理の定義と

してみると、この定義は各人に「彼のもの」を与えるべきことを命令するのにとどまって、「彼のもの」がどのようにして確定されるかについては述べていないところから、正義の形式的で空虚な規定にすぎないといわれる。

正義はもともと何らかの等しさ（均等あるいは *平等）を含意するものであり、等しさは一人の人間については語られず、*他者との関係において初めて問題になることであるから、厳密な意味での正義は本質的に他者との関係において確立されるべき秩序に関わる。しかし広い意味では、例えば *原罪 (peccatum originale) 以前の人間の状態が「原初の正義」（*原始義 justitia originalis) と呼ばれるように、一人の人間が内的にふさわしく秩序づけられている状態が正義と呼ばれることもある。

【正義の問題】正義の問題は人類の歴史と同様の古い歴史をもつ。人々は歴史の初めから正義の名において争い、戦ってきたし、また正義を実現し、回復するための試みを続けてきた。「世界は滅びるとも正義は実現さるべし」(fiat justitia, pereat mundus) というドイツ皇帝 *フェルディナント1世の激しい言葉が示すように、正義への期待はしばしば絶対的な要求にまで高められた。他方、これまでの歴史においては当事者のすべてを満足させうるような仕方で各人の「彼のもの」を確定しうる正義の規準を確立することは不可能であった。正義の問題とはまさしくこのような正義への無条件的な要求と、正義の規準を確立することの不可能性というジレンマにほかならない。すなわち、一方においては正義という価値ないし理念はその実現のためには人々に喜んで血を流させるほどの魔力を備えているのに、他方ではこのような正義への要求に答えるべき正義実現のための原則ないし規準はほとんど何人をも満足させない。ここからして、万人の正義なるものはありえず、正義はつまるところ「誰」かの正義であり、強者が自らの利害を覆う飾りにすぎないという議論がつねに説得力をもって主張されてきた。

【正義と報復】各人に与えられるべき「彼のもの」を確定するための最も単純で理解しやすい方法は、善いものにせよ悪いものにせよ、他者から受け取ったものとそっくり同じものを返すことであるように思われる。例えば、人から借りた金やものと全く同額、同量のものを返却することは、事物の本性からして正義にかなっているとされる。さらに他者から加えられた害悪の復讐に関しても同様であって、「目には目を、歯には歯を」(出 21:24; 申 19:21) という同害刑法は多くの場合、正義そのものであるかのようにみなされている。

しかし現実には、受けたものと全く同じものを返すという単純な形で正義の問題が解決されることは稀であり、また同害刑法が正義の問題に対する最善の解決ではありえないことも明らかである。もともと同害刑法は復讐の行き過ぎを戒め、自らがこうむった以上の害悪を相手に与えることを禁止したものであって、正義そのものというよりは、むしろ粗野で残酷な正義から正義のより完全な実現へ向かって一歩を進めたものであった。

他者から受け取ったものと同じものを返すという、返還あるいは報復における「等しさ」は、確かに単純で理解しやすい正義の規準であるが、それに基づいて実現される正義が完全なものではないことは明白である。そのような正義理解は、人と人との間でやりとりされるもの（善いものにせよ悪いものにせよ）だけに目を向け、ものをやりとりしている人間を視野に入れていないかぎりにおいて、一面的であり欠陥的である。したがって正義のより完全な理解のためには、単に人と人との間でやりとりされるものだけではなく、それらをやりとりする人間が置かれている状態をも充分に考慮したうえで、各人の「彼のもの」がいかにして確定されるかを明らかにしなければならないのである。

【法と正義】各人に「彼のもの」を与えることに関わる正義についてのより全体的な理解のためには、正義を *法と関係させながらみていくのが最善であろう。*アリストテレス以来の「人の支配」と「法の支配」をめぐる議論に示されているように、人間社会において法という一般的なルールなしにも正義が実現される可能性は排除できないが、実際には裁判においても、さまざまの（便益、物財、負担などの）配分においても、正義の実現は一般的なルールとしての法に基づいて行われるのが普通である。法と正義との関係をめぐっては「正しくない法は法ではない」とする *自然法論から、そのような法と正義との結びつきを否定する *法実証主義に至るさまざまの立場があるが、正義の実現を目指す営為における法と正義との異なった関係に目を向けることによって、正義についてのより全体的な理解に近づくことが可能である。

〔法のもとなる正義〕法と正義とのさまざまの関わり方のなかで最初に取り上げるべきものは法のもとなる正義あるいは適法性 (legality) としての正義である。それは一般的なルールとしての法がつねに厳格に、そして斉一的に適用されることによって実現される正義であり、最も単純で理解しやすい正義であるといえる。すなわち、個々の場合に各人に与えられるべき「彼のもの」を一般的に規定するものとしての法が賢明かつ正しい仕方で定められているか否かは別として、少なくとも当の法がつねに厳格かつ斉一的に適用されるならば、「等しさ」としての正義は何らかの程度において実現されるのであり、当事者たちの正義への要求をある程度まで満足させることができる。その意味で「法のもとなる正義」は最少限の正義であるということができるであろう。

「法のもとなる正義」もしくは適法性としての正義が多くの人にとって最も理解しやすい正義であることを認めた場合、問題は正義の探求はここでとどめるべきか、あるいはより先へ進めるべきかである。*ケルゼンをはじめ、法実証主義の立場をとる法学者たちは適法性としての正義、すなわち *実定法の秩序の内部で捉えられた正義のみが科学としての法学のなかで座を占めることを許されるのであって、各人の「彼のもの」を一般的に規定する法についてその正義を問うことは価値の領域に足を踏み入れることであるから、正義の概念を主観的で恣意的なものにしてしまうことを意味する、と主張する。

確かに法の厳格で斉一的な適用によって保証される「等しさ」を超えて、法そのものの正しさを含めて正義の実現を目指すとき、我々は価値をめぐる多くの困難な問題に直面せざるをえない。しかし各人の「彼のもの」をより適切に確定しようとする努力を放棄して、正義実現の課題を前もって法によって確定された「彼のもの」を厳格かつ斉一的に各人に与えることだけに限るのは、正義に関する厳しい態度のようにみえてその実は極度の不正になりかねない。適法性としての正義は自己完結的な閉じられた正義ではなく、より高次の正義に対して開かれていなければならないのである。

〔法に内在する正義〕最少限の正義としての適法性あるいは法のもとなる正義は、アリストテレス以来の古典

的正義理論における交換正義（justitia commutativa）に相当する．アリストテレスによると「[法の観点からは]よき人が悪しき人から詐取しても，悪しき人がよき人から詐取しても……全然異なるところがない．……法は彼らを均等な人々として取り扱う」（『ニコマコス倫理学』1132 a2-6）のであり，このように法によってすでに確定されている各人の「彼のもの」を厳格に，過不足なく各人に与えることを目指すのが交換正義である．通常，交換正義は社会的全体を構成する部分と部分との間の関係を秩序づける正義であると考えられているが，法と正義との関わりという観点からみれば，それが「法のもとなる正義」であることは明白である．

ところが古典的正義理論においては交換正義とは異なった仕方で法に関わるより高次の正義があるとされ，それは配分正義（justitia distributiva）と名づけられている．すなわち交換正義が人と人との間で交換されるべき（すでに法によって確定された）「彼のもの」にだけ注目するのに対して，配分正義はまさしく各人の「彼のもの」を適切に確定するために，アリストテレスが「上官が打ったとしても，彼が打ち返されるのは相応しいことではない．だが，もしも，兵士が上官を打ったならば，彼は打ち返されるばかりではなく，懲罰されてしかるべきである．」（『ニコマコス倫理学』1132 b28-30）と例にあげているような人々の違いに目を向けるのである．このように現実に異なっているそれぞれの人に相応しい「彼のもの」を確定することが配分正義にとっての課題であり，それは一般的なルールとしての法を定めることによってなされる．したがって，配分正義は各人の「彼のもの」をより適切に確定する法の定立に関わるのであり，その意味で「法に内在する正義」である．

通常，配分正義は社会全体に属するものをその諸部分に配分することに関わる正義と解されている．しかしあらかじめ確定された規準に基づいて厳格かつ公平に配分を行うことはむしろ交換正義の仕事であって，配分正義は適切な配分のための規準ないし法の確立という，より困難な仕事に関わるものであることを見落としてはならない．確かに各人の「彼のもの」を適切に確定しようとする試みは，各人の価値についての評価を前提とするものであり，価値をめぐる複雑で困難な問題に巻き込まれざるをえない．しかしながら，価値判断は主観的，相対的，恣意的であるとして，「彼のもの」をより適切に確定しようとする試み，つまりより正しい法を作り出そうとする試みを放棄することは，正義の合理性を重んじ，それを恣意性から守る立場のようにみえて，実は正義を恣意性の手に委ねることにほかならない．したがって次の問題は，法に内在する正義，すなわち法をより正しいものたらしめることに関わる配分正義を導くより高次の正義というものがあるのか，である．

〔法を超越する正義〕ところで古典的正義理論においては法のもとなる正義，法に内在する正義のほかに，正しい法を作り出すことを可能にする正義，その意味で「法を超越する正義」があるとされており，それは「一般的正義」（justitia generalis）ないし「法的正義」（justitia legalis）と呼ばれるものにほかならない．「一般的正義」という名称は，この正義が単に一つの特殊な徳ではなく，徳の全体ないし完全な徳とみなされたことに基づくものであり，アリストテレスも「『夕星（ヘスペロス）も暁の星も』これほどまでに嘆賞に値するものではない」（『ニコマコス倫理学』1129 b30）という最大限の賛辞をそれに捧げている．

「法的正義」という名称は適法性としての正義と混同されやすいが，「法的」はここでは法をまさしく法として成立させるものという意味に解すべきであり，法を根拠づけるとの意味で「法を超越する」正義なのである．そのことは，この正義の対象が法の目的たる *共通善（bonum commune）であることに基づく．すなわち，法が法であるためには，単に *共同体の部分にすぎない個人ないし団体の私的善（bonum privatum）のためにではなく，共同体全体の共通善，すなわち共同体を構成するすべての人格が究極目的に到達することを可能ならしめるような諸条件の総体を目的とするものでなければならないが，法的正義とはまさしく人をそのような共通善へと秩序づける徳としての正義にほかならない．その意味で，古典的正義理論において一般的正義ないし法的正義と名づけられている正義はむしろ共通善正義と呼ぶのがふさわしいといえるであろう．

法的正義ないし共通善正義は，人を直接的に共通善へと秩序づけるかぎりにおいて，彼を他者に関わるすべての事柄において正しく秩序づけるのであり，その意味で一般的正義といわれるのであるが，現実の社会生活において人は特殊的，個別的な善に関して彼を直接的に他のもろもろの人格に対して秩序づける正義を必要とするのであり，それらが古典的正義理論においては特殊的正義（justitia particularis）と呼ばれる．前述の交換および配分正義はいずれも特殊的正義に属する．今日，「正義」という言葉で多くの人が直ちに理解するのは交換正義であり，稀に配分正義への言及がなされる場合でも，社会全体に属するもののより公正な配分，すなわち *社会正義が問題とされるにとどまり，法に内在する正義としての配分正義が正しく理解されることは稀である．しかし実際には正義の探求はそこからさらに正義の究極にあるものとしての共通善正義へ向けて進めなければならないのである．確かに交換正義は「我々にとっては」最も明白な正義であるが，決して「それ自体において」最も明白な正義ではない．なぜなら，それはさまざまの前提条件を有しており，それが真の意味で正義でありうるためにはそれら前提条件が満たされる必要があるからである．したがって交換正義を正義そのものとみなした場合には正義は客観的に基礎づけられないままにとどまるのであり，まさしくそのような基礎づけを与えてくれるのが共通善正義なのである．

【徳としての正義】共通善正義はそれがアリストテレスにおいて徳の全体あるいは完全な徳とみなされていることにおいても示されているように，徳としての側面を最高度に備えた正義である．知慮，剛毅，節制などとともに倫理徳（virtus moralis）の一つに数えられる正義は，剛毅と節制が情念に関わるのに対して，各人に彼のものを与えるという対他的な外的行為に関わるものであるところから，徳としての正義が現存していなくても，行為が「彼のもの」を過不足なく与えるものであるかぎり正義は実現されているとみなされる．ここからして，厳密な意味で徳の主体である人格についてのみでなく，個々の行為あるいはもろもろの制度についても「正義」が語られ，そのために正義は本来的にいって徳であり，正義の概念は何よりも徳としての正義を中心に理解すべきことが見落とされる傾向がある．今日の正義をめぐる議論においても徳としての正義は *プラトン，アリストテレス，*トマス・アクィナスの正義論に関する歴史的研究を除いては，ほとんど視野の外に置かれているのである．

このような徳としての正義の忘却は，一つには近代の倫理思想において徳の概念が全般的に忘却もしくは無視されたことに伴うものであるが，同時にまた正義の概念が特殊的正義，とりわけ交換正義のみに限られ，一般的ないし共通善正義が正義の考察から排除されてきたことに基づくといえるであろう．一見，徳としての正義への関心は正義をめぐる現実の厳しい対決ないし激しい戦いの解決とはほとんど無関係なものと思われるかもしれない．しかし，実際にはそのことは現実の正義問題からの逃避ではなく，むしろ安易な解決を避けて，正義の探求をその最終的な成立根拠まで遡らせるという困難な道を選びとることを意味するのである．

【正義と愛】他者に「彼のもの」を過不足なく与えることを目指す正義においては，自己と他者とは明確に区別されている．正義は根本的にこの区別を確立したうえで，他者が自己と同様に主体であり，自己と同様の尊重に値することを認めるところに成立するといえる．これに対して *愛(amor)，とりわけ完全な愛としての愛徳(caritas)は，自己と他者が何らかのものを共有することを通じて合一ないし一体化するところに成立する．その意味では愛においては自己と他者の区別が何らかの程度まで克服されるのであり，その点で正義と愛は明らかに異なっている．

　しかしながら，確かに交換正義，とりわけその一種としての報復的正義にみられる厳しさは愛と鋭く対立するものであって，容易に相容れぬもののように思われるが，共通善正義はほとんど共通善愛と言い換えることができるように思われる．なぜなら，共通善を対象としてその実現を目指す共通善正義は，必要があれば共通善の保全のために私的善を完全に放棄することすらあえてなすのであって(例えば政治共同体の共通善のために自らの財産あるいは生命までも犠牲にする市民においてみられるように)そこでは正義の徳は限りなく愛に接近しているといえるからである．実際にトマス・アクィナスは善き市民がそれをもって政治共同体の共通善を追求する法的正義と，「*天のエルサレム」と呼ばれる幸いなる社会の「市民」たちがそれによって神を愛する愛徳(caritas)との間には密接な親近性があることを繰り返し強調している(『神学大全』II, 2, q. 26, a. 2, 3；『定期討論集・愛徳について』2)．

　いうまでもなく，教皇 *ピウス11世が回勅 *『ディヴィニ・レデンプトーリス』で明言したように愛を正義の安易な代用品たらしめることは許されない．「労働者が正義の権利として要求することができるものを，施しとして与えてはならない．いくらかの贈与を慈善として与えることによって，正義の要求する重大な義務をのがれることは許されない」(49項)のである．しかし他方，徳としての正義をその成立根拠まで遡って考察するとき，正義が愛と離れ難く結びついていることは明らかである．実際に人間の正義が模倣し，分有すべき神の正義(→神の義)はつねにそれの満ち溢れとしての憐れみ・愛とともにみいだされるのである．人間の正義を神の正義と同一視する誤りに対しては厳しく警戒しなければならないが，神における正義と憐れみの結びつきは，我々が正義とは何かを徹底的に探求する際の導きの光になりうるであろう．

【文献】古典：アリストテレス『ニコマコス倫理学』アリストテレス全集13，加藤信朗訳(岩波書店 1973)；プラトン『国家』藤澤令夫訳(岩波書店 1976)；トマス・アクィナス『神学大全』18，稲垣良典訳(創文社 1985)．

現代：稲垣良典『法的正義の理論』(成文堂 1972)；G. DEL VECCHIO, *Justice: A Philosophical and Historical Essay* (Edinburgh 1952); H. KELSEN, *What is Justice?* (Berkeley 1957); O. A. BIRD, *The Idea of Justice* (New York 1967); J. RAWLS, *A Theory of Justice* (Cambridge 1971).
　　　　　　　　　　　　　　　　　（稲垣良典）

せいきすうはい　性器崇拝　〔英〕phallus worship, 〔独〕phallischer Kult, 〔仏〕culte du phallus

【生殖の象徴的意味】男根と女陰の崇拝は，人類の諸文化に共通してみられる現象である．その根底には，生殖が農耕社会に豊饒をもたらし，また宇宙の秩序や律動を再現するとの観念がある．生殖はまた何よりも新たな生命を生み出す神秘的行為であって，そのための器官である生殖器に特別な霊的力と象徴的意味が付与されるのも当然のことである．性器は，自然の豊饒と生産力を，またその両義性と非日常な威力を表す，またとない象徴物とみなされた．

【儀礼】すでに先史時代の壁画や人体像のなかに，性器を著しく強調したり，また象徴化したりしたものがあり，豊饒・多産を願う呪術的儀礼と性器崇拝の原初的結びつきを示している．性器崇拝は，特に全世界の農耕社会で子富裕にみいだされる．大地が子宮や女性器と，鋤(⚒)は男性器と，種子は精液と，また農耕は生殖行為とそれぞれ同一視され，*農耕儀礼と性的シンボリズムとが結合された．裸女による散種の習わしなど，キリスト教以前のヨーロッパにも，こうした性的儀礼の習俗がみられた．また，性的象徴は，しばしば神観念とも結びついている．インドネシアなどの古い伝承では，男性の天空神は雨期に大地なる女性神に雨の精液を降らし，豊饒をもたらす．日本神話の，イザナギ・イザナミの国生みの神話や，アメノウズメノミコトの女陰露出などは，神観念と性器崇拝との結びつきを明らかに示している．我が国で典型的にみられるように，性器崇拝は，農耕儀礼との結びつきを失っても，さまざまな祭りや民俗信仰に残存しており，その特有の祝祭性は，原初の性器崇拝との連続性を窺わしめるにたるものである．

【文献】宗教学辞典 463-64；RGG³ 5: 324-26; EncRel (E) 11: 263-69.
　　　　　　　　　　　　　　　　　（深澤英隆）

せいぎとへいわいいんかい　正義と平和委員会
→　正義と平和評議会

せいぎとへいわひょうぎかい　正義と平和評議会
Pontificium Consilium de Iustitia et Pace

【設立】現在の教皇庁正義と平和評議会は，1967年の教皇 *パウロ6世の呼びかけによる正義と平和委員会(Commissio pro Iustitia et Pace)の設立に始まる．この設立とともに，全世界の *司教協議会にも同趣旨の委員会を設けるよう要請があった．それは，貧困，抑圧，差別のなかで，人間としての当然の権利を奪われ，苦しみの叫びをあげている多くの兄弟姉妹に愛をもって応えるためであった．1988年6月28日に，現在のような評議会に改組された(→教皇庁)．

【日本カトリック正義と平和協議会】〔設立経緯と活動〕日本においてもその呼びかけに応え，1969年(昭和44)から準備が始められ，大司教・白柳誠一(1928-)を委員長に4名の司教が委員となり，20余名の司祭，信徒が加わって委員会が設立された．

　1970年1月，教皇が世界平和の日メッセージを出し

たのを機に，日本司教団・正義と平和委員会は，基本姿勢を明らかにした声明「現代に平和を」を発表した．その年，東京ではキリスト教アジア開発会議，京都では*世界宗教者平和会議が開催され，これらの国際会議後，翌年日本における社会開発平和委員会 (Committee on Society, Development, and Peace, 略称 SODEPAX) の発足に至った．これは教皇庁正義と平和委員会と*世界教会協議会の合意によって1968年に設立された委員会の日本での組織である．

1974年，司教協議会の組織改正に伴い，同委員会は正義と平和協議会として再発足し，司教*相馬信夫が担当司教に，武者小路公秀(1929-)が会長に就任した．人間の基本的権利の擁護を課題として，適切な行動をとるための指針を受け継いだこの会は，できるだけ広く参加を求め民主的運営を保つために「協議会」の名称を用いることになった．

当初の関心は，国家間の不平等と不正義についての問題にあったが，後には一国家内部における政府や企業と人間，人権などの問題を重視するようになった．具体的には，韓国教会に協力して，*金芝河をはじめとする民主化・人権擁護運動を進める人々，在日韓国人「政治犯」への支援活動を行い，また，フィリピンのミンダナオ島における日本企業のもたらした公害の犠牲者への支援，政府による弾圧と闘うフィリピン教会との連帯にも力を尽くした．国内では，公害，差別，信教の自由などの問題に対してそれぞれの活動を発展させることになった．このようにして世界，アジア，日本において，正義と平和の実現を目指し，現在もその活動を続けている．

〔組織〕司教協議会の組織としては社会司教委員会のもとにあり，担当司教・会長，秘書をはじめ，会員相互の協力によって運営されている活動グループである．情報や意見の交換，学習などを行う年1回の全国会議，その他，教区担当者・代表者会議，運営委員会，事務局会議などを開き，年間の活動計画，諸問題への対策について検討する．さらに各時代の要請に対応するために問題別に委員会あるいは実践の場を設けている．現在では核・環境問題，靖国問題，アジアにおける諸問題，平和教育，女性についてなどを主に扱い，戦後の問題についても可能な範囲での支援を行っている．1974年以降，全国各地に設立された正義と平和委員会は，福音のメッセージに促されて国内外の兄弟姉妹と連帯しながら活動範囲を広げ，現在では滞日外国人，差別についての諸問題など，地域ごとの要請に対応して，抑圧する人もされる人もいない世界の実現を目指し，祈り，学習，活動を展開している．「正義を行い，慈しみを愛し，へりくだって神と共に歩む」（ミカ6: 8）アジアの教会のメンバーとして正義と平和協議会は，キリスト教諸団体，市民運動グループと連帯しながら未来への歩みを続けている．

なお，相馬信夫司教が1993年（平成5）引退した後，1998年までは浦和司教で後の東京大司教・岡田武夫(1941-)，2001年までは京都司教・大塚喜直(1954-)，2001年からは大阪補佐司教・松浦悟郎(1952-)が担当司教となり現在に至る．

【文献】教皇庁正義と平和委員会編『教会と人権』日本カトリック正義と平和協議会訳（中央出版社 1977）: PONTIFICIA COMMISSIONE IUSTITIA ET PAX, *La Chiesa e i diritti dell'uomo* (Città del Vaticano 1975); 教皇庁正義と平和評議会『教会と人種主義』A. マタイス，保岡孝顕訳（カトリック中央協議会 1990）: COMMISSION PONTIFICALE JUSTICE ET PAIX, *L'Eglise face au racisme* (Cité du Vatican 1988); 日本カトリック正義と平和協議会『「正義と平和」1995-2000』（日本カトリック正義と平和協議会 2000）.

(中里昭子)

せいきまつ　世紀末　〔英〕end of a century, 〔独〕Jahrhundertwende, 〔仏〕fin de siècle　いずれの世紀も100年の区切りがあり，その終わりがあるが，通常，世紀末とは狭義の意味で19世紀最後の10年間を特徴づけた退廃的現象と悲観的雰囲気を指す．このような特徴は当時の時勢，文化，芸術の諸分野に現れた．それは19世紀の*市民階層の道徳的価値観に対する反乱に起因した芸術至上主義であり，道徳の基準を逸脱して悪に走ってまでも美を追求する芸術的審美主義と官能的陶酔である．こうして，「世紀末」はデカダンスと同一視される．

フランスでは*ユイスマンス，マラルメ (Stephane Mallarmé, 1842-98)，ドイツ語圏では*ウィーンを中心にして活躍した，*ホフマンスタール，シュニッツラー (Arthur Schnitzler, 1862-1931)，英国では*ワイルド，ダウソン (Ernest Christopher Dowson, 1867-1900)，ムア (George Augustus Moore, 1852-1933)，ビアボーム (Max Beerbohm, 1872-1956)，ビアズリ (Aubrey Vincent Beardsley, 1872-98)らの詩人，作家がその代表者とされる．絵画の分野ではモロー (Gustave Moreau, 1826-98)らの名前があげられる．

世紀末現象は文学と芸術に顕著だが，18世紀末から19世紀にかけての*ロマン主義が市民階層の台頭とともに起こった文化的現象で，市民社会の価値観を決定づけたものであるとするならば，19世紀の世紀末は1890年代においてその社会が爛熟しきって限界に達し，創造力が衰退したことを現している．市民社会の世界観は*啓蒙思想に由来した*自由主義を根幹としていたが，世紀末文化は衰退したロマン主義であったといえないこともない．さらに，それは20世紀，第1次世界大戦から第2次世界大戦を経て市民階層の良き時代が終わり，労働者階級が台頭し，*社会主義が政治的に力を持ち始め，それに対抗して*ナチズムのような保守的イデオロギーが出現する時代の前兆のような現象であった．このような20世紀前半の精神的雰囲気のなかで一般的に芸術は世紀末のなかにあった実験主義的要素を継承する．それがいわゆるモダニズム芸術である．しかし，*モダニズムは文化的には伝統主義の，政治的には保守主義の理念を掲げる．

精神史的観点からは世紀末をどのように評価すべきかという問題がある．表面的には退廃であるこの時代的現象は，そこに現れた数かずの具体的表現形態の背後にある新しい思考をすでに顕現化し始めていた．世紀末の諸思想と芸術・文化における表現形式はモダニズムにつながるばかりでなく，さらに20世紀末のポストモダニズムによって再びその先駆的様相が意識されるようになる．この観点でノルダウ (Max Nordau, 1849-1923)は19世紀末の現象をみて西欧近代文明がたどった道程を厳しく批判したが，同時にそこに「再生」をみてとっていたことは示唆的である．世紀末の現象は世俗化した西欧近代都市における中産階級の文化消費生活が爛熟に至った結果起こった病的な文化現象であるとみることができる．自然科学の技術化の影響は休むことなく続けられ，20世紀の巨大科学の時代をもたらすことになったが，他方，19世紀末から20世紀初頭にかけて*心理学，神話学（→神話）が現れ，それらは科学的合理主義

せいきょういく

と共通の精神から生まれながら，同時にそれによって満たされない人間の内面の要請に応えようとした．哲学の分野では *ベルグソンや *ニーチェが現れた．年代的にはこの時期以前だが，K. *マルクスの『資本論』も近代文明の病根を指摘し，その価値観を否定した点では同じ動きの一部であったといえる．これらの動きは 20 世紀になると知的営みのほとんどすべての分野に吸収され，一般常識化した．20 世紀の終わりの時期に *デリダ，*ラカンらによってニーチェや *フロイトの思想が *マルクス主義とともに今までの理解とは違った形でラディカルに解釈されている事実は興味深いことといえよう．
【文献】M. BRADBURY, *The Social Context of Modern English Literature* (Oxford 1971); M. BRADBURY, J. MACFARLANE, eds., *Modernism* (Harmondsworth 1976); H. JACKSON, *The 1890s: A Review of Art and Ideas at the Close of the Nineteenth Century* (London 1988).　　　　　　　　　　　　　　　（高柳俊一）

せいきょういく　性教育　〔英〕sex education〔独〕sexuelle Aufklärung, 〔仏〕éducation sexuelle
【人間における性】人間はみな *性をもって生まれる．科学的に性とは，同一種の生物個体の間に生殖に関して互いに補い合うような差異を起こさせている諸特徴をいい，人間では男性または女性と呼ばれる．このような生命の基本的な在り方である性は，二つの次元で捉えることができる．一つは生物としての次元で，性欲を中心に捉え，異性間の交わりにより子孫を産む生殖機能としての性である．もう一つは *人格としての次元で，性別を中心に捉え，異性が互いに自己を与え合い協力し合うことで自己実現を遂げていく人格的条件としての性である．この次元では性欲も人格的交わりへの欲求として統合される．英語で前者は sex, 後者は sexuality と区別されうる．

人間における二つの性の優劣や関係については，一般的に出生性比で男性が大きく，体力比でも優れているが，死亡率が高いため生存能力では女性が優れている．しかし歴史的に男性が権力を握り政治・経済・軍事を支配してきたため，男尊女卑の意識と体制が優越してきたが，*『世界人権宣言』(1948)や『国際人権規約』(1966) に明記されているように，男女の本質的平等と人格の尊厳は人権の原則として今日，国際的承認を得ている（→男女同権）．その理念は *キリスト教に発しており，聖書に両性とも「神の似姿」（→神の像）として創られて祝福され（創 1: 27-28), 両性の愛による一致協力こそが「神の似姿」の最高の顕現とされている（創 2: 24). *アダムに続いてその伴侶 *エバが分身として創造され，ここに両者は男性と女性として向き合い，人間の創造は完成された（創 2: 21-22). この意味で男女の性に「神の似姿」としての優劣はない．しかし，優劣なき両性にも役割の違いはある．特に受胎から出産まで生命創造の摂理を担う性としての女性には固有の役割が期待され，それを現実に果たす結婚生活で夫婦が一体となるべく仕え合う責務に差はないが，「夫と妻はキリストと教会の関係」（エフェ 5: 24-33）とパウロもなぞらえているように，*神の国を築き担ううえで仕え方を異にする両性は共に相手を必要としている．

【教育における性】性は生物学的には身体の成長とともに成熟する．しかし人格的には教育なしに成熟することは難しい．ここに性の教育の課題は二重となる．成長段階に合わせ，科学的に身体の成長の仕組みを自己理解させて自覚に導くとともに，その身体面での成熟への倫理的対応を教育することが欠かせない．強まっていく性欲に振り回されず，異性を慈しみつつ協力して価値を追求する人格的関係を身につけさせることが大切となる．その点で，性の教育はまず家庭で基礎づけられ，その上に学校が体系的に積み上げ，その成果を各自が社会生活のなかで自律的倫理として実践していくべき生涯教育的課題といえる．学校での性教育は，国の教育課程では全教育活動を通して進めるべき *道徳教育の一環として位置づけられており，教科を超えた総合カリキュラムのもとに全職員が取り組む必要がある．

成長の諸段階における性の教育は，幼児期までは思いやりと信頼する心，さらに自己抑制力を育てる．それらは後の性衝動への自制や異性との接触に際しての健やかな *主体性の土台を造る．思春期までは，性についての正確な知識に合わせ，*生命と *人間の尊さへの自覚を育てる．成年期までは *理性を鍛えて，社会に生きうる健全な人生観の形成とともに，*結婚や家庭の目標や理想について自覚させ，実践的には人生の協働者として異性を理解し，倫理的矜持を確立することが肝要である．熟年期には自らの人生を，結婚・独身を問わず悔いなきものに完成するため，性を内面的エネルギーに昇華していく身構えが必要となる．性差別のない社会を築くためには，社会を担い指導するこの時期の人々の *自己教育が強く望まれる．

人工妊娠中絶（→堕胎）とエイズ (AIDS) の問題は性教育における緊急な課題となっているが，両課題へのカトリックの立場は明確である．前者については，胎児の生命も母胎の生命と同等の尊さを有すると認め，その中絶は殺人と同じ *罪に値するとみなす．後者については，エイズ感染が当人に責任のない輸血による場合以外に，当人の人格的責任を問いうる性行為による場合が多い現状に強く警鐘を鳴らすとともに，患者の人権を私利追求の隠れ蓑にする風潮の無責任さを指摘し，ましてやコンドームによる感染防止法さえ教えればたれりとする場当たり的な性教育にも異議を唱え，人格主義的性教育こそ緊急に必要だと主張する．その点で，倫理なき性の謳歌をあおるマスコミにも強く自省を迫るものである．「教会は今流行している道徳的原理を全く考慮しない性教育に強く反対する．それは若い人々に性的快楽の体験への入門を与えるのみで，彼らの良心の清らかさを失わせ，悪徳に走らせる」(*ヨアンネス・パウルス 2 世の *『ファミリアーリス・コンソルティオ』1981).
【文献】吉山登『性と人間教育』(中央出版社 1982); 同『聖書における性と愛』(聖母の騎士社 1987); 教皇庁教理省『生命のはじまりに関する教書』(カトリック中央協議会 1987); 教皇庁教育省『人間愛についての指針—性教育のためのガイドライン』(カトリック中央協議会 1988); B. ヘーリング『キリストにおける性の解放：キリストにおける自由』(中央出版社 1989); B. HÄRING, *Frei in Christus*, v. 2 (Freiburg 1980).　　　（政本博）

せいきょういっち　政教一致　〔英〕unity of church and state, 〔独〕Einheit von Kirche und Staat, 〔仏〕union de l'Eglise et de l'Etat
【キリスト教からみた政教一致】［ローマ帝国と教会］キリスト教は，皇帝 *ネロから *コンスタンティヌス大帝の時代まで *ローマ帝国では一種の非公認宗教団体だった．しかし，コンスタンティヌスの *ミラノ勅令 (313) によって公認宗教になると，国家からさまざまな支援を

受けるようになり，380年，皇帝グラティアヌス（Gratianus, 在位367-83）と*テオドシウス1世によって帝国内の唯一の宗教つまり国教とされた．コンスタンティヌスは自ら「大神官」（〔ラ〕pontifex maximus）と称し，教会の事柄に当然のこととして介入するようになった．「新しいローマ」（Nova Roma）として*コンスタンティノポリスが建設され，首都が移されて以降は，*東方教会と，遠隔地にあったため国家の直接支配を免れた*西方教会との間に，国家と教会の関係に関して異なる対応と考え方が生じた．帝国の行政機構がしだいに弱体化していったため，ローマでは，司教（*教皇）が裁判，軍事，その他の世俗的役割を果たすようになった．また，ミラノの司教*アンブロシウスが皇帝テオドシウス1世に対して，皇帝も教会に従わなければならないと論じた一件は，西方における*教会と国家の関係についての考え方の一つの出発点となった．

〔中世の教皇権と皇帝権〕フランク王国の*シャルルマーニュは教皇*レオ3世によって帝冠を受け，西ローマ帝国を再興した．シャルルマーニュは自らを旧約の*ダビデの再来とし，自身の権力が神から直接与えられているものであるから，教会の保護者として教会の事柄に優先的に介入する権利をもつと考えたが，教皇はキリストから権限を与えられた神の代理者としての優先権を主張した．この優先権は霊的なものであり，霊的領域は現世の上に位置づけられるために，教皇の霊的権限は国家権力を指導すべきものだと考えられたのである．この両者の対立は，11世紀の叙任権をめぐる教皇*グレゴリウス7世と皇帝*ハインリヒ4世の対立によって表面化した（→叙任権闘争）．*ヴォルムス協約によって両者の妥協は成立したが，教皇権は「君主の権力はその尊厳を教皇の権力から得る」と主張する教皇*インノケンティウス3世の在位時に頂点に達した．

〔近代〕宗教改革者*ルターも，政治と宗教が一つの社会の二つの側面であるという考え方を捨ててはいない．*カルヴァンも*ジュネーヴの*神政政治にみられるように，教会と国家の領域を明確に区別しながらも，国家は秩序と教会を守り，*牧師を通して聖書の教えを得ると考えていた．イングランド国教会（→聖公会）の体制は，教皇のかわりにイングランド国教会の頭である国王と議会が教会行政・礼拝・規律に責任をもつというものであった．しかし，やがて，*グロティウス，*ロック，*ホッブズなどによって自然権の思想が広まると，政府の根拠は神の定めではなく，契約に求められるようになった（→社会契約説）．こうして近代国家はしだいに宗教的寛容の方針をとるようになり，教会が政治問題に介入することを嫌うようになった．

近代に成立した多様性を認める*民主主義社会に対して，コンスタンティヌス大帝以来の政教一致体制により自由が保証され擁護される構造に依存してきた教会は，根強い不信感をもって臨んだ．教皇*レオ13世の*アメリカニズム排斥の使徒的書簡（Testem benevolentiae, DS 3340-46）においてもそれは明らかである．

20世紀前半の教皇たちは，フランス，スペイン，ポルトガル，中南米のカトリック諸国で出現した*反聖職者主義政権への対処に苦慮し，*ピウス11世，*ピウス12世は*ファシズム，*ナチズム，*共産主義の政権が出現したイデオロギーの時代にあって，教会の自由を守るために闘うことになった（例えばピウス11世の回勅*『ディヴィニ・レデンプトーリス』，*『ミト・ブレネンダー・ゾルゲ』など）．多様性を認める社会を前提とする現代世界に自らを適応させるべく，教会の刷新を目指した第2*ヴァティカン公会議を経て，カトリック教会は，他の諸宗教や諸教会とともに，世界や国家に対して預言者的に関わるべくその方途を模索している．→教会と国家，政教分離

【文献】LThK² 6: 288-95; LThK³ 5: 1497-506; NCE 3: 726-38; TRE 18: 354-405. （高柳俊一）

せいきょうじょうやく　政教条約 〔ラ〕concordatum,〔英・仏〕concordat,〔独〕Konkordat

*カトリック教会と*国家の両方に関わる事柄（いわゆる「政教混合事項」〔ラ〕res mixtae）を調整するために，*教皇を代表とする*聖座とある国家の間で締結される国際法の効力を有する条約（→教会と国家，教会法）．コンコルダート，政教協約とも訳される．協定（conventio）の形式をとるもの，また，期限を定めずに試行的に締結される非公式協定（modus vivendi）と呼ばれる協約も広義の政教条約のなかに数えられる．

【歴史】歴史上，最古の政教条約とみなされるのは，教皇*カリストゥス2世と皇帝*ハインリヒ5世の間で締結され，後に*ヴォルムス協約と呼ばれるようになる「カリストゥス協約」（Pactum Callistium, 1122）である．これによって，皇帝は聖職者叙任権を放棄し，教皇は*司教の選出に皇帝が列席することを認めるという形で，教会と帝国に大きな混乱をもたらしていた*叙任権闘争に終止符が打たれた．類似のものに，教皇*ニコラウス4世がポルトガル国王と締結した政教条約（1298）がある．15世紀になると，*教会大分裂や*公会議首位主義の影響を受けて，聖座は*高位聖職者の叙任権や*聖職禄への課税権などに関して西ヨーロッパ諸国（スペイン，フランス，ドイツ，イングランドとの間，1418）やドイツ諸侯（諸侯の政教条約1446-47，ウィーンの政教条約1448）と政教条約を結ぶことになる．注目すべきなのは，教皇*レオ10世とフランス国王*フランソア1世との間に締結された条約（1516）で，これにより司教や*大修道院長などの任命は国王の権限とされ，教皇は単にこれを承認するものにとどめられた．この時代の政教条約は，教会と国家の双務的な契約というよりも，教皇とキリスト教君主との間で交わされた，教会の側からの何らかの特権の譲渡をその内容とするものである．*宗教改革を体験した諸侯は，教会に関する規律の決定を自らの権限下に置こうとしたため，16-17世紀を通じて政教条約は少ない．18世紀には，カトリック国との政教条約の改廃，締結がみられるようになる．

18世紀後半になると*啓蒙思想が隆盛し，教会もまた国家権力に従属すべきであるという主張が台頭する．さらに，教会は*フランス革命とそれに付随する国境線の変更，*教会財産の国有化，国家の*世俗化すなわちキリスト教の非国教化などに対応する必要に迫られた．こうしたなかで1801年に*ナポレオン・ボナパルトと教皇*ピウス7世の間で締結された政教条約は，世俗国家とカトリック教会との間で交わされた最初のものであり，これをもって両者は「現代的」政教条約の時代に入る．すなわち，政教条約は，教会による特権の譲渡という性格を保ちながらも，教会内の事柄に力を及ぼしたり，教会の*特権の排除を目指そうとする国家の絶対的支配権の主張に対して教会がとる法的な手段となったのである．ナポレオンとの協約により，カトリックがフランスの大部分の国民の宗教であるとして信者の自由が保障されることになり，さらに*神学校の設置が認めら

せいきょうじょうやく

れ，没収された教会財産の補償として*聖職者に給与が支給されることが約束された(→ 教会財産とその管理)．また，国境の変更による教区(→ 司教区)の区画再編が求められ，ナポレオンには司教任命権およびフランス国王が有していた特権が引き続き認められた．この政教条約は，翌年ナポレオンが一方的に制定した*ガリカニスムの傾向を有する法律によってその内容が実質的に空洞化したが，1905年に政教分離法(→ 政教分離)が制定されるまで効力を有し(アルザス・ロレーヌ地方に関しては，現在もこの政教条約が効力を有している)，19世紀に締結された30を超える他の政教条約の範型として影響を与えた．この時期の主なものとしては，ドイツとの，また*バイエルン(1817)，*プロイセン(1821)，*ハノーファー(1824)の諸州と，*ベルギー(1827)，*スイス(1828，1845，1888)，*ポーランド(1847)，*ポルトガル(1857，1886)とのものがあげられる．また，この時代にはラテン・アメリカ諸国(1851以降)や*コンゴ(1906)とも*宣教に関する問題について政教条約が締結されるようになったが，それは*スペイン(1851)，*オーストリア(1855．ただし1870年に政府より廃棄が通告された)と結ばれたものが範型となっている．

第1次世界大戦後の新しい状況に対応するために，1920年代以降，広範な内容を有する多数の政教条約が締結された．教会内の事情からすると，1917年に*教会法典が公布され，その内容を考慮に入れた条約を締結する必要があり，またヨーロッパ諸国は，新国家の誕生を含む大幅な境界線の変更や新しい政治体制の登場をみたためである．教皇*ピウス11世の在位中に締結されたこの時期の政教条約は，多少なりとも教会に敵意を抱く国家に対して教会が独立と自由を保障されることおよびカトリックが少数派である諸国において信者の権利が擁護されることを主眼としているが，教会と平和裡に共存し続けようとする国家が教会との関係に法的な安定性を与えることを目指すものや，独立を獲得あるいは回復した国が教会と法的関係を確立することによって，新しい*主権を内外に示すことを狙うものもあった．主なものとして*ラトヴィア(1922)，ポーランド(1925)，*リトアニアおよび*ルーマニア(1927)，プロイセン(1929)，バーデン(1932)，オーストリア(1933)，*ユーゴスラヴィア(1935)などの政教条約があげられる．特別の言及に値するものとして，独立した*イタリアによる*ローマの不法な占拠によって1870年以来生じていた*ローマ問題を解決した1929年の*ラテラノ条約がある．これにより主権国家としてのヴァティカン市国(*ヴァティカン)およびローマ教皇の主権が承認され，その際に締結された政教条約によって，カトリック教育などに関して聖座とイタリアとの法的な関係が規定された．ほかに教区区画，教会財産など個別的な事項に関する協定として，非公式協定も含め，フランス(1926)，チェコスロヴァキア(1927．チェコ，スロヴァキアの各項を参照)，ポルトガル(1928)，*エクアドル(1937)などとのものが締結されている．

第2次世界大戦中および終戦後に，教皇*ピウス12世はポルトガル(1940)，スペイン(1953)，*ドミニカ共和国(1954)，*ボリビア(1958)など伝統的カトリック国と政教条約を締結したが，その内容は国際条約の性格をもつものであり，政治的，社会学的に従来のものとは大きな変化をみせている．比較的在位期間の短かった*ヨアンネス23世の時代に政教条約の締結は少ないが，第2*ヴァティカン公会議以降，その数は増加している．

【現代における政教条約の法的性質】国家による絶対主義が主張された19世紀以降，政教条約の法としての性質に関して激しい論争がみられた．代表的なものとして三つのものがあげられる．実定法主義に立つ「国家譲歩説」([英] legal theory)によれば，主権国家は教会の上位に存在するものであり，法としての効果を付与できるのは国家法のみで，政教条約は本質的に国家法を超えるものではないとされた．この説に従えば，国家はいつでも政教条約を破棄することができる．これに対して「特権説」(privilege theory)は，教会がこの世界のいかなる権力にも従属するものではないがゆえに，政教条約を教皇による特権の譲渡にほかならないとする立場である．これによれば，教会はこの特権を随時撤回することが可能とされる．第三のものは「契約説」(compact theory)と呼ばれ，それは形式，内容また効果において，政教条約は条約あるいは協定であり，教会と国家はそれぞれの領域において独立しているが，「契約は守られなければならない」([ラ] pacta sunt servanda)という*ローマ法以来の原則に従い，政教条約締結によって，当事者双方に対等で公正な遵守が義務づけられるとする．これは通説として定着して今日に至っており，政教条約は国際的な法人格を有する主権者間の，国際法上の規定に基づく強制力と法的効力を伴う条約と解されている．

政教条約が締結されるのは，国際法上の主体であるカトリック教会(普遍教会)と国家の間であり，締結権を有するのはカトリック教会においては最高の通常権を有する教皇(『教会法典』331条)に代表される聖座(同361条)であり，国家側においてはそれぞれの憲法の規定に従い，元首もしくは首長に代表される政府である．ヴァティカン市国は領土と政府を有する国際的機関であるが，司牧的な存在理由に基づく聖座の一組織であって条約締結の主体ではないという点で，政教条約は二国間で締結される通常の国際条約とは性格を異にする．教会の最高機関として*公会議に締結権があるか否かについては，理論的にのみ可能とされ，歴史上生じた事例(1418年に*コンスタンツ公会議がスペイン，フランス，ドイツ，イングランドなどと結んだ政教条約．後に聖座により締結された)は，真に教会と国家の協定であったかどうかについて疑義が残るとされている．理論的には，各地の司教にもそれぞれの権限内で政教条約を締結することが可能であるとされ，歴史上，ポルトガル，ドイツ，スイスなどとの間に例がみられたが，現行の*ラテン教会の教会法(3条)は聖座と国家との間に結ばれる政教条約にのみ言及し，司教には条約を結ぶ権能が実質的に認められていない．

今世紀に入ってピウス11世の時代以降，政教条約の形式は締結当事者，目的，内容についての前文に，合意される内容および解釈の方法，改廃と施行の方途に関する記述(条文)が続き，結びに締結の期日，場所，署名が置かれるのが通常である．憲法により議会の批准が必要な場合，国家側ではその手続きが踏まれ，内容は使徒座官報*『アクタ・アポストリカエ・セーディス』および国家側の官報に掲載される．正規の手続きを経て批准され，公布された政教条約は，即時に法として発効する．規定された内容は，教会法典中に相反する規定が存在する場合もこれに妨げられず(『教会法典』3条)，また*国際法として国内法の相反する法規に優先する．

政教条約は，時間的限定を含まない永続性をもち，他の国際法と同様，その破棄，修正には締結当事者双方の

合意が必要とされる．一方の当事者による政教条約の重大な背反は，他方の当事者に戒告の権利を与えるが，即座に条約の効力を失わせるものではない．歴史上，国家によって重大な違反が行われた例は多いが，聖座側から条約や協定が廃棄されたことはない．解消の原因として一般に認められているものは，双方による合意あるいは新条約による置換，付与された期限の到来のほか，状況の大幅な変化がある．状況の変化は，ローマ法に由来する「現状のもとに」(rebus sic stantibus) の原則に基づく．すなわち，締結時には予見されなかった事態の発生により根本的な条件が変化し，条約内容の本質的な履行が不可能になること，あるいは履行の要請が正義にかなわないものになることを指し，現代ではこれが付帯条項として加えられるのを通常とする．例えば条約締結当事者(国家)の消滅，分離，独立，政体の変化，国境線の変更などの例が歴史的に生じている．ただし，政体の変化に関しては，例えばたび重なる変化にもかかわらず1世紀以上も効力を保持した1801年のフランスとの政教条約のように，新しい政体がもはや以前とは同一の主体とはみなされない場合を除き，存続するものと認められている．また，条約廃棄の通告は重大な背反や状況の大幅な変化に起因するものが考えられるが，通常，充分な期間の猶予をもってなされるべきものとされる(1969年のウィーン協定では12か月前とされている)．廃棄によって双方の権利と義務は消滅するが，それは教会と国家の間のあらゆる関係を断絶させることを意味するものではない．

18世紀までの政教条約が，高位聖職者の任命権や聖職者の特権，聖職禄など教会内の事柄を個別に規定していたのに対して，19世紀以降の現代的政教条約は教会と国家双方に関わる「政教混合事項」を包括的に扱うことをその特徴としている．現在，政教条約が扱う内容は極めて多岐にわたるが，最も本質的な事項は教会およびその諸機関(司教区，*小教区，神学校，*修道会およびその*修道院)の法人格の承認と*信教の自由の保障(例えばカトリックの出版の自由の保障)，その国で少数派である信者の権利保護(例えば少数民族や移住者にその母国語をもって司牧する権利)である．さらに教区区画(新設，廃止，分割)，大学における神学部の設置，カトリック校とカトリック的*宗教教育，神学生や聖職者の兵役免除と軍隊付司祭(*従軍司祭)，教会財産，*婚姻に関する規定などである．規定される内容については，それぞれの国家と教会の関係の歴史的視点からの考慮が反映され，一定の形態に限定されるものではない．

【現状】第2ヴァティカン公会議以降も新しい政教条約の締結，改定が行われている．ヨアンネス23世の在任中の1960年(オーストリアと*パラグアイとの協定)からの四半世紀の間に52の政教条約が形成され，そのうち17は教会と国家，州間の包括的関係を規定している．主な締結と改定は*モロッコ，*チュニジア，*ベネズエラ(1964)，ユーゴスラヴィア，*アルゼンチン(1966)，*コロンビア(1973)，スペイン(1976, 1979)，*ペルー(1980)，*モナコ(1981)，イタリア(1984)などである．残りは政教混合事項に関する部分的なものを扱っている．今日に至るまでに締結された220を超える政教条約のうち，少なくとも95のものが現在も効力を有している．また，過去において政教条約はカトリックを国教とするか国民の大部分がカトリック教徒である国家と結ばれるのが普通であったが，近年ではカトリック以外を国教とする国家や，国教をもたない国との政教条約，1989年頃までの東欧の社会主義国などと締結される協定が主流となっている．例えば，1964年のチュニジアとの非公式協定は，アフリカのイスラム教国との間で締結された最初のものであり，フランス，イタリア，スペインなどから移住したカトリック教徒の信仰の自由の保護を主眼としている．現在，政教条約の交渉および解釈や適用については*教皇庁の国務省外務局が担当している．

教会には政教条約が絶対に必要というわけではなく，またこうした協定が一つもなかった時代も長く続いた．教会と国家はそれぞれ別の領域に奉仕する独立した存在であるが，その構成員において互いに重なり合うものであり，教会が信者の超自然的かつ地上的善の保護のために国家との対立を避け，問題を解決して，永続する平和的共存を探求するために用いられる一手段として政教条約は歴史的に機能し，また現在も機能している．その内容の評価については，一定の時代と特定の国家内における具体的な事情や利害関係を考慮してなされるべきものである．

【文献】政教条約の本文: A. MERCATI, *Raccolti di Concordati, 1098-1914* (Roma 1919); *Acta Apostolicae Sedis*, 1908- ．

その他: *Nuovo Dizionario di Diritto Canonico* (Milano 1993) 225-47; H. WAGNON, *Concordats et droit international* (Gembloux 1935); A. OTTAVIANI, *Institutiones iuris publici ecclesiastici*, 2 v. (Roma ³1947-48); E. F. REGATILLO, *Concordatos* (Santander ³1958); R. A. GRAHAM, *Vatican Diplomacy* (Princeton 1959).

(菅原裕二)

せいきょうしょがくようり 『聖教初学要理』

明治初期に刊行されたカトリック教理入門書．『聖教初学要理』と題された書には，二つの系統が認められる．共に内容は，キリスト教の起源，信仰箇条，十戒，教会の掟，罪の源，慈悲などについてであるが，一つは，キリシタン版の『どちりな』(→ どちりいなきりしたん)にのっとって司教*プティジャンが編纂し，復活キリシタンの間に流布したもの．まず1868年(慶応4)木版で秘密出版され，翌69年(明治2)おそらく*上海で石版で，1872年に改訂増補，「再刊」の角書を加えて横浜で刊行された4本．これとは別に，同じ題名をもつ漢書系のものが*北緯聖会の司教*オズーフ准許のもとに1877年に出版され，1882年まで版を重ね，1885年には『聖教要理』と改題された．

【文献】J. LAURES, *Kirishitan Bunko* (Tokyo 1957).

(尾原悟)

せいきょうしんじょう 正教信条 〔英〕Orthodox Creed

1678年，普遍バプテスト教会 (general Baptists) によって起草された「すべての真のプロテスタントの結束を強化するための論文」(Essay to Unite and Confirm All True Protestants) をいう．これは彼らが，*ソッツィーニ主義であるとの非難に応えて，特定バプテスト教会 (particular Baptists) や他の会派との根本的一致を明らかにしようとしたものである．

その特徴は，(1) *キリスト論を中心とすること，(2)「*予定と*選び」「*原罪」「*忍耐」「見えない*教会」「*契約」の項において*バプテスト教会のなかの*カルヴィニズムの流れとアルミニウス主義(→ アルミニウス)の流れの間の調停を行おうとしたこと，(3) 各教会

せいきょうせいか

からの代表者による「一般会議」(General Council, Assembly) が「一つの教会」を構成し，このような会議が*異端や*地域教会から上がってくる苦情に対処できること，(4) 34 条において *ニカイア信条，*アタナシオス信条，*使徒信条の三つを信じるべきことを述べていることである．正教信条は普遍バプテスト教会の間では*教理の規準として受け入れられているが，1660 年の「基本信条」(Standard Creed) ほどバプテスト教会全般には受け入れられていない．
【文献】W. L. LUMPKIN, *Baptist Confessions of Faith* (Chicago 1959). 　　　　　　　　　　　(高柳俊一)

せいきょうせいか 『聖教精華』　原題はラテン語で，Facsiculus e Iaponicis Floribus, suo adhuc madentibus sanguine．1646 年 *ローマで刊行．本書の著者*カルディムは永く *マカオにあり，日本にこそ渡来しなかったが，日本からの *キリシタンに関する諸報告や書簡類に接し，日本の迫害に関する数種類の著書を残した．その主著ともいうべきものが本書で，火刑に処せられた C. *スピノラら 80 余人の殉教者の挿し絵を含んでおり，また，教会の所在地を記した日本布教地図を収め，地図学上でも特異なものとして注目される．*『鮮血遺書』に所載の「日本殉教者名鑑」は，本書に拠ったものである．なお，ポルトガル語版が *リスボンで 1650 年に刊行されている．　　　　　　　　　　(尾原悟)

せいきょうと 清教徒　→ ピューリタン

せいきょうにっか 『聖教日課』　明治初期に刊行されたカトリック教会の祈祷書．1868 年(明治 1) に *プティジャンが編集・刊行．*キリシタン用語を使用し，1871 年，74 年に版を重ねた．一方，*北緯聖会の *オズーフは1879 年に *『公教日課』を出したが，この書の 3 版である 1887 年版は『聖教日課』となっている．いずれも，後の『公教会祈祷文』の基をなすものである．なお，*プティジャン版の初版は明治文化全集 11 に，3 版は *海表叢書 1 に収められている．
【文献】J. LAURES, *Kirishitan Bunko* (Tokyo 1957).
　　　　　　　　　　　(尾原悟)

せいきょうぶんぱろん 『西教分派論』　*パリ外国宣教会の司祭 *マランの著した護教書．4 巻 4 冊(和本)．1879 年(明治 12)刊．1 巻に公教(カトリック)の根源，2 巻に離教としてのギリシアおよびロシアの教会 (*東方教会) の始まり，3 巻に異教としてのプロテスタントの根源，4 巻にカトリックのみ真実であること，そのほかの教えの誤りを論じている．
【文献】J. LAURES, *Kirishitan Bunko* (Tokyo 1957).
　　　　　　　　　　　(尾原悟)

せいきょうぶんり 政教分離　〔英〕separation of church and state，〔独〕Trennung von Kirche und Staat，〔仏〕séparation de l'Eglise et de l'Etat
【キリスト教からみた政教分離】キリスト教の観点では政治と宗教の問題は *教会と国家の関係で捉えられるべきテーマであり，さらには，キリスト教と世界との関係という大きな神学的問題に属している．さらに，これは，教会の政治との関わりはどうあるべきか，世界における *社会正義と平和の実現のために，教会の社会政策はどうあるべきかといった実践課題にも及ぶ．伝統的には「教皇権と皇帝権」の関係の問題として議論され，教会の側からは，「教会の自由」の問題，あるいは世俗国家に対して直接的あるいは間接的に行使される教会の*権威の問題とされた．

〔新約聖書における現世の権力〕イエスは租税権をめぐる問いに対して「皇帝のものは皇帝に，神のものは神に返しなさい」(マコ 12: 17) と答え，現世の領域と霊的領域をはっきりと区別した．*パウロは次のように述べている．「人は皆，上に立つ権威に従うべきです．神に由来しない権威はなく，今ある権威はすべて神によって立てられたものだからです．従って，権威に逆らう者は，神の定めに背くことになり，背く者は，自分の身に裁きを招くでしょう」(ロマ 13: 1-2)．また，1 テモテ書 2 章 2 節は，「王たちやすべての高官のためにも[祈りを]ささげなさい」とし，1 ペトロ書 2 章 17 節は「神を畏れ，皇帝を敬いなさい」とするが，使徒言行録の *ペトロの言葉は「人間に従うよりも，神に従わなくてはなりません」(5: 29) というものである．黙示録 13 章は，*ローマ帝国をキリストと弟子たちに反対する獣として象徴的に描いている．これらの言葉から窺われる二つの異なった立場はそれぞれの文脈から生まれた違いにすぎず，基調となっているのは *旧約聖書と同様，地上の権威がすべて神の腕であり，神の *救いの業を達成する手段であるという思想である．これによれば，国家権力に対する服従は，*国家が *悪を抑制し，*正義と *平和と安寧を目指している場合に限定される(→抵抗権)．したがってローマ皇帝が，神のみに属す特権を自らのものとして主張し，*礼拝を強要するならば，その命令は拒絶されなければならないのである．

〔二つの領域の理論〕教皇 *ゲラシウス 1 世は 494 年に，世界は「教皇の権威」(〔ラ〕auctoritas) と「君主の権力」(potestas) によって治められるという，以後中世を通じて一般的になった二つの領域の理論を打ち出した．「教皇の権威」は，神の *審判において君主の統治について報告する責任をもっていること，また *秘跡の執行において君主が教会の権威に服従することを根拠に主張される．教会法学者たちは，ゲラシウスのいう「君主の権力」に優先する「教皇の権威」の意味を，現世的事柄に対する霊的至上権として解釈することに努めた．*叙任権闘争を経て頂点に達した教皇権至上主義の時代は，*アヴィニョン教皇と *対立教皇の時代を通じて終焉を迎えるが，対立教皇時代を収拾するために開かれた *コンスタンツ公会議で投票が国別に行われたことは，国民国家の意識が高まっていたことを示している．14 世紀前半の政治思想家，パドヴァの *マルシリウスは，政治的主権が国民と国民を代表する君主のもとにあると主張し，地上の政治に対する *聖職者の権威を否定した．続く，*ジェルソンや *ニコラウス・クザーヌスらも同様の考え方であった．

〔近代から現代へ〕中世末期の教皇権の衰退，*宗教改革，世俗君主の権力の増大，さらに近代国家体制の確立，特にヨーロッパ大陸における *フランス革命などの革命の結果生まれた政権は *世俗主義的であり，*良心と *信教の自由を掲げながらも，反教会・反聖職者主義的であった．そのため，教会は信教の自由の擁護のために世俗国家と対立することを余儀なくされた．現代になって，教皇 *ヨアンネス23世の回勅『*マーテル・エト・マギストラ』，*『パーケム・イン・テリス』，さらに第 2 *ヴァティカン公会議の『現代世界憲章』によって，教会は，世俗国家との対立図式を乗り越え，世俗の政治

の自律性を認めながらも，社会正義の確立のために国家に対して *預言的異議申し立てを行い，人類の未来のために互いに協力するパートナーとしての意識をもつようになっている．
【文献】LThK² 6: 288-95; LThK³ 5: 1497-506; NCE 3: 726-38; TRE 18: 354-405.　　　　　　　　(高柳俊一)

せいきょうようりもんどう　『**聖教要理問答**』
カトリック教会再布教後最初の刊行物．*ムニクーが編纂し，1865年(慶応1)，横浜で出版．木版の和装本．中国四川省出版の漢書を底本とするカトリックの *教理問答書．天地創造，原罪，教理の要約を述べたあと，使徒信経，祈り，十戒，教会の掟，秘跡について説く．再布教後の教理書については，*プティジャンと *ローケーニュがキリシタン時代の伝統を重んじ，*キリシタン用語をも用いた平易な文体で著したいわゆる *プティジャン版の刊行を準備しており，やがてこうした書が次々と出版されたため，漢語調の文体で著された本書は復活キリシタンの間には普及しなかったと考えられる．
【文献】J. LAURES, *Kirishitan Bunko* (Tokyo 1957).
　　　　　　　　(尾原悟)

せいきょうりしょう　『**聖教理証**』　在華ラザリスト会(*ヴィンセンシオの宣教会)の司教・斯徳範(アルブラント Albrand)の編になる天主教護教書で，1852年刊．その和訓本が，1873年頃，おそらく *上海で印刷されたと思われる．中国の紙を用いた石版刷，和装本．乱丁・落丁があり，44丁からなる．1876年に再版．その後は若干の改訂を加え，活版で1880年，82年と版を重ねた．
【文献】J. LAURES, *Kirishitan Bunko* (Tokyo 1957).
　　　　　　　　(尾原悟)

せいきょうわやく　**政協和約**　→　ヴォルムス協約

せいきろん　**生気論**　〔英〕vitalism, 〔独〕Vitalismus, 〔仏〕vitalisme　物体や生物に生命的な運動形式の本質が備わっているとする哲学的な立場．とりわけ，物体や生物を機械とみなし，因果論的に解明する *機械論と対立する立場である．生気論・機械論の両者からはいろいろな立場が派生した．
　生気論は，*アリストテレスに始まるとされる．彼は，可能性と区別されて，完全に遂行された現実性を *エンテレケイアと名づけ，*霊魂の力の本質とした．霊魂こそが，目的を設定でき，身体に生命を付与する本質形式なのである．近世に入り，*デカルトが，植物・動物・人間の身体を因果論的に解明できる機械とみなしたり，*ハーヴィが血液循環を明らかにすることによって，機械論が優勢となり，生気論と機械論が対立することになる．このような機械論に対して，シュタール(Georg Ernst Stahl, 1660-1734)が，生命の働きは超自然的な力によるという霊気説を唱え，近世の生気論の祖となった．また，ハラー(Albrecht von Haller, 1708-77)は，被刺激性(〔独〕Irritabität)説を提出し，刺激生理学を築くとともに，生気論を発展させた．さらに，C.*ヴォルフは固体発生の問題をニワトリの発生などの研究を通じて追求し，前成説(Präformationslehre)に対して，諸器官は発生の最初からあるのではなく，胚層のなかで作られるとする後成説(Epigenese)を説いた．また，*ド

リーシュが，ウニの胚を二分割し，そこから完全な形の幼生が出てきたことを証明し，調和等能系という概念を提出して，新生気論を創設した．
【文献】LThK² 10: 820-21; RGG³ 6: 1414-15.
　　　　　　　　(茂牧人)

せいけつはしょきょうかい　**聖潔派諸教会**　〔英〕Holiness Group　聖潔(きよめ)派とは J. *ウェスリの「キリスト者の完全」の影響のもとに成立し，*義認と *聖化の二つの恩恵を受けて聖潔を実現することに立脚する教会・教派に対する総称である．1830年代にアメリカで始まり南北戦争後に活発化した聖化運動(〔英〕Holiness Movement)に由来するもので，アメリカでは1880-90年代に単立の *ホーリネス教会が多数誕生した．*自由メソジスト教会や *救世軍など既存の教会も自らを聖潔派と称した．
　代表的な日本の聖潔派教会には，*中田重治が1917年(大正6)に改組した日本ホーリネス教会をはじめ，バクストン(Barclay F. Buxton, 1860-1946)およびウィルクス(Paget Wilkes, 1871-1934)らの日本伝道隊から1935年(昭和10)に派生した日本イエス・キリスト教団がある．日本自由メソヂスト教会は1895年(明治28)に河辺貞吉(1864-1953)，土山鉄次(1885-1946)，織田金雄(1901-65)らを指導者として設立された．また，米国の *ナザレン教会の宣教師の協力を得た永松幾次(1880-1961)，喜田川広(1888-1974)，諫山修身(1882-1969)らは1922年(大正11)に京都で日本ナザレン教会を創設した．日本同盟基督教団は1891年(明治24)に米国からの宣教団が来日し伝道を開始した結果，1918年(大正7)に教会組織が成立した．1940年(昭和15)，聖潔派5教派は日本聖化基督教団を組織するが，時局の変化に伴い翌年 *日本基督教団に合同した．戦後は日本基督教団に残留した教会・教派もあるが，日本ナザレン教会は1947年に日本ナザレン教団として独立し，1952年には日本自由メソヂスト教会も独自の教団を組織した．また，1951年には聖潔派諸教会間の交流・協力を目的とする日本福音連盟が組織されている．
【文献】キ大609; 日キ歴405; D. G. REID, ET AL., eds., *Dictionary of Christianity in America* (Downers Grove, Ill. 1990) 541-47.　　　　　　(高橋章)

せいけつほうてん　**聖潔法典**　→　神聖法集

せいけつれいはいしゅうどうじょかい　**聖血礼拝修道女会**　→　聖血(おんち)礼拝修道女会

せいこうかい　**聖公会**　〔英〕Anglican Church, 〔独〕Anglikanische Kirche, 〔仏〕Eglise anglicane　イングランド国教会(Church of England)を母教会とし，その信仰と伝統を継承して世界各地に確立した同系統の教会の総称．*アングリカン・コミュニオンともいう．
【前史】いつ，また誰がブリテン諸島に最初にキリスト教を伝えたかについては，確かなことはわからないが，597年にローマ教皇 *グレゴリウス1世がカンタベリの *アウグスティヌスを派遣する以前から教会があったことは間違いない．ただ，従来から存在したケルト系教会が，664年の *ホイットビ教会会議の結果，ローマの *教皇を頭とする *西方教会の一員として再編されたことも否定できない．国家的統一が実現できていなかったこの時点で，統一されたイングランドの教会(〔ラ〕Ec-

せいこうかい

ヨーク主教座聖堂
(Univ. Bonn)

clesia Anglicana)が確立されたという事実は，以後のイングランドにおける教会と国家の関係に多大の影響を及ぼすこととなった．

1066年に教皇の祝福を受けてイングランドに侵攻した征服王 *ウィリアムは，いったん支配者となると *教皇庁の要求を退ける政策をとった．イングランドの教会の実質的首長である国王は *高位聖職者の叙任権者(→叙任)であり，教皇を含むすべての外国の権力者の干渉を排除する意向を表明したのである．16世紀の *宗教改革期に国王 *ヘンリ8世が教皇の *首位権の否定のために利用したのが，ウィリアムによって主張された，イングランドの教会の「古来の固有の自由」であった．

教皇権と王権の確執は，その後，聖職者裁判権([英] benefit of clergy)をめぐる *ヘンリ2世とカンタベリ大司教 *トマス・ベケットの衝突となって表面化し，カンタベリ大聖堂におけるトマスの殉教(1170)によって，一応教会はローマ教皇への上訴権を含む諸権利を守ることができた．しかしながら，中世後期に教皇庁がアヴィニョンに移されると(→アヴィニョン教皇)，国民国家としての立場を強めたイングランドの教皇庁に対する抵抗も強まった．後継聖職者制限法 (Statute of Provisors, 1351) や教皇尊神罪法 (Statute of Praemunire, 1353) は，教皇のイングランドに対する干渉を排除する目的で制定されたものであり，後の宗教改革時には，ヘンリ8世が教皇との抗争で好個の武器として利用した．

【宗教改革】16世紀のイングランドで教会と国家に生じた変化は，徹頭徹尾君主の先導のもと，議会の立法化によって進められたという点で，すぐれて「国家行為」(act of state)であったといえる．王妃キャサリン(Cathalin, 1485-1536)との離婚問題の解決のため，ヘンリ8世は1534年の国王至上法(*首長令)によって教皇首位権を否定し，自らをイングランドの教会の地上における「唯一の最高首長」(the only Supreme Head) と定めた．「イングランドにおける教会」(the Church in England) は，「法によって確立されたイングランドの教会」(the Church of England by law established) となった．

イングランド国教会は，*メアリ・テューダーの治世(在位1553-58)に一時 *カトリック教会に復帰したが，*エリザベス1世(在位1558-1603)の登位とともに再びローマから離反した．エリザベスは女性であったためか，ヘンリ8世の「最高首長」を「最高統治者」(Supreme Governor) に変えたが，この称号はヘンリ8世が *ルター批判によって教皇 *レオ10世から受領した称号・*信仰の擁護者([ラ]Fidei Defensor)とともに，今なお英国君主の正式称号とされている．

国王首位権の制定以上の変更を望まなかったヘンリ8世とは違って，*エドワード6世(在位1547-53)とエリザベス1世の治世に，イングランド国教会は大きな変貌を遂げた．大主教トマス・*クランマーによる英語『祈祷書』(→英国教会祈祷書)の作成(1549, 1552)は，英訳聖書(→聖書の翻訳：英語)とともに，イングランド国教会の以後の400年間の歴史を特徴づけるものとなった．民衆の理解しうる言語で行われる同一の礼拝がイングランドのいずれの場所でも確立したのである．教理的には *三十九箇条(1570)が，信仰 *義認や聖書至上主義(*ソーラ・スクリプトゥーラ)といった *福音主義を肯定し，他方で，教皇首位権，*ミサにおける「犠牲」(*奉献)，*煉獄といったカトリック教会の教えを否定している．

この変化において窺える特質は，宗教改革以前の教会の誤謬は是正するが，*初代教会以来の *伝承は最大限保持しようという意図であった．中道的立場 *ヴィア・メディアを主張するイングランド国教会が「教理的には *カルヴィニズム的であるが，礼拝様式や教会制度の面ではカトリック的である」といわれるのはそのためである．主教職(→主教，司教)を放棄した他のプロテスタント諸教会と違って，イングランド国教会では主教職の堅持に最大限の努力が払われた．ただエリザベス1世の登位時にカトリック司教団が，新しくカンタベリ大主教候補に選ばれた M.*パーカーの *按手・*叙階を拒否したため，女王はヘンリ8世，エドワード6世両治世時に主教に叙階されたバーロウ(William Barlow, ?-1568)ら4人の主教にパーカーの按手を命じた．このときに使用されたのが，1550年に作成された聖職按手式文(聖職叙階要文)である．ちなみに，後年教皇 *レオ13世によって聖公会聖職位の有効性が否定されたとき，その理由はこの式文の「欠陥」にあるとされた(レオ13世『アポストリカエ・クーラエ』Apostolicae curae, 1896).

【名誉革命】エリザベス1世のもとで安定したかにみえたイングランド国教会は，ステュアート朝で大きく揺さぶられる．*ジェイムズ1世(在位1603-25)が，自ら長老主義(→長老派教会)の *スコットランドから来たにもかかわらず，「主教なければ国王なし」の宣言によって *ピューリタンの期待を裏切ってしまったからである．対抗上ピューリタンは，議会の主導権を握っていた法律家たちと共同戦線を張り，*チャールズ1世(在位1625-49)と大主教 W.*ロードの反動政権を打倒し，以後1660年まで共和制を敷いた．イングランド国教会は *国家教会の座を追われ，主教制と祈祷書は廃止されてしまった．*王政復古とともにアングリカンとピューリタンの和解を図る試みがなされたが，結果的には急進的なピューリタンばかりでなく，長老派も新しい教会・国家体制から排除され，*自由教会として独自の道を歩むようになった．他方，カトリックに傾斜した *チャールズ2世(在位1660-85)と弟のジェイムズ2世 (James II, 在位1685-88) に対する抵抗は1688年の名誉革命となって噴出し，翌1689年に出された権利宣言(Declaration of Rights)は，一国内に一教会という従来の原則を否定することによって，イングランド内に複数の教会の合法的存在を認めた．

【アングリカン・コミュニオン】宗教改革以後，国家教会として再編されたために国外への関心が薄れたためか，イングランド国教会はカトリック教会やカルヴァン派系の教会が示したような海外宣教への熱意には欠ける教会になってしまった．そのようなイングランド国教会を変

容させたものが，英国民による植民地獲得であった．英国が七つの海を支配する大帝国となったために，イングランド国教会はアングリカン・コミュニオンになりえたのである．ただし，国教会として多くの面で国法の規制を受けていたため，海外宣教はキリスト教知識普及協会 (Society for Promoting Christian Knowledge. 略称 S.P.C.K., 設立 1698)，福音宣布協会 (United Society for the Propagation of the Gospel. 略称 U.S.P.G., 設立 1701)，教会宣教協会 (Church Missionary Society. 略称 C.M.S., 設立 1791) といった諸団体を設立した聖職者と信徒の自発的な働きに委ねられた．

海外の英国植民地のなかで最大のものは北アメリカであったが，合衆国議会が成立する 1789 年独立までの 170 年間，主教が与えられず，聖職候補生は按手を受けるために大西洋を渡っていた．独立後，アメリカの聖公会会員は，16 世紀にイングランド国教会自体がカトリック教会に対して主張した国民教会の原則を援用して，独立自治の教会(管区)の設立を図り，シーベリ (Samuel Seabury, 1729-96) を主教に選出して，その按手聖別をイングランド国教会首脳部に要請した．イングランド国教会が要請を拒否したため，シーベリはスコットランドで主教按手を受けた．これにより，祈祷書の礼拝と主教制を継承した海外での最初のアングリカン・チャーチ(聖公会)が誕生した．

アメリカ聖公会の誕生が刺激となって，カナダ，ニュージーランド，オーストラリア，インド，南アフリカ，日本，中国などの聖公会系の教会が次々に独立管区となり，第 2 次世界大戦後のアジア・アフリカ諸国の独立に伴って，1997 年現在，聖公会は 36 の独立管区と 7,000 万の信徒を擁する世界最大の教会となった．アングリカン・コミュニオンは，それぞれの国で自治権を有する独立管区として誕生した国民教会の緩やかな連合体を形成している．すべての管区はアングリカン・チャーチの歴史的信仰と主教制を保持し，「カンタベリ大主教との交わり」のうちにあることを求められはするが，他のいかなる管区の意志にも左右されない自由な存在である．カンタベリ大主教の権威もあくまで首位者の道義的権威であって，法的規制力はもたない．同じことは，1867 年以来 10 年おきに，世界各地の主教を集めて開催されてきた *ランベス会議の「決議」についてもいえる．伝統的に「信仰の擁護者」とみなされてきた主教たちが，審議・決定したことは聖公会員に対して道義的重みをもちはするが，それぞれの管区が総会で受容を認めないかぎり，法的拘束力はもたない．第 2 次世界大戦後，全世界の急速な変化に対応するために，常任の総主事と各管区の代表からなる全聖公会中央協議会 (Anglican Consultative Council, 創設 1968) と各管区の最高責任者を構成員とする首座主教会議 (Primates' Meetings, 創設 1969) が発足したが，これらの機関の決定もそれぞれの管区の総会が受け入れて初めて効力を発する．

【エキュメニズムとの関わり】*エキュメニズム運動の名で呼ばれるようになった教会再一致を目指す動きが本格化したのは 20 世紀に入ってからであるが，聖公会は当初からカンタベリ大主教 W.*テンプルらの働きを通して運動を推進してきた．プロテスタント諸教会だけでなく，*東方正教会までもが現在 *世界教会協議会に加盟しているのは，多分にカトリック的諸教会とプロテスタント的諸教会間の「橋渡し的教会」(Bridge Church) としての聖公会の仲介によるものといえよう．東方正教会とは 17 世紀初頭から関係を深めてきたが，1923 年には *コンスタンティノポリスの総主教が聖公会聖職位の有効性を認めたため，関係は一層緊密になった．

エキュメニズムに関心をもつようになったカトリック教会も，「[宗教改革]から国別あるいは教義別の多くの教団がローマの座から分かれた．カトリック的伝承と制度が部分的に存続している教団の中では，英国教会が特別な位置を占めている」(『エキュメニズム教令』13 項) として，聖公会の特異な地位を認め，両教会間の一致のための話し合いを進めてきた．そのような両教会間の歩みに陰を落とすようになった最近の問題はコーガン (Frederick D. Coggan, 1909-)，ランシー (Robert Runcie, 1921-) 両カンタベリ大主教に対して *パウルス 6 世と *ヨアンネス・パウルス 2 世が示した意向を無視した形で，聖公会各管区で行われた女性司祭・主教按手問題であろう (→ 叙階)．現時点では聖公会-ローマ・カトリック教会国際委員会 (ARCIC) は一致のための話し合いを引き続き進めているが，前途は必ずしも明るいとはいえないであろう．

【文献】LThK³ 1: 660-68; ODCC³ 64-65; J. R. H. モールマン『イギリス教会史』(聖公会出版 1991): J. R. H. MOORMAN, *A History of the Church in England* (London 1986); S. SYKES, J. BOOTY, eds., *The Study of Anglicanism* (London 1988); G. R. EVANS, J. R. WRIGHT, eds., *The Anglican Tradition: A Handbook of Sources* (London 1991); A. HASTINGS, *A History of English Christianity 1920-1990* (London 1991); A. McGRATH, *The Renewal of Anglicanism* (London 1993); W. L. SACHS, *The Transformation of Anglicanism: From State Church to Global Communion* (Cambridge 1993).

(八代崇)

せいこうかいしんがく 聖公会神学 〔英〕Anglican Theology, 〔独〕Anglikanische Theologie, 〔仏〕théologie anglicane *聖公会には，教会の方向性を決定した権威ある神学者による公式の「聖公会神学」と呼べるものはない．しかし，多くの優れた神学者によって多様な形で神学的考察が進められてきており，教会の教理的立場を表明する声明や条項が幾度か出されている．それでも，概していえば，教会の一致を定めている大枠をはみ出さないかぎり，大幅な多様性を認める「包括性」を特質としてきたのが聖公会神学の歴史的性格である．

「多様性における一致」を特質とする聖公会神学は，「告白的教会」ではないという聖公会の性格によって生み出された．*アウグスブルク信仰告白をはじめとする多くの *信仰告白を作成した諸教会とは違って，聖公会の信仰告白はあくまでも *ニカイア信条，*使徒信条，*アタナシオス信条の歴史的 3 信条である．*三十九箇条は「告白」するものではなく，「同意」(〔英〕subscribe) するものとして聖職者と公務員に求められたものの，一般信徒にはその同意も要求されなかった．イングランド国教会以外の聖公会諸管区の多くは三十九箇条も公認していない．もちろん歴史的信条も解釈を必要とするが，聖公会は特定の解釈を絶対化することはなく，信条解釈のために *聖書と伝承とともに *理性を強調してきた．

【歴史】[16 世紀] *宗教改革までのイングランド教会は，ローマ教皇を頭とする *西方教会の一員として極めて「正統的」なカトリック教会であった．イングランドの教会をローマから離反させた国王 *ヘンリ 8 世自身も，自らの離婚問題解決のために教皇の *首位権を否定させ

たが，プロテスタント的な改革を認めようとはしなかった．ただ，財政的困窮によって行われた修道院の解散（1536, 1539），英語訳聖書（→聖書の翻訳：英語）の出版許可，ドイツのルター派諸侯との同盟のために認められた教理上の譲歩などによって，イングランド教会が従来の立場を変更したことは否定できない．

新しい聖公会の体制は，エリザベス朝になって，1559年の*首長令（Act of Supremacy）と英語祈祷書（→英国教会祈祷書）による礼拝を義務づけた信仰統一令（Act of Uniformity）によって確立され，教理的立場は三十九箇条（1570）によって明確にされた．聖書至上主義，信仰義認説（→義認），*ミサでの二種陪餐（→聖体拝領），聖職者の妻帯などが肯定されている反面，教皇首位権，ミサにおける「犠牲」（→奉献）と全*実体変化，*煉獄，余功，*聖人および*聖遺物崇敬などが否定されている．もっとも，カトリック，*ピューリタン両勢力の間で激しく揺れ動いた*エリザベス1世の治世（1558-1603）下では教理的には不安定な状態が続き，治世の終わりになってようやく*フッカーが，聖書とともに*初代教会以来の*伝承と理性に基づく信仰理解を強調することによって，「ローマにもジュネーヴにも傾かない」中道的立場（*ヴィア・メディア）を打ち出した．

〔17世紀〕教理上の不安定な状況は17世紀に入っても解消しなかった．長老主義（→長老派教会）や会衆主義（→会衆派）を主張するピューリタンに対して国王*ジェイムズ1世とその子*チャールズ1世は，教会の伝承を強調する*高教会のW.*ロードらを重用した．これに対抗して，市民革命によって王政を打倒したピューリタンは主教制と祈祷書を廃止し，*ウェストミンスター会議（1643）において長老主義に基づく*ウェストミンスター信仰告白を制定したからである．*王政復古（1660）とともに，聖公会の教会統治体制，祈祷書，教理が再度公認されるに至ったが，1689年の「権利宣言」（Declaration of Rights）は，複数の教会の共存を認め，特定の教会の教理的立場の絶対化を否定したといえる．

〔18世紀〕18世紀になると，*ロックらが*理神論の名で，*奇跡といった聖書の超自然的出来事を排除し，理性の審判に耐えうるキリスト教を提唱した．しかし，J.*バトラーやW.*ローらが，理神論は愛と裁きの神の人格性をも否定し，人間の側の*罪の意識を薄めてしまう点を厳しく批判した．

宗教的自由思想に対して信仰の実践によってキリスト教の真実を示そうとしたのが，J.*ウェスリが始めたメソジズムという名の信仰復興運動である（→メソジスト教会）．ルターと*モラヴィア兄弟団の影響を受けたウェスリは，個人の*回心の体験と完全を目指しての*聖化を強調し，そのための説教活動を盛んにし，国教会の手の届かなくなった労働者や下層階級への宣教を拡大した．

〔19世紀〕19世紀に入ると*キーブル，*ニューマン，*ピュージらが*オックスフォード運動を興し，イングランド国教会では長い間忘却されてきたカトリック的性格が強調されるようになった．すなわち，聖公会は，中世カトリック教会の「誤謬」を払拭し，礼拝と信仰生活の面での改革を遂行したが，決して初代教会以来のカトリック的伝承を否定したのではなく，*公会議の決議や*教父たちの合意を受け入れ，*使徒継承に基づく歴史的三聖職位によって教会のサクラメント的性格を保持してきたことが強く主張された．こうした「カトリック」勢力の台頭に対しては*福音主義の側から反対の声があがり，その後ニューマンらがカトリック教会に転会したため，20世紀まで続く教会内対立が生じた．

19世紀にはさらに，教会から離れた労働者たちのための教育・福祉活動をキリスト教社会主義の名で提唱した*モーリスが，キリストは単に教会の頭であるばかりでなく，全人類の王であり，教会の外にある人々も潜在的な神の子どもたちであるとして，20世紀の神学にも強い影響を及ぼした．

他方，ドイツの*聖書批評学が提示した*キリスト論をめぐる論議と*ダーウィンの*進化論は，*根本主義と*自由主義神学という相反する二つの態度を引き出した．聖書の霊感無謬説をとる根本主義者に対して自由主義者は，科学の成果に矛盾しない形で*創造，*贖い，永遠の*罰，奇跡などを再解釈しようとして，大論争を巻き起こした．しかし，1875年頃からは，C.*ゴアを中心とする新世代の神学者たちが，科学知識を無視しない形での信仰の再検討に努め，キリストの*受肉を共通の基本理念として，伝統的な教理学の諸問題を考察しようというリベラル・カトリシズムを提唱した．

〔20世紀〕20世紀に入ると，*エキュメニズムの進展，2度の世界大戦と諸植民地国の独立，あらゆる差別に対する批判，平和への呼びかけ，弱者に対する配慮などによって，神学における既成概念の洗い直しが求められ，価値多様化のなかでの新しい神学の創設が叫ばれるようになった．第2次世界大戦後には「成人した世界」を唱えた*ボンヘッファーの影響もあって，*神の死の神学，*女性神学，*民衆の神学，*解放の神学，宗教的多元主義（→多様主義）などが聖公会神学にも大きな影響を及ぼすようになった．この新しい傾向を代表したものとしては『神への誠実』によって論争を巻き起こしたJ. A. T.*ロビンソンがいる．エキュメニズムと教会の社会奉仕の面で，教会と思想界を指導したのはカンタベリ大主教W.*テンプルである．

1888年の第3回*ランベス会議において採用された*ランベス四綱領は，（1）旧・新約聖書，（2）全世界の教会の歴史的信条，（3）洗礼と聖餐，（4）使徒継承に基づく三聖職位の遵守を，他教会との合同において譲歩しえない最小限の条件であるとした．この四綱領は教理的な結びつきが弱いとみなされている全世界の聖公会を聖公会たらしめているものとされている．さらに，ローマ教皇の首位権をめぐる論議と，聖公会の大半の管区で実施された女性司祭按手（→叙階）が，今後の教会関係ならびに聖公会と*東方正教会との関係にどのような影響を及ぼすかが懸念されている．

【文献】S. W. サイクス『聖公会における権威』村上達夫訳（白石庵敬神会1990）: S. W. SYKES, ed., *Authority in the Anglican Communion* (Toronto 1987); ID., *The Integrity of Anglicanism* (New York 1978); S. W. SYKES, J. BOOTY, eds., *The Study of Anglicanism* (London 1988); P. AVIS, *Anglicanism and the Christian Church. Theological Resources in Historical Perspective* (Edinburgh 1989). （八代崇）

せいこうかいふくいんしゅぎ　聖公会福音主義
〔英〕Anglican evangelicalism　17世紀の*ピューリタン革命前後に教会の主導権を握った*高教会派に対抗して18世紀にヴェン（Henry Venn, 1725-97）やシメオン（Charles Simeon, 1759-1836）らが始めた運動．聖書を教理の唯一の基礎と認め，教会の*伝承，サクラメント（→秘跡），儀式などよりも個人の*回心を重視し，

信仰のみによる*救い(*ソーラ・フィデ)を強調した．教会宣教協会(Church Missionary Society, 略称CMS)の創設や，*奴隷制廃止などの社会運動に及ぼしたこの*福音主義の影響は大きい．
【文献】ODCC³ 580. (八代崇)

せいこうゆ　聖香油　〔ラ〕sanctum chrisma, 〔英〕chrism, 〔独〕Chrisam, Salböl, 〔仏〕chrême (saint)　「軟膏，塗油」を意味するギリシア語の chrisma に由来．オリーブ油または他の植物性の油に香料(バルサム)を混ぜた香油を，聖木曜日(→聖週間)の午前中もしくは*復活祭に近い日に，*司教が自教区の司祭団と共同司式をしてささげる*聖香油のミサのなかで*聖別して作られる．

3世紀初めのローマの*ヒッポリュトスの*『使徒伝承』には，*司教叙階式の際の*奉献文に続いて油を聖別する祈りが記されている(5章)．さらに，*洗礼の際には「感謝の油」と呼ばれる油を受洗者の頭に塗る式が記録されている(21章)．聖香油のもととなるこれらの油の聖別は，初めは*復活徹夜祭に行われていたが，5世紀頃に聖木曜日に行われるようになった．*ローマ典礼では1955年に聖香油のミサを聖木曜日の午前中に行うことが制定されるまで，同日夕刻に行われる主の晩餐の夕べのミサの聖体拝領後に聖香油の聖別が行われていた．現在の典礼では，香油は，聖香油のミサの拝領祈願の後に司教が唱える聖別の祈りによって聖別される．聖香油は，洗礼，*堅信，司教と司祭の叙階，教会堂と祭壇の*奉献のときに用いられ，保存する容器にはラテン語の頭文字をとって S.C. と記される．聖香油は，「洗礼によってキリストの過越の神秘に結ばれてキリストとともに死に，ともに葬られ，ともに復活したキリスト信者が，キリストの王的・預言者的祭司職にあずかっていること，また堅信の秘跡によって与えられる聖霊の霊的塗油を受けることを示す」ものである(現行『聖週間の典礼』注記2項)．
【現行典礼書】日本カトリック典礼委員会編『聖週間の典礼』(カトリック中央協議会1984) 206-10.
【文献】カ大 3: 113; LThK³ 2: 1099; NCE 7: 81-83; 17: 269; B. KLEINHEYER, ET AL., eds., *Sakramentliche Feiern II*, GDK 8: 265-67; R. BERGER, ET AL., eds., *Gestalt des Gottesdienstes*, GDK 3: 269-73; B. KLEINHEYER, *Die Feiern der Eingliederung in die Kirche*, GDK 7/1: 205, 225. (宮越俊光)

せいこうゆのミサ　聖香油のミサ　〔ラ〕missa chrismatis, 〔英〕chrism Mass, 〔独〕Chrisammesse, 〔仏〕messe chrismale　聖木曜日(→聖週間)の午前中もしくは*復活祭の近くに，*司教が自教区の*司祭団とともに共同司式をしてささげる*ミサ．このミサのなかで，香油の*聖別と，*病者の塗油と*洗礼志願者への塗油のために用いる*油の*祝福が行われる．また，このミサによって，司教と*司祭との一致が明らかにされ，*司祭職の更新が行われる．

3世紀初めのローマの*ヒッポリュトスの*『使徒伝承』では*洗礼の直前に香油の聖別が行われた(5章)．第1回*トレド教会会議(400)では，司教はいつでも香油を聖別することができるとされたが，やがて聖木曜日の最後のミサのなかで聖別されるようになった．これは，*復活徹夜祭に行われる洗礼と*堅信で聖香油を用いるために，復活徹夜祭に最も近いミサであらかじめ香油を聖別しておくという実際的な理由があったためである．ローマでは，*教皇が司式して聖木曜日に行われる，イエスの*最後の晩餐を記念するミサで香油が聖別されたが，1955年に聖週間の典礼が改定され，香油を聖別するミサは聖木曜日の午前中に行われることとなった．

聖香油のミサのための現行の式文は，『洗礼志願者の油および病者の塗油のための油の祝福と聖香油の聖別の式次第』(Ordo benedicendi oleum catechumenorum et infirmorum et conficiendi chrisma, 1970. 12. 3)に収められている．聖香油のミサは，「司教の祭司職の充満をよく表すものの一つであり，司教と司祭の深い結びを示すしるし」(『聖週間の典礼』注記1項)となる．そのため，すべての司祭はできるかぎりこのミサに参加して，司教とともに共同司式をする(同14項)．ミサでは，司教の説教に続いて，参加する司祭は司祭としての約束を公に更新する．*叙唱はこのミサ固有のものが唱えられる．そして，*奉献文の結びの*栄唱の前に病者の油が祝福され，洗礼志願者の油と香油の聖別は，拝領祈願の後に行われる．
【現行典礼書】日本カトリック典礼委員会編『聖週間の典礼』(カトリック中央協議会1984) 206-10.
【文献】NCE 7: 105-107; 17: 109; A. ADAM, *Das Kirchenjahr mitfeiern* (Freiburg 1979) 100-101; H. AUF DER MAUR, *Feiern im Rhythmus der Zeit I*, GDK 5: 105, 137-38; A. G. MARTIMORT, ed., *The Church at Prayer*, v. 4 (Collegeville, Minn. 1986) 72; R. BERGER, ET AL., eds., *Gestalt des Gottesdienstes*, GDK 3: 269-73. (宮越俊光)

せいこん　聖痕　〔ラ〕stigmatisatio, 〔英〕stigmata, 〔独〕Stigmata, 〔仏〕stigmates　イエスの傷痕が人の体に現れること．

【聖書】stigma というギリシア語は，古代では奴隷などの手や額に押された焼き印を指したが，聖書のなかでは「わたしは，イエスの焼き印を身に受けています」(ガラ6:17)というパウロの言葉にだけ現れる．彼はその表現をもって使徒的活動のために受けた鞭打ちなどの傷痕のことを述べようとしたのであろう．後には，イエスが受けた傷の跡も stigma と呼ばれるようになった．十字架に釘づけにされたとき，イエスは手足に四つの傷を受け，死んでから槍で脇腹を刺されたときにも傷を受けた．また四つの傷のほかに，鞭打たれ，頭に*茨の冠をかぶせられたときにも傷を受けた．聖書によれば，復活したイエスが弟子の前に現れたとき，手足と脇腹の傷がみえた(ヨハ20:20, 27)という．

【歴史】古代において，イエスの*受難は主に*悪に対する勝利として考えられたが，中世になると，受難のイエスに対する同情が強調されるようになり，「キリストの苦しみの欠けたところを身をもって満たしています」(コロ1:24)というパウロの言葉に従って，熱心な信者がイエスの苦難にあずかることを望むようになった．当時このような精神的風土のなかで人の体にイエスの傷痕が現れたが，その最初の例はアッシジの*フランチェスコといわれる．同時代の証言によれば，1224年アルヴェルナ山で彼が深く祈っていたとき，手足と脇腹に，突然イエスの傷痕が現れた．この事実は，彼が没した1226年に死体を調べた人々によって確認された．この出来事は広く知れわたり，それ以来，多数の人の体に同様な現象が起こるようになった．その数ははっきりとは知られていないが，現代に至るまで100人を超えている

せいこんしゅうどうかい

とみられる．教会はそのうち何人かを正式に *聖人であると宣言した（例えば，*ジェンマ・ガルガーニ等）．20世紀になって，テレーゼ・*ノイマンやピエトレルチーナの *ピオの例が大いに注目されている．

　傷痕の形はさまざまで五つの大傷のほかにも鞭打ちや茨の冠の棘による傷もみられ，表面的な傷，深い傷，長く残る傷，1週間ごとに現れたり治ったりする傷といろいろである．これらの傷の共通点は，痛みが伴うこと，医学的治療を受けつけない傷であること，傷からは定期的に血が流れること，傷が化膿しないことなどである．このほかにも体に傷は現れないが，イエスの傷痕の箇所に激しい痛みを感じる人もいる（例えばシエナの *カテリーナなど）．聖痕を受けたこれらの人々は，一様に *脱魂や *幻視などを体験する．

【解釈】超心理学や精神病理学が示しているように，感受性の強い人の場合，心因性の傷が起こりうる．したがって，聖痕の現れを必ずしも *奇跡とみなす必要はない．教会もこの点で慎重であり，奇跡の起源が証明されていないという判断を下す場合もある．優れたキリスト者の場合，このような傷はキリストとの深い心の一致が身体に現れた結果生じたといえよう．聖痕の学問的な説明に関してはまだ多くの未解決の問題が残っている．

【文献】H. THURSTON, *The Physical Phenomena of Mysticism* (London 1952); R. BIOT, *L'énigme des stigmatisés* (Paris 1955).　　　　(P. ネメシェギ)

せいこんしゅうどうかい　聖痕修道会〔ラ〕Congregatio a Sacris Stigmatibus Domini Nostri Jesu Christi, 〔伊〕Congregazione Delle Sacre Stimmate di Nostro Signore Gesú Cristo (Stimmatini), 〔略号〕C.S.S.　教皇庁立男子修道会．司祭 *ベルトーニによってイタリア北部の *ヴェローナで1816年に創立され，1890年には *聖座によって認可された．ベルトーニは *イエズス会の生き方を手本とした新しい形の使徒職に従事する修道会を目指したが，当時のイタリア政府の反修道会的傾向を考慮して，アッシジの *フランチェスコの聖痕教会において貧民の子弟のための無料学校開設という名目で，数人の仲間の司祭たちとともに会の活動を開始した．イエズス会が特別にローマ教皇への従順，忠誠，奉仕を目指すように，ベルトーニは聖痕会員たちに，特に司教たちに対する従順，奉仕を会の特徴として要求した．会員たちはその使徒職を完全に無報酬で提供し，自発的な献金，寄付金すらも辞退する．1997年末現在の施設88，会員数425（うち司祭323）．総本部はローマ．

【文献】AnPont (1999) 1465; DIP 9: 246-49; N. DALLE VEDOVE, *Vita e pensiero del beato Gaspare Bertoni agli albori dell' 800. veronese*, v. 1 (Roma 1975).　(和田誠)

せいざ　聖座〔ラ〕Sancta Sedes, 〔英〕Holy See, 〔独〕Heiliger Stuhl, 〔仏〕Saint-Siège　ローマ教皇の座という意味．*使徒座ともいう．現行の *教会法典においては，聖座はまず *カトリック教会の頭である *教皇を指しているが，教会を統治するにあたって，教皇を補佐する *教皇庁をも指している（『教会法典』360-61条）．それが「聖座」と呼ばれるのは，*イエス・キリストによって創設された教会全体が聖なるものだからである．

【文献】DDC 7: 837-39; EC 10: 1839-49; NCE 7: 96.
(J. P. ラベル)

せいざせんげん　聖座宣言　→　エクス・カテドラ

せいさん　聖餐〔ラ〕communio, 〔英・仏〕communion, 〔独〕Kommunion　プロテスタントの訳語．聖餐式（*エウカリスティア）において *聖別された *パンと *ぶどう酒にあずかることを意味する．カトリックの *聖体拝領にあたる．

　*洗礼を受けた者，また *幼児洗礼後に *信仰告白（堅信礼）を受けた正規の教会員を「陪餐会員」といい，幼児洗礼のままの者を「未陪餐会員」という．ただし，この区別については議論が続いている（『日本基督教団教憲及教規』135, 136条）．また，常時所属教会に出席し，聖餐にあずかる者を「現住陪食会員」ということもある（『宗教法人日本基督教団教会規則・準則』11条）．
(茂洋)

せいさんしき　聖餐式　→　エウカリスティア

せいさんろんそう　聖餐論争〔英〕eucharistic controversies, 〔独〕Abendmahlsstreiten, 〔仏〕controverses eucharistiques　中世以来，たびたび起こった，*エウカリスティアの *秘跡の性質をめぐる論争（→ 聖餐，聖体）．この秘跡においてどのようにしてキリストが現存しているかが議論の的となった．主として次の三つの時期の論争がある．

（1）9世紀．コルビーの修道院長 *パスカシウス・ラドベルトゥスは831年の著書のなかで，キリストが文字通り *パンと *ぶどう酒のなかに現存すると主張すると，同じ修道院の *ラトラムヌスは，パンとぶどう酒は変化するのではなく，それらは *キリストの体という実在の形象（〔ラ〕figura）であると反論した．*フラバヌス・マウルスは，基本的にラドベルトゥスを支持したが，両者の中間の立場をとり，極端な実在論は避けて象徴論的な考えも取り入れた．

（2）11-13世紀．トゥールの *ベレンガリウスは，ラトラムヌスの考え方を再び取り上げ，パンとぶどう酒がキリストの肉と血の実体に変化するという考え方に反対した．これが *ランフランクスから非難されると，ベレンガリウスは，感覚は直接事物の外観のみならず，その本質をも捉えることができるので，聖変化の後も二つの本質はそのままでありながら，信者の信仰によってキリストの体が現存するのだと主張した．ベレンガリウスの説は，1050年にローマとヴェルチェリ（Vercelli），1051年にパリ，1054年にトゥール，1059年にローマの各教会会議で排斥され，これらの会議によって，秘跡のうちに現実（キリストの真の体と血）としるし（パンとぶどう酒）の存在することが確認された（DS 690）．このような経過のなかで，*実体変化の概念が登場し，1215年の第4 *ラテラノ公会議において初めて教令のなかで使われた（DS 802）．この概念は，*トマス・アクイナスがアリストテレス哲学の *実体と *属性の概念を導入して，パンとぶどう酒の属性は外見上同じであっても，実体がキリストの体と血に変化するものと説明した．

（3）14-16世紀．14世紀から15世紀にかけて，*ウィクリフとヤン・*フスがベレンガリウスの説を再び唱えたが，*コンスタンツ公会議によって排斥された．だが彼らの所説は16世紀の宗教改革者の考え方のなかに取り入れられていった．これに対して *トリエント公会議は，実体変化後のパンとぶどう酒におけるキリストの現存の教えを明確に宣言した（DS 1651-63）．

近年において，エウカリスティアの秘跡についての考察は，秘跡論的にも，また典礼神学的にも刷新され（→ミサ，秘跡論），エキュメニカルな見地からも再検討が進んでいる．例えば，プロテスタントの側では，聖餐を単なる「記念の食事」とする従来の見方に修正がなされつつあり，他方，カトリックの側では，「現存」をあまりにも極端に実在論的に説明するのではなく，それを終末論的しるしとみる視点が導入されるなど，従来の聖餐論争とは異なる地平が開かれつつある．

【文献】LThK² 1: 33-35; LThK³ 1: 36-40; NCE 5: 618-20; RGG³ 1: 25-34; TRE 1: 89-212; J. A. ユングマン『ミサ』福地幹男訳（オリエンス宗教研究所 1992）; J. A. JUNGMANN, *The Mass* (Collegeville 1976); B. NEUNHEUSER, *Eucharistie in Mittelalter und Neuzeit*, HDG 4/4b (Freiburg 1963). （高柳俊一）

せいじ　政治　〔英〕politics, 〔独〕Politik, 〔仏〕politique

【概念・用語の由来】政治の基本的概念・用語は古代ギリシアに遡る．その中心はポリス（〔ギ〕polis, 都市市民共同体）であったが，元来ポリスに *国家の意味がなかったことは特筆に値する．ここから派生した politeia（市民社会体制），politēs（市民）などの言葉は，すべて動詞 polizō（都市の城壁を築く）に由来する．やがてこれらの語彙から生まれた to politikon がすべての市民に共通する特質を指すようになり，その複数形である ta politika (pragmata) が政治的公共性，義務に関する事柄を，hē politikē が政治的知識を指すようになった．ラテン語は独自の語彙を発達させ，res publica（国家），civitas（都市）などの言葉が生まれた．

近代ヨーロッパ語においてはこれら二つの体系の語彙が入り混じっている．*アリストテレスの『政治学』の影響は中世から近代にかけて圧倒的であった．13世紀にアリストテレスをラテン語に翻訳したムールベーケの *グイレルムスはギリシア語の言葉を翻訳のなかに残したが，それを使った *トマス・アクィナスは人間を定義する際, animal politicum（政治的動物）ではなく animal sociale（社会的動物）を使用している．近代初頭ではすでにラテン語に受け入れられた形のギリシア語が各国語のなかで定着していた．

【政体論】中世において政治体制はラテン語で corpus politicum（〔英〕body politic, 〔仏〕corps politique）と呼ばれたが，政治体制を身体に譬える発想は *キリスト論・*教会論からとられたものであり，近代政治理論の基本になっていった．これは中世末期，教会体制の衰退を背景にして主権を主張するようになった世俗君主，特に *神聖ローマ帝国の皇帝により唱えられたほか，皇帝側の神学者パドヴァの *マルシリウス，さらにイングランドでは *ヘンリ8世が国王と議会の一体性を強調して body politic という表現を用い，*フッカーは国王を首長とする国教会体制を弁明する際に同様の表現を用いた．一方，*ホッブズは身体の譬えではなく *契約に基づくものとして国家とその政体を捉えた．しかし，1620年のメイフラワー号の契約（Mayflower Compact）では契約（convenant）と市民の政体（civil body politic）という二つの要素が併存している．

他方，ルネサンス期の人文主義者はギリシア・ローマ古典古代を理想化する傾向の政治的結果として，*アテネにおける市民共和制を市民たちが平等に参加できる政体とみなし，*ローマ帝国の共和制を近代政治体制のモデルと考えるようになった．

【政治・宗教・道徳の分離】フランス国内のカトリックと *カルヴィニズムの争いにおいて，宗教問題を寛容に捉え，平和のために政治解決を目指したカトリック側の為政者たちは，穏健派すなわちポリティーク派（〔仏〕politiques）と自称した．ここに政治を宗教から分離させる傾向（→ 政教分離）が生じ，さらに政治には実際的な解決を求める手段という意味が付されるようになった．*グランヴェルによれば，政治は宗教ではなく国家（〔ラ〕res publica）を構成する要素であり，キリスト教徒でない多くの市民を含むこともあるが，彼らを市民として *破門することはありえないという．ホッブズ，*ロック，*ルソーらの近代政治思想は *世俗化の大きな流れを背景としており，宗教・道徳から独立することによって政治の自律性を確保しようとする流れを形成した．その結果，「政治」は *道徳とは無関係となり，*マキャヴェリを先駆とする目的達成のためなら不法行為も正当化される領域を意味する傾向が強くなった．

【人間論との結びつき】アリストテレスの「人間は政治的生き物（〔ギ〕zōon politikon）である」という言葉に戻って考えるならば，それは人間が複数の他者のなかに生まれ，その関わりを通して人間性を実現していく生き物であるということである．つまりすべての人は人間性を実現するために政治を必要としており，まさにそのために人はポリスを形成し，市民となるのであって，その外では人間としての生き方ができないのである．このポリスは *宇宙の秩序を反映するもので，アリストテレスによれば，人間は理性的生き物（zōon logikon）として理性（*ロゴス）の実現を目指す政治的空間なのである．

*政治哲学の古典的形態は *プラトン，アリストテレス，*ストア学派にみられる．その思想の根底は人間論であったが，政治哲学は人間論をそれぞれの時代の社会状況において応用し，具体化したものであった．ギリシア哲学の政治理論は都市国家の枠に結びついていたが，ローマ帝国の出現とともに帝国と文明は一つのものとみられるようになり，*キケロに代表されるストア学派の政治哲学は *正義と秩序の実現による人間生活の向上を掲げ，国家は普遍的 *自然法に基づく法制度として捉えられるようになる．キリスト教の時代になっても帝国と文明の一体視は基本的には変わらなかった．

【キリスト教的政治論】西ローマ帝国（395-476）の秩序崩壊を目の当たりにした *アウグスティヌスは，キリスト教徒が市民権をもつ *神の国と例えばローマ帝国のような「地上の国」との対立を説きながらも，現実の世界のなかでは二つが混在していることを認めた．ここでいわれた二つの「国」は二つの相容れない原理を体現するものであるが，「神の国」である教会のなかにも「地上の国」「地上の愛」が入り込んでおり，緊張は世界の終わりまで続くのである．西ローマ帝国の崩壊から神聖ローマ帝国の成立に象徴された西欧社会の秩序確立への橋渡しをしたのは西方キリスト教の教会組織であった．教会は普遍国家ローマの文明をキリスト教化し，その伝統の継承者として自らを西欧社会における精神的権威として確立した．教会は帝国と文明を結びつける要として，帝国秩序の枠組みのなかで，*原罪によって *悪に向かう人間社会を超自然的秩序に目覚めさせることを自らの責務とし，この世の秩序維持は世俗的体制に任せるという形が定着した（→ 両剣論）．*ダンテは皇帝と *教皇がそれぞれ世俗と精神の領域を治め，二つが摂理によって調和する状態を夢想したが，*オッカム，パドヴァのマル

セイシェル

シリウスらは近代に向かう過程で帝国の枠組みにおける世俗的権威の優位を説いた．

【近代国家と契約説】近代は中世のキリスト教を基盤とする帝国の政治理念が衰退・崩壊し，主権を主張する国家が誕生した時代である．*宗教改革の時代，カトリック，プロテスタント諸教派が入り乱れ，他教派の君主を非難・攻撃した状態のなかで権威の確立と *良心の自由が叫ばれるようになった．*ライプニッツは寛容を説き，普遍的国家の理念を実現しようとしたし，マキャヴェリ，ホッブズ，*スピノザは宗教的権威によらない国家の権威の必要性を説いた．イングランド国教会(→聖公会)における国王の主権を弁明したフッカーは，個人の良心の優位を主張する *ピューリタンに対しては，トマス・アクィナスの自然法理論に従って国教会が自然法の具体化であると述べた．このような雰囲気のなかで *モンテスキューは『法の精神』において政治哲学を実証的なものにしようと努め，スピノザは政治哲学を *デカルトの説く学問としての基盤の上に打ち立てようとした．ロックは *合理主義や *経験論に基づく契約説によって立憲君主制を裏づけたが，彼の時代になると，生まれながらにして人がもつ自然権([ラ] ius naturale) の理念が自然法に代わって叫ばれるようになり，特に国王による不当な課税に対して台頭しつつあった *市民階層の利益擁護の武器として使われるようになった．その顕著な例はアメリカ独立宣言(1776)である．

【19-20世紀の政治思想】*サン・シモンと *コントは *実証主義的傾向と政治的既得権に対する反発から *理想主義的政治体制を夢想した．*ヘーゲルは，歴史の展開を精神・意識の宇宙的規模の展開という理念で捉え，絶対精神([独] absoluter Geist) の究極的出現を目指すものとし，その具体化が国家であると唱えた．*ベンサム，*ミルは経済を優先し，選挙権の拡大が国民の福祉を拡大すると考えた．*抵抗権はすでにトマス・アクィナスや *スアレスも認めるところであったが，宗教改革が内包した *革命という思想は，19世紀には，政治的意識を強めた労働者階級に支持されるまでに進展した．

K. *マルクスは産業革命の結果の分析にヘーゲルの *歴史哲学を応用し，階級間の闘争から労働者階級が最終的に階級なしの社会で完全に人間性を回復することができると予言した．20世紀は二つの世界大戦から戦後の50年間にわたる *イデオロギーの対立の時代であった．政治思想には *ユートピアを目指す理想主義的要素が含まれ，自由主義的ヒューマニズムとしては *デューイ，*マンフォード，実証主義としては *ポパーらがいる．*アドルノと *マルクーゼは *レーニンの *共産主義体制に反対してマルクス思想のなかのユートピア主義を復活させ，*資本主義の支配が自由社会の構造に及んでいることを指摘，その打破を叫んだ．グラムシ(Antonio Gramsci, 1891-1937) は労働者階級が資本主義的管理・*消費社会に吸収されていくことに危機感を覚え，既成秩序を激しく攻撃した．エルンスト・*ブロッホはマルクスのなかの黙示思想的要素によってヘーゲルを再読し，マルクスの空想的要素を未来社会実現の原動力，すなわち *希望として捉えた．

【近代カトリック政治思想】近代カトリックの政治哲学は *レオ13世の『*レルム・ノヴァールム』などの社会回勅以降，自然法の考え方を基礎とし，*機械論的契約説，*功利主義，反教会的自由主義，*反聖職者主義，*無神論的政治イデオロギーと対決してきた．政治は確かに自律性をもつ領域であるが，価値の中立のみを尊び，妥協を旨とする場ではなく，*共通善を追求すべき領域と考えてきたのである．このようなスコラ主義的自然法理論と政治哲学の代表的論者は J.*マリタンで，さらに *マレイは，自然法が近代政治思想で強調された自然権の根底であることを強調した．一方，教会は現実の政治のなかで「教会の自由」が保証されるように闘い，不完全ながらも最低限の保証がなされるところでは妥協的共存を容認してきた．このような姿勢は既存の秩序の容認とみられないこともない．第2*ヴァティカン公会議は『現代世界憲章』によって，政治に対してより積極的かつ革新的で，人格主義的姿勢を打ち出した．カトリック思想に関するかぎり，公的政治思想の時代から *メッツの主唱する政治神学の時代に入ったといえる．教会と神学は，政治の分野においてキリスト教信仰が世界に対して帯びる預言的機能の重要性に目覚めつつあるといえよう．

【文献】 HWP 7: 1031-75; NCE 11: 510-31; 17: 517-22; アリストテレス『政治学』アリストテレス全集15, 山本光雄訳 (岩波書店 1969) 1-413; R. W. CARLYLE, A. J. CARLYLE, *A History of Mediaeval Political Theory in the West*, 6 v. (New York 1903-36); J. MARITAIN, *Scholasticism and Politics* (New York 1940); ID., *Man and the State* (Chicago 1951); F. I. GREENSTEIN, N. W. POLSBY, eds., *Handbook of Political Science*, 9 v. (Reading, Mass. 1975); J. GREMILLION, *The Gospel of Peace and Justice: Catholic Social Teaching since Pope John* (Maryknoll 1976); D. J. O'BRIEN, T. A. SHANNON, eds., *Renewing the Earth: Catholic Documents on Peace, Justice and Liberation* (Garden City 1977).

(高柳俊一)

セイシェル 正式国名：セイシェル共和国，[クレオ
ニル] Repiblik Sesel, [英] Republic of Seychelles. 1993年6月，1977年以来の人民進歩戦線の一党支配を改める複数政党制の新憲法が承認された．面積：280 km^2．人口：8万(1997年現在)．言語：クレオール語(公用語)，英語，フランス語．宗教：キリスト教98%（カトリック90%，聖公会8%），イスラム教など．

インド洋に浮かぶ90以上の島から成り立つ群島で，マダガスカル島の北東に位置している．本来は無人島であったが，本島が18世紀にフランス海軍の根拠地として整備された．本島は今でもフランス支配を始めた近くのモーリシャス島総督ブルドゥネのベルトラン・フランソア・マヘ (Bertrand François Mahé de la Bourdounnais) にちなんでマヘ (Mahé) と呼ばれる．1810年には英国がこの島を占領し，1903年に直轄植民地の地位を与えた．独立したのは1976年6月28日である．1977年6月，クーデターによってフランス・アルベール・ルネ (France-Alber René) が政権を握った．1979年3月に施行された憲法はセイシェルを「社会主義的民主主義」の道を歩むものとしている．

セイシェルの社会主義は多様なニュアンスをもっている．ルネは *タンザニアを模範にし，ブロック的自由を強調し，東西陣営との関係維持に努めた．セイシェルは最初にモーリシャスにあるポート・ルイス (Port-Louis) 司教区に属していたが，1852年に独立した *知牧区になった．同じ年にフランスの *カプチン・フランシスコ修道会の会員が，1861年にはフランスの修道女が，1884年には *マリスト修道会の会員が到来した．1892年にはフォート・ヴィクトリア (Fort Victoria) が *司教

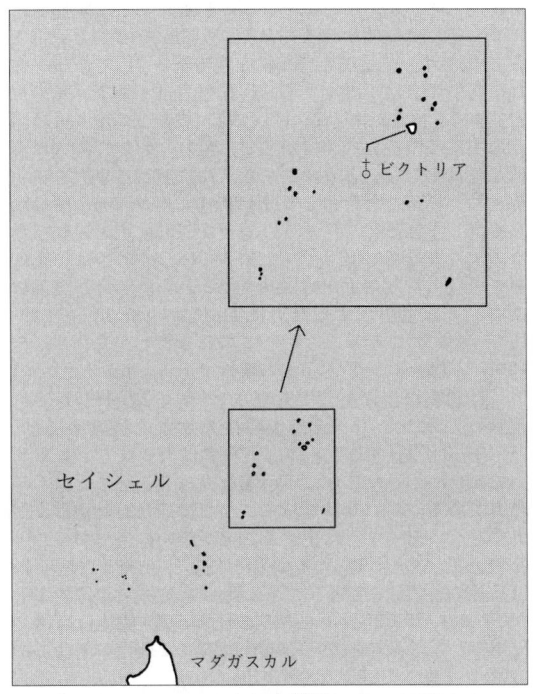

区になり，セイシェル全域を管轄した．1921年にはスイスのカプチン修道会員が司牧を引き継いだが，その数はしだいに減少し，1989年春にはイタリア人の同会員が任務を引き継ぐことになる．1950年に最初の現地人司祭チャン・タブ(James Chang-Tave)が叙階された．

また現在の司教ポール(Felix Paul)は1935年にフォート・ヴィクトリアに生まれ，1960年に司祭に叙階され，1975年に司教になった．当初は8人の教区司祭がいたが，そのうち3人は他の司教区から派遣されていた．ポール司教は司祭の高齢化を憂慮し，青年の司祭召命を呼びかけている．

セイシェル居住者の40%は15歳以下である．教会は導入された社会主義体制に適応するうえで，深刻な困難に直面している．初等・高等学校はすべて事実上，教会から没収された．そこで働いていた司祭と修道女は，国家によって国中に分散され，学校奉仕を命じられた．初等学校で行われる宗教の授業は，隔週1時間に減少し，高等学校では宗教の授業がなくなった．しかし，教会闘争の雰囲気は感じられない．政府は*信教の自由を保障しており，教会が信仰教育の新しい形式をみつけるよう期待している．日曜日の教会には人々が多数集まり，ラジオの宗教放送や2週間ごとに発行されるカトリック雑誌もある．カトリック信徒は，労働者と失業者の社会的地位改善のために*カトリック青年労働者連盟(JOC)の活動を通じて尽力し，政府の信頼を獲得している．1986年12月1日に教皇*ヨアンネス・パウルス2世はオーストラリアからの帰途，数時間フォート・ヴィクトリアに滞在した．この国と教会の状況をよく知る人は，教会は若い共和国のうちに地歩を固めていると判断している．

【現勢】1996年現在，カトリック信者数：6万9,000．司教区：1．小教区：17．司教：2．教区司祭：10．修道司祭：4．終身助祭：1．信徒修道士：6．修道女：61．

【文献】世キ百488-89；NCE 13：152；WCE 608-609．

(W. ホフマン)

せいじかん　聖時間〔ラ〕hora sancta, 〔英〕Holy Hour, 〔独〕Heilige Stunde, 〔仏〕heure sainte　祭壇上に*聖体を顕示して，*イエスの聖心を崇敬し，主*イエス・キリストによる人類と世界の救いの秘義を賛美する信心業．

イエスの聖心の信心は初代教会，ギリシア・ラテン教父以来「命の泉」(〔ラ〕fons vitae)として重視されてきた．また，中世には聖体信心とともに栄え，さらに17世紀のフランスで大祭司イエス・キリストに従う司祭職の霊性として発展した．

イエスの聖心に*祈りと*黙想を捧げる聖時間の信心業は，主がゲッセマネの園で弟子たちを戒めた「わずか一時も目を覚ましていられないのか」(マコ14：37)という言葉に従って，1675年6月16日イエスの聖心を崇敬する特別信心として救い主から*マルグリット・マリー・アラコックに啓示され，彼女の指導司祭で*イエズス会の会員*クロード・ド・ラ・コロンビエールの協力のもとに推進された．1829年パレ・ル・モニアル(Paray-le-Monial)の*聖母訪問会の女子修道院でイエスの聖心を全教会に広めるために信心会が創立され，歴代諸教皇によって奨励されてきた．聖時間を教会で公的に行うときには聖木曜日(→過越の三日間)，イエスの聖心の祭日にあたる金曜日の前晩，月の第1金曜日の前晩など一定の時間が示される．私的に行うときにはどの時間でもよいが，木曜日ないし金曜日が望ましい．聖時間における黙想と祈りの中心は，主の受難と死の秘義であり，人類と世界に対するイエスの聖心の愛にあずかり生きることである．

【文献】Leo XIII, "Annum sacrum," ASS 31 (1899) 646-51; Pius XI, "Miserentissimus Redemptor," AAS 20 (1928) 165-78; Pius XII, "Haurietis aquas," AAS 48 (1956) 309-53; K. Rahner, *Heilige Stunde und Passionsandacht* (Freiburg ³1960).

(鈴木宣明)

せいしききょうどうきがん　盛式共同祈願〔ラ〕orationes sollemnes　*過越の三日間のうちの聖金曜日の典礼で*ことばの典礼の締めくくりに行われる盛大な*共同祈願のこと．

盛式共同祈願は，*ミサの共同祈願の最も古い形式を残すものであり，聖金曜日の典礼で，このような共同祈願が行われていたことは，*ローマ典礼(『古ゲラシウス秘跡書』『グレゴリウス秘跡書』)，また*ガリア典礼(『古ガリア・ミサ典礼書』)などでも伝えられている．最古の本文によれば，内容は九つに分かれ，それぞれ意向を告げる導入の言葉と祈願からなっている．意向は，教会内外のさまざまな境遇にある人々の救いに関するもので，教会が世の救いのために派遣されていることを示すものとなっている．伝統的な祈願本文は1570年の『ローマ・ミサ典礼書』で固定されたが，1956年の*聖週間の典礼の改定，さらに第2*ヴァティカン公会議後の刷新で新たにされ，特にユダヤ教徒のための祈り，教会の一致のための祈りが積極的な内容に変えられた．現在は，意向として，(1)教会のため，(2)教皇のため，(3)教会に仕えるすべての人々のため，(4)洗礼志願者のため，(5)キリスト者の一致のため，(6)ユダヤ教の人々のため，(7)キリストを信じない人々のため，(8)神を信じない人々のため，(9)国を治める人々のため，(10)困難に直面する人々のためが定められている(これらのなかから選んで唱えることもできる)．*助祭が各意向を告げるたびに*会衆は沈黙のうちに祈り，*司祭が

せいしきしゃれい

祈願で結ぶ．

【文献】H. AUF DER MAUR, *Feiern im Rhythmus der Zeit I. Herrenfeste in Woche um Jahr*, GDK 5: 109-10, 131-32, 136. (石井祥裕)

せいしきしゃれい　聖式謝礼　〔ラ〕taxa，〔英〕tax，〔独〕Gebühr，〔仏〕taxe　信徒が教会の行政行為，*秘跡および*準秘跡の受領の際に，教会の行政機関や聖職奉仕者に支払う所定の費用もしくは手数料，および奉納金．これは信徒が任意に差し出す*献金ではなく，教会権威側が項目および金額を定めた，義務としての負担である．1917年公布の教会法典においてはさらに，教区財政，特に神学校運営のために，信徒や教会内公法人および教会禄（*聖職禄）受領者に賦課する納金も含まれていた（1505条）．現行教会法では，恩典を受ける教会の行政行為と「使徒座からの答書執行の際の「手数料」にだけtaxaの語が用いられている．これを定めるのは管区司教会議であり，使徒座からの承認を得なければならない（『教会法典』1264条1項）．秘跡や準秘跡の授与の際の聖式謝礼については「商売にしている」ような誤解を避けるため「奉納金」（oblatio）と呼ばれ，これも管区司教会議が定める．教会が聖式謝礼の金額を定めるのは，奉仕者がそれを超えては信徒に何も請求しないためである．またこれを支払うことのできない貧困者に対しては，しかるべき祭儀を拒否することのないように定めている（『教会法典』952条，1181条）．定められた聖式謝礼は任意の奉納金ではないので，聖職奉仕者個人ではなく，教会（*小教区）の会計に受領され，教区の規定によって分配される（同531条，551条）．

【文献】P. LOMBARDIA, J. I. ARRIETA, eds., *Codigo de Derecho Canonico* (Pamplona 1983); J. LISTL, H. MÜLLER, H. SCHMITZ, eds., *Handbuch des katholischen Kirchenrechts* (Regensburg 1983); V. DE PAOLIS, *De Bonis Ecclesiae Temporalibus, Adnotationes in Codicem: Liber V* (Romae 1986). (濱田了)

せいしげき　聖史劇　中世ヨーロッパで行われた，*聖書に題材をとった宗教劇を日本語で聖史劇と総称することがある．イングランドの*サイクル劇は，天地の*創造から*最後の晩餐までのキリスト教の全歴史を旧約聖書と新約聖書に基づいて描いた壮大な聖史劇であるし，ヨーロッパ大陸で行われることの多かった，最後の晩餐からキリストの磔刑までを描いた*受難劇も聖史劇である．聖史劇の台本は，すべて，もしくはほとんどが各国語で書かれ，その上演は*ギルドによって野外で行われた．

【文献】石井美樹子訳『イギリス中世劇集』（篠崎書林 1983); G. ウィッカム『中世演劇の社会史』山本浩訳（筑摩書房 1990): G. WICKHAM, *The Medieval Theatre* (Cambridge 1987). (山本浩)

せいじつ　誠実　〔ラ〕fidelis，〔英〕sincerity, truthfulness，〔独〕Treue, Ehrlichkeit，〔仏〕fidélité　物事や人に対してまじめに偽りなく対応する姿勢・態度．真理を語り，約束したことを忠実に実行する人間の*徳である．誠実は*神の呼びかけに対する忠実な応答としての*信仰と*愛の具体的な表現であり，他人に対する信用・信頼関係を築くうえでの人格的な基本姿勢である．

【聖書】旧約聖書では誠実さは神の道を学び，神を信頼してその道を歩むこと（詩25: 4-5; 26: 1; 86: 11)，真実を行うこと（トビ13: 6)，神に聞き従うことに関連している．それは信頼すべき神との*契約を守ること，神の命じる戒めと掟と法を守ること（申7: 8-11）である．それに背くことは不誠実であり，預言者はイスラエルの民を戒める（ホセ2: 16-23; 11: 7-9)．モーセの第8戒は隣人に関する偽証を戒めているが，裁判において隣人に不利な証言をしないように，また人命に関わる事態で真実を正しく語ることを命じる（出20: 16; 申5: 20)．嘘は厳しく禁じられる（レビ19: 11; シラ7: 13)．主を畏れる者は誠実な友をみいだす（シラ6: 5-17)．イエスは*真理をこの世にもたらすために，またそれを証しし，真理によって人を自由にするために来た（ヨハ8: 32; 17: 17-19)．虚偽は*サタンのもとにあるしるしであり（同8: 40-47)，贖われない古い人の特性である（コロ3: 9)．イエスは忠実な僕に財産を管理させ（マタ24: 45-51)，与えられたタラントンを忠実に生かすように勧める（同25: 14-30)．小さなことに忠実な者は大きなことにも忠実であり，小さなことに不忠実な人は大きなことにも不忠実である（ルカ16: 1-13)．こうして神と人と物事に誠実であり，そのように生きることが救いの道であることを教えている．ペトロも偽りを厳しく戒める（使5: 1-11)．隣人に真実を語ることは新しい人の生き方である（エフェ4: 25-32)．キリストに仕える者・使徒には神の秘められた計画を知り，それを誠実に管理する使命がある（1コリ4: 1-2)．

【倫理】*儒教の影響を受けている日本人の心情倫理は誠実を重んじる．誠・至誠・忠誠は主君に対する自己の在り方であり，それは主君に対する無私の姿勢である．一般に誠実は正直・真実・忠実に関わるものであり，他者に対する呼応関係における自己規定である．自分に対する誠実は自分のなしうることを進んでなすこと，良心的に生きることである．他者に対する誠実は真実を語ること，約束を守ること，秘密を守ることに現れる．

(1) 真実を語ることは誠実の本質的要件である．誠実は否定的には虚言を禁じ，肯定的には真実を語ることを命じる．言語・言葉は本来的に対話的であるが，偽りの話は相手をだますことであり，*隣人愛に反する．真理を知り，それを語ることは客観的な知識を得ることだけでなく，他者に対する人格的な誠実である．真理に仕えることは創造された事物を探究し，真理の源である神を知ることに開かれている．それは認識されたものをできるだけ正確な言葉で表現し，他者に伝達すること，発見した真理に従って生きることを求める．

(2) 約束を守ることは，他者とともに誠実に生きる基本的義務である．約束したこと，口でいったことを実行することは，他者の存在を認め，他者（神と人）に対する忠実さの表明である．人は自分のなした約束に拘束され，それを履行することは倫理的責務である．それは自分に任せられた職責を果たすことを含む．また，*修道誓願は神に対する約束であるが，神を主と認め，神の恵みに支えられて約束したことを生きるように求める．つまり約束を守ることは言葉と行為の一致である．

(3) 秘密を守ることは他者の人格の尊厳と名誉に関わることであり，*共通善のためにも求められる倫理的義務である．したがって，知りえたことをすべて語ることが必ずしも誠実ではなく，善意で他者の善益のために*嘘をいう場合もありうる．恣意的な嘘は倫理的な悪であるが，知りえた秘密を守るために嘘をつくことは倫理的にいつも悪いというわけではない．当人の生命を守るため，またより大きな悪を避けるための嘘は誠実の行為

として許容される．守秘義務は各人の*良心において神の前に，また共同生活上の倫理的責任に属する．
【文献】LChM 1603-606; SM(E) 6: 313-18; B. ヘーリンク『キリストの掟』3, 渡邉義愛訳（中央出版社 1968）: B. HÄRING, *Das Gesetz Christi*, v. 3 (Freiburg 1961) 52-56; K. RAHNER, "On Truthfulness," *Theological Investigation*, 7 (London 1971) 229-59. （浜口吉隆）

せいじてつがく　政治哲学　〔英〕political philosophy, 〔独〕politische Philosophie, 〔仏〕philosophie politique　政治的な秩序，体制，制度，行為などの在り方を，それらのあるべき理念や理想に照らしつつ解明していく学問．あるべき理念や理想の内容をどのように考えるかによって，政治哲学は多くの異なる思想体系や諸争点を生み出してきた．
【思想史的展開】政治哲学はヨーロッパにおいて，古代ギリシア以来の長い伝統をもっており，大きな潮流としては，古代・中世的伝統と近代社会契約説があげられる．
古代ギリシアにおける政治哲学は，特に*正義という根本規範をどう考えるのかを中心に展開された．*プラトンは，当時流布していた「強者の権利」としての正義論（『カリクレス』）や「支配者の利益」としての正義論（『トラシュマコス』）に対抗し，正義を，国家における諸身分の間の調和と人間の魂のよき在り方の二つの次元で基礎づけようと試み，また「哲人統治」を理想とするリーダーシップ論や，軍事体制，金権政治，衆愚政治，僭主独裁制などの批判からなる体制論を提示した．次いで*アリストテレスは，プラトンを軌道修正するかたちで，市民の倫理的徳性の育成とそれに基づく正義論や体制論を展開したが，それは中世の*トマス・アクィナスによってキリスト教的観点から受容され，*自然法に基づく*共通善の実現を政治の目的とするカトリック社会教説の根幹となる．
このような古代・中世的政治哲学の伝統は，その後しだいに影響力を失い，16世紀には，*マキャヴェリの有名な権力政治が公然と唱えられるが，17世紀に入ると，*社会契約説と総称される政治哲学が一連の思想家によって展開される．社会契約説は，人々の身分的（階層的）差異をもはや前提とせず，均質（平等）で自由な個人から出発してあるべき政治体制を構想するところに大きな特徴をもっている．*ホッブスは，性悪説的な人間観に立脚し，均質で平等な人間たちの「万人による万人に対する闘争」という悲惨な自然状態を免れるために，強い公権力（『リヴァイアサン』）を人々の相互契約に基づいて出現させるという論理を展開した．それに対し*ロックは，自由，生命，財産という個人の所有権（プロパティ）擁護の観点から，市民間の同意に基づく民主的政府の生成を説き，その政府の具体的在り方を市民の信託に基づく代議制に求めた．このようなロックの代議制（間接民主主義）の考え方を激しく批判し，人々の一般意志にのみ基づく直接民主主義を唱えたのが*ルソーであり，ルソーは自らの社会契約説が可能となるためには，従来の宗教とは異なる*市民宗教さえ必要と考えた．
しかしながら，社会契約説的発想は，イギリスにおいて*ヒュームによってその虚構性が批判され，19世紀には「最大多数の最大幸福」の実現を根本規範とする*功利主義思想が優勢となる．またドイツでは*カントや J. G. *フィヒテによって社会契約説がそれぞれ展開されたものの，*ヘーゲルはこれを批判し，アリストテレス的伝統を彼独自の進歩史観と結合させながら，人間精神のダイナミックな発展に見合うような倫理的政治制度（人倫）論を展開した．そしてフランスにおいては，ルソーの思想が*ジャコバン党独裁の正当化に利用されたことへの反動もあり，19世紀以降，社会契約説は一般に不人気となる．
【現代的展望】20世紀に入ると，ヨーロッパでの2度の大戦とそれに続いた冷戦を反映して，政治の本質を権力と支配とみなす M. *ヴェーバーの政治観や政治現象をイデオロギー的な裁断で割り切るレーニン主義的な政治観が，従来の政治哲学に取って代わるような知的状況が久しく続いた．しかしながら，1970年代以降，政治哲学はかつての勢いを再び取り戻し始める．その先鞭をつけたのは，アメリカのロールズ（John Rawls, 1921-　）やノージック（Robert Nozick, 1938-　）に代表される新しい社会契約説であり，また政治哲学的内容を濃くしたのは，1980年代に入って登場したコミュニタリアニズム（〔英〕communitarianism, 共同体主義）である．
ロールズとノージックは，それぞれカントとロックを引き合いにしつつ功利主義を批判し，個人の政治的自由や権利の保証を市民間の合意によって実現することを最優先する新しい社会契約説を唱えた．その際両者は，ロールズが経済的不平等の格差のできるだけの是正を謳うリベラリズム（*自由主義）を，ノージックが経済的自由の絶対的自由を謳うリバタリアニズム（自由絶対尊重主義）をそれぞれ説く点で区別されるが，いずれも社会契約説的立場をとることに変わりはない．それに対し，サンデル（Michael Sandel, 1953-　），ウォルツァー（Michael Walzer, 1935-　），マッキンタイアー（Alasdair Chalmers MacIntyre, 1929-　），テイラー（Charles Taylor, 1931-　）らに代表されるコミュニタリアニズムは，アリストテレス的伝統に立ち返ってロールズらが近代の原子論的な人間観に立脚していることを批判し，人間を初めから政治共同体的動物（ゾーン・ポリティコン）として捉え，個人の権利よりもそれぞれの人間が帰属する共同体における善を追求することを目指す政治哲学を展開している．当然このコミュニタリアニズムは，政治文化の多元性を容認する立場へとつながるが，そうした多元性を認めつつ人権などの普遍的価値がどのように保証ないし実現されうるのかが，今後の課題として残る．この点において，一方で人格の共同体的次元を説きつつ，他方で人類全体の共通善実現を謳うカトリックの普遍主義が，現代の政治哲学の問題状況に対して寄与すべき点は数多いといわなければならない．
【文献】L. STRAUSS, J. CROPSEY, eds., *History of Political Philosophy* (Chicago ³1987); D. MILLER, ET AL., eds, *The Blackwell Encyclopedia of Political Thought* (Oxford 1987); S. MULLHALL, A. SWIFT, *Liberals and Communitarians* (Oxford 1992). （山脇直司）

せいシノド　聖シノド　〔英〕Holy Synod, 〔独〕Heiliger Synod, 〔仏〕Saint-Synode　*東方正教会では*総主教のもとに，補佐的な主教と官僚からなる主教会議が諮問および執行機関として常設されるようになり，これがシノドと呼ばれていた．ロシア帝国では，皇帝*ピョートル1世により，1721年，*ロシア正教会の組織改革が行われ，*ノヴゴロドの大主教プロコポヴィッチ（Feofan Prokopovic, 1681-1736）が起草した『教会規約』により，従来の総主教制に代えて教会統轄の最高機関として聖シノドが設立された．これは皇帝の任命する11人の高位聖職者による合議体で，教会の行政・立法・

せいじゃ

司法に関して最高の権限をもったが、重要な問題に関してはつねに皇帝の承認を必要とした．19世紀に入ると、しだいに皇帝直属の官僚（宗務総監）が事実上の議長として決定権をもつようになった．1917年のロシア革命により廃止された．
【文献】LThK³ 9: 1183; 森安達也『東方キリスト教』キリスト教史 3（山川出版社 1978）320-21． （高柳俊一）

せいじゃ　聖者　〔英〕saint，〔独〕der (die) Heilige，〔仏〕saint(e)

【定義】諸宗教に適用される一般的カテゴリーとしての「聖者」を最も簡潔に定義するならば、聖者とは *聖性にあずかり、そのことにより人々の *崇敬を集める宗教的人間、ということになろう．もっとも聖性も崇敬の在り方も宗教によりまちまちである（カトリック教会に関しては聖人、聖人崇敬の項を参照）．しかし聖者・聖人を宗教的人間の他の類型と比較すると、我々が聖者と通常考える人間の特徴がおのずと浮かび上がってくる．

神と人とを結ぶ線を一つのスケールと考えると、神人や超人に対して、聖者はあくまで人間であり、その宗教的・倫理的完全ということも、あくまで人間としての完全を意味する．聖者崇拝は、しばしば聖者を超自然化するが、やはり聖者があくまで同じ人間の埒（らち）内にとどまることが、聖者信仰の本質要件である．したがってまた聖者は、神話的存在ではなく、あくまで歴史ないし歴史伝説に属する人間である．

さらに、そうした聖者のカリスマ的な質が問題となる．教祖、改革者、*預言者、*神秘家などは、聖者でもありうるが、聖者性はこれらのいずれにも解消されない．聖者は伝統を疑問に付すというよりも、むしろある種の純粋さをもって伝統を完全に生き切り、それを通じて多くの信仰者の生の規範となる存在である．この純粋さはまた同時に、無垢な宗教性をも含意している．したがって、聖者は制度的な地位や聖職が自動的に生み出すものではありえず、むしろ過激なまでに無垢な存在として宗教制度の周縁に、民衆とともに生きた宗教者こそが聖者とみなされることが多い．

【聖者崇敬】*キリスト教と同様、*イスラム教においても、ある意味で厳密な *一神教を代償するような形で、聖者崇敬が早い時期より発達した．「アラーの友」（〔ア〕wali Allah）としての聖者への崇敬は、何よりも近づきがたいアラーの神と人間とを媒介し、執りなしをする人間への崇敬である．またイスラムの聖者にはしばしば、もろもろの奇跡を生み出す *カリスマ（karamat）が帰せられる．民衆の聖者崇敬は、イスラム以前の土着信仰の諸要素をも吸収しており、そうした奇跡信仰の要素が強い．聖者崇敬の中心となるのは、聖者の霊廟であり、奉納物や供犠獣の献上、生誕祭の行進などが行われる．

インドの伝統では、聖者は何よりも宗教的苦行の完遂をその条件としている．この点は宗教の別を超えてインド文化に共通している．*ヒンドゥー教では、その最初期のバラモン教時代より、苦行者や見者が聖者とみなされた．従前の苦行を排した初期 *仏教でも、世俗の超脱と涅槃（*ニルヴァーナ）の獲得の行が聖性の条件であった．大乗仏教の利他行者には、これに他者救済という要素が加わり、格好の聖者崇敬の条件を具えるに至った．一般にインドでは人生の最後期を出家者として過ごすことが理想とされている．したがってインド文化における聖者崇敬は、神への仲介者というよりも、万人の理想を代わって体現する宗教的英雄への崇敬を根本特徴とするといえよう．

日本の宗教には、さまざまな伝統の聖者崇敬が底流として流れている．倫理性を強調する中国の儒教的な聖人の観念や、道家の聖人の超俗的な無為と神秘的な業の観念、また知と徳を兼備した仏教の聖人（上人）の理想像、奇跡的能力を有する密教の修行僧や *神道の行者のイメージなどがそれである．とりわけ聖者の類型にあてはまると思われるのが、平安期以降に現れた聖（ひじり）と呼ばれる隠遁僧・民間仏教者である．彼らは苦行とともにさまざまな勧進活動を行い、広く民衆の信奉を集めた．
【文献】RGG³ 3: 168-71; EncRel(E) 13: 1-6．
（深澤英隆）

せいじゃくしゅぎ　静寂主義　〔ラ〕quietismus，〔英〕quietism，〔独〕Quietismus，〔仏〕quiétisme

【語義】〔狭義〕キリスト教霊性史のなかで、17世紀後半から18世紀前半にかけて、主としてイタリアとフランスに広がったカトリックの *異端思想を指す神学用語．1682年、ナポリ大司教で枢機卿のカラッチョロ（Innico Caracciolo, 1685没）がローマ当局に送った「静寂主義批判」の報告で初めて使われる．

〔広義〕「静寂主義」に類似したものを含めれば、古代から現代に至るまで、*異教およびキリスト教のなかで、さまざまな形のものがみいだされる．まず、古代ローマ、ギリシアの *ストア学派には、*アパテイア、*新プラトン主義にも独自の神体験があげられる．キリスト教古代には偽 *グノーシスや *メッサリアネ派の異端があった．また、ギリシア語で「ヘシュキア」(hesuchia 心の平安) を得る *祈りの方法としてのギリシア的静寂主義 (*ヘシュカスモス) が10世紀に始まり、その後14世紀になってグレゴリオス・*パラマスによって確立．16世紀には *ロシア正教会に伝わり、*アトス山の修道院は今日までその中心となっている．中世末期の西欧カトリック教会においては、「前静寂主義」（〔英〕prequietism）ともいわれる流れが多様な形で現れた．*自由な霊の兄弟団、*ベガルド、*ベギン、*デヴォティオ・モデルナなどである．さらに、16世紀には、スペインの *アルンブラドス、フランスで「イリュミネー」(Illuminés) といわれた照明主義の異端が発生し、17世紀の静寂主義にも影響を与えた．他方で、16世紀のカトリック教会は *聖人の時代でもあった．アビラの *テレサと *フアン・デ・ラ・クルスを主とする改革カルメル（→カルメル会）の霊性のほかにも、多くの優れた霊性指導者が輩出、「静穏の念祷」「潜心の念祷」「暗夜の霊性」「黙想と観想」などについての精細な解説が貴重な霊的遺産として今日まで伝わってきている．

【代表的人物】〔イタリア〕*モリノス．スペインの *アラゴンに生まれ、バレンシア（Valencia）のイエズス会神学院に学ぶ．1652年司祭叙階．1663年ローマに派遣、主著『霊の導き』(1675)、続く『観想の擁護』(1679-80頃) によって広く名が知られた．しかし他方、特に *イエズス会の神学者ベルオモ（Gottardo Bell'uomo）と *セニェリを筆頭に激しい反対が起きてきた．当初、静寂主義には好意的であった教皇 *インノケンティウス11世が、1680年、上記の二人の反対者の著作を禁書にしたためモリノスの名声は一層高まった．だが、論争は止まず、複雑な裏工作による紆余曲折を経て、1685年、突如モリノスは異端のかどで教皇庁に逮捕され、全ヨーロッパの耳目を集める醜聞となった．モリノスは、起訴理由を不服とし、教会裁判は長期化したが、1687年8

月28日付検邪聖省(現教理省)通達に続く，11月20日付教皇教書『カエレスティス・パストル』(Caelestis Pastor)により，モリノスの68命題が異端宣告された(DS 2201-69)．教会の裁決に従順を誓うことによってモリノス自身は*破門を免れたが，その神学的誤謬のため波瀾万丈の生涯を獄中に閉じた．

〔フランス〕(1) *ギュイヨン夫人．家庭の愛情に恵まれず，内向的素質から幼い頃より修道院を訪ねることが多く，祈りの生活にひかれていた．読書として，著名な*フランソア・ド・サルや*ジャンヌ・フランソアーズ・フレミオ・ド・シャンタルに親しんでいた．28歳で夫と死別．その後，念禱生活とその布教に励み，*ジュネーヴでプロテスタントからの改宗者のために働いた6年間に，その主著『奔流』(1682)，『短く簡単な念禱法』(1685)が出され，評判が高まるとともに，敵対者が増えていった．有力者マントノン夫人 (Françoise d'Aubigné, Marquise de Maintenon, 1635-1719) の知遇を受けたのもつかの間，その極端な内面主義の念禱方法に疑問がもたれ，神学者*ボシュエの思想調査の結果，異端とされた．反対者に軟禁される身となったが，1796年解放され，協力者とともに充実した晩年を送ったという．

(2) *フェヌロン．カンブレ大司教フェヌロンは，ギュイヨン夫人を高く評価し，その弁護の書である『諸聖人の箴言の説明』(1697)を公にし，無私の*愛の純受動性を強調した．ボシュエの調査の末23項目が教皇*インノケンティウス12世の小勅書『クム・アリアス』(Cum alias)により，異端命題の宣告を受けた(DS 2351-74)．フェヌロンの場合，「半静寂主義」(〔仏〕semi-quiétisme) といわれる．失意のうちにも，良き牧者としてその生涯を終えた．

【思想】カトリックにおける異端とは，*真理に反する誤謬というよりは，真理の一部を誇張することによって真理全体の均衡を失うことである．静寂主義の異端は，その典型である．念禱や*観想を強調するあまり，*徳の修行や*黙想を軽視することによって祈りの生活全体の均衡を失ってしまった．またさらに*秘跡，特に*聖体の秘跡なども危うくするに至ったことは究極的にキリストの*受肉の秘義にも関わる重大な問題にまで発展した．至高の観想体験においては，キリストの人間性さえも忘れられるべきと主張する神学説を激しい口調で論駁したアビラのテレサの著書をモリノスが愛読し，しばしば引用していたことはまことに奇異というしかない．そこにも，真理の一部を誇張した異端がみられる．言葉に生きる西欧文化に対し，沈黙の文化に養われてきた東洋的霊性のうちに，今後，広く深いキリスト教神秘主義が芽生えてくるためにも，西欧静寂主義の悲劇が貴重な他山の石となれば幸いである．

【原典邦訳】J. イヴ・ルルー『アトスからの言葉』古谷功編，高橋正行訳(あかし書房1982); M. モリノス他『キエティスム』キリスト教神秘主義著作15，鶴岡賀雄他訳(教文館1990); アビラの聖女テレサ『霊魂の城』鈴木宣明監修．高橋テレサ訳(聖母の騎士社1992); A. ローテル，斎田靖子編訳『無名の順礼者』(エンデルレ書店1995)．

【文献】キ史7; 哲学事典290; Cath. 12: 370-77; TRE 28: 41-45; 森安達也『東方キリスト教史』キリスト教史3(山川出版社1978). (奥村一郎)

せいじゃくしゅぎ〔とうほうきょうかいの〕 静寂主義〔東方教会の〕 → ヘシュカスモス

せいしゅう 静修 〔ラ〕recollectio，〔英〕recollection，〔独〕Einkehr，〔仏〕récollection 人生あるいは毎年の*回心・選定を目的とする*黙想，すなわち*霊操(〔ラ〕exercitia spiritualia) に対し，毎月，信仰・希望・愛の意識と生活を深め強めるのを目的として1日かけて行う自己内省を静修，その日を静修日 (dies recollectionis) という．また霊的静修 (recollectio spiritualis)，月の静修 (recollectio menstrua) とも呼ばれる．静修は，古代教会以来のキリスト教的祈りの伝統(*霊的読書，黙想，*観想，*祈り，活動)に基づいているが，16世紀中葉以来，民衆宣教の実践的方法として発展した*イグナティウス・デ・ロヨラの『霊操』の推進運動と深く関連しており，特に20世紀，第1次世界大戦後に展開した黙想運動から盛んになった．静修日のプログラムは，霊的指導者のもとに，一般に(1)聖書の秘義を中心とする霊的講話，(2)黙想・観想，(3)祈り，(4)*ミサ等から構成される．静修の霊的講話のテーマは年齢・職業・身分等に従って考慮され，選択される．月の静修は聖職者・修道者・信徒にとって神との出会いと自己の活性化のために有意義であり，推奨されるべき祈りの体験である．

【文献】C. ALLROGGEN, *Tage der Entscheidung* (Düsseldorf 1940); H. GODIN, *Retraites et Récollections* (Paris 1941). (鈴木宣明)

せいしゅうかん 聖週間 〔ラ〕Hebdomada Sancta, 〔英〕Holy Week, 〔独〕Heilige Woche, 〔仏〕semaine sainte *四旬節の第6主日である*受難の主日から始まる，四旬節最後の週，つまり復活祭前の1週間を指す．その後半，聖木曜日の主の晩餐の夕べのミサから復活の主日の晩の祈りまでは聖なる*過越の三日間として，1年の*典礼暦のうちの頂点をなしている．

【歴史】*復活祭は，4世紀初めまでは一夜の徹夜祭で祝われていたが，4世紀後半以降，*西方教会では復活の主日を含むいわゆる聖なる三日間(〔ラ〕triduum sacrum)で祝う形へ発展した．ほぼ同時に東方では復活の主日の前の主日を受難の主日とし，それからの1週間は，1年のなかでも最も重要な1週間として尊ばれるようになった．*『使徒教憲』では「聖なる過越の週」(5, 13, 4)あるいは「大いなる週」(8, 33, 3)という呼び名がみられ，エルサレムでも「大いなる週」(septimana maior) と呼ばれていた(*エゲリアの『巡礼記』30)．アレクサンドリアのように「受難週」と呼ぶところもあった．

【典礼の特徴】初期の実践はさまざまであったらしい．サラミスの*エピファニオスは370年頃のこととして，復活祭前の1週間全部を断食し，徹夜の祈りをしていた例や，そのうちの徹夜が復活徹夜だけだった例をあげている．だが，一般に，木曜日から*復活徹夜祭までの典礼の特色を告げるものが多い(シリアの*アフラハト，*ヨアンネス・クリュソストモス)．少し時代は下るが，5世紀半ばのローマでは，*レオ1世が受難の主日とその週の水曜日，金曜日，そして復活徹夜で*受難朗読が行われていたことを伝えている．

最も特色ある聖週間の典礼が行われていたのはエルサレムで，4世紀末のエゲリアの『巡礼記』(30-41章)はそれを克明に記録している．それによると受難の主日には*エルサレム入城を記念する行列，月曜日から水曜日までは，早朝，第3時(午前9時)，第6時(正午)，そして午後に典礼が行われた．聖木曜日には*ゲツセマネへの行列，イエス逮捕の箇所の朗読，エルサレムへの行

せいじゅく

列，イエスの裁判の朗読があり，聖金曜日には十字架の礼拝および受難と埋葬の箇所の朗読が行われる．聖土曜日には早朝，第3時，第6時の典礼があり，そして復活徹夜は徹夜の祈り，復活聖堂への行列，復活物語の朗読などを行う．エルサレムの聖週間は，このようにイエスの受難・復活の記念を「その時，その場所で」受難の各出来事の起こった時刻に忠実に，しかもその同じ場所で，朗読，詩編と賛歌，祈願によって記念するものだった．もっとも，これは単に各史実の記念行事を意味するのではなく，各出来事を記念しながらもつねに *過越の秘義，*キリスト秘義の全体を祝っているという点で初代教会以来の伝統が生きている．特に復活徹夜は，土曜日の夕刻から復活の主日の早朝まで，完全に徹夜するという初期の徹夜の慣習を引き継いでいた．ところが，すでにこの時代から，夜半前に徹夜祭を終える例が多くなり，*ローマ典礼では，8世紀からはさらに早い午後，さらに中世末期からは早朝に移行し，同様に聖木曜日の主の晩餐の夕べのミサも朝に，聖金曜日の典礼もまず正午やがて午前9時に繰り上がっていった．この結果は1570年の『ローマ・ミサ典礼書』によって固定化された．

【刷新】20世紀前半における *典礼運動および *典礼学の発展のなかで，過越の秘義の全体を記念する祭儀週間としての聖週間の意義が再確認され，典礼の刷新が求められるようになり，まず1951年に復活徹夜祭の改定，続いて1955年に聖週間典礼の改定が行われた．これらの改定は，何よりも記念の実を生かすために祭儀を「適切な時に」行うようにすることを原則としている．復活徹夜を夜半にしたのをはじめ（公会議後は聖土曜日の夕刻から主日の夜明けまでの間），聖木曜日の典礼は晩（17時から20時までの間），聖金曜日は午後（15時から18時まで）の時間帯に行うものとされた．公会議後の刷新はこれらを引き継ぐと同時に，ミサの *聖書朗読の新しい配分を定め，聖週間の月，火，水曜日は，福音ではユダの裏切りに言及する箇所，旧約では第2イザヤの主の僕の歌が次々と朗読され，聖木曜日の主の晩餐の夕べのミサから始まる主の受難の記念に導くようになっている（聖木曜日以降の各典礼の内容については過越の三日間の項を参照）．

【文献】DACL 14: 2060-64; LThK² 6: 4-9; NCE 10: 934-35;『ミサ典礼書の総則と典礼暦年の一般原則』（カトリック中央協議会1994）；土屋吉正『暦とキリスト教』（オリエンス宗教研究所1987）185-243; A. ADAM, *Das Kirchenjahr mitfeiern* (Freiburg 1979) 52-101; H. AUF DER MAUR, *Feiern im Rhythmus der Zeit I. Herrenfeste in Woche und Jahr*, GDK 5: 77-80, 98-113, 128-32, 137-38. （石井祥裕）

せいじゅく　成熟　〔英〕maturity, maturation,〔独〕Reife, Reifung,〔仏〕maturité　*生物学では，有機体の成長過程において，構造および機能的に種として完全な状態になることを成熟という．

*心理学では，外部からの刺激や働きかけを受けずに内部の自己調節的メカニズムによって，個体の属する種の発達方向，構造や機能の発現順序，発現時期を規定していく過程を呼ぶ．遺伝的に決定され，環境条件や経験に影響されないほぼ一定の発達過程が年齢に基づいてみられることを仮定するものであり，発達を規定する要因として *学習と対置して用いられる．

発達における成熟の要因を重視する立場として，成熟優位説があり，この立場に立つゲセール(Arnold Gesell, 1880-1961)は，発達とは個体が生まれながらにもっている遺伝的素質や内的秩序が一定の順序で発現することであるとし，新しい事柄や技能の学習においては，生活体の側の発達が準備されているかどうか（レディネス，〔英〕readiness）が重要であり，レディネスが整わない段階での学習は有効でないことを双生児統制法による実験で示した．すなわち，遺伝的には同一である一卵性双生児のレディネスが異なる段階で学習訓練を行い，レディネスが整う以前に学習した個体の状態に，レディネスが整ってからの学習が容易に追いつき追い越してしまうことを示した．

このような成熟優位説と，経験こそが重要とする環境優位説とが対立的に論じられるが，両者は必ずしも二者択一的に捉えられるものではない．例えば，ヘッブ(Donald Olding Hebb, 1904-85)は，出生前後の栄養を与える環境および生後の初期経験がその後の発達に大きな影響を与えること，種のほとんどのメンバーが経験する一般的な刺激によって促進されるものが成熟であり，特殊な経験や訓練は経験要因として捉えられるにすぎないことを指摘している．

【文献】P. H. MUSSEN, ed., *Handbook of Child Psychology*, v. 2 (New York 1983) 1-22. （荻野美佐子）

せいしょ　聖書　〔英・仏〕Bible,〔独〕Bibel
【名称】Bible, Bibel の語源はラテン語の biblia だが，これはギリシア語中性名詞 biblion の複数形 biblia に由来する．さらに biblion は，すでに前3000年紀にはエジプトから *パピルスを輸入し製品化していた *フェニキアの町 *ビブロス (Byblos) に遡る．この都市名の影響で，ギリシア語で byblos ないし biblos は，「エジプトのパピルス」「パピルスの皮」「パピルス紙」「パピルスの巻物」を意味するようになった．さらに byblos, biblos の指小語 byblion, biblion も「パピルスの本」あるいは「パピルスの巻物」を意味した．

ギリシア語の biblos も biblion も *七十人訳聖書や *新約聖書のなかで聖書を指すのに用いられている．例えば biblos は *モーセ五書（ネヘ 8: 1, 3, 5, 8, 18）のような聖書の一部，またイザヤ書（ルカ 3: 4），詩編（ルカ 20: 42）など単一の書を指す．また biblion も同じくモーセ五書（申 28: 58; 1 マカ 1: 57; 3: 48; 代下 35: 12）やイザヤ書（ルカ 4: 17, 20），ヨハネ福音書（ヨハ 20: 30）など一部（シラ序言）を指している．複数形の biblia は 1 マカバイ記 (1: 56) では「律法の巻物」，ダニエル書 (9: 2) では旧約聖書全体を指す．新約聖書には，*旧約聖書を示す他の言葉として「書物」の複数形 hai graphai（マタ 21: 42; 22: 29; ルカ 24: 32; ヨハ 5: 39; 使 18: 24）あるいは単数形 he graphē（マコ 12: 10; 使 8: 32; ガラ 3: 22）などもある．さらに，「聖なる書物」(ta biblia ta hagia, 1 マカ 12: 9. hiera grammata, 2 テモ 3: 15. grapha hagia, ロマ 1: 2) などがある．「聖書」という名称のゆえんである．

ギリシア語の biblia は，*ヨアンネス・クリュソストモス(5世紀)の頃からギリシア *教父たちによってキリスト教の全聖書の名称として使用され，西欧に伝わってからラテン語の女性単数名詞となり，今日に至っている．

【聖書の多様性と統一性】ギリシア語およびラテン語の biblia という語自体，複数形としては聖書が多数の書物（39/46書の旧約聖書と27書の新約聖書）からなること

を，また単数形としては聖書が一体であることを暗示している．聖書はさまざまな時代と場所で起こった出来事を何世紀にもわたって多数の聖書記者や編集者たちが書きまとめたものであるが，それらを通して一貫して語るのは同じ神だからである．

【聖書の写本と言語】聖書は，パピルスあるいは*羊皮紙に書かれたが，原本は現存せず，写本によって現在まで伝えられている（→聖書写本）．また旧約聖書の原語は大部分ヘブライ語であるが，創世記(31: 47)，エレミヤ書(10: 11)，エズラ記(4: 8-6: 18; 7: 11-26)，ダニエル書(2: 4 前半-7: 28)は*アラム語，*旧約聖書続編(*第二正典)はギリシア語である．新約聖書は一般にギリシア語(*コイネー)で書かれたとされている．*マソラ本文には朗読のための区分記号がみられるが，現在の*聖書の章節区分は 1206 年に遡り，新約聖書の節区分の場合は 1551 年以来のものである（さらに聖書本文の句読点の項を参照）．また神の言葉はすべての人々に向けられているため，聖書は古代からギリシア語，アラム語，シリア語，ラテン語などさまざまな言語に訳されている．1996 年の*日本聖書協会の報告によれば，全聖書は 355，新約聖書あるいは分冊の訳を含めると 2,167 の言語に訳されている（→聖書の翻訳）．

【啓示と聖書】聖書は，パレスチナを中心とした地中海沿岸地域や古代メソポタミアを舞台に展開された，語りかける神とそれに応える人間の出会いの物語である．天と地の*創造から始まる人類の*罪の歴史の後，*アブラハムという人物が神から召され，彼から*イスラエルの民が生まれ，*モーセや*預言者たちによって育てられる．やがてそのなかから*イエス・キリストが登場し，その生涯，特に宣教活動，死と*復活によって人類の*救いを成し遂げ，さらに彼が創設した教会が発展し始める．この一連の歴史は*啓示であり，神の独り子であるキリストにおいてその頂点に達する（エフェ 2: 7; 3: 11）．事実，神はかつて預言者たちを通して語ったが，この終わりの時代には，御子によって我々に語ったのである（ヘブ 1: 1-2）．そのため，キリストの救いの言葉と働き，否，彼自身が「*福音」すなわち良い便りなのである（ロマ 1: 1-4; コロ 1: 26-28）．

啓示は神が計画し導く歴史的出来事とその意味を説明する言葉からなっている．この啓示を伝達するために書き留めたものが聖書であり（申 29: 28; 使 1: 1-2; ヨハ 20: 31），キリスト以前の啓示を収めたのが旧約聖書，キリストによる啓示を収めたのが新約聖書である．「旧約」は，新しい*契約に対する「古い契約」（2 コリ 3: 14），すなわちモーセを通して神とイスラエルの民の間で結ばれたシナイ契約（出 24 章）を指す．*新しい契約（エレ 31: 31-34）は，キリストの血によって結ばれる神と人類の永遠の契約（ルカ 22: 20; 1 コリ 11: 25 参照）のことである．「第二の契約」である新約は，「最初の契約」より完全なものである（ヘブ 8: 7; 9: 12; 10: 12-14）．なぜなら，キリストは，人々を自分のもとへ導く養育係であった*律法（ガラ 3: 24）を，死に至るまでの神と人への愛によって完成したからである（マタ 5: 17; ルカ 24: 25-27, 44; ヨハ 5: 39; マタ 22: 35-40; ロマ 13: 8-10; ガラ 5: 14; コロ 3: 14 参照）．このように神は，キリストを中心として新約は旧約に隠れ，旧約は新約のなかで明らかにされるように計らったのである（『啓示憲章』16 項）．

【聖書と伝承】神の啓示の頂点であり*充満である主キリストは，旧約の民に約束され預言者たちによって告げられた福音（1 ペト 1: 25）を実現し，それを救いのために必要なすべての真理と道徳規準の源泉として諸国民に宣べ伝えるよう命じた．この福音の伝達は，口伝および書き物という二重の方法で行われてきている．まず*使徒たちは，キリストとともに生活し彼の言行をみながら直接教わったことや*聖霊の勧めによって確保したことを，説教や典礼祭儀や制度によって伝えた．これが聖なる*伝承，すなわち信じ祈る教会の教えと礼拝と生活全体である．また使徒たちと周囲の人々は，同じ聖霊の息吹を受けて救いの使信を書き留めて後世に残した．これが聖書である（『啓示憲章』7 項）．伝承は，聖書という確固とした不変の*信仰の遺産によって生かされ，聖書は伝承のなかで伝承に照らして理解され生きられる．聖書と伝承は，教会に託された神の言葉の単一の聖なる委託物をなしており（同 10 項），共に教会の信仰の最高の基準である（同 21 項）．したがって，同じ聖霊の導きのもとにある聖書も伝承も同じ愛と尊敬をもってうやうやしく受け入れられなければならない（同 9 項．→聖書と伝承）．

【正典】聖書は，神がその霊の息吹を与えた聖書記者に書かせているかぎり神の言葉であり（2 テモ 3: 16），教会によって信仰と礼拝と道徳生活の土台かつ基準として認め受け入れられたものとして正典である．新約聖書に関してはどの教会も同じ書を正典として認めているが，旧約聖書に関してはプロテスタントは一般に*ユダヤ教と同じくヘブライ語聖書だけを正典として認め，カトリックはそれ以外に七十人訳聖書の部分すなわち旧約聖書続編（トビト記，ユディト記，マカバイ記 1, 2, 知恵の書，シラ書，バルク書，エレミヤの手紙，ダニエル書補遺）も第二正典として認める（*トリエント公会議．→聖書の正典）．

【聖書と生活】永遠に生きている神は聖書を通して今も語る．「わたしは世の終わりまで，いつもあなたがたと共にいる」（マタ 28: 20）と約束したキリストは，「自身のことばのうちに現存している．聖書が教会で読まれるとき，キリスト自身が語るのである」（『典礼憲章』7 項）．したがって，聖書は信仰をもって受け入れるべき神の言葉である（1 テサ 2: 13）．神の言葉は人を新たに生まれさせるだけでなく（ヤコ 1: 18; 1 ペト 1: 23），*聖体とともに*永遠の命に至るために必要不可欠な糧である（ヨハ 6: 63, 68; エフェ 1: 13）．糧とするためにはその意味を正しく理解する必要があり，そのためには研究し学ぶ必要がある．しかし，聖書を権威をもって解釈する役目は，キリストの名によって教える*教導職に属す（マタ 16: 19; 2 テモ 2: 15; 2 ペト 1: 20-21）．ただし，教導職は神の言葉の上にあるのではなく，それに従属し聖霊の導きのままに（1 コリ 2: 10-13）奉仕する立場にある（『啓示憲章』10 項）．また，祈りとともに聖書を読み黙想することも大切である．人は祈るとき神に語りかけ，神の言葉を読むとき神の話を聞くからである（同 25 項）．そして神の言葉は受け入れる人の心に宿り（コロ 3: 16），働いて実を結ばせる（マコ 4: 20; イザ 55: 11; ヘブ 4: 12 参照）．

【文献】TRE 6: 1-109; P. グルロ『聖書入門』Z. イェール，河井田研朗訳（中央出版社 1982）: P. GRELOT, *Introduzione alla Bibbia* (Milano ⁴1976); N. LOHFINK, *The Christian Meaning of the Old Testament* (London 1968); W. HARRINGTON, *Nouvelle introduction à la Bible* (Paris 1971); J. T. LIENHARD, *The Bible, the Church, and Authority* (Collegeville, Minn. 1995);

せいしょう

P. GIBERT, *Comment la Bible fut écrite. Introduction à l'Ancien et au Nouveau Testament* (Paris 1995).

(高見三明)

せいしょう　聖省　→　教皇庁

せいじょうきょうだいだん　清浄兄弟団　→　イフワーン・アッ・サファー

せいしょうねん　青少年〔英〕youth,〔独〕Jugend,〔仏〕jeunesse

【定義】「私たちは，いわば2回この世に生まれる．1回目は存在するために，2回目は生きるために，はじめは人間に生まれ，次には男性か女性に生まれる．……この危機の時代はかなり短いとはいえ，長く将来に影響を及ぼす．子どもは指導者を認めず指導されることを欲しなくなる．……これが私のいう第二の誕生である．ふつうの教育が終わりとなるこの時期こそ，まさしく私たちの教育を始めなければならない時期だ」(ルソー『エミール』).

青少年という用語は多義的であるが上記の*ルソーの言葉は，親の保護下に置かれた児童期と自立した人間として社会的責任を負う成人期の間に広がる「青少年期」の特質を過不足なく言い表している．もはや「子ども」ではなく，しかしまだ「大人」ではないという葛藤をはらんだ条件下に置かれた過渡期にある若者たち—これが「青少年」が意味する中心的内容であり，心理面，社会面での保護と自立の複合がそこでの特徴となっている．

青少年は第一義的には心理的，生理的に把握される概念であり，*発達心理学では多くの学者が第2次性徴の発現直前の時期を前青年期（〔英〕preadolescence），いわゆる思春期を青年初期（early adolescence）とし，その後の発達の特質に従って青年中期（mid adolescence），青年後期（late adolescence）と4段階に区別している．青少年という場合の「少年」（児童期後期）はおおむねここでの前青年期に相当する．

ところで「青少年教育」という用語法の場合のように，「青少年」は教育過程にある児童期・青年期の全体を含む広義の概念として用いられることがある．しかし本項では，青少年を上記のような保護と自立の複合が顕在化する前青年期から青年後期にかけての固有の人間類型として，つまり講学上の「青年期」を念頭に置いた狭義の意味で用いることにしたい．

【生理学的・心理学的接近】〔思春期の変化〕生理学的にみれば，青少年期とはまず何よりも思春期（puberty）の発育によって性的成熟が起こり，身体的成長と生理的変化が急激に進行する少年期から青年前期（11-12歳から14-15歳）とともに始まる．この時期，人間は「男性か女性に生まれる」のであり，生理的な変化のみならず，いわゆる心理的な再構成（reconstruction of personality）が行われ始める．*自我の発見と，自我によっては制御しきれない性欲の出現，それに伴う不安や異性への好奇心，自意識過剰な対人行動や劣等感などはこの再構成作用に伴う不安定さの現れであり，いわゆる思春期非行現象の突発的な発現がこの時期に集中して観察されるのは不思議ではない．もっともこうした発達は，個々人の素質的・遺伝的要因とともに，社会的・文化的諸条件によってさまざまに異なっており，とりわけ現代産業社会の複雑化は，一般に発達加速現象あるいは成熟前傾現象を推し進める方向にある．

*ピアジェによれば，人は11-12歳頃の少年期（児童後期）に「形式的操作」と彼が名づける思考様式習得の段階に入る．児童期における日常の経験に依拠した「具体的操作」からこの「形式的操作」への飛躍によって少年は抽象的・論理的・反省的思考ができるようになる．この移行は知能の単なる量的増大ではなく質的転換である．この質的に転換し拡大した思考力をもって，青少年は「すでに子どもではなく，まだ大人でもない自分は何者なのか」と問い始める．「自我」と「社会」をめぐる危機をはらんだ地平が彼らの眼前に現れてくる．

こうした青少年期の生理的・心理的危機の20世紀における先駆的研究として名高いのが，アメリカの発達心理学者ホール（Granville Stanley Hall, 1844-1924）の『青年期』（Adolescence, 1904）である．ホールは子ども期を，幼児期，児童期，少年期，青年期という4段階に分け，青年期を，それまでの両親を中心とする自然との調和が破れてより完全な人間が生まれる「新しい誕生」の時期であるとした．ホールは西欧史上の*ルネサンス開花期と青年期の心理的特質の間に社会進化論的な対応関係（個体発生は系統発生を繰り返す）をみいだし，青年期を「疾風怒濤」（storm and stress）の時代と呼んだ．ホールはいう．「それは多感で熱狂的な年代であり，世界が奇妙で新しくみえる年代である．おとなの生活と職業に対する関心が増大し，新しい世界に目覚めるが，その世界についてはまだ了解してはいない．……性格と人格は形式途上にあるが，すべてがまだ可塑的である」．

ホールのこの研究は，いわゆる世紀転換期（1890-1920）のアメリカにおける児童研究と児童保護運動の高まりを背景に登場したものであるが，その後に展開した20世紀の青少年心理学の古典としての意義を今日なお失っていない．

〔アイデンティティの確立〕思春期に始まる青年期は，上記の4期間を通じて心理的成熟が達成され，青年を社会が一定の役割と責任をもつ者として受け入れる時期をもって終了すると，少なくとも典型的には考えられてきた．しかしながらここでの心理的成熟の可否は，個人の自己選択を基準に組み立てられている近・現代社会においては，とりわけ当該の青年がいかなる価値意識のもとにいかなる社会的役割を引き受けるかという局面で，しばしば大きな危機に遭遇する．この危機は，個々人がたどってきた生育史・発達史上の条件と不可分に絡まり合う．心理的なものと社会的なもの，そして時間的・歴史的なものが交錯し合うここでの青年期危機の問題を，*フロイトの*精神分析を基礎にして追求したのが20世紀後半の*エリクソンによるアイデンティティ論であった．エリクソンは1950年に公刊された『幼児期と社会』において「人間生涯の八つの段階」を論じ，そのなかの第5段階の青年期における「心理・社会的危機」（psychosocial crisis）として*アイデンティティの問題を論じた．エリクソンによれば，青年期はアイデンティティという肯定的要素とアイデンティティの拡散という否定的要素がつねにせめぎ合っている時期であり，青年はここでこのせめぎ合いを乗り越えねばならないという課題に直面する．

エリクソンは，アイデンティティの達成に向かうこの試行錯誤の青年期をモラトリアム（支払猶予期間）と呼んだ．アイデンティティの確立という青年の課題を了解する社会の側は，青年に完全な大人としての責任と義務を課さず，ある種の「保護」をなお与え続ける．この「保護」の枠組みのなかでの主体的な試行錯誤を経て，「こ

れが自分だ」という価値感覚が特定の社会的枠組みと体系のなかで獲得され承認されたとき，青年は初めてアイデンティティを確立する．この価値感覚は自らの手で選択されたものであって，児童期のように「与えられた」ものではない．保護と自立の複合はかかる意味で青年期の「特権」である．エリクソンはこの時期の発達課題を「忠誠」（ないし「献身」）と名づけたが，この感覚は彼の精神分析的洞察によれば，乳幼児期に母親との関係のなかで獲得された「基本的信頼」(basic trust) を基礎にして初めて獲得可能となるものであった．

【社会学的接近】〔近代社会と青少年〕社会学者アイゼンシュタット (Shmuel Noah Eisenstadt, 1923-) は「青年はいつの時代にもどこにもみられる普遍的現象であり，その意味で青年はまず何よりも生物学的現象である．だがこれは同時に文化的条件に規定されている現象でもあって，青年はより広い文化的条件のうちの一部を構成している」と述べている．このような社会学的視野からみた場合，「青少年期」は，すぐれて産業化へ向かって歩み始めた近代社会に固有の産物である．

農業・手工業を中心とする共同体的伝統社会においては，少年期の終了は同時に成人社会におけるさまざまな職業秩序への若者の組み入れと直接結びついていた．この場合に，制度的媒介物となっていたのは，主として農業・手工業をはじめとする各領域での伝統的 *ギルドや職能団体である．例えばイングランドのカトリックの雄 *トマス・モアが父の手で *ロンドンの司教の家の徒弟奉公に送り出されたのは 12 歳の少年のときであった．つまり少年期の終了は直ちに若い大人 (young adult) の誕生を意味したのであり，生産労働に従事しない上層階級の一部を除けばモラトリアムを与えられた青少年期というものは，近代以前には制度的に存在しなかったのである．児童後期の少年すらも，ここでは小さい大人 (miniature adult) とみなされた．こうした事情そのものは，洋の東西を問わず変わるところはなかったといってよい．

18 世紀中期に，産業社会と近代国家への動きが西欧で顕在化してくるとともに事態は変化し始める．「青年は蒸気機関車と同じ時期に発見された．後者は 1765 年にワットによって設計され，前者は 1762 年にルソーによって創出された」という青年社会学者マスグローブ (Frank Musgrove, 1922-) の言葉は，18 世紀の産業社会への胎動が来るべき社会構造に見合った教育の延長，なかんずく大人と子どもの間にある青少年期の「発見」と連動していたことを如実に示すものである．冒頭に掲げたルソーの『エミール』の一節はこうした背景のもとに生まれたものである．

〔青少年期の確立〕近代産業社会の本格化が進んだ 19 世紀は，「発見」された青少年期が社会の具体的な枠組みのなかに制度化されていく世紀であった．例えばイギリスの場合，労働の分野での児童労働の制限 (1833) と，犯罪領域での成人犯罪と青少年犯罪の区別 (1854)，公費による学校秩序と初等教育法の形成 (1870) などにみられる一連の未成年者保護制度の創出が他国に先駆けて進展する．19 世紀後期から 20 世紀初頭にかけてこの動きはさらに加速され，欧米各国では公的な初等義務教育は中高等教育制度の形成へと展開して，青少年期は急速に延長され始めた．産業社会は好むと好まざるとにかかわらず，こうした青少年期の「発見」と学校教育の制度化のもとで生み出される識字率の高い良質な労働力を必要としたのである．

ところで，19 世紀初頭には広大な農業社会であったアメリカで上記の動きが爆発的に展開したのは南北戦争後の産業革命期においてであった．ヨーロッパではみられなかった急激な社会構造の転換が起こる．革新主義 (progressivism) と呼ばれたこの動きのなかで，児童・青少年問題への情熱と改革への意欲はアメリカ社会全体を揺り動かし，20 世紀にはイギリスに代わって全西欧世界のモデルを先取りするかのように展開した．先にみたホールの『青少年』は，こうしたアメリカ社会の「革新」のエネルギーを背景として登場した研究であった．

19 世紀末に欧米社会を範とする急速な近代化を開始した日本が，20 世紀初頭（明治 30 年代半ば）には高就学率の初等義務教育学校から大学までの社会的階梯を早くも制度化することに成功したとき，「引き伸ばされた青年期」はすでに西欧と並んで日本社会のものであった．牧師 *小崎弘道が young men の訳語として「青年」を造語したのもほぼこの頃であった．

〔青年のモラトリアム〕20 世紀中期は，産業化・工業化の著しい高度化が世紀転換期に準備された学校教育，特に中等・高等教育制度がいよいよその裾野を広げ，より数多くの青少年を制度内へ取り込んできた時代である．学業にとどまり，社会の提供する保護と選別の枠組みのなかで大人になる準備をする (off-the-job) モラトリアム期の青年層の増大は，今日ほとんど極限にまで達している．

このようにして，家族と社会的労働の双方から相対的に切り離された過渡期としての青少年期の「発見－制度化－延長」を推し進めてきた近代産業社会は，同時にそこに生きる青少年が，生まれや身分によってではなく個人としての判断で自己の人生を選択することを，制度的に公認するとともにこれを強いる社会でもあった．個人の自己決定を最大の価値とするアメリカ社会で，エリクソンのアイデンティティ論が「引き伸ばされた青年期」にとっての最も切実かつ深刻な主題として若者の関心を集めたのは決して理由のないことではない．ここには現代の青少年が直面する固有の困難が，いわば凝縮された形で現れているからである．

第一に，産業社会における科学技術の進展は社会の技術化，特に職業生活の規格化と細分化を容赦なく推し進めた．選択を強いられているにもかかわらず，選択に対する裁量余地は客観的にはごく小さなものにならざるをえない．第二にそこでの技術的合理性の精神は，「価値」の問題を不断に中立化させた．伝統的価値意識の相対化，世俗化がこうして限界点にまで進行した結果，選択の「尺度」自体が不透明になったのである．1960 年代のアメリカに始まって日本を含む先進工業諸国を席巻したいわゆる「青年の反抗」は，現代社会の抱えるこうしたジレンマに対する異議申し立てであった．ここで論じられたアイデンティティ論は，エリクソンの発達学的概念を超えて，自己の存在証明と生きる意味の探求という形而上学的色彩を帯びた．また近年，各国に燎原の火のように広がっている *新宗教運動の多くが，20 代後期の「引き伸ばされた青年期」の若者たちによって担われているのも，技術的合理性の生み出す「価値の真空」と格闘する青年たちの一種社会生理学的な反応にほかならない．

【法学的接近】〔少年法の誕生〕近代社会が児童期と成人期の間に，人為的ギャップともいうべき長期化された青少年期を作り出したことは，非行問題を中心とするいわゆる「青少年問題」を生み出すこととなった（→青少年

の非行）．この問題に対して，法はどのような対応を示したであろうか．

青少年犯罪を成人犯罪から区別し，一定の保護的取り扱いをする法制は先にみたように19世紀中期に始まった．このシステムが「少年法」（Juvenile Law）という形式で世界に先駆けて制度化をみたのは，世紀転換期のアメリカであった．それまで14歳以上（犯罪の故意が認められる場合には8歳以上）の青少年は一人前の成人としての刑事責任を問われていたが，世紀末の産業化に伴う都市化・スラム化（→都市と都市化）のもとでの伝統的秩序と家族の分解のなかで，彼らを juvenile（青少年）として特別に取り扱う保護主義的少年司法が初めて誕生したのは1899年のイリノイ少年裁判所法においてである．

この新しい法システムは，18歳までの青少年層を，大人（adult）としてではなく子ども（child）として，すなわち刑事責任の主体としてではなく保護の客体として位置づけた．「子どもは罪人にあらず，子どもは罪人たるにあたわず」がその標語であった．換言すればアメリカの少年法は，犯罪分野における青少年のモラトリアムの制度化を，「青少年＝子ども」という図式によって達成しようとしたのであり，自立・責任と保護のバランスはここで大きく「保護－依存」の側に傾斜したものとなった．

このシステムに陰りがみえ始めたのは，1960年代の中期を過ぎる頃からである．「愛の名で刑罰を売るな」「少年もまた大人と同じ自立の権利の主体である」「保護は偽善だ」という反保護主義（anti-paternalism）のイデオロギーが一方で広がるとともに，社会の底辺では，伝統的な家族・親子を支えてきた有機的な人間関係の構造と宗教的価値意識が急速に崩壊し始め，少年の凶悪犯罪率が上昇した．

こうした経緯のなかで1980年代のアメリカ少年法は，世紀前半の保護主義への反動として，再び「少年も大人と同じ刑事責任の主体なのだ」という古典的立場に回帰し，少年に対して積極的に刑罰を科す少年刑事司法へと大きく変貌した．保護と自立（責任）が適度に均衡する青少年期のモラトリアムの制度化という20世紀産業社会の課題は，少なくとも犯罪分野に関するかぎり，パイオニアであった当のアメリカ社会で大きな蹉跌を経験しつつあるのが現状である．

〔日本の少年法〕アメリカの少年法における変動は，戦後のGHQ改革によってイリノイ少年裁判所法型の保護主義の影響を強く受けた我が国の少年法（昭和23年制定）のもとではどのような現れ方をしているのであろうか．

アメリカに倣って，我が国の少年法においても，少年は原則的には保護の客体であり，自立した責任の主体という少年観はごく例外的に登場するのみである．少年年齢は20歳未満とされており，家庭裁判所の保護管轄下に置かれるのは，14歳以上の犯罪少年，14歳未満の触法少年，そして不良行為があって将来罪を犯すおそれのある虞犯少年の3種類である（少年法3条）．

我が国の少年法は母法である1960年代以前のアメリカ少年法が掲げた「刑罰にあらずして保護，教育を」という理念を，なお忠実な形で保持しているといってよい．しかしながら，少年法のこうした現状にある種の変化を今日もたらしつつあるのが，1995年（平成7）を境に顕在化し始めた少年犯罪の増大，とりわけ神戸連続児童殺傷事件にみられるような凶悪事件の頻発である．少年法をめぐる世論が日本社会に沸騰した結果，政府と国会は，(1) 家庭裁判所の審判手続きへの検察官の関与，(2) 少年法20条による送致年齢の14歳への引き下げの2点を中心にした法改正を検討した（改正少年法施行2001）．この改正方向はいずれも，少年に対するある種の責任主義的姿勢の強化を示すものである．ただしこれらの動きが，アメリカ法におけるような刑罰主義への転換を意味すると考えるのは即断である．むしろこれは，現行法のもとでの保護と責任のバランスをこの機会に調整し直し，現行制度のもとでもたらされた非行少年に対する過剰なモラトリアムの許容に若干の軌道修正を図るものと解すべきであろう．

【青少年と教会】近代産業社会が，「発見」された青少年期を独自のものとして制度化してきたのは，先にもみたように何よりも科学技術の発展と社会関係の合理化がこれを要求したからであった．この制度化の主体となったのはいうまでもなく国家であり，とりわけ19世紀後期以降は青少年に対する家族・教会の監督権がしだいに国家の手に移行した結果，青少年教育の合理化（制度化）と*世俗化（非宗教化）が急速に進行した．しかも現代世界は，近代国家をその根底で支えてきた家族の有機的関係性と超越的価値意識そのものが徐々に崩壊するという大きな危機に直面している．この現実に対して20世紀のカトリック教会がとった姿勢は，当然のことながら一面で警告的であるとともに，他面で防衛的な性格を帯びていた．例えば20世紀カトリック教育の大憲章と呼ばれた1929年の *ピウス11世の回勅 *『ディヴィニ・イリウス』は，国家の全体主義化に抗して家族と社会の本源的な教育権を断固守ろうという情熱で貫かれている．また1965年の第2*ヴァティカン公会議の『キリスト教教育宣言』は，青少年を「教会の希望」として 20世紀後期の教会の司牧理念の中核に据えた．

翻ってみればエリクソンのアイデンティティ論が青年期の課題をいみじくも「忠誠」と「献身」として描き出したように，青年の問題は本質的に *超越と *神の問題に関わっている．「善い先生，永遠の命を受け継ぐには，何をすればよいでしょうか」（マコ 10:17）という富める青年の問いかけは，「青春の日々にこそ，お前の創造主に心を留めよ」（コヘ 12:1）の箴言とともに，世俗化の極限にある今日においても，時代を超えて生き続けている青年の条件である．

かかる意味で，「[富める青年]の本質，若さの内に隠されている内面的な宝こそ彼をイエスのもとへと導いたのです．それはまた，明らかに人生全体の計画に関する問いを尋ねさせていたのです．……親愛なる友よ，あなたがた一人ひとりの若さは，これらの問いにまさしく明らかにされている宝なのです．人はその生涯を通じてこれらの問いを尋ね続けるのです」という，教皇 *ヨアンネス・パウルス2世の呼びかけ（『世界の若者たちへ』1985）の一節には，困難な状況に置かれた現代の青年に対する母なる教会の変わらぬ「希望」がよく表されている．

【文献】カ大 3: 135-43; J. ルソー『エミール』全3巻，今野一雄訳（岩波書店 1962）; E. エリクソン『主体性』岩瀬庸理訳（北望社 1969）; 同『自我の冒険』栗原彬監訳（金沢文庫 1973）; 同『青年ルター』大沼隆訳（教文館 1974）; 同『幼児期と社会』全2巻，仁科弥生訳（みすず書房 1977-80）; ヨハネ・パウロ2世使徒的書簡『世界の若者たちへ』（カトリック中央協議会 1985）: JOANNES PAULUS II, "Ad iuvenes internationali vertente anno iuventuti dicato," AAS 77 (1985) 579-627; 西平直喜他

編『青年心理学ハンドブック』(福村出版 1988); 森田明『未成年者保護法と現代社会』(有斐閣 1999); G. S. HALL, *Adolescence* (New York 1904); D. P. AUSUBEL, *Theory and Problem of Adolescent Development* (New York 1954); F. MUSGROVE, *Youth and the Social Order* (London 1969); B. DUBOIS, *Les journées mondiales de la jeunesse 1987-1997* (Paris 1996). （森田明）

せいしょうねんうんどう　青少年運動　〔英〕youth movement,〔独〕Jugendbewegung,〔仏〕movement de la jeunesse

【概念】青少年運動には思想・宗教・政治などのさまざまな集団が含められ，各団体の創立者もそれぞれ自由に方針を決めて活動していた．こうして特に組織化されていないため，統一的な概念でまとめることは困難である．しかしそうした運動に加わった若者たちに共通する動機や心情，さらに運動の基本的な方針は以下のように要約することができよう.

(1) 青少年期は単に成人，あるいは社会人となるための「通過点」ではなく，それ自体に独特な意義と独立した価値を有しているもの，との自己理解．

(2) その価値は年長者には充分に認識されないため，自らが主体的な活動を行って成人の社会に対処し，自らで守っていかなければならない，という自由と自立の意識．

(3) 物質化され，機械化された現代の文明を批判し，それと対立した「青少年文化」をもって対決しなければならない，つまり機械化した成人の世界の「文明」に対し，「自然に戻る」ことに憧れをもつという反文明意識と自然尊重の態度．

(4) この青少年文化のなかで民族の歴史的伝統として伝えられてきたフォークダンス，民謡などを復活させようとする伝統の再発見的意識．

(5) 現在行われている *家庭教育や *学校教育は産業社会のなかで役立つ有能な人材を養うことであり，真の人間形成をなおざりにしているとの教育批判．

【歴史】広義では，例えばイギリスに始まって世界各国に広がった *ボーイ・スカウトなども青少年運動の一種としてみることができる．しかし本来の意味での青少年運動は，ドイツのベルリン・ステグリッツ (Berlin-Steglitz) で 1894 年にフィッシャー (Karl Fischer, 1881-1941) というギムナジウムの上級生が，ワンデルン (〔独〕wandern, 大自然を歩き回る) 運動を行ったことが最初とされる．1901 年には，そのなかの青少年だけからなる自治運動「ワンダーフォーゲル」(Wandervogel) が結成されたが，この組織はまもなく各派に分かれた．その生活を特徴づけるのはテント，キャンピング，ファイアストーム，半ズボン，開襟シャツで，当時の社会人とは異なった服装をしていた．こうしたライフ・スタイルを示すことで，硬直化した成人と社会に対し異議を申し立て，反発した．

彼らは人間社会の家柄とか階級といった壁を突き破り，すべての差別を越える友情による人間同士の連帯，絆を大切にした．彼らは各派に分かれてはいたが，1913 年にカッセル (Kassel) 近くのホーエン・マイスナー (Hohen Meißner) で 1 度だけ共通な信条宣言を行い，「自由であるべきドイツ青少年は，自らの決定により，自らの責任において，内的な真実をもって，自らの人格を形成する」と言明した．この年は，1813 年に *ナポレオン・ボナパルトが *ライプツィヒを攻め，これを迎え撃ってナポレオンを敗退させた 100 周年にあたり，この宣言はそれを祝した記念行事の一環として行われたものである．しかし，彼らの多くは直後の第 1 次世界大戦で，祖国のために戦死した．

【影響】第 1 次世界大戦後いろいろと組織化された同盟 (Bund) が結成され，教会関係や政党関係の青少年団体が誕生した．カトリック系の団体のうち，特にノイ・ドイチュラント (Neudeutschland) は，第 2 次世界大戦で廃墟となった戦後ドイツの再建に多くの業績を残した政治家，学者，実業家を数多く輩出した．

本来は「非政治的」であった青少年運動のなかで，ナチス党が結成したのが「ヒトラーユーゲント」(Hitlerjugend) である (→ ナチズム). これは 1933 年以降は「国家青少年」(Staatsjugend) とされ，他のグループはこの団体と合併するか，弾圧されるかの二者択一を迫られた結果，真の意味の青少年運動は終焉した．

青少年運動は当時の社会のライフ・スタイルを改革したが，そればかりでなく，この運動に参加し，後に教師あるいは教育学者となった者たちは学校教育の在り方について問いかけと批判を加え，多大な影響を及ぼした．

【文献】W. ラカー『ドイツ青年運動』西村稔訳 (人文書院 1985): W. LAQUEUR, *Young Germany: A History of the German Youth Movement* (New York 1962); 上山安敏『世紀末ドイツの若者』(三省堂 1986); K. ルーメル「ドイツ青年運動と戦争」『第二次世界大戦と現代』加藤周一他編 (東京大学出版会 1986) 106-28; E. KORN, ed., *Die Jugendbewegung* (Düsseldorf 1963); W. KINDT, *Dokumentation zur Jugendbewegung* (Köln 1963-74); W. HELWIG, *Die Blaue Blume des Wandervogels* (Heidenheim 1980); H. GIESECKE, *Vom Wandervogel bis zur Hitlerjugend* (München 1981). （K. ルーメル）

せいしょうねんのキリストきょうてききょういく『青少年のキリスト教的教育』　→『ディヴィニ・イリウス』

せいしょうねんのひこう　青少年の非行

【非行少年の定義】1948 年 (昭和 23) 7 月に交付された現行少年法によると，一般に非行少年とみなされる少年の定義として以下のように明確に区分されている．(1) 犯罪少年．14 歳 (刑事責任年齢) 以上 20 歳未満の罪を犯した少年．(2) 触法少年．14 歳未満で，刑罰法令に触れる行為をしたが，刑事責任年齢に達しないため刑法上責任を問われない少年．(3) 虞犯 (ぐはん) 少年．保護者の正当な監督に服しない性癖，正当な理由がなく家庭に寄りつかないこと，不良な者との交際，自己または他人の徳性を害する行為をする性癖のあること，などの事由があって，性格・環境に照らして，将来，犯罪や刑罰法令に触れる行為をするおそれのある少年．

これらの少年の事件に関しては以下のような手続きが行われる．犯罪少年についてはすべて家庭裁判所が処理する．一方 14 歳未満の少年の行為は刑法上の犯罪とみなされないため，触法少年は家庭裁判所ではなく児童相談所に送られる．しかし児童相談所の判断により家庭裁判所に委ねられる場合もある．14 歳未満の虞犯少年は触法少年と同様，児童相談所に送られるが，14 歳以上 18 歳未満の虞犯少年の多くは家庭裁判所に送致されている．

少年が引き起こす犯罪を種類別にみてみると，窃盗 (万引き，ひったくり等も含む)，恐喝，傷害，暴行，薬

せいしょうねんのひこう

物乱用, 性犯罪, 交通事故などがあげられる. また犯罪につながるものとして夜遊び, 家出, 不良交友, 不純異性交遊, 怠学などが主な虞犯としてあげられよう.

【戦後の少年非行の推移】『犯罪白書』によると戦後の日本において青少年による犯罪の推移には三つの大きな波があるとされている. 第一の波は1951年(昭和26)をピークとするもので, 戦後の社会秩序や価値観の変化や混乱, また経済的貧困が犯罪の原因と考えられる. この時期の少年非行はやはり貧困からの窃盗が圧倒的に多く全体の70%以上を占めている.

第二の波は1964年(昭和39)をピークとするものである. この時期, 日本は高度経済成長期に入り, 急速に社会が豊かになっていく一方で, 人口の都市集中化, 交通事故の増加, 公害といった社会的歪みも生じてきた. こうしたなか, 少年犯罪は, 窃盗の占める割合が低下する一方で, 粗暴な*非行が増加の傾向をたどる. またオートバイなどの集団暴走が発生したのもこの時期からである.

第三の波は1983年(昭和58)をピークに起こっている. 経済的に豊かになった社会のなかで価値観が多様化していくと同時に, 地域社会, 家庭のもつ教育的機能の低下が指摘されるようになってきた. 特徴として非行の低年齢化・一般化が進み, 遊び型非行, 女子少年の非行, また放置自動車などの横領がこの時期から急激に増加し始めている. シンナーなどの劇物, 覚醒剤乱用がピークを迎えるのもこの時期である.

【最近の少年非行の動向と特徴】1983年(昭和58)以降少年非行は概して減少傾向にあるが, 最近の非行の特徴は非行の一般化であろう. 貧しさからではなく, 遊び感覚や気晴らしのためにコンビニエンス・ストアなどで万引きをするというケースが増えている. 一方学校では, ごく普通の生徒とみられていた少年が突然傷害・暴行に走る(「キレル」)現象が起こっている. また社会の国際化により外国から流入した薬物が少年の生活周辺に広がり, 薬物乱用が最近再び増加の兆しをみせている.

女子少年の非行に目を向けてみよう. 女子少年による非行は戦後一貫して増加傾向にあった. 非行事例を種類別にみてみるとやはり窃盗・横領が最も多い. また最近では「援助交際」などが社会問題として取り上げられている. 簡単にお金が手に入る, 人に迷惑をかけているわけではない, という安易な割り切り方から援助交際は広く女子中・高生の間に広まりつつある. 援助交際の個々のケースがすべて「性の逸脱行為」とみなすことはできないかもしれないが, この現象自体に現在の日本社会の価値観の貧困が集約された形で現れているといえよう.

普段学校で全く目立たない少年が突如傷害・暴行といった行為に走るというケースもあるが, 一般的に非行少年には共通の特徴がある. 彼らは多くの場合, 学校, 家庭に自分の居場所がないと感じ, それに対し反発する. 一方同じ寂しさ, 疎外感を感じる仲間を求めて集団を作る. しかしこの集団自体が彼らがもつ衝動性, 自己中心的性格, 主体性の乏しさ, 自己顕示, 現実逃避などを助長する環境となっていることも否定できない. 集団であるため, 犯罪を犯しても罪の意識は薄く, 深く考えずに行動に出てしまう. また集団から疎外されるのではないかという恐れ, あるいは他の仲間から軽んじられないための背伸びから犯罪に走ることもある.

【少年非行と家庭・学校】〔非行と家庭〕ここで少年たちと彼らを取り巻く環境である家庭・学校との関係から少年非行についてみてみよう.

先にも触れたように家庭の教育的機能の低下が指摘されている. 多様化した価値観をもつ社会のなかで, 親自身がそれらの価値観を無批判に受け入れていることにその原因の一つがあるのではないだろうか. 例えばある家庭が「学歴」という価値のみに基づいて子どもを育てているとしよう. 親が善意であれ「よい学校に行ってほしい」と願うあまり過度の期待を子どもに向けるならば, 応えられない子どもにとってその期待は耐えられない重圧であろう. あるとき突如息切れして学業をすべて投げ出したり, 親に対して反発し非行に走るのは, 彼らがこれ以上親の「愛」に耐えられないというサインを発していると考えられないだろうか.

ある意味で子どもは「弱者」である. 父性・母性が欠如しているため子どもを虐待したり, あるいは子どもの成長に全く無関心である親, 互いにいがみ合い, いさかいの絶えない親のもとで育つ子どもたちは弱者として, 歪んだ家庭の影響を受ける. 多くの場合この歪みは家庭の外からははっきりとみえず, その結果「ごく普通」の家庭に育った子どもが突如問題を引き起こす, という形で表面化する. しかし実際にはその家庭のそれまでの歴史が大きく青少年の非行に影響を及ぼしているのである.

また河合隼雄は『日本人の心のゆくえ』のなかで, ごく普通とみえる家庭が実は問題行動を抱える青少年をもっているという最近の傾向の原因を「家族関係の表層化」という視点から捉えている. その家庭内の人間関係(夫婦関係, 親子関係)は決して稀薄ではなくそれなりに密度はある. しかしその関係には心の深いところでの「存在」をかけた対立, あるいは共感といったものが欠けていると彼は指摘する.「人間は金持ちになると, 便利でスムーズに事が運ぶようにとお金を使うので, 人間関係が表層化する. ……今はスーパーに行くと, その気になればほとんど人間関係なしに好きな物が買える. 対人関係のわずらわしさを避けるようにと工夫を重ね, 金を使ってきた. しかし, 人間がほんとうに生きるためには, そんな能率一辺倒でよいのだろうか. ……無駄なように見える家族間のゴタゴタや, ナンセンスのような喜びなどによって, われわれは生きることをしているのではなかろうか. 現在の日本の家族は真の家族として生きていない. 何となく『家族ごっこ』をやっている」. 青少年に必要なのは, 「優等生」である親ではなく, 間違いながらも子どもに自分をぶつけていく親, あるいは不幸にして非行が起こってしまった場合でもその現実から逃げずに彼らと向かい合っていける親ではないだろうか.

〔非行と学校〕青少年が一日の大半を過ごす学校という環境が, 彼らに大きな影響を与えていることは否定できないだろう. 日本社会は高度成長期を迎えるのと同時に, 学歴社会へ向かっていった. 昭和50年代の中学生による校内暴力は, 彼らが新たに経験するストレスや挫折感を表していたのではないだろうか. 学歴社会は子どもの間に学力による序列を作る. 序列はそれ自体悪いものではないだろう. しかし個性という認識が西欧ほど育っていない日本社会では, 学校や社会全体がこの序列によってのみ子どもを判断してしまい, その結果, 子どもは親や教師からつねによい成績を要求されるという心理的負担を受けていることを, 河合隼雄は指摘している. この序列は主として学校という環境のなかで作られる. 先にも触れたように多くの非行少年は学校に自分たちの居場所がないと感じているが, それは彼らが自分た

ちはこの序列のなかで振るい落とされてしまった価値のない人間だと思い込んでいるからではないだろうか．そしてこうした彼らの怒りは社会の仕組みや周囲の同級生や大人に向けられるのである．

　日本において学校という環境のなかで教師は，成績による序列とは異なった視点，つまり一人ひとりの生徒を特別な存在として認め，その個性を尊重していく視点をもたなければならない．一人ひとりの生徒を理解し受け入れていこうとすることは，何でも許すものわかりのよい大人を演じたり，逆に細かい規則で監視しようとすることとは違う．あるとき教師は子どもたちの絶望感，あるいは非行の激しさを目の当たりにして，自分の無力さを感じるかもしれない．しかし教師は悪いことは悪いとはっきり示す厳しさをもつ一方で，その価値観を彼らに理解できるように根気強く諭していくことも必要である．そしてこれこそが教師に求められる「愛」であろう．

【非行の予防】凶悪犯罪の低年齢化を食い止めるために少年法の改正(2001 年に改正少年法施行)，あるいは厳罰化が叫ばれているが，果たしてこれらのことによってどれだけ少年の犯罪を抑制することができるだろうか．社会のなかで弱者が社会の歪みを一番顕著に受けてしまうのであれば，少年たちこそが社会の矛盾を的確に表現している存在でもあろう．非行を彼らの心の叫びと捉えるならば，我々はまず彼らの声に耳を傾けるべきではないだろうか．少年たちが非行から立ち直るためには，彼らが価値があり，愛されている存在であるということに自ら気づくことが何よりも必要なことであろう．そして彼らは，それを教えてくれる大人，彼らを愛し共に歩んでくれる大人に支えられながら再生への道を歩み始めるのだ．ときとして大人の愛は独善的であり，子どもには決して愛とは受け取られない場合もある．それに対し真の愛とは，少年たちが自分は愛されており価値ある人間だと感じることができる仕方でなされる愛情であろう．18 世紀イタリアで貧しく見捨てられた青少年の教育のために生涯を捧げた *ジョヴァンニ・ボスコは「彼らを愛するだけでは足りない．彼らが愛されていると気づくように愛さねばならない」という言葉を教育のモットーにしたが，この言葉は今もなお我々に対して説得力をもっている．

【文献】法務省法務総合研究所編『日本国憲法施行 50 年の刑事政策』平成 9 年度版犯罪白書 (法務総合研究所 1997); 上田彩子，守安匡『非行―対処と予防のために』(サイエンス社 1996); 河合隼雄『こどもと悪』(岩波書店 1997); 同『日本人の心のゆくえ』(岩波書店 1998).

(鳥越政晴)

せいじょうは　清浄派　→　カタリ派

せいしょうんどう　聖書運動　〔英〕Bible Movement, 〔独〕Bibelbewegung, 〔仏〕mouvement biblique　当初は聖書の翻訳出版，注解書や小冊子，雑誌などの参考文献の刊行，種々のメディアまた講演会や展示会，要理教育や研究会などを通しての聖書普及を目的とした運動．特にカトリックでは，19 世紀以降に教皇 *レオ 13 世の回勅 *『プロヴィデンティッシムス・デウス』や *ピウス 12 世の回勅 *『ディヴィノ・アフランテ・スピリトゥ』の奨励もあってしだいに活発になる．一部の国では，カトリックの *聖書協会や聖書学会の設立，出版物刊行への努力，聖書研究促進の動きが起こった．第 2 *ヴァティカン公会議の後，各国の *司教協議会また各地域の司教協議会連盟の組織内に聖書関係の委員会が設置され，1969 年国際的組織・カトリック聖書連盟 (Catholic Bible Federation) も *ローマに設立されて，1973 年以降は聖書協会に加入する．この運動はカトリック教会内の協力のみならず，プロテスタントとの共同という様相を呈し，これまでの活動内容はもとより，相互の研究と交流による協力，宣教司牧活動上の共通の課題への取り組み，さらに聖書関係の地域への研修旅行などと多様になる．各国ないし各言語による共同訳聖書 (→ 聖書の翻訳: 共同訳) また注解書や聖書辞典の刊行は，この運動の広がりの一つの成果である．またアジアやアフリカ，ラテン・アメリカ各地の，聖書を共に読み実生活に生かしていこうとする活動も，これに加えることができよう．聖書はキリスト者の実存の中心に位置し，日々に聖書を読むことで各自の信仰は深まり，典礼も活力に満ち，それが宣教や種々の司牧活動にも益するからである (『啓示憲章』21-26 項参照).

【文献】LThK² 2: 344-46; LThK³ 2: 402-403.

(清水宏)

せいしょかいしゃくがく　聖書解釈学　〔英〕biblical hermeneutics, 〔独〕Bibelhermeneutik, 〔仏〕herméneutique biblique　聖書解釈学は，聖書の歴史的・文献批判的研究 (→ 聖書の文献批判，聖書の様式史的研究，聖書の編集史的研究，聖書の伝承史的研究) とは異なる．なぜならそれは歴史的・文献の研究成果の叙述や説明にとどまらず，神学的，哲学的な価値判断とそれらの判断に応ずる意思的決断や実存的投企をも含むからである．

　ここでは聖書解釈の諸類型とその相互的関係および各類型の歴史的成立史やその後の展開を示してゆく．

【予型論的解釈】聖書におけるある時代の歴史的出来事や人物および祭儀などを未来の神的救済を予示・予表する型(テュポス．→ 予型論)として理解する聖書解釈法を予型論的解釈という．この解釈はすでに旧約の *預言やユダヤ教 *黙示文学のなかに認められるが，本格的に問題となったのは初期キリスト教においてであった．すなわち，十字架と復活というキリストの出来事を終末的な古今に類例のない救いの *恩恵として信仰した新約の人々は，旧約をその新約的救いの預言・予型として理解した．その際，旧約の神はイエスの父となる神として，イエスは「*人の子」「*ダビデの子」「苦しむ義人」，新しい *メシアとして，また *弟子たちは「イスラエル十二部族」などとして解釈された．その予型論の典型的なものは，*アダムをキリストの予型とする予型論 (ロマ 5: 12-21 など)，旧約の *大祭司とその働き (レビ 16 章) を大祭司的キリストの予型とする祭司的予型論 (ヘブライ人への手紙)，さらに *モーセに指導されたイスラエルの民とその *出エジプトの脱出事件をキリストに率いられる *原始教団の予型とする出エジプト的予型論 (1 コリ 10: 1-22) などであり，その予型の中核は，ヨナやソロモンに勝るイエスなのである (マタ 12: 41-42). こうしたキリスト中心的・予型的解釈は，教父時代では *アンティオケイア学派によって推進され，中世以降は黙示文学的性格を帯びた．例えばフィオーレの *ヨアキムは，歴史を *三位一体と関連づけて区分し，旧約の律法の父の時代と新約的キリスト教会支配の子の時代の後に聖霊の時代を予告し，その予型として新約聖書の黙示録，聖霊，*山上の説教などが取り上げられた．*宗教改

革の時代には，終末論的 *アンティキリストがローマ教皇の予型として解釈された．現代ではイエスの復活は終末的な正義の王国の予型とも解釈されている(*モルトマンなど)．こうして予型論はときに忘却され(啓蒙主義時代)，批判されつつ(*ブルトマンの批判)，今日に至るまで現実の歴史解釈に聖書的視点をもたらしている．

【比喩的・寓喩的解釈】寓喩(*アレゴリー)的解釈とは，テクストの*字義通りの意味の背後に，隠れた精神的意味をみいだしつつ，ある一貫した精神的・霊的現実を構想し，そこに投企してゆく聖書解釈法である．新約では寓喩的解釈は少なく，あったとしても予型論を背景としている(1 コリ 5:6-8; 10章; ガラ 4:22-5:1)．しかし教父時代以降 *アレクサンドリア学派を中心に中世に至るまでの聖書解釈の主流を成した．それはキリストの出来事によって一応旧約的予型が成就し，今や栄光のキリスト・神の現存への参与や一致という神秘主義的・霊的現実が問題とされたからである．例えば旧約の雅歌における花婿はキリストとして，花嫁はキリスト教会と個々の霊魂として解釈され，両者の相聞歌にみられる交流の展開はキリストと一致してゆく霊魂の変容的プロセスとして示されて読者を神秘的生に誘うが，このような雅歌解釈の伝統は，*オリゲネスやニュッサの *グレゴリオスによって確立され，中世時代のクレルヴォーの *ベルナルドゥスなどを経て十字架のヨハネ(*フアン・デ・ラ・クルス)などに流れ入り今日に至っている．*ユダヤ教では，アレクサンドリアの *フィロンが比喩的解釈法の確立に寄与した．しかしこの解釈法は宗教改革者によって退けられ，*ルターはむしろ字義通りの解釈を尊重して信仰義認論(→義認)への道を開いたのである．さらにこの解釈法の歴史超越性は，終末論(→終末)を踏まえるキリスト教歴史意識には疎遠であり，今日ではあまり取り上げられないが，他方で実証的歴史学の理解の及ばない現実の霊的・宗教的深層を洞察する方法として依然有効である．

【キリスト論的解釈】以上の解釈法の根底には，キリストに収斂して一切を観想する視点がある(→キリスト論)．その視点を踏まえながら，古代・中世の聖書解釈法をまとめてみせている典型に *トマス・アクィナスがいる．彼によると，基礎的な歴史的または文字通りの([ラ]historicus vel litteralis)解釈とは，言葉が表す文字通りの意味を理解することで，これが霊的(spiritualis)解釈の基盤となる．他方，霊的解釈とは，言葉によって表される事物がさらに別の事物を表示するというふうにテクスト・言葉を理解することで，これは三つに区別される．その第一は，寓意的(allegoricus)解釈で，旧法の事柄が新法における事柄(キリストの恩恵)を表すというふうに意味をとる解釈であり，第二は，キリストの生涯と行為を我々の道徳的模範として理解する道徳的(moralis)な解釈であり，第三は，以上の事柄がキリストにおける永遠の栄光を表すというふうに理解されるとき，それは天上的な(anagogicus)解釈である(『神学大全』(I, q. 1)．こうしたキリスト論的解釈は近代以降の聖書解釈にあってもますます基礎として確立されるが，ここではある意味でトマスと対極にある K. *バルトのキリスト論的解釈を取り上げる．彼によると聖書のエクスゲーゼ([独] Exegese, 釈義．→解釈学)は，歴史的なものの裏に永遠のザッヘ(Sache 事柄)を読み出すことで，その事柄が「神と人間との間の無限の質的差別」を明示する *イエス・キリストである．だから神学はキリスト論的集中(Christlogische Konzentration)から出発しなければならない．それは *受肉というようなあらかじめ定義された神や人間の概念から出発するのではなく，独自の人格的世界を示しそこに一切が含まれるイエス・キリストの「名」から出発すべきだという．

現代的聖書解釈で一世を風靡したのはまずブルトマンを中心とする *聖書の実存論的解釈といえる．彼は新約聖書の神話の *非神話化を通して現代によみがえるその使信(*ケリュグマ)を生きようとしたが，それは直接聖書を信仰的に読み生きる実存的解釈でなく，聖書の実存的理解・使信を現代の人間理解のなかで再度解釈し直して実存していく実存論的解釈である．例えばヨハネ書 4章23-26節において，サマリアの女は一般的メシア理解にとどまっているのに対し，イエスは「今・ここに現存している自ら」を突きつけ理解を迫っている．その理解を現代の我々の状況でどう解釈し生きるかがテクストから問われる．それに応えることも含めて以上の全体のプロセスが実存論的解釈となる．

【聖書の構造主義的解釈】一般に *ソシュールの言語学に発する構造主義的方法は聖書の文献批判的・歴史研究的方法と対照的であるとされる(→聖書の構造主義的解釈)．そこでソシュール言語学の特徴の大略を次に示す．彼は個人の言語的行為から言語体系を閉じた共時的構造として区別し，体系内の記号は他の記号と対比的依存関係にあり，また一つの記号自体が内在的な「意味するもの」と「意味されるもの」との差異によって成立すると考える．したがって聖書のテクストも歴史的事実や個人的言語行為から独立した，それ自体の有機的構造をなすと考えられ，その構造把握が解釈の目的となる．例えば，創世記1章は，1日目から3日目まで，光，天，地，植物という動かない場の創造を述べ，続く4日目から6日目まで，各場に対応する仕方で，動くものである太陽や星々，魚，鳥，地上の動物，人間の創造を語るというふうな仕方で構造化されていると解釈され，神と天地と人間のあるべき方向を示している．このような構造主義的解釈に，キリスト論的解釈や実存論的解釈などを視界において独自の聖書解釈学を展開しているのは *リクールである．彼によると実存的な信仰の決断は，それ自体で自律するテキストの事柄(キリスト論的な「*神の国」「*新しい契約」など)をみいだし，その事柄に読み手がさらされて新たな自己了解をうるという解釈行為の下に開けてくるという．

こうしたテクスト中心主義に対し，テクストの著者の思想をその時代の歴史的・社会的状況との関連において総体的に解釈しようとする「文学社会学的解釈」(→聖書の文学社会学)がみられる．これは様式史がテクスト内にある文学類型を教会内の生活の座([独] Sitz im Leben)に位置づけて解釈してきたことの徹底化といえる．例えば，この解釈によってイエスは *奇跡物語伝承を支えた「*地の民」の人々と同一化しつつ，他方で言葉伝承を伝えた人々の *アラム語や所有放棄・放浪の理念を引き受けて生きたことが示される．それにどう応えるかは解釈者の問題である．このような社会的文脈を解釈の必要条件とする解釈法に，「コンテクスト的解釈法」がある．ここでいわれるコンテクストとは単に文書内の文脈ではなく，聖書の解釈者がそこで生きている具体的な社会的・歴史的状況である．その意味では，南米のさまざまな抑圧状況で聖書を読む人々の間に生まれた「*解放の神学」をこの解釈法の大きな成果と考えることができる．この解釈法はアフリカ(特にかつての南アフリカ共和国)やその他の政治的・社会的に苦悩を抱える地域で

盛んである．こうしてアジア，アフリカに広がる聖書解釈は，仏教文化を受容吸収した日本においても，仏教哲学や西田学派(→ 西田幾多郎)の解釈法を媒介に新たな東洋的無の解釈学とでもいうべき潮流を生み出している．

最後に聖書の学的解釈法とは異なるが，聖書を天啓の書として受持する信徒が，自らの日常的な生活現場における *信仰生活を踏まえ，しかも自分の属するキリスト教会の伝統(祭儀，説教，実践，共同体的あり方，教書など)の枠内で日々実践する信徒的聖書解釈の生きいきした諸相にも注意したい．

聖書解釈学は，その時代の人間の世界や自己理解および歴史的・社会的状況を媒介として *聖書神学さらに神学が生まれる基盤であるが，結局その根源的洞察力と生命力はキリスト・イエスによって与えられている．

【文献】トマス・アクィナス『神学大全』(I, q. 1) 第 1 巻，高田三郎訳(創文社 1960); K. バルト『教会教義学』全 36 冊，井上良雄，吉永正義他訳(新教出版社 1961-96): K. Barth, Die kirchliche Dogmatik, I/1-IV/4 (Zürich 1932-70); R. ブルトマン『イエス』川端純四郎，八木誠一訳(未来社 1963): R. Bultmann, Jesus (Berlin 1926); 八木誠一『仏教とキリスト教の接点』(法蔵館 1975); 関根正雄『旧約聖書文学史』全 2 巻(岩波書店 1978-80); G. フォン・ラート『旧約聖書神学』全 2 巻，荒井章三訳(日本基督教団出版局 1980-82): G. von Rad, Theologie des Alten Testaments, 2 v. (München 1957); G. グティエレス『解放の神学』関望，山田経三訳(岩波書店 1985): G. Gutiérrez, Teología de la Liberación (Lima 1871); E. レヴィナス『タルムード四講話』内田樹訳(国文社 1987): E. Lévinas, Quatre lectures talmudiques (Paris 1968); 大貫隆『福音書研究と文学社会学』(岩波書店 1991); ニュッサのグレゴリオス『雅歌講話』大森正樹他訳(新世社 1991); 同「モーセの生涯」『ギリシア教父の神秘主義』キリスト教神秘主義著作集 1，谷隆一郎訳(教文館 1992) 5-136; P. リクール『リクール聖書解釈学』久米博，佐々木啓訳(ヨルダン社 1995); 宮本久雄『福音書の言語宇宙―他者・イエス・全体主義』(岩波書店 1999); M.-A. Quaknin, et al., La plus belle histoire de Dieu: Qui est le Dieu de la Bible? (Paris 1997); A. Lacocque, Penser la Bible (Paris 1998).

(宮本久雄)

せいしょかいしゃくのれきし　聖書解釈の歴史

解釈([ギ] exegesis)とは，一般的にはある本文([英] text)を詳細に理解する技術を指す(→ 解釈学)．それゆえ聖書解釈とは，学問的な方法で *聖書の本文を理解して説明しようとする技術である．ユダヤ教であれキリスト教であれ，これまで数多くの人たちが聖書解釈という課題に取り組んできた．しかし，その課題は近代になって新たな様相を帯び，差し迫った問題として認識されるようになった(→『ディヴィノ・アフランテ・スピリトゥ』)．聖書は *霊感による書物といわれる．しかし，それだからといって人間的知見が全く無用となるわけではない．かえって聖書を解釈するうえで歴史学や言語の知識は不可欠であり，そもそも *聖書批評学は前提となる．また，聖書は神の *啓示である．しかし，聖書解釈の課題が聖書の言語上の解釈や本文の真偽の解明にのみ限定されるわけではない．もしそうであるならば聖書解釈は，単なる言語学，宗教学や歴史学における解明と何らの区別はないことになる．むしろ聖書解釈の課題は，聖書の本文の神学的に内容豊かな意義，つまり現代における聖書の *ケリュグマを究明することにある(→ 聖書解釈学，聖書学)．

【形式】聖書解釈には，以下のような一般的な形式がある．

(1) 翻訳．原語に代わって最も適合すると思われる単語を選択するわけだが，本文をめぐって機械的に行われるわけではなく，熟考の結果にほかならない．

(2) 敷衍．本文への付加や増補による書き換え．

(3) *グロッサ．既知の単語で未知・不明の単語を説明・増補すること．

(4) *スコリオン．言語や記述されている事態を解明することによって不明な本文を解釈すること．

(5) *カテナ．特に *教父による詩編釈義の抜粋集．

(6) 注解．聖書の本文を総合的に説明することで，狭義での聖書の解釈を指す．言語や歴史，地理，考古学，神学的思想などを解明して本文内容の説明を試みる．このためには，*聖書の本文批判や *聖書の文献批判などが不可欠となる．

(7) *説教，*ポスティラ．聖書解釈はケリュグマの学問的な解明に尽きるわけではない．例えば，ホミリア([ラ] homilia)を通して公言される必要がある．

(8) 引用，暗示．語句や事例などの直接あるいは間接の使用．

【文献】LThK² 3: 1273-74; NBL 3: 513-18; J. A. Fitzmyer, The Biblical Commission's Document "The Interpretation of the Bible in the Church": Text and Commentary (Rome 1995); C. Dohmen, Die Bibel und ihre Auslegung (München 1998).

【聖書内における解釈】〔旧約聖書〕今日みられるような旧約聖書が成立するまでには長い年月が必要であった(→ 聖書の伝承史的研究)．旧約聖書本文の形成過程で，古代イスラエル固有の伝承のみならずオリエント文化に遡源する伝承が取捨選択され，再利用や再解釈，また再適用されて旧約聖書は詞華集のように編纂されているといえなくもない．確かに現今の旧約聖書本文のどの部分が伝承([ラ] traditum)であり，また解釈(traditio)であるのか，それを明確に区分することはほとんど不可能である．本文とその解釈は，最初から一体化しているからである．例えば *預言者は自分の活動した時代の現況の正邪を解釈するにあたって，過去の伝承(traditum)から数々の重要な示唆を与えられた．さらにまた，預言者の弟子たちは，こうした伝承を解釈する方法を継承し，伝承本文(traditio)を創作して再表現した．それがまた，*預言書という伝承となった．つまり預言者と弟子の間には，伝承本文の確定後にも解釈という行為が継続していると考えられる．旧約聖書のなかには，このような本文の交錯した相互関連([英] intertextuality)や影響史([独] Wirkungsgeschichte) が認められる．

こうした旧約聖書における伝承と解釈の関連をフィッシュバーン(Michael Fishbane, 1943-)は「内・聖書解釈」([英] inner-biblical exegesis)といい，それをグロッサ，法的(legal)解釈，ハガダー的(aggadic)解釈，マントロジカル(mantological)な解釈の四つに分類して検討した．

グロッサとは，伝承の伝達段階で伝承の一体化や調和，意味の明白化を図るために書き加えられた表題や奥付，見出し，総称，結辞などをいう(例えば，詩 3: 1; 72: 20; レビ 6: 2, 7 等)．また，意味の明白化や歴史記述の現在化のために接続詞ないし前置詞(「すなわち」創

14：17；ヨシュ15：8-10）も使用される．しかし，グロッサがコンテクストを乱すこともある（例えば，イザ29：10；エゼ3：12；レビ19：19）．そして，すでにまとまりのある一定の伝承のなかに挿入されることがある（申22：12；サム下7：10；王上5：22参照）．

次いで法的解釈とは，古代イスラエルの法令集のなかにみられる当該の法文の検討，解釈，変更の様式，また解釈の仕方を識別することによって明らかになるが，法的伝承を変換することによって内容の明白化を図ることである．例えば，「ヘブライ人の奴隷」に関する法（出21：2；レビ25：39-46；申15：12-18参照），過失のための献げ物（民15：25-26；またレビ4：20比較参照），誓い（民6：2；30：3）などを比較すればよい．このほか，矛盾する記述の調和（ネヘ10：32；また出23：11；申15：1-2比較参照），法的伝承と歴史記述との一体化（サム下5：21；さらに申7：25比較参照）などの要素がみられる．つまり法的解釈とは，法の現在的適用化のための方法である．

ハガダー的解釈は，宗教的・歴史的理解を助長するために伝承を再適用することに関連する（→ハガダー）．その好例として預言者をあげることができる．預言者は伝承に基づいて解釈を示すが，その預言者による解釈はすでにあった「解釈」（traditio）によることが多い．エレミヤの聖性（エレ2：3；また出19：4-6；レビ22：14-16；申7：6；エズ9：1-2比較参照），イザヤの断食（イザ58：1-12；またレビ16：31；23：27比較参照）についての解釈は，伝承の破棄を意味するわけではなく，いわば再解釈である．他方，先祖の罪ゆえの罰については，宗教的理解の刷新がみられる（出20：5；申7：9-10；24：16；エゼ18：2-4，18-32比較参照）．また，アブラハム（例えば，王下13：23；イザ51：2），ヤコブ（イザ43：1，22；エレ9：3-5；詩14：7）などの父祖たち，さらに民イスラエルの物語が再解釈されている（申31：4-6；ヨシュ1章；また王上2：1-9比較参照）．

マントロジカルな解釈とは，預言者たちの託宣の再編と再解釈をいう．祝福であれ呪いであれ，託宣の内容とは異なった結果が生じることがある．その場合，しばしば預言者の伝承は再解釈される（イザ9：13-14）．また，夢や幻およびその説明を通しての再解釈もある（例えば，創41：26-30；ダニ9-12章）．そのなかには，誤解された預言者の伝承を明白にしようとする再解釈もある（ダニ9：20-27；またエレ25章比較参照）．

このほか，特に*歴代誌に関して論議されることであるが，*ミドラシュを加えることもできよう．

〔新約聖書〕新約聖書中には，旧約聖書（→七十人訳聖書）からの直接の引用，また暗示がみられるばかりか，旧約聖書との内容上の種々の関連がみられる．このような新約聖書と旧約聖書の関係をどのように理解すべきかこれまでも議論されてきた．確かに新約聖書は旧約聖書に依存している．また，旧新約聖書の関係を「預言（ないし約束）と成就」という枠組みで捉えることもできる．しかし，新約聖書のなかで引用や暗示されている旧約聖書中の語句は，主にイザヤ書やエレミヤ書，詩編中のものにすぎない．それでも新約聖書は旧約聖書に依存しているというべきかどうか問題である．これらの文書が新約聖書の下部構造を形成しているといったほうがいいだろう．また，旧約聖書の預言が新約聖書において成就したともいう．しかし，どの預言が成就し，それ以外の預言はなぜ実現していないか疑問となる．そもそも従来の旧新約聖書の関係をめぐる理解と枠組みは放棄されるべきであろう．

どのように新約聖書のなかで旧約聖書の本文が解釈されているかをめぐっても論議されてきた．なかでも福音書やパウロの旧約聖書解釈と方法が注目され，それが古代ユダヤ教の聖書解釈と方法とも比較対照されて綿密に検討された．今日では，さらに*原始教団の文化的・社会的背景を視野に含めて究明されている．新約聖書における旧約聖書解釈と方法をめぐる論議は多様になるばかりである．新約聖書中の各書で旧約聖書の語句が均質に引用ないし暗示するために使用されているわけではない．また，論述するテーマに応じて異なる方法もみられる．それゆえ新約聖書における旧約聖書の使用というような一般的扱いは断念して，個々の文書やテーマに従って検討されるべきであろう．

新約聖書における旧約聖書解釈，つまり「内・聖書解釈」をめぐっては基本的に三つに分類できる．それは，引用，暗示，そして反映である．

引用には，語句だけの引用もあれば，しばしばみられる方法であるが，旧約聖書の文書や人物の名をあげてからの引用もある（例えば，マタ1：22-23；マコ12：10-11等）．もちろん，旧約聖書からの引用であることが読者に明白な場合は，こうした導入句は省略される（例えば，ガラ3：6，10-12）．また，連結（例えば，ロマ3：10-18；15：9-12），異文融合（例えば，マコ1：2-3；使7：7）や改変（ロマ1：17）による引用がある．断るまでもなく，これらの引用は旧約聖書の語句の本来の意味内容を明らかにするためではなく，引用者の信仰上の確信を表明あるいは弁護するためのものである．

引用よりもはるかに多いのは旧約聖書の本文の暗示である．しかし，新約聖書のなかに旧約聖書の語句の暗示が数多くみられるからといって，それを著者による意図的なもので，逆に，読者は暗示として理解したと断言するのは非常に困難である．そもそも暗示と反映の区別，また引用と暗示および反映との明確な区別が可能なのか疑わしい．新約聖書において旧約聖書の語句を意図的に暗示していると考えられる箇所はわずかである（例えば，ヨハ18：5-6と出3：14；ガラ1：15とイザ49：1等）．

新約聖書では，旧約聖書の語句や事例が証明（マタ12：17-21）や論拠（ロマ4：6-8；2コリ6：16-18；ヘブ10：15-17）を目的にして多様な方法を通して使用されている．*死海文書にみられるペシェル（[ヘ] pēšer．例えば，使2：22-36；15：13-18），ミドラシュ（ヘブ3：7-4：13；7：1-17），*アレゴリー（ガラ4：21-31），改変（使7：13，16-22；ヘブ11章），*予型（ロマ5：12-21；1コリ10：1-14；ヘブ11章；さらに*人の子についてはダニ7：13-14参照）などの方法である．それらは旧約聖書や古代ユダヤ教，ギリシア・ローマに一般的にみられたもので，それを新約聖書の著者が借用したのである．

【文献】HBOT I/1: 33-48; J. H. HAYES, ed., *Dictionary of Biblical Interpretation*, v. 1 (Nashville 1999) 538-43;橋本滋男「福音書における旧約聖書」『聖書解釈の歴史』出村彰，宮谷宣史編（日本基督教団出版局 1986）53-90；青野太潮「パウロの旧約聖書解釈」同 91-115; M. FISHBANE, *Biblical Interpretation in Ancient Israel* (Oxford 1985).

【ユダヤ教における聖書解釈】〔第2神殿時代〕(1) 外典・偽典．ユダヤ教の聖書解釈は，すでに旧約聖書のなかで始まっていたといってよい．それだけではなく，この時期の文書であるシラ書44-50章や知恵の書10-19

章，それに *『ヨベル書』や *『エノク書』などの *外典・偽典は，旧約聖書の解釈が継続して行われていたということを示すものといえる．さらに翻訳も解釈の一形式であるから，これに *七十人訳聖書や *タルグムを加えることもできるだろう．以下，特に断らないかぎり，聖書とは「旧約聖書」をいう．

(2) 死海文書．死海文書は古代ユダヤ教の聖書解釈をめぐっての新たな見解を提供する．数多くの断片を含む写本から，当時「トーラー」（〔ヘ〕tôrâ, → 律法，聖書の正典）は厳密に確定されていたわけではなく，各本文には種々の改変，置換，付加，拡張なども加えられていることが明らかとなった．また，*クムラン教団では『神殿文書』（11QTemple），『ヨベル書』（4Q220, 225-228）は啓示の書とみなされていた．

なかでも『外典創世記』（1QGenAp）は創世記の敷衍的注解というべきものである．しかし，特に「ペシェル」（〔ヘ〕pēšer, 解釈，説明の意）と称される注解はクムラン教団の聖書解釈の特徴を知るうえで，あわせてフィロンや新約聖書の旧約聖書解釈の特徴も明らかになるので重要である．主な注解はイザヤ，ホセア，ミカ，ナホム，ハバクク，ゼファニヤの各預言書，それに詩編である．このペシェルという注解は，今日の注解とは異なる．例えば，『ハバクク書注解』（1QpHab VII, 1-6）によれば，次のようになる．「そして神はハバククに語って，末の世に来るべきことを記すようにいわれた．しかし終末の成就については彼に示したまわなかった．『それをよむ者が走ることができるように』といわれているが，この意味は，義の教師にかかわる．彼に対しては，彼は示された，その僕，預言者らの言葉のすべての秘義を．『この幻はなお定められた時を待ち，終りをさし急いでおり，偽らない』（『　』中はハバクク書 2: 2-3 の本文）．注解という名称は，「この意味は，……にかかわる」（pišrô ʼal ...）という定型句が使用されているためである．そして，基本的には預言書の本文をあげてからその注解が続くという形式となっている．つまり聖書本文と解釈句は明確に区別できる形式がとられている．ここでは神は，預言者ハバククには知らせることのなかった秘義を解説者である *義の教師に対して告げたという．また，この教師は世の終わりの時に生きていることからしてそれを理解し，本文の真正な解釈もできるというわけである．このためクムラン教団では，義の教師のみが解釈者の権威を有していた．もちろん教団内では，「……十人いる所には，互いになすべきことについて，日夜絶えず律法を研究する者が一人いなければならない．多数者は一年中毎晩三分の一の夜ずつ共同で起きていて（聖）書を朗読し，おきてを研究し，共同で讚美しなければならない．……」（『宗規要覧』1QS VI, 6-8）．したがって聖書解釈は当然各自の課題であった．

(3) ヘレニズム・ユダヤ教（→ ユダヤ教）．ギリシア語七十人訳聖書は，*ディアスポラのユダヤ人のためにヘブライ語から翻訳されたわけだが，それとともに *ヘレニズムという文化世界にも広く聖書ならびにユダヤ教の宗教的思想を紹介する手段にもなった．こうして七十人訳聖書自体が解釈や究明の対象にもなる．

ユダヤ人デメトリオス（Demetrios, 前 3 世紀後半）は旧約聖書が記述している年代をめぐって説明し，またユダヤ人哲学者 *アリストブロス（前 2 世紀末）はトーラーを寓意的に解釈し，それをヘレニズムでいう最高の *徳にほかならないと考えた．こうした傾向は *『アリステアスの手紙』（128-71）での *食物規定をめぐる寓意的解釈にもみられる．

特にヘレニズム・ユダヤ教のユダヤ人のなかでアレクサンドリアの *フィロンは重要である．もっともフィロンの著作は，115-17 年アレクサンドリアのユダヤ人ディアスポラが壊滅したこともあって，創世記と出エジプト記の問答（quaestiones），創世記とトーラーに関する寓意的解釈，そして主題別の論考（tractate）などの断片的著作以外には残っていない．単なる字義や真偽を論じるのではなく，より深い意味を究明することを目的としたフィロンの寓意的解釈の方法が，その後のパレスチナ・ユダヤ教の *ラビの聖書解釈に対してどの程度の影響を与えたか明らかではない．むしろ教父，特にアレクサンドリアの *クレメンスや *オリゲネスなどに影響を与えて引き継がれていく．

(4) ヨセフス．歴史家 *ヨセフスは，いわば聖書解釈の書物を著したわけではなかった．しかし，全 20 巻からなる著書『ユダヤ古代誌』の前半部分（I-XI）は，古代ユダヤ民族の歴史叙述というよりも，天地創造からペルシア時代に至るまでの聖書物語，つまり聖書解釈といえる．ヨセフスは叙述に際して，聖書に基づき，それに付加することもそれから削除することも，また改変することもないという（I, 17. さらに XX, 261-66 参照）．しかし，実際はその逆である．『ユダヤ古代誌』の前半部分は聖書の叙述の要約ないし敷衍であって，ときには聖書以外の資料が傍証となって記述されている場合もある．ヨセフスの聖書解釈をめぐっては議論の余地がかなり残っている．ヨセフスのなかではユダヤ教の伝統とヘレニズムの思潮とが融合し，その複合的な諸関連を明確にすることが困難なためである．

〔タルムード時代〕70 年のエルサレム陥落以降，パレスチナとバビロニアのラビたちがユダヤ教における聖書解釈の中心的担い手の地位を占めるようになる．そしてラビの聖書解釈はミドラシュ，あるいは *タルムード，またタルグムに編纂ないし反映されるようになる．

聖書解釈のためには，そもそも聖書本文，なかでもトーラーの本文が確定していることが前提となる．こうしてトーラーの本文は，ラビの手によって厳重に管理されるようになった．しかし一方，ラビの聖書解釈法の原則（→ クワール・ヴァホメル，ヒレルの原則）にみられるように，その解釈をめぐっては柔軟で，異議を唱える自由も与えられていた．なぜなら，トーラーは神から与えられたものであっても，やはり人の言葉であるからである．そして，不変で完全な啓示であり神の言葉である聖書を各自が生きる時代に相応して解釈することが課題になった．つまり，聖書の本文は明確に限定されてはいるが，その意味は限定されているわけではないからである．

ラビたちにとっては異なった解釈の可能性を排除するような唯一真正な聖書解釈などは存在しなかった．聖書の本文は，つねに新たに人間に語りかけてくるからである．それゆえ，*ラビ文学の記述には「他の解釈では……」と解釈同士が並置されているように，ある一つの解釈が過大評価されることはない．

(1) ミドラシュ．ミドラシュとは，ヘブライ語で「探究」「究明」「調査」という意味であり，一般的にはラビによる聖書解釈をいうが，それを編纂した文書を指すこともある．ミドラシュは，口伝である慣習法（→ ハラカー）のラビによる解釈を中心にした *ミシュナー，*トセフタ，タルムードとは異なり，まず聖書の語句をあげてからその解釈が続き，それがさらに繰り返されるとい

う論述方法から明らかなように，ユダヤ教共同体のための聖書をめぐっての解釈の一形式といえる．

(2) タルグム．タルグムとは，アラム語やヘブライ語で「翻訳」「説明」「解釈」を意味するが，一般に「アラム語訳旧約聖書」を指す．その起源は *会堂の礼拝での聖書朗読に求めることができる．つまり人々が朗読される聖書のヘブライ語を理解できなくなったため，それをアラム語に翻訳することが必要になった．しかし，タルグムは単なる「翻訳」ではなく，むしろ「解説的聖書」ともいうべきもので，古代ユダヤ教の聖書解釈の全容を知るうえでも不可欠な文書である．

〔中世〕(1) カライ派とサアディア．*カライ派は，ラビの聖書解釈の伝統を否定して，聖書に立ち帰ることを主張した中世ユダヤ教の一派である．カライ派は *マソラ本文の確定にも貢献し，また文法を重視し，ヘブライ語理解にあたっても簡潔な意味を優先した．充分な論拠があればトーラーの寓意的解釈は許されるが，基本的には一般的で言語的原則つまり文法に従って解釈されるべきだとした．9世紀のベンヤミン・アル・ニハヴァンディ (Benjamin al-Nihawandi) やダニエル・アル・クミシ (Daniel al-Qûmisî)，10世紀のソロモン・ベン・エロハン (Salmon ben Jerohan) やヤフェト・ベン・エリ (Japhet ben Eli)，またヤコブ・アル・キルキサニ (Jacob al-Kirkisānī) などの著名な学者がいる．ニハヴァンディがヘブライ語で著述しているほかは，アラビア語である．注解は *諸書が中心であるが，断片や引用から知る以外にない．

*サアディアの著作は，カライ派の学者とは比較にならないほど数多く知られている．サアディアは，特にヘブライ語文法や単語を中心に研究し，聖書をアラビア語に翻訳した．聖書解釈に際しては，語義を重視した．また，聖書における *擬人神観は人間に相応した方法であり，知性とトーラーは矛盾する認識の源泉ではないとして，聖書と哲学の調和を図るよう試みた．スラ学院長サムエル・ベン・ホフニ (Samuel ben Ḥofnî, ?-1034) やハイ・ガオン (Hai Gaon, 940頃-1038)，またカイロワン学院の *イスラエリなどに影響を及ぼしている．

(2) ラシ．*ラシは，ラビによる聖書解釈(ミドラシュ)と自らの語意説明(pĕšaṭ)を結合させた全聖書の注解を著した．ラシは，明確に述べているわけではないが，語義の解明がより重要であると考えていたようである．こうしてユダヤ教の伝統的解釈と新たな知識との調和を図った．

ラシの語義解明を重視する解釈方法は，その後に弟子たちの間で，特にヨセフ・カラ (Joseph Qara/Kara, 1080-1160) やサムエル・ベン・メイル (Samuel ben Meir/Rashbam, 1085頃-1147)，エリエゼル (Eliezer de Beaugency, 12世紀)，ヨセフ・ベコル・ショール (Joseph Bekhor Schor, 12世紀)，ラベヌー・タム (Rabbenu Tam, 1100-71) らにより徹底して行われる．また，こうしたラシと弟子たちの「*字義通りの意味」を探究するという姿勢と方法は，キリスト教の聖書解釈，特に12世紀のパリの *サン・ヴィクトル学派の学者，例えば *フーゴやアンドレアス (Andreas, ?-1175)，また *ペトルス・コメストルにも大きな影響を与えた．さらにラシの著作はラテン語に翻訳され，リールの *ニコラウスの『全聖書の文字通りの注解』のなかにも他のユダヤ教の聖書解釈者とともに伝えられている．

(3) イブン・エズラとキムヒ．*イブン・エズラは，サアディアのように聖書解釈にあたって語義を重視し，た聖書解釈と *新プラトン主義の哲学との調和を目指したヘブライ語文法学者であり哲学者であった．*スピノザはイブン・エズラを聖書の批判的研究における先駆者とみなすが，イブン・エズラがトーラーに関して秘義的解釈を加えていることはよく知られている．もっともカライ派やサアディアとその後継者たちの解釈の冗漫さを非難し，またキリスト教の聖書解釈は字義に基づかない謎だらけの解釈だと批判もする．

この時期にフランス南部のナルボンヌ (Narbonne) を拠点に聖書解釈，マソラ本文の保持，ヘブライ語文法体系の確立に貢献したのがスペイン出身の *キムヒ一族である．著作のなかには，ダヴィッド (David ben Joseph Qimḥ, 1160頃-1235頃) の哲学的聖書注解も含まれている．

(4) マイモニデス．聖書のなかに哲学的な学説を探究し，また聖書を寓意的に解釈しようとする傾向は，すでにサアディアに始まっていた．*マイモニデスは注解書を著したわけではない．しかし，さらにその拡充を図ったといえる．*ティッボンやヨセフ・イブン・カスピ (Joseph ibn Caspi, 1280頃-1340頃)，さらに *レヴィ・ベン・ゲルションらは，その影響で哲学的聖書注解を著した．

(5) カバラ．*カバラは，*神秘主義を奉じる中世ユダヤ教の一派である．聖書における字義を重視するが，哲学的な問題，また何よりも秘義的意味の解明にこだわった．

(6) 中世後期．*アブラバネルやオバディア・スフォルノ (Obadia Sforno, 1475-1550) による *人文主義的傾向を帯びた注解書を除くなら，中世後期には新たな聖書解釈の動きはみられない．しかし，活版印刷術の発明によって，聖書やラシ，イブン・エズラ，キムヒ，ベン・ゲルションたちの著書が印刷されて広く流布するようになる（→ 聖書の出版）．

〔近代・現代〕(1) メンデルスゾーン．聖書の批判的研究の萌芽は，すでにイブン・エズラ，そしてスピノザにみられた．しかし M. *メンデルスゾーンは，これまで長期にわたってタルムードほどには重視されることのなかった聖書自体をユダヤ教の聖書解釈の中心に据えることで聖書の近代的で批判的研究への道を開いた．ヘブライ語の字義や文法を正確に把握し，注解書や翻訳を出版した．こうしたメンデルスゾーンの追従者のなかには，イタリアのレッジョ (Isaac Samuel Reggio, 1784-1855) やルッザット (Samuel David Luzzatto, 1800-65) がいた．

(2) 聖書の批判的研究．メンデルスゾーンたちは，ユダヤ教という枠内にとどまっていた．しかし一方では，ドイツのツンツ (Leopold Zunz, 1794-1886) をはじめとしてガイガー (Abraham Gaiger, 1810-74) らの手でユダヤ教学（[独]Judaistik）の形成が徐々に進行していた．そして聖書の批判的研究は，さらにグレーツ (Heinrich Graetz, 1817-91) やコーラー (Kaufmann Kohler, 1843-1926) によって徹底されていく．

(3) 守旧派の反発．ユダヤ教の伝統を保持する守旧派が，こうした聖書の批判的研究の動きを傍観していたわけではない．マルビン (Meir Leibusch Malbin, 1809-79) やヒルシュ (Samson Raphael Hirsch, 1808-88)，ホフマン (David Hoffmann, 1844-1921) らがおのおのの立場から反論を加えた．

(4) 現代．20世紀後半以降，アメリカ合衆国やイスラエルが聖書解釈を含めてのユダヤ教学の研究の中心と

なっている．ユダヤ教の伝統を堅持する守旧派による研究，逆にラビ文学をめぐっての批判的研究，さらにタルムードなどの校訂版や現代訳なども数多く出版されている．このほかに『ヘブライ大学聖書』(The Hebrew University Bible, 1975-)の編集刊行，各種の事・辞典，注解書，研究書や雑誌などが出版されている．そのうちでも，*カッスートの注解書，カウフマン(Yehez-kel Kaufmann, 1889-1963)のイスラエル宗教史，*ブーバーの聖書翻訳は特記されてよい．また，イスラエルでは文献上の研究はもとより，特に*聖書考古学や古代オリエント学の分野での重要な貢献がみられる．

【文献】LThK² 3: 1274-78; TRE 30: 442-57; HBOT I/1-2; 蛭沼寿雄他『原典新約時代史』(山本書店1976); R.C. ムーサフ・アンドリーセ『ユダヤ教聖典入門』市川裕訳(教文館1990): R. C. MUSAPH-ANDRIESSE, Wat na de Tora kwam (Baarn 1973 1985); 土岐健治『初期ユダヤ教と聖書』(日本基督教団出版局1994); E. R. グッドイナフ『アレクサンドリアのフィロン入門』野町啓他訳(教文館1994): E. R. GOODENOUGH, An Introduction to Philo Judaeus (New Haven 1940); 秦剛平『ヨセフス』(筑摩書房 2000); M. HENGEL, H. LÖHR, eds., Schriftauslegung im antiken Judentum und in Urchristentum (Tübingen 1994); C. DOHMEN, G. STEMBERGER, Hermeneutik der Jüdischen Bibel und des Alten Testaments (Stuttgart 1996); J. TREBOLLE BARRERA, The Jewish Bible and the Christian Bible (Leiden, Grand Rapids 1998); G. VERMES, An Introduction to the Complete Dead Sea Scrolls (London 1999). （清水宏）

【古代】古代の聖書解釈は，ギリシア，ラテン教父が主流をなすが，まずはギリシア教父によって始められた（→教父）．なぜなら，新約文書がギリシア語で書かれ，そこではギリシア語*七十人訳聖書の旧約引用がなされたからである．

〔ギリシア教父の解釈上の前提〕ギリシア教父の聖書解釈は，大略，次の3文脈において問題が与えられ，展開した．

(1) ギリシア文化の文脈．第一に，*ホメロスの文学解釈にあたって，神々の悪業を字義通り受け取ることはできないので，そこに別の象徴的意味をみいだそうとして*アレゴリー（寓喩）的解釈がすでに開発されていた．教父はアレクサンドリアの*フィロンを通してこの解釈法を受容した．第二に，教父にとってギリシア的異教の哲学や文学をどのようにキリスト教的な文書と関連させるかが問われた．この問いは教父の聖書解釈成立の契機となった．

(2) ユダヤ教的文脈．*ユダヤ教はすでにトーラー(→旧約聖書，律法)の解釈上，*ミドラシュなどの解釈法を案出していた．この解釈法とともに，旧約聖書自体をどのようにキリストと関連させるかが教父にとって問題となった．

(3) 新約文書内の解釈法．教父の時代に権威ある聖書とは旧約聖書であり，新約聖書はその正典化過程にあった．そのときすでに*パウロは，例えばアブラハムの二人の妻が新約と旧約を象徴し，彼女らの二人の息子がおのおの信仰と律法を示すというふうに，寓喩的な*予型論的解釈を展開していた（ガラ4: 21以下．ほかに2コリ3: 12-18）．他方で*福音記者は（ことにマタイは定型句によって），旧約預言が新約において成就したという「預言－成就」的予型論を示した．また*譬えには寓喩的解釈が用いられた（マタイ）．

〔解釈の歴史的展開〕以上の解釈上の文脈や問題提起を受けて，ギリシア教父は多様な解釈法を展開していった．

(1) *使徒教父．彼らは未結集の新約文書に頼れなかったので，大体旧約から「預言－成就」的解釈によってキリストを証言している．

(2) 殉教者*ユスティノス以来，歴史的解釈が開拓された．彼は，*マルキオンが旧約（の神）を拒否したのに対し，普遍的*ロゴス・キリスト論に基づき，旧約や異教哲学さえ新約の予型として解釈した．したがってモーセ律法中の普遍的善法に触れたアブラハムあるいはキリスト・ロゴスに触れた*ソクラテスなどはすでにキリスト者とされる．*エイレナイオスはこのユスティノス的な歴史的聖書解釈を発展させた．すなわち彼は，キリストにより旧約が新約の予型となるのみならず，*受肉や教会の時代をも含めた全歴史が「再統合」（〔ギ〕anakephalaiōsis）されるという救済史的聖書解釈を確立した．彼はアダム－キリスト類型論やエバ－マリア類型論を示している．

(3) 続いて*アレクサンドリア学派と*アンティオケイア学派として大別される聖書解釈法が展開した．アレクサンドリア学派は，質料的感覚界とイデア界とを分ける*プラトン的二世界論や予型論に基づき，字義通りの質料的意味よりも精神的・霊的意味を重視した．まずアレクサンドリアの*クレメンスは信仰から覚知(gnōsis)への精神的進展に対応する比喩的・寓喩的解釈を用い，異教文学にまで適用した（オデュッセイアのキリスト論的解釈など）．しかしこの比喩的・寓喩的解釈法の最大の完成者は，フィロンやパウロを承けた*オリゲネスであった．彼は身体・魂・霊の三分的人間観に基づき，テクスト内の意味に，字義的・モラル的・霊的三位相を読み込む比喩的解釈を確立した（→字義通りの意味，聖書の語義，霊的意味）．それは救済史的解釈というより，アレゴリーによって時空を垂直的に超越し，永遠の福音世界に跳入しようという性格を帯びる．他方，彼は字義的意味相をも熱心に追究し，旧約原文批評『*ヘクサプラ』も作成した．これを承け*カッパドキアの教父，ことにニュッサの*グレゴリオスは『モーセの生涯』や『雅歌注解』の旧約解釈において，予型論と連動する比喩的解釈を推し進め，ここに*神秘主義的解釈のモデルを示した．他方*アリストテレス哲学の流れをくむアンティオケイア学派では，*ディオドロスやモプスエスティアの*テオドロス，*ヨアンネス・クリュソストモスなどが活躍し，字義の歴史（〔ギ〕historia）的意味合いを重視した．例えば，ディオドロスは字義的意味に基づくより深い*観想(theōria)的意味を求める．したがって誇大な予型論を批判し，「預言－成就」の連続性を強調した．

〔ラテン教父〕ラテン教父は個人差はあるが，基本的には東方ギリシア教父から聖書解釈法を学んでいる．

(1) 対マルキオン論駁を念頭に置いた*テルトゥリアヌスは，寓喩的解釈を避け逐語的解釈を用いたが，対異端論駁のなか特にマルキオンに対して，アダム－キリスト類型論などの予型論を用いている．聖書以外の*パラクレートス（助け主）による啓示・解釈を認める点で特異である．

(2) *アンブロシウスは，フィロンやオリゲネスの比喩的方法を採用した西方初の教父であり，三分法的人間観に基づき聖書に自然的（〔ラ〕naturalis），モラル的(moralis)，神秘的(mysticus)な三つの意味合いを認め，例えば，コヘレトの言葉は自然的意味で，箴言はモラル

的意味で，雅歌は神秘的意味で解釈されると考えた．

（3）アンブロシウスによって聖書の比喩的解釈に開眼した *アウグスティヌスは『キリスト教の教え』において次の4解釈法を示している．① 歴史的解釈（［ラ］historia）．神と人間に関わる事実の叙述．② アレゴリア（allegoria）．比喩的解釈．③ 類比的解釈（analogia）．旧約と新約の調和．④ 原因論的解釈（aetiologia）．聖書内の行為や言葉の原因の解明（→ 始原論）．こうして彼は *マニ教に対し旧約の予型論的解釈を強調した．また *カルタゴ教会会議によって聖書の正典化が確立したので，聖書解釈の基準の共同体的性格を重視した（→ 聖書の正典）．

【中世】中世ラテン世界でも聖書解釈は，*創造 → キリストの受肉 → *終末という図式のなかを動きつつ，字義的・歴史的解釈に基づき，モラル的意味がまず求められ，最後に寓喩的・霊的意味が探究された．こうして歴史的意味は，信仰や栄光の神秘を象徴するという超越的解釈が定着する．他方で自然界も神の *啓示の象徴・痕跡と考えられる結果，自然学的研究も神の啓示の探究へと秩序づけられる．12世紀には，*シャルトル学派や *サン・ヴィクトル学派という二つの神学的潮流が興る．サン・ヴィクトル学派の *フーゴは，字義的・逐語的解釈から予型論的あるいはモラル的解釈を通じ霊的解釈（intelligentia spiritualis）へ赴き，神に没入する観想に終わるというような神秘主義的聖書解釈を示した．

この時代にはまた聖書解釈が教父風な霊的，司牧的あるいは対異端の論駁的性格より，学校（スコラ）風な性格を帯びていく．すなわち，聖書解釈は教師と学生の教育関係の場でなされ，学としての神学形成と結びついた．したがって聖書の文献的・字義的研究も進んだ．例えば，講読（lectio）において，教師は聖書原典を読み *自由学芸を用いて字義的な短い解説をする．その結果，注釈（*グロッサ．例えば，ランの *アンセルムスの「グロッサ・オルディナリア」が有名）や注解が成立する．このスコラ的傾向とは別に福音的民衆運動の次元で終末論的歴史解釈が勃興し，そのなかでも，予型的・寓喩的に歴史を父・子・聖霊（→ 三位一体）の3時代に区分したフィオーレの *ヨアキム（12世紀）が注目される．

13世紀の大学成立時にはアリストテレス的論証法がアラビアを経て導入され，討論も学の中心を占めた．*オックスフォード大学では R. *ベーコンが実証科学の精神で聖書解釈をなし，言語学的アプローチやあらゆる分野の学知（幾何，歴史，考古学など）を用いた．同じ *フランシスコ会の会員でも *パリ大学で教えた *ボナヴェントゥラは聖書の多義性を認め，字義的意味と神秘的意味の領域の画定に努めた．そして救済史的意味，モラル的意味を通し神秘的意味に至り神との一致を目指した．

他方 *ドミニコ会でもサン・シェルの *フーゴの『聖書索引』（Postillae, 1240頃）にみられるように文献的研究が始められていた．*アルベルトゥス・マグヌスを承けた *トマス・アクィナスは，伝統的な聖書解釈と学的討論を調和させて神学を形成した．その代表的著作『神学大全』の冒頭に聖書解釈法の問題があるのもそのためである．すなわち，聖書の究極的著者である神は，言葉（vox）だけでなく出来事（res）によっても表示する．そこからまず次の2通りの聖書の意味相が洞察される．① 言葉が出来事を表示する歴史的・字義的意味．② 言葉の示す出来事が他の出来事を表示する霊的意味．これはさらに3通りに分別される．第一に旧約が新約を示すアレゴリア的意味．次に新約が栄光の状態を示す天上的意味．最後はキリストの行為が人間の模範として示されるモラル的意味．例えば「エルサレム」は歴史的意味では首都，アレゴリア的意味ではキリスト教会，天上的意味では天上のエルサレム，モラル的意味では霊魂を表すというように考えるのである．またトマスは字義的領域でも，教父の聖書解釈引用集である『黄金の鎖』，正式には『四福音書連続注解』を著し，加えて聖書注解をも多くなしている．

同様に聖書注解から出発しつつ，マイスター・*エックハルトは聖書のいわばアレゴリー的解釈を説教として展開し，字義的解釈では引き出せない聖書の精神的エネルギーを神秘主義にまで結晶化している．

【古代・中世における聖書解釈の特徴と問題提起】（1）使徒的伝承性．古代から中世に至る聖書解釈の源泉と比喩的方法は新約聖書においてイエスの謎を究明したパウロや福音記者の解釈に由来している．なぜなら，彼らこそユダヤ教や異教や *グノーシス主義に対処する文脈で権威（auctoritas）を伴う真正な解釈の伝承の基盤を据えたからである．

（2）共同体的公性．この解釈の伝承を担う場として教会の解釈共同体があげられる．今日の聖書解釈がいわば個的・実存的に解釈するのに対し，新約文書の正典化さえ実現しない時期から，礼拝，説教，宣教，異端論争，信仰教育，学校などを場としてこの解釈学が展開したのである．これに加え隠れた場として聖霊があげられる．

（3）実践性・神秘主義的性格．この解釈はモラル的位相から神秘主義的位相に伸展する．なぜなら，聖書解釈自体が人間の自己変容や教会の *オイコノミアの道行きだからである（『雅歌注解』の伝統）．したがって解釈者も霊的でなければならない．この性格は決して歴史的文献的研究を軽視するものではない（オリゲネスなど）．

（4）神学との連関．比喩的解釈はある意味で神学である．したがって古代・中世の神学は神秘主義的（霊魂の神への高まり）あるいは司牧的・倫理的性格をもつ実践的観想の道行きでもある．他方で歴史意識が薄いといわれるが，ユスティノス，エイレナイオス，フィオーレのヨアキムなどが歴史哲学・歴史神学を開拓できたのも予型論的解釈によるのである．

（5）以上の解釈はアレゴリー，予型論，エニグマ（謎），モラルなど多様な言語用法を用いており，今日の文学的・言語行為論的聖書学の方法にインパクトを与えうるであろう．

【文献】オリゲネス『雅歌注解・講話』小高毅訳（創文社 1982）；出村彰，宮谷宣史編『聖書解釈の歴史』（日本基督教団出版局 1986）；アウグスティヌス『キリスト教の教え』アウグスティヌス著作集 6，加藤武訳（教文館 1988）；荒井献編『新約聖書正典の成立』（日本基督教団出版局 1988）；M. エックハルト『エックハルト説教集』田島照久編訳（岩波書店 1990）；ニュッサのグレゴリオス『雅歌講話』大森正樹他訳（新世社 1991）；B. DE MARGERIE, Introduction à l'histoire de l'exégèse, 3 v. (Paris 1983).　　　　　　　　　　　（宮本久雄）

【近世】〔人文主義〕*ルネサンスから *人文主義に至る精神現象のモットーは「源泉に帰れ」（［ラ］ad fontes）であった．ギリシア，ローマ，さらにはヘブライの諸原典に立ち戻って，人間精神を究めようとする総合的な試みである．当然のことながら，この企てにはそれぞれの言語の知識の習得と研究を欠かすことができない．この関連で人文主義は近世から近代にかけての聖書解釈に技術

的，方法論的な前提を与えることとなった．伝統的なラテン語訳聖書に基本的な批判を加えるとともに，よりよい本文提供の努力を傾けることにもなった．代表的なイタリア人文主義者の L. *ヴァラは古典の言語学的研究から古典思想への関心を深めた．ヴァラは，*「コンスタンティヌス寄進状」が偽書であることを明らかにしたり，*使徒信条の著者問題に疑いを投げかけたりしたのと同じ言語学的な関心と方法とに基づいて，1442-43 年に，『新約聖書対照』(Collatio Novi Testamenti, 1444) を著して，*ウルガタ訳聖書と他のラテン語訳と，ギリシア語原文とを比較した(→ 聖書の本文，聖書の翻訳：ラテン語)．1504 年に *エラスムスはこれを発見し，翌年これに序文を付して出版したが (Adnotationes in latinam Novi Testamenti interpretationem, 1505)，後の彼の，新約聖書への取り組みに大きな影響を与えたことは否定できない．

　人文主義として，本文批評に加えてさらに注解をもって貢献したのが *ルフェーヴル・デタープルである．まず 1509 年に『5 種の詩編』によって四つのラテン語訳とヘブライ語原典によるウルガタ改訳とを試みたが，やがて *ルターは 1513-15 年の第 1 回詩編講義の際に印刷した詩編にこれを反映させた．そのうえ，詩編の *キリスト論的解釈についてもルフェーヴルの影響があったと理解してよかろう．ルフェーヴルはさらに 1512 年には『パウロ書簡注解』を出して，ギリシア語原典とウルガタ版との照合に基づく注解を果たしたが，ルターはこれをもまた活用し，エラスムスのギリシア語新約聖書を入手するまで，「ローマ書講義」の *グロッサ(主として欄外注)に好んで「ルフェーヴルによれば……」と引用している．ルフェーヴルの聖書解釈は，逐語的というよりも，むしろ章や段落ごとの *霊的意味を捉えていくという方向をとることから，神秘的な意味を求めて，これと関連のあるかぎりにおいて，実践的，倫理的な方向を示した．

　人文主義のギリシア語学者エラスムスが入手可能な写本に基づいて，1516 年に校訂版ギリシア語新約聖書を出版したことは有名である(→ 聖書の出版)．これには 3 種の序文と自らのラテン語私訳と注解を付したが，1519 年の改訂第 2 版に続いて，1535 年までに 5 版を数えて改訂が続けられ，宗教改革者たちは皆これらの版を使ったので，その貢献はまことに大きい．しかしその関心は，一方では字義と文法とに集中したため，「聖書には不明瞭な箇所がある」として，聖書の不明瞭性を主張して，中心であるキリストが確立していれば，多少不明な箇所があっても聖書は明瞭だと断言したルターと対立する．人文主義的関心と宗教改革的関心との違いであり，対立である．

〔宗教改革〕ルターは *ヴィッテンベルク大学の聖書教授となると，最初の講義に詩編を取り上げた(1513-15)．聖書講義の伝統に従って準備され，印刷された本文への行間注と欄外注のノートは現存しており，講解の原稿も写真で残されている．*アウグスティヌスの注解や，中世の標準注解集を参照しつつ，字義的，比喩的，道徳的，終末的という四つの意味を読み取る，伝統的な「四重義」の聖書解釈からしだいに脱して，詩編を字義的，預言的にキリストに即して読むという解釈方法を確立していく(→ 聖書の語義)．加えて，伝統的な道徳的解釈を変えて，信仰の内実に適用，展開する，いわゆる「信仰転義的」解釈とつながる．続く「ローマ書講義」は行間注，欄外注も，講解も原稿が合本されて *クラコ

フに現存するが，前半はルフェーヴルにより，後半はエラスムスのギリシア語新約聖書によって講義を進め，キリストへの集中から，*恩恵のみ，信仰のみ(*ソーラ・フィデ)による *義認の信仰を確立した．これに続く年月に宗教改革的信仰と神学の確立，さらにはローマ・カトリック批判に至る決定的な歩みがあった．ルターの聖書解釈においては，人文主義はもっぱら，言語とテクストの提供という面でのみ貢献したといってよい．その聖書解釈はいわば神学的解釈であったといえよう．ルターは生涯ヴィッテンベルク大学では主に旧約聖書の講義を続けたが，教会での説教も多く残されていて，彼の聖書解釈を知る手がかりとなる．

　これに対して，ほかの宗教改革者たちは，人文主義の諸源泉への関心をキリスト教にとっての唯一の源泉である聖書に集中させて，言語的，文法的にこれを読むばかりでなく，人文主義の修辞法にのっとって聖書解釈を進めた．すでにルターと並行して独自に，1519 年に聖書諸書の連続講解説教を試み始めた，チューリヒの改革者 *ツヴィングリがいるし，ギリシア語教授として 1518 年ヴィッテンベルクに招かれた若い *メランヒトンはルターの影響を受けて，翌年には早くも「ローマ書講義」にとりかかっており，生涯そこにとどまって新約聖書諸書の講義も続けた．彼の最初の「ローマ書講義」から，宗教改革の最初の *組織神学の著作といえる『神学総覧』(Loci communes) が生まれた．同時にメランヒトンは，ルターがエラスムスと奴隷意志，自由意志をめぐって論争し，対決するに至った後も，エラスムスの影響から完全に抜け出ることはできなかった．

　人文主義から出発して宗教改革的聖書解釈の完成に至るのは *カルヴァンである．主として *ジュネーヴで改革の指導にあたりながら，彼は旧新約聖書のほとんど全巻に対する注解や説教を残しているが，これらは人文主義的聖書解釈の典型といってよいであろう．彼は，新約聖書の本文が要求しないかぎり，旧約聖書を直ちにキリストに適用することには慎重であったから，例えば詩編を読むにあたっても，主としてこれを歴史的にはダビデやソロモンのこととして理解した．

　宗教改革者たちの聖書に対する姿勢はほぼ共通している．いずれもいわゆる「聖書のみ」(*ソーラ・スクリプトゥーラ)の立場をとる．キリスト教信仰と行為の源であって，規準となるのは「聖書のみ」であるという考え方であって，教会の教えは全てこの規準によって判断されねばならない，というのである．これが一方的に徹底されると，17 世紀になって登場するプロテスタント正統主義の「聖書逐語霊感説」にまで至ることになる(→ 霊感)．

　「聖書のみ」から出てくる聖書解釈の基本は「キリストのみ」である．キリストにおいて，歴史のなかで起こった神の救いの出来事こそが聖書全体の中心であるという考え方である．ルターの場合にそうであったように，これが宗教改革者たちに共通に，中世の四重義の聖書解釈，その中心を占めた比喩的解釈を斥けさせることになった．字義的，歴史的にキリストに集中するとともに，このキリストが信仰者一人ひとりにとってどういう意味をもたらすかを聞き取ろうとしたのである．キリスト論的集中と，信仰実存的適用という 2 本の柱と考えてよい．

　さらに，聖書の解釈にあたっての宗教改革者たちの共通した考え方は，聖書が聖書自身を解釈するという基本である．一方ではこの基本は，聖書自身の言語，思想世

界の固有性に注目することを可能ならしめる．他方これは，聖書と現代との隔たりも明らかにするから，ここからも信仰にとっての適用という要請が生じることになる．

しかし，プロテスタント正統主義は「聖書のみ」の場合と同じく，これをダイナミックに活用することができなかったので，聖書を固定した教義体系の教科書のように受け取り，信仰の固定化を招いた．キリスト論的集中と，信仰実存への適用という問題は，現代においてもプロテスタントの聖書解釈，説教の課題であり続けるというべきであろう．

【文献】H. G. REVENTLOW, *Epochen der Bibelauslegung*, v. 3 (München 1997).　　　　　　　　　（徳善義和）

【近代・現代】〔旧約聖書〕(1) 前史．① 近代における批判的聖書解釈は，17世紀中頃に始まったといえる．それまで聖書はそのまま「天から降ってきた聖なる文書」で，聖書記者の役割や旧約聖書の伝承の発展などは考慮されなかった．また批判的論考の多くは *教理神学に集中し，聖書に関する批判的研究であっても注目されることはなかった．しかし，1650年代に聖書解釈の在り方を変更させるに充分な動きが生じた．それは，神ではなく，自然や人間に形而上学的原理を置く *内在哲学である．また，*人文主義の思潮が，こうした人間の知性や感性を大いに称揚した．*デカルトや *カントにみられるように人間の認識こそが *形而上学の課題となったのである．

17-18世紀の中心的思潮は *合理主義と *経験論の形をとった．*啓蒙思想という言葉にみられるように人間の知性がすべてを統治すると一般に楽観視される．しかし合理主義は超自然の排除と *汎神論に，経験論は *主観主義と *懐疑主義となって終息する．

もっとも合理主義と経験論は *聖書学を含めて諸学の発展に大きく貢献した．聖書の *世界像や *真正性，*聖書考古学や *聖書地理学ならびに *聖書年代学，また *聖書写本や *聖書の言語，*聖書の本文ほか多分野にわたっての研究の必要性を認識させ，その学問的な検討を促したからである．さらにまた，合理主義は *理神論の形成に強く影響を及ぼした．こうして理神論者 *トーランド，*ホッブズ，*スピノザたちは聖書をめぐっての批判的論考を発表した．

② 批判的研究の発端．近代の旧約聖書の批判的研究は，しばしばフランスの R. *シモンに始まるといわれる．著書『旧約聖書の批判的歴史』(1678)は，特に新しい見解を述べたものではない．というのも，すでに17世紀前半，近代的な *聖書の文献批判はフランスの J. *モランやカッペルス (Ludwig Cappellus, 1585-1658)，オランダの *グロティウスなどによって行われていたからである．しかし，シモンの『旧約聖書の批判的歴史』は近代の批判的文献学的方法を適用して聖書の伝承本文を検討した文書として，フランスよりも英国やドイツで広く同調者を得て，その後の旧約研究に影響を与えた（→旧約聖書学）．

シモンの見解は，さらに J. *ルクレールによって拡充が図られる．英国ではケニコット (Benjamin Kennicott, 1718-83) が本文研究を，ドイツではシュルテンツ (Albert Schultenz, 1686-1750) およびシュレーダー (Nicolaus Wilhelm Schröder, 1721-98) がヘブライ語をセム語の一つとする言語研究を発表する．そしてシュルテンツの研究の成果を受け継いで *ゲゼニウスは，今日でも改訂されて版を重ねているヘブライ語文法書ならびに辞典を編著することができた．

こうしたヘブライ語本文への研究傾向ゆえに言語解明に重点を置く旧約聖書解釈が進展した．しかしまた，啓蒙思想がロマン主義に思潮の座を譲ったように，無味乾燥な合理主義的解釈に対する反動も生じた．

③ 18世紀．旧約ならびにオリエント学の分野で貢献するドイツのミヒャエリス (Johann David Michaelis, 1717-91) は，当時の思潮である合理主義や理神論を知悉していたが，伝統的なキリスト教神学の枠内にとどまっていた．啓蒙思想の時代の研究者の多くは，いつも神学と一般的諸学の間の緊張のなかに置かれていたのである．

1753年，フランスの *アストリュクは，*モーセ五書の資料仮説に関する研究の嚆矢となる研究を発表する．しかし，この研究はあまり流布することはなかった．

神学と一般的諸学の間の緊張をめぐる問題は，*ゼムラーによって解消への道が開かれる．ゼムラーは，聖書の人間的・歴史的な側面，また聖書の人間中心で合理的な解釈の正当性を主張し，プロテスタントの聖書学を刷新する．もっとも，狭隘で民族主義的かつユダヤ教的な旧約聖書と開放的かつ普遍的で永遠の新約聖書というように聖書を峻別し，後の旧新約聖書の関連理解に大きな問題を残した．

合理主義的研究への反論もないわけではなかった．ドイツの *ハーマンは，知性ではなく感性を，人間中心ではなく神中心の聖書解釈を主張した．また，こうしたハーマンの考えは，*ヘルダーに批判的に継承されていく．ヘルダーは美学的見地から *ヘブライ詩の研究を行い，18世紀後半の旧約聖書解釈を美的なものへと偏向させるほどの大きな影響を与えた．

こうした流れを修正し，アストリュクやゼムラーらの旧約聖書の批判的研究を継続発展させ，その歴史的・批判的方法を確立したのが *アイヒホルンである．特にモーセ五書の資料批判や詩編の類型研究（→聖書の文学類型）で貢献した．

(2) 19世紀の歴史批判的研究．① *デ・ヴェッテにとって当時の聖書解釈は，全く解釈の名に値するものではなかった．そこでデ・ヴェッテは，聖書の文献批判と歴史批判を結合してより確実で総合的な旧約聖書解釈を行うことを企図した．

こうした聖書の歴史的批判をめぐっては，*ヘーゲルの歴史に関する弁証法哲学の影響を避けられるわけではなかった．*シュライエルマッハーをあげるまでもなく，それは旧約聖書を軽視する危険を充分にはらむものではあったが，ウァトケ (Wilhelm Vatke, 1806-82) はヘーゲル思想に基づいてイスラエル史について著した．

また，歴史批判と宗教思想を融合させた浩瀚なイスラエル史をエヴァルド (Heinrich Georg August Ewald, 1803-75) が著す．

② デ・ヴェッテ，ウァトケ，エヴァルドは旧約聖書の歴史批判的研究を不充分ではあるが進展させた．そして，ロイス (Eduard Reuß, 1804-91) やグラーフ (Karl Heinrich Graf, 1815-69)，キューネン (Abraham Kuenen, 1828-91) らによって旧約聖書の歴史批判的研究は徐々に確立されていく．そしてついに，*ヴェルハウゼンのもとで統合され，その研究結果に基づいてモーセ五書の資料仮説や古代イスラエル宗教の生成と確立をめぐる新たな学説が提唱されるようになる．

19世紀の思潮傾向であるが，ヴェルハウゼンの学説は，過去の出来事に関する告知の歴史性に対する懐疑，

古代の宗教や文化には原始的なものからの段階的な発展がみられるとする仮定，またイスラエルの宗教の超自然的要素の先験的な否定などを前提にしている．そしてイスラエルの歴史を復元するに際して，周辺の文化や宗教の影響を軽視し，考古学的発見の結果を考慮していないという弱点がみられる．

ヴェルハウゼンとは違って，*ドゥームは*預言書，特に*イザヤ書や*主の僕の研究に歴史批判的方法を適用した．また，イスラエルの宗教は，預言者たちに至って自然宗教から道徳へと高度な段階に達し，モーセ時代の単一神教（[独] Henotheismus）から倫理的一神教（ethischer Monotheismus）になったとする．ここにはヴェルハウゼンと同じようにヘーゲル哲学の影響がみられる．ドゥームは古代イスラエルの祭儀や律法には無関心であったが，こうした姿勢は後に一般的となる律法と預言者の対立という見解の温床となった．

ヴェルハウゼンの研究は，ドライヴァー（Samuel Rolles Driver, 1846-1914）やロバートソン・スミス（William Robertson Smith, 1846-94）を通して英国でも流布する．

③ 宗教史学派．ヴェルハウゼンらの研究は，一般的な歴史批判的方法を聖書の研究に応用したものであった．しかし，超自然や宗教を否定する啓蒙思想がロマン主義に取って代わられていくとともに，19世紀中頃，かえってロマン主義の影響から宗教の歴史的実態への関心が高まった．その結果として誕生した*宗教史学派は，宗教を人間文化の所産とみなし，聖書における宗教思想も他の宗教と異なるものではないと考えた．

ヴェルハウゼンらの研究が文献批判にこだわり続けて停滞していたのとは対照的に，宗教史学派による比較宗教学的研究は古代中東の宗教文学史料の発見，考古学や人類学，民族学などの研究の進展と相まって数々の成果をあげた．

もっとも古代イスラエルの宗教はアッシリア・バビロニアの強い影響で形成されたというヴィンクラー（Hugo Winckler, 1863-1913）の「汎バビロニア説」，デリッチ（Friedrich Delitzsch, 1850-1922）の「バベル－ビベル」論などの極端な仮説も唱えられた．

しかしながら，宗教史学派の見解は*グンケルの堅実な著書『創造とカオス』（Schöpfung und Chaos, 1895）を通して，*グレスマンに継承されていく．

④ 歴史文献の批判への反応．ヴェルハウゼンや宗教史学派による研究に対してプロテスタントおよびカトリックの双方は，教理の超自然性や聖書の宗教的内容の独自性を擁護すべく反論を加えていく．

ドイツ・プロテスタントのシュティアー（Rudolf Ewald Stier, 1800-62）やオルスハウゼン（Hermann Olshausen, 1796-1839），ハーン（August Hahn, 1792-1863）は言語文法の立場から，ベック（Johann Tobias Beck, 1804-78）は逐語霊感説の観点から批判した（→霊感）．なかでも，ヘンクステンベルク（Ernst Wilhelm Hengstenberg, 1802-69）は，徹底して批判した．さらに，*救済史という理念を初めて提唱したJ. C. K. フォン・*ホフマン，またデリッチ（上述）の父*デリッチを批判者に加えることができよう．

他方，シモン以降の約200年間，カトリックの聖書研究は衰退の一途をたどるばかりであった．F. G. *ヴィグルー，*コルネリ，*クナーベンバウアー，*フンメルアウアーらによって聖書研究の復興が図られてはいたが，しかし伝統的な学説を繰り返すだけであった．

もっとも，カトリックの聖書研究が伝統擁護に終始するだけではすまされるはずもなかった．*ラグランジュをはじめ，また*エコール・ビブリックを中心にして聖書の文献批判的研究が始まった．さらに，ベルギーのファン・ホーナッカー（Albin van Hoonacker, 1857-1933）は，モーセ六書（創世記からヨシュア記）の形成成立や捕囚後の歴史研究で貢献した．

(3) 20世紀の旧約聖書研究．① 19世紀の歴史的文献批判とは違って，文書の背後にある個々の伝承の伝達の歴史と様式（[独] Form）に着目し，そして伝承の生起する背景（Sitz im Leben 生活の座）も考慮して検討する*聖書の様式史的研究がグンケルによって提唱された．こうした方法を充分に活かしてグンケルは，創世記や詩編の類型研究を著した．

グンケルの様式史研究は，20世紀の聖書研究の方向を決定づけたといっても過言ではない．ドイツではグレスマンに継承され，他方においては*アルト，*ラート，*ノートなどの新たな研究方法を促す手がかりにもなった（→聖書の伝承史的研究）．また*ディベリウスや*ブルトマンによる新約聖書の様式史的研究にも大きな影響を与えた．

② スカンディナヴィア学派．グンケルの様式史研究はスカンディナヴィアでは大幅に改変されていく．この学派は伝承の伝達段階で占める口伝の期間の意義を強調し，それが生起する背景としてもっぱら祭儀に関心を示した．こうした口伝重視，また祭儀偏重という研究上の基本姿勢自体が弱点になったが，ペデルセン（Johannes Pedersen, 1883-1977），ニーベルク（Henrik Samuel Nyberg, 1889-1974），*エングネル，特に*モーヴィンケルの詩編研究は大きな影響を与えた．

③ 傾向と特徴．増大する考古学上の発掘結果をどのように評価するかをめぐっての論議も生じた．それらの発掘結果が聖書の伝える個々の出来事の記述の歴史性を保証するものではないにせよ，同時期の生活や社会組織・制度の一側面を明らかにして聖書の伝える出来事を詳しく知るための手がかりになることはまず間違いないからである．こうした分野では*オールブライトをはじめとするアメリカの研究者，また20世紀後半にはイスラエルの研究者らが貢献した．

また，19世紀はイスラエル宗教史に関する著述が中心であった．しかし，それが20世紀になると旧約聖書神学に集中する．カトリックでは，ベルギーのファン・イムショット（Paul van Imschoot, 1889- ），プロテスタントでは，ドイツの*アイヒロット，ラート，*ツィンメルリ，アメリカのテリエン（Samuel Terrien, 1911- ）らが「旧約聖書神学」と題する著書を刊行した．さらに近年，カトリックでは，ドイツのシュライナー（Josef Schreiner, 1922- ），プロテスタントでは，ドイツのヴェスターマン（Claus Westermann, 1909- ），カイザー（Otto Kaiser, 1924- ），アメリカのチャイルズ（Brevard Springs Childs, 1923- ）らが新たに著作を出版している．→聖書神学

(4) カトリックの聖書研究．*近代主義（モデルニスムス）を警戒するあまり，カトリックの聖書研究は困難さを増大させる．特にラグランジュやトゥザール（Jules Touzard, 1867-1938）などの研究に嫌疑がかけられた．その一方，近代のカトリックに適合した聖書研究の復興のために*教皇庁立聖書研究所の設立，*教皇庁立聖書委員会の設置，聖書の知識普及のための*聖書運動も開始される．この時期における*ベアの研究活動は特記さ

せいしょかいしゃくのれきし

れてよい.

しかし，1943年回勅 *『ディヴィノ・アフランテ・スピリトゥ』の公布以降，これまでとは全く異なる様相をカトリックの聖書研究は呈するようになる．自由と活気に溢れ，多種多様な分野での研究成果が地域を問わず発表されるようになった．

(5) ユダヤ教における聖書の批判的研究．前掲のユダヤ教における聖書解釈を参照．

(6) 現況．近代の聖書をめぐる批判的研究が萌芽してから300年以上も月日が経過した．今日，これまでの研究成果に基づいて，教派や宗教，言語，ときには分野さえも超えて学際的かつ国際的な企画による聖書注解書，事・辞典ならびに研究書や雑誌の刊行，学会・研究会の運営と開催，考古学調査の実施などが進展している．さらに，その全容を把握して粗描することなど不可能なほどに研究者が増大し，それに伴って関心も多様化し，研究方法も多岐にわたっている．こうした聖書研究の現況が，現代における聖書のケリュグマを究明する努力の表れであることを願わないものはない．

〔新約聖書〕(1) 前史．① 近代の批判的聖書解釈は17世紀中頃に始まったといえるが，それまで聖書の内容や記述の歴史性をめぐっての批判がなかったわけではない．

旧約聖書および新約聖書中の一部の文書を容認しなかった *マルキオン，*福音書和合を作成した *タティアノス，*聖書の本文を校訂して最古の *ヘクサプラ（六欄対照旧約聖書）を編纂し，また *聖書の語義に関しても長く影響を与えた *オリゲネスなどは，聖書を批判的に検討した人々といえるだろう．

アレクサンドリアの *エウセビオスも『教会史』のなかで新約聖書についての古い証言を伝え，また福音書の比較対照を容易にする『福音書便覧』を作成した．*アウグスティヌスは，『福音記者の調和』によれば，福音書の記述は厳密に年代順ではなく，イエスの言葉を文字通りに伝えているわけではないと思っていた．

中世には，重要な批判的聖書解釈はみられない．

*ルネサンス以降，聖書の本文研究が興隆する．16世紀，*宗教改革の時代に至って，特に *ルターは「聖書のみ」の立場をとり，聖書を原典からドイツ語に翻訳した（→聖書の翻訳：ドイツ語）．また1537年，ドイツのルター派神学者 *オジアンダーは，その後のプロテスタントの規範ともなる福音書和合（Harmonia evangelicae libri IV, Graeca et latine）を著した．

17世紀後半，合理主義や啓蒙思想の思潮の強い影響のもとでシモン，特にミヒャエリスを通して近代における新約聖書の歴史的・批判的研究方法の動きが始まった（上述）．もっとも，嚆矢としてドイツの *ライマールスをあげることもできる．

② 19世紀の歴史批判的研究．19世紀は，新約聖書の歴史性を批判的に検討するとともに，その神学的意味を探究することが中心的論題であった．そして，*バウアの古代キリスト教史，D. F. *シュトラウスの *イエス伝研究など，いわば彼らの所属する *テュービンゲン学派の見解をめぐって論議が生じ，その当時は伝統に引きこもるか同調するかの二者択一の決定を迫られた．

19世紀後半，バウアの見解に同調するものではないが，新約聖書の歴史批判的研究方法が英国やドイツで提唱されるようになった．

まず，新約聖書の批判的校訂版（→聖書の出版，聖書の本文批判）に基づいて，新約聖書時代の諸思想とも比較対照し，歴史的にも言語学的にも厳密な研究，注解書を著した英国の J. B. *ライトフット，ウェストコット（Brooke Foss Westcott, 1825-1901），*ホートたちである．ウェストコットとホートは研究や注解の分野ではなく，むしろ新約聖書の批判的校訂版（1881）の編纂で大きな貢献をした．

ドイツの *ハルナックは，バウアが無視ないしは排除した伝統的見解を厳密に批判的に検討した．例えば，ルカ福音書の著者問題では伝統的な見解，つまりパウロの協力者で医者の *ルカを著者とみなした．このほかドイツでは *シュラッターが独自の立場から見解を著した．シュラッターは，*福音記者の役割を重視して，*聖書の編集史的研究に先鞭をつける．

(2) 19世紀から20世紀へ．① 新約聖書の神学的意味をめぐっての批判的検討を行う以前に解決されていなければならない課題があった．それは新約聖書の言語ならびに歴史的背景に関してである．

19世紀後半，古代のパピルスや *聖書写本が相次いで発見され，ドイツの *ティッシェンドルフや *ダイスマンたちによって新約聖書の本文や言語（→コイネー）の分野での研究が著しく発展した．

また，英国のレッドパース（Henry Adeney Redpath, 1848-1908）とともに *七十人訳聖書の語句辞典（→コンコルダンス）を編纂したハッチ（Edwin Hatch, 1835-89）は，古代キリスト教と *ヘレニズムの相互作用，またキリスト教思想におけるユダヤ教的要素とヘレニズム的要素との相違をめぐって論述し，宗教史学派，特に *ブルトマンに影響を与えた．さらに，英国のチャールズ（Robert Henry Charles, 1855-1931），ドイツのカウチ（Emil Kautzsch, 1841-1910）は，新約聖書の背景理解の補助となる旧約聖書の *外典・偽典の翻訳を出版，英国の考古学者で歴史家ラムゼイ（William Mitchell Ramsay, 1851-1939）は，パウロの宣教活動や使徒言行録の舞台である *小アジアに関して歴史的な研究を発表した．

② 共観福音書問題．18-19世紀には，*共観福音書問題とイエスの言動や死をめぐっての問題が充分に検討されることはなかった．

それでもドイツのグリースバハ（Johann Jakob Griesbach, 1745-1812），K. *ラハマン，*ヴァイセらによって共観福音書問題への取り組みが進められていた．特にヴァイセは，イエス語録集（後の *Q資料）とマルコ福音書の二つがマタイとルカの両福音書に共通する資料であると考えた．この後，共観福音書問題をめぐっては，*ホルツマン，英国のストリーター（Burnett Hillman Streeter, 1874-1937）らが論述した．

また，新約聖書における古代ユダヤ教やヘレニズムの相互作用に関連して，ドイツのシュトラック（Hermann Lebrecht Strack, 1848-1922）とビラーベック（Paul Billerbeck, 1853-1932），フランスの *ボンシルヴァンが新約聖書と *ラビ文学をめぐっての資料集を編纂した（例えば，欧文略号 Strack-B. 参照）．

他方，イエスが使用し，福音書あるいは福音書以前の伝承段階での言語が *アラム語かどうかをめぐっても論議が生じた．ドイツのダールマン（Gustav Dalmann, 1855-1941），アメリカのトーリー（Charles Cutler Torrey, 1863-1956），英国のバーニー（Charles Fox Burney, 1868-1925），後にはドイツの *エレミアス，英国のブラック（Matthew Black, 1908-94）などが，程度の差はあるもののいずれもアラム語説を展開した．

(3) 20世紀の歴史批判的研究. ① イエス伝研究の革新. 歴史上の人物としてのイエスをめぐっての論議には, まだ決着はみられなかった. しかし, 19世紀末から20世紀初頭にかけてドイツの *ケーラー, ヴレーデ (William Wrede, 1859-1906), J. *ヴァイス, A. *シュヴァイツァーは批判的論述を展開し, それまでのシュトラウスをはじめとするイエス伝研究の流れを枯渇させた. そして, *終末や*黙示文学がイエスの教えの背景となっていることが注目されるようになる.

② カトリックの聖書研究. 20世紀になってもカトリックの新約聖書研究は, 旧約聖書の研究と同様に, 衰退するばかりであった. プロテスタントにおける諸論議に対し, ラグランジュ, あるいは教会当局から破門されることになった*ロアジを除くなら, 一般的には無関心を装うか沈黙している以外に道はなかった.

③ 宗教史学派. 宗教史学派は, 新約聖書研究に*比較宗教学の方法を適用する立場をとる. キリスト教は古代ローマ世界の諸宗教のうちの一つにすぎず, こうしてキリスト教を含む諸宗教の儀礼や思想を比較対照する研究が, ドイツのライツェンシュタイン (Richard Reizenstein, 1861-1931), ブセット (Wilhelm Bousset, 1865-1921) らを中心にして盛んとなる. そしてブルトマンらを通して広く流布していく.

④ 様式史的研究の誕生. 19世紀の新約聖書研究のなかで注目しなければならない成果がある. それは上述した共観福音書問題をめぐってである. 共観福音書のなかでマルコが最古の福音書であって, このマルコとイエス語録集がマタイとルカの両福音書の共通資料となっているという「*二資料説」である. こうして20世紀には, 福音書以前の伝承を確立できるか, またその伝承の言語は何かが論議の焦点となった.

様式史的研究 (→聖書の様式史的研究) の目的は, 福音書以前の段階の口伝の起源や背景, 伝達の方法を探究することにある. このため, 福音書中のイエスの言葉や物語の様式 (〔独〕Form), 用途や目的を解明することに関心を示した.

新約聖書における様式史的研究は, もともと旧約聖書学者グンケルの示唆によるものである. しかし, 新約聖書では, 福音書を構成する伝承の形成と形態の生起した背景, いわゆる「生活の座」(Sitz im Leben) を次のように区別する.

a. イエスの生活の座 (Sitz im Leben Jesu). イエスの活動中の物語や言葉のコンテクストと意味. ただし, そうしたコンテクストが明確になった場合に限られる.

b. 教会生活の座 (Sitz im Leben der Kirche). *原始教団におけるイエスの物語と言葉のコンテクスト.

c. 福音書における座 (Sitz im Evangelium). 福音書中の主イエスの物語と言葉のコンテクスト. これについては, 後に聖書の編集史的研究で詳細に論究されることになる.

新約聖書の福音書をめぐる様式史的研究は, 福音書伝承の歴史性を軽視する傾向があったが, ドイツのシュミット (Karl Ludwig Schmidt, 1891-1956), ディベリウス, そしてブルトマンによって着実な成果をあげていく. そして英国では, ホスキンス (Edwyn Hoskyns, 1884-1937) やテイラー (Vincent Taylor, 1887-1968), ライトフット (Robert Henry Lightfoot, 1883-1953), *ドッドが新たな研究結果を発表した.

⑤ ブルトマンをめぐって. 20世紀の新約聖書学界のなかでブルトマンほど影響力の大きかった人物はいない. 聖書の様式史的研究, そして*聖書の実存論的解釈をめぐって, また特に*非神話化に関する長期間の論争など, つねに学界の中心にあって指導する一方, 毀誉褒貶の的となってきた.

反対者のなかには, ドイツのK. *バルト, フランスの*クルマン, ドイツの*パンネンベルクらがいる.

ブルトマンに対する批判は, ブルトマンに師事した「ブルトマン学派」のなかからも起こった. その論点は, 主にブルトマンの歴史上のイエスを考慮しないイエス理解, また*ハイデガーの思想に依拠したブルトマンの神学的理解の妥当性をめぐっての問題にあった.

こうして「ポストブルトマン」に属する人々, 例えば*ケーゼマンやE. *フックス, *ボルンカム, *コンツェルマン, *エーベリングたち, またアメリカのロビンソン (James McConkey Robinson, 1924-) によって「イエス伝」を含む数多くの論考が次々に発表された.

⑥ 編集史的研究. 聖書の編集史的研究は, ボルンカムやマルクスセン (Willi Marxsen, 1919-93), コンツェルマンらによって始まるが, どのように福音記者が収集した伝承を編纂しているかに着目し, 福音記者やその属する共同体の神学的傾向や特質を解明しようとするものである. 福音書以外にも, この方法は使徒言行録やパウロをめぐっても適用されて研究されている.

(4) カトリックの歴史批判的聖書研究の興隆. 20世紀後半, すなわち1943年『ディヴィノ・アフランテ・スピリトゥ』の公布以降, カトリックの新約聖書研究は, 旧約聖書の研究と同様に, 著しい変貌を遂げる. 先駆的で堅実な研究も珍しくはない.

例えば, フランスの*ブノア, *ボワマール, *ダニエルー, *リュバック, *ロベール, *ジェラン, *リヨネ, *スピック, *レオン・デュフール, *グルロ, フイエ (André Feuillet, 1909-99), またベルギーの*セルフォー, ドシャン (Albert Louis Descamps, 1916-80), ド・ラ・ポテリー (Ignace de la Potterie, 1914-), ブラウン (François-Marie Braun, 1893-1980), J. *デュポン, ナイリンク (Frans Neirynck, 1927-), さらにドイツの*ヴィケンハウザー, J. *シュミット, *シェルクレ, *シュナッケンブルク, *ムスナー, G. *ローフィンク, ペッシュ (Rudolf Pesch, 1936-), そして, アメリカでは, R. E. *ブラウン, *フィッツマイアー, マイアー (John Paul Meier, 1942-), シュッスラー・フィオレンツァ (Elisabeth Schüssler Fiorenza, 1938-) ほかが聖書解釈の歴史研究を含めて独創的論考を発表している.

(5) 現況と課題. 新約聖書の歴史的・批判的研究の現況をめぐっては, 旧約聖書研究の置かれているものとほとんど異ならない. それゆえ, 略述を繰り返すことはしない. ただし, 新約聖書はキリスト教信仰の中核となる*イエス・キリストの活動と言葉, またイエス・キリストへの信仰を伝える文書である. その意味においては, 旧約聖書とは違って, 新約聖書研究は特殊性を帯びている. さらにまた, どのように旧約聖書との関係を説明すべきかという問題もある. そして結局のところ, 今日の新約聖書研究は, 現代における聖書のケリュグマを明示することに成功しているのかどうかという自己検討を求められている. 聖書は研究のためにだけ存在するのではないからである(『ディヴィノ・アフランテ・スピリトゥ』49項).

〔付記〕「日本における聖書解釈の歴史」に関しては, 以下の文献を参照されたい. 『新聖書大辞典』付録 3-23

せいしょがいろん

(→ 新聖書大); 浅野順一他『日本のキリスト教と旧約聖書』(日本基督教団出版局 1980); 木田献一「日本における旧約研究史の一断面」『聖書解釈の歴史』木田献一, 高橋敬基(日本基督教団出版局 1999)124-50; J. M PHILLIP, "Biblical Studies in Japan, 1945-1974," Oriens Studies, 6 (1974) 1-19.

【文献】ISBE 2: 836-74; LThK² 3: 1287-93; LThK³ 2: 1087-103; NBL 3: 513-18; 東京神学大学神学会編『旧約聖書神学事典』(教文館 1983) 111-59; 東京神学大学新約聖書神学事典編纂委員会編『新約聖書神学事典』(教文館 1991) 575-665; W. G. キュンメル『20世紀における新約聖書 — 新約聖書研究概説』高橋敬基訳 (日本基督教団出版局 1973): W. G. KÜMMEL, *Das Neue Testament im 20. Jahrhundert. Ein Forschungsbericht* (Stuttgart 1970); R. E. クレメンツ『近代旧約聖書研究史』村岡崇光訳(教文館 1978): R. E. CLEMENTS, *A Century of Old Testament Study* (Guildford, London 1976); 日本基督教団出版局編『聖書学方法論』(日本基督教団出版局 1979); 木幡藤子, 青野太潮編『現代聖書講座・聖書学の方法と諸問題』2 (日本基督教団出版局 1996); 大貫隆, 佐藤研編『イエス研究史』(日本基督教団出版局 1998); 木田献一, 高橋敬基『聖書解釈の歴史』(日本基督教団出版局 1999); W. G. KÜMMEL, *Das Neue Testament. Geschichte der Erforschung seiner Probleme* (Freiburg, München ²1970); J. SCHREINER, ed., *Einführung in die Methoden der biblischen Exegese* (Würzburg 1971); G. HASEL, *New Testament Theology: Basic Issues in the Current Debate* (Grand Rapids 1978); F. MILDENBERGER, *Geschichte der deutschen evangelischen Theologie im 19. und 20. Jahrhundert* (Stuttgart 1981); G. HASEL, *Old Testament Theology: Basic Issues in the Current Debate* (Grand Rapids ³1982); H.-J. KRAUS, *Die Biblische Theologie* (Neukirchen-Vluyn ³1982); ID., *Geschichte der historisch-kritischen Erforschung des Alten Testaments* (Neukirchen-Vluyn ³1982); H. G. REVENTLOW, *Hauptprobleme der alttestamentlichen Theologie im 20. Jahrhundert* (Darmstadt 1982); ID., *Hauptprobleme der Biblischen Theologie im 20. Jahrhundert* (Darmstadt 1983); R. F. COLLINS, *Introduction to the New Testament* (London 1983); J. W. ROGERSON, *Old Testament Criticism in the Nineteenth Century* (Philadelphia 1985); S. NEILL, T. WRIGHT, *The Interpretation of the New Testament, 1861-1986* (Oxford ²1988); R. E. BROWN, J. A. FITZMYER, R. E. MURPHY, eds., *The New Jerome Biblical Commentary* (Englewood Cliffs 1990) 1113-45; R. HARRISVILLE, W. SUNDBERG, *The Bible in Modern Culture* (Grand Rapids 1995); C. DOHMEN, G. STEMBERGER, *Hermeneutik der Jüdischen Bibel und des Alten Testaments* (Stuttgart 1996). (清水宏)

せいしょがいろん　聖書概論　聖書は神の霊(→霊感)に導かれて書かれた *神の言葉である(申 29: 28; 2 テモ 3: 16; 2 ペト 1: 21). しかし, 旧約聖書(39 書)の大部分はヘブライ語で, 新約聖書(27 書)はギリシア語で書かれている. そして書き留められる前には口伝があり, それらはさらに歴史的出来事に遡る. 口伝の担い手がおり, 神の霊の働きを受けて記述や編集に携わる人々がいた. 聖書はキリストを基点に旧約聖書と新約聖書に分けられる(エレ 31: 31-34; ヘブ 8: 7-13; 2 コリ 3: 14). 旧約聖書はキリストの到来を予告かつ準備し, 新約聖書は到来したキリストを宣べ伝え, その *再臨を準備させる. したがって, 聖書はキリストと彼に対する信仰ゆえに統一されており(マタ 5: 17; ルカ 24: 44), 命の言葉として教会のなかで伝えられている.

【旧約聖書】ユダヤ教の聖書は *律法と *預言者と *諸書の 3 部に分けられる(シラ序言; ルカ 24: 27, 44). ここでは歴史書と預言書と教訓書(ないし「文学書」)というカトリックの分け方に従う. ただし『旧約聖書続編は別扱いにする(→ 旧約聖書).

(1) 創世記から申命記までの 5 書は *モーセ五書あるいは律法(トーラー)と呼ばれる中核部分で, 基本的に *モーセ自身に遡る. いわゆる資料仮説によれば, 5 書は *ヤーウィスト資料(前 9 世紀), *エロヒスト資料(前 8 世紀), *申命記資料(前 7 世紀), *祭司文書(前 6 世紀)の組み合わせでできており, 最終編纂は *エズラによる(前 5 世紀)と考えられる. 創世記の最初の 11 章は, 万物と人間の *創造, 最初の人間の *罪とその後の罪の歴史を語る. 12 章以降はその罪から人類を救うため神が *アブラハムを選び出すことから始まり, その子孫がモーセを介してエジプトから解放され, シナイ契約で *神の民とされ, 約束の地に入る直前までの出来事を述べる. そのなかに律法(主に, 出 20: 1-23: 1; レビ 17-26 章; 申 12: 1-25: 16)が組み込まれている. 律法は *契約の条件として神から与えられた民の生活指針である. 律法の基本法である *十戒は神の愛と *隣人愛にまとめられる. 契約は神がイスラエルに土地と子孫繁栄を保証し, 民は神の意志を行うと宣誓し実行することで成立する(申 26: 16-19). これは新約に至るまでの生活の軸となる. 5 書に続くヨシュア記, 士師記, サムエル記, 列王記は, 申命記の視点からみた, イスラエルの民のカナン入植から王国終焉までの歴史編である. 申命記によると, 律法を守ることは民をエジプトから救い出した神を愛することであり, 律法を守らないことは自ら *呪いを選ぶことである. 王国滅亡も彼らの契約不履行の結末である. ルツ記(前 5 世紀頃)は, ダビデ王の先祖となったモアブ人 *ルツを模範として紹介し, 狭い民族主義を戒めている. 前 4 世紀の歴代誌記者による歴代誌, エズラ記, ネヘミヤ記は, 人類の起源から *捕囚後までの歴史をダビデ王家の視点からみて *ユダヤ教の諸制度を正当化している. エステル記は, ペルシアのユダヤ人が聡明な女性を通して救われる物語である.

(2) 詩編は, ダビデ時代から捕囚後に至る長い間に作られ歌われた民の祈りである. *ソロモンは *知恵文学の祖といわれるが, 箴言は王宮で作られた格言から捕囚後のものも含む. 雅歌は男女の相互愛をたたえている. ヨブ記は, 正しい人の苦しみと死, 人生の問題に答えようとしている. コヘレトの言葉は覚めた目で地上の現実を観察し, それに意味があるのかと問いかける. いずれも最終編纂は前 5 世紀以後であろう.

(3) 預言書のなかでイザヤ書, エレミヤ書, エゼキエル書は, 質量ともに重要なものである. 「*インマヌエル」(イザ 7: 14; 8: 10)や「苦しむ *主の僕」(53 章), 「*新しい契約」(エレ 31: 31), 「イスラエルの牧者」(エゼ 37 章)などは明らかにキリストの予表である. ダニエル書は教訓物語と黙示からなる. 黙示は, イスラエルの民がバビロン捕囚以後に挫折感を味わい続けた結果, 種々の象徴を用いて将来起こることを告げて希望を与えるために生まれた思想で, ヨハネの黙示録で頂点に達する(→ 黙示文学). 哀歌は, エルサレム滅亡のなかで自

らの罪を嘆いた詩歌である．この後 12 の預言書が続く．時代順にはアモス書，ホセア書，ミカ書，ゼファニヤ書，ナホム書，ハバクク書，ハガイ書，ゼカリヤ書，ヨエル書，オバデヤ書，マラキ書となる．預言者とは，神から言葉を託されて人々に伝える人のことで，前 8-5 世紀の間，神から当時の人々のもとに遣わされ，人々の生活態度を糾弾して神の裁きを宣言する一方で，契約の神への真の忠実さを訴え，救いのメッセージを述べて希望を与えた．彼らは事実上，民の指導者であった．部分的には預言者の活動中に書き留められたものもあるが（エレ 36 章），全体の編纂は捕囚後であろう．ヨナ書はむしろ教訓書である．

（4）旧約聖書続編は *七十人訳聖書の一部で，カトリック教会は聖書の正典として認めているものである．教会は，初めから一般にこれらの書を神の言葉として敬い，最終的に *トリエント公会議（1546）において *第二正典として認めた．具体的には，教訓書のトビト記，ユディト記，エステル記（ギリシア語），歴史書のマカバイ記，知恵文学の知恵の書とシラ書，預言書のバルク書とエレミヤの手紙，黙示と教訓のダニエル書補遺（「アザルヤの祈りと三人の若者の賛歌」「スザンナ」「ベルと竜」）で，前 3-1 世紀のものである．

【新約聖書】福音書，歴史書，手紙，黙示録からなる．

（1）キリストの言葉とわざ，生涯，特に死と復活を「*福音」として *使徒たちが宣べ伝え（使 2: 22-39 等を参照），4 人の *福音記者がそれぞれの神学的意図に従って編纂したものが福音書である．マルコ（65-70），マタイ（80-90），ルカ（70-80）によるものは *共観福音書と呼ばれる．マタイとルカがそれぞれ独自の資料に加えて，マルコと *Q 資料を共用していると思われるからである．ヨハネは，イエスの言葉とわざを福音書の前半で記し，後半では復活の栄光の視点から説明している．最終的な編纂（98-117）はヨハネの弟子の手による．

（2）ルカは福音書の続巻，使徒言行録で，神の言葉が *聖霊降臨を機に聖霊の導きのもと使徒たちの宣教活動を通してエルサレムから広がり，それとともに教会が発展していくさまを描いた．前半でペトロ，後半ではパウロが中心的な役割を果たしている．

（3）手紙は，当時の教会の問題に答えながら福音の根本を説明したものといえる．① パウロの宣教中の手紙．最初の手紙は 2 通のテサロニケの信徒への手紙（51 頃/90 頃）である．これは，キリストが近い将来再臨するという当時の考えに対して答えている．第一のコリントの信徒への手紙（55）では，亀裂が生じたコリントの共同体に愛による一致を説き，第二の手紙（56-57）では，使徒の権威を用いて共同体内の和解を訴え，エルサレム共同体の支援を勧める．フィリピの信徒への手紙（56 頃）はエフェソの獄中から，自ら創立したヨーロッパ最初の教会へ送った牧者の愛にあふれた手紙で，ガラテヤの信徒への手紙（57 頃）は，再び律法と信仰の問題を取り扱い，キリストの福音に踏みとどまるよう強く勧める．ローマの信徒への手紙（58）は，キリストによる罪からの解放，救いのための信仰の重要性，*洗礼によるキリストの死と復活への参与，聖霊による新しい生き方など重要な主題を説明している．② 獄中書簡（60 前後）．コロサイの信徒への手紙，フィレモンへの手紙，エフェソの信徒への手紙は獄中からの晩年の手紙である．エフェソとコロサイの信徒への手紙は，神の救いの計画がキリストにおいて実現し教会に受け継がれていることを，宇宙的・終末的な視点から説明している．フィレモンに対しては，逃亡した彼の奴隷を兄弟として受け入れるよう勧める．③ *司牧書簡（70-80）．1-2 テモテへの手紙とテトスへの手紙はいずれも教会の指導者として教会の組織，正統信仰の用語などについて指導を与えている．④ 全キリスト者への手紙．ヘブライ人への手紙（70 以後）は，大祭司キリストについての説教である．以下は *公同書簡と称される手紙だが，ヤコブの手紙（62 年の殉教の前後）は，信仰生活について具体的な指針を与え，1 ペトロの手紙（64 頃）は過越の神秘の説明などをもって迫害下にあった新しい信者を励ます．ユダの手紙（70-80）と 2 ペトロの手紙（100-25）は *異端に対して正統な信仰を堅持するよう勧める．1 ヨハネの手紙は神の愛と愛の掟について教える．2-3 ヨハネの手紙はすでに神の子の *受肉を否定する思想に対して反論している．

（4）新約聖書と全聖書を閉じるヨハネの黙示録（70-95）は，象徴的に描かれた出来事のなかにキリストとその教会が現存することを示して，迫害下のキリスト者に励ましと希望を与えている．最初の天と地（創 1: 1）は去り，新しい天と地，新しいエルサレムが現れるからである（黙 21: 1-2）．

【文献】Wikenhauser-Schmid; P. グレロ『聖書入門』Z. イェール，河井田研朗訳（中央出版社 1982）: P. GRELOT, *Introduzione alla Bibbia* (Milano ⁴1976); 荒井献他『総説新約聖書』（日本基督教団出版局 1981）; 石田友雄他『総説旧約聖書』（日本基督教団出版局 1984）; E. シャルパンティエ『旧約聖書の世界への旅』柳下崇子，椎尾匡文訳（サンパウロ 1996）: E. CHARPENTIER, *Pour lire l'Ancien Testament* (Paris 1980); 同『新約聖書の世界への旅』井上弘子訳（サンパウロ 1997）: ID., *Pour lire le Nouveau Testament* (Paris 1981); O. EIẞFELDT, *The Old Testament: An Introduction* (New York 1965); H. CAZELLES, ed., *Introduction à la Bible* (Paris 1973-91); R. E. BROWN, *Introduction to the New Testament* (New York 1997). 　　　　　　　　　　　　　　（高見三明）

せいしょがく　聖書学　〔英〕biblical science, 〔独〕Bibelwissenschaft, 〔仏〕études bibliques

【定義】広義の聖書学は，聖書を *神の言葉として信仰と礼拝と生活の基準とみなしつつ，人間の言語で書かれた本文の意味の解明を目指す学問的研究の総称で，聖書地理学，聖書考古学，オリエント学，エジプト学，聖書言語学，聖書文献学，聖書歴史学，神感論，正典論，聖書概論，聖書解釈学，釈義，聖書神学，注解，聖書の翻訳などを包含する（当該関連項目参照）．狭義の聖書学は釈義（〔ギ〕exegesis）である．釈義はギリシア語 exegeomai「（本文からその意味を）引き出す」の派生語で，種々の批判あるいはアプローチによって *聖書の本文の意味を理解し説明することである．釈義に関する原則論が *聖書解釈学である．

【略史】聖書学の歴史は，*聖書解釈の歴史でもある．古来，ユダヤ人は聖書研究に熱心であった（ヨハ 5: 39; 使 17: 11）．*律法学者の *ミドラシュ，新約聖書の隠喩（ガラ 4: 21-31）や *予型論（1 コリ 10: 1-4; ヘブ 7 章）などはその好例である．*聖書の翻訳や正典の決定は聖書批判の結果でもあった．*オリゲネスの六欄組対訳聖書（*ヘクサプラ）はいわば旧約聖書本文批判であった．一般に，彼に代表される *アレクサンドリア学派は寓意的・霊的解釈を基本とし，*アンティオケイア学派は歴史的・字義的解釈を重んじた．聖書が歴史的なものであると同時に普遍的な価値をもっていることを示すこれら二

せいしょがく

様の解釈は，*アウグスティヌスを経て中世に継承される．12-13世紀になると古典や歴史への関心が生まれ，*トマス・アクイナスは神の意図としての*字義通りの意味の究明を聖書研究の中心と考えた（→聖書の語義）．16世紀の*人文主義の時代には，聖書も一般の古典文献同様に批判的研究の対象とみなされた．*エラスムスは本文を批判的に確定することを重視し，「聖書のみ」（*ソーラ・スクリプトゥーラ）を主張した*ルターは聖書の原語と文献的・歴史的細部に注目し，聖書流布のため翻訳に努めた．

近代聖書学は，17-18世紀，啓蒙時代（→啓蒙思想）のR.*シモンに始まる．彼は，*聖書の言語の文法研究や異読の比較，*ラビや*教父の著作との比較などを通して，聖書本文は口伝伝承をもとに発展成立したと考え，聖書の批判的歴史について著した．*ライマールスが信仰のキリストと区別して探究した歴史上のイエスの問題は今なお生きている（→イエス伝研究）．*ルイ15世の宮廷医*アストリュクは創世記中の*神の名の多様性に注目した(1753)．その後の聖書学は特にドイツ・プロテスタントの間で旧約聖書を中心に発展する．*アイヒホルンは，*モーセ五書に二つの資料を区別し，詩編研究ではその類型（〔独〕Gattung）を研究した（→聖書の文学類型）．批判学，科学，歴史学の隆盛と相まって，歴史的・批判的方法の創始者といわれる*デ・ヴェッテは聖書自体の歴史的成立過程を研究した．こうした先達者たちのおかげで，*ヴェルハウゼンはモーセ五書の成立に関する四資料（略記J, E, D, P）説を立て，その成果をイスラエル宗教史研究に適用した．この仮説は，後に*共観福音書の*二資料説の提唱を促す．*グンケルは，創世記と詩編をもとに文書以前の口伝まで遡って文学類型とその「生活の座」（〔独〕Sitz im Leben）を明らかにした．こうして*聖書の様式史的研究がなされ，*ディベリウスや*ブルトマンらがそれを共観福音書に応用した．グンケルの弟子*モーヴィンケルは，6巻に及ぶ詩編研究からイスラエルの典礼や祝祭の実際を解明しようと試みた．様式史的研究は，*アルト，フォン・*ラート，*ノートらによって発展した．

【カトリックの聖書学】カトリック教会に*聖書批評学の方法を導入しその基礎を固めたのは，*ラグランジュであった．1890年エルサレムに聖書学院（*エコール・ビブリック）を創設し，聖書学雑誌（Revue biblique, 1892- ）と聖書研究叢書（Etudes bibliques, 1903- ）を刊行，『歴史的方法』(1903)や新約聖書の注解書など1,800余点に及ぶ論著を発表してカトリックの聖書研究をより高い学問的レベルに引き上げた．同学院の聖書地理学(*アベル)や*クムランなどでの考古学上の業績（ドゥ・*ヴォー），『エルサレム聖書』（Bible de Jérusalem, 1956 ²1973）の刊行は特筆に値する．*レオ13世は回勅『*プロヴィデンティッシムス・デウス』(1893)で「聖書研究はあたかも神学の魂のようなもの」と述べ，カトリックの聖書研究を統括・促進す*聖座に諮問する*教皇庁立聖書委員会を設置(1902)，また*ピウス10世がローマに設立した*教皇庁立聖書研究所(1909)は，特に文献学とオリエント学(1932年にオリエント学部が増設)の分野で貢献，*ベアの所長在任中(1930-49)，より開かれた聖書研究が推進された．同研究所は1927年にエルサレムにも開設，聖書学雑誌（Biblica, 1920- ）と聖書学文献紹介誌（Elenchus bibliographicus biblicus, 1920- ），オリエント研究誌（Orientalia, 1920-30, 1932- ）などを刊行し，聖書学学位が取得できる唯一の研究施設でもある．エルサレムには*フランシスコ会聖書研究所も設立され(1923)，考古学などの分野で業績を上げている．他方，パリでは聖書事典（Dictionnaire de la Bible, 1891-1912, 1928- ）が刊行された．以上は19世紀末の考古学的，言語学的，歴史学的発見によって提起された聖書関連の諸問題に対して，カトリックの正統性を守ると同時に聖書の学問的分野に積極的に貢献することを目的としていた．聖書の歴史的批判，特に文学類型に従った字義の解釈を公認し聖書学者に研究の自由を与えてカトリックにおける聖書学の飛躍的発展を促したのは，*ピウス12世の回勅『*ディヴィノ・アフランテ・スピリトゥ』(1943)であった．第2*ヴァティカン公会議も『啓示憲章』(1965)で聖書研究者は適切な研究によって聖書記者の意図，また神意を究明するよう激励した(12, 23項)．教皇庁立聖書委員会は，「福音書の歴史的真実性」(1964)，「女性司祭」(1976)，「キリスト論」(1983)，「聖書の解釈」(1993)などに関する公式見解を発表する．特に欧米の聖書研究所あるいは学者が重要な本文批判，論文や著書，研究叢書，事辞典，注解書などを発表・刊行しつつある．またキリスト教の教派を超えた聖書翻訳や共同研究，国際的あるいは国や地域別の旧約聖書および新約聖書学会の活動も盛んである．

【狭義の聖書学】聖書学の中核である釈義は，聖書本文とそれに関連する事柄を批判的に探究する方法（〔英〕criticism）によって行われる．「批判」（〔ギ〕krinō．「識別する，判断する」に由来）は，聖書本文を歴史と内容の両面から批判的に分析し説明することを意味する．このために，聖書底本，翻訳聖書，文法書，事辞典，語句辞典(*コンコルダンス)，注解書，年表，地図，研究論文著書などを要する．

① *聖書の伝承史的研究．歴史的・批判的な方法で，聖書を歴史的源泉に置き直し，そこからの発展過程を追う．a. *聖書の本文批判は，原本に近づく研究や黙想にとって信頼できる底本を確立する基礎的作業である．旧約聖書の場合，近年の*死海文書（例えば，Discoveries in the Judean Desert, 1955- ）や*七十人訳聖書の研究成果（バルテルミー Dominique Barthélemy, 1921- ）が注目されている．b. *聖書の文献批判は，言語，文体，構成，資料の面から内容を研究する．c. 聖書の様式史的研究は，本文の文学類型を見定め，口伝から文書として最終的な形に至るまでの発展段階を再構成し，その具体的な背景との関連づけを試みる．d. *聖書の編集史的研究は，伝承あるいは本文が聖書記者あるいは編集者の手で変更された点を取り出してその神学的視点を究明し，そこから生じた全体的な結果を明らかにする．

② 新文献分析（〔英〕new literary analysis）は，現在あるがままの本文を分析する方法で，歴史的・批判的な方法による伝承史的研究とは補完関係にある．a. 修辞学的分析（rhetoric analysis）は，古典*修辞学の応用，セム思想の視点からの構造分析，言語学や*記号論を用いた新修辞学的分析である（→聖書の構造主義的解釈）．b. 物語分析（narrative analysis）は，人物の動きの分析と神学的考察である．c. 記号論的分析（semiotic analysis）は，相違の関係と文法の分析である．

ほかに ③ 伝承に基づく「正典的アプローチ」（canonical approach）や「ユダヤ教伝承に基づくアプローチ」，④「現代的文脈におけるアプローチ」（contextual approaches）などがある．③ の正典的アプローチは，② が部分を対象とするのに対して，信仰の規範としての観点から，各書各箇所を全聖書の文脈のなかに置き，

今を生きる自分たちに何を語りかけているのかを問いつつ読む方法である．④は世界の平和と正義のための戦いに役立つかどうかという読者の視点から聖書を解釈しようとする．「*解放の神学に基づくアプローチ」や「フェミニストの解釈学」(→女性神学)などがそれである．

なお，以上の方法はいずれも完全に独立しているわけではなく，相補うべきものである．
【文献】ABD 1: 725-36; Mondésert 1-8; NCE 2: 496-512; TRE 6: 316-409; W. G. キュンメル『20世紀における新約聖書』高橋敬基訳(日本基督教団出版局 1973): W. G. KÜMMEL, *Das Neue Testament im 20. Jahrhundert* (Stuttgart 1970); R. E. クレメンツ『近代旧約聖書研究史』村岡崇光訳(教文館 1978): R. E. CLEMENTS, *A Century of Old Testament Study* (Guildford 1976 ²1983); 出村彰，宮谷宣彰『聖書解釈の歴史』(日本基督教団出版局 1986); 木田献一，荒井献監修『現代聖書講座』2(日本基督教団出版局 1996); 木田献一，高橋敬基『聖書解釈の歴史』(日本基督教団出版局 1999); P. R. ACKROYD, ET AL., eds., *The Cambridge History of the Bible*, 3 v. (Cambridge 1963-70); S. NEILL, *The Interpretation of the New Testament* (Oxford 1964); J. H. HAYES, J. HARALSON, *Biblical Exegesis* (London 1983 ²1988); R. MORGAN, J. BARTON, *Biblical Interpretation* (Oxford 1988); R. E. BROWN, ET AL., eds., *The New Jerome Biblical Commentary* (Englewood Cliffs, N.J. 1990); PBC, *The Interpretation of the Bible in the Church* (Rome 1993); S. L. MCKENZIE, S. R. HAYNES, eds., *To Each Its Own Meaning: An Introduction to Biblical Criticisms and Their Application* (Louisville 1993); L. E. KECK, ET AL., eds., *New Interpreter's Bible*, v. 1 (Nashville 1994); M. GOURGUES, L. LABERGE, eds., *De bien des manières* (Montréal, Paris 1995).

(高見三明)

せいしょがっこう　聖書学校　〔英〕bible school
米国における*信仰覚醒運動の一つの産物として，聖書学校の出現がある．シンプソン(Albert Benjamin Simpson, 1843-1919)によって1883年に*ニューヨークで初めて設立され，さらに1886年には*ムーディが*シカゴに聖書学校を開設した．これは伝道が盛んになるにつれて急務となった伝道者の速成養成機関といった面もあり，いわゆる*牧師と*信徒の中間に位置する信徒指導者養成を目指したものである．対象は伝道を志願する高校卒業者，あるいは大学や神学校(大学院)入学が困難な人々である．*神学校と異なり聖書を中心としたカリキュラムで，*日曜学校で教えること，街頭で伝道することなど実践的な活動を通して，敬虔さを養い，祈りと信仰を深めるよう指導し，保守的な*敬虔主義あるいは*根本主義の諸教派で著しく発展した．
第2次世界大戦後，米国のプロテスタント諸教派は，日本をはじめとする東アジアへ多くの宣教師を派遣するようになったが，その宣教師養成機関として聖書学校は重要な役割を演じ，1941年から1960年にかけて大きく成長した．米国，カナダには250以上の聖書学校があり，なかには，バイブル・カレッジとして大学の資格を有するものもある．
日本の場合，各教派(特に中小教派において)の神学校は，この聖書学校と同じ内容をもつものが多く，また最近では，*ペンテコステ派の超教派の教職者養成機関の多くもこのスタイルをとっている．
【文献】キ大 617-18; NIDChC 130.

(川村哲嗣)

せいしょきょうかい　聖書協会　〔英〕United Bible Societies, 〔略号〕U.B.S.　聖書協会世界連盟ともいう(以下，UBS). 1946年5月9日，*ロンドンの南の町ヘイワーズヒース(Haywardsheath)に13か国の聖書協会の代表が集まり，第2次世界大戦後の復興のなかで極端な聖書不足に対応するため協議したことが始まりである．その結果，ヨーロッパ，日本を含むアジア各国に聖書を届け，物質的な復興のみならず，人々に霊的に希望や愛を語りかけ，その心を開き，心豊かな戦後社会を築く力になった．我が国にも，約700万冊の日本語の新約聖書が届けられ，荒廃した日本人の心と霊を，どれだけ希望と愛に導いたかは，当時を知る人が皆感謝をもって語り伝えるところである．
「聖書協会運動」は，1804年，英国聖書協会の創設とともにしだいに世界に広がっていった(→聖書運動，日本聖書協会). 8年に1回，UBSは世界大会を開催し，聖書協会運動の展開について協議する．1996年から2004年までのテーマは，「神のことばは，すべての人のいのち」である．1996年現在，138の聖書協会がUBSに加盟し，また協力して，すべての人に聖書を届けようと翻訳，出版，頒布に努力している．そして中国，旧ソ連，東欧諸国など，霊的荒廃のなかに積極的に聖書を届ける働きも行っている．
1962-65年の第2*ヴァティカン公会議は聖書をめぐっても歴史的に画期的な会議であった．何よりも*ミサ，聖書朗読など，典礼で各地域の言語の使用が可能となったこと(→典礼言語)，そして歴史的に分かれた教会との一致を目指す，つまり*エキュメニズムに積極的に取り組むことが確認されたことなどである．この公会議の途中から，UBSは，ヴァティカンの*キリスト教一致推進評議会と協議を重ね，カトリックとプロテスタントの両教会が比較的一致でき，協力しやすいのは，聖書だということで，1968年『聖書翻訳における諸宗派間の協力のための指針』を公表し，世界中で共同訳の作業が始まった(→聖書の翻訳)．現在，世界中で行われている翻訳作業のほとんどは，両教会の共同の作業であり，改めて「共同訳」と呼称する必要がないほどになってきた．また，UBSの副会長は，長くカトリックの司教アブロンディ(Alberto Ablondi, 1924-)が務め，各国の聖書協会の理事長や理事などにも多くのカトリック教会の代表が就任している．
UBSは，聖書の翻訳，使用についての数々の情報を備え，教会をはじめ諸方面からの要請に応えている．翻訳，出版，頒布そして管理業務などのコンサルタントを各地のサービス・センターに配置し，各国の聖書協会のために，支援態勢を整え，翻訳などが学問的にも高い水準に保たれるよう配慮している．特に，旧社会主義諸国，アジアやアフリカ，中南米などの途上国におけるクリスチャン人口の増加，識字率の向上などにより，聖書の需要が急増してきたため，世界中の教会，団体などとも協力し，これらの要請にアピールや募金などを通して懸命に取り組んでいる．

(佐藤邦宏)

せいしょくしゃ　聖職者　〔ラ〕clericus, 〔英〕cleric, 〔独〕Kleriker, 〔仏〕clerc　*神の制定によるキリスト信者のなかの一身分であり，*信徒とともに*神の民を構成する．現行の*教会法に従って*助祭，*司祭，*司教

せいしょくしゃさんじかい

の職階に上げられた者を指す．

【語義の変遷】ギリシア語のクレーロス（klēros）を語源とするラテン語のクレリクス（clericus）は「分け前」もしくは「相続分」を意味する．初期の教会においては，すべてのキリスト信者は主の身分に呼ばれた者として，あるいは神が彼らの分け前であり相続分であるという理由でクレリクスと呼ばれた．しかし3世紀の終わり頃になると，クレリクスという呼称は，少なくとも *下級品級を受けた者，そして特別な仕方で聖なる奉仕職に任命された者について使われるようになった．当初，聖職者身分に上げられる者は，それに先立って *剃髪を受けたが，13世紀までは，剃髪式そのものは聖職者になる儀式ではなく，準備期の始まりにすぎなかった．その後しだいに剃髪式が世俗的身分からの訣別，聖職者身分への *登簿を意味するようになった．こうした慣習は1917年公布の『教会法典』のうちに成文化された（『旧教会法典』108条1項）．しかし1972年，教皇 *パウルス6世の自発教令『ミニステリア・クエダム』（Ministeria quedam）によって剃髪式，下級品級，*副助祭の職は廃止され，助祭職以上の職階を受けた者のみが聖職者と呼ばれることに改正された．

【聖職者に関する教会法】すべての聖職者は登簿もしくは入籍が義務づけられる．すなわち助祭職を受ける時点で，部分教会もしくは *属人区または所属の *修道会もしくは使徒的生活の聖職者会または *在俗会のいずれかに入籍しなければならない（新『教会法典』265条，266条）．聖職者は，*叙階の秘跡によって委任される神の民のなかで果たすべき特別な *役務のゆえに制限もしくは拡大される場合を除いて，基本的には信徒と同等の権利および義務を有する．新『教会法典』第274条第1項は，聖職者のみが，叙階に基づく権限または教会統治権（→ 裁治権）をその行使にあたって必要とする職務に就くことができると規定している．また *ラテン教会においては，妻帯終身助祭を除くすべての聖職者は終生 *独身を遵守する義務を有する（同277条1項）．

【文献】DMC 1: 705-706; L. CHIAPPETA, *Dizionario del Nuovo Codice di Diritto Canonico* (Napoli 1985) 147-53, 169; N. RUFF, *Das Recht der Katholischen Kirche* (Freiburg 1983) 78-93. （枝村茂）

せいしょくしゃさんじかい　聖職者参事会　→ カピトゥルム

せいしょくしゃしじょうしゅぎ　聖職者至上主義　→ クレリカリズム

せいしょくしゃみぶんのそうしつ　聖職者身分の喪失　〔ラ〕amissio status clericalis,〔英〕loss of the clerical state,〔独〕Ausscheiden aus dem Klerikerstand,〔仏〕perte de l'état ecclésiastique　一度有効に授けられた *叙階の秘跡は決して無効になることはないが，*聖職者がその身分を喪失することはありうる．新しい『教会法典』では，従来の「還俗」（〔ラ〕reductio clericorum ad statum laicalem）という表現を廃止し，「聖職者身分の喪失」という表現を採用している（290-93条）．これは「還俗」という用語が *信徒の身分が聖職者の身分に比して低いものであるかのような印象を与えかねないからであると思われる．

〔聖職者身分の喪失のケース〕聖職者は次の三つの事由によって身分を失う（『教会法典』290条）．① 叙階の秘跡の無効性を宣言する裁判所の判決，または行政決定がなされることによって．② 適法に除名の刑罰が科せられた場合．③ 聖職者の請願に対して *使徒座が与える *答書によって．① の無効性の事由としては，外的強制による強度の恐怖や他の重大な理由による受階者の自由の欠如または *独身の義務を不可能とするような重大な病気・疾患が証明された場合があげられる．② の除名の刑罰が科せられる犯罪としては，信仰の背棄，異端，離教，長期にわたる不服従または重大な *躓き（同1364条），*聖体の乱用または汚聖（同1367条），教皇に対する暴行（同1370条1項），*ゆるしの秘跡の執行の機会に，もしくはそれを口実として相手を第6戒に反する罪に誘惑すること（同1388条1項）．*婚姻の試み（同1394条1項），私通関係および躓きを伴う第6戒に反する他の外的罪等（同1395条）．③ の使徒座の答書に関しては，*助祭の場合は重大な事由，*司祭の場合は極めて重大な事由によってのみ与えられる（同290条3号）．なお以上の三つの法的措置による聖職者身分の喪失のうち，① の裁判による判決もしくは行政上の決定による場合以外は，聖職者の身分喪失は，そのものとして独身遵守の義務の *免除を伴うものではなく，この免除はローマ教皇によってのみ与えられる（同291条）．

〔聖職者身分の喪失の結果〕聖職者身分の喪失に伴い，聖職者はその身分固有の権利を失いかつその身分に伴う義務に拘束されなくなる．またすべての職務，任命および受任権も喪失する．ただし独身の義務は叙階の無効の場合を除いて，教皇による免除を得るまでは継続する（同292条）．なお叙階に基づく権利は喪失することはないが，その行使は禁止される．ただし死の危険にある者に対しては，ゆるしの秘跡を有効かつ適法に執行し，あらゆる懲戒罰および罪を *赦免することができる（同976条）．

〔聖職者身分への復帰〕一度聖職者の身分を喪失した者の聖職者身分への再登簿（→ 登簿）は，使徒座の答書によってのみ可能である（同293条）．

【文献】N. RUFF, *Das Recht der Katholischen Kirche* (Freiburg 1983) 92-93. （枝村茂）

せいしょくしゃみんじきほんほう　聖職者民事基本法　〔仏〕Constitution civile du clergé　1790年7月12日，*フランス革命に際して，憲法制定議会により配布されたカトリック教会再編のための大改革法令．1789年8月，フランスの *聖職者は三部会の身分としての特権と *十分の一税と世襲地からの収入を放棄し，同年11月2日，*教会財産の国有化が行われた．憲法制定議会は法令で教会を規制することを決定し，聖職者の生計を保証すると同時に，その教会組織の再編を意図して，この基本法を公布した．

基本法による主な改革点は次の通りである．(1) 機構．1県1司教（136から83へ）とし，管区大司教区は18から10に縮小．*小教区の区分を整理し，司教座聖堂参事会（→ カピトゥルム）を廃止する．*司教は一定数の *司教代理によって補佐されるものとする．(2) 任命制度．司教は，納税者（非カトリック信者も含む）の県議会において，少なくとも聖職歴15年の司祭のなかから選挙される．*教区司祭は，教区集会で5年の聖職歴がある *助祭より選挙．助祭は，地元で養成された聖職者のなかから教区司祭が選び，司教代理は司教が選ぶ．すべての教区司祭は就任に先立ち，国家公務員として国家・国法・国王・憲法へ忠誠を誓う．(3) 聖職者の自治制

度．全管区の聖職者が参加する管区および教区会議を創設する．司教は，司教代理と神学校司祭からなる常任委員会の勧告を受ける．委員は罷免されない．(4) 給与体系．聖職者に国家より給料を支給する．公務員としての聖職者全員に永住市民権が与えられる．官職に就くことはできないが，投票権をもつことができる．

この法令は，*ガリカニスムの精神による立法の典型であり，*教皇の同意を得ないまま，一方的に制定されたものである．*ローマおよび大多数の司教はこの法令を承認することができなかった．忠誠の宣誓への要求は，フランスの聖職者を宣誓派(約52%の憲法派聖職者)と拒否派(宣誓忌避聖職者)に二分し，やがて根深い対立と迫害が生じた．宣誓を拒否すれば，革命政府から反革命・非国民・反逆者と解釈されたからである．

【文献】キ史7: 258-70; F. FURET, M. OZOUF, eds., *Dictionnaire critique de la Révolution Française* (Paris 1988) 554-63; T. TACKET, *Religion, Revolution and Regional Culture in Eighteenth-Century France: The Ecclesiastical Oath of 1791* (Princeton 1985); C. LANGLOIS, "La rupture entre l'Eglise catholique et la Révolution," *The Transformation of Political Culture 1789-1848*, ed. F. FURET, M. OZOUF (New York 1989) 375-90.

(H. ブライテンシュタイン)

せいしょくすいきょけん　聖職推挙権　〔ラ〕ius patronatus, 〔英・仏〕patronage, 〔独〕Patronat

旧『教会法典』1448条によると，教会・聖堂・*聖職禄に関し，それらの創立者または創立者の後継者に対して，教会がある一定の義務と引き換えに承認する特権の総体を指す．

【歴史】初代教会において，*司教は配下の聖職者と信徒の推挙を受けて，司牧者の地位を得ると同時に，教会の土地・財産を支配し管理する権利をもっていた．しかしすでに古代教会の末期には，ローマ社会の私的保護権制度にのっとり，有力な俗人が教会と聖職禄を私有化する傾向がみられた．この傾向は中世に入ると飛躍的に増大した．これは，*ゲルマン法により，ある土地の上に存在する建物や施設や人員がその土地の所有者の私有物と認められていたからである．すなわち，ある土地のなかに存在する教会とその財産およびその成員はその土地所有者の私有物とみなされたのである．これを*私有教会制度といい，聖職者の推挙権は土地所有者である俗人の所有するところであった．

このような傾向の現れは，東方では6世紀の*ユスティニアヌス法典新勅法(Novellae 57: 2, 123: 8)にみられる．西方ではすでに411年の*オランジュ教会会議，633年の*トレド教会会議の教令に現れている．818/19年の*アーヘン教会会議の教令は，私的保護者が聖職者を推挙し任命することを，司教の同意を必要条件としたうえで承認している．826年のローマ教会会議の教令9条，1031年ブールジュ教会会議の教令22条は，聖職者の*叙任を司教の手に留保する一方，聖職禄の授与を世俗の推挙者の手に委ねているのである．

このような俗人による教会と聖職禄の私有化は，聖職者の規律の弛緩を招き，シモニア(*聖職売買)，コンクビナートゥス(〔ラ〕concubinatus, 蓄妾司祭)などの道徳的頽廃を生んだ．これに対し，11世紀後半より展開した*グレゴリウス改革と*叙任権闘争は，俗人の推挙者による教会の私有化を阻止する闘いを呼び起こした．1096年に教皇*ウルバヌス2世の開催したニーム教会会議の教令1条は，教会の所有権が司教座聖堂参事会(→カピトゥルム)と*修道院に属することを確認した．また聖職の授与は司教に帰属し，参事会および修道院は一人の候補者を推挙すべしと定めた．さらに聖職者は司牧については司教に対し責任を負い，聖職禄の使用については司教座聖堂参事会または修道院に対し責任を負うべしとしたのである．

1123年および1139年の第1，第2*ラテラノ公会議は，俗人が教会を私有化し聖職者を推挙し聖職禄を授与することに反対し，これらの権利を教会の代表者に委譲するよう要求した．*グラティアヌスをはじめとする12世紀以降の教会法学者たちもこれらの決定に従い，俗人の教会私有を厳しく非難し，彼らに聖職候補者の推挙のみを認めた．12世紀末，教皇*アレクサンデル3世は，聖職推挙権を霊的なものと結合した世俗の権利とした．そして彼はこれを，世俗の推挙者が教会を創立し聖職禄を寄進したことに対する教会の感謝の念を表示するものであり，推挙者が教会とそれに付属する財産や諸権利を私有化するものではないと宣言した．この原則は，1215年の第4ラテラノ公会議，教皇*グレゴリウス9世および*ボニファティウス8世の教令，さらには16世紀の*トリエント公会議でも確認された．しかし，このような原則の確立とその実現への努力にもかかわらず，聖職推挙権の俗人による濫用は後を絶たず，多くの弊害を生んだ．これが一掃されるのは近代に深く入り，皮肉にも教会財産の多くが完全に世俗化され，教会固有の財産が取るに足りないものとなってからであった(→教会財産の国有化)．

【文献】U. シュトゥッツ『私有教会・教会法史』増淵静四郎，淵倫彦訳(創文社1972): U. STUTZ, *Die Eigenkirche als Element des mittelalterlich-germanischen Kirchenrechtes* (Berlin 1895), *Die kirchliche Rechtsgeschichte* (Stuttgart 1905); A. フリシュ『叙任権闘争』野口洋二訳(創文社1972): A. FLICHE, *La querelle des investitures* (Paris 1946); J. A. GODFREY, *The Right of Patronage According to the Code of Canon Law* (Washington, D.C. 1924); J. J. COADY, *The Appointment of Pastors* (Washington, D.C. 1929).

(坂口昂吉)

せいしょくばいばい　聖職売買　〔ラ〕simonia, 〔英〕simony, 〔独〕Simonie, 〔仏〕simonie

【定義】*トマス・アクィナスは，「聖職売買」とは霊的なものあるいは霊的なものと合体しているものを買ったり売ったりしようとする故意の意志である(『神学大全』II. 2, q. 100, a. 1)と簡明に定義している．

またカトリックの*教会法典(旧『教会法典』727条)は，*神法上の聖職売買と*教会法上の聖職売買を区別している．まず神法上の聖職売買は，世俗的な利益(金銭，推挙，奉仕など)を，それ自体霊的なもの(例えば*秘跡，教会の*裁治権など)，あるいは霊的なものと有体的なものが不可分に結合しているもの(例えば*聖職禄など)，あるいは霊的なものが売買契約の対象となるような形で存在しているもの(例えば聖杯における*聖別など)と交換しようとする故意の意志である．一方，教会法上の聖職売買は，同一水準の価値をもつものが交換される場合である．すなわち霊的なものと有体的なものの混合物が他の霊的なものと有体的なものの混合物と(例えば*聖遺物の容器が他の聖遺物の容器と)，あるいは霊的なものが他の霊的なものと(例えば聖遺物が他の聖遺物と)，あるいは有体的なものが他の有体的なもの

せいしょくばいばい

と（例えば教会所有の容器が他の容器と），教会が禁じているにもかかわらず交換される場合である．

【名称の由来】*使徒言行録8章18-25節に，もと魔術師でキリスト教徒となった*シモンが，使徒*ペトロからその霊的力を金で買い取ろうとして，ペトロに「金とともに滅びよ」と叱責された話がある．このシモンにちなんで，聖職売買がシモニア（[ラ] simonia）と呼ばれることになった．なお，特に聖職を売るだけのことをギエジタ（giezita）と呼ぶことがある．*列王記下5章1-27節に，預言者*エリシャが霊的な力により*アラム人の軍司令官*ナアマンの皮膚病を無償で治してやったのに，エリシャの従者ゲハジ（Gehazi）がその治療代をナアマンからせしめたため罰として皮膚病にかかったという話がある．このゲハジにちなんで，聖職を売ることをギエジタと呼ぶのである．

【歴史】3世紀までは，聖職売買はほとんど存在しなかった．迫害下にあり，経済的にも貧しかった教会の職位や秘跡は金銭的取引の対象にならなかった．しかし313年の*ミラノ勅令以後，教会が富と権力を蓄積し始めると，教会の職位や秘跡が熱心に求められるようになった．すでに306年頃，*エルビラ教会会議において*洗礼に際しての金銭授受が罪として禁じられている．4世紀末の*使徒教令の30章は，霊的祝福の授与に対しての金銭支払いを禁止している．451年*カルケドン公会議の規定第2条は，この禁令を権威をもって確認している．しかもこの教令は，*叙階と聖職の売却を禁ずるのみならず，叙階を伴わない聖職任命についてすら金銭の授受を禁じている．さらに787年第2*ニカイア公会議の規定第19条において，聖職売買は厳しく断罪されている．

これらの公会議の禁令のみならず，5世紀から7世紀にわたる諸教皇の教令や，教会法の同様の規定は，その禁令を強調するとともに，逆に聖職売買の根強い普及を示してもいるのであり，*インノケンティウス1世，次いで*レオ1世が強くその禁止を訴えている．しかしこの点で最も尽力したのは大教皇*グレゴリウス1世であった．彼は聖職売買を，「異端」（simoniaca haeresis）と格づけ，廃位のみならず*破門をもって威嚇している．ただし，彼も聖職売買を端的には異端（simpliciter haeresis）とは呼ばなかったし，以降もそのようにみなされなかった点には留意すべきである．なおグレゴリウス1世は，*祝福・*埋葬・*修道院への受け入れなどに先立つ金銭の供与をも聖職売買のなかに数えている．後世への伝統となった点で注目すべきは，彼の聖職売買の分類である．彼はこれを，金銭の支払い（munus a manu），阿諛追従（munus a lingua），隷従的奉仕（munus a obsequio）に分け，そのいずれに対しても厳禁の態度をもって臨んだ．だが，彼の努力も結果的には空しいものに終わった．

7世紀の西ゴート王国（→西ゴート人）や*メロヴィング朝の教会会議は，金銭によって叙階された司教が解任されること，あるいは少なくとも悔悛すべきことを唱っているが，そのための具体的な処置は一切明示していない．614年のパリ教会会議は国王クロタール2世（Clothar II，在位613-29）の名により聖職売買禁止を確認しているが，ここでも金銭贈与（datio pecuniae）に対する罰令が欠如している．8-9世紀の*カロリング朝の教会会議においても聖職売買の禁止は，勅令としても司教令としてもみられるが，グレゴリウス1世の示した禁止事項をそのまま繰り返しているにすぎない．*アルクイン，*パスカシウス・ラドベルトゥス，ランスの*ヒンクマルスらカロリング朝の代表的教会著作家たちの神学的・教会法的著述も，上記の枠を一歩も出ないものである．彼らの言葉は聖職売買の頻発という社会状況を反映すると同時に，極端な違反に反対しているだけである．中世初期の地方教会（[独] Landeskirche），次いで帝国教会（Reichskirche）は，俗人による私有教会（→私有教会制度）としての性格をもつものであったから，教会の地位や財産がその土地を支配する世俗の有力者の手中にあるのは当然であった．また聖俗いかなる贈与に対しても返礼なしではすまされない当時の社会慣例も考慮されるべきであろう．

11世紀中葉から*グレゴリウス改革と*叙任権闘争が始まると，この情勢は一変した．前者は，畜妾司祭（[ラ] concubinatus）を排除するのみならず，聖職売買も厳禁することを目指す教会の宗教的・道徳的改革運動であり，後者は，司教と*大修道院長の叙任を俗人の手から教皇を中心とする聖職者の手に奪回するための教会政治的な闘いであった．聖職売買に対する反対が特にこの時代に高まった原因の一つに，南フランスやイタリアで貨幣経済が発達し，そのため聖職授受の際における金銭の支払いが公然たるものとなり，それが人々の顰蹙を買ったことがあげられよう．だが真の原因はむしろ，都市化と市民的雰囲気の発展が，社会と人心を動態化し，主観的な宗教的・道徳的要求を生ぜしめた点に求められる．すなわち，長きにわたって慣行化した聖職売買が宗教的精神と教会法に矛盾することが自覚され，強く意識されるに至ったのである．11世紀の初頭，ヴォルムスのブルカルドゥス（Burchardus, 965-1025）が教会法の大集成を行い，現実の慣行と伝統的な教会法の甚だしい矛盾を人々に示したのが契機となった．ここから，聖職売買は*聖霊の精神性を否定する*瀆聖であり，それによって聖職位を獲得するのは許されないばかりか，このような罪ある聖職者によって授けられる秘跡は無効である，という過激な意見まで現れた．11世紀中葉，*ペトルス・ダミアニは『無償の書』においてこのような見解に反対し，聖職売買者によって行われる秘跡は，許されないものであるとはいえ，有効であるとした．これは，たとえ異端者や罪ある人によって行われたものであろうと，秘跡そのものの客観的有効性は損なわれないとする*アウグスティヌスの教説を固守したものである．このことは，教皇*レオ9世やシルヴァ・カンディダの*フンベルトゥスのごとき教会の中枢にある人々までが秘跡の事効性よりも人効性を重んじ（→エクス・オペレ・オペラート－エクス・オペレ・オペランティス），聖職売買者の授ける秘跡の人効性を主張する傾向があったとき，重要な意義をもつものであった．しかしそのペトル・ダミアニ自身も，無償で与えられる秘跡の清浄さを称揚し，聖職売買に強く反対していたのである．一方フンベルトゥスは，1058年に起草した『聖職売買者弾劾』のなかで，単に叙階の秘跡における金銭取引を厳禁したのみならず，金銭の授受の有無にかかわりなく俗人による聖職叙任を激しく非難した．彼は俗人叙任そのものを聖職売買とみなすまでには至らなかったが，少なくともその重大な誘因とみたのである．以後の叙任権闘争は，ほぼこの主旨に沿って闘われることになった．

1046年，皇帝*ハインリヒ3世は，ストゥリ（Sutri）の教会会議において，教皇*グレゴリウス6世を聖職売買の罪のゆえに廃位した．この皇帝側によって行われた措置は，以後は教皇側によって逆に用いられることにな

る．教皇*クレメンス2世以降，これはつねに教会会議の綱領の一つとなり，*レオ9世以降ますます厳格なものとなった．なぜなら教皇自身のみならず，各地に派遣された*教皇使節たちも，一般的な聖職売買の禁止を唱えるばかりでなく，個々の実例を捉えて告訴に踏み切り，罪を証明された聖職者の廃位の実行を躊躇しなかったからである．1059年の*ニコラウス2世の教皇選挙令(→教皇選挙)は，フンベルトゥスが『聖職売買者弾劾』で述べた主旨に従って，教皇自身の地位を俗人の手から解放したものといえるであろう．さらに1075年教皇*グレゴリウス7世の発した俗人叙任の禁令は，最も厳しい形で聖職売買を真向から禁じた点，グレゴリウス改革の精神の全き現実化であり，またそれゆえにこそ叙任権闘争の完全な展開であった．

しかし1122年*ヴォルムス協約による叙任権闘争終結後も，聖職売買はくすぶり続けた．*グラティアヌスは1139年以前に書かれた法令集(→『グラティアヌス法令集』)のなかで，秘跡授与・聖職・聖職禄・修道院における聖職売買の慣行を総括的に取り上げ，その理論的な検討への道を開いた．当時の教皇派の論客ライヘルスベルクの*ゲルホーの『聖職売買者論』は，特に修道院に入るにあたっての金銭授受に対して批判を行っている．この問題は1215年第4*ラテラノ公会議の規定第64条によって全面禁止されるに至った．

13世紀初頭，*インノケンティウス3世のとき，教皇はドイツ皇帝をはじめ世俗の諸統治者を抑えて普遍的な教会裁治権を獲得した．かくして教皇は，叙任権闘争以来の課題であった俗人による聖職叙任の排除，聖職売買の禁止を，ほぼ達成したといえる．この時代には，有罪が発覚したときの効果的な訴訟手続きまで出現している．しかしそれはまだ，完全な改革とは到底いえなかった．14世紀に入り，*教皇庁がヨーロッパ全体の金融制度的な側面をもつようになると，聖職禄取得納金(annatae)，聖職候補者納金(provisores)のごとき新しい形の聖職売買が登場することになる．これらは，*ウィクリフや*フスや*ジェルソンなど改革者たちの非難を浴びた．そして聖職売買は，1464年の教皇*パウルス2世の破門令や16世紀の*トリエント公会議の禁令，さらには近代に深く入って，教皇*インノケンティウス11世や*ベネディクトゥス14世の禁令によっても消滅せず，*レオ13世が1898年および1901年に出した教令により，ようやく消滅する．

聖職売買は教会の歴史に執拗にこびりついた悪習であって，近代社会のなかで国家と教会の制度および経済上の区別が明瞭になり，かつ教会財産がとるに足らないものとなって初めて消滅したといいうるのである．

【文献】LMit 7: 1922–25; LThK² 9: 774–76; U. シュトゥッツ『私有教会・教会法史』増淵静四郎，淵倫彦訳(創文社 1972): U. STUTZ, *Die Eigenkirche als Element des mittelalterlich-germanischen Kirchenrechtes* (Darmstadt 1955): ID., *Die kirchliche Rechtsgeschichte* (Stuttgart 1905); A. フリシュ『叙任権闘争』野口洋二訳(創文社 1972); A. FLICHE, *La querelle des investitures* (Paris 1946); N. A. WEBER, *A History of Simony in the Christian Church* (Baltimore 1909); R. A. RYDER, *Simony* (Washington, D. C. 1931); J. LECLERQ, "Simoniaca Heresis," *Studi Gregoriani*, 1 (1947) 523–30; H. MEIER-WELCKER, "Die Simonie im frühen Mittelalter," ZKG 64 (1952–53) 61–93; J. GILCHRIST, "Simoniaca Haeresis and the Problem of Orders from Leo IX to Gratian," *Monumenta iuris canonici*. Series C, 1 (1965) 209–35; J. WEITZEL, *Begriff und Erscheinungsformen der Simonie bei Gratian und den Dekretisten* (München 1967).

(坂口昂吉)

せいしょくはくだつ　聖職剝奪　〔ラ〕dimissio estatu clericali, 〔英〕dismissal from the clerical state, 〔独〕Entlassung aus dem Klerikerstand, 〔仏〕renvoi de l'état clérical　聖職剝奪とは聖職者身分からの追放であり，*聖職者としてのすべての権利・義務を永久に剝奪する，最も重い贖罪の刑罰(〔ラ〕poena expiatoria)である(『教会法典』1336条1項5号参照)．そのためこの刑罰は普遍法によって規定された犯罪のみに適用され(同1317条参照)，しかも伴事的に課されることがなく，合議制による裁判審理(同1425条1項2号)を経たうえでの判決を必要とする(同1336条2項，1342条2項参照)．適用されうる犯罪とは，(1)信仰の背棄(→背教)・*異端・離教で，長期の不服従あるいは重大なつまずきをもたらすもの(同1364条2項)，(2)聖体の汚聖(→瀆聖．1367条)，(3)*教皇に対する暴行(同1370条1項)，(4)国家法上のみの*婚姻であっても，つまずきを与えるもの(同1394条1項)，(5)私通関係でつまずきを与えるもの(同1395条1項)，(6)他の方法で第六戒に反した聖職者にして，暴力や脅しによって公然と，あるいは16歳以下の未成年者に対して犯したもの(同1395条2項)である．適用にあたっては個別の情状が斟酌される．*奉献生活の会に属する聖職者は，上述の犯罪の場合，犯行の事実それ自体によって当然除名されるが(同694条1項，729条参照)，会からの除名宣言だけでは聖職者身分から追放されたことにはならず，別途に手続きを行わなければならない．また*叙階の秘跡によって受けた*霊印と*独身を守る義務は，聖職者身分の喪失だけでは消滅しない(同1008条，291条参照)．

【文献】LThK² 3: 194; A. CALABRESE, *Diritto Penale Canonico* (Milano 1990) 129–33; K. LÜDICKE, ed., *Münsterischer Kommentar zum Codex Iuris Canonici*, v. 4 (Essen 1990).

(濱田了)

せいしょくろく　聖職禄　〔ラ〕beneficium ecclesiasticum, 〔英〕benefice, 〔独〕Benefizium (Benefizien), 〔仏〕bénéfice　聖職禄とは，*教会職(〔ラ〕officium ecclesiasticum)と結びついて，教会財産である所領もしくは*奉納物から一定の収益を受け取る権利である．聖職禄の始まりについては，都会から離れた*小教区の*聖職者への報酬から発展したとする者や，封建制ゲルマンにおける*私有教会制度と考える者もいる．いずれにせよ，*封建制度における実物経済を基盤としていた．教会職と分離して世俗人に聖職禄を与える弊害の反省から，聖職禄は教会職と不可分とされ，しばしば教会職そのものとみなされた．1917年公布の旧『教会法典』では，教会職とそれに結びついた収入が法人格を形成するとされていた(1409条)．第2*ヴァティカン公会議では，教会職はまずもって霊的目的のために行う恒久的な任務を意味し，聖職禄は二義的なものとされた．それゆえ聖職禄は廃止あるいは少なくとも改革する方針が出され(『司祭教令』20項)，聖職者の生計の保証については，共同基金や保険制度によって行うべきとされた(同21項)．現行『教会法典』は，*司教協議会が*使徒座の承認を得て適切な規則を作成して狭義の聖職禄を規整し(1272条)，その他の収入も逐次聖職者の生計維持の

せいしょこうがく

ための制度に組み入れるよう規定している(1274条1項).

【文献】DMC 1: 443-45; LThK³ 2: 224-26; TRE 5: 577-83.
(濱田了)

せいしょこうがく　聖書考古学　〔英〕biblical archaeology, 〔独〕biblische Archäologie, 〔仏〕archéologie biblique

【定義】旧約聖書と新約聖書のなかの物質文化に関する記述は考古学的処理が可能であり，それを研究対象として含む考古学を聖書考古学という．例えば，*ソロモンが建設した*ゲゼル，*メギド，*ハツォルなどの地方の城砦都市や*サマリアの宮殿「アハブの象牙の家」がそれにあたるが，キルベト・*クムランやその近郊の洞窟からの出土物のように，聖書に記載がないにもかかわらず，その発掘成果が聖書の文化と重要な関わりをもつ場合があり，*パレスチナにおける発掘活動のすべてが聖書の記載に基づくとはいえない．他方，聖書考古学と並んでパレスチナ考古学という名称も使われている．それによれば，聖書考古学という用語が示すイスラエル(鉄器)時代以後という時間的限定を越えて，地域名を冠した他の考古学分野と同じように，先史(石器)時代や青銅器(*カナン)時代の遺構や遺物も研究，調査の対象となる．このように，聖書考古学とパレスチナ考古学とは語義上相違点があるが，現実には区別せずに用いられており，聖書考古学は聖書が関わる土地についての考古学であるといえよう．しかし，その場合，*族長たちの居住地としての*メソポタミアや*エジプト，*パウロの宣教活動が行われた*ギリシアやアナトリア(Anatholia, 現トルコ．→小アジア)は，たとえ聖書が関わる土地であっても，聖書考古学の対象としないことが多い．

【歴史】聖書考古学は他の分野の考古学と同じように，19世紀の欧米において創始された．まず19世紀の最初の25年間に，ドイツのゼーツェン(Ulrich Jasper Seetzen, 1767-1811)やスイスのブルクハルト(Johann Ludwig Burckhardt, 1784-1817)らによる学問的探険が行われた後，1834年にアメリカの神学者，地理学者 E. *ロビンソンによる遺跡の観察と地名同定がその後の考古学的調査の基礎となった．しかし，重要な王室美術品を多数出土させる*アッシリアやエジプトの場合は19世紀中葉には大規模な発掘活動があったにもかかわらず，パレスチナの場合はそのような機会に恵まれないまま，1890年英国のピートリ(William Matthew Flinders Petrie, 1853-1942)によるテル・エル・ヘシ(Tell el-Ḥesi)の発掘調査に至った．実際，この遺跡からは目をみはらせる宝物類は出土しなかったが，この調査はパレスチナ考古学ばかりでなく，全オリエントの考古学の歴史上画期的なものとなった．なぜなら，ピートリはこの*テルの発掘において，居住層ごとの出土土器(→陶器)の変化に着目し，各層，各時代の絶対年代を算定するという革新を行ったからである．それまでのオリエント考古学では，年代は王室美術や碑文によって推定され，年代決定の手段としての土器には注目されることがなかった．1870年からのシュリーマン(Heinrich Schliemann, 1822-90)と彼の協力者デルプフェルト(Wilhelm Dörpfeld, 1853-1940)によるトロイ発掘では，テルの中身は居住層の積み重なりであることが明らかにされはしたが，二人とも土器が各層の年代の指標となりうることには気がつかなかったのである．これに対して，ピートリが「パレスチナの土器の編年を決定するのに，テル・エル・ヘシの遺跡は理想的な場所であることがわかった．こうして，ひとたび一地域の土器の歴史を定めれば，将来の全ての発掘のための鍵が入手されたことになる」と述べている通り，これ以後パレスチナばかりでなく，オリエントにおいて宝物や碑文の出土しない任意の遺跡(都市)の歴史を発掘調査によって知ることができるようになったのである．

聖書考古学史の次の段階は，サマリアとテル・ベイト・ミルシム(Tell Beit Mirsim)の発掘調査である．サマリアはアメリカのライスナー(George Andrew Reisner, 1867-1942)とフィッシャー(Clarence Stanley Fisher, 1876-1941)によって1909-10年に，また英国の*ケニョンらによって1931-35年に発掘された．テル・ベイト・ミルシムは*オールブライトによって1926-32年に発掘された．これらの調査においては，ピートリが発見した遺構の年代決定法の原理をいかにしてより厳密なものにするかが課題となった．現場において，テルの各層が形成されていく土層の堆積過程が遺構の最小単位(ローカス)ごとに観察され，各時代の居住層の床面による土器類の封印が土器の年代決定にとってもつ意義が解明された．その結果，ピートリの数学的・機械的層位認定の方法が著しく改善され，年代的に均一な各種土器群(アセンブレージ)が摘出されて，年代決定法ばかりでなく，発掘方法そのものに進歩がみられた．この方向への動きは第2次世界大戦後，1950-60年代に新しい展開を示した．ケニョンは1952-58年に*エリコを発掘し，テルの発掘調査にグリッド法を導入した．これは発掘区域を5m四方の網の目グリッド状に細分し，そのなかに一辺4.5m四方のトレンチを垂直に掘り下げるというものである．これによって，トレンチ壁面の土層の変化を厳密に観察することができるだけでなく，出土物を三次元的に記録することも可能となった．ケニョン自身はさらに，1961-67年に東エルサレムの旧市街周辺，とりわけダビデの町(→シオン)を発掘し，他方，同じ方法によってアメリカのライト(George Ernest Wright, 1909-74)は1956-57年と1962-66年に*シケムを，イスラエル側ではヤディン(Yigael Yadin, 1917-84)が1955-58年と1968年にハツォルを発掘した．これらは発掘事例の増大，とりわけ土器編年法の進歩と相まって，聖書考古学史の頂点の時代を表している．

第2次世界大戦後の聖書考古学界の動向は，さらに次のような出来事によって特徴づけられる．第一はアミラン(Ruth Amiran, 1914-)による『聖地の古代土器』(Ancient Pottery of the Holy Land, 1969)とラップ(Paul W. Lapp, 1930-70)による『パレスチナの土器編年，前200年-後70年』(Palestinian Ceramic Chronology, 200 B.C.-A.D. 70, 1961)の刊行であり，この二つの著作によってピートリ以来の土器研究が集大成された．第二はケニョンによるエリコ新石器時代の発見であり，英国のガースタング(John Garstang, 1876-1956)によるエリコ発掘(1930-36)やギャロッド(Dorothy Annie Elizabeth Garrod, 1892-1968)の*カルメル山の洞窟調査(1929-32)などの先史時代パレスチナ研究をさらに発展させたばかりでなく，世界の新石器時代史に大きな影響を与えた．第三はオールブライト『古代パレスチナの宗教』(The Archaeology of Palestine, 1949; 日本語版1986)の刊行であり，これは聖書考古学的歴史記述を代表する．第四はヘレニズム・ローマ時代の聖書考古学の進歩である．上記のラップの『土器編年』の刊行を境にして，古代後期の都市遺跡や遺物に対してより多くの関

心が払われる一方，*ナバタイ人の *ネゲブ地方遺跡，*クムラン教団の遺跡と *死海文書，*マサダやユダの荒野の洞窟，ベト・シェアリーム (Beth Shearim) の墓域などが，キリスト教会やシナゴーグ (*会堂) の調査とともに，新たな光を投ずることになった．

【日本人による発掘調査】欧米人によるパレスチナの遺跡に対する関心は上述のように 19 世紀に発しており，とりわけパレスチナに対する組織的調査のための機関が設立されて以来，学術調査には長い歴史がある．すなわち，イギリスでは 1865 年にパレスチナ調査財団 (Palestine Exploration Fund) がロンドンで結成され，パレスチナでの発掘調査ばかりでなく，地図の作成にもあたることになったが，その後，アメリカやドイツでも同様の組織が生まれた．しかし，日本で聖書考古学に対する関心が広がったのは第 2 次世界大戦後のことであった．まず，1961 年（昭和 36）と 1964 年には鈴木尚 (1912-) によるアムッド洞窟の発掘調査があった．これは旧石器時代の人骨の研究に貢献した．次は，1954 年に結成された日本オリエント学会が派遣したテル・ゼロール (Tel Zeror) の発掘調査団（団長・大畠清）である．これはシャロン平野中央部の二こぶのテルであり，1964-66 年に発掘された．また，1973 年には独自の調査団が派遣された．テル・ゼロールの最下層は中期青銅器時代第二 A 期に出現した強固な防衛設備（濠，土塁，日乾レンガ城壁）によって囲まれた都市であった．後期青銅器時代前半には，ここはエジプト領となり，銅の産地キプロス島から青銅職人集団が入植し，青銅の精錬に従事した．鉄器時代冒頭には，海港ドル (Dor) から海の民の一分子ツィケル族が一時的に来訪し，墓域を設けた．北（イスラエル）王国（鉄器）時代には，ここにイスラエル人の小集落が営まれ，小型の神殿が建立された．そこではカナン的祭儀が行われていた形跡がある．ペルシア時代には，ここには定住集落はなく，竪穴式の貯蔵穴に大型甕形土器が埋められていた．ヘレニズム時代後期からローマ帝政期にかけては，すでに形成されていた二つのテルのうち北のテルの頂上に，2 階建ての切石と割石を使った塔が建設され，近隣の農耕生活の拠点とされた．また，ローマ時代 (2 世紀) には，二つのテルの鞍部に三角屋根をもつ切石による墳墓 1 基が設けられた．以上が日本隊による発掘で判明したテル・ゼロール 2000 年の歴史である．

他方，聖書考古学発掘調査団（団長・金関恕）は，1990-92 年に *ガリラヤ湖畔のエン・ゲヴ (Ein Gev) を発掘した．ここには前 9-8 世紀に城壁に囲まれた小都市が成立し，北（イスラエル）王国と *ダマスコの *アラム人王朝との対立抗争の舞台の一つとなった．このテルは古代のアフェック (Aphek) であると推定される．当時の遺構としては，第一が幅約 1.7 m，高さ 4 m 以上の割石積みの城壁で，これが二重に取り囲んでいた．城壁の上部には日乾レンガが積み上げられ，その外面には白色漆喰が塗られていた．第二は列柱付建造物 2 棟である．それぞれの建物の内部は約 15 m×7 m の長方形をなし，その内部空間は 2 列の石柱によって三分されていた．この種の建物は現在までにイスラエルの約 15 の鉄器時代遺跡で発見されている．これは各都市の迎賓館であり，旅行中の軍人，公務員，商人などが利用した．他方，ペルシア時代のエン・ゲヴはヒュポダモス式の街路をもつ計画都市であった．ヘレニズム時代の市街も発掘の結果判明している．

【聖書に描かれたテル】パレスチナにおける古代遺跡としては，墳墓，道路，宗教建造物，水利施設などのほか，テルがある．これは防衛，水利，交通などの要衝に建設された都市が何度も同一場所に再建された結果，丘状に盛り上がった人工の小山である．したがって，テルには防衛設備（城壁や城門），王宮，神殿，道路，その他の公共建造物，民家，井戸などの都市生活に必要なあらゆる設備が埋もれている．このようなタイプの遺跡は最初の都市文明の地であるメソポタミアのシュメールを中心とし，その模倣とみられるものの遺跡がアナトリア高原，*シリア，パレスチナに存在し，発掘の対象となっているのであり，聖書考古学の主要な発掘対象もテルなのである．

テルの外観は荒廃した小山であり，その内部には古代都市が何層にも重なって埋もれているのであるが，そのようなタイプの遺跡はすでに旧約聖書のなかに記述されている．その原型は前 3000 年紀のメソポタミア南部の *シュメール人の間に求められる．日乾レンガを積み上げて造られた都市の公共建造物や個人住宅は，数十年のうちに崩壊したり，焼き払われたり，放棄されたりする運命にあった．それはやがてテルとなることをシュメールの詩人たちは知っており，彼らはそのことを「哀歌」という文学ジャンルに表現した．この伝統は，シュメールと同じ都市文化の地帯であったシリアやパレスチナに伝えられ，イスラエル人の *預言者たちによって継承された．

旧約聖書中で哀歌の伝統が読み取れるのは，バビロン *捕囚の時代の作とされる *哀歌のほか，イザヤ，エレミヤ，エゼキエル，ゼファニヤなどの預言者の言葉に多い（各項目参照）．支配者の都 *バビロンについての預言は「バビロンは国々の中で最も麗しく，カルデア人の誇りであり栄光であったが，……もはや，だれもそこに宿ることはなく，代々にわたってだれも住むことはない．アラブ人さえ，そこには天幕を張らず，羊飼いも，群れを休ませない」（イザ 13: 19-20）となっている．ダマスコについては「見よ，ダマスコは都の面影を失い，瓦礫の山となる．アロエルの町々は見捨てられ，家畜の群れが伏し，脅かすものもない」（17: 1-2）．ハツォルについては「ジャッカルの住みかとなり，永久に廃虚となる」（エレ 49: 33）．また，エルサレムについては「わたし[神]はエルサレムを瓦礫の山，山犬の住みかとし，ユダの町々を荒廃させる」（9: 10），「……わたしはあなたを荒れ野とし，人の住まない町にする．わたしは滅ぼす者を聖別し，おのおのの武器を手にしてあなたを攻めさせる．彼らはあなたの最上のレバノン杉を切り倒し，火に投ずる．多くの国の人々がこの都を通りかかって，互いに尋ね，『なぜ主は，この大いなる都にこのようになさったのか』と聞く」（22: 6-8）．

このような預言者たちの言葉の背後には，第一にパレスチナの諸都市の荒廃した状態についての観察があり，第二にそれを表現するために採用された，シュメール伝来の哀歌の形式がある．彼らは現代の考古学者が目撃するのと同じテルを知っていたのであり，それを描写しようと努めた．しかし，シュメールの詩人もイスラエルの預言者も，それを発掘して古代都市の歴史を解明することは思いつかなかった．考古学者によるテル，すなわち荒塚の発掘調査は古代都市の滅亡の原因を探求することにほかならない．それは哀歌の世界の再確認である．

【聖書考古学の年代と文化】旧石器時代 (70 万年前から前 1 万年前まで) のパレスチナでは，人々は狩猟採取を生業とし，打製石器を使っていた．環境は現在とは異なる氷河時代に属していた．この時期の遺跡としては，ウ

せいしょこうこがく

ベイディア (Ubeidiya)，カルメル山の洞窟，ケバラ (Kebara) があり，この間に原人からネアンデルタール人を経て，現世人類(新人)の時代への移行が起こった．しだいに死者の入念な埋葬が実施されるようになったことは，すでに宗教儀式が定式化していたことを示す．また，貝殻や骨を使った装身具の出現は美意識の誕生を物語る．

前1万年から前8000年までは中石器時代であり，パレスチナのこの時代はナトゥーフ (Natuf) 時代とも呼ばれる．人々は細石器を用いて，鏃($\stackrel{やじ}{り}$)や銛先を制作し，骨で釣針を作った．また，食用植物の採取は集約的となり，鎌で刈り取り，石臼で加工した．これは農耕の前段階である．エリコの遺跡中央部の岩盤上には，ケニヨンがテルの核と呼ぶ何重もの床面を含む堆積土がみいだされた．ここにはエリコの泉水の周囲に住みついた狩人たちの一時的な住居の跡があった．これは新石器時代の定住集落に連なる現象である．また，フレ湖畔のアイン・マラハ（エイナン Eynan）もナトゥーフ期の重要な遺跡である．

前8000年から前4000年までは新石器時代であり，その前半を先土器新石器時代，後半を有土器新石器時代と呼ぶ．先土器時代を代表する遺跡もエリコである．そこに円形プラン，ドームつきの家屋が成立するとすぐに大規模な防衛設備がそれを取り囲んだ．城壁は厚さ約2mであり，高さは3.3mまで残っている．城内には高さ約9mの割石積みの見張り塔がある．塔の東側に入口があり，22段の階段をつたって塔の頂上に出られるようになっている．当時のエリコには $0.6 km^2$ に約2,000人の人口があった．先土器時代後半のエリコには別系統の文化が到来し，新来者たちは放棄されていた高さ約7.2mのテルの上に，四辺形プランの家屋群を建てた．壁は紡錘形の日乾レンガで造られ，床や壁の表面には漆喰が塗られ，表面は研磨されている．容器は石製の鉢だけである．フリント製の両刃のナイフが多数出土した．また，穀物刈り取り用の鎌もある．鏃は数が減り，狩猟は重要性を失いつつあったことがわかる．唯一の家畜は山羊であった．

動物土偶は家畜や狩猟の対象の動物たちの増殖を祈願したものである．また，人間の母性の力に対する信仰，すなわち*地母神崇拝が始まっていたことは女性土偶の出土が示している．家屋群の地下からは頭蓋骨が出土した．顔面は漆喰で肉づけされ，目には貝殻がはめ込まれている．顎骨が除去され，口はかわりに上歯の前に漆喰で表現された．別に顎骨を残したまま頭蓋骨を失った遺体多数がみつかった．これらの遺体処理は当時の祖先崇拝を示している．先土器時代の遺跡としては，ほかにアイン・ガザル (Ain Ghazal) やエル・キアン (el-Khian) がある．

前6000年になると，新しい入植民とともにパレスチナで最初の土器が現れ，有土器時代に入る．次に，前4000年から前3100年を金石併用時代と呼ぶが，それはこの時期に銅器が使用されるようになったからである．*死海北東岸の高さ1.8mの低いテル，トゥレイラット・ガッシュール (Tuleilat Ghassul) がこの時代の遺跡を代表する．そこには不規則形プランの恒久的住居が建てられた．それらは石積み基礎石列の上に，版築または日乾レンガ積みの壁をもっていた．壁には漆喰が塗られ，その表面に彩色壁画が描かれた．雛子と思われる鳥，覆面をした儀式中の人物，八つの放射状光芒をもつ天体(太陽または星)，その他の判別不可能なさまざまな図がみられる．ここには当時の人々の精神世界が表現されている．それぞれの家の穀物貯蔵用竪穴には，麦，なつめやし，オリーヴの実が残っていた．

パレスチナの金石併用時代の遺跡としては，ほかにハデラ (Hadera)，アフラ ('Afula)，*ベエル・シェバ近郊のテル・アブ・マタル (Tell Abu Matar)，*エン・ゲディなどがある．ハデラやその周辺（例えば，アゾル Azor）では，石灰岩の洞窟内から土製の骨壺が多数出土した．その幾つかは切り妻屋根の家の形をし，彩色を施されていた．他方，テル・アブ・マタルからは岩盤の堆積土中に掘り抜かれた地下集落址が発見された．そこでは平均 $4.2 \times 3.0 m$ の地下住居が廊下で結ばれている．5-7室からなる家が20例みいだされた．人口は約200人であった．人々はここで主として銅の精錬に携わっていた．約96km南の銅鉱山の原鉱石が用いられ，炉やルツボによって銅塊を得ていた．製品は儀式用棍棒頭部，ピン，指輪などであり，労働用具は作られていなかった．原鉱石の運搬，精錬の専門家の生活保障のため分業が行われ，穀物は輸入に依存した．死海西岸の崖上の台地(エン・ゲディ)には広場を囲壁で囲んだ祭儀場所が存在した．

前3100年頃からはパレスチナの主要なテルの最下層に都市遺跡が姿を現す．当時新しい移住民が北方と東方から入来した形跡があり，彼らはセム系民族のカナン人であったと推定される．これから前2250年(あるいは2200年)までを初期青銅器時代という．人々は当初，メギド，エリコ，*ベト・シャン，あるいはテル・エル・ファルア (Tell el-Far'a) の北などに墳墓を残した半遊牧民であったが，この文化は同時代のエジプトやメソポタミアにおける国家形成の影響を受けて，農民を市民とする小型の都市国家を形成するに至った．例えば，エリコでは木枠で固めた日乾レンガ ($5 \times 35 \times 25 cm$) を基礎石列の上に積み上げることにより，厚さ5.1mの城壁が造られ，市街地を囲んでいた．そのほかにキルベト・ケラク (ベト・イェラ Beth Yerah)，ゲゼル，アフェック・アンティパトリス (Aphek Antipatris)，*ラキシュなどに都市遺跡が残っている．初期青銅器時代の都市文明は前3000年紀末から同2000年紀初頭に起こった新しいセム系遊牧民アモリ人(→アムル人)の到来によって一時的に乱されることになったが，前2000年(あるいは1950年)になると復興する．前1550年までを中期青銅器時代といい，それから前1200年までを後期青銅器時代という．前者はカナン人の文明が最高潮に達した時代であり，都市の数は著しく増大した．当時の人口は密で，家々の多くは2階建てであった．エリコの墳墓の副葬品によって，家族生活の様子がわかる．家長や家の主だった者だけが三脚のテーブル，寝台，椅子を用い，他の者は床にマットを敷いて寝た．装身具や身のまわり品としては，留めピン，木製櫛，土製油壺，バスケット，スカラベ，ビーズの首飾りのほか，水甕，鉢，皿などがあった．後期青銅器時代には国際交流とエジプトによるパレスチナ支配が起こった．多くの遺跡からキプロスやギリシアからの輸入品が出土すると同時に，都市生活の後退がみられる．

前13世紀後半に起こったイスラエル人のカナン侵入 (*出エジプト) と次の世紀の *ペリシテ人のパレスチナ南部定着とは，パレスチナにおける鉄器時代(前1200-前587)の開始を告げる出来事であった．このうち，ペリシテ人は独自の土器と鉄器の文化をもって都市社会を築いたが，やがてイスラエル人に征服されたり，カナン社会に同化し，その上にイスラエル人の統一王朝が成立

した．その第3代の王ソロモン(前10世紀中葉)は大規模な建設活動を開始し，首都 *エルサレムに神殿と王宮(いずれも未発掘)を築いたほか，メギド，ゲゼル，ハツォルのようなカナン伝来の都市の防備をケースメート(非充填)式城壁と多室式城門で固めた．後に統一王国が南北に分裂すると，北(イスラエル)王国の首都サマリアにも王宮が建てられ，それは切石積み(横置きと縦置きの組合せ)の城壁で守られた．他方，庶民は中庭つき四室家屋に住んでいたが，その生活は鉄器時代土器文化が示すように全体として単調であり，宗教を含めてカナン文化の継承を事とした．

バビロン捕囚以後のパレスチナの物質文化のうちで，特に注目されるのはナバタイ人の定住化活動と *ヘロデ大王(在位前37-4)の建築活動である．前者は前312年以後，トランスヨルダンとネゲブ砂漠を中心に都市を築いたが，その遺跡は *ペトラ，キルベト・タンヌル(Khirbet Tannur)，アヴダット(Avdat)，クルヌブ(Kurunub)などである．他方，エルサレムの *神殿は前515年に復興されたが(第2神殿)，ヘロデはそれを壮大な規模に改築した．それは紀元70年のエルサレム陥落の際に破壊された．彼はまた *アシュケロン，*カイサレイア，サマリア，アフェック・アンティパトリス，テル・アブ・エル・アライク(Tell Abu el-Alayiq)，*ヘロディウム，マサダに多数の公共建造物を建設し，それらの廃墟の多くは今日なおみることができる．(小川英雄)

せいしょしゃほん　聖書写本　*グーテンベルクによって活版印刷術が発明されるまでの長い間，聖書は人間の手によって書き写され，もっぱら写本([英]manuscript．本項では，巻物や綴葉本という形態上の区別はしない)を通して伝えられてきた．もちろん，*聖書の出版が普及したからといって，今日でも写本の作成が途絶えたわけではない．以下では，印刷術以前のヘブライ語旧約聖書(ただし，旧約聖書には部分的にアラム語の箇所がある．また以下，単に「旧約聖書」と記す)，またギリシア語新約聖書の写本に限って扱う．したがって，幾つかの古代訳の写本については *聖書の翻訳，また *七十人訳聖書や *タルグム，*ウルガタ訳聖書などの写本に関しては当該項目を参照されたい．

【旧約聖書】近年，旧約聖書中の文書の成立経過，文書群の編集(例えば，*イザヤ書や *モーセ五書，*聖書の伝承史的研究参照)をめぐって徐々に明らかにされつつあるが，そうしたいわば正典文書への結集化の歩みの一方で，いつの頃からか旧約聖書の諸文書を書き写す作業も始まって継続して進められてきた．しかし今日，旧約聖書の「原本文」([英]original text)が存在しているわけではない．新約聖書とは全く比較にはならず，その正確な統計を不可能にさせるほどの数量の，主に皮紙製の断片を含む写本を通して旧約聖書の本文は伝えられている．それゆえ，旧約聖書の本文を確定するためには，七十人訳聖書をはじめとする古代訳との照合に加えて，おびただしい分量のヘブライ語本文の異同をめぐっての比較検討，そして評価が必要となる(→聖書の本文，聖書の本文批判)．

【旧約聖書の重要な写本】(1) *死海文書．1947-56年，*クムラン周辺の11の洞穴から数多くの断片を含む写本が発見された．そして，そこにはエステル記を除く(4Q550をエステル記の断片写本とする見解もあるが，類似は認められるものの，その確証はない)，旧約聖書中の諸文書の写本(大半は断片)があることが判明した．その数は190以上で，これらは最古(前3世紀頃-後1世紀頃)の旧約聖書の写本である．なかには *マソラ本文，また七十人訳聖書が使用したと推測されるヘブライ語本文とは異なる旧約聖書の本文を明示している写本もあったので，旧約聖書の本文伝承や正典文書の結集の経過，時期や場所などをめぐって新たな学究的関心を呼び起こした．また，1991年には死海文書の全面的公開が実現し，遅滞していた文書断片のすみやかな批判的校訂作業ならびに刊行が進むとともに，文書のみならず *クムラン教団の全容を解明する研究活動も盛んになった．

旧約聖書の本文を伝える死海文書中の190以上の写本のなかには断片も含まれるが，次のようなものがある(写本・断片数)．創世記(18)，出エジプト記(17．一部は古ヘブライ文字による)，レビ記(10)，民数記(7)，申命記(27)，イザヤ書(20)，エレミヤ書(4．七十人訳聖書に類似)，エゼキエル書(6)，ダニエル書(7)，詩編(32)．このほかに約20の *経札，さらに *外典・偽典(特に，トビト記やシラ書のヘブライ語本文)，注解書(pešer)などがある．

なかでも主要な写本は次の通りである．① イザヤ書(1QIs^a)．ほぼイザヤ書の全文を伝えるが，マソラ本文との相違が顕著である．② イザヤ書(1QIs^b)．イザヤ書の全文を伝えてはいないが，① とは異なってマソラ本文に類似する．③ 詩編(11QPs^a)．マソラ本文に含まれている41の詩のほかに，7の詩を伝える．④ 注解書．『ハバクク書注解』(1QpHab)をはじめとして，約30の注解書がある．⑤ モーセ五書敷衍(4Q158, 364-367)．モーセ五書中の本文を主題別に再編集した断片写本．⑥『神殿文書』(11QTemple^a)．⑤ のように，*神殿を主題として旧約聖書の本文を再編集したクムラン教団独自の文書である．

(2) 死海文書以外にわずかに残存する写本のなかでは，① 最古(前2-1世紀頃)の旧約聖書の本文である一葉の写本ナッシュ・パピルス(Papyrus Nash)，② ワディ・ムラバアト(wadi-Murabba'at)で発見された，ヨエル書からゼカリヤ書までの本文を伝える断片的写本(1世紀中頃．略記 MurXII = mur 88)，さらに，③ *マサダで発見された七つの写本(1世紀中頃)のうち，特にシラ書(39: 27-44: 17)のヘブライ語写本が重要である．ただし，① は，*十戒と *シェマーの祈りを混合したかたちで伝えているにすぎず，旧約聖書の本文確定のためよりも *古文書学にとって意義がある．また ② は，マソラ本文と一致する点がみられるので，複数の旧約聖書の本文伝承が併存していた比較的自由な時期を経て，この頃から *ファリサイ派の主導のもとで徐々に旧約聖書の本文の一元化ないし標準化が進行し，「原マソラ本文」([英]Proto-Masoretic Texts)の形成の始まりを推測させる．③ は，シラ書がもともとヘブライ語で記されたことをめぐっての傍証となりうる(シラ序言18-23, 30参照)．

(3) 6世紀以降，それまでいわば「白文」に似たヘブライ文字だけの旧約聖書の本文中に，バビロニアおよびティベリアスのマソラ学派の人たちの手によって，それぞれ異なった方式ではあるが，母音やアクセント記号，欄外注([ヘ]masora)が書き加えられるようになった．これによって旧約聖書の本文の一元化ないし標準化の歩みはさらに着実なものとなり，以降はマソラ本文が写本の中心的地位を占めるようになる．この間の経緯を具体的に示す写本は残っていないが，それは通常古くなったり破損したりした写本は「ゲニザ」([ヘ]geniza)と呼ば

せいしょしゃほん

れる収納庫に保管して腐朽させたので消失してしまったからであろう.

(4) 12世紀頃までの主要な写本は, 次の通りである. ① エジプトの旧カイロ市内の *会堂のゲニザから発見された20万以上の断片のなかに含まれていた旧約聖書の写本. 大半は10-12世紀の写本で, しばしば「カイロ・ゲニザ断片写本」(略記 ₵)ともいう. なかでもシラ書(例えば, 3:6-16; 26; 30:11-33:3 等)のヘブライ語写本は重要で, 上述の(2) ③ マサダの写本を加えると, 今日ギリシア語によるシラ書の68%に相当するヘブライ語本文が発見されたことになる. ② カイロ写本(Codex prophetarum Cairensis. 略記 C). カイロの *カライ派会堂で発見され, *申命記史書と*預言書を伝える写本. 895年にモーセ・ベン・アシェル(Moses Ben Asher)によって書き記された. ③ サンクト・ペテルブルグ預言書写本 (St. Petersburger Prophetenkodex, Codex prophetarum Babyronicus Petropolitanus. 略記 P あるいは V$_P$). 1839年にクリミアのトゥシュフト・カレ (Tschufut Kale) でフィルコヴィッチ (Abraham Firkowitsch, 1785-1874) によって発見され, 三大預言書と十二小預言書(旧約聖書の項の表参照)を伝える916年作成の写本. ④ アレッポ写本 (Aleppo Codex. 略記 A, あるいは ℵ). 10世紀前半(925頃)にシリアのアレッポでソロモン・ベン・ブイヤ (Solomon Ben Buya'a) の手で書き写され, アロン・ベン・モーセ・ベン・アシェル (Aaron Ben Moses Ben Asher, 10世紀前半頃)が母音ならびにアクセント記号, 欄外注を書き加えた. 中世以降, *マイモニデスらによって旧約聖書の標準的本文とみなされ, アレッポのユダヤ人の間に伝えられてきた. しかし, 1947年に生じた反ユダヤ人暴動で一部焼失した. 現在, この写本を底本に『ヘブライ大学聖書』(The Hebrew University Bible, 1975-)の編集刊行が進められている. ⑤ モーセ五書写本 (British Museum MS Or 4445). 民数記(7:46-73; 9:12-18)を除く, 創世記39章20節から申命記1章33節を伝える925年頃の写本. 基本的には, ④ に類似する. ⑥ フィルコヴィッチ収集写本. 10-12世紀の1,000以上の写本. ⑦ レニングラード写本 (Codex Leningradensis. 略記 L. または, Codex Petropolitanus B19^A). 旧約聖書の全本文を伝える最古の写本. 1008年または1009年にカイロで作成され, 『ビブリア・ヘブライカ』第3版 (Biblia Hebraica, ³1929-37, 1951) や『ビブリア・ヘブライカ・シュトットガルテンシア』(Biblia Hebraica Stuttgartensia, 1967-77, 1982) の底本になっている. ⑧ ロイヒリン写本 (Codex Reuchilinianus). 1106年のタルグムを伴う預言書の写本で, *ロイヒリンが1498年ローマで入手した. ⑨ エルフルト写本 (Codex Erfurtensis. 略記 E1-3). このうち E3 は1100年以前の写本で, ⑧ に類似する.

(5) *サマリア五書. マソラ本文とは異なるモーセ五書の本文を伝え, 1150年頃の写本(略記. Add. 1846, Univ. Libr. Cambridge)が最古であるが, しかし14世紀頃(あるいは11世紀頃)のアビシャ写本 (seper Abisa') が有名である.

【文献】旧新約聖書大 570-71; LThK³ 2:375-78; NBL 2:31-41; E. ヴュルトヴァイン『旧約聖書の本文研究』鍋谷堯爾, 本間敏雄訳(日本基督教団出版局 1997): E. WÜRTHWEIN, *Der Text des Alten Testaments* (Stuttgart 1988); E. Tov, *Textual Criticism of the Hebrew Bible* (Minneapolis 1992); G. VERMES, *An Introduction to the Complete Dead Sea Scrolls* (London 1999).

【新約聖書】新約聖書のギリシア語「原本文」([英] original text) は存在しない. 新約聖書の本文は5,000以上のギリシア語写本(断片を含む)に加え, 数々の古代訳(例えば, ラテン語やシリア語, コプト語, アルメニア語)を通して伝えられているにすぎない. したがって新約聖書のギリシア語本文を確定するためには, 広範にわたる本文の異同をめぐっての比較と検討, その評価といいう極めて繁雑な作業が必要となる.

〔写本の類別と数〕新約聖書のギリシア語本文を何らかのかたちで伝える数々の写本を類別してその数をみると, *アーラントらによれば次のようになる(新約聖書の全文書が1冊の写本にまとめられているわけではなく, 多くの場合, 以下の ①-④ のように別々の写本にまとめられている. その数は, いずれも1989年現在の統計による). ① 福音書. 2,361(198の断片をはじめとして10葉からなる写本がある). ② 使徒言行録と公同書簡. 662(46断片を含む). ③ パウロの手紙. 792(71断片を含む). ④ ヨハネの黙示録. 287(8断片を含む). しかし, 新約聖書中の諸文書を網羅する写本は59のみで, 文書によっては部分的にしか残っていないものもある. このほかに, 聖書日課(→ レクティオナリウム)の写本が2,281ある. 上述の各書や名称に関しては, 当該項目参照.

〔写本の素材と年代確定〕古くは *パピルスの写本(2世紀頃)があげられる. 次いで4世紀前後から皮紙(*羊皮紙を含む)の写本が併存し, 9世紀頃になると紙の写本が中心となる. これらの写本素材の推移はギリシア語字体とともに写本の年代確定のための重要な手がかりとなる. アーラントらによれば, 4世紀までの写本の数は76である. また, 大文字写本(ギリシア語大文字楷書体だけで本文を伝える写本)のなかでは5世紀(36. 数字は写本の数), 6世紀(51), 9世紀(53), さらに小文字写本(ギリシア語小文字草書体だけで本文を伝える写本)のうちでは10世紀(124), 11世紀(429), 12世紀(555), 13世紀(547), 14世紀(511)のものが多い. 聖書日課の大半は9世紀以降のもので, 9世紀(113), 10世紀(124. いずれも, アンシャル書体と呼ばれる丸みを帯びた文字で本文を伝える写本), 11世紀(227), 12世紀(486), 13世紀(394), 14世紀(308. どれも小文字写本)のものが中心である.

〔写本の表記〕一般に新約聖書のギリシア語写本は, パピルス, 文字(大文字と小文字), 聖書日課に準じて大別し, 番号や略記号を付して識別する. パピルス写本は 𝔓 と略記し, 数は96なので, その番号を添字で記して 𝔓¹-𝔓⁹⁶ と表す. 大文字写本は, 基本的にはゼロを前につけてボールド体の数字で, **01-0299** のように表すが, その数字の前に ℵ, A-Ω を付加する写本がある. また, 小文字写本は数字のみ(1-2812), 聖書日課の場合は数字の前に l をつけて l 1-l 2281 と表す.

【重要な写本】〔パピルス写本〕𝔓⁴⁵-𝔓⁴⁷ は *チェスター・ビーティ・パピルスに含まれる3世紀の写本である(追記. 𝔓⁴⁷ はヨハネ黙示録9:10-17:2の本文をほぼ伝える). 𝔓⁵² は断片(約 8.8 cm × 6.3 cm)で, わずか数節の本文(ヨハ 18:31-33, 37-38)を伝えるにすぎないが, 125年頃と推定されている最古のパピルス写本である. このほかに, 𝔓⁶⁶ や 𝔓⁷², 𝔓⁷⁵(4世紀までの写本で, いずれも *ボドマー・パピルス), また 𝔓⁶⁹(ルカ 22:41, 45-48, 58-61の本文を伝える3世紀の断片で, *オクシリンコス・パピルス. 略記 P. Oxy. 2383)が重要である. なお, 死海文書中の断片(7Q5)をマルコ福音書6章52-53

節の写本とする見解の当否については，未決着のままである．また，パピルス写本は分量も少なく，断片的あるいは部分的なものなので，新約聖書のギリシア語本文の確定よりも，その伝承の歴史性の検討にとって意義がある．

ボドマー・パピルス
(Biblioteca Vaticana)

〔大文字写本〕新約聖書の本文確定にとってギリシア語大文字写本こそ不可欠で，なかでも重要な写本は次の三つである．ℵ 01 は*シナイ写本と呼ばれ，大文字写本のなかでギリシア語新約聖書の全文書を伝える唯一の4世紀の写本である．A 02 は5世紀の写本で，*アレクサンドリア写本と呼ばれているが，幾つかの文書中に一部欠損がある．B 03 は*ヴァティカン写本といわれる4世紀の写本である．しかし，幾つかの文書の欠落と部分的な欠損がある．このほかに，5世紀の*ベザ写本(D 05)や6世紀のクラロモンタヌス写本(Codex Claromontanus．略記 D 06)，9世紀のコリデティ写本(Codex Koridethi．略記 Θ 038)も重要である．しかし，5世紀初めの重記写本(→パリムプセスト)である*エフラエム重記写本(C 04)は，古いものの，新約聖書の本文研究にとっての重要性は乏しい．最古のギリシア語大文字写本は，32行の本文(使5: 3-21)を伝える断片(約18 cm×約11 cm)で，0189(2/3世紀頃)である．

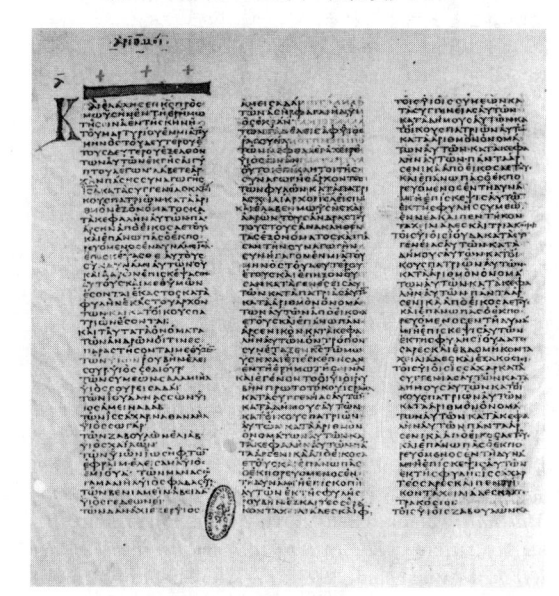

ヴァティカン写本
(Biblioteca Vaticana)

〔小文字写本〕2,812 もの数量のギリシア語小文字写本をめぐっての検討と評価は，現在のところ完了していない．また，新約聖書のギリシア語本文確定にとって重要な写本は数少ない．

クラロモンタヌス写本
(Biblioteca Vaticana)

なお1994年現在，写本の数は，パピルスが99，大文字写本が305，小文字写本が2,855，聖書日課が2,392である．

【文献】LThK³ 2: 375-78; NBL 2: 35-41; Wikenhauser-Schmid 70-100; B. M. メッツガー『図説ギリシア語聖書の写本』土岐健治監訳(教文館 1985): B. M. METZGER, *Manuscripts of the Greek Bible* (Oxford 1981); 蛭沼寿雄『新約本文のパピルス』1-2 (大阪キリスト教書店 1994-98); 田川建三『書物としての新約聖書』(勁草書房 1997) 351-483; B. M. メッツガー『新約聖書の本文研究』橋本滋男訳(日本基督教団出版局 1999): B. M. METZGER, *The Text of the New Testament* (New York 1964 ³1992); K. ALAND, B. ALAND, *Der Text des Neuen Testaments* (Stuttgart 1982 ²1989).　　(清水宏)

せいしょしゅぎ　聖書主義〔英〕biblicism, 〔独〕Biblizismus, 〔仏〕biblicisme　*聖書こそキリスト者の信仰と生活の重要な根拠となるものであると，極端に聖書を崇め奉る立場をいう．したがって，*信条など必要とせず，聖書さえあればよいとする．*字義通りの意味を重視し，信仰上に起こる問題も指針も聖書のなかから得られると考える．また，聖書は解釈される必要もないし，聖書には一切の矛盾もなく問題となる箇所もない．その教えるところはさまざまであるが，いずれも重要で尊重しなければならないとみなされる．

聖書主義者は，聖書の著者はすべて神からの*霊感を受けて，神の手として書かされたのであって，その書か

せいしょしんがく

れた文章には，著者自身の人格，思想，置かれている状況といったものの影響はないと信じる．すなわち，聖書における人間的要素を一切排除し，逐語霊感的な*神の言葉として聖書を崇拝する立場をとる．

例えば，日常生活において，選択，決断を迫られる場合，聖書を恣意的に開き，その箇所の文言を神から示されたものとして受けとめ，ありがたがる傾向をもつ．つまり聖書を占い的・迷信的に用いるといっていい．したがって，歴史的信条，*組織神学，教会の*権威に対して拒絶的な態度をとる．

聖書主義には幾つかの立場があり，旧約の*律法のごとく神から与えられた「掟」「定め」とするもの，また，人間の生活上に適用されるべき宗教的・倫理的規則とするもの，あるいは創造から終末に至る神の世界救済の展開（→救済史）が統一的に記録されている文書として聖書をみるものがある．信仰と生活の規範を「聖書のみ」（→ソーラ・スクリプトゥーラ）とした点は評価されるが，結局は*根本主義，一面的で強い*保守主義に陥り，広く受け入れられなかったところに問題があると考えられる．

【文献】LThK³ 2: 435; TRE 6: 478-84.　　（川村哲嗣）

せいしょしんがく　聖書神学　〔英〕biblical theology,〔独〕biblische Theologie,〔仏〕théologie biblique
聖書神学とは*教理神学と*聖書学から独立した神学の分野であり，聖書に特有なカテゴリー，歴史的背景，テーマに従って聖書に含まれた*啓示を理解し，まとめようと試みるものである．

キリスト教神学のいかなる分野も「信仰の学問」であるかぎり，聖書に含まれた神の啓示の一層の理解を求め続けるものであるから，いかに思弁的となり，体系を組織しようとも，聖書から独立することはありえない．しかし，教理神学は，「*神の民」としての教会の信仰意識が，聖書に基づきながら歴史のなかで啓示を解釈する営みを通して生み出した*信条と，それをめぐる*教父の著作と*公会議の決定事項，その他からなる伝統をさらに深め，未来へ啓示を橋渡しする使命を与えられている．カトリック神学はその際，教皇職を頂点とする*教導職に導かれることを義務づけられている．この限りにおいてカトリック神学では個々の神学者の体系でも公的性格をもち，「教会とともに考える」（〔ラ〕sentire cum ecclesia）教会的神学なのである．

教父神学に顕著にみられるように聖書解釈は神学の有機的で重要な部分であり，聖書釈義は神学者の仕事であった．さらにこのような聖書解釈は信者への説教に結びつけられていたのである．中世，特に*スコラ哲学の時代，*アリストテレスの哲学とその学問組織化の方法論が導入された後も，神学者は教理を教える準備段階として聖書を解説していた．また*宗教改革の時代には宗教改革者たちの神学は聖書に立ち戻ることを意図して聖書神学的であった．しかし，この聖書重視と近代における学問の専門細分化が進み，さらに，文献学と*啓蒙思想が結びつくに及んで，聖書研究はまず批判的に聖書を読む聖書批判として神学から分離し，19世紀における文献学の科学化を通して聖書資料を分析する聖書学に成長した（例えば，*モーセ五書の文書仮説である四資料説や*共観福音書の*二資料説）．他方，特にカトリック神学においては教理の各命題を論証する際，まず聖書の箇所が証明として使われ，続いて公会議の定義，教父たちの意見が権威として引用された．聖書の関連箇所が教理の命題にいわば外的に結びつけて使われたのである．いずれも，聖書の意味を全体の文脈に関連づける作業をしてこなかった．聖書学は純粋に科学的，実証的に聖書を分析し，聖書に書かれていること以外の神学的結論を導き出すことをいさぎよしとせず，これを自らの専門の埒外とみなしてきた．聖書学には啓蒙思想の遺産つまり神学に対する疑いの眼が含まれており，ルサンチマンがある（→聖書解釈の歴史）．

ところで20世紀後半に聖書学は聖書内のそれぞれの文書とその背後にある伝承が固有の神学的意図，あるいは使信によってまとめられたものであることに気づくようになった．こうしてそれぞれの文書の神学，ないし*ペリコペーと呼ばれるまとまり部分の神学的意図が研究対象とされるようになった．さらにそのような研究成果から旧約聖書，新約聖書それぞれの神学を総合的にまとめた，今日ではもはや古典ともいえる書物が現れた．古典的な聖書神学は旧約，新約をそれぞれ完結した体系と捉えてきたが，今日の聖書神学にとっては，旧約と新約とを「約束と成就」以上に学問的精密さで総合することが急務となっている．

教理神学も聖書を信仰の源泉とするかぎり，つねにその源泉に立ち戻り，歴史的視点のもとに聖書が語る言葉の理解を深める使命をもっていることはいうまでもない．聖書神学という分野の確立は，啓示の歴史性についての認識の一般化と，解釈学的意識がすべてのテクストと読みに反映するという認識の広まりに助けられたといいうる．聖書神学は総合的性格と使命をもっている．しかし，今日，*解釈学それ自体も批判論的，構造主義的，脱構築的，フェミニズム的，ポストコロニアリズム的なものに分裂し，全体的に懐疑的解釈学（〔英〕hermeneutics of suspicion）への傾向を強めつつある．例えば物語論は聖書神学の古典的タイプに変化をもたらすだろうし，*解放の神学は女性の神学とともに聖書神学をしてテクストの主流にない「抑圧された」声を聞くようにさせていくかもしれない．いずれにせよ，聖書神学が以上のような解釈学の前提と方法論によって多様化するのは確かなことと考えられる．

【文献】LThK³ 2: 426-35; NCE 2: 545-50; 17: 40-42; 18: 42-46; TRE 6: 426-77; H. コンツェルマン『時の中心―ルカ神学の研究』田川建三訳（新教出版社 1965): H. Conzelmann, *Die Mitte der Zeit: Studien zur Theologie des Lukas* (Tübingen 1954); G. フォン・ラート『旧約聖書神学』全2巻，荒井章三訳（日本基督教団出版局 1980-82): G. von Rad, *Theologie des Alten Testaments* (München 1957); 小河陽『マタイ福音書神学の研究―その歴史批判的考察』（教文館 1984); J. L. マーティン『ヨハネ福音書の歴史と神学』原義雄，川島貞雄訳（日本基督教団出版局 1984): J. L. Martyn, *History and Theology in the Fourth Gospel* (New York 1968); H. ボアズ『新約聖書神学とは何か』髙橋敬基訳（教文館 1985): H. Boers, *What is New Testament Theology?* (Philadelphia 1979); 滝澤武人『福音書作家マルコの思想』（新教出版社 1995); U. ルツ『マタイの神学』原口尚彰訳（教文館 1996): U. Luz, *Die Jesusgeschichte des Matthäus* (Neukirchen-Vluyn 1993); Päpstliche Bibelkommission, *Die Interpretationen der Bibel in der Kirche* (Vatikanstadt 1993); G. Aichele, et al., *Postmodern Bible: The Bible and Culture Collective* (New Haven 1995).　　（高柳俊一）

せいしょちりがく　聖書地理学　〔英〕biblical geography, 〔独〕biblische Geographie, 〔仏〕géographie biblique

【領域】聖書中には地理的事項が記載されており，また聖書中の出来事には地理的背景がある．例えば，*ヨシュアによる土地分割や*カナン征服などであるが，それらのなかにはカナン(青銅器)時代や*パレスチナ以外の土地も含まれる．これらの事象を研究するのが聖書地理学である．聖書地理学は歴史時代に関わるので歴史地理学でもある．

【歴史】パレスチナの地理についての古代の代表的著作物はカイサレイアの*エウセビオスによる『人名・地名誌』であるが，中世には現地に対する関心は薄れていた．ルネサンス以後，ヨーロッパ人の聖職者や医師がパレスチナを訪れ，*旅行記を残す例が散見されるが，学問的な探険家が輩出して現地調査をしたのは19世紀の最初の25年間のことであった．すなわち，1805-1807年ドイツ人ゼーツェン (Ulrich Jasper Seetzen, 1767-1811), 1801-12年スイス人ブルクハルト (Johann Ludwig Burckhardt, 1784-1817), 1817-18年イギリス人アービ (Charles Leonard Irby, 1789-1845) とマングルズ (James Mangles, 1786-1867) や1821年バッキンガム (James Silk Buckingham, 1786-1855) などである．これらの先駆者たちの業績を受けて，1838年に現地踏査をし，聖書の地名の同定に対し学問的基礎を築いたのは，アメリカ人 E.*ロビンソンであった．彼は正確な地形観察と古文献の記述を結びつけた．1863年以後，フランス人ド・ソルシー (Félicien de Saulcy, 1807-80) も優れた業績をあげた．現地在住のシューマッハー (Gottlieb Schumacher, 1857-1925) はトランスヨルダン，ゴラン，ハウランにおける調査で有名である．このような踏査と探険の伝統は，20世紀前半ではグリュック (Nelson Glueck, 1900-71) によって引き継がれた．彼は1933-46年にアカバ湾からシリア南部までの砂漠と沃地の接点を調査し，遊牧と定住の関係史を解明した．

他方，1865年にはイギリスにパレスチナ調査財団 (Palestine Exploration Fund) が設立され，組織的な地理学的・考古学的調査の時代が始まった．例えば，ウォレン (Charles Warren, 1840-1927) とウィルソン (Charles William Wilson, 1836-1905) によるエルサレム発掘やコンダー (Claude Reignier Conder, 1848-1910) とキッチナー (Horatio Herbert Kitchener, 1850-1916) によるパレスチナ西部の測量(1872-78)がその初期の業績であるが，とりわけ後者によって作成された1マイルを1インチとする地図は，その後の聖書地理研究の基礎となった．

19世紀末にはまた，聖書地理学の古典的名著が現れた．それはイギリス人スミス (George Adam Smith, 1856-1942) の『聖書の歴史地理』(Historical Geography of the Holy Land, 1894) である．彼はそのなかで，自らの実地踏査をもとにしてパレスチナの地理を体系的かつ文学的に記述し，聖書中の風土に関する記事ばかりでなく信仰形態までを地理的立場から解釈した．20世紀に入ると，パレスチナの地理は客観的記述の対象となった．ドイツでは*アルトや*ノートによって聖書研究の領土史的方法が唱えられた．フランスの聖書地理学は F. M.*アベルの大著『パレスチナの地理』全2巻 (1933-38) が代表する．他方，イスラエルの聖書地理学界の代表的作品としては，アヴィ・ヨナ (Michael Avi-Yonah, 1904-74) の『パレスチナの歴史地理』(Geografyah historit shel Erets Yisrael le-min shivat Tsiyon ve-ad reshit ha-kibush ha-Arvi, 1949) や『聖地―歴史地理』(The Holy Land, from the Persian to the Arab Conquests, 536 B.C. to A.D. 640: A Historical Geography, 1966), *アハロニの『聖書の土地―歴史地理』(1967) がある．

【資料】聖書地理学は歴史地理学なので，歴史と考古学の資料のなかにはこの分野で重要な役割を演ずるものがある．第一は旧約聖書であり，その地理関係の記載はイスラエル(鉄器)時代パレスチナに関する最大の資料である．そこには475の地名が記されている．民族地理的記述の例は創世記10章の諸民族の系図である．行政区としての地域に対する言及は，*ソロモンの代官領(王上 4: 7-19)や地方町村名リスト(ヨシュ15章および18章)にみられる．また，軍事的遠征ルートについての記載もある(王上 15: 20; 王下 15: 29).

第二は*エジプト，*メソポタミア，パレスチナの碑文史料である．このうち最も重要なのは，エジプトの碑文である．その多くは前2000年紀のパレスチナ，すなわち「カナンの地」に関わる．例えば，パレスチナへのエジプト王の軍事遠征記録があり，トトメス3世の*メギドの戦い(前1468頃)やラメセス2世の*カデシュの戦い(前1285頃)についての記録やメルネプタのイスラエル碑文(前1220頃)が有名である．パレスチナの征服都市名のリストも残されていて，トトメス3世の場合，メギドの勝利後の被征服地名119が記されている．その後の王たちのリストでは，セティ1世とラメセス2世のもの(前13世紀)が重要である．シヌへ物語(前20世紀)やウェン・アムン物語(前11世紀初頭)のような文学パピルスにもパレスチナへの地理的言及がある．他方，エジプト支配下のカナン諸都市からの使節のリスト(前15世紀)も残っている．そのほかに，カナンの都市と民族の支配者名を記した*呪詛文書(前20世紀および前19世紀末)，エジプト王へのカナン諸都市の支配者のアッカド語による手紙である*アマルナ書簡(前14世紀前半)もあるし，セティ1世，ラメセス2世，ラメセス3世の神殿浮彫にはカナン諸都市の征服が描かれている．メソポタミアの碑文資料はこれより少ない．*マリ文書(前18世紀)には*ハツォルが現れるが，主体は新*アッシリア時代(前9-7世紀)の碑文(石板や粘土板)であり，そこに記された*ティグラト・ピレセル3世，*センナケリブ，エサルハドン等のアッシリア王の遠征録にはシリア・パレスチナの諸都市やその相互関係についての記載がある．パレスチナの碑文資料はさらに少ない．それらはターナク，*ゲゼル，テル・エル・ヘシなどから出土したアマルナ書簡，モアブ王メシャの石碑(前9世紀中葉)，サマリア・*オストラカ(前8世紀初頭)，ラキシュ・オストラカ(前6世紀前半)，貯蔵用甕形土器把手の押印(前8世紀末-7世紀初頭)などである．

第三は考古資料である．1890年のピートリ (William Matthew Flinders Petrie, 1853-1942) によるテル・エル・ヘシ発掘以来，古代パレスチナの諸都市の文化系統や年代が判明し，パレスチナの歴史地理的描写のために具体的資料を提供してきた．例えば，古代都市の構造，水利，交易などについてである．他方，発掘調査と並んで行われてきた広範な表面調査は，遺跡の古名同定や立地条件について多くの知識を提供してきた．また，最近は一定の地域内における集落の親子関係やネットワークが解明されつつある．

【パレスチナの地理的位置】パレスチナは地球上の狭少

せいしょとでんしょう

な部分にすぎず，南北はシナイ半島からアマヌス・タウルス山脈までの約 560 km，東西は砂漠縁辺から地中海岸までの約 96 km である．ここは「肥沃な三日月地帯」の南西の腕部をなしているが，大河による灌漑農耕文明の周辺部であり，農村と都市の分布は限られている．また，地形上統一性が欠け，地域的分立の傾向が強い．したがって，パレスチナの地理的意義の第一は周囲の文明地帯（メソポタミア，アナトリア，エジプト）の間の懸け橋であり，歴史上軍事的遠征と交易の通路となった．しかし，この地の意義は完全に受動的なものではなく，文化史上アルファベットや *一神教信仰が育った場所でもあった．

パレスチナの気候風土の基本的特徴は，東の砂漠と西の地中海から来る影響の相互作用という点にある．海からの西風が冬期に湿気を運び，10 月以後雨をもたらす．それに対して砂漠からの東風が夏の酷暑と乾燥をもたらす．砂漠の影響力は南に行くほど強い．このような風土を背景として，ここには定住農耕と遊牧という二つの生活形態が存在し，ときとして遊牧民の定住地への入植運動の舞台となる．その代表的なものは前 2000 年頃の *アムル人の移住，前 2000 年紀末の *ヘブライ人や *アラム人の移住である．

地質的には，パレスチナの大部分は石灰岩地帯である．それは雨水を吸い，谷間で泉を湧き出させ，そこに集落を生じさせる．この石灰岩は建材として優れ，また風化してテラ・ロッサと呼ばれる農耕に向く赤褐色の土となる．他方，海岸線に沿ってはクルカルと呼ばれる固い砂岩の層と不毛の砂丘が存在する．トランスヨルダン南部には赤色砂岩の岩山がある．また，ゴラン高原，バシャン地方，*ガリラヤの低地東部は，火山が噴出させた玄武岩によって覆われ，これが風化して独特の肥沃な黒土となっている．この噴火の時代（第三紀後期）に大地殻変動が起こり，各地に山間の峡谷を生じさせた．それを代表するものがヨルダン地溝であり，それはレバノンのベカから *紅海に抜けアフリカ東部に達する大地溝の一部をなす．

【パレスチナの諸地域】パレスチナは互いに性格の異なる多くの地域に分かれる．大きくみると，それらは海岸平野，中央山地，ヨルダン地溝，トランスヨルダン高原の四つである．このような縦割りの地形に対し，東西に走る谷間（例えば，イズレエルの谷）があって，4 地域を結ぶ役割を演じている．中央山地は海抜 900 m 以上，トランスヨルダン高原は海抜 600-750 m 以上（南部は 1,500 m に達する）である．他方，ヨルダン地溝の死海付近は海面下 400 m に位置し，地球上の最低地点である．

海岸平野には古代から都市が点在し，公道「海の道」が通り，人口も多かった．その北辺にはアッコ平野があり，その南側では *カルメル山が海岸に張り出している．さらに南にはイズレエルの谷があり，ヨクネアム，メギド，ターナクなどの都市が点在した．そこから *ヤッファまではシャロン平野があり，その中心都市は *テル・アヴィヴ郊外のアフェク・アンティパトリスであった．海岸地帯最南部には *ペリシテ人の土地（フィリスティア）があり，これがパレスチナという名称の語源となった．ここには *ガザ，*アシュケロン，アシュドドなどの都市が栄えた．ペリシテ人の土地の東側には *シェフェラ（低地）があり，ゲゼル，*ベト・シェメシュ，*ラキシュなどの都市が栄えた．その南にはネゲブ西部の砂漠がある．中央山地は北からガリラヤ地方，エフライム山地（中央丘陵地），ユダの丘陵，ネゲブ東部の砂漠を含む．この地域は古来森林が豊富であり，岩山の上に *エルサレム，*ヘブロン，*サマリア，*シケム，*ティルツァなどの都市があった．ヨルダン地溝（幅約 16 km）はパレスチナの風土の主たる要素をなし，中部は熱帯的な植物相を示す．北からフレの谷，キンネレト湖（→キネレト，ガリラヤ湖），ヨルダン川，*死海（塩の海），ワディ，アラバがそれぞれ独自の景観をなす．主要都市は死海の約 11 km 北の *エリコであった．ヨルダン地溝の東方にはヨルダン高原があり，シリア・アラビア砂漠に接続する．北から *バシャン，*ギレアド，モアブ，エドムの諸地方があり，ヤルムク，ヤボク，アルノン，ゼレドなどの諸河川がこれらの地域を区切っている．都市の中心はラバト・アンモン（アンマン）であった．→聖書考古学

（小川英雄）

せいしょとでんしょう　聖書と伝承

*聖書と *伝承の関係は *教理の展開と結びついており，教理を保証するものである．1 コリント書 15 章 3 節で *パウロは，*福音を自分が受け取ったもの（伝承）であると明言している．時代の要請に直面した古代の教会が *公会議において教理をより明確に定義したとき，つねに問われたのは使徒的伝承と一致しているかどうかであった（例えば，*カルケドン公会議の *キリスト論の定義をめぐる議論では，新しい説であるのか，使徒的伝承を忠実にそのまま宣べ伝えているかが論点となった）．

【宗教改革以後の問題】聖書と伝承（聖伝）の関係は 16 世紀の *宗教改革以来，プロテスタント側が「聖書のみ」（*ソーラ・スクリプトゥーラ）に依って立つとしたために，*討論神学の重要なテーマとなった．しかし，特に第 2 *ヴァティカン公会議の『啓示憲章』における聖書と伝承の結びつきに関する表現によって，プロテスタントとカトリックの間の相互理解は深まっている．プロテスタント側でも聖書が伝承あるいは伝統と全く無関係なのではなく，聖書の文書の成立には伝承が深く関わり，かつ *信条や *信仰告白の表現へと展開していったこと，またそれを踏まえたうえで聖書を読まなければならないことが理解されるようになっている．16 世紀の宗教改革者たちが伝承を排除して「聖書のみ」を掲げたのは，*中世神学における *秘跡論への一方的傾斜とカトリック教会による秘跡の占有的執行が伝承によって裏づけられていたからである．*トリエント公会議は「聖書のみ」の主張に対して聖伝をことさら強調し，キリスト教的真理と *信仰生活の基準が「書かれた書物と，書かれていない伝承」（[ラ] in libris scriptis et sine scripto traditionibus）に含まれており，両方は同じように尊重されなければならないと宣言した (DS 1501)．しかし，この考え方は後に「一部は聖書に，一部は聖伝に」というように，*啓示には異なる二つの源泉があるかのように理解される傾向があった．

第 2 ヴァティカン公会議の『啓示憲章』は「聖伝と聖書とは互いに堅く結ばれ，互いに共通するもの」をもち，「同一の神的起源をもち，ある程度一体をなし，同一の目的に向かっている」（9 項）と教え，「聖伝と聖書とは，教会に託された神のことばの一つの聖なる委託物を形造っている」（10 項）としている．「聖伝と聖書と教会の教導職とは……他のものから離れては成り立たず，……互いに関連し，結合されている」（同）ことを明らかにしている．こうして，歴史のなかで一つの *聖霊の導きのもと，教理の展開において生きる信仰共同体と

しての *神の民の根源との同一性が保証されるのである.

【文献】CGmG 23: 5-53; K. RAHNER, J. RATZINGER, *Offenbarung und Überlieferung* (Freiburg 1965); L. REINISCH, ed., *Vom Sinn der Tradition* (München 1970); L. RORDORF, A. SCHNEIDER *Die Entwicklung des Traditionsbegriffs in der Alten Kirche* (Bern 1983); G. O'COLLINS, "Kriterien zur Interpretation von Überlieferungen," *Probleme und Aspekte der Fundamentaltheologie*, ed. R. LATOURELLE, G. O'COLLINS (Leipzig 1985) 384-89. （高柳俊一）

せいしょにおけるそうにゅう　聖書における挿入

*聖書の本文批判を通して本文に1字から1章句が加筆されていると判断できるときがあるが,聖書における挿入（〔英〕interpolation）とは,語句や章句の *聖書写本の本文への顕著なかたちでの付加で,そのために本文が著しく拡張されている場合をいう.それゆえ,単なる加筆や本文の増補修正とは区別される.かつて旧約聖書中には,それがどこにでもみられ,特にヨシュア記やエゼキエル書には数々の挿入が認められるとして論議されてきた.しかし,今日,それらは挿入というよりも *グロッサとも考えられることから,より慎重に検討されるようになった.もともと旧約聖書中の挿入をめぐっての判断は,極めて難しいためでもある.著名な例として,新約聖書のヨハネ福音書の「姦通の女」(7: 53-8: 11)の部分的挿入(greater interpolation),また1ヨハネ書5: 7-8での語句挿入(lesser interpolation)をあげることができる(さらに,2コリ6: 14-7: 1; 1テサ2: 13-16,新共同訳聖書の〔 〕部分参照).後者は「ヨハネのコンマ」(〔ラ〕Comma Joanneum)とも呼ばれ,『シクスト・クレメンティーナ版ウルガタ訳聖書』(〔略称〕Sixto Clementina.→ウルガタ訳聖書)では,「天において(証しするのは三者で),父とみ言葉と聖霊であり,これら三者は一つである.また,地において証しするのは三者である……」と,加筆修正された(括弧内は,ギリシア語原典).

【文献】Wikenhauser-Schmid 625-26; E. Tov, *Textual Criticism of the Hebrew Bible* (Minneapolis 1992) 281-84. （清水宏）

せいしょねんだいがく　聖書年代学

〔英〕biblical chronology,〔独〕biblische Chronologie,〔仏〕chronologie biblique　聖書に登場する人物や事件を年代的にできるかぎり正確に位置づけ,それらの意義をよりよく理解することを目指す研究.

【課題と方法論】資料としては,聖書自体の記述と考古学の成果が二つの大きな柱であるが,それぞれその用い方には注意を要する(→聖書考古学).

まず聖書の歴史観は,現代人のそれと必ずしも同一ではなかった.聖書はただ単に実際に起こった出来事とその年代を羅列することよりも,それらのもつ神学的意味を伝えることに最大の関心があった.そのため,政治的・経済的に重要なことでも大きく取り上げられないことも多く,年代が示されていない場合もしばしばある.年代が示されている場合でも,神学的目的から象徴的な数字を用いた可能性もある(→ゲマトリア).しかし,このことは聖書記者が事実を伝えることに無関心だったり,あてずっぽうの数字を用いたという意味ではない.たとえ歴史の神学的意味を伝えることが主目的だったとしても,古代イスラエル人は自分たちが歴史のなかで神の取り扱いを受けたという信仰をもっていたのであり,その彼らが歴史的事実を軽視していたとは考えにくい.聖書の記述や数字は無批判に受け取ることはできないものの,それらを調べることなしに年代学研究を始めることはできない.

次に聖書資料は,古代 *メソポタミアの粘土板文書,古代 *エジプトの *パピルス文書, *プトレマイオス・クラウディオス,マネトン(Manethon,前280頃),ベロッソス(Berosos,前290頃)らの古典的著作によって補完される.これらは一定の暦に従って記されており,日食などの天体現象も記録されていることから,絶対年代を知る助けとなる.しかし,すべての出来事が天体現象に結びつけられているわけではなく,たとえ結びつけられている場合でも,天体現象は何年かごとに繰り返されるので,幾つか異なった絶対年代が出てくる可能性がある.暦もそれぞれの地域,時代ごとに異なったものが用いられていたので,まずどのような *暦法が用いられていたのかを確認する必要がある.そのうえで聖書の記事とこれらの歴史との接点が特定できれば,その事件の絶対年代はもちろんのこと,その他の出来事に関しても特定できる事件との相関関係からある程度年代を逆算していくことが可能になる.

【旧約聖書の年代学】〔原初史〕聖書の *系図に記されているさまざまな数字を合計して逆算すれば,天地創造の年代がわかるのではないかと考える人々は相当数いる(→原歴史).17世紀のイングランド国教会(→聖公会)の大主教 *アッシャーはその典型で,天地創造を前4004年に位置づけ,この年代は何度も欽定訳聖書(→聖書の翻訳: 英語)の注に記されてきた.

しかし,このような方法には大きな問題がある.まず聖書の系図は,すべての世代を網羅することが意図されていないからである.聖書中にみられる同一人物の系図を比較してみると,しばしば何世代もの系図が省略されていることがわかる.また,ノアの洪水前の人々が10世代,洪水後の人々が10世代というのも,象徴的にこの数の人々を選択した意図が感じとれる(→洪水物語).聖書の古代訳の間でも,系図の数字には異同があり,注意が必要である(→聖書の翻訳: 古代語).考古学的にもこの計算は受け入れ難い.アッシャーによると洪水は前2348年にあたるが,この時期はメソポタミアでは *アッカド王朝の最盛期で,そのような洪水があったという記録はない.また前9000年から7000年頃には定住生活が始まっていたことが知られており, *エリコはその代表例である.このため,聖書の記述だけではアダムからアブラハムまでどのくらいの時期がたったかを割り出すことは不可能であるが,聖書本文の性格や考古学の成果からすると,アッシャーの計算よりは長い期間だったであろう.

〔族長時代〕列王記上6章1節によると *出エジプトからソロモンによる *神殿の建設までが480年,出エジプト記12章40節によるとイスラエル人のエジプト滞在が430年である.ソロモンの神殿建設は後述のように前967年頃と考えられるので,これらの数字を単純に逆算すると,ヤコブの息子たちがエジプトに下ったのは前1877年頃となる.これにヤコブがエジプトに下ったときの年齢(130歳,創47: 9),ヤコブが生まれたときのイサクの年齢(60歳,創25: 26),イサクが生まれたときのアブラハムの年齢(100歳,創21: 5)を逆算すると,アブラハムが生まれたのは前2167年になる.

せいしょねんだいがく

しかし，出エジプトの後期説（後述）によると，出エジプトの年代は前1275年頃とされる．これを採用すると，アブラハムの誕生は前1995年となる．また，出エジプト記12章40節の430年も，*七十人訳聖書や*サマリア五書ではエジプト滞在の期間ではなくアブラハムから出エジプトまでの期間とされており，出エジプト記6章16-20節の系図ではモーセやアロンはヤコブの子から4世代しかたっていないことになっている．おそらく出エジプト記12章40節ではヘブライ語本文のほうが正しく，モーセの系図には省略があると思われるが，仮にこれを採用すると，アブラハムの誕生は前1952年となる．もし出エジプトの後期説も受け入れれば，アブラハムの誕生は前1780年となる．アブラハムの時代を正確に知ることは難しいが，ほぼ前2100-1700年の間に限定することができよう．

この時代は，考古学的な証拠からも支持される．創世記14章にはメソポタミアの王たちの連合軍と*死海周辺の王たちの戦いが記されている．これらの王たちを特定することはできないが，このような連合軍が可能だったのは，*ウル第3王朝によるメソポタミア支配が終わり，*ハンムラビが勢力を握る前2000-1750年頃までの間だけだと考えられる．また，当時のパレスチナは強大なカナン人の都市国家と半遊牧民が共生していたことが考古学的に知られており，創世記にみられる*族長たちの姿と一致している．族長たちのとった不妊の問題の解決法等も前2000年紀前半の北シリアで発見された粘土板文書の法律と共通していることが指摘されている．さらに，もしヨセフのエジプト下りを前1700年頃に設定すると，エジプトは*ヒクソスというセム系の人々によって支配されていた時代にあたり，ヨセフが宰相に出世できた理由が容易に理解される．

［出エジプトと征服］最近では，出エジプト伝承はパレスチナの下層階級が都市国家に対して起こした社会革命を表したもので，実際の出エジプトはなかったという説を主張する人々もいる．しかし，大半の研究者は，少なくとも後のイスラエルの中核になった人々は実際にエジプトを脱出したと考えている．もしそうだとすると，その時期について前15世紀と前13世紀の二つの説が考えられる．

前15世紀説は，前出の列王記上6章1節の記事に基づいており，出エジプトはソロモン王の第4年に始まった神殿建設の480年前に起こったと計算する（前967年＋480年＝前1447年）．士師記11章26節でもエフタは，すでに300年間ヘシュボン，アロエル，アルノン川流域に住んでいることを主張している．エフタは前1150年頃の人物だと考えられるので（以下参照），出エジプトは前1450年頃ということになる．さらにこの説は，エリコの発掘でガースタング（John Garstang, 1876-1956）が前1400年頃に破壊された城壁を発見したことで支持されることとなった．

一方，前13世紀説は，出エジプトの時代としてラメセス2世（Ramesses II, 在位前1290-24）の治世の前1280-70年頃を想定し，以下の理由から支持されている．(1) 旧約聖書中40や12はしばしば型としての意味をもった数字なので，列王記上6章1節の480年も40年（1世代）×12と象徴的に解釈することができる．現実的な1世代はこれよりも短かった可能性が高い．(2) エフタの言葉（士11:26）も，敵に自分たちの正当性を主張したものであり，彼自身口に問題のある人物として描かれているので，誇張されている可能性がある．(3) 出エジプト記1章11節には，エジプトで奴隷にされていたイスラエル人が「ピトムとラメセス」の町を建設したことが記されている．ラメセスはラメセス2世とその父セティ1世（Sety I, 在位前1302-1290）の時代になって初めて再建された町であり，それ以前は長く放置されていたので，前15世紀説では問題がある．(4) *ケニヨンはエリコの町を発掘し，ガースタングの発見した前15世紀の「崩れた城壁」は初期青銅器時代のものであり，出エジプトと関係ないとした．(5) グリュック（Nelson Glueck, 1900-71）はヨルダン川東岸地域を調査し，前13世紀以前に定住集落は存在せず，もしイスラエル人が前15世紀にこの地域を通ったとするなら，民数記に記されているような民族との戦いはありえなかったとした．(6) カナン侵入後イスラエル人が征服した町（例えば，*ベテル，*デビル，*ラキシュ，*ハツォル）は，前13世紀後半にそろって破壊されており，イスラエル人によるものと考えられる．(7) 前15世紀の場合，当時のファラオ（トトメス3世 Thotmes III, 在位前1438-12）の王宮は*テーベにあり，ナイル河口部分のゴシェンの地にいたイスラエル人と交渉するには距離が離れすぎている．(8) エジプトの資料に初めてイスラエルの名が登場するのは，ラメセス2世の息子メルエンプタハ（Merenptah, 在位前1224-14）の碑文である．もし出エジプトが前15世紀で，イスラエル人がすでにパレスチナに勢力を築いていたとするなら，パレスチナに何度も遠征したラメセス2世がその名を記さなかったとは考えにくい．しかし，ラメセス2世がイスラエルに屈辱的な敗戦を喫したとすれば，エジプトの習慣に従ってその戦いを記さなかったことは充分ありえる．息子の代になって，ようやくその存在を認知したのであろう．

このように，現状では前13世紀説がやや有力であるが，まだ決定的ということはできない．列王記上6章1節や士師記11章26節の解釈の問題は残っており，ケニヨンによる城壁の年代決定に関しても異論を挟む人々がいるからである．またヨルダン川東岸でも，最近では前13世紀以前の遺跡が発見されており，グリュック説も再検討が必要である．さらに，前13世紀に破壊された町々も，その時代は微妙に異なり，すべてイスラエル人によるものかどうか確かでない．特にエリコや*アイといった征服物語の焦点となっている町ではっきりとした破壊の証拠はみつかっていない．

［士師および統一王国時代］統一王国時代の年代については，比較的確実に定めることができる．列王記上14章25節は，ソロモンの死後5年でエジプト王シシャク（Shishak, 在位前950-929）がパレスチナに攻めてきたことを記している．この事件はエジプトの記録にも現れ，前926年と知られているので，ソロモンの死は前931年頃となる．ソロモンの治世は40年なので（王上11:42）前971年頃始まり，ダビデの治世も40年とすると（王上2:11）前1011年頃始まったこととなる．ただエジプトの編年には幾つかの説があるので，若干の誤差を考慮しておく必要がある．ダビデ，ソロモンの40年の治世も象徴的な数字である可能性もあるが，ダビデの治世は*ヘブロンでの7年とエルサレムでの33年に分けられており，二人の業績を考えると，この年数は概数であったとしても，ほぼ実態に近い数字だと考えられる．

一方，サウルの治世の期間はよくわからない．それが記されているはずのサムエル記上13章1節の本文には欠陥があり，即位した年齢は空白，治世の年もただの2年とされているからである．使徒言行録13章21節では

40年といわれているが，これはダビデ，ソロモンに合わせた象徴的な数かもしれない．しかし，サウルの死後，その将軍アブネルはサウルの第4子イシュ・ボシェトを40歳で王としている（サム下2:10）．サウルが若くして王となり（サム下9:2等），若くして子をもうけたとしても，サウルが死んだときには60歳ぐらいになっていたと考えられ，サウルの治世がそのぐらいの長さであったとしてもおかしくはない．そうすると，サウルの治世の始まりは前1050年頃となる．もし出エジプトの年代を前13世紀とし，サウルの治世が前1050年頃に始まったとすると，*士師からサムエルの時代には200年弱しか残されていない．士師記は，それぞれの士師がイスラエルを裁いた期間とそれに先立つ外国による圧迫の期間を記しているが，それらを合計すると470になる（表1）．ここには明らかに無理があり，おそらく士師記の数字を単純に加算すべきではないと考えられる．まず士師の期間の多くは，20, 40, 80など型としての数字になっている．また，これらの士師たちは特定の地方に限って活動したことが記されており，おそらく複数の士師が重複していた期間が相当あったと考えられる．例えば，エフタの時代の*アンモン人による圧迫とサムソンの時代の*ペリシテ人による圧迫は，同時だったであろう（士10:7参照）．

〔分裂王国時代〕王国が北イスラエルと南ユダに分裂した後の歴史は，列王記が扱っている．列王記は両王国の王の治世を順序だてて記載し，それぞれの王の即位の年齢と治世の期間，それが相手方の国の王の何年にあたるのかを逐一記録している．*ヴェルハウゼンなど19世紀末の学者たちは，この各王に帰せられた数字がうまく一致せず，南北王国の合計も合わなかったりするので，多分に懐疑的であった．しかし，その後メソポタミアの粘土板文書の研究が進み，当時の暦法が理解されるようになるにつれて，これらの記録の信憑性も高く評価されるようになってきている．特にベグリフ（Joachim Begrich, 1900-45）やシール（Edwin Richard Thiele, 1895-1986）は，聖書の記録とメソポタミアの記録の年代を照合し，一貫した年代理解を復元しようと努力した．これらの復元にも不自然なところや最近の研究成果が充分反映されていない点は残っているが，少なくとも聖書の記録を厳密な年代決定に用いることができることを明らかにしている．

このような年代照合をするためには，当時の暦について幾つかの知識が不可欠である．(1)「治世の第○年」．古代イスラエルでは，王の治世を数えるのに2通りの方法があった．ニサンの月（3-4月）を1年の初めとする祭儀的暦（出12:2; 民28:16）とティシュリの月（9-10月）を1年の初めとする農耕暦である（出23:16; 34:22）．おそらく北イスラエルではティシュリによる暦が，南ユダではニサンによる暦が用いられていたと思われる．(2)「即位年」．先代の王が亡くなり，新しい王が即位した年を数えるのにも，2通りの方法があった．「即位年方式」と「非即位年方式」である．前者は，王が即位した年は完全な1年分の期間をもっていないので「即位年」（「……の治世の初め」エレ28:1）とし，翌年から第1年として数え出す．後者は，「即位年」を設けず，たとえ期間が短かったとしても即位した年を「治世第1年」として数える．ユダとイスラエルでは基本的に「非即位年方式」がとられていたようであるが，メソポタミアの影響が大きくなるにつれ，前7世紀頃から「即位年方式」に変わったようである．(3)「共同統治」．先代の王の存命中に後継者が任命され，共同して治世を開始する習慣で，イスラエルでもユダでもかなり一般的になされていたようである．聖書中に明白に言及されている場合と推測によって知られる場合がある．これら三つの可能性を総合的に考慮するとき，イスラエルとユダの治世はある程度正確に照合することができる．さらにこうして知られるイスラエルとユダの王たちの相対年代に，メソポタミアの記録をつきあわせると絶対年代を与えることもできる．例えば，シャルマナサル3世（Šalmanassar III, 在位前858-824）の碑文によると，アッ

表1　士師の時代

イスラエルの敵	士師	圧迫の年数	解放の年数	出典
クシャン・リシュアタイム		8		士3:8
	オトニエル		40	士3:11
エグロン		18		士3:14
	エフド		80	士3:30
ヤビン		20		士4:3
	デボラ		40	士5:31
ミディアン人		7		士6:1
	ギデオン		40	士8:28
	アビメレク		3	士9:22
	トラ		23	士10:2
	ヤイル		22	士10:3
アンモン人		18		士10:8
	エフタ		6	士12:7
	イブツァン		7	士12:9
	エロン		10	士12:11
	アブドン		8	士12:14
ペリシテ人		40		士13:1
	サムソン		20	士15:20
	エリ		40	サム上4:18
	サムエル		20+	サム上7:2

せいしょねんだいがく

表2 イスラエル王国

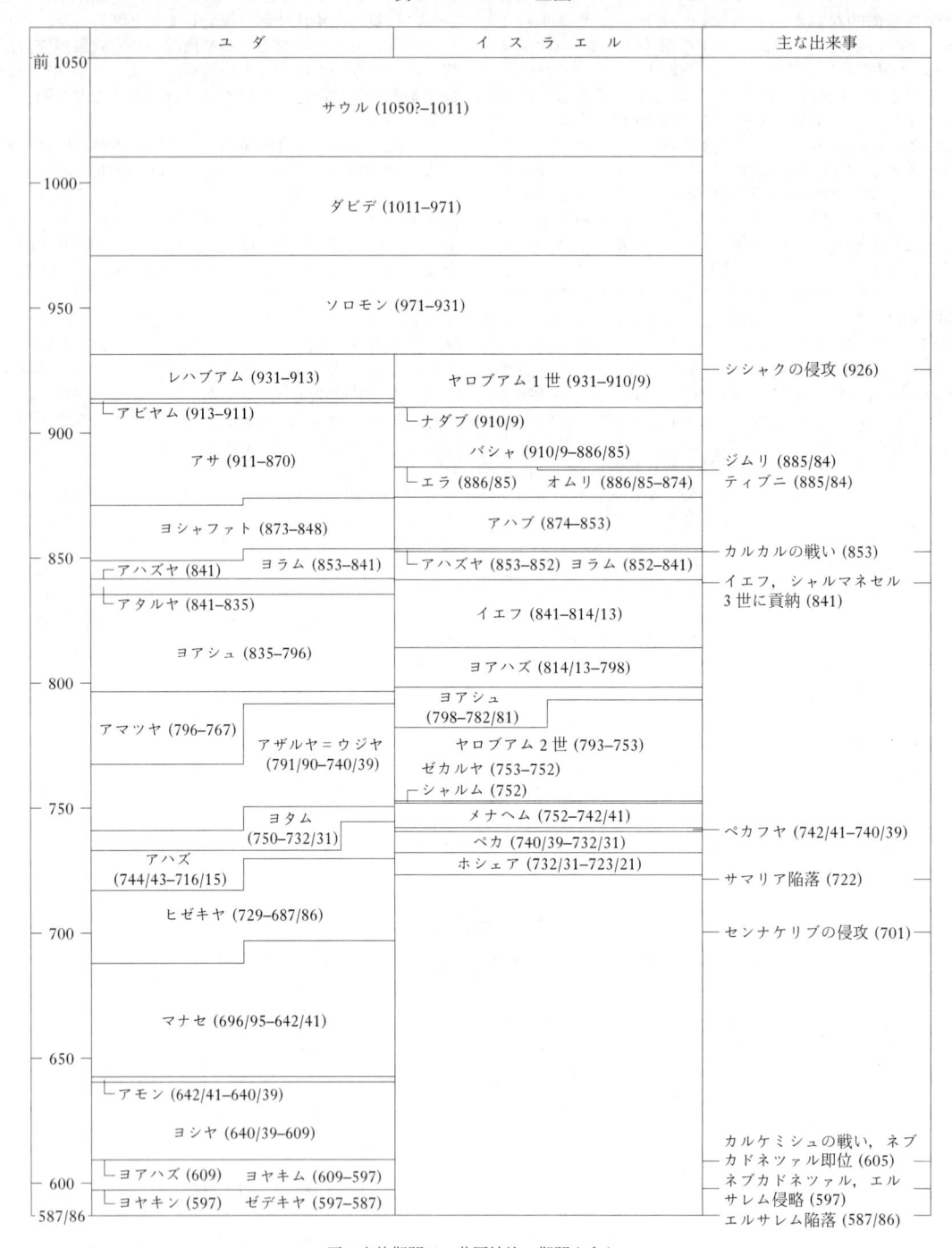

年代	ユダ	イスラエル	主な出来事
前1050		サウル (1050?–1011)	
1000		ダビデ (1011–971)	
950		ソロモン (971–931)	
	レハブアム (931–913)	ヤロブアム1世 (931–910/9)	シシャクの侵攻 (926)
900	アビヤム (913–911)	ナダブ (910/9)	
	アサ (911–870)	バシャ (910/9–886/85)	
		エラ (886/85) オムリ (886/85–874)	ジムリ (885/84) / ティブニ (885/84)
850	ヨシャファト (873–848)	アハブ (874–853)	カルカルの戦い (853)
	アハズヤ (841) ヨラム (853–841)	アハズヤ (853–852) ヨラム (852–841)	イエフ, シャルマネセル3世に貢納 (841)
	アタルヤ (841–835)	イエフ (841–814/13)	
800	ヨアシュ (835–796)	ヨアハズ (814/13–798)	
	アマツヤ (796–767)	ヨアシュ (798–782/81)	
	アザルヤ＝ウジヤ (791/90–740/39)	ヤロブアム2世 (793–753)	
		ゼカルヤ (753–752)	
750		シャルム (752)	
	ヨタム (750–732/31)	メナヘム (752–742/41)	ペカフヤ (742/41–740/39)
	アハズ (744/43–716/15)	ペカ (740/39–732/31)	
		ホシェア (732/31–723/21)	サマリア陥落 (722)
700	ヒゼキヤ (729–687/86)		センナケリブの侵攻 (701)
	マナセ (696/95–642/41)		
650			
	アモン (642/41–640/39)		
	ヨシヤ (640/39–609)		カルケミシュの戦い, ネブカドネツァル即位 (605)
600	ヨアハズ (609) ヨヤキム (609–597)		ネブカドネツァル, エルサレム侵略 (597)
587/86	ヨヤキン (597) ゼデキヤ (597–587)		エルサレム陥落 (587/86)

王の在位期間は，共同統治の期間を含む．

シリアとパレスチナの諸王の連合軍が戦ったカルカルの戦いは前853年に起こり，この戦いで北イスラエルの王アハブが命を落としている．また，「バビロニア年代記」という粘土板文書は，*ネブカドネツァルが最初にエルサレムを陥落させるまで3か月間王であった*ヨヤキンの治世(王下24：8, 12)が，ネブカドネツァルの第7年，前598年12月から前597年3月までだったことを示している．

さらにこれら以外の年代も逆算によって辿ることができる．例えば，エルサレムが最終的に滅亡するのは，ヨヤキンの後継者ゼデキヤの11年となるので(王下25：2)，前587年となる．しかし，実際にヨヤキンが*バビロンに連れ去られたのは，ネブカドネツァルの第7年ではなく第8年だったので(王下24：12)，そこから数える

と前586年の可能性もある．このように厳密な年代に関してはまだ議論の残っているところが何箇所かあるが，ここでは紙面の都合上すべてを扱うことはできない．表2はシールの研究に手を加えた年代照合の例である．

〔捕囚と帰還〕バビロン*捕囚に連れていかれたユダヤ人の歴史は，一貫して前597年にネブカドネツァルがヨヤキンを捕囚にした年から数えられている(王下25: 27-30; エゼ1: 1, 2等)．ペルシア王*キュロスが帰還の許可を出したのは，キュロスがバビロンを征服した最初の年(代下36: 22)なので，前539年となる．この期間は捕囚が70年だとするエレミヤの預言と一致しないが，エルサレムの神殿が破壊された前587/86年から第2神殿が再建された前515年(エズ6: 15)を指していると理解されたのかもしれない．

帰還の共同体の歴史は，ペルシア王の治世の年によって記録されている．けれども，ペルシア王には同名の人物が多数おり，聖書はその区別をしていないので，判断が難しい場合もある．例えば，*エズラがユダに来た時期はアルタクセルクセス1世(Artaxerxes I, 在位464-424)の第7年(エズ7: 7)だとすると前458年となり，同王の第20年(前445)に来た*ネヘミヤ(ネヘ2: 1)より前になるが，アルタクセルクセス2世(Artaxerxes II, 在位前359-338)の第7年だとすると前398年となり，ネヘミヤよりあとになってしまう．ヘブライ語聖書によるとエズラの活動が先であるが，七十人訳聖書や*ヨセフスはネヘミヤの活動をエズラより先に記しているので，後者の順序を支持する人々もいる．また，ネヘミヤのときの大祭司はエルヤシブなのに対し(ネヘ3: 1)，エズラのときの大祭司はエルヤシブの子ヨハナン(エズ10: 6)とされている点も後者を支持する理由である．しかし，最近ワディ・ダリイェー(Wadi ed-Daliyeh)で発見されたパピルスから祖父の名前を孫につける制度が当時用いられていたことがわかり，エズラのときの大祭司ヨハナンはネヘミヤ時代のエルヤシブの父であるとする説もある．この問題はまだはっきりとした結論に至っていない．

【新約聖書の年代学】〔イエスの誕生〕現在広く用いられている西暦は，*イエス・キリストの誕生を基準として6世紀の*ディオニシウス・エクシグウスが定めたものであるが，この計算は不正確だったようである．聖書は，イエスが誕生したのはヘロデ大王の治世であり(マタ2: 1-18.→ヘロデ家)，*キリニウスがシリア州の*総督として*人口調査を行い(ルカ2: 1-5)，東方の学者(→三人の博士)たちが星に導かれてイエスのところに来たことを記している(マタ2: 1-12)．これらの証拠を再検討してみると，イエスの誕生は前9年から前4年ぐらいの期間と推定できる．

(1) ヘロデ大王の死．ヨセフスはヘロデがエルサレムで王位に就いてから34年目に死んだことを記している(『ユダヤ古代誌』XVII, 8-9)．これは前4年にあたる．またヨセフスは，ヘロデの死の直前に月食があったことも記している(同6, 4)．この月食は天文学的な計算によると，前4年3月12日に起こったと考えられ，おそらく同年3月末から4月初旬に死亡したと考えられる．イエスの誕生は，これより前でなければならない．

(2) キリニウスの人口調査．ルカ書2章1-3節によると，イエスの両親マリアとヨセフは「キリニウスがシリア州の総督であったときに行われた最初の住民登録」をするために*ベツレヘムに行ったとされている．しかし，ヨセフスはキリニウスがシリアの総督になったのは紀元6年だと述べており(『ユダヤ古代誌』XVII, 13, 5)，*テルトゥリアヌスも当時のシリア総督はセンティウス・サトゥルニウス(Gaius Sentius Saturnius, 在職前9-6)だったとしている(『マルキオン駁論』4, 19)．また，当時の著作でヘロデ大王の時代の人口調査に触れているものはみつからないが，ルカもヨセフスもキリニウスが後の*アルケラオの時代に人口調査を行ったことを記している(使5: 36-37)．ルカがイエス誕生時の人口調査の年代について不正確だった可能性もあるが，ルカ書2章1節はわざわざ「最初の」住民登録と記しており，キリニウスのもとで2回の人口調査があったと考えていたと思われる．事実イタリアやフランス，エジプトでは，前28-27年頃から*アウグストゥス自身による人口調査がなされたことが知られており，シリア属州でも納税の準備としてこのような調査があったことは充分考えられる．その場合，シリア州の総督はセンティウス・サトゥルニウスであるが，キリニウスも前11年から紀元3年までその上に立つシリアとキリキアの総督だったので，アウグストゥスから特別に人口調査に関する総督に任命されていた可能性もある．

(3) 東方の学者の星．超新星やハレー彗星(前12)の出現と結びつける説もあるが，最も可能性が高いのは，木星と土星の合である．計算によると，木星と土星は前7年に5/6月，9/10月，12月と3回も合になったことが知られている．この合はバビロニアでも記録に残っており，木星は王の星，土星は安息日やユダヤ人の星と考えられていた点も興味深い．ヘロデは死の数か月前にエルサレムを離れていたので，学者たちがエルサレムでヘロデに会ったのはその少し前だと思われる．

〔イエスの公生涯〕イエスの活動期間がどのくらいの長さだったかは，はっきりとしない．ヨハネの福音書は少なくとも3回の*過越祭を記しているが(2: 23; 6: 4; 11: 55)，5章1節で言及されている「ユダヤ人の祭り」も過越祭だった可能性がある．そうすると，イエスの活動期間は，解釈によって2年から3年以上ということになる．しかし，ヨハネの記述が本当に時間の経緯に沿って記されたものかどうかは確かでなく，*共観福音書も明らかに時間的経緯を記していないので，これはあくまで推測の域を出ない．

イエスが公生涯を始めた時期については，比較的容易に決められる．イエスが洗礼を受けたのは，*ティベリウス帝の第15年(ルカ3: 1)といわれているので，シリア式の計算法によると，紀元27年9月から28年9月の間だったと考えられる．また，ヨハネ福音書2章20節でも，イエスの公生涯最初の過越祭のときに，ヘロデの神殿がすでに46年間建て続けられていると述べられている．ヨセフスはヘロデが前37年に即位し，その第18年から神殿建設を始めたと伝えているので(『ユダヤ古代誌』XV, 11, 1)，その46年目は紀元27-28年となる．イエスはこのとき「およそ30歳」(ルカ3: 23)だとされており，イエスの誕生の年を考慮すると，概数ではあるがこれもほぼ合致する．

〔イエスの死〕イエスは，ポンティオ・*ピラトが総督(マコ15: 1以下等)，*カイアファが大祭司(マタ26: 3等)，*ヘロデ・アンティパスが*ガリラヤと*ペレアの領主(ルカ23: 7以下等)だったときに十字架にかけられた．ピラトは26-36年に総督，カイアファは18-36年に大祭司，アンティパスは4-39年に領主であった．

福音書はみな安息日の前日(金曜日)に，イエスが十字架にかかったとしている(マコ15: 42; ヨハ19: 4)．共観

せいしょねんだいがく

福音書はこれを *過越の食事がなされた夕の翌日（夕方から一日が始まるユダヤ式の数え方では同日）で、ニサンの15日にあたるように記しているが、ヨハネの福音書によるとイエスが裁判を受けたときにはまだ過越の食事はされていなかった(18:28)ので、金曜日はニサンの14日にあたる。ここには1日のずれがあるが、ユダヤ人の習慣を考えると、ヨハネの福音書のほうが信頼できるであろう。天文学的に逆算すると、ニサンの14日が金曜日にあたるのは、紀元30年4月7日と33年4月3日であり、おそらく30年のほうが可能性が高い。興味深いことに、紀元29年11月24日には、日食(ルカ23:44参照)も起こっていた。断定はできないが、イエスの公生涯は紀元28年から30年の3年間というのが妥当なところであろう。

〔パウロの生涯〕*パウロの生涯を年代的枠組みにあてはめる努力は、使徒言行録に記されている出来事と聖書外資料との接点を指標に進められている。その代表的なものは以下の通りである。(1) *ガリオンの *コリント着任。パウロは第2回宣教旅行のとき、アテネからコリントに来て1年半ほど過ごした後、地方総督のガリオンに訴えられた(使18:12)。これはガリオンが新しく地方総督に就任したためと考えられる。このガリオンのコリント着任は、デルフォイ(Delphoi)で発見された碑文から、紀元51年の夏と思われる。パウロがその1年半前にコリントに来たとすると、それは49年の終わりか50年の初めということになる。(2) パウロはコリントに来たとき、ローマから追放されてコリントに来ていた *アキラとプリスキラに出会う(使18:2)。これは *クラウディウス帝がユダヤ人をローマから追放した勅令のためであり、*オロシウス(5世紀初期)によると、この勅令は紀元49年1月から50年1月に発布された。おそらくアキラとプリスキラもパウロとほぼ同時期の49年末か50年初めにコリントに来たものと考えられる。(3) パウロは回心後、*ダマスコから脱出せざるをえなくなるが(使9:25)、これはナバテアの王アレタ4世(Aretas IV, 在位前9-後40)の時代であった(2コリ11:32)。アレタ4世がダマスコを支配したのは、紀元37年から40年だと考えられる。(4) 第1回宣教旅行の前に、*ヘロデ・アグリッパ1世が死んだのは(使12:23)、ヨセフスによると紀元44年と考えられる。(5) クラウディウス帝の時代には大飢饉が起こり、パウロと *バルナバはエルサレムの兄弟たちに救援物資をもっていった(使11:28-30)。これもヨセフスによると、紀元46-48年と考えられる。(6) 第3回宣教旅行の後、パウロをパレスチナの *カイサレイアで裁判したのは総督の *フェリクスと *フェストゥスである(使24:27)。スエトニウス(Gaius Suetonius Tranquillus, 69-140頃)によると、フェリクスの着任はクラウディウス帝の第12年終了後といわれているので、紀元52年と考えられる。ヨセフスはフェリクスが解任されたとき、処罰を受けないよう兄弟のパラス(Marcus Antonius Pallas, 62没)が皇帝 *ネロに執りなしたと記している。パラスは55年に公職を退いているが、もしこの執りなしが54年であれば、ネロ帝はまだ即位していない。しかし、パラスは公職を退いた後もネロ帝に大きな影響力をもっていたようなので、フェリクスの解任およびフェストゥスの着任は55-60年の間と考えられる。(7) パウロが第1回宣教旅行のときキプロスで出会ったセルギウス・パウルス(使13:7)の在位期間も、しばしば指標として論じられる。しかし、証拠は充分になく、明白な結論を出すことは困難であろう。

これらの指標をもとにパウロの生涯を再構成すると、次のような推察が可能になる。(1) パウロは49年末から50年初めに第2回宣教旅行でコリントに来ているので、第2回宣教旅行は49年春頃に始まったと考えられる。この直前にもたれた *使徒会議は49年初頭であろう。(2) ヘロデ・アグリッパの死(44)と飢饉への救援(46-47?)は、第1回宣教旅行の前に起きているので、第1回宣教旅行は47年頃と考えられる。(3) パウロが回心して3年目の第1回エルサレム訪問は、使徒会議の「(足掛け)14年」前だとすると(ガラ2:1)、36年頃となる。回心はその「(足掛け)3年」前で、34年頃となる。(4) パウロが第3回宣教旅行に立つ前には「しばらくここで過ごした」期間がある(使18:23)。また第3回宣教旅行では、エフェソスでの2年3か月(使19:10)、マケドニアでの3か月(使20:3)を最低含まなければならない。パウロは51年の夏頃コリントを出て同年末頃オロンテス川の *アンティオケイアに戻ったと思われるので、第3回宣教旅行は53-56年頃が妥当な期間であろう。(5) 第3回宣教旅行の後、パウロはエルサレムで逮捕され、カイサレイアに護送され、2年間そこに監禁された(使24:27)。パウロが56年につかまったとすると、フェリクスの解任、フェストゥスの着任は58年となり、この秋パウロはローマに向けて出発したと思われる。その冬は漂流してマルタ島で過ごし、ローマ着は翌59年初めとなる。(6) パウロはローマで2年間拘束されていたが(使28:30)、その後解放され、*司牧書簡と関係のある宣教活動をしたと考えられる。その解放は61年頃であろう。(7) その後のパウロの生涯については聖書外資料に頼るほかないが、*クレメンス1世はパウロが再び捕らえられ、殉教したことを伝えている。もしパウロがネロ帝の迫害で殉教したとすれば、それは紀元64年となる。以上の再構成をまとめると、表3のようになる。

表3　パウロの生涯

出来事	年代
回心	34年
第1回エルサレム訪問	36年
ダマスコ脱出	37年
ヘロデ・アグリッパの死	44年
飢饉救援のエルサレム訪問	46年
第1回宣教旅行	47年
使徒会議	49年初頭
第2回宣教旅行出発	49年春
コリント着	49年末-50年初頭
コリント発	51年夏
第2回宣教旅行終了	51年末
第3回宣教旅行	53年春-56年春
逮捕	56年春
カイサレイアで監禁	56年夏-58年夏
ローマ着	59年春
軟禁からの解放	61年
殉教	64年

【文献】ABD 1: 1002-22; J. BEGRICH, *Die Chronologie der Könige von Israel und Juda und die Quellen des Rahmens der Königsbücher* (Tübingen 1929); G. OGG, *The Chronology of the Public Ministry of Jesus* (Cambridge 1940); W. F. ALBRIGHT, *The Biblical Period from Abraham to Ezra* (New York 1936); J. FINEGAN, *Handbook of Biblical Chronology* (Princeton 1964); K. A. KITCHEN, *The Third Intermediate Period in Egypt (1100-650 B.C.)* (Warminster 1973); R. E. BROWN, *The Birth of the Messiah* (Garden City, N.Y. 1977); R. JEWETT, *A Chronology of Paul's Life* (Philadelphia 1979); H. TADMOR, "The Chronology of the First Temple Period," *World History of the Jewish People*, 4/1 (1979) 44-60; E. R. THIELE, *The Mysterious Numbers of the Hebrew Kings* (Grand Rapids ³1983); N. NA'AMAN, "Historical and Chronological Notes on the Kingdoms of Israel and Judah in the Eighth Century B.C.," VT 36 (1986) 71-92; J. KNOX, *Chapters in a Life of Paul* (Macon, Ga. 1987). (杉本智俊)

せいしょのげんご　聖書の言語　日本語の新共同訳聖書は,「旧約聖書」「旧約聖書続編」「新約聖書」の3部からなっている. 本項目ではそこに翻訳された諸文書の原典言語を「聖書の言語」として説明する. 旧約聖書の大半の書は *ヘブライ語で著述されたものであるが, 部分的には *アラム語が混じっている(創 31: 47 [2語のみ]; 詩 2: 11 [1語のみ]; エレ 10: 11; ダニ 2: 4-7: 28; エズ 4: 8-6: 18; 7: 12-26). 旧約聖書続編の書は, エズラ記・ラテン語を除き, *ギリシア語で著述されており, 新約聖書はすべてギリシア語で著述されている. ヘブライ語とアラム語は, 言語的にはアフロ・アジア語族に属し, ギリシア語と *ラテン語は *インド・ヨーロッパ語族に属す. 前者は地理的には, 北アフリカ, 中央アフリカ, 西アジアに分布し, 後者はインドからヨーロッパにかけての広い範囲に分布している.

【ヘブライ語】ヘブライ語には 3,000 年にわたる歴史があるので, 時代的に5期に分けて, 古ヘブライ語([英] Archaic Hebrew), 古典ヘブライ語 (Classical Hebrew), 後期古典ヘブライ語 (Late Classical Hebrew), 中間ヘブライ語 (Middle Hebrew), 現代ヘブライ語 (Modern Hebrew) と分類している. 旧約聖書にみられる詩歌の古ヘブライ語には前 12 世紀に遡りうるものがあり, イスラエル王国樹立以降のヘブライ語(古典ヘブライ語)とは異なった特徴を示している. *捕囚期以降の作品(ヨブ記やコヘレトの言葉など)のヘブライ語は後期古典ヘブライ語であり, 前2世紀頃から後5世紀頃の文書にみられるヘブライ語は中間ヘブライ語と呼ばれている. *死海文書や *ミシュナーのヘブライ語がそれである. この時期にヘブライ語は「話し言葉」としての機能を徐々に失い,「書き言葉」としてのみ使用されるようになった. イエスの時代の頃には, もはやエルサレムとその周辺地域の住民の母語でしかなかった. そして, *バル・コクバの乱以降は話し言葉としての機能を失った. 中世・近世を通じて, 小グループのなかで聖書の写本やその解釈に書き言葉として用いられていただけであったが, 19 世紀にベン・イェフダー (Eliezer ben Yehuda, 1858-1922) の努力と *シオニズムの運動により, ヘブライ語は現代の生活に耐えうる言語に整えられ, イスラエル共和国の樹立とともに公用語として採用された.

〔名称〕旧約聖書では,「ヘブライ」という名称は, 特に *モーセ五書にみられるが(創 39: 14; 41: 12; 出 2: 11; 21: 2; 申 15: 12; ヨナ 1: 9), それらは民族名でしかなく, 言語の名称としては使用されていない. 聖書で言及されているイスラエル民族の言語に関する記事で最古のものはイザヤ書 19 章 18 節と考えられているが, そこでは「カナンの言葉」という名称が使用されており, 他の箇所では「ユダの言葉」と呼ばれて(王下 18: 26, 28; イザ 36: 11, 13; 代下 32: 18; ネヘ 13: 24),「ヘブライ語」という名称は一度も使用されていない. おそらくシラ書の序に用いられているのが最初であろう. 新約聖書では, ヨハネ書 19 章 20 節や黙示録 9 章 11 節にみられる. 聖書外の文献で最初にヘブライ語という名称がみられるのは *タルムードであるが, しかし, それらは現在, 我々がヘブライ語と呼んでいる言語を指したものではない. おそらく, 文献的に「ヘブライ語」という名称が最初にみられるのは, 9-10 世紀の *サアディアの文法書においてであろう.

〔系統〕西アジア一帯で話されていた言語はセム語で, 東西の地理的分布から東セム語と西セム語に大別される. 東セム語には, アッカド語とエブラ語が属すだけであるが, 西セム語はさらに南セム語と中央セム語に分かれ, 後者はカナン語とアラム語に分かれる. カナン語はさらにフェニキア語, ヘブライ語, アンモン語, モアブ語, エドム語に分かれる(カナン語とアラム語の区別は第2鉄器時代以降に現れている). 鉄器時代のシリア・パレスチナ地方の言語はフェニキア語とアラム語であったと推測され, 地理的には, ほぼこの中央に位置する場所に住む者によって使用された言語がヘブライ語となったと考えられている. ヘブライ語は北と南の地方語(方言)に分かれ, 旧約聖書はすべて南の地方語(エルサレム方言)で書かれたものである.

〔言語的特色〕(1) 常用する字母は 22 字であるが, 同じ字母でも単語の末尾に使用される場合は, 別形となるものがあるから, 字形としては 27 字ある. それらは, 後に母音として使用されるようになったものもあるが, 基本的にはすべて子音である. (2) 名詞には, 男性名詞と女性名詞の2種があり, 数は単数・複数・双数(目や耳などの一対になったものを示す形)の3種がある. ギリシア語やラテン語のような格変化はないが, 独立形と合成形というのがある. 独立形は名詞の普通形で, 単独に用いられる形である. 合成形は次にくる語に属格的機能を付与して, 自らに関係させ, 一つの複合概念を形成する(例えば,「神の言葉」= 言葉[合成形]+神[独立形]). 冠詞は定冠詞しかなく, 冠する語の語頭に付加して, 一つの単語のように綴る. また, 名詞を修飾する所有人称代名詞は語末に付加する. (3) ヘブライ語は, 他のセム語と同様, 三根字, すなわち3個の子音文字による動詞語根(幹)を基本としている. この基本三根字に接頭辞や接尾辞を付加したり, 根字を二重に重ねることで動詞の活用を表したり, 種々の品詞を造る. 時称は完了態と未完了態の2種で, 7種の活用語形がある(カル形[能動], ニファール形[受動・再帰], ピエル形[強意能動], プアル形[強意受動], ヒトパエル形[強意・再帰], ヒーフィル形[使役能動], ホーファル形[使役受動]). 一つの動詞がこれらすべての形をもつことは稀である(聖書にみられる 1,400 個の動詞のうち, 全形を備えているものは 6 語のみである).

【アラム語】アラム語は前 600 年以降から, *アレクサンドロスの帝国の出現まで, 古代オリエントにおける国際語([ラ] lingua franca) として重要な役割を果たした. その後もパレスチナ, シリア, メソポタミア地方では使用され続けた. イエスや弟子たちの母語はアラム語であったと考えられている. 旧約聖書の *諸書に属す多くの書のヘブライ語は, 語彙的にも文法的にもアラム語の影響を強く受けている. また, 旧約聖書続編に属す書

せいしょのげんご

や，新約聖書のマタイ福音書，それに使徒言行録の一部分などは，しばしばその原語がアラム語であったと主張されるが，それらのギリシア語がアラム語的用法や表現を色濃く反映しているからである．聖書解釈に重要な意味をもつ古代語訳聖書の *タルグムはアラム語で翻訳された聖書である．イスラムが古代オリエントを制覇してからは，アラビア語がアラム語に取って代わった．

〔名称〕*アラム人という呼称はユーフラテス川上流にあるアリメ (arime) の地名に由来すると考えられているが，「アラムの地」の境界を地理的に特定することは難しい．彼らの話す言語をアラム語と呼び (王下 18: 26; イザ 36: 11; エズ 4: 7; ダニ 2: 4)，*七十人訳聖書や*ウルガタ訳聖書ではシリア語と称している．

〔分類〕日本語といっても地方により，また時代によってかなり差があるように，3,000 年以上の歴史をもつアラム語にはさらに大きな変化がみられる．通常，その歴史を五つの時期に分け（古アラム語，帝国アラム語，中期アラム語，後期アラム語，現代アラム語），そのなかでさらに地方語（方言）を分類する方法をとっている．エジプトの末期王朝時代の古代オリエントは，アッシリア，バビロニア，ペルシアとその覇者が代わったが，アラム語はしだいにエジプト，パレスチナ，シリア，小アジア，メソポタミア，インド東部にまたがる国際語となっていった．その時期のアラム語を帝国アラム語と呼んでいる．エズラ記にみられるアラム語はこの時期のものと考えられる．これに対し，ダニエル書のアラム語は中期アラム語といわれる．死海文書のなかのアラム語で書かれた書も，タルグム・オンケロス，タルグム・ヨナタンも中期アラム語で書かれている．

〔言語的特色〕(1) 常用される字母は，ヘブライ語と同様，22 字である．アラム文字はフェニキア人から前 11 世紀頃に学んだものと考えられている．古ヘブライ文字も同一起源と思われるが，アラム文字は独自の発展をした．古代オリエントにおいてアラム語が国際語の位置を占め，アラム文字（角書体）が流布したので，ユダヤ人も捕囚期以降はこれを採用するようになった．旧約聖書の写本はこの書体で書かれている．(2) 名詞は，ヘブライ語と同様，男性名詞と女性名詞の 2 種があり，数は単数・複数・双数の 3 種がある．アラム語には冠詞はないが，語尾に a を付加することにより，規定態（定冠詞の働き）を造って定冠詞と同様の働きをさせる．(3) アラム語の時称は，ヘブライ語と同様，完了態と未完了態の 2 種で，特殊な動詞は別にして，活用語形は 6 種である（プアル形［能動］，イトプエル形［受動・再帰］，パエル形［強意能動］，イトパアル形［強意受動・再帰］，アフェル形［使役能動］，イタファル形［使役受動・再帰］）．

【ギリシア語】種々の写本にみられるギリシア語は古典ギリシア語と *コイネーに大別される．種々の方言のなかで，アテネが政治的に重要な役割を果たすようになり，アッティカ方言が規範的地位を占めて，古典ギリシア語が形成された．前 5 世紀頃のことである．*アレクサンドロスの地中海世界の制覇に伴い，その版図内でギリシア語が普及し，それまでのアラム語に代わって国際語としての役割を果たすようになった．ローマ帝国時代になってからも，その役割は変わらなかった．*ローマ帝国の西の世界で普及したラテン語が，東の世界でギリシア語に取って代わることはなかった．西ローマ帝国の崩壊以降も，ギリシア語は *ビザンティン帝国の公用語として存続した．*オスマン帝国の 400 年にわたる支配を脱して 19 世紀の初めに近代のギリシアが独立したき，民衆の日常語と伝統的なギリシア語との間には，かなりの隔たりが生じていた．新しい国家ギリシアの公用語を定めるにあたって，為政者は伝統的ギリシア語を選んだが，政治問題となり，1976 年に民衆語を公用語とする憲法改正を行わなければならなかった．

〔名称〕「ヤワンの子孫は，エリシャ，タルシシュ，キティム，ロダニムであった．海沿いの国々は彼らから出て，それぞれの地に，その言語，氏族，民族に従って住むようになった」（創 10: 4-5）．旧約聖書では，イオニア（ギリシア）をヤワンと表記している（創 10: 4. 新共同訳聖書のヨエル書4: 6 とダニエル書 8: 21 では，ギリシアと表記している）．七十人訳聖書のイザヤ書 66 章 19 節とエゼキエル書 27 章 13 節では，「ヤワン」に「ヘラス」(Hellas) をあてている．ギリシア人自身は自分たちを女神ヘラの子として「ヘレネス」といい，その話す言葉を「ヘレネー」と称した．

〔言語的特色〕(1) ギリシア人はアラム人と同様，フェニキア人から文字を学んで，字形を発展させ，自らの言語の表記に必要な母音字母を工夫した．常用する字母は 24 文字で，母音を表す文字は 7 字，残りの 17 字は子音である．(2) 名詞には男性名詞，女性名詞，中性名詞の 3 種があり，数は単数・複数・双数の 3 種である．格は主格，呼格，属格，与格，対格の五つで，それぞれ固有の語形に変化する．名詞は第 1，第 2，第 3 変化の 3 種に分けられる．なお冠詞は定冠詞のみで，不定冠詞はなく，名詞の性・数・格に従って固有の語形に変化する．形容詞は名詞に付随して，これを形容限定するものであるが，その際その修飾する名詞の性・数・格に伴って変化する．形容詞は名詞の前にも後ろにも置きうるが，定冠詞を伴う名詞を修飾する形容詞が名詞のあとに置かれる場合は，形容詞にも定冠詞がつけられる．(3) 動詞は相（［英］voice），法 (mood)，人称，数，時称に従って活用する．相は能動相 (active)，中動相 (middle)，受動相 (passive) の三つがあり，法には直接法，接続法，希求法，命令法，不定法の五つがある．時称は，現在，未来，未完了過去，アオリスト，現在完了，過去完了，未来完了の七つがある．アオリストはギリシア語に特色的な時称で，ある事実が過去において生じたことを言い表すものである（フランス語の passé simple の用法と似ている）．未完了過去が継続的・描写的表現であるのに対し，アオリストは瞬間的・列挙的である．

【ラテン語】ラテン語はイタリア中部のラティウム (Latium) に住んでいたラティニ族の言語で，彼らの一族であるローマ人の世界制覇によって，ヨーロッパ，小アジア，アフリカ北海岸での国際語となった．ヨハネ福音書 19 章 20 節によれば，イエスの罪状はヘブライ語，ラテン語，ギリシア語で書かれていたという（→アイ・ヌ・アール・アイ）．

〔ローマ・カトリック教会の公用語としてのラテン語〕(1) ラテン語はギリシア語とともに，西洋古典語と称されている．いわゆる南欧の言語，イタリア語，フランス語，ポルトガル語，スペイン語，ルーマニア語などは，ラテン語が各地域の土着語と融合し，発展してできた言語である（ロマンス語）．7 世紀頃から，ロマンス語が話し言葉となり，ラテン語は書き言葉となった．ルネサンス期になって言文一致運動が起こり，聖書を話し言葉（俗語）で翻訳するようになった．しかし，カトリック教会は，聖書を話し言葉で翻訳することにあまり積極的ではなく，20 世紀に至るまで教会の公的使用にはウルガタ訳聖書を権威あるもの (authentica) としてきた．現今

でも，ローマ・カトリック教会はラテン語を公用語とし，公式文書をラテン語で刊行している（→教会の公用語）．

〔言語的特色〕（1）我々の用いるラテン文字は大文字と小文字，おのおの26文字あるが，ローマ時代には大文字のみを使用し，常用した字母は23文字であった．j, u, wは使用されなかった．*キケロの時代まではYとZもほとんど用いられず，ギリシア語の借用語表記のために使用される程度であった．IとVは母音としても子音としても用いられていた．（2）名詞は性・数・格によって変化し，性は男性・女性・中性の3種，数は単数と複数の2種，格は主格，呼格，対格，属格，与格，奪格の6種である．名詞の変化は5種の変化がある．なお，ラテン語には冠詞がない．（3）動詞もギリシア語と同様，相・法・人称・数・時称によって活用する．しかし，ギリシア語と異なって，相には能動相と受動相，法には直接法，接続法，命令法，不定法の4種，数も単数と複数の2種，時称は現在，未完了過去，未来，現在完了，過去完了，未来完了の6種しかない．

【文献】ABD 4: 155-70, 173-78, 195-214, 221-22；呉茂一『ラテン語入門』（岩波書店1952）；土岐健治『新約聖書ギリシア語初歩』（教文館1979）；キリスト聖書塾編集部『ヘブライ語入門』（キリスト聖書塾1985）；W. B. STEVENSON, *Grammar of Palestinian Jewish Aramaic* (Oxford 1962). （岡崎才蔵）

せいしょのこうぞうしゅぎてきかいしゃく　聖書の構造主義的解釈

【歴史】19世紀以来の近代的聖書学は，ドグマティズムからの解放を求めて，過去の事実，また真正なものに遡ろうとした．その際に用いられた方法として優位であったのは，歴史的・批判的（〔仏〕historico-critique）方法であった．それは聖書を文書・史料（document）として取り扱う．そしてこの史料としての聖書を分析・解体し，年代順に配列した．その方法は「考古学的」であった．文献・史料批判（*ヴェルハウゼン），類型・様式史（*グンケル）・伝承史・編集史批判は，すべてこのような史的方法に基づいている（→聖書の伝承史的研究，聖書の文学類型，聖書の編集史的研究，聖書の様式史的研究）．このような歴史的な*聖書の文献批判は，19世紀のドグマティズムに対するものとして意味をもったが，それは一種の純化された進化論であり，非合理的なものの出現の承認を排除することになった．一方，聖書の文献学的研究は，このような歴史的研究に場所を譲り，前者は放置され，その結果，歴史的方法のみが先行し，かつ史料分析は細分化され，主観的となり，行き詰まりをもたらすことになった．構造分析（〔仏〕analyse structurale）は，近代聖書学に優位であったこの歴史的・文献分析的方法の行き詰まりから，現代言語学（→言語），*精神分析などの方法を取り入れて，新しい*解釈学へ向かう*聖書学の一つの有効な方法となった．特にそれはスイスの構造言語学者*ソシュールの名と切り離すことはできない（→構造主義）．

【方法】言語学，（音声学phonétiqueと区別された）音韻論（phonologie）において成功を収めた構造分析は，人文諸科学，人類学，文芸批評，歴史，精神分析学，社会学，哲学の各分野に及んだが，その方法は構造言語学から引き出された．構造分析において，テクストは有意味性の産出体として理解される．したがって，それがどこから来たか（歴史批判）は求めない．それは語のレベルや表層の文彩ではなく，深層構造に規定されたものを取り出そうとする．すなわち語（mot）の成立ではなく，シーニュ（signes）の機能をみいだそうとする．したがってその関心は，現にある，ありのままのテクストであり，方法論的公準として次の四つをあげることができる．

（1）二分法による主要概念として，言語活動におけるラング（langue）とパロール（parole）の基本的区別．言語活動にパロールとラング，外的言語と内的言語の区別を立て，前者の側に，心理的・生理的実行，個人的言語運用を置き，後者の側に，コード（code）を組み立てる諸規則，言語共同体にとり有効な制度を置き，構造分析の対象として後者を取り扱う．（2）体系（システムsystème）．この体系の状態には絶対項というものはなく，相互依存の関係，差異・対立による関係の束があるのみである．言語の統一体は，差異的であり対立的であるからである．シーニュとなるのは，同じシステムの統一体への関係であり，語は語彙のなかのその位置，他の語との対立においてしか存在しえない．したがって，すべての関係は形式関係であって実体関係ではない．音素また形態素が実現される仕方には関係がない．形式の法則のみがシステムに関係する．（3）通時的でなく共時的なものを求める．発生的・進化的説明と異なり，テクストを平らに置き，体系の状態をそれ自体，共時的システムとして考察する．そのため通時的なものを共時的なものに従属させねばならない．我々がまず理解するのは，変化ではなくシステムの状態だからである．（4）閉域．（システムとして）系は閉じた体系とみなされなければならない．「系」は閉じているのでなければ，比較できないからである．すべての関係は内的依存であり，差異や対立は有限の体系内部である．

〔構造モデルの拡大〕元来，文より小さい単位に関係したモデルが，文より大きい言語総体に適用された．プロップ（Vladimir Yakovlevich Propp, 1895-1970）のようなロシア・フォルマリストたちによる民間物語の取り扱いは，物語の構造理論への第1例であり，*レヴィ・ストロースによる*神話への適用はその第2例である．魔法民話の*リンネ（植物分類学）たらんとしたプロップの民話の形態学は，可能なかぎり時間的序列次元に依存しないモデルを構築しようとした．そして逆転不可能な順序に配列された（限られた数，すなわち31の）諸機能間の厳密な連鎖を引き出した．それは物語を主題や人物によってではなく，機能によって分類したが，しかしその分類は，構造の分類学的概念に依存しており，（物語表現，種別の多様性によって）無限の数え上げに陥ってしまう危険から帰納的に処理することができないので，構築されたモデルから出発して演繹的に処理しなければならないとする仮説に立っている．また時間・序列的，挿話的次元と，目的論的，因果論的次元とが混在しており，機能の連鎖という機械的な概念と機能の順序という目的論的概念との潜在的葛藤は解決されず，多くの問題を残した（トドロフTzvetan Todorov, 1939-やR. *バルトならびにブレモンClaude Brémond, 1929-らによる批判的見解）．他方，グレマス（Algirdas Julien Greimas, 1917-92）の行為項図式は，小宇宙の組織化を説明するのに，限られた数の行為項事項（termes actantiels）で充分である（『構造意味論』228頁）として，機能，すなわち（連続場面順序に従う）行動のセグマン（segment）からではなく，具体的登場人物と区別するため行為項（actant）と呼ばれる行為者の概念で物語の行為項モデルを作った．

送り手 → 客体 → 受け手　伝達の関係(統辞論的)
　　　　↑ 欲望の関係(統辞論的)
補助者 → 主体 → 反対者　行動の関係(語用論的)

グレマスは上記のような(二項対立の,三つの対による)六つの役割に物語の相互調整の働きをみた.またセカンス(séquences)の分析,行為体分析,機能分析も進められた(R. バルト「天使との格闘.創世記32章23-33節のテクスト分析」参照).

【評価】構造分析は,*実存主義に対するものとして意味をもった.しかし,現状維持の,K. H. *マルクスに対するブルジョアジーの最後の砦であり,メッセージがない,といった種々の批判がある.物語の構造分析は,可能なかぎり時間序列的次元に依存しない,共時的モデルを求めたが,なおグレマスは通時的残滓を認めざるをえなかった(『構造意味論』268頁).また物語の布置(constellation)に結合力を求めたが,物語の筋,プロットの働きを排除しようとした.しかし通時的残滓,このぬぐい去ることのできない時間的・序列的因子こそが,筋そのものを物語化するのであろう.この時間性の問題が釈義を第三の「解釈学的」方法に導く.

【文献】V. プロップ『民話の形態学』大木伸一訳(白馬書房 1972): V. PROPP, *Morfologija Skazki* (Moskva 1969); C. レヴィ・ストロース『構造人類学』荒川幾男他訳(みすず書房 1972): C. LEVI-STRAUSS, *Anthropologie structurale* (Paris 1958); R. バルト他『構造主義と聖書解釈』久米博,小林恵一編訳(ヨルダン社 1977): R. BARTHES, ET AL., *Analyse structurale et exégèse biblique* (Neuchâtel 1971); D. パット『構造主義的聖書釈義とは何か』山内一郎,神田健次訳(ヨルダン社 1984): D. PATTE, *What Is Structural Exegesis?* (Philadelphia 1976); P. リクール『時間と物語』全3巻,久米博訳(新曜社 1987-90): P. RICŒUR, *Temps et Récit* (Paris 1983-85); A. J. グレマス『構造意味論』田島宏,鳥居正文訳(紀伊國屋書店 1988): A. J. GREIMAS, *Sémantique structurale* (Paris 1966).　　　　　　(西村俊昭)

せいしょのこうぶつ　聖書の鉱物

【概要】パレスチナは*岩や石などのおびただしい地域である.そして聖書は「石は鉄を含み,山からは銅が採れる土地である」(申8: 9.さらに33: 25 参照)という.しかし,鉱業をめぐる聖書での具体的な言及は少なく(ヨブ28: 1-19; エレ15: 12; エゼ27: 12; 1マカ8: 3 参照),この地域一帯での実際の形跡も乏しい.したがって,鉱石や宝石についてではなく(下記邦語事典の項目「宝石」参照),主に石(〔ヘ〕'eben,〔ギ〕lithos)を扱う.

自然の岩や石は日常生活のなかで重要な役割を果たしていた.例えば,しばしば耕地は荒廃し(王下3: 19, 25),石を取り除く必要もあった(イザ5: 2).また,証拠や記念ないし標識として石を積み上げ,あるいは石碑を建てた(創31: 44-52; 出24: 4; ヨシュ4: 3, 20-21; サム下18: 17 参照).さらに,石は凶器であり(出21: 18),自らを傷つける道具ともなる(マコ5: 5).人間や動物に石を投げることもある(サム下16: 6; シラ22: 20).極刑として残酷な石打ちによる刑があった(レビ20: 27; 24: 14; 申13: 11; 17: 5; 21: 18-21; 22: 21.さらにヨハ8: 3-11 参照).そして石は武器となり(士20: 16; ゼカ4: 10.さらに1マカ6: 51 参照),逆に石で町の*城門をふさいで攻撃に備える(1マカ5: 47).このほか

石は種々の目的,例えば座るため(出17: 12),秘匿するため(シラ29: 10),火をつけるため(2マカ10: 3),そして重り(箴16: 11),重し(エレ51: 63),また*井戸(創29: 2-10)や*墓(マタ27: 60)などの覆い,さらに加工されて挽き臼(申24: 6),圧縮機(ヨエ4: 13)や墓(マタ27: 60)として日常的に使用された.なかでも石は建築材であった.建築用に加工され(王上6: 7),大きな石は城壁をはじめとする建造物の基礎部分に使用された(王上5: 31).特に,*神殿の建築材となる石に対しては細心の注意が払われた(王上6: 7-7: 12; 王下12: 12-13; 22: 6).しかし,これらの建造物も瓦礫と化す場合もある(イザ17: 1; ミカ1: 6; サム下17: 13; マコ13: 2 参照).

石は宗教上の事物のためにも使用された.*十戒は石の板に記され(出24: 12),*割礼は石の刃物によって施された(出4: 25; ヨシュ5: 2).清めのための石の水がめもあった(ヨハ2: 6).また,*祭壇は加工されていない自然石でなければならなかった(出20: 25.さらにサム上14: 33; 王上18: 31-32 比較参照).しばしば*偶像のうちで女神は石で造られていた(エレ2: 27; 知13: 10.→石柱).

考古学的調査によれば,パレスチナでは玄武岩や石灰岩は主に比較的大きな建造物や用具に,さらに雪花石膏や蛇紋石は器に,血石や石英,碧玉,紅玉髄,瑪瑙(の),瑠璃(ラピス・ラズリ),黒金剛石,珪石,凍石,黒曜石は装飾細工に使用された(例えば,出28: 17-20; 39: 10-13; エゼ28: 13; 黙21: 19-20 など比較参照).

【象徴としての石】一般に石は堅固さや永続性の象徴である.それゆえあらゆる分野に広く使用されているわけである.しかし,聖書では死や不機嫌(例えば,使17: 29; ルカ19: 40; 2コリ3: 3 参照),人間の不従順の象徴でもある(エゼ11: 19; 36: 26).これに対して宝石は富と華麗の象徴であって,「金と宝石と真珠」の三者の組み合わせはその最上級のありようを示す(黙17: 4; 18: 12-16; 21: 11-21).それらが神の輝きを表すためである(黙4: 3 参照).また,石は不法や暴力に苦しむ人間の怨嗟(ハバ2: 11.さらにルカ19: 40 参照),あるいは神による子孫の繁栄と力(イザ51: 2; マタ3: 9 比較参照),*躓き(イザ8: 14-15; ルカ20: 18; ロマ9: 32-33 比較参照)の象徴である.さらに,イエスは*ペトロに対して「あなたはペトロ,わたしはこの岩(〔ギ〕petra)の上にわたしの教会を建てる」(マタ16: 18)といったが,このためにしばしば教会共同体は石や建造物に関連する譬えでもって語られている(例えば,エフェ2: 20-21; 1ペト2: 4-5 参照).なぜなら「岩こそキリストだった」からである(1コリ10: 4).→隅の親石

【文献】旧新約聖書大 118-19, 458-59, 1088-90; 新聖書大 1250-54; BL 1636-39; NBL 3: 687-88; ThWAT 1: 50-53; 島田昱郎『聖書の鉱物誌』(東北大学出版会 2000).
　　　　　　(清水宏)

せいしょのごぎ　聖書の語義　〔ラ〕sensus sacrae scripturae

聖書の基本的な語義(〔ラ〕sensus)をめぐって,古代から中世にかけ,さまざまな説明が試みられてきた.キリスト教の最初の釈義家ともいえる*オリゲネスは,身体・魂・精神の三分的人間観に基づき(1テサ5: 23 参照),それを二通りの図式でもって説明した.まず,読み手に応じて,いわば初心者にとっては「肉的意味」,中級者にとっては「霊的意味」,上級の完全な者にとっては「精神的意味」をもつという(『諸原理につい

て』4, 2, 4 参照）．いま一つは，聖書の意味相は，「歴史的意味」「精神的意味」「道徳的意味」の三つに区分されるという説明である（『創世記注解』2, 6 参照）．

こうしたオリゲネスによる三分的説明は，多くの人たちに受け継がれていくが，異説も当然唱えられるようになる．例えば，*カッシアヌスは，それを歴史的意味と精神的意味の二つに区分し，さらに精神的意味をアレゴリア (allegoria)，トロポロギア (tropologia)，アナゴギア (anagogia) の三つに分割した．その影響もあって，デンマークのアウグスティヌス（Augustinus de Dacia, ?-1285）は聖書の語義の四区分説を提唱する．すなわち，「字義的意味は出来事を教え，寓意的意味は信ずべきことを教える．倫理的意味は行うべきことを教え，神秘的意味は希望すべきことを教える」（Littera gesta docet, quid credas allegoria. Moralis quid agas, quid speres anagogia）．この場合，カッシアヌスに従って聖書中の「エルサレム」という語をあげるなら，字義的意味はイスラエルの「都エルサレム」，寓意的意味は「キリストの教会」，倫理的意味は「人間の魂」，神秘的意味は「天の都」であると説明できる．ただしこの四区分説は，「希望すべきこと」という表現が後にリールの*ニコラウスによって「志向すべきこと」(quo tendas) に改変されて広く知られることになる．

しかし，この聖書の語義をめぐる四区分説は，結局は*字義通りの意味と*霊的意味の二つに還元される．それは，「すべての教えは，ものについてであるか，しるしについてである」（『キリスト教の教え』1, 2, 2），つまり「もの」(res) と「しるし」(signa) ないし「言葉」(verba) とを区分する*アウグスティヌスの考えに基づく．こうして中世では*自由学芸の方法や知識を援用して聖書における字義通りの意味の探究が盛んになり，その霊的意味の究明をめぐっては教育的また審美的かつ護教的な目的で進められるようになる（『キリスト教の教え』4, 8, 22 参照）．

今日，このような聖書の語義をめぐっての一致した見解があるわけではない．それにもかかわらず，聖書は多様な形式で読み継がれている．→聖書解釈の歴史，センスス・プレニオール

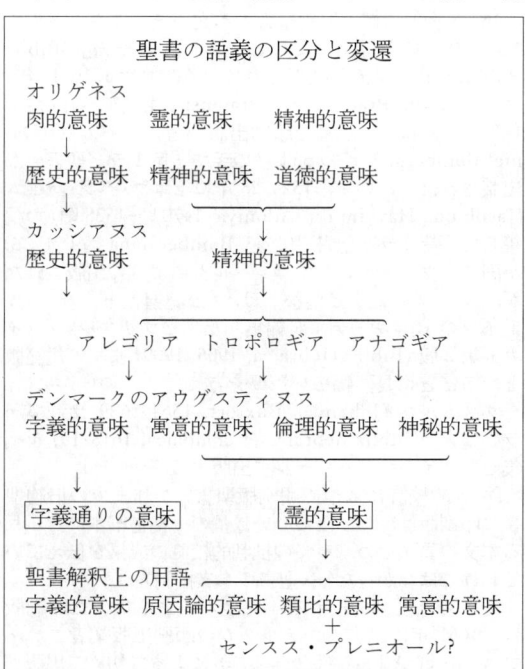

【文献】LThK³ 9: 268-69; 出村彰，宮谷宣史編『聖書解釈の歴史―新約聖書から宗教改革まで』（日本基督教団出版局 1986）; J. A. FITZMYER, *The Biblical Commission's Document "The Interpretation of the Bible in the Church": Text and Commentary* (Rome 1995).

（清水宏）

せいしょのじつぞんろんてきかいしゃく　聖書の実存論的解釈

【聖書の宇宙観】*ブルトマンの*非神話化論が聖書の神話的叙述に対する否定的・消極的側面であるのに対して，彼の実存論的解釈はその肯定的・積極的側面である．新約聖書は，キリストの出来事によって明らかにされる人間の実存，神の前での堕落した人間存在を，これを対象化・客観化して思惟する当時の古代神話的宇宙観によって表象する．古代宇宙観は全存在が天界・地界・下界（冥府）の三段階層によって形成されるとして，人間界としての世界での出来事は，この世界に内在する*因果律によってでなく，天界（神と天使）と下界（悪霊）というこの世界外の超越的諸力によって絶えず干渉されているとみなす．しかし，このように対象化して表象する神話の本来的意図は，世界における人間存在とその実存の自己理解の仕方を表明するものである．新約聖書もこの宇宙論的神話表象を用いるが，それはあくまでこの世界外に在す神との関連における人間の存在，キリストによって露わにされた神の前での人間の実存を示すことにある．実存論的解釈とは，人間存在を宇宙論的に表象した聖書から，宇宙論的神話表象を除去または排除するのではなく，神話表象に埋もれている神話の本来の意図たる人間実存の理解を解明しようとする解釈学的方法である．哲学的方法としての*ハイデガーの実存論的解釈学を聖書解釈に応用したものだが，しかし，哲学がその限界として自己充足的人間の実存のなかに閉じ込まざるをえないのに対して，ブルトマンの解釈は聖書に対するゆえ，聖書中に伝えられたキリストによって神の前での人間の赤裸々な自己充足における堕落性とその実存および，そこからの解放または自由が明らかにされるという．

【実存的問い】それはこの解釈が，聖書におけるキリストの*ケリュグマが本来的に人間実存への呼びかけであるという性格に対応するからである．すなわち，あらゆる解釈は「問い」に始まり，それなしには聖書本文すらも沈黙したままである．聖書に対する問いは，人間実存に対する問いである．この聖書の物語や言葉が人間の実存，その生と死とにとってどのような意味をもつのかを尋ねる問いである．その場合，聖書の宇宙論的神話表象に埋もれている記述または言葉が，かつてあの時，あの場にこれを伝えた原始キリスト教会や，聖書記者の実存にとってどのような意味をもつのかという，その有意義性を明らかにする問いだけにとどまらない．この問いは，その聖書伝承が，今これを解釈しようとしている自分自身の実存にとって，どのような意味があるのかという，この場，この時への問いとなって現在化されるものである．ここで聖書におけるキリストのケリュグマの人間実存への呼びかけという性格が明瞭に現れる．すなわち，聖書に問いかけてきた自分が，聖書にこの人間実存への呼びかけの性格をみいだすや否や，聖書が私に対して問い，今まで問うてきた自分が今，聖書に対して答え

聖書の語義の区分と変遷

オリゲネス
肉的意味　　霊的意味　　精神的意味

歴史的意味　精神的意味　道徳的意味

カッシアヌス
歴史的意味　　　　精神的意味

アレゴリア　トロポロギア　アナゴギア

デンマークのアウグスティヌス
字義的意味　寓意的意味　倫理的意味　神秘的意味

字義通りの意味　　霊的意味

聖書解釈上の用語
字義的意味　原因論的意味　類比的意味　寓意的意味
＋
センスス・プレニオール？

を迫られているのだという，問いと答えの逆転が起きる．そして自分に対して問う聖書に対する自分の答えは，その問う聖書のケリュグマに否と答えるか，受け入れの答えを出すかの二者択一の決断しかない．こうして聖書の実存論的解釈は，実存的決断においてのみ完結されるのである．

【批判】以上の説明の限りでは，この解釈は積極的に認容されうる．しかし非常に問題なのは，ブルトマンの「実存」理解である．彼の理解では，決断する「実存」は，各個人の実存が共有する外部の世界，自己の属する共同体，周囲の人々と全く無関係に「自由に」決断すべきであり，したがって自己の実存との客観的・歴史的関わりを一切排除する．これは宗教史的には *宗教改革以来の *プロテスタンティズムを，そして思想史的には近代の *個人主義・*主観主義を徹底させた理解にほかならない．彼自身もそれを認めているようだが，しかしその論理的帰結は自己の絶対化に連なるであろう．

【文献】RGG³ 2: 823-28; SM (D) 1: 1300-304; 熊澤義宣『増補改訂—ブルトマン』（日本基督教団出版局 1987）．これには1987年までの欧米および日本でのあらゆるブルトマン関連の文献が網羅されている．ブルトマンに対する欧米カトリック側学者の反応と批判は，同書286-90に文献とともに掲載されている．このなかの特に重要な書は次の通り．L. MALVEZ, Le message chrétien et le mythe (Brussel, Brügge, Paris 1954); R. MARLÉ, Bultmann et l'interprétation du Nouveau Testament (Paris 1959); G. HASENHÜTTEL, Der Glaubensvollzug (Essen 1963); ID., "R. Bultmann und die Entwicklung der katholischen Theologie," ZThK 65 (1968) 53-69; P. LENGSFELD, Überlieferung, Tradition und Schrift in der evangelischen und katholischen Theologie der Gegenwart (Paderborn 1960).　　　　　　　　（三好迪）

せいしょのしゅっぱん　聖書の出版　本項では，*グーテンベルクの活版印刷術の発明以降に出版されたヘブライ語旧約聖書およびギリシア語新約聖書（以下，単に「旧約聖書」「新約聖書」と表す）に限って，それを歴史的に扱う．したがって，これ以外の *七十人訳聖書，*ウルガタ訳聖書，*タルグム，また種々の翻訳聖書の印刷版（[英] printed edition）については聖書の翻訳の項を参照のこと．

【旧約聖書】〔ユダヤ教における印刷版聖書〕15世紀後半，イタリアやスペイン，ポルトガルのユダヤ人印刷業者の手によって，*ユダヤ教の立場からの旧約聖書の印刷版が刊行されるようになった（下記では，必要な場合に限って書名を付す）．1475年，最古の印刷版が発行されたが，それは *ラシによる *モーセ五書の注解書であって，いうまでもなく *聖書の本文そのものでも，旧約聖書の全文書を包含するものでもなかった．以降1477-86年，注解書も含むが，詩編やモーセ五書，*預言者，*諸書などが個別にイタリアの *ボローニャ，また *ミラノ近郊のソンチノ（Soncino）の印刷業者によって順次出版された．結局，1488年，旧約聖書全文書の印刷版はソンチノの印刷業者ソンチノ（Joshua Solomon ben Israel Nathan Soncino, ?-1493）の手で刊行された．その後，*ナポリに移住したソンチノは，最初の印刷版の不備（例えば，*マソラ本文における段落区分，欄外注や *ケティーブとケレーの軽視）を修正して，1491/92年に同地でいわば第2版を刊行した．そして，ソンチノの甥（Gershom ben Mose Soncino, ?-1534）が，1494年，イタリア北部のブレッシア（Brescia）で第3版を出版したが，同版は *ルターのドイツ語訳旧約聖書の底本となった．スペインやポルトガルでは，1491年，トレダーノ（Eliezer Toledano, 生没年不詳）によって *リスボンでモーセ五書が刊行された．

〔キリスト教における印刷版聖書〕16世紀初めになって，ようやくキリスト教側からの企図による複数の言語を併記した詩編が出版された．こうした先駆的出版物の形態の影響もあってか，以降は旧約聖書だけを出版することよりも，旧新約聖書を含む *多国語対訳聖書の編集と刊行に集中するようになる．

17世紀までに出版された重要な多国語対訳聖書とその出版地，出版年は，以下の通りである．(1) コンプルトゥム（=アルカラ）版 Polyglotta Complutensis (Alcalá de Henares 1514-17). ヒメネス（F. J. デ・*シスネーロス）の企画に基づき，6巻からなる．(2) アントヴェルペン版 Polyglotta Antwerpiensis = Biblia Regia (Antwerpen 1569-72), アリアス・モンターノ（Benito Arias Montano, 1527-98）が編纂．プランタン（Christophe Plantin, 1520頃-1589）によって印刷され，8巻からなる．(3) パリ版 Polyglotta Parisiensis (Paris 1629-57). ル・ジェー（Guy Michel Le Jay, 1588-1675）が刊行，10巻からなる．印刷はヴィトレ（Antoine Vitré, 1595-1674頃）による．(4) ロンドン版 Polyglotta Londinensis = Biblia Waltoniana (London 1654-57). *ウォールトンによって編纂され，10巻からなる．聖書の本文を注意深く扱い，部分的には9言語を併記し，このため既存の多国語対訳聖書を凌駕する．

さらに近代になっても多国語対訳聖書の編集と刊行がみられるが，そのうちの主要なものは以下にあげるものであろう．(1) R. Stier, K. G. Theile, eds., Bielefelder Polyglotten, 4 v. (Bielefeld 1847-55 ⁵1900), (2) F. Vigouroux, ed., La Sainte Bible polyglotte, 8 v. (Paris 1898-1909), (3) マドリッド版 Polyglotta Matritensis (Madrid 1957-).

16-18世紀には，旧約聖書の本文のほかにタルグムや *ラビの注解を併記したいわゆる「ラビ聖書」（Biblia Rabbinica）が幾つか出版されている．まず1516-17年，プラト（Felix Prato または Pratensis, 生没年不詳）が編集し，*ヴェネツィアで印刷出版業者ボンベルク（Daniel Bomberg, ?-1549/53頃）の手で「第1ラビ聖書」が出版された．次いで，1524-25年にヤコブ・ベン・ハイム（Jacob ben Hayyim ibn Adoniya, 1470頃-1538頃）の編集した「第2ラビ聖書」（略記 Bombergiana ないし ℬ）が同じくヴェネツィアでボンベルクによって出版されたが，この「第2ラビ聖書」は，*公認聖書とみなされ，ドイツのR. *キッテルが編集した『ビブリア・ヘブライカ』第2版（Biblia Hebraica, 1906 ²1909）までの規範版となるほどに長く幅広い影響を与えた．このほかには，ブクストルフ（Johannes Buxtorf, 1564-1629）が「第6ラビ聖書」（Biblia hebraica et chaldaica, 1618-19）を編集してスイスの *バーゼルで出版する．

〔批判的校訂に基づく印刷版聖書〕これまでの旧約聖書の印刷版は，おびただしい数量の *聖書写本にみられる本文の異読をめぐっての批判的校訂の成果を伝えているわけではなかった（→聖書の本文批判）．

そうした批判的校訂を不完全ながらも加えた印刷版は，1661年に *アムステルダムの印刷出版業者アティアス（Josef Athias, 生没年不詳）によって初めて出版された．また，このほかにも数種の印刷版はあるが，近代

の批判的校訂に基づく印刷版としては，ユダヤ教やキリスト教の立場は別にして，以下が主要なものであろう．① J. H. Michaelis, ed., Biblia Hebraica (Halle 1720), ② B. Kennicott, ed., Vetus Testamentum Hebraicum, 2 v. (Oxford 1776-80), ③ J. B. de Rossi, ed., Varie Lectiones Veteris Testamenti, 4 v. (Parma 1784-88), ④ S. Baer, F. Delitzsch, eds., Textum Masoreticum, 10 v. (Leipzig 1869-92), ⑤ C. D. Ginsburg, ed., The Old Testament, 2 v. (London 1894. 改訂版 4 v., London 1926), ⑥ P. Haupt, ed., The Sacred Books of the Old Testament, 16 v. (Leipzig 1893-1906), ⑦ N. H. Snaith, ed., The Old Testament (London 1958), ⑧ R. Kittel, ed., Biblia Hebraica (Stuttgart 1906 ²1909. 全面改訂第 3 版 1937), ⑨ M. D. Cassuto, ed., Torah, Prophets and Scriptures (Jerusalem 1953).

今日では，⑧に代わって，『ビブリア・ヘブライカ・シュトットガルテンシア』(K. Elliger, W. Rudolph, eds., Biblia Hebraica Stuttgartensia, 1967-77 1982) が標準的な印刷版旧約聖書である．この版は日本語の『聖書新共同訳』(1987)の旧約聖書の底本となった．また，新たに『ヘブライ大学聖書』(The Hebrew University Bible, Jerusalem 1975-) の編集刊行が進められている．

【文献】EJ 4: 836-41; LThK² 2: 339-40; LThK³ 2: 371-73; E. ヴュルトヴァイン『旧約聖書の本文研究』鍋谷堯爾，本間敏雄訳（日本基督教団出版局 1997）66-74: E. WÜRTHWEIN, *Der Text des Alten Testaments* (Stuttgart 1988) 47-53; E. Tov, *Textual Criticism of the Hebrew Bible* (Minneapolis 1992) 77-79.

【新約聖書】新約聖書の印刷版はその数も多い．20世紀初めには小型のポケット版新約聖書だけでも 1,000 点以上もあったという．ここでは，このために主要な印刷版を取り上げ，また出版年や編著者の名をあげ，例外的に書名を記す．

〔二つの最初の印刷版聖書〕最初の出版をめぐっては理解し難い問題が含まれていた．ヒメネスは，1502年，コンプルトゥム版多国語対訳聖書の出版を企画し，そのうちの第5巻は新約聖書として刊行するよう準備を進めていた．1514年，この第5巻の印刷はスペインのアルカラ (Alcalá) で終了した．すでに1481年に新約聖書の本文の抜粋がミラノで出版されているが，このコンプルトゥム版多国語対訳聖書の第5巻こそ最初の新約聖書全書の印刷版である．しかし，第6巻の印刷完了(1517)，また教皇*レオ10世の出版認可(1520)を必要としたこともあり，コンプルトゥム版多国語対訳聖書は1522年になってようやく公刊ないし頒布されることになった．そして，以降の印刷版新約聖書に一つの規範となる本文を提供することになる．

他方，1515年3月頃，スイスのバーゼルの印刷出版業者フローベン (Johannes Froben, 1460頃-1527) は，コンプルトゥム版多国語対訳聖書に先んじて新約聖書を刊行することを企図し，その編集を*エラスムスに依頼して承諾を得た．エラスムスは，3-4か月余で準備を終えた急ごしらえの原稿をフローベンに手渡し，フローベンは1515年10月に印刷を開始して，わずか約5か月で完了した．この新約聖書の印刷版は，ギリシア語とラテン語を併記したもので，1516年に公刊された．もっとも，この新約聖書はほんの2-3の粗雑な12世紀の写本をもとに編纂され，写本に欠損部分がある場合はエラスムスがラテン語からギリシア語に翻訳し，さらに数々の誤植を含む劣悪なものであった．しかし，その後にコンプルトゥム版多国語対訳聖書との照合を含めての若干の手直しを加える程度であったにもかかわらず，版を重ねて1535年には第5版が発行されるほどであった．特に第2版(1519)はルターのドイツ語訳新約聖書の底本になり，第5版は1546-51年にロベール・エティエンヌ（ラテン語表記 Stephanus. →エティエンヌ家）が出版した新約聖書の底本ともなった．

〔公認聖書まで〕1550年，エティエンヌはコンプルトゥム版多国語対訳聖書と15のギリシア語写本の読み方を注記した新約聖書第3版 (Editio Regia. 略記 S) をパリで出版した．この新約聖書第3版は，*ベザが1565-1604年に編纂した幾つかの新約聖書の底本にもなり，特にイギリスでは広く受け入れられて1880年頃まで新約聖書の標準的本文（[英] standard text）とみなされた．そして，エティエンヌの*ジュネーヴで出版した新約聖書第4版(1551)では，今日みるような節区分(→聖書の章節区分)が初めて導入された．

すでにギリシア語だけの印刷版があったが，多くはラテン語を併記した新約聖書であった．しかし1624年には，オランダのエルセフィール (Bonaventura Elsevier または Elzevier, 1583-1652; Abraham Elsevier, 1592頃-1652) の手によってベザの新約聖書第2版(1565)を底本にした簡便な小型新約聖書が出版された．またエルセフィールは，第2版序文(1633)で自らの印刷版をめぐって誇らしげに「公認聖書」(Textus Receptus) と語った．以来，エティエンヌ，ベザ，エルセフィールの出版した印刷版を混合した，写本の異読をめぐる充分な収集も校訂もされていない欠陥だらけの印刷版が新約聖書のギリシア語本文の唯一で真正の本文とみなされ，イギリスは別にして，公認聖書という言葉を伴って19世紀後半頃まで変更なしに何回となく刊行された．

〔公認聖書に抗する当然の，しかし緩慢な動き〕信頼に値する新約聖書を有するためには，やはりおびただしい新約聖書本文の異読の組織的な収集と整理，校合という作業が不可欠である．その成果は，17世紀後半以降，ウォールトンのロンドン版多国語対訳聖書第5巻(1657)，イギリスのフェル (John Fell, 1625-86) の新約聖書(1675)，特にギリシア語の写本，古代訳，*教父の著作を精査して約3万もの異読を明示したミル (John Mill, 1645-1707) の新約聖書 (Novum Testamentum Graecum cum lectionibus variantibus mms. exemplarium, 1707) にみられる．こうして徐々に公認聖書に代わる新約聖書印刷版の刊行への準備が始まった．

さらに，1721年のイギリスのベントリ (Richard Bentley, 1662-1742), 1729年のメイス (Daniel Mace, ?-1753), 1734年のドイツの*ベンゲル，1751-52年のヴェットシュタイン (Johann Jakob Wettstein, 1693-1754), 1763年のイギリスのボーヤー (William Bowyer, Jr., 1699-1777), 1776年のハーウッド (Edward Harwood, 1729-94) などの新約聖書（草稿を含む）の出版によって，ますます新しい新約聖書の印刷版刊行の準備は整ってきた．特に，ベンゲルは，新約聖書の写本群を二つに大別して，異読の信憑性については5段階に評価するという新約聖書の本文批判の原則を確立した．また，ヴェットシュタインは，番号と略記号によって写本を表記するという方法を初めて採用した．

〔新たな局面〕ドイツのグリースバハ (Johann Jakob Griesbach, 1745-1812) は，種々の写本，教父，古代訳を校合して1775-77年に新約聖書を出版した．この新約

聖書は，ドイツ各地，また欧米の出版社から発行され，版を重ねた．また，グリースバハはベンゲルやヴェットシュタイン，*ゼムラーの新約聖書本文をめぐる見解をさらに進展させて15の本文批判の基準を提唱した．その後，1782-88年にマテイ (Christian Friedrich Matthaei, 1744-1811)，1786-87年にオーストリアのアルター (Franz Karl Alter, 1749-1804)，1830-36年にドイツのショルツ (Johannes Martin Augustinus Scholz, 1794-1852) らの手でそれぞれ新約聖書が出版されたが，それでも公認聖書の権威が失墜するわけではなかった．なぜなら，それまでの大半の印刷版は，異読をめぐっての批判的欄外注記を付すものの，本文には従前通りのエティエンヌ，ベザ，エルセフィールによる印刷版，また公認聖書を使用していたからである．

〔公認聖書の廃棄と新たな標準的本文への歩み〕1831年，ドイツのK.*ラハマンは，4世紀末までのギリシア語やラテン語の写本に基づいて本文を校合した，公認聖書とは全く異なる本文の新約聖書を出版した．ここに至ってようやく公認聖書の本文は廃棄される．そうした意味で，これは新約聖書の印刷版の歴史における記念碑的業績の一つといえるが，激しい非難も巻き起こした．さらに，*シナイ写本を発見した*ティッシェンドルフが，幾つかの新約聖書を出版するが，その第8版，全2巻 (Novum Testamentum graece editio octava critica maior, 1869-72) は批判的欄外注記で豊富な本文の異読を明示しており，新約聖書の本文批判にとって今日でも有益な印刷版である．また，イギリスのトレゲルズ (Samuel Prideaux Tregelles, 1813-75) の新約聖書 (1857-79) もある．しかし，約30年かけて刊行されたウェストコット (Brooke Foss Westcott, 1825-1901) と*ホートの新約聖書 (The New Testament in the Original Greek, 1881) は，グリースバハやラハマンらによる新約聖書の本文批判の方法を修正した原則を提示していることからして重要である．このほかに1894-1900年にはドイツでB.*ヴァイスが印刷版を出版したが，フォン・ゾーデン (Hermann Freiherr von Soden, 1852-1914) の新約聖書 (Die Schriften des Neues Testaments in ihrer ältesten erreichbaren Textgeschtalt auf Grund ihrer Textgeschichte, 1902-10; Text mit Apparat, 1913) は，新約聖書の本文批判にとって膨大な資料を提供するものとして看過されてはならないだろう．なお，1949年にイギリスとアメリカの研究者が協力して新たな批判的校訂版を出版する動き (The International Greek New Testament Project) が起こり，現在，ルカ福音書全2巻 (The Gospel according to St. Luke, 1984-87) だけが出版されている．また1969年からはドイツでも標準的本文の出版 (Novi Testamenti editio critica maior) の準備が進んでいる．

〔ポケット版新約聖書〕これまでの印刷版の多くは，フォリオ判をはじめとして比較的大型の新約聖書であった．しかし，1770年代以降には数々のポケット版の小型新約聖書も出版されるようになった．なかでも批判的欄外注記を付した19-20世紀のポケット版新約聖書としては，1898年のドイツの*ネストレ，1910年のイギリスのスーター (Alexander Souter, 1873-1949)，1920年のドイツのフォーゲルス (Heinrich Joseph Vogels, 1880-1972)，1933年のメルク (Augustin Merk, 1869-1945)，1943年のスペインのボヴェル (José Maria Bover, 1877-1954)，1958年のイギリスのキルパトリック (George Dunbar Kilpatrick, 1910-) などの新約聖書が重要であろう (このなかにはラテン語を併記したもの，また後に改訂された印刷版もある)．特に，ネストレによる印刷版は，後に何度か改訂されて版を重ね，今日でも最も広範囲に使用されている新約聖書である (1993年に注記を改訂した27版が出版された)．それとともに，1966年には*聖書協会世界連盟からも新約聖書 (The Greek New Testament. 1993年に改訂第4版) が刊行され，この改訂第3版 (1975) は日本語の『聖書新共同訳』の新約聖書の底本となった．なお，ギリシア正教からは，批判的校訂版ではないが，1904年にポケット版新約聖書が刊行されている．

【文献】LThK² 2: 340-44; LThK³ 2: 371-73; Wikenhauser-Schmid 161-70; 蛭沼寿雄『新約本文学史』(山本書店 1987); 田川建三『書物としての新約聖書』(勁草書房 1997) 399-421; B. M. メッガー『新約聖書の本文研究』橋本滋男訳 (日本基督教団出版局 1999) 113-56, 317-21: B. M. METZGER, The Text of the New Testament (Oxford 1991) 95-146, 280-84; K. ALAND, B. ALAND, Der Text des Neuen Testaments (Stuttgart 1982) 12-46.

(清水宏)

せいしょのしょうせつくぶん　聖書の章節区分

その起源や事由は明白ではないが，残余の行を空ける，一定字数分を下げる，1行を全くの空白にするなどの方法で本文を意味段落 (〔英〕sense division) に分ける事象は，前5世紀頃の碑文にもみられ，聖書に限られるわけではない．

ヘブライ語旧約聖書については，最古の事例を*死海文書，特にイザヤ書写本 (1QIsᵃ) に求めることができる．こうした空白部分の仕様を後に「段落」(〔ヘ〕parašâ. 複数形 parašôt) といい，本文中にヘブライ文字 p と s で表示するようにもなる．しかし，死海文書中の段落区分の実際をみると，イザヤ書写本1QIsᵃともう一つのイザヤ書写本1QIsᵇを比較しただけでも，さらに，この2写本を含めて文書中の数々の断片写本と*マソラ本文，*七十人訳聖書や*サマリア五書を照合した場合も，そこに相違が認められるので，旧約聖書の筆耕者を拘束するほどの段落区分をめぐっての一定の規準や方法がもともとあったとは考えにくい．また，段落区分の生じた事由を*会堂の礼拝での朗読の必要性にのみ帰すことがあるが，後代ならともかくも，必ずしも妥当なこととはいえないだろう．旧約聖書の朗読配分 (*ペリコペー) は，すでに一定の段落区分が明確になっていればこそ可能になるからである．それゆえ，その段落区分と表示を含む方法は，礼拝での朗読ばかりか旧約聖書理解の助長，マソラ本文の成立過程とが相まって徐々に確定していったのであろう．それは，古くは*ミシュナー (メギラー Ⅲ 4-6) や新約聖書 (マコ 12:26; ロマ 11:2) からも窺い知ることができるし，また，*ユダヤ教の伝承によれば，*モーセ五書は669の段落 (parašôt) に区分されるが，会堂での朗読を目的に，モーセ五書をバビロニアでは54あるいは53の「より大きな段落 (parašâ)」に，パレスチナでは154ないし167の「より小さな段落 (sedarîm)」に分け，さらにパレスチナでは旧約聖書全体を452の段落に分割したからである．これらの段落は，R.*キッテルの『ビブリア・ヘブライカ』(⁷1951) では欄外にヘブライ文字 pršや s で表示され (ただし，prš はモーセ五書のみ)，パレスチナの段落数については各書の末尾に添書がある．いわゆる「節」(pasûq) 区分については，こうした段落区分よりもはるか後になって，

まず最初に行頭をピリオドや°印，次いで行末はピリオドないしコロンで表示する方法がとられるようになった．

ギリシア語新約聖書も，その目的は別にして，比較的早くから意味段落に区分されるようになったと思われる．古くはアレクサンドリアの *クレメンスや *テルトゥリアヌスが朗読配分について言及し，また，古い重要な大文字写本のなかには行頭の1字を欄外にはみ出させるか，より大きな文字を行頭で使用する，また残余の行を空白にする，あるいは行末にピリオドやコロンを付すなどして段落区分を示している．もとより段落区分の仕様や数をめぐって数々の写本の間に一致がみられるわけではない．例えば，*ヴァティカン写本では，それぞれの福音書のうちマタイは170，マルコは62，ルカは152，ヨハネは50の段落（〔ギ〕kephalaia，〔ラ〕capitula）に区分され，*アレクサンドリア写本では，要約的な見出し（〔ギ〕titlos）を付した段落で，マタイは68，マルコは48，ルカは83，ヨハネは18に区分されているからである．E.*ネストレのギリシア語新約聖書の欄外には，このアレクサンドリア写本での段落数がイタリックで示されている．これとは異なって，カイサレイアの *エウセビオスは，アレクサンドリアの *アンモニオスがマタイ福音書の欄外に他の3福音書の並行箇所を書き記したという先例から示唆を与えられ，4福音書をマタイは355，マルコは233，ルカは342，ヨハネは232に区分して通し番号を付した．そして，どの部分（〔英〕section）が4福音書に，3福音書に，また2福音書に共通するのか，各福音書に固有なのかを容易に比較対照できる『福音書便覧』(Canones evangelicae) を作成した．この便覧は，多くのギリシア語新約聖書の写本の巻頭に置かれ，今日の印刷版新約聖書にも掲載されている（例えば，上述のE.ネストレのギリシア語新約聖書の序言や欄外を参照）．使徒言行録やパウロの手紙，*公同書簡の段落区分をめぐっては，古くは *エウタリオスの貢献が伝えられ，ヨハネの黙示録の段落区分については，カイサレイアの *アンドレアスの注解書に言及がみられる．このほか，礼拝での朗読を目的にした区分（〔ギ〕stichos，kōlon）の方法もあった．

現今使用されている聖書の章区分は13世紀に，また新約聖書の節区分は16世紀に遡る．*ステファヌス・ラングトンは章区分を創案し，それを1206年にラテン語聖書（いわゆる「パリ聖書」Biblia Parisiensis. → ウルガタ訳聖書）に導入した．この章区分はウルガタ訳聖書の普及とともに流布し，約120年後にはユダヤ教のヘブライ語旧約聖書写本のなかにも採用され，1516-17年に出版された「第1ラビ聖書」(Biblia Rabbinica) 以降に一般的となった．また，すでにマソラ学者の手で旧約聖書の節区分は遂行されていたが，*パニーノによって考案された節区分に数字を付す方法もウルガタ訳聖書から採用され，1563年に出版された詩編で，1571年にはヘブライ語旧約聖書全体にわたって使用されるようになった．新約聖書の数字を付した節区分の方法は，ロベール・エティエンヌ（ラテン語表記 Stephanus. → エティエンヌ家）が考案し，1551年に出版したギリシア語新約聖書に導入して以降，広く使用されるようになったものである．しかし，このステファヌスによる節区分の妥当性をめぐっては，今日でも議論の余地がある．→ 聖書写本，聖書の出版，聖書の本文

【文献】旧新約聖書大 601, 947, 1060; 新約聖書大 392, 687; Wikenhauser-Schmid 70-74; 蛭沼寿雄『新約本文学史』(山本書店 1987) 27-29; E. ヴュルトヴァイン『旧約聖書の本文研究』鍋谷堯爾，本間敏雄訳（日本基督教団出版局 1997) 43-44: E. WÜRTHWEIN, *Der Text des Alten Testaments* (Stuttgart 1988) 24-25; B. M. メッガー『新約聖書の本文研究』橋本滋男訳（日本基督教団出版局 1999) 43-47: B. M. METZGER, *The Text of the New Testament* (Oxford 1964 ³1992) 22-26; B. SMALLEY, *The Study of the Bible in the Middle Ages* (Oxford 1952 ³1983) 221-24; E. Tov, *Textual Criticism of the Hebrew Bible* (Minneapolis 1992) 50-54; ID., "Sense Divisions in the Qumran Texts, the Masoretic Text, and Ancient Translations of the Bible," *The Interpretation of the Bible*, ed. J. KRAŠOVEC (Sheffield 1998) 121-46.

（清水宏）

せいしょのしょくぶつ　聖書の植物 → 植物

せいしょのせいてん　聖書の正典　〔ラ・英・仏〕Canon, 〔独〕Kanon

【用語・用例】「正典」（稀に「聖典」）とは，*カノンの訳語である．カノンの語源は古くセム語（例えば，〔ヘ〕qānē）に遡り，「葦」を意味する．これがギリシア語カノーン (kanōn) として取り入れられて棹や棒，さらに定規，標準，規範，表という意味で使用されるようになった．こうしてカノンという語は，さらにラテン語を通じて，ロマンス語やゲルマン語に入り，今日に至った．

ギリシア語カノーンは，新約聖書ではわずか4回（*七十人訳聖書は3回のみ．ミカ 7: 4; ユディ 13: 16; 4マカ 7: 21 参照），原理（ガラ 6: 16）や範囲（2 コリ 10: 13, 15），領域（同 10: 16）という意味で，一方初期キリスト教文献では，当初は規範または信仰の基準（〔ギ〕kanōn tēs pisteōs），後には箇条 (kanones), 文書便覧 (kanōn) ほか，多様なかたちで使用されている．カノーンという語は，4世紀頃からキリスト教のなかで神学ならびに法的意味合いを帯びて，4世紀後半には聖書という文書に関連しても使用されるようになった．つまり，キリスト教化の進展するローマ帝国内の教会にとって法的拘束力を有する旧新約聖書の「文書集」をカノーンと表したのである．その古い事例として *ラオディケイアで360年頃開催された *教会会議の決議をあげることができる．「教会では俗悪な詩やカノーンとされていない文書 (akanonista) を朗読してはならない．むしろ新旧約のカノーンである文書 (kanonika) を朗読しなければならない」（箇条 59, 60 項）．また380年頃，イコニオン (Ikonion) の司教 *アンフィロキオスは，旧新約聖書の全文書を列挙してから「これが神の霊感をうけた最も信頼できる聖書のカノーンであろう」(kanōn …… tōn theopneustōn graphōn) と語って，カノーンの語を初めて全聖書に適用した．「新約聖書のカノーン」(kanōn tēs kainēs diathēkēs) という表現は，400年頃 *マカリオス・マグネースの著書（『異教徒に対する弁論』4, 10）のなかに初めてみられる．

以来，原則として神学や典礼の土台となるキリスト教の聖書を正典（カノン）と呼ぶようになった．しかし，19世紀以降，*宗教史学派の影響もあってこうした正典の概念をキリスト教以外の宗教の規範的文書に対しても転用し，結局は信仰や倫理道徳，典礼などの諸問題に決着をつけるための文書を正典というようになる．

【旧約聖書】ヘブライ語旧約聖書（以下，旧約聖書）中に上述のような正典の概念に相当する語があるわけではな

せいしょのせいてん

旧約聖書の区分と文書配列

ヘブライ語	区分	七十人訳	ウルガタ訳	ルター訳	新共同訳
創世記	律法（モーセ五書）	創世記	創世記	創世記	創世記
出エジプト記		出エジプト記	出エジプト記	出エジプト記	出エジプト記
レビ記		レビ記	レビ記	レビ記	レビ記
民数記		民数記	民数記	民数記	民数記
申命記		申命記	申命記	申命記	申命記
ヨシュア記	前の預言者（歴史書）	ヨシュア記	ヨシュア記	ヨシュア記	ヨシュア記
士師記		士師記	士師記	士師記	士師記
サムエル記上下		ルツ記	ルツ記	ルツ記	ルツ記
列王記上下		† 列王記1-4	† 列王記1-4	サムエル記上下	サムエル記上下
		歴代誌上下	歴代誌上下	列王記上下	列王記上下
		† エズラ記1	† エズラ記	歴代誌上下	歴代誌上下
		† エズラ記2	トビト記	エズラ記	エズラ記
		エステル記	ユディト記	ネヘミヤ記	ネヘミヤ記
		ユディト記	エステル記	エステル記	エステル記
		トビト記			
		† マカバイ記1-4			
イザヤ書	後の預言者（三大預言者）（預言者）	詩編	ヨブ記	ヨブ記	ヨブ記
エレミヤ書		△ソロモンの頌歌	詩編	詩編	詩編
エゼキエル書		箴言	箴言	箴言	箴言
		コヘレトの言葉	コヘレトの言葉	コヘレトの言葉	コヘレトの言葉
ホセア書	十二小預言者	雅歌	雅歌	雅歌	雅歌
ヨエル書		ヨブ記	知恵の書		
アモス書		知恵の書	シラ書		
オバデヤ書		シラ書			
ヨナ書		△ソロモンの詩編	イザヤ書	イザヤ書	イザヤ書
ミカ書			エレミヤ書	エレミヤ書	エレミヤ書
ナホム書		ホセア書	哀歌	哀歌	哀歌
ハバクク書		アモス書	† バルク書	エゼキエル書	エゼキエル書
ゼファニヤ書		ミカ書	エゼキエル書	ダニエル書	ダニエル書
ハガイ書		ヨエル書	ダニエル書		
ゼカリヤ書		オバデヤ書			
マラキ書		ヨナ書	ホセア書	ホセア書	ホセア書
		ナホム書	ヨエル書	ヨエル書	ヨエル書
詩編	諸書（メギロート）（預言書）	ハバクク書	アモス書	アモス書	アモス書
ヨブ記		ゼファニヤ書	オバデヤ書	オバデヤ書	オバデヤ書
箴言		ハガイ書	ヨナ書	ヨナ書	ヨナ書
ルツ記		ゼカリヤ書	ミカ書	ミカ書	ミカ書
雅歌		マラキ書	ナホム書	ナホム書	ナホム書
コヘレトの言葉		イザヤ書	ハバクク書	ハバクク書	ハバクク書
哀歌		エレミヤ書	ゼファニヤ書	ゼファニヤ書	ゼファニヤ書
エステル記		バルク書	ハガイ書	ハガイ書	ハガイ書
ダニエル書		哀歌	ゼカリヤ書	ゼカリヤ書	ゼカリヤ書
エズラ記		エレミヤの手紙	マラキ書	マラキ書	マラキ書
ネヘミヤ記		エゼキエル書			
歴代誌上下		スザンナ	マカバイ記1-2		**旧約聖書続編**
		ダニエル書補遺			第二正典
		ベルと竜	**付録**	**外典**	トビト記
			△マナセの祈り	ユディト記	ユディト記
			△†エズラ記3	知恵の書	エステル記(ギリシア語)
			△†エズラ記4	トビト記	マカバイ記1-2
			△詩編151	シラ書	知恵の書
			△ラオデキア人への手紙	バルク書	シラ書
				マカバイ記1-2	バルク書
				ダニエル書補遺	エレミヤの手紙
				エステル記付加	ダニエル書補遺：アザルヤの祈りと三人の若者の賛歌，スザンナ，ベルと竜
				マナセの祈り	外典
					エズラ記(ギリシア語)
					エズラ記(ラテン語)
					マナセの祈り

△　外典.
†　七十人訳・ウルガタ訳列王記 1-2 はルター訳・新共同訳のサムエル記上下を，列王記 3-4 は列王記上下をいう．
　　七十人訳エズラ記 1 は新共同訳のエズラ記(ギリシア語)，エズラ記 2 はエズラ記，ネヘミヤ記をいう．
　　七十人訳マカバイ記 3-4 は外典である．
　　ウルガタ訳エズラ記はルター訳・新共同訳のエズラ記，ネヘミヤ記をいう．
　　ウルガタ訳エズラ記 3 は新共同訳のエズラ記(ギリシア語)，エズラ記 4 はエズラ記(ラテン語)をいう．
　　ウルガタ訳バルク書 6 章は七十人訳・新共同訳のエレミヤの手紙に相当する．
文書数　ヘブライ語聖書の場合，上下の文書は 1 書と数える．十二小預言者，エズラ記，ネヘミヤ記は各 1 書とみなす．
　　他の翻訳聖書の場合，上下ないし 1-2 の文書はそれぞれ 1 書とみなして数える．

い．例えば，それを「律法の書」(王下 22:8．さらにネヘ 8 章比較参照)というような一般的表現で暗示しているにすぎない．この律法の書は，申命記の中核部分(6:4-9; 12:1-26:16)である「法令集」を指すと考えられている．しかし，かつて単に法令の集合体であったにもかかわらず，「法令集」は他とは区別され，最優先されるべき中心的位置を占め，古代イスラエルの共同体の組織や制度，宗教的内容ならびに諸活動，とりわけ前 623 年の王 *ヨシヤによる改革運動の基盤となる「聖なる文書」とみなされたのである．こうして「法令集」は，*権威という特殊性を有するわけであるが，しかし権威をめぐって法的な水準で考えるなら，ある種の公的機関が特定の文書を聖なる文書であるとして公布するか，あるいは形式的な手続きを踏んで法的効力を付与するか，適切な形式や方法で保証するだけで充分である．また，伝統や伝承という特に公布や保証の手続きを必要としない権威もある．しかしながら，聖なる文書の権威とは，このような公布や伝統，伝承に基づくわけではない(→霊感)．聖なる文書はそれ自体で正当性を有し，神はそれを通して人間に語りかけていると各自が強制されてではなく自由に，しかも誠実に判断・認知して受容するところに究極的には聖なる文書の権威，すなわち正典性([英] canonicity) は生じるのである．事実，ヨシヤは「律法の書」を自発的に受容して「唯一なる主」(出 22:19 参照)への信仰の覚醒を促す改革運動を断行した．それゆえ旧約聖書における正典という場合，それは聖なる文書の形態を指すばかりか，そこには宗教共同体の信仰上の証言の有効性を保証する機能も含まれていると考えたほうがいい．

旧約聖書正典の文書数や文書区分・配列をめぐってユダヤ教やキリスト教各派の間に一致はない(→旧約聖書，サマリア五書，第二正典)．確かに，文書数については，*ヨセフスの著書『アピオーンへの反論』(I, 8) には 22 という数が伝えられている．また，エズラ記ラテン語(14:44-46)からは 24 という数が推測できる．これは現行の旧約聖書の正典文書数と近似か同じ数である．文書区分についてはシラ書の序言(7-10, 24-25)に，また配列については同じく 44-49 章に，旧約聖書正典との類似をみることができる．しかし，これらの箇所は，旧約聖書の正典文書数や区分・配列を暗示するものではあっても，それを明示しているわけではない．そもそも，旧約聖書中で正典文書について詳細に言及されているわけではないのである．

旧約聖書の正典は，単に膨大な文書群から選択されて，今日のような正典を構成する文書が結集され，公式に決定が下されて成立したと考える必要はない(後述)．むしろ古代イスラエルの宗教共同体の信仰を覚醒する必要性が生じるたびに，諸伝承の編纂作業と文書化が「これに何一つ加えたり，減らすことがあってはならない」(申 13:1．さらに 4:2; 5:22 参照)という基本理念に従って行われ，正典化されて徐々に旧約聖書正典は確立していったと考えられる．

通常，古代オリエントにおいては，ある種の専門家集団の手によって諸伝承の編纂や文書化の作業が遂行されていた．古代イスラエルも同様であり，それが始まったのは前 8-7 世紀頃，ユダの王 *ヒゼキヤの時代と考えられる(箴 25:1 参照)．また，旧約聖書中で最古の「法令集」とみなされている *契約の書(出 20:22-23:19) の編纂も同じ時期といわれている．ヨシヤ王の時代には，祭司ヒルキヤの指揮で申命記や *申命記史書の編纂も始まる(王下 23:23-24．また，エレ 45:1 参照)．この編纂作業は *捕囚時代，*ヨヤキンのもとで進展した(王下 25:27-29)．個々の部分には古い資料も含まれているが，大体は前 7-6 世紀に遡る創世記，出エジプト記，レビ記，民数記がこれに加わり，それまでの伝承や歴史物語，法律，預言などを含む文学的集合体がついに出現する．さらに創世記から列王記までの諸文書にエレミヤ書やエゼキエル書も加わって巨大な「古代イスラエル民族史」が形成されたのは前 560 年代頃と考えられる(王下 25:27; エレ 52:31; エゼ 1:1 参照)．ホセア書からゼファニヤ書までの「小預言者」の編纂も捕囚時代のことであろう．前 400 年頃，「律法」(→モーセ五書)の編纂が終了して正典化される．前 3 世紀後半，ヨシュア記からマラキ書までの「預言者」がほぼ正典化する．「諸書」の正典化の時期は明確ではない．

【新約聖書】旧約聖書は，イエスや弟子たちにとって「聖なる文書」であった．それは彼らの信仰と活動の基盤であった．もちろん，イエスは「権威ある新しい教え」(マコ 1:27．さらに，マタ 5:21-48 参照)を告げた．弟子たちもまた，旧約聖書を拠り所にしながらも，そこには留まらずにイエスへの信仰を新たに表明していく(例えば，ロマ 10:5-8)．彼らにとって旧約聖書は「古い契約」(2 コリ 3:14; ヘブ 8:7-13)であり，イエスこそ新しい契約の「保証」(ヘブ 7:22)，「仲介者」(8:6; 9:15; 12:24)であったからである．

イエスの教えやイエスへの信仰は，弟子たちの間で当初は口伝のかたちで伝達されてきたが(例えば，2 テサ 2:15; 3:6)，徐々に文書化する必要性が生まれてきた(2 ペト 1:20-21)．こうして *パウロの手紙が収集され(2 ペト 3:16)，また各地のキリスト教共同体の間で回覧されるようになった(コロ 4:16)．これとは別にイエスの教えと活動についても書き記されるようになった．*Q 資料は，最古の「イエスの語録集」である．そして 1 世紀にはイエスに関する種々の伝承，つまり奇跡や論争，受難などの物語も収集され(→聖書の様式史的研究)，また吟味されて新たな状況に適合するように *福音書という文学作品のかたちでまとめられた(ルカ 1:1-2)．*使徒教父たちの証言は，こうした文書集合体の存在を前提としている(例えば，*『十二使徒の教訓』4:13; 8:2 参照)．*エイレナイオスや *テルトゥリアヌス，アレク

せいしょのせいてん

新約聖書の文書成立の歴史

50年代初頭	50年代中葉-後半	60年代初頭	60年代中葉	70-80年代	90年代	100年以降
1テサロニケ書	ガラテヤ書	フィレモン書?	マルコ福音書	マタイ福音書	ヨハネ福音書	2ペトロ書
2テサロニケ書?	1コリント書	コロサイ書?	テトス書?	ルカ福音書	ヨハネ黙示録	
	2コリント書	エフェソ書?	1テモテ書?	使徒言行録	1ヨハネ書	
	ローマ書		2テモテ書?	コロサイ書?	2ヨハネ書	
	フィリピ書		1ペトロ書?	ユダ書?	3ヨハネ書	
	フィレモン書?		ヤコブ書?	ヤコブ書?	ユダ書?	
			ヘブライ書	ヘブライ書?	2テサロニケ書?	
				1ペトロ書?	エフェソ書	
					テトス書	
					1テモテ書?	
					2テモテ書?	

パウロの手紙

初期
- 1テサロニケ書　51
- 2テサロニケ書　51, または90年代

四大書簡
- ガラテヤ書　54-57
- 1コリント書　57
- 2コリント書　57
- ローマ書　58

獄中書簡
- フィリピ書　56-57
- フィレモン書　56-57, または61-63
- コロサイ書　61-63, または70-80
- エフェソ書　61-63, または90-100

司牧書簡
- テトス書　65, または95-100
- 1テモテ書　65, または95-100
- 2テモテ書　66-67, または95-100

福音書

- マルコ福音書　65-70
- マタイ福音書　70-80年代
- ルカ福音書　70-80年代
- ヨハネ福音書　90年代

その他

- 使徒言行録　70-80年代
- ヘブライ書　60年代, または70-80年代
- ヨハネ黙示録　90年代

公同書簡

- 1ペトロ書　64, または70-80年代
- ヤコブ書　62, または70-80年代
- ユダ書　70-90年代
- 1ヨハネ書　90年代
- 2ヨハネ書　90年代
- 3ヨハネ書　90年代
- 2ペトロ書　100-150

著作年は近似値にすぎない

サンドリアの *クレメンスも同様である.

　新約聖書の正典化は, 旧約聖書と比較するなら短期間で実現した. その最古の証言の一つとして2世紀末の *ムラトリ断片をあげることができる. そこには, 4福音書, 使徒言行録, パウロの手紙についての言及はあるが, ヘブライ書, 1-2ペトロ書, ヨハネの手紙のうち1書, ヤコブ書は含まれていない. それゆえ正典文書結集の完了を示しているわけではないが, しかし2世紀末頃には新約聖書正典についての基準が本質的にほぼ確立されいたといえよう. もちろん, どの文書を新約聖書正典に加えるべきかの基準や区分をめぐっては, 以降の種々の見解がみられる. 例えば, *オリゲネスは「教会の書」([ギ] biblia ekklēsiastika) は「皆に認められたもの」(homologoumena), 「偽書」(pseude), 「疑わしいもの」(amphiballomena) の三つに区分できるとした. また, カイサレイアの *エウセビオスは, それを「皆に認められたもの」と「異議のあるもの」(antilegomena, → アンティリゴメナ) の二つに大別し, さらに後者を「一般に知られているもの」(gnōrima) および「偽書」(notha) に区分した. この間, 教会の権威や *使徒継承などの事柄を含めて, 正典の基準やそれ以外の文書との厳密な区分の方策が継続して模索されてきたといえる. 結局, 367年の書簡 (『復活祭書簡』39) のなかで, *アタナシオスは現行のように新約聖書27書のみを正典とみなし,「カノーンに含まれる文書」(kanonizomena) 27書以外は「アポクリファ」(apokrypha, → 外典・偽典) であるとして排斥されすと明言した. この見解は, 西方教会では迅速に, 東方教会では幾分か遅延して受け入れられることになった.

　1520年 *ルターは, *ヒエロニムスの影響, それにドイツの宗教改革者 *カールシュタットの見解に依拠して, 旧約聖書中の諸文書「正典」文書 (39書) と「外典」文書 (apokrypha) とに二分した. これに対して1546年カトリック教会は *トリエント公会議において, ルターが正典から排除した文書を従来の立場通りに旧約聖書の「正典」(46書) に含める決議を行った. *第二正典という語は, 1566年シエナのシクストゥス (Sixtus, 1520-69) が聖書中では比較的新しい文書 (旧約ではトビト, ユディト, 1-2マカバイ, 知恵, シラ, バルクの各書, エステル付加およびダニエル書補遺, 新約ではヘブライ, ヤコブ, 2ペトロ, 2-3ヨハネ, ユダの各書とヨハネ黙示録) に関して初めて使用した. 東方教会では, 1672年エルサレム会議でトビト, ユディト, シラ, 知恵1-2マカバイ, ダニエル書補遺の各書を旧約聖書正典に加える決定が下された.

【ユダヤ教の聖書正典】1-2世紀頃, *ヤブネでの古代ユ

聖書正典の成立の歴史

旧約聖書

紀元前 13-11 世紀	口伝伝承の文書化の開始
8 世紀	最初の預言書（アモス書）の文書化終了
700 頃	ヒゼキヤ，文書資料の編纂開始
623	ヨシヤ，「律法の書」発見
400 頃	モーセ五書の編纂終了
3 世紀	預言書の編纂終了
250-100 頃	七十人訳聖書成立
2-1 世紀	ダニエル書，マカバイ記，知恵の書など成立
130 頃	シラ書成立
紀元 1 世紀	ヨセフス，正典文書数 22 に言及
100 頃	ヤブネでのラビ会議
4 世紀	キリスト教，第二正典文書を容認
1442	フィレンツェ公会儀，旧約聖書正典を確定
1546	トリエント公会儀，旧約聖書正典を公式確定

新約聖書

33 以後	Q 資料
50-110 頃	新約聖書中の文書成立
110 頃	パウロの手紙の結集完了
140 頃	マルキオン，ルカ福音書とパウロの手紙 10 通を除き旧約聖書を含め排斥
2 世紀末	ムラトリ断片
367	アタナシオス，『復活祭書簡』で新約聖書正典 27 書に言及
393, 397, 419	ヒッポ，第 3 カルタゴ，第 4 カルタゴの各教会会議でアタナシオスの言及容認
405	インノケンティウス 1 世，アタナシオスの言及容認
1442	フィレンツェ公会議，新約聖書正典を確定
1546	トリエント公会議，新約聖書正典を公式確定

ダヤ教のラビ会議において旧約聖書正典の決定が下されたといわれている．しかし，この会議は後の教会会議のような性格を有したものではなく，当時カノーン（既述）に相当する概念に基づいて正典文書をめぐり論議されたとは考えられない．そもそもの論題は正典文書の決定ではなく，実はシラ書，コヘレトの言葉，雅歌を礼拝で使用することが妥当であるかどうかにすぎなかったのである．旧約聖書は，「律法」「預言者」「諸書」の三つに区分されている．そのうち「預言者」「諸書」は，「律法」（モーセ五書）に従属し，権威ある文書とはみなされてはいなかった．*フィロン（『観想的生活』25）やヨセフス（『アピオーンへの反論』I, 8）も同じように理解している．「律法」の文書化と正典化の時期は比較的古い（既述）．しかし *ラビ文学のなかで「預言者」「諸書」を含めての正典文書をめぐる明確な言及がみられるのは，6-7 世紀になってのことである．

【神学的考察と課題】〔神学的考察〕キリスト教による旧新約聖書正典の確定へ向けての歴史は，4 世紀に始まる（DS 179-80, 186）．そして 16 世紀，カトリック教会はトリエント公会議において，従来通りの旧約聖書正典（例えば，*フィレンツェ公会議 DS 1334-35 参照）を再確認した（DS 1501-504）．さらに 17 世紀以降に盛んとなる聖書の歴史的批判的研究に応答する意図もあり，第 1 *ヴァティカン公会議において，神を聖書の著者とすることに関しての新しい認識を示した（DS3006, 3029）．20 世紀には，聖書は個人やグループの区別なしに文化や宗教さえも超えた自己同一性を保証する文書の一つとなっているが，こうした複合的で新たな精神的現状のなかにあって第 2 *ヴァティカン公会議は，聖書の正典性をめぐっての新たな見解を示した．まず，(1) 聖書の正典性には，それを継承する行為とそれを決定する行為とにおける不断の逆説的な構造がみられるということである．(2) それは，*聖書と伝承の関係を考えてみても同じである．教会の *教導職が聖書の正典を決定する以前，すでに伝承が存在し継承されていたことは当然である．また確かに，教導職には聖書の解釈の権威が与えられてはいるが，ところが教会の教導職はそれに常に聞き従う必要がある（『啓示憲章』10 項）．そしてまた，その解釈は「旧約および新約の全部の書のすべての部分を含めて」（同 11 項）であり，「神がわれわれの救いのために聖なる書に記録されることを望んだ真理を固く，忠実に，誤りなく教える」（同）ことを目的とする．(3) 聖書の正典は，聖なるしるし，多様性の一致の象徴である．なるほどキリスト教では旧約聖書と新約聖書とに二分する（同 11, 14-20 項）．しかし，聖書の正典が決定されるよりのはるか以前に古代ユダヤ教からキリスト教会は旧約聖書を継承し，その規範性の理念も受け継いでいるのである．それゆえ旧約聖書の統合的理解が課題となる．その際，新約聖書に関しては，福音書と他の文書との二重構造も考慮すべきであろう（同 18, 20 項）．こうして聖書は，つねに神による *救いの計画と歴史を人間に *啓示するしるしと象徴であり続ける．

〔課題〕キリスト教にとっては旧約聖書も新約聖書も，すなわち旧新約聖書総体が信仰と組織・制度，諸活動の正典である．しかし，聖書の正典文書は単一体であるわけではない．旧新約聖書の間には連続性と断絶という緊張があるし，諸文書間には神学的見解の共通性も相違もみられるからである．こうした問題は容易には解消されるものではないが，聖書正典の一体性と規範性，つまり聖書の正典性の神学的基盤を探究することはキリスト教にとって重要な課題である．

聖書では極めて多岐にわたるテーマが扱われている．しかし旧新約聖書間の断絶，諸文書間の相違をめぐっては，比喩的解消（→ 聖書解釈学）を通して簡単に調和させることができたので近代に至るまで明確に意識されることはなかった．こうした問題は聖書の歴史的批判的研究，なかでも 19 世紀の宗教派の人たちによって意識的に論議されるようになったのである．その結果，聖書の正典性を相対化ないし否認・放棄する見解が唱えられるようになった．そして聖書の正典性を堅持しようとして，例えばパウロの *義認の教えを中心基盤に，それが聖書の正典性を保証する「正典のなかの正典」（〔独〕Kanon im Kanon）や「聖書の中心」（Mitte der Schrift）であるというような見解が提唱されるまでになる．ところが，こうした理解では，旧新約聖書の断絶や相違がさ

らに際立って，聖書における他の神学上の重要な着想を過少評価することになり，聖書の全体性をも曖昧にして，結局は聖書にある神の啓示よりも人間の証言を優先するという危険までも冒すことになる．聖書の正典性を擁護するために新たな理念を持ち出す必要はないだろう．聖書における証言の多様性と差異は，むしろ各文書の成立の時期と場所の属性とみなし，神が歴史的出来事を通して啓示することの証明の前提条件と考えられるからである．それゆえ，聖書を神の啓示として受け入れて省察するなら，旧新約聖書の異なる着想の価値と重要性を比較検討し，矛盾撞着さえもが豊穣さのしるしだと理解できるよう多様性のなかに一貫した統合性をみいだすよう努力しなければならない．

　旧新約聖書の関係をめぐっては，しばしば新約聖書のみを強調して旧約聖書を軽視するか，新約聖書に旧約聖書を従属させる考え方が今日に至るまで支配的であった．旧新約聖書の関係を「約束と成就」(→ 約束)という枠組みで捉えていたのである．しかし，*旧約聖書学の成果，また *ユダヤ教とキリスト教の対話も進展し，こうした従来の枠組みには大きな転換が迫られている．なるほどキリスト教にとって新約聖書は，イエス・キリストを通して究極的な救いが実現したことを証明するために実利的な文書である．それとともに旧約聖書の信仰上の諸証言はイエス・キリストによって廃棄されたといえる．しかし他方，旧約聖書の諸文書は，そうした新約聖書の証言の不可欠な前提条件となっているのである．まさに旧約聖書なくして新約聖書を理解することはできないわけである．それゆえ，旧約聖書に対する一面的な理解を克服し，ユダヤ教の聖書理解を尊重し，旧新約聖書間の対話的構造や緊張関係，正典性を深く認識し，今後は旧新約聖書間の相補的枠組みを新たに構築しなければならない．

【文献】LThK³ 5: 1177-84; NBL 2: 440-450; 蛭沼寿雄『新約正典のプロセス』(山本書店 1972); 荒井献編『新約聖書正典の成立』(日本基督教団出版局 1988); 左近淑『旧約聖書緒論講義』(教文館 1998) 57-85; P. シュトゥールマッハー『聖書神学をどう行うのか?』原口尚彰訳 (教文館 1999): P. STULMACHER, *Wie treibt man Biblische Theologie?* (Neukirchen-Vluyn 1995); . Z. LEIMAN, *The Canonization of Hebrew Scripture*)Hamden 1976); J. BLENKINSOPP, *The Prophecy and Canon* (Notre Dame, Ind. 1977); R. T. BECKWITH, *The Old Testament Canon of the New Testament Church and its Background in Early Judaism* (Grand Raids 1985); B. M. METZGER, *The Canon of the New Testament* (Oxford 1987); G. STEMBERGER, I. BALDERMANN, ed(s), *Zum Problem des biblischen Kanons* (Neukirchen-Vluyn 1988); R. E. BROWN, J. A. FITZMYER, R. E. MURPHY, eds., *The New Jerome Biblical Commentary* (Englewood Cliffs 1990) 1034-54; C. THEOBALD, ed., *Le canon des écritures* (Paris 1990); C. DOHMEN, M. OEMING, *Biblischer Kanon, warum und wozu?* (Freiburg 1992); C. DOHMEN, "Der Biblische Kanon in der Diskussion," ThRv 91 (1995) 45 1-460; P. R. DAVIES, *Scribes and Schools: The Canonization of the Hebrew Scriptures* (Sheffield 1998); D. TROBISCH, *The First Edition of the New Testament* (Oxford 2000).

(清水宏)

せいしょのでんしょうしてきけんきゅう　聖書の

伝承史的研究　[英] tradition history, [独] Traditionsgeschichte, Überlieferungsgeschichte

【概要】聖書の歴史的・批判的研究方法の一つ．聖書に含まれた *伝承が，長い時間をかけて多くの人々によって受け継がれるうちにさまざまな変化を受け，発展してきたと推察される場合，伝承の最古の形態から最終形態に至るまでの発展経過を再構成するとともに，そのような変化や発展を促した歴史的・社会的・思想的諸要因について考察する研究方法．広義では口伝段階のみでなく，伝承が文書化された後，現にあるテクストの形態に至るまでの文書段階での発展についての考察をも含むが，狭義では伝承が文書化される以前の口伝段階の経過や，現在ではそのままの形で残されていない初期の部分的な文書化の段階の考察に限定して用いられ，文書段階での発展の考察については編集史(→ 聖書の編集史的研究)の概念を用いることが多い．ここでは主として後者の意味で論ずる．

【旧約研究】旧約研究で伝承史的方法がその効果を発揮するのは，単独の著者が創作したものではなく，民衆の間で長く語り継がれてきた物語や，イスラエルで長期間にわたって存続した制度に関わる法規定などを取り扱う場合であり，特に，現在のテクストのなかにより古い段階の伝承の形態が識別できたり，同一ないし類似した事柄を扱うテクストが複数残されている場合である．例えば創世記には，明らかに同一の素材によるものでありながら，登場人物や舞台となる場所，出来事の細部を微妙に異にする複数の物語が含まれているが(例えば，創 12: 10-20; 20: 1-18; 26: 1-11)，それらの共通性から伝承の原形を復元するとともに，どのような諸要因に基づいてそこから現にある複数の異伝が派生してきたのかを推測することができる．また，出エジプト記の海の奇跡の物語(出 14 章)では，文献批判によって二つの異なる物語の形態を区分することができる(一方では海の水が後退し，他方では水が左右に分れる．→ 聖書の文献批判)．両者をさらにほかの箇所におけるこの出来事への言及(出 15: 1-18; 申 11: 4; ヨシュ 2: 10; 4: 23; 24: 6-7; ネヘ 9: 9-11; 詩 77: 20-21; 78: 13; 106: 8-12; 136: 13-15; イザ 43: 16-17; 51: 10; 63: 12-13 等)と比較してみれば，この出来事についての表象がどのように変化していったのかを再構成することができる．また安息日に関わるさまざまな言及(出 20: 8-11; 23: 12; 31: 12-17; 34: 21; 35: 1-3; レビ 23: 1-3; 申 5: 12-15; ネヘ 10: 32-34; 13: 15-22; イザ 56: 1-8; エゼ 20: 12-24 等)を比較対照しつつ，個々の箇所の年代を顧慮して整理すれば，イスラエルで歴史を通じてこの習慣の理解と意味づけが変化していった経過を跡づけることができる．伝承がイスラエルの外部に起源をもつと考えられる場合もある．例えば創世記の *ノアの箱舟の物語とメソポタミアの *洪水物語(特にバビロニアの *『ギルガメシュ叙事詩』)，詩編の一部とエジプトの *ウガリトの詩文学，箴言 22-24 章とエジプトの *知恵文学『アメンエムオペトの教訓』を比較し，伝承がなぜ，どのようにイスラエルに受容され，そこでいかなる変化を被ったのかについて検討することを通じて，旧約的信仰と思想の特色を明らかにすることができる．このように伝承史的研究は，古代イスラエルにおいて伝承が活発に変化し成長する有機的な存在であったことについての適切な認識と，各伝承がそれぞれの時代にどのような意味を込めて語り伝えられたかについての貴重な洞察をもたらしてくれるだけでなく，伝承史の展開のなかで顕在化してくる聖書的信仰の本質や

その多様な諸側面を理解するうえでも重要な意義をもつ．

【新約研究】旧約聖書の伝承の多くが数百年にわたる伝承史の経過をたどったと考えられるのに対し，新約聖書の伝承のほとんどが文書に記される以前に語り伝えられた期間は，せいぜい30年から60年にすぎない．しかしここでもまた，伝承が決してもとどおりの形のままで伝えられたのでないことは，*アラム語で語ったはずのイエスの言葉が新約ではギリシア語で伝えられていることだけからみても明白である．新約聖書で最もよく伝承史的研究の対象となるのは，いうまでもなく，口伝的前史をもつと考えられる*福音書である．この場合でもまた，同一ないし類似した事柄について複数の伝承が残されている場合が特に有効である．例えば，マルコ書14章22-25節，マタイ書26章26-29節とルカ書22章15-20節，1コリント書11章23-25節を比較すれば，イエスの聖餐制定の言葉に関して少なくとも2系統の異なる伝承が流布していたことが確認できる（→最後の晩餐）．なお，旧約研究においてもある程度そうであったが，福音書研究においては伝承史的研究は様式史的研究（→聖書の様式史的研究）と密接に結合しており，後者の一部をなしているとさえいえる．福音書に取り入れられる以前に独立して存在していた個別の伝承を取り出すためには，思想的・用語的特色に着目した福音記者による編集句の排除とともに，様式的・内容的観点からの伝承の性格と機能の規定が不可欠だからである．同じ様式類型（→聖書の文学類型）に区分されたもののうち，同一ないし類似した事柄を扱うものを比較すれば，その発展経過を推測することができ，場合によってはその発展の「法則」を構成することができる．例えば，イエスによる癒やしの*奇跡物語（マコ1：21-28, 40-44；3：1-5, 22-26；7：24-30；ルカ7：1-10；17：12-19等）の場合，より図式化され，類型に典型的な要素をより強度に示しているものは比較的発展した後代のものであり，逆に類型の特質にそぐわない固有の要素を多く含むものは比較的古いものと推測することができる．それゆえ伝承史的研究は，いわゆる「史的イエス」（→イエス伝研究）の問題を解明するための重要な手がかりの一つともなりうるといえる．

福音書以外でも，例えば*パウロの手紙のなかに引用されていると考えられるパウロ以前の*信仰告白の定式（ロマ1：2-4；3：25-26；1コリ15：3-5）や賛歌（フィリ2：6-11．→キリスト賛歌）などの比較検討からは，*原始教団内における信仰内容や*キリスト論の発展を跡づけることができるし，ヨハネの黙示録と旧約のダニエル書やユダヤ教の*黙示文学との様式的・内容的比較からは，キリスト教的終末論（→終末）の成立と発展の意義がより深く理解できるであろう．

【文献】方法論：東京神学大学神学会編『旧約聖書神学事典』（教文館 1983）291-97；東京神学大学新約聖書神学事典編纂委員会編『新約聖書神学事典』（教文館 1991）384-86；日本基督教団出版局編『聖書学方法論』（日本基督教団出版局 1979）52-106；E. V. マックナイト『様式史とは何か』加山久夫訳（ヨルダン社 1982）：E. V. McKnight, *What is Form Criticism?* (Philadelphia 1969)；H. バルト，O. H. シュテック『旧約聖書釈義入門』山我哲雄訳（日本基督教団出版局 1984）：H. Barth, O. H. Steck, *Exegese des Alten Testaments. Leitfaden der Methodik* (Neukirchen-Vluyn 1980)；W. E. ラスト『旧約聖書と伝承史』樋口進訳（教文館 1987）：W. E. Rast, *Tradition History and Old Testament* (Philadelphia 1972)；H. Zimmermann, *Neutestamentliche Methodenlehre* (Stuttgart 1968).

研究：G. フォン・ラート『旧約聖書の様式史的研究』荒井章三訳（日本基督教団出版局 1969）：G. von Rad, *Das Formgeschichtliche Problem des Hexateuch* (Stuttgart 1938)；荒井献『イエスとその時代』（岩波書店 1974）；R. ブルトマン『共観福音書伝承史』ブルトマン著作集 1-2, 加山宏路訳（新教出版社 1983-87）：R. Bultmann, *Die Geschichte der Synoptischen Tradition* (Göttingen 1921)；M. ノート『モーセ五書伝承史』山我哲雄訳（日本基督教団出版局 1986）：M. Noth, *Überlieferungsgeschichte des Pentateuch* (Stuttgart 1948)；R. レントルフ『モーセ五書の伝承史的問題』山我哲雄訳（教文館 1987）：R. Rendtorff, *Das Überlieferungsgeschichtliche Problem des Pentateuch* (Berlin 1977)；山我哲雄「海の奇跡」『聖書学論集』22（日本聖書学研究所 1988）；K. L. Schmidt, *Der Rahmen der Geschichte Jesu* (Berlin 1919)；M. Dibelius, *Die Formgeschichte des Evangeliums* (Tübingen 1919)；H. Schürmann, *Traditionsgeschichtliche Untersuchungen zu den synoptischen Evangelien* (Düsseldorf 1968)；V. Fritz, *Israel in der Wüste* (Marburg 1970)；E. Güttgemanns, *Offene Fragen zur Formgeschichte des Evangeliums* (München 1970)；W. H. Schmidt, *Die Schöpfungsgeschichte der Priesterschrift* (Neukirchen-Vluyn 1973)；W. H. Kelber, *The Oral and Written Gospel* (Philadelphia 1983)；E. Haag, *Von Sabbat zum Sontag* (Trier 1991).

（山我哲雄）

せいしょのどうぶつ　聖書の動物　→ 動物

せいしょのどりょうこう　聖書の度量衡

聖書における度量衡，すなわち尺度，距離，面積，容量（体積，乾量，液量），重量（衡量）などは，たとえ単位が記されていても，その基準値を確定することは困難である．それゆえ，以下の主に『聖書新共同訳』（日本聖書協会 1989）に従ったメートル法換算値は当然，概数にすぎないし，他の換算値も可能である．用語は，旧約聖書の場合はヘブライ語（ただし，度量衡とは限らないが，旧約聖書続編に転写されていることもある），旧約聖書続編と新約聖書の場合はギリシア語である．

【尺度】

アンマ：旧約の長さの基本単位．肘から中指の先までの長さで，約45 cm（創6：15-16）．「神聖アンマ」とも呼ばれたアンマもあった．これは1アンマ+1トファ（手幅）で，約52.5 cm（エゼ40：5）．

ゼレト：旧約の長さ．手を開いたときの親指の先から小指の先までの長さ．1アンマの2分の1で，約22.5 cm（出28：16）．

トファ：旧約の長さ．親指以外の指4本の幅．1アンマの6分の1で，約7.5 cm（出25：25）．

エツバ：旧約の長さ．指の幅．1トファの4分の1で，約1.9 cm（エレ52：21のみ．「指」と表記）．

ゴメド：旧約の長さ．不明（士3：16のみ）．

ペキス：旧約続編と新約の長さ．旧約の1アンマに相当．約45 cm（2マカ13：5；ヨハ21：8）．

道具としては，6神聖アンマと通常の6アンマに相当

せいしょのぶんがくしゃかいがく

する長短2種の「測り竿」「物差し」があった(エゼ40: 5; 黙11: 1; 21: 15). また, 尺度としてではなく, トファがはかなさの意味で(詩39: 6参照), またペキスが「わずか」(マタ6: 27)という時間的な意味で使用されている場合もある.

【距離】
- スコイノス: 旧約続編の長さ. 約5.5km(2マカ11: 5).
- ミリオン: 新約の長さ. 約1,480m(マタ5: 41のみ).
- スタディオン: 旧約続編や新約の長さ. ミリオンの8分の1で, 約185m(2マカ12: 9; マタ14: 24).
- オルギィア: 新約の長さ. 両腕を左右に開いた状態で, 約1.85m(使27: 28のみ).
- プース: 新約の長さ. くるぶしから先の足部にあたり, 1アンマの3分の2. 約30.8cm(使7: 5. 「一歩の幅」と表記. さらに申2: 5参照).

尺度アンマを代用する場合もある(ヨシュ3: 4). また, 聖書には用例がないが, 「歩」を距離単位にすることもあった(ただし, サム下6: 13参照). さらに, 「3日かかるほどの距離」(創30: 36), 「7日の道のり」(創31: 23)のように所要時間の意味合いを含む場合, あるいは「安息日にも歩くことが許される距離」(使1: 12)などの場合, 正確な換算は不可能である(さらに, 創21: 16; 35: 16; ルカ22: 41など比較参照).

【面積】
- ツェメド: 旧約の広さ. 経験上の耕地面積, つまり軛でつないだ1組の牛が1日に耕す土地の広さで(サム上14: 14), 約2,500m²(さらに, イザ5: 10比較参照).

聖書は, 正確な面積値を直接表示することはなく, 一般に辺や直径, 周囲の長さをあげるだけである(王上6: 2; 7: 23). また, 「播種量」(後述, セアも参照)によって面積値を示す慣習もあった(王上18: 32; イザ5: 10).

【容量】
- ホメル: 旧約・固体の容量の基本単位. 約230l(レビ27: 16; エゼ45: 11比較参照).
- レテク: 旧約・固体の容量. 1ホメルの2分の1で, 約115l(ホセ3: 2のみ).
- エファ: 旧約・固体の容量. 1ホメルの10分の1で, 約23l(レビ5: 11).
- セア: 旧約・固体の容量. 1エファの3分の1で, 約7.7l(創18: 6).
- オメル: 旧約・固体の容量. 1エファの10分の1で, 約2.3l(出16: 36).
- カブ: 旧約・固体の容量. 1エファの18分の1で, 約1.3l(王下6: 25のみ).
- コル: 旧約・液体の容量の基本単位. 約230l(王上5: 2). ホメルと同量.
- バト: 旧約・液体の容量. 1コルの10分の1で約23l(王上7: 26).
- ヒン: 旧約・液体の容量. 1バトの6分の1で, 約3.8l(出29: 40).
- ログ: 旧約・液体の容量. 1バトの72分の1で, 約0.3l(レビ14: 10).
- コロス: 新約・固体の容量. 約230l(ルカ16: 7のみ). 旧約のホメル, コルを比較参照.
- バトス: 新約・液体の容量. 約23l(ルカ16: 6のみ). 旧約のバトに相当.
- メトレテス: 新約・液体の容量. 約39l(ヨハ2: 6のみ).
- サトン: 新約の容量. 約12.8l(マタ13: 33; ルカ13: 21のみ).
- コイニクス: 新約の容量. 約1.1l(黙6: 6のみ).

このほか, 旧約ではオメルと同量の「イサロン」(10分の1の意. 出29: 40参照)や「ひと握り」(エゼ13: 19), 旧約続編には液体の容量「樽(メトレテス)」(ベル3. 新約の「メトレテス」比較参照)や「升(アルタベ)」(同. 約56l. ただしペルシアの単位で, *七十人訳聖書のイザヤ書5: 10によれば, 6アルタベは1ホメルに相当)がある. また, 新約には「鉢」(マコ7: 4)や「升」(マタ5: 15)があるが, これらは容器のことをいうのであろう.

【重量】
- シェケル: 旧約の重さの基本単位. 約11.4g(創23: 15-16). 「聖所」や「王」のシェケルと呼ばれたシェケルもあったが(出30: 13; サム下14: 26), 通常のシェケルとの比率は不明.
- マネ: 旧約の重さ. 1シェケルの50倍で, 約570g(王上10: 17).
- ベカ: 旧約の重さ. 1シェケルの2分の1で, 約5.7g(出38: 26).
- ゲラ: 旧約の重さ. 1シェケルの20分の1で, 約0.6g(出30: 13).
- ピム: 旧約の交易用の重さ. 1シェケルの3分の2で, 約7.6g(サム上13: 21のみ).
- ケシタ: 旧約の交易用の重さ. 不明(ヨシュ24: 32).
- キカル: 旧約の重さ. 約34.2kg(出38: 24-29).
- リトラ: 新約の重さ. 約326g(ヨハ12: 3; 19: 39のみ).

なお, 「4分の1シェケル」(サム上9: 8)という単位もあった. また「1タラントンの重さ」(黙16: 21)という表現があるが, タラントンは旧約のキカルに相当するので約34.2kgであろう. 多くは石製のおもりが重量の基準として使用された. しかし貴金属製のおもりもあり, それが経済価値の基準となって貨幣単位として流通するようにもなった(ネヘ5: 15; 1マカ10: 40; 2マカ3: 11; エズ・ギ1: 34; 5: 44; トビ1: 14). →貨幣

【文献】旧新約聖書大834-39; NBL 2: 731-35; R. B. Y. スコット「聖書時代の度量衡」G. E. ライト他『聖書考古学入門』1, 塩野靖男訳(教文館1979)119-43: R. B. Y. Scott, "Weights and Measures of the Bible," BA 29 (1966) 114-25.　　　　　　　　　　(清水宏)

せいしょのぶんがくしゃかいがく　聖書の文学社会学〔独〕biblische Literatursoziologie　広い意味での文学的本文を美学的価値としてではなく, 一定の歴史的な場面での社会的相互行為(*コミュニケーション)の一形態として分析し, その本文の産出を規制した条件, 本文の様式と構成, 本文の意味, 本文が読者に及ぼす効果を, 有機的な関連性において明らかにする方法が文学社会学である. これを聖書に応用するのが聖書の文学社会学であるが, 文学社会学そのものが*マルクス主義文学理論, テクスト言語学, 文芸学に学際的にまたがって, 多様な方向性で理論化が試みられているのに応じて, 聖書の文学社会学もその緒についたばかりである.

その嚆矢となったのは, ドイツ(ハイデルベルク)の新

約聖書学者タイセン（Gerd Theißen, 1943- ）が1970年代後半以降，新約聖書について公にした一連の研究である．もちろんタイセン以前にも古代ユダヤ教に関するM.*ヴェーバーの*宗教社会学と*原始教団に関する*エレミアスやヘンゲル（Martin Hengel, 1926- ）の社会史的・時代史的研究が存在した．しかし，タイセンは，そのまま宗教社会学的あるいは社会史的に有意味なデータとなりうるような社会誌的・人物誌的な証言（史料）が限られており，周辺世界の類似現象との比較による方法にも限りがあることを踏まえて，本来社会誌・人物誌的な証言を意図したものではないような本文，とりわけ新約文書をはじめとする宗教的な本文からも，社会学的なデータを分析的に抽出する方法を求めた．それが彼のいう「新約聖書の文学社会学」である．それは本文（テクスト）中心の分析的方法である点で，*ブルトマンと*ディベリウスの「古典的様式史」の方法につながっている（→聖書の様式史的研究）．しかし，様式史は新約聖書に発見した大小さまざまな文学様式を，原始キリスト教徒のさまざまな共同体，すなわちあくまでも宗教的共同体の内部におけるさまざまな生活の局面（説教，儀礼，論争，弁明，教育など）での必要から生み出されたものとみなしたのに対して，タイセンはその必要をそれらの共同体が置かれている社会全体との関係にまで拡大して考える．

このような視点からタイセンが行った最初の文学社会学的研究は*共観福音書を対象とするものである．そこでは，共観福音書という文書伝承よりも，その背後にある口頭伝承が注目され，その口頭伝承を担った共同体の文学的創造性は比較的小さく見積もられ，生前のイエスの言動との歴史的連続性がその分大きく見積もられる．すなわち，古典的様式史より「保守的」あるいは「楽観的」な史的判断が行われる．同じことは文学社会学的な分析についてもあてはまり，生前のイエスと原始教団の両方が連続的に，「*神の国」の宣教のために故郷と財産を放棄して各地を遍歴する「放浪のラディカリズム」を生きたこと，また各地の信徒の共同体がそれを支えたことが明らかにされた．この面での一連の文学社会学的研究はその後，ヴェーバーの理解社会学，マルクス主義社会学（要因分析），*機能主義社会学（日常性の社会学）を含む宗教社会学の枠組みに統合されて，『イエス運動の社会学』（1977，邦訳1981）と題する単行本として公にされている．その他，福音書の背後の口頭伝承から文書伝承にまで範囲を広げた研究として『福音書における地方色と時代史』（1989），福音書以外の新約文書を対象にした『原始キリスト教の社会学』（1979）がある．ちなみにタイセンには，このような文学・宗教社会学的研究に加えて，『原始キリスト教の奇跡物語の研究』（1974）という*記号論的・*構造主義的研究と『パウロ神学の心理学的側面』（1983）という心理学的研究があり，それらを統合する「原始キリスト教の理論」の構築が意図されている．

タイセンの文学社会学的研究の影響史についていえば，ドイツ語圏の聖書学の枠内では，旧約と新約の両方にまたがって社会史的研究の活性化につながったといえよう．特に新約学の領域では，シュテーゲマン兄弟（Ekkehard W. Stegemann, Wolfgang Stegemann）による『原始キリスト教社会史』（Urchristliche Sozialgeschichte, 1995）がその成果の一つである．小規模ではあるが，タイセンを囲む社会史的解釈研究会も定期的に開催されている．しかし，そこではタイセンが提示する理論的な枠組みよりは，社会史的な実証性にアクセントが置かれているように見受けられる．英・仏語圏ではこのところ福音書あるいは使徒言行録に対する物語論（〔仏〕narratologie）的研究が優勢になりつつあるが，それを社会学的研究と統合しようとする，いわゆる「社会修辞学的」（〔英〕socio-rhetorical）な研究のなかに，タイセンの文学社会学的研究の影響がみてとれる．この方向の研究では，本文は「作品」として物語論・ナラトロジーの視点から全体論的に分析される．タイセンの理論と突き合わせていえば，本文の産出を規制する要因の分析（マルクス主義社会学）と本文が読者に及ぼす効果の分析（機能主義社会学）の中間における作業に相当する．しかし，すでに述べたように，タイセンの主たる関心は，作品性が問題になりにくい口頭伝承に向いているために，彼自身には物語論的視点は比較的稀薄である．

日本ではつとに荒井献（1930- ）が主として史的イエス研究の関連からタイセンの文学社会学的研究を紹介し，自身の論考においてさらなる展開を試みている（『新約聖書とグノーシス主義』1986）．大貫隆（1945- ）の『福音書研究と文学社会学』（1991）は，同様にタイセンの理論を踏まえながらも，個々の福音書がそれぞれの伝承から現にある形態へ最終的に編集されて一個のまとまりある作品に仕上げられている段階に注目し，それを一定の歴史的状況のなかに置かれた著者と読者の間で交わされる社会的相互行為として分析することを提案するもので，そのための具体的な作業ステップを提示している．この点では前記の物語論的，あるいは社会修辞学的研究に通じるものがあるといえよう．

新しい理論にはつねにそうであるように，文学社会学的方法に対しても批判が寄せられている．その第一は，タイセンが福音書の背後にある口頭伝承に注目するあまり，それぞれの福音書の著者がそれらの口頭伝承をそれぞれの作品に編集する段階で初めて書き加えたとみなすべき文言や記事までが，史的イエスを中心とするイエス運動のデータとして利用されてしまっているというものである．つまり，現代の福音書研究の術語でいえば，編集史を犠牲にして（→聖書の編集史的研究），様式史を過大に尊重しているという批判である（特にW. シュテーゲマン）．この批判は，タイセンにはそれぞれの福音書をまとまりある全体として物語論的に分析しうるための全体論的視点が不十分だとする批判（ツームシュタイン Jean Zumstein, 1944- や大貫隆）とも重なっている．その他，解釈学的なアクチュアリティーの不足を指摘する声（ヴェーダー Hans Weder, 1946- ），あるいは新しい理論を裏づけるに足る新史料の提示が不十分とする批判（八木誠一，1932- や小河陽，1944- ）などがある．

【タイセンの著作】*Urchristliche Wundergeschichten*, 1974; *Soziologie der Jesusbewegung*, 1977; *Studien zur Soziologie des Urchristentums*, 1979; *Psychologische Aspekte paulinischer Theologie*, 1983; *Lokalkolorit und Zeitgeschichte in den Evangelien*, 1989.

【文献】荒井献「方法としての文学社会学―イエスと原始キリスト教研究によせて」『原始キリスト教とグノーシス主義』（岩波書店 1986）3-42；大貫隆「新約聖書学と社会学―文学社会学的方法の位置と作業ステップ」「ヨハネ福音書の文学社会学的分析のために―隣接理論との方法論的統合をめざして」『福音書研究と文学社会学』（岩波書店 1991）1-83, 85-143．　　　　（大貫隆）

せいしょのぶんがくるいけい

せいしょのぶんがくるいけい　聖書の文学類型

【概要】種々の文学作品は一般に「韻文」と「散文」の二つに分類され，さらに表現様式や特性に従って個々の異なった「文学類型」（ジャンル，〔ラ〕genus litterarium,〔英・仏〕genre,〔独〕Gattung）に区分することができる．いうまでもなく聖書は，それ固有の特質や価値を有するが，一方では古代オリエントに特有の文化や言語世界に根ざす表現様式や特性を示す古典的・宗教的文学作品でもある．それゆえ，近年，こうした文学上の関心から聖書の各文書（あるいは部分）が考察されるようになった（→宗教史学派）．

聖書の文学類型の研究は＊グンケルによって広範に流布するようになり，類型の意味合いや適用範囲ならびに名称に見解の一致はみられないが，＊アイスフェルトに従うならば旧約聖書における文学類型は次の表のようになる．

旧約聖書における文学類型

散文	1) 演説, 説教, 祈り
	2) 記録
	3) 物語　　詩的
	歴史的
言葉	1) 種々の生活表現
	2) 法的
	3) 祭儀的
	4) 預言的
	5) 格言, 謎, 知恵
歌(韻文)	1) 労働, 収穫, 酒宴, 結婚, 愛と別れ
	2) 嘲笑, 弔問
	3) 王, 戦勝
	4) 祭儀(特に詩編中に12類型)
	5) 知恵

新約聖書中の文書の場合，通常は様式（〔独〕Form）に基づいて細密に考察するが（→聖書の様式史的研究），その文学類型を大別するなら，歴史的記述ともいえる福音書（＊共観福音書とヨハネ福音書とは区別する）や＊使徒言行録，＊黙示文学であるヨハネの黙示録，＊パウロの手紙を含む書簡などがある．しかし書簡のうち，ヘブライ書と1ペトロ書は＊使徒教父らの手紙に類似した表現様式と特性を示している．

【意義】批判や限界はあるものの，まず，多種多様で長大な聖書の本文を表現様式や特性に従って最小の基本単位に分解し類型化することで，作品以前の構成要素に遡って分類して集約できる．次いで，聖書と古代オリエントの文学作品との比較が容易となる．また，様式史的方法をも援用することによって＊聖書の伝承史的研究，つまり諸文書中の基本単位の発展や改変，結合過程の解明が可能になる．さらに，＊聖書解釈学上の妥当性は留保されるべきだが，各類型の歴史的背景，すなわち「生活の座」（Sitz im Leben）を想定し，その起源や生成およびモチーフが提示される．結局は，他の聖書の研究方法を併用するなら，文学としての聖書の特異性が明示され，その記述内容の理解はより深まる．

【文献】旧新約聖書大 1230-31; LThK² 4: 686-89; NBL³ 1: 732-36; 荒井献他『総説新約聖書』（日本基督教団出版局 1981) 56-62; 石田友雄他『総説旧約聖書』（日本基督教団出版局 1984) 106-34; H. バルト, O. H. シュテック『旧約聖書釈義入門』山我哲雄訳（日本基督教団出版局 1984) 118-51: H. Barth, O. H. Steck, *Exegese des Alten Testaments, Leitfaden der Methodik* (Neukirchen-Vluyn ⁵1980); O. Eißfeldt, *Einleitung in das Alte Testament* (Tübingen 1934 ⁴1976) 10-170, 981-95; G. W. Coats, ed., *Saga, Legend, Tale, Novella, Fable* (Sheffield 1985); J. A. Fitzmyer, *The Biblical Commission's Document "The Interpretation of the Bible in the Church": Text and Commentary* (Rome 1995).

（清水宏）

せいしょのぶんけんひはん　聖書の文献批判

〔英〕literary criticism,〔独〕Literaturkritik,〔仏〕critique littéraire

【概要】文献としての聖書テクストの構成と成立過程を通時的な史的・批判的視点から資料批判的に研究・分析する＊聖書学における学的営み．「文献批判」という語は，(1) 聖書学的に，緒論学の1分野，(2) 歴史的に，様式史（→聖書の様式史的研究）の出現によって主役の座を降りた19世紀の資料批判，(3) 方法論的に，現在なお主流をなす史的・批判的方法の1要素，の三つの意味で使われる．文献批判は一般に，＊聖書の本文批判によって確定された聖書テクストに基づき，個々の文書の文献的性格，統一性，背後にある資料の確認，他文書との相互関係，著者の推定，成立事情などの緒論的諸問題を取り扱う．その実際は，あるまとまりをもったテクスト（群）の内部あるいはテクスト相互間にみられる用語上，文体上，内容上の重複，類似，矛盾・不統一等を手がかりに，資料として用いられた文書の種類と性格およびそれらに加えられた種々の改変を推定して文書のより古い層を掘り起こし，そこから問題のテクスト（群）が文書として成立していった過程の解明を目指す，というものである．資料分析は＊伝承の問題と関連するため，文献批判は，本文研究ばかりでなく，類型研究（→聖書の文学類型），様式史，編集史（→聖書の編集史的研究）等とも密接なつながりをもつことになる．実際，文献批判の問題意識は，文献批判によって識別された諸文書資料にみいだされる個々の伝承の歴史を文書化以前の口伝の段階に遡って考察する様式史，および，口伝が受容・文書化され，さらに編集を重ねられていく過程全体を探究する編集史等と通底しており，歴史的にも，様式史は文献批判の土壌のなかからそれを批判的に乗り越える形で現れた．その意味から文献批判は，様式史および編集史とともに，伝承の成立から書物への受容と最終的編集に至る全過程を研究する広い意味での＊聖書の伝承史的研究の不可欠の部分として捉え直されうる．これら3者に共通する批判的研究の大前提は，歴史的事実という土台の適切な露呈によってこそ聖書の宗教の本質は明らかになるという確信であり，その方法的公準は，伝承は口伝から最終的文書へと受け継がれ発展するというものである．文献批判の方法と成果（＊ヴェルハウゼンの説や＊二資料説等）の基本的意義は，ごく保守的な立場は別にして，今日広く認められているが，現今におけるその利用は，かつてみられたような極端な結論（年代決定，＊真正性の判断等）に直結するものではない．なお，英語の literary criticism およびドイツ語の Literaturkritik は，かつては歴史批評的な文献批判の別称として「文学批評」と訳されることがあったが，今日この言葉（「文芸批評」という訳もある）は，1960年代終盤に登場し今日もなお発展を続けている共時的視点からの読解手法（＊修辞学的批評，＊聖書の構造主義的解釈，物語批評，読者反応批評，フェミニスト批評等）を指すのが普通である．聖書の諸文書を全体的に理解するためには，テクストのもつ

指示機能を問う史的・批判的手法に加えて，テクストの詩的機能に注目する文学批評的視点が不可欠である．

【旧約】旧約聖書を対象とする文献批判の萌芽はすでに*宗教改革の時代から現れていたが（→旧約聖書学），本格的な資料批判が行われるようになったのは，18世紀前半に創世記に相異なる二つの資料が存在することが指摘されて以来のことである（創1:1-2:4aと2:4b-3:24の物語は内容的に並行し，前者には「エロヒム」，後者には「ヤハウェ」という*神の名が用いられている）．この二文書説は後続の学者たちが発展させ，断片説，補足説，新文書説等を生み出したが，19世紀後半になってヴェルハウゼンの四資料説（→エロヒスト資料，祭司文書，申命記資料，ヤーウィスト資料）が，*モーセ五書（あるいは六書）の形成に関する首尾一貫した発展史を提供しうる学説としてほぼ一般的に普及するに至り，その後の最新文書説，さらには様式史・編集史に代表される伝承史的研究の基礎を据えた．五書の資料分析から始まった文献批判は，四資料の内部における資料の多層性の分析，および，五書に続く歴史書における五書資料の連続性の分析へと直ちに拡大されたが，分析が細分化されるとともに研究者間の一致が得られないという問題や，サムエル記や列王記はもちろんヨシュア記にさえ五書の主要資料を明瞭には確認できないという問題が生じた（→申命記史書）．文献批判は*預言書，詩歌，*知恵文学にも適用されたが，なかでも，預言者の言葉の原型に迫るべく預言書の詩形と韻律の分析に光をあてた*ドゥームによるイザヤ書とエレミヤ書の研究は，この手法の最も大きな成果の一つである．

【新約】*新約聖書学の領域における文献批判の発端は，教会のドグマ（→教理）的*キリスト論に反対してイエス伝に批判的視点を持ち込もうとした*ライマールスら18世紀の合理主義者に遡る（→イエス伝研究）．19世紀になると，四福音書を調和させてイエス伝を書くことの困難から*共観福音書とヨハネ福音書が資料的に区別され，同時に前世紀以来の*共観福音書問題にも新たな光があてられるなかで，マルコ福音書が四福音書のなかで最初に書かれたというマルコ優先説と，マタイとルカはマルコのほかに*Q資料（Q文書）をも用いたという二資料説が提案された．こうした文献批判的研究は，教理的な上塗りがされていない「史的イエス」を目指して推進されたが，マルコとQにすでに後代の材料が含まれる以上，結局この目的を果たすことはできなかった．

文献批判は，福音書のほかに書簡，使徒言行録，黙示録の資料分析にも適用され，一定の成果を上げてきた．若干の例をあげると，ヨハネ福音書の結尾の問題，真正パウロ書簡の範囲の問題（→パウロの手紙），2コリント書における「涙の手紙」の問題，フィリピ書の一体性の問題，エフェソ書とコロサイ書，2ペトロ書とユダ書の依存関係の問題，使徒言行録における「わたしたち資料」の問題，黙示録のユダヤ教的原本の問題などである（各書についてはそれぞれの項目を参照）．

【文献】全体：旧新約聖書大1038；LThK² 363-66；日本基督教団出版局編『聖書学方法論』（日本基督教団出版局1979 ³1987）；木幡藤子，青野太潮編『現代聖書講座』2（日本基督教団出版局1996 ²1999）；E. KRENTZ, *The Historical-Critical Method* (Philadelphia 1975).

旧約：R. E. クレメンツ『近代旧約聖書研究史』村岡崇光訳（教文館1978）：R. E. CLEMENTS, *A Century of Old Testament Study* (Guildford, London 1976)；石田友雄他編『総説旧約聖書』（日本基督教団出版局1984 ⁵1997）；R. レントルフ『モーセ五書の伝承史的問題』山我哲雄訳（教文館1987）：R. RENDTORFF, *Das überlieferungsgeschichtliche Problem des Pentateuch* (Berlin 1976)；木幡藤子「最近の五書研究を整理してみると」『聖書学論集』28（日本聖書学研究所1995）1-52．

新約：A. シュヴァイツァー『イエス伝研究史』全3巻，遠藤彰，森田雄三郎訳（白水社1960-61）：A. SCHWEITZER, *Geschichte der Leben-Jesu-Forschung* (Tübingen 1906 ⁶1951)；W. G. キュンメル『20世紀における新約聖書』高橋敬基訳（日本基督教出版局1973）：W. G. KÜMMEL, *Das Neue Testament im 20. Jahrhundert* (Marburg 1970)；荒井献他編『総説新約聖書』（日本基督教出版局1981 ⁶1997）；H. CONZELMANN, A. LINDEMANN, *Arbeitsbuch zum Neuen Testament* (Tübingen 1975)．　　　　（太田修司）

せいしょのへんしゅうしてきけんきゅう　聖書の編集史的研究
〔英〕redaction history, 〔独〕Redaktionsgeschichte　「編集批判」ともいう．聖書の歴史的・批判的研究方法の一つ．聖書中のある文書が一人の著者によって一気に書かれたものではなく，もともと独立して存在していた複数の素材を組み合わせたものであったり，最初にあった素材にあとから別人（たち）による（場合によっては数段階にわたる）増補や改訂がなされていると推察される場合，テクストが最終的に現にある形態に完成するまでの発展経過を跡づけるとともに，そのようなあとからの加筆や改訂（すなわち編集）がなされるに至った歴史的・社会的・思想諸要因について考察する研究方法．伝承史的研究（→聖書の伝承史的研究）が主として文書化される以前の口伝段階の伝承の形成・発展経過を解明しようとするのに対し，編集史的研究は主として口頭伝承が文書化されたもの，ないし最初から文書として著作されたもののその後の発展経過を対象とする．編集史的研究は，テクストが各時代のさまざまに異なる状況のなかでどのように新しい現実化を加えられ，新しい意味を込められつつ読み継がれていったかを明らかにする．なお，以下で言及される研究者については，下記文献欄を順次参照のこと．

【旧約研究】〔モーセ五書研究〕*ヴェルハウゼンに代表される「新文書仮説」の四資料仮説によれば，*モーセ五書のうち創世記から民数記までの4書については，口伝の伝承に基づきまず前10世紀頃ユダで*ヤーウィスト資料（略号J）が成立し，これに100年から200年遅れて北王国で*エロヒスト資料（略号E）が成立した．両者は北王国滅亡後の前8世紀の末に，ある編集者（通常「エホウィスト」と呼ばれる．略号JE）によってユダで組み合わされた．その後*ヨシヤ王の時代（前7世紀末）に独立文書としての*申命記資料（略号D）が，またバビロン*捕囚中（前6世紀）かその直後に*祭司文書（略号P，「祭司資料」とも呼ばれる）が成立し，それがそれぞれ編集者の手によってエホウィスト文書と結合された，とされる．この立場からみれば編集史的研究の任務は，それぞれの段階の編集者が既存資料にどの程度の手を加えているかを解明するとともに，加筆・改訂の仕方や資料の結合や配列の仕方から，それぞれ編集者の意図を推測することにあることになる（例えば，ヴァイマール）．しかし1970年代頃からは，このような諸資料の存在を前提にせず，より複雑な仕方で多層にわたる五書の形成経過を再構成しようとする試みもなされている（レントルフ，ブルーム）．また，五書の成立を捕囚前後の

せいしょのへんしゅうしてきけんきゅう

比較的遅い時期に設定したり(ブレンキンソップ，レヴィン)，さらにはそれが後述する*申命記史書への「前方に向けての続編」として書かれたとする見方も提唱されている(ロゼー，ヴァン・セーターズ，ワイブレー等)．また，独立資料とみなされてきた申命記内部にも，5層(プロイス)から9層(鈴木佳秀)に及ぶ成層状況が想定されているなど，五書の編集史理解は現在の旧約学における最大の論争点の一つとなっている．

〔歴史書〕ヨシュア記から列王記下までの歴史書については，それが申命記の用語的・思想的系統を引く一続きの歴史記述であるとする，*ノートの「申命記史書」仮説が後の研究の基盤をなした．現在ではこの「史書」の形成に関して，基層がヨシヤ王の祭儀改革に関連して王国時代末期に成立し，それが王国滅亡後の捕囚時代に増補・改訂を受けたとする二重編集説(クロス，ネルソン，ノッパース等)と，基層が捕囚期に入ってから書かれ，それに祭司的編集と律法主義的編集が順次加えられたとする三重編集説(スメント，ディートリヒ，ヴェイヨラ等)が拮抗し合っている．歴代誌はサムエル記と列王記の歴史記述に編集を施して成立したものなので，その研究は新約の*共観福音書の編集史的研究とやや似た性格を帯びる．すなわち，素材の取捨選択の仕方や改訂の仕方から著者の意図を解明するさまざまな試みが行われている(モージス，ヴィリ，カリミ)．歴代誌についてはさらに，それがエズラ記，ネヘミヤ記と一続きの歴史記述(いわゆる歴代誌史書)をなすのか，全く別の著作なのか(ウィリアムソン，ヤフェット)，あるいはもともと独立して成立した文書があとからの編集によって統合されたのかについても議論が続けられている．

〔預言書研究〕*預言とはそもそも本来「語られた」ものであり，「書かれたもの」ではない．それゆえ*預言書の多くは，*預言者以外の人物が特定の意図をもって「編集」したものであると考えられる．他方で預言は未来に関わるものとしての性格上，後代にさまざまな「現実化」を加えられ，新しい要素を付け加えられやすい傾向にある．しかも，イザヤ書(36-39章)やエレミヤ書(39: 1-10; 52章)の本体には列王記の記述が取り入れられている．それらの点からみて，預言書成立の研究は編集史的観点から最も興味深い分野であるといえる．この分野に先鞭をつけたのは，イザヤ書の後半がイザヤ以外の後代の匿名の預言者の言葉を集めたものであるとする，*ドゥームによるいわゆる「第二イザヤ」(イザ40-55章)と「第三イザヤ」(イザ56-66章)の発見である．その後，同じような試みがエゼキエル書やミカ書，ゼカリヤ書などについても行われた．最近では特に，エレミヤ書の随所に申命記史書と類似した特色をもつ大規模な編集層が存在するという想定(ティール)と，イザヤ書にヨシヤ王時代の反アッシリア的な編集層が存在するという想定(H. バルト)が注目を集めている．個々の預言書についての研究は，ますます細かく編集層を区別する傾向にある(例えば第二イザヤについてのクラッツやヴァン・オールショット，第三イザヤについての関根清三等)．

〔詩編と知恵文学〕詩編と箴言の場合には，当然ながら，本来独立して成立した個々の詩や格言がどのような経過や段階を経て順次より大きな集成にまとめられ，最終的に現にある文書として完成したのかと，それらがどのような原理に基づいて配列されているのかを解明することが編集史的研究の中心となる(詩編についてのローフィンクやウィルソン等，箴言についてのスコラリック等)．特にヨブ記やコヘレトの言葉のような神学的に挑戦的な内容を含む文書では，これとは異質な性格をもった後代の編集層を特定して区別していくことが，元来の著者の意図を理解するうえで不可欠である(ヨブ記についてのマーク，ヴィッテ等，コヘレトの言葉についてのシェッパード，フォックス等)．

【文献】方法論：日本基督教団出版局編『聖書学方法論』(日本基督教団出版局 1979); H. バルト, O. H. シュテック「編集史的問題設定」『旧約聖書釈義入門』山我哲雄訳(日本基督教団出版局 1984) 108-17: H. Barth, O. H. Steck, *Exegese des Alten Testaments. Leitfaden der Methodik* (Neukirchen-Vluyn 1971); K. Koch, *Was ist Formgeschichte?* (Neukirchen-Vluyn 1964).

研究: J. Wellhausen, *Die Composition des Hexateuchs und der historischen Bücher des Alten Testaments* (Berlin ³1899); P. Weimar, *Untersuchungen zur Redaktionsgeschichte des Pentateuch* (Berlin, New York 1977); R. レントルフ『モーセ五書の伝承史的問題』山我哲雄訳(教文館 1987): R. Rendtorff, *Das überlieferungsgeschichtliche Problem des Pentateuch* (Berlin, New York 1977); E. Blum, *Studien zur Komposition des Pentateuch* (Berlin, New York 1990); J. Blenkinsopp, *The Pentateuch* (New York 1992); C. Levin, *Der Jahwist* (Göttingen 1993); M. Rose, *Deuteronomist und Jahwist* (Zürich 1981); J. Van Seters, *Prologue to History* (Louisville 1992); Id., *The Life of Moses* (Louisville 1994); R. N. Whybray, *The Making of the Pentateuch* (Sheffield 1987); H. D. Preuss, *Deuteronomium* (Darmstadt 1982); 鈴木佳秀『申命記の文献学的研究』(日本基督教団出版局 1987); M. ノート『旧約聖書の歴史文学—伝承史的研究』山我哲雄訳(日本基督教団出版局 1988): M. Noth, *Überlieferungsgeschichtliche Studien* (Halle 1943); F. M. クロス『カナン神話とヘブライ叙事詩』輿石勇訳(日本基督教団出版局 1997) 129-39: F. M. Cross, *Canaanite Myth and Hebrew Epic* (Cambridge, Mass. 1973); R. D. Nelson, *The Double Redaction of the Deuteronomistic History* (Sheffield 1981); G. N. Knoppers, *Two Nations under God*, 2 v. (Atlanta 1993-94); R. Smend, *Die Entstehung des Alten Testaments* (Stuttgart 1978); W. Dietrich, *Prophetie und Geschichte* (Göttingen 1972); T. Veijola, *Die ewige Dynastie* (Helsinki 1975); R. Mosis, *Untersuchungen zur Theologie des chronistischen Geschichtswerkes* (Freiburg 1973); T. Willi, *Die Chronik als Auslegung* (Göttingen 1972); I. Kalimi, *Zur Geschichtsschreibung des Chronisten* (Berlin, New York 1995); H. G. M. Williamson, *Israel in the Books of Chronicles* (Cambridge 1977); S. Japhet, *The Ideology of the Books of Chronicles and Its Place in Biblical Thought* (Frankfurt 1989); B. Duhm, *Das Buch Jesaja* (Göttingen 1892); W. Thiel, *Die deuteronomistische Redaktion von Jeremia 1-25* (Neukirchen-Vluyn 1973); Id., *Die deuteronomistische Redaktion von Jeremia 26-45* (Neukirchen-Vluyn 1981); H. Barth, *Die Jesaja-Worte in der Josiazeit* (Neukirchen-Vluyn 1977); R. G. Kratz, *Kyros im Deuterojesaja-Buch* (Tübingen 1991); J. van Oorschot, *Von Babel zum Zion* (Berlin, New York 1993); S. Sekine, *Die Tritojesajanische Sammlung (Jes 56-66)* (Berlin, New York 1989); N. ローフィンク「詩編理解にとっての最終編集の意義」計良祐時，清水宏訳『主のす

べてにより人は生きる』WAFS 刊行会編（リトン 1992）63-84: N. LOHFINK, "Psalmengebet und Psalterredaktion," ALW 34 (1992) 1-22; G. H. WILSON, *The Editing of Hebrew Psalter* (Chico 1982); R. SCORALICK, *Einzelspruch und Sammlung* (Berlin, New York 1995); V. MAAG, *Hiob* (Göttingen 1982); M. WITTE, *Vom Leiden zur Lehre* (Berlin, New York 1994); G. T. SHEPPARD, *Wisdom as a Hermeneutical Construct* (Berlin, New York 1980); M. V. Fox, *Qohelet and His Contradictions* (Sheffield 1989). （山我哲雄）

【新約研究】歴史的・批判的研究の柱である（広義の）伝承史的研究の一部であり，「*聖書の様式史的研究」と相互補完的関係にある研究．その対象は，新約聖書においては大部分が *福音書に限られる（場合によっては使徒言行録もルカによる作として加えられる）．すなわち，様式史が，おのおのの福音書に使われている伝承の「様式」の確定から，その伝承の特質を確定し，さらにはそれがどのような現実的場（生活の座，〔独〕Sitz im Leben）で要請・活用されていたかを探るものであるのに対し，編集史とは，そのような伝承が集められ，秩序づけられ，加工されて，最終的文書の形態を与えられていく側面に注目する．その際，何よりもおのおのの *福音記者の編集方法およびその背後に潜む神学的関心・傾向を探ることが焦点となる．これが，個々の先駆的研究はあったものの，新約学界の一つの研究動向となったのは 1950 年代半ば以降である．先鞭をつけたのは，*コンツェルマンの『時の中心』(1954) である．このなかで著者は，「イスラエルの時」から「イエスの時」（「時の中心」），「教会の時」と進展していく，福音記者ルカの「救済史的」時間図式を抽出し，その神学的意義を明らかにしようとした（→救済史）．またそれに続くように，マルクスセン（Willi Marxsen, 1919-93）は『福音記者マルコ』(1956) を著し，マルコが単に伝承の収集者ではなく，独自の神学的コンセプトを有する神学者であることを強調した．1960 年代に入ると，*ボルンカムとその弟子たちの著した『マタイ福音書における伝承と釈義』(1960) が福音記者マタイの編集意図および方法を明るみに出し，それにシュトレッカー（Georg Strecker, 1929-94）の『義の道—マタイの神学の研究』(1962) が続いた．ヨハネ福音書に関しては，*ブルトマンがすでに 1941 年に『ヨハネ福音書注解』を発表し，そのなかで，ヨハネ福音書が奇跡物語集（いわゆる「しるし資料」），受難物語，そして啓示講話の 3 種の伝承を編集して成立するに至ったことを主張した．もっともヨハネの場合は，ブルトマンのいう「啓示講話」の伝承性はほぼ否定され，全体として単なる編集作業の域を越えた著作・創作の面が濃いことが認識されるに至り，共観福音書とは若干様相を異にしているといえる．

福音書の編集史的研究成果はまた，いわゆる *二資料説の正しさを間接的にも証する結果となった．つまり，マタイとルカに関する編集史的研究においては，彼らがマルコ福音書を使用したことが前提にされ，マルコ本文との差を発生させるに至った変更がどのような編集的意図によるものかが問われるのであるが，事実，過去 30 年以上にわたるこの研究作業がマタイとルカの神学を見事に浮き彫りにしてきた事実は何人にも否定できないからである．比較的困難なのはマルコ福音書の編集史的観察の次第で，そこではマルコが個々の伝承を結合したときのつなぎの句，あるいはいわゆる「総括的報告」の文面，またマルコに頻出する語句や文体などが重要な手がかりとなる．

こうして開かれた福音書の編集史的研究の具体的観察方法は，最近では福音記者のみに限定されず，特にマタイとルカが資料として使用したとされる幻の資料集 *Q資料の，仮説的に再構成された形態にすらも適用され，Q資料がどのような意図のもとに編まれたかまでが明らかにされてきている．確かに編集史的研究方法は，歴史的・批判的研究の中心的方法の一つとして，最後までその重要性を失うことはないと思われる．むしろ今後の問題は，いかにしてこの方法を，歴史的・批判的研究とは基本的に発想を異にする諸方法と生産的に連結させるかに存在するであろう．

【文献】ABD 5: 647-50; H. コンツェルマン『時の中心』田川建三訳（新教出版社 1965）: H. CONZELMANN, *Die Mitte der Zeit* (Tübingen 1954); N. ペリン『編集史とは何か』松永希久夫訳（ヨルダン社 1984）: N. PERRIN, *What is Redaction Criticism?* (Philadelphia 1969); R. BULTMANN, *Das Evangelium des Johannes* (Göttingen 1941); W. MARXSEN, *Der Evangelist Markus* (Göttingen 1956); G. BORNKAMM, G. BARTH, H. J. HELD, *Überlieferung und Auslegung im Matthäusevangelium* (Neukirchen-Vluyn 1960); G. STRECKER, *Der Weg der Gerechtigkeit* (Göttingen 1962). （佐藤研）

せいしょのほんもん　聖書の本文

【本文の伝達と欠陥】〔前提〕聖書の本文（〔英〕text）とは，単なる本文ではなく，文書のかたちで *預言者的また *使徒的な使信（メッセージ）を伝えるものである．しかし，忘れてはならないのは，しばしば古代文書には，それらが文書化されるに先立って「口伝」の時期があったことである．使信内容は，何よりもまず記憶によって伝達されたのである（例えば，B. Gerhardsson, Memory and Manuscript, 1961 参照）．また，文書化以前に，口伝の段階で元来の内容に数々の著しい改変が生じたことは自明のことである．こうした事情は，特に著者の死後，かなり時を経過してから書きとめられた古代の諸文書の場合には当然のことである．聖書についていうなら，著者が書き記したという意味で，ある文書の自筆原稿が今日残っているわけではない．さらに，旧約聖書の言語ならびに伝達方法と新約聖書のそれとは著しく異なっているから，旧約聖書の本文と新約聖書の本文とは別個に扱うことが望ましい．

【旧約聖書】〔ヘブライ語本文〕ユダヤ教の聖書，つまり旧約聖書 *ヘブライ語（一部は *アラム語）による本文は，最初は *パピルス，次いで獣皮や *羊皮紙に書き記され *巻物，次いで 2 世紀以降は徐々に綴葉装のような *写本を通して伝達されるようになった．また，子音文字だけを記し，母音は読者が記憶によって補った．そして，今日のような方形の *ヘブライ文字は *捕囚（前 6 世紀）の後にアラム語から採り入れられたが，それまでは *カナンで一般的であったフェニキア文字で書き記した．このフェニキア文字は，それ以降も特に祭儀用の書体として使用された．捕囚後にヘブライ語が日常では使用されなくなると，文中に母音を記すようになった．それは，まずヘブライ語の子音文字 a, h, y, w を母音の代用とする黙音（〔ラ〕matres lectionis）によって，さらに 7-8 世紀以降にはマソラ学者（→マソラ本文）によって考案された子音文字の上下に点や線を付す方式を通してである．これには二つ，ないし三つの方式があるが，今日一般的に採用されているのは，パレスチナの *ティベリ

せいしょのほんもん

アスで生じた子音文字の下に大半の母音記号を書き込む「ティベリアス方式」である．いま一つは子音文字の上に書き込む「バビロニア方式」であるが，この方式にはパレスチナで発展した別の方式もあり，また，アラム語にも使用された．これらの母音記号のほかに，聖書の本文には一連のアクセント記号も加えられ，それとともに段落や句読する際の声調も確定されていく．これらは*聖書本文の句読点のように，場合によっては本文の意味内容を検討するために重要なものである．

〔本文区分〕聖書の本文は元来，各単語や文節，章あるいは段落などに切り離さずに連続して書き記されていた（連続書き scriptio continua）．しかし，捕囚後には各単語を分離させ段落も空けて書き記すようになった．*ミシュナーの時代(135-200 頃)には，一連の文節句（〔ヘ〕pasûq. 今日の「節」とは異なる）も記号で区分した．さらに，*会堂の礼拝で朗読するという理由もあって*ペリコペー(朗読配分)に従って*律法(tôrâ)の本文が区分されることになった．パレスチナでは，安息日ごとに*モーセ五書の 1 ペリコペーが朗読され，3 年かけてモーセ五書全体を朗読した．そのためモーセ五書は，154 ないし 167 の段落 (sedarîm) に区分された．こうした段落区分は，後に旧約聖書全体に及んだ．他方，バビロニアでは毎年，律法全体が朗読され，そのためにモーセ五書は 54 あるいは 53 の段落 (parašâ) に区分された．次いで引用を簡単にするために，後には「開く」(pᵉtûhôt. 略記 p) あるいは「閉じる」(sᵉtômôt. 略記 s) という記号も導入された．こうした段落区分については今日の印刷版聖書のなかにも表示されている．また，さらに律法に続いて*預言書の一部 (hatarôt) も朗読された．現今の*聖書の章節区分の仕方は，キリスト教の立場からのもので，中世に*ウルガタ訳聖書に採り入れられ，さらにギリシア語の*七十人訳聖書とヘブライ語聖書(マソラ本文)に転用されるようになった．

〔本文の改変〕旧約聖書のヘブライ語本文は，近代までほとんどユダヤ教徒の手によって伝えられてきた．キリスト教徒は翻訳された本文で充分だと思っていたからである．70 年のエルサレム陥落後，特に*アキバ・ベン・ヨセフは誤りのない本文を書き写して伝えるために尽力した．しかし，こうした慎重な本文の書き写し作業の段階以前，それまで忠実に伝達されてきたはずの子音文字だけで書き記されていた旧約聖書本文のなかには，すでに多くの誤りがひそかに入り込んでいた．それはマソラ本文とキリスト教以前の旧約聖書のギリシア語訳(例えば，七十人訳聖書)との比較，特に律法ほど重んじられてはいない預言書や*諸書に含まれている文書を比較すればわかる．そこには偶然の見落としだけではなく，特に本文が理解できない場合，しばしば善意に基づく「改良」によって生じたに違いない相違がみられる．意図的な本文の改変は極めて重大な問題であるが，逆にそれを立証するのは最も困難なことである．また，いわばマソラ学者たちによってヘブライ語本文が厳格に管理されるようになってからも，相変わらず偶然の書き間違いは生じたし，印刷術が発明されるまでは，どの*聖書写本も細部ではそれぞれ異なっていた．

よく生じる誤りの原因としては，文字や単語を繰り返し書き記してしまう「二度書き」，逆に 2 回出てくる文字や単語を 1 回しか書かない「書き落とし」，単語の文字順の「書き間違い」，また，一続きの単語を誤って分離してしまうこと，文頭や文末が同一の表現であるために 1 行脱落することなどである．さらに，音読の類似する単語を書き取る際に生じる「聞き違い」，類似の文字を混同したための「読み違い」もあるし，本文の各行の上や欄外に書き込まれた*グロッサや別の写本の異読などの語釈や異文が，その後に書き写す際には本文の改良だと思われて入り込んでしまうこともあった (F. Delitzsch, Die Lese- und Schreibfehler im Alten Testament, 1920 参照)．そして，本文の意図的な改変は独善的な予断が原因でしばしば起こる．つまり，聖書のなかにはどのような矛盾もあるはずはないと思い込み，食い違う本文を調整して，真正の矛盾も，矛盾しているような事柄も一掃してしまうからである．

〔本文の復元〕マソラ学者たちは，あまりにも誤りの多い旧約聖書写本は礼拝に使用するべきではないとし，それを完遂した．また，損傷や汚損のある写本も会堂での朗読に使用してはならないとした．もっともそうした写本は，直ちに廃棄されたわけではなく，最終的には儀式を行って地中に埋めるまでの一定期間，会堂のゲニザ(〔ヘ〕geniza) と呼ばれる特別の保管所に収納された．このため中世から 19 世紀までの旧約聖書を含む数々の写本が，長い間エジプトのカイロ旧市街 (Fustat) にあるユダヤ教の一派である*カライ派の会堂のゲニザで手つかずのまま保管されることにもなった．そこから 19 世紀末にマソラ本文以前の数々の写本断片が出たこと，また同時にシェヒター (Solomon Schechter, 1847/50-1915) の研究によって，シラ書のヘブライ語原典の約 3 分の 2 が発見された．マソラ本文よりもはるかに古い聖書写本は，1947 年以降，死海沿岸にある*クムランの洞穴から発見された，いわゆる*死海文書である．そのうちの一つは，前 2 世紀頃の獣皮製の巻物で，イザヤ書の完全な写本 (1QIsᵃ) である．この写本とマソラ本文とでは本文に相違があるが，あまり重大なことではない．また，その当時でさえ旧約聖書の各文書の著者とは何世紀(例えば，イザヤ書の場合には約 6 世紀)もの隔たりがあった．

中世(8-10 世紀)のマソラ学者たちの努力，また 15 世紀の活版印刷術の発明によって，聖書本文の数々の相違は著しく減少した(→ 聖書の出版)．最初のヘブライ語旧約聖書の印刷版は，1488 年に*ミラノ近郊のソンチノ (Soncino) の出版業者によって刊行された．その後に出版されたなかで言及に値するのは，1524-25 年に*ヴェネツィアでボンベルク (Daniel Bomberg, ?-1549/53 頃) によって出版されたヘブライ語本文の周囲を*タルグムと*ラビによる注解とで囲んだ「第 2 ラビ聖書」(Biblia Rabbinica. 略記 Bombergiana ないし B) である．この印刷版聖書は，最近まで*公認聖書とされてきた．これを『ビブリア・ヘブライカ』(Biblia Hebraica. 略記 BH または BHK) の第 1 版(1905)と第 2 版(1908)は底本にしたが，第 3 版(1937)では 1008 年ないし 1009 年のレニングラード写本 (Codex Leningradensis. 略記 L) を底本にする．今日広く使用されている『ビブリア・ヘブライカ・シュトットガルテンシア』(Biblia Hebraica Stuttgartensia, 1967-77 1982. 略記 BHS) も同様である．なお，イスラエルでは，アレッポ写本 (Codex Aleppo) を底本にした『ヘブライ大学聖書』(The Hebrew University Bible, 1975-) の編集刊行が進んでいる．

これまでヘブライ語の聖書本文に関して述べてきた大半の事柄は，聖書の古代訳(例えば，七十人訳聖書，シリア語訳，古ラテン語訳，ウルガタ訳聖書．→ 聖書の翻訳)についても妥当する．これらの翻訳聖書は，キリスト教会にとって，特に典礼においては公式本文であっ

たので，ヘブライ語本文と同じように重要であった．実に *グーテンベルクが最初に印刷したのは，*ラテン語によるウルガタ訳聖書であった．

旧約聖書の本文には，数多くの改変があるため，しばしば聖書がいわんとしたことをもはや確定することなどは不可能なのだと語らざるをえなくなる．それでも内容的な疎漏，特に逸脱はほんのわずかなものである．大半の重要な陳述はそのまま残っているし，その改変も簡単にみつけだし復元できるからである．したがって，本文に改変があるにもかかわらず，本質的には聖書の著者たちの使信内容はかなり確実に伝えられているといえるだろう．

【新約聖書】〔ギリシア語本文〕新約聖書のギリシア語本文は，旧約聖書のヘブライ語本文よりも種々の理由でさらに良好な形で保存されている．福音書，特に *共観福音書の場合には，ほんの20-30年間の口伝の時期を想定できるにすぎない．*パウロの手紙はもとより書簡については，最初から文書の形態をとっていた．さらに，ギリシア文字は，母音をつねに書き記したこともあって簡明で，読み間違いはめったに生じなかった．もっとも初めの何百年間かは，「連続書き」が普通であった．つまり，単語同士を空けることなしに書き記したので，それを読む際に誤った文字分割が生じることはあった．また，紀元後の初めの何百年間，ほとんどの文書がそうなのだが，聖書写本はみなおのおのの文字が明確に区別できるギリシア語の「大文字楷書体」で書き記された．こうした写本を一般に「大文字写本」ないし「アンシャル写本」と呼ぶ．もちろん，素早く続け書きのできる「草書体」もあったが，これは個人的な手紙やメモなどで使用されるにすぎなかった．しかし800年頃からは，草書体の小文字も文書を書くときに使用されるようになった．それ以来，新約聖書の写本は，大文字写本と小文字写本に大別されることになった．小文字写本は大文字写本よりも新しいものだが，だからといって大文字写本よりも粗悪なものであるとは限らない．なかには今日では失われてしまった良好な写本から書き写された場合もあるからである．しかしギリシア語やラテン語のなかには，略字（例えば，ギリシア語の「キリスト」Christos を Chs, ラテン語の「神」Deus を Ds）や記号（ラテン語の「そして」et を &）を使用するものもあったから，それが新たな誤りの原因にもなった．それらの略字や記号を正しく解読しなければならなかったためである．

〔写本の素材〕新約聖書の本文を伝える最古の写本は，パピルスであった．このため今日，断片的なもの以外は残っていない．4世紀以降，徐々に羊皮紙（例えば，2テモ4:13 参照）に書き記されるようになる．紙は，ようやく中世後期になって使用されるようになった．羊皮紙は高価で耐久性があったので，しばしば古くなった写本が何度も使用された．つまり，古くて用済みとなった本文を洗い落として，そのかわりに新たに本文を書き記したのである．これを *パリムプセスト（重記写本）というが，そこには古い本文の痕跡が大体は残っており，このために今日でも，その古い本文を解読できることがしばしばあり，それが本文研究に利用される場合がある．

〔新約聖書の印刷版〕ギリシア語新約聖書の最初の印刷版は，1514年に『コンプルトゥム（＝アルカラ）版多国語対訳聖書』（→聖書の出版，多国語対訳聖書）の第5巻として印刷が完了したにもかかわらず，1522年になってようやく頒布されることになった．この間に *エラスムスが大急ぎで私家版のギリシア語新約聖書の出版を準備し，この「競合版」は1516年に刊行された．エラスムス版は，『コンプルトゥム（＝アルカラ）版多国語対訳聖書』ほどの入念な準備が行われず，数多くの誤植を含むばかりか，2-3の粗雑な写本に基づくものでしかなかったが，それにもかかわらず，最初に出版されたこともあって，その後の新約聖書の印刷版にとって規範的な本文となり，長く種々の悪影響を与えた．19世紀になってようやく，エラスムス版を含む「公認聖書」に依存せずに，古い写本が新約聖書の印刷版の基本的史料となった．今日，一般によく使用されているのは，*ネストレと *アーラント編集のギリシア語新約聖書（Novum Testamentum Graece, ²⁷1993）である．

〔本文の改変〕ヘブライ語旧約聖書の写本はユダヤ教徒の間で注意深く書き写されてきたが，新約聖書の写本の場合にはそれほどの慎重さはない．それゆえ，あまり重要でない箇所であっても，非常に多くの相違が写本間にみられる．また，書き写されたと考えられる地域に従って，類似の写本群ないし系列に区別することができる．300年頃には，すでに3ないし4系列の写本があったようである．すなわち，東方（シリア），西方ないしパレスチナ（カイサレイア，エルサレム），エジプト（アレクサンドリア．さらに同地の *ヘシュキオスによる校訂）の各系列である．こうした種々の異読はギリシア語新約聖書批判的校訂版に記載されている．大半は小文字写本であるが，写本数からいえば，なかでも東方系列のものが多い．それはギリシア語（→コイネー）を話す *東方教会での公式本文だったからである．もっとも東方系列の写本が必ずしも最良で最古であるわけではない．そして，こうした写本の系列分類は極めて大まかなもので，実際の系列関連は非常に複雑なために，近年は系列分類をせずに，個々の写本をパピルス，文字，そして聖書日課（→レクティオナリウム）に区分し，それに数字を付す方法をとっている（例えば，上述のネストレとアーラント編集のギリシア語新約聖書参照．→聖書写本）．

【本文復元と本文批判】〔校訂〕聖書の本文には種々の誤りが含まれているから，つねに「真正の」本文を復元することが必要である．この復元は二つの方法で行われる．すなわち，本文を変更せずに欄外に異読を書き記すか，本文自体を修正するという方法である．前者はユダヤ教のマソラ学者たちが採用した方法であった．幾つかの写本にみられるように，また会堂で実際にどのように朗読すべきかを朗読者に指示を与えるために（例えば，*ケティーブとケレー），それが不可変の伝承本文すなわちマソラ本文の周囲に注記の形で書き込まれている．

このほかに，ある種の蓋然性に従った改良の方法がある．聖書全体，ないし聖書のかなりの部分にわたって数々の写本を比較照合して本文の改良や修正を行うこと，つまり校訂である．こうした大がかりな校訂作業は，228-40年に初めて *オリゲネスによって遂行された．この校訂の目的は，可能なかぎり信頼のできる七十人訳聖書つまりギリシア語訳旧約聖書の本文を確立することにあった．このために六つの異なる本文を並欄にして書き記した．各欄の順序は，① ヘブライ文字によるヘブライ語本文，② ギリシア文字に転写したヘブライ語本文，③ アクイラ訳，④ シンマコス訳，⑤ オリゲネス校訂の七十人訳，⑥ テオドティオン訳である．この大部な書物（約50巻）は，「*ヘクサプラ」（六欄組対訳聖書）と呼ばれた．そして，このうち⑤ オリゲネス校訂の七十人訳と⑥ テオドティオン訳は，しばしば「テ

せいしょのほんもん

トラプラ」(Tetrapla 四欄組対訳聖書)の一部として書き写されていた．しかし，⑤ オリゲネス校訂の七十人訳が最も頻繁に複写された．これは，「クインタ」([ラ] quinta, 5番目の意)あるいは「ヘクサプラ本文」(textus hexaplaris) とも呼ばれる．もっとも，ヘクサプラの原本は，7世紀にアラブ人が侵入するまでパレスチナのカイサレイアの図書館に所蔵されていたが，複写された断片を除いて消失してしまった．オリゲネス以降(4世紀頃)，さらに二つの校訂版が作成された．それは，アレクサンドリアのヘシュキオスと，アンティオケイアの*ルキアノスによる校訂である．

古ラテン語訳聖書に関しては，*ヒエロニムスがヘクサプラ本文(上述)に従って修正を加え，重要な業績をあげた．もっともヒエロニムスは古ラテン語訳聖書に不満を感じていたので，ヘブライ語の旧約聖書本文から新たな翻訳を試みることを決意し，390-405年，翻訳に取り組み，ウルガタ訳聖書が完成した．ただし，そのうちの詩編はヒエロニムスが翻訳したわけではなく，古ラテン語訳聖書の詩編本文を修正したにすぎない．

ウルガタ訳聖書は，徐々に古ラテン語訳聖書に取って代わるようになった．しかし，8世紀には，ウルガタ訳聖書自体の校訂が必要になり，*シャルルマーニュの委託で*アルクインが801年にそれを完遂した．しかし，この校訂版もたび重なる書き写しのために欠陥が著しくなったので，(特に，パリで)*ドミニコ会と*フランシスコ会の会員によって本文批判を可能にする欄外注記(→コレクトリア)を付した聖書が編集された．この注記には，最良の本文を確定するためには欠かせないヘブライ語やギリシア語またラテン語の古い写本の異読や手引きが記されている．これはユダヤ教のマソラ本文を模倣した一つの方法で，また近代の批判的校訂版の注記(apparatus criticus)の先駆でもある．コレクトリアだけをまとめた文書も編集され，そのうちでもヴァティカン版(Correctorium Vaticanum, 13世紀)とソルボンヌ版(Correctorium Sorbonnicum, 14世紀)が最も著名である．

聖書の印刷版が刊行されるようになってからは，もはや聖書本文をめぐって生じる不信の原因は個々の写本にあるというよりも，むしろ種々の印刷版にこそあるようになった．数多くの新しい，しかし信頼の置けない翻訳聖書が急増したからである．このため，1546年，*トリエント公会議はヒエロニムスの翻訳したウルガタ訳聖書だけを*ラテン教会の公式本文として，その新しい批判版を作成させることにした．そこで1589年シクストゥス5世版(略称 Sixtina)が完成したが，この版は数多くの問題点を含んでいたので，1592年にクレメンス8世版(略称 Sixto-Clementina)が新たに作成された．また，ウルガタ訳聖書改訂の努力は，今日でも続けられている．*ピウス11世は，1933年にヒエロニムス訳の原典復元を目的にした研究機関を設置し，その事業を*ベネディクト会に委託した．しかし，その作業は遅々として進まず，暫定的に簡便な『新ウルガタ訳聖書』(Nova Vulgata, 1970-77 1979)が出版され，これがラテン語訳聖書の公式本文となった．もっともこの間，カトリック教会の公用語であるラテン語による文書は，ほとんどの分野で種々の現代語に直ちに翻訳され，聖書についていうならば，かえって原典からの翻訳，しかもキリスト教の教派を超えた翻訳(→聖書の翻訳：共同訳)が認められ奨励されている．

〔本文批判〕*聖書の本文批判は，聖書の新しい校訂版を作成するために必要であるだけではなく，そもそも聖書本文を学問的に研究するための前提でもある．たとえ良好な校訂版が多数あったとしても，いったい聖書写本ではどうなっているのかという洞察を欠くなら，その校訂版の各章句の確実さがどの程度なのか評価することはできないからである．このため，現今の校訂版には批判的注記が添付されている．この注記は，古い写本(あるいは写本群)と校訂版の本文とが相違する箇所ではどこでも，その写本に関しての情報を提供するものである．記号や略記などの体系的な方法で種々の異読(lectio varians)が示されているので，写本自体に直接目を通さなくても当該写本の異読を確認できる．こうしてその異読が妥当かどうかの判断をくだすことができるのである．例えば，4世紀の*ヴァティカン写本は，B(さらに，Vat. Gr. 1209 を付加することもある)というように，それぞれの写本は文字や数字で表示され，それが校訂版の付録リストから明らかになる．また，しばしば写本自体が複写され校訂もされてきた．ヴァティカン写本も同様である．このため，B^* のアステリスクはもともとのヴァティカン写本 (prima manus) の異読，B^1 や B^2 の数字は後の当該写本で修正されて生じた異読を表す．これらを含めての批判的注記に関しては，校訂版のなかで表示され，詳細に説明されている．

〔本文批判の原則〕本文批判を実際に行う場合，それを機械的に適用してはならないが，一定の原則がある．(1) より難解な読み方 (lectio difficilior probablilior)．二つの異読のうち，より難解なものが真正である．しばしば筆耕者は本文をより理解しやすいように改変する傾向があるからである．もっとも，本文の難解さが偶然に生じた書き間違いにあるなら，その難解な異読が誤りである．(2) より短い読み方 (lectio brevior potior)．長短の異読のうち，より短いものが大体は正しい．なぜなら，ある本文から何か削除するより，それに補足や説明を加える傾向があるためである．もちろん，意図的にあるいは偶然に本文から何か省略されることもあろう．(3) より論理的な読み方 (lectio logice prior)．AとBの二つの異読のうち，Aに基づいてBが作成されたと考えることはできても，BからAが作成されたとは思われない場合，Aが元来の本文である．もちろん，この一般的な原則に例外がないわけではない．

〔推定による判読〕本文批判は聖書写本の所見に基づいて本文を確定することに尽きるものではない．本文が異読なしに一様に伝承されて確定している場合でも，その伝承された本文が冷静に理解することも予測することもできないような内容を示しているなら，やはりその信憑性に対しての疑義が残るからである．もっとも，著者は何か意味ある事柄を語ろうとしていたということはつねに前提となる．このような場合，元来の本文は内容的には多分こうしたものであったと推定して判読することもやむをえないことになろう．そうした推定に基づく判読は，(1) 伝承本文自体の改変が少なければ少ないほど，(2) 言語学上の規則や慣用など文脈に適合すればするほど，(3) 伝承本文自体が平凡な誤りに基づくと推定ならびに説明可能であればあるほど，より蓋然性の高いものとなる．もちろん断るまでもなく，こうした推定による判読によって完全で確実な聖書本文に到達できるわけではない．

【文献】E. ヴュルトヴァイン『旧約聖書の本文研究』鍋谷堯爾，本間敏雄訳(日本基督教団出版局 1997): E. WÜRTHWEIN, *Der Text des Alten Testaments* (Stuttgart

1988); B. M. メツガー『新約聖書の本文研究』橋本滋男訳(日本基督教団出版局 1999): B. M. METZGER, *The Text of the New Testament* (Oxford 1964 ³1992); K. ALAND, B. ALAND, *Der Text des Neuen Testaments* (Stuttgart 1982 ²1989); E. Tov, *Textual Criticism of the Hebrew Bible* (Minneapolis 1992).　　　(H. クルーゼ)

せいしょのほんもんひはん　聖書の本文批判

【概要】古代の文書は，長期間，通常は *パピルスや *羊皮紙などに書き記され，*巻物や *写本 (codex) の形で伝達されてきた．そして今日，著者による「自筆原稿」([独] Ur-text, Autograph) が残っているわけではない．聖書も同様である．しかし，聖書における本文批判 ([英] textual criticism) は，著者の自筆原稿を復元することを目的とするものではないし，聖書中の各書の構成や内容，文学的特徴，成立事情などを論究する *聖書の文献批判とも区別される．その目的は，古代の重要な *聖書写本ならびに翻訳(→聖書の翻訳)を可能なかぎり収集して比較し，*聖書の本文それ自体の伝達過程を遡源するとともに，種々の異読 ([英] variant) を校合することによって，より完全で真正な本文を確定することにある．このためには，*聖書の言語，*古文書学などの堅実な知識が不可欠な前提となる．また旧約聖書と新約聖書の本文は言語も伝達過程も異なっているから，その本文批判は別々に扱われる．

【旧約聖書】〔必要性〕*グーテンベルクによる活版印刷術の発明以降，数々の聖書が出版されてきた(→聖書の出版)．しかし刊行された旧約聖書の本文を比較照合しただけでも，例えばヘブライ文字，母音やアクセント記号，章節区分，マソラ記号，単語などの相違，また異読が明らかとなり，さらには誤植さえ認められる．こうした相違や異読の大半は，印刷に際して依拠した写本に起因すると考えられ，そもそもは写本間に細部にわたっての旧約聖書本文の一致がないのである．それゆえ，どの写本の本文がより完全で真正な旧約聖書の本文なのか検討しなければならない．

〔基本資料〕旧約聖書の本文を確定するためには，以下の四つの基本資料からの知見の収集と比較，また *マソラ本文との校合が必要である．すなわち，(1) マソラ本文，(2) *七十人訳聖書，(3) *サマリア五書，(4) *死海文書である．このほかに，ときには *ラビ文学中の引用や種々の古代訳，*アッカドや *ウガリトなどの言語資料を参考にする場合もある．

〔相違や異読の原因〕旧約聖書の本文は細心の注意を払って書き写されてきたにもかかわらず，本文の伝承中に種々の相違や異読が生じた．それらの大部分は，意図したわけではない単純なミスによる結果である．その原因として例えば，(1) 類似した文字や単語の混同，(2) 文字順の倒置，(3) 重字脱落，(4) 重複誤字，(5) 行の脱落，(6) 誤った語の結合や区分，などがある．確かに，ある宗教上の見解に基づいて意図的に本文が改変されることで生じた異読もないわけではないだろう．しかし，それを証明することは非常に困難なことである．

〔本文批判の原則〕本文批判を行う際，これを機械的に適用してはならないが，二つの基本的な原則がある．(1) 二つの異読のうち，より難解な読み方が真正である ([ラ] lectio diffcilior probabilior)．(2) 長短の異読のうち，より短い読み方が真正である (lectio brevior potior)．もちろん，これ以外の原則も提唱されてはいる．

〔判読による本文確定〕旧約聖書の本文が確定している場合でも，それが理解不可能な内容であるなら，ときには推定して判読しなければならない．その事例としてアモス書6章12節がしばしばあげられる．伝承されてきたヘブライ語原文は「朝，耕すだろうか」('im yaḥărôš babbĕqārīm) である．しかし，この場合，伝承本文は単純なミスに基づくと推定することができるし，コンテクスト(「馬が岩の上を駆けるだろうか」)に適合するように加えられる本文の改変もわずかであり，それを「牛 (bāqar) が海 (yām) を耕すだろうか」('im yeḥārēš bebāqār yām) と推定して判読する．そのほかの数々の判読については校訂版旧約聖書(例えば，K. Elliger, W. Rudolph, eds., Biblia Hebraica Stuttgartensia, 1967-77. 略号 BHS) の脚注 (apparatus) や注解書などを通して知ることができるが，見解の一致している場合は稀である．

【文献】E. ヴュルトヴァイン『旧約聖書の本文研究』鍋谷堯爾，本間敏雄訳(日本基督教団出版局 1997): E. WÜRTHWEIN, *Der Text des Alten Testaments* (Stuttgart 1988); B. シュナイダー「旧約聖書テキスト批判 (Critique textuelle de l'Ancien Testament) の一例―サムエル記下 8-24 節と歴代誌上 11 章 10-26 節をめぐって」『聖書翻訳研究』28 (2000) 8-27; E. Tov, *Textual Criticism of the Hebrew Bible* (Minneapolis 1992).

　　　　　　　　　　　　　　　　　(清水宏)

【新約聖書】〔必要性〕新約聖書中の 27 書のいずれにも著者の「自筆原稿」が残存しているわけではなく，すべてはその写本である(→聖書写本)．その数は，1989 年の統計によれば，約 3,200 に及び，これに 2,300 余の聖書日課(→レクティオナリウム)が加わる．また，古代訳もある(→聖書の翻訳)．しかし古代の文書の大半は中世の写本が現存するだけだが，新約聖書の写本には，2 世紀末から 3 世紀初めに遡るパピルス写本 (例えば，𝔓45, 𝔓64, 𝔓66, 𝔓75) があり，4 世紀になると *聖書の正典との関連で全 27 書を含む写本が続出する．ところが，これらの新約聖書の写本間には，約 25 万例に達するほどの相違がある．こうした相違を比較検討して可能なかぎり真正な新約聖書の本文に遡ろうとする試みを本文批判という．

〔相違や異読の原因〕これらの相違は，偶然のいわば単純なミスによるものと意識的な変更によるものとの二つに大別される．偶然の誤りの原因は，旧約聖書の場合と全く同様である．しかし新約聖書には，意識的な本文の変更によって生じたと思われる相違がみられる．それは，しばしばセム的で稚拙な新約聖書のギリシア語表現の多くが意識的に洗練された文体へと修正されたこと，また写本間にみられる異読 (variant) を折衷ないし融合させて新たな異読が作成されたこと，地理的・歴史的難点の除去，出来事の経過を理解しやすくするための変更や省略ならびに付加，神学的意図や護教ないし修徳的必要性のための変更あるいは削除や付加などである．

〔異読の系列と本文批判の原則〕すべての写本には写本間に共通した異読があり，同一の異読には写本群に準じての系列がある．こうして異読の系列をたどってより古い本文を確定することが可能になる．その場合，基本的な原則がある．外的証拠として最古の写本との比較照合や異読の地理的分布などの検討，他方では内的証拠として「より難解」また「より短い」読み方を優先することである．こうした原則に基づいて異読系列とその価値をまとめるなら，以下のようになる．

(1) コイネー・ビザンティン系．5 世紀の *アレクサ

ンドリア写本（略記 A）をはじめ，大文字写本中の写本（略記 E, F, G, H, V, Y, Ω）および小文字写本のほとんどすべてが含まれる．表現の豊かさや調和，異読の融合を好み，耳障りな読み方を省略するなどの傾向が強い．この系列は，次の3系列を組み合わせているようである．二次的な価値しかない（→コイネー）．

(2) 西方系．5-6世紀の*ベザ写本（略記 D）を主とし，古代訳や初期のラテン教父（3世紀）もこれに依存する．挿入や省略が大幅なことが特徴である．

(3) カイサレイア系．これには2世紀末のパピルス𝔓⁴⁵に類似する大文字写本（略記 W. 5世紀）や小文字写本中の家族(1, 13, 28)などのグループと，コリデティ写本（略記 Θ. 9世紀）をはじめ，小文字写本565や700，そして3世紀の*オリゲネスや4世紀のカイサレイアの*エウセビオスの引用から例証されるグループがある．

(4) 中立系．4世紀の*ヴァティカン写本（略記 B）と*シナイ写本（略記 ℵ または S）を中心とする型だが，2世紀末から3世紀初めに遡るパピルス写本（𝔓⁶⁶, 𝔓⁷⁷）との比較から，それ以前のものを伝えていることが確認された．それゆえ，この型が新約聖書の本文確定のための最古の底本になりうるが，あくまでも相対的なものである．例えば，二次的とみなされるコイネー・ビザンティン系の型のなかにも，2世紀末のパピルス写本（𝔓⁶⁶）との比較から，うち20例ほどが2-3世紀に遡ることが判明した．

〔本文確定の補助資料〕新約聖書本文を確定するためには，ギリシア語新約聖書の写本だけでなく，古代訳，さらに*教父による引用や解説なども参考にされる．また，長年にわたる本文批判の成果は，校訂版新約聖書（例えば，E. Nestle, K. Aland, eds., Novum Testamentum Graece, Stuttgart ²⁷1993）となって公刊されている．こうした校訂版には脚注（apparatus）や巻末付録（appendices）がつねに掲載されたので，異読や写本などに関しての情報が容易に手に入る．

【文献】B. M. メッツガー『新約聖書の本文研究』橋本滋男訳（日本基督教団出版局 1999）: B. M. METZGER, The Text of the New Testament (Oxford ³1992); K. ALAND, B. ALAND, Der Text des Neuen Testaments (Stuttgart ²1989).　　　　　　　　　　　　（三好迪）

せいしょのほんやく　聖書の翻訳

ヘブライ語やギリシア語，つまり*聖書の言語が人々から理解されなくなり，あるいはユダヤ教やキリスト教が各地に拡大するに伴い，その地域の言語に聖書を翻訳しなければならなくなった．たとえ部分的な使用であったとしても，聖書は*典礼やカテケーシス（→要理と要理教育）には欠かせないからである．聖書の翻訳の歴史は，それゆえ*宣教史，ならびに*司牧と*インカルチュレーションの歴史と形容できる．1993年現在，聖書は約3,000の言語に翻訳されている．このうち，337は旧新約聖書の全訳，799は新約聖書のみ，そして2,062は部分訳である．また地域別にみると，アジアでは513，アフリカでは587，オーストラリア・オセアニアでは341，ヨーロッパでは189，ラテン・アメリカでは358，北アメリカでは71の言語となる．これにエスペラントのような国際共通言語の三つがある．

【文献】UNITED BIBLE SOCIETIES, Scriptures of the World (New York 1994).　　　　　　　　（清水宏）

以下の順で聖書の翻訳を略述する．
　　古代語
　　古ラテン語
　　シリア語
　　英語
　　ドイツ語
　　フランス語
　　日本語
　　その他の言語
　　共同訳

せいしょのほんやく　聖書の翻訳：古代語

【重要性】聖書の古代訳は，以下のような理由から後の諸訳と比較できないほど重要である．まず，古代訳は古代における聖書読解をめぐっての一つの歴史的証拠である．しばしば翻訳には，程度の違いはあるものの，翻訳者の考え方や姿勢が反映される．聖書の翻訳も同様である．それが個人であるかグループであるかは問わず，翻訳者には聖書の翻訳以前に何らかの翻訳の経験があったと思われるが，やはり聖書翻訳にふさわしい技術は長い期間を経て向上し確立するものである．こうして翻訳者は原典に忠実であることと読みやすさという翻訳における宿命的課題に立ち向かったはずである．それにもかかわらず，翻訳に際しての「戦略」（〔英〕strategy）にはかなりの幅があり，「意訳」ないし「敷衍訳」，逆に「逐語訳」もあれば，ときには原語の「代用」さえもみられる．また，訳語や訳文には翻訳者の宗教的見解，それに言語慣習や文化が当然織り込まれている．それゆえ古代訳は，古代の聖書読解の実態を示す．

次に，聖書の古代訳は，*聖書の本文の歴史的証拠の一つで，しかも*聖書の本文批判には欠かせない資料である．いわば聖書本文の著者による「自筆原稿」は残存しているわけではない．このため，例えば旧約聖書の場合は*マソラ本文をはじめ，*死海文書や*サマリア五書，そして古代訳の本文を収集・比較し，聖書本文の伝達過程と相互関係を明らかにするとともに，さらにマソラ本文と校合して，より完全で真正な旧約聖書本文を確定する必要がある．こうして古代訳の旧約聖書については，その翻訳が原典からか，既存訳からの重訳なのかなども当然明らかになる．特に，旧約聖書の本文批判にとって*七十人訳聖書は重要である．古代訳の多くの場合，マソラ本文の存在が前提となっていると推測できるのに対し，七十人訳聖書は部分的にマソラ本文以前のヘブライ語本文に基づくばかりか，しかも七十人訳聖書本文のかなりの部分は良好な状態で伝達されているからである．

さらに，どの文書が含まれているか，どのように文書が配列されているかなどをめぐっての一致は古代訳にはみられない．それゆえ，聖書の古代訳は*聖書の正典の形成段階をめぐる歴史的証拠の一つとなる．

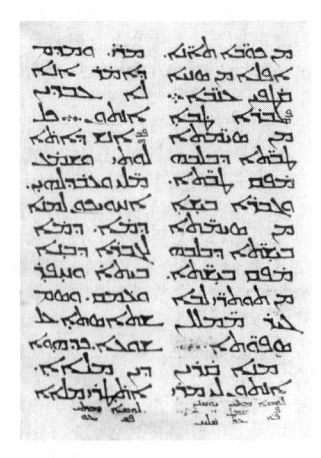

8世紀のシリア語訳福音書
(Biblioteca Vaticana)

【主な古代訳】以下では，主な古代訳の概略を扱う．

(1) ギリシア語訳旧約聖書(→七十人訳聖書．以下，略記 LXX)．旧約聖書の *第二正典を含むギリシア語訳で，しばしば「セプトゥアギンタ」([ラ] Septuaginta)と呼ばれる．ギリシア語を話す *ディアスポラのユダヤ人の間では，もはや旧約聖書のヘブライ語を理解することができなくなったので，前3世紀中頃エジプトのアレクサンドリアで *律法([ヘ] tôrâ)が，次いで残余の旧約聖書中の文書がギリシア語に翻訳された．LXX は古代ユダヤ教の間で広く流布したが，後には忌避され，2世紀頃は新たに翻訳されたギリシア語訳旧約聖書(例えばアクイラ訳やテオドティオン訳)で代用されるようになる．一方，LXX はキリスト教によって採用され，その形成のための基盤となった．*オリゲネスは，ユダヤ教との論争という目的もあって *ヘクサプラ(六欄組対訳聖書)を編纂し，可能なかぎり信頼のできる LXX 本文を確立しようとした．しかし，4世紀以降，LXX 本文はあらためて校訂されなければならないほど複雑で多様な伝承本文になる．LXX は，他の古代訳の底本となり，また *ヘレニズムの文化世界のなかで旧約聖書が理解されるための道を開いたことにおいても重要である．

(2) サマリア語訳五書(→サマリア五書)．ヘブライ語旧約聖書中の *モーセ五書の異読([英] variant)の一つで，マソラ本文以前の形態を伝えていると推定される場合もあるため，聖書の本文批判にとって不可欠な資料である．

(3) アラム語訳旧約聖書(→タルグム)．通常，タルグムと呼ばれるアラム語訳旧約聖書の成立事情は，LXX と同じである．しかし，地域はパレスチナが考えられている．また，単なる翻訳というよりも，「解説的聖書」と分類すべきものである．*ミドラシュに類似し，また一部に新約聖書と並行する表現もあるので，古代ユダヤ教やキリスト教の聖書解釈の方法との相互関連を知るうえで貴重な史料である．

(4) シリア語訳聖書(→聖書の翻訳：シリア語)．シリア語訳聖書の形成と伝達の歴史は非常に複雑で，旧約聖書と新約聖書とは通常別々に扱われる．最も有名なシリア語訳聖書は，「ペシッタ」(Peshitta)と呼ばれる．

(5) ラテン語訳聖書(→聖書の翻訳：古ラテン語，イタラ，ウルガタ訳聖書)．ラテン語訳聖書のうちで最も古いのは，古ラテン語訳聖書([ラ] Vetus Latina)である．またイタラとは，その別称と考えられる．旧約聖書は LXX からの重訳だが，広く流布して数多くの異読が生じたので，しばしば校訂された．ウルガタ訳聖書は，*ヒエロニムスによる古ラテン語訳聖書の校訂，ならびに旧新約聖書原典からの翻訳に起源を求めることができる．当初は反発を招いて抵抗も受けたが，7-8世紀頃から西欧で標準的聖書として受け入れられ，16世紀にはカトリック教会の *公認聖書となった．

(6) コプト語訳聖書．エジプトのナイル流域でのキリスト教宣教は，当初ユダヤ人やギリシア人に限られていたが，3-4世紀頃，地域の先住民にまで拡大した．このため，コプト語訳聖書が必要になった．コプト語はさまざまな方言(例えば，サヒド方言，ボハイル方言，ファイユーム方言，アクミム方言ほか)に分かれているが，4世紀頃にはサヒド訳やボハイル訳の旧新約聖書が存在していた．そのうちでも LXX からの重訳だが，サヒド訳旧約聖書は特に LXX の本文研究にとって重要である．新約聖書の訳文は，西方系本文に近い(→聖書の本文批判)．7世紀頃から人々の間ではアラビア語が使用されるようになったが，11世紀以来コプト語ボハイル方言はエジプトのコプト教会の公用語である．コプト語訳聖書の研究は立ち遅れている．このためコプト語訳聖書の校訂版は少ない(例えば，G. M. Browne, Bibliorum sacrorum versio palaeonubiana, 1994; K. Schüssler, Biblia coputica. I: Das sahidische Alte und Neue Testament, 1996)．なお，コプト教会の項も参照．

(7) アルメニア語訳聖書．5世紀前半，アルメニアの *イサク(サハク1世)はアルメニア語によるキリスト教文学の興隆を企図し，406(または413)年頃アルメニア語のアルファベット文字を考案した *メスロプに聖書翻訳の責務を果たすよう依頼した．伝承によれば，当時ペルシア帝国の反ビザンティン政策のためにギリシア語の *聖書写本を自由に使用することができなかったので，アルメニア語への翻訳はまずシリア語訳聖書に準拠して行われ(アルメニア語訳 ①)，次いで431年の *エフェソス公会議後に入手したギリシア語写本に従ってさらに改訂が施されたという(アルメニア語訳 ②)．このため，アルメニア語訳聖書の場合，アルメニア語訳 ① とアルメニア語訳 ② の2段階に分けて検討される．アルメニア語訳 ① の場合，ある部分はシリア語，他の部分はギリシア語に遡源できる．なかでも福音書は，古シリア語訳を底本にする．アルメニア語訳 ② では，どの部分が相異なる系列のギリシア語聖書写本に準拠しているのかという分析をする．また，アルメニア語訳旧約聖書のなかには，ときにはオリゲネスが編纂した『ヘクサプラ』以前の LXX 本文を推測させる部分がみられる．そして，アルメニア語訳聖書には，ラテン語 *エズラ記，*『十二族長の遺訓』，3コリント書などの *外典・偽典も正典として所収されている(→アルメニア教会)．

(8) グルジア語訳聖書．4世紀，シリア語訳の影響を色濃く残すアルメニア語訳聖書ではあったが，まずそれに基づいてグルジア語への翻訳が始まり，ようやく18世紀になって旧約聖書の翻訳は完了した．こうしてグルジア語訳聖書は完成する．もっとも伝承に従うなら，翻訳作業と並行して古くからギリシア語訳聖書に準拠した校訂も行われていた．7世紀には，*エルサレムに住む修道者によってギリシア語からグルジア語訳聖書日課(→レクティオナリウム)も作成される．グルジア語訳新約聖書については，ギリシアの *アトス山にあるイヴィロン修道院院長エウテュミオス(Euthymios, 960頃-1028)がギリシア語に基づいて，ある部分では既存訳を単に改訂し，他の部分は新たに翻訳した．この新約聖書は，後継者ゲオルギオス(Georgios, ?-1065/66)によって推敲の手が加えられ，今日でも典礼に使用されている(→グルジア)．

(9) エチオピア語訳聖書．エチオピア語訳聖書は，エチオピア・セム系の古エチオピア語であるゲエズ語(geʻez)に転記されて伝えられている．しかしゲエズ語は2世紀前半には他の言語に取って代わられ，今日ではエチオピア教会の公用語としてしか使用されていない．聖書の翻訳は人々のキリスト教への改宗と不可分である．それゆえエチオピアでキリスト教化の起こった4-5世紀には部分的であってもエチオピア語への翻訳は当然始まったと考えられる．しかし，10-11世紀に遡る部分的写本が最古のもので，16世紀までの写本は戦争のためにほとんど消失してしまった．また，エチオピア語訳聖書は，これまでにコプト語およびアラビア語訳聖書

(後述)の影響をかなり受けて改訂されてきたといわれている．エチオピア語訳新約聖書の校訂版(S. Uhlig, H. Maehlum, Die Gefangenschaftsbriefe: Novum Testamentum aethiopice, 1993)の刊行作業は，緒についたばかりのような状態である．なお，エチオピア語訳の外典・偽典に属する文書が数多くある(→エチオピア)．

(10) ゴート語訳聖書．4世紀中頃，*ウルフィラスは，ゲルマンのルーン文字で転記したゴート語訳聖書を完成したといわれている．こうしてゴート語による文書化が確立していく．ウルフィラスのゴート語訳聖書が広く流布したことは当然であろう．しかし，彼が*アレイオス派にとどまったことで，まもなく使用されなくなり，ほとんどは散逸してしまった．「アルゲンテウス写本」(Codex Argenteus, 5/6世紀)や*パリムプセストなどの断片が残存するだけである．わずかな断片から判断すると，ウルフィラスは旧約聖書については一部分だけをギリシア語(ルキアノス版，→七十人訳聖書)から翻訳したにすぎない．新約聖書の場合は，コイネー・アンティオケイア系ギリシア語本文(→聖書の本文批判)から翻訳したと思われる．ゴート語訳新約聖書の校訂版全2巻(W. Streitberg, Die gotische Bibel, 1908-10, rev., ⁵1965)も刊行されている．

(11) アラビア語訳聖書．イスラムによる軍事遠征([ア] g'hzawat)の勝利の結果，征服された地域のユダヤ人やキリスト教徒の間でアラビア語が使用されるようになり，それゆえアラビア語訳聖書も当然必要になった．なかでもヘブライ語原典から*サアディアによって翻訳されたアラビア語訳旧約聖書は重要である．アラビア語訳聖書は，本文批判での価値はあまりないが，ときには聖書解釈の上での示唆を与える．

(12) 古スラヴ語訳聖書．9世紀後半，*グラゴール文字によるアルファベットを考案した*キュリロスとメトディオスによって，おそらくギリシア語聖書日課にあった福音書や書簡，また旧約聖書の一部分が古スラヴ語とも呼ばれる古ブルガリア語に翻訳された．これは後に改訂され，さらに残余の文書の翻訳が加わり，15世紀になってスラヴ語訳聖書は完成した．

【文献】LThK² 2: 375-411; NBL 3: 941-49; NCE 2: 414-91; HBOT I/1; CENTRE INFORMATIQUE ET BIBLE, ABBAYE DE MAREDSOUS, ed., *Dictionnaire Encyclopédique de la Bible* (Maredsous 1987) 1302-25; E. ヴュルトヴァイン『旧約聖書の本文研究』鍋谷堯爾，本間敏雄訳(日本基督教団出版局 1997); E. WÜRTHWEIN, *Der Text des Alten Testaments* (Stuttgart 1988); B. M. メッガー『新約聖書の本文研究』橋本滋男訳(日本基督教団出版局 1999); B. M. METZGER, *The Text of the New Testament* (Oxford ³1992); ID., *The Early Versions of the New Testament* (Oxford 1977); K. ALAND, B. ALAND, *Der Text des Neuen Testaments* (Stuttgart ²1989); E. Tov, *Textual Criticism of the Hebrew Bible* (Minneapolis, Maastricht 1992); B. D. EHRMAN, M. W. HOLMES, eds., *The Text of the New Testament in Contemporary Research* (Grand Rapids 1995); J. TREBOLLE BARRERA, *The Jewish Bible and the Christian Bible* (Leiden, Grand Rapids 1998); J. KRAŠOVEC, ed., *The Interpretation of the Bible* (Sheffield 1998).

(清水宏)

せいしょのほんやく　聖書の翻訳：古ラテン語

西欧キリスト教において初めて*ラテン語に翻訳された聖書を古ラテン語訳聖書([ラ] Vetus Latina. 以下，古ラ訳と略す)という．聖書は2世紀に北アフリカやローマなどの各地で，複数の人によって徐々にラテン語に翻訳され，寄せ集められ，かなり広く流布した．しかし，その写本間に異読があまりにも多くなり，*ヒエロニムスの改訂，改訳を受けることになる．ここから，*ウルガタ訳聖書が生まれるが，このなかにも部分的に古ラ訳が受け継がれている．古ラ訳はウルガタ訳に徐々に取って代わられるが，中世中期まで併用された．*イタラといわれることもある．

【起源】新約各書はギリシア語から，原文が*ヘブライ語ないし*アラム語の旧約各書もそのギリシア語訳からラテン語に重訳されている．ただし，ギリシア語圏*ディアスポラのユダヤ人の*会堂で聖書がヘブライ語とギリシア語で読まれたように，ラテン語圏でも古くから会堂でユダヤ人によってヘブライ語からラテン語に訳された可能性がある．

2世紀には古ラ訳があったことが確認される．北アフリカにおいては，下層階級出身でギリシア語を解せなかったと思われる*スキリウムの殉教者が，180年頃「パウロといわれる義人の書と書簡」をもっていたという．福音書もそれ以前に翻訳されていたと思われる．また北アフリカの*テルトゥリアヌス，特に*キプリアヌスがその著作に古ラ訳を引用している．ローマにおいては，*ノウァティアヌスの著作および教皇たちの著作や書簡に引用されていることから，古ラ訳が2世紀にあったと思われる．その訳文は，北アフリカの訳文と異なるので，ローマには別の翻訳活動があったらしい．

翻訳は，一人が聖書の全書を訳したのではなく，一人が一つないし幾つかの書を訳すこともあれば，複数の人が一書を訳すこともあった．創世記から士師記までの7書は一人，1-2マカバイ記は一人，ヘブライ書を除くパウロ書簡は一人によって訳され，歴代誌上下は二人以上，黙示録は少なくとも3人によって訳されている．このような個別の訳が合わさって，一つないし幾つかの古ラ訳ができあがったようである．

翻訳のもとになったギリシア語聖書の本文は，複雑な伝達過程を経て，写本ごとにかなり異なっていた．この事情が古ラ訳に反映し，それに古ラ訳の翻訳事情およびその筆写の際の本文変更と相まって，古ラ訳本文は大いに混乱した．3-4世紀になるとギリシア語聖書の校訂が行われ(*オリゲネス，アレクサンドリアの*ヘシュキオス，アンティオケイアの*ルキアノスの校訂)，これに基づいて修正される古ラ訳も現れた．これも古ラ訳本文の伝達を一層複雑なものにした．

【価値】古ラ訳の価値はさまざまな観点から極めて高い．言語学的には，古典ラテン語からみればつたないが，民衆にもわかるように単純明解に訳されているので，古ラ訳は庶民的ラテン語を知るうえで参考になる．また，原文を直訳的に忠実に訳出したものであるから，それ以前のギリシア語本文がいかなるものであったかを知る手がかりとなる．したがって，ギリシア語本文の複雑な伝達過程を解明するために，古ラ訳の研究成果が期待されている．解釈学的には，ウルガタ訳が普及する以前に多くのラテン*教父によって用いられたので，古ラ訳は解釈史上無視できない重要性をもつ．例えば*アウグスティヌスは，ギリシア語本文によって修正しながらも，古ラ訳を用いている(『書簡』261参照)．

【保存】古ラ訳の初期の本文はラテン教父の著作に引用

されたものを採集することによってしか得られない．4世紀から13世紀までの古ラ訳の写本がある．しかし，聖書全書の写本，新約全書の写本はない．現存するのは2ないし4福音書，それに使徒言行録を加えた写本，旧約では創世記から士師記までの7書ないしその断片などの写本である．写本のなかには古い文字を消して新たに文字を書いた*パリムプセストも含まれる．それに古代の典礼書に本文が部分的に伝わっている．古ラ訳本文の探索は今日も続行中で，その目録は1949年発行のフィッシャー（Bonifatius Fischer, 1915- ）による『写本および教会著作者の略字表』（Verzeichnis der Sigel für Handschriften und Kirchenschriftsteller）以来，その改訂版（1963），増補版（1964以来）によって示されている．これらの写本などから得られる古ラ訳本文はアフリカ系とヨーロッパ系に，さらに後者はイタリア系とガリア系に分けられる．新約に関しては，古ラ訳はギリシア語写本のなかの*ベザ写本と同じ西方本文型に属す．他方，旧約に関しては，中立本文型に属すギリシア語本文を翻訳したものだが，伝わっている古ラ訳本文はルキアノス校訂のギリシア語本文と関係が深い．

【出版】古ラ訳の収集・出版は，16世紀のノビリ（Flammio de Nobili, 1530頃-90）に始まり，*ジュゼッペ・マリア・トマッシを経て，サバティエ（Pierre Sabatier, 1682-1742）の名著『聖書古ラテン語訳』全3巻（Bibliorum sacrorum latinae versiones antiquae seu vetus italica, et ceterae quaecumque in codicibus manuscriptis et antiquorum libris reperiri potuerunt, Reims 1739-49, repr. Paris 1751, Turnhout 1981）に至る．これは古ラ訳とウルガタ訳を並記し，横に典拠，脚注にギリシア語本文，異読および解説を詳しく記した大作である．しかし，その後発見される古ラ訳本文があり，本文批評学の進歩も著しく，その大作に代わるものが求められた．20世紀になって，J.*デンクは新たに教父文書による古ラ訳引用文を収集したが，未発表のまま没する．その収集資料はドイツの*ボイロン修族ベネディクト会の修道院に移され，これをもとにフィッシャーの監修で「新サバティエ」というべき『古ラテン語訳』（Vetus Latina. Die Reste der altlateinischen Bibel nach Petrus Sabatier neugesammelt und herausgegeben von der Erzabtei Beuron）が1949年に刊行を開始し，現在も継続中である．既刊は創世記，知恵の書（未完），エフェソ書，フィリピ書，コロサイ書，1-2テサロニケ書，1-2テモテ書，テトス書，ヤコブ書，1-2ペトロ書，1-3ヨハネ書，ユダ書である．そのほか主要な本文は，『古ラテン語訳聖書』全7巻（Old Latin Biblical Texts, Oxford 1883-1923）と『ラテン語訳聖書双書』全14巻（Collectanea Biblica Latina, Città del Vaticano 1912-72）の2シリーズで刊行されている．新約の福音書については，ユーリヒャー（Adolf Jülicher, 1857-1938）ほかの『イタラ』全4巻（Itala: Das Neue Testament in altlateinischer Überlieferung, Berlin 1938-63）がある．特に詩編については，アユソ（Teófilo Ayuso Marazuela, 1906-62）の『スペインの古ラテン語訳』全3巻5分冊（Vetus Latina Hispana, Madrid 1962）とウェーバー（Robert Weber, 1904-80）の『ローマ詩編書とその他の古ラテン語訳詩編書』（Le Psautier Romain et les autres anciens Psautiers latins, Vatican 1953）がある．校訂版・研究動向は，以下の報告を参照のこと（P.-M. Bogaet, "Bulletin de la Bible Latine," RBen 76, 1964以降）．

【文献】新聖書大 801-802; BL 1846-48; DB 4: 97-123; DBS 5: 334-47; LThK² 2: 380-82; Mondésert 2; NCE 2: 436-39; E. ヴュルトヴァイン『旧約聖書の本文研究』鍋谷堯爾，本間敏雄訳（日本基督教団出版局 1997）: E WÜRTHWEIN, Der Text des Alten Testaments (Stuttgart ⁴1988); B. M. メツガー『新約聖書の本文研究』橋本滋男訳（日本基督教団出版局 1999）: B. M. METZGER, The Text of the New Testament (Oxford ³1992); F. STUMMER, Einführung in die lateinische Bibel (Paderborn 1928); De S. Scriptura in universum (Roma ⁶1951) 310-18; B. FISCHER, "Das Neue Testament in lateinischer Sprache," Die alten Übersetzungen des Neuen Testaments: Die Kirchenväterzitate und Lektionare, ed. K. ALAND (Berlin 1972) 1-92. （和田幹男）

せいしょのほんやく　聖書の翻訳：シリア語

シリア語は，かつての*エデッサおよびその周辺で使用されていた東アラム語（→アラム語）の方言である．エデッサが2世紀以降，東方キリスト教の中心地であったため，シリア語はアラム人キリスト教徒の間で文語として使用されるようになった．しかし，メソポタミア南部の東アラム語（例えば，バビロニア・タルムード）はユダヤ人の言語にとどまった．

最も有名で公式的なシリア語聖書は，9世紀以降「ペシッタ」（[シリア文字] pšittâ．「簡単な」「容易に理解される」の意）と呼ばれ，ラテン教会の*ウルガタ訳聖書に相当する．しかし，ペシッタは，唯一で最古のシリア語訳聖書ではない．シリア語聖書の歴史は極めて複雑であるから，以下のように旧約聖書と新約聖書のシリア語訳の歴史を別々に説明することが必要になる．

【旧約聖書のシリア語訳】① 古シリア語訳（Vetus Syra）．ウルガタ訳以前に古ラテン語訳（→聖書の翻訳：古ラテン語）が存在していたように，ペシッタ以前にも古シリア語訳があった．しかし，現存しているのは，その極めてわずかな断片でしかない．最初ユダヤ教あるいはキリスト教は，おそらく東方，*アディアベネ（首都アルベラ Arbela）からエデッサに伝えられたと思われる．アルベラには王宮があり，紀元40年頃にはアルベラの住民の大半は改宗してユダヤ教徒となった．彼らが聖書を徐々にその土地の言語であるシリア語に翻訳していったのは当然であろう．一方，ユダヤ人キリスト教徒がアルベラのユダヤ教徒の手によるシリア語訳とは無関係に*七十人訳聖書から独自に旧約聖書の翻訳をしたとは思われない．むしろ，キリスト教に改宗したユダヤ人たちはすでに翻訳されていたシリア語訳聖書をエデッサに携行・使用していたと考えるほうが妥当であろう．古シリア語訳の聖書写本は，フェーエブス（Arthur Vööbus, 1909-88によって）収集・研究された．

② ペシッタ（Peshitta）．*シリア教会（シリア人キリスト教徒），特に*キリスト単性説を主唱する派と*ネストリオス派とによって大体使用されていたこの翻訳聖書ペシッタは，ウルガタ訳のように原典から新たに翻訳されたものではなく，既存の翻訳つまり古シリア語訳を改訂したものであった．さまざまな翻訳者が長い期間をかけて翻訳に従事したために，訳文の質的落差が激しい．なかでも*モーセ五書はヘブライ語原典に最も適合するように訳されており最古のものである．その他の文書の翻訳には，西アラム語による*タルグム，あるいは七十人訳聖書の影響さえみられる．ペシッタの*第二正典の諸文書は，おそらくキリスト教徒によって当初はギ

せいしょのほんやく

リシア語から翻訳されたが，このうち *シラ書はヘブライ語原典からの翻訳である．それゆえにシリア語のシラ書は，同書のヘブライ語原典の本文研究にとって重要である．ペシッタの翻訳の年代は，同一ではなく，確定も困難である．しかし，シリアの *エフラエムが使用して「我々の翻訳」と呼んでいるので，翻訳は4世紀には完了していたであろう．また翻訳の開始は，おそらく3世紀に遡ると思われる．なおペシッタは，典礼において使用されて今日に至っている．

ペシッタには多くの写本が存在しているが，最古のものは5世紀に由来する写本(MS British Museum Add. 14425．さらに14512 比較参照)で，これは463-64年に書き写され，創世記，出エジプト記，民数記，申命記の4書を収録している．また，現存する旧約聖書全書の写本は，6世紀か7世紀の写本(MS Ambr. B 21. ファクシミリ版は，A. M. Ceriani, ed., Translatio Syra Pescitto Veteris Testamenti, Milano 1876-83)である．そして，重要なペシッタの印刷版には，以下のものがある．(1)『パリ版多国語対訳聖書』，また(2)『ロンドン版多国語対訳聖書』(→多国語対訳聖書)所収のペシッタ，(3) S. Lee, ed., Vetus Testamentum Syriace (London 1823), (4) J. Perkins, ed., The Old Testament in Syriac (Urmia 1852; London 1954), (5) J. Vosté, rev. ed., Biblia Sacra juxta versionem simplicem quae dicitur Peschitta, 3 v. (Mausili 1887-91, rev. ed. Beirut 1951)．ただし，以上の各版はいずれも現代的な意味での厳密な本文批評を経ていない．依拠している写本が少なすぎるか，新しすぎるからである．新しい校訂版は，(6) The Old Testament in Syriac: According to the Peshitta version (Leiden 1972-)であり，現在その刊行が進んでいる．

③ フィロクセニアナ (Philoxeniana)．シリア語訳聖書は，シリア人キリスト教徒によってしばしば改訂された．507年または508年マッブグ(Mabbûg)の主教アクセナヤ(Aksenaya,→フィロクセノス)は，主教代理ポリュカルポス(Polykarpos, 生没年不詳)に命じ，詩編など旧約聖書の幾つかの文書をルキアノス版ギリシア語訳旧約聖書(→七十人訳聖書)から新たに翻訳させた(新約聖書については後述の新約の ⑤ を参照)．この翻訳は，ごく一部の断片しか現存していない．

④ シロ・ヘクサプラ (Syro-Hexaplaris)．615-19年には，テラ(Tella)の主教パウロス(Paulus Tellensis, 6-7世紀)がエジプトで *オリゲネスの *ヘクサプラ(六欄組対訳聖書)に並記された七十人訳聖書からシリア語への翻訳を遂行した．このシリア語訳は，その大半を逸失したオリゲネス校訂の七十人訳聖書本文を再構成するために重要である．

⑤ ヤコブ (Jacobus)．エデッサの *ヤコブは，708年頃までに七十人訳聖書からシリア語訳を行ったが，これは実質的にはそれ以前の翻訳を改訂したものでしかない．

⑥ シロ・パレスティネンシス (Syro-Palestinensis)．シロ・パレスティネンシスと呼ばれるシリア語訳は，5世紀の終わり頃パレスチナで遂行された．通常はシリア語聖書の一つに数えられているが，厳密な意味ではシリア語訳ではなく，(*メルキト教会のため)西アラム語方言で訳されたアラム語訳である．この翻訳は主に古い *レクティオナリウム(聖書日課)つまり典礼書に保存されており，その大部分は新約聖書のものである(後述の新約の ⑥ を参照)．言語的にはアラム語のガリラヤ方言である．しかし，この翻訳には *タルムード(パレスチナ・タルムード)や *ミドラシュで使用されている古アラム語ほどの伝承がないので，イエスの用いていた言語を復元するためにはそれほど適してはいない．

【新約聖書のシリア語訳】① ディアテッサロン．150年頃，*タティアノスは著名な *福音書和合を編集した．これは，四福音書を巧みに一つの物語に編集したもので *ディアテッサロン(ギリシア語で「四つによる」の意)と呼ばれている．彼が最初にまず福音書のギリシア語本文を配列したのか，フェーエブスが推測するように母語であるシリア語に訳された福音書本文を配列したのかは明らかではない．いずれにせよ，ギリシア語版とシリア語版のどちらも広く普及することになった．シリア教会では，この「合成された福音書」([シリ] ewangelion da-mᵉhalltê)が長い間福音書として最もよく使用された．また，この福音書は多くの言語に翻訳されて，シリア教会だけでなく広くキリスト教界全体で愛読されてきた．シリアのエフラエムが4世紀に書いたディアテッサロンの注解書は有名である．しかし5世紀になると，ディアテッサロンの使用はキュロスの *テオドレトスをはじめとするシリアの主教たちにより禁止された．これは，多くの異端者がディアテッサロンを引き合いに出したためであり，事実，タティアノスの編集したディアテッサロンには正典である福音書だけでなく，若干の外典(→外典・偽典)である文書からの文言も含まれていたからである．この禁止命令が余りにも厳格であったので，シリア語のディアテッサロンの原本は，一冊も現存していない．今日，シリア語のディアテッサロンに関しては他の書物にある引用から断片的に知りうるのみである．

② 古シリア語訳 (Vetus Syra)．ペシッタができる以前，3世紀にエデッサではディアテッサロンと並んで「分けられた福音書」(ewangelion da-mparršê)が翻訳された．この古シリア語訳福音書は，部分的に二つの写本(Codex Syrus Curetonianus, Codex Syrus Sinaiticus)に保存されている(W. Cureton, Remains of a Very Ancients Recension of the Four Gospels in Syriac, hitherto unknown in Europe, London 1858; A. Smith Lewis, The Old Syriac Gospels, London 1910 参照)．これらの写本には福音書だけが所収されているにすぎないが，新約聖書の他の文書の古シリア語訳も300年頃に存在したことは確かであろう．

③ ペシッタ．古シリア語訳は改訂され，それが新約聖書のペシッタになった．この改訂は，かつて主教 *ラブラによるものと思われていたが，すでに4世紀末には完了していた．改訂は，オロンテス川(西シリア)の *アンティオケイアで使用されていたギリシア語聖書に準拠している．そのギリシア語新約聖書正典には，2ペトロ書，2-3ヨハネ書，ユダ書，ヨハネ黙示録はまだ入っていなかったため，これらの文書はもともと新約聖書のペシッタには欠落している．42の写本に基づいた四福音書の批判的校訂版が刊行されているが(P. E. Pusey, H. C. Gwilliam, eds., Tetraevangelium Sanctum, Oxford 1901)，その本文には異読がほとんどない．これはペシッタ本文の伝承が細心の注意を払って行われたことを示すものであろう．

④ フィロクセニアナ (Philoxeniana)．旧約聖書の新たな翻訳を企図したフィロクセノスおよびポリュカルポスは(前述の旧約の ③ を参照)，507年ないしは508年にギリシア語原典に一層忠実な新約聖書，特に福音書の改訂を完成させた(J. White, ed., Sacrorum Evangeliorum versio syriaca Philoxeniana I-II, Oxford 1778). この改訂版は，すでに当時においてさえ後述する ⑤ ハルクレンシスのことではないかと論議されていたものである．しかし，フェーエブスは，1953 年に発見されたフィロクセノス自身の手になるヨハネ福音書注解を検証することで，この注解で使用されている福音書本文はハルクレンシスとは別の翻訳，つまりフィロクセニアナであることを証明した．フィロクセニアナの写本は残ってはいない．しかし福音書の注解以外にもフィロクセニアナには，当時まだペシッタには含まれておらず，後になって補充された新約聖書の文書が含まれていたと思われる．

⑤ ハルクレンシス (Harclensis)．旧約聖書の ④ シロ・ヘクサプラと並行して，616 年にマッブグの主教ヘラクレイアのトマス (Tûmâ d-Harkel, 生没年不詳) により新約聖書の翻訳の入念な改訂が始まった．トマスはギリシア語の写本とともにフィロクセニアナを底本とした．こうして改訂された福音書の翻訳は，上記 ④ のホワイト版に所載されている．また，ハルクレンシスによる福音書以外の新約聖書の文書の校訂版もある (J. White, Actum Apostolorum et epistolarum tam catholicarum quam Paulinarum, versio Syriaca Philoxeniana, Oxford 1799 1803).

⑥ シロ・パレスティネンシス (Syro-Palestinensis). この翻訳の旧約聖書に関して旧約の ⑥ で述べたことは，むしろこの新約聖書の翻訳に関してこそ妥当する．なぜなら，このシロ・パレスティネンシスの翻訳は，ただレクティオナリウムの *ペリコペーにおいてしか伝承されていないからである．旧約聖書や使徒言行録，パウロの手紙の断片は，以下の文献を参照のこと (A. Smith Lewis, A Palestinian Lectionary, London 1897; A. Smith Lewis, M. D. Gibson, The Palestinian Lectionary, London 1899; A. Smith Lewis, Codex Climaci rescriptus, Cambridge 1909).

なお近年，次のような新しいシリア語訳新約聖書校訂版（ただし，書簡）が刊行されている．Das Neue Testament in syrischer Überlieferung I-III (Berlin 1986-95).
【文献】IDB Suppl. 848-54. (H. クルーゼ)

せいしょのほんやく　聖書の翻訳：英語

【印刷術発明以前】〔古英語訳〕英国における聖書の翻訳の最も古いものは，670 年頃，修道士 *ケドモンがアングロ・サクソン語（古英語 Old English）で韻律詩の形に翻訳したものである．聖書の本文が本格的に古英語に翻訳されたのは 7 世紀末のことで，シャーボーン (Sherborne) の司教 *アルドヘルムスにより詩編が翻訳された．同じ頃，*グスラクも詩編を翻訳した．その後，*ベダ・ヴェネラビリスはヨハネ福音書の翻訳を口述し，*アルフレッド大王は十戒とモーセの律法の他の部分を翻訳した．『リンディスファーンの書』(Book of Lindisfarne, 7 世紀末-8 世紀初) として知られる福音書写本は，司祭アルドレド (Aldred) によって 950 年頃になされた古英語訳である．また，990 年頃，エンシャム (Eynsham) の修道院長 *アルフリックは，旧約聖書の最初の 7 書を全訳し，他の歴史書も抄訳ながら翻訳した．

〔中英語訳〕12 世紀末に *アウグスチノ会の会員オルム (Orm) は，日々のミサで朗読される福音書の箇所に関する一連の説教を中英語 (Middle English) の韻文でまとめた．その後，1250 年から 1350 年にかけてショラムの (Shoreham) のウィリアム (William) や R. *ロールのものなど詩編の翻訳が三つ出された．

旧約および新約聖書全巻の英語訳を初めて完成させたのは *オックスフォード大学の教授 *ウィクリフである．ウィクリフ訳はラテン語 *ウルガタ聖書からの重訳で，1382 年に完成された．また，ヘレフォード (Hereford) のニコラス (Nicholas, ?-1420) は旧約聖書の大部分（バルク書 3:20 まで）を翻訳している．その後，1400 年頃に彼の友人パーヴィ (John Purvey, 1353 頃-1428 頃) により翻訳全編が改訂された．

【英語訳聖書の出版】〔欽定訳以前のプロテスタント訳〕

(1) ティンダル訳 (Tyndale's Bible, 1525-31)．「英語訳聖書の父」と呼ばれるのは *ティンダルである．彼は 1520 年にギリシア語新約聖書からの翻訳に着手し，1523 年，ロンドン大司教 *タンスタルに翻訳の許可と援助を要請，拒絶されるとドイツに渡り，1525 年に *ハンブルクで翻訳を終え，印刷のために *ケルンに移った．しかし，*ルターに共鳴していたことから印刷作業はケルン市当局の手で差し止められ，ティンダルは *ヴォルムスに逃れ，同地で印刷を終えた．この英語訳聖書に付された注解には明らかにルターの影響が認められるが，訳文自体にはルターのドイツ語訳の影響はみられない．その後，ティンダル訳聖書は英国に密輸入されたが，ルターの教義に基づくものであるとして禁じられた．ティンダルは 1534 年および 1535 年に改訂版を出版している．また，ヘブライ語原典からの翻訳を始め，1530-31 年には *モーセ五書とヨナ書を出版，ヨシュア記から歴代誌までの翻訳は彼の処刑により原稿のまま遺された．

(2) カヴァーデール訳 (Coverdale's Bible, 1535)．*カヴァーデールによって最初の聖書全巻の英語訳が印刷，出版されたのは 1535 年のことである．新約部分は主としてティンダル訳に依拠し，旧約部分は当時流布し始めたドイツ語訳とラテン語訳に基づくものであった．おそらくチューリヒで印刷され，イングランド王 *ヘンリ 8 世に献呈された．また，この訳の詩編部分はイングランド国教会（→ 聖公会）の祈祷書（→ 英国教会祈祷書）に採り入れられた．カヴァーデール訳は英訳聖書としては初めて，アポクリファ（*第二正典）を一つにまとめ，旧約聖書と新約聖書の間に配置した．

(3) マシュー訳 (Matthew's Bible, 1537)．1537 年に出版され，「マシュー訳」として知られる聖書は，ティンダル訳を完成させたものである．旧約部分はティンダルの遺した未刊の訳稿を用い，未訳部分はカヴァーデール訳から補足している．ヘンリ 8 世への献呈の辞に付された「トマス・マシュー」(Thomas Matthew) という名は，おそらくティンダルの弟子 J. *ロジャーズの異名であろう．ロジャーズは，カヴァーデール訳では除外されていた「マナセの祈り」をフランス語から翻訳してアポクリファに加えている．

(4) 大聖書 (Great Bible, 1539-41)．フォリオ判（全紙を二つ折りにした大型の判）であったことから，この名が付された．カンタベリの大司教 *クランマーと護国卿 *クロムウェルの命により，カヴァーデール訳の翻訳上の欠陥，およびマシュー訳に付されたティンダルによる問題の多い注釈を取り除くために作成されたもので，その改訂作業はカヴァーデールに委嘱された．ロンドンの印刷所の名前をとって「ホイットチャーチ聖書」(Whitchurch Bible) とも呼び，1540-41 年の修正版発行以後，「クランマー聖書」の名称も生じた．

(5) ジュネーヴ訳 (Geneva Bible, 1557-60)．イングラ

ンドの女王 *メアリ・テューダーのプロテスタント迫害のためジュネーヴに亡命した *ホイッティンガムを中心に進められた翻訳で，新約聖書は1557年に出版され，1560年には旧約聖書と合わせて聖書全巻が出版された．*シェイクスピアや *バニヤンはこの聖書を使った．

（6）主教聖書 (Bishops' Bible, 1568)．大聖書の改訂版で，学問的かつ穏健な立場に立ってそれまでの訳業の成果が取り入れられた．イングランド国教会の主教団が出版させた最初の聖書である．

〔欽定訳とその系譜〕（1）欽定訳 (King James Version, 〔略号〕KJV，または Authorized Version, 〔略号〕AV, 1611)．イングランド王 *ジェイムズ1世の命により出版されたため「欽定訳」と呼ばれる．英語訳聖書の歴史において，欽定訳ほど強い影響を及ぼしたものはない．1604年に決定されたこの訳業は，それまで世に出たさまざまな英語訳を改訂することを目的とし，約50名の学者を動員して行われた．イングランドにおける教会公認の聖書として出版された欽定訳は，まもなくイングランド国民の聖書として受容され，以後250年間にわたってその座を間もっ．欽定訳にはアポクリファも含まれていたが，1629年にはアポクリファを除外した版が出版された．

（2）改正訳 (English Revised Version, 〔略号〕ERV, 1881-85) とアメリカ標準訳 (American Standard Version, 〔略号〕ASV, 1901)．1870年，イングランド国教会は委員会を組織し，大幅な変更は避け，かつ時代に即した英語で欽定訳を改訂することを決定した．さらにアメリカ合衆国でも同様の目的で委員会を組織するよう依頼し，協力を要請した．1881年に新約，1885年には旧約，さらに1895年にはアポクリファが出版され改正訳と呼ばれた．米国側改訂委員会が1901年に出版したアメリカ標準訳は，*聖書の本文批判の点で改正訳とは異なる読み方を採用することがあり，古風な表現を削除し，英国風の言い回しを米国風に改めている．

（3）アメリカ改正標準訳 (Revised Standard Version, 〔略号〕RSV, 1946-52)．聖書本文についての目覚しい研究成果および多数の古写本発見に伴い，それらの成果を聖書の翻訳に反映させることが急務となった．1937年，に米国キリスト教協議会は全面的な改訳を決定し，1946年に新約聖書が，1952年に旧約聖書が完成，出版された．これは欽定訳の改訂版のなかでも最も優れたものであり，聖公会などの信徒によって英米両国で最も親しまれ，広く用いられる聖書となった．

（4）新アメリカ標準訳 (New American Standard Version, 〔略号〕NAS, 1960-63)．アメリカ改正標準訳は余りにも進歩的であると考えたカリフォルニアのロックマン財団 (Lockman Foundation) が，アメリカ標準訳にできるだけ忠実に翻訳，出版した改訂版で，日本では『聖書新改訳』(1965-70) の底本として採用された．

〔新英訳聖書 (New English Bible, 〔略号〕NEB, 1961-70)〕聖公会が出版した最新の聖書で，学問的成果を豊富に取り入れ，格調高い英語による全く新しい翻訳である．新約聖書は1961年にオックスフォードとケンブリッジで出版され，1970年にアポクリファを加えた旧約聖書全巻と新約聖書改訂版が出版された．また，1989年にはアポクリファを含む聖書全巻の改訂版 (Revised English Bible, with the Apocrypha, 〔略号〕REB) が出版された．

〔個人訳など〕1611年から1983年の間におよそ100種類にのぼる聖書全巻，新約聖書，あるいはそのかなりの部分の翻訳が出版された．以下に特に知名度の高いもの，また広く読まれているものを列挙する．

J. *ウェスリによる新約(1755)，トムソン (Charles Thompson, 1729-1824) によるアメリカで最初の翻訳 (1808)，ウェブスター (Noah Webster, 1758-1843) による欽定訳改訂版(1833)，イギリスで多くの読者を獲得したモファット (James Moffat, 1870-1944) による訳(新約1913，旧約1924，全巻1926)，グッドスピード (Edgar Johnson Goodspeed, 1871-1962) およびスミス (John Merlin Powis Smith, 1866-1932) によるグッドスピード・スミス訳(グッドスピードによる新約1923，アポクリファ1938，スミス等による旧約1935，全巻1939)，ウィリアムズ (Charles Bray Williams, 1869-1952) による新約(1937)，カリフォルニア州バークレー (Berkeley) で完成されたバークレー訳聖書(Berkeley Version, または現代語聖書 Modern Language Bible, 新約1945，旧約1959)，フィリップス (John Bertram Phillips, 1906-82) による新約(1947-58)および4預言者 (Four Prophets, 1963)，バークレイ (William Barclay, 1907-78) による新約聖書注解書中の聖書本文(1953-59，邦訳1967-70)，ベック (William F. Beck, 1904-66) による新約 (1963) などである．また，アメリカ聖書協会の支援によりブラッチャー (Robert Galveston Bratcher, 1920-) が翻訳した新約 (Today's English Version 〔略号〕TEV, 英国版 Good News Bible, 〔略号〕GNB) は1966年に出版され，他の翻訳者とともに完成させた旧約は1976年に出版された．さらに第二正典を付した1979年の版にはカトリック教会の出版許可も与えられた．このほか，ニューヨーク聖書協会(後の国際聖書協会)による訳 (New International Version, 〔略号〕NIV, 新約1973, 旧約1978) やテイラー (Kenneth Nathaniel Taylor) による『リビングバイブル』(Living Bible, 1971. 邦訳は新約1975, 旧新約1978) などがある．

【カトリックの英語訳聖書】〔ウルガタ訳からの重訳〕（1）ドゥエー・ランス訳 (Douay-Rheims Version, 1582-1609)．*トリエント公会議はラテン語ウルガタ訳をカトリック教会公認の聖書とすることを宣言した．このためウルガタ訳からの英語訳聖書出版が急務となった．その作業に取り組んだのはイングランドでのカトリック教徒弾圧を避けてフランスのドゥエー (Douai) に移転していたイングランドのカトリック神学校の教授 G. *マルティンであった．1582年に *ランスで新約聖書が出版され，1609-10年に旧約聖書が出版された．この新約聖書の訳文は1611年出版の欽定訳に多大な影響を及ぼした．

その後になされた改訂のなかで最も注目すべきものは司祭 *チャロナーによるものであろう．彼は1749年から1772年にかけて新約部分を3回，旧約部分を2回，計5回の改訂を行った．アメリカでは1829年の *ボルティモア教会会議で使用が決定され，ボルティモア大司教ケンリック (Francis Patrick Kenrick, 1796-1863) はチャロナーの改訂第3版に基づく四福音書の改訂版を1849年に出版，1860年までに旧約を含む全書の翻訳を出版した．

20世紀に入り，アメリカのキリスト教教理団体 (Confraternity of Christian Doctrine) の司教委員会はドゥエー・ランス・チャロナー訳の改訳事業を経済的に支援し，1941-64年に出版された改訂版(コンフラタニティ版 Confraternity Version)は，公認英語訳としてミサの聖書朗読に使用された．

(2) ノックス訳 (Ronald Knox Translation, 新約 1944, 旧約 1949). 時代遅れになったドゥエー・ランス・チャロナー訳聖書の改訂が強く求められるようになった英国では，司教会議が打開策として，優れた文筆家としてR. A. *ノックスによる翻訳をカトリック教会公認英語訳聖書と認めた. ノックス訳はウルガタ訳からの重訳であったが，ギリシア語およびヘブライ語の本文をも考慮に入れた翻訳であった.

〔原典からのカトリック訳〕 1836 年に *リンガードがギリシア語原典から直接翻訳した，最初のカトリック訳福音書を世に送り出した. その後，出版されたもののなかで聖書全巻，ないしは旧約あるいは新約の全巻の翻訳を以下にあげる.

(1) スペンサー訳 (Spencer's Translation, 1901-34). 1901 年，*ドミニコ会の会員スペンサー (Francis Aloysius Spencer, 1845-1913) は，四福音書の英訳をニューヨークで刊行した. 彼が死亡時に遺した新約聖書の残りの部分の訳稿に基づき，1937 年に聖書全巻の英語訳が出版された.

(2) ウェストミンスター訳 (Westminster Version, 1935-49). *イエズス会の会員ラティ (Cuthbert Charles Lattey, 1877-1954) を編集長として英国で出版された翻訳で，最初の分冊が 1913 年に出版され，新約聖書全巻は 1935 年に完成した.

(3) クライスト・リリー新約聖書 (Kleist-Lilly New Testament, 1954). イエズス会員クライスト (James Kleist, 1873-1949) が福音書を，*ヴィンセンシオの宣教会の会員リリー (Joseph Lilly, 1893-1952) が残りの新約各書を翻訳，1954 年に出版された.

(4) エルサレム聖書 (Jerusalem Bible, 〔略号〕 JB, 1966). 1956 年にエルサレムの *エコール・ビブリックが出版した聖書 (Bible de Jérusalem, 〔略号〕 BiJer) をジョーンズ (Alexander Jones, 1906-74) の編集のもとに英訳したもので，ヘブライ語・ギリシア語本文と照合して翻訳されており，フランス語版からの重訳ではない. この点は，1985 年出版の改訂版新エルサレム聖書 (New Jerusalem Bible) に一層顕著である. 1987 年に新約聖書の全面的改訳版が刊行され，旧約聖書の改訳作業もほぼ完了した.

(5) 新アメリカ聖書 (New American Bible, 〔略号〕 NAB, 1970). この訳業は 1943 年に教皇 *ピウス 12 世が原典からの聖書翻訳を奨励したことに端を発している. 1958 年から 1969 年にかけて旧約聖書が出版され，1970 年には新たに翻訳された新約聖書と合本で出版された. 51 名にのぼる聖書学者が翻訳・編集に関与した. カトリック教会外の著名な学者 3 名も旧約部分の編集・改訂に協力している.

【アメリカのユダヤ教徒による英語訳】 英語圏のユダヤ教徒による聖書の翻訳には以下がある.

(1) リーサー訳 (Leeser's Translation, 1845-53). 1845 年にアメリカのユダヤ教徒リーサー (Isaac Leeser, 1806-68) はモーセ五書の翻訳を刊行，1853 年には旧約全巻の翻訳を刊行した.

(2) ユダヤ出版協会訳 (Jewish Publication Society Bible, 1917). 1908 年に 7 名の編集委員が翻訳を始め，1917 年に完成，出版した. 1885 年に出版された旧約聖書改正訳 (前述の ERV) に類似しており，まもなくユダヤ教標準訳聖書となった.

(3) ユダヤ出版協会新訳 (1962-82). 現代英語による新しい翻訳としてユダヤ出版協会により完成された. 3部に分かれており，14 名の学者によって訳出された労作である.

【文献】 キ大 625; 新聖書大 814-24; ABD 6: 813-42; EJ 4: 868-72, 888; 10: 81, 1562; 15: 1477; IDB 4: 760-71; NCE 2: 463-76; 斎藤勇『文学としての聖書』(研究社 1944); B. トローウィック『文学としての聖書』吉田新一訳 (開文社 1967); B. Trawick, *The Bible as Literature* (New York 1963); 寺沢芳雄他『英語の聖書』(冨山房 1969); 寺沢芳雄『欽定英訳聖書』(南雲堂 1983); C. C. バターワース『欽定訳聖書の文学的系譜』斎藤国治訳 (中央書院 1980); C. C. Butterworth, *The Literary Lineage of the King James Bible, 1340-1611* (Philadelphia 1941); H. W. Robinson, ed., *The Bible in Its Ancient and English Versions* (Oxford 1940); L. A. WEIGLE, *The English New Testament from Tyndale to the Revised Standard Version* (New York 1949); F. G. KENYON, *Our Bible and the Ancient Manuscripts*, rev. ed. A. W. ADAMS (London ⁵1958); F. F. BRUCE, *History of the Bible in English* (New York ³1978); L. R. BAILEY, ed., *The Word of God: A Guide to English Versions of the Bible* (Atlanta 1982) 202-209; R. E. BROWN, ET AL., eds., *The New Jerome Biblical Commentary* (Englewood Cliffs, N.J. 1993) 1109-12.　　　(B. シュナイダー)

せいしょのほんやく　聖書の翻訳: ドイツ語

【中世: 古高ドイツ語期】 (750-1050) から中高ドイツ語期 (1050-1350) を経て初期新高ドイツ語期 (1350-1650) への過渡期〕 ドイツ語の祖語である古代ゲルマン語方言 (→ ゲルマン人) による最古の聖書翻訳としては 4 世紀後半の西ゴート人司教 *ウルフィラスのゴート語訳聖書があげられるが，古ドイツ語 (Altdeutsch) による最初の聖書翻訳としては 8 世紀のいわゆる *グロッサ，*祈祷書，*ミサ典礼書 (〔ラ〕 Missale Plenarium)，*ペリコペー，*福音書和合などに収録された部分的聖書翻訳と，さらに聖書のそれぞれの物語，旧約，新約のみ，あるいは後段で考察する聖書全巻の翻訳があげられる. *詩編の翻訳を除けば中世期のドイツ語訳はもっぱら *ウルガタ訳聖書に準拠している. もちろん聖書がドイツ語の翻訳というかたちで *写本として成立した年代を特定することは難しく，貴族や教会の図書室に所蔵されることなく紛失したものも多くあると考えられる. 13 世紀頃からは *聖職者にかわって一般人が聖書翻訳に関わり始めたとみられるが，しかし後段であげられる幾人かの例外を除いてほとんどの訳者は無名である. 14 世紀からは

ドイツ語・ラテン語『貧者の聖書』15 世紀
(Biblioteca Vaticana)

せいしょのほんやく

多くのドイツ語圏で詩編，福音書，ミサ典礼書のための部分的な聖書訳が出始めた．8世紀初頭から12世紀にかけては数えるほどの翻訳しか残されておらず，しかも10世紀はほとんど皆無である．

(1) 詩編の翻訳．かなりのものが完全なかたちで残存しているのが詩編で，後の*宗教文学に大きな影響を与えたことが特筆される．9世紀の*ノートカー・ラベオの注釈付詩編翻訳はその繊細な言語感覚によって群を抜く功績といえる．ヴィントベルク修道院の詩編，ミルシュタット修道院の詩編原典行間逐語訳（[独] Interlinearversion）は12世紀の写本として知られている．13世紀から14世紀にかけてはもっぱら詩編以外の翻訳はみあたらず，ハインリヒ・フォン・ミューゲルン（Heinrich von Mügeln, 1346-71）による注釈付詩編翻訳が認められるぐらいである．H. ロストの調査（Die Bibel im Mittelalter, Beiträge zur Geschichte und Bibliographie der Bibel, 1939）によれば1522年のルター訳新約聖書の出版に至るまでの間，詩編については高地ドイツ語訳173種類，低地ドイツ語訳74種類，22種類の断片訳，167種類の*悔罪詩編の訳，47種類の個々の詩編訳が記録されている．

(2) 雅歌の翻訳．1060年頃にエーベルスベルク修道院長ヴィリラム（Williram, ?-1085）が*ハインリヒ4世に献呈した注釈付雅歌翻訳（Expositio in Cantica Canticorum）を残しているが，この翻訳が基になって1260年頃にはトルドペルト版雅歌（St. Trudperter Hoheslied）という注釈書が無名の修道者により作成され，このドイツ語によって最初に書かれた神秘思想ともいうべき書は15世紀に至るまで広く流布した．

(3) 福音書の翻訳．例えば830年頃に*フルダの修道院において古高ドイツ語に訳された*タティアノスの福音書和合（Althochdeutscher Tatian, → ディアテッサロン）は内容的にはグロッセの範疇に入るが，このようにまず福音書和合やミサ典礼書というかたちでドイツ語に訳されて広まったのが福音書である．使徒言行録やパウロの手紙は稀にしか訳されておらず，ロストによれば福音書は高地ドイツ語訳が24種類，低地ドイツ語訳とオランダ語訳が9種類，写本として残されている．

(4) 聖書全巻の翻訳．ドイツ語聖書は14世紀中頃から広がり始め，ロストによれば35種類の高地ドイツ語訳，1種類の低地ドイツ語訳，7種類のオランダ語訳の写本が残されており，うち22種類は聖書全巻訳，9種類は旧約のみ，1種類は新約のみの訳，そして1種類が断片のみの訳である．1350年に*アウグスブルクで成立した聖書は福音書，使徒言行録，ヨハネの黙示録，パウロの手紙などを含み，また14世紀末の6巻からなる挿絵入りのヴェンツェル聖書（→ヴェンツェル）はエゼキエル書までのほとんどすべての旧約を収めていた．15世紀になりようやく聖書全巻を訳した写本が出始めたが，同時にその写本から印刷された全巻翻訳の聖書が14種類残されている．そのなかでも最古のものが1466年頃に印刷出版業者メンテリン（Johannes Mentelin または Johann Mentel, 1410頃-1478）によって*ストラスブールで刊行されたことはドイツ文学史においても重要な出来事である（→ドイツ文学）．メンテリン版（ストラスブール版）は印刷に際して写本に忠実に従っているが，アウグスブルクのツァイナー（Günther Zainer, ?-1478）の印刷工房において1475年に第4刷として印刷された版の翻訳は，ウルガタ訳に従って改訳されている．*再洗礼派により1527年に*ヴォルムスで編集された預言書の翻訳はユダヤ人翻訳者の協力を得ており注目される．低地ドイツ語訳としては1522年に*ハルベルシュタットで成立した聖書がそれ以前の*ケルンで訳された版（1478-79）を参照しながらも新しい訳を試みている．

【宗教改革期から近世にかけて：初期新高ドイツ語期（1350-1650）の過渡期から新高ドイツ語（1650-　）の準備に向けて】〔ルター訳聖書（Lutherbibel）〕*ルターによる聖書全巻のドイツ語訳は，それまでの中世期に訳された聖書とは対照的に，その言語的完成度（言語としての芸術性）とともに，印刷技術の発展によっても広く民衆のなかに吸収される可能性を含んでいたので，それから数世紀にわたってドイツ語圏におけるいわゆる国民読本のような存在になった．1521年から22年にかけてルターがウルガタ訳ではなく，*エラスムスの校訂したギリシア語原典（1519年にバーゼルのフローベン社から出た第2版）から初めて直接ドイツ語に翻訳した新約聖書（もちろんウルガタ訳をも参照したことは明らかであり，特に翻訳上の困難に際してはエラスムスのラテン語訳およびその注釈を頻繁に援用したであろうことも想像される）は*ザクセンの官庁用語を用い，どの方言地域に住んでいようとも容易に理解できる標準的なドイツ語（Hochdeutsch）であった．翻訳者としてのルターの姿勢は彼の『翻訳についての公開書簡』（1530）において詳しく述べられている．ただしルターが彼以前になされた中世のさまざまなドイツ語訳聖書をどれほど参照したかということについては，まだ研究者の間では解明されてはいない．1522年9月21日に*ヴィッテンベルクで印刷が完了したためにこの新約（Das Newe Testament Deützsch）は「九月聖書」（Septembertestament）と呼ばれ，12月には早くも「十二月聖書」（Dezembertestament）と呼ばれる第2版が出たが，初版では訳者であるルターの名前，出版元，印刷工房の名前がなく，第2版で初めて印刷工房の名前（メルヒオール・ロッター Melchior Lotter d. J.）のみが奥付につけられた．同年夏には*メランヒトン，アウロガルス（Matthäus Aurogallus, 1490-1543），*ブーゲンハーゲンらの協力によってヘブライ語原典（底本は1494年のソンチノ版，さらに1516年にバーゼルのフローベンから出された詩編など．→聖書の出版）からの旧約の翻訳が始まり，分冊で出版されながら1534年秋には*外典・偽典を含めた聖書全巻（Biblia / das ist / die / gantze Heilige Schrifft Deudsch）がヴィッテンベルクのルフト（Hans Lufft, 1495-1584）の印刷工房で完成した．配列についていえば新約はエラスムス版に，旧約はウルガタ訳に大部分従い，外典・偽典はウルガタ訳に従い旧約のあとに置かれた．この間，ルター訳聖書のほとんどの部分が出版されるごとに無名の訳者により何度にもわたって低地ドイツ語（Niederdeutsch）に訳されていたことも指摘しておかなければならない．ルターはこの初版に満足することなく，1545年に至るまで自ら加筆訂正を繰り返した．1586年以降に初めて*聖書の章節区分が導入されるが，ルターは1522年初版以降から各書の序文（旧約歴史書），さらに聖書の本文頁の欄外に注釈（グロッサ）をつけ始めた．1546年まで彼の聖書は版を重ね，*宗教改革の重要な根拠となっただけでなく，現代ドイツ語の基となる新高ドイツ語（Neuhochdeutsch）の発展にも貢献し，後のドイツ文学の計り知れない宝となった．

〔チューリヒ聖書（Züricher Bibel）〕*改革派のスイスでは*ツヴィングリによってユート（Leo Jud, 1482-1542）らの協力のもと現在のいわゆる「チューリヒ聖

書」が出された．1542年にルター訳新約がチューリヒでも刊行されたが，その本文をツヴィングリのもとに集う学者たちが現地のアレマン方言（→アレマン人）に書き直したのを出発点として1529年には聖書全巻が訳出された．1531年には出版元の名前をとって「フロシャウアー聖書」（Froschauer Bibel）と呼ばれたが，この版では旧約の部分的改訳が行われ，さらにツヴィングリの序文がつけられている．1540年には旧約改訂版が出た．多くの点でルター訳聖書の成果に負いながらも詩編，預言書，箴言，雅歌，外典・偽典は改革派独自の訳業（ツヴィングリは詩編を，ユートは一人で外典・偽典を担当した）であり，ルター以上に原典に忠実な訳を心がけ，1667年以降は新高ドイツ語の表現方法に沿った訳文となり，アレマン語聖書の特徴を完全に失うことになった．17世紀中頃までドイツ語圏スイスにおいて広く読まれる．1907年にはチューリヒ教会会議において改訂が決議され，1931年にはツヴィングリ没後400年記念として翻訳としての正確さを目指した改訂版が刊行された．しかしながらルター訳聖書改訂版ほどには現代ドイツ語に対する牽引力はない．

〔プロテスタント系の原典からの主な聖書翻訳〕(1) ピスカートア訳．改革派神学者ピスカートア（Johannes Piscator, 1546-1625）は1602年から1604年にかけて聖書を翻訳刊行した．聖書原典を厳密に再現しようと心がけ，また意識的に改革派の表現様式を訳文に取り入れたが，そのためにかえってルター訳聖書にみられるような音楽性には欠ける翻訳となった．1684年から1824年まで*ベルンの公用聖書となった．

(2) ツィンツェンドルフ訳．*敬虔主義のさまざまなサークルのなかから生まれた聖書の翻訳の代表的なものとしては，*ツィンツェンドルフによる1727年のかなり自由な散文調で訳された新約がある．

(3) エルベルフェルト聖書（Elberfelder Bibel）．ドイツにおけるダービ派（→ダービ）の流れを汲むブロックハウス（Carl Brockhaus, 1822-99）らによりエルベルフェルト（Elberfeld）で刊行された聖書翻訳（新約1855，全巻1871．改訂版新約1974，旧約1985）は，敬虔主義のなかでも逐語霊感説（→聖書の無謬性，霊感）をとり原典に従おうとするあまり不自然な訳文となったことも指摘される．

(4) ベルレブルク聖書（Berleburger Bibel）．敬虔主義のなかでも特に異彩を放つのはドイツにおけるフィラデルフィア派（Philadelphische Sozietät）の拠点であったベルレブルク（Berleburg）にいたオリエント語学者ハウク（Johann Heinrich Haug, ?-1753）によるベルレブルク聖書全8巻（1726-42，再版1856）である．これはベルレブルク領主カージミール伯爵（Graf Kasimir von Wittgenstein Berleburg）の依頼と援助によって成立した聖書だが，聖書の言葉を文字としてではなく霊的な神の実在として比喩的に認識しようとする神秘主義的な傾向をもつ注釈に特徴があり，*ベーメをはじめとする*神智学の影響を受けている．

(5) デ・ヴェッテ訳．学問的に聖書のテクスト異同から正確に原典を捉えようとしたものに*デ・ヴェッテの翻訳がある（旧約1809，新約1814，第5版1886）．

(6) 校訂版聖書．1899年いわゆる「テクストビーベル（校訂版聖書）」（Textbibel）として合成されることになったカウチ（Emil Kautzsch, 1841-1910）による旧約（1888-94，第4版1922-23）と，*ティッシェンドルフの第8版批判版を底本にして訳出したC. H. *ヴァイ

ゼッカーによる新約(1875)とがある．

〔主なカトリック訳〕ウルガタ訳聖書に準拠した翻訳にマインツ聖書（Mainzer Bibel）がある．ザクセン公ゲオルク（Georg Herzog von Sachsen, 在位1500-39）は1522年11月にルター訳聖書を禁止する旨の勅令を出し，彼の命により*エムザーは1527年，主にウルガタ訳に従ってルター訳新約聖書を修正しカトリック的聖書観を反映させた．その路線を受け継いだ*ドミニコ会の会員ディーテンベルガー（Johann Dietenberger, 1475頃-1537）はウルガタ訳を底本にしてさらに広くカトリック信者に読まれるような聖書全巻訳を1534年に完成し，旧約に関してはルター訳を大幅に採用しながらも，ルターとの決定的な対決姿勢をみせた．この聖書は*ウレンベルクによって徹底的に改訂された版が1630年に刊行され，1662年にはマインツ選帝侯シェーンボルン（Johann Philipp von Schönborn, 在位1647-73）の命によってシクスト・クレメンティーナ版ウルガタ訳聖書を底本とした改訂版が出されてマインツ聖書と呼ばれるようになり，「ドイツ・カトリック者の聖書」として18世紀に至るまで版を重ねた．

原典からの聖書翻訳には以下のものがある．

(1) フライシュッツ訳．18世紀後半になるとカトリックの聖書翻訳にはそれまで慣例であったウルガタ訳ではなく原典から直接訳出したものが出てくるようになった．例えば1778年のフライシュッツ（I. Fleischütz）によるヘブライ語原典からの旧約がある．

(2) エス訳．*ベネディクト会の会員K.ファン・エス（Karl van Eß, 1770-1824），L.ファン・エス（Leander van Eß, 1772-1847）によりカトリック圏で初めてギリシア語原典から訳出された新約（1807，第28版1842）があり，これは*インプリマトゥルを受けていなかったために教会当局により1821年に禁書（→禁書目録）になってしまったが，それでも評判は高まり，さらに旧約（1822-36）が訳され，1970年に至るまでプロテスタント圏でも読まれていた（全巻は1839年に完結）．

(3) アリオリ聖書（Allioli-Bibel）．1829年から続けられてきた聖書の翻訳が聖書学者アリオリ（Joseph Franz von Allioli, 1793-1873）によって1830-34年に完結された．これはウルガタ訳に準拠しているものの注釈において原典にも注意を払い，聖書解釈学上の正確さとわかりやすい文体によって，1907-1909年には*イエズス会の会員アルント（Augustin Arndt, 1851-1925）により第10改訂版（最新改訂版1963）が出され，「アリオリ聖書」として現代に至るまで愛読されていた．

〔ユダヤ人学者による主な翻訳〕13世紀にはすでに*会堂におけるヘブライ語による礼拝のために逐語訳のドイツ語による聖書の部分訳が存在したが，18世紀にM. *メンデルスゾーンにより旧約のドイツ語訳が着手され1783年に*モーセ五書が，1809年には協力者の助けを得て旧約全巻が訳出された．この事業は*ユダヤ哲学とヨーロッパ的思考様式との決定的な出会いとなった．その後19世紀初頭のユダヤ人解放運動の潮流のなかでツンツ（Leopold Zunz, 1794-1886）による訳（刊行1837，1935年まで17版を重ねる）をはじめとしてユダヤ人家庭で愛読されるような多くの翻訳が出た．

【現代】〔ルター訳聖書の改訂〕1857年シュトゥットガルト（Stuttgart）での*ドイツ福音主義教会の*キルヘンタークにおいて，それまでさまざまな版で刊行されていたルター訳を現代ドイツ語の正書法に近づけるとともに，さらに一つの統一した版に改訂しようとする決議が

なされた．教会と複数の*聖書協会の共同作業によって1912年に改訂版が刊行され，以後この版は40年以上にわたってルター訳決定版となった．しかしながらこの改訂版はさらに時代の流れにさらされ，新たな改訂が必要となった．聖書協会は1924年にドイツ福音主義教会連盟との共同作業に入り，ディベリウス(Otto Dibelius, 1880-1967)，ディーツフェルビンガー(Hermann Dietzfelbinger, 1908-84)らをはじめとして，16世紀のドイツ語に精通するドイツ文学者チルヒ(Fritz Tschirch, 1901-)をも加えた翻訳委員会の尽力によって1956年に新約，1964年に旧約，さらにそれまでなおざりにされてきた外典・偽典の翻訳が1970年にそれぞれ改訂版として完成した．改訂作業の過程において重視されたことは，まず第一に現代ドイツ語としてのわかりやすさを求めるあまりにルターのドイツ語から遊離しないこと，第二には旧約においてルターが*マソラ本文から逸れて訳出している場合の解釈学的判断の的確さを期することである．最新の改訂は旧約が1970年，新約が1981-84年に行われている．

〔プロテスタント系の原典からの主な個人訳〕(1) シュラハター訳．新約が1902年，旧約が1905年に完成．シュラハター(Franz Eugen Schlachter, 1859-1911)はスイス敬虔主義の牧師であり，わかりやすいドイツ語で原典の意味が伝わることを目指した．どこにでも持ち運びができるように小型なため，別名「小型聖書」(Miniaturbibel)といわれる．

(2) メンゲ訳．新約が1923年，旧約が1926年に完成．メンゲ(Hermann Menge, 1841-1939)はその古典文献学者としての才能を活かしてギリシア古典が翻訳されるのと同じような緻密さで作業をし，原典の意味が不明な場合は複数の訳出の可能性を示唆している．しかしながら必要以上に細かく区切られた段落分けと表題は，しばしば読者に訳者側の解釈を強制する危険もはらんでいる．1954年に第13版．

(3) シュラッター訳．1931年に新約を完成．スイスの神学者*シュラッターは自著『新約聖書講解』(1887-1910，新版1908-10)のためのテクスト版として翻訳をつけている．

(4) ツィンク訳．新約が1965年，旧約部分訳が1967年に完成．意訳でわかりやすいが原典からはかなり逸脱しており，詩人でもある訳者ツィンク(Jörg Zink, 1922-)の解釈が入りすぎている．1998年には新約と旧約部分訳を入れた聖書(Die Bibel. Neu in Sprache gefasst)の意訳を新たに刊行．

(5) ヴィルケンス訳．1970年に新約を完成．『ローマの信徒への手紙注解』全3巻(Der Brief an die Römer, v. 1 ²1987, v. 2 ³1993, v. 3 ²1989; Evangelisch-Katholischer Kommentar zum Neuen Testament, 6/1-3)の著者として活躍する新約学者ヴィルケンス(Ulrich Wilckens, 1928-)による労作．

〔英語訳の影響を受けた訳〕(1)『良き知らせ』(Die Gute Nachricht)．1967年に刊行された新約．旧版はNT 68が略称．当初はニューヨーク聖書協会訳(略号NIV．→聖書の翻訳：英語)を参考としてヴュルテンベルク聖書協会(Württembergische Bibelanstalt)によって現代ドイツ語に可能なかぎり適応させようとしたあまりにドイツ語としては貧弱な訳となり，その反省から後にギリシア語原典の正確な解釈をもとにした版が1982年に出て(Die Gute Nachricht. Die Bibel in heutigem Deutsch)多くの読者を得ている．

(2)『すべての人の希望』(Hoffnung für alle)．テイラー訳の影響を受けて1983年にギリシア語原典から新たに訳された新約．日常語で語られる聖書を目指し，特に若年層に読まれている．

〔主なカトリック訳〕ウルガタ訳に準拠しながら原典から訳出されたものに以下がある．

(1) カーラー訳．イエズス会員*カーラーにより1950年に訳された新約．洗練された美しいドイツ語として知られる．1953年に第3版．

(2) パットロッホ聖書(Pattloch-Bibel)．新約はキュルツィンガー(Josef Kürzinger, 1898-1984)により1953年，旧約はハンプ(Vinzenz Hamp)，シュテンツェル(Meinrad Stenzel)により1955年に完訳され，1957年にアシャッフェンブルク(Aschaffenburg)のパットロッホ社より刊行．1980年に第6版を発行，読者層を広げている．

(3) ヘルダー聖書(Herder-Bibel)．1965年に*フライブルク・イム・ブライスガウのヘルダー社による聖書注解書の付録として翻訳され，1966年にはフランスのエルサレム聖書(→聖書の翻訳：フランス語)に準拠して複数の訳者により徹底的な改訂が行われた．現在では訳文としては以下の共同訳を使用している．

〔共同訳聖書(Einheitsübersetzung)〕第2*ヴァティカン公会議以降のドイツ司教団は，ドイツ語圏ヨーロッパのすべての司教区が同じ聖書本文を読むことができるようにという目的のもとに共同訳聖書の刊行を企画し，詩編および新約の翻訳作業にはプロテスタント聖書学者たちの協力も仰いで1972年に新約，1974年に旧約の訳出を完了，1979年に新約，1980年に旧約の改訂版を刊行するに至った．訳文は聖書学的にも正確を期し現代にふさわしい言葉遣いとなっている．

〔ユダヤ人学者による現代語訳〕哲学者*ブーバーは*ローゼンツヴァイクの協力を得て旧約をヘブライ語原典の意味にできるだけ引き寄せたドイツ語に再現しようと試み成功している．1925-29年に刊行され(Die Schrift)，1956-57年に改訂版が出た．

【文献】LMit 2: 95-99; LThK³ 2: 382-91; RGG³ 1: 1201-10; TRE 6: 228-76; W. KÖNIG, dtv-Atlas zur deutschen Sprache. Tafeln und Texte (München 1978 ³1979); H.-G. ROLOFF, ed., Das Neue Testament. Entstehungsvarianten, Glossar, Bibliographie, Nachwort, v. 2 (Stuttgart 1989). 〔富田裕〕

せいしょのほんやく　聖書の翻訳：フランス語

5世紀から12世紀頃まで，西洋キリスト教世界の*典礼や*霊性，さらに神学的考察をはぐくんだ聖書は，ラテン語の*ウルガタ訳聖書であった．つまり，聖職者や一部の知識人を別にすれば，信徒の大部分はまだ自分たちの言葉で聖書に触れることはできなかったわけである．しかし10世紀以前にも，聖書解説の講話において聖書は，少なくとも部分的には，聴衆の使うさまざまなロマンス語方言に訳して語られていたはずであり，それが後の翻訳作業を準備するものとなったことを忘れてはならない．さらに，ロマネスク教会(→ロマネスク建築)のフレスコ画は，後のゴシック教会(→ゴシック建築)のステンドグラスと同様に，民衆向けの注釈や*予型論的な説明，さらに霊的な象徴表現を強調しつつ，聖書や福音書の物語を豊富に描き出しており，それらの図像は「ビブリア・パウペルム」(〔ラ〕Biblia pauperum, 「貧者の聖書」の意)と呼ばれるものを形成していた．

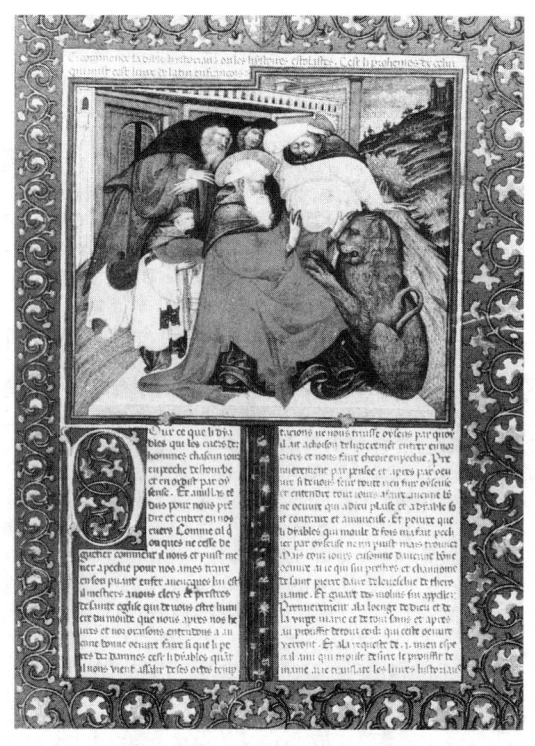

フランス語『エステ公聖書』15 世紀
(Biblioteca Vaticana)

したがって，庶民が聖書についてもっていた知識は，極めて間接的で学問性には乏しかったが，生気と熱意に満ちたものであった．

【中世】ロマンス語が話されていた地域では，ゲルマン諸語に比べてラテン語との隔たりが小さかったために，聖書の翻案や翻訳に関する動きは鈍かった．しかしそれでも12世紀になると，翻訳者たちの活動は活発化する．ゲルマン諸地域と同様に，まず好んで翻訳されたのは*詩編であった(→聖書の翻訳：ドイツ語)．こうした翻訳活動が，さまざまな場所で自発的に生じたという事実は注目に値するが，とりわけ13世紀において，*パリ大学と，その『グロッサ・オルディナリア』(Glossa ordinaria, 1215-17, →グロッサ)の支配的な影響力は指摘しておく必要があるだろう．

聖書のロマンス諸語への翻訳は，「本喰い虫」([ラ] Manducator)と呼ばれた*ペトルス・コメストルの『スコラ的歴史』(12世紀中頃)に始まるといってよい．これは聖書の物語(とりわけ歴史書)の要約に，*ヨセフスの史書の記述などを織りまぜ，注釈や説明を付け加えたものである．以後この本の影響下に数多くの聖書の「翻訳」が出されることになる．しかし実はこれらは翻訳というよりも部分的な翻案と呼ぶほうがふさわしく，注釈や霊的教訓が付け加えられてはいるが，当時の宮廷物語と関連づけられた風雅なものも少なからずあり，しかも多くは韻文で書かれていた．また大衆向けには，1230年代から「教訓的聖書」(Bible moralisée)と呼ばれる挿絵入りの*写本が幾つも作られるようになった．これらは各部分が，聖書の一節(散文訳で，その*霊的意味に関する短い解説がつく)とメダル型の二つの挿絵(一つは*字義通りの意味を，もう一つは霊的意味を表現する)によって構成されていた．

初めての聖書の全訳「13世紀版聖書」(全2巻)は，ウルガタ訳聖書からのもので，13世紀末頃とされる．多くの注釈がつけられた，パリ地方のフランス語によるこの散文訳は，しかしあまり広くは普及しなかったようである．そしてこれとほぼ同じ頃，ギャール・デ・ムーラン(Guiard des Moulins/Desmoulins, 1251-1322以前)の『歴史物語的聖書』(Bible historiale, 1291-95)が世に出ることになる(→歴史物語的聖書)．これはコメストルの『スコラ的歴史』をピカルディー地方のフランス語に自由に翻案・翻訳し，それに聖書本文の部分的な訳を大きな字体で付け加えたものである．1310年代になると，この『歴史物語的聖書』に「13世紀版聖書」の第2巻が合体し，新たに全2巻の「増補版歴史物語的聖書」(Bible historiale complétée)が誕生する．この「増補版」には，聖書の当初は未収録であった部分の翻訳が次々に付け加えられていき，ついに聖書の全訳が完成することになる．1495年にはこれがパリで出版され，印刷出版された初めてのフランス語聖書となった．1487年のジャン・ド・レリー(Jean de Rély, 1430頃-1499)による改訂版は1545年までに12版を重ね，この聖書はまさにその登場以来，中世で200年以上にわたって広く流布した唯一のフランス語訳聖書であるといえよう．

【16世紀】近代フランス語による聖書の翻訳が出現するのは，*宗教改革の時代である．モーの聖書学者たちのグループ(Cénacle de Meaux)に属していた人文主義者*ルフェーヴル・デタープルは，聖書の大衆的かつ「福音主義的」な普及を危惧する*ソルボンヌ大学の反対にもかかわらず，ウルガタ訳聖書をフランス語に完訳し(新約1523，旧約1530)，1巻にまとめて*アントヴェルペンで公刊した．彼のこの翻訳は後のさまざまなフランス語版聖書のもととなったが，それに付された注釈が問題視され，また*トリエント公会議で許可なしに聖書を各地域の言語に翻訳することが禁止されたこともあって(DS 1851-61)，1546年に禁書(→禁書目録)となった．この聖書はしかし，フランス国内に比べて教皇庁の圧力が比較的弱かった東の*ルーヴァン大学によって，注釈が削除され，さまざまな改変を加えられて，カトリックの「ルーヴァン聖書」(Bible de Louvain)として新たに出版されることになる(1550)．さらにまた，フランス語のプロテスタント聖書の普及に強い危機感を抱いたカトリック側は，既存の*ジュネーヴのプロテスタント聖書をもとに緊急に作成されたブノア(René Benoist, 1521-1608)のカトリック聖書(1566)をさらに下敷きにして，1578年「ルーヴァンの神学者たちの聖書」(Bible des théologiens de Louvain)を刊行したが，これは1707年まで少なくとも200回は各地で版を重ねることになる．

一方プロテスタント側では*オリヴェタヌスが，*カルヴァンの序文を付して，フランス語による最初のプロテスタント聖書をスイスのヌシャテル(Neuchâtel)で出版した(1535)．「セリエール聖書」(Bible de Serrières)と呼ばれたこの翻訳は，旧約部分はヘブライ語からの訳で，新約と外典(→第二正典)はルフェーヴル・デタープル訳の改訳であったが，ジュネーヴのプロテスタントたちによって細かな改変を加えられつつ何度も版を重ね，「ジュネーヴ聖書」(Bible de Genève)と呼ばれるようになる．この聖書は1588年，*ベザらプロテスタントの学者や牧師たちによって大きな改訂が行われ，以後のフランス語訳プロテスタント聖書のもととなった．また，同じくプロテスタントの人文主義者*カステリオも，日常

的フランス語訳の聖書を *バーゼルで出版している (1555).

【17世紀-18世紀】*ポール・ロワイヤルの *ル・メートル・ド・サシが中心となってウルガタ訳聖書を同時代のフランス語に訳し直した「ポール・ロワイヤル聖書」が名高い．新約は「モンスの聖書」(Nouveau Testament de Mons, 1667) として知られ，旧約 (1672-93) には字義通りの意味と霊的意味に関する注解が付されているこの聖書は，時のパリ大司教や教皇たちからさまざまな批判を受けたにもかかわらず，何度も改訂されて19世紀末までフランスで最も広く普及した聖書の一つとなった．*啓蒙思想が広がった18世紀には，聖書はしばしば哲学者たちの攻撃の的となり，その翻訳活動も停滞する．この世紀の重要な業績は，プロテスタントのマルタン (David Martin, 1639-1721) によって (1696-1707)，さらにオステルヴァルド (Jean-Frédéric Ostervald, 1663-1747) によって (1744) 行われた，「ジュネーヴ聖書」の二つの改訳作業である．

【19世紀-20世紀前半】フランス系ユダヤ教徒のためのヘブライ語聖書 (旧約) の翻訳 (1831-51) が，カエン (Samuel Cahen, 1796-1862) によって初めて誕生する．さらに19世紀後半以降になると，聖書研究が大いに進展するなか，フランス語による聖書の全集も複数出版されることになる．そのなかで，カトリック聖書として広く普及し長らくベストセラーとなったのは，*アミアン大聖堂の *参事会の会員であったクランポン (Augustin-Joseph-Théodore Crampon, 1826-94) による翻訳 (1894-1904) である．これは旧約をヘブライ語原典から訳した初のカトリック聖書で，何度も改訂された後，1960年には「新クランポン」として新しく生まれ変わっている．一方，プロテスタント側でこれに匹敵する成功を収めたのが，ジュネーヴの牧師スゴン (Louis Segond, 1810-85) の聖書 (旧約1874, 新約1880) である．これは「ジュネーヴ聖書」の18世紀の改訂版をもとにしたものであるが，カトリック教会の *教会法にのっとって認可された初めてのプロテスタント聖書でもある．このスゴンの聖書もまた，版を重ねた後，1978年に「鳩の聖書」(Bible à la colombe) として生まれ変わっている．ほかに，ストラスブール大学教授でプロテスタント神学者であった E. *ロイスの深い学識に基づく翻訳 (1874-81) も忘れてはならない．さらに20世紀初頭になると，18世紀のオステルヴァルドの訳に再び大幅に改訂を加えたフランス聖書協会 (Société biblique de France) の「シノド聖書」(Version synodale, 1910) がつくられる．またパリ聖書協会 (Société biblique de Paris) が創立百年を記念してプロテスタント系聖書学者を動員した「百年記念聖書」(Bible du centenaire, 新約1928, 旧約1941-47) も，聖書研究の発展を視野に入れた大規模な共同作業の成果である．カエンの翻訳に続くフランス系ユダヤ教徒向けの聖書 (旧約) としては，カーン (Zadoc Kahn, 1839-1905) が監修した「ラビ聖書」(Bible de rabbinat, 1899-1906) がある．ユダヤ教徒たちによるこの翻訳は斬新であり，訳文もまた優雅で柔軟である．

【第2次世界大戦以後】歴史批判学に裏打ちされた聖書研究の飛躍的な発展 (→ 聖書批評学) はまた一方で，とりわけカトリック内部において，新たな問題を提起することになった．20世紀初頭のフランスでは，*近代主義をめぐって深刻な意見の対立が生じ，その結果聖書の翻訳も停滞した．この問題が一段落した後，聖書研究が新たに進展していくためには，*ラグランジュの大胆かつ忍耐強い仕事，さらには *教皇庁立聖書研究所や *エコール・ビブリックの努力，そして教皇 *ピウス12世の1943年の回勅 *『ディヴィノ・アフランテ・スピリトゥ』が必要だった．

かくして大戦後にはカトリック聖書が次々と出版されることになり，「マレズー聖書」(Bible de Maredsous, 1950), 「リエナール枢機卿の聖書」(Bible du Cardinal Liénart, 1950) とともに，エコール・ビブリックの企画・監修による「エルサレム聖書」(Sainte Bible de Jérusalem, 1948-54) が世に出ることになる．フランスやベルギーの33人の聖書学者たちによる43分冊のこの聖書は，それぞれに序文と新しい聖書研究の成果を活用した注が付され，その翻訳の忠実さに加え，言葉の洗練や美しさという面での配慮も行き届いている．これはその後大幅な改訂を経て1巻本の「エルサレム聖書」(Bible de Jérusalem, 1956. 略号 BiJer) となり，英語訳やドイツ語訳も出版され，1973年にはさらに改訂されて，今日に至るまでベストセラーとなっている．また，この聖書の翻訳者の一人であったオスティ (Emile Osty, 1887-1981) がトランケ (Joseph Trinquet, 1919/20-2001) と協力して訳し上げた「オスティ聖書」(1973) も，原典に忠実で文学的香りの高い訳文として評価されている．一方，ユダヤ教徒のヘブライ史家シュラキ (André Natanaël Chouraqui, 1917-) はヘブライ語聖書の新たな翻訳のみならず，*ユダヤ教の枠を超えて，セム語の語彙に忠実なフランス語による新約聖書の翻訳も成し遂げている (1974-77).

*聖書運動の高まりと，第2 *ヴァティカン公会議以後の *教会一致促進運動の流れのなかで，企画されて以来さまざまな挫折を乗り越えてついに誕生したのが，20世紀における最大の成果ともいえるフランス語の「共同訳聖書」(Traduction œcuménique de la Bible, 略称 T. O. B., 新約1972 TOBNT, 旧約1975 TOBAT) である．これは，キリスト教の各教派に属する専門家たちの粘り強い努力によって，幾多の困難を乗り越えて新たに翻訳・編纂されたもので，幾つかの注は，控え目なかたちで解釈の分岐があることを示してはいるが，本文は共通である．諸教派の協力によって生まれたもう一つの成果が「日常フランス語聖書」(Bible en français courant, 1982) である．フランス語を母国語としない人々をも含む広範な読者に向けられたこの聖書は，簡明な現代フランス語による訳文のおかげで大きな成功を収めている．さらにまたガリマール書店からは，教派色を排した「プレイヤッド版聖書」(La Bible de la Pléiade) が出版されている．この聖書は文学的かつ豊富な注が付された学問的なもので，旧約2巻 (1956, 1959) は *ドルムが，新約 (1971) はグロジャン (Jean Grosjean, 1912-) が中心となって作業が行われ，さらに *外典・偽典 (1987- ．ただし，*死海文書を含む) が刊行されている．

【文献】高柳俊一，田辺保他編『キリスト教文学事典』(教文館 1994) 340; Cath. 2: 15; LThK² 2: 406-408; NCE 2: 480-81; P.-M. BOGAERT, ET AL., Les Bibles en français (Turnhout 1991). 〔二川佳巳〕

せいしょのほんやく　聖書の翻訳：日本語

【キリシタン時代から開国まで】〔キリシタン時代〕聖書の最初の日本語訳は *フランシスコ・ザビエルと *マラッカで出会った薩摩出身の *ヤジロウが，1548年 (天文17) 秋，*ゴアの聖パウロ学院で C. デ・*トレスの講義

をもとに作った『サン・マテウスのエワンゼリヨ』である．翌1549年，上記3名にJ.*フェルナンデスを加えた一行が鹿児島に上陸，宣教を開始，このときザビエルは教理入門書を作ったので，*十戒や主祷文(→主の祈り)は訳したと思われる．フェルナンデスは1552年までに*受難の聖句集を，1563年(永禄6)までに四福音書を訳したが，*度島(たくしま)の火災で焼失した．1565年より彼に日本語を学んだ*フロイスは*堺で*主日や*祝日のための福音書の抜書を翻訳した．これらにほかの宣教師らの手が加わったものが1591年(天正19)*バレト写本のなかに残されているが，四福音書の約3分の1が含まれ，特にマタイ書は半分に及ぶ．この書の受難聖句集と同じものが1607年(慶長12)*長崎で出されたローマ字本*『スピリツアル修行』の第2部「御パションの観念」付録に若干補正され「四福音書和合のテクスト」として採録された(→福音書和合)．これは1873年(明治6)翻字され*『後婆通志輿』(ごばつうしよ)の名で出版された．1613年(慶長18)来航した英国東インド会社司令官*セーリスは，『日本渡航記』(1613)のなかで京都でのイエズス会版日本語新約聖書に触れている．この版の実在については諸説あるが，海老澤有道(1910-92)は18世紀末のロウレイロ(João Loureyro, 1714-91)作成の同会文献目録の記載を指摘する．

〔鎖国下の聖書知識〕1639年(寛永16)禁教*鎖国体制が整備され厳しい迫害弾圧(→キリシタン禁教と迫害)のなかにあったが，1708年(宝永5)10月*シドッティの屋久島潜入があり，彼を取り調べた*新井白石の尋問報告*『西洋紀聞』の下巻は天地創造から人間の堕落とイエスの誕生および十字架の贖罪まで簡単に触れているが，後にこの書はひそかに流布した．1720年(享保5)キリスト教以外の禁書令(*寛永禁書令)が解かれると科学書に紛れて蘭漢訳の教義聖書類が流入，平戸藩主・松浦静山(1760-1841)は1789年(寛政1)に英国の聖書学者*ヘンリの『旧新約聖書注解』の蘭訳本14巻(創世記-歴代誌下)を入手し翻訳させた．山村昌永(1770-1807)は1801年(享和1)『西洋雑記』に蘭書の創世記に基づく「天地開闢之説」とキリスト降誕の「西洋中興革命」を含む聖書的西洋古代史を記述，1839年(天保10)の蛮社の獄に連座した渡辺崋山(1793-1841)は尚歯会で漢訳の旧約聖書を閲読，入手した『吉利支略伝』を自刃した小関三英(1787-1839)に命じ翻訳させた．

〔中国語聖書と幕末期の海外訳〕このような国内の隠密裡の営みに対し，海外では中国語聖書翻訳の流れから日本語聖書の翻訳が始められた．1807年入華したロンドン伝道協会(London Missionary Society)のモリソン(Robert Morrison, 1782-1834)は1823年『神天聖書』を完成しマラッカより刊行．その新約聖書にあたる『新遺詔書』(1813)は18世紀初頭*パリ外国宣教会のバセ(Jean Basset, 1662-1707)の『四史攸編』(四福音書和合)と使徒言行録からヘブライ書までの稿本を参照し，旧約聖書にあたる『旧遺詔書』はロンドン伝道協会ミルン(William Milne, 1785-1822)の協力を得た．共にギリシア語原文より翻訳されたもので，モリソンはこの聖書が漢字文化圏の日本でも読まれると考えた．モリソン訳はロンドン伝道協会のメドハースト(Walter Henry Medhurst, 1796-1857)ら4人の手で改訳され，『新遺詔書』(『新遺詔聖書』)は初めバタヴィア(現*ジャカルタ)，次いでシンガポール，さらにインド東部セランポール(Serampore)で1837年に出版され，『旧遺詔聖書』はシンガポールで出版された(1838)．改訳者の一人

*ギュツラフは尾張漂流民相手に『約翰福音之伝』『約翰上中下書』(1837)を翻訳，シンガポールより出版，訳文は稚拙だが最初の日本語聖書である．次いでアメリカン・ボード(American Board of Commissioners for Foreign Missions, 略記ABCFM)のウィリアムズ(Samuel Wells Williams, 1812-84)が肥後漂流民と『馬太之福音伝(稿本)』(1840頃)をモリソン改訳を用いてマカオで翻訳(ヨハネ福音書，創世記は未完)．さらに1846年(弘化3)英国海軍琉球伝道協会(Loo Choo Naval Mission)の*ベッテルハイムが那覇に上陸し，1855年の渡米までに片仮名琉球語訳『路加福音書』『約翰伝福音書』『聖差言行伝』『保羅寄羅馬人書』をモリソン改訳を参照して翻訳，続いて漢和対訳四福音書を完成，前者は全冊1855年に，後者は1858年『路加伝福音書』のみ香港で刊行された(『馬太』『馬可』の稿本は英国聖書協会に現存)．ギリシア語Theos(〔英〕God)は琉球語訳では漢訳どおり「シャウテイ」，漢和対訳では「上帝」に対して「カミ」と大文字で訳された．ほかに滞在中に日本人と改訳し，没後1873年ウィーンで刊行された平仮名活字版『路加伝福音書』『約翰伝福音書』『使徒行伝』がある．漢和対訳に用いられた代表訳(The Delegates' Version)の『新約全書』(1852)は1843年発足した開港5都市の代表宣教師による聖書翻訳委員会の翻訳で，新約完成に際しギリシア語Theosおよびpneuma hagionの訳語を「上帝，聖神」と訳すか「神，聖霊」と訳すかで英米宣教師が対立，前者を採る英国側は脱会し同じ翻訳方針で『旧約全書』を1854年に完成し，香港より刊行，先の新約と合巻され「代表訳」と称した．米国側は訳語の問題のほかに中国文章法を重んじ原意から離れる代表訳の傾向を排し原典に忠実な翻訳に着手，『耶蘇基督救世主新約全書』(寧波1859)，『旧約全書』(上海1863)を出版．主導者でABCFMに所属するブリッジマン(Elijah Coleman Bridgman, 1801-61)と，米国長老教会海外伝道会(Board of Foreign Missions of the Presbyterian Church in the United States of America)のカルバートソン(Michael Simpson Culbertson, 1819-62)の名により「ブリッジマン・カルバートソン訳」(以下BC訳)と呼ばれ米国聖書協会(American Bible Society, 略記ABS)に採用され，日本の聖書翻訳に多大な貢献をした．

〔開国禁教期の聖書翻訳〕1859年(安政6)7月の開国と前後して来日した米国プロテスタント宣教師たちは中国語の教書，科学書とともに代表訳，BC訳の2種類の聖書を頒布し日本人教師の作る書き下し文をもとに翻訳に着手した．また長崎では米国聖公会のC. M. *ウィリアムズが1861年(文久1)に三要文(主祷文，十戒，*使徒信条)とマタイ書数章を翻訳した．アメリカ改革教会のフルベッキ(Guido Herman Fridolin Verbeck, 1830-98)は蘭英漢の各聖書を比較しつつ教え学生に翻訳させ，横浜でも*ヘボン，S. R. *ブラウンが福音書を試訳したが，彼らは日本語研究を急務と感じ日英辞典や文法書の編纂に努め，1867年ヘボンの『和英語林集成』完成は聖書翻訳に新しい進展を与えた．米国バプテスト教会のゴーブル(Jonathan Goble, 1827-96)は自派のゴダード(Josiah Goddard, 1813-54)の漢訳(1853)をもとに翻訳していたが，この辞書を用いて1871年(明治4)本国バプテストの欽定訳改訳方針「精査された原典による現代語訳」による『摩太福音書』を完成，最初の国内訳聖書の栄誉を担った．1868年ヘボン，ブラウンらも協力して新たな翻訳を始め，1871年には奥野昌綱

せいしょのほんやく

(1823-1910)を加えて改訳を重ね，1872年『新約聖書馬可伝』『新約聖書約翰伝』，1873年『新約聖書馬太伝』の刊行をみた．この頃には教外者による「勧善の書」として石川舜の『西洋夜話』(1871-73)の旧約物語，永田方正の『西洋教草』(1872)の旧新約の抜粋紹介が現れ，後者には1-2テモテ書，テトス書のほぼ全訳があり，BC訳だけでなく欽定訳(Authorized Version, 略記AV, →聖書の翻訳：英語)も用いられた．

【明治期】〔初期の新約〕(1) 翻訳委員会．1872年9月横浜ヘボン宅での第1回在日プロテスタント宣教師会議において各派委員による聖書の共同翻訳が決議された．中国宣教師時代ブラウンは代表訳の設立委員会に出席しておりギリシア語「公認本文」(→公認聖書)を原典とする翻訳などの方針に倣うことになった．1874年3月ブラウンを議長にヘボン，メソジスト監督派マクレイ(Robert Samuel Maclay, 1824-1907)，書記に組合派グリーン(Daniel Croby Greene, 1843-1913)，そして奥野昌綱，*松山高吉，高橋五郎(1856-1935)らの日本人助手を加え聖書翻訳委員社中としての活動を始め，ヘボンの準備した訳稿をもとに1876年までに『路加伝』『羅馬書』(美濃半裁判)を翻訳刊行，さらに補正を加え半紙判に改め，これを基準に17分冊の全訳を1880年4月までに完成，年末には活字版『引照新約全書』を刊行した．これらは「委員会訳」として公認されアメリカ(ABS)，イギリス(British and Foreign Bible Society, 略記BFBS)，スコットランド(National Bible Society of Scotland, 略記NBSS)の各聖書協会により真平仮名版のほかに平仮名，真片仮名，ローマ字などさまざまな表記や体裁で広く流布された．

(2) バプテスト訳．ブラウン(Nathan Brown, 1807-86)は1873年にゴーブルとともに来日し，彼の訳業を継いで進行中の英国改正訳(Revised Version, 略記RV, →聖書の翻訳：英語)を念頭に本文校訂を自ら行い，川勝鉄弥(1850-1915)を助手に19分冊の全訳を，平仮名分かち書きの俗語体で，句読点をつけ，行間にはローマ字注を付した活字版洋本として1879年8月までに完成，改訂を加えた合巻本『志無也久世無志与』(しんやくぜんしょ)を翌年4月初頭に刊行した．これが日本最初の新約聖書である．彼は委員社中に招かれたが「バプテスマ」(*洗礼)の訳に字義通り「浸(ひた)め」を主張し対立，自らの翻訳もあり1876年脱退した．1881年RV訳刊行後さらに改訳した分冊本を総平仮名の庶民版と漢字を行間注に加えた教役者版に分けて刊行，『新約聖書』の教役者版は1887年，庶民版は1894年にそれぞれ刊行された．庶民版は明治末期まで教育の乏しい人々に用いられた．彼の俗訳に刺激された翻訳に*井深梶之助の『新約聖書馬可伝俗語』(1881)と，同じ頃のエディンバラ医療伝道会のパーム(Theobald Adlian Palm, 1848-1928)によるルカ福音書15章の口語試訳がある．

〔常置委員会による旧約と訓点聖書〕(1) 委員会訳旧約．旧約の翻訳は開国後まもなく宣教師によって創世記や三要文祈祷書のため十戒・詩編などごく部分的に試みられたが，1874年(明治7)までに米国長老教会海外伝道会のトムソン(David Thompson, 1835-1915)が創世記から申命記までを翻訳した．1876年10月彼とスコットランド一致長老教会(United Presbyterian Church of Scotland)のワデル(Hugh Waddel, 1840-1901)，英国教会宣教協会(Church Missionary Society)のパイパー(John Piper, 1840-1932)ら在京5伝道団体の宣教師による旧約のための東京聖書翻訳委員会がBFBS，NBSSの支援で組織され，トムソンの『創世記』の部分訳を刊行(1877-78)．しかし1878年5月築地の宣教師会議で「各ミッションの協同事業とする」方針が決定，この委員会は聖書翻訳委員社中とともに発展的に解消し各派1名の代表12人からなる「聖書本文の翻訳・改訂・出版及び維持のための常置委員会」(The Permanent Committee on the Translation, Revision, Publication and Preservation of the Text of the Holy Scriptures, 以下，常置委員会)が発足した．10月ヘボンを委員長に地方委員を任命，翻訳を進めたが予期したほどの進捗を得られず，1882年1月再改組しヘボン，英国教会宣教協会のファイソン(Philip Kemball Fyson, 1846-1928)，フルベッキの3名を翻訳委員に選び事業を委ねた．1883年日本人側の正式委員としての参加要求は宣教師会議に承認され，翌年*小崎弘道を長とする12名の委員を選んだが日本教会は財政的に支えられず，1885年4月より半年ほどの詩編の訳文校訂だけで終わり，以後常置委員会嘱託として参加した．1882年より1887年まで四六判洋仮綴の全分冊本を刊行(最終版は27冊)，洋本装丁の4冊本に合巻された．1888年2月3日築地新栄橋教会で完成祝賀式が行われ，フルベッキにより松山，高橋，奥野，*植村正久，稲垣信(1848-1926)ら日本人助手の貢献が賞賛された．

(2) 訓点聖書．旧新約の翻訳完成以前は知識層は漢訳聖書を用いたので，1876年ABS日本支社支配人ギューリック(Luther Halsey Gulick, 1828-91)はC. M. ウィリアムズ，フルベッキ，中村正直(1832-91)とともにその訓点化を図り，BC訳をもとに1878年に『訓点新約全書前編(四福音書)』，1879年『同後編』および合巻本を刊行(訓点者が松山高吉とされたのはグリーンが最終校訂した際，彼も手を加えたからであろう)，BC訳が廃刊になる1898年まで版を重ねた．旧約は1880年に『訓点旧約聖書詩編』，1883年に『訓点旧約全書』(3巻本)が出た．新旧とも前記三つの聖書協会より刊行され版を重ねた．一方BFBSとNBSSはリリー(Robert Lilley)，千村五郎(1807-91)による代表訳の訓点本を1881年『創世記』，1882年『出埃及記』『利未記』，1883年『民数記』『申命記』『箴言』，1884年『詩編』の順に刊行，「新約聖書も準備した」とされるが刊行は不明である．教派の訓点本にはバプテストのゴダード改訳(1872)を底本とした『訓点四福音書』(1883)と『訓点新約全書』(1884)がある．個人訳には1878年刊行の原昭胤(1853-1942)の十字屋刊『和漢対訳新約全書』上巻(馬太-羅馬)と小嶋法龍の『訓点箴言』とがある．

〔明治期の教派訳新約〕(1) カトリック訳．1873年『後婆通志與』がパリ外国宣教会の*プティジャンにより出された後，カトリックは新信徒のための教理書の出版に努めたが，J. A. *クーザンは小島準治の協力を得て*『旧新両約聖書伝』和装6冊(1879-80)を大阪より刊行した．内容は創造からキリスト降誕に至る大要と福音書によるキリスト伝と使徒言行録の抜粋である．次いで1880年東京で刊行された*マラン訳*『耶蘇言行紀略』は福音書和合で，中国宣教師*アレーニの*『天主降生言行紀略』(1642)からの重訳であった．1887年*オズーフの命で*ミドンを長とする翻訳委員が選ばれたが活動の経緯は不明である．1895年と1897年に高橋五郎訳『聖福音書』上下2巻が東京大司教オズーフの認可で東京・横浜の天主教会から刊行された．*ウルガタ訳聖書を底本に各福音書ごとの小引目録と本文中の引照および各章初めの小見出し，末尾の注釈つきである．高橋は委

員会訳の助手だが, *シュタイシェン, ペリ (Noël Péri, 1865-1922) 両司祭に協力し口述を翻訳したと伝えられている. ペリは使徒言行録の翻訳を続けたが, 1910年 *ラゲがカトリック最初の『我主イエズスキリストの新約聖書』を完成, 鹿児島公教会から刊行した. ウルガタ訳と新しいギリシア語校訂本文を底本に先行訳をも踏まえ小野藤太 (1870-1916), 武笠三 (1871-1929), 山田準 (1867-1952) の協力を得た格調ある訳文で, 独自の区分編成, 欄外諸注, 付録などを特徴とし, 東京大司教の認可を得てカトリック標準訳として戦後まで広く使用された. また宣教師用のウルガタ対訳のローマ字版が『聖福音書』上巻 (1890) とラゲ訳 (1910) にある.

(2) 正教会訳. 1861年 (文久1) 来函した *ニコライは自派の『新遺詔聖経』(1864) を用いて仙台藩儒者・真山温治 (1822-81) と翻訳を試みたが不正確なことを知り, ほかの漢訳を検討, BC訳を採用し教化布教にあたった (後にその訓点本, 委員会訳をも用いた). 1871年までに出た祈禱書『日誦経文』には主の祈りや十戒が収められている. 1876年には小野成籌訳『旧約聖史略』, 堀江復訳『新約聖史略』各2巻, さらに上田将訳『旧約聖歴史』(1891),『新約聖歴史』(1892) が出た. 1883年ニコライは中井木菟麿(ツグマロ, 1855-1943) と1879年に北京で刊行された『聖詠経』(詩編) を翻訳, 1884年に『時課経』, 1885年に『聖詠経』を出版, 1889年にはBC訳をもとに「聖霊」を「聖神」に替え固有名詞の脇にスラヴ音の読み方をつけた『新約全書』訓点本 (ただし返点だけ) を中井に作らせた. ニコライは『聖書福音書』上巻の出た 1895年新校訂のギリシア語原典より本格的な翻訳を始め, 1901年に真片仮名表記の『我主イエスス ハリストスノ新約』を完成, 助手中井の漢学的素養と大槻文彦 (1847-1928), 落合直文 (1861-1903) の校閲により荘重な漢文調の訳文となった. 1905年刊『聖福音経』『聖使徒経』の2巻本は祈禱用のため黙示録が省かれ各巻末に大部の日課の誦読箇所索引などが付けられた.

(3) バプテスト改表記改訳版. N. ブラウン聖書は彼の没した1886年に, 平仮名表記に反対の英国バプテストのホワイト (William John White, 1848-1901) が作った真平仮名本が版を重ね, 1900年ハリントン (Frederick George Harrington, 1855-1918) により改訳された菊半截判『引照新約全書』とさらに小補正した四六判が1906年に出たが, 用語表記が委員会訳に類似し独自性を失い, 1911年に弟のチャールズ・ハリントン (Charles Kendall Harrington, 1858-1920) を聖書改訳委員会に送りその完成を待ち, 自派訳は廃刊とした.

【大正期】〔大正改訳と個人訳〕 (1) 大正改訳. 委員会訳の刊行後, 新旧約両書に対して訳文体の批判のほかに米国でヘブライ語を学ぶ浅田栄次 (1865-1914) から訂正の必要が訴えられ, 植村正久も将来日本人による改訳の要を唱えた. ファイソンは1900年プロテスタント宣教師会議でカトリック, バプテスト, 正教会の教派訳の進んだ点を評価し, 内外の協力者による改訳の急務を訴えた. 聖公会では祈禱書改訂に関わる1899年の詩編の改訳出版, 次いで1902年の総会で福音書・使徒言行録の祈禱書収録箇所の改訳を決議, 1905年に試訳が報告された. これを機に1903年植村ら4名は新約改訳を企てたが, 1906年福音同盟会が本格的な聖書改訳を決議して委員を選出, これに常置委員会と米国, イギリス, スコットランドの3聖書協会も応じ, 結局1909年に常置委員会の主導で4名ずつの宣教師と日本人からなる改訳委員会をグリーンを長として発足させ, *ネストレによる校訂本第4版 (1904) に依拠した BFBS 版を底本とするなどの方針を決め, 翌1910年4月より活動を開始した. 1911年6月試訳『マコ伝福音書』を刊行, 1913年 (大正2) グリーンの死去により, 翌1914年 ABCFM のラーネッド (Dwight Whitney Learned, 1848-1943) が委員長となり, 1916年10月翻訳完了, 半年の検討を経て, 1917年10月に出版,「大正改訳」と称された. 原典に基づく学問的な翻訳のうえに, 漢訳からの語句に和語の振り仮名をつけた元訳 (委員会訳) の不自然な表記は消え, 敬語使用などの工夫により平明で格調ある文章となり, 柱書名には片仮名表記が加わった. 日本人委員は松山高吉, 藤井寅一 (1870-1917), 川添万寿得 (1870-1938), 別所梅之助 (1872-1945) である.

(2) 個人訳. 最も早い1898年 (明治31) 平田八郎 (1840-1901) の候文体『最古の手がみ』(1-2テサロニケ書) は文体的試みの自由訳であるが, 次いで新校訂の原典による改訳として1899年刊のブランド (Herbard George Brand, 1865-1942), 首藤新蔵 (1863-1912), 乗松雅休 (1863-1921) の共訳の『新約聖書羅馬書 (新訳)』, 1906年刊のネストレ第1版 (1898) による *宮崎湖処子訳『新約聖書 (私訳) 羅馬書』がある. 左近義弼 (1865-1944) は滞米中の (1906年『聖書之研究』にローマ書の訳稿が掲載され元訳改訳の契機を作ったが, 帰国後1907年『マタイの伝へし福音書』, 1909年『詩編』, 1911年『創世記』, 1914年『耶蘇伝』(四福音書対観), 1919年『耶蘇伝の初代』(使徒言行録), 1942年 (昭和17)『ヨハネのつたへし福音書』をいずれも原典より翻訳して刊行した. 湯浅半月 (1858-1943) は6年間の米国留学後ヘブライ語学者として旧約の翻訳にあたり, 1907年『箴言講義』, 1923年『雅歌』, 1936年『ヨブ記』『箴言』, 1937年『詩編』『伝道之書・雅歌』, 1939年『イザヤ書』『第二イザヤ』『哀歌』などを出版した. 永井直治 (1864-1945) は大正改訳に満足せず独自の翻訳を始め, 1928年に日本人最初の個人訳新約聖書『新契約聖書』を刊行した. これはステファヌス (Robertus Stephanus, 1503-59 → エティエンヌ家) 刊行の新約聖書第3版 (1550) による忠実な直訳だが (→ 聖書の出版), ほかの11種の校訂テクストとの校合を行った. 同義的な類語は原語の違いを表すため異なる漢字をあてるなど, 原典の正確な日本語化に終生苦心を続けた.

【昭和期以降】〔口語訳〕 (1) 戦前の試み. 1903年 (明治36) 国定教科書制が公布され明治40年代より口語文の一般化に伴い, 幼少年向けの口語聖書が必要となり, カトリックではシュタイシェン編『少年聖書』(1918) と *チェスカ, 京谷涼二による改訂版 (1927), プロテスタントでは上沢謙二 (1890-1978) の『子供聖書新約』上下 (1929-33) と牧田忠蔵 (1878-1946) の『子供の聖書』(四福音書と使徒行伝, 1932-42) が刊行された. 外国人用教科書としては松宮弥平 (1871-1949) による分冊本 (四福音書と使徒行伝, 1916-38) があった. また1930年 *サレジオ会マルジャリア (Angelo Margialia, 1898-1978), *戸塚文卿編『我主イエズスキリストの聖福音』が出版されたほか, 1936年ローマ字国字論者の岩倉具実 (1905-78), 大嶋功 (1907-98) の『MARKO no tutaeta Hukuin』も出された. 塚本虎二 (1885-1973) は主宰する『聖書知識』に1931年よりネストレ最新版による本格的な口語敷衍訳を発表, 1944年に完成, 戦後さらに改訳を重ね1963年『福音書』, 1977年『使徒のはたらき』を刊行した.

(2) 戦後のプロテスタント訳. 1946年11月公布され

せいしょのほんやく

た現代仮名遣い，当用漢字などの国語政策に即応して上沢謙二のルカ(1948)，小川喜三郎(1879-1972)の英日対訳ローマ字訳マタイ(1949)，松宮一也(1903-73)のマルコ(1950)などの福音書が出た後，1952年に渡瀬主一郎(1885-1959)，武藤富男(1904-98)の原典に準拠した戦後最初の『新約聖書口語訳』(キリスト新聞社)が刊行された．*日本聖書協会では1932年に発議され1942年着手して，1950年にほぼ完成していた旧約改訳(文語訳)を中止し，1951年1月より新しく旧新約口語訳の事業を起こし，翻訳委員に旧約は都留仙次(1884-1964)，手塚儀一郎(1886-1967)，遠藤敏雄(1898-1971)，新約に松本卓夫(1888-1986)，*山谷省吾，高橋虔(1903-92)を選び3年を目処に，旧約はR.*キッテルの改訂第3版(1937)，新約はネストレ第21版(1952)を底本に翻訳を進めた．新約は1953年まで四福音書と使徒行伝の各分冊を出して1954年に完成，旧約は1953年に創世記，出エジプト記の分冊を刊行し1955年4月に完成，新旧約合本の『聖書口語訳』も同時刊行された．元訳以来初めての日本人翻訳委員のみによる翻訳であった．これに対し福音系諸教派は1962年『詳訳聖書新約』(Amplified New Testament, The Lockman Foundation, 1958の翻訳)を発行，また協会口語訳に改正の必要を感じ1961年11月に米国ロックマン財団の援助を受けて新改訳聖書刊行会を組織，翌年8月より翻訳を開始し，1965年11月に『新約聖書新改訳』(主任・松尾武)を，1970年1月旧約(主任・名尾耕作)を完成し新旧併せた『聖書新改訳』を刊行した．底本は新約はネストレ第24版(1960)，旧約はキッテル第3版以後とし，解釈は『改正アメリカ標準訳』(Revised Standard Version)に準拠した．平明な文体と詳細な脚注により理解しやすくされている．

(3) 戦後のカトリック訳．*渋谷治は旧約聖書の翻訳を進め，1941年『創世記』を出したが戦時のため断念，1947年*荻原晃は戦時中に訳した『旧約聖書抄』を刊行したが，同年教区長会議で旧約聖書翻訳が問題となり，*フランシスコ会の会員*ブライトゥング，川南重雄(1899-1969)によりウルガタ訳を底本に我が国最初の*第二正典のついたカトリック旧約聖書が完訳され，1954年から1959年まで4巻に分けて光明社から刊行された．訳文体は会議決定による文語体であった．一方，口語訳は同じ1947年サレジオ会員バルバロ(Fedirico Barbaro, 1913-96)が発意して始め，1950年『四福音書』，1953年『新約聖書』(改訂版1957)を刊行，旧約はデル・コール(Aloysio Del Col, 1920-95)の協力を得て1963年に完成，翌1964年に『聖書—旧約新約口語訳』(ドン・ボスコ社)を出版，さらに1980年その改訂版『聖書』(講談社)が出た．いずれも聖書解説の序論と本文に細かな注が付されている．1955年全国教区長会議は先に発布された*ピウス12世の聖書研究の奨励に関する回勅*『ディヴィノ・アフランテ・スピリトゥ』(1943)にある「直接原文よりの聖書翻訳の勧め」に従い*フランシスコ会聖書研究所の設立を承認，翌1956年近代的聖書研究の専門的方法と成果を取り入れた平明で気品ある口語文体と詳細な注釈つきの翻訳に着手，1958年の『創世記』をはじめとする分冊本を漸次刊行，新約は11分冊刊行後，1979年これらに基づく『新約聖書』(底本は聖書協会世界連盟『ギリシア語新約聖書』第3版，1975)を完成，1984年に改訂版を発行した．旧約は37分冊で，46年にわたる大事業は2002年に最終巻『エレミヤ書』の訳出を終えたことで，編集と合本製作のための最終段階に入った．

〔現代の個人訳〕戦後の聖書学研究の進展に加え共同訳(→聖書の翻訳：共同訳)の翻訳事業に刺激されて，個人の学問的成果による聖書翻訳が盛んになった．まとまった形のものを列記すると，前田護郎(1915-80)訳『新約聖書』(中央公論社1983)，柳生直行(1920-86)訳『新約聖書』(新教出版社1985)，*関根正雄訳の旧約は21書(創，出，サム上下，ヨブ，詩，イザ，エレ，エゼ，十二小預言．岩波書店1956-73)が注釈解説つきで出された後，改訳を加えた「タナク」(Tanak, ユダヤ教の旧約呼称 → 旧約聖書)の書順による完訳『新訳旧約聖書』全4巻(教文館1993-95)が世に出た．岩波書店版『新約聖書』5分冊本(1995-96)は荒井献(1930-)ら8名の翻訳委員が各自の分担責任で「学問的に精確な」知識を与えようとの意図による．次いで10人の翻訳委員によるタナク書順全15冊の『旧約聖書』が1997年(平成9)より刊行されている．また原典を読むための岩隈直(1909-)訳『希和対訳脚注つき新約聖書』19分冊本(山本書店1973-90)，「翻訳というよりむしろ自由な敷衍版」(旧新約聖書大，864)といわれる尾山令仁(1927-)の『聖書現代訳』(旧新約，現代訳聖書刊行会1983)がある．

【文献】旧新約聖書大862-64；日キ歴753-56；日本聖書協会『日本聖書協会100年史』(日本聖書協会1975)；門脇清，大柴恒『門脇文庫日本語聖書翻訳史』(新教出版社1983)；海老澤有道『日本の聖書—聖書和訳の歴史』(講談社1989)；『聖書・新共同訳について』(日本聖書協会1987)；A. WYLIE, *Memorials of Protestant Missionaries to the Chinese* (Shanghai 1867); A. J. GARNIER, *Chinese Version of the Bible* (Shanghai 1934). 　　〔川島第二郎〕

せいしょのほんやく　聖書の翻訳：その他の言語

【ヨーロッパ】1993年現在，聖書はヨーロッパの189の言語に翻訳されている．以下，翻訳前史は最小限の扱いにとどめ，15世紀以降に出版された翻訳聖書，特に新約聖書や旧新約聖書(以下，「全聖書」と記す)を中心に略述する．

(1) イタリア語．最古のものは，13世紀初頭のトスカーナ方言ないしヴェネツィア方言への聖書の部分訳である．こうした部分訳は種々作成されて一般に広く受け入れられた．その後のイタリア語による部分訳も同様で，14世紀には全聖書の写本も作成されている．1471年，マレルビ(Nicolò Malerbi, あるいは Malermi, 1422-1502)がトスカーナ方言をヴェネツィア方言に合致させたにすぎないものだが，最初のイタリア語訳聖書が出版された．1530-32年，人文主義者ブルッチオリ(Antonio Brucioli, 1487-1566)はラテン語から全聖書を翻訳し出版する．この聖書は，版を重ねてプロテスタント側でも使用されたが，解説や注記に非キリスト教的な傾向がみられるとして，1559年*禁書目録に登録される．1538年，フィレンツェのザッカリア(Zaccaria)とマルモリーノ(Marmolino, または Marmochino)による翻訳が出版された．他方1607年，プロテスタントのディオダティ(Giovanni Diodati, 1576-1649)が原典から翻訳した聖書が出版された．1757年禁書目録の改訂に伴い，新たなイタリア語訳への機運が高まる．特に教皇*ベネディクトゥス14世の要請もあって，1769-81年マルティーニ(Antonio Martini, 1720-1809)は原典を参照しつつ*ウルガタ訳聖書からの翻訳を完成した．19世紀には，種々の翻訳聖書が出版されている．このうちにはユダヤ教による翻訳もある．20世紀，特に1943年

の*『ディヴィノ・アフランテ・スピリトゥ』公布以降,改訂も含め多種多様な翻訳聖書が以前にも増して出版されるようになった.また,聖書学の研究成果を踏まえた原典からの翻訳が一般的となる.1921-30年 *ヴァルド一派のルッツィ(Giovanni Luzzi, 1856-1948), カトリックでは1929年リチョッティ(Giuseppe Ricciotti, 1890-1964), 1958年ヴァッカーリ(Alberto Vaccari, 1875-1965), 1960年ナルドーニ(Fulvio Nardoni)らによる新たな翻訳聖書が出版され,さらに1971年カトリック司教協議会訳(La Sacra Bibbia), 1982年キリスト教各派とユダヤ教との協力による全3巻の翻訳聖書(Biblia Concordata), 1985年共同訳(Parola del Signore)も出版された.

(2) スペイン語.聖書に関しては*多国語対訳聖書の編纂と刊行,各種の聖書の出版などを通しての重要な貢献があるにもかかわらず,カトリック側のスペイン語訳聖書の出版は18世紀まで停滞していた.最古の翻訳の一つとしては,アルフォンソ10世(Alfonso X, 在位 1252-84)の編著書(Grande e General Estoria)のなかに旧約聖書の部分訳がある.しかし,中世においてはユダヤ人によるスペイン語訳が盛んであった.1422-33年のラビ・モーセス・アラゲル(Rabbi Moses Arragel 15世紀), 1533年のトビアス・アティアス(Tobias Athias)とアブラハム・ウスケ(Abraham Usque)の翻訳は有名で,以降のプロテスタント側の翻訳にも影響を与えた.1543年にエンシナス(Francisco de Enzinas, 1520-70)はプロテスタントで最初の新約聖書の翻訳を出版した.1567-69年ルター派のレイナ(Cassiodoro de Reina, 1520-94)による最初の全聖書の翻訳が出版された.この聖書は改訂されて1974年まで版を重ねた.18世紀までカトリック側の翻訳が停滞していたのは,スペインでは*インプリマトゥル(印刷認可)の制度や*異端審問の手続きがヨーロッパの他の地域とは比較にならないほど厳守されていたからである.しかし,それも緩和されて1790-93年サン・ミゲル(Felipe Scio de San Miguel, 1738-96)は,ウルガタ訳聖書から翻訳し,最初のカトリックの全聖書を出版した.1823-25年にはより原典に忠実な翻訳聖書もアマト(Félix Torres Amat, 1772-1847)によって出版された.20世紀になると,例えばスペイン語圏に共通の新約聖書(Hispano-Americana, 1917), ナカル・フステル(Eloino Nácar Fuster)とコルンガ(Alberto Colunga, 1879-1962)による聖書(Sagrada Biblia, 1944), ボヴェル(José María Bover, 1877-1954)とカンテラ・ブルゴス(Francisco Cantera Burgos, 1901-)による聖書(Sagrada Biblia, 1947), *アロンソ・シェケルとマテオス(Juan Mateos, 1917-)による聖書(Nueva Biblia Española, 1975)など,原典からの翻訳が数多く出版される.

(3) ポルトガル語.古くは13-15世紀の部分訳がみられるが,プロテスタント宣教師アルメイダ(João Ferreira d'Almeida, 1628-91)によって全聖書の最初の翻訳が行われた.1681年に新約,1748-53年旧約聖書が出版された.他方カトリック側の最初の全聖書の翻訳は,1778-90年フィゲイレド(Antonio Pereira de Figueiredo, 1725-97)の手で完成された.19-20世紀には,各教派による原典からの翻訳が数多く出版されるようになる.1982年カトリックによる翻訳聖書(Biblia Sagrada)も新たに出版された.

(4) カタルーニャ語.13-15世紀の写本があるが,1478年に最初の全聖書が出版された.この聖書の翻訳は,1396-1402年頃フェレル(Bonifacio Ferrer, 1355-1417)が行った.しかし,出版後まもなくスペインの異端審問当局が焚書処分の決定を下し,このため単独に印刷された詩編(1480)と写本中の断片的引用は別にして,ヨハネ黙示録の最終頁1枚を除いて焼失した.1832年プロテスタントの新約聖書が刊行される.20世紀になって原典から翻訳された聖書(例えば,「モンセラ聖書」Montserrat, 1926)が出版されるようになった.1979年共同訳が刊行される.

(5) ルーマニア語.ルーマニア語による第2番目の出版物は福音書と詩編で,1560-61年頃に刊行された.また,1648年新約聖書,1688年には全聖書(Bibel des Serban Cantacuzno)が翻訳出版される.この聖書は1795年に改訂されてからも版を重ねる.19-20世紀には各教派の手による翻訳がなされ,1975年には個人訳も出版されている.

(6) オランダ語およびフラマン方言.10世紀以降,すでに旧新約聖書の部分訳があった.なかでも13世紀のラテン語*『ディアテッサロン』の翻訳『イエス伝』(Leven van Jesus), 1359-90年頃の*歴史物語的聖書(Historiebijbel)などは重要である.それまで新約聖書や詩編の翻訳はあったが,1477年最初の旧約聖書の翻訳(Delfterbijbel)が出版された.ただし,この聖書には詩編は含まれていなかった.その後,2-3の翻訳聖書(例えば,Bijbel in't Corte, 1513)も出版される.1526年*改革派による全聖書の翻訳が出版された.この聖書は,ルター訳やエラスムス訳からの重訳で,版を重ねるたびに*ルターや*エラスムス,ときにはカトリック的要素を含む脚注が加えられていったため,1560年と1562年に改訂版が刊行された.しかし,不充分な改訂であったので,1637年原典から翻訳された*改革派教会の公式版聖書(Statenbijbel)が出版された.その後も改訂を加えられてこの公式版聖書は長く使用された.他方カトリック側の聖書は,ヴィンゲ(Nicolas van Winghe, ?-1552)がラテン語から翻訳を行い,1548年に出版された.この聖書は「ルーヴァン聖書」(Leuven Bijbel)とも呼ばれ,1598年の改訂後も19世紀までカトリックの間で広く使用されてきた.19-20世紀には種々の翻訳が行われた.また,聖書学の研究成果を踏まえた原典からの翻訳が一般的となった.重要な個人訳も多いが,オランダ・カトリック聖書協会版(Willibrordbijbel, 1961-72), 改革派聖書改訂版(Nieuwe Vertaling, 1939-76), 共同訳(Groot Nieuws voor U, 1972; Groot Nieuws Bijbel, 1983)などがある.このほかに部分訳も含め,フラマン方言(1926, 1987), フリジア語(1924-43; 改訂 De Nije Fryske Bibeloersettung, 1978), アフリカーンス語(Bybel, 1933; 改訂 Nuwe Vertaling, 1975 1979)などの翻訳が刊行されている.

(7) デンマーク語.最古のデンマーク語訳聖書として創世記から列王記までを含む1470年頃の写本がある.最初の翻訳は,ペデルセン(Christiern Pedersen, 1480頃-1554)による1514-15年の部分訳で,1529年新約聖書,1543年全聖書の翻訳が完了して出版される.このほかに1524年ミッケルセン(Hans Mikkelsen, ?-1532)による新約聖書がある.ペデルセンの翻訳は,後に改訂されて改革派教会の聖書(Christian den Tredies Bibel. 略称 Christian III, 1550)として使用された.しかし,20世紀に至るまで広範に利用されることになる,1647年の原典に基づく翻訳聖書(Resen-Svaning Bibel)に取って代わられる.20世紀には,個人訳の新約聖書も刊行

せいしょのほんやく

されるようになったが，改革派教会による公式の改訂訳(旧約1931，新約1948)，またカトリックの新約聖書(1953)も出版された．さらに1993年には新たな公式版全聖書(Bibelen)が出版された．

(8) ノルウェー語．13世紀の古ノルウェー語による創世記から列王記までの断片写本が最古の翻訳である．1814年デンマークとの同盟を破棄してからも，ノルウェーではデンマーク語訳聖書(Resen-Svaning Bibel)が使用されていた．1819-54年この聖書からノルウェー語への改訂訳(Bibelen eller Den Hellige Skrift)が出版される．ノルウェーではリクスモール(Riksmål)とランスモール(Landsmål)の2語が使用されているが，19-20世紀，リクスモール語によるノルウェー聖書協会訳(改訂1930)，*モーヴィンケル他訳(1929-45)，カトリック訳(1902，改訂1938)，ランスモール語の聖書(Bibelen eller Den Heilage Skrift．全聖書1921，改訂1938)が出版された．また，どちらの語も1975年新約聖書，1978年全聖書の改訂訳が刊行される．1994年共同訳(Den Hellige Skrift Bibelen)も出版された．

(9) スウェーデン語．13世紀に遡る部分訳を伝える1420年頃の断片が残っているが，1526年ルター派による新約聖書(Iesus. Thet Nyia Testamentit på Swensko)，1540-41年全聖書(略称 Gustav Vasas Bibel)が出版された．1549-50年新約聖書の改訂案が発表されるが，ようやくこの聖書の全面的改訂が完了して出版(Bibeln eller Den Heliga Skrift)されたのは1917年のことである．他方，カトリック側の新約聖書(Nya Testamentet)は1895年に出版された．1984年新たな全聖書(Nio bibelböcker)も刊行された．

(10) アイスランド語．1540年に新約聖書(Thetta er hid Nyja Testament Jesú Krists)，1584年には全聖書(Biblía)が出版される．この聖書はしばしば改訂されながらも，長く使用されてきたが，1981年部分的な改訂・改訳を加えられて新たな版が刊行される．1988年以来，原典からの翻訳聖書(Bibel 2000)出版の準備が進められている．

(11) ラトヴィア語，リトアニア語．いずれも聖書日課(→レクティオナリウム)などルター派の礼拝のために部分訳があったが，1685-89年ラトヴィア語，1579-90年リトアニア語への翻訳が行われた．ラトヴィア語訳は1937年新約聖書，1965年旧約聖書の改訂版が刊行される．リトアニア語訳聖書は，1727年新約聖書，1735年改訂訳全聖書(略称 Königsberger Bibel)，また1961年新たな翻訳も出版される．他方カトリックの新約聖書(1816)，全聖書(1922，1936)，また詩編と新約聖書(1973)の翻訳もある．

(12) フィンランド語，エストニア語．フィンランドの宗教改革指導者アグリコラ(Mikael Olavi Agricola, 1508頃-1557)は，1548年ルター訳を参考にして原典から新約聖書をフィンランド語に翻訳した．1642年にフィンランド語訳全聖書(Biblia, Se on)が出版される．エストニア語はフィンランド語と同族関係にあるが，18-19世紀にはエストニア語方言への翻訳が出版されるようになる．1686年ドルパト方言(Dorpat)の新約聖書，1715年レヴァル方言(Reval)による新約聖書ならびに1739年全聖書が刊行された．いずれの方言による聖書も後にしばしば改訂されているが，1992年フィンランド語訳全聖書(Pyhä Raamattu)，1968年エストニア語訳全聖書が新たに出版された．

(13) ハンガリー語．最古の翻訳は，1416-35年に作成された福音書と旧約聖書の写本である．16世紀初期に遡る幾つかの部分訳写本もある．しかし1533-86年，当初は人文主義者たちの手によってパウロの手紙(1533)や福音書(1536)，詩編(1548)，ヨブ記(1565)などの各書，さらに旧約聖書部分訳(1551-65)や新約聖書(1541)というようにさまざまな形式で種々の個人訳が相次いで出版された．最初のプロテスタントによる全聖書(Károlyi-Bibel)は1590年に，他方カトリックの全聖書は1626年に刊行された．いずれも後に改訂されている．1951年原典から翻訳された新約聖書，1967年個人訳新約聖書，1968年カトリック訳新約聖書，また古くは1898-1907年ユダヤ教による翻訳も出版された．

(14) アイルランド・ゲール語．古くからアイルランド語への翻訳は試みられていたようだが，断片的な写本しか残っていない．1571年*エリザベス1世はアイルランド・ゲール語新約聖書の出版のために活字一式と印刷機をダブリンに送った．そこで1573年翻訳が始まり，1602年完了した．1690年全聖書の翻訳が出版された．この聖書に基づいてアイルランド・ゲール語新約聖書が1767年に出版されている．1817年全聖書の改訂版，1951年には新たな新約聖書の翻訳が刊行された．

(15) スコットランド・ゲール語．アイルランド・ゲール語をもとにしたものとして，1767年新約聖書，1801年旧約聖書が出版される．1902年この聖書は新たな翻訳と形容できるほどの改訂版として発行されたが，その後も改訂が進められている．1875年カトリックの新約聖書が刊行された．

(16) ウェールズ語．中世には抄訳(例えば，『ウェールズ語聖書』Y Bibyl Ynghymraec)があった．1551年ソールズベリ(William Salesbury, 1520頃-1584頃)は聖書日課を翻訳，1567年最初のウェールズ語訳新約聖書を出版する．1588年には全聖書が刊行される．この聖書は1620年に改訂版が出版され，その後もさらに部分的改訂を加えられて今日でも使用されている．1975年新約聖書の共同訳，1988年旧約聖書の共同訳が刊行された．

(17) ブルトン語．15世紀初めには，ウェールズ語に近似したアルモリック語(Armoric)ないしキムリック語(Cymric)の新約聖書があった．ブルトン語には，レオン(Léon)，トレギエ(Tréguier)，ヴァンヌ(Vannes)，コルヌアイユ(Cornouaille)の四つの方言がある．1827年レオン方言の新約聖書，1866年全聖書，また1883年トレギエ方言の新約聖書，1889年全聖書が出版された．今日，ブルトン語は極めて限られた範囲で使用されている．

(18) バスク語．1571年最初の新約聖書がプロテスタントの手で翻訳された．他方1855年カトリックの新約聖書が出版された．全聖書は1859-65年に刊行される．

(19) アルバニア語．1827年アルバニア南部のトスク方言(Tosk)の新約聖書，1869年北部のゲグ方言(Geg)の新約聖書が出版される．1889-1914年アルバニア標準文字の旧約聖書(部分訳)と新約聖書が出版される．

(20) ギリシア語．1638年正教会の修道者・司祭マクシモス(Maximos Kallioupolites, 1600-33)による新約聖書の近代ギリシア語訳が初めて出版された．1708年カトリックによる新約聖書，1828年正教会のヒラリオン(Hiralion)が新たに翻訳した新約聖書が出版される．旧約聖書(→七十人訳聖書)については，14世紀末から詩編を中心にして翻訳が公刊されるようになるが，1840年旧約聖書の近代ギリシア語訳が刊行され，これと

1848年の新約聖書とが1巻にまとめられて1850年に全聖書として出版される．19世紀末以降，数種の新約聖書の翻訳が出版される．しかし，守旧派の反対のためにあまり流布しなかった．1995年デリコストプロス (Athan Delicostopoulos, 1929-) による新約聖書の翻訳が出版され，その後も版を重ねている．旧約聖書の新たな近代訳は進行中である．

(21) トルコ語．1928年ケマル・アタチュルク (Kemal Atatürk, 1880/81-1938) の改革に伴ってローマ字正書法が導入される以前，トルコではアラビア文字，ギリシア文字，アルメニア文字が使用されていた．1666年全聖書の翻訳が完了するが，約150年後の1819年アラビア文字による新約聖書，1827年全聖書がようやく出版される．1827年アルメニア文字による新約聖書，またギリシア文字による新約聖書は1826年に，全聖書は1838年に出版された．19世紀末以降いずれの翻訳も改訂されるが，さらに1933年ローマ字正書法に従った新約聖書，1941年全聖書が出版された．新たな改訂作業が進んでいる．

(22) イディッシュ語．旧約聖書の敷衍訳で，しばしば＊タルムードからの引用文を伴う．1676-78年と1679年に旧約聖書，1821年ポーランド・イディッシュ語の新約聖書，1872-78年ガリチア・イディッシュ語の新約聖書が刊行される．その後に改訂版や新たな翻訳，例えば1959年には新約聖書が出版された．

(23) マルタ語．ローマ字正書法を採るが，元来はセム系言語である．1822-29年の部分訳の一部を改訂し，1847年新約聖書 (Il Ghaqda il-Gdida ta' Sidna Gesu' Kristu) が出版された．1847年以降，旧新約聖書の各書の翻訳が分冊で漸次刊行されるが，1929-59年原典から翻訳された個人訳全聖書 (Il-Kotba Mqaddsa bil-Malti) が出版された．

(24) クロアティア語．15世紀末頃までには新約聖書の聖書日課が翻訳されており，1495年出版された．最初の新約聖書はダルマタ (Antun Dalmata, ?-1579) とコンスル (Stjepan Konzul Istranin, 1521-1570頃) によってルター訳に基づいて翻訳され，1562-63年＊グラゴール文字で出版される．1563年にはキリル文字による新約聖書も出版されている．

(25) セルボ・クロアティア語．ダルマタとコンスルによる新約聖書以降の約250年間，全く翻訳されることはなかったが，1815年カラドチッチ (Vuk Stefanovič Karadzič, 1787-1864) による新約聖書の翻訳が完了した．カラドチッチの新約聖書はその後に改訂の手を加えられ，ようやく1847年キリル文字で出版され，さらに1864-68年ダニチッチ (Gjuro Daničič, 1825-82) の旧約聖書と統合されてローマ字正書法に従った全聖書 (Biblija) として刊行される．1930-33年さらに1980年改訂版が出版される．また，1961年と1973年にはセルビア語による新約聖書の新たな翻訳が出版されている．1968-94年カトリックによる全聖書 (Jeruzalemska Biblija) が刊行され，また新約聖書の共同訳の刊行準備も進んでいる．

(26) スロヴェニア語．1555-77年トゥルバー (Primož Trubar, 1508-86) は新約聖書の各書を順次翻訳して出版し，それらを改訂して1582年新約聖書 (Ta celi novi Testament) として刊行した．また，1575年に旧約聖書のシラの翻訳を刊行したダルマティン (Jurij Dalmatin, 1547-89) は，1584年全聖書 (Biblija) を出版する．いずれもプロテスタントで原典からの翻訳ではないが，カトリック側のスロヴェニア語訳聖書日課 (Evangelia inu lystuvi, →レクティオナリウム) にも強い影響を与えた．1771年牧師キュスミッチ (Štefan Küzmič, 1723-77) により原典から翻訳された新約聖書が出版される．他方，この間カトリックの場合は聖書日課や抄訳が中心となっていた．しかし1784-1802年全聖書の翻訳を完了して出版，さらに1856-59年にヴォルフ (Anton Alojzij Wolf, 1782-1859) の要請による新たな全聖書 (Sveto pismo) が刊行された．1882年プロテスタントの新たな新約聖書が出版される．以降，種々の翻訳が出版されている．そのなかには，いずれも原典からの翻訳であるが，1959-61年カトリック訳全聖書，1974年共同訳 (Sveto pismo Stare in Nove zaveza: Ekumenska izdaja)，1996年標準訳 (Sveto pismo Stare in Nove zaveza: Slovenski standardni prevod iz izvinih jezikov) などがある．

(27) チェコ語．ヨーロッパ諸言語のなかではフランス語やイタリア語とともに古く，その翻訳は12-13世紀に遡る．1360年頃の全聖書の写本 (Leskovecká Bible) も伝わっているが，1411-14年の写本 (Litoměřicko-třeboňská Bible)，1415年頃の写本 (Boskovická Bible)，1417年の写本 (Olomoucká Bible) の三つが重要である．翻訳は古スラヴ語訳写本に基づき (→聖書の翻訳: 古代語)，長期間さまざまな人によって継続的に遂行され，1413年頃には，J.＊フスの指導もあって古チェコ語による全聖書があったと考えられる．1476年最初の新約聖書，1488年全聖書が刊行される．16-18世紀にはキリスト教各派の手でさまざまな翻訳が遂行される．1506年穏健な＊フス派で，両形色拝領を主張するカリクスト派 ([英] Utraquist, [独] Kalixtiner) の全聖書 (Biblí česká)，1518年＊ボヘミア兄弟団の新約聖書 (Nový zákon)，そして1579-94年原典から翻訳された全聖書 (Kralická Bible)，1677-1715年カトリックの解説付全聖書 (Svatováclavská Bible) が出版される．19-20世紀には改訂版や個人訳なども刊行されるが，1968-85年注解付を含め各種の共同訳が出版された．

(28) スロヴァキア語．15世紀末の全聖書の写本が残っているが，チェコ語と近似していることもあってチェコ語訳全聖書 (Kralická Bible) がしばらく使用されてきた．1722年この聖書からスロヴァキア語に転記された聖書が出版される．1829-32年最初のカトリックの新約聖書がウルガタ訳聖書から翻訳されて出版された．さらに1913-26年カトリックによる翻訳が出版されているが，1946年ギリシア語から，1968年古スラヴ語から翻訳された新約聖書が刊行された．他方1913年プロテスタントの新約聖書，1936年全聖書が出版される．この聖書は逐語訳で，後の1969年に改訂される．1940年代にプロテスタントによる新たな翻訳が始まり，1942年新約聖書，この後にカトリックも協力して1973年に全聖書の翻訳が完了した．

(29) ポーランド語．最古の翻訳をめぐる伝承は13世紀に遡る．しかし，14世紀の詩編 (Floriański)，15世紀の詩編 (Puławski)，いずれも詩編全編の写本，さらに15世紀の全聖書写本(略称 Biblia Królowej Zofii，または Biblia Szaroszpatacka) が残っている．16世紀前半には部分訳の出版もあるが，1556年ウルガタ訳聖書から翻訳されたカトリックによる最初の新約聖書，1561年原典を参照した全聖書 (Biblia Leopolita) が出版された．1593-97年全聖書の翻訳が完了し，1599年翻訳者ヴイク (Jakub Wujek, 1540-97) の死後に刊行された．こ

の聖書の翻訳はウルガタ訳に基本的には準拠するが，しばしば原典も参照している．以降，版を重ねてプロテスタントの間でも使用され，19世紀には改訂の手が加えられた．1926-32年全聖書 (Biblia Poznańska. 改訂1975)，1935年同じく全聖書 (Biblia Krakowska，またはBiblia Jezuicka) などの改訂版が刊行された．20世紀には，しばしば原典からの翻訳も出版された．なかでも1959年以降の24巻からなるルブリン・カトリック大学聖書叢書 (未完結)，1965年の全聖書 (略称 Biblia Tyniecka)，1990年の全聖書 (Biblia Warszawsko-Praska) などが重要である．他方，プロテスタントのルター派による1552年の新約聖書，1563年改革派の全聖書 (Biblia Brzeska)，1572年の全聖書 (Biblia Nieświeska)，近年に至るまで版を重ねていた1632年の聖書 (Biblia Gdańska)，さらにユダヤ人による翻訳も19世紀末以降になると出版されている．1990年には共同訳聖書の刊行が順次始まった．

(30) マケドニア語．数多くの国々と接しているために種々の方言がある．9世紀頃から翻訳されるようになるが，それらはキリル文字使用のブルガリア・マケドニア語とローマ字使用のルーマニア・マケドニア語に大別される．1944年新たにマケドニア語文字が制定されて以降，正書法の普及が始まり，1967年新約聖書が出版される．1970年新約聖書改訂版，1990年全聖書が刊行された．

(31) ブルガリア語．9-10世紀に古ブルガリア語への部分訳が始まる．1823年マタイ福音書(部分訳)，1840年近代訳新約聖書，1860-64年全聖書が出版される．1891年ブルガリア正教会は新たな公式訳を発行する決定を下す．しかし1925年試訳版が発表され，検討作業が続けられている．他方1866年プロテスタントの新約聖書，1871年旧約聖書が出版され，1923年には改訂版が刊行されている．

(32) ウクライナ語．古ブルガリア語訳本文のウクライナ語校訂版 (略称Ostroger Bible) に遡る．しかし近代訳については，1903年古スラヴ語から翻訳されたカトリックの新約聖書，1921年原典から翻訳された新約聖書，1963年いずれも原典から翻訳されて解説注記付の全聖書が出版されている．他方，16世紀前半には旧新約聖書の部分訳がプロテスタントの手で出版される．さらに1880年新約聖書，1887年キリル文字とローマ字併記の改訂版も刊行された．1903年原典から翻訳された全聖書，また1962年個人訳全聖書が出版される．しかし，旧ソヴィエト時代にはウクライナ国内で聖書が出版されることはなかった．

(33) ロシア語．ノヴゴロドの*ゲンナディーの時代，16世紀初頭にはスラヴ語訳の全聖書は完成していなかったようである．このためクロアティア出身のベンヤミン (Benijamin) が未翻訳の文書をラテン語から翻訳しなければならなかった．1581年キリル文字による最初の全聖書 (古ブルガリア語訳本文のウクライナ語校訂版，略称 Ostroger Bible) が出版された．また1663年，古ブルガリア語訳本文のロシア語校訂版が出版される．1751年には約40年かけて改訂された批判的校訂版 (略称 Elisabeth Bible) が刊行された．1821年口語訳新約聖書，1876年旧約聖書，1877年全聖書 (ロシア聖務会院訳，略称 Synodal Version) が出版される．ロシア聖務会院訳は改訂されて1976年にも出版されている．他方1875年プロテスタントの旧約聖書が出版されたが，ロシアでの使用許可は与えられなかった．1952年新たな翻訳も出版される．

【文献】NCE 2: 414-91; TRE 6: 228-99; J. KRAŠOVEC, ed., *The Interpretation of the Bible* (Sheffield 1998).

【ヨーロッパ以外】聖書の翻訳の歴史は，ユダヤ教あるいはキリスト教の宣教活動の歴史であると言い換えることができる．とりわけ近代になってキリスト教はヨーロッパ以外の各地域に広く拡大していった．そのため部分的であってもその地域の言語に聖書を翻訳する必要に迫られた．そうした事情は，1799年までの聖書翻訳が74言語にすぎなかったのに対し，1993年には部分訳を含めて約3,000言語に及んでいることからも理解できる．以下では，それゆえカトリックの聖書翻訳活動を中心にして，国や地域別に粗描すること以外に方途はない．

〔カトリックにおける宣教と聖書翻訳〕1. 歴史的概略．16世紀初頭，東アジア地域への宣教活動が進展するに伴い，宣教地域の諸言語に聖書を翻訳する試みと努力が始まったといえる．古くは14世紀，すでにモンテ・コルヴィーノの*ジョヴァンニが福音書や詩編をモンゴル語に翻訳している．しかし，1498年ポルトガルからインドに宣教師が到着し，例えば1542年以来*フランシスコ・ザビエルはインド南部で活動して，祈りや十戒をタミール語に翻訳した．1549年(天文18)ザビエルは来日し，マタイ福音書の日本語への翻訳を指示したという．17世紀，中国で「典礼論争」との関連で中国語訳聖書をめぐって論議された(→ 中国の典礼問題)．こうして宣教地域での聖書の翻訳や配布また普及活動は布教聖省 (現在の福音宣教省，→ 教皇庁) の監督下に置かれるようになった．19世紀以降，*修道会や*宣教会などヨーロッパ以外の地域で宣教活動を行うことを目的にした団体が数多く創設され，聖書翻訳をめぐっても貢献するようになった．

聖書は典礼やカテケーシス (→ 要理と要理教育) に欠かせない．このため聖書は数々の言語や方言に翻訳され，その試みと努力は現在も引き続き進められている．また，聖書の出版とともに，点字訳や大型活字版，カセット・テープ録音による聖書，ヴィデオ映像版，CD-ROM版，さらに絵本や聖書物語などの普及版も作成されている．こうした聖書の翻訳や配布ならびに普及活動を促進して円滑に行うことができるように，1969年カトリックとプロテスタントの*聖書協会 (United Bible Societies, 略称 UBS) およびウィクリフ聖書翻訳協会 (Wycliffe Bible Translators, 設立 1934) の間で多方面にわたって協力していくための合意が成立した (→ 教会一致促進運動，キリスト教一致推進評議会)．

2. 聖書の翻訳．(1) アジア．①中国．*ロンゴバルドが全聖書を翻訳し，1615年にインプリマトゥル (印刷認可) を与えられて出版した．バセ (Jean Basset, 1662-1707) の新約聖書は写本のままで，出版されることはなかった．マヤ (Joseph-François-Marie-Anne de Moyriac de Mailla, 1669-1748) の『主日の朗読聖書』(『聖経広益』1740)は，広く好評を博した部分訳聖書といえる．一方，ポアロ (Louis de Poirot, 1735-1814) の34巻からなる全聖書には，インプリマトゥルが与えられなかった．1949年リトヴァニ (Georg Litvanyi) の新約聖書，1960年香港のフランシスコ会聖書研究所訳が出版される．この全聖書は1990年に北京でも出版された．

② 韓国，朝鮮．1795-1800年カトリックの宣教師クッラプは，韓国人の協力を得て『主日の朗読聖書』を翻訳した．他方，1887年プロテスタントによる『イエ

ス聖教全書』(略称 Ross Version)，1900 年『ハングルによる新約聖書』，1907 年『改訳新約聖書』，1910 年『旧約全書』，1942 年『聖書全書』などが順次刊行された．1971 年共同訳新約聖書，1977 年共同訳旧約聖書が完成した．

③ インド．1612 年 *ベスキによりイエス伝がタミール語に翻訳され，1616 年ステフェンス (Thomas Stephens, 1549-1619) によるマラティ語の抜粋訳，1728 年ハンクスレーデン (Johann Ernest Hanxleden, 1681-1732) によりイエス伝がマラヤラム語に翻訳されて出版される．ヒンドゥースタニ語 (インドのヒンディー語，パキスタンのウルドゥー語) のマタイ福音書写本もベリガッティ (Cassiano Beligatti, 1708-85) により翻訳されている．1864 年 A. *ハルトマンによる新約聖書のウルドゥー語訳，1925 年全聖書が出版された．ベンガル語訳については，1868 年フルモン (André Fourmont) による『主日の朗読聖書』，1906 年トレジア (Santino Torregia) による *福音書和合，1984 年ミニョン (C. Mignon) による詩編付新約聖書が出版された．1981 年グジャラート語全聖書，1965 年ヴァルト (Stanislav Wald) の翻訳によるヒンディー語の全聖書，1988 年マラティ語共同訳全聖書，1975 年ネパール語の全聖書，1989 年オリヤ語全聖書，1969 年ムースダン (Thomas Moothedan, 1911-) によるマラヤラム語全聖書，1981 年コーチン司牧センター (Pastoral Centre Cochin) 訳全聖書，1978 年ペシッタ (→聖書の翻訳：シリア語訳) に準拠した新約聖書が出版された．タミール語訳の新約聖書は 1857 年に刊行され，さらにまた 1890 年トリンカル (John Trincal) の新約聖書，1904 年ボテロ (Hugues Bottero) の全聖書，1990 年新共同訳全聖書が出版されている．

④ スリランカ．ゴンサルヴェス (Jacome Gonzalvez, 1676-1742) は，シンハリ語やタミール語で数多くの聖書関連の文書を著した．そのなかには，*歴史物語的聖書(1712)やキリスト受難をめぐる説教集(1725)，「主日の朗読聖書」(1730) が含まれている．1890 年シュナヴェル (Constant Chounavel, 1825-1923) は新約聖書を翻訳，1983 年共同訳全聖書が出版された．

⑤ カンボジア．1994 年プショ (François Pouchaud) によって北部クメール語新約聖書が出版された．

⑥ タイ．1685 年ラノー (Louis Laneau, 1637-96) の翻訳したタイ語によるルカ福音書写本が完成する．1905 年ヴェイ (Jean-Louis Vey, 1840-1909) によって「主日の朗読聖書」が翻訳され，1986 年全聖書が出版された．

⑦ ヴェトナム．1651 年 A. *ロードはヴェトナム語辞典を編纂したが，これが翻訳上の基本資料となる．1878 年ヴェナール (Théophane Vénard, 1829-61) は福音書和合，1904 年ルタル (Pierre Retard) は『主日の朗読聖書』，1909-16 年シリクリン (Albert Schlicklin) はラテン語併記の全聖書，さらに 1919 年フランス語併記の全聖書を出版した．1967 年ガニョン (Gérard Gagnon)，1989 年枢機卿チン・ヴァン・カン (Joseph Trinh Van Can, 1921-) が全聖書を出版する．

⑧ フィリピン．17-18 世紀には数多くの叙事詩や受難劇，イエス伝などが一般に流布していた．1679 年スアレス (Dionisio Suárez) は「主日の朗読聖書」を翻訳した．タガログ語訳については 1962 年アブリオル (José Abriol) によって全聖書，1980 年共同訳全聖書が出版された．1955 年セブアノ語全聖書，1992 年ビコル語共同訳全聖書が刊行されている．

(2) オセアニア，太平洋．1853 年ハワイ語のマタイ福音書，1874 年マルケシ語マタイ福音書，1889 年タヒチ語の新約聖書が出版された．1920 年以降パプア・ニューギニアの諸言語に「主日の朗読聖書」が翻訳される．1983 年グナントゥナ語全聖書，1986 年ドブ語新約聖書，1989 年トク・ピシン語全聖書，1993 年キリバスのギルバート語全聖書が出版された．

(3) アフリカ．16-17 世紀の聖書の翻訳活動は，例えば 1547 年グアルティエリ (P. Gualthieri) によるエチオピアのゲエズ語新約聖書の出版を除くならあまり活発ではなかった (→聖書の翻訳：古代語)．18-19 世紀には，もっぱら「主日の朗読聖書」や歴史物語的聖書，部分訳などが出版される．例えばエジプトでは，1744 年ツキ (Raphael Tuki) が詩編，また創世記からトビト記までをアラビア語に翻訳した．20 世紀になると，数多くの部分訳が出版されるようになる．1970 年以降は共同訳刊行の準備が始まり，1980 年以降に出版されるアフリカの諸言語の全聖書は各教派の協力による共同訳となっている．しかし，271 言語があるカメルーンでは，わずかにエウォンド語による全聖書だけがあるにすぎない．他方，ナミビアでは 4 言語の共同訳全聖書が出版されている．

(4) アメリカ．a．ラテンアメリカ地域では 15 世紀からスペイン語が公用語であり，そもそも 1233 年アラゴンのホアン (Juan de Aragón, 1213-76) は，地域言語への翻訳および地域言語に翻訳された聖書を所有することを禁止していた．こうした規則は宣教師にも厳格に適用された．1565 年メキシコで聖書の引用文であれ部分訳であれ *インディオの言葉に翻訳することは許されないとの決議が下された．すでに聖書はインディオの間に流布していたが，1576 年その措置は異端審問当局に委託されることになった．そして当局は，1578 年どんなものであれ，あらゆる聖書を押収するとの指令を発表した．これに抗してメキシコの初代司教 J. *スマラガは，誰もが聖書を読むことが可能になるように方策を立てた．① メキシコ．1833 年アステカ語のルカ福音書，1865 年マヤ・ユカタン語のルカ福音書が出版された．② ボリビア．1612 年アイマラ語のイエス伝，1986 年全聖書の共同訳が出版されている．

b．アメリカ合衆国およびカナダ，スリナム．① アメリカ合衆国．19-20 世紀，*インディアンの諸言語への絵文字を含めての翻訳聖書が数多く出版されている．② カナダ．19-20 世紀，*エスキモーの諸言語への翻訳聖書が刊行されている．③ スリナム．1863 年「主日の朗読聖書」がスラナントンゴ語に翻訳された．

〔プロテスタントにおける宣教と聖書翻訳〕17 世紀以降，特に 18 世紀になってプロテスタントによる宣教活動が活発になる．このため聖書の翻訳が急務となった．1655-63 年エリオット (John Eliot, 1604-90) は，アメリカ合衆国のマサチューセッツのインディアンの言語に聖書を翻訳した．これが宣教を目的にして最初に翻訳された全聖書(1663)である．またアジアでは，カトリックの既存訳を参照したことは当然であるが，1708 年以降ルター派の *ツィーゲンバルクがタミール語訳に着手した．これが最初の翻訳聖書(1728)である．1730 年 *ヘルンフート派の伝道協会の設立をはじめとし，19 世紀までには数々の伝道団体や聖書普及団体が組織された．なかでも 1792 年 *ケアリによって設立されたバプテスト伝道協会 (Baptist Missionary Society) は，ベンガル地方セランポール (Serampore) の出版社を通して，

せいしょのほんやく

1793-1834 年部分訳を含めて約 40 言語の翻訳聖書を出版した．

1910 年 *エディンバラ世界宣教会議が開催され，また 1921 年 *国際宣教協議会が発足する．これが宣教と聖書翻訳活動の促進と協力のための転機になった．1946 年聖書協会が結成される．これによってプロテスタント各派の相互協力のみならず，カトリックを含めキリスト教各派が一致して宣教と聖書翻訳活動に取り組むことが可能になる．

【文献】LThK³ 2: 397-400; TRE 6: 299-311; UNITED BIBLE SOCIETIES, ed., *Scriptures of the World* (London, New York 1994). （清水宏）

せいしょのほんやく　聖書の翻訳：共同訳

聖書の「共同訳」（[英] Common Bible Translation）は，第 2 *ヴァティカン公会議で公布された『啓示憲章』（1965）の第 6 章「教会の生活における聖書」において，プロテスタント諸教会との協力によって，世界の各言語による適当かつ正確な原典訳を行うべきであると定められたところに具体的な出発点をもっている．このような方針が打ち出されるようになった背景としては，20 世紀になってから，さまざまな分野で *教会一致促進運動が進められ，聖書学の研究成果も蓄積されてきたという事情もあったが，*宗教改革以来，聖書の解釈や翻訳について厳しく対立してきたカトリック教会とプロテスタント諸教会が，一致協力して新しい聖書を翻訳するという提案は，まさに画期的であった．プロテスタント側では，第 2 ヴァティカン公会議中，すでに 1964 年には，オランダのドリーベルゲン（Driebergen）で行われた *聖書協会に加盟する各地の聖書協会ならびにプロテスタント諸教会の代表者会議で同様の提案をするなど，急速に「共同訳」への歩みは進められていた．

日本の場合，1966 年（昭和 41）8 月には，聖書協会主催で，聖書翻訳者研修会が八王子の大学セミナーハウスで開かれ，続いて 1967 年 4 月には，*フランシスコ会聖書研究所で聖書翻訳者研究者懇談会が開かれた．1969 年には日本聖書翻訳研究会が組織され，同年に共同訳聖書の可能性検討委員会が設けられ，翌年の春に共同訳が必要かつ可能であるとの結論に達し，聖書協会とヴァティカンの *キリスト教一致推進評議会がまとめた，『聖書翻訳における諸宗派間の協力のための指針』に従って実行するのが適切であるとの答申をエキュメニズム司教委員会と *日本聖書協会理事会に提出した．この答申に基づいて，共同訳聖書実行委員会が組織され，1970 年 8 月 27 日の第 1 回委員会で共同委員長に，カトリック側から *相馬信夫，プロテスタント側から岸千年（1898-1989）が選出された．

実際の翻訳作業のため，まず聖書訳語委員会が組織され，1972 年には翻訳者と編集委員が決定された．その数は約 40 名であるが，そのほか聖書学者と国語学者の検討委員を加えると総数は約 70 名ほどに及んだ．編集委員会共同委員長は，カトリックのシュナイダー（Bernardin Schneider, 1917- ）とプロテスタントの高橋虔（1903-92）があたることになった．

翻訳の期間としては，新約が 3 年，旧約が 7 年という計画で始められたが，これまでの二つの伝統による固有名詞の差異を原音主義の原則で調整すること，小グループに分かれて原稿を作成することなどの作業は予想以上に困難であった．翻訳の方針として，当初はナイダ（Eugine Albert Nida, 1914- ）の「動的等価」の理論により，これまでの伝統とはかなり根本的に異なる訳を試み，読者層も教会内よりは教会外を想定して進められた．こうして 1978 年に『新約聖書』が発行されたが，旧約のほうの訳業は容易に進まなかった．

1978 年の版は，固有名詞については原音主義，翻訳理論の面では動的等価によるもので，興味深い訳であったが，教会で使用するには必ずしも適切ではなかった．

1982 年に旧約の訳業を推進するため 4 名の編集実務委員がたてられ，やがて新約聖書についての読者の反響も考慮して，全体として教会の典礼にも適切な文体とし，固有名詞も慣用を考慮して読みやすいものとするよう編集方針が変更され，あらためて新約についても編集実務委員が 2 名たてられ改訂されることになった．その点は *旧約聖書続編についても同様の対応がなされた．

こうして 1972 年に開始された訳業は，1987 年の 9 月にようやく完成された．長い間，別々の聖書の翻訳を使用してきたカトリック教会とプロテスタント諸教会に共同訳という一つの聖書を使用する道が開かれ，聖書の人名も共通の表記を使用することができるようになった．このことは，日本の聖書翻訳の歴史のなかで全く画期的なことであり，教会の一致に向かって大きな前進を達成する事業であったということができよう．このように，1987 年に完成された訳業は 1978 年の「共同訳」とはかなり性格の異なったものとなったので，『聖書　新共同訳』と呼ばれることになった．15 年以上かけて，多くの人々の協力によって完成された「新共同訳」は，当然さまざまな改善の余地を残してはいるが，広く教会と一般の読書界に受容されている．→聖書の翻訳：日本語，聖書の翻訳理論

【文献】木田献一「聖書・新共同訳とエキュメニズム」，Z. イエール「聖書・新共同訳への道程」『神の福音に応える民』高柳俊一編（リトン 1994）29-45, 47-58.

（木田献一）

せいしょのほんやくりろん　聖書の翻訳理論

聖書の翻訳という課題を理論的に基礎づけようとした人物として，特に重要なのはナイダ（Eugene Albert Nida, 1914- ）である．その代表的著作は『翻訳学序説』（開文社 1972: *Toward a Science of Translating*, 1964）である．

あらゆる文学のなかで，特に聖書の翻訳の問題が重要であり，また特別に多くの困難を伴っている理由は，一方で翻訳される聖書という文書が，教会によって正典とされた聖なる書として，規範的権威を与えられていることと，他方聖書は信仰の伝達のためにすべての人間によって読まれることを想定し，理解されて，読者が教会という信仰の共同体に参加する行動につながるための使信を伝達しえなければならないからである．

聖書翻訳は，前 3 世紀半ば頃から旧約のヘブライ語原典をギリシア語に訳し始めた *七十人訳聖書の訳業によって本格的に始められた．このギリシア語訳聖書は，ヘブライ語正典の本文と必ずしも一致していないが，*アウグスティヌスは七十人訳聖書を *霊感によるものとして極めて高く評価している（『神の国』18 巻 43 章）．しかし，*ヒエロニムスは，七十人訳聖書の問題点を認識したうえで，新約を含む全聖書のラテン語訳を試み，その訳業はやがて *ウルガタ訳聖書としてカトリック教会で公認されるに至った．

上述のように，聖書翻訳の課題は，つねに原典への忠実さと，それぞれの時代と場所に聖書の使信を伝達する

という両極的機能を満たすことにある．この課題に応えるために，ナイダは「動的等価」という理論を展開した．それは逐語訳でも自由訳でもなく，それぞれの時代と場所において，自然な訳文で，原典の使信の力を再現することを目標としている．我が国の新共同訳聖書も，この理論の影響を受けている．

（木田献一）

せいしょのむびゅうせい　聖書の無謬性

【概念と問題の所在】聖書の無謬性とは，聖書には誤りがないということ．

ユダヤ教の聖書観を継承してキリスト教は，聖書記者が神の霊の息吹（→霊感）を受けて書いた書物として聖書を受け止めてきた．したがって，神は真理の神であるから，聖書に書かれていることには誤りがないと信じてきた．この信仰はその初めから（マタ 22: 31；使 2: 16 以下参照），教父時代，中世盛期を経て近代に至るまで揺らぐことがなかった．誤りと思われるとき，*アウグスティヌスの言葉，「写本に欠陥があるか，翻訳者が意味をよく読み取らなかったか，わたしがその意味を理解しなかったか以外に理由がない」（*ヒエロニムスの『書簡』116, 3）をもって答えとしてきた．

これは今日も有効であるが，近代になって聖書の無謬性は深刻な問題となった．その要因として，自然科学と歴史学の勃興と進歩，プロテスタントの学者による*聖書批評学の発展，前近代的な聖書の読み方に対するカトリック側の拘泥をあげることができる．

自然科学については，そのはしりが*コペルニクスによる地動説の提唱にある（→太陽中心説）．これによって*世界像が転換したが，聖書は天動説の世界像を教えているかにみえた（ヨシュ 10: 12-13 参照）．これが 17 世紀初頭にガリレオ問題を引き起こした．ガリレオ・*ガリレイが説く地動説は当時聖職者によって否定された．19 世紀になると自然科学が発達し，地球とそこにいる生命の歴史がいよいよ明らかになった．例えば 1859 年*ダーウィンが『種の起源』で提唱した*進化論は，創世記 1-3 章が提示する*創造の記事と相容れないかにみえた．また古代オリエントの各地で発掘調査が始められ，歴史学は飛躍的に発達した．これが聖書の歴史的記述の誤りを示した．例えばユディト記 1 章 1 節で，バビロニア王*ネブカドネツァルがニネベで*アッシリアを治めていたといわれるが，それはありえない．

他方，18 世紀にプロテスタントにおいて聖書批評学が起こり，*モーセ五書の形成史に関しては，1883 年，*ヴェルハウゼンの『イスラエル史序説』により，いわゆる資料仮説が定着することになり，*モーセがその五書の著者であるとの信仰がいよいよ疑わしくなった．また 1892 年，*ドゥームの『イザヤ書』により，イザヤ書 40 章以下が*捕囚期の第 2 イザヤといわれる著者によるだけでなく，56 章以下が捕囚期後の第 3 イザヤによるのではないかと提唱され，イザヤ書 66 章全体が前 8 世紀の預言者*イザヤによるという信仰が疑われることとなった．福音書に関しては，*ライマールス以来，福音書を資料としてイエスの歴史的人物像の復元が盛んに試みられるようになり，それは*教理の*キリスト論とかけ離れたものであった（→イエス伝研究）．

それに対してカトリックにおいては，まず*トリエント公会議（1545-63）においてラテン語の*ウルガタ訳聖書を権威あるものとして公認した決議が大きな影響を残した．16-17 世紀にカトリックの*聖書学は黄金時代を迎えたものの，その頂点であり聖書批評学の祖といわれる R.*シモンが，1678 年に主著『旧約聖書の批判的歴史』を枢機卿*ボシュエによって焼き捨てるよう命じられ，長い暗黒時代に入った．聖書は読まれず，読まれても，それはウルガタ訳聖書であり，それを*教父や中世の神学者の解釈によって読んだ．聖書に書かれていることはそのまま歴史的事実であり，これに対して自然科学，歴史学，聖書学から誤りではないかと疑問が投げかけられても，満足いく答えは出せなかった．

【問題解決への道のり】聖書を重視しながら諸科学にも目が開かれたカトリック学者のなかには，その調和的両立を試みる学説を唱え始める者も出た．聖書中の「たまたまの指摘」（〔ラ〕obiter dicta）は誤りなしとはされないという*ニューマン，無謬なのは内容的に信仰と倫理を教える聖書の部分に限られるというローリング（August Rohling, 1839-1931）や*ユルストなどである．特にユルストは*アンスティテュ・カトリックの学長でありながら 1893 年「聖書問題」（La question biblique）と題する論文を書いて，*ルナンの薫陶を受けた*ロアジの聖書学を弁護した．これが著者の予想を越えて大論争を巻き起こした．

この時代背景のもとに，1893 年 11 月に教皇*レオ 13 世の回勅『プロヴィデンティッシムス・デウス』が発表された．これは，およそ 2 世紀間の沈黙を破り近代になって初めて教皇が聖書に関して発表した指導方針であった．この回勅で，まず一般的にウルガタ訳聖書の価値は保証されるが，初期の*聖書写本やほかの古代訳も無視すべきではないこと（→聖書の翻訳：古代語，古ラテン語），*聖霊を著者とする聖書の内容は人智を超えており，この聖書が教会に託されていること，その一層の研究をおろそかにしてはならないことが述べられた．次に*聖書の言語の修得と「真の批判的研究法」（〔ラ〕vera artis criticae）が必要であるという．ここで初めて聖書研究における「批評学」の正当性を認めるとともに，「真の」といって当時流行していた唯理主義的先入観をもった聖書批評学に警告した．さらに聖書と自然科学の関係については，聖書記者が当時の言語表現で教えようとしたのは，自然界の内部構造やその発生についてではなく，*救いのためになることであったという．次に「まさにこのことは関連の研究分野，特に歴史にもあてはめることができる」（Haec ipsa deinde ad cognatas disciplinas, ad historiam praesertim iuvabit transferri）として，聖書と歴史学の関係についても言及したが，この表現は不明瞭で，議論を呼んだ．これはおそらく聖書以外の資料もそのまま歴史的事実を伝えるものと即断してはならず，その書き方に注目すべきだと勧告したものであろう．最後に無謬性を信仰と倫理を教える聖書の部分に限るという学説を退けた．この回勅は，聖書がすべて聖霊の霊感によって書かれた書物であるとの伝統的信仰を確認したうえで，無謬性問題を解決する第一歩となった．しかし，その最終的返答を与えるまでにはその後，幾多の紆余曲折を経なければならなかった．

同教皇はすでに 1892 年に聖書学促進のため，エルサレムにおける*ドミニコ会経営の聖書研究所開設を承認したが（→エコール・ビブリック），さらに 1902 年には健全な聖書学の育成のため*教皇庁立聖書委員会を設立した．実際にはこの委員会は，真理の相対性を説いたロアジをはじめ*近代主義（モデルニスムス）に対する警告に終始することになり，カトリック聖書学者はしばしば近代主義の烙印を押され，学問的自由を奪われることにもなった．ただし，当時の聖書学は過渡的状態（status quo）にあるものとして，教会はそれを認めなかったわけで，聖書研究そのものを制止させようとしたのではなかった．事実 *ピウス10世は，聖書学の教員養成と神学校における聖書教育の充実に努めた．特に1909年にはローマに聖書学の高等研究機関として *教皇庁立聖書研究所を創設した．

レオ13世の回勅公布50周年にあたり，1943年 *ピウス12世が発表した回勅 *『ディヴィノ・アフランテ・スピリトゥ』は，その第1部でこの50年間に諸教皇が聖書学振興のために果たした業績を総括し，第2部で聖書学の方法論を扱い，そのなかで基本的に聖書批評学を高く評価した．まずレオ13世が聖書の真理に関する教え，すなわちその無謬性擁護に腐心したことを記したうえで，聖書と自然科学の関係に関してはその教えを再確認した．次にその方法論を説明しながら聖書の言語の修得と本文批判の重要性を再確認する一方，ウルガタ訳聖書についてはトリエント公会議の決議を踏襲し，ウルガタ訳聖書は西欧ラテン教会において真正で権威あるもの（authentica）として利用することができるとした．また，時代の制約ゆえにトリエント公会議は実現できなかったが，ヘブライ語とギリシア語による *聖書の本文の校訂も視野に入っていたことを指摘した．つまり聖書をその原本の言語に遡って研究する必要性を意識していたという．さらに聖書解釈にあたりその *字義通りの意味の重要性を指摘しながらも，神学的内容を明らかにすることも必要であると説く．そのうえで聖書は古代の文書としてその時代の文学様式に注目し（→聖書の文学類型），その著者である聖書記者が表現しようとしたことを学びとる必要があると強調する．このようにレオ13世の回勅で明らかでなかった前述の「まさにこのことは……」（Haec ipsa...）を解釈し，これによって創世記の初めの創造や *楽園物語を歴史としてではなく，*祭司文書や *ヤーウィスト資料などといわれるその著者の意図によって解釈するのを正しいとする道を開いた．

しかし，この回勅は聖書の無謬性についてはまだ問題が残っており，その解決には時間が必要であると同時に，学問の自由があることも忘れず指摘している．この未解決の問題として福音書の解釈法が考えられた．当時，*ブルトマンをはじめ *福音書研究において提唱されていた *聖書の様式史的研究には，歴史的人物としてのイエスは追究できないし，追究してもいけないという *ア・プリオリな哲学的前提が結びついており，ここに問題があったからである．

この問題に答えたのが，*パウロ6世の時代の1964年に教皇庁立聖書委員会により発表された『ハエク・マーテル・エクレシア』（Haec Mater Ecclesia），すなわち福音書の歴史的真理性に関する指針である．この指針により哲学的前提を抜きにして，様式史的研究の方法を福音書研究に適用することの有効性が認められた．それだけでなく福音書の歴史的真理性を見極めるために，歴史的人物としてのイエスが活動した段階，その死と復活のあと *使徒たちがイエスを宣べ伝えた段階，それを資料として *福音記者が福音書を著述した段階があったことを意識する必要性が説かれた．福音書に記述されていることがそのまま歴史的事実だとする考えは退けられ，当時広く採用されるようになった *聖書の編集史的研究の重要性が認められたのである．同時にそれぞれの福音書の背後に *原始教団の伝承があり，その起源に歴史的人物としてのイエスがあることを確認した．このイエスが具体的に何を述べ，何を行ったについては言及せ

ず，今後の研究に委ねたといえよう．この内容は第2 *ヴァティカン公会議の『啓示憲章』19項に取り入れられている．

【無謬性から真理性へ】第2ヴァティカン公会議は『啓示憲章』11項の前半において，聖書が「すべて」聖霊の霊感を受けた聖書記者によって書かれた書物であることを確認してから，後半で聖書の無謬性について述べる．

ここでは「無謬」ではなく，「真理」となっている．「無謬」が消極的で護教論的な響きであるため，草案の段階で「真理」とされた．さらに聖書が教えるのはあらゆる真理ではなく，救いに関わるものであるから「救いの真理」とされた．しかし，これでは聖書を「救いの真理」を教える部分とそうでない部分とに分けることになるのではないかとの懸念が示され，それが決議文にあるように「神が私たちのために聖なる書に書きとめられることを望んだ真理」とされた．このように聖書は題材（*質料）の観点ではなく，その題材を用いて表現しようとする教え（*形相）の観点から全体を通して真理を教えるものであることが明らかにされた．これがこれまで議論されてきた無謬性問題への最終的な解答である．

それはまた新たな課題を明らかにした．聖書が教える救いの真理とは内容的に何なのか，まだ追究する必要がある．またその真理を読み取るために，各聖書記者だけでなく，複数の聖書記者によって形成された聖書各書が示す真理にも注目する必要がある．さらに聖書は複数の書物の寄せ集めではなく，すべて聖霊によって書かれた一つの書であるから，その全体をもっていおうとする真理も追究する必要がある．したがって聖書記者の著作意図を読み取る方法論は必要であるが，それだけでは充分とはいえない．ここに聖書を読むほかの諸方法論も再検討しなければならない理由がある．この線に沿った指導方針として教皇庁立聖書委員会発表の『聖書とキリスト論』（1984）と『教会における聖書解釈』1993）がある．

【文献】N. ローフィンク「聖書の不謬性について」高橋憲一訳『司牧』8 (1965) 139–44, 156–60, 173–79: N. LOHFINK, "Über die Irrtumslosigkeit und die Einheit der Schrift," StdZ 174 (1963–64) 161–81; 和田幹男『私たちにとって聖書とは何なのか』（女子パウロ会 1986) 197–235; C. PESCH, De Inspiratione Sacrae Scripturae (Roma 1906²1925) 489–552; A. MERK, ET AL., Institutiones Biblicae (Roma ⁶1951) 85–98; J. COPPENS, "L'inspiration et l'inerrance biblique," EThL 33 (1957) 5–35; ID., "Comment mieux concevoir et énoncer l'inspiration et l'inerrance des Saintes Ecritures?," NRTh 86 (1964) 933–47; O. LORETZ, Die Wahrheit der Bibel (Freiburg 1964); ID., The Truth of the Bible, tr. D. J. BOUCK (New York, London 1968); ID., Das Ende der Inspirations-Theologie, 2 v. (Stuttgart 1974); H. HAAG, " Die Buchwerdung des Wortes Gottes in der Heiligen Schrift," MySal 1: 335–57; P. LAGHI, ET AL., Chiesae Sacra Scrittura: Un secolo di magistero ecclesiastico e studi biblici (Roma 1994); J. A. FITZMYER, The Biblical Commission's Document "The Interpretation of the Bible in the Church": Text and Commentary (Rome 1995) 20, 103–105.　　　　　　　　　　　　（和田幹男）

せいしょのようしきしてきけんきゅう　聖書の様式史的研究　〔独〕formgeschichtliche Forschung, 〔英〕form criticism study　聖書は一つの文学作品である．

しかし，1冊の書物として編み上げられるまでには実に長い時代やさまざまな状況を経て構成されたのであり，また，そこに収められている書物の文学類型は，神話，歴史叙述，詩，ロマン（物語），伝記的作品，書簡等々，実に多様である（→聖書の文学類型）．そしてまた，それぞれに採用されている伝承資料も多様な文学様式をもつ．その様式（〔独〕Form）に注目し，見分けることは，聖書の当該テクストが伝達しようとしている情報やメッセージを正しく読みとるために基本的に重要な解釈の方法である．

【歴史】旧約聖書において 150 編に及ぶ詩編がまとめられたのは詩という文学類型を同じくしているゆえであり，さらに，それとヨブ記，コヘレトの言葉，箴言などを「諸書」として「律法」や「預言者」から区別したのも，文学的形態の近似性に基づいた判断であった．しかし，聖書の文学作品として，より狭義に様式史的にみるようになったのは 19 世紀に入ってからのことである．1882 年にグレーツ（Heinrich Graetz, 1817-91）は詩編の注解書（Kritischer Kommentar zu den Psalmen, 1882）を公刊し，そのなかで賛歌，嘆き，教訓の詩などに分類することによって旧約聖書の文献批判的研究に寄与した（→聖書の文献批判）．しかし，様式史的方法を旧約聖書の研究により本格的に導入したのは *グンケルであった．彼は創世記研究（Genesis, 1901）にこの方法を採用し，さらに詩編研究（Die Psalmen, 1926; Einleitung in die Psalmen, 1928-33）にも応用し，伝承素材が成立した「民の生活における座」への問いを導入した．当該単元成立の「生活の座」（〔独〕Sitz im Leben）を問うこの問題意識は，その後の様式史的研究における重要な要素となる．グンケルによれば，本来口頭で伝承されていた純粋な様式が後に混合されるようになったという．伝承史的発展（→聖書の伝承史的研究）をこのように単純化して判断することはその後の様式史的研究において受け容れられないが，特に散文と預言書の様式と類型をより厳密に区別するなど，彼は旧約聖書の様式史的研究への道を大きく開いた．

グンケルをはじめとする旧約聖書の研究者たちの成果は新約聖書の研究に大きな影響を及ぼした．*二資料説によってマルコ福音書と *Q 資料を基幹資料とすることにより共観福音書の成立過程がかなり明らかになってきたが，さらにその背後に遡ることでイエスの人格や言葉に接近できるのではないかとの期待がもたれた（1906 年の A. *シュヴァイツァーの『イエス伝研究史』初版は研究史を扱い，否定的結論をくだす．→イエス伝研究）．ヴレーデ（William Wrede, 1859-1906）の研究『福音書におけるメシアの秘密』（Das Messiasgeheimnis in den Evangelien, 1901）によれば，福音記者マルコはイエスがなぜメシアとして人々に知られることなく死んだのかという問題に答えるために，「メシアの秘密」の理論を資料に読み込んで執筆したという．したがって，マルコ福音書はイエス伝の資（史）料というより，神学的に解釈されなければならないのである．また，シュミット（Karl Ludwig Schmidt, 1891-1956）は，マルコが個々の伝承単元（*ペリコペー）を配列し，それに枠組みを与えたとし，ところどころに「まとめの文」を置いて作品に仕上げたことを解明（Der Rahmen der Geschichte Jesu, 1919），それゆえ，共観福音書の背後には独立した個々の単元（ペリコペー）が存在し，それらは何らかの形で教会の宣教に役立つべく用いられていたものとしている．

*ディベリウスの『福音書の様式史』（1919）および *ブルトマンの『共観福音書伝承史』（1921）はヴレーデらの研究の線上で個々の伝承資料を分析し，共観福音書の様式史的研究の地歩を築いた．ブルトマンがより分析的，ディベリウスがより構成的であり，両者の間では用語上の違いもあるが，方法的には共通している．例えば，伝承部分と編集部分は区別されるべきであり，個々のイエス伝承は，伝承を担った教会の必要，つまり，対外的には対ユダヤ教論争，弁証，宣教，対内的には説教，祭儀，教会教育，倫理的勧告，終末待望などの「生活の座」に応じて形成されたということである．

【文学様式】共観福音書の伝承資料は次のように分類される．

I. 主の言葉．

（1）*ロギア（ユダヤ教の *知恵文学にみられるような格言風の言葉）．（a）生活・人生の指針（マタ 6: 22-23；ルカ 11: 34-36；マコ 10: 25；マタ 19: 24；ルカ 18: 25 等）．（b）勧告（マタ 8: 22；ルカ 9: 60；マコ 11: 24；マタ 21: 22 等）．

（2）預言的・黙示的言葉．（a）祝福の言葉（マタ 5: 3-12；ルカ 6: 20-23 等）．（b）威嚇の言葉（マタ 23: 13-39；ルカ 11: 39-54 等）．（c）警告（マコ 1: 15；マタ 4: 17；マコ 13: 33-37 等）．（d）黙示的預言（マコ 13: 2; 14: 58 等）．

（3）律法の言葉・教会規則．（a）ユダヤ教律法（解釈）批判（マコ 3: 28-29；マタ 12: 31-32；ルカ 12: 10 等）．（b）教会規則（マタ 16: 18-19；マコ 6: 8-11 等）．

（4）「私」言葉．イエスが一人称「私」で語る（マコ 2: 17; 10: 45；ルカ 14: 26-27 等）．

（5）*譬え．さらに，比喩（マタ 5: 14 等），隠喩（マタ 7: 13-14 等），直喩（マタ 24: 27 等），譬え（ルカ 17: 7-10 等），譬え話（ルカ 15: 11-32 等），例話（ルカ 10: 30-37 等），寓喩（マコ 4: 13-20 等）に分類される．

II. *アポフテグマ．簡単な場面設定のなかで語られる言葉．ブルトマンはこれを主の言葉に，ディベリウスは範例（パラディグマ）として物語に含める．これは言葉と物語の間にあり，双方の性格をもつ．

（1）論争（ルカ 14: 1-6 等）．

（2）教育的対論（マコ 9: 38-40 等）．

（3）伝記的アポフテグマ（マコ 1: 16-20 等）．

III. 物語．

（1）*奇跡物語．さらに，治癒奇跡と自然奇跡に分類される（マコ 1: 21-28; 5: 1-20 等．→奇跡）．いずれにせよ，イエスを神的異能者（カリスマ的人物）として描き，教会の宣教活動などに「生活の座」をもつ．

（2）歴史物語・伝説（マタ 3: 1-12 等）．

（3）受難物語（マコ 14-15 章）．イエスの逮捕から十字架死まで続く長いまとまりとして，エルサレム教団にて伝えられていた古い伝承．

これらの伝承は過去のイエスを伝えるとともに，より直接的には教会（キリスト者）が現在に意味あるものとしたものであり，福音記者たちの編集的意図も同様であった．

これらの古典的様式史研究が伝承の「生活の座」を教会にみていたのに対して，近年になって，タイセン（Gerd Theißen, 1943- ），荒井献（1930- ），大貫隆（1945- ）などの研究者は伝承の担い手と受け手の社会に視点を広げ，社会的・文化的・経済的要因と結合させ，*聖書の文学社会学的方法を提示している．

様式史的研究は共観福音書研究に集中的に適用されて

せいしょのりんり

きたが，近年，*パウロ研究においても，信仰告白定型（例えば，1 コリ 15: 3-4），キリスト賛歌（例えば，フィリ 2: 6-11），説教，弁明，勧告などに光をあて，*原始教団の思想的状況を把握するうえで重要な役割を果たしている．

【文献】旧新約聖書大 1231-32; 新聖書大 1427-28; 荒井献『イエス・キリスト』（講談社 1979）47-378: 荒井献他『総説新約聖書』（日本基督教団出版局 1981）89-98; E. V. マックナイト『様式史とは何か』加山久夫訳（ヨルダン社 1982）: E. V. MCKNIGHT, *What is Form Criticism?* (Philadelphia 1969); R. ブルトマン『共観福音書伝承史』ブルトマン著作集 1-2, 加山宏路訳（新教出版社 1983）: R. BULTMANN, *Die Geschichte der synoptischen Tradition* (Göttingen⁶1964); K. KOCH, *Was ist Formgeschichte?* (Neukirchen-Vluyn 1964 ³1974); K. BERGER, *Formgeschichte des Neuen Testaments* (Heidelberg 1984).　　　　　　　　　　　　（加山久夫）

せいしょのりんり　聖書の倫理　本項目では *聖書に記載されている契約の民 *イスラエルに啓示された倫理的教えとイエスの *福音およびそれに依拠する *使徒たちの倫理的教え，*聖書学と *聖書神学の研究を踏まえて，聖書全体の展望のもとに旧約の神の民イスラエルと新約の神の民キリスト教会に啓示された倫理をキリストの救済秘義から解釈し，人間としての生活の価値と意味を明らかにする．そして，聖書が提示する鍵概念や基本思想をその時代の歴史的文脈のなかで考察し，人間に語りかけられる *神の言葉によって具体的な倫理問題を解明し，*神の意志に従う人間の道を学ぶように努める．聖書の倫理は神の呼びかけと人間の応答による契約倫理である．

【旧約聖書】旧約の倫理は神の *選びと *契約および *創造という三つの信仰内容によって織りなされているが，それらを貫いている最も重要な歴史的出来事はイスラエルの神によるエジプト脱出体験である（→出エジプト）．主による解放・救済体験を思い起こすことによって，イスラエルの民は悔い改め（*回心）の道を歩むことができる．

〔創造の言葉と呼びかけ〕神は「創造する言葉」であると同時に，すべての *被造物のなかで神の似姿として造られた人間に「呼びかける方」である（→ことば）．人間は神を創造主として信じ，その絶対主権を認めるとき，神の似姿としての尊厳とその生命保護の戒めを受け入れることができる（創 1: 26-27; 9: 4-7）．安息日（→安息）の戒めは *労働を中止して身体を休めるだけでなく，神と共に住む平安と自由，礼拝と感謝への招きである（同 2: 2-3）．神の *掟に従順であるはずの人間がそれを破り，神と人間および人間どうしの間の関係・秩序を混乱させた後にも，神は *アダムに呼びかけて神への忠実に呼び戻す（同 2-3 章）．*罪は神の意志への背反であり，兄弟殺し，*ノアの *洪水物語，*バベルの塔の物語に象徴的に描かれているように，それは民族間の争いや人間社会の崩壊をももたらすものである（同 4-11 章）．しかし，それらの物語は神からの *罰と *呪いだけでなく，アダムを見捨てず，ノアの契約によって *祝福を約束し，悔い改めと *救いへの招きを示す．

〔神の選びと約束〕神は *アブラハムに呼びかけ，彼を選び，祝福を約束する（創 12, 15 章）．アブラハム物語は彼を故郷から呼び出し，脱出（[ラ] exodus）の旅を歩ませ，約束の国に導く神の無償の恵みと約束，およびそれに応えるアブラハムの忠実な *信仰による *義を教えている．この信仰による義はすべての人・民への祝福をも約束するものである．アブラハムとその子孫とは選びと契約のしるしとして *割礼を受けることになるが（創 17 章），その割礼こそがイスラエルの民にとって自分たちがアブラハムの子孫であり，選ばれた民であることの誇りになる．

〔解放と契約〕太祖アブラハム，*イサク，*ヤコブの神はイスラエルの十二部族をエジプトから導き出すために *モーセを選び，「主なる神」として自らの *名を啓示した（出 3: 6-15）．エジプト脱出は「主の *過越」の出来事を通して実現された．それは *ファラオのもとでの隷属からの解放・救いの体験であり，イスラエルの民は年ごとに *過越祭を行ってそれを記念する．神の主導権による救済体験をつねに思い起こしながら，モーセを仲介者として *荒野の旅に出る．それはエジプトから *カナンの地（約束の地）に向かう荒れ野の旅であり，そこで神の力ある現存を体験しながら，解放者として共におられる主を知るように教育される．この旅路は，主なる神への忠実と不忠実の信仰体験の旅であった．イスラエルの民は，このような脱出と解放の恵みに応えて「主を知る民」になる過程で共同体倫理を学ぶのである．

主なる神はモーセを通して *シナイ山でイスラエルの民と契約を結ぶ（出 24: 1-8）．エジプト脱出・解放はこのシナイ契約を目指し，それを頂点とするものであった．この契約の主・唯一の神に対する信仰こそ，イスラエルの民の行為の源泉または根源であり，それは契約倫理（[英] covenant morality）を築く．すなわちイスラエルの民は契約に忠実に生きて唯一の神を礼拝し，神の解放の業に感謝し，神と共にある自由を生きるように招かれる．神は自らをイスラエルの歴史の主として啓示し，民は「共にいる神」による救いを体験する．したがってイスラエルの倫理は自然倫理であるよりも，歴史的な救済体験に基礎を置く倫理である．それはイスラエルの信仰の本質を表現する古い歴史的な *信仰告白（申 6: 20-24; 26: 5-9; ヨシュ 24: 2-13）にもみられる．イスラエルの民にとって信じて生きることはエジプトからの脱出体験に支えられており，解放された民としての自覚から神に従うという決定的な倫理規範が生まれる．そこから「主の掟を守る」という契約内容が問題となる．

〔契約の法〕主なる神への信仰によって契約の民となったイスラエル共同体は，神の意志の表現である法を与えられる．*律法は契約によって与えられた恵みであり，具体的に神に従い仕える道を教示する契約倫理の規範である．

(1) 倫理的 *十戒（出 20: 1-17; 申 5: 6-21）．これはイスラエルの民を「エジプトの国，奴隷の家から導き出した神」から与えられた「十の言葉」（[ギ] decalogos）であり，神との排他的な関係に基づく人間の基本的な権利と義務を告げるものである．神は民に解放の歴史を意識させながら，自らの意志を伝達している．法の最終的起源は契約によって自らの意志を啓示する神であり，民はその法を守ることによって神への *従順を示す．それは神の呼びかけに対する応答という対話的性格を含んでいる．

(2) *契約の書（出 20: 22-23: 19）．シナイ伝承に組み入れられている宗教祭儀と社会倫理の 16 項目にわたる法令集，具体的判例を踏まえた人道的命令や禁令，死罪の法などである．

(3) 祭儀的十戒（出 34: 10-27）．*ヤーウィスト資料に

属する十戒の再授与であるが，それは *金の子牛礼拝（出32章）の後に発布された一連の法である．

（4）*神聖法集（レビ17-26章）．イスラエルの神が*聖であるように，契約の民も聖でなければならないという戒め（19：2）を中心にした倫理的・祭儀的規定である．それは*祭司に関する祭儀法と儀礼法の収集（レビ1-15章）と*贖いの日（同16章）の規定に続く法の集大成である．特に倫理的教えは*近親相姦と関係ある性関係の禁止（18：6-24；20：10-21），社会倫理的十戒（19：3-37），安息の年と*ヨベルの年（25章），祝福と呪い（26章）の戒めにみられる．それらは近隣のカナンの風習に従わず，エジプトの国から導き出された神が先祖と結ばれた契約を思い起こして，イスラエルの民に掟と法を守るように呼びかけている．特にユダヤ人同胞に対する愛ばかりでなく（19：17-18），社会の貧しい者や不利な者への配慮（19：9-10，13-16；25：35-37）や外国人居留者に対する愛も説かれているが，それはイスラエルの民のエジプトでの居留体験を根拠にしている．

また，申命記法典（申12-26章）は歴史的出来事に基づく勧告（1-11章）の後に述べられ，祝福と呪い（27-30章）に続いている．初めの勧告はエジプト脱出の絶対的な無償性と神の絶対的権威を語りながら，唯一の神への信仰と*愛を喚起する基本的な法（5-11章）を与えている．神の意志への従順は約束の国の所有とそこでの幸福な生活を約束するものであり，神と共に生きることへの招きである．*申命記とは「第二の律法」（[ギ] deuteros nomos）を意味するように，最初の律法の写しであるから（申17：18-19），「契約の書」を新しくするものであるが，モーセの生涯の終わりに全イスラエルに語られた言葉である．このように*モーセ五書の倫理は*救済論から分離されえず，主に聞き従うこと，神の前で忠実に具体的な法を守ることを求める契約共同体としての倫理である．荒野でつぶやくイスラエルの不信仰にもかかわらず，*マナや水を与えて頑なな民を養う神は（出16-17章），契約締結によってその意志を伝えてより強力な従順と信頼を求める（レビ26：3-45；申30：15-20）．

〔王と預言者の選びと拒絶〕*ヨシュアに引率されて約束の地に入国し定着した民だが，やがて神を忘れ契約に不忠実になったとき，*シケムで契約を更新し十二部族の宗教連合を形成する（ヨシュ24：1-28）．しかし，民の信仰を基盤にした宗教的統一も外敵との戦いなどによって部族間の分裂の危機を迎え，社会的・政治的統一の必要を痛感するようになる．このような時期に，神はカリスマ的な指導者である*士師や*預言者を選び，神の約束に忠実であるように呼びかける．彼らの指導のもとに，民は回心と解放の道を歩み続ける（*士師記，*サムエル記）．それでもなお，民は神の礼拝から遠ざかり，新たに他国と同じように指導者として*王を求める．主から油注がれて王権を受けた王たちも，神を知らない他国の王たちのように唯一の神への信仰にとどまらないとき，神は彼らを拒絶する．神は多くの預言者たちを呼び起こして民に遣わし，王をも含めて民を罪の自覚と悔い改めに導く使命を果たさせる（イザ46：8-9；エレ11：10；22：9；ホセ6：7-8）．契約と法に不忠実な背信の民であっても，神はその民を子として（ホセ11：1-4；エレ31：9-20），また妻として（ホセ1-3章；エレ2：2；イザ62：2-12）愛し続けて，自らのもとに帰るように諭す．預言者たちは自分たちの権威によってではなく，神に呼ばれ，遣わされた人々であり，神の*聖性と深い憐れみを体験しながら，身の危険を痛感するなかで*正義と*平和と憐れみの実を結ぶように民に勇敢に語りかける．彼らの全生活は神の言葉によって貫かれており，彼らは委ねられた言葉をもって全面的に神と人に奉仕し，そのために苦悩して死んだ人々である．すべての非倫理性の根は不信仰にあり（イザ8：5-8），行為を改善する意志のない儀式は意味がない．彼らは社会的な不正義と戦う（アモ4：1-11）．主なる神は憐れみのない外見的な*断食や*犠牲を嫌う（イザ1：11-17；58：1-14；ホセ6：6）．

*捕囚を経験した民は国家の喪失によってイスラエルの民としての存立と実存の基礎を求め，信仰の価値を再認識するようになる．倫理・宗教的ないけにえの表面性は批判され，「耳があっても，聞こえない民」「無割礼の民」（エレ5：21；6：10参照）に，エジプトからの救いを思い起こさせて背信を戒める（エゼ16，20，22章）．不忠実の罪の連帯性だけでなく，個人の罪と責任が問われるようになる（エゼ18章）．預言者たちは総じて，神の救いの業に感謝するように民を呼び覚まし，契約の民として真の礼拝祭儀を行うよう，また悔い改めによる救いの可能性があることを説いている．なお，民がそのような忠実な民として生きるとき，他の諸国民に対して主なる神を知らせるしるしとなることを求めている．これが選ばれた民の使命である．

第二イザヤの*主の僕（イザ42，50，53章）は神に対して徹底して忠実な僕としての*召命を生きる方であり，神の祝福と信頼と恵みのしるしとしてイスラエルと諸国民に平和と正義への希望を与える．それは苦しむ僕として神に忠実に生きるイスラエルの姿ばかりでなく，救い主イエスの前兆であり，また彼自身の*受難の姿でもある．また，たびたびの契約更新にもかかわらず，不忠実で契約の法を守らない民に，神は*新しい契約による「霊の法」を与えると約束する（エレ31：31-34；エゼ36：24-26）．

〔知恵と生活〕モーセ五書と預言者のほかに，*諸書はイスラエルの歴史を踏まえて人間生活の指針を示す*知恵文学である．それらは歴史，教訓，詩歌，格言，黙示などを含んでいるが，神の権威と*知恵を背景にした種々の道徳規範を提示している．男女間の愛の神秘を語る*雅歌も神とイスラエルとの関係を示すものであり，*箴言も性の心象や愛を語る（5：15-19）．*ソロモンの知恵は人間の宗教・社会生活の観察と経験に基づいた教育的格言であるが，神の法を前提にした道徳的秩序，善悪の判断をも示す（箴1-9章参照）．トビトの諭し（トビ4：3-19）は*黄金律のようであり*シラ書の戒め（28：1-7）はイエスの「敵を愛せ」の教え（マタ5：43-47）に近似している．*コヘレトの言葉は死の確実性から絶望的な快楽主義に陥るのではなく，人生の肯定的な受容に導いている．*エピクロス学派の哲学との関連もあるが，すべては神の支配下にあることをわきまえながら（5：1-5），肯定的倫理を説く．知恵は神中心の生活秩序を教えるものであり，神の意志の表現である律法に対する絶対的従順を求める．イスラエルの民にとって主の言葉への信頼とその要請に従順に応えることこそ，宗教的・倫理的要請である．

【新約聖書】イエスは体系的な倫理を説かなかったが，*キリスト教倫理の新しさは*受肉した神のみことばであるキリストにある．「律法はモーセを通して与えられたが，恵みと真理はイエス・キリストを通して現れた」（ヨハ1：17）．イエスは律法や預言者を廃止するためではなく，成就するために来た（マタ5：17-19）といわれる．第2*ヴァティカン公会議が旧約と新約との一貫性

せいしょのりんり

と新約の優越性を教えているように（『啓示憲章』16-17項），新約聖書の倫理もその文脈のなかで考察されなければならない．

〔神の国の告知〕「時は満ち，神の国は近づいた」（マコ1：15）という告知は，旧約の約束が目指していた重大な時が到来したことの宣言である．つまり，イスラエルの民と締結された契約を通して示された人類救済の計画が実現する時である．その終末論的な時が，今イエスの到来によって満ち，イエスの言葉と行為によって現実のものになったのである（ルカ4：16-21）．神がその民を贖うために来るという約束は，単にイスラエルの民との契約更新ではなく，諸国民にも及ぶ救済計画であった．イエスこそが「油注がれた者」（*メシア）であるという信仰証言が新約聖書である．*神の国はイエスの人格，その言葉と業において実現する．救いの時の到来はイエスにおいて*救済史の新しい段階に入ったのである．神の支配の告知は神の宴会への招き（マタ22：2-10；ルカ14：16-24）であり，未来の救いを約束するものであるから，人はその招きにふさわしく備えていなければならない．したがって，新約時代の倫理的義務は約束と成就を結ぶ「神の支配の現存」とその実現への期待という緊張関係のなかに生じるものである．人はイエスの言葉に聞き従うことによって神の支配に入るのである．「律法と預言者は，ヨハネの時までである．それ以来，神の国の福音が告げ知らされ，だれもが力ずくでそこに入ろうとしている」（ルカ16：16）．これは「キリストの時」を中心にしたルカの救済史観によるものであるが，旧約時代に象徴的に表現されていた「約束の地に入る」恵みの普遍性を示すと思われる．「神の国に入る」という預言的な宣言は，イエスによる「備えよ」「目覚めよ」という，今ここでの直接的な呼びかけである．救いが絶えず実現しつつあるという期待こそ，その国に入るためにふさわしくふるまえという倫理的要請を実感させる．

〔悔い改めへの招き〕神の国の到来とその告知は「悔い改めなさい」という根本的な要求と結ばれている．「悔い改め（回心）」（〔ギ〕metanoia）とは，本来の道から離れた人間が自ら過ちを認め，方向転換する全人的態度である．聖書の表現によれば，神に立ち帰ることである．それは単に過去に犯した罪から離れ，神と人と*和解するだけでなく，神の意志に従って未来の新しい生を歩み始めることである．このような悔い改めが救いの前提である．洗礼者*ヨハネもイエスの先駆者として悔い改めを説き（マタ3：1-12および並行箇所），イエスによる神の国の到来に備える．イエスの到来と彼の言葉と業による決定的な救いの使信は，即座に決断を促す預言者的な呼びかけであり，悔い改めはその呼びかけに応える倫理的な要請である．すでに旧約の預言者たちが悔い改めの外的表現よりも真の内的態度を求めたように（ヨエ2：12-13；イザ58：6-7），イエスも「隠れたことを見ておられる父」の前での善行を求めている（マタ6：1-18）．しかし，悔い改めは単に人間の努力や決断によって可能であるというよりも，イエス自身の先行的な憐れみの愛に触れることが大切である．イエスは神の無限の憐れみを告げ知らせ，「失われた者」（ルカ15章）を探し求めて罪をゆるし，贖うために遣わされたのである．この憐れみの愛を信じる者，特に律法を守れない立場にいる人，*福音書で「徴税人と罪人」として差別されている人々は，イエスの愛と*ゆるしに包まれて回心の道を歩み始めることができる．イエスの神の国が約束されるのはこのような人々であって，自己義認と傲慢によって神の憐れみを求めず，閉ざされた心で他の人を軽蔑する立場の人ではない（マタ21：31-32；ヨハ8：1-11）．イエスの救いのメッセージは迅速な根本的決断，継続的な悔い改めを求める．悔い改めこそ，キリスト者の倫理的態度を支えるものであり，*原始教団もこの悔い改めによる罪のゆるしの福音を告げ知らせる使命を与えられる（ルカ24：46-48；使2：37-39；3：18-21）．

〔信仰の要求〕旧約の主なる神への信仰がイスラエルの民の生活の基礎であったように，新約の信仰はイエスとその福音に集中され，イエスを仲介者とした*父なる神への信仰と結ばれる．「福音を信じなさい」（マコ1：15）という招きも，イエスの言葉を受諾し，彼に身を委ねて神のみ旨に従うという全人的態度を要求する．このような神への全面的な肯定こそ，人間の人格的な応答である．聖書が語る信仰とは，歴史のなかで人間共同体と個人の生活のなかでの神の民の歴史とその普遍性を認めながら，イエス自身と彼によって啓示された父なる神を信じることである（『教会憲章』9項；『啓示憲章』5項）．キリスト教倫理はイエスの*ペルソナ，*神の子キリストへの人格的な信仰に根拠をもつ．「イエスは私にとって誰か」という人格的な問いと実存的な応答としての信仰こそ，「私の存在と生」に意味を与える．しかし信仰は究極的には神の先行的な*恩恵であり，信仰は*祈りと愛の実践によって実証されるものである．実践を伴う信仰こそ，人を*永遠のいのちにあずからせる救いの恵みである（マタ7：21-23；ヤコ1：22-27）．ヨハネ福音書は，この信仰の恵みは父なる神の働きかけであることを証言している（6：37-40）．

〔イエスに従うこと〕イエスの最初の弟子たちは「わたしについて来なさい」という呼びかけを聞いて，「イエスの後について行った」（マコ1：16-20）．イエスの招きは無条件の服従を意味するかのように，一定の断念を要求し，弟子たちは文字通りに彼の後について行く．イエスの弟子になる者は，すべてのものを捨て（同10：21），家族，家，畑を離れ（マタ10：37；ルカ14：11-33），金も財産ももたず（マコ10：21），従来の職業も離れて（同2：14），すべての経済的安定をも顧みず（マタ8：20；ルカ9：58），彼に従うように要請される．地上的な富やその所有，またその束縛から解放されてでなければ，イエスの弟子ではありえないというのであろうか．このような徹底的な招きの背景には，イエスが神の子・メシアであるという信仰告白（マコ8：27-30；マタ16：13-16）があり，イエスの権威が認められる．イエスとその言葉のうちに神の意志をみいだすことができる．「召命」（〔ラ〕vocatio）としての「従うこと」は，原始的にはイエスの生活条件を受け入れることや彼と運命を共にすることを意味していた（ルカ22：28-29）．彼に従うがゆえに，憎まれ，苦しめられ，迫害され，殺されるというイエスの言明は，「十字架を担って従うように」という招きに内包されている（マコ8：34-37および並行箇所）．*自我を捨て，他者の善のために，またイエスおよび神の国のために自分の命を犠牲にするほどまで徹底的に彼に従うことが求められているとすれば，それは自分の命よりもより重要なもののために生きる倫理が要請されていることになる．

イエスの弟子であることも従うことも，イエスの*復活の出来事を境にしてその意味が拡大され，また内面化される．直接にイエスから呼び出され，彼と共に住み，彼の教えを伝達するという使命を受けた*十二使徒たちと他の弟子たち，また復活後の信仰共同体に属するすべ

てのキリスト者は皆，イエスに従うという共通の生き方を求められる．しかし，その生き方は各人の召命に従って種々の方法で表現される．やがて，キリストに従うことは，信仰に由来する「キリストのまねび」(imitatio Christi) として理解される．一般的にはイエスを信じ従うことは，彼の掟を守るという倫理的態度と行為によって具体化される．

〔新しい契約の掟〕イエスは悔い改めの*洗礼を受け（マタ3: 13-17 および並行箇所），すべての人との罪と救いの連帯性のうちに自らを置いた．神の子としての*啓示を父なる神から受け，神の国を告知し，すべての人の罪を負うために受難の道を歩み，十字架上で血を流して新しい契約を結んだ（ルカ22: 14-20 および並行箇所）．旧約の過越（出12章）とシナイ契約（出24章）を超越し，自ら*過越の小羊となり，契約の仲介者として「最初の契約の下で犯された罪の贖いとして」死んだことによって，人間に罪のゆるしが与えられた（ヘブ9: 11-28）．イエスは律法や預言者を廃止するためではなく，完成するために来たのである（マタ5: 17-18）．*パウロも信仰によって律法を無にするのではなく，むしろ律法を確立すると考え（ロマ3: 31），律法は聖なるもの，正しく，善いものであると認めている（同7: 12, 16）．しかし律法はキリストのもとへ導く養育係であって，*イエス・キリストへの信仰に優位性が置かれている（ガラ3: 21-25）．

ところで，イエスへの信仰に基づく生き方は*山上の説教（マタ5-7章）などに示されているが，新しい契約の掟は神と隣人に対する二重の愛の掟である（マタ22: 34-40 および並行箇所）．モーセの十戒もこの愛の掟に要約されるもの，律法を完成するものである（ロマ13: 8-10）．新しい契約を生きる倫理は，「キリストの律法」である「互いに重荷を負い合うこと」として表現される（ガラ6: 2）．ヨハネ文書によれば，それは父なる神とイエスの内在的相互交流の愛を模範にした相互愛（ヨハ13: 34-35; 15: 9-10, 12-14）また兄弟愛（1ヨハ2: 7-11; 3: 11-18; 4: 7-21）と呼ばれる．「神は愛である」（同4: 8, 16）という信仰告白は，神の子であるイエスを信じる者にとって，神の掟がイエスの救済の業に根拠を置くものであることを教えている．「神を愛するとは，神の掟を守ることである」（同5: 3）．こうして，私たちを罪から解放し救ったキリストの愛は，父と子と*聖霊の交わりに導くものである．パウロはイエスの恩恵による救済と倫理的義務との内的関連を強調する．私たちはキリストによって神との和解の恵みを受けて，新しく創造された者である（2コリ5: 16-19）．洗礼によって古い人を脱ぎ捨て，新しい人になるために，キリストとともに死んで，キリストとともによみがえった人は，「キリストのうちにある者」として生きなければならない（ロマ6: 1-14; エフェ4: 22-24; コロ3: 1-17）．このようにパウロは新しい人として生きることへの倫理的命令をイエスによる救済を叙述する仕方から導き出している．キリスト者の倫理的行為は，キリストの恩恵と義化（→義認）による神のいのちへの参与なしには不可能である．したがって神のいのちに生きる人の倫理は，同じキリストのうちにある人々との救いの連帯性の契約倫理である．イエスは自らの生涯と死，復活と聖霊の派遣によって我々を契約による生命の連帯性に導き，罪と死の支配・隷属から解放した．

このような新しい契約による救いの連帯性の倫理は，パウロの*キリストの体である教会観にもみられる（1コリ12: 12-31）．具体的な問題に直面している弱い兄弟をつまずかせないこと（同8: 1-13），互いに裁き合わないで信仰の弱い人を受け入れること（ロマ14: 1-15: 6），また夫婦が「互いに仕え合うこと」（エフェ5: 21-33）などは，すべてキリストを中心とした共同体の倫理である．それはマタイ書の教会におけるゆるしと和解の倫理に類似している（マタ18章）．キリストの新しい共同体における生活と宣教の原動力は聖霊である．パウロは，「キリスト・イエスによって命をもたらす霊の法則が，罪と死との法則からあなたを解放した」（ロマ8: 2）と述べて，肉ではなく霊に従って歩むように勧める（同8: 4-17）．それは新しい契約の法が，「心に書き記された霊の法」（エレ31: 31-34; エゼ36: 26-27; 2コリ3: 2-6; ヘブ8: 7-13）であることに要約されている．こうして旧約の律法とキリストの霊の法とは，すべての人に与えられている*良心の法との関連で理解され，旧約と新約の倫理はキリストの福音を媒介としてすべての人の自然法的倫理との共通性に開かれたものになる（ロマ2: 14-16;『教会憲章』16項;『現代世界憲章』16項参照）．しかし，イエスの倫理的要求の根底には神の国とその到来による終末論的な動機があり，例えば，性や結婚の倫理（1コリ7章; マタ19: 3-12 および並行箇所等）や*家庭訓の倫理規則（コロ3: 18-4: 1; エフェ5: 22-6: 9; 1テモ2: 8-15等）などには新約聖書およびキリスト教倫理の固有性があることは認めなければならない．しかし，聖書の倫理的要求の中心は唯一の神とすべての人に開かれた愛の掟であり，イエスが全生涯を通して生き抜いた愛に学ぶことである．

【文献】LChM 21-41; LThK² 2: 426-33; SM(E) 1: 101-108, 540-45; R. シュナッケンブルグ『新約聖書の倫理的使信』L. エルダース，富田昭三郎訳（エンデルレ書店1970): R. SCHNACKENBURG, *Die sittliche Botschaft des Neuen Testaments* (München 1954); J. シュライナー『十戒とイスラエルの民』酒井一郎，酒井宗代訳（日本基督教団出版局 1992): J. SCHREINER, *Die Zehn Gebote im Leben des Gottesvolkes* (München 1996); J. ブレンキンソップ『旧約の知恵と法』左近淑，宍戸基男訳（ヨルダン社 1987): J. BLENKINSOPP, *Wisdom and Law in the Old Testament* (Oxford 1983); B. STOECKLE, ed., *Wörterbuch Christlicher Ethik* (Freiburg 1975) 36-43; P. GRELOT, *Sens chrétien de l'Ancien Testament* (Tournai 1962); E. HAMEL, *Loi naturelle et loi du Christ* (Bruges 1964); N. LAZURE, *Les Valeurs morales de la théologie johanniques* (Paris 1965); C. SPICQ, *Théologie morale du Nouveau Testament*, 2 v. (Paris 1965); E. HAMEL, *Les dix paroles* (Montréal 1969); ASSOCIAZIONE BIBLICA ITALIANA, *Fondamenti Biblici della Teologia Morale* (Brescia 1973); A. FEUILLET, *Le Mystère de l'Amour divin dans la Théologie johannique* (Paris 1972); M. GILBERT, J. L'HOUR, J. SCHARBERT, *Morale et Ancien Testament* (Louvain 1976); F. MONTAGNINI, *Messaggio del Regno e appello morale nel Nuovo Testamento* (Brescia 1976); H. WATTIAUX, *Engagement de Dieu et fidélité du chrétien* (Louvain 1979); T. J. DEIDUN, *New Covenant Morality in Paul* (Rome 1981); E. TESTA, *La Morale dell'Antico Testamento* (Brescia 1981); P. GRELOT, *Problèmes de morale fondamentale. Un éclairage biblique* (Paris 1982); R. SCHNACKENBURG, *Die sittliche Botschaft des Neuen Testaments*, 2 v. (Freiburg 1986-88).

（浜口吉隆）

せいしょのれいかん

せいしょのれいかん　聖書の霊感　→ 霊感

せいしょはんどくきんし　聖書判読禁止〔ラ〕prohibitio lectionis sacrae scripturae　個々人で聖書を読み、聖書に親しむことは、新約聖書の言葉（例えば、マタ 4:4; ロマ 15:4）や *教父の著作から明らかなように、古くから勧奨され実践されてきた。もっとも、教父の間では（例えば、アレクサンドリアの *クレメンス『教育者』3, 11）、*救いにとって聖書を読むことは必要条件の一つではないという正当な見解も堅持されていたし、そもそも聖書を正しく理解することは容易なことではない。こうしたことは今日でも変わらない。

　聖書は数々の地域（や国）の言語に翻訳され（→ 聖書の翻訳）、高価なものではあったが、特に中世には写本や印刷物を通して広範に流布し、それらの翻訳聖書が個々人の間でも盛んに読まれるようになった。こうして当時、数多くの誤訳を含む不正確な翻訳聖書に精神的基盤を求めた信徒の逸脱した運動が幾つも生じたため（→ アルビ派、ヴァルドー派、カタリ派）、それらの翻訳聖書を個々人で所持して読むことが徐々に制限されるようになった（例えば、1229 年 *トゥールーズの教会会議）。そして *ウルガタ訳聖書の公認後の 1559 年また 1564 年にはそうした翻訳聖書を個々人で読むときは司教や異端審問官（→ 異端審問）の許可が必要であるとの決定が下された。さらに、1757 年に聖書の翻訳・出版は *使徒座の許可や注記を付すことを条件に認可されるという慣例が是認され（→ インプリマトゥル）、プロテスタントの *聖書協会の翻訳・刊行した聖書の使用が、1816 年、結局は 1864 年 *『謬説表』によって禁止されることになった（旧『教会法典』1385, 1391, 1398, 1399, 1400 条も参照）。

　このような一連の聖書をめぐる措置は、聖書を個々人が読むこと自体の禁止を意味するわけではないが、かえって聖書を読むことに消極的な姿勢ないし無関心な風潮や誤解をカトリック教会内に惹起し、それを助長した。また、研究も停滞した。しかし一方では、19 世紀末、特に *『プロヴィデンティッシムス・デウス』（1893）の公布を機にして、カトリックによる聖書の地域（や国）の言語への翻訳、出版、普及や啓蒙ならびに研究の振興と拡充のための新たな活動も始まった（例えば、*聖書運動）。*『ディヴィノ・アフランテ・スピリトゥ』（1943）が公布されるに至って、以降は諸分野で著しい成果をあげるようになっただけではなく、*教会一致促進運動や第 2 *ヴァティカン公会議（1961-65）などの結果、カトリックとプロテスタントが協力して聖書を翻訳し、種々の機会に使用するまでになる（→ 聖書の翻訳：共同訳）。今日、こうして時代後れの措置は基本的には撤廃され、その弊害を克服するための種々の努力が積極的に進められている。

【文献】LThK² 2: 366-67.　　　　　　　　　（清水宏）

せいしょひひょうがく　聖書批評学〔英〕biblical criticism, 〔独〕Bibelkritik, 〔仏〕critique biblique　**【基本特性】**聖書批評学は、特に近代の歴史的・批判的方法を適用して聖書の記述内容の真偽を追究するもので（→ 聖書の文献批判）、比較的新しい *聖書学の研究領域といえる。その目的は、ときには誤解されて非難されることもあるが、聖書の宗教的価値や神学的重要性（例えば、*霊感）を否認することにあるのではない。逆に、そうした人間が恣意的に処すことのできない価値や重要性のもとに、聖書批評学の正当性と必要性のための本来的で堅固な基礎は据えられているのであり、それだからこそ聖書中の諸文書を「歴史的」にも「批判的」にも吟味して理解することができるのである。しかし、もし伝統的な教えを単に擁護するだけの方法や立場にとどまるものならば、その目的に適ったものではないし非生産的なものになるだろう。人間が聖書に対して当然抱く疑問には時宜に応じて答えていかなければならないからである。他方、これまでみられたように歴史的・批判的という限度を超え、ある種の哲学的予断に基づいて、聖書の思想内容は誤謬であるとか、聖書は過去の宗教史的記録にすぎない、あるいは旧約聖書の宗教思想は単に *セム族の宗教による精神的所産、また新約聖書の示すキリスト教的特質は *ヘレニズムとの混淆の産物であって、さらに聖書中の *奇跡の事実性を先験的に拒絶したり、新約聖書の伝えるイエスは *原始教団の信仰による虚像である、などと主張するならば、確かに否定的で逸脱したものとなろう。いずれにしても今日、聖書批評学は聖書の釈義にとって不可欠な前提になっている。

【略史】聖書批評学の萌芽は *人文主義の時代にみられるが（例えば、*カイエタヌス、*エラスムス）、その始祖はやはりフランスの R. *シモン（1638-1712）であろう。もっとも 18 世紀以降にドイツを中心にして *合理主義や *啓蒙思想（ただし英国では *理神論）の影響を受け、聖書の記述内容に否定的な批判や見解が喧争された（例えば、*アイヒホルン、*ゼムラー、*ライマールス、*レッシング）。19 世紀には、ドイツの *ヴェルハウゼンが旧約聖書中の *モーセ五書をめぐる四資料説を、新約聖書の歴史性や神学的意味に関しては D. F. *シュトラウスや B. *バウアー、*ルナン、特に F. C. *バウアが徹底した論説を主唱し、新約聖書をめぐって激しい論議の攻防が展開した（例えば、*イエス伝研究）。19 世紀後半、考古学上の領域での知見が増大、聖書関連の言語、パピルスや写本などの研究も進展し、新たに *宗教史学派による見解が提唱されるようになった。だが 20 世紀になるとドイツに限らず、種々の研究方法、また異なった関心や立場に基づく *聖書解釈学が生じる。特に聖書批評学上の問題ではないが、*ブルトマンによる新約聖書の *非神話化の是非をめぐっては広範に論議された。カトリックの場合、*近代主義に対する警戒と批判のため、例えば 20 世紀では *エコール・ビブリックや *教皇庁立聖書研究所などを除くと、この間の研究活動は停滞していた。しかし *『ディヴィノ・アフランテ・スピリトゥ』（1943）公布以降に研究活動は興隆し、多様な分野にわたって驚くほどの成果をあげるまでになる。今日では、キリスト教各派や信条、学的領域を超えて聖書研究は「国際的」「学際的」なものになっている。詳細は、旧約聖書学、新約聖書学、聖書解釈の歴史の項目、また聖書の伝承史的研究、聖書の文学社会学、聖書の編集史的研究、聖書の様式史的研究ほかの研究関連項目を参照されたい。

【課題】まず *聖書の正典をめぐって、つまり聖書中の諸文書の結集の成立過程を考究することにある。次いで、*聖書の本文批判である。歴史的・批判的方法を適用して可能なかぎり正確な *聖書の本文を確定しなければならない。聖書の本文が筆耕される際、しばしば誤写や改変などが生じたためである。そして、聖書の文献批判である。いわゆる聖書中の各文書の緒論的問題だけではなく、そこに使用されていると想定できる資料の著者や成立事情ならびに背景、文学的・神学的特徴、意図など、

場合によっては＊聖書の文学類型や文書の依存関係（例えば，＊イザヤと＊ゼカリヤ）を論究する．一例として旧約聖書ではモーセ五書の四資料説，新約聖書では＊共観福音書問題をあげることができる．結局は，旧約や新約の＊聖書神学の形成，さらに旧新約聖書の神学的統合の試み，また聖書による影響史（〔独〕Wirkungsgeschichte）的研究なども課題となっていく．聖書批評学の課題は，聖書の真理を破壊することにあるわけではない．むしろ，聖書記者の本来の意図を明示し，一方ではこじつけにすぎない説明を破棄させて，人々にとって躓きとなる聖書記述における数々の問題を解決していくことにある．

【文献】LThK² 2: 363-66; Mondésert v. 5-8; W. G. キュンメル『20世紀における新約聖書』高橋敬基訳（日本基督教団出版局 1973）: W. G. KÜMMEL, *Das Neue Testament im 20. Jahrhundert* (Stuttgart 1970); R. E. クレメンツ『近代旧約聖書研究史』村岡崇光訳（教文館 1978）: R. E. CLEMENTS, *A Century of Old Testament Study* (Guildford 1976); 木田献一，高橋敬基『聖書解釈の歴史―宗教改革から現代まで』（日本基督教団出版局 1999）; W. G. KÜMMEL, *Das Neue Testament: Geschichte der Erforschung seiner Probleme* (München 1958); H.-J. KRAUS, *Geschichte der historisch-kritischen Erforschung des Alten Testaments* (Neukirchen-Vluyn 1956 ²1969); R. M. GRANT, D. TRACY, *A Short History of the Interpretation of the Bible* (London 1963 ²1984); R. E. BROWN, J. A. FITZMYER, R. E. MURPHY, eds., *The New Jerome Biblical Commentary* (Englewood Cliffs 1990) 1113-45; J. A. FITZMYER, *The Biblical Commission's Document "The Interpretation of the Bible in the Church": Text and Commentary* (Rome 1995).

せいしょほんもんのくとうてん　聖書本文の句読点

古代ギリシアの文書では，前200年頃から本文中にコンマやコロン，ピリオドなどの句読点（〔英〕punctuation）が使用されていることがみられ，2世紀前半には句読法さえ重視されるようになったが，＊聖書写本では，語や文節を区切らずに書き記すこと（〔ラ〕scriptio continua）が長期にわたって一般的であったので，これらの句読点は付されることがなかった．このため，誤記や誤読，区分の曖昧さ，話法の不確かさ（例えば，肯定文か疑問文かどうかなど．ちなみに，疑問符は9世紀以前の写本には，稀にしかみられない）を生む原因にもなった．2世紀以降の＊チェスター・ビーティ・パピルスや＊ボドマー・パピルス，また他の大文字写本にせよ，稀に句読点が付されていることがあるが，それらは不規則で系統立ったものではない．例えば，チェスター・ビーティ・パピルスのうちの𝔓⁵²には全く句読点はないが，𝔓⁶⁶には区分のしるしとしてピリオドや固有名詞にアポストロフィが，しかし𝔓⁴⁵,⁴⁶にはピリオド，気音やアクセント記号，文末記号（後の付加で，太い斜線）が記されている．さらに4-6世紀の羊皮紙写本でも，句読点がついているものは少ない．例えば，＊ヴァティカン写本や＊シナイ写本では文末がわずかに空白となっている．また，シナイ写本と＊アレクサンドリア写本，そして＊ベザ写本では，改行したり，語頭の1字をずらすか大きめに書き記して段落ないし＊ペリコペーの区別を示している．かつてシリアの＊エフラエムや＊ヒエロニムスは周到な句読点が必要であると語り，また＊アルクイ

ンは筆耕者から句読法の確立を切望されたという．そして15世紀以降，ようやく標準的句読法が一般に浸透していく．→聖書の章節区分

【文献】LThK² 5: 735; B. M. METZGER, *The Text of the New Testament* (Oxford 1964 ³1992) 26-27.　　（清水宏）

せいしょろうどく　聖書朗読　〔ラ〕lectio sacrae Scripturae, 〔英〕readings from Scripture, 〔独〕Schriftlesung, 〔仏〕lectures de la sainte Ecriture

【概要】＊ミサや＊教会の祈り（聖務日課），ならびに＊秘跡や＊準秘跡の典礼で行われる，聖書から抜粋された一節の朗読は，神が今もなおすべての人に語りかけていることを示している．また，聖書朗読によって典礼における＊キリストの現存が明らかにされる（『典礼憲章』7項参照）．典礼における聖書朗読は，救いの働きを単に過去の出来事としてではなく，今も絶えず行われることとして，それを聴く者に多くの実りをもたらし，神の愛が働いていることを実感させる．同時に，聖書朗読を聴く者には，＊神の言葉を伝えていく福音宣教者としての使命が委ねられる．

教会の典礼における神の言葉の朗読は，イエス自身も旧約聖書の朗読を行った（ルカ4:16-21）ように，古代＊ユダヤ教の＊会堂での礼拝における旧約聖書の朗読を受け継いだものである．キリスト者の典礼における聖書朗読の最古の記録は150年頃に著された殉教者＊ユスティノスの『第1弁明』にみられる．その後の＊教父たちは，典礼における聖書朗読を解説する＊説教や秘義教話（→ミュスタゴギア）を多く残している．また，4世紀末の＊エゲリアの『巡礼記』には，当時のエルサレムの典礼では典礼が行われる「時と場所にふさわしい朗読」が行われていたことが記録されている．この時代から，ミサにおける聖書朗読の箇所をあらかじめ定めておく「朗読配分」が形成されるようになった．

【聖書朗読配分】〔ミサ〕ミサのことばの典礼において行われる朗読の箇所や数は4世紀以降，地域によって独自の展開をみせたが，カトリック教会では＊トリエント公会議後に1年周期の朗読配分が定められ，使徒書と福音の二つの朗読が行われた．第2＊ヴァティカン公会議は，「信者に神のことばの食卓の富を豊かに与えるために，聖書の宝庫を今まで以上に広く開かなければならない」（『典礼憲章』51項）とし，これを受けて，＊主日は3年周期で旧約聖書，使徒書（季節に応じて書簡か黙示録），福音からなる三つの朗読，＊週日は2年周期で旧約聖書あるいは使徒書（書簡もしくは黙示録）と福音からなる二つの朗読を骨子とする『ミサの聖書朗読配分』（Ordo lectionum Missae）が1969年に典礼聖省（現典礼秘跡省）から発表された（改定1981）．これには，聖人の祝祭日の固有の朗読箇所や秘跡と準秘跡などの儀式を伴うミサのための朗読箇所も含まれている．カトリック教会でのこの朗読配分は，近年の＊聖公会やプロテスタント教会の聖書日課の土台となり，大きな影響を及ぼしている．ちなみに＊日本基督教団では，2000年の秋から4年周期の主日聖書日課を用いている．

〔教会の祈り〕教会の祈りでは，各時課に「神のことば」と呼ばれる短い聖書朗読が行われるほか，「読書」と呼ばれる時課では第1朗読で聖書朗読が行われる．この＊読書課の聖書朗読には1年周期の配分と2年周期の配分があり，選択できるようになっている．ミサで朗読できない長い箇所や難解な箇所が朗読されることが多い．ただし，福音は，その日のミサにおいて朗読される

ため教会の祈りの聖書朗読には含まれていない.
【聖書朗読配分法】典礼における聖書朗読箇所の主な配分法には，継続朗読（［ラ］lectio continua），準継続朗読（lectio semicontinua），主題の調和（compositio harmonica）がある．継続朗読はユダヤ教の会堂礼拝における *モーセ五書の継続朗読に由来するもので，聖書の言葉を一言も省かずに朗読していく方法である．ただし，現在は厳密な意味での継続朗読はほとんど行われず，むしろ，ほぼ聖書に記載された順にある書物を朗読していく準継続朗読が多く，*復活節のミサの第1朗読（使徒言行録や1ヨハネ書），年間のミサの福音朗読，教会の祈りの「読書」の第1朗読などに採用されている．主題の調和とは，福音で朗読されるイエスの生涯の *秘義の *予型となるよう主題を合わせて選ぶもので，ミサの第1朗読で読まれる旧約聖書の朗読は基本的にこの方法で選ばれている．
【現行典礼書】『ミサ典礼書の総則と典礼暦年の一般原則』（カトリック中央協議会1994）；『朗読聖書の緒言』（カトリック中央協議会1998）．
【文献】カ大 3: 188-89; LThK³ 4: 188-89; NDSW 1320-23; 土屋吉正『ミサ—その意味と歴史』（あかし書房1977）; P. ジュネル『ミサ きのうきょう』中垣純編，菊地多嘉子訳（ドン・ボスコ社1988）: P. JOUNEL, La messe. Hier et aujourd'hui (Paris 1986); J. A. ユングマン『ミサ』福地幹男訳（オリエンス宗教研究所1992）: J. A. JUNGMANN, The Mass (Collegeville, Minn. 1976); 日本基督教団出版局聖書日課編集委員会編『新しい暦と聖書日課』（日本基督教団出版局1999）; J. F. ホワイト『キリスト教の礼拝』越川弘英訳（日本基督教団出版局2000) 201-35: J. F. WHITE, Introduction to Christian Worship (Nashville 1990); H. B. MEYER, Eucharistie, GDK 4.　　　　　　　　　　　　　（宮越俊光）

せいしん　聖心　→　イエスの聖心（みこころ）

せいしん　精神　〔ヘ〕rûaḥ, 〔ギ〕pneuma, nous, 〔ラ〕spiritus, animus, mens, 〔英〕spirit, mind, 〔独〕Geist, 〔仏〕esprit　最も広義には，*物質ないし身体（*体）との対比で，非質料的な心的な事柄を指す．魂や *知性といった類語との関係においては，*自己意識に関わるより高次な知的能力を意味する．哲学的に狭義に捉えるなら，精神とは，単なる対象的・計量的な知的把握を凌駕して，それ自身の遂行において自らの在り方を自覚するような反省的な能力として理解される．特に *ヘーゲルにおいて典型的な形で現れるこのような精神理解は，自己（→ 自我）とは異なるものを介して自己を再帰的に把握する運動として，知性のもつ開放性と力動性を強調するものとなっている．さらに一般的な意味では，「繊細の精神」（*パスカル），「民族の精神」（*ヘルダー），「時代精神」（ヘーゲル，L. フォン・ランケ，*ディルタイ）などのように，思考態度ないし思考様式一般を表すこともある．

ヨーロッパ諸語において「精神」に相当する語は，思想史全体を通じて，ギリシア語のプネウマ（pneuma），ラテン語のスピリトゥス（spiritus）といった「息，呼吸」に関わる語との直接的・間接的関係において理解されてきた．英語・フランス語・イタリア語で「精神」にあたる語は語源的にラテン語 spiritus へと遡り，ドイツ語のガイスト（Geist）も語源的には gaista, gaistaz といった「叫び，感情の動き」を表す語に結びつき，生命感や活動性をより強く意味するが，pneuma や spiritus などの語の訳語として用いられる．ヘブライ語におけるルーアッハ（rûaḥ），アラビア語におけるルー（ruh）も「気息，呼吸」の意味をもつように，「精神」の内実をなす古層として，根源的な生命原理との関係がみてとれる．またその背景としては，生命そのものを万物の秩序の原型とみなす古代的思想を指摘することができる．そのような意味では，生命一般の原理としての「魂」（*霊魂，〔ギ〕psychē, 〔ラ〕animus），および混沌とした始源的状態に秩序をもたらす叡知的原理としての「知性」（nous）などの類語が「精神」の内実と重なり合い，これらの語自体もしばしば「精神」と訳されることがある．

【古代・中世】生命との密接な関連において，精神を全存在者の原理とみなす一種の *物活論的思想は，古代ギリシアのアナクシマンドロス（Anaximandros, 前611-546以降）の「知性」（ヌース）の思想をはじめとして，ストア学派の *世界霊魂としての「魂」（プネウマ）の思想などにおいて中心的に展開されている．これに対して *アリストテレスの『魂論』においては，人間の魂の構造的分析がなされることで，魂と，魂の内で思惟的活動を支える「理性」（ヌース）との区別がなされ，純粋な思考原理である精神的活動が，身体や生命から分離しうる自立的なものとしても提示されている（『魂論』3, 4）．魂の最上位の能力としての精神の理解は，*プラトンおよび *新プラトン主義において展開され，*プロティノスは「知性」を自己自身を直知する能力とみなすことで，分割不能な精神の純粋な自己洞察の在り方を記述している（『エネアデス』5, 3）．さらにプロティノスにおいては，*一者・知性・魂という三階層性が示され，精神論が *存在論との連携の内で展開されている．

聖書および *教父思想においては，従来の *ギリシア哲学的な意味で用いられる「精神」（spiritus）概念と並んで，*三位一体の一位格としての「聖霊」（〔ギ〕pneuma hagion, 〔ラ〕spiritus sanctus）の思想が重要な位置を占める．このようなキリスト教信仰に基づいて，単なる生命原理とは区別され，神的な次元との関わりをもつ「霊」としての精神理解が前面に現れる．そこにおいては，霊や精神（〔ラ〕mens）が魂から明確に区別されるように（*オリゲネス『諸原理について』2, 8），ギリシア的な魂の概念に込められていた *自然主義的な精神理解よりも，人間精神を神の似姿（→ 神の像）との関係において捉える理解が主導的になっている．*アウグスティヌスにおいては，三位一体との類比に基づいて，人間精神の三一的構造（記憶・知解・意志）についての考察が行われる（『三位一体論』10）と同時に，精神の自己省察を通じての神の探究という主題が深められる．「神に至る精神の道程」（〔ラ〕Itinerarium mentis in Deum）ということの主題は，中世の修道院の霊性，とりわけ *ボナヴェントゥラにおいて中心的な問題となる．

中世 *スコラ学においては，精神を人間のもつ高次の反省能力と捉える思想（カンタベリの *アンセルムス）や，人間の能力の内での精神の位置づけを分析するもの（サン・ヴィクトルの *リカルドゥスなど），さらにプラトンの『ティマイオス』以来の「世界霊魂」の思想を推し進めるもの（コンシュの *グイレルムス）など，多様な精神理解がみられる．盛期スコラ学および中世末期にかけては，13世紀の本格的なアリストテレス受容に伴い，精神論ないし知性論がより本格的に展開される．そこでは「精神的実体」としての「能動知性」（→ 能動理性）が，*神認識という精神の最も根源的な活動に関わる能

力として理解される．精神の根底に神的な次元をみてとる思想は，ドイツ神秘思想(ラインおよびフランドルの神秘思想)，とりわけマイスター・*エックハルトなどの「精神の根底」([独] Grund)，「精神の秘所」([ラ] abitum mentis)といった思想において具体化され，その流れは近世の霊性思想(*フアン・デ・ラ・クルス『魂の暗夜』など)，さらには*ドイツ観念論にも受け継がれている．

【近世・現代】近世哲学において，大陸合理論の始祖となった*デカルトは，精神を物質とは区別される「思考的実体」として捉え，精神の主観性としての自立性と自発性を強調する．その一方で，イギリス*経験論(*ホッブズ，*ロック，*ヒューム)は，経験的内容の集積として精神を機能的に理解し，フランスの感覚論的・唯物論的哲学(*コンディヤック，エルヴェシウス Claude Adrien Helvétius, 1715-71)では，精神という高次の知的能力すら感覚から派生したものとみなされる．これに対して*ライプニッツのモナド論(→単子)やケンブリッジ・プラトン主義においては，世界全体を貫く生命原理としての精神が強調され，宇宙論的な精神論が展開される．しかしながら*カントにおいては，*実体としての精神という理解は後退し，人間の知的・実践的活動全般を可能にする条件を問う超越論的問題設定のもとで，伝統的な意味での精神や魂は，認識対象とはならない*理念と捉えられることになる．これに対して，*フィヒテ以降のドイツ観念論においては，精神のもつ積極的意義が新たに捉え直され，ヘーゲルによって，精神概念を要とする体系が構築される．ヘーゲルにおいて精神は，哲学の体系全体をそれ自身の内で展開する学的原理であると同時に，主観的理性，国家・法，宗教・芸術など，さまざまな段階を経ながら現象する根源的実在である．ここでは精神のもつ内発的な力動性が，歴史の内で自己展開する力として理解される．また，精神自身のもつ根源的自発性を強調するものとして，フランスの*唯心論があげられる．*メーヌ・ド・ビラン，*ブロンデルなどは，外的・対象的活動を超出し，自らの根底である超越的次元へと遡行する精神の純粋な遂行に重きを置いている．

19世紀後半から20世紀初頭以降は，*生の哲学や*実存哲学の興隆とともに，精神を生の対立概念として否定的に捉える理解も現れる(*クラーゲス『情動の対抗者としての精神』)．それとともに自律的な実体としての精神理解がますます後退し，精神的活動をも含む人間の在り方全体を包括的に捉えようとする傾向が前面に出る．ディルタイや，その思想を継承する*解釈学における「精神科学」(人文系諸学)に対する評価も，文化的・歴史的文脈のなかで具現化される「客観精神」として精神を捉え直そうとする思考を背景としている．実存哲学や*現象学において精神的活動は，人間の存在全体，あるいはその公共的・社会的在り方といったより広い文脈に置き直され，人間のもつ世界への開放性として読み替えられる．同時に，*精神分析などに基づく哲学が，伝統的な精神理解では充分に主題化されることのなかった深層意識ないし無意識の次元までをも射程に収めながら，精神という問題の領域を拡張しつつある．

【文献】HWP 3: 154-203; 9: 1405-11; LThK² 4: 611-14; LThK³ 4: 370-77; J. Grimm, W. Grimm, eds., *Deutsches Wörterbuch*, 5 (1984) 2623-741; R. Eisler, ed., *Wörterbuch der philosophischen Begriffe*, 2 (Berlin 1927-30) 484-92; B. スネル『精神の発見』新井靖一訳(創文社 1974): B. Snell, *Die Entdeckung des Geistes* (Hamburg 1946); H. ハイムゼート『近代哲学の精神』座小田豊他訳(法政大学出版局 1995): H. Heimsoeth, *Die sechs großen Themen der abendländischen Metaphysik und der Ausgang des Mittelalters* (Stuttgart 1922, ⁵1965); K. リーゼンフーバー『中世哲学の源流』村井則夫他訳(創文社 1995); H. Dreyer, *Der Begriff Geist in der deutschen Philosophie von Kant bis Hegel* (Berlin 1908).

(村井則夫)

せいじん 聖人 〔ギ〕hagioi,〔ラ〕sancti,〔英・仏〕saints,〔独〕Heilige　神の*恩恵を特に豊かに受け，キリスト者として優れた生き方と死に方をし，教会によって*崇敬に値する者と判断された人々．

教会における聖人崇敬の起源と意義に関しては，「聖人崇敬」の項を参照．以下，教会の歴史を通して聖人として崇敬されるようになった人々のさまざまなタイプを紹介する．

【古代】キリスト教の最初の4世紀間，聖人として崇敬されたのは*殉教者たちである．キリストのために殺される人が「自分の命を救う」(マコ 8: 35)というイエスの約束に基づいて，殉教者たちが死んでからまもなく天の栄光に上げられるという考えは，当時のすべてのキリスト者に共通の確信であった．*ポリュカルポス，殉教者*ユスティノス，*キプリアヌス，*ペルペトゥアとフェリキタスなどの*殉教記録からわかるように，拷問され，刑場に引かれていった殉教者たちの言葉は，この揺るぎない信仰を見事に表している．この迫害時代には，殉教はキリスト教的な聖性の頂点と考えられ，殉教者たちのうちには，男と女，聖職者と信徒，貴族と奴隷，老人と子どもなど，あらゆる種類の人々がおり，この聖性への道はすべての信者に開かれていた．*コンスタンティヌス大帝のキリスト教寛容令によって迫害が終わり，殉教する機会がなくなってから，以前の殉教者のほかに，新しいタイプの人が聖人として崇敬されるようになった．それは，荒れ野に退き，厳しい*苦行の生活を送った*隠修士たちや修道者たちである．アレクサンドリアの*アタナシオスが書いた『アントニオス伝』は，こうした人物をほめ称える最初の書物であったが，その影響は非常に大きく，エジプトの*アントニオスの模範に倣って隠遁生活を送るようになった人々の数は著しく増大した．*教父詞華集のうちの『砂漠の師父の言葉』や*カッシアヌスの『教父たちの会談』によって，この聖人たちの知恵が人々に広く伝えられ，また，彼らの生涯を伝える*聖人伝では，苦行の厳しさや，悪魔の誘惑との戦いによって得られた勝利や，聖人の行った奇跡が特に強調されていた．信者たちは殉教者たちを保護者および神の前での弁護者とみなしたのと同様に，悪魔に打ち勝ったこの苦行家の力をも，来世へ向かって人生の危険な旅路を歩むにあたって，頼りにしていた．

修道者のほか，4世紀以来，優れた司教たちも，聖人として崇敬されるようになった．アタナシオス，カイサレイアの*バシレイオス，*アンブロシウス，*アウグスティヌスなどのように優れた著作を残した者，トゥールの*マルティヌスなどのようにキリスト教を広めた者，ミュラの*ニコラオスのように慈善に励んだ者，また，宣教活動の結果，新しい司教座を設立した者が人々の尊敬を集めた．この司教たちの伝記には奇跡物語があまりみられないが，おのおのの町の信者たちは，自分の町の初代司教を*守護の聖人とみなし，その祝日を盛大に祝った．場合によって，その司教座の古い司教たち全員を聖人とみなすこともあった．

せいしんあいとくしゅうどうじょかい

【中世】中世の初期に，ゲルマン，スラヴ，ハンガリー民族の間で宣教活動を行った司教や修道者たちのうちで，*ボニファティウス，プラハの*アダルベルトなどのように異教徒によって殺される人があり，彼らが古代の殉教者と同様に殉教者として崇敬されるようになった．修道者たちのうちでは，特に*コルンバヌスなどのように，修道院を創立した人々が聖人として崇敬された．彼らのほかにも，この時代に，世間から離れて修道院に退き，独身生活を送りながら祈りに徹した修道者たちのうちの多くの者が，特に聖人とみなされていた．さらにこの時代に，古代・中世の聖人たちについて多くの伝説的な聖人伝が書かれ，そのなかに出てくるさまざまなエピソードに基づいて，14人の*救難聖人やその他の守護の聖人たちが熱心な崇敬の対象とされていた．

新しいタイプの聖人としてこの時代に現れたのは，聖なる君主たちである．ドイツ王*ハインリヒ2世，ハンガリー王*ステファヌス1世などのように自国でキリスト教を広め，教会を支えた者，ボヘミア公*ヴェンツェスラウスやノルウェー王*オーラフ2世のように徳高い生活を送った末に不当に殺された者，ハンガリーの*エリーザベトのように貧しい人々に奉仕した者などが聖人として崇敬された．

12-13世紀になると，修道院に退いて神の神秘を瞑想する人よりも，イエスの生き方に倣って愛に燃え，貧しい生活を送り，人々に福音を宣べ伝える人々が聖人の理想像とされるようになった．そのような人々のうちで最も秀でていたのがアッシジの*フランチェスコである．

1234年からカトリック教会で，人を聖人の列に加える権限が*教皇に保留された．このときから，*列聖のための調査はますます厳しくなり，時間がかかるようになった．

13世紀から目立つ新しい聖人のタイプは，*幻視，*神秘体験に恵まれた女性たちである．シエナの*カテリーナ，フォリーニョの*アンジェラ，スウェーデンの*ビルギッタなどは，受けた*私的啓示に基づいて神の愛を語ったり，神からの天罰を予告したりして，歴史に大きな影響を及ぼした．

15世紀になると，カペストラーノの*ジョヴァンニ，シエナの*ベルナルディヌスなどのように大群衆を引きつけ，旅しながら宣教活動を続けた修道者たちが聖人の列に加えられる．

【近代】16-17世紀では特に*イグナティウス・デ・ロヨラ，*カルロ・ボロメオなどのように*トリエント公会議後の教会改革を促進する者や，*フランシスコ・ザビエルのようにヨーロッパ以外の地域でキリスト教を広めた者や，アビラの*テレサのように*観想生活に秀でた者が列聖される．18-19世紀には，幾人かの教皇，司教，修道者，宣教師，神秘家たちが聖人の列に加えられる．国別に分けると，イタリア人が圧倒的に多く，それにスペイン人とフランス人が続き，その他の国から列聖される者は極めて少なかった．身分別に分けると，ほとんどの人は聖職者か修道者であり，信徒は極めて少ない．このことは，教皇たちによって細かく定められた列聖手続きに問題があることのしるしである．上述の三つの国で，他の国ぐによりも優れたキリスト者が圧倒的に多かったとは考えられないからである．

【現代】20世紀になると，教皇たちによって*福者と聖人の列に加えられた人々の数は，以前の数世紀間に列聖された人の数を遥かに超えている．現代の教会では，聖母*マリアの執り成しを願うことが盛んであるが，ほかの聖人の執り成しを願うことは，以前と比べてあまり盛んではない．しかし，聖人たちへの関心は相変わらず高く，多くの人は，自分と関係のある者の列聖を望み，各地の願いに基づいてローマの列聖省で列聖手続きが進められている人物の数は4,000名を超えている．20世紀の歴代の教皇によって福者や聖人と宣言された人々のうちには，従来通り修道会の創立者，修道者，司教，宣教師，神秘家が多いが，新しい点として，ヨーロッパ以外の人々（例えば，ウガンダ，韓国，ヴェトナムの殉教者）の列聖と，一般信徒（例えば，*フェリーニ，*マリア・ゴレッティなど）の列聖が目立っている．さらに，キリストへの信仰のために殺されたのではないが，*アウシュヴィッツの強制収容所で愛に駆られて他人に代わって死刑を引き受けた*マクシミリアン・マリア・コルベが殉教者として列聖されたことは，教会の新しい見方を表すものである．

【文献】DSp 14: 198-230; D. H. FARMER, *The Oxford Dictionary of Saints* (Oxford 1978); 池田敏雄『教会の聖人たち』(中央出版社 1977); ヤコブス・デ・ウォラギネ『黄金伝説』全4巻，前田敬作他訳 (人文書院 1979-87): IACOBUS DE VORAGINE, *Legenda aurea*; J. ベントリー『聖者カレンダー』(中央出版社 1990): J. BENTLEY, *A Calendar of Saints* (London 1986); H. THURSTON, D. ATTWATER, eds., *Butler's Life of Saints*, 4 v. (New York 1956); J. C. CRUZ, *Secular Saints* (Rockford, Ill. 1989).　　　　　　　　　　　(P. ネメシェギ)

せいしんあいとくしゅうどうじょかい　聖心愛徳修道女会　〔仏〕Filles de la Charité du Sacré-Cœur de Jésus, 〔英〕Daughters of Charity of the Sacred Heart, 〔略号〕F.C.S.C.J.　女子修道会．1823年にフランス西部のラ・サール・ド・ヴィイエ (La Salle-de-Vihiers) で教区司祭カトゥルー (Jean Maurice Catroux, 1794-1848) と修道女ジエ (Rose Giet, 1784-1848) により創立される．会員は教育・看護に従事し，フランス以外にもカナダ，アメリカ合衆国，アフリカのレソトに活動地域を広げた．1997年現在，施設196．会員数1,265名．本部はフランスのモンジュロン (Montgeron)．
【文献】AnPont (1999) 1661; Cath. 2: 982; DIP 3: 1538.
　　　　　　　　　　　　　　　　　　（橋爪由美子）

せいしんいがく　精神医学　〔英〕psychiatry, 〔独〕Psychiatrie, 〔仏〕psychiatrie　精神医学という言葉が初めて使われたのは，ドイツの医学者ライル (Johann Christian Reil, 1759-1813) の著書『精神的方法による治療法の促進への寄与』(Rhapsodien über die Anwendung der psychischen Kurmethode auf Geisteszerrüttungen, 1808) においてである．ただし，ライルの精神医学は，機械的，物理化学的医療と並ぶ第三の医療の方法であり，その対象は身体疾患も考えられていたから，今日でいう*精神療法の意味で用いられていたことになる．つまり，*精神（〔ギ〕psychē）による*癒やし (iatreia) であって，「精神を癒やす医学」という現在の意味ではなかった．精神医学が，疾病論，生物学的病因論などを基礎とした，精神障害の診断と治療の学という意味で用いられるのは，カレン (William Cullen, 1710-90) の神経症概念，グリージンガー (Wilhelm Griesinger, 1817-68) の脳病説，ジャクソン (John Hughlings Jackson, 1835-1911) の中枢神経三層説などの出現を待たねばならなかった．

近代精神医学の黎明以前，精神障害は精神または魂の病とされ，哲学や神学の研究対象であり，その診断治療もカトリック司祭による *ゆるしの秘跡や魔女審問（→魔女）にみられるように，宗教家の役割とされていた．*カントは『人間学』(1795) として，現在の精神病理学総論（症状学）に相当するような大部の研究を著している．この時代まで，精神の病は，魂の *罪や *汚れの現れや *悪魔の憑依などであるとされ，治療方法は贖罪か処刑，または *悪魔祓いであった．ちなみに，ギリシア時代にはてんかんの超日常的な症状が「神聖病」と呼ばれたように，価値的には中立的に，日常性とは次元の違うものとみなされた事例もある．

精神障害が医学的次元の病であり，その治療が医師の手で行われるべきであるという常識が実践され始めたのは，魔女狩りの時代のドイツで，ネッテスハイムの *アグリッパやヴァイヤー (Johann Weyer, 1515-88) らの努力によるところが大きい．以後，精神障害の「精神論」と「身体論」の戦いを経て，精神障害者たちはしだいに医師の手に委ねられるようになり，各地で精神病院が建てられた（このなかには修道院や教会の設立になるものが多い）．患者の保護，観察，治療などが始まり，最初は状態像によって，抑鬱，躁，錯乱・妄想，痴呆化などが区別されていたにすぎなかったが，その後，カールバウム (Karl Ludwig Kahlbaum, 1818-99) の緊張病，ヘッカー (Ewald Hecker, 1843-1909) の破瓜病，モレノ (Jacob Levy Moreno, 1889-1974) のパラノイアなどの疾病が発見され，やがてクレペリン (Emil Kraepelin, 1855-1926) の『精神医学教科書』第8版 (Compendium der Psychiatrie, ⁸1909-15) において，進行麻痺にモデルをとった疾病学の大系が姿を現した．ここでは，早発性痴呆（後の精神分裂病）と躁鬱病という二大精神病の区別が初めて確立された．

その後のドイツ精神医学においては，シュナイダー (Kurt Schneider, 1887-1967) や *ヤスパースによって，病気の原因による疾病学的な分類法が洗練された．すなわち精神障害は，(1) 身体的な原因による精神障害（器質精神病，中毒精神病，症状精神病など），(2) 内因による精神病（分裂病と躁鬱病），(3) 資質や発展の異常（知的障害，異常性格，異常性欲，神経症）に三分された．この分類はスイス，日本，旧ソヴィエト連邦などに移入され，世界中で採用された．一方，フランス精神医学では症状論が盛んで独自の分類がなされ，その分類も学者によって違っていた．アメリカ合衆国では *フロイトの *精神分析の影響を受け，精神障害の発生に環境や心因の影響を広く認める力動精神医学が発達した．

しかし，米国はさまざまな文化の影響を受けて混乱を極めたので，1980年以降は学会が明確にして客観的な操作的診断基準を設け診断の信頼性を高めることにし，『精神障害の診断・統計マニュアル第3版』(DSM-III) を制定した．以後，DSM-III-R を経て1994年制定の DSM-IV に至っている．信頼性と客観性に重点を置いたこの分類法は，やがて世界中に採用されるようになり，世界保健機構 (WHO) の国際疾病分類第10版 (ICD-10) においても，DSM によく似た分類法が作成されている．DSM では，第Ⅰ軸：精神障害，第Ⅱ軸：人格障害，第Ⅲ軸：身体疾患，第Ⅳ軸：社会心理的ストレス，第Ⅴ軸：適応レベルの5軸についての評定を求める多軸診断法を採用しているが，これは精神障害が単なる身体的または心理的な原因で起こるものではなく，「生物-心理-社会的な (bio-psycho-social) 存在」としての人間の病であるという認識に基づくものといえる．

精神医学の治療としては，当初あまり有効な方法も発見されず，環境療法，精神療法，道徳療法，作業療法，レクリエーション療法，物理療法，薬物療法などが対症療法として行われていた．第2次世界大戦後は，電気ショック療法，インシュリン療法，ロボトミーなどが開発された．しかし，精神障害の治療，特に精神病者の根治療法に大きな変化をもたらしたのは，1950年代における向精神薬群の発見であった．その後，有効で副作用の少ない抗精神病薬，抗鬱剤，抗躁剤，抗不安剤，睡眠剤などが次々と開発され，精神医療の現場の雰囲気は一変した．一方，フロイトの精神分析療法は，神経症などの心因性疾患の治療法に画期的な進歩をもたらすと同時に，治療者－患者関係の意味についても光をあて，精神療法一般の発展と分化に寄与した．最近では，集団精神療法，家族療法，社会技能訓練なども洗練され，かなり有効な方法となってきている．

現在，精神医学は医学の一部門として確立され，医学部を卒業して医師免許をもつ者が治療の責任を担うことになっている．しかし近年では，医師の治療活動に，臨床心理士，精神医学ソーシャルワーカー (PSW)，看護師，保健士，ボランティアなどのパラメディカル・スタッフが参加し，治療チームを組んで実践するのが最も有効な方法と考えられている．

【文献】加藤正明他編『新版精神医学事典』（弘文堂 1993）; G. ジルボーグ『医学的心理学史』神谷美恵子訳（みすず書房 1958）: G. ZILBOORG, *A History of Medical Psychology* (New York 1941); H. カプラン他編『臨床精神医学テキスト』井上令一，四宮滋子訳（医学書院 MYW 1996）: H. KAPLAN, ET AL., eds., *Kaplan and Sadock's Synopsis of Psychiatry* (Baltimore, London ⁷1994); 松下正明編『臨床精神医学講座』全24巻（中山書店 1997- ）． （福島章）

せいしんかい　聖心会〔仏〕Société du Sacré-Cœur de Jésus, 〔英〕Society of the Sacred Heart of Jesus, 〔略号〕R.S.C.J.　女子修道会．正式名称は「イエズスの聖心会」．1800年，フランスの *アミアンにおいて，*マドレーヌ・ソフィー・バラを創立者として始められた．*フランス革命後の時代は，それ以前の教会，社会の在り方が覆され，新しい社会の激動のなかで，信仰が問われたときであった．*イエスの聖心（みこころ）のしるしは，反革命運動の旗印として政治的色彩を帯びるものともなっていたが，そのなかで，聖心の愛を通して，人の心を再び神へ立ち返らせようとする動きがあった．彼女はこのような動きを起こしていた司祭たちの影響のもとに，「聖心」に捧げられ，その栄光のために献身する女子修道会の礎石となった．

バラは革命の嵐のなかで，司祭の兄から，当時の女性には与えられていなかった広い教養と高い知的教育を授けられ，深い *観想の生活にひかれていた．あるとき，祈りのうちに，聖心の信心の中心にあった *聖体礼拝のより深い意味を悟った．彼女は，聖心の信心の特徴でもあった *償いを，単に *信心業や *苦行を果たすこととしてではなく，神がキリストにおいて贖い，人間を新たにし育むという意味として理解した．こうして真に人間を育む神のわざに協力し，真の礼拝者を世界中に育てることにより聖心のさらなる栄光に献身する会が生まれた．当時女子修道会は，*禁域のある観想修道会の形以

せいしんかがく

外には考えられなかった．そのため，使徒的修道会の本質である派遣のために移動が許される緩和された禁域と，*教育活動に必要な変更を除いて，観想修道会の生活様式が採用された．会は創立後まもなく，北米をはじめ欧州以外の地にも広がり，国際性も会の特徴となった．

第2*ヴァティカン公会議後，教会の要請に応えて，会の*霊性と*カリスマを源泉に遡って確認し，使徒的修道会として名実ともに生きることになった．世のただなかにあって，苦しみ，傷ついた人々にも届いているキリストの心を観想し，それぞれの土地の文化と必要に応じて人間を育むため，会員たちはさまざまな形の*使徒的活動に携わっている．若者の教育に献身するという第4誓願をもつ聖心会は，キリストの心，福音の基準に照らして，人を育むカリスマをあらゆる状況のもとに生き，将来の世界へと向かう人間の全人的成長，社会における女性の役割の向上に取り組む．創立者自身も社会の底辺にある人を忘れず，貧しい子どものための学校を聖心女子学院に併設することを定め，会員には貧しい子どもたちに尽くすことを望む心を求めていた．今日の現実を直視すれば「貧しい人々の側に立つ選択」を会の生き方と切り離すことはできない．また，会員は貧しい人，移民や難民とも積極的に関わり，より福音的な社会の実現のため，必要な政治的次元での働きかけをも辞さない．

1999年現在，会は6大陸の43か国に存在し，会員は約3,500名である．総本部はローマ．

日本では1908年(明治41)，政府の教皇庁への依頼により，カトリック女子高等教育のために聖心会が派遣された．オーストラリアや欧米諸国から会員が送られ聖心インターナショナル・スクール，聖心女子学院，現在の*聖心女子大学の前身である専門学校も開校された．後に，小林，不二，札幌聖心女子学院，聖心女子専門学校も開かれ，今日に及んでいる．さらに韓国，台湾，フィリピンにも聖心会が生まれた．日本管区は，1999年現在，会員150名．学校教育のほかに信仰の育成，弱者との関わりなどに携わり，名古屋，東京の山谷などにも小さい共同体がある．深い祈りに根ざし，日々，果たすべき使命を判断しながら使徒的共同体として生きることを目指し，キリストの心のうちに一つの心で神の国の実現を望んで，すべてを捧げたいと願っている．

【文献】日キ歴 86-87; AnPont (1999) 1664; Cath. 13: 310; DIP 8: 1683-88.　　　　　　　　　　(田辺菫)

せいしんかがく　精神科学　〔独〕Geisteswissenschaften

精神科学というドイツ語の名称は，18世紀に遡るとされているが，流布するようになったのは19世紀の後半からで，主として当時の自然科学以外の諸科学を総体的に表す名称としてドイツ語圏で用いられたことによる．この語が複数形で表されているのは，J. S. *ミルの『論理学体系』(1843)第6巻の表題中にある moral sciences の最初のドイツ語訳(1862, 訳者 J. Schiel)の表現によるとされる．しかし，単数形の最初の用例は，1887年に出版された著者不詳の『啓蒙家たちとは誰なのか』(Wer sind die Aufklärer?)のなかで「霊の知」という意味でみいだされる．その後，この語はまた「哲学」の同義語として用いられた例も報告されているが，現代の科学的認識の方法論との関係で最初にこの語が用いられたのは19世紀半ばの哲学入門書(E. A. E. Calinich, Philosophische Propädeutik, 1947)であると推定されている．

【ディルタイの構想】しかし，とりわけ，19世紀後半になって，当時の哲学と科学の関係という問題設定の文脈のなかで，「精神科学」という名称とその内容に決定的に重要な意義を与えたのは，*ディルタイであった．彼は自身の*生の哲学の立場から，「人間という事実に対する関係の仕方」の内的把握の独自性に着目し，人間精神の体験的自己省察と，個人を超えて人間精神によって創出された「文化の諸体系」や「社会の外的組織」を対象とする把握の仕方が自然科学の場合と全く異なる点を強調して，「精神科学の本質規定」を方法的に確立しようとした(ただし，ディルタイ自身も，この精神科学という名称を，自然科学以外の諸科学全体の総称とすることには，一種のためらいをみせているところがある)．

ディルタイが精神科学全体の対象とした範囲は，彼の立場からして，人間の「心身的生命の一体性」という点から，人間の歴史的・社会的生活から切り離すことのできないような「精神の事実」に及んでいるのであって，生物的，また社会的条件から離れたような，いわゆる「精神そのもの」を取り上げようとしたのではなかった．またディルタイは，*ヘーゲルが「客観的精神」として取り上げた内容も，その名称も含めて後に取り入れたが，ヘーゲル哲学の思弁的，形而上学的な立場や体系構成を退けていたので，ディルタイが「客観的精神」(または「生の客観態」)と名づけた概念内容は，ヘーゲルが「主観的精神」および「絶対的精神」と名づけたものの範囲をも含んでいる．

ディルタイがその著書『精神科学序説』(1883)に始まる一連の研究のなかで主張した「精神科学」の概念は，その後のドイツの哲学者たちに強い影響を与え続けた．とりわけドイツの教育哲学の分野に，ディルタイの立場の継承が著しくみいだされる(例えば *シュプランガー，*リット，*ボルノーなど)．その際には，ディルタイが部分的に摂取したヘーゲルの思想や，*新ヘーゲル主義的な*ドイツ観念論の伝統も，この立場のなかに生き続けた．この方向はやがて，*実証主義的，*分析哲学的方向の科学論や科学方法論からの反論を招くことになり，現代の実証主義論争にまで受け継がれている．

以上で述べたように，精神科学という概念はドイツの理想主義的哲学と結びついていて，その基盤の上に定着したという経緯もあって，他のヨーロッパの言語への翻訳を困難にしている．例えばイギリスのディルタイ研究者ホッジス(Herbert Arthur Hodges, 1905-)は，精神科学に相当する英語の名称は一般的には存在しないとしながらも，「自分はこれを人間研究(human studies)と名づけた」と述べている．フランス語圏でも事情は同様であるが，最近では sciences humaines という名称が主流になっているといわれる．

【20世紀の哲学への影響】ディルタイが取り組んだ「精神科学」の問題がなぜ哲学として重要視されたのかという問題に対しては，それらの科学に固有な認識の様式と主体性の解明が新しい課題として登場したことによるといえる．自然科学とその他の対象(歴史，社会，文化など)を扱う学の認識論的基礎づけという課題は，20世紀の前半において，哲学と科学との関連という枠組みのなかで提起されるようになった．ディルタイの試みに続いて，ドイツではいわゆる*新カント学派の哲学者たちがこの基礎づけの可能性に取り組んだ．その代表者としては，*リッケルトと*カッシーラーがあげられる．リッケルトは「精神科学」という名称を避けて，「歴史的文

化科学」という名称を用いて，それを超越論的価値哲学の立場から基礎づけようとした．カッシーラーは「精神科学」と「文化科学」の両方の名称を並列的に用いて，これを精神的表現形式の理論において展開した（『象徴形式の哲学』）．

またディルタイの立場に連なる哲学者としては，*ジンメルが，彼独自の「生の哲学」の立場から歴史哲学の諸問題を検討し，歴史的理解の本質を追求した．ここで彼は，歴史学の構成的性格を取り出そうと努めている（『歴史哲学の諸問題』など）．

20世紀後半になって，精神科学を再び哲学的に重要視するようになったのは，ディルタイ研究から出発したボルノーと*ガダマーである．両者ともディルタイの哲学における*解釈学の側面を継承発展させたが，ボルノーは哲学的人間学を展開することに力を注いだ．ガダマーは，*ハイデガーの哲学を媒介とし，ディルタイの経験概念を批判してこれを科学的方法論から解放することを主張し，歴史的，実存的な「解釈学的経験」を根底に置く解釈学の哲学を提唱している．

【文献】LThK³ 4: 382-83; RGG³ 2: 1304-308; TRE 12: 259-73; H. G. ガダマー『真理と方法 I』轡田収他訳（法政大学出版局 1986）: H. G. GADAMER, *Wahrheit und Methode* (Tübingen 1960); J. A. HODGES, *The Philosophy of Wilhelm Dilthey* (London 1952); H. INEICHEN, *Erkenntnistheorie und geschichtlich-gesellschaftliche Welt. Diltheys Logik der Geisteswissenschaften* (Frankfurt 1975); H. KIMMERLE, *Philosophie der Geisteswissenschaften als Kritik ihrer Methoden* (Den Haag 1978); O. F. BOLLNOW, *Studien zur Hermeneutik*, v. 1 (Freiburg 1982); T. BODAMMER, *Philosophie der Geisteswissenschaften* (Freiburg 1987). （本間英世）

せいじんきょういく　成人教育　→　社会教育

せいじんげき　聖人劇　〔英〕saint play, 〔独〕Mirakelspiel, 〔仏〕miracle　中世ヨーロッパで行われた*聖人の*殉教や伝説や*奇跡を描いた劇．聖人の奇跡を描くところから奇跡劇と呼ばれることもある．初めは*典礼のなかから起こったが，しだいに典礼とは関係がなくなり，町の祭りなどの際に上演された．子どもの*守護の聖人であるミュラの*ニコラオスは特に人気があり，しばしば聖人劇で取り上げられた．また，学校，教会，ギルドなどが自分たちの守護聖人の生涯や奇跡などを劇化して上演することもよくあった．フランスでは，聖母*マリアが行った奇跡が聖人劇の題材となることが多かった． （山本浩）

せいしんじじょしゅうどうかい　聖心侍女修道会　〔ラ〕Ancillae Sacratissimi Cordis Jesu, 〔西〕Esclavas del Sagrado Corazón de Jesús, 〔英〕Handmaids of the Sacred Heart of Jesus, 〔略号〕A.C.I.　女子修道会．1877年，スペインの*マドリードにおいて，*ラファエラ・マリア・ポラス・イ・アイヨンと姉ドロレス（Dolores, 1846-1916）の姉妹により創立された．極みまで人々を愛し，人類および全宇宙と父なる神との和解としてその身を捧げたイエスの愛に，愛をもって応える償いに生きることを使命とし，*エウカリスティアのうちに現存するキリストへの礼拝と，福音教育による使徒的活動を通してこれを実現する．生命−死，平和−暴力，連帯−差別の世界のなかで亀裂を癒し，和解のメッセージを告げ，すべての人がキリストの贖いに完全にあずかるよう，スペイン・イタリア・イギリスをはじめとするヨーロッパ諸国，アフリカ，北米および中南米とインド・フィリピン・日本の各地で活動している．総本部所在地はローマ．1997年現在の会員数1,560．

【日本での活動】1934年（昭和9）来日．東京・鎌倉・長野・名古屋において，幼稚園から大学（→清泉女子大学）までの学校教育，祈りの場の提供，弱い立場に置かれた人々と連帯する活動を行い，貧困・抑圧・愛の欠如に苦しむ人々の呼びかけに応え，社会の内的革新を目指して，キリストにおける新しい世界の実現に協力している．

【文献】日キ歴 756-57; AnPont (1999) 1660. （大平尚子）

せいしんしゅうしかい　聖心修士会　〔仏〕Frères du Sacré-Cœur, 〔ラ〕Fratres a Sacratissimo Corde Iesu, 〔略号〕S.C.　教皇庁立修道士修道会．司祭コアンドゥル（André Coindre, 1787-1826）によって，青少年教育を目的として1821年にフランスの*リヨンで創立された．青少年にキリスト教的教育を保証するという創立者の理想に共鳴した数人の仲間が加わり，活動が開始された．当初はイエスとマリアの聖心（みこころ）修士会（Frères des Sacrés-Cœurs de Jésus et de Marie）と名のり，その後数回にわたり会の名称を変えながらも，現在の名称のもと，1894年に*聖座の認可に至った．特に南フランスで発展したが，フランス政府の政変に伴いフランスでの*召命が減少，アメリカ合衆国およびカナダで急速に発展した．会は修道士のみによって構成されていたが，第2*ヴァティカン公会議以後は各修道会の典礼上の必要性を満たすため聖職者会員も導入するようになった．会員は小・中学校，農学校，職業学校，孤児院などを運営し奉仕する．また，1925年よりアフリカその他で宣教活動も行っている．1997年現在における施設221，会員数1,402名（うち司祭50名）．総本部，ローマ．

【文献】AnPont (1999) 1490; Cath. 4: 1598; DHGE 18: 1427-31; DIP 4: 697-99; EC 5: 1713; *Storia dell'istituto* (Roma 1956). （和田誠）

せいしんしゅうどうかい　聖心修道会　「*イエスの聖心」「*マリアの聖心」「イエスとマリアの聖心」など，「聖心」（せいしん，みこころ）の語をその会名に含む修道会の総称．イエスの聖心に対する信心は中世に始まるとされるが，「聖心」の語を掲げた最初の修道会が出現するのは17世紀後半，フランスにおいてのことである．以後，聖心の信心はカトリック教会全体に広まり，この語を掲げた修道会が次々と誕生し，すでに消滅したものも含めると，1983年までにその数は約450にのぼるとされる．国別に列挙すると，フランス（105），イタリア（100），スペイン（29），ベルギー（26），アメリカ合衆国とメキシコ（20）の順となり，日本で創立された会も三つある．

【主な男子修道会】日本でも活動している会としては，*イエズスの聖心布教会，*イエズス・マリアの聖心会，*クラレチアン宣教会，*淳心会などがある．来日はしていないがほかに，*イエズスの聖心司祭修道会，*コンボニー宣教会，*聖心修士会，*聖心のヨセフ会，*ベタラム修道会などがあり，これ以外に規模の大きなものとしては次のようなものがある．

マリョルカ島，ランダ（Randa）のイエズス・マリアの聖心布教会（Congregatio Missionariorum SS. Cor-

せいしんじょしだいがく

dium Iesu et Mariae, 略号 M. SS. CC.). 1890年ロッセロ (Joaquin Rosselo, 1833-1909) によってマリョルカのランダで創立された. 1997年現在の施設数29, 会員数120名 (うち, 司祭102名). 総本部はマドリード.

イタリア, メッシーナ (Messina) の会 (Congregatio Rogationistarum a corde Iesu, 略号 R. C. I.). 1926年ディ・フランシア (Annibale Maria di Francia, 1851-1927) によってメッシーナで創立された. 1997年現在の施設数53, 会員数362名 (うち, 司祭211名). 総本部はローマ.

【主な女子修道会】日本で創立された会として, *長崎純心聖母会, *マリアの汚れなき御心のフランシスコ姉妹会, *聖心の布教姉妹会の三つがあり, ほかに日本で活動している会としては, *聖心会, *聖心侍女修道会, *マリアの御心子女会, *聖心のウルスラ宣教女修道会などがある. 来日はしていないがさらに, イエズス・マリアの聖心会, *汚れなきマリア聖心修道女会, *聖心愛徳修道女会, *聖心宣教修道女会など, ほかにも数多くの女子修道会がある. 以下, 規模の大きなものを幾つか列挙する.

インドのコッタヤム (Kottayam) の会 (Sacred Heart Congregation, 略号 S. H. C.). 1976年インドの既存の三つの修道会が統合されて創立された. 1997年現在の施設数358, 会員数3,259名. 総本部はインドのケララ州コッタヤム.

イタリアのヴィアレッジョ (Viareggio) の会 (Apostole del Sacro Cuore di Gesù, 略号 A. S. C. J.). 1894年クレリア (Merloni Clelia, 1861-1930) によって, ルッカ (Lucca) のヴィアレッジョで創立された. 1997年現在の施設数198, 会員数1,536名. 総本部はローマ.

ブラジルのマリアの汚れなき聖心修道女会 (Irmãs do Imaculado Coração de Maria, 略号 I. C. M.). 1843年マイクス (Barbara Maix, 1818-73) によって, ウィーンで創立された. 1997年現在の施設数169, 会員数1,003名. 総本部はブラジルのポルテ・アレグレ (Porte Alegre).

フランスのサン・ジャキュ・レ・パン (Saint-Jacut-les-Pins) の会 (Sœurs du Sacré-Cœur de Jésus, 略号 S. S. C. J.). 1816年ル・スール (Angélique Le Sourd, 1767-1835) によって, ヴァンヌ (Vannes) 司教区のサン・ジャキュ・レ・パンで創立された. 1997年末現在の施設数139, 会員数795名. 総本部はパリ.

メキシコのザモラ (Zamora) の会 (Hermanas de los Pobres, Siervas del Sagrado Corazón de Jesús, 略号 H. P. S. S. C.). 1884年カザレス・イ・マルティネス (José Ma Cazarez y Martinez, 1832-1909) によって, ザモラで創立された. 1997年現在の施設数96, 会員数745名. 総本部はザモラ.

カナダのモントリオールの会 (Sœurs Servantes du Saint-Cœur de Marie, 略号 S. S. C. M.). 1860年ドゥラプラス (François-Jean-Baptiste Delaplace, 1825-1911) とモワザン (Jeanne-Marie Moysan, 1832-92) によってパリで創立された. 1997年現在の施設数99, 会員数705名. 総本部はモントリオール.

【文献】カ大1: 111-12; AnPont (1999) 1477, 1481, 1519, 1548, 1642, 1659, 1662, 1665; DIP 8: 258-300.

(二川佳巳)

せいしんじょしだいがく　聖心女子大学

東京の広尾にあるカトリック女子大学. 1948年 (昭和23) 4月新学制の実施に伴い, 1915年 (大正4) に設立された旧制の聖心女子学院高等専門学校を改組して, 日本における最初の新制女子大学の一つとして発足した. 現在では文学部に外国語外国文学科, 日本語日本文学科, 歴史社会学科, 哲学科, 教育学科の5学科を開設している. また, 大学院修士課程は英文学, 日本文学, 史学, 人間科学の4専攻を有している.

大学の設立母体は, 1800年に*マドレーヌ・ソフィー・バラがフランスに設立した*聖心会である. 聖心会は*フランス革命直後の混乱した社会で, キリストの精神を基調とする女子教育に力を注いだ. 創立者の前衛的な思想は, その後の時代の変化と社会の要請に伴い, 再評価され, 全世界約40か国, 170の聖心の学校に伝えられ, 各姉妹校は互いに緊密な交流を図っている.

聖心の教育の特徴はその国際性にあり, 自国の文化を尊重しつつ, 神への愛, 世界人類への奉仕という形で受け継がれていくものである.

(中川徹子)

せいじんすうけい　聖人崇敬
〔ラ〕cultus sanctorum, veneratio sanctorum, 〔英〕veneration of the saints, 〔独〕Heiligenverehrung, 〔仏〕culte des saints

聖人崇敬に関する現代カトリック教会の態度は『新教会法典』1186-87条に簡潔に示されている. 「教会は神の民の聖化を涵養するために」, *マリアに「特別の孝愛に満ちた尊敬を払うよう」勧めるとともに, 「他の聖人たちに対する真の正しい崇敬を奨励する」. 信者が聖人の「模範によって薫陶され, その取り次ぎによって助けられるためである」. 「教会の権威者によって聖人又は福者の名簿に記載された神のしもべのみを公的崇敬をもって尊敬することが許される」.

【聖書】〔旧約聖書〕旧約聖書では, 神は「聖なる方」(ヨブ6: 10等) と呼ばれ, 神によって選ばれたイスラエルの民は「聖なる国民」(出19: 6等) とされる. 神との特別の関係によって物や場所や人が聖なるものとみなされ, 俗なるものと区別される. 選民の*聖性は倫理的な責任を伴うものであり, 神は民に「わたしは聖なる者であるから, あなたたちも聖なる者となりなさい」(レビ11: 45) と命じる.

イスラエル人は, 神に対する民全体の連帯責任を強く意識した. 特に*捕囚後, 偉大な祖先たちが思い出され (シラ44-50章; ヘブ11: 3-40参照), 「祖先たちの功徳」についての考えが発展した. 神に忠実に従った祖先の*功徳を神が思い起こし, その子孫に恵みを与えるというものである. なかでもイサクの縄縛り (*アケダ) の功徳には偉大な力があると考えられ, *律法学者によると, *神殿での献げ物に効力があるのは, それらが祖先たちの功徳を神に思い出させるからである.

*来世思想の発展につれて前2世紀には, *エレミヤやその他の偉大な人物が死後神のもとで「民のために不断に祈っている」という思想が現れる (2マカ15: 12-16). また, *天使たちがイスラエルの民を助けてくれるという思想が旧約聖書の全体を貫いている.

〔新約聖書〕新約聖書では, 神は「聖なる父」(ヨハ17: 11), 神の子イエスは「神の聖者」(同6: 69), 神の霊は「*聖霊」と呼ばれている. また, 父と子と聖霊の一致によって, すべてのキリスト者も, 「聖なる者たち」(〔ギ〕hagioi, エフェ1: 1等) と呼ばれる. 彼らは, 神の新しい民として「聖なる国民」(1ペト2: 9) であり, 「召し出してくださった聖なる方に倣って, あなたがた

自身も生活のすべての面で聖なる者となる」(1ペト1: 15)ことが求められる．黙示録には，天国における礼拝が述べられ，神の祭壇の下に「神の言葉と自分たちがたてた証しのために殺された人々の魂」がおり，神に向かって叫んでいる様子が記されている(6: 9-10)．

しかし，新約聖書は死んだ聖人たちに対する崇敬には触れておらず，彼らの取り次ぎを願うよう勧めることもない．*初代教会では，「神は唯一であり，神と人との間の仲介者も，人であるキリスト・イエスただおひとりである」(1テモ2: 5)という確信が極めて強かったので，*父なる神とイエス以外の者に向かって祈る必要は感じられていなかった．

【古代教会】〔殉教者崇敬〕古代のギリシア・ローマ世界では，人々は家族の死者を崇敬し，その誕生日を年ごとに祝い，その墓を花で飾ったり，墓に香油を注いだり，墓地で宴を催したり，死んだ祖先に祈ってその保護を頼んだりした．人間の自然の宗教心のこの現れを古代教会の信者たちも受け継いでおり，家族の死者に祈りを求める言葉は*キリスト教碑文にもよくみられる．しかし，特に，キリストへの信仰のために殺された*殉教者に対しては格別の崇敬の念をもつようになった．教会における聖人崇敬は，まず殉教者への崇敬で始まった．その最古の資料は，2世紀半ばに殉教した*『ポリュカルポス殉教記』である．やがて各教会ごとに殉教者暦(→殉教記録，殉教録)を作成し，崇敬が行われるようになった．同時に，このような崇敬は，神のみにささげるべき礼拝とは異なるということもつねにはっきりと意識されていた．キリスト者は，殉教者の命日にその墓で集まり，そこで*エウカリスティアの祭儀を行い，宴会を開いた．他の死者とは異なり，殉教者の場合は祭儀中，彼のために神に祈るのではなく，信者が殉教者のあとに続くことができるように彼らの執り成しが祈り求められた．また，古代教会は，殺されなかったが，信仰のために投獄され，拷問されるなか，信仰を勇敢に宣言した人々をも大いに尊敬し，殉教者と区別するために*証聖者と呼んだ．

〔諸慣習〕*コンスタンティヌス大帝の*寛容令により迫害が終わってから，迫害時代の殉教者たちに対する崇敬はますます盛んになり，彼らの墓の真上，あるいはそのそばに大聖堂(*バシリカ)が建てられ，記念日には大勢の巡礼者を集めて盛大な祝いが催された．

当初，各教会は，自分たちの教会における殉教者だけを記念していたが，しだいに他の場所の有名な殉教者の記念も行うようになった．それにつれて，4世紀の*東方教会では殉教者たちの遺体の一部を墓から取り出し，*聖遺物として他の場所に送る慣習が生まれた．ローマ教会はこれに長い間反対していたが，しだいに全教会に広まった．それに伴って，偽りの遺物を作ったり，売ったりするような弊害も頻繁に起こった．

4世紀末頃から，その時点まで知られていなかった殉教者たちの墓が発見されるという出来事がしばしば起こった．多くの場合，誰かがある場所に一定の殉教者が葬られているということを夢でみ，掘ってみると遺体が発見され，その場で病気が治るなどの奇跡が起こり，それで発見された遺体が確かに殉教者のものであることが立証されたと考えるものである．これは多くの誤解の原因ともなり，401年の*カルタゴ教会会議がこれを禁じたものの，その慣習が広まることを止めることはできなかった．同じ時代から，聖遺物や殉教者の墓には特別な力が宿っており，それに触れると*悪霊が追い払われ，病気が治り，*恩恵が得られるという考えも広まった．さらにまた多くの信者は，殉教者の墓の近くに葬られることを願っていた．来世においてその殉教者の保護を得るためである．*聖人たちの名を自分か子どもにつけるという慣習も，3世紀からみられる．その聖人に対する愛情を示すとともに，その保護を得ようとする願望の現れであり，今日の*洗礼名に続いている．

4世紀から，殉教者や証聖者のほかに，高徳の*隠修士や苦行家たちも聖人として尊敬されるようになった．すなわち，殉教者についても，殺されたという事実よりも死を受け入れる精神的な態度が重要であると考えられ，したがって，殉教したのではないが，殉教者と同様に優れた信仰の証しを立てた人々も殉教者に劣らず尊敬に値すると考えられるようになったのである．さらに4世紀末からは，カイサレイアの*バシレイオス，ミラノの*アンブロシウス，トゥールの*マルティヌスなどのような優れた*司教たちも聖人として崇敬されるようになった．各教会には，殉教者暦のほかに歴代の司教たちの名簿もあり，かなり長い間「聖なる」(〔ラ〕sanctus)という形容詞は，高い地位についた人物の尊称としてすべての司教につけられていた．6世紀になると，殉教者暦と司教名簿が一つにされ，結果的にほとんどすべての昔の司教たちは聖人名簿に入ることになった．また，4世紀からは，旧約時代の族長たち，*預言者たち，および新約時代の*使徒たちも聖人の名簿に入れられ，*祝日が祝われるようになっていた．

古代では，公的な崇敬に値する聖人として認められるために特別な手続きが必要とされなかった．信者の誰かが殉教した事実は公の出来事であり，その崇敬は当然のこととみなされていたし，隠遁者や優れた司教の場合も，本人に対する信者たちの熱い思いが自然に盛り上がり，聖人崇敬に発展した．一定の人物が聖人崇敬に値するかどうかについて司教の取調べが行われたのは，*ドナトゥス派の狂信的な殉教者が多かったアフリカ教会だけであったようである．殉教者として認められるため，殉教の事実のほかに，本人が異端者でも離教者でもないことがつねに要求されていたからである．

*聖画像破壊論争の締めくくりとして発布された第2*ニカイア公会議の決議文は，聖人の画像を作ったり，聖堂に飾ったり，その前でひざまずいて祈ったりすることを正しいことと認めた．しかし，同時に「真の礼拝」(〔ギ〕latreia)が神だけにささげられるべきであることも強調された(DS 600-601)．

古代教会で生まれた聖人崇敬はギリシア・ローマ宗教の神々への礼拝から生まれたものであるという学説があるが，決して*異教の習慣を単純に受け継いだものではなく，旧約時代からのユダヤ・キリスト教の方針に従って，異教的な習わしを唯一の神への信仰にふさわしく再解釈して取り入れていったということができよう．

【中世・近世】中世になると，マリア崇敬をはじめ，聖人崇敬がますます盛んになった．聖人の墓は巡礼地となり，聖遺物が貴重な宝とみなされた．おのおのの町，職業などに*守護の聖人が決められ，特に*救難聖人への信心が盛んになり，困難に遭遇した信者はその聖人の名を唱えて代願を求めた．

この時代，公的に聖人として認められることは，信者たちの尊敬を集めたある人物の遺体が司教の許可で墓から取り出され，崇敬の対象となるような場所に納められると，その人物は公的にも聖人とみなされた．ローマ教皇によって行われた最初の列聖式は，993年のラテラノ

せいしんせいかつこうよう

教会会議で*ヨアンネス15世によって行われた，アウグスブルクの司教*ウルリヒの*列聖だった．その後，教皇たちが数回列聖式を行ったが，人を聖人の列に加える権限を教皇に限定したのは*グレゴリウス9世である(1234)．*シクストゥス5世は1588年に列聖手続きを*教皇庁の礼部聖省に委ね，1642年に*ウルバヌス8世は列聖に関する細かい手続きを発布した．それによると，聖人の誉れのうちに亡くなった人の生涯や著作が入念に調べられ，*英雄的徳の持ち主であること，また彼の取り次ぎを願う祈りの結果奇跡が起こったことが証明されると，教皇の決定で本人はまず*福者（［ラ］beatus）と宣言され，さらに奇跡が起これば，教皇の新しい決定で「聖人」(sanctus)と宣言されることになっている．福者に対する崇敬は一地方か一団体に制限されたものであるが，聖人は全教会で崇敬されるべきであり，特に重要な聖人の祝日が全教会で祝われるように定められる．1988年の*教皇庁の改組によって，列聖手続きを行うために列聖省（［ラ］Congregatio pro Causis Sanctorum）が設立された．現行の細かい規定によって，あらゆる点で模範的で優れた人物だけが聖人の列に加えられることが保証されているが，実際には長い調査のために相当な労力や金銭が必要である．それでも，福者や聖人として宣言される人々の数は19-20世紀になってから大いに増え，教皇*ヨアンネス・パウルス2世は，歴代のどの教皇よりもはるかに多くの人を列聖している．

16世紀の宗教改革者のうち，*ルターは，聖人たちを思い起こし，彼らの模範に励まされることを正しいこととして認めたが，聖人の取り次ぎを願うことは許されないこととした．人々のために執り成す唯一の仲介者はキリストだからである．*カルヴァンは聖人崇敬のあらゆる形を徹底的に排斥した．宗教改革者のこの説に対して，*トリエント公会議は，天上の聖人たちが人々のために神に祈りをささげること，聖人たちの祈りと助けを求めることが正しいことであること，聖人の遺物や画像が崇敬すべきものであることを信者に教えるように，司教たちに命じた(DS 1821-23)．

【現代】第2*ヴァティカン公会議は『教会憲章』の第7章で，聖人崇敬の意味を説明している．それによると，地上の信者たちとキリストに結ばれて死んだ人々の一致は保たれており，天上の聖人たちはキリストによって得た自分の功徳を示しつつ，キリストを通して我々のために父なる神に取り次ぎの祈りをささげている．聖人たちはキリストと完全に一致するための優れた模範を示しており，我々は，愛に駆られて，聖人たちの取り次ぎを願い，彼らの受けた恵みのゆえに神に感謝すべきである．天上の聖人たちとの正しい交わりは，キリストを通して聖霊において父なる神に献げる礼拝を豊かにするものである(49-51項)．公会議は以上のように，カトリック教会の伝統的な聖人崇敬を再確認したが，それと同時に，キリストの死と復活をキリスト教の神髄として浮き彫りにし，典礼においてこの救いの*秘義を祝う日に聖人の祝日を優先させないように定め，特に重要な聖人を記念する祝日だけを全教会で祝い，聖堂に飾られる*聖画像の数を制限するように定めた(『典礼憲章』111, 125項)．

【文献】LThK³ 4: 1296-304; TRE 14: 641-72; H. Auf der Maur, "Feste und Gedenktage der Heiligen," GDK 6/1: 65-357. （P. ネメシェギ）

せいしんせいかつこうよう　『精神生活綱要』

*キリシタン版の一書．*イエズス会の日本の*コレジョから1596年に刊行された，八つ折判洋装のラテン語本．当時高名であった*ドミニコ会の会員でポルトガル*ブラガの大司教バルトロメウ・デ・マルティリブス(Bartholomeu de Martyribus, 本名バルトロメウ・フェルナンデス Bartholomeu Fernández, 1514-90)の編著になる信心・修徳書(本書の最初の刊行は，1582年*リスボンで，その後ヨーロッパ各地で出版された)の日本版で，今日，世界にわずか3部が伝存する．

表題紙に，Compendium Spiritualis Doctrinae ex varijs Sanctorum Patrum sententijs magna ex parte collectum: Autore Reverendiss. P. F. Bartholomeu de Martyribus, Archiepiscopo Bracharensi, & Hispaniarum Primate. In Collegio Iaponico Societatis Iesu cum facultate Ordinarij, & Superiorum. Anno 1596. とある．出版地は記されていないが，*天草と推定される．*ルイス・デ・グラナダの序文に続く本文は2部からなる．第1部では，霊魂を浄める「浄化の道」が論じられ，第2部では高度な形態の*祈り，*黙想，*観想，や*神との一致にまで導く「一致の道」のさまざまな方法，すなわち，*霊性神学の扱う神の*恩恵の働きに強調点を置く霊的生活について述べられている．したがって，これらの説明にあたっては，*教父を中心とする*聖人たちの伝記などが引用されている．*フロイスが1596年度の*『イエズス会日本年報』で伝える「聖職者用カトリック信仰の提要または綱要」が本書とみられる．本書の存在は久しく知られていなかったが，1936年に*ラウレスによって初めて*北京の北堂図書館で発見され，紹介された．

【文献】J. Laures, "Neuentdeckte japanische Jesuitendrucke im Pei-t'ang zu Pekin," *Monumenta Nipponica*, 1 (1938) 138-53; Id., *Kirishitan Bunko* (Tokyo 1957).

（尾原悟）

せいしんせいりがく　精神生理学

〔英〕psychophysiology, 〔独〕Psychophysiologie, 〔仏〕psychophysiologie　行動変化や心的経験に対応してどのような生理過程が生じているかを研究する学問．精神的状態には何らかの生理的状態が対応している．例えば，怒りや悲しみの状態にあるときに言葉でそれを表現しなくても生理過程は生じており，生理過程の測定結果のほうが言語表現よりもより一層妥当である．嘘発見はその典型例である．言語表現だけからでは，それが嘘か真実かは判断できない．しかし，嘘をつくとき緊張や動揺を感じているとすれば，それは汗腺の活動，心臓血管系の反応などに現れてしまう．嘘発見器はこうした仕組みを利用するものである．このように人間の生理をさまざまな心理的条件において測定，検討するのが精神生理学である．精神生理学の研究は多くの電気生理学的測定法に支えられている．

脳波は精神活動の生理的指標として最も有力なものの一つである．脳波は意識水準とほぼ対応して四つの帯域に分類できる．高い覚醒状態から深い睡眠に至るまで $\beta, \alpha, \theta, \delta$ の四つである．心臓血管系の諸反応は情動に対応する指標として測定されることが多い．血圧，心拍，血管運動，皮膚温，容積脈波などは内的感情の研究によく用いられる．皮膚電気反射は汗腺の電位活動を測定するものであり，前述したように嘘発見の強力な手がかりとなる．そのほか，呼吸，眼球運動，筋電位，消化器系の活動なども測定の対象となる．

精神生理学と類似し，密接に関連した学問には生理心

理学がある．生理心理学は主に動物を対象に脳の機能と行動の関係について研究する．そのため実験的に脳を刺激したり，破壊してどのような行動変化が生じるかを検討することが多い．このように生理心理学と精神心理学との相違は独立変数が行動か生理的反応かにあるが，そこに絶対的な区別があるわけではない． （山中祥男）

せいしんせんきょうしゅうどうじょかい　聖心宣教修道女会　〔独〕Missionsschwestern vom Heiligsten Herzen Jesu von Hiltrup, 〔ラ〕Sorores Missionariae a SS. Corde Iesu, 〔略号〕M.S.C.　教皇庁立女子修道会．1899年ドイツのヒルトゥルプ(Hiltrup)でリンケンス(Hubert Linckens, 1861-1922)によって創立され，1900年管轄司教によって，1950年には*聖座によって認可された．当時の植民地の現状の要求に応えるために聖心宣教会(Missionari Sacratissimi Cordis Iesu)の協力を得て創立され，会員たちは主に植民地諸国における青年女子の教育，病者の看護および老人たちの世話に従事する．第1次世界大戦前後は宣教地への会員派遣が不可能だったため，ドイツ本国で著しく発展した．各種慈善事業に力を入れ，現在は旧ドイツ植民諸国ばかりでなく，全世界の宣教地で活躍している．1997年現在の施設143，会員数1,049名．総本部はイタリアのストゥリ(Sutri)．
【文献】AnPont (1999) 1663; DIP 5: 1610-11; H. LINCKENS, *Die Missionsschwestern vom Hlst. Herzen Jesu* (Hiltrup 1921). （和田誠）

せいじんでん　聖人伝　〔英〕legends of the saints, 〔独〕Legenden, 〔仏〕légendes　*聖人の伝記(*ヴィタエ・サンクトールム)のなかで聖人伝(聖人物語，〔ラ〕legenda)は特別な位置を占めている．西欧中世では，聖人伝の数が1万以上と極めて多く，その結果，ヨーロッパ諸国語で，この言葉は「真実性のない歴史」という意味になってしまった．聖人伝の評価にもこの影響が及んでいる．本来ラテン語のレゲンダ(legenda)という語は「読まれるべきもの」という意味であり，最初は，一般に*典礼の最中に(あるいは前に)読まれるものを指していた．中世になると，その意味が聖人の伝記に限定され，聖人の記念日(→聖人の記念)の典礼や，修道院での食事のときに食堂のなかで朗読された．この慣習から聖人伝の特質が説明される．

記念される(多くの場合，一地域に限られている)聖人について，短くとも，その生涯を記述したものをまとめておく必要があった．そして，使用できる史料の状況次第で，聖人伝作者は自分の文学的才能や創作力で補う必要に迫られた．そこからさまざまな可能性が出てきたのも当然である．すなわち，古い*殉教記録や証言の修正ないしは再現，または，古い伝記の表現上の再構成などである．さらに，完全な伝記としては史実としての要素が不充分な場合には，独自の創作と定型表現で飾り立てることになった．その結果，信心深い小説と呼ばれる全くの空想的な表現になってしまうこともある．このような創作を通して，ある種の正当性が主張されたり，弁護されたりする場合，偽作の問題も生じた(古い*司教座の礎となった使徒の弟子たちについての物語がその例である)．

現代の歴史家の見地からは，この種の「創作」は全く満足できないことであり，そのため，しばしば聖人伝の歴史的価値までもが否定される．しかし，聖人伝編纂の最も重要な，もしくは唯一の目的は霊的高揚であり，それを踏まえたうえで聖人伝の価値も判断されなければならない．大部分の聖人伝の根本的な意図は，模範的な良い人物の実例，とりわけ，絶えず祈り，*節制に励んだ人物の偉大な敬虔さと厳格な生き方を描くことにあった．その際，編纂者たちは，しばしば聖書から役立つものをとって利用し，それによって，宗教的な真理を告げようとした．すなわち神が人間のことを配慮しており，神だけが*正義をもたらし，神なしには人は何もできないといったことを伝えようとしたのである．このため，聖人伝は，本来の伝記的性格を保持する一方で，しばしば霊的考察と教訓に溢れたものとなった．例えば，大部分の聖人伝では，聖人の青年時代に関する報告が欠け，むしろ自覚をもった神への*回心から，その生涯の叙述が始まる．聖人伝においては，歴史的真理よりも神学的真理のほうが優位を占めているのである．

無論，ここから聖人伝の史料的価値が乏しいということにはならない．多くの聖人伝は，とりわけ，それらが古い伝記を単に焼き直しだけのものであったり，当該の聖人と近い時代に生きた編纂者によってまとめられたものである場合には，確実な情報を保持していることも多い．それ以外の場合でも，少なくとも編纂された時代についての価値のある史料であり，その当時の風俗や慣習，地誌，特に時代精神を解明する手がかりを与えてくれる．また，文学的価値に富んだ聖人伝も少なくない．
【文献】RAC 14: 150-83; TRE 14: 365-67; J. フィルハウス「中世の聖人伝にみられる人間像」『中世の人間像』上智大学中世思想研究所編(創文社 1987) 183-205; M. MANITIUS, *Geschichte der lateinischen Literatur des Mittelalters*, v. 2 (München 1923) 414-90; v.3 (München 1931) 566-640; A. ANGENENDT, *Heilige und Reliquien* (München 1994). （J. フィルハウス）

せいじんでんけんきゅう　聖人伝研究　〔英〕hagiography, 〔独〕Hagiographie, 〔仏〕hagiographie　日本語の「聖人伝研究」の意味は単一だが，欧米語のハギオグラフィーには二つの意味があり，広義では「聖人の伝記」(→ ヴィタエ・サンクトールム，聖人伝)を意味し，狭義には本項で述べる研究・学問の意味をもつ．

聖人伝研究は，*聖人の生涯に関する伝記的なテクストを扱う学問であり，古い伝記の校訂版の編纂やその研究・評価を行う．さらに，歴史史料の正しい取り扱い方や聖人の伝記の編纂に関して方法論上の指示を与える(このような意味でのハギオグラフィーは近世に始まる．それまで，この語は「聖書」すなわち「聖なる書」と同じような意味だった)．

歴史的・批判的学問としての聖人伝研究は，16世紀以降のものである．古代と中世においてはほんの萌芽がみられたにすぎず，聖人伝の信憑性が時折問題にされる程度であった．聖人伝研究の成立のきっかけとなったのは，とりわけ文献史料への回帰を要求した*人文主義と，カトリックの*聖人崇敬を激しく攻撃した16世紀の*宗教改革であった．論争の焦点になったのは，神学的根拠のほかに，聖人伝が史実として不確実であったり，全く史実に基づかない場合についてである．

*トリエント公会議は，1563年の改革教令のなかで，聖人崇敬の正当性をあらためて宣言し，他方で，それが史実に忠実なものとなるよう要請した．その後，カトリック教会内部で聖人伝は学問的に扱われるようになり，古い伝記を収集し，言語表現を改善するほか，一定

せいじんのきねん

の批判も加えられるようになった．この例として，*カルトゥジア修道会の*スリウスによる『聖人伝校訂史』全6巻(1570-75)がある．

厳密に学問的な聖人伝研究は，*ボランドゥスと彼の同僚ヘンシェン(Gottfried Henschen, 1601-81)が創始した*ボランディストにより始められた．ボランディストは，ボランドゥスの用いた単純な編纂方法をより完成度の高いものとし，原文校訂のほかに，詳細な調査研究の成果を「序文」([ラ] commentarius praevius)に掲載するようにした．やがて*サン・モール学派も聖人伝研究を始め，特に*マビヨンは『ベネディクト会諸聖人伝』の編纂を開始し，最初の9巻(11世紀までの部)を出版した．これは，弟子の*マルテーヌによって続けられた．聖人伝研究の方法は基本的には一般的な歴史学の方法と同じであるが，その際，対象とするテクストが宗教的で神学的かつ霊性的なものであるという特質が顧慮されなくてはならない．

【文献】Cath. 5: 485-92; R. AIGRAIN, L'hagiographie: Ses sources, ses méthodes, son histoire (Paris 1953).

(J. フィルハウス)

せいじんのきねん　聖人の記念　[ラ] sanctorale, proprium de sanctis, [英] proper of saints, [独] Sanktorale, [仏] sanctoral, propre des saints　*聖人の記念は通常，*ミサと聖務日課(*教会の祈り)で行われ，『ミサ典礼書』と『聖務日課書』のなかで，聖人を記念するための固有の祈願などを収録した部分を「聖人固有の部」([ラ] Proprium de Sanctis)と呼ぶ．1月から日づけ順に掲載され，使徒，殉教者，司教，司祭，修道者，おとめ，教会博士などさまざまな称号をもつ個々の聖人を記念する．また，キリストやマリアの生涯に関する出来事で特定の日づけに祝われる日も含まれる．『ミサ典礼書』には，ミサで各聖人を記念するために少なくとも固有の*集会祈願が用意されており，聖務日課でも同じ集会祈願を用いる．固有の祈願がない聖人の記念の場合は，「共通の部」(Communia)と呼ばれる部分から該当するものを選択して用いる．ミサの*聖書朗読も固有の箇所をもつ記念日ともたない記念日とがある．固有の朗読箇所をもたない記念日の場合は，「ミサの朗読配分」([ラ] Ordo lectionum Missae)の「共通の部」から適当なものを選んで朗読する．また，聖務日課の*読書課では第1朗読として，聖人自身の著作や殉教録，*教父の著作などから，記念される聖人にふさわしい一節を朗読する．

【聖人の記念日】聖人を記念する日は，その重要度から*祭日，*祝日，記念日(→記念)に分けられ，記念日には義務の記念日と任意の記念日がある．2-3世紀頃から*殉教者への崇敬を中心に発展した聖人の記念はしだいに盛んになり，*典礼暦にも聖人を記念する日が非常に多く導入された．その結果，*主日を中心にしてキリストの生涯を1年かけて記念するという典礼暦本来の意義が不明確になってしまった．第2*ヴァティカン公会議の『典礼憲章』は，「聖人の祝日が，救いの秘義そのものを祝う祝日に優先しないように，その多くのものは，それぞれの部分教会，国，修道会において祝われるものとする．そして，真に普遍的で重要な意義をもつ聖人を記念する祝日だけを，全教会に広げるものとする」(111項)と述べ，これに基づいて現行の『一般ローマ暦』(Calendarium Romanum generale)が1969年に発表された．

聖人の記念に関する日本への特別措置としては，ローマ暦で2月6日に祝われる*日本26聖人殉教者の記念日を殉教の日である2月5日に移して祝日として祝う，聖*フランシスコ・ザビエル司祭の記念日(12月3日)を祝日として祝う，*日本205福者殉教者(9月10日)と聖*トマス・デ・サン・ハシント(西トマス)と15殉教者(9月28日)を義務の記念日として祝うなどがある．

【現行典礼書】日本カトリック典礼委員会編「典礼暦年に関する一般原則および一般ローマ暦」『ミサ典礼書の総則と典礼暦年の一般原則』(カトリック中央協議会 ²1994)121-57．

【文献】LThK³ 4: 1293-95; A. ADAM, Das Kirchenjahr mitfeiern (Freiburg 1979) 162-223; A. G. MARTIMORT, ed., The Church at Prayer, v. 4 (Collegeville, Minn. 1986) 108-29; H. AUF DER MAUR, "Feste und Gedenktage der Heiligen," GDK 6/1: 65-357.

(宮越俊光)

せいじんのしょうごう　聖人の称号　*ローマ典礼における*聖人たちに与えられる称号．現在は，特殊暦(→典礼暦)の新しい配列に関する典礼省の指針(1970.7.24付)第27項で聖人の称号について新たに定められている．それによると，聖人の称号は三つに分けられる．

(1)一般に使用されている称号は，*殉教者，*使徒および*福音記者そして乙女([ラ] Virgo, →童貞性)である．聖人の称号がつくられる際の中心理念は証しである．最もはっきりした最古の証しは，血の証しすなわち*殉教であるため，「殉教者」は最古の聖人称号である．しかし，証しには，より広く言葉と行為の証しもある．特別な言葉の証しを行ったのが「使徒」および「福音記者」である．使徒の祝日は早くから少なくとも関係の深い地域で祝われていた．行為の証しは，初期の*迫害の時代に，まさに死の危険にもかかわらず信仰を告白し，苦しみを受けたが，殺されるには至らなかった者の証しである．このような人々は主として「*証聖者」と呼ばれる．4世紀における迫害の終焉後，殉教に代わって*禁欲([ラ] mortificatio, *ウルガタ訳聖書のロマ8:13に使われる語)が登場し，苦行者(→苦行)，隠遁者(→隠修士)，とりわけ*修道者，また模範的な*司教が現れた．彼らは証聖者と総称され，殉教者とは明確に区別された．しかし，新しい典礼暦では，証聖者の称号は廃止されている．使徒言行録と使徒教父文書で言及され，その後もしばしば聖女として敬われる「乙女」は，証聖者に対応する称号である．これに対して古代教会でよく使われていたもう一つの称号である「*やもめ」は新しい規定で廃止された．

(2)教会の位階における位置を示す称号には，「司教」と教会の第一の司教である「*教皇」(パパ, [ラ] Papa)がある．これはポンティフェクス・スンムス(Pontifex summus)という最古の称号のかわりに使われるようになった．パパは*ペトロの後継者としての奉仕職をよりよく表現しているからである．ほかに「*司祭」，「*助祭」の称号もある．「*教会博士」の称号もここに属す．教会博士は原則として位階のなかに位置づけられるものだが，1970年以降にはアビラの*テレサ，シエナの*カテリーナ，リジューの*テレーズの3人の女性も教会博士の称号を与えられた．

(3)修道会の会員に関する称号のうち指導的な立場にいる者には「修道院長」(Abbas)，*修道会の創立者には「創立者」(Fundator)の称号が与えられる．単なる修道

会会員は「修道者」(Religiosus)と呼ばれる．女性の修道者は「乙女」の称号で呼ばれるが，修道会入会前に結婚していた女性の聖人の場合は，「*修道女」(Religiosa)と呼ばれる．

同指針は，一般暦(→典礼暦)のなかで，殉教者や乙女でない信徒に対して特別な称号を与えていないが，しかし，王や父・母のように，適当な称号を特殊暦に導入することには問題がないとしている．

【文献】CONGREGATIO DE CULTO DIVINO, "De calendariis particularibus atque Officiorum et Missarum Propriis recognoscendis," AAS 72 (1970) 651-63.

(J. フィルハウス)

せいしんぶんせき　精神分析　〔英〕psychoanalysis, 〔独〕Psychoanalyse, 〔仏〕psychanalyse

*フロイトによって創始された*精神療法の一技法．また，そこから得られた知識体系を集約した学問(精神分析学)のことをいう．

【無意識の世界の探究】フロイトは，*ウィーン大学医学部を卒業してから，神経生理学者，神経内科勤務医などを経た後に精神科医として*ウィーンで開業し，神経症，ヒステリーなどを示す患者の治療にあたった．彼はすぐ，物理療法，催眠療法，前額法などの治療効果に限界があることを知って，自ら「精神分析」と称する独自の治療法を創案した．これは，患者を寝椅子に寝かせて自由に夢や空想を語らせる自由連想法によって，患者の無意識の世界を探究し，病気の心理的原因を発見・洞察させて治療する方法であった．

フロイトは初め，ヒステリーの患者の多くが幼児期の性的外傷体験を語るのを聞いて，父や兄などによる早すぎる性的誘惑がこれらの障害の原因であると考え，学会発表までしたが，後に考えを改め，人間は幼児期から性的な衝動を体験し，その性衝動が*近親相姦を含む多くの幻想を生み出し，その幻想と文化との葛藤が不安や症状を生み出すのだという，幼児性欲説，不安信号説に到達した．つまり，人間の精神生活に占める無意識の重要性を認識し，その後の生涯を無意識の世界の探究に捧げた．もちろん，無意識の概念は，教誨という臨床活動をもつカトリックの司祭や催眠学派によりすでに発見され，重視されてはいたが，フロイトはその力動や構造を体系的に研究して学問として構築し，人間の歴史性と無意識の働きとの関係を解明したのである．無意識をパラメーターとして人間の心理を研究する立場を「力動論」と呼ぶ．

フロイトはまず人間の意識を，意識(cs)，前意識(pcs)，無意識(ucs)の三つの層をもつものと考えた．これを「局所論」(〔英〕topology)という．この考えは後になると，心的構造を，自我，超自我，エス(イド)という三位一体の審級からなるとする「構造論」に発展した．この発見は後に，娘アンナ(Anna Freud, 1895-1982)，弟子クリス(Ernst Kris 1900-57)，ハルトマン(Heinz Hartmann, 1894-1970), *エリクソンらによって自我心理学的精神分析学として発展し，現代精神分析学の正統派の理論的基礎となった．エリクソンは後に，自我同一性(→アイデンティティ)の概念を提唱し，幼児と青年の精神分析療法に寄与した．

【幼児体験への注目】フロイトは，神経症などの原因を探求するうちに，人間の幼児期が成人後の症状の発現や人格形成に決定的に重要な役割を果たすことを発見し，人間の心理=性的発達を，口唇期，肛門期，男根期，潜伏期，性器期の5段階に区分した．これはそれぞれ固有の重要性をもち，この発達が中途で停止したり(固着)，発達の早い段階に子ども返りしたりする(退行)と，その段階に特徴的な症状や性格が現れるとした．この発達段階のなかで，フロイトが神経症の病因として特に重視したのが男根期におけるエディプス・コンプレックスである．これは古代ギリシア悲劇の英雄エディプスが，父を殺し，母をめとった故事にちなんだ命名である．

フロイトは，3-5歳の幼児は，異性の親に愛着や欲望を感じ，同性の親に嫉妬や敵意を感じるとした．この欲望はやがて去勢不安によって抑圧され，かえって同性の親に同一化することによって解消する．フロイトは，このエディプス・コンプレックスの歪みや未解決が精神障害を生み出す最重要な原因と考えた．しかし，その後の臨床体験によれば，口唇期，肛門期などより早期の(前エディプス的な)発達段階における母性剥奪，母子分離などが，神経症よりも重症と考えられる精神病，人格障害，境界例などで特に問題となることが明らかになった．日本の土居健郎(1920-)は「甘え理論」を提唱して，母子関係の重要性を指摘した．さらに，フロイトの心理=性的発達段階は，後にエリクソンの心理=社会的発達段階へと発達し，今世紀後半のライフサイクル論の隆盛の嚆矢となる「ライフサイクルの8段階」として図式化された．

このようにして，患者の現在の症状や性格が幼児体験によって規定されているという発見は「起源論」と呼ばれる．これは，人間をその歴史性において考察する必要性を提起したものであり，その後，シュトラウス(Erwin Straus, 1891-1975)，ゲープザッテル(Viktor-Emil von Gebsattel, 1883-1976)，クーン(Roland Kuhn, 1912-)，M. *ボスの人間学的精神病理学，現存在分析学などの基盤の一つとなった．

【リビドーと死の本能】フロイトは精神分析療法の臨床体験から，人間を動かす根源的な力について考え，本能衝動に思い至った．彼は初め，性的誘惑などの性的外傷体験や性的欲求不満が神経症，ヒステリーの病因にみえたことから，性衝動(性欲)を重視し，そのエネルギーをリビドー(〔独〕Libido)と呼んだ．この点を捉えてフロイト思想を汎性欲説と批判する人もいる．しかし，フロイトの思想はその後大いに発展した．人間は，イドに渦巻くリビドーを統御し，社会に適応させ，自分を生き延びさせる必要があるから，性本能(種族保存本能)とともに，自我本能(固体保存本能)も存在するはずだと考え，最初の二大本能説を唱えた．

さらに晩年，第1次世界大戦やその兵士の戦争神経症を観察し，また幼児が苦痛なはずの体験を自ら反復して遊ぶさまをみて，人間には，有機体になる以前の無機的な状態，つまり死の世界に復帰しようと駆り立てる衝動があると考え，これを死の本能(サナトス)と呼び，その復帰への衝動を「反復強迫」と称した．そして，人間の行動は「死の本能」と「生の本能」(エロス)の二大本能の融和と抗拮によって規定されると考えた．攻撃性も，死の本能が優越した衝動であり，行動である．

死の本能の理論は精神分析のサークルの内部でも賛否両論がある．いずれにせよ，フロイトは生涯のほとんどを通じて何らかの形の二大本能論を考えていたので，これを「本能論」という．なお精神分析学者の間では本能のエネルギーをリビドー，攻撃性，モルチドー(破壊衝動)などと命名し，その大きさ，方向，転換，係留，流動などを考える立場があり，これを「経済論」と呼ぶ．

せいしんりょうほう

【精神分析の展開】フロイトの処女作『夢判断』やウィーン大学私講師としての講演などは反響を呼び、まず精神科医の A. *アードラー、*ユング、フェレンチ (Sándor Ferenci, 1873-1933)、ライヒ (Wilhelm Reich, 1897-1957)、タウスク (Viktor Tausk, 1877-1919) などがフロイトのもとに集まって水曜会(心理学研究会)を開くようになり、それはやがて精神分析学会、国際精神分析学会へと発展した。しかし、理論上の対立などから、彼らの多くはやがてフロイトから離反した。アードラーは劣等感情、権力への意志、社会感情を重視する「個人心理学」を創始した。ユングは魂、普遍的無意識、宗教性などを重視する「分析心理学」の創始者となった。ライヒは精神物理学やオルゴン療法に走って破門された。フェレンチは彼の積極療法のためにフロイトと不和となり、タウスクは自殺した。また、元鬱病者の女流分析家クライン (Melanie Klein, 1882-1960) は、個人の衝動や本能よりも対人関係のなかでのイメージや関係を重視すべきだとする「対象関係論」を唱えてフロイトに破門されたが、イギリスではフェアバーン (William Ronald Dodds Fairbairn, 1889-1964)、シーガル (Hanna Segal) らが彼女を支持した。対象関係論は、理論的・実践的な発展を遂げ、自我心理学と並ぶ現代精神分析の二大潮流の一つとなった。

アメリカのカンバーグ (Otto F. Kernberg, 1928-) は、二つの潮流を統合して、境界性人格障害の診断と治療法に貢献した。またコフート (Heinz Kohut, 1913-81) は、これらの精神分析学の成果を独自のパラダイムと用語法にまとめて「自己心理学」を創始し、自己愛人格障害の治療に貢献した。

【精神分析の方法】フロイトの精神分析療法は、開業医という設定のなかで、受診を求める患者にまず診断的な面接を行い、精神分析の適応となるかどうかを評価することに始まる。適応と認めた患者については、明確な治療契約を結んで一定の治療構造を作り、そのなかで自由連想法や対面法の面接を続けた。このような治療構造のなかで患者は治療的な退行を起こし、治療者患者関係のなかで親との関係を再演することが多いので、これをフロイトは「感情転移」と呼び、その転移を解釈し、患者の抵抗などを徹底操作することによって、患者が自分の病理や病因を発見し、洞察に至るように導いた。これが精神分析の方法である。

ドイツ精神医学界のなかにはフロイト説に賛成する人と反対する人がいたが、アメリカの心理学界・精神医学界には好意的に迎えられ、講演に招かれ、名誉博士号を与えられたりした。精神分析は、アメリカ精神医学と融合して「力動精神医学」と呼ばれ、一時はアメリカ合衆国を支配した。ただし近年では、精神分析学を嫌って、行動科学的・実証的な DSM 方式の精神医学が主流となりつつある。

【フロイトの人柄と影響】フロイト自身は、ユダヤ家父長制の家に生まれ育ち、父親がカトリック教徒に侮辱された話を聞いて憤慨し、ローマを訪れることには憧憬と反発の両価的感情を抱いていたが、*ミケランジェロのモーセ像をみるに及んで大いに感動し、病跡学的な論文を書いた。フロイトは基本的には無神論者であり、宗教とは一種の集団神経症のようなものだと考えていたが、信者が神や宇宙に対して抱く神秘的な(ヌミナスな)感情は自らも体験したことがあると告白し、その感情を「大洋感情」と呼んでいる。

フロイトの生活の理想は「働くことと愛すること」であり、婚約者マルタに 700 通に及ぶ手紙を書き、生涯マルタ以外の女性に接することはなかった。また 40 年間、一開業医として早朝から夜まで患者の診察に明け暮れ、研究はつねに深夜に行われた。文学・思想に造詣が深く、*ゲーテ、*ドストエフスキー、イェンゼン (Wilhelm Jensen, 1837-1911)、*シェイクスピア、*イプセンらを論文に引用したり、彼らの病跡を書き、晩年ゲーテ賞を受賞した。音楽・オペラにはあまり理解がなかったが、美術、彫刻には関心が深く、*レオナルド・ダ・ヴィンチ、ミケランジェロの病跡学的論文を書いたほか、診察室を古代の彫像や骨董品で埋め尽くしていた。晩年は、ナチスの迫害を逃れてロンドンに亡命し、最後まで診療と執筆の生活を送っていたが、あごのガンが悪化し、自らモルヒネの投与を求め、安楽死した。

フロイトの思想の影響は、精神医学・心理学の領域にとどまることなく、広く深かった。*アインシュタイン、ロマン・ローラン (Romain Rolland, 1866-1944) らの科学者、文学者、文化人が彼を表敬訪問して討論した。精神分析学は、革新的な人間観として多くの人々に強い衝撃を与え、多くの批判と反発と尊敬と同情を集めた。*ダーウィンの *進化論、K. *マルクスの資本論、アインシュタインの *相対性理論と並んで、20 世紀の思想界に最も影響を与えた巨人として評価されるに至った。精神分析学そのものは、フロイト以後も修正、進歩、発展を続け、現代の臨床心理学の不可欠な要素となっている。

【文献】土居健郎『精神療法と精神分析』(金子書房 1961 ²¹1994); フロイト『フロイト著作集』全 11 巻 (人文書院 1968-84); 同『フロイト選集』全 17 巻 (日本教文社 1969-76); 福島章『精神分析で何がわかるか』(講談社 1986).

(福島章)

せいしんりょうほう　精神療法　〔英〕psychotherapy,〔独〕Psychotherapie,〔仏〕psychothérapie　心理療法ともいう。*精神医学では精神療法といい、*心理学では心理療法と呼ぶことが多いが、*フランクルのように、人間に固有の *精神の次元に働きかける *ロゴセラピーなどが精神療法であり、心の次元に働きかけるものが心理療法であるとして区別することもある。

【定義】「精神療法とは、心をとおして行う手段によって(つまり薬物とか物理的な力を使用しないで)、相手の心か身体に働く治療法のすべてをいう」(*ヤスパース)。その意味で、司牧カウンセリング(→ 司牧心理学)も、*説教も精神療法の一種であるといってよい。ただし、現代の心理療法の定義はもう少し厳密で、心理士や精神科医師の専門性を前提とする。心理学者ウォルバーグ (Lewis Robert Wolberg, 1905-) の定義によると、「心理療法とは、訓練を受けた専門家が精神障害、行動上の不適応、その他の情緒的な問題を持つと考えられる人々との間に、熟慮されたプロフェッショナルな関係を結び、その働きかけをとおして、現存する症状や問題を取り除いたり、変化させたり、和らげたりし、さらにはその対象者の人格の発展や成長を促すことを目的とするあらゆるタイプの処置をいう」。ただし、この定義によると、精神療法のなかに行動療法、催眠、*ガイダンス、説得、再教育から薬物療法、物理療法まで含まれてしまうという批判がある。

【起源】精神療法の起源は古く多岐にわたる。その第一は、シャーマン(→ シャーマニズム)、呪術者(→ 魔術)、呪医(〔英〕Medicine Man) などの原始社会の病気治しの

技術に由来する．この系譜は現在なお，一方では信仰治療(*奇跡，*秘跡)，*クリスチャン・サイエンス，民俗治療などとして，他方では司牧カウンセリング，教誨(かい)の伝統として脈々と続いている．

第二の近代的な起源はメスマー (Franz Mesmer, 1734-1815) に始まる催眠術であり，リエボ (Ambroise Auguste Liebault, 1823-1904)，ベルネーム (Hippolyte Bernheim, 1837-1919)，シャルコー (Jean Martin Charcot, 1825-93) らの臨床的経験を経て，神経症の心因論を誕生させ，やがて*フロイトの*精神分析，ジャネ (Pierre Janet, 1859-1947) の心理分析などの技法を生み出した．この系譜からは，フロイトの精神分析療法・精神分析学，*ユングの分析心理学，A. *アードラーの個人心理学が生まれ，さらにはクライン (Melanie Klein, 1882-1960) らの対象関係論，アンナ・フロイト (Anna Freud, 1895-1982)，*エリクソンらの自我心理学的精神分析，コフート (Heinz Kohut, 1913-81) の自己心理学などに発展する．人間の魂に関心を抱くユング心理学からは，箱庭療法，芸術療法，音楽療法などの諸技法が創始された．

精神療法の第三の起源は，現代的な行動科学・学習心理学などに基づく行動療法であって，パヴロフ (Ivan Petrovich Pavlov, 1849-1936) の犬を応用した簡単な条件反射から，バイオフィードバック ([英] biofeedback)，オペラント条件づけ (operant conditioning)，認知行動療法，行動療法など，多くの技法を生み出した．これに対して，人間を他の動物とは区別される固有の*現存在とみる人間性心理学の立場からは，ドイツの人間学的精神療法，アメリカの C. R. *ロジャーズのクライアント中心療法などが発生した．なお，日本では，仏教的な思想を背景に，森田正馬(1874-1938)の森田療法と吉本伊信(1916-88)の内観療法が生まれ，世界的に注目されている．

【技法の区分】以上の多彩な起源からもわかるように，精神療法にはさまざまな技法や哲学があるが，あえて整理すれば，ウォルバーグはその技法を支持，再教育，再構成と要約し，日本の井村恒郎(1906-81)は支持，表現，洞察，訓練とした．要するに，精神療法の機能としては，(1) 治療者による説得・指示(暗示を含む)，(2) 対象者に表現・創造を求める治療，(3) 対象者に洞察・認知の変化などを求める治療，(4) 治療者と対象者との関係や人間的体験に治癒の契機を求める治療，(5) 対象者を支持しつつ，その成熟を待つ方法などに区分できると考えられる．

なお，精神療法には治療者と対象者とが1対1の個人精神療法のほか，両者が複数の集団精神療法(グループ・カウンセリング)や，治療者側が複数で一人の対象者にあたるチーム治療などがある．

【文献】J. フランク『心理療法の比較研究』酒井汀訳 (岩崎学術出版社 1969): J. FRANK, *Persuasion and Healing* (Baltimore 1961); 福島章「心理療法の歴史と比較研究」『心理療法』1，臨床心理学大系 7，小此木啓吾他編 (金子書房 1981) 1-35. (福島章)

せいすい　聖水〔ラ〕aqua benedicta,〔英〕Holy Water,〔独〕Weihwasser,〔仏〕eau bénite　*祝福の祈りで聖別されて，種々の宗教儀式に用いられる水．儀式で*塩を溶かした水をよく使用した古代ローマの宗教や*ユダヤ教の慣習がキリスト教に取り入れられたらしい．古代教会では*祈りの前に，浄めの儀式として手や顔を洗う習慣が広まった．同じ目的で水盤が聖堂入口に置かれるようになったのは4世紀以降のことと考えられる．当初は祝福されていない水が入っていた．聖職者は儀式の前に手を洗い，儀式中も洗った．信徒も*聖体拝領の前に手を洗ったこともあったらしい．聖体を舌で拝領するようになってからは意味が失われたが，聖水は浄めの儀式の形で残った．

聖水の使用目的はさまざまある．教皇*グレゴリウス1世は異教寺院をキリスト教礼拝所に転用するため，聖水を撒くことを勧めている．6世紀にはローマやスペインで，家屋に撒いて祝福するため，塩を溶かして水を祝福する祈りができた．またアングロ・サクソンの地方には悪霊追放のために家に水を撒く習慣があったらしい．この使用法は10世紀までそれほど普及していなかった．後には毎年聖土曜日に水で家を祝福する行事が広まった．聖水は，*祝別，*奉献，*悪魔祓い，*埋葬，聖堂への入堂に際しての儀式的な浄めのために使われる．このほか*ミサの開始時の灌水式などで使われる．また，教会堂の入口付近には聖水盤が置かれ，信徒は入堂の際，聖水に指を浸し，*十字架のしるしを切る．その意味は，受けた*洗礼の事実を思い出し，そのときに交わした約束の精神で心を改め，原点に帰ることにある．キリストが血を流して贖った自分の心身を浄めてから，神のみ前に近づくのである．

【文献】NCE 14: 826; M. WALSH, *Dictionary of Catholic Devotions* (New York 1993) 131-32. (福地幹男)

せいスルピスかい　聖スルピス会〔ラ〕Societas Presbyterorum a S. Sulpitio,〔仏〕Compagnie des Prêtres de Saint-Sulpice,〔英〕Society of Saint Sulpice,〔略号〕P.S.S. 英語圏では S.S.　司祭職の候補者および司祭への奉仕を使命とする*教区司祭の会．1642年*パリにおいて*オリエにより創立される．主に，司教の委任と指導のもとで大神学校における司祭養成および司祭の生涯養成に携わる．また，*小教区の司牧活動を司祭養成に活用し，学校 ([仏] collège) の運営を通して*召命の育成にも努める．大神学校では，校長のもとで養成担当者 ([ラ] moderatores)・教授会を形成して団体的に (collegialiter) 司祭養成の責任を担い，神学生とともに使徒団に似た「教育的」共同体としての生活を営む．講義を行うだけでなく，神学生とともに祈りと典礼に参加し，校長以外は彼らの*霊的指導と*聴罪司祭を務める．なお，教授会と霊的指導とは峻別される．*修道会ではないので*修道誓願はないが，*会憲と組織はある．最初の会憲は創立者によって起草され，1659年会員によって承認されたが，現行のものは第2*ヴァティカン公会議の後に改訂され1981年12月25日に*聖座の認可を受けている．1921年にフランス，カナダ，米国の3管区が創設され，本部はパリにある．会員になるためには，(1) この召命を確信する教区司祭が，(2) 当該教区長の承認を受け，(3) 会に受け入れられる必要がある．入会後，一定期間の修練 ([仏] solitude) を経て最終的に正会員として承認される．ただし，教区司祭のままである．

【沿革】創立者オリエは1633年にパリで司祭に叙階され，その後，オーヴェルニュ地方の各教会やシャルトル教区などの長期黙想会で説教をして教会の霊的刷新に努めた．その間，霊的に優れたイエスの*アグネスやルソー夫人 (Marie Rousseau, 1596頃-1680) と出会い，病気や迫害，所有物や*聖職禄の喜捨，特に霊的*暗夜を

通して神への全き信頼と委託の域に達していた．指導司祭の *ヴァンサン・ド・ポールと *オラトリオ会の司祭 *コンドランの勧めと励ましを受けて，1641年12月29日，他の二人の司祭とともにパリ郊外のヴォージラール(Vaugirard)に神学校を設立した．これは，各教区に司祭養成機関の設置を命じた *トリエント公会議の教令(De seminariis erigendis)に応えるものであった．

1642年夏，パリのサン・シュルピス(聖スルピス)聖堂の主任司祭となったオリエは，神学校をその教会に移すと同時に校長となる．これが「聖スルピス神学校司祭会」の事実上の創設である．彼は小教区の霊的改革だけでなく，司祭職志願者や教会役務者が養成される小さな共同体を設立し，聖職者ひいては教会全体の霊的刷新を目指した．当初は神学校を指導する「会」を設立する意図はなかったが，神学校の規模が大きくなり充実してくるに従って，司教たちから神学校設立や司祭養成のために司祭の派遣を要請されるようになった．事実，同志司祭は同年8月に4名になり，翌年にはさらに2名増えた．12名で始まった学生も3年後には約100名になり，20余の教区から送られてきていた．オリエは，聖スルピスの司祭は教区司祭に奉仕する者であるから，「修道会」ではなく，あくまでも「聖職者の司祭」であるべきだと考えた．こうして1645年9月6日，彼は公証人の前で「聖スルピス司祭会」設立の契約に署名した．名称は，ブールジュ(Bourges)の司教シュルピス(Sulpice, ?-647)に献じられたその聖堂の名から採られた．同年末に国王 *ルイ14世の認可，1651年にフランス司教団の認可を受け，第2代総会長ブルトンヴィリエ(Alexandre le Ragois de Bretonvilliers, 1621-76)の代の1664年8月3日に聖座から認可される．1647年以後もフランス各地の司教たちからの依頼が増え，聖スルピス神学校は多くの教区神学校のモデルと仰がれた．

1657年，宣教精神に燃えていたオリエは，死の直前に，カナダの「マリアの町」(Ville Marie, 現 *モントリオール)に4名の会員を派遣した．彼らは司牧と先住民の宣教に従事し，教区と町の発展に貢献する．1767年にはコレジュを，1840年には大神学校を設立した．また1791年，米国に派遣された4名の会員は *ボルティモアに大神学校を設立し，同国カトリック教会の発展に寄与した．

フランス革命前に155名だった会員は革命後も増え続け，20世紀初頭には400名を数え，フランスで26の神学校，カナダと米国でも複数の大神学校やコレジュを運営するに至り，幾つかの女子修道会の創設や指導にも携わった．さらに，フランス管区はハノイ(1929)，中国の昆明(1934)，アフリカに，カナダ管区は福岡(1933)やマニザレス(1950)など南米の地に会員を派遣し，大神学校の設立，運営あるいは協力をするようになった．なお，創立以来，聖書，神学，*霊性などの分野で教会に貢献した会員も少なくない．

【現勢】1993年現在，会員総数約420名．日本ではカナダ管区に属する会員11名(うちカナダ人3名)が，福岡サン・スルピス大神学院(1948創設)と福岡の2小教区とで奉仕している．同学院の同窓司祭は延べ250名．

【霊性】オリエは，指導司祭コンドランを通してオラトリオ会創立者 *ベリュル枢機卿の影響を受けたが，自身の霊的体験と司祭としての確信によって独自の面を切り開いた．それは *フランス学派の霊性を司祭の知的・霊的養成に適応したものである．これは第3代総長トロンソン(Louis Tronson, 1622-1700)によってさらに発展させられた．

フランス学派の霊性の中心命題は，我々の起源と目的である *三位一体の神を礼拝することである．それは神に対する尊崇と愛，*礼拝(ベリュル)と *奉献(コンドラン)である．我々はこれを，父なる神の完全な礼拝者である受肉した御言葉との一致によってのみ行うことができる．なぜなら，御言葉は神への完全な賛美と奉献を可能にするために人となったからである．したがって，その人間性を通して *キリスト秘義，内面の姿勢に参与すべきである．オリエは聖書をもとに，キリストとの一致すなわち，その秘義，内的姿勢と態度，特に父なる神に対する子としての愛にあずかることを強調する．これは特に司祭の *霊的生活についていわれる．この霊的生活は *聖霊への素直な従順によって実現し，聖書と *聖体によって養われる．キリストの思いと心の態度，彼との内的一致の恵みはまず聖書から汲み取られ，ミサによって大祭司キリストとその秘義への一致が得られるからである．このような霊的生活は使徒の精神に貫かれ，キリストを人々にもたらすよう駆り立てるはずである．このキリストとの内的一致に基づく司祭の霊的生活を絶えず新たにするためには，毎日の念祷と適切な霊的指導が不可欠であり，聖母 *マリアへの信心，キリストの秘義に照らした生活の糾明，生活のなかで謙遜と従順と節制によって自己放棄することが必要である．「この学校の第一かつ最終の目的は，わたしたちの主キリスト・イエスに結ばれて神のために最高度に生きることによって，御子の内面がわたしたちの内奥に行き渡るようになることである」(オリエ『神学生の敬神』)．

【文献】DSp 14: 170-81; DThC 11: 963-82; 14: 801-32; NCE 13: 785-87; 福岡聖スルピス大神学院編『召命』(あかし書房1983) 225-313; 高木善行「聖スルピス会の創立者オリエ師の生涯と説教」『むすび』(聖スルピス大神学院) 7 (1966) 1-17; P. MICHALON, *La communion aux mystères de Jésus Christ selon Jean-Jacques Olier* (Lyon 1942); J. GAUTIER, *Ces Messieurs de Saint-Sulpice* (Paris 1957); LA COMPAGNIE DES PRÊTRES DE SAINT-SULPICE, *Histoire, mission et esprit* (Paris 1985); J.-J. OLIER, *Anthologie, Compagnie de Saintsulpice* (Paris 1987).

(高見三明)

せいせい　生成〔英〕becoming, 〔独〕Werden, 〔仏〕devenir　生成は，世界内の現象(の変化)を説明しようとする人間の説明能力にとって重要な基本前提である．この概念によって，哲学が把握しようと試みているのは，まだ存在していないものとすでに存在しているものとの懸け橋，思惟にそのものとしては与えられえないが，存在の変化を説明するために与えられなければならない当の「何か」である．

生成は，一般的には，同一の状態(これは「無」を含む)から，他の状態への移行として定義される．この移行は，前後の状態の間に価値の優劣を認めない点で発展と異なり，また消滅に対置する生起を意味する点で変化と異なる．

哲学史においては，生成は，エレア派哲学の静止的な存在理解とヘラクレイトス主義のダイナミズムとの間の根本的な差異を語るものとして登場した．以降，*アリストテレス以来 *スコラ哲学に至るまで，生成は事物の存在根拠を説明しようとする *因果性の理論とともに重要な位置を占めてきた．この傾向は，「あらゆる生成の根拠として永遠に存在する神の表象」という考え方に

よって頂点に達する．他方，近世以降では，生成は，弁証法の中心ファクターとなる．*ヘーゲルにとって，生成は存在と無との間の接合場所に位置し，この両者を統一するものとして，彼の弁証法の三契機におけるすべての総合に関わる概念である． 　　　　　　（宇田川尚人）

せいせい　聖性　〔英〕holiness, sanctity,〔独〕Heiligkeit,〔仏〕sainteté　*聖の状態を所有すること．*ユダヤ教や，その流れにある*キリスト教，*イスラム教などにおいては，超越的な*神の属性を指す．他の宗教，特に中国から日本にかけては，神そのものというより「神的」なものについて用いられる（人，建物，*典礼など）．それに対して旧約聖書においてはほとんどの場合神に関して使われる．

【神の聖性】ヘブライ語のカドーシュ(qādôš 聖)の語根は，「切る」「分割」を意味しており，現世・世俗のものからの区別・分離という概念を含んでいる．絶対的意味では神のみが聖である．神の聖性は創造されたことのない超越性，偉大さにある．神を「唯一の聖なる方」として賛美するのは，*神の栄光と関連している（→栄光の賛歌）．

神の「聖」に近寄ること，知ることは人間にはできない．人間の接近しえない，この神の聖性を(イザ 6: 1-5)，神自ら啓示する．*創造の業・神の種々の*顕現(出 19: 3-20)・人間に送る試練（→試み）・*罰・災い(エゼ 18: 21-23)・*イスラエルの民を*奇跡によって保護し救うことなどがその例である．神の「聖」は，近づくものをすべて滅ぼすような恐れと神秘の力と，同時に*愛と*ゆるしの祝福する力(ホセ 11: 9)のなかにも現れる．

自らの聖性を啓示する神は*契約(*選び)によってイスラエルを*神の民，「聖なる民」と呼ぶ．それは彼らの業のゆえにではなく，神が愛によって彼らのなかに生き，共に歩むことによる(出 33: 12-17)．このように聖なる神が民のなかに現存して働いているので，神は彼らが聖であることを望み，*儀式による浄め（→浄化），道徳的聖性を要求する．「あなたたちは聖なる者となりなさい．あなたたちの神，主であるわたしは聖なる者である」(レビ 19: 2)．

【イエス・キリストの聖性】旧約時代の歴史的出来事，*預言者を通して自らを啓示した聖なる神は(ヘブ 1: 1)，最終的に*イエス・キリストにおいて*父なる神(マタ 3: 17)として自らを啓示する．

キリストの聖性は，彼が*神の子であり，神の*霊を受けていることに基づく．*マリアが*聖霊により懐胎したイエスは，聖なる者，神の子と呼ばれ(ルカ 1: 35; 3: 22)，聖霊に満たされつつ，その業によって自らを啓示する．イエスの行う*奇跡とその教えは，驚嘆すべき力の「しるし」というよりは「聖」のしるし，すなわち「父なる神」の聖性と同一であることのしるし(ヨハ 17: 11)である．父なる神と同じ聖性によって，イエスは父から受けた栄光を弟子たちに伝え，彼らのために十字架上の死に至るまで彼らを愛し，死者のなかから復活して自らの聖性を啓示する(ヨハ 17: 19; ロマ 1: 4)．

【キリスト者の聖性】〔聖性への招き〕父と霊とともに「ただひとり聖なる者」として称えられる神の子キリストは，*教会を自分の花嫁として愛し，教会の*聖化のために自らを捧げた．これによって教会は聖なるものとなった．したがって教会のなかですべてのものが「聖なるもの」となるのは，招きという以上にキリストの至上命令であり，*救いと同意語とさえいえる（『教会憲章』10, 32, 39, 42 項参照）．「神の御心はあなたがたが聖なる者となることです」(1 テサ 4: 3; エフェ 1: 4)．「主イエズス自身が，聖性の創始者または完成者であって，自分のすべての，そしておのおのの弟子に，どのような生活条件のもとにおいても，生活の聖性を追求すべきことを教えた．『あなたがたの天の父が完全であるように，あなたがたも完全なものになりなさい』(マタ 5: 48)」(『教会憲章』40, 42 項参照)．

〔キリストとの一致〕イエス・キリストは彼を信じる者に神の聖性を与える．キリスト者の聖性は本質的には神の*恩恵によって与えられる．この恩恵は*成聖の恩恵と呼ばれ，キリストが父と共有していると教えた生命である．復活したキリストのこの命にあずかり，聖なる者とされるには(1 コリ 1: 2)，キリストを，*受肉した*神の言葉，わたしたちの*贖い主，神と人々の唯一の*仲介者，聖化の源と信じて，*聖霊による洗礼(ルカ 3: 16; 使 1: 5)を受けなければならない．キリストを信じて*洗礼を受けることは，神の聖性そのものにあずかり，「聖なる神殿」(エフェ 2: 21)となることを意味する．

しかし，現実には人はまだ*罪と戦っている．それゆえ主の*再臨に備えて「御子の姿に似たもの」(ロマ 8: 29; 1 ヨハ 3: 2)となり，「生きているのは，もはやわたしではありません．キリストがわたしのうちに生きておられるのです」(ガラ 2: 20)といえるまでにキリストとの一致を深める必要がある．このキリスト者の聖化は主として聖霊によって行われ，*栄光から栄光へと，主と同じ姿に造り変えられる(2 コリ 3: 18)．この聖化は聖霊の一方的働きではない．キリスト者自身の*祈り，*秘跡，愛の行いなどによって聖霊の働きに協力して「御子が清いように，自分を清め」(1 ヨハ 3: 3)，キリストの命にあずかり，自らのうちにキリストが形づくられる(ガラ 4: 19 参照)必要がある．

聖霊の聖化の働きによって，その道を力強く歩み，「キリストの満ちあふれる豊かさになるまで成長」(エフェ 4: 13)した人々，すなわちキリストとの完全な一致に至った人々のうちで特に教会において模範となる者は，列福，列聖され，*福者，*聖人と呼ばれる．

〔聖性に至る多くの道〕キリスト者の聖性は，キリストと一致すること以外にない．各人の*召命によってこの「唯一の聖性」に至る道は多く，さまざまな生活条件，職務，環境のなかで，またそれらを通して達成される（『教会憲章』41 項参照）．キリスト者のキリストとの一致は，決して個人的に単独でキリストの命にあずかるのではなく，*キリストの神秘体である教会にある者としてすべての人々とともにその恵みを生きる．したがって各人の聖性は「天の栄光において初めて完成をみる教会」であるキリストの神秘体全体に貢献することになる(1 コリ 12: 12-31; エフェ 4: 12-16)．ここにキリスト者の聖性の教会的次元がある．

【文献】キ百科 984; 現カ 392; 聖書思 495-500; DSp 14: 184-92; NCE 7: 51-52; 17: 265-68; SM (D) 2: 576-82, 627-34. 　　　　　　（伊従信子）

せいせいのおんけい　成聖の恩恵　〔ラ〕gratia sanctificans,〔英〕sanctifying grace,〔独〕heiligmachende Gnade,〔仏〕grâce sanctifiante　*スコラ学の*恩恵論の用語で，*洗礼によって*義とされた信仰者のうちに*聖霊が住み（→聖霊の内住），人間存在そのものを内的に聖化することをいう．個々の行為に際して働きかける

せいぜつ

恵みが*助力の恩恵と呼ばれ，そのつど一過性であるのに対して，成聖の恩恵は神との正しい関係に置く恒常的な恵み（[ラ] gratia habitualis）とされる．*トリエント公会議の『義化についての教令』(1547)は，宗教改革者たちが人間の罪性と*自由意志の無力性を強調したのに対して，義とされた人間が内的に聖化され，神の救いの業に参与しうることを強調した．第2*ヴァティカン公会議以後の諸宗教との対話を通じて，現代では*恩恵は本質的に神と人間との人格的な関わりの出来事であり，*神の自己譲与によって人間は*三位一体の生命にあずかることができると理解される．
【文献】カ大 3: 233-34; LThK³ 4: 1328; P. ネメシェギ『神の恵みの神学』（南窓社 ²1967）229-311; W. BEINERT, ed., *Lexikon der katholischen Dogmatik* (Freiburg 1987) 201-209. （高松誠）

せいぜつ　聖絶　→　ヘレム

せいせん　聖戦　→　ジハード

せいせん　聖戦　〔英〕Holy War,〔独〕Heiliger Krieg,〔仏〕guerre sacrée
【概要】聖戦とは，戦いそのものが神聖であるという前提をもちつつ，神々の戦いそのものを含む，主として，神ないし神々の意志に従って地上での統治を委ねられている支配者や*王が代行する*戦争をいう．聖戦は*ユダヤ教や*キリスト教，*イスラム教の戦争観を言い表す，*一神教だけに特有な概念ではない．また，もっぱら異教徒討伐を正当化するための宗教的戦争理論でもない．
　M.*ヴェーバーは，聖戦を「聖戦，すなわち神の名においてとくにその神への冒瀆の罪を贖うための戦いは，古代社会にも，とりわけ古代ギリシアには決して未知のことがらではなく，その結果として，敵の追放とその所有物の全面的没収という事態も稀ではなかった」（『宗教社会学』115）と定義した．自国の*守護神に敬意を表明し服属する意志を明らかにしない場合，それは相手国が神に対する反逆の意志をもち，冒瀆の罪を犯していると理解したため，聖戦の対象となったのである．この宗教的な*罪に触れたものであるかぎりにおいて聖戦が戦われた．聖戦は地上での支配を委ねられている王の宗教的責務で，聖なる務めであった．逆にこの神聖な務めから逸脱することは，神への従順を放棄した反逆であり，王の死あるいは国全体の滅びを招来するものと受け止められていた．聖戦の主導権は神の側にあり，政治的な都合にあったのではない．聖戦はまさに*神政治の特質を代弁する「制度」（[英] institution）であった．
【神々の代理戦争】古代メソポタミアでは地上の戦争が神々の間の戦いを反映するものとみなされていた．しばしば戦争は*創造による神の秩序世界（コスモス）を原初の混沌（カオス）に回帰させる戦いという位置づけを得ていた（*『エヌマ・エリシュ』，*ヘシオドス『神統記』，*ヒッタイトの『クマルビ神話』など参照）．また祝祭としての戦争理解は普遍的にみいだされるという（カイヨワ Roger Caillois, 1919-78）．
　フォン・*ラートによれば，王国成立以前のイスラエル部族連合や王国時代の王たちによる周辺諸国との戦いを記した旧約聖書の記述のなかに聖戦の理論がみいだされるという．*士師や王は戦争を遂行する際に，戦いに打って出るべきかどうかについてまず*神託を求め，

「上っていって戦え」という神託が下ったならば（王上 22: 6 参照），神意に従って兵を召集した．神の意志による敵（の神）との戦いであるため，軍隊そのものは「神の軍隊」とみなされた．出陣する前に*祭司や神官が犠牲を捧げ，神の勝利を祈願し敵を自分たちの手に渡すように祈り求めた．陣営を設営する場合も出撃する場合も，従軍祭司（→ 従軍司祭）や神官が陣営を清め聖別しておく（申 23: 10-15 参照）のが当然のことであった（→ 清さ）．戦う行為そのものが神聖な責務だったからである．戦闘においても神々が自ら戦うと受け止められていた（申 20: 1-4 参照）．
　このような聖戦の理論は，純イスラエル的なものではない．その儀礼的な特質は古代社会に一般的にみられた現象であり，旧約聖書だけが聖戦論を掲げているのではない．
【聖絶（ヘレム）】神々の戦いという戦争理解から聖戦がもたらす諸帰結を理解せねばならない．第一に，戦いにおける死は，神に忠実であった栄誉ある戦死（疑似的な殉教）とみなされた．第二に，戦いの勝利は第一義的に神の勝利に帰された．第三に，戦争で得た戦利品は，占領した領土をはじめ，捕虜や家畜，都市や住居など，そのすべてが神の所有とみなされた．すなわち*タブーとされたのである．
　戦利品は祭司や神官の手を介して，王によって，儀礼的に勝利をもたらした自国の守護神に捧げられた．この処置を旧約聖書では聖絶（*ヘレム）と呼ぶ．その古代的表象は，一切を剣の刃にかけて滅ぼし尽くすことに集約されている．「男も女も，子供も乳飲み子も，牛も羊も，らくだもろばも打ち殺せ．容赦してはならない」（サム上 15: 3）．
　ヴェーバーは「軍隊の神聖化の手段とならんで，聖戦において，掠奪品に関する儀礼的タブーがあらわれた」と指摘し，それをヘレム（聖絶）と呼んだ（『古代ユダヤ教』238）．さらに「ところが生きた分捕物もしくは死んだ分捕物の全部あるいは一部を神に対してタブーとなし犠牲となすことは，すこぶる普遍的に普及していたし，……げんにエジプトでは王が儀礼的義務によって捕虜を惨殺したのである．敵はエジプトでもイスラエルでも神なきものとみなされた」と述べ，戦いに敗れた側が「神なき」状態に陥った状況について触れている（同 238）．
　聖絶は物理的殺戮を意味したものではない．聖戦を遂行する神が，敵の神の手にあったすべてのものを例外なく「神なき」状態にしたうえで，新たに自分の所有としたのを受けている概念である．聖戦に従事した王の責務において，敵のものは，土地であれ都市であれ，戦利品である人間も例外なく儀礼的に「殺され」，戦勝国の神に捧げ尽くされた．「神なき」状態から新しい所有者である神に帰属せしめられた点に，聖絶の本質がある．
　聖戦には戦利品の私物化を避けなければならない儀礼的な必然性があった．聖戦が神々の戦いであるため，いわば贖罪を求めた戦闘行為そのものが，私欲のための戦いに堕落し儀礼的に汚れてしまうのを防ぐ必要があったのである（→ 汚れ）．聖絶しないまま私物化することは神意に反すること，神を冒瀆するものとして断罪された（ヨシュ 7: 1 以下）．タブーの侵犯は個人の罪責に終わらず，軍隊あるいは国全体の存在をも左右するものであったからである．
　犠牲として殺害される捕虜（多くは敵対した相手国の支配者）が出たことは事実だが，捕虜は戦勝国の神の奴隷となった．敗れた神が聖絶の対象にされたり，神格を

剥奪されて神の奴隷になるのと同じであった．捕虜は一定の手続きを経て人々の手に委ねられた（申 21: 10-14）．

略奪戦争が日常化するようになり、「口をきく道具」という観点で戦争奴隷が理解されるようになったのは、古代ギリシア、特に法的な概念とともに行政手続きを完成させたローマ時代になってからのことである．

【旧約聖書における歴史記述と聖戦】旧約聖書には、イスラエルの神が戦いを命じている記述が数多く存在する（例えば、ヨシュ 8: 1-2）．*十字軍の時代には旧約聖書がしばしば聖戦（[英] crusade）による異教徒討伐を正当づけるものとして読まれ、聖戦が神の意志にかなう正当な戦いであると信じられていた．だが聖戦は、約束の地を征服するイスラエルの歴史を叙述する文脈のなかで語られており、神が *アブラハムに約束した地（*パレスチナ）を *ヨシュアに率いられたイスラエルの民が征服し占取するドラマとして記されている．そして同じ歴史が、イスラエルですら逆転した聖戦の対象とされたこと（申 1: 34-46；ヨシュ 7: 1 以下）、また約束の地に成立した王国が滅亡への道をたどることに歴史叙述の目標を置いていることにも注意を払うべきである．そこに歴史記述（申命記史家．→ 申命記史書）における聖戦観の特徴がある．

申命記史家の歴史理解には、滅亡し *捕囚にあったイスラエルの歴史、神に選ばれた民が約束の地から絶たれた現実を直視する視座（申 28: 15 以下の *呪いを参照）が前提されている．申命記史家が聖戦とその帰結（聖絶）について語るのは、すべてを *出エジプトの神でなく、異なる神々に捧げ尽くして反逆し、いわばタブーを犯して滅亡したイスラエルが、改めて約束の地における生を回復するのに何が欠けているかを見据えているからである．

【神への忠実】聖戦が神に仕える道であり、聖なる業に参与する場であったことは、*ジハードとしてイスラムの概念にも受け継がれている．

クレイギ（Peter Cambell Craigie, 1938-85）はイスラム教の宗教的伝統におけるジハードについて、その文字通りの意味は、「懸命に努力すること」（struggling）または「奮闘すること」（striving）であると指摘している．彼によると、イスラム教の初期の法律家は、このジハードを意味上 4 種類に分けて説明しているという．それは、(1)「心」のジハード（霊的戦い）、(2)「手」のジハード（身体的努力、仕事、労働）、(3)「舌」のジハード（説教や議論を熱心に行うこと）、(4)「剣」のジハード（戦争に際して戦闘に携わることで、あらゆる種類の活動に熱心に携わるのは「アッラー/神の道にかなう」ことであったという（『聖書と戦争』27-28）．

聖戦は、神への *忠実を証しする場であり聖なる務めであった．だがその基本は、すべてにおいて神の主権を認める生の理解にある．

【文献】R. カイヨワ『戦争論』秋枝茂夫訳（法政大学出版局 1974）: R. CAILLOIS, Bellone (Paris 1963); M. ヴェーバー『宗教社会学』武藤一雄他訳（創文社 1976）; P. C. クレイギ『聖書と戦争』村田充八訳（すぐ書房 1990）: P. C. CRAIGIE, The Problem of War in the Old Testament (Grand Rapids 1978); 鈴木佳秀「旧約聖書における聖戦思想の一側面」『なぜキリスト教か』古屋安雄編（創文社 1993）291-324; M. ヴェーバー『古代ユダヤ教』内田芳明訳（岩波書店 1996）; 鈴木佳秀「聖戦論から見た現代の戦争」『知と信と大学』（ヨルダン社 1996）436-70; G. VON RAD, Der heilige Krieg im alten Israel (Zürich 1951).　　　　　　　　　　（鈴木佳秀）

せいせんじょしだいがく　清泉女子大学

1950 年（昭和 25）創立の 4 年制女子大学．東京都品川区東五反田の通称島津山に位置し、日本語日本文学科、英語英文学科、スペイン語スペイン文学科、文化史学科（1993 年にキリスト教文化学科を改組）、地球市民学科（2000 年開設）を擁する．1993 年（平成 5）には大学院人文科学研究科修士課程の言語文化専攻が、また翌年、同課程に思想文化専攻が増設され、さらに 1996 年には博士課程も開設された．母体はスペインに設立された *聖心侍女修道会．1934 年に来日したラマリョ（Ernestina Ramallo, 1902-69）が、1938 年に麻布三河台に開設した清泉寮学院は第 2 次世界大戦の戦火で消失したが、戦後の学制改革に伴い、新たに横須賀市に国文学科、英文学科よりなる新制大学として発足し、1962 年品川区に移転した．建学の目標はカトリック精神に基づく *キリスト教的ヒューマニズムによる人格形成と豊かな精神性に貫かれた学問研究であり、「まことの知、まことの愛」への到達を目指している．研究機関として人文科学研究所とキリスト教文化研究所をもち、その活動の成果を一般市民にも開放するための公開講座・土曜自由大学や社会人の生涯教育のための清泉ラファエラ・アカデミアを開設している．　　　　　　　　　　（中尾セツ子）

せいぜんせつ・せいあくせつ　性善説・性悪説

人間の生来の本性（人性）が善であるか悪であるかの議論で、中国では政治哲学の、西洋では *倫理学や人間観の論拠ともなった．

性善説は、*孟子による道徳論の中心で、人間の本性は *善であるとする．人間の心には仁義礼智という四徳の萌芽として、惻隠・羞悪・辞譲・是非という四つの善への志向性（四端の情）が生まれながらに備わっており、それを修為（実践的努力）によって具現すべきだとする．

これに対し、荀子（前 320 頃-235 頃）は性悪説を説いた．人間の本来の性質は *悪で、その萌芽として好利・嫉憎・好声色の傾向があるが、偽（人為・作為）によって善となるべきだとする．荀子は人間が生来具有するあくなき欲望を見据え、それを制限し秩序を与える礼儀の意義を重要視したのである．

この 2 説は、長く性説の典型として対置されたが、その後、朱子学（→ 朱子）において本然気質論（理気説）が登場する．人間には仁義礼智の統一体としての理の宿る本然の性が備わっており、それに従えば万道が実現するはずだが、各人の生まれついた気質の性（気）の偏向によって物欲や邪心に流されるため、窮理と持敬の修養によって本然の性に立ち返るべきだとする．

*仏教では、人間を含め一切の存在は善悪無記であるとされる．善悪という区別は現世的・相対的なものにすぎず、人間の究極的本性は我執を解脱した覚者としての仏性にあると説かれる．

*キリスト教では、人間本性は *創造においては善であるが、始祖 *アダムの堕罪以後、その子孫である人類全体に *罪への傾向性が宿ったとする *原罪の思想がある．しかしキリストの犠牲によって魂の浄化への道が開かれ、キリストの教えに従い信仰に生きることで、人祖の罪から解放されると説く．*信仰によって、悪を克服する力が得られるのである．

この善と悪の弁証法的な緊張関係は、西洋倫理学の根本前提となるが、*シェリングは、善の欠如として原理

的に善へと解消される消極的な悪とは異なる，根源的な悪の源泉が，実在の根源である *絶対者自身における暗く衝動的な *自由意志にあることを論じ，*ショーペンハウアーの *悲観主義や *実存哲学の自由論に影響を及ぼすことになる．

本居宣長(1730-1801)に代表される国学思想では，産霊神(むすひのかみ)によって人間は生まれながらに真心を備えており，神の道である天地自然の働きに心情的に呼応する惟神(かんながら)の道が説かれた．儒学のように理や規範によって人性の自然を律することは余計な矯正であるとして，退けられた．　　　　　　　　　　　　（酒井一郎）

せいソフィアだいせいどう　聖ソフィア大聖堂
→ ハギア・ソフィア大聖堂

せいぞんけん　生存権　〔英〕right to life, right to subsistence,〔独〕Recht auf Existenz,〔仏〕droit à l'existence

「生存権」とは，自己の生存を維持する権利をいうが，これには積極・消極の二つの意味が含まれる．消極的意味での生存権とは，自己の生命を他者から侵害されない権利，すなわち「生命ないし生存」の権利を指す．積極的意味での生存権とは，個人の生存の維持に必要な諸条件の確保を *国家に要求する権利，すなわち「生活ないし生存」の権利を指す．通常，「生存権」とは後者の意味でのそれをいう．後者の生存権には広狭さまざまな定義づけがなされるが，狭義では，「健康で文化的な最低限度の生活」のために必要な諸条件を国家に対して要求する権利をいう．広義では，社会権(生存権的基本権ともいう)と同義で，生存権，労働権(→労働)，*教育権などの個別的社会権の総称．社会国家の理念に基づき国家の積極的な作為を求める権利という特徴をもつ．

【生存権の理念史】「生存」への欲求は人間の本能であり，「生存」自体があらゆる人間活動の不可欠の前提でもあることから，歴史的にみると，生存権の理念や思想は古来さまざまな表現をもって主張されてきた．古くは中世スコラ哲学，*トマス・アクィナスの思想のなかにみいだされる．「極窮権」(〔ラ〕jus extremae necessitatis)の名で知られるトマスの生存権論は，極度の困窮状態にあってはその困窮を救うために *人定法としての私的所有権を侵すことは，より高位の *自然法により許される，と説く．人定法は自然法を補完するものであるが，自然法を破ることはできない．自然法によれば諸物は本来共有なのであるから人間の生存を脅かしてまでも私的所有権を主張することは許されないとする．近世においても，*グロティウス，*プーフェンドルフらによって，困窮の場合の例外的な救助権としての生存権が説かれている．これら中世や近世の生存権論はいずれも例外的な緊急避難権や慈恵的な救助権の性格をもつにすぎないものであった．

近代市民革命以後，私的所有権制度が確立されるに伴って，生存権は財の不平等な配分に対する批判や労働権の思想として現れてくる．フランス革命後のペイン(Thomas Paine, 1737-1809)，ゴッドウィン(William Godwin, 1756-1836)らによる生存権論は *私有財産の制度への批判として展開された．さらに，J.G.*フィヒテは，生存権を「自由と人格との存続の前提である」(『自然法の基礎』)として哲学的に基礎づけた．その後も，生存権は，*社会主義を志向する諸説のなかにみいだすことができる．このなかには，労働権として具体化した *フーリエや，生存権に法理的意義を賦与した *メンガーによる生存権論などがある．しかし，個人の生存の維持は，財産権や経済的自由の保障により個人の責任で確保すべしとする自由主義的個人主義が支配的な当時の風潮のなかでは，これらの生存権思想はいずれも現実には無視や反発に出会い市民権を得るまでには至らなかったのである．有名な *マルサスは，ペインらの生存権論を「人はすべて百歳まで生きる権利をもつ」というに等しい，と痛烈に批判している．

【実定法上の生存権】実定憲法史上，生存権理念の萌芽ともいうべきものが登場するのは，市民革命期のフランスである．1793年憲法の権利宣言21条「公的救済は，神聖な負債である．社会は，不幸な市民に，労働を与えるか，または労働できない者に生活手段を保障することにより，生活をみる義務を有する」といった規定や1791年憲法第1篇，1848年憲法前文VIIIにその例がみられるが，これらは国家の義務を定めたもので，個人の権利を定めたものではなかった．また，国家制度が未熟で所有権の絶対，契約の自由といった自由権中心の法体系のなかで補充的なものにすぎなかったのである．

憲法史上，初めて生存権が登場するのは，1919年ドイツのヴァイマール憲法である．ヴァイマール憲法151条1項は「経済生活の秩序は，すべての者に人間に値する生活を保障することを目的とする正義の原則に適合しなければならない」として，「人間に値する生活」の保障をうたい，他方で「所有権は，義務を伴う．その行使は，同時に公共の福祉に役立つべきである」(153条3項)として，それまで不可侵とされた財産権をはじめとする経済的自由が社会的に拘束を負ったものであることを宣言した．第2次世界大戦後，諸国の憲法や国際人権条約は，多かれ少なかれ財産権や契約の自由といった経済的自由の絶対性を後退させるとともに，生存権をはじめとする各種の社会権を規定するようになっている．日本国憲法25条1項も「すべて国民は，健康で文化的な最低限度の生活を営む権利を有する」と定める．この条文は，当初の憲法草案の原案にはなかった．憲法制定に関わる衆議院での審議の際，当時の社会党の提案により加えられた．

【生存権の法的性格】日本国憲法の生存権規定をめぐっては，とりわけ権利の法的性格が活発に議論されてきた．初期の学説は，これをプログラム規定と解していた．すなわち，国家に対して政治的・道徳的責務を課したものにすぎず，個々の国民に裁判上請求できる具体的権利を付与したものではないとした．その後，朝日訴訟を契機として，抽象的権利説や具体的権利説といった生存権規定を法的権利とする説が主張されるようになり，プログラム規定説はしだいに克服されていく．抽象的権利説では，国民は，国に対し，健康で文化的な最低限度の生活を営む権利を有し，国はそれに対応する法的義務を有するとされる．しかし，この権利は抽象的な権利であるから，立法によってこれを具体化されることを要し，具体化されることによって初めて具体的権利となる．具体化する法律が存在しない場合に，直接25条1項を根拠として具体的請求権を主張することはできないと説く．これに対して，具体的権利説は，具体化する法律が存在しない場合ないし不十分な場合にも，直接本条を根拠として国の不作為の違憲確認訴訟を提起できるとする．このうち，通説とされるのが抽象的権利説であるが，近年，生存権規定を「最低生活の保障」と「それ以上の」または「より快適な」生活の保障とに区別し，前

者に限っては具体的権利性を認めるべきとする考え方がしだいに有力となってきている.

判例をみると，最高裁は，1967年の朝日訴訟において，25条1項により，「直接個々の国民は，国家に対して具体的，現実的な権利を有するものではない」として，裁量権の明白な濫用の場合を除き，行政府の広汎な裁量権を肯定する判断を示し，1982年の堀木訴訟においても，ここでは立法府の裁量が問題とされたが，同じ立場を踏襲し，いずれもプログラム規定説に近い立場を採用した．

【文献】我妻栄『新憲法と基本的人権』（国立書院 1948）；小林直樹『憲法の構成原理』（東京大学出版会 1961）；中村睦男『社会権の解釈』（有斐閣 1983）；大須賀明『生存権論』（日本評論社 1984）；上田辰之助『聖トマス経済学』（みすず書房 1991）. （前田徹生）

せいたい　聖体　〔ラ〕eucharistia，〔英〕eucharist，〔独〕Eucharistie，〔仏〕eucharistie
【概要】*エウカリスティアの祭儀（→ミサ）において，*聖別された*パンと*ぶどう酒の形態における*キリストの体．新約聖書に伝えられるように，キリストの教会は当初から*最後の晩餐でのイエスの言葉に従い，その死と復活の記念である食事の儀式を行った（→パンを裂く式）．カトリック教会の伝統においては，ここでパンとぶどう酒がキリストの体と血に変化し（*実体変化），その形態のなかにキリストが真実に現存すると理解されるに至った．さらに，中世にはぶどう酒の形態から分離されたパンの形態における聖体に関心が集まり，聖別されたパンはミサ後も聖堂内に保存され，礼拝されるようになった（→聖体礼拝）．過度の聖体の信心はプロテスタント諸教会から批判されたが，第2*ヴァティカン公会議以降のカトリック教会では，ミサの本来の意義が再認識され，聖体はミサとの結びつきにおいて，キリストの命を共有する，キリストの体である教会を形成する*秘跡として理解されている．
【文献】LThK³ 3: 944-68; NCE 2: 779; 5: 609-20; SM (D) 1: 1214-33; W. BEINERT, ed., *Lexikon der katholischen Dogmatik* (Freiburg 1987) 146-49, 432-34; P. ネメシェギ『主の晩餐』（南窓社 1968）119-361.
 （高松誠）

【祭日】聖体の祭日（〔ラ〕Sacratissimum Corpus et Sanguis Christi，〔英〕Corpus Christi，〔独〕Fronleichnam，〔仏〕Fête-Dieu）とは，キリストの聖体の秘跡のためにささげられる主の*祭日．伝統的に*三位一体の主日後の木曜日とされるが，その次の*主日に祝うこともできる（日本など．『典礼暦年に関する一般原則』7項参照）．この祭日は12-13世紀の西方教会で，聖体崇敬が急速に高まったことを背景に生まれた．特に，1209年に*アウグスチノ会の修道女リエージュの*ジュリエンヌの受けた*幻視が祭日制定のきっかけとなった．1246年，リエージュの司教ロベルトゥス（Robertus, 在職 1240-46）により同教区内で聖体の祭日が初めて祝われ，1264年，同教区の首席助祭だったことのある教皇*ウルバヌス4世は大勅書『トランジトゥルス・デ・ホク・ムンド』（Transiturus de hoc mundo）をもって三位一体の主日の次の木曜日を聖体の祭日として全ラテン教会に義務づけた．実際に普及するのは14世紀初めの教皇*ヨハンネス22世のときからで，*聖体行列の日として一般化した．祝日の類型としては教理祝日ないし信心祝日にあたるが，今日の典礼暦では，*救済史の全体のなかでキリストの体に結ばれることの意味を思い，祝う日として位置づけられている．
【文献】LThK³ 4: 172-73; H. AUF DER MAUR, *Feiern im Rhythmus der Zeit I*, GDK 5: 199-207.
 （石井祥裕）

せいたいあんちとう　聖体安置塔　〔英〕sacrament house，〔独〕Sakramentshäuschen，〔仏〕tour eucharistique　*聖体を納めて顕示するために教会内に，しばしば壁と結合した形で設けられた構造物で，教会の塔の形をしたものをいう．特にドイツの中世末期，14世紀末から15世紀にかけて発達をみた．ゴシック聖堂（→ゴシック建築，ゴシック美術）の塔の装飾を模した尖塔をもち，聖体顕示用の小室が基壇上に載る．石造のものが多いが，青銅製や木製のものもあり，しばしば*内陣北側に設置される．壁から切り離された独立した塔の例として，*ニュルンベルクのザンクト・ロレンツ聖堂にある高さ約20mの*クラフトの作例（1496頃）や*ウルム大聖堂のもの（1467-77）などが有名である．
【文献】カ大 3: 222-23; P. MURRAY, L. MURRAY, *The Oxford Companion to Christian Art and Architecture* (Oxford 1996) 462. （高野禎子）

せいたいえいきゅうれいはい　聖体永久礼拝　〔ラ〕adoratio perpetua，〔英〕perpetual adoration，〔独〕ewige Anbetung，〔仏〕adoration perpétuelle　*聖櫃内に安置された*聖体，または*顕示台に奉納して*祭壇上に安置された聖体の前で個人ないし共同体で行う聖体賛美の祈り．詩編・祈り・聖歌をもって神を昼夜絶えず礼拝する祈りは，初代教会以来，「絶えず祈らなければならない」（ルカ 18:1）と祈りに招く主イエスの模範と言葉に導かれながら実践されてきた．*40時間の祈りが主の墓の前で捧げられ（カイサレイアの*エウセビオス『教会史』5, 24），東方では*アコイメートイ修道派の修道者たちによる永久礼拝，西方ではアガウヌム（Agaunum, 現サン・モリッツ Saint-Moritz）の殉教者マウリティウス（Mauritius, 3世紀末）にちなむ修道院（創建 515）における永久賛美（〔ラ〕laus perennis）が尊ばれた．また，9世紀の*聖餐論争以来，聖体のなかに現存するキリストへの礼拝が行われ，さらに12世紀以来，「聖体を仰ぎみたい」という民衆の憧れが*聖体礼拝の*信心を形成し，14世紀には，祭壇上の聖体顕示が典礼祭儀として行われるようになった．16世紀の*トリエント公会議は，聖体の秘跡のなかに神のひとり子キリストを外的な方法で礼拝したり，特別な祝いで崇敬したり，聖なる教会の儀式と習慣による行列で荘厳に祝ったり，公的礼拝のため人々に顕示したりすることを公に勧めた（DS 1656参照）．聖体礼拝に捧げる40時間の祈りや，*聖体行列が典礼として称揚され，1592年の教皇*クレメンス8世の教書『グラヴェス・エト・ディウトゥルナエ』（Graves et diuturnae）は，ローマの全教会に聖体永久礼拝を奨励した．やがて，聖体永久礼拝を目的とする修道会が数多く成立し，聖体永久礼拝の祈りと奉仕の霊性が発展した．→聖体賛美式
【文献】LThK² 3: 1263; Jungmann 1: 156-62; 2: 255-61; P. BROWE, *Die Verehrung der Eucharistie im Mittelalter* (München 1933 ²1967); J. A. JUNGMANN, "Die Andacht der 40 Stunden und das Heilige Grab," LJ 2 (1952) 184-98. （鈴木宣明）

せいたいかい　聖体会　→聖体信心会

せいたいがく　生態学　〔英〕ecology, 〔独〕Ökologie, 〔仏〕écologie　ギリシア語のオイコス（家）とロギア（論）という二つの語の組み合わせからなる造語で，19世紀後半にドイツのダーウィニスト，*ヘッケルによって「動植物とその環境との依存関係や対抗関係の総体」を意味する語として作られた語を，普通，生態学と訳す．動植物すべての生物の生活に関する科学で，生物において，非生物的および生物的環境との間のすべての関係を調べる科学であるともいえる．生物とはいえ，生活史からみると動物と植物および微生物ではかなり異なるので，植物生態学と動物生態学と微生物生態学とに分けることができる．また，生物について，個と群という分け方もできることから個生態学と群集生態学に分けられる．さらに，研究者の関心の方向と方法から個体群生態学，生産生態学，社会生物学，行動生態学，進化生態学，植物社会学，生態系生態学，システム生態学，数理生態学などのような細分化した分け方もある．研究の対象とする場所から海洋生態学，陸地生態学，都市生態学などに分けることもできる．

【生態系】生態学との関連において生態系（エコシステム ecosystem）がある．それはある地域にすむすべての生物と，その地域内の非生物的環境を含め，物質循環やエネルギーの流れに注目して機能的な面から捉えた系を指している．したがって，生態系はある主体に対するその外囲との関わりにあることから，機能的な面からみた生物の環境であるといえる．生態系という用語はイギリスの植物学者タンズリ（Sir Arthur George Tansley, 1871-1955）によって使われた造語で，そこでは生物群集に環境を加えた力学系という意味をもっている．しかし，この用語はその後いろいろ拡大されて，例えば，生物が環境なしには生存できないことを強調する意味で使用したり，個体群とその主体の環境を合わせた系として使用したりしている．生態系は環境の対象から海洋生態系，湖沼生態系，森林生態系，草原生態系，都市生態系などに分けられている．このようなことから，生態系は生態学的な系ということができる．つまり，生態系は生態学における基本的な機能単位である．生態系には生物（生物群集）と非生物的環境が含まれ，それぞれが他の属性に影響し合って，人類も含めた地球上の生命を維持するのに両者ともなくてはならないものである．

【環境に関わる生態学】ここで生態学として，今日人類との関わりで興味をもたれている場所を対象とした海洋生態学，陸地生態学，都市生態学，大気生態学について説明する．

〔海洋生態学〕地球の表面積の約70％は海洋である．この海洋の水の量は膨大である．地球の気候はこの海洋が左右しているといえる．それは海水が太陽からの熱を吸収し，蒸発させて雲を作り，雨を降らせて気温の変化を和らげていることをみればわかる．海洋の気候は陸の気候にも影響を与えている．したがって，海洋は海の生物だけでなく，陸の生物にも影響を与えている．海の生態についてさらに細かくみてみることにする．

（1）浅海水系．内海は陸に囲まれているので波は静かで，川から流れ込んだ泥が堆積している．そこには二枚貝やハゼなど多くの種類の生物が生息している．内海の海底に生息する動物たちをベントス（benthos 底生生物）と呼ぶ．このベントスに対して海の表面に生息する生物をプランクトン（plankton）と呼び，さらに自由に泳ぎ回る魚のような遊泳生物をネクトン（nekton）と呼んでいる．浅海の塩濃度は川の水で薄められるので海水と真水の中間の濃度になる．それを汽水といって，そこに適応した生物のみが生息している．例えば，シジミやチゴガニなどの動物たちである．

外海は大洋に面していて，波は荒く，泥は沖に運ばれてしまうので，海底は破砂や岩からなる．浅瀬から深さ150m くらいまで緩やかに傾斜した台地状の陸棚を形成している．そこには海藻が茂り，藻場と呼ばれる．藻場には，テングサ，ホンダワラ，カジメなどが存在し密生していることが多く，漁業上重要である．

海藻は季節によって枯れて流れ出したり，切れて海面に浮かんだりして，流れ藻を作り出す．流れ藻は漁業上重要である．それはそこに多くの魚類の稚魚が生活するからである．サンマなどはそこに産卵することが知られている．

（2）深海水系．光が届かないので，海藻や植物のプランクトンは生育しにくい．深海は約200m 以上の深さで一応植物が光合成を行わない深さの域を指す．それは海洋の約95％ を占めていて，そこは生物の消費と分解の場になっている．浅海域の海藻や動物の死骸やそれが分解した有機物が落下していく場所が深海域である．したがって，深海域に生息する動物にとっては，それが餌となっている．また，浅海域と深海域を行き来する生物もいて，それらが餌にもなる．このようなことで，深海域の生物にとっては，浅海の生物生産が頼りになっている．そこには浅海と深海との食物連鎖が成り立っている．

（3）海洋．生命誕生の場である海洋中には多くのイオン（ion）分子があり，酸化炭素は水によく溶ける．おそらく太古の地球では，大気中にあった二酸化炭素が海水中に溶け込み，カルシウムと結合して石灰石を作ったと思われる．これによって，大気中の二酸化炭素が減り始めて，地球を取り巻く温室効果が減少して地球が冷えていったと考えられる．さらに，生物にとって有害な紫外線は地上には降り注いでいたが，海中では遮られるので，生命はまず海のなかに誕生したと思われる．その生命のなかでも光合成を行う生物が誕生することによって，大気中に酸素が増えて，オゾン層ができ，有害な紫外線が吸収されるに至った．こうして生物は海から陸上へと進出することになったと考えられている．

〔陸地生態学〕陸地は多くの種類の生物が生活する生物圏である．そこには森林，草原，湖沼などによる生産がある．そのうちでも森林の生産は重要である．湖沼の生産も草原より高く，陸水の大事さを示している．森林と合わせて森林の生息する土壌は重要である．それは植物の生育の場を提供するだけでなく，水を蓄えることができるからである．さらに，土壌有機物の分解者としての土壌動物の生活の場でもある．

（1）森林．地球の陸地面積は地球表面積の約28％である．その陸地面積のなかでの森林の面積は約20％である．このわずかな森林が地球の環境や多種多様な生物の生息の場所として重要な働きをしている．

地球上の森林のなかで熱帯林の面積は約40％以上を占めている．生物の生息量は熱帯林において約60％以上である．

（2）熱帯降雨林．熱帯降雨林といわれる代表的な場所は，アマゾン川流域，コンゴ川流域，東南アジアの島々，ニューギニアなどである．この地域は気温が高く，雨量が多く，周年温度差が少ないため，寒さに対する防御をしなくてすむことから植物の成長が速い．熱帯降雨林には多くの種類の植物が存在するので，それに合

わせて動物や微生物の種類も極めて多様である．したがって，熱帯降雨林での生物総生産量が極めて高いだけでなく，大気での二酸化炭素の吸収と酸素の放出量も非常に多い．熱帯降雨林の働きは大気中の二酸化炭素濃度のバランスを保つのに寄与している．

(3) 炭素の循環．地球全体で，生物体を構成している有機の炭素化合物の総量は約2兆トン，大部分は森林にある．地球における全植物が大気圏の炭酸ガスから毎年作り出す炭素化合物の量は約1,600億トンであるといわれている．推定では，その約3分の2が陸上植物で，約3分の1が海洋中の植物プランクトンの光合成によるといわれている．陸上植物でもその大部分は森林であり，なかでも熱帯降雨林の役割が大きい．

合成された量に相当する炭素化合物は消費者である動物の呼吸に使われたり，細菌，菌類などの分解者によって分解されたり，また燃焼によって失われて大気中に戻る．さらに一部は石炭や石油などのような化合燃料に変化して地下に残る．このように炭素は生物がすんでいる生物域で大気中と地下の間を循環する．

(4) 窒素の循環．タンパク質や核酸にとって窒素は不可欠な構成要素である．一般に大気のなかに窒素ガスとして存在しているが，そのままの形では細菌外の生物に入らない．土のなかの細菌や植物の根に共生する細菌の働きによって，アンモニウム塩や硝酸塩の形になって，水に溶け込み，植物の根から吸収されて，植物体内でアミノ酸が合成される．このアミノ酸が原料になって動植物の体内で，それぞれの物質に合成される．

動物体内では窒素化合物は尿素や尿酸に分解されて，尿として排出される．動植物の尿や死体は細菌によって窒素ガスにまで分解されて大気中に戻る．窒素も生物域と大気中と地下の間を循環する．

(5) 砂漠．陸地のなかで降水量が非常に少なく，乾燥した砂漠では，環境も生物相も比較的単調である．砂漠の生物は，乾燥や高温によく適応している．例えば，植物では乾燥時を種子で過ごして，雨季に雨が降ると，短時間に発芽して成長，開花して種子を作る種類があり，またサボテンのような乾燥に耐える多肉植物などもある．動物では，昼間は高温を避けて，穴に隠れていて，夜に活動したり，また動物によってはほとんど水を飲まないで生活できるように適応している．砂漠の生態系は貧弱で生産量も少ない．

〔都市生態学〕都市のなかにも生態系は存在する．庭や公園や川辺の植物は生産者であり，その葉や実を食べる昆虫や鳥類は消費者である．そして土壌の菌類は分解者である．

都市の生態系は人間によって作られるといってよい．人間の生活と共存させる形で，都市のなかに自然の多様性を生かす必要がある．都市の生態系は，公園，街路樹，各家庭の木々など，人間の手の入った自然を確保して成り立つ．

都市で必要なのは健康のための環境作りである．都市では生活に伴って種々の雑排水が生じる．これらは下水になって集められて，処理場へ運ばれる．下水道の処理が都市にとっては重要である．そのために水の確保は都市の生態系を維持するうえで不可欠である．川の水の浄化には，水辺の葦原など，水の豊かなウェットランドの生態系のなかの微生物が大事な役割を果たしている．この微小な生物の働きを確保する環境を維持することが都市の生態系として重要である．

下水の処理は大部分の細菌とツリガネムシなどの単細胞生物の営みによっている．これらの生物以外にも，石や砂や泥の表面や界面に生息している微小な多細胞生物，単細胞生物，原核生物などが環境保全のために働いている．それは微小な線虫，輪虫，ミミズなどであって，下水の浄化作用に貢献している．

〔地球規模の大気生態学〕大気の層は地上約500kmまで広がっている．そのうち地上20kmまで大気には多種類の分子のほとんどが存在するが，それより上層にいくに従って稀薄になる．大気の組織は約80%が窒素，約20%が酸素，その他のガスが約1%である．地上から約10kmまでを対流圏，10-15kmを成層圏と呼んでいる．大気中の二酸化炭素，メタン，フロン，亜酸化窒素などのガスは，赤外線を吸収するので，地球からの放熱を妨げる温室効果がある．二酸化炭素は石油，石炭，木材などの燃焼によって生ずる．メタンは水田から生ずる．亜酸化窒素は肥料などから生ずる．これらは人類の生活によって生じたものである．これらガスの発生によって地球の温暖化が生じ，それによって気候の変化，海水面の上昇などが予測されている．生物圏，大気圏，地圏の生態系を守るために大気観測網の整備や対策の検討が国際的に行われている．

【文献】江上信雄，安富佐織『総合生物学』（裳華房 1990）；八杉龍一他編『生物学辞典』（岩波書店 '1996）．

(青木清)

【エコロジー問題】この語が *生物学の一分野を越えた広範な社会的意味合いをもつようになったのは，地球的規模での自然環境破壊が各方面から指摘され始めた1970年代以降のことである．1972年ローマ・クラブ(Club of Rome, 1968-　)の要請で行われたマサチューセッツ工科大学の報告は，豊富なデータをもとに，従来の経済成長＝社会福祉の増大という通念を批判し，地球環境とのバランスを考慮した経済活動の必要性を訴え，旧西ドイツの緑の党をはじめとするエコロジー運動は，近代文明総体の見直しを謳う社会運動にまで発展した．今日では，保守革新を問わず，エコロジー問題が各政党の真剣な政策課題となっているほか，国境を越えて取り組まねばならない国際政治の課題ともなっている(→地球環境)．

【エコロジー危機とキリスト教】エコロジストたちはしばしば今日の生態学的危機の誘因として，キリスト教の人間中心的な世界観を槍玉にあげる．確かに，ヨーロッパ近代文明の基盤となったF. *ベーコンの自然支配思想や *デカルトの能動的な人間精神と *機械論的な自然との二元論は，生態学的危機と大いに関係しているといってよい．だが，このような自然観をキリスト教の自然観一般と同等視するのは短絡的であろう．*自然を治めよ(創1:28)という *創世記のメッセージは，人間による自然の意のままの利用(搾取)という意味ではなく，人間の自然に対する責任という意味で解釈できようし，同じ旧約聖書には，悪しき人間が滅亡し，信仰ある人間とともに多くの動物たちが生き残るという *ノアの *洪水物語(創6章)も存在することも忘れてはならない．確かに，*自然神学を拒否し，人間によって初めて秩序づけられる客体として自然を捉える近代のプロテスタント神学は，ベーコンやデカルト流の自然観との接点があるかもしれない．一方で，*アリストテレスの *自然学を導入した中世の *スコラ学，特に *トマス・アクィナスの神学は，*存在の類比という思想によってすべての自然的存在者の *被造物としての意義を捉えようとしていた．今日のエコロジー危機に対して，これまでの伝統を

せいたいぎょうれつ

踏まえた新しいエコロジー神学の展開こそ，現代に生きる教会の急務といえよう．
【文献】D. H. メドウズ他『成長の限界——ローマ・クラブ「人類の危機」レポート』大来佐武郎監訳（ダイヤモンド社 1972）: D. H. MEADOWS, ET AL., *The Limits to Growth* (New York 1972); D. シモネ『エコロジー』辻由美訳（白水社 1980）: D. SIMMONET, *L'écologisme* (Paris 1979); R. シュペーマン, R. レーヴ『進化論の基盤を問う』山脇直司他訳（東海大学出版会 1987）: R. SPAEMANN, R. LÖW, *Die Frage "wozu?"* (München 1981); J. カーモディ『自然を守る——エコロジーと信仰』古谷圭一訳（女子パウロ会 1987）: J. CARMODY, *Ecology and Religion* (New York 1983); G. リートケ『生態学的破局とキリスト教』安田治夫訳（新教出版社 1989）: G. LIEDKE, *Im Bauch des Fisches* (Stuttgart 1979).
（山脇直司）

せいたいぎょうれつ　聖体行列　〔ラ〕processio cum sanctissimo sacramento, processio eucharistiae, 〔英〕eucharistic processions, 〔独〕Fronleichnamsprozession, 〔仏〕procession du saint Sacrement　*聖体礼拝の一形式で，聖体顕示台（→顕示台）などを用いて*聖体を奉持して屋外を巡回する行列．特にキリストの聖体の祭日やその前後の日に勧められ，聖体に対する信仰と崇敬を表すしるしとして行われる（『教会法典』944 条）．1264 年にキリストの聖体の祭日が定められると聖体に対する信心が一層高まり，1274 年から 1279 年の間に*ケルンで聖体の祭日に初めて聖体行列が行われ，以後，各地で行われるようになった．現行規定では，行列は*ミサに続いて行われ，そのミサで聖別された聖体を奉持して行うか，ミサ後に公に聖体礼拝を行ってから行列を始める．また，行列の途中に設けられた集会指定場で*聖体賛美式を行うことができ，行列の終わりには聖体による祝福が行われる（カトリック儀式書『ミサ以外のときの聖体拝領と聖体礼拝』99-100 頁参照）．
【文献】カ大 3: 225-26; LThK³ 3: 173-74.（宮越俊光）

せいたいこうふくしき　聖体降福式　→ 聖体賛美式

せいたいさんびしき　聖体賛美式　〔ラ〕benedictio eucharistica, 〔英〕exposition of the blessed sacrament, 〔独〕Aussetzung des Allerheiligsten, 〔仏〕exposition du Saint-Sacrement　保存されている*聖体を*礼拝のために顕示し，*賛美をささげて*祝福を受ける祭儀．*ミサ（感謝の祭儀）における聖体の*秘跡の実行とは区別される，聖体に対する信心からなる礼拝形式である．邦訳ではかつて「聖体降福式」と呼ばれていた．この信心は，あくまで聖体の秘跡のなかに現存するキリストに対する礼拝であり，キリストの*過越の秘義に深く参加することを目的としている．この祭儀は聖体顕示，*聖体礼拝，聖体による祝福からなるが，各儀式は，キリストの聖体の祭日，*聖体行列，木曜日の聖体礼拝などの発達とともに 14 世紀に主にドイツ語圏の諸国で成立し，全*西方教会に広まった．第 2*ヴァティカン公会議の典礼刷新の精神を受けて（『典礼憲章』13 項参照），1967 年 5 月 25 日に典礼省から新たな『聖体祭儀指針』(Eucharisticum mysterium) が出され，これに基づいて，1973 年 6 月 21 日に発行されたローマ儀式書『ミサ以外の聖体拝領と聖体礼拝』(De sacra communione et de culte mysterii eucharistici) により新しい聖体賛美式が定められた．式は，(1) 聖体の顕示（*顕示台か*聖体容器による．長時間と短時間の顕示がある），(2) *ことばの祭儀に準ずる礼拝と賛美と祈願，(3) 聖体による祝福からなる．通常の司式者は司祭か助祭である．
【文献】邦訳儀式書『ミサ以外の聖体拝領と聖体礼拝』（カトリック中央協議会 1989）90-98; A. G. MARTIMORT, ed., *The Church at Prayer*, v. 2 (Collegeville, Minn. 1986) 245-53; H. B. MEYER, *Eucharistie*, GDK 4: 588-95.
（石井祥裕）

せいたいしゅうどうかい　聖体修道会　〔ラ〕Congregatio Presbyterorum a Ssmo Sacramento, 〔仏〕Congrégation du Saint-Sacrement, 〔略記〕S.S.S.　教皇庁立男子修道会．*ピエール・ジュリアン・エマールにより，*聖体の*秘跡に対する信心と*使徒的活動を通してキリスト教的生活を促進するために 1856 年*パリで創立され，1863 年には教皇*ピウス 9 世によって認可された．会員は，聖体の前における共同のないし個人的な祈りを通して，聖体の秘跡に奉献された共同体を建設すること目指す．そのための手段として*聖体礼拝，*霊的指導，*黙想会を企画したりし，秘跡のうちにとどまるキリストの心を自分のものとすべく努める．現在では*小教区をも担当し，宣教地にも赴いている．また創立者エマールが理想とした「聖体の秘跡に基づく社会を築く」ため，教会の*社会問題に関する*回勅に従って，主に発展途上国での種々の社会事業や，人間性促進のための活動にも積極的に従事している．*聖体永久礼拝を可能にするため，会員は幾つかのグループに分かれ順番に聖体礼拝を担当する．
【現勢】1997 年現在，施設 143，会員数 986 名（うち，司祭 687 名）．活動地域はヨーロッパ，南米，アフリカ諸国．総本部，ローマ．
【文献】AnPont (1999) 1467; Cath. 13: 583; DIP 8: 32-38; A. TESNIÈRE, *La Congregación del Santissimo Sacramento* (Tolosa 1926).（和田誠）

せいたいしゅうどうじょかい　聖体修道女会　〔伊〕Sacramentine di Bergamo　女子修道会．イタリアのベルガモ（Bergamo）において，1882 年にコメンソーリ（Caterina Comensoli, 1847-1903）とスピネリ（Francesco Spinelli, 1853-1913）によって創立され，1906 年*聖座から認可された．創立当時は聖体礼拝修道女会（Adoratrici del SS. Sacramento）と呼ばれ，ベルガモで活動していたが，経済的破綻をきたし，コメンソーリに従う者とスピネリにつく者とに分裂した．半数以上の 73 名がコメンソーリとともにローディ（Lodi）に赴きそこで同教区の司教の保護のもとに活動を再開した．同会はしだいに成長し，イタリアばかりではなくアジア，アメリカ，アフリカ各地にも宣教女を派遣するまでに発展した．会員は何よりも*聖体礼拝に専念するとともに，幼稚園，学校や寄宿舎運営，*日曜学校などを通して幼児および青少年教育に従事する．
【現勢】1999 年現在，会員数 1,034 名，活動地域はイタリア，スイス，マラウィおよび南アメリカ諸国．
【文献】AnPont (1999) 1657; EC 5: 1713.（和田誠）

せいたいしんじんかい　聖体信心会　〔仏〕associations eucharistiques, confréries eucharistiques, confréries du Saint-Sacrement　聖体への崇敬を実践する

*信心会の総称．最初の聖体信心会は，フランスの*アヴィニョンのそれであるとされ，キリストの聖体の祭日（→聖体）が正式に定められるよりも古く，1226年に遡る．13世紀末には，こうした信心会はフランス，ベルギー，オランダ，イタリアなどに広がっていった．*行列の際，あるいは病人の*聖体拝領の際，会員たちは聖体に随行し，それが礼拝されるのを見守り，聖体に対して*瀆聖がなされた場合，その償いのために，彼らは*聖体礼拝を行った．1530年*ローマの*ドミニコ会の教会であるサンタ・マリア・ソプラ・ミネルヴァ教会のなかに設立された聖体信心会（Confrérie du Très-Saint-Sacrement）は，1539年教皇*パウルス3世によって公式に認可され，聖体大信心会（Archiconfrérie du Saint-Sacrement）としてさまざまな聖体信心会を統合するものとなった．16世紀の日本の*キリシタンの間でも，聖体信心会の活動は活発であった．17世紀に隆盛を極めた聖体信心会は18世紀になると衰退し，*フランス革命の際に一度消滅したが，1830年頃に再び出現した．今日でも，中世の聖体信心会を引き継いだ数多くの信心会が活動している．各国にそれぞれ固有の信心会があり，国際*聖体大会の折にそれらの統一が確認される．

【聖体会】聖体会（Compagnie du Saint-Sacrement）は，フランスのヴァンタドゥール公アンリ・ド・レヴィ（Henri de Levis de Ventadour, 1598–1680）の発意に基づき，*コンドランや*イエズス会会員シュフラン（Jean Suffren, 1571–1641）などによって，1630年に正式に設立された．聖体を崇敬するという点では聖体信心会と類似するが，同時に会員たちはさまざまな社会活動を行った．慈善行為や布教活動，さらに，風紀を正すことを使命として不敬虔・不道徳を告発，自由思想家と対立した．また，プロテスタント，さらにジャンセニスト（→ジャンセニスム）までも攻撃した．1635年頃には，*ヴァンサン・ド・ポール，*オリエ，*ジャン・ユード，*ボシュエ，政府高官のラモワニョン（Guillaume de Lamoignon, 1617–77）などが会員となり，聖体会はパリからフランス全土に広がっていった．会員には秘密厳守の規律が課せられており，個人の意志と会の意志との間の境界は判然としないが，いずれにせよ，聖体会は当時のフランス社会において隠然とした力をもっていた．しかし，政治に干渉するなど，しばしば度を越したその活動のゆえに敵も多く，その厳格な秘密主義も災いして，彼らの活動は「信者たちの陰謀」（〔仏〕cabale des dévots）とみなされるようになった．1660年，聖体会を誹謗する2通の文書が世に出るに及び，以前からこの会を不快に思っていた*マザランらの圧力により，聖体会の力は衰え，1665年を最後にその存在は消え去ってしまった．劇作家モリエール（Molière, 1622–73）は，この聖体会を念頭に置いて，偽信者や宗教家を痛烈に諷刺した『タルチュフ』（Le Tartuffe ou l'imposteur, 1664）を書いたとされ，1664年にこの劇を上演禁止にさせたのもまた，聖体会であるといわれている．

【文献】Cath. 1: 161–62; 2:1413–15; DSp 2: 1301–11; 4/2: 1632–33.　　　　　　　　　　（J. ベジノ）

せいたいたいかい　聖体大会　〔ラ〕congressus eucharisticus,〔英〕eucharistic congresses,〔独〕Eucharistische Kongresse,〔仏〕congrès eucharistiques　聖体（*エウカリスティア）の*秘跡および*ミサに対する神学的理解と信仰を深めることを目的として，国際的に，または国ごと，あるいは教会*管区，*司教区，その他の地域レベルで行う大会．通常，大会ごとに主題を決め，その主題にのっとった講演会や研究会が行われる．参加者は分科会に分かれ，典礼生活や現代社会における問題などを討論する．

【国際聖体大会】最初の国際聖体大会はフランス人の女性信徒，トゥールネ（Tournai）のタミジエ（Émile Tamisier, 1834–1910）によって提唱された．彼女は，*聖体の*奇跡の起こったフランス国内の諸教会への*巡礼に研究会を加え，キリストの教えとミサに対する

国際聖体大会

1	1881	リール（フランス）
2	1882	アヴィニョン（フランス）
3	1883	リエージュ（ベルギー）
4	1885	フリブール（スイス）
5	1886	トゥールーズ（フランス）
6	1888	パリ（フランス）
7	1890	アントヴェルペン（ベルギー）
8	1893	エルサレム（当時シリア領）
9	1894	ランス（フランス）
10	1897	パレ・ル・モニアル（フランス）
11	1898	ブリュッセル（ベルギー）
12	1899	ルルド（フランス）
13	1901	アンジェ（フランス）
14	1902	ナミュール（ベルギー）
15	1904	アングレーム（フランス）
16	1905	ローマ（イタリア）
17	1906	トゥールネ（ベルギー）
18	1907	メッス（当時ドイツ領）
19	1908	ロンドン（イギリス）
20	1909	ケルン（ドイツ）
21	1910	モントリオール（カナダ）
22	1911	マドリード（スペイン）
23	1912	ウィーン（オーストリア）
24	1913	ヴァレッタ（マルタ）
25	1914	ルルド（フランス）
26	1922	ローマ（イタリア）
27	1924	アムステルダム（オランダ）
28	1926	シカゴ（アメリカ合衆国）
29	1928	シドニー（オーストラリア）
30	1930	カルタゴ（チュニジア）
31	1932	ダブリン（アイルランド）
32	1934	ブエノスアイレス（アルゼンチン）
33	1937	マニラ（フィリピン）
34	1938	ブダペスト（ハンガリー）
35	1952	バルセロナ（スペイン）
36	1955	リオデジャネイロ（ブラジル）
37	1960	ミュンヘン（ドイツ）
38	1964	ボンベイ（インド）
39	1968	ボゴタ（コロンビア）
40	1973	メルボルン（オーストラリア）
41	1976	フィラデルフィア（アメリカ合衆国）
42	1981	ルルド（フランス）
43	1985	ナイロビ（ケニア）
44	1989	ソウル（韓国）
45	1993	セビリャ（スペイン）
46	1997	ヴロツワフ（ポーランド）
47	2000	ローマ（イタリア）

せいたいとあいとくのはしためれいはいしゅうどう

意識を深める大会の開催を企画した．彼女の提案をもとに，ガストン・ド・セギュール (Louis Gaston de Ségur, 1820-81) が暫定的な準備委員会を組織し，実業家 *ヴローが資金を提供した．1881 年，この計画に教皇 *レオ 13 世からの認可が与えられ，6 月下旬リール大学を会場として，第 1 回国際聖体大会が開かれた．イギリス，ベルギー，オランダ，スペイン，スウェーデン，フランスから約 800 人の参加者があった．閉会にあたり，国際大会のための常任委員会が設けられた．

1893 年にはヨーロッパ以外での初めての聖体大会が *エルサレムで行われ，このときから *教皇特使の臨席が慣例となった．聖体崇敬に厚い教皇 *ピウス 10 世在位時の大会では，参加者の数・国籍共に増加し，国際的な性格が強まった．1922 年のローマの聖体大会では，教皇 *ピウス 11 世が個人的にではあるが座長を務めている．1964 年 11 月 28 日から 12 月 6 日までインドの *ボンベイで行われた聖体大会には，教皇 *パウルス 6 世が初めてローマ以外の聖体大会に出席した．

【文献】キ史² 9: 257-59; NCE 5: 617-18. （齊藤克弘）

せいたいとあいとくのはしためれいはいしゅうどうじょかい　聖体と愛徳のはしため礼拝修道女会
→　礼拝会

せいたいのけんじ　聖体の顕示　→　聖体賛美式，聖体礼拝

せいたいはいりょう　聖体拝領　〔ラ〕communio, 〔英・仏〕communion, 〔独〕Kommunion

キリスト者が *エウカリスティア（→ ミサ）のなかで *聖別された *パンと *ぶどう酒を共に食することを通して，キリストの命を分かち合うこと．パンとぶどう酒にキリストが現存すると信じられるため，それを受けることを「聖体拝領」と邦訳しているが，原語は「交わり」もしくは「分かち合い」の意．すなわち，ただ単に個々人が聖体を受けて，キリストと一致するだけでなく，キリストの命を共有することを通してより一層 *キリストの体としての教会の本質を実現していくことを意味している．

典礼における作法としては，すでに 1 コリント書 11 章 17-34 節に指示されている．*キプリアヌスは迫害の時代に聖体拝領が信徒にとっての励ましであったことを証言している（『背教者について』26）．エルサレムの *キュリロスの作とされる *ミュスタゴギアや *アンブロシウスの説教『秘跡について』は，司祭が「キリストの体」と唱えながら，聖別されたパンを差し出し，これを受ける信者が「*アーメン」と応答するよう教えている．

6 世紀には聖体に対する信心が発達し，聖体への畏敬から，聖体拝領に先立つ周到な準備が義務づけられるようになった．13 世紀以降，聖体拝領は，一般の信徒にはパンの形態においてのみ許されるようになったが，第 2 *ヴァティカン公会議の『典礼憲章』は，ミサへのより完全な参加として聖体拝領を勧めるとともにパンとぶどう酒の両形態による拝領を「主の食事」のより明確な表示としている（55 項）．

聖体拝領は，教会に所属する者の最も親密な交わりを表明することであるため，*洗礼を受けたカトリック信者にのみ許されるという規定がある．また *幼児洗礼を受けた者には，分別のつく年頃になったとき教理を学んだ後に初めて聖体拝領が許される（後述の【初聖体拝領】）．

聖体拝領
（燈台の聖母トラピスト大修道院）

【文献】日本カトリック典礼委員会編『ミサ典礼書の総則と典礼暦年の一般原則』（カトリック中央協議会 1994）; J. G. リプリンゲル『聖体祭儀の史的展開』（南窓社 1970）352-62; J. A. ユングマン『ミサ』福地幹男訳（オリエンス宗教研究所 1992）251-64: J. A. JUNGMANN, *The Mass* (Collegeville, Minn. 1976); *Catechismus Catholicae Ecclesiae* (Città del Vaticano 1997) n.1384-401. （高松誠）

【拝領行列】拝領行列（〔ラ〕processio ad communionem）とは，ミサの交わりの儀で，*会衆が聖体拝領のために，聖体を配る司祭や聖体奉仕者の前に進み出る際の行列で，信徒が聖体拝領に行動的に参加する形の一つ．この行列の間に後述の拝領の歌が歌われる（『ミサ典礼書』総則 56 項リ）．歴史的には信徒の聖体拝領の方法はさまざまであり，司祭や信徒の動き，聖体が配られる場所も，時代や地域，また教会建築の様式によって異なる．いずれにせよ，行列の本来の行動目的は主の食卓に近づくことにある．

【文献】J. A. JUNGMANN, *The Mass of the Roman Rite*, v. 2 (New York 1955) 374-75. （福地幹男）

【拝領の歌】ミサのなかで，聖体拝領が始まってから後述の拝領祈願が始まるまでの間に歌われる歌（〔ラ〕cantus ad communionem）．*入祭の歌，*奉納の歌とともに，会衆が *行列をしながら歌う *行動参加の歌であり，「拝領者の霊的一致を声の一致で表現し，心の喜びを示し，キリストのからだを受けに行く行列を，より兄弟的なものにするため」に歌われる（『ミサ典礼書』総則 56 項リ）．

〔歴史〕拝領の歌は三つの行列の歌のなかでは最も歴史が古く，すでに 4 世紀末には，エルサレムのキュリロスや *アウグスティヌスが拝領の歌として歌われる詩編に言及し（詩編 34 等．その 9 節が *答唱とされる），*先

唱者が詩編を朗唱し，会衆が答唱を歌う形式に触れている．聖体拝領の間に詩編を歌うことはもともとは *東方教会から西方に導入されて広まったものである．*グレゴリオ聖歌でも拝領の歌は他の行列の歌と同様，行列の間，*詩編唱を挟んで答唱句を歌うものとして作られた．しかし，10世紀以降，会衆の聖体拝領が稀になり，拝領の行列が行われなくなると，多くの詩編のうちの一節だけか，あるいは交唱（*アンティフォナ）だけが歌われるようになった．また，*オルガンが普及してからは，オルガンの独奏に取って代わられることもしばしばであった．19世紀からは *典礼運動の進展とともに，拝領の歌に会衆賛歌，いわゆる *コラールが歌われるようになったが，これも補助的な歌であり，司祭は *ミサ典礼書で規定された拝領唱を唱えなければならなかった．ちなみに，1958年までは，拝領の歌は，司祭と信徒の聖体拝領が終わってから歌われていたが，この年，教皇 *ピウス12世の教令が出され，信徒の聖体拝領中に歌うべきものとされた．

〔現在〕第2ヴァティカン公会議は古来の伝統に基づき，拝領の歌の方法を大幅に刷新した．現在の『ミサ典礼書』総則によれば，拝領の歌は司祭の拝領が始まると同時に歌われるが，加えて，聖体拝領後に感謝の歌が歌われる場合には，適切なときに行列の歌を終わらせ，聖体拝領後に全員で感謝の歌を歌う．歌う歌については，*『ローマ聖歌集』の交唱を，詩編をつけて，または詩編なしで用いることができ，もしくは *『簡易ミサ聖歌集』の交唱を詩編をつけて用いるか，あるいは司教協議会の認可を受けた他のふさわしい歌を使うことができる（『ミサ典礼書』総則56項リ）．会衆全体が歌うこともあれば，*歌隊や独唱者が歌って会衆が答唱句を繰り返す形もあり，また歌隊だけが歌うこともあるが，交わりの儀の性格にのっとった共同体意識を盛り上げるためにふさわしい形で行われる．拝領後には，*沈黙の後，「賛歌，詩編あるいは他の賛美の歌を，全会衆で歌うこともできる」（同総則56項ヌ）．

【文献】NCE 4: 39-41; LThK³ 2: 1284-86; 6: 222; Jungmann 2: 475-86; 土屋吉正『ミサーその意味と歴史』（あかし書房1976）; J. A. ユングマン『ミサ』福地幹男訳（オリエンス宗教研究所1992）: J. A. JUNGMANN, The Mass (Collegeville, Minn. 1976).

(福地幹男，齋藤克弘)

【拝領唱】拝領唱（[ラ] antiphona ad communionem）とは，聖体拝領の間に拝領の歌が歌われない場合に朗唱される交唱をいう．『ミサ典礼書』に収録されている交唱（拝領唱）を信者か朗読者が朗唱する．そうでなければ司祭自身が，まず自分が拝領してから信者に聖体を授与する前に唱える（『ミサ典礼書』総則56項リ）．会衆が参加しないミサでは，*奉仕者に聖体を授与する前に司祭が唱える（228項）．

【拝領祈願】ミサの *交わりの儀の結びに司式司祭が唱える *公式祈願を拝領祈願（[ラ] oratio post communionem）という．この祈願の名称が最初に登場するのは，最古のローマ秘跡書と目される8世紀の『ゲラシウス秘跡書』である（→サクラメンタリウム）．交わりの儀，また狭義の感謝の祭儀は，この祈願をもって終わる．司祭は聖体拝領後，祭壇の上を片づけて席に戻る．その後，司祭は席または祭壇の前に立ち，会衆に向かって「祈りましょう」と招き，手を広げて拝領祈願を唱える．拝領後に沈黙の祈りの時間をとらなかった場合には，祈願を唱える前に沈黙のひとときをもつことができる．この祈願の目的は，まず受けた賜物に対する感謝である．それに加えて，たった今そのミサで祝われた神秘が生活のなかで実りをもたらし続け，永遠の完成に至ることができるように祈り求める．祈願の結びに，会衆は「アーメン」と応唱し，この祈願が自分の願いであることを宣言する（『ミサ典礼書』総則56項ヌ，122項）．

【文献】Jungmann 2: 520-27; Id., The Mass of the Roman Rite, v. 2 (New York 1955) 419-25.　(福地幹男)

【初聖体拝領】洗礼を受けた人が *入信の秘跡の完成として聖体の秘跡（エウカリスティア）を受けることを初聖体拝領（[ラ] prima communio）という．特に，幼児洗礼を受けた信者が分別のつく年齢になってから聖体の秘跡にあずかることを指す．

教会は古くから，人がキリスト者となり，信者の共同体に入るために，洗礼・*堅信・聖体を入信の秘跡として授けてきた．成人の入信準備制度の頂点として行われた秘跡であるが，東西両教会は共通の慣習としてこの三つの秘跡を幼児にも授けていた．現在は東方教会だけがこの伝統を守っている．入信準備制度の崩壊とともに，*西方教会では，幼児には洗礼だけを授け，信仰表明のできる年頃になってから聖体を与えるようになった．また堅信の秘跡も洗礼から切り離されて，これを授けるのは司教に限定された．こうして，キリストの *過越の秘義に源を置く入信の秘跡の理解は困難になった．

西方中世では，聖体信心が発達し，ミサにあずかっても普通は聖体を拝領せず，聖体をみて礼拝するという信心（→聖体）が広まった．これを背景に，第4 *ラテラノ公会議（1215）は，「分別の年齢に達したすべての信者」に，少なくとも年に1回，ゆるしの秘跡にあずかり，少なくとも *復活祭の頃に聖体の秘跡を受けることを義務づけた（DS 812）．幼児洗礼を受けた子どもにとって，当初それは7歳頃と理解され，それが初聖体の年齢となっていった．これはしだいに延期されて13-14歳となり，その準備も両親の責任とされ，*小教区の共同体は関与しなかった．しかし，17-18世紀になると，カトリック諸国では学校での宗教教育の一環として初聖体の準備がなされるようになった．

1910年，教皇 *ピウス10世は，秘跡聖省令『クアム・シングラーリ』（Quam singulari）で，初めての *ゆるしの秘跡と聖体拝領のための「分別のある年齢とは，幼児が理性を働かせ始める年齢，すなわち7歳前後である」と定め（DS 3530），この年齢から両秘跡を受けることを義務とした．この決定に対しては各地での抵抗が大きく，なかなか実施されなかったが，実施にあたっては「白衣の主日」（復活祭第2主日）を初聖体の日とするところが多く，子どものお祭り衣装，贈り物，パーティーなど，外見の盛大さが競われるようになり，本来，聖体が入信の秘跡の頂点であることにはなかなか注意が払われなかった．第2ヴァティカン公会議後，『幼児洗礼式』および『成人のキリスト教入信式』の新しい儀式書が公布されたことで，洗礼と聖体との関係が再認識され，初聖体も親子・教会が共に準備する共同体の祭りとして祝われるようになった．日本の教会でも，幼児洗礼を受けた子どもが小学校の1-2年生の頃，小教区の教会学校でしっかりと準備をして，復活節の主日に初聖体を行うところが多い．

【ミサ外の聖体拝領】ミサ外の聖体拝領（[ラ] sacra communio extra Missam）には，基本的には二つの形がある．一つは，司祭のいない主日の集会で信徒の奉仕者（集会司式者）が *ことばの典礼を司式して，聖体拝領の

せいたいはいりょうざら

式を行う形，もう一つは主日のミサに参加できない信者を奉仕者が訪ね，聖体を授けることである．

聖体拝領は本来ミサのなかで行われるが，病気や老齢のためにミサに参加できない信者はミサ外の拝領によってキリストに結ばれ，また共同体との絆を強めることができる．ミサに参加できない信者のところに *助祭が聖体をもっていくことについては，すでに150年頃，殉教者 *ユスティノスが触れている（『第1弁明』1, 67, 5）．これとは別の形で，ミサのない日に信者が家で自分で拝領する習慣のあったことをローマの *ヒッポリュトスは言及している（*『使徒伝承』37）．この習慣を *ヒエロニムスは厳しく批判したが，毎日のミサがまだ行われていない時代でも，聖体をたびたび拝領したいという望みは強く，6世紀頃からは修道院によっては週日の聖体拝領を九時課（→小時課）の直後に行っていた．このように，ミサに参加できない人の拝領と，ミサのない日の拝領という二つの実践は早くから行われていた．

第2ヴァティカン公会議による典礼刷新に基づく『ミサ以外のときの聖体拝領と聖体礼拝』の儀式書は，1973年にラテン語規範版が公布され，日本の教会の特殊事情を考慮した適応を加えた日本語版は1989年に出版された．ここでは，まず主日の集まりの重要さが強調され，ミサ中に聖体拝領することが通常の形であることが確認された．そのうえで，司祭のいない主日での集会で聖体を拝領する「集会祭儀」の式次第が発表された．また，病人などミサに参加できない人のための聖体拝領は，「病者の塗油」の秘跡で実施されていたが，新たに司祭のほかに信徒の奉仕者が聖体をもっていくことができるようになり，司牧活動への信徒の参加の枠が大幅に広げられている．「集会祭儀」については，主日にキリスト者が集まることの大切さのほかに，共同体がミサをささげ，そのなかで聖体を拝領することと，ミサのない形での拝領についての神学的区別の明確化が求められる．さらに，共同体のミサ司式者としての司祭の役割や，*叙階の意味が根源的に見直されることになるであろう．

【文献】カトリック儀式書『ミサ以外のときの聖体拝領と聖体礼拝』（カトリック中央協議会1989）; E. SCHILLEBEECKX, *Ministry: A Case for Change* (London 1981); N. MITCHELL, *Cult and Controversy* (New York 1982); G. AUSTIN, "Communion services," *Fountain of Life*, ed. G. AUSTIN (Washington, D. C. 1991) 199–215.

（国井健宏）

【病者の聖体拝領】病者への聖体の授与は古代から重視され，主の食卓に参加できない者のために聖体が運ばれて授けられていた．病者を励ますこの恵みを誰が運び，授与するかは時代によって異なるが，8世紀までは *信徒にもこの任務が委ねられていた．他方，ヤコブ書（5: 14-15）に基づいて，8世紀頃からは聖体拝領と病者の回復を願う *塗油の式が同時に行われるようになった．しかし，塗油が徐々に臨終の病者にのみ限定されるようになると，主の過越の秘義に参加するために，旅路の糧（[ラ]viaticum）として聖体を受けることは重大な義務とされた．第2ヴァティカン公会議以降，刷新された『病者の塗油』の儀式書は，病者や老人がたびたび聖体を拝領できるようにするために，信徒もこの奉仕を果たすことができるとした．その式次第は，回心の祈り，聖書朗読，主の祈り，聖体拝領，祈願と祝福からなる．可能ならミサを行い，家族も拝領することが勧められている．拝領は両形態，または病者の状態によってパンかぶどう酒のどちらかとする．これが *最後の糧となる場合もある．したがって，授与を延期することがないよう注意し，つねに意識の確かなときに行うよう配慮する．

【臨終の聖体拝領】臨終の状態にある者にとって，聖体は最後の糧，「旅路の糧」となり，これによって兄弟は主の過越の秘義に参加することができる．3世紀頃から死の危険が迫っている場合はまず聖体を受け，次に病気回復を願う塗油を施した．臨終の状態にある者にとって聖体拝領は義務であり，また権利でもある．この教えは現代に至るまで受け継がれている．

1980年に改訂された臨終の聖体拝領に関する規定書では，時間があれば，ゆるしの秘跡・塗油・最後の糧，緊急の場合はまず，ゆるしの秘跡と最後の糧，余裕があれば塗油を行うとし，塗油より最後の糧を優先させている．ただし，すでに意識が不明，または他の事情により聖体拝領ができないときは，塗油だけでもよいとしている．

【文献】カトリック儀式書『ミサ以外の聖体拝領と聖体礼拝』（カトリック中央協議会1989）; J. アブリ『病者の塗油の秘跡』（中央出版社1989）.

（南雲正晴）

せいたいはいりょうざら　聖体拝領皿　〔ラ〕patena pro communione, 〔英〕communion paten, 〔独〕Kommunionpatene, 〔仏〕patène pour communion　信者の *聖体拝領のときに *聖別されたパンのかけらやぶどう酒が下に落ちるのを防ぐために，奉仕者によって拝領者のあごの下に差し出される，柄のついた受け皿．1929年に使用について規定されたが，それ以前からこれに類似した受け皿が用いられてきた．現行の『ミサ典礼書』の総則117, 246 b, 251項でその使用について述べているが，近年ではあまり用いられなくなっている．

【文献】LThK³ 6: 222; Jungmann 2: 474.　（宮越俊光）

せいたいはいりょうだい　聖体拝領台　〔ラ〕mensa pro communione fidelium, 〔英〕communion rail, 〔独〕Kommunionbank, 〔仏〕banque de communion　信者の *聖体拝領のときに用いられる台．初期には信者も *祭壇の近くで拝領していたが，6-9世紀頃には祭壇の周囲に設けられた柵の横木のところに並んで拝領した．また，木製や石製のひざまずき台のような形状の台が祭壇と会衆席の間に置かれ，信者の拝領の際に用いられた．近年，拝領者が立ったまま手に *聖体を受ける拝領方法が一般化するにつれ，祭壇と会衆席を区別するようなこうした台を設置することは減少する傾向にある．

【文献】カ大3: 229; LThK³ 6: 219; Jungmann 2: 465.

（宮越俊光）

せいたいはいりょうふ　聖体拝領布　〔英〕communion cloth, 〔独〕Kommunionstuch, 〔仏〕nappe de communion　信者の *聖体拝領のときに，パンのかけらが下に落ちるのを防ぐために *聖体拝領台の上に奉仕者によって広げられた白い布．13世紀頃から用いられるようになった．機能としては *聖体拝領皿と同様であり，しだいに聖体拝領皿を用いるようになったが，近年では聖体拝領台の減少とともに，聖体拝領布もあまり用いられなくなった．

【文献】カ大3: 229; Jungmann 2: 465; LThK³ 6: 222.

（宮越俊光）

せいたいほうしかい　聖体奉仕会　*在俗会．神の栄光と人々の霊魂の救いのため，*聖体のよきはした

めとして，日本の霊性による観想に力を注ぎながら，聖母とともに教会の働きに参与する．新潟教区初代司教*伊藤庄治郎は，1962年（昭和37）に3人の創立者たちの願いを受け，1970年に在俗のウニオ・ピア（Unio Pia 敬虔会）を設立した．会員数は，修道院で共同生活する会員と，個々の職業に従事しつつ奉仕生活をする会員，合わせて30名を数える．本部は秋田市添川字湯沢台に置かれている．

（柏木叔子）

せいたいようき　聖体容器　〔ラ〕pyxis, ciborium, 〔英〕pyx, ciborium, 〔独〕Pyxis, Ziborium, 〔仏〕pyxide, ciboire　*聖体を病者に運んだり*聖櫃に保存したりする際に用いる蓋のついた容器．携帯用に便利な小型の容器をピクシスと呼び，*カリスに似た形状の容器をチボリウムと呼んで区別することが多い．中世初期には金メッキした木製の小箱であったが，やがて象牙や金属を用いるようになり，蓋のついた円筒形や多角形のものが作られた．また蓋の部分を塔のような形にするなど複雑な装飾を施したものも作られた．13世紀以降，カリスのように手で握るための台がついたものが作られ，これをチボリウムと呼ぶことが一般的になった．
【文献】カ大 3: 223; NCE 3: 870; 11: 1057; R. BERGER, ET AL., eds, Gestalt des Gottesdienstes, GDK 3: 302-304.

（宮越俊光）

せいたいランプ　聖体ランプ　〔ラ〕lampas sanctuarii, 〔英〕sanctuary light, 〔独〕ewiges Licht, 〔仏〕lamp du Saint-Sacrement　*聖体が保存されている*聖櫃の近くに常時ともされる灯火（『教会法典』940条）．永明燈，常明燈とも呼ばれた．*祭壇，*殉教者の墓や*聖遺物，*聖画像などの近くに明かりをともす習慣は，古くから各地でみられる．聖体への信心が高まった11-12世紀頃からは，聖別された*ホスティアの前に明かりをともすようになり，その後，西方教会全体に広まった．この明かりは*キリストの現存を示し，キリストへの尊敬と賛美のしるしとなっている．*油またはろうを燃やすことが勧められている（『ミサ以外のときの聖体拝領と聖体礼拝』一般緒言11）．
【文献】カ大 3: 259; LThK³ 3: 1081-82; カトリック儀式書『ミサ以外のときの聖体拝領と聖体礼拝』（カトリック中央協議会 1989）35; R. BERGER, ET AL., eds., Gestalt des Gottesdienstes, GDK 3: 277.　（宮越俊光）

せいたいれいはい　聖体礼拝　〔ラ〕adoratio eucharistiae, 〔英〕worship of the Holy Sacrament, adoration of the Eucharist, 〔独〕Anbetung der Eucharistie, Anbetung des Heiligen Sakramentes, 〔仏〕adoration du Saint-Sacrement
【概念】神性・人性のキリストが*聖体の内に現存することを認め，受肉した*神としてのキリストを聖体において礼拝すること．*礼拝の方法はそれぞれの国において異なり，時代とともに変遷してきた．第2*ヴァティカン公会議の規定によって，ラテン典礼では*聖櫃に安置されていても*祭壇に顕示されても，片膝をついてまたは両膝をついて*跪拝して*崇敬の念を表す．日本では立礼をもって表す．
【諸形式】〔起源〕*ミサ外の聖体礼拝は古代教会以来ひそかに行われてきたが，その起源については完全には説明し難い．*西方教会では1000年以後諸教区や*修道院において行われ広がっていったが，それは聖体内におけ

る*キリストの現存に関する西方教会の聖体（礼拝）神学，*聖餐論争（9世紀），ミサ中の聖体奉挙や新しい聖体の*信心の形成による．
〔聖体行列〕聖体の世紀と呼ばれる13世紀の後半からしだいに種々の*感謝，*祝日，*祈願，*回心などの*聖体行列が形成されていき，中世末期には盛んに行われるようになり，ついにバロック期にはその最高の発展を遂げるに至った．
〔聖体信心〕1264年教皇*ウルバヌス4世の教書『トランシトゥルス』（Transiturus）による「キリストの聖体の祭日」の制定以来，ミサ中あるいはミサ以外における聖体の顕示や*祝福およびその他種々の聖体信心が発展するに至った（→聖体賛美式）．臨終における*秘跡の授与は11世紀以来行われてきたが，さらに病人の*聖体拝領が行われるようになった．
〔永久聖体礼拝〕*40時間の祈り，すなわち*聖週間の典礼において聖木曜日には主の聖体制定を記念し，聖金曜日の典礼ではいわば主の遺体を聖墓に納め，*復活徹夜祭に主の*復活を喜び祝う間（→過越の三日間），聖体礼拝の40時間の祈りが捧げられてきた．この祈りの形式は16世紀以来「永久礼拝」（〔ラ〕oratio perennis）として親しまれ，永久聖体礼拝を目的とする男女修道諸団体が成立するに至った．
〔聖体大会〕最初の*聖体大会は，1874年*アヴィニョンへの聖体巡礼として行われた．1881年には国際的行事として結成され，それ以来，地方聖体大会（Congressus Eucharisticus Nationalis），国際聖体大会（Congressus Eucharisticus Internationalis）として開催されてきた．聖体大会は地方的にせよ国際的にせよ，聖体のなかに現存するイエス・キリストへの*信仰宣言および教会一致・*神の民の一致の高揚を表すものである．
〔私的形式〕ほかに個人的実践としてミサ後の感謝の祈りや聖体訪問がある．
【シンボル図像】聖体礼拝に伴って種々のシンボル（→象徴）の表現による造形芸術の発展がみられる．初代教会の*カタコンベの装飾芸術には，*魚，*パン，パンかご，*ぶどうの房，ぶどうのつる，*麦，麦穂などが描かれ，4世紀には*最後の晩餐の図，6世紀には*使徒たちの聖体拝領図が現れる．中世初期の造形芸術（本・壁・金細工など）には旧約的図像（*アブラハム，*メルキゼデク，*イサクの*犠牲）が描かれ，13世紀以降聖体に対する信仰心が強まるにつれて，聖体の制定，最後の晩餐，*カナの婚礼，*エマオの夕べなどが描かれ，*カリスや*聖体容器，聖櫃や聖体*顕示台が作られるに至った．ルネサンス期には*ラファエロの『聖体の論議』（1590，ヴァティカン宮殿）にみられるように聖体礼拝の教えが表され，また*トリエント公会議はすべてのカトリック教会の主祭壇に聖体を納めた聖櫃を安置することを義務づけた．19-20世紀には最後の晩餐の図像が親しまれている．
【文献】DS 1635-61: DSp 4: 1621-37; LThK³ 3: 964-68; J. CORBLET, Histoire dogmatique, liturgique, et archéologique du sacrement de l'Eucharistie, 2 v. (Paris 1885-86).

（鈴木宣明）

せいたいれいはいじょししゅうどうかい　聖体礼拝女子修道会　カトリック教会において*聖体礼拝を*修道生活の第一義的な目的とし，*聖体のなかに現存するキリストの愛に生かされ，*神の民に奉仕する女子修道会の総称．今日，全世界で*聖体永久礼拝を主要

せいち

な務めとする女子修道会はおよそ 20 ある．1526 年スイスに創立されたものが最初とされ，フランスでは 1653 年 *パリでバル (Catherine de Bar, 1614-98) によって聖体永久礼拝女子ベネディクト会 (Institut de l'Adoration perpétuelle du Saint-Sacrement) が創立された．19 世紀には新たに 12 の聖体永久礼拝女子修道会が，フランス，イタリア，スペイン，スイス，ドイツ，メキシコなどで設立されて今日に至っている．我が国では，*クララ会と聖体と愛徳の侍女礼拝修道女会 (*礼拝会) が活動している．

【文献】鈴木宣明「第 2 ヴァティカン公会議の修道生活観」『上智史学』27 (1982) 106-23． （鈴木宣明）

せいち　聖地　〔ラ〕terra sancta，〔英〕Holy Land，〔独〕Heiliges Land，〔仏〕terre sainte　イエスやその母 *マリア，*使徒たちの生涯と直接結びついた *パレスチナはキリスト教徒にとって聖なる土地であるが，そこはまた *イスラム教や *ユダヤ教の信者にとっても聖地とされる．キリスト者にとって聖地とされる歴史的な場所は，幾つかの観点から次のように分けられる．まずイエスの誕生した洞穴やその墓のようにイエスの生涯と直接関係のある場所は重要性が高いが，*シロアムの池や *ステファノの石殺しの場などは二次的とみなされる．また，ナザレのマリアの家や *最後の晩餐の高間などのような住居と結びつくものと，*山上の説教が行われた山や，イエスが受洗した *ヨルダン川，*ゲツセマネの園のような公の場所とつながったものとに分けることもできるし，*受胎告知の場，キリスト誕生の洞穴，*ベタニアの *ラザロの墓など科学的根拠において権威あるものと，*十字架の道行きの途次，マリアと *ヨセフが神殿でイエスをみいだした場所など伝承に基づくものとに分けることもできる．

パレスチナの聖所の建築の多くは *異邦人キリスト者による巡礼が盛んになった 4 世紀に遡る．もともと，パレスチナのユダヤ人キリスト教徒は，初めから聖所を記念物とみなし，イエスや聖母マリア，ヨセフ，ラザロの墓など，大半はそのままの状態で残っていた．

パレスチナにおけるキリスト教建築にとって最も重要な時期は 4-5 世紀で，その建造は主に *ビザンティン皇帝たちの主導下で行われた．次は 12 世紀に *十字軍が聖地を支配した頃で，第 3 期は 19 世紀から今日に至るものである．しかしこれらの時代の間には破壊の時期もあった．614 年，パレスチナはペルシア人によって破壊され，638 年から 1099 年まではイスラム教徒がキリスト教の聖地を数度にわたって破壊した．1187 年から今日まで，イスラム教徒は表立った破壊はしないまでも，聖地におけるキリスト教の礼拝行為を妨害，制限した．

これらの聖所の管理と保護は初期には *東方教会によって行われたが，13 世紀以降は *フランシスコ会が担当した．彼らは十字軍兵士たちの司牧のかたわら，アッシジの *フランチェスコの意志に従って，1219 年に *聖地準管区を組織し，全ヨーロッパの管区から会員を選抜し，聖地の維持管理のため援助基金財団を作って，聖所の買い戻しや建物の新築改修，巡礼団の宿泊や霊的世話にあたった．特に他宗派と共有する聖所での礼拝の権利と保護のため多大の犠牲が払われた．

1516 年のオスマン・トルコによる占領の後，1917 年のイギリスの占領までの 400 年間に実に 37 回の支配者の交替があり，そのたびに聖所が破壊された．1948 年 12 月 9 日のイスラエル独立とその後のパレスチナ紛争でも被害は少なくなかった．教皇 *パウルス 6 世は 1965 年の聖地訪問にあたり，エルサレムを含むパレスチナの聖所への自由な訪問を保証するようイスラエル政府に働きかけた．

【文献】EDR 2: 1695; NCE 7: 875-89; 10: 920-21.

（石井健吾）

セイチェント　Seicento　イタリア語で「600」の意味．イタリア史の時代区分の用語で 1600 年代，つまり 17 世紀のことを指す．美術史の分野ではバロック時代とほぼ同義に用いられる (→バロック建築，バロック美術)．この世紀のイタリア美術は *カトリック改革 (対抗宗教改革) の中心地 *ローマを中心に展開し，代表的芸術家として，建築では G. L. *ベルニーニ，*ボロミーニ，*グアリーニ，*マデルナ，ロンゲーナ (Baldassara Longhena, 1598-1682)，彫刻では同じくベルニーニ，マデルナ，モーキ (Francesco Mochi, 1580-1654)，カッファ (Melchiorre Caffà, 1635-67)，絵画では *カラッチ一族，*カラヴァッジョ，*ドメニキーノ，*グエルチーノ，*レーニ，*ピエトロ・ダ・コルトーナ，*ポッツォ，ジョルダーノ (Luca Giordano, 1634-1705) などがあげられる．

（森田義之）

せいちじゅんかんく　聖地準管区　〔ラ〕Custodia terrae Sanctae，〔英〕Custody of the Holy Land，〔独〕Kustodie des Heiligen Landes，〔仏〕custodie de Terre sainte　*フランシスコ会のパレスチナ各地に散在する修道院を統括する独立組織体．アッシジの *フランチェスコによる 1219-20 年のシリア・エジプト巡礼に端を発する．準管区創立時の目的は，*十字軍の兵士の司牧とイスラム世界への福音宣教にあり，その範囲はエジプトからギリシアまでを含んだ．1291 年の *エルサレム・ラテン王国崩壊後，フランシスコ会員はいったんキプロスに逃れたが，ナポリ王ロベルト (Roberto, 在位 1309-43) がエジプトのスルタンから買い取った *エルサレムのシオン山上のチェナクルム聖堂を任され，ここを拠点に，1333 年，聖地準管区を再開，1336 年，同地に本部となる修道院を建てるとともに *聖墳墓聖堂を管理する権利を得た．1342 年，教皇 *クレメンス 6 世は，彼らに *聖地の諸聖堂と巡礼者の保護を正式に委託した (→聖地巡礼)．1517 年までエジプトのスルタンの支配下に置かれたが，その間に，*ベツレヘムの *降誕教会 (1347)，聖母マリアの墓聖堂 (1363)，*ゲツセマネの聖堂 (1392) を買収あるいは取得した．1517 年から 1917 年まで聖地は *オスマン帝国の支配下にあり，*ギリシア正教会が教勢を拡大したため，大きな制約を受けたが，1559 年に本部を聖墳墓聖堂の北西 200 m のところにあるサン・サルヴァトーレ修道院に移し，*ナザレの受胎告知聖堂 (1620)，アイン・カレム (Ain Karem) の洗礼者聖ヨハネ聖堂 (1674) を建てた．*タボル山の教会は 1631 年に取得したが，聖堂の完成には 1924 年までかかった．

1847 年に教皇 *ピウス 9 世によって *ラテン教会のエルサレム総主教座が復興されるまで，フランシスコ会の聖地準管区は，パレスチナにおけるローマ・カトリック教会の唯一の常駐代表機関として，ラテン教会の典礼に沿う聖地での礼拝行事に対する西方教会の権利を多くの犠牲を払いながらも保持した．1917 年の第 1 次世界大戦終了後，パレスチナがイギリスの委託統治下に入って以降の数度の紛争のなかにあっても，同準管区は全世界の援助のもと宣教司牧において活躍した．

【文献】DIP 3: 364-65; EDR 1: 964; LMit 3: 395; LThK³ 6: 547; NCE 7: 888; J. R. MOORMAN, *History of the Franciscan Order* (Oxford 1968); L. IRIARTE DE ASPURZ, *Historia Franciscana* (Valencia 1979).

(石井健吾)

せいちじゅんれい　聖地巡礼〔英〕pilgrimage to Jerusalem,〔独〕Wallfahrt nach Jerusalem,〔仏〕pèlerinage de Jérusalem　聖地巡礼はキリスト教世界において初代から盛んであり, 信者は畏敬や宗教的関心から, *イエス・キリストの生涯や*受難の出来事が刻まれている地である*パレスチナそして*エルサレムを目指して, 遠路をものともせず各地から出かけた. しかし*教父たちの証言にもあるように, 4世紀末まで, その実行は容易ではなかった.

【古代教会】カイサレイアの*エウセビオスによると, 2世紀にサルデスの*メリトンが聖書が記された土地への巡礼を試み (『教会史』4, 26, 14), さらにエルサレムの*アレクサンドロスが216年頃, エルサレムに旅した (同6, 11, 2). さらにエウセビオスは, 聖地巡礼の最も典型的な例として, *コンスタンティヌス大帝とその母*ヘレナについて述べている. それによると, 325-30年に, コンスタンティヌスは主の聖墓をみつけ, そこに大聖堂 (*聖墳墓聖堂) を建立したばかりか, *ヘブロンの近くの*マムレで天使の訪問を受けた*アブラハムを記念して聖堂を建てた. ヘレナのほうは, 主の生誕の場所 (→ 降誕教会) と, *オリーブ山の*昇天の場所に壮麗な聖堂を建立したとしている (『コンスタンティヌス伝』25-40). さらにエウセビオスは言及していないが, 4世紀末の*アンブロシウス, *ヨアンネス・クリュソストモス, *ヒエロニムス, アクイレイアの*ルフィヌス, 教会史家*ソクラテス, 巡礼者*エゲリアらは, ヘレナが主の十字架を発見したと証言している. 十字架の発見はともかく, ヘレナとコンスタンティヌスの行為が巡礼運動に大きな刺激となったことは多くの資料が証言している.

4世紀末には, 多くの教父たちが聖地巡礼に関する証言を残しているが, なかでも, アレクサンドリアの*アタナシオスやヨアンネス・クリュソストモスとともに聖地巡礼に大きな影響を与えたのは, パレスチナに30年以上滞在し, 多くの著作を著した聖書学者ヒエロニムスであろう. 彼は聖地の旅からの恵みがいかに多いかを述べ, 巡礼運動に大きな刺激を与えた. 聖地巡礼を一層有名にしたのはエゲリアである. 彼女はエルサレムで*聖週間の典礼に参加し, さらに上シリア, エデッサ, シナイ半島, エジプトにまで足を延ばした. ほかにエジプトの砂漠の教父たちを訪問した巡礼者が数多くいる. ルフィヌス, 大*メラニア, *カッシアヌス, *パラディオス, *『隠修士伝』の著者たちなどである. 5-6世紀の聖地巡礼の模様を伝えるものとして, 北アフリカ出身の大助祭テオドシウス (Theodosius Archidiaconus, 生没年不詳) の『聖地案内』(De situ terrae sanctae, 520-30) がある.

【中世】5世紀初めまでにエルサレムとその周辺には巡礼者のために200か所の修道院と宿泊所が建てられていたが, アラブ人の侵攻で一時中断を余儀なくされた. 8-9世紀には, *シャルルマーニュと*アッバース朝第5代カリフのハールーン・アッラシード (Hārūn al-Rashīd, 在位786-809) との交渉により, パレスチナ巡礼者用の宿泊施設が建てられ, 一時聖地巡礼が盛り返したが, *カロリング朝の崩壊とともに衰えた. パレスチナへの西方巡礼団が増加するのは10世紀末から11世紀初めにかけてのことで, その最大の理由は, 第一に, ビザンティン海軍が東地中海の制海権を握り, 海路, *コンスタンティノポリス経由でシリアやエジプトのイスラム諸国の港に直接行けるようになったことである. またハンガリー人がキリスト教に改宗したことと, 1009年に聖墳墓聖堂を破壊した*ファーティマ朝の反キリスト教的なカリフ, アル・ハーキム (al-Hākim, 在位996-1021) の死去により, 陸路も容易になった. アル・ハーキムの後継者たちはキリスト者巡礼団のもたらす利益を重視し, 彼らを歓迎した. 西方からの巡礼団はハンガリー, バルカン, アナトリア, シリアを通り, よく整備された施設や宿舎, 案内を得て快適にエルサレムへの旅をした. このような状況に11世紀の西方における償いの巡礼の興隆が結びつき, エルサレム巡礼は極めて盛んになった. 大群をなす巡礼団や大規模な地域ぐるみの長距離旅行集団をはじめ, 聖俗の高位の人々が巡礼に参加した. 1033年と1064-65年に巡礼は頂点に達するが, これは*終末が間近に迫っているとする意識に由来し, *最後の審判を多くの*聖人や*殉教者とともにエルサレムで迎えるのが最上と考えられたことによる.

ところで, 大集団による巡礼の利点は, 1060年頃から起こったセルジュク・トルコ人による襲撃から逃れる点にもあった. *ビザンティン帝国とファーティマ朝のエジプトは小アジアでの利益を守るため, トルコ勢力との間で交渉を重ね, 事態は改善されつつあったが, 1099年に第1次*十字軍が介入して事態は急変し, 1187年まで聖地巡礼は*エルサレム・ラテン王国の庇護のもとに行われることになった. この頃の聖地巡礼者の増加の理由として, 11-12世紀に盛んになったキリストの人間性に対する崇敬の高まりがある. キリストの生涯に関わる場所 (誕生や受難の地) のほかにパレスチナ全域が巡礼の対象となり, 巡礼者は聖所の土や石, *ヨルダン川の水などを持ち帰った.

13-14世紀には*フランシスコ会が十字軍兵士の司牧と*サラセン人への宣教のため聖地に入り, 16世紀初めまで*聖地準管区を組織した. フランシスコ会員は, ラテン王国崩壊後の聖地にあって, サラセン人との交渉を重ねつつ, 聖所の守護と保全に全力を尽くし, 巡礼者への奉仕にあたった. 1342年, 教皇*クレメンス6世は彼らに聖地の諸聖堂と巡礼者の保護を正式に委託した. その後, 16-20世紀の400年間, 聖地は37回の占領を経験し, 巡礼地の維持は困難を極めた. 1917年の第1次世界大戦終了後, パレスチナがイギリスの委託統治下に入り, トルコの勢力が撤収すると, 西方の諸修道会が到来し宿泊施設を造った結果, 巡礼は再び盛んとなった. 1949年のイスラエル独立とともに, パレスチナ住民との間に紛争はあるものの, 今日なお多くの巡礼者が世界各地から集まってきている.

【文献】DMA 9: 657-58; EDR 3: 2787-88; NCE 11: 362-64.

(石井健吾)

せいちょうどうき　成長動機〔英〕growth motive　行動を開始し進行させる過程全般を動機づけ (〔英〕motivation) というが, これには, 三つの立場からの捉え方がある. 行動論 (誘因動機づけによるもので, 生理的欲求やそれに基づく二次的欲求を満たす過程として扱われる), 認知論 (認知的動機づけによるもので, 人間の能動性を強調し, 好奇心, 有能感, 達成感情などを重視する), ヒューマニスティック (人間的動機づけによるもの

で，幸福感に関わる要求とそれが生み出す緊張によって動機づけられるとする)である．このうち，成長動機を問題とするのはヒューマニスティックな立場であり，個人としての自由，自己実現，人間的成長を重要なテーマとしている．

　人間性心理学 (humanistic psychology) の代表的存在であり，自ら第三勢力と名づけた *マズローは，*行動主義や *精神分析の二大勢力が健康で成長に向かう人間の心理の究明を充分に扱いきれていないとし，両者を統合した全体的人間理解が必要と考えた．そして，人間の生来的欲求には優先性の階層があり，飢えや渇きを満たしたいといった生理的欲求が最も下位の階層にあり，これが満たされると，危険を避け，安心を得たいという安全への欲求が生じ，さらに親しい友人や仲間を得たいという愛情・所属の欲求，さらには何かを成し遂げて周囲から認められたいという欲求が生じてくると考えた．そして，これらが満たされて初めて自己実現へ向かう成長動機が作動するのだとした(図参照)．この階層は，発達段階とも対応しており，幼い子どもほど下位の欲求が優位であり，発達とともにより上層の欲求が優位になってくる．食，性，排泄，睡眠などの生理的欲求や，安全，所属，愛情，尊敬などの社会的欲求は，欠如として経験され，外部から満たされなければならないもので，これらを欠乏動機 (deficiency motive) と呼ぶ．一方，欠乏動機が満たされて初めて活性化される動機として，可能性の実現を求め，使命の達成，個人の本性の認識や受容，人格的統合などへと向かう絶え間ない傾向がみられ，これを成長動機と呼ぶ．欠乏動機は外部から充足され，充足によって緊張が鎮静化されるべきものとして感じられるのに対し，成長動機は自己充足的であるとともに，そこでの緊張は鎮静化され解消されるべきものというよりは持続され高められるものとして捉えられる．自律的・自発的な自己の可能性の実現を自己実現 (self-actualization) というが，自己実現が達成された至上の幸福と達成の瞬間が至高体験 (peak experience) として現れるとされる．

図　マズローの欲求階層説

- 自己実現の欲求
- 尊敬の欲求
- 所属と愛の欲求
- 安全の欲求
- 生理的欲求

【文献】A. H. マズロー『完全なる人間』上田吉一訳(誠信書房 1964): A. H. MASLOW, *Motivation and Personality* (New York 1954).　　　　　　(荻野美佐子)

せいてん　聖典 → 聖書の正典

せいどう　聖堂 → 教会堂，教会堂建築

せいとうしゅぎ　正当主義 → 正当性

せいとうしんこう　正統信仰　〔ギ〕orthos doxa, 〔ラ〕fides orthodoxa, 〔英〕orthodoxy, 〔独〕Orthodoxie, Rechtgläubigkeit, 〔仏〕orthodoxie　教会の基本的 *教理を反映した *信仰と *礼拝の様式．*異端(〔ギ〕hetero doxa) に対立する概念．
【源泉】新約聖書にはオルト・ドクサ (ortho doxa) という表現はみられないが，健全な教えと正しい信仰についての意識とそれを守ろうとする姿勢が表現されている(ロマ 16: 17; 1 コリ 11: 2, 28; 15: 1-3; 1 テモ 1: 10, 16; 6: 3-4; テト 1: 9; 2: 1)．古代教会以来，正統信仰は *信条，特に *ニカイア信条やいわゆる *アタナシオス信条に表現されていると考えられた．正統信仰の他の基準は *教父が一致して表明し，教会によって伝えられてきた伝統的信仰であった．それはレランスの *ウィンケンティウスの表現によれば，「どこでも，いつでも，すべての人によって信じられてきたこと」(〔ラ〕quod ubique, quod semper, quod ab omnibus creditium est) である．さらに，*公会議の公式の宣言と *教皇の教えが正統信仰の源泉である．「祈りの掟は信仰の掟」(Lex orandi, lex credendi) といわれたように *典礼が正統信仰の証しである．
【正統信仰をめぐる相違】しかし，*三位一体に関する信条で東西両教会の正統信仰には相違がみられる．*コンスタンティノポリスの主座権を認める自治教会の連合である *東方教会は *カルケドン信条(451)を正統信仰のかなめにしながら，いわゆる *フィリオクェの問題をめぐって *西方教会とたもとを分かっている(→ 東方正教会)．さらに，これらの教会にとってローマ教皇の教導権(→ 教導職，首位権)は認められていない．
　16 世紀の *宗教改革以後，プロテスタント諸教会はそれぞれの教会の信仰の範囲を決め，他教派との境界を明確にするために，それぞれの *信仰告白を定め，正統信仰を規定し，それから逸脱した分派に対抗した．それらはそれぞれの *教派の立場から，聖書とアタナシオス信条に結実している初代教会の信仰に合致するものと考えられた．この点と罪人の *義認がプロテスタント正統主義の基礎である．
　「正統信仰」(または「正統な教義」)という表現は第 2 *ヴァティカン公会議の文書において一度だけ使われた(『教会憲章』66 項)．その後，保守的カトリック教徒が公会議以前の *要理と要理教育において培われた信仰表現を指す場合に使われるようになった．他方，公会議後のさまざまな問題についての対立を背景にして，信条に表現された正統信仰の様式から「正統信仰」の実践を区別する正統実践(オルトプラクシス，〔ギ〕orthopraxis) という概念が一部で使われ始めている(例えば *スキレベークス，*解放の神学)．
【文献】LThK³ 7: 1156-57; TRE 25: 498-507.
　　　　　　　　　　　　　　　　(高柳俊一)

せいとうせい　正当性　〔英〕legitimacy, 〔独〕Legitimität, 〔仏〕légitimité　正当性という語は，もともとラテン語の「法」(lex) から派生したもので，しばしば「合法性」や「正統性」と混同されて使用される．しかし，非合法的に成立しながらもその正当性を承認される革命政権や，それまでの支配者の正統な系譜から外れてはいるが正当だとみなされる支配権力が存在することを考えれば，正当性には，他と区別された独自の概念が含まれていることは明白である．
　集団の秩序は，一般にその権力(→ 力)に対する構成員の服従によって維持されるものであるが，その服従が強制や利害関係によるものでなく，*義務として自発的になされる場合，その集団は正当なものとみなされて安定することになる．つまり正当性とは，社会や集団の権力が，何らかの根拠により，その構成員によって正当なものと承認されるとき初めて成立する概念であるとい

よう．したがって，それはある集団に決定的に付与されるものではなく，その集団が変質すれば，その正当性も再び問われることになる．

【支配のかたち】M. *ヴェーバーは正当性を主張する支配の純粋理念型を，合法的支配・伝統的支配・カリスマ的支配という三つのタイプに類型化した．必ずしもこの3類型に妥当するものではないが，支配の具体例として，西欧の歴史のなかにみられる三つの政治形態を次に提示しておこう．(1) *ホッブズ，*ロック，そしてとりわけ*ルソーによる*社会契約説に基づくもの．これによれば，人民が*主権をもち，人民の*意志，つまり一般意志が*法として制定され，その行使だけが政府に委ねられる．人民は，自分たちが法として定めた一般意志に従うという点で，自由なのである．しかし，*フランス革命のイデオロギーとなったルソーの思想は，後の*民主主義を準備するものではあったが，革命時には結果として1793年の国民公会の独裁的な集団主義に行きつくことになった．(2) 中世以降キリスト教の風土で形成された，神聖なる*君主制の伝統に基づくもの．これによれば，神から権力を授かった家系の継承者は，*戴冠式を経て君主，いわば神の僕となり，神から絶対的*権威を与えられることになる．この考えは，結果として王の絶対主義を助長することになったが，これは実はローマ書13章（「神に由来しない権威はない」）の恣意的な解釈に基づくものであり，この王の権威に対して歴代の多くの教皇が異議を唱えたことからも，それは明らかである（→王権神授説）．(3) 20世紀に出現した*全体主義．*ナチズムやスターリニズムで明らかなように，これはカリスマ的な指導者が率いる単一政党が，国家機関に優越した権力を握り，プロパガンダ等を駆使した大衆公認のイデオロギーに従って，合法的に「敵」の絶滅を図ろうとするものである．

【カトリックの立場】第2 *ヴァティカン公会議において，過去2世紀の社会道徳上の諸問題に対するキリスト教思想家たちの省察を踏まえつつ，カトリック教会は政治生活の倫理に関する基本原則を定式化した．これは『現代世界憲章』のなかに記されているが，そこにカトリックの立場からみた正当性の根拠となるものが示されている．「同様に，政治上の権威の行使は，……常に倫理秩序の限界内において，動的（ダイナミック）なものと理解された共通善を目的として，合法的に定められた，または定むべき法秩序に従って行われるべきである．その場合，国民には良心に基づいて服従すべき義務が生ずる」「公権が越権行為によって国民を圧迫する場合も，国民は共通善によって客観的に要求されることを拒否してはならない．しかし国民は公権の乱用に反対して，自然法と福音のおきてが示す限界を守りながら，自分および同国民の権利を擁護することができる」(74項)．以上の引用からすでに明らかなように，まさに*共通善を目的とすることこそが政治的権威の正当性の根拠とされるのである．「したがって共通善のために存在する政治共同体は，共通善の中にその完全な意味とその完全な正当性を見いだし，またそこから最初のそして本来の権利を得る」(74項)．

【文献】Cath. 7: 203-206, 229-30; EncU 10: 1074-77; 北川隆吉他編『現代社会学辞典』(有信堂 1984) 618; 廣松渉他編『岩波哲学・思想事典』(岩波書店 1998) 675-77, 920-21.　　　　　　　　　　　　　　(J. ベジノ)

せいとうぼうえい　正当防衛　〔英〕legitimate self-defense, 〔独〕Notwehr, 〔仏〕légitime défence

【一般概念】正当防衛とは暴力的な攻撃に対抗して，倫理的に正しい仕方で自らの生命を守る行為を意味する．正当防衛という概念を基礎づけるのは，すべての人によって認められている人間の生命の価値である．このことは「他人を傷つけてはならない」「他人の生命を奪ってはならない」という掟が*自然法に属するものであること，すなわち，すべての人によって直ちに何の熟考も必要とすることなしになすべきこととして認められる，ということによって立証される．言い換えると，人はすべて自らの生命の維持に対する自然本性的権利を有するのであり，この権利に基づいて暴力的ないし不正な攻撃に対抗して自らの生命を守る権利が生ずるのである．正当防衛は個人に対して加えられる攻撃に対抗する私的な行為と，ある国が他国から加えられた攻撃に対抗して行う自衛戦争の両者を含む．しかし，ここでは私的な行為としての正当防衛についてのみ述べることにする．また，政治共同体にとって重大な危険とみなされる犯罪者を*死刑に処することが，政治共同体の側における正当防衛と解釈される場合もある．

【正当防衛の条件】自己防衛は人間の基礎的権利であるが，この権利の行使が倫理的に正当化されるためには幾つかの条件を満たす必要があり，次にあげるのはそれら条件の主要なものである．(1) 動機ないし意図は自らを守るということでなければならず，憎悪あるいは何らかの利得に動かされて攻撃者に反撃を加えることは許されない．(2) 自らに対して加えられる攻撃は現在的ないし現実に差し迫ったものでなければならず，攻撃が単に予測され，あるいは脅かしの段階にとどまる場合に自衛の行動をとることは自衛ではなく，むしろそれ自体攻撃とみなされる．さらに，攻撃が行われた後に相手に反撃を加えることは自衛ではなく，むしろ*復讐の行為である．他方，自らの生命に関わるような攻撃が現実に加えられている場合，その攻撃行為が意図的ないし意志的になされているか（形相的攻撃）あるいは意志的ではないか（質料的攻撃）は問題ではない．したがって，攻撃が銘酊や狂乱状態にある人間によってなされる場合でも，自衛の行動をとることは許される．(3) 力に訴えて反撃することは，それが自らに対する攻撃に対抗する唯一の手段である場合にのみ許される．したがって，何らかの方法で攻撃を免れることが可能であったり，警察力の介入による対応が可能である場合には，自衛の権利を行使することは許されない．(4) 自衛のための力の行使は，自らに対して現実に加えられている攻撃を排除ないし停止させるために必要な限りで正当化される．したがって，何らかの方法で攻撃者を無力化することが可能である場合に，それ以上の力を行使したり，あるいは相手を死に至らしめたりすることは正当防衛の限度を越え出ることである．

【権利―義務】人間は，必要な場合には力に訴えてでも自らの生命を守る権利を有することは明らかであるが，そこから直ちにすべての人間がそのような自衛の権利を行使することを義務づけられているとはいえない．不正な攻撃者の生命を奪うことによって自らの生命を保全することは，前述の条件が満たされた場合には確かに倫理的に正当化されうるが，それをしなかった場合には非難されるという仕方で，すべての人がそのことを義務づけられているのではない．むしろ，ある人の生命の維持が共同体の*共通善にとって極めて重要な意味をもつ場合に限って，あらゆる正当な手段に訴えて自衛を図ること

せいどうめい

が義務とみなされるのである．他方，配偶者，子ども，親，兄弟などの生命を不正な攻撃に対抗して守ることは，広義の自衛に属することであり，*愛（〔ラ〕caritas）に基づく義務である．すなわち，自らに対して加えられる危害を甘受することは状況によっては有徳な行為でありうるが，自らの配慮に委ねられている者に対して加えられる危害を，そうすることが可能である場合に排除しないことは義務を怠ることであり，*罪とみなされるのである．

【正当防衛の対象】正当防衛が本来的に関わる対象は生命そのものであるが，生命の維持と密接に結びつく事柄，例えば身体の諸部分や器官の安全，生命維持に必要な財産，さらに我々が生命を維持することで達成しようと目指す価値，例えば*自由，*純潔なども正当防衛の対象となりうる．なぜなら，生命を守る権利なるものは，それらのものを守ることができない場合には空虚なものになってしまうからである．ただし，この場合，過剰な自衛の手段に訴えてはならないことはいうまでもない．他方，名誉や名声を守るために名誉毀損者の生命を奪うことは許されない．その理由は，名誉毀損という仕方で加えられる現実の攻撃を何らかの力を用いて排除することは困難であり，力の行使は復讐の行為となる可能性が大きいということである．

【二重結果の法則】正当防衛に関して古くから論議されてきたのは，何人にせよ他者によって殺されないためにその者を殺すことが許されるのか，という問題であった．正当防衛を否定する論者は，自衛のためとはいっても殺意をもって攻撃者を殺すことは*殺人にほかならず，それは軽蔑してしかるべき現世的善である肉体的生命に執着するところから犯される罪であると論じた．これに対して*トマス・アクィナスは『神学大全』(II, 2, q. 64, a. 7)において，後に*二重結果の法則と呼ばれるようになった論拠に基づいて次のように反論している．自らを防衛するという行為からは，ただ一つではなく二つの結果が生ずることが可能である．その一つは自らの生命が保全されることであり，これが行為者によって意図されている．もう一つは攻撃者が殺されることであり，この結果は意図されたものではなく，むしろ行為者の意図の外にあったものである．ところで，倫理的行為の善・悪は意図されたことに基づいて確定されるのであって，意図の外にあったことに基づいてではないから，この自衛行為は許されざることという本質を含んではいない．なぜなら，可能なかぎり自らの存在を保全しようとすることは，いかなるものにとっても自然本性的だからである．

ただし，善い意図に基づく行為であっても，そこで目指されている目的との釣り合いを失うならば，許されざることになることが可能である．したがって，我々は自らの生命を守るためであっても必要以上の力を行使することは許されない．他方，節度を保ちつつ攻撃を排除することは正当な防衛である．それというのも，我々は他人を殺すことを回避するために節度ある防衛行為を放棄すること，つまりそこまで現世的善を軽蔑することを義務づけられてはいないからである．このようなトマスの立場に関して注目に値するのは，正当な自己防衛においては攻撃者の死は意図されていないこと，したがって正当防衛は殺人の罪を含まない，ということである．したがって，もし憎悪や復讐の情念にかられて攻撃者を殺そうとする意図を抱いたならば，殺人の罪を免れないことになろう．その意味では二重結果の法則に基づくトマスの議論は決して巧妙な言い逃れではなく，先に触れた正当防衛を認めない議論と同じように，厳しい倫理的要求を含むものなのである．

【文献】トマス・アクィナス『神学大全』18, 稲垣良典訳（創文社 1985）; P. KNAUER. "Das rechtverstandene Prinzip von der Doppelwirkung als Grundnorm jeder Gewissensentscheidung," ThGl, 57 (1967) 107-33; A. VAN KOL, *Theologia Moralis* (Barcelona 1968).

（稲垣良典）

せいどうめい　聖同盟　→　カトリック同盟

せいとくかんねん　生得観念　〔英〕innate ideas, 〔独〕angeborene Ideen, 〔仏〕idées innées　生得観念とは，*経験によって獲得されたのではなく，人間の*精神に先天的に備わっている観念のことをいう．*プラトンの*イデアは，想起説に示される通り，生得観念である．近代に入り，*デカルトによる*主観の発見と関連して，生得観念があるかないかということに関して論争が起こった．デカルトは，完全性，無限，神などの観念を経験によらない生得観念とした．それに対して，*ロックは，『人間知性論』において子どもの意識はこのような観念を知らず，白紙（〔ラ〕tabula rasa）のようなもので，観念は経験によって初めて得られるものだとして反論した．*ライプニツは『人間知性新論』でデカルトを擁護し，生得観念を，観念を形成する知性の生得的能力と理解すべきだとした．生得観念を認めるデカルト，*スピノザ，ライプニツの立場を大陸合理論といい，そのような観念を否定するロックやその後の*バークリ，*ヒュームの立場をイギリス経験論という．両者の立場を総合したのは*カントである．彼は『純粋理性批判』において経験が成立するためには感性と*悟性の総合が必要であると説き，感性的直観の必要を説くことによって*経験論の立場を認めつつ，他方で生得観念を純粋悟性観念として合理論の立場を救った．

【文献】MEL 2: 180; J. ヒルシュベルガー『西洋哲学史』3, 高橋憲一訳（理想社 1976）: J. HIRSCHBERGER, *Geschichte der Philosophie*, v. 2 (Freiburg 1953) 1-438.

（茂牧人）

せいとのまじわり　聖徒の交わり　〔ギ〕koinōnia tōn hagiōn, 〔ラ〕communio sanctorum, 〔英〕communion of saints, 〔独〕Gemeinschaft der Heiligen, 〔仏〕communion des saints　*主日の*ミサのたびに唱えられる*信仰宣言(*信条)で,「聖霊を信じ，聖なる普遍の教会，聖徒の交わり，罪のゆるし，からだの復活，永遠のいのちを信じます」と宣言されるなかの伝統的な表現の一つ．

【初期の説明】古代からさまざまな信条が伝えられてきているが，この「聖徒の交わり」という言葉が最初に信条のなかで宣言されているのは，レメシアナの司教*ニケタス(414以降没)の『洗礼志願者のための教えの六つの書』第5巻の信条解説の部で解説されている信条においてである．そのなかで彼はこの言葉を次のように説明している．「教会とは何か．すべての聖なる者たちの集いにほかならないのではあるまいか．世の初めから，族長たち，預言者たち，殉教者たち，そして，かつて生きた義人，今生きている，また将来生きるであろう義人が教会を構成する．彼らは一つの信仰および生活様式によって聖なるものとされ，唯一の聖霊によって刻印さ

れ，一つの体とされたからである．聖書が述べているように，キリストはこの体の頭であると宣言される．さらに，天使たち，天上の霊的存在者，力ある者たちも共にこの教会のなかで結ばれている．……ゆえに，この教会において，聖徒の交わりを得るであろうと信じるのである」．

ここでの説明は，第2＊ヴァティカン公会議の『教会憲章』や『典礼憲章』の述べるところと合致する．すなわち，「聖なる諸教父も述べているとおり，アダム以来のすべての義人は，『義人アベルより，最後の選ばれた人に至るまで』，普遍的教会として父のもとに集められるであろう」（『教会憲章』2項），「子は自分の霊を与えることによって，諸国民から呼び集めた自分の兄弟たちを，自分の体として神秘的に構成した」（同7項），「この体の頭はキリストである」（同）と述べられている教会の理解や，「地上の典礼において，われわれは天上の典礼を前もって味わい，これに参加している．……われわれは，天上のすべての軍勢とともに，主の栄光の賛歌を歌い，諸聖人の記念を尊敬して，かれらの交わりに参加することを望み，われわれの生命である主が現われ，われわれも主とともに栄光のうちに現われる時まで，救い主，われわれの主イエズス・キリストを待ち望むのである」（『典礼憲章』8項）といった言葉である．

この背景にあるのは，「かれらは諸秘跡を通して，苦しみと栄光を受けたキリストに，神秘的実在的な方法で結ばれるのである．事実，われわれは洗礼によってキリストに似たものとなる．……聖体のパンを裂くとき，われわれは主の体に実際に参与し，主との交わりとわれわれ相互の交わりにまで高められる」と『教会憲章』7項で述べられているように，特に＊洗礼と＊エウカリスティア（＊聖体）による交わりである．

【「聖徒」の意味】実際，この「聖徒の交わり」という言葉の原語（〔ラ〕communio sanctorum, 〔ギ〕koinōnia tōn hagiōn）のうちで，聖徒と訳される言葉は，正確には「聖なるものたち」の意味である．「聖なるものたち」は男性名詞とも中性名詞ともとられる．当初，＊東方教会では中性名詞と解され，特にエウカリスティアへの参与の意味にとられた．この解釈は，中世の＊西方教会でも＊アベラルドゥスに引き継がれ，彼は「聖なるもの」を＊聖別された＊パンと＊ぶどう酒ととり，聖なるものとの交わりを聖体への参与の意味に解している．＊リュバックのように，現代でもこの解釈を支持する者はおり，最近の『カトリック教会のカテキズム』（Catechismus catholicae ecclesiae, 1997）でもこれに言及されている（960）．他方，これを男性名詞として解すると，聖徒，つまり，洗礼によってキリストに接ぎ木され，エウカリスティアによってキリストの体として結び合わされ，養われているすべての＊キリスト者と解されることになる．まさに，使徒＊パウロが「〔あなたがたは〕主イエス・キリストの名とわたしたちの神の霊によって洗われ，聖なる者とされ，義とされています」（1コリ6：11）というように，すべてのキリスト者が聖なる者である．したがって，「聖徒の交わり」によって，キリスト者の交わりが宣言されていることになる．

【天上の聖徒と地上の聖徒との交わり】ところが，キリスト者のなかでも，キリストを証しするためにいのちを捧げた＊殉教者たちこそが特に聖なる者と考えられると，聖徒の交わりは，この地上にある我々と天上にある彼らとの交わりの意味で解されることになる．この意味でとって，5世紀のリエの司教＊ファウストゥスは次のように述べている．「聖徒の交わりを信じよう．しかし，神に代えて，神としての誉れと栄光をもって彼らを礼拝するのではない．……聖徒のうちに，神性を認めるのではなく，彼らのうちに神への畏敬と愛を認め，彼らを尊敬しよう．聖徒の功績を尊敬しよう．しかし，その功績は彼ら自身のものではない．その献身のゆえに神から得たものである」．ここでは，当時盛んであった殉教者に対する＊崇敬に対して正しい意味を提示し，その行き過ぎを抑えようとしている．さまざまな聖人を大切にするのはよいが，キリストをさしおいて，あたかもキリストに代わるものとしてしまってはならないということである．「すべての恩恵と神の民自身の生命は泉あるいはかしらからのようにキリストから流れ出る」のである（『教会憲章』50項）．

さらに，＊アウグスティヌスのものとして伝えられる説教のなかでは次のように述べられている．「この地上で各人に与えられる聖霊の賜物は，すべての信徒の財産であり，聖徒はそれぞれ，自分の不足が，他者の徳によって補われるのを知っている」．同じことを＊『ローマ・カトリック要理問答』は次のように表現している．「ある人が敬虔な聖なる業によって得るものはみな，すべての人のものとなり，自分の利を求めない愛によってすべての人に益するものとなる」．これも，「一人一人に"霊"の働きが現れるのは，全体の益となるためです」（1コリ12：7）というパウロの言葉に基づく理解といえよう．

【キリスト者の連帯から全人類の一致へ】ところで，この「聖徒の交わり」という言葉は，かつては「諸聖人の通功」と訳され，特に天の諸聖人が地上の我々のために執り成し，我々がまた＊煉獄の霊魂のために祈りと犠牲を捧げて助けること，いわば＊功徳を分け合うこととして考えられてきた．我々は「天上の栄光のうちにある兄弟たち，あるいは死後まだ清めをうけている兄弟たちとの生きた交わり」をもっている．「一つの部分が苦しめば，すべての部分が共に苦しみ，一つの部分が尊ばれれば，すべての部分が共に喜ぶのです」（1コリ12：26）というパウロの言葉のように，＊聖人の栄誉を共に喜び，この世を去った人々が神のもとで喜びにあずかるよう祈り求める．しかしながら，「功徳の分け合い」よりも，キリストに結ばれた者たちの緊密で躍動的な連帯と一致こそ，「聖徒の交わり」という言葉がいおうとしていることである．パウロのいうように，「キリストにより，体全体は，あらゆる節々が補い合うことによってしっかり組み合わされ，結び合わされて，おのおのの部分は分に応じて働いて体を成長させ，自ら愛によって造り上げられてゆくのです」（エフェ4：16）．したがって，「喜ぶ人と共に喜び，泣く人と共に泣く」（ロマ12：15）ことこそ，キリストに結ばれ，聖なる者とされた信仰共同体の特徴である．キリスト自身がその生涯を通して，我々の喜びと苦しみを共にし，今もなお，我々と共に喜び，我々の罪のゆえに苦しんでいるのである．

といっても，「聖徒の交わり」という宣言がキリスト者でない人々との交わりを排除する排他的なものであると考えてはならない．『現代世界憲章』の宣言するように，「現代人の喜びと希望，悲しみと苦しみ，特に，貧しい人々とすべて苦しんでいる人々のものは，キリストの弟子たちの喜びと希望，悲しみと苦しみでもある」（1項）．これこそ，『教会憲章』のいうように「神との親密な交わりと全人類一致のしるしであり道具である」（1項）教会，キリストの霊による全人類の一致を目指して

せいねん

進む教会の特徴であり，まさに「聖徒の交わり」の目指すものであるといえよう．

【文献】DThC 3: 429-80; LThK² 4: 651-53; LThK³ 4: 433-34; NCE 4: 41-43; SM (E) 1: 391-94; A. リチャードソン, J. ボウデン編『キリスト教神学事典』(教文館 1995) 391-92; D. ボンヘッファー『聖徒の交わり』ボンヘッファー選集 1, 大宮溥訳 (新教出版社 1963): D. BONHOEFFER, Sanctorum Communio (München 1960); Y. コンガール『わたしは聖霊を信じる』2, 小高毅訳 (サンパウロ 1995) 86-90: Y. M.-J. CONGAR, Je crois en L'Esprit Saint, v. 2 (Paris 1979); H. DE LUBAC, Théologies d'occasion (Paris 1984) 11-35. （小高毅）

せいねん　聖年　〔ラ〕annus sanctus, 〔英〕holy year, 〔独〕heiliges Jahr, 〔仏〕année sainte　*教皇が一定の条件を満たす信者に，盛式全免償を付与する年．定期的に行われる通常聖年 (近世から 25 年ごと) と特別な意向のために行われる特別聖年がある．

聖年の扉を開けるピウス 6 世
(NCP)

その起源は旧約聖書の *ヨベルの年 (レビ 25: 25-54) にある．ヨベルの年は，バビロニア *捕囚以前のユダヤで 50 年ごとに守られ，この年には負債は免除，奴隷は解放されていた．これは捕囚後も紀元 70 年まで守られていた．キリスト教における聖年の考えには，初期から行われていた聖地やローマにおける *使徒や *殉教者の墓所に建てられた聖堂への *巡礼の慣習や，信者大衆の間に広まった，100 年目ごとが大赦免の年であるとの考えが影響を及ぼしている．教皇 *ボニファティウス 8 世はこれらを踏まえて，すべての罪のゆるしがもたらされる霊的な年としての聖年を構想し，1300 年 2 月 22 日の大勅書『アンティクオールム・ハベト』(Antiquorum habet) をもって，同年およびその後 100 年ごとに全世界でゆるしの年が祝われるよう定めた．後続の教皇たちはこれを受け継ぎ，1343 年に *クレメンス 6 世はさらに 50 年ごと，また 1470 年に *パウルス 2 世は 25 年ごとに祝うとした．

1500 年には *アレクサンデル 6 世によって，今日に至る聖年に関する基本的な儀式が定められた．すなわち，教皇は一定の儀式と祈りをもって *サン・ピエトロ大聖堂の聖なる門 (porta aurea) を開き，*ラテラノ大聖堂，*サンタ・マリア・マッジョーレ大聖堂，*サン・パオロ・フオリ・レ・ムーラ聖堂で同様の儀式を行う 3 人の枢機卿を指名する．聖年の終わりに再び門は閉ざされる．聖年の間，ローマやその他の指定聖堂を訪問し，*ゆるしの秘跡を受け，感謝の祭儀 (*ミサ) に参加し，教皇の意向に従って祈る信者には全免償が与えられる．*免償を得るための具体的な条件は，各教皇による聖年布告の *大勅書で明らかにされる．なお，聖年の開始とともに生者のための通常免償は中断され，そのかわりに聖年免償が付与されるが，死者のためには通常赦免と特別免償の両方が付与されうる．

2000 年は，特に第三の千年期の始まりにあたる大聖年とされ，教皇 *ヨアンネス・パウルス 2 世は 1994 年の使徒的書簡『紀元 2000 年の到来』(Tertio millenio adveniente) をもって特別な準備を呼びかけ，1998 年 11 月 29 日の大勅書『受肉の秘義』(Incarnationis mysterium) によって 2000 年の大聖年を公布した．

【20 世紀の聖年】
- 1900 年　通常およびイエスの聖心への奉献
- 1925 年　通常および第 1 ニカイア公会議 1600 年記念
- 1926 年　アッシジのフランチェスコ帰天 700 年記念
- 1933 年　キリストによる贖いの 1900 年記念
- 1950 年　通常
- 1975 年　通常
- 1983 年　キリストによる贖いの 1950 年記念
- 2000 年　通常および第 3 千年期開始の大聖年

【文献】カ大 3: 254-55; NCE 7: 108-109; LThK³ 4: 1325; P. ネメシェギ「2000 年の大聖年をめぐって」『礼拝と音楽』104 (2000) 4-7.

公文書邦訳: 教皇ヨハネ・パウロ 2 世使徒的書簡『紀元 2000 年の到来』カトリック新聞編集部訳 (カトリック中央協議会 1995); 同『受肉の秘義: 2000 年の大聖年公布の大勅書』東門陽二郎訳 (カトリック中央協議会 1999). （T. オーブオンク）

せいねんしゅくじつ　『聖年祝日』　明治初期 *プティジャン版の一つ．年間 (→ 典礼暦) の主要な *祝日の *黙想を編集した *信心書．1877 年 (明治 10)，司教 *プティジャンの准許のもとに司祭 *ド・ロが *大浦天主堂で出版した．洋紙，洋綴りの石版印刷本．中国語原書があってその翻訳本という説があるが，ラパラント (J. de Lapparent) はその証明は難しいという．

ド・ロの石版印刷は本書で終わり，同年 10 月に出版した *『智慧明ケ乃道』から印刷方法を活版印刷に切り換えていく．1877 年本を上智大学 *キリシタン文庫，長崎純心大学キリシタン文庫等が所蔵する．（片岡千鶴子）

せいのてつがく　生の哲学　〔英〕philosophy of life, 〔独〕Lebensphilosophie, 〔仏〕philosophie de la vie

【概要】「生」(〔英〕life, 〔独〕Leben, 〔仏〕vie) の概念は，「人生」「生活」「生命」など多くの語義をもつために，それに応じて「生の哲学」も多様な内容を含みもつ．この語は，すでに 18 世紀の啓蒙哲学において，教化的な道徳論の意味で用いられ，広義の *実践哲学として理解されたが，やがては一般的な訓話集をも包括するような非学問的な用例もみられるようになる．19 世紀において，K. W. F. *シュレーゲルが行った講義『生の哲学』(1827) は，当時の反省哲学および自然哲学に反発する批判的・論争的な意味を担い，*観念論でも *実在論でもない「神的経験の学」を展開するものであった．

【現代】現代において「生の哲学」を語る場合は，このような*ロマン主義時代の前史を背景としながらも，具体的には19世紀後半から20世紀前半にかけて展開された一連の哲学運動を指すのが普通である．これは特定の学派を形成したものではないために，その名称はかなりの曖昧さをもつが，一般的には*ショーペンハウアーと*ニーチェを先駆者として，*ベルグソン，*ジンメル，*シェーラー，*ディルタイなどがあげられ，稀ではあるがW.*ジェイムズなどの*プラグマティズムがそこに含められることもある．

これらに共通する特徴としては，生の事実に徹する現実主義，理論よりも直接的体験を重視する反主知主義，現実の豊かな多様性に開かれた多元論などが指摘される．ニーチェの「力への意志」にみられるように，生は創造的な自己拡張の運動であり，不断に自らを乗り越えることを本質としている．このような流動的現実は，悟性的反省ないし論理的推論を逃れ，また形而上学的思弁や体系化による拘束をも拒むために，その方法論としては，生をその内部から直接に把握する「*直観」（ベルグソン）や「*内省」（ディルタイ）などが要請される．それゆえに生の哲学とは，生の創造性と内発性を重視する「生についての哲学」であると同時に，生それ自身が自ら遂行する「生の体験の充実から生じた哲学」（シェーラー）という意味合いを強くもっている．

ベルグソンにとって生の活動は，客観的に測定可能な等質的現実とは完全に異質であり，それ以上分割不可能な純粋持続として遂行される．ベルグソンは，このような純粋意識としての生の活動を出発点としながら，生（生命）全体の進化過程の解明へと向かい，あらゆる型の決定論を斥ける「躍動」（〔仏〕élan）をその本質として指摘した．そして後年のベルグソンは，このような生命理解に基づいて，道徳と宗教の発展過程をも，生の自己保存と自己超越の運動として記述する独自の道徳論・宗教論を展開している．

またディルタイは，因果関係に基づいて心的生を説明する自然科学との対比において，生の直接性をありのままに捉えるための記述心理学を提唱した．しかし生は同時に歴史における客観的表現として自らを現すという洞察に基づいて，晩年のディルタイは，表現を通して直接的体験へ遡る理解および解釈を自らの方法として主張している．こうしてディルタイは，あらゆる客観的形式を生に対する障害として斥ける極端な生の哲学からは距離をとり，生の内在的・直接的理解とその客観的表現との相互関係を解明する*解釈学を展開することになる．またジンメルにおいても，生はそれ自身の内に自己を客観化する理念化の契機を含むことが指摘され，そこから生の哲学に基づく*文化哲学が構想された．

生の哲学は，単に学問上の議論にとどまらず，広く*世界観形成の問題とも結びつくものであったため，今世紀前半には「流行語」（*リッケルト）となる一方で，学問の自立性を主張する立場からは批判の対象ともなった．しかしながら，直接的*内在の原理を自らの方法論として提示し，生の有する自己超越の構造を解明するというその哲学的主張は，後の*実存哲学の形成と流布の背景になるとともに，現代の*現象学・*解釈学にも少なからぬ影響を及ぼしている．

【文献】HWP 5: 135-40; R. EISLER, *Wörterbuch der philosophischen Begriffe*, v. 2 (Berlin 1927-30) 16-18; G. ジンメル『生の哲学』茅野良男訳（白水社 1977）: G. SIMMEL, *Lebensanschauung. Vier metaphysische Kapitel* (München 1918); M. シェーラー「生の哲学試論」『価値の転倒』下巻, シェーラー著作集 5, 大久保正健, 柏木英彦（白水社 1977）151-94: M. SCHELER, "Versuche einer Philosophie des Lebens. Nietzsche-Dilthey-Bergson," *Vom Umsturz der Werte* (Bern 1915); H. RICKERT, *Die Philosophie des Lebens* (Tübingen 1920); G. MISCH, *Lebensphilosophie und Phänomenologie* (1930; Darmstadt ³1967); F. SCHLEGEL, "Philosophie des Lebens," *Kritische Friedrich-Schlegel-Ausgabe*, 10, ed. E. BEHLER (München 1969). （村井則夫）

せいはいでんせつ　聖杯伝説　〔英〕legend of the Grail, 〔独〕Gralssage, 〔仏〕légende du Graal　中世ヨーロッパ文学における主要な題材の一つ．*アーサー王物語としての初出は*クレティアン・ド・トロアの『ペルスヴァル』である．その後，1190年頃にフランスの詩人ロベール・ド・ボロン（Robert de Borron）が『聖杯の由来の物語』（Le roman de l'estoire dou Graal）において聖杯とは*イエス・キリストが*最後の晩餐に用いた，さらにアリマタヤの*ヨセフが*十字架上のキリストの聖血を受けた器であると想定した．以後，多くの物語が円卓の騎士たちの至高の探求の対象として聖杯を描いた．キリスト教的*騎士道の顕揚がその背景にある．ドイツでは*ヴォルフラム・フォン・エッシェンバハの『パルツィヴァール』が知られ，R.*ヴァーグナーの楽劇の元となる．英国では*マロリの『アーサー王の死』が有名．また近代でもA.*テニソンや*ラファエル前派が聖杯伝説に強い関心を寄せている．

【文献】J. フラピエ『聖杯の神話』天沢退二郎訳（筑摩書房 1990）: J. FRAPPIER, *Chrétien de Troyes et le Mythe de Graal* (Paris ²1979).　（横山安由美）

せいバルトロマイさいのぎゃくさつ　聖バルトロマイ祭の虐殺　→　サン・バルテルミーの虐殺

せいひつ　聖櫃　〔ラ〕tabernaculum, 〔英・仏〕tabernacle, 〔独〕Tabernakel

【典礼】*聖体を保存するために聖堂内に設置された箱型の容器．ラテン語タベルナクルムの語義は「天幕」．

病気などの理由で*ミサに参加できない人の*聖体拝領のために聖体を保存することは，4世紀頃から行われ，*祭具室，聖堂内の壁に作られた固定棚，あるいは小箱や塔や鳩などの形をした*聖体容器が用いられた．11-12世紀頃から聖体への信心が盛んになると，ミサにおける信者の聖体拝領は減少したが，ミサ以外のときに拝領したり聖体を礼拝する習慣が広まったため，16世紀頃からは祭壇上に固定された聖櫃が作られ，そのなかに聖体を保存するようになった．

現行規定（『教会法典』938条，『ミサ典礼書』総則276-77項）では，聖体は聖堂内に通常一つだけ設置された聖櫃に保存される．聖櫃は固定され，堅固で不透明な材質で作られる．また，保存された聖体が汚されないようにするために常時閉じられている．なお，聖櫃に聖体が保存されていることは聖櫃を覆う布（*コノペウム）あるいは教区長が定めた方法で示し，聖櫃の近くには*聖体ランプを常時ともして*キリストの現存を示す（『教会法典』940条，『ミサ以外のときの聖体拝領と聖体礼拝』一般緒言11項）．

【文献】カ大 3: 258-59; LThK² 9: 1265-67; LThK³ 9: 1223; NCE 13: 908; H. B. MEYER, *Eucharistie*, GDK

せいひん

4: 581-88. (宮越俊光)

【形態】中世初期から現れ，12-13 世紀によくみられたものとして祭壇上の懸垂聖櫃がある．フランスでは鳩型聖体箱が好まれた．壁に納める形の「壁の聖櫃」も，ロマネスク，ゴシックを通じてしばしばみられる（最初のものは，12 世紀初めのドイツ）．これは，聖体崇敬に適し，工芸的にも強調された．多くの場合は，聖体の祭日の普及とともに導入された．14 世紀には，壁の聖櫃から発達した聖体監視塔（[ラ]turris sacramentalis）も登場した．中世を通して祭壇の上で聖体保存が行われ，その場合，しばしば塔の形をした聖体容器やフランスで多くみられるマリア像型の聖体容器が使われた．14-15 世紀になると中央祭壇に固定されたり，*祭壇衝立に組み込まれたりする祭壇聖櫃が登場し，16 世紀を通じて広まった．近年では，典礼刷新に対応し，祭壇に固定されない聖櫃が種々作られている．
【文献】LMit 8: 392-94. (石井祥裕)

せいひん 清貧 → 貧しさ

せいひんうんどう 清貧運動 〔英〕poverty movement,〔独〕Armutsbewegung,〔仏〕mouvement de pauvreté

【語義】中世において，福音に基づく自発的貧困（清貧）と使徒的生活の理想（[ラ] vita apostolica et evangelica）を追求した種々の階層や団体の傾向を総称して「清貧運動」と呼ぶ．11 世紀の *グレゴリウス改革によって，より深い宗教性に目覚めた欧州では，現世的な成功を追求することへの反省と同時に個人的聖化への熱が広まった．また *十字軍遠征は東方の厳格な隠修生活との接触をもたらした．キリストと使徒たちが宣教生活で送った清貧の姿（ルカ 9: 1-6）を体現する生き方が紹介され，*福音により忠実な使徒的生活を送る動機となった．「貧困」「清貧」と訳される語（paupertas）は，一般に近世以後はもっぱら経済的貧困を意味するが，中世初期（9 世紀）までは社会的権力や名誉をもたない立場を意味した．この語は抽象名詞の形ではなく，人の属性を示す形容詞（pauper）として使われ，社会的名誉や権力をもつ者（honorati, potentes）の反対語であり，富者（dives）の反意語ではなかった．具体的には障害者，病人，孤児，寡婦，追放者などであり，社会的な庇護を必要とする人々であった．しかし，これらの人々の不幸な境遇は神から与えられたものと考えられ，憐れみの対象ではあっても解決すべき問題とはされていなかった．

【清貧と貧窮】中世中期になると，初期資本主義の始まりや貨幣経済の影響で，多数の貧困者が作り出された．12 世紀には災害が連続的に発生し，農民は土地を離れるしか方法がないような状態となっていた．貧困民は都市に流入し，都市化を進展させた．貨幣経済の発展は一方で高利貸しと投機売買による商人を富ませたが，他方で新たな貧困者を生み出した．都市化はまた，封建制度に従って設定された教会の *司牧に新たな必要を作り出したが，*教区司祭による司牧体制はこれに対処できなかった．このように福音的理想としての自発的貧困（清貧）の提示と，解決されるべき問題としての社会的貧困者の増大が契機となり，さらに都市化による新しい司牧への必要性が清貧運動が広まった背景にある．清貧運動は，(1) 自発的貧困（清貧，*貧しさ）の実践，(2) 貧困者および社会との関わり，(3) 使徒的宣教活動（巡回説教）を特徴とする．清貧運動に関わる者たちは，既存体制の者からは，田舎者（rustici）・愚か者（idiotae）・読み書きのできない者（illitterati）・織工（textores）などと呼ばれたが，それは彼らの出身階層を表現するものではない．商人や貴族，修道者の階層からもこの運動に加わったのであり，「織工」は使徒 *パウロの生業（使 18: 3）に倣って，自らの労働で生計を立てる者を指している．例えば，*フランシスコ会の創立者アッシジの *フランチェスコは裕福な織物商人の息子であり，*ヴァルドー派の創立者 *ヴァルドーも金貸しによって裕福になった者であった．しかしこの呼び方からもわかるように，清貧運動は *クリュニー的な壮麗な *典礼を行う名目上の清貧ではなく，自ら労働し，質素な生活を送ることで実質的な貧困を選びとったのである．さらにより積極的に貧困者と関わり，病人の世話，橋梁工事や聖堂修復などに直接携わった．キリストの「全世界に行って，すべての造られたものに福音を宣べ伝えなさい」（マコ 16: 15）との言葉に従って，巡回説教者としての使徒的生活を送ることが清貧運動の特徴ともされる．説教の内容においてこの世の富からの離脱を説くだけでなく，自ら実践して教説の正しさを裏づけるものとして清貧の生活があった．清貧運動を担う者は，*秘跡の執行と司牧を任務とする司祭職（ordo）にも，個人的聖化を目指す既存の修道院生活（ordo）にも属さず，擬似修道者とされた．当時の概念では，*修道生活は隠修修道院内部における典礼生活がその主な務めであり，修道者が自ら手仕事をすることや修道院外において説教することは考えられなかったからである．当時の考え方では，修道院における典礼生活は，個人的な *聖性の手段であるばかりでなく，人々のために祈るという社会的な行為であった．

【社会的行為としての清貧】清貧はこの点で *苦行（mortificatio）とともに社会的行為としての側面を考えることができる．苦行を通して「新しき人」に再生する（コロ 3: 5-10）という理解においては，苦行は個人的な聖性の追求だけでなく，新しい社会における新しい教会を作るための社会的行為となった．衣食住を貧しく生き，世俗の財産をもたないという清貧の実践は，この世に対しては死人となること（mortificatio）の社会的表徴となる．清貧が肉体を苛む苦行の一形態とみなされるとき，清貧は新しい社会を築くための社会的行為となる．

清貧の実践自体が新興の富裕層や既存体制にとってはその富への批判であり，また巡回説教家のある者が実際に批判したために，清貧運動は当初，教会の既存体制によって危険視され総体的に異端視された．特に女性がこの運動に関わっているため，何も証拠がないにもかかわらず性的な踏み外しが疑われた．疑われた者たちは拷問に近いやり方で *異端かどうかを判定されたが，司教や教皇は，多くの者が私刑の犠牲となるまで態度を明らかにしなかった．クレルヴォーの *ベルナルドゥスが最初に伝統的な手続きをとるよう呼びかけた．彼らの名誉を守り，誓願をまっとうさせること，清貧運動の男女を別々の修道院共同体に住まわせること，そしてこれに従わない者を異端であるとみなすことである．異端を判定するための教会法規が当時存在しなかったため，ベルナルドゥスの考えは教会に受け入れられ，第 3 *ラテラノ公会議（1179）では南フランスのグループ（*カタリ派，*パタリニ派，プブリカニ派 Publicani）などが異端とされた（第 27 条）．しかしカタリ派と敵対していたヴァルドー派や *フミリアーティ，*アルビ派が司教と問題を起こし，巡回説教者としての生活を続ける許可を願ったとき，*ヴェローナの教会会議（1184）は彼らの教説を調

べることなく彼らに説教を禁じた．教皇 *ルキウス 3 世は彼らの説教を禁じ，秘跡を無効とし，彼らを異端と宣言した．*インノケンティウス 3 世になって初めて，この新しい勢力は教会に役立ち，教会位階と諸秘跡を認める者に限り，使徒的清貧を採用し，説教することが許された．このようにして，フミリアーティやヴァルドー派の個々のグループ，そして特に，オスカのドゥランドゥス (Durandus de Osca [Huesca]) の貧しきカトリック者会(1207)とベルナルドゥス・プリム (Bernardus Prim) の会(1210)を教会に戻した．第 4 *ラテラノ公会議は，拷問に近いやり方で異端を判定するのを排斥し，判別基準としての信仰宣言を作成した(第 1 条)．そして教会の刷新を呼びかける一方，頑迷な異端には罰則を制定し，新しい会に既存の *修道会会則を採用することを義務づけた．

【清貧運動の発展】清貧運動のグループは，(1) 伝統的修道院生活の改革，(2) 異端，(3) 新しい形態の修道会設立に発展していった．伝統的修道院生活を改革したものとして，巡回説教者であったアルブリッセルのロベルトゥス (Robertus d'Arbrissel, 1117 没) やヴィタリス (Vitalis de Savigny, 1122 没)，そしてクサンテンの *ノルベルトたちは，それぞれ男女別々の修道院および修道会を設立した．またモレムの *ロベルトゥスとクレルヴォーのベルナルドゥスによって設立された *シトー会は，手仕事，苦行，沈黙，厳格な清貧を修道院生活の理想とし，使徒的生活はないが，清貧による改革の好例である．異端となったのは，二元論的，終末教会論的，反位階的グループである．二元論者はカタリ派(アルビ派)に代表される．彼らの二元論的教えは 1170 年まで完全には構築されていなかったので，この世との関係が表面に出ていた．それは清貧をこの世を放棄する手段とするものであった．さらに極端なものは，結婚をも否定した．終末教会論的グループは，カタリ派的な考えがフィオーレの *ヨアキムによって変えられたものである．彼らにとって清貧は富をもつ教会への抗議であった．フランシスコ会員のボルゴ・サン・ドンニーノのゲラルドゥス (Gerardus de Bolgo San Donnino, 1276 没) が書いた『永遠の福音書入門』(1254)は，フランシスコ会によって実現されるはずの霊的教会が既存の教会に取って代わると予言する．会則厳守派(熱心派 Spirituales) や *フラティチェリ派などは基本的にこの考えに類する者たちである．反位階的なグループは頑迷なヴァルドー派(リヨンの貧者)であり，インノケンティウス 3 世による和解の呼びかけにも応じなかった者たちである．彼らはカタリ派の影響で，煉獄，死者のための祈り，葬儀ミサ，教会の商売や免罪，宣誓を非難し，洗礼，ミサ，告解だけを秘跡と認めた．

【托鉢修道会】新しい形態の修道生活は *托鉢修道会と信徒の会である．托鉢修道会にはフランシスコ会，*ドミニコ会，*カルメル会，*アウグスチノ会などがあり，それぞれ女子の会(*第二会)と在俗者の *第三会をもった．フランシスコ会(小さき兄弟会)は口頭による許可をインノケンティウス 3 世から第 4 ラテラノ公会議の前 (1210)に受けたことにより，*ホノリウス 3 世の勅書による独自の会則の認可を 1223 年に得た．ドミニコ会は異端者への説教・宣教師会として発足し，第 4 ラテラノ公会議の決定に従ってアウグスティヌスの会則を採用し，独自の *会憲を付け加えた．カルメル会は以前から存在していたものであるが，1245 年に托鉢修道会となり，1247 年に会則を変更した．アウグスチノ隠修士会は *インノケンティウス 4 世によって 1243 年にトスカーナ (Toscana) の隠世修道者団体として始まり，1256 年に *アレクサンデル 4 世によってアウグスチノ会の会則をもつ他のすべてのものと一緒になって第四の托鉢修道会となった．信徒の会としては，病人や巡礼者を世話する会 (Hospitalarius) となったものや橋梁看守と旅人保護の会 (Fratres Pontifices, 1181) を作ったもの，また後に托鉢修道会の第三会となったものもある．

【文献】LThK² 1: 883-86; TRE 4: 88-98; 野原清『霊性の流れをくんで：中世』(ドン・ボスコ社 1976); 川下勝『フランシスカニズムの流れ』(聖母の騎士社 1988); K. Bosl, "Potens und Pauper: Begriffsgeschichtliche Studien zur gesellschaftlichen Differenzierung im frühen Mittelalter und zum 'Pauperismus' des Hochmittelalters," *Alteuropa und die moderne Gesellschaft* (Göttingen 1963) 60-87; K.-V. Selge, "Die Armut in den nichtrechtgläubigen religiösen Bewegungen des 12. Jahrhunderts," Società Internazionale di Studi Francescani, *La Povertà del Secolo XIIe Francesco d'Assisi*—Atti del II Convegno Internazionale: Assisi, 17-19 ottobre 1974 (Rimini 1975) 179-216; B. M. Bolton, "Paupertas Christi: Old Wealth and New Poverty in the Twelfth Century," *Renaissance and Renewal in Church History*, ed. D. Baker (Oxford 1977) 96-103; M. Mollat, *Les Pauvres au Moyen Age* (Paris 1978).　　　　　　　　　　　　　　　(濱田了)

せいひんろんそう　清貧論争〔英〕poverty controversy, 〔独〕Armutsstreit, 〔仏〕controverse sur la pauvreté de clerc　狭義の清貧論争は総長チェセナの *ミケーレ(在職 1316-28)などのフランシスコ会員と教皇 *ヨアンネス 22 世(在位 1316-34)との論争である．これは，教皇とバイエルン王 *ルートヴィヒ 4 世，また *フランシスコ会と *ドミニコ会の争いの面をもち，背景に *フランチェスコの厳格な会則を実践するための *ニコラウス 3 世の勅書 (Exiit qui seminat, 1279.8.14) がある．勅書は *教皇庁が会の不動産の所有者であり，会はその単純使用者にすぎず，動産は法定代理人の管理下にあるとした．1321 年ナルボンヌでの *ベギンの *異端審問に際し，フランシスコ会はニコラウス 3 世の説に従い，一切の所有権放棄が完徳に導くとし，ドミニコ会は *トマス・アクィナスの説に従い，目的に適した清貧を守る修道会が完全であるとした．論争が教皇庁に持ち込まれると，ヨアンネス 22 世はフランシスコ会の清貧を非論理的としてニコラウス 3 世が与えた特権を停止した (Quia nonnunquam, 1322.3.26)．同会は会員と全信徒への公開書簡によって立場を訴えたが，教皇は以後同会に入る財産の所有権を拒否した (Ad conditorem canonum, 1322.12.8)．教皇は翌年ドミニコ会のトマス・アクィナスを列聖し，さらにフランシスコ会の主張を *異端と宣言した (Cum inter nonnullos, 1323.11.12)．1328 年に総長ミケーレは教皇庁に呼ばれたが，聖座担当ベルガモのボナグラティア (Bonagratia de Bergamo, 1340 没) や唯名論者 *オッカムとともに，教皇と敵対関係にあったバイエルン王のもとに逃げた．教皇はミケーレを辞職させるよう働きかけたが総会は逆に彼を総長に再選し，王はフランシスコ会員コルヴァロのピエトロ (Pietro di Corvaro) を対立教皇ニコラウス 5 世(在位 1328-30)とした．ヨアンネス 22 世はミケーレなどを破門し，翌年 *パリで総会を開催させ，オドのゲラル

ドゥス (Geraldus Oddonis, 在職 1329-42) を総長に選ばせた．しかしミケーレ自らは *破門も総長罷免も認めず，その後もイングランド，ドイツ，スペインなどの会員からは正統な総長と認められ，オッカムが中心となって教皇との論争を繰り広げた．争点は教皇の権限，正統性，国家，政治などに移り，当事者たちの死によって終了した．

【文献】LThK² 1: 886-87; キ史 4; 石井健吾『フランシスカニズムの系譜/黄金の世紀・13 世紀』（中央出版社 1979）; 川下勝『フランシスカニズムの流れ』（聖母の騎士社 1988）; M. D. LAMBERT, "The Franciscan Crisis under John XXII," FrS 32 (1972) 123-43; M. DAMIATA, Guglielmo d'Ockham: Povertà e potere (Firenze 1978); L. IRIARTE, Historia Franciscana (Valencia ²1979); D. NIMMO, Reform and Division in the Franciscan Order (Rome 1987). 　　　　　　　　　　（濱田了）

せいぶつがく　生物学　〔英〕biology, 〔独〕Biologie, 〔仏〕biologie　生物学は「生物」に関する知識・情報を体系化した自然科学の一分野である．したがって，人間の生活における実用的な目的で体系化したものばかりではない．例えば，博物学といわれていた動物や植物の分類学などは，役に立つか立たないかは別にして，いろいろな生物を比較して似たものはどれかというように整理，分類し体系化してきた．これを動物分類学とか植物分類学，あるいは，動物系統学とか植物系統学と呼んでいるが，これらは立派な生物学の一分科である．

【歴史】生物学の始まりは，ギリシア時代の *アリストテレスの研究をみてもわかるように，生物の種間の異同の程度に応じて分類をして記録に残したことにある．生物学は物理学と同じように，生き物に対する純粋な知的好奇心から出発して，普遍的な一般法則（*因果律）をみいだすことにより，それを他の人からも批判できるように記述，公表した学問である．以上のようなことから，生物を対象にした研究の始まりは，「医学の父」といわれるヒッポクラテス (Hippokrates, 前 460 頃-375 頃) にあるといえる．それは，人間を生物として理解することから始まったもので，彼は人間に 4 体液，すなわち黒胆汁，黄胆汁，血液，粘液があり，それが人間の生理と関わっていることを述べている．このようなことから生物学は *医学から分かれたともいえる．植物においては，同時代にテオフラストス (Theophrastos, 前 372 頃-288 頃) が，発生様式から 2 種類，すなわち単子葉植物と一対の葉を出す双子葉植物とを区別している．テオフラストスはアリストテレスの弟子の一人である．

動物に関する生物学の創始者は，アリストテレスである．彼は海の生物学を研究して，その後のあらゆる時代に通用する多くの発見と種の分類を行っている．それは彼の著作に約 520 種の動物が記載されていることからもわかる．紀元前に始まった長い歴史をもつ生物学ではあるが，中世の暗黒時代があり，このためにほとんど新たな進展がなかった．この中世において，アリストテレスの著作が生物学として重んぜられたことは，*オックスフォード大学で当時，アリストテレス以外のことはどの教授も教えなかったということからわかるが，一方では彼の学説の誤りが生物学の進歩を妨げたともいえる．アリストテレスの生物学がもたらした弊害は三つの霊魂説であり，それが中世の神学者に気に入られたことと，さらにキリスト教会に支配された全地域で受け入れられたことである．この三つの霊魂説とは，植物には「植物霊魂」があり，動物には「動物霊魂」があり，そして人間には「理性霊魂」があるという説で，「霊魂」という言葉によって，彼はある種の不思議な生気を与える本源を意味したようである．その結果，科学的に未解明であったことを哲学的・宇宙論的世界観にあてはめ，自然のなかに現れている諸現象を神の英知によるものとしたのである．

ルネサンス時代に入り，その時代精神は生物学にも現れ，教会におけるタブーは破られ，自然をありのままに直視することによって，一気に自然科学としての進歩をみたのである．その後，*ダーウィンの『種の起源』に始まる生物進化説を基盤として，*メンデルの遺伝学，そしてその再発見とともに 19 世紀から 20 世紀に入り近代生物学としての形が整えられた．1953 年のワトソン (James Dewey Watson, 1928-) とクリック (Francis Harry Compton Crick, 1916-) による DNA 分子の二重らせん構造の解明は，新しい生物学への道をさらに進ませた．以後の 45 年は極めて急速に生物学が発展し，人々のみる目が従来と一変した時代である．物理学・化学・医学・農学・工学等の関連科学の進歩と相まって，それら諸学問と生物学の間の境界はほとんどなくなり，新しい「生物科学」への動きが進んでいるといえる．

【文献】G. R. TAYLOR, The Science of Life (London 1963). 　　　　　　　　　　　　　　　　（青木清）

せいぶつがくしゅぎ　生物学主義　〔英〕biologism, 〔独〕Biologismus, 〔仏〕biologisme　19 世紀における *生物学の発展に伴って生じた，*生命の発生・発達・進化の現象を *世界観の基礎とする考え方．初期の生物学主義は H. *スペンサーに代表されるように，同質なものから異質なものへという生物発生（〔英〕evolution）を *宇宙・生物・人間社会・芸術および *科学などを包含した普遍的な進歩のモデルとするものだったが，1859 年の *ダーウィンの自然選択説の出現（→進化論）で，このような発展的な生物学主義の考え方は疑問視された．他方，生物学主義は同時期の哲学にも影響を与えており，世紀後半のドイツの精神状況を歴史に対する生の優位の観点から捉えようとする *ニーチェやラマルク主義とダーウィン主義を超える「創造的進化」（〔仏〕évolution créatrice) を唱えるフランスの *ベルグソンなどの *生の哲学が現れた．生物学主義の発想は 20 世紀初頭の世界大戦を機に O. *シュペングラーによる，生物の誕生・成熟・衰退・死滅をモデルとした西洋文化論を生み出した．現代では遺伝子操作など生物工学（〔英〕bioengineering) の *生命倫理との関連で生物学主義が問題になっている．

【文献】H. SPENCER, Essays on Education and Kindred Subjects (London 1963); H. SCHNÄDELBACH, Philosophie in Deutschland 1831-1933 (Frankfurt 1983). 　　　　　　　　　　　　　　　　　（朝広謙次郎）

せいふんぼきしだん　聖墳墓騎士団　〔英〕Knights of Holy Sepulcher, 〔独〕Grabesritter, 〔仏〕Chevaliers du Saint-Sépulcre　*十字軍の時代の *エルサレムに *巡礼を果たした騎士身分の者に *聖墳墓聖堂守護者の栄誉を授ける制度．その会員はエルサレム十字章を佩用し，聖墳墓騎士の称号を帯びる．起源に諸説があり，第 1 回十字軍の *ゴドフロア・ド・ブイヨンや，イングランド王 *ヘンリ 2 世などを創始者とする説には史料的根拠がなく，騎士団と称されるが，その組織は *騎士修道会

ではない．最も古い文書記録は，1342年教皇 *クレメンス6世が *フランシスコ会にこの騎士叙任権を付与したことを伝え，15世紀末に教皇 *アレクサンデル6世は同会のエルサレム管区長が騎士団総長を兼ねる慣行を承認し，1561年に教皇 *ピウス6世が聖地のフランシスコ会修道士に騎士叙任権を付与する教書を発布したことなどが確認される．近世以降この称号は *教皇庁の栄典制度化し，1847年教皇 *ピウス9世により称号授与権がラテン系エルサレム総大司教に移譲され，1907年以降は教皇が（1928年から *枢機卿の一人が）総長職を兼ねるようになって現在に至っている．会員には5階級があり，女性にも開放され，緋色の十字章をつけた白色ケープを着用する．
【文献】DMA 3: 306; NCE 8: 222; X. DE BOURBON-PARMA, ET AL., *Les chevaliers du Saint-Sépulcre* (Paris 1957). (橋口倫介)

せいふんぼせいどう　聖墳墓聖堂〔ラ〕Sepulcrum
【由来】イエスの *墓の上に建てられた教会堂．福音書（マタ27: 57-66; マコ15: 42-47; ルカ23: 50-56; ヨハ19: 38-42）にはイエスは死後，墓に埋葬されたとある．しかし，その墓が実際どこにあったかについて必ずしも明らかではない．伝統的に *エルサレムの旧市街北西部にある聖墳墓聖堂がその墓の位置と考えられてきたが，そこにイエスの墓があったかどうか考古学的調査によって追究されている．もっとも今日でも有力な候補地の一つであることに疑いはない．

イエスは，当時のエルサレムの城壁の外（ヘブ13: 12），*ゴルゴタ，「されこうべ」と呼ばれるところで十字架にかけられて死んだ（マタ27: 33および並行箇所）．この呼び名から，そこは岩肌のみえる突起した場所であったらしい．遺体は岩を穿って作られた新しい墓に移され，出入口は大きな石を転がして閉じるようになっていた（マタ27: 60; マコ15: 46）．墓はゴルゴタの近くの園のなかにあった（ヨハ19: 41-42）．現在，聖墳墓聖堂が位置している場所は，イエスが死んだ30年頃は城壁の外であった．*ヨセフスはエルサレム北西部の城壁が第二，第三の城壁と造られていったことを伝えるが，イエスが死んだ当時あったのは第二の城壁で，聖墳墓とゴルゴタはその外にあった．42年に *ヘロデ・アグリッパ1世が第三の城壁を造ってエルサレムを拡張したとき，

聖墳墓聖堂
(AKG)

その一帯は町の内部に組み込まれることになる．ただし，第三の城壁がどこにあったのかについて議論の余地はあるが，現在の旧市街の城壁とほぼ同じ位置にあったとする説が有力である．実際に聖墳墓聖堂は建造のときにその基礎の岩盤がかなり削られているが，岩の上にあり，ほかの墓の跡もある．イエスの死の直後，その埋葬地はユダヤ・キリスト教徒の崇敬の対象となったことも考えられる．

【聖墳墓聖堂建造とその後の歴史】ローマ皇帝 *ハドリアヌスは，*バル・コクバが率いる反乱（132-35）を鎮圧した後，エルサレムをローマの植民都市アエリア・カピトリナ（Colonia Aeria Capitolina）に改造した．そのときゴルゴタ付近の岩は削られ，窪地は埋められ，さらに瓦礫や土塊によって盛り上げられ，そこにユピテル（ゼウ

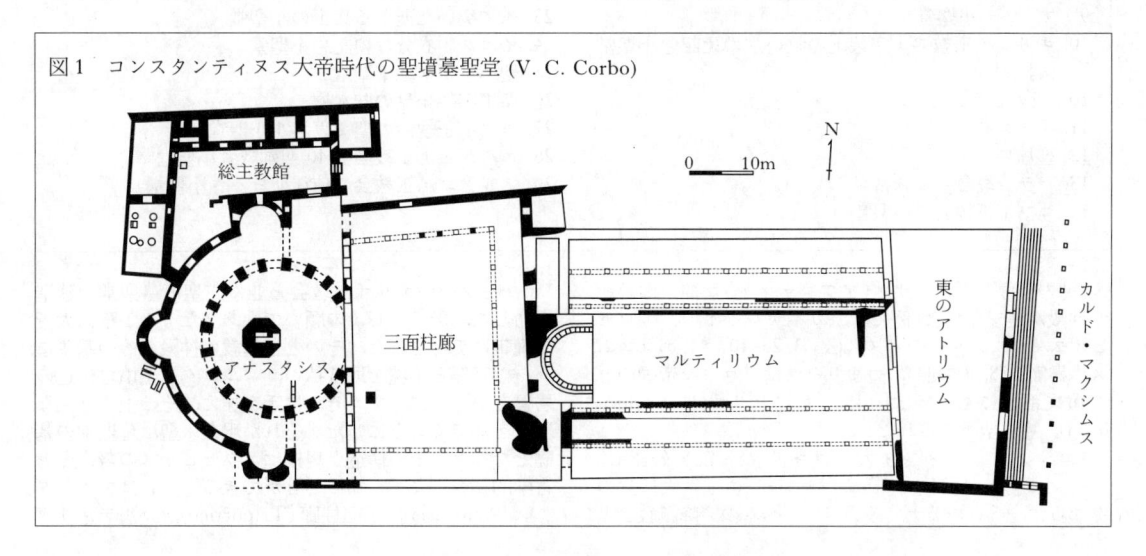

図1　コンスタンティヌス大帝時代の聖墳墓聖堂 (V. C. Corbo)

図2 現在の聖墳墓聖堂 (Le Monde de la Bible, 33 [1984] 4)

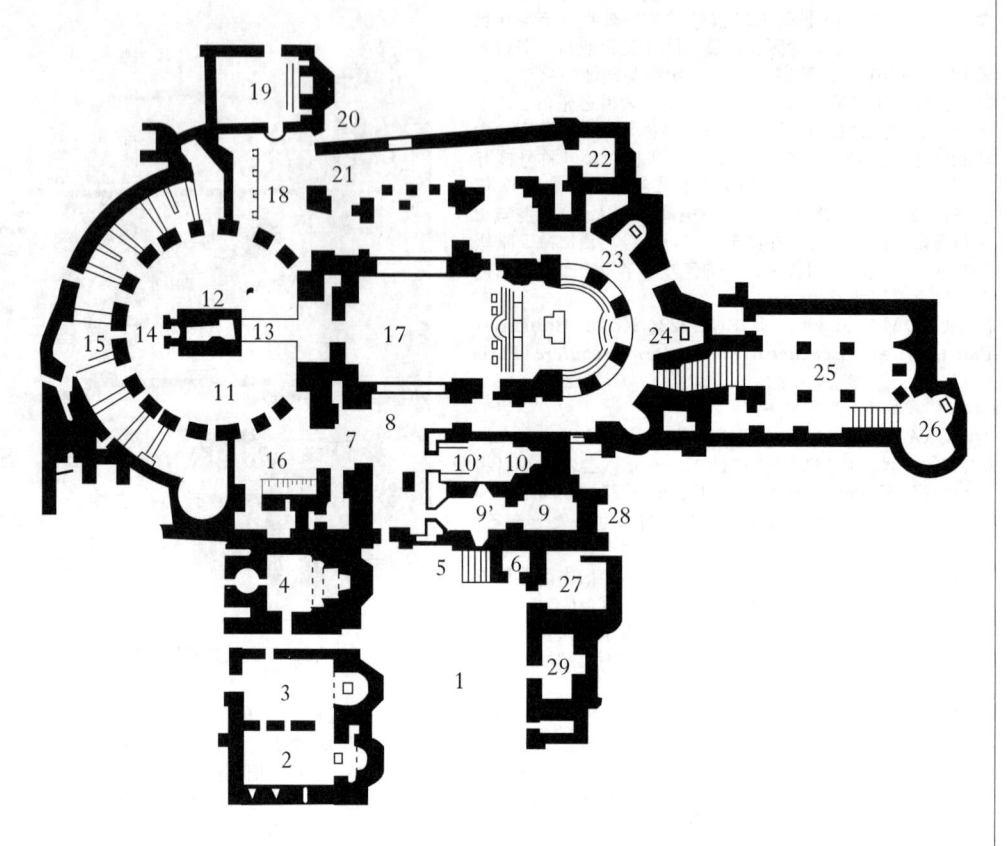

1. 南側の前庭(現在の入口がある)
2. 聖ヤコブの小聖堂
3. 聖マリア・マグダラの小聖堂
4. 40聖殉教者の小聖堂
5. 聖墳墓聖堂正面
6. フランク人の小聖堂
7. 塗油の石(イエスの遺骸に香料を塗ったことの記念)
8. 歌隊席カトリコンの南の壁
9. ラテン教会の磔刑記念小聖堂(岩の上)
9'. アダムの小聖堂
10. ギリシア正教の十字架上の救い主の死記念小聖堂(岩の上)
10'. 王の石棺
11. アナスタシス
12. 聖墳墓
13. ラテン教会の歌隊席
14. コプト正教会の小聖堂
15. シリア正教会小聖堂とアリマタヤのヨセフの墓
16. アルメニア正教会の小聖堂
17. ギリシア正教会の歌隊席カトリコン
18. 聖マリア・マグダラの小聖堂
19. ラテン教会の聖マリア・マグダラへのイエス出現の小聖堂
20. ラテン教会用香部屋
21. 処女マリアのアーチ
22. キリストの牢獄
23. 槍で突いた聖なる兵士の小聖堂
24. イエスの衣分けの記念小聖堂
25. 聖ヘレナの地下聖堂
26. 聖十字架発見の貯水槽
27. コプト正教会の聖ミカエル小聖堂
28. エチオピア正教会の40聖殉教者小聖堂
29. アルメニア正教会の使徒聖ヨハネ小聖堂

ス)神の肖像とヴィーナス(アフロディト)女神の像を祀る神殿が建てられた(例えば,カイサレイアの *エウセビオス『コンスタンティヌス伝』3, 25-40; *ヒエロニムス『書簡』58, 3参照).つまりそこは *ローマ帝国のどの植民都市にもあるように,カピトリウム (Capitolium),中央聖所にされた.

*コンスタンティヌス大帝はキリスト教を公認し,ローマのヴァティカンにある *サン・ピエトロ大聖堂のみならず,パレスチナでも *ベツレヘムの *降誕教会と *オリーブ山のエレオナ教会と並んで聖墳墓聖堂の建造を命じた.母 *ヘレナの願いでもあったその工事は大帝の晩年に実行された.そのとき異教の神殿とその基礎にあった瓦礫と土塊を取り払い,ゴルゴタと聖墳墓付近の岩盤をあらわにして,それに手を加え,その上に壮大な聖堂を建てるようにした.それが現在の聖墳墓聖堂の基礎となった.その構造と規模はエウセビオスの著作と考古学的調査によって知ることができる.それはアナスタシス (Anastasis),三面柱廊 (Triportico),マルティリウ

ム (Martyrium)，東のアトリウム (Atrium)，総主教館 (Patriarchate) からなっていた (図1参照).

アナスタシスはギリシア語で復活を意味し，キリストの*復活を記念する霊廟として聖墳墓を中心とする円形の建物である．元来は円形というより三つの*アプスをもって囲まれた廊であり，丸屋根はなかったらしい．その東側は三面柱廊に向かっていた．アナスタシスの内部は円形に並ぶ柱に囲まれて八角堂があり，そのなかに聖墳墓が保存されていた．これは今日でもみることができるように岩穴で，そのなかに石の台が置かれていた．アナスタシスの東にある三面柱廊は四角形でその西側はアナスタシスの正面，北，南，東側の三面に石柱が並んでいた．その南東の角にゴルゴタがあった．ゴルゴタの岩はその周囲が削り取られ，イエスの十字架のあったところだけが残され，銀の柵で保護された．階段がつけられ，登るとそこには大きな十字架があった．その十字架は420年に*テオドシウス2世によって寄贈された高価な十字架に取り替えられた．マルティリウムはコンスタンティヌス大帝が建てた大聖堂(*バシリカ)のことで，前述の三面柱廊の東にあった．バシリカ形式の大聖堂で，まず西には半円形のアプスがあり，中央部には四つの列柱によって区切られた五つの*ネイヴがあった．これには装飾のある天井があった．その長さは58m，幅は39.5mないし40m，中央のネイヴの幅は15mであった．その東にアトリウムがあったが，これは大聖堂の前庭のことで，アエリア・カピトリナの南北に走るカルド・マクシムス (Cardo maximus 中央道路) に面していた．アトリウムの東と南の壁の一部が残っており，研究調査の結果，この建造物がハドリアヌス帝時代のものであることがわかった．当時カピトリウムへの玄関として建造されたらしい．コンスタンティヌス大帝時代の建築家はそれを聖墳墓聖堂への玄関として利用した．したがってコンスタンティヌスが建てた聖墳墓聖堂はカルド・マクシムスから始まって東西に連なる一連の建造物であったということになる．総主教館は，最近の数十年に明らかになったのであるが，アナスタシス北西部の外庭を囲むようにしてあった建造物で，その庭には*洗礼の場所もあった．この一群の建造物とそこで行われた典礼など当時の様子は，エウセビオスのほか，エルサレムの*キュリロスの著作や4世紀末の*エゲリアなど巡礼者の記述，*メデバのモザイク地図（エルサレムの項の図を参照）によって窺い知ることができる．

614年ペルシア軍がパレスチナに侵攻してきたとき，エルサレムも徹底的に略奪・破壊され，コンスタンティヌス大帝時代の建造物も大きな被害を受けた．このときは聖テオドシオス修道院の修道士で，エルサレム総主教に選ばれたモデストス (Modestos, ?-630/34) によって修復された．しかし，その後まもなく638年エルサレムはイスラム支配下に置かれた．キリスト教徒はエルサレムに居住し教会堂を保持することは認められたものの，活動の自由は徐々に奪われ数も減っていった．9世紀初めに地震で聖墳墓聖堂の丸屋根が被害を受けたが，810年総主教トマスは*シャルルマーニュの援助で修復した．841年に聖墳墓聖堂焼打ちの陰謀，935年には近くにモスクを建設しようとしたイスラム教徒との偶発的な衝突で損傷，938年には熱狂的なイスラム教徒の攻撃によって損なわれ，966年にはシリアにおけるイスラム軍敗北の復讐としてまたも放火された．しかし，聖墳墓聖堂の存続の危機は，1009年エジプトの*ファーティマ朝のカリフ，アル・ハーキム (al-Ḥakim, 在位 996-1021) が聖

墳墓聖堂の徹底的破壊を命じたときに頂点に達した．実際に破壊するのが極めて困難な部分を除き徹底的に破壊され，その11年後になって初めてキリスト教徒は祈るためにその廃墟に近づくことが許された．*ビザンティン帝国の皇帝ロマヌス3世・アルギルス (Romanus III Argyrus, 在位 1028-34) はアル・ハーキムの後継者と平和条約を結ぶ際に聖墳墓聖堂の再建を条件にしたが，実際に聖堂が再建されたのは皇帝*コンスタンティヌス9世の治世，1042-48年のことで，マルティリウムと東のアトリウムを除く，アナスタシスとゴルゴタを含む柱廊だけが再建された．総主教館も再建され，アナスタシスとの間にあった庭には聖母マリアの聖堂が造られ，アナスタシスの南側に新たに三つの小聖堂が加えられた．北から使徒聖ヨハネ小聖堂，洗礼堂小聖堂，聖ヤコブ小聖堂の三つである．その西側には*トランセプトがあり，アナスタシスへの通路となっていた．三つの小聖堂の東側には南のアトリウムがあり，これが現在の入口となっている．三面柱廊の東側で，かつてマルティリウムの西のアプスがあったところにも幾つか小聖堂が並んでいた．このように11世紀の改造によって聖墳墓聖堂は東西に連なる建造物群から南北に連なる建造物群になり，この構造が基本的に現在まで保たれている．1099年には*十字軍による支配が始まり，建築に非凡な才能をもつ彼らは，再建されたこの聖墳墓聖堂を継承しながらも，幾つかの重要な改築を加えた．再建された聖墳墓の八角堂は，当初は飾りをつけるにとどめたが，1119年にはこれを完全に造り直した．彼らはまた聖墳墓を中心にし，かつての三面柱廊を聖墳墓の前にある祭式者 (→カピトゥルム) 用の歌隊席 (→歌隊) とし，その東側に半円形のアプスを幾つか造って，アナスタシスと三面柱廊が一つの建造物となるようにした．また建物の外に出ないで地下の聖ヘレナの小聖堂に行けるように階段をつけた．ゴルゴタも大きくしてその南側に階段をつけ，多くの巡礼者がその岩の上に上がれるようにした．そのためその下にアダムの小聖堂が造られることになり，また*ゴドフロア・ド・ブイヨンと*ボードゥアン1世の石棺を置く空間もできた．現在，南のアトリウムから入るようになっているが，その南の面は十字軍時代の最も厳かで美しい造作となっている．その左奥には，使徒聖ヨハネの小聖堂の上に重厚な鐘楼が建てられた．かつてマルティリウムがあった場所には祭式者たちのための宿舎が建てられた．

1187年，十字軍を追放してエルサレムに入城したサラディン (Ṣalāḥ al-Dīn Yūsuf ibn Ayyūb, 1138-93) は聖墳墓聖堂を閉鎖，1229年*フリードリヒ2世とスルタンのアル・カーミル (al-Kāmil, 1177/80-1238) の休戦協定で10年間開放されるが，1244年にはまたトルコ軍の到来とともに略奪され，閉鎖されることとなった．以後，聖墳墓聖堂はイスラム教徒が管理することになり，キリスト教徒はその許可を得てしか利用することができなくなった．建造物は老朽化して改築や補強が必要となったが，修復もままならなくなった．キリスト教徒は分裂し，各派が聖墳墓聖堂内部の使用権獲得のため競合，これがイスラム教徒によって利用され，聖堂内部はキリスト教各派が分割使用するようになった．結果的に聖墳墓聖堂の維持は困難になり，1808年に大火災が起こっても充分な修復はなされず，聖墳墓聖堂は無秩序で不格好な建造物の集合体と化した (図2参照)．しかし，改築や補強の必要性からキリスト教各派の合意のもとに，1960年頃から考古学的調査も始められ，今日に

至っている.

【文献】ABD 3: 258-60; DACL 15: 517-18; DBS 11: 399-431; NBL 2: 89-91; A. パロ『エルサレム』聖書の考古学 3, 波木居斉二, 辻佐保子訳 (みすず書房 1960) 101-53: A. PARROT, *Le Temple de Jérusalem* (Paris 1954); G. コーンフェルド『歴史の中のイエス』岸田俊子訳 (山本書店 1988) 341-72: G. CORNFELD, *The Historical Jesus* (New York 1982); L. H. VINCENT, F. M. ABEL, *Jérusalem nouvelle* (Paris 1914-24); C. COUASNON, *The Church of the Holy Sepulchre in Jerusalem* (London 1974); V. C. CORBO, *Il Santo Sepolcro di Gerusalemme: Aspetti archeologici dalle origini al periodo crociato*, 3 v. (Jerusalem 1982); "Le Saint-Sepulcre, l'apport de l'Histoire et de l'Archeologie," *Le Monde de la Bible*, 33 (1984); Y. TSAFRIR, ed., *Ancient Churches Revealed* (Jerusalem 1993).

(和田幹男)

せいべつ 聖別 〔ラ〕consecratio, 〔英〕consecration, 〔独〕Konsekration, Weihe, 〔仏〕consécration 聖別とは, 一般には, 人や物を特定の祈りや儀式により, 神を礼拝するために, 神に奉献する行為を指す. キリスト教においては, *秘跡・*典礼との関係で使われる用語である. よく似た意味の言葉として *聖化がより本質的に神との交わりによる存在の高まりを意味するのに対して, 聖別は, より礼拝行為に即して使われるが, 教会的な用語としても多義的である.

旧約時代の礼拝制度において聖なる神を礼拝するための *祭司, *神殿, 安息日(→ 安息)の聖別が行われていた. イスラエルの民自体が他の民族のなかから選ばれた, 聖別された民であるとされる (出 19: 6; レビ 11: 45 参照). キリスト教では, 信仰による根源的な神との結びつきを意味する聖化, そして, すべての人が神の *聖性にあずかることができるよう招かれているという福音 (『教会憲章』39-42 項参照) が中心的関心事であるが, 典礼の発展につれて, 聖別の観念も導入された. 特に, *エウカリスティアの典礼(*ミサ)においてキリストの定めた言葉(秘跡制定句または聖別句と呼ばれる)を唱えることによって, パンとぶどう酒がキリストの体と血になることがラテン語でコンセクラティオ(聖別)と呼ばれるようになった. このほか, 恒久的に神に奉献される, 教会堂の献堂(→ 献堂式), 司教の叙階(→ 司教叙階式), 神に仕えるおとめの奉献(→ 処女奉献)などは聖別と呼ばれてきた. 聖別は, ある人や事物が神との関係のなかに置かれるという意味では, 神への *奉献を意味するものでもあり, 広義で *祝福・*祝別と関連している. 現在の典礼神学においては, 教会におけるあらゆる聖別・祝福も, ミサにおける奉献(聖別・*感謝)を根源とするものとして, これとの関連において意義づけられている (→ 過越の秘義).

【文献】Cath. 3: 63-69; LThK³ 6: 288; ODCC³ 402; A. ADAM, R. BERGER, eds., *Pastoralliturgisches Handlexikon* (Freiburg 1980) 557-59.

(石井祥裕)

せいべつそうしつ 聖別喪失 〔ラ〕amissio characteris sacri, 〔英〕loss of sacred character, 〔独〕Verlust der Weihe, 〔仏〕perte du caractère sacré 聖なる場所は次の三つの方法のいずれかにより, その *奉献また *聖別の効果を失う(『教会法典』1212 条). (1) その大部分が, 神の *礼拝のために使用できないほど, あるいは修復不可能なほど破損した場合(同 1222 条 1 項). (2) 権限を有する *裁治権者の決定により, 礼拝の場として使用することを停止し, 世俗的な用途に永続的に変更した場合. *教区司教は, 真正な理由があり, *司祭評議会に諮り, 信者の霊的善益にとって害がない場合のみこの決定を下す(同 1222 条 2 項). (3) 国家が聖なる建物を徴用し, 純粋に世俗的用途に用いる場合. *祭壇の場合も同様である(同 1238 条).

【文献】DDC 4: 248-67; J. A. CORIDEN, T. J. GREEN, D. E. HEINTSCHEL, eds., *The Code of Canon Law: A Text and Commentary* (New York 1985) 847; J. CAPARROS, M. THERIAULT, J. THORN, eds., *Code of Canon Law Annotated* (Montreal 1993).

(J. P. ラベル)

せいペトロだいせいどう 聖ペトロ大聖堂 → サン・ピエトロ大聖堂

せいへんか 聖変化 → 実体変化

せいぼ… 聖母… → マリア…

せいほうきょうかい 西方教会 〔英〕Western Church, 〔独〕westliche Kirche, 〔仏〕église occidentale *ラテン教会ともいう. 一般に, *東方教会に対して, 西ヨーロッパに広がる教会体制を築いたキリスト教を指し, 狭義では, 1054 年の *東西教会の断絶と分離以降の *東方正教会と区別されるローマ・*カトリック教会を指す. 東方と西方の境は, スロヴェニア, クロアティアを流れるサヴァ川, ボスニア・ヘルツェゴビナを流れるドリナ川, モンテネグロを流れるゼタ川を経てブドヴァ (Budva) からアドリア海に至る線にあるとされる.

東方教会・西方教会の相違が生まれた背景には, *ギリシア語と *ラテン語を使用する二つの文化圏が古代地中海世界に形成されていたため, *教会の公用語がそれぞれギリシア語とラテン語の領域に分かれていったことがある. これは, *ローマ帝国の東西分割の背景でもある. 加えて, 古代末期から中世にかけて西ヨーロッパ文化圏が成立し, 西ローマ帝国が *ゲルマン人の侵入によって崩壊していくなかで, *ローマを中心とした教会は事実上行政組織をも兼ね, 西方における唯一の権威となっていった. その結果, 西方教会は *対立教皇の時代があったにせよ, 東方教会とは異なる統一的教会制度を 16 世紀の *宗教改革の時代まで維持したのである.

【文献】NCE 8: 520-22.

(高柳俊一)

せいぼカテキスタかい 聖母カテキスタ会 〔ラ〕Institutum Saeculare Catechistarum Beatae Mariae Virginis et Matris, 〔略号〕S.C.K.   在俗会.

1954 年(昭和 29), 教会法に基づいて教区法による在俗会として *神言修道会の司祭 *ゲマインダーにより日本で創立され, 1980 年, 福音宣教省の布告をもって聖座法による女子信徒の *在俗会として正式に承認された. 会員は, 神の栄光と世の救いのために, キリストに従い, 世の現実のただなかにあって自分の全存在を神に奉献する. この奉献において会員は, 貞潔, 清貧, 従順の *福音的勧告を誓願をもって実践し, 各自の職業と生活を通して使徒職を果たしていく. すなわち自分の仕事と生活の場で, 奉献した一人の信徒として, 目立たなくても力あるパン種のように働き, 神の愛を人々に伝え, また, 自分に結ばれているすべての事柄がキリストに

従って行われるように使徒職の使命を果たす．2001 年現在，本部は名古屋市昭和区，会員数は日本国内を中心に韓国，インドネシア等に 218 名を数える．（小澤尚子）

せいぼげつ　聖母月　〔ラ〕devotiones in mensis Maio,〔英〕May devotions,〔独〕Maiandacht,〔仏〕mois de Marie　5 月を *マリアを敬う月とするマリア信心の伝統．5 月の信心とも呼ばれる．ローマ人や *ゲルマン人の春の訪れを祝う 5 月祭を背景に，中世では春における *十字架の信心が行われていた．5 月を通してマリア崇敬のために祈り続ける信心は近世からのもので，18 世紀のイタリアで盛んとなり，教皇 *ピウス 7 世による認証 (1815) やマリアの *無原罪の御宿りの教理宣言 (1854) がこれを促進して，19 世紀半ばまでには西欧全体に広まった．近年では，教皇 *パウルス 6 世が 1965 年 5 月 1 日の回勅『メンセ・マイオ』(Mense Maio) でこの信心を尊い伝統として語っている．広義の聖母崇敬の月には，*ロザリオの月の 10 月も含まれる．
【文献】LThK² 6: 1290; LThK³ 6: 1200; A. ADAM, R. BERGER, eds., *Pastoralliturgisches Handlexikon* (Freiburg 1980) 338-39.
(石井祥裕)

せいぼけんしんしゃしゅうどうかい　聖母献身者修道会　〔ラ〕Congregatio Oblatorum Beatae Mariae Virginis,〔略号〕O.M.V.　男子修道会．イタリアの教区司祭ランテーリ (Pio Bruno Lanteri, 1759-1830) によって，*トリノ近郊のカリニャーノ (Carignano) で，海外布教，*黙想会の指導，司祭養成，良書の普及などを目的として 1816 年に創立され，1826 年には *聖座によって認可された．ピエモンテ (Piemonte) でのさまざまな活動のほかに，1837 年から 62 年の間には，ビルマにおいて実り豊かな宣教活動を行った．
【現勢】1999 年現在，会員数：167 名（うち司祭 136 名）．活動地域：イタリア，オーストリア，フランス，アルゼンチン，ブラジル，ウルグアイ．総本部：ローマ．
【文献】AnPont (2001) 1249; DIP 6: 634-37.　(和田誠)

せいぼさんか　聖母賛歌　〔ラ〕Antiphonae finales ad Beatam Mariam virginem,〔英〕Marian antiphons,〔独〕Marianische Schlußantiphonen,〔仏〕antiennes mariales　*教会の祈りの *寝る前の祈りの結びに歌われる聖母 *マリアを称える歌．ラテン語の表題は「聖母への結びの交唱」．現行の『教会の祈り』規範版には *アルマ・レデンプトーリス・マーテル（「救い主を育てた母」），*アヴェ・レジナ・チェロールム（「天の元后　天の王女」），*サルヴェ・レジナ（「元后あわれみの母」），*レジナ・チェリ・レタレ（「天の元后喜びたまえ」）の 4 曲があげられている（括弧内はいずれも日本の『典礼聖歌』の題）．

従来は，「救い主を育てた母」は *待降節から 2 月 2 日の主の *奉献の祝日まで，「天の元后　天の女王」が主の奉献の祝日から *聖週間の水曜日まで，その他の期間は「元后あわれみの母」が歌われていたが，1971 年の聖務日課（教会の祈り）改正により，この規定はなくなり，現在は「復活節にはいつも『天の元后喜びたまえ，アレルヤ』（レジナ・チェリ・レタレ）を唱える」（「教会の祈り」総則 92 項）が，これ以外はどの聖母賛歌を用いることもできるようになった．なお，レジナ・チェリ・レタレは，1742 年，教皇 *ベネディクトゥス 14 世の宣言により，同じ期間中に唱えられる．*お告げの祈りの結びにも用いられるようになった．

現在，聖母賛歌については「『教会の祈り』の本にしるされている聖母賛歌の他に，司教協議会はほかに聖母賛歌を認可することができる」（「教会の祈り」総則 92 項）ので，規範版に示された上記の四つのほかの聖母賛歌を作ることができる．日本の『典礼聖歌』では，これらのほかに「しあわせなかたマリア」(*アヴェ・マリア) が聖母賛歌として含まれている．

「寝る前の祈り」の聖母賛歌のほかに，広い意味で聖母を称える歌を聖母賛歌と呼ぶこともできる．これらは中世以来各地で多くの作品が作られてきた．代表的なものには「めでたし海の星」(*アヴェ・マリス・ステラ) があげられる．日本にも『カトリック聖歌集』に多くの聖母を称える歌がある．しかし，これらのなかには明らかに行きすぎた表現のものもあり，教会一致促進運動の見地から考えると問題があることは否めない．これからの聖母賛歌は，このような点も考慮して「唯一の仲介者であるキリストの尊厳と効力から何ものをも取り去らず，また何ものをも付加しないという意味」（『教会憲章』62 項）で作られる必要があるだろう．
【文献】『典礼憲章』103 項；『教会憲章』52-69 項；田辺尚雄他編『音楽大事典』1（平凡社 1981）69；高田三郎『典礼聖歌を作曲して』（オリエンス宗教研究所 1992）．
(齊藤克弘)

せいぼしぞう　聖母子像　〔英〕Madonna and Child,〔独〕Madonna, Maria mit dem Kind,〔仏〕Madone, Vierge à l'Enfant　431 年の *エフェソス公会議においてキリストの母 *マリア（〔ギ〕Christotokos）が神の母 (*テオトコス) として是認されたことを受け，6 世紀から 8 世紀にかけて東方で定形化された．12 世紀に西方へもたらされ，中世後期には絵画や彫刻で最も頻繁に取り上げられるようになった．*キリスト教美術で最も重要な主題の一つであるが，時代や地域に応じて表現方法は多様である．

最古の神母子像 (Theotokos Achiropoiiton) は福音記者 *ルカを画家とする 6 世紀の伝承に由来する．事実，コンスタンティノポリスの *ハギア・ソフィア大聖堂の学僧 *テオドロス・アナグノーステースは，『教会史三部作』(518 頃) のなかでルカの手になる聖母像の存在について触れており，これを根拠に 6-8 世紀の東方ビザンツ世界で 5 種類の基本形式が成立する．「こよなく聖なる者」を意味するブラケルニオティッサ型（〔英〕Blacherniotissa Type）では聖母が両手を広げ，「祈れる人」(*オランス) のポーズをとる．この類型にバンドやメダルにはめ込んだ幼児キリストの小像を組み合わせると「手を広げたる者」の意味のプラティテーラ型 (Platytera Type) となる．「導く者」の意味のホディギトリア型 (Hodigitria Type) は右手を胸にあて左手で幼児キリストを抱く．キリストは右手で *祝福を与え，左手に *巻物を手にする．「勝利をもたらす者」の意であるニコポイア型 (Nikopoia Type) では聖母が玉座に座し，幼児キリストを胸前の膝の中央に抱く．最後はホディギトリア型とニコポイア型の融合形式であるキュリオティッサ型 (Kyriotissa Type) で，聖母は立って，胸前中央部に直立する幼児キリストを抱く．これは「最も威厳ある者」を意味する．

以上，五つの基本形式はどれも「聖ルカの原肖像画」の流れを汲むものであり，聖母の表情や態度は厳格にして，正面観，抽象性，象徴性を特徴とするために近寄り

せいぼせいげつ

ウェイデン『聖母子を描くルカ』
(Alte Pinakothek)

難い神の母の雰囲気を湛えており，後に西方の美術の好んだ母性愛的な感情表現は乏しい．11世紀になると東方の*イコンで聖母と幼児キリストの精神的な絆を強調する表現が好まれるようになり，「慈愛に満ちた者」としてのとりなし役の意味を付託したエレウーサ型（Eleousa Type）が成立する．左右相称の構図が廃され，聖母が幼児キリストのほうへ顔を傾け，まるで頬ずりするようにしているもので，半身像が多い．この類型は東方の影響が強く及んでいた12-13世紀のイタリアへ伝播し，初期シエナ派の祭壇画などでは聖母の*アトリビュートである星のモチーフを加えた「星の聖母」となる．

西方のロマネスク後期とゴシックの美術では，ホディギトリア型の座像形式が，「天の元后」としての「玉座の聖母」あるいは，聖母ないしキリストが知恵の書を手にする「叡知の座」として，聖堂彫刻や祭壇画に定着する．また，14世紀のイタリアでは幼児キリストに乳を与える「授乳の聖母」，広げた外套で人々を疫病から庇護する「慈悲の聖母」，地面や床に腰をおろした「謙譲の聖母」などの流行がみられる．これらはルネサンス期に入ると図像の用途や信仰の様態に応じて「祈れる母」や「バラの生け垣の聖母」や「ロザリオの聖母」など，*天使や*聖人の像と組み合わされた各種の世俗的な聖母子像を生む．これら後代の諸例では，聖母が若く美しい女性として表され，幼児キリストも表現や動作において人間的な感情を横溢させている．

【文献】キ美術図典 161-63；美術解読事典 192-94；LCI 3: 154-210.　　　　　　　　　　（西野嘉章）

せいぼせいげつ　『聖母聖月』　*プティジャン版の一つ．司祭*ド・ロによる石版印刷本．1876年（明治9）初版．翌年再版が出た．*聖母月（5月）の毎日の祈り

と黙想を編集した*信心書．司祭ブリュイエール（Brueyre）のフランス語原本が，1859年中国語に訳されて出版された．その1873年版本を日本語に翻訳した．1877年に再版された際に第1部「聖母伝」が追加されている．1876年初版本，1877年再版本いずれも上智大学*キリシタン文庫が所蔵する．　　（片岡千鶴子）

せいぼせんきょうしゅうどうじょかい　聖母宣教修道女会　〔仏〕Filles de Notre-Dame des Missions, 〔英〕Sisters of Our Lady of the Missions, 〔略号〕R.N.D.M.　教皇庁立女子修道会．フランスの*リヨンで，バルビエ（Adèle Euphrasie Barbier, 1829-93）によって，特に非キリスト教国における女性や児童たちのキリスト教教育促進を目的として1861年に創立され，1906年*聖座によって最終的に認可された．会員は世界各地で活動し，1997年現在，施設221，会員数975名．総本部，ローマ．
【文献】AnPont (1999) 1626; Cath. 9: 1411; DIP 1: 1042-43; 3: 1652-53.　　　　　　　　　（和田誠）

せいぼひしょうてん　聖母被昇天　→　被昇天〔マリアの〕

せいぼひしょうてんしゅうどうかい　聖母被昇天修道会　〔仏〕Religieuses de l'Assomption, 〔英〕Religious of the Assumption, 〔略号〕R.A.　女子修道会．通称は被昇天修道会．1839年*ミルレにより*パリに設立された．教育を手段として神の国を広め，社会のキリスト教化を目指して世界各地で活動している．1952年（昭和27）来日，1953年に大阪府箕面市に修道院を建て，現在は洲本市，高松市，大阪市西成で教育事業および宣教活動を行っている．総本部所在地はパリ．1997年現在の会員数1,377．
【文献】日キ歴 768; AnPont (1999) 1520.　　（岡本郁代）

せいぼひしょうてんしゅうどうかい　聖母被昇天修道会　〔仏〕Sœurs de l'Assomption de la Sainte Vierge, 〔英〕Sisters of the Assumption of the Blessed Virgin, 〔ラ〕Sorores Assumptionis Sanctae Virginis, 〔略号〕S.A.S.V.　女子修道会．
【創立の歴史と霊性】1853年，カナダのケベック州ニコレットのサン・グレゴワール（Saint-Grégoire）において創立．宗教的，文化的に新しい波が押し寄せていた当時の社会の要求に応えて，教区司祭ハーパー（Jean Harper, 1801-69）は，担当小教区の4人の若い女性とともに自分に託された人々のキリスト教的養成を目指し，教育活動を使命とする聖母被昇天修道会を創立した．以来，会員は，困難と喜びで織り成される地上生活を通して被昇天の道を歩んだ聖母*マリアに倣い，摂理なる神への信頼のうちに，創立者の残した「謙遜と惜しみない献身」を座右の銘とし，会が目指す道を邁進した．1890年代に米国，カナダ西部にも会員を派遣するようになり，時代と地域の具体的な必要に応えて男女共学の学校，アメリカ先住民（*インディアン）への宣教，外国宣教等を開始し，近年は成人教育，司牧面の活動も行っている．
【日本での活動】1934年（昭和9）来日，青森に最初の修道院を置き教育活動を開始．1937年，明の星学園の前身となる青森技芸学院を譲り受け，学校教育への道が開かれる．第2次世界大戦中，一時存亡の危機に瀕する

が，戦後青森県内の各地に支部を開設，1965年には埼玉県浦和にも活動を展開，主に学校教育に携わっている．
【現勢】1997年現在，会員数：857．活動地域：カナダ，米国，ブラジル，エクアドル，日本．在日会員数：36名(2001年現在)．青森，弘前，浦和で活動．総本部はカナダ，ケベック州ニコレットに，日本管区本部は青森市にある．
【文献】AnPont (1999) 1520; G. ルサージュ『聖母被昇天修道会の起こり』聖母被昇天修道会訳 (聖母被昇天修道会日本管区 1978): G. Lesage, Les Origines des Sœurs de l'Assomption de la Sainte Vierge (Nicolet 1957); H. カンテン『万国に行って教えなさい』長江恵訳 (聖母被昇天修道会日本管区 1987): H. Cantin, Allez enseigner toutes les nations (Nicolet 1984). （長谷川みほ）

せいぼひしょうてんじょししゅうどうかい　聖母被昇天女子修道会　→　聖母被昇天修道会

せいぼほうけんしゅうどうかい　聖母奉献修道会
〔仏〕Sœurs de la Présentation de Marie, 〔略号〕P.M. 女子修道会．1796年11月21日，フランス南東部の現アルデッシュ県チュエイ (Thueyts) で，福者*リヴィエとその同志たちにより創立された．*フランス革命直後の動乱の世のなかで，なおざりにされた青少年たちの教育を主な使命とした．精神は，フランス*霊性学派のイエス・キリストを中心に置く内面的で堅固な対神的特徴と，創立者が*ジャン・フランソア・レジスのうちに認めていた*イエズス会的な使徒的特徴とを合わせもっている．*ヨアンネス・パウルス2世は，1982年，リヴィエの*列聖に際し，「人々を驚かせたのは，使徒職に向かう彼女の熱意であった．幼いときからすでに『小さい母』のように子どもたちを教育し神を愛することを教えたいという熱意に燃えて，青少年を信仰のうちに生きるよう教育するため，特に貧しい人，孤児，見捨てられた人，神を知らない人のために修道会を設立した」と述べている．現在，総本部は，ローマ近郊の*カステル・ガンドルフォにあり，1,781名(1997年現在)の会員が18か国に派遣されている．
　日本には，1948年(昭和23)，カナダのサンティヤセント (St-Hyacinthe) 管区から9名の修道女が派遣され，大阪市阿倍野区に本部を置き活動を始めた．現在の会員数は46名で，本部・修練院を姫路市に置き，姫路市の賢明女子学院と堺市の賢明学院で青少年の学校教育に従事している．東京都豊島区と福岡市笹丘にある修道院では，それぞれ所属する小教区内の*使徒的活動に参加している．
【文献】日キ歴 769; AnPont (1999) 1645. （山本千恵）

せいぼほうもんかい　聖母訪問会　〔仏〕Sœurs de la Visitation du Japon, 〔英〕Sisters of the Visitation of Japan, 〔略号〕S.V.　女子修道会．1915年，*パリ外国宣教会宣教師 A. *ブルトンの招きに応え，カリフォルニアの日本人移住者を助けるために渡米した4人の日本人女性(鹿児島のご訪問の愛苦会のグループ)がもとになって聖母訪問会が誕生した．このグループは帰国後の1925年(大正14)，東京大司教によって教区立修道会として正式に認可され，1942年(昭和17)，教皇庁立修道会となった．時代と社会の必要に応じて，福音を生きつつキリストの愛を広めていく使命を受けて，カリフォルニアにおいておよそ10年間，日本人移民のために宣教，教育，福祉活動をもって彼らの必要に応えた．その後日本においても種々の活動に献身．創立者死去後，第2*ヴァティカン公会議の精神に従い本会も創立の精神を新たにし，新会憲の作成，会のカリスマの再確認，諸事業の再検討などが行われた．会員は聖母*マリアの*エリザベツ訪問に倣って，ある特定の仕事，特定の地域に限らず，必要に応じてみ旨の場所に行き，祈りと存在と奉仕をもって神の国の実現に努める．創立者の意向に従い，特に「小さい人々」(マタ 25: 31-46)に奉仕し，キリストの福音の及び難いところや，海外の貧しい地域の必要に応えるべく努めている．現在の活動は，*小教区における宣教司牧，幼稚園，保育園，女子高校，病院，老人ホーム，重症心身障害児施設，祈りの家，臨床司牧，僻地や第三世界の医療，教育，宣教，海外邦人の司牧など，会員それぞれのカリスマを生かして行っている．
　1997年現在，会員数：154名．活動地域：日本，アメリカ，フィリピン．本部：神奈川県鎌倉市．
【文献】日キ歴 769; AnPont (1999) 1709. （渡辺嘉子）

せいぼマリアきよめのしゅくじつ　聖母マリア潔めの祝日　→　奉献〔イエスの〕

せいぼマリアのしゅくさいじつ　聖母マリアの祝祭日　〔ラ〕festa beatae Mariae virginis, 〔英〕feasts of Mary, 〔独〕Marienfeste, 〔仏〕fêtes de la bienheureuse Vierge Maire
【歴史的変遷】イエス・キリストの救いの出来事を1年をかけて記念していく*典礼暦は4世紀頃には東西の教会にかなり定着していたが，イエスの生涯に母として深く関わった*マリアを崇敬する習慣もその頃から盛んになっていった．*エフェソス公会議(431)でマリアが「神の母」(*テオトコス)と宣言され，マリアに対する崇敬が一層盛んになり，マリアの祝祭日が祝われるようになった．これらは*エルサレムや*コンスタンティノポリスなどを中心とする*東方教会を起源とするものが多く，特に，2月2日の聖母マリアの清めの祝日(現在は主の*奉献の祝日)，3月25日の*神のお告げの祭日，8月15日の聖母の*被昇天の祭日，9月8日のマリアの誕生の祝日などは盛大に祝われた．これらは7-8世紀頃，ローマ教会にも伝えられたことが『ゲラシウス秘跡書』(→ サクラメンタリウム)によって知られる．ローマ教会に由来する聖母の祝祭日のなかで最古のものは，1月1日の*神の母聖マリアの祭日である．
　中世以降，マリアへの崇敬から生まれた民衆の信心や地方の習慣などに由来する祝祭日が典礼暦に加えられ，さらに近代になってから教会により制定された祝祭日も加えられた．そのため，キリストの生涯に深く関わり，神の救いの計画に協力したという視点でマリアを思い起こすという初期の時代のマリアの記念から離れていくようになった．第2*ヴァティカン公会議の典礼暦の改定(1969)では，典礼暦はキリストの*過越の秘義を中心に構成されるべきことが確認され(『典礼憲章』107項)，中世以降に付加されたマリアの祝祭日の多くは特定の地方や修道会などで祝うこととされた．また，教皇*パウルス6世は，1974年に*使徒的勧告『マリアーリス・クルトゥス』(Marialis cultus)を発表し，日本カトリック司教団も1987年(昭和62)の「マリアの年」にあたって教書『聖母マリアに対する崇敬』を発表して，現代にお

せいぼマリアのしょうせいむにっか

けるマリア崇敬と信心の意義について述べている.

【聖母マリアの祭日】現行の一般ローマ暦では，聖母マリアの祭日として，神の母聖マリア(1月1日)，聖母の被昇天(8月15日)，無原罪の聖マリア(12月8日)が祝われる(個々の祭日については各項目を参照). なお3月25日の神のお告げの祭日は，現在では主の祭日(→主の祝祭日)として祝われる.

【聖母マリアの祝日】現行一般ローマ暦には次の二つの祝日がある.

〔聖母の訪問(5月31日)〕 *聖霊によってイエスを身ごもったマリアが *エリサベトを訪問したこと(ルカ1:39-56)を記念する祝日. ローマでは8世紀に待降節中に記念され，東方教会では7月2日に祝っていた. 第2ヴァティカン公会議後に，聖書の記述に基づいて，神のお告げ(3月25日)と洗礼者 *ヨハネの誕生(6月24日)の間に移された.

〔聖マリアの誕生(9月8日)〕5世紀にエルサレムに建てられた聖マリアの誕生大聖堂で祝われていた. ビザンティン典礼(*東方典礼)や *ローマ典礼では，7世紀頃にこの日に記念するようになった. 救い主の母であるマリアの誕生を，すべての人の希望の拠り所として祝う.

なお，かつて聖母の清めの祝日と呼ばれていた2月2日は，現在では主の奉献の祝日と呼ばれ，主の祝日として祝われる.

【聖母マリアの記念日】現行一般ローマ暦では次の五つの記念日を義務として祝う.

〔聖母のみ心(聖霊降臨後第2主日後の土曜日)〕1944年に教皇 *ピウス12世によって定められた. マリアの心が聖霊のふさわしい住まいとされたように，キリスト者の心も聖霊の神殿となることを祈る. 1997年から義務の記念日として祝うようになった.

〔天の元后聖マリア(8月22日)〕1954年に教皇ピウス12世が発表した回勅によって定められた. キリストの母として神の救いの業に協力したマリアが，天に上げられ，王であるキリストの栄光にあずかってすべてのものの女王として高められたことを記念する.

〔悲しみの聖母(9月15日)〕1814年にローマ暦に採用された. *十字架称賛の祝日の翌日にあたり，イエスの受難のとき，マリアが十字架のもとにたたずみ，母としてイエスの苦しみを共にしたことを記念する. この日のミサでは続唱 *スタバト・マーテルが歌われる.

〔ロザリオの聖母(10月7日)〕1571年のレパントの海戦でキリスト教徒が *オスマン帝国に勝利を収めたことを記念して，教皇 *ピウス5世によって定められた. この勝利は *ロザリオの祈りによってもたらされたマリアの助けによるとされたことに基づく.

〔聖マリアの奉献(11月21日)〕543年のこの日に，エルサレムで聖マリア聖堂の *献堂式が行われたことに由来する. マリアが *無原罪の御宿りのときから恵みで満たされ，聖霊の導きによって，生涯を神にささげたことを記念する.

一般ローマ暦ではこれらのほかに，*ルルドの聖母(2月11日)，*カルメル山の聖母(7月16日)，聖マリア教会の献堂(8月5日)が任意の記念日として祝われる. また，年間の土曜日が義務の記念日と重ならない場合はマリアの記念を任意で行うことができる(「典礼暦年に関する一般原則」15項).

【文献】カ大 4: 896-99; LThK³ 6: 1370-74; NCE 9: 210-12; NDSW 818-25; 教皇パウロ6世使徒的勧告『マリアーリス・クルトゥス—聖マリアへの信心について』井上博嗣訳(中央出版社 1976); Paulus VI, Adhortatio Apostolica, "Marialis cultus," AAS 66 (1974) 113-68; 土屋吉正『暦とキリスト教』(オリエンス宗教研究所 1987) 220-43; 日本カトリック司教団教書『聖母マリアに対する崇敬』(カトリック中央協議会 1987); J. A. ユングマン『古代キリスト教典礼史』石井祥裕訳(平凡社 1997): J. A. JUNGMANN, Liturgie der christlichen Frühzeit (Fribourg 1967); A. ADAM, Das Kirchenjahr mitfeiern (Freiburg 1979) 172-84; A. G. MARTIMORT, ed., The Church at Prayer, v. 4 (Collegeville, Minn. 1986) 130-50; P. HARNONCOURT, H. AUF DER MAUR, Feiern im Rhythmus der Zeit 2/1, GDK 6/1: 123-30.

(宮越俊光)

せいぼマリアのしょうせいむにっか 聖母マリアの小聖務日課 → 小聖務日課

せいぼむげんざいのおんやどりしゅうしかい 聖母無原罪の御宿り修士会 〔蘭〕Broeders Van de Onbevlekte Ontvangenis Van De Allerheiligste Maagd En Moeder Gods Maria (De Broeders van Huijbergen), 〔ラ〕Fratres Immaculatae Conceptionis Beatissimae Virginis Mariae Matris Dei　教皇庁立修道士修道会. オランダのブレダ(Breda)の司教ファン・ホーイドンク(Joannes van Hooijdonk, 1782-1868)によって，孤児，知的・身体的障害をもつ子どもたち，青少年の一般教育および職業訓練などを目的として1854年に創立され，1963年 *聖座によって認可された. 会員は *フランシスコ第三会の会則に従う. 1997年現在，施設15, 会員数133名(うち司祭2名). 総本部はヒュイベルヘン(Huijbergen).

【文献】AnPont (1999) 1494; DIP 4: 623. (和田誠)

せいみきとしょかん 聖三木図書館 キリスト教文化を中心に，学際的に東西の文化・文明関係の書籍を幅広く収蔵する. *上智大学の構内にあり，土曜・日曜も開館し，広く一般に公開している.

戦災で焼失した東京都千代田区カトリック麹町教会の再建と同時に，当時の主任司祭 *ホイヴェルスにより付属図書館として1949年(昭和24)に開設され，1953年に上智学院が運営を引き継ぎ，1957年から上智会館内に移転した. 名称は，*日本26聖人の一人で *イエズス会の会員 *三木パウロに由来する.

カトリックの基本的文献，キリシタン関連の文書，*アウグスティヌス，*トマス・アクィナスなどの古典的宗教思想家からマザー・*テレサ，*遠藤周作などの著作・研究書，和洋の古書や話題の新刊まで約5万点を所蔵する. ユニークなコレクションとして，*ニューマン，*ル・フォール，*シュタイン，*ヴェイユの著作，キリスト教神秘思想関連書などがある. 特に *モンテッソーリ教育，死生学に関する文献およびカトリック系新聞・雑誌のバックナンバーが揃っており，貴重な資料となっている.

【文献】カ大 1: 708; 日キ歴 1350. (A. デーケン)

せいむしゃ 聖務者 〔ラ〕minister sacer, 〔英〕sacred minister, 〔独〕geistlicher Amtsträger, 〔仏〕ministre sacré　神の制定によるキリスト信者の身分の一つで，教会法上 *聖職者とも呼ばれる. *信徒とともに *教会の本質的要素を構成する(『教会法典』207条1項).

キリスト信者のなかのある者は *叙階の秘跡によって聖務者とされ，その職階(*助祭，*司祭，*司教)に応じて頭であるキリストの位格 (*ペルソナ)において，教える任務，*聖化する任務および統治する任務を果たし，かつ *神の民を牧するよう *聖別され，任命される(同1008条). 聖務者はすべてのキリスト信者に共通な義務と権利(同208-23条)のほかに，聖職者の身分に固有の義務と権利を有する(同273-89条). 『教会法典』1024条の規定に従って，*洗礼を受けた男子のみが聖なる職階に有効に叙せられ，かつ *叙階権を前提とする聖務を執行することができるため，女子は聖務者の身分に加わることはない.

【文献】N. RUF, *Das Recht der katholischen Kirche* (Freiburg 1983) 72, 78-93; L. CHIAPPETTA, *Dizzionario del Nuovo Codice di Diritto Canonico* (Napoli 1985) 615-16; I. RIEDEL-SPANGENBERGER, *Grundbegriffe des Kirchenrechts* (Paderborn 1992) 150. （枝村茂）

せいむにっか　聖務日課　→　教会の祈り

せいむにっかしょ　聖務日課書　→　ブレヴィアリウム

せいむにっとう　聖務日祷　→　教会の祈り

せいめい　生命　〔ラ〕vita，〔英〕life，〔独〕Leben，〔仏〕vie

【生物学】生命とは，生物のみにみられる生から *死に至るまでの *環境に対応して生存している本体をいう. そしてこのことは，無生物にはみられない特徴である. 一般に，生物は無生物と異なり個体として成長し，子孫をつくって生命を継承する. 子孫をつくることは，同種生物間の生殖によるもので，これによって生命は親から子へと受け継がれ，親の形質が子に伝わることになる. このことは生物がもっている属性である. その属性は，生物としての個体および種が保持されること，長い間に環境との対応において進化が起こったこと，そして個体における遺伝情報，物質代謝の機能などについてあげることができる. 生命の用語は，*生物学において生命現象とか生命の起源とか，生命体などに使われるように慣用されている. そこでここでは，生命とは何かについての生命観や生命論について述べるのではなく，生物学の立場から生物としての属性について述べることにする.

〔生命の誕生〕地球上で最初の生命が形成される前には，簡単な有機化合物が自然に合成され，それらが互いに反応し合って，さらに複雑な化合物がつくられたと予測される. さらに幾つもの分子が集まって複合体をつくり，その結果として生命が形成されたと推測されている. この生命の形成されたときの自然環境条件は，高温の原始海洋であったと考えられる. それは，原始海洋が活発なマグマの影響で，現存する生物にとっては超高温の状態にあると思われるところに，超好熱菌が生存していた可能性が化石から指摘されているからである. この微小化石の超好熱菌であるシアノバクテリア(らん藻)は20億年前の地層に発見されている. 現在でも地球上での高温の温泉や深海の熱水の噴出口にだけ生存する超好熱菌は，75°C以上でも生存可能であることが知られている.

地球は30億年前以後になると，地球上に現存するような普通の生物にとって生存することができるような温度環境になってきたと推測される. それは，約32億年頃の地層から細菌の桿菌や球菌のように核のない細胞である原核細胞性生物が発見されていることによる. そしてその後，先カンブリア代中期(約20億年前)の地層になると，シアノバクテリアのような原核細胞の微小化石が発見されている. このことから明らかなように原核細胞の生物が，この頃に生存していたと考えられている.

現代に生存する生物である，細胞に核のある真核生物は10億年頃の地層にみいだされる. 先カンブリア代末期の地層になるとクラゲに似た生物や腔腸動物，環形動物などの多細胞生物などがみつかっている. カンブリア紀(約6億年前)になると，海綿動物，軟体動物，節足動物などの化石がみいだされる. このような化石は，真核生物の出現後，進化の速度が増して，多様な生物が出現した証拠を示している. このことは生物が有性生殖をする能力を獲得したこと，これによって遺伝形質のさまざまな組み合わせが可能となり，生物の多様性を生み出したと考えられる.

〔生物の多様性〕地球上には多数の動物，植物，微生物など多種類が生存している. 現在のところ生物種は，100万種以上の種類があると推定されている. このように生物が多様化したのは，遺伝子の多様化によって生物が進化したことによると考えられている. 生物を大きく分類すると，単細胞で核が存在しない原核生物と，細胞内に核をもつ多細胞の真核生物とに分けられる. 原核生物には真正細菌や古細菌がある. 真核生物には動物，植物，酵母それに原生生物がある.

このように多様な生物は，地球表面および地球そのものの多種類の環境要因に影響されて適応し，生命を個体として，また種として維持している. 環境には無機的な環境だけでなく，生物である動物，植物，微生物などが相互に深い関係をもちながら，それぞれの生物群集として生態系を構成している有機的な環境もある. 生態系をつくる有機的な環境と無機的な環境の関わりが生物の多様性を支えている.

人類は地球上のいたるところに生息しており，これまでの生物のなかでは，これほど広範囲に繁殖した例はない. 現在，地球全体に生息する人類は約65億人といわれているが，ヒトは生物の種として，たった1種類の動物でもある. 現在，全生物を種として数えると，微生物は3万6,000，菌類・藻類は7万4,000，維管束植物は25万以上，無脊椎動物は100万以下，魚類は2万以上，両性・爬虫類は1万以下，鳥類は1万以下，哺乳類は4,000，これに未確認の昆虫類が3,000万から生存しているといわれている. このように多くの種が存在している. これが生物の多様性である.

〔生物の階層性〕生物はアミノ酸のような有機分子から始まって七つの階層に分けることができる. 生物の基本単位は細胞であり，生命は細胞レベルで認められるであろう. 個体としての活動に生命をみるとするなら，原生動物である単細胞生物のようなゾウリムシやミドリムシ等からであるといえる. 細胞には，組織を構成する動物の神経細胞や筋肉細胞がある. また植物での葉を構成するのも葉肉細胞であり，生物の生殖に関係する卵や精子も細胞である. これら細胞はおのおのすべて特定の役割をもっている. 細胞の真核細胞には核，ミトコンドリア，緑色植物の葉緑体などの細胞小器官がある. これら小器官は生命維持と直接関わる遺伝，エネルギー生成，光合成などの役割をもっている. さらに細胞の機能や形を保つものとして微小管や微小組織，染色体，生体膜な

どの微視構造がある．各細胞がもつ特有の構造を構成して，機能を与えているのは，タンパク質であり，また膜をつくっているリン脂質や多糖，これに遺伝情報に関わる情報物質としてのDNAやRNAなどの核酸がある．

DNAやRNAのような核酸は高分子であり，この高分子は単位分子が組み合わさってできたものである．タンパク質はアミノ酸から，多糖は六炭糖のグルコースから，リン脂質は脂肪酸から，DNAやRNAは4種のヌクレオチドの組み合わせからできている．これらが細胞内に存在して生命を維持している．

細胞レベルから，さらに高次として，細胞の集合体である組織や器官がある．それらの一つに神経細胞と栄養細胞から構成される脳がある．脳は感覚器官の眼や耳からの情報を処理して，末端の筋肉などの効果器官に指令を伝える役割をもっている．脊椎動物の個体としての生命活動の中枢は脳であるといってよい．組織や器官は体内の調節ということでも大事な役割がある．循環系の心臓や肺臓などの働きや内分泌器官の働きに基づくホルモン調節などは生命維持に関わっている．植物でも，茎や根の先端など成長に関わる組織の増殖や，植物ホルモンによる成長の調節などによって植物体が維持されている．このような組織や器官の構成によって多細胞動物，多細胞植物，微生物体が個体として形成されている．

〔生物の継続性〕生物は進化が示すように*時間とともにある．また個体としても時間とともに変化して生存することは生物全般にみられる特徴である．個体としての生命は，親から子への世代の継続をする．雌雄の両親からの生殖細胞である卵と精子が受精して，子の世代がつくられる．この子から，まもなく次の世代のための生殖細胞が生じて，孫の世代へとつながる．このように個体から個体へと継続していく．一方個体においても，生殖細胞から始まり，発生分化によって生体になるまでの個体の形成も時間とともにある．この時間のなかでは，細胞は分裂して核や細胞質を増加させるとともに，細胞間の相互関係によって誘導と分化などが起こる．これによって個体としての完成された生物体ができあがる．このように生命の特徴は時間の変化のなかで止まることなく生き続けているといえる．

さらに，生物は地球の原始時代から今日までの約30億年以上の歴史の時間のなかで，環境の変化に対応して進化してきた．生物進化のなかには，恐竜のようにすでに絶滅した生命もあるが，多くの生物が継続して多様化し，この地球上に多様な生命をみることができる．

〔生命の情報〕生物の示す生命現象の本質的な部分は細胞からできていて，その細胞が一定の規律のもとで自分と同じものを複製していくことである．この複製は遺伝情報に基づいている．生物体を構成する物質のなかで，細菌から多細胞動物，植物に至るすべての生物にとって共通なことは，タンパク質と核酸である．タンパク質の分子の構造は生物のもつ遺伝情報によって定められており，その実体は細胞の核にある核酸DNA分子の塩基対の配列順序にある．

生物すべてが種特異的なDNAをもち，このDNA情報がそれに従った特異的なタンパク質を細胞内につくり出して，生物を形成していく．さらに，生物DNA分子はその分子構造の特殊性から，自己と同じ分子を細胞分裂のたびに複製する．このことが種特異性を代々受け継いでいく自己複製の基礎となっている．以上が生物の生命にみられる共通の点である．　　　（青木清）

【宗教学】〔宗教的生命観の位置〕一般的にいえば，歴史上の多くの宗教，とりわけいわゆる未開社会などの宗教は，人間自らをも含めて広くみられる生命の事実について，明確な概念や教えを有するとはいえない．この種の教えは，ある程度の反省と体系的な思考の結果として生まれるのであり，一定の文化段階において初めて成立するからである．むしろ多くの宗教では，生命についての意識は言語化されずいわば即自的な感情にとどまっており，せいぜい曖昧かつ脈絡のない観念に表現されるにすぎない．したがって，それを捉えるにはさまざまな儀礼や*象徴など，宗教生活の他の側面を通じて，そこに含意される生命の理解を探り出すという，面倒な手続きをとるほかないのである．

〔宗教的生命観の諸相〕宗教的生命観の共通の特徴は，何よりもそれが共感的な態度に貫かれているという点にある．その基調をなすのは「生命の共感」(*カッシーラー)であり，広く*アニミズムと呼ばれる現象もその一つの表現にほかならない．その根底にあるのは，人間や動植物はじめ無生物に至るまでのすべてが生きているとの感覚であり，その生命作用の原理が「*霊魂」として表象されるのである．その正確な起源は特定できないが，何らかの形での霊魂の観念はほぼ普遍的にみいだされ，また極めて多様である．心臓，髪，血，気息など，身体の一部または機能がそうした生命の座と想定される場合(「身体霊」)もあるが，他方では，この霊魂を身体とは分離した別個の存在とみなす傾向もまた著しい．そこに「自由霊」の観念が成立すると考えられる．

このように，身体とは別に生命原理としての霊魂が想定されるのは，かつて*タイラーが論じたように，死の経験などの媒介によるものかもしれない．いずれにせよ，そこにはすでにある種の抽象が働いていることが認められる．そしてそれは，自由な構想力の展開とともに，さらに多様な表象を生み出してきた．すなわち，独立の生命原理としての霊魂の想定は，一方では個人の死後の生への信仰となり，他方では，古代ギリシアやインド文化圏に最も顕著なように，*輪廻・転生の思想に導いた．さらにまた，この生命原理としての霊魂は，単に個人化されるだけでなく，ある場合には逆に，いわば形而上的な実体にまで高められた．*世界霊といった観念はその結果であり，それは原初的な生命への共感に基づきつつ，それを概念化したものといえるであろう．

〔生命観の展開〕宗教的な生命理解は複雑かつ多様であるが，上述のように文化の展開のある段階からは，言語的な手段でそれを表現し，また体系化しようとの試みも現れてくる．そのような企ては神官や祭司あるいは書記など，宗教的な職能者の出現を背景にしていることが多く，古代エジプトの宗教はその典型的な例であった．このような努力はやがて*仏教や*キリスト教など，総じて経典的な宗教のなかに受け継がれ，それはやがて神学的・哲学的な生命論に展開していくとみられる．

これらの作業はすべて，宗教生活のなかに即自的に含まれる生命の理解に基づき，またそれを素材としつつ，概念化しようとするものである．そしてある意味において，この方向はさらに科学的な生命研究へもつながるといえなくはない．ただ，科学による生命研究は対象化と分析との追求であるのに対して，宗教における生命の理解は主体的・体験的であり総合的である点で，互いに対極にあるといえるであろう．

【文献】カ大 3: 278; キ大 636-37; 宗教学辞典 757-59; RGG³ 4: 248-49; 田丸徳善他『新しい生命倫理を求めて』(北樹出版 1989); E. TOPITSCH, *Vom Ursprung und*

Ende der Metaphysik (Wien 1955). （田丸徳善）

【哲学】〔序論〕*哲学にとって，生命とは何かという問題は，生命が物質的なものに尽きるかどうかという問題である．この問題は生命の定義に終わるものではなく，その意義と価値の問題から切り離すことができない．哲学において生命の問題とは *形而上学，*存在論の問題であり，人間論の問題であるばかりでなく，*実践哲学，*倫理学の問題でもある．歴史上のさまざまな哲学は，その世界観の枠組みや体系化の方法，重点の違いによって生命の問題の取り上げ方も異なる．

〔古代哲学〕*ギリシア哲学では，*プラトンと *アリストテレスによって生命とは何かという問題が取り上げられた．プラトンにとって生命とは，活動の内的源泉であり，その原理は霊魂であるとされた．霊魂は個々のものの生命の原理であるばかりでなく，*宇宙全体の原理でもあった．アリストテレスは，『形而上学』第12巻において *存在および生命と *理性との関係について論じているが，完全な *思考は生命そのものであり，*神は永遠かつ完全な思考としてそれ自体で不動であるとした．*新プラトン主義の生命観はプラトンの存在と運動，自己同一性と他者性，無規定性と具有性の弁証法的関係を体系化したものであった．

プラトンとアリストテレスの伝統から，生命とは *善であり，生命と *幸福は一体であるという結論が導き出された．*ストア学派や *エピクロス学派も基本的には同じ考え方であった．一方，何が真の生命なのかということが問題になり，哲学の観点からは「哲学する」こと，すなわち「知恵を愛し，求める」生き方が真の生命であるとされた．哲学はそのような生き方をする者の内面を変革し，死さえも恐れなくする．この意味でプラトンは「哲学することは死ぬことを学ぶことである」と述べた．プラトンの場合，このような生命は肉体の制限から霊魂が解放されることを意味したが，新プラトン主義者 *プロティノスは神的理性を実体化し，この絶対的善からすべてが流出すると考えた．神的知恵と理性である生命は光として考えられ，その輝きによって霊魂を照らすのである．

〔キリスト教哲学〕このような考え方は，旧約聖書の *知恵文学や新約聖書の『ヨハネによる福音書』などとの関連で *オリゲネス，*エリウゲナらを経て中世キリスト教思想に流入し，中世思想では生命を神に帰するようになった．*ディオニュシオス・アレオパギテースや新プラトン主義的原因論の影響を通してプラトンの考え方が伝えられていったが，他方，13世紀にアリストテレス哲学が本格的に導入されると生命の考え方も体系化されるようになった．*トマス・アクィナスは「運動の原理」「活動の源泉」という考え方を *行為（[ラ]actus）の概念に結びつけた．それは自己決定できる個々の存在の在り方を決めるものであり，これには段階があって，自己運動と決定の完全で最高の段階の生命は神に帰せられるとした．トマスによれば，すべてのものは可能なものをも含めて神のうちに存在するため，生命そのものは超越論的規定である．存在論的な超越論的真理は存在の認識可能性を意味するので，生命は実際に知られることを目指すのである．

〔近代哲学〕近代哲学のさまざまな傾向に共通する特徴は *ルネサンス期に現れた *人間中心主義と *機械論的な世界観からしだいに生命論的なものに重点を移した自然科学の影響である．人間中心主義によって近代哲学は生命と *自由を結びつけ，生命論によって自由の拡張に伴う全体的な前進のダイナミズムが強調され，さらに自由を通して生命が創造的になっていくとみられるようになった．生命の本質は，精神（res cogitans）と延長（res extensa）を区別した *デカルト的思考では捉えられず，近代哲学では *ライプニッツが「生命」を正面から取り上げるようになった．彼は，デカルトに反対して，*実体は広がることだけでは充分ではなく，「原初的な能動的活力」をもっており，それが生命であると定義した．身体をもつモナド（*単子）が生命的な実体であり，自然全体が生命に満ちているのである．

啓蒙思想家はさまざまな形で生命を機械論的に説明したが，*カントはこれを批判して，生命をもつ実体は内的原理によって行動し，変化し，自らを規定する能力であるとし，機械的に「動く力」とは区別した．有機的存在は自己を形成する力をもっており，それは生命の類比としてのみ捉えるべきものである．推論によって因果法則を発見する理性ではなく，直観的理性によって捉えられ，そのなかに存在するのである．

*シェリングにとって，初期生命は自らの運動の内的原理そのものであり，精神的存在の可視的な類比物であった．創造する力である精神は自然と結びつけられた．後に，シェリングはこのような生命を *自我とか自然ばかりでなく，むしろ *絶対者としての神に帰し，そこから生命が直接に世界に流れ込むと考えるようになった．そして自然はもはや生けるものではなく，神の生命が姿を現し，真に現存する自己啓示の場であり，その目的である．個々の生命はこうして無限なるものの生命に依存しているのである．*ヘーゲルは社会的・歴史的・宗教的観点から人間をみており，それらが人間に対して，個人を超える存在としての統一性を与えると考え，その中心にカントと同じく生き方を選ぶ自由を置いた．彼の弁証法的思惟が明確になった段階では，生命は対立と矛盾を絶えず克服して進むプロセスと捉えられ，否定と痛みを含むものとされた．

*ショーペンハウアーは，18世紀後半盛んになった幸福論についての議論を背景にして，人間の生命（人生）が無意味・無目的的であるとする厭世観，*悲観主義を唱えた．*ニーチェにとって，生命とは創造への絶えざる意欲であった．K. *マルクスの *唯物論は機械論的な背景をもっていたが，ヘーゲルから弁証法的展開という考えを取り入れ，人間の生命の社会的次元に注目してその展開の根底を精神ではなく物質に置いた．

〔現代哲学〕*ベルグソンにとって，生命は自然科学によって機械論的に解明し尽くされるものではなく，自然科学を超えるものであった．彼にとって，生命は未来に方向づけられたものであり，進歩であり，持続である．その活動によってのみ生命は物質を組織化する．M. *シェーラーにとって，生命とは根源的現象であり，意識にも身体機能あるいは両者の結びつきにも還元できないものである．それは人間のうちなるダイナミズム，自発性である．このように生命そのものの価値を優先することで，*功利主義の価値観の変革を考えたのである．*ハイデガーは，近代哲学の始まり以来の人間中心主義を生命との関連で先鋭化し，人間の生命を *現存在とし，それが「死に運命づけられている存在」だと考え，それを自由に受け入れることによって克服する道が開けるとした．*ディルタイと *フッサールは，「生活世界」の概念によって人間の生命を捉え，それぞれその非理性的領域あるいは前学問的経験世界を分析した．

〔生命哲学の将来〕生命は世界，自然，人間の理解に

結びつき，それらとともに一つの全体的思想を構成している鍵概念である．キリスト教的世界観ではその最高の段階は神そのものであり，生けるものは *被造物としてその生命に参与し，それぞれの完成度によって一つの位階的秩序をもつ全体をなしている．近代的人間中心主義から抜け出し，宇宙的な視点の必要性が叫ばれる今日，環境論的あるいは環境哲学的な性格をもち，生命における連帯を模索する生命哲学が求められていると考えられる．

【文献】M. JENKEN, "The Biological and Philosophical Definitions of Life," *Acta biotheoretica*, 24 (1975) 14–21.　　　　　　　　　　　　　　　　　　　（高柳俊一）

【旧約聖書における生命】聖書は宇宙の起源を神に置き，神がそこにあるすべてのものを維持していると考える．したがって，神の本質を生命とみて，神ではない *偶像を生命のないもの，死んだものとして *偶像礼拝を痛烈に揶揄し，否定する（イザ44: 9-20）．

〔用語〕日本語の新共同訳聖書には，「命」（いのち）という語が354回使用されているが，主としてそれに該当するヘブライ語はネフェシュ (nepeš) あるいはハイ (ḥai)，ハイーム (ḥaiim) である．ネフェシュは「魂」あるいは「息」とも訳され，個人および集団の固有性を成り立たせているもので，それが失われるとそのものの統一性が損なわれると考えられている．ネフェシュは動物にも人間に関しても用いられるが，命のもつ「はかなさ」とか「悲しみ」といった意味合いは含まれていない．ハイ，ハイームは，動詞ハーヤー (ḥyh) から派生した名詞である．ハイームはネフェシュの活動の結果を示す語で，生きていること，生活や生涯，人生といった意味にもなる．

〔生命をめぐる基本的考え〕旧約聖書は，神の *選びを *契約として定立し，イスラエルに *律法つまり *神の意志が与えられたことをその使信として語る．契約によって神の *祝福と *呪いが律法と結ばれ，それによって神の祝福の結果としての生命が律法と不可分なものになり，生命のもつ倫理的価値が高められたのである（申30: 15-20; レビ18: 5）．

生命は全く神の *恩恵である．神は生命を他に付与する義務も必要もないが，それを *被造物に付与する．しかし，それによって被造物が神的性格を有しているとは考えない．人間の生命も動物の生命も同じ源から発しているとみているのであるが，それらが同質であるとも考えていない．人間は神から生命を受けたのであるから，究極的目標の選択に関して自由ではありえず，神のために生きるよう方向づけられていると考える．そこから神に仕えることが力説され，神を畏れ敬い，神の意志に服従することこそ生きることであるとされる．

〔生命観の進展〕古代イスラエルの初期においては，*死の世界，つまり *陰府（よみ）はシュオール (šᵉôl) と呼ばれ，墓場のイメージで捉えられている．シュオールが *希望のあるところと考えられなかったのはメソポタミアの思想に近く，エジプトにおけるような *来世に関する思想は旧約聖書にはみられない．また，倫理性を知的なものとして表現する *知恵文学においても，その初期においては来世の命よりも，この世の命に関心が向いている．例えば，生ける水（命の水）は湧き出ている水，生ける神（命の神）とは *救いをもたらす行動的な神の意味であって，命の木，命の泉，命の道などの表現は，幸福で成功に満ちた生涯を送るための手段や方法などを意味している．*いのちの書も，本来的には同様の概念で

あった．*捕囚期以後のヨブ記(19: 25-27)やコヘレトの言葉(12: 3-7)には，来世に対する暗示が読み取れるが，それらは人生を鼓舞する積極的なものにはなっていない．しかし，前2世紀のダニエル書(12: 2)には，*復活への信仰と結ばれる来世観が明確に表明されている．こうした来世に関する思想へと発展した背景にはペルシアの宗教的影響が推論されるものの，地上の生活の再取得ではないこのような来世思想は，イスラエル独自の神と人間の概念から生じたものと考えるのが妥当であろう．*ヘレニズムの時代，すなわち *第二正典の諸文書が著された時代には，生命をこの世の視野においてだけでなく，永遠の次元において捉える考え方が形成されたことが窺われる(2マカ7: 1-42)．そして，知恵の書(2: 23; 5: 15-16)はギリシア思想における *霊魂の不滅という概念を援用しながら復活の思想を補強する．

【新約聖書における生命】神は自らのなかに生命をもち，不死の存在であり，生命と死の主であるといった考えは，旧約聖書の考え方と基本的には異ならないが，新約聖書はその生命が *イエス・キリストによってもたらされ，全人類に与えられたとする．ただ，それが無条件で無差別かつ自動的に与えられるのではなく，イエスをキリストと信じることによってのみ獲得できるとしている．

〔用語〕新共同訳聖書には，「命」という語が151回用いられている．それらに該当するギリシア語はビオス (bios)，プシュケー (psychē)，ゾーエー (zōē) である．ビオスの用法は，自然秩序の生命に限られており，寿命や生活，生き方などを意味している．また，プシュケーはヘブライ語ネフェシュに対応する語で，自己意識の源とされている．ゾーエーはヘブライ語ハイームに対応する語で，新約聖書では特別な神学的内容を表す語として用いられている．

〔共観福音書〕イエスの教えのなかで，「*永遠の命」は端的に「いのち」，あるいは「*神の国」「天地創造の時から用意されている国」（マタ25: 34）などと表現され，そこに入るには何をなすべきかが説かれている（マタ10: 39）．絶えず「目を覚ましている」ことが要求され（マコ13: 32-37），「今の時」を「天に宝を積む時」としている（マタ6: 19参照）．つまり，*共観福音書では，永遠の命は，未来の事柄，来るべき時代に実現される *終末の経験として特徴づけられている．

〔ヨハネ文書〕ヨハネ福音書とヨハネの手紙においては，イエスは人となった *神の言葉である．イエスは教えと行いによって永遠の命をもたらしただけでなく（ヨハ6: 68; 10: 28; 12: 50; 17: 2），その神性において自らのなかに永遠の命を有した生命そのものである（1ヨハ5: 20）．イエス自身のなかにあるこの生命によって，人間は *神の子となり（ヨハ1: 12; 12: 36; 14: 11, 13, 26; 17: 3; 1ヨハ3: 1），イエスを信じる者は生命を得る（ヨハ3: 15-16, 36; 6: 40, 47; 10: 28; 17: 2-3; 20: 31; 1ヨハ5: 12）．つまり，ヨハネ文書においては，永遠の命は現在的なものとされている（ヨハ5: 24）．したがって，イエスを神の独り子と信じない者は，現在，すでに終末における裁きを受けているとされる（ヨハ3: 18. → 最後の審判）．このような観点から，ヨハネ福音書5章27節の後半から29節のような未来的救いを強調する箇所は後代の付加と考えられる．さらに，ヨハネの黙示録は象徴的表現で，生命を未来的な救いとして描写する．生命の充満を「*新しい天と地」「*天のエルサレム」として描き，屠られた *小羊をその中心に据える(21: 22以下)．新し

いエルサレムの大通りの中央には「命の水」の川が流れ，その両岸に「命の木」が茂っていて毎月実を実らせている（22: 1-2）．そこでは最後の敵である死は打ち負かされ，いのちの書に書き記された人々には，もはや悲しみも嘆きも労苦も，死もないとされる（21: 3-8; また，20: 15 比較参照）．

〔パウロの手紙〕*パウロの用語は，当時の*ラビ文学やヘレニズムの影響を受けている．彼の特徴は，生命という語を隠喩的に用いて*救済論を展開することである．その場合，身体の死は人生を区切るものではあっても，人生を無に帰し，滅ぼしてしまうものとはみていない．*罪の力の結果として死を捉えるパウロにとって，キリストの復活は死の支配の終焉を告げるもので，*洗礼は罪の支配，すなわち死からの解放を人間にもたらすものである（ロマ 6: 12-14; 8: 11, 21）．以後，人間は主キリストのために生きることもできれば（ロマ 14: 7-8; 2 コリ 5: 9; フィリ 1: 21），罪のために生きることもできるのである（ロマ 6: 2）．パウロにとって真の生命に参与する条件は神の意志への全面的賛同（*義）である．この完全な義がイエスにおいて実現したので（ロマ 3: 25; 5: 15, 17; 2 テモ 1: 10），イエスを信じることによって，人は真の生命を共有することができるようになったのである（ロマ 5: 12-21; 1 コリ 15: 20-58）．

新しい生命においてさえ，人間はなおこの世の条件（罪・死）に服している．しかしながら，信じる者の罪は信じない者のそれとは本質的に異なったものである．信じない者は神のために生きることを意識的に拒絶しているのであるが，信じる者は罪によって新しい生命を完成させることにたまたま失敗することになるからである．死は個々の存在を終わらせるようにみえる．しかし，新約聖書が語る復活信仰は生命の永遠性を主張する．その信仰は「からだの復活」として理解されている．復活は死なないことを意味するのではなく，身体的な死を超えて生きることを意味する．その復活は*審判と結ばれており，そこでは新しい生命を実際に活用したか否かが問われる．それを活用しなかった者は*第二の死に定められる（黙 20: 14-15）．身体の死において新しい生命の現れを妨げている障壁が取り除かれ，信じる者は上げられ，新しい霊的からだを受けて，人間存在全体が救われることになる．

【文献】NBL 2: 595-99.　　　　　　　　（岡崎才蔵）

【神学】生命に関する神学的な考察の出発点は，永遠の神が生きているという事実である．この神こそ万物の創造主である．したがって，万物の源は，生命のない物質ではなく，生きているものである．したがって，宇宙万物のもとでは，生命は偶然にできたはかない現象ではなく，宇宙万物の存在意義をなしているものである．

古代の*教父たちがギリシア思想との交わりによって明らかにしたように，神には物質的な体はない．したがって，神の生命は，人間が直接に体験する精神的な生命に類似したもので，*知性と*意志を備えたものと考えられるべきである．もちろん，神の精神的な生命は人間のそれを無限に超えるものであるから，それに関する人間のすべての理解や言葉は，神の現実に限りなく劣っている．事実，神について語る場合，創造主と被造物の「両者の間に類似性は少なく，似ていない点がはるかに多い」（第 4 *ラテラノ公会議，DS 806）ことをつねに念頭に置くべきである．

イスラエル人は，その意志を啓示する神の行いと言葉との出会いによって生きている神と出会ったが，ギリシアの思想家は，しだいに神をすべての思想と存在の唯一の究極的な源として考えるようになった．*オリゲネスをはじめ古代教会の神学者たちは，両者の神理解を統合させ，かつて*預言者たちを通して多くのかたちで祖先に語り，ついにイエス・キリストによって我々に語った神は，*存在そのもの，*真理そのもの，生命そのものと考えたのである．このような理解に基づいて*ボエティウスは，神の永遠性を，「終わりのない生命を全体としてことごとく完全に持っていること」（『哲学の慰め』PL 63: 858）と定義した．

*三位一体の神を信じることによって，神の生命についての理解はさらに深められる．すなわち，神の生命は，愛する父なる神と愛されて愛を返す子との，*愛そのものである*聖霊における交わりである．したがって，絶対者といわれる神の生命は，対他的なものであり，「一（一体）」をも「他（三位）」をも含んでいる．

このことから，世界にみられる多様な生命体の存在を神が積極的に望んでいることが理解される．神は「命を愛される主」（知 11: 26）である．すべての生き物に対する神の心遣いは，各種の生き物を神が直接に造ったということによって伝統的に表されてきたが，現在はむしろ，*テイヤール・ド・シャルダンに従って，宇宙万物は，「アルファであり，オメガである」（黙 1: 8）神に引き寄せられてつねに高度の生命に向かって進化していく過程として考えられるべきであろう．この進化の過程において現れる新しいものは，K. *ラーナーに従って，無限の*第一原因である神と有限の被造物の協力の結果として理解することができる．

神が創造した世界にみられる生命の流れの頂点は人間である．身体的に他の動物に似ている人間の内側にある精神的な生命は，他の生命体のそれを質的に超えている．神はこの人間を相手として愛しており，各人の生命は神の忠実な愛によって永遠に保たれる．*エイレナイオスが述べたように，「生きている人間こそ，神の栄光である」（『異端反駁論』4, 20, 7）．身体的・精神的な「自然の命」をもつ人間に，神は子であるキリストと聖霊の派遣によって「霊の命」を与える（1 コリ 15: 44-49 参照）．この「霊の命」は生きている神の本性への参与（2 ペト 1: 4）であり，それは現世ですでに始まるものである．すなわち，聖霊による愛をもって生きる人間は，死によっても破壊されえない生命をもって生きる．イエスの復活はこのことの保証である．愛は命であり，永遠の命は愛である．エイレナイオスが上述の言葉に続いて，「人間の命は，神を見ることによる」と述べた通りである．無限に開かれた精神をもつ人間が本性上憧れるこの神との直接的な一致は，認識と愛による一致であり，完全に一致しているものの一体性と同時にその区別をも保持し，さらに他の人間との愛の交わりをも含んでいるものである．この生命は，*神の自己譲与による最大の賜物である．

以上のように，キリスト教の神学は，神の生命にあずかるように召されている人間の生命について，希望に満ちた展望を示しているが，人間以外の生物の生命に関してはあまり語っていない．ここに，イスラエルの思想とギリシア思想の両者に共通する傾向の影響があり，キリスト教は東洋思想の出会いによってそれを補わなければならないと思われる．

【文献】HthG 2: 25-30; NCE 8: 738-39; TRE 20: 530-61; K. ラーナー『キリスト教とは何か』百瀬文晃訳（エンデルレ書店 1981）: K. RAHNER, Grundkurs des Glau-

せいめいかい

bens (Freiburg 1976 ⁴1984); J. モルトマン『創造における神』沖野政弘訳 (新教出版社 1991); J. MOLTMANN, *Gott in Schöpfung* (München 1985 ³1987); 教皇ヨハネ・パウロ 2 世回勅『聖霊 — 生命の与え主』石脇慶總, 宮越俊光訳 (カトリック中央協議会 1995); AAS 87 (1986) 809-900.
(P. ネメシェギ)

せいめいかい　聖名会 → イエズス・マリア御名修道女会

せいめいかがく　生命科学　〔英〕life science　生命科学は, *分子生物学の進歩から誕生した DNA から出発する新しい生命の科学といえる. 分子生物学は生物の基本である遺伝と増殖という基本的な生命現象を, 分子である DNA (デオキシリボ核酸), RNA (リボ核酸), タンパク質のレベルで解明し, 理解しようとする学問である. 分子生物学の始まりは, デルブリュック (Max Delblueck, 1906-81) が 1937 年アメリカのカリフォルニア工科大学で, 細菌に感染するウイルスであるバクテリオファージを使って遺伝と増殖の研究を始めたことに遡る. その研究は物理学者あるいは物理化学者を中心としたバクテリオファージの研究グループにより発展した. この研究グループのなかの一人であったワトソン (James Dewey Watson, 1928-　) が, イギリスの *ケンブリッジ大学で, 物理学者のクリック (Francis Harry Compton Crick, 1916-　) とともに DNA の研究を始めて, 1953 年に DNA の構造についての二重らせんモデルを提唱した. これを契機として分子生物学が非常に大きな進歩を遂げた. 二重らせん構造の発見により, 遺伝子 DNA の複製のメカニズムを物理的・化学的に解く可能性が示されたからである. それは遺伝という生物に特有の現象が, 物理化学的な物質現象として理解されることである. 生命現象を物質現象として解析できるということ, これはそれまでの生物学の研究方法と異なるもので, ここに生命を物質として取り扱う生命の科学が誕生することになった. このようなことから生命科学は, すべての生命現象の基盤にある遺伝子 DNA から, 生命現象を解析していく科学であるともいえる.

ここで, 生命科学の今後の研究課題をあげることにより, 生命科学の分野を紹介する.

第一は, DNA, RNA, タンパク質など生体高分子間の識別機構の研究である. これによって生物の生体としての基本である細胞について, 細胞とは何かという謎を解く道を開くとともに, また生命の起源についての問題も取り上げられることになる. 第二は, 高等植物の DNA レベルからの研究である. 第三は, 生物, 特に多細胞動物の発生・分化の研究である. それは, 人間を含めた多細胞動物の複雑な, そして合目的的とさえみえる構造と機能について, DNA レベルから解明する研究である. このことは最終的に人間の生命の解明につながることが考えられる. 第四は, 脳や中枢神経系の研究である. 人間の心や精神の問題を解くための DNA レベルからの研究である. 第五は, 地球上における動物, 植物, 微生物が作っている生態系の DNA レベルからの研究である.

現在の生命科学は, DNA 操作, 細胞操作, 受精卵, 初期胚操作などにより, 生命を内側から解明しようとしている. この生命科学の研究技術として進展した生命操作技術は, バイオテクノロジーとして, 物質生産の際の技術に使われている. このように生命操作技術が基礎学問と応用学問とで一体化している点で, これまでの生物の生命を研究する生物学と生命科学とは異なっている. 特に 1970 年代の半ばから使われるようになった組み換え DNA 技術は, 生命操作技術の最たるものである. DNA 技術は, 基礎分野では人間をはじめとした高等動物の遺伝子 DNA の構造と機能を知ることに貢献している. 応用であるバイオテクノロジーは, ヒトのインシュリン, 成長ホルモン, インターフェロン, 医療品や農作物などの生産に貢献している. 組み換え DNA 技術以外の技術として受精卵, 初期胚操作がある. この技術によってキメラマウスやクローン動物を作成することに成功し, 動物の発生・分化のメカニズムがかなり理解されるようになった. 一方, 応用としては畜産や農作物生産に使われ, 実用的な成果があがっている.

【文献】八杉龍一他編『生物学辞典』(岩波書店 ⁴1996).
(青木清)

せいめいのき　生命の樹　〔ラ〕arbor vitae, lignum vitae, 〔英〕tree of life, 〔独〕Lebensbaum, 〔仏〕arbre de vie　楽園の生命の樹と善悪を知る樹の伝承は, 楽園追放の物語に結びつき旧約思想の根底をなす. 初期キリスト教時代の「楽園」「*天のエルサレム」の表現では椰子を伴って描かれるほか, 楽園の生命の樹は *十字架, キリストの磔刑図と同一視されることもある. 中世末には *ボナヴェントゥラの著した『生命の樹』による *救済論に立った複雑多岐な図像集成に発展した.

【文献】新潮美術辞典 799; M. ルルカー『シンボルとしての樹木』林捷訳 (法政大学出版局 1994); M. LURKER, *Der Baum in Glauben und Kunst* (Baden-Baden 1960).
(守山実花)

せいめいりんり　生命倫理　〔英〕bioethics　1960 年代以降, 米国をはじめとして各国で *医学, *生命科学の急速な発展によりさまざまな倫理的, 道徳的, また社会的問題が生じた. それらの諸問題に取り組む学際的分野を生命倫理またはバイオエシックスと呼ぶ.

【歴史】世界で初めて生命倫理研究所が設立されたのは米国 *ニューヨークにあるヘイスティングズ・センターであり (1969), bioethics という言葉が初めて用いられたのは, 1971 年アメリカで発表されたポッター (Van Rensselaer Potter, 1911-2001) の著作 (Bioethics: Bridge to the Future) においてであった. その後, 1978 年には『生命倫理百科事典』全 4 巻 (Encyclopedia of Bioethics) がワシントンの *ジョージタウン大学のケネディ倫理研究所から発行された. 米国におけるバイオエシックス成立の背景には, *分子生物学の進歩を基盤とした生命諸科学の発展による倫理問題の顕在化と相まって 1960 年代の人権運動やベトナム反戦運動, また環境保護運動といった市民運動があった. 日本では 1970 年代から生命科学・医学の進展が人間・社会に与える影響を考える必要性が提唱され始め, 1973 年には日本医師会に「ライフサイエンスに関する特別医学分科会」が設立された.

【テーマ】生命倫理という名のもとに議論されているテーマは, *生命の始まりに関する問題, 生命の終わりに関する問題, 被験者・患者の権利に関する問題, そして限られた医療資源配分の問題, といった四つのグループに大きく分けられる.

生命の始まりに関する問題としては, *体外受精, 代理母出産, 男女産み分け, 妊娠中絶(→ 堕胎)等があり,

生命の終わりに関する問題としては，脳死を含めた *死の定義，延命装置の取り外し，*安楽死等の問題がある．被験者・患者の権利に関する問題としては，インフォームド・コンセント，医療情報公開の問題，患者の自己決定権，医者を含めた医療従事者の職業倫理などが含まれる．また，ヒトの遺伝子操作やクローン研究および遺伝子治療などこれからさらに輩出されるであろう新しい試験的医療，科学技術をどのような審査，プロセスを経て，いつ，いかなる形で実際に人間に応用するのか，といった問題も含まれる(→ 人体実験)．一方，限られた医療資源配分の問題としては腎透析器械の使用順位，最低限の医療(例えば幼児期の予防注射)すら受けられない人間がいる一方で，ごく少数の人間が高額の治療(例えば心肺同時臓器移植)を受けている現状をどう考えるのかといった問題がある．この問題は医療費が大変高額でありながら，国民全体が医療保険の保障を受けていない米国で現在特に深刻な問題となっている．また先進国と途上国の健康格差を目の当たりにするとき，地球規模の医療資源配分をどのように考えたらよいのかといった問題もある．

このようにさまざまな個別の問題が生命倫理という名のもとで語られている．その根底を貫く問いの一つは，科学技術の進歩を社会の価値に対応した形でいかに進めるべきか，というものである．それは科学技術というものが人類の歴史のなかで誕生した当初から，潜在的に存在していた問いであった．しかし，20 世紀後半に至るまでは生命に関わる科学技術はまだ未熟であり，できることにはごく限りがあった．医学の分野でいえばペニシリンなど少数の抗生物質を使うことぐらいが，いうなれば「科学技術」であった．しかし現在では体外受精から始まり，人工呼吸器の開発，遺伝子操作やクローン技術等の科学技術を人類は実際に手に入れた．そこでその科学技術を社会の価値に対応した形で進めるにはどうしたらよいのか，という問いが顕在化してきたのである．

生命倫理の問題を考察していくためには既存のある一つの学問分野では足りない．医学，看護学，生物諸科学，*社会学，*文化人類学，*哲学，*倫理学，*宗教，*法学といったさまざまな学問分野が相互に協力し合って問題に取り組んでいかなくてはならない．また学者集団のみならず一般市民の参加も不可欠である．このような学際的アプローチを成功させるためには，違った分野の専門家また一般市民が互いに真の対話をもてるような方法論の確立も必要である．さらに，生命倫理の問題をいかに教育のなかで取り上げていくべきかという方法論も今後さらに重要となる．日本の医師国家試験では1989 年(平成 1)よりその出題基準に *医の倫理に関する項目が加わり，各医学部でも生命倫理がカリキュラムのなかに組み込まれ始めている．しかし生命倫理の諸問題は上記のように医者のみの問題ではない．国民一人ひとりが考えていかなくてはならないテーマであり，したがってそれを一般教育のなかにも取り込んでいく必要がある．

【文献】V. R. POTTER, *Bioethics: Bridge to the Future* (Englewood Cliffs, N.J. 1971); W. T. REICH, ed., *Encyclopedia of Bioethics*, 4 v. (New York 1978); T. L. BEAUCHAMP, L. WALTERS, *Contemporary Issues in Bioethics* (Belmont, Calif. 1982); T. L. BEAUCHAMP, *Principles of Biomedical Ethics* (Oxford 1983); E. T. ENGELHARDT, *The Foundations of Bioethics* (New York 1986).

(赤津晴子)

せいようきぶん 『西洋紀聞』 *新井白石が，1708 年(宝永 5)屋久島に潜入した宣教師 *シドッティの取調べの報告書をもとに，ヨーロッパをはじめとする海外事情とキリスト教の教義の説明などを記した書．1715 年(正徳 5)以降，最晩年まで手を加えたもので，上中下 3 巻からなる．上巻はシドッティの潜入とその取調べ，中巻は世界地理および諸国の政治・風俗・物産などについて，下巻はキリスト教一般について記述している．『西洋紀聞』はキリスト教関係の記事を含んでいることから公にはされなかったが，1793 年(寛政 5)幕命により献上したことや 1807 年(文化 4)以降に写本が作成されるに至り，知識人の間に広まってその世界的視野の拡大に寄与した．幕末には，アメリカ人宣教師 S. R. *ブラウンによって英訳が発表された．地理書としては中巻の増補ともみられる *『采覧異言』には及ばないが，鎖国時代を通じてキリスト教関係書としては他に類をみない．その意味で，本書の及ぼした思想史的意義は大きなものである．白石の自筆本は国立公文書館内閣文庫に所蔵されており，宮崎道生校訂『新訂西洋紀聞』(1968)，『日本思想大系』第 35 巻(1975) ほかに収録されている．

【文献】宮崎道生『新井白石の研究』(吉川弘文館 1969)；同『新井白石の洋学と海外知識』(吉川弘文館 1973)．

(尾原悟)

せいよんもじ 聖四文字 〔ギ〕Tetragrammaton 旧約聖書中の *神の名であるヘブライ語四文字 YHWH を指す．テトラグラマトン(ギリシア語「4」tetra,「文字」gramma の合成語)ともいう．これは *フィロンに遡ってみられる(『モーセの生涯』II, 115)．この四文字を「エホバ」(Jehovah) と音写した事例は 12 世紀頃にもあるが，広く普及したのは 16 世紀以降である．しかし，エホバとは，ヘブライ語の *マソラ本文に付された母音記号通りに音読したために生じた誤りである．称名することを畏れはばかって(出 20: 7；レビ 24: 16 参照)，通常は「アドナイ」(〔ヘ〕'^adōnāy,「わたしの主」の意)や「エロヒム」('^elōhîm,「神」の意)あるいは「ハ・シェーム」(haš-šēm,「名」の意)と音読する(→ ケティーブとケレー)．*七十人訳聖書はギリシア語 Kyrios (主) と訳す．*死海文書のなかには「古ヘブライ文字」や 4 ないし 5 個のドット(点)で表記した例が，また聖書の写本によってはヘブライ文字「ヨード」(y) 一字で表記した例がみられる．

【文献】ABD 6: 1011; E. Tov, *Textual Criticism of the Hebrew Bible* (Minneapolis 1992) 216, 256. (清水宏)

セイリエ Ceillier, Remi (1688. 5. 14–1763. 5. 26) フランスの教会史家，ベネディクト会員．バール・ル・デューク (Bar-le-Duc) に生まれ，1704 年モワイアン・ムーティエ (Moyen-Moutier) の *ベネディクト会に入会．1705 年 *修道誓願を宣立．1710 年司祭叙階．1716–18 年にはモワイアン・ムーティエの修道院長，1718–24 年ヌシャトー (Neufchâteau) の，1733–63 年フラヴィニ・シュール・モゼル (Flavigny-sur-Moselle) の修道院長を歴任する一方，旺盛に研究・著述に取り組み，*教父を中心とするキリスト教著述家の通史全 23 巻をまとめた．同地にて死去．

【主著】*Histoire générale des auteurs sacrés et ecclésiastiques*, 23 v., 1729–63.

【文献】Cath. 2: 746; ODCC² 309; A. BEUGNET, *Étude biographique et critique sur Dom Remi Ceillier* (Bar-le-

せいれい

Duc 1891). （千葉佳子）

せいれい　聖霊　〔ラ〕Spiritus Sanctus,〔英〕Holy Spirit,〔独〕Heiliger Geist,〔仏〕Esprit Saint, Saint Esprit

【旧約聖書】旧約聖書には「聖なる霊」（〔ヘ〕ruaḥ qādôš）という表現が3度現れるが（イザ63：10；詩41：13）、一般には「神の霊」（創1：2；41：38；出31：3；35：31；民24：2等）あるいは単独に「霊」という（ネへ9：20；詩139：7；ゼカ7：12等）. その働きは、イスラエルの民の指導者に対するもの、民全体に対するものが中心である.

〔民の指導者に働く神の霊〕*士師たちに働き（例えば、オトニエル、士3：10；ギデオン、士6：34；エフタ、士11：29；サムソン、士14：6参照）、民の危機時に彼らを救う. それは同じく王*サウルにも働きかけるが（サム上10：6, 10；11：6）、彼には「主からの悪霊」というものもある（サム上16：14；19：9）. しかし王*ダビデには注油以来、主の霊が降った（サム上16：13）. しかし神の霊が働くのは特に*預言においてである. それはすでにサウルにおいて預言する霊であった（サム上10：6, 10）. *預言者たちは、彼らが*神の言葉を民に伝える原動力を*霊とした（エゼ2：2；3：24；8：3；ネへ9：30）. また、霊はたびたび神の手ともいわれる（エゼ3：12-14；イザ8：11；エレ15：17）. さらに主の霊は未来の活動を予告する（イザ11：1-10）. 前1世紀のユダヤ教はこれを*終末の*メシアの霊とする（*『十二族長の遺訓』レビ遺訓18：7；ユダ遺訓24：2）. *主の僕、「わたしの僕、わたしが選び喜ぶ」者として「彼の上にわたしの霊を置いた」（イザ42：1）と神がいう「彼」は、預言者のように裁きを告げ、王のように裁くが、これも未来のことである. 神の霊の授与を主による塗油として表すイザヤ書61章も未来的である.

〔民共同体に働く神の霊〕霊は過去に*出エジプトのとき働いたが（イザ63：10-14）、預言者はこれを主に終末の新時代のこととする（イザ44：3；59：21；エゼ37章）. その働きは、公平、正義と平和（イザ32：15-17）、憐れみと祈りの霊（ゼカ12：10）、民に預言を促す霊（ヨエ3：1-2）であり、忘恩の民に主を知らしめる霊（エゼ37：6）である.「新しい霊」によって民は「わたしの民となり、わたしは彼らの神となる」（エゼ11：19-20；36：26-28）. それは世界を*創造した神が霊によって*イスラエルを創造したように（創1：1；イザ44：1-5）、死人をも生き返らせる（エゼ37章）. 新約時代に近い*死海文書では真理の霊とも呼ばれ、*天使と区別されることなく現れる.

【新約聖書】〔イエスと聖霊の関係についての原始教団の基本的信仰〕パウロに伝えられた伝承とは、「御子」が「聖なる霊によれば、死者の中からの復活によって力ある神の子と定められた」（ロマ1：4）というものである. さらにイエスは十字架死以前、宣教の初めに洗礼者*ヨハネによる*洗礼を受けたが、その際に神の霊が降った（マコ1：10および並行伝承）. そこでは霊はイスラエルの民の象徴である鳩として表され、イエスは民の代表者としての霊を受けた. 天からの声は主の僕（イザ42：1）を暗示して「あなたはわたしの愛する子、わたしの心に適う者」（マコ1：11）と宣言する. マタイやルカ以前の*原始教団はさらにイエスの生涯を遡って、イエスは聖霊によって処女から生まれた（マタ1：18, 20；ルカ1：35）と信じ、それゆえにイエスは*神の子とする.

このようにイエスと聖霊との関係は、彼の生の3段階すべてにおいてイエスが神の子であることと相関関係にある. したがってマタイが採用した古伝承は、「父と子と聖霊の名による洗礼」（マタ28：19）という定式によって三者を同格に示す. そして原始教団は、*弟子たちの教会が聖霊を受けて宣教活動を開始するのは復活主の聖霊によるものとして（マタ28：19；ルカ24：49；使1：2, 5；ヨハ10：22）、教会に与えられる聖霊を復活主の活動の一環とするのである.

〔ルカと使徒言行録〕ここでは聖霊は特に旧約時代とイエスの「時」と教会の「時」を結び統一させる保証である. したがって旧約とイエスとの橋渡しの「中間時」の人々に聖霊が与えられ（洗礼者ヨハネとその両親、ルカ1：15, 41, 67；シメオン、ルカ2：25-26）、イエスの全宣教活動の縮図でありパノラマでもあるナザレの説教において（預言の成就、ルカ4：18＝イザ61：1）、神の霊が与えられていることを示す. イエスの全宣教活動は、聖霊による「自由」と「解放」（いずれもギリシア語aphesis）という標語によって総括される. 聖霊はイエスの*復活と*高挙によって神である父から弟子や異邦人らに約束されたものであり（使2：33；10：45）、「イエスの霊」ともいわれる（使16：6-7.「主の霊」使5：9；8：39）. 聖霊はイエスを証言させるために、まず弟子たちに降るが（使2章）、特に迫害のとき（使4：8. ほかにマコ13：11；使4：31も参照）、*ステファノや*パウロに降る（使6：10；7：55；20：22；21：11）. また*サマリアで（使8：29）、さらに異邦人にもイエスを示すよう促す（使10：19；11：1）. 異邦人への聖霊も弟子たちへの聖霊も全く同一である（使11：15, 17；15：18）. パウロの宣教も聖霊によって始まり（13：2, 4, 9）、指導される（16：6-7）. それゆえ、聖霊は救いの歴史の継続を保証し、その発展の原動力となるものである.

〔ヨハネ福音書と手紙〕聖霊は霊（ヨハ1：32-33等）、聖霊（1：33；20：22等）、真理の霊（14：17；15：26等）、*パラクレートス（14：16, 26；15：26, 1ヨハ2：1）と呼ばれ、パラクレートスは弁護者、代弁者、助け主とも翻訳される. このように多様な呼び方が生じたのは、聖霊の働きが一つの言葉では表しえないからである. その役目とは、イエスのことを教え、思い出させ証しし、罪を告発することである（ヨハ14：26；15：26；16：8）. 霊はルカ文書の場合と違い、洗礼においても与えられ、イエスへの信仰による新しい誕生をその賜物とする（3：5, 8；6：63；7：39）. イエスがこれを弟子たちに与えたのは十字架上であり（19：30, 34）、そして神のもとへの高挙の際である（20：22）. イエスと聖霊とについては同じことがいわれる. いずれも*父なる神から送られ（4：34；5：23-24, 30, 37等. さらに14：16, 26；15：26参照）、世に理解されず（1：10；14：17）、自分自身について語らず（7：16-18；12：49；14：24. 16：13も参照）、真理について証し教え（18：37. 14：26；16：13も参照）、世の罪を確証する（3：20；7：7. 15：26；16：8も参照）.

〔パウロ〕新約聖書中でパウロの聖霊理解は最も深いが、それは高挙された主による彼の使命の直接啓示に基づくものである（ガラ1：11-12；2コリ4：6；フィリ3：12等）. ゆえに彼の福音宣教はつねに聖霊による（1テサ1：5；1コリ2：4等）. 霊は神からの霊（ロマ8：14；1コリ2：1, 14等）であり、神の自己啓示力である. パウロはそれを旧約預言の表象（ガラ3：3とエゼ11：19；36：26比較参照）で示すだけでなく、霊を天上界の天的実体とする*ヘレニズムの表象をも採用する. しかし*グノーシ

ス主義と異なり，人に宿る神の霊は人間本来のものではなく，全く神からの霊である(1テサ4:8; 1コリ2:12等).キリストと聖霊との関係で，「主は霊である」(2コリ3:17参照)といいながらも両者は区別され，イエスを復活させたのは霊であるという(ロマ8:11).キリストは復活者として神の霊の内で活動するので，霊もキリストも人のためにとりなす(8:26-27, 34).洗礼によるキリスト者共同体は「キリストの体」すなわち高挙されたキリストの霊的体の一部として聖霊が活動する場(1コリ12:13)であり，聖霊の神殿である(3:16; 6:19).したがってキリスト者共同体は「主と一つの霊となる」ため，神の霊のもとにある(1コリ6:17; ロマ8:9).彼らは霊を受けることで「霊に従って歩む」(8:4-5)神の子とされ，この霊によって「アッバ，父よ」と呼び(8:14-15)，愛と自由によって生きる(8:6).「霊の結ぶ実は愛」(ガラ5:22)であるから，信者の倫理行動は愛によって規定される．*聖霊の賜物(預言や*異言など．1コリ12-14章)も愛に秩序づけられる(1コリ13章).そして霊はその人に永遠の命を与え(ガラ6:8)，死ぬはずの体をも生かす(ロマ8:11).キリストが「命を与える霊となった」からである(1コリ15:45).

【文献】ThWNT 6: 330-450; H. コンツェルマン『新約聖書神学概論』田川建三，小河陽訳(新教出版社1974): H. CONZELMANN, Grundriss der Theologie des Neuen Testaments (Tübingen 1967); W. G. キュンメル『新約聖書神学―イエス・パウロ・ヨハネ』山内真訳(日本基督教団出版局1981): W. G. KÜMMEL, Die Theologie des Neuen Testaments nach seinen Hauptzeugen (Göttingen 1972); E. ローゼ『新約聖書神学概説』小河陽訳(日本基督教団出版局1982): E. LOHSE, Grundriss der neutestamentlichen Theologie (Stuttgart 1974); 三好迪『小さき者の友イエス』(新教出版社1987) 733-49; H. B. SWETE, The Holy Spirit in the New Testament (London 1909); U. WILCKENS, Weisheit und Torheit (Tübingen 1956); I. HERMANN, Kyrios und Pneuma (München 1961); J. D. G. DUNN, Baptism in the Holy Spirit (London 1970); G. HAYA-PRATS, L'Esprit force de l'église (Paris 1975); J. D. G. DUNN, Jesus and the Spirit (London 1975); H. SCHLIER, Grundzüge einer paulinischen Theologie (Freiburg 1978); M. A. CHEVALIER, Souffle de Dieu: Le saint-esprit dans le Nouveau Testament (Paris 1978); C. F. D. MOULE, The Holy Spirit (London 1978); F. W. HORN, Das Angel des Geistes (Göttingen 1992); J. GNILKA, Paulus von Tarsus, Zeuge und Apostel (Freiburg 1996). (三好迪)

【神学】キリスト教信仰は唯一神を信じる．このかぎりでは*ユダヤ教の神信仰を継承し，*イスラム教とともに*一神教である．しかし，キリスト教信仰は，その一神教的信仰の本質が父と子と聖霊の*三位一体にあることを*啓示によって示されたと信じるものである．神の唯一性は三位格が永遠からの神性を共有し，分かち合いに基づき交流することで示される．その交流が神的本質の純正・厳密な*超自然的単一性を意味すること自体，まさに厳密な意味での信仰の神秘である.

三位一体性とは，それぞれが固有である位格(*ペルソナ)の完全な一致の関係であり，唯一の神の内面の生命と働きが超自然的ダイナミズムであることを示す．すなわち，各位格は少しも一体から外れることなく，なおかつ独自性を喪失することもなく，かえって一体であるがゆえに固有性を発揮しつつ，完全な交流を神の生命の外に現すのである.

聖霊は三位一体における第三の位格であり，*信条の第3項に属する信仰対象である．正統信仰の*信仰宣言における神概念は第3項なくして語ることはできない.

このような三位一体の神の捉え方において，聖霊は父と子とともに同等の神的本質を永遠から共有し，父と子が働く時間と空間において，つねに同じように働く神の霊である．聖霊は，父と子との結びつきを現すために，またその関係の超自然的完全性のゆえに，「位格」と呼ばれる．位格([ギ] prosōpon, [ラ] persona)とはもともと「顔」あるいは「面」を意味する言葉であった．第一の位格，第二の位格はそれぞれ父，子として「顔」をもっており，超自然的現実を擬人法的に捉える傾向をもつ人間の想像力にとってわかりやすいものであるが，第三の位格である聖霊の「顔」は想像し難く，その働きは理解できても，独自の位格として理解することは困難で，炎とか*鳩のような*象徴でしか想像することができないのも事実である．しかし，通常の自然的次元において，人間の働きの原動力が精神であり，事物を認識するのが精神であることを考えれば，信仰の次元において，聖霊が神の*創造のわざを行い，被造界を完成の日まで見守り，信仰を可能にする認識の根源であることも肯定できよう.

【教理史】〔概要〕聖霊の神性と，父と子それぞれとは異なる固有の位格性への言及は，すでに*『十二使徒の教訓』(7:1-3)にみられる．さらに初期の*使徒信条や*洗礼信条の形式に必ずみられるばかりでなく，三位一体の教えに関する教会の決定にみられる(DS 1-76).

262年，ローマ教皇*ディオニシウスは書簡において，父と子と聖霊を唯一の神の顕現を示す3種の様態とする*サベリオス派の教説(→御父受難説，モダリズム，モナルキアニスムス)を排斥し，聖霊の固有な位格を確認すると同時に，父と子と聖霊は同じ神性を共有するのであり，それぞれが異なる神ではないと教えた(DS 112).

第1*コンスタンティノポリス公会議(381)の聖霊についての教えは，ローマ教会会議(382)で決議された『ダマススの教書』(Tomus Damasi)から窺うことができる．この教書は，父と子と聖霊の三つの位格が同等で全能であり，すべてを裁き，すべてを生かし，すべてを行い，すべてを救うことを否定する者や，父である神，神である子，神である聖霊とに分ける者，子と聖霊を除いて父だけを神と認める者は異端者であるとし，洗礼が父と子と聖霊の名によって与えられることを信じると述べている(DS 176).また『ダマススの教令』(Decretum Damasi)は，七つの*聖霊の賜物の根拠を聖書により示し，聖霊の起源については，聖霊が父と子から出ると述べている(DS 178).しかし，*ダマススの信条と*アタナシオス信条は，子は「生まれた」が，聖霊については「生まれたものでもなく，生まれないものでもなく，造られたものでもなく，父と子から発出」したものであることを強調し(DS 71. DS 75も参照)，675年に開催された第11*トレド教会会議はこの点を詳しく説明した(DS 527).

東方教会は，西方教会が*ニカイア・コンスタンティノポリス信条に*フィリオクェ(~と子より，の意)を加えたことを教会分裂とみなした．合同を目指した第2*リヨン公会議(1274)は，「聖霊は永遠の昔から，父と子から，あたかも二つの本源からではなく一つの本源から……派出した」(DS 850)と説明し，後に*フィレン

ツェ公会議(1439)も同様に説明した (DS 1986). キリストが聖霊によってみごもられ, 誕生したことは最も古いキリスト論的信条に属する. しかし,「聖霊が子の父であると考えてはならない」(DS 533). 聖霊はキリストにおいて教会のなかで働き, 聖書における *霊感の源泉であると同時に, 教会の *教導職と預言職の働きを促すものである (DS 1500-1501).

近代において, 教皇 *レオ13世は特に回勅『ディヴィヌム・イルド』(Divinum illud, 1897) のなかで三位一体の教理についての誤謬を戒める一方で, 聖霊の役割についての教えを展開し, その重要性を説いている. その際, *受肉が聖霊の働きであることが特に強調され, 聖霊がキリスト信者のうちに内在し (→ 聖霊の内住), 教会の魂であること, さらに聖霊がキリスト以前の義人のうちにも内在していたことが指摘されている (DS 3327-31).

聖霊に関する教会の教理の展開にとって, 第2 *ヴァティカン公会議は重要な前進であった. 聖霊は創造から世の完成までの *救済史を歩む神の民である教会に結びつけられ, 福音宣教を通して神と世界に対する奉仕を促すものとされている.「この教会は, すでに世の初めから予型によってあらかじめ示され, ……すばらしい方法で準備され, 最後の時に設立され, 聖霊の注入によって明示された. それはさらに, 世の終わりに栄光のうちに完成されるであろう」(『教会憲章』2項).「聖霊は福音の力をもって教会を若がえらせ, 絶えず新たにし, その花婿との完全な一致へ導く. ……全教会は,『父と子と聖霊の一致に基づいて一つに集められた民』として現われる」(同4項). 聖霊は, 信者の *共通祭司職と聖職者の祭司職とを特別な力で強め, その担い手をキリストの真の証人にし, *秘跡を通して神の民全体を聖化するばかりでなく, キリストの預言職に参加させる (同 11-12, 35項参照).『宣教活動教令』は, 第1章の冒頭で次のように述べ, 教会の宣教の使命を子と聖霊の派遣に結びつけている.「旅する教会は, その性質上, 宣教者である. なぜなら教会は, 父なる神の計画による子の派遣と聖霊の派遣とにその起源をもっているからである」(『宣教教令』2項). さらに使徒言行録の聖霊降臨の記述に基づき, 教会の制度が本来, 宣教のためであることを確認し, エルサレムから地の果てまで宣教を行うにあたって,「キリストは, 父から聖霊を送った」(同 3-4項)と述べる.『教会憲章』は, 洗礼を受け, キリスト信者と呼ばれていてもカトリック教会に属さない人々に聖霊が働いているばかりでなく, 良心に従って正しく生きる人々にも働いていることを暗示する (15-16項).『現代世界憲章』によれば,「神の民は全世界に満ちている主の霊によって自分が導かれている」ことを信じている (11項). その信仰的事実は「教会がすべての人と国民との前に全き姿をもって使命を果たすための」不可欠の前提である(『宣教活動教令』5項参照).

〔ギリシア教父〕『イザヤの昇天』(→『イザヤの殉教』)や *『ヘルマスの牧者』では「天使」(おそらく大天使 *ガブリエル)が重要な位置を占めている. *エイレナイオスや *オリゲネスは, 神の言葉と霊が天上の *天使たちの群れのなかで神の栄光を讃えたたえる様子を描いたが, それは必ずしも, 彼らが聖霊を *被造物とみなしたことを意味するわけではなく, むしろユダヤ思想の範疇に従って, 霊が固有の位格性と使命をもち, 神の神秘の深奥の知識を与えられており, 教会と信者の *聖化と *救いのために力強く働いていることを言い表そうとした結果であると思われる. とはいえこのような発想は, オリゲネスをして, 天上の頂点に父を位置づけ, 被造界との間に中間的霊界を想定する位階的宇宙を考えさせるようになり, *ロゴスには知能をもった被造物に理性と自由を与える力, プネウマ(霊)には聖化する力というように, それぞれの働きの分野を区別する方向に向かわせた. 復活後のキリストと使徒たちを通して, 聖霊は古い生命を捨てて *恩恵によって生きる新しい民を創造し, 地を新しくする. 父と子と聖霊は共にこのわざにおいて働くが, それまで聖化されていなかった被造物が聖化されるのは聖霊の働きによる(『諸原理について』1, 8; PG 11: 178). 聖霊はキリストを与え, 聖化する. エルサレムの *キュリロスは, 教会における聖霊の現存のすばらしさを説く際, 位階的宇宙観との関連でそれを行っている (PG 33: 949-52).

*三位一体論との関連で, 同じ本質を共有する聖霊がどのような働きをし, どのように働くかについての関心が現れ始めたのは, カイサレイアの *バシレイオスとアレクサンドリアの *アタナシオスにおいてであった. 彼らの時代, 聖霊の *本質と働きに関しての議論が盛んになり, 旧約聖書の *予型論的解釈の根拠が聖霊とされた. 旧約の *知恵の思想を受け継ぎ, 発展させたヨハネ書では言葉と知恵は一体化され, 神の霊の特徴も言葉に結びつけられるようになっていた. アタナシオスは神の唯一性と父と子と聖霊の同質性を堅持しながら, それぞれの位格の特徴を規定しようとして,「聖霊が我々のなかにあるといい, 子が我々のなかにあるといい, 父が我々のなかにあるということがどのようにしてできるのか」と問いかけ, 聖霊の働きを賢者の知恵の光の輝きに譬えて説明しようとする. 父は聖霊において言葉を通してすべてを創造し, 新しくする. 聖霊は生きた原動力であり, 聖化し, 照らし, 聖霊によって子は与えられる. バシレイオスも, すでにオリゲネスにみられたように, 1テサロニケ書5章23節の考え方を発展させて, 人間という人格的存在に絶えず働きかける聖霊の働きを指摘している.

ギリシア教父の聖霊論は終末論(→ 終末)と結びつけられていた. *ストア学派の影響もあってギリシア教父たちは, 聖霊が生命を与え, 一つにする霊として宇宙全体で働くと考えていた. エイレナイオスは, それが *洗礼によって全世界に及ぶことで可能になると考えた(『異端反駁論』3, 17, 2; PG 7: 929-30). エルサレムのキュリロスは, 人間の人格的存在に働きかける聖霊の考え方と, 教会を通して全世界を一つにし, 新しくする聖霊の考え方とを結びつけ, 洗礼の *水が人間を清めるのは, 聖霊が同時に *火として働き, 鉄を精錬するようなものだと説明している. アレクサンドリアの *キュリロスは, 受肉において聖霊により身体が完全に清められたのと同じようにして, 教会における洗礼と秘跡により人間の魂は聖霊に結びつけられ, その結果, 我々の身体的存在は新しくされ, 救われると述べている. バシレイオスは, アタナシオスの考え方を援用して, 聖霊の照らしを積極的に理解し, 聖霊の聖化の働きにより理性が超自然の領域まで高められ, 自然の次元では理解できない真理をも理解できるようになると述べている.

〔ラテン教父〕第1 *ニカイア公会議以前, *テルトゥリアヌスは *プラクセアスの異端に反論する必要性から, 我々は聖霊を第三のものとして告白すると述べた(『プラクセアス駁論』8, 7; PL 2: 163-64). 聖霊はすべてのもののうちに働き(『護教論』8, 48, 7; PL 1: 524),

最初の人間の創造のとき，神の忠実な僕として働き，*原罪を犯すまで *アダムに与えられた．しかし，聖霊は新しいアダムであるキリストの上にとどまり，キリストは復活し，栄光を与えられた後，父なる神から受けた聖霊を彼に従う者に分け与える（『マルキオン駁論』111, 17, 3-4; PL 2: 344-45;『プラクセアス駁論』30, 5; PL 2: 196）．テルトゥリアヌスの考え方はエイレナイオスに由来し，*ノウァティアヌス，*キプリアヌスなどによって繰り返された．テルトゥリアヌスは子が聖霊を父から受け，人間に与えると述べた．それゆえ，聖霊は第三のもの，父とともに子に起源をもつものであり，「父から子を通して発出した」（『プラクセアス駁論』4, 1; PL 2: 159）．三つは異なった主体であるが，その実質の同体性において分かつことができない．しかし，彼は第三のものを，ほとんど神性と同義語のように使っており，また「弁護者」という表現は使わず，後に *ラクタンティウスが聖霊と受肉したものとの間を区別しなくなる端緒となった（『神学要綱』4, 6, 4; 8, 1）．このような状態は4世紀末まで続いた．また，ポアティエの *ヒラリウスは後に *三位相互内在性といわれる考え方に到達し，聖霊の賜物について語っている．

*アンブロシウスは西方教会の聖霊論の体系化にとって最初の重要な人物である．彼にとって，聖霊は父と子から発出するものであったが，同時に，「霊をキリストから受ける」というルカの言葉から，三つの位格の本質の唯一性が導き出された．しかし，彼はそれを救いの *オイコノミアの観点から理解しようとはしなかった．彼は「父と子と聖霊は，……たとえ異なった特徴があるようにみえるとはいえ，働きは一つ，聖化は一つである」（『秘跡についての講話』6, 2, 5; PL 16: 455）と述べ，聖霊の位格としての唯一の特徴は父と子から「発出」する点にあるとした（『聖霊論』PL 52: 853-64）．

西方教会の聖霊論を完成させたのは *アウグスティヌスである．彼にとって「聖霊は神の賜物であり，それを与えられた者は神を愛するようになる」（『三位一体論』15, 19, 35; PL 42: 1085-86）．それは愛徳の賜物であり，それによって人は神と隣人を愛することができるようになる．この賜物がなければ，他の賜物の価値は失われる．それは我々の罪を消し，自由にし，神と和解させ，喜びを与える．聖霊がもともと父と子の愛であり，この賜物によって人は神との一致を得，神に応えることができるようになるからである．アウグスティヌスはキプリアヌスの考え方から示唆を得て，聖霊は教会の一致をもたらすものであり，その一致は三位一体の父と子の平和と一致のかたどりであると考えている（『ヨハネ福音書講解』14, 9; PL 35: 1508）．聖霊は父と子が互いに抱き合い，交流し，それを我々に広げ，我々と交わる愛であり，我々が兄弟愛で結び合うことを可能にする．さらにその愛によって，我々に聖霊の位格としての特徴が愛であることを教えるのである．アウグスティヌスにとって，超自然的生命は三位一体の愛への参加であり，この参加は父と子の「位格的，同質的愛」への参加である（同105, 3; PL 35: 1904）．彼はまた，受肉における聖霊の役割について，それは，神である子が人となった *位格的結合を可能にしたものであり，すべての恩恵の原型，最高の賜物であると考えている（『信仰と信条』4; PL 40: 186）．聖霊の位格としての特徴である愛は，アウグスティヌスの救いのオイコノミアに対する考え方の核心である．「聖霊に由来する以外の神的で真の聖化はない」（『主の山上の説教』1, 17）．教会における聖霊の役割は，聖霊降臨においてすでに示されたように，信者を集め，一致させることである．教会の一致は，神であり愛であり聖霊である教会の魂によって実現される（『説教集』226, 2; 267, 4; PL 38: 1225, 1231）．

〔中世〕アウグスティヌスはその後の西方キリスト教における神学の展開を方向づけ，特に聖霊論の在り方に決定的な影響を与えた．以後，西方の聖霊論は *キリスト論の一部となり，*主意主義の傾向を帯びつつ，聖霊の働きの考察も，人間がいかに神の意志に応える意志をもつことができるかに向けられるようになった．また，アウグスティヌスと以後の西方神学においては，聖霊を神とキリストの機能とみなす傾向が促進され，東方神学との間に，キリスト論と聖霊論の位置づけに関する見解の相違が生じた．そこから，神と世界，啓示と歴史の関係に関する東西の見解の相違が生まれるようになり，それは現在まで続いている（→ 聖霊発出論争）．東方キリスト教においては，一種の聖霊神秘主義の傾向がみられ，世界との関連が忘れられる傾向が目立つ．西方キリスト教においては，実質的に聖霊が忘れられた結果，*人間中心主義と *世俗主義の傾向が強まった．神と人間の関係を理解するうえで聖霊論的媒介を見失い，受肉論から導き出された *教会論に基づいて，神と人間の関係が可視的な教会制度にのみ依存するかのような傾向が生まれたのである．

12世紀の聖霊論は他の部門の陰になり，際立った進展はみせていない．カンタベリの *アンセルムスは三位一体論の枠内で三位格の神内的関係を考察し，聖霊の発出は父と子との愛の行為であるとした．また，信者の心に働きかけ，神に向かわせるという点で聖霊は救済論的に働くと考えた．*アベラルドゥスは，人間が新たな生に向かうとき，キリストが神の愛の啓示者として，その教えを通して新しい見方をもたらし，その際に聖霊を注ぎ，愛を目覚めさせると考えた．

*ペトルス・ロンバルドゥスはアウグスティヌスとローマ書（5: 5）に基づいて，信者の心に内住する聖霊の現存が愛であるとした．聖霊は，恩恵として，賜物であると同時に与える者でもある．ロンバルドゥスは *義認に関して，聖霊が能動原理（〔ラ〕actus）であり，聖化は習性（habitus）もしくは効力（virtus）のようなものだと主張した．これに対して多くの反論が出されたが，彼は神の愛は「創造されない恩恵」（gratia increata）であるとして *聖霊の内住から区別し，神の愛が与えられることは，信者の内面における変貌が「創造された恩恵」（gratia creata）によって行われる前提であると反論した．

ヘールスの *アレクサンデルは，『兄弟アレクサンデルの大全』の恩恵論のなかで聖霊論を展開し，中世神学がアウグスティヌスの聖霊論を人間論的に受け取ったことを示している．*アルベルトゥス・マグヌスは，内住する三位一体の一つの位格である聖と聖霊の授与との間に習性的恩恵を想定し，*トマス・アクイナスもこれに従った（『神学大全』I, q. 43, a. 1-8; II, 2, q. 23, a. 2）．トマスは義認を位格としての聖霊に結びつけたが，それは聖霊がすべての恩恵の原因だからであった．こうして信者には聖霊の賜物が保証され，聖霊は内住することができるようになると考えた．トマスはロンバルドゥスの考え方は人間の意志の自由と主体性を危うくするものとして避け，人間の協力と責任に充分配慮しようとしたのである．トマスはアウグスティヌスを援用しながら，キリストの *新しい掟が，内面で働きかける聖霊の恩恵であると理解し，その恩恵が人間における愛徳の習性の

せいれい

力を強めて「自由の掟」を実行させ，義認を可能にするとした（『神学大全』II, 1, q. 106, a. 1-2）．トマスは *習性的恩恵と聖霊の賜物の教えによって，聖霊の働きを教会における秘跡に強く結びつけて考えたのである．

*ドゥンス・スコトゥスと *オッカムは，聖霊論において神の自由と人間の自由を保証するために，人格主義的傾向を示している．スコトゥスは，愛徳と恩恵を聖霊と同じものとしたアウグスティヌスにおける洞察を思い起こし，聖霊の内住が，注がれた習性の形においてであっても，人間に対して主権者的であり続け，信仰・希望・愛の行為を目覚めさせることを強調した．オッカムはさらに恩恵論を人格主義的に理解し，恩恵を神が人間に向かう行為とし，それを聖霊と同一視した．神的位格である聖霊は，人間の働きによって左右されることなく，信者のなかに愛を目覚めさせ，善を行おうとする自然的能力を解放するのである．トマスにおいて神の自由が教会における秘跡に結びつけられたのとは異なり，オッカムは聖霊の働きは教会制度の媒介によらないとした．このオッカムの聖霊論は宗教改革者たちに受け継がれていく．

〔宗教改革〕*ルターは三位一体に関する西方キリスト教の正統教理を受け継いだ．ただし，彼の神学はキリスト中心的義認論であり，他の宗教改革者と同様にキリスト論が全面的に重要である．存在論的思考は姿を消し，人格主義的傾向が強く，それが彼の神学的言語に顕著である．ルターにおいては，言葉と聖霊は一体となって働く．聖霊は聖書の言葉を通して人に働きかける，神の創造的現存である．聖霊は「神の言葉を聞く者」の信仰を目覚めさせ，その者を *イエス・キリストに出会わせる．そして，信仰を持続させ，キリストの教えに従った生き方ができるようにする．聖霊によって無関係であったキリストの存在は「私のためのもの」になる．聖霊はこのようにキリストの救いのわざに個人の信仰の行為を一体化させるものである．人間そのものは神の前では「肉」であり，罪人であるが，聖霊は人間をキリストにおいて，神によって選ばれた者にする．聖霊はルターにとって，直接的に霊感あるいは秘跡を通して働くのではなく，聖書の言葉と *説教，さらにそれらに従属する手段としての秘跡によって間接的に働く．キリストこそが唯一の救いの道であり，それと競合するものは極力排除された．この意味で教会は「聖霊の教会」ではなく，神の言葉のもとにある集いである．*アウグスブルク信仰告白は義認信仰が，聖霊の働きにより，福音を聞くことによって達成されると宣言している．

*ツヴィングリは，ルターにおける言葉と聖霊の厳格な一体性を和らげる傾向を示し，義認の後の聖化の進歩の過程を想定し，それを聖霊の働きに帰した．その傾向は彼に続く改革者に影響を及ぼした．*ブーツァーは義認を，神が聖霊を与え，神の子とすべき人間を自らのもとに取り上げる出来事と考え，それが新しい生き方によって表されなければならないとした．すなわち彼にとって，義認とは新しく生まれ変わることだったのである．

*カルヴァンは聖霊論を新しい改革主義的観点で発展させた．真の *神認識は，彼にとっても，言葉と聖霊による啓示のみによる．しかし，彼は聖書と説教による外的な働きかけと内的な照らしとを区別する．世界に対する神のすべてのわざは，聖霊によって媒介される．カルヴァンの意図は，何ものにも規制されない神の自由を確保することにあった．神はつねに霊としての創造者であり，協働者なのではない．こうして，カルヴァンは *予定の観点から，キリスト者における聖霊の働きによる義認と聖化を一つの新生として捉えた．キリストによってもたらされる神の恩恵は，一方ではキリスト者のうちに内的に働く聖霊の実りとして実現され，他方では教会のなかに聖霊の働きとして実現されるとしたのである．

〔近代・現代〕17-18世紀，プロテスタント神学においては，*敬虔主義と *合理主義という相反する思想のもとで，キリストを道徳的模範とし，聖霊を神の力とみなす傾向が一般的であった．このように捉えられた聖霊は，*ヘーゲルの *観念論哲学において世界に内在する非位格的精神になった．*シュライエルマッハーはそれぞれのキリスト者において，聖霊による，ある意味での神の受肉が行われると考えた．この受肉とは神への絶対的依存の意識である．キリストの受肉は神意識の持続的効果であり，それがキリストにおける神性の証明である．こうして彼は，*カルケドン公会議の *キリスト両性説のかわりに「聖霊的キリスト論」を提唱した．

*自由主義神学に取って代わった *弁証法神学の代表者 K. *バルトは，聖霊の優位性を説いた 2 コリント書（3:17）に基づいて聖霊論を展開する．そこでは，「古い人間」は神の審判のもとにあり，聖霊が住む「新しい人間」は恩恵のみによって生きるという，聖霊の絶対的主権が描かれる．神の審判のもとにある人間は，すでに裁かれ，栄光を受けているキリストによって贖われなければならない．神はキリスト・イエスにおいて，世界と和解した．キリストを通しての神の和解の提供は，聖霊において成長していく．バルトは，救いが *先在のキリストについての神の決定によって，「新しい人間」のうちにすでに永遠に，しかも決定的に達成されており，聖霊は意識されようとされまいと，義認された人間のうちに住んでいると考えた．しかし，バルトの救済史的啓示神学は，聖霊の働きを意識してはいても，極度にキリスト論的であった．

第 2 ヴァティカン公会議後の神学の展開において，バルトのようなキリスト論中心主義を避けて聖霊の役割を評価するために，*スコーネンベルクは現代のカトリック神学者としては初めて「聖霊・キリスト論」を提唱した．W. *カスパーはキリスト論を体系化する際，イエスの本質と働きを聖霊論から解明した．西方キリスト教の神学における教会論が，一方的といえるほど，教会を受肉の継続としてキリスト論的に捉え，教会制度の正当化にエネルギーを費やしていた状態を批判的に克服するために，若き *ラッツィンガーは聖霊論からの教会理解を説き，*キュングは教会における *カリスマの役割の本質的意義を具体的に指摘した．こうして聖霊の働きは，各信仰者の自主性に基づく信仰形態を保証するとともに，高度に多元化した社会における共同体としての教会の信仰の一致を促進するものと考えられるようになった．それは秘跡論において，原秘跡である教会を現実化し，終末を先取りする形で集いのなかにキリストの現存をもたらす聖霊とその働きを再確認させた（*ゼンメルロート，K. *ラーナー）．ヘーゲル哲学の影響を受けたラーナーは *教理神学を救済史観に結びつけ，バルトの三位一体論の用語を使いながら，教父や東方教会の聖霊論および救いのオイコノミアについての考え方を総合したうえで，本質論的三位一体論が，機能論的三位一体論すなわち救済史的に働く三つの位格の働きの一体性の理解から導き出されたものであると考え，キリストとともに聖霊の働きに注目した．

さらに，キュングによって，「神存在の問題」が哲学的論証の問題ではなく，*組織神学の課題として浮かび上がった．神が霊として，つまり世界に現存する者として捉えられることによって，現代的に理解されるものとなったからである．プロテスタント神学者 *ユンゲルもまた神を聖霊の出来事として捉えた．

20世紀後半の聖霊論としては，*ミューレンの『ペルソナとしての聖霊』(1963)をあげることができる．また，*カリスマ刷新の運動が下から湧き上がり，聖霊に対する関心が神学的テーマとなったとき，*コンガールは，聖霊を「神の息吹」とする本格的聖霊論を著した．保守的カトリック神学者 *バルタザールは，教会の役務者の地位のカリスマ的側面を聖霊の働きから説明した．また同時に，聖霊を，終わりの日に示される黙示的完成の力をもつものと捉え，聖霊は最後の日に向けての，父である神の解説者であるとしている．バルタザールの考え方は教父神学の影響を強く受けたもので，哲学者エルンスト・*ブロッホの思想への対応を意図している．さらにプロテスタント神学者 *モルトマンはブロッホから大きな影響を受けて聖霊論を著した．

〔神学的結論〕カトリック神学者 *ヴェルテは，カルケドン公会議のキリスト論的定義における *同一本質が，それまで神との同質性の観点でのみ語られていたのに対して，人間との同質性を同時に述べていることを指摘した．キリストにおいて人間的意志は，完全に *神の意志に服従することによって，その自由を余すところなく発揮した．西方キリスト教の人間論と倫理の可能性はここに含まれており，人間の自由と自律性は，キリスト論を根底として説明され続けてきたのである．他方，東方キリスト教の人間論は，聖霊による人間の神化を中心に展開されてきた．神は，複数の自律的存在が相互の愛によって認め合う交わりの超自然的実現であり，分かつことのできない完全な一体性を示す．そのような神を聖霊は啓示によって人間に教え，さらに人間・社会・世界をキリスト教的に理解し，その交わりと一致に近づくようにと導く．この意味で聖霊は，世界の創造者であると同時に完成者であり，我々に厳密な意味での神の三位一体的一致の神秘を神秘として理解させ，参与させるために働いているといえる．現代神学において聖霊論が教理神学ばかりでなく，*実践神学全体にわたって関わりをもつのはこのためである．

【文献】DThC 4/2: 1728-81; 5/1: 676-829; Landgraf D 1/1: 220-37; 4/1: 13-69; MySal 2: 317-401; 3/2: 513-44; RGG³ 2: 1279-83; Barth 1/1; Rahner Sch 12; 13: 226-51; J. モルトマン『聖霊の力における教会』喜田川信他訳 (新教出版社 1981): J. MOLTMANN, *Kirche in der Kraft des Geistes* (München 1975); 同『三位一体と神の国』土屋清訳 (新教出版社 1990): ID., *Trinität und Reich Gottes* (München 1980); H. HEGLER, *Geist und Schrift bei Sebastian Franck* (Freiburg 1892); K. F. NÖSGEN, *Geschichte der Lehre vom heiligen Geiste* (Gütersloh 1899); R. H. GRÜTZMACHER, *Wort und Geist* (Leipzig 1902); H. B. SWETE, *The Holy Spirit in the Ancient Church* (London 1912); F. M. SCHINDLER, *Die Gaben des Heiligen Geistes nach Thomas von Aquin* (Freiburg 1915); K. BARTH, H. BARTH, *Zur Lehre vom Heiligen Geist* (München 1930); G. S. HENDRY, *The Holy Spirit in Christian Theology* (Philadelphia 1956); W. KRECK, "Wort und Geist bei Calvin," *Festschrift für G. Dehn*, ed. W. SCHNEEMELCHER (Neukirchen 1957) 168-73; W. KRUSCHE, *Das Wirken des Heiligen Geistes nach Calvin* (Göttingen 1957); T. BOGLER, ed., *Schöpfergeist und Neuschöpfung* (Maria Laach 1957); H. GERDES, "Zu Luthers Lehre vom Wirken des Geisters," *Luther-Jahrbuch*, 25 (Leipzig 1958) 42-60; C. H. RATSCHOW, "Gottes Geist und personales Denken," ThLZ 88 (1963) 1-10; H. MÜHLEN, *Una Mystica Persona* (Paderborn 1964 ³1968); G. HEINTZE, "Luthers Pfingstpredigten," *Luther-Jahrbuch*, 36 (Leipzig 1969) 117-40; W. PANNENBERG, "Das Wirken des Hl. Geistes in der Schöpfung und im Volk Gottes," *Kirche ohne Konfessionen? Sechs Aspekte ihrer Künftigen Gestalt*, ed. C. E. BRAATEN, A. DULLES, W. PANNENBERG (München 1971) 13-36; C. HEITMANN, ed., *Erfahrung und Theologie des Heiligen Geistes* (Hamburg 1974); M. LIENHARD, ed., *Wiederentdeckung des Heiligen Geistes* (Frankfurt 1974); F. PORSCH, *Pneuma und Wort* (Frankfurt 1974); H. U. VON BALTHASAR, *Skizzen zur Theologie*, v. 3-4 (Einsiedeln 1967, 1974); M. KWIRAN, "Der Heilige Geist als Stiefkind. Bemerkungen zur Confessio Augustana," ThZ 31 (1975) 223-36; W. PANNENBERG, *Glaube und Wirklichkeit* (München 1975) 31-56; H. MÜHLEN, *Die Erneuerung des christlichen Glaubens* (München ²1976); C. F. D. MOULE, *The Holy Spirit* (London 1978); L. GRÖNVIK, "Taufe und Heilige Geist in der Sicht der Theologie Luthers," *Taufe und Heiliger Geist*, ed. P. MÄKI (Helsinki 1979) 106-21; T. SCHNEIDER, *Gott ist Gabe. Meditation über den Heiligen Geist* (Freiburg 1979); Y. CONGAR, *Je crois en l'Esprit Saint*, 3 v. (Paris 1979-80); A. DILSCHNEIDER, ed., *Theologie des Geistes* (Gütersloh 1980); D. WENDEBOURG, *Geist oder Energie* (München 1980); W. PANNENBERG, *Grundfragen systematischer Theologie* (Göttingen ²1980); J. B. BANAWIRATMA, *Der Heilige Geist in der Theologie von Heribert Mühlen* (Frankfurt 1981); M. SCHNEIDER, *Unterscheidung der Geister*, trans. E. PRZYWARA, K. RAHNER, G. FESSARD (Wien 1981); Y. CONGAR, *Der Heilige Geist* (Freiburg 1982); ID., *La Parole et le Souffle* (Paris 1983). (高柳俊一)

【図像・表現】洗礼者ヨハネの言葉「"霊"が鳩のように天から降って」(ヨハ1: 32)に基づき，多くは鳩に象徴され，*受胎告知やイエスの洗礼，*三位一体などの主題に描かれる．また，*聖霊降臨を描いた早い作例では(例えば『ラブラ福音書』6世紀)，聖霊は炎として描かれている．これは使徒言行録の「炎のような舌」(2: 1-4)に基づくものである．鳩と炎が同時に表されることもあり，*グレコの『聖霊降臨』では鳩から光線が放たれ，聖母 *マリアと *使徒たちの頭上に炎が点っている．代表的作例にファン・*エイクのヘントの祭壇画のなかの『受胎告知』，*ピエロ・デラ・フランチェスカの『イエスの洗礼』(ロンドンのナショナル・ギャラリー)，*マサッチョの『三位一体』(フィレンツェのサンタ・マリア・ノヴェラ聖堂)がある． (木戸口智恵)

せいれいこうりん 聖霊降臨 〔英〕Pentecost, 〔独〕Pfingsten, 〔仏〕Pentecôte 聖霊降臨はペンテコステ(〔ギ〕pentēkostē)の出来事とされるが，ペンテコステは第50ないし *五旬祭の意．

【聖書】「五旬祭の日が来て，一同が一つになって集まっていると，突然，激しい風が吹いて来るような音が天か

せいれいこうりん

聖霊降臨
(NCP)

ら聞こえ、彼らが座っていた家中に響いた．そして、炎のような舌が分かれ分かれに現れ、一人一人の上にとどまった．すると、一同は聖霊に満たされ、霊が語らせるままに、ほかの国々の言葉で話しだした」（使2: 1-4）．この聖霊降臨の出来事は、復活のイエスの約束（使1: 4の「エルサレムを離れず、前にわたしから聞いた、父の約束されたものを待ちなさい」．さらに1: 8の「あなたがたの上に聖霊が降ると、あなたがたは力を受ける．そして、エルサレムばかりでなく、ユダヤとサマリアの全土で、また、地の果てに至るまで、わたしの証人となる」）の成就である．それは終末時における神の賜物として約束されていた（使2: 17-18 = ヨエ 3: 1-2）．

ルカは霊の注ぎという終わりの時の出来事をもって教会の誕生を語る．*聖霊の注ぎを受けた教会は*エルサレムから始まって、地の果てまで福音宣教の働きを展開するのである．例えば、*コルネリウスとその家族の救いに始まる異邦人伝道は、彼らへの聖霊降臨により開かれる（「ペトロがこれらのことをなおも話し続けていると、御言葉を聞いている一同の上に聖霊が降った」使10: 44）．使徒たちの伝道活動において、彼らに授与されている聖霊の働きと力（〔ギ〕dynamis）は不可分に結合しており、それゆえ彼らは御言葉の宣教においても、わざにおいても、力ある人として振る舞えた．

教会の誕生と活動に関わる霊の注ぎの記述は、使徒言行録の前編ともいうべきルカ福音書におけるイエスの描写と対応している．イエスが洗礼を受けて祈っていると、「天が開け、聖霊が鳩のように目に見える姿でイエスの上に降って来た」（ルカ 3: 21-22; マコ 1: 9-11; マタ 3: 13-17 参照）．「聖霊に満ちて」（ルカ 4: 1）、イエスは荒野にて悪魔に勝利し、その後、「霊の力に満ちて」（ルカ 4: 14）、ガリラヤでの伝道を開始する．ルカは、マルコおよびマタイと異なり、ガリラヤ伝道の当初に、ナザレの*会堂での安息日礼拝の場面を紹介し、その際にイエスは手渡されたイザヤ書の次の言葉を朗読した．「主の霊がわたしの上におられる．貧しい人に福音を告げ知らせるために、主がわたしに油を注がれたからである．主がわたしを遣わされたのは、捕らわれている人に解放を、目の見えない人に視力の回復を告げ、圧迫されている人を自由にし、主の恵みの年を告げるためである」（ルカ 4: 18-19 = イザ 61: 1）．そして、「この聖書の言葉は、今日、あなたがたが耳にしたとき、実現した」とイエスは語る．そもそも、ルカによれば、マリアへの*受胎告知の言葉にみられるように、イエスの誕生自体が聖霊の働きによる．「聖霊があなたに降り、いと高き方の力があなたを包む．だから、生まれる子は聖なる者、神の子と呼ばれる」（ルカ 1: 35）．

復活のイエスが神の賜物として聖霊の注ぎを約束するのみでなく、ヨハネ福音書では、復活者自身が聖霊を注ぐ．「イエスは重ねて言われた．『あなたがたに平和があるように．父がわたしをお遣わしになったように、わたしもあなたがたを遣わす』．そう言ってから、彼らに息を吹きかけて言われた．『聖霊を受けなさい』」（ヨハ 20: 21-22a）．他方、ルカの記述では、イエスの復活後40日、それに続く昇天を経て後に聖霊降臨が生起する．過越祭（ルカ 22: 7）から50日目の五旬祭（ペンテコステ）に生じた出来事であった、という．そこには「歴史」を物語るルカの構成力と筆力を読み取ることができる．

さらに、ルカは聖霊降臨の出来事を「多言語の奇跡」と解釈し、描出している（使 2: 5-11）．ガリラヤ出身の使徒たちが聖霊の注ぎを受けて、さまざまな他国の言語で福音を語り始めたのである．ルカがここで採用している伝承は本来、霊体験による*異言を内容としていたと考えられる．例えば、コリントの信徒への手紙において、パウロはさまざまな霊的賜物について語り（1 コリ 12: 1 以下）、14 章では集中的に異言について述べている．霊的エクスタシーのなかで語る異言を否定しないが、共同体のなかではそれは解釈され、他の人にも理解可能にされなければならないと、パウロはいう．

【解釈】いわゆる*ペンテコステ派の教会は霊体験とそれにより異言を語ることを重視し、それをキリスト者としての証しとする．それは、上述したような聖書的典拠の一面だけを強調して解釈しているといえよう．霊的賜物には多様性があるのであり、異言はその一つとして理解されるべきである．

【文献】旧新約聖書大 1291-92; 新約釈義 3: 149-54; 荒井献『使徒行伝』上巻（新教出版社 1977）94-127; 加山久夫『使徒行伝の歴史と文学』（ヨルダン社 1986）421-58.

（加山久夫）

【祭日】復活の主日から50日目の日曜日は聖霊降臨の主日（〔ラ〕Dominica Pentecostes、〔英〕Pentecost Sunday, Whitsunday）と呼ばれ、聖霊降臨の出来事ならびに教会とその宣教活動の始まりを祝う．この日は*祭日として祝われる．この日で*復活節は終わり、翌日から*四旬節と聖なる*過越の三日間と復活節で中断された年間が再開する．「50日目、五旬祭」を意味するギリシア語のペンテコステに由来する語が一般的で、英語の Whitsunday は、洗礼を受けた人が着る白い衣に由来するとされる．

〔歴史的変遷〕ユダヤ教の五旬祭の日に起きた聖霊降臨の出来事は、キリスト者の間では2世紀後半から祝われていたと考えられるが、4世紀初め頃までは、ペンテコステとは、*復活祭に続く50日間全体を一つの祝祭としてキリストの*過越の秘義を祝うことを意味する場合

のほうが一般的であった．*オリゲネスや*テルトゥリアヌスらは復活祭から50日目のペンテコステについて言及しており，300年の*エルビラ教会会議の記録にも復活祭から50日目の祝日についての記述があるが，まだ一般には広まっていなかったようである．カイサレイアの*エウセビオスによれば，同じ50日目に主の*昇天も祝われ，*エゲリアも4世紀末の*エルサレムでは主の昇天と聖霊降臨を復活祭から50日目に祝っていたことを伝えている．しかし，5世紀初め頃には，これら二つの祝祭は独立して祝われるようになり，復活祭から50日目が聖霊降臨を祝う日として定着した．

やがてこの日は復活祭とともにキリスト者にとって最も重要な日とされ，*洗礼を授ける日となった．復活祭のように直前に*断食が行われ，前晩から始まる徹夜祭をもって盛大に祝われた．また，7世紀初め頃までには，固有の*8日間の祝祭が作られ，洗礼を受けた者への秘義教話（*ミュスタゴギア）も行われた．こうして，キリストの過越秘義を50日間にわたって祝う復活節を締めくくる日という本来の特徴よりも，むしろ聖霊降臨の出来事を固有の典礼によって祝う側面が強調されて典礼暦のなかに定着した．

〔現行典礼〕第2*ヴァティカン公会議による*典礼暦の改定では，「復活の主日から聖霊降臨の主日に至るまでの50日間は，一つの祝日として，また，より適切には『大いなる祝日』として，歓喜に満ちて祝われる」（「典礼暦年に関する一般原則」22項）とされ，聖霊降臨の主日をキリストの過越秘義を盛大に祝う復活節の50日間と関連づけて祝うことが再確認された．そのため，固有の8日間は祝われなくなり，翌日の月曜日からは通常の年間の典礼が始まることとなった．また前晩からの徹夜祭に代わって前日の土曜日の夕刻に行われる前晩の固有のミサが定められた．この前晩のミサと当日のミサの祈願では，聖霊降臨がキリストの過越秘義を完成する出来事であるという理解が表されている（前晩のミサの集会祈願「あなたは約束された聖霊を送り，御子イエスの過越の神秘を全うされました」，当日のミサの叙唱「あなたはきょう聖霊を注ぎ，過越の神秘を完成されました」）．また当日のミサの結びの閉祭の挨拶では，復活祭とそれに続く8日間のときと同じように「*アレルヤ」の言葉が付け加えられ，キリストの復活の喜びが表される．なお，*典礼色は伝統的に赤が用いられる．この日の典礼では聖霊をたたえる聖歌として，前晩のミサと当日のミサで*続唱「*ヴェニ・サンクテ・スピリトゥス」が，教会の祈り（聖務日課）では賛歌「*ヴェニ・クレアトール・スピリトゥス」が歌われる．

【文献】カ大 3: 294-95; DACL 14: 259-74; LThK³ 8: 189; NCE 11: 109-11; NDSW 375-82, 948; 岸本羊一，北村宗次編『キリスト教礼拝辞典』（日本基督教団出版局 1977）341-43; 土屋吉正『暦とキリスト教』（オリエンス宗教研究所 1987）216-18; A. ADAM, *Das Kirchenjahr mitfeiern* (Freiburg 1979) 79-81; A. G. MARTIMORT, ed., *The Church at Prayer*, v. 4 (Collegeville, Minn. 1986) 56-65; T. J. TALLEY, *The Origins of the Liturgical Year* (Collegeville, Minn. 1991) 57-66. （宮越俊光）

【美術】使徒言行録に記される聖霊降臨の表現には，二つのタイプがある．一つは聖母*マリアが使徒たちの中央に表現され，もう一つは使徒だけが表現されたものである．聖霊は鳩によって表現され，それから発する光は，使徒たちの頭上に届いている．聖母マリアを中心に置いたエル・*グレコの絵（1600頃，マドリードのプラド美術館）では，聖霊から発する光は，使徒たちの頭上に，火のような舌の形で表現されている．

【文献】キ美術図典 149-150; LCI 3: 415-23; L. REAU, *Iconographie de l'art chrétien*, II. *Nouveau Testament* (Paris 1957).　　　　　　　　　　　（馬杉宗夫）

せいれいこうりんうんどう　聖霊降臨運動〔英〕pentecostalism, pentecostal movement,〔独〕Pfingstbewegung,〔仏〕pentecôtisme　近代の欧米のプロテスタント教会において，使徒言行録2章に描かれている*聖霊降臨の出来事を原点として起こされた霊的運動．この運動においては，宣教に伴う「しるし」として，*異言や*癒やしなどの業を可能にする*聖霊の賜物が強調される．*ペトロが聖霊降臨の際の説教でヨエル書から引用した「終わりの日」には老いも若きもすべての者に*聖霊が注がれ，特異な賜物が与えられるとした主張を真剣に受けとめるものでもあった．

19世紀には，*ロンドンで*再臨を熱心に信じ，「終わりの日」における大いなる聖霊の働きとしての「異言」「神癒」を熱烈に求めたスコットランド教会のA. E. *アーヴィングを中心とするグループ（→アーヴィング派）がしばらくの間，イギリスの上流階級の一部に強い影響を与えた．*末日聖徒イエス・キリスト教会（モルモン教）の創始者スミス（Joseph Smith, 1805-44）もその影響を受けている．

近代の聖霊降臨運動の広がりのきっかけとなったのは，米国カンザス州トペーカ（Topeka）のベテル聖書学校で，1900年12月31日，元メソジスト教会牧師のパラム（Charles Fox Parham, 1873-1929）の指導のもとに行われた祈祷会であった．そこでの学生の大部分が「聖霊のバプテスマ（洗礼）」を体験し，異言でもって神をほめたたえた．それ以後，1906年から，パラムの弟子セイモア（William Joseph Seymour, 1870-1922）が*ロサンジェルスのアズーサ通りで信仰覚醒集会を3年にわたって行った結果，この集会に参加したイギリス，カナダ，ノルウェーの牧師たちがそれぞれの国で「ペンテコステ集会」を開き，その動きはやがてヨーロッパ全域にまで広がった（→ペンテコステ派）．

聖霊降臨運動の契機の一つとして，J. *ウェスリの唱えた「第二の恵み」（聖化）の教えの影響をあげることができる．また「きよめ」を強調するイギリスのケジック運動（Keswick Convention）もこれと連動している．ただし「聖化」「きよめ」といった体験が個人的，内面的な面を有しているのに対し，聖霊降臨運動は，聖霊に満たされたしるしとして「異言を語ること」「癒やされること」といった外面的に認知できる体験を求めたところに特色がある．

1960年になると聖霊降臨運動は新しい局面に入り，「ネオペンテコステ運動」が勃興，最初はアメリカ*聖公会の司祭ベネット（Dennis Joseph Bennett, 1917- ）によって，さらに*長老派教会，*バプテスト教会，*ルター教会，*メソジスト教会などほとんどの教派に及んだ．1966年にはカトリック教会にも入り，世界各国で*カリスマ刷新運動として受け入れられ，1980年頃には大きな影響を与えるようになった．このように聖霊降臨運動は，教会の伝統において教理的にのみ意識されるだけだった聖霊の位格とその働きに人々の目を開き，礼拝や宣教の在り方に対し大きな問題提起を行うものとなっている．

【文献】キ大 638; ODCC³ 1253-54; W. ELWELL, ed.,

せいれいしゅうどうかい

Evangelical Dictionary of Theology (Grand Rapids 1984) 835-39.
(川村哲嗣)

せいれいしゅうどうかい　聖霊修道会　〔仏〕Congrégation du Saint-Esprit (Spiritains), 〔略号〕C.S.Sp. 教皇庁立男子修道会. 1703 年, 当時まだ神学生だったプラール・デ・プラス (Claude-François Poullart des Places, 1679-1709) によって *パリにおいて創立され, 1824 年に *聖座によって認可された. 1703 年の *聖霊降臨の祭日, 神学生プラール・デ・プラスは他の 12 人の神学生とともに神への全き奉仕に自己を奉献した. この単純な儀式が後に大きく発展する修道会の起源となった. 若い創立者は *トリエント公会議の精神に沿ってふさわしい聖職者教育を提供するために, 特に貧しい神学生たちを受け入れていった. 当初, この活動の未来を保証するため, 創立者は自分の仲間の神学生たちのなかからより優れた者を選び活動を組織化し, 聖霊修道会と呼ぶことにした. 1709 年創立者のプラール・デ・プラスは 30 歳の若さで夭折したが, 彼が始めた使徒職は仲間たちに引き継がれ存続した. 会の目的は貧しい人々にキリストの福音を述べ伝えることであり, まだ福音を知らない人々, または充分理解に達していない人々の福音教化に専念することである. 会員は特に宣教困難な地域に進んで赴く. また具体的には 3 種の活動すなわち, 教育, 特に神学生の教育, 宣教, そして社会事業に従事する. *フランス革命に際して会員は追放, 投獄, または地下活動を余儀なくされたが, 1848 年には, リベルマン (François Libermann, 1802-52) が創立した, 主に黒人宣教を目的としていたマリアのみ心宣教会 (Société du Sacré-Cœur de Marie) と合併し, フランス国外にも広く発展した.
【現勢】1997 年現在, 施設 733, 会員数 3,092 名. 活動地域はヨーロッパ, 南北アメリカ, アジア, アフリカ諸国. 総本部, ローマ.
【文献】AnPont (1999) 1462; Cath. 13: 494; DIP 8: 2024-31; P. A. CABON, *La Congrégation du Saint-Esprit* (Paris 1926); G. GOYAU, *La Congrégation du Saint-Esprit* (Paris 1937); H. J. KOREN, *The Spiritans: A History of the Congregation of the Holy-Ghost* (Pittsburgh, Pa. 1958).
(和田誠)

せいれいしゅうどうじょかい　聖霊修道女会　〔仏〕Filles du Saint-Esprit, 〔略号〕F.S.E.　教皇庁立女子修道会. 司祭ルーデュジェ (Jean Leuduger, 1649-1722) と二人の女性によって, 青少年教育および病人看護のために, 1706 年フランスのブルターニュ (Bretagne) に創立された. 会員は創立地にちなみ, ブルターニュの白衣修道女 (Sœurs Blanches de Bretagne) とも呼ばれる. 1733 年管轄司教によって認可され, 1960 年には教皇庁立となった. *フランス革命の影響で修道会は解散の憂き目をみたが, 完全に閉鎖されたわけではなく, 勇敢な長上の懸命な指導のもとに幾つかの事業は生き残った. 1800 年頃から再建の動きが活発化し, 1810 年には *ナポレオン・ボナパルトの認可を受け発展の一路をたどる. 会員は, ヨーロッパ, 南北アメリカ, アフリカ・アジアなど 10 か国で活動している. 1997 年現在の施設 250, 会員数 1,834 名. 総本部はフランスのレンヌ (Rennes).
【文献】AnPont (1999) 1703; Cath. 13: 494-95; DIP 4: 15-16; C. LEMERCIER, *Notice sur la congrégation des Filles du Saint-Esprit 1706-1850* (Saint-Brieuc 1888).
(和田誠)

せいれいせんきょうかい　聖霊宣教会　〔西〕Misioneros del Espíritu Santo, 〔ラ〕Missionarii a Spiritu Sancto, 〔略号〕M. Sp. S.　教皇庁立男子修道会. 司祭ルージェ (Félix Rougier, 1859-1938) が, 神のしもべカブレラ・デ・アルミーダ (Concepcíon Cabrera de Armida, 1862-1937) の霊感によって 1914 年 *メキシコ・シティ近郊のテペヤク (Tepeyac) で創立した. 創立まで多くの艱難辛苦を味わったが, *ピウス 10 世自身が聖霊の宣教師たちという名称を授け創立を鼓舞し, 1939 年には *聖座によって認可された. 会の目的とするところは, 聖霊に対する信心を通して教会の成員, 特に司祭や修道者の *聖化のために献身することである. その実現のために会員たちは具体的な手段として, *霊的指導, *信徒使徒職を促進するためのグループ活動, 説教, マスコミ, 特に印刷物の公布などに従事する. 1997 年現在の施設 53, 会員数 377 名 (うち, 司祭 255 名). 総本部, ローマ.
【文献】AnPont (1999) 1476; DIP 5: 1496-500; P. VERA, "I. M. dello S. S.," *Ordini e Congregazioni religiose*, ed. M. ESCOBAR (Torino 1951-53) 1579-83.
(和田誠)

せいれいてん　聖礼典　〔英・仏〕sacrament, 〔独〕Sakrament　プロテスタント教会 (→プロテスタンティズム) における聖礼典 (サクラメント, →秘跡) 理解でまず基本的なことは, *洗礼と *聖餐の二つのみに限定している点である. 七つの秘跡を認める *カトリック教会や同じく七つの機密を認める *東方正教会とは異なって, キリスト自身の制定に遡るプロテスタント教会の理解は, 聖礼典自体を容認しないクエーカー (→キリスト友会) や *無教会主義などを除けば, *宗教改革以来の基本的な特色である. しかも, この二つの聖礼典とも, *神の言葉に基礎を置くものであり, 「みえざる言葉」としての *説教に対して「みえる言葉」と特徴づけることができる. したがって, 聖礼典において重要なのは, キリストの救いの出来事がそこで *現在化されることであり, その出来事に *信仰によって応答することである. 20 世紀のエキュメニカルな礼拝刷新運動の成果によって, プロテスタント教会の聖礼典理解にも豊かな地平が開かれ, アナムネーシス (→記念) や *エピクレーシスの概念や聖体論的理解などが反映している点は, 例えば *日本基督教団の式文理解の新たな方向にも窺える.
【文献】世界教会協議会編『洗礼・聖餐・職務―教会の見える一致をめざして』日本キリスト教協議会信仰と職制委員会, 日本カトリック教会エキュメニズム委員会編訳 (日本基督教団出版局 1985); 日本基督教団信仰職制委員会編『新しい式文―試案と解説』(日本基督教団出版局 1990).
(神田健次)

せいれいによるせんれい　聖霊による洗礼　〔英〕baptism in Holy Spirit, 〔独〕Geisttaufe, 〔仏〕baptême dans l'Esprit Saint　*聖霊降臨運動や *カリスマ刷新の運動において重視される「水による洗礼」とは別の霊的体験. 聖霊による洗礼を通して, 信者は聖霊を受け, 癒やし, *異言を語り, 預言をする能力や霊的指導力などの特別な賜物が与えられると考えられる. この考えの根拠としてあげられるのは, *パウロがエフェソ滞在中, 洗礼者 *ヨハネによる洗礼しか受けていなかった弟子た

ちに「主イエスの名」による洗礼を授けると，彼らに聖霊が降り，異言を話したり，預言をしたという出来事(使19:6)である．また，聖霊による洗礼を想定することでヨハネ書(3:5)，1コリント書(6:11)，テトス書(3:5)をよりよく理解できると主張する．しかし，本来，キリスト教の洗礼はもはや洗礼者ヨハネの洗礼ではなく，「主イエスの名による」ものであり，この洗礼によって聖霊はすでに与えられていることを理解しなくてはならない．

【文献】LThK³ 4: 400-401; ODCC³ 153; W. A. ELWELL, ed., *Evangelical Dictionary of Theology* (Grand Rapids 1984) 121-22; J. D. G. DUNN, *Baptism in the Holy Spirit* (Philadelphia 1970). （高柳俊一）

せいれいのたまもの　聖霊の賜物〔英〕gifts of the Holy Spirit, 〔独〕Gaben des Heiligen Geistes, 〔仏〕dons de l'Esprit Saint　*洗礼によって*神の子とされた人は，知性を照らし，心を強め，神への*愛に燃え上がらせるための*恩恵を受ける．*堅信の秘跡はその恩恵をさらに豊かに与える．*聖霊は神の贈り物のなかでも最大の贈り物であるが，この贈り物は同時に種々の恩恵と賜物（→カリスマ）の贈り主でもある．

聖霊の賜物は，*信仰・*希望・愛の徳（→対神徳）と似て，身に備わった持続的習性をもたらす（→習性的恩恵）．賜物が，外部から恩恵が与えられるという面を強調するとすれば，徳は，恩恵が人間内部において人間と一つになった点を強調している．賜物はすべての受洗者，受堅者に与えられるが，ある*カリスマは，*キリストの体に奉仕するために特定の人に限られた期間与えられる．

聖霊の七つの賜物は，聖霊の働きの完全さ，豊かさを象徴的に示している．(1) *知恵（〔ラ〕sapientia）は神の光のもとにすべてを照らし出し，神のうちに喜び満ちて生きるようにさせる（ガラ2:20）．(2) *理解（intellectus）は神の神秘を内側から愛の直観で悟らせる．(3) *判断（consilium）は実践のために，迷うことなく賢明に識別し，判断させる．(4) *勇気（fortitudo）は一度決断したなら，勇気と忍耐をもって力強く進ませる．苦しみのなかにあって強いのは神に依り頼んでいるからである（ロマ8:38-39参照）．(5) 神の知識（scientia）は神のためにこの世のものを活用させる（ロマ8:28）．(6) 孝愛（pietas）は子どもの心をもって神を父として愛させる．(7) 畏敬（timor）は神を父として尊敬させる．自己の弱さを自覚する謙遜と似るが，奴隷の恐れではなく，父への信頼に満ちている．

イザヤ書(11: 2-3)は，ギリシア語訳では七つの賜物になっているが，ヘブライ語聖書では孝愛と畏敬は同じ言葉になっている（畏れ敬う，〔ヘ〕yir'ah）．それは，ヘブライ詩が二つの言葉を対称的に並列することによって同じ意味を強調するためである．知恵と理解は頭に関し，判断と勇気は行動に関し，最後の三つは神との関係に関する賜物である．「主を畏れることは，知恵の初め」（シラ1:14）という言葉は七つの賜物の最初と最後をあげている．

イエスは聖霊に満たされて，*メシア（油を注がれた方）としての働きを始めたが（ルカ4:14-30），すでに誕生のときから霊に満たされていた（ルカ1:26-38）．

*パウロは恩恵，賜物，カリスマを同じ意味で用いている．*使徒，*預言者，*教師，助言者，施す人，癒やす人，*異言を語る人，その解釈者などの賜物はキリストの体に奉仕するために与えられる(1コリ12: 7-31；ロマ12: 3-8)．*教会の一致と交わりのために，最大の賜物である愛を求めるように勧め(1コリ13: 1-13；ガラ5: 2-6)，異言よりも*預言と解釈の賜物を重んじている(1コリ14: 1-5)．

*聖霊降臨は異言がすべての人に通じる言葉になったこと，神の救いを告げる*宣教の時代が始まったことを示している(使2: 1-21)．聖霊の賜物を主観化し，自分たちだけが特別に聖霊体験をしているといった一部の*カリスマ刷新などの運動の行きすぎはカリスマが教会に奉仕する恩恵という認識によって修正される．*永遠の命は恩恵の賜物であり，それを全人類に与えるためにキリストは命を捧げた(ロマ5: 15-21)．修道者の集団は，奉仕と交わりのカリスマを与えられた人々であるが，カリスマは時代や場所によってさまざまな形をとらせる．*信徒使徒職，*教会一致促進運動，諸宗教との対話は聖霊の働きといえる．

【文献】DSp 3: 1579-641; DThC 4: 1728-81; LThK³ 4: 253-54. （荒木関巧）

せいれいのないじゅう　聖霊の内住〔英〕indwelling of the Holy Spirit, 〔独〕Einwohnung des Heiligen Geistes, 〔仏〕inhabitation de l'Esprit Saint　*洗礼を受けて*義とされた者のなかに*聖霊が送られ，この者を*神の子として生かし，*三位一体の生命に参与させること．ヨハネ書ではイエスが聖霊の派遣と，聖霊が永遠に「一緒にいる」(14: 16)こと，さらに父と子とが信仰者と「一緒に住む」(14: 23)ことを約束している．*パウロは「神の霊があなたがたの内に宿っている」(ロマ8: 9)，「あなたがたは，自分が神の神殿であり，神の霊が自分たちの内に住んでいることを知らないのですか」(1コリ3: 16)と述べ，さらに，この聖霊の内住（内在）が*復活の生命に参与させること(ロマ8: 11)を教えている．

*東方教会の伝統では聖霊の内住による人間の*神化が強調されたが，西方では聖霊の内住は*恩恵論の一部として論じられるにとどまり，聖霊論としての展開をみていない．第2*ヴァティカン公会議の*啓示理解は，聖霊論の発展に道を開き，聖霊の内住は*神の自己譲与による神と人との人格的な交わりと，*キリストの体としての*教会の生命への参与として理解されるようになった．これらの現代神学の動向は，*ヨアンネス・パウルス2世の回勅*『ドミヌム・エト・ヴィヴィフィカンテム』(58-60項)に反映されている．

【文献】NCE 7: 492-94; LThK³ 3: 560-62; W. BEINERT, ed., *Lexikon der Katholischen Dogmatik* (Freiburg 1987) 114-15; P. ネメシェギ，纐纈康兵『神の恵みの神学』改訂版（南窓社1967) 263-98; 教皇ヨハネ・パウロ2世回勅『聖霊 ― 生命の与え主』石脇慶總，宮越俊光訳（カトリック中央協議会1995) 122-31; R. L. FARICY, "The Trinitarian Indwelling," Thomist 35 (1971) 369-404. （高松誠）

せいれいはっしゅつろんそう　聖霊発出論争〔英〕controversy about the procession of the Holy Spirit, 〔独〕Kontroverse über den Ausgang des Heiligen Geistes, 〔仏〕controverse sur la procession de l'Esprit Saint　*聖霊は，「父より発出する」というべきか，それとも「父と子より発出する」というべきかという問題について，*西方教会と*東方教会の間で続

せいれいはっしゅつろんそう

いている論争．

【聖書】聖書では，聖霊は「神の霊」（創 1: 2；ロマ 8: 9），「父の霊」（マタ 10: 20），「子の霊」（ガラ 4: 6），「キリストの霊」（ロマ 8: 9），「イエスの霊」（使 16: 7）などと呼ばれている．さらに，ヨハネ書に記されたイエスの言葉によれば，イエスの復活後，父が聖霊を遣わし（14: 26），またイエス自身が聖霊を遣わす（15: 26）．この聖霊は，「父のもとから出る」（［ギ］para tou patros ekporeutai, 15: 26）．イエスはさらにいう，「その方〔聖霊〕はわたしのものを受けて，あなたがたに告げる．父が持っておられるものはすべて，わたしのものである．だから，わたしは，『その方がわたしのものを受けて，あなたがたに告げる』と言った」（16: 14-15）．

【教父の思想】上掲の聖書の言葉は，直接的には，救済の営みにおける聖霊の働きについて語っているが，*三位一体論が発展するにつれて*教父たちが神の*永遠の命における聖霊について考えるようになったとき，彼らはこれらの言葉をもとにして父と子と聖霊の関係の解明を試みた．第 1 *コンスタンティノポリス公会議（381）は，聖霊の神性を否定する人々の考えを退けて，「主であり，命の与え主である聖霊を信じる．聖霊は父から発出し（［ギ］ek tou patros ekporeuomenon, ［ラ］qui ex Patre procedit），父と子とともに礼拝され，尊ばれる」と宣言した（*ニカイア・コンスタンティノポリス信条，DS 150）．聖霊のこの永遠の発出について*カッパドキア三教父はさらに詳しく述べ，聖霊が父より子を通して発出すると説明した．例えば，ニュッサの*グレゴリオスは，三位一体の神において，「原因」（［ギ］aition）と「原因よりの者」（aitiaton）を区別し，父を「原因」と呼び，子と聖霊とを「原因よりの者」と呼んだ．彼はさらに，「原因よりの者」のうちにもう一つの区別を置き，子が「直接に第一の原因〔父〕よりの者」であるといい，聖霊が「原因よりの者であるのは，直接に第一の原因よりの者〔すなわち，子〕を通してである」と説明した（『さんにんの神々が存在するのではないこと』Quod non sint tres dei, PG 45: 133）．

三位一体論について徹底的な研究を行った*アウグスティヌスのアプローチは，ギリシア教父のそれとは異なる．彼は次のようにいう．「父がもっているすべてのものを子ももっている．したがって，聖霊の源（［ラ］principium）であることも，子が父より受けている．聖霊は究極的に（principaliter）父より発出する．私が『究極的に』という語を加えたのは，聖霊が子よりも発出しているからである．しかし，そのことは父が子に与えたことである」（『三位一体論』15, 26, 47；15, 17, 29）．グレゴリオスとアウグスティヌスの説明を比較してみると，アプローチは違うものの，根本的には一致していることがわかる．事実，グレゴリオスは「原因」（父）と「原因よりの者」（子と聖霊）をまず区別して，続いて原因よりの二つの者を区別したが，アウグスティヌスは，聖霊とその源である父・子とをまず区別して，究極的な源は父のみであり，子は聖霊の源となる資格を父より受けていると付言した．このようなアプローチの相違は同じ信仰の枠内で容認できる神学の多様性の一例であると思われるが，残念ながら，そこから西方教会と東方教会の間で激しい論争が起こった．

〔フィリオクェ論争〕ラテン教会ではアウグスティヌスの影響が圧倒的に強かったので，三位一体のことを述べる教会会議の宣言文に「聖霊は父と子より発出する」という言葉が用いられるようになった（447年のトレド教会会議 DS 188，*アタナシオス信条，DS 126等）．6世紀ないしは 7 世紀からスペインで，「聖霊は父より発出する」というニカイア・コンスタンティノポリス信条が，「聖霊は父と子より発出する」（a Patre Filioque procedit）という形で唱えられるようになった．この習慣はフランスとドイツに広まり，809 年の*アーヘン教会会議は教皇*レオ 3 世に，*フィリオクェ（Filioque,「と子」の意）を信条に挿入することを全教会に命じるように請願した．教皇は，聖霊が父と子より発出するという考えに賛成したが，信条に新しい言葉を挿入する要請を却下した．しかし，「フィリオクェ」を入れて信条を唱える習慣は西方教会でますます一般化し，11 世紀にはローマ教会によっても受け入れられた．

857 年にコンスタンティノポリス総主教*フォティオスのもとにローマ教皇とギリシア教会の間で教会政治上の理由で分裂が起こったとき，フォティオスは聖霊が「父のみから発出する」ことを強調する書物を著し，「と子より」という言葉によって表される思想は異端的であり，信条に新しい言葉を挿入することは*エフェソス公会議によって禁じられたことであるとして西方教会を激しく非難した．これ以来，両教会の間で聖霊の発出についての論争が続いている．

1274 年に開かれた第 2 *リヨン公会議で西方教会の定式がギリシア教会の代表者たちに押しつけられたが（DS 850），この公会議で宣言された教会合同は東方教会によって拒否された．聖霊の発出の問題に関して，*フィレンツェ公会議（1438-39）で徹底的な討議が行われ，その結果次のことが宣言された．「聖霊は，永遠に父と子よりの者であり，自分の本質および自存者としての存在を父と子の両者から受け，単一の源泉としての両者から，一つの息吹によって，永遠的に発出する．聖霊が父より子を通して発出すると教父たちがいうときに，この表現は子も父と同じように聖霊の自存の（ギリシア人の用語では）原因であり，（ラテン人の用語では）源泉であるという意味を表そうとしている．父が，父であることを除いて，自分のすべてを，自分の独り子を生むことによってその独り子に与えたので，子は聖霊が子より発出するということをも，自分を永遠に生んだ父から永遠に受けている」（DS 1300-301）．この声明文は，西方教会の定式を優先させているが，「父と子より発出する」という定式のほかに，「聖霊は父より子を通して発出する」という定式をも認めた点で高く評価すべきである．このような理解に基づいて同公会議で両教会の合同が実現したが，それは長く続かず，東方教会の人々は，フィリオクェによって表される思想のゆえに西方教会が聖霊を軽視するようになり，したがって*恩恵の賜物よりも組織を，内面的な自由よりも権威への従順を，*神秘体験よりも思弁を，信徒よりも聖職者を，司教団よりも教皇を，聖霊による*神化よりも倫理的な努力を優先させるようになったといって，西方教会を非難している．

現在，カトリック教会において，ラテン典礼では，ニカイア・コンスタンティノポリス信条がフィリオクェを入れて唱えられているが，*カトリック東方教会の典礼では，同信条をフィリオクェなしに唱えることが許されている．

西方教会では聖霊についての充分な意識が欠けているという非難はあたっているが，その欠陥が聖霊の発出に関するアウグスティヌス的な思想の結果であるとは言い難い．事実，神における発出関係は，優劣を意味せず，三位は全く平等であることが，西方教会でも三位一体論

の根本主張である．西方神学では，神の子イエスによって聖霊が派遣されるにもかかわらず，聖霊が子に劣らない神であることを説明するためにこそ，子からの聖霊の永遠の発出が述べられている．父と子と聖霊を神として信じる両教会は，根本的には一致しており，両教会の間で行われている神学的な対話によって，聖霊の発出について両者が容認できる表現がみいだされるための努力が現在続けられている．

【文献】DThC 5: 2309-43; LThK² 4: 126-127; P. ネメシェギ『父と子と聖霊』増訂版（南窓社 1993）; Y. コンガール『わたしは聖霊を信じる』全3巻, 小高毅他訳（サンパウロ 1995-96）: Y. CONGAR, *Je crois en l'Esprit Saint*, 3 v. (Paris 1979-80); L. フィッシャー編『神の霊，キリストの霊 ―「フィリオクェ」論争についてのエキュメニカルな省察』沖野政弘他訳（一麦出版社 1998）: L. VISCHER, ed., *Spirit of God, Spirit of Christ: Ecumenical Reflections on the Filioque Controversy* (London 1981); L. LOHN, *Doctrina Graecorum et Russorum de Processione Spiritus Sancti a solo Patre* (Roma 1934); J. GILL, *The Council of Florence* (Cambridge 1959). （P. ネメシェギ）

せいれいへのぼうとく　聖霊への冒瀆

〔英〕blasphemy against the Holy Spirit, 〔独〕Blaspheme (Lästerung) gegen den Heiligen Geist, 〔仏〕blasphème contre l'Esprit Saint　*聖霊への *冒瀆という表現は, *共観福音書のみでみられ（マタ 12: 31; マコ 3: 29; ルカ 12: 10), イエスの悪霊追放に関する論争（マタイ, マルコ), あるいは *最後の審判に関する弟子教育（ルカ）で用いられる. 聖霊への冒瀆を, マルコはエルサレムからの *律法学者に向けた論駁のなかで, 人間の犯す罪や冒瀆と, マタイおよびルカは *人の子に対する悪口と対比しているが, いずれの場合も, 聖霊への冒瀆を決して赦されることのない重大な罪として規定している.

誕生（マタイ, ルカ), 受洗, 試みというイエスの公的活動前の出来事は, いずれも聖霊と結びつけられる. これによって, イエスの存在自体, また以降の活動の源泉としての聖霊の位置が明らかにされる. 特に試みの場面が示唆するように, 人間の根源的解放は, *サタンによって象徴される悪と罪を, 聖霊によって導かれた *神の子イエスが支配することによって実現される. このことは, 公的活動におけるイエスの悪霊追放において確認される（ルカ 11: 20）のみでなく, 悪霊追放をイエスの最初の公的活動として記述するマルコ (1: 21-28) において中心的な神学テーマとなっている.

イエスの死と復活は, 聖霊の時代を成就する（ルカ 24: 49; ヨハ 20: 22; 使 2: 1-4). 聖霊は教会に神の神秘を啓示し（1コリ 2: 10-16), その聖霊によって人間はイエスを主と告白し（1コリ 12: 3), 神の子となる恵みを受ける（ロマ 8: 12-17). 聖霊のもとで成就されたイエスによる救済は, 同じ聖霊のもとでその成果を発揮し, 普遍的広がりを実現していく.

聖霊への冒瀆は, イエスを通した神の救済的働きと, その源泉である聖霊を決定的に否定することを意味する. 共観福音書は, この罪の重大性を教会内（ルカ), また教会外（マタイ, マルコ）に対して, 厳しく警告する.

【文献】M. E. BORING, "How May We Identify Oracles of Christian Prophets in the Synoptic Tradition?," JBL 91 (1972) 501-21; R. PESCH, *Das Markusevangelium*, v. 1 (Freiburg 1976 ²1980). （泉安宏）

せいれいほうじふきょうしゅうどうじょかい　聖霊奉侍布教修道女会

〔ラ〕Congregatio Missionalis Servarum Spiritus Sancti, 〔英〕Mission Congregation of the Servants of the Holy Spirit, 〔独〕Missionsgenossenschaft der Dienerinnen des Heiligen Geistes, 〔略号〕C.M.Sp.S.　女子修道会. 1889 年, オランダのシュタイル (Steyl) において, *神言修道会司祭で福者の A. *ヤンセンによって, マリア (Mother Maria, Helena Storenwerk, 1852-1900; 列福 1995) とヨセファ (Mother Josepha, Hendrina Stenmans, 1852-1903) の協力のもとに修道宣教共同体として創立された.

神から遣わされた *聖霊のみ業と啓示を信頼して, *時のしるしに開かれて, *三位一体の神の愛が人々に受け入れられるように, キリスト教的愛, 教育, 霊的援助の分野において, 女性としての奉仕を必要とする宣教地で活動している.

【日本での活動】1908 年（明治 41）来日. 秋田, 金沢, 名古屋, 瀬戸, 豊田, 東京で, 教育・保健医療・社会福祉活動などを通して宣教を行っている.

【現勢】1997 年現在, 施設: 394. 会員数: 3,756 名. 活動地域: 34 か国（アジア, アフリカ, 南北アメリカ, ヨーロッパ). 在日会員数: 125 名（1991 年現在). 総本部: ローマ. 日本管区本部: 名古屋市昭和区.

【文献】日キ歴 775; AnPont (1999) 1704; DIP 5: 1634-37; E. J. エドワード『みことばの使者』木村太郎訳（エンデルレ書店 1975): E. J. EDWARDS, *The Herald of the Word* (Techny, Ill. 1950). （日高千世子）

セウェラ　Severa

(1) 聖人（祝日 7 月 20 日). *トリールの大司教モドアルド (Modoald, 在職 614/15-647/49) の姉妹で, モドアルドが創立した聖シンフォリアン修道院の初代院長に就任した(650 頃). 680 年頃没す.

(2) 聖人（祝日 7 月 20 日). トリールのエーレン (Oehren) の *ベネディクト会女子修道院長. 750 年頃没す.

【文献】LThK² 9: 698. （久野暁子）

セウェリアノス〔ガバラの〕　Severianos

(?-430 以前)　古代教会の著作家. シリアの港湾都市ガバラ (Gabala) の司教. *ヨアンネス・クリュソストモスの敵対者として知られる.

401 年頃 *コンスタンティノポリスに来て説教者として活躍. クリュソストモスの成功を嫉み, 追放を願っていた女帝 *エウドクシアの保護を受けた. いわゆる「樫の木会議」(404, →ドリュス教会会議) でクリュソストモスを告発し追放に追い込んだ. その帰還後もクリュソストモス弾劾の手を緩めず, 2 回目のククスス (Cucusus) への追放(404) をコンスタンティノポリスの *アカキオスらとともに成功させた. その後ガバラに戻りそこで没したと考えられているが, 詳しいことは定かではない. *アンティオケイア学派の影響を受け, 聖書釈義を行い, 天地創造に関する説教をはじめ, 30 ほどの説教集がギリシア語, アラム語, アルメニア語, アラビア語, コプト語で現存している. その著作の多くは偽名で後代に伝えられている.

【主著】PG 56: 411-564; 59: 585-90; 63: 531-50.

【文献】キ人 806; EDR 3: 3271; LThK² 9: 698; NCE 13: 142-43; E. FERGUSON, ed., *Encyclopedia of Early Christianity* (New York 1990) 842. （高松誠）

セウェリアノス〔スキュトポリスの〕 Severianos （?-452/53） 聖人（祝日2月21日）．*スキュトポリスの司教．おそらく*カルケドン公会議に出席したと考えられ，その会議の熱心な擁護者．パレスチナでは，エルサレムの司教テオドロス（Theodoros）をはじめとする多くの反対者に出会い，熱狂的な反対者によって捕縛され，殺害されたといわれる．*バロニウスによって『ローマ殉教録』に加えられた．
【文献】LThK² 9: 699; DCB 4: 626. （月川和雄）

セウェリヌス Severinus （?-640.8.2） 教皇（在位640.5-640.8）．ローマ出身．638年に教皇に選出されたが，ビザンティン皇帝*ヘラクリウスは即位承認にあたって，*キリスト単意説に立脚する自らの『エクテシス』を認めることを条件としたため，承認に2年余を要した．わずかな在位中にビザンティン軍が*ラテラノを略奪する事件があった．
【文献】キ人 806; LP 1: 328-29; LThK² 9: 700-701; NCE 13: 143. （杉崎泰一郎）

セウェリヌス〔ケルンの〕 Severinus （4世紀後半） 聖人（祝日10月23日）．ローマ帝国時代の*ケルンの司教．トゥールの*グレゴリウスは彼の徳を称え，トゥールの*マルティヌスが没した際にその霊を*天使が天に運ぶという*幻視を体験したと伝えている．後代の伝承によると，セウェリヌスは*アレイオス派の論駁者で，*ボルドーに没し，その*聖遺物はケルンに運ばれたという．
【文献】LMit 7: 1805; LThK² 9: 699. （月川和雄）

セウェリヌス〔ノリクムの〕 Severinus （?-482.1.8） 聖人（祝日1月8日）．5世紀半ばから30年にわたりノリクム（Noricum，現在のオーストリア東部）に宣教を行った西方出身の東方修道士．「ノリクムの使徒」と呼ばれる．*パッサウ付近にボイオトロ（Boiotro），ファウィアニス（Favianis）両修道院をを創設，ドナウ川上流各地，支流のイン川（古代のアエヌス川）流域で活動した．別の伝承では，5世紀初頭ファウィアニス（現在のマウテルン Mautern 付近）の修道院から聖セウェリヌスという不詳の人物がドナウ川流域に来て，住民の福祉に従事していたとする．西ローマ帝国消滅後オドアケル（Odoacer, 434頃-493）の治世下で，修道士たちはセウェリヌスの遺体を*ナポリ近くのルクラヌム（Luculanum）に運び（488），彼の弟子で歴史家の*エウギッピウスがそこの修道院長となって，『セウェリヌス伝』を書き残した．この著作は5世紀末，ゲルマン民族移動時代の辺境であったドナウ諸地方史の貴重な史料とされる．後世，セウェリヌスの*聖遺物はナポリの*ベネディクト会サン・セヴェリノ修道院に安置された（910）．
【文献】DMA 2: 134; NCE 13: 143; Eugippius, *The Life of Saint Severinus*, tr. L. Bieler (Cambridge, Mass. 1965). （橋口倫介）

セウェロス Severos （465頃-538.2.8） アンティオケイアの司教（在職512-18），*キリスト単性説の神学者．
ピシディアのソゾポリス（Sozopolis）に生まれる．祖父は同地の司教であり，*エフェソス公会議で*ネストリオスを罷免した200名の司教の一人．ギリシア語とラテン語文典を学ぶために*アレクサンドリアに赴き，486年*ベイルートに移って勉学を続ける．488年に受洗．この頃，イベリア人ペトロス（Petros, 409-88）を通じて，*カルケドン公会議の宣言に反対するグループから影響を受ける．法律の勉学を放棄し，*修道生活に入ることを決意し*エルサレムを訪れ，エレウテロポリス（Eleutheropolis）に近い荒れ野にあった修道院に滞在するが，その後マイウマ（Maiuma）のイベリア人ペトロスの修道院に移る．ここで司祭に叙階され，近くに自分の庵を建てる．500年には反カルケドン運動に挺身している．508年または509年，*コンスタンティノポリスに赴く．*アポリナリオス派に反論し*ディオスコロスを批判，*エウテュケスを断罪，徐々に*マケドニオス2世に代わって皇帝アナスタシオス1世（Anastasios I, 在位 491-518）の助言者の地位を得るに至る．512年に*アンティオケイアの司教に叙階される．515年の*ティルスでの教会会議で*カルケドン信条を無効とするものとして皇帝*ゼノの勅令『統一令』（Henotikon）を受容させることに成功する．反キリスト単性説派を支持する皇帝*ユスティヌス1世の即位（518）によってエジプトに逃亡，同地で反カルケドン運動を続ける．単性説派との和解を図る皇帝の招きに応えて，535年頃コンスタンティノポリスに赴くが，皇帝の方針の変更によって，追放に処され，彼の著作の焼却が命じられる．再びエジプトに引きこもり，コイス（Chois）で死去した．
【著作】焼却令によって，ギリシア語原文は断片しか現存していない．ただ，早くからシリア語に翻訳されたため，それが現在まで伝えられる．カルケドン派のネファリオス（Nepharios, 生没年不詳）に対する反論（Orationes ad Nephalium, 508頃），*ヨアンネス・グラマティコス駁論（Contra impium gramaticum, 全3巻），セルギオス・グラマティコス（Sergios Gramatikos, 生没年不詳）駁論（全4巻, 515以降），アレクサンドリアの*キュリロスのキリスト論の注解書『フィラレテース（真理への愛）』（Philalethes, 508-11），キリストの肉体は不朽のものであったという説（アフタルトドケティスムス Aphthartodocetismus）を主張するハリカルナッソスの*ユリアノスへの五つの駁論（Antijulianistica）のほかに，『司教座聖堂での講話』（Homiliae cathedrales, 125講話, 512-18），『書簡集』（300通と4,000の断片），『賛美歌』がある．
【思想】エウテュケスとディオスコロスに反対したことにみられるように極端な単性説に立ってはいない．セウェロスは，本性（〔ギ〕physis）を*ヒュポスタシス，プロソーポン（→ペルソナ）と同義語的に解し，「*受肉した*ロゴスの唯一の本性」というキュリロスの定式を保守し，神性と人間性との混合に反対する．キリストにおいて，区別された本性としての人間性は存在しない．キリスト（*イエス・キリスト）の唯一の本性が人間性の諸特徴をことごとく所有している．彼は，*受肉の後のキリストにおける「合成された」（synthetos）本性もしくはヒュポスタシスを主張，キリストは二つの本性から形成されているが，合一によって一つに変容されており，本性の二元性は「知性による想像によってのみ」（en theōria）観想されるにすぎないとした．
【著作校訂版】CPG 3: 7022-80; CSCO 93-94, 101-102, 111-12, 119-20, 133-34; A. Sanda, ed., *Antijulianistica* (Beirut 1931).
【文献】キ人 807; Altaner⁸ 505-507; DPAC 3180-82; DThC 14: 1988-2000; NCE 13: 143-44; J. メイエンド

ルフ『東方キリスト教思想におけるキリスト』小高毅訳 (教文館 1995); J. MEYENDORFF, *Le Christ dans la théologie byzantine* (Paris 1969); J. LEBON, *Le monophysisme Sévérien* (Louvain 1909); W. H. C. FREND, *The Rise of Monophysite Movement* (Cambridge 1972); A. GRILLMEIER, *Jesus der Christus im Glauben der Kirche*, 2/2 (Freiburg 1989) 20-185.

(小高毅)

セオルフリト　Ceolfrith　(630 頃-716. 9. 25) 聖人(祝日 9 月 25 日), ジャロウ・ウェアマス (Jarrow-Wearmouth) の大修道院長. 貴族の出身で, ギリング (Gilling) で *ベネディクト会に入る. 674 年に *ベネディクト・ビスコップとともにウェアマスに修道院を建立する. 682 年にウェアマスの支院として建てられたジャロウの, 689 年にウェアマスの大修道院長になった. 両修道院はイングランド北部の霊的中心となった. ジャロウで作られた *ウルガタ訳聖書の写本 (Codex Amiatinus) を *奉納物として *ローマに持っていく途上, *ラングルで客死した. *ベダ・ヴェネラビリスを指導したことでも知られる.
【文献】LMit 2: 1623-24, 2198-99; 5: 307-308; LThK³ 2: 991; ODCC³ 1723.

(伊能哲大)

せかい　世界　〔ギ〕kosmos, 〔ラ〕mundus, 〔英〕world, 〔独〕Welt, 〔仏〕monde
【哲学】古代ギリシアの世界理解を表す「宇宙」(コスモス kosmos)が一般的に「秩序, 配置」の意味をもっているように, 世界とは単に *存在者の総体を指すというよりは, そうした総体を秩序づけ, 全体として統轄する在り方を意味する. 古代ギリシアの *自然学における宇宙は, 自生的な存在としての *自然(フュシス physis)とも重ね合わされ, 永遠の法則(*ロゴス)によって支配された神的なものと理解されて, 死すべき者としての人間に対置される(→宇宙).

宇宙ないし世界そのものを超越的なものと捉え, その把握を人間の探究の目的とするギリシア的世界理解とは対照的に, *創造の思想を根幹とするキリスト教思想においては, 世界は神によって「無から」(〔ラ〕ex nihilo)創造された二次的なものと理解される. ここにおいて, 世界の把握は超越的・神的次元との関連を失い, 「世界を愛すること」(amare mundum) は「神を知らないこと」(non cognoscere Deum) とされ(*アウグスティヌス), 「世界の蔑視」(contemptio mundi) が語られる(教皇 *インノケンティウス 3 世). それとともに世界は, *被造物の集合という第一の意味のほかに, 人間がそのうちに暮らしている世界(世)の意味をもつことになる. 盛期中世においても, 世界の概念は「被造物の総体」(universitas creaturarum), および「世界(世)を愛する人間たち」(amatores mundi) の二重の意味で用いられる(*トマス・アクィナス).

世界そのものに対して独自の存在や積極的な価値を認めない世界理解は, 近世の合理的思考によって強化され, *機械論的世界像に道を開くことになる(*ニュートン, ラプラス Pierre Simon Laplace, 1749-1827). 中世末期および近世においても, *汎神論的傾向をもつ思想家においては, 世界の内に超越的・神的次元がみてとれるが(*ニコラウス・クザーヌス, *スピノザ), *反省を出発点とする主観性の哲学においては, 延長的・感覚的世界は, 最も確実な *自我の領域から演繹的・機械論的に説明される(*デカルト). 世界を精神的存在とは区別して, それ自体としては *生命をもたないものとする姿勢は, 18 世紀の講壇哲学において, 哲学(特殊形而上学)の部門が合理的神学・合理的心理学・合理的宇宙論(世界論)に分類された際にも保持されており(C. *ヴォルフ), そうした理解は, 後に *ヘーゲルが世界の根本規定を「外面性」(〔独〕Äußerlichkeit) と「否定性」(Negativität) とした際にも生かされている.

世界を存在者の全体とする世界概念そのものは, *カントによって批判的に取り上げられ, それに対応するような実在が何ら存在しない「*理念」として, その使用が制限される. これに対して *ドイツ観念論およびロマン派(→ロマン主義)においては, 機械論に対抗して有機体的世界観が復興され, 精神的・情感的感応を通じて世界と超越的次元との関係が再び主張される(*シェリング, *シュライエルマッハー). こうした傾向は 19 世紀以降, 自然科学に対する批判的反省を背景としてより積極的に展開されることになる(*ニーチェ, *ホワイトヘッド).

世界と人間との関係は, 20 世紀の *実存哲学や *現象学によって主題的に考察され, 対象的事物の総体としての従来の世界理解に代わって, 人間による「生きられる世界」(〔仏〕monde vécu, *メルロ・ポンティ) ないし「生活世界」(〔独〕Lebenswelt, *フッサール)に重きが置かれるようになる. こうした傾向のうちには, 人間を *世界内存在と規定し, 世界内の事物との交渉を本質とする見解(*ハイデガー)と並んで, 世界理解のうちから人間中心的要素を取り除き, 世界の現象学的・宇宙論的生成に着目する思想(E. *フィンク)も存在する. いずれの場合においても, 対象的事物をモデルとした世界観を乗り越え, 人間の自己理解との関係において世界理解を構築することが主要な課題となっている.
【文献】HWP 4: 1167-75; H. ハイムゼート『近代哲学の精神』座小田豊他訳(法政大学出版局 1995); H. HEIMSOETH, *Die sechs großen Themen der abendländischen Metaphysik und der Ausgang des Mittelalters* (Stuttgart 1922 ⁵1965); H. BLUMENBERG, *Die Genesis der kopernikanischen Welt* (Frankfurt 1975 ²1985); M. HEIDEGGER, *Die Grundbegriffe der Metaphysik* (Frankfurt 1983); E. FINK, *Welt und Endlichkeit* (Würzburg 1990).

(村井則夫)

【神学】〔聖書〕ヘブライ語には世界に相当する単語は存在せず, 「天と地」あるいは「あらゆるもの」という表現がとられた. *七十人訳聖書において初めて世界に相当するコスモス (〔ギ〕kosmos) が使われるようになったが, その後, 「時代」の意味で使われていたヘブライ語のオーラーム ('ôlām) が空間的意味をもつようになり, オーラームのギリシア語訳として *アイオーンとコスモスが前後関係によって使い分けられるようになった. ところで, 世界についての見方そのものは旧約聖書において存在する. *神は世界の創造主であり, 世界は *創造されたものであり, 創造の前に存在したものは神以外には何もないからである. 神は創造主として賛美され, 困難なときにはその助けが求められる(詩編 19: 2-7; 89: 6; 104; 147-150). しかし, *ユダヤ人の苦難の歴史のなかで, ある種の悲観的な雰囲気がみられるようになる. *預言者たちの「ヤハウェの日」の考え方に始まり, 古代 *ユダヤ教の思想では *二元論的傾向が認められ, 「このアイオーンと来たるべきアイオーン」の区別がメシア主義(→メシア)とともにはっきりとし始め, 世界に対する終末論的な緊張感が認められる(→終末).

せかいカトリックじょせいだんたいれんごう

　共観福音書におけるイエスの，創造されたものとしての世界に対する態度は，譬え話にみられるように全面的に肯定的であるが，現世的な富のおごりや思い煩いのなかに，弟子としてイエスに従う道に対するサタン（→悪魔）の働きをみて警告し，物質的なものの放棄と克己を求めている（マコ 8: 34; 10: 17-31）．しかし，それは世界からの逃亡を意味してはいない．ローマ書が示すように，*パウロは，神によって創造された世界に*アダムの堕罪（→原罪）以来，*死と*罪が入り支配するようになったが，キリストの出現によってこの状態はすでに終わっていると考えている．しかし，それが明白になるのは終わりの日においてであると考えている（ロマ 8: 18-30 参照）．

　ヨハネにおいて世界（コスモス）は一貫して神に対立する「この世」である．ヨハネにとっても世界は*神の言葉によって創造されたものであるが，神の言葉を受け入れず，敵対するものとして根源的に捉えられている（ヨハ 1: 3, 10）．世界はこの状態でさまざまな悪弊の兆候を示しているが，それは過ぎ去るべきものである（1 ヨハ 2: 17）．キリスト者の共同体は世のなかにあるが，世には属していない（ヨハ 17: 11-19）．彼らは「世も世にあるものも，愛してはいけない」と教えられ（1 ヨハ 2: 15），兄弟愛に具体化された「新しい掟」を実現して，世にあって「既にまことの光が輝いている」ことを証しする使命を与えられている（1 ヨハ 2: 8）．

　〔キリスト教の霊性と世界〕キリスト教思想と*霊性の歴史においては，*新プラトン主義の影響を受けて，世界と関わったり，その向上に深く関わることは神から目を世界に向けることとして長い間否定的に考えられていた．特に近代の*世俗化に対応するためにこのような姿勢が推奨されてきた．世界は被造物以外の何ものでもなく，キリスト者がこれを偶像化して神として仰いではならないことはいうまでもない．しかし，まさに世界が神によって創造され，神の言葉である御子が*受肉によってその一部となり，世界を引き上げたことが重要である．我々が被造物に向かうとき，それらすべてのうちに神をみる必要性がある．自然から世界を区別していうならば，世界とは単なる自然ではなく，その上に人間が*社会を築き，*文化を生み出し，それらとともに複雑化していく関連体系を作り，そのなかで活動している空間である．世界とは終わりの日まで受肉の出来事が浸透していく空間なのである．このような意味で，第 2 *ヴァティカン公会議の『現代世界憲章』はキリスト者が現代世界に積極的に参与し，これを高めていく使命を強調している．

【文献】LThK² 10: 1021-27.　　　　　（高柳俊一）

せかいカトリックじょせいだんたいれんごう　世界カトリック女性団体連合　〔英〕World Union of Catholic Women's Organizations, 〔略号〕WUCWO　20 世紀初頭にフランスとベルギーに設立されたカトリック婦人会の呼びかけで，1910 年に 10 か国の代表がベルギーに集まり結成したカトリック女性の使徒職団体．同年，国際カトリック団体 (International Catholic Organizations) として*聖座により承認された．世界のカトリック女性が信仰を通して結ばれ，連帯を通して*霊性を高め，女性の特性を活かして教会，社会と世界に貢献することを目的とする．*パリに本部を置く．1999 年現在の加盟団体は世界の 5 地域（北米，南米，ヨーロッパ，アフリカ，アジア太平洋）の 70 か国 92 団体で，会員数は約 1,500 万人．

　WUCWO は*世界代表司教会議へのオブザーバー参加のほかに，*国際連合の 5 機関，すなわち経済社会理事会 (ECOSOC)，国連教育科学文化機関（ユネスコ UNESCO），国連児童基金（ユニセフ UNICEF），世界食糧農業機関 (FAO)，国際労働機関 (ILO) に対して諮問団体の立場をもつ．4 年に 1 度，世界大会を催し，その中間年に地域大会をもつ．WUCWO の活動理念とテーマは各国の加盟団体によって実践，推進され，また，毎年 5 月の WUCWO デイには世界中の加盟団体とその会員が心を一つにして祈る典礼集会が各国で行われる．*日本カトリック女性団体連盟から理事 1 名が派遣されている．

（浜野房江）

せかいかん　世界観　〔独〕Weltanschauung, 〔英〕world view, 〔仏〕vision du monde　広義では，世界についての見方の意味であるが，狭義では，世界についての統一的・全体的な見解を指し，客観的な世界把握にとどまらず，人間の主体的な意味づけによって成立するものとされる．世界観が哲学の議論のなかに登場したのは，20 世紀初頭のドイツにおいてであり，イェルザレム (Karl Wilhelm Jerusalem, 1854-1923)，ゴンペルツ (Heinrich Gomperz, 1873-1942)，R. *オイケン，*ヤスパース *ディルタイらは世界観の研究を哲学の課題と考え，盛んに論じた．特に，世界観学を体系化したのがディルタイである．

【一般的概念】ディルタイは「世界観の究極の源泉は生である」と述べ，生と現実との相互交渉から形成される，多面的・全体的・歴史的な現象であるとみなした．ディルタイによれば，相矛盾する複数の世界観が共通の生に根ざして並存することは可能であり，生の立場に遡ることによって歴史的に現れた諸体系の内的構造や類型を理解できると述べた（→生の哲学）．世界観は，現実把握・評価・目的設定などを含み，必ずしも論理的整合性をもたないとしても，豊かな思想内容をもっている．また，世界観は生が外化されることで客観的なものにもなる．

【類型】宗教家の生の構造，芸術家の生の構造を示すものとしては，宗教的世界観，芸術的世界観があるが，世界観を概念的構成体にまで高めたものが哲学的世界観であり，これら三つの世界観が三大類型となる．

　(1) 宗教的世界観は人間の力によっては支配できない現実の非合理的な出来事に直面し，これを超感性的・超越的なみえない力の作用と考えるところに生じる．原始的にはこの力に対応する手段として，呪術（→魔術）・儀式・祈願が考案される．また，この宗教的世界観はさらに 3 類型に区分される．(a) 世界を善悪二神の闘争の場と考える善悪二元論．(b) 感性的秩序をそのまま神的秩序と解する，または善悪の対立を調和的に統一する立場としての*汎神論．(c) 世界の創造を唯一の*人格神に帰する*一神論では，人間関係の最高形態である*愛による交わりが神に投影され，世界は道徳的秩序のもとに解釈され，この秩序の実現が人間の使命とされる．

　(2) 芸術的世界観．*宗教が現実的要求と密接な結びつきを有するのに対し，芸術は現実との間に距離を置き，象徴的に世界を表現する．芸術は人間を現実の重圧から解放し，想像力を駆使して，人生を観察し評価し創造する新たな可能性を提示する．特に言語芸術すなわち文芸は世界観の形成に極めて重要であり，文芸のうちに表現された世界観が歴史的には哲学思想に影響を及ぼし

たり，また逆に文芸が哲学思想によって影響を受けることもある．

(3) 哲学的世界観．*哲学は芸術とは異なり明確な概念によって世界観を表現し，宗教と同じく実践的な力となる．ディルタイは，哲学的世界観をさらに三つの類型，*自然主義，自由の*観念論，客観的観念論に区分した．(a) 自然主義的世界観は，人間を外的には自然の一部，内的には動物的衝動によって規定されるものと考え，宗教が人間の自然的欲求を抑圧するのに対し，自然的生活を肯定する．自然主義的世界観は，素朴な*唯物論から*実証主義に至るまで，精神的価値および倫理的理想を自然法則によって一元的に基礎づける傾向を有する．(b) 自由の観念論．この世界観は，自然の秩序による一方的な支配ではなく，精神の超越・独立を主張し，目的を定立し行為する*自由意志を備え，またこの自由意志のために全体性には還元できない主体性を有していると考える．この自由を基調とするのが自由の観念論である．自由意志は単なる恣意とは異なり，*自律の意識と結びつき，これが人間をして人間たらしめるものとなり，そこに*人格の*尊厳が認められることとなる．この自由の観念論は彼岸における救済ではなく，現実における理想を求める．そのため，この世界観では*理想と現実の矛盾が実践的に自覚され，理想が実現すべき課題として考えられる．(c) 客観的観念論．自然主義が反宗教的であり，現実認識を中心とするのに対し，機械的に処理できない領野を認めるところに汎神論的傾向を強く有する客観的観念論が成立する．この世界観は，所与一般のうちに神の*現存を認め，生の現実にみられるもろもろの矛盾はみかけだけのものであり，世界は全体としては普遍的調和をなしていると考える．この世界観においては，各自がそれぞれの立場において，世界全体にみられる精神的秩序を普遍的に共感することのうちに，人生最大の*幸福がみいだされる．したがって，この世界観は全体の統一原理の了解，客観的価値秩序の*直観を基礎とする観想主義となる．

ディルタイ自身は，単に世界観を解釈しようとする立場にとどまり，新たな世界観を定立しようとはしなかった．このような世界観学は*歴史主義と呼ばれ，*相対主義的傾向をもつ．ヤスパースもまた世界観を定立する預言的哲学から，世界観の諸類型を観察比較する「世界観の心理学」を区別し，心理学的見地から種々の世界観を分類している．

【文献】W. ディルタイ『世界観の研究』山本英一訳（岩波書店 1935）: W. DILTHEY, *Die Typen der Weltanschauung und ihre Ausbildung in den metaphysischen Systemen* (Darmstadt 1911); 同『世界観学』久野昭監訳（以文社 1989）: ID., *Zur Weltanschauungslehre* (Leipzig 1931). 　　　　　　　　　　　　　（山内志朗）

せかいきょうかいうんどう　世界教会運動　→ 教会一致促進運動

せかいきょうかいきょうぎかい　世界教会協議会
〔英〕World Council of Churches（略号 WCC），〔独〕Ökumenischer Rat der Kirchen（略号 ÖRK），〔仏〕Conseil Œcuménique des Eglises（略号 CEE）　*教会一致促進運動を背景として，世界各国のプロテスタント各派と*聖公会および*東方正教会など 300 を超える諸教会が加盟する教会間の連絡協議のための協議会．1948 年*アムステルダムにおいて創立総会を開き，本部事務局

1987 年の世界教会協議会中央委員会
(WCC)

は*ジュネーヴにある．

【背景】教会一致の要求はすでに新約聖書でも表明されており（使 15 章; エフェ 4: 3-6），その後も教会史のなかでさまざまな形で提起されてきた．特に 19 世紀に入ってヨーロッパや北米の諸教会による海外宣教活動が活発になり，また社会の近代化と既成宗教の*世俗化が進展するにつれて，教派の多様性の消極面が新しく見直されることになり，教派の分裂を超えて教会の一致を実現しようというエキュメニカル運動がさまざまな形で始まった．カトリック教会においては，曲折を経ながらではあるが*ウナ・サンクタ運動が展開し，東方正教会においても*コンスタンティノポリスのエキュメニカル総主教区総会が 1919 年に諸教会の交わり（コイノニア，〔ギ〕koinōnia）を開く提案を行った．これらの動きを背景としてこの協議会が設立された．

この新しい教会一致の要求は，教派分裂の歴史と直接関係をもたない宣教地の「若い教会」から起こった．教会の分裂はキリスト教の真理性に対する疑いを生み，教会への信頼を損なうという現実に直面したからである．1880 年のロンドン会議に始まった*世界宣教会議は，1900 年に*ニューヨークで開かれたエキュメニカル宣教会議においてこの要求を明確に打ち出した．それを受けて 1910 年の*エディンバラ世界宣教会議では，宣教活動における相互協力と一致を目指す運動とともに，第一に*教理と教会制度の相互理解を深めるための信仰職制運動が，第二に深刻化する帝国主義戦争や植民地紛争のなかで難民救済や人権擁護のために諸教会が協力するための生活と実践運動が必要であるとの表明がなされた．1914 年*コンスタンツにおいて設立された国際友好促進教会世界連盟など平和運動を背景として，*ゼーデルブロムの提唱により，1925 年に*ストックホルムにおいて*生活と実践世界会議が結成された．また世界宣教会議の継続委員会の活動から，*ブレントの提唱により，1927 年に*ローザンヌにおいて*信仰と職制世界会議が発足した．この両運動は 1937 年にそれぞれオックスフォードとエディンバラで第 2 回世界会議を開き，両運動を発展的に解散し，新しく設立される世界教会協議会に合流することを決議した．それに基づいて 1938 年に*ユトレヒトにおいて準備会議が開催され，規約原案を採択したが，第 2 次世界大戦へと国際情勢が急迫したため新組織の設立には至らず，戦後に持ち越した．

【展開】戦争中の破壊は諸教会にも深い傷あとを残したが，1945 年 10 月にルター派のドイツ福音主義教会が発表した戦争責任に関する*シュトゥットガルト宣言は，

せかいきょうかいろん

敵対して戦った諸国の教会間の交わりを開く突破口となった．そこから戦前の準備の積み上げが見直され，1948年夏アムステルダムにおいて創立総会が開かれた（*アムステルダム世界教会協議会総会）．総主題「人間の無秩序と神の計画」が示すように，教会一致の課題が戦後の世界の再建という使命のなかで取り上げられた．このように生活と実践運動の課題は協議会全体が受け継ぐことになり，信仰職制運動は常設委員会の一つとして組織のなかに組み込まれた．また*国際宣教協議会とは密接な協力関係で活動する協約が結ばれた．1946年には激変する国際問題に対応するために国際問題教会委員会（Commission of the Churches on International Affairs, 略号 CCIA）が設置され，同年には研究教育機関としてスイスのボセイ（Bossey）にエキュメニカル研究所が開設された．

*エヴァンストン世界教会協議会総会（1954）を経て第3回総会にあたる*ニューデリー世界教会協議会総会（1961）では，すでに協力関係にあった国際宣教協議会との組織合同が行われ，世界宣教部としてその活動を受け継いだ．さらに，1961年7月*プラハで創立大会を開いたキリスト者平和会議（Christian Peace Conference, 略号 CPC）の協力により，それまで世界の教会の交わりから離れていた東欧圏のロシア，ルーマニア，ブルガリア，ポーランドの東方正教会が正式加盟した．この総会は協議会の歴史上の一つの頂点となった．

第4回総会の*ウプサラ世界教会協議会総会（1968）では人種差別や貧困が主要なテーマとして取り上げられ，1970年には開発国援助教会委員会が設置された．また人権，性差別，他宗教との対話が取り上げられバンコク世界宣教会議（1972-73）へと引き継がれた．世界教会協議会が宣教を政治運動やイデオロギー的対話にすり替えているとの批判も出始めた．カトリック教会はニューデリー総会にはオブザーバーを派遣しただけで，なお慎重な態度をとっていたが，第2*ヴァティカン公会議において『エキュメニズム教令』が公布された後は積極的参加に踏み切り，1965年には教皇庁と世界教会協議会の協力活動グループが結成された．特にウプサラ総会後は，カトリック教会は信仰職制委員会に正委員を派遣し，さらに協力機関として社会・発展・平和委員会（Committee on Society, Development and Peace, 略号 SODEPAX）が設立された．このような動きを背景として1969年には，教皇*パウルス6世がジュネーヴの世界教会協議会本部を公式訪問した．

第5回総会である*ナイロビ世界教会協議会総会（1975）では，信仰職制委員会が50年の成果をまとめた「一つなる洗礼，一つなる聖餐，相互に承認された職務」（アクラ文書）を提出し，万場一致で加盟教会に送付された．1983年の*ヴァンクーヴァー世界教会協議会総会では信仰職制委員会がアクラ文書に対する各教会の応答をまとめて，改訂最終文書「洗礼，聖餐，職務」（リマ文書）を提出し，万場一致で採択された．第7回総会はオーストラリアのキャンベラ（Canberra）で1991年に開催された．総主題「来れ聖霊よ—被造物全体を革新し給え」のもと，842名が代議員として出席した．創設50周年にあたる1998年には第8回総会がジンバブウェのハラレ（Harare）で開かれ，総主題は「神に立ち帰り，希望において喜べ」，参加者は330の加盟教会代表を含め4,000名を超えた．世界教会協議会は，このように着実に見える教会一致の実現に向かって歩み始めているといえるであろう．

【組織】アムステルダム第1回総会以来，さまざまな発展と改組を経てきたが，1983年のヴァンクーヴァー第6回総会の時点で加盟教会数304を数え，839名の代議員によって総会が構成された．総会が選出する5人の議長団と150人の中央委員会委員によって運営される．その方針に従って議長，各部委員長，14-16人の中央委員からなる執行委員会が実務にあたり，その下にジュネーヴにある総事務局，ボセイの研究所などが直属する．総事務局の下に信仰と証し部（世界宣教委員会，信仰職制委員会，教会と社会委員会，諸宗教と他のイデオロギーとの対話委員会），正義と奉仕部（教会間援助委員会，国際問題委員会，人種問題委員会，開発援助委員会，キリスト教保健奉仕委員会など），教育と革新部（女性問題委員会，青年問題委員会，神学教育委員会など）の3部（諸委員会）がある．

【文献】キ大 641-42; ODCC² 1499; RGG³ 4: 1571-85; LThK² 10: 1037-39; NCE 14: 1023-25; 16: 472-73; ÖL 890-901; N. LOSSKY, ET AL., eds, *Dictionary of the Ecumenical Movement* (Geneva 1991) 1083-98; 世界教会協議会編『世界の命キリスト』日本キリスト教協議会訳（新教出版社 1983）；同『洗礼・聖餐・職務—教会の見える一致をめざして』日本キリスト教協議会信仰と職制委員会，日本カトリック教会エキュメニズム委員会編訳（日本基督教団出版局 1985）; R. ROUSE, S. C. NERL, eds, *A History of the Ecumenical Movement, 1517-1948* (London 1954); N. GOODALL, *The Ecumenical Movement* (London 1961); L. VISCHER, ed., *A Documentary History of the Faith and Order Movement, 1927-1963* (St. Louis 1963).　　　　　　　　　　（小川圭治）

せかいきょうかいろん　世界教会論　〔英〕ecumenics, 〔独〕Ökumenik, 〔仏〕théologie de l'œcuménisme

本来一つであるはずのキリストの*教会が多くの*教派に分裂している現状を憂慮し，未来に一つの世界教会を実現するためにはどのような可能性と方法があるのかを模索する神学的営み．「教会合同論」とも呼ばれる．英語・独語から訳出された特殊用語であって，必ずしも日本のキリスト教界に定着した用語とはいえない．語源は*エキュメニズムのそれと同じく，ギリシア語のオイクメネー（oikoumenē）で，それは人間が住む世界全体を指し，全世界に普遍的であるはずの唯一のキリストの教会の実現への希望を表現する言葉である．しかし，エキュメニズムが「世界教会運動」あるいは「*教会一致促進運動」と邦訳される背後にはさまざまな神学的解釈があり，それぞれの訳語は，それが果たして単に超教派的，もしくは脱教派的な協力を促進することなのか，それともさらに進んで可見的な教会の一致を目指すことなのかの相違を示している．同様に「世界教会論」あるいは「教会合同論」の用語の違いは，そもそもキリストの教会が何であるかという神学的理解に由来する．

概してエキュメニズムもしくは教会一致促進運動がキリスト者が教派の違いを超えて協力して*福音を証しし，世界の救いのために働くという，実践的な活動をも含むかなり広範囲な概念であるのに対して，世界教会論もしくは教会合同論はむしろキリストの教会それ自体のあるべき姿を問う神学的な論説を指す．それは諸教派の教義と*信仰告白，職制（→役務），*典礼，*信仰生活と慣習等を研究し，それぞれの伝統にある良いものを学び，自らの教会の偏りや歪みを正し，より一層キリストの教会としてのあるべき姿に向かうための指針をみいだ

そうとする努力であり，その意味で*教会一致の神学の中心的な部門であるといえる.

従来，ローマ・カトリック教会は自らを唯一の*使徒継承の正統教会として意識していたために，今世紀における世界教会論の展開においてはプロテスタント諸教会に遅れをとった．しかし第2*ヴァティカン公会議においては唯一の真の教会としてのローマ・カトリック教会の自己主張を相対化し，過去の歴史において自らの過ちのために教会分裂を招いた責任を認め，自らを福音に基づいて絶えず刷新されるべき教会として告白することによって，世界教会論の基礎を築いた.

世界教会論の典型的な例としては，*世界教会協議会(WCC)の傘下にある信仰と職制委員会が発表した『リマ文書』(1983)をあげることができる．それは*ギリシア正教会，ローマ・カトリック教会を含めた多くの教会の代表者が長年にわたる共同研究の成果としてまとめたもので，*洗礼，*聖餐，職制に関する諸教会の理解の集約点を提示し，それぞれの教会が教会の目に見える一致へ向けて成長していくための道標とした．今世紀の世界教会論の成果として高く評価される.

【文献】キ大 642; LThK² 7: 1127-37; NHThG 3: 251-70; RGG³ 4: 1569-85; SM(D) 3: 849-66; N. LOKKY, ed., Dictionary of the Ecumenical Movement (Geneva 1991) 986-97; 日本信仰職制研究会編『教会一致の神学』(教文館 1965); 第2ヴァティカン公会議『エキュメニズムに関する教令』(中央出版社 1969); 日本キリスト教協議会信仰と職制委員会，日本カトリック教会エキュメニズム委員会編訳『洗礼・聖餐・職務――教会の見える一致をめざして』(日本基督教団出版局 1985); 百瀬文晃編『諸教派のあかしするキリスト』(中央出版社 1991); 同『教会――その本質と課題を学ぶ』(サンパウロ 1995); H. J. URBAN, H. WAGNER, eds., Handbuch der Ökumenik, 3 v. (Paderborn 1985-87). （百瀬文晃）

せかいキリストきょうきょういくきょうぎかい 世界キリスト教教育協議会 〔英〕World Council of Christian Education, 〔独〕Weltrat der Christlichen Erziehung, 〔仏〕Conseil Mondial de la Éducation Chrétienne　日曜学校運動を出発点として結成された*キリスト教教育と子どもの宣教のための組織で，世界日曜学校大会を主催してきたが，後に*世界教会協議会が成立すると，その第三部会（教育と革新）として合併された.

*日曜学校は，18世紀後半のイギリスにおいて R. *レイクスらを中心に創立され，広汎な運動となって発展した．1803年イギリスに，1824年アメリカに日曜学校同盟が設立され，1825年にはドイツの*ハンブルクにも日曜学校が開設された．1875年にはカナダに同盟が設立されて，1889年*ロンドンで第1回日曜学校世界大会が開かれ，インドなど15の宣教地における運動の展開が報告された．1907年*ローマでの第5回世界大会において世界日曜学校協議会（World Sunday School Association, 略称 WSSA）が設立された．1920年(大正9)の第8回と1958年(昭和33)の第14回の大会は東京で開かれ，第14回大会には世界64か国から4,200名の代議員が参加した．それに先立つ1950年の*トロントでの第13回大会で組織名を世界キリスト教教育協議会と改称し，幼児から成年に至る生涯教育を対象とすることになった．1950年代後半からは世界教会協議会と協力する部分が拡大し，1971年のリマ大会でその第三部会として組織合併し，研究活動に重点が置かれるようになった．大会も地域別に開かれるようになり，日本日曜学校協会も*日本キリスト教協議会教会学校部と改称されて，世界教会協議会に加盟している.

【文献】キ大 642; LThK² 9: 884-85; NCE 13: 806-807; ODCC³ 1599; ÖL 624-26; RGG³ 6: 144-46.

（小川圭治）

せかいキリストきょうとういつしんれいきょうかい 世界基督教統一神霊協会 〔英〕Unification Church　略称，統一教会（本部ソウル）．創立者は韓国の文鮮明(1920-)．天啓によりイエスの霊示を受け，熱心に布教活動を続け，自らを再臨主と称し，『原理講論』を正典として多くの若者を信徒にしている．1959年(昭和34)頃より日本でも勝共連合，原理運動として活動．集団合同結婚式や霊感商法が社会的に厳しく非難されている．*日本キリスト教協議会は，統一教会が聖書に基づかない*異端であり，反キリスト(→アンティキリスト)であると厳しく対応し，マスコミなども極めて冷淡な見方をしている．信徒は一般に善良な人が多く，キリスト教会による聖書に基づく救済活動が望まれている.

【文献】日キ歴 494; 平大百科 5: 213; 日大百科 8: 509; EncRel (E) 15: 141-43.　（秋山昇）

せかいし 世界史 〔英〕world history, 〔独〕Weltgeschichte, 〔仏〕histoire mondiale　ギリシア語の*アイオーン，ラテン語のサエクルム(saeculum)はもともと時間とともに「世界」の意味を含むものであった．したがって世界は時間のなかの展開を通して現れるものであるがゆえに歴史的な現実であり，歴史として捉えられるべきものである．世界は歴史である．ここに世界史理念の確立の根拠があるといえる.

【近代啓蒙思想以後】世界史という理念は，キリスト教あるいは聖書のなかにあった救済普遍主義と*救済史の神学を前提にし，その世俗化されたもの，すなわち「普遍的歴史」として*啓蒙思想の時代の普遍主義的な思想傾向によって考え出され，*ボシュエの『世界史叙説』を批判した*ヴォルテールの『諸国民精神習俗試論』によって明確な形を整えたといえる．ここから，世界の歴史を総括的に捉え，記述する試みが盛んになり，*レッシングのように人類の教育過程として捉える考え方も現れる．*ヘルダーのように各国民の独自の精神を強く意識した人物も，究極的には一種の「世界精神」が歴史を動かし，まとめあげると考えていた．救済史の神学では，*創造論と終末論(→終末)を背景にキリストを時の中心に置いて世界の歴史が捉えられる．これを導くものは*聖霊を通して働く神の超越的*摂理であるが，啓蒙思想に由来する世界史理念を総合した*ヘーゲルは，世界史を偉大な国民に内在する精神の上昇運動とした．その後，K. *マルクス，*ヤスパース，M. *ヴェーバーらはそれぞれ異なるアプローチによって全世界を包括する歴史理解を示したが，一つの動因とそれが目指す一定の目標を前提とする点は共通だった．それに対して O. *シュペングラーは，人類の歴史が偶然から偶然へと動くものであり，必然性はないとし，それまでの世界史の理念が暗黙の前提としていたヨーロッパ中心視点に批判的であった．A. J. *トインビーも歴史の中心の多様性と推移を述べたが，ヨーロッパは他の中心とは異なり，中心的位置をその内的原動力によって保ち続けることが

使命であるとした.

【世界史理念の問題】*植民地主義が過去のものとなったポスト・コロニアル,多中心的世界にあって「世界史」の理念は維持不可能にみえるかもしれない.確かに,我々は多中心主義を分極化の現象として理解することができるが,他方,地球と人類全体が一つであるという意識はますます強くなっている.元来,世界はキリスト教にとって世俗的なものであり,世界史とは世俗史([独]Profangeschichte) である.これと神の普遍的*救済意志を反映する救済史とは区別しなければならないが,歴史は神の救済の呼びかけを繰り返し受け続ける人間の歴史であり,そのかぎりにおいて救済史の舞台である.そこでは神の*恩恵の歴史と人間の救いと*罪の歴史が混在し,葛藤を続けながら最後の日に至るのである.

【文献】LThK² 10: 1033-36. (高柳俊一)

せかいしゅうきょう　世界宗教　[英]world religion, [独]Weltreligion, [仏]religion du monde

【定義】未開宗教や*民族宗教と異なって,特定の地域・人種・民族・国籍・性別・階級などによって限定されることなく,全人類に対して開放され,教祖の深い思索と体験に基づいた教義と儀礼をもち,信者個人がそれを信仰する宗教共同体(教団)を自発的に結成して,世界の各地に広まっている宗教をいう.

【成立】紀元前800年頃から前200年頃までの期間に,その後の人類の精神や生き方を規定することになる重大な新思想が続出した.*ヤスパースは,この時期を「軸の時代」([独]Achsenzeit)と名づけたが,この時期に中国では*孔子の*儒教,インドではゴータマ・*シッダールタ(釈迦)の*仏教,*マハーヴィーラのジャイナ教(*耆那教),ペルシアではザラスシュトラの*ゾロアスター教が出現した.またイスラエルでは*イザヤや*エレミヤなどの*預言者たちが活躍し,ギリシアではイオニアの自然哲学者,アテネの*プラトンや*アリストテレスらの大哲学者が輩出した.これらの新思想は主として中国とギリシアでは哲学の方向へ,インド,ペルシア,イスラエルでは宗教の方向へ展開したが,これが世界宗教の成立にほかならない.しかし,まだ民族的・地域的色彩が強く世界各地に広まるには限界があったので,誰もが世界宗教と認めているわけではないが,教義的には世界宗教と呼んでも差し支えない.軸の時代から多少遅れて紀元後100年頃には,パレスチナではナザレのイエスの*キリスト教,さらに7世紀にはアラビアでメッカの*ムハンマドの*イスラム教が生まれた.仏教とキリスト教とイスラム教は,特に地域・民族・文化の相違を越えた普遍的性格を強調するので,「三大世界宗教」と呼ばれている.

【特徴】未開宗教や民族宗教のように自然発生的なものではなく,*啓示宗教や創唱宗教と呼ばれる宗教が,特定の個人である*教祖の*悟りや*啓示という*宗教的体験を出発点として新しく始められた.先行する諸宗教の伝統から多くの要素を受け継ぎながら,それらを発展させた独自な新しさが,全人類に妥当すると信じられたのである.したがって家族,氏族,市町村,国家などの血縁・地縁共同体の成員として,生得的,強制的,無自覚的に成立した「自然的宗教集団」([英]natural and religious groups) ではなく,共通の信仰を認め合って自発的に参加した信者たちが,その信仰を守り広めるために結成した「特殊的宗教集団」(specifically religious groups) が世界宗教の集団であって,三大世界宗教はそれぞれ「僧伽」(そう[サンスク]ぎゃsaṃgha),「教会」([ギ]ekklēsia),「ウンマ」([ア]Umma)という独自の教団を組織した.

次に,M.*ヴェーバーの論じたように,世界宗教は現世の価値を相対化して批判するという「現世否定の教義」をもつ.部族や民族の平安と繁栄を祈る現世利益の否定だけでなく,来世の救いを求めるという現世逃避の傾向でもなく,現世の秩序を超越した原理と価値観に基づいて現状を批判し,民族や国家の地上的価値や権威を否定した.しかし,原理的には国家や政治を超越したはずの世界宗教が,実際には世俗権力と結びついて教勢を拡大したことも見過ごすことはできない.仏教もインドではアショーカ王(在位,前268-32頃)やカニシュカ王(在位140頃-170頃)の帰依と保護,中国では隋唐の支配下に入ることにより,キリスト教も*コンスタンティヌス大帝の公認,*テオドシウス1世の国教化により,イスラム教もウンマを帝国へと拡大した*カリフによって,それぞれの宗教国家が実現したが,その原理となったのは世界宗教にほかならない.教勢拡大の過程で,聖典(アヴェスター・仏典・*四書五経・*新約聖書・*コーランなど)の編集,教義の理論化・体系化の進展,教団としての組織・制度の整備がなされた.

また,教祖の教義は単純明快で実践的であったがしだいに複雑難解となり,儀礼も固定され形骸化したので,宗教の権威主義化に反対して,一般信者の側から信仰生活の刷新改革の運動が起こった.科学技術が目覚ましく発展した現代では,近代化・*世俗化に対応して自由主義的傾向を強める宗教と,自然科学的世界観と対決して原理主義的傾向(→根本主義)を強化する宗教との緊張が高まり,世界各地で紛争を引き起こしている.さらに,急激な科学技術の進歩に伴う社会的・文化的変動や旧来の価値観の急変のため,アイデンティティを喪失して*アノミーに陥る民衆が急増した状況に有効に対処しようとして,新宗教が世界各地で誕生している.これらの新宗教は,世界宗教から分派したものが多い(→新宗教運動).

【文献】K. ヤスパース『歴史の起源と目標』重田英世訳(理想社 1964): K. JASPERS, *Vom Ursprung und Ziel der Geschichte* (Zürich 1949); D. E. ソーファ『宗教地理学』徳久球雄, 久保田圭伍, 生野善応訳 (大明堂 1971): D. E. SOPHER, *Geography of Religions* (Englewood Cliffs, N. J. 1967); M. ヴェーバー「世界宗教の経済倫理—中間考察」『宗教社会学論選』大塚久雄, 生松敬三訳 (みすず書房 1972) 97-163; M. WEBER, "Die Wirtschaftsethik der Weltreligionen: Zwischenbetrachtung," *Gesammelte Aufsätze zur Religionssoziologie*, v. 1 (Tübingen 1920) 536-73;『世界「宗教」総覧』(新人物往来社 1993);石川純一『宗教世界地図』(新潮社 1993); 阿部美哉『世界の宗教』(放送大学教育振興会 1995).

(藤田富雄)

せかいしゅうきょうしゃへいわかいぎ　世界宗教者平和会議　[英]World Conference on Religion and Peace, [略称]WCRP

世界平和の実現を共通目標とし,宗教間協力を基盤とする全世界の宗教者の参画する継続的機関.各宗教の伝承や教義を相互に尊重し,宗教・宗派を超えた国際的連帯によって,世界平和構築のため献身的に諸活動を展開している.第1回 WCRP は1970年(昭和45)京都で開催され,ローマ教皇*パウルス6世,国連事務総長ウ・タント(U Thant, 1909-74)

をはじめ多くの世界的指導者からのメッセージが寄せられ，全世界の宗教者の視線がこの会議に集まった．

それ以降，4年から5年ごとに世界会議が開催され，平和実現のための基本課題・戦略として，非武装，開発，人権などの現実問題を調査・研究し，それに基づく救援と奉仕を促進するための諸活動が展開されている．国際委員会，各地域委員会，さらに各国委員会が編成され，1972年には日本委員会が発足，初代委員長に立正佼成会会祖・庭野日敬(1906-99)が就任，同委員会内に平和開発基金，平和研究所，婦人部会，青年部会をはじめ人権，非武装，開発・環境，難民などの常設委員会も設けられ，その活動は国際的な広がりをもつに至った．

1974年8月に第2回WCRPがベルギーの*ルーヴァン大学で世界50か国，400名を超える宗教者の参集のもとに開催され，会議主題「宗教と人間生活の質」をめぐって，前回の非武装，開発，人権に加えて，環境を一つの柱とし論議を深めた．これが万物共生というべき東洋的知見を抱く日本委員会の提案によるものであることが注目された．なお，その後，WCRPと連携し，アジア地域の平和実現に協力し合うアジア宗教者平和会議(ACRP)が組織され，第1回(1976)以来，5年に1度のアジア会議をもっている．

第3回WCRPは，1979年3月にアメリカの学園都市プリンストン(Princeton)で「世界共同体を志向する宗教」を主題として開催されたが，中国代表団の初参加があり，ことに核の先制第一撃を行わないことの意思表明があったことが注目された．また，衝撃的な会議報告に発して，カンボジア難民救済が次年度より開始され，さらに1981年結成された日本委員会婦人部会による難民孤児のための里親運動も1984年から実施されるようになった．

第4回WCRPは，1984年8月にケニアの*ナイロビで，「人間の尊厳と世界平和を求めて―宗教の協力と実践」を主題として行われ，46か国，約600人(発展途上国代表が過半)の参加がみられた．印象的だった点は，困難なアフリカ情勢を背景とした南アフリカ共和国のアパルトヘイト問題への宗教者の責務について深い論議がなされたこと，また，ローマ教皇*ヨアンネス・パウルス2世の初めての特使として教皇庁諸宗教評議会の長官アリンゼ(Francis Arinze, 1932-)が訪れたことなどである．なお，WCRP国際事務総長として，13年間，また国連軍縮NGO委員会創設者として久しく尽力したジャック(Homer Alexander Jack, 1916-93)の役職交替が行われた．

第5回WCRPは，1989年1月にオーストラリアの*メルボルンで，「平和は信頼の形成から―宗教の役割」の主題で，第6回WCRPは1994年11月に，1,000名を超す代表者によって「世界の傷を癒す―平和を目指す宗教」の主題についての討議がイタリアの*ローマとリヴァ・デル・ガルダ(Riva del Garda)で行われた．そして，第7回WCRPは1999年11月にヨルダンの首都アンマンで開催され，1,400名が参加した．主題は「共生のための地球的行動―新たな千年期における宗教の役割」であった．

今なお，地球的規模での危機に置かれている世界の内面的・外面的困窮の救援のために，世界の諸宗教間の協力は，今後一層その重要性を増していくと考えられる．

【文献】世界宗教者平和会議日本委員会編『WCRP』(1978-); 飯坂良明他『平和の課題と宗教』(佼成出版社 1992); H. A. JACK, *WCRP: A History of the World Conference on Religion and Peace* (New York 1993).

（山岡喜久男）

せかいじんけんせんげん　『世界人権宣言』

〔英〕Universal Declaration of Human Rights, 〔独〕Allgemeine Erklärung der Menschenrechte, 〔仏〕Déclaration Universelle des Droits de l'Homme　*基本的人権の保障についてすべての人民とすべての国が達成すべき共通の基準を提示するため，1948年12月10日に*国際連合の第3回総会が採択した宣言．30箇条にわたり国際的に保障すべき人権の具体的内容を明確化した．

【人権問題と国連】20世紀前半までは一般に基本的人権の保障は国家の政治体制の根幹に関わる国内問題だと考えるのが原則で，国際レベルで人権問題が取り扱われるのは特殊な場合に限られていた．ところが，第2次世界大戦の経験から，人権の問題は国際平和と不可分の関係にあるとの認識が生まれた．すなわち，国内的に人権を抑圧し，非人道的な行為をなした全体主義国家が対外的には侵略に邁進したことから，個人の価値と自由を擁護して強圧的政権の発生を抑えることが平和の前提条件を構成すると考えられるようになったのである．

こうして基本的人権の尊重は国際社会の共通課題とされ，国連憲章は，人種，性，言語または宗教による差別なくすべての者のために人権および基本的自由を尊重するように助長奨励することをその基本的目的に加えた(第1条3項)．憲章により人権に関する任務を与えられた経済社会理事会は，1946年に人権委員会を任命し，国際人権章典を起草して普遍的に保障される人権の内容を具体化するよう要請した．委員会は法的拘束力のない人権宣言と条約形式の拘束的な国際人権規約の二本立てで人権章典の作成にあたる方針をとり，まず宣言の草案を完成させた．これが経済社会理事会の討議を経て，総会において賛成48，反対なし，棄権8(東側6か国および南アフリカ，サウディアラビア)で採択されたのである．

【『世界人権宣言』の内容】まず宣言の本文1条から21条までは市民的・政治的基本権について規定する．*差別の禁止，生命・身体の自由，奴隷・苦役の禁止(→奴隷制)，人間の尊厳の尊重，法の前の平等，恣意的な逮捕・拘禁・追放の禁止，公正な裁判を受ける権利，私生活の尊重，居住・移転の自由，国籍の権利，庇護を受ける権利，*婚姻の権利，財産権，思想・良心・宗教の自由(→信教の自由)，表現の自由，集会・結社の自由，参政権等である．次に22条から27条までは経済的・社会的・文化的権利を扱う．社会保障，*労働に関する権利，生活保障，*教育権，文化生活に参加する権利などである．残りの3条は人権の行使に伴う一般的問題に言及している．

条項の配分が顕著に示すように，『世界人権宣言』は自由権的基本権に重きを置く西欧的な人権思想を色濃く反映している．社会権的基本権の尊重を重視する社会主義諸国は起草過程からこの点に抵抗を示し，結局宣言の採択の際には棄権にまわった．しかし，国内体制の異なる諸国が人権に関わる国際文書を採択したことの意義は大きい．

【『世界人権宣言』の役割と意義】形式的には国連総会の決議として成立した『世界人権宣言』は，条約と違って国家に国際的な義務を課すものではないが，多くの言語に翻訳されて人権思想を世界的に普及させる役割を果たした．新興独立国は憲法を制定するにあたってしばしば

せかいせんきょうかいぎ

『世界人権宣言』の人権リストをモデルにしており，アルジェリア，カメルーン，コンゴ，ソマリア等々，多くのアフリカ諸国の憲法が『世界人権宣言』に言及している．日本はサンフランシスコ平和条約前文においてこの宣言を実現することを誓っているが，ほかにも難民条約，国際労働機関（ILO）の強制労働廃止条約，欧州人権条約等が『世界人権宣言』を援用している．米国，フランス，イタリア，オランダ，フィリピン，イスラエルの国内裁判所は判決においてこの宣言に触れている．このように『世界人権宣言』の政治的・道義的影響力は大きい．

【文献】髙野雄一『国際社会における人権』（岩波書店 1977）; 斎藤惠彦『世界人権宣言と現代』（有信堂高文社 1984）; K. バサック編『人権国際社会』ユネスコ版（佼成出版社 1984）; R. CASSIN, *La Déclaration Universelle des Droits de l'Homme et sa mise en œuvre* (Paris 1956).

〈緒方貞子〉

せかいせんきょうかいぎ　世界宣教会議　〔英〕World Christian Conference, 〔独〕Weltmissionskonferenz, 〔仏〕Conférence Mondiale des Missions　非キリスト教地域における *宣教の諸問題を討議し，各宣教団体間の協力などについて協議するために開催された世界的規模の会議．その必要性は，19世紀後半以来提起されてきたが，幾つかの準備的国際会議の成果を集約して出発点となったのは *エディンバラ世界宣教会議（1910）である．その継続委員会の活動によって1921年に *国際宣教協議会（略称 IMC）が設立され，当初は10年に1回の予定で国際宣教会議（International Missionary Conference）が開かれることになった．*エルサレム国際宣教会議（1928），*タンバラム国際宣教会議（1938），*ホイットビ国際宣教会議（1948），*ヴィリンゲン国際宣教会議（1952），*アキモタ国際宣教会議（1957）を経て，1961年の *ニューデリー世界教会協議会総会で同協議会の「世界宣教と伝道」（World Mission and Evangelism）部門として組織合併が決議され，研究・連絡などの継続的活動は充実した形で続けられることになった．他方，世界大会開催という形での運動の要望も強く，これと並行してメキシコ・シティ（1963），バンコク（1972-73），メルボルン（1980），アメリカ合衆国のサン・アントニオ（San Antonio, 1989）での国際宣教会議は引き続いて開催されている．

【文献】キ大 643; LThK³ 7: 314-16; ODCC³ 1765-66; ÖL 820-25; RGG³ 793-96.

〈小川圭治〉

せかいせんきょうのひ　世界宣教の日　〔ラ〕dies pro missionibus, 〔英〕World Day for Missions, 〔独〕Weltmissionssonntag, 〔仏〕Journée Mondiale des Missions　キリストの福音を伝える使命は，司祭や修道者だけではなく，洗礼を受けてキリストの弟子となった人すべてに委ねられている．*教皇庁福音宣教省の *信仰弘布会は1926年に，すべてのカトリック信者がこの *宣教の使命に目覚め，世界の福音化のために祈り，犠牲をささげ，*献金するようになることを目指して，10月の最後から2番目の日曜日を「世界宣教の日」とすることを教皇 *ピウス11世に建議．教皇は「これは天の望みである」と賛同し，同年4月にこの日の設置を決定した．1963年以来，歴代教皇は毎年，この日のために特別メッセージを発表し，神によって生かされている恩恵を信者一人ひとりに思い起こさせる．また，喜びの体験を人々に伝えることの重要性を認識させ，世界各地で行われている宣教活動への支援をも呼びかけている．この日の献金は，各国からローマにある信仰弘布会本部に送られ，必要に応じて，世界各地の宣教活動のために使われている．世界には，「世界宣教の日」を1回の日曜日だけに限定せず，10月全体を「宣教の月」と定め，福音を知らせ，福音を証しし，福音に奉仕する信者の養成に力を入れている *司教協議会も数多くある．

【文献】NCE 11: 844-46; PONTIFICIA UNIVERSITÀ URBANIANA, ed., *Dizionario di Missiologia* (Bologna 1993) 269-70; ヨハネ・パウロ2世『世界布教の日にあたって』（カトリック中央協議会 1986）: OR (1986. 5. 18) 5.

〈小田武彦〉

せかいぞう　世界像　旧約聖書は，古代オリエントの世界像のように太陽や月を神格化して中心としたり，*宇宙の起源について多くの神々の働きを想定せず，唯一神が世界を超えた存在として創造主であることを述べている（詩 8: 4, 7; 148: 5, 13）．宇宙全体は「天地」（創 1: 1; 2: 4; エレ 4: 23, 28）に分かたれ，古代オリエント神話で神格化されていた天体，生物，物体はすべて *被造物として非神格化されるか，あるいは超越的な神とその働きの反映とみなされる．

新約聖書は旧約聖書の世界像を受け継ぎ，それをギリシア的ユダヤ教文化に適応させて，*新しい天と地の出現を宣べ伝えた．それはキリストの救いの業によってもたらされ，始まりとともに終わりをもつ．フィリピ書（2: 10），エフェソ書（2: 2），使徒言行録（17: 24; 4: 24）などは宇宙の構造が多様に理解されていたことを示しているが，新約聖書に特徴的であるのは宇宙を全体（〔ギ〕ta panta）として一括して捉えるようになっている点である．新しい *創造の観点から宇宙全体が良きものとして肯定されるが，同時にこの世は過ぎ去るべきもの，歴史のなかで実際には悪に変わったものとみなされる．*ヨハネの黙示録は世界の終わりに自然界をも巻き込む戦いがあり，神による新しい永遠の世界がその後に現れるとしている．

【文献】LThK² 10: 1029-32.

〈高柳俊一〉

せかいそうしゅきょう　世界総主教　〔ギ〕Oikoumenikos Patriarchēs, 〔英〕Ecumenical Patriarch, 〔独〕Ökumenischer Patriarch, 〔仏〕Patriarche œcuménique　*コンスタンティノポリスの総主教を指す称号．東ローマ帝国（→ビザンティン帝国）の首都となったコンスタンティノポリスの司教（主教）は，「新しいローマ」の司教として周囲の *司教区に *裁治権などに関して大きな力をふるうようになり，やがて，五つの総主教座の一つとなった．加えて，*ヨアンネス4世・ネーステウテース（在位 585-95）の頃から「世界総主教」（全帝国総大司教）を称するようになり，ローマ教皇 *グレゴリウス1世はこれに抗議したが，東方諸教会は帝国の首都の主教という意味に解し，以後，世界総主教は名誉的称号となった．総主教は汎正教会議を招集，主宰し，新しい教区を設立し，これに自律権を与えるなどの特権をもった．*オスマン帝国による征服後は領土内に正教徒の長としてのみの地位を保持．その後，ギリシアの独立（1830）などを経て実権は失ったが，信仰の保持，正教世界の統一，各派間の関係促進と全キリスト教徒の一致に向けての精神的支柱としての役割をもっている．→総主教，東方正教会

【文献】LThK³ 7: 1033-34; M. VON SARDES, *Das Ökumenische Patriarchat in der Orthodoxen Kirche* (Wien 1980).
（大森正樹）

せかいだいひょうしきょうかいぎ　世界代表司教会議　〔英〕synod of bishops,〔独〕Bischofssynode,〔仏〕synode des évêques　一般にシノドスといわれているが，正式名はシノドス・エピスコポールム（〔ラ〕synodus episcoporum）．特定の問題を討議もしくは研究し，*教皇に意見を具申するために世界の異なる地域から選出され，かつ一定時に会合する*司教たちの集会である．
【歴史】教皇 *パウルス6世は，*聖座，特にローマ *教皇庁の活動の刷新，全教会との関係の緊密化および活性化を目指して，1965年 *教皇自発教令『アポストリカ・ソリキトゥード』（Apostolica sollicitudo）をもって，史上類例のないこの世界代表司教会議を設置した．

世界代表司教会議（NCP）

世界代表司教会議

第1回	1967	カトリック信仰の維持と強化
	1969	教皇と全司教の共同責任（第1回臨時シノドス）
第2回	1971	司祭職および世界における正義
第3回	1974	現代世界の福音宣教
第4回	1977	現代の教理教育
第5回	1980	今日の世界におけるキリスト教家庭の役割
第6回	1983	教会の使命としての和解と償い
	1985	第2ヴァティカン公会議の再確認（第2回臨時シノドス）
第7回	1987	教会と世界における信徒の召命と使命
第8回	1990	現代の諸状況と司祭養成
	1991	ヨーロッパ特別シノドス
第9回	1994	奉献生活とその使命
		アフリカ特別シノドス
	1995	レバノン特別シノドス
	1997	アメリカ特別シノドス
	1998	アジア特別シノドス：アジアにおける救い主イエス・キリストの宣教と奉仕
		オセアニア特別シノドス：イエス・キリストとオセアニアの人々
	1999	ヨーロッパ特別シノドス：教会に生きる欧州の希望の源，イエス・キリスト
第10回	2001	司教―世の希望のためイエス・キリストの福音に仕える者

第1回のシノドスは1967年9月29日から10月29日まで *ヴァティカンで開かれ，テーマは「カトリック信仰の維持と強化」であった．続く第1回臨時シノドスが1969年に「教皇と全司教の共同責任」というテーマで開かれ，以後別表のように開催されている．
【シノドスの実施形態】〔法的性格〕提起された具体的な問題の研究もしくは討議のためにそのつど一定期間の会議が行われるが，本質的には教皇に直属する常設諸問機関である．したがって，教皇から決議権が付与される特別な場合を除いて，問題の解決もしくは問題に関する決定を出す権限はない（『教会法典』343, 344条）
〔任務〕ローマ教皇と司教間の緊密な関係を促進し，信仰および倫理の擁護と向上，教会規律の遵守および強化のために助言をもってローマ教皇を補佐すること，また世界における教会の活動に関する諸問題を研究することにある（同342条）．
〔会議の形式〕シノドスは通常総会，臨時総会のほか，特定地域もしくは複数の地域に直接関連する問題を取り扱う特別会議として開催することができる（同345条）．
〔シノドスに対する教皇の役割と権限〕会議の召集，開催地の指定，議題の決定，選出されるべき代議員の選挙の裁可，その他の代議員の指名および任命，会議の主宰，閉会，延期，中断または解散の権限は教皇にある（同344条）．
〔構成員〕通常総会の代議員は各 *司教協議会から選出された司教，その他特別法によって指名される代議員，ローマ教皇によって直接任命される代議員，特別法によって選出される聖職者修道会（→ 修道会）の会員によって構成される．臨時総会の場合は，職務上シノドスに関する特別法によって指定されている司教のほか，教皇によって直接任命される代議員ならびに同特別法の規定に従って選出される聖職者修道会の会員が参加する（同346条）．
〔シノドスの管理〕シノドスは常設の事務総局を有し，教皇によって任命された事務総長がこれを司る．事務総長は司教によって構成される事務局顧問会を有することができる．その司教の一部は特別法の規定に従ってシノドス自体によって選出され，他は教皇によって任命される．以上のほかに教皇によって任命される一人または数名の特別事務局員が置かれる（同348条）．
【文献】PAULUS VI, "Apostolica Sollicitudo," AAS 57 (1965) 775-80; N. RUF, *Das Recht der katholischen Kirche* (Freiburg 1983) 105-106.
（枝村茂）

せかいていこく　世界帝国　〔英・仏〕empire,〔独〕Weltreich　古来，世界帝国と称された存在は，*ペルシア帝国や *ローマ帝国をはじめとして数多いが，いずれもその時代において，同時代人の認識で「全世界」と把握された空間的広がりにおける強国を示していたにすぎない．すなわち，他民族や他国の領土に対して，直

接的には侵略戦争により，間接的には軍事・政治・経済的圧力を行使して，支配力を拡張し強権的権力を行使する*帝国主義的な超大国への慣習的呼称であった．

長期間にわたって人類文明の主要活動大陸であったユーラシア・アフリカ両大陸に視点を置くならば，その中央部分を占めたアケメネス朝ペルシア，西端を占めたローマ帝国，東を制覇した中国諸王朝などがその名に値するといっていいかもしれない．だが，地球規模での，真の世界帝国の出現は，西欧世界の世界制覇達成以降に限定するべきであり，その意味で，名実ともにそれに値する最初の世界帝国の出現は，*大航海時代以降の，海軍力を背景に世界中に植民地（→植民地主義）を獲得したイギリスを筆頭とする西欧列強こそがふさわしい．

政治権力の浸透が全地球的規模で展開されるに至った20世紀には，アメリカ合衆国・ソヴィエト連邦の二大強国による冷戦時代の半世紀を経て，同世紀末に至り，文字通りアメリカの一人勝ちといわれる史上初の状況が現出した．
（豊田浩志）

せかいないそんざい　世界内存在〔独〕In-der-Welt-sein　ドイツの哲学者*ハイデガーが*人間という概念を捨て，従来の哲学の伝統に対峙する際に提示した*現存在の存在構造を「世界内存在」という．

*デカルトは「我思う故に，我あり」を，自らの哲学の第一真理とした．彼は，*自己意識こそが唯一疑いえない直接的な所与であると主張した．そしてこれがその後の*近代哲学の基本性格を決定したのである．しかし，これに対して，*実存哲学は，自己意識を直接的な所与とすることが，逆に外部*世界の存在を証明されるべき難問（*主観 – 客観の二項対立に伴う問題）として残してしまうこの立場に反対した．*実存の遂行は「無から行われるのではなく，実存に迫り来る現実の抵抗がいつもすでに存在し，その体験から我々は出発する．我々には自己も世界もどちらがより根源的であるとはいえない仕方で，つまり等根源的に与えられているのである．

ハイデガーは，自らの現象学的*存在論の立場から実存哲学という名称を拒否しつつも，主著『存在と時間』において，存在の意味の究明を行う際の前提として，存在了解を有する*存在者として人間を主題化し，基礎的存在論を展開した．そこでは人間存在を意味する現存在の存在体制を世界内存在と規定し，自己が世界にあらかじめ差し向けられている在り方を一層根本的に示した．この用語は，ある器にある物が入っているというような物理的な*関係を意味してはいない．むしろ世界は，いつもすでに我々によって生きられたものとして与えられており，その点で意味の全体性と言い換えられている．

【文献】M. ハイデガー『存在と時間』細谷貞雄訳（筑摩書房 1994）; M. HEIDEGGER, *Sein und Zeit* (Tübingen 1927).
（開龍美）

せかいほう　世界法〔英〕world law, 〔独〕Weltrecht, 〔仏〕droit mondial　*田中耕太郎によって展開された法理論．世界法の理論を実現することは彼の一生の念願であった．彼自身も述べたように，世界法を考えるきっかけになったのは，1888年のツィーテルマン（Ernst Zitelmann, 1852-1923）の『世界法の可能性』（Die Möglichkeit eines Weltrechts）という小冊子であり，田中は全部で5巻に及ぶ大作によってその理論を著しく発展させた．以下，彼の世界法理論の要点をあげたうえで，その評価を試みる．

【概要】世界法は*国際法ならびに*自然法と密接な関係をもつにしても，同様のものではない．各国には独自の*法があるが，人類は大都会（〔ラ〕civitas maxima）のようなものであるから，「社会のあるところに法があり」といわれたように，人類社会にも独自の法があるはずである．したがって，法を国家的社会また一定の民族に限定せず，一層普遍的なものとして考えるべきである．これが世界法理論の発想であるといえよう．世界法が対象にする人類社会ないし人類共同体は各個人，国籍のない個人も含むために，この種の法を国家の観念から解放することが必要である．この意味において世界法は「超国家法」とも呼ぶことができる．

理論的に考えると，これには広義と狭義の世界法がある．広義の世界法は「統一法，国際私法および国際公法の総合されたもの」と解されるのに対し，狭義の世界法は統一法である．このような統一法というのは，すべての国々の*実定法に共通するものであるが，これは国際私法に関わる問題であるにせよ，伝統的な意味での「国際私法」とは異なる．というのは，統一法は国際私法と違って，「個人間の法関係に関するものであって，国家間の関係に関しない」からである．そもそも，現代の国家私法では，いわゆる「法の抵触」という問題がたびたび起きるということは，実はありえないことであって，それが問題になっているのは，おのおの*主権である国家が前提にされているという誤った観念に基づいているからである．以上のように，統一法が実定法として実現すれば，従来の国際私法はその存在理由を失うことになるはずである．

田中は実現すべく，広義と狭義の世界法を実定法的に考えるが，その法哲学的基盤と形而上学的基盤を，*正義の理念と*道徳の原理，換言すれば不変かつ普遍妥当性をもつ*スコラ学の自然法に置く．どこの国でも裁判所で同じように適用されているいわゆる法の一般原則は自然法を含むものであり，普遍法を国際法の法源として必然的に認めなければならない．

【評価】現時点から世界法の理論を評価すれば，次のことがいえる．まず第一に，田中の意見でもこのような世界法はすでにできあがったものではなく，これから国際的なレベルで作り上げるべきものであるということを忘れてはならない．田中の著作につけられた『世界法の理論』という表題もこれを示している．しかし，戦前の日本の社会的・政治的状況を考えると，国家と民族を越えるこのような法の理論が打ち出されたこと自体は高く評価されよう．

戦後になると，世界法の理論は注目されることはあったが，実際にそのような研究を続ける学者は多くなかった．しかし，その後国際レベルではないが，ヨーロッパで成立したヨーロッパ共同体法（→イー・シー）は，田中の理想が実現されつつあることを示しているといえよう．田中の理論では法的自然法の普遍性と歴史性が充分に説明されないにしても，今の世界の情勢をみると，田中が時代の先駆者であったことは否定できない．この意味で世界法の理論は決して過去のことではない．

【文献】田中耕太郎『世界法の理論』全3巻（岩波書店 1932-35）; 尾高朝雄編『田中先生還暦記念・自然法と世界法』（有斐閣 1954）; 田中耕太郎『続世界法の理論』全2巻（有斐閣 1972）．
（J. ヨンパルト）

せかいれいこん　世界霊魂〔ラ〕anima mundi, 〔英〕world soul, 〔独〕Weltseele, 〔仏〕âme du monde　人間

の*霊魂になぞらえて想定された，全世界を支配する統一原理．
【歴史】*プラトンは『ティマイオス』において，宇宙の創造主(*デミウルゴス)による世界霊魂の創造について語った．*プロティノスは，このプラトンの思想から神話的装飾を取り除き体系化した．その際，デミウルゴスは*知性(ヌース)と同一視され，デミウルゴスによる世界霊魂の創造は，知性からの霊魂の*流出と解されるようになる．*ストア学派も，世界が魂と知性(*ロゴス)をもつという思想を受容した．世界霊魂の説は，プロティノスの*新プラトン主義的流出論の特色となるが，『原因論』『アリストテレス神学』などを通して，*イスラム哲学にも広がった．*ファーラービー，*アヴィケンナ，*アヴェロエスなど，イスラム哲学の多くにその傾向がみられる．西欧では 12 世紀になって，世界霊魂は*シャルトル学派において聖霊と同一視され，プラトン的・キリスト教的宇宙観のなかで発展した．13 世紀においては，世界霊魂の教説は異端的思想として批判を受けた．12 世紀後半以降，*アリストテレスの著作がイスラム哲学を経由して受容され，同時にアヴィケンナ，アヴェロエスの思想も紹介されるに至ったが，その思想に含まれている世界霊魂説，および「形相の授与者」([ラ] Dator formarum) の理論(月界に存在する最下位の知性体が地球上の事物に形相を与えているとする理論)は，1277 年の大弾圧によって弾圧されるとともに，*宇宙 (caelum) には生命も感覚もないとする正統的教理を踏まえ，*トマス・アクィナス，ローマの*アエギディウスなどによって批判された．プロティノスの上記の思想は*ルネサンスになって復興し，*フィチーノによるラテン語訳によって*ブルーノに知られ，多数世界の理論に取り込まれていった．後に，*シェリング，*フェヒナーもこの説を受容した学説を展開した．
【文献】根占献一他編『イタリア・ルネサンスの霊魂論』(三元社 1995); A. C. PEGIS, *St. Thomas and the Problem of the Soul in the Thirteenth Century* (Toronto 1934).

(山内志朗)

せかいれんぽううんどう　世界連邦運動　World Federalist Movement (WFM)　世界連邦運動は，世界国家を創出して*法の支配を確立し，戦争を廃絶しようとする運動で，第 2 次世界大戦前から思想的には用意されていたが，原子爆弾の破壊力に触発されて，戦後アメリカを中心に広く展開し始めたものである．1946 年 10 月，すでに結成されていた世界連邦主義者連合 (Union of World Federalists, 略号 UWF) を中心に，イギリスその他の国々から協賛者がルクセンブルクに集い，世界連邦政府のための世界運動 (World Movement of World Federalist Government, 略号 WMWFG) を発足させた．この組織の第 1 回会議は翌 1947 年 8 月 17-24 日，21 か国，51 団体の代表者 300 余人を集めて，スイスのモントルー (Montreux) で開催されたが，「人類が永遠に戦争と訣別できる唯一の道は世界連邦政府の樹立によってのみである」との前提で，その世界連邦政府のための原則を採択した．これを「モントルー宣言」と呼ぶ．原則は次の通りである．(1) 加盟の自由．すべての民族，すべての国家が参加できること．(2) 国家主権の制約．世界的な問題に関わる立法，行政，司法の権限は世界連邦政府に委譲すること．(3) 世界連邦政府の管轄権の及ぶ範囲内では*世界法は，誰であろうと，どこにいようと，直接個人に適用される．*基本的人権を保証し連邦の安全を脅かす行為を抑止する．(4) 世界連邦政府と加盟国の*安全保障を確保するための超国家的軍隊の創設．加盟国の軍備は国内の警察力として必要な水準まで縮小する．(5) 大量殺戮が可能な原子力開発ならびにその他の科学的発見は，世界連邦政府が所有し，管理すること．(6) 国家からは独立し，直接必要なだけの歳入を確保できる権力をもつこと．

半世紀後の 1997 年 9 月 17 日には，モントルーで世界連邦運動 (WFM, 1991 年に世界連邦主義者世界協会 World Association of World Federalists から改称) の 50 周年記念式典があった．それに向けて用意された WFM の文書「アクション・レポート」は，これまでの成果として，国際刑事裁判所が具体化する方向で動いていること，人権擁護などに尽力する市民団体を経済的に支援したことなどを報告し，合わせて*国際連合の改革を論じている．

日本では広島被爆 3 周年の 1948 年 8 月 6 日に，尾崎行雄(1858-1954)を会長とし，*賀川豊彦を副会長として世界連邦建設同盟が結成され，WFM の前身，WMWFG に加盟し，世界の世界連邦運動の一方の旗頭として積極的な活動を展開した．この年 A. *アインシュタインと湯川秀樹(1907-81)は，人類の存続のためには世界連邦の建設が大切だという点で見解の一致をみた．湯川は 1961 年から 4 年間世界連邦運動のこの世界組織の会長を務め 1963 年には第 11 回世界連邦世界大会を日本で開催した．世界で唯一の原爆体験国である日本は世界でも有数の世界連邦運動国家である．日本にはこのほかに，1949 年に結成され 150 余の衆参両院の議員による世界連邦日本国会委員会，1 都 2 府 25 県 350 余市区町村の世界連邦宣言自治体全国協議会，そして超宗派の世界連邦日本宗教委員会などがある．

1998 年 11 月第 23 回世界連邦運動世界大会は，インドとパキスタンが核爆発実験を強行して世界の批判に曝された余韻のなかで，インドのチェンナイ (Chennai 旧*マドラス) で開催された．「核戦争の恐怖」が新たな現実味をもって高まるなかで，国連を改革して「世界連邦」にしようという「チェンナイ宣言」が採択された．
【世界連邦運動国際事務局】World Federalist Movement, International Secretariat. 777 UN Plaza, New York, NY 10017, USA.

(三輪公忠)

ゼカリヤ(しょ)　ゼカリヤ(書)　Zacharias
[ヘ] zᵉkaryâ, [ラ] Zaccharias
【構成】旧約聖書の 12 小預言書の一つ．ゼカリヤ書は 14 章からなるが，1-8 章と 9-14 章の間に大きな切れ目がある．内容的にみると，1-8 章はほとんどが*預言者のみた幻の記述であるが，9-14 章では 1 か所を除いて幻の記述はない．また，用語や表現法にも大きな相違がみられるし，1-8 章では再建されるべきものとされている*神殿が 9-14 章ではすでに再建されたものとされている．これらのことから，1-8 章(第 1 ゼカリヤ)と 9-14 章(第 2 ゼカリヤ)は別の預言者による言葉として区別するのが普通である．
【ハガイとの関係】第 1 ゼカリヤには日づけが何度か現れるが，その最初は「ダレイオスの第 2 年 8 月」(1:1)であり，最後は「ダレイオス王の第 4 年 9 月」(7:1)である．ダレイオス王の第 2 年は前 520 年にあたり，同じ年の 6 月に*ハガイが登場し，神殿再建の必要性を訴えている．ゼカリヤは 2 か月遅れて預言活動に入り，ハガイと同様に神殿再建を訴えているので，二人は面識が

せきじゃさんぴつ

あったと思われるが，お互いの名が現れる箇所はどこにもない．しかし，本書8:9の発言は，ハガイ書1:9以下と2:15以下を踏まえた言葉だと思われる．

【著者】ゼカリヤという人物は旧約聖書に少なくとも30人は登場するが，確かにゼカリヤ書の著者と思われる人物に言及すると思われる箇所は，1章1節および7節を除けば，エズラ記5章1節と6章14節であり，そこでは「預言者ハガイ」と並記されている．しかし，1:1では「イドの孫でベレクヤの子」とされているのに，エズラ記では「イドの子」とされている．おそらく，エズラ記での「子」は文字通りの「息子」の意味ではなく，「孫，あるいはその家系に属する者」を表しているのだろう．ネヘミヤ記12:16に，祭司であり「イド家の家長」とされるゼカリヤが登場するが，これが預言者ゼカリヤと同一人物であれば，ゼカリヤは祭司の家系に属し，彼自身も祭司であったことになる．

【概要】第1ゼカリヤ(1-8章)では，まず悔い改めの呼びかけがあり(1:2-6)，続いてゼカリヤがみた八つの「夜の幻」が記されている(1:7-6:15)．これらの幻が示すメッセージは，怒りのときはすでに終わり，神が「激しい熱情」を傾けてエルサレムを憐れむ救いのときの到来を告げることにある．この張り詰めた期待は神殿再建と結びつけられており，*ダビデの末裔*ゼルバベルと大祭司の息子ヨシュアもこの作業に加わっているのは，この事業の成功を保証する神からのしるしとされている．最後の7:1-8:23は，もはや幻ではなく，ゼカリヤに語られた神の言葉であり，「戴冠の宣言」と「断食と回復の約束」と「将来への約束」が述べられている．特に注目されるのは「戴冠の宣言」にゼルバベルが登場しないことである．ゼルバベルへの(*メシア的な)期待が実現しなかったので，削除されたのではないかとみる学者もいる．

第2ゼカリヤ(9-14章)は二つの託宣(9-11章と12-14章)からなる．これらの託宣は，現在は*マラキ書とされる「託宣」と合わせて，託宣集を作り上げていたのではないかと推測する研究者がいる．12-14章は前4世紀の終わり頃に書かれているが，9-11章には古い部分があり，年代については争われている．なお，新約聖書に引用されるゼカリヤ書はすべて第2ゼカリヤからである．9:9がイエスの*エルサレム入城(マタ21:5)に，11:12-13が*ユダ・イスカリオテの葬られた畑(マタ26:15; 27:9-10)に，12:10がイエスの死(ヨハ19:37)に，13:7が弟子の躓きの予告(マタ26:31)に結びつけられている．

【文献】ABD 6: 1057-68. （雨宮慧）

せきじゃさんぴつ 『斥邪三筆』

浄土真宗の僧・深慨隠士(超然)の著書．同著者の*『寒更夜語』(1867)に付された短文の*排耶書で，通商に託して人民を誘惑するなどとキリスト教を論難している．*『破邪叢書』1(哲学書院1893)，『明治文化全集』16 思想篇(1929；日本評論社1992)に収録されている． （尾原悟）

せきじゃにひつ 『斥邪二筆』

浄土真宗の僧・深慨隠士(超然)の著書で*『斥邪漫筆』の続編．1866年(慶応2)刊．幕末のキリスト教宣教について述べ，プロテスタント宣教師の宣教以外の活動を強く非難する．*『破邪叢書』1(哲学書院1893)，『明治文化全集』16 思想篇(1929；日本評論社1992)に収録． （尾原悟）

せきじゃまんぴつ 『斥邪漫筆』

浄土真宗の僧・深慨隠士(超然)の著した*排耶書．1864年(元治1)成立，1865年(慶応1)序．日本へのキリスト教伝来について述べ，中国の排耶書をもとにキリスト教を論難している．*『破邪叢書』1(哲学書院1893)，『明治文化全集』16 思想篇(1929；日本評論社1992)に収録． （尾原悟）

せきちゅう 石柱

〔ヘ〕maṣṣēbôt，〔ギ〕stelai，〔ラ〕statuae，〔英〕(sacred) pillars, massebahs，〔独〕Steinmale，〔仏〕stèles

旧約聖書中，ヘブライ語 maṣṣēbôt(複数形)は17回，maṣṣēbâ(単数形)および関連語形が21回出る．新共同訳聖書は同語を石柱(19回)，記念碑(9回)，柱(4回)，聖なる柱(3回)，株(2回)，記念(1回)，オベリスク(1回)と訳出する．同語には記念碑，偶像礼拝用の像という二つの主な意味がある．記念碑は聖なる場所(創28:18．士9:6の「石柱」も参照)，*契約(創31:45, 52; 出24:4; イザ19:19)，*墓(創35:20．サム下18:18の*アブサロムの「石柱」も参照)を象徴した．偶像礼拝用の「石柱」は豊穣の男神*バアルの象徴として*神殿の祭壇のそばに立てられ，豊穣の女神アシェラの象徴である木柱，木，あるいはアシェラ像がそれと並んで立てられるのが一般的であった．これらはイスラエルでは禁止されており(レビ26:1; 申16:22)破壊されるべきものであった(出23:24; 34:13; 申7:5; 12:3)．イスラエル王国ではヨラムが，父*アハブが*サマリアに作ったバアルの石柱を取り除いた(王下3:2)．また，イスラエルのイエフ，ユダのアサ，*ヒゼキヤ，*ヨシヤも石柱を破壊している(王下10:26-27; 18:4; 23:14; 代下14:2; 31:1)．

【文献】新聖書大 839; ABD 4: 602; DB 5: 1861-65; DB (H) 3: 379-81; IDB 3: 815-17; TDOT 8: 483-94; ThWAT 4: 1064. （B. シュナイダー）

せきどうギニア 赤道ギニア

正式国名：赤道ギニア共和国，〔西〕República de Guinea Ecuatorial，〔英〕Republic of Equatorial Guinea. 面積：2万8,051 km². 人口：43万人(2000年現在)．言語：スペイン語(公用語)．大陸部ムビニ(Mbini, 旧リオ・ムニ Rio Muni)ではファン語が，ビオコ島(Bioko Island)ではブビ語が多い．宗教：カトリック，アフリカ独立教会など．

【概要】赤道ギニアは1968年までスペインの植民地であった．本土ムビニ(カメルーンとガボンの間に挟まれた旧リオ・ムニ)，ビオコ島(旧フェルナンド・ポー Fernando Poo)，さらに小さな諸島から赤道ギニアは成り立っている．スペイン語が公用語として使用され，カカオ，コーヒー，熱帯林が外国貿易の基礎を形成している．独裁者ヌグエマ(Macias Nguema, 大統領在職1968-79)の失脚後の国民の期待にもかかわらず経済的に失敗し，今日ではアフリカの最も貧しい国の一つに数えられる．

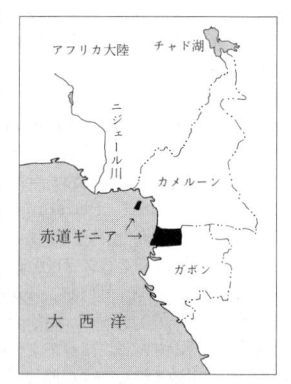

約39万人(1994年現在)の人口のうち90%がキリスト教徒であり，0.4%がイスラム教徒である．残りは伝統的アフリカ宗教の信奉者である．またキリスト教徒の

うちの約 90% がカトリック教会に属し，数千の *メソジスト教会の信徒と *長老派教会の信徒，また独立したアフリカ教会も存在する．プロテスタント教会の活動は植民地時代にスペインの法律によって厳しく制限されていた．独立とともに得た自由はキリスト教徒追放を目的とするテロで衰退した．自由の抑圧の結果，教会で働く外国人排斥，教会関係の建物の閉鎖，*洗礼や *礼拝の禁止，ひいてはキリスト者拷問や殺害(少なくとも公開処刑が 2 件)まで起こった．

ヌグエマ大統領は救世主のように崇拝されていたが，1979 年 9 月 3 日に彼の甥(Theodoro Obiang Nguema Mbsago)がクーデターを起こし，大統領は裁判にかけられ死刑判決を受けて処刑された．クーデター後も状況にそれほど変化はみられず，民主主義にはほど遠い状況である．

【教会の活動】教会生活も新しく築かれつつある．スペイン人の宣教活動もしだいに回復し，1982 年 2 月には教皇 *ヨアンネス・パウルス 2 世が数時間ではあったが赤道ギニアに滞在した．同年 10 月 15 日に赤道ギニアは，大司教区マラボ(Malabo)と司教区バタ(Bata)，エベビイン(Ebebiyin)をもつ独立した教会管区になった．また司牧計画の改善も進められている．バタ司教ヌグア(Anacleto Sima Ngua)は，宣教におけるエキュメニカルな協力に重点を置くことで知られている．スペインへの過度の物質的・人的依存は独自に活動する地方教会の発展を遅らせるという危険はあるが，それもいずれ克服されるであろう．

【現勢】2000 年現在，カトリック信者数：37 万．大司教区：1．司教区：2．小教区：54．教区司祭：49．修道司祭：54．終身助祭：1．信徒修道士：27．修道女：214．カテキスタ：1,934． (W. ホフマン)

せきにん　責任　〔ラ〕responsabilitas，〔英〕responsibility，〔独〕Verantwortung，〔仏〕responsabilité　責任とは，人が物事や他者に対してなすべきことを行う人格的態度である．それは人間の *自由意志に基づくもので，自分に問いかけ，呼びかけるものに応答することである．根源的に神だけが全面的に人に呼びかけうる存在者であるから，人は神の前で自分自身と他者に対して責任を自覚する．なぜならば，人は *人格として，また社会的存在として人間共同体の善を推進する責任を有するからである．一般に倫理的責任と法的責任とに区別されるが，*キリスト教倫理においては宗教的・倫理的責任が重視される．人間としての行為に基づく責任と救済の関連を無視することはできない．

【聖書】聖書も自己の行為に対する神の前での責任を重視している．*被造物である人間は神に呼ばれている者として *神の言葉を聞く存在であり，神のパートナーとして位置づけられている．神の似姿に造られた人間(創 1：26-27)は他の被造物のなかで固有の使命があり，神の *掟を守ることによって神に応答する者である．罪悪の起源(創 3 章)は誘惑者からの誘いの結果とはいえ，人間の自由意志に基づく違反であり，その責任を免れることはできない(シラ 15：11-20)．特に *神の民である *イスラエルは *契約の民として神の *選びの恵みにふさわしく忠実であることが求められる．*モーセの *律法を遵守することは *神の意志に従う応答表明であり，個人としても民としても自分の行為の重大性を自覚させるものであった．*預言者たちは神に聞き従わなかった王やイスラエルの民の責任を訴えている．例えば，エリの家の責任(サム上 3：13-14)，*ダビデの罪に対する *ナタンの叱責(サム下 12：7-12)，イスラエルの家の背きの罪(エレ 2：20-23)，各人の罪の責任(エゼ 18：20-21；ダニ 9：7-11)を問いながら，悔い改めを呼びかけている．イエスの *福音の告知によって，養育係(ガラ 3：24)としての律法の役割は終結し，福音と *良心による責任の自覚が重視される(ロマ 2：14-16)．

【倫理的責任】責任は人間が人格(〔ラ〕persona)であることと深い関わりをもっている．語源的に「仮面」を意味する人格と仮面をかぶって劇を演じる役者たちの「相呼応性または応答性」(〔英〕responsibility)は密接に関連している．人格として互いに呼応し合う「責任」は，それぞれの役割をもった他人とともに生きる社会的な役割としての責任だけでなく，神の前での各人の責任をも意味する．特に人格の核とも呼ばれる良心の声に応答することこそ，神の似姿である人間に権威をもって語りかける神に聞き従うことである．その声は人格のなかにありながらその人自身を超越するものであり，他の *ペルソナ(神と他の人)に応答する責任性への問いかけである．人間的行為は人格の主体的な現実化であり，行為の主体である人格こそが責任をもつ．

人間は自由意志に基づいてなされた行為に対して倫理的責任をもつ．つまり人間の *理性によって知りうるかぎりの，自由に決断された行為こそ「私の行為」である．それは人との関係における対社会的関係のみならず，神の前での *信仰に基づく責任をも含んでいる．良心または神の前での罪責感は，人の心に書き記されている *道徳律または *神法を前提とするものである．究極的には，人は神の前に忠実に生きるように求められている．たとえ罪人といわれる人でも神の呼びかけを良心の内に聞きうる者であり，その人の倫理性のみでなく，悔い改めへの招きを聴き取って回心する責任が問われている．また，人は一定の社会に所属する者であるから，社会に対しても責任があり，現在と将来の *共通善への関心から各人の行為の在り方が重視される．

【法的責任と義務】法は社会の公益のために制定され公布されるから，法的責任は倫理的責任を前提し，法的当為に対する過失に関わるものである．それは，つねに過去になされた *実定法上の規定に反する行為に対しての責任である．一定の反社会的な行為の裁きに基づいて法的刑罰が課せられる．行為者の有罪か無罪かを検討し，刑事責任または民事責任が判定される．犯罪は時効になる可能性もあり，法的責任を追求することには限度があるが，倫理的責任は逃れることはできない．むしろ時がたつにつれて一層罪責感がつのる場合もある．人間の社会性と社会の公益の視点から，所属する団体に対して法的団体責任や倫理的連帯責任を負うこともある．このような責任は，人間が一定の社会に所属して生きているという社会性に由来するものである．法律は人間の立法によるものであるから，法から生じる責任の程度は人間の制度の在り方によって測定されるが，倫理・道徳性は良心を通して神に直結しており，神の前での責任は量り難い．ただ神の *創造による人間の共同性や相互依存性に注目すれば，主体的に生きる人は法的な視点からだけでなく，倫理・道徳の視点から社会の共通善に関心をもつことによって責任を自覚するであろう．法的にも倫理的にも「なすべきことをなす」という責任を果たす場合と，「してはならないことをすべきではない」という責任を果たす場合とがある．それは *義務と責任の関連の問題である．

せきにんたいせい〔きょうかいの〕

義務は何かをなし、あるいはしないように人を拘束する。法的責任は法の規定内容に関連するが、人は義務感を感じない場合にも良心の内的法により倫理的責任を感じて善行に誘われる。つまり責任を重んじる人は、それをなす義務のない事柄に対しても責任を感じて自発的に善行をなす。責任の自覚は義務遂行を越えて積極的行動を促すのである。法的責任と有責性については当該の行為に対する引責能力が問われるように、倫理的責任も外的行為やその結果を重視しつつも人格の在り方に深く結ばれている。その人自身の内面的姿勢や価値観にも関わるもので、他の人や社会の善益を考慮し、神の前でどうあるべきかを追求する。

【キリスト教信仰と責任】「責任」の語義は中世の*典礼音楽の歌唱法の一つである*答唱（〔ラ〕responsorium、応答的に合わす）と関係するが、倫理的概念として用いられるようになるのは中世後期から近代である。西洋の*倫理学においても責任の概念はないがしろにされ、法的義務が重んじられていた。契約社会の成立とともに、契約は神と人との応答関係ばかりでなく、対等の人権を有する者の社会的応答関係を規定するようになる。こうして責任は宗教と倫理との密接な関連を示すものになり、契約に基づく人間の自由な応答行為が重視されるようになった。その根拠はキリスト教信仰にある。

キリスト教生活の中心・起源・目標は*イエス・キリストである。彼に従う者の倫理生活は、彼の呼びかけを聞き、信仰によって善悪を識別し応答することである。父なる神の御旨に従い、最後まで人類救済の使命を責任をもって果たしたイエスは、我々の信仰の導き手であり、またその完成者である（ヘブ12: 2）。「*受肉されたみことば」であるキリストは彼を通して語る父なる神の愛を*啓示し、*救済史のなかで人類に語られた最終的で決定的な言葉となった。父なる神への徹底的な応答は子の*受難と*死と*復活の秘義を開示する新しい契約締結のうちに示された。十字架上の贖罪死にみられる愛（*アガペー）を信仰をもって受容する人は、愛の掟を守り、共に生きる兄弟姉妹に対する相互愛を実践するとき、神と人への応答としての責任を果たすということができる。場合によっては、生命の危険を冒してまでの信仰の証しを求める。このような神への応答としての「信仰の従順」（ロマ1: 5; 16: 26）に根ざす倫理は、人格的応答と対話の構造をもつ責任倫理である。なぜならば、キリストへの忠実は彼の教会とその伝統への忠実と全被造物に対する責任のうちに示されるからである。

【責任倫理】近年のキリスト教*倫理神学は*教会法を重視する法的義務の倫理よりも人格的な責任の倫理を重視するようになった。例えば、M. *ブーバーの*我と汝の関係で神と人間および人間同士の人格関係を捉える思想や聖書の救済史観などの影響により、神の似姿に造られた人間は応答し対話する者として理解される。人間は神の言葉を聞き、それに応答する者であり、神に聞き従う*従順と呼応する責任（〔独〕Wort-Antwort-Verantwortung、言葉 - 応答 - 責任）を果たすように招かれている。神の招きは「神の言葉」であるキリストの呼びかけによって示され、キリストに従うように呼ばれている人間は*回心の道を歩みながら応答し、神と隣人との交わりと対話の生活のなかで責任を果たすのである。特に第2*ヴァティカン公会議は現代世界における教会の現存の意義を問いながら、救済の連帯性のなかで人類社会に対する責任を自覚した。

キリスト者はこの地上での果たすべき義務を怠ってはならず、福音の告知により信仰共同体を築きながら、個人生活においても社会生活においても出会う諸問題の解決を良心に従って探し求める必要がある（『現代世界憲章』16項）。現実の不完全性を認めながら、すでに存在する人間社会の秩序や構造に安住することなく、それらを新たに変革してより人間的な社会を建設する責任がある。キリスト教的な終末論（→ 終末）は、キリスト者が地上では旅人のごとく*神の国を求めて絶えざる回心を続けていくことを要請するからである（同39, 43項）。人格としての尊厳と個人の自由をもつ人間は他の人格と共同体と世界との関係のなかで生きており、それらの関係における諸価値の要求に応える責任を負うている。公会議は、例えば、神の招きに応える人格的責任（同3, 16, 51項）、共同体に対する社会的責任（同3, 24, 32, 63, 64, 77項）および社会的連帯責任（同30項）に言及し、具体的状況を重視し責任を自覚するように促している（同27, 31, 55項）。

人間の主体性の重視は*罪についての理解をも深め、特定の法や規範への違反を規定する外的行為からだけでなく、神と隣人、自己と世界との多様な関係における各人の存在と生命に対する人格的責任を認識させる。科学技術の進歩とその推進や全体的な統制は個人の自由と尊厳を侵すものであってはならず、公共の秩序と*社会正義の要求に適合していなければならない。人間は歴史的・文化的な限界をもちながら、またその文脈のなかで自らの人格としての成長とより良い人間的社会の建設あるいは変革に努める必要がある。倫理的規範やその機能を軽視または無視することなく、自己の限界と罪深さを自覚しながらもキリストの*ゆるしの福音に生かされて、「新しい愛のおきてが人間完成と世界改革の根本法則である」（同38項）ことをわきまえて積極的に人間社会に奉仕する使命を果たすことが大切である。

【文献】聖書思 507-509; DETM 892-901; LChM 1641-44; SM(E)320-22; H. エルリンハーゲン『責任論』（創文社1956）; B. ヘーリンク『キリストの掟』1, 渡辺秀他訳（中央出版社1966）: B. HÄRING, *Das Gesetz Christi*, v. 1 (Freiburg 1954); D. ボンヘッファー『現代キリスト教倫理』森野善右衛門訳（新教出版社 ²1978) 241-97: D. BONHOEFFER, *Ethik* (München 1949); J. ヨンパルト「責任の二つのとり方」『ソフィア』28（上智大学1979）157-20; 今道友信『東洋の美学』（TBS ブリタニカ1980）228-36; 同『東西の哲学』（TBS ブリタニカ1981）226-35; B. ヘーリンク『自由の源泉を求めて』中村友太郎訳（中央出版社1986）137-228: B. HÄRING, *Free and Faithful in Christ*, v. 1 (London 1978) 59-103; 浜口吉隆「良心と責任」『アカデミア・人文社会科学編』44（南山大学 1986）19-43; C. E. CURRAN, *Catholic Moral Theology in Dialogue* (London 1976) 150-83; H. KRAMER, "Verantwortung-ethisch und christlich," StdZ 104 (1979) 842-52; T. RENDTORFF, "Vom ethischen Sinn der Verantwortung," *Handbuch der Christlichen Ethik*, v. 3, ed. A. HERTZ, ET AL. (Freiburg 1982) 177-29.

（浜口吉隆）

せきにんたいせい〔きょうかいの〕 責任体制〔教会の〕 英語の accountability in the church の訳。ここで用いられるアカウンタビリティとは、公務員が国民に対して、親が子どもに対して、あるいは人間が神に対してというように、託された任務に関する自分の行為について、その経過を充分説明する責任があること、なら

びに結果について責任をとることであり，その意味で「説明責任」と訳されることもある．任務を託する者と託される者との関係についての民主的契約の観念がその根本にあり，そこからアカウンタビリティがますます強く意識されるようになる．教会においては，神の代理者として職務を託された教会権威者，特に*教区司教が，教会行政の全般において責任ある職務履行を求められ，神と教会に対して職務上の行為について説明し，その結果の責任をとることである．例えば教区司教は5年ごとに自己の*司教区の状況について*教皇に報告書を提出する義務があるが（『教会法典』399条1項），教会的アカウンタビリティの配慮もこの責任の根拠となっていよう．また教区司教は教区の財産管理，教育，典礼，裁判，個人的施策等，教区生活の諸分野において広汎な責任をもっており（同391条1項），それらを*司教総代理，*司教代理，法務代理等の代理によっても行うことができるとされているが（同2項），ここでも適切なアカウンタビリティの統制によって代理を賢明に活用することが期待されていよう． (傘木澄男)

せきねまさお　関根正雄 (1912. 8. 14-2000. 9. 9) 聖書学者，伝道者(→ 無教会主義)．旧東京市本郷区森川町に生まれる．1929年(昭和4)内村聖書研究会入会．1935年東京帝国大学法学部，1939年文学部卒業，1939-45年ドイツ留学，1944年ハレ大学で神学博士号取得．1949年独立伝道者となり，1950-88年『預言と福音』誌主筆，1958-88年日本聖書研究所主事，1954-76年東京教育大学教授，1982年以降日本学士院会員．旧約聖書学専攻．1950年以来続行の個人訳旧約聖書を全面改訂し『新訳旧約聖書』全4巻(1994-95)として刊行．
【主著】『イスラエル宗教文学史』(岩波書店1952)；『旧約聖書文学史』全2巻(岩波書店1978-80)；『関根正雄著作集』全20巻(新地書房1979-89)；『古代イスラエルの思想家』(講談社1982)．
　業績目録：日本聖書学研究所編『聖書の思想，歴史，言語』聖書学論集9 (山本書店1972) 595-622；同『聖書の使信と伝達』聖書学論集23 (山本書店1989) 661-89.
【文献】キ人 808. (清水宏)

セクエンツァ　→　続唱

セクストス　Sextos (2世紀後半-3世紀前半) ギリシア語による倫理的格言集『セクストスの教訓』(Sextov gnōmai)の編者者とされる人物．*ヒエロニムスはこの著作を新ピュタゴラス学派のセクストス(Sextus Pythagoreus)の作とみなしたが，これをラテン語に訳したアッシジの*ルフィヌスは教皇*シクストゥス2世の作とみなしている．セクストスの教訓はしだいにキリスト教的に理解されるようになり，ヌルシアの*ベネディクトゥスの*修道会会則の第7章にもこの教訓の引用がみられる．
【文献】キ人 808; EDR 3: 3276; NCE 13: 152; E. FERGUSON, ed., *Encyclopedia of Early Christianity* (New York 1990) 842-43. (高松誠)

セクスブルガ　Sexburga (635頃-699頃) 聖人(祝日7月6日)．ケント(Kent)の女王，東アングリア王アンナ(Anna, 在位635-54)の長女，*エセルドレダおよび*エデルブルガの姉妹．セスブルガ(Sesburga)とも呼ばれる．ケント王エルコンベルト(Erconbert, 在位640-64)と結婚，シェピ(Sheppey)に修道院を設立，夫の死後は院長を務める．後にエセルドレダが院長を務めるイーリ(Ely)の修道院に身を寄せ，679年にエセルドレダが死去すると院長に就任した．
【文献】Cath. 13: 1202; LThK² 9: 707. (杉崎直子)

ゼーグミュラー　Sägmüller, Johann Baptist (1860. 2. 24-1942. 10. 22) ドイツの教育学者，教会法史学者．ビーベラハ近郊のヴィンターロイテ(Winterreute)に生まれ，テュービンゲン(Tübingen)で没す．1884年司祭に叙階され，1893年以降テュービンゲンで*中世教会史および*教育学の教授を務める．カトリックの*教会法史の権威．*改革カトリシズムに対しては終始反対の姿勢をとった．
【文献】キ人 808; LThK³ 8: 1429. (伊能哲大)

セゴビア　Segovia スペイン中央部，カスティリャ・イ・レオン自治州の同名県の県都．エレスマ川とクラモレス川に挟まれた町．前80年頃に*ローマ帝国の支配下に入り，花崗岩の遺構としては，サン・ミリャン聖堂(11-12世紀)やラ・ベラ・クルス聖堂(12世紀)，6層の鐘楼で有名なサン・エステバン聖堂(13世紀)がある．ヒル・デ・オンタニョン(Juan Gil de Hontañon, ?-1526)の設計による大聖堂は最晩期の*ゴシック建築の例である．北端のアルカーサル(城の意)は10-15世紀の建造で，中世城塞建築の代表作の一つである． (木戸口智恵)

セザンヌ　Cézanne, Paul (1839. 1. 19-1906. 10. 23) フランスの画家．裕福な銀行家の息子として*エクサン・プロヴァンスに生まれ，同地で没す．中学時代，ゾラ(Emile Zola, 1840-1902)と同級生だった．1861年*パリの画塾アカデミー・シュイスでピサロ(Camille Pissarro, 1830-1903)に出会う．サロンでは落選を重ねていたが，ピサロの誘いで1874年の第1回と1877年の第3回の印象派展に参加，『首吊りの家』(1873，パリのオルセー美術館)などを展示した．しかし，その後，印象主義から離れて，1880年以降は主にフランス南部で制作するようになる．『サント・ヴィクトワール山』や『水浴する人々』の連作では，堅固な形態を建築的な構図のなかに配している．なかば世間から忘れ去られた存在であったが，1895年に画商ヴォラール(Ambroise Vollard, 1868-1939)が開いた個展により，名声が高まり始め，1904年のサロン・ドートンヌでは彼のために一室が与えられた．フォーヴィスムなど，後世の画家たちに与えた影響は大きい．「自然を円筒形と球形と円錐形によって扱いなさい」という彼の言葉はキュビスムの理論的根拠にもなった．
【文献】小学館美術全集23: 77-136, 391-407; DA 6: 366-76; NCE 3: 419-20; J. REWALD, *The Paintings of Paul Cézanne: A Catalogue Raisonné*, 2 v. (New York 1996). (賀川恭子)

セシリア　→　カエキリア

セシリアうんどう　セシリア運動　〔英〕Cecilian movement，〔独〕Cäcilianismus，〔仏〕mouvement de Sainte Cécile　19世紀中葉から20世紀にかけて行われた*教会音楽改革のための運動．センチメンタルで教会的でない音楽に堕すことを排し，*グレゴリオ聖歌や*パレストリーナの*ア・カペラ多声合唱などのような，

セシリアきょうかい

*典礼の精神に根ざす教会音楽振興の動きは，*世俗化の風潮に抗し，各地に高まりつつあった．レーゲンスブルク大聖堂の参事会員・聖歌隊長プロスケ(Karl Proske, 1794-1861)の意志を継いだその弟子*ヴィットは，1868年の秋，全ドイツ語圏セシリア協会を結成．1870年に教皇*ピウス9世から公式の認可を受けた．この動きは，直ちに欧米各地に波及している．ヴィットの後継者*ハーバルは，原典史料に基づく初の完全な全集としてパレストリーナ全集を公刊するなど広範な影響力を発揮した．この運動は，排他的ではないかとする批判を受けはしたものの，*典礼音楽の聖化，聖歌隊(→歌隊)の向上や*会衆の歌唱の充実など，教会音楽の発展に大きく貢献している．

【文献】LThK³ 2: 870-71; MGG 2: 622-28; NCE 2: 1041-42; NGDM 4: 47-48; 田辺尚雄他編『音楽大事典』3 (平凡社 1982) 1332-33.　　　　　　(水嶋良雄)

セシリアきょうかい　セシリア協会　→ セシリア運動

せしん　世親　→ ヴァスバンドゥ

せすたこう　勢数多講

江戸時代初期の慶長年間に*フランシスコ会の宣教師*ソテロが*江戸で組織し，同会の指導のもとにあったキリシタン信徒の*組(*信心会)．この名称は毎週金曜日(ポルトガル語で金曜日をセスタ・フェイラ Sexta Feira という)に集会を催したことによる．*ヴァティカン文書館に同会の規約を記した文書が蔵されている．それによると，まず入会の条件から始まり，会の行う信心のための行事や勤め，相互の扶助など，また，会の役員の選出方法に関する規定，会員各自の日々の信心の勤めとして唱えるべき祈りなどへと続き，最後に，会員117名の名前が記されている．

【文献】「勢数多講定之事」大日本史料，第12編之 9.
　　　　　　　　　　　　　　　　　　　(尾原悟)

セスブロン　Cesbron, Gilbert

(1913. 1. 13-1979. 8. 12) フランスのカトリック作家，ジャーナリスト．*パリに生まれ，同地で没す．長らくラジオ局のプロデューサーを続けながら，40以上の作品を残し，数々の文学賞を受賞する．また，戯曲『真夜中です，シュヴァイツァー博士』(Il est minuit, docteur Schweitzer, 1952)は映画化もされている．*労働司祭運動をテーマとするベストセラー『聖人地獄へ行く』(Les Saints vont en enfer, 1952)の後，次々に長編の代表作を発表する．小説においてもエッセイにおいても，非行少年，暴力，病気，安楽死，老人問題，女性問題など，今日最も関心を集めている道徳的な問題に取り組み，時に福音書に照らしつつ，同時代に問いを投げかけている．セスブロンは，優しさと誠実さをもって恵まれない階層の人々の悲惨，苦しみ，屈辱を描いたが，彼が広範な読者を得ることができたのは，何よりもその今日的主題のゆえであったといえよう．

【主著】*Notre prison est un royaume*, 1948; *Libérez Barabbas*, 1957; *La Regarder en face*, 1982: 田辺保訳『死に直面して』(春秋社 1985).　　　　　　　(二川佳巳)

セスペデス　Cespedes, Gregorio de

(1551-1611) イエズス会司祭，来日宣教師．*マドリードに生まれ，*サラマンカ大学で学んだ後，1569年*サラマンカで*イエズス会に入会．1574年*ヴァリニャーノとともにインドに向かい，1575年*ゴアで司祭となり，1577年(天正5)*長崎に着く．*大村で1年間，日本語を学んだ後に京都(*都)へ任命された．その後，*堺，*高槻，*大坂などで活躍し，大坂では*細川ガラシアの*洗礼に関わった．1587年の追放令のときには九州へ下り，1592年，*八良尾の*セミナリヨで終生誓願(→修道誓願)を立てた．1593年，対馬を通って朝鮮へ渡り1595年まで*日比屋ヴィセンテの陣営にて*キリシタンたちの世話をした．1600年(慶長5)の関ヶ原合戦のときは黒田如水の城下町の中津で*大友義統が信仰に戻るように手伝った．その後，細川忠興の本城になった小倉に移り，教会を建て，*加賀山隼人とともに活躍したが，細川はしだいに徳川を恐れ，キリシタンに対する態度を硬化，1611年セスペデスが急死すると宣教師を追放，セスペデスの小倉埋葬さえ許さなかった．セスペデスの遺体は長崎に葬られた．

【文献】L. フロイス『日本史』全12巻，松田毅一，川崎桃太訳(中央公論社 1977-80); J. G. ルイズデメディナ『遥かなる高麗』(近藤出版社 1988).　　　(結城了悟)

セスペデス　Céspedes, Pablo de

(1538/48-1608) スペインの美術家，著述家．イタリアに学び，主に*セビリャ，*グラナダで活動．代表作は『最後の晩餐』(グラナダ大聖堂，1595)で，*ミケランジェロ風の作風を特徴とする．著述家としての評価のほうがむしろ高く，断片的な残存ながら八行詩形式の『絵画の詩』(Poema de la pintura)はスペイン美術批評史において重要な位置を占める．ほかに『古今絵画彫刻比較論』(Discurso de la comparación de la antigua y moderna pintura y escultura)も残している．

【文献】A. Palomino, *Vidas* (1624; Madrid 1986); J. A. Gaya Nuño, *Historia de la crítica de Arte en España* (Madrid 1975).　　　　　　(久々湊直子)

セスラン　Cesselin, Charles

(1882. 3. 16-1965. 1. 13) パリ外国宣教会司祭，来日宣教師．フランス北東部ヴェルダン付近のモン・ドヴァン・サッセー(Mont-devant-Sassey)の出身．『和仏大辞典』(1940)の編者ギュスタヴ・セスラン(Gustave Cesselin)の弟．1904年*パリ外国宣教会入会．フランスの1906年の反キリスト教的な新法令を避けて，1907年ペナン島で司祭に叙階される．同年(明治40)来日．当時南北1,500 km以上に及ぶ函館地区に派遣される．仙台で日本語を学び，1908年福音宣教調査のためサハリン島に赴き，以後は定期的にそこの日本人とポーランド人の司牧に努めた．1910年ツノゴロ小神学校教師．1912年(大正1)気仙沼の聖堂と司祭館を新築．1916-19年第1次世界大戦に応召．1920-22年再び気仙沼教会の司牧．1923年*香港のパリ外国宣教会出版所の責任者となり，病気のため1924年当別へ再来日．1926-38年，フランスの神学校で倫理学教師として信仰篤い謙遜な司祭の姿を示した．1939-57年*パリの総本部で特に古文書保管に尽力．1957-65年，病身のためモンベトン(Montbeton)に引退，図書係となり，同司祭老人ホームで死去．
　　　　　　　　　　　　　　　　　　　(M. コーナン)

せぞくか　世俗化

〔英〕secularization, 〔独〕Säkularisierung, 〔仏〕sécularisation

【定義】世俗化とは本来*聖職者の*還俗あるいは*教

会財産の国有化を指す概念であったが，宗教や教会を中心としない近代的世俗世界（社会）成立への歴史的過程を意味する *歴史哲学および *歴史神学の概念として定着した．これは近代世俗世界の出現は原理的にキリスト教に起源をもち，キリスト教によって推進された必然的結果であるとする見方を含むものである（この意味から，ドイツ語では元来の意味での世俗化を Säkularisation，世俗世界成立過程の意味では Säkularisierung と使い分けする傾向がみられる）．

【現象】世俗化とは少なくとも表面的には人間世界と人間意識における非宗教化・非神格化（→ 神格化）であり，伝統的なキリスト教世界では非キリスト教化・非教会化，宗教的ないしキリスト教的価値観の消滅現象である． *フランス革命以来意識的に推進された脱宗教化を志向する立場は広義の *世俗主義といえる．近代化の結果として生まれる社会・文化は，究極的にかつての宗教的枠組みから独立し，それとは無関係に自律的なものである．これを望ましく，人間を人間らしくするものとして積極的に捉えるのが世俗主義であり，その出発点は *啓蒙思想にある． *国家・社会と教会の運命共同体的な結びつきを重んずる *伝統主義は当然ながら，このような近代特有の現象に対して反発し，反近代主義（→ 近代主義）となる．

【思想史的背景】伝統的な *世界観がこの *世界と超越的世界の *二元論に立ち，この世界から超越的世界へと上昇することに人間の完成をみていたのに対して，啓蒙思想はこの見方を転換し，この世界はこの世界内における目的に向かうものと考えた． *ヘーゲルは人間の *精神の向かう目標を世界内に設定し， *世界史はその完成への道程であるとした．したがって， *救済史は歴史を通して世界が自らを実現する世界史を意味することになった．K. *マルクスはヘーゲル哲学を批判して，宗教的精神が人間精神のこの世界における表現および発展過程の一段階であり，歴史の使命はこの世の領域の真理を確立することにあると主張した． *フォイエルバハとともにマルクスは， *神学から *人間学へと移行する必然的過程が神学そのもののなかに含まれていると考えた．しかしマルクスはフォイエルバハと異なって，この移行が神学的説明を哲学的なものに機械的に変換するだけで達成されるのではなく，社会批判的実践を徹底することによって達成されるとした（→ マルクス主義）．教会財産の世俗化は，彼にとっては，過去の社会関係を完全に断ち切る *革命によって達成される，人間の自律化の始まりを意味した．

【近代化のダイナミズム】世俗化は世界が世界であることの徹底化，すなわち神聖なもの（→ 聖）からの解放，真に世界が世界としての自律を獲得する過程を意味するようになり，それが人類の歴史の必然的帰着であると考えられるようになった．それは人類が神話から解放され， *ロゴスによってのみ周りの自然界を理解する方向に進み，引き返すことがないとする歴史の見方が堅固になって，初めて可能になったものである．F. C. *オーヴェルベックのように，このような歴史過程全体についての展望のなかにキリスト教の歴史と教会史を組み入れて考えるようになると，キリスト教の歴史は世界が完全に世界になる世俗化の歴史の一環とみなされるようになる．M. *ヴェーバーはこのような世俗化の考え方を西欧社会の展開に適用し，近代化を神格化された価値体系からの解放の過程として説明した． *トレルチもこのような意味での世俗化を西欧社会・文化が内包する *ダイナミズムであると考えた．

【信仰と文化】宇宙像（→ 宇宙）と歴史観を区別し，前者を神話的理解に結びつけ，後者をそこから脱出して，ますます進展する世界の非神格化，成熟化の過程とみなす思考が促された結果，キリスト教神学は，近代に対して思想的にどのように対応するかという問いをつきつけられた．近代が世俗化の過程の結果として現れたものであるならば，キリスト教信仰はそのなかでどう位置づけられるべきかという問題である．それはまたキリスト教と *文化との関係への問いをキリスト教神学に課すことにもなった．

この問いに対し，文化的所産としての教会制度と信仰との結びつきを再考し，特にプロテスタント神学（→ 近代プロテスタント神学史）においては教会制度と純粋な信仰を切り離して考える傾向が生まれた．オーヴェルベックなどはすでに信仰は文化と関わりのない，純粋に終末論的な未来（→ 終末）に向かうものであると考えていた．信仰は歴史のなかの終末論的出来事でありながらも，時間の枠内の運動である歴史を超越するというものである．このような信仰理解は *キルケゴールにも通じるもので，さらに K. *バルトによる有名な宗教と信仰の区別に受け継がれることになった．またバルト， *ゴーガルテン， *トゥルナイゼン，さらに *ブルトマンと E. *ブルンナーらの弁証法神学者は，世俗化が純正なキリスト教である信仰が生まれるのを妨げるものではなく，むしろ世俗化なくして信仰は生まれないとまで考えるようになった．このような考え方から「宗教なしのキリスト教」の考え方が生まれ， *ボンヘッファーはバルト，ゴーガルテンらの考え方を獄中で先鋭化させた．

【世俗化の神学】第 2 次世界大戦後， *エーベリングはボンヘッファーに集約された *弁証法神学の世俗化についての考え方を「世俗化の神学」に成長させた．これは英米の神学界に伝えられ J. A. T. *ロビンソン，H. *コックスの「世俗化の神学」になり，さらに *ヴァン・ビューレン，D. *ゼレの *神の死の神学に向かう．1970 年代，カトリック神学（→ 現代カトリック神学）においても *メッツ， *スキレベークス，K. *ラーナーによって世俗化のテーマが取り上げられ，「成熟したキリスト教」が論じられた．

【ヴェーバー以後の宗教社会学】神学の分野で世俗化がキリスト教信仰のもたらした究極的波及効果だと楽観視されていた時期に， *宗教社会学の分野では *バーガー， *ルックマンらが「世俗化の社会学」を展開し，世俗化が西欧近代の産業化と結びついた現象であり，それが全世界の伝統的諸文化をもった植民地にもたらされたとき，強力な反動を呼び起こすことを指摘した．これは，伝統的文化のなかに生きる個々人と社会が近代的産業化によってその裏づけであった価値観を剥奪されると，その反動として伝統的諸文化・宗教・価値観への回帰運動が現れるというものであり，バーガーはそこに世俗化の限界をみた．彼は西欧社会がかつての統一的宇宙像を失い，それを取り戻すことのできない状態にきているとし，多様な価値観・世界観が乱立する近代社会にあって，個々人は自らの世界観を選ぶための決断を求められていると述べている．このような観点から彼は *正統主義ではなく異端主義の時代が訪れていると考える．

【評価】1980 年代以降，ポストモダンの時代の幕開けがいわれ始めた世界において特に顕著な現象は，非西欧世界における宗教の復活であり，発展途上地域におけるキリスト教の教勢の著しい伸びと政治的目覚めは，その一

せぞくしゅぎ

例である．世俗化社会におけるキリスト教の在り方を，信仰を意識した者の任意の集いにあると考えたコックスは『世俗都市』での自説を翻し，宗教の復活と21世紀におけるその重要性を予言するようになった．

　神と造られた世界とを厳密に区別し，神以外の何ものにも神聖性を与えない立場をとるキリスト教信仰の論理的帰着が世俗化であるとした見方には，西欧社会の特定の要素を恣意的に選び出し，世俗化の現象を肯定的にみようとした傾向のあったことは否定しきれないようである．世界は神の *創造の神秘が示されるところであり，人間はその神秘に対して畏敬の気持ちを失ってはならないだろう．しかし同時に，宗教の復権によって人間が近代に獲得したものを放棄し，かつての束縛される状態に戻ることも適当ではない．人間には創造し，救う神によって「神の子たちの自由」が与えられているからである．

【文献】SM(D) 4: 360-71; 高柳俊一「西欧と世俗化の問題」『ソフィア』19 (1970) 3-26; 同「世俗化と現代神学 (1)」カ神 18 (1970) 262-85; 同「世俗化と現代神学 (2)」カ神 19 (1971) 22-62; "Theologische Reflexionen zur Säkularisation," Rahner Sch 8: 637-66; G. EBELING, "Die 'nicht-religiöse Interpretation biblischer Begriffe'," Wort und Glaube, v. 1 (Tübingen ³1960) 90-160; F. GOGARTEN, "Die 'je eigene Welt des Menschen'," Jesus Christus Wende der Welt (Tübingen ² 1967) 141-53.
(高柳俊一)

せぞくしゅぎ　世俗主義　〔ラ〕laicismus, 〔英〕laicism, 〔独〕Laizismus, 〔仏〕laïcisme　語源はラテン語 laicus (信徒の意)．教会における *聖職者の身分や職能を *信徒が否定してこれを行ったり，教会の社会活動を政治的に禁止したり，*自然主義哲学の立場から宗教や教会を攻撃すること．しばしば *反聖職者主義と連動．すでにキリスト教公認後のローマ皇帝やゲルマン諸王は *司教の任命や *教会会議の召集など教会の管理運営を行った．中世末期に *アリストテレスの政治理論や共同体の自治運動によってイタリア，フランス，ドイツで世俗主義が再燃し，フランス国王 *フィリップ4世は教皇 *ボニファティウス8世と闘争し，パドヴァの *マルシリウスは国家の聖職者任命権を唱えた．16世紀以降はフランスが世俗主義を先導した．国王は *ガリカニスムを進め，トルコとの連盟，*自然法に従う領土拡大などで世俗的な関心を宗教から離脱させた．18世紀には *フランス革命によって *結婚，*埋葬，暦の脱宗教化が図られた．19世紀末にはフェリー (Jules Ferry, 1832-93) によって学校の脱宗教化が進められ，20世紀になってワルデック・ルソー (Pierre Waldeck-Rousseau, 1846-1904) やコンブ (Émile Combes, 1835-1921) らが *宗教団体の社会的影響を抑制し，修道士の追放や修道院などの宗教施設の没収等を行った．フランスの影響下にポルトガル，メキシコ，スペインなどで世俗主義が展開し，*共産主義国家もこれに続いた．

【文献】キ史² 8: 152-71; NCE 8:323-25; 13: 36-38.
(杉崎泰一郎)

せだいのもんだい　世代の問題

【概念】「ジェネレーション」(〔英〕generation) には「生殖」と「世代」の意味がある．ここでは後者の意味で使うが，「世代」はやはり生物学的な現象と関連がある．生まれたばかりの動物は，しばらくの間，前世代つまり親と一緒に生活する．動物はこの期間が短く，数日から数週間で子どもは独立し，親との関係を断つ．しかし，人間の場合はその期間が長いため「世代」の問題が起こる．

　親が子どもを育て，子どもが親に依存して，やがて家庭を築くまでの期間を1世代とすれば，それは25ないし30年と考えられる．同じ年齢層に属する者は，風習，生活様式，考え方，価値観などで共通の面を有するため，若い世代と中年，高年の世代との差異，もしくは対立が起こりうる．

　本来，若い世代は両親，兄弟姉妹などの，家族構成員の共通の環境のなかで生まれ育つので，相互が理解し合い助け合うのは当然であるが，本人の個性と家庭外の影響を受け，遅くとも思春期の頃，個や *自我の確立によって前世代との対立や溝が生じてくる．この種の対立は古くからどのような文化にもみられる現象である．ただし文化や社会の変化がゆるやかな時代とその速度が急速な時代とでは，世代の対立が問題化する度合いも異なる．一般にはこの対立の問題が広く意識され始めたのは，産業革命後および *フランス革命後といわれる．

【世代の対立】社会，政治，文化等の要因が作用して，世代の相互関係が強い緊張状態に陥ることもある．ドイツで第1次世界大戦の前に結成された *青少年運動はその著しい例である．若者たちは産業社会の奴隷になりたくないという理由を掲げて，その社会を担う「市民」(→ 市民階層) に反発し，若者だけで構成した世界を構築し，市民社会から脱出した．他の例としては，1960年代に世界的規模で発生した大学紛争がある．このような問題が世代の断絶にまで発展するのは心理的，政治的，文化的な要因が重なり合ったためであった．世代が次々に変化し，同年齢集団の共通な特徴をみせる例として，日本ではアプレゲール (戦後世代)，太陽族，挽歌族，雷族，新人類等が指摘できる．

【世代の断絶の要因】若い世代が年長の世代に対して違和感を感じるのは，*発達心理学の観点からみればごく自然の現象である．人間はこの世に生を受けたときから自立を目指している．しかし，若者は独立したいという本能に刺激される一方，他方で少なくとも経済的には成人に依存しているため，心理的な緊張を覚える．また社会的には指導権を握っている年齢層に従属しているため，無意識のうちにある種の劣等感に悩むことがある．さらに断絶を深める思想的な契機が作用し，若い世代の *世界観，宗教的信条，人生観が，中・高年の世代のそれとは異なった方向に発展する．それに倫理的，道徳的な価値観の対立が伴う例も稀ではない．また親の *信仰心や信仰形態が古いため，時代遅れであると若い世代が年長者を非難したり，あるいは政治的見解の相違のため，中・高年の世代と対立することもある．

【教育的な対応】これらさまざまな要因は，すべての若者に同じように作用するものではない．家庭，社会環境，素質，個人の蓄積した経験の差異によって，若い世代が中・高年齢層と対立する反応の仕方は多種多様である．ある程度の世代の対立は，個人がその人格を確立するために望ましいといえるが，度の過ぎた対立は好ましくない．子どものときから，歴史や国家や現代の文化を築き上げた先輩に対する尊敬をはぐくむことは，断絶の可能性を緩和させる効果がある．年長者も若者の考え方，生活様式，好みに対して理解を示さなければならない．若者に対する弾圧は逆効果を生じることが少なくない．

【聖書の思想】聖書においても「世代」は,「子を産む」という生物学的現象を土台にしながら,次の二つの意味をもつ.社会的絆によって結ばれた同時代の人々,つまり横の連帯と,歴史的絆によって同じ家系や種族に属する人々,つまり縦の連帯とである.特に後者は *系図(ヘブライ語では「世代」と同じ語)として示される.こうして聖書の思想,とりわけ旧約聖書では *イスラエルの民を軸にして,神からの *祝福と約束も,また *罪についても縦横の連帯によって人類が密接に結ばれていることを暗示している.

新約聖書では, *アブラハムの子孫,さらには *アダムの子孫である *イエス・キリストにおいてこの祝福と約束が実現され,罪の *ゆるしが与えられたことが示される.しかもこの *福音(救いの良き訪れ)は,世代や系図に新しい次元の意味が加わったことを教える.もはや血筋や国籍に縛られず,アブラハムの信仰に倣い, *神の子を信じて神から生まれた「選ばれた種族」の一員になるよう誰もが招かれているのである.こうして世代の問題は,すぐれて *救済史,救いの実現と密接に関わることになる.各世代の自立と連帯は, *神の国の建設として世の終わり(→ 終末)まで続くのである.
【文献】聖書思 509; W. JAIDE, *Generationen eines Jahrhunderts* (Opladen 1988). (K. ルーメル)

せたかもん 瀬田掃部 (?-1595) 桃山時代の武人.利休七哲の一人.出自や居城などは不詳.名は正忠,伊繁とも伝えられる. *豊臣秀吉に仕えて従五位下掃部頭に任ぜられ,1588年(天正16)4月の後陽成天皇の聚楽第行幸に供奉.1595年(文禄4)関白・豊臣秀次の事件に連座して処刑された.なお, *『イエズス会日本年報』や G. デ・*セスペデスの書簡に伝えられる「85年に受洗し近江の一領主で,その後三田の城主になった」 *キリシタンの瀬田左馬丞と同一人物とも推定されるが,明らかではない. (尾原悟)

セーチェーニ Szé'chenyi, István (1791.9.21-1860.4.8) ハンガリーの政治家. *ウィーンに生まれる.オーストリアの軍人として,ナポレオン戦争(→ ナポレオン・ボナパルト)に参加.その後2回のイギリス訪問でその社会に影響を受け,1825年から政界に進み, *自由主義的な貴族として漸進的な社会改革の必要性を訴え,産業発展や文化の向上などの内政上の改革を実現,ハンガリーの近代化を進めた.穏和な自由主義的改革派の中心人物として,1840年代の急進主義者コッシュート(Lajos Kossuth, 1802-94)の反墺革命路線と対立した.1848年,最初のハンガリー内閣に交通相として入閣するが,同年に起こった独立戦争に悩み,精神障害を起こし入院,以後政界から実質的に引退した.しかし,1859年に当時のオーストリアの反動政策を攻撃した小冊子を秘密出版したかどでその罪を問われ,ウィーン郊外で自殺した.
【文献】EBritMi 9: 750; MEL 23: 129. (伊能哲大)

せついっさいうぶ 説一切有部 → サルヴァースティヴァーディン

せっかんちょうこく 石棺彫刻 〔ギ〕sarcophagous, 〔ラ・英〕sarcophagus, 〔独〕Sarkophag, 〔仏〕sarcophage 石棺は貴人の埋葬に使用した石やテラコッタ製の棺.もとのギリシア語は「肉を食べる」の意味で,死者の体が石棺内部で腐敗していく様子を示す.ギリシア,エトルリア,ローマにおいてキリスト教以前から広くみられる.その側面には浮彫が彫られ,キリスト教の初期の造形表現のみられる場となっている.単純な破線文様を背景に円のなかに死者の胸像(イマゴ・クリペアータ,〔ラ〕imago clipeata)を彫り出したり,長い面全体に物語を,ときに2層に分けて連続表現したり,画面を建築モチーフで分割して象徴的な場面を彫り出したりする.制作者は *キリスト教と *異教の区別なく注文に応じていたので,ときとして,善き羊飼いやぶどうの収穫場面のようにキリスト教と異教の区別がつかないこともある.313年のキリスト教公認後の石棺は現存作品も多く,ローマ(*ヴァティカン博物館)をはじめ *ミラノや *ラヴェンナ,またフランス南部の *アルルなどに残る.最もよくみられる主題は *ヨナ,岩をたたく *モーセなど旧約の場面やキリストの *奇跡物語などで,キリストの神性を表す場面が多いのは *カタコンベの壁画の主題と同じであり,公認前後のキリスト教美術の特徴である. (鐸木道剛)

セッキ Secchi, Angelo (Pietro) (1818.6.29-1878.2.26) イタリアの天文学者,イエズス会員.太陽現象,恒星分光学,スペクトル分類の研究を行った近代 *天文学の先駆者.イタリア北部レッジョ・ネレミリア(Reggio nell'Emilia)に生まれる.1833年 *イエズス会に入会.1835年コレギウム・ロマーヌム(現 *グレゴリアナ大学)に進学し,神学・天文学を学んだ.1848年イエズス会の *ローマ追放により,アメリカの *ジョージタウン大学天文台で研究する.1849年グレゴリアナ大学天文台長・同天文学教授に任命されローマに戻る.新しい天文台にメルツ屈折望遠鏡を備えつけて天体物理学の研究を行った.熱電対による太陽輻射測定,恒星分光学,地磁気学などの研究で多くの業績をあげた.火星の研究では「運河」を発見している.1867年に星のスペクトル型の制定を提案し,彼が調べた4,000以上の星のスペクトルを四つのグループに分類した.ローマにて死去.
【文献】EBritMi 9: 15; LThK² 9: 559-60. (青木清)

せっきょう 説教 〔ギ〕homilia,〔ラ〕homilia, sermo,〔英〕preaching, sermon, homily,〔独〕Predigt, Sermon, Homilie,〔仏〕sermon, prédication, prêche
【定義】通俗的に「お説教」というときには,小言を含め道徳的訓戒を垂れるというような意味で使われているが,本来は宗教教団における信者の *信仰を深める重要な機能の一つである. *仏教では法話という.狭義の説教(ホミリア)は,キリスト教の *典礼行為の一つで, *聖書朗読のあと *神の言葉を信者の現実の生活にあてはめて説明することを指す.普通,カトリックでは *ミサの *ことばの典礼の重要な部分で,司式司祭(→ 司式)は *主日(日曜日)と *祭日には, *聖書の当日の箇所が朗読されたあと,必ず説教(ホミリア)をすることが義務づけられている.第2 *ヴァティカン公会議による典礼改革の後は, *週日のミサの場合でも短い説教が勧められている.

プロテスタントの *礼拝では,聖書朗読と説教が中心部分を構成している.したがって,カトリックのように *パンと *ぶどう酒の *聖別と *奉献が祭儀の中心部分を占めている場合では,通常説教の時間は長くないが,プロテスタントの場合は, *牧師など礼拝の執行者の説

せっきょう

教は，かなり長いものとなるのが普通である．広義の説教は福音宣教と同義語で使われることがある．また，祭儀から独立し，屋内であろうと屋外であろうと，聴衆に神の言葉を告げる説教をすることもある．

【本質と目的】第2ヴァティカン公会議の『典礼憲章』が公布されるまでは，説教の本質と目的が明確に提示されたことがなかったといえる．『典礼憲章』は司牧者にあらためて説教の責務を負わせただけでなく，説教とは何かという*教父以来の伝統的概念を明瞭に規定するとともに，それを発展させた．「典礼の暦に従って，聖書に基づいて，信仰の秘義とキリスト教生活の諸原則を説明する説教を，典礼そのものの一部として，大いに奨励する．特に，主日と守るべき祝日に，信徒の参集のもとに行われるミサ聖祭において，説教を重大な理由なしに省略してはならない」(『典礼憲章』52項)．また，「説教は，典礼行事の一部として，……その時機を典礼注規にも指示すること．説教の任務を忠実，確実に果たすこと．説教はまず聖書と典礼との泉からくみ取り，救いの歴史，またはキリストの秘義における神のすばらしいわざを告げ知らせることである．この秘義はわれわれのうちに，特に典礼の祭儀の中に，常に現存し，働いている」(同35項)とある．

したがって，説教は，典礼行事の重要な部分の一つであり，神のすばらしい救いのわざ，*救済史，*キリスト秘義を取り扱う．説教は，典礼におけるみことばの役務である．みことばの役務とは，司牧者を通し教会によって神の言葉が信者の*共同体に告知され，みことばの要求に信者が応答するよう促す*奉仕にほかならない．神の言葉は神の行為であり，救いの出来事は*過越の秘義において頂点を迎える．「わたしたちは，十字架につけられたキリストを宣べ伝えています」(1コリ1:23)と*パウロがいった通りである．説教者は，聞き手をキリストに出会わせ，応答を求める．

そのため説教の方法はさまざまであるが，主眼は聖書のみことばを通して今ここに現存する主キリストを示し，信者に語りかける神の救いのメッセージを，信者の現実生活にあてはめて敷衍・解説・応用することに置かれる．こうして信者の信仰・*希望・*愛・敬虔(→信心)などの超自然的*注入徳が増大し，また安心や慰めや励ましを味わうことができるようになる．なぜなら，キリストの代理者ともいうべき司祭者の説教を通して神の真理と愛の言葉が語られるとき，*聖霊が信者の心を照らし，神の*慈しみと*恩恵が豊かに注がれるからである．カトリックではかつて説教は*準秘跡とみなされ，説教によって*秘跡の恩恵が倍になるといわれたことがある．

説教の目的は，このように信仰の命を成長させることであるが，間接的効果はそれだけではない．聖書のなかには人生の生き方に関する教訓や諺や譬え話も多く含まれている．特に旧約聖書にはそれが多い．したがって，神の言葉を中心にしながらも，聴衆である信者の人間的な問題に光をあてるような，具体的でわかりやすい話し方をするなら，人々の心理的健康や成熟のためにも著しい教育的効果を及ぼすことができるであろう．信者の*霊魂は，キリストの言葉とパンの糧によって*永遠の命へと養われる．したがって，ミサや礼拝においてこの二つは不可分に結ばれ，その主要部分となる．説教者は一般に*聖職者であるが，教団によっては一定の資格を有する*信徒が行うこともある．いずれにしても，説教では説教者自身の人生観や宗教的思想，あるいは単なる道徳的訓戒を述べることはしない．いわんや，社会的問題や政治的問題について直接に語るわけではない．説教の内容は，繰り返すようだが，聖書が示す神の言葉や出来事が中心となる．神の言葉は霊・命・力であり，*救いをもたらす言葉であるから，その言葉を聞く信仰者に霊的効果をもたらすにちがいない．つまり，「道」であるキリストを通して「真理と命」のキリストに至らせるのである．

説教の目的は，信者が主キリストとの一致を深め，喜びと安らぎをもって日々生きるよう信仰を活性化することである．「人はパンだけで生きるものではない．神の口から出る言葉で生きる」(マタ4:4)とあるように，神の言葉を聴き，それを理解し，味わうことによって，人の心と魂は永遠の命に養われていく．それが「生きる」という言葉の本当の意味にほかならない．神の言葉を通して示される*真理を知ることがなければ，どんな人も迷いと苦悩から救われることができない．説教の必要性と重要性は，ここにあるといわなければならない．

【分類】説教の形態は，目的や方法により，さまざまに分類されうる．

(1) 注解説教．聖書の*釈義学的手法を応用したもので，聖句の字義を明らかにする説教である．分析的説教と呼ばれたこともある．専門的になりすぎて信者が退屈することもあるが，聖句の釈義学を基本に，*比喩的解釈や霊的解釈や道徳的解釈などさまざまな解釈が可能になるから，説教においても，聖書の著者が何を意図して，キリストがいった言葉や逸話や出来事をそのように記したのかを理解する釈義は，おろそかにできない．さもなければ，説教者の恣意があたかもキリストの言葉であるかのように語られるおそれがあるからである．

(2) 主題説教．ある主題を選び，それに合う聖書の箇所を引用しながら説教することをいう．例えば，神の愛について説教する場合，「神は愛である」(1ヨハ4:8, 16)の聖句を引用するだけでなく，キリストが生前いかに人々を愛したかを，キリストの言葉や業に言及することによって，生き生きと描写しながら説教することが可能である．聖書には人生のあらゆる問題に対する解決の知恵が含まれているので，神や宗教に関する説教に限定する必要はない．人生百般にわたる諸問題に関して信仰と道徳の観点から信者を教化することは説教の欠かせない役割でもある．特に今日の日本人が，宗教の真理そのものを知りたいという動機よりも，宗教の真理を通して人生の生き方や直面する現実生活の困難や問題の克服法などを知りたがっていることを考えるならば，主題説教の重要性や必要性は増大するばかりである．

(3) 教理説教．教会の伝統的な主要教理，例えば，*使徒信条にある神・キリスト・聖霊・教会・聖母マリア・*聖徒の交わり・罪のゆるし・体の復活・永遠の命・*審判などについて，聖書にも言及しながら説明する説教である．教理説教は，信者の信仰教育のために極めて有益である．昔，信者が学校にも行かず，文字も読めなかった時代には，信者の信仰を育成する教理の知識はほとんど教理説教に頼っていた．教父の時代，中世の*修道生活や*托鉢修道会の時代，近世の植民地宣教時代，近代の*要理と要理教育の時代，いずれもこの形態の説教が盛んであった．この傾向は，カトリックで*トリエント公会議のあと*『ローマ・カトリック要理問答』ができあがってからは加速し，説教においても聖書より教理の説明が重視されるようになった．それが是正され，ミサの説教において本来の聖書の言葉が語られるようになったのは，第2ヴァティカン公会議による典礼改革以降と

いってよいだろう．

(4) 倫理説教．キリスト教の*十戒をはじめ守るべき倫理的な掟やその他の倫理的な徳を人々の生活態度や社会の現状に合わせて説き，教訓を述べて信者の倫理的生活を促すものである．しかし，キリスト教の倫理は，「愛の実践を伴う信仰こそ大切です」(ガラ5:6)とあるように，本来信仰と結ばれ，*アガペーの愛に集約されて完成するものである点に留意する必要がある．単なる*人道主義に終始するならば，律法主義(→律法)に陥らないとも限らない．信仰と愛に根ざしてこそ，倫理的な徳は永遠の命の花を開くことになる．現今，信仰に熱心でありながら，人間らしいモラルが欠如する傾向があるので，倫理説教がもっと強調されてよいかもしれない．

(5) 弁証論的説教．キリスト教を批判する思想に対し，キリスト教を弁護する内容の説教を指す．現在，*エキュメニズムの時代となり，諸宗教との間に対話と交流が行われているので，かつてのような弁証論的説教は廃れつつあるといってよい．

(6) 伝道説教．福音宣教と同じで，非キリスト者を*回心と福音信仰に導く目的でなされる説教をいう．*初代教会の時代や近世の海外宣教時代に盛んに行われた．

(7) 特別の機会に行われる説教．例えば，さまざまな祝祭日，降誕祭(主の*降誕)や*復活祭，*葬儀などに行われる説教を指す．

以上の分類は便宜上のもので，実際の説教は複数のタイプの説教を含むのがつねである．

【歴史】神はみことばによって世界と人間を*創造し，人間の*堕罪のあとはみことば(御子，主イエス・キリスト)の*受肉と*十字架の死，および*復活によって，人間と世界を救済した．各人が永遠の命へと救われるためには，みことばによって啓示された真理と出会い，それを信じることが必要である．神の言葉の真理は永遠に不変であるが，救いを求める人間は，変化してやまない時代・民族・文化などによって具体的に制約されている．そこで不変の救いの真理と変化する人間との出会いを触媒する説教の形態や方法などは，歴史的変遷のなかで変化・発展してきた．

〔初代教会〕当時は，*宣教と説教の区別がなかった．宣教とは説教をすることであった．特に，イエスの*山上の説教(マタ5-7章)や*神の国の譬え話(マタ13章)やその他の教訓話などは，民衆を対象にした説教であったが，同時に神の国の訪れを告げる福音宣教でもあった．イエスの後継者であり，イエスの*権能によって世界に派遣された*使徒たちは，イエスの死と復活のあと聖霊を受けてから，旧約の*預言がナザレのイエスにおいて成就し，十字架上で死んだイエスを神が復活させ，主としたという福音を中核にした説教をした．その結果，多数の人々が信じ受洗したことが，使徒言行録に記されている．こうして初代教会が誕生した．代表的な説教としては*ペトロの説教があげられる．使徒言行録2章14-36節の記録は，*ユダヤ人に向かって旧約の預言者*ヨエルの言葉を引用し，終わりの日に神は*霊を注ぎ，世を裁くが，「主の名を呼び求める者は，皆救われる」．ナザレのイエスこそ，さまざまな*奇跡と，不思議なしるしによって，さらに十字架につけられて死んだが，*ダビデが預言したように，神が復活させたことにより，主とされ，*メシアとされる．したがって，イエスを信仰し，その名を呼ぶことで救われるという内容である．こうしたペトロの説教の基本的構造は，3章11節から26節までの神殿における説教でもほとんど変わらない．最初の殉教者*ステファノの説教は，旧約の歴史に触れながら，預言者と主イエスを迫害し，殺してきたユダヤの指導者を弾劾したものであるが，主イエスの証言という点ではペトロと同じであった．

特筆すべきは，異邦人の使徒といわれたパウロであるが，彼の説教あるいは宣教は，ユダヤ人以外の人々を対象にしていたので，旧約の預言の成就という側面のかわりに，当時の*ヘレニズム文化のなかで，神が天地万物の創造主であること，天地万物を通して神を知り，神に近づけること，また神を求める人には神がみいだされること，イエスという死んで復活した方によって万人が救われること，善悪の律法が各自の良心に刻まれていることなど，*ユダヤ教とは別個の宗教としてキリスト教を説いた．その代表が，使徒言行録17章22節から31節までのアテネのアレオパゴスにおける福音説教である．また，彼の説教は手紙にも記されている．その中核は，「『御言葉はあなたの近くにあり，あなたの口，あなたの心にある』これはわたしたちが宣べ伝えている信仰の言葉なのです．口でイエスを主であると公に言い表し，心で神がイエスを死者の中から復活させられたと信じるなら，あなたは救われるからです．実に，人は心で信じて義とされ，口で公に言い表して救われるのです」(ロマ10:8-10)であろう．主イエス・キリストへの信仰によって*罪がゆるされ，*義とされ，救われるというのが，命をかけて宣教し，説教したパウロの真骨頂であった．

パウロの説教の特徴は，当時のヘレニズム文化の地中海世界が誇る人間的知恵や*修辞学・雄弁術に頼るのでもなく，またユダヤ人のようにしるしを求めるのでもなく，ひたすら神の愚かさともいうべき十字架につけられたキリストを，それこそ神の力，神の*知恵であるがゆえに，宣べてやまなかったことである(1コリ1:18-25参照)．また，教理とモラル，神学と実践的信仰が渾然一体となっていた点も特徴的といえよう．

イエス・キリストおよび使徒たちの説教は，神の救いの真理を啓示したものであるが，そればかりではない．キリスト教の伝達方法の原則とその実践法をも典型的に示している．我々の説教の原点はここにある．

宣教が順調に発展し，教会が各地に設立され，信者が増えるまでは，非キリスト者を回心に招くための伝道説教が主であったが，広く地中海世界にキリストの福音が伝道され，キリスト者が増大するにつれて，しだいに伝道説教とは別に，信者の感謝の祭儀(→エウカリスティア)のなかで，聖書の言葉を中心にしたホミリア，すなわち信者の*霊性を深める目的の説教が行われるようになっていった．そして，この種の説教は通常*司教に限定されていた．それは，司教がキリストの代理者として信者の魂を牧する責務を委任されていたからにほかならない．一方，宣教とはっきり区別のつかない説教や感謝の祭儀以外での説教は，対象がたとえ信者であったとしても，司教以外の*司祭や神学者あるいは教会の指導者たちが行うこともあった．なお，説教の頻度は今のように多くはなく，主日や祭日，あるいは葬儀のような特別のときになされるのが普通であった．

〔教父時代とそれ以降〕キリスト教が地中海世界の貴族や学者や上流階級にまで信仰されるようになると，必然的に修辞学や雄弁術が，典礼における聖書の説教などに応用されるようになった．こうした説教形態の代表として，使徒教父の教皇ローマの*クレメンス1世，アンティオケイアの*イグナティオス，スミュルナの*ポリュカルポス，キリスト教護教家の殉教者*ユスティノ

ス，リヨンの *エイレナイオス，*テルトゥリアヌス，*キプリアヌス，ローマの *ヒッポリュトス，*オリゲネスなどがあげられる．彼らは，聖書の本文を解釈しながら司牧的な説教をした．こうした伝統は3世紀以降，説教の形態と典礼における位置づけが確立するにつれ見事な花を咲かせた．そして，その影響は中世にまで及び，さらに第2ヴァティカン公会議の『典礼憲章』において復活し，結実した．

古代教会の説教の祖ともいうべきオリゲネスは，説教を聖書の単なる注釈でなく，神の教会を活性化し，*聖人たちの模範や神秘的解説を加えることによって，鈍くて生温い信者を覚醒させる機会と捉えた．また，オリゲネスはロゴス（聖句の説明）とホミリア（信者の心を動かす説教）の区別をした最初の人である．そのため，初めは古典的な弁論調の説教であったが，しだいに聖書の通俗的解釈をする形態の説教としてホミリアを位置づけるようになった．彼は聖書の寓意的解釈を好み，それを推し進めて *アレクサンドリア学派という一派を生むまでに至り，その影響は後代にまで続いた．

4世紀にキリスト教の *迫害が終焉し，キリスト教が *ローマ帝国の国教となってからは，数々の重要な *公会議も開かれて，カトリックの正統な教理が決定されていった．それとともに聖書の注釈研究や神学が急速に発展していった．こうした分野で輝かしい成果をあげた教父たちは，説教の分野でも偉大な業績を残し，後代に強い影響を及ぼした．*東方教会で金口とうたわれたほど説教が巧みだった *ヨアンネス・クリュソストモスは，その深い教養と雄弁をもって，想像力豊かな聖書の主題説教を展開して信者を魅了した．特に，創世記，詩編，マタイ書とヨハネ書，使徒言行録，パウロの手紙の注解説教が有名である．カイサレイアの *バシレイオス，ナジアンゾスの *グレゴリオス，ニュッサの *グレゴリオスの *カッパドキア三教父も優れた説教家であり，特にバシレイオスは，*天地創造の6日間，詩編，倫理問題などについて名説教を残した．

*西方教会では，ポアティエの *ヒラリウスが詩編に関して説教し，ミラノの司教 *アンブロシウスは天地創造物語，詩編，ルカ書などの説教で有名であった．*アウグスティヌスは，疑いもなく西方教会最大の説教家であった．彼は当代随一の修辞学者であったが，回心してからは，修辞学に頼るより，信者の心情に深く訴え感動させるような名説教をたくさん行った．山上の説教，ヨハネ書，詩編，その他数え切れないほどの聖書の箇所に関し注解的説教をした．*キケロの影響もあるが，「興味を抱かせ，知識を与え，感動させる」といった彼の言葉は，説教の本質を見事に表現したものであろう．著書『キリスト教の教え』のなかには，後年の説教学の基礎が説かれている．その他，ラテン語による *ウルガタ訳聖書を完成した *ヒエロニムスも説教家に加えることができよう．また，教皇 *レオ1世も偉大な説教家であった．

教皇 *グレゴリウス1世は教父時代の聖書に基づくホミリアという伝統を保持したが，時代の嗜好に合わせ寓話や比喩を重視する説教をした．それは，聖書朗読が祝日の固有性に合わせて選ばれたため，祝日の意義を説明する説教に変わっていったからにほかならない．結果的に，教父時代の説教の多くが，*典礼暦の大祝日を中心にまとめられるようになった．こうした傾向は，東方でも西方でも同様であった．こうして東方では，ヨアンネス・クリュソストモスとナジアンゾスとニュッサの両グレゴリオスが最も有名な説教家とされ，西方では，アウグスティヌスを筆頭にレオ1世などが加わった．レオ1世の大祝日の説教は，典礼暦における最良の解説の一つとして残っている．

こうした説教は，通常司教である牧者によって信者になされた．彼らは，真の説教が聖書の通俗的な説明と信仰生活への適用であるという原則を打ち立て，それに倣った．しかし，他のタイプの説教もあった．それは特定の限られた聴衆に向けてなされた説教である．このタイプの説教は，後に霊性の著述家たちに大きな影響を及ぼした．これらは，例えばヒエロニムスや *カッシオドルスのような優れた霊性著述家によって，観想修道者（→観想）の共同体に対してなされた観想的説教のことである．彼らは二人とも説教で詩編を取り上げたが，ヒエロニムスは福音書の注釈もした．*ベダ・ヴェネラビリスは福音書を取り上げることが多かったが，グレゴリウス1世はヨブ記を好んだ．若干の著述家たちはクレルヴォーの *ベルナルドゥスを最後の教父とみなしているが，彼の典礼暦や雅歌に関する説教は評価が高く，多くの追随者を得ていた．

一般的には，オリゲネスからベルナルドゥスまでの教父たちの説教が，古典的な価値を有するだけでなく，あらゆる時代の説教の模範とみなされてきた．彼らにとって説教とは，本質的に典礼祭儀において朗読あるいは歌われる聖書の箇所に関する通俗的な講話であった．彼らの説教が今日すべてあてはまるとはいえないが，彼らが等しく聖書の本文に密着し，神の言葉を信者の霊的教育の道具や糧にしようと努めた事実はいつの時代の説教にも範として有効であろう．

〔中世〕中世における説教は，13世紀に至るまで目的・内容・構造・方法などの点でおおむね教父や *教会博士たちの説教を継承していた．しだいに司祭も説教が許されるようになったが，概して説教に対する熱意や頻度は低下していった．しかし，12-13世紀に入り，*トマス・アクイナスなどが中心になって *アリストテレスの哲学を基にスコラ神学（→スコラ学）を完成するにつれ，聖書を論理的に解釈する手法が流行した．彼らの理路整然とした説教は，心を揺さぶらないまでも聴衆の理性には訴えた．*ドミニコ会や *フランシスコ会などの托鉢修道会が誕生するにつれ，それらの修道者たちは修道院や教会を出て，ヨーロッパ各地で直接民衆に福音の真理を説くようになった．こうして説教の形態と内容はこれまでの典礼祭儀におけるものとは異なり，独立したセルモ（[ラ]sermo），すなわち講話的な説教に変わっていったのである．

トリエント公会議は，司牧者たちにミサのなかで当日のミサの聖書の朗読箇所に関する説教をするように命じたが，教父型の説教が復活する19世紀までは不徹底のままであった．プロテスタント教会は，教父伝承への傾倒，聖書への関心の低下，聖書箇所の寓意的解釈の流行などをみて，中世を聖書の真理に覆いが掛かった時代と低く評価していたと思われる．

〔近代〕ローマ・カトリックの *教会法は，主日や祝日のミサにおいて，司牧者が説教することを義務づけた．しかし，実際はヨーロッパ全体に *典礼運動が広がり，説教がその本来の意義と役割を取り戻す19世紀になるまで，説教は軽視されていた．やがて，人々がことばの典礼と感謝の典礼の間にある密接な内的関係を自覚し始めると，説教がこの両者を結びつける重要な機能を担っていることが理解されるようになった．ことばの典礼で

朗読される聖書の箇所は，信者が *聖体の秘跡の祭儀，つまり，奉献されたパンとぶどう酒が司祭の聖別の言葉（*最後の晩餐でキリストが聖体の秘跡を制定したときにいった言葉）によって主キリストの体と血になり，*父なる神に奉献され，それを信者が霊的命の糧として拝領する祭儀によりふさわしく，より実り豊かにあずかることができるよう用意されているものである．それを実際に実り豊かなものにするのが説教の役割にほかならない．これは，司祭の説教によって当日の聖書の箇所がわかりやすく解説され，現実の信徒の生活に応用されて初めて可能になる．

プロテスタント諸教会は，当初から礼拝や聖餐式における聖書朗読や説教を非常に重視してきた．また，優れた説教家が多数輩出した．*ルネサンスを代表する古典主義者・人文主義者の一人 *エラスムスは人間性の自立を強調し，聖書への回帰と古典との調和を呼びかけ，後代の説教論の発展に影響を与えたが，彼自身は説教家でなかった．スイスの宗教改革者であった *ツヴィングリは福音の注解説教によって人々に影響を与え，プロテスタントの勢力を拡大するのに貢献した．*ルターは，聖書の本文に忠実でありながら，人々の心を魅了し引きつける情熱的な説教をした．彼の説教における聖書の解釈・説明・論証・譬え話などの構成や適用は，今日でも注釈的説教の手本として尊重されている．スイスの *改革派教会の中心的人物であった *カルヴァンは，福音主義的プロテスタントの神学者であり，優れた聖書注解者であった．彼の説教も聖書注釈を中心に展開され，単純平明でありながら，深い内容のこもったものであった．

17世紀以降，イングランド国教会（→聖公会）から分かれた *ピューリタンは，その信仰と倫理性によって聖書への回帰を強く推し進めるとともに，説教や信徒の倫理的生活に大きな影響を与えた．そして，多数のカリスマ的な説教家が輩出して，信徒の日常生活や職業生活を活性化した．彼らの説教集や著作は，今日でも多くの説教家によって参照されている．こうしたプロテスタント運動の影響もあって，しだいにカトリックはこれまでのミサにおける聖体の秘跡中心の立場から重点をややことばの典礼に移し，両者の均衡と調和を図るようになった．また，近代に入るとカトリックでも優れた説教家が数多く出て教会の刷新と発展に貢献した．

【現代の説教の問題】今日，カトリックでもミサにおける説教が重視されるようになったことは喜ばしい．しかし，説教の内容がときとして社会問題や政治問題に偏重したり，あるいは日常生活の人間的問題に埋没する傾向があるのは行きすぎではないだろうか．説教の本来の目的は，既述したように，神の言葉のメッセージを語り，人々の魂を神に向けさせ，信仰と愛の恵みによって永遠の命へと救うことにほかならない．これは決して個人主義的な魂の救いにのみ，教会の説教が関心をもっているという意味ではない．*存在の深い次元では，自他不二（ふに）の真実が息づいている．まして神の命に生きる魂は，すべての *生命や存在と深くつながっていて，救いの恩恵を分かち合っている．そして，いかに生きるべきかの知恵とは，魂における聖霊の働きからくる．したがって，そうした神の光に照らされた無心の知性でなければ，社会の倫理的問題にしろ *社会正義にしろ神の心にかなう指導はできない．教会は社会正義に関心をもっている．説教でもそれに触れることがあろう．しかし，神の心から離れた我執から発する判断は，いかに善であり正義と思われても，結局は世の中の問題を迷いと混乱に導く原因となりうる．

説教が教会の典礼を通して公的になされるのは，神の真理に依拠して，人々の生活と活動の誤りない拠り所を提供するためにほかならない．聴衆一人ひとりの心構えが説教によって神の真理に根ざすとき，社会も神によって変革されていく．現代の教会が現世の社会的・政治的・経済的問題に関係することは確かであるが，これからの時代は，それらの問題の具体的解決を人間の英知と良識，そして社会のさまざまな機関や制度や法などに委ねるにちがいない．なぜなら，社会における現実の問題は理想や理念だけで解決されるものではないからである．そこでは勢い政治的な力と手順，さらに経済力が必要とされる．教会の任務は政治をすることではない．それに現代の教会はもはや万能ではない．今こそ教会は本来の任務に帰るべきである．現世の問題は宗教や信仰で解決するわけではない．教会は魂と心を救い，社会に神の真理と愛と正義に基づいて生きる指針を与えるにすぎない．したがって，説教も教父たちの原点に帰り，本物にならなければならない．本来の説教とは，信者の霊性を養うよう，聖書を救いの真理の源泉とみなし，聖人たちを模範とすることである．その役割は，聖書を通して語る神の言葉をもって人々の魂を生かし，成長させ，人々が信仰と希望と愛を増して，安心と喜びと心の自由に生きることができるよう導くことである．

【説教の準備・構成・方法】(1) 準備．まず説教者自身，深い信仰と愛と無我に生きる *祈りの人でなければならない．学識と経験も大切であるが，何よりも謙虚に己自身をむなしくし，聖霊の光と導きを願い，何をどう語ればよいかを教えてくださいと熱心に祈ることである．次に，聴衆の心を開き，神が聖書の言葉を通して語る真理を素直に受け入れ，信じ，悟り，それに応答するよう祈らなければならない．それから時間を割いて聖書や神学ならびに *人間学などを深く究めることである．知識がなければ，神の道具としての説教家は何の役にも立たない．信心深くても学識や経験から得た知識のない説教家は，聴衆を迷わしかねない．次に，説教すべき当日の聖書の箇所を前もって深く黙想し，神の告げる真理を悟る恵みと人々の心に聖霊が働くよう祈りながら，構想を練ることである．

(2) 構成．文章でも起承転結ということがいわれる．強調すべき点をできるだけ一つに絞ることである．当日の聖書箇所のすべてに言及すると，散漫な説教になりかねない．例えば，序論では，聴衆が関心を抱くよう身近な話題や問題を取り上げ，それを少し人間学的知識で掘り下げて考えさせる．それから本論では，聖書の使信を解説して問題を照らし，神がそれに関して何を教え，それがどんな意味があるかを悟らせる．最後に結論では，何をどうすべきかを決断させる．聴衆にとって身近な生活上の問題，人間学的知識，聖書の言葉の意味，この三つが有機的に結合されていれば，良い説教の構成といえよう．

(3) 方法．まず聴衆の反応をみながら，よく通る大きな声でゆっくり話すことである．声の抑揚に変化をつけ，間をとることも大切で，一本調子では聴衆が眠くなるし，大事な事柄に対する集中力に欠ける．緊張のなかにも心のゆとりをもって説教が聞けるように，具体的な逸話や例や体験談などを織り込む．プロテスタントの説教は一般に長いが，カトリックの場合，感謝の祭儀が続くので，一般的には10分前後が妥当かもしれない．長すぎる説教は敬遠されがちである．

せっきょうがく

説教の対象である聴衆の関心や問題意識を前もって察知していることができれば，準備しやすいであろう．聖書の真理だからといって，教理に偏した固苦しい説教では，聴衆の心の琴線に触れた話とはならないであろう．生活のあらゆる問題に神の計らいが働いていることを考えるならば，それを解読する聖書の言葉は，人生のいかなる問題に対しても神からの答えをもっていることがわかろう．しかし，それを説教という媒体を通して伝える必要があるので，できるだけわかりやすく面白く，ためになるように話す工夫が大切である．それには話術を学ぶ必要があるかもしれない．「法は人(ひと)をみて説け」という対機説法は，釈尊(*シッダールタ)だけでなくキリストの常套手段でもあった．そうでなければ，どんなに崇高な真理でも，相手によっては「豚に真珠」(マタ 7: 6)になりかねない．

説教の分類でも触れたように，同じ聖書の箇所を説教の主題にしても，さまざまな説教の方法がある．聖書の真理を告げることが説教だといっても，聴衆の霊的利益にならなければ無意味である．それには，聖書の使信を今ここにいる聴衆の関心・必要・問題意識・心の状態などに適合させなければならない．例えば，日本人は一般に生き方に興味を抱いている．それに対し，聖書の箇所の釈義学的注解だけをしていたのでは，不毛の説教といえよう．注解したならそれで終わらず，教父たちがしたように，それを比喩的・象徴的・霊的・神秘的解釈にまで広げて聴衆の心を動かすようにすべきである．それは，非常に単純であると同時に無限の意味内容を有する聖書の真理によって，あくまでも信者の魂を霊的に成長させることを唯一の念願としたからにほかならない．

【文献】キ大 646-47; 現カ 421; 新教会法典 386, 767 条; EDR 3: 3261-62; NCE 7: 113-15; 11: 684-702;『新キリスト教辞典』(いのちのことば社 1991) 847-49; J. A. KOMONCHAK, ET AL., eds., *The New Dictionary of Theology* (Wilmington, Del. 1987) 791-97; 関田寛雄『聖書解釈と説教』(日本基督教団出版局 1980); K. バルト, E. トゥルナイゼン『神の言葉の神学の説教学』加藤常昭訳 (日本基督教団出版局 1988); K. BARTH, *Homiletik* (München 1966), E. THURNEYSEN, *Das Wort Gottes und die Kirche* (München 1971); M. ロイドジョンズ『説教と説教者』小杉克己訳 (いのちのことば社 1992); M. LLOYD-JONES, *Preaching and Preachers* (London 1971).

(越前喜六)

せっきょうがく　説教学　〔ラ〕homiletica, 〔英〕homiletics, 〔独〕Homiletik, 〔仏〕homilétique
【定義】*実践神学は大別すると，宣教神学と*司牧神学に分かれる．司牧神学のなかには*典礼神学という重要な一部門があるが，そのなかに説教学を入れることができる．当初は，*神の言葉を告げる*宣教と*説教とはあまり区別されていなかったが，しだいに非キリスト者を*回心と*信仰に導く*ケリュグマを述べる宣教と，受洗したキリスト者が*教会で*典礼のために集まったときに行われる説教とは区別されるようになった．したがって，狭義のホミリア(説教)とは，主に信者の*共同体が神に公的な*礼拝・*賛美・*感謝・*祈願を捧げる典礼行為を行うとき，特に信者自身の信仰と*愛が一層深まり，豊かな実りをもたらすよう，神の言葉を解釈する「ことばの奉仕」に限定されるようになった．説教に関する学問的研究が，実践神学のなかで説教学として確立されるようになったのは 17 世紀頃からであった．説教学とは，具体的には説教の目的・本質・原理・特徴・構造・方法・話術などについて研究する学問である．

【歴史】新約聖書によると，すでに説教の本質が，啓示された神の言葉に奉仕する*役務として明白に示されている．しかも，その中心はギリシア人の好む*知恵でもなければ，ユダヤ人が関心をもつ*しるしでもなく，彼らには愚かさや*躓きにしかみえない*十字架につけられた主キリストの秘義(→キリスト秘義)を告げることであった．しかも，それを雄弁な言葉や知恵のある言葉によってではなく，*霊の力によって述べることであった．なぜなら，十字架のキリストこそ神の知恵・神の力にほかならないからである(1 コリ 1: 18-25; 2: 2-5 参照)．

しかし，*ヘレニズム世界にキリスト教が広まり，各地に教会が設立されてくると，言語だけでなく必然的にギリシアやローマの思想・文化と接触し，それに*福音が受肉していくようになる(→インカルチュレーション)．説教の分野でいうと，ギリシアやローマの*修辞学や雄弁術などが流入してくる．それらを尊重しながらも，説教の本質を聖書の言葉において信者をそのなかに導入することだとしたのが*オリゲネスであった．また，*ヨアンネス・クリュソストモスは，福音の本質を損なうことのないよう，修辞学や雄弁術をどの程度まで活用することができるかを論じた．しかし，説教に関し理論的にも実践的にも適確で独自な規範と形式を与えたのは，*アウグスティヌスの『キリスト教の教え』であった．ここで彼はギリシア・ローマの修辞学の方法を「発見と表現」という見地から聖書解釈と説教にあてはめた．教皇*グレゴリウス 1 世は『司牧者の心得』(『司牧規則書』)のなかで，説教にあたっては説教者が聖書だけでなく教会内に存在する諸問題をもよく理解し，それを考慮して行うようにと諭した．

中世には，自国語の説教や説教研究も盛んで，説教集なども多く出版された．しかし，説教学としては，古代の雄弁術や修辞学の技術を繰り返し利用することに終始したきらいがある．*宗教改革以降は，主にプロテスタントが礼拝・聖書・信仰の重視という立場から，みことばの研究を進め，聖書解釈の分野でも著しい進歩を遂げた．その影響もあってカトリックも聖書研究の分野に力を注ぐようになった．神の言葉の研究が深まるにつれ，*教父以来の聖書解釈や説教に関する古典的伝統がよみがえり，説教の技術よりも，説教がみことばを現実に生かすことであるという本質面が強く意識されるに至った．こうして，聖書と典礼の分野における刷新と改革に至ったが，依然として優れた新しい説教学の文献は生まれなかった．また，説教の在り方が聖書との形式的な結びつけとなったり，あるいは説教者の人格と熱情の過度の表現となったり，あるいはまた時代に迎合したりなど，時勢によって大きく揺れ動いた．

19 世紀以降，説教学を発展させた特筆すべき人物の一人は，*シュライエルマッハーであった．彼は*聖書の文献批判を説教にも応用し，ベルリンの教会で実際に 25 年間にわたり優れた説教家として高名をはせた．彼の説教集が今日でも刊行されていることからもその卓越性がわかる．20 世紀に入り，プロテスタントでは説教の本質や目的を明確にする動きが起こった．それを主導したのが，*会衆派の神学者*フォーサイスなどに代表されるイギリスの神学者たち，K. *バルトとバルト派の神学者たち，スウェーデンの神学者，ヴィングレン(Gustav Wingren, 1910-)などの*ルター教会の神学

者であった．説教の技法に関する研究や試みはアメリカで盛んである．代表的な説教学者として，*長老派教会の牧師バトリック (George Arthur Buttrick, 1892–1980) をあげることができる．彼は，ユニオン神学校および，1954年からしばらくの間，*ハーヴァード大学の説教学教授であった．

カトリックでは1965年に閉幕した第2*ヴァティカン公会議において，典礼の刷新と改革が大胆に推し進められた．その一つが，*ミサにおける聖書の言葉とホミリアの重視であった．したがって，今後『典礼憲章』に基礎を置いた説教学が発展することが期待されている．

【説教学の構成と方法】説教の本質と目的は，聖書の言葉に含まれる啓示された神の真理を人々に告げ，彼らの意識を信仰と愛に向けて深化させることである．

(1) 霊性．*宗教とは，生きた真理の言葉を説くことによって，人間を信仰と愛へと救うことにほかならない．しかし，それにはただ学校で知識を教授すればすむわけではない．説教者自身が，どれほど真の霊性に生きているかが肝心である．仮に説教それ自体が稚拙なものであったとしても，真の霊性に生きる人の説教は信者の内面に浸透する．それは*聖霊の働きによるものであるから，*祈りが非常に重要となる．なお，研究領域として*霊性神学が関連する．なぜなら聖書の霊性的解釈は，説教に欠かせないからである．

(2) 聖書釈義．説教の中心は神の言葉による使信であるから，聖書やみことばの研究は説教学の中核になるといえよう．ただし，聖書解釈学そのものというよりは，それを踏まえたさまざまな解釈，例えば比喩的解釈・象徴的解釈・霊的解釈などが可能であるため，要は聞き手の霊的利益になるような解釈を説教に取り込むことである．

(3) 教会生活全般にわたる知識．説教の目的は，信者の信仰生活を深化させることであるから，説教の内容として*教理・*道徳・典礼・*秘跡その他の教会活動全般にわたる知識の教授も入る．その方面の研究も説教学と関連する．

(4) *人間学や世俗的学問の研究．説教の対象は，人間であり，その人格的成熟や幸福をも視野に入れている．さらに，*受肉の信仰に立脚するキリスト教にとっては，*罪を除いて世俗の生活全般が主キリストに関わると信じられているので，文化・歴史を含め，人間に関する知識に熟達するよう，この方面の研究にも力を入れなくてはならない．聞き手の興味・関心はしばしば人間的な問題に向けられていることが多い．それを霊の領域まで高揚させるためには，まず人間生活全般をあるがままに肯定し受容しなければならないだろう．

(5) 話術．話し方に関する研究も必要である．日本人は雄弁術や修辞学の伝統がないせいか，一般に大勢の人人の前で話すのが苦手で下手である．説教を苦痛に感じている司牧者も少なくない．声の出し方から抑揚，間のとり方，例話や逸話や譬えなどを入れた印象深い構成，起承転結，時間厳守など，実際に練習して体得しなければならない点は多い．

説教学は単なる理論研究ではなく，実際に説教に習熟することを目指す実践的学問である．それゆえ，例えば説教の上手な人の模範的説教を聞かせたり，実際に説教の原案を作成させたり，教授や学生の前で模擬説教をさせるなど，さまざまな練習を試みなければならない．特にカトリックにおいては説教と説教学に一層力を入れる必要がある．説教が弱ければ，みことばの効果も半減する．知識社会と生涯学習の時代でもある現代において，教会における説教は教会盛衰の鍵を握っている．

【文献】キ大 647; 現カ 421; NCE 7: 111-13; 11: 697-701; R. ボーレン『説教学』全2巻，加藤常昭訳（日本基督教団出版局 1977-78）: R. BOHREN, *Predigtlehre* (München 1971); K. バルト，E. トゥルナイゼン『神の言葉の神学の説教学』加藤常昭訳（日本基督教団出版局 1988）: K. BARTH, *Homiletik* (München 1966), E. THURNEYSEN, *Das Wort Gottes und die Kirche* (München 1971); M. ロイドジョンズ『説教と説教者』小杉克己訳（いのちのことば社 1992）: M. LLOYD-JONES, *Preaching and Preachers* (London 1971).　　（越前喜六）

せっきょうだん　説教壇　〔英〕pulpit, 〔独〕Kanzel, 〔仏〕chaire　聖堂建築内で*説教のために使用する壇．初期キリスト教時代にはアンボ（朗読台．→朗読）がその役割をしていた．説教壇は，初期には聖堂の一番奥に置かれていたが，11世紀以降は*内陣部に置かれた．その素材は木や石で，床と階段で結ばれた特別席があり，その上には天蓋（→バルダキヌム）がつけられている．イタリア・ゴシック時代には，優れた多くの説教壇が制作された．古代ローマ彫刻から学んだニコラ・ピサーノの*ピサの*洗礼堂の説教壇，フランスのゴシック象牙彫刻の影響を受けたジョヴァンニ・ピサーノの*シエナ大聖堂や*ピサ大聖堂の説教壇，ピストイア (Pistoia) のサンタンドレア聖堂の説教壇などは，その外部を飾る大理石彫刻によって有名である．

【文献】DA 25: 723-28.　　（馬杉宗夫）

せっせい　節制　〔ギ〕sōphrosunē, 〔ラ〕temperantia, 〔英〕temperance, 〔独〕Maß, Mäßigung, 〔仏〕tempérance　人間の自然的欲望や*情念を精神的・理性的力でより高次の善のために制御し，正しく秩序づける徳．特に古代ギリシアの倫理思想においては四つの*枢要徳の一つに数えられ，*キリスト教倫理と教会の*信仰生活においても重視された．*原罪の結果である人間の欲求的情念つまり*情欲（〔ラ〕concupiscentia）を調整し*理性に従わせることは困難であるとされ，カトリック教会の性道徳では快楽の正当な評価に影をもたらした面もある．しかし単に感覚的快楽の抑制のためだけでなく，より高次の人間的価値と救済の実現のために，*愛を動機とする節欲は正しく奨励されるべきである．

【ギリシアの倫理思想】*プラトンは節制を肉体が快楽に惑溺して生活全体を倒錯させないように*知恵の指導のもとにおく徳であると考えた．*アリストテレスによれば，節制は人間の五官のうちでも触覚と味覚に関わる本性的欲情を制御する徳であり，快楽における中庸である．いつも快適なものを欲したり，欲情に駆られて過度の快楽を求めることなく節制する人は，正しい理性（〔ギ〕orthos logos）の命令に従う人である．不節制な人は自己保存を利己的に追求することによって自己破滅に導かれる．食欲や性欲は本能的な生命保存や人類保存に寄与するものであるが，人間全体の目的に向けて統制と均衡を保つ必要がある．

【キリスト教の倫理思想】キリスト教の視点からすれば，節制は原罪によって生じる混乱のなかに生きる人間にとって欠くべからざる特別な徳である．自己を節度なく愛する人は自らを無秩序の状態に陥れることになる．*アウグスティヌスは節制を枢要徳の最初に取り上げている．「節制は，我々を神に結びつける愛を，ある意味

ぜったい（しゃ）

で無傷に保ち，腐敗しないように守ることを我々に約束するものである．この徳の役目は欲望を抑制し，静めることである」（『カトリック教会の道徳』）．彼は肉の誘惑や感覚的なものを過度に蔑視しているかもしれない．「我々は神のみを愛し，この世のすべてのもの，すなわちあらゆる感覚的なものを蔑視し，これらのものはただ現世の生活の必要を満たすためだけに使用しなければならないのである」（同）．確かに *パウロも肉の欲の危険性と諸悪を教えている（ガラ 5: 16-21；ロマ 13: 12-14）．不節制は愛の道を妨げ，正しく愛する力を損なわせる．*トマス・アクイナスによれば，人の用いる快楽は現世のある必要を目的としているのであるから，その現世の必要が要求するかぎりで快楽を用いるが，節制自体の目的は至福にある（『神学大全』II, 2, q. 141, a. 1-8 参照）．節制は感覚的欲望と *意志と理性との正しい秩序であって，意志を強めることによって感情生活を整え，人間の本性的欲求を統制する．人は物質を超越する神に感謝し，飲食と休息を楽しむことができる．すべてを与える神の愛に生かされて，神と隣人への奉仕を実践するために節制するのである．この徳は単なる制欲または *自制（［ラ］continentia）だけではない．つまり，この徳は情欲の無軌道な欲求を意志が抑えるというだけでなく，つねに変わらない意志の強い態度を保つことによって，人間の弱さを癒やし，情欲を統制するのである．パウロは人間が物質的生活や肉体的享楽を偶像化し，放縦の深みに陥る危険性を認めている（ロマ 1: 24-32）．

教会は伝統的に節制の徳を重視してきた．例えば，*四旬節にはアルコール飲料を控えたり，*断食を奨励してきた．また性欲における生来の羞恥心を大切にし適度な慎みを守り，さらには *純潔や *童貞性の徳を高く評価してきた．ただし性的衝動や情欲が性的罪悪性と混同されることもあったのは否めない．この徳を身につけるためには自己を知り，自己の意志を鍛練することも必要であろう．ある程度，感覚的快楽を制限し，この世の正当な楽しみのある種のものを捨てる犠牲の精神は，救いの観点からも評価されるべきである．主イエスは，自分の手足を失っても救いを失わないようにと戒めている（マタ 18: 8-9）．節度を守ることは単に健康維持のための美徳としてだけでなく，より積極的な克己と *苦行もイエスの十字架の愛への応答や贖罪による救いの実現という倫理・宗教的価値から正当に承認される．自分の意志によらず，自由に押し寄せてくる苦しみの受容によって *神の意志に自己を委託することをも学ばなければならない．また病気や負傷，障害などによる苦しみのなかにある生の肯定も，小さい者，抑圧された者とともにある神の視点から可能である．したがって，節制の徳も自己抑制や自己完成の視点を超えて，社会的な連帯性と兄弟愛の精神からその意義が再評価されるべきであろう．さらに人類全体，地球環境の秩序と調和を守るという，*生態学による新たな視点からも，人類社会に共通な徳として節制は積極的に奨励されなければならない．物質的豊かさに満ちた消費社会に生きる者に最も求められる徳でもある．

【文献】カ大 3: 319-20; LChM 1024-26; LThK² 7: 154-55; B. ヘーリンク『キリストの掟』1, 渡辺秀他訳（中央出版社 1966）675-98: B. HÄRING, *Das Gesetz Christi*, v. 1 (Freiburg 1954); B. STOECLE, ed., *Wörterbuch christlicher Ethik* (Freiburg 1975) 184-85; J. PIEPER, *The Four Cardinal Virtues* (Notre Dame, Ind. 1966) 145-206.

（浜口吉隆）

ぜったい（しゃ）　絶対（者）　〔英〕the absolute, 〔独〕der/das Absolute, 〔仏〕l'absolu　絶対を表す欧米語の原語であるラテン語の ab-solutus とは，独立し，完全で，*他者から *自由であることを意味する．すなわち，いかなる条件，関係，束縛からも独立したものを指す．「絶対者」はこの概念の実体化されたものであり，欠けるところのない，完全で，すべてのものの最高かつ究極的原理を意味する．*形而上学において絶対者は *認識と *存在の 第一原因であり，他者に由来せず，また依存せず自らある存在（→自存），自らの *原因そのものであり，すべての *有限な存在の原因であるとともに，根拠づける力である．

【概念史】すでに，この概念は *ギリシア哲学に存在していたが，キリスト教世界の成立とともに，世界に対する *神の超越性（→ 超越）を表現するために使われるようになり，*アウグスティヌスから中世の *トマス・アクイナス，さらに近代の *ドイツ観念論哲学に至るまで中心的概念となった．

アウグスティヌスにとって，神はすべての *真理を根拠づける真理であったから，実体的真理そのものである絶対者の存在がなければならず，神はその絶対者である．トマス・アクイナスにおいては，絶対的真理と絶対的存在が結びつけられるようになる．彼の *存在論は，神以外の存在はその原因を他に求めざるをえないが，神は自らのうちに原因をもち，原因そのものであるとした．しかし，はっきりと神を絶対者としたのは *ニコラウス・クザーヌスであった．*スピノザにとって，すべてのものは唯一絶対の実体の表現であり，それを彼は「神あるいは自然」（［ラ］deus sive natura）と呼んだ．*ライプニッツは，絶対者の概念が必然的に人間のうちに含まれていると考えた．

*カントにおける絶対とは，束縛されないものであるので人間の認識の対象になりえず，*精神・世界・神のような概念とともに人間の体験を体系化するための概念となる．J. G. *フィヒテは *自我を絶対的なものとみなし，自然は絶対的自我の産物であるとした．*シェリングにとって，自然は機械的なプロセスではなく，無意識的知能である．絶対者はすでに存在しているものではなく，展開しつつある歴史である．こうして自然と，意識的知能をもつ人間は共に一つの歴史の契機をなしており，個々の人間は無意識の知能が意識化される場であるがゆえに，絶対者のうちになければ実在しえないのである．ヘーゲルの絶対者は，現存していると同時に，プロセスを通して出現しつつあるものである．それは現実であると同時に，プロセスが目指す目的でもある．神は世界に先んじて存在したのではなく，*宇宙の *ロゴス（*理性と *法則）である．展開のプロセスは絶対者の絶え間ない *自己意識の深まりを意味する．

【神概念と絶対者】ヘーゲル的理解は現代神学において，神の不変性ではなく展開性（［独］Werden Gottes）を説く考え方に影響を及ぼしている．神と絶対者の一体化は，神の *全知・*全能の理解を可能にする．また，絶対とは，本来，どのようなものへの依存も否定するがゆえに，*否定神学による神概念の説明に根拠を与えるともいうことができる．しかし，この言葉が「絶対主義」など近代政治思想史においてもった悪い語感のゆえに，神を絶対者と呼ぶときに，神が専制君主であるかのような印象をも与えかねないのは確かである．

【文献】HWP 1: 13-31; E. JÜNGEL, *Gottes Sein ist im Werden* (Tübingen ⁶1992).

（高柳俊一）

ぜったいせいしゅちょう〔キリストきょうの〕 絶対性主張〔キリスト教の〕〔独〕Absolutheitsanspruch des Christentum　本来，「絶対的宗教」(〔独〕absolute Religion) としてキリスト教を宗教史のなかに位置づけた＊ヘーゲルに由来する概念．＊トレルチによって取り上げられて神学上の問題となったが，カトリック神学においても＊啓蒙思想の時代以降の宗教に関する相対主義的傾向に対抗して，キリスト教の本質は歴史的な有限状況を超越する＊真理であると主張するために使われた.

【キリスト教の絶対性と諸宗教】今日，諸宗教との対話が進むなかで，この概念をどのように理解するかが問われている．ドイツ語圏のカトリック神学においては，ヘーゲルと＊ドイツ観念論の伝統を背景として，しばしば「キリスト教の絶対性」という表現が使われるが，それは諸宗教の存在やその＊救済史における価値を否定するためではない．「キリスト教の絶対性」とは，むしろ諸宗教との対話を通して得られた洞察や自己理解に基づいて使われる表現なのだが，諸宗教との対話から引き出された単なる自己満足によるものではない.

＊諸宗教に関する神学は各宗教それぞれの救済史における価値と役割を認めるが，それでは果たしてキリスト教は「絶対的宗教」であるといいうるのであろうか．第2＊ヴァティカン公会議後，諸宗教に関する神学を始めたK.＊ラーナーはキリスト教が「絶対的宗教」であると主張していたが，それはキリスト教が終末論的宗教（→終末）であることを根拠としてる．聖書的概念としては「真の礼拝」という考え方があったが，「絶対性」の主張を極端に突き詰めるならば，K.＊バルトにおけるようにキリスト教は他の宗教のような宗教ではなく，＊信仰であるとする立場が生まれてくるであろう．バルトの影響を受けた＊バルタザールは，＊イエス・キリストの＊啓示に結びついたキリスト教と他の宗教との間には超えられない違いがあると強調し，諸宗教に関する神学に対して否定的である．確かに，絶対性を主張する立場と諸宗教を救済史に位置づける立場とを結び合わせることには，一種の曖昧さが伴われる．キリスト教は自分を中心にして多様なほかの宗教を眺めているという批判が，他宗教から起こってくるのは当然である.

【絶対性の意味】「絶対性」はまず，キリスト教の中心である，十字架にかけられ復活したイエス・キリストにおける＊救いの終末論的性格から生じてくるものであり，このイエス・キリストという終末論的人格を正直に他の宗教に対して宣言するという使命のうちにキリスト教の絶対性の主張は根拠づけられている．終末論的考え方によれば，＊世界の決定的な救いはイエスの到来によってもたらされたが，同時にそれは世界の完成の日において明白になる．キリスト教の＊教会は，救いであるところの，このイエス・キリストの到来と，＊復活と＊昇天によって時間と歴史が克服されたことを宣教しながら，世界の完成の日に向かう道を歩んでいる．この点で他の宗教と同様に暫定的な機構を持ち続け，絶えず自らを顧み，反省し，自己を改革していかなければならないのである．したがって，絶対性の主張は自己の権威化のためではなく，他者への奉仕のためであるということができる.

【文献】HWP 1: 12-31; SM(D) 1: 39-44; G. MENSCHING, *Toleranz und Wahrheit in der Religion* (Heidelberg 1955) 142-48; W. KASPER, ed., *Absolutheit des Christentums* (Freiburg 1977).　　　　（高柳俊一）

セッビ　Sebbi（7世紀）　聖人(祝日8月29日)，アングロ・サクソン7王国の時代のエセックス王(在位665-94)．Sebba, Sebbe とも記される．国内のキリスト教化に尽力した．死の直前に退位して＊ベネディクト会に入会．＊ベダ・ヴェネラビリスは『イングランド教会史』で王の最期が立派なものであったと賞賛した.
【文献】BSS 11: 804; Cath. 13: 975; LThK² 9: 559.
　　　　　　　　　　　　　　　　　　　（久野暁子）

せっぷん　接吻〔ラ〕osculum,〔英〕kiss,〔独〕Kuß,〔仏〕baiser　典礼儀式のなかで行われる接吻は，兄弟愛と＊平和の表現であり，また聖なる人や物への表敬である.

＊洗礼を受けたキリスト教徒は，＊愛と一致，＊和解と＊ゆるしのしるしとして，＊ミサのなかで＊挨拶を交わす．平和の接吻は典礼的挨拶である（→平和のあいさつ）．＊東方典礼では供え物が祭壇に運ばれるとき，＊ローマ典礼やアンブロシウス典礼では＊平和の賛歌と＊聖体拝領の前に行われる．平和の接吻は新受洗者の受け入れや回心者との和解の場面でも行われる．初期には＊奉献文の前や＊奉納の前に行われた．417年に奉献文の結びに移され，＊主の祈りによる兄弟的平和に結びつけられた．やがて聖体拝領に結びつけられ，一致と愛の絆のしるしとなった．中世末期には平和の接吻を参加者全員でするようになり，＊パテナや＊典礼書，＊十字架や＊聖遺物，専用の板などを回して接吻するようにまでなった.

人や物への直接の表敬としての接吻も，初期から普及していた．＊聖職者の手に接吻する習慣は古代に由来する．典礼のなかで重要なものは＊祭壇と朗読福音書で，どちらもキリストを表すシンボルである．また聖金曜日には十字架に接吻して崇敬を表す（→聖週間）．表敬や挨拶を表すには他の方法も可能である（『ミサ典礼書』総則232項）.
【文献】LThK³ 6: 546; NCE 8: 207; NDSW 511; ユングマン 2: 399-413.　　　　　　　　　（福地幹男）

ゼッペルト　Seppelt, Franz Xaver（1883. 1. 13-1956. 7. 25）　教皇史の研究者，司祭．ブレスラウ（＊ヴロツワーフ）出身．ブレスラウ大学在学中に教皇史に関心をもち，1904年に最初の著書としてノルデン(Walter Norden, 1876-1937)の著作『教皇職とビザンツ』(Papsttum und Byzanz, 1903)の評論を公刊．1906年に司祭となり，1907年に神学博士の学位を取得，1915年，ブレスラウ大学教授となる．1945年，戦争のために＊ミュンヘンに逃れ，ミュンヘン大学の教会史の教授となった．ミュンヘンで没す.

主著は『1789年までの教皇職の歴史』全5巻(Geschichte des Papsttums bis 1789, ed. G. Schwaiger, 1954-59)で，カスパー(Erich Caspar, 1879-1935)，ハラー(Johannes Haller, 1865-1947)，＊パストルなど先達の研究を土台として完成させたものである.
【文献】キ人 810; HJ 76 (1957) 632-33; LThK² 9: 676.
　　　　　　　　　　　　　　　　　　　（杉崎泰一郎）

ぜつぼう　絶望〔英〕despair,〔独〕Verzweiflung,〔仏〕désespoir　絶望は最終的な破局を先取りするものであり，その意味で＊希望に対する重大な＊罪として，また希望の決定的な欠如として位置づけられる．伝統的には絶望と傲慢（→高慢）が希望に反する罪として指摘さ

れている．もし人間が神から与えられた希望という *恩恵や賜物に信頼せず，さらに他者のために希望のしるしであろうとせず，またそれにふさわしい環境を作り出そうと努めないならば，希望に反することになる．生きいきとした希望は正しい *信仰から生まれる．したがってキリスト教信仰では，希望の意味が正しく把握されるにしたがって，絶望の意味も明らかになってくる．

【現実からの逃避】信仰から生まれる希望は，*終末への期待であり，我々の人生や世界の歴史を真に意味づけることができるのはキリストのみである．さらに人生は，人間の状況を考慮せずに神から一方的に与えられるようなものではなく，我々の手によって成長していくものである．したがってキリスト教の希望は，人生や歴史の否定ではなく，人間が自分自身を越えていくという意味での成就なのである．人は失敗の危険を冒しながらも，神への信頼のうちに人生を歩み続ける．歴史のなかに働いている神に信頼すること，そこから希望は生まれる．したがって絶望とは，このような信頼に対して無関心になることであるといえる．また逆に，希望は単純すぎる安易な *楽観主義ではありえないし，狂信的でもありえない．キリスト教は，我々が望んでいることと我々の現実とを区別し，我々が望んでいることを最終的な現実に置き換えたり，混同してはならないと教えている．我々が生きているのは，この家庭，この教会，この社会というように具体的現実のなかにおいてであり，そのような現実を充分に直視しない場合，現実に対する視野は狭くかつ自分勝手で一方的なものとなり，そこから絶望へのプロセスが始まる．神と人間世界に対する不断の絶えざる正しい関心は，つまりは神と人間世界への *回心でもあるのである．

【現実からの遊離】現実に対する偏狭な視野によって，現実から遊離した自己の思いを一方的に実現しようとする，表面的には希望のようにみえる仮面をかぶった絶望もある．神よりもほかの何かを優先させたり，健康や富を第一のものとして考えたりすれば，そのときは絶望そのものに陥っていなくても，それに通じる道を歩み始めていることになるのである．

【絶望のカモフラージュ】また，希望はすべての人に関連する連帯的な性格を有しているが，自己の望みを優先することによって，すべての人への希望が諦められたり，特定のグループにのみ関係するようになってしまい，すべての人に向けられている *救いが信じられないところでは，この種の絶望は特定の集団を形成してしまうこともある．そのような一見すると信心深くみえるようなある種の宗教的な集団には，自分たちを宗教的エリートとみなす傾向がみられる．彼らもまた，その程度に応じてキリスト教の希望に対して絶望した人々といえる．同様に極端な *個人主義や傲慢，また極端な静観主義も絶望の一つの形態と考えられるであろう．

【希望の死】絶望は希望の死ともいわれるように，絶望することによって人間は自らの生きいきした生命，すなわち肉体的，精神的，社会的な生命を殺してしまう．絶望することによって神からの恵みという希望のダイナミックな性格は失われ，救いの重要な特徴である霊的健全さと信仰の正しさや深さは失われてしまうのである．

【文献】B. ヘーリング『信仰ある希望：キリストにおける自由』磯見昭太郎訳（中央出版社 1987）; J. GOLDBRUNNER, "What is Despair?" Conc. 9 (1970) 70–80; CONCILIUM GENERAL SECRETARIAT, "The Dialectic of Hope and Despair," Conc. 9 (1970) 144–58; B. HÄRING, *Frei in Christus*, v. 2 (Freiburg 1980).　　（清永俊一）

せつめい　説明　〔英〕explanation, 〔独〕Erklärung, 〔仏〕explication　科学的探求においてすでに記録されている *事実を理解可能にすること．思想史的には，*アリストテレス的説明と *ガリレイ的説明に分けられる．前者は，*目的論的説明であり，後者は因果的・機械論的説明である．19世紀中葉に台頭した *実証主義は，説明とは因果的説明のみを指すとし，目的論的説明は非科学的と退けたが，20世紀の *分析哲学を中心に，この説明概念について論争が起こった．分析哲学のなかの *論理実証主義は，実証主義の精神を汲み，説明概念を科学哲学の方法として確立した．説明概念に決定的な意味を与えたのは，1942年に『哲学雑誌』（Journal of Philosophy）に掲載されたヘンペル（Carl Gustav Hempel, 1905–97）の「歴史学における一般法則の機能」（The Function of General Laws in History）という論文である．彼は「包摂説明理論」（〔英〕subsumption theory of explanation）を提示した．そこには，「演繹的法則論的モデル」と「帰納的確率的モデル」が含まれており，因果的説明は演繹的法則論的説明の一部だとされた．しかしここから論争が起こり，ローゼンブルート（Arturo Rosenblueth, 1900–70），ウィーナー（Norbert Wiener, 1894–1964），ビゲロウ（Julian Bigelow, 1913– ）によって，目的論的説明を含んだ理論が提示された（「行動，目的，目的論」"Behavior, Purpose, Teleology," 1943）．

またさらに，歴史をどのように説明するかという問題が生じてくる．歴史に普遍的な法則をみいだすのは困難だからである．そこで特に大陸の哲学者たちは，再生可能で予測可能な事象の一般化を目指す自然科学と対象の個性的一回的な特質を捉えようとする歴史学の違いを示し，前者の説明に対して後者は理解という方法概念を対置させ，*理解による *解釈学を展開した．

【文献】G. H. フォン・ウリクト『説明と理解』丸山高司，木岡伸夫訳（産業図書 1984）; G. H. VON WRIGHT, *Explanation and Understanding* (London 1971); A. ROSENBLUETH, N. WIENER, J. BIGELOW, "Behavior, Purpose, and Teleology," *Philosophy of Science*, v. 10 (Baltimore, Md. 1943) 18–24.　　（茂牧人）

せつめいせきにん　説明責任　→　責任体制〔教会の〕

せつやくのほうそく　節約の法則　→　思惟経済

せつり　摂理　〔ギ〕pronoia, 〔ラ〕providentia, 〔英・仏〕providence, 〔独〕Vorsehung　*神が宇宙万物および一人ひとりの人間を知り，保持し，神が定めた目的に達するよう慈しみ深く導く，その神の働きをいう．

【ギリシア哲学】摂理（pronoia）という語は，宇宙と人間がある理性的な精神（*ロゴス）によって生じたものであり，人間にとって有利に導かれているという，ギリシアの哲学者たちの思想を表す言葉である．この思想は，前5世紀のアナクサゴラス（Anaxagoras）の哲学にすでに現れているが，後に *ストア学派の中心思想となった．ストア哲学者たちは，理性的なロゴスが万物に浸透しており，万物を正しい目的へ導いているという思想から，苦しいことをも含めて，万事を平穏な気持ちで受け入れる力を汲み取ることができた．

【聖書】摂理という語は旧約時代の終わりに書かれた知恵の書(14: 3; 17: 2)にしか現れないが，神が万物を創造し，すべてを知っており，大自然を司り，人類の歴史を導き，神が定めた目的に万物が確実に到達するように計らっているという考えは，旧約聖書の全体を貫いている．さらに，時代がたつにつれて，神のこの知識と計らいが一人ひとりの人間に及んでいるという確信がイスラエル人の共通の考えとなった(詩 16: 5-11; 139: 1-24)．しかし，聖書には，神の思いは人間にとって測り難く，人の思いをはるかに超えているということも強調され(イザ 55: 8-10)，また，人間が悪意をもって *神の意志に逆らい，自分に対する神の計画を無駄にすることができることも，繰り返し述べられている(申 11: 26-28; 30: 15-20; シラ 15: 11-20)．

イエスは，天の父が空の鳥に餌を与え，野の花を装わせ，一羽の雀にも目をとめ，人の髪の毛までも一本残らず数えていると教え，思い悩むことなく一切のことを *父なる神に委ねるように勧めた(マタ 6: 25-34; 10: 29-31)．使徒たちは，人類の歴史の全体が神の永遠の救済計画に基づいて展開され，キリストの死と復活を通して万物が，「神がすべてにおいてすべてとなる」という終末的目的に確実に達するように導かれていると力説した(エフェ 1: 7-14; ロマ 11: 34-36; 1 コリ 15: 20-28)．しかし，新約聖書も，ある人々が悪意をもって神の計らいに逆らって，「自分に対する神の御心を拒んだ」(ルカ 7: 30)といっている(マタ 11: 21-22; 23: 27; ヨハ 3: 19; 5: 40; 7: 17; 使 7: 51; ヘブ 3: 7-4: 11 も参照)．もちろん，人間の *自由意志の濫用によるこの抵抗によって神の *救済意志が全体として勝利を収めることが妨げられることはない(ロマ 9-11 章)．

【教理史】アレクサンドリアの *クレメンス，*オリゲネス，*ヨアンネス・クリュソストモス，ダマスコの *ヨアンネスなどのようなギリシアの *教父たちは，神の救済計画についての聖書の教えと神の摂理についてのギリシア哲学の思想とを統合させて，神がつねに慈しみ深く全人類，および一人ひとりの人間を，神自身の命にあずかるという超越的な目的に達するように丁寧に導いていると，異口同音に述べ，この神の摂理によって人間の自由意志が決して取り除かれておらず，人が自由に，責任をもって神の招きに従い，神の協力者となるべきことを強調した．*アウグスティヌスの『神の国』は，人類の歴史の全体を導く神の摂理を明示するために書かれたものであるが，彼の思想においては，神の意志の確実性が特に強調され，人間の自由意志は充分に説明されていない．

西方教会の神学は全体としてアウグスティヌスの問題提起を継承したが，「神の摂理がすべての出来事を包んでいる」という主張と，「神は決して悪を望まず，誰をも悪に予定しない」という主張とをどのように調和させることができるかという問題に悩まされていた．*トマス・アクィナス(『神学大全』 I, q. 22)，*ドゥンス・スコトゥス，*バニェス，L. *モリナなどのような神学者は，この問題を解決するためにさまざまな説明を試みたが，満足できる説明をみいだしえなかった．一方，すべての出来事が慈しみ深い神の摂理に包まれているという信仰は，一般のキリスト者の心に深く入り，苦しい出来事，例えば愛する人の死を，神の意志として甘受することを助け，人々に安らぎを与えた．その考えには *運命論との共通点があるが，*運命は必然性あるいは偶然によってではなく，神の慈しみによって定められているという点で，本質的に異なっている．

第 1 *ヴァティカン公会議は，万物の創造主である神を取り扱う教義憲章の 1 章のなかで，「神は自分が造ったすべてのものを摂理によって保ち，治める」と宣言している (DS 3003)．

【現代】神の摂理についての信仰は長い間，人々の心に平和を与えたが，19 世紀以来，摂理の思想に対して強い反対が現れた．まず第一に，この世にみられる多くの *悪，災害，伝染病，*戦争，*犯罪，無垢の子どもの苦しみなどを，万物を慈しみ深く包んでいる全能の神の摂理という考えと両立させることはできないと考える人々が現れた．*アウシュヴィッツの後もはや神の摂理という言葉を口にすることはできない，とはこのような人々の発言の一つである．第二に，*マルクス主義は，神の摂理を信じることは自分の未来を自力で勝ち取らなければならない人間の革命精神を弱め，麻痺させる考えであると主張した．第三に，*サルトルのような実存主義者たちは，人間の *自由と *尊厳を主張するために，人間の自由を抑圧する摂理の理念を排斥しなければならないと述べた．

このような思潮に直面して，神学者たちは神の摂理についての従来の考えの再検討を迫られた．神は確かに，「善い方」(マタ 19: 17)であり，愛であり(1 ヨハ 4: 8)，良い羊飼いのように失われた者を探し，優しい父親のように放蕩息子を受け入れ(ルカ 15: 3-7, 11-32)，世界の歴史がついに神の愛の勝利で終わるようにすべてを保持し，司る．しかしこの神の摂理を，永遠の昔から定まった不動の計画として考えてはならないと思われる．神は世界を創造するとき，*被造物の独自の存在，およびその自由意志による決定のための場を残そうとして，自分の全能をいわば制限した．すなわち，神は自由な人間という相手を創造して，その自由を尊重する．したがって，神の命にあずかるという超自然的な目的に達するために人はつねに神の先行的な *恩恵を必要とするが，神がすべての人間に与えるこの恩恵は人の意志の決定を定めるものではなく，それを受け入れるか否かは，本人の意志にかかっている．そこで，神はその無限の知恵によって，人間の承諾にも，またその拒否にも適切に対応し，悪からも *善が生じるように，世の指導にあたっている．それがどのような善であるかは，多くの場合，人はこの世で知ることができないが，世の *終末のときその善が示されることを希望することができる．そして，この世で生きている間，神の自由な協力者として，神の愛の国の建設のために努力することができる(『現代世界憲章』39 項)．この世界のさまざまな悪が神の愛情深い摂理とどのように調和させられうるかは，解決し難い問題として残るが，神の子キリストが十字架上でその悪を身に受けたことがすべての苦難に意義をもたらしたといえる．*パスカルが述べた通り，「キリストの受難は世の終わりまで続く」が，その受難は新しい *永遠の命の入り口である．

【文献】Cath. 12: 122-33; DThC 13: 935-1023; LThK² 10: 885-92; ThWNT 4: 1004-11; R. GUARDINI, *Freiheit, Gnade, Schicksal* (München 1948 ⁴1956); M. J. FARRELLY, *Predestination, Grace and Free Will* (Westminster 1964); J. M. WRIGHT, "The Eternal Plan of Divine Providence," ThSt 27 (1966) 27-56.

(P. ネメシェギ)

せつわてきずぞう　説話的図像　*キリスト教美

セーデルブロム

術の主題は，教義的図像（→教理）および説話的図像の二者に大別することができる．前者が神キリストを中心とした聖なる世界の秩序を表した神学的なものであるのに対して，後者は天地の*創造から*イエス・キリストの出現までの時代，*聖人たちの時代を経て世界の*終末である*最後の審判までの歴史に取材した図像である．その主要な典拠は，旧約聖書，新約聖書，各種の*聖人伝および黙示録の四者である．これらの説話表現には，西欧のキリスト教美術の歴史のなかで消長変遷があった．一般に，中世の初めと終わりの時期にはサイクルとしての説話表現が盛んであったが，*初期キリスト教美術では旧約場面が新約場面よりも多く，中世末期には聖母伝や聖人伝がしだいに重要度を増した．そしてルネサンスのキリスト教説話図像では，新約場面が大半を占めるに至る．

キリストの説話図像に関しては，初期キリスト教時代においては*奇跡の場面が重要視され，*受難の場面は極めて稀である．東方キリスト教社会ではイコノクラスム（→聖画像破壊論争）のあと，*典礼の制度が新たに整えられ，キリストの主たる事跡が12の祝祭に分けられたのに伴い，受胎告知・降誕・神殿奉献・洗礼・ラザロの復活・変容・エルサレム入城・磔刑・陰府への降下・昇天・聖霊降臨・聖母の死からなる12祭礼サイクルが教会堂の装飾プログラムとして完成した．

聖母*マリアの説話図像に関しては外典（→外典・偽典）が決定的な役割を演じたが，聖人伝の説話表現については，13世紀にヤコブス・ア・ヴォラギネ（ヴァラッツェの*ヤコブス）の編集した聖人伝集成*『黄金伝説』が中世から近世へかけての図像典拠として特に重要であった．
【文献】キ美術図典． （越宏一）

セーデルブロム　Söderblom, Lars Olof Jonathan (Nathan)　(1866. 1. 15–1931. 7. 12)　スウェーデンのルター派神学者．20世紀の*教会一致促進運動の先駆的存在．*ウプサラで神学研鑽の後，1894年に*パリのスウェーデン大使館付牧師となり，この時期に古代ペルシア宗教研究で博士号を取得．1901年以降ウプサラ，*ライプツィヒで宗教史の教鞭をとり，著作活動にも励んだ．1914年スウェーデン教会の監督に就任．絶えず*ルター教会の伝統を固持すると同時に世界教会の普遍性を強く意識し，教会一致促進運動のために尽くした．1925年には教会一致のためのストックホルム*生活と実践世界会議の開催に成功．以後，教会一致促進運動のなかで彼の業績は高く評価されるようになった．1930年にはノーベル平和賞を受賞．
【主著】*Das Werden des Gottesglaubens*, 1914：三枝義夫訳『神信仰の生成』（岩波書店1942–46）．
【文献】キ人 810；EDR 3: 3338；LThK² 9: 844–45；NCE 13: 411–12；RGG³ 6: 115–16；N. LOSSKY, ET AL., eds., *Dictionary of the Ecumenical Movement* (Geneva 1991) 938–39；古屋安雄『宗教の神学』（ヨルダン社 1985）166–74． （高松誠）

セドゥリウス　Sedulius Caelius　5世紀の古代キリスト教・ラテン語詩人．イタリアで哲学を学び，おそらく文法家となり，当初世俗的な詩を書いていたが，その後，司祭となり，宗教詩を書き始めた．431年までにはギリシアで5部からなる6歩格詩（[ラ] hexameter）『過越の歌』（『復活祭頌歌』Paschale carmen）を書き，友人の長老マケドニウス（Macedonius）に献呈したと考えられる．この詩は全体的には「復活した小羊・キリスト」を賛美し，*救済史を語った詩であるが，第1部で旧約聖書の*奇跡を取り上げると同時に*サベリオス派と*アレイオス派の*異端に対抗して*三位一体の正統信仰を擁護し，2部から5部まではキリストの生涯にあてている．*典礼学，聖務日課（→教会の祈り）の歴史との関連で重要なことはこの詩が後に使われる*キリスト賛歌 ("A solis ortus cardine", "Hostis Herodes impie") と*聖母賛歌 ("Salve sancta parens") を含んでいることである．
【文献】LThK² 9: 563–64；NCE 13: 45–46． （高柳俊一）

セドゥリウス・スコットゥス　Sedulius Scot(t)us　(9世紀)　アイルランドの神学者，詩人．活躍した848–58年以外にはその生涯について知られていない．848年*リエージュの司教ハルトガル（Hartgar, ?–854）に迎えられ，教育と著作活動に従事．ギリシア語，ラテン語の古典文学に通じ，古典の注解書，パウロ書簡や福音書の注解書などを著した．神聖ローマ皇帝*ロタール1世をはじめ，王侯や高位聖職者に捧げる80余の格調高い詩が残されている．
【主著】MGH. PL 3. 1: 154–237；appendix 238–40．
【文献】キ人 810；EDR 3: 3244；LThK² 9: 564；NCE 13: 46． （高松誠）

セトは　セト派　Sethiani　3–6世紀頃の*グノーシス主義の一派．*エイレナイオス（『異端反駁論』1, 31），ローマの*ヒッポリュトス（『全異端反駁論』5, 19–22），サラミスの*エピファニオス（『全異端反駁論』39）が*異端として反駁している．アダムの第3子セトが「霊の人」の範型とされる．エジプトの*ナグ・ハマディ文書にも影響が認められる．
【文献】LThK² 9: 697． （光延一郎）

セナクルしゅうどうじょかい　セナクル修道女会　[仏] Institut de Notre-Dame de la Retraite au Cénacle, [略号] R.C.　女子修道会．1826年，フランスのアルデシュ県ラ・ルベスク（La Louvesc）において，*ジャン・フランソア・レジスの墓に巡礼する婦女子を受け入れる目的で，司祭テルム（Jean-Pierre-Etienne Terme, 1791–1834）と*テレーズ・クデールによって創立された．その後，*イグナティウス・デ・ロヨラの『霊操』や*イエズス会の会憲を規範としつつ，黙想やキリスト教の要理教育へと活動が拡大していった．テルムの死後，会は分裂するが，クデールは，イエズス会の司祭たちの助力を得て，独立した修道会を設立，消滅の危機を免れる．1863年*聖座の認可を得る．聖なる教会のために，全身全霊を捧げて奉仕することを目的に，会員たちは，祈り，労働，勉学，宣教の生活を送っている．
【現勢】世界に45か所の活動拠点をもち，そのうちの16はフランス国内に置かれている．会員数：702名（1997年現在）．活動地域：フランス，スイス，イタリア，ベルギー，オランダ，アメリカ合衆国，カナダ，ブラジル．総本部：ローマ．
【文献】AnPont (1999) 1628；Cath. 2: 789–90；DIP 6: 422–24． （二川佳巳）

セナン　Senan　(6世紀)　聖人（祝日3月8日）．アイルランドの大修道院長，司教．南西部シャノン川河

口の小島スキャッタリ・アイランド (Scattery Island) やコークに近いイニシュカラ (Inishcarra) などに教会や修道院を創立しアイルランドにおける *修道生活の発展の基礎を築いた．後代の伝説では川の神として言及されることもあるが，これは教会がかつての異教の礼拝所跡に建てられたことによるらしい．スキャッタリ・アイランドで没す．

【文献】BSS 11: 835-38; LThK² 9: 658. 　　(久野暁子)

セニェリ　Segneri, Paolo

(1) イエズス会司祭 (1624. 3. 20-1694. 12. 9)．イタリアの有名な説教家．*ローマ近くのネットゥーノ (Nettuno) に生まれ，ローマで没す．1637 年 *イエズス会入会．*教父の説教と *キケロの雄弁から学んだその説教は *イタリア文学における説教文学の重要な作品となった．静寂主義に反対する書物を 1680 年に著し，*フィレンツェで発表したが，反対者により異端審問所に告発される．*禁書目録に載せられたその著は，一部訂正を施して 1691 年出版を許された．

(2) イエズス会司祭 (1673. 10. 18-1713. 6. 25)．説教家．上掲のセニェリの甥で 1689 年にイエズス会に入会．精力的な宣教師として活躍するかたわら，*黙想や *霊操に関する著作にも取り組んだ．

【文献】LThK² 9: 596; NCE 13: 48-49. 　　(高柳俊一)

セネカ　Seneca, Lucius Annaeus （前4頃-後65）

ローマ帝政期の *ストア学派の哲学者，*ガリオンの兄弟．

西暦紀元前後スペインのコルドバ (Córdoba) で生まれ，65 年に *ローマで，彼がまず家庭教師として，後には有力な助言者として長年仕えた *ネロ帝の命令により自殺した．

セネカ以前のストア学派の著者たちのものは断片しか残っていないが，セネカは母国語のラテン語で書いた多くの著作を残している．ストア学派であることを自称し，特定のどの哲学者をも範とせず，自分の意見をもつ権利を主張する．論敵の陣営に投降者としてではなく偵察者として入り込み，*エピクロスからでも正しいと思うものは喜んで受け入れるとした．さまざまな仕方でストア派の思想を豊かにし，その限界を超えることができたが，受け入れたそれぞれの要素の存在論的前提を充分に検討はしなかった．それは主に，問題の理論的検討ではなく，具体的個人の指導を目的とする彼の著作の性格にもよることであろう．実際に相手にしているのは，さまざまな段階で理想に向かって歩もうとする人々であり，述べようとする内容と説明の方法をそれに応じて具体的に選んだのである．

ストア学派の唯物論的 *汎神論の意味で神について語る場合もあるが，人間を愛して，耳を傾け，みている神，特に良い人の友である神について語る場合もある．人間に関しても，ストア派の唯物論的な捉え方を否定しないが，実際にしばしばそれを超えることをも述べている．特に倫理学者としてのセネカはしばしばキリスト教に近いことを教えている．*パウロと文通したことや，秘密裡に回心したことが作り話であり，キリスト教と表面的にしか似ていない場合があることは事実だが，実際にキリスト教に近い思想をもっていたこともまた事実であり，古代から多くのキリスト教徒が彼の影響を受けている．

【主著】*Opera omnia*, 6v., 1902-23; C. W. Barlow, ed., *Epistolae Senecae ad Paulum et Pauli ad Senecam*, 1938.

【邦訳】茂手木元蔵訳『道徳論集』『道徳書簡集』『セネカ自然研究―自然現象と道徳生活』(東海大学出版会 1989-93); 同訳『人生の短さについて，他二編』『怒りについて，他一編』(岩波書店 1980).

【文献】DSp 14: 570-98; EC 11: 301-305; EF 4: 515-19; NCE 13: 80-81; C. J. de Vogel, *The Hellenistic-Roman Period*, Greek Philosophy, 3 (Leiden 1959 ³1973) 284-98; L. D. Reynolds, *The Medieval Tradition of Seneca's Letters* (Oxford 1965); G. Reale, *Storia della filosofia antica*, v. 4 (Milano 1979) 78-97; 5 (Milano 1980) 530-33; P. Grimal, *Sénèque* (Paris 1978); F. M. Martín Sánchez, "Historiografía senequiana," *Themata, Revista de Filosofía*, v. 1 (Sevilla 1984) 147-73. 　　(F. ペレス)

セネガル

正式国名：セネガル共和国，〔仏〕République du Sénégal, 〔英〕Republic of Senegal. 面積：19 万 6,722 km². 人口：857 万人 (1996 年現在). 言語：フランス語 (公用語)，ウォロフ語，トゥクロール語. 宗教：イスラム教 90%, キリスト教 5% 強.

【概要】西部アフリカの国．北はモーリタニア，東はマリ，南はギニア・ビサウとギニア共和国に接している．またガンビアはセネガルの領土に囲まれている．現在のセネガルは植民地時代の産物である．19 世紀半ばには，サン・ルイ (Saint-Louis) を拠点に，沿岸部のウォロフ族，セレール族，セネガル川右岸のトゥクロール族，南西部のディウラ族，バラントゥ族，南東部のマンディンゴ族，バッサリ族，フェルロ砂漠の遊牧民プル族が統合され，19 世紀末には全域がフランス領西アフリカに組み込まれた．

【カトリック教会の歴史】〔15-19 世紀前半〕1444 年，アフリカ沿岸部にポルトガル人が現れ，次いで 16 世紀にはオランダ人，イギリス人，フランス人が続いた．探検家や商人に伴って宣教師が訪れた．*フランシスコ会，*カプチン・フランシスコ修道会，フランシスコ会 *原会則派，*アウグスチノ会原会則派などの修道司祭をはじめ *教区司祭たちがセネガルにおけるカトリック教会の始まりを築いた．この時期の重要な事件は，ゴレア島とサン・ルイ沿岸部 (ルフィスク Rufisque, ポルトゥダル Portudal, ジョアル Joal) への宣教，1779 年の *知牧区の創設と *聖霊宣教会への宣教委託，1819 年のクリュニーの *ヨゼフ修道女会の到来，1826 年から 30 年にか

ゼノ

けてのゴレア島とサン・ルイでの教会の建設，そして，特に1840年の3人のセネガル人の司祭叙階である．この頃の信者数は約3,000であった．

〔コベス司教の働き〕コベス（Aloyse Kobès, 1828-72）は1848年に司祭に叙階され，両ギニアの *代牧区の司教ベッシュー（Jean Rémi Bessieux, 1803-76）の補佐司教に任命された．1863年にここからセネガンビア（Senegambia）代牧区が分離すると，コベス司教はその初代代牧になった．1841年に *リベルマンが創立し，1845年に到来していたマリアの御心宣教会（Congrégation du Saint-Cœur de Marie）の助力も得て，コベス司教は，沿岸部（セレル族など）への宣教を推進し，南部バトゥルスト（Bathurst），東端部バケル（Bakel）への教会の拡大を促進し，ゴレア島，サン・ルイ，ダカール（Dakar）などの学校，孤児院，病院の運営は修道士や修道女に委ねた．また，ンガゾビル（Ngazobil）には職業訓練所を設立して綿花栽培を始め，ダカールでは印刷所を作って，1852年にはウォロフ語の *要理書を出版した．また，二つのアフリカ人修道会を創立した．すなわち，1858年のマリアの聖心修道女会（Filles du Saint-Cœur de Marie），1862年のヨゼフ修道会（Frères de Saint-Joseph）である．現在のダカール大司教で枢機卿のティアンドゥーム（Hyascinthe Thiandoum, 1921- ）が明言するように，コベス司教こそがセネガルの教会の真の創設者である．

〔1872年から現在まで〕1872年から1955年まで，11人の司教がセネガンビア代牧区を担当してきた．その間に各司教の働きを通して教会はセネガル全土に広がった．1936年，同代牧区はダカール代牧区となった．1955年にセネガル司教団が組織されるとダカールは大司教区に昇格，1962年には最初のセネガル人大司教が叙階された．現在のセネガルのカトリック教会は，六つの司教区からなっている．ダカール大司教区以外にその属司教区としてジガンショール（Ziguinchor, 設立1955），サン・ルイ（設立1966），カオラック（Kaolack, 設立1965），ティエス（Thiès, 設立1969），タムバクンダ（Tambacounda, 設立1989）である．1972年より司教は全員セネガル人になっている．

カトリック教会は少数派であるとはいえ，セネガル国内では大きな影響力をもち，学校教育や公立の病院における修道女の働き，放送（ラジオ・ダカールの宗教番組）や雑誌『新しいアフリカ』（Afrique Nouvelle），カトリック援護会（Secours Catholiques）やミゼレオール（Misereor）による農村の開発援助などの諸活動を通して，平和と愛のメッセージを送り続けている．
【現勢】1998年現在，カトリック信者数：60万1,000．枢機卿：1．大司教区：1．司教区：5．小教区：93．教区司祭：217．修道司祭：137．信徒修道士：131．修道女：674．
【文献】世キ百492-95；NCE 13: 81；WCE 606-608；A. VILLARD, Histoire du Sénégal (Dakar 1943); P. DECRAENE, Le Sénégal (Paris 1985); J. DELCOURT, Histoire religieuse du Sénégal (Dakar 1976). (A. レオナール)

ゼノ　Zeno（426-91）　東ローマ皇帝（在位474-91）．本名はタラシコディッサ（Tarasikodissa）でイサウリア（Isauria）の首長．皇帝 *レオ1世の娘アリアドネ（Ariadne）と結婚．レオ1世の死後，息子レオ2世（Leo II）を皇帝に即位させ（407），自ら共治帝となった．同年レオ2世の死により，権力を一手に握るが，叔父バシリスコス（Basiliskos）の反乱に遭いイサウリアに逃亡．翌年，東ゴート王 *テオドリクスの助けで復位．政治的には策略，裏切り，暗殺など抗争に終始した生涯であったが，*キリスト単性説をめぐる政策は教会史に大きな影響を与えた．482年，ゼノはアレクサンドリア総主教ペトロス・モンゴス（Petros Mongos, 在職482-89）とコンスタンティノポリス総主教 *アカキオスが起草した『統一令』（Henotikon）を宣布．これはキリスト単性説と *カルケドン信条との調停を図るものであったが，教皇 *フェリクス3(2)世はカルケドン信条に反するものとして排斥，以後35年間にわたる *アカキオスの離教となった．この結果，アンティオケイア，パレスチナ，アレクサンドリアは単性説への傾向を一層強め，アルメニア，ペルシア，エチオピアなどの教会がローマ教会から分離することとなった．
【文献】NCE 14: 117; A. P. KAZHDAN, ET AL., eds., The Oxford Dictionary of Byzantium, v. 3 (New York 1991) 2223. (山口和彦)

ゼノ　Zeno, Zebrowski（1898.11.22-1982.4.24）コンベンツアル聖フランシスコ修道会員．ポーランドのスロヴェ（Surowe）に生まれた．洗礼名（幼名）はヴワディスワフ（Władysław）で，ゼノは修道名．1925年 *コンベンツアル聖フランシスコ修道会に入会，1928年に初誓願，1931年に終生誓願を宣立した．入会当初から司祭 *マクシミリアン・マリア・コルベの協力者となり，ニエポカラヌフ修道院の設立にも尽力した．1930年（昭和5）コルベとともに来日し，コルベを助けて『聖母の騎士』誌の発行および配布，長崎の聖母の騎士修道院建設にあたった．第2次世界大戦後は，戦争で家族や家を失った子どもたちの救済のために働き，養護施設・聖母の騎士園の設立に関わった．災害に遭った人々や恵まれない人々の救済と自立のために献身し，*蟻の街の運営やゼノ少年牧場の設立に協力，*北原怜子が蟻の街と関わりをもつきっかけにもなった．1981年，東京のカトリック・センターで教皇 *ヨアンネス・パウルス2世より特別謁見を受け，翌年清瀬市のベトレヘム病院で死去．府中市のカトリック墓地に埋葬された．
【文献】松居桃楼『ゼノ死ぬひまない』（春秋社1982）；ゼノ修道士追悼集編集委員会編『マリア・天国』（コンベンツアル聖フランシスコ修道会日本管区1984）；枝見静樹編『かぎりない愛・ゼノの生涯』（富士福祉事業団1995）． (川下勝)

ゼノ〔ヴェローナの〕Zeno（?-371/72.4.12）　聖人（祝日4月12日）．362年から終生 *ヴェローナの司教を務めた．おそらく北アフリカの出身．*アレイオス派に対する教会の擁護，聖職者の育成，キリスト者の信仰の確立などに尽力．93編の説教が残るが，牧者精神旺盛な司教の姿が窺われる．貧しい者の世話を強調し，*洗礼・復活節の典礼についても多くを語る．*三位一体と *受肉の神学は素朴だが，聖母 *マリアについて強い関心をもっている．また女子修道院を創設．洪水と水難に対する *守護の聖人で *アトリビュートは魚．
【主著】Tractatus, PL 11: 253-528.
【文献】DThC 15: 3685-90; LThK² 10: 1346.
(光延一郎)

せのいさむ　瀬野勇（1884.2.8-1983.9.30）　札幌教区3代目教区長．洗礼名アウグスティヌス．愛媛県

今治市生まれ．1923年(大正12)4月30日，早稲田大学在学中に関口教会で受洗，同年東京公教神学校に入学．1931年(昭和6)東京教区司祭として叙階され，八王子教会と関口教会の助任，水戸教会，浅草教会，関口教会，麻布教会の主任を歴任．1944年，札幌教区長に就任(→札幌司教区)．太平洋戦争中は政府による教会弾圧と闘い，敗戦後は復興・再宣教という重責を果たすが，健康がすぐれず，1952年58歳で教区長を辞任．東京教区に戻り，本郷教会，喜多見教会の主任を歴任した後，*愛徳カルメル修道女会付司祭となり，1983年東京の桜町病院で死去．
【文献】仁多見巌編著『北海道とカトリック—戦前編』(『北海道とカトリック』出版委員会 1983) 380; 同編著『北海道とカトリック—戦後編』(光明社 1987) 51-52; カトリック中央協議会事務局『カトペディア '92』(カトリック中央協議会 1992) 180-81;『カトリック新聞』(1983.10.16). (小田武彦)

セノク　Senoch (536頃-576)　聖人(祝日10月24日)．*トゥールの修道院長．トゥールの*グレゴリウスによると，*ローマの廃墟に3人の修道者とともに修道院を創立．トゥールの司教エウフロニウス(Euphronius, 在職556-72)によって助祭，後に司祭に叙階される．*回心のための*苦行で知られ，首に鎖をつけた姿で描かれる．橋梁工事関係者の*守護の聖人．
【文献】BSS 11: 845-46; LThK² 9: 667. (久野暁子)

ゼノビー　Zénobie (1891.3.30-1973.2.3)　本名ボシェーヌ(Alice Beauchesne)．聖母被昇天修道会修道女．カナダのケベック州の出身．1908年*聖母被昇天修道会に入会．1934年(昭和9)日本に派遣され，10月青森に着任．同修道会の日本管区を創立し，1947年に帰国．著書に『日本についての回想録』(1967)がある． (尾原悟)

ゼノビウス〔フィレンツェの〕　Zenobius　(生没年不詳)　聖人(祝日4月25日)．*フィレンツェの司教．11世紀以後に著された伝説的な聖人伝によると，4世紀半ば頃フィレンツェに生まれたとされる．そこの司教のもとで教育を受けた後，ローマに赴き，教皇*ダマスス1世によって*コンスタンティノポリスの宮廷へ遣わされ，その後フィレンツェの司教に任命されたという．しかし，ミラノのパウリヌス(Paulinus, 422以降没)が著した『アンブロシウス伝』における信頼できる唯一の報告では，5世紀初めの司教とされる．442年には存命だったが，没年は不明．当初は聖ロレンツォ教会，9世紀には聖レパラータ教会(今日の*サンタ・マリア・デル・フィオーレ大聖堂)に埋葬された．
【文献】LThK² 10: 1346. (月川和雄)

ゼノン　Zenon (?-416頃)　聖人(祝日2月10日)．アンティオケアの*隠修士．ポントス出身．カイサレイアの*バシレイオスの弟子．皇帝*ウァレンスの軍隊に入り，ハドリアノポリス(Hadrianopolis)の戦い(378)に参加した後，軍を去り，*アンティオケアの近くの墓地で40年間，苦行生活を送った．キュロスの*テオドレトスが青年時代に彼を訪ねている．
【文献】BSS 12: 1472-73; LThK² 10: 1346-47. (久野暁子)

セバスティアヌス　Sebastianus (3世紀末)　聖人(祝日1月20日)．*アンブロシウスによると(CSEL 62: 466)，*ミラノに生まれ，*ディオクレティアヌスの治下に*ローマで殉教し，*アッピア街道沿いの*カタコンベに葬られたとされる．かつてアンブロシウスに帰せられていた『聖セバスティアヌスの受難』(Passio Sancti Sebastiani)は5世紀頃になったもので，歴史的な価値は乏しいが，後世のセバスティアヌス崇敬に多大な影響を与えた．それによると，ローマの兵士だったセバスティアヌスは皇帝に重用され，近衛兵の指揮官に取り立てられた．彼は皇帝には信仰を明かさず，その地位を利用し，獄中の教徒を保護した．やがて密告されたセバスティアヌスは皇帝の命により矢を射かけられ刑場に放置されたが，一命をとりとめた．しかし，逃亡を企てずあくまでローマで信仰を貫こうとしたため，皇帝の面前で撲殺され，死体は使徒たちの墓所の傍らに葬られたという．この墓所は9世紀にセバスティアヌスを記念する*バシリカとなった．680年ローマに蔓延した*ペストが終息したのはセバスティアヌスの加護によるとされ，疫病に対する*守護の聖人ともなった．セバスティアヌスの図像には本来，若者と老人の2種があったが，ルネサンス以後は主として，全身に矢を浴びる若者の姿で表されるようになった．
【文献】キ人 813; Cath. 13: 973-74; CathEnc 13: 668; DCB 4: 593; LMit 7: 1658-59; LThK² 9: 557-58; D. H. FARMAR, *The Oxford Dictionary of Saints* (Oxford ³1992) 429. (月川和雄)

セバスティアーノ・デル・ピオンボ　Sebastiano del Piombo (1485頃-1547)　イタリアの画家．本名はセバスティアーノ・ルチアーニ(Sebastiano Luciani)．*ヴェネツィアで生まれ，*ローマで没す．おそらくジョヴァンニ・*ベリーニに師事したが，兄弟子にあたる*ジョルジョーネの影響を強く受け，*ヴェネツィア派独特の豊かで深みのある色彩表現を習得した．1511年にローマに移ったあとは，ほとんど同地で活躍した．代表作の『ラザロの復活』(ロンドンのナショナル・ギャラリー)は，敵対関係にあった*ラファエロの『キリストの変容』(ヴァティカンの絵画館)に対抗して描かれたものであり，堂々とした人物表現には，彼が親交を結んだ*ミケランジェロの影響がはっきりとみられる．1531年に教皇庁の鉛封印(ピオンボ)の係に任命された．
【文献】小学館美術全集 13, イタリア・ルネサンス 3: 236-38; DA 28: 331-36. (本間紀子)

セバスティアン・デ・サン・ペドロ　Sebastián de San Pedro (1579頃-1624頃)　フランシスコ会員．スペインの*サラマンカに生まれ，1589年頃*フランシスコ会(跣足派)のサン・ホセ管区に入会．1590年にサラマンカで*修道誓願を宣立し，司祭叙階後，各地の修道院で働く．1605年頃アジアに向けて出発，1606年*マニラに到着．同地で修練長と修道院の長上に任命され，1608年(慶長13)頃に来日し，1610年以降は*江戸で活躍．当時，江戸には2,000人以上の*キリシタンがおり，宣教活動も盛んで，200人のハンセン病患者のために浅草に診療所があったことを報告している．その後，駿河に移り，宣教の一助として診療所を開いたが，迫害によって破壊される．1612年には伏見を経て*長崎に退去し，1614年11月同地から国外へ追放された．1615年*ローマと*マドリードに派遣され，不当な告

セバステ 40 じゅんきょうしゃ

発を受けていたフランシスコ会の日本宣教師擁護のために活躍した．1623年，宣教師の一団を率いて再度マニラに向かう途中，おそらくメキシコで死去した．
【文献】T. オイテンブルク『16-17世紀の日本におけるフランシスコ会士たち』石井健吾訳（中央出版社 1980）: T. UYTTENBROECK, *Early Franciscans in Japan* (Tokyo 1959); B. WILLEKE, "Relación del P. Sebastián de San Pedro, OFM sobre los comienzos y las causas de la grande persecución de los cristianos en el Japón 1614," AFH 78 (1985) 29–97.　　　　　　　　　（石井健吾）

セバステ40じゅんきょうしゃ　セバステ40殉教者〔英〕Forty Martyrs of Sebaste,〔独〕Vierzig Martyrer von Sebaste,〔仏〕Quarante martyrs de Sébaste
聖人（祝日 3月 9日，または 3月 10日）．ローマ帝政下の殉教者．彼らの受難伝説は，カイサレイアの*バシレイオス，ニュッサの*グレゴリオス，ブレッシアの*ガウデンティウス，シリアの*エフラエムなどが伝えている．それらによると，ローマ皇帝*リキニウス（在位308-24）が，偶像神にいけにえを捧げることをすべての兵士に命じたとき，セバステ（現トルコのシワス Sivas）に駐屯していたローマ第12軍団，すなわち「雷軍団」(Legio fulminata) の 40人の兵士がこれを拒否し，逮捕された．彼らは属州総督の裁判を待つ間，「キリストの40殉教者の盟約」を結んで団結した．総督は40名を凍った湖上に裸体で放置するよう命じ，彼らの棄教を試みたが，一人を除いてすべて殉教した．40殉教者の*崇敬は直ちに東方，西方に広まり，セバステとカッパドキアの*カイサレイアに教会が建てられ，*ローマにも礼拝堂が建てられた．
【文献】キ人 1738; BSS 11: 768–71; Cath. 13: 972–73; DCB 2: 556–57; LThK² 9: 556.　　　（月川和雄）

セバルドゥス　Sebaldus（?–1072頃）　聖人（祝日 8月19日）．*ニュルンベルクにおいて*宗教改革のときまで*守護の聖人として崇敬された．伝承によるとニュルンベルク近郊に巡礼として訪れ，そこで*隠修士としての生活を送りながら，宣教者としても活動したといわれる．1072年，彼の墓に*奇跡が起こったとされ，1300–77年に今日のセバルドゥス教会が建てられた．教皇*マルティヌス5世によって1425年3月26日に*列聖．
【文献】キ人 814; LMit 7: 1658; LThK² 9: 555.
　　　　　　　　　　　　　　　　　（月川和雄）

セビリャ　Sevilla　スペイン南西部，アンダルシア地方の都市，同名の州の州都．グアダルキビル川下流に位置する．ローマ時代の古称はヒスパリス（Hispalis）．
　古代*フェニキアの植民地として開かれ，旧約聖書にある*タルシシュと同定されるタルテソス（Tartessos）とも考えられているが確たる証拠はない．*カエサルによる攻略の後はローマの植民地イベリア州副首都となり，さらに*ヴァンダル族，西ゴート（→西ゴート人）の支配となる．
　初代司教は*エルビラ教会会議と*アルル教会会議（314）に出席したサビーヌス（Sabinus）とされており，それ以前に*ユスタとルフィーナがセビリャで殉教したと伝えられている．5世紀以来セビリャはバエティカ（Baetica）の首都となり，6世紀末，ラエンデル（Laender, 在位 584–600）が*グレゴリウス1世から*パリウムを受け，*管区大司教として正式に認められた．また*プリスキリアヌス派に対処するために，この地で4回教会会議が開かれた（590, 605, 629, 631）．712年のムーア人の占領後，セビリャの教会はイスラム教支配のもと，かろうじて命脈を保ち，1248年カスティリャ王*フェルナンド3世の征服により，モスクは*司教座聖堂に転用された．1254年アルフォンソ10世（Alfonso X, 在位 1254–84）が短期間ではあるがアラブ・ラテン大学を開設，1502年にはスペイン最初の大学が開校され，これは現在まで存続している．その後*ユダヤ教，*イスラム教，*キリスト教の学問研究が盛んとなったが，1391年のユダヤ人大虐殺後ユダヤ人が減少，イスラム教徒もしだいに少なくなり，人口も総じて減少した．15世紀の*大航海時代に入るとセビリャはスペインの植民地およびアメリカ大陸との貿易の中心となったが，16世紀からは徐々に衰退の一途をたどる．1800年の黄熱病では 3,000名の死者を出し，ナポレオン戦争（→ナポレオン・ボナパルト）でもスペイン各地同様に略奪を受けた．また，スペイン内乱においてはフランコ軍の南部活動拠点ともなった．
　*ロッシーニの歌劇『セビリャの理髪師』の舞台としてその名が世界に知られているばかりでなく，西ゴート時代の城跡やイスラム時代のモスク，さらにその後の教会など数々の遺跡や建造物など文化遺産も多い．また情熱的な*聖週間の祭典は多くの観光客を魅了している．
　司教区は1998年現在，カトリック信徒数 173万 5,000人，小教区 255.
【文献】AnPont (2000) 714; NCE 13: 144–47.
　　　　　　　　　　　　　　　　　（齊藤克弘）

ゼファニヤ（しょ）　ゼファニヤ（書）　Sophonias
〔へ〕sᵉpanyâ,〔ラ〕Sofonias
【著者と時代背景】旧約聖書の12小預言書の一つ．表題（1:1）によると，ゼファニヤは*ヨシヤ王の時代に*預言活動を行い（王下 22:1–23:30 参照），その4代前の先祖が「ヒズキヤ」とされている．このヒズキヤが前8世紀後半の王*ヒゼキヤを表しているとすれば，*預言者ゼファニヤは王家の血筋を受け継ぐ者になる．しかし，ゼファニヤの父の名クシ（→クシュ）がエジプトを指すことから，異国との関連を消すために作られた系図ではないかと推測する学者もいる．
　現在のゼファニヤ書には時代の違う言葉が含まれていると思われる．例えば，本書の3章18–20節では*ディアスポラのユダヤ人の帰還が述べられており，*捕囚後の言葉であるが，1章2節から2章3節にみられる社会的・宗教的な状況は前 622年のヨシヤによる宗教改革以前のユダ王国の状況と合致する．そこで，ゼファニヤは表題の系図（1:1）にあるようにヨシヤの時代，しかも宗教改革以前のユダ王国で活動したが，他の*預言書と同様に，本書も後の編集者によって書き加えられた部分を含むと考えられている．ゼファニヤ書が現在のような形をとるに至るのは，おそらく*ヘレニズムの時代であるだろう．
【概要と構成】ゼファニヤ書は大きく三つの部分に分けることができる．本書1章2節から2章3節はすでに述べたように，ヨシヤの宗教改革以前のユダ王国にみられた宗教的堕落が批判されている．「屋上で天の万象を拝む者，主を拝み，主に誓いを立てながら，マルカムにも誓いを立てる者」（1:5）とあるように，唯一の主だけを

礼拝するはずのイスラエルに異教的な要素が入り，民の目には「主は幸いをも，災いをもくだされない」(1:12)とみえるほどの社会になっていた．ゼファニヤはこの不信仰を糾弾し，*主の日が裁きの日として到来することを警告する．これは，*アモスから受け継いだ思想とみることができる．

続く2章4-15節では，ユダ王国を取り巻く国々（ペリシテ，モアブ，アンモン，クシュ，アッシリア）への裁きが告知される．これらの言葉のうち，*アッシリアへの裁きを告げる2章13-15節はゼファニヤの言葉であろうが，その他の部分については判断が分かれている．

最後の3章1-20節では，まず神の戒めを受け入れないエルサレムの指導者たちの堕落を指摘したあとで，12節に「私はお前の中に，苦しめられ，卑しめられた民を残す．彼らは主の名を避け所とする」とあるように，*残りの者に成就する救いが語られる．ただし，どの部分を預言者ゼファニヤに帰することができるのか，判断は分かれている．なお，ここにみられる「残りの者」のテーマは*イザヤから受け継いだものであろう．

【意義】預言者ゼファニヤの功績はヨシヤの宗教改革への道を準備したことにあるといえよう．前701年のアッシリア王*センナケリブのエルサレム包囲の後，ユダ王国はアッシリアに従属せざるをえなくなり，ヨシヤ王の祖父*マナセ王と父アモン王の時代には，アッシリアの神や他の神々への礼拝が公然と行われるようになっていた．しかし，アッシリアは前627年頃のアッシュルバニパル王の死をきっかけに急速に力を失ったので，ヨシヤ王は政治的にも宗教的にもアッシリアの束縛から解放され，前622年の神殿修理の際に発見されたとされる「律法の書」(王下22:8)に従い，宗教改革を断行し，異教的な要素を排除することができた．預言者ゼファニヤのメッセージはこの宗教改革への気運を醸成するのに役立ったと思われる．

【文献】ABD 6: 1075, 1077-80.　　　　　（雨宮慧）

ゼフィリヌス　Zephyrinus　(?-217) 聖人（祝日8月26日），教皇（在位199-217）．ローマの出身．迫害下の教皇であるために殉教者とみなされる．*ヴィクトル1世の後継者として皇帝*セプティミウス・セウェルスの迫害が始まる困難な時代に，*モナルキアニスム（一位神論）などの*キリスト論をめぐる論争に関わるが，ローマの*ヒッポリュトスからは，野心的な補佐役（後の教皇*カリストゥス1世）の傀儡と非難された．

【文献】LThK² 10: 1352; NCE 14: 1118-19.

（相原優子）

セプティミウス・セウェルス　Septimius Severus, Pertinax Lucius　(146. 4. 11-211. 2. 4) ローマ皇帝（在位193-211）．アフリカのレプティス・マグナ (Leptis Magna, 現在のリビア) 出身．*マルクス・アウレリウス帝のもとで軍人として活躍，192年の*コンモドゥス帝暗殺後の混乱のなかで頭角を表し，帝位をねらう競争者を倒して単独支配を確立した．元老院の力を抑え，騎士を官吏に登用，軍隊を優遇して，帝国の専制化を進める．また，シリア出身のユリア・ドムナ (Julia Domna, ?-217) を妃にし，彼女から*カラカラとゲタ (Geta, 在位211-12) の2子を得，オリエント色の濃い新王朝を開いた．立法にも力を入れ，パピニアヌス (Aemilius Papinianus, 150頃-211頃) をはじめウルピアヌス (Domitius Ulpianus, ?-228)，パウルス (Julius Paulus, 3世紀) などの法学者を登用，*ローマ法の黄金時代を築く．208年ブリタニア (Britannia) に渡り，北スコットランドにまで進軍したが，211年エブラクム (Eburacum, 現在の*ヨーク) の陣中で没した．

セプティミウスの治世下，キリスト教は依然として法的には禁じられていたが比較的平穏な時代を迎えた．組織的な迫害があり，帝国内の地域によっては多くの殉教者を出したものの，皇帝自身はむしろキリスト教に寛大で，宮廷内でもキリスト教徒を重用したので*テルトゥリアヌスも『護教論』で，皇帝自身に対しては忠誠を尽くすことを強調している．

【文献】キ人814; LThK² 9: 677-78; 京大西洋史辞典編纂会編『西洋史辞典』(創元社 1983) 421; S. HORNBLOWER, A. SPAWFORTH, eds., *The Oxford Classical Dictionary* (Oxford ³1996) 1390-91.　　　（月川和雄）

セプトゥアギンタ　→　七十（しちじゅう）人訳聖書

セブロン　→　セスブロン

セブンスデー・アドヴェンチスト　Seventh-day Adventist　名称の示す通り，週の第7日目の土曜日を安息日（→安息）とし，キリストの*再臨の近いことを信じる教団．19世紀初め，アメリカ合衆国で起こったミラー (William Miller, 1782-1849) の再臨運動の後，1863年にホワイト (Elten Gould White, 1827-1915) らによって設立された（→アドヴェンチスト派）．中心的教理は他の正統派と共通しているが，禁酒禁煙，什一献金，菜食主義，また信仰生活においては戒律的な点に特徴をもつ．霊的健全さと同じく身体的健全さを唱導し，禁煙への実践活動，健康食品の製造，販売もよく知られている．日本では1896年（明治29）から伝道を始め，現在では東京衛生病院，日本三育学院，福音社（出版事業）を経営している．

【文献】キ大652; 日キ歴787-88; NCE 13: 140-41; ODCC³ 1490.　　　　　（川村哲嗣）

セブンスデー・バプテスト　Seventh-Day Baptists　ドイツから米国ペンシルヴァニアに宗教的自由を求めてやってきたバイセル (John Conrad Beissel, 1690-1768) によって創立された．彼によれば人類は統一された人間の性質として男と女の要素をもつものに創造されたが，堕罪によってそれを失った．しかし，*再臨のキリストと合一するとき，それは回復されると彼は説いた．再臨に備えて独身を保ち，*禁欲，*純潔を追求する生活を重視した．土曜日を安息日（→安息）として守り，バプテスマ（*洗礼）は全身を水に浸す浸礼，主の晩餐（→最後の晩餐），*病者への塗油といった儀式を行った．

【文献】キ大652.　　　　　（川村哲嗣）

ゼベダイ　Zebedaeus　〔ギ〕Zebedaios　使徒である大*ヤコブと*ヨハネの父の名（マコ1:19; マタ4:21）．ヘブライ語 (Zabdi, Zabdiel あるいは Zebadjah, Zebadjahu) に由来し，「神の贈り物」という意味．福音書では，裕福な漁師として描かれ（マコ1:20），妻はイエスの十字架上での最後と埋葬にもあずかった*サロメであろう（マタ27:56; マコ15:40; 16:1）．

【文献】旧新約聖書大686-87; 新約釈義1: 1137.

（江川憲）

ゼーホーファー　Seehofer, Arsacius（1503頃-1545）　ドイツの宗教改革者．*インゴルシュタットと*ヴィッテンベルク大学で学び，*メランヒトンの影響を受ける．1522年，パウロの手紙の講解にルター的解釈があるとして*異端の嫌疑を受け，*エッタールの修道院に監禁された．脱走後，メランヒトンの指示でプロイセン各地で*宗教改革を進めた．著書『福音書注解』(Enarrationes evangeliorum dominicalium, 1539) は最初の説教学の手引きといわれる．
【文献】キ人 815；キ大 652；LThK² 9: 566. （榎本昌弘）

セミナリヨ〔ラ・西・伊〕seminario　*イエズス会の東インド管区巡察師*ヴァリニャーノにより聖職者や在俗の教会指導者を養成する目的で設立された教育機関．
　上(畿内)，下(*長崎)，*豊後の3区域にそれぞれ設ける計画であったが，1580年(天正8)に*安土と*有馬に開設された．設立と同時に*セミナリヨ規則が作成された．毎年20-30名の少年を受け入れ，ギリシア・ラテンの古典を基礎としてキリスト教的ヒューマニズムと東西文化の融和を目指す人格の陶冶に努め，また，音楽・絵画などの教育も重視した．セミナリヨでは寄宿制を採り入れ，日常生活を通して実践的に訓練した．教科書に*キリシタン版として印刷された*キケロや*ウェルギリウスの古典，ボニファシオ (J. Bonifacio, 1538-1606)の『キリスト教子弟の教育』，*サンデの『天正遣欧使節記』などが使用された．2校のセミナリヨはその後の政情の変化に伴い，各地を転々とした後に合併し，1614年(慶長19)の禁教令まで存続した．なお，これとは別に司教*セルケイラが1601年(慶長6)に設立した*教区司祭を養成するセミナリヨが長崎にあった．
【文献】A. ヴァリニャーノ『日本巡察記』(平凡社 1973); H. チースリク「日本における最初の神学校」『キリシタン研究』10 (吉川弘文館 1965) 1-5. （尾原悟）

【八良尾のセミナリヨ】島原半島の北有馬町西正寺名の山間にある*八良尾(はらお)に置かれたキリシタン時代のセミナリヨを呼ぶ．1580年，有馬と安土に設置されたセミナリヨは，*豊臣秀吉の禁教令の発布以後合併し，迫害を避けてたびたびの移転を行うが，その移転した場所の地名を冠してその時期の呼び名とした．八良尾にセミナリヨが移転したのは1588年(天正16)3月から翌年の4月末までと1591年5月から1595年5月までの2回である．特に第2回目の時期の八良尾のセミナリヨの活動は*『イエズス会日本年報』の1593-94年度にP.*ゴメスによる詳しい報告があってセミナリヨの教育内容を知る貴重な史料となっている．1590年，ヴァリニャーノが第2回巡察のために来日して，セミナリヨ教育の点検評価を行い，ラテン語教授法の改革，日本語教育，音楽教育等の充実を計ったものが八良尾のセミナリヨで実施され，その後のセミナリヨ教育の出発点になった．また，1580年のセミナリヨ規則になかった美術・工芸が八良尾のセミナリヨの学習活動の一つとして報告されているのも注目される．
【文献】片岡千鶴子『八良尾のセミナリヨ』キリシタン文化研究シリーズ3 (キリシタン文化研究会 1969). （片岡千鶴子）

セミナリヨきそく　セミナリヨ規則　1580年(天正8)6月，新たに設置する*セミナリヨのために*ヴァリニャーノが定めた規則．細心の注意を払い，推敲を重ねて作成したこの規則は，*『イエズス会学事規定』に先立つものである．規則では，生徒の入退学の決定を布教長に委任し，校長を任命し，生徒の直接の指導を修道者に託す．生徒には規則を守らせ，充分な食事を与え，整理整頓を遵守させ，時間の浪費などを避けさせ，場合によっては罰を課した．ローマ字，日本文字の読み書きに習熟させ，ラテン語の学習をも義務づけ，道徳心を育むよう努めた．また，読むことがふさわしくない書物が指定された．音楽や唱歌，楽器の演奏も教科に加えられた．その他，外出の際の服装や歩き方，食事の内容から仕方，入浴から睡眠，親との面会などについて詳しく述べられ，最後に，起床時間に始まる細かな時間表が添えられている．
【文献】A. VAGLINANO, Regimento que se ha de guardar nos semynarios (Jap. Sin. 2, ff. 35-39 v). （尾原悟）

セム〔ヘ〕Sēm,〔ギ〕Sēm,〔ラ〕Sem　「名」「名声」の意．イエスの先祖の一人(ルカ 3: 36)で*ノアの長子(創 5: 32; 代上 1: 4)．箱舟で大洪水から生き残った8人中の一人(創 7: 6; 9: 18; 1 ペト 3: 20)．父ノアが酔っているときにも尊敬をもって対して父から祝福された(創 9: 20-27)．彼の子孫の名は創世記 (10: 21-31; 11: 10-11)，歴代誌上 (1: 17) にある．セム語，セム族等の表現は彼の名から派生したもの．息子エベルはヘブライ人の父として伝えられている(創 10: 21)．
（B. シュナイダー）

セムぞくのしゅうきょう　セム族の宗教
【概観】*セムは*ノアの子孫の一人だが(創 10: 1 以下)，セム族という概念は聖書にある子孫の分布とその言語群に対して学問的に名づけられたものである(以下の国や地域，言語，民族などに関しては関連項目を参照のこと)．セム語圏には，メソポタミア，シリア・パレスチナ，アラビア半島，エチオピアが含まれる．古代のアッカド語とそれを受け継いだバビロニア語とアッシリア語，またアラビア語，ウガリト語，カナン語，ヘブライ語，アラム語，そしてエチオピア語などがセム語に属す．非セム系民族なのにアラビア語を話すエジプト人や，言語だけがセム語族のエチオピア人という例外もあり，セム族は必ずしもセム語の分布と一致しない．他方，セム人の原住地はアラビア半島で，イラン高原，東地中海沿岸，アルメニアに居住していた多様な諸民族が言語的また文化的，人種的近親性からセム族と呼ばれた．それゆえ，慣用的表現となっているセム主義や反セム主義とも一致しない．
　この広大な地域から，ユダヤ教，キリスト教，イスラム教が誕生したが，「セム族の宗教」が最初から*一神教であったわけではない．通常「セム族の宗教」とは，これら一神教が誕生する以前のアラビア人，バビロニア人，アッシリア人，アラム人，フェニキア人，モアブ人，エドム人，アンモン人，カナン人，そして後のイスラエル人などの，主として豊穣と多産の儀礼を中心にした宗教一般をいう．背景には民族移動で流入してきたセム系遊牧民の宗教と都市文明を基盤にしたシュメール人の宗教がメソポタミアを舞台に融合を遂げた歴史があり，その*多神教的な要素が後に一神教を産み出す母胎となった．
　スミス (William Robertson Smith, 1846-94) が『セム族の宗教』(S. A. Cook, ed., Lectures on the Religion of the Semites, ³1927) においてこの広大な地域の文化のなかから共通した宗教儀礼や慣習を体系的に取り

出したのは画期的であったが，今日では「セム族の宗教」が *トーテミズムから発展したとするその進歩史観的な命題を支持する者はいない．また「セム族の宗教」として考察されることはほとんどなく，東地中海世界を含めた古代オリエントの *神話や宗教思想の研究が主流である．現代では「セム族の宗教」一般について語ることの難しさが自覚されている．しかしスミスが指摘した共通要素は，*エリアーデが明らかにしたように，場所や時代を問わず広範にみいだされる．それゆえ，「セム族の宗教」については地域や時代を限定しつつその特質を述べる必要がある．その場合ですら非セム族のシュメール人の宗教や *インド・ヨーロッパ語族であったヒッタイト人の宗教文化を除外して語ることはできない．この地域に栄えた宗教の特質について語ることは，東地中海沿岸を含む古代メソポタミアを中心とした文化交流について，あるいは *シンクレティズムによって生まれた宗教文化について語ることを意味する．

【万神殿にみるシンクレティズム】さまざまな民族や文化が入り乱れつつも相互に共通したものが観察されるのは，「セム族の宗教」がいわゆる肥沃な三日月地帯を基盤に通商交易路と重なる形で広まっていたことによる．事実，シュメール，アッカドの神観を代表する *『エヌマ・エリシュ』における神統論（アヌ－エア－マルドゥク）とヒッタイトの『クマルビ神話』における神統論（アラル－アヌ－エンリル）あるいは *ヘシオドスの『神統記』が伝えるギリシアの神統論（ウラノス－クロノス－ゼウス）が類似した構造をもつことなどから，この地域一帯に広まった文化を抜きにして，その宗教的特質は語れない．

セム族はいわゆる多神教世界を形成するが，それぞれに割り当てられた機能に応じて，神々は共生しつつ万神殿（→パンテオン）を形成していた．各都市の *守護神は主神の支配のもとに統合され，神統論が形成されるに至る．その要因はセム族の社会政治組織と無関係ではなく，遊牧民の神観が最初の都市を形成したシュメール以来の神観との間で引き起こした文化折衝の所産と考えられる．前2900年頃からセム系遊牧民であったアムル人はメソポタミア一帯に波状的に移住し始め，アッカド王国やバビロニア第1王朝，後のアッシリア帝国などを形成する．彼ら遊牧民は強固な氏族組織を基盤にしていたので，その宗教意識においては氏族の長あるいは *族長の神が *共同体の神であるという側面が強く，これが都市国家の守護神であるシュメールの神々と融合したのである．シュメール初期王朝時代の都市国家連合体がしだいに家父長制を基盤とした王朝制度へ移行したのは，セム族の共同体意識が重要な位置を占めるようになったからである．異なる宗教意識の折衝は神々の戦いを語る『エヌマ・エリシュ』にその残滓が残っているが，メソポタミアの歴史はこの地を舞台とした宗教のシンクレティズムと無縁ではなく，それが神々の組織化と連動していたとみるのが自然である．

【機能神と局地神，その擬人神観】シュメールの神々とセム系のアッカドの神々を同一視する壮大なシンクレティズムは，アッカド王国によって推し進められた国家の宗教政策であった．その結果として，「セム族の宗教」にも他の地域の宗教と同様に機能神あるいは局地神の役割を担った神々がみられるのである．古代メソポタミアでは *宇宙の秩序全体を神々が支配する国家とみていたが，その国家は神々の会議において運営維持されていた．神々の会議を統率する主神とその息子あるいは孫が世界の秩序を維持するためのすべての執行権をもっていた．『エヌマ・エリシュ』では，エアの息子 *マルドゥクの指揮のもとで天地が創造され，それぞれの神が機能神として世界を維持する役割を割り振られている．神々による世界の支配は，地上の王権を媒介にした秩序ある統治と結びついていた．この側面は，バビロンの新年祭が天地創造の更新であり同時に *王の即位式であったことに顕著である．

万神殿の主神と王権との関わりは，神々が擬人化されて理解されていたこと，人々が人間を取り巻く諸現象のなかに神々を認めていたことと関係している．セム族の宗教意識の基盤は，機能神の理解を軸に神人同形（同性）論的な理解にある（→擬人神観）．人々にとっては穀物も葦のペンも火も，そのなかに神が宿っているがゆえに命ある存在であった．沼地に育つ葦はただの葦であると彼らは認めていた．だが葦で作られた笛やペンが不思議な力を宿す事実を，彼らは女神（ニダバ）が宿っているので命をもち，特別な力や人格をもつのだと受け止めていた．この女神が葦に特別な機能を授けていると信じていたのである．農耕地や河川，運河，災害，日照りや干魃，雨季と乾季の交替，人間の生と死など，日常生活に関わるすべての領域において，神々の介在を感じていた．太陽神シャマシュが法と正義の神であったように，取引や訴訟における信義や社会秩序の根底に維持される公正と正義においても，神がその威信を顕すものと信じられていた．神から統治を委託された王の支配と国家行政における公正や正義の点でも同様であった．人間の生と関わる領域で，神との関わりのないものは何もなかった．このような宗教意識は，姿を変えて後の一神教のなかで生き続けている．

こうした神々のイメージは *地母神や局地神の場合にもあてはまる．都市が滅びに瀕することは，そこを住まいとする神が姿を隠してしまい，都市（羊小屋）を空き家にすることを意味した．他方，霊媒や口寄せがいずこにも存在したように（→占い），人間に神が宿る *シャーマニズムも認められる．王のうちにも神が宿るのである．しかしアジアやアフリカ地域ほどシャーマニズム的側面は強烈ではなく，神は *神殿や聖所に下ってきて神像に宿るという理解のほうが「セム族の宗教」を代弁している．神像は神の *顕現の場であり媒体なのである．イスラエルの *契約の箱も媒体という点では同じである．

これらの神観は人間理解にも影響を与えている．人間は神によって創造されたという理解は共通している．『エヌマ・エリシュ』では神格を剥奪された神キングの血から人間が創造され，神々の下僕としての役割が与えられている．旧約聖書の創世記は，土の塵から人が創造され，神の息が吹き込まれ生きたものとなったという（2:6-7）．そこでの人の死は，この神の息が肉体を離れて神に帰ることであり，それは肉体を空き家にすることに通じる．神の霊が人間に宿るという理解があったからこそ，人間を神の化身とみなすことをイスラエルの *ヤハウェ宗教は拒絶したといえる．それは霊媒，口寄せ，シャーマンの排斥と関連している（申18:9-14）．

【聖婚と再生儀礼】遊牧民の伝統を継承する「セム族の宗教」は家父長制を基盤とする宗教を形成したとされる．神統論によれば父性原理による神観が支配的であったといえるが，万神殿の序列を根拠に女神は単に男神の妻として従属していたということはできない．女神は，その機能や権能において同等以上の存在であった．天空

が重要な役割を担っていたのと同様に，あるいはそれ以上に大地が決定的な役割を担っていたからである．大地は収穫物を生み出し出産する大女神にして神々の母である．この地母神信仰が圧倒的に人間の生活を支配していた．事実，女神崇拝は広範に存在し(シュメールのイナンナ，アッカドのイシュタル，シリア・パレスチナやフェニキアのアシュトレトおよびアナト)，豊穣儀礼の根幹をなしていた．また多産を保証する点で，神々の婚姻すなわち聖婚([ギ] hieros gamos)による対偶神の存在が決定的であった．擬制として執り行われた地上での聖婚が豊穣と多産を求める儀礼となり，地上における人間の生を左右する重要な要素を担った．*バアル宗教では天の神バアルは妻である大地の女神に雨(聖液)を降らせる．この聖婚を代行することが人間にも多産をもたらす．人間も擬制として聖婚を行う．そこに聖娼や男娼を媒介とした性的儀礼が栄える素地があった．

人々はこのバアル神と創造主であり歴史の主(主人)であるイスラエルの神ヤハウェとを区別することができなかった(ホセ 2: 18)．神像に降臨する天の神で雨をもたらすバアル神崇拝を，*預言者たちはヤハウェ宗教を変質させる元凶とみなした．*偶像を媒介とする儀礼だけが問題なのではなく，ヤハウェにも妻として女神アシュトレトを想定する可能性があったからである．

【死と再生】死と再生の神話は豊穣・多産の儀礼と密接に結びついていた．「イナンナ(イシュタル)の冥界下り」やバアルとモトの戦いを記すウガリトの「バアルとアナト」は古代の人々の死生観を理解するうえで重要である．冥界を支配しようとした女神イナンナは，冥界に足を踏み入れて死を味わう．その後，地上で執り行われる儀礼を媒介に女神は地上に復帰し再生する．そのときに身代わりとして夫のドゥムジ(タンムズ)を冥界の女王に差し出し，一定期間死の世界にとどまらせている．ウガリトでは男神である死神モトが登場し，バアルを冥界にとどめておくことで死を味わわせる．モトを滅ぼしてバアルを再生させるのは妻である女神アナトである．再生における身代わりの思想，また死んだ神を再生させ救出する女神の存在は「セム族の宗教」が残した特質の一つに数えられる．人々は*長子を*モレクに犠牲としてささげ母胎の祝福を願った(王下 23: 10)．これは，死と再生の儀礼が多産と結びついた例である．

ドゥムジ(タンムズ)に代表されるように，死と再生の神々が植生の神々(バアル，ハダデ・リンモンなど)であることは，セム族以外にも広範にみられる(例えば，アドニス)．神々の死と再生は地上における豊穣と多産を左右しかつ雨季と乾季の交替を象徴していた(ウガリトの「バアルとアナト」，ヒッタイトの「テリピヌ伝説」)．神の死を悼む嘆きの儀式が広範に存在し(イザ 17: 10；エゼ 8: 14 等)，また神々の再生を祝う儀礼が重要な位置を占めていた．神々の再生は，世界の秩序が更新される新年祭に凝縮している．世界も人間も神々とともに死と再生を繰り返す．

神の死と再生あるいは*復活が人間の生と再生に密接な関わりをもつという信仰は，後のキリスト教における復活信仰の成立と無縁ではない．

【契約思想に基づく神理解】擬人化された神理解は，契約思想を媒介に神との関わりを理解するところまで及んでいる(→ 契約)．それは基盤となる社会が契約社会であったことと関係している．日常生活においては，婚姻や養子縁組，土地の売買や賃貸契約，物品の寄託，商品の売買などは証人を立てて契約し，文書として残した．契約なしの商取引は非合法であったし処罰された．訴訟もすべて神を前にした宣誓を媒介になされており，日常生活において神々と無縁な生活空間など存在しなかった(*ハンムラピ法典参照)．国家間の条約や通商においても神々を証人として召喚し契約が取り結ばれた．

この契約思想は古代イスラエルの宗教に，そして一神教の形成に多大な影響を与えた．M. *ヴェーバーによれば，イスラエルは契約を媒介に成立した誓約連合であったという．イスラエルの神ヤハウェとの間に締結された契約に基づく共同体というこの思想は，氏族あるいは儀礼共同体を越える独自の共同体理解であり，それがユダヤ教からキリスト教に受け継がれ，イスラム教においても重要な思想基盤となったのである．

【文献】キ大 652-53; 旧新約聖書大 687; 新聖書大 788-96; EncRel (E) 1-16; W. R. スミス『セム族の宗教』永橋卓介訳(岩波書店 ³1941); W. R. SMITH, *Lectures on the Religion of the Semites* (London 1927); M. エリアーデ『太陽と天空神』『豊饒と再生』『聖なる空間と時間』エリアーデ著作集 1-3, 久米博訳(せりか書房 1974): M. ELIADE, *Traité d'Histoire des Religions* (Paris 1968); H. フランクフォート他『古代オリエントの神話と思想―哲学以前』小室静, 田中明訳(社会思想社 1978): H. FRANKFORT, *Before Philosophy: The Intellectual Adventure of Ancient Man: An Essay on Speculative Thought in the Ancient Near East* (Harmondsworth 1949); 杉勇他訳『古代オリエント集』筑摩世界文学大系 1 (筑摩書房 1978); S. N. クレーマー『聖婚―古代シュメールの信仰・神話・儀礼』小川英雄, 森雅子訳(新地書房 1989): S. N. KRAMER, *The Sacred Marriage Rite: Aspects of Faith, Myth, and Ritual in Ancient Sumer* (Bloomington 1969); H. J. ベッカー『古代オリエントの法と社会―旧約聖書とハンムラピ法典』鈴木佳秀訳(ヨルダン社 1989): H. J. BOEKER, *Recht und Gesetz im Alten Testament und im Alten Orient* (Neukirchen-Vluyn 1976 1984); M. エリアーデ『世界宗教史』全 3 巻, 荒木美智雄他訳(筑摩書房 1991): M. ELIADE, *Histoire des croyances et des idées religieuses*, 3 v. (Paris 1978-83); M. ヴェーバー『古代ユダヤ教』内田芳明訳(岩波書店 1996): M. WEBER, *Das antike Judentum* (Tübingen 1920). (鈴木佳秀)

ゼムラー Semler, Johann Salomo (1725. 12. 18-1791. 3. 14) ドイツの聖書学者．敬虔派牧師の子で，ハレ大学で学び，合理主義者 J. S. *バウムガルテンの助手．1752 年よりハレ大学神学教授．新約聖書原典を，当時ルター派正統主義では排除されていた方法で調査，聖書と教会史の批評学で先駆的業績がある．4 巻の*聖書の正典に関する著作がある．

【文献】キ人 815; キ大 653; LThK² 9: 657; ODCC² 1258-59; RGG³ 5: 1696-97. (榎本昌弘)

セメド Semedo, Alvarez de (1585-1658. 7. 18) イエズス会中国宣教師．ポルトガルのアレンテージョ(Alentejo)に生まれる．漢名，謝務禄，後に曾徳照．1602 年，*イエズス会に入会．インドを経て*南京に派遣される(1613)．南京で反キリスト教運動が起きると*ヴァニョーニとともに投獄され(1616)，*マカオに追放処分を受ける．再び中国に入り(1620)，杭州や*上海などで宣教活動を行う．その間に西洋人として初めて*大秦景教流行中国碑を目撃している．1640 年

ポルトガルに帰国し，ローマで中国での教勢を報告 (1642). 再び中国に戻り(1644), 副管区長の職を務める (1645-50, 1654-57). その著書『中国通史』(Imperio de la China y cultura evangelica en él, 1642)は，中国を総合的に紹介する貴重な文献となった．広東で没す．
【文献】キ人816; Cath. 13: 1056-57; L. PFISTER, *Biographiques et Bibliographiques sur les Jésuites de l'Ancienne Mission de Chine* (Chang-hai 1932) 143-47.
(相原優子)

せやくいんぜんそう　施薬院全宗 → 薬院全宗

セラ　selah 〔ヘ〕selâ, 〔ギ〕diapsalma　旧約聖書中の主に詩編の詩の文節末尾に挿入されている *ヘブライ語(詩編以外は，ハバクク書3: 3, 9, 13のみ). 詩編3から詩編89までの詩，また，詩編140と詩編143の計39の詩のうちに71回使用されている．一般に詩編の詩が会衆と歌唱隊との間で礼拝中に交唱されたことを前提に，会衆がひれ伏す一方で，「上げる」(〔ヘ〕salal)と理解して歌唱隊が沈黙，逆に声を高める，ないし楽器演奏をする指示記号と説明される．あるいは，詩編9: 17の「ヒガヨン・セラ」という用例から(ヒガヨンの語根ハガー hagâ は動物の鳴き声や人間のうめき声をいう．イザ31: 4; 詩1: 2参照)，ギリシア語(diapsalma)のように休止，それとも「上げる」と考えられるが，正確な意味は不明である．
【文献】H. J. KRAUS, *Psalmen*, BK. AT, XV/1 (Neukirchen-Vluyn 1961 ⁵1978) 22-24.　(清水宏)

セラ　Serra, Junípero　(1713. 11. 24-1784. 8. 28) スペイン出身のフランシスコ会宣教師．カリフォルニア宣教団の設立者．マヨルカ島のペトラ(Petra)生まれ．洗礼名ホセ・ミゲル(José Miguel). 1730年 *フランシスコ会に入会. 1738年司祭に叙階，パルマ(Palma)にあるルリア大学で哲学教授(1743). 1749年メキシコに渡りシエラ・ゴルダ(Siera Gorda)で宣教活動に携わる(1750-80). 続いてサン・フェルナンド学院の管理も引き受けながらメキシコの各教区で活発な宣教活動を行った．

1767年に *イエズス会の宣教師が追放された後，主に下カリフォルニア(現メキシコ)，続いて上カリフォルニア(現アメリカ合衆国カリフォルニア州)で宣教開始．モントレー・カーメル(Monterey Carmel, 現在カーメル市)に宣教本部を設立した．特に原住民の改宗と生活向上に尽力．モントレー・カーメルにて死去. 1934年列福調査開始．
【文献】カ大3: 330; LThK² 9: 690; NCE 13: 124.
(相原優子)

セラーノ　Serrano, Miguel García　(1569-1629. 6. 4)　アウグスチノ会員．スペインのトレド県チンチョン(Chinchón)に生まれる. 23歳のとき *アウグスチノ会で *修道誓願を立てた後に司祭に叙階され，1595年，フィリピン群島に渡る. 1611年 *マニラのサント・ニーニョ修道院長. 1616年よりルソン島北西部ヌエバ・セゴビア(Nueva Segovia)の大司教を務めた後に，1618年マニラ大司教となる．以後，没するまで同修道会の発展に尽力したが，特に不当な高利徴収に関して厳格な態度で臨み，*日本町のあったディラオ小教区での先例は，日本においてこの問題が論じられる際の例証と

なった．
【文献】高瀬弘一郎『キリシタン時代対外関係の研究』(吉川弘文館1994).　(高橋早代)

セラピオン〔アンティオケイアの〕　Serapion (?-211) 聖人(祝日10月30日). *アンティオケイアの第8代司教(190-203), 神学者．生涯は不詳．カイサレイアの *エウセビオスの『教会史』(5, 19; 6, 12)によれば，次のような著作がある. (1) カリコス(Karikos)とポンティオス(Pontios)に宛てた，*モンタノス派および *アポリナリオス派を論駁する書簡. (2) 皇帝セウェルス(Severus, 在位193-211)の迫害により，ユダヤ教に転じたドムニヌス(Domninus)に対する著作. (3) ロッソス(Rhossos)の教会に宛てた，*『ペトロ福音書』から *キリスト仮現説の影響を受けた信者に対し警告を発する書簡．教会史家 *ソクラテスによれば，これらの著作はアポリナリオス派への反論の権威とされるが(『教会史』3, 7), 一部断片を除いて消失した．
【文献】キ人816; LThK² 9: 682.　(杉崎直子)

セラピオン〔ツムイスの〕　Serapion (?-362以降) エジプト，ツムイス(Thmuis)の司教(339以前), 神学者．司教になる前は修道者で，エジプトの *アントニオスの親しい友人だった. *アタナシオスとも親交があり，*聖霊について公に書かれた最初の論考であるといわれる4編の『聖霊について』をはじめ，多くの書簡を受け取った. 356年にはアタナシオスに派遣されて，他の4人の司教とともに，皇帝 *コンスタンティウス2世のもとで *アレイオス派からの中傷に反駁したが，効果なく, 359年にアレイオス派のプトレマイオス(Ptolemaios)によって司教の座を奪われた．

聖性と学識に秀で，多数の有益な著書と手紙を残したとされる．『詩編』と題される書物は失われているが，『マニ教反駁』(Contra Manichaeos)は, 1931年に *アトス山の修道院から12世紀の写本が発見された. 23編あったといわれる書簡は修道士へのものなど3編のみ現存する．また，確かに彼の作品であるとみられる『エウコロギオン』(Euchologion)は，感謝の祭儀(*ミサ)や *洗礼・*堅信・*叙階・*葬儀に関する儀式と豊富な祈りの言葉を記しており，初期のキリスト教会の典礼に関する貴重な資料を提供している(→エウコロギオン).
【主著校訂版】PG 40: 923-41; A. DIMITRIJEWSKIJ, ed., *Euchologium*, 1894.
【文献】LThK² 9: 682-83.　(光延一郎)

セラフィーノ〔フェルモの〕　Serafino (1496-1540) 霊的著作家，説教師．イタリア北部のフェルモ(Fermo)に，伯爵の息子として生まれ，*パドヴァ大学で学ぶ．ここで *アントニオ・マリア・ザッカリアと親交をもつ．博士号取得の後，帰郷するが，リヴォチェロ(Rivocello)のラテラノ修道祭式会に入り, 1527年 *ラヴェンナで司祭に叙階される. 1530年 *ミラノでの説教が評判を呼び，以後，マントヴァ(Mantova), パルマ(Parma), クレモナ(Cremona)等のイタリア北部の都市で説教する. *ボローニャで死去．『霊の識別について』(Opera nova del discernimento degli spiriti, 1535),『内的鏡』(Specchio interiore, 1539),『念祷の効用と必要性について』(Trattato utilissimo et necessario della mental oratione, 1543)などは多くの言語に翻訳され流布した．その思想はクレマの *バッティスタに負う

セラフィーノ〔モンテグラナロの〕

ところが多く独創性に乏しい. *恩恵の働きと自分の意志を完全に放棄することを強調, *霊による内的な*祈りを*神との一致の道として勧める.

【文献】EC 11: 375; DSp 14: 624-27; G. FEYLES, *Serafino da Fermo* (Torino 1941). （小高毅）

セラフィーノ〔モンテグラナロの〕 Serafino

(1540-1604. 10. 12) 聖人(祝日10月12日), カプチン会員. イタリアのモンテグラナロ(Montegranaro)で貧しく敬虔な両親に育てられる. 無学ではあったが, 自然の観照から学び, あるときに霊的な書の朗読を耳にしたことにより*召命を受ける. 初めは*隠修士を目指すが, トレンティーノ(Tolentino)で*カプチン・フランシスコ修道会に入会. 彼の修道生活は霊的には恵まれていたが, その他の作業に熟達するのは不得手であった. しかし人々への愛に満ちた活動や病を癒やすなどの*奇跡を起こし, アスコリ・ピチェーノ(Ascoli Piceno)にて没す. 1729年*ベネディクトゥス13世により列福, 1767年*クレメンス13世により*列聖.

【文献】キ人 817; LThK² 9: 682; NCE 13: 105; Cath. 13: 1124. （杉崎直子）

セラフィム seraphim 〔ヘ〕serapîm, 〔ギ〕seraphin, 〔ラ〕seraphim

天上界に属し, 神*ヤハウェを守護する有翼の存在者で, 人間と神との間を媒介する. イザヤ書(6:2, 6)では複数のセラフィムが「それぞれ六つの翼を持ち, 二つをもって顔を覆い, 二つをもって足を覆い, 二つをもって飛び交っていた」と描かれ, ヤハウェを賛美し, *イザヤに対する贖罪行為を行っている. 同書(14:29, 30:6), 申命記(8:15), 民数記(21:6)では, *蛇のイメージと炎のイメージ(セラフィムは動詞サーラフ śārāp「燃やす」と関連する)を重ねて具体的に訳される. したがって, この存在者は輝く光を放つ空飛ぶ蛇と想定できるかもしれない. こうした神話的動物は古代近東およびギリシア・ローマの美術作品にみられる.

【文献】旧新約聖書大 688; DDD 1402-404; 荒井章三編『カラー版聖書大事典』(新教出版社 1991) 550. （金井美彦）

セラフィム〔サロフの〕 Serafim

(1759. 7. 19/7-1833. 1. 14/2) *ロシア正教会の聖人(祝日7月19日). ロシアのクルスク(Kursk)に生まれ, 本名プローホル・モシュニーン(Prochor Moschnin). 1779年サロフ(Sarow)の修道院に入り, セラフィムの修道名を与えられる. 1793年に司祭となり, 厳格な禁欲生活に入り, 1794年からは森のなかで*隠修士として祈りの生活を送る. 1807年から1810年まで完全な黙祷を続け, その後修道院内の一室に隠棲するが, 1825年から*スターレツとして病気の癒やし, 預言や*幻視を行ったと伝えられる.

サロフのセラフィム

*ヘシュカスモス(静寂主義)の代表者でロシアではすでに生前から聖人として崇敬され, 1903年*列聖. サロフにて没す.

【文献】キ人 817; Cath. 13: 1124-25; LThK² 9: 681-82; J. L. WIECZYNSKI, ed., *The Modern Encyclopedia of Russian and Soviet History*, v. 34 (Gulf Breeze 1983) 23-24. （月川和雄）

セーリス Saris, John

(1579/80-1643. 12. 21) 江戸幕府の草創期に来日し, 日英両国の交易をとりまとめたイギリス東インド会社の司令官. 1600年に設立された東インド会社の社員として, 1604年ジャワ島バンタム(現バンテン Banten)に渡航. 1610年いったん帰国. 翌年クローブ号等3隻の首席船長兼司令官として, インド西部スラート(Surat)もしくは日本貿易の開拓を命じられて出発. 1612年バンタム着. 同地で W. *アダムズの手紙に接して日本に針路をとり, 1613年(慶長18)6月*平戸に入港. 領主松浦鎮信(1549-1614)の庇護を受け, アダムズとともに東行. 9月18日*駿府で*徳川家康に謁見してイングランド王*ジェイムズ1世の親書と贈物を呈し, 同27日に*江戸で将軍秀忠(1579-1632)に謁見. 徳川政権も南蛮国との対外均衡策の視点から対英交渉を重視し, 源家康名で「吾邦可修隣好」との返書と, 諸役免除などを規定した7箇条の特許状を2通交付した. 帰途, 入港地の平戸で商館を設置. R. *コックスを初代館長に指名して帰航. 1614年英国に帰着し, 日本への航海と国内往還旅行の記録を残した. そのなかで, *ミサを行った信者の磔刑や, *都のアカデミアの存在など*キリシタン禁制当初の貴重な見聞録を残している.

【文献】J. セーリス『セーリス日本渡航記』村上堅固訳(十一組出版部 1944); 岩生成一校訂「セーリス日本渡航記」『新異国叢書』6 (雄松堂書店 1970); 大日本史料第12編之11. （清水紘一）

セリパンド Seripando, Girolamo

(1492. 10. 6-1563. 3. 17) イタリアのアウグスチノ(隠修士)会総長, 司教, 枢機卿. *トリエント公会議で活躍. *ナポリかトローヤ(Troia)で生まれ, 1507年ヴィテルボ(Viterbo)で*アウグスチノ会の*隠修士となる. 1514年に総長秘書となり, 1517-24年は*ボローニャの修道会の学院長を務めた. 1524年ナポリで*修族の上長となったが, 人文主義者と活発に交流し, 自己のキリスト教的*プラトン主義を発展させた. 1538年総長代理, 翌39年には教皇*パウルス3世の要請で総長に就任した. 総長在職中は, 各地を巡察して, *ルターの影響に席巻された会の修道生活の改革に尽力. 1546-47年トリエント公会議に出席し, 教皇特使チェルビーニ(Marcello Cervini, 1501-55)とともに教理的教令の編著に活躍. 彼のアウグスティヌス的*恩恵論は, プロテスタント的思想世界との論争を本質的に深めた. 1551年総長職を退いたが, 54年には*サレルノの大司教に任命された. ここでも彼は教区を回り, 説教者かつ司牧者という公会議の司教の理想の実現に努めた. 1561年*ピウス4世の枢機卿に任命され, *教皇特使として再びトリエント公会議に出席した. *ミサについての教令の作成に重要な役割を果たしたが, 会期途中に亡くなった.

【主著】*Commentarius in epistolam Pauli ad Galatas*, 1567; *Prediche sopra il simbolo degli Apostoli*, 1567.

【文献】キ人 817; DThC 14: 1923-40; LThK² 9: 689-

90; NCE 13: 115. （光延一郎）

セルウァティウス〔トンゲレンの〕 Servatius
(?-4世紀末) 聖人(祝日5月13日). ベルギーのトンゲレン (Tongeren) に定住した最後の司教. 伝説によると, 343年に生まれ, 384年に没したとされ, 4世紀中頃, 司教座をマーストリヒト (Maastricht) に移転させた. *ヴァンダル族の来襲(406)を予言したといわれ, その*聖遺物を切望する声が高まり, その墓所で礼拝が行われるようになった. 6世紀以降セルウァティウスに対する崇敬は西ヨーロッパ全土, 特にドイツのライン川, モーゼル川地域に広まった. 12世紀後半には, マースラント (Maasland) の詩人フォン・フェルデケ (Heinrich von Veldeke, 1140頃-1190頃) が現地語による詩『聖セルウァス』(Sente Servas) を著した. セルウァティウスの名を唱えれば霜害を防ぐことができるといわれ, また脚のけがや病気, 伝染病を防ぎ幸運をもたらす聖人ともいわれる. 使徒*ペトロから授かったという銀の鍵を手にした司教の姿で表現される.

*セルディカ教会会議で*アレイオス派と激しい論争を展開したサルバティオス (Sarbatios, またはアラウァティウス Aravatius) と同一人物ともされるが, この同定は疑問視されている. 最新の研究によると, セルウァティウスはむしろ5世紀中頃の人物とされているからである.
【文献】DCB 4: 623; LThK² 9: 693; LMit 7: 1792-93.
（月川和雄）

セルウァンドゥスとゲルマヌス Servandus, Germanus
(?-4世紀初頭) 聖人(祝日10月23日), 殉教者. ローマ皇帝*ディオクレティアヌスによる迫害のもと, カディス (Cadiz) で斬首された. 8世紀頃の殉教録によるとメリダ (Merida) の兵士であった. 13世紀以降はタンジェの*マルケルスの息子たちとみなす説が有力になる. *聖遺物はアシド (Asido, 現メディナ・シドニア Medina-Sidonia) に移されたが, 後にセルウァンドゥスのものは*セビリャへ, ゲルマヌスのものはメリダへ移された. カディスの*守護の聖人.
【文献】LThK² 9: 691-92. （久野暁子）

セルヴェトゥス Servetus, Michael
(1511.9.29頃-1553.10.27) スペイン出身, 反三位一体論者, 医学者. ビリャヌエバ (Villanueva) に生まれ, *サラゴサと*トゥールーズで聖書言語, 数学, 哲学, 法律を学ぶ. その後*カール5世の*聴罪司祭の秘書として, イタリアに滞在する. やがて*バーゼルに行くが, 反三位一体論争のゆえに*ストラスブールへ移り, そこで宗教改革者*ブーツァーや*再洗礼派の指導者たちと出会い, 思想的影響を受ける. 1531年に『三位一体論の誤謬について』(De Trinitatis erroribus), 1532年には『三位一体論対話編』(Dialogorum de Trinitate) を出版し, *三位一体論における御子キリストの永遠の存在という考えを批判, 再洗礼派の主張する*幼児洗礼の否定にも同意した(→反三位一体論). これらの書は直ちに禁圧され, フランスに逃れる. その間, 医学を修め, 1541年には*ヴィエンヌの大司教の侍医となる. 医学者としては解剖所見から肺の血液小循環を発見した. 1553年に*リヨンで*カルヴァンの『キリスト教綱要』に応えて書いた『キリスト教復元論』(Restitutio Christianismi) が公になると逮捕され, 宗教裁判所で火刑の判決を受けた. 脱走してイタリアに逃亡を計ったものの*ジュネーブで再び逮捕され, カルヴァンにより*異端のかどで告発され, シャンペル (Champel) の丘で火刑に処せられた.
【文献】キ人 818; NIDChC 898; ODCC³ 1487-88; RGG³ 5: 1714. （高橋章）

セルウルス Servulus
(3世紀) 聖人(祝日5月24日), 殉教者. 『ヒエロニムス殉教録』で言及され殉教の地はリュストラ (Lystra) と推測されるが, 写本の誤読により, イストリア (Istria) の殉教者として, トリエステ (Trieste) の*守護の聖人とされる. 後世の伝説では, 子どもの頃19か月間洞窟に住み, 後に多くの奇跡が起こったとされる. ローマ皇帝ヌメリアヌス (Numerianus, 在位283-84) の時代に殉教. 史実として疑わしい部分もある.
【文献】LThK² 9: 695. （久野暁子）

セルギー〔ラドネジュの〕 Sergii
(1314頃-1391.9.25) *ロシア正教会の聖人(祝日7月5日または9月25日), ロシア修道制の改革者. *セルギエフの聖三位一体セルギエフ大修道院の創立者. 本名をヴァルフォロメイ・キリロヴィッチ (Valfolomei Kirillovich) といい, ロストフ (Rostov) に生まれ, ラドネジュ (Radonesch) に育った. 両親の死後(1334頃)森林に入り隠遁生活を始める. 1340年代に, *三位一体にささげる礼拝所を作り, 弟子たちが集まり始めた. これを母体とした聖三位一体修道院の院長に就任した(1354). *キエフの石窟修道院のフェオドシイ (Feodosii, 1029-74/84) の例に倣い, *アトス山のストゥディオス修道院の会則をもとに, 共同生活の規定を設けた会則を定めて修道院を指導した. ここから*ラウラとスケティス (sketis 少人数共住制) の二つの修道形態が生じた. セルギーはロシアの精神的指導者でもあり, 諸階層民に助言を与え, タタール人との戦い(1380)にはモスクワ大公ドミトリイ (Dmitrii Donskoi, 在位1359-89) の精神的支えともなった. 後継者のために, およそ40に及ぶ修道院を創立した.
【文献】LMit 7: 1783; LThK² 9: 689; NCE 13: 114. （尾田泰彦）

セルギウス1世 Sergius I
(630/35頃-709.9.9) 聖人(祝日9月8日), 教皇(在位687-709).
*パレルモでシリア人の家に生まれる. *教皇の*首位権をめぐってビザンティン皇帝*ユスティニアヌス2世と争い, 圧力を受けたが, *ラヴェンナや*ローマの兵士の支持を得て屈しなかった. フランクおよびイングランドへの宣教に尽力. *ミサの典礼にアグヌス・デイ(*平和の賛歌)を挿入した.
【文献】キ人 819; LP 1: 371-81; LThK² 9: 688; NCE 13: 112. （杉崎泰一郎）

セルギウス2世 Sergius II
(?-847.1.27) 教皇(在位844-47). ローマ貴族の出身. *対立教皇のヨアンネス (Ioannes, 在位844) に勝利して, 皇帝*ロタール1世の承認なしで即位. これに対し皇帝は子息ルートヴィヒ (Ludwig II, 822頃-875) と軍隊を*ローマに派遣したが, セルギウス2世との間に妥協が成立した. 在位中の846年8月にローマはイスラム教徒の攻撃を受け, 略奪された.

セルギウス3世

【文献】キ人819; LP 2: 86-105; LThK² 9: 688; NCE 13: 112.　　　　　　　　　　　　　　（杉崎泰一郎）

セルギウス3世　Sergius III　(?-911.4.14)　教皇(在位904-11).　ローマ出身.　897年に*フォルモッスに対抗する勢力によって教皇に擁立されるが、反対派により追放され即位できなかった.　後にスポレト公アルベリクス1世(Albericus I, ?-925頃)の援助で教皇となり、前任教皇と対立教皇を殺害した.　*ヨアンネス11世は彼の隠し子であるとの説がある.　地震で損壊した*ラテラノの聖堂再建には尽力したが、ビザンティン皇帝*レオ6世の4度目の結婚を認めるなど、混乱の時代を招いた.

【文献】キ人819; LP 2: 236-38; LThK² 9: 388-89; NCE 13: 112.　　　　　　　　　　　　　（杉崎泰一郎）

セルギウス4世　Sergius IV　(?-1012.5.12)　教皇(在位1009-12).　イタリア北西ルニ(Luni)出身.　1004年に*ローマの南東アルバノ(Albano Laziale)の司教になる.　ローマの有力者クレシェンティウス3世(Crescentius III ?-1012)の支持で教皇となり、即位後も彼の強い影響下にあった.　ドイツ皇帝*ハインリヒ2世と交流があった.

【文献】キ人819; LP 2: 266-67; LThK² 9: 689; NCE 13: 113.　　　　　　　　　　　　　（杉崎泰一郎）

セルギエフ　→　イオアン〔クロンシュタットの〕

セルギエフ　Sergiev　モスクワの北東71kmにある都市.　この地にある聖三位一体セルギエフ大修道院はロシアの宗教精神を代表するものであり、ロシア国民の魂の拠り所でもあった.　それはこの地の生んだ偉大なロシアの聖人、ラドネジュの*セルギーが未開の大森林地帯であったところに修道院を建設し、彼のあとを慕って弟子が全国から集まったことに由来している.　ロシア革命(1917)前まではセルギエフ・ポサード(Sergiev Posad)と呼ばれていたが、その後革命のために散ったザゴールスキー(Vladimir Zagorskii, 1833-1919)にちなんで1930年にザゴルスク(Zagorsk)と改められた.　聖三位一体セルギエフ大修道院は一時、反宗教博物館になったが、もとは史上初めて*三位一体に奉献された修道院であり、そのなかには聖三位一体大聖堂、ドゥホフスカヤ聖堂、ウスペンスキー大聖堂、ピャトニツカヤ聖堂、ゾシマとサヴァティー聖堂などがある.　1992年セルギエフと再改称.　　　　　　　　　　（大森正樹）

セルギオス〔カイサレイアの〕　Sergios　(?-304頃)　聖人(祝日2月24日)、殉教者.　伝説によれば、異教の神に捧げ物をすることを拒んだため、パレスチナの*カイサレイアで304年に斬首された.　遺骨は後にスペイン北東ウベダ(Ubeda)に移されたといわれる.　幾つかの*殉教録があるが、同時代の殉教者ゴルディオス(Gordios, 304没)と混同されており、伝説の域を出ない.

【文献】LThK² 9: 687.　　　　　　　　　（久野暁子）

セルギオス〔コンスタンティノポリスの〕　Sergios　(?-638.12.9)　コンスタンティノポリス総主教(在職610-38).　皇帝*ヘラクリウスと密接な教会政治的関係を保った.　*キリスト単意説をもって、*キリスト単性説の支持者との和解を工作.　初めキリストは二性を有するがその働き(〔ギ〕energeia)は一つと説いたが、エルサレム総主教*ソフロニオスが反対し、教皇*ホノリウス1世の調停で「働き」のかわりに「一つの意志」を使った.　しかし、これを盛り込んだ勅令『キリスト単意説的信仰解明書』(Ekthesis)は他教会からは拒否され、結局680-81年の第3*コンスタンティノポリス公会議で*異端とされた.

【文献】キ人820; LThK² 9: 687, 森安達也『東方キリスト教の世界』(山川出版社 1991) 68-75.　　（光延一郎）

セルギオスとバッコス　→　バッコスとセルギオス

セルケイラ　Cerqueira, Luis de　(1551/52-1614.2.16)　キリシタン時代の日本司教、イエズス会員.　ポルトガル南部エヴォラ大司教区内アルヴィト(Alvito)に生まれ、1566年*イエズス会入会、エヴォラ(Évora)で修練を終え、エヴォラ大学で哲学・神学を学び、神学博士の学位を得て神学教授となる.　1593年1月29日、教皇*クレメンス8世により*ティベリアスの*名義司教および日本司教*マルティンスの後継権をもつ*補佐司教に任命され、11月にエヴォラで司教叙階を受けた.　翌年*リスボンを出発し*マカオで待機していたが、1598年(慶長3)マルティンスが死去、セルケイラは第5代日本司教(第3代府内司教)として、8月*長崎に上陸、政治状況悪化のため*府内に入れず、長崎に居住した.　11月には教会会議を開催して、人身売買を行うポルトガル人には*破門の教会罰を定めてこれを厳禁した.　他修道会の来日問題に関しては日本にある教皇教書に従う方針をとったが、問題の解決には至らなかった.　日本人司祭養成のために教区神学校を設立して自らも教え、在任中7名の*教区司祭を叙階して四つの*小教区を教区司祭に委ね、イエズス会日本人司祭8名を叙階した.　日本の政治的不安定を考慮し司祭不在の場合に備えた*『こんちりさんのりやく』を1603年(慶長8)に、日本人司祭のために*教会法の規定を含む典礼定式書*『サカラメンタ提要』を1605年に出版した.　教会法と*トリエント公会議の諸決定を実施する義務を負う司教は、陰暦の元旦が*四旬節中になるため「おん守りのさんたまりあ」の祝日を設けていつでも元旦を祝うことができるようにし、*婚姻に関するトリエント公会議の規定や*大斎や*小斎の規定遵守をキリスト教化した長崎地方に限るなど、多くの典礼の適応と司牧的配慮に努めた.　1606年には伏見で*徳川家康に謁見したが、1613年幕府の禁教令公布後まもなく長崎で病没した.

【文献】A. FRANCO, *Imagem da Virtude em o Noviciado da Companhia de Jesus* (Lisboa 1714); R. KATAOKA, *La vita e la pastorale di Luis Cerqueira, Vescovo del Giappone* (Roma 1985).　　　　　　（片岡瑠美子）

セルジュク・トルコ　〔ト〕Saljūq Türk,〔英〕Seljuks　11世紀北アジア・中央アジアから西アジア世界に進出したオグズ(Oghuz, 別名トルクメン Türkmēn)諸部族を統合しつつセルジュク帝国を建設・形成したトルコ人の王朝.　その強大な帝国は、後にイラン、シリア、小アジアの諸国に分裂した.　セルジュク朝は西アジア世界におけるトルコ史の第1頁を飾った.

【セルジュク朝】別名、大セルジュク朝(1038-1194)とい

う．トルクメン族の一族長セルジュクはカスピ海，アラル海の北方地域のジャンド（Djand）に定着して *イスラム教に改宗し，勢力を形成した．1055 年強力な戦争指導者にして卓越した政治家であった孫のトゥグリル・ベク（Ṭughril Bek, 在位 1038-63）は *バグダードにおいて *アッバース朝の *カリフより史上初めてスルタン（Sulṭān 世俗君主）の称号を受け，名実ともに東方イスラム世界の支配者となった．第 2 代スルタン，アルプ・アルスラーン（Alp Arslān, 在位 1063-72）は，1071 年には，東アナトリアのマラーズギルド（Malāzgird, またはマンツィケルト Mantzikert）の戦いでビザンティン帝国軍を破って大勝し，皇帝ロマヌス 4 世（Romanus IV, 在位 1068-71）を捕虜とし，イスラム世界における不動の名声を得た．第 3 代スルタン，マリク・シャー（Malik Shāh, 在位 1072-92）の時代には，その支配権はシリアのホラズム（Khwārazm）からペルシア湾にまで及び，帝国の体制は確立された．

セルジュク帝国は政教国家主義で，セルジュク政権は国内外の異教徒と戦った．イスラム教の発展はセルジュク朝に負うところが大で，スルタンもカリフと同じく宗教的事業の推進を自己の義務とみなし，また自己の権力を顕示するためにも多数のモスクを造営した．セルジュク朝のイスラム教政策と小アジア征服政策がキリスト教徒の *迫害をもたらしたという従来の通説に対しては，新たな歴史的反省が問われている．*ビザンティン帝国に対するセルジュク・トルコ軍の行動は東方キリスト教世界（→東方教会）に苦難を与えはしたが，セルジュク帝国内のキリスト教徒の生活は保障されていた．セルジュク朝宮廷ではペルシア語が用いられ，文学界では宮廷詩人アンワリー（Anwarī, 1116 頃-1189），神学界では *ガザーリーが活躍した．セルジュク朝の名宰相ニザーム・アルムルク（Niẓām al-Mulk, 1018-92）の教育政策のもとに彼の名を冠したニザーミーヤ学院が主要都市に設立され，特にバグダードの学院は学生数 1,000 人を誇り，帝国のエリート官吏が養成された．マリク・シャーが没するや，母を異にする幼少の王子たちとその支持者の間に権力闘争が起こり，セルジュク帝国は長子バルキャールク（Barkijaruk, 在位 1094-1104），次子ムハンマド（Mahammad, 在位 1105-18），三子サンジャル（Sanjar, 在位 1117-57）の王国に分割され，サンジャルの王国は新たな栄光に輝き，後世の人々からその治世と晩年の悲劇とによって美化された．小アジアのみに存続したセルジュク朝は，13 世紀に至ってようやく最盛期を迎えた．

【ルーム・セルジュク朝】小アジアへのトルコ人の侵入は，トルクメン族のアゼルバイジャン（Azerbaidzhan）からの無秩序な部族移動により始まった．ルーム・セルジュク朝（1077-1308）の始祖スライマン・イブン・クタルムシュ（Sulaymān ibn Qutalmīsh, 1086 没）の父クタルムシュ（Qutalmīsh, 1064 没）は，イランのセルジュク朝創始者トゥグリル・ベクのいとこであった．スライマンはマラーズギルドの戦勝後アナトリア（ルーム Rūm）に入り，1080 年までに *ビザンティン皇帝の同盟者として，またマリク・シャーに対抗するスルタンとして小アジアを支配し，このルーム（トルコ人はビザンティン帝国をこう呼んだ）にセルジュク朝国家を創建した．スライマンの子クルチ・アルスラーン 1 世（Qïlïch Arslān I, 在位 1092-1107）は第 1 回 *十字軍（1095）による攻撃で *ニカイアを失い，首都をアナトリア中央部のコニヤ（Konya）に置いたが，クルチ・アルスラーン 2 世（在位 1155-92）はアナトリアのイスラム教徒トルコ人を隆盛に導き，13 世紀にはルーム・セルジュク朝は最大のイスラム国家の一つとなった．他のセルジュク朝の支配地域ではトルコ人の支配者層が少数であったのに対し，小アジアではアルメニア人，ギリシア人，シリア人などを包含しつつも真の「トルコ」と呼ばれていた．ルーム・セルジュク朝は，イラン・セルジュク朝の諸制度に基づく統治体制およびビザンティンの遺制と融合しつつ独自の発展を遂げた．人種や宗教の相違を超える寛容政策を推進し，農業や鉱業を振興し，商業政策においてはイタリア商人との協力を展開した．トルコは外国人の目にも豊かな国家と映っていたが，14 世紀初頭モンゴル軍の侵攻を受けて，ルーム・セルジュク朝は歴史から姿を消した．

【文献】キ史² 3: 446-59; 平大百科 8: 652; 15: 846; 嶋田襄平他編『イスラム事典』（平凡社 1982）; 橋口倫介『十字軍—その非神話化』（岩波書店 1974）; T. T. RICE, *The Seljuks in Asia Minor* (New York 1961); H. HORST, *Die Staatsverwaltung der Großselǧūquen und Hōrazmsāhs 1038-1231* (Wiesbaden 1964); C. L. KLAUSNER, *The Seljuk Vezirate* (Cambridge, Mass. 1973). （鈴木宣明）

セルディカきょうかいかいぎ　セルディカ教会会議　〔ラ〕Concilium Serdiense, 〔英〕Council of Serdica, 〔独〕Synode von Serdika, 〔仏〕Concile de Serdique　342 年または 343 年に，教皇 *ユリウス 1 世の求めに応じて *ローマ帝国の西部正帝 *コンスタンス 1 世と東部正帝 *コンスタンティウス 2 世により，セルディカ（またはサルディカ Sardica, 現ブルガリアの *ソフィア）に公会議を意図して召集された教会会議．*ティルスの教会会議（335）などで *東方教会から追放されたアレクサンドリアの *アタナシオスやアンキュラの *マルケロスらの再審査を目的とした．しかし，西方の司教がアタナシオスを擁護する様子をみせたため，ニコメデイアの *エウセビオスをはじめとする東方の司教はフィリッポポリス（Philippopolis, 現ブルガリアのプロフディフ Plovdiv）で対抗会議を開き，会議は分裂した．西方代表団によるセルディカ会議はアタナシオスらの正統性を承認し，彼らを追放した東方の司教を *アレイオス派であるとして罷免した．教理に関して，アタナシオスが *ニカイア信条で充分であるとしたため新たな信条は出されなかったが，教会規律に関しては，司教の罷免などの問題解決の際にローマ教皇の審査と裁定を重くみる規則が採択された．会議の決定は東方で拒否され，東西教会の神学と組織観の根本的な相違が露呈された初めての機会となった．

【史料】H. HESS, *The Canons of the Council of Serdica* (Oxford 1958).

【文献】Cath. 13: 835-36; LMit 7: 1377-78; LThK² 9: 327-28; LThK³ 9: 71-72. （光延一郎）

セルティヤンジュ　Sertillanges, Antonin-Gilbert　(1863. 11. 17-1948. 7. 26)　フランスの神学者，哲学者．1883 年 *ドミニコ会に入会．88 年司祭叙階．90 年コルシカで神学を教え始め，同時に雑誌（R Thom）の編集にも携わる．1900-20 年パリの *アンスティテュ・カトリックで倫理神学を教えた．第 1 次世界大戦中は説教活動に専心したが，説教中の政治的発言が問題となって，1922 年以後 39 年までエルサレム，オランダ，ベルギーなどで国外生活が続いた．開かれた対話精神をもった卓越した護教家であり，哲学・神学ばかり

でなく，宗教社会学・キリスト教美術論など 700 にも及ぶ著作を残した．
【主著】*La Vie intellectuelle*, 1921.
【文献】キ人 820; Cath. 13: 1150-54; LThK² 9: 691; NCE 13: 125-26. （光延一郎）

セルトー　Certeau, Michel de　(1925. 5. 17-1986. 1. 10)　イエズス会司祭，文化人類学者，歴史家．サヴォア県のシャンベリー (Chambery) の生まれ．*リヨンのイエズス会神学院，*パリ大学文学部に学び，それぞれの分野で学位を取得．パリ高等学院卒業後，宗教学の分野で博士となる．パリ第 8 大学(1968-73)，同第 7 大学(1973-84)の教授として心理分析，歴史学，文化人類学を教えた．ファベル (Petrus Faber, 1506-46) の『覚書』(1960)，*テイヤール・ド・シャルダンの『L. ザンタ宛書簡』の編集を行い，*イエズス会の霊操研究誌『クリストゥス』(Christus) の編集長や国立社会科学高等学院所長を歴任した．彼は M. *フーコーや*ラカンと同じような傾向を示し，「周縁」の知に注目して，新しい歴史観を構築しようとした．
【主著】*La culture au pluriel*, 1974: 山田登世子訳『文化の政治学』(岩波書店 1990); *L'invention du quotidien, Arts de faire*, 1980: 山田登世子訳『日常的実践のポイエティーク』(国文社 1987). （高柳俊一）

ゼルネッカー　Selnecker, Nikolaus　(1530. 12. 5-1592. 5. 24)　ドイツ・*ルター教会の神学者，賛美歌作家．*ヴィッテンベルク大学で学び，*メランヒトンの影響を受ける．1558 年，ドレスデン (Dresden) の宮廷説教者．1565-68 年にイェナ大学教授．*フィリップ派との嫌疑を受けて失職後，*ライプツィヒに移り，*牧師，*監督を務めた．著書は 170 編にも上る．
【文献】キ人 821; キ大 654; LThK² 9: 645; RGG³ 5: 1688-89. （榎本昌弘）

ゼルバベル　Zerubbabel　〔ヘ〕zᵉrubbābel,〔ギ・ラ〕Zorobabel　*ダビデの子孫．父親に関する記述に相違があるが(例えば，エズ 3: 2 と代上 3: 19 比較参照)，前 597 年の第 1 回 *捕囚で*バビロンに連行された*ヨヤキン(エコンヤ)王の孫(例えば，マタ 1: 12 参照)．アッカド語に由来するとされる名で，「バビロンの若枝」(zēr-bābili) の意味らしい．この名が示すように，バビロンで生まれ育ち，前 520 年の直前に*大祭司ヨツァダクの子イエシュアとともに民の先頭に立って*エルサレムに帰還した(エズ 2: 2 等)．彼は，預言者*ハガイや*ゼカリヤの言葉に励まされ，*神殿の再建に指導的役割を果たした(エズ 3 章 1 節以下参照)．ハガイやゼカリヤは彼を*メシアのような人物とみなし，ダビデ王朝の再興を期待したらしい．彼は忽然と姿を消しており，危険人物としてペルシアによって免職されたのではないかという推測もあるが，定かではない．
【文献】新聖書大 850; ABD 6: 1084-86. （雨宮慧）

セルバンテス　Cervantes Saavedra, Miguel de　(1547. 9. 29-1616. 4. 23)　スペイン黄金世紀(→スペイン文学)を代表する小説家で名著『ドン・キホーテ』(El ingenioso hidalgo Don Quixote de la Mancha, 第 1 部 1605, 第 2 部 1615)の著者．外科医ロドリーゴ・デ・セルバンテス (Rodrigo de Cervantes, 1509/10-85) を父に，7 人兄弟の次男としてアルカラ・デ・エナーレス (Alcalá de Henares) に生まれる．コルドバ (Córdoba) で*イエズス会の経営する学校に入学し，後に*マドリードで著名なエラスムス主義者ロペス・デ・オーヨス (López de Hoyos, ?-1583) の私塾に学ぶ．オーヨスの「親愛なる弟子」として最初の詩作品を残しているが，その出版をみることなく，ある理由から*ローマに赴き，そこで枢機卿アクアヴィーヴァ (Julio Acquaviva y Aragón, 1546-74) の侍者として仕える．ほどなくして枢機卿と別れると軍人として手っ取り早く名声を手に入れんと*ナポリに下り，そこで弟とともにレパントの海戦(1571)に参加した．異教徒のトルコ人と勇猛果敢に戦い，左腕に名誉の負傷を負ったため，後々まで「レパントの片腕男」とあだ名されるようになる．ナポリ滞在中には主だった詩人や学者たちと接触し，イタリア・ルネサンス文学の精華のみならず，カスティリャ語の作品の多くにも触れ，ルネサンス的な教養の基礎を幅広く身につけた．セルバンテスは 1575 年に弟ロドリーゴ (Rodrigo, 1550-1600) とともにスペインに帰国しようとした際，マルセイユ沖でトルコの海賊船に襲撃され，捕虜にされてアルジェ (Alger) に奴隷として連行され，その地で苦難と屈辱の生活を強いられる．5 年後の 1580 年 9 月 19 日に*三位一体修道会の修道士たちの尽力によって身請けされ無事帰国を果たした．しかしレパントの英雄を迎える祖国の人々の目は冷たかった．彼は軍人としての名誉ある地位を得られなかっただけでなく，新大陸で新たな可能性にかけることにも失敗し，失意のうちにマドリードに戻って，文学で身を立てようと決心する．

セルバンテスの作家としての生活はここから始まる．彼は本来の詩人としての才能に，エラスムス主義とイタリア・ルネサンス的教養を加味し，戯曲作家として世に出ようと試みる．彼は 1583-86 年にかけて 20-30 編の戯曲を書いて，観客の賞賛を浴びたといわれる．1584 年にはカタリーナ・デ・サラサール (Catalina de Salazar, 1564-1626) と結婚する．そして 1584 年にはアルカラ・デ・エナーレスにおいて念願の処女作たる牧歌小説『ラ・ガラテア』(La Galatea) を出版する．しかしそれによっても経済的困窮は何ら改善されず，折しも父ロドリーゴが亡くなったことで，家計はますます苦しくなった．そこで 1587 年には「なすべきことが他にあった，そこでペンとコメディア(〔西〕comedia, 戯曲)を捨てた」と後に述懐するように後事を妻に託して，セビリャに旅立つ．アンダルシーア (Andalcía) におけるセルバンテスは無敵艦隊の食料調達人や徴税吏などの下級役人の仕事に携わる過程でさまざまな問題に巻き込まれ，短期間とはいえ再び囚人生活を余儀なくされる．彼が不朽の名作『ドン・キホーテ』を構想したのがセビリャの牢獄においてであったのは，まさに皮肉以外の何ものでもない．

*騎士道の理想に燃え，世の不正と悪に敢然と立ち向かう孤独な初老の男の姿には，セルバンテス自身の人生が投影されている．セルバンテスがキリスト教戦士として神と国王と祖国に身を捧げて戦うことは，まさに*エラスムスの主著『キリスト教兵士提要』に従って，内なる敵との戦いを戦うことでもあった．『ドン・キホーテ』からにじみ出る*ユーモア，*博愛と*寛容，*克己と*禁欲の精神には，セルバンテスがたどってきたあらゆる生活と思想が余すところなく表現されている．キリスト教徒としての*理想主義が文学的にこれほど美しく描かれたためしはない．
【文献】P. アザール『ドン・キホーテ頌』円子千代訳(法

政大学出版局 1988): P. HAZARD, *"Don Quichotte" de Cervantès: Etude et analyse* (Paris 1931); M. BATAILLON, *Erasmo y España* (México 1966); A. CASTRO, *El pensamiento de Cervantes* (Barcelona 1972); A. DISALVO, *Cervantes and the Augustinian Religious Tradition* (York 1989). （本田誠二）

セルフォー Cerfaux, Lucien（1883. 6. 14-1968. 8. 11） ベルギーのカトリック新約聖書学者，教区司祭．南部プレスレ（Presles）に生まれ，フランスの*ルルドで没す．1903-11年ローマで哲学，神学ならびに聖書学を研究．この間，1910年司祭叙階．1911-30年トゥールネ（Tournai）の教区立神学院，また28-54年*ルーヴァン大学新約聖書学教授．同大学神学部研究誌（EThL）共同編集者や第2*ヴァティカン公会議顧問（peritus）も務めた．パウロ思想の歴史的（初期書簡），神秘的（主要書簡），終末論的（獄中書簡）という三段階発展説（Paulus-Trilogie，→パウロの手紙），また*共観福音書問題では「原マタイ説」を主唱，ヘレニズム思想に関する著述も多い．
【主著】*La théologie de l'église suivant saint Paul*, 1942 ³1965; *Le Christ dans la théologie saint Paul*, 1951 ²1954; *Le chrétien dans la théologie paulinienne*, 1962; *Recueil Cerfaux*, 3 v., 1954-62 ²1985; *La Communauté Apostolique*, 1956: 石沢幸子訳『使徒時代の教会』（南窓社 1966）.
【文献】NCE 16: 82-83; LThK³ 3: 993.
業績目録: F. NEIRYNCK, rev. ed., *Recueil Cerfaux*, v. 3 (Louvain 1985) XXIII-LXX. （清水宏）

ゼルボルト → ゲルハルドゥス〔ジュトフェンの〕

ゼレ Sölle-Steffensky, Dorothee（1929. 9. 30- ） ドイツの女性神学者．*ケルンで生まれ，古典文学と哲学，神学およびドイツ文学を学び，啓蒙期以後の文学と神学との関係についての研究で教授資格を得た．ドイツ国内と*ニューヨークのユニオン神学校などで教授・執筆活動をしている．現代の*無神論的状況のなかに，いかに従来の神学が述べてきたことをみいだし記述するかを主なテーマとした著作は，鋭い指摘と示唆に富み，諸外国語に訳され，広く読者を得ている．平和運動，女性解放，第三世界問題などにも実践的に取り組んでいる．
【主著】*Leiden, Themen der Theologie*, 1973: 西山建路訳『苦しみ，現代神学の焦点』（新教出版社 1975）.
【文献】キ人 822. （光延一郎）

セレウケイア・クテシフォン Seleukeia Ktesiphon 人類史最古の文明揺籃の地のチグリス河畔に栄えた古代都市．セレウケイア（〔ギ〕Seleukeia, 〔ラ〕Seleucia）はセレウコス1世（Seleukos I, 在位前305-281）によってチグリス右岸に建設され，116年のローマ皇帝*トラヤヌスによる占領や165年のアウィディウス・カッシウス（Gaius Avidius Cassius ?-175）による占領までは貿易都市として栄えた．クテシフォン（〔ギ〕Ktesiphon）は前2世紀に*バグダードの南約40 kmに建設され，パルティアおよびササン朝ペルシアの首都として栄えたが，637年アラブ人の侵入によって滅亡した．
ネストリオス派教会（*カルデア教会）の伝承では，使徒*トマスがセレウケイアに教会を建て，イエスの72人の弟子の一人アダイ（→『アダイの教え』）と*マリ（Mari），またイエスの従兄弟アブレス（Abres），アブラハム（Abraham），ヤコブス（Jacobus）がセレウケイアの司教だったといわれるが，歴史的資料によればセレウケイアに*司教座が置かれたのは3世紀末で，4世紀にはセレウケイアの司教は，*シャープール2世の迫害下に殉教したシモン（Simon bar Ṣabbā'ē）のように*カトリコスとして重要な地位を占めた．カトリコス（公主教）と呼ばれるカルデア教会の首長は5世紀以降*総主教と称し，総主教座はセレウケイア・クテシフォンにあったが，*アッバース朝時代にバグダードに移転した．
【文献】キ史² 2: 289-95; LThK² 6: 654; 9: 631-32; NCE 13: 54. （鈴木宣明）

セレノス〔アレクサンドリアの〕 Serenos（?-202頃） 聖人（祝日6月28日）．カイサレイアの*エウセビオスによれば，*アレクサンドリア教理学校における*オリゲネスの弟子のうち同名の二人．ローマ皇帝*セプティミウス・セウェルスの迫害の際に，一人は火刑に処され，もう一人は拷問に耐え抜いた後に斬首された．
【文献】LThK² 9: 686. （久野暁子）

ゼレンカ Zelenka, Jan Dismas（1679. 10. 16-1745. 12. 22） チェコの作曲家，コントラバス奏者．ボヘミアのロウニョヴィツェ（Louňovice）で生まれ，*プラハで学んだ後，1710年にドレスデン（Dresden）の宮廷楽団に入団．1710年代後半に*ウィーンとイタリアを訪れたほかは同地にとどまり，1735年に「教会音楽家」の称号を得た．ソナタ，カプリッチョ（capriccio）など器楽曲も個性的であるが，ゼレンカの本領は*ミサ曲，*モテット，レスポンソリウム（→答唱），詩編，エレミア哀歌などのカトリック教会音楽にみられ，これらの作品は今日，再評価されつつある．その作風は真摯で深みがあり，伝統的な*対位法を駆使している点で，J. S. *バッハとよく比較される．
【文献】NGDM 20: 659-61; 田辺尚雄他編『音楽大事典』3（平凡社 1982）134. （礒山雅）

セロ Cellot, Louis（1588. 9. 25-1658. 10. 20） フランスの神学者．*パリに生まれ，1605年*イエズス会入会．高等学校教師，神学院長，管区長（1654-58）を務める．*イエズス会学院の伝統的な演劇教育のためにラテン語の脚本を書いた（→イエズス会劇）．またイングランドの司教と修道会との関係の論争に関わり，*カリスマの重視を主張して物議を醸した．
【文献】Cath. 2: 774; DThC 2: 2089. （光延一郎）

ゼロータイ → 熱心党

せろん 世論 → 世論（よろん）

ぜん 善 〔ギ〕agathon, kalon, 〔ラ〕bonum, 〔英〕good, 〔独〕Gut, 〔仏〕bien *哲学と*神学にとっての極めて重大なこの主題は，さまざまな観点から論じられており，論じる人の立場によって捉え方も主張される内容も異なる．
【善と存在】ここでは，まず，善と*存在の関係について検討してみる．確かに我々は，自然的に，あるものの存在を是認し，別のあるものの存在を否認する．しか

し，だからといって，簡単に，存在するもののなかにはよいものと悪いものという2種類があると言い切れるわけではない．そのようなことは，白いものと白くないものの場合に可能であるが，善悪の場合には不可能である．なぜなら，結局我々は，どうして悪いものの存在が許されるのかと問わざるをえなくなるが，存在が必ず善でなければならないという前提がなければ，この問題は起こるはずもないからである．実際，善や*悪の*概念の意味内容にこの前提がすでに含まれている．すなわち，「よいもの」とはとりもなおさず，あるべき通りであるものを意味し，「悪いもの」とは，あるべき通りでないものを意味する．しかも，「あるべき通りでないもの」は，必ず特定の*本質をもつ何ものかでなければならず，したがって，悪は必ずよいものにある．実際，存在するすべてのものは，存在するために必要な程度の完全性をもっており，存在一般の原則に従っている．だから，いかなる*存在者も，自らのなかに何の矛盾もなく，他のものとの関係においても*矛盾のないものであり，その存在の充足根拠を必ずもっているものなのである．しかし，そうであれば，我々は問題なくその存在をよいものと是認することができるはずであり，自由に事物を存在させる*神は，実際何らかの仕方でその存在を具体的によしとしているのである．

【相対的善と絶対的善】善はこの意味で存在の超越的*属性であるが，だからといって，我々がすべてのものの存在を一様に望まなければならないというわけではない（→超越的概念）．というのも，すべてのものが同じ程度や仕方で存在するのではなく，存在の程度や仕方によって善の程度や仕方が決まるからである．したがって，相対者は相対的な意味でしかよいものでなく，他のものに対するさまざまな依存関係が相対者の善をさまざまな仕方で規定するのである．だから，あるものの善を正しく評価するためには，まず，それがいかなるもので，存在するもののなかでいかなる位置を占めているのかを知る必要がある．そして，その間に極めて大きな差があるにせよ，相対者の善は，あくまで，存在しうるために充分なものであるだけで，必然的に存在するためには不充分なものである．

全く無条件的に善であるのは神だけである．そして，唯一の絶対的善である神は，すべての相対的善の究極の根源である．神は本質的に善そのものであるが，他のものは存在を*分有しているかぎり善にあずかるのである．だから，神の存在は無条件的によいと認められるべきであり，その存在を具体的に退けるための正当な理由はありえないが，相対者の具体的な存在は非必然的であり，それを具体的に望まない正当な理由がありうる．だから，相対者に対しては選択の自由が残るが，絶対的善とのさまざまな類似が相対者にみいだされることを否定すべきではなく，相対的善も，絶対的にではないが，真の善である．

【理性的存在と善】生態学者が指摘する多くの問題は，自然界に対する人間の態度がしばしば誤っていることを示しており，それを認めて，世界における人間の優れた位置を全面的に否定する人々がいる．しかし本来なすべきことは，理性的存在者の正しい姿勢を指摘し強調することである．理性的存在者は，事物を使用するに先立って，まず，事物のもっている固有のよさを認めなければならず，自分が選ぶよいものとそのために犠牲にする他のものとの正しい釣り合いを考えなければならない．自然界の破壊は，確かに未来の人類に対する*罪ではあるが，それ以前に，自然物のよさを不当に破壊する者自身の理性的本性に対する大きな罪である．したがって，理性的存在としての人間の特徴を軽視したり否定したりするよりも，それにふさわしく生きることを強調すべきである．

*理性をもっている者の存在は，それ自体として直接に望まれるという意味で被造界のなかに中心的な位置を占めている．理性をもっていないものが自他の存在の善を知らないのに対し，理性的存在者は，さまざまな仕方で*被造物にみいだされる善を発見したり愛することができ，その根源である神の完全な善を知り愛するようになることもできる．理論的にも実践的にも存在の善を認めて，最も優れた種類の善を被造界のなかで実現することこそ人間の偉大な使命である．人間が知りながら自由に実現する倫理的善がそれであり，現在のある生態学者や自然主義者のように，この善の特質を無視したりまたはその存在さえも端的に否定することは，最も大きな誤りである．美しい花も優れた善であるが，きれいな心の美しさのほうがさらに優れた善であり，神に愛され，神を愛する愛の交わりこそ最も優れた善である．それは人間の究極的目的であり，それに比べれば他の価値はすべて相対的なものにすぎない．しかし，無条件的でないものも，絶対的善に従属していれば真の善であり，人間の正しい選択の対象となりうる．

【文献】Cath. 2: 31-44; DThC 2: 825-43; EC 2: 1215-17; EF 1: 621-24; HPG 3: 657-76; HWPh 3: 937-75; J. F. Mora, *Diccionario de filosofía*, v.1 (Madrid 1979) 337-42; G. F. Klenk, *Wert, Sein, Gott* (Roma 1942); H. Kuhn, *Das Sein und das Gute* (München 1962); J. Pieper, *Die Wirklichkeit und das Gute* (München 1963). (F. ペレス)

ぜんい　善意　〔英〕good will,〔独〕guter Wille,〔仏〕bonne volonté　伝統的な倫理判断においては，客観的な観察によって*罪とされるような行為でも，ある特定の行為の場合には本人が善意によってなしたという条件によって許されるとすることがある．その際には，それ自体としては罪のない誤った確信を指すのであるが，善意は極めて主観的な事柄であり，個人的に判断されるべきものである．善意は本能的なものではなく，意志的な努力によって形成され，*善や*愛はこのようであるとする本人の判断によって左右される．その際，往々にして人間の弱さ・狭さが原因となり，主観的である善意が独善的で自分勝手なものになってしまうことがある．したがって，どのような状況で善意という語が用いられているのかということに対しては充分に注意が払われねばならない．自分自身ないしその属するグループという狭い視野からの発想としての個人的善意が，さらに広い視野から発想されるようになることが，我々に課せられていよう．教皇*パウルス6世の回勅*『フマナエ・ヴィタエ』（1968）の公布を主な契機として，倫理に関する教皇の教えに対して公に反対を唱えることの是非が特に欧米において議論されたが，その賛否はともかくとして，その際に「少なくとも主観的には罪過のない良心」（〔ラ〕bona fides）が「善意」にあたる表現として用いられた．また類似した他の表現としては「良い意向」（intentio bona）がある．

【文献】ERE 6: 328; NCE 14: 909-13; WDCE 661-62; K. ラーナー「産児調節の回章」『神学ダイジェスト』12 (1968) 4-9: K. Rahner, "Zur Enzyklika Humanae Vitae," StdZ 182 (1968) 204-10.　　　　　　(清永俊一)

せんきょ〔きょうかいほうじょうの〕　選挙〔教会法上の〕〔ラ〕electio canonica,〔英〕canonical election,〔独〕kanonische Wahl,〔仏〕élection canonique　適法な団体が空位の *教会職に適当な人を多数決をもって選出する法的行為.
【選挙に関する現行教会法】招集されるべき者の過半数が出席し，その絶対多数の賛成を得た場合，法的効力を有する．2回の投票で結果の出ない場合，相対多数を獲得した2名の候補者，またはそれ以上の候補者の存する場合には年長者の2名について投票を行わなければならない．3度目の投票後に同数である場合は，年長者が選出された者とみなされる（『教会法典』119条1項）．被選出者の教会職への任用には，権限ある権威者による認証もしくは認容が必要な場合と，選挙自体および被選出者の受諾のみで足り，権限ある権威者の認証を必要としない場合がある（147条）．当選者は当選通知を受理した時点から8日の有効期間内に，選出を受理するか否かを，議長に表明しなければならない．しからざる場合は，選挙は効果を生じない（177条1項）．当選者は認証を必要としない場合には，当選の受理によって直ちに職務を十全な権利をもって取得する．認証を必要とする場合，当選を受理した日から8日の有効期間内に，自らまたは代理人を介して認証を申請しなければならない．しからざる場合には，すべての権利を喪失する（178条，179条1項）．別段の定めがないかぎり，選挙は職務の空位の通知のときから計算して3か月の有効期間以上延期されてはならない（165条）．団体または集団が職務についての選挙権を有する場合，3か月の有効期間以内に，団体または集団の長は，その全委員を招集しなければならない．招集されるべき者にして脱漏され，したがって欠席した場合においても選挙は有効である．ただし欠席者の訴願によって脱漏および欠席が証明されたときは，選挙は，たとえ認証後であっても取り消されなければならない．選挙者の3分の1を超える数が脱漏され，かつ実際に欠席したときは，選挙は法律上無効である（166条）．規則に別段の定めのないかぎり，書簡もしくは代理人を通して投票権を行使することはできない（167条1項）．次の者は，投票する資格を有せず，したがって間違って投票が許され，投票してもその投票は無効である．(1) 人間的行為無能力者，(2) 選挙権を有しない者，(3) 裁判の判決によるか，罰を科する決定または宣言する決定により，*破門の制裁を科せられている者，(4) 教会の一致から公然と離脱している者（171条）．

投票が有効であるためには，次の条件を具備しなければならない．(1) 自由であること，したがって直接，間接に強度の恐怖または詐欺によって強制された者の投票は無効である．(2) 秘密，明確，無条件および限定的投票であること（172条）．

*教皇の選出については教皇選挙の項を参照．
【文献】DMC 2: 241-45; L. CHIAPPETTA, *Dizionario del Nuovo Codice di Diritto canonico* (Napoli 1985) 343-47.　　　　　　　　　　　　　　　　(枝村茂)

せんきょ　宣教〔ギ〕kērygma,〔ラ〕evangelizatio, missio,〔英〕evangelization, mission,〔独〕Verkündigung,〔仏〕évangélisation
【定義】広義では，主 *イエス・キリストにおける神の人類と世界の永遠の *救いの働きという「大いに喜ばしい訪れ」（ルカ2: 10参照）を人々に告知し，彼らを悔い改めの *回心と *信仰の喜びへと導く，言葉と行いによる *教会の一切の活動をいう．宣教は，主キリストによって命令された教会の本質的使命である．狭義では，いまだキリストの *福音の *恩恵を知らない人々に，福音の訪れを告げ，人々が自発的に信仰するよう呼びかける活動，特に言葉による福音宣教を指す．かつてプロテスタント教会では広義の宣教と狭義の宣教を区別し，狭義の宣教を伝道といっていたが，現代では宣教と伝道はほとんど同義語となっている．
【起源】〔神の派遣〕*罪を犯して創造主である神に背き，神から遠く離れて，堕落と不幸と死の淵に呻吟する人類を憐れんだ神は，自らの限りない *愛の働き（エネルゲイア）から，人類と宇宙万物を *永遠の命と *栄光に向けて救おうと計画した．そのとき神は，全能の神として救いの方法に無限の可能性があったかもしれないが，*神の像（創1: 27参照）としての人間の *知性と *自由意志の能力を考慮し，神の他の *ペルソナを人類に派遣し，そのダーバール（〔ヘ〕dābār，言葉と同時に事柄を意味する語）によって人間を救おうとした．つまり宣教という方法によって人類を救おうと決定したのである．したがって，人類の救いは全き神の主導に基づく恩恵による．このような神の普遍的 *救済意志（1テモ2: 4参照）から，神は子イエスをキリスト（*メシア，*救い主）としてこの世に派遣した．この派遣という言葉自体が，ラテン語のミッシオ（missio）という語源の原意である．イエスは神の永遠の子でありながら，完全に *人の子となり，罪を除くほかは全く我々弱い人間と同じくなり（ヘブ4: 15参照），その生き方，言葉による宣教，愛の業，生涯のすべて，特に *十字架の死と *復活の出来事によって，父のみ旨を完全に果たし，人類の救いを決定的に実現した．その実りとして，父と子は人類に *聖霊を派遣した．聖霊は，主キリストをかしらとする *キリストの神秘体である教会（*神の民である信者の *共同体）の「*霊」としてとどまり，すべての人の救いと *聖化のために働く．また，受洗した信者の魂の内奥に現存し（ヨハ14: 17），罪の *ゆるしと義化（*義認）と聖化の恵みと賜物を与える．

〔弟子の派遣と宣教〕公生活の間，イエスは自身の周りに *弟子たちを集め，そのなかから12人の弟子を選び，*使徒と名づけた（ルカ6: 12-16）．そのかしらはシモン・*ペトロといった．あるとき，彼の *信仰告白をほめたイエスは，ペトロという岩の上にイエスの教会を建てると宣言した（マタ16: 16-19）．こうしてイエスによって集められた信者の共同体ができていくが，教会が実際に活動するのは，イエスが死んで復活し，40日間彼らの信仰を強化したうえ，父のもとに昇天し，10日目に聖霊が降臨してからである（使2: 1-4）．そのときからペトロとその後継者は，主キリストによって与えられた権限をもって実質的に教会を治め，また教会の本質的使命である全世界に向けての宣教という主キリストの *宣教命令を実行するようになった．

イエス自身，公生活の間，*神の国の福音を宣べ伝え，人々に悔い改めの回心と自分への信仰に招いた（マコ1: 15）．*昇天の前に，イエスは荘厳な命令と約束を使徒たちに与えた．「全世界に行って，すべての造られたものに福音を宣べ伝えなさい．信じて洗礼を受ける者は救われるが，信じない者は滅びの宣告を受ける」（マコ16: 15-16）．また，次のようにも述べた．「わたしは天と地

せんきょう

の一切の権能を授かっている．だから，あなたがたは行って，すべての民をわたしの弟子にしなさい．彼らに父と子と聖霊の名によって洗礼を授け，あなたがたに命じておいたことをすべて守るように教えなさい．わたしは世の終わりまで，いつもあなたがたと共にいる」(マタ28: 18-20)．

こうしたイエスの救い主としての権能に基づく命令によって，使徒たちの*派遣と福音宣教，および教会の弟子たち（信者）にイエスの命令（救いの真理に関わる教え）を教え，救いの完成に向けて彼らを牧するという教会の本質的使命が生じた．なお，使徒というラテン語のアポストルス (apostolus) という言葉自体に「派遣される」という意味があり，そこには全世界の人々にイエス・キリストの福音を宣教するという使命が含まれている．

〔パウロの宣教神学〕*パウロは，人間の主体的かつ実存的な救いが，イエスとその福音を信仰することによって実現することを強調した．むろん，彼の「信仰による*義」というのは，「わたしは福音を恥としない．福音は，ユダヤ人をはじめ，ギリシア人にも，信じる者すべてに救いをもたらす神の力だからです．福音には，神の義が啓示されていますが，それは，初めから終わりまで信仰を通して実現されるのです．『正しい者は信仰によって生きる』と書いてあるとおりです」(ロマ1: 16-17) という言葉からも明らかであるが，この信仰は単に知性による福音への同意だけではなく，生きた信仰として全人格的な信頼の心構えで臨むものであり，当然それは*祈りとなって発露し，しかも「愛の実践を伴う信仰こそ大切です」(ガラ5: 6) とあるように，愛による信仰でなければならない．それはヤコブ書が，愛の行いのない信仰は死んだ信仰に等しい（ヤコ2: 14, 17 参照）といっていることと全く同じ趣旨である．

さて，こうした信仰が各個人の心に生じるのは，神の先行的恩恵によるが，同時に本人の自由な同意がなければならない．したがって，宣教したからといって，自動的に聞き手に信仰が生じるわけではない．しかし，宣教がなければ信仰をもつことは不可能に等しい．つまり，誰かが言葉によって福音の真理を語り，告げるのでなければ，聞き手が信仰することは考えられない．ここに，言葉による宣教が必要不可欠であることが理解されよう．だからこそイエスはそうした言葉による宣教の使命と責務を教会に託したのである．

こうした救いの構造をパウロは神学的に次のように説明している．「口でイエスは主であると公に言い表し，心で神がイエスを死者の中から復活させられたと信じるなら，あなたは救われるからです．実に，人は心で信じて義とされ，口で公に言い表して救われるのです．……『主の名を呼び求める者はだれでも救われる』のです．ところで，信じたことのない方を，どうして呼び求められよう．聞いたことのない方を，どうして信じられよう．また，宣べ伝える人がなければ，どうして聞くことができよう．遣わされないで，どうして宣べ伝えることができよう．……実に信仰は聞くことにより，しかも，キリストの言葉を聞くことによって始まるのです」(ロマ10: 9-17)．

ここでは宣教と救いの構造が，派遣→宣教→傾聴→信仰→イエスの名を呼ぶ（祈り）→救いという論理で，見事に表現されている．*仏教の因縁の法則をあてはめて考えるならば，救いの因（原因）というのは，聖霊によって先行的に与えられている恩恵としての信仰の種が各人の魂にすでにあることを指す．しかし，これは種であり，意識されず眠っている．そこに外から福音の言葉を聞くという縁（条件，あるいはきっかけ）があるとき，こうした信仰の種が意識に上って目覚める．そこで本人がそれを受け入れ，信仰という自覚と決断をするとき，救いという恩恵が宿ることになる．これが果（結果，実り）である．ここで強調したいことは，福音を言葉で伝えるという宣教の働きが縁としてなければ，いくら救いの因（可能性）があっても，実際には救いという実を結ぶことができないという法則のことである．

宣教も信仰もすべては神の働きと計らいによる恩恵であるが，しかし，信仰を恵まれた信者が，自らの言葉と行いと生き方を通して，イエスにおいて顕現された神の愛と救いの喜びを証しすることによって神の救いの働きに協力するのでなければ，人々を救う法則が宣教から信仰へということであるかぎり，神といえども人々を救うことはできないかもしれない．特に，教会の*聖職者である*司教・*司祭や神に奉献された*修道者は，こうした宣教の*使徒的活動を委ねられているがゆえに，言葉と行いと生きる姿勢によって宣教しなければならない．時が良くても悪くても，また蒔かれた畑がいかに不毛であろうと，ともかく豊かに神の言葉の種を蒔くという宣教に絶えず従事すべきである．パウロ自身の模範と教説が，明らかにそれを示している．

【宣教の歴史的展開】〔使徒時代〕教会はその成立の当初から，主キリストの命令を忠実に実行し，宣教活動に励んだ．*使徒言行録に記されている*初代教会の記録は，まさしく宣教の歴史である．特に，それは使徒の時代におけるペトロとパウロという教会の両巨頭の宣教活動と教会の著しい発展を示している．*聖霊降臨の当日，教会のかしらであったペトロは，イエスの生涯と不思議な業，特に死と復活の出来事という福音を集まっていた人々に語りかけ，3,000人ほどが*洗礼を受けて，教会の仲間に加わった（使2: 14-41）．また，ペトロは異邦人であるローマ人の百人隊長*コルネリウスに福音を宣教して，洗礼を授けた（使10: 34-48）．他の使徒たち，および*ステファノのような*助祭たちも熱心に宣教し，*ユダヤ人だけでなく，当時の地中海世界の国々から集まってきたさまざまな人々に福音を告げ，彼らが福音を聞いて信仰をもち，洗礼を受けるようにした．こうして教会にはまたたく間に大勢の信者が生まれた．特筆すべきはシリアの*アンティオケイアである．ステファノの*殉教をきっかけに*エルサレムの教会に*迫害が起こった．そこで大勢の信者がアンティオケイア，その他の地に難を逃れたが，そこには*ギリシア語を話す人々が大勢いたので，彼らに宣教した．彼らは福音を聞いて信仰し，受洗した．そこで，エルサレムの教会は*バルナバとパウロを派遣した．彼らの熱心な宣教活動によって多くの人々が信仰に加わった．こうして彼らは初めてクリスチャンつまり*キリスト者と呼ばれるようになった（使11: 19-26）．またパウロは，*ローマ帝国の支配下にあった当時の地中海諸国に3回ほど伝道旅行をし，さまざまな苦難に遭いながらも各地で主にユダヤ人以外の異邦人に福音を宣教し，彼らを信仰に導いた．こうして*キプロス，*小アジア，マケドニアなどの各地に教会を建てた．やがて迫害を逃れたペトロは，ローマにたどり着き，そこに教会の基礎を築いた．こうしてローマ教会が諸教会の中心となり，ペトロの後継者であるローマ司教（*教皇）が全教会の首長となった（→ 異邦人宣教と異邦人改宗）．

〔古代教会〕初期のキリスト者は主にユダヤ人で，わ

ずか数十年にして「数万人」（使21: 20）にも達していた．また，ローマ帝国の版図にあった諸国の異邦人も，1世紀を経ずして，特にパウロやその後継者たちの福音宣教によって多くの人々が信者になっていった．その際，*皇帝礼拝や*多神教や雑多な*民族宗教など，*ヘレニズムの諸思想の防波堤になったのは，何といっても*ディアスポラのユダヤ人が先祖代々の唯一神信仰と*律法を固く遵守していたことであった．そこで当初，*ユダヤ人キリスト者はユダヤ人の*会堂を拠点に宣教を行い，成功を収めた．しかし信者が増えるにつれ，新しく教会を設立していった．この間，ユダヤ教徒のユダヤ人とユダヤ人キリスト者の間に，ま*モーセの律法とキリスト者と*異邦人キリスト者の間に，*モーセの律法とキリストへの信仰という重大な問題をめぐって軋轢が生じた．これを解決したのがパウロである．新約聖書に入っている彼の手紙の多くがその問題にあてられている．ともあれ，救いと義のためにはキリストへの信仰のみで充分であり，律法はすでにキリストによって義化と救いのためには無効とされたことがはっきりと確認された．

　キリスト教が成功したもう一つの理由は，ローマ帝国の寛容な宗教政策によって，ヘレニズム世界においてキリスト教が世界的宗教として成長することができ，しかも自由な天地としての地中海世界が福音宣教にとって実り多い広大な処女地となっていたことである．やがてローマ帝国の皇帝礼拝と衝突するようになったキリスト教は，熾烈な迫害を受けるようになるが，福音宣教への熱意はいやがうえにも燃え上がった．そのためキリスト教信仰の性格が明確にされ，また*殉教者の英雄的態度や敬虔なキリスト者の模範的生き方などが，道徳的に頽廃していた当時の人々に深い感銘を与え，迫害下において教勢はかえって伸びていった．

　2-3世紀に現れた*護教家教父たちは，ギリシア思想に含まれた哲学的真理をキリスト教真理の組織的教理化に役立てたが，これは主に知識人階級の宣教に貢献した．さらに，*聖書の翻訳や教育事業などにも力を入れたが，これも宣教の大いなる助けとなり，さらにヘレニズム世界の各地での教会の文化的受肉（*インカルチュレーション）にも役立つことになった．帝国領の辺境の教化は，主に*宣教師の忍耐強く献身的な宣教活動によって成果を収めていった．*コンスタンティヌス大帝の*ミラノ勅令（313）によってキリスト教が公認されるや，宣教活動も自由になり，教勢は帝国や辺境に拡張していった．やがてキリスト教は*テオドシウス1世のとき国教となる（392）．この間，ローマの貴族，政治的要職にあった人々，軍人，富裕階級，知識人などをも含む帝国内の大部分の人々が，キリスト信者になっていった．*ローマ法などを取り入れた教会は，ローマ・カトリック教会として法制化と組織化が進み，*パックス・ロマーナ（ローマの平和）のもと隆盛を極めていった．

　このように平和な環境にあって教会内では*異端の問題が生じたため，教会は*公会議などを開いて問題の解決にあたった．そのようななかで指導的役割を果たしたのが，いわゆる*教父と呼ばれる学者や司教たちであった．こうした努力の結果，正統キリスト教の教理が確立し，聖書の正典目録なども決定した．そのうえで，健全なギリシア思想，特に*プラトン主義の思想を取り入れたキリスト教*神学も築かれていった．こうして教会は学問的にも思想的にも霊性的な面においても豊かになり，その遺産は，聖職者や宣教師の養成，信者の教化など教会のさまざまな職務や役割や活動にとって貴重なも

のとなった．しかし他方，帝国の衰退と分裂，道徳的頽廃，*世俗化などの進行により教会は政治的にも精神的にも弱体化し，宣教活動に対しても消極的になっていった．

　〔中世〕*ゲルマン人諸部族によるローマ侵入によってローマ帝国は崩壊の一途をたどった．その後，当時蛮族と呼ばれてはいたが，ヨーロッパの新しい支配者となったゲルマン諸族をキリスト教化することが，新たに教会の重大かつ困難な課題となった．これは下火になっていた宣教活動にとって，まさに教会の命運を賭けた仕事となり，困難な宣教活動がヨーロッパ各地で精力的に開始され，教皇たちも強力に支援した．「イングランドの使徒」と呼ばれるカンタベリの*アウグスティヌスや「ゲルマンの使徒」と呼ばれる*ボニファティウスは，中世を代表する宣教師である．

　中世期の宣教とキリスト教化は主に宣教に熱心な司教や修道士によって行われたが，彼らの成功のかげには，領国の支配を固め，その勢力を拡張したいと願う領主とその一族の改宗と庇護があったことを忘れてはならない．当時，領主がキリスト教に改宗すれば，ある意味で領民は自動的に受洗し，信者になった．そこに強制と圧力があったことは否めない．なお，中世後期には*ドミニコ会，*フランシスコ会の托鉢修道士たちによって宣教と教化が行われ，特にユダヤ教徒やスペイン，北アフリカ，中東におけるイスラム教徒への宣教が進められたが，スペインを除き成功はおぼつかなかった．そのうえ，14世紀の中頃にヨーロッパに猛威を振るった*ペストの流行および拡大するオスマン・トルコ（→オスマン帝国）の勢力は，*西方教会にとって近東と極東との接触の障害となった．元朝中国は宣教師に好意的だったが，続く明朝では忌避された．また，ヨーロッパにおけるさまざまな問題や分裂により宣教活動は停滞し，以降16世紀になるまで東方宣教が試みられることはなかった．一方，新興ゲルマン諸族への宣教は成功し，著しく教勢を伸ばして西ヨーロッパをほぼキリスト教化し，約1,000年に及ぶ中世キリスト教世界を築いて，*政教一致の*神聖ローマ帝国を建設するという黄金時代まで迎えた．しかし，*コンスタンティノポリスを中心とした*東方教会は，*イスラム教の脅威にさらされて辛うじて命脈を保つ状態であった．また，アジア全域は仏教，イスラム教の勢力下にあって，キリスト教の宣教にとっては未開拓の地であった．

　〔近代・現代〕中世末期から16世紀にかけて*ルネサンスが勃興し，*人文主義や*自然科学などが神学から独立して発展していくなかで，また，*大航海時代を迎え，*コロンブスたちによるアメリカ大陸への到着などによって，教会には福音宣教の新天地が開かれた．新たな時代の要請に応え，*イエズス会に代表される新しい*修道会や*宣教会や*教育修道会などが続々誕生した．彼らは堅固な教育と養成を受けたあと，時の勢力国家であったポルトガルやスペインの国王の保護と援助のもと，宣教師として遠くインド，東アジア，中国，日本，南アメリカ，アフリカなどに福音を伝えた．イエズス会員の*フランシスコ・ザビエルは，万難を排してインド，*マカオ，*マラッカ，日本まで宣教し，やがて宣教のため中国に渡ろうとして死去したが，海外宣教師の模範といえるだろう．こうした宣教活動は，新しい国や土地に福音の豊かな実りをもたらすと同じに，当時は圧倒的に進んでいた西欧の知識・技術をも伝えることになった．

　また，こうした新大陸の宣教は，当時のヨーロッパの

勢力分野と政治状況を背景に，各国の経済的利権と政治的支配を狙った植民地政策と抱き合わせに行われたもので，ときとして武力を背景に征服がなされたこともある．その後遺症は現代まで尾を引いているといわなければなるまい．後に教会は宣教政策を大きく反省して，政治勢力と縁を切り，純粋な宣教活動に改善するとともに，海外諸国の土着の文化・文明を最大限に尊重する態度を表明するようになった．また，それを支援するような *宣教学の理論や方法も研究されていった．それでも，福音宣教を西洋の学問・科学などの文化の紹介と混同するという問題が時々起こっている．それをすっきりと解決することが宣教活動の面からみて妥当なことなのかどうかについては，今のところ結論は出ていないが，教会の福音宣教が，学問を奨励し，学校教育を推進し，社会福祉事業などを行って，宗教ばかりでなく道徳や文化の面でもその土地の人々に裨益するものであるべきなのはいうまでもない．

*宗教改革のあとヨーロッパに発生したプロテスタント諸教会は，当初ヨーロッパの再教化に専念し，海外伝道にはあまり熱心でなかったが，イギリス，オランダなどがスペイン，ポルトガルに代わって政治的勢力になると，植民地をも含む世界各地への宣教が開始された．場所によっては，カトリックを凌ぐほどの成果をあげたところもある．特に18世紀の終わりから19世紀を通じてなされた欧米プロテスタント教会の世界伝道は，歴史に残るものであった．プロテスタント諸教会は，従来の宣教がローマ・カトリック教会の教勢拡張のための手段として利用されたきらいがあるとして，カトリックの轍を踏むことをなるべく避け，*福音主義の立場から伝道に従事したが，アジア，アフリカなどでは，宣教の補助手段として始められた教育事業や社会福祉事業などが，誤ってキリスト教化を欧米化もしくは近代化と同一視するような結果を招いたりした．また欧米諸国の *植民地主義や *帝国主義に対する反発から，反キリスト教的感情が助長されたこともある．このような理由で，宣教活動は大きく停滞する羽目に陥った．さらに，キリスト教が西洋の宗教として君臨してきた歴史的経緯から，西洋文化とキリスト教を区別することが難しく，そのため，その土地固有の文化との間に摩擦が生じている．これは現代のキリスト教宣教が，非キリスト教国において伸び悩む要因の一つである．もし福音宣教の結果，その土地の人々がキリスト教信仰をもったとき，それが自らの言語だけでなく文化や風俗習慣に至るまで尊重され，受容されたうえで信仰の血肉となるのなら，初めて純粋な福音宣教がなされたことになるのかもしれない．つまり，宣教師によってもたらされた福音宣教が，その土地のキリスト者，特に聖職者たちによって受け継がれ，完全に福音の文化的受肉がなされるとき，その土地におけるキリスト教や教会は，完全にその土地の人々によって自分たちの宗教として違和感なく受容され，根づくにちがいない．以上が現代の宣教の重大な課題である．

【現代の宣教の問題】20世紀に入って，これまで概観した宣教と宣教活動に関する問題を充分に意識した教会は，神学の諸分野の協力を得て，*実践神学の一分野であった宣教学に一層力を入れるようになった．こうした宣教に関する研究の成果を踏まえ，教会は解決に乗り出した．

〔教皇の教説〕先頭を切ったのは教皇たちで，四つの文書が出された．*ベネディクトゥス15世の使徒的書簡『マクシムム・イルド』(Maximum illud, 1919)，*ピウス11世の回勅『レルム・エクレジアエ』(Rerum Ecclesiae, 1926)，*ピウス12世の回勅『エヴァンゲリイ・プラエコネス』(Evangelii praecones, 1951)，*ヨアンネス23世の回勅『プリンケプス・パストールム』(Princeps pastorum, 1959) である．ベネディクトゥス15世の使徒的書簡では，第1次世界大戦の傷跡のなかで暗黒と死の陰に住む10億人のことが顧みられている．このような状況で，教会の宣教活動に対するエネルギーが低下してはならない．宣教の活動は，福音のメッセージとナショナリズムを混同してはならない．また，福音と植民地主義を推し進める宗教とを混同する危険があってもならない．教会はその土地に根づかなければならない．ピウス11世は宣教活動の緊急性を繰り返し強調し，その土地の教会が成長することを力説し，特にその土地の聖職者が外国人宣教師と同等の知識と権限をもつ必要性を主張した．

ピウス12世はこれら先任者の教説をまとめた．特に強調したのは，その土地の聖職者を養成し，根づいた地方教会の *位階制を確立することであった．また，社会秩序を刷新する役割を担う信徒の立場を力説した．さらに，異教徒の文化を尊重し保持する必要性に言及した．彼が思い描いたのは，福音という純粋な蘭の花をその土地の文化である野生の木に接ぎ木することであり，そうすればはるかに香り高く，豊かな性質をもった実が生じ，成熟するかもしれないということであった．ヨアンネス23世は先任者の教説を繰り返したうえで，かつて議論のあったイエズス会員マテオ・*リッチに言及し，宣教師の模範として称えた．教皇は中国の *儒教・*道教および風俗習慣がキリスト教と矛盾せず，受容できると主張したリッチのインカルチュレーションの努力を賞賛し，範とするようにと述べたのである．

〔現代宣教学の流れ〕宣教学あるいは宣教神学を研究する神学者は，二つの学派に大別される．一つはミュンスター学派で，福音主義的ないしはキリスト中心的かつ人格論的であり，福音の告知，回心，*霊魂（教会の用語として不滅の霊魂があることを否定しないが，何よりも自己意識の不滅性の根拠を意味するものとして使われる）の救いを強調する．もう一つはルーヴァン学派で，教会論的かつ教会法的であって，宣教地への教会の根づき（インプランテーション，〔英〕implantation）を優先させる．つまり，その土地における位階制度と教会の確立を強調する．このように教会中心的で力点は地域的な面に置かれており，ヨーロッパ中心の色彩は薄く，むしろ土地ごとの文化的差異に対してより多くの関心を払っている．

第2*ヴァティカン公会議は，宣教の問題に関しても画期的な教説を発布して，今日の宣教活動に現代的な指針を与えた．それが『宣教活動教令』である．宣教の教説は重要で，他の重要な公会議文書でもそれに関連する言及が多い．『教会憲章』において「教会はキリストにおけるいわば秘跡，すなわち神との親密な交わりと全人類一致のしるしであり道具である」(1項) と宣言された．教会が救いの普遍的 *秘跡であるならば，教会は救いの使信をすべての人とすべての国に提供するはずである．こうした教会の秘跡的本質が普遍的宣教を要請するのである．宣教は *神の民である教会に委任されている．そして聖霊に促されて，「キリストのすべての弟子には，自分にできるかぎり信仰を広める義務が課せられている」(17項)．さらにこの憲章は，*地域教会あるいは個別教会の神学を回復する土台を据えた．こうしてキ

リストの教会は，いかに小さく貧しいグループであっても，合法的に組織されたすべての地方の信者グループに真実に現存する．こうした見解は，*カトリック教会における宣教の刷新に深い含みをもたせた．

『宣教活動教令』はまず，教会が本質的に「宣教者」であることが*三位一体の神の派遣に由来することを確認した(2項)．御子は神との平和と交わり，人々の一致を実現するために人間となった神である．世界の内で働く聖霊は，教会におけるあらゆる賜物と恩恵の源泉であり，信者の共同体を一致の交わりへと集める．そして同時に，信者の魂を「キリストご自身を駆り立てたと同じ宣教の精神」(4項)で鼓舞している．したがって，宣教活動において教会は，世界における神の救いの神秘を明らかにし，すべての人をしてキリストの救いの神秘に参与させることを目指す．より狭い意味で宣教活動とは，福音を告げ知らせ，いまだ神の言葉を聞いたことのない人々の間に教会を根づかせることにほかならない(6項)．『宣教活動教令』はインカルチュレーションに道を開き(8, 22項)，次いで教会の宣教が健全な人間的開花と発展に寄与するものであることを宣言した(8項)．このために善意の非キリスト者との協力が信徒に勧められた．

〔公会議以降の宣教の問題〕第2ヴァティカン公会議は宣教活動と宣教神学に新たな地平を開いた．1971年に「現代世界における福音宣教」をテーマとする*世界代表司教会議(シノドス)を開いた教皇*パウルス6世は，福音宣教と世界における正義の実践との密接な関係について初めて言及し，シノドスは正義の実践と世界の変容に参加することが福音宣教の重要な構成部分であることを肯定した．これがその後，特にラテン・アメリカにおける*解放の神学へと道を開くことになった．

パウルス6世は，公会議開幕の10周年にあたる1975年に使徒的勧告*『エヴァンゲリイ・ヌンティアンディ』を公布した．これはシノドスを踏まえてまとめたものであるが，これまでの宣教観を劇的に変える面をもっていた．これにはアジア，アフリカ，ラテン・アメリカなどの第三世界の勃興が深く関係している．福音宣教を教会の本質的活動と名づけながら，教会が聖霊に鼓吹されて福音を告知するということは，ただ単にいまだ福音を聞かざる人々に福音を告知するだけでなく，福音の力を社会や文化の深奥にまで浸透させることである．それは不信仰が蔓延しているキリスト教文化圏にも向けられなければならない．そして人々の世俗的な価値観を変革させるべきである(19項)．つまり，福音宣教と人間の真の解放は密接に結ばれている．福音は超越的で終末論的なもの(→終末)であるが，福音宣教がもし政治的・社会的秩序と結ばれるのでなければ，不完全なものにすぎない．むろん，両者の結びつきは多様な方法によるだろう．神は確かに無限に多様な方法で人々を救うことができるが，イエスは*救いに至る通常の道を与えた．*審判は，福音を受け入れながら，それを宣教しない人々に臨むのである．さらに公会議の*教会論が深められ，福音宣教は個別教会を築くという関連のなかでなされ，個別教会同士の間には尊敬に満ちた相互互恵性と対等の関係があり，支配し合うことがあってはならないとされる．また，個別教会こそインカルチュレーションの場である．これまでのキリスト教の適応や土着化は，神学，霊性，*典礼などすべての分野において，完全な福音の受肉のためには不充分であり，正義を実践したことにもならない．インカルチュレーションされた宣教こそ，その土地の人々に開かれた本物の宣教といえよう．しかし，それには福音の伝統とそれを表明する多様な方法の統合に考慮が払われなければならない．しかし，折衷主義や*小教区の孤立は排斥されなければならない．

〔今後の課題〕公会議後は，教会の宣教と*救済論の関係について議論が起こった．『教会憲章』は，キリスト中心的世界という枠組みのなかで，キリスト教以外の偉大な宗教や道徳的に生きようとする善意の不信仰者のなかにも，すでに救いの恩恵の種や啓示の断片があり，神の民への可能的志向性があることを認めている(16項参照)．それならば，なぜ教会は宣教する必要があるのかという問いが生じる．一つの答えは，「*教会の外に救いなし」といった非常に狭い教会中心的なアプローチから，救いの歴史における教会の秘跡的次元へと転換することを強調している．教会は，全世界を通じて働いている神の救いの現実在を顕現させている．ドイツの神学者*カスパーは，キリスト教の絶対的要請に根ざしている教会の宣教は，原則として教会外でも救われる可能性のある個人のみを対象にしているのではなく，何よりも神の愛を告知し，顕現させ，希望の証しを与えることによって，国々の間に秘跡的しるしであることを示すことである，という．つまり教会は，神の救いの恩恵が不在だから，それをもたらすべく活動しているのではなく，神の救いの恩恵がすでに現存し，働いているからこそ，それを人々や社会に意識させ，自覚させるべく応答しているのである．教会は，福音の宣教，感謝の祭儀(*ミサ)，福音的生活の証し，社会的・政治的変容への貢献などにおいて，神の国の秘跡であり，かつその*奉仕者であるといえよう．恩恵の限りない価値と堪え難いまでの罪の現実を考えるなら，全世界を通じて信仰の共同体を建設する必要に迫られるのである．なぜなら，救いは自分自身を内省し，自覚してこそ体験されるものだからである．神の恩恵の認知は，当然のごとくそれを受け入れた人々からの応答を求める．それが信仰であり，宣教であって，恵みとして受けた者は，恵みとして与えなければならない．

今の日本には，宣教に関しおおよそ三つの考え方がある．(1) 言葉によって神の言葉を告げ，かくて人々を悔い改めと信仰へと導くことが宣教である．(2) 福音の力によって，人々の価値観を転倒させ，また*社会正義の実現や人間の真の解放を図ることが宣教である．(3) 愛の心をもってすべての活動を行い，また苦しみ悩む人々と共にあって，福音という救いの喜びを体験させることが宣教である．結局この三通りの考え方は，互いに排除し合うものではなく，むしろ補い合って統合されるべきものであろう．

【文献】キ大 385, 732-34; 聖書思 514-18; EDR 2: 2389-93; NCE 9: 900-41; SM(E) 4: 49-88; J. A. KOMONCHAK, ed., *The New Dictionary of Theology* (Wilmington, Del. 1987) 664-68; G. H. アンダーソン編『福音宣教の神学』土居真俊訳 (日本基督教団出版局 1969): G. H. ANDERSEN, ed., *The Theology of Christian Mission* (New York 1961); 越前喜六編『現代人にみことばを』(上智大学出版事務局 1971); 岡田武夫『宴への招き』(あかし書房 1983).

(越前喜六)

ぜんぎょう　善業　〔ラ〕opera bona, 〔英〕good works, 〔独〕gute Werke, 〔仏〕bonnes œuvres　神の心に従って行われる善い行いのこと．

【聖書】旧約聖書では，*神の意志を表す*律法に従って

せんきょうかい

行われる業が重視され，神がその業に応じて人に報いを与えると述べられている(申 24: 13; 士 1: 7; 詩 62: 13 等). イザヤ書には，神が特に望んでいる善業として，「虐げられた人を解放し，飢えた人にパンを裂き与え，さまよう貧しい人を家に招き入れ，裸の人に会えば衣を着せかけ，同胞に助けを惜しまない」ことがあげられている(58: 6-7). 旧約時代の後期，最も強調されていた善業は，*祈りと慈善と*断食であった(トビ 1: 16-17. また 12: 8-9 異文も参照).

新約聖書では，イエスは善業を神の要求として述べ(マタ 5: 16; 7: 17-25; 12: 50; 16: 27; マコ 10: 19 等)，人にみられるためではなく，神に従おうとする清い心でそれを行うべきであると強調し(マタ 6: 1-18)，また，安息日(→ 安息)や食べ物についての律法の細かい戒め(→ 食物規定)よりも，神と人々を愛し，援助を必要とするすべての人を助けるということを，「最も重要な掟」として教えた(マタ 22: 34-40; ルカ 10: 29-37; マタ 25: 31-46).

イエスの死と復活を信じることによる*救いを強調したパウロは，「律法を実行することによっては，だれ一人神の前で義とされない」と述べている(ロマ 3: 20. またロマ 3: 27-28; ガラ 2: 16; テト 3: 5 等も参照)が，同じパウロは，信仰から生じ，聖霊の実りである善業を，救われるために必要なこととみなしている(ロマ 8: 4; 13: 8-10; ガラ 6: 8; エフェ 2: 10). パウロによれば，「キリスト・イエスに結ばれていれば，割礼の有無は問題ではなく，愛の実践を伴う信仰こそ大切」である(ガラ 5: 6; 1 コリ 13: 1-13 も参照). ヤコブの手紙(2: 14-26)とペトロの手紙(1 ペト 2: 12; 2 ペト 1: 5-11)は同様に，キリスト者の善業を力説している.

ヨハネ文書では，「神の業」(ヨハ 6: 29)といわれる，キリストへの信仰から生じた行動的な愛こそ，神の子らの特徴である(1 ヨハ 3: 17-18). 「[神の]掟とは，神の子イエス・キリストの名を信じ，この方がわたしたちに命じられたように，互いに愛し合うこと」である(1 ヨハ 3: 23. また黙 2: 23; 14: 13 も参照).

【教理】古代・中世の教会では，*信仰も善業も救いのために必要であることが，キリスト者の共通の確信であった. 善業の一方的な強調に反発して，*ルターは，人が信仰によってのみ(*ソーラ・フィデ)義とされることを強調し，善業によって人が神の前で功徳を得ることができることを否定した. しかし，プロテスタントも，善業は「信仰から必然的に生じる」(*アウグスブルク信仰告白)もので，「必要なことである」(*和協信条)と認めている.

善業を軽視する宗教改革者たちに対して*トリエント公会議は，キリストの*恩恵により，信仰心によって無償で義とされた人が，(1) 善業によってますます義化(→ 義認)されること (DS 1535, 1574)，(2) 神の掟を守るべきこと (DS 1536-39, 1570)，(3) キリストの絶え間ない影響を受けて終わりまで善業を行うならば，それによって得た*功徳の報いとして*永遠の命を与えられること (DS 1545-48, 1582) を宣言した.

第 2 *ヴァティカン公会議は，キリスト者の善業の意義を次のように述べている. イエスはすべての弟子に聖霊を派遣した. 聖霊は，彼らが心を尽くして神を愛するように，「またキリストが彼らを愛したように，彼らも互いに愛し合うように，彼らを内面から動かす. キリストに従う者は，自分の業によってではなく，神の計画と恩恵によって神から召され，主イエスに結ばれて義とされ，信仰の洗礼によって真に神の子，神の本性にあずかる者，したがって実際に聖なる者とされたのである. したがって，神の助けのもとに，彼らが受けた聖性を生活の中で守り，完成しなければならない」(『教会憲章』40 項).

【文献】ThWNT 2: 631-49; 6: 456-83; LThK² 10: 1049-52; RGG³ 2: 1915-16; SM(D) 4: 1343-47; H. KÜNG, *Rechtfertigung* (Einsiedeln 1957 ⁴1964); O. MERK, *Handeln aus Glauben* (Marburg 1968).

(P. ネメシェギ)

せんきょうかい　宣教会　〔ラ〕societas vitae apostolicae, 〔英〕mission society, 〔独〕Missionsgesellschaft, 〔仏〕société des missions

【定義】一般にキリスト教国の教区所属の*聖職者が，非キリスト教の国々に*イエス・キリストの*福音を告知する目的で結集された団体をいう. 俗に宣教会というが，現行の*教会法典によれば，正式には「使徒的生活の会」と呼ばれ，それに関する規定が 731 条から 746 条まである. 会員は私有財産権を有し(741 条 2 項)，いわゆる*修道会のような清貧・貞潔・従順という*福音的勧告の誓願を立てる*奉献生活の会ではないが，それに近似し，規定が準用されることもある. しかし，なかには*会憲に決められた一定の絆によって福音的勧告を引き受ける使徒的生活の会もある(731 条). 要するに，教会の公的権威によって海外に派遣(ミッション)され，いまだキリストの福音が定着していない国々への宣教(ミッション)という使徒的目的を果たすために結集し，兄弟的*共同生活を営み，愛の完成を目指す，主として*司祭の会である.

【広義の宣教会】カトリック教会の宣教史を概観すると，中世初期に誕生した修道会がつねに宣教活動の先頭にあり，最初は固定した拠点(修道院)を中心に，次いで托鉢形式(→ 托鉢修道会)による移動と分散，また近代に入っては，軍隊形式による統括と展開という方法を駆使しながら，今日の信徒を含めた共同宣教・司牧体制に到達したことがわかる. ここで，旧『教会法典』の定義にのっとって「宣教会」をみるなら，非キリスト教地域の宣教に従事するカトリックの修道会およびその他の団体のことであり，広義にはフランシスコ会，イエズス会など盛式誓願を立てる旧来の*宣教修道会をも含み，狭義には*神言修道会や*サレジオ会などの単式誓願の新規の宣教会や，宣誓によって外国宣教の義務を負う会員からなる，宣教活動を主目的とする司祭団体(外国宣教会)のみを指す.

【文献】中央出版社編『日本における男子修道会・宣教会紹介』(中央出版社 1987).

【成立】中世の末期，新大陸が発見されるや，進取の気性に富んだ当時のヨーロッパ人は，発見された海外の土地に経済的利益と政治的覇権を求めて進出し始めた. 同時に，ローマ*教皇だけでなくキリスト教徒の国王たちも，海外の国々に住む異教の人々の魂を救済するためにキリスト教を伝えようとした. 当初は*フランシスコ会，*ドミニコ会，*カルメル会，*イエズス会などのような修道会が，国王の支持と援助のもと会員を海外に派遣し，宣教をしていた. しかし，大国の政治的・経済的利権を背景にした宣教にはおのずから限界があった. その一例は日本の*キリシタンの*迫害などにみられよう. しかも，本来，教会自身の最も重要な使命(ミッション)は，宣教(伝道)・教化(*司牧・牧会)にある. した

がって，海外宣教もまた第一に教会自身の仕事であることを自覚した教会は，同時に海外において繰り返された宣教をめぐるキリスト教国や修道会同士の間の紛糾を解決することをも視野に入れて，信仰弘布のための聖省である布教聖省(現福音宣教省)を1622年に設置した．そして，例えば，東アジアの宣教をポルトガル国王の*保護権を後ろ盾として独占してきたイエズス会の宣教活動にも直接介入するようになった．このような教会の歴史状況を背景に，海外への宣教活動を直接の目的とした最初の宣教会が，1658年フランスに設立された，*パリ外国宣教会である．

18世紀は海外宣教がさまざまな理由で停滞するが，19世紀になると宣教の世紀といわれるほど，教会の宣教熱が高まり，カトリックでもプロテスタントでもおびただしい数の宣教会・伝道協会が誕生し，しかも司祭だけでなく，修道士・修道女の会も生まれた．その主たる理由は，ヨーロッパの先進文明を背景に列強のキリスト教国の海外進出が増大したのに伴い，政治的・経済的・文化的な版図が拡大し，その植民地化政策が急速に進んだこと，東アジアの国々が外国に門戸を開き，宣教を許容したことによる．

【文献】キ史 6, 10; EDR 2: 2385-86; LThK³ 7: 312-13; SM(E) 49-79.　　　　　　　　　　(石井健吾，越前喜六)

【教会法上の規定】〔教会法上の名称〕現行教会法には「宣教会」(〔ラ〕congregatio missionis)という用語はない．いわゆる「宣教会」を包摂する用語として，1917年公布の旧『教会法典』では，「誓願なくして共同生活を送る男子および女子の会」(societas sive virorum sive mulierum in communi viventium sine votis)となっていたが(673-81条)，1983年公布の新しい『教会法典』では「使徒的生活の会」(societas vitae apostolicae)と改称されている(731-46条)．

〔教会法上の本性〕会員は，「修道誓願の宣立なしに，会固有の使徒的目的を追求し，固有の生活の仕方に従って兄弟的生活を共同で営みながら，会憲の順守によって愛の完成を目指す」(『教会法典』731条1項)．会固有の使徒的目的としては，臨時の特別司牧，*小教区における宣教・司牧支援，世界的福音宣教，病人司牧，社会・福祉事業，青少年教育，聖職者養成などがある．

〔修道会との近似性・相違性〕新『教会法典』は，*在俗会(institutum saeculare)が「奉献生活の会」(institutum vitae consecratae)のなかに包摂されているのに対して，使徒的生活の会を，*修道生活に近似した要素を有しながらも法的にはこれとは異なる性格のものとして，「奉献生活の会」の項目のなかに包括せず，これと併記している(同第2集第3巻)．在俗会は，三つの福音的勧告の公的誓願による実践という点では修道生活と共通しているが，その生活の在俗性という点でこれと相違する．これに対して使徒的生活の会は，同一の会憲の精神に基づいて兄弟的共同生活を営むという点では修道生活に近似しており，「奉献生活の会の通則」のある規定は使徒的生活の会にも準用される(例えば同578-601条，617-33条，642-45条，679-83条)．さらに会によっては一定の絆によって福音的勧告を引き受ける場合もあるが，しかしその場合でも公的誓願を宣立することのない点で修道会とは異なる．

【文献】N. RUFF, Das Recht der Katholischen Kirche (Freiburg 1983) 183-84; R. HENSELER, Ordensrecht (Essen 1987); R. SEBOTT, Das Neue Ordensrecht (Kevelaer 1988) 187-98.　　　　　　　　　　　　(枝村茂)

せんきょうがく　宣教学　〔英〕missiology,〔独〕Missiologie,〔仏〕missiologie

【神学学科としての宣教学】宣教学とは，狭い意味では，*教会の宣教活動に関する学問的な議論であり，広義においては，世界における教会の使命一般に関する神学的考察である．宣教学は，諸民族への*派遣(〔ラ〕missio ad gentes)について考察する一方で，世界と歴史の全体に関わる普遍的な*救いの知らせである*福音を考察する．宣教学の対象は歴史の経過とともに著しく広がってきた．元来は，宣教の聖書的基礎づけ，*宣教史，*宣教方法，宣教地理学，宣教統計学(→ 統計)，宣教の*現象学，宣教に関する法律が主な対象であった．今日ではこれらに加えて，宣教理解の変遷，*インカルチュレーション，文脈的神学(〔独〕kontextuelle Theologie)，*諸宗教に関する神学，そして異文化間対話や諸宗教間対話をも扱う．このことからわかるように，*神学の学科としての宣教学は他の神学的諸分野，すなわち*聖書学，*歴史神学，*実践神学，さらに*宗教学，*民族学，*文化人類学，*コミュニケーションの研究などの人間諸科学とも関連している．

【宣教学の歴史】宣教はキリスト教の始まりとともに存在したが，神学の専門分野としての宣教学は比較的若い学問である．宣教についての学問的取り組みは，すでに中世盛期・中世末期にも存在し，とりわけ新大陸宣教の一環として16世紀にも行われていた．例をあげると，中世では*ルルス，16世紀では*ラス・カサスとその論文『真の宗教へのすべての民族の召命の唯一の方法』や*アコスタとその著作『インディオの救いの促進』である．

しかし一般に宣教についての学問的議論は神学の周辺にとどまっており，それも宣教団体間での狭い世界に限られていた．それが神学の学科として確立したのは後世のこと，しかもプロテスタントの神学界においてであった．1867年，ダフ(Alexander Duff, 1806-78)は，エディンバラ大学で最初の宣教学教授に就任した．宣教学の概説を初めて行ったのは，1896年から1909年まで，ハレ大学で初めて宣教神学の講座を担当したヴァルネク(Gustav Warneck, 1834-1910)である．彼は本来の意味で近代宣教学の創始者であり，その『福音主義的宣教論』全5巻(Evangelische Missionslehre, 1892-1903)は数十年間，プロテスタント以外でも標準的な著作となった．1914年，カトリックの神学界で初の宣教学教授になったのは，ミュンスター大学のJ. *シュミードリンで，彼もヴァルネクの著作を批判的に踏まえている．カトリック宣教学の創始者であるシュミードリンは，いわゆるミュンスター学派の父とも呼ばれる．それに対立したのはシャルル(Pierre Charles, 1883-1954)が始めたルーヴァン学派である．

ミュンスター学派は，いわゆる改宗理論(Konversionstheorie)で知られる．この理論では，宣教の主な目標は*霊魂の救いやキリスト教への*回心(キリスト教化)であることが強調され，このことは，福音の宣教やキリスト教の伝統的な真理を教示し，教化することによって実現するとされた．しかも，当時は教会が唯一の救済手段であると認識されていたので，個々人の回心は必然的に*洗礼による教会への加入に結びつけられ，異教徒の洗礼が改宗宣教の目標とされた．いうまでもなく，それは教会の建設をも意味している．したがってミュンスター学派は当初から，宣教の目標は，「宣教の段階」(Missionsstadium)からしだいに「教会の段階」

せんきょうがく

(Kirchenstadium) へと成熟することであると述べている．その結果，ヴァルネクの理論にもみられる「三つの自己」が注目されるようになった．この「三つの自己」とは，宣教する教会の自己維持（[英] self-support），自己統制（self-government），自己拡大（self-propagation）を指す．これは，19世紀の半ばにアメリカ合衆国の*会衆派のアンダーソン（Rufus Anderson, 1796–1880）やイングランド国教会（→ 聖公会）のヴェン（Henry Venn, 1796–1873）が，それぞれ宣教の目標として提唱したものと同じである．

ルーヴァン学派は，いわゆる移植理論（[独] Plantationstheorie）で知られる．これは，宣教を教会が行う他のあらゆる行為と区別して考える理論で，宣教学の扱う対象を他の神学諸学科から区別するとともに，宣教活動を他の使徒的活動から区別することを目指した．移植理論によれば，宣教活動の固有の特徴をなすものは，*改宗や霊魂の救いではない．なぜなら，福音の告知や*洗礼はいつでもどこでも（宣教地だけでなく，キリスト教国においても）教会の根本的使命だからである．宣教活動の固有の特徴は，教会がまだないところにその地域出身の*聖職者や*司祭団を置くことによって，*位階制をもつ組織としての教会を移植すること（[ラ] plantatio ecclesiae）にある．つまり宣教活動の本質は，福音の告知よりも，むしろ救済制度としての教会をたゆまず建設することにある．したがって，宣教地の教会が自国人聖職者をもって確立され，その地域の人々すべてが少なくとも*秘跡という救済制度に接することができるようになったときに宣教の目標は達成されたとみなされる．このときに宣教段階は終了し，*司牧という使徒的活動の他の形態が始まるというのである．

改宗理論と移植理論，もしくはミュンスター学派とルーヴァン学派はしばしば対立し，論争したが，両者は共通の*教会論を基礎としている．両者とも，教会が神に敵対的な世界の荒海を行く箱船であり，この箱船の外では人類は沈没するしかないという考えを前提とし，「*教会の外に救いなし」（→ 救い）という考えを大前提としていたのである．また，当時の支配的な神学が教会についてもっぱら*社会学や*教会法の観点で記述していたため，宣教の概念や目標を規定する際にも教会の制度を強調するようになったに違いない．今日の視点からすれば，古典的な改宗理論および移植理論は，教会中心主義的な狭い宣教理解に陥っていたといえよう．

両方の理論とも今日では事実上廃れており，それとともに宣教理解が抜本的に刷新される必要が生じてきた．霊魂の救済と救いに必要な制度としての教会の拡大を宣教の動機とするような伝統的な立場はもはや維持することができなくなり，建て直しを図ることが必要になった．その軌道を定めたのが第2*ヴァティカン公会議である．

宣教学のその後の発展にとっては，いわゆるパリ学派が重要な役割を果たしている．これは，雑誌『みことばと宣教』（Parole et mission, 1958–71）を中心に活躍した*コンガール，アンリ（Antonin-Marcel Henry, 1911–87）らをはじめとするフランス人神学者のグループで，1943年に出版された『フランスは宣教国か？』（H. Godin, Y. Daniel, France, pays de mission?）という書物を出発点とする．これは，従来のいわゆる「キリスト教的ヨーロッパ」において，社会の大部分の層（例えば労働者や知識人）が教会から離れつつある事実に直面して，「キリスト教国」と「宣教国」を明確に区別するのはもはや不可能ではないかと主張するものである．そこでパリ学派は，宣教の概念を地理的領域にではなく社会層に関連づけ，宣教の使命は*不信仰との関連において意味をもつものであり，教会の移植は，位階組織としての教会がまだ根づいていない非キリスト教国だけの課題ではなく，*無神論や不信仰が生じているキリスト教国の一定の社会層においても必要なことと考えたのである．

20世紀の宣教学の歴史にとって，このほかに重要なことは，1932年，教皇*ピウス11世により*グレゴリアナ大学に宣教学の学科が設置されたことである．また，1916年には，R.*シュトライトがミュンスター大学で，『ビブリオテカ・ミッシオヌム』（Bibliotheca Missionum）という大規模なカトリック宣教学の文献目録を刊行し始めた．このシリーズは1974年まで継続され全30巻に及んだ．1933年以降，教皇庁立宣教学図書館および*ウルバニアナ大学からは『宣教学文献目録』（Bibliographia Missionaria）が発行されている．

【第2ヴァティカン公会議】第2ヴァティカン公会議は，宣教理解，ひいては宣教学における意識の転換を成し遂げた．以前には教会の*教導職によって多くの留保や制約をつけられていた事柄が，より高い*公会議のレベルによって宣言された．それによって，原則として，人は教会の外でも救いに到達することができることが明白に認められた．このことは，公会議による意識転換の原因というよりもむしろ結果であった．神学的にみて，より本質的なことは，宣教活動が再び教会の本質に結びつけられたこと，また，教会論そのものが刷新されたことである．

公会議に参加した司教たちは，教会の宣教活動が教会の普遍的派遣と明確に関連づけられるよう要請した．これは，まず『宣教活動教令』の最初の5章に結実している．教会の始まりからの*伝承と一致して，公会議は，宣教の使命を教会の神学的本質そのものと認めている．「教会はその性質上，宣教者である」（『宣教活動教令』2）．すなわち，宣教は教会そのものの本質に根拠をもっており，教会を成り立たせるもの，その存在に属するものである．宣教とは何かということは，ただ教会の本質からしか規定することはできない．宣教とは，教会がその本質に従って行うところのものなのである．

このように公会議によって宣教が教会の本質規定と再び結びつけられたことは，教会指導部の特殊な企てとしての「布教活動」という見方との訣別を意味する．1917年の旧『教会法典』は，「非カトリック者の中における布教の全統括権は使徒座のみに留保される」（1350条）としており，宣教は，位階制に基づく外向きの特殊な組織活動として，最終的には*教皇の専管事項であり，*教皇はこれを専門諸機関に委任していた．公会議が宣教を教会の本質と定義したことによって，それは各*地域教会の根本使命となったのである．

宣教が教会の本質からのみ理解されるべきことになると，宣教学も直接教会論と関連することになった．『教会憲章』48項に依拠しながら，『宣教活動教令』は第1項で教会を神学的に定義して，「救い」または「神の国」の「普遍的秘跡」であるとしている．秘跡である教会は，それ自体が救いもしくは*神の国であるわけではない．単にその「しるしと道具」である（『教会憲章』1項参照）．教会は，それ自体が秘跡のもたらすもの（[ラ] res sacramenti）ではなく，むしろ，秘跡的なしるし（signum sacramentale）として，つねに自らを超えて神の国を指し示すものである．教会は自らのために存在す

るのではない．教会は自己目的ではなく，むしろ自らの最も内奥から出て「一つの事，すなわち，神の国の到来と全人類の救いの確立を目指している」(『現代世界憲章』45項).

ところで，宣教が教会そのものの本質に根拠づけられ，教会がその本質に従って神の国を目指すものであるとすると，宣教の神学的概念は神の国の地平においてしか適切に表すことができなくなる．宣教の究極目標を教会中心主義的に(教会の拡大などと)規定するあらゆる理論構想は神学的に不適当であることが明らかとなる．なぜなら，まさしく教会自体が自己中心的なものではないからである．教会の真の中心は自らの外，つまり神の国であるから，宣教の最終決定的な基準は教会ではなく神の国である．宣教(および教会)に対する教会中心的な見方から神の国を中心とする見方への移行は，公会議後の宣教神学における根本的な意識転換をもたらした．

プロテスタントの宣教神学においては，このような意識転換が早くに行われており，それは御子と *聖霊の三位一体的な派遣に結びつく「神の派遣」([ラ] Missio Dei)という標語によって表された．ここでは，教会の宣教活動は世界における神の派遣への参加として理解される．神の派遣を意味するものとしての宣教派遣は，第一に，神の救いの業，神の世界への関わり，世界に対する神の自己啓示の全体を意味する．三位一体論的にいえば，*被造物の普遍的救済と *贖いのための御子と聖霊の派遣である．この意味においての宣教とは究極的には神の国の実現であり，教会の宣教活動はそのしるしであり，道具である．

宣教が教会の本質にあらためて結びつけられたことによって，各地域教会や各キリスト者の宣教活動の展開はより明確になった．1975年に教皇 *パウルス6世は福音宣教に関する重要な使徒的勧告 *『エヴァンゲリイ・ヌンティアンディ』を発表した．そこで教皇は，公会議よりもはっきりと，各地域教会の協力者的性格，全教会の交わり，教会間の連帯を強調し，福音化と世界との関わりについても明快な展望を与えた．教皇は，人間的発展や *社会正義と解放の問題は，聖書の使信の本質的な構成要素を示すものであると強調し，また，「諸文化の福音化」を差し迫ったものとして要請し，他方，神学における多様性や諸宗教との対話を奨励した．以上のうちに，これからの宣教学が扱うべき課題が明示されている．

【宣教学の現状】第2ヴァティカン公会議によって，宣教学は古い教会中心主義を克服し，宣教を神の国という包括的な枠組みのなかに置いた．宣教は端的に教会の本質の実現であり，正しい実践と明確な福音の告知によって，世界を神の国へと導く教会の自己遂行として理解されるようになった．この関連から，宣教的告知(*ケリュグマ)のほかに，次の三つが現代の宣教学の主要テーマとなっている．すなわち解放，インカルチュレーション，*対話である．

(1) 解放．教会は宣教活動を通じて，人類に対して，神の国へ向かう旅路を照らしている．その実践的な世界形成において，教会はしるしをもって先取りする形で神の国を表す．イエスに従いながら，教会は病人を癒やし，人々を悪魔的諸力の支配から解放し，見捨てられた人を自らの懐に迎え，孤独な人に仲間を与え，疎外された人を慰め，罪人に恵みを注ぎ，貧しい人に新しい尊厳を与える．これらが「解放」の意味するものである．

(2) インカルチュレーション．教会が神の国の宣教的なしるしであり道具として，目に見える姿をとるところではどこでも，教会はその地域の民族の文化的表現形態を受け入れて，自己表現する道を探し求める．そのようにしなければ，教会は真に自立した教会にはなりえない．教会が地域の文化のなかに入り込まなければ，救いのメッセージをその地の人々に理解されるように伝えることはできない．これがインカルチュレーションの意味することである．キリスト教の全体，すなわち宣教的告知，*典礼，*奉仕，交わり，*証し，さらに法，秘跡，神学もインカルチュレーションを必要としている．

(3) 対話．キリスト教の教会のみが世界における救いの外的なしるしというわけではない．すべての人を照らす真の光は，他の宗教的伝統にも反映している．したがって，キリスト教は他の諸宗教のうちに単に競争相手ではなく，神の国への旅路の仲間をみいだす．諸宗教は，互いの地平を広げるために寄与することができる．キリスト教は，他の諸宗教との出会いにおいて，自らの固有の特性を深めることができ，自らの固有の真理をより広く認識し，そうしてより真実なものになることができる．これが対話の意味である．

【展望】20世紀の半ば以降，教会の宣教活動は，ますます問題に付されるようになった．このことは，本質的に*植民地主義が終わった時代における意識の変化と関連している．キリスト教の宣教活動は，歴史的に西欧の植民地主義との結びつきから重荷を負わされてきた．脱植民地主義の時代傾向のなかで，西欧の教会の宣教的・宣教学的指導理念も疑問視されるようになったのである．宣教論の重点の非西欧圏への移動という近年顕著な動向は，今後も継続するに違いない．まさにラテン・アメリカ，アフリカ，アジアでは，解放，インカルチュレーション，対話の各分野で先駆的な仕事が行われつつある．これからの宣教学は，従来のように西欧の神学者や諸機関の特権事項ではなくなるだろう．これは，全世界に適用可能な宣教学はもはや存在しないということでもある．社会・文化・宗教の「文脈に応じた神学」としての宣教学しか存在しないのである．今日，単一中心的な世界教会から，多中心的な世界教会への道が示されつつあるように，宣教学もますます多中心的な営みへと発展しているのである．

しかしながら，植民史という負い目だけではなく，ポスト・モダン的，世俗的社会の徹底的な多元主義もまた宣教に対して問題をもたらしている．このような社会では，宗教はますます厳密な意味で私事と化しており，このような状況は宣教学にとって大きな挑戦となっている．いかにして，宣教学は，近代的(あるいはポスト・モダン的)な個人に対して，キリスト教信仰が選びとるだけの価値のあるものだと説得することができるのか．またいかにして宣教学は人々に，教会共同体が時代遅れの権威主義的制度以上のものであると確信させることができるのか．宣教のモデルと戦略の問題(例えば，都市司牧や産業都市型宣教など)がこれからの宣教諸団体の上に広がっているのである．

宣教学の最も重要な項目として最後に諸宗教に関する神学がある．というのは，他の諸宗教に対する神学的判断は，キリスト教の宣教にはどのような意味があるかということにも関わっているからである．その際，結局のところ問題となるのは，キリスト教の *絶対性主張である．排他的な主張もあれば，包容力をもつ主張もあるが，従来，キリスト教のどの宣教活動においても，少なくとも暗黙のうちにキリスト教の絶対性は基礎となって

せんきょうがくけんきゅうじょ

いたからである.
【文献】J. SCHÜTTE, ed., *Mission nach dem Konzil* (Mainz 1967); H. BÜRKLE, *Missionstheologie* (Stuttgart 1979); D. SENIOR, C. STUHLMUELLER, *The Biblical Foundations for Mission* (Maryknoll, N.Y. 1983); G. COLLET, *Das Missionsverständnis der Kirche in der gegenwärtigen Diskussion* (Mainz 1984); R. J. SCHREITER, *Constructing Local Theologies* (Maryknoll, N.Y. 1985); K. MÜLLER, *Missionstheologie* (Berlin 1985); M. A. AMALADOSS, *Mission Today* (Rome 1989); ID., *Making All Things New: Dialogue, Pluralism and Evangelization in Asia* (Maryknoll, N.Y. 1990); P. MOJZES, L. SWIDLER, eds., *Christian Mission and Interreligious Dialogue* (Lewiston, N.Y. 1990); G. H. ANDERSON, ET AL., eds., *Mission in the 1990s* (Lewiston, N.Y. 1991); D. J. BOSCH, *Transforming Mission* (Maryknoll, N.Y. 1991); W. JENKINSON, H. O'SULLVIAN, eds., *Trends in Mission* (Maryknoll, N.Y. 1991); G. H. MUZOREWA, *An African Theology of Mission* (Lewiston, N.Y. 1990); J. SCHERER, S. B. BEVANS, eds., *New Directions in Mission and Evangelization*, 2v. (Maryknoll, N.Y. 1992-94); C. VAN ENGEN, ET AL., eds., *The Good News of the Kingdom: Mission Theology for the Third Millennium* (Maryknoll, N.Y. 1993); L. SANNEH, *Translating the Message: The Missionary Impact on Culture* (Maryknoll, N.Y. 1993); J. M. PHILIPPS, ET AL., eds., *Toward the Twenty-First Century in Christian Mission* (Grand Rapids, Mi. 1993); L. NEWBIGIN, *A Word in Season. Perspectives on Christian World Missions* (Grand Rapids 1994); J. A. KIRK, ed., *Contemporary Issues in Mission* (Birmingham 1994); A. SHORTER, *Evangelization and Culture* (London 1994); T. YATES, *Christian Mission in the Twentieth Century* (Cambridge 1994); F. J. VERSTRAELEN, ET AL., eds,, *Missiology: An Ecumenical Introduction* (Grand Rapids 1995); A. LANDE, W. USTORF, eds., *Mission in a Pluralist World* (Frankfurt 1996); A. PETER, ed., *Christlicher Glaube in multireligiöser Gesellschaft* (Immensee 1996). (A. ペーター)

せんきょうがくけんきゅうじょ　宣教学研究所

〔ラ〕institutum missiologicum, 〔英〕missiological institute, 〔独〕missionswissenschaftliches Institut, 〔仏〕institut missiologique　カトリック教会のなかで最初に宣教学研究所を設立したのは, ドイツの教区司祭 *シュミードリンで, 1910 年にミュンスター大学内に設置した. 同研究所は, 1911 年以降今日に至るまで, 宣教学雑誌 (Zeitschrift für Missionswissenschaft) の発行を続けている (1928 年より宣教学宗教学雑誌 Zeitschrift für Missionswissenschaft und Religionswissenschaft). 1932 年に教皇庁立 *ウルバニアナ大学と教皇庁立 *グレゴリアナ大学に宣教学部が開設されたのをはじめ, ナイメーヘン (Nijmegen), *フリブール, オタワ (Ottawa), *ケベックなどのカトリック大学に宣教学研究所が設置され, *ミュンヘン, *ヴュルツブルク, *ルーヴァン, *パリ, *ウィーン, コインブラ (Coimbra), コミーリャス (Comillas), *ブルゴス, *リヨン, *ワシントンなどのカトリック大学でも *宣教学の講義が行われるようになった.

　第 2 *ヴァティカン公会議は, 宣教に携わろうとする者が, 「宣教活動に関する教会の教えと規範を知り, 歴史の変遷の中で福音の使節たちがいかなる道をたどったか, また, 宣教の現状と同時に, 現在, より効果的と思われる宣教方法とを習得する」(『宣教活動教令』26 項) ために, 宣教学研究所で学ぶことを勧めた. さらに教皇 *ヨアンネス・パウルス 2 世は, 海外の宣教に携わろうとする者ばかりでなく, 神学を学ぶ者すべてに, 教会の普遍的な使命や *教会一致促進運動, 諸宗教などを学ぶ宣教学が提供されるよう促している (回勅 *『レデンプトーリス・ミッシオ』83 項参照). このような勧めを受けて現在では, ほとんどの神学部や *神学校で宣教学が開講されるようになったほか, 宣教学を学ぶ場は「信徒宣教者養成講座」や「福音宣教セミナー」といった形で *信徒にも提供されるようになってきている.
【文献】PONTIFICIA UNIVERSITÀ URBANIANA, ed., *Dizionario di Missiologia* (Bologna 1993) 351-56.

(小田武彦)

せんきょうし　宣教師　〔ラ〕missionarius, 〔英〕missionary, 〔独〕Missionar, 〔仏〕missionnaire

【定義】一般的には国外 *宣教のために教団によって派遣される有資格者の伝道者のことである. ローマ・カトリック教会における宣教師とは, ローマ *教皇庁の福音宣教省の管轄に属し, その司法行政のもと, *修道会や *宣教会によって主に非キリスト教の土地に派遣され, 福音宣教の活動に従事する *聖職者をいう. 普通は修道会の会員や宣教会の会員 (これには司祭・信徒が含まれるが, 宣教活動を主たる任務とする) で, 彼らは福音を宣教する正規の資格を得ており, 教会 (教団) の任命や命令によって国内外の宣教地に派遣される. プロテスタントでも教団かそれに準ずる団体の権威によって海外伝道のため派遣される伝道者を主として指す.

　しかし, 第 2 *ヴァティカン公会議以来, 教会を *神の民とみる考え方が強くなり, それとともに *信徒も神の民の有力な一員として何らかの仕方で宣教の役割を果たす義務があることが意識されるようになった. その意味で宣教者というのは, 福音宣教を至上命令とする教会の使命をそれぞれの身分・能力・職務・境遇に応じて果たすべきすべての信者にあてはめることができよう. *堅信の秘跡は, 信者として成人するためばかりでなく, 他者に広い意味での宣教をする任務を授かったことをも意味するからである (『教会法典』781-92 条).

【資格】キリスト者は皆, 宣教のために呼ばれているといっても, 実際に人々をキリストへの信仰に導くためには, 人間的成熟と堅固な *霊性のほかに, *神学・*聖書・*宗教教育学・*教会法・*倫理学・*心理学・*人間学などの正規の養成を受けて, 教会の定める資格試験に合格し, 公的権威によって宣教者としての資格を授与される必要がある. 宣教師は通常, 聖職者・*修道者・*修道女であるが, 所定の養成を受けた信徒も含まれる. 聖職者が減少し, 社会の *世俗化が進むこれからの時代は, 信徒を有力な宣教者に育成することが強く望まれる. それには各地に適切なスタッフを擁する養成機関が設置されなければならない. そして今日, 高齢化に伴う生涯学習時代に合わせ, 信徒を宣教者として養成する適切なカリキュラムを組み, 所定の試験を設けて資格を授与する方策を考えるべきである. その後は, 各地の *小教区教会などにおいて, *司祭を助け, 宣教やその他の教会活動などに従事させるべきであろう.

　さまざまな在家宗教をみるとわかるように, 有力な信徒がいる教会や団体は発展する. プロテスタントの *長

老制はこの点，日本のように，宗教の世俗化が根を下ろし在家宗教的な社会になっている国では，宣教や教会活動の面で実に有効な機能を果たしているといえる．

【派遣】主キリストは *昇天にあたり，*使徒たちに向かって全世界と全人類の救いのために次のように福音宣教を命じた．「全世界に行って，すべての造られたものに福音を宣べ伝えなさい」（マコ 16:15）．「わたしは天と地の一切の権能を授かっている．だから，あなたがたは行って，すべての民をわたしの弟子にしなさい．彼らに父と子と聖霊の名によって洗礼を授け，あなたがたに命じておいたことをすべて守るように教えなさい．わたしは世の終わりまで，いつもあなたがたと共にいる」（マタ 28:18-20）．キリストが教会を設立し，使徒団を任命したのは，彼らを全世界に派遣し，すべての人を福音信仰に導き，それによって *永遠の命へと救うためであった．宣教師とは，具体的には教会によって宣教に派遣された者であるが，彼らの宣教の *権能と義務は，元をたどればキリストの *宣教命令に由来する．

【任務】宣教師は神のみことば（主キリスト）に奉仕する者であるから，彼らの任務は，自分の思想や人生観を伝えることではなく，徹頭徹尾，主キリストとそのことば（*福音）を人々に語ることである．そのとき，*聖霊が人々の心を整え，素直にみことばを受け入れて信仰するように働く．こうして神の救いの *恩恵が，人々の心に注がれる．神の言葉は霊であり，真理であり，いのちであるから（ヨハ 6:63; 14:6 参照），みことばに奉仕する宣教師は，聖霊においてキリスト自身が人々の救いのために働くための道具として，まず自分自身がみことばに生きる者でなければならない．絶え間ない *回心と *聖化がなければ，救いの道具として役立つことはできない．

宣教師にとって，人格と霊性の深化だけでなく学識の研鑽が強く望まれるのは，知識と知恵を深め，それを人々に教える立場にあるからで，良き優れた神の道具となるための必須条件にほかならないからである．彼らの働きによって，非キリスト教の土地の人々は福音の告知を聞くことができ，自発的に主イエス・キリストを信仰し，受洗するようになる．このような福音宣教の土台の上に教会が設立され，発展・拡大する．彼らの任務は非キリスト者をキリスト者にするだけでなく，キリスト者の信仰教育のためにさまざまな司牧（牧会）活動をすることである．例えば，*ミサ・聖餐式・*礼拝における *説教・聖書研究・*教理と要理教育・*秘跡の執行・*学校教育・医療福祉・社会奉仕事業などである．こうして地上における *神の国の発展に尽くす権能と役割を有する宣教師は，キリストの代理者として神から偉大な *召命を受けている．彼らがその任務に忠実であるかぎり，その *栄光と恩恵は計り知れない．

【宣教師の今日的問題】今日の宣教師は，かつての *植民地主義時代のように本国の強力な政治的・経済的・軍事的勢力を背景に宣教するということはなくなった．しかし通常，異文化圏から派遣されてくるので，文化摩擦の生じる恐れがある．しかも，言語や思考や習慣の違いだけでなく，土着の宗教との摩擦や緊張が生じることも少なくない．まず，言語についていえば，日本に渡来する外国人宣教師は，今日，日本語をよく習得するので，言語によるコミュニケーションはほとんど問題がない．風俗・習慣に関していえば，適応しようとする意欲と努力が顕著なので，滞在期間が長くなれば自然に違和感はなくなる．なかには日本人以上に日本の文化に関心と憧憬を抱く人もいる．

問題は思考法である．一般に合理的な思考をする欧米系宣教師は，論理的に正しい主張が必ずしも人間社会の現実における正しさではない場合があるにもかかわらず論理の正しさに固執するので，「我」が強いと思われることもある．これに対し一般に日本人は自分をあまり強く前面に出さない言語・思考構造をもち，人間関係や状況を重視することが多く，事柄の黒白が曖昧になることが多い．文化が異質であることは道徳的善悪の問題ではないので，宣教師にはこうした日本人的思考に配慮し，それを受容する謙虚さをもつことが望まれる．これは *インカルチュレーション（キリスト教の文化的受肉）の重要な一面でもある．謙虚な宣教師の福音伝道は，神の祝福を得て，日本人の間に豊かなキリスト教化を生み出すにちがいない．

最後に，諸宗教との関係がある．日本には約 23 万もの宗教法人がある．キリスト教は *啓示宗教であるから，他の自然宗教・*民族宗教・創唱宗教とは異なるが，第 2 ヴァティカン公会議の『教会憲章』の宣言にあるように，すべての正しい宗教には何らかの形で神の啓示真理の断片が含まれている．したがって，『諸宗教宣言』にもあるように，すべての正しい宗教を尊重し，愛と相互理解の精神をもって諸宗教との対話と交流をすることが必要である．そして *信教の自由を踏まえたうえで，宣教師はすべての宗教が指し示す真理の充満と完成である主キリストを謙虚に，しかも雄々しく証ししていくべきであろう．

【文献】キ大 656; 現カ 427;『新キリスト教辞典』（いのちのことば社 1994) 856-57; EDR 2: 2385-86.

（越前喜六）

せんきょうし　宣教史　他宗教の布教活動とは異なり，聖書に教えられている *宣教は，*神あるいはキリストから直接または間接に派遣されて，神からの使信や神による *救いの到来を告知することを意味しており，神から離れて生きている人々を神に立ち戻らせることを目的としているので，これまでの生き方を悔い改めさせることと不可分の関係にある．したがって，人の心を神へのこのような悔い改め（*回心）へと導かない単なる知識や教説の伝授だけでは，まだ *福音の宣教とはいえない．

神の救う力がそこにいる人々にも実際に働くことを立証するため，特に古代においてはキリストをはじめ宣教者たちは，たびたび神の力による奇跡的治癒などの *しるしをみせて信じさせていたが，このようなしるしは，*奇跡に批判的な人間の多い近・現代においても皆無ではない．しかし，神から *教会を通して派遣される宣教者は，時宜にかなっていなくても，神からの招きの言葉を語って人々を悔い改めへと導くことを使命としているため，ときには多くの人から誤解され，*迫害を受けることも覚悟していなければならず，そこに福音宣教の難しさもある．

ここでは，古代以来のカトリック宣教史を時代思潮の変化に応じて大きく五つの時代に区分し，主として *宣教方法の変遷に焦点を合わせながら考察する．

【古代宣教史】〔オリエント・地中海世界の様相〕キリストが登場した古代末期のオリエント・地中海世界は，道路や便船がよく整備されて，商工業も国際貿易も東西文化の交流も，隆盛に向かう貨幣経済の社会であり，同一の *ローマ法，同一のローマ貨幣が地中海世界の全域に

せんきょうし

通用し，地中海世界では*ギリシア語が，オリエント東部では*アラム語が国際的に通用していた．また銀行業も盛んで，国際為替まであったので，商人の活躍が目覚ましく，どこでも人口の流動化が進み，*個人主義・*合理主義の精神が普及して，地域共同体の社会的強制力は著しく衰微し，伝統的法制も宗教的慣習も形骸化していた．ある意味では20世紀後半の現代社会の雛型と称してもよいこのような社会には，しだいに祖国愛なしのコスモポリタン的個人主義者(→コスモポリタニズム)が多くなり，現実社会に対する不満や要求が強い反面，無気力で，暗い運命の力や自分の欲情に抗して闘う意志力に欠け，心の不安に悩む者が少なくなかった．ローマ皇帝の政治にも地域共同体にも大きな希望をもちえない，過渡期のこの複雑な世情のなかで，*七十人訳聖書(ギリシア語訳旧約聖書)が普及すると，非ユダヤ人であって，エルサレム神殿での祭式や，各地の*ユダヤ人の会堂礼拝に参加する「神を畏れる者たち」(使10:2; 13:16参照)が急増した．聖書には全能の神による力強い救いの業が生き生きと語られているからであろう．異教徒向けの福音宣教に有利なこのような社会事情のもとで，まず大きな成果を上げたのは，ギリシア語圏出身の巡回宣教者たちであったが，ここではその一人，*パウロの宣教活動について考察してみよう．

〔使徒パウロの宣教活動の特徴〕強烈な神体験によってユダヤ教*律法学者の身分から*キリスト者に転向したパウロは，福音を「信じる者すべてに救いをもたらす神の力」(ロマ1:16)として受け止め，人間の力の限界を痛感しつつ，未知の新しい神からの力と救いを探し求めていた異教徒たちに*キリスト教によって示された救いへの道を次のようにして説いて回った．

(1) 神であるキリストから派遣された使節として，それぞれの地方文化の中心都市に行き，神による救いを求めていると思われる人々が多く集まるユダヤ教の*会堂や町の広場などで公然と教え，それに反対するユダヤ人知識人や町の有力者たちとも堂々と論じ合うことにより，迫害を恐れない信仰者の確信と内的力を世に示す．

(2) まず宣教者の住む家を建てて，教えを求めて訪れる人を教化しようとするのではなく，何ももたない，神からの使者として，ある意味では相手の世話に身を委ねつつ，相手の必要としている神による救いの道を説く．

(3) 形骸化した*ユダヤ教の画一的律法遵守主義を退け，すでにある各地の文化や生活形態のなかにキリスト教信仰の種を蒔き，それらの文化や生き方をキリスト教化する．

(4) 各地に，なるべく地元出身者たちが自主的に運営する信仰者の*共同体を創立し，それが他の多くの信仰者共同体との国際的交わりや相互支援のなかで，神による救いの業にますます深く参与するよう，少し離れた立場から，巡回訪問や書簡によって助言し指導する．

〔異教からの改宗者共同体内の諸傾向〕巡回宣教者たちの活動により，オリエント・地中海世界の各地に広まったキリストの教会の一致を確立するため，キリストからその柱石と立てられた*使徒たちも諸地方に分散して活動し始めたが，同じ神による救いの働きを第一にしながらも，このような事情のもとでは，ユダヤ・キリスト教的*神秘主義と家庭的兄弟愛を重視する傾向の濃厚な地方や，教えの理解を深めようと努めるヘレニズム・キリスト教的傾向の濃厚な地方など，キリストの教会は，外的には地方ごとに多少異なる独自の発展をし始めた．教会内の組織や制度や*典礼も，*洗礼志願者に教える*教理や*信条も，地方によって多様化し始めた．しかし，キリストに対する愛において互いに相手の生き方を認め，心を開いて国際的に交わり助け合っていた．

180年頃に*パンタイノスが*アレクサンドリアで創立した要理教育学校は，3世紀初頭にかけて*エチオピア方面への*宣教師派遣にも努めたが，目覚ましい宣教成果はあげていない．エチオピアでは個人対象の宣教とは違う，社会を対象とした宣教方法が向いていたのかもしれない．政治に根本的変革が期待できない閉塞状況が長引くなかで，異教徒の公共集会に欠席する改宗者を増やすキリスト教に対して誤解と迫害が激しさを増すと，*信仰に生きるキリスト者相互の*愛と結束に感動したのか，奴隷身分に属する入信者の数が急増し，紀元300年頃には，*ローマ帝国の推定総人口5,000〜7,000万人のうち，キリスト者数は10〜15%を占めるに至ったと考えられている．社会共同体が形骸化し崩れつつあったときに功を奏したのが，宣教師の積極的宣教活動よりも，神に対する信仰と愛に生きるキリスト者相互の美しい結束であったことは注目に値する．

〔4-6世紀の福音宣教〕310-430年頃には，ローマ帝国周辺の諸国で，聖書とキリスト教著作の翻訳などの文化活動を伴った宣教が大きな成果を上げた．例えば，ササン朝ペルシア帝国では，すでに4世紀初めに東シリアから導入され，根を下ろしていた教会がペルシア皇帝によって激しく迫害されると，シリアの*エフラエムによって363年に東シリアの*エデッサに創立された要理教育学校が亡命ペルシア人たちに高度のギリシア・ローマ文化を教授して，セム系文化の新たな発展を促し，多くの優れた文化人信仰者を養成すると，事情は好転した．410年にメソポタミアの*セレウケイア・クテシフォンで開催された*教会会議には，40数人の*司教が参集し，そのなかには中央アジアやペルシア湾内のバフライン諸島(現バーレーン)の司教もいた．

同じ頃，アルメニアでは古い王家の縁者である照明者*グレゴリオス，コーカサス諸国では国王からの依頼を受けて*コンスタンティノポリスから来朝した司教と数人の司祭，エチオピアではソマリア海岸に漂着した*フルメンティオス，黒海北西部のゴート人の領土では小アジアから捕虜として連行された人の孫*ウルフィラスが，それぞれ聖書や*典礼書やキリスト教著作集を，ときには新しく文字を考案・導入して翻訳することにより，個人的創意から福音宣教を成功させ，キリスト教をその国の民族文化の伝統として根づかせる基礎を築いた．

5世紀には*ゲルマン人がイタリア社会を侵略し，西ローマ帝国を滅ぼしたが，同世紀末から6世紀前半にイタリアを支配した東ゴート族が，すでに黒海北西部でキリスト教に改宗していたこともあって，キリスト教関係者には乱暴をしないことが明らかになると，イタリア農村部に数多く残っていた異教徒は，6世紀初め頃にはほとんど皆キリスト教に改宗した．神の摂理がときとしてこのような政治的社会不安をも利用して信仰を広めることは，4世紀のローマ帝国によるキリスト教保護と国教化の動きとともに注目に値する．

4世紀には，イスパニア(スペイン)，ガリア(フランス)，ブリタニア(イギリス)でもキリスト教が広まったが，教会は5世紀にゲルマン人の侵入で大打撃を受け，ブリタニアではキリスト者がほとんどいなくなってしまった．しかし，4世紀前半に*パトリキウスが宣教したアイルランドは信仰の火を保ち続け，496年に王*クロヴィスが家臣とともに改宗したフランク王国，ならび

に587年に西ゴート族全体がカトリックに転向したイスパニアでも再び教会活動が盛んになった．

【中世宣教史】4世紀後半以降の *民族大移動で社会が乱されることの多かった西欧中世は，同時に偉大な宣教の時代でもあり，混乱に耐えて侵入部族のキリスト教化に努め，14世紀後半までにはイスラム軍支配下のイベリア半島南部を除き，全ヨーロッパがキリスト教国となった．

〔中世初期の英国宣教〕アイルランドの *コルンバが6世紀後半にスコットランド西部の *アイオーナ島で創立した *修道院は，多くのアイルランド人宣教修道者をヨーロッパ大陸やブリタニアに送り出したが，*小罪をも厳しく糾弾して *霊魂の浄化と *贖いに励む彼らの宣教は，イングランド北部のノーサンブリア地方で成功した．他方，596年に教皇 *グレゴリウス1世が派遣したイタリア人修道者たちの，異教徒の祠（ほこら）をも取り壊さずにキリスト教化して活用する，異教に寛大な宣教も，イングランド南部で大きな成功を収めた．宗規や教会暦（*典礼暦）を異にしていたイングランド北部と南部の教会代表者たちは，663年の *ホイットビ教会会議で話し合い，イングランド教会全体をローマ教会の教会暦に従わせることにした．中世にはこの後にも，宣教師の出身国によって多少異なる信条や典礼をめぐる対立が幾度も発生したが，イングランドの場合のように会議で解決されることは少なく，その地で優勢な政治勢力によって左右されることが多かった．

〔ボニファティウスの宣教活動の特徴〕イングランド南部出身の *ボニファティウスは，716年にフリースラント（Friesland, 現オランダ領）に渡って宣教の糸口を模索しているうちに，個人改宗を中心にしていた古代の宣教とは異なる新しい方法を思いつき，718年に宣教協力者たちを連れて再度大陸に渡ったときからドイツ宣教に大成功を収めた．その方法の特徴は次のようにまとめることができよう．

(1) まず宣教地の視察旅行を行い，明るい開いた心で友人をつくる．そしてどの地方のどの社会層から，どのようにして神の救いの恵みを伝えるべきかを熟慮する．

(2) 次に，見知らぬ神や宗教的権威者に対する異教徒たちの畏怖心を利用し，イングランドの司教やローマ *教皇などからの立派な紹介状や推薦状をなるべく多く持参し，神から派遣された使節として威厳をもって有力者を訪問する．

(3) 自分たちの海外宣教の基盤であるイングランドやローマ教皇との文通を大切にし，ドイツでの宣教事情や活動状況などを詳しく報告して，支援者に祈りや援助を願い，同時にドイツ宣教の志願者を教化・獲得する．

(4) 宣教対象が村ごとに共同で助け合って生活していて個人的自由の少ない農民の場合，彼らが力強い神からの助けを何よりも高く評価する人々であることを考慮して，教理の知的理解よりも神への意志的信奉心を重視して，簡潔な教理説明と神への信仰と従順の表明とを中心とする集団改宗式を挙行する．そして信仰表明者全員に *洗礼を授け，旧来の異教的 *習俗をしだいにキリスト教的習俗，すなわち *聖遺物の崇敬や *巡礼所の設置などに変えていく．754年にボニファティウスがフリースラントでの集団改宗式中，暴徒の襲撃で殉教したときには，同行宣教者が52人もいた．

(5) 宣教事業をローマ教皇の直属となして，司教の *叙階も *司教区の権限も教皇から受け，イングランド人による *植民地主義の危険を回避して，現地人 *聖職者を養成することで，宣教地教会の独立と宣教地社会への土着化を推進する．

(6) イングランド南部と同様に，同一敷地に別棟の *男女併存修道院を建設して，イングランドから *修道女たちをも招致し，教会の社会的活動機能を強化する．そのため，宣教地の為政者や社会的有力者たちと話し合って *聖職禄の制度を導入し，充分に広い土地を教会の所有となして，教会活動の財政基盤を確立する．そして男女修道者による教育事業・慈善事業の充実により宣教地社会への奉仕に努める．

しかし，ドイツ西南部で大きな成果を上げたこの方法も，すでに長年キリスト者のフランク族と敵対関係にあったドイツ東北部の *ザクセン人宣教には無力であった．

〔軍事力を背景にした半強制的改宗〕*異教にとどまり続けるザクセン人の優秀さと強靱な団結心とを考慮し，自分が軍事的優位を保持しているうちに彼らをキリスト教に改宗させておかないと，フランク王国と西欧キリスト教の将来に大きな禍根を残すことになると憂慮した *シャルルマーニュ（カール大帝）は，8世紀末から9世紀初めの30年間にわたり断続的にザクセン人を攻撃し，キリスト教への改宗を降伏の条件として半強制的改宗を達成させた．信仰は自由でなければならないとする原則に抵触するこの方法には，教会側からの反対もあったが，当時の具体的状況を考慮すると大帝の憂慮も決断も現実的であり，先制防衛の観点からも一考に値する．和約後に派遣された宣教師がしばらくすると殺害されたこともたびたびで，宣教師とザクセン人双方に多くの犠牲者を出したが，復讐心からあくまでも抵抗した一部の人々が追い詰められて殺された後，ザクセン人の恒久的キリスト教化の道が開けた．そして彼らもその後は，東方に住み着いたボヘミア（チェコ）人やポーランド人をキリスト教に改宗させることに積極的になった．

〔東欧諸民族の改宗〕10世紀には，特にドイツ人宣教師の活躍でボヘミア（チェコ）人の改宗が進んだが，ポーランド人の改宗も，国王ミエスコ1世（Mieszko I, 在位960-92）支配下の966年に始まり，11世紀前半には国内異教徒の反抗運動も鎮定されて，ポーランド全土はキリスト教国となった．同じ頃イングランド人修道者の活躍でデンマーク国王もキリスト教に改宗し，デンマークとスウェーデンでの宣教が進展すると，10世紀末にノルウェーの国王が受洗し，アイスランドとグリーンランドにも宣教師を派遣して，キリスト教に改宗させた．しかし，ノルウェー国内では国王が異教徒の反抗者に敗れて宣教は頓挫し，そして11世紀中葉にようやくキリスト教化した．12世紀後半から13世紀前半にかけては，スウェーデンからフィンランドの福音宣教も進められた．

10世紀中葉からドイツ人宣教師によって進められていたハンガリーでの福音宣教は，1000年に国王 *ステファヌス1世がローマ教皇から王冠を受けて，その王位が国際的に認められた頃から大きく進展した．12世紀末からドイツ人宣教師によって始められたエストニア，ラトヴィア，リトアニア各地への宣教も，13世紀には *シトー会や *剣騎士団の，14世紀には *ドミニコ会や *フランシスコ会の会員らの協力を得て順調に進展し，最後に1386年に改宗したリトアニアの大公がキリスト教を国教と定めたことにより終結した．

〔ビザンティン宣教活動の特徴〕*ビザンティン帝国は普遍的で，その国民は神の新しい選民であり，皇帝は全世界の国民をキリスト教化する使命をもつと信じていた

せんきょうし

ビザンティン教会では，福音の宣教師は同時にビザンティン帝国の使節でもあると考えられており，外国からの使節の歓迎式は通常 *ハギア・ソフィア大聖堂で挙行されていた．政治と宗教とのこれほど密接な結合は，ときとして逆効果になることもあり，528年にコンスタンティノポリスで歓迎され受洗したクリミア半島の *フン族の王グロート (Grod) は，ビザンティン帝国の使節たちを伴って帰国すると，余りにも一方的に家臣たちに改宗を強要した結果，反発を買い使節たちとともに殺害された．帝国の遠征軍が報復して反乱を鎮めたが，この事件の後，同地のフン族のキリスト教化は非常に難しくなった．しかし，周辺に未開民族の多かった当時，宣教活動が帝国の支援で利益を受けたことも多く，例えば530年頃に皇帝から小麦粉・ぶどう酒・油・布などを多く支給されて，コーカサス北方のフン族に宣教した司教カルドゥーサット (Kardusat) の一行は，7年間滞在して多くの人を信仰に導き，聖書や典礼書をフン語に翻訳した．その後，司教マク (Maku) の一行も帝国からの支援で多くの苗木や種子を持参し，フン族の生活を向上させて宣教成果を上げ，遊牧民をしだいに農耕に転換させることにも成功した．

ビザンティン帝国高官の息子である *キュリロスとメトディオスも，モラヴィア王から政治同盟締結とキリスト教宣教師派遣の要請を受けた *ビザンティン皇帝により，862年に同地 (現スロヴァキア) に派遣された宣教師団の長で，スラヴ語のアルファベット文字 (→グラゴール文字) を考案して，聖書を初めてスラヴ語に翻訳し，スラヴ語の典礼を広め大きな成果を上げた．しかし，東西両勢力の境界にあたるこの地方に，その後ドイツから派遣されてきたラテン典礼の宣教師たちは，典礼に自国語を使用する彼らを非難して止まなかった．彼らがクリミア半島で発見した教皇 *クレメンス1世の遺骨をローマに持参して願うと，ローマ教皇は長考の後，869年に *スラヴ典礼を公認した．しかし，870年にドイツ国王がモラヴィア地方を勢力下に入れると，スラヴ典礼の宣教師たちに再び受難の時代が訪れ，885年にメトディオスが世を去ると，モラヴィアから追放されて，スラヴ典礼も禁止された．

自分たちの文化形態を他国民にも受容させ，その国民に対する内的指導権を保持しようとする動きと，多様な諸国民の文化をそのまま受け入れ，内面からキリスト教化しようとする動きとの葛藤は，近世に宣教が世界的に広がると一層激しさを増し，現代にまで続いている．

〔フランシスコ会員とドミニコ会員によるアジア宣教〕12世紀のローマに広まった，極東に祭司王ヨハネが支配する一神教国があるという噂に動かされた教皇 *インノケンティウス4世は，1245年以来4回も，来世信仰に深く根ざして生きる剛胆なフランシスコ会員やドミニコ会員を西アジアのモンゴル系タタール人の国に派遣し，ある程度の宣教効果を上げたが，1265年にイタリア商人マルコ・*ポーロがフビライ・ハーン (元の世祖，在位1269-94) から宣教師派遣依頼の教皇宛親書を渡された後に，1289年に教皇から派遣されたフランシスコ会宣教師モンテ・コルヴィーノの *ジョヴァンニは，*北京に鐘楼をもつ *教会堂を建て，詩編や新約聖書を翻訳して，1304年までに6,000人にまで信徒を増やし，その後宣教師が増えると，北京地区の数教会のほかに福建州にも3教会堂と2修道院を建設して，信徒総数は3万人にも達した．しかし，元朝が14世紀後半に財政破綻と漢民族の反抗などで滅亡すると，宣教師は追放され，宣教は衰退した (→中国)．

【近世宣教史】16世紀にカトリックの福音宣教を世界的に拡大させた要因としては，次の三つをあげることができよう．第一は，主としてポルトガルとスペインによってなされた新大陸諸民族の発見と征服である．1503年にローマ教皇から両国王に与えられた布教 *保護権によると，新大陸へ行く船は，必ず宣教師を乗せて行くこと，国王は必要経費をすべて支出して教会を建て，諸民族の入信と霊魂の救済に配慮すること，新発見の国々に司教区を新設し，そこに司教を任命する権限は国王に委ねられることなどが決められていて，世界的宣教が始まった．第二は，ドイツやスイスで始まり，北欧諸国に広まったプロテスタントの *宗教改革に対する反動である．信仰の遺産を重視するカトリック者たちは，過激な改革運動に反発して高まった信仰の力を，新発見の諸民族に対する宣教に向けた．第三は，この反動の熱意から改革されたり創立されたりした，若者の力あふれる多くの *修道会も，ポルトガル国王とスペイン国王の要請に応じ，喜んで会員を海外に派遣したことである．

〔諸修道会担当の宣教事業と植民地主義との対決〕大洋航海用の装備を整えた優れた帆船と，鉄砲・大砲などの武器を駆使する兵団とをもって，中南米に進出したスペイン人は先住民の為政者たちを征服することにより，アフリカ・アジアに進出したポルトガル人は海岸部の貿易拠点を奪取して，独占的貿易ルートを開拓することにより，莫大な富をヨーロッパ本国にもたらし始めたが，それに触発された若者たちの海外進出ブームに応じて多数の宣教師を海外に派遣し，その活動を組織的に指導し支援することは，規模の小さな教区の能力を超えることであったため，規模の大きな国際的修道会に海外宣教が委嘱されるようになった．そこでまずは，13世紀以来国際的に数多くの会員を擁し，修道院内にこもらず積極的に外に出て民衆指導や慈善活動，教育活動などに幾多の実績を積んでいるフランシスコ会員とドミニコ会員が多く海外宣教に派遣され，16世紀中葉に入って *カプチン・フランシスコ修道会と *アウグスチノ会の会員がそれに加わり，さらに1540年にその会則がローマ教皇から認可され，多くの優れた志願者を集めつつあった *イエズス会も会員を海外宣教に派遣するようになった．

過激な宗教改革に対する反動からも，信仰の熱意に燃えていたこれらの宣教修道者たちは，本国からの監視の目が届かない状況で，先住民から金銀を略奪したり反抗者を大量に殺害したりし，自分たちの蓄財にだけ走る露骨な植民地主義者たちには我慢ができなかった．なかでも中米で宣教していたドミニコ会員 *ラス・カサスは，先住民の自由な入信を阻害する，スペイン人の極悪非道な所業を訴え，止めさせるため，1515年以来幾度も本国に戻り，詳細な報告書や改善策も執筆した．しかし，国王がその改善策を本国の会議に諮って，1542年に先住民の自由と生命の保護を主目的とする40箇条からなる新しい植民法を制定しても，中南米のほとんどの地域では遵守されず，事態の改善は結局絶望的であった．そして，*アリストテレスの自然奴隷説を引用して先住民を自然農奴とみなし，その奴隷の身分を受け入れずに反抗する者は殺してもよいとする説が広まった．

〔フランシスコ・ザビエルの東洋宣教〕1542年に *ゴアに到着した *フランシスコ・ザビエルも，海岸部のインド住民への宣教に従事するかたわら，インド在住の一部ポルトガル人の，先住民をつまずかせるような非キリスト教的生活ぶりに心を痛め，その改善に万全を尽くして

くれるよう，たびたびポルトガル国王に願っている．しかし，その他の点ではほぼ8世紀のボニファティウスが行っていたような集団改宗路線が踏襲され，*教理の詳しい説明よりも神への信奉心の実践的育成強化を重視する宣教活動が行われていた．

しかし，ザビエルが1547年に日本人に出会い，1549年に来日してからは，8世紀のドイツ宣教とは違う，次のような新しい路線が芽を出し，多少の曲折を経ながら，その後継者たちの活動のなかで一層はっきりした形に発展していった．

(1) 高度の文化をもつ宣教国では，その国の文化に適応するよう心がけ，西欧の最高の文明文化を身につけた学者や技術者を宣教地に派遣し，有能な宣教国人にも西欧で学ぶ道を開くこと．宗教者の肉食は日本人をつまずかせると聞いたザビエルは，すでに来日前に日本では肉食を絶つ規則を定めていたが，来日後も積極的に仏僧を訪問して日本文化に触れたり，*山口では日本人が地動説を説く西欧の*天文学に大きな関心を示すのを知ると，専門的に天文学を学んだ会員を派遣するよう本部に願い，また日本人が中国文化を高く評価しているのを知ると，中国に西欧文化とキリスト教とを導入する道を模索した．また多くの日本人が文字の読めることを知ると，*教理問答書を日本語で印刷することを希望し，日本に*大学が幾つもあることを聞くと，西欧の大学の学者たちを日本に招致する可能性を検討した．

(2) かつてボニファティウスがドイツの為政者たちと話し合って，ドイツでの教会人の文化・教育・慈善活動を安定させる聖職禄制度を導入してもらったことは，ザビエルにとっても一つの理想だったであろうが，すでに*仏教諸派と深い関係にある日本の為政者たちから，そのような全面的支持を得ることは期待し難いので，日欧貿易を積極的に推進することで日本の為政者たちとの友好関係を深めつつ，上から下への宣教の道を模索すること．

(3) 同時に，入信した各地のキリスト者小グループが，宣教師から遠く離れていても，また日本語の聖書やキリスト教著作がなくても，*ロザリオなどの少数の祈りと*十字架や聖母像などの少しの信心用具で，主体的に*信仰生活を営むことができるよう指導すること．ザビエルが日本を去るとき，すでに*鹿児島でも市来でも*平戸でも，そのような小グループが形成されていた．

〔さまざまな宣教地教会〕その後のアジアにおける教会の歩みをみると，上から下への宣教の道は日本ばかりでなく，中国でもインドでもしだいに絶望的になった．その遠因は，当時の西欧教会が高度に発達した文化をもつ宣教国での宣教にふさわしい精神，すなわちその国の文化を深く理解し尊重して，その内面にキリスト教信仰の種を蒔こうとする，柔軟で温かい内的適応の精神に欠いていたことにもある．*ヴァリニャーノやマテオ・*リッチら一部のイエズス会員たちは，この問題を自覚し新しい道を模索していたが，西欧の教会も宣教師団も，全体として問題の本質を洞察し，その解決に本腰を入れようとしないかぎり道は開けないほど，神のもとでの愛による東西文化の共存提携の問題は深く大きかった．しかし，この問題を別にすれば，厳しい迫害が続いた日本でも，イエズス会，フランシスコ会，ドミニコ会，アウグスチノ会の宣教師たちの隠れた巡回司牧活動と，各地のキリスト者小グループの草の根信仰活動とがかなりの成果を上げていたし，17世紀の中国でもイエズス会の学者たちが紹介した西欧文化が歓迎されて，中国や日本の文化にさまざまな好影響を与えていた．

また，スペイン人によって征服された中南米やフィリピン，ならびにポルトガル人が建設したゴア，*マラッカ，*マカオなどの植民都市では，修道宣教師たちによる西欧の文明文化の移植と各種教育・慈善活動を通して，一般住民のなかに長い歳月をかけて浸透し，根を下ろすに至った．

なお，15世紀末に始まったアフリカのコンゴ宣教は16世紀にある程度の成果を上げており，16世紀後半以降にはアフリカ東部や西部の諸地方でも，ドミニコ会，イエズス会，カプチン会の会員らによる地道な宣教活動が試みられたり，続けられたりした．

〔布教聖省の創立〕海外宣教が急速に発展するにつれ，それを歪める植民地主義の悪も痛感されると，ローマ教皇庁は早くも16世紀末に独立した聖省を新設して，海外宣教事業全体を*教皇庁の直轄下に置こうとした．しかし，幾度会議を重ねても，スペイン・ポルトガル国王は，1503年に獲得した保護権を教皇に返還しようとはせず，国王の布教保護権を認め忠誠を誓う宣教師以外は乗船させないと態度をますます硬化させるだけであったので，その折衝にあたっていた枢機卿の死とともに，聖省もその活動を止めてしまった．しかし，世俗国家の植民地主義に汚染されない純粋なキリスト教的宣教活動により，異教徒たちの救霊を推進する義務感が再び教皇庁内で痛感されると，1622年にあらためて布教聖省(Sacra Congregatio de Propaganda Fide)が新設された．主目的はスペイン・ポルトガル国王の既得権奪還ではないとの印象を与えるためか，新聖省はプロテスタントを含むすべての非カトリック者に対する宣教を目的として，当初は*枢機卿が13人も構成員として入っていた．しかし，どれほど理を尽くして訴えても，スペイン・ポルトガル国王に国策を変えさせることはできず，すでに海外の宣教地で多くの現地人キリスト者の司牧を担当している諸修道会も，両国の国策に従うことを誓わせられた会員を派遣せざるをえなかった．

【近代宣教史】ドイツを中心戦場として継続された*三十年戦争(1618-48)の後，西欧ではその反動もあって，為政者の国策よりも各人の主観的思考や経験を重視する思想が普及し始めたが，この新しい思潮のなかで教皇庁の働きかけにより，フランスの若手教区司祭たちのグループは，1660年に新しいタイプの宣教師団を創立した．

〔パリ外国宣教会〕*パリ外国宣教会は，まもなく次のような特徴をもつ宣教を展開し始めた．

(1) 宣教会員は植民地主義との関係を排除するため，世俗的支配権力からの自由を心がけ，ローマ教皇から派遣された宣教師として宣教すること．海外に司教区を新設したり司教を任命したりする権利はスペインとポルトガルの既得権であるという主張との対立を緩和するため，教皇庁は宣教会員の司教を新たに*代牧に任命し，海外でのその司教区を*代牧区と称することにした．

(2) 宣教会員は上から下への宣教活動ではなく，直接宣教地の民衆に対する福音宣教に従事し，宣教地出身者の教区司祭養成に努めること．

この宣教会の創立者の一人*パリュとその同伴者は，ポルトガルのアジア向け帆船に乗船できないので，大変な苦労を重ねながら陸路シャム国(現タイ)に行き，すでに100年ほど前からドミニコ会員がポルトガル商人たちの司牧に従事しており，50年ほど前からは日本潜入の道を模索するイエズス会員もたびたび滞在していた首都

せんきょうし

アユタヤ (Ayutthaya) で，1664 年に最初の代牧区を設立した．宣教活動は順調に進み，以前にフランス人イエズス会員 A. ド・*ロードが，ヴェトナム語のローマ字表記を導入して大きな成果を収め，1630 年に政治的理由で同地から追放された北部のトンキン (Tonkin) にまで広がったが，このトンキンに東西二つの代牧区が設立された 1679 年には，信徒数は両教区合わせて 30 万人にも達していた (→ ヴェトナム)．しかし，1685 年以来フランスの国家権力が東南アジアに進出し，フランス人宣教師の保護や宣教活動の自由などを要求する条約をシャム国政府と結ぶと，宣教師の派遣は容易になったが，反面フランスと条約を締結した政府に対する批判がシャム国の民衆の間に強まり，1688 年に政府が反乱軍によって倒されると，キリスト教迫害も始まった．1698 年には中南部のコーチ・シナ (Cochin China) でもトンキンでもキリスト教迫害が始まり，この地方のパリ外国宣教会員はこの後長らく，断続的に繰り返される凄惨な迫害下に，殉教覚悟で潜伏司牧活動を細々と続けるようになった．

〔過渡期の中国宣教と典礼論争〕1582 年にイタリア人イエズス会員マテオ・リッチらによって始められた中国宣教は，*儒教文化への巧みな適応によって多くの中国人教養人を入信させることに成功したが，1644 年に漢民族の明朝が滅び，満州族の清朝が支配するようになると，それまで明朝から温かい保護を受けていたキリスト教も迫害され，一部の宣教師が投獄されたり処刑されたりした．しかし，1650 年頃に約 15 万人であった信徒数は，1675 年には 30 万人と倍増し，その間にドミニコ会やイエズス会の中国人司祭が叙階されたり，前述の代牧パリュがポルトガルの激しい抗議を押し切って 1680 年に新設された福建代牧区に転任したり，さらにそのあとを受けて中国人ドミニコ会員が司教に任命されたりして，中国宣教は安定した発展を続けた．そして 1692 年には，清朝皇帝もキリスト教を容認するに至った．

しかしながら，1633 年にイエズス会による中国独占宣教の規定が解除されて，中国に入国したフランシスコ会員やドミニコ会員は，中国文化への適応を重視して，儒者風の服装をなし，儒教風の教会堂を建てて宣教しているイエズス会員のやり方を，キリスト教の異教化と考えて教皇庁に訴え，ここに 100 年以上も続く激しい典礼論争が始まった (→ 中国の典礼論争)．

イエズス会員は，1595 年に始まったインド内陸部での宣教においても，1606 年からはイタリア人会員 *ノビリの提案でバラモン僧風の服装を着用し，インド風の教会堂を建てて，教養人宣教に大きな成果を上げており，また文化的適応を重視したこの宣教方法が 1623 年の教皇 *グレゴリウス 15 世の *大勅書により容認されていたことを踏まえ，アジアでの儀礼の文化的適応はキリスト教の異教化ではないことを弁明して止まなかった．しかし，種々の論議と調査の後，教皇 *ベネディクトゥス 14 世は 1742 年に中国風の典礼を，1744 年にはインド風の典礼を，いずれも大勅書によって厳禁し，今後アジアに行く宣教師には，典礼論争をしないという誓約を義務づけた．宣教事業の内部分裂を回避しようとしたこの決定により，それまで盛んであった中国とインドでの教養人宣教は大打撃を受けたが，キリスト教典礼は全世界どこでもヨーロッパ風に統一された．

〔19 世紀の宣教熱〕人間理性を最高の基準とする *啓蒙思想の普及と *フランス革命の進展で，ヨーロッパ各国の教会も *宗教教育も大打撃を受けた 18 世紀には，宣教師数も激減したため，宣教活動は一般に低調であったが，しかし，例えばこの時代に創立された *レデンプトール会などは，ヨーロッパでの宣教活動が極度に難しかっただけに，海外宣教に対する強い憧れを会員の間に深めさせていた．19 世紀前半に啓蒙思想やフランス革命に対する反動が強まると，フランスでは 1822 年にリヨン宣教事業後援会 (後に *信仰弘布会と改称) と 1843 年に幼きイエス事業団 (Œuvre de la Sainte-Enfance, 宣教地の児童受洗援助団体) が，ドイツでは 1838 年にルードヴィヒ宣教事業後援会 (Ludwigsverein) と 1842 年に *ザベリオ宣教会が，それぞれ信徒によって創立され，国際的に会員数を増やして，年々民間からの高額の寄付金を海外宣教地に送付するようになった．支援された宣教師も，それらの寄付金をどのように支出したかの報告と合わせて，宣教地での生活や宣教活動などについてますます詳しく西欧の支援者たちに書き送るようになり，宣教師からのこのような報告や手紙は会の機関誌に印刷されて会員たちに配布された．

19 世紀中葉に写真技術が発明され，やがて写真を印刷する技術も開発されると，1873 年からは宣教地からの無数の写真と詳細な報告を掲載した月刊誌『カトリック宣教』(Missions catholiques) がフランス語・ドイツ語・イタリア語で発行されたが，これが同世紀中葉以来アフリカ，アジア，オセアニアの各地で植民地獲得競争を展開していた欧米各国の民間人の関心を集め，その後の半世紀は正に宣教雑誌全盛時代と称してもよいほど，カトリック，プロテスタントの各種宣教雑誌が多く読まれ，同時に宣教地の文化や国情についての興味深い研究書も多く刊行された．

宣教地の，ときには不穏な社会状況のなかで命がけで働いている宣教師たちの手紙は，理知的近代文化に倦怠を覚えていた若者たちに新しい夢を与えたのか，19 世紀中葉以降の欧米には宣教熱が高まり，カトリック界でも男女の修道会や *宣教会が数多く創立されて，その多くは優れた宣教者を海外に派遣し，その活動を支援した．同じ頃，西欧ではいわゆるナポレオン戦争後に再び勢いを盛り返した貴族や保守派の思想に批判的な，理知的・民主主義的な左翼思想も広まり，このような近代人の精神にも大きく心を開いて，それをカトリック信仰と結合しようと努める穏健な革新的知識人の活動も盛んになっていた．西欧のカトリック界を分裂しかねないこの保革二派を一つに統合し，過激な近代人精神に抵抗して信仰の遺産を忠実に守り抜くためには，全世界のカトリック者を教皇の権威のもとに一つに団結させる必要があると考えて開催された第 1 *ヴァティカン公会議は，教皇の *不可謬性を宣言し，カトリック界での教皇庁の主導権を確立したが，西欧の革新的知識人が教皇庁からの監視のほとんど届かない宣教地で自由に活躍しているとの情報を受けると，布教聖省は，1879 年の教令で宣教地ごとに司教会議を開催させ，各宣教地での宣教活動を細かく規定して，教皇庁指導のもとで司教による監視体制も強化させた．

1865 年に *長崎で *潜伏キリシタンたちが発見され，1868 年に江戸幕府が倒れた後も，なお明治政府による *浦上・*五島のキリシタン迫害が 1873 年春まで続いた日本では，まだ宣教経験が浅いという理由で司教会議の開催を遅らせる特別許可をとり，1890 年 3 月の信徒発見 25 周年記念も兼ねて *浦上天主堂で開催した．1882 年にようやく開国し，1884 年に最初の代牧を受け入れた朝鮮からも，このとき長崎に代表者が送られた．しか

し，それまでほとんど宣教師の裁量に委ねられていた各地の宣教活動がこうして各宣教地の特殊事情に疎い布教聖省によって細かく規定・監視されるようになると，宣教地のカトリック者は西欧的信仰生活を画一的に求められるようになった．そして，宣教地事情への適応をほとんど完全に無視した宣教活動には耐えられないとして帰国する宣教師や教会から離れる信徒が続出し，19世紀末頃には教皇庁もこの事態を深く反省し始めていた．

【現代宣教史】20世紀初頭から自動車や飛行機などの新しい交通機関が急速に発達し，電話・映画・レコード・ラジオ・テレビなどが次々と民衆の間に普及し始めると，それまでの社会に根強く続いていた身分差や男女別の格差も，都会と田舎，先進国と後進国の格差もしだいに縮まって，相異なる文化や宗教間の交流も深まる様相を示し始めた．「力の時代」「民衆の時代」と称してもよい，この新しい世界的時代思潮のなかにあって，教会はまず自らの過去を反省して過度の規制や差別を撤廃し，それまで抑圧されがちであった民衆の力を可能なかぎり是認し，発揮させようとした．

それまで古い時代の法や協定にこだわりがちであった教皇庁も，1913年にはまだ続いていたアジアにおけるポルトガルの保護権を一方的に破棄し，代牧や代牧区などの呼称も廃止した．教皇庁がこのことでポルトガル政府と和解したのは1929年のことであった．

〔宣教学の発達〕1910年にドイツのミュンスター大学の教授 J. *シュミードリンが，同大学内に *宣教学研究所を創立し，多くの有能な協力者を得て翌年から宣教学雑誌を刊行すると，教皇庁はこれらドイツ人宣教学者たちの研究に基づき，第1次世界大戦直後の1919年，前述した典礼論争拒否の誓約を宣教師から求めることを廃止し，高度の文化をもつ宣教国に派遣する宣教師には宣教地の文化についての教養も充分に着けさせるよう命じた．そのためか，1922年から30年にかけて在ローマのフランシスコ会，カプチン会，ドミニコ会，ならびにオランダのネイメーヘン大学も独自の宣教学研究所または宣教学科を設置し，1932年には *ウルバニアナ大学の宣教学研究所と *グレゴリアナ大学の宣教学部も創立されて，各時代の宣教史の研究と，宣教地の文化や社会についての情報を可能なかぎり収集して，どのように宣教すべきかを考究する研究は，一つの最盛期を迎えた．(→宣教学)

〔教皇庁主導の福音宣教活性化〕教皇庁は，イギリス領インドにはすでに1884年から *教皇使節を駐在させて，現地の政府とカトリック教会との友好関係保持に努めていたが，第1次世界大戦後の1919年には，たまたまカトリックの原敬(1856-1921)が前年に日本国の首相の座に就いたこともあって，韓国・台湾・南洋群島をも領有していた日本に教皇使節を駐在させて，日本政府との円満な友好関係の構築に努め，それを日本での宣教活動にも役立てるよう配慮した．同様の外交関係はさらに1922年に中国と，1925年にフランス領インドシナ(ヴェトナム)とも結ばれた．

1922年，教皇庁は宣教地に数多くの *神学校を増設させてその教科内容を充実させるかたわら，ローマの諸大学でも宣教地出身の多くの神学生・聖職者が学べるよう経済的支援を強化させたが，1925年にはヴァティカン宮殿で盛大な宣教博覧会を開催したり，中国政府の要望に従い北京にカトリックの *輔仁(ﾎｼﾞﾝ)大学を創立したりした．そして1926年には宣教事業がなるべくその宣教地出身の聖職者によって営まれるよう指示し，教皇自ら中国人6人を司教に叙階し，続いてインド人，フィリピン人，韓国人，アフリカ人，日本人などをも次々と司教に叙階した．これは，それまで欧米人司教のもとで営まれがちであった福音宣教に新風を吹き込む画期的出来事であった．

〔第2次世界大戦後の状況〕多くの住民を犠牲にした大戦は宣教事業に甚大な被害をもたらしたが，しかし，すでに宣教地の現地人聖職者を中心とする教会組織も，1930年頃から普及した信徒の自主的信仰活動も根づいていたので，戦後アメリカなどからの財政的支援を受けると，一時的にたくましい復興ぶりを示した．しかし，1948年から1949年にかけて東欧・北朝鮮・中国が次々と共産主義化して冷戦構造が定着すると，それによって深刻な危機感に襲われた地方，例えば1950年の朝鮮戦争で大打撃を受けた韓国などでは宣教が大きな成果を上げたが，その他の地方ではしだいにキリスト教の魅力が薄れ，1955年頃からは世界的に信徒の教会離れ現象がみられるようになり，宣教活動の成果を著しく減退させることとなった．その理由は国や政治状況によって異なり多種多様であろうが，世界的に共通してみられることを三つほど拾うなら，次のようにいうことができよう．

(1) 従来宣教地でキリスト教の魅力とされていた，洗練された美しい文芸や歌，儀式，聖書思想や種々の慈善活動組織などは，情報機器の発達で教会外でもマスコミなどを通して自由に接することができるようになり，宣教地で生まれた各種の新宗教や民間組織もそれら媒体を利用したり，同様のものを巧みに生み出したりしていること．

(2) 政治も教育も職場も冷たい競争と権利獲得の場と化しているうえに，マスコミによる情報の氾濫などで人々の心は疲れ，神の内での自由な安らぎと新たな生命力に憧れているのに，宣教者の多くはその人々を教育して教会内の組織に組み込もうとしているようにみえること．したがって，多くの人が教会をも一つの束縛と感じていること．

(3) 宣教者自身の心も，現代のマスコミが流す膨大な理知的研究や情報の流れに汚染され，人々の心に新しい希望と献身的愛の火をともす，神からの「ことばの力」を失ってきているように見受けられること．そのため，外的には毎年かなりの資金を教育・出版・慈善活動などに投入して福音宣教に努めてはいても，過去のさまざまな時代の宣教活動に比べると，現代の宣教活動は大きく形骸化しており，精神的救いを求める人々の心に訴える内的活力を失ってきているように思われること．

第2ヴァティカン公会議は，これまでの宣教学の研究成果に基づいて，他宗教の文化を寛大な心で容認しつつ，現代における福音宣教の意義を明確にし，宣教者に種々の有益な指針を与えたが，1955年頃から全世界の多くの宣教地で続いている宣教成果の不振を癒やすことはいまだにできずにいる．察するに，すべての組織が人の心に対する権威を失って内面から大きく揺らぎ，分解しつつある現代世界の巨大な流れのなかにあっては，宣教者も *預言者の時代や *初代教会の内的姿に立ち帰り，各人がより直接的に神から出発して神による救いの到来を告知し，権威をもって人の心を悔い改めへと導くこと，そして迫害下の初代教会のように，神に対する信仰と愛に生きるキリスト者相互の美しい結束を世に示すことが大きな成果を上げる宣教方法なのではなかろうか．しかし，そのためには教会も従来の伝統的制度・組織からより大きく，大胆に脱皮する必要が生じるであろ

う．このことについての，宣教学者たちの研究にも期待したい．

【文献】HKG (J) 1-7; J. SCHMIDLIN, *Katholische Missionsgeschichte* (Steyl 1924).　　　　　　　（青山玄）

せんきょうじぎょうこうえんかい　宣教事業後援会

〔ラ〕opus missionale, 〔英〕mission aid society, 〔独〕Missionswerk, Missionsverein, 〔仏〕œuvre missionnaire　宣教地における宣教事業（→宣教）を霊的・物質的に援助することを目的としている各種後援会．19世紀にカトリック宣教活動は再び盛んになったが，かつて宣教事業の財政的支援に大きな役割を果たしていたポルトガル，スペイン，フランスの布教 *保護権も，*啓蒙思想の普及や *フランス革命以来の動乱で財政基盤を阻害された諸 *修道会も，さらに *民主主義運動や *イタリア統一運動などの圧力に苦しむ *教皇庁も，著しく弱体化しつつあった．そこで，宣教への関心を高めていた各地の信仰者や民衆がこの不備を補おうとして結成し，広めたのが宣教事業後援会である．時代の推移に伴って，その目的や名称に多少の変化が生じたり，統廃合を経験したりしているが，1921年にこの種の後援会数は246を記録している．しかし，その直後の1922年に創立300周年を祝った教皇庁布教聖省（現福音宣教省）の指導で，さらに新たな統廃合も進められた．その主なものを簡単に紹介してみよう．

【教皇庁直属後援会】(1) *信仰弘布会．リヨンの *ジャリコが1822年に同地の女子労働者たちに呼びかけて結成したリヨン宣教事業後援会から発展した後援会で，彼女のモットー「少額の寄付金，しかし多くの人から」と「布教のため毎日短い祈り，しかし幾百万人の」とは，宣教事業後援会全体の根本的性格を表しているといってよい．初年度の募金2万3,000金フランが，1840年に教皇から公認された後の1842年には332万3,000金フランと144倍以上に増大しているが，この急速な発展に大きく貢献したのが，宣教師からの興味深い手紙を連載する機関紙『信仰弘布年報』(Annales de la Propagation de la foi) であった．会はその後の諸教皇からも推奨されて，1922年5月の創立百周年記念祭に，教皇の自発教令により本部が南仏 *リヨンから *ローマに移され，「教皇庁信仰弘布会」(Pontificium opus a propagatione fidei) と改称された．同年，それまでドイツの二大宣教事業後援会であったザベリオ会 (Franziskus-Xaverius-Missionsverein, 設立1834) と，ルートヴィヒ布教事業後援会 (Ludwig-Missionsverein, 設立1838) も，同会に統合された．

(2) 幼きイエズス会 (Pontificium opus sanctae infantiae)．ナンシー (Nancy) の司教フォルバン・ジャンソン (Charles de Forbin Janson, 1785-1844) が，1843年に前述したジャリコの協力を得，中国人児童の生活援助と受洗に導くこととを目的として *パリで創立した，祈りと募金の後援会で，1849年にはアフリカ人奴隷の子もたちの救済も目的に加え，1855年以降は全世界の宣教地の幼児・児童の救済・救霊を目的として欧米の諸国に広まり，1922年には総本部をパリに置いたまま，教皇庁の事業に昇格された．

(3) 聖ペトロ事業会 (Pontificium opus Sancti Petri pro clero indigeno)．宣教地における現地人聖職者・神学生の援助を目的として，1889年にビガール (Stephanie Bigard, 1834-1903) がカン (Caen) で創立し，当時のフランスの国内事情のため本部をスイスの *フリブールに置いた後援会で，1920年に本部がローマに移されて布教聖省直属の事業とされ，1922年に教皇庁直属事業になった．事業目的は，宣教地における現地人（教区）聖職者の養成と，*神学校の建設ならびに維持を祈りと寄付金で後援することにある．

(4) 宣教後援司祭団 (Pontificia cleri consociatio missionalis)．1916年に *ミラノ外国宣教会の会員マンナ (Paolo Manna, 1872-1952) とパルマの司教 *コンフォルティが，*教区司祭の宣教後援会としてラテン語名称 Unio cleri pro missionibus で創立し，第1次世界大戦後の1919年に布教聖省直属とされて，イタリア以外の諸国にも導入された．ドイツではすでに1912年に宣教学者 *シュミードリンが設立した同様の司祭団があったが，このときこの後援会に併合された．この会は，宣教のための祈りと募金のほかにも，説教・講演会・出版物などで積極的に海外宣教の支援に努めている．

【その他の後援会】例えば次のような後援会が，それぞれカトリック宣教事業にかなりの貢献をしている．創立年順に列挙しておこう．

(5) 聖ベネディクトの慈善会．1887年にドイツ南部の *オッティリア修族ベネディクト会修道院で，海外宣教師の宣教活動や慈善活動の支援を目的として設立され，1897年発刊の『オッティリア宣教新聞』(Missionsblätter von St. Ottilien) を機関紙とする．

(6) ペドロ・クラベル後援会．1894年にポーランド人のマリア・テレサ・*レドホフスカが，アフリカ宣教を支援するため *ペドロ・クラベルを *守護の聖人として創立した後援会で，祈りと募金のほかにも，宗教書・典礼用具・衣類・薬品等の送付に努めている．会の中核をなしているのは，これら援助物資の出版・収集・送付などを担当するペドロ・クラベル修道女会 (Suore Missionarie di San Pietro Claver) で，ローマに本部を，欧米とアフリカ諸国に支部を置く．

(7) 各種のカトリック宣教医療後援会．アメリカ合衆国，イギリス，ドイツとオランダのプロテスタント諸教会は，1834年以来，数多くの宣教医を宣教地に派遣しているが，カトリックはこの点で大きく遅れ，ようやく1922年，以前に10年間ほどインドで宣教した体験をもつ *サルヴァトール修道会の司祭ベッカー (Christoph Edmund Becker, 1875-1937) がドイツの *ヴュルツブルクに宣教医療研究所を創設し，会員を募集してカトリック宣教医の派遣に尽力し始めると，1924年に *ルーヴァン大学教授で *イエズス会の司祭シャルル (Pierre Sharle, 1883-1954) が，宣教医療扶助会 (Academica unio catholica adjuvans missiones) を組織して，積極的にカトリック医師ならびに看護人をコンゴに派遣し，同地に病院や農学校を建設した．また，ルーヴァンをはじめ各地で宣教医療の講習会も開催されている．同じ頃，1924年には *ニューヨークでカトリック宣教医療本部 (Catholic Medical Mission Board)，1925年には *ワシントンとローマに本部を置く宣教医療後援会 (Society of Medical Missionary) および *ブリュッセルに本部を置く宣教医療扶助会 (L'aide médicale aux Missions)，さらに1937年にはアイルランドのドロイエダ (Drogheda) でマリアの宣教医療後援会 (Medical Missionary of Mary) などの組織が結成されて活躍し始めている．

以上のほかにも，前述した聖ベネディクトの慈善会のように，個々の宣教修道会の活躍を祈りと寄付金などで支援する民間の後援会が19世紀末以降には数多く設立

されているが，ここでは割愛し，最後にもう一つ，ドイツの司教団が創設した組織を紹介しておこう．

(8) ミゼレオール (Misereor) 財団．1959年に *フルダで開催されたドイツ司教会議が設立した民間の事業で，発展途上国の民衆の生活援助ならびにその貧困の原因を除去するための活動に対する資金援助を目的としており，1960年頃には，ほとんどすべての発展途上国に総額で約1億2,000万マルクの支援をしていた．日本の敗戦直後にアメリカ合衆国から届けられたララ物資などの民間援助が宣教事業にも有益であったように，この事業も，宣教を間接に支援する一種の宣教事業後援会と考えてよいだろう．日本カトリック教会の *カリタス・ジャパンも，同様に一種の宣教事業後援会とみなすことができよう．

【文献】AnPont (1999) 1210-12; LThK³ 7: 322-24.

(青山玄)

せんきょうしぼくけんきゅうきかん　宣教司牧研究機関　どのようにしたら *イエス・キリストの福音が喜びの便りとして人々に伝わり，多くの人々とともにその福音を生き，分かち合うことができるかを研究する機関のこと．研究そのものの歴史は古いが，研究機関が設置されるようになったのは，*宣教学や *実践神学が組織的かつ総合的学問として深められ認知されるようになってからで，プロテスタント教会では19世紀後半，*カトリック教会では20世紀に入ってからである．これらの研究機関が欧米だけでなく，アジアやアフリカ，中南米諸国にも設置されるようになったのは，第2 *ヴァティカン公会議 (1962-65) 以降である．キリスト者が少ないアジアでは，特に超教派の活動や諸宗教との対話を基礎的に支える研究が重視されている．

〔アジアにおける主な研究機関〕韓国：Research Institute for Korean Christian Thought (京畿道 Kyonggi Do); Columbian Inculturation Center (ソウル)．インド：St. Ephrem Ecumenical Research Institute (コッタヤム Kottayam); Institute for the Study of Religion and Society (バンガロール Bangalore)．フィリピン：East Asian Pastoral Institute (*東アジア司牧研究所); Institute of Religion and Culture (マニラ)．マレーシア：Pastoral Institute of Kuala Lumpur (クアラルンプール Kuala Lumpur); Catholic Research Centre (同)．パキスタン：Pastoral Institute (ムルタン Multan)．シンガポール：Singapore Pastoral Institute．台湾：Taiwan Pastoral Centre (台北 Taipei)．香港：Christian Study Centre on Chinese Religion and Culture．パプア・ニューギニア：Liturgical Catechetical Institute (ゴロカ Goroka)．

〔日本における主な研究機関〕(1) カトリック中央協議会福音宣教研究室 (Office of Research for Evangelization, Catholic Bishops' Conference of Japan)．日本カトリック司教協議会は1976年 (昭和51) の定例総会で，日本における宣教と司牧の種々の活動を調整し，宣教と司牧に関する問題を研究して，日本の教会全体の将来を考える教会指導者のための資料を準備することを目的に，日本宣教司牧センター (Japan Missionary and Pastoral Center) 設立を決定した．これは長年，宣教司牧司教委員会，日本カトリック管区長協議会と日本女子修道会総長・管区長会が合同で構想を練り準備してきたものの大きな実りである．同センターは，同司教協議会が作成した「日本のカトリック教会の基本方針と優先課題」の土台の一つとなる「日本の社会の福音化を目指して」と題する文書を発表し，さらに司祭生涯養成コースを創設して第5期までを実施した．

その後，*カトリック中央協議会の第1次機構改革に伴い日本宣教司牧センターの在り方も検討され，1984年の定例司教総会は，同センターを福音宣教の実践的研究に専念する司教協議会直轄の研究機関として充実させるために，日本カトリック宣教研究所 (Japan Catholic Research Institute for Evangelization) と改組改称した．同研究所は，司教協議会が主宰する福音宣教推進全国会議 (National Incentive Convention for Evangelization) の第1回と第2回の準備と実施に参画．さらに日本における福音宣教に関するさまざまなシンポジウムや研修会を開催したばかりでなく，教皇庁諸省からの問い合わせや司教協議会の諸委員会の依頼による調査研究，教皇が発表するさまざまなメッセージや公文書の翻訳も担当するようになった．

1998年 (平成10) 2月に行われた臨時司教総会は，第3次機構改革案を承認し，同年4月より実施することになった．この第3次機構改革には，同研究所を福音宣教研究室 (Office of Research for Evangelization) と改組改称することが含まれていた．この改組は，日本のカトリック司教協議会が，日本の教会と社会に対する責任をより適切に果たすために，同研究所をこれまで以上に密接に常任司教委員会に結びつけ，司教たちの諸問機関的な存在として位置づけることを目的としたものだった．現在，同研究室には，司教たちが複雑な問題を抱える日本の教会と日本の社会に福音の光に照らされたメッセージを発信することができるよう，司教たちの身近にあって必要な資料を収集し，問題を的確かつ迅速に分析し，司教たちにそれを提示する役割が課せられている．

(2) 南山宗教文化研究所 (Nanzan Institute for Religion and Culture)．学校法人南山学園は，日本を中心とする東洋の宗教と文化に関する学際的研究を行うこと，およびキリスト教と諸宗教との対話と相互理解の促進を図ることを目的として，1975年に同研究所を南山大学敷地内に開設．1979年，同研究所は *南山大学の研究所となる．特に，現代社会における宗教の役割研究会 (CORMOS)，宗教と平和世界協議会 (WCRP)，日本宗教学会，東西宗教交流学会，宗教間対話の研究のための超教派グループ (EGSID) などの組織に共同発起人として参加している．宗教と文化，あるいはアジアの宗教を扱う研究書のシリーズ (Nanzan Studies in Religion and Culture, Nanzan Studies in Asian Religions,『南山シンポジウムシリーズ』等) のほか，定期刊行物 (Japanese Journal of Religious Studies, Annual Bulletin of the Nanzan Institute for Religion and Culture, Inter-Religio,『南山宗教文化研究所研究報』) を発行している．

(3) イエズス会社会司牧センター (Jesuit Social Center)．世界の教会や *イエズス会の社会活動を日本に紹介するとともに，日本における教会やイエズス会の社会活動の在り方を模索し，貢献することを目的に1981年に設置．社会問題に対するカトリック教会の思想と取り組みを中心に，広く世界の開発と貧困・人権・平和・環境などの諸問題を研究する機関で，実践活動を通してのネットワークづくりや神学的反省に基づいた運動を展開する拠点でもある．日本のイエズス会では，同じ趣旨で1974年に労働教育センターを下関に，1981年に旅路の里を大阪・釜ヶ崎に開設している．

(4) カトリック社会問題研究所．福音の精神に基づ

せんきょうしゅうどうかい

き，教会の社会的教えを学び，人間にふさわしい社会の在り方を追求し，現代社会の抱える問題についての理解を深めること，および問題解決のための実践的指針を明らかにしていくことを目的に，1964年に*パリ外国宣教会の司祭ムルグ(Jean Murgue)が中心になって開設．研究成果は雑誌『福音と社会』や社研セミナー，講演などの活動を通し発表されている．また，全国各地の*小教区や大学では，信徒有志による地域研究活動グループがカトリック社研に参加する地域社研として組織されている．

(5) 長崎教区要理教育研究所．長崎教区信徒の教理理解の深化を目指すとともに，*使徒的活動の遂行のために必要な神学の基礎知識を信徒に与えることを目的とし，長崎大司教の責任下に開設されていた神学講座を下地として，1973年に開設．神学講座と聖書講座を主催．神学講座基礎課程を修了して要理教師2級資格を取得した者を中心として要理教師の会を組織．季刊誌『要理教師の友』を発行．

(6) オリエンス宗教研究所 (Oriens Institute for Religious Research)．*エキュメニズムおよび諸宗教の対話の推進，*典礼と信仰教育の分野における新しい試み，現場で働く*宣教師や司牧担当者の役に立つ種々の出版物の作成・発行を目的として1962年に設立．日本の教会や世界の宗教界の動向を伝える英文季刊誌 (The Japan Mission Journal)，社会や文化の福音化と信徒リーダーの養成のための月刊誌『福音宣教』，日本のカトリック教会の典礼刷新のための信徒用主日ミサ・リーフレット『聖書と典礼』，子ども自身が信仰を深めるための週刊誌『こじか』などを刊行．

(7) 上智大学キリスト教文化・東洋宗教研究所 (Institute of Christian Culture and Oriental Religions)．キリスト教の伝統的遺産と現代の諸文化，文明との関連を研究し，現代世界および日本文化へのキリスト教の定着に資すると同時に東洋，特に日本の諸宗教を研究し，これらの諸宗教とキリスト教との対話を促進することを目的とする．『紀要』を刊行．1997年に前身のキリスト教文化研究所と東洋宗教研究所が合併された．

(8) ノートルダム清心女子大学キリスト教文化研究所 (Institute for Research of Christian Culture)．キリスト教とキリスト教文化に関する研究を促進すること，およびキリスト教の理念を広く浸透させることを目的として1975年に設立．『年報』を刊行．　　　(小田武彦)

せんきょうしゅうどうかい　宣教修道会〔英〕missionary institute，〔独〕Missionsinstitute，〔仏〕institut missionnaire　異教の地での宣教事業に従事するカトリックの*修道会およびその他の宣教者団体のことで，最も狭い意味では，宣教地での*宣教だけを第一目的として創立された修道会を指すが，広い意味では次の五つのグループを指す．

① *ベネディクト会，*シトー会などの古い修道会で，直接宣教活動にも従事している会．

② 他の活動を主目的としながら，宣教活動をも積極的に担当している，*フランシスコ会，*ドミニコ会，*カルメル会，*レデンプトール会，*サレジオ会，*マリスト修道会，*パウロ修道会などの修道会と，*修道誓願を宣言しない*オラトリオ会，ラザリスト会(現*ヴィンセンシオの宣教会)，*パロッティ会などの司祭会．

③ 宣教活動を主目的として創立された19世紀以降の*淳心会，*神言修道会，*オッティリア修族ベネディクト会などの修道誓願を宣立する修道会と，1660年創立の*パリ外国宣教会をはじめとする修道誓願を宣立しない司祭たちの*宣教会．

④ 宣教にも従事するキリスト教学校修士会〔ラ〕Institutum Fratrum Scholarum Christianarum,〔略号〕F.S.C.，創立1680)，*マリア会，*キリスト教教育修士会，*ヨハネ病院修道会などの修士会．

⑤ 観想的*修道生活を営むかたわら，宣教にも従事する，ベネディクト会，ドミニコ会，*クララ会，カルメル会，*厳律シトー会，*御受難修道会等の女子修道会，ならびに各種の教育事業・*慈善事業を営みつつ宣教活動に従事する，数多くの各種女子修道会．

【時代的変遷】次に宣教修道会の時代的変遷を垣間みるため，以上の5グループのうち，③に属する修道会と宣教会のなかで主要と思われるものを創立年順に列挙してみよう．

近代の宣教会と宣教修道会(創立年と国)

1660	パリ外国宣教会	フランス
1816	*オブレート会	フランス
1849	*クラレチアン宣教会	スペイン
1850	*ミラノ外国宣教会	イタリア
1856	リヨン外国宣教会 (S.M.A.)	フランス
1862	淳心会	ベルギー
1866	*ミル・ヒル宣教会	イギリス
1868	*白衣宣教会	フランス
1872	ヴェローナ宣教会 (F.S.C.)	イタリア
1875	神言修道会	オランダ
1884	*オッティリア修族ベネディクト会	ドイツ
1895	*ザベリオ宣教会	イタリア
1899	スペイン外国宣教会 (旧 *ブルゴス外国宣教会)	スペイン
1901	トリノ宣教会 (I.M.C.)	イタリア
1909	*マリアンヒル宣教会	イギリス
1911	*メリノール宣教会	アメリカ合衆国
1917	*コロンバン会	アイルランド
1918	*スカボロ外国宣教会	カナダ
1921	*ケベック外国宣教会	カナダ
1921	*ベトレヘム外国宣教会	スイス
1927	ヤルマル宣教会 (M.X.Y.)	コロンビア
1932	*パトリック外国宣教会	アイルランド
1949	*グアダルペ宣教会	メキシコ
1965	フィリピン宣教会 (M.S.P.)	フィリピン

こうして列挙してみると，17世紀中葉のパリ外国宣教会の創立が，海外宣教のみを目的とした宣教会にしてはただ一つ格別に早い．これは，1622年に*教皇庁に設立された布教聖省(福音宣教省の前身)が宣教*保護権を盾にして植民地主義をやめようとしないスペイン・ポルトガル両国から，海外宣教を奪回するための布石として創立させたからである．近代的な宣教修道会や宣教会が，民衆側からの強力な支持を得て次々と創立されたり，最初は海外宣教を主目的にしていなかった修道会が海外宣教に本腰を入れたり，「宣教会」と改称したりしたのは，*フランス革命とその後のナポレオン戦争で伝統的信仰の埋もれ火が吹き起こされたからであり，また特に19世紀後半以来，宣教地からの無数の写真を利用した宣教雑誌が，宣教活動に対する人々の関心を高めたからであるといってよいであろう．

【20世紀】しかし，20世紀中葉以降には，それまで若い志願者を多く集めていた宣教修道会の力が伸び悩み，代わって宣教地でカトリック宣教活動に積極的に従事する小規模の各種団体がしだいに注目を浴びるようになった．その結果として次の二つのグループも，最も広い意味での宣教修道会のカテゴリーに入れられるようになった．

⑥ 一般社会のなかで何らかの仕事や職業に従事しつつ宣教活動に努める *聖母カテキスタ会，*ヴィアンネ会，*神学校援助姉妹会，*カトリック愛苦会修道会などの *在俗会．

⑦ 医師・看護婦・社会事業家・技術者・ジャーナリストなどとして，異教地で宣教活動にも尽力するカトリック信徒の諸団体．1950年にローマで開催された宣教大会では，この種の12団体が国際的同盟を結んだが，そのなかには例えば次のような団体が含まれる．

(a) 光の会 (Ad Lucem)．1931年にフランスで創立された医師・薬剤師・社会事業家・ジャーナリスト・民俗学者らの会で，アフリカで活躍．

(b) 信徒布教助手会 (Auxiliaires Laiques de Missions, 略号: A.L.M.)．1937年にラザリスト会(後のヴィンセンシオの宣教会)の中国宣教師 *レップが創立した女子宣教者会．

(c) 信徒学士布教事業会 (Academische Leken-Missie-Actie, 略号: A.L.M.A.)．1947年にオランダで創立された会で，ニューギニア，ニュージーランド，インドネシア等で働いており，会員の多くは医師である．

(d) 布教看護婦会 (Société des Infirmieres Missionnaires)．1942年にカナダで創立された会．

教皇 *ピウス12世が，1942年2月2日付の教令『プロヴィダ・マーテル』(Provida mater)によって，現代社会のなかでの活動に一層適合した在俗修道会認可の諸規定を定め，そのような在俗会の設立を強く推奨すると，上述の ⑥ と ⑦ に属する会は，1947年以降，世界の各地で数多く設立され，一時はその会員数も多かったが，1970年以降の大きな社会変化の影響を受け，それまでの他の多くの宣教修道会と同様，近年は会員数が漸減している．

宣教修道会は，20世紀中葉までは，二つの世界大戦に妨げられつつも幅広く大きな成果を上げることができたが，その後の社会や民衆の内的変化を考慮すると，これからの時代には，むしろ前述の ⑥ や ⑦ のタイプの会か，あるいは *教会基礎共同体に類するボランティア活動が大きな宣教成果を上げるのではないかと思われる．

【文献】AnPont (1999); Cath. 9: 351-74. （青山玄）

せんきょうはくぶつかん　宣教博物館　Museo Missionario Etnologico del Laterano

1925年に開催されたヴァティカン宣教博覧会の展示品を基礎にして，翌年 *ピウス11世によって *ラテラノ宮殿内に創設されたローマ教皇直属の博物館．世界各地のカトリック宣教師の尽力によって収集されたさまざまな展示品はカトリック教会の宣教事業の功績を物語るだけでなく，それぞれの宣教地の文化，宗教，社会情勢を知るうえで貴重な資料を提供している．初代館長は *神言修道会の会員 W. *シュミットである．1937年に『宣教博物館会報』(Annali Lateranensi) が創刊された．

【文献】LThK² 7: 475. （富田裕）

せんきょうほうししゃ　宣教奉仕者

〔ラ〕lector, 〔英〕lector, reader, 〔独〕Lector, 〔仏〕lecteur　現在のカトリック教会において，典礼に際して福音朗読以外の朗読奉仕を中心に行う *信徒の奉仕職の呼称．第2 *ヴァティカン公会議以前の聖職位階のなかでは，*下級品級の第2段の役務で「読師」と呼ばれていた．『新教会法典』の邦訳では，法律用語として意味を限定するために原語の lector を「朗読奉仕者」と訳している．ちなみに，同じように信徒の奉仕職として定められた *教会奉仕者 (acolythus) は「祭壇奉仕者」と訳された．これらの用語の邦訳は統一されていなかったが，1996年(平成8)，日本カトリック司教協議会によって『新教会法典』の用語で統一されることが決定された．

【歴史】*西方教会において，初期の時代は礼拝における *聖書朗読の務めは正式に授けられる *役務としてはまだ確立しておらず，礼拝に参加する信徒が務めていたが，3世紀頃から *教役者の役務の一つとして定着した．同じ頃，*東方教会でも教会から任命された者が聖書朗読を担当するようになった．5世紀からは，朗読者養成所 (schola lectorum) で教育を受けた少年に朗読者の役務を授けていたが，6-7世紀には，福音朗読は *助祭あるいは *司祭に，書簡の朗読は *副助祭に委ねられた．こうして10世紀以降は，4種の下級品級の一つとして朗読者への任命が定着し，もっぱら司祭職への準備段階において授与される役務として理解された．第2ヴァティカン公会議以降，教会の奉仕職全般が見直され，1972年に教皇 *パウルス6世は自発教令『ミニステリア・クアエダム』(Ministeria quaedam) を発表して下級品級制度を廃止し，宣教奉仕者と教会奉仕者を *叙階の秘跡の前提ではなく，信徒の奉仕職として位置づけた．

【現在の規定】『新教会法典』では『ミニステリア・クアエダム』に従い，「男性の信徒は，司教協議会が決定した年齢に達しかつ適性を有する場合，規定された典礼儀式によって，朗読奉仕者及び祭壇奉仕者の奉仕職に恒常的に任命されることができる」(230条1項) とされ，役務として正式かつ恒常的に任命される場合は男性信徒の奉仕職に属する．また，終身の助祭職であれ司祭叙階への前段階としての助祭職であれ，助祭職の志願者は叙階前に朗読奉仕者と祭壇奉仕者の奉仕職を授けられることが求められる(1035条1項)．これらの奉仕職を授与する典礼は *選任式と呼ばれる．

【典礼における役割】選任された宣教奉仕者の主たる役務は神のことばの朗読である．そのためミサやその他の典礼においては福音書を除く聖書朗読を朗読台から行い，*詩編唱者がいない場合は *答唱詩編を唱える．また，*共同祈願では，助祭がいない場合は各意向を唱え，入堂行列に際しては，助祭がいない場合は朗読用福音書を奉持する．さらに入堂と *聖体拝領において聖歌が歌われない場合は入祭唱と拝領唱を唱える(『ミサ典礼書』総則 66, 148-52)．こうした神のことばへの奉仕のほかにも，歌と *会衆の参加を導くこと，選任を受けていない朗読者が典礼のなかで臨時に聖書朗読を務める際の準備を助けることも重要な務めである．そのため宣教奉仕者は，絶えず聖書に親しみ，神のことばの理解を深めるように努めることが求められる．こうした，選任された宣教奉仕者がいない場合は，他の男性信徒がその役割を果たすことができ，さらに司教協議会は，福音の前の朗読を行い，共同祈願の意向を唱える役割を女性が果たすことを許可することができる(同70)．

【現行典礼書】日本カトリック典礼委員会編『ミサ以外

せんきょうほうほう

のときの聖体拝領と聖体礼拝』（カトリック中央協議会 1989）；同『ミサ典礼書の総則と典礼暦年の一般原則』（カトリック中央協議会 1994）；同『朗読聖書の緒言』（カトリック中央協議会 1998）.
【文献】カ大 3: 731; LThK³ 6: 806-807; NCE 8: 601; 17: 293-94; 土屋吉正『ミサがわかる』（オリエンス宗教研究所 1989）; O. NUßBAUM, Lektorat und Akolythat (Köln 1974); P. JOUNEL, "Les ministres non ordonnés dans l'église," Notitiae, 18 (1982) 144-55; B. KLEINHEYER, ET AL., eds., Sakramentliche Feiern II, GDK 8: 61-65; A. G. MARTIMORT, ed., The Church at Prayer, v. 3 (Collegeville, Minn. 1988) 139-84. 　（宮越俊光）

せんきょうほうほう　宣教方法　アジア、アフリカ、中南米に対する過去の宣教活動が *植民地主義的性格と、キリスト教文化による異文化破壊を伴ったという批判を受けるようになったことから、教皇 *パウロ 6 世の使徒的勧告 *『エヴァンゲリイ・ヌンティアンディ』（1975）以来、*宣教よりも福音化ないし福音宣教（[英] evangelization）という言葉のほうがより多く使用されるようになっている。第 2 *ヴァティカン公会議の『宣教活動教令』、およびこの教令の発布 25 周年を記念する教皇 *ヨアンネス・パウロ 2 世の回勅 *『レデンプトーリス・ミッシオ』においては、依然として宣教、*派遣、使命を意味するミッシオ（[ラ] missio）が使われているが、パウロ 6 世の『エヴァンゲリイ・ヌンティアンディ』と第 5 回 *世界代表司教会議の「神の民へのメッセージ」（1977）における *インカルチュレーション（文化内受肉）の思想は、現代カトリック宣教論の画期的転換を示している。

【宣教の宗教としてのキリスト教】イエスは「時は満ち、神の国は近づいた。悔い改めて福音を信じなさい」（マコ 1: 15）と *ガリラヤに神の *福音を宣べ伝えた最初のそして最大の宣教者である（『エヴァンゲリイ・ヌンティアンディ』7 項）。*神の国とは神の支配にほかならず、とりもなおさず、イエスの到来により、イエスと共なる生活が始まったことを意味している。イエスこそは人間の *救いであり、それゆえ福音とは「救いのおとずれ」にほかならず、イエスによる救いの到来を告げ知らせることが宣教の内容である。イエスによって始まった救いの道は最初から宣教という性格を担っている。なぜなら人は救いにあずかるために自己の自由な決断において神の *恩恵を受け入れなければならないからである。*パウロがいうように「聞いたことのない方を、どうして信じられよう。また、宣べ伝える人がいなければ、どうして聞くことができよう。遣わされないで、どうして宣べ伝えることができよう」（ロマ 10: 14-15）。ここにおいて、*キリスト教は神からの派遣であり、宣教（proclamatio）である。

【対話の宗教としてのキリスト教】宣教は *真理としてのキリスト教の宣言である。ところが、このことはキリスト教の独自性、*絶対性主張を意味する（使 4: 12 参照）。しかし歴史的にみると、キリスト教はこの世界で唯一の宗教として存在したのではなく、数多くの諸宗教のなかの一つの宗教として存在してきた。それゆえ、宣教で出会うのは世界の諸文化と諸宗教、さまざまな宗教的慣習、思想、イデオロギー等であり、必然的に対話が必要となる。キリスト教の母体である *ユダヤ教も、すでに神と人との対話の宗教である。対話はある意味で、自己の立場の相対化を意味している。しかし宗教間の対話において大切なことは排除（[英] exclusiveness）ではなく、包摂（inclusiveness）である。中世の *トマス・アクイナスが『対異教徒大全』のなかで展開した、何人も認めざるをえない *理性の立場に立つことである（『対異教徒大全』1, 2, 4 参照）。キリスト教のなかでの *エキュメニズムにおいては、キリストに対する共通の *信仰において、また諸宗教間のエキュメニズムにおいては、例えば比叡山宗教サミットにおいて表現された盛花の考え、すなわちそれぞれの宗教が一つの花として相互に結ばれ、全体の美に奉仕するといった視座に立つことが必要である。今、絶対性と相対性をめぐって *諸宗教に関する神学が求められている。

【文化内受肉（インカルチュレーション）と宣教】イエスの宗教はその始まりから、地中海ギリシア文化圏に広がり、それぞれの *文化のなかに受肉して、東と西の両教会の伝統を培ってきた。日本においても、今日まで福音の土着化、文化内受肉が叫ばれてきた。このことの意義は、イエスによる神の国の譬え話の一つ「一粒のからし種」のなかにもみいだすことができる（マコ 4: 30-32；マタ 13: 31-32；ルカ 13: 18-19）。からし種は土のなかに蒔かれないかぎり成長しない。そのように福音も文化のなかに受肉しないかぎり成長することはない。宗教は、文化なしに存在することはなく、人間の文化現象でありながら文化でも反文化でもなく、文化の究極なのである。

【福音化、福音宣教とは何か】『エヴァンゲリイ・ヌンティアンディ』は現在、カトリック教会の福音宣教に関する最も基本的かつ最も重要な文書である。教皇パウロ 6 世はこのなかで、福音とは「罪と悪から人間を解放するもの」であり、「神において信頼して憩う喜びにひたる」（9 項）ことであると述べ、福音化とは「キリストを知らない人々に教え、説教し、信仰教育をし、洗礼その他の秘跡を授けること」（17 項）という従来の定義を超えて、それを「人類の階層の変革」（18 項）として捉え、「神のみことばと救いのご計画に背く人間の判断基準、価値観、関心の的、思想傾向、インスピレーションの源、生活様式などに福音の力によって影響を及ぼし、それをいわば転倒させることである」（19 項）と定義した。福音はすべての文化から独立したものであり、しかもそれらすべてに浸透すべきものである。福音化・福音宣教とは主イエスを明白に宣言することであり、この宣言は福音告知（*ケリュグマ）、*説教または信仰教育（カテケーシス、→要理と要理教育）ともいわれてきたが（22 項）、これらのみにとどまるものではない。福音宣教とはまず第一に、*イエス・キリストにおいて啓示された神を証しすることである。それは神の存在と神の *摂理への信仰である。創造主なる神が人間にとって父のような存在であり、神の子イエスにおいて人間に対する父の愛が実現し、救いが成熟したことを告知する。この救いは時間のなかで始まり、*永遠において完成する。それは現世における人間の解放を含みながら、しかもそれを超える。社会的、経済的、政治的な人間の解放を求める社会運動に関わりながら、しかも人間存在の最も深い次元である *罪と *悪からの解放を求める宗教的解放であり、これが福音である。福音宣教は人間の最も根源的な解放であるため、宣教方法は多岐にわたって現れてくる。

【宣教方法】『エヴァンゲリイ・ヌンティアンディ』（40-48 項）において幾つかの宣教方法として以下のことが教えられている。(1) 生活による証し、(2) 生ける説教、

(3) *ことばの祭儀，(4) 信仰教育，(5) マス・メディアの利用，(6) 個人的接触，(7) *秘跡，(8) *民間信仰との関わりである．『レデンプトーリス・ミッシオ』(40-60項)においては，宣教活動について，(1) 生活の証し，(2) 救い主キリストの告知，(3) *回心と *洗礼，(4) *地域教会の形成，(5) 教会の基礎共同体，(6) インカルチュレーション，(7) 諸宗教との対話，(8) 学校，病院，印刷所，大学，農業試験場を通しての開発，(9) 貧しい人々への愛の学校，医療センター，ハンセン病病院，身体障害者施設，老人ホーム，女性の地位向上を目指す事業，非政府組織のボランティアなどの愛の仕事などがあげられている．

第2ヴァティカン公会議の『宣教活動教令』(20項)は，すでに都市集中化，移住，宗教的無関心に注目し，貧しい人々への熱意について語っており，ヨアンネス・パウルス2世は一方では第2ヴァティカン公会議の「救いは，主以外のものによっては得られない」という宣言を踏襲し，「教会だけが救いの手だてとしての完全性を備えている」という確信を強調しながら(『レデンプトーリス・ミッシオ』55項)，他方，貧困，移住，難民に対する使徒的配慮を説き(37項)，マス・メディア，平和，発展，解放への関わり，人権，女性と子どもの地位向上，国際関係，文化，科学の研究等をあげ，消費主義・物質主義との戦いにおける宣教の霊性に言及している(37-38, 87-91項)．

宣教方法については，以上パウルス6世，ヨアンネス・パウルス2世の述べるところに尽きているが，そのうちの幾つかの意義について考えてみる．

(1) キリスト教的生活による救いと証し．第2ヴァティカン公会議が強調したように信徒の使徒職，宣教の第一のものは，「世の *聖化」のための生活による救いの証しである．それは地上的現実の価値を承認するとともに「霊性の優位」(J. *マリタン)を求めるものである．

(2) 神のメッセージを伝える説教．キリスト教は現在真理の危機のただなかにある．テレビ，インターネット等による世界的・宇宙的情報社会のなかでマス・メディアによる宣教の必要性とともに，教会で語られる説教の価値を忘れてはならない．現代人もまた神のメッセージを求めてやまない．

(3) *典礼による *キリストの現存．感謝の祭儀と呼ばれる *ミサは *パンと *ぶどう酒の形におけるキリストの体と血の現存の秘跡である．それはイエスによる全人類への招きである．

(4) エキュメニカルな共同宣教．これは教会・教派を超えたキリストの宣教活動であり，キリストがすべてにおいてすべてとなる未来への宇宙的展望をもって行われる．

(5) 貧しい人々，世の弱者のうちにキリストをみいだす．すでに『教会憲章』は，「キリストが貧困と迫害のうちにあがないのわざを完成したように，教会も救いの成果を人々に伝えるために同じ道を歩むよう招かれている．……教会も，人間的弱さに苦しむすべての人を愛をもって包み，さらに貧しい人や苦しむ人のうちに，貧しく苦しんだその創立者の姿を認め，かれらの欠乏を和らげるよう努め，かれらのうちにキリストに仕えようと心がける」(8項)と述べ，教会が貧しい人々と連帯して生きることを宣言した．これに応える一例として1995年の阪神・淡路大震災の後，カトリック大阪司教区では第2ヴァティカン公会議，日本カトリック教会の福音宣教推進全国会議の理念を継承し，「新生計画」を実践しようとしている．これは信徒による教会施設の復興のみならず，宗教・信仰・信条・国籍の違いを超えて，被災した人々，さらに公的援助を受けられない，今，ここに生きる人々との共生，特に貧しい人々，弱い人々の側に立って福音を生きようとする選択にほかならない．

【文献】公文書邦訳：教皇パウロ6世使徒的勧告『福音宣教』富沢孝彦訳(カトリック中央協議会1977)；教皇庁諸宗教評議会，福音宣教省『対話と宣言』P. ネメシェギ訳(カトリック中央協議会1993)；教皇ヨハネ・パウロ2世回勅『救い主の使命』(カトリック中央協議会1994)．

その他：田口芳五郎『福音宣教の神学』(精道教育促進協会1975)；H. ルソー『キリスト教思想』中島公子訳(白水社1982) 153-57: H. ROUSSEAU, *La pensée chrétienne* (Paris 1973); 吉満義彦『文化と宗教』吉満義彦全集1(講談社1984) 3-65；犬飼政一『信仰の実践と福音の宣教』(あかし書房1986)；佐々木博『人とのかかわりの中で』(女子パウロ会1986)；同『これからの福音宣教』(あかし書房1986)；岸英司『時の流れのなかで』(あかし書房1988)；山本襄治，松本三朗編『これからの教会』(みくに書房1990)；日本カトリック宣教研究所編『福音をのべ伝える』(カトリック中央協議会1990)；WCC世界宣教・伝道委員会編『現代の宣教と伝道』松田和憲訳(新教出版社1991): WORLD COUNCIL OF CHURCHES, COMMISSION ON WORLD MISSION AND EVANGELISM, eds., *Mission and Evangelism* (Genève 1983); M. ズィーヴェルニヒ「宣教の方向転換」計良祐時訳『神学ダイジェスト』81 (1996) 7-21: M. SIEVERNICH, "Mission im Wandel," StdZ 213 (1995) 677-89; B. C. ジョンスン『これからの福音宣教像』吉田信夫訳(日本基督教団出版局1996): B. C. JOHNSON, *Rethinking Evangelism* (Philadelphia 1987); R. AGENEAU, D. PRYEN, *Les chemins de la mission aujourd'hui* (Paris 1972); G. H. ANDERSON, T. F. STRANSKY, eds., *Crucial Issues in Mission Today*, Mission Trends 1 (New York 1974); J. VERKUYL, *Contemporary Missiology*, ed. D. COOPER (Grand Rapids 1978); R. H. DRUMMOND, *Toward a New Age in Christian Theology* (Maryknoll, N. Y. 1985); K. MÜLLER, *Missionstheologie* (Berlin 1985); D. J. BOSCH, *Transforming Mission* (Maryknoll, N. Y. 1991).

(岸英司)

せんきょうめいれい〔イエスの〕 宣教命令〔イエスの〕〔ラ〕missio apostolorum　イエスが弟子たちに自分の教えを宣べ伝えるよう命じた伝承は2種あり，それは生前と死後，復活者の全世界への宣教命令である．「在世中」の宣教命令には2伝承がある．マルコ伝承(マコ6: 6-13とルカ9: 1-6)および *Q資料(→共観福音書)である(ルカ10: 2-12)．マタイ書10章1-14節は両伝承の混合型である．Q資料における宣教命令はマルコ型よりも古型で，この伝承の担い手である *原始教団の放浪宣教者集団を介してイエス自身に遡る伝承が色濃く反映する．宣教者は何ももつな，と極端であり(ルカ10: 3-4をマコ6: 8と比較)，宣教中「そこで出される物を食べ，また飲みなさい」(ルカ10: 7)は *ユダヤ教の *清さと *汚れの思想に対立するイエスの教えであり(マコ7: 15)，宣教内容はイエス自身のそれと同じ「神の国が近づいた」(ルカ10: 9, 11)というものだからである．イエスの宣教者はイエスの代理者としてイエス自身のようにあらねばならない，ということである．その宣教命令の中心に病人の *癒やしがある(マコ6: 7,

13；ルカ 10：9）．*神の国・神の支配は特に弱者への配慮があるからである．宣教を命じられた人々は，マルコ伝承では 12 人の *弟子だが，Q 資料が示すように彼らだけではなかったし，また，宣教命令も 1 回のみではなく，イエスは短期の宣教をたびたび命じた．派遣先は *ユダヤ人のみである（マタ 10：5 参照）．異邦人宣教はない．しかし神の国の内容や清めの *律法に対立する宣教命令は，将来の異邦人宣教への道を開く可能性を内包していた（→ 異邦人宣教と異邦人改宗）．

【復活主の世界宣教命令】それぞれ形も表現も大きく相違する宣教命令（マタ 28：16-20；ルカ 24：36-49；ヨハ 20：19-23；2 世紀初頭のマコ 16：14-20）だが，内容・構造は互いに類似する．(1) 復活主は弟子団に出現したとの状況で，(2) 主は直接話法で宣教委任する．(3) 四福音書には共に，宣教派遣される弟子たちへの復活主の力添えが約束されている．すなわち，「わたしは世の終わりまでいつもあなたがたと共にいる」（マタイ）．「わたしは，父が約束されたものをあなたがたに送る」（ルカ）．それは「高い所からの力」である．「聖霊を受けなさい」（ヨハネ）．「信じる者には，次のようなしるしが伴う」（マルコ）．(4) この宣教命令は，第 1 世代の弟子団にのみでなく，後のキリスト教共同体全体に向けられたものである．「世の終わりまで」あるいは「全世界へ」の宣教命令がそれを示している．これらの類似の基底には，復活者の出現と世界宣教への派遣とが本質的に結合しているという信仰があり，これは *パウロにも共通である（ガラ 1：15-16）．なぜならそれは，復活主の生命体が単に自己を保存することにあるのではなく，本質的に他のあらゆるものに対して自己の主権・支配を認めさせ，他者がイエスを己の主，支配者として告白せざるをえないものとする *高挙された生命力である，という理解があるからである（マタ 28：18「天と地の一切の権能を授かっている」，パウロ以前の原始教団の賛歌，フィリ 2：9-11 参照）．したがって，復活主の宣教派遣は，ユダヤ人への宣教という民族性・地域性に限定されるものではなく，全世界のすべての民族への宣教であり，宣教に派遣される者は，イエスが生きて，他を生きさせる主であることを証言する証人となるのである（ルカ 24：47-48；使 1：8）．

【文献】BHH 2：1222-25；BL² 1975-76；LThK² 7：453-54；NBL 2：821-23；TRE 4：478-513；K. G. KUHN, "Das Problem der Mission in der Urchristenheit," *Evangelische Missionszeitschrift*, 11 (1954) 161-68；F. HAHN, *Das Verständnis der Mission im Neuen Testament* (Neukirchen-Vlyun 1963)；G. SCHILLE, *Der urchristliche Kollegialmission* (Zürich 1967)；H. KASTING, *Die Anfänge der urchristlichen Mission* (München 1969)；M. HENGEL, "Die Ursprünge der christlichen Mission," NTS (1971-72) 15-38；H. KRAFT, *Die Entstehung des Christentums* (Darmstadt 1981)；K. KERTELGE, ed., *Mission im Neuen Testament* (Freiburg 1982). （三好迪）

せんきょせいやく　選挙誓約〔ラ〕capitulatio，〔英〕capitulation, electoral pact，〔独〕Wahlkapitulation，〔仏〕capitulation　有権者の間で交わされる協定のこと．有権者は，選挙の際にこの誓約を監視する義務を相互に負う．この誓約が，多くは章（〔ラ〕capitulum）の形式で起草され，誓約されることからこの名称で呼ばれる．選挙委員会に属していない者が選出されたとき，この者は選出されたことを受諾する前にこの選挙誓約を行っていなければならなかった．このような選挙誓約は，まず世俗の領域で，皇帝の選挙の際に選帝侯の側から行われており，教会では，*教皇，*司教，*大修道院長の選挙の際に随時用いられるようになった．

【教皇の選挙誓約】第 2 *リヨン公会議（1274）の *教皇選挙に関する諸規定のなかで，選挙誓約を用いる可能性が初めて示唆された．これはそれまでの協定・取り決め・義務・合意がすべて無効になるという意味のものであった．教皇に関する最古の選挙誓約は，*インノケンティウス 6 世を選んだ教皇選挙会議（1352）に由来する．その目的は，教皇の権力を制限し，*枢機卿を教会統治に参与させるような規則を確定することであった．とりわけ次のような規定がある．すなわち，教皇が枢機卿を任命できるのは，その数が 16 を下回ったときのみであること，その任命も枢機卿の 3 分の 2 以上の賛成がある場合にだけ可能であること，枢機卿の総数も 20 を超えてはならないこと，枢機卿の罷免や *破門は，他の枢機卿全員の賛成がある場合のみ有効となること，枢機卿は，教皇の収入の半分を維持する権利が与えられていること，特に経済・金融に関することなどの主要な事業は，他の枢機卿たちの賛同がある場合にのみ許されることなどである．

インノケンティウス 6 世は，1353 年，教皇としてこの選挙誓約をリヨン公会議の諸規定に反するものであるとして，これの無効を決定した．しかし，その後の数世紀には多くの選挙誓約が出現した（ただし，選出された教皇がこれを考慮しないのがつねだった）．

西方教会の *教会大分裂（1378-1417）の時代には，選挙誓約の主要な目的は，分裂している教会を一致させることであり，そのため誓約の内容には教皇自らが退位する可能性も含まれていた．教会大分裂が終焉した後，教皇 *エウゲニウス 4 世以降，教会改革が行われ，確固とした要求として公会議が召集された．*宗教改革の時代に，特に *トリエント公会議以後，選挙誓約は繰り返し教皇によって禁じられたが（*ピウス 4 世，*グレゴリウス 15 世），事実上形骸化したまま 17 世紀まで存続した．1676 年の *インノケンティウス 11 世の選挙の際に起草されたものが最後のようである．

【司教の選挙誓約】12-13 世紀以降，司教の選出においても選挙誓約は慣習となった．それは，*参事会の会員が一定の事項を守ることを相互に義務づけるものである．選出された人は，その遵守を選挙後にもう一度誓約しなければならなかった．ここでも，参事会員が *司教区の統治に参与すること，特に教会の財産の維持が主目的となった．例えば，司教は参事会の同意がないと司教区の財産を売却することができなかった．このように，司教の選挙誓約は，宗教的な内容のものというより，むしろ経済的な見地から考えられており，主に司教が *領主司教として君主の権限をもっているところでみられたものである．教皇 *インノケンティウス 3 世と *ニコラウス 3 世は，この誓約が法的に許可できないことに関係したり，教会の自由を制限してしまう場合に限り，それを無効と宣言したが，これは普遍的な禁止ではなかったので，誓約が頻繁に用いられることになり，司教区の統治の際の参事会員の協力だけでなく，彼らの個人的な特権も誓約の対象となるなど，内容的には拡大解釈されるようになった．

選挙誓約と参事会の規約とは，その内容が概して同じだったので，しばしば参事会の規約の一部を含んだ「永

続的な選挙誓約」(〔ラ〕capitulatio perpetua) が起草された．1584 年に教皇 *グレゴリウス 13 世はこれを禁止し，1695 年には *インノケンティウス 12 世が再度禁止した．これは，特に大修道院長の選挙をも視野に入れたものだったが，すでに内密の選挙誓約が締結されていたため，禁令の成果は乏しかった．

1754 年に，*ベネディクトゥス 14 世が憲章『パストラーリ』(Pastorali) により，あらためて禁止した後，選挙誓約は行われなくなった．ただし，この禁令よりも，絶対主義の時代に領主の権限が強化されていったことのほうが決定的理由だったとも考えられる．
【文献】LThK² 10: 910-11. 　　　　(J. フィルハウス)

せんけつついしょ　『鮮血遺書』　*日本 26 聖人と *日本 205 福者の殉教物語．1887 年(明治 20)初版発行以来 1911 年の第 6 版まで改訂・発行を重ねた明治・大正期の代表的なカトリック出版物の一つ．内題に「日本聖人鮮血遺書」とあり「やまとひじりちしほのかきおき」と特に振り仮名してある．*パジェスの『二十六聖殉教記』(1862)と『*日本切支丹宗門史』(1869)を典拠に *ヴィリオンが日本の殉教者の祝日ごとに説教したものを加古義一が筆録，ヴィリオンの校閲のもとに編集・出版した．用語の稚拙，地名・人名の誤りを版を重ねるごとに訂正，第 6 版では原書を参照して大幅の校訂を行っている．松崎実『切支丹殉教記』(1925)，『考註鮮血遺書』(1926)は当時の *南蛮文学流行の文芸思潮のなかで絶版となっていた本書を第 6 版本をもとにさらに改版上梓したもの．1996 年(平成 8)には 26 聖人と日本殉教者一覧の部分を入江浩の現代語訳に解説を加えて燦葉出版社が復刊している．　　　　　　　　　　　(片岡千鶴子)

ぜんけってい　前決定　→ 予定

ゼーンゲン　Söhngen, Gottlieb　(1892. 5. 21-1971. 11. 14)　ドイツのカトリック神学者，哲学者．*ケルンに生まれ，*ミュンヘンで没す．1937 年，ブラウンスベルク(Braunsberg)の神学アカデミーで基礎神学を教え始め，1946 年ボン大学，1947 年からはミュンヘン大学カトリック神学部の教授を務めた．*トマス・アクィナスと *現代哲学の総合を意図し，現代神学の問題解明に応用しようとした．
【主著】*Die Einheit in der Theologie*, 1952; *Gesetz und Evangelium*, 1957; *Der Weg der abendländischen Theologie*, 1959; *Analogie und Metapher*, 1962. (高柳俊一)

ぜんこう　善行　→ 善業

せんざい〔みことばの〕　先在〔みことばの〕　〔ラ〕praeexistentia Verbi, 〔英〕pre-existence of the Word, 〔独〕Präexistenz des Wortes, 〔仏〕préexistence du Verbe　御子キリストなるみことば(〔ギ〕logos, → ロゴス)が，天地万物を超えて，*神とともに *永遠の初めから存在していること．
【聖書】御子キリストなるみことばの先在は，*ヨハネによる福音書序文のロゴス賛歌でのみ述べられている(1: 1-2)．このロゴス賛歌は，*旧約聖書および *ユダヤ教の *創造，*救い，*知恵，*律法などの思想を受け継ぎ，ロゴス用語においては特にアレクサンドリアの *フィロンの影響を受けたと考えられるが，*イエス・キリストをみことばの *受肉とみなす点では独特である．御子キリストの先在は，すでに *原始教団共通の信仰となっていた(1 コリ 8: 6; フィリ 2: 6-11; コロ 1: 15-20; ヘブ 1: 2-3 参照)．ヨハネは，みことばの先在を表すロゴス賛歌を福音書の序文に組み込むことによって，歴史的実在者であるイエス・キリストが，創造しかつ救う神の *摂理を人間に現した方であることを表現したと理解することができよう．
【教理史】みことばの先在は，古代において，*ストア学派や中期 *プラトン主義の影響を受けた *ロゴス・キリスト論のうちに探求され，*三位一体論の発展のもととなった．これによって，みことばの先在は，より精緻な説明が可能となったが，また少なからず不完全に理解されるようにもなった．みことばの先在が *父なる神との関係において，全教会から認められる定式で表現されたのは，第 1 *ニカイア公会議においてであった．

みことばの先在は，キリストを永遠の存在者とみなす信仰理解を生み出してきたが，これを神と人間との *愛(*神の自己譲与)における出会いという観点から理解することが現代の課題である．
【文献】LThK² 6: 1122-28; TDNT 4: 128-36; 間垣洋助『ヨハネ福音書のキリスト論』(聖文舎 1984); 百瀬文晃『イエス・キリストを学ぶ』(中央出版社 1986).
　　　　　　　　　　　　　　　　　　　　(石橋恭助)

せんしょうく　先唱句　〔ラ〕antiphona, 〔英〕antiphons, 〔独〕Antiphon, 〔仏〕antienne　*教会の祈り(聖務日課)の *詩編および *旧約聖書の歌，*新約聖書の歌を歌う際に，*先唱者が歌い出す句．先唱句が歌われる元来の理由は，*会衆または *歌隊が繰り返す言葉と旋律を示すと同時に，その唱和がどの旋法で歌われるかを示すことにある．現在の教会の祈りでは，続いて唱える詩編の文学類型を示すことによって，その詩編をふさわしく唱和できるようにする役割もある．そのため，各詩編唱和の先唱句はその詩編の一節からとられている．季節には固有の先唱句があり，*復活節には *アレルヤをつける．また祝祭日，記念日にも固有の先唱句がある(『教会の祈り』総則 113-20 項参照)．日本の『教会の祈り』では，詩編唱和の場合はその詩編から先唱句がとられている．
【文献】中垣純純『キリストとともに祈る』(ドン・ボスコ社 1984) 101-104. 　　　　　　(齊藤克弘)

せんしょうしゃ　先唱者　〔ラ〕cantor, 〔英〕precentor, 〔独〕Kantor, Vorsänger, 〔仏〕préchantre　*答唱詩編，*ミサの *賛歌，*教会の祈りの唱和や交唱(→ アンティフォナ)などで *先唱句を歌い出す役割をもつ．*ユダヤ教の礼拝では先唱者が重要な役割を果たしており，この役割はキリスト教でも受け継がれた．特に中世以降，*典礼においても音楽的に高度な技術が要求されるようになると，専門に養成された者がその役割を担うようになった(→ カントル)．その一方で，*典礼言語が理解されえないものとなっていくにしたがって，歌詞の内容を伝えることよりも音楽の技術が優先されるようになったことは否めない．本来の先唱者の役割は，先唱句を歌い出すことによって，(1) 旋法(モード)を *会衆に伝え，(2) *詩編その他の歌詞の性格を示し，(3) 歌う速さを決定することである．また，答唱詩編においては *朗読と同様に詩編の内容を伝えなければならない．このようなことから，先唱者は音楽的な技術はいうまでもないが，自らが歌う歌詞の内容，特に *聖書と典礼につ

いてよく学び，その深い精神を知る必要がある．何よりも大切なことは歌詞を聞く人の心に響かせることであり，よく聞き取れる歌い方が求められる（『ミサ典礼書』総則67参照）．

【文献】土屋吉正『ミサがわかる』（オリエンス宗教研究所1989）71-78；高田三郎「『教会の祈り』の歌いかたについて」中垣純編『キリストとともに祈る』（ドン・ボスコ社1984）133-45；同『典礼聖歌を作曲して』（オリエンス宗教研究所1992）． （齊藤克弘）

センスス・プレニオール　　Sensus Plenior

1925年フェルナンデス（Andrés Fernández, 1870-1961）が，*コルネリの示唆から提唱した比較的新しい聖書解釈上の用語．ラテン語で「より完全な（あるいは充実した）意味」だが，適当な訳語がないので通常このまま使用された．しかしR. E. *ブラウンの定義に従うなら，さらなる*啓示あるいは啓示の理解の展開に照らして考察されることでもって聖書の文言のなかに実在していたとみなされる，明らかに聖書の著者である人間によって意図されたのではなく，神によって意図された，より深い意味（[英] deeper meaning）をいう（さらに，*フィッツマイアーの下記文献参照）．

新約は旧約の実現・成就だという*聖書解釈学の一見解と関連して，このセンスス・プレニオールという考えによれば，聖書における語句の*字義通りの意味は局限されているものであって，そこには直ちに判別できない意味も含まれているという．もっともセンスス・プレニオールは，偶然あるいは逆に規則的にではなく，特に*救済史に関わる叙述のなかで何らかの役割を果たした聖書の語句にみられるとする．

例えば，マタイ書1章23節（「見よ，おとめが身ごもって男の子を生む」）に「おとめ」という語がある．これはイザヤ書7章14節の単なる引用ではない．イザヤ書での「若い女性（おとめ）」（[ヘ] 'almâ）という語にもかかわらず，*七十人訳聖書やマタイ書では「処女（おとめ）」（[ギ] parthenos）となっていて，いわばその再使用となるためである．こうして七十人訳聖書やマタイ書で再使用されることで明示された意味（「処女（おとめ）」）が，イザヤ書（「若い女性（おとめ）」）にとってのセンスス・プレニオールとなる（→処女懐胎）．さらに，啓示の理解の展開に伴っての*教父や*教導職による*三位一体や*原罪の*教理に関しての聖書の再使用のなかにもセンスス・プレニオールとみなすことができるものがある（例えば，原罪でのローマ書5章12-21節の再使用の場合．DS 1510-16参照）．

しかしセンスス・プレニオールという理論は，教父の*アレゴリーや*予型による聖書解釈ほど一般に支持されることはなかった．それは*霊的意味とほぼ同一であるがためである．1970年以降，センスス・プレニオールに基づいて，あるいはその理論をめぐって論究することは事実上皆無となった．

【文献】R. CORNELY, *Historica et critica introductio in utriusque Testamenti libros sacros* (Paris 1885) 528; A. FERNANDEZ, *Institutiones Biblicae*, 1 (Roma 1925 ⁶1951) 381-85; R. E. BROWN, *The Sensus Plenior of Sacred Scripture* (Baltimore 1955); ID., "The Sensus Plenior in the Last Ten Years," CBQ 15 (1963) 262-85; H. KRUSE, *Die Heilige Schrift in der theologischen Erkenntnislehre* (Paderbon 1964) 89-93; J. A. FITZMYER, *The Biblical Commission's Document "The Interpretation of the Bible in the Church": Text and Commentary* (Rome 1995) 124, 130-31. （清水宏）

センスラ　　→　ケンスラ

せんせいじゅつ　占星術　[ラ] astrologia, [英] astrology, [独] Astrologie, [仏] astrologie

【一般的概念】天体の相対的な位置関係（星座）や惑星の運行から，天候の変動を占ったり，あるいは国家的大事件の推移，さらには人間の運命を占うための学問ないし技術．西欧語の語源は，ギリシア語の「星」（astron）と「学問，知識」（logia）の組み合わせにある．

占星術は，オリエント，中国，インドなど世界各地にみられるが，いずれも，天体は人体と呼応関係にあるとの観点を論拠にしている．例えば，西洋占星術における「大宇宙」（マクロコスモス）と「小宇宙」（ミクロコスモス）の照応，中国占星術における「天人相関」という考え方である．

西洋占星術の基本に位置するのは，黄道十二宮である．黄道とは太陽が天空を通る見かけ上の道筋のことで，天の赤道と23度27分の傾きで交差している．交点は2か所あり，太陽が南から北へ赤道を横切る点を春分点，その反対側の点を秋分点という．黄道には12の星座（白羊宮・金牛宮・双子宮・巨蟹宮・獅子宮・処女宮・天秤宮・天蠍宮・人馬宮・磨羯宮・宝瓶宮・双魚宮）が並んでおり，誕生時や今現在，太陽がどの星座に位置しているかで，運勢が占われるのである．

【歴史】人類最古の占星術文献は古代オリエントの『エヌマ・アヌ・エンリル』であり，太陽神シャマシュ，月神シン，金星神イシュタルなどの吉凶を記しているが，その成立は前18世紀頃のバビロニア第1王朝時代とされる．この知識はアッシリアやペルシア帝国にも受け継がれ，ギリシアにはソクラテス以前の自然哲学の時代に伝来した．しかし本格的に導入されたのは，*アレクサンドロスの東征以降のヘレニズム時代であった．ギリシア人がバビロニアをカルデアとも呼んだところから，占星術は「カルデア人の術」と称されることもあった．

西洋占星術が今日ある形を整えたのは，後2世紀頃の*プトレマイオスの『四書』およびマニリウス（Marcus Manilius）の『天文譜』（Astronomica）においてであった．これらは現代においても，西洋占星術の基本文献となっている．

しかし*アウグスティヌスの『神の国』にも記されているように，キリスト教会は占星術を*迷信として排斥したため，ヨーロッパでは5世紀以降，社会の表舞台から姿を消した．そして占星術の伝統はイスラム世界へ伝えられ，12世紀頃からヨーロッパに再輸入された．さらにルネサンスの到来とともに，イタリアでは14-15世紀に，ドイツでは16-17世紀に隆盛をみた．その際，同じくルネサンス時代に再輸入された*プラトン主義や*新プラトン主義が思想的背景となった．ことに森羅万象を根源存在からの*流出という概念で説明づける新プラトン主義は，天体から流出する諸力が人体に「流入」（[英] influence）することで，人生上のさまざまな「影響」（influence）をもたらすという占星術の理論的根拠となった．

*コペルニクスから*ケプラーに至る近代天文学の祖にも，占星術への関心は色濃くみられる．17世紀以降に*科学革命が進展するにつれて，占星術は合理的根拠を失った．しかし現代になっても，社会的な混迷が続く

なか，なお一部の人々に少なからぬ影響を与えている．
【聖書】ユダヤ人は，放畜の民として古くから天体を移動の際の目印に利用していた．しかし天体をめぐる系統的な知識は，オリエントやエジプトから学んだ．ことに捕囚期以降，*バビロニアの天文学とともに，それと渾然一体となった*天体崇拝や占星術が，ユダヤ人の生活に入ってきた．

〔旧約〕例えばイザヤ書47章13節に，「助言が多すぎて，お前は弱ってしまった．天にしるしを見る者，星によって占う者，新月によってお前の運命を告げる者などを，立ち向かわせ，お前を救わせてみよ」との記述がある．これはもちろん占星術の無効性を主張したものであるが，この箇所が記されたとされる捕囚末期に，占星術に頼ろうとする傾向がユダヤ人の一部に存在したことを知らせてくれる．しかしこれ以上に重要な影響として指摘できるものに，春分点の問題がある．すなわち地球の歳差運動によって，春分点が位置する星座は歳月とともに変化している．そして占星術の基礎ができた頃，春分点は金牛宮（牡牛座）にあった．このため古代バビロニアの暦では，太陽が金牛宮に入る日をもって新年としていた．ここから古代エジプトの雄牛崇拝が生まれ，出エジプト後の一部ユダヤ人にみられた金の雄牛への*偶像礼拝にも影響を与えたとされる．

〔新約〕春分点は，前2000年頃，白羊宮（牡羊座）へと移動した．このため，その後も雄牛崇拝はしばらく続いたが，しだいに崇拝の対象が雄羊へと移っていった．「小羊を抱く者」と呼ばれた洗礼者*ヨハネがイエスを指し示しながら「見よ，世の罪を取り除く神の小羊だ」（ヨハ1:29）といったり，十字架上のイエスを犠牲の小羊とみなすことの一端は，この雄羊崇拝に由来するといわれる．

春分点は，後100年頃，双魚宮（魚座）に移動した．ちなみに*魚は，弾圧下にあった初期キリスト教徒の間で救世主の象徴とされていた．ギリシア語で魚を「イクテュス」（ichtys）というが，これを，「神の子にして救世主なるイエス・キリスト」（Iesous, Christos, Theou Huios, Sōtēr）の頭文字を組み合わせたものと考えたからである．

以上のほかに，黙示録に登場する獅子・雄牛・人間・鷲のような四つの生き物にも，占星術の影響を窺うことができる（黙4:7）．というのも十二宮を三つずつ四つの季節に分けたとき，それぞれの中央に位置する金牛宮・獅子宮・天蠍宮・宝瓶宮のうちで雄牛と獅子はそのままあてはまる．天蠍宮に関しては，人に嫌われるサソリが避けられ，蠍座の少し北にある鷲座に置き換えられた．宝瓶宮は，ギリシア神話における酒の司ガニュメデスの姿であり，これが「人間のような顔をもち」という表現となったと考えられるからである．

イエスの生誕にも，占星術と関係した記述がみいだせる．東方の*三人の博士たちが，ユダヤの王の誕生を告げる星をみて，*エルサレムへやってきたという箇所である（マタ2:1-2）．ここには東方（オリエント）の占星術が明らかに意識されている．しかし四福音書のうち，こうした記述がなされているのはマタイのみである．しかも同じくイエスの生誕を記したルカ書2章8-20節においては，*天使が*羊飼いたちに知らせたことになっており，占星術への言及はみられない．

【評価】将来については，全知全能の神以外には誰も知ることができない．ところが占星術は，将来を予知できると称する誤ちを犯している．しかも，同じ日時に同じ場所で生まれた人間に同じ運命が待っているとみなす点において，神から授かった*自由意志を否定するものでもある．このためキリスト教会では，占星術に対して繰り返し禁令を出してきた．特に*トリエント公会議は，信徒に対して，未来の偶然の出来事や人間の自由意志に依存する行動についての予言やそれらが確実に起こると大胆に主張する占星術に関する書物を読むことを断固として禁じた（DS 1859）．

【文献】中山茂『占星術』（紀伊國屋書店 1964）; 同『西洋占星術』（講談社 1992）; PTOLEMY, *Tetrabiblos*, Loeb Classical Library, 435 (London 1940). （河東仁）

せんそう　戦争　〔英〕War，〔独〕Krieg，〔仏〕guerre
【戦争とは何か】人類が政治共同体ないし*国家を形成する以前の自然状態は「万人の万人に対する戦争」であったとする*ホッブスの考えはそのまま受け入れ難いとしても，戦争が歴史の初めからつねに人類とともにあったことは否定できない．誰もが戦争と呼ばれる出来事について熟知しており，改めて戦争とは何かと問うことは無意味に思われるほどである．戦争について何か述べることがあるとしたら，それは「戦争」という言葉の用法を整理すること，あるいは歴史に現れた戦争の多様な形態を区別，分類して，戦争の全体像を浮かび上がらせることだけではないのか．

しかし戦争と呼ばれる出来事ないし事実が我々によく知られたものであるのは確かであるが，我々は戦争の本質を知っているといえるのか．この問いに対しては，人類の長い歴史を振り返るまでもなく，戦争を体験した多くの人々が「もちろん私は戦争とは何であるかを知っている．私はその悲惨さ，愚かさ，恐ろしさを自ら体験したのだから」と答えるであろう．この人々は戦争の本質を何らかの*悪として理解しており，このような戦争理解は今日広く受け入れられているものである．戦争とは*殺人であり，絶対的な悪であると主張する人も多い．特に現代の戦争においては直接に戦闘に従事する兵士と，非戦闘員たる一般市民との区別が事実上消滅し，多数の市民が虐殺の危険にさらされる全体戦争の様相を示すようになっており，戦争の本質は殺人という悪であるとの見方は大きな説得力をもつ．

確かに*平和が人類に大きな恵沢をもたらし，ある意味では最高の*善であるともいえるのに対して，それに対立する戦争が根本的な意味で悪であることはほとんど自明のことである．しかしながら，戦争が悪であるといわれるとき，その悪は厳密にどのようなことに存するかは必ずしも明らかではない．戦争は殺人であるから悪である，というのは，*死刑は殺人であるから悪である，ということと相通ずるところがあり，解明されるべき点を解決済みであるかのように扱っている．実は，戦争の本質を理解するためには，戦争と呼ばれる人間の営みのさまざまな側面に目を向けたうえで，それらを全体として捉えることを試みなければならないのである．

戦争が*正義の業でありうるのか，言い換えると，いかなる意味で「正戦」あるいは戦争の正義について語ることができるのか，という問題はしばらくおいて，人類の長い歴史において戦争が*勇気，*忍耐，自己犠牲，（孝養，ラテン語のpietasの一種としての）祖国愛，連帯などの倫理徳が形成され，また発揮される機会を提供したことは否定できない．*ヘーゲルが「風の運動によって海が腐敗から守られるように，戦争によって諸民族の人倫的健全性が維持される」（『法哲学』Ⅲ.2.324）

せんそう

と述べているのは，戦争そのものの美化あるいは是認としては決して受け入れることはできないが，人類の歴史において戦争が何であったのかを振り返る際には無視できない視点であるといえよう．戦争を根本的に悪として理解する場合でも，我々は戦争のもつ道徳的側面に目を閉ざしてはならないのであって，それは平和の恵沢と甘美さを讃え，それが*最高善であることを言明する際に，平和の実現がどれほどの困難な自己犠牲と苦痛を要求するものであるかを見逃してはならないのと同様である．

今日，戦争といえば交戦権を有するとされる主権国家の間の武力闘争として定義されることが多いが，ここでは*ホメロスが謳ったトロイ戦争，旧約聖書に記されている戦争（→聖戦），*カエサルの『ガリア戦記』に記録されている戦争から，内戦と呼ばれるものも含めて，より広い意味に解された戦争について考えていく．その際，大規模な私闘と戦争との区別が問題になるが，ひとまず，二つの勢力がより上位の権力による裁定あるいは調停の可能性がないような状況で武力闘争に入る場合に戦争が成立する，というふうに規定しておく．以下においては国際法，国際政治学，社会学，文化人類学などの観点からの戦争理解には立ち入らず，もっぱら*倫理学もしくは*倫理神学の観点から考察を進める．

【戦争と正義】戦争は正義の業（[ラ] opus justitiae）でありうるか．戦争は法の支配のもとにおける裁判や，*罰と同じように正義を実現させるための手段とみなされうるか．我々は戦争が多くの場合，正義の名のもとに戦われてきたという歴史的事実をどのように理解すべきであろうか．

キリスト教倫理思想の歴史においては，*アウグスティヌスに始まり，中世の*トマス・アクィナス，および近世初頭の*ビトリアおよび*スアレスなどのスコラ学者によって高度に理論化された正戦論の伝統がみいだされるというのが通説である．確かにこれらの思想家は戦争と正義の関係について，言い換えると戦争が正しいとされるための条件について論じており，特にビトリアとスアレスは近世における戦争と平和をめぐる*国際法理論の創始者であるとされる．しかしながらキリスト教倫理思想における正戦論については，戦争は一定の条件が満たされた場合には正義の業でありうる，と単純な仕方で肯定しているかのような誤解が広まっている．しかし実際には，いわゆる正戦論は戦争の正義を単純にふりかざす議論では決してなく，罪人たる人間の世界からは絶滅させることのできない戦争という暴力に直面して，それをできるかぎり理性と正義の原則のもとに置くことによって，その害悪を最少限に抑える試みであった．

【アウグスティヌス】戦争と正義に関するアウグスティヌスの思想は，人間の罪に対する罰として隷属の制度が地上に出現したことをもって国家の起源とする，国家ないし政治権力についての彼の現実直視の立場に基づいて理解する必要がある．すなわち，彼は真の正義が実現されている国家でなければ国家とはいえないという*キケロの立場を退け，現実の国家は「神を軽蔑するに至るまでの自己愛」と「自己を軽蔑するに至るほどの神愛」という二つの*愛が作り出す二つの国が混ざり合ったものであるとする．したがって現実の国家においては，そこに「*神の国」が現存するかぎりで正義も実現されているが，「地の国」が力を振るっているかぎりでは正義の欠如がみいだされるのである．したがって「名誉もしくは安全のために」（[ラ] pro fide aut pro salute）戦われる戦争は正しい戦争であり，ローマはそのような正しい戦争を通じて強大な国家となった，とするキケロ流の正戦論は，アウグスティヌスにとっては戦争に含まれる悪や不正の正体を突き止めるに至らない，極めて浅薄なものと受け止められたのである．

アウグスティヌスは戦争によってもたらされる災害と荒廃，戦争の悲惨を知らなかったのではなく，またそれから目をそらしていたのでもない．しかし彼にとって戦争が悪であるのは暴力の愛，*復讐に燃え上がる残忍さ，和らげることを知らない敵意，権力への欲望などに基づく．そしてそれらは時間的・現世的なものを永遠なものに優先させるという価値の転倒のゆえに*罪であり，不正なのである．このようにアウグスティヌスは戦争の悪ないし不正を，単に戦争によってもたらされる死や破壊に基づいてではなく，むしろ人間の罪に基づいて理解すべきことを主張する．

他方，アウグスティヌスは，キリスト信者は侵略者や略奪者に対して抵抗し，復讐するという市民としての義務を放棄しているという非難に対して，キリスト教はあらゆる戦争を禁止しているのではなく，神の権威のもとに神の命令に従って遂行される戦争は正しいと主張する．しかし，これも神意を持ち出すことによって戦争そのものを正当化しようとする議論ではなく，神の明らかな命令によるものでないかぎり正しい戦争というものはありえないという厳しい見方を示すものと解すべきであろう．また敵を殺すという行為についても，それが自らの生命の保全のために他者を殺そうとする*意志（voluntas）によってではなく，そうせざるをえない*必然性（necessitas）に迫られてなされる場合には正当化される，と論じている．アウグスティヌスは*正当防衛のためであっても敵を殺してはならない（兵士や公的職務によってそのことを遂行する者を除いて）との立場をとったといわれるが，それはあくまで自らが死を免れるために相手を殺すことを意図する場合のことを指すと解釈すべきである．

戦争と正義をめぐるアウグスティヌスの立場は主として*ドナトゥス派との20年に及ぶ紛争の経験を通じて形成されたものであり，彼は最後に力をもって力に打ち勝たなければならない場面があるとの結論に達したのである．しかし彼は，正しい戦争がありうるという結論は侵略や略奪の口実に用いられる危険が大きいことを知っていた．このため彼は，一方では戦争は神の明らかな命令に従って遂行されるときにのみ正当化されうるとの厳しい条件をつけ，他方では戦争はあくまで次善の策であり，至上の勇敢さと優れた信実をもって戦う戦士は偉大であるが，戦い自体を言葉をもって食い止め，戦いによってではなく平和によって平和を維持するほうがより優れていると主張したのである．

【トマス・アクィナス】トマスは戦争を，憎しみ，怠惰（*アケディア），羨望，不和，離教などとともに愛徳（caritas）に対立するもろもろの*悪徳ないし罪の一つに数えている．すなわち，戦争は愛徳（→愛）が生み出す固有の結果，つまり愛徳の業（opus caritatis）としての平和に対立するものであり，その意味で愛徳に対立する罪なのである．しかし戦争は平和に対立するとの理由でつねに罪であるか，という問いに対しては，「正しい戦争」（bellum justum）を遂行する者も平和を意図しているのであるから，彼らは無条件的に平和に対立しているとはいえず，むしろ「悪しき平和」（pax mala）にのみ対立している，と答える．したがってトマスは戦争を原則的に

は，「合一させる力」としての愛，つまり平和を生み出す最高の徳である愛徳に対立する罪として捉えたうえで，それがどのような厳しい条件を満たした場合には正しい戦争になりうるか，すなわちもはや罪ではなく，平和へと秩序づけられた戦争になりうるかを考察しているといえよう．

　トマスによると戦争が正しいものであるためには次の三つの条件を満たすことが必要である．第一は国家の*共通善を配慮すべき統治者の権威の発動である．これは単に国家の最高権力は交戦権を含むという意味に解すべきではなく，公権力は国家秩序を乱す者に対して必要な場合には力をもって臨むように，外敵に対しても共通善を保全するために必要不可欠であるかぎり力をもって対抗することが正当化される，という意味に解すべきであろう．言い換えると，統治者は彼が最高の権力を有するがゆえに交戦権をも有するのではなく，共通善を保全するために残された最後の手段として戦争に訴えるときにのみ戦争は正しいものである，というのがトマスの真意であるといえよう．第二の条件は戦争を開始するための正しい理由（justa causa）がなければならないというものであり，例えば相手国に損害を与えていながらそれを弁償するのを怠ったり，相手国から不当に奪ったものを返還するのを拒む国は，懲罰的攻撃を受けるに値するのであり，そのような国に対して行われる戦争には正しい理由があるとされる．第三に交戦者が直(ただ)しい意図（intentio recta）をもって，すなわち善を推進し，悪を避けることを意図しつつ戦争を遂行することが要求される．殺傷と破壊への倒錯した熱情，冷酷な復讐心，支配へのあくことを知らぬ欲望などの邪悪な意図をもって遂行される戦争は，たとえ正しい理由をもって始められたものであっても正しいとはいえないのである．

　トマスは神の明白な命令によってなされる場合には人の命を奪うこと，他人の持ち物をとること，夫婦関係の外での性交も罪悪ではないと述べているが，戦争も神の命令による場合には正しいものになるとは明言していない．ただ公権力の担い手が「正義への熱意からして」（ex zelo justitiae）戦うのは「いわば神の権威からして」（quasi ex auctoritate Dei）戦うのであり，「剣を取る者は皆，剣で滅びる」（マタ26：52）という言葉で戒められた罪の行為にあたらないと述べており，戦争が正しいものであるときにはそれは神の権威によって支えられている，という考えを示している．キリスト信者の間においては，現世の戦争は霊的で神的な善を目的としてそれに秩序づけられるべきであり，正しい戦争を戦うことは功徳あること（meritorium）なのである．

　トマスの戦争観の特徴は，共通善の保全のために必要であるならば*祝日に戦争を遂行することは正当である，という見解において明らかに示されている．彼は安息日（→安息）に病者を癒やしたキリストの例をあげて，祝日を聖なるものとする義務は身体的な福祉も含めて人間の*救いのために尽くすことを妨げるものではない，という原則に訴える．医者が祝日に医療活動を行うのが正当であるなら，まして共通善の保全，すなわち多くの人命および多大の現世的ないし霊的な福祉の実現のために正しい戦争を戦うことが正当であるのは明らかである，とトマスは主張するのである（『神学大全』II, 2, q. 40）．

　このようにトマスは一方において，古くから正義に訴えてなされてきた戦争をそのまま「正義の業」とするのではなく（むしろ平和こそ正義の業である），根本的には戦争は愛徳に反する罪悪であると理解している．彼にとってもアウグスティヌスと同じように，戦争の悪は根源的に罪に基づくところの人々の悪徳（欲望，野心，倒錯した熱情など）に存するのである．他方，彼はそのような戦争をできるかぎり共通善を目指して確立されるべき正義の秩序に従属させることを試みているのであって，彼のいわゆる正戦論はそのような視点から理解すべきである．

【ビトリアとスアレス】ビトリアとスアレスは戦争と正義に関するアウグスティヌスやトマスの立場，とりわけ後者の「正しい戦争」に関する教説を基本的に継承しつつ，それを16-17世紀のスペインをめぐる状況を考慮に入れながら発展させ，修正している．すなわち，トマスが統一的なキリスト教社会の枠組みのなかで戦争を論じていたのに対して，この二人は新大陸が発見され，もろもろの民族国家が互いに勢力を競いつつ共存している国際社会を背景に正戦論を展開している．ここからして後者の学説は*グロティウスの『戦争と平和の法について』（1625）に先立って近世国際法理論の基礎を置くものと評価されるような特色をもつものとなったのである．

　この二人の正戦論に関して注目すべき第一の点は，自らに現実に加えられる暴力に対して力をもって対抗することは*自然法に基づいて私人に対しても認められる権利であるから，防衛（自衛）戦争の正当性は自明的であって特に論ずる必要はなく，正戦論の対象となるのは他国から加えられた不正に対する刑罰的正義の行使として行われる攻撃戦争に関してのみである，と主張していることである．第二は戦争が正しいものであるためには，戦いを始める者は正しい理由を有するだけではなく，その理由の正しさについて確信していなくてはならないことを強調している点である．その根拠は，戦争を行うにあたって君主は訴えるべきより上位の法廷を有せず，自らが裁判官として正しい判決を下さなくてはならない立場にあるということにほかならない．ビトリアとスアレスが提起した戦争理由の正しさについての確信という問題は，彼らを交戦者の双方が正当理由をもちうるかという難問に直面させることになったが，それに対しては原則としてそのようなことはありえないが，「克服し難い無知」のゆえに交戦者の双方が正当であることもありうる，と答えている．第三にトマスがもっぱら交戦者の直しい意図を要求したのに対して，この二人は正しい戦争においていかなる戦闘行為が正当化されうるかという，戦争の正当方法について詳細に論じている．このことは彼らの正戦論の新しい側面を示すものであり，倫理神学的正戦論から国際法理論への移行を示唆するものといえるであろう．

　トマスにおいても統治者ないし君主は共通善を保全するために必要なかぎりで戦争を行う権限をもつとされたのであるが，その際，共通善は自らが配慮すべき自国の共通善を意味するにとどまり，国際社会の共通善については明瞭に自覚されてはいなかった．これに対してビトリアとスアレスにおいては，君主は刑罰権の行使としての正しい戦争を行うに際しては全人類を含む国際社会の共通善を考慮しなければならないとされている．このことは戦争の正当方法についての詳細な理論的考察と併せて，彼らの正戦論がトマスまでのそれと比べ，理論的に高度の完全性に達したことを示すものといえるであろう．

【現代における正戦論】現代においては通信・交通手段の飛躍的な発達によって，世界は技術的には文字通り一つ

せんそくしき

の社会を形成するに至っており，経済的にも相互依存の程度が高まり，人類が人間としての尊厳にふさわしい仕方で生存を続けるためには，主権国家に代わるべき人類共同体の共通善を実現するための新しい制度・機構をつくりださなくてはならない．したがって，これまでキリスト教倫理思想が正戦論という形で提示してきた，戦争の人道化のための努力は，世界的法秩序と世界的公権の確立による戦争の全面的・恒久的絶滅を目指す方向へと転回させられる必要がある．そのことは最近の社会回勅，特に *ヨアンネス23世の *『パーケム・イン・テリス』(1963)および第2*ヴァティカン公会議の『現代世界憲章』が示している通りである．

しかし他方，戦争の問題が現実に存在するかぎり，それを単純に悪として非難することは問題の回避であり，我々は厳密に学問的な仕方で戦争を道徳的批判にさらす努力を続けなければならない．それは一方では戦争における真の罪悪を突き止めるという方向をとり，他方では戦争という暴力をできるかぎり理性と正義の秩序に従属させようとする方向をとるのであり，そのことは伝統的な正戦論の試みを受け継ぎ，推進させていくことにほかならない．

【文献】P. J. ヘルツォグ『戦争と正義』ソフィア叢書3, 小林珍雄訳（創文社 1955); J. コートニー・マレー「核戦争の道徳的問題について」『現代思潮とカトリシズム』J. ロゲンドルフ編（創文社 1959) 327-55; 伊藤不二男『スアレスの国際法理論』（有斐閣 1957); 同『ビトリアの国際法理論』（有斐閣 1965); 稲垣良典「平和の推進と国際共同体の促進」『世界に開かれた社会』（中央出版社 1968) 449-82; F. VITORIA, *De Jure Belli (Relectiones Theologiae)* (1557); F. SUAREZ, *Opus de Triplici Virtute Theologica, Fide, Spe et Caritate* (1621); F. SUAREZ, "Tractatus Tertius De Caritate (Disputatio XIII De Bello)," *Opera Ominia*, v. 12 (1858). (稲垣良典)

せんそくしき　洗足式　〔ラ〕mandatum, lotio pedum, 〔英〕mandatum, 〔独〕Fußwaschung, 〔仏〕lavement des pieds　洗足という行為は，旧約以来，客をもてなす姿勢のしるしとして知られてきた(創 18:4). キリスト教においては，何よりもヨハネ書13章1-15節が述べる，イエスが仕える者としての姿勢を自ら示して弟子たちの足を洗った行為が源である．これは愛の掟(ヨハ 13:34)につながる．そこから，教会の伝統で洗足は「掟」(〔ラ〕mandatum)とも呼ばれた．儀式としての洗足は4世紀のローマ以外の西方教会で洗礼式の際に行われていたことが知られる(*アンブロシウス『秘跡論』6, 31-33). やがて，修道生活のなかで，兄弟間の相互の奉仕を示すしるしや客を受け入れるしるしとして(ヌルシアの *ベネディクトゥスの『戒律』35, 53章参照)，さらに貧しい人や病人を受け入れるしるしとして行われるようになった．聖木曜日(→過越の三日間)の儀式として初めて行われたのはイスパニアとガリアで，794年の *トレド教会会議がこれを奨励した．中世を通じて儀式の形が整い，1000年頃には「いつくしみと愛」(*ウビ・カリタス・エト・アモール)の歌が伴われるようになった．13世紀以降のローマ教皇庁典礼を経て，16世紀の『ローマ・ミサ典礼書』で定着．そこでは，聖木曜日のミサの後に行われるものとされていたが，第2*ヴァティカン公会議後の『ローマ・ミサ典礼書』(1970)により，今日では，主の晩餐の夕べのミサにおける *ことばの典礼の後，典礼司牧的にふさわしいと思われる場合に行う

ことができる儀式とされている．
【文献】A. ADAM, R. BERGER, eds., *Pastoralliturgisches Handlexikon* (Freiburg 1980) 187-88. (石井祥裕)

せんぞくしゅうどうかい　跣足修道会　〔ラ〕discalceati, 〔英〕discalced orders, 〔独〕Barfüßerorden, 〔仏〕déchaussés, déchaux　素足の，または靴を履かない男女の修道会で，語源はラテン語で「裸足」を意味する discalceatus. 旧約聖書では裸足は神に対する畏敬，へりくだり，償い(出 3:5; 申 25:9; イザ 20:4; サム下 15:30)を象徴する．12世紀前半にクサンテンの *ノルベルトは，清貧(→貧しさ)と *禁欲の証しとして裸足で巡回説教をしたが，12世紀末にアッシジの *フランチェスコが裸足になることで *イエス・キリストに倣い，使徒的生活を送ることが可能になると説いた結果，跣足修道会が本格的に広まるようになった．アッシジの *クラと仲間の修道女たちも裸足で活動したが，後にはサンダルを履くようになった．16世紀には多数の跣足修道会が創設され，旧来の修道会内には改革運動の一環として跣足派が発生した．16世紀末にスペインのアルカンタラ(Alcántara)で成立した *フランシスコ会の跣足派は，靴下もサンダルも履かなかった．*コンベンツアル聖フランシスコ修道会では靴も靴下も履くが，フランシスコ会，*カプチン・フランシスコ修道会では素足にサンダルを履く．今日存続しているのは *ミニミ修道会，*カマルドリ修道会，跣足 *アウグスチノ会，*マリアのしもべ修道会，跣足 *カルメル会，*フイヤン修族シトー会，*メルセス修道会改革派，*御受難修道会などだが，*修道服以外の服装の際には便宜上，靴を履く．
【文献】DIP 8: 1006-14; LThK³ 2: 3; NCE 4: 893. (橋爪由美子)

せんだいしきょうく　仙台司教区　日本の教区で管轄するのは青森，岩手，宮城，福島の4県．面積: 4万5,155 km². 総人口: 740万5,056人．カトリック信者数: 1万1,257人(2000年現在)．教区長: 溝部脩.

司教座聖堂

【歴史】*キリシタンの時代には *フランシスコ会，*イエズス会の宣教師が活躍した．仙台藩では伊達政宗の時代に水沢の *後藤寿庵(1621年の教皇宛書簡の筆頭信徒)の活躍や *支倉常長(1613年の *慶長遣欧使節)の事績がある．しかしその後の迫害は苛酷を極め，各地に多くの殉教悲話が残る．

*パリ外国宣教会が担当した日本再宣教後，1891年

(明治24)仙台司教区の前身である函館司教区が誕生した. 北海道と東北6県および新潟県を管轄, 初代司教にはA.*ベルリオーズが任命された. わずかな宣教師で広大な教区を巡回して現在の主要教会を創建した. 1912年(明治45)8月新潟教区創設(→新潟司教区)で新潟・山形・秋田が, 1914年札幌教区創設(→札幌司教区)で函館と渡島地区を除く北海道が分離した. ベルリオーズ司教は教区の基礎を築き, 長崎司教*早坂久之助や東京大司教*土井辰雄など優れた日本人聖職者を育成したが, 1927年(昭和2)教区長を引退し, 1931年教区はカナダ管区*ドミニコ会に委任された.

1931年, 教区長に*デュマが就任, カナダから*無原罪聖母宣教女会, *ドミニコ女子修道会, *コングレガシオン・ド・ノートルダム, *ラ・サール会, *聖母被天修道会, *善き牧者愛徳の聖母修道会, *ウルスラ修道会が, またベルギーからはドミニコ会(女子観想)が来日した. 1936年*司教座の仙台移転が許可され仙台司教区が誕生した. 初代仙台司教に*ルミューを任命, 6月29日に新司教座聖堂元寺小路教会で叙階された. 教区機関誌『炬火』の創刊や青少年育成に努める一方, 仙台東部丘陵地(光ケ丘)に購入した広大な土地は後々教区発展の拠点となった.

軍国主義の時代になると教会弾圧が激化した. 1941年全教区長が日本人と交替, ルミュー司教も教区長を辞任して帰国, 長崎司教区の*浦川和三郎が仙台司教に任命された. すでに太平洋戦争に突入し, 宣教師は帰国したり収容所に軟禁された. 司教座聖堂はじめ戦災に遭った教会や施設も多かった. 1945年敗戦による軍国主義の崩壊は摂理的であった. 信仰の自由が戻り宣教の好機を迎えた. 教会は心の拠り所を求める若者で溢れ, 戦後数年は飛躍的に信者が増え司祭や修道女の*召命も多かった. 新たに*ケベック外国宣教会と*ベトレヘム外国宣教会が加わって地区を担当, 教会青年会や使徒職団体も活発に働いた. 1952年札幌が*代牧区から*司教区に昇格し函館と渡島地区が分離. 1954年浦川司教は教区長を辞任, 大阪司教区の*小林有方が仙台司教に任命され, 5月3日司教座聖堂で叙階された.

小林司教はマス・メディアを活用した宣教を推進し新たに聖ヨゼフ布教修道女会, *パウロ女子修道会, *グアダルペ宣教会, *オタワ愛徳修道女会を迎えた. 経済発展に伴う物質偏重の風潮は求道者を減らし, 教勢発展は鈍った. 一方, 現代社会の急激な変化は教会にも強い影響を及ぼし, 1962年には歴史的な第2*ヴァティカン公会議が開催されて教会は大きな改革を断行した. 教区も公会議による改革を実施することになったが, 変化に伴う戸惑いと混乱を避けることはできなかった. 1976年小林司教は教区長を辞任, ドミニコ会の佐藤千敬(1926-)が第4代仙台司教に任命され, 3月20日司教座聖堂で叙階式を行った.

佐藤司教は教区基盤, 特に財政面の整備に着手, 教区立幼稚園の学校法人一本化を実現した. しかし司祭の高齢化や宣教師の減少も問題化している. また老朽化による教会施設の再建にも迫られ, 司教座聖堂の再建が新たな宣教拠点となる仙台司教区カトリック・センターとして, 全教区をあげて進められ1993年7月に竣工した. なお佐藤司教は1998年6月, 教皇*ヨアンネス・パウロ2世により教区長退任を許可され, 2000年9月には溝部脩(1935-)が新司教として着座した.

【現勢】1999年現在, 小教区: 57. 教区司祭: 29. 修道司祭: 37. 信徒修道士: 4. 修道女: 296. 大学: 1. 短期大学: 3. 高等学校: 8. 中学校: 6. 社会福祉施設: 22.

(三浦平三)

せんだいじキリシタンいぶつ　千提寺キリシタン遺物　大阪府茨木市字千提寺は茨木市の山すそに広がる集落で, 隣接した下音羽とともに関西における*キリシタン遺物の地として名高い. *高山右近は高槻藩主であったが, 幕府の弾圧を逃れて*高槻旧三島地方の*キリシタンがこの山里に身を隠したのではないかと考えられている. この地の住民は先祖伝来の遺物を家宝として秘蔵してきた. 1919年(大正8)千提寺クルス山でマリア墓碑が発見された. これが端緒となり, 翌1920年には東藤次郎氏宅で*フランシスコ・ザビエルの画像が発見された(第2巻カラー図版参照). このほか, ロザリオ十五玄義図, キリスト画像(東京大学所蔵), 聖マリア画像, ロレトの聖マリア画像, 6枚の銅版画, また象牙彫マリア像, 木彫キリスト十字架像, 厨子入象牙彫キリスト十字架像, 教皇*グレゴリウス14世の*メダイユ等が発見されている. 現在東京大学付属図書館に所蔵されている『どちりな・きりしたん』(→どちりいなきりしたん)もここから発見された. *長崎地方とは異なり, キリシタンの教えは伝わっていない. ここに伝わる*アヴェ・マリアの祈り(天使祝詞)は次の通りである. 「がらさみちみち, たんもにまるや様, 御礼なし奉る. おんなるす様御身と共に女人の中に於てましましてご果報よみしきなり, またおんたんねんの尊き御身にてまします. でうす様の御母様たまりを様, いまもわれらが最後に, われ悪人のためにでうす様を頼み給え, あんみんじすまりを様」. これは本来のものから変形しており, 『どちりいな・きりしたん』「第4あべまりアの事」のなかのものとも, また*浦上地方に伝わったものとも異なり, 千提寺遺物を象徴するものとなっている.
【文献】『茨木市文化財 — 資料集千提寺・下音羽のキリシタン遺跡』(茨木市教育委員会・茨木市文化財研究調査会1960); 浜崎伝監修『キリシタン遺物と巡礼の旅』(愛心館1981); 西村良次『宣教事始』(中央出版社1989).

(岸英司)

ぜんたいしゅぎ　全体主義〔英〕totalitarianism, 〔独〕Totalitarismus, 〔仏〕totalitarisme　1920年代にソヴィエト連邦の*共産主義体制とドイツの*ナチズムを指す用語として作られた言葉. 全体主義は20世紀前半の*イデオロギー全盛時代の産物である. 特徴として, 少数のグループがその政治的信条と確信を実現するために冷酷かつ非合法的手段によって国民に対する支配権を確立する. そして, 市民社会の個人の権利, *尊厳を無視もしくは破壊して, 社会の全領域における絶対至上の権威を確立してこれを統括し, 自己の目的に対する絶対的な服従を強制する. その目的のためには人間性や道徳に反することを行い, 文化伝統を徹底的に覆す. また思想統制と反対勢力の粛清を行い, 監視と強制のために近代科学を応用した手段を用いるのを常とする. その特徴は*真理についての*相対主義とそれに対するシニカルな欺瞞的態度である.

実践面では, 一党独裁による中央集権化された強制と支配によって権力(→力), *マス・メディア, 教育制度等の独占を行い, 自らの利益に反するあらゆる価値観を抹殺しようとし, 反対する者は犯罪者として心理学的手段によってその人格を破壊するために組織的に行動する. さらに, 全体主義は疑似宗教的になり, それが作り

ぜんたいせいのげんり

上げた儀式と疑似神学によって党に対する忠誠を要求する．教皇 *ピウス 11 世以来，教会は全体主義が *自然法に基づく人間の尊厳，家庭の神聖性等を破壊するもの，つまり，市民社会の理念に反し，*国家の役割を逸脱するものとして激しく非難してきた．このことは回勅 *『ディヴィニ・イリウス』(1929)，*『ミト・ブレネンダー・ゾルゲ』(1937)，*『ディヴィニ・レデンプトーリス』(同) によって明らかである．

【文献】NCE 14: 210–11. （高柳俊一）

ぜんたいせいのげんり　全体性の原理〔ラ〕principium totalitatis,〔英〕principle of totality,〔独〕Totalitätsprinzip,〔仏〕principe de totalité　ある部分を全体のために犠牲にすることができるという倫理原則．どのような条件のもとで，身体のある部分・臓器・機能を切除しうるかの倫理上の判断基準である．

【概要】部分は全体の統合性を保持するために要請されるかぎりで，身体全体の *善や霊的な善のために犠牲にすることが許容される．この原理は諸価値の秩序の承認を前提し，各人のある善・*価値をより高次の善・価値のために捧げる *愛の諸規範の一つである．自分の生命と健康を維持することは人間の基本的な義務であるが，自分の属する *共同体との相互関係のなかでその *共通善を実現するために各自の善を犠牲にすることもありうる．また *死刑の場合，公権によって共通善の実現のために個人の生命を犠牲にすることが要請されることもある．しかし，各人の全人格的な善や *救いが無視されてはならず，自由に決断するという人格的な基本的機能とその実現の可能性を尊重しなければならない．ましてや自分の生命とその人格的能力を充分に発揮できない人の生きる価値が否定されてはならない．優生思想（→ 優生学）による人命操作に注意しつつ，この原理は現代の *生命倫理に適用される．

【歴史】この原理は *アリストテレスの考えを基調にした *トマス・アクィナスの肢体切除理論に由来する（『神学大全』II, 2, q. 65, a. 1）．どの肢体も身体全体の部分であるから，不完全なものが完全なもののためにあるように，全体のためにある．肢体は本来的には全身の善のために有益であるが，病んだ肢体が全身を破壊するおそれがあるとき，全身の健康維持のために当人の意志で有害な肢体を切除することは正当であり，倫理的に認められる．各人の健康の配慮は各自に委ねられているからである．教皇 *ピウス 12 世はこの原理を「全体性の原理」と呼び，初めて教会の公的教えに適用した．それは外科手術の切除や *人体実験の可能性と正当性の是非を論じる際に用いられ，現代では生命倫理の諸問題，特に *臓器移植の倫理的可能性を認める医療の実践原則である．

【切除・臓器移植理論】人は自分の身体の構成部分である肢体と臓器に対する権能をもっている．それらの有機的な部分は全身的組織体の善のためにあるから，その全体的善を危険にさらさないかぎり，それらを犠牲にすることができる．しかし人は自分の身体と魂の絶対的な支配者ではないから，恣意的にそれらを処分できない．自然本性的な秩序を守り，身体の諸機能と諸力の使用・管理権を行使しうるだけである．患者は全体としての自分の生命と存在の善に必要なとき，またそのかぎりで肢体を切除することが許容される．部分は全体のためにあり，部分の善は全体の善に従属しているからである．このような目的理論によって，教皇ピウス 12 世はまず医学の進歩の善のために一定の限度内で，次に患者の同意を得て患者の善のために，最後に個人は共同体に属するがゆえに共通善のために，人体実験の正当性を認めている．

自分の健康維持のために病める肢体を切除しうるという理論は，健康な臓器の切除や機能の削除を正当化する理論へと発展し，臓器移植の倫理的可能性を承認することになる．身体の統合性を破壊するおそれのある部分の切除はともかく，予防策としての継続的な傷害を避けるため，また隣人の善のために健康な肢体の切除も可能である．こうして患者および提供者の同意を条件に，他者の善のために自分の身体を処理する権利が認められる．それは各人の身体は個人のためだけでなく，その一部を他者に提供することは自分の身体を管理する権限内にあり，神の計画にも反しないとする考え方による．しかし，それは受容者（患者）の側に「釣り合いのとれた理由」または *恩恵があり，提供者を重大な生命の危険にさらさず，重要な生命機能を剥奪しないかぎりでの倫理的正当性の承認である．隣人を救うためにという目的は，自己愛を超えて友のために自分自身を与える愛の行為である．自分の肢体を切除することが自分自身の善のために許容されるとすれば，臓器移植のための切除と提供は愛の法により隣人のために許容される有徳な行為と考えられる．

【解明】原則的にはこのような全体性の原理に基づいて，病気の肢体切除のみならず，健全な臓器の切除と移植の可能性が認められる．人は自分の身体全体と隣人の善のために自分の肢体または臓器を，自己の自由な決定に基づいて犠牲にすることができる．伝統的な考え方によれば，その可能性を自己の生命や身体の犠牲の間接性によって認容し，直接的犠牲を排除しようとした．しかし現代の *倫理学では直接・間接の区別を無視しないまでも，他者との関わりにおける *隣人愛に基づく「釣り合いのとれた理由」や「小悪選択の原則」によって総合的に判断し，その区別を乗り越えようとしている．確かに，治療的または予防的な外科手術も，それが患者自身にとって真に有益であり，他の合理的な手段ではその善益を得ることができないことが前提される．

なおこの原理の適用にあたって，何を全体と考えるかには議論の余地がある．患者または提供者の善は単に身体的側面だけでなく，心理的・精神的健康をも含めた全体的善でもある．社会組織にあっては個人は社会全体の善，つまり共通善に秩序づけられているとはいえ，個人は人格的存在として社会の構成員ではあっても社会の道具的存在ではなく，各人が固有の目的を有する存在である．個人の善は必ずしも社会の善に従属するものではない．したがって，人間は他者の手段として取り扱われるべきではなく，固有の目的をもつ存在として尊重されるべきである．誰も自分の身体の一部を他の誰かに与えるように強制されてはならない．自分の臓器を提供することは，根本的に心身・霊肉の統一体である人格的主体としての自己決定・同意に基づくものであることが求められる．人格性に基づく *真・善・美などの精神的価値や宗教的価値をも考慮して，当人の全人格的善や人類社会全体の善に寄与する犠牲は尊くほむべきものである．臓器の提供も移植も健康回復あるいは延命の手段ではあるが，それらの善は各人の *人格としての尊厳と人間の連帯性を基調とする全体性の原理によって倫理的に許される行為ではあっても，義務づけられるものではない．なぜなら臓器移植やそれによる延命措置は倫理的に認容される望ましいものであるとしても，無条件に追求される

ような人間の価値ではないから，選択されるものである．より高次の価値や人格的自己完成を追求する人生観からすれば，生物学的延命は神と隣人と人類社会との関わりのなかで相対化される．人間にとって基本的な生命価値もそれらとの相互依存関係のなかで，自由な責任ある決断によって犠牲にされる．

【文献】DETM 1141-50; 宮川俊行「『臓器移植』の倫理とトマス主義的人間観」『人間学紀要』15（上智大学 1985）70-98; G. KELLY, "Pope Pius XII and the Principle of Totality," ThSt 16 (1955) 373-96; ID., "Morality of Mutilation: Towards a Revision of the Treatise," ThSt 17 (1956) 322-44; M. NOLAN, "The Positive Doctrine of Pope Pius XII on the Principle of Totality," Aug. 3 (1963) 28-44; R. EGENTER, "Die Verfügung des Menschen über seinen Leib im Licht des Totalitätsprinzips," MThZ 16 (1965) 167-78; A. M. HAMELIN, "Das Prinzip von Ganzen und seinen Teilen und die freie Verfügung des Menschen über sich selbst," Conc. 2 (1966) 362-68; B. M. ASHLEY, K. D. O'ROURKE, *Health Care Ethics: A Theological Analysis* (St. Louis, Mo. 1978); J. G. ZIEGLER, "Ärztliche Ethik (Organverpflanzung)-Anfragen an die Moraltheologie. Zwei Antworten," ThGl 71 (1981) 317-40.

（浜口吉隆）

せんだいのじゅんきょう　仙台の殉教　1623年（元和9）の *江戸大殉教の教訓によって，それまで *キリシタンに理解を示していた伊達政宗は，1624年初め頃に短いが厳しい迫害を起こした．*後藤寿庵を水沢の領地から追放した後，領内に住む数多くの信者と，*イエズス会の宣教師 D. *カルヴァリョに手をかけ仙台へ護送した．その道中で数人の信者が殺され，カルヴァリョと他の8名の信徒は2月18日仙台の広瀬川の凍った水で責められた．その日，2名の信徒が死亡したが，他は翌日が旧暦元旦であったため牢屋に戻された．2月22日（寛永1年1月4日）カルヴァリョと6名の信徒（佐藤今右衛門，高橋佐左衛門，小山庄太夫，野口二右衛門，安間孫兵衛，若杉太郎右衛門）は再び広瀬川で拷問を受け，全員が殉教を遂げた．カルヴァリョは1867年列福され，現在，広瀬川近くの西公園内に殉教者の記念碑が青葉城に向かって建てられている．

【文献】浦川和三郎『東北キリシタン史』（日本学術振興会 1957）; H. チースリク『北方探検記』（吉川弘文館 1962）．

（結城了悟）

ぜんち〔かみの〕　全知〔神の〕　〔ラ〕omniscientia Dei, 〔英〕divine omniscience, 〔独〕göttliche Allwissenheit, 〔仏〕omniscience divine　神がすべてのことを知っているということ．

【聖書】聖書が述べる神は生きている神であり，自分自身を意識しているとともに，自分が創造した宇宙万物とそのなかにある個々のものを完全に知っている（詩66:7; 139:1-16; 知1:6-7）．神は隠れたことをも見ており（マタ6:4），「人のはらわたと心を究める」（エレ11:20）．神のこの認識は，神に逆らう人にとっては恐ろしいことであるが（詩94:7-11），神に従う人にとっては，神の愛を伴うこの知識により知られていることは，希望と喜びの源である（ロマ12:33; 2テモ2:19）．

【キリスト教思想史】*教父や神学者は，聖書が述べている神について *ギリシア哲学の助けを借りて説明し，神を *精神（〔ギ〕nous），自分自身を考えている無限の *知性，*真理そのものと呼び，神の *自己意識における，認識行為と認識対象は全く同じ神の存在そのものであると説明している（*トマス・アクィナス，『神学大全』I, q. 14）．神はすべての可能なものを知っているが，それはそれらのものが神の無限の存在に類似しているものだからである．また，神が自分以外に実在するものを知っているのは，神が万物を自分の知性にある諸理念に従って創造し，保持しているからである．個々のものの真理は，そのものと神の知性にあるそのものの理念との一致によって成り立っている．さらに，永遠の神は宇宙の時間を通して起こるすべての出来事と同時的であり，したがって過去のこと，現在のこと，未来のことすべてを，自らの永遠性と同時にあるものとして知っている（『神学大全』I, q. 14, a. 13）．

第1*ヴァティカン公会議は，神の知性と意志が無限に完全であることを宣言し（DS 3001），世界に対する神の認識について次のように述べた．「神は自分が造ったすべてのものを摂理によって保持し，治め，『地の果てから果てまでその力を及ぼし，慈しみ深くすべてをつかさどる』（知8:1）．というのは，諸被造物の未来の自由な行動によって起こることをも含めて，『すべてのものが神の目には裸であり，さらけ出されている』（ヘブ4:13）からである」（DS 3002）．

【神学的解明】*認識とは，自己意識によって自分の存在を把握し，すべての他のものに対して無限に開かれている存在の豊かさである．人間はこの豊かさを直截に体験しているが，自分を創造した神が人間の認識を無限に超える形でこの豊かさをもっているのは当然である．もちろん，人間の認識と神のそれとは本質的に異なっている．人間の知性は認識される対象を受け入れ，それと一致することによって真理を知るが，神は創造的な認識行為によって *被造物の真理を知る．このことから，人間の自由な決断を神がどのように認識しうるかという問題が生ずる．というのは，この決断が自由であれば，それは神の創造的な認識によって定められるのではなく，人間の選択によって成り立つからである．伝統的な神学は，神の絶対性と不動性を強調して，神の認識が人間の自由な選定から影響を受けることを認めず，それについての神の認識を説明しようとしたが，現代の一部の神学者，特に *プロセス神学の論者たちは，聖書の神理解に基づいて，神が自由に世界を創造し，愛することによって，被造物から影響を受けることを受け入れたと述べている．この問題は，神が人間の未来の自由な行為を確実に知っているのか，それとも未定なものとして知っているのかという問題とつながっている．結局，神の全知を認めても，その神学的な説明に関して多くの未解決な問題が残っているというべきである．

【文献】DThC 14: 1598-620; LThK² 1: 356-58; NCE 10: 690-94; MySal 2: 312-13.

（P. ネメシェギ）

せんてい　選定　〔ラ〕electio, 〔英〕election, 〔独〕Wahl, 〔仏〕élection　人間として創造されたその唯一の目的を実現するために，多くの価値あるもののなかから最も適した善い道・手段を自由に選ぶ決定行為をいう．聖書における用語としては，神が特定の使命や職務を遂行するために自由に恵みをもって特定の人間を選ぶこと，そしてこの *選びに人間が自由に自己決定をもって従うことを意味する．このようにして，イエスは *十二使徒を任命した（マタ4:18-22; マコ3:13-19参照）．ま

ぜんていぶ

た *パウロは「神に選ばれた器」(使 9: 15 参照)となり，さらにすべての *キリスト者は「神から選ばれた者」(1 テサ 1: 4 参照)である.

聖書および教会の伝統的教えに従って，人間は皆，人生における特定の身分や生き方において *聖性，すなわち *愛の完成に召し出されている(マタ 5: 48；ルカ 6: 36 参照). 第 2 *ヴァティカン公会議は「すべての人が教会内において聖性へと招かれている」と明言し(『教会憲章』 39-40 項)，その「聖性に至る多くの道」(同 41 項参照)として *聖職者・*修道者・*信徒の道，そして「聖性に達する手段」(同 42 項参照)として貞潔・清貧・従順などの *福音的勧告を実行する生活を掲げている.

【文献】イグナティウス・デ・ロヨラ『霊操』(エンデルレ書店 1977) 112-22; 鈴木宣明「キリスト教的霊性の自由と体験」『ソフィア』 21/3 (1972) 85-88; K. RAHNER, "Die Ignatianische Logik der existentiellen Erkenntnis," *Ignatius von Loyola*, ed. F. WULF (Würzburg 1956) 345-405; L. A. R. BAKKER, *Freiheit und Erfahrung* (Würzburg 1970). (鈴木宣明)

ぜんていぶ　前庭部〔ラ・英・仏〕atrium, 〔独〕Atrium　古代ローマの住宅では天窓付広間あるいは中庭を指すが，*初期キリスト教建築および，中世聖堂建築においては，*教会堂の *ナルテクスの前にある列柱廊がめぐらされた前庭のことを指す. 身廊(*ネイヴ)が信者のためにあてられるのに対し，まだ *洗礼を受けていない *洗礼志願者のためにあてられた. この部分が後の修道院中庭の原型であるともいわれる.

【文献】小学館美術事典 1: 70-71; 新潮美術辞典 33, 678;『ロマネスク美術』大系世界の美術 11 (学習研究社 1972). (守山実花)

セント・アンドリューズだいがく　セント・アンドリューズ大学　University of St. Andrews
スコットランド最古の大学(創立 1411). セント・アンドリューズは *エディンバラの北ファイフ (Fife) にある湾岸の町で，スコットランドの教会の中心地. *教会大分裂の時代(1378-1417)に *オックスフォード大学，*パリ大学，オルレアン大学を追われたスコットランド人によって開設された. 1412 年，当地の司教により認可状を受け，1413 年，*アヴィニョンの *対立教皇ベネディクトゥス 13 世 (Benedictus XIII, 在位 1394-1417) により大学として承認された. 代表的なコレッジであるセント・メアリーズ (St. Mary's, 創設 1539) は宗教改革期以後，スコットランドの *宗教改革神学の中心となった. 1580 年以後は宗教の自由，市民としての自由をめぐって国王と対立を繰り返す. 教授陣には *長老派教会の指導者であった A. *メルヴィルや，歴史学者として名高いブカナン (George Buchanan, 1506 頃-1582) らが名を連ねていた. 18-19 世紀を通じて再編統合を繰り返し，今世紀に入っても発展を続けている.

【文献】NCE 12: 856-57. (川村信三)

せんとう　尖塔〔英〕spire, flèche, 〔独〕Turmspitze, 〔仏〕flèche　塔頂に造られる著しく急勾配の屋根. 尖頂屋根ともいわれる. 12 世紀頃までは屋根の傾斜はゆるやかだったが，ゴシック聖堂では塔頂の屋根が最も急勾配となり，上昇性を強調する重要な構成要素として高大な尖頂屋根が建てられた. 中世末期には屋根としての機能を消去して，石造りでレース状の華麗なものが造られた.

【文献】新潮美術辞典 829; 小学館美術全集 9, ゴシック 1. (守山実花)

せんどう　先動〔ラ〕praemotio physica　一般に運動を構成する要素は，動かすもの(起動因)，動くもの(あるいは *質料)，運動の形(*形相)・終局(*目的)である(→ 四原因論). 例は「陶工が粘土を壺にする」である. ところで，動くものがしかるべき結果の実現に至るにはあらかじめの条件がある. すなわち，動くもの(質料)のうちにあって動かすものの力に抵抗する障害をあらかじめ取り除いておくことである. 例えば，家を建てようとすれば，土地を平らに整地し，材木を建築にふさわしいものとそうでないものとに選り分け，きちんとした建築材にしておくことが不可欠である. こうした作業は建築活動そのものではなく，その前段階の準備行動である. 陶工も自在に壺が作れるように粘土を入念に練り上げる. *トマス・アクィナスは「いかなる形相も備えられた質料のうちにでなければ存在することはできない」(『神学大全』II, 1, q. 112, a. 3) と述べている. このように，形相・目的を実現するためにあらかじめ質料から障害を取り除く作業を先動という. どのような動かすものであっても，動くもの(質料)を動かして瞬時に形相・目的を実現することができるのではなく，その遂行のために時間上先行する浄化作業が必要なのである. ところで，トマス・アクィナスは，神の *成聖の恩恵には人間の側の準備としての先動はなく(したがって誰も自分が恩恵にふさわしいか知りえない)，神の恩恵はこれを受け入れるはずの人間の *自由意志を動かし，準備態勢そのものをつくらせ，同時に義化(→ 義認)を完成するとし，自然における運動との相違を強調した. → 予定

【文献】LThK³ 8: 484-85. (山本巍)

セントヴィンセントおよびグレナディンしょとう　セントヴィンセントおよびグレナディン諸島　正式国名：セントヴィンセントおよびグレナディン諸島, 〔英〕Saint Vincent and the Grenadines.　カリブ海小アンティル諸島のウィンドワード諸島に属するセントヴィンセント島とグレナディン諸島よりなる. 1967 年よりイギリス領西インド連合州の一州となっていたが，1979 年独立. 首都はキングズタウン (Kingstown). 面積：388 km². 人口：11 万人(1994 年現在). 言語：英語(公用語). 宗教：*聖公会が大多数を占める.
 *バルバドスのブリッジタウン (Bridgetown) に *司教座を置くブリッジタウン・キングズタウン司教区の一部だったが，1989 年に分離してキングズタウン司教区となる. → アンティル諸島

【現勢】1998 年現在，カトリック信者数：1 万. 司教区：1. 小教区：6. 教区司祭：5. 修道司祭：4. 信徒修道士：2. 修道女：12. (A. ネブレダ)

セント・ジョンズだいがく　セント・ジョンズ大学　St. John's University
(1) ミネソタ州カレッジヴィル (Collegeville) にある州最古のカトリック高等教育機関. セント・ジョンズ大修道院のベネディクト会員が運営. 1856 年，宣教のために招聘された *ベネディクト会が設立した *神学校は，1883 年に大学として認可された. 経営学，社会科学，教育学などの学部課程と並行して，神学と聖書研究の大学院課程を有する. また，数々の典礼や聖書に関す

るカトリック出版物を刊行する出版局が学内に設けられている．学部生の80％がカトリック信徒である．

（2）ニューヨーク州ジャメイカ市（Jamaica）のクイーンズ区にメイン・キャンパスを有する合衆国最大のカトリック系教育機関．1870年，ブルックリン（Brooklyn）司教区の招聘を受けた *ヴィンセンシオの宣教会の司祭らが設立．学生の約半数は経営学専攻であるが，教養科目，薬学，教育学のプログラムが充実し，アジア・アフリカ研究，共産主義国研究，カトリック移民の研究も熱心に行われている．その他，ニューヨーク都市圏の恵まれない人々に対する全学をあげての献身は注目に値する．

【文献】NCE 12: 892-97. （S. ハウエル）

セントルイス　St. Louis　アメリカ合衆国ミズーリ州の都市．地名はフランス王 *ルイ9世にちなむ．1804年フランス領だったミシシッピー川以西の土地を，大統領 *ジェファソンが皇帝 *ナポレオン・ボナパルトより購入して以来，セントルイスは西部への入り口となった．開拓初期以来，水上交通の要衝として発展し，現在も大陸横断路と南北道路の交点にあたる交通の要衝．1847年より大司教区で，ジェファソン・シティ（Jefferson City），カンザス・シティ（Kansas City），セントジョーゼフ（St. Joseph），スプリングフィールド（Springfield），ケープ・ジラードー（Cape Girardeau）の五つの所轄教区をもつ．1997年現在，教区人口207万2,868で，カトリック信者数57万3,000．小教区は227．482名の教区司祭，373名の修道司祭，214名の終身助祭，572名の信徒修道士，2,294名の修道女がいる．

【文献】AnPont (1999) 609; NCE 12: 907-11.

（山口和彦）

セントルシア　正式国名：セントルシア，〔英〕Saint Lucia.　カリブ海小アンティル諸島中央に位置する島国で，17世紀半ばから多くのフランス人が入植していたが1967年にイギリス領西インド連邦州の一州となり，1979年に独立した．首都はカストリーズ（Castries）．面積：616 km²．人口：14万人（1994年現在）．言語：英語（公用語），パトア語．宗教：カトリックが全人口の90％を占める．1956年カストリーズが *司教区として成立し，1974年には大司教区に昇格した．→アンティル諸島

【現勢】1998年現在，カトリック信者数：11万5,000．大司教区：1．小教区：23．教区司祭：17．修道司祭：14．終身助祭：8．信徒修道士：3．修道女：44．

（A. ネブレダ）

センナケリブ　Sennacherib　〔アッ カ〕Sin-abbē-eriba *アッシリアの王（在位前704-681）．父サルゴン2世（Salgon II，在位前721-705）を継いで即位し，未完の都ドゥル・シャルキーン（Dur-šarrukin，サルゴンの砦の意．現在のコルサバド Khorsabad）を捨てて *ニネベに遷都した．*バビロニアでは苦戦の末，カルデア人部族の首領メロダク・バルアダン2世（Melodach-baladan II）に勝利してバビロニアを制圧し，*バビロンを破壊した（前689）．パレスチナの諸都市にも遠征し，貢納を受けた．*ヒゼキヤも *ラキシュ遠征中のセンナケリブに金銀を送っている（王下18: 13-16）．アッシリア軍のラキシュ包囲攻撃の様子は，ニネベのセンナケリブ宮殿の壁面浮彫（現在は大英博物館で展示）に表されている．しか

し，*エルサレムに進軍したセンナケリブにヒゼキヤが降伏しなかったため，センナケリブはヒゼキヤを「籠の鳥のようにエルサレムに閉じ込めた」と王碑文のなかに記されている．結局エルサレムは陥落することなく，アッシリア軍は撤退した（王下19: 35）．前681年，センナケリブは息子たちによって暗殺され，また別の息子エサルハドン（Asarhaddon，在位前680-669）が即位した（王下19: 37）．

【文献】渡辺和子「前1千年紀のメソポタミア」月本昭男，小林稔編『聖書の風土・歴史・社会』現代聖書講座1（日本基督教団出版局 1996）109-20; E. FRAHM, Einleitung in die Sanherib-Inschriften (Wien 1997).

（渡辺和子）

せんにんしき　選任式　〔ラ〕institutio lectoris et acolythi, 〔英〕institution of readers and acolytes, 〔独〕Beauftragung zum Lector und Akolythen, 〔仏〕institution des lecteurs et acolytes　カトリック教会における *信徒の奉仕職である *教会奉仕者と *宣教奉仕者を任命する式．

*下級品級に属していた教会奉仕者と宣教奉仕者（以前は侍祭，読師と呼ばれていた．現在，日本のカトリック教会では祭壇奉仕者，朗読奉仕者と呼ぶ）の役務は，教皇 *パウルス6世が1972年に発表した自発教令『ミニステリア・クアエダム』（Ministeria quaedam）によって，司祭志願者に限定されない，信徒の奉仕職として位置づけられた．そしてその職務を授ける式も，叙階式（〔ラ〕ordinatio）ではなく，選任式と呼ばれるようになった．この式は，同じ年に発表された儀式書（De institutione Lectorum et Acolythorum, de admissione inter candidatos ad Diaconatum et Presbyteratum, de sacro caelibato amplectendo）に収められている．

選任式は *司教，もしくは聖職者修道会の場合は上級上長が司式する．通常は *ミサのなかで行われるが，ミサが行われない場合は *ことばの典礼とともに行われる．福音朗読の後，志願者は司教の前に進み出て，司教からそれぞれの奉仕職に関する勧めの言葉を受ける．続いて司教は志願者を祝福する祈りを唱える．そして，それぞれの奉仕職を象徴的に表すものとして，教会奉仕者には *パテナと *カリスを，宣教奉仕者には聖書をそれぞれ授与する．

【文献】LThK³ 2: 110-11; 6: 806-807; NCE 17: 293-94; B. KLEINHEYER, ET AL., eds., Sakramentliche Feiern II, GDK 8: 61-65; A. G. MARTIMORT, ed., The Church at Prayer, v. 3 (Collegeville, Minn. 1988) 181-84.

（宮越俊光）

せんねんおうこく　千年王国　→　千年至福説

せんねんしふくせつ　千年至福説　〔英〕chiliasm, millenarianism, millennialism, 〔独〕Chiliasmus, 〔仏〕millénarisme　キリストが *最後の審判の前に聖者たちを引き連れて再臨し，地上の王国を築き，それが1,000年間続くという黙示思想の一形態．千年王国説ともいう．原語は，ギリシア語の千（chilias），ラテン語の千（mille）に由来する．広義の千年至福説は，世の終わりが間近く，その直後に新世界が出現し，正義と平和が行き渡り，貧富の差もなく物質的にも豊かな社会が出現するという考え方を指す．これには，世の終わりの破局的状況や *審判を強調するものとその後の理想的な社会

ぜんのう〔かみの〕

を強調するものとがある．

【起源】千年至福説はヨハネの黙示録20章に基づく思想として*原始教団のなかで起こった．*ローマ帝国による*迫害のさなかに，*アンティキリストとしての帝国がキリストの*再臨によって打倒されることを待望する黙示録の内容から，世界の*終末の前に実現するキリストの千年王国の待望へと展開したものである．この背景には，神が解放者として地上に現れ，イスラエルの聖なる*残りの者を圧迫から救い，彼らとともに理想的な王国を築くとする思想があり，これは聖書外典中のユダヤ*黙示文学，特に第4エズラ書(7: 26-33, → 外典，偽典)に鮮明に認められる．

千年王国への待望は，1-2世紀において*エビオン派や小アジアの*ケリントスなどのユダヤ人キリスト者や*モンタノス派などによって唱えられた．殉教者*ユスティノスや*エイレナイオスも終末王国の思想を受け入れ，特にエイレナイオスはこの黙示思想を詳細に述べている(『異端反駁論』5, 3, 32-36)．しかし，*オリゲネスは，地上における理想的な神の王国の建設という思想はあまりにも物質主義的であり，「わたしの国は，この世には属していない」(ヨハ18: 36)と教えたイエスの言葉に反するものと考えた．一般に千年王国の思想は教父たちによって退けられ，教会において受け入れられることはなかった．*コンスタンティヌス大帝によってキリスト教が公認されると，カイサレイアの*エウセビオスは皇帝の支配が黙示録のいう千年王国の実現であると説いた．他方，*アウグスティヌスは『神の国』のなかで黙示録の内容を寓意的に解釈し，千年王国が教会の現在において実現されていると説いた．政治的な解釈をしたエウセビオスと異なり，それがキリストの復活によって，*信仰と*洗礼を通して実現している*霊魂の復活を意味するものであるとし，信者とともにキリストは教会のなかで世界を支配していると考えたのである．

【中世】中世初期においてはアウグスティヌスの影響が大きくみられる一方で，*ベダ・ヴェネラビリスや*ヴァラフリドゥス・ストラボ，ランの*アンセルムスなどの黙示録注解において終末論思想が受け継がれていった．紀元1000年が近づく頃，終末論唱導者は1000年をもって地上におけるキリストの1,000年間の支配が始まると説き，天候の悪化や凶作などに不安を覚えた人々の終末感を高めた．1000年を過ぎると，天候も回復して豊作期に入り，人口増加や経済活況の時代を迎えるが，中世後期には，北フランス，ライン川流域，低地地方で人口の都市集中，商業資本主義，農業革命などによる社会変化が進み，その結果生まれた都市の失業者層が千年至福説的な異端の温床となった．

中世の千年至福説に大きな影響を及ぼしたのはフィオーレの*ヨアキムで，*三位一体論的な時代区分により，父の王国(旧約)に続いた子の王国(新約の教会)の時代は最後の完全な時代ではなく，やがて訪れる聖霊の時代(1260年に始まると彼は考えた)が最後の時代であると説いた．彼の思想は，*ベギンや初期の*ドミニコ会，世俗化した教会に反対して霊的な教会の実現を求める*フランシスコ会の厳格主義者やそこから派生したさまざまな異端的分派に影響を与えた．しかし，千年至福説は，その信奉者が修道会から排斥されたり，*トマス・アクィナスをはじめとするスコラ神学者によって否定されたことにより，教会内での勢力を失った．

【中世末期から近代】1348-49年の*ペストの流行期にトゥリンギア(現*チューリンゲン)では，*自由なる霊の兄弟団と密接に結びついた*鞭打ち行者シュミット(Konrad Schmid, ?-1368)が，鞭打ち苦行を迫り来る千年期への準備として呼びかけた．当時のフランスのジャックリーの乱(1358)やイングランドのワット・タイラーの乱(1381)などの農民反乱の根底にも千年至福説は流れているが，最も明確に現れたのは，ボヘミア地方に起こった，*フス派の急進派であるタボル派の運動(15世紀前半)である．16世紀前半，宗教改革の時代における*ミュンツァーが率いたドイツ*農民戦争(1525)や*ミュンスターを中心とした*再洗礼派の運動にも千年至福説が色濃く反映している．16世紀以降，さまざまな極端なキリスト教分派が現れるが，これらの多くは千年至福説的傾向をもっている．例えば，イギリスのピューリタン革命の際の最も急進的な「第5王国結社」(Fifth Monarchy Men)には，それが顕著である．北アメリカに移住した*ピューリタンたちにもこの傾向が顕著で，その後の*セブンスデー・アドヴェンチスト，南部バプテスト(→バプテスト教会)，モルモン教(→末日聖徒イエス・キリスト教会)などにも必ずその傾向がみられる．

しかし，より重要なのは，「再生」や「新しい社会」などのように，千年至福説的発想や言葉遣いがアメリカ合衆国の政治の世界で広く流布していることであろう．千年至福説，特に比喩的な意味での完璧な人間と社会を指す「千年期」(ミレニアム)の思想は，極端な分派に限られたものではない．例えば*ロマン主義の詩人たちにとって，比喩的な意味の「千年期」は主要な理念であった．このような理念が*ユートピアの思想と関係があることはいうまでもない．*リュバックが目ざとく捉えているように，千年至福説は，本格的な近代の思想ばかりでなく，文学・芸術の根底にも流れているものである．現代神学者のなかでは，*モルトマンがエルンスト・*ブロッホの影響を受けて，フィオーレのヨアキムの黙示思想を正統的三位一体神学のなかに取り入れようとしている．

千年至福説は，以上のように，新約聖書の黙示録の「千年」の区切りを根拠にして世の終わりとその後に訪れる理想的状態を夢想し，その理想的状態を積極的にもたらそうとする西欧の思想であるが，同じような思想をイスラム文化圏や中国文化圏，また日本(例えば，幕末の民衆運動)などの他の文化圏のなかにみいだし，それをも広く千年至福説に属するとみなすことも可能である．

【文献】Cath. 9: 158-65; HWP 1: 1001-1006; LThK² 2: 1058-62; LThK³ 2: 1045-49; NCE 9: 852-54; TRE 7: 723-45; H. KAMINSKY, "Chiliasm and the Hussite Revolution," ChH 26 (1957) 43-71; M. REEVES, *The Influence of Prophecy in the Later Middle Ages* (Oxford 1969); R. E. LERNER, "Refreshment of the Saints: The Time After Antichrist as Station for Progress in Medieval Thought," Tr. 32 (1976) 97-144; B. McGINN, "Angel Pope and Papal Antichrist," ChH 47 (1978) 155-73; H. DE LUBAC, *La postérité spirituelle de Joachim de Flore*, 2 v. (Paris 1979-81). （高柳俊一）

ぜんのう〔かみの〕 全能〔神の〕 〔ラ〕omnipotentia Dei, 〔英〕divine omnipotence, 〔独〕göttliche Allmacht, 〔仏〕toute-puissance divine　何でもできるという神の能力．

【聖書】旧約聖書では，神は「岩，砦，逃れ場，大岩，

避けどころ，盾，救いの角，砦の塔」（詩18：3）と呼ばれ，神が「力ある御手と御腕を伸ばして」イスラエル人をエジプトから「導き出した」（申5：15）と記されている．イスラエル人は，彼らを救い歴史を導く神の力を体験することによって，どんな力も抵抗できない神の全能を知った．第2イザヤは，イスラエル民族の希望の拠り所であったこの体験を最も雄弁に語っている（イザ40-55章）．イスラエル人はさらに，同じ神が宇宙万物を創造し，「天において，地において，海とすべての深淵において，何事をも御旨のままに行われる」（詩135：6）ことを信じるようになった．

新約聖書では，イエスの誕生と復活は，神の全能の最大の業とされている．イエスの誕生を告げる天使はマリアに，「神にできないことは何一つない」（ルカ1：37）といい，また，「死者に命を与え，存在していないものを呼び出して存在させる神」（ロマ4：17）が，死者の初穂としてイエスを復活させたことが，悪のすべての力に打ち勝つ神の力を表している．

「全能者」を意味するギリシア語の pantokratōr という語は，*七十人訳聖書では，ヘブライ語での神名 šaddai の訳語として用いられており，新約聖書では，2コリント書（6：18）および黙示録（4：8；11：17；15：3；21：22）で用いられている．

神の全能を考えるときつねに問題になるのは，善い神が全能であるなら，なぜこの世界に *悪があるかということである．苦しみ，死などのような，*罪以外の悪に関しては，旧約聖書に，それが人の罪に対する正しい *罰として起こることが繰り返し述べられているが，無垢の人の苦難の問題を鋭く提示しているヨブ記は，この考えを否定し，悪の問題に対する唯一の解答として，把握し難い神への信頼を勧めている．罪に関しては，古い時代に書かれた書に，神がファラオの「心をかたくなにする」（出4：21 等）などのような表現が用いられるが，時代を経るにつれて，「神は，悪の誘惑を受けるような方ではなく，また，御自分でも人を誘惑したりなさらない」（ヤコ1：13）とはっきり述べられるようになる．

【キリスト教思想史】古代教会のすべての *信条の冒頭に，「全能の父なる神を信じる」という言葉がある（DS 3-71，125，150）．*教父たちは，*マルキオンの *二元論に対して神の善性を強調し，「神は，全能だから，悪を行うことができるが，悪を行おうとしない」という表現を斥けて，「善そのものである神は悪を行いえない」といっている．人間の罪に関しては，教父たちは，「神は人の悪行を決して望まない．私たちの自由意志によって悪行が行われることを妨げないだけである」（ダマスコの *ヨアンネス『正統信仰論』1，29）と説明している．

全能の神が人間の悪行を引き起こすのではなく，人間に *自由意志を与えたうえで，その意志の濫用を「妨げない」（〔ラ〕permittit，*トマス・アクィナス『神学大全』I，q. 19，a. 9．訳語としては「許す」よりも，「妨げない」とするほうが正しいと思われる）という思想は，中世の神学者の共通の見解である．しかし，この神学者たちがギリシア哲学に従って，神を他者から何の影響をも受けない不動の絶対者として考え，*被造物の存在と行動をことごとく *第一原因である神に依存するものと考えたので，神の全能が被造物の自由な意志決定のために余地を残していることを充分に説明できなかった．

中世末期の *唯名論の論者のなかで，神の全能を誇張し，*善と悪の区別は善である神の本性に由来するのではなく，神の意志決定によると主張する人がいた．宗教改革者たちのなかで，特に *カルヴァンは，善も悪も全能の神の意志によると主張した．これに対して *トリエント公会議は，「人間の善行をも悪行をも神が自分で行う」という主張を排斥した（DS 1556）．

近代の神学者のなかで，被造物のすべての行動を神の *先動によるものとして考えた *バニェスの学派よりも，神が人間の自由意志による選定と協力する（concursus simultaneus）と述べた *モリナの説のほうが，神の全能のふさわしい理解に近いと思われる．

現代神学において，世界創造は神の全能の業であるが，被造界に対して神が謙虚にその全能を制限し，被造物の自由のために場を残していることが強調されており，特に *プロセス神学では，神の全能を独裁者のそれとしてではなく，むしろ被造物の独自の存在と働きを支え，それに応える愛の力として考えるべきであることが力説されている．

【文献】LThK² 1：353-55；NCE 10：688-89；C. HARTS-HORNE, *Omnipotence and Other Theological Mistakes* (Albany 1984).

(P. ネメシェギ)

ぜんばんのいのり　前晩の祈り　〔ラ〕primae vesperae，〔英〕first vespers，〔独〕Erste Vesper，〔仏〕premières vêpres　*晩の祈りのうち，前日の晩から翌日の *典礼日を祝う場合に行われるものをいう．すべての *主日，*祭日と，主日と重なった主の *祝日に前晩の祈りが行われる．前日の晩から典礼日を祝う伝統は，*ユダヤ教において，日没から1日を数え始めたものを受け継いでいると思われる．これらの日には，二つの晩の祈りが行われることから，前晩の祈りは第1晩課とも呼ばれる．前晩の祈りは *寝る前の祈りの詩編を規定し，前晩の祈りのあとの寝る前の祈りは詩編4と134を唱える．なお，前日が典礼暦年上の優先日（→ 典礼暦）にあたるか，同位の場合には，前晩の祈りではなく，前日の晩の祈りを行う（『典礼暦年の一般原則』61項）．

【文献】『教会の祈り』総則88，204，205，225項．

(齊藤克弘)

ぜんばんのミサ　前晩のミサ　〔ラ〕missa in vigilia，〔英〕vigil mass，〔独〕Vigilmesse, Messe am Vorabend，〔仏〕messe de la veille　特定の *祭日の前の晩に祭日の準備としてささげられる *ミサ．その起源は2世紀中頃の *復活徹夜祭まで遡り，これが「すべての徹夜祭の母」（アウグスティヌス）となって，主の *降誕や *聖霊降臨を前晩から *徹夜で準備する習慣が始まった．*西方教会ではこれに *殉教者の祝日の前晩の徹夜，さらに死者のための徹夜の祈り（→ 死者のための祈り）などが加わり，徹夜祭の性格は複雑になっていった．毎日曜日を徹夜で迎える修道院もあった．しかし，中世になると徹夜の時間を短くして，ミサを前晩に行って *断食が早く終わるようにした．その結果，当日のためにミサの式文を別に用意しなければならないという不都合が生じた．さらに中世末期には，復活徹夜祭までが聖土曜日（→ 聖週間）の午前中に行われて徹夜の性格が失われ，祭日の準備のための典礼に変わっていった．第2*ヴァティカン公会議による刷新により，祭日の前日は償いの日ではなくなり，「主日と祭日の祭典は前日の夕方から始まる」（『典礼暦年の一般原則』3，11項）と定められた．前晩のミサは五つの祭日（聖霊降臨，主の降誕，洗礼者聖ヨハネの誕生，聖ペトロ・聖パウロ使徒，聖母被昇天）に限られ，祭日の準備と開始という二重の性格を

ぜんぴょう

もっている．しかし，前晩のミサが司牧的にどれだけ活用されているかは疑問視される．特に日本では，主日や特別な祭日のミサがすでに前晩に祝われているために，別の前晩のミサを行うところはほとんどみられない．
【文献】A. ADAM, R. BERGER, eds., *Pastoralliturgisches Handlexikon* (Freiburg 1980) 539-41.　　　（国井健宏）

ぜんぴょう　前表　→　予型

せんぷくキリシタン　潜伏キリシタン
江戸時代のキリシタン禁制下に潜伏の地下組織を作り信仰を伝承した人々を呼ぶ．現代の*かくれキリシタンと汎称する人々の集団とは区別して考える．
【成立】1614年（慶長19）の禁教令による迫害で多くの*宣教師と*信徒たちが殉教，1643年（寛永20）以後は*司祭は一人も存在せず，日本の教会は世界のカトリック教会から孤立する．厳しく間断ない検索制度下に生き残った*キリシタンは*寺請制度に順応しつつ潜伏の地下組織を作る．たびたびの検挙事件で組織の崩壊を招くが長崎県下の*浦上・*外海・*五島地方と*平戸・*生月地方では組織を温存し7代にわたって信仰を伝承した．
【組織】地域によって相違があった．例えば浦上村には惣頭－（*お帳方）－触役（*お水方）－聞役の組織があった．惣頭が最高指導者で祈りと教義を伝承，教会暦（→典礼暦）を所持して年間の信仰生活を指導する．触役は各郷に，聞役は郷内の各字に置かれて惣頭の指導が村の全戸に伝わるピラミッド型の指導系統が形成されていた．触役（お水方）は*洗礼の授け役を任務としたのでキリシタンが存在し信仰生活そのものが継承されたのである．
【キリシタンの復活】開国後，浦上の潜伏キリシタンが*大浦天主堂で再渡来した宣教師に信仰を表明，「信徒発見」が行われて日本の近代カトリック教会の再建，*キリシタンの復活が成し遂げられ潜伏の時代は終わった．開国後も禁教政策が続くなか，浦上キリシタンは寺請制度を拒否，信仰を表明して1867年（慶応3）浦上四番崩れ（→浦上崩れ）が勃発，明治維新政府も迫害を継承して浦上信徒の一村総流配を断行したが外交問題化し，1873年（明治6）キリシタン禁制の高札が撤去され禁教と迫害の時代が終わった．
【文献】『日本庶民生活史料集成』18（三一書房1912）；浦川和三郎『キリシタンの復活』全2巻（日本カトリック刊行会1927）；片岡弥吉『日本キリシタン殉教史』（時事通信社1979）.　　　（片岡千鶴子）

ゼンフル　Senfl, Ludwig　（1486頃-1542/43）
16世紀前半ドイツで活躍したスイスの作曲家．1496年皇帝*マクシミリアン1世の宮廷礼拝堂聖歌隊員となる．師の同宮廷作曲家*イザークが*コンスタンツで帝国議会より委嘱されたミサ固有式文（→ミサ）の作曲は，イザークの没後ゼンフルが加筆して『コラーリス・コンスタンティヌス』（Choralis Constantinus）として出版された．1517年イザークの後任となるが，1523年以降は*ミュンヘンの宮廷に仕えて生涯を終えた．宗教的*モテットと多声ドイツ歌曲の分野が重要で，*フランドル楽派の技法を基盤とする幅広い作風を示している．
【主著】W. GERSTENBERG, ET AL., eds., *Sämtliche Werke*, 1937- .
【文献】NGDM 17: 131-37；田辺尚雄他編『音楽大事典』3（平凡社1982）1344-45.　　　（正木光江）

せんみんしそう　選民思想　〔英〕idea of the elect (people), 〔独〕Gedanke des auserwählten Volkes, 〔仏〕idée du peuple élu
*神による特別な使命への*召命，特別な*恩恵，保護，優先性，*救いの確実さを確信する，一民族または一信仰集団の信仰意識．
【聖書】〔旧約聖書〕*イスラエル民族は神の選民，という思想を最初に明記したのは，*申命記である．「あなたは，あなたの神，主の聖なる民である．あなたの神，主は地の面にいるすべての民の中からあなたを選び，御自分の宝の民とされた」（申7:6）．この選民思想は，太祖や指導者の*選びの意識とともにしだいに鮮明となり，*契約の思想と結合して確立されたものと考えられる（創12:2；申5:2-3）．イスラエルの選びは，もっぱら神の*愛の自由な恩恵の行為であり（申7:7-8），本来万民の救いのためのものであった（創12:3；イザ11:10）という理解は随所に示されている．イスラエルが自らの選びに特権意識をもち，*信仰と*律法の遵守をなおざりにしたとき，*預言者たちは選びの本来の意味を想起させ，選びの廃棄と民族破滅を宣告して*回心を迫った（王上19:10；ホセ1:8；アモ6:1）．イスラエルの選民思想は，たび重なる破滅の危機のなかで*残りの者という思想のなかに継承され（エズ9:8），*クムラン教団のようなグループを生み出すとともに，終わりの時の救いのために選ばれた人の到来を告げる*黙示文学をも生み出した（イザ42:1参照；エチオピア・エノク書；クムラン文書，→死海文書）．

〔新約聖書〕*共観福音書は，選民イスラエル（マタ15:24）が*救い主に対する不信仰のゆえに退けられ（マタ21:43），信仰に基づく新しい*神の民がイスラエルの少数の信仰者を中心にして諸民族から選ばれるという思想を示している（マタ8:11）．パウロ文書は，神の救いの計画が，イスラエルの選びに始まり（ロマ11:5-28），*イエス・キリストの*贖いを通して異邦人に及び（1テサ1:4），こうして信仰における神の選民（〔ギ〕eklektoi theou, ロマ8:33），真のイスラエル（ガラ6:16）のうちに実現した，という理解を示し，特に1ペトロ書全体は，キリスト者共同体が神の新しい選民であるという意識によって書かれている（→ペトロの手紙）．その他の新約聖書の関連テクストも総合すると，選民思想は，一民族の選びという意味ではなく，イエス・キリストの信仰によってすべての民から選ばれた神の民という意味に転換されている．したがって，新約聖書における選民思想は，普遍的救済観が中心となっており，選びの本来の意味で理解されているといえよう．
【教理史】古代教会において，キリスト者こそ真の選民であるという思想は，*クレメンス1世をはじめ正統的*教父にもみられるが，選民思想を強く打ち出したのはむしろ*グノーシス主義あるいは*カタリ派の流れを汲む*異端の分派であった．*アウグスティヌスが救いと滅びへの永遠の*予定を論じて以来，選民思想は予定論のなかで考察され，宗教改革者の，特に*カルヴァンの教説を通して現代に及んだ．選民思想は，K. *バルトら現代の神学者によって，キリストにおける万民救済の証人としての選びという意味で再解釈される道が開かれた．

選民思想と普遍的救済思想とはつねに緊張関係にある．現代において，*教会を神の真の選民とみなす信仰は，その信仰の本質を保ちつつ，同時に他宗教との対話を通して自らの排他性を克服することが課題となっている（第2ヴァティカン公会議『諸宗教宣言』1-2項）．

【文献】LThK² 3: 1061-63; TDNT 4: 145-92; 木田献一「選びの信仰の起源」『聖書学の方法と課題』日本聖書学研究所編（山本書店 1967）38-50; H. コンツェルマン『新約聖書神学概論』田川建三, 小河陽訳（新教出版社² 1981）41-56, 322-34; H. CONZELMANN, *Grundriss der Theologie des Neuen Testaments* (München 1967).

（石橋泰助）

ゼンメルロート　Semmelroth, Otto（1912. 12. 1-1979. 9. 24）　ドイツのカトリック神学者．南西部ザールラントのビットブルク（Bitburg）生まれ．1932年 *イエズス会に入会．*ミュンヘン近郊プラハ（Pullach）の哲学大学，オランダのファルケンブルク神学大学に学び，1939年司祭叙階．1947年ボン大学より神学博士号を受けた．1949年以後 *フランクフルトのザンクト・ゲオルゲン哲学・神学大学で教理学を教授．1972年からは学長を務めた．第2 *ヴァティカン公会議の顧問神学者の一人であり，公会議後の *教会論・*秘跡論・マリア論の発展に貢献した．

【主著】*Die Kirche als Ursakrament*, 1953: 石橋泰助訳『原サクラメントである教会』（エンデルレ書店 1994）; *Urbild der Kirche, Organischer Aufbau des Mariengeheimnisses*, 1950; *Gott und Mensch in Begegnung*, 1960; *Vom Sinn der Sakramente*, 1960; *Wirkendes Wort*, 1960; *Die Welt als Schöpfung*, 1962.

【文献】キ人 823.

（光延一郎）

ぜんめんしょう　全免償　→　免償

ぜんやさい　前夜祭　→　徹夜

せんれい　洗礼〔ギ〕baptisma, 〔ラ〕baptismus, 〔英〕baptism, 〔独〕Taufe, 〔仏〕baptême　父と子と聖霊の名によって人を *水で洗うことにより授けられるキリスト教の根本的な *入信の秘跡．

【宗教史的背景】水で体を洗うことは，清めをもたらす儀式として多くの宗教で行われている．古代エジプト人はナイル川に，インドのヒンドゥー教徒は古代から現代に至るまでガンジス川に体を浸すことを重大な宗教行為としており，日本の *神道でもみそぎが行われている．旧約聖書では，さまざまな *汚れから清められるために体や衣服などを水で洗うことが定められており（出 19: 10-14; 29: 4; レビ 11: 32; 14: 8; 15: 5-13; 民 19: 1-22 等），*預言者たちは，「洗って，清くせよ」という言葉で罪人に *回心を呼びかけていた（イザ 1: 16; エレ 4: 14; エゼ 36: 25）．イエスの時代のユダヤ人たちは，食事のときに皿や手を洗うことを宗教上の義務とみなしていた（マタ 15: 1-2; マコ 7: 1-5）．紀元後 1-2 世紀には，異教徒が *ユダヤ教に改宗する場合，*割礼のほかに水を浴びることになっていた．クムランの *エッセネ派の人々は毎日，儀式的入浴を行った．同時代のギリシア・ローマの多くの密儀教（→密儀）でも，汚れから清められ，神々と一致し，*永遠の命を得るために，水洗いの儀式が行われていた．また，ヨルダン地方では，紀元前 2 世紀から紀元後 2 世紀まで，さまざまな宗教団体によって水洗いの儀式が行われていた．洗礼者 *ヨハネの活動の背景にはこのような洗礼運動がある．

【新約聖書における洗礼】〔ヨハネの洗礼〕四福音書によれば，紀元後 30 年頃，ヨハネという人物が「荒れ野に現れて，罪の赦しを得させるために悔い改めの洗礼を宣べ伝えた．ユダヤの全地方とエルサレムの住民は皆，ヨハネのもとに来て，罪を告白し，ヨルダン川で彼から洗礼を受けた」（マコ 1: 4-5）．当時行われていたさまざまな水洗いの儀式とは異なるヨハネの洗礼の特徴は，（1）ヨハネが，裁きを伴う *神の国が近づき，したがってそれに入るために各人が *罪を告白し，悔い改めなければならないと告知したこと，（2）洗礼は 1 回に限ること，（3）受洗者が自分で体を洗うのではなく，他者（すなわち，ヨハネ）から洗礼を受けたことである．福音記者たちによれば，ヨハネは自分を，自分のあとに来る，自分より優れた者であるイエスの先駆者とみなしていた（マタ 3: 11-12; マコ 1: 7-8; ルカ 3: 15-17; ヨハ 1: 19-28; 3: 22-30）．イエスはヨハネから洗礼を受けたとき，父なる神の声を聞き，*聖霊が *鳩のように自分に降ってくるのをみた（マタ 3: 13-17; マコ 1: 9-10; ルカ 3: 21-22; ヨハ 1: 32）．これはイエスにとって，宣教活動を開始する時がきたことのしるしであった．ヨハネ福音書によれば，イエスが宣教活動を行っていた間，その弟子たちは人々に洗礼を授けたが，イエス自身は人に洗礼を授けなかった（ヨハ 3: 26; 4: 1-2）．

〔キリスト教的洗礼の始まり〕イエスの復活後，弟子たちが宣教活動を開始してからすぐ，どこでも，キリスト教への入信式として洗礼が授けられていた．マタイ福音書によれば，それは復活したイエスが 11 人の使徒に与えた，「すべての民をわたしの弟子にしなさい．彼らに父と子と聖霊の名によって洗礼を授けなさい」（マタ 28: 19）という *宣教命令によるものである．ここで用いられる baptizō という動詞は，もともと「水に浸す」という意味であるが，新約聖書が書かれた時代には一般的に「洗う」という意味で用いられていた．

最初のキリスト教的な洗礼は使徒言行録に描写されている（2: 37-38）．それによると，洗礼は「イエスの名によって」授けられた（2: 38．また 8: 16; 19: 5; 22: 16 も参照）．「父と子と聖霊の名によって」洗礼を授けることはすでに 1 世紀に広まっており，やがて一般化した．洗礼を受ける人は悔い改めてイエスを信じるよう求められ，洗礼を受けた人は，罪が赦され，賜物としての聖霊を受け，イエスの弟子団に加わる（2: 38, 41）．

〔パウロの洗礼神学〕パウロによれば，洗礼はキリスト者となる人の生涯で 1 回限り行われる決定的な出来事である．「あなたがたは皆，信仰により，キリスト・イエスに結ばれて神の子なのです．洗礼を受けてキリストに結ばれたあなたがたは皆，キリストを着ているからです」（ガラ 3: 26-27）．「一つの霊によって，わたしたちは，……皆一つの体となるために洗礼を受け，皆一つの霊をのませてもらったのです」（1 コリ 12: 13）．「[あなたがたは]主イエス・キリストの名とわたしたちの神の霊によって洗われ，聖なる者とされ，義とされています」（1 コリ 6: 11）．ローマ書（6: 3-11）は，洗礼によるキリストとの一致を最も詳しく説明している．すなわち，人は洗礼によって「キリストと共に葬られ，その死にあずかる」．それは，「新しい命に生きるため」である．したがって，罪の支配下にあった人が洗礼によってキリストとともに死に，キリストと結ばれ，聖霊に導かれて新しい生き方を始める．コロサイ書はこの考えを一層発展させ，受洗者が「キリストを死者の中から復活させた神の力を信じて，キリストと共に復活させられた」（2: 12）といっている．キリストとの一致は，キリストの教会を構成するすべての人との一致をもたらす．「平和のきずなで結ばれて，霊による一致を保つように努めなさい．

せんれい

体は一つ，霊は一つです．……主は一人，信仰は一つ，洗礼は一つ，すべてのものの父である神は唯一です」（エフェ 4：3-6）．テトス書では，「救いは，聖霊によって新しく生まれさせ，新たに造りかえる洗いを通して実現した」（3：5）と記されている．したがって，パウロは，*信仰による救いと洗礼による救いとを決して矛盾するとは考えず，信じる者がイエスの名によって洗礼を授けられることを，罪人を *義とする神の無償の救いの業とみなしている．

〔その他〕ヨハネ福音書では *ニコデモと対話するイエスの次の言葉が記されている．「だれでも水と霊とによって生まれなければ，神の国に入ることはできない」（3：5）．したがって聖霊の働きの場である洗礼において，イエスの「名を信じる人々には神の子となる資格」（1：12）が与えられるのである．

新約聖書のなかに，「洗礼を授けなさい」という命令が生存中のイエスの言葉としてではなく，復活したイエスの言葉として記されているという理由で，キリスト教の入信式として洗礼を授けることが，実際にイエスの命令に由来するのか疑問視する学者もいる．しかし，1 世紀から *初代教会の至るところで入信式として洗礼が授けられていたという事実から，それがイエスの示唆に従って行われたと推定することができると思われる．ただ，「父と子と聖霊の名によって」洗礼を授けることは，おそらく初代教会の発想によるものといえるだろう．

聖書では，*幼児洗礼についてはっきり記されてはいないが，ある人と「その家族」が共に洗礼を受けたという記述がある（使 16：15, 33；18：8；1 コリ 1：16）．このことから，その家族には当然幼児もいて，洗礼を一緒に受けたと推定することができる．

【教理と神学の展開】〔古代〕聖書以外に洗礼について記している最古の書物は，1 世紀末に書かれたとされる *『十二使徒の教訓』である．それによると，洗礼は父と子と聖霊の名によって授けられており，流れる水に体を入れることが望ましいが，充分な水がなければ水を注ぐことによっても洗礼を授けることができる（7, 1）．同様に殉教者 *ユスティノスは，洗礼が父と子と聖霊の名によって授けられるといい，受洗者はキリストへの信仰を表し，キリストの教えに従って生活することを約束すると述べている（『第 1 弁明』61）．*テルトゥリアヌスは，『洗礼について』と題する書物を著し，洗礼による罪の *ゆるしと再生を強調している．

2-3 世紀から，洗礼の準備のために求道者制度が設置され，求道者がキリストの教えを学び，生活を改め，*悪魔祓いや *塗油を受けることによって，かなり長い期間をかけて受洗を準備することになった．この制度と洗礼式の行い方を詳しく描写しているのは，ローマの *ヒッポリュトスの *『使徒伝承』である．洗礼を受けるとき，父と子と聖霊についての *信仰告白が問答形式で行われ，受洗者は全身を 3 回水に沈められる．洗礼の後，新信者は 1 週間，洗礼と *エウカリスティアについての司教の説教を聞くため，受洗したときに着せられた白い衣を着て教会堂に集まることになっていた．その際に司教たちが行った説教のなかで，エルサレムの *キュリロス（あるいは，その後継者 *ヨアンネス 2 世），*アンブロシウス，*ヨアンネス・クリュソストモス，*アウグスティヌス，モプスエスティアの *テオドロスのものが現存している．これらの説教は，入信式を細かく説明し，聖書の言葉を豊富に引用しながら，洗礼によって得られた *恩恵の素晴らしさを賛美している（→ ミュスタゴギア）．

洗礼に関して古代に起こった論争は，異端者が授ける洗礼の有効性をめぐるものであった（→ 異端者洗礼論争）．テルトゥリアヌスとカルタゴの司教 *キプリアヌス，およびカッパドキアのカイサレイアの *フィルミリアノスなどのような *東方教会の一部の人々は，異端者のもとには聖霊が存在しないという理由で，異端派で授けられた洗礼を無効とみなし，異端者が教会に改宗する場合，彼らに新たに洗礼を授けた．それに対して，ローマの教会とアレクサンドリアの教会は，異端派の洗礼によって恩恵が与えられないことを認めつつも，その洗礼が有効であり，したがって教会に改宗する人の場合は洗礼を繰り返すべきではないという立場をとった．この問題に関してキプリアヌスとローマの司教（教皇）*ステファヌス 1 世の間で激しい論争が交わされたが，アウグスティヌスの神学的な説明によって，ついにアフリカの教会も異端者たちの洗礼の有効性を承認するようになった．アウグスティヌスは，どんな人間が洗礼を授けていても，実際に洗礼を授けるのはキリスト自身であるから，授ける人にみられる欠陥によって洗礼の有効性が損なわれることはないとしたが，同時に，受洗者が *神の意志に逆らう心構えで洗礼を受けるなら，罪のゆるしと聖霊の恵みは受けられないと認めた．幼児洗礼について，3 世紀前半の *オリゲネスは，それが *使徒たちに遡る伝統に従って行われていると述べたが，信者の家庭で生まれた幼児にすぐ洗礼を授けるという習慣が一般化したのは，古代の末期のことである．

〔中世〕*カタリ派と *ヴァルド派などの人々は，罪の状態にある司祭によって授けられる *秘跡が無効であると述べたが，それに対して第 4 *ラテラノ公会議や歴代の教皇たちは，洗礼その他の秘跡はどんな人によって授けられたものであっても有効であり，受ける人に神の恩恵を与えることを宣言した（DS 793, 802, 1154）．この時代には，ほとんどすべてのキリスト者が幼児のとき洗礼を受けたので，洗礼がキリストとの人格的出会いの場であるという意識は薄れ，洗礼によって幼児の *原罪がゆるされることが一方的に強調された．そして，教会の指導者たちは，洗礼を受けることによって人は教会の *権威のもとに置かれ，教会は *教理に背く者を罰する権利を有すると力説した．

〔宗教改革とトリエント公会議〕主だった宗教改革者たちは，幼児洗礼をはじめ洗礼に関する教会の従来の教えを認めていたが，*再洗礼派の人々は幼児洗礼の有効性を否定し，分別のついた者にだけ洗礼を授けるべきであると説いた．彼らの考えを受け継いだのは，17 世紀の初めにイギリスで成立した *バプテスト教会である．バプテスト教会の一派として 1640 年に設立され，現在，アメリカ合衆国をはじめ世界的に広がっているレギュラー・バプテスト（Regular Baptist）派は，洗礼は必ず浸礼でなければならないと主張している．

*トリエント公会議は，洗礼をめぐって宗教改革時代に出された一連の説を排斥する教令を発布し，そのなかで，(1) 異端者によって授けられる洗礼が有効であること，(2) 救われるためには洗礼またはそれを受ける望みが必要であること，(3) 洗礼を受けた人はキリストと教会のすべての掟を守らなければならないこと，(4) 洗礼によって人の魂に消えることのない *霊印が刻まれること，(5) 幼児洗礼が有効であり，原罪のゆるしをもたらすことなどを宣言した（DS 1614-27, 1514, 1524, 1529, 1609）．現在では，キリスト教のほとんどすべての

宗派で洗礼が授けられ，重視されている．キリスト者となるために洗礼を受ける必要がないという説をとっているのは，*救世軍と日本の*無教会主義である．

〔第2ヴァティカン公会議〕『教会憲章』は，*キリストの神秘体である教会について述べるなかで洗礼に触れている．「この体の中で，キリストの生命が信ずる者に分け与えられるのであって，かれらは諸秘跡を通して，苦しみと栄光を受けたキリストに，神秘的実在的な方法で結ばれるのである．事実，われわれは洗礼によってキリストに似たものとなる．『われわれは皆一つの体となるために，一つの霊において洗礼を受けたのである』(1コリ12:13)．この聖なる儀式によって，キリストの死と復活への結合が表わされ，実現する」(7項)．また，キリストの*祭司職にあずかっている*神の民について，「信者は洗礼によって教会に合体し，霊印をしるされてキリスト教の祭礼にあずかるよう委任を受け，神の子として生まれかわって，神から教会を通して受けた信仰を人々の前に宣言する義務を負う」(11項)と述べている．

さらに『エキュメニズム教令』は洗礼について次のように述べる．「洗礼の秘跡が，主[キリスト]の制定に従って正しく授けられ，正しい心構えをもって受けられるならば，それによって人は，十字架につけられ栄光を受けたキリストに合体され，神の生命にあずかるために再生させられる．……したがって洗礼は，それによって再生されたすべての人間に存在する一致の秘跡的きずなである」(22項)．このきずながすでに存在しているという事実があるからこそ，すべてのキリスト者は，キリストが望んだ完全な一致を再び実現するため，*教会一致促進運動に全力を尽くすべきである．カトリック以外の教会で授けられる洗礼は，キリストが制定した洗礼を授けようとする意図で，聖書に書かれた通りに授けられるならば有効であるとするカトリックの従来の教えに従って，そのような洗礼を受けた後，他の教会から*カトリック教会に転じる人の場合，洗礼を決して繰り返してはならない(新『教会法典』869条参照)．この点を注意深く守ることは，エキュメニカルな相互理解のために極めて重要である．

【神学的解明】〔洗礼の意義〕キリスト教によれば，*イエス・キリストは神と人間の出会いの場であり，人々に体験的に神のゆるしと恩恵をもたらし，全人類を代表して父なる神に*礼拝をささげている．イエスの生存中，人々は彼との直接の出会いによってこの恩恵を受けたが，イエスが死んで復活し，父なる神のもとに戻った後，イエスが派遣した弟子たちによって告げられる福音の言葉と彼らによって授けられる秘跡とを通して，キリスト自身が唯一の仲介者としての役割を続行し，人々を自分と一致させ，神の命にあずからせている．福音宣教に伴う聖霊の恩恵によってキリストを信じるようになった人にとって，キリストとの一致をもたらす根本的な秘跡は，洗礼とエウカリスティア(聖餐)である．秘跡を通して働くキリストと聖霊の力によって，秘跡が象徴的に示していることが実現される．洗礼は水洗いの儀式であるから，それによって直接に示されるのは心の清めである．洗礼は，悔い改めてそれを受ける人に，あらゆる罪の完全なゆるしをもたらす．水洗いという一般的な意味をもつ儀式に特定のキリスト教的な意味を与えるのは，そのときに発せられる，「父と子と聖霊の御名によって，私はあなたに洗礼を授ける」という言葉である．この言葉が示しているように，洗礼を受けることによって人は，父なる神の子として新たに生まれ，神の子キリストと一致させられてその兄弟姉妹，およびその体の肢体となり，賜物として聖霊を受け，愛の実践を伴う信仰に基づいて生活するように方向づけられる．同時に，洗礼は教会への加入式であるから，それを受けることによって人は神の民の一員となり，神を礼拝する共同体に入れられ，教会員としてのすべての権利と義務を与えられる．洗礼はさらに，受洗者の公の信仰告白の場であり，洗礼の直後に白衣と火のともったろうそくとを受けることによって示されるように，キリストの*光をもたらす者としてキリストに従って歩む決心を公にしている．

〔洗礼を授ける人・受ける人〕キリスト教の洗礼が，必ず他者から受けるものであることによって，救いは他者，すなわちキリストによって与えられるものであることが示される．教会の慣例に従って，洗礼の通常の執行者は，*司教，*司祭，および*助祭であるが，洗礼を受けていない人をも含め誰もが洗礼を有効に授けることができる．洗礼が有効となるために，授ける人は，キリスト教的な洗礼を授ける意図をもち，受洗者は(分別がついた者であれば)それを受ける意図をもたなければならない．さらに，洗礼によって上述の恩恵を受けるためには，受洗者はキリストを信じ，悔い改めなければならない．

〔洗礼の必要性〕洗礼の必要性に関して，古代以来いわれてきたことを第2ヴァティカン公会議は次のように表現している．「公会議は……聖書と伝承に基づいて，この旅する教会が救いのために必要であると教える．事実，キリストだけが仲介者であり救いの道であって，そのキリストは自分のからだ，すなわち教会の中で，われわれにとって現存するからである．しかもキリストは，信仰と洗礼の必要性を明白なことばによって教え(マコ16:16；ヨハ3:5参照)，人々がちょうど戸口を通してのように，洗礼を通してその中にはいる教会の必要性をも同時に確認した」(『教会憲章』14項)．以上のように洗礼の必要性が指摘されているが，すでに古代以来，教会は，キリストのために殉教した人は水の洗礼を受けなくても救われること(*血の洗礼)，また洗礼を受けることを望みながら，それを受ける前に死んだ求道者が救われること(*望みの洗礼)を教えていた．この「望みの洗礼」はますます広く解釈されるようになり，「神の意志に自分の意志を合わせようと努める人間の善意」のなかに洗礼を受ける望みが無意識的に含まれているとされた(DS 3870)．したがって，現在のカトリック教会の理解によれば，洗礼を受ける義務が自分にあると知りながら，*悪意をもってそれを拒否する人に関してだけ，その人は救われないと考えられる．

洗礼を受けずに死ぬ幼児に関しては，幼児は「望み」をもつことができないから，*地獄の苦しみを受けなくとも，*天国に入ることもできないと，長い間いわれてきた(DS 1349, 1514)．しかし現代のかなり多くの神学者は，このような幼児にも慈しみ深い神が何らかの方法で天国の永遠の命への道を開いていると考えている．

【教会法】新『教会法典』が洗礼に関して定めた主な点は次の通りである．(1)成人が洗礼を受けるためには，受洗の意思を表明し，キリスト教的な信仰と生活についての教えを充分に学び，求道者としてキリスト教的な生活を送ることが必要である．死の危険にある成人の場合，キリスト教の主な教えをある程度まで知り，受洗の意思を何らかの方法で明示した場合，洗礼を受けることができる(865条)．(2)洗礼を受ける成人は，重大な理

せんれい

由による妨げがないかぎり洗礼直後に *堅信を受け，*聖体拝領をしなければならない（866条）．(3) キリスト者の両親は，その子どもが誕生後の数週間以内に洗礼を授けられるように配慮すべきである（867条）．(4) 洗礼を受ける者には，可能なかぎり *代父母を置くべきである（872条）．(5) 洗礼が執行された地の *主任司祭は，受洗者の名などを洗礼台帳に記載すべきである（877条）．

【文献】カ大 3: 348-54; キ大 839-40; DThC 2: 167-378; HthG 2: 619-30; LThK² 9: 1310-23; ThWNT 1: 527-44; 日本キリスト教協議会信仰と職制委員会，日本カトリック教会エキュメニズム委員会編訳『洗礼・聖餐・職務』（日本基督教団出版局 1985）; E. シュリンク『洗礼論概説』宍戸達訳（新教出版社 1988）: E. SCHLINK, *Die Lehre von der Taufe* (Kassel 1969); W. ラザレス『リマ文書 学習の手引き』石井美恵子訳（日本基督教団出版局 1992）: W. LAZARETH, *Growing Together in Baptism, Eucharist and Ministry* (Geneva 1982); R. SCHNACKENBURG, *Das Heilsgeschehen bei der Taufe nach dem Apostel Paulus* (München 1950); A. BENOIT, *Le baptême chrétien au second siècle* (Paris 1953); B. NEUNHEUSER, *Taufe und Firmung*, HDG 4/2 (Freiburg 1956); A. STENZEL, *Die Taufe* (Innsbruck 1958); O. CULLMANN, *Die Tauflehre des Neuen Testament* (Zürich ²1958); R. E. O. WHITE, *The Biblical Doctrine of Initiation* (Grand Rapids 1960); G. R. BEASLEY-MURRAY, *Baptism in the New Testament* (London 1962); A. HAMMAN, *Le baptême et la confirmation* (Paris 1969); S. LÉGASSE, *Naissance du baptême* (Paris 1993).

(P.ネメシェギ)

【カトリックの典礼における洗礼】現代のカトリック教会の典礼において，洗礼に関しては大きな刷新が行われた．第 2 *ヴァティカン公会議以前の洗礼式は，1614 年の『ローマ儀式書』に幼児のための洗礼式と成人のための洗礼式の *儀式書があったが，幼児のための洗礼式は，ほぼ成人洗礼式の簡略版の形をとっており，幼児洗礼の特性に対応していない点があった．第 2 ヴァティカン公会議の『典礼憲章』は，幼児洗礼に関しては，幼児の実情への順応と両親，代父母の部分の明示を求め（67 項），成人洗礼に関しては，段階的な入信準備制度（後述）の復興を求めた（64, 66 項）．この要請に基づき，1969 年に『幼児洗礼式』の規範版（Ordo baptismi parvulorum, 日本版 1975）が出された（→幼児洗礼）．

成人のための洗礼式は，段階的な入信準備制度に関する典礼を含むもので，『成人のキリスト教入信式』（Ordo initiationis christianae adultorum）として，1972 年に規範版が出された（日本では暫定版として 1976 年に儀式書発行）．この刷新では，狭義の洗礼式（洗礼の儀）が個人においても教会においても長い準備過程の頂点の出来事であることを表すことに重点が置かれている．入信式そのものにおける洗礼，*堅信，*エウカリスティアの秘跡の相互関連性，洗礼式に属する個々の儀式やシンボル（悪霊の拒否と信仰宣言，塗油，白衣の授与，ろうそくの授与など）の意味が再検討され，新たに位置づけられている．また準備段階の求道期や洗礼志願期における教えと典礼，また洗礼を受けたあとの教えと日々の典礼参加が入信の諸秘跡の典礼と相互に関連をもつよう注意が払われ，絶えず典礼司牧上の再検討を要するものとなっている．この意味で，今日のカトリック典礼における洗礼は，宣教司牧活動の頂点であり源泉であるという（『典礼憲章』10 項参照）典礼の姿を代表するものの一つである．

【文献】LThK³ 9: 1282-95.

【入信準備制度】成人が入信の秘跡（洗礼・堅信・聖体）を受けてキリスト者になり，教会共同体に加入するための準備制度（[ラ] catechumenatus, [英] catechumenate, [独] Katechumenat, [仏] catéchuménat）をいう．

[歴史] 使徒時代より，「福音宣教（*ケリュグマ）→回心→洗礼→罪のゆるし *聖霊の賜物」という過程が入信の核になっていた（使 2: 37-47 参照）．教会の発展とともに，特にユダヤ教徒でない人を対象に入信の過程は制度化されていき，『十二使徒の教訓』1-7 章は「二つの道」（生と死の道）を洗礼の前に教えるべきであると定めている．準備制度の発展は地方により多種多様であるが，ローマを中心とする伝統は殉教者 *ユスティノスの『第 1 弁明』(1, 61)，*テルトゥリアヌスの『洗礼について』のなかに制度化されたものをみることができる．特にローマの *ヒッポリュトスの *『使徒伝承』（16-22 章）はこの過程を克明に伝えるもので，*西方教会に大きな影響を与えた．6 世紀から 8 世紀にかけての典礼を伝える『ゲラシウス秘跡書』（→サクラメンタリウム）と *『オルド・ロマーヌス』は『使徒伝承』の枠を保ちながら，これをさらに豊かにしたものである．

この制度の基本的な段階は次の通りである．(1) 求道者の選別．入信を希望する人は保証人を必要とし，入信の動機が調べられ，信仰や道徳に反する職業をもつ場合（例えば偶像に仕える祭司）は，職業を変えることが求められた．(2) 求道者として認められたときから教会に属する者とみなされ，*ミサの *ことばの典礼（「求道者のミサ」と呼ばれた）に参加し，終わりに祈りと *按手を受けた．期間は原則として 3 年間と定められていた．(3) *復活祭の数週間前（四旬節の初め）に，秘跡を受けるための直前の準備に入るために，まず「生活の改善」が調べられ，「選びの式」によって洗礼志願者となった．この期間には，ミサのことばの典礼にあずかるほかに多くの儀式やシンボル（*悪魔祓い，按手，*十字架のしるし，*信条の授与，*主の祈りの授与，塗油）などによって導かれた．(4) 復活徹夜祭の典礼のなかで洗礼・堅信・聖体の入信の秘跡が授けられた．(5) 洗礼後には秘跡を中心とした教話が続けられ，これは *ミュスタゴギア（秘義教話）と呼ばれた．

*コンスタンティヌス大帝以後，信者の数は急激に増え続けたが，多くの人は求道者になって教会の恩恵を受けるだけで満足し，洗礼は死の直前まで延ばしていた．その結果 6 世紀以降は入信準備制度は有名無実なものとなり，そのかわりに幼児洗礼が中心となっていった．その場合，成人のために長い期間をかけて行われた数々の儀式が一つの式に集約され，これを幼児に用いたが，複雑でぎこちなく，幼児の状況に合わない要素もそのまま用いられた．中世に入っても，入信準備制度は活用されず，ゲルマン民族やスラヴ民族の集団洗礼の際に，せめて 40 日の準備を，という教皇の指示も無視され，実際には数日の準備しか行われなかったという．*トリエント公会議に基づく典礼改革の成果の一つである 1614 年の『ローマ儀式書』（Rituale Romanum）は成人洗礼と幼児洗礼の儀式を載せているが，量的な違いはあっても，内容的には同じもので，やがて宣教地で再び成人の入信式が行われるようになったとき，用いられたのは幼児洗礼の式であった．

[現代]「宣教 →回心 →洗礼」の過程を入信準備の制

度として復興させる試みがなされたのは，アフリカの宣教地においてであり，*白衣宣教会により行われた4年の求道期を設けて段階的に洗礼の準備をする方式は大きな成果を収めた．しかし，教会全体のためには制度は確立されておらず，ローマの布教聖省の方針も曖昧だったため，入信の準備はもっぱらカテキスムス(→要理と要理教育)の説明に重点が置かれ，その方法は宣教師各自の創意工夫に任されていた．しかし，20世紀半ばに教理教育の運動が盛んになると，「公教要理」が知的な面ばかりを強調しすぎることが指摘されるようになった．同時に*典礼の研究と*典礼運動が盛んになり，『ローマ儀式書』の洗礼式が古代の入信準備制度の遺産であることが明らかになった．このような気運を踏まえて，第2ヴァティカン公会議は『典礼憲章』の64項と66項によって洗礼準備制度が復興されるべきことを定め，一連の改革に着手した．『幼児洗礼式』(1969)，『堅信式』(1971)，『成人のキリスト教入信式』(1972)の規範版の公布がその成果である．これらは，典礼刷新のなかで最も満足できるもの，かつ教会生活全体に大きな影響を与えるものとして高く評価されている．『成人のキリスト教入信式』は，日本の典礼委員会によって翻訳・検討がなされ，1974年に*司教協議会が暫定認可，ローマの認証を得て，さらに検討を加えて研究版として1976年に発行され，その試用によって全国的な受け入れを図るとともに宣教司牧の実情を踏まえた検討が進められている．

〔成人のキリスト教入信式〕刷新された『成人のキリスト教入信式』の儀式書では，「成人の入信は，信者の共同体の中で段階的に進められる．信者は入信する人々とともに……回心に努め，……彼らが心から聖霊に従うように助けなければならない」(日本語版の緒言3)として，求道者を導く主体が信者の共同体であることが明らかにされた．入信する人は共同体のなかで育てられ，しだいに交わりを深め，復活徹夜祭の入信の秘跡によって完全に共同体の一員となるのである．その過程に三つの段階と四つの期間が定められている．

「求道期前の期間」(praecatechumenatus)
　第1段階「入門式」
「求道期」
　第2段階「洗礼志願式」
「洗礼志願期」
　第3段階「入信の秘跡」
「入信の秘跡直後の導きの期間」(tempus mystagogiae)

入信準備制度はいわば「教会づくり」の基礎であって，*典礼暦と教理教育の調和，宣教する共同体と求道者の関係など，教会の根幹に触れる．その意味で教会の体質を新たにする大きな可能性をもつものである．

【文献】NCE 3: 238-40; カトリック儀式書『成人のキリスト教入信式』(カトリック中央協議会 1976); ヒッポリュトス『聖ヒッポリュトスの使徒伝承』B. ボット校訂, 土屋吉正訳 (オリエンス宗教研究所 1987): A. HIPPOLYTUS, *La tradition apostolique de Saint Hippolyte*, ed. B. BOTTE (Münster 1963); B. NEUNHEUSER, *Taufe und Firmung*, HDG 4/2 (Freiburg 1956); A. STENZEL, *Die Taufe* (Innsbruck 1958); J. WAGNER, ed., *Adult Baptism and the Catechumenate*, Conc. 22 (New York 1967); MURPHY CENTER FOR LITURGICAL RESEARCH, *Made, Not Born* (Notre Dame 1976); A. KAVANAGH, *The Shape of Baptism* (New York 1978); A. G. MARTIMORT, ed., *The Church at Prayer*, v. 3 (Collegeville 1988) 11-96; L. L. MITCHELL, *Worship: Initiation and the Churches* (Washington, D.C. 1991).

【入信準備制度の各段階】それぞれの意義と特徴を以下にあげる．

〔入門式〕「求道者になる式」([ラ] ritus ad catechumenos faciendos)で，キリスト教を学び始め，*回心と信仰の芽生えをもち，キリストに従うことを望む人は，十字架のしるしを中心的なシンボルとするこの式によってキリスト者共同体に迎え入れられる．

〔求道期〕求道者が，教話を聴き，生活の改善に努める期間(tempus catechumenatus)を求道期という．求道者は，共同体に支えられながら信仰と回心の道を歩み，キリストに近づいていく．原語のカテケメナートゥスは，入信準備制度全体を指す用語として用いられることもある．また，求道者の原語のカテクメヌス(catechumenus)とは広い意味でキリスト教入信を志す人，教えを聴く人を意味する(新『教会法典』の日本語訳ではこの意味で「*洗礼志願者」と訳される)．典礼的な意味では，キリスト教入信準備制度の第1段階の入門式を受けた人を求道者と呼び，求道者は入門式によって教会共同体のいわば準会員となり，結婚式あるいは葬儀を教会で行うことができる(『成人のキリスト教入信式』緒言18)．求道期間は人によって異なり，数か月から数年にかけて行われる．

〔洗礼志願式〕求道者のなかで洗礼を受けるためにふさわしい準備を示した者が，洗礼志願者として選ばれ，洗礼志願式(ritus electionis seu inscriptio nominis)を受ける．これは，普通*四旬節第1主日のミサで行われるものとされ，このときから入信の秘跡を受ける直前の霊的な準備の期間としての洗礼志願期が始まる．洗礼志願式のミサでは，*説教の直後に求道者が呼ばれ，代父母とともに共同体の前に出て，求道者が洗礼を受けるためにふさわしい準備をしてきたかどうかについて教理担当者や代父母の証言が行われる．これが受け入れられると，求道者の名前が記帳される．本人が記帳するか代父母が記帳するか，または志願者が大勢いるときは，求道者の名前のリストが提出されるなど，幾つかの方法が考えられている．洗礼を望む意志の表明を受けて，この人が神から選ばれた者(electus)であることを教会の名によって宣言する．日本の1976年版の『成人のキリスト教入信式』では，洗礼志願式のなかで「信条の授与」と「洗礼志願者の油」の塗油を行うという適応が行われている．

〔洗礼志願期〕洗礼志願期とは「清めと照らしの時期」(tempus purificationis et illuminationis)であり，四旬節の典礼は，元来，洗礼志願期の典礼の期間として形成された．悪霊追放の祈りや洗礼の意志を確認するスクルティニウム(確認の儀)は，特に四旬節第3-5主日に行われた．現在でも四旬節第3-5主日(朗読配分A年)には，洗礼志願者のための清めと照らしを内容とする最も古典的な朗読箇所が選ばれ，共同祈願の結びは，特に彼らが悪霊から解放されるように祈る，解放を求める祈りとして行われ，これに対応するしるしとして，按手が行われる．

【洗礼式の諸要素】成人のキリスト教入信式の第3段階において，入信の秘跡の授与である洗礼の儀が行われる．これは，復活徹夜祭の典礼において，光の祭儀，ことばの典礼に続く第3部として構成され，洗礼水の祝福，悪霊の拒否と信仰宣言，洗礼(堅信が別に行われる場合は，続いて聖香油の塗油を行う)，白衣の授与，ろ

せんれい

うそくの授与という式順で続く．

〔洗礼水の祝福〕洗礼の儀にあたり，洗礼で使う水を祝福する祈り (benedictio aquae baptismalis) を行う．神への賛美をもってその救いの実現を洗礼の秘跡との関連で記念し，聖霊の働きを願う祈りで，「神を賛美し，水の上にその働きを願う祈り」(benedictio et invocatio Dei super aquam) とも呼ばれる．洗礼水に対する祈りはすでに 2-3 世紀から言及されている(*エイレナイオス，*オリゲネス，テルトゥリアヌス，ヒッポリュトス等)．洗礼式が復活徹夜祭を基本的な時期としていたことから，水の祝福は復活徹夜祭のことばの典礼の直後，洗礼式の儀式の最初に行われる儀式として定着し，聖香油を注ぐなどの儀式も盛り込まれた．やがて *東方教会では，これ以外の日の洗礼式のためにもそのつど水の祝福を行うようになっていったが，西方教会では，復活徹夜祭での洗礼の授与が広く行われるようになっても，洗礼水の祝福は *ミサ典礼書に属する復活徹夜祭の典礼の要素としてのみ残り，洗礼式とは分離した．第 2 ヴァティカン公会議後の入信式の刷新により，(幼児洗礼式・成人のキリスト教入信式とも)洗礼水の祝福は不可欠の要素として洗礼式に収められ，表現も新たなものとなった．復活徹夜祭で行われるときは，*復活ろうそくを 3 度水に浸ける，西方教会に伝統的な行為を伴う．

〔悪霊の拒否と信仰宣言〕悪霊の拒否（[ラ] abrenuntiatio）は，受洗者がサタンとの関係を一切，最終的に退け，キリストとの新しい *契約を公に宣言する儀式をいう．使徒時代に遡るとされ，ユスティノスやテルトゥリアヌス，ローマのヒッポリュトス，*アンブロシウス，エルサレムの *キュリロスなども言及しているが，入信式中の位置や拒否を表す言葉や方法は多様だった．現行の成人の入信式は，『古ゲラシウス秘跡書』(6 世紀頃)のものを採用し，ほかに自由に選べる拒否の形式を加えている．*信仰宣言は『十二使徒の教訓』の例(7, 3)を除き，幾世紀もの間，水による儀式と同時に行われ(テルトゥリアヌス，ローマのヒッポリュトス，アンブロシウス等)，キリストの洗礼命令(マタ 28: 19)の影響のもとに形成された．幼児洗礼の普及に伴い，信仰宣言は洗礼の儀の直前に移された．悪霊の拒否と信仰宣言とは儀式として区別されるが，共にキリストに従う誓いという唯一の行為の両面であり，入信準備過程の目標をなしている．

〔洗礼の儀〕洗礼式の中心にあるのは最も狭義の洗礼の儀式(水を使う儀式)で，その行い方についての最古の資料の一つとして『十二使徒の教訓』では，父と子と聖霊の名をもって，流れる水で洗礼を授けるようにする一方，温かい水を使う可能性や，頭に水を 3 度注ぐ形式についても述べており，典礼司牧的な適応を求めている点が注目される．全身を水に浸す，いわゆる浸礼か，頭に注ぐ滴礼かの実践の多様性はすでに現れている．「父と子と聖霊の名をもっての洗礼」という部分は，例えばヒッポリュトスの『使徒伝承』が記す洗礼式では，信仰宣言の父，子，聖霊などの各問答ごとに 3 度水に浸す形で行われ，この形式は古代教会では一般に行われていた．その後，幼児洗礼の普及につれて，悪霊の拒否に続く問答形式による信仰宣言とは別に，「わたしは，父と子と聖霊のみ名によってあなたに洗礼を授けます」という西方教会で成立した洗礼定式を伴って洗礼が行われるようになり，今日に至る．

〔洗礼白衣〕受洗者が洗礼式の後，身にまとう白衣は，4 世紀から登場した洗礼式の象徴の一つである．アンブロシウスはこの白衣を，罪の汚れを脱ぎ捨て，汚れないものとなったことを示すものとしている(『秘跡論』7, 34)．ほかに，新しい創造，復活の栄光，さらに終末時の救いにあずかる白い衣を着た民(黙 7: 9-17)に関連づけられることもある．受洗者がこの白衣を復活の 8 日間着るという慣行もあり，その最終日である復活節第 2 主日は「白衣の主日」と呼ばれるようになった．第 2 ヴァティカン公会議以前の『ローマ儀式書』では，洗礼白衣は言及されていなかったが，公会議後の刷新により，洗礼の意味を説き明かす有意義なしるしとして再び導入されている．

〔白衣の授与〕洗礼の儀の後の聖香油の塗油に続いて行われる儀式の一つで，洗礼の意味を敷衍的に示すしるしである．現在の白衣の授与に際しての司式者の勧めは「あなた(がた)は新しい人となり，キリストを着る者となりました．」となっており，洗礼を受けることをキリストを着ることに譬えるパウロの言葉(ロマ 13: 14; ガラ 3: 27. ほかにエフェ 4: 23; コロ 3: 9 参照)に基づいている．洗礼式の実際では，白い *ヴェールや白い布が代父母を通して授けられるなどの形で行われる．

〔ろうそくの授与〕洗礼式のなかで，洗礼を受けた者に，復活のろうそくから彼らが手に持つ小さなろうそくに火を移す儀式をいう．歴史的に古く，すでに 4 世紀に，洗礼式が復活徹夜祭に行われることを原則としていた頃の光のシンボルを使った儀式である．やがて復活徹夜祭以外に行われる洗礼式でも慣例となった．現行の洗礼式においては，まず代父母が復活ろうそくから光をとり，受洗者に渡す．この儀式の意味を告げる司式者の言葉は，受洗者が「キリストの光をもたらす者」「主が来られるとき，喜んで主を迎える者」となることを呼びかけるものである(ルカ 12: 35-36 参照)．幼児洗礼の場合は，「キリストの光を世に輝かすように」との祈りとともに，火を移したろうそくが両親か代父母に委ねられる．

【文献】LThK³ 9: 1302; B. KLEINHEYER, *Sakramentliche Feiern I. Die Feiern der Eingliederung in die Kirche*, GDK 7/1.　　　　　　(石井祥裕，国井健宏，中垣純)

せんれい〔イエスの〕　洗礼〔イエスの〕

【聖書】*共観福音書(マタ 3: 13-17; マコ 1: 9-11; ルカ 3: 21-22)が，イエスの洗礼([ギ] baptisma) を具体的に記述するのに対して，ヨハネ福音書(1: 29-34)はそれを単なる暗示にとどめている．各福音書はイエスの洗礼を，先駆者である洗礼者 *ヨハネとイエスの出会いの場，その出会いを通した，イエスの公的活動開始の契機として位置づけている．

〔共観福音書〕イエスの洗礼は，ヨハネが宣べ伝える悔い改め(マコ 1: 4 および並行箇所)を必要とする人間への連帯を表現する．しかし共観福音書はイエスの洗礼自体にではなく，むしろ洗礼の直後に生じる黙示的幻に重要な関心を寄せる．「天が開く/裂ける」(イザ 63: 19 参照)は終末における神の救済的介入を，「(聖)霊が鳩のように降る」というイエスへの霊の降下は，*メシア(イザ 11: 2 参照)，*主の僕(イザ 42: 1)あるいは解放者(イザ 61: 1 参照．特にルカ 4: 18 との関係参照)としてのイエスを啓示する．

解釈上で特に問題となるのは *鳩の意味である．これを，新しい創造(創 1: 2 での深淵の面を動く神の霊を，ひなに巣を作る鳥に譬える *ラビ的解釈に基づく)，裁きの終わりと *祝福の開始(創 8: 8-12 参照)，あるいは

新しい *出エジプト（申32:11参照）の象徴とする多様な解釈がみられるが，いずれも説得力に欠ける．これを単なる文学的修辞とする可能性（使2:3「炎のような舌」のイメージを用いた *聖霊の注ぎ参照）も考えられるが，その真の意味は不明である．

「あなたは（これは）わたしの愛する子，わたしの心に適う者」（マコ1:11および並行箇所）という天からの声は，二つの特徴をもつ．一つは対比的性格で，二人の出会いの場であるイエスの受洗において，ヨハネに対するイエスの決定的優位性が明らかにされる．他の一つは啓示的性格である．この宣言は，イエスと神の子メシア（詩2:7），主の僕（イザ42:1），あるいは *イサク（創22:2）の姿と重ねて種々に解釈されるが，その本質は，イエスを *神の子として同定し，イエスの救済的働きを啓示することにある．これら一連の幻は，神とイエスの関係，*救済史におけるイエスの位置を浮き彫りにしながら，ヨハネの活動に終止符を打ち，イエスの救済活動の開始へと橋渡しする転換点となっている．

洗礼場面では，各福音書独自の神学も展開される．すでに *受胎告知において，神の子イエスを啓示し，その救済的役割を明らかにしたマタイ（1:18, 20-21, 23）は，洗礼を単なる啓示場面にはとどめない．彼はイエスとヨハネの会話（3:14-15）を付加し，マタイ神学の鍵でもある *義のテーマを展開する．それによって，イエスの洗礼を *神の意志への従順の行為として位置づけ，イエスの公的活動の根本姿勢を明らかにする．

誕生場面を欠くマルコは，洗礼を純粋に啓示場面として記述し，ここで初めて神の子イエス像を読者に提示する．しかしマルコは洗礼直後における一連の幻を，イエスの主観的体験として強調し，イエスの本性の秘密性を主張する．この秘密性はやがてイエスの *受難，死と関連づけられて（1:9; 10:38 での「洗礼を受ける」の用法，および9:7; 15:39参照），徐々にその覆いをはがれ，*十字架刑において完全に明らかにされる（15:39）．

マタイ同様ルカも，受胎告知および誕生，*幼年物語で，イエスの神性と救済者としての本質を聖霊との関連で提示する（1:32, 35; 2:11, 31, 49）．そのためルカも，洗礼を単なる啓示場面としては記述しない．ルカは水から上がるというイエスの行為（マコ1:10および並行箇所）ではなく，イエスの祈り（ルカ3:21）を一連の幻の契機とし，神とイエスの特別な関係を浮かび上がらせる（特に9:18, 28, 29参照）．そしてイエスへの霊の降下を特に強調し（3:22「目に見える姿で」の付加），その意味を公的活動の冒頭においてイエス自身に説明させる（4:16-21）．この霊を父に返還するとき（23:46），万民の救い（2:31）が成就され，聖霊の時代が開始されていくのである（使2:1-4）．

〔ヨハネ福音書〕ヨハネ福音書はイエスの洗礼には直接言及せず，むしろ証人としてのヨハネ（1:6-8, 15）とその証言内容に重点を置く．洗礼者ヨハネの口に上る「神の *小羊」（1:29）という称号は，*先在（1:30. 特に1:1-2; 8:58; 17:5参照）とともに，ヨハネの *キリスト論の中核をなす概念で，これは苦しむ主の僕（イザ52:13-53:12）また *過越の小羊（ヨハ19:29と出12:22，ヨハ19:36と出12:46の関係参照）としてのイエスを暗示する．「天から」（1:32）霊が下り，イエスの上に「とどまる」（1:32）という証言は，父のもとから派遣された先在者であり，恒久的な霊の所有者であるメシア・イエスと，「神の小羊」イエスの救済活動との関係を明らかにする．洗礼者ヨハネの証言が示唆するように，イエスは *栄光という視点のもとに位置づけられる受難，死（特に12:32; 17:1）を通して，人間に霊を授与し（3:34; 7:38-39; 20:22），新たな命をもたらすのである（3:5; 6:33, 39-40 等）．

【文献】Strack-B. 1; F. LENTZEN-DEIS, *Die Taufe Jesu nach den Synoptikern* (Frankfurt 1970); L. E. KECK, "The Spirit and the Dove," NTS 17 (1970) 41-67; R. PESCH, R. KRATZ, *So liest man synoptisch*, 1 (Frankfurt 1975).
(泉安宏)

【祝日】イエスの洗礼の祝日は，主の *公現の祭日の成立と絡み合っている．東方教会において，4世紀の後半に急速に広まった公現の祭日は，その内容としてイエスの誕生と洗礼，ヨハネ福音書の告げる最初の奇跡としての *カナの婚礼の出来事を含んでいた．公現祭の成立・普及とほぼ同時に，ローマで成立し，広まった12月25日の降誕祭（主の *降誕）は東方でも受容され，イエスの誕生や *受肉の主題は，この降誕祭に移行した．その後，東方での公現祭は，むしろイエスの洗礼を中心主題とする祭日となり，現在に至っている．洗礼がイエスが神の子であることの啓示であり，神の霊を注がれ，「クリストス」（油を注がれた者，メシア）としての公的な活動の開始となった出来事であるという意味がここに込められることになった．

西方教会では，逆に東方由来の1月6日の公現祭が伝わった折，ローマ以外では，この日を三博士の礼拝・イエスの洗礼・カナの婚礼の三つを内容とするものとして受容された．一方，ローマ教会は，公現祭のミサの主題を三博士の礼拝のみとし，これはその後も伝統となった．ただし，上記の三つの主題は，1月6日，その八日目の13日，それに続く主日の聖務日課（→教会の祈り）には反映されていた．現在の *典礼暦において，イエスの洗礼は「主の洗礼の祝日」（〔ラ〕festum Baptismatis Domini）として「主の祝日」に数えられ，公現の次の主日を原則とするが，主の公現が1月6日ではなく，1月2日から8日の間の主日に祝われる日本などの教会では，原則として，公現の主日の次の主日，ただし公現が6日よりあと，すなわち7日か8日に祝われるときはその次の月曜日に祝われる（『典礼暦年の一般原則』7, 37, 38参照）．主の洗礼をもって，*降誕節が終わり，それに続く週日から年間の週日となる．

【文献】A. ADAM, R. BERGER, eds., *Pastoralliturgisches Handlexikon* (Freiburg 1980) 507-508; H. AUF DER MAUR, *Feiern im Rhythmus der Zeit I*, GDK 5: 154-65.
(石井祥裕)

せんれいき『瞻礼記』　復活キリシタン教会（→キリシタンの復活）のために，1868年（慶応4，明治1），司教 *プティジャンが発行した教会暦（*典礼暦）．

復活したばかりの教会では教会用語などは中国の天主教を範としていたので，この暦も「天主降生千八百六十八年歳次戊辰瞻礼記」と題した．瞻礼とは漢語で礼拝を意味し，中国の天主教では日曜日を瞻礼日と呼んでいた．45.2×34.4 cm の和紙に石版刷1葉の本暦は，陰暦によっている．祝日の呼称は，キリシタンの伝統によっており，「正月一日　さんぱうろあぽすとろのたちかへり」，すなわち，陽暦1月25日の *パウロの回心に始まる．上智大学 *キリシタン文庫（フランスの友人に宛てたプティジャンの署名がある）などに所蔵され，また，ぐろりや書房による複製（1931）がある．

【文献】片岡弥吉「慶応四年の筆写本『キリシタンごよ

み』について」『キリシタン文化研究会会報』13/3 (1970).

(尾原悟)

せんれいしがんしゃ　洗礼志願者　〔ギ〕katechoumenos,〔ラ〕catechumenus,〔英〕catechumen,〔独〕Katechumene,〔仏〕catéchumène　新『教会法典』206条によれば,「洗礼志願者」(〔ラ〕catechumenus)とは,*聖霊に導かれ,明白に自己の意思をもって*教会に編入されることを熱望している者ということができる.求道期(入門期)と洗礼志願期の復興は第2*ヴァティカン公会議の決定に基づいている.そのため,ここでは,(1) ローマの*ヒッポリュトスの*『使徒伝承』における求道期と洗礼志願期(→洗礼),(2) 第2ヴァティカン公会議における求道期と洗礼志願期の復興,(3) カトリック儀式書『成人のキリスト教入信式』,(4) 新『教会法典』における洗礼志願者の地位について述べる.

【『使徒伝承』における求道期と洗礼志願期】ヒッポリュトスの『使徒伝承』のなかで求道者はカテクメヌス(catechumenus)と呼ばれ,求道者には*教師(doctor)によって教話がなされ,教話のあとでは*祈りがなされたことが述べられている(19章).洗礼を受ける前に*殉教した人は*血の洗礼を受けた者とみなされた.洗礼を受ける人,すなわち洗礼志願者は求道者のなかから選ばれ,それゆえ「選ばれた者」(electus)と呼ばれている.受洗前の生活が重視され,洗礼志願者の生活がつぶさに調べられる.正しい生活をしているか,*やもめを敬っているか,病人を見舞ったか,あらゆる*善業を行ったかなどである.求道者を教会に連れてきた人がその人の生活について証言したあと,*福音を聞くことが許される.洗礼志願者となった人にはそのときから毎日*按手がなされ,*悪霊の追放がなされる.それは*司教によってなされ,清められた者と清められていない者との識別が行われる.この伝承のなかには,今日では行われていない,体を洗い清める規定がある.木曜日になされたこの水浴については*クルマンをはじめこれを*エッセネ派・クムラン的水浴の影響とみる*ダニエルーの見解がある.さらに,この習慣はイエスによる洗足(ヨハ13: 3-11)に,すでにその影響を考えることができるかもしれない.金曜日には*断食がなされ,土曜日には司教は洗礼志願者の上に手を置いて悪霊の追放を行い,顔に息を吹きかけ,顔,耳,鼻にしるしをする.人々は土曜日に徹夜して,朗読と教話に参加し,鶏の鳴く頃,水の祝別のあと,受洗者は衣服を脱ぎ,子ども,男,女の順で洗礼を受ける.洗礼のときに*塗油を受け,受洗者は悪霊の拒否と*信仰宣言を行い,洗礼の水から上がったあと,感謝の油が塗られ,衣服をつけて教会に入った(21章).

【第2ヴァティカン公会議による求道期と洗礼志願期の復興】第2ヴァティカン公会議は,「数段階に分けられる成人の洗礼準備制度が復興されなければならない」(『典礼憲章』64項)と述べ,「成人の洗礼志願期の制度を再興し,あるいは,よりよく適合したものとするよう努力しなければならない」(『司祭司牧教令』14項)と述べている.さらに『宣教活動教令』は求道期(入門期),洗礼志願期,入信について詳しく述べている.すなわち,洗礼への道は*回心した人が神の*恩恵の働きのもとに歩む霊的な旅であるとし,入門者がすでにキリストの死と復活の秘義(*過越の秘義)にあずかっていること,古い人からキリストにおける新しい人へ移行していくことを認めている(13項).洗礼志願式によって洗礼志願期が始まり,救いの秘義と福音に則した生活が始まる.志願者は*入信の秘跡(洗礼)によって闇の権力から解放され,キリストとともに死に,葬られ,復活する,死と復活の秘義にあずかる.*四旬節と*復活節の典礼がこの秘義を祝うのにふさわしい.受洗者は洗礼と*堅信によって,主イエス自身から世に遣わされ,福音の宣教と教会の建設のために働くものとなる(14項).受洗者は宣教活動全体の源泉であり頂点である聖体祭儀(*ミサ)に参加し,洗礼と堅信によって*霊印を受けた信者は*聖体拝領によって完全に*キリストの体である教会に入れられるのである(『司祭教令』5項).

【カトリック儀式書『成人のキリスト教入信式』】ヒッポリュトスの『使徒伝承』から影響を受け,第2ヴァティカン公会議の決定によって,新しいキリスト教入信式の儀式書が制定された(1972).日本においてもラテン語規範版の翻訳が行われ,日本の状況に適応した『成人のキリスト教入信式』が発表され(1976),現在使用されている.入信には次の三つの段階がある.(1) 教会は入門式によって求道者(catechumenus)を共同体に迎え入れる.求道者は求道期(catechumenatus)を通してキリストの教えを学ぶ.(2) 求道者が洗礼を受ける意思を表すならば,教会は洗礼志願式を行って,その人を洗礼志願者(electus)と認める.(3) 洗礼志願者は*復活徹夜祭のなかで入信の秘跡,すなわち洗礼・堅信・聖体の秘跡を受けてキリスト者となる.

【新『教会法典』における洗礼志願者の地位】新『教会法典』では,洗礼はキリストとしての第一歩であり,「キリスト信者とは,洗礼によってキリストに合体されたことにより神の民とされた者である.……各自に固有の立場に応じて,神が教会にこの世で果たすように託した使命を実践するよう召されている」とされている(204条).ここでは,教会とは「カトリック教会のうちに存在する」(subsistet in Ecclesia catholica)という第2ヴァティカン公会議『教会憲章』8項と同じ意味深い表現がみられる.そして,206条では洗礼志願者の地位が明白に規定された.すなわち「(1) 洗礼志願者は特別な理由で教会と結ばれている.それは,洗礼志願者が聖霊に導かれ,明白な自己の意思をもって教会に編入されることを熱望しているからである.したがって,洗礼志願者は,この望みそのもの及び信仰と希望と愛の生活によって教会に結ばれており,教会はその志願者を既に自己のものとして配慮するのである.(2) 教会は洗礼志願者に特別な配慮を示す.教会は福音的生活にその志願者を招き,聖なる祭儀を祝うよう導き,かつ,キリスト信者に固有の種々の特典を与えるのである」.なお788条1-3項では,洗礼志願者に対する教会の宣教活動についての規定がある.

【文献】M.ブラック『死海写本とキリスト教の起源』新見宏訳(山本書店 1966) 107-20: M. BLACK, *The Scrolls and Christian Origins: Studies in the Jewish Background of the New Testament* (London 1961);日本カトリック典礼司教委員会編『カトリック儀式書―成人のキリスト教入信式』(カトリック中央協議会 1976);岸英司『神への旅』(みくに書房1992) 107-22.

(岸英司)

せんれいしんじょう　洗礼信条　〔ラ〕symbolum baptismale,〔英〕baptismal creed,〔独〕Taufsymbol,〔仏〕symbol baptismal　*信条は*洗礼のときの*信仰告白とそのための準備教育とに緊密に結びついている.早

くから洗礼を受けるにあたって信仰の告白が求められたことが知られる．後代の挿入文とみなされる使徒言行録8章37節の「フィリポが，『真心から信じておられるなら，差し支えありません』と言うと，宦官は，『イエス・キリストは神の子であると信じます』と答えた」というくだりは古代の洗礼前の信仰告白を反映しているとみなされる．また，殉教者 *ユスティノスの『第1弁明』(13, 61) にみられる信仰告白の表現形式は古代の洗礼式の式文を反映しており，その背景には，「万物の主，父なる神を信じますか」「ポンティオ・ピラトの下で十字架につけられた，私たちの主イエス・キリストを信じますか」「預言者を通して語られた聖霊を信じますか」という問答が推定される．また，*テルトゥリアヌスもしばしば洗礼時の質問と応答に言及しており，さらにローマの *ヒッポリュトスの *『使徒伝承』21章にみられる洗礼式には，はっきりとした問答形式が収録されている．これらは父と子と聖霊に対する信仰を告白するもので，あらゆる信条の基本的な構造でもある．現代のカトリック教会の洗礼式においても，洗礼の直前に，父と子と聖霊に対する信仰を問う三つの質問と応答が行われている．

一方，早くから信仰を告白する，いわゆる宣言文的な表現形式が形成される．それは新約聖書のキリストに関する *ケリュグマを敷延し，定式化するものであった．早くもアンティオケイアの *イグナティオスの手紙には定式化の過程を窺わせる表現形式がみられる．他方で，*異端に対処するうえからキリスト教信仰を要約する *信仰基準（［ラ］regula fidei）が形成される．これらの動きのなかで各地で信条が形成されることになる．その信条は要理教育の体系化が進むに従って，その主要部分を占めるようになる．エルサレムの *キュリロスの『教理講話』に明らかなように，古代の教理講話は信条の説明と *秘跡の説明である *ミュスタゴギアから構成されている．これは以後伝統的なものとなっている．また入信準備制度が整うと，最後の段階で *信条の授与と復唱が行われるようになる．現在でもカトリック教会の入信式では，通常 *四旬節第1主日に行われる洗礼志願式で信条の授与が行われる．

西方教会の典型的な洗礼信条が古ローマ信条から進展した *使徒信条である．使徒信条は，*ルターの『大教理問答書』の第2部で解説され，また *カルヴァンの *ジュネーヴ教理問答では第16問に掲げられて，続いてその説明がなされている．*『ローマ・カトリック要理問答』の信条の部もこの使徒信条の解説である．

洗礼信条と対照的な信条が *ニカイア信条，*ニカイア・コンスタンティノポリス信条といった *公会議で宣言された信条である．これらは洗礼信条を基礎とし，それに修正・加筆がなされたものであるが，異端を排除し *正統信仰を確立することを目指している．このため，これらは「司教たちの信条」ともいわれ，典礼のなかに取り入れられるようになる．モプスエスティアの *テオドロスの『教理教育講話』はニカイア信条の解説である．ローマ教会では6世紀以降，洗礼の際の信条としてニカイア・コンスタンティノポリス信条が用いられていたが，8世紀後半に使徒信条がそれに代えられると，11世紀以降，ニカイア・コンスタンティノポリス信条がミサのなかでの *信仰宣言として用いられることになった．最近出された『カトリック教会のカテキスムス』(Catechismus catholicae ecclesiae, 1997) は，冒頭に使徒信条とニカイア・コンスタンティノポリス信条を併記して掲げている．

【文献】J. N. D. KELLY, *Early Christian Creeds* (London 1950 ³1972). （小高毅）

せんれいどう　洗礼堂　〔ラ〕baptisterium, 〔英〕baptistery, 〔独〕Taufkapelle, 〔仏〕baptistère　バプテステリウムあるいはバプティストリオンという言葉は，古代末期には泳ぐための水槽を意味していたが，キリスト教徒が *洗礼に用いる水槽，次いでその儀式のための建物を指すようになった．初期の洗礼は，体全体を水に沈める浸礼であった．それゆえ，4世紀初めまでは屋外の水のある場所で行われることが普通であったが（使8: 36-38），土地によってはそれが難しく，屋内で行う必要が生じてきた．東シリアの古代都市遺跡 *ドゥラ・エウロポスの「キリスト教徒の家」の一室に，3世紀前半の貴重な例がみられる．313年にキリスト教を公認した *コンスタンティヌス大帝は，ローマのサン・ジョヴァンニ・イン・ラテラノ大聖堂（→ラテラノ）に洗礼堂を建立した．独立した建造物としての，西欧初の洗礼堂である．中央に浸礼用の水盤が設けられた八角形の建物は，その後の洗礼堂建築の規範となった．建築プランは，円形，多角形，十字形といった集中式が多く，これは洗礼によって再生するための「墓」を象徴するとされる．内部は *モザイクなどで豊かに飾られている．

中世になると，*幼児洗礼が一般化し，大きな水槽や特別な建物の必要性は徐々に失われていった．儀式も滴礼形式に変わったことから *洗礼盤を教会内部に設置するだけですませるようになったのである．ただし，北イタリアは例外で，11-12世紀になっても洗礼堂が建設されていた．都市間の競争意識が強かったこの国では，洗礼堂は大聖堂と同様に都市の力を象徴するモニュメントでもあり，*フィレンツェや *ピサなどに優れた建物が建設された．

【文献】DA 3: 189-92. （本間紀子）

せんれいのやくそくのこうしん　洗礼の約束の更新　〔ラ〕renovatio promissinum baptismalis, 〔英〕renewal of the baptismal vows, 〔独〕Erneuerung des Taufversprechens, 〔仏〕renouvellement des promesses baptismales　*復活徹夜祭における *入信の秘跡の祭儀において，洗礼志願者の *洗礼（および *堅信）に続いて，信者一同が自らも受けた洗礼を記念し，信仰の心を新たにするために *信仰宣言を唱えること．復活徹夜祭の典礼で洗礼式が行われる場合，洗礼と堅信に引き続き，会衆が *復活ろうそくを各自手にしながら，信仰宣言を唱える．続いて司祭は祝福された水を *会衆にふりかけ，洗礼を記念する歌を歌う．また洗礼式がない場合には，洗礼の記念を意味する水の祝福に引き続き，会衆一同によって洗礼式のときの信仰宣言が唱えられる．この更新の儀式により，入信の秘跡が受洗者個人のものとしてではなく教会共同体全体にとってその刷新を意味する出来事であることが示される．

【文献】A. ADAM, R. BERGER, eds., *Pastoralliturgisches Handlexikon* (Freiburg 1980) 508. （石井祥裕）

せんれいばん　洗礼盤　〔ラ〕fons baptismalis, 〔英〕baptismal font, 〔独〕Taufbrunnen, Taufstein, 〔仏〕fond baptismal

【典礼】洗礼水の入った容器で，*洗礼を授ける場としての役割をもつもの．原語は，洗礼の古来の方法である生

きた水が湧き出る泉を意味する．この意味では，水による洗礼の儀式が行われる場所そのものを指すともいえる．初期において*洗礼堂のなかに洗礼槽が置かれ，受洗者がそこに立って，浸礼の形式による洗礼が行われたが，6世紀以降，洗礼が通常*小教区で行われるようになると，教会堂入口近くの洗礼室に洗礼盤(当初は木製，やがて石製)が備えられた．ここで幼児が全身を水に浸けられながら，洗礼を受けた．中世を通じて洗礼盤は，1mほどの高さの脚に支えられる杯型の形式をとっていた．少量の水をふりかける滴礼形式が一般化していくと，洗礼盤は洗礼水を保存するために使われる．*典礼運動によって，洗礼式を共同体一同の面前で行う意義が再発見されるに従い，洗礼盤は*司祭席域に近いところに置くなどの工夫がなされるようになった．第2*ヴァティカン公会議後の刷新された洗礼式においては，洗礼所(洗礼水が湧き出る場所あるいは，従来型の洗礼盤が置かれる場所)は，洗礼式の参加者がそこに集まることができ，よくみえることが必要とされている．

【文献】カトリック儀式書『幼児洗礼式』(カトリック中央協議会 1975); A. ADAM, R. BERGER, eds., *Pastoralliturgisches Handlexikon* (Freiburg 1980) 504.

(石井祥裕)

【美術】洗礼盤の形状や大きさは，儀式の方法と大きく関わっている．全身を水に浸す浸礼が行われていた時代は，儀式に大掛かりな設備が必要とされた．洗礼盤は大人が浸かることができる大きな水槽であり，洗礼堂中央に設置されていた．床を掘り下げて造られることもあった．形は建物のプランと同様に多角形や円形が多かった．中世に*幼児洗礼が一般化し，滴礼形式に変わると，洗礼盤は教会内部に置かれるようになり，以前よりもずっと小さくなった．円形や多角形という形は変わらないが，滴礼を行いやすいように台座や足がつけられた．ふたを伴うものもあった．材質としては石のほかにブロンズなどの金属が用いられ，側面やふたの部分にしばしば彫刻が施された．*リエージュのサン・バルテルミー教会の洗礼盤(12世紀初頭)はブロンズ製で，側面に「キリストの洗礼」などの場面が表されている．*シエナ大聖堂に隣接する洗礼堂の洗礼盤(1416-31)はキボリウム([ラ]cibolium，天蓋)をもち，六角形の水槽の側面は*ドナテーロらの製作した「洗礼者ヨハネ伝」のブロンズ浮彫パネルが飾っている．一方，20世紀には装飾のほとんどないシンプルな洗礼盤が製作されている．

【文献】DA 11: 250-56; NCE 2: 71-75.　　(本間紀子)

せんれいめい　洗礼名　[ラ]nomen baptismalis, [英]baptismal name, Christian name, [独]Taufname, Vorname, [仏]nom de baptême, nom chrétien　洗礼式(→洗礼)の際に受洗者に与えられる名前で，霊名ともいう．受洗者が聖徳に励む模範とするため，また保護やとりなしを願って，*証聖者や*殉教者などの名がつけられる場合が多い．誕生や受洗ではなく，洗礼名の*聖人の記念日を*典礼暦に従って霊名の祝日として祝う習慣もある．洗礼名は変わらないが，呼び名としての霊名を変更するのは，*堅信の秘跡や*修道誓願を立てるとき，あるいは*教皇に即位するときである．

洗礼がキリスト者共同体としての教会への受容を意味し，新たな生命への誕生を表す*秘跡であるので，成人の受洗においても，新たな名において新たな生命と新たな人格を受けるという意義がある．聖書に登場する人物の名を改宗者に与えることはすでに*キプリアヌス(258没)やアレクサンドリアの*ディオニュシオス(264没)が行っていた．また*ヨアンネス・クリュソストモス(407没)や*アンブロシウス(397没)は，幼児に証聖者や殉教者の名をつけて，彼らの保護やとりなしを願うよう勧めていた．*幼児洗礼の一般化とともに，洗礼式において新生児に命名する慣習が生まれ，キリスト教国では洗礼名がそのまま戸籍上の名とされるようになった．中世盛期になると，何ごとにも*守護の聖人をつける考え方が洗礼名と結びつけられた．プロテスタントによる*宗教改革が*聖人崇敬を拒んだことに対抗して，*トリエント公会議では逆にこれを推奨し(第25会期)，*『ローマ・カトリック要理問答』(1566)や『ローマ儀式書』(Rituale Romanum, 1614)では，洗礼名として聖人目録にある名を選ぶことを義務づけた．

現行の『教会法典』においては，キリスト教的センスになじまない名前を避けるよう，両親や*代父母，ならびに*主任司祭に配慮を促しているが，洗礼名として聖人の名を選ぶ義務はなくなっている(855条)．また，命名権はあくまでも両親にあり(1136条参照)，主任司祭が洗礼名を変更する権利はもはやない(旧『教会法典』761条参照)．

【文献】LThK² 7: 783-84; 8: 189-90; TRE 28: 761-62; K. LÜDICKE, ed., *Münsterischer Kommentar zum Codex Iuris Canonici*, 3 (Essen 1990).　　(濱田了)

そ

ゾイゼ　Seuse, Heinrich　(1295. 3. 21頃-1366. 1. 25)　福者(祝日3月2日). 中世ドイツのキリスト教*神秘家の一人, *ドミニコ会の修道司祭.

【生涯】ボーデン湖畔の古都 *コンスタンツあるいはユーバーリンゲン(Überlingen)に生まれる. 言語と民族からみれば *アレマン人, 自らシュヴァーベン人という. 父ハインリヒ・フォン・ベルク(Heinrich von Berg)は騎士出身の商人で, 母は宗教性豊かな女性であった. 母から情緒豊かな信仰と詩情を受けたばかりでなく, 母方の家名をとって, シュヴァーベン方言スーゼ(Suse)に由来するゾイゼをもって名字とした. 1308年または10年に父母の願いに従ってドミニコ会コンスタンツ修道院に入った. 1312年あるいは19年まで哲学を修め, 神学を始めた. 1322-24年頃, *ケルンのドミニコ会学院に神学研究のため派遣されている. ここでマイスター・*エックハルトに学び, 1326年末か27年初めコンスタンツ修道院に戻り, 教職に就いた. この頃『真理の書』(Büchlein der Wahrheit)を著し, *異端の疑いをかけられたエックハルトを弁護している.

ゾイゼは神学者の道ではなく, 霊的指導者の道を歩み, 特にスイスや上ライン地域の修道女たちの *霊的指導に献身した. その間, *タウラーやハインリヒ・フォン・ネルトリンゲン(Heinrich von Nördlingen, ?-1379頃)や「神の友」(Gottesfreunde)と呼ばれる神体験に憧れる人々と親交をもった.

教皇 *ヨアンネス22世とドイツ皇帝 *ルートヴィヒ4世との対立に際して, 教皇支持のドイツのドミニコ会員たちは皇帝によりディーセンホーフェン(Diessenhofen)に追放された(1339-46). その最中の1343-44年, ゾイゼはコンスタンツ修道院長に任命され, さまざまな中傷や非難のなか多くの内的苦悩を体験している. 皇帝の死後まもなく1347年, ゾイゼはドミニコ会員たちが帰還していたウルム(Ulm)に派遣され, 以後この地にあって使徒的活動に献身して生涯を閉じた. 1831年, 教皇 *グレゴリウス16世によって列福された.

【著作・霊性】ゾイゼは中世ドイツ神秘家中の詩人, ミンネ([独] Minne, 愛)の叙情詩人, 神のミンネの歌人, ミンネの騎士, 中世ドイツのフランチェスコなどと呼ばれる. 彼の真の人間像は, 「永遠の知恵のしもべ」としてキリストに従う修道生活とキリストの祭司職に生きたキリスト体験と使徒的奉仕にある.

ゾイゼの霊性は, 不詳の人々によって編集, 伝えられた『ゾイゼの著作集』(Seuses Exemplar)—第1書『ゾイゼの生涯』(Seuses Leben), 第2書『永遠の知恵の書』(Büchlein der Ewigen Weisheit), 第3書『真理の書』, 第4書『小書簡集』(Kleines Briefbüchlein)および『大書簡集』(Großes Briefbüchlein)—と, 唯一のラテン語著書『知恵の時計』(Horologium Sapientiae)に脈々と流れている. 処女作『真理の書』はキリストとの神秘的一致体験に生きることを告げ, それは『永遠の知恵の書』で深められている. ゾイゼの精神と生活, 体験と思想, 実存と人生の中心になっているのは「聖書のキリスト」であり, ゾイゼ的霊性とは, ただひたすらに「イエス・キリストに生きる」ことである. しかもつねに新たに「苦しむキリストへの従い」を追求し, つねにより深く「苦しむキリストの愛」を追体験することによって「キリストへの神的同化」を願望する. 『永遠の知恵の書』は, 苦しむキリストの愛との実存的一致においてのみ神体験が恵まれると説いている.

【著作校訂版】H. DENIFLE, ed., *Die Schriften des seligen Heinrich Seuse aus dem Predigerorden*, 1876, 1880; K. BIHLMEYER, ed., *Heinrich Seuse. Deutsche Schriften*, 1907, 1961: 神谷完訳『ゾイゼの生涯』ドイツ神秘主義叢書5 (創文社 1991); W. LEHMANN, ed., *Heinrich Seuse's deutsche Schriften*, 1911, 1922; N. HELLER, ed., *Des Mystikers Heinrich Seuse Deutsche Schriften*, 1926; G. HOFFMANN, *Heinrich Seuse. Deutsche mystische Schriften*, 1966; P. KUNZLE, ed., *Heinrich Seuse Horologium Sapientiae*, 1977.

【文献】キ人 824; LMit 7: 1801-803; LThK³ 4: 1397-98; 由木康『十字架の人ゾイゼ』(日本基督教出版事業部 1949); 鈴木宣明「汝自身を知れ—エックハルト, タウラー, ゾイゼにおける自己認識の研究」『ソフィア』20/4 (1971) 82-86; 川崎幸夫「ゾイゼ解釈の問題」『ドイツ神秘主義研究』(創文社 1982) 233-304; 鈴木宣明『中世ドイツ神秘霊性』(南窓社 1991) 185-98; M. DIEPENBROCKE, ed., *Heinrich Suso's, genannt Amandus, Leben und Schriften* (Regensburg 1829 ⁴1884); W. NIGG, *Das Leben des seligen Heinrich Seuse* (Düsseldorf 1966); F. VETTER, *Ein Mystikerpaar des 14. Jahrhunderts* (Basel 1882); E. M. FILTHAUT, ed., *Heinrich Seuse. Studium zum 600. Todestag, 1366-1966* (Köln 1966). (鈴木宣明)

ソヴィエトれんぽう　ソヴィエト連邦　→ ロシア

ぞうお　憎悪　→ 憎しみ

そうかいぎ　総会議　[ラ] capitulum generale, [英] general chapter, [独] Generalkapitel, [仏] chapitre général　*修道会の会議の一種. *会憲の規定に従って, 会において最高の権威を有し, 会全体を代表する会議. なお修道会においては総長(*総会長)も最高の権限を有するものであるが, 両者の違いは, 総会議のそれが団体的最高権威([ラ] suprema auctoritas collegialis)であるのに対して, 総長の場合は個人的最高権威 (suprema auctoritas personalis)であるという点にある. また総会議のそれが立法上の最高権威であるのに対して, 総長(およびその顧問)の有する最高権威は行政上, すなわち会の統治および管理に関するものであるという指摘もできる. 総会議の主な任務は, 会の精神的遺産の保持, 遺産に従って適切な刷新を促進すること, 総長の選出, 全会員の従うべき規範の作成, その他重要業務の審議である(『教会法典』631条1項). 総会議の構成およびその

権限の範囲は，会憲のなかに規定されねばならず，さらに総会議中に守るべき規則，特に *選挙および議案に関することは各修道会の固有法によって定められていなければならない(同631条2項)．会員は誰でも固有法の規定に従って自己の望みおよび提案を総会議に自由に送付することができる(同631条3項)．

【文献】 R. HENSELER, *Ordensrecht* (Lüdinghausen 1987) 157-59. (枝村茂)

そうかいちょう　総会長

〔ラ〕supremus moderator, 〔英〕supreme moderator, 〔独〕oberster Leiter, 〔仏〕modérateur suprême　奉献生活会および使徒的生活会(→修道会)で，中央に統轄される会の最高責任者を総会長(〔ラ〕supremus moderator)あるいは総長(generalis)という．邦訳では同じであっても，ラテン語原文ではこの呼称が各会によって異なる．例えば，*カルメル会は Prior generalis, *シトー会は Abbas generalis, *ドミニコ会は Magister generalis, *フランシスコ会は Minister generalis, *イエズス会は Praepositus generalis, *レデンプトール会は Superior generalis などである．しかし，自治隠世修道院の首席大修道院長などは，中央に統轄される会の総会長たちと同じ権限を有するわけではない．総会長は固有法に従って自己の会のすべての部分に対して権限を有する．*教会法に従った正規の選挙によって選ばれ，任期や権限などが *会憲によって規定される(『教会法典』622-25条参照)．上長職一般に義務づけられる事柄のほかに，総会長には *使徒座が定める様式と時期に従い，会の現況について概要を報告することが義務づけられる(『教会法典』592条)．歴史的には，すでに10世紀の *クリュニーの大修道院長が実質的な総会長の役割を果たしていたが，総長の呼称は13世紀にフランシスコ会が使用したのが最初である．その後他の *托鉢修道会に採用され，16世紀以降は聖職者修道会によって一般的に使われるようになった．

【文献】LThK² 4: 663; DMC 4: 416-19; A. MONTAN, "Gli istituti di vita consacrata e le società di vita apostolica. Normativa," *La vita consacrata*, Il Codice del Vaticano II (Bologna 1983) 145-91. (濱田了)

そうぎ　葬儀

〔ラ〕ordo exsequiarum, 〔英〕rite of funerals, 〔独〕Begräbnisfeier, 〔仏〕célébration de funérailles

【概要】古代教会の葬儀は *通夜・葬送・*埋葬と，いずれも主の *過越を想起させる *詩編の歌を伴った簡潔なものだった．しかし，やがて *ミサを伴う様式が一般化されてくる．中世になると，そのための固有なミサが徐々に作られるようになった．これに伴い，復活信仰を基調とする古代教会の葬儀観が薄らぎ，ミサを含む葬儀全体は，死者のために罪の *ゆるしと *煉獄からの救いを願う，取り次ぎとしての性格をもつようになった．このような葬儀観は *トリエント公会議を経て，第2 *ヴァティカン公会議まで継続する．この公会議は『典礼憲章』(81項)において，キリスト信者の死の過越(復活)的性格をより明らかに表現するよう刷新を促し，葬儀の儀式書の改訂を訴えた．こうして現代教会の葬儀は，中世の暗い雰囲気を一掃し，古代教会的な希望に満ちた葬儀へと刷新された．

【歴史】〔古代〕2世紀頃の記録に，*殉教者の墓を囲んで *パンを裂く式を行ったという証言がある．しかし，実際にはミサが葬儀との関連において一般的に行われるようになったのは4世紀からである．死者のためのミサの原点としてこれをみることができるだろう．

ところで本来，葬儀の背景には生者の複雑な感情(哀惜の念，恐怖感)がある．哀号や墓での共食(〔ラ〕refrigerium)，鎮魂の祈り，また死の汚れや祟りから身を守るための清めの行為などにこれがみられる．聖書の世界にもこうした習慣のあったことが報告されている．信者もこのような生活習慣の影響を受けたものと思われるが，早い時期に信仰に反するものは捨て，あるものは新しい意味を与えキリスト教化した．例えば，前述の墓を囲んでのパンを裂く式は，死者との共食の習慣に代わるものであり，また死を悼む哀号に代えて旧約の過越を表した詩編やアレルヤ詩編(113や117)などを歌った．7世紀の *『オルド・ロマーヌス』にそれをみることができる．こうして信者は，徐々に復活信仰に裏打ちされた固有な葬儀の様式を確立していった．信者にとって復活信仰からくる希望と喜びは，死の悲しみに勝るものであった．死は終わりではなく，*永遠の命への過越である．これを宣言するため不死の表徴である白色の喪服を身に着けた．*東方教会では *アレルヤを歌い，死に対する勝利の喜びを表現した．

〔中世〕詩編を唱えることを重視した古代の習慣はさらに発展し，遺体が教会に運ばれるようになり，教会堂で詩編を中心にした葬儀が行われるようになった．通常，ミサはなかったが，これによって死者の家から教会へ，教会から墓地へと，二つの葬送行列を行うことになった．この様式は，*西方教会全域にほぼ共通のものだった．やがて詩編唱和は *修道生活の影響のもとに，死者のための聖務日課(→死者のための祈り)へと発展した．9世紀になるとミサの *奉献文に死者のための *取り次ぎの祈りが入った．すでに教父時代にみられるが，中世の教会は煉獄思想に強い興味を示した．このためミサを中心とする葬儀は，死者のための罪のゆるし，憐れみ，審判，恐怖などが重要なテーマとなり，古代の葬儀観は塗り変えられた．やがてこの信仰のもとに，葬儀に固有のミサ(死者のためのミサ)が作られた．そこでは，悲しみにある遺族は忘れられ，死者のための取り次ぎが強調され，*聖職者を中心に葬儀が行われた．この結果，*信徒は *聖体から遠ざかることになった．本来，聖体は一致の *秘跡であり，同じいのちの糧(絆)によって一つとされた兄弟性は，死によっても断ち切られることはない．この信仰から古代の信者は墓の傍らでパンを裂き，ミサを行ったのである．こうして中世教会の葬儀観は，古代のそれと比較すると信仰表現のうえで，まさに明と暗ほどの大きな相違をもたらすことになった．この反省から第2ヴァティカン公会議は，『典礼憲章』の精神のもとに葬儀の典礼の刷新を促したのである．

〔現代〕『典礼憲章』の精神のもとに研究が重ねられ，新しい葬儀の儀式書(Rituale Romanum: Ordo Exsequiarum)が1969年にローマ規範版として発行された．この規範版は，現代社会の状況，文化的相違を考慮し，通夜と幼児のための葬儀を含む三つの様式，すなわち(1) 死者の家・教会堂・墓地，(2) 墓地付属聖堂・埋葬，(3) 死者の家・墓地によって構成されている．ミサの根本的構造は守られているが，罪や裁きを強調した中世の葬儀観から，死の過越的性格(『典礼憲章』81項参照)を主題とする古代教会の葬儀観に戻され，葬儀全体が明るく希望に満ちたものとなった．死の異なる状況に対応できるよう幾つかの葬儀形式を準備し，多数の聖書朗読箇所，祈願文などの補足を載せ，司式者の選択に委ねた．

また聖職者中心に過ぎた中世の典礼観を改め，*会衆の*行動参加が考慮され，死者のためだけでなく，悲しみにある遺族のためにも祈ることを配慮した．そして，葬儀が参列する信者にとっては主の復活に対する*信仰宣言の場でもあることなどを明らかにした．

【日本での適用】日本カトリック司教団は典礼刷新の精神を踏まえ，1971年(昭和46)カトリック儀式書『葬式』を発行し，さらに22年間の実践体験を踏まえ研究のもとに改訂版『葬儀』(1993)を新たに発行した．これには通夜・葬儀・埋葬に加え，臨終から仮通夜までと命日祭(祈念の集い)，墓参の祈りなどが含まれる．ミサが葬儀の中心であることに変わりはないが，事情によって，聖書朗読を中心としたミサなしの「ことばの祭儀による葬儀」に代えることができる．

　日本に固有の適応は次の通りである．参加者の多くが信者でないことから，教会用語や表現句に工夫をこらした．また共に祈ることができるよう詩編による共唱形式を多く取り入れたり，固有なしるし(十字架・聖火・白布・*復活ろうそく等)を用いることによって祈りの内容が目でも確認できるように配慮した．さらに，日本の慣習である献花や焼香，遺族代表の挨拶なども取り入れられた．通夜は故人をしのび，遺族を慰める私的な集いであるが，社会状況の変化により通夜への参加によってその責務を果たす人が増えたことから，教会葬の特質である復活信仰を基調とした内容に変えることによって，キリスト教葬儀の本質を理解できるように工夫した．また，葬儀ミサは*ことばの典礼・感謝の典礼・告別と葬送によって構成されているが，現代は社会的な事情によって，典礼的にも重要な意義のある葬送行列を行うことは実際的に困難である．このため可能なかぎり，教会堂で葬儀ミサを行う場合，遺体の入堂と出棺をもって葬送行列を行うよう勧めている．典礼的には兄弟が地上の教会で最後の食卓を囲むための入堂を表現し，出棺によって天上の教会への旅立ちを表現する．このとき，行列は司祭の手にする復活ろうそく(世の光であるキリストの表徴)を先頭に組まれる．こうして兄弟は，かつて神への道を希望の光キリストによって教会に導かれたように，今こそ永遠の父の輝きであるキリストによって天上の宴(「小羊の婚宴」黙19：9)へと向かうのである．

【文献】聖書思 384-91, 770; キ史 2: 188-94; 日本基督教団信仰職制委員会編『死と葬儀』(日本基督教団出版局 1974); 渡辺照宏『死後の世界』(岩波書店 1975);『カトリック儀式書: 葬儀』(カトリック中央協議会 1993); M. ANDRIEU, *Les Ordiens Romani du haut moyen âge*, v. 4 (Louvain 1965) 529-30; E. LODI, ed., *Enchiridion Euchologicum Fontium Liturgicorum* (Roma 1979) 138-39; A. G. MARTIMORT, ed., *Church at Prayer*, v. 3 (Collegeville, Minn. 1987) 221-40.　　　(南雲正晴)

ぞうきいしょく　臓器移植〔英〕organ transplantation, 〔独〕Organtransplantation, 〔仏〕transplantation d'organes

【概念】人体の臓器(〔英〕organ)や組織(tissue)が病気，傷害その他の理由で必要あるいは好ましい機能を果たせなくなっている場合，代わりの臓器や組織を体内に植え込み，求められている機能を果たさせようとすること．組織の移植も臓器移植として論じられるのが一般である．臓器移植は移植用にヒト以外の動物の臓器を用いる異種移植と，人体から摘出した臓器を移植する同種移植に分けられ，また生体内で一定の正常な機能を果たしつつある健康な臓器またはその一部をその生体の利益に反して摘出して用いる生体臓器移植と，死体またはすでに別の理由から摘出ないし切断された肢体や臓器から移植のため必要なものを摘出して用いる死体臓器移植に分けられる．なお同種個体間の移植でも，例えばやけどで顔の皮膚に生じた欠損を本人の胴の皮膚の一部を移植して修復する場合のような同一個体のなかでの移植は自家移植と呼び，一卵性双生児のように遺伝学的に同一の個体間での移植は同系移植と呼ぶ．　　(宮川俊行，赤津晴子)

【臓器移植の実際】臓器移植の進んでいるアメリカ合衆国の統計によると，1995年の1年間に腎移植9,004件，心臓移植1,952件，肺移植727件，心肺同時移植63件，肝移植3,229件，そして膵移植89件が行われた．同国10年前の1985年には腎移植7,695件，心臓移植719件，肺移植2件，心肺同時移植30件，肝移植602件，膵移植130件であったことを考えると，ここ数年の臓器移植数の増加，特に心臓，肺，肝臓移植の増加が目立つ．1997年(平成9)までは日本では脳死の問題が未解決のためもあって，心臓移植，肺移植は行われていない．しかし，1997年6月に臓器移植法が可決されたので，従来日本では不可能であった脳死者からの心臓や肝臓などの移植を実施する道が法的に保護された．

　移植の成功は，臓器移植を受ける患者の新しい臓器に対する拒絶反応をいかに阻止できるかに関わってくる．人体にはもともと免疫機構が備わっており，そのためウイルスやバクテリアなど自己以外のものが体のなかに侵入してきた際，その異物を察知し排除することが可能になる．しかしこの免疫機構は他者からの臓器をやはり自己以外のものとみなし，それを攻撃，排除しようとしてしまう．これを拒絶反応と呼ぶ．自家移植以外の臓器移植では，この拒絶反応を克服しなくてはならない．異種移植はこの面での困難が非常に大きく，現在の医療技術では成功率が低いため，腎移植，心臓移植，肺移植，肝移植，膵移植，角膜移植，皮膚移植，骨髄移植など普通，臓器移植として話題になりうるのはもっぱら同種移植である．しかし，ここでさえ免疫問題をクリアすることは容易ではない．まず臓器提供者(〔英〕donor)と被移植者(recipient)の組織適合性を調べる必要がある．組織適合性は，人間の主要組織適合系であるHLA抗原(その遺伝子群は第6染色体に存在する)の合致度で判断する．組織適合性があるほど拒絶反応が起こりにくくなる．一卵性双生児間では組織適合が完全であるが，それ以外では完全に適合することはない．したがって，拒絶反応を抑えるために被移植者には免疫抑制剤(シクロスポリン，アザチオプリン，副腎皮質ステロイド等)を投与する．これによって被移植者は提供された臓器を自己のものとして組み入れることが可能になる一方，免疫力が一般的に低下するために感染症を起こしやすくなる．

　ヒト個体間の移植として1950年代から行われてきたのが腎移植である．しかし腎移植が本格化したのは免疫抑制剤が開発された1960年代に入ってからであった．腎移植には生体移植と死体移植の2種類がある．腎不全の患者は移植ではなく人工透析によっても生存が可能であるが，移植が成功すれば通常週に3回ほどの透析療法がなくなり，生活の自由度が増す．

　一方，心臓移植，肺移植，肝移植を待つ患者は移植以外に生存の可能性のない患者である．心臓移植の歴史は1958年にアメリカ合衆国のシャムウェイ(Norman Edward Shumway, 1923-)が犬で成功したところから始まる．人間における心臓移植は，南アフリカのバーナー

ぞうきいしょく

ド (Christiaan Barnard, 1922-2001) によって1967年に初めて成功した．その後の1年間に約100件の心臓移植が世界で行われた．人間で初めて肝移植が成功したのは1963年のことであった．心臓移植，肺移植および肝移植を行うためには脳死の状態から臓器を取り出さなくてはならない．多くの国では脳死判定の基準が厳密に定められている．1997年までは，日本はまだ*脳死を人の死と認めていなかったため，これらの移植は行われていなかった．その後，日本でも脳死者からの臓器移植は可能になったが，移植を待つ患者のほうが臓器提供者より数が多く，一般に臓器は不足している．

臓器移植のために脳死の状態から臓器を摘出するためには本人の生前の了解，あるいは家族の了解を得る必要がある．長年の患いの後のある程度予期された死であっても家族の動揺や悲しみは深い．それが突然の事故などで脳死状態に陥った場合，家族の動揺は想像以上のものとなる．その状態で臓器提供について冷静に考える余裕は生まれにくい．したがって生前に，自ら臓器を死後提供する意志があるかどうかを明確にしておくシステムが必要になる．国によっては臓器移植を希望しない場合のみ，その旨を生前に登録するシステムをとっている場合もある．

骨髄移植は，造血臓器である骨髄の機能喪失や欠陥の正常化を図るために正常な骨髄を移植する治療である．対象は，ある種の白血病，再生不良性貧血，免疫不全症などである．また最近では，乳癌など骨髄は正常であっても抗癌剤投与により骨髄の機能低下が予測される疾患に対して，抗癌剤と組み合わせて骨髄移植を行う例も出てきている．骨髄移植はその疾患によって自家移植と生体からの同種移植の可能性をもつ．

20世紀後半における医学および科学技術の目覚ましい発展によって，人類は臓器移植という延命手段を手にした．それによってこれまで助からないと思われていた末期の心臓病，肝臓病などの患者が救われることとなった．一方，臓器移植は幾つかの倫理的，社会的な問題をも投げかける結果となった．例えば，非常に高額な臓器移植に医療費を使う一方，最低限の医療すら受けられない患者がいる状況を社会としてどう考えるのか．これは国民すべてが医療保険に入れるわけではないアメリカ社会で，特に深刻な問題となっている．また臓器提供者が限られ，臓器不足の現状にあって臓器が商品化し，金銭のために自らの臓器を売買するような事態が生じないのか．臓器を手に入れる目的での計画的犯罪が生まれてこないか．限られた臓器をいかに配分するのか．自国の患者を差し置いて，外国人に臓器を提供することをどのように考えるのか．医療従事者が臓器摘出ばかりに目を向け，臓器提供者に対する蘇生努力をおろそかにする危険性はないのか，といった問いが生じている．

【文献】U. S. Department of Commerce, *Statistical Abstract of the United States 1996* (Washington, D.C. 1996). （赤津晴子）

【倫理学的考察】

〔序論〕自然法*倫理学の臓器移植論の内容を概説する．近年の臓器移植技術の目覚ましい進歩の結果，大幅な延命や社会復帰の可能性を与えられる者が増えてきた．ほかに治療法のない疾患に対して残された唯一の治療法である場合，医学や関係者がこれにかける期待は特に大きい．移植医療は健康の質を高め，人間本性の可能性の範囲内で生命延長を目指す努力として自然法倫理学的にも積極的に評価される．またこれに付随する献血運動や死後自分の臓器をそれを必要としている隣人に贈与する運動などが，社会成員の連帯意識や相互支援関係を強めるうえで大きな働きをしていることも功績として受け取られている．

だが自然法倫理学は移植医療の進歩を手放しで慶賀するわけではない．この技術の適用も人類にとっての祝福となるような形で実践されていかなければならないと考える．そもそも人はできることであれば何を行ってもよいわけではない．生命延長や生命の質の向上はあらゆる方法をもって追及されるべき無条件の善ではない．本性*道徳律の要求と調和するような臓器移植のみが受け入れられるのである．人は*人格の*尊厳にふさわしく行為しなければならず，また人格の尊厳は人間の身体に浸透しており，臓器の取り扱いにおいても人には無制限の自由は認められていない．例えば，仮に移植技術的には可能となっても脳の移植には非常に慎重でなければならない．特に人格性に取り返しのつかない侵襲を加えてしまうおそれのある「精神の自己同一性に決定的に参与する部分」には，決して手をつけてはならない．この部分が果たしてどこであるかの断定は難しいが，大脳皮質およびこれと密接に関係している脳幹の一部を中心とする領域のなかのどこかに位置するものと考えられる．同様に，仮に技術的には可能になっても，卵巣や睾丸などの生殖腺の移植にも慎重でなければならない．特に異種移植は厳禁される．同種移植の場合も人間の社会生活に大きな害悪を引き起こす危険があり，一般的には禁じられるべきである．さらに生体臓器の切り売りや死体臓器の売買なども人格の尊厳を損なう行為として禁止される．同様の理由から人間の臓器を他の動物に移植することも厳禁される．

〔臓器受容者にとっての問題〕脳と生殖腺の場合を除けば受容者にとっては移植手術は医療手段一般の利用と特別に異なることはない．それが健康や生活に必要な身体機能の維持・向上・回復，生命の保持・延長のための「尋常の手段」(ordinary means) である場合はそれを受けることは倫理的に義務づけられたものとなるが，「非常特別の手段」(extraordinary means) である場合は一般的には受ける義務はなく，ただ他の重要な倫理上の義務に背かないかぎり，そして可能ならば受けることを希望しても差し支えない．どの臓器の移植が「尋常の手段」となるかは先験的にはいえない．その移植医療サービスが特別大きな困難なしに入手できること，成功率も高く大体において安定した医療であることをはじめ，そのとき当人の置かれている状況のあらゆる側面を総合的に考慮のうえ，当人の健康のための努力としてふさわしいと判断される程度のものである．特に大きな影響を与えるのが医療技術の進歩であろう．少なくとも現在，先進国においての一般的状況では輸血は「尋常の手段」となろう．だが，ある臓器移植が「尋常の手段」であるかどうかの判断は当人の価値観・人生観の影響も受ける．新興宗教エホバの証人（→ ものみの塔聖書冊子協会）の会員たちは輸血を神に禁じられたものと信じているため，彼らにとっては輸血は「非常特別の手段」となり，これを受けない自由はあることになる．一般人にも血液，角膜，骨髄，心臓弁，皮膚，骨などの組織と違い，主要臓器の場合は心理的違和感の問題は起こりえよう．仮に「医療次元」ではその移植が簡単に行えて，しかも治療効果も大きい手術として定着したとしても，これまで他人の体の不可欠の部分であったものを自己の一部として受け入れることに心理的に非常な抵抗を覚え，「他

人からわざわざ臓器をもらってまで」と考える自由は誰にも残されていると思われる．人間の精神の自己同一性に高度に分有している主要臓器の場合，同種臓器移植は基本的には「非常特別の努力」とみられるといえよう．

〔臓器提供者にとっての問題〕誰も自己の臓器を移植用に提供することを本性道徳律からは義務づけられていない．臓器は主体である個人と運命を共にし，その個人の死とともに崩壊・消滅するのが本来の定めである．生体からの場合であれ，死体からの場合であれ，人としての道の要求という形で臓器提供を道理から求められることはない．身体に対する管理権は直接的にはその主体である人格にあるから，社会も外部から提供を義務づけえない．

しかし一定の条件が満たされれば臓器提供は自然法倫理上問題ない．臓器提供者（ドナー）にとって臓器摘出は自己の身体的全体の利益を損ねるが，身体の善は絶対不可侵ではない．また臓器移植は存在の秩序の生み出しているものに変更を加えようとする行為であるが，その存在の秩序もどのような変更をも許さないという無条件的なものではない．特に隣人に対する愛から自分の身体の一部を困難のなかにある隣人を助けるために捧げようとする場合，この行為は優れたものとみられる．身体は精神の自己同一性に分有し，他から独立した完結的な独自存在であるが，人間は同時に他の個人と人間性を共有し，人類という一種の全体的なものを構成してもいる．人格自体が対他存在なのである．許されるものであるための条件は一般に次の二つである．第一は熟知のうえの自由な承諾に基づくものであること．熟知とか自由な承諾といっても段階がある．*自我，特に身体的自我が受ける損害が大きければ大きいほど高いレベルのものが要求される．第二は臓器提供が自分の外部で意味をもつということ．無意味な損傷を自己の身体に加えることは許されず，自分の払う犠牲がその大きさに充分見合っただけの成果を客観的にもたらすことが合理的に期待されるものでなければならない．具体的には次のようになる．

(a) 生体臓器移植．(1) 生命保持のために絶対不可欠で，したがってその摘出はそのまま死につながるような臓器（例えば心臓）の提供は一般的には許されない．(2) 生存または生活のために重要な臓器を，場合によっては自己の生命を危険にさらしたり，苦痛を受けたり，生活や活動上さまざまの不便を被ることになるのは充分承知のうえで，隣人に譲ること（健康な二つの腎臓のうちの一つを兄弟に譲る，あるいは膵臓や肝臓の一部を我が子に譲る等）は熟知のうえの完全に自由な承諾に基づく自発的なものであれば，犠牲の大きさを償って余りある大きな治療的効果が合理的に期待されるものであるかぎり，倫理的には問題はなく，しかも*隣人愛の精神より出た優れた行為とされる．ただし，このような臓器提供は例外的な英雄的行為であり本性道徳律から義務づけられたものではないから，これを行わないからといって人の道を外れたことにはならない．周囲からの心理的圧迫に負けての提供は倫理的には承認されない．(3) 生存または生活上，特別大きな危険や不便の可能性がない臓器の場合，隣人の非常な困難からの脱出を助けようとこれを提供することは一般に倫理上問題はない．提供は倫理上義務づけられてはいないが，隣人愛に基づく自発的な優れた行為として勧められる．典型的な例が輸血用血液の提供であろう．一定量以下に抑えられているかぎり，現代医療の水準では一般人にとっては健康上受ける害は微小にとどまる．

(b) 死体臓器移植．死体には人格は現存していないが，これまで人格性によって浸透され，その尊厳に分有した有機体であったために，まだ人格性の残存的効果が残っているものとしてそれなりの尊重が必要とされる．その効果の特に重要なものが遺体臓器に対する生前の意志による管理である．この意志によって自発的で自由な贈与を人は隣人のため，また社会のために行うことができる．自己の遺体が傷つけられ，一部が取り出されて人為的に他人の一部として生かし続けられることに自我の一体性が傷つけられるという心理的苦痛を感ずるか否かにかかわらず，死体臓器の提供は一種の自己犠牲になるとみられる．自分の霊魂（〔ラ〕anima）にとってはもはや必要でなくなったこの自分の一部を隣人や社会を助けるために役立たせたいという願いから，必要としている隣人にこれを贈与しようとするのであり，特別倫理上の難点もなく，優れた愛の行為である．臓器受容者（レシピエント）の受ける利益だけでなく，場合によってはさらに医学の進歩にも役立つものでもあり，充分意味のある行為とみられる．

〔医師・家族・社会にとっての問題〕(a) 医療の進歩と臨床実験．レシピエントに対する治療上の効果はほとんど期待できないが，ほかに効果的な方法が皆無なのでやれることをやってみるとか，失敗してもともとだが幸運にも成功すれば儲けものだから，といった臨床実験的な移植が許されるためには，まずレシピエントの側に熟知のうえでの自由な承諾があることが必要である．さらに臓器のドナーの側の承諾が必要である．(b) 受容者の優先順位．需要と供給のバランスが釣り合わない場合，受容希望者の優先順位をどう決めるかが重要な問題となる．まず大まかな線は組織適合性によって引かれる．受容者と移植される臓器との間には組織適合性上の調和がなければならない．このような医学的適応性によって合理的受容候補者の範囲はおのずと限られてくる．適応がなく，したがって医学的にみて成功の可能性がない場合，その臓器移植は純然たる臨床実験となる．一応この組織適応性の点で絞ったうえでなお候補者が複数という場合が結局問題となる．さまざまの見解が争っている現状である．(c) 代理者意向，推定・解釈的意向．臓器の受容・提供とも，当人の自由な自己決定が必要だが，これがどうしてもできないときは当人の意向を他者が代理したり，推定・解釈することになる．推定の手がかりがある場合はそれを重視し，意向を可能なかぎり正確に捉える努力がなされねばならない．手がかりが一切ない場合，臓器受容者に関しては通常は結局当人にとっての最善は何かを，当人をめぐる全状況を総合的に考慮のうえで推定することになる．純粋な臨床実験で当人には健康上の利益が皆無という場合，医学の進歩のためあるいは社会の善のために個人の身体を利用するということになるが，一般的にはこれは自然法倫理上認められない（→ 人体実験）．臓器の提供者の場合はどうか．生者の場合，一般的に臓器提供者には健康上の利益は期待されず，ただ犠牲だけであるから，その意向を推定・解釈する場合，臓器摘出に同意しているという結論を出すことは困難である．死者の場合はどうか．「客観的意向」の観点からの推定を主張する考え方では二つの説が対立している．第一の説は臓器提供を拒むのが人間の本来的意志であるとする．第二の説は人間の社会性・連帯性を強調し，臓器提供を望み，あるいは少なくとも拒絶しないのが人間の本来的意志であるとする．臓器提供は本性上からは義務づけられておらず，提供しない権利は認められるか

そうぎごじょかい

ら，故人の意向が不明で推定の手がかりがなく遺族が決定する場合には提供しないという決定を行う自由は認める，という．しかし当人の個人的意志推定の手がかりがなく，また，家族などによる立場決定が行われない場合にかぎり，このような「客観的意向」によって死者が他人の生命上の危機や生活上の非常な困難からの脱出を助けたり，医学の進歩のためになるなら，自己の臓器の提供を拒んではいないとみなしてよいというのである．

【文献】NCE 10: 754-56; 18: 341-42; LThK² 10: 309-11; T. W. REICH, ed., *Encyclopedia of Bioethics* (New York ²1995) 1871-94; 金沢文雄『刑法とモラル』（一粒社 1984) 186-203; 宮川俊行『「臓器移植」のトマス主義倫理学的考察』『純心女子短期大学紀要』22 (1985) 1-17; 同『「臓器移植」の倫理とトマス主義的人間観』『上智大学人間学会人間学紀要』15 (1985) 70-93; 金沢文雄「脳死と臓器移植についての法的考察」『現代法学の諸相』岡山商科大学法経学部創設記念論集（法律文化社 1992) 62-92; 浜口吉隆『伝統と刷新—キリスト教倫理の根底を探る』（南窓社 1996) 205-35; B. CUNNINGHAM, *The Morality of Organic Transplantation* (Washington, D.C. 1944); J. G. ZIEGLER, "Moraltheologische Überlegungen zur Organtransplantation," TThZ 77 (1968) 153-74; W. RUFF, *Organverpflanzung. Ethische Probleme aus katholischer Sicht* (München 1971); J. G. ZIEGLER, ed., *Organverpflanzung. Medizinische, rechtliche und ethische Probleme* (Düsseldorf 1977); A. ELSÄSSER, "Organspend—selbstverständliche Christenpflicht?" ThPQ 128 (1980) 231-45; F. BÖCKLE, "Ethische Probleme der Organtransplantation," *Arzt und Christ*, 35 (1989) 150-57; B. M. ASHLEY, K. D. O'ROURKE, *Health Care Ethics: A Theological Analysis* (St. Louis ³1989) 304-12; W. WOLBERT, "Ein Recht auf den Leib des anderen? Zu einigen Fragen der Organtransplantation," StdZ 116 (1991) 331-44; J. REITER, "Organspende und Organtransplantation. Psychologische und theologisch-ethische Aspekte," StdZ 117 (1992) 219-33; E. SCHOCKENHOFF, *Ethik des Lebens. Ein theologischer Grundriß* (Mainz 1993) 252-63; H. SCHLÖGEL, "Organtransplantation," StdZ 119 (1994) 376-82; C. BREUER, "Organtransplantation im Wiederstreit," *Die neue Ordnung*, 50 (1996) 334-45; H. SCHLÖGEL, "Probleme der Organtransplantation," StdZ 123 (1998) 188-94; F. ODUNCU, "Organtransplantationen. Verteilungsprobleme und Alternativen," StdZ 125 (2000) 85-98; PONTIFICAL ACADEMY FOR LIFE, "Prospects for Xenotransplantation: Scientific Aspects and Ethical Consideration," OR, English Edition (28 Nov. 2001) 1-8.　　　　　　　　（宮川俊行）

そうぎごじょかい　葬儀互助会　〔ラ〕Collegia funeraticia　歴史家 *モムゼンによって命名された3世紀の *ローマ帝国における初期キリスト教徒による葬儀結社の総称．歴史的な確証はなく，*コンスタンティヌス大帝が313年にキリスト教を公認し，教会の私有財産を許可するまでは異教のローマ皇帝がキリスト教徒に公に私有財産を前提とする結社を認可するような可能性はない，というのが現在の歴史学界の一般的見解である．G. B *ロッシが述べたような，国家による法的機関として *墓地や *教会堂のような土地所有権を保持する葬儀互助会の存在があった，とするかなり自家撞着ともいえる説を批判した L. *デュシェーヌは，たとえ将来的に国家に没収される危険を伴おうともキリスト教徒の団体が国家に害を与える危険性がないとみなされる場合，皇帝もかなり寛容な態度をキリスト者共同体の財産所有に対してとったのではないか，という推測を立てたが，いずれにしても初期キリスト教会が強い連帯で結ばれた信者の共同体として，貧困層だけでなくある程度の財力を有する階級の人間によっても成立していた複合体であったということを示唆する事実を否定することはできないのではないかと思われる．

【文献】Cath. 1: 947-48; LThK³ 2: 1257-58.　（富田裕）

ぞうげちょうこく　象牙彫刻　アフリカ内部よりもたらされる象牙は，金や宝石と並ぶ貴重な素材であり，精緻な細工が可能で，朽ちずに保存に耐えるので，エジプトやギリシア・ローマでは豪華な家具の上張りや装飾品などに使用され，1世紀の *プリニウスも「象牙は貴重な素材で，それで神々の像を作る」と書いている（『自然誌』）．西欧中世においても変わらず，初期キリスト教時代に成立した *『フィジオログス』（動物誌）においても，象自体が賢くて聖なる動物とみなされ，キリストと結びつけられていて，象牙には象徴的意味もあった．しかし13世紀まで本当の象の牙は入手が稀で，有名なメトロポリタン美術館の12世紀の『クロイスターの十字架』もセイウチの牙であり，ほかにもイッカクの牙または鯨の骨が使われた．セイウチやイッカクの牙は伝説の *一角獣の角として珍重されたと思われる．ビザンティン時代は古代の作例を受けて，キリスト教の主題を取り混ぜての記念板（6世紀前半の『ベルベリーニの二連板』）や小箱や家具の装飾（6世紀半ばのラヴェンナの司教 *マクシミアヌスの司教座）などが制作されるが，843年の *聖画像破壊論争の終結によって *イコンの制作が教義上確立されると，個人の礼拝用に象牙板で小さな *祭壇やイコンが制作されるようになる（11世紀半ばの『アルバヴィルの三翼祭壇』）．しかし呪術を避けるため彫像はレリーフにとどまった．一方，西欧では9世紀の *カロリング朝以降，ビザンティンを模倣して制作されたが，主に聖書のカヴァーの装飾板（ロルシュの福音書の装丁板）や *聖遺物を収める箱の装飾で，ここにもイコンを受け入れない西欧の美術観が現れている．しかし11世紀のロマネスク時代になると祭壇飾りの十字架などが制作され，さらにゴシック時代の13世紀には *パリを中心にして象牙による独立像が制作され（『サント・シャペルの聖母子像』），それらは運搬可能ゆえにパリで成立した *ゴシック美術の様式をイタリアに伝えた．逆にゴシックのモニュメンタルな *聖母子像の動きのあるポーズは，象牙の弓なりの形に従って象牙彫刻において生まれたとも考えられる．象牙製の小彫像や小祭壇の多くの作例は，ゴシック時代における礼拝の個人化の現れであったが，その背景には10世紀に始まり，*十字軍の時代の13世紀に最盛期を迎える東アフリカとの交易による象牙の流入があった．精緻な象牙彫刻は，中世人が顕微鏡的な超絶技巧を傾注した場であり，その完璧さが神の国を思わせた．彩色は当初からなされていたが部分的で，あくまで素材そのものの絹のような白い生地を生かすためであった．14世紀からは世俗主題の小箱や鏡ケース，櫛なども制作された．

【文献】A. CUTLER, *The Hand of the Master: Craftmanship, Ivory, and Society in Byzantinum (9th-11th Centuries)* (Princeton 1994); P. BARNET, ed., *Images in*

Ivory: Precious Objects of the Gothic Age (Princeton 1997). （鐸木道剛）

そうこくはく　総告白　〔ラ〕confessio generalis, 〔英〕general confession, 〔独〕Generalbeichte, 〔仏〕confession générale　総告白とは，いまだ *ゆるしを得ていない *大罪のほかに，以前の *ゆるしの秘跡の場においてすでにゆるしを得た *罪を繰り返して告白することをいう．しかし，しばしば同じ訳語（例えば，英語の general confession）が使われていても，*一般赦免を伴う *共同回心式において個別告白なしに合同で悔悛の意を示すことは *一般告白（正確なラテン語では confessio generica）であり，総告白とは区別される．総告白のうち，全生涯の罪を告白するものを全総告白（〔ラ〕confessio generalis totalis），またある期間の罪だけを繰り返して告白するものを部分総告白（confessio generalis partialis）と呼ぶ．告白すべき罪についての糾明と赦免が，以前の秘跡において全く行われていなかったことが確実でないかぎり，これを繰り返して告白する義務は *信徒にない．しかし，すでに告白した大罪や *小罪へのゆるしを再度願うことは，神の憐れみと秘跡の *恩恵を増やす．それゆえ *婚姻や *修道誓願，*叙階によって新たな聖職者の身分に入る前や，善き臨終を迎える準備として総告白は勧められている．反対に小心な人や神経質な人，また精神障害のある人には反復を許すべきではない．自発的な総告白においては個々の罪について完全に自覚することは要求されず，特に第6戒（→ 十戒）に関する事柄については，場合によっては有害でもある．
【文献】現カ 437-38; DMC 1: 872-74; LThK² 4: 664. （濱田了）

そうごせいさん　相互聖餐　〔英・仏〕intercommunion, 〔独〕Interkommunion　古代教会においては，それぞれの *正統信仰を確認するため「聖なるもの」つまり聖別された *パンの相互交換の習慣があった．*信条のなかにある *聖徒の交わり（かつてカトリックでは「諸聖人の通功」といわれていた）という言葉は，ラテン語でコムニオ・サンクトールム（communio sanctorum）であるが，そのサンクトールムは「聖人・聖徒」（sancti）の属格だけでなく，中性名詞「聖なるもの」（sanctum）の複数形（sancta）の属格であると考えられ，「聖なるもの＝パン」における交わり・一致を同時に意味するとされていたからである．*異端の教会に対しては，この交換を停止するという象徴的行為によって離別の意を表した．

相互聖餐とは，教会間相互がそれぞれ相手の教会の成員が自分の教会の *聖餐にあずかることを許し，自分の教会の成員が相手の教会の聖餐にあずかることを認める関係を指す．*カトリック教会の場合は，この関係を *東方正教会に限っている（『東方教会教令』26-29 項，『エキュメニズム教令』15 項）．しかし，東方諸正教会は通常その信者にこれを認めていない．新しい『教会法典』ではカトリックの *司祭がカトリック教会と完全な一致をしていない教会の *聖職者，*牧師とともに *エウカリスティアを共同で祝うことを禁じている（908 条）．しかし，緊急時にたどり着くべきカトリック教会が近くにないような場合，*ゆるしの秘跡，*聖体の秘跡，*病者の塗油の三つの *秘跡について，これらの秘跡が有効である教会で受けることを許し，例えば死期が迫っている場合など幾つかの条件のもとにカトリック司祭にこれら3秘跡を授けることを認めている（844条）．

*聖公会は，*復古カトリック教会と 1932 年以来相互聖餐を行い，1968 年の *ランベス会議以来，主教制度をもたない教会で教会員が聖餐にあずかることを許し，また，教会合併が進行中の教会との完全な相互聖餐関係を勧めた．他のプロテスタント教会にあっては相互聖餐の程度はさまざまである．相互聖餐は多様性のうちに存在する教会間の一致を表現する手段であり，*教会一致促進運動が目指す一致が達成されたとき初めて実行されるべきものである．相互聖餐が制度的に確立するためには，聖体についての教理における一致が根本的に必要である．
【文献】LThK³ 3: 968-69. （高柳俊一）

そうごないざいせい　相互内在性　→ 三位相互内在性

そうこんせい　嫂婚制　〔ヘ〕yibûm, 〔英〕levirate, 〔独〕Leviratsehe, 〔仏〕lévirat　レビラト婚，義兄弟結婚ともいう．夫が死亡したとき，妻が夫の兄弟（〔ラ〕levir）と再婚する婚姻形式．申命記 25 章 5-10 節はこの婚姻形式を，それを受容しなかった場合の非難の形式まで含めて，規定している．それによれば，「兄弟が共に暮らしていて，そのうちの一人が子供を残さずに死んだならば，死んだ者の妻は家族以外の他の者に嫁いではならない．亡夫の兄弟が彼女のところに入り，めとって妻として，兄弟の義務を果たし，彼女の産んだ長子に死んだ兄弟の名を継がせ，その名がイスラエルの中から絶えないようにしなければならない」（5-6 節）．これは婚姻後の女性をその稼ぎ先に拘束するという点で女性の自由を制限するが，他方，これが兄弟の義務であり妻の権利でもある点に留意が必要である．というのも古代イスラエルの家父長制社会において，夫の庇護を失った女性は経済的困窮に陥るのが常であり，それを防ぐために新たにその家族内部で彼女の社会的地位の保持を義務づけることは当人にとって望ましいことなのである．創世記 38 章は，夫を亡くした妻タマルに義父であるユダがレビラト婚の義務を果たさず兄弟を与えなかったことを批判的に物語化している．またルツ記のボアズと *ルツの婚姻もこの婚姻形式とみられよう．なお，この婚姻形式は世界各地にみられる．
【文献】旧新約聖書大 350; ABD 4: 296-97; 石川栄吉他編『文化人類学事典』（弘文堂 1987）833-34. （金井美彦）

そうごんミサ　荘厳ミサ　〔ラ〕missa solemnis, 〔英〕solemn mass, 〔独〕feierliches Hochamt, 〔仏〕messe solennele　第 2 *ヴァティカン公会議以前まで用いられた *ミサの祝い方についての類別の一つで，最も荘厳な形式のものを指す．盛式ミサ，盛儀ミサとも呼ばれた．司式者が *助祭や *副助祭の奉仕を伴って司式する共同体ミサ．*歌隊と *会衆，あるいは歌隊か会衆がすべての歌をラテン語で歌うミサで，祭壇への表敬や福音朗読の前などに献香（→ 香）が行われるのが特色である．第 2 ヴァティカン公会議後の典礼刷新により，ミサの標準型が共同体ミサとなり，通常でも歌うことが勧められるものとなっているため，共同体の歌ミサであるという点での荘厳ミサの特徴づけは意味を失った．ただし，*教皇ミサ，*司教盛儀ミサなどは今日的な意味で荘厳ミサと考えることができる．
【文献】キ百科 1056-57; LThK³ 7: 283; A. Adam, R.

そうさしゅぎ

BERGER, eds., *Pastoralliturgisches Handlexikon* (Freiburg 1980) 347-48. （石井祥裕）

そうさしゅぎ　操作主義　〔英〕operationism, operationalism,〔独〕Operationalismus,〔仏〕opérationisme　科学の概念構成に関する立場の一つで，科学的概念は必ずそれに対応する実験的操作およびその観察可能な結果によって，客観的に定義されなくてはならないとするもの．物理学者ブリッジマン（Percy Williams Bridgman, 1882-1961）によって提唱され，*心理学においても，内観法を批判し客観的な科学を目指そうとする新行動主義（〔英〕neo-behaviorism）の形成に影響を与えた．【文献】P. W. ブリッジマン『現代物理学の論理』今田恵訳（新月社 1950）: P. W. BRIDGMAN, *The Logic of Modern Physics* (New York 1927). （崎川修）

そうじ　『荘子』　中国の戦国時代の思想家・荘子（Zhuāng-zǐ, 前 369-286）とその後継者の著書．*諸子百家の道家に属する荘子の名は周．蒙（河南省商邱県）の出身で，荘周とも称される．前4世紀の後半頃の人であるとされるが，生い立ちや経歴，また具体的にどのような生活をしていたかについては，ほとんど何もわかっていない．その学問は，先賢*老子の思想に基づくことから，これらを一括して老荘思想という．『荘子』は 33 篇（内篇 7，外篇 15，雑篇 11）からなる．『漢書』芸文志は『荘子』52 篇を著録し，『史記』はその著 10 余万言と伝えるが，現行本は西晋の郭象（Guō Xiàng, 252 頃-312）が 52 篇本を整理して 33 篇にまとめあげたものである．現行本のうちでは，内篇 7 篇が比較的古く，荘子自身の思想を最もよく語っているものとされる．特に「逍遥遊篇」と「斉物論篇」の 2 篇は荘周本人の思想の精髄を伝えるものである．他の 33 篇はおおむね戦国末から漢初にかけての荘周後学の手になるものである．『荘子』の論説中には老子の思想と共通する面も多いが，老子において強かった現実的・政治的関心が，荘子では，もっぱら無為自然の境地を内面的心の世界に求めるというように，超俗的傾向が強くなっている．荘子の思想の根幹をなすのは，老子同様，一切万物を生成消滅させながらそれ自身は生滅を超えた超感覚的実在，現実世界の一切の対立差別の諸相を包み込んで，自らなる秩序を成り立たせている絶対的一者としての「道」の概念であり，また，この「道」の在り方を体得・実践することで真の人間性が回復され，十全の人生を送ることができるとする．

「斉物論篇」は，万物が皆一つである究竟的な一の世界を明らかにする．否定思弁の徹底により万有の根源の道を悟得して絶対独立，自由の境地に至ることを説き，現実のすべての差別相を平等視しようとする．道の絶対性のもとでは，現実世界における大小，長短，是非，善悪，生死，貴賤といったあらゆる対立差別の諸相が止揚されて，個が個としての本来的価値を回復し，何ものにもとらわれない絶対自由の境地に至りうるという哲学が展開されている．最終的に人は道（天，自然）と一体となり，そこに真知が開かれる．このような境地に到達した人は真人とか至人と呼ばれ，この至人の境地に到達するための方途として，人間的作為を捨てて天地自然の理にあるがままに因（よ）り循（したが）うことを説く．このように，荘子の哲学は，転変の多いままならぬ社会の煩わしさから，また人間存在に必然的に付随する苦悩からの個人的解脱を目指すものである．道と一体となるとは，虚無無為，つまり，自己を虚しくして天（自ら然るもの）に因り循うことが必要である．それは，基本的には，自己を放ち棄てて絶対的なものに心身を任せきることであり，そこには死んで生き返るという宗教的な解脱の境地がある．しかし，荘子の思想に最も顕著であるのは，あらゆる外的な制約から解放され，権力に屈せず，内なる精神の自由を謳歌して悠々自適すべしとする論である．この荘子の思想は，魏・晋のなかでとりわけ重視され，竹林の七賢人の思想的拠り所を提供するとともに，*仏教思想と結合して，中国禅思想の形成にも多大な影響を与えた．なお日本では，聖徳太子（574-622）の十七条憲法のなかに『荘子』の文句が用いられているが，その思想に対する理解・共感が深まりをみせるのは，鎌倉・室町期に禅文化が隆盛してからである．特に江戸時代には，俳諧文人画の世界で荘子的軽妙洒脱さが理想とされた．

（宗正孝）

そうしき　葬式　→　葬儀

そうしゅきょう　総主教　〔ギ〕patriarchēs,〔ラ〕patriarcha,〔英〕patriarch,〔独〕Patriarch,〔仏〕patriarche　【総主教（総大司教）制度の始まり】ギリシア語のパトリアルケース（patriarchēs）は，*七十人訳聖書ではアブラハムなど*族長を指す言葉である．*初代教会は，尊敬の表現としてこの称号を数名の*司教（後の東方教会では*主教）に与えたが，特に教会の*位階制と関係するものではなかった．やがて，管区のなかの一地域を担当する司教たちは，管区の中心にいる司教に自分たちの権利や特権の一部を委託するようになり，管区の中心の司教たちは首都大司教（管区司教，東方教会では府主教．→ 管区大司教）と呼ばれるようになった．やがて，*ローマ帝国内の最も重要な首都大司教は，その下にある管区の*裁治権を吸収して「総大司教（総主教）」と呼ばれるようになった．このような体制は 4 世紀から 7 世紀にかけて成立し，東方では*コンスタンティノポリス，*アレクサンドリア，*アンティオケイア，*エルサレムに，西方ではローマに総大司教（総主教）が置かれ，5 人の総大司教のなかでローマ司教（*教皇）が筆頭とみなされた．

しかしながら，西方では総大司教区を組織するという意識はしだいに薄れていった．ローマで殉教した*ペトロの後継者という称号をもつことは，同時に全教会の目にみえる頭であることを意味していたからである．とはいえ，ローマ司教の総大司教としての権限は教皇としての権限とは明らかに異なっている．西方ラテン教会を意味する西方総大司教区のカトリック信者は，ローマの*教会法とラテン典礼ないしは*ローマ典礼と呼ばれる*典礼様式に従っているが，*カトリック東方教会の信者たちは，西方の総大司教としてではなく，カトリック教会全体の最高の司教としてのローマの教皇のもとにいるとみなされるからである．

【東方の総主教とローマ教皇】東方教会の総主教は，自らが司牧する個々の教会の頭として，特定の教会の主教である．総主教は通常，府主教，大主教，主教，*教役者，*修道者，そして*信徒に対する権能を保持しているが，その特有な地位にもかかわらず，総主教は自らが管轄する教会の絶対的な統治者というわけではない．

第 2 *ヴァティカン公会議によれば，総大司教（総主教）はその*教会会議とともに，「総大司教区のすべての事項に関する最高権威者であって，その管轄区域内で新

しい司教区を設立し，その典礼様式の司教を任命する権限を含んでいる」（『東方諸教会教令』9項）．ただし，ローマ司教は最高の司牧者として「個々の場合に介入する権限を有している」（同）．総主教の諸権利はローマ教皇の最高権力に由来するものではない．総主教とローマ司教との関係は，新たに選出された総主教あるいは総主教を選出する教会会議とローマ教皇との書簡の交換に基づいていた．総主教あるいは総主教を選出した教会会議はローマ司教に選挙結果を伝え，キリスト教第一の司教との兄弟的関係と教会的交わりを保つために確固とした意思を表明する．したがって，書簡には*信仰宣言が加えられたが，承認や認可を求めるものではなかった．このような古代教会の慣行は第2ヴァティカン公会議によって復興され，1967年，*メルキト教会の総主教選出に際して，ローマ教皇は「教会的な交わり」という言葉をもって選出された総主教を認めたのである．

　総主教の諸権利は，まさしく，総主教の主教としての*権能に由来する．総主教は上位の権威者から特権を与えられるのではなく，それぞれ自立しつつ普遍教会を構成する個別教会を統治するための権威を付与されているのである．教会的規律，典礼，固有の伝承などの点で，総主教とその教会は独立した存在である．教理に関しては，彼らは全教会が信じ，教えることを遵守しなければならない．信仰の一致は，表現が異なっていても，教会一致の前提だからである．普遍教会の本質に反する，個別教会の主教の独立は，明らかな誤りである．しかし反対に，独自の裁治権をもつローマ教会と*使徒継承において異なる教会も，自立したものとして発展する義務と権利を有しているといわなくてはならない．主教区の設立・廃止，総主教・主教の自由な選出，典礼，教会法，教役者や信徒への独自の規律の適用について，総主教とその教会は独自性を発揮することができる．

【総主教の権利と義務】総主教には次のような権利と義務がある．(1) 自らの総主教区の教会会議の招集と統括．(2) 府主教区における主教の選出と府主教および大主教の*叙階と選出の承認．および，彼らが不適格あるいは教区の統括能力に欠ける場合の彼らの解任．(3) 信仰と道徳が正しく守られているかどうかの監督．(4) 府主教や教区教会会議の控訴の聴取．(5) *聖香油の聖別．(6) *免属の総主教直轄修道院への裁治権の行使．また，総主教直轄の地位を修道院，学校，慈善事業，修道会，*信心会などに付与すること．(7) 典礼で，大主教，府主教（慣例であれば主教や司祭からも）祝賀を受ける．(8) *聖人の列聖（東方正教会では現在でも行われている）．(9) *牧杖の使用．(10) 公式の称号として「聖下」または「福者」を得ること．

　総主教制度は*東方正教会と伝統を共にし，*世界総主教の称号をもつ*コンスタンティノポリスの総主教をはじめ，アレクサンドリア，アンティオケイア，エルサレム，*モスクワ，*ベオグラード，ブクレシュティ(Bucureşti)，*ソフィア，*グルジアの各総主教がいる．そのほか総主教制度は，東方正教会以外の東方諸教会（*コプト教会，エチオピア教会，*ヤコブ教会，*アルメニア教会）や幾つかのカトリック東方教会にも受け継がれている．西方ラテン教会は唯一の総大司教としてローマの司教がいるだけであるが，エルサレム，*ヴェネツィア，*リスボン，西インド（空位），東インド（*ゴア）の大司教は，名義上，総大司教の称号をもっている．→大主教，カトリコス

【文献】Cath. 10: 793-803; DThC 11: 2253-97; LThK³ 7: 1459-66; NCE 10: 1088-96; W. DE VRIES, *Rom und die Patriarchate des Ostens* (Freiburg 1963); J. FARIS, *Eastern Catholic Churches* (New York 1992); V. POSPISHIL, *Eastern Catholic Church Law* (New York ²1996).

(J. マディ)

そうせいき　創世記　〔ヘ〕bᵉrē'šît, 〔ギ〕Genesis
旧約聖書の第一の書．天地万物，人間，神の民イスラエルの*創造を扱う．

【研究史】過去1世紀あまり，創世記は*ヴェルハウゼンに代表される研究者たちの*モーセ五書をめぐる文書資料仮説に基づき，*ヤーウィスト資料（前10-9世紀），*エロヒスト資料（前8世紀），*祭司文書（前6-5世紀）の3資料を用いて編集されていると考えられてきた．この仮説の出発点は創世記1-3章である．*神の名としてエロヒムを用いている創世記1章1節から2章4節前半を祭司文書の創造記事とし，神の名としてヤハウェ(YHWH)・エロヒムを使っている創世記2章4節後半から3章24節をヤーウィスト資料の創造記事として扱う．これに考古学，言語学の発達とともに，古代近東の文学，宗教，宇宙観，法律，習慣など，聖書の周辺世界の理解が加わり，聖書の資料探究に拍車がかかった．しかし，どのような資料を使おうとも，聖書になぜ二つの創造記事が必要か，二つの記事の関係は何か，聖書本文の最終的文学形態は何か，創世記全体のなかでの，あるいは，モーセ五書全体における，これらの記事の役割は何かなどの問題はほとんど注目されなかった．ただ，大きな時代差のある二つの創造記事が機械的に併置されているものとみなされてきたのである．しかし，1970年代に入ると，聖書本文の起源や伝承史よりも，聖書としての最終本文そのものの文学的形態と意味，すなわち，おのおのの記事の文学的構成，前後の記事間の相互関係，各記事の全体における役割などへと研究の関心が移ってきている（→モーセ五書研究史）．

【構成と内容】〔創造記事：1-4章〕創世記の初めの二つの記事，すなわち，天地の創造記事(1:1-2:3)と天地の系図の記事(2:4-4:26)が創世記全体の構成を決定している．創世記1章1節から2章3節は，天地の創造が*神の言葉によることを，「神は言われた」という特定の表現（定式文）を10回繰り返すことで示す(1:3, 6, 9, 11, 14, 20, 24, 26, 28, 29)．特にこのなかで，人間に祝福と使命を与える9番目の神の言葉(1:28)は独特である．すなわち，「神は言われた」という定式文が破れて，「彼らに」という間接目的語が中間に入っている．これは人間が他の*被造物と異なり，神の言葉の聞き手，担い手であり，それに反応するものであることを示唆する(35:10, 11参照)．天地創造の10の神の言葉は，*ノアの洪水に始まる再創造のための10の定式文「神は言われた」(6:13; 9:8, 12, 17; 17:9, 15, 19; 21:12; 35:1; 46:2)の原型となる．再創造の言葉のうち，最初の4回はノアの*契約と，あとの6回は*アブラハムの契約と関連している．したがって，創造の神（エロヒム）は契約の神(YHWH)であり，創造の言葉は契約の言葉であるといえよう（出20:1-17, シナイ契約の10の神の言葉参照）．したがって，創造と救済（→救い）は二つの別々の事柄ではなく，一つの切り離しえないものである．また，創造の神は全人類の神である．ノアの神はイスラエルの神であり，その間に何の区別もない．

　創世記2章4節から4章26節は天地創造を受けて，「これらは……の系図（〔ヘ〕toledôt）である」という定式

そうせいき

文で始まる．これは*アダムに始まる10の系図(5:1; 6:9; 10:1; 11:10; 11:27; 25:12; 25:19; 36:1; 36:9; 37:2)の原型となる．したがって，創世記は神の言葉の定式文を縦糸にし，系図の定式文を横糸とする統一体として構成されている．創造記事(1:1-2:3)において，10の神の言葉の定式文のうち最初の九つは，神の似姿(→神の像)に造られた人間に対する神の誓い，すなわち，命あるものを生かすための食物の約束(10番目の定式文)に向かっている．これは，系図の記事(2:4-4:26)において，最初の九つの「主なる神」(ヤハウェ・エロヒム)の行為が，創世記2章23節の人間の婚姻契約の言葉に向かっているのに対応する．創造記事は系図の記事の土台である．系図の記事は物語(*エデンの園の物語)の形式をとり，前半と後半の2部からなる．前半(2:4-25)は7日間の創造記事のテーマを初めから終わりまでたどり，後半(3:1-4:26)は終わりから初めに向かって創造の逆コースをとる．このように創造記事(1:1-2:3)は，系図の記事(2:4-4:26)と一対をなしているので切り離すことはできない．二つで一つの創造物語といえよう．

創世記1-4章は歴史の初めから終わりまでの，神の言葉によって創造されていくあらゆる世代のための，神の創造原理と考えられる．したがって，ここから始まる創世記はモーセ五書の出発点であるばかりでなく，聖書全体の出発点でもある．さらに，これは科学の発達によって時代遅れになる創造記事ではない．歴史の初めから世の終わりまで，神は創造の10の言葉によってあらゆる人間を神の似姿に形成し，人生の意味，方向，修正，希望を与える．また，創世記1-4章は歴史の初めから終わりまでの神の人間に対する計画された完全な約束の啓示ともいえる．神は初めから終わりを告げ(創1:26; 民23:23; イザ46:10; アモ3:7; 詩103:7参照)，神の言葉によってこの世が完成するに至るまで人間の歴史を導き続ける．ここに聖書の聖書たるゆえんがある．

〔系図：5-50章〕(1) アダムの系図(5:1-6:8)．アダムの息子セトから始まって最後に現れるノア(5:29)までがこの系図に属する．人は土からだけではなく神の息(→霊)により，神の言葉の担い手として造られた(1:28; 2:7)にもかかわらず，その言葉を無視して自分が神になり(3:22)，土に戻され(3:23)，自分の思いのままに生きた結果，神が人を造ったことを後悔し，地を滅ぼすことを決意するほど堕落する．しかし，ノアは神の意にかない，彼に創造の言葉の定式文「神は言われた」が適用され(6:13-21)，再創造が始まる．神の言葉に忠実に従ったノア(6:22)は「光」(6:16参照)のある箱舟のなかで洪水から救われ，他のすべてのアダムの子孫は洪水によって闇に葬られる(→洪水物語，ノアの箱舟)．これは「光」を創造して闇と分離した創造の第一の言葉に対応する(1:3-5. さらに出20:3参照)．

(2) ノアの系図(6:9-9:29)．この系図にはノアの3人の息子，セム，ハム，ヤフェトが属する．彼らは父親が神の言葉に忠実であったがゆえに箱舟のなかで共に洪水から救われ，アダムに与えられた祝福「産めよ，増えよ，地に満ちよ」を受け(9:1,7)，創造の神の言葉が適用され(9:8)，ノアに約束されていた通り(6:18)，契約が結ばれる．これは二度と洪水を起こして地を滅ぼすことはないという，すべての人間，全世界に関係する神の永遠の契約である．洪水は聖書の表現では天の上と下の水が区別なく混じり合うこと(7:11)をいうので，この契約は，天蓋を造って上下の水を分離した創造の第二の言葉(1:6-8)に対応する．契約の言葉の保持者としてノアと彼の子らはこの世のものというより神のものとなり，エデンの園に置かれたアダムのように(2:8)，ぶどう園を造る．そこで，ノアの3人の息子のうち，アダムのように(3:22)，越えてはならない線を越えたハムがその子孫(*カナン)に至るまで呪われ，セムが祝福される(9:25-27. さらに出20:4-6参照)．

(3) ノアの息子，セム，ハム，ヤフェトの系図(10:1-11:9)．この系図に地上の全人類，すなわち，あらゆる言語，あらゆる地域，あらゆる民族の人間が属する．洪水後に与えられた神の祝福「産めよ，増えよ，地に満ちよ」(9:1)の実現のようにもみえる．しかし，これは人間のわざか，神のわざか．それを扱ったものが*バベルの塔の物語(11:1-9)である．全地がノア系の子孫で神との契約関係にあるとき(9:12-16)，人々は一致団結して，天まで届く塔のある町を建て，自分たちの名を高めて，全地に散らされないようにと企てる．その結果，互いの言葉が通じなくなり，人間共同体の一致が破れ，全地に散らされる．人間共同体のおごりとエゴイズム，また，その一致の狭さともろさのエピソードである．自分で自分を高める者は低くされ，自分を低くする者は高められる．罰を受けて全地に散らされるテーマは創造の第三の神の言葉によって水が一つに集められ乾いた地が現れ，それぞれに名前が与えられる出来事のアンティテーゼである(1:9. さらに2:9-14; 3:20-21; 出20:7参照)．

(4) セムの系図(11:10-26)．この系図の最後にアブラムの父テラとアブラムの名がある(11:26)．ノアの3人の息子のうち，セムが神の祝福の担い手とされ(9:26-27)，そこで主は「セムの神」といわれる．セム(šēm)の名は，バベルの塔の物語のテーマである「名」(šēm)という普通名詞と同形であり，次のテラの系図で再びアブラムの「名」がテーマ(12:2)となるので，神が人に名を与えて使命と祝福を与えるのは，セム系を通してであることを示唆しているのかもしれない(→名)．いずれにしても，この系図はセムとアブラムを結びつけて，アブラムの使命とノアの永遠の契約(9:17)との密接な関係を示す．ノアの名自体，アダムのときに呪われた大地(3:17)からの解放のしるしである(5:29; 9:20)．創造の第四の神の言葉は，人間の労働なしに豊かな種と実を結ぶ祝福された大地のテーマである(1:11. さらに2:15; 出20:8参照)．

(5) テラの系図(11:27-25:11)．テラ自身はセムの系図に属し，全地に散らされた世代のように，アブラム，サライ，ロトを連れてカルデアの*ウルを出発してカナン地方に向かうが，*ハランまで来るとそこに定着する．ここでアブラムは神の呼びかけを聞き，バベルの塔の世代とは逆に，神の言葉に人生を懸ける．神はアブラムとの契約を通して，ノアに約束した全人類の救いを図る．アブラムはアブラハムと名を変えられ，諸国民の父となりカナンを所有地とする約束を受ける．契約のしるしとして*割礼を命じられる(17:9)．これは世を照らす光，日々の道しるべが造られた創造の第五の言葉に対応する(1:14-19. さらに2:16-17; 3:16; 出20:12参照)．

(6) *イシュマエルの系図(25:12-18)．アブラハムの息子として，イシュマエルは*イサク(25:19)と同じように紹介される．神は創造の言葉によりサライの名を*サラとし(17:15)，アブラハムにふさわしい対等の伴侶として男の子を授け，祝福して諸国民の母とする約束をする．そのときのアブラハムの願いの通り(17:18,

20; 21: 13），神はハガルの子イシュマエルを祝福し，彼は12首長の父となる．「祝福」は創造の5日目の命あるものの創造のテーマである（1: 20-23. さらに2: 18; 3: 14-15; 出20: 13参照）．

（7）イサクの系図（25: 19-35: 29）．イサクの二人の息子 *エサウと *ヤコブがこの系図に属する．この記事は人生の紆余曲折を経て，ヤコブ（乗っ取る者の意．ただし25: 26; 27: 36比較参照）が *イスラエル（神が支配する者の意．ただし32: 29比較参照）に変えられて神の契約の相手として選ばれる歩みを描く．物語はエサウとヤコブがまだ母親の胎内にいるときの，神の告知（25: 23）に始まり，その実現の神の言葉（35: 9-12）で終わる．契約の相手としてイシュマエルではなく，イサクが神の言葉によって選ばれたように（17: 19），ここでもエサウではなくヤコブ（イスラエル）が神の契約の相手となる．これは先に造られた動物が人間の婚姻契約の相手になりえず，あとから彼にふさわしい相手が神によって造られるテーマに対応する（1: 24-25; 2: 19-20. さらに3: 13; 出20: 14参照）．

（8）エサウの系図（36: 1-8）．まず，エサウのカナン出身の3人の妻（このうち一人はイシュマエルの娘）を通してカナンで生まれた息子たちが紹介され，次に，財産が増え家畜を養うにはヤコブと同じカナンでは狭すぎるので，エサウはセイルの山地に定着する．彼がカナンを出たことは，契約の相続人ではなくなったことを示唆する．これは人間の男女が対等の神の似姿として造られた創造の第八の神の言葉（1: 26-27. さらに2: 21参照）に対応し，エサウが3人の女性を妻にしていること自体，すでに，対等の婚姻契約の関係ではないことを示している．これは神の言葉によってアブラハムの契約の相続者の件でイシュマエルがイサクの脅威となったときに，ハガルとともにアブラハムの地から追放される出来事に対応する（21: 12-13. さらに出20: 15参照）．

（9）エサウすなわち *エドム人の先祖の系図（36: 9-37: 1）．この系図にエサウのセイル山地定着後の子孫が属する．エサウすなわちエドムから出た多くの首長たち，王たちの名をあげて，イスラエルが地を支配するより以前に（36: 31），エサウの子孫がいかに繁栄し強大なエドム帝国を築くに至ったかを描く．「祝福」と「地の支配」は創世記1章28節（2: 22; 3: 9-10参照）のテーマであり，アブラハムとサラとの神の約束（17: 6, 16）の一つでもある．最後に，ヤコブのほうはカナンに定着したことを告げる（37: 1）．これは兄を欺いて逃亡していたヤコブが真実の自己に立ち返り，イスラエルという名を与えられ，アブラハムの契約の相続者とされたことに対応する（35: 1-12. さらに出20: 16参照）．

（10）ヤコブの系図（37: 2-50: 26）．この系図に羊飼いの名人ヤコブの12人の息子が属する．物語は *ヨセフが兄たちにはない特別の資質に恵まれていたがゆえに，彼らの妬みと憎しみの対象となり，殺されそうになり，エジプトへ売り飛ばされるが，そこで数々の試練の果てに兄弟の命の守り手，善き牧者に成長する．彼は，箱舟のなかで人間だけでなく動物に至るまで，命を生かすために食料を与えて洪水から救われた第1世代のノア（6: 21）のイメージにも重なる．また，神の言葉を無視して羊飼いの弟 *アベルを殺した *カインのアンティテーゼでもある．同時に兄たちも初めはカインのように自分たちの感情のおもむくままに，弟のヨセフを殺そうとしたが，後にはエジプトのヨセフの前で1番下の弟ベニヤミンを守ることによって，互いの命の守り手となることを学ぶ．このように創世記はヤコブ（イスラエル）の子らが皆エジプトで命の守り手，善き牧者となって終わる（3: 6-8; 39: 9; 出20: 17参照）．一方，ヤコブ（イスラエル）にとって飢饉のために約束の地カナンを離れてエジプトに下ることは大きな試練であったが，神は彼に対して創造の言葉をもって，どこに行こうとも神が共におり，必ず約束の地に連れ戻すと約束する（46: 2-4）．これは神の生きとし生けるものに対する食物の約束（1: 29. さらに2: 23; 3: 6-8参照）の成就であり，同時に，アブラハムの子孫を通して全地が祝福されるという神の言葉（12: 2-3; 22: 18）の実現でもある．

【文献】新聖書大 863-66; ABD 2: 933-62; IDB 2: 366-80; いのちのことば社出版部編『創世記 → 申命記』新聖書注解: 旧約1（いのちのことば社1976）54-268; A. ジンマーマン，浜寛五郎編『カトリック聖書新注解書』（エンデルレ書店1980）188-236; G. フォン・ラート『創世記: 私訳と註解』全2巻，ATD 旧約聖書註解1, 山我哲雄訳（ATD・NTD 聖書註解刊行会1993）; G. VON RAD, *Das erste Buch Mose: Genesis* (Göttingen ¹²1987); 石川康輔他編『創世記―エステル記』旧約聖書註解: 新共同訳1（日本基督教団出版局1996）23-114; J. L. メイズ編『ハーパー聖書注解』荒井章三他日本語版編集（教文館1996）103-51: J. L. MAYS, ed., *Harper's Bible Commentary* (San Francisco 1988); J. WELLHAUSEN, *Prolegomena zur Geschichte Israels* (1878; Berlin 1981); H. GUNKEL, *Genesis* (Göttingen 1901); U. CASSUTO, *A Commentary on the Book of Genesis*, 2v., tr. I. ABRAHAMS (Jerusalem 1961-64); G. VON RAD, *Genesis: A Commentary* (Philadelphia 1972); B. S. CHILDS, *Introduction to the Old Testament as Scripture* (Philadelphia 1979); M. FISHBANE, *Text and Texture: Close Reading of Selected Biblical Texts* (New York 1979); R. ALTER, *The Art of Biblical Narrative* (New York 1981); C. WESTERMANN, *Genesis: A Commentary*, 3 v. (Minneapolis 1984-86); G. J. WENHAM, *Genesis 1-15* (Waco 1987); R. E. BROWN, ET AL., eds., *The New Jerome Biblical Commentary* (Englewood Cliffs, N. J. 1990) 8-43; V. P. HAMILTON, *The Book of Genesis: Chapters 1-17* (Grand Rapids, Mich. 1990); J. P. FOKKELMAN, *Narrative Art in Genesis: Specimens of Stylistic and Structural Analysis* (Sheffield 1991); G. J. WENHAM, *Genesis 16-50* (Dallas 1994); K. TSUMURAYA, *A Canonical Reading of Genesis 1-3* (Ann Arbor, Mich. 1994); V. P. HAMILTON, *The Book of Genesis: Chapters 18-50* (Grand Rapids, Mich. 1995). 〔円谷勝子〕

そうぞう　創造　〔ギ〕ktisis, 〔ラ〕creatio, 〔英〕creation, 〔独〕Schöpfung, 〔仏〕création

【創世神話】創造は世界創造，人間創造，文化創造の三つに大別できる．いずれも身近な現象から起源を類推する形式で，したがって世界中である程度限定された数の似通った神話として語られる．

世界創造のタイプとしては ① 創造神の意志による創造，② 原人（世界巨人）の死体からの創造（死体化生型），③ 宇宙卵からの創造，④ 世界両親による創造，⑤ 進化型，⑥ 海の底から持ち帰った泥による創造（潜水型，〔英〕earthdiver myth）などがある．① は旧約聖書の *創世記が典型で，意志の力が重視され，② は *アッカド（*マルドゥクによるティアマト殺害），インド（プルシャ），中国（盤古），北欧（ユミル）の神話にみられ，古

い生命の死によって新しい生命が誕生するという考えと，人体の諸部分と宇宙の構成要素が対応しているという認識が認められる．③はフィンランドの神話*『カレワラ』やギリシアのオルフェウス教の考えで，卵から生命が誕生することからの類推であり，④は記紀神話のイザナギ・イザナミのように，両親から子どもが生まれることからの類推である．⑤は東南アジアにみられ，洪水の後に草木や生物が自然に出現するかのようにみえることから考えられたと思われる．⑥はシベリアによくみられる．水たまりの泥遊びがヒントであろうか．もちろん，これらですべてのタイプではないし，複数のタイプが複合している場合もある．人間創造も世界創造と似た形式をもつ．

文化創造としては火，穀物が多い．火はギリシア神話のプロメテウスの場合のように盗みによってもたらされるとする神話が多い．穀物にもこのタイプの神話はあるが，もう一つは世界創造の神話の②のように，原初に女性が死ぬか殺されて，その死体から作物が生じたりするタイプである．記紀神話のウケモチ，オホゲツヒメもこれに属する．

聖書の世界像はアッカドのものと似通っており，天・地・水(天の大水と地下の大海)に三分割されている．アッカドの創世叙事詩*『エヌマ・エリシュ』ではマルドゥクが原初の海であるティアマトの軍勢と戦って勝利し，ティアマトの死体から世界を創造するが，ティアマトの名はヘブライ語のt^ehom(「水，原初の海」の意．創1:2)に対応しており，*ヤハウェと混沌の力(*レビヤタン，タンニーン，*ラハブ，*竜などと呼ばれる)との戦い(イザ51:9; ヨブ26:12-13; 詩74:13-14; 89:11)や海に対する威嚇(詩104:6-9; ヨブ38:8-11)も語られているので，聖書成立以前には類似の神話が存在したと思われる．

【文献】阿部年晴『アフリカの創世神話』(紀伊國屋書店 1965); 大林太良編『世界の神話—万物の起源を読む』(日本放送出版協会 1976); M.-L. フォン・フランツ『世界創造の神話』富山太佳夫，富山芳子訳(人文書院 1990): M.-L. VON FRANZ, *Patterns of Creativity Mirrored in Creation Myths* (Dallas 1972); 君島久子編『東アジアの創世神話』(弘文堂 1990); D. マクラガン『天地創造』松村一男訳(平凡社 1992): D. MACLAGAN, *Creation Myths: Man's Introduction to the World* (London 1977); A. DUNDES, ed., *Sacred Narrative: Readings in the Theory of Myth* (Berkeley 1984).　　(松村一男)

【聖書における創造】創造物語は神・人間・自然に関する教説の重要な典拠である．人は絶えず創造の始原に立ち戻り，自らの生存の意味を確かめてきた．創造物語の根底には救済論的思考が強烈な通奏低音になっている．神の創造は神の*救いの根源(ルーツ)を開示する．旧約には固有の独立した創造思想が存在するが(シュミット Hans Schmidt, 1930-)，創造信仰が救済と*選びの信仰を押しのけて旧約宗教の中心を占めることはなかった．「創造神」の最古の言及は*メルキゼデクのアブラハム祝福のなかの「天地の造り主，いと高き神(エル)」(創14:19)である．*ウガリト資料はいと高き創造神エルが*パレスチナで広く信仰されていたことを示している(申32:8)．ダビデがエルサレムに移って後，*ヤハウェ神は宇宙的創造神エル信仰を吸収したといわれる．それまでは平和共存していた．この同化は創造神の「名はヤハウェ」(アモス書の付加頌栄と*七十人訳聖書のホセ13:4参照)で確定される．創造神ヤハウェ信仰の成立は*捕囚期の第二イザヤ(→イザヤ)，その排他的なヤハウェ唯一神教と密接に結びついている．唯一の神が存在するならば，この神が創造者であるのは当然である(→神の名)．

〔旧約〕旧約聖書には*祭司文書と*ヤーウィスト資料の創造物語がある．前者(創1:1-2:4a)は天地創造から始まる．後者(創2:4b-3:24)は*エデンの園の物語で知られる．*モーセ五書編集者はこの重複を一つの創造物語にまとめなおそうとはせず，読者の目を二つの物語が伝える神の創造の首尾一貫した関連性に向けさせる．

(1)祭司文書の創造物語はその基本資料に属する．基本資料の思想は大きくは申命記史家の契約思想，継続的創造思想は別として第二イザヤの救済に結合した創造神学，エゼキエルの「主の栄光」の表象に共通する．その宇宙的創造神は排他的な唯一神ではなく，天地すべてを包括する「生命の家」の創造神である．以上の思想的親近性から基本資料の創造物語は捕囚期後半の*バビロンで成立したと推定される．そうであれば直接の読者は捕囚帰還民ではなく帰還を期待する捕囚民であろう．彼らは*メソポタミアの創造神話と*ゾロアスター教の「いと高き創造神アフラ・マツダー」と長い間思想的に対決せざるをえなかったはずである．創造物語は，その意味でも捕囚民へ希望と救済を伝える使信という歴史的に重要な契機があったと思われる．

創造物語の背後には『エヌマ・エリシュ』をはじめとして，メソポタミアやエジプトの神話などの外来思想との関連が指摘されるが，それらの多神論的神話表象は慎重に排除されているので，類似よりも相違のほうが際立っている．確かに「天・地・原初の大水」という三分割構造(出20:4)は共通する．人間の根源的不安を味方にした*宇宙論的象徴は非歴史的宇宙祭儀を盛んにするのに対して，基本資料の創造論は救済史的な歴史意識が強烈で，この種の宇宙発生論にはならず，また宇宙祭儀もイスラエルの民衆の間でさえも優勢にはならなかった(→宇宙)．

「天上の水」(創1:7; 詩148:4-6参照)の宇宙観は古代人に広く共通する．北ヨーロッパ出土の土器(前5000前後)には天水をイメージした渦巻模様と鳥が描かれたものがある(ギンブタス Marija Gimbutas, 1921-)．日本の神話では天を「アメ，アマ」，海の人を「アマヒト」「アマ」と呼び，さらに女神が天の磐船に乗って降る．また，「天の海に月の船」などの美しい言葉は『万葉集』に歌われている．「天上の水」は洪水を引き起こすばかりでなく，万物の生命をみずみずしく生き返らす生命の泉である(『古事記』)．この生命の泉の象徴は『*ギルガメシュ叙事詩』に淵源する可能性がある(土居光知，1886-1979)．他方，天水や天そのものが人間の頭上に落下してこないかと心配した古代中国人の故事(『列士天瑞篇』)が杞憂の語源になって伝えられている．

地は「混沌であって(トフー・ワ・ボーフー)」(創1:2)，正確には「生命力のない空漠，荒漠」な地(申32:10; ヨブ6:18; 12:24; イザ24:10等)をいう．ギリシアの宇宙神話を体系化した*ヘシオドス(前8世紀末)の『神統記』に登場する「カオス」も混沌ではなく，正しくは「生命力のない空漠」である．古代ローマ詩人*オウィディウスによると*カオスが混沌を意味するようになったのは，その後であって，それが中世世界に広がった．その意味ではヘシオドスのカオスは「トフー・ワ・ボーフー」に近い．だとすれば創造の素材についての議

論は必然的に根拠を失い，無縁な問題設定となる．基本資料の創造物語は生命力のない空漠な空間に「生命の家」の枠組みである天地の創造を伝える．そもそもヘブライ語にはギリシア的なコスモスを意味する「世界」といった言葉はない．世界はそれ自身静止した秩序有機体ではなく，つねに出来事の生起する空間としての「天と地」である．それは神の創造によって生起していく条件と可能性の全体を意味する．思弁的な「無からの創造」（［ラ］creatio ex nihilo）の教理は2マカバイ記7章28節（ロマ4: 17; ヘブ11: 3参照）に初出する．ユダヤ教の創造神学はこの命題自体を議論の対象としているが，いずれにしても創造を「混沌から秩序へ」というカテゴリカルな理論で解釈するのは正しくない．

「深淵の海」（テホーム）は地下の海（ヨブ38: 16）である．テホームはアッカド語のティアムトゥ，すなわち海に通ずる．『エヌマ・エリシュ』ではティアムトゥは女神ティアマトとして神格化されるが，マルドゥクに征服され，その死体から世界創造がなされる．旧約聖書のテホームは天地創造の際に主なる神に制圧され地下界に閉じ込められて「深淵の海」となる（詩33: 7; 104: 6; 箴8: 24参照）．ところが主なる神が「深淵の海」を解放すると激流になって荒れ狂い地上の境を越えていく（創7: 11; 詩42: 8; エゼ26: 19; ハバ3: 10等）．主なる神の支配下に置かれているとしても，原初的な神話観念は依然として残っている．レビヤタン，ラハブ，竜（あるいはタンニーン），海（ヤム）などは原初の反創造性を引きずっている．それらはバビロニア神話（*グンケル）ではなくカナン・ウガリトに起源する原初の神話的怪物であった．後に神に敵対する諸力を表す存在として（イザ27: 1），終末的な表象世界に組み込まれるようになる．

(2) 祭司文書基本資料の天地創造物語の文学構成は別掲のように分析される（図1）．

八つの創造の業が6日の枠組みに組み込まれているのは，基本資料以前の伝承にすでにこの八つが存在していたためと思われる．ヘブライ語本文で最初の1日だけが基数であるのは，創造の第1日目というのではなく，「昼と夜」という時間の枠組みが神の創造によって確定されたもの，永遠に不動な時間秩序であるというのであろう．その他は序数だが第6日のみ冠詞がつく．ユダヤ教の*ハガダーはこれを根拠にしてシヴァンの月の6日にシナイ山で*律法が啓示されたという故事に結びつける．この「昼と夜」の単位は第4日の「昼と夜」，第7日の「安息リズム」とともに被造界に割り当てられた基本的な時間カテゴリーであって，主題は「光と時間」である．特に「光」は計数的な時間を支える．時間は過ぎ去るが「光」は過ぎ去ることはない．その意味で読者はこの「光」に安心して信頼し，神の創造に豊かな想像力をかき立てるのである（→光）．

「創造する」（バーラー bārā'）という動詞は，旧約では神以外を主語にしない．素材を表す句も伴わない．なぜなら創造は神の独一なる業で，人間の行為からの類推は不可能という神学的意図が込められているからである．神は人間を「神の似姿」（［ラ］imago dei, →神の像）に創造した（創1: 26-27; 5: 1; 9: 6）．この意味についてはさまざまに議論されてきたが，続く創世記に1章28節の祝福のなかで神がいった「地を生かせ」「生き物すべてを治めよ」という*被造物のなかに占める人間の特別な位置とを考え合わせて初めて正しく理解される．神は「生命の家」の大地を生かし，生きるすべてのものが平和に共生する（詩104）ための牧者的な責任を人間に付託したのである．人間は「神の似姿」として，それを遂行する．しかしその逆ではない．つまり遂行可能だから「神の似姿」になるのではない．エデンの園の創造物語においても人間は元来大地に仕える（「耕す」は不正確な訳語）ために創造された．

近年，メソポタミアの人間創造神話のなかで通称「KAR 4」断片碑文が注目されるのは，①運命をつかさどるアヌンナキの神々が複数一人称で人間（集合名詞）創造の意志を告げ，②神の代理者なる人間，③大地を生かし動物を保護する役割を託された人間，④人口増加の祝福を内容としているからである．

(3) エデンの園の物語は捕囚期末といわれる原初史（*原歴史）編集時期に創造物語の位置に置かれたというが，成立史的には創造物語ではなく，原初の人間物語である．主なる神は陶工のように人間（アダム，集合名詞）を土（アダマー）の塵（アーファル）から（詩103: 14）形造り（ヤーツァル），命の息を吹き入れて生きる者にした．無価値な卑小なる人間性と主の命の息による生命が対比される．主はさらに女を造る．こうして初めて男女のパートナーシップが確立する．『ギルガメシュ叙事詩』では粘土からエンキドゥ，『エヌマ・エリシュ』では粘土から人間を造るが，神の血や肉といった神的素材を用いていても，神の命の息を直接吹き入れて生きる者とする人間創造はみられない．この息を神的霊ととって肉体に霊魂が吹き込まれ，生きた存在になるという霊肉二元論を読むことの可否が論じられるが，ここでは明らかに肉体と（霊魂ではなく）生命は区別されている（→霊と肉）．

(4) 捕囚期後のユダヤ教はエルサレム神殿を中心に律法を遵守する生活秩序を尊重する．神の創造の秩序は律法に最も具体的に現れていて，さらに神殿祭儀になり，しだいに黙示的傾向を強める（エチオピア語エノク書，*死海文書 IQS, IQH）．他方，人はエルサレムに住まいを定めた創造神をより普遍的な「天の神」（エズ5: 12等）と崇拝し，その創造を特に悔い改めの祈りと*賛歌において想起する（ネヘ9: 6; トビ8: 5-6; ユディ16: 13-14; 2マカ1: 24）．時代とともに創造はしだいに思弁的教理のなかに定着して，天地創造以前に神はまず*知恵を造る．知恵は創造に立ち会う至高なる被造物である（箴8: 22-31; シラ1: 9-10）．また知恵の教訓のなかでは創造はもろもろの知恵，学問に共通する基礎である（コヘ1: 3以下; 知1: 13-14）．ラビ・ユダヤ教は創造を非常に思弁的な秘義として論じる．

〔新約〕新約聖書では神は言葉によって世界を創造した（ヘブ11: 3; 2ペト3: 5; 詩33: 6参照）と語る以上に

```
図1 祭司文書の創造物語
─表題(1:1)
    原初の状態(1:2)
  ─1日(1:3-5)昼と夜…(時間)
  ─第2日(1:6-8)天…(生存空間)
  ─第3日(1:9-13)地と海…(生存空間)
          地の植物…(生存空間)
  ─第4日(1:14-19)太陽と月…(時間)
  ─第5日(1:20-23)水棲と飛翔の生物←祝福
  ─第6日(1:24-31)陸上動物←祝福
          人間←祝福
  ─第7日(2:2-3)完成と休息…(時間)
─結語(2:4a)
```

そうぞう

世界の始源を直接の対象にして述べてはいない。なぜなら神はすべての創造者(マタ19:4; マコ13:19; 1テモ4:3等)である, とはあまりにも明白な事実だからである(ロマ1:19以下; 1コリ8:6). それゆえ創造神を告白的に語り(使4:24; 7:49; 14:15; 17:24; ロマ1:20; 黙4:11; 14:7等), キリスト論的に解釈する(コロ1:16; ヘブ1:2, 10). キリストはアルファであり, オメガである(黙1:8). キリストにおいて新しい創造(creatio nova)と新しい人間が生まれる(エフェ4:22以下; コロ3:9以下).

(1) イエスは神の名において現在の創造界を悪魔的な諸力から解放する(ルカ10:18; 11:20). *神の国の到来は神の創造の計画と創造意志の達成にほかならない. 例えば離縁してはならないという戒めは創造者本来の意志であったが, 今やイエスにとって創造者は, 生けるものすべてを養い, 人間を思い煩いから解放し, 病気を治癒する神である. それゆえ神の業に全幅の信頼を寄せることを人々に求める(マタ6:25以下). 注目すべきは原始キリスト教の終末論(→終末)と*黙示文学では現在の被造界と秩序は来るべき神の国の到来, イエス・キリストの来臨をもって一変するとみる(黙21:1-5; マコ12:25および並行箇所). そして信じて, 神の国と*神の義を求めよと勧告する(ルカ12:31). 万物の創造者なる神は, 現在も来るべき世においても同様に必要なものを備えてくださるからである(ルカ12:22以下).

(2) パウロはキリストの*再臨は近いとみる(1テサ4:15; 1コリ15:51). それは完全なるキリストとの交わりの実現の時で, それまでは両者の相反する価値を同時に含む中間時である. コリントの熱狂的聖霊主義者に対して, パウロは, 神の創造の秩序(結婚)にとどまるようにと勧告し(1コリ7章), 他方ではまた「この世の有様は過ぎ去る」(1コリ7:31)ので, 現在の秩序に埋没しないようにと勧める. 特に異邦伝道においてパウロは創造者なる神の被造物への慈愛を具体的にあげて(使14:15以下; 17:22以下; ロマ1:18以下), 悔い改めを勧告する. キリストは「命を与える霊である最後のアダム」(1コリ15:45参照), 「神の似姿」(2コリ4:4; コロ1:15参照)である. そして世の終わりに*復活の救いを可能なものとする. 黙示文学と異なり, パウロはこの様相を具体的に描いていない. 神と御子の業の達成のみを伝える(1コリ15:24以下). 黙示録では最初の創造に代わって*新しい天と地と聖なる都の到来に言及して, 自然, 被造物と神の間を阻害する一切が除去されるという(黙1:8; 21:5).

(3) 使徒時代以後の顕著な思想的特色は, 二元論的*グノーシス主義の特異な創造観と*ヘレニズムの影響を受けた*自然神学との対決ないしは克服である. 真の創造者なる神は真の救済者なる神である. ヨハネ福音書巻頭の*ロゴス・キリスト論は, この結果を物語っている.

【文献】EKL 4: 92-102; THAT 1: 336-39, 736-38, 761-65; 2: 650-59; ThWAT 1: 769-77; ThWNT 3: 1004-15; C. ヴェスターマン『創世記 I-II』山我哲雄訳(教文館 1994); C. Westermann, *Am Anfang, 1. Mose (Genesis)* (Neukirchen-Vluyn 1986); 吉田泰「旧約聖書祭司文書の創造物語」『創世神話の研究』月本昭男編(リトン 1996) 61-154; 月本昭男『創世記(I)』(日本基督教団出版局 1996); G. von Rad, "Das theologische Problem des alttestamentlichen Schöpfungsglaubens," BZAW 66 (Berlin 1936) 138-47; G. Pettinato, *Das altorientalische Menschenbild und die sumerischen und akkadischen Schöpfungsmythen* (Heidelberg 1971) 74-81; C. Westermann, *Genesis*, BK. AT I/1 (Neukirchen-Vluyn ³1983) 104-284; O. H. Steck, *Welt und Umwelt* (Stuttgart 1978) 54-85, 173-227.　　(吉田泰)

【美術】創世記に記された世界創造の物語は, *サン・マルコ大聖堂(ヴェネツィア)のモザイク画など, 創造のサイクル全体を表現したものもあるが, 造形的に表現することが難しかったこと, または, 創造の5日目までの出来事と新約聖書との間に予型論的対応が求められないことから(→予型論), 中世にその全体像が表現されることは少なかった. 創造の6日間が一つの場面に凝縮されたり, 6日間のサイクルが6日目の人間の創造から表現されることが多かった. 創造主である神は人間の姿で表現されており(*ヒルデスハイムの大聖堂の「ベルンヴァルトの扉」), 光輪に十字架のついたキリストの姿で表現され, *教皇冠をかぶり, 老人として表現され始めたのは, 14世紀でしかない. 中世において, 神は立った姿や座った姿で表現されたが, ルネサンス時代には空を飛ぶ姿が好まれた(*ミケランジェロによる*システィナ礼拝堂天井画, 16世紀初頭). *オセールの大聖堂西正面浮彫(13世紀)では, 神は動物を創造するときには座っているが, *アダムと*エバの創造のときには, より慎重に創造しているかのように立っている.

創世記における天地創造の物語は次のようになる. 第1日目(創1:1-5)に神は天と地を創造し, *光と*闇とを分ける. 光は*天使によって象徴化されたり(サン・マルコ大聖堂モザイク), 松明を手にもつ人物(*シャルトル大聖堂北袖廊扉口彫刻)で表現されたが, 闇は, 松明を雲のなかに隠している人物として表現されている. 第2日目(1:6-8)に神は水と天とを分ける. 天空の中央にいる二人の天使が雲から半分身体を出し, 大空の下の水と大空の上の水とを分けている(シャルトル大聖堂北袖廊扉口彫刻). 第3日目(1:9-13)に神は, 天の下の水を一か所に集め, 乾いた地を創造する. そして陸に植物を創造した. ここでは, 陸の創造と植物の創造とが, 一日の枠を外れないようにするため, 一つの場面で表現されることが多い. 第4日目(1:14-19)に神は, 昼と夜の陸を照らすため, 大きな光(太陽)と小さな光(月)を創造する. この表現はかなり変化に富んでいる. 通常, 神は天空のなかに太陽と月の円盤を置いている. 地の衛星と考えられた二つの天体は, 円盤の内に上半身のみが入った人間の姿にされ, 太陽は男性, 月は女性にされている(サン・サヴァン聖堂壁画). 第5日目(1:20-23)に神は, 水には魚を, 空には鳥を創造した. しかし, 四足動物は6日目に創造される. それゆえ, 魚と鳥の創造と, 四足動物の創造とは, 明瞭に区別されて表現された(サン・マルコ大聖堂モザイク画). 第6日目(1:26-30)に神は創造の最後として, 自分の形に人を創造した. また, 主なる神は, 土の塵で人を造り, 命の息をその鼻に吹き入れた(2:7)とあるように, 男(アダム)の創造には泥土でアダムを創造する場面(オセール大聖堂西正面浮彫)と, その身体に息を吹き入れている場面(サン・マルコ大聖堂モザイク画)とがある. 他方, エバの創造(2:18-24)については, 人(男)を深く眠らせ, 眠ったときに, そのあばら骨の一つをとって, それで一人の女を造ったとある. この表現は多様である. アダムは通常, 眠っている. しかしエバの表現については, アダムの脇腹から上半身だけが出ている姿, 眠っているアダムの身体から完全に離れて立ち, 神に祈りの形をしている姿などがある.

【文献】Réau 2; M. Brion, ed., *La Bible dans l'art l'Ancien Testament* (Paris 1956). （馬杉宗夫）

【神学】創造とは *世界を創り，そのなかのものを生じさせ，新しくする *神の業，行為を指すとともに，その業の結果として生じ，生まれたり，でき上がったものを指す．このような創造の考え方は，世界とは全く異なる神を想定している．しかも，この神は世界に対して超然として無関心でいるのではなく，*善である自らの本質に基づく *愛によって世界を創造し，人間をその中心に置き，世界に本質的に関与し続ける．もちろん，神が我々とは全く異なる存在の仕方をするために，その関与の仕方は神秘である（→神と世界の関係）．創造は，この世界に対する我々の態度を決定づけ，世界の意味を明らかにする．キリスト教の *信仰は，創造が神の *ロゴスによって行われ，キリストを目指し，キリストを中心にしていることを宣言する．キリストにおける *救いを「新しく創造されること」（ガラ6: 15）としていることからわかるように，創造の教理は，キリストの父すなわち創造主である神への信仰を具体化したものである．

〔教理史〕神が創造主であるという事柄は，*教会の信仰の根幹に属している（DS 150）．創造主に対する信仰は，*ストア学派の *一元論とグノーシス主義の *二元論からキリスト教を区別したものである（DS 403, 410, 455, 457, 458, 462, 1333）．第1 *ヴァティカン公会議は，世界とそのなかのすべてのものを無から存在させる神である創造主に対する信仰を再確認した（DS 3001-3003, 3021-25）．第2 *ヴァティカン公会議は『現代世界憲章』で，創造の考え方を人間の *尊厳に結びつけて説明し，創造の業が神の愛によるものであることを強調した（19項）．*正義と *聖性に基づく人間の活動は，創造主の働きの延長であり，神の計画に従って万物に神の認識をもたらし，神と関連させ，*神の名の賛美に至らせる目的をもつ（同34項）．人間（と世界）には創造の結果として自律性が与えられているので，その自律性が神から独立し，さらには神と無縁に発揮される危険性が充分にある．『現代世界憲章』はこのような危険性について警告しつつ，創造主である神を忘れることが，世界とそのなかのものの意義を究極的に理解できなくなることにつながると述べている（同36項）．

〔古代神学〕*使徒教父は聖書の創造主に対する信仰を継承し，旧約聖書の表現を思い起こしつつ，宇宙論的 *キリスト論を内容とした新約聖書の *キリスト賛歌の表現と思想を拠り所にして賛歌を表し，創造についての考え方を宗教的・倫理的方向へと展開していった．ギリシア文化を背景とする彼らの主張は，宇宙における秩序の思想に基づくものであった．

この傾向は *護教家教父たちの間で一層強まり，*『ヘルマスの牧者』は聖書に基づいて「無からの創造」（[ラ] creatio ex nihilo）という表現を初めて用いた（第一のまぼろし1, 6）．*エイレナイオスはそれを正統信仰の証言として引用した（『異端反駁論』4, 20, 2）．彼はグノーシス主義の二元論とその結論である，物質を *悪とみなす悲観主義的世界観に対して聖書的 *救済史の理念を展開し，救い主と創造主が一つであり，創造の秩序が救いの秩序に結びつけられていることを明らかにした．エイレナイオスにおいては，創造において始まった具体的な救いの出来事に注目することよりも，むしろ救済史の理念的捉え方に力点が置かれており，彼の創造論が *アレクサンドリア学派によって受け継がれたとき，その理念への傾きは危険性をも含むようになった．

アレクサンドリアの *クレメンスは *フィロンから旧約聖書の寓意的解釈を取り入れ，創造に関して，理念的世界の創造と可視的世界の創造という，二つの次元における同時的出来事を想定した（『ストロマテイス』5, 14）．*オリゲネスは世界創造以前の霊たち（*天使）の堕罪を想定し，罪に陥った霊たちの罰と教育のために神によって物質が創られたと考えた．さらに，*プラトン主義的な考えである神の不変性と，世界の動きを神の単一性の展開とみる立場から，世界におけるさまざまなものの循環を主張し，最終的に *万物復興に至ると夢想した．*カッパドキア三教父はオリゲネスの影響を受け，ニュッサの *グレゴリオスにおけるように万物復興を主張しながらも，カイサレイアの *バシレイオスにみられるように，自然と歴史に関する古典古代の哲学思想を救済史観の枠内に取り入れ，創世記を解釈した．

*テルトゥリアヌスをはじめとする西方のラテン教父たちは，創造を理性的，存在論的に理解しようとした．テルトゥリアヌスは，物質の永遠性と悪の問題を存在論的に説明しようとし，*ラクタンティウスは神の第三の位格が神の子に嫉妬して罪を犯し，罪の原理となったと考えた．*アウグスティヌスにおいて *啓示の真理と哲学的創造論は正しく総合された．彼の創造の神学は存在論的，倫理的，歴史的という三つの側面を含んでいる．*新プラトン主義の哲学を拠り所としながら，アウグスティヌスは非形相的な原質料（→形相，質料）から最高の神に至る存在の世界を想定し，一方では *マニ教的二元論を退け，他方では「無からの創造」と時間のなかでの創造を特に強調して，（神の本質の）流出説（→流出）に陥るのを避けた．ただし，創造の業の性格に関してあまりにも心理学的な傾向の強い形而上学的な捉え方に偏り，すべてのものの同時的創造，あるいは同時的な種子的根拠（[ラ] rationes seminales）からの発生を主張したため，救済史的視点は *存在論の体系の陰に隠されてしまった．

〔中世〕*ディオニュシオス・アレオパギテースは，創造は神の至高善の輝きが及んだ結果であるとし，その中心がロゴスであり，ロゴスを通してすべてのものが神に帰っていくと考えた．証聖者 *マクシモスはこの考え方を *アリストテレスの範疇論（→範疇）に結びつけることによって，その危険性を排除しようと努めたが，ディオニュシオス的な考え方は *エリウゲナによって西方神学に取り入れられた．しかし，一般的に中世初頭の創造論はアウグスティヌスの影響を色濃く示している．初期 *スコラ学の創造論においては，聖書の記述と自然科学的関心がアウグスティヌスの遺産の上で結びついた．この傾向は，*プラトンの『ティマイオス』の神概念を意識した *シャルトル学派に代表される．一方，カンタベリの *アンセルムスは，創造の業の目的を救いに置き，これを世界の秩序の復興に結びつけて考えている．

盛期スコラ学の創造論は，合理主義的神概念によって形而上学的楽観主義を抱き，悪が必然的な創造の一部であると考えた *アベラルドゥスの誤謬（DS 726, 727）と対決したソアソン教会会議（1121）を契機として展開を始める．その過程を通して，13世紀になると，新プラトン主義的・アウグスティヌス的伝統と *アリストテレス主義を結びつけ，極端な内在論と超越論を避けようとする形而上学的神学が展開されることになった．*フランシスコ会神学派と *ボナヴェントゥラは，新プラトン主義とアウグスティヌスの遺産の上にこの総合を行い，救済史的な捉え方をした（→アウグスティニズム）．*ト

マス・アクィナスにおいては，アリストテレス的概念体系である行為と*可能態の関係，*四原因論が導入されるとともに，プラトン主義的な*最高善への参与の考え方がそれらに結びつけられている．トマスは*アヴェロエスの考え方に対して，創造によって世界が時間的始まりをもつと述べた．トマスのこのような創造論が神の理性を出発点とする静的なものであるのに対して(→主知主義)，フランシスコ会神学派は，創造を神の意志決定に基づくものとして捉え(→主意主義)，*ドゥンス・スコトゥスは，創造の動機は*神の意志にあるとした．このような考え方が*オッカムにおいては極端なものとなり，神の意志決定はその本質によって規定されない(矛盾律によってしか規定されない)絶対的なものとなる．

〔宗教改革とその後〕中世末期のスコラ学の形而上学的創造論に対して，宗教改革者たちは聖書的創造論を復活させた．*ルターは創造の存在論的捉え方を排除して，人格主義的，実存主義的に創造を捉えようとした．彼は神の*全能を神のみがもつ力に置き換えて，「無からの創造」を*救済論的に理解し，神が死に対して生命を与える者であると考えた．*カルヴァンは*神認識との関連で創造論を展開し(『キリスト教綱要』1, 1-15)，*摂理を創造の延長として説明した．すなわち摂理を通して明らかにされる創造の意図は，失われた人間をキリストへの従順へと義務づけることにあるとしたのである．*トリエント公会議後のカトリックにおける*バロック神学は，宗教改革者たちの救済論的な傾きをもつ創造論に対応するばかりでなく，勃興してきた自然科学の世界観にも対処しなければならなかった．しかし*スアレスや*レッシウスにみられる過度のアリストテレス主義は，根本的には復古的で補強的な性格のものであった．

〔近代思想における創造論〕*ブルーノは宇宙が永遠であると考えたため，その自然哲学的著作において，神と世界との関係を創造の概念では説明していない．*デカルトにとって，持続的創造(創造の継続)は*自然の光によって明らかにされた真理であった．彼は創造された世界を機械として説明した(→機械論的自然説)．神はこの世界を作った機械職人であり，その作品である世界は機械的に進む運動を創造のときに開始し，それを続けている．この場合，創造がどの程度，神の意志に依存しているのか，それとも全く自律的なのかが問題になる．*マルブランシュは，神には完璧な世界を造ることがふさわしく，したがって自然法則が自律的であることが神の不変の意志にかなうものであると結論した．*フェヌロンは，それが神の自由意志を解消することにつながると非難した．*スピノザは「産出された」(produci)のかわりに「創造された」(creari)という言葉をしばしば使っているものの，神と自然を一体化させようとしたその立場からは，神が自由な意志によって行った創造というものはありえなかった．*ライプニッツはデカルト，スピノザの思想を背景にしながら，世界を創造する際，神は善性と知恵と全能によって可能最大限，最善の世界を創造したが，創造されたものはすべて，それぞれの本質に基づく限界があるので，ある種の不完全性を内包すると考えた．

イギリスの*理神論は創造の概念を特に否定してはいない．それに対し*ヒュームは，世界が創造主である神を想定できるほど完全ではないと考え，いえるのは，ただ，世界がある統一的計画や意図によってでき上がったことだけであるとした．フランスの*自由思想家のうち，*ラ・メトリは創造主である神の存在について無関心を表明したが，*ヴォルテールは自然法則の恒常性のゆえに，その上に立つ「力強い，永遠の，理性的」建築家としての神の存在を肯定した．*ルソーも物質が単独で永遠から存在することはありえず，宇宙という建造物を造った理性的意志の存在を想定せざるをえないと結論した．

*カントにとって「創造」とは，批判的でない形而上学によって独善的に決定された概念であり，人間の認識の拡大にとって構成的ではなく規定的な原理である．そのかぎりで創造主について語ることはできても，経験の領域でそうすることはできない．「無からの創造」といえるのは，自由な自己意識をもつ存在とともに世界全体が無から現れるときだけである．J. G. *フィヒテは「創造」を，異邦人とユダヤ人が考えた誤った形而上学もしくは宗教的教えであるとした．これとは反対に*ヤコービは，神が単に宇宙の建築家であるというのでは足りず，創造主であるとした．*シェリングは『人間的自由の本質』のなかで創造論を展開している．彼は，創造の発端を，神から分離しえないが区別されるべき存在の暗黒の根底に置き，創造は，神が自分でもわからない，この根底にある自分の似姿を眺めようとするところから出発すると考える．このように暗黒から光への誕生は一つの展開であり，その目的は人間である．さらに，この過程が目指すのは，悪が完全に自律的となり，善から完全に区別され，無存在に投げ入れられることである．*ヘーゲルは*啓示宗教における創造の歴史のなかに哲学的思想が含まれていると考えた．そして，神は永遠の存在として，すなわち抽象的理念としてまず自己のために他者となり，現存在に入ったと考えた．ここでは，世界の創造とは神の自己表明，自己啓示である．

*フォイエルバハはヘーゲルの創造の考え方を逆転し，「無からの創造」は人間が全能の存在になり，自然から自分を区別し，さらにその上に立ち，支配するための努力を表現していると主張した．さらに K. *マルクスは，そのような自己創造が人間の究極目標であるとしている．*ダーウィン自身は不徹底であったが，彼の*進化論は 19 世紀のダーウィン主義者 T. H. *ハクスリ，*ヘッケルらによって，キリスト教的創造論を否定する際に用いられるようになった．

〔近代思想に対する神学の対応〕神学は近代初頭の自然科学上の諸発見によって，創造に関する教えの見直しを迫られ，宗教改革者たちのように創造論を救済論化したり，実存主義的に解釈したり，あるいは宇宙の形成過程に関する考察を哲学的宇宙論の分野に任せることなどによって対応がなされた．しかし，その後，カトリック，プロテスタント双方の神学校で教授された神学は護教論的であり，「無からの創造」を強調し，具体的に新しい知識，思想との接触をもつには至らなかった．反面，*キルヒャーなどは，「物理神学」(physicotheologia)を提唱し，自然を*最後の審判まで神が音楽を奏で続けるパイプオルガンとみなし，その証拠を自然界に求めるという考え方を示した．*ベーメは神に起源をもつ創造の過程を，神が外に向かって自己確立する過程であると述べ，創造は，すべてに現存して無限の根底をもつ神の自己啓示であり，神が自己を完成しつつあることを示すものであると考えた．スコラ学の神学と哲学にデカルト的思考方法を導入して長く影響を及ぼした C. *ヴォルフは，人間の霊魂が事物を認識する過程になぞらえて創造を説明した．しかし全体として彼の機械論的思考方法は，啓蒙時代の神学の創造論を視野の狭いもの

にした．合理主義的雰囲気のなかで，神学は啓示宗教に対する批判への対応に追われ，創造論の分野で目立った成果を上げることがなかった．

しかし，*ロマン主義の時代になると，*歴史性への意識が高まり，創造の真理に対する理解が深まった．カトリック側では*テュービンゲン学派の活躍が目覚ましく，*シュタウデンマイアーは*教理神学の体系のなかに創造論を位置づけ，これを*三位一体論と「第二の創造論」である救済論の間に置かれるものとした．そして，神のロゴスにおける創造と*聖霊における世界の完成を再び強調した．この学派によって神学的思弁と歴史が結びつけられ，ヘーゲル的ではあったが，救いの*オイコノミアが意識された．この傾向は19世紀ドイツのカトリック哲学者にも影響を与え，神の精神すなわち神の自我の表出と世界との関係が論じられた．しかし，教会側の*近代主義に対する弾劾と*新トマス主義の公的推奨によって，歴史性の意識に根拠づけられた神学的創造論は成熟しなかった．他方，19世紀プロテスタント神学において，*シュライエルマッハーは創造を神の世界の保持の補完概念とみなしたが，同時にその主観主義的傾向から，信仰者の神への絶対的依存の感情を高めるものだと考えた．

〔現代神学〕K.*バルトは啓示主義的立場から『教会教義学』の「創造論」を著し，創造を*契約の外的根拠とし，創造はその内的根拠としての契約と分離できないとした．この契約は*イエス・キリストにおいて完成され，それによって創造の業は，すべての被造物に対する神の「しかり」，すなわち積極的肯定とみなされる．創造は神の是認であり，被造物は神によって良いものとして創造された．彼の創造論は，契約神学に創造を結びつけるもので，キリスト論的に傾いているにしても，創造をキリスト中心的に捉え，創造が人間にとって実存的に何を意味するかを明らかにしたといえる．

*ティリヒは創造論がこの世界の，歴史的事実，事件としての始まりについて語るものではなく，人間の被造性，つまり有限性の状況について語るものであるとする（『組織神学』1, 291）．被造物であることは，神の創造の意義の根源に根ざしており，自ら自己実現することを意味する（同1, 301）．世界における神の内在は，世界の持続的創造の根源であり，自由を通して神の世界に対する超越と一つになる．

*テイヤール・ド・シャルダンもエルンスト・*ブロッホも神学者ではなかったが，現代の神学者に直接的，あるいは間接的な影響を及ぼした．テイヤールは，キリスト教信仰に基づく世界観に立ちながらも進化論を受け入れ，進化論が，救いのオイコノミアが人間の*神化を目指すとする教父の考え方と調和しうる理論であるとした．彼は，創造から世界の完成までの歴史を，人間がキリストを目指し，宇宙全体が一つの人格として最後に神と出会う過程として意義づけた．ブロッホは*マルクス主義とユダヤ教的黙示思想（→黙示文学）を結びつけ，世界の歴史を創造の完成へと向かう飛躍，超越として捉えた．ブロッホにとって，創造は始まりではなく*終末の日にあり，最後の創造の完成において明らかになるのは人間である．この二人に共通するのは未来への前進の過程であり，両者とも人間を創造の完成に至る過程の追求目標に置いている．

カトリック神学ではK.*ラーナーが，人間が存在内にもつ自己超越のダイナミズムを人間化の運動として捉え，自然界の歴史と世俗史が救済史的契機を内包し，究極的に関連しているとする展望を示した．

プロテスタント神学では*モルトマンが，創造に始まる世界の歴史は，神がキリストを通して人間とともに歩み苦しむ受難の歴史であり，神がこの歴史に自らを賭ける「情熱」(Passion)を示し，完成の日に人間とともに住む安息日（→安息）を目指すとする，黙示的創造論を提示した．

モルトマンは自らの創造論に「環境論的」とわざわざ断っている．現代神学において創造論は，かつての護教論的形式主義から解放され，創造の事実の証明と弁明ではなく，創造の意味，創造された世界の意義づけを中心に展開されるようになった．1970年代以後，注目されるようになった環境問題と自然資源の限界についての意識の高まりにより，創造論の神学は，被造物としての自然について神学的に考えようとする方向に向かうとともに，人間がそのなかで作り上げた世界について実践的考察を行うようになってきている．

〔神学的結論〕神の創造が述べようとしている事柄は，この世界が時間とともに神によって始められ，終わりに向かっているということだけではない．確かに，創造の概念は一定の神概念を内包し，さらにそこから神と世界・人間との絶対的な違いを述べている．神は被造物ではなく，被造物も神ではない．したがって，旧約聖書にみられる，*イスラエルの民が導き出した*偶像礼拝を禁じる倫理的結論は正しい．

キリスト教神学にとって創造論の根底をなすのは*三位一体の神の教えである．神の三位一体的交わりの本質は完全な愛における交わりであり，創造主と被造物との決定的で，絶対的な区別は愛における違いである．神的な愛によって，神はみことばである御子を通して創造を行い，それによってこの世界に関わり続ける．『現代世界憲章』が創造について語るのが，キリスト教の役割と信仰者の社会への貢献についての文脈との関連であることは注目すべきことであろう．創造によって三位一体の神が目指しているのは，世界の完成となる終わりの日における，神と人間の交わりである．それは三位一体の本質である，神の愛における交わりである．人間社会における愛と正義と*平和の確立のモデルは，このような交わりを意味する*神の国とその終末論的展望のうちにある．イエスが宣教した神の国はまさに彼によって，彼の人格において実現されている．ここでは創造を行った神の三位一体的愛が実現されており，追求されるべきモデルになっていることが示されるのである．

【文献】BK. AT 1/1; LThK² 9: 460-66; MySal 2: 464-544; RGG³ 5: 1469-92; HDG 2: 2a; HWP 8: 1389-413; NHthG 4: 113-22; SM(D) 4: 391-402; THAT 1: 335-39; ThWNT 2: 631-47; 3: 999-1034; Rahner Sch 5: 185-221; Schmaus 2/1 (⁵1954); K. バルト『創造論』1/1-4/4, 吉永正義訳 (新教出版社 1980-85); Barth 3/1-4; G. ボルンカム『ナザレのイエス』善野碩之助訳 (新教出版社 1967): G. BORNKAMM, *Jesus von Nazareth* (Stuttgart 1956 ⁹1971); P. テイヤール・ド・シャルダン『神のくに』『宇宙賛歌』テイヤール・ド・シャルダン著作集 5, 宇佐美英治, 山崎庸一郎訳 (みすず書房 1968); P. TEILHARD DE CHARDIN, *Le Milieu divin* (Paris 1957): *Hymne de l'univers* (Paris 1961); 同『自然における人間の位置』日高敏隆, 高橋三義訳 (みすず書房 1972): P. TEILHARD DE CHARDIN, *La place de l'homme dans la nature* (Paris 1962); J. モルトマン『十字架につけられた神』喜田川信訳 (新教出版社 1976): J. MOLTMANN,

そうぞう

Der gekreuzigte Gott (München 1972); G. ラート『旧約聖書神学』全2巻, 荒井章三訳 (日本基督教団出版局 1980-82): G. VON RAD, *Theologie des Alten Testaments*, v. 1 (München 1957-60 ⁶1969); K. ラーナー『キリスト教とは何か』百瀬文晃訳 (エンデルレ書店 1981): K. RAHNER, *Grundkurs des Glaubens* (Freiburg 1976); G. LINDESKOG, *Studien zum neutestamentlichen Schöpfungsgedanken*, v. 1 (Uppsala 1952); D. BONHOEFFER, *Schöpfung und Fall* (München ³1955); D. LÖFGREN, *Die Theologie der Schöpfung bei Luther* (Göttingen 1960); J. B. METZ, *Zur Theologie der Welt* (Mainz, München 1968 ²1969); W. PANNENBERG, *Theologie und Reich Gottes* (Gütersloh 1971); C. WESTERMANN, *Schöpfung* (Stuttgart, Berlin 1971); E. BRUNNER, *Dogmatik*, v. 2 (Zürich ³1972); G. ALTNER, *Schöpfung am Abgrund* (Neukirchen-Vluyn 1974); W. BEINERT, *Christus und der Kosmos* (Freiburg 1974); N. LOHFINK, "Macht euch die Erde untertan?," *Orientierung*, 38 (Zürich 1974) 137-42; L. SCHEFFCZYK, *Einführung in die Schöpfungslehre* (Darmstadt 1975); A. GANOCZY, *Der schöpferische Mensh und die Schöpfung Gottes* (Mainz 1976); E. JÜNGEL, *Gott als Geheimnis der Welt* (Tübingen 1955 ²1977); G. EBELING, *Dogmatik des christlichen Glaubens*, v. 1 (Tübingen 1979); A. R. PEACOCKE, *Creation and the World of Science* (Oxford 1979); A. GANOCZY, J. SCHMID, *Schöpfung und Kreativität* (Düsseldorf 1980); U. WILCKENS, *Der Brief an die Römer*, 3 v. (Zürich, Neukirchen 1978-82); O. H. STECK, *Der Schöpfungsbericht der Priesterschrift* (Göttingen 1981); A. GANOCZY, *Schöpfungslehre* (Düsseldorf 1983); W. PANNENBERG, *Anthropologie* (Göttingen 1983); J. MOLTMANN, *Gott in der Schöpfung* (München 1985). 　　　　　(高柳俊一)

そうぞう『創造』　カトリックの文芸雑誌. 欧文誌名は L'Ordre nouveau (9号以下, Ordo と改名). 季刊として, 1934年(昭和9)10月に東京の創造社(三才社, 次いで欧亜書房に出版社変更)から創刊され, 1940年5月の16号で廃刊. *吉満義彦, *木村太郎などを編集委員として発足し, 次いで *小林珍雄らが加わり, また, 海外から *クローデル, J. *マリタン, *ル・フォールらが寄稿している. 1981年4月, 教育出版センターから全16冊と付録1の復刻版が刊行された.

また, これとは別に聖文舎より 1976年には雑誌『季刊創造』が発行されている.

【文献】山之内一郎『『創造』と吉満さん」『カトリック思想』26/2 (1946) 127-29. 　　　　　(尾原悟)

そうそうぎれい　葬送儀礼　→　葬儀

そうぞうのちつじょ　創造の秩序　〔英〕order of creation, 〔独〕Schöpfungsordnung, 〔仏〕ordre de la création　*神が万物の *創造のときに定めた *法則と秩序, 特に生まれながらにして社会的存在である *人間が守るべき *法と秩序を指す近代の神学用語.

【聖書】新約聖書には創造の秩序に関する示唆がみられる(マコ 10: 6-7; 1 コリ 11: 8-9 等). しかし, *新約聖書はもちろん *旧約聖書も, 創造の秩序を根本的に *救済論の枠組みのなかで述べているので, それ自体独立して *創造論を聖書から読み取ることは不適切である.

【教理】創造の秩序という概念は 19 世紀のプロテスタント神学が形成したものであるが, その内容はカトリック神学における *自然法の概念と本質的に相違するわけではない. ただし, 創造の秩序は, すべての法秩序の根源が創造主にあることを明示している点で, 自然法よりも適切な神学用語であるといえよう. カトリック神学において, 人間に関する純粋自然(〔ラ〕natura pura) というものが全く想定されえないのと同様, プロテスタント神学においても *恩恵や *罪から切り離された創造の秩序というものは想定されえない. 創造の秩序は, 歴史的な現実のなかでのみ把握されるからである. したがって, 創造の秩序はつねに *和解の秩序および救済の秩序(→救い)との関連において考察されるのである. 第2 *ヴァティカン公会議は, 創造の秩序という用語は用いないが, 創造によって神からすべての事物や社会に賦与された固有の法則および秩序を重んじなければならないことを説いている(『現代世界憲章』36項).

創造の秩序を *信仰における原理と混同してはならないが, 創造の秩序を *啓示なしに把握しうるか, また恩恵なしに守りうるかどうかはつねに問われなければならない.

【文献】LThK² 9: 460-70; SM(E) 4: 296-97; K. バルト『創造論』全11冊, 教会教義学3, 吉永正義, 菅円吉訳 (新教出版社 1981-84): Barth 3/1-3. 　　　　　(石橋泰助)

そうぞうりょく　想像力　〔英・仏〕imagination, 〔独〕Imagination, Phantasie　人間の心的能力の一つを指すものとして古くから使われてきた概念. 広い意味での心的 *表象を指す日常的な意味とは別に, 哲学においては, *対象に依存し外部から与えられる刺激を受容する *知覚能力とは異なり, 想像力とは, たとえ対象が存在しないような場合であってさえも, 我々の心のなかにさまざまな心象や観念を生み出す, 生産的な心的能力を指すものであることが多い. この意味において想像力は *アリストテレスの感覚論で *共通感覚がいわれて以来, 本能や感情などに比べられたとき, 思惟や *思考のような人間の高次の知的活動能力にも関わるものとして取り扱われてきた. 他方で, 純粋に合理的な思考に比べると根拠や方法が曖昧であり, 論証性を欠く盲目的なものであるとされ, 多くの場合, 思考に準じた認識能力, 思考を補完する知的活動という中間的な地位を与えられてきた. *カントは, 構想力(〔独〕Einbildungskraft) の名で想像力について扱い, それが受容的な感性と能動的な悟性とをつなぐ認識能力であり, 図式化の能力であるとして, 我々の抽象的思考と具体的経験とを関連させる役割を果たしていると考えた.

こうした個別的表象の理性的結合, 関連の能力としての想像力とは異なり, *ロマン主義やそれ以降の芸術理論, 初期 *解釈学などにおいては, より直観的で創造的な能力として想像力が重視されるようになる. 既存の対象の有無にかかわらず, 全く新しい観念や心象, 芸術様式などを構成する想像力およびその所有者は, 天才という概念で呼ばれた. また *フッサールや *サルトルなどの *現象学では, 想像力は全体の包括性や可能性, 自発的な志向性をもって対象を自由に扱いうる能力とされている.

【文献】J.-P. サルトル『想像力の問題』サルトル全集 12, 平井啓之訳 (人文書院 1955); I. カント『純粋理性批判』全3巻, 篠田英雄訳 (岩波書店 1961-62).

　　　　　(大橋容一郎)

そうぞうろん　創造論　〔ラ〕tractatus de Deo Creante, 〔英〕tract on Creation, 〔独〕Schöpfungslehre, 〔仏〕traité de la création　*教理神学の体系の一分野. 通常, *三位一体論の次に位置づけられ, 教えられる. 創造論は, 神による*世界の*創造が全くの虚無（→無）に対する*三位一体の完全で本質的な*愛の表現であり, 対象としての他者を作り出すために神の無償かつ自由な愛によって行われたものであること, そして, 時間と歴史の始まりを設定し, 救いの秩序（→オイコノミア）が*アダムの堕罪（→原罪）の結果必要となったことを論じる. さらに, 創造主である神がこの世界を創造したばかりでなく, それを保ち, 神自身に向かって高める配慮を絶えず行っていることを示そうとする. *アウグスティヌスは, もし仮にある日, 神が突然存在しなくなったとしたら, 創造された世界のもの一切もその瞬間に消滅して無に帰るであろうと述べたが, 根本的には創造論の講義の中心は, 神に対する*被造物の絶対的依存性を明らかにすることである.

　古典的教科書における創造論は, 世界が神によってのみ創造され, その業がいかなる有限な存在によってもなされる可能性がないことを示す. そして, その業の規範が神の内にあり, また創造の目的が神の善性（→善）と*栄光を分け与えることにあることを証明し, さらに創造が他の低い地位の神的存在の助けを必要とするものではなく, *神の意志の直接の働きの結果であることを証明する. さらに*天使の創造とその性格についての説明があり, 創造された世界の中心的存在である最初の人間の堕罪以前とその後の状態の説明がなされ, 純粋自然状態がありうるかどうかの議論を含めて, *恩恵論への道筋を示す形になっている.

　創造論は, 世界像との関連や自然科学が提示する事実との関係から多くの問題に直面した. しかし, それらはむしろ, キリスト教的*啓示が神と世界との結びつきについて根源的に教えているものをより明確にしたように思われる. K.*バルトは創造を*契約に結びつけ, *キリスト中心主義により見直すことを現代神学に悟らせたが, その認識は被造物に対する責任と全世界を神と和解させる使命へとキリスト者を導くものである. *モルトマン, *パンネンベルク, K.*ラーナー, *メッツらもそれぞれ違いはあるにせよ, 創造についてのこのような側面をより明確に展開した. 第2*ヴァティカン公会議の『現代世界憲章』はこの点で示唆的である.

【文献】LThK² 9: 470–76; W. BEINERT, ed., *Lexikon der Katholischen Dogmatik* (Freiburg 1987) 456–64.

(高柳俊一)

そうぞく　相続　〔英〕inheritance, 〔独〕Erbschaft, 〔仏〕héritage　死亡した人の身分上や財産上の地位を承継する制度.

　相続は, 初め家名相続, 祭祀相続, 家長権相続として行われ, これらの相続と結びついた, 集団の長の財産に対する実質的な支配の地位の承継（財産相続）だったと説かれる. 多くは長男子単独相続であったが, 家という大きな血縁的集団が解体され, 夫婦, 親子の共同生活が生活の単位となるに及んで, 死亡した者と一定の関係にある者がその財産の承継をするという制度（財産相続）が確立するようになった. 相続に関する教会法上の原則をみると, 第一に*自然法は財産を一個人の利益のためだけでなく家族のためであるとし, 死亡した財産保有者の財産によって家族が財政的に援助されることを要求する. したがって, 遺言状を残さず, 相続人を指定せずに死亡した場合, 第1相続権は家族にある. また自分の死によって発効する財産処分に関する遺言状を作成する場合も, 自然法による相続人をまず配慮しなければならない. したがって民法はこの点を反映すべきであり, 事実民法は, *遺言のない場合に備えて, 法定相続の制度を設けて一定の近親者がその財産を承継できるとなすとともに, 遺言があっても一定の割合については一定の近親者が相続できるものとしている（遺留分の制度）. 第二に自然法上, 人は合法的な形態によって自分の財産を生前に処分することができるように, 遺言によってもそれをすることができる. すなわち, 相続という語には, 生存中だけでなく死後の財産処分への自然権という意味も含まれているのである. 人は自然法によって, 幼児, 精神的障害または他の何らかの理由で理性の使用を欠いている者でないかぎり, 自分の財産を自由に管理することができる. したがって, 教会は自己の財産を教会に委譲する主要な方法のうちに遺言を含めて, 信者の教会に贈与する権利は遺贈によってもそれをする権利を含むと明言し, 教会その他の信心上の目的のための遺贈ないし寄付に対する国家法による制限を不当としている（『教会法典』1299条1項）. ただし, こうした遺言による処分については, できるかぎり市民法上の手続きが遵守されなければならず, それが遵守されなかった場合には, 相続人は, 遺言者の意思を成就すべき義務について警告を受けねばならないとしている（同2項）. 例えば署名ならびに証人の要件, 自筆遺言証書についての規定, 一定の財産の処分に関する特別規制, 新遺言書によって廃棄された旧遺言書の処置等についてである. とはいえ, *教会法は, 生前に契約に基づいてなされた贈与が教会法上有効であるためには市民法上も有効な形式をもたねばならないとする（『教会法典』1290条）のに対して, 遺贈については市民法の規定を単純に承認しているのではなく, 人間的に有効な形式であればいかなるものでも財産を教会に自由に遺贈できると強調している. なお, 教会は寄贈者または遺贈者の意向の重要性を強調しており, 時, 場所, 人その他贈与または遺贈に含まれている諸条件は, これを正当な注意をもって守らなければならないとしている（同1300条）ので, この義務は単に道徳的義務であるだけでなく教会法上の義務でもある. したがって相続人は遺言者の真正の意思を知らされて, その意向を尊重する義務を果たすよう促されなければならず, 地区*裁治権者があらゆる*信心のための贈与ないし遺贈の執行者として, これを相続人に熟知させる第一の責任をもつ（同1301条1項）. なお, 修道者は清貧の*修道誓願によって自己の財産の自由な処分に制限が課せられ, 少なくとも終生誓願宣立の前に, 民法上も有効である遺言書を作成する義務がある（同668条）. 有効な遺言書に関する市民法上の要件は州ないし国によって異なるため, 会員が遺言書を作成する際は法律家の相談等を必要としよう.

(傘木澄男)

そうたいしゅぎ　相対主義　〔英〕relativism, 〔独〕Relativismus, 〔仏〕relativisme　相対主義は19世紀から20世紀への移行期に市民権を得た術語であり, 絶対主義に対立する概念である. 絶対主義とは, 存在や妥当性それ自身を認める立場であるのに対して, 相対主義は存在ないし妥当性はそれを認識している者にとっての存在ないし妥当性であると主張する. つまりそこで主張されているのは, 「あらゆる認識は相対的であり, ある特

そうたいせいりろん

定の観点にとってのみ妥当する」という考えである．それゆえ，相対主義はまず第一に認識論的な立場であるといえる．しかし同時に普遍的な*道徳規範の存在を否定する*倫理相対主義もある．相対主義は，古代ギリシアの*ソフィストであるプロタゴラス(Protagoras, 前500-400頃)の「万物の尺度は人間である」という言葉から始まるといってもよい．この立場であると，いかなる真理それ自体も存在しないという懐疑論に陥る．しかし，相対主義が，例えば認識者(主観)なしには認識されるもの(客観)はありえないとする立場であるならば，近代以降の*認識論はほとんど相対主義だとすることもできる．また現代では，パースペクティヴ論，*歴史主義，*心理主義，*実証主義，*プラグマティズムなどはすべて相対主義の一種だとすることもできる．

とりわけ相対主義と論争あるいは対立した例をあげておこう．一つは，*フッサールである．彼は，『論理学研究』(1900-1901)において，心理主義を懐疑相対主義として退ける．心理主義は，数や概念などを「数える」あるいは「判断する」という心的所産だとするが，それに対して彼は，思考作用を経験的な事実だとすると，因果法則によってしか解明できないので，それがどれほど積み上げられても，結局数や概念の普遍的本質の存立を解明できないと批判した．またさらに『厳密学としての哲学』(1910)においては，歴史主義を批判し，一切を歴史的形成体とするならば，すべての真理は相対的妥当性しかもたず，*懐疑主義に陥り，哲学が弱体化するとして，絶対的無前提から出発する*現象学を開始しようとする．さらに彼は『ヨーロッパ諸学の危機と超越論的現象学』(1936)において，実用的な効果のみを問題とする実証主義を取り上げ，それが*形而上学のもっていた価値を切り捨て，学問の危機をもたらした，つまり「実証主義はいわば哲学の頭を切り取ってしまった」と批判した．

第二の例としては，T. S. *クーンに対する*ポパーの応答である．クーンは，*パラダイム間の共約不可能性を主張し，その間の相互批判も成り立たないという相対主義の立場に立つ．なぜなら科学の合理性は共通のフレイムワーク(準拠枠)としてのパラダイムの承認を必要としているからである．ポパーは，これを「フレイムワークの神話」と呼び，客観的真理の追求を目指す相互批判が可能であるとして，パラダイム間には断絶だけでなく継承もあるとしている．

近年，宗教界では相対主義は，宗教多元論(→多様主義)の問題として注目されている．複数の*文化や*宗教が出合う現代では，次のような問題が生じてくる．一方で，人間の道徳・宗教上の確信は，さまざまな文化や宗教がある以上互いに区別され，人々は独自の文化や宗教の絶対性や優位を主張し合うが，他方で，その諸文化や諸宗教間の相違や矛盾にもかかわらず，さまざまな文化の間に妥当できる道徳規範ないし宗教的意義がなければならないのではないかというものである．カトリック教会は，第2*ヴァティカン公会議の『諸宗教宣言』で他の文化や宗教に理解を示しているが，宗教多元論とは一線を画している．

【文献】HWP 8: 613-22; 木田元『現象学』(岩波書店 1981); J. ヒック『神は多くの名前をもつ』間瀬啓允訳(岩波書店 1990); J. HICK, *God Has Many Names: Britain's New Religious Pluralism* (London 1980); 小河原誠『ポパー：批判的合理主義』(講談社 1997).

(茂牧人)

そうたいせいりろん　相対性理論〔英〕theory of relativity, 〔独〕Relativitätstheorie, 〔仏〕théorie de la relativité　相対性理論は*アインシュタインという天才的な頭脳からほとんど彼一人の手によって創り上げられた．しかも，特殊相対性理論(1905)から10年を経て発表された一般相対性理論(1916)は，実験的なデータから理論の変革を促すという通常の図式ではなく，むしろ理論的な帰結としての要請という点からも，特異な現象であった．いずれにしても，相対性理論が時空の枠組みについて根本的な新しい変革をもたらしたということ，また，その変革が我々の自然認識の枠組みとしての*時間・*空間の考え方を根底から変えてしまったという点が，特に重要である．

【相対性理論の導入】相対性理論が導入された動機は，光の速度に関するみかけ上の矛盾をどのように解決するかにあった．古典力学においては，速度は二つの座標系に関して簡単な加法則で変換されるにもかかわらず，光の速度だけがこの法則に従わないということが明らかにされた．アインシュタインはこの問題をもう一度考え直し，現象を記述するための枠としての時間および空間を捉え直そうとした．そこで，三次元の空間と一次元の時間を総合した四次元の時空連続体を考えて，そのなかで力学的現象を記述した．これがアインシュタインの根本的な考え方である．このような数学的な記述は，アインシュタインよりもむしろミンコフスキー(Hermann Minkowski, 1864-1909)に負うといわなければならないだろう．しかし，時空を絶対的なもの，あるいは切り離されたものと考えずに，総合されたものとして把握する発想は，アインシュタインの卓越した才能といわなければならない．相対性原理から導き出された最も重要な結論は，質量とエネルギーが同等であること，また質量を速度の関数と考えることである．このことは，その後無数の実験によって確証され，また定量的にも確認されている．このエネルギーと質量の同等性が原子力の産業的利用の根本原理となり，その影響は計り知れない．

【一般相対性理論】アインシュタインはこの特殊相対性理論をさらに一般化することを試みた．すなわち，互いに相対的に等速度で運動している座標系のみでなく，加速度も含めた任意の相対速度で動く二つの座標系間における物理法則の問題を考えたのである．その結果提出された一般相対性理論ではもはや普通の空間ではなく，リーマン空間といわれる非ユークリッド空間をその記述の枠として使わなければならないという点が大きな変化であった．この理論では重力が非常に大きな役割を占める．重力の源である質量が存在することによって光の進む方向は直線ではなく，光が曲がって進むようにみえるという結論が得られる．このことが日食に際して実証されたという報告によって，アインシュタインの名は一躍有名になった．

【認識論的問題】一般相対性理論および特殊相対性理論の提起した問題は，認識論的にいえば，時空の枠について基本的な変革を要求したという点で重要である．したがって，時空に関して哲学的に成果のあがる議論をしようと思うならば，現在の一般相対性理論および特殊相対性理論からの結論がどのようなものであり，どのような問題点を今後に残しているかということを，明確に知っておかなければならない．相対性理論の引き起こしたもう一つの認識論上の問題は観測者の問題である．これらはやはり物理学的理論，相対性理論のみでなく，哲学的な*認識論および*存在論に関する明確な立場と論理的

構造をもったうえで議論をしなければ，その議論は不毛に終わるであろう．
【文献】内山龍雄『相対性理論』(岩波書店 1977); A. EINSTEIN, *Meaning of Relativity* (Princeton 1956).

(柳瀬睦男)

そうだいりく〔こだいきょうかいの〕　総代理区〔古代教会の〕〔ラ〕vicariates,〔英〕vicariate,〔独〕Vikariate,〔仏〕vicariat　複数の*管区(首都管区)をそのなかに含み，*教皇から代理人(〔ラ〕vicarius)として任命された一人の*司教に委ねられた管区を指す．全面的な監督権，司教の*叙階，*教会会議の開催，教皇の名による決定権(いわゆる「重大事件」causae maiores を除く)が与えられる．このような意味での総代理区が存在するのは，古代においてだけである(近代の*代牧区，すなわち現在の使徒座代理区はこれとは全く性格が異なる)．総代理区は，*司教区などとは違い，本来の教会組織に属するものではなく，その時々の教皇の意向に完全に依存する．総代理区の例として次のものが重要である．

(1) テサロニケ総代理区．ローマ皇帝*テオドシウス1世(在位 379-95)の治世の初め，東イリュリクム(マケドニアおよびダキア)は*ビザンティン帝国に組み込まれたが，その地域は教会としてはローマ総大司教(教皇)のもとにあった．ローマ司教の諸権利を守るため，教皇*ダマスス1世は 379 年に*テサロニケの司教アコリオス (Acholios, ?-382/83) にこの管区の*司教団の指導を任せた．教皇*シリキウスとその後継者たちはその時々のテサロニケ司教にこの職務を認めている．この地域を教会組織上*コンスタンティノポリスのもとに置こうとする幾多の試みにもかかわらず，総代理区の地位は守り通された．しかしこれは*アカキオスの離教(484-519)によって中断される．教会分裂の調停の後，この総代理区は復活するが，教皇が直接に自らの権威をこの地に及ぼすことが多くなったため，総代理区はかつてほどの役割をもつことはなくなる．皇帝*レオ3世は，*聖画像破壊論争のただなかで，*イリュリクムを*コンスタンティノポリスの総主教の*裁治権のもとに置いたため，この総代理区は最終的に消滅した．

(2) アルル総代理区．5世紀初頭に設立された．当時ガリア(→ フランス)には管区大司教区がいまだ存在しなかったため，教皇*ゾシムスは 418 年に，アルル司教パトロクルス (Patroclus) にガリア教会の監督を委任した．しかしながら彼の後の教皇たちはこの権利を撤回した．教皇*ヒラルスになって初めてアルル司教*レオンティウスに対してこの権利が再度認められ，アルル総代理区が確立された．教皇の側からはガリア教会すべて，また 536 年以降はフランク王国の教会すべての代表権が求められたが，実際にはアルルを含む一地域の代表権が行使されたにすぎない．教皇*グレゴリウス1世のもとでアルル総代理区の意味は失われ，613 年以降は*リヨンがフランク王国最初の司教座となった．

(3) スペイン総代理区．*セビリャと地中海沿岸のエルシェ (Elche) の司教たちが教皇総代理として認められることがあった．しかしながら，これは本来の意味での総代理区ではなく，これらの都市の司教が場合によって教皇から特別の任務を委ねられることがあったということである．

【文献】HKG (J) II / 2: 214-21; L. DUCHESNE, "L'Illyricum Ecclésiastique," ByZ 1 (1892) 531-50; W. VÖLKER, "Studien zur päpstlichen Vikariatspolitik," ZKG 46 (1927) 355-80; G. LANGGÄRTNER, *Die Gallienpolitik der Päpste im 5. und 6. Jahrhundert* (Bonn 1964).

(J. フィルハウス)

そうちょう　総長　→ 総会長

そうとく　総督　ローマ人にとって法的には「外国」だが，軍事的優位を背景に実効支配するローマ市域外の，特にイタリア外の領域，すなわち属州の長官．基本的には元老院身分．最高官職コンスル(〔ラ〕consul)の経験者が任命された．「総督」という現代の一般的呼称には「属州の長官」を意味する praeses provinciae というラテン語表現が最もよく対応するが，これは法学用語であり，大半の歴史学的文献資料では各属州の法的性格により異なった個別の称号が使われている．例えば，原則任期1年の元老院所管属州の長官はラテン語で proconsul (〔ギ〕anthypatos)，任期の一定しない皇帝所管属州の長官は legatus Augusti (新約に対応表現なし) という．ただし皇帝所管の属州シリアに対しては法的に半ば従属，半ば独立していたユダヤ地方には(格下の)騎士身分の総督が置かれ(シリア総督はユダヤ総督に命令を下せたが，実際に内政に干渉することはなかった)，「属吏」(procurator)，あるいは「(騎士身分の)長官」(praefectus) の称号が使われた．新約文書では具体的に称号をあげられたセルギウス・パウルスと*ガリオンおよび匿名の属州アジア総督の場合(使 13: 7, 8, 12; 18: 12; 19: 38)を除き，praeses と同じく抽象度の高い，したがって適用範囲の広い「長官，指導者，将軍」(〔ギ〕hegemon) の語を一律にあてる．総督は任命者の元老院ないし皇帝の代理人として，属州ではほぼ無制約的な権限を掌握し(治安部隊の投入，議会の監視，各種行政命令の発布，上級司法権の行使等．徴税は皇帝ないし元老院が総督に委託しないかぎり民間の徴税請負人およびその下請け業者に属する業務だが，現実には総督が軍を使って暴力的に執行することもあった．→ 徴税人)，任官者皇帝の意向，不法取得返還請求法(賄賂等の金品受け取りを裁くための法律)および属州民のローマ市民権(皇帝法廷への上訴権)のみが総督権限に一定の制限を与えていたにすぎない．

【文献】E. マイヤー『ローマ人の国家と国家思想』鈴木一州訳 (岩波書店 1978): E. MEYER, *Römischer Staat und Staatsgedanke* (Zürich 1948); A. N. シャーウィン・ホワイト『新約聖書とローマ法・ローマ社会』保坂高殿訳(日本基督教団出版局 1987); A. N. SHERWIN-WHITE, *Roman Society and Roman Law in the New Testament* (Oxford 1963); 保坂高殿「新約聖書とローマ世界」『聖書の風土・歴史・社会』現代聖書講座 1, 木田献一，荒井献監修(日本基督教団出版局 1996) 261-81; T. MOMMSEN, *Römisches Strafrecht* (Darmstadt 1899) 113-25, 229-50, 339-51.

(保坂高殿)

そうまのぶお　相馬信夫　(1916. 6. 21-1997. 10. 6) カトリック司教，第3代カトリック名古屋教区長．カトリック正義と平和協議会担当司教・会長として人権擁護運動を国際的に展開した．

相馬又二郎と鈴子の三男として東京で生まれた．1921年(大正10)東京教区神田教会で受洗．洗礼名はアロイジオ．浦和高等学校，東京帝国大学理学部天文学科，同大学院に学ぶ．1942 年(昭和17)応召，パプア・ニューギ

そうよしとも

ニアのラバウル（Rabaul）に出征．1953年東京カトリック神学院入学．1960年東京教区司祭として叙階．1969年名古屋司教叙階，名古屋教区長に就任．以後 *名古屋司教区では社会福祉事業や日雇い労働者炊き出し活動支援を強力に推進した．対外的にはカトリック正義と平和担当司教・会長として，韓国の詩人 *金芝河に対する死刑阻止活動を展開，また，1989年8月国連非植民地化特別委員会で東ティモール独立を訴えた．教区長引退後もさまざまな国際会議に出席し東ティモールの独立と人権擁護のために尽力．1997年（平成9）名東教会自室で急性心不全のため死亡．

司祭叙階25周年の年に説教，講話が『平和へのあゆみ』（新世社1985）として出版された． （太田実）

そうよしとも　宗義智（1568-1615）　対馬の19代目の屋形で，義純の後継者．義調の子．1587年（天正15）九州征伐の後に筥崎で関白 *豊臣秀吉に謁見し，領地を守り，1590年 *小西行長の娘 *小西マリアと結婚した．翌年，妻マリアの勧めに従って禁教令にもかかわらず *洗礼を受けた．その頃対馬に渡っていた司祭グレゴリオ・デ・*セスペデスによると，義智は「大変紳士的な若者で，頭のよい，素直な性格を有していた」という．小西行長と手を組んで文禄・慶長の役では活躍した．1598年（慶長3）秀吉が亡くなってから対馬に教会を建てる計画を進めていたが，関ヶ原の戦いの後，*徳川家康の怒りを恐れて妻マリアを離別し，*長崎の教会へ送った．1600年に生まれた義智とマリアの息子については諸説が伝えられているが，対馬ではその子は長崎への海路にて亡くなったといわれ厳原の天満宮に祀られている．また，同じ年に生まれ，*ローマで勉強した司祭 *小西マンショだともいわれる．義智が亡くなった後，跡継ぎの義成は金石城の裏側に宗家の菩提寺として万松院を建立し，そこに義智は万松院殿として葬られている．

【文献】『寛政重修諸家譜』第8巻（続群書類従完成会1965）；結城了悟『キリシタンになった大名』（キリシタン文化研究会1986）． （結城了悟）

ソウル　Seoul　大韓民国の首都．京畿道の漢江下流に位置する．1394年，李氏朝鮮の創始者・李成桂（1335-1408）が都と定めて以来，名称を変えながらも（李氏朝鮮時代は漢陽または漢城，1910年日韓併合後は京城，1945年にソウルと改称），今日まで政治・文化・交通の中心地である．

カトリック信仰は，最初に *北京から戻ってきた韓国人によってもたらされた．1831年に北京 *司教区から韓国 *代牧区として独立し *パリ外国宣教会から *代牧が派遣された．初期の宣教は困難を極め，*ロラン・ジョゼフ・マリー・アンベールが1839年（己亥の教難）に，また *ベルヌーが1866年（丙寅の教難）にこの地で殉教している．

1911年韓国代牧区は大邱代牧区とソウル代牧区に分かれた．1942年盧基南（Paul Lo, 1902-84）が韓国人として初めてソウル代牧に任命される．1962年より大司教区．1996年現在，教区内人口1,251万7,133，うちカトリック信徒数119万1,082．小教区187．教区司祭494．修道司祭158．信徒修道士466．修道女1,901．

【文献】カ大 3: 503-13; AnPont (1998) 668; NCE 13: 96-97. （高橋佳代子）

ゾエ　Zoë（2世紀）　聖人（祝日5月2日または3日），女性殉教者．ローマ皇帝 *ハドリアヌスの治世下，夫と二人の息子とともにパンフィリア（Pamphylia）で殉教．その殉教を記念し *ユスティニアヌス1世により建てられた *コンスタンティノポリスの教会は，カイサレイアの *プロコピオスの『建築論』で言及されている．

【文献】LThK² 10: 1493-94. （久野暁子）

ゾエ・パレオロガ　Zoe Paleologa（1450/51-1503.4.7）　モスクワ大公 *イヴァン3世の妃．*ビザンティン帝国最後の皇帝 *コンスタンティヌス11世の姪．モレア（Morea, 現ペロポネソス Peloponnesos）に生まれる．*コンスタンティノポリスが *オスマン帝国によって壊滅せられた後，*ローマに亡命し，*ベッサリオンから教育を受ける．カトリックであったゾエはロシア進出を願う教皇 *シクストゥス4世の仲介で，モスクワ大公イヴァン3世と1472年に結婚し，名をソフィア（Sophia）と改める．教皇の願望は成就しなかったが，この両者の結婚は，モスクワ公国がビザンティン帝国を継承したことの理由づけとなり，後に *モスクワを「第三のローマ」とする説を生み出すことになった．

【文献】A. P. Kazhdan, ed., *The Oxford Dictionary of Byzantium*, v. 3 (New York 1991) 1928. （大森正樹）

ゾエラルドゥスとベネディクトゥス　Zoërardus, Benedictus　スロヴァキアのゾボル（Zobor）の *隠修士，聖人（祝日7月17日）．ゾエラルドゥスはアンドレイ・スヴォラト（Andrej Svorad）ともいい，ポーランドの出身（1010頃没）．弟子のベネディクトゥスとともに *ベネディクト会のゾボル修道院での修練を経て，近くのスカルカ（Skalka）の洞窟にこもって *修道生活に入る．ベネディクトゥスは山賊に殺害される（1012頃）．共に1083年 *列聖．二人の遺体はニトラ（Nitra）の大聖堂に安置される．ゾエラルドゥスはスロヴァキア人の国民的聖人として知られている．

【文献】キ人 763; LThK² 10: 1394; NCE 14: 1125. （相原直美）

そがい　疎外　〔英〕alienation,〔独〕Entfremdung,〔仏〕aliénation

【語義】一般的には疎んじ，退けることを意味するが，この概念は古来西欧思想史上ギリシア語では (ap-)allotriōsis, ラテン語では (ab-)alienatio という概念のもとで提起されてきた所有や権利の譲渡などの法的問題，共同体からの疎隔のような社会的・政治的問題，精神的疾患における自己喪失や狂気のような医学的問題などの訳語として固有な意味をもつようになった．また *社会心理学の分野では文化の機構における個人の適応障害やその結果としての *個性の解体の一因とみなすこともある．キリスト教神学でも人間の神からの疎隔，この世界からの神の離反などを意味する概念としても用いられた（エフェ 2: 12-13; 4: 18 参照）．ここから人間が自らを失って他のものになることを意味するようになった．

【近代以後の疎外論】今日この概念のもとで問われるものは，主にその社会哲学的意味であり，この概念の近代以後の問題提起と発展において，*ルソーの文化・社会批判に端を発する．ルソーによれば主体としての人間は自然の状態では *自由であったが，社会を作ることによってそれを失い，隷属，不平等，*他者の思想への依存に

陥り，自らの無力さを体験する．ドイツ啓蒙主義の*歴史哲学を経て，ドイツ観念論哲学では特に*フィヒテによれば，主体である*自我はその活動において外化（〔独〕entäußern）し，非我（対象世界）を成立させ，非我は自我に対立するものとなる．さらに*ヘーゲルによれば真の*実在であり，精神的・絶対的実在である*理念は，自己を弁証法的に展開し，対象化して対象世界（自然）を生成させる．それゆえ世界は疎外された*精神であると考える．このように疎外とは，ある存在が自己の*本質を外化し，それが自己にとって他者となり，自己に対立するものとなることを意味する．そのため外化は疎外となり，それは自己疎外（Selbstentfremdung）ともなる．しかしヘーゲル左派の思想家たちはこのような*ドイツ観念論の疎外論を批判し，特に*フォイエルバハはヘーゲルの「精神」は抽象化され絶対化された人間の本質であり，宗教こそ人間の本質の疎外であるとみなした．K.*マルクスはヘーゲルとフォイエルバハの疎外論を批判的に継承し，独自の社会・経済学的哲学概念としての疎外論，すなわち疎外された*労働による人間の疎外を指摘した．初期マルクスが提起した人間の疎外の問題性は，その後の*ネオ・マルキシズム研究や現代の社会科学においても，現代の産業技術社会に生きる人間の問題としてさまざまな視点から論究され続けている．

【キリスト教神学と疎外】疎外という訳語のもとになったギリシア語やラテン語の概念は，日本のキリスト教神学では一般に疎外と訳されることもなかった．またこの概念が神学用語として規定され，主要概念として定着することもなかったが，その問題性は古代から中世にかけての*教父の神学や*スコラ学において，主に二通りの意味でしばしば論じられた．その第一は神からの離反，隔絶による人間の本来の在り方・生き方の喪失による自己疎外であり，エフェソ書に端を発する考え方は現代では*罪の概念のもとで論じられる．その第二は*恩恵による*観想の最上の状態としての「他のものになること」であり，地上的煩わしさからの解放を意味し，*神秘主義思想において強調された．

【文献】HWP 2: 509-25; LThK³ 3: 679-80; StL 2: 278-83; K. マルクス『経済学・哲学草稿』城塚登，田中吉六訳（岩波書店 1964）: K. MARX, *Ökonomisch-philosophische Manuskripte* (Berlin 1932).　　　（犬飼政一）

【現代思想と疎外】疎外という概念は哲学的人間学，批評理論，社会学，心理学および神学において 1950 年代から 70 年代にかけて流行したが，この概念が重要になったきっかけは 19 世紀の哲学にある．

ヘーゲルの『精神現象学』のなかで，疎外の概念は，概略的ではあるが特有の役割を果たしている（ドイツ語の Entfremdung は ラテン語の alienatio にあたり，他人に自分のものの何かを譲渡することを意味する）．自然や文化（社会的，政治的な領域や，芸術や宗教を含む）は実体としてみえるが，実際は人間の精神の本質が外化（疎外）されたもので，人間の*自己意識のさまざまな面として考えられるべきものである．種々の様相をそのように理解し，それらを自分のものにすることによって，疎外は克服され，人間は完全に自己自身になる．総括的にみると，この過程は一つのドラマと考えられる．その主役は，世界を産み出すことによって自ら展開していく精神である．その場合，世界は自己の外にあって自己と対立するものとみなされている．しかし，徐々に人間の意識を通して，この世界が意識自体の外部化されたものだと気づくにつれ，精神は完全にそのなかで自己を回復する．この完全に統合された理解から真の自由が生まれ，歴史の到達点が形成される．ヘーゲルの疎外理論は本質的，連続的，相互連結的の 3 段階を緻密に説明することで，いかなる形の疎外論にも対応しうるものとなっている．

ヘーゲルの疎外観は後世の哲学者たち，とりわけマルクスによって批判されつつも応用されてきた．マルクスによれば疎外とは，精神的な実在の本質から生じる存在論的な必然性ではなく，また世界をより深く理解しさえすれば解決されるというものでもない．疎外はマルクスの哲学の中心的な要素となり，また彼の死後 1932 年に『経済学・哲学草稿』が出版されたため，20 世紀半ばの数十年間にわたって，知識人，学生，一般大衆の間でもてはやされた概念ともなった．またこれも死後出版された 1857 年から 58 年に著された『経済学要綱』と『資本論』を注意深く読んでみれば明らかなように，マルクスが人間生活と社会をどう分析し批判していたかを理解するために疎外の概念は極めて重要である．彼は，人間が自らの本性になくてはならないもの，すなわち，自らが仲間と協力して世界を変え，歴史の過程を前進させていく活動の主人公になって，自分自身の創造者になるために欠かせないものを他者に譲り渡してしまうとき，疎外が起きると考えた．人間の本来の活動は生産的な労働であるから，人間の根本的な疎外は，歴史的な条件のもとに経済の領域で起きている．これは資本の抑圧による労働者からの搾取を引き起こす．しかも労働の生産物や，労働過程の調整や，それとともに真の自己の実現の可能性が搾取されるだけでなく，人間が競争に伴う労働市場の一商品になることによって他の人間との仲間意識まで奪われてしまうことになる．しかし，マルクスは，時が熟すとプロレタリア革命を通してこの根本的疎外が克服されるようになると考えた．労働者たちは，人類の旗手として，自分の仕事を自分のものとし，生産手段の私有をやめ，社会における階級の区別を全廃する．そうしてついに永久に，人は自由になって多面的な自己の潜在能力を発揮できるようになり，自己存在の完全性に到達するだろう，というのである．

これらの包括的にして希望に満ちた考え方は，いかに弾力的でまた歪曲されることがあっても，疎外の概念がなぜ 20 世紀の多くの人間主義的思想家たちにおいて，「堕落と救済」の伝統に連なる宗教的な役割を演じたかということを説明するのである．

【文献】F. パッペンハイム『近代人の疎外』粟田賢三訳（岩波書店 1960）: F. PAPPENHEIM, *The Alienation of Modern Man* (New York 1959); 竹内良知編『疎外される人間』現代人の思想 9（平凡社 1967）; E. フロム『マルクスの人間観』樺俊雄，石川康夫訳（合同出版 1970）: E. FROMM, *Marx's Concept of Man* (New York 1961); 城塚登『新人間主義の哲学—疎外の克服は可能か』（日本放送出版協会 1972）; D. マクレラン『マルクス伝』杉原四郎他訳（ミネルヴァ書房 1976）: D. McLELLAN, *Karl Marx* (1973; New York 1977); 池田勝徳『疎外論へのアプローチ—系譜と文献』（ミネルヴァ書房 1991）.

（J. カスタニエダ）

ソーガンだいがく　西江大学　韓国の*ソウルに開設されたカトリックの総合大学．1948 年 9 月に韓国カトリック教会が発議し，教皇*ピウス 12 世の許しを得て創立が企画され，その後，財団法人韓国*イエズス会の承認を得，1960 年 4 月，キロレン博士（Kenneth

そくじゃまんろく

E. Killoren, 在職 1960-63)を初代学長として迎えて開校された. 現在 6 学部 22 学科, 一般大学院と経済大学院という構成で, 真の人間として自分を磨き, 社会に貢献するために能力を伸ばそうとする青年の育成に努めている. 副専攻・複数専攻(第 2 専攻)制度の採用により, 個人の能力の尊重, 緊密な学生指導を通して大学の充実も図っている. 学生たちは,「汝, 西江の誇りであるように, 西江, 汝の誇りたれ」という環境のもとで, 学問的刺激を与えられ, 精神的にも知的にも成長していく. 韓国の大学でも特に欧米風で, キリスト教の精神がこもった「愛」の絆の学舎として家族的雰囲気をもつことでも評価されている. (柳尚熙)

そくじゃまんろく 『息邪漫録』

江戸後期の水戸藩の儒学者・会沢安(正志斎, 1782-1863)が, 攘夷の立場から著述した西洋批判書. 冒頭に時々の「思ひ出」を漫筆したと記しており, 備忘録を 1852 年(嘉永 5)頃集成したもの. 内容は, 洋学に対する批判に始まり, 西洋諸国の交易, 人倫, 文物, 暦法, 国内事情等のほか, キリスト教に関する諸問題を含め多岐にわたる. 全体的には「風説書」類等から事例を摘出し, 物産豊かな神州日本(陽)と, 毫末の商利を争う西夷(陰)とを対比的に描く. キリスト教については「造物主」などの項目を立て, *井上政重や*新井白石などの言説を引きながら, デウスの天地創造など「夢中の夢」とし, 人心を惑わし国家を傾ける教説であると批判している. 筆者は本書のほかに『豈好弁』など多くの息邪論を著し, 幕末の尊攘運動に多大な影響を与えた. 写本は, 内閣文庫, 国会図書館などに架蔵されている.
【文献】伊東多三郎『幕末における耶蘇教排撃』『歴史地理』65/3 (1935) 1-140 (同『近世史の研究』第 1 冊, 吉川弘文館 1981 所収); 露口卓也「会沢正志斎の排耶論について」『文化学年報』33 (1984) 112-35. (清水紘一)

ぞくしょう 続唱

〔ラ〕sequentia, 〔英〕sequence, 〔独〕Sequenz, 〔仏〕séquence *ミサの*アレルヤ唱に引き続いて歌われる*聖歌.「連続」を意味する言葉から起こったもので 2 行一対の構造に特徴がある. 中世には著しく発展したが, 反省がなされ, 現在では 5 曲だけが一般に知られている.
【起源】アレルヤ唱における, 母音の長い引き延ばし歌唱から発生したとする説が主流であるが, 疑問視する見解(クロッカー R. L. Crocker)もないわけではない. ともあれ, *典礼を荘厳で豊かにする説明的な繰り広げ, つまり敷衍がなされた*トロープスと深く関わっている. そのトロープスを, ユグロ (M. Huglo) は,「歌詞発生型」と「旋律発生型」とに二分し, シャイエ (J. Chailley) は「適用型」や「展開型」などの 6 種に分類している. それによると, アレルヤ唱のあとで歌われる「展開型トロープス」へと発展したものが続唱である.

キリエ(→あわれみの賛歌)の「エ」やアレルヤの語尾母音「ア」をラテン系の人々は長い母音で歌い, ゲルマン系の人々は別の言葉への置き換えを好む傾向にあった. 特別な歌詞があてはめられた初期のそれらでは, 本来の旋律は変わらなかった. これが「適用型トロープス」である. 9 世紀中葉にジュミエージュ (Jumièges) の修道院で行われていた方法に着目した*ザンクト・ガレン修道院の*ノートカー・バルブルスによって続唱が作られていった. 彼によって作られた『賛歌集』(Liber hymnorum, 聖務日課の賛歌ではなく, ミサの続唱を集めたもの)の献辞には, そうした続唱の最初期事情が読み取られる. これらは, もとの旋律に続く, 新たに作られた歌詞と旋律をもつ音節的な聖歌, つまり「展開型トロープス」すなわち続唱である.

【発展】続唱は, フランスでプローザ (prosa 散文)と呼ばれることが多かったように, その初期では, 歌詞は韻を踏まない散文体であり, 自由旋律の傾向にあった. 概して音節的な様式をとっており, 対になった複数の詩節を特徴とした. つまり奇数番目詩節の旋律が, 続く偶数番目詩節で繰り返された. また, 中間や末尾に特別な詩句が挿入されることもあった. しかし, 盛期には極めて整った散文詩となり, 賛歌に近いものとなっている.

続唱の成立は 880 年頃からであったらしいが, 写本では 950 年頃からみられる. そしてザンクト・ガレンでは, 1000 年頃まで, その形式はほとんど変化しなかった. ノートカーの類の続唱は, 読む詩としては優れていたものの, 歌唱には充分適するものではなかった. 他方, 西フランスでは変化が早くから始まっており, 流麗で歌いやすいものとなっていった.

【主な続唱】(1) 復活の続唱 *ヴィクティメ・パスカリ・ラウデスは, 現存のものとしては最古であるが, 続唱としては中期の聖歌である. ヴィポ (Wipo, ?-1046 以降)の作とされており, 脚韻を踏んではいるが, 韻律はつけられていない. この構造は不規則であるが, 本来は整ったものであった. ユダヤ人忌避の詩節が削除されたため, 詩としての乱れがみられることとなった.

(2) 聖霊降臨の続唱 *ヴェニ・サンクテ・スピリトゥスは, 12 世紀頃からの新しい動きを受けとめている. 詩句には非常に規則的な脚韻と韻律とが用いられ, また 2 音節ごとにアクセントが規則的に置かれた. そのためアクセント音にロンガ (2 拍の音符)が置かれ, リズムは 3 分割で歌われることもあった. 作者は, カンタベリ大司教 *ステファヌス・ラングトンと推定されている.

(3) キリストの *聖体の続唱 *ラウダ・シオン・サルヴァトーレムは, 1100 年頃から広く歌われた続唱「ラウデス・クルーチス」(Laudes crucis, 続唱の巨匠サン・ヴィクトルの *アダムの作とされていたが, オルレアンのユーグ Hugues d'Orléans,〔ラ〕Hugo Primas Aureliacensis, 1086 頃-1160 頃の作との見方が優勢)に, *トマス・アクィナスによる詩がつけられた聖歌である.

(4) 死者のためのミサ(→死者のための祈り)の続唱 *ディエス・イレは, 最も典型的な続唱と考えられ, 広く用いられてきた. その成立には, *フランシスコ会の *ヤコポーネ・ダ・トディや枢機卿オルシーニ (Latino Orsini 1411-77) が関わったようであるが, さらにリモージュ (Limoges) のサン・マルシャル大聖堂の聖歌「裁きの日」(Versus de die iudicii) や死者のための典礼における *答唱「主よ, 我らを悪より解き放ちたまえ」(Libera me, Domine) などが混じり合ったものである.

総じて続唱には, 親しみやすい民衆性があったため, 国語で歌われることもあり, 1500 年頃, 地域によってはアレルヤ唱のある祝日で続唱のない日はほとんどなく, *典礼暦のなかに 150 以上をもつところさえあった. このように過度になったことから, *トリエント公会議は厳しい制限を施し, 上述の 4 曲のみを残すことになった.

(5) その後, *マリアの七つの悲しみの祝日(現在は 9 月 15 日「悲しみの聖母」. → 聖母マリアの祝祭日)のために, 上述のヤコポーネ作詞の続唱 *スタバト・マーテルが, 1727 年, 教皇 *ベネディクトゥス 13 世によって

取り入れられた．*ジョスカン・デプレによる省略のない多声続唱や，*パレストリーナの二重合唱続唱をはじめ，*オラトリオ風に作られた*ロッシーニの続唱なども登場している．

第2*ヴァティカン公会議以降，ディエス・イレは死者のためのミサから削除されて聖務日課（*教会の祈り）へ移された．また，ラウダ・シオン・サルヴァトーレムを短く歌うことや，スタバト・マーテルを歌唱するか否かは各教会の自由裁量となっている．

【文献】NGDM 17: 141-56; A. コラン『キリスト教音楽史』江藤きみえ訳（ドン・ボスコ社 1960）: A. COLLING, *Histoire de la musique chrétienne* (Paris 1956); M, HUGLO, "Un nouveau prosaire nivernais," EL 71 (1957) 3-30; J. CHAILLEY, *L'école musicale de St.-Martial de Limoges* (Paris 1960); R. L. CROCKER, *The Early Medieval Sequence* (Berkeley 1977); B. GILLINGHAM, *Medieval Polyphonic Sequences* (Ottawa 1985). （水嶋良雄）

ぞくしん　俗信　〔英・仏〕superstition, 〔独〕Volksaberglaube　高度に組織化，体系化された宗教としてではなく，古代から民間で信じられたことが長い歴史のなかで伝承され，今日まで信仰されていること．これらは，予兆，卜占，*タブー，呪術（→魔術）など，またそれに付随する呪文や，民間医療，妖怪，幽霊などの伝承として受け継がれている．俗信は，民間や村落社会で伝承されてきたものであり，それらを一括して非科学的，非論理的と言い切れないものもある．なぜなら，それらのなかには人々の長い歴史的な経験の積み重ねによって伝承されてきたものが多いからである（→民間信仰）．

俗信と*迷信の区別がなされる場合，俗信には，現代社会でも合理性ないし科学的妥当性をもつものもあるが，迷信はいかなる観点からみても妥当性のないものである．神学的に俗信と迷信を明確に区別することはできないが，*ヘーリングはこれらの俗信を，「通俗的迷信」（〔独〕Volksaberglaube）と呼んでいる．俗信の問題は，寛容な時代，宗教的多元主義の時代において，評価は困難である．俗信の習慣が神への信仰と信頼に優先することは問題であるが，土着化（→インカルチュレーション）ならびに他宗教，文化との対話の時代においては，人間の無知や愚かさを考慮に入れたうえで，真の宗教による識別がなされるべきである．

【文献】B. ヘーリンク『キリストの掟』2，田代安子，長沢トキ訳（中央出版社 1967）301-20: B. HÄRING, *Das Gesetz Christi* (Freiburg 1954). （満留功次）

ぞくじんく　属人区　〔ラ〕praelatura personalis, 〔英〕personal prelature, 〔独〕Personalprälatur, 〔仏〕prélature personnelle　*司祭の適切な配分を推進するために，または種々の地域ないし社会的団体のための特別な*司牧・宣教活動を遂行するために，*使徒座によって設立される非地域的な*神の民の一部分であり，在俗司祭（*教区司祭）および*助祭によって構成される（『教会法典』294条）．地域的境界によって確定される高位区（〔ラ〕praelatura teritorialis）もしくは大修道院区（abbatia territorialis, →大修道院）とは異なる．属人区は，使徒座が作成した規則によって統治され，固有の*裁治権者として*高位聖職者がその長に任じられる．この高位聖職者は，国内または国際神学校を設置し，学生を入籍させ，かつその者を属人区の奉仕のために*叙階する権利を有する（同295条および，265-66条）．使徒座によって作成された属人区の規則には，使徒座の事業に関する*信徒との協力方法，それに伴う義務と権利，ならびに関係する部分教会の裁治権者との関係が規定されなければならない（同296-97条）． （枝村茂）

ぞくせい　属性　〔ラ〕attributum, 〔英〕attribute, 〔独〕Attribut, 〔仏〕attribut　広くは，およそ対象が何であれ，そのもののありようを示す特質を指す．*アリストテレスに由来し，*実体，*本質と相関する概念である．

ものがそれ自身として何であるかを示す本質に対して，属性は，白いとか大きいといった，ものがどのようなものかを示す性質であったり，何cmとか偏差値いくらといったどれだけを示す量であったり，どれとどれがどのような関係であるかを示す関係であったりと，*範疇に従って多様に展開する．しかし，白さという性質はそれだけで中空に浮いているのではなく，必ず何かの白さである（例えば紙や壁の白さ）．このように何かに帰属することでしか存在しえない性質が属性と呼ばれ，こうした属性の帰属が語られる当のものが，実体なのである．属性にも，実体に必然的に帰属する固有性と偶然の帰属でしかない*偶有性とが区別される．笑うことは人間の本質ではないが，本質から帰結する固有な属性である．しかし，結婚していることはある人には属性であってもある人にはそうでない偶然の帰属関係であって，偶有性になる．近世以降では固有属性のほうに関心が強く向けられるようになる．例えば*デカルトでは物体の属性を延長，精神の属性を思考とするが，これは固有属性のことであった． （山本巍）

ぞくせいのゆうずう　属性の融通　〔ギ〕antidosistōn idiōmatōn, 〔ラ〕communicatio idiomatum, 〔英〕communication of idioms, 〔独〕Idiomenkommunikation, 〔仏〕communication des idiomes　*イエス・キリストにおいて神性と人性はいかに一致されるのかという問いをめぐり，二つの本性が彼において唯一の位格（→ペルソナ）に結ばれている（*位格的結合）のだから，一方の本性についての述語（*属性）は他方にも述べうるということを示す神学用語．つまり，これによって「永遠の神の子がマリアから生まれた」あるいは「ナザレのイエスは神の子である」との言表が可能になる．*新約聖書の*受肉の*キリスト論は，すでにこの考えから成り立っており，イエスについてのキリスト論的尊称もこれを根拠としている．*オリゲネス，ニュッサの*グレゴリオス，*テルトゥリアヌス，*アウグスティヌスなど東西の*教父や初期の*信条も，属性の融通を当然のこととして受け継ぎ発展させているが，*ネストリオス派の教説や*キリスト単性説などとの論争において問題は明確に意識された．*エフェソス公会議（431）および*カルケドン公会議（451）の教令は，これを厳密に考察した結果といえる．属性の融通を確保することは，位格的結合の現実と結果の重大さを確認することであり，歴史的に，キリスト教にとって根本的な受肉の信仰の正統性について試金石を提供してきた．

【文献】百瀬文晃『イエス・キリストを学ぶ』（中央出版社 1986）． （光延一郎）

ぞくちょう　族長　〔ギ〕patriarchēs, 〔ラ〕Patriarcha　聖書では，この語は「父」および「長」といわれる概念と結ばれており，神の民イスラエルの祖先を指す．狭義

ソクラテス

では,特に *アブラハム,*イサク,*ヤコブの3人の称号として使われ,太祖とも訳される.今日「族長時代」([英] Patriarchal Age, 前 2000-1500 頃)という表現は主としてアブラハム,イサク,ヤコブ,およびヤコブの子らの時代を指して用いられる.「族長時代」は創世記 1-50 章の主題であるが,考古学の分野から,特にヌズ (Nuzu),およびマリ (Mari) 出土の粘土板は族長時代の社会的背景に光を投げ,その当時の結婚,養子,相続権などの慣習を知る手がかりを与える.

この語は *七十人訳聖書では 7 回使われ,家系の頭である「父たち」(代上 24: 31),「父たちの頭」(代下 19: 8; 26: 12),イスラエルの十二部族の各「長」(代上 27: 22),百人隊の「長」(代下 23: 20),アブラハム,イサク,ヤコブ(4 マカ 7: 19),ヤコブの 12 人の子ら(4 マカ 16: 25)に適応されている.新約聖書では 4 回使われ,アブラハム(ヘブ 7: 4),ヤコブの 12 人の子ら(使 7: 8, 9),ダビデ(使 2: 29)を指称している.マタイ(1: 1-16)はイエス・キリストの *系図をアブラハムから書き始め,一方,ルカ(3: 23-38)はアブラハム以前の祖先まで,はるか *アダムに至るまで辿り,さらに,アダムを創造した神にまで遡っている.旧約聖書は極めて錯綜した *救済史を単純化し,図式化して,「これらは……の系図である」(創 2: 4)という定式文を用いて,父方の家系を系統立て,アダムから *ダビデに至る一連の 12 系図(創 5: 1「アダム」; 6: 9「ノア」; 10: 1「ノアの子ら」; 11: 10「セム」; 11: 27「テラ」; 25: 12「イシュマエル」; 25: 19「イサク」; 36: 1「エサウ」; 36: 9「エドム」; 37: 2「ヤコブ」; 民 3: 1「アロンとモーセ」; ルツ 4: 18「ペレツ」)を導入している.これら 12 のうち 10 系図は創世記に現れ,10 番目のヤコブの系図で *神の民となるための土台が完成することを示唆している.注目すべきは,アブラハムの系図がないことである.彼はセムの系図の終わりに紹介されている(創 11: 26).これは彼がアダム(創 5: 1)に与えられた神の *祝福の相続人であることを示唆する.つまり,*ノアとの普遍的な *契約はアブラハムとの特別な契約に方向づけられている.アブラハムは *バベルの塔の世代とは逆に,*神の言葉に人生を賭ける.神はアブラハムとの契約を通して,ノアに約束した全人類の *救いを図る(創 12: 3; 18: 18; 22: 17-18; 26: 4; 28: 14).この点において,アブラハム以前の世代(創 1-11 章)とアブラハム以後の世代(創 12-50 章)との間に一線を画する必要はない.区別することによって,神の言葉による天地創造以来,連綿と続き一体をなしている神の *選びと祝福の図式が不明瞭になるおそれがある.アブラハムと妻 *サラは,それぞれ神から新しい名を与えられ,諸国民の父と母となる使命を受ける(創 17: 5-6, 15-16).「わたしがアブラハムを選んだのは,彼が息子たちとその子孫に,主の道を守り,主に従って正義を行うよう命じて主がアブラハムに約束したことを成就するためである」(創 18: 19)と記されているように,アブラハムの使命とは子孫に対する「父」としての務めである.特に,子孫に命じて主の道を守り,主の正義を行わせることが彼の「父」としての責務とされている.そうすることによって,彼は「地上の諸国民はすべて,あなたの子孫によって祝福を得る」(創 22: 18)といわれる.したがって,アブラハム,イサク,ヤコブが特別に神の民イスラエルの「父たち」と呼ばれるようになるのは,ただ血縁上の祖先という狭義の理由からではなく,一民族を越えてついには彼らの信仰に倣うすべての人に及ぶ約束を受けたことに由来する.

【文献】カ大 3: 410-11; 新聖書大 869; 聖書思 584-91; DThC 6: 3460-62; R. ドゥ・ヴォー『イスラエル古代史』西村俊昭訳(日本基督教出版局 1977): R. DE VAUX, Histoire Ancienne d'Israël (Paris 1971); A. ジンマーマン,浜寛五郎編『カトリック聖書新注解書』(エンデルレ書店 1980) 77-87: R.C. FULLER, ed., A New Catholic Commentary on Holy Scripture (Sunbury-on-Thames 1975); J. H. HAYES, J. M. MILLER, Israelite and Judean History (Philadelphia 1977); J. BRIGHT, A History of Israel (Philadelphia ³1981); J. BLENKINSOPP, The Pentateuch (New York 1992).　　　（円谷勝子）

ソクラテス　Sokrates　(前 466-399)

古代ギリシアの哲学者.石工ソフロニスコス (Sophroniskos) と助産婦パイナレテー (Phaenarete) の子.*アテネのアロペケ区に生まれ,歩兵として 3 度従軍したほかは終生国内にとどまった.出目で獅子鼻,つねに裸足で歩き回る怪異な容貌,強靭な体力と胆力に支えられた並外れた克己節制,諧謔の精神溢れる人懐っこい性格,公衆の面前で誰彼となく鋭利な論理を駆使して問答を繰り広げる特異な言論活動は,しだいに市民の関心を引いた.ペロポネソス戦役末期,ソクラテスと親交の厚かったアルキビアデス (Alkibiades, 前 450 頃-404),クリティアス (Kritias, 前 460 頃-403) らの若い世代の冒険が国政に深刻な混乱を引き起こしたことから,民主制を転覆する思想的黒幕とみなされ「青年を堕落させ,国家公認の神々を認めず新奇な鬼神を持ち込んだ」との罪状で告訴され,民衆法廷で死刑を宣告された.生活と言論の両面にわたるその強烈な個性は,毀誉褒貶半ばしつつ周囲に圧倒的な影響を与え,メガラ派のエウクレイデス (Eukleides, 前 450 頃-380 頃),キュレネ派のアリスティッポス (Aristippos, 前 435-350 頃),キュニコス(犬儒)派のアンティステネス (Antisthenes, 前 445-370 頃) など俗に小ソクラテス学派と呼ばれる幾筋もの後継思想家群を輩出した.有名な悪妻クサンティッペ (Xanthippe) の逸話は後世の創作であろう.

著作はない.死後数年を経て,弟子のクセノフォン (Xenophon, 前 435 頃-354) や *プラトンが師を回顧した作品を公刊したが,そこに描かれる姿は必ずしも一様ではなく(前 423 年上演された *アリストファネスの諷刺喜劇『雲』や *アリストテレスの報告を総合しても)正確な史実を再構成することは難しい.プラトンが初期対話篇で描いた「自然現象は顧みず,専ら倫理的問題に思索を傾注し,徳の『何であるか』,それは教えられるのかを飽くことなく問い続けた」姿に近いとする見方が有力であるが,いずれにせよソクラテスの哲学の核心はプラトンの作品全体の解釈と不可分である.

プラトンの『ソクラテスの弁明』によれば,友人カイレポンの手でデルフォイのアポロン神殿からもたらされた「ソクラテス以上の知者なし」との神託が問題の発端である.自己の無知を痛切に自覚しつつも神の誠実を信じるソクラテスにとって,神託の言葉は「謎」であった.やがてこの謎を解明すべく,自他共に当代随一の知者と目される政治家,劇作家,手職人のもとを次々と訪ねる.だが問答の結果,世間の知識人は「善美の事柄」について結局「知らないくせに知っていると思い込んでいる」実情が暴露され,おのれの無知を自覚する点においてソクラテスはなお優位に立つ.反駁の試みにもかかわらず,この意味で神託の真理性は揺るがない.やがて問答を重ねるうちに,人々が自分の無知に気づくよう覚

醒を促すことこそが，神から与えられた使命との確信を深めた．対話の秘術を尽くして逆説を展開し，「魂ができるだけ優れたものとなるよう」思慮と真実に配慮し「よく生きること」を説き勧めてやまないソクラテスの活動は，知的・倫理的な賛同者を得る一方で，論駁されて面目を失った相手の有力者から憎まれ，また青年層に権威の失墜を喜ぶ安易な模倣者を量産した結果，保守層からは悪意をもった秩序の破壊者と映る．いずれ敵意と中傷が臨界を超えて自分を抹殺する運命を予見したソクラテスは，自らを「馬にまとわりつく虻」に喩えた．ソクラテスにとって(知を愛し求める)哲学の途は，書斎で生まれる学問体系でも知的好奇心でもなく，神から与えられ，それゆえにまた死に至らざるをえぬ唯一可能な「生き方」にほかならず，生きることの意味は同時に死ぬことの意味の発見でもあったのである．

【文献】アリストパネース『雲』高津春繁訳 (岩波書店 1957); クセノフォーン『ソークラテースの思い出』佐々木理訳 (岩波書店 1974); 加藤信朗『初期プラトン哲学』(東京大学出版会 1988); 岩田靖夫『ソクラテス』(勁草書房 1995); プラトン『ソクラテスの弁明』三島輝夫訳 (講談社 1998); W. K. C. GUTHRIE, *A History of Greek Philosophy*, v. 3 (Cambridge 1969); G. VLASTOS, *Socrates: Ironist and Moral Philosopher* (Cambridge 1991); H. BENSON, ed., Essays on the Philosophy of Socrates (Oxford 1992). (荻野弘之)

【キリスト教の評価】ギリシア教父たちはプラトンとクセノフォンによるソクラテスの性格描写をもとにして，ソクラテスが代表した「人間的叡智」をキリストの「神的叡智」に対置した．キリスト教徒は初め「無神論者」として迫害されたので，さらに，彼が「無神論者」として自殺を強要されたこととイエスの十字架刑との間に共通点をみいだした教父もいた (*アテナゴラス『キリスト者のための申立書』4). 殉教者*ユスティノスは，ソクラテス処刑の代金30ムーナはイエスを裏切ったユダに与えられた銀貨30枚に，処刑前の独房におけるソクラテスはゲッセマネの園におけるイエスに，ヘムロックによる毒殺はイエスの十字架にそれぞれ対応すると指摘し，ソクラテスを「聖ソクラテス」すなわちキリスト以前のキリスト者，キリストの預言者，異教の英知と啓示の真理の結合とみなした．この見方はアレクサンドリアの*クレメンス，*オリゲネス，*ラクタンティウス，*アウグスティヌスによって受け継がれた．アウグスティヌスは特に『神の国』(VIII, 3) でソクラテスの哲学における重要性を指摘している．一方，*テルトゥリアヌスに代表される教父たちはソクラテスを不道徳な論者とみなし非難した．中世においてもソクラテスは*アベラルドゥス，ソールズベリの*ヨアンネス，エルサレムの*アルベルトゥス，*ニコラウス・クザーヌスなどによって「真の哲学者」と認められた．「聖ソクラテス的見方」の伝統はルネサンス期の人文主義者*ペトラルカ，*フィチーノ，*エラスムスに受け継がれ，ある意味で近代の*ルソーにまで伝えられた．

【文献】M. L. MC-PHERRAN, *The Religion of Socrates* (University Park, Pa. 1996). (高柳俊一)

ソクラテス Sokrates, Scholastikos (380頃-439以降) ギリシアの教会史家．

*コンスタンティノポリスで生まれ，教育を受け，法律家 ([ギ] scholastikos) となる．著作のうち唯一現存している『教会史』全7巻 (Historia ecclesiastica) は，439年から450年の間に書かれ，皇帝*ディオクレティアヌスの退位した305年から*テオドシウス2世の治世である439年までの時代を記したもので，カイサレイアの*エウセビオスの『教会史』の続編ともいえる．彼の歴史記述は全体として客観的で，*ノウァティアヌス派の異端については寛大な解釈をしている．この書はまた*アレイオス派論争や初期修道制に関する重要な史料ともなっている．

【著作校訂版】PG 67: 29-842.
【文献】キ人: 826; LThK² 9: 859; A. P. KAZHDAN, ed., *The Oxford Dictionary of Byzantium*, v. 3 (New York 1991) 1923. (杉崎泰一郎)

ソクラテスいぜん ソクラテス以前 〔英〕pre-Socratics, Presocratic, 〔独〕Vorsokratiker, 〔仏〕présocratique *ソクラテス以前に活動した「初期ギリシア哲学者」を総称する哲学史上の術語．古代*ギリシア哲学の展開を，ソクラテス，*プラトン，*アリストテレスという3人の師弟が*アテネで活躍した「古典時代」(前450頃-322) を頂点に前後の時期に三分する史観に立つ場合，その先駆をなす時期．前6世紀初頭から5世紀後半に及ぶ約200年弱の期間に相当する (ちなみにアリストテレス死後は一般に「ヘレニズム時代」と称する). 広義には，前8世紀に遡る*ホメロス，*ヘシオドスの叙事詩文学の伝統やオルペウス教などの宗教的宇宙論，またソクラテスと同時代の*ソフィストたちをも含む (ディールスおよびクランツ) が，特に*タレスから*原子論に至る*自然哲学の系列に狭く限定する学者 (バーネット) も多い．その場合にも，ソクラテスより年代が下るアポロニア (Apollonia) のディオゲネス (Diogenes, 5世紀) や*デモクリトスなどは思想系譜の点で便宜上このなかに含まれる．

この時期はギリシア本土ではなく，東方小アジア半島のイオニア地方，および南イタリアやシチリア島の植民都市から独創的な思想家が輩出した．気宇壮大な思想はむろん*宇宙論や自然哲学を中心とするが，人間の内面性や国家社会への関心をそのうちに幅広く包み込んでいる．古典期哲学へ至る助走的役割を演じたとする一般的見解に対して，むしろこれらのうちにこそ，本来のギリシア哲学の真髄をみる立場もある (ニーチェ『ギリシア人の悲劇時代の哲学』).

彼らの著作は，散文 (アナクシメネス，アナクサゴラス) のみならず，謎めいた警句 (*ヘラクレイトス) や諷刺詩 (クセノファネス), 壮大な叙事詩 (*パルメニデス，エンペドクレス) など多様な文学類型にわたるが，すべて散逸し，後世の著述家による要約，紹介，言及，引用といった「断片」のみが今日までさまざまな経路で伝えられるにすぎない．19世紀の古典文献学が断片の組織的収集によって著作の再構成を試みて以来，初期思想家の実証的研究は本格的な段階を迎えた．

古代における学説誌への関心はアリストテレスに始まる．彼は特に『霊魂論』や『天体論』など自然学の分野で，単なる自説の主張のみならず，当該問題について先行する学説を絶えず参照し，それらを批判吟味しつつ多角的に問題の所在を浮き彫りにする手法を好んだ．真理は一挙につかめるのではなく，研究の蓄積を通じてしだいにその全貌を開示していくという歴史意識がその前提にある．『形而上学』第1巻は，*哲学を「究極的な原理原因 ([ギ] archē, aitiā) を探究する知」と規定し，そこに形相因，質料因，起動因，目的因の4種 (→四原因論)

そくりょうぜんぎ

を認めて，先行する思想は総じてこうした原因探究の歴史的展開であったことを回顧する，いわば史上初の哲学史記述である．そこで彼が新規に開設した学園リュケイオン(Lyceion)でもさらに組織的な学説史編纂事業が行われ，高弟テオフラストス(Theophrastos, 前372/69-288/85)の手で『自然学説誌』全18巻(Physikon doxai)として結実した．さらにここからの『抜粋集』が後世の著述家によって広く利用されたらしい．学説の取捨選択に際しては，客観的網羅性よりも *ペリパトス学派独自の問題意識が先行していたために「ソクラテス以前」の評価は，初めからアリストテレス哲学の枠組みに規定されており，これ以外の史料から接近する道はごく限られている．

【文献】J. バーネット『初期ギリシア哲学』西川亮訳(以文社 1975); J. BURNET, *Early Greek Philosophy* (1892; New York ⁴1957); ディオゲネス・ラエルティオス『ギリシア哲学者列伝』全3巻, 加来彰俊訳(岩波書店 1984-94): DIOGENES LAERTIUS, *Vitae philosophorum*, 2 v. (Oxford 1964); 内山勝利編『ソクラテス以前哲学者断片集』全6冊, 国方栄二他訳(岩波書店 1996-98); H. DIELS, W. KRANZ, eds., *Die Fragmente der Vorsokratiker*, 3 v. (Berlin 1903 ⁹1951-52); 広川洋一『ソクラテス以前の哲学者』(講談社 1997); 荻ущ弘之『哲学の原風景』(日本放送出版協会 1999); W. K. C. GUTHRIE, *A History of Greek Philosophy*, v. 1-3 (Cambridge 1962-69); G. S. KIRK, ET AL., eds., *The Presocratic Philosophers* (Cambridge 1957 ²1983); J. BARNES, *The Presocratic Philosophers*, 2 v. (London 1979).　　(荻野弘之)

そくりょうぜんぎ　『測量全義』　在華宣教師 G. *ロー編の漢文による幾何学の理論や線(直線・曲線)・平面・立体などについて述べた書．10巻からなる．寛永や貞享の禁書に指定されなかったため，我が国にも流布しており，有沢致貞(1689-1752)の『算法指要』(1735)や松宮俊仍の(1686-1780)『分度余術』(1728)などに影響をみることができる．また，中国では1744年に戴震(1723-77)が本書に拠って『策算』を著している．『崇禎暦書』(一名，『西洋新法暦書』)に所収されている．
　　　　　　　　　　　　　　　　　　　(尾原悟)

そくりょうほうぎ　『測量法義』　M. *リッチ口述, *徐光啓筆授の三角法による天体測定理論，天体器具の作り方などを論じた書．1607年に訳述が始められたが，刊年は不詳．*『天学初函』や『海山仙館叢書』『四庫全書』などに収められている．我が国では，*寛永禁書令で禁書に指定されたにもかかわらずひそかに流布し，細井広沢(1658-1735)，渋川景佑(1787-1856)，松平定信(1758-1829)らが入手・所蔵している．(尾原悟)

そくろう　側廊　〔英〕aisle, 〔独〕Seitenschiff, 〔仏〕collatéral, bas-côté　聖堂において，身廊(*ネイヴ)と平行に設けられ，ピア(基柱)や列柱で仕切られた空間．一般に身廊に比して，幅が狭く，天井は低い．側廊上に2階部分(トリビューン)が設けられることもある．大規模な聖堂では，身廊の左右にそれぞれ2列以上設けられ，この場合，身廊に近いものから順に第1側廊，第2側廊と呼ばれる．初期キリスト教聖堂では，*ミサの際カーテン類で身廊と仕切り，*洗礼志願者の席とした．

【文献】新潮美術事典 792-93, 846; 小学館美術全集 9, ゴシック 1.　　　　　　　　　　　　　(守山実花)

ソーザ　**Sousa, Antonio de**　(1588/89-1633)　ポルトガルのグアルダ教区のコヴィリャ(Covilha)に生まれ，1604年コインブラ(Coimbra)で *イエズス会に入会．哲学を勉強した後に1609年 *ゴアへ向かった．*マカオで4年間，神学を学んだ後に1616年(元和2)司祭叙階のために *マラッカへ赴く．司祭になって同じ年，日本へ渡ったが，その年にコーチ・シナ経由でマカオへ戻り，日本管区の会計係を務めたほかマラッカへも赴いた．1625年(寛永2)日本へ戻って上地方で活躍し，1632年上地区の院長となった．その年，管区長 *コウロスが伏見で死亡したとき，ソーザはその傍らにいて，後にその出来事について手紙を書いた．この手紙はコウロスの列福調査のために使われた．1633年，ソーザは *大坂で捕らえられ，*長崎のクルス町牢に数か月間投獄され，同年10月18日司祭 *フェレイラ，*アダミ，*中浦ジュリアン，*ルカス・デル・スピリト・サントおよび3人の修道士とともに西坂で穴吊りの責めを受けた．フェレイラ以外の7名は英雄的に拷問に耐え，ソーザは26日殉教を遂げた．

ソーザ
(カルディム『日本殉教精華』)

【文献】L. PAGÈS, *Histoire de la Religion Chrétienne au Japon depuis 1598 jusqu'à 1651* (Paris 1869); J. F. SCHÜTTE, *Monumenta Historica Japoniae*, 1 (Roma 1975).　　　　　　　　　　　　(結城了悟)

ソーザ　**Sousa, Frei Luiz de**　(1555頃-1632. 5. 5)　ポルトガルのドミニコ会員，著述家．サンタレン(Santarém)に生まれ，ベンフィカ(Benfica)の修道院で没す．本名は Manoel de Sousa Coutinho. 1594年 *リスボンのペスト禍の際に支配者たちと対立，*マドリード，さらにパナマへ逃亡し，1604年に帰国する．1613年，1585年頃に結婚した妻の亡夫が実は生存していることが判明し，妻とともに *ドミニコ会に入会，それぞれが修道院に入る．主に史書を執筆し，その格調高い文章で知られる．主著の『マルチレス・バルトロメウ修道士の生涯』(Vida de Dom Frei Bartolomeu dos Mártires, 1619)はポルトガルの伝記の古典とみなされている．

【主著】*História de São Domingo*, 3 v, 1623-78; *Anais de Dom João III*, 1844.

【文献】NCE 11: 616-17; *Grand Enciclopédia Portuguesa e Brasileira*, v. 29 (Lisboa 1936-60) 814-16.
　　　　　　　　　　　　　　　　　　　(相原直美)

ソーザ　**Souza, Agnelo de**　(1869. 1. 21-1927. 11. 19)　インドのザベリオ宣教会員，尊者．*ゴアに近いアンジュナ(Anjuna)に生まれピラール(Pilar)で *ザベリオ宣教会に入会後，1899年司祭叙階．約10年にわたる *観想生活を経て，1910年以降は後輩の *霊的指導にあたる．*聖体に対する信心に熱心で，説教師としても卓越していた．冠状動脈血栓によりミサの説教の最中に倒れ死亡．その徳をしのぶ人々の墓参の列が絶

えず，1947年より列福のための予備調査が始まり，1986年に*尊者となる． （橋爪由美子）

ソーザ　Souza, Jerome D'　（1897. 8. 6-1977. 8. 12）　イエズス会員．インド南西部マンガロール（Mangalore）の熱心なカトリックの家庭に生まれる．親族に聖職者が多く，兄弟4人はすべて司祭で，妹も修道女となる．1921年*イエズス会入会．ベルギー留学を経て1931年司祭叙階．1942年インドのロヨラ大学学長．1946年，南部キリスト教徒の代表として憲法制定国民会議に参加，*信教の自由に関する条文起草に貢献する．卓越した知性と語学力，能弁ゆえにネルー（Jawāharlāl Nehrū, 1889-1964）の信頼篤く*国際連合総会にインド代表として派遣される．また，インド社会研究所を設立し社会問題に取り組む．1957-68年，イエズス会総長インド・東アジア担当補佐．1968年インド帰国．南部ディンディグル（Dindigul）で死去．
【文献】V. L. Sundaram, *A Great Indian Jesuit: Fr. Jerome D'Souza* (Anand, India 1986). （橋爪由美子）

ソーザ　Souza, Mateo de　（生没年不詳）　アウグスチノ会司祭．*アウグスチノ会が日本宣教を正式に始める前に来日した．ポルトガル貴族の出身で，*ゴアでアウグスチノ会に入会．説教師を務めた後，神学で修士号を取得，1591年にはフィリピン管区に加わる．サン・フェリペ号に積んであったはずの荷と殉教者の*聖遺物の引き渡しを要求する使節団の一員として兄弟で司祭のディエゴ（Diego de Souza）とともに1597年（慶長2）来日．団長補佐兼専属司祭として聖遺物は受領するが，サン・フェリペ号の荷物は返還されないまま1598年*長崎よりフィリピンに戻る．→サン・フェリペ号事件
【文献】A. ハートマン『17世紀の日本におけるアウグスチノ会士たち』（聖アウグスチノ修道会 1990）: A. Hartmann, *The Augustinians in Seventeenth Century Japan* (King City, Ont. 1965). （T. パーセル）

そしきしんがく　組織神学　〔英〕systematic theology, 〔独〕systematische Theologie, 〔仏〕théologie systematique　一般的な定義として，組織神学がキリスト教の信仰内容（→信仰）を理性的に順序だてて説明する体系を指すとするならば，それは*教理神学と変わらないといわなければならない．確かにカトリック神学の観点に立つ多くの神学事典では，組織神学とは教理神学と同じものとされている．
　しかし，プロテスタント神学では，例えば K.*バルトは教義神学と組織神学を厳格に区別し，組織神学によって，神の*啓示をそれ以外の人間的学問，特に*哲学によって理性的に体系づけることに反対している．この立場と，『組織神学』を書いた*ティリヒの立場とを比較すれば，「組織神学」なる言葉が醸し出し，指し示すものがわかるであろう．すなわち組織神学とは，神学する者それぞれの神学に対する態度と感受性における微妙な違いを反映するもので，それぞれ異なる神学的文化から生まれてくるものである．ティリヒの組織神学は，哲学的神学をはぐくんだアメリカ合衆国のプロテスタント教会の主流をなす神学文化との接触なしには生まれなかったであろう．また，*トマス・アクイナスの『神学大全』は，すでに信仰内容を*アリストテレスの哲学によって論証し，組織化したものであった．

　「組織神学」の「組織」とは一つの組織化された見方を暗示する．確かにティリヒの『組織神学』は一種の「大全」であるが，現在の段階では，組織化することよりも，組織的方法論によって個別の問題に神学的視点から取り組むという側面が鮮明となっている．
　教理神学も体系化，組織化の産物である．カトリック神学の場合，教理神学は，信仰内容の組織化に際して聖書的源泉を詳細化した*公会議，重要な*教会会議の文書，*教皇の*回勅，決定，教会の公的文書を総合し，一つの神学体系を作り上げるので，教会的性格を帯びており，教会への奉仕という枠がある．しかし，そのことは教会の*教導職の発言や決定を正当化するというよりも，むしろ奉仕と同時に預言的使命に開かれていなければならないことを意味する．*シュライエルマッハーからティリヒによって使われた「組織神学」の名称をカトリック神学者が使う場合，従来の伝統的な教理神学の使命についての考え方とは距離を置き，神学をより創造的に現代の問題に関連づけて考えようとする意図が込められているようである．そこには世界が抱える問題に対する新しい感受性が含まれるのである．
　教理神学も今日的課題に応えるために，例えば，終末論（→終末）の観点から「希望の神学」や「死の神学」，さらには主に*キリスト論の観点から*諸宗教に関する神学を発達させた．組織神学は教理神学の応用部門ではないが，同時に，全く無関係であるとはいえない．カトリック神学のなかで組織神学と分類しうるのは，*ロナガンの神学方法論，トレイシ（David Tracy, 1939- ）の『類比的想像力』（The Analogical Imagination, 1981）と*キュングの『キリスト者とは』（1974），『神は存在するか』（1978）であろう．
【文献】LThK² 10: 62-71; NHthG 4: 183-200.
（高柳俊一）

ゾシムス　Zosimus　（?-418. 12. 26）　聖人（祝日12月26日）．教皇（在位 417-18）．おそらくユダヤ系のギリシア人．短い教皇在位の間に軽率な判断による失敗が多かった．アルル司教のパトロクルス（Patroclus, 在職 412-26）に譲歩して*アルル司教を首都大司教（→管区大司教）として承認し，全ガリアに対する監督権を与えたが，反発を呼び，撤回に追い込まれた．*ペラギウスや*カエレスティウスに説得されて，彼らの再審をアフリカ司教に要求したが，司教たちの反対にあって，*ペラギウス派を論駁する回勅『トラクトリア』（Tractoria）を公布した（DS 231 参照）．シッカ・ヴェネリア（Sicca Veneria）の司教によって罷免された司祭の直訴を受け入れたことをめぐって，再びアフリカの司教との間に軋轢が生じた．
【著作校訂版】PL 20: 639-86.
【文献】キ人 827; LP 1: 225-26; NCE 14: 1135-36.
（杉崎泰一郎）

ゾシムス〔シラクーザの〕　Zosimus　（7世紀後半）　聖人（祝日3月30日）．シラクーザ（Siracusa）に生まれる．幼児期に同地の聖ルキア修道院に預けられ，後にそこの修道院長になったと伝えられている．教皇*テオドルス1世によってシラクーザの司教に任命される．貧しい者の保護者として，また聡明さと慈善の心をもった聖人として知られる．埋葬場所は不明だが，90歳で662年頃に亡くなったと推測される．
【文献】BSS 12: 1503; LThK² 10: 1406; B. Noël, ed.,

ゾシモス

Dictionnaire historique des saints (Paris 1964) 384.
（富田裕）

ゾシモス　Zosimos（5世紀後半-6世紀前半）
ビザンティン帝国のギリシア人歴史著述家．全6巻からなる著作『新しい歴史』(Historia nea, 500頃) は，古代ギリシアの略歴から始まり，*西ゴート人によるローマ市略奪(410)に至る*ローマ帝国の歴史を記している．教会に関する事柄なども，異教的立場から客観的に記述してあることから，当時の世俗史の主要な史料として重要な役割を果たしている．
【文献】キ人 827; NIDChC 1072; ODCC³ 1783.
（高橋佳代子）

ゾシモス〔ピシディアの〕Zosimos（2世紀初頭）
聖人（祝日6月19日または20日）．ローマ皇帝*トラヤヌスの迫害下にピシディア(Pisidia, 現トルコ西部)でキリスト教徒となり，コナナ(Konana)で斬首された兵士．ピシディアの南の*キリキアで崇敬されている聖人（祝日1月3日，4日または4月18日）も，おそらく同一人物と考えられる．
【文献】BSS 12: 1501; LThK² 10: 1406.　（久野暁子）

ソシュール　Saussure, Ferdinand de（1857.11.26-1913.2.22）スイスの言語学者．*ジュネーヴで生まれ，同市で死去．学生時代すでに*インド・ヨーロッパ語族の母音体系についての研究(Mémoire sur le systéme primitif des voyelles dans les langue indoeuropéennes, 1879)によって知られる．パリ高等研究所，ジュネーヴ大学でインド・ヨーロッパ言語学，サンスクリット語，一般言語学を教え，その影響は大であった．死後『一般言語学講義』(Course de linguistique générale, 1916)としてまとめられ出版された書物が20世紀言語学の始まりとみなされている．

　彼は，言語は社会現象であり，通時的とともに共時的に考察されなければならず，それぞれ別の原理と方法論で研究されなければならないとした．同時に，言語においては，体系化され構造づけられた「ラング」(〔仏〕langue)と個々人の「パロール」(parole)を区別しなければならないとし，いわゆる構造主義言語学を提唱した(→言語，構造主義)．彼の考え方はヤコブソン(Roman Jakobson, 1896-1982)によって体系づけられ，*レヴィ・ストロースの*文化人類学の発端となる．さらに，思想・文学・文化論のなかに取り入れられたのみならず，さまざまな分野および学際的分野におけるポスト構造主義にまでその影響を及ぼし，ロラン・*バルト，*デリダなどの文学理論は彼の構造主義言語学なしには考えられない．*聖書学の分野にも構造主義聖書学が誕生し，その影響はポスト・モダンの神学にも及んでいる．
【主著邦訳】小林英夫訳『一般言語学講義』(岩波書店 1972)．
【文献】G. ムーナン『ソシュール』福井芳男他訳(大修館書店 1970): G. MOUNIN, *Saussure ou le structuraliste sans le savoir* (Paris 1968); J. カラー『ソシュール』川本茂雄訳(岩波書店 1978): J. CULLER, *Saussure* (London 1976); 丸山圭三郎『ソシュールの思想』(岩波書店 1981); E. F. K. ケルナー『ソシュールの言語論』山中桂一訳(大修館書店 1982): E. F. K. KOERNER, *Ferdinand de Saussure* (Braunschweig 1973); 丸山圭三郎『ソシュールを読む』(岩波書店 1983).　（高柳俊一）

ソステネ　Sosthenes　*パウロが第2回宣教旅行で長期滞在した(50秋-52春)*コリントの会堂長(使 18: 17)．ユダヤ人たちがパウロを地方総督*ガリオンに訴えたのが不成功に終わった結果，ソステネは彼らに法廷前で殴打される．1コリント書の共同発信人(1: 1参照)と同一人物であるかどうか定かではない．
【文献】旧新約聖書大 710.　（加山久夫）

ゾスのせいぼせいどう　ゾスの聖母聖堂　佘山天主堂　*上海の南西の松江市北郊に位置する佘山(標高100m)の頂上に立つ聖堂．1844年にフランスから宣教師が訪れ，1871年に聖堂を完成．近くには*イエズス会が建設した天文台があり，*土橋八千太もそこで学んだ．現在の聖堂は1925年に建設が始まったもので1935年に完成．天文台に行く途中の小礼拝堂では，1980年に聖母*マリアが出現したといわれ，共産主義国家における聖母出現として話題になった．
（橋爪由美子）

そせんすうはい　祖先崇拝　〔英〕ancestor worship
英語のアンセスター・ワーシップの訳語．日本における民俗用語としては先祖祭祀が一般的である．キリスト教世界，イスラム教世界などにおいては神以外を崇拝することを原則的に許さないために，生者・死者の崇拝は存在しないということができる．アジア，アフリカ地域には先祖祭祀は広くみられる．古代ローマ社会においてもみられた．日本において明治以降キリスト教の宣教，定着に際して最も強い抵抗に直面したのは，仏壇の破壊であった．それは仏壇が先祖祭祀の物的装置だったためである．そこに窺えるように日本において宗教的世界の重要な領域を構成しているのは先祖祭祀であるといえる．
【概要】19世紀の頃には，先祖祭祀成立の起源を，宗教進化の初期の段階としての*死霊崇拝に求めていたが，あらゆる社会に先祖祭祀が存在しているのではないことから，こうした説明は否定された．そして，社会人類学の領域において先祖祭祀は社会構造の解明のために注目され，研究されるようになった．先祖を自らの出自の源と位置づけ，その先祖を祭祀する人々が祖先と系譜関係に連なることによって親族集団を形成し，社会的連帯を再確認させる*儀礼として捉えられてきたのである．しかし，先祖祭祀はそれにとどまらず，多様な宗教的世界をも内包しているものであるといえる．

　先祖祭祀とは，社会的に正当と認知された子孫を確保した者が，死後その子孫によって祭祀されることにより，子孫，およびそれを取り巻く社会集団に対して死後も幸不幸，処罰などの形で影響を及ぼし，子孫と関わりを持ち続けるという宗教的観念に基づいて営まれる儀礼である．正当な子孫とは先祖の社会的地位の正当な継承者であり，祭祀を継承する義務と権利を有する者にほかならない．そして先祖と子孫の連鎖により先祖中心の社会集団を形成する．先祖として祭祀されるためには，*死は必要条件であるが，十分条件ではない．先祖として祭祀されるためには，正当な子孫をもち，死後も祭祀が保証される条件を満たしていることが必要である．子孫をもたないまま死亡したり，異常死の場合などにおいては，鬼，餓鬼などと恐れられ，特別な儀礼が施される．死後，子孫によって祖霊化過程への儀礼が行われることで，先祖として復位し，子孫と関わりをもつことになる．ここでの子孫とは先祖との系譜関係で結ばれていると社会的に認知された者である．共通の先祖をもつこ

とによって排他的で恒久的な集団を形作ることになる. そこで先祖祭祀は単系出自集団を形成している社会に多くみられることになる. 西アフリカのタレンシ社会(ガーナ)の祖先崇拝の研究を行ったイギリスの人類学者フォーテス (Meyer Fortes, 1906-83) は先祖崇拝は先祖を中心にした社会組織編成の原理と呼応し, その統合イデオロギーの枠組みを提示するものであることを明らかにしている. その基底を支えているイデオロギーは, 親－子は, 不可避的に死を迎える親と, 親の死によってのみ親の権威を継承する子どもとの間のアンビバレントな関係に置かれ, そのことから子に対して親の死後も先祖としての亡き親への絶対的恭順を要請するものとして, すなわち孝を儀礼化したものが祖先崇拝であると捉えた. しかし, 日本社会などにおいては, 先祖と子孫の関係は一方では先祖が子孫を守ってくれているというように加護的であり, また一方では子孫によって祭祀されることによって「成仏する」といわれるように, 依存的な互恵的関係である. また, 中国社会, 朝鮮社会, 沖縄社会などにおいてもこうした側面がみられる. しかし, それらの社会では父系出自集団が先祖祭祀を支える基盤になっているのに対して, 日本社会においては「家」である(→家制度). 家は単系出自原理によってではなく, 他系からの養子取得による継承も許容する家の系譜の連続を基体とする. そこで当該社会構造, さらには社会的脈絡によって先祖祭祀にはさまざまなバリエーションがありうる.

【家と先祖祭祀】家における先祖とは, まず家の創設者・初代先祖が家の始源, 系譜の源頭として最も深い関心と尊敬の対象となっている. さらに本家分家の系譜関係に基づいて形成される家連合である同族においては, 各家に存在根拠を与えた究極の根源であり, 各家を成立せしめた始祖が最も重んじられ, 同族祭祀においての崇拝の対象となる. 各家においては初代先祖を核にし, 家の系譜的連続を再確認させる象徴として代々の家長夫婦がそれに連なり, 周辺的なものとして家で祭祀されているすべての死者が位置している. さらに源氏, 平家, 藤原, 橘などを先祖として崇めることに窺えるように, 家, 同族の権威を高めるための「出自の先祖」があげられる.

家社会における先祖祭祀の機能は, (1)家長が先祖から社会的地位を正当に継承したことを証拠だてる地位正当化の機能, (2)家継承者たる子の, 親に対するアンビバレントな感情を統制する孝の倫理の, 親の死後への拡張による世代関係安定の機能, (3)親族紛合の機能, (4)先祖の恩徳に感謝し, 加護を祈念することによる家維持への動機づけの機能, (5)子孫個々を社会的に根拠づけ, 実存的位置づけをもたらす自己確認の機能, などがあげられる. さらに伝統的には修験道, また現代社会では新宗教において窺える世界では, 先祖の祀り不足などによる「先祖の苦悩」が, 子孫に対して不幸をもたらすと説く災因論として登場する側面もある. それは現実の苦悩を先祖と子孫の関係に転化することによって, 人間関係, 家族などから孤立し, 苦悩の淵に押し込めることを防ぐとともに, 家族の秩序回復をもたらす機能をもっているといえる. 大正時代以降, 家の解体化が進むなかで, 家族秩序の再構築が人々の課題となり, こうした考え方が新宗教によって提示され, 多くの信者を獲得していった.

戦後の日本社会は急激な産業化, 都市化社会を迎え, 伝統的社会構造は質的にも変動していった. それは家社会の崩壊にほかならない. しかし, さまざまな世論調査においても先祖祭祀意識, 実践は高い比率を示していることなどから, 先祖祭祀が衰退しているとは必ずしもいえない. しかし, 家社会においてみられたような先祖の加護を願っての祭祀というより, 近親者への哀惜, 追慕としての側面が強くなっているのもまた事実である. そこで, 家の直系の先祖への祭祀から, 夫婦の双方の近親の先祖への追慕へと変わりつつあるといえる.

【文献】柳田國男『先祖の話』定本柳田國男集 10 (筑摩書房 1969); R. J. スミス『現代日本の祖先崇拝』全 2 巻, 前山隆訳 (御茶の水書房 1981-83): R. J. SMITH, *Ancestor Worship in Contemporary Japan* (Stanford 1974); M. フォーテス『祖先崇拝の論理』田中真砂子編訳 (ぺりかん社 1980); 森岡清美『家の変貌と先祖の祭』(日本基督教団出版局 1984); 渡邊欣雄編『祖先祭祀』(凱風社 1989).
(孝本貢)

ソゾメノス　Sozomenos (400 頃-450 頃)　*教父時代の教会史家. おそらくパレスチナの *ガザ近郊ベテレア (Bethelea) に生まれる. 彼の伝えるところによれば, 祖父がキリスト教に改宗して以来, 一家をあげて積極的に活動し, *修道院の設立にも関わっていたようである. 5 世紀の初めの頃 *コンスタンティノポリスに移り, 弁護士として活躍した. 著作としては『教会史』全 9 巻 (Historia Ecclesiastica, 443-50) のみが残されている. 内容的には同時代の *ソクラテスの教会史と重なる部分が多く, 大部分がソクラテスに無批判に従っている. しかし, ササン朝 *ペルシアの *シャープール 2 世時代の *迫害についてなど, 新しい史料も含んでいる.
【文献】LThK² 9: 933-34; NCE 13: 489.　(伊能哲大)

そっきょへん　『息距篇』　攘夷運動に伴うキリシタン邪教研究と破邪のため, 水戸藩が徳川斉昭の名において 1860 年 (万延 1) に編した *排耶書の集成. 中国の破耶叢書『破邪集』の復刻とともに『大日本破耶集』編纂の企画を受けたもので, *徳川家康らが諸寺院に発した法令などを集めた法令集 (1 巻), 史実 (2-8 巻) に次いで, 排耶書として『羅山文集』と *『吉利支丹物語』(9 巻), 『切支丹来実記』(10 巻), 『天文末録』(11-12 巻), *『三眼餘考』(13 巻), *『五月雨抄』(14 巻), *『破吉利支丹』と *『破提宇子』(15 巻), 『排吉利支丹』と『対治邪執論』および『江戸物語』(16 巻), *『耶蘇征伐記』(17-18 巻), 『島原始末記』(19-20 巻) などを収めている. 彰考館本は 20 巻, また, 内閣文庫本は『島原記録』(16-18 巻), *『島原記』(20-21 巻), 『松平輝綱日記』(22 巻. →『嶋原天草日記』) となっており, 若干の異同がみられる.
(尾原悟)

ソッツィーニ　Sozzini, Fausto (1539. 11. 5-1604. 3. 3)　*ソッツィーニ主義を形成したイタリア出身の反三位一体論者, *ユニテリアン主義の神学者. *シエナに生まれ, *クラコフ近くのルクワヴィチェ (Lucławice) で死去. 叔父 L. *ソッツィーニの影響を受けて, 神学に興味を抱く. *リヨンに住んだ (1559-62) 後, *チューリヒで叔父の残した手稿を精読し, 『ヨハネ福音書 1 章講解』(Explicatio primae partis primi captis Evangelii Joannis, 1562) を公にして *反三位一体論を確立した. *フィレンツェの *メディチ家の宮廷に秘書として仕えたが, 大公コジモ 1 世 (Cosimo I, 在位 1537-74) の死後, *バーゼルに移り, 聖書研究に没頭. 贖罪論をめぐってプロテスタントのクーエ (Jacques

ソッツィーニ

Couet, 生没年不詳）と論争した．イエス・キリストが*救い主と呼ばれるのは贖罪のゆえではなく，その生き方に倣うことによると主張．後にポーランドで『救済者イエス・キリスト』(De Jesu Christo servatore, 1594) を出版，1579年にトランシルヴァニア，次いでポーランドへ逃れた．ラクフ (Raków) の*教理問答書を改訂した『ラクフ教理問答』(〔独〕Rakauer Katechismus, 原語ポーランド語1605；ドイツ語訳1608；ラテン語訳1609) はソッツィーニ主義の代表的文献となる．その他の著作として『神学綱要』(Praelectiones theologicae institutio, 1609) と『キリスト教要提』(Christianae religionis brevissima institutio, 1608) がある．
【文献】キ人 827-28; LThK² 9: 929; NCE 13: 397-98; ODCC³ 1513; RGG³ 6: 208.　　　　　(秋山昇)

ソッツィーニ　Sozzini, Lelio (1525頃-1562. 5. 16)　イタリアの神学者，宗教改革思想家．*シエナで生まれ，*チューリヒで没す．初め法律を学んだが，後に聖書学，神学を専攻．ヨーロッパ各地を巡り，*カルヴァン，*メランヒトン，*ブリンガーなどの宗教改革者への手紙のなかで，*三位一体論などへの疑いを表明，*ユニテリアン運動に影響を与えた．
【文献】キ人 828; キ大 667; RGG³ 6: 207-10.
　　　　　　　　　　　　　　　(榎本昌弘)

ソッツィーニしゅぎ　ソッツィーニ主義〔英〕Socinianism,〔独〕Sozinianismus,〔仏〕socinianisme　*宗教改革以後，イタリア，スイス，ドイツ，ポーランドで起こった*反三位一体論的神学による教会運動の総称．ポーランドでこの派の指導的神学者であったF. *ソッツィーニの名に由来する．*ユニテリアン主義の運動で，L. *ソッツィーニを例とする，イタリアを中心とした，正統神学に批判的な*人文主義の神学者を起源とする．彼らの多くはスイスに逃れ，そこで*セルヴェトゥスとも接触．やがて迫害を逃れてポーランドに移った．彼らは1565年に神の*三位一体を否定し，*父なる神の位格(*ペルソナ)のみしか認めず，キリストの神性を認めない「小教会」(Ecclesia minor) と称する団体を設立した．ポーランドのラクフ (Raków) はこの派の拠点となり，1580年からF. ソッツィーニが指導者となった．彼がまとめた『ラクフ教理問答』(原語ポーランド語1605，ドイツ語訳1608) はこの運動の規範となり，各国語に訳された．やがて*カトリック改革による攻撃を受け，1638年にはラクフの拠点は閉鎖，1658年には追放を命じられ，ポーランドでの運動は終焉した．聖書の合理主義的解釈，教会と国家の分離，戦争における無抵抗主義など，西欧の近代思想に及ぼした影響は大きい．
【文献】キ大 667-68; LThK³ 9: 796-98; NIDChC² 912; NCE 13: 397-98; RGG³ 6: 207-10.　　　(秋山昇)

ソテリス　Soteris（3世紀）　聖人（祝日2月10日），おとめ殉教者．ローマの貴族の家に生まれる．*アンブロシウスがその生涯に言及し，ローマ皇帝*ディオクレティアヌスの迫害の際に捕らえられ，脅迫と鞭打ちにもかかわらず異教の神に犠牲を捧げることを断固として拒んだため斬首されたと記している．
【文献】LThK² 9: 897.　　　　　　　　(久野曉子)

ソテル　Soter（生没年不詳）　教皇（在位166頃-174頃），聖人（祝日4月22日）．ローマ皇帝*マルクス・アウレリウスの治世に在位．コリント司教*ディオニュシオスの書簡（カイサレイアの*エウセビオス『教会史』4: 23）に，ソテルがローマで行った社会福祉事業が記されている．ローマに*復活祭の慣行を導入したともいわれる（同5: 24）．
【文献】キ人 828; LP 1: 4-5, 58-59, 135; LThK² 9: 893-94; NCE 13: 444.　　　(杉崎泰一郎)

ソテロ　Sotelo, Luis（1574. 9. 6-1624. 8. 25）　スペイン人フランシスコ会員．*日本205福者の一人．
　*セビリャの貴族の次男として生まれる．*サラマンカ大学で法律，医学，神学を修め，1594年*サラマンカの*フランシスコ会（跣足派）で*修道誓願を宣立．1599年司祭叙階．*殉教の栄誉を受けるべくフィリピン宣教団に参加し，メキシコに渡る．親族の反対にもかかわらず1600年フィリピンに向け出航．*マニラ郊外の*日本町ディラオ (Dilao) では日本人信徒の*霊的指導を任され，日本語を習得．フィリピン総督グスマン (Francisco Tello de Guzmán, ?-1603) が縁者だったため日本渡航の夢を抱くもののかなわず，人文学講師となる．新総督アクーニャ (Pedro Bravo de Acuña, ?-1606) の着任により念願がかない，フランシスコ会員3名とともに1603年（慶長8）*徳川家康らに宛てた総督親書を携え，外交使節として日本に向かった．
　伏見を拠点に上流階級の多くの人々の知遇を得て充実した宣教活動を展開し，*祈りと*苦行の実践を通して*キリシタンに多大な影響を及ぼす．1606年*浅野幸長の援助で和歌山に修道院を建設．1608年*大坂で活躍しながら四国にも赴く．1609年，来日した前フィリピン総督*ビベロ・イ・ベラスコと家康の仲介役を務め，友好条約起草とスペインへの使節派遣準備に尽力．1610年には*江戸での宣教を任され，伊達政宗の厚意により本州北部宣教の機会にも恵まれる．日本教会の重要性を認識する一方で，幕府の*宣教師に対する姿勢が硬化しつつある情勢を鑑み，*マドリードと*ローマへの使節派遣を政宗と企図したが，迫害が始まり計画は頓挫する．江戸および周辺の教会も弾圧され，自身も投獄されるが，政宗の使節であることを理由に釈放され，仙台に行く．再度，使節派遣を計画し，1613年10月末に*支倉常長の*慶長遣欧使節が実現，ソテロも同行しスペイン，ローマへと向かった．
　1614年10月スペインに到着．翌年1月にはマドリードでフェリペ3世 (Felipe III, 在位1598-1621) の歓待を受ける．ローマでも同様に歓迎され，教皇*パウルス5世はソテロと常長の肖像をクイリナーレ大聖堂フレスコ画に残すことを指示し，またソテロを教皇宮廷付説教師，フランシスコ会律修第三会日本管区長，スペインの*保護権のもとに日本北部（陸奥国）の*名義司教に任命した（種々の妨害に遭い司教に叙階されることはなかった．→奥州司教区設立計画）．1616年，迫害で日本宣教を断念したマニラ管区に代わるものとして設立された，総長直属の日本準管区の2代目管区長に任命される．翌年，常長一行とともにメキシコ経由でフィリピンに向かい，1618年6月末マニラに到着．マニラ管区はソテロの日本渡航を許さず，渡欧中に得た特権と職責すべての放棄と謹慎を命じる．常長一行は1620年（元和6）便船を得て帰国．それを待っていたかのように政宗は領内での*キリシタン禁制を布告した．
　ソテロの再来日は1622年秋のことで，同行した*笹

田ルイス，*馬場ルイスとともに薩摩上陸直後に捕らえられ*長崎に送られる．取調べの際，スペイン国王と教皇からの政宗宛親書を携えた使節であると告げたため，慎重な対応がとられたが，宣教師として投獄は免れられず，*大村牢で2年を過ごした後*放虎原(ほうこ)で火刑に処せられた．1867年列福．
【文献】L. ペレス『ベアト・ルイス・ソテーロ伝』野間一正訳(東海大学出版会 1968); L. PÉREZ, *Apostolady y Martirio del Beato Luis Sotelo en el Japón* (Madrid 1924); T. オイテンブルク『16-17世紀の日本におけるフランシスコ会士たち』石井健吾訳(中央出版社 1980); T. UYTTENBROECK, *Early Franciscans in Japan* (Tokyo 1958); B. ヴィレケ『キリシタン時代におけるフランシスコ会の活動』伊能哲大訳(光明社 1993). (石井健吾)

ソト　Soto, Domingo De　(1494–1560.11.15)　スペインの神学者．*トリエント公会議で活躍．*セゴビアに生まれ，*サラマンカで没す．幼少時は貧しかったが，生来敬虔で学問への志強く，*アルカラ大学と*パリ大学で哲学，論理学を学ぶ．やがてアルカラ(Alcalá)で哲学の教師になったが，突然職を辞し，1525年*ドミニコ会に入会した．すぐにブルゴス(Burgos)の学院および1532年からは*サラマンカ大学で教えた．皇帝*カール5世に選ばれトリエント公会議にも送られ，ドミニコ会の代表としても誠実に働き，公会議の論議を深めた．公会議中断後サラマンカに戻り，そこで1556年の引退まで講じた．
【主著】*In dialecticam Aristotelis*, 1544.
【文献】キ人 828; DThC 14: 2423-31; LThK² 9: 897; NCE 13: 445. (光延一郎)

ソドマ　Sodoma　(1477–1549)　イタリアの画家．本名ジョヴァンニ・アントニオ・バッツィ(Giovanni Antonio Bazzi)．北イタリアのヴェルチェリ(Vercelli)に生まれる．ピエモンテ派の画家として出発するが，*ミラノに出て*レオナルド・ダ・ヴィンチの作品に触れることによって強い影響を受けた．1500年頃から*シエナを中心に活動し，同地で没した．1508年に*ローマに招かれ，*ヴァティカンの「署名の間」の天井画の一部を*ラファエロが携わる以前に制作している．『聖セバスティアヌス』(フィレンツェのピッティ美術館)にみられるような耽美的でセンチメンタルな表情の人物像を得意とする．スフマート(ぼかし)による柔らかな輪郭と微妙な明暗表現にはレオナルドの影響が感じとられる．
【文献】DA 29: 1-4; E. カルリ『イル・ソドマ』在里寛司訳(鹿島出版会 1981); E. CARLI, *Il Sodoma a Sant'Anna in Camprena* (Firenze 1974). (本間紀子)

ソドムとゴモラ　Sodom, Gomorrah　〔ヘ〕Seḏōm, 'ămōrâ, 〔ギ〕Sodoma, Gomorra　ソドムとゴモラはカナンの五つの町(ペンタポリス，〔ギ〕Pentapolis. 知 10: 6; 創 14: 2 等参照)に属し，住民の犯した罪のために神によって滅ぼされた町として有名である．ソドムのほうが主要な位置を占めるが，一対になって出てくることが多い．場所は一般に*死海の南東部と考えられている(死海北部という説もある)．ケダルラオメル王たちとの戦いでは敗北し，*アブラハムによって助けられる(創 14章)．*ロトはソドムに住むが，町の住民は邪悪であった(創 13: 12-13)．神は天から硫黄と火を降らせ，ロトとその家族を除いて滅ぼしてしまう(創 19章)．人々の罪は*同性愛と考えられるが(創 19: 5 の動詞「知る」．ただし口語訳聖書による)，聖書の他の箇所では姦淫，偽り，高慢などとも記されている．預言書では神によって覆された町の典型として，悔い改めなければ滅びるとの警告のなかに登場する(イザ 13: 19 等)．福音書では裁きの日には悔い改めない町よりも，ソドムやゴモラのほうが軽い罰で済むともいわれている(マタ 10: 15)．
【文献】ABD 6: 99-103. (柊曉生)

そとめ　外海　長崎県西彼杵半島を南北に走る稜線の西側斜面に位置する地域．古くは「ほかめ」「外目」ともみえる．現在は，黒崎，神浦，池島からなる外海町をいう．1570年(元亀 1) F. *カブラルが最初の*宣教師として大村領のこの地を訪問し，1586年(天正 14)頃には*イエズス会のレジデンシア(住院)が神浦にあった．1592年(文禄 1)頃，一時的に日本語学校も移転したが，1606年(慶長 11)棄教した*大村喜前の宣教師追放で神浦のレジデンシアも閉鎖された．外海の*キリシタンは，江戸時代の禁制のなかでも潜伏して信仰を伝承し，1772年(安永 1)以降，信仰が黙認される*五島へ多数開拓移住した．1865年(慶応 1)の「信徒発見」後(→キリシタンの復活)，キリシタンの多くがカトリック教会の指導下に入ったが，*かくれキリシタンの組織も現存している．1879年(明治 12)司祭*ド・ロが出津に赴任し，村人の信仰と生活，産業の育成，教育の向上に尽力した．ド・ロの故郷である*バイユー近郊のヴォー・シューロール(Vaux-sur-Aure)村とは姉妹都市である．外海町からは*田口芳五郎，*里脇浅次郎の2名の*枢機卿のほか多くの司祭，修道者が出ている．
【文献】平野光武『外海町』(外海町役場 1974); 片岡弥吉『ある明治の福祉像』(日本放送出版協会 1977). (片岡瑠美子)

そにんほうしょうせい　訴人褒賞制　幕府・諸藩が設けた罪人通報者に対する褒賞金制度．江戸幕府は特に潜伏中の*キリシタンに加え，放銃，姦徒，徒党，放火などの犯科人に関する情報提供者を褒賞した．以下，キリシタン訴人の褒賞について述べる．
【起源】1616年(元和 2) 9月18日江戸幕府は「百姓以下」に至るまでの宗門禁止を命じたが，その際*江戸ではキリシタンを訴人した者に多額の銀を賞与した．「全町人がキリシタン」といわれた*長崎では，1618年，奉行の*長谷川権六により，町中の広場に「150ペソの価値の銀の延棒30本」が陳列され，同時に盗賊や放火犯の告発を奨励し，潜伏した宣教師(*伴天連)を訴え出た者にも賞与する旨の建札がなされ，以降歴代の奉行に継承された．京都では，所司代の名で1622年，町中の「門徒」申し出に対し「褒美」を与えると布告している．
【概要】1633年(寛永 10)以降幕府は，*長崎奉行に老中連署状(鎖国令)を発給し，褒賞銀を100枚(1枚43匁の枚包)と規定した．特に1638年の*島原の乱の後，在国・在府の諸大名にキリシタン改めを厳達し，訴人に対する「公儀御褒美」を通告．金額(嘱託銀(しよくたくぎん))はしだいに増額され，1674年(延宝 2)に，伴天連の賞銀は500枚，以下*同宿・信徒にも50–100枚と規定された．これらの金額は，無断「放銃」に関する通報者への賞銀を300枚とする事例(1685)等に照らすと，密告額としては最高級であったといえる．藩によっては，独自に褒賞制

そのあやこ

を設けたところがあり幕末に及んだ．このためキリシタン関係者は賞金稼ぎの標的とされ，教会は壊滅状態に追い込まれた．明治新政府も*キリシタン禁制を踏襲し，不審なる者通報への「御褒美」を規定したが，列国外交団の抗議で撤回した．

【文献】清水紘一「きりしたん訴人褒賞制について」『キリシタン研究』19（吉川弘文館 1979）263-300．

（清水紘一）

そのあやこ　曾野綾子（1931.9.17- ）　小説家．本名，三浦千寿子．町田英治郎（大和護謨製作所専務取締役），キワの次女として東京に生まれる．1937 年（昭和 12）聖心女子学院幼稚園に入園し，1954 年の*聖心女子大学英文科卒業まで一貫したカトリックの教育を受ける．この間，1945 年 5 月から翌年 3 月まで石川県金沢市に疎開．1948 年に受洗し，洗礼名はマリア・エリザベト．1949 年同人誌『ラマンチャ』に加わり，1951 年に発表した『裾野』で認められ，第 15 次『新思潮』同人となった．1953 年小説家*三浦朱門と結婚．1954 年少女の視点から進駐軍兵士を描いた『遠来の客たち』で芥川賞候補となる．以後，国内外の社会問題に対する丹念な取材をもとに『無名碑』（1969），『生贄の島』（1970）などを発表．1970 年のエッセイ『誰のために愛するか』はベストセラーとなり，1973 年には青春小説『太郎物語』が若い世代の人気を集めた．1980 年『神の汚れた手』が女流文学賞に選ばれたが受賞を辞退．ほかにも代表作に『奇蹟』（1973），『落葉の声』（1976），『心に迫るパウロの言葉』（1986），『天上の青』（1990）などがある．いずれの作品も人間や社会のなかにある問題性に鋭く切り込むとともに，人間存在の意義深さを信仰という観点から掘り下げている．1981 年長年の眼疾であった白内障の手術に成功し，1984 年から視力障害者のための聖地巡礼の旅を毎年行う．1979 年ローマ教皇庁より聖十字架章を贈られ，以後，1983 年ダミアン神父賞（韓国ハンセン病事業連合会），1987 年正論大賞，1992 年（平成 4）ウギョン文化芸術賞（韓国），1993 年日本芸術院賞・恩賜賞，1995 年 NHK 放送文化賞などを受賞．また，1984 年靖国問題懇談会委員，同年臨時教育審議会委員，1990 年脳死臨調委員などを委嘱され，社会的な問題に積極的に関わった．1993 年日本芸術院会員．1995 年には日本船舶振興会（日本財団）会長に就任し，話題となった．教皇庁芸術文化アカデミーの会員でもある．

【作品集】『曾野綾子選集』全 7 巻（読売新聞社 1971）；『曾野綾子作品選集』全 12 巻（桃源社 1974-75）；『曾野綾子選集』全 8 巻（読売新聞社 1984-85）；『曾野綾子作品選集』全 11 巻（光風社出版 1985-86）．

（上総英郎）

そのぎ　彼杵　大村湾の北東岸に位置する現在の長崎県東彼杵郡東彼杵町．地名の由来は『肥前国風土記』の彼杵郡彼杵郷の条にも現れるが，平安末期には彼杵庄が成立し，室町後期になると彼杵郡の国人のなかから*大村氏が台頭した．大村純前は実子貴明を武雄後藤氏の養子に出し，*有馬晴純の次男純忠を養子として迎え，1550 年（天文 19）家督を継がせたが，1563 年（永禄 6）*大村純忠が*洗礼を受けて最初の*キリシタン大名となると，彼杵もキリスト教化し，1592 年（天正 20）から 1606 年（慶長 11）まで*イエズス会のレジデンシア（住院）が置かれていた．彼杵は海陸交通の要衝で，西彼杵郡時津と大村湾を縦に結ぶ海上航路が開かれており，旅程の短縮から海路が用いられることが多かった．1597 年 2 月 4 日（慶長 1 年 12 月 18 日）イエズス会の司祭*パジオ，ジョアン・*ロドリゲスに迎えられた，殉教者となる 26 名は，彼杵から時津に向かって乗船した．現在，*日本 26 聖人の乗船記念碑が建っている．

【文献】L. フロイス『日本史』9-12 巻，松田毅一，川崎桃太訳（中央公論社 1979-80）；J. F. SCHÜTTE, Introductio ad Historiam Societatis Jesu in Japonia, 1549-1650 (Roma 1968).

（片岡瑠美子）

ソフィア　Sofija　ブルガリア共和国の首都．旧名セルディカ（Serdica）と呼ばれ，343 年に*セルディカ教会会議の開催地となる．ローマ・ビザンティン帝国領を経て，809 年トルコ系ブルガール族（Bulghār）のクルム汗（Krum, 在位 802-14）によって占領され，その後もさまざまな支配者を迎えた後に，1385 年*オスマン帝国の支配下に入る．1878 年のブルガリア王国独立とともに，翌 79 年首都に定められ現在に至る．*東方典礼を導入したブルガリアの宗教的拠点としての歴史を反映して，市名の由来となった*ユスティニアヌス 1 世の創建による聖ソフィア教会をはじめ，聖ペトカ地下教会，聖ネデリャ教会，ブルガリア独立戦争（1876-78）におけるロシアの援助を記念して建立されたアレクサンドル・ネフスキー大聖堂などの*東方正教会が存在する．オスマン帝国時代の 16 世紀建立のイスラム教寺院バーニャ・バシ・ジャミイも市内のイスラム教徒の宗教的中心として活動中．1926 年より*カトリック東方教会におけるブルガリア使徒座総主教代牧区（*エクサルカトゥス・アポストリクス）が置かれている．

【文献】AnPont (1999) 678, 1048; LThK² 9: 847; A. P. KAZHDAN, ET AL., eds., The Oxford Dictionary of Byzantium, v. 3 (Oxford 1991) 1876；森安達也，今井淳子編訳『ブルガリア―風土と歴史』（恒文社 1981）．

（栗原毅）

ソフィア〔ギ〕**Sophia**　古代ギリシアにおいては，ソフィアは第一に技能的な習熟を意味し，詩人たちなど*人間への神々の賜物であった．イオニア人の主導のもとに真実への観想的な探究という要素も導入されたが，*ソフィストたちは*知恵を弁論の力に縮減した．それに対して*ソクラテスの知恵は，全人格的な存在に関わる*認識として人間的な憶見を批判する知力であり，また師を受け継ぐ*プラトンでは，人間に完成をもたらす*善としての最高存在の認識であるとされた．*アリストテレスにおいては実際的な側面は抜け落ち，知恵は理論的な*哲学と同一視され，*第一原因の*真理を観想することだとされた．さらに*ストア学派では思想と宇宙的な秩序との調和が，中期*プラトン主義では神的なものへの哲学的認識による接近が知恵とみなされた．

　*新約聖書では，旧約的な技術・習慣・倫理を含めた生活知，および人格化された*神と人との仲介者である知恵という要素を受け継ぎながら，神の知恵の具現そのものである*イエス・キリスト，特にその*十字架の愚かさに神の知恵をみる．キリスト教の一般的用法としては，「叡智」（〔ラ〕sapientia，→知恵）として，神の目から物事を見通す*信仰の知識を意味する．

【文献】TDNT 7: 496-528.

（光延一郎）

ソフィスト　Sophistēs　「知者」（sophos）を意味するギリシア語．ラテン語の sapiens と同根．元来は音楽家・詩人・料理人といった個別の技能に秀でた「名人」

を意味するが，前5世紀半ば以降，独特の教育者の一群を指す呼称となる．「人間尺度説」を唱えたプロタゴラス (Protagoras, 前485-415)，弁論家として名高いゴルギアス (Gorgias, 前485-390)，博学を誇ったヒッピアス (Hippias, 前483-?)，語義の弁別に腐心したプロディコス (Prodikos)，アンティフォン (Antiphon) らが代表で，著作の断片が残されている．

ペルシア戦役後，一躍全ギリシアの政治・経済・文化の中心となった民主政*アテネを主な舞台に，諸都市を巡回遍歴しては高額の授業料をとって，有為の青年を対象にそれぞれ「教養」教育を標榜した．法廷や議会で大衆を説得する弁論術（[ギ] rhētorikē）の修練を軸に，将来の国家指導者となるべき人材の育成を目指したが，説得の技術は事実よりはまず「見かけの真」を指すために，しだいに相対主義的な*認識論に傾いていった．そのため先鋭な論理と斬新な社会観に魅了される青年を輩出する一方，詭弁を弄してまで論争に執着する口舌の徒として軽蔑され，また父祖伝来の宗教道徳を否定する危険思想家，無神論者として保守層の反発を招いた．

彼らはいわば競合する個人事業主であり，学派をなしていたわけではないが，前4世紀のクセノフォン (Xenophon)，*プラトン，*アリストテレスなどは師*ソクラテスの活動をソフィストたちの対極に置き，「偽の知識で人を欺く者」として厳しく批判した．逆に近年では因習的道徳観を打破した啓蒙家としての役割を再評価する動向もあるが，いずれにせよ，*自然哲学から人間社会の*法や*道徳へと関心が移行する時代の状況を反映した国際化時代の知識人である．

【文献】プラトン『テアイテトス』田中美知太郎訳 (岩波書店 1966)；アリストテレス「詭弁論駁論」『アリストテレス全集』2, 宮内璋訳 (岩波書店 1970) 351-504；プラトン「ソピステス」『プラトン全集』3, 藤澤令夫訳 (岩波書店 1976) 1-186；田中美知太郎『ソフィスト』(講談社 1976)；プラトン『プロタゴラス』藤澤令夫訳 (岩波書店 1988)；H. ディールス，W. クランツ編『ソクラテス以前哲学者断片集』第5分冊 (岩波書店 1997)：H. DIELS, W. KRANZ, eds., *Die Fragmente der Vorsokratiker*, 3 v. (Berlin 1903 ⁶1951-52)；W. K. C. GUTHRIE, *A History of Greek Philosophy*, v. 3 (Cambridge 1969)；G. B. KERFERD, *The Sophistic Movement* (Cambridge 1981). （荻野弘之）

ソフォクレス Sophokles （前497/96-404）

*アイスキュロス，*エウリピデスと並ぶギリシア三大悲劇詩人の一人．

【生涯】*アテネの近郊，伝説のオイディプス王 (Oidipous) 終焉の地とされるコロノス (Kolonos) で，富裕な武具製造者の子として生まれる．前468年の悲劇競演において，およそ30歳年長だったアイスキュロスを破り優勝する．その後晩年に至るまで，優勝回数は18回とも24回とも伝えられ，詩人としての名声を保った．また，演劇の様式や技術の面でも，俳優を2名から3名に増やし，舞台に書割りを導入するなど改良を行った．アイスキュロスやエウリピデスと異なり，彼はアテネの大政治家ペリクレス (Pericles, 前500頃-429) とともに将軍に選任されるなど重要な公務を歴任した．さらに神官職も務め，没後，彼自身が英雄神（→英雄崇拝）として顕彰されたという．アテネで死去．

【作品】長い生涯の間に123編の作品を残したといわれるが，現存するのは，悲劇が完全な形で7編，すなわち『アンティゴネー』(Antigone, 前442)，『アイアス』(Aias, 前450頃)，『エレクトラ』(Elektra, 前425-409)，『オイディプス王』(Oidipus tyrannos, 前425頃)，『トラキスの女たち』(Trachiniai, 前440頃)，『フィロクテテス』(Philoktetes, 前409)，『コロノスのオイディプス』(Oidipus epi Kolono, 前410上演)，ほかにサテュロス劇『追跡者』(Ichneutai) の400行ほどの大断片，その他，100編余の表題とともに約1,000行の断章が伝わっている．

作品の主題は，登場人物と物語の背景にある神々や*神託との葛藤といえる．英雄の数々の苦悩は，運命の翻弄というよりは，人間の*正義や善悪の観念を超えた不可避の存在を受容する過程であり，英雄は激しさを伴った高貴な姿に描かれている．作品の底流にある人智を超越した偉大な神々への敬虔の念は，神的かつ普遍的なものとして捉えられ，万人に理解されるべき，後の*自然法の観念の萌芽でもある．

【文献】NCE 10: 251-62; A. シュタウプ編『ギリシア・ローマ古典文学参照事典』(中央出版社 1971)；新関良三『ギリシャ・ローマ演劇史』2 (東京堂 1957)；呉茂一『ギリシア悲劇』(社会思想社 1968)；『ギリシア悲劇全集』3, 4, 11, 別巻 (岩波書店 1990-92). （水戸博之）

ソフロニオス〔エルサレムの〕 Sophronios

(560頃-638.3.11)　エルサレム総主教(在職634-38)，聖人(祝日3月11日)．「智者」(Sophistes)と呼ばれる．*ダマスコに生まれ，*エルサレムに没す．エジプトの*隠修士であったが，ヨルダンに赴き，618年頃エルサレムのテオドシウス修道院に入った．*ヨアンネス・モスコスに同行し，*ローマに赴いたこともある．633年，*キリスト単意説との論争のため，*アレクサンドリアや*コンスタンティノポリスに赴くが，芳しい成果は得られなかった．634年エルサレムの*総主教に選出されると，*キリスト両意説を盛り込んだ教会会議書簡を各総主教区へ送付したり，両意説の文書を編集するなど，キリストの神性と人性の説明に努めた．また，アレクサンドリアの殉教者たちの伝記も記している．エルサレムがアラブ人の手に落ちた638年に死去．

【文献】EC 11: 906-907; LThK² 9: 888-89; NCE 13: 439. （山口和彦）

ソボルノスチ Sobornostj

19世紀半ばの，*ロシアの進路をめぐる論争における西欧主義と*スラヴ主義の二つの潮流のうち後者の指導者*ホミャコーフなどが唱えた概念．

ソボルノスチ(Sobornostj)とは，ソボール(sobor)という「集まり」「集合」などを意味する語から派生している．ホミャコーフはこれを「愛によって結び合わされた自由な集合」と定義した．彼によれば，その原型は*初代教会の交わり(*コイノニア)にあり，キリストに対する共通の愛を基盤に多数の者が自由に，かつ一つにまとまっていることであった．その際，この自由と集まりとしての統一という一見相反する二つの原理は，カトリック(→カトリシズム)が「自由なき統一」，プロテスタント(→プロテスタンティズム)が「統一なき自由」の状態に陥っているのに対し，*ロシア正教会においては有機的に結合しているとみた．一方，宗教的概念を超えてロシア民族の特質に結びつけ，その典型はロシアの農村共同体ミール([露] mir)にみられるという民族論にもつながる．したがってこの概念は，ロシア独特の，言

葉では言い表し難いものとされている.
　こうした考え方は，多少のニュアンスの違いはあるものの，スラヴ主義者の*キレエフスキー，K. S.*アクサーコフの共同体論にもみられ，哲学者*ソロヴィヨフらにも受け継がれた．作家*ドストエフスキーも『作家の日記』で共感を示している．*ブルガーコフらの現代の正教神学者にも維持されている．
【文献】LThK² 9: 841-42.
(安村仁志)

ソマスカしゅうどうかい　ソマスカ修道会　〔伊〕
Chierici Regolari Somaschi (Somaschi), 〔ラ〕Ordo Clericorum Regularium a Somascha, 〔略号〕C. R. S. 教皇庁立男子修道会.*ジロラモ・ミアーニによって1534年に,当初「貧者の下僕会」(Compagnia dei Servi dei poveri)の名称のもとに創立された.会は教会刷新の気運の高まりのなかで誕生.カトリック教会に新たな活力を与えんとした創立者はその実現手段として孤児の世話，放任された青少年たちの教育および道を踏み外した女性たちの更生に力を入れた．1540年には時の教皇*パウルス3世によって認可され，1568年教皇*ピウス5世によって現在の「ソマスカ修道会」の名称のもとに最終的に律修聖職者会(→修道会)の一つとして組み入れられた．イタリア国内のみで活動していた時期には，近世イタリアの不安定な政権変化の煽りを直接被り，会は大きな危機を経験したが徐々に回復．1925年以降急速に発展し，今日では全世界に会員を派遣し，あらゆる種類の慈善事業，特に孤児院や青少年教育施設を作って運営，奉仕している．会員は特別に*十字架上のキリスト，聖母*マリア，*守護の天使に対する信心の促進に努める．
【現勢】1997年末現在，施設89，会員数517名（うち司祭346名）．活動地域はヨーロッパ，アメリカ合衆国，南米諸国．総本部，ローマ．
【文献】AnPont (1999) 1458; DIP 2: 975-78; L. ZAMBARELLI, *L'Ordine dei pp. Somaschi* (Roma 1928); M. TENTORIO, *I Somaschi* (Torino 1952).
(和田誠)

ソマリア
正式国名：ソマリア民主共和国，〔英〕Somali Democratic Republic. 面積：63万7,657 km². 人口：982万人(1996年現在). 言語：ソマリ語，アラビア語(以上公用語). 宗教：イスラム教スンナ派(国教)が大多数を占める．
【概要】ソマリアは，アフリカ大陸最東部のいわゆる「アフリカの角」に位置する．イタリアの2倍ほどの面積を有するが，開拓された地下資源をもたないため貧しく，国民の多くは遊牧民である．そのため，外国からの援助に依存している．また1960年の国家創設以来，開発のためのあらゆる側面から人的・物質的援助を受け入れることを認めている．当初ソマリアはソヴィエト連邦からの支援を受けていた．しかし，*エチオピアの皇帝ハイレ・セラシェ1世(Haile Selassie I, 1892-1975)が1974年失脚しマルクス主義政権が樹立されると，ソヴィエトはエチオピアに目を向けるようになった．ソマリアは現在でも国名が示す通りマルクス主義的国家だが，中国，アラビア諸国に依存し，また西側への方向転換もいわれている．ソマリアは全ソマリア人を一つの国土に統一しようとの野望をもっていたが，その結果，当然エチオピアと敵対することになった．エチオピアとの戦争は1977年11月にソマリアの敗北に終わり，その結果，大量の難民が生まれた．1985年になって初めて，エチオピアとソマリアの境界領域に住むソマリア人少数派の状況についての見解の一致が両国間にみられた．この一致により，両国はそれぞれ，相手の政府に敵対して活動する暴徒をもはや支援しなくなった．しかし，国内では多くの反政府勢力が活発に活動し，1990年には内戦が勃発，国は南北に分裂し，外国人ジャーナリストとの接触も禁止された．
【カトリック教会の宣教と活動】ソマリアの居住者はほとんどイスラム教徒である．しかし，ソマリアにキリスト教宣教の努力がなされなかったわけではない．16世紀には*フランシスコ会の会員が*エルサレムからやって来たが，すぐに死去したと伝えられている．また二人の宣教師が17世紀にキリスト教国エチオピアからこの地にやって来たが確たる成果はあげなかった．19世紀の終わり頃になって初めて後にソマリアとなる英国とイタリアの植民地で一貫した宣教活動が展開されたが，これも大きな成果には至らなかった．
　1960年にソマリアは独立する．1963年1月13日にはキリスト教宣教師によるキリスト教の「宣伝」活動が禁じられた．この法律に従えば，確かにそれぞれの宗教の自由な活動は認められているが，実際は*イスラム教のみが障害なしに布教することができる．1969年10月21日の「革命」，すなわちクーデターから3周年の1972年10月21日，大統領シャド・バレ(Siyad Barre)は権力を掌握し，すべての私立学校，*カトリック学校，他の教会施設の国有化を布告した．当時の全学児童数2万3,000人のうち，わずか，2,200人のみがカトリック学校に通う結果となったが，宣教活動は引き続き国有化された施設でも許可されていた．1970年代末にソマリア政府は，病院で働く外国人の宣教会修道女を求め，彼女たちの活動は，すでに中国から来て医学・医療に携わっていた人々にも高く評価された．修道女たちにとっては，引き続き病院で働くことが滞在の条件でもあった．
　1972年にはソマリアに5,000人のカトリック信者がいたが，1989年にはわずか2,500人になった．しかし，ソマリア人のキリスト教徒の数は増加している．さらに数百の他教派にもソマリア人信徒がいる．1976年以降，イタリア出身のフランシスコ会員で大司教のコロンボ(Pietro Salvatore Colombo)が全ソマリアを包括するモガディシュ(Mogadishu)司教区を率いることになったが，1989年7月9日に何者かに射殺された．コロンボの言葉を引用すると，このようなイスラム教国での教会の主な任務は，「法律的制限に基づく社会事業的な活動」(例えば難民の援助，医学的・医療的配慮，女性の生涯教育等)である．
【現勢】1995年現在，カトリック信者数：200. 司教区：1. 教区司祭：1. 修道司祭：2. 修道女：4.
(W. ホフマン)

ソーミュールしんがく　ソーミュール神学
théologie de Saumur　南仏ソーミュール(Saumur)の改革派神学校を中心とした自由な学風の神学で,

近代神学の批評学を開始．神学校は1598年の創立，1685年に閉鎖．初代の教授としてJ.*カメロンが自由な研究方法を主張，彼の弟子*アミローは仮定的普遍救済説を主張，またカッペルス (Louis Cappellus, 1585-1658) も独自の聖書研究法を採用した．
【文献】キ大664． (榎本昌弘)

ゾーム　Sohm, Rudolph (1841. 10. 29-1917. 5. 16)　プロテスタント（福音教会）の著名な法学者．ドイツ東部ロストック (Rostock) に生まれ，*ライプツィヒで死去．法制史，*ローマ法とドイツ民法についての著書を著したが，最も注目され，かつ版を重ねたのは，教会史と*教会法についての著作である．彼の『教会法』第1巻 (Kirchenrecht, 1892) の最後の言葉，「教会法の本質は教会の本質と矛盾する」は，彼の基本的な考え方を表す．すなわち，法秩序は強制を伴う*国家に関する世俗的なものであるが，*教会は精神的かつ不可視的なものである．2-3名がキリストの名において集まると，そこにはすでに教会があるが，この場合の教会には統治権（→裁治権）がない．換言すれば，教会法の教会はキリストの教会ではない．教会法が成立したときに，初めて「カトリック化された」教会が生まれたということである．

ゾームは上述の命題を教会の歴史から証明するべく試みた．*初代教会には教え（[独] Lehre）があったが，これは*カリスマのことだけであり，*教導職 (Lehramt) がなかった．いろいろな*共同体があったが，法的な意味の共同体，司教制，ローマ教皇制と教理について決定する*公会議などはなかった．この点について，ゾームは，*教会法大全を燃やした*ルターを高く評価しているが，彼の批判はカトリック教会だけに向けられたのではない．

ゾームの叙述が卓越した文章で書かれているということもあって，彼の思想の影響はいわゆる「法律教会」(Rechtskirche) に対する批判を促進したが，教会法を正しく理解するために役立ったともいえよう．というのは，現時点では彼の極端な根本主張はプロテスタント教会法学者さえも認めないし，彼の初期教会の理解に関する誤解も明らかにされることになったからである．
【教会法関係主要著作】*Das Verhältnis von Staat und Kirche*, 1873; *Kirchengeschichte im Grundriss*, 1887; *Kirchenrecht*, 2 v., 1892-1923; *Wesen und Ursprung des Katholizismus*, 1909; *Das altkatholische Kirchenrecht und das Dekret Gratians*, 1918. (J.ヨンパルト)

ソラ　Sola (?-794. 12. 3)　聖人（祝日12月3日），*アングロ・サクソン人の修道者，*隠修士．Sol, Solus, Suolo とも表記する．*ボニファティウスに従い，ドイツ宣教 (741/45)．おそらく*フルダで*ベネディクト会に入会し，司祭叙階を受ける．フルダ，*アイヒシュテット近傍で隠棲生活を送り，次いでゾルンホーフェン (Solnhofen) で*シャルルマーニュが寄進した土地に修道院を建設した．
【文献】LThK² 9: 859-60. (久野暁子)

ゾラ　Zola, Giovanni Battista (1576-1626. 6. 20)　*日本205福者の一人．イタリアのブレッシア (Brescia) に生まれ，1593年に*イエズス会に入会．1602年，インドを通って*マカオへ着き，1604年（慶長9）来日．1614年マカオへ追放されたが，1615年ひそかに日本へ戻り，潜伏宣教師として活動．主に高来地方で活躍，その間，島原市内では*内堀パウロの家に滞在．1622年（元和8），司祭*ナヴァロが捕らえられたとき，牢屋まで見舞いに行き，感動的な別れの手紙を交わす．迫害が激しくなっても*島原に残り，1625年（寛永2）12月22日，後に殉教者となるジョアン長井内膳の家で捕らえられた．1626年6月20日，*長崎の西坂殉教地で管区長の司祭*パシェコ，B. デ・*トレス，*イルマンの*さだまつガスパルと5人のイエズス会イルマンたちが共に火炙りによる殉教を遂げた．そのイルマンの一人がゾラの*同宿で，韓国人の*ヴィセンテ・カウンであった．1867年列福．
【文献】結城了悟『雲仙の殉教者』（日本二十六聖人記念館1984）; J. F. SCHÜTTE, *Monumenta Historica Japoniae*, 1 (Roma 1978). (結城了悟)

ソラ・グラティア　sola gratia　宗教改革者たちとその後継者であるプロテスタント・スコラ主義者の教えで，救済の根拠は「ただ*恩恵のみによって」(sola gratia) であることをいうラテン語．この言葉は，*ソーラ・フィデ（ただ信仰のみによって）と結びつけられて「ただ恩恵のみによって，ただ信仰のみを通して」という*プロテスタンティズムの立場を要約する標語として用いられるようになった．当時のカトリックの*義認の教説に対し，プロテスタントの信仰義認の教理がただ恩恵のみによるものであり，人間の意志や行為の協力（*神人協力説）を徹底的に排除するものであることを示す．さらにソーラ・フィデが人間の側の主観的要素としての信仰の強調と理解されることを防いで，義認を神の側の客観的な恩恵によるものであることを強調するものとしてソーラ・フィデよりも優れてプロテスタント的立場を表現しているといえる． (大木英夫)

ソラ・スクリプトゥーラ　sola scriptura　「聖書のみ」を意味し，宗教改革者たちがカトリックに対して改革の権威と基準を聖書のみにあると主張したプロテスタント的立場のラテン語の標語．カトリック教会が聖書と*伝承を権威とし基準とし（→聖書と伝承），伝統の継承者として聖書の解釈者であることを主張したのに対して，宗教改革者たちは聖書は*神の言葉として神的権威をもつものであり，エフェソ書2章20節の「使徒や預言者という土台の上に建てられ」により聖書を教会の根底とし，聖書はそれ自身の解釈者であると主張，古代教会の*教父たちを継承しながらも聖書からの引用を基本として教理体系を立て，教会を改革した．この聖書原理は，神の権威として中世の*教皇体制をも否定するほどの*宗教改革の原動力となった．*ソーラ・フィデとソーラ・スクリプトゥーラとはプロテスタント的二つの原理とみられるが，前者はより*ルター派的，後者はより*カルヴァン派的といえる． (大木英夫)

ソーラ・フィデ　sola fide　*義認は，人間の行為や功績によるのではなく「ただ（キリストを信じる）*信仰のみによって」与えられるということを意味するラテン語．この言葉は宗教改革者*ルターがローマ書3章28節の翻訳に際して「人が義とされるのは律法の行いによるものではなく，信仰による」というところにsolaを挿入して「信仰のみによる」としたことに由来し，それ以来プロテスタントの立場を示す標語のようになった（→義認）．これは信仰の強調の方向へプロテスタント

ソラーリ

を導き，プロテスタントの主観主義化への傾斜を引き起こした．また *信教の自由や良心の自由（→ 良心）という近代憲法的理念を生み出すのに貢献することになった．しかし「信仰のみによって」の真の意味は *ソーラ・グラティア（恩恵のみによって）と表裏一体をなしており，キリストの *恩恵にただ信仰のみによって信頼することが神の前に義と認められるということで，人間の *信仰心の強調ではない．　　　　　　　　　　（大木英夫）

ソラーリ　Solari (Solario), Andrea （1465頃-1524）　イタリアのロンバルディア（Lombardia）の画家．おそらく *ミラノで生まれ，同地あるいは，*パヴィアで没した．1490年代の初めに建築家，彫刻家である兄クリストフォロ（Cristoforo Solari, 1460頃-1527）の活動していた *ヴェネツィアに出るが，1495年頃にミラノへ戻った．その後は *レオナルド・ダ・ヴィンチの芸術に傾倒してその門下に入り，いわゆる「レオナルド派」の代表的な画家の一人となった．1507年から10年頃までフランスに滞在し，代表作である『緑のクッションの聖母』（パリのルーヴル美術館）等を制作した．
【文献】小学館美術全集12, イタリア・ルネサンス2: 58-59; DA 29: 25-26.　　　　　　　　　　（本間紀子）

ソリアーノ　→　スリアーノ

ソリエ　Solier, François （1558-1628. 10. 16）　イエズス会員．フランスのブリーヴ（Brive）に生まれる．1577年 *イエズス会に入会し，司祭叙階後，10年間 *修辞学を教え，5年間ヴェルダン（Verdun）で修練長を務め，9年間リモージュ（Limoges）とサント（Saintes）で院長と管区長の補佐を務めた．サン・マケル（S. Macaire）で死去．著作が多く，そのほとんどが伝記や修徳書の翻訳であるが，日本関係の著作（Discours des choses remarquables advenues au royaume du Japon depuis la mort du roy Taicosama, 1604; Lettre annuelle du Japon de l'an mil six cent treize, 1617）と，*フランシスコ・ザビエルの書簡の仏訳（Lettres du B. Père Sainct François Xavier, 1628），さらに大著『日本教会史』全2巻（Histoire ecclésiastique des îles et royaume du Jappon, 1627）などがある．後の *クラッセや *シャルルヴォアのフランス語による著作は，彼の『日本教会史』に倣ったものといわれる．
【文献】C. SOMMERVOGEL, Bibliothèque de la Compagnie de Jésus, v. 7 (Paris 1896) 1357-66.　　（尾原悟）

ゾルゲ　Sorge, Reinhard Johannes （1892. 1. 29-1916. 7. 20）　ドイツの詩人，劇作家．ベルリンのリクスドルフ（Rixdorf）に生まれる．表現主義劇の端緒となった『乞う者』（Der Bettler, 1912）にみられる創作初期の，孤独な人間が絶望の彼方に抱く永遠の生命への忘我的な渇望は，カトリック改宗（1913）を境として，*救済史的な視点から人間の内面を描写する *神秘主義へと変わり，晩年の宗教劇『改心せよ』（Metanoeite, 1915）や『ダヴィデ王』（König David, 1916）が生み出された．第1次世界大戦中，ソンム（Somme）の戦いにて没す．
【著作集】Werke, 1962-67.
【文献】RGG³ 6: 148; Der Literatur Brockhaus, v. 3 (Mannheim 1988) 407; M. S. HUMFELD, R. J. Sorge (Paderborn 1929).　　　　　　　　（富田裕）

ソルジェニーツィン　Solzhenitsyn, Aleksandr Isajevich （1918. 12. 11- ）　ロシアの文学者．カフカス地方キスロヴォツク（Kislowodsk）に生まれる．ロストフ大学数学科に在籍中，*モスクワの歴史・哲学・文学大学の通信教育で文学を専攻．卒業後軍隊に召集され対独戦線に従軍したが，前線から友人に宛てた手紙のなかにスターリン（Iosif Stalin, 1879-1953）に対する批判的内容があったとして1945年2月に逮捕され，正式な裁判のないまま懲役8年の刑を宣告された．1953年3月の刑期終了後も流刑の身に置かれ，1957年に至ってようやく正式な名誉回復がなされた．リャザン市（Ryazan'）に移住し数学教師を務め，1961年のソ連共産党第22回党大会におけるスターリン批判を契機に自らの作品を世に出すことを決意，1962年雑誌『ノーヴイ・ミール』（Novy Mir）に，スターリン時代の収容所の光景を囚人シューホフ（Suchov）らの目を通して描いた処女作『イワン・デニーソヴィチの一日』（Odin den Ivana Denisovicha）を発表した．続いて『クレチェトフカ駅の出来事』（Sluchai na stantsii Krechetovka），『マトリョーナの家』（Matryonin dvor），『公共のためには』（Dlya pol'zy dela，いずれも1963）等の短編を発表．1967年5月には第4回作家同盟大会に公開状を送り，当局による検閲の廃止，抑圧にさらされている作家に抗弁の機会が与えられるべきことを公然と要求した．1968年には，囚人科学者研究所での体験に基づく『煉獄のなかで』（V kruge pervom），タシケントでの癌治療の体験に基づく『ガン病棟』（Rakovy korpus）をいずれも西欧で発表したが，1969年11月，その反社会的行動を理由にソ連作家同盟リャザン支部から除名された．1970年10月ノーベル文学賞を授与されたが，当局の圧力を前にストックホルムでの授賞式には欠席を余儀なくされた．こうしたなかで，長編『収容所群島』（Arkhipelag Gulag）の初巻が1973年12月パリで出版された．収容所労働のそもそもの発端となったソ連型 *社会主義体制への弾劾，そのもとで死亡した犠牲者への悲痛な思いが全編を貫く同作品の発表は，ソ連国内外に大反響を巻き起こした．タス通信や『プラウダ』（Pravda）の紙上では激越な攻撃キャンペーンが行われ，ついに1974年2月12日モスクワで逮捕された彼は，翌日市民権を剥奪されて旧西ドイツの *フランクフルト・アム・マインに強制追放された．この前後に論文「嘘によらず生きよ」（Zhit' ne po lzhi），「クレムリンへの手紙」（Pis'mo vozhdyam Sovetskogo Soyuza, 1973）や，自伝『仔牛が樫の木に角突いた』（Bodalsia telenok s dubom, 1975, 増補1991）を残している．

誕生前に父を失い，敬虔な母と祖父母のもとで成長した彼自身もまた熱心なロシア正教徒（→ ロシア正教会）となった．1972年3月の総主教ピーメン（Pimen, 1910-90）への公開状をはじめとして，政教関係の在り方，特に体制による支配を完全に断ち切ることのできない正教会の体質を批判し続けたが，ロシアの精神的中核としての役割を正教に求める姿勢はソ連時代より変わらなかった．社会主義政権への敵対姿勢を崩さなかった彼は，一方で物質文明に溺れ神を忘れた西側社会への警告も忘れない．

1976年以後は米国ヴァーモント州の山荘に落ち着き，数多くの資料を用いてロシア革命の原因と経過についての分析を行い，従来のロシア革命史観に根底から問いを投げかけた長編『赤い車輪』（Krasnoe koleso, 1971-91），ロシアの将来に対する提言『甦れ，わがロシアよ』

(Kak nam obustroit' Rossiiu, 1990),『20世紀末に向けての「ロシアの問題」』("Russkii vopros" k kontsu XX veka, 1994) 等を執筆. 1982年9月からは1か月間の訪日も果たしている. ペレストロイカ以降のソ連では彼への再評価の気運が高まり, 1989年7月の『収容所群島』解禁をはじめ, それまで発禁となっていた数々の作品が出版を許可されるようになった.

ソ連解体後1994年7月に亡命先よりモスクワへ帰国. かつて故サハロフ博士 (Andrei Dmitrievich Sakharov, 1921-89) と並んで反体制知識人の筆頭とされたソルジェニーツィン像は, 徐々に正教を背景とするロシア民族主義者としての姿を備えたそれへと変質しつつあるが, ロシア社会におけるその影響力なお失われていない.

(栗原毅)

ソルスキー → ニール・ソルスキー

ソルボン Sorbon, Robert de (1201. 10. 9-1274. 8. 15) フランスの神学者. ルテルの近郊ソルボン (Sorbon) に生まれ, *パリで死去. *ランス, パリで学んだ後, *パリ大学で神学を講ずる. 国王 *ルイ9世の *聴罪司祭および礼拝堂付宮廷司祭を務めた. 1257年, 神学を志すパリ大学の貧しい学生たちのためにソルボンヌ学寮 (Collège de la Sorbonne) を創立. このためパリ大学(神学部)を *ソルボンヌ大学と別称することになる. また, 彼は『良心について』(De conscientia),『信仰告白について』(De confessione) など神学上の著作も残している.

【文献】EncU Thesaurus 3: 2792; NCE 13: 440.

(土屋麗子)

ソルボンヌだいがく ソルボンヌ大学 La Sorbonne パリのカルティエ・ラタン (Quartier Latin) の一画にある, フランスの高等教育機関. ソルボンヌ(大学)の歴史は, *ソルボンが1257年 *パリに創設した *パリ大学の学生のための学寮に始まる. *ルイ9世の宮廷付司祭であった彼は, 在俗の貧窮神学生, 教師を無償で収容し, 生活と神学の教授・学習の場を提供, 1274年, これら在俗聖職者の教師, 学生は, 大学の組織に倣って自治組織を確立した.

ソルボンヌ大学

ソルボンヌでの神学教育は, 創設者ソルボンの意向をくんで, 理論的・思弁的神学よりもむしろ *良心の諸問題の解決, *小教区での *説教を含む実践, *司牧に向けられていた. 後にソルボンヌは, 哲学, ギリシア語の講座を開設し, パリ最初の印刷所を導入して知識人を輩出した. 1554年からは神学教授免許取得のための全体討論場となり, この頃からパリ大学神学部の中心的存在として「ソルボンヌ」と呼ばれるようになった. そして *信仰に関するソルボンヌの教師たちの決定は例外的な権威をもち, 教会関連の裁判においても, *教皇に次ぐ絶大な権威をもつようになった.

ソルボンヌは, *教会大分裂, *ジャンヌ・ダルク問題において重要な役割を果たしたが, 17世紀の *ジャンセニスム, 18世紀の *啓蒙思想の批判にさらされ, *フランス革命初期の1792年には閉鎖された. 1808年ソルボンヌの建物はパリ大学の所有となり, 1821年パリ大学本部として再開された. 1823年には大学図書館がソルボンヌに移され, さらに神学部(1885年に消滅), 文学部, 理学部が徐々に場を占めていった.

1968年の「高等教育基本法」の後は, パリ大学区に設置された13大学のうちパリ第1, 第3, 第4大学がソルボンヌの場所と名称を共有しているが, 普通はパリ第4大学をソルボンヌという. そこには, パリ大学区の本部, 文学部, 理学部のほか, 大学図書館, 古文書学校, 高等研究実務学校などが含まれている.

【文献】Cath. 14: 310-12; DThC 9: 2385-94; LThK² 9: 889-91; H. ラシュドール『大学の起源』第3巻, 横尾壮英訳(東洋館 1966-68): H. RASHDALL, The Universities of Europe in the Middle Ages, 2 v. (Oxford 1895); S. ディルセー『大学史』全2巻, 池端次郎訳(東洋館 1988): S. D'IRSAY, Histoire des universités françaises et étrangères des origines à nos jours, 2 v. (Paris 1933-35); A. L. GABRIEL, "Robert de Sorbon at the University of Paris," AEcR 134 (1956) 73-86; P. GLORIEUX, Aux origines de la Sorbonne, 2 v. (Paris 1965-66).

(岩村清太)

ソルミニャク Solminihac, Alain de (1593. 11. 25-1659. 12. 31) 福者, 司教. フランスのペリゴール (Périgord) の貴族の家に生まれる. シャンスラード (Chancellade) の大修道院長に任命される(1614). 司祭叙階(1618)の後, *カオールの司教(叙階1637). *ヴァンサン・ド・ポールらとともに聖体会 (Compagnie du Saint-Sacrement, → 聖体信心会) の活動に参加. *ヴィンセンシオの宣教会にカオールの伝道所と神学校の指導を委ねた(1643). 17世紀における修道会と聖職者の改革に際し最も活動的だった一人. カオールに近いメルキュエ (Mercués) で没す. 1981年に教皇 *ヨアンネス・パウルス2世により列福.

【文献】BSS 11: 1259-310; CathEnc 3: 141; 10: 361; DHGE 1: 1313-17; DIP 2: 864-67; 8: 1772; NCE 13: 421.

(宮崎正美)

ソレト Soreth, Jean (1394頃-1471. 7. 25) 福者(祝日7月25日), カルメル会総長, 女子カルメル会創立者. フランス・ノルマンディーのカン (Caen) に生まれ, 若くして同市の *カルメル会の修道院に入る. *パリ大学で学び学位を取得. フランス管区長(1440-50), 総長代行(1451), 総長(1451-71)を歴任, 聖性のうちに *アンジェで没し, 1866年教皇 *ピウス9世によって列福された. 中世末期の教会改革の状況にあって偉大なカルメル会改革者として全ヨーロッパに知られ, 特に教皇 *ニコラウス5世の *大勅書 (Cumnulla, 1452) による認可をもって女子カルメル会を創立した.

【文献】Cath. 6: 470-71; DSp 8: 772-73; M. REUVER, "Prima biographia B. Ioannis Soreth," Carmelus, 5 (1958) 73-99; A. DECKERT, ed., Karmel: Gesetz und Geheimnis (Köln 1959) 55-68.

(鈴木宣明)

ソレーム　Solesmes　フランス中部ル・マン司教区にある＊ベネディクト会のサン・ピエール大修道院 (Abbaye Saint-Pièrre) の所在地．11世紀初頭，ジョフロア・ド・サブレ (Geoffroy de Sablé, 生没年不詳) によって創立され，12世紀には＊聖遺物としてキリストの＊茨の冠を所有し崇敬を集める．百年戦争の際，イングランドによって破壊されたが (1425)，まもなく再建．ルネサンス期には11世紀の教会堂が復元され，「ソレームの聖人」(Les Saints de Solesmes) と呼ばれる彫刻とともに崇敬を集めた．空位聖禄期間 (1556-1773) には＊サン・モール修族ベネディクト会に加わる (1664)．＊フランス革命のときに，修道院は廃院となり，売却される (1791)．しかし，＊グランジェが復興に尽力し，教皇＊グレゴリウス15世がこれを＊大修道院とした (1837)．初代大修道院長となったグランジェ (在職1837-75) のもとでソレームはベネディクト会フランス修族 (Congregation de Saint-Pièrre de Solesmes ソレーム・サン・ピエール修族) となり，また，＊ローマ典礼への復帰運動を展開する．1880年および1882-96年，フランス政府は会員を追放したが，1922年に復帰した．その後ソレームは，＊典礼運動において重要な役割を果たし，現在も教父・典礼文献の研究・出版などの活動を行っている．
また，各地の聖歌写本の複製を網羅した徹底的研究がなされており，その復興は1913年以来，教会から委託されている．＊グレゴリオ聖歌の研究・歌唱にも定評がある．
【文献】DMA 11: 360-62; LThK² 9: 864; NCE 13: 418.
(矢内義顕，水嶋良雄)

ソレル　Soler, Georges　(1847.11.2-1922.8.30) フランスの社会思想家．シェルブール (Cherbourg) に生まれる．＊ニーチェや＊ベルグソンなどの＊非合理主義に影響され，近代が誇っていた＊進歩を否定した．また，＊マルクスの階級観と＊プルードンの倫理観を独自に消化し，その結果，近代資本主義社会の病弊を正す労働者階級の自発的行動を謳うサンディカリスム (〔仏〕syndicalisme) を唱えた．当初は当時の有産階級の頽廃を批判し，次に労働者階級のもつあさましさを批判したが，その背後には人間に対する深刻な＊悲観主義があった．その後，労働者階級に対する失望から国家主義的革命主義へと転じ，この転向は当時の急進的左翼や＊ファシズムにも大きな影響を与えた．
【主著】*Les illusions du progrés*, 1908: 川上源太郎訳『進歩の幻想』(ダイヤモンド社1974); *Réflexions sur la violence*, 1908: 木下半治訳『暴力論』全2巻(岩波書店1965-66); *La Révolution dreyfusienne*, 1909: 稲葉三千男訳『ドレフュス革命』(創風社1995).　　(細川甚孝)

ソロー　Thoreau, Henry David　(1817.7.12-1862.5.6)　アメリカの思想家．マサチューセッツ州コンコード (Concord) に鉛筆製造業者の息子として生まれる．＊ハーヴァード大学で古典を学んで卒業した後，兄のジョン (John) とともに川下りをして自然の洗礼を受け，10年後に『コンコード川とメリマック川の一週間』(A Week on the Concord and Merrimack Rivers, 1849) を書いた．兄の学校の経営を手伝ったり，肉体労働の職を転々とした後，1841年からエマソン家に住み込み，家庭教師および庭師として働くかたわら，＊エマソンの主宰する「超絶クラブ」(Transcendental Club) の人々と交わり，その機関誌である『ダイアル』(The Dial) に詩や散文を寄稿した．1845年の夏から，コンコードのはずれのウォルデン池に小屋を建て，簡素な暮らしを2年余り実践し，ここから代表作の『ウォールデン—森の生活』(Walden: or, Life in the Woods, 1854) が生まれた．結核のためコンコードで死去．生涯2冊しか本を出さなかったが，多くの講演や雑誌論文や旅行記が死後出版された．なかでも有名なのは「市民の反抗」(Civil Disobedience, 1849, 1866) で，合衆国政府が＊奴隷制拡大のため行ったメキシコ戦争に抗議して人頭税を払わず，逮捕されて一夜投獄されたことに基づく論文である．アメリカの産業化が進み，田園にも＊機械文明の波が押し寄せるのを目のあたりにしながら，自然を愛し，簡素と節約を好み，エマソン流の自己信頼を貫いた．その生き方は，まずニュー・イングランドの＊カルヴィニズムがユニテリアニズム (→ ユニテリアン) に取って代わられる時代の変化を具現している．また，自然への深い愛着は，20世紀の半ばに産業主義に基づく進歩への疑問が高まった際，例えばビート派 (Beat Generation) に師と仰がれ，さらに自然が失われ，環境問題が切迫している現代においても，ネイチャー・ライティング (Nature Writing) 運動において原典と仰がれている．
【著書】H. D. Thoreau, *Walden, and Other Writings*, ed. W. Howarth (New York 1981).
邦訳：神吉三郎訳『森の生活—ウォールデン』(岩波書店1995).　　(飯野友幸)

ゾロアスターきょう　ゾロアスター教　〔英〕Zoroastrianism, 〔独〕Zoroastrismus, 〔仏〕zoroastrisme　イスラム教台頭以前の古代イランに誕生した＊啓示宗教で，7世紀前半までイラン世界の中心的宗教であった．その主神アフラ・マズダ (Ahura Mazdā) の名から「マズダ教」，あるいは西インドにある共同体パールシー (Pārsī, ペルシア人の意) にちなみ「パールシー教」あるいは「パルシズム」(〔英〕Parsiism)，さらにまた寺院内の聖別した火を礼拝したために「拝火教」とも呼ばれるが，中国では「祆教」(けんきょう) の名で知られた．今日，教徒の多くはインド (特に＊ボンベイ) に住むが，アジアおよび世界各地にゾロアスター教徒の小さな共同体が点在し，信者の数は250万ともいわれる．
【創始者】開祖ゾロアスター (Zoroaster)，またはザラシュトラ (Zarathushtra) の活躍した年代については諸説あるが，紀元前1000-1200年頃の人物ではないかと推定される．伝説によれば，彼は30歳のとき神秘的体験を得，その独特な教義の布教を開始したとされる．当時の宗教で広く行われていた，動物の生け贄や礼拝儀式での幻覚誘発物の使用などに異を唱えたため，聖職者たちと対立し40歳頃に故郷を離れた．何度か結婚し，子どもも何人かもうけたが，77歳で対立者に暗殺されたとされる．＊ニーチェの『ツァラトゥストラ』はゾロアスターのドイツ語読みである．
【聖典】聖典『アヴェスタ』(Avestā) は，もともと口承によって伝承されてきたものを，4世紀頃ササン朝ペルシア時代に特別な文字で書きとめたものであるが，現存しているのはその3分の1以下にすぎない．『アヴェスタ』は，祈祷文，詩編，物語などからなり，最も古い「ガーサー」(Gāθā) という讃歌の部分はゾロアスター自身の作とされる．また，中世ペルシア語で書かれた教義書も重要な文献である．

【教義】開祖ゾロアスターは当時のペルシアの多神崇拝を攻撃し，アフラ・マズダを最高神とする倫理的な *一神教を唱えた．それによれば，この最高神はスプンタ・マンユ (Spənta Mainyu) とアンラ・マンユ (Angra Mainyu) という善悪二つの霊を創造し，これら二つの霊がそれぞれ仲間の霊とともに，宇宙の支配をめぐって抗争するとされる．この宇宙的 *二元論は当然人間世界にも反映し，個々の人間も善と悪を前にしていずれかを選択しなければならないことになる．開祖の死後，インドやイランの神々が教義のなかで復活したり，さらに後にはアフラ・マズダがスプンタ・マンユと同一視され，アフリマン (Ahriman, アンラ・マンユの中世語) と対立するという図式になるなど，教義も少しずつ変化していくが，善と悪の最終決戦で善が勝利をおさめ，すべての死者は肉体をもって蘇り，審判を受けた後，善人は悪のない世界で永遠の生を生きるとする点は変わっていない．

上記のゾロアスター教の終末観が開祖以来のものであるとすれば，これに類似しているが，時代的におそらくそれ以後のものであると推定されるユダヤ・キリスト教の終末論 (→ 終末) が，ゾロアスター教のそれから大きな影響を受けたものであると考えることも，あながち間違いではないであろう．

【文献】日大百科 14: 273-74; 平大百科 8: 1120; 廣松渉他編『岩波哲学・思想事典』(岩波書店 1998) 6-7, 989-90; F. LENOIR, Y. TARDAN-MASQUELIER, *Encyclopédie des religions*, v. 1 (Paris 1997) 105-17; P. DU BREUIL, *Le zoroastrisme* (Paris 1982). (C. ヴェリヤト)

ソロヴィヨフ　Solovjev, Vladimir Sergeevich (1853. 1. 16-1900. 7. 30) ロシアの宗教哲学者，詩人，評論家．
【生涯】著名な歴史家を父に *モスクワに生まれる．すでに 9 歳の頃に教会で最初の *神秘体験をしている．10 代後半に *唯物論に傾倒するも，20 代前には自らの宗教的使命を完全に自覚する．モスクワ大学在籍時に *ドイツ観念論を中心とする西欧哲学への理解を深くするが，飽き足らず，神学大学にあって *教父の思想に触れる．1874 年の修士論文『西欧哲学の危機』(Krizis zapadnoi filosofii) には正教に立脚する初期スラヴ派の影響が色濃い．1875 年モスクワ大学哲学助教授となり，春から 1 年余国外に滞在する間にその思索の原点となる形而上学的確信を得ている．一人の神的な女性の形象のうちにすべてが一つであることを了解した幻視体験がその全一的な世界観の形成にあずかっている．帰国後，学内紛争により辞職．*サンクト・ペテルブルグに移り，*ドストエフスキーらと親交を結ぶなか，1878 年に行われた『神人性に関する講義』(Chtenija o Bogochelovechestvo) で盛名をはせる．積極的な体系構築を試みた『抽象原理批判』(Kritika otvlechennykh nachal, 1880) で学位取得．1881 年春に皇帝暗殺者の恩赦をキリスト教徒の範として新帝に求める趣旨の発言をしたことをきっかけに一切の公職を退いた後は，教会問題に関心を向ける．『大論争とキリスト教政治』(Velikij spor, 1883) に始まり，『ロシアと普遍教会』(La Russie et l'église universelle, フランス語版 1889) で集約されたその方向性は *カトリックに積極的に歩を進めるものであった．神人性の全き実現としての全地にあまねく及ぶ一なる教会を志して，まずは *東方教会と *西方教会の相補的一致を望みみたが，宗務院制度に縛られた正教ロシアに失望するほどに，統一の要をカトリックに期したのである．徹底したキリスト教的普遍主義を貫いて一切の排他性を斥け，民族的自己否定をすら語ったその姿勢は後期スラヴ派の憤激を買い，*教会論と民族問題をめぐって 1880 年代は論争と批判に明け暮れた．為政者側からの干渉圧迫にも果敢に対抗したが，宗教問題に関しては実質的に発表の場を閉ざされ，1890 年代は学問的な執筆活動に戻る．美学上の諸論文や倫理学上の大作『善の基礎づけ』(Opravdanie dobra, 1897) を著した後，最晩年に *終末の到来の切迫した予感に彩られた特異な *アンティキリストに関する物語の付された『三つの会話』(Tri razgovora, 1899-1900) を発表．ほどなくモスクワの友人宅で長年の放浪生活に起因する全身性の衰弱で急逝した．

【思想】その体系構築の初期に独特な全一的・宇宙論的な *存在論を構想し，ロシア宗教哲学の礎を築いた思索の根底には独自の神秘体験が根ざすとはいえ，語り出された内容の本質は優れて *キリスト教の源流にその生命性を汲む．彼が倦まず語り続けたのはキリストにおいて示された神人性が人間の個および社会のあらゆる領域で具体化されることであった．*神化の道筋に招かれた人類はいまだ幼年期にあればその導き手として教会を必要とする．神的原理と人間的原理，東方と西方が自由に一致する一なる教会を求めてカトリックに近づいた哲学者であったが，そのエキュメニカルな志向性(→ 教会一致促進運動) の論拠には独特な「一なる神人的存在」をめぐる形而上学的見解があり，その神人有機体を指してキリストとの微妙な区別と同一視の間で語られた「*ソフィア」の理念は支持されることが少なかった．とはいえ，神格の受動原理として新たな位相のもとに示されたその理念は 20 世紀初頭ロシアで展開されたソフィア論の系譜を準備し，今日なお看過できぬ意義をもつ．

【全集】*Sobranie sachinenii V. S. Solovjeva*, 12 v., (Brussel 1966-70).
【邦訳】御子柴道夫訳『三つの会話』(刀水書房 1984) 等．
【文献】御子柴道夫『ソロヴィヨフとその時代』(刀水書房 1982); 谷寿美『ソロヴィヨフの哲学』(理想社 1990). (谷寿美)

ソーロキン　Sorokin, Pitirim Alexandorovitch (1889. 1. 21-1968. 2. 10) ロシア生まれの社会学者．十月革命によって 1922 年に母国を追われた．その後，ミネソタ大学を経て *ハーヴァード大学の社会学部の創設に参加，1930 年学部長となる．その研究は幅広く，*知識社会学・芸術社会学・政治社会学・社会成層論にまで及ぶ．都市と農村の連続説や循環論的な社会変動論は高く評価される．文化は観念的 ([英] ideational) - 理想的 (idealistic) - 感覚的 (sensate) の連続体であり，理想の文化は，感覚的文化と観念的文化の均衡をとるものであるとした．

【主著】*Social and Cultural Dynamics*, 1957.
【文献】S. VAGO, *Social Change* (Upper Saddle River, N.J. 1980 ³1996). (細川甚孝)

ソロモン　Solomon 〔ヘ〕šelōmō, 〔ギ〕Salōmōn, Solomōn　イスラエル・ユダ王国第 2 代目の王 (在位前 970/60 頃-930/20 頃)．
【家系と名前】*ダビデ王の第 10 王子 (サム下 3: 2-6; 5: 14-16; 代上 3: 1-8)．母はエリアムの娘 *バト・シェバ．彼女はダビデの勇士の一人，ヘト人ウリヤの妻であった

(サム下 11:3). しかし，他の伝承によると，アミエルの娘バト・シュアである(代上 3:5). ダビデはソロモンと名づけたが，神の啓示により，預言者 *ナタンがエディドヤ(ヤハウェに愛された者)という名を与えた(サム下 12:25). 歴代誌上 22:9 によると，ソロモン(šelōmō)という名前は「平和」(šālōm)に由来するが，本来は「補償する」(šillēm)という意味らしい. この意味は，ソロモン誕生の状況と合致する(サム下 12:14-24).

【王位継承】列王記上 1-2 章に，どのようにしてソロモンがダビデの王位を継承したかという経緯が詳しく記録されている. それによると，王位継承者を指名しないままダビデ王が老衰したため，廷臣たちはそれぞれの候補者を中心とする二つの党派に分裂した. ダビデの第 4 王子ハギトの子アドニヤを古参の廷臣たちが支持し，主としてダビデが *エルサレムに遷都してから登場した新興勢力は，バト・シェバの子ソロモンを擁立した. 最初，アドニヤ派が優勢であったが，アドニヤが王位篡奪を企てたという口実のもとに，預言者ナタンとバト・シェバが老いたダビデを説得して，ソロモンを王位継承者に指名させた. 即位したソロモンは次々と政敵を粛清して王権を確立した.

【知恵】治世初期に，ソロモンはギブオンで *ヤハウェの顕現を受け，民を支配する知恵を授けられた(王上 3:2-15). それに続く民話風の物語が，裁判で示した彼の知恵について語る(3:16-28). 彼はこのような行政的知恵だけでなく，百科事典的知恵(5:9-13)や謎解きの知恵(10:1-3)にも優れていた. このため，後代の伝承はソロモンを *知恵文学の作者とみなした. 伝説的誇張はあるが，これらの聖書資料には，ソロモン時代にエルサレムを中心として成立した大規模な国際交流が，富とともに知恵(情報と文化)をもたらした(5:14 参照)という歴史的状況が反映していると考えられる.

【行政機構】カナン都市国家のモデルに従ってダビデが創設した行政機構をソロモンは拡大整備した. ソロモン時代に由来する高官の一覧表(王上 4:1-6)を，ダビデ時代の二つの表(サム下 8:15-18; 20:23-26)と比較してみると，ダビデ時代には軍司令官が最も重要な地位を占めていたが，ソロモン時代には神殿と宮殿が官僚組織の中心になったことがわかる. ソロモンは王国を 12 の行政区に分割し，1 年に 1 か月交替で宮廷に食料を供給させた(王上 4:7-19). *ユダがこの組織から除外されていることは，ダビデ家の出身部族であるユダに免税特権が与えられていたことを示している.

【外交と通商】列王記には，ソロモンの支配がユーフラテス川からエジプトの国境まで，すなわち，全シリア・パレスチナに及んでいた(王上 5:1, 4)という記述がある一方で，南方ではエドムのハダド，北方ではダマスコのレゾンが，ソロモンの治世の比較的初期に反乱・独立したという報告もある(11:14-25). また，ティルスの *ヒラムはソロモンと対等条約を結んだが，つねに上位に立っていた(5:15-26; 9:11-14). これらの資料を総合的に判断すると，ソロモン王国の実際の版図は，イスラエル諸部族の伝統的な居住地であった「ダンからベエル・シェバ」であったと考えられる(5:5).

それにもかかわらず，ユーフラテス川からエジプトの国境まで，すなわち，メソポタミアとエジプトを結ぶ国際通商路の重要な部分をソロモンは支配し，そこを通過する隊商から関税を徴収していたらしい(10:15). また，ヒラムの援助を受けて船団を建設して紅海貿易を始め(9:26-28; 10:11, 22)，アラビア南部のシェバとも交易した(10:1-10). さらに，エジプトとクエ(*キリキア)から戦車と馬を輸入してヘト人とアラム人に売る仲介貿易もした(10:28-29). このようにして，彼が莫大な富を得たという伝承(10:10, 12, 21 等)から，「栄華を極めたソロモン」というイメージが生まれた(マタ 6:29). ソロモンが近隣諸民族と結んでいた友好条約は，国際通商活動のために重要な条件であった. 彼がエジプト王 *ファラオの娘のほかに多数の外国の女を愛したという報告(王上 11:1)は，当時の慣習に従って，国際条約を確認するために行われた王家間の婚姻があったことを示している.

【建設事業】これらの経済活動によって獲得した富によって，ソロモンは大建設事業を遂行した. *ハツォル，*メギド，*ゲゼル等の要衝を要塞化して防衛組織を整えた(王上 5:6; 9:15, 17-19)ほか，宮殿と神殿をもつ大城塞都市エルサレムを建設した(6-7 章). 神殿建築に 7 年(6:38)，宮殿建築に 13 年(7:1)かかったことからもわかるとおり，事実上，神殿は宮殿の付属構造物であったが，編集者の興味に従って，聖書資料は神殿建築事業のみを詳しく報告する. 20 年かかったエルサレムの建設事業が終わったとき，借財を返すことができなかったソロモンは，ガリラヤの 20 の町々をティルスのヒラムに割譲しなければならなかった(9:10-14). それ以上に，この大建設事業のため北イスラエル諸部族を強制労働に徴用したこと(5:27-28)は，ネバトの子 *ヤロブアム 1 世の反乱(11:26-40)とソロモン死後の北イスラエル独立という深刻な結果を引き起こした(12:1-20). しかしソロモン神殿なしにその後のイスラエル宗教史を考えることはできない.

【文献】旧新約聖書大 714-15; 平大百科 8:1122; ABD 6:105-13; A. マラマット，H. タドモール『ユダヤ民族史』1 古代篇 1, 石田友雄訳 (六興出版 1976) 173-84; A. MALAMAT, H. TADMOR, *History of Jewish People*, ed. H. H. BEN-SASSON (London 1976) 102-109; 石田友雄「ソロモンの王位継承 — 歴史と歴史記述をめぐる諸問題」『聖書学論集』19 (山本書店 1985) 5-43; T. N. D. METTINGER, *Solomonic State Officials* (Lund 1971); T. ISHIDA, ed., *Studies in the Period of David and Solomon and Other Essays* (Tokyo, Winona Lake 1982).　　(石田友雄)

ソロモン・イブン・ガビーロール　→　アヴィケブロン

ソロモンさいばん　ソロモン裁判　〔英〕Solomon's Judgment, 〔独〕Salomonisches Urteil, 〔仏〕Jugement de Salomon　*ソロモンは *ダビデの子，イスラエルの王. 賢明さを示す旧約聖書中の裁判の説話で有名. 二人の母親が一人の子どもをめぐっていずれも自分の子である旨争った裁判において，両者の主張を聞いた後，ソロモン王は剣をもって子を真二つにして半分ずつを分けて与えよとの判決を言い渡したところ，その子を生かしたまま相手に渡すように述べた母親こそ実の母親であるとして，あらためてその母親に渡すべきことを命じたという(王上 3:16-28). 転じて賢明な判決の意味.

(飯塚重男)

ソロモンしょとう　ソロモン諸島　正式国名: ソロモン諸島，〔英〕Solomon Islands.　1978 年に独立したオセアニアの島群. 首都はガダルカナル島のホニアラ

(Honiara). 面積: 2万8,446 km². 人口: 42万人(1998年現在). 言語: 英語(公用語), ピジン英語, メラネシア系諸語. 宗教: 大多数がキリスト教徒で, カトリックは全人口の20%弱を占める.

南部の宣教は早くから開始されていたが, 激しい抵抗に遭い一時中断し, 1898年に*マリスト修道会の会員によって再開される. 1912年*代牧区の南ソロモン諸島(Southern Solomon Islands)が設立され, 1959年には西部にも代牧区(Western Solomon Islands)が設立された. 第2次世界大戦中, 宣教師たちは多大な被害を受けたが, 1966年, 西部にギゾ(Gizo), 南部にホニアラの*司教区がそれぞれ設立され, さらに1978年ホニアラは大司教区に昇格, その一部は1982年に分離してアウキ(Auki)司教区となった. → オセアニア

【現勢】1998年現在, カトリック信者数: 8万1,000. 大司教区: 1. 司教区: 2. 小教区: 27. 教区司祭: 25. 修道司祭: 30. 信徒修道士: 15. 修道女: 102.

(A. ネブレダ)

ソロモンのしへん 『**ソロモンの詩編**』〔ギ〕Psalmoi Solomontos, 〔ラ〕Psalmi Salomonis 旧約聖書の外典の一書(→ 外典・偽典). *ソロモンの名を冠した18の詩からなる詩歌集. しかしソロモンの作ではない. おそらく前1世紀頃, パレスチナで元来はヘブライ語で著されたと考えられる. 全詩は同じ著者によるわけではなく, 各著者と*ファリサイ派との関連も明言できない. 全般的にイスラエルと異邦人, イスラエル内の善人と悪人の対立, それに対する神の応報という著しく図式的な叙述であるが, 本文の詩17-18にはローマ帝国支配下のパレスチナが*メシアによって解放されるという希望, 詩3の12節では死者の復活が語られていることを看過できない. また, *黙示文学の思想傾向が顕著であるものの, 特に, 詩17の17-18節は前63年のローマ帝国によるエルサレム攻略を, 詩2の26-27節は前48年の攻略者*ポンペイウスの死を容易に想起させる. 今日, ヘブライ語原文は失われ, ギリシア語訳(→ 七十人訳聖書)とシリア語訳の写本が伝えられている.

【文献】NBL 3: 213-14; 後藤光一郎「ソロモンの詩篇」外・偽典 5: 13-65; 土岐健治『初期ユダヤ教と聖書』(日本基督教団出版局 1994) 143-44. (清水宏)

ソロモンのしょうか 『**ソロモンの頌歌**』〔ギ〕Odai Solomontos, 〔ラ〕Odae Solomonis 旧約聖書の*詩編に倣った短い42編の「歌」(〔ギ〕ode, 複数形 odai)からなる賛歌集. *ソロモンの作ではない. 2世紀前半ないし後半, シリア語かギリシア語で書かれた初期キリスト教の作品で, シリアのユダヤ人キリスト教徒の間で著作されたと考えられるが, 諸説がある. また旧約聖書外典あるいは新約聖書外典の一書に分類されるが(→ 外典・偽典), 新約聖書外典が妥当. 本文11はギリシア語(*ボドマー・パピルス XI, 推定3世紀), 3-42はシリア語(推定10-15世紀), また1, 5-6, 22, 25はコプト語(*ピスティス・ソフィア, 推定4世紀初頭)の各写本を通して伝承され, 成立や意図をめぐっては何らかの祭儀的背景も想定可能である(例えば, 洗礼式). 内容は教訓詩(23-24, 31-34), 共同体(4, 6, 8-9, 13, 30, 39, 41)と個人(1, 3, 7, 10-11, 15, 17, 19, 21, 27-29, 35-36, 38, 42)の賛歌, また祈り(22, 25-26, 37, 40)と諸要素の混合(12, 14, 16, 18, 20)に大別できる. *死海文書のなかの『感謝の詩編』(1 QH), ヨハネ文書(例えば, 42: 6とヨハネ黙示録 16: 15 比較参照), パウロ書簡(フィリ 2: 6-11), *グノーシス主義文書(例えば, グノーシス gnosis という語が19回使用)との表現上の類似や並行がみられるが, その関係は不明. この賛歌集に*ソロモンの詩編が続くシリア語写本もある.

【邦訳概説】外・偽典, 別巻 2: 277-390, 497-557.

【文献】DPAC 2: 2456-57; H. ケスター『新しい新約聖書概説』下, 永田竹司訳(新地書房 1990) 285-87; H. KOESTER, Introduction to the New Testament (Philadelphia 1982); R. ABRAMOWSKI, "Der Christus der Salomooden," ZNW 35 (1936) 44-69; M. LATTKE, Die Oden Solomon in ihrer Bedeutung für Neues Testament und Gnosis, 3 v. (Fribourg 1979-86); P. VIELHAUER, Geschichte der urchristlichen Literatur (Berlin, New York ³1981) 750-56; M. FRANZMANN, The Odes of Solomon (Fribourg 1991). (清水宏)

ソロモンのちえ **ソロモンの知恵** → 知恵の書

そんがいばいしょう **損害賠償** 〔英〕compensation for damage, 〔独〕Schadensersatz, 〔仏〕dédommagement 他人に損害を与えた場合に, それを補償することを意味し, 一般には法律用語として理解され, 民法では不法行為や債務不履行を原因として発生した損害に対して, 被害者は賠償請求の権利を有し, 加害者はその賠償責任を負う(民法 415, 709 条参照).

損害とは財産的損害ばかりでなく, 精神的損害をも含み(民法 710-11 条参照), また財産的損害も既存の財産の減少ばかりでなく, 財産の増加を妨げる逸失利益の損害も含まれる.

さらに損害賠償の請求権の要件としては, 損害が発生した事実, その損害が不法行為や債務不履行の結果として発生したという因果関係, またそれらの行為が故意や過失によることなどがあげられる.

損害賠償の方法としては原状回復がその原則であるが, 具体的には金銭賠償の形で行われることが多く, 賠償額は賠償の範囲や相当因果関係などが斟酌され, 社会通念と判例などに基づいて決定される.

カトリック神学では損害賠償の問題は, 補償(〔ラ〕restitutio)の一環として中世の*スコラ学以来, *倫理神学, 特に*社会倫理の神学において論じられてきた. それは古代ギリシアの*社会哲学, 特に*アリストテレスの正義論と古代ローマの*自然法論を批判的に継承したカトリック倫理神学の形而上学的考察で, 特に*トマス・アクィナスは彼の『神学大全』において詳細に論究している (II, 2, q. 62 参照). しかし倫理神学的補償論は法学的立場とは異なり, 人間の*実存の内面に関わるものである.

もともと補償は, その具体的対応としての損害賠償を含めて, その語源的意味からも, 損なわれたものの復旧を意味し, 主に名誉, 地位, 財産などの回復やそれに見合う埋め合わせを意図してきた. そのため不法に加えられた損害を補償し, 原状を回復するかその埋め合わせを行うことは, *正義の問題とみなされ, より具体的には交換正義 (justitia commutativa) の問題とされてきた.

また聖書からも補償の必要性が論じられ, 出エジプト記 22: 2, 4-13 やトビト記 2: 13 などが指摘され, 神の*十戒の第7戒(出 20: 15)が援用されることもある. またエゼキエル書 33: 14-16 では補償と*義としての正義の問題が論じられている. さらによりキリスト教的な対

そんげん

応としてマタイ書7:12が指摘される.
【文献】LChM 1724-33; LThK² 9: 358-59; 10: 1102-105; StL 4: 1004-1007.　　　　　　(犬飼政一)

そんげん　尊厳〔ラ〕dignitas,〔英〕dignity,〔独〕Würde,〔仏〕dignité　以下に扱うのは「人間の尊厳」(〔英〕human dignity)であるが,これは*人間には,他のものにはみられない固有の価値があるということである.歴史的に考えると,その価値の具体的な意味内容は,初めに宗教・神学,その後は哲学・道徳,そして最後に法律の課題として意識されるようになった.概念の問題としては,この三つの異なる考察観点は現在も区別できると思われるので,以下この順序で説明する.
【概念】〔宗教・神学〕キリスト教では絶対的な価値を有しているのは唯一の*神であり,その三つの*ペルソナは神としての尊厳をもつ.人間はこの種の尊厳を当然有していないが,神はこの世に創造したもののなかで,人間だけを「神にかたどって創造された」(創1:27)のだから,人間を「神の似姿」(〔ラ〕imago Dei)と呼ぶようになった(→神の像).そして,この旧約聖書の箇所で,神は人間だけにこの世のすべてのものを支配するという使命を与えたと明記されていることから(同1:28),「尊厳」という語がその時点ではまだ使われていなかったにしても,人間の宗教的・神学的な意味での価値は意識されていたといえる.さらに新約聖書では人間は*イエス・キリストの死によって救われたという教えがあるから,人間の価値は*キリストの血とほとんど同じ価値であるといえるわけである.「神よ,御身は,奇しくも,人間実体の尊厳(humanae substantiae dignitatem)を創り,これをより見事な方法で改め給うた……」という旧ミサ通常式文にあった言葉は,それを表す.しかし,古い時期には,人間の尊厳は哲学的にも説明され,人間が人格(persona)であるがゆえに,尊厳をもつと理解された.例えば,すでに13世紀に*トマス・アクイナスは「人格は尊厳を含有する」「人格は尊厳の名称であると思われる」「人間の尊厳,すなわち人間が自発に自由であって自己のために存在するものとして……」(『神学大全』II, 2, q. 32, a. 5; q. 64, a. 2;『神の能力について』8, 4)という表現をしている.そしてトマスは,普通のものにある価値と人間だけにある固有の価値すなわち尊厳との相違を次のように端的にあげる.「尊厳(dignitas)はあるものの自己のための価値(bonitas),利益(utilitas)はある目的を達するためのものにある価値を意味する」.このような見解と,*カントのよく知られている人格尊厳の理解に共通する点は見逃すことができないだろう.
15世紀になると,24歳の*ピコ・デラ・ミランドラは『人間の尊厳について』というこのテーマについての最初のモノグラフを作成した.いうまでもなく,キリスト教の精神に基づいて書かれたものであるが,そこでは人間はこの世で最大の「不思議」とされ,ミクロコスモスのように人間には神や*天使や天体や物質の世界も反映されているが,動物とは違って,人間は自分を作り上げるものであるとされる.むろん,人間は神から離れると,野獣のように堕落するということも指摘される.そしてこの短い書のなかでは,*良心の重要性も強調される.すなわち,ものを考えるときに,他人の意見や,どのようにいわれるかということを気にせずに,自分の良心に従って判断すべきこと,これは「哲学そのものが私に教えたことだ」とピコ・デラ・ミランドラは述べている.

教会の教えで人間の尊厳が重視されてきたのは(例えば,第2*ヴァティカン公会議の『現代世界憲章』12-22項「人格の尊厳」),それが一つの真理を宣言するだけでなく,その真理には人間が行動するための実践的な判断基準があるからである.キリストも,*律法のなかで,どの掟が最も重要であるかと聞かれたとき,神への愛は第一の掟であるが,「第二も,これと同じように重要である.隣人を自分のように愛しなさい」と答えた.したがって*隣人愛の実践の根拠となるのは,神学的な意味での人間の尊厳であるといえるし,道徳の面でもその尊厳を損なうすべての行為は*罪になるともいえる.キリスト教の理解では,人間はこの世に存在する者であるが,その次元をはるかに超える神の永遠の命にあずかることに招かれた者として,最大の尊厳を有しているとされている.したがって,人間の尊厳の究極の根拠はこの意味での「命」にあり,死で終わるこの世の「生命」にあるのではない.このように考えると*殉教者が,永遠の「命」を得るためにこの世の「生命」を犠牲にしたこともわかる.したがって,この意味での人間の尊厳は無条件に(例外なしに)尊重すべきであるが,人間のこの世の生命は,尊重すべきであるにしても,無条件に(例外なしに)とはいえないということが明らかであろう.

〔道徳・哲学〕一方,*道徳律を重視したカントの見解はよく知られているし,その影響も大きい.カントによれば,あらゆるものの目的を考えると,すべてのものが価値(〔独〕Preis)または尊厳(Würde)をもつ.ただ,ある目的を達するだけの価値であるならば,そのかわりに何か他のものを等価物として置くことができる.これに反して,人間のことになると,人間は自律性と自己目的を有しているから,内的価値すなわち尊厳をもつ.したがって,もし人間をある目的を達するための単なる手段として使うならば,これは人間を物扱いすることであり,人間の尊厳に反することになる.

トマス・アクイナスとカントの思想は異なる歴史的背景と世界観を前提にしているにもかかわらず,人格尊厳の理解については共通点がみいだされるし,西洋文化のなかでこの概念は高度の統一性をもつともいえる.つまり,カントの場合でも人間が尊厳をもつのは,人間が人格性をもち,この意味においては自然法則性から解放されているからである.むろん,両見解には見逃すことのできない相違点もある.宗教的・神学的な意味での人格尊厳の根拠が,人間の神との特別な関係に置かれているのに対して,カントによれば,自律性だけが「人間とあらゆる理性をもつ本性の根拠」であり,「道徳性とそれに従うことのできるものとしての人間性だけが尊厳を有している」ということである.

以上のような思想が出てきたことによって,いわば人格尊厳の*世俗化が行われたともいえるのだが,しかしこの見解には問題がある.カントの理解では,自律性は*自由を前提にするが,無条件の自由ではない.自律も「律」であるが,それは人間が自発的に自分の律にするから,*自律となるわけである.ただ,カントの道徳律は,いわゆる*定言命令(「汝の意志の格率(準則)が,同時に普遍的立法の原理として通用しうるごとく行為せよ」)が示しているように,形式的なものであり,行動するための具体的な判断基準を教えてはくれない.そしてこのような定言命令は,人によって非常に違った形で理解されうるともいえる(例えば,テロリストは自分がやっていることも,普遍的立法の原理として通用しうるように考えることができるであろう).

また，善悪に関する実践的判断は人間の良心の問題であるが，カントによれば，良心の具体的な内容が正しいかそれとも間違っているかということはいえないことになる．これはカントの認識論的な立場から考えると，当然でもある．彼の理解ではものの客観的認識は肯定も否定もできないからである．そうだとすれば，これほどまでにカントが重視し，絶対化した道徳律はどのように役に立つのかという問題も出てくる．実は，カントが*抵抗権を否定したのも同じ理由によるものである．というのは，良心的に抵抗している人は，相手は正しくなく，自分が正しいと考えるからである．しかし，カントと同じ認識論的な立場をとれば，客観的な正当性または不正を肯定したり否定したりするのは不可能である．このように一方で道徳律と人格尊厳を重視し，他方で国家権力に対して抵抗権を否定するのは，カント哲学の一つの大きなコントラストである．

カントの定言命令の実質的表現，すなわち「汝の人格，およびあらゆる他の人格における人間性を常に同時に目的として取り扱い，決して単に手段としてのみ取り扱わぬように行為せよ」は，ドイツの連邦憲法裁判所でも何が人格尊厳に反するかを判断するために使われたことがある．だが，「人間を手段としてのみ取り扱うのはいけない」という簡単な決まり文句だけで，すべての問題が解決されるわけではない．例えば車が故障したので，この荷物をあるところまで運ぶように友人に頼むことは，人間を手段として使うことであるが，これだけでその友人の人間としての尊厳が侵害されたとはいえないだろう．さらに，カントのように，自分と他者の人格における人間性をつねに目的として考えるとすれば，人間は絶対化され，自分のためだけに存在することになってしまうが，これは正しいのであろうか．

キリスト教では人間は自分のために存在するとはいえないし，また人間は絶対化されない．そのことから，例えば*生命も，神によって与えられたものであるから，人間は自分の意志だけでそれを処理できないのである．ところが，最近になって無条件の自由が強調された結果，生きる権利だけでなく，死ぬ権利もあると主張され，自分が思うままに死ぬことを「尊厳死」とも呼ぶようになった．むろん，この名称の内容が直接の*安楽死である場合は認めるべきではないが，正しく理解された「尊厳死」は認めるべきである．というのは死を目前にした不治の病で，もはや人間らしい生活のできない人の場合は，生命を延長するための，あらゆる可能な手段を尽くす義務はないし，場合によってはこのような方法は非人間的なことにもなりうる．この世の人間本性の成り行きも尊重すべきなのである．

〔法律〕いわゆる人権宣言はもう200年も前のことであるが，人間の尊厳が法律上の専門用語になったのは，実は第2次世界大戦後のことである．そして，人格の根拠は人間の尊厳にあるということを考えると，人間の尊厳の認識は人権の理解についても変化をもたらしたともいえよう．例えば1948年の*『世界人権宣言』では，個人の尊重はむろん前提にされているが，それを含む「人類共同体（〔英〕human family）のすべての構成員の，固有の尊厳と平等」が強調されている．また，ドイツ連邦共和国基本法では，その最も重要であるとされている第1条1項で，「人間の尊厳は不可侵である．これを尊重し，かつ保護することは，すべての国家権力の義務である」と規定されている．ドイツではこのように国家権力の義務と存在理由が宣言されるが，日本国憲法ではこのような規定はない．

法律的に考えると，「個人の尊重」と「人間の尊厳」とを区別することは重要である．というのは，「人間の尊厳」は無条件に（例外なしに）尊重すべきであるのに対して，「個人の尊重」という原則には「公共の福祉に反しないかぎり」という条件があり，これによって制限されるからである．日本国憲法第13条ではこのような条件が明記されているから，この憲法規定は明らかに「個人の尊重」だけを対象にしているが，一方第24条では「個人の尊厳」という表現もあり，上述の内容的に異なる二つの原則は混同されやすい．したがって，正しく考えたいならば，「個人の尊厳」というときは，「個人の人間としての尊厳」として理解すべきである．尊厳は直接に「個性」ではなく人間性に関わる特徴だからである（例えば，動物の世界でも個性はある）．「人間」と「個人」はたびたび区別せずに使われるが，例えば「すべての個人は人間として同じである」といえるのに対し，「すべての人間は個人として同じである」とはいえない．

同じように，「人間の尊厳」と「生命の尊重」も区別する必要がある．「人間の尊厳」は無条件に（例外なしに）尊重すべきであるのに対して，「生命の尊重」という原則には例外があるからである．例えば他人を救うために自らの生命を犠牲にすることは許されており，殉教者がしたように永遠の命を得るためにこの世の生命を犠牲にすることも許されている．つまり，人間にとって死で終わるこの世の生命は最高の価値を有しているとはいえない．同様に，不可侵であるはずの人間の尊厳の根拠をこの種の生命に求めることはできない．この意味では，「生命の尊厳」という表現は，区別すべきこの二つの原則を混同してしまっているといわなければならない．

この二つの原則を混同した例としては，死刑に関する1948年（昭和23）3月12日の最高裁大法廷判決理由にある考え方があげられる．「生命尊貴である．一人の生命は，全地球よりも重い」といいながら，その判決理由を続けて読めば，窮極刑罰である死刑によって，「……尊厳な人間存在の根元である生命そのものを永遠に奪い去るものだ……」という主張がされている．このように考えると，死刑によって人間の尊厳は侵害されることになる．

むろん「人間の生命」は尊重すべきであるが，例外を認めるための（例えば正当防衛の場合）充分な理由も必要である．「生命の尊重」は「人間の尊厳」に立脚するから — その逆ではなく — 充分な理由なしに人間の生命を奪うことは，「人間の尊厳」を侵害することになる．自由についても，同じことがいえる．そして，*国家とその権力が不当に人間の生命と自由を奪い取ることで人間の尊厳を損なうことはできても，人間の尊厳を奪い取ることはできないことを考えると，人間としての尊厳が，自由と現世の生命だけでは理解されえないことは明らかである．

以上のように考えると，もはや現代の日本では必要がないのに，依然として*死刑という方法で人間の生命を奪うことは，不当であるといわなければならない．*カトリック教会の教えでは*堕胎は道徳的に正当化されえない罪であるし，日本も含めてほとんどの国では刑法上の犯罪でもある．しかし，*法と*道徳は区別する必要があり，またいかなる場合でも堕胎はいけないという国民の一致した意見もないので，法律の問題としてはこのような行為は例外なしに罰せられるべきであるとはいえない．しかし，堕胎がいろいろな条件のもとで罰せられ

ないからといって，それでこのような行為が合法的であるとか，法の保護を受けているということではない．同じように普通の嘘や大人同士の *同性愛や *姦通などは法律的に罰せられない，つまり違法的ではないにしても合法的ともいえないわけで，したがってこのようなことをする権利もない．

ただ，日本の場合は母体保護法（→ 優生保護法）という法律があり，刑法で罰せられている堕胎は，簡単な手続きをとるだけで，理由はともあれ「合法的に」できるようになっている．これがどれほど人間の尊厳の尊重と矛盾するかは，この法律が制定されたときの目的規定がよく表している．すなわち「……優生上の見地から不良な子孫の出生を防止する……」という表現に含まれていた価値観は，健全な子どもは生まれる権利があるが，そうでない場合は生まれる前に殺すほうがよいという，人間の尊厳を無視する考え方である．1996年の改正でこの表現は排除されたが，この法律の実質，すなわちいかなる理由によっても妊娠中絶が「合法的に」できるという点は，そのまま残された．

以上のように法律的に考えても，「人間の尊厳」の原則は一つの真理を宣言するだけでなく，普遍的な規範性をももつはずであることがわかる．人間の尊厳を尊重しかつ保護することは，すべての国家権力の義務であることを自覚したうえで，それをより完全に実現するのが，依然として残されている最大の課題であろう．

【文献】J. ヨンパルト「日本国憲法解釈の問題としての『個人の尊重』と『人間の尊厳』」1-2,『判例タイムズ』378-79 (1979. 4. 1-15); G. ピコ・デッラ・ミランドラ『人間の尊厳について』大出哲，阿部包，伊藤博明訳（国文社 1985); J. ヨンパルト『人間の尊厳と国家の権力』（成文堂 1990); 遠藤昇三『「人間の尊厳の原理」と社会保障法』（法律文化社 1991); 青柳幸一『個人の尊重と人間の尊厳』（尚学社 1996); 教皇ヨハネ・パウロ2世回勅『いのちの福音』（カトリック中央協議会 1996); F. MÜNCH, *Die Menschenwürde als Grundforderung unserer Verfassung* (Bonn 1952); W. WERTENBRUCH, *Grundgesetz und Menschenwürde* (Berlin 1958); A. VERDROSS, "Die Würde des Menschen in der abendländischen Rechtsphilosophie," *Naturordnung in Gesellschaft, Staat, Wirtschaft*, ed. J. HÖFFNER, A. VERDROSS, F. VITO (Innsbruck 1961) 353-62; B. GIESE, *Das Würde-Konzept. Eine normfunktionale Explikation des Begriffes der Würde in Art. 1, Abs. 1 GG* (Berlin 1975); E. BENDA, *Gefährdungen der Menschenwürde* (Opladen 1975); J. MESSNER, "Was ist Menschenwürde?" *Communio*, 6 (1977) 233-40; C. GRIMM, *Allgemeine Wehrpflicht und Menschenwürde* (Berlin 1982); W. GRAF VITZTHUM, "Menschenwürde als Verfassungsbegriff," *Juristenzeitung* (1985) 201 ff.; J. GONZALEZ PEREZ, *La dignidad de la persona* (Madrid 1986); E. W. BÖCKENFÖRDE, R. SPAEMANN, eds., *Menschenrechte und Menschenwürde* (Stuttgart 1987); A. KAUFMANN, ed., *Rechtsstaat und Menschenwürde*, Festschrift für Werner Maihofer zum 70. Geburtstag (Frankfurt 1988); T. GEDDERT-STEINACHER, *Menschenwürde als Verfassungsbegriff* (Berlin 1990); B. STETSON, *Human Dignity and Contemporary Liberalism* (Westport, Conn. 1998).

(J. ヨンパルト)

そんざい　存在 〔ラ〕esse, 〔英〕being, 〔独〕Sein, 〔仏〕être　存在は哲学の最も根本的な主題であり，哲学の重要な問題としてあげられるすべてのものは必ず何らかの形で存在するもの（*存在者）である．それはあまりにも明白なことで，自己矛盾に陥らないでこの事実を否定することは不可能である．

【存在と認識】人間の *認識は一般に *経験から始まるが，存在についての認識も例外ではない．実際，我々は経験によってごく自然に存在についての認識を得るのである．人間の経験は，まず，感覚的要素と理性的要素とを含む外的経験であるが，我々は明らかにいろいろな精神的働きをも経験しており，*反省によってこの事実を容易に確認することができる．そして，外的経験と内的経験のいずれの場合にも，我々の経験は必ず存在についての経験である．もちろん，すべての経験は同じように深く存在を捉えているわけではなく，特定の目的のために特定の経験が必要であることが可能である．しかし，存在そのものを認識するためには特定の経験は不要である．というのも，いかなる人間的経験も必ず存在についての経験だからである．すなわち我々は，意識的に何かを経験するとき，その経験が存在していることを自明的に自覚しており，その経験の主体とその *対象が何らかの仕方で存在していることをも確実に知っている．

確かに，経験によって直接に知られる存在は，必ず特定の特徴をもっている具体的存在であるが，我々はこの具体的なものを，あくまで，しかじかの仕方で存在するものとして捉える．したがって，論理的には，存在一般についての了解がすでに具体的経験の前提となっており，存在一般こそが最初から知られるものであり，究極的にはすべての具体的なものは，それぞれの仕方で限定されたものとしての存在である．さらに，直接間接を問わず経験によって知られる具体的なものは，さまざまな制約があって，必ず具体的に限定された存在であるが，それに対し，存在一般は，すべての制約を超えるものであり，全く漠然とした仕方であるとしても，何らかの方法で存在しうる一切のものを含むものなのである．そして，*有限であるものの限られた経験に基づいて，存在しうるものの可能性を限定することは明らかに不当なことであるので，存在は最初から無制約的に開かれたものとして了解されるといわなければならない．

さらに，我々は絶えず，具体的に存在するもののさまざまの変化を経験しており，したがって存在を現在存在しているものだけに限ることができず，もはや存在しなくなったものと，まだ存在していないものの存在をも何らかの仕方で考えざるをえない．また，経験に基づいて我々は，可能的に存在するものと現実的に存在するもの，*実在として存在するもの（〔ラ〕ens reale）と *概念としてしか存在しないもの（ens rationis），そして，*実体として存在するものと実体的なものの二次的規定にすぎないものを区別せざるをえない．例えば，材料から作られうるものは *可能性としてその材料に存在しており，すでに作られたものは現実に存在するものとなっているし，人はそれ自体として存在するものであるが，欠如や否定は思考のなかにだけ存在しうるものなのである．そして，人や犬などは実体として存在するものであるが，運動や形は何ものかの運動または形としてしか存在しない．

【有限と無限】ところで，それぞれの場合にみいだされる具体的存在が大いに異なっていても，存在であることには変わりがなく，結局，「存在」とは大きく異なるそれぞれの場合に適用できる共通のものなのである．しか

も，多くの概念が一面的にしか多くのものに適用されないのに対し，「存在」は全面的にすべてのものに適用されるものである．というのも，どのようなものにおいても我々が存在をみいだし，しかも存在のみをみいだすからである．しかし，その通りであるとしても，いかなるものにも全く同じ存在がみいだされるわけではない．それぞれの場合に存在の仕方が具体的に異なっていることはいうまでもなく，存在するものの間には幾つかの意味での先・後 (prius et posterius) の関係がある．すなわち，可能的に存在するものよりも現実的に存在するもののほうが，思考のなかだけに存在するものよりもそれ自体存在するもののほうが，何ものかの *偶有性にすぎないものよりも実体的存在のほうが豊かな存在であり，いずれの場合においても前者は後者に依存する．そして，最も徹底的に無限者（→無限）と有限者の間にこの先・後の関係がみいだされ，何にも依存せず全く完全に存在するのは無限者のみで，他のものはすべて依存的で，いろいろの仕方で限定された存在である．有限的存在の経験に基づいて無限者へ遡っていく我々にとって無限者は，有限者の世界を無限に超える深い神秘として現れるが，だからこそそれは他のものを充分根拠づけ，他のものの存在を根底から照らしうる唯一のものなのである．

【存在の分有】存在一般について端的にいえることは，ただ単に「存在は存在である」という一つのことだけである．つまり我々には存在の *意味の *定義は不可能であり，何らかの方法でその意味を明瞭に説明することもできない．実際，定義や説明は必ず，その特徴を明らかに示すことのできる限定されたものについてであり，完全に無限定の存在についてはそれは不可能である．そして，存在を最高の類概念として，すなわち，単にすべてのものの共通点として，考えることもできない．なぜならおのおのの存在者は，存在しているから他の存在者と同じであるばかりでなく，存在しているからこそ，また，その他のものとは異なっているからである．相互に異なるすべての有限的存在者は，それぞれの仕方で存在を *分有するものであるが，存在を分有しているから存在するものであり，それぞれの仕方でしか存在を分有していないから，異なったそれぞれの具体的存在である．それに対し無限者は，あらゆる限定を積極的に排斥する意味で存在であり，無限者が他のものと違うのは，他のものが無限者のように存在の充満でなく，ただ限られた仕方で存在するものにすぎないからである．

存在が絶対的に退けるのは *非存在だけである．そしてそれは，存在一般についてだけでなく，存在であるかぎりのいかなる存在についてもいえることである．特定の存在者は，ある意味で存在であり，別の意味で非存在であることが可能であるが，同じ意味で存在でありかつ非存在であることは不可能である．そして，存在と非存在のこの絶対的対立は，どちらでもない可能性を許さない *矛盾対立で，存在でないものは必然的に非存在であり，全く存在しないものでないかぎり何ものも何らかの意味で存在であらざるをえない．

【存在の根拠】存在を分有する具体的諸存在者は，自分のなかにその存在根拠をもっておらず，元来存在することもしないこともできるものである．したがって，このようなものの存在根拠は他のものになければならない．そして，究極的には，自らによって存在の *充満である自存的存在そのものだけが他のものの存在の充分な根拠でありうる（→自存，ヒュポスタシス）．

我々が存在そのものを認識するのは，まず，具体的存在者を有限なるもの，不完全なるものとして捉えることを可能にする，無限に開かれた意味としてである．しかし，さらに進んでいくと，存在を分有している有限的存在者の存在根拠について尋ねざるをえなくなる．そして，有限的存在者の充分な存在根拠は，たとえそれが全く無制約的に開かれたものであるとしても，単なる一つの概念のなかにはみいだすことができない．有限的存在者の充分な存在根拠は，完全に自存しており，自らもっている存在の充満をいささかも減少することなしにさまざまの方法で分有させることのできる無限者のみにみいだされる．無限者は，完全に自存する存在，有限的万物の超越的根拠，有限者の世界に現れてくるすべての新しさの究極的根源であり，存在そのものである．有限者の世界に現れてくるすべての新しさは，あらかじめ無限的に完全な仕方でその究極的根源に含まれており，真に新しいものは絶対にありえない．なぜなら，真に新しいものは，無から生じたものでなければならないのであり，無からは何ものも生じてこないからである．しかし，有限者の世界のなかでは真の新しさがもちろんあり，それによってこの世界の究極的根源である無限者の尽きない豊かさが示されるのである．

【無限者の認識】有限的なものの限界を超えて無限者を認識することが人間に可能であるかどうかは，しばしば疑問とされたり激しく否定されたりしてきたことだが，もともと我々が有限者をまさに有限者として認識しているという事実自体は，このような疑問や否定を断固として退けるための充分な根拠となる．というのも，有限者を有限者として認識するためには，有限的なものを超え，無限に開かれた視野が必要だからである．もちろん，だからといって我々は，無限者の存在が最初から知られるのだといっているわけではない．無制約的に開かれた意味としての存在概念は，無限者の存在を考える可能性を我々に与えるが，実際無限者が存在していることは示さない．それは別の方法によって示されなければならないことである．しかし，実際に無限者が存在していることを知ると，我々が存在概念を根本的に異なる二つの仕方で用いることに気づくことができる．一つは，有限者について語るとき，存在の意味をそれぞれのものに限定してという仕方であり，もう一つは，無限者の場合，何の限定もなく，存在のすべての可能な意味を積極的に用いてという仕方である．そして，いうまでもなく，根源的，無条件的，絶対的に存在であるのは無限者だけであり，他のものの存在は無限者との関係において初めて充分理解できるものとなる．

有限的存在者は，必ず特定の仕方で存在するものであり，その本質は，必然的にその存在の限界を意味する．同時に，各有限者の本質は，存在の一つの可能な在り方を意味しており，単に消極的なものではなく，何らかの仕方で存在の豊かさを積極的に示すものなのである．というのも，それぞれの有限者は，不完全にではあるが，それなりに無限者の *完全性を反映しているからである．もちろん，無限者に有限的なものがそのまま存在することはできず，何らかの形で有限性を意味する言葉を，無限者のことをいうために使うこともできない．しかし，何の限定も含まない幾つかの概念を我々はもっている．まず，存在者と置き換えられる「一」と「真」と「*善」という超越的属性は，明らかにそのようなものである（→超越的概念）．したがって例えば，「いかなる存在者も存在しているかぎり善であるので，完全な存在である無限者は完全に善である」といえる．さらに，ま

た，我々は理性的存在者としての経験によって，必ずしも限定されない，「認識」「*自由」「*愛」の概念をもっている．不完全に我々が経験するこれらのものの概念には有限性は含まれておらず，むしろそれらを欠くことによって存在は制約されたものとなる．したがって，真の無限者にはこれらのものが欠かせず，我々は無限者を，認識，自由，愛のない，単なる中性的存在や漠然とした力としてではなく，理性的存在として考えるのである．言い換えれば，我々は無限者が*神であることを認め，有限的に存在を分有するすべてのものが神の創造的愛の産物であると考える．

【有限者の存在】こうして我々は，自らのなかにその存在根拠をもたないものの究極的根拠をみいだすことができるわけであるが，そこから新たなもう一つの極めて難解な問題が起こる．すなわち我々は，「有限者の存在は，何らかの仕方で存在の増加を意味しないだろうか」と真剣に尋ねざるをえなくなる．しかし，存在の増加を意味するとすれば，有限者の究極的根拠が無限者にはないということになり，それは明らかに無理なことである．他方，問題を解決するために，有限者の存在を端的に否定するという方法も許されない．真の解決を求めようとするならば，我々はまず，すべての確実なデータを認めることから出発しなければならない．すなわち，有限的存在者が本当に存在していること，有限者の唯一の充足根拠である無限者が確実に存在していること，有限者の存在を無限者に並べることが絶対に許されない根本的な次元の相違が両者の間にあること，この三つのことを本当に認めなければならない．そして，そこから次の結論を導き出さなければならない．分有によって有限者がもっているすべての積極的なものをあらかじめ無限者は完全にもっており，したがって無限者は，有限者を存在させることによって存在を増やそうとするのではなく，それぞれに可能な仕方で有限者に存在を分有させようとするだけである．とはいえ，存在の分有は非常に不思議なもので，その可能性は*ア・プリオリに決して自明なものではない．しかし，存在の分有が不可能であるということも自明なことではなく，実際有限者が存在しているという事実は，*ア・ポステリオリに，存在の分有が可能であることを確実に実証している．

経験の世界のなかで人間は，理性的存在者として存在との関係に特に重要な位置を占めている．というのも，理性的存在者固有の働き，すなわち認識と愛の働きが可能になるためには，存在に対する無制約的開きが不可欠であるし，存在が知られ愛されるためには理性的存在者の存在が必要だからである．すなわち，理性的存在者において初めて存在は*真理と善の充満として現れることができるのであり，理性的でないものにはまだ存在の最も深いところは現れていない．しかし，人間の場合，認識し愛する者の側からも認識され愛される者の側からも，理性的本質と存在の関係は非常に不完全であり，完全なものは，自らがその充満である存在を完全に知り完全に愛する理性的*絶対(者)，つまり神だけにみいだされるのである．

【文献】Cath. 4: 608-14; EC 5: 395-98; EF 2: 106-17; HPG 5: 1288-304; HthG 2: 533-44; LThK² 9: 601-10; NCE 2: 230-32; SM(E) 1: 153-57; P. EDWARDS, ET AL., eds., *Encyclopedia of Philosophy*, v. 1 (New York 1967) 273-77.　　　　　　　　　　　　(F. ペレス)

そんざいしゃ　存在者　〔ギ〕on, 〔ラ〕ens, 〔英〕being,

〔独〕Seiendes, 〔仏〕étant　一般的に，存在しているものを意味する哲学用語であるが，最近しばしば「存在するもの」を「存在そのもの」と区別していう場合に用いられる．この場合の意味は明らかに，有限的に存在し(→有限)，存在するための*根拠を必要とするようなものに限られ，このような「存在者」の存在根拠は，同じように限られた意味での存在者ではありえない．*ハイデガーは，彼が「存在論的」と呼ぶ，存在者と存在の区別を非常に強調し，西洋哲学の歴史を存在忘却の歴史とみなす．それに対し*ジルソン等は，*トマス・アクィナスだけが例外であるとして，自存的存在そのもの(〔ラ〕ipsum esse subsistens)としての*神について語るトマスのほうがハイデガーよりも存在の問題を深く見極めているという(→自存，ヒュポスタシス)．

さて，存在者と存在の区別によって極めて重大な問題が明らかにされていることは確かであるが，哲学者や神学者は頻繁に「存在者」という語を，この意味ではなく，全く一般的な意味で使っており，それは必ずしも存在を忘却しているからではない．実際，トマス・アクィナスもしばしば無限者(→無限)のことを指すために問題なく存在者(ens)という語を用いており，「存在者」の一般的な意味を明らかにするためには，*非存在に対する絶対的対立を指摘している．また，*スアレスは，『形而上学の諸問題』のなかで，さらに広く存在者と非存在の対立を体系的に検討している．全く限定なしにいえば，非存在でないものとして，有限的諸存在者と存在そのものは同じである．しかし，それは必ずしも両者の絶対的相違を否定することにはならない．かえって，いかに非存在を退けるかによって両者の絶対的相違が明らかに示される．有限的諸存在者は，存在するものであるかぎり必然的に非存在を退けるが，限定された仕方で，しかもおのおのが別々の意味でしか非存在を退けない．それに対し，存在そのものは非存在を完全に退け，いかなる意味においても非存在である*可能性を否定する．というのも，有限的存在者や非必然的存在者が不完全な存在であることが明らかで，完全な存在は必然的にすべての有限性とすべての偶然性(→偶然)を超えるものでなければならないからである．

存在するものという一般的な意味でいえば，全くないものでないかぎり，どのようなものも存在者であり，いかなるもののいかなる側面といかなる要素も同じように存在者である．そして，この意味で伝統的哲学において存在者は超越的なものとみなされる．しかし，各存在者のもっている存在の程度や仕方が異なり，非存在の退け方が違うことを忘れてはならない．したがって，「存在者」は，つねに全く同じ意味で使われる一義的概念ではなく，類比的に使われる概念なのである(→存在の類比)．そして，この場合の類比性は，無限者と有限者の間の無限の*差異を許すほど広いものである．無限者は存在の*充満であり，有限者はそれぞれの仕方で存在を分有するにすぎない．しかし，無限者には部分がないので，各有限者が無限者の別々の部分をもっているというわけではなく，*分有の意味はただ，無限者の完全な存在に比べて有限者の存在は部分的なものにすぎないということである．さらに，有限的存在者の間にも程度の差があり，すべてのものは同様に豊かな存在をもっているわけではない．生物は無生物に比べてより豊かな存在をもっており，植物と動物と人間の間にも本質的相違がある．そして，別の意味で，異なる*範疇のものの間に，また事物とその構成要素の間に，極めて根本的な相違が

ある．

*同一律，矛盾律(→ 矛盾)，排中律および *充足理由律は，存在者に関する自明な原理であり，すべての *理解の基礎となるものである．さらに，存在者としての *属性があり，*スコラ哲学が存在者と置換できると強調してきた一，真，*善(unum, verum, bonum)がそのようなものである．

「一」は存在者の絶対的属性であり，存在者が必ず単一で，内的に多くのものに分割されていないことを意味する．しかし，存在者が類比的なものであるように，存在者の属性も類比的であり，それぞれの存在者にその存在の程度と仕方に応じて属するのである．したがって，完全な一は，不可分的に存在の充満である神だけのことであり，他のものは，いろいろの意味で多を含む統一者であり，多くのものの内の相対的な *一者で，さらに大きなものの一部分でもありうる．また，それらの間に大きな相違があって，あるものは一人の人間や一匹の犬のように一存在者 (unum per se) であるが，何らかの団体や集合的なものは，ある意味で一つのもの (unum per accidens) であっても一存在者ではない．そして，一つの全体のそれぞれの部分についても同じことがいえる．例えば，目や手足はある意味で一つのものといえるが，それぞれは一存在者ではなく，一存在者である人の部分にすぎないのである．

存在者の絶対的属性は単一だけであるが，すべての存在者を対象とすることができる *知性と *意志との関係において二つの相対的属性がある．まず，知性によって知られうるものとして，いかなる存在者も存在論的な意味で真であり，それは，存在者としての属性である．誰の知性が実際に何をどの程度知るかは大いに異なっていても，存在者はそれ自体として，知られるためにふさわしいものであり，無制限の探求の可能性は，存在者のこのふさわしさに基づいている．そして，それは不完全な知性をもつ者にとってであるが，完全な知性である神は，存在することのできるすべてのものを知りうるだけでなく，実際知り尽くしている．したがって，存在者は知られうるものとしてだけでなく，完全に知られているものとして可知的である．ただし，存在者の可知性は，あくまで存在であるかぎりのもので，神だけがそれ自体として完全に可知的であり，*被造物の可知性は，他のものに対するさまざまな依存関係と，存在するもののなかにそれぞれのものが占めている位置を考慮することを必要とする．さらに，いかなる存在者も意志によってよしとされうるものとして善である．意志は，知性によって，矛盾のないもので，存在するために根拠のあるものとして示されるいかなる存在者をもよしとすることができ，この意味ですべての存在者は愛されうるものである．そして，神は，存在可能なものの可能性と存在するものの存在を望んでおり，この意味ですべての存在者は，よしとされうるばかりでなく，よしとされているものなのである．しかし，無条件によしとされるべきものは神だけであり，その他のものはすべて，いろいろの条件のもとでよしとされうるものにすぎない．したがって我々は，具体的なものの存在を望むことも望まないこともできるし，望ましくないと思われるものの可能性をも許容することができる．

最後に，「存在者」と同じ意味で「存在」がよく使われており，専門用語としてむしろ「有」が広く使われていることを指摘しておきたい．

【文献】EF 1: 1917–19; J. Mora, *Diccionario de filosofia* (Madrid 1979) 2: 940–44; 4: 3312–19. ほかに存在の項の文献参照．
(F. ペレス)

そんざいのるいひ　存在の類比　〔ラ〕analogia entis
無限の *神と有限な *世界について語る言語として，ユダヤ・キリスト教と *ギリシア哲学の伝統を統合して *トマス・アクィナスは存在の類比を構想した．

*アリストテレスは一義的な定義，説明を受けつけない事項を照明する方式として類比を採用した．例えば，*現実態：*可能態 ＝ 目覚めている：眠っている ＝ 作品：その材料，である．これは比例性の類比である．もう一つは帰属性の類比である．「健康的」は健康が宿る身体について最も基本的に語られるが，肌や食物や環境についても第二次的に語られる．そのように *存在は *実体に第一次的に，性質や量や関係には第二次的に語られる．後者は前者の実体を焦点として含む仕方で語られる以外はないからである．トマス・アクィナスはこうした類比論を受けつつ，現実態：可能態 ＝ 存在：*本質と解した．そこで存在するとは特定の何かとして存在するということであり，この「何か」を与えるのが本質(*形相)であり，例えば人であり，犬である．したがって，ものは存在する働きをその本質に応じた固有の形で，しかも自身の本質の外から獲得しており，制限された存在である．それに対して神は無限なるものとしてこの制限がなく，それ自身の存在するという働きによってのみ存在する独一のものであり，存在することが神の本質なのである(「有りて有るもの」)．こうして有限な世界と無限の神とは絶対に超えることのできない区別がありながら，有限な世界の存在も神に由来する以上(*創造論)，「すべての原因は自己に似た結果を生ぜしむ」のであって，世界は神との類似性を宿す．世界は神に依存し，類似しながら神とは絶対に区別され，「存在」は一義的でも多義的でもない第三の類比として統合されたのである．
(山本巍)

そんざいろん　存在論　〔ラ〕ontologia,〔英〕ontology,〔独〕Ontologie,〔仏〕ontologie　存在(ギリシア語で on)の意義を探求する認識努力を存在論という．

古くは *パルメニデス，*プラトンから始まったが，*存在を体系的に考察したのは *アリストテレスであって，以後存在論はその影響下にある．アリストテレスの『形而上学』は *自然学が特定のものを対象とするのに対して，「存在としての存在」(on hē on) の学として存在一般の意味を考察した．すべての「有る」と語られるものは *実体を核にしてこれによって「有る」とされる以外のものではなく，それ自体で存在する実体を焦点にする類比構造を示し(→ 存在の類比)，やがてその実体を成り立たせる構造と原因を追って，*非存在の影もない永遠のエネルゲイアである神に至る道筋を示すことになった．一般存在論から実体論を介して特殊存在論としての神学に至ったわけである．しかしそれは，日常言語のなかで性質や量や関係などがいろいろ「有る」と語られるなかで，その核にあってしかも忘却されている個体実体の存在の，かけがえのない現実を肯定し抜く道の探求であった．

アリストテレスを受けて *トマス・アクィナスはそれを一層徹底させ，神学の自己理解のうちに統合した．すなわち「それ自体で存在する実体」を無条件な場合とそうでない場合に分け，前者は存在することをその本質にする無限存在であり，これを存在そのものとしての神

(有りて有るもの)とした．後者はそれぞれのものの本質に即して限定された存在をもつにすぎず，「外」から，すなわち神から付与された存在であり，その付与する働きを「無からの創造」としたのである(→創造)．こうした構想も存在のかけがえのない現実の全体を*無との対照のうちに探ろうとするものにほかならない．20世紀には*ハイデガーが我々の手に落ちる存在するものと，手に落ちない存在を区別すること(存在論的差異)を強調して，存在論の再構築を試みた．　　　　(山本巍)

そんざいろんてきしょうめい　存在論的証明

〔ラ〕argumentum ontologicum, 〔英〕ontological argument, 〔独〕ontologisches Argument, 〔仏〕argument ontologique　　カンタベリの*アンセルムスが『プロスロギオン』のなかで述べ，その後*デカルトや*ライプニツらが新しい形で述べた，神概念から出発する*神の存在証明の方法．

アンセルムスによると，人は皆(*不信仰の人でさえも)それ以上に偉大な良いものが何も考えられないほど偉大な良いものという神概念を知解する．そうであれば，そのようなもの(神)が*実在のうちに存在すると断定しなければならない．というのは，もしそのようなものが実在のうちに存在しないなら，知解のなかだけでなく実在のうちにも存在する他のものが考えられ，そして後者が前者よりも偉大な良いものとなり，前者がそれ以上偉大な良いものが何も考えられえないものであることと矛盾するからである．この証明法は中世から現代に至るまで，神学者や哲学者の議論の対象となり，さまざまに解釈された．*トマス・アクィナス，*ヒューム，*カント等はこの証明法を拒否したが，*ボナベントゥラ，デカルト，ライプニツ，*ヘーゲル等が積極的に評価した．デカルトは最も完全な*無限のものという神概念から出発して，その概念が存在を必然的に含むことを証明する．その理由として，もしその概念が存在を必然的に含むのでなければ，最も完全な無限なものという概念ではなくなることをあげる．ライプニツは必然的存在者(己の本質から存在するもの)という神概念から出発し，その概念が矛盾を含まないとすれば，必然的存在者が可能であることを示し，進んで，必然的存在者(神)が実際に必然的に存在すると結論する．その理由として，必然的存在者が存在しなければ，その概念が可能ではなく不可能であるといわなければならないことをあげる．

アンセルムスの存在論的証明に対してなされた主な反論は次のものである．神概念を知解すれば，その本質的要素としてその存在を考えなければならないが，別の方法で神が存在することを証明しなければ，その存在は単に考えられたものにすぎず，実際に存在すると結論する必然性はない．例えばすべての点でそれ以上に富んでいるものが地上では考えられないような島を知解するからといって，その島が必然的に存在するという者は誰もいない，というものである．

この反論に対しては次のように答えられた．それ以上に優れたものが考えられない島を考えても，同時に存在がその島にとって本質的でないことを知解し，その島が実際に存在しないことを矛盾なしに考えることができるが，神の場合には実際の存在がその本質に属するものであると知解するので，矛盾なしには存在しないことを考えることができない．神は始まりも終わりもない，一切の*永遠の根源だからである．それゆえ，ある学者によると，存在論的証明はただそれ以上偉大な良いものが考えられないものという概念から論証する単純なものではなく，他の要素を含む複雑なものである．また他の学者によると，その証明は証明であるよりもむしろ，信仰者がその存在を認めざるをえない神が自分の*心のなかに*現存するという信仰者の*宗教的体験を示すものである．さらに，*認識が感覚的*経験から出発しなければならないと主張する*アリストテレス的認識論の観点からするとこの証明は拒否されるが，感覚の*媒介なしに*知性によって知解されるものも実在的であると主張する*アウグスティヌス的認識論の観点からすると受け入れられうると解釈する者もいる．この立場によると，知解される概念が実在的であり，神概念が知解されるのであれば，神概念が実在的であり，したがって神が存在しないということは矛盾だからである．

【文献】P. EDWARDS, ET AL., eds., Encyclopedia of Philosophy, v. 5 (London 1967) 538-42；アンセルムス「プロスロギオン」『アンセルムス全集』古田暁訳(聖文舎 1980) 133-200; K. BARTH, Fides Quaerens Intellectum: Anselms Beweis der Existenz Gottes (München 1958); C. HARTSHORNE, Anselm's Discovery: A Re-Examination of the Ontological Proof for God's Existence (Le Salle, Ill. 1965); D. SHOFNER, Anselm Revisited: A Study on the Role of the Ontological Argument in the Writing of Karl Barth and Charles Hartshorne (Leiden ⁹1974).　　　　(R. ロペス・シロニス)

そんじゃ　尊者

〔ラ〕venerabilis, 〔英〕venerable, 〔独〕Ehrwürdiger, 〔仏〕vénérable　　今日の*教会法に従って，尊者の称号は，*使徒座によってその徳行が英雄的段階にあることが確認された場合，もしくはその*殉教の事実が確証され，その決定書が*教皇によって署名され宣言された場合に付与される．こうした決定に先立って前準備総会議，準備総会議が教皇の面前で行われ，当事者の*対神徳，*隣人愛ならびに倫理的*枢要徳の英雄的段階性が審議される．尊者称号自体は公的*崇敬の許可を伴うものではない．　　　　(枝村茂)

そんぞくさつじん　尊属殺人

〔ラ・英・仏〕parricide, 〔独〕Parricida　　自分の親などを殺害する行為．これを通常の殺人より重く処罰する立法例は古くより存在している．かつての日本の刑法(旧200条)も，「自己又ハ配偶者ノ直系尊属ヲ殺シタル者ハ死刑又ハ無期懲役ニ処ス」とするほか，尊属傷害致死(旧205条2項)，尊属遺棄(旧218条2項)，尊属逮捕監禁(旧220条2項)を認めていた．最高裁判所は，これは「法が子の親に対する道徳的義務を特に重要視したものであり，夫婦，親子，兄弟等の関係を支配する道徳は，人倫の大本，古今東西を問わず承認されている人類普遍の道徳原理，すなわち学説上いわゆる自然法に属し，不合理な差別ではない」から憲法14条(法の下の平等)に違反するものではないとしていたが(『最高裁判所刑事判例集』(1950) 2037-73)，後に，旧刑法200条は，「法定刑を死刑又は無期懲役のみに限っている点において，その立法目的達成のための必要な限度をはるかに超え」ているから，憲法14条に違反して無効であるとした(同(1973) 263-333)．1995年(平成7)の刑法の平易化の際，すべての尊属加重規定は削除された．　　　　(町野朔)

ソーンダイク　Thorndike, Herbert

(1598-1672. 7. 11)　　イングランド国教会(→聖公会)の聖職

者, 神学者. *ケンブリッジ大学で学び, 1636 年, リンカーン主教座聖堂参事会員. 後に *ウェストミンスター大聖堂参事会員. 長老主義(→ 長老制)に対しては主教制の使徒的起源を強調し, また教会再合同の希望を表明した. その思想は *オックスフォード運動で再評価された.
【文献】キ人 834; キ大 670-71; ODCC² 1374-75; RGG³ 6: 871.
(榎本昌弘)

ゾンネンシャイン　Sonnenschein, Carl　(1867. 6. 15-1929. 2. 20)

ドイツのカトリック神学者. デュッセルドルフ (Düsseldorf) に生まれる. *ローマで哲学と神学を修め, 1900 年に司祭叙階. ドイツに帰国後, ラインラントで活動を開始する. 1908 年, 社会学生労働事務局 (Sekretariat sozialer Studentenarbeit) を作り, 学生運動を指導した. その後, 活動の場所を *ベルリンに移し, 学生運動を支援, 指導した. ジャーナリストとしても活躍し, 大都市におけるキリスト者の状況を 10 冊の小冊子 (Notizen und Weltstadtbetrachtungen) にまとめて出版した(1925-29).
【文献】LThK² 9: 878.
(細川甚孝)

ゾンバルト　Sombart, Werner　(1863. 1. 19-1941. 5. 18)

ドイツの経済学者, 社会学者. エルムスレーベン (Ermsleben) に生まれる. ブレスラウ大学助教授等を経て, *ベルリン大学教授. また, ドイツ社会学会代表幹事, 社会政策学会議長を歴任. 歴史学派と K. *マルクスに影響を受けるが, *マルクス主義とは後に訣別. 「理解的経済学」を提唱し, 経済社会の体系的把握を行った. *ベルリンで死去.
【主著】*Der moderne Kapitalismus*, 3 v., 1902-27: 岡崎次郎訳『近世資本主義』第 1 巻 2 分冊, 原著第 1 巻の訳 (生活社 1942-43), 梶山力訳『高度資本主義』原著第 3 巻の訳 (有斐閣 1940); *Die drei Nationalökonomien*, 1930 ²1967: 小島昌太郎訳『三つの経済学』(雄風館書房 1933).
(平田謙輔)

そんぶん　孫文　Sun Wen　(1866. 11. 12-1925. 3. 12)

中国の革命指導者, 政治家. 中国史上最後の専制王朝(清)打倒を指揮し, 中華民国を創立. 指導した革命団体は後に国民党として公認される. 中国, 台湾両地で国父と尊称される. ハワイのキリスト教学校で初期教育を受け, 後に *香港で医学の学位を取得. 1883 年香港で, *会衆派教会のアメリカ人宣教師によりキリスト教の洗礼を受け改宗, 中国における宣教団と活発に交流した. 成人してからは, 革命運動に身を投じその宣伝活動, 資金収集に尽力した. 最も強力な支援者はアジア, 北アメリカ, ヨーロッパなどの海外在住の中国人団体 (華僑) であり, また汎アジア主義支持者や, 日本の有力政治家からも多大な援助を受けた. 本国で孫文の革命活動は反逆とみなされたため, 生涯の大半は日本をはじめ海外で亡命生活を送ることを余儀なくされた. 中国では孫中山 (Sun Zhongshan) という呼び名もあるが, これは彼が日本に住んでいた際に使用した日本語名からきている. 政治思想家としては, 民族主義, 民権主義, 民生主義を促進する三民主義思想で知られているが, アメリカの社会主義者ジョージ (Henry George, 1839-97) の思想に基づき農本社会主義を推し進めようとする民生主義には多くの議論があった. 晩年は中国再統一のためコミンテルン (共産主義インターナショナル) と連帯し, 結党まもない共産党と合同した. 台湾と中国の学界, 政界は, 孫文の *社会主義の解釈と評価について相反する立場にある.
【文献】平大百科 8: 1136; 廣松渉他編『哲学・思想事典』 (岩波書店 1998) 1002.
(L. グローブ)

ゾンメルフォーゲル　Sommervogel, Carlos　(1834. 1. 8-1902. 5. 4)

イエズス会員, 書誌学者. フランスの *ストラスブールに生まれる. 1853 年 *イエズス会に入会し, 1866 年司祭に叙階. 1862 年以来その死まで, イエズス会の機関誌 (Études) の編集に携わり, 1872-80 年は編集長として貢献した. 普仏戦争 (1870-71) では *従軍司祭となり, 後に *パリの病院などでも働いた. 1880-82 年, フランス管区長の補佐を務めたが, 以後, 著作に専念した. また, バッカー兄弟 (Augustin de Backer, 1809-73; Alois de Backer, 1823-83) の『イエズス会著作家叢書』(Bibliothèque des écrivains de la Compagnie de Jésus, 1853-61) の編集に協力. 兄弟の死後はその仕事を受け継ぎ, 『イエズス会書誌』全 9 巻 (Bibliothèque de la Compagnie de Jésus, 1890-1900) を編集・発刊した. この労作は, ブリアール (Pierre Bliard) とリヴィエール (Ernest Rivière) によって補われた.
【文献】*Études*, 91 (1902).
(尾原悟)

た

タイ 正式国名：タイ王国，〔タ〕Prathet Thai，〔英〕Kingdom of Thailand. 面積：51万3,115 km². 人口：6,139万9,000人(2000年現在). 言語：主にタイ語(公用語). ほかに中国語など. 宗教：主に*仏教.

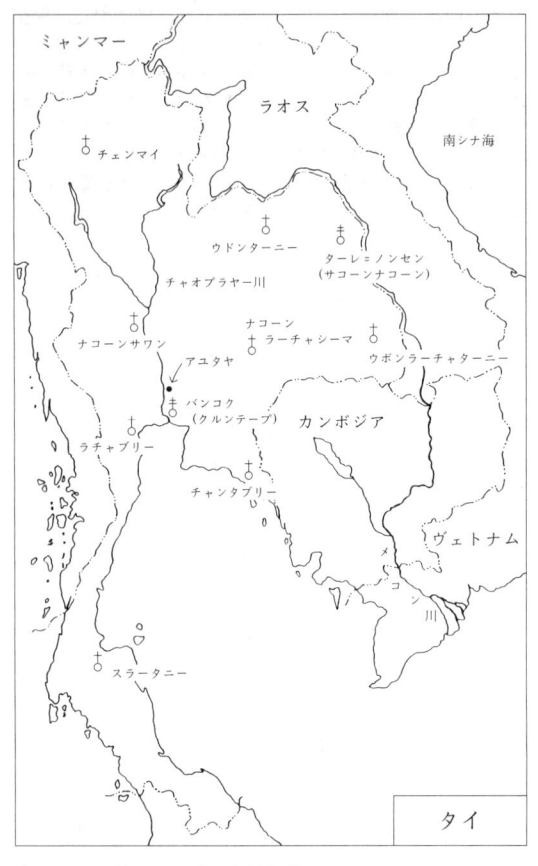

タイ最古のアユタヤの聖ヨセフ教会

【キリスト教の歴史】〔宣教初期〕タイ(1939年までシャム Siam と呼ばれていた)が初めて*キリスト教と接触したのは，1511年にポルトガルの第2代インド総督アルブケルケ(Affonso de Albuquerque, 1456-1515)が*マラッカを占領したあとである．1516年，当時の首都アユタヤ(Ayutthaya)にポルトガルから使節が派遣され，タイに滞在するポルトガル人に宗教活動の権利が与えられた．1554年にマラッカから来た最初の宣教師は，*ドミニコ会の会員ド・ラ・クロワ(Jérôme de la Croix)とド・カント(Sébastien de Canto)である．続いて同会や*フランシスコ会の会員が次々とアユタヤに来たが，宣教活動の成果は上がらなかった．専制君主で，仏教の保護者である国王が国民のキリスト教改宗に反対し，国民も忠実な臣民とみなされることを望んで，仏教を奉じ続けたからである．1606年には*イエズス会の会員が初めて到着したが，やはり成果は上がらなかった．代々の国王は政治状況次第で*宣教を許可したり，禁止したりした．宣教師の活動は，ほとんど当国在住のポルトガル人の司牧に限られていた．

1614年以降，迫害により母国を追放された日本人がタイに到来した．その後，ヴェトナム人のカトリック教徒が迫害を避けて同じようにタイに逃れ，首都近辺の収容所に集められた．タイ国王たちはこれらの難民に対して寛容で，難民の宗教の自由は保証されていた．

1662年，タイには約2,000人のキリスト教徒がいたが，そのほとんどがポルトガル人だった．同じ1662年に，*パリ外国宣教会の創立者の一人*ランベール・ド・ラ・モットが布教聖省(現在の福音宣教省)によって派遣された最初のフランス人宣教師を率いて到着した．彼らの本来の目的は，インドシナと中国の宣教のために当地の司祭を養成し，叙階することであったが，迫害が続いたためにそれらの地での宣教に加わることができず，タイにとどまったのである．1669年，タイは*代牧区に定められ，ラノー(Louis Laneau, 在職1673-96)が初代代牧となった．パリ外国宣教会の宣教師は，まず青少年の司祭職への準備を行う高等中学校を創設し(1665)，この学校は中国および東南アジア諸国からの生徒を迎えた．また，ランベールは1670年頃に，タイ人女性の修道会アマント・ド・ラ・クロワ会(Amantes de la Croix)を創設している．アユタヤは，トンキンやコーチ・シナ，中国への宣教の拠点となったが，タイ人のための宣教活

動はわずかな結果しか得られなかった．国教である仏教の影響と，当時のタイ社会に自由がなかったためである．1688年には，タイ人キリスト教徒はわずか600人ほどであった．

〔ファウルコン事件〕国王ナライ（Narai，在位1656-88）の助言者となったギリシア人の冒険家ファウルコン（Konstantin Phaulkon）は野心的な人物で，キリスト教徒の擁護者，代弁者となることを望み，フランス人イエズス会司祭＊タシャールの信頼も得た．タシャールはファウルコンの要望によりフランス国王＊ルイ14世に軍隊の派遣を要請，オランダ商人の脅威から＊バンコクとメルグイ（Mergui）を守らせるように計った．

1687年にフランス軍兵士がバンコクに到着すると，タイ人貴族の一部が蜂起した（1688）．ファウルコンの権勢を妬んでのことである．反対派の長ペトラチャ（Phetracha）が反乱を指揮し，その結果フランス人は国外追放になり，代牧ラノーをはじめフランス人宣教師，神学生および信者らが21か月間投獄された．その後，新国王となったペトラチャ（在位1688-1703）とその王位継承者たちはキリスト教には全く好意を示さなかった．

〔18世紀の禁教令〕1730年，キリスト教徒に特に反対する一人の大臣は，キリスト教の盛んなアユタヤとメルグイの教会の門に，宣教師がシャム語やバリ語を用いたり，タイ人，ラオス人およびペグー人にキリスト教を伝えることを禁止する勅令を掲げさせた．ペグー人はキリスト信者になることも禁じられた．120年以上後の国王ラーマ4世・モンクット（Rama IV Mongkut，在位1851-68）の治下，この勅令は法的効力を失うが，正式に撤回されることは決してなかった．このような事情のため，1820年までタイのキリスト教徒は1,000人を超えることがなく，そのほとんどはポルトガル人やヴェトナム人などの外国人であった．

ビルマ人によるアユタヤ占領（1765）は，首都のキリスト教徒を壊滅させた．国外追放にならなかったキリスト教徒はカンボジアに逃れた．ポルトガル人宣教師（ドミニコ会員，フランシスコ会員およびイエズス会員）がもはやタイに戻ることはなく，パリ外国宣教会の司祭だけが残った．ビルマ軍を撃退して同国を解放した王タークシン（Taksin，在位1767-82）は，当初は宣教師に好意的であったが，キリスト教徒が仏教式に王に忠誠を誓うことに対して宣教師たちが迷信とみなして反対したため，王は1779年に宣教師を追放した．

〔19世紀と20世紀〕現在のチャクリ王朝の最初の王ラーマ1世・チャクリ（Rama I Chakri，在位1782-1809）は，宣教師がタイに戻るよう招いたが，1730年の王令は撤回しなかった．19世紀の前半，アンナン（中部ヴェトナム）と交戦していたタイは，バンコクに定住していたヴェトナム人キリスト教徒数百人を国外追放した．同じ頃，数人のタイ人司祭の協力を得た宣教師たちは，タークシン王の頃からタイに大挙してやってきた中国人の司牧にあたった．王は外国人への宣教には比較的好意的で，バンコクとその周辺には中国人のキリスト教共同体が形成された．

ラーマ4世・モンクットの即位（1851）はタイにおけるキリスト教の躍進と近代化の出発点となった．なかでもタイの言語・文化に通暁した司祭＊パルゴアの活躍は最も注目される．パルゴアは，当時まだ僧籍にあった後の国王ラーマ4世・モンクットと親交を結び，互いにパーリ語とラテン語を教え合った．後にモンクットが行った仏教改革運動は，パルゴアとの親交を通じて学んだキリスト教の影響によるものとみられている．モンクットは生涯パルゴアに対して強い尊敬と深い友情を示し続け，1862年パルゴアがバンコクで逝去した際には，盛大な葬儀を行ってその死を悼んだ．

パルゴアは，『タイ語辞典』（1850），『タイ語文法』（1850），『シャム誌』（1854）などフランス語，ラテン語でタイ文化の紹介に努めたことによって知られているが，彼はバンコクに到着後直ちにタイ語の学習を始め，やがて『公教要理』（1830），『キリスト教思想』（1830），『カトリック聖人伝』（1841），『宗教論争』（1850）など多くの書物を次々とタイ語で出版した．1830年代に入って，アメリカのプロテスタント宣教師がシャムに渡り，活発な宣教活動を始めたとき，タイの仏教徒知識人は彼らに宗教論争を挑んだが，その論争の内容から，彼らがすでにキリスト教教理に通じていたことが窺われる．おそらくこれは，当時のシャムの知識人が，タイ語で出版されたカトリック教理書によってキリスト教教理を学んでいたことによるものと考えられよう．

バンコク司教ヴェイ（Vey，在職1875-1909）とバンコク司教座聖堂の主任司祭コロンベ（Colombet）がタイ初の高等中学校を開設したのもこの頃である．1881年にはタイ北東部とラオスで宣教活動が始まり，1889年には代牧区が設立された．修道会の招請も積極的に進められ，＊サン・モール修道会が1885年，＊シャルトル聖パウロ修道女会が1898年，＊ガブリエル教職修士会が1901年に到着した．シャルトル聖パウロ修道女会は，学校のほかに，孤児院とバンコク・聖ルイ病院を開設した．1924年には，＊ウルスラ修道会が到着．1925年には＊カルメル会の最初の修道院が創設された．1927年には＊サレジオ会の会員が到着し，1930年に設立された南部のラチャブリー（Ratchaburi）宣教区を担当した．

第2次世界大戦を機に，タイのキリスト教会は新たな試練を受ける．激化した＊ナショナリズムにより，指導者たちはフランス人宣教師を追放し，唯一の公認宗教である仏教に利するようキリスト教を禁止したのである．

戦後，教会は再び躍進する．1944年には，

バンコクの司教座聖堂
（タイ・カトリック出版社）

キトブンチュ枢機卿
（バンコク大司教区）

たいいく

初めてタイ人司祭が東部のチャンタブリー（Chantaburi）の代牧となった．その後，特に中国が宣教師に門戸を閉ざした後，多くの修道会がタイに殺到した．＊レデンプトール会が1948年，＊ベタラム修道会が1951年，＊ラ・サール会が1952年に到来し，また，ほぼ200年も離れていたイエズス会が1954年に再び到来，翌年には＊カミロ修道会が到着した．長年離れていたサン・モール修道会も1957年に戻り，＊善き牧者愛徳の聖母修道会は1965年にバンコクに拠点を構えた．

ちょうどこの1965年に，10教区からなるタイの教会組織が整えられた．1982年には，キトブンチュ（Michel Michai Kitbunchu, 1929- ）がタイ人としては初めて＊枢機卿に任命されている．

【現勢】1998年現在，カトリック信者数：26万5,000．大司教区：2．司教区：8．小教区：360．教区司祭：378．修道司祭：236．終身助祭：1．信徒修道士：115．修道女：1,388．

【文献】世紀百 518-23; NCE 14:1-2; WCE 664-67; WCE² 1:733-37． (石井米雄, R. コステ)

たいいく　体育〔英〕physical education,〔独〕Leibesübungen,〔仏〕éducation physique　体育とは，身体を通しての「全人教育」を目指す学芸である．この意味の体育は古代ギリシア以来の伝統をもつ．

【古代ギリシア・ローマ】前5世紀に最盛期を迎えたギリシアの体育（ギュムナスティケー gumnastikē）は，ポリスにとって必要な人間を育成する目的で始まった．スパルタでは全体主義的体制を維持するために，身体強健で勇敢であることが市民の必須条件とされ，走・レスリング・ボクシング・パンクラチオン（ボクシングとレスリングを合わせたようなもの）などの身体訓練を課した．一方アテナイ（＊アテネ）では，＊プラトンの『国家』にみられるように，理想国家実現のために身体的な健康や体力だけでなく性格陶冶も重視され，そのために音楽や哲学などとの調和を図りながら体育を実施した．これは人間形成に果たす体育の役割を重視している点で歴史的意義が大きい．だがプラトンの身体観はあくまで，健全な精神が身体を健全にするのであってその逆ではない，という精神優位の考え方であり，＊ソクラテスと同じ立場にある．しかし，＊アリストテレスは『弁論術』のなかで，＊幸福の構成要素として身体的な卓越性にも言及しており，前二者とは多少立場を異にする．

ポリスの体育は時代とともにポリスの枠を越え，全ギリシア的な宗教的祭典競技へと発展した．四大祭典の一つオリュンピア祭は，前776年の第1回から紀元393年にローマ皇帝＊テオドシウス1世によって禁止されるまで約1,200年間続いた．

前2世紀＊ローマ帝国がアテナイを征服したとき，ギリシアの体育はすでに衰退の傾向にあり，ローマへの影響力は少なかった．しかし形を変えた娯楽的な見世物として歓迎され，戦車競争などさまざまな競技が盛んに行われた．こうした行き過ぎに対し，ユベナリス（Decimus Juvenalis, 50頃-130）は，精神と身体のバランスが重要であると説き，「健全な身体に健全な精神が宿るように祈るべきだ」（Orandum est, ut sit mens sana in corpore sano）という有名な言葉を残した．

【聖書】ユダヤ人にとって人間は，ギリシア人が考えるように霊魂の堕落の結果，＊体をもつに至った存在ではなかった．創世記1:27には神が自分の似姿として人間を男女に造ったとあるが，そこでは「＊霊魂」としても「体」としても造ったとはいわれていない．一個の統一体としての人間を造ったのである．しかもそれを，極めて良いものとして祝福している．すなわち「体」あるいは「霊魂」のどちらか一方が良かったのではなく，一人の人間全体が「良かった」のである．したがって人間は単に霊魂，＊理性，そして心情等によってだけでなく，「良き体」を含む「全人」として，主体的に神の呼びかけに応え，＊神の栄光を現すように造られたのである．また，新約聖書のイエスは身体蔑視や二元論的な発言はしていないし，一般に考えられているような禁欲主義者でもない．むしろ宣教活動中たびたび社交的な集会や祭り，そして食事に積極的に出席して人々とともに楽しんでいる（ヨハ 2:1-12参照）．さらには罪人といわれる人々とも飲食を共にした（マタ 9:9-13）．このようにイエスは現世の歓びや楽しみ，そして休養を大切にした．そのために彼は，「大食漢で，大酒飲み」（マタ 11:19）とまでいわれた．だが人間全体の救いを説いたイエスにとって，彼の言動には何ら矛盾するものはなかった．したがって中世キリスト教世界において，このような身体観，人間観を背景に体育やスポーツが盛んに行われたのは自然であった．

【中世】中世の体育は，主として騎士およびその見習士に対して職業教育の一環として行われ，身体的・軍事的訓練に加えて精神的な徳を身につけさせるべく教育された．これがいわゆる＊騎士道である．しかしこのような騎士教育を別にして，一般に中世は，禁欲的な身体蔑視の暗黒時代で，教会の規制も厳しく，体育やスポーツは禁止されていたと思われているが，実態はそうではなかった．騎士によるトーナメント（集団馬上擬戦）は中世のオリンピックといわれるほど大がかりなものであったし，ヘンダーソン（Robert Henderson）によると，12-13世紀のヨーロッパでは，＊復活祭や＊クリスマス，聖人たちの祝日には，修道院の庭，教会や司教館の広場で，一般市民だけでなく大司教以下聖職者たちもさまざまなボールゲームやダンスに興じていた．祭日にはこれらのレクリエーションがつきもので，13世紀のフランスでは室内球戯場が作られるほど盛んであった．これはギリシアにおける身体活動が，恵まれた市民の占有物であったのに比べて大きな違いである．したがって，中世には騎士の体育しか存在しなかったというのは誤りである．また，一般的に体育やスポーツの発展は王侯貴族を通して市民へ普及していったと考えられているが，実際には＊聖職者の果たした役割が大きかった．これは，「学問とスポーツは修道院から」といわれていたことからもうなずける．現に＊トマス・アクィナスも，疲れた精神の再生のために体育やレクリエーションを勧めている．彼は「体」を精神と同様に高く評価し，人間を「全人」として捉える一元論的な見方をしている．近代の体育やスポーツは突然生まれたのではなく，以上のような中世の体育やスポーツを基盤にして発展してきたのである．

【近世】＊ルネサンスに入ると，身体が公然と教育の対象になってくる．イタリアのヴィットリーノ（Vittorino da Feltre, 1378-1446）はゴンザガ家の協力のもと，自ら設立したラ・ジオコーサ（La Giocosa 楽しい家）で，体育をそれ自体価値あるものとして軍事訓練やレクリエーションから切り離して指導した．彼は，適度な運動が身体と精神双方の健康にとって重要であり，しかも精神訓練のための基礎条件であるとした．そのために広い運動場を用意し，組織的な戸外運動を毎日2時間指導した．

またピッコローミニ，すなわち後の教皇 *ピウス 2 世は，性教育や女子体育の重要性にも言及している．二人に共通しているのは，全人格の調和的発達を追求したアテナイ人の理想を再現しようとした点である．近世に入ると，*モンテーニュなどの影響もあって，身体の地位がルネサンスを経て，立派に魂と同等の地位にまで立ち帰ってきた．

*ルターは体育やスポーツを，悪や暴行に走らないための予防策としか考えておらず，積極的に評価する態度はみられない．むしろこれらの諸活動に対して禁欲的態度で臨んだ．一方，「できるだけ少なく楽しむ」を信条としていた *カルヴァンは，ルターよりも一層厳しく，徹底した禁欲主義者で，そこには身体蔑視の二元論的思考がみられる．それゆえ体育やスポーツは，彼の眼中には全くなかった．カルヴァンのこの思想は当時のヨーロッパ社会，特にスイス，イギリス，北アメリカに深く浸透し，体育やスポーツ，そして気晴らしを好む多くの人々の欲求を無残にも押しつぶした．このためアメリカ合衆国で，*学校教育のなかに体育が採用されたのは 1920 年代になってからであった．

中世において人々は *ミサの後，スポーツ，ダンス，ゲームその他陽気な遊びを楽しみ，教会はこれらの活動の間接的な関与機関として大いに貢献したのであるが，プロテスタントが支配する地域では，これらの活動は禁止された．その理由は，(1) *予定の教説や職業召命観からくる労働に対する高い評価と怠惰に対する嫌悪，(2) 安息日の遵守，(3) 中世の堕落とルネサンスの人間解放がもたらした（と信じた）新しい堕落の世界に対する批判，(4) 裕福で，スポーツやさまざまな余暇活動を楽しんでいる王侯貴族階級への妬み（宗教的動機よりも経済的・階級的不満による），(5) さらにはカトリック的色彩のある，どんな活動をも排除しようとするピューリタン的思想によるものである．こうして明るく陽気な中世から，暗くて陰鬱な近世初期の社会生活がプロテスタント世界で急速に広がっていった．これは同じ近世初期にあって，身体や健康に対して絶えず細かい配慮をし，また体育やスポーツの価値を積極的，肯定的に評価し，学校教育のなかでのその重要性を認め，それを実践していった *イグナティウス・デ・ロヨラをはじめとするカトリックの思想とは大きく異なっている．例えば，ヨーロッパから遠く離れた日本でも，イエズス会巡察師 *ヴァリニャーノが 1580 年（天正 8）に開設した *有馬の *セミナリヨには，広い運動場，海水浴場，屋内遊戯用の広い回廊式ベランダがあり，生徒たちはボールゲームや水泳を楽しんだ．これらはいまだ回復的，レクリエーション的で，正課の体育ではなかったが，教育の一要素として重要な役割を果たした．同時にセミナリヨでは，健康衛生面でも充分な配慮がなされていた．*トレルチによると，中世を *暗黒時代とする見方はルネサンス以後の思想的産物であり，特にプロテスタント側の思想の産物であったが，実際には上にも述べたように中世より近世初期以降のプロテスタント世界のほうが，体育については暗黒時代であった．実際，身体を罪悪視する禁欲的思想が西ヨーロッパ世界に現れてきたのも *宗教改革以後であった．このようなわけで，ヨーロッパと北アメリカのプロテスタント系諸学校は，体育の機関としての機能を充分には果たさなかった．

【近代以降】ルネサンス期にギリシアに立ち帰った近世の体育は，イギリスやフランスの思想家によってその教育的意義が大きく評価され，まずドイツにおいて実行に移された．近代市民社会の成立とともに，健康で有能な市民を育成するために，*ロック，*ルソーの近代的身体教育論や健康論の影響を受けながら，市民体育論が生まれてくるのである．その代表がドイツ汎愛学派（→汎愛）の創始者 *バゼドウと，それを発展させた「近代体育の父」グーツ・ムーツ（Johann Guts Muths, 1759-1839）であった．彼の功績で体育が教科として認められ，近代学校体育が軌道に乗った．その後近代体育は，各国独自の理論や仕組みをもった国民体育へと発展していった．例えばドイツのヤーン（Friedrich Jahn, 1778-1852）によるツルネン（Turnen），チェコのティルシュ（M. Tyrŝ, 1832-84）のソコル（Sokol），イギリスの T. *アーノルドによるスポーツ教育である．これらは独自の発展をしながら相互に影響しあい，近代体育を発展させていった．しかし体育科が本格的に導入・定着したのは，国によって多少の差はあるが，大体において男子は 1800 年代の後半，女子は第 1 次世界大戦後になってからである．こうした流れのなかで 1,500 年間廃絶されていた古代オリンピックもクーベルタン（Pierre de Coubertin, 1863-1937）の提唱によって 1896 年の第 1 回アテネ大会で復活をみた．

長い間人類は富を得るために健康を損なってきたが，今や健康を得るために富を失いつつある．人類史上初の「運動不足病」に直面している先進諸国では，この問題を乗り切るために生活のなかに生涯スポーツを実施すべくさまざまな試みが行われている．これは 1970 年代以降の「万人のためのスポーツ」(Sport for All) という精神にも明確に表れている．こうした動向を受けて学校教育においても，体育からスポーツ教育へと，その内容が変化しつつある．こうしたなかで，健康やレクリエーションが新しい体育の分野として重要になってきた．→ スポーツ倫理

【文献】水野忠文他『体育史概論』（杏林書院 1987）; 成田十次郎『スポーツと教育の歴史』（不昧堂出版 1988）; D. B. ヴァンダーレン，B. L. ベネット『体育の世界史』加藤橘夫訳（ベースボール・マガジン社 1976）: D. B. VAN DALEN, B. L. BENNET, *A World History of Physical Education* (Englewood Cliffs, N. J. ²1971); R. W. HENDERSON, *Ball, Bat and Bishop* (New York 1947).

(古川清志)

だいいちげんいん　第一原因〔ギ〕prote aitia, 〔ラ〕causa prima　*原因は，事実の成り立ちをその「なぜか」にわたって説明するところのものである．例えば，家が建っているのは大工が建てたからである．しかし大工が家を建てるには材木などが *質料として先行して与えられていなければならず，技術は自然の世界のなかで既存の所与を使用してこれを再編組織化して制作するだけである．したがって一般に技術はものの *存在全体の端的な原因ではない．とすると一つの家が大工によって作られ，そこに家が存在することが事実になっていても，相変わらずその家は存在しなくてもよい可能性が浸透していることになる．自然方式で質料と *形相から合成される自然のものたちについても，同じことが類比的にいえる．こうしてものの存在の事実は偶然性の影をぬぐえず，事情が違っていれば存在しなかったかもしれないのである．そこには一回限りのかけがえのない現実性はない．*非存在の可能性に侵されない，かけがえのない存在の現実性は，ものの存在全体を縛る何らかの原因があることによる．それはものの *本質に即した存在を

だいいちしつりょう

付与する原因であり，*トマス・アクィナスはこれを第一原因と呼んだ．それは存在そのものたる*神であり，その存在付与の働きが「無からの創造」であった(→創造)．　　　　　　　　　　　　　　　　(山本巍)

だいいちしつりょう　第一質料　〔ギ〕prōtē hylē，〔ラ〕materia prima，〔英〕primary matter，〔独〕Urmaterie，〔仏〕matière primaire　*アリストテレスに由来すると解釈される*質料概念で，*形相による限定を受けない，無規定で純粋な質料をいう．一般に感覚的物体の質料として地水火風の四元素が考えられるが，アリストテレスは『生成消滅論』において四元素間の相互生成を認め，よって四元素がそれから構成され，かつ四元素を特徴づける感覚的性質の先言指定となる質料をかの質料として定立する．「可能態における感覚的物体」といわれ，感覚的性質から離存不能なこの質料が伝統的に第一質料と解釈されるものである．この概念の源は*プラトンの「場所」にあるとみられるが，*ストア学派においては「無性質の実体」と捉えられ，*新プラトン主義を経て，中世*スコラ哲学の質料形相論のなかに受け継がれていく．

*トマス・アクィナスは純粋現実態(*アクトゥス・プールス)である神に対して純粋*可能態として，また自身は個物の創造と「共に創造されたもの」として性格づけている．

【文献】トマス・アクィナス『神学大全』1，高田三郎訳(創文社 1960)；アリストテレス『生成消滅論』アリストテレス全集 4，戸塚七郎訳(岩波書店 1968) 223-403．　　　　　　　　　　　　　　　　　　　　　　　　　　　(今井知正)

だいいちてつがく　第一哲学　〔ギ〕prōtē philosophia，〔ラ〕philosophia prima，〔英〕primary philosophy，〔独〕erste Philosophie，〔仏〕philosophie première　*アリストテレスに由来する哲学概念で，*世界や*存在の全体を対象とし，第一の*原理や*原因を探究する根幹となる学問をいい，一般に*形而上学または*存在論を指す．

アリストテレスは『形而上学』第 4 巻において「存在としての存在」の学，すなわち，存在の普遍学の成立を宣言する．これはそれまでの立場を転換し，「存在は多くの仕方で述べられる」が，これらはすべて*実体との関係において述べられるがゆえに同名異義ではなく，存在の普遍学は可能だとの主張に基づく．また彼は同書第 6 巻において理論的な学をその対象の離存性と不動性の如何によって自然学・数学・神学の三つに分類し，最後の神学が第一哲学であり，また第一なるがゆえに普遍的である，つまり，かの普遍学を含意すると主張する．存在の普遍学と神学との関係，後の一般形而上学(存在論)と特殊形而上学(*自然神学)との関係とそれらの理解は第一哲学の根本問題であり，アリストテレス解釈上の議論は中世の*イスラム哲学や*スコラ哲学を経て，現代にまで及んでいる．なお，第一哲学の構想がそれ自体として現れるのは近世後半の C. ヴォルフとその学派までであり，伝統的形而上学を批判した*カント以降では，少なくとも用語としては姿を消したということができよう．

【文献】アリストテレス『形而上学』アリストテレス全集 12, 出隆訳(岩波書店 1968)．　　　　　　　　(今井知正)

たいいほう　対位法　〔ラ〕contrapunctus，〔英〕counterpoint，〔独〕Kontrapunkt，〔仏〕contrepoint　*ポリフォニー音楽の基本的作曲法．二つの旋律を重ねて作曲する場合に，一つの音符(プンクトゥス)に対して(コントラ)，別の音符を対位させることをコントラプンクトゥスと呼んだのがその起源．具体的には，定旋律に第二の旋律，つまり対位旋律を付け加えることがこの技法の基本で，それを 2 声対位法と呼ぶ．さらに対位旋律の数を二つ，三つと増加することによって，3 声対位法，4 声対位法が成立した．ポリフォニー最盛期の 16 世紀においては，4 声ないしは 5 声の対位法が標準的となり，それも特に模倣対位法が一般的であった．
(金澤正剛)

ダイエ　Daillé (Dallaeus), Jean　(1594. 1. 6-1670. 4. 15)　フランスの*改革派神学者，名説教家．各国歴訪のあと，ソーミュール(Saumur)および*パリ近郊のシャラントン・ル・ポン(Charenton-le-Pont)で牧会．1659 年の*改革派教会大会で議長．穏健カルヴァン主義(→カルヴィニズム)の立場で，*教父の最終的権威を否定，イングランド国教会(→聖公会)の神学者からも批判されたので，『聖書に基づく信仰』(La foi fondée sur les saintes écritures, 1634)を出版した．
【文献】キ人 837；キ大 671；RGG³ 2: 20．　(榎本昌弘)

だいえいはくぶつかんしょぞうキリシタンしりょう　大英博物館所蔵キリシタン資料　大英博物館の蔵書は刊本部と写本部に分けられている．刊本部の至宝は天下の孤本といわれる，キリシタン版の*『平家の物語』(1592)，*『イソポのハブラス』(1593)，*『金句集』(1593)であり(この 3 冊は合綴されている)，そのほかに，『遣欧使節対話録』(1590)，*『落葉集』(1598)，*『日葡辞書』(1603-04)，*『サカラメンタ提要』(1605)，*『日西辞書』(1630)が収められている．写本部には*ヴァリニャーノの『日本史』，1585 年度をはじめとする*『イエズス会日本年報』，1592 年度からの*『イエズス会日本管区目録』，また，*日本 26 聖人をはじめ多くの殉教報告などがある．これら写本の多くは東洋研究家マースデン(W. Marsden, 1754-1836)の寄贈によるものである．その他，この時代の史料を多く架蔵しており，キリシタン研究のために必見の図書館とされている．
(尾原悟)

たいがいじゅせい　体外受精　〔ラ〕fecundatio in vitro，〔英〕in vitro fertilization，〔独〕In-vitro-Fertilisation，〔仏〕fécondation in vitro

【概念】体外受精とは狭義においては母体(卵管)の外で卵子と精子を結合させて受精させることを意味し，こうして形成された受精卵を母胎に入れるのを胚移植(〔英〕embryo-transfer)という．しかし広義においてはこの全過程すなわち母体外でまず受精卵を作り，それが分割したもの(普通は 4 ないし 8 分割)を子宮腔内に注入し着床させようとする不妊治療技術(FIVET, IVFET)を意味する．ここでは後者の意味での体外受精について解説する．

【カトリック教会の公式見解】精子，卵子，受精卵を直接操作して妊娠を引き起こそうとする人工生殖技術は不妊症のゆえに挙児の望みが叶えられない不妊夫婦に対する新しい治療法の一つとして近年広く臨床応用されてきたが，カトリック教会の*教導職はこれに対して一貫して厳しい否定的な立場をとっている．根本的な理由は，

そもそも人格存在である子どもは人格的夫婦愛の実りとして生まれるというのが神の定めであり、第三者の参与を許さない夫婦間の愛の一体化である性行為と生殖は自然本性的に結びつけられているのに、人工生殖はこの過程に介入し、両者を分離させ、性交為に代わって技術をもって生殖を実現し、子どもを作り出すことによってその人権を損ねるから、というものである。そのような技術の一つである体外受精も「性交に取って代わる生殖技術」としてこの論理に基づいて明確に退けられている（『生命のはじまりに関する教書』1987）。

【カトリック倫理神学の見解】倫理神学者たちの見解は分かれており、上記公式見解を支持する者も少なくない一方、夫婦愛と性行為と生殖の間の本質的で不可分な関係をより弾力的・総合的に理解し、夫婦生活全体の枠のなかで行われる医療技術の介入が、本来的・身体的機能の欠陥を人工的に補完する必要でやむをえない治療行為としての限界内にとどまるかぎり、体外受精はカトリックの信仰とは矛盾しない、と考える者も多い。愛のなかに互いに自己を与え合っている夫婦にとって夫婦生活全体のなかで行われるそのような体外受精は「本性的に性行為に期待されている生殖効力」の不足を医療技術の力で補強し生殖効果をもったものにする許された範囲のものだというのである。

【その他の問題】公式見解によればカトリック倫理の観点からはさらに顧慮すべき問題もある。特に重要なものとして、すべての受精卵は＊人格の＊尊厳を伴ったものとして取り扱われねばならないから、体外で形成された受精卵はすべてその卵子を採取した同一母体に戻されねばならないこと、そして胚の冷凍は許されないこと、また、体外受精において配偶者外の第三者の生殖細胞を用いてはならないこと、などである。これらの点に関してはカトリック倫理神学者たちの見解は基本線において大体一致している。

【文献】LThK³ 5: 573-75; J. マシア「体外受精とカトリック倫理学者」『上智大学一般教育人間学研究室人間学紀要』13 (1983) 34-47; 教皇庁教理省『生命のはじまりに関する教書』J. マシア、馬場真光訳（カトリック中央協議会 1987）: CONGREGATIO PRO DOCTRINA FIDEI, *Instructio Donum vitae* (Città del Vaticano 1987); 宮川俊行「体外受精の倫理学的考察」水波朗、稲垣良典、J. ヨンパルト編『自然法 — 反省と展望』（創文社 1987）399-453; 同「ヒト胚性幹細胞を巡って」『長崎純心大学カトリック社会福祉研究』1 (2001) 79-103; R. A. MCCORMICK, *How Brave a New World?: Dilemmas in Bioethics* (Garden City, N. Y. 1981) 283-305, 321-33; POPE JOHN XXIII MEDICAL-MORAL RESEARCH AND EDUCATION CENTER, ed., *Reproductive Technologies, Marriage and the Church* (Braintree, Mass. 1988) 1-182; T. A. SHANNON, L. S. CAHILL, *Religion and Artificial Reproduction* (New York 1988); R. A. MCCORMICK, *The Critical Calling: Reflections on Moral Dilemmas since Vatican II* (Washington, D.C. 1989) 329-52; T. STROWITZKI, H. HEPP, "In-vitro-Fertilisation und neue Verfahren der assistierten Reproduktionsmedizin," *Zeitschrift für medizinische Ethik*, 42 (1996) 253-60; H. B. WUERMELING, "Das Kernproblem der extrakorporalen Befruchtung," *Zeitschrift für medizinische Ethik*, 42 (1996) 261-66. （宮川俊行）

だいがく　大学　〔ラ〕universitas, 〔英〕university, 〔独〕Universität, 〔仏〕université

【起源】大学を意味するラテン語の universitas とは、本来、あらゆる知識を総合する、いわば知の宇宙を指していた。すなわち構成の論理をもって統括された一つの世界のことである。このような知識の総括に関するキリスト教的理論は＊アウグスティヌスの『キリスト教の教え』で展開されている。しかし、そのような構想が制度的に実現するのは、13世紀に、＊ベネディクト会の＊修道院学校と＊司教座聖堂付属学校のあとを受けて大学が形成されてからのことである。大学は学問の体系を組織・制度として可視的にしたもので、帝国、教会とともに中世キリスト教社会を支える三つの柱の一つであり、また知識人の自治共同体であった。中世においては universitas とはこのような学者・教育者の共同体を指すために使われ、正確には universitas magistrorum et scholarium（教師と学者のウニヴェルシタス）と呼ばれた。

中世の大学の典型は＊パリ大学で、その起源は12世紀半ばに遡ることができるが、13世紀になると法人格をもつ団体として教皇＊インノケンティウス3世の認可を受け、その後も歴代の教皇の保護を受けるようになった。特に＊グレゴリウス9世は教書『諸学の父』(Parens Scientiarum, 1231) によって大学に自治を認めた。こうして＊神学、＊教会法、＊医学の三つの「上級」学部と一つの学芸学部からなり、教授と学生を含む四つの「国民団」(natio) から構成された共同体が出現した。各学部は学部長 (decanus) によって、それぞれの国民は学監 (proctor) によって統括されたが、学芸学部の長が後に全大学の学長 (rector) となった。アルプス以北ではそれぞれベネディクト会修道院と＊ドミニコ会の学院から発展した＊オックスフォード大学と＊ケルン大学がパリ大学に倣って大学としての体制を整備したが、イタリア半島の諸都市の大学は独自の起源と発展によって大学としての組織を形成していった。＊サレルノ大学は、11世紀までには医学教育の中心としての名声を確立し、皇帝＊フリードリヒ2世の認可によって大学となった。＊トマス・アクィナスはドミニコ会入会前にここで学んでいる。＊ボローニャ大学は中世ヨーロッパにおいて法学で有名だったが、その世俗的起源と皇帝＊フリードリヒ1世の保護を受けたことによって＊教皇庁から疑いの目をもってみられた。しかし、12-13世紀には法学と教会法の学部として公認され、評判が高まった。

【近世】16世紀以降、＊人文主義、＊宗教改革と＊カトリック大学の運動、近代的主権国家の成立の過程で大学は変容する。イタリア半島では、新しい知と信心の伝播者である人文主義者たちがもっぱら＊フィレンツェ等の都市大富豪によって設立されたアカデミアを拠り所にして活躍したが、大学は伝統的体制のままであった。しかし、＊ルターの宗教改革が大学から起こり、プロテスタントとカトリックに分かれたドイツ語圏では＊ウィーン大学(1365)、＊ハイデルベルク大学(1385)、ライプツィヒ大学(1409)、テュービンゲン大学(1477)など中世末期設立の大学のほかに＊マールブルク大学(1527)、ケーニヒスベルク大学(現カリーニングラード大学, 1544)、イェナ大学(1558)、ヘルムシュテット大学(1576)などがプロテスタントの大学として設立され、＊カトリック改革の一環としてはバンベルク大学(1648)、＊インスブルック大学(1669-73)などが新設された。また12-13世紀のフランスやイングランドでは、後述するように＊自由学芸を担当する学寮（コレギウム）が相次いで設立された。

だいがく

【近代】近代的な大学の出現は宗教改革期の大学を中心として行われた教派論争の熱気が冷め始め，*啓蒙思想が台頭したときに起こったということができる．*世俗化の進行とともに，大学は神学・宗教問題から距離を置き，それらの枠外で学問の中立性を確立しようとする傾向ないし反宗教的精神を反映するようになっていく．17-18世紀の大学の学問的水準は低下し，知的生活も沈滞した．例外的であったのは17世紀末から18世紀初めにドイツで設立されたハレ大学(1694)やゲッティンゲン大学(1737)などであった．

中世にも皇帝・国王・領主等の認可に根拠を置く大学が存在したが，宗教改革以来多くの大学が世俗権力によって設立され，整備されるようになった．この傾向は各国における大学教育改革の動きとともにますます顕著となり，国立大学体制がヨーロッパ大陸では趨勢となった．フランスでは*フランス革命によって大学は廃止されたが，*ナポレオン・ボナパルトによって国家的教育計画を代表するものとして復興され，専門教育の場として位置づけられた．しかし，神学部はそのなかに入れられなかった．ドイツでは大学改革の過程で長い伝統をもつ幾つかの医学部が廃止または改組され，*ベルリン大学とボン大学がそれぞれ1809年，1818年に新しい構想のもとに設立された．特に前者はプロイセン国王フリードリヒ・ヴィルヘルム3世（Friedrich Wilhelm III，在位1797-1840）によるドイツ統一と再生のための重要な布石とみなされ，近代的総合大学の範となった．

ドイツ語圏の大学の大部分は今日でもカトリック，プロテスタント双方あるいはいずれかの神学部を擁しているが，すでに17世紀末ハレ大学の設立において哲学部が神学部から独立した学部となったことにみられるように，大学における諸学を統合するものは哲学となっていた．イングランドの伝統的大学では組織的な変化は起こ

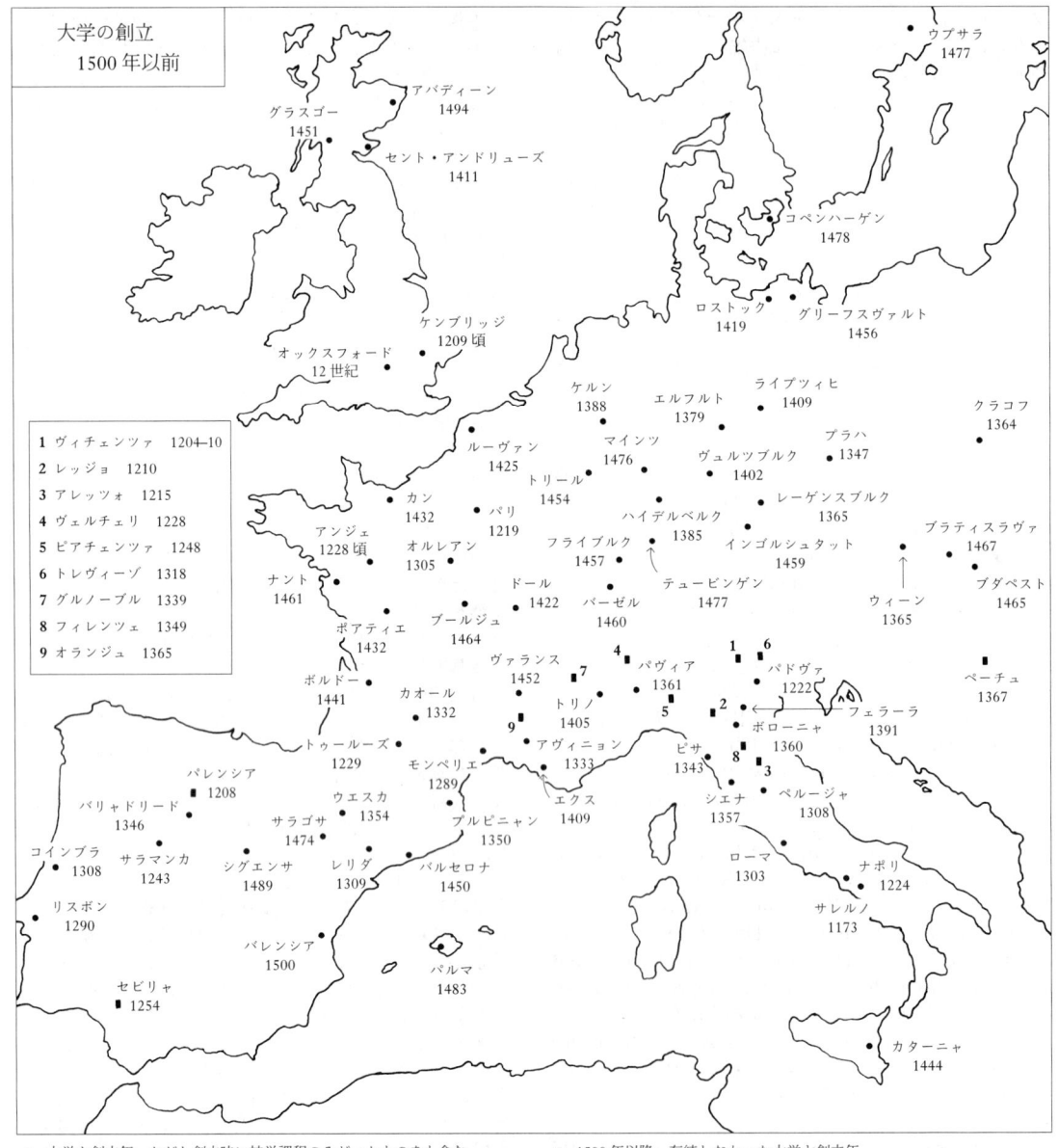

らなかったが，さまざまな大学構想が打ち出され，大学内外で議論された．そのなかで著名なのは *ニューマンの『大学の理念』である．16世紀 *ピューリタンの勢力が優勢で，*ラムスの論理学が人気を博していた *ケンブリッジ大学では，18世紀になると *ニュートンらによって数学を中心にした自然科学が導入されるようになり，古典教育中心であった従来の大学において数学をはじめとする自然科学を中心的教科とすべきかどうかが大きな論争を巻き起こした．オックスフォード，ケンブリッジはいずれもイングランド国教徒(→ 聖公会)のみの入学を認めていた．一方，19世紀に設立されたロンドン大学は増大しつつあった中産階級の要求を反映し，ドイツとスコットランドの大学を範として，1825年政治的には自由党員だった有力な非国教徒たちによって設立された．国教会と保守党側は直ちにロンドンにキングズ・コレッジを設立して対抗した．前者がロンドン・ユニヴァーシティ・コレッジとして王室の認可を得たのに対し，後者は認可を申請せず対立は深まったが，1836年国王ウィリアム4世(William Ⅳ, 在位 1830-37)により両者はロンドン大学として統合された．以後のロンドン大学は，さまざまな機関，学校，*神学校を集めた一つの大学として成長していった．

19世紀以後，国家は自然科学と法律・経済学が国家の勢力拡大に本質的貢献を果たすことに気づき，それらを推進し監督する必要性を感じて，大学を自らの管轄のもとに置き，一貫した国家政策の柱とするようになった．大学側も学問を推進するために膨大なものとなっていく費用の出所が国家以外にはないことから，国家に対する依存をますます強め，特にヨーロッパ大陸では大学は直接・間接に国立となり，専門研究・教育と官僚・科学者の養成の機関に変わった．

【アメリカの大学】学寮(コレッジ)制を残していたオックスフォード，ケンブリッジをもつイギリスにおいてのみ，いわゆる人間性教育の場としての大学という理念が生き続け，それは17-18世紀にアメリカで設立された大学に受け継がれた．当初カレッジ(college)と呼ばれたアメリカの大学は，古典教育による人格陶冶を目指した．*フィラデルフィアで *フランクリンの「ペンシルヴァニア州の若者の教育についての提案」に基づいて1755年に創設されたペンシルヴァニア大学を除いて，これらのカレッジは教派立であり，多くは植民地の牧師や指導者層の教育を目的としていた．初期には *会衆派と *長老派教会が大学を設立し，後にクエーカー(*キリスト友会)，*バプテスト教会，*ルター教会の大学も設立され，アメリカにおけるキリスト教大学の流れを今日まで伝えることとなった．しかし，19世紀後半になると，ドイツの大学を範とする大規模な州立大学が設立され始めた．ミシガン大学はその有名な例である．このような状況のもと，*ハーヴァード大学，イエール，プリンストンなどのキリスト教系カレッジは相次いで大規模大学となり，研究を目的とする大学として牧師で構成される理事会の手から離れ，特定の教派に属さない大学になっていった．牧師養成・神学研究機関は，別組織の神学校([英] divinity school)に移管されるようになった．

後にアメリカに到来したカトリック系移民やユダヤ系移民は，アメリカ社会での地位を確保するためにプロテスタント系の大学とは別に独自の高等教育機関を必要とした．特にカトリック大学は *イエズス会をはじめとする男女の修道会によって設立され，アメリカにおける大学群のなかで際立った存在となったが，財政的基盤の弱さ，修道会員が大部分を占めたことから生じる問題など，多くの困難に直面した．しかし，第2次世界大戦後は，連邦政府からさまざまな助成を受け，また，カトリックに対する偏見が薄れるにつれ諸財団が助成を始めるようになったこともあり，その幾つかは名声を確立し，研究大学としての体制も整備されつつある．ただ，同時に多くの問題が現れたことも否定できない．これらの大学がカトリック大学としてのアイデンティティを保ち，将来も存続しうるかどうかが問われている．

【日本】日本の大学制度は，明治時代に急務とされた近代化を背景にして欧米の近代大学制度に倣って築かれた．1886年(明治19)，帝国大学令によって設立された東京帝国大学は西洋文明を全国に伝えると同時に，政府・経済界の指導者育成の機関としての役割をも担った．続いて主要都市に帝国大学が設立され，植民地獲得競争で日本が得た朝鮮，台湾にも大学が設立されるようになった．1918年(大正7)の大学令によって私立大学の存在もようやく認められた．以後，第2次世界大戦終結時までこの体制が続いたが，1947年(昭和22)の新学制の導入とともに日本の大学は新たに位置づけられることとなった．新制大学は，民主化し，平等化した社会の広い層の上昇欲に支えられて増大し，大学の大衆化現象をもたらした．

大学の大衆化は第2次世界大戦後，特に先進国を中心に起きた現象である．ヨーロッパでも戦後次々に新しい大学が設立され，大学修了者数は増大したが，その受け皿となる求人数が不足しているためにさまざまな社会問題が誘発されている．日本の大学制度の特徴は国立(公立)・私立の大学が共存している点である．この状況は一見アメリカの州立と私立の併存状態に似ているが，日本では，東京大学を頂点とする旧帝大系大学が価値序列の頂点に置かれ，それとの関連で有力私立大学が位置づけられ，その周りに他の大学の序列が設定される．この序列は卒業後の社会での地位にまでつきまとい，日本特有の受験戦争の原因となっている．国からの助成を受けない私立大学は設備面で劣るとされていたが，1960年代後半の大学紛争後は私立大学も助成の対象となった．しかし，それは同時に政府の管理が私立大学にまで及ぶ結果をもたらし，その時々の政府の方針は私立大学の運営にも影響を及ぼし，全大学の画一化が進む原因にもなっていると思われる．

1960年代後半の学生運動と大学紛争は全世界的な現象であった．*毛沢東の思想と急進主義が西欧諸国の若者の心を熱病のように捉え，アカデミズムに安住していた大学社会を揺り動かした．フランスの *ド・ゴール政権は崩壊寸前にまで追いつめられ，アメリカの学生運動はヴェトナム反戦運動に結びつき，西ドイツでは過激派学生が大学を占拠した．日本においてもこれを契機として大学制度の改革の気運が高まり，個々の大学内で公的・私的な提案がなされた．

【新しい問題】しかし，今日では新しい知の状況に対して大学という学問体制が対応できるかどうかという新たな問題が提起されるようになった．知識の総体は膨大なものとなり，特に自然科学の分野が必要とする莫大な費用や設備はたとえ国庫から捻出されるにしても大学の行政能力の枠を越えるものになっている．そのような研究のための人員をこれからの大学は養成できるのであろうか．自然科学のみならず社会科学，人文科学の分野でも知識の情報化は，大学の枠と限界を越えて進んでいくだろう．大学は研究者の養成という役割を放棄し，高度で

だいがく

幅広い教養をもつ社会人の養成だけを目指せばよいのだろうか．しかし，それも公開大学(放送大学)の例にみられるように，テレビ，インターネットなどのメディアによって取って代わられるのではないか．これらの問題に日本の特別な事情が絡んでくる．日本の大学は内外の他の大学との共存的競争の時代に入りつつある．ここで大きな問題となるのは急速に進む青少年人口の減少である．さらに加えて大学間の序列と格差という難問が絡む．国家の財政を背景にして有力国立大学は膨大な予算を組んで大学院大学構想を推し進め，他方，小規模な私立大学は生き残りをかけて大学院設置を急いでいる．しかし，このような多大な出費とエネルギーの消費の後に何が残るかが問題である．アメリカでは大学院の組織をもつ研究大学とともに1,000–2,000人の小規模な教養学部や人格養成中心のカレッジが数多く存在するが，日本ではそれも難しいようである．

【日本のキリスト教系大学】日本におけるキリスト教系大学は国立・私立の並立や序列の歴史的推移の狭間に設立され，現在に至っている．旧制大学の時代に創立されたのは同志社大学，立教大学，*上智大学であり，ほかはおおむね*宣教師あるいはそれぞれの教派の伝道協会を背景とした専門学校から昇格し，中等学校の上に戦後新設された大学である．教区立の*英知大学を除いてカトリック系のものはそれぞれ*修道会によって設立され(→日本におけるカトリック教会，日本におけるプロテスタント教会)，戦後の復興期にはアメリカからの経済的・人材的・精神的援助を受けた．設備もよく，社会から高い評価を受け，全国的な有名大学になったものもある．しかし現在は，他の私立大学とともに生き残りをかけて競争しなければならない立場にある．キリスト教系大学は非キリスト教社会のなかでキリスト教が認められ，特に人文学がキリスト教なしに理解できないことを知らせるために多大な役割を果たしてきた．プロテスタント系の大学は教員採用に際して，志望者をキリスト者に限定する「クリスチャン・コード」とチャプレン(学校付牧師)制によって人材面でキリスト教色を残そうと努めている．カトリック系大学は多くの場合，*キリスト教的ヒューマニズムを掲げ，修道会の人材を中心にすることでカトリックの独自性を保持してきた．いずれの場合も大学の存続に加えて，元来のプロテスタント色，あるいはカトリック色を残せるかという問題を直視しなければならない時期を迎えている．このような状況のなかでキリスト教的大学の理念が問われているといえよう．

【大学とキリスト教】近代日本が受容した大学制度は，西欧における知の世界の転換期に成立したもので，その起源がキリスト教的であったことは明らかであろう．大学は神学を学問として体系化するために設立されたが，宗教改革期の*信条の分裂とそれを取り巻く知の背景の変化から，急速な世俗化と変貌を遂げ，その保護者も教会から国家に移っていった．例外的だったのは，信仰の自由を求めて移住が行われたアメリカであり，当初は教派立の大学が設立されたが，*市民宗教の時代となると，古い歴史をもった有名大学は信条面で中立的なものとなっていった．カトリック大学の場合，*トリエント公会議の決定を受けて*司祭養成を大学から切り離し，神学校で行うようになっていたのが，19世紀後半以降，教皇庁のカトリック大学設立の方針に従い，各修道会により大学が設立されていった．1875年，フランスの国会で私立高等教育機関の設立を認めた法案が通過し，カトリック大学設立計画は紆余曲折を経て*アンスティテュ・カトリックに結実した．また，アメリカでは*教皇庁立大学として*アメリカ・カトリック大学や*ジョージタウン大学などが大きな成功を収めている．さらに宣教国でカトリック大学が宣教にとって果たした役割は大きく，今日に至るまで無視できないものとなっている．教会が大学をもつ必要性は第2*ヴァティカン公会議で再確認され(『キリスト教教育宣言』10)，新『教会法典』はカトリック大学についての規定を設けた(807–14条)．教皇*ヨアンネス・パウルス2世は使徒憲章『エクス・コルデ・エクレジアエ』(Ex corde ecclesiae)においてカトリック大学の在り方を示唆した．しかし，それぞれの国の知的水準の向上と社会・学問の複雑化のなかで多大の費用と人材の投入を必要とするカトリック大学を維持し続けるためには財源・人材の確保ばかりでなく，その理念の再認識とそれに基づく創造的エネルギーが必要である．日本においても，カトリック大学は，戦時中の苦難を乗り越えて社会的な地歩を築いた今日，学問と信仰のより一層の総合を構築していく使命を与えられているのである．

【文献】EncU 18: 448–54; HKG(J) 7: 396–400, 404–10; 古屋安雄『大学の神学—明日の大学をめざして』(ヨルダン社 1993); 同『知と信と大学：古屋安雄古稀記念論文集』(ヨルダン社 1996); 東京基督教大学共立基督教研究所編『大学とキリスト教教育』(ヨルダン社 1998); H. RASHDALL, *Universities of Europe in Middle Ages*, 3 v. (Oxford 1936); J. I. CATTO, ET AL., eds., *The History of the University of Oxford*, 8 v. (Oxford 1984–94); L. W. B. BROCKLISS, *French Higher Education in the Seventeenth and Eighteenth Centuries* (Oxford 1987); C. N. L. BROOKE, ET AL., eds., *A History of the University of Cambridge*, 4 v. (Cambridge 1988–98); H. DE RIDDER-SYMOENS, ed., *History of the University in Europe*, 4 v. (Cambridge 1991–98); W. LEAHY, *Adapting to America: Catholics, Jesuits and Higher Education in the Twentieth Century* (Washington, D. C. 1991); J. W. O'MALLEY, *The First Jesuits* (Cambridge, Mass. 1993); T. M. HESBURGH, ed., *The Challenge and Promise of a Catholic University* (London 1994); D. J. O'BRIEN, *From the Heart of the American Church* (New York 1994); D. DAMROSCH, *We Scholars: Changing the Culture of the University* (Cambridge, Mass. 1995); G. M. MARSDEN, *The Soul of the American University* (New York 1996). 〔高柳俊一〕

【コレギウム】ラテン語のコレギウム (collegium) に由来する近代諸語 (〔英〕college, 〔独〕Kolleg, 〔仏〕collège) は現代のフランスでは中等教育機関の一部を，イギリスやアメリカでは主に高等教育機関の一部を指す呼称として用いられている．イギリスのオックスフォード大学やケンブリッジ大学は多くの伝統的な自治組織であるコレッジ(学寮)が集まって構成されているが，一部の伝統的パブリックスクール(中等教育機関)にもこの名称を名のるものがある(例えばイートン校 Eton College など)．一方，アメリカでは総合大学 (〔英〕university) に対する単科大学，また総合大学の学部(分科大学)を意味したり，農業・ビジネス・教職などの実業的専門学校をカレッジという場合があり，さらにはコミュニティー・カレッジ，ジュニア・カレッジなどと用いられる．そのほか，大学ないし学部の教職員と学生全体，あるいは基金によって共同生活を営む修道院を意味する用例もある．

コレギウムという言葉が今日これほど多義なのは，そ

れが歴史のなかで多様な意味を担わされてきたからである．古代ローマの帝政期には，さまざまな職種の商人・職人の同業者団体がコレギア（コレギウムの複数形）と呼ばれており，成員の社交と親睦の場となっていた．これが中世の大学勃興期にウニヴェルシタスと同様，知識人の *ギルドのような団体，つまり教師と学生の組合的団体を指す言葉として用いられた．次いで大学が社会の制度として発展を遂げていく12世紀末から13世紀に自由学芸学部や神学部で学ぶ貧窮学生用の寮がパリやオックスフォード，ケンブリッジに開設されコレギウム（学寮）と呼ばれた．十八人学寮(1180)や *ソルボンヌ大学の前身であるソルボンヌ学寮(1257)がその代表例である．13世紀前半にはこれに倣う形で，ベネディクト会，*厳律シトー会，ドミニコ会，*フランシスコ会などの修道会が基金を得て，勉学に従事する自会の修道士用に同種の施設を開き，同じく学寮と名づけたりしているが(1246年創立の *シトー会のシャルドネ学寮など)，これらは修道院の一形態なので「修学修院」と呼んで他と区別されることが多い．さらに13世紀中葉以降には各地の王侯貴族それに *高位聖職者たちが出資して自国出身の学生たちの便宜を図った同種の学寮が設けられた．ただしとりわけ王侯貴族らの開設したものは，多くの場合，そうした有力者や富める階層の人々の子弟が勉学期間中逗留する施設であった(1304年創立のナヴァール学寮，1317年創立のナルボンヌ学寮など)．

こうした展開と並行して学寮は，当初の宿泊所から生活共同体へ，さらには教育共同体へと性格を変えている．すなわち投宿する学生の世話と監督を兼ねて当初より教員(ほとんどは聖職者)が同居しており，早くから生活規律を体得し性格陶冶を受ける共同生活の場となったのである．次いで13世紀末までには，昼間学生たちが聴いた講義の復習や討論が夜，学寮で教員の指導を受けつつ行われるようになり，15世紀に入る頃には，文法，人文学および神学の講義も有力教授の住む学寮で行われ，大学教育の実質は学寮に移っていった．これらの特に文法・人文学関連の学寮では教育効果を上げるため，異年齢集団の混在を避けて学力的同質集団に区分する学級制を採用し，同時に規律によって学習と生活の両面を整備していった．

こうした動向のなかでルネサンス的人文主義が取り入れられ，16世紀には教育による人間性の向上と社会改革を目指す学校の時代が到来した．J. *コレットのセント・ポール校，J. *シュトゥルムのギムナジウム，*イエズス会学院(イエズス会員のための教育機関と非会員のための学校，および神学校の萌芽)，*カルヴァンのジュネーヴ・アカデミー(ジュネーヴ大学の前身)など，いずれも文法・人文学を中心とする下級コース，哲学・神学に及ぶ上級コースとで構成されている．これ以降，今日まで続く学校化現象がこうして始まり，広義のコレギウムは主にその高等教育部門とそれへの予備門(今日の初等教育の一部と中等教育を包含する)を担っていくことになる．

【文献】P. アリエス『「子供」の誕生』杉山光信，杉山恵美子訳（みすず書房 1980）: P. Ariés, *L'enfant et la vie familiale sous l'ancien régime* (Paris 1960); J. ヴェルジェ『中世の大学』大高順雄訳（みすず書房 1979）: J. Verger, *Les universités au moyen âge* (Paris 1973).

（高祖敏明）

だいがくしぼく　大学司牧　〔英〕campus ministry

宗教的次元から *大学の真理探求の方法，内容，方向づけに対し発言し，大学の目的・存在理由に貢献しようとする大学内司牧活動．具体的には，大学の構成員すべての道徳的・霊的成熟に寄与する各種の活動が実施される．

【歴史的背景】最も広い意味で考えれば，大学司牧は，ヨーロッパ中世に大学が誕生した当初から実態として行われていたといえる．しかし，近代以降，社会の *世俗化の進行するなかで，1880年代のアメリカ合衆国のウィスコンシン州立大学およびペンシルヴァニア大学において，今日的大学司牧の萌芽がみられた．すなわち，マディソン(Madison)にあるウィスコンシン大学の学生たちが大学の反カトリック的雰囲気に対して不満をもち，1883年にカトリック文学クラブを結成した．このメルヴィン・クラブ(Melvin Club)と呼ばれた団体に1883年に属していた学生の一人ハリントン(Timothy Harrington)は同じようなクラブをペンシルヴァニア大学でも作った．彼は *ニューマンの著書『大学の理念』の影響を受け，それをニューマン・クラブ(Newman Club)と名づけた．次いでこれらの学生たちは他大学の学生たちと徐々にネットワークを結び，広げていった．これが後にニューマン運動(Newman Movement)と呼ばれる運動の始まりであった．これを受けて各教区の司教も，ニューマン・クラブ付司祭を大学に派遣するようになり，ここに大学を場とする司牧活動が確立していった．この運動は第2次世界大戦後も拡大していったが，1960年代の全世界的な学生運動の影響を受け，1969年には崩壊してしまった．

【司教団の教導】第2 *ヴァティカン公会議による教会像および世界との関わり方の据え直しが，アメリカでようやく成果を生み出すのは1970年代から80年代にかけてであるが，そのなかで大学を場とする司牧活動も再建され，「キャンパス・ミニストリー」という言葉も用いられるようになっていった．こうした運動の高まりを受けて，1985年11月15日，米国司教団がキャンパス・ミニストリーに関する *司教教書を発行した．この教書『聖霊に力づけられて—キャンパス・ミニストリーは未来に直面する』(Empowered by the Spirit: Campus Ministry Faces the Future)は，キャンパス・ミニストリーを「大学内で教会を代表する正式な機関」と位置づけ，「社会正義のために奉仕する者たちの共同体」となるように方向づけた．また，キャンパス・ミニストリーを定義づけて「神の国を実現し，それに仕えるために，キリストへの積極的な関わりと学問の世界への関心を一つにする意義ある活動の場」と説明した．この教書は，キャンパス内の共同体が信仰の忠実な証となるための六つの方法を指摘している．「信仰共同体を作ること，信仰を活性化すること，キリスト教的良心を形成すること，正義のために教育すること，個人的な成長を促進すること，将来の指導者を養成すること」である．

この教書発行の10周年にあたって，1995年10月14日，米国司教団はもう一つの教書『『聖霊に力づけられて』発行10周年にあたっての司牧的回顧—大学生への書簡』(Pastoral Reflection on the Tenth Anniversary of "Empowered by the Spirit": A Letter to College Students)を発行した．前の文書の内容を再確認しつつ，この文書はさらにカトリック学生が他宗教の学生と協力し，「社会から疎外され，無視されている人々の存在をあらゆる学術団体に想起させる」ことを勧めている．1995年の時点でアメリカには1,200のキャンパス・ミニストリーが存在した．

だいがくしんがくれんめい

　日本では大学司牧という言葉こそ用いなかったが，1950年代から60年代にかけて，カトリック系大学ばかりでなく有力な国立・私立大学に「カトリック研究会」が結成され，指導司祭も派遣されて全国的組織（*カトリック学生連盟）にまで発展していった．しかしアメリカ同様，60年代後半からの学生運動・大学紛争の影響でほとんどは消滅した．その後の再建はあまり進んでおらず，90年代後半になっても，カトリック系大学と一部の大学を別にすれば，大学を場とする司牧活動は低調なままである．ただアメリカのキャンパス・ミニストリーが脚光を浴びるにつれ，日本でも近年，その重要性が認識され，カトリック系大学ばかりでなく，プロテスタント系大学でも導入と推進が図られている．
【神学的意義】キャンパス・ミニストリーは教会の教育的使命の一つの現れである．それは学生と教職員のためにキャンパス内に祈る共同体を提供し，キャンパスにあるカトリック共同体がその信仰を生き生きとしたものにするための手段を提供する．また，キャンパス・ミニストリーは，キリスト教的*良心の形成，特に正義と公正を実現するための教育を通して，キャンパス内の共同体に大学，地域社会，社会全体の*共通善に貢献するよう励まし，奉仕活動の場も提供する．最も優先されるべき目標の一つとして，学生一人ひとりが自らの使命をみいだし，人格的に成長するのを助け励ましていくことがあげられる．結局キャンパス・ミニストリーとは，道徳的，宗教的，キリスト教的，そしてカトリック的な価値観に対する大学の積極的な関わりであり，キャンパス内のすべての人々に福音的に奉仕することである．
【文献】学校伝道研究会編『キリスト教学校の再建』教育の神学2（聖学院大学出版1997）; S. PARKS, "Pastoral Counseling and the University," *Clinical Handbook of Pastoral Counseling*, ed., R. J. WICKS (New York 1985) 388-405. 　　　　　　　　　　　　（J. クスマノ）

だいがくしんがくれんめい　大学神学連盟　College Theology Society　主として北米諸大学の神学教授の学会．目的は，大学での*神学教育の深化，および大学の一般のカリキュラムと神学との統合を促進することである．1950年代アメリカで*神学を必須科目とする大学の数は200以上にのぼった．当時この科目の内容と適切さについて多くの批判があり，教授間にも論争があった．神学の学術面を強調する派がある一方で，教育面を強調する派もあった．この摩擦がもとで1953年にこの連盟が設立され（当時の名称はカトリック大学教職者協会 Society of Catholic College Teachers of Sacred Doctrine），神学教授の専門的知識の発展だけでなく，専門外の学生のカリキュラムの発展にも貢献してきた．第2*ヴァティカン公会議により超教派組織となり，1967年名称を現在のものに変更した．1953年以来種々の刊行物を発行，1974年には専門誌（Horizons）を創刊している．　　　　　　　（J. オールバーク）

たいかん　戴冠　〔英〕coronation，〔独〕Krönung，〔仏〕couronnement　一般に，君主の権限の授与の象徴として冠を被らせる儀式行為．古代では，王座に就くときに冠を被らせる慣習はペルシアにみられ，ローマ皇帝*テオドシウス1世（在位379-95）以降，*ビザンティン皇帝がその慣習を取り入れた．西欧では，スコットランド人の王が574年に*アイオーナの修道院長*コルンバから加冠されたと伝えられており，フランク王国の王たちは8世紀以降司教から冠を受けた．歴史上大きな影響を及ぼしたのは，800年に教皇*レオ3世によって行われた*シャルルマーニュの皇帝*戴冠式である．11世紀から教皇派（*グエルフィ）は，教皇が神から与えられた全権に基づきローマ皇帝の地位をビザンティン皇帝からゲルマン系の皇帝に移し，各皇帝に権限を割り当て，必要ならば皇帝を免職させることもできるという意味でこの儀式を解釈した．この考えは*ボニファティウス8世のときに最も強く主張されたが，徹底されることはなく，皇帝戴冠式は単なる宗教的な*祝福の儀式として理解されるにとどまった．教皇から加冠された最後の皇帝は，*カール5世である（1530）．
　教皇の戴冠は，*ニコラウス2世のとき（1059）から行われるが，初めに*カマウロと呼ばれる帽子を被らせられ，おそらく*グレゴリウス7世のとき（1073）から一つの冠が用いられ，ボニファティウス8世のとき（1294）から，三つの冠からなる*教皇冠が用いられるようになった．教皇を余りにも世俗的な君主のようにみせるこの慣習は，*ヨアンネス・パウルス1世が教皇になったとき（1978）から廃止された．
　バロック時代のカトリック教会では*マリアの絵や彫刻に冠をつける慣習が生じた．これは，マリアが天においてキリストから天の女王として冠を受けたという，13世紀に現れた思想に由来する．*天国で行われるマリアの戴冠式を描いた絵画のなかで特に優れたものは，ローマの*サンタ・マリア・マッジョーレ大聖堂のトリーティ（Jacopo Torriti, 13世紀末）のモザイクである．現在も，教皇あるいは司教の権限でマリア像の戴冠式が行われている．
【文献】EC 6: 1773-86; Cath. 3: 244-46.
　　　　　　　　　　　　（P. ネメシェギ）

たいかんしき　戴冠式　〔ラ〕coronatio，〔英〕coronation，〔独〕Krönung，〔仏〕couronnement　国王（皇帝）や教皇が即位に際して冠を受ける儀式．*ビザンティン帝国では古くから*戴冠の儀式が行われていた．西方中世では西ゴート王の即位式で*塗油の儀式が行われていたが，戴冠式は*シャルルマーニュが教皇*レオ3世から加冠されたときのもの（800）が最初とされ，民衆の歓呼を伴って行われた．*ルートヴィヒ1世以降は塗油の儀式と戴冠式が同時に行われるようになり，9世紀には*カロリング朝諸国へ，さらに西欧各地に広まった．中世ではドイツ王の戴冠式は*アーヘンで*ケルンの大司教によって（皇帝はローマで教皇から），イングランド王は*ウェストミンスター・アベイで*カンタベリの大司教によって，フランス王は*ランスでランス大司教によって行われた．戴冠式後に行列や宴会を催す国が多く，現在イギリス王の戴冠式はこの伝統をよく残している．
　教皇戴冠式は多くの場合4世紀末からラテラノ聖堂で行われてきたが，20世紀には主に*サン・ピエトロ大聖堂で行われた．*戴冠ミサの後に同大聖堂正面のバルコニーで助祭枢機卿が，新教皇に*教皇冠を載せ，民衆は歓呼でこれに応じた．
【文献】DMA 7: 256-59; NCE 10: 972.　（杉崎泰一郎）

たいかんミサ　戴冠ミサ　〔英〕coronation mass，〔独〕Krönungsmesse，〔仏〕messe du couronnement　国王や皇帝の*戴冠式は中世以来，*ミサとともに行われることが通常となり，これが戴冠ミサと呼ばれるように

なった．新国王（皇帝）は戴冠ミサの間に福音書を朗読し，教会に多大な寄進をすることもあった．
【文献】DMA 7: 256-59; NCE: 10: 972. （杉崎泰一郎）

だいかんみんこく　大韓民国　正式名称: 大韓民国，〔英〕Republic of Korea. 面積: 9万9,393 km². 人口: 4,554万5,000人（1996年現在）．宗教: 仏教19％，キリスト教17％（うちカトリックは約8％），儒教，*シャーマニズム，天道教等．言語: 韓国語（公用語）．

1392年に成立した李氏朝鮮は1897年大韓帝国と改称するが，日韓併合（1910）により消滅．第2次世界大戦終結後，朝鮮半島の北緯38度線以南が大韓民国として独立した．

【キリスト教史】〔前史〕近世初頭になされた地理上の大発見は，カトリック教会に全世界的な新しい宣教時代をもたらした．福音が新大陸とインドに，やがて16世紀後半には中国と日本にまで伝わることになったが，朝鮮半島までには至らなかった．その後，朝鮮半島は日本と中国から宣教の影響を受けることになる．

日本との接触は，壬辰・丁酉倭乱（文禄・慶長の役，1592-98）がまずそのきっかけとなった．戦いが長期に及び，日本のキリシタン将兵は司祭の派遣を要請した．この要望に対して*イエズス会の司祭*セスペデスが対馬を経て朝鮮半島へ渡り，1年6か月の間キリシタン将兵の司牧にあたった．このとき，現地の朝鮮にも宣教が可能だったのかという問題が提起される．おそらくセスペデスは努力はしたであろう．しかし，戦いによる敵対関係にあった先住民族との接触が可能であったとは，考えにくい．日本に連行された民間人捕虜のなかにキリスト教に改宗した人々も多くいた．なかには，*宣教師のもとで伝道士（*カテキスタ）として活躍した者もおり，殉教者も数十人いる．イエズス会員は，このような事実に刺激され改宗した朝鮮人を通して朝鮮宣教を試みようとしたが，成功には至らなかった．本国に送還されることになった捕虜のなかにキリスト教徒がいたことは確実で，同胞に福音を伝えようとした者もいたであろう．送還された捕虜たちの宣教活動によって，朝鮮半島に信仰共同体が生まれ，イエズス会員が朝鮮半島に出入りしたともいわれているが，事実を裏づける韓国側の記録は，今までに何も発見されていない．したがって日本の*キリシタンとの接触は，日本に連行された朝鮮人を改宗させるにとどまり，朝鮮における宣教の実現までには至らなかったと結論づけるほかない．

中国の教会との接触は，*北京のイエズス会宣教師と北京を訪問する朝鮮使節の，学問的・宗教的対話から始まった．1601年以来，M. *リッチをはじめとするイエズス会宣教師が伝える西洋の新学問に対する評判が，毎年，北京を訪問する朝鮮使節の学問的好奇心を引き起こした．彼らは機会があれば，たびたび宣教師たちを訪ね，西洋の科学と技術に関する知識を得ようとし，宣教師たちもまた使節団一行と西洋の学問に関して知識を分け合い，可能なかぎり西洋の宗教に関して論議もした．このようなかたちで，朝鮮に対する北京教会の関心が高まっていき，朝鮮宣教の方途が模索された．リッチの弟子である*徐光啓は福音を宣教したい一心で，朝鮮使節に志願するほどであった．人質となっていた*シャール・フォン・ベルは清建国の遷都（1644）を機に釈放され，北京に滞在していた李氏朝鮮16代仁祖の王子・昭顕と親交を結び，朝鮮宣教に期待を寄せるようになった．王子はシャール・フォン・ベルと西欧科学に関して論議するうちに，西洋の宗教にも関心を示すようになり，そこでシャール・フォン・ベルは帰国する王子に中国人官吏1名を同行させると同時に多くの科学書や器具，聖像などを贈呈した．しかし王子は帰国の2か月後に病死し，シャール・フォン・ベルの希望は水泡に帰した．

朝鮮に福音を直接伝えることはできなかったが，イエズス会員が西洋の学問と宗教に関して漢文で書いた，いわゆる西学書物等は，朝鮮に多く持ち込まれた．これらの書籍類は政権中枢にとどまれなかった南人派の学者の間で愛読され，研究されることによって「西学」という新しい学問分野が成立した．学者の関心は学問としての「西学」のみにとどまらず，宗教の領域にも広がっていった．初めて西学書に本格的な関心をみせた南人派学者・李瀷（1681-1762）は天主を*儒教の上帝と同一視し，*パントーハの*『七克』が述べた七克には儒教の克己説と共通するものがあり，儒教の克己復礼に大きく寄与するものと解釈した．これはリッチが*『天主実義』で主張したように，まさに補儒論的な解釈であった．1770年後半に至って，このような学問的な関心が宗教的実践

だいかんみんこく

運動として展開されるようになった．特に権哲身(1736-1801)，丁若銓(1758-1816)，李檗(1754-86)のような南人派学者は首都から100余里離れた走魚寺という閑静な寺で講学会を開き，共に宗教の真理を探究した．儒学書では満足な答えを得ることができずにいたが，西学書籍類を学び，初めて真の宗教を発見し，すぐにカトリックの教えの一部を実践し始めた．このようにして，宣教師の要理教育なしに，ひたすら西学書を研究することで，朝鮮半島にカトリックに対する信仰の芽が育ち始めたのである．

〔教会の創立と宣教師の迎え入れ(1784-1801)〕権哲身の流れを汲む李承薫(1756-1801)は数学を好む若い学者で，1783年末，冬至使として北京に赴く父に同行することになった．これを聞いた学友・李檗は，北京で宣教師を訪ね*洗礼を受けて帰るよう強く勧めた．1784年初めに北京に到着した李承薫は数学知識を深め，洗礼を受けることを目的に，北堂(北の聖堂)を探し訪ねた．数学者で司祭のグラモン(Jean Joseph de Grammont, 1736-1812頃)は，李承薫が洗礼を受ける意志を表明すると，必要な教理を教えた後，朝鮮教会の礎石

李承薫
(切頭山殉教記念館)

となるよう*ペトロという*洗礼名を与え1784年2月頃に洗礼を授けた．また，数学書をはじめ，多くの科学書と宗教書，*メダイユ，*ロザリオなどをみやげに与えた．

李承薫は帰国すると李檗とともに持ち帰った宗教書を研究した後，まず親戚と親しい人々に宣教を始めた．李檗は丁若銓と丁若鏞(1772-1836)，権哲身と権日身(1751-92)の兄弟など上流の両班(ﾔﾝﾊﾞﾝ)階級の学者たちを引き入れ，続いて金範禹(?-1786)，崔昌顕(1754-1801)，崔仁吉(1764-95)，池璜(?-1795)など中人(中間層)を入信させた．権日身は彼の弟子のなかから忠清道の李存昌(1752-1801)と全羅北道全州の柳恒儉(1756-1801)を入信させた．このようにしてカトリックの教えは，*ソウルとその周辺を越え，遠く南の忠清道と全羅道にまで広まっていった．1784年9月に李承薫は希望者に洗礼を授け始め，礼拝の会を開くようになった．こうして一般の*信徒のみで構成された信仰共同体，現代の*教会基礎共同体を思わせる共同体が誕生するに至った．

しだいに，李承薫をはじめとする新生教会の指導者たちは司祭を自称し*秘跡を執行するようになった．いわゆる仮聖職制度(*聖職者のいない初期，一般の信徒による共同体時代に信徒自ら，2年間聖職者の代役を行ったこと)の時代である．李承薫，権日身，柳恒儉など10名が司祭として選ばれ，信徒として許される洗礼以外に告解(→ゆるしの秘跡)と*堅信，*ミサの司式，*聖体の授与を行った．これは無知と善意から始めたことで，カトリック教会の制度上は支持されえないかたちではあったが，当初の意図通り，信者の信仰を堅固にし，宣教に活気をもたらすことになった．しかし，自らの司祭身分に対する疑念を抱くようになった柳恒儉は教理書から得た知識で一般信徒の秘跡執行が*瀆聖の罪であることに気づき，李承薫や他の指導者に，行っている秘跡を中断し，直ちに密使を北京に送って宣教師に問い合わせるよう提案した．しかしこの秘跡の執行は1787年頃まで続いたと思われる．秘跡が中断した後にも信者や*洗礼志願者の貧困と朝廷の絶え間ない監視のため，北京に密使を送るのにさらに2年の歳月が費やされた．やがて1789年末，冬至使に合わせて派遣する密使として尹有一(1760-95)が選任された．尹有一は李承薫の手紙を携えて使節一行の馬夫に変装し，1790年1月末北京に到着，北堂を訪れた．すでに転出していたグラモンのかわりに*ヴィンセンシオの宣教会の司祭N.J.*ローに李承薫の手紙を手渡した尹有一は，2月初めローより条件付洗礼を受け，問い合わせに対する北堂の宣教師からの回答を受け取り，同年春ソウルに戻った．回答は，秘跡を受けたければ，早く宣教師を迎え入れる方法を考えるようにと勧告するものであった．このとき初めて朝鮮教会の指導者は，秘跡を受けるには司祭が絶対に必要であることに気づき，宣教師の受け入れ運動を始めたのである．

ちょうど清の乾隆帝(在位1735-95)の80歳の誕生日を祝うための特別使節団が北京に行くことになっており，この機を活かし，再び密使に任命された尹有一は洗礼志願者の禹とともに使節団に従い1790年8月に北京に入り北堂を訪ねた．そして今度は北京司教*グヴェアに面会，グヴェアは自ら禹に洗礼を授けることを希望した．グヴェア司教は宣教師の派遣を要請する李承薫の手紙を読み，翌年3月に宣教師1名を派遣することを約束，同時にその宣教師を国境から入国させるために，必要な暗号・手引きも打ち合わせた．尹有一らは1790年10月末に帰国した．グヴェア司教はマカオ教区の中国人司祭・呉(ポルトガル名レメディオス João dos Remedios, ?-1793)を朝鮮宣教師に任命，呉は約束通り1791年3月に朝鮮国境に到着し，潜入を手引きする同志を待ったが，会うことができず北京に戻った．一方グヴェア司教は尹有一らが北京を去った直後の10月初め，教皇庁布教聖省(現福音宣教省)に，福音が宣教師の協力なしに，朝鮮の人々に独特な形で伝わっていること，また宣教師を1名任命したことを報告すると同時に，今後朝鮮教会を発展させるためには，責任者を早急に任命することが必要であり，北京教区がその指導を担うことが適切であると上申した．この提言に従い教皇庁は，1792年4月に朝鮮教会の指導をグヴェア司教に委任した．以来朝鮮教会はポルトガルの*保護権が及ぶ北京教区に属すことになった．

一方，朝鮮教会は辛亥迫害(1791)によって北京との連絡が途絶えていたが，ようやく1793年末になって尹有一と池璜を再び北京に送ることができた．グヴェア司教は宣教師の派遣を再び約束し，病死した呉のかわりに新たに中国人司祭・周文謨(1752-1801)を任命，周は池璜の手引きで1795年1月初め，ソウル潜入に成功した．朝鮮教会は，創立後10年にして初めて聖職者を迎えたのである．周は朝鮮語を学習した後*復活祭に備え，洗礼と告解の秘跡を執行し，復活祭(4月5日)に初めてミサを司式した．これは朝鮮での最初のミサ聖祭であった．ところがその後まもなく周の存在が，朝廷の知るところとなった．周は女子会会長・姜完淑(1760-1801)の家に身を隠したが，周を案内して投宿させた尹有一，池璜，崔

仁吉は捕らえられ殉教した．その後，周は身を隠したまま流浪の生活を余儀なくされ，司牧活動は多くの支障と制限を受けた．こうした状況ながら，周はソウルの丁若鍾(1760–1801)と黄嗣永(1775–1801)など指導的立場の信者を頻繁に訪れ，聖務を執行し，また驪州，全州，高山などの地方の信者を訪問した．彼は，信徒や洗礼志願者たちの要理知識を深めると同時に，その知識を通して宣教を促進させようと明道会を創設し，初代会長に最初のハングルの*要理書『主教要旨』を著した，要理知識の豊かな丁若鍾を任命した．明道会は特にソウルで活発に活動し，しだいに全国に広がり，驚くほどの成果をあげた．周の入国当時4,000人にすぎなかった信者数は数年間で1万人に増えた．しかし，1801年の辛酉大迫害で周文謨が殉教したことによって朝鮮教会は再び牧者のない教会となった．

〔代牧区設置とパリ外国宣教会(1801–76)〕1801年の大迫害(辛酉教難)から10年ぶりに再起した朝鮮教会は聖職者の迎え入れを最優先課題として，1811年12月，教皇と北京司教に宣教師の派遣を懇請する手紙を書いた．信者たちは周文謨のときのように宣教師をすぐに失うことを恐れ，宣教師の派遣のみでなく宣教師の滞在をも併せて要請した．この手紙は1811年末の冬至使節便で北京に伝達された．1816年には密使として丁若鍾の息子・丁夏祥(1795–1839)が北京に派遣された．その後，彼は使節が派遣されるたびに同行して北京へ行き，宣教師の派遣を要請した．1824年からは通訳官・劉進吉(1791–1839)が，1826年からは趙信喆(1795–1839)が密使として加わった．1824年に北京を訪れた丁夏祥と劉進吉は，再び教皇に上申書を提出した．この手紙がやがて大きな効果をもたらすことになった．再三の要請を受けた教皇庁は，その間一人の宣教師も派遣できずにいる北京教区に朝鮮教会をこれ以上任せるわけにはいかず，また朝鮮教会の発展のためには宣教師の継続的な派遣・滞在が保証されねばならないと考え，このためには朝鮮教会を宣教団体に委任するしかないとの判断を下した．1827年，教皇庁布教聖省は*パリ外国宣教会に朝鮮宣教に着手するよう依頼した．

パリ外国宣教会は，人的，経済的な理由から躊躇を示したが，同会所属の*バンコクの補佐司教*ブリュギエールは，まず1–2名の宣教師を送ることを提案，自らも朝鮮での宣教活動を志願した．布教聖省長官時代から朝鮮教会に特別な関心を示していた*グレゴリウス16世は1831年に教皇位に就くとすぐにブリュギエールを朝鮮の初代*代牧に任命した．しかし，北京教区が朝鮮に対する保護権を簡単に放棄することは考えられず，予想通り，ブリュギエールは北京のポルトガル人宣教師の種々の妨害に遭い，1832年に*マカオを出発した．3年後，ようやく中国北東部にたどり着いたときには気力も尽き，疲労困憊の果てに病死した．この報に接した同会司祭*モーバンは直ちにブリュギエールが開拓した道を利用して1835年末，朝鮮入国を果たす．翌年，司祭*ジャック・オノレ・シャスタンが，1837年には司教*ロラン・ジョゼフ・マリー・アンベール(第2代代牧，1836–39)が入国した．アンベールの入国により朝鮮でのパリ外国宣教会の宣教の基盤が固まった．彼らは朝鮮人聖職者の育成に着手し，3人の少年をマカオに送った．そのなかの金大建(*アンドレア・キム・デゴン)は1845年*上海で司祭に叙階され，初の朝鮮教会出身の司祭となった．また1849年には崔良業(1821–61)が叙階されたが，アンベールとモーバン，シャスタンの3名は1839年の迫害(己亥教難)によりソウルで殉教した．短い期間ながら彼らの活動で信者数は6,000から9,000に増加した．司教*フェレオール(第3代代牧，1843–53)は金大建の協力で1845年に入国し，8年間の活動でさらに信者数を増やした．金大建は迫害により叙階後1年にして殉教した．崔良業はただ一人の朝鮮人司祭として1849年に帰国すると直ちに，全国の山間僻地に散在する，特に外国人宣教師たちが入りにくい山村を訪ね歩き，信者たちに秘跡を与えた．その行程は毎年数千里に及び，12年目についに過労のため死亡した．*ベルヌー司教(第4代代牧，1854–66)の在任期間中には，さまざまな教会活動が活発に行われた．比較的平穏な時期であり，加えて外国人宣教師が12名と増えていたからである．時の利を得てベルヌーは国内に初めての*神学校を設置し，すでに朝鮮で10余年間活動していた宣教師*ダヴリュイを*補佐司教に任命，特に教会関係の書物の執筆に専念するようにした．その結果，教会の木版印刷所において1864年前後に要理書『聖教要理問答』，信心書『神命初行』と『省察記略』など8種13巻の教会書物が出版された．またベルヌーは北部の黄海道と平安道にまで福音を伝えた．これらの活動に力を得て，1865年末には信者数が2万3,000名に達したが，1866年の迫害(丙寅教難)で，これまで築き上げたものほとんどすべてが無に帰した．宣教師12名のうち9名が殉教し，ダヴリュイはベルヌーに24日遅れて第5代代牧として殉教した．殉教を免れた3名の宣教師は中国に脱出し，朝鮮教会は再び牧者のいない孤児の教会となった．1876年になり宣教師が再入国に成功，教会の再建が始まった．これによって朝鮮半島の教会史に新しい時代が開かれることになった．

〔迫害と殉教〕もし政府による厳しい迫害がなかったなら，朝鮮教会は当然，より多くの発展を遂げていたに違いない．実際は創立当初より100年近くにわたって迫害を受けなければならなかった．その間，弾圧状態は継続し，大小合わせて10回の迫害が起こった．この迫害は規模と性格によって大・中・小に区分される．

小迫害は中央政府の公式の指示がないにもかかわらず，地方官吏が勝手に起こしたものをいう．これは4回行われた．1797年の忠清道の迫害は司祭の周文謨を追跡する過程で地方官吏が下した秘密指示を発端として起こった．1815年の慶尚道の迫害は前年の大飢饉に加え，春窮(晩春)期に下級警察官らが教友村(信者，洗礼志願者の村)を掠奪したことから始められた．1827年の全羅道の迫害は背信者の密告によって起こり，1860年の一部地方での迫害は，カトリックに対する警察最高責任者の単純な敵意に端を発している．

中迫害は祖先祭祀の廃止または司祭の逮捕令によって誘発され，その事件との関連で進行した迫害をいう．3回あり，犠牲者数は多くないが事件そのものの重要性に

金大建
(ソウル大司教区)

だいかんみんこく

照らし中迫害とみなされる．1791年，全羅道で祖先に対する祭祀の廃止が契機となって起こった迫害では尹持忠(1759-91)と権尚然(1750-91)の2名が殉教した．犠牲者は少ないが最初の迫害という点で，また祖先祭祀の拒否とみなされ，カトリックが無父無君(親と国王の禁教の命令に服従しなかったため，カトリック信者は親も王も知らぬ者だとする考え)の宗教であるとの烙印を押され，その後の迫害に根拠を提供したという点で重要な意味をもつ．1795年の迫害は司祭の周文謨の逮捕令がきっかけとなり起こった．周は逮捕を免れたが，尹有一，池璜，崔仁吉の3名が周を案内し投宿させた罪で捕らえられ殉教した．1846年は司祭の金大建の逮捕が発端となり起こった迫害で金をはじめ関与した玄錫文(1797-1846)など9名の殉教で終わった．

大迫害は全般的で組織的な迫害をいう．大迫害はその規模が全国的であるばかりでなく，迫害の始まりと終わりが法律で宣告されたもので，いわゆる邪学(迫害者がカトリックを排斥する意味で使った言葉)を根絶するための五家作統法(天主教を徹底的に禁止するため5世帯を一つの統にして連帯責任を負わせた制度)が適用され，悔い改めない者を死刑に処し，みせしめに大衆の目の前で刑を執行するなど組織的に推進された．大迫害は辛亥教難(1801)，巳亥教難(1839-40)，丙寅教難(1866)の3回にわたって行われた．

1801年の大迫害は王が替わり，西学やカトリックに好意的な南人時派とカトリックとを敵対視する老論辟派が宗教の名を借りて政治的報復を謀ったことから起こった．2月末に禁教令が宣布された後，まず南人の主要リーダーないしカトリックの指導級の人物である権哲身，李承薫，丁若銓・若鍾・若鏞3兄弟などが逮捕され，最高裁判所である義禁府で尋問を受けた．その結果，李承薫を含め6名が西小門で打ち首にされた．丁若鍾と崔昌顕など5名が殉教し，李承薫はいったん背教したが処刑された．権哲身は，その間獄死し，丁若銓と若鏞は背教し流刑となった．迫害は司祭の周文謨の自首で再び過熱した．周は5月末に軍門梟首に処せられ，姜完淑とその息子・洪弼周は周を匿った罪で斬首された．その後，迫害は一時下火になったが，11月初め黄嗣永の逮捕で再燃した．同時に彼が北京司教宛に書いた10月28日付の帛書(ぽくしょ，絹地に書かれた手紙)が押収され，事件は政治問題に拡大した．帛書のなかで，迫害の報告のほかに信仰の自由を獲得する方法として，西洋船の派遣を要請したことが外国に通謀する大逆罪とされたためである．さらに共謀の関わりを調べるため，丁若銓と丁若鏞らが再び尋問を受け，帛書の発信人に名前を貸した黄沁は斬首，黄嗣永自身も大逆罪として極刑に処せられた．一方政府側は，その年の冬至使を通じて迫害と中国人司祭の処刑が不可避であったことを清国政府に釈明し，国内に対しては「斥邪綸音」(カトリックを邪学と断定し，これを排斥するために王が下示する綸音．カトリック迫害と弾圧をより強く法律で規制するために王の名で発布された)を出し，迫害の正当性を弁護すると同時に陰暦年末までに処刑を終えるよう指示した．そのため年末に，ソウルと全州で2度，死刑が執行された．ソウルでは16名に死刑が宣告され，うち9名はソウルで，残りの7名はそれぞれの故郷で処刑された．全州では柳恒倹の家で彼の妻と嫁などが打ち首になった．柳恒倹自身は弟の観倹とともにすでに10月に全州で打ち首にされている．これで1801年の大殺戮は終わり，犠牲者は少なくとも200-300名はいたと推定されている．

1839年の大迫害は政治上の勢力争いが契機となって起こった．1834年李朝23代純祖(在位1800-34)が死去すると，その息子はすでに亡くなっていたため，孫の憲宗(在位1834-49)が王位を継承した．8歳の憲宗の摂政となった祖母・安東金氏はカトリックに対して寛容であったが，死亡した孝明世子の未亡人・豊壌趙氏は反カトリックであった．趙氏派は金氏の勢力をそごうとして，邪学であるカトリックを排斥すべく迫害を主張するようになった．カトリック信者の逮捕はすでに前年末より始まっていて，4月には拘置所に逮捕者が溢れ，政府としても早急に何らかの決定を下さざるをえなくなった．趙氏派に属する大臣李止淵(1777-1841)は摂政の金氏にカトリック信者迫害を要求し，金氏は不本意ながら4月18日迫害令に署名した．直ちにカトリック信者の尋問が始まり，信仰を堅持した李光献(1787-1839)，南明赫(1802-39)ら9名が最初に処刑された．その後1か月間は平穏であったが，7月に政府はカトリック信徒の偵察強化を指示し，背教者・金順性(?-1862)からカトリック信者の詳細な情報を得て迫害を再開．7月中旬には宣教師の案内者であった丁夏祥，劉進吉，趙信喆が逮捕された．丁夏祥はこれに備え，政府の迫害が非合理的であることを論駁するために宰相に送る手紙，いわゆる「上宰相書」を作成していた．地方に身を隠していたアンベールは，金順性の背信により隠れ家が発見されると自首した．アンベールはモーバン，シャスタンの両司祭にも自首を勧め，これに従った2司祭はソウルに移送された．3人の宣教師は留置場で尋問を受けた後，義禁府に移され丁夏祥，劉進吉らとともに審問を受けた．結果3名の宣教師は9月21日軍門梟首刑に処せられ，丁夏祥と劉進吉は翌日大逆罪のかどで打ち首になった．アンベールの期待に反し，迫害は宣教師たちの自首と処刑だけでは終わらなかった．しかし，朝廷は，公的な場所での処刑を控え，その後は，いわゆる邪学罪人の処刑は獄中での絞首刑になった．劉進吉の息子，13歳の劉大喆(1826-39)が絞首刑の最初の犠牲者となり，それから年末までに多くの信者が絞首刑で殉教した．多くの処刑によって一般の非難が高まったため，朝廷はついに11月23日，迫害を終わりとする「斥邪綸音」を発表した．このことが逆に未決囚たちの処刑を急がせることになり，さらに3度死刑が執行された．この迫害は，いずれの迫害よりも全国的な規模で行われ，なかでも首都と京畿道での迫害は最も激しかった．ソウルだけでも9回の公式処刑が行われた．全犠牲者数は，アンベールが記し始めて玄錫文に受け継がれて完成した『己亥日記』によれば斬首が54名，絞首刑，病死，または鞭打ちの後の獄死が60名を超えた．主要な殉教者としては3名の宣教師と，その案内者3名，金大建の父親である金濟俊，崔良業の父親の崔京煥などがあげられる．*韓国103聖人殉教者のうち，70名がこの迫害で殉教した．

1866年の大迫害は，当時幼かった高宗(在位1863-1907)の父であり摂政の興宣大院君(1820-98)の鎖国・攘夷主義が主な原因となって起こった．1839年，3名のフランス人宣教師が殺害されると，フランスは宗教保護を大義名分として李氏朝鮮に介入し始める．実際フランスの軍艦が2度朝鮮半島西岸に現れ，宣教師の虐殺を問責しながら威嚇した．1864年からはロシア人らが通商を理由に北方と海岸部に侵入して威嚇した．このように列強侵略の危機感が高まったため，大院君はベルヌー司教に，ロシア人らを退去させることができれば，宗教の自由を与えてもよいと提案した．ベルヌーは，ロシアがカ

トリック国ではないため影響を与えることができないと拒絶した．しかし，パリ本部に送った手紙によれば，拒絶の根本的な理由は大院君の鎖国主義であり，実際にベルヌーは，列強と関係を結ばずにはロシアの侵略威嚇を予防する道はないものと信じていた．しかし，司教の側近である洪鳳周と南鍾三は，*信教の自由が得られる絶好の機会と考えて大院君に韓仏同盟を提議し，大院君は司教との面会を求めた．地方巡回中のベルヌーは急ぎソウルに戻ったが，すでにロシア船舶は退去しており，大院君はベルヌーとの面会を拒絶した．同時に北京での西欧人虐殺の知らせを聞いた大院君は，フランスに対する恐れが杞憂にすぎないと判断して突然迫害へと転じた．2月23日，迫害はベルヌーと彼に住居を提供していた洪鳳周(?-1866)の逮捕で始まり，数日間のうちにソウルと近隣で多数が逮捕された．3名の宣教師，地方の神学校にいた2名の宣教師をはじめ，宣教師たちの協力者である丁義培(1795-1866)，崔炯(1814-66)，全長雲(1811-66)，黄錫斗(1813-66)などが連座した．最後に潜伏中の南鍾三(1817-66)が捕らえられた．3月7日ベルヌーをはじめとする3名の宣教師が軍門梟首に処せられ，南鍾三と洪鳳周は同じ日に謀反罪で打ち首となった．3月9日には崔炯と全長雲が西小門で打ち首にされ，2日後には残りの2名の宣教師と丁義培そして禹世英(1845-66)が軍門梟首に処せられた．一方，忠清道で捕らえられたダヴリュイ司教と2名の宣教師および黄錫斗は，3月30日に軍門梟首に処せられた．3月末までに宣教師12名のうち司教2名を含めた9名と，その周辺の一般信徒たちすべてが殉教することになった．

生き残った3名の宣教師は司祭F. C. *リデルを中国に派遣し，救済を求めた．リデルは7月初めに*天津に到着，極東フランス艦隊司令官を訪れて，朝鮮の迫害状況を報告するとともに救済を要請した．フランス艦隊は9月と10月の2回にわたってソウルに近い江華島などを侵犯したが，失敗に終わり，かえって迫害が加熱する結果となった．朝鮮政府は，フランス艦隊が侵犯した漢江河畔の揚花津を新たな刑地とし，近隣の切頭山において多くのカトリック信者を殺害して報復した．迫害は1868年に「オッペルト事件」として再燃した．ドイツ人商人オッペルト(Ernst Jacob Oppert, 1832-?)は大院君に開国を強要する目的で，迫害の生き残りである司祭フェロン(Stanislas Féron, 1827-1903)とともに，大院君の父の墓を発掘する計画を立てた．しかしこの計画は失敗に終わり，カトリック信者を集団で生き埋めにするなど，さらに残忍な迫害を受けることになった．やがて国内情勢の急変によって1873年大院君は失脚し，その結果迫害もいったん終わった．1870年の公式所見によれば，迫害による犠牲者はおおよそ8,000人に及んでいる．

〔開化期(1879-1910)〕1876年の日本との通商条約は強要された条約ではあったが，鎖国主義朝鮮が初めて門戸を解放する契機となった．それは朝鮮半島の教会が近い将来，地下教会から表に出られる日が訪れるとの期待感を抱かせるものであった．迫害後10年を経た1876年には2名の宣教師が再び朝鮮に入国した．翌年には第6代代牧であるリデル司教がさらに2名の宣教師とともに再入国した．宣教師たちは，朝鮮教会の再建に全力を傾けたが，その最中の1878年にリデルが逮捕され，中国に追放された．朝鮮で宣教師が殺害されずに追放されたのは初めてのことである．司教とともに逮捕された韓国人信者らは釈放されず，さらに1881年には「斥邪綸音」が再び発表され，カトリックに対する弾圧政策が明らかになった．しかしこれは，カトリックに反対し，鎖国を固守しようとする保守派を懐柔し開化政策を継続して推進するためのもので，実際には迫害は起こらなかった．当時の朝鮮半島をめぐる国際情勢の変動に鑑みても，禁教はすでに時勢に合わなくなっていた．1882年には米国をはじめとする西欧列強との条約が結ばれた．特にカトリック国であるフランスと締結した1886年の条約には，宣教の自由までも暗示された．宣教が黙認されるようになったため，朝鮮教会は徐々に地下から出始めた．第7代代牧*ブランはソウルの中心に広大な土地を購入し，大聖堂の建造を急いだ．さらに，神学校をソウルに移転し，*シャルトル聖パウロ修道女会を招請して，孤児院と養老院事業を行わせた．また，開港地での土地の購入と建築が認可され，元山，仁川，釜山などの港湾都市をはじめ，主要な教友村に聖堂を新設し，*小教区の数も急増した．教勢は第8代代牧*ミュテルを迎えて加速度的に伸びた．信者数が年平均7%という高い増加率を示し，1910年までの20年間に1万7,577名から7万3,517名に，小教区の数も13から54に急増した．ブランが建設を始めた洋式レンガの大聖堂も1898年に完成した．教会教育機関の急増により，信者の教師の養成が必要となり，ドイツの*オッティリア修族ベネディクト会の会員を招請して師範学校の設立を推進した．

ミュテル司教在任中の最初の20年にみられたような驚くべき教勢の発展は，宣教に極めて有利な時期であったという時代背景にもよるが，同時に，福音宣教者の増員も看過できない．この間に50余名の宣教師が派遣され，19名の朝鮮人司祭が誕生した．反面，障害も多く，2度の戦争，特に1894年の東学党の乱は教会に多大な犠牲をもたらした．さらに，宣教師たちの地方定着とともに，宣教師と地方官吏，地方住民と信者間の衝突が生じた．結果的には，政府が国民の信教の自由を法的に認める教民条約を教会と締結する契機となった．

〔日帝時代(1910-1945)〕1897年に李氏朝鮮から大韓帝国と改称した韓国は，1910年，併合という名目で日本帝国主義の植民地に転落した．これを韓国では日帝時代という．朝鮮総督府は信教の自由を公言し，*政教分離の原則を標榜したが，それは単なる虚構にすぎなかった．過去20年間にみせた7%という高い信者の増加率は，この時期から2.73%に激減した．併合によって急変する政治的状況がその主な原因だった．かつて韓国民がみせた宗教熱と改宗熱も急に冷えていった．政治的自由を求め，国外に移住する人々が毎年増え続けた．やがて，朝鮮総督府は教会活動を露骨に規制し始めた．教会の『京郷新聞』を廃刊させ，教会学校での宗教教育を禁じた．さらには「布教規則」を制定して小教区の新設を抑え，神社参拝を強要するなど，なりふりかまわぬ干渉が純粋な宗教問題にまで及んだ．

しかし，帝国主義日本のあらゆる弾圧にもかかわらず，教会は福音宣教者の増員，小教区の増設，刷新と改革などに力づけられ，ひるむことなく成長を続けた．日帝時代末期の1944年には約19万名の信者を記録するに至った．宣教師の増員ばかりでなく，宣教団体も米国の*メリノール宣教会とアイルランドの*コロンバン会の進出で五つの会に増えた．神学校もさらに2校増え，韓国人司祭も数多く誕生した．小教区は54から174に，教区も1から9に急増した．韓国代牧区は南地方のために大邱代牧区を独立させ，同時に韓国代牧区はソウル代牧区と改称した．続いて，ソウル代牧区から咸鏡道と国

だいかんみんこく

境を越え，間島を含めた元山代牧区(1920)をはじめ平安道の平壌知牧区(1927)，江原道の春川知牧区(1939)が分離独立した．大邱代牧区では全羅道の光州と全州がそれぞれ*知牧区として分離独立し(1937)，元山代牧区では1928年に間島が延吉知牧区として独立し徳源免属区と分離されるのに従い，代牧区自体が咸興代牧区に改称された(1940)．大邱はパリ外国宣教会に，元山，延吉，徳源は*ベネディクト会に，平壌はメリノール会に，光州と春川はコロンバン会に委任された．全州と咸興は韓国人聖職者に委任されたが，咸興は徳源免属区長が臨時に管理したために，全州のみが韓国人教区となった．しかし*代牧区でなく知牧区であったため韓国人司教の誕生までには至らなかった．1942年に至って盧基南(1902-84)がソウル代牧に任命され，初めての韓国人司教が誕生した．韓国教会は1931年韓国代牧区制定100周年に臨み，最初の韓国教会会議を開催して一連の刷新と改革を試みた．司牧上の統一を図るため『共同指導書』を発刊し，教理書を改革し統一した．さらに*アクティオ・カトリカを導入して，一般信徒が積極的に宣教活動に参加できるようにした．徳源と延吉のベネディクト会員たちは*典礼運動の一環として，信徒がミサに積極的に参加できるよう，*ミサ典礼書を完訳した．帝国主義日本の弾圧は，太平洋戦争以後最高潮に達した．在韓米国宣教師を追放し，アイルランド宣教師を監禁，フランス宣教師を軟禁した．外国人司教が日本人司教に代置され，ソウルと大邱の神学校が廃校にされた．日本に抵抗する一部の韓国人司祭と神学生および信徒は，すでに日帝時代初期から民族的抗日運動に積極的に参加していた．しかしソウル司教ミュテルと大邱司教*ドマンジュは，退学，除籍，秘跡の拒絶などにより，彼らの独立運動を徹底的に阻止しようとした．フランス人司教は，建前にすぎない朝鮮総督府の政教分離政策を，余りにも正直に信じようとし，なおかつ，韓国の独立は不可能であるという政治的現実主義から，教会の発展のみを考えて，結果的には植民統治を傍観する立場をとったものと思われる．

〔解放以後の現代教会(1945-現代)〕1945年8月の韓国の解放は，韓国カトリック教会史においても新しい転機となった．解放は同時に国土の分断をも招いた．この結果，民族の分断とともに教会も南北に分かれることになった．北朝鮮(朝鮮民主主義人民共和国)ではすぐに宗教の弾圧が始まった．反面，信教の自由を与えられた韓国では，教会活動があらゆる分野で活発に行われた．しかし，北朝鮮から伝えられる宗教弾圧のニュースは，*共産主義の脅威が深刻なものであることを認識させ，反共精神が強調された．共産主義との冷戦は，1950年朝鮮半島において同族相殺の6.25戦争(朝鮮戦争)へと発展する．北朝鮮では共産化が進むにつれて，宗教弾圧政策も計画通りに進められた．ソ連軍駐屯期においてさえ，宗教家であることが明るみに出ると，密偵の厳しい監視を受けなければならず，職場と官公職から追放された．*主日の集会と*日曜学校が禁止され，職場では無神論的思想教育が実施されるなど，宗教弾圧はあらゆる手段と方法で行われた．朝鮮民主主義人民共和国の政権が樹立されると，宗教弾圧は露骨な抹殺政策になった．共産党は，カトリックに対しては最初から強硬手段で臨んだ．徳源修道院を攻撃目標とした当局は口実をもうけて1949年5月，修道院を襲撃，司教ザウアー(Bonifatius Sauer, 1877-1950)をはじめ，修道院の司祭と*信徒修道士すべてを逮捕した．平壌の司教・洪龍浩(1906-?)は，彼らを即刻釈放するよう政府に抗議したが，その司教も拉致され，平壌のすべての司祭は逮捕された．朝鮮戦争開戦前後には，平安道と黄海道，江原道の残りの司祭もすべて逮捕され，北朝鮮には一人の司祭もいなくなった．逮捕された韓国人司教と司祭はすべて殺害されるか獄死，あるいは行方不明となり，徳源修道院と咸鏡道で逮捕されたドイツ人司祭，修道士，修道女たちは4年間の収容生活と死の行進を経て，67名中25名が死亡した．共産党は韓国地域から後退するときにも，教皇使節*バーンをはじめ，外国人聖職者42名を逮捕して北に連行し，死の行進を強要した．生還者はわずか8名であった．殺害あるいは拉致された韓国人聖職者の数は50名で，開戦前後に逮捕・虐殺された聖職者は外国人を含め約60名，北朝鮮にいた96名を含め150余名に達した．

戦争終結後も，北朝鮮では「後退時期の反動行為者」の探索という名目で，宗教者の虐殺が継続された．聖堂と礼拝堂は公共施設に改造されるか閉鎖された．1955年以降，実質的に北朝鮮は一人の宗教者も，一つの宗教施設もない宗教不毛の地となった．生き残った信者は地下に潜伏しなければならず，北朝鮮の教会は文字通り沈黙の教会となったのである．1988年6月，突然北朝鮮に「朝鮮天主教人教会」という政府公認団体が結成され，続いて平壌の奨忠洞に聖堂が建立され，10月にはソウル大司教区の2名の司祭がそこでミサをたてることになった．この北朝鮮政権の突然の変化は北朝鮮にも信教の自由があるということを対外的に宣伝し，利用する必要から出た政治的示威行為とみるしかない．その後2回にわたって，韓国人司祭が平壌を訪れ，奨忠聖堂でミサを司式した．ミサに参加する信者は60名から100名ほどだった．信者総数は800名ないし1,200余名に達すると主張されているが，解放当時，北朝鮮内のカトリック信者数が約5万名であったことを考慮すると，これがごく少数の生き残りの信者なのか，あるいは急造の信者で占められているのかは知る由もない．一方，韓国の教会は戦乱中にも発展を続けた．戦争中には従軍司牧団が創設された．信者数は休戦以後1959年まで，年ごとに平均16.5%という高い増加率をみせ，休戦当時16万余名にすぎなかった信者数が1962年には53万名に増加した．このような集団改宗の最大の要因は戦乱中の体験や試練の苦痛からの解放を望む人々の心理であるが，同時に修道会の進出，*レジオ・マリエや*カトリック青年労働者連盟の運動の導入などが大きく貢献したのも確かである．

1962年，教会の*位階制確立と第2*ヴァティカン公会議の開催は，韓国教会の発展の確実な転機となった．*司教区の設立で，それまでは宣教地にすぎなかった10教区(北朝鮮の2教区を含む)はすべて司教区となり，そのうちのソウル，大邱，光州は管区司教区すなわち大司教区に昇格した．北朝鮮の徳源は免属区(→免属)であるため，また延吉教区は再び満州教会に編入されたため除外された．1969年にはソウルの*金壽煥(キム・スファン)大司教が韓国初の*枢機卿に任命された．1998年には金枢機卿が教区長を定年のため退任，後任のソウル大司教として鄭鎭錫(1931-)が着座した．

第2ヴァティカン公会議は，世界教会のためばかりでなく韓国教会のためにも確実に多くの変化と刷新の契機となった．初めての韓国語ミサが挙行され，まず典礼分野で多くの刷新がなされた．一般信徒の活動が活性化し，全国的組織の多くの団体が結成された．この時期に

*クルシリヨの運動など信心団体が導入され，信仰刷新の熱気を高めた．さらに *教会一致促進運動の一環としての対話，共同祈祷会などが頻繁に行われ，新約・旧約聖書の共同訳も実現した．この時期に最も目立った現象は，教会のなかで社会参加意識が高まった点である．その結果，教会が展開する反独裁闘争，人権運動は信者数の増加に支えられて国民の支持を得るようになり，カトリック教会は社会問題にも大きな関心をもつ宗教として，多くの国民の信頼を獲得するに至った．

1981年以来，たびたび行われた大規模な記念行事は，韓国教会にとって別の意味での転機となった．1981年，韓国代牧区設立150周年を迎え，初めて大規模な信仰大会が開かれた．1984年の韓国教会創立200周年に臨んでは，教皇 *ヨアンネス・パウルス2世の来臨を得て盛大な記念行事が行われた．特に，韓国での *列聖の式典において，司祭・金大建と信徒の丁夏祥をはじめとする韓国殉教者103人を韓国初の *聖人として宣言することによって，韓国殉教者を韓国教会の栄光として世界に知らせることとなった．1989年には第44回世界 *聖体大会が再び教皇ヨアンネス・パウルス2世臨席のもとにソウルで盛大に行われた．

【現勢】1999年現在，カトリック信者数：394万6,844．枢機卿：1．大司教：4．司教：25．大司教区：3．司教区：12．教皇庁直轄大修道院区：1．軍事管区：1．小教区：1,190．韓国人司祭：2,726．外国人司祭：201．男子修道会員：1,125（うち外国人119）．女子修道会員：9,240（うち外国人176）．

【文献】J. G. ルイズデメディナ『遥かなる高麗 ― 16世紀韓国開教とイエズス会』（近藤出版社 1988）: J. G. Luiz de Medina, Orígenes de la Iglesia Catolica Coreana 1566-1784 (Roma 1986); 澤正彦『未完・朝鮮キリスト教史』（日本基督教団出版局 1991）; 楠田斧三郎『朝鮮天主教小史』アジア学叢書13（大空社 1996）; C. Dallet, Histoire de l'Eglise de Corée, 2 v. (Paris 1874); A. Choi, L'érection du premier Vicariat Apostolique et les origines du Catholicisme en Corée (Schöneck-Beckenried 1961); Choi Suk-Woo, "Korean Catholicism Yesterday and Today," Korea Journal, 24 / 8 (Seoul 1987); 以下は韓国語資料：黄嗣永「帛書」『韓国教会史研究資料』1（ソウル 1966）; 車基眞『星湖学派の西学認識と斥邪論に対する研究』（ソウル 1995）; 崔奭祐『韓国天主教会の歴史』（韓国教会史研究所 1982）; 同『韓国教会史の探究』1，2（韓国教会史研究所 1982, 1991）．

（崔奭祐）

【韓国の思想と文学】韓国人は理性的というよりは感性的である．それゆえに人情が厚く感情が豊かで，嬉しいときも悲しいときも人間的感情の表現として涙を多く流す．このような韓国人は，国祖建国の神話として檀君神話を創り上げたのであり，その底辺に流れる韓国固有の思想は，まさに弘益人間精神である．弘益人間精神とは，一言でいうとヒューマニズムである．したがって，価値判断においても，神中心というよりは，人間中心の思考類型を保つ．しかし，そうではあっても神が完全に無視されたわけではない．天神，日月神，山神，水神，木神など，人間よりも大きく強いもの，また神聖なもの，超自然的で不可思議な存在に対しては，神格をつけ信仰し，安心立命を求めた．しかし，その神のために人間が存在するのではなく，人間のためにその神が存在するという形態であった．巫覡（ふげき）と *占いが盛んになり，人間に未知の問題はすべて神に委ね，その解決を神

ソウル司教座聖堂

ソウルのベネディクト会の着衣式

に求めた．特に祖先の神，国家の神は大きな力で，子孫と国民に安寧と平和をもたらしめるものとして固く信じられていた．このような思想が，早くから韓国人の心のなかに他のいかなる思想よりも深く根づいていた．

この固有思想のなかに三国時代の*仏教が入ってきて発達した．新羅仏教は，新羅特有の花郎道（フアランド），護国仏教，風流的仏教として発達した．また，新羅仏教は，在来の天神と呪力的祈祷が融合され，密教的信仰として広まっていった．新羅郷歌「慧星歌」「祷千手大悲歌」「怨歌」などに現れた呪力思想が，それをよく物語っている．新羅人の仏教信仰の主流は，阿弥陀信仰，観音信仰，弥勒信仰であった．このような新羅人の仏教信仰は，彼らの郷歌文学にそのまま反映され，表現された．西方浄土に極楽往生を祈願する広徳の「願往生歌」や月明師の「祭亡妹歌」では仏教的人生の虚無が阿弥陀信仰によって克服され，また盲目の娘の目を開眼させて欲しいと観音像の前で切なる祈りを捧げると，やがて娘が開眼する希明の「祷千手大悲歌」の底辺には観音信仰が流れている．

高麗時代に至っても，新羅の伝統を受け継ぎ，仏教が隆盛を保つが，宋の影響を強く受け，儒学思想が発達し道教的な色彩も色濃く加味され始める（→儒教，道教）．新羅の護国仏教的な花郎道精神は衰退し，神仙思想が台頭，酔楽思想とともに遊仙的な詩歌も多く現れる．高麗初期の鄭知常の「送る友人」は大同江辺での恋人との離別を歌った絶唱として，遠くは新羅時代の月明師の「祭亡妹歌」の情恨の世界とつながり，新たな韓国人特有の離別の情恨を創造・表現する．武臣乱以後，高麗後期に至っては，酔楽・遊仙思想が流行し，翰林諸儒らによって，景幾体歌形式の「翰林別曲」が現れる．その時期，科挙制の実施により新進士流層では，中国文学を模倣する例が多かった．これに対する反動として，李奎報は独創新意論を主張し，中国文学模倣一辺倒からの脱皮を主張，韓国文学理論に新しい章を開いた．高麗末期に至って，性理学の導入とともに為国・忠君的思想が発達した．士流層の形成とともに自然美を発見し，自然を歌う短歌形式の時調が誕生する一方，民間では新羅郷歌の伝統を受け継ぐ俗謡が発達し，「カシリ」「西京別曲」「青山別曲」「動動」などが歌われた．

朝鮮時代初頭には，建国理念を仏教から儒教に変え，理気哲学が中心になる．花潭，徐敬徳の気哲学は，退渓，李滉の主理論とともに，理気哲学の双璧を形成しながら，文学においても道文一致，載道論が登場，書は道を包む器とならなければならないと主張する．これに反対して，文学は文学自体としての美しさをもたなければならないという詞章派が登場，対決の様相をみせるが，詞章派は時代の大勢である道学思想をはねのけることはできず，挫折する．やがて知識層である儒学者の間では，理気哲学理念の道学思想が主流をなしながら時代を先導していくが，民間では仏教信仰に対する，極楽や*輪廻の思想が盛んになり，道家的神仙思想も依然として民間信仰として支配的だった．金時習の「金鰲新話」は漢文で書かれてはいるものの，仏教的基盤から創作されたこの時代の代表的伝奇小説である．世宗大王のハングル創製により，歌辞文学が新たな文学様式として登場し，自然の美しさを歌った丁克仁の「賞春曲」，宋純の「俛仰亭歌」と鄭澈の「松江歌辞」などは，忠君恋主思想を帯びた作品として朝鮮詩歌文学の最高峰を飾るものである．李朝後期，粛宗，英祖，正祖時代は，朝鮮の文芸復興期として，星湖（李瀷）を中心とする実学派が登場

し，民衆のなかからは平民意識が生まれ，文学においても実学思想を基盤にした制度の改革，現実批判，人間の尊厳性を強調した作品が現れた．許筠の「洪吉童伝」，朴趾源の小説，「春香伝」をはじめとするパンソリ界の小説などがこれに属する．この頃，南人系を中心にカトリックが導入され，従来の儒・仏・仙の三教の韓国思想に加えて新たに西欧の異質なキリスト教思想が根づき始める．カトリック思想を基盤とする司祭・崔良業の「思郷歌」をはじめ，数多くの天主歌辞などが創作された．カトリックの西学思想に対する反動として，*崔済愚（チェ・ジェウ）は1860年，新しい宗教として東学を創道し，西学の克服を試みる．彼の『龍潭遺詞』は，東学の教理を歌った歌辞集である．1876年，鎖国政策から開国に転ずると，西欧文化に影響を受けながら，韓国の思想界にも一大変革が起こる．西勢東漸の外勢の前で，民族主義精神が強調され，それとともに言文一致運動が起こり，漢文を捨てハングルで作品を創作，本格的な近代文学が誕生する．1908年には崔南善の自由詩が『少年』に発表され，1917年には李光洙の「無情」が『毎日申報』に連載された．1919年三・一運動が起こり，民族主義愛国思想とともに文学においても沈薫の「常緑樹」のような農村啓蒙運動を主題とする作品が多く創作された．一方，詩からは韓龍雲の「恋人の沈黙」，金素月の「つつじの花」，金永郎の「牡丹が咲くまでは」，徐廷柱の「菊の花のそばで」など韓国的情緒を基盤とする，純粋な叙情詩などが多く創作された．小説においても韓国的人間像を描いた金東里の「巫女図」，黄順元の「にわか雨」などが発表された．1950年の朝鮮戦争以後には，戦後世代の悩みを描いた小説と詩などが発表され，最近になっては，急激に変化する現代文明のなかで韓国人が生きてきた主体的生を形象化した作品が，より多く創作・発表されている．朴景利の『土地』，李清俊の『西便制』，趙延来の『アリラン』などの長編小説がそれである．

【文献】伊藤亜人他監修『朝鮮を知る事典』新訂増補版（平凡社 2000）；金東旭『朝鮮文学史』（日本放送出版協会 1974）；金東旭他『韓国の伝統思想と文化』（成甲書房 1983）；古田博司『東アジアの思想風景』（岩波書店 1998）．　　　　　　　　　　　　　　　（河聲來）

だいきょうかい　大教会〔独〕Großkirche　教会史上の概念，初期キリスト教史上の時代区分．およそ180-313年を指す．起源100年頃までは，まだ*啓示が使徒時代の終焉により完了する前の*原始教団であり，やがて2世紀を通じて，*新約聖書の正典形成（→聖書の正典），*信条の形成，*教理の定式化，*伝承や*使徒継承に対する意識の形成，正統と*異端の区別，制度の整備が進んだが，ここまでは，まだ形成途上の教会の段階である．これに続く，2世紀末から4世紀初頭の第2段階が「大教会」の時代と呼ばれている．宣教活動の着実な実りがみられると同時に，全教会の一致を目指す司教を中心とした指導体制（→位階制）が育ち，入信準備制度（→洗礼）の形成や，典礼生活の開花，*初期キリスト教美術の誕生，神学の発展などがこの時代の特徴である．この時期は，*ローマ帝国によるキリスト教の公認（313）までとされ，やがて教会は帝国教会へと成長する．【文献】HKG(J) 1: 245-48.　　　　　　（高柳俊一）

たいきょくせい　対極性〔英〕polarity，〔独〕Polarität，〔仏〕polarité　対極性という考え方は，古くは

*ピュタゴラスの双覧表(限度と無限,奇と偶,一と多,右と左,男と女,静と動,直と曲,光と闇,善と悪,正方形と長方形)に認められるが,語としては,英語(polarity),ドイツ語(Polarität)が共に17世紀,フランス語(polarité)は18世紀に登場する(*ダランベール,*ディドロ編『百科全書』第12巻).この考え方が特に大きな役割を果たすことになるのはドイツ自然哲学(1800前後)においてである.

もともと英語の初出の用例に認められるように,この語は磁石の両極における正反対の性質を指示するものであり,このように一つのものが同時に対立する性質を有する在り方を自然哲学の根本原理に据え,それを全自然現象の説明に用いたのが*シェリングであった.それゆえ,彼は対極性を「普遍的二元論」とも名づけている(『世界霊について』).*ゲーテもまたシェリングと同様,この性質を自然の根本とみなし,これに「上昇」(〔独〕Steigerung)の概念を結びつけることで全自然現象の統一的説明が可能と考えていた(『フランス戦役』).対極性の概念は,*ヘーゲルの*自然哲学においても受容されたが(『エンチクロペディ』),その後は特に*シュライエルマッハーの*解釈学によって認識論や心理学の概念へと転化させられ,シュトラウス(Erwin Straus, 1891-1975)の心理療法,*クラーゲスの*生の哲学,*ヤスパースの理解心理学などに引き継がれている.

(松山寿一)

ダイク Dyck, Anthony (Antoon) van (1599.3.22-1641.12.9) フランドル(現ベルギー)の画家.*アントヴェルペンの出身で,神童の誉れ高く10代半ば

ダイク画
『キリストとファリサイ派の人々』
(ÖN)

から*ルーベンスの工房の筆頭助手を務めた.画風もルーベンスに似るがより繊細で叙情的な趣きに富んでおり,宗教画では主に悲劇的場面に本領を発揮した.1620年に*ロンドンに赴いて*ジェイムズ1世の宮廷で活動した後,1621年からイタリアに7年滞在して*ジェノヴァの宮廷画家となり,この間に優雅で気品に富むが威圧感を感じさせぬ独自の肖像画様式を樹立した.1628年の帰郷の後,1632年に再び渡英して*チャールズ1世の首席宮廷画家となり,ピューリタン革命勃発の直後に早世するまでロンドンを本拠に活動した.イギリス時代の作品の大半は等身大の肖像画で,舞台を戸外に設定した作品も多く,以後のイギリスの貴族肖像画に多大な影響を及ぼし続けた(→フランドル美術).

【文献】C. BROWN, *Van Dyck* (Oxford 1982); A. K. WHEELOCK, ET AL., *Anthony van Dyck* (New York 1990).

(高橋達史)

たいけい　対型 〔ギ・ラ〕antitypos,〔英・仏〕antitype,〔独〕Abbild　聖書解釈上の*予型論とも関連する,典礼神学上の概念.聖書の予型論的解釈では,旧約の出来事を*予型(前表)とし,新約の出来事はそれに対応する出来事,すなわち対型として,旧約と新約の*救済史的な関係を総合的に捉えた.この考え方をさらに*典礼神学の見地では,キリストの出来事の根源性を捉えるために,これを*原型とし,旧約の出来事はそれに対する予型,そしてキリスト後の教会の出来事が対型と位置づけられる.これは,原秘跡(〔独〕Ursakrament)であるキリストとそこに根拠をもつ根幹的秘跡(Wurzelsakrament)としての教会という新しい*秘跡論の理解にも通じる.典礼は,この旧約の歴史(旧約聖書朗読,*旧約聖書の歌,*詩編唱)を絶えず原型であるキリストの光で受けとめつつ,それを教会の声と心として告げ知らせ,歌う営みである.このことによって教会はキリストの派遣に応える*共同体として,また信者一人ひとりはキリストの招きに応える者として,それぞれが対型になっていくといえる.

【文献】V. ワルナッハ『キリスト秘義と救いの歴史』土屋吉正,福地幹男訳(あかし書房1984): V. WARNACH, *Christusmysterium* (Graz 1977).

(石井祥裕)

たいけん　体験　→　経験

だいこうかいじだい　大航海時代　15世紀末から16世紀にかけて,ヨーロッパ人は海外へ向かってめざましい進出を開始した.ヴァスコ・ダ・*ガマはアフリカの南端をまわるインド航路を開拓し,*コロンブスは新大陸を発見し,F. デ・*マガリャンイス(マゼラン)は世界周航を成し遂げた.人々が世界の海に乗り出してアメリカ・アジアなど未知の土地を発見し,探検・植民などの活動を始めたこの時代を,一般に大航海時代と呼ぶ.従来,地理発見時代,大探検時代などと称されていたが,『大航海時代叢書』(岩波書店1965-70)刊行の頃から大航海時代という呼称が定着した.大航海時代はまさに近代の序幕であり,ヨーロッパ人の海外進出によって世界的商業圏が形成され,グローバルな世界認識が確立された人類史上の画期的時代であるが,発見のあとのアステカやインカにみられるようなヨーロッパによる*第三世界征服の端緒ともなった.日本はこの大航海時代の波のなかでポルトガル人から鉄砲,*イエズス会の宣教師から*キリスト教というヨーロッパ文化を受け入れることとなった.この新しい異文化との出会いは日本の近世の展開に多くの影響をもたらした.鉄砲は戦国の混乱

から国家統一を促進させ，また，キリスト教の広まりは幕藩体制確立の過程で「鎖国をもたらす一因ともなったのである．

【文献】山中謙二『地理発見時代史』(吉川弘文館1969); 増田義郎『大航海時代』(講談社1984). (尾原悟)

たいこうしゅうきょうかいかく　対抗宗教改革
→　カトリック改革

たいこうせつ　待降節〔ラ〕adventus, 〔英〕advent, 〔独〕Advent, 〔仏〕avent　キリストの第一の到来である主の*降誕の祭日(12月25日)への準備期間であるとともに，*終末における第二の到来(*再臨)への待望にも心を向ける期間．典礼暦年の1年を開始する期間で，主の降誕の祭日の四つ前の主日にあたる待降節第1主日の前晩の祈りから始まり，主の降誕の祭日の前晩の祈りの前まで続く．ラテン語の adventus は到来，訪れを意味する．

【歴史】ビザンティン典礼の影響を受けていたガリアやスペインでは，*復活祭を準備する期間である*四旬節に倣って，4世紀末頃から主の*公現の祭日(1月6日)に授けられる*洗礼を準備するための期間を設けるようになり，初めは公現祭の3週間前にあたる12月17日以降の期間がそれにあてられていた．5世紀になるとトゥールの司教*ペルペトゥウスによって，1月6日から断食をしない土曜日と日曜日を除いた40日(5日×8週間)を遡った11月11日のトゥールの*マルティヌスの祝日から始まる期間が定められた．この期間は「聖マルティヌスの40日」(Quadragesima sancti Martini)とも呼ばれた．こうした準備期間は6世紀後半頃にローマにも導入された．

『グレゴリウス秘跡書』(→サクラメンタリウム)では，待降節に相当する期間中の四つの主日のミサと三つの四季の斎日のミサが記録されており，いずれも主の降誕に向かう内容となっている．一方ガリアでは，アイルランドからの宣教師の影響を受けて，キリストの第二の到来に向かう内容が強調されたため，待降節は*回心の期間として位置づけられ，紫の*祭服を用い，典礼からは*栄光の賛歌や*アレルヤや*テ・デウムなどが省かれた．このような回心の要素は12世紀にローマにも伝えられたが，主の降誕を待ち望む喜びを表すアレルヤは省かれなかった．

【現行典礼】第2*ヴァティカン公会議の後，1969年に行われた*典礼暦の改定によって，待降節は「二重の性格をもつ」期間とされた．すなわち，「神の子の第一の来臨を追憶する降誕の祭典のための準備期間であり，また同時に，その追憶を通して，終末におけるキリストの第二の来臨の待望へと心を向ける期間」(「典礼暦年に関する一般原則」39項)と考えられている．そのため現在では，待降節は回心の期間ではなく，「愛と喜びに包まれた待望の時」(同)として位置づけられている．

待降節は12月17日を境に前半と後半に分けられる．前半の典礼では，待降節直前の年間の結びに記念した終末的な要素を受け継いで，終末におけるキリストの再臨への期待が強調される．そして，17日からの後半において主の降誕への期待が強調される．4回の主日のミサの福音朗読では，第1主日は終末における主の来臨，第2，第3主日は洗礼者*ヨハネに関する箇所，第4主日は主の降誕を直接準備する出来事が朗読される．また，旧約朗読は，救い主の到来に関する内容を扱うイザヤ書を中心に朗読する．現行の『ミサ典礼書』では，教皇*ピウス5世の『ミサ典礼書』(1570)にはなかった待降節のミサのための*叙唱が二つ用意され，待降節の前半と後半で使い分けるようになり，この期間のミサがより豊かになった．また，待降節第3主日は，この日のミサの入祭唱「主にあっていつも喜べ．重ねて言う，喜べ．主は近づいておられる」(フィリ 4: 4-5 典礼訳)のラテン語の冒頭の言葉 Gaudete にちなんで「ガウデーテの日曜日」(喜びの日曜日)と呼ばれてきた．この日のミサでは，通常の紫の祭服のかわりにばら色の祭服を用いることもできる(「ローマ・ミサ典礼書の総則」308項へ)．

待降節の週日のミサのためにはかつては固有の式文がなかったが，公会議後の改定により，12月16日までの週日のためには各週の曜日ごとに*集会祈願が用意され，17日以降の後半は，各日ごとに固有の式文が用意されている．朗読箇所は主日と同様に，イザヤ書と洗礼者ヨハネに関する箇所が用いられる．また，12月17日から23日までの*教会の祈り(聖務日課)では，晩の祈りにおける福音の歌(*マリアの歌)のための交唱は，「おお」という間投詞で始まる*おお交唱が歌われ，それぞれの交唱から「おお」を省いた言葉が17日以降のミサのアレルヤ唱の唱句としても用いられる．

【習俗】待降節にちなんだ習俗としては，11月11日の聖マルティヌスの記念日の晩(あるいはその前晩)に人々が提灯や松明を手に行進する行列，樅の小枝で編んだ環(クランツ)に主日ごとに1本ずつろうそくをともしていく「アドヴェント・クランツ」(〔独〕Adventskranz)，1日ごとに番号のついた小さな扉を開けていくと，なかに絵が描かれている「アドヴェント・カレンダー」(Adventskalender)などがある．

【文献】LThK³ 1: 171-73; NCE 1: 152-53; 土屋吉正『暦とキリスト教』(オリエンス宗教研究所 1987) 218-43; J. アブリ『聖霊の季節—待降節・降誕節』(新世社 1988); W. Croce, "Die Adventsmessen des römischen Missale in ihrer geschichtlichen Entwicklung," ZKTh 74 (1952) 277-317; Id., "Die Adventsliturgie im Licht ihrer geschichtlichen Entwicklung," ZKTh 76 (1954) 257-92, 440-72; A. Adam, *Das Kirchenjahr mitfeiern* (Freiburg 1979) 109-16; H. Auf der Maur, *Feiern im Rhythmus der Zeit I*, GDK 5: 179-85; A. G. Martimort, *The Church at Prayer*, v. 4 (Collegeville, Minn. 1986) 90-95; T. J. Talley, *The Origins of the Liturgical Year* (Collegeville, Minn. ²1991); J. N. Alexander, *Waiting for the Coming* (Washington, D.C. 1993).

(宮越俊光)

たいこうレモンストラントは　対抗レモンストラント派〔英〕Counter-Remonstrants　オランダの厳格なカルヴァン主義者(→カルヴィニズム)の一派で，レモンストラント派(〔英〕Remonstrants, *アルミニウスの信奉者)に激しく対抗した．1611年3月11日，オランダの*ハーグで開催された教会会議において，反レモンストラント宣言を提出し，レモンストラント派との論争は激しさを増し，1618-19年に開催された*ドルトレヒト会議においては，彼らの主張による*ドルトレヒト規定が決定され，レモンストラント派は国外に追放された．

彼らの主張は，*カルヴァンの予定説理解の徹底を図り，神の*予定は，ある人々を滅びに定める神の絶対的・無条件的意志の現れであり，神の*選びは，成人の

みならず子どももその対象であるとする．さらに神の救済の選びは，*信仰の業によって定められるのではなく，*神の意志によって定められる．キリストの*贖いのための十字架上での死は，神の選びの民（→ 神の民）のためのものであり，滅びの民に対してなされたものではないと，アルミニウス主義に対する批判を展開した．さらに*聖霊に関しては，*聖書を通して神に選ばれた民に対してのみ語り，選ばれた民は神の導きにより，その信仰を決して失うことはなく，信仰生活そのものも積極的な*善業に導かれるものであるとした．
【文献】キ大 673; R. ゼーベルク『教理史要綱』住谷眞訳（教文館 1991）: R. SEEBERG, *Grundriß der Dogmengeschichte* (Leipzig 1901 ⁶1934); 倉松功『教会史』中（日本基督教団出版局 ⁸1994）96-97． (秋山昇)

だい5・6きょうかいかいぎ 第5・6教会会議 〔ラ・独〕Concilium Quinisextum, 〔英〕Quinisext Synod, 〔仏〕Concile Quinisexte

691年から692年にかけて*コンスタンティノポリスで開かれた教会会議．第5回公会議（第2*コンスタンティノポリス公会議，553）と第6回公会議（第3コンスタンティノポリス公会議，680）で作られなかった教会の諸規則を定めた．このため「クイニセクスタ」すなわち「第5，第6」教会会議と呼ばれる．コンスタンティノポリスの宮殿のトルロス（丸天井）の間で行われたことから第2*トルロス教会会議とも呼ばれる．

この教会会議で定められた規則は102条からなり，*聖職者と*信徒に関する諸規定を再確認するものである．まず第6回公会議までに正統と認められた*三位一体論，*キリスト論の解説から始まり（1条），聖職者の世襲を禁じ（33条），異教的習慣と思われるものを廃し，特に*アルメニア教会の慣行（典礼でぶどう酒と水を混ぜないで用いる．聖堂内に獣の肉を持ち込んで，それを*司祭席域で司祭が分けること等）を排斥し（32条，99条），コンスタンティノポリスの教会の慣行を是とした．しかし，これらの規則は，ローマ教皇*セルギウス1世が認めなかったために，*東方教会でのみ適用されることになった．この教会会議は，東方教会では公会議の一つに数えられている．
【史料】Mansi 11: 921-1006.
【文献】LThK³ 6: 316-17; H. OHME, "Das Concilium Quinisextum," OrChrP 58 (1992) 367-400. (大森正樹)

だいさい 大斎 〔ラ〕ieiunium, 〔英〕fast, 〔独〕Fasten, 〔仏〕jeûne

*償いの一形式であって，飲食物の種類や量に制限を加えること（→ 断食）．

キリスト教徒は初期の時代から大斎日を規定し，特に*四旬節の期間中は，キリストの*受難と*死を記念しこれを遵守してきた．初期の頃は大斎のためこれといった形式は定められておらず，種々異なるやり方があったが，全般的には現代のそれに比してかなり厳しいものであった．*東方教会でも*西方教会でも，信者は大斎日には肉食だけでなく飲酒も控えた．近代においては，1966年までの大斎規定によって，1日に1回充分な食事をし，朝食と付加軽食のときに少量の食物を許すものであった．全教会のために規定された大斎かつ*小斎の日は，*灰の水曜日，四旬節中の金曜日および土曜日，四季の斎日（→ 典礼暦），特定の*祭日の前日であった．大斎だけの日は，四旬節中の月曜日から木曜日であった．

1966年，教皇*パウロ6世は*使徒憲章『パエニテミニ』(Paenitemini, 1966)によって大斎遵守規定を改正し，「大斎の掟は1日1回だけ充分な食事をすることを許可する．しかし朝と夕方に軽食をとることを禁じない．ただし，食物の量と質については，各地方の承認された慣習を守らなければならない」（3章2節）と規定した．そして大斎の掟に拘束される年齢を満21歳以上，満60歳未満とし（同4章），大斎規定遵守日を灰の水曜日と聖金曜日（→ 過越の三日間）と定めた（同3節）．そしてこの改正事項は，1983年に公布された新『教会法典』のうちに法文化された（1249-53条）．ただし新『教会法典』では，小斎の掟を遵守する義務を有する者は，満14歳以上の信者であるが，大斎の掟に拘束される者は，満18歳以上，満60歳未満の信者となっている（1252条）．各地域の*司教協議会は当該地域の事情に即して，大・小斎の実行形式を明細に規定することができる．かつ，償いの他の形式，特に愛徳の業（→ 愛）および*信心の実行をもって，小斎および大斎に，全面的にまたは部分的に替えることを規定することができる（1253条）．ちなみに，「日本における教会法施行細則」23-bは，「キリスト信者は，自分の判断により，償いの他の形式，特に愛徳の業または信心業，または制欲の実行をもってこれに替えることができる」と規定している．
【文献】現カ 449; LThK³ 3: 1187-93; PAULUS VI, Const., "Paenitemini," AAS 58 (1966) 177-98. (枝村茂)

だいざい 大罪 〔ラ〕peccatum mortale, 〔英〕mortal sin, 〔独〕Todsünde, 〔仏〕péché mortal

*神の*掟・*神の意志に対する重大な違反行為．神への*愛に背く*冒瀆や*隣人愛に反する*殺人や*姦通などによって究極目的である*至福の生命，*神との一致や*友情を失わせる*罪である．その罪によって人は永遠の*死・*霊魂の死を招く．

新約聖書にはキリストによる*恩恵の生命と罪の支払う報酬としての死が語られており（ロマ6章），「死に至る罪」と「死に至らない罪」の区別もある（1ヨハ5: 16-18）．また人は誰でも罪を犯すが神はその罪をゆるし，不義から清めてくださるけれども（同1: 7-10），神の掟に反する罪を犯す者は*神の国を受け継ぐことはできない（1コリ6: 9-10；ガラ5: 19-21；1テモ1: 9-11）．イエスも「外の暗闇」や「永遠の火」という死後の*罰（マタ25: 30, 41-46），また*陰府での永遠の滅び（ルカ16: 19-31）について語り，日常生活と*救いとの緊密な関係を説いている．*初代教会でも旧約の多くの*悪徳のリストを取り上げて（→ 悪徳表），深い*闇や滅亡，第二の死から免れるように信徒を戒めている（1ペト2章; 黙21: 8; 22: 15）．

教会は罪人に対する死後の罰を説き（DS 1304-306），大罪と*小罪の区別を認めている（DS 838, 1920, 2257, 3375, 3381）．特に，*トリエント公会議は義化（→ 義認）の恩恵の教えとともに大罪が*成聖の恩恵を失わせるものであることを認め，*ゆるしの秘跡においてすべての大罪を告白すること，また*聖体の秘跡は大罪を犯す危険から人を守る恩恵の力を与えることを説いている（DS 1536-38, 1647, 1680-81, 1707）．大罪を構成する三つの要素は，行為の対象が重大な事柄であること，行為者が完全な認識をもっていること，行為者が完全な*自由意志をもって決断したことである．現代ではこれらの

だいさいし

要素を認めながらも，大罪の決定的な要素は人の内心から出てくる神に反する自由な人格的な *根本選択であることが強調される．その選択と決断は罪人の *良心の深みからなされる自由な全人的行為である．罪は人間そのものを弱くし，人間をその完成から遠ざけるが(『現代世界憲章』13)，どのような罪人にも神の憐れみの恵によって *回心の道が開かれていることを忘れてはならない．

【文献】DETM 733-41; *Nuovo Dizionario di Teologia Morale* (Milano 1990) 895-914; DMC 3: 635-36; LChM 1529-47; LThK² 9: 1169-83; SM(E) 6: 87-94; A. M. MEIER, *Das Peccatum mortale ex toto genere suo. Entstehung und Interpretation des Begriffes* (Regensburg 1966); B. HÄRING, *Sin in the Secular Age* (Slough 1974).

(浜口吉隆)

だいさいし　大祭司 〔ヘ〕hakkōhēn (haggādōl), 〔ギ〕archiereus

【旧約聖書】archiereus というギリシア語は *七十人訳聖書ではわずかの箇所(レビ 4: 3; ヨシュ 22: 13; 24: 33. さらにエズ・ギ 5: 40; 9: 39 参照)にしかみいだされないが，ヘブライ語では，単に hakkōhēn という表現になっている．逆に，hakkōhēn haggādōl というヘブライ語が出てくるレビ記 21 章 10 節の七十人訳聖書においては，ho hiereus ho megas というギリシア語が用いられている．*祭司の頭あるいは長を意味するこの大祭司という用語は，職名としては *捕囚後にイスラエルに導入されたもののようである．ただ実質的には，*アロンとその子エレアザルの家系によって，祭司たち，*レビ人たちの頭の地位が継承された．また，ツァドクを経てその家系により，*アンティオコス 4 世によって追放される前 2 世紀終わり頃まで受け継がれている．この後，特に *ヘロデ大王のときから，政治的権力によって大祭司職が左右されるようになった．その結果，神から選ばれた者のしるしとしての油を注がれた祭司 hakkōhēn hammāši(a)ḥ (レビ 4: 3) というような表現は内実のないものとなってしまったのである．さらに，*祭司長と同義の単語 (śārē hakkōhanîm) はエズラ記(8: 24-29, 10: 5)および歴代誌下(36: 14)に出てくる．それは祭司たちのうち主な者たちを意味している．

【共観福音書】単数形 archiereus が大祭司と同じ意味であるならば，複数形 archiereis はまた *最高法院に最も強い影響をもっていた退職した祭司長たちやより高い位の祭司たちを含むグループを意味していた．大祭司はその最高法院において議長の役目を果たすのみならず，イスラエルの社会全体に関わるさまざまの政治的・宗教的分野において権力を振るっていた．また，祭司長たちは *神殿とその財宝の統括と管理に責任があり，さらに彼らは祭司たちの規律を監視する役目をもっていた．ヘブライ書 7: 27-28 を除けば，複数形 archiereis の使用は福音書と使徒言行録に限られている．新約聖書では，この祭司長たちと *長老たち (〔ギ〕presbuteroi) との組み合わせが全部で 13 回用いられているが，特にマタイでは，この組み合わせは *受難物語に集中(マタ 21: 23 を除く)しており，*律法学者たちとともにイエスの死に責任がある者たちとして描かれているが，イエス自身による *受難告知とその成就としてのイエスの *十字架刑の場面で言及されている(マタ 16: 21; 27: 41; マコ 8: 31; 11: 27; 14: 43-53; 15: 1; ルカ 9: 22; 20: 1).

【ヘブライ書】ヘブライ書によれば，イエスは旧約の *メルキゼデクのような大祭司であるが(4: 14-5: 10), 彼らとは違って完全な意味で神と人間との間の *仲介者である(7: 11-25). 自らを完全な *贖いの *犠牲として捧げ，神の前にすべての人々のためにとりなしをしたのである(7: 26-28). 他の大祭司たちが年ごとに自分のものではないいけにえの血を携えて聖所に入るのに対して，イエス・キリストは多くの人の *罪を取り去るために，ただ一度身を捧げた(9: 23-26). しかし彼はそこにとどまらず，自分の死と *復活を通して，死に定められた人間を復活の命へと導くために，再び現れるのであろう(9: 27-28; 10: 19-39).

【文献】旧新約聖書大 717-19; 新聖書大 879-80; 新約釈義 1: 202-203; 聖書思 363-68; DBS 10: 1198-275; 1306-42; ISBE 3: 960-63; NIDNTT 3: 32-44; RGG³ 3: 427; ThWAT 6: 62-79; TDNT 3: 265-83; TRE 27: 374-401; Schürer-Vermes 2: 275-84; 蛭沼寿雄他『原典新約時代史』(山本書店 1976) 420-29; H. G. キッペンベルク『古代ユダヤ社会史』奥泉康弘, 紺野馨訳 (教文館 1986) 163-71: H. G. KIPPENBERG, *Religion und Klassenbildung im antiken Judäa* (Göttingen 1978); J. JEREMIAS, *Jerusalem zur Zeit Jesu* (Göttingen 1962).

(江川憲)

だいさんかい　第三会 〔ラ〕tertius ordo, 〔英〕tertiary order, third order, 〔独〕Dritter Orden, 〔仏〕tiers ordre

在俗第三会ともいい，世俗にあって，ある盛式修道会(→ 修道会)の指導のもとに，その修道会の精神に基づき，*使徒座の承認した規則に従い，世俗の生活に適した方法でキリスト教的完徳に達するために努力する者の会をいう(旧『教会法典』702 条). 目標とするキリストの完全さ，教皇によって認可された会則，教会法上の身分，生活の安定性(入会資格，修練，終生誓願)という点で，修道会の会員に類似している．公式誓願と共住生活をしない点では他の修道会員と異なり，他方，キリストの完全さを追求する点で信徒とも異なる．

　第三会の会則には，キリスト教的完徳を目指す生活様式の基本的要素が明確に含まれている．会員としての誓願宣立は，神への献身の荘厳な宗教的行為で，世俗にあってキリストの福音を守ることを誓約するものである．

　第三会を認可できるのは教皇ただ一人であって，3 人以上の会員と地域司教の文書による承認が必要とされる．また第三会の指導監督は，それぞれが属する第一会の長上(総長，管区長など)によってなされる．

　第三会は，*教会法で認められる信徒の 3 種類の団体の筆頭に位置づけられる．特別の目的のために設けられた団体が第三会と誤って呼ばれることがあるが，この混同は避けるべきである．

【起源】12 世紀初め，世俗の敬虔な信徒のグループが *ベネディクト会や *プレモントレ会の会員の指導を仰ごうとした例があるが，これは公の運動にはならず，その方式も広まらなかった．同じ世紀の後半，*修道生活を範としながら修道会とは異なる集団が現れた．既婚の人々を含む *フミリアティ，貧しいカトリック者，血縁関係による組織などである．しかし，彼らが企図したのは聖職者や教会からの離脱であった．

　第三会という名称は，最も代表的な *フランシスコ第三会を例にとれば，アッシジの *フランチェスコの精神に則して生活する *フランシスコ会の流れを汲む集団のなかで男子修道者の集団を第一会，また女子修道者の集

団(*観想生活をする *クララ会)を *第二会と呼んだところから既婚者を含む信徒の集団を第三会と呼ぶようになったことに由来すると考えられる．

一方，在俗第三会の熱心な会員により公的な *修道誓願を宣立する会も創設されるようになった．これを律修第三会([英] third order regular) という．律修第三会の会員は，修道誓願を立てたうえで，修道院で共住生活を営む場合と，俗世間で通常の生活を営む場合がある．

【フランシスコ第三会】アッシジのフランチェスコは，フランシスコ第三会の真の創立者であった．彼は1209年から1221年の間に同会を作り，ウゴリノ枢機卿(後の教皇 *グレゴリウス9世)の助けを借りて会則を作成した．フランシスコ第三会の会則は，1221年に教皇 *ホノリウス3世によって認可された．会の発祥の地はファエンツァ(Faenza)か *フィレンツェと思われる．最初の会則は残されていないが，フランチェスコの『信徒の手紙』や『悔悛に関する兄弟，姉妹たちの覚書』から窺うことができる．第三会が他の中世の兄弟会と決定的に違う点は，*福音主義にのっとってキリスト教的完徳を目指したことである．

フランシスコ第三会は，フランシスコ会と並行して発展した．グレゴリウス9世や *インノケンティウス4世をはじめ大勢の教皇が，特に緊張の時代にあって教会に多大の奉仕をした第三会に報いるため，さまざまな特典を授与した．*ニコラウス4世は会則を改編し，元来の形に戻した．この会則はその後幾度かの修正を経て，1883年 *レオ13世によってより簡明かつ柔軟なものに改められ，変化する生活条件にふさわしいものとなった．20世紀の歴代教皇は現代に適応するものとして第三会を高く評価し，特に *ピウス12世は，俗人による平和愛好者の軍団として第三会はキリストの王国の防衛とその世界的拡大に尽くすものと称揚した．

1978年，教皇 *パウロ6世は第2 *ヴァティカン公会議の精神に則して新会則を許可するとともに，フランシスコ第三会(Tertius Ordo Franciscanus) を改称(Ordo Franciscanus Saecularis)，これを受けて同日本全国評議会は「在世フランシスコ会」と改称した．

【第三会の発展】13世紀，フランシスコ会員たちが活動していたイタリアからヨーロッパ北部のあらゆる社会階層に第三会は浸透していった．14-15世紀にはカペストラーノの *ジョヴァンニなどの指導によってさらなる発展を遂げた．16世紀の *宗教改革によって，ヨーロッパの一部地域での活動は衰えたが，アジアで新しい発展をみた．特に日本では *長崎における最初の殉教者のなかに17人の会員が数えられ，またアメリカでは先住民(*インディアン)の間に10万人の会員が存在した．17世紀には数多くの会員を生み出したが，18-19世紀には迫害や弾圧のため特にフランスとオーストリアで活動が停滞した．しかし，*ピウス9世の努力によって再び会員は増加し，1964年には会員数400万を超えた．

【その他の第三会】*聖座は15世紀以降，各修道会に第三会の性格をもつ団体を設立する権利を認めた．その結果，*アウグスチノ会，*ドミニコ会，*マリアのしもべ修道会，*カルメル会，*ミニミ修道会，*三位一体修道会とプレモントレ会，ベネディクト会などに第三会が認可された．

(1) ドミニコ会第三会．この会はフランシスコ会と違って，直接 *ドミニクスによって創立されたのではない．1285年，総会長ザモラのムニオ(Munio)は，「キリストの軍隊」と呼ばれる一般信徒の集団にフランシスコ第三会に似た20章からなる会則を与えた．1406年，ドミニコ会第三会として認可され，さらに修正された会則が1923年 *ピウス11世によって承認された．

(2) カルメル会第三会．カルメル会員 *ソレトによって創立され，1452年教皇 *ニコラウス5世によって認可され，さらに1476年 *シクストゥス4世によって確認された．この会の特色は，神と隣人との奉仕において内的生活を豊かにすることにあった．

(3) アウグスチノ会第三会．既婚・独身の信徒がアウグスチノ会員の指導のもとに集まり，女性の第三会は *ボニファティウス9世によって(1400)，また，男性の第三会は *パウルス2世によって認可された(1470)．

(4) マリア会第三会．*マリア会の会員によって，1832年に設立され，1850年ピウス9世によって認可された．この会の目的は，ナザレの *聖家族に倣い，キリスト教的家族の模範となることにあり，そのモットーは「すべてはマリアを通してイエスのために」である．

(5) ミニミ修道会第三会．ミニミ修道会の修正された会則にのっとったもので *アレクサンデル6世により1501年に承認された．悔悛と克己を重視し，ミニミ修道会の指導を受けた．

(6) プレモントレ会第三会．プレモントレ会入会を志しながら，クサンテンの *ノルベルトによって，会の精神にのっとって善い模範となりながら世俗にとどまるよう勧められた，シャンパーニュのテオバルド(Theobald)に由来すると思われる．ノルベルトはテオバルドのために生活の規則を作成し，それが現在のプレモントレ会第三会の会則の原型となった．1126年 *ホノリウス2世によって修正され，1923年，1949年にもさらなる修正が加えられた．この会則は *秘跡と祝福された処女 *マリアへの信心，自己抑制による行為を通しての神への一致を希求するものである．

(7) マリアのしもべ修道会第三会．*アレクサンデル4世がマリアのしもべ修道会を認可した1255年に設立され，悲しみの聖母への特別な信心を基本精神とする．正式に認可されたのは1424年である．

(8) 三位一体修道会第三会．1199年来，敬虔な俗人信徒が三位一体会の会員と共同で始めたのが起源で，第三会としては，1584年に会則が定められる．*対神徳の実践によって聖三位に栄光を帰すことを目的とする．

(9) メルセス修道会第三会．巡礼者，病人の世話を通して *メルセス修道会に協力していた信徒や，虜囚から戻ってきた人々が，1260年に生活の規則を与えられたのが起源で，16世紀には慈善・福祉活動を志して宣教地で司祭的使徒職を志す者もこの会に迎えられるようになった．

【文献】EDR 3: 3514; LThK² 9: 1374-77; LThK³ 9: 1350-52; NCE 14: 93-95; M. HABIG, ed., *A Short History of the Third Order* (Chicago 1963); R. PAZZELLI, *St. Francis and the Third Order* (Chicago 1982); Z. GRANT, ed., *The Rule of the Secular Franciscan Order* (Chicago 1991).　　　　　　　　(石井健吾)

だいさんせかい　第三世界 [英] the Third World, [独] die dritte Welt, [仏] le Tiers-Monde　第三世界とは，新興独立諸国家，アジア，アフリカ，ラテン・アメリカ諸国家，発展途上諸国(60年代頃までは「低開発国」と称した)とみなす見方が一般的である．この場合，第一世界とは西欧・北米・豪・ニュージーランドおよび日本など資本主義工業国，富裕国であり，第二世界とは社

会主義諸国である．その意味での第三世界とは，*南北問題でいう「南」を単純に意味することが多く，第三世界とは発展途上諸国と考えられるのである．国際的には，この30年ほど，第三世界，第一世界ということばよりも，「南北問題」「南」「北」ということばのほうが，より一般的に使われている．

第三世界ということばに別の意味を与えたのは中国である．1974年に，副首相・鄧小平(1902-97)が*国際連合の特別総会で「三つの世界論」，すなわちアメリカ，ソ連の超大国が「第一世界」，西欧，日本が超大国に「侮られ」ている「第二世界」，それ以外の中国を含めた発展途上国が「第三世界」という分類を提起したのである．しかし，この議論は，ソ連が崩壊し，自由市場経済（→市場）に仲間入りしようとしている今の中国から再提起されることはないだろう．第三世界ということばを初めて使ったのはフランスの人口学者ソーヴィ (Alfred Sauvy, 1898-1990) だといわれる．1950年代初期，インドシナで抗仏民族独立戦争が激化していた頃のことである．なぜ今まで植民地であった地域で民族戦争が激化しているのかという問いに，ソーヴィは「なぜならついに第三身分 ([仏] tiers-état) と同じく忘れられ，搾取され，蔑視されていた第三世界 (tiers-monde) が，自分も何ものかであろうとするようになったから」と答えたという．

ソーヴィのいう「第三世界」は開発・援助・投資・貿易などで経済的・物的に豊かになろうとするだけの世界ではない．被抑圧者，声すら出せなかった人々，世界の片隅に押しやられてきた人々，こうした人々が立ち上がり，自らを実現する世界，それがソーヴィのいう第三世界である．1960年代に世界の若者が決起した．アフリカ系アメリカ人の公民権運動だったり，ヴェトナム反戦運動だったり，大学や工場での管理抑圧体制打破だったり，動機は同じでないにせよ，それぞれの場での不正義や抑圧的社会への反乱だった．そしてそれが資本主義富裕国内のことであっても，その運動に立ち上がった者たちは，世界の片隅で*貧困を強いられている人々と連帯感を感じていた．

東西冷戦終結後，自由主義市場経済がすべてを解決してくれるのでは，という確証なきイデオロギーに世界が支配されたかのようでもある．世界銀行・国際通貨基金 (IMF)・世界貿易機構（WTO）の自由主義哲学と，その施策に「南」は縛られている．「南」とほぼ同義に使われてきた第三世界ということばは力を失っているようにみえる．しかしながら，第三世界とは南とも発展途上国とも同義ではない．南の一部が「優等生」になり，21世紀は「アジアの世紀」とさえいわれるようになった．が，1992年リオデジャネイロの国連環境開発会議（地球サミット），1993年ウィーンの世界人権会議，1994年カイロの国際人口開発会議，1995年コペンハーゲンの世界社会開発サミット，北京女性会議など一連の会議と，そこに声を届けようとしている無数の人々にとっては，第三世界の時代，つまり抑圧された，声なき人々の切り開く時代は，去ったどころか，これから実現せねばならぬ時代といえるのかもしれない． (村井吉敬)

タイジ　Taigi, Anna Maria　(1769. 5. 29-1837. 6. 9)　イタリアの神秘家，*福者（祝日6月7日）．*シエナの薬種屋に生まれ，1790年に結婚．初めは夫の影響でぜいたくな暮らしをしていたが，長子誕生を機に*回心，*三位一体修道会の*第三会の会員となり，忙しい家事の合間に教会に通い，貧者や病人の世話をした．多くの*神秘体験を得，*脱魂を経験，*茨の冠に囲まれた「神秘の太陽」をみて，そのなかに将来起きる出来事や遠くの出来事を予見することができた．教皇*レオ12世や*グレゴリウス16世，また*ナポレオン・ボナパルトの母などの多くの人物が忠告を求めて彼女を訪問した．*ローマで没す．1920年列福．
【文献】キ人837；LThK² 9: 1276; NCE 13: 913.
(山口和彦)

だいしきょう　大司教　[ラ] archiepiscopus, [英] archbishop, [独] Erzbischof, [仏] archevêque　カトリック教会の*高位聖職者．

*ラテン教会においては，次の4種の大司教が存在する．(1) 教会管区 ([ラ] provincia ecclesiastica) の長である*管区大司教 (metropolitanus) で，管下の所属教区に対して一定の権限と義務を有する（『教会法典』435-36条）．(2) 教会管区 (provincia ecclesiastica) の長ではなく，したがって管下の所属教区 (dioeceses suffraganae) を有しない，一つの大司教区 (archidioecesis) の長．(3) 消滅した大司教区の名義で聖別もしくは任命された名義大司教（→名義司教），ローマ*教皇庁，例えばある省 (congregatio) の秘書として，または*教皇使節として，あるいは軍隊付司教として任命された名義大司教．(4) 個人的表彰として教皇から大司教の称号を授与された定住教区司教 (episcopus dioecesanus residentialis).

*カトリック東方教会においては，管区大司教は自主権を有する教会の長であり，一定の管区の司教たちが彼に従属する．その義務と権利については『東方教会法典』（→東方教会法）の133-39条において規定されている．
【文献】LThK³ 3: 849-50; DMC 1: 301-302; I. RIEDEL-SPANGENBERGER, Grundbegriffe des Kirchenrechts (Paderborn 1992) 172-73. (枝村茂)

たいじじゃしゅうろん　『対治邪執論』　江戸前期の*排耶書．豊後国*臼杵の多福寺住持・雪窓宗崔 (1589-1649) の著書．宗崔は最初真宗の僧として出家し，後に臨済宗に転じた．朝幕上層部の信頼も厚く後水尾上皇 (1596-1680) への説法のほか，1647年 (正保4)*長崎で挙行された排耶説法に起用された．本書は，長崎での教説と同地で得た*キリシタン書を素材として翌48年に著作．内容は，*フランシスコ・ザビエル等によるキリシタン宗門の伝来とその教理・教説を要略し，同教義を破斥する．批判点は「排斥三教，罵倒諸神」など伝統宗教への対決姿勢，「結邪党奪国」の徒党性・侵略性に対する不当性その他で，それらは仏法を盗用（「偽竊釈氏法相」）しながら曲解し，人々に「真如常住」「因果不亡」の理を知らせなかったこと等をあげている．本書は，幕府に所蔵され要人に繙読された．写本としては林大学頭家の『制蛮録』*『契利斯督記』，水戸藩編纂の*『息距篇』の各所収本，大谷大学図書館所蔵本その他が知られている．版本としては，幕末開国期の1861年 (文久1)養鸕徹定 (うがいてつじょう) 杞憂道人，1814-91) が日・明の排耶書を抄出して編集した*『闢邪管見録』に，「対治邪宗論」の名で本書の抜粋を収録したのが最初で，以降の排耶運動に影響を与えた．
【文献】海老澤有道『キリシタン書・排耶書』日本思想大系25（岩波書店1970）；雪窓宗崔著，大桑斉編著『雪窓宗

崔 — 禅と国家とキリシタン』(同朋舎 1984).

(清水紘一)

たいしゅう　大衆〔英・仏〕masses,〔独〕Masse
【概念史】19 世紀以降，*フランス革命の結果および産業革命の幅広い影響により，ヨーロッパ社会では「上流階級」と「大衆」および「庶民」の区別が著しくなり，特に「大衆」の定義が E. *バーク，*トクヴィル，*フロイト，*オルテガ・イ・ガセットなどの 19-20 世紀の知識人にとって追求の対象となった．「下層民」(〔英〕mob)，「庶民」(populace)，「群衆」(crowds) など蔑視的な呼び方を避けようとしながらも，彼らは上流階級に属しエリート主義や多くの場合保守派の傾向が強かったため，それなりの敬意を含めた言葉である「人民」(people) や「市民」(citizen) ではなく，どちらかというと否定的な意味の強い「大衆」という言葉を自然に使用していた．日本語の「大衆」や「庶民」などの単語は，日常生活では「塊」，物理学では「質量」を表す「マス」(mass) のもつ画一的で遅鈍，不定形で密集したものという含蓄までは伝えていない．

大勢ではあるが突出した個性をもたず，画一的で組織されていない密集体として定義される大衆には，群居性の態度・嗜好・習慣，単純化されすぎた思考，抑制し難い感情という均一的な特徴がある．したがって大衆が主導権を握る社会は凡庸さという特徴を帯び，数の力が価値あるものを制する，つまり質よりも量による統治がなされる．しかし一方で，大衆をすべての政治的権力や基本的な倫理観の源であり，進歩への活力とみなすこともできるため，近代において「大衆」の概念は，現代社会が全世界的に大衆社会に変容したという現象を分析するための一つの道具として認識されている．これはそれぞれのイデオロギー的前提によって幾重にも使い分けられながら，大衆社会の事実とその意義についてさまざまな角度から論じられている．

【さまざまな大衆論】バークのような保守的あるいは伝統主義的な思想家は，革命や大衆の力が共同体・権力・信仰心・道徳などの社会的な絆を破壊すると考えた．O. *シュペングラーの『西洋の没落』(1918) によって第 1 次世界大戦終結以前に予測され，*アレントの『全体主義の起源』(1951) によって第 2 次世界大戦後に証明されたように，大衆から生まれながらも大衆を統制するために必要とされる，全く新しいタイプの絶対権力（→ ナチズム，ファシズム）が最終的な結果として発生した．

これに対し，労働者の集まり（プロレタリアート）について，これを歴史上何の役割も果たしてこなかった集団としてではなく，自らのもつ力を自覚し，迫害者から解き放たれさえすれば，人類の発展への抗うことのできない力になるとみなす肯定的な解釈が K. *マルクスによって提示された（→ マルクス主義）．ところが，ソ連では，このように大衆を持ち上げながらも，*レーニンとその後継者は大衆を省みず，中国では *毛沢東が文化大革命に大衆を巻き込んだ．近年では，*マルクーゼや *フロムなどのマルクス主義者（→ ネオ・マルキシズム）が，現代社会において新しい階級意識が芽生え，そのため文化解放や政治解放が徐々に行われていることを認めながらも，依然として，大衆の服従と疎外を目標とする現存の政治，経済，*マス・メディアの支配下に大衆が置かれている状況を指摘している．

このような現象の要素として重要なものは，著しい人口増加，工業・経済・娯楽の中心地となる都市への人口集中，群衆を魅惑するマス・メディア，社会的・経済的危機，そして基礎教育の普及と思想の大衆化である．*テニエスはそれぞれ独立した自己本位の個々人によって形成された大衆は，法的に構成された「社会」(〔英〕society, 〔独〕Gesellschaft) の一員であり，自発的融合体であるところの「共同体」(〔英〕community, 〔独〕Gemeinschaft) の一員ではないと主張した．大衆社会では個人を尊重する考えが犠牲にされ，画一的思想・行動が推奨される．*デュルケムは，一般に受け入れられている規範的な慣習を欠くことによって個人が経験する *アノミー（無規制状態）を強調する．

大衆の心理学的分析は，ル・ボン (Gustave Franz Le Bon, 1841-1931) の『群集心理』(La Psychologie des foules, 1895) に始まる．彼は画一的態度を，理性的行動を凌ぐ本能的衝動が伴う，個人の心的状況における変化の結果とみなしている．フロイトの『集団心理学と自我の分析』(1921) によると，個人にとっての集団とは，抑圧から逃げ出すための場所である．他人との感情の融合，現実あるいは想像上の指導者との同一化，また大義に熱するなどの行動は，本来の本能的欲動の昇華を無意識のうちに求める，大衆の理性を超えた行動である．さらに，現代社会を理解するにあたって欠かせない書物がオルテガ・イ・ガセットの『大衆の反逆』(1930) である．オルテガは，生まれながらにして上流階級に属する人々とそれ以外の人々を二分割する従来の方法を避けて，社会とは有能者の少数派と特に限定されない大衆もしくは集団の流動的なまとまりであるとし，前者を「優れた人間」(excellent man)，後者を「大衆人」(mass-man)，「平均的人間」(mean man)，「凡俗な人間」(vulgar man) などと呼んだ．彼のエリート主義的な姿勢は，従来の道徳や社会組織に従順でなくなった一般社会に対する，かつての支配階級の非民主的で横暴な態度だとして広く批判されたが，それでもより高尚な人生を熱望し，その獲得のために努力することによって現代における価値観の危機を乗り越えようという彼の呼びかけは安易に無視できるものではない．

【カトリック教会の姿勢】カトリック教会において「大衆社会」という用語が語られることは少ないが，教皇 *ヨハンネス 23 世は，回勅 *『マーテル・エト・マジストラ』(1961) において，前向きの展望をもって，*基本的人権の確保，生活水準の向上，マス・メディアの発達といった現代社会の利点を示す一方で，人々がロボットのように無機質になり，自主性をなくし，家族や学校などが本来の個人参加型コミュニティーとしての本質を失いつつあることを指摘し，大衆社会の危険性を的確に示した．この精神を受け，第 2 *ヴァティカン公会議の『現代世界憲章』は科学・技術の飛躍的発展の意義を認めながら，人類史に到来した新しい時代を歓迎し，新たに生まれたより普遍的な文化形態が「各文化の特色を尊重するものであればあるほど，人類の一致を一層よく促進させ，表現する」(同 54 項) といった希望的観測をもって，現代社会を積極的に意義づけている．このあとの特徴的な動きとして，ラテン・アメリカ，アジア，アフリカ諸国では，*解放の神学の影響により，政治経済的支配者によって抑制されていた一般大衆の力は主に *教会基礎共同体によって活気づけられ，直面する問題に対して神の言葉に照らされた解決方法を求めて行動を起こしつつある．

【文献】S. モスコヴィッシ『群衆の時代—大衆心理学の史的考察』古田幸男訳（法政大学出版局 1984）: S. Mos-

COVICI, *L'âge des foules: un traité historique de psychologie des masses* (Paris 1981); J. オルテガ『大衆の反逆』桑名一博訳（白水社 1985）: J. ORTEGA Y GASSET, *La rebelión de las masas* (1930; Madrid 1994); E. バーク『フランス革命の省察』半澤孝麿訳（みすず書房 1989）: E. BURKE, *Reflections on the Revolution in France* (1790; Buffalo 1987); S. FREUD, *Massenpsychologie und Ich-Analyse* (1921; Frankfurt 1971); M. D. BIDDISS, *The Age of the Masses: Ideas and Society in Europe since 1870* (Hassocks 1977). 　　　(J. カスタニエダ)

だいしゅうどういん　大修道院〔ラ〕abbatia,〔英〕abbey,〔独〕Abtei,〔仏〕abbaye
【語義】大修道院を意味するラテン語の「アッバティア」(abbatia) は「アッバス」(abbas 大修道院長) に由来し，7世紀には *大修道院長ないし大聖堂の聖職者共同体の上長の職務を，*カロリング朝時代には大修道院長の *聖職禄，財産を意味していた．しかし，11世紀中頃から大修道院長が統治する大修道院，修道士共同体，その建物群，財産を意味するようになった．また司教座聖堂参事会 (→参事会) の *修道院にもこの語が使用される．
　現在では，それぞれの上長の統治と配慮のもとに自治権をもった盛式者会，隠修士会，隠修道女会の修道院を意味する．免属大修道院 (〔ラ〕abbatia nullius, →免属) ないし *大修道院区 (abbatia territorialis) とは，一定地域の *聖職者と *信徒に対して司教的 *裁治権を有しているもののことをいう．
【歴史】529年，*モンテ・カッシーノ修道院を設立し，西欧修道制の基礎を築いたヌルシアの *ベネディクトゥスは，その『戒律』において，修道院 (monasterium) を「主への奉仕の学校」(dominici scola servitii) と呼んだ（『戒律』序文 45）．そこは，真に神を求め，福音の導きのもとで *禁欲と *完徳という「霊的作業の技術」(instrumenta artis spiritalis) を学び（同4章），キリストに仕えることを目的とする *祈りと *観想の生活共同体であり，ほかのすべての事柄はこの目的に秩序づけられていた．しかし，中世世界において発展した大修道院は *典礼を中心とした生活だけでなく，*宣教，学問，芸術，文化などの活動の中心でもあり，また経済，社会，政治の領域にも強い影響力をもっていた．
　西欧中世において，大修道院はその創立者の自発的決断によって創立されるのが一般的である．創立のための条件として，伝統的には，少なくとも12人の修道士と修道院長が必要である．修道院の創立および監督を *司教の権威に委ねた *カルケドン公会議 (451) の決定は，西欧 *ラテン教会において必ずしも一致して受け入れられたわけではなく，大修道院の多くはその創立に際して経済的援助を行った寄進者（司教，貴族，国王）の私有修道院（〔独〕Eigenkloster）となり，彼らは修道院長の任命や財産の管理に重要な発言権を有していた．
　また信者たちの寄進の結果，修道院は広大な土地財産を所有するに至った．例えば，7世紀末のサン・ヴァンドリーユ修道院の財産目録によると，一人の修道院長の在任期間中に1,000回以上の寄進を受けており，9世紀初頭のサン・ジェルマン・デ・プレ修道院の土地財産は3万6,000ヘクタール以上と評価される．修道士の数もそれに応じて増加した．*シャルルマーニュの従兄弟でコルビー修道院の院長 *アダラルドは修道院運営のために300人の修道士と150人の労働力が必要であるとし，またシャルルマーニュの友人アンギルベルト（Angilbert, 750頃–814）はサン・リキエ修道院の運営のためには300人の修道士と100人の労働力が必要であるとした．
　こうした膨大な人数を収容し，しだいに規模を増していく典礼，そしてさまざまな生産活動を行うために，大修道院は居住・生活空間として独特な建築を発展させた．それは聖堂，*回廊，大寝室，集会室，厨房，貯蔵庫，修道院長居館，病室，医師居室，修練士居室，巡礼者・外来者宿泊所，図書館，筆写室，学校，脱穀・粉ひきなどの作業場，家畜小屋，菜園，薬草園などを備えた巨大な建築群であった．中世における大修道院の建物の基本的な配置形式は *カロリング・ルネサンスの偉大な成果であるといっても過言ではない．その理想的姿は，スイスの *ザンクト・ガレン修道院の図書館に保存された修道院の建築平面図にみいだすことができる．
　カロリング朝には私有修道院の所有者がそれを国王に寄進したり，また国王自身がその所有地に修道院を創立したため，帝国修道院の数は増加した．それらは国王の保護下に置かれ，重要な権利として公吏不入権（〔ラ〕immunitas,〔独〕Immunität, →インムニタス）を獲得し，さらに，オットー朝ではしばしば関税権，造幣権，市場開設権をも保有した．他方，修道院の側では，国王に対して貢租，賦役，兵役，祈祷などの義務を負った．またフランク王国の宮宰 *シャルル・マルテル以来，大修道院の財産，すなわち大修道院長聖職禄 (abbatia) が恩給 (beneficium) として修道院外の封建家臣や聖職者に贈与されるようになった．本来，修道院の全財産は修道院長を含めた修道士共同体の間で共有されるものであるが，こうした贈与から共同体の存続を守るために，修道院の財産を修道院長に割り当てられる分 (mensa abbatis) と修道士に割り当てられる分 (mensa fratrum) とに分割するようになった．これは，アニアヌの *ベネディクトゥスの援助を得て修道院改革を実行した敬虔王 *ルートヴィヒ1世のときに法令化された (818–19)．
　ヴェルダン条約 (843) によるフランク王国分割と，それに続く *ノルマン人の侵入により，王国西部の大修道院は衰退や消滅を余儀なくされたが，フランケンの *フルダ，*ザクセンのコルヴァイ (Korvey)，ザンクト・ガレン，ボーデン湖上の *ライヘナウなどの大修道院は繁栄していた．これらの大修道院は学問，文化の中心でもあり，「ゲルマニアの教師」(Germaniae praeceptor) と呼ばれる *フラバヌス・マウルスはフルダの修道院学校で教え，詩人 *ヴァラフリドゥス・ストラボはライヘナウの修道院長であった．
　こうした大修道院を俗人による私有化と修道院司教の手から解放しようとしたのが *クリュニー修道院を中心とした修道院改革である (→クリュニー改革)．クリュニーは設立の当初からその全所領をローマの *使徒座に寄進し，第5代修道院長 *オディロのときにはローマ *教皇直属の修道院として，その全財産を保証し，また司教の裁治権を排除する特許状を獲得する．そしてクリュニーの慣習を受け入れる修道院もこの特権にあずかることができるようにした．その際，従属する修道院が大修道院であった場合には少数の例外を除き，小修道院に格下げしてこの体制に組み入れた．こうした修道院改革と *グレゴリウス改革を通じて，帝国修道院の間には分裂が生じた．
　しかし，その後12–13世紀を通じて，かつてのフランク王国の49の帝国修道院のうちザンクト・ガレン，ケンプテン (Kempten)，*オットーボイレン，フルダ，ヘルスフェルト (Hersfeld) などの29の修道院は繁栄を続け

た．14世紀以降，数々の戦争と*ペストの流行などで伝統的な大修道院も疲弊した．加えて，教皇や世俗の君主が修道院の*高位聖職者の肩書きや収入を院外の聖職者や俗人に与える「空位聖職禄臨時保有」（〔ラ〕incommendam）が再び頻繁に行われるようになったことも，その衰退に拍車をかけた．こうしたなかで，15世紀に*ヴェネツィアの司教座聖堂参事会員*バルボは*修族による新しい修道院の連合体を組織し，荒廃した大修道院を復興し，それらが近世においても存続する基盤を整えた．しかし近世以降，廃院となる大修道院も少なくなえた．1999年現在，大修道院の数は14，そのなかには*ベネディクト会の大修道院10，*厳律シトー会の大修道院1が含まれている．

【文献】DACL 1: 25-39; DDC 1: 2-29; LMit 1: 62-63; LThK² 1: 94-95; 6: 344-46; LThK³ 1: 99-100; 6: 140-44; K. BLUME, *Abbatia. Ein Beitrag zur Geschichte der kirchlichen Rechtssprache* (Stuttgart 1914); P. SCHMITZ, *Histoire de l'Ordre de Saint-Benoît*, 7 v. (Paris 1942-56); D. KNOWLES, *The Monastic Order in England* (Cambridge 1940 ²1963); F. PRINZ, *Frühes Mönchtum im Frankenreich* (Darmstadt ²1988); W. BRAUNFELS, *Abendländische Klosterbaukunst* (Köln 1969); P. HAWEL, *Das Mönchtum im Abendland* (Freiburg 1993). （矢内義顕）

だいしゅうどういんく　大修道院区
〔ラ〕abbatia territorialis, 〔英〕territorial abbasy, 〔独〕Gebietsabtei, 〔仏〕abbaye territoriale　特別な事情により*司教区から独立して，その地域内の*信徒，*聖職者の司牧，統治が*大修道院長に委ねられている神の民の一定部分，もしくは部分教会．

アッバティア（〔ラ〕abbatia）という用語は7世紀に使われ始め，当初は一修道院もしくは*バシリカの院長の職務を意味した．9世紀から，*聖職禄の制度の展開に伴い，聖職禄としての*修道院の領有地を意味するようになった．その後修道院建物の集合，修道共同体の居住区域（coenobium）を意味するようになり，特に*シトー会系の修道士共同体を指す用語となった．こうした修道院（abbatia）は大抵の場合，設立資金の出資者であった司教や国王，貴族によって創設され，彼らの私有修道院とみなされた．私有修道院の数は彼らの保護のもとに増加していき，重大な特権が与えられたが，やがて中央の支配権力の衰退に伴い，多くは固有の領有主権を獲得した．修道院改革運動によって，世俗権力からの独立・自由化は一層推進され，修道院の連合体もしくは連盟が組織されるようになった．やがて修道院領地内に住む信者に対する司牧の必要から，しだいに司教区から分離・独立した教会管轄として，幾つかの大修道院区（abbatia nullius）が設立されるに至った．

1917年公布の旧『教会法典』では，司教区から独立し，司教の*裁治権に準ずる統治権を有する「独立大修道院長」（abbas nullius）によって統治される「独立大修道院区」（abbatia nullius）という法的形態がみられた（319-27条）．教皇*パウルス6世は，現代の教会刷新の流れに即して，1976年公布した自発教令『カトリカ・エクレジア』（Catholica Ecclesia）をもって，既存の独立大修道院区の存続は認めたものの，以後の新設を原則として禁止した．新『教会法典』（分布1983）では，「独立大修道院区」という用語はみられず，それに相当するものとしては「大修道院区」（abbatia territorialis）という名称が使われている．もはや細かい法規定はみられず，ただ歴史的，民族的，文化的などの特別な事情により，その司牧・統治の権が大修道院長に委任されている部分教会の一形態としてのみ位置づけられている（新『教会法典』368, 370条）．大修道院長は通常，司教叙階を受けておらず，教皇によって任命される．ちなみに1999年の『教皇庁年鑑』（Annuario Pontificio）によると，14の大修道院区が存在している．

【文献】DDC 1: 2-29; LThK² 1: 99-100; C. C. SALVADOR, ET AL., eds., *Nuovo Dizionario di Diritto Canonico* (Milano 1993) 171-72; K. BLUME, *Abbatia* (Amsterdam 1965); H. MÜLLER, ET AL., eds., *Handbuch des katholischen Kirchenrechts* (Regensburg 1983) 334; J. A. CORIDEN, ET AL., eds., *The Code of Canon Law: A Text and Commentary* (London 1985) 316-17; R. SEBOTT, *Das neue Ordensrecht* (Kevelaer 1988) 11, 56; J. P. BEAL, ET AL., eds., *New Commentary on The Code of Canon Law* (Mahwah, N. J. 2000) 507. （枝村茂）

だいしゅうどういんちょう　大修道院長
〔ラ〕abbas, 〔英〕abbot, 〔独〕Abt, 〔仏〕abbé　*ベネディクト会，*カマルドリ修道会，*ヴァロンブローザ修族ベネディクト会，*シトー会などの隠世修道会の自治修道院の上長の名称．

修道院長を表すラテン語のアッバス（abbas）は，「父」を意味するアラム語「アッバ」（abba）に由来する．この語は新約聖書では神への呼びかけに用いられるが（マコ14: 36; ロマ8: 15; ガラ4: 6），修道制の歴史においては，エジプトのスケーティス（Skethis）やテーベで*修道生活を送る*隠修士の間で，彼らを指導する霊的師父（〔ギ〕patēr pneumatikos）の呼称として，330-40年頃から用いられていた．

西欧修道制においては共住修道院の上長の呼称として用いられ，それに決定的影響を与えたのが6世紀のヌルシアの*ベネディクトゥスによる『戒律』である．彼は，共住修道士（〔ラ〕coenobita）を*修道院に住み，戒律と修道院長のもとで修道生活を支える者と規定し（『戒律』1, 2），修道院長については，第2章でそのあるべき姿を，第64章でその選出について規定している．これらの規定は，その多くを聖書，*アウグスティヌス，*カッシアヌス，そして何よりも*『レグラ・マギストリ』に負っているが，彼自身の長年にわたる修道生活の体験が基になっていることも否定できない．修道院長は，修道院においてはキリストの代理（vices Christi）であると信じられるがゆえに，「主または父」（dominus et abbas）と呼ばれる（同2, 2; 63, 13）．彼は修道士の「霊的父」（pater spiritalis），「牧者」（pastor）として，行為と言葉によって主の教えと命令を教え，修道院を統治し（同2, 5, 7, 12; 49, 9），また神の家にふさわしい「執事」（dispensator）として修道院を管理し運営する（同64, 5; 65, 11）．彼は修道院を「支配するよりも」むしろそれに「奉仕する」（prodesse magis quam praeesse）べきことを認識し（同64, 8），神を畏れ，戒律を遵守し（3, 11; 64, 20），分別（discretio）をもってその責務を果たさねばならない（同64, 17-19）．他方，修道士は「キリストの代理」である修道院長に*従順，尊敬を示さなければならない．そして*最後の審判の日に，修道院長は自分自身および彼に委託された羊の群れ（修道士）の霊魂について主キリストに収支決算を報告しなければならない（同2, 34-40）．

だいしゅきょう

修道院長の選出について, 『戒律』は, *共同体の全員の一致によるか, あるいは少数の見識ある人々の判断によって選出するよう定める(同 64, 1). また選出に際しては, *共同体内での序列にかかわらず, 優れた生活態度と英知ある教え(vitae meritum et sapientiae doctrina)を有する者が選出されるものとする(同 64, 2). 任期は終身である.

しかし, 今日では, おのおのの*修道会, *修族が定める*会憲によって修道院長の選出方法は異なり, また任期も 6 年, 8 年, 12 年というように限定する場合がある. なお新しい『教会法典』では上長の任期, 選挙について第 624-25 条で規定する.

修道院長には次のような種類がある. 現任大修道院長(abbas regularis de regimine)は法的にも実際上も修道院の統治権を有している者. 免属大修道院長(abbas nullius)は彼の大修道院に属する特定地域のすべての*聖職者および*信徒に司教的*裁判権を有している者. 大修道院総長(archiabbas, abbass praeses, abbas generalis)は隠世修道会の総長である. 首席大修道院長(abbas primas)とは今日のベネディクト会の総長のことである. 空位俸禄大修道院長(abbas commendatarius)は修道院の*聖職禄ないしその歳入を受け取ることを認められた者. こうした措置は中世後期に頻繁に行われたが, *トリエント公会議で禁止された.

【文献】Dsp 1: 50-57; LThK² 1: 90-94; LThK³ 1: 96-99; NCE 1: 8-10; RAC 1: 45-55; A. DE VOGÜÉ, la Communauté et l'Abbé dans la Règle de saint Benoît (Paris 1961); P. SALMON, L'Abbé dans la tradition monastique (Paris 1962); T. FRY, ed., The Rule of St. Benedict (Collegeville, Minn. 1980). 　　(矢内義顕)

だいしゅきょう　大主教　〔ギ〕archepiscopos, 〔英〕archbishop, 〔独〕Archibischof, 〔仏〕archevêque　*東方教会における主教(司教)職位の一つ. 大主教は府主教(〔ギ〕metropolites, →管区大司教)の裁判権のもとになく, *教皇または*総主教に直属する. 府主教も一般には大主教と呼ばれる. *東方正教会の大主教は, *独立自治教会ではなく, 自治教会または半自治教会を治める. 大主教の権利の一つは, 総主教座が空位になったとき, 総主教選出の*教会会議を招集し, 会議を司ることである. ちなみに, 準総主教(〔ラ〕quasi-patriarca)という職制があり, そのもとには府主教と他の主教たちがいる. その権利はほぼ総主教に等しい. 東方諸教会のなかではキプロス大主教とアテネ大主教がこの準総主教にあたる. 府主教の名称を用いる他の独立自治教会の主教たちも同様である.

【文献】V. J. POSPISHIL, ed., Code of Oriental Canon Law: The Law on Persons (Ford City, Pa. 1960) 152-60.
　　(J. マディ)

たいしょう　対象　〔ラ〕objectum, 〔英〕object, 〔独〕Gegenstand, Objekt, 〔仏〕objet　欧米語においても客観, 客体とほぼ同義に用いられており, *知覚, 思惟, *感情, *意志などの働きがそれへと向かい, この働きの目的となるものや事態を意味する言葉. 通常は, *主観・主体と対比的に用いられる. 外的な*実在だけでなく, 主観の心象や*認識の働きそのものまでも対象と呼ばれる場合がある. また対象は, 必ずしも具体的な経験において現れる個別的な実在や心象のみでなく, 完全な正三角形や論理的意味などのように理念的で普遍的なものや, *神・絶対者のような超越的なものをも意味することがある(→絶対, 超越). ただし後者の場合, 人間にとっての対象であるかぎりの超越的なものは, 超越的なもの自身とは単純に同一視できないことから, 両者の異同をどのように考えるかが問題となる. 上述したどのようなものを対象とみなすかは, 対象と主観・主体との関係を媒介し, 対象についての認識を可能にする根拠をどのようなものと考えるかということと密接に結びついている. そうした根拠をめぐっては, それを神・絶対者のうちに求める, 何らかの意味での主観・主体のうちに求める, あるいは対象と主観・主体の直接的な同一性を主張するなど, 哲学的にさまざまな立場が可能である.

【文献】H. リッケルト『認識の対象』山内得立訳(岩波書店 1916); H. RICKERT, Der Gegenstand der Erkenntnis (Tübingen, Leipzig 1904); I. カント『純粋理性批判』全 3 巻, 篠田英雄訳(岩波書店 1961-62); G. W. F. ヘーゲル『精神現象学』金子武蔵訳(岩波書店 1971); E. フッサール『イデーン』全 2 巻, 渡邊二郎, 立松弘孝訳(みすず書房 1979-84)は以下の部分訳: E. HUSSERL, Ideen zu einer reinen Phänomenologie und phänomenologischen Philosophie, 3 v., Husserliana, v. 3-5 (Den Haag 1950-52).
　　(板橋勇仁, 大橋容一郎)

たいしんけいきょうりゅうこうちゅうごくひ　大秦景教流行中国碑　1625 年に*イエズス会の宣教師によって中国陝西省西安で発見された石碑. 781 年に唐の都長安(現在の西安)の大秦寺に建造されたもので, 高さ 2.76 m, 厚さ 0.27 m, 基部の幅 1 m. 現在は西安の陝西省博物館の西安碑林に収蔵されている.

碑文は本文, 後記, 副署部分からなり, 本文は 1,800 余字の漢字, 側面の副署部分には漢字とシリア文字の併記で宣教師の名が記されている. 本文は天地創造からメシアの誕生まで, また唐の歴代皇帝と景教との関係を略記するもの. *ネストリオス派教会の布教により 635 年, 初めて中国にキリスト教が伝来したことを示す資料で, 碑文中に「強いて景教と称す」とあることから, 中国における*ネストリオス派を示す景教という呼称が定着した. →景教

【文献】神直道「中国碑は何を語っているか」『景教入門』(教文館 1981) 43-77. 　　(橋爪由美子)

たいしんとく　対神徳　〔ラ〕virtutes theologicae, 〔英〕theological virtues, 〔独〕theologische Tugenden, 〔仏〕vertues théologales　神によって人間の心に注ぎ入れられ, 人間を直接に神と関係づける*信仰, *希望, *愛を指すスコラ学用語.

【聖書】「対神徳」という語は聖書にはみあたらないが, 1 コリント書 13: 13 とヘブライ書 10: 22-24 をはじめ, 信仰, 希望, 愛を並べて, キリスト者の生活のなかで最も重要なこととして記している新約聖書の箇所は 12 ある(ロマ 5: 1-5; ガラ 5: 5-6; エフェ 1: 15-18; コロ 1: 4-5; 1 テサ 1: 3; 5: 8等). しかし, 信仰と愛の二つを記している箇所(エフェ 3: 17; 2 テサ 1: 3-4)や, 信仰と希望の二つを記している箇所(コロ 1: 23; 1 ペト 1: 3-5), また信仰と愛に*忍耐を加える箇所(1 テモ 6: 11)もあり, 聖書には, 信・望・愛についての体系的な徳論はない.

【キリスト教思想史】*教父たちのなかで, アンティオケイアの*イグナティオスは信仰と愛をキリスト者の生活の基礎としているが, アレクサンドリアの*クレメンスは信・望・愛を「聖なる三つ」と呼び(『ストロマテイス』

4, 7)，エルサレムの*キュリロスはこの三つを求道者への信仰入門教育の中心とみなしている．ヴェローナの*ゼノは『希望と信仰と愛について』(PL 11: 269-76)と題する書を著し，*アウグスティヌスは，『信仰・希望・愛』と題する書でキリスト教の本質を述べている．教皇*グレゴリウス1世は，『ヨブ記訓釈』で，信・望・愛を，人間の倫理的な生活全体の基礎として神によって与えられるものといい，他のすべての女性よりも美しいヨブの3人の娘（ヨブ42: 15)を，この三つの徳の象徴とみなしている (PL 75: 544, 594; 76: 975, 1068-69).

*ボエティウスとアウグスティヌスは，ギリシア・ローマ哲学にみられる*徳（〔ギ〕hexis, 〔ラ〕virtus)の理念を再解釈し，哲学者が述べていた，人間の努力によって得られる徳のほかに，神によって人の心に注ぎ入れられる*注入徳があると説明した．11-12世紀のスコラ学者たちは，これらの注入徳のなかで信仰と希望と愛を特に強調し，*ペトルス・ロンバルドゥスはその『神学命題集』で体系的な徳論を提示し，その初めの部分で信・望・愛という注入徳を詳しく論じている (3, d. 23-32)．13世紀になると，「対神徳」(〔ラ〕virtus theologica) という用語が現れる．オーヴェルニュの*グイレルムスはすべての注入徳を対神徳と呼んだが，オセールの*グイレルムスは信・望・愛だけを対神徳と呼び，彼の語法が定着した．*トマス・アクィナスは，*アリストテレスの徳論を用いて，対神徳をキリスト教的な倫理体系の基礎にした．彼によると，信・望・愛が対神徳と呼ばれる四つの理由は，それらが (1) 直接に神を対象とすること，(2) 人間を正しく神に方向づけること，(3) 神によって直接に人の心に注ぎ入れられること，(4) 神の*啓示によってのみ知られていること，である（『神学大全』II, 1, q. 64, a. 4; II, 2, q. 1-45)．17-18世紀以来，カトリックの*倫理神学は，対神徳よりも*掟を中心にして説明されるようになったが，この傾向は残念ながら現代にもみられる．
【神学的解明】*三位一体の神は，自分自身を直接に人間に与える．人間に与えられる神の命によって行われる人間の生命的行為が，信じること，希望すること，愛することである．それは人間の心に内在する*聖霊の働きの結果であると同時に，人間精神の自由な行為である．聖霊の内在は永続的であるから，信仰，希望，愛によって心を正しく神に向ける行為への心の傾きも永続的である．この点で，信・望・愛の徳は，人の努力によって得られ，人間の能力に永続的な正しい方向性を与える倫理的徳に類似している．人は神を信じ，神を愛し，神に希望を置いているので，それらの徳の対象は神である．しかし重要な点は，これらの徳によって，世を愛する神の愛と人間が合流することである．対神徳によって神と一致した人こそ，「神の愛の代理者」(*アンブロシウス)として生涯を過ごす．
【文献】DThC 2782-84; LThK² 10: 76-80; NCE 14: 705; J. ALFARO, *De virtutibus theologicis* (Roma ²1964).

(P. ネメシェギ)

タイス **Thais** (4-5世紀) 聖人（祝日10月8日)．伝説によると，*アレクサンドリアの有名な宮廷娼婦であったが，*パフヌティオス（他の伝説によれば，ツイムスの*セラピオンとも，*ベッサリオンともいわれる）との出会いが，タイスを*回心に導いたとされる．パフヌティオスは彼女を修道院の独房で生活させ，3年後，罪のゆるしを与え解放したが，ほどなくして没した．タイスに対する*聖人崇敬は6世紀頃から始まり，その伝説は道徳的寓話の一種として中世文学に大きな影響を及ぼした．
【文献】キ人 838; DCB 4: 881; LThK² 10: 8.

(高橋佳代子)

ダイスネ **Daisne, Johan** (1912. 9. 2-1978. 9. 8) ベルギーの詩人，作家，劇作家，批評家で，オランダ語で執筆活動を行う．本名はエルマン・ティエリー (Herman Thiery). *ヘントで生まれ，同地で没す．同時代のフランドル文学のすべての分野において幅広い活躍をしたが，とりわけ小説家として知られる．その細部に向けられた誠実な視線は，穏やかで牧歌的であったり，異国的であったり，ときにはぞっとさせるものであったりするが，つねに厳格な思考力と心霊現象（→ 超常現象）や*形而上学に対する興味によって支配されている．思考と感情の複雑な相互作用を細心に研究し，「魔術的リアリズム」と呼ばれる技法を駆使して，夢と現実が絶えず交錯する物語を幾つも生み出した．ほかに，ロシア文学の翻訳や解説書，映画批評，エッセーや物語風の自伝なども残しており，1937年には新聞も創刊している．
【主著】*De trap van steen en wolken*, 1942; *De man die zijn haar kort liet knippen*, 1948; *Hoe schoon was mijn school*, 1961; *Baratzeartea*, 1963.

(二川佳巳)

ダイスマン **Deißmann, Adolf** (1866. 11. 7-1937. 4. 5) ドイツの新約聖書学者．1897年，*ハイデルベルク大学教授．1908-34年，*ベルリン大学教授．名著『東方からの光』(Licht vom Osten, 1908 ⁴1923) で，新約聖書のギリシア語が*コイネーに属することなどを解明．世界教会運動（→ 教会一致促進運動）の指導者の一人．
【文献】キ人 838; キ大 674; ODCC² 389; RGG³ 2: 69.

(榎本昌弘)

たいせいすいほう 『**泰西水法**』 在華イエズス会員*ウルシスによる水力学書．6巻からなり，1612年*北京で刊行．*徐光啓の『農政全書』(1640)，また*『天学初函』に収められている．我が国では1630年（寛永7）に禁書に指定されたが（→ 寛永禁書令)，ひそかに流布し，水戸の彰考館には松下見林(1637-1703)によって訓点を施されたものが所蔵されている．　(尾原悟)

たいだ **怠惰** → アケディア

だいちょくしょ **大勅書** 〔ラ〕bulla, 〔英〕bull, 〔独〕Bulle, 〔仏〕bulle　大勅書とは，何らかの*共通善に向けられた荘厳な書式の*教皇の書簡を指す．元来は書簡の結びひもにつける円型の金属（銀・鉛）の封印（直径2.5-3.5 cm) を「ブルラ」(bulla, 球・ボタンの意)と呼んだが，13世紀以後，書式自体を指すようになった．文書は初めに教皇の名を，何番目であるかの序数なしに，*司教の称号と「*神の僕らの僕」(servus servorum Dei) という称号とともに記し，永遠の記念と挨拶の句がこれに続けられる．内容は，14世紀までは無期限の特免（→ 免除）を与えるもの (privilegia, bullae maiores) が主であったが，15世紀には行政命令などにも略式が使われ (litterae, bullae minores)，より荘厳な形式は*列聖の勅書や重要な勅書だけに制限された．後者は顧問枢機卿が副署するため，今日では副署付大勅書 (bullae consistoriales) と呼ぶ．19世紀には教理指導のための教令や

だいてんし

*回勅にも使われた．現在，*教皇庁にはこの書式を用いる場合についての規定はない．
【文献】現カ 452; DMC 1: 500–502; LThK² 2: 767–68; LThK³ 2: 778.　　　　　　　　　　　　（濱田了）

だいてんし　大天使　→　天使

だいどうじ　大道寺　山口に創建された最初の教会．1552 年（天文 21）9 月 16 日，*大内義長はコスメ・デ・*トレスに対して「周防国吉敷郡山口県大道寺事」で始まる教会建築の裁許状を与えた（現存する最古の邦文キリシタン文献）．この裁許状は 1553 年の *アルカソヴァ，1557 年の *ヴィレラの書簡に模写され，また，各種の日本書簡集（1570 年の *『コインブラ書簡集』，1574 年のケルン版，1598 年の *『エヴォラ書翰集』）にも転載され，大道寺のことは広くヨーロッパにも伝えられた．1554–55 年に建物は完成したが，1556 年（弘治 2）に，毛利氏と大内，陶氏の戦いで焼失した．この大道寺が 1551 年に *フランシスコ・ザビエルが *大内義隆から与えられた一廃寺の地所に建てられたものであるか否か，また，1587 年から 1604 年まで *山口にあった教会が門前町の本圀寺の前にあったことは明らかであるが，それが焼失した大道寺の跡に建てられたものであるか否かははっきりしない．1926 年（大正 15），*ヴィリオンが大道寺跡ということでザビエルの記念碑を建てたが，その地点が大道寺跡とは断定しえない．
【文献】松田毅一「大内義長の大道寺跡裁許状について」『キリシタン研究』2（風間書房 1975）239–63．（尾原悟）

タイナー　Theiner, Augustin　(1804.4.11–1874.8.8)　ポーランドの教会史家，教会法学者．*ヴロツワーフに生まれる．初めは司祭の *独身制に反対するなど *カトリック教会に反対する姿勢を示したが，J. A. *メーラーとの交流によって変わり，*オラトリオ会に入会．*ヴァティカン文書館に勤める（館長就任 1855）が，*トリエント公会議の記録に関する信用問題で雇用された．*デリンガーの功績には及ばないが，教会史の研究に果たした役割は大きい．チビタヴェッキア（Civitavecchia）にて没す．
【文献】キ人 838; LThK² 10: 15–16; NCE 14: 9.　　　　　　　　　　　　　　　　（山口和彦）

ダイナミズム　〔英〕dynamism，〔独〕Dynamismus，〔仏〕dynamisme　一般には活力，動的作用などの意であり，*心理学では緊張緩和や合理化のための習慣的仕方をも意味するが，科学史および哲学思想史においては「力動論」あるいは力本説と訳される近代の科学的世界観の一つを指す．

力動論とは，自然や世界の現象とその変化を，物質的実在やその *機械論的組み合わせによるのではなく，もっぱら内在的で自発的な力の作用とみなす立場であり，しばしば *原子論や機械論的世界観に対立する．こうした世界観はすでに *ギリシア哲学や中世の *形而上学的自然観のなかにもみられるが，とりわけ 16 世紀以降，*デカルト流の幾何学的自然観が隆盛となるにつれて，その数学的・機械論的原理への反対が生じ，*ライプニッツ，*ボスコヴィッチ，*カント，H. *スペンサー等に代表される力動論が起こった．ライプニッツによれば，世界は内在的な表象力であるモナド（*単子）が生じさせているものであり，自然全体において，原因，力，作用などの形而上学的諸法則は，幾何学的な物体法則より優れたものとみなされている．カントは初期の *自然哲学において，デカルト流の幾何学的世界観とライプニッツ流の力動論的世界観との調停を図り，この基本的態度を後年まで持ち続けた．さらにこうした力動論的な世界観に近い哲学としては，*生の哲学や *ベルグソン等の *唯心論など，また科学的には *生気論や *オストヴァルトのエネルギー論などがあげられる．現代の自然科学では古典力学的な力の概念そのものが不要になっており，力動論的世界観は衰退している．
【文献】M. JAMMER, *Concepts of Force* (Cambridge, Mass. 1957).　　　　　　　　　　（大橋容一郎）

タイナン　台南　Tainan, Táinán　台湾南西部に位置する都市．1624 年オランダの東インド会社 (Vereenighde Oost Indische Compagnie) が台南一帯を占領，拠点としてプロヴィンシア城（赤嵌城）を建設．以来 19 世紀末に日本の支配下に入るまで台湾の中心都市であった．

19 世紀中葉，フィリピンの *ドミニコ会の会員が来島し，*高雄を拠点として本格的なカトリック宣教が開始されたが，高雄にほど近い台南でも早くから宣教活動が始められた．1961 年 *司教区となる．1996 年現在，教区内人口 201 万 7,988，うちカトリック信徒数 1 万 6,350．小教区 53．教区司祭 29．修道司祭 28．信徒修道士 38．修道女 68．
【文献】平大百科 9: 45; AnPont (1998) 702; NCE 13: 916–17; 京大東洋史辞典編纂会編『東洋史辞典』（東京創元社 1980）526．（高橋佳子子）

だいにイザヤ　第 2 イザヤ　→　イザヤ（書）

だいにかい　第二会　〔ラ〕secundus ordo，〔英〕second order，〔独〕Zweiter Orden，〔仏〕second ordre　*托鉢修道会の流れをくむ，教会法上の閉域修道院に居住し，盛式誓願（→ 修道誓願）を宣立する修道女会をいう．例えば，*クララ会，*ドミニコ女子修道会．一般に男子の *修道会が第一会とされる．理論上では，第二会の共同体や修道院は，元来男子修道会の総会長の *裁治権のもとに置かれるが，現在ではほとんどの場合，その地域の裁治権者（*司教など）のもとにあって，第一会との関係は単に兄弟的なものにすぎない．これに反して，*第三会の律修修道女の場合は，*使徒的活動に携わり，閉域性によって拘束されない．第三会のなかには閉域修道院に居住する修道女もいるが，その場合，盛式誓願ではなく単式誓願の宣立にとどまる．
【文献】キ百科 1082; EDR 3: 3238.　　　　（石井健吾）

だいにせいてん　第二正典　〔ラ〕Deutero-Canonica，〔英〕Deuterocanonical，〔独〕Deuterokanonisch，〔仏〕Deutérocanonique　ギリシア語 kanōn（「尺度」「規範」の意）と deuteros（「第二の」の意）を語源とし，16 世紀の *宗教改革における *聖書の正典をめぐる論争の後に使用されるようになった表現．これに属す文書は，旧約聖書ではトビト，ユディト，バルク，知恵，シラ，1–2 マカバイの各書，エステル記・ギリシア語 A–F，ダニエル書補遺（マナセの祈りを含める場合もある），新約聖書ではヘブライ，ヤコブ，2 ペトロ，2–3 ヨハネ，ユダ，ヨハネの黙示録の各書，マルコ書 16: 9–20，ルカ書 22: 43–44，ヨハネ福音書 8: 2–12，1 ヨハネ書 5: 7 であ

る(各書の項目参照).

　聖書の正典確立と決定には長い年月を要し，地域や教派，観点によって異なる区分が行われてきた．例えば，古くはシラ書44-49章や*ヨセフスの『アピオーンへの反論』(I, 8)にその一端を窺うことができる(またエズ・ラ 14: 44-47 も参照). 古代教会では, *使徒に遡り, *典礼に幅広く使用可能な文書かどうかが論点であった. 3-4世紀には*オリゲネスやカイサレイアの*エウセビオスらにみられるように, 一般に周知の文書, 議論の余地のある文書, あるいは偽書に分類される. 結局はキリスト教の聖書正典の厳密な範囲確定の動きは宗教改革者らとの論争によって始まった.

　1520年*ルターの友人*カールシュタットは*ヒエロニムスに従い, 新約聖書は別にして, 旧約聖書中の文書を正典と外典の二つに分け(このような区分の仕方は, すでに*アタナシオスにみられる. PG 26: 1436 参照), ルターもこれに同調した. もっともルターは外典を正典文書と同等ではないものの, 読むに値するとみなし, またキリスト教各派によって外典という語の使用範囲には相違があるが, 外典は「付録」として聖書に採録される(→ 外典・偽典, 旧約聖書続編). 他方1546年カトリック教会は*トリエント公会議においてルターらが外典とした文書も正典に含まれることを宣言した(DS 1501-504). そして聖書各書を単に「より古い」また「より新しい」文書と呼んで大別してきた「より新しい文書」部分に対し, 1566年シエナのシクストゥス(Sixtus, 1520-69)が「第二正典」という名称を付した(ヴェネツィアで刊行された『ビブリオテカ・サンクタ』Bibliotheca sancta を参照). より古い文書である「第一正典」(Proto-Canonica)のように疑いなく, ないしはほとんど問題もなく正典とされるわけではないとの事由にすぎない. 要するに外典という名称は評価を含むが, 第二正典という名称は時間的段階区分を示す.

旧約聖書正典と外典・偽典の用語比較

カトリック	プロテスタント
旧約聖書第一正典	旧約聖書正典
旧約聖書第二正典	旧約聖書外典
旧約聖書外典	旧約聖書偽典

【文献】DThC 2: 1550-82; NBL 1: 410; 2: 447-50; S. Meurer, ed., *Die Apokryphenfrage im ökumenischen Horizont* (Stuttgart 1989).　　　　　(清水宏)

だいにのし　第二の死〔ギ〕deuteros thanatos　*ヨハネの黙示録に現れる語. 死後の*審判における, 肉体的生命の終結としての第一の*死に対する永遠の滅びのこと. 「火の池」(黙 20: 14), 「火と硫黄の燃える池」(同 21: 8)にも譬えられている. *殉教者をはじめ, キリストを信じる者はこの死の害を受けることはないが, 信じない者はこれを受けるとされる(同 2: 11; 20: 6). この言葉は, *ユダヤ教の文献にも現れるが, *タルグム(アラム語の旧約聖書)や9世紀の*ラビ文学にみられるにすぎない. 背後に*密儀宗教の影響があったとも考えられている.

【文献】佐竹明『ヨハネの黙示録』全2巻(新教出版社 1978 ²1989).　　　　　　　(光延一郎)

だいひょう　代表〔ラ〕suppositio, 〔英・仏〕supposition, 〔独〕Supposition　中世の*論理学における用語の一つ. 代表とは名辞の諸性質(〔ラ〕proprietates terminorum)をめぐり12世紀半ばに新しく登場した考えであり, 以後, 14世紀にかけてその理論が発達した. 名辞はそれとしては何かを表示(significatio)するが, *命題の項としては, それが構成する命題に応じてさまざまなものを代表する(指す・表す)とされる. 例えば次のような種類がある. 個的代表(suppositio personalis)とは「人が走る」において「人」は*個体を代表すること. 単純代表(suppositio simplex)とは「人は種である」における「人」の代表の仕方(*実在論と*唯名論の間で見解が分かれる). 質料的代表(suppositio materialis)とは「人は2音節である」において「人」は「ひと」という音声を代表すること.

【文献】L. M. de Rijk, *Logica Modernorum, A Contribution to the History of Early Terminist Logic*, v. 2 (Assen 1967).　　　　　　　(清水哲郎)

だいふぼ　代父母〔ラ〕patrinus, matrina, 〔英〕Godparents, 〔独〕Pate, Patin, 〔仏〕parrain, marraine　キリスト教入信の過程で求道者の信仰の歩みを支え, 共同体への証人となり, 受洗後も信仰生活のもろもろの面で相談相手となる人(『教会法典』872-74条「代親」の項参照).

　*洗礼のときに証人を立てる習慣は*ユダヤ教に遡る. ユダヤ教への改宗者は3人の証人を必要とし, 彼らは入信に立ち会い, 改宗後は信仰を教えなければならなかった. キリスト教への改宗の場合も, 初期から紹介者あるいは証人を必要とした(ローマの*ヒッポリュトスの*『使徒伝承』15, 20章). 4世紀頃, 入信制度が確立されると, 代父母の性格が強くなり, 紹介や保証のほかに, そばにいて求道者を支え, 洗礼志願式(選びの式)とそれに続く*四旬節の典礼, そして特に*復活徹夜祭の*入信の秘跡で大切な役割を果たすようになった. 入信後も新信者の相談相手として重要視された.

　中世になると, 成人洗礼に代わって*幼児洗礼が中心となるが, ここでは, 両親よりも代父母の役割が重要になり, やがて両親の代わりになるという, 不運な発展を遂げることになった. 幼児に「できるだけ早く」受洗させることが義務づけられたため, 母親が洗礼に立ち会うことができず, 代父母が洗礼式での親のすべての役割を代行した. 額に*十字架のしるしをし, *悪霊の拒否と*信仰宣言を行い, *洗礼盤で幼児を抱き, そして受洗後の信仰教育の責任を引き受けた.

　中世初期までは, 洗礼・*堅信・*聖体を続けて授けることが原則であったが, *西方教会では入信の秘跡の一体性が崩れ, 堅信と聖体はあとの時期に延ばされることになり, 堅信のときに洗礼とは別の代父母を立てる習慣が生まれた. 代父母と受洗者は霊的な親子関係で結ばれるという理解から, 代父母になるための細かい規制が設けられた. ヨーロッパでは代父母は日常の人間関係に深く根を下ろし, 地方によって差異はあるが, 文化的に重要な制度となった.

　第2*ヴァティカン公会議後の改革で, 代父母は求道者の洗礼志願式(選びの式)のときから共同体の典礼で重要な役割を果たすよう求められている. 「代父母は求道者自身によって選ばれ, 司祭の承認を受けて教会共同体を代表する者となる」(カトリック儀式書『成人のキリスト教入信式』緒言44). 幼児洗礼の場合は, 両親の役割の重大さが見直され, 代父母は立ち会い, 援助し, 「受洗する幼児の家庭とキリスト信者共同体とのつなが

タイペイ

りとなり……幼児が信仰を学び，生活の中に信仰を表すものとなるよう親を助ける」（カトリック儀式書『幼児洗礼式』入信の秘跡の緒言 10-12）．あとで堅信を受けるときも，洗礼のときの代父母が望まれ，形だけの代父母を別に立てる必要はない．
【文献】カトリック儀式書『幼児洗礼式』（カトリック中央協議会 1975）；カトリック儀式書『成人のキリスト教入信式』（カトリック中央協議会 1976）; A. ADAM, R. BERGER, eds., *Pastralliturgisches Handlexikon* (Freiburg 1980) 403-405.
（国井健宏）

タイペイ　台北　Taipei, Táiběi　台湾北部に位置する都市．1875 年台北府がこの地に移され，1885 年福建省から独立，台湾省が成立して以来，文化・経済・政治の中心として急速に発展した．

17 世紀前半，スペインの*ドミニコ会の会員が基隆を拠点に宣教を始め，台北を含めた北部一帯で先住民を中心にある程度の成果が上がったが，オランダ軍が来島すると，スペイン軍は撤退を余儀なくされ，宣教も中断された．宣教が再開されたのは 19 世紀中葉，*高雄や*台南などの南部から徐々に北部に拡大していった．1949 年台北 *知牧区が設立される．1952 年大司教区（→司教区）となる．市内にはカトリック大学である *輔仁大学がある．1996 年現在，教区内人口 679 万 9,000，うちカトリック信者数 8 万 474．小教区 103．教区司祭 63．修道司祭 239．信徒修道士 331．修道女 422．
【文献】カ大 3: 419-22; AnPont (1998) 703; NCE 13: 914; 京大東洋史辞典編纂会編『東洋史辞典』（東京創元社 1980）528．
（高橋佳子）

たいへいきぬきがき　『太平記抜書』　*キリシタン版の一つ．美濃判，6 巻 6 冊．漢字・平仮名交じりの用字で，文体は文語．この種のキリシタン版としては最も大部の書であり，また，現存するキリシタン版のうち国内で印刷された最後の刊行物である．表題紙が失われているため刊行年および刊行地は不詳であるが，巻 2 の巻頭に司教 *セルケイラの出版許可の文があるので，司教在任中の 1611-14 年の間の出版と考えられる．当時流布していた『太平記』40 巻 399 章を 6 巻 148 章に抜粋・省略したものである．荘重で最高級の文体で書かれた史書としてこの書を，ジョアン・*ロドリゲスは，日本語を学ぶにあたっての第 4 番目の書として位置づけている（『日本小文典』）．なお，本書は現在のところ，*天理図書館が収蔵する一本のみで（1955 年重要文化財に指定），これは 1898 年（明治 31）*サトウが金沢で発見したものである．同館がまとめた *きりしたん版集成の第 6 巻（天理大学出版部 1976）に影印されている．
【文献】天理図書館『きりしたん版の研究』（天理大学出版部 1973); E. M. SATOW, "The Jesuit Mission Press," *The Transactions of the Asiatic Society of Japan*, 27/2 (1899).
（尾原悟）

だいぼく　代牧　〔ラ〕vicarius apostolicus,〔英〕apostolic vicar,〔独〕apostolischer Vikar,〔仏〕vicaire apostolique　使徒座代理区長の現在の呼称．宣教地において，まだ *司教区として設立されておらず，通常の聖職制も完全に設立されていない地域における *神の民の一定の部分を *教皇の名によって統治するために，教皇から任命され，*教区司教に準ずる権限を与えられ，直接教皇に従属する *高位聖職者で，通常は *名義司教である（『教会法典』134 条，368 条，371 条 1 項，381 条 2 項）．

教会組織が揺籃期にあり，*位階制が確立されていない地域では，まず宣教区（ミッション）が，次いで司教 *叙階のない使徒座知牧区長（旧『教会法典』における呼称は *知牧）の統治する使徒座知牧区（*知牧区）が設立され，信者数が増加してカトリック者共同体が発展してくると，使徒座知牧区と司教区の中間段階である使徒座代理区（*代牧区）に昇格する．使徒座代理区長（代牧）は *裁治権を有し，自己の管轄区域内では地区 *裁治権者として，別段の定めがある場合を除いて，教区司教がその教区内で有すると同じ権限と *権能を有する（『教会法典』134 条 1-2 項，368 条，381 条 2 項）．また，5 年ごとに *ローマに赴き教皇に謁見し，福音宣教省の監督のもとに自己に委ねられた代理区の現状について報告書を提出する義務を有する．ただし，この義務をローマ在住の代理によって果たすことができる（同 400 条 3 項）．また使徒座代理区長は，自己の代理区域内に居住し，必要に応じて自己の区域内の教会法上の視察を行うこと，ならびに自国出身者の *聖職者を養成すること等の義務を負う．使徒座代理区内の全宣教活動は使徒座代理区長の管轄下にあり，同代理区内の *修道者もその裁治権のもとにある．
（傘木澄男）

だいぼくく　代牧区　〔ラ〕vicariatus apostolicus,〔英〕apostolic vicariate,〔独〕apostolisches Vikariat,〔仏〕vicariat apostolique　*教皇の名においてその統治権（*裁治権）を行使する，使徒座代理区長（旧『教会法典』による名称は *代牧）によって司牧される，部分教会の一形態．新『教会法典』では使徒座代理区と訳されている．元来，布教地といわれた地域，すなわち教会 *位階制がいまだ完全に確立されていない地域において，特別の事情により，いまだ教区として設立されるに至っていない部分教会のことを指す教会行政上の用語である．布教地においては，*司教区が設立されるに先立って，まず一定の宣教地区が設定され，次に使徒座 *知牧区，そして次に使徒座代理区が設立されるのが一般的な順序であった．
（枝村茂）

ダイメル　Deimel, Anton　(1865.12.4-1954.8.7) ドイツのイエズス会員，オリエント学者．*ヴェストファーレン地方オルペ（Olpe）生まれ．1888 年 *イエズス会入会．大英博物館で楔形文字研究に従事した後，1909 年から 54 年まで *教皇庁立聖書研究所で教える．学術的刊行物『オリエンタリア』（Orientalia, 1920- ）や，『アナレクタ・オリエンタリア』（Analecta Orientalia, 1931- ）の主幹としても活躍．*ローマで没す．
【文献】キ人 838; LThK² 3: 195.
（相原直美）

たいよう　太陽　〔ギ〕hēlios,〔ラ〕sol,〔英〕sun,〔独〕Sonne,〔仏〕soleil　キリストの呼称の一つは「正義の太陽」（〔ラ〕sol justitiae）である．
【宗教学】太陽神信仰は高度文明の初期にいつも現れている．農耕文化の段階では太陽は豊穣を保証するものであり，*生命の起源でもあった．自然現象としての太陽は中央集権化を *王権神授説によって神聖化し，正当化するのに好都合であった．ゲルマン神話，*アッシリア，*バビロニアの宗教，*ミトラス教でも太陽神は中心的位置を与えられている．*ヒンドゥー教でも信者は一日を太陽への賛歌で始める．エジプトの第 4 王朝では，太陽

神ラーの信仰が*国家宗教となり，*ファラオはラーの子とされた．インカ文明でも太陽神インティに対して人間の心臓が捧げられた．日本の神話でもアマテラスは太陽神である．
【聖書】旧約聖書では，太陽は被造界での最高の光であり，昼を治めるものとされている(創1:16)．しかし一般的に太陽・月・星信仰ははっきりと禁じられている(申4:19; 17:3; エレ8:2; エゼ8:16)．しかし比喩的に太陽は永続性，力，美を示す(雅6:10; 知7:29; シラ23:19; 26:16)．さらに太陽は正義に結びつけられている(知5:6)．また，マラキ書3:20は「わが名を畏れ敬うあなたたちには，義の太陽が昇る」と述べている．この表象の背景には太陽が翼をもった円盤として描かれる古代近東の壁画がある．詩編84:12では「主は太陽，盾」である．旧約聖書の終末論的箇所は，太陽が暗くなる現象を神の*審判の前触れとして描く(イザ13:10; エゼ32:7; ヨエ2:10; 3:4; ミカ3:6)．「太陽は再びあなたの昼を照らす光とならず，月の輝きがあなたを照らすこともない」(イザ60:19)．反対に「月の光は太陽の光になり，太陽の光は七倍になり，七つの日の光となる」(同30:26)は，約束された新しい世界の終末論的恵みを太陽の輝きが表す．

新約聖書では天体としての太陽の運動とそれによる一日の区切りについての言及がある(マコ1:32; 4:6; 16:2; 使27:20; エフェ4:26)．旧約聖書の創造主ヤハウェ信仰を背景にしてイエスは*山上の説教のなかで「父は悪人にも善人にも太陽を昇らせる」といっている(マタ5:45)．使徒言行録22:6で*パウロが*ダマスコへの途上での*回心の体験について語る言葉は，太陽が神の*正義の象徴であることを示している．*ヨハネの黙示録は多くの箇所で太陽を神の審判と約束された終末における新しい天地に結びつけている(6:12; 8:12; 9:2; 21:23; 22:5)．
【教父】*『バルナバの手紙』は各所で神の恵みの*充満を太陽の輝きにたとえている．エルサレムの*キュリロスは神の*本質，*現存，力を説明するために太陽を例にあげている．*ディオニュシオス・アレオパギテースは神の善性が浸透するさまを太陽の光の充満にたとえ，すべてが自分に回帰するように導く，生命の根源としての太陽を神の象徴にしている．ナジアンゾスの*グレゴリオスにとって太陽は*三位一体を示すものである．他方，アレクサンドリアの*アタナシオスはこのような象徴の不十分さを指摘する．教父たちは太陽をそれぞれ父(ポントスの*エウァグリオス)，子(アレクサンドリアの*キュリロス)，聖霊(カイサレイアの*バシレイオス)の象徴とし，さらに教会(カイサレイアの*エウセビオス)の象徴に使っている．
【文献】ABD 6: 237-39; Lampe 605-606; LThK² 9: 874-77; NIDNTT 3: 730-33.
【キリスト教図像】ギリシアおよびローマ時代の絵画では太陽は太陽神ヘリオスあるいはソルとして戦車に乗った姿で容器，水瓶，神殿の祭壇に描かれている．後光の射す姿で，マントを片方の肩にかけた裸体の若者が片手に鞭，片手に世界を表す円盤をもち，戦車を引く馬を操っているもの，あるいは3-4世紀の*ローマ帝国の貨幣にあるように，世界球を手にしているものである．1世紀以来，異教古代の*象徴はキリストにあてはめられるようになり，太陽としてのキリスト([ギ] Helios Christos)の図像が現れ，*初代教会の*洗礼，*復活と*昇天についての神学に重要な影響を与えたばかりでなく，例えば，3世紀頃のヴァティカン宮殿地下のユリア家墓所の*モザイクあるいはローマの聖ペトルスと聖マルケリヌスの*カタコンベの「三つの寝椅子」の墓所フレスコ画にみられるようなキリスト教美術を生み出した．イザヤ書60:19-20の記述に結びつけて善き牧者は太陽と月を伴うようになるが，太陽と月とはマタイ書27:45との関連で十字架にかけられたキリストの上に輝いているように描かれている．*ヒエロニムスのマタイ書27:45についての注釈によれば，十字架の出来事のとき，太陽が姿を隠したのは真の太陽であるキリストに対して太陽がもった恥ずかしさのためであった．これは*カロリング朝の細密画に受け継がれている．太陽は復活のキリストのシンボルであり，太陽であるキリストに対して教会は月のシンボルで表される．またヨハネの黙示録の「身に太陽をまとい，月を足の下にし」(黙12:1)という記述に基づく黙示録の女を聖母*マリアと同一視して，聖母像(*無原罪の御宿り)に関連づける．太陽は「真実」の擬人像の持ち物でもある．

(高柳俊一，木戸口智恵)

たいようちゅうしんせつ　太陽中心説〔英〕heliocentricism, 〔独〕heliozentrische Theorie, 〔仏〕héliocentrisme　太陽が宇宙の中心に固定され，地球を含む諸惑星は，太陽を中心として周りを移動するという宇宙体系．
【前史】人間が考え出した最初の宇宙体系は，「地球中心」であった．というのも，恒星や惑星は，*宇宙の中心に固定されていると思われた地球を，1日で完全に1周し，惑星は，*太陽もその一つとして，地球の周りに軌道を描くと信じられていたからである．太陽中心説が広まるのは，16世紀になってからである．

しかしながら，地球は宇宙の中心に位置する火の球体の周りを回る軌道上を動く，と最初に信じたのは，おそらく*ピュタゴラスの弟子のフィロラオス(Philolaos, 前5世紀頃)であろう．人間の住む地球は，この中心の火とは反対の方向を見ているので，人間は，それを見ることはできない．彼らはこのようにして恒星の日々の回転を説明した．また，アルキメデス(Archimedes, 前287頃-212)はその著書のなかで，サモスのアリスタルコス(Aristarchos, 前310頃-230頃)が，地球は24時間に1回転の自転をしながら，太陽の周りを1年で1回公転しているという仮説を提起した，と紹介している．

残念ながら，誰もこの仮説を天文学者に役立つような数学的体系で表現することができなかった．一方，ヒッパルコス(Hipparcos, 前190頃-125頃)は幾何学的モデルを構築し，そのモデルから天文学的な出来事の予測に役立つ精密な数表を作成した．ヒッパルコスのモデルは，惑星の位置を，より便利な地球中心座標で直接示した．K.*プトレマイオスは，「アルマゲスト」という名でも知られている著書『天文学大全』のなかで，ヒッパルコスの研究を引き継ぎ，その後何世紀にもわたって異議を唱えることができなかった数理天文学の代表作として完成させた．注目すべきはヒッパルコスとプトレマイオスがモデルの幾何学的な構成の現実性にはそれほど注意を払わずに，極めて精巧なモデルを自由に駆使していたという点である．しかしながら，中世の地球中心説は，プトレマイオスの数学的基礎に基づく*天文学よりもアリストテレスの物体の運動と落下についての哲学的概念によるところが大きかった．
【コペルニクス】1543年に『天球の回転について』を出

たいようのさんか

版した*コペルニクスは，太陽中心説を提唱し，新たな天文学が，自分の打ち立てた基本的な宇宙構造仮説を基礎として成立する，ということを証明しようとした．しかしながら，コペルニクスの研究はすぐには受け入れられなかった．多くの天文学者は，それを洗練された数学モデルとしながらも，モデルが基礎とする「不合理な基本的仮説」に激しく反論した．こうした批判は，正しい物理学や天体力学の研究が進んでいなかったことが原因であった．その典型的な例はラインホルト (Erasmus Reinhold, 1511-53) である．彼は，コペルニクスの天文学に基礎を置いた著書『プロイセン天体運動表』(Tabulae prutenicae, 1551) の序文で，コペルニクス天文学を用いたが，彼の仮説は認めないとはっきりと述べた．コペルニクスの天文学は最初こそ熱心に支持されたが，古い観測データに基づくものであったので，支持はそれほど長くは続かなかった．まもなくデンマーク人のブラーエ (Tycho Brahe, 1546-1601) の長期間にわたる正確な天体観測をもとにした，新しい天文学に取って代わられた．この偉大な天文学者は，コペルニクスの宇宙論を決して受け入れなかった．その理由の一つは，彼が，地球の公転軌道上の相対する位置から恒星を観測するときに，恒星の方向にわずかなずれがあることを発見できなかったことにある．この「年周視差」と呼ばれる現象が発見できなかったのは，恒星までの距離が当時の人知を超えるほど遠かったからである．そこでブラーエは，コペルニクスの体系を純粋に運動学的に逆転させた体系を支持した．すなわち惑星は太陽の周りを回り，太陽は固定された地球の周りを回るという理論である．

【ケプラー以降】太陽中心説の根拠づけを真に発展させたのは，*ケプラーだった．彼は，ブラーエの観測データと太陽中心説を用いて 1608 年に惑星運動に関する最初の二つの法則を，1619 年に第 3 法則を発見した．ケプラーと同時代の*ガリレイは，1610 年に天体望遠鏡を用いた発見を発表した．それにより彼は名声と絶大な権威を手に入れた．ガリレイはこれをうまく利用して，イタリアで太陽中心説を公然と支持し始めた．論敵は彼の議論にたちうちできなくなると，聖書の*字義通りの意味に基づく解釈に訴えるという態度に出た．しかし，カトリックとプロテスタントの神学者の間の論争が重大な局面を迎えていた時代に，聖書解釈という微妙な問題を持ち出したのは，適切な手段ではなかった．結果として，*教皇庁はコペルニクスの著作を 1616 年と 1620 年に*禁書目録に加えた．教会は，数理天文学に価値を置いていた古い無神論的な意見と一致するコペルニクス天文学を，現象や天体観測記録の説明としての有効性は賞賛するが，それを物理的に真実とすることは禁じたのである．

ボレリ (Giovanni Alfonso Borelli, 1608-79)，フック (Robert Hooke, 1635-1706) とホイヘンス (Christiaan Huygens, 1629-95) は，惑星軌道は求心力と遠心力の釣り合いによって説明できると直観的に考えていた．しかしそれを証明したのは著書『プリンキピア』(1687) でケプラーの惑星運動に関する三つの法則に理論的証明を与えた*ニュートンであった．ニュートン力学と彼の万有引力の発見は，太陽中心説に対するいかなる異論をも完全に退けた．

太陽中心説を確認する最初の観測は 18 世紀初めに登場した．ブラッドリ (James Bradley, 1693-1762) は 1728 年に星の光行差を推定して，これが，地球が太陽を回る公転速度と光が有限速度をもつことによって引き起こされることを示した．ニュートンは，地球はその自転の影響によって楕円体であるはずであることを示した．極地方や赤道地方の国に派遣された調査隊が，経線上の 1 度の長さを測定して，ニュートンの理論を立証した．それ以後，天文学者の間では，太陽中心説はもはや疑いのない事実となった．最終的に証明されたのは，1838 年頃ベッセル (Friedrich Wilhelm Bessel, 1784-1846) とシュトルーヴェ (Friedrich Georg Wilhelm von Struve, 1793-1864)，そしてヘンダソン (Thomas Henderson, 1798-1844) が，ついに星の正確な年周視差を測定することに成功したときであった．発見された非常に小さな視差は，星の一つひとつがとてつもなく離れていることを示していた．地球の自転については，フーコー (Jean Bernard Léon Foucault, 1819-68) が 1851 年に振り子を用いてそれを証明した．

もともと太陽中心説というものが，惑星系の中心はまた宇宙の中心でもあるとしていたことは注目に値する．しかしニュートンの太陽中心説では，太陽は惑星系の質量中心の周りを小さな楕円を描いて運動していることを示している．今日では太陽はさらに銀河系の中心の周りを運行しているということがわかっている．しかし，太陽中心説において実際に問題だったのは，太陽が動いているかどうかではなく，絶対的な宇宙の存在という古くからの観念のなかで，どの天体が宇宙の中心を占めているか，ということだったのである．

【文献】O. GINGERICH, *The Eye of Heaven: Ptolemy, Copernicus, Kepler* (New York 1993); O. PEDERSEN, *Early Physics and Astronomy* (Cambridge ²1993).

(J. カサノヴァス)

たいようのさんか　「太陽の賛歌」

〔ラ〕Laudes creaturarum,〔伊〕Cantico delle creature, Cantico di frate solo　1224 年末か 1225 年にアッシジの*フランチェスコがダミアノ修道院の庭で作った賛歌．晩年の病気と苦悩のなかで，*永遠のいのちの約束が与えられたことを喜び，被造物とともに神をたたえるもので，平安のうちに神の栄光にあずかり，深い感謝と喜びをもって，肉体の死までも姉妹と呼び，共に主を賛美する．フランチェスコはこの歌を好み，臨終に際して弟子たちに歌わせたといわれる．「聖書以後の最も美しい宗教詩」「イタリア中世文学の真珠」「フランチェスコの霊性の最も完成された叙情詩」と評され，イタリア中世の宗教詩*ラウダの典型として文学的にも高く評価されている．

【文献】DMA 6: 651; EDR 1: 618; NCE 7: 716.

(石井健吾)

タイラー　Tylor, Edward Burnett

(1832.10.2-1917.1.2)　イギリスの人類学者で*人類学の父とも呼ばれる．観察可能な文化の諸要素の結合の比較に統計的手法を最初に導入した．進化論的図式 (→進化論) に沿った人類史の再構成を試み，現在の未開民族文化にみいだされる「文化的残存」のうち，物質文化よりむしろ*神話，*儀礼，*宗教等を重視し，宗教の発展段階を考察．人間の超自然的存在への普遍的信仰を霊魂観の局面から追求，*アニミズムが宗教の起源であり最小の定義であるとした．

【主著】*Primitive Culture*, 1871: 比屋根安定抄訳『原始文化』(誠信書房 1962).

(井桁碧)

だいり　代理

〔独〕Stellvertretung　神学的な概

念としての代理とは，一人の人物が他の人々に*救いを得させる行為を指す．この行為は神の*救済意志に基づくもので，人間の本質的な連帯性に由来する．キリスト教は，救いのための代理の頂点を*イエス・キリストの人格とその業にみるものである．

旧約聖書において，神の救いの業における代理という考え方は，*アブラハムの他民族のための祈り（創18: 23-33）に始まり，さらに第2イザヤ（→イザヤ書）における*主の僕の箇所（52: 13-53: 12）では，すべての人の*罪を贖うために一人が苦しみと死によって犠牲を行うことが神の救済計画の中心であることが明らかにされる．この苦しみと死の犠牲は代理者の自由と従順から行われるものである．

後期*ユダヤ教では，2マカバイ記の7章38節にみられるように，*殉教が*贖いのための苦難と死であると理解されるようになった．

新約聖書によると，イエス・キリストの生涯と十字架の死はすべての人に代わって罪を贖う出来事である（マコ10: 45; 14: 24並行箇所参照; 1テモ2: 6; ロマ4: 25; ガラ1: 4等）．この場合注意すべきことは，キリストが人類に代わって罪を贖ったというだけでなく，人間を罪から解放し，*義と*聖性にあずかるものとし，新しいいのちへの道を切り開いたことである（ロマ5: 10, 17; 1コリ1: 30; 2コリ5: 15, 21; 8: 9; 13: 4; ガラ2: 20）．

教父たちは新約聖書の考え方を発展させ，キリストの代理による贖いを「すばらしい交換」と捉え，*アウグスティヌスはさらにこれを「愛の交換」（［ラ］commercium caritatis）という言葉で説明し，その根拠を神が人となった*受肉にみた．ここから西方中世神学では，「代理者による*償い」(satifactio vicaria)を中心とする*救済論が発達した．キリストが人々に代わって十字架の死によって償いを果たしたとするものである．このような考えをもとに，17世紀には*イエスの聖心の信心も登場した．キリストの十字架の死が罪の贖いのためであるという考え方は，宗教改革者のものでもあり，K.*バルト，*モルトマン，*パンネンベルクら現代のプロテスタント神学の救済論にも流れている．*バルタザール，*コンガール，K.*ラーナーに代表される現代カトリック神学は，神の民である教会が，世界において神と人類との交わりを代表する*秘跡であるという教会論的展望のなかに従来の救済論を統合しようとしている．

【文献】HThG 2:566-75; LThK³ 9:951-56; W. BEINERT, ed., *Lexikon der katholischen Dogmatik* (Freiburg 1988) 479-82; W. カスパー『イエズスはキリストである』犬飼政一訳（あかし書房1978）: W. KASPER, *Jesus der Christus* (Mainz 1975); Barth II/2; K. RAHNER, "Versöhnung und Stellvertretung," Rahner Sch 15: 251-64; H. U. VON BALTHASAR, *Theodramatik*, v. 3 (Einsiedeln 1980).
（高柳俊一）

たいりつきょうこう　対立教皇　〔ラ〕antipapa,〔英〕antipope,〔独〕Gegenpapst,〔仏〕antipape　すでに*教会法に従って選挙された*教皇が実在するにもかかわらず，たとえ良い信仰のうちにあろうとも，適法的に実施されなかった教皇選出を受け入れた者．ローマ教皇史上の諸史料において最も古く辛辣な名称は「略奪者」（〔ラ〕invasor），「使徒座の略奪者」(invasor Sedis Apostolicae)で，次いで「破壊者」(pervasor),「分離者」(schismaticus),「背教者」(apostaticus),「*アンティキリスト」(antichristus),「競争者」(competitor),「偽教皇」(pseudopapa),「不純な教皇」(adulterinus papa)などの表現が現れた．14世紀初頭より，「反教皇」(antipapa)という言葉が語られ広がり，この「対立教皇」という歴史的概念が記されるに至った．一連の対立諸教皇は3世紀の初めのローマの*ヒッポリュトスをもって始まり，15世紀中葉のフェリクス5世 (Felix V, 在位1439-49) をもって終わる．教会の対立教皇はしばしば国家的・政治的諸対立によって，たとえそれらの原因が宗教的あるいは倫理的口実によって覆われているとしても，強制的に選出された．*コンスタンティウス2世が*フェリクス2世を対立教皇として推挙した最初の皇帝

対立教皇一覧

教皇名		即位年	退位年
*ヒッポリュトス	Hippolytus	217	235
*ノウァティアヌス	Novatianus	251	258?
*フェリクス2世	Felix II	355	365
ウルシヌス	Ursinus	366	367
*エウラリウス	Eulalius	418	419
ラウレンティウス	Laurentius	498(501)	501(505)
ディオスクルス	Dioscurus	530(9月)	530(10月)
テオドルス	Theodorus	687	
パスカリス	Paschalis	687	
コンスタンティヌス	Constantinus	767	769
フィリップス	Philippus	768(7月)	
ヨアンネス	Johannes	844(1月)	
アナスタシウス	Anastasius	855(8月)	855(9月)
クリストフォルス	Christophorus	903	904
*ボニファティウス7世	Bonifatius VII	974(6-7月)および984	985
*ヨアンネス16世	Johannes XVI	997	998
グレゴリウス	Gregorius	1012	
*ベネディクトゥス10世	Benedictus X	1058	1059
ホノリウス2世	Honorius II	1061	1072
クレメンス3世	Clemens III	1084(選出1080および1084)	1100

たいわ

テオデリクス	Theodericus	1100	
アルベルトゥス	Albertus	1102	
シルヴェステル4世	Silvester IV	1105………1111	
グレゴリウス8世	Gregorius VIII	1118………1121	
ケレスティヌス2世	Celestinus II	1124	
*アナクレトゥス2世	Anacletus II	1130………1138	
*ヴィクトル4世	Victor IV	1138(3月)………1138(5月)	
*ヴィクトル4世	Victor IV	1159………1164	
パスカリス3世	Paschalis III	1164………1168	
カリストゥス3世	Callistus III	1168………1178	
インノケンティウス3世	Innocentius III	1179………1180	
ニコラウス5世	Nicolaus V	1328………1330	
*クレメンス7世	Clemens VII	1378………(アヴィニョン教皇)1394	
ベネディクトゥス13世	Benedictus XIII	1394………(アヴィニョン教皇)1423	
*アレクサンデル5世	Alexander V	1409………(ピサ選立教皇)1410	
*ヨアンネス23世	Johannes XXIII	1410………(ピサ選立教皇)1415	
*クレメンス8世	Clemens VIII	(1426選出………1429教皇権放棄)	
フェリクス5世	Felix V	1439………1449	

である.このような政治的干渉は中世において *オットー1世から *フリードリヒ1世に至るまで行われた.対立教皇の数を正確に定めることは歴史学的に困難である.諸史料はしばしば党派的見地から記述されており,また *教皇選挙が紛糾し,同時代人もそれを正しく認識し判断できない場合があったからである.したがって,対立諸教皇の数は,歴史家たちの研究によって 25-40 人とされる.『教皇庁年鑑』(Annuario Pontificio) の 1904 年版と 1913 年版の対立教皇の数は異なっているが,1947 年版以来その数は 38 人(*ボニファティウス7世は2回)である.
【文献】AnPont (1999) 7-24; DDC 1: 598-622; LThK² 4: 583-85; 8: 54-59; NCE 1: 632-33; L. A. ANASTASIO, *Istoria degli Antipapi*, 2 v. (Napoli 1754). （鈴木宣明）

たいわ　対話 〔英・仏〕dialogue,〔独〕Dialog
【哲学】ある根本的事柄についての共通理解に達することを目指して語り合い,人格的な相互関係を成り立たせる精神的空間(〔独〕Zwischen)を創設しようとする相互努力.
〔対話としての思考〕古代よりルネサンス期まで「対話」は文学のジャンルを意味した.例えば *ソクラテスを中心にした *プラトンの対話編,*トマス・モアの『ユートピア』などである.しかし,プラトンや *アウグスティヌスにおけるように,この文学形式は人間の思索の根本構造から生まれている.考えることは「霊魂の自分自身との語り合い」とみられるからである.ギリシア思想は宇宙論的であるが,ユダヤ・キリスト教思想は人格主義的であり,神と人間の人格的結びつきを中心にしており,さらに一層対話的な傾向を示している.近代哲学の始まりが *デカルトの「我考える」(〔ラ〕ego cogito)にあるとするならば,その人間中心的立場は *他者を *自我のうちに総合し,自我のうちに異質なもう一人の自我を想定する傾向を示している.*ヘーゲルにおいては,*他者は自己の一つの対極的側面であり,究極的には一つの自我として完成され,独話(独白,〔英〕monologue)に満足する存在である.近代哲学の *ペルソナ観は自我の不可侵性と尊厳を強調し,人格的結びつきや交わりという関係の概念には到達しなかった.
〔対話の哲学〕これに対して,20 世紀の対話の哲学の先駆は「すべての源泉・汝があり,我がある」と述べて,自己存在・認識における汝としての他者の人格の必要性を認めた *ヤコービであろう.*キルケゴールは神と個々人の人格的交わりを強調するとともに,人格としての「汝」の人間間の結びつきの重要性を指摘した.彼によれば,存在の本質は他者として人間の「汝」を前提としている.*我と汝という人格相互の関係という図式は 20 世紀の対話の哲学のなかで定着した.まず,ユダヤ教哲学において *コーエン,F.*エーブナー,ローゼンツヴァイク,特に M.*ブーバーによって対話の構造は考察された.さらに *マルセルは「我」と「汝」の対話の関係についての考え方を *キリスト教的実存主義のなかに受け入れた.
（高柳俊一）

【キリスト教的意義】対話とは,もともとは問いと答えの形式で話を進めることによって,問題の解決を模索すること,すなわち見解を異にする二人の個人,あるいは集団が,互いの見解を乗り越えて,新たな認識を求めて話し合うことである.対話は文学,音楽,演劇などの領域で,独白に対する形式として理解されることもあるが,主に古代ギリシアのソクラテスやプラトン以来,*真理の *認識の方法とそのための教育手段として理解される.またこの原理から真理のより哲学的な認識方法論としての *弁証法をめぐって,古来さまざまな理解と論議が展開されてきた.また対話は現代神学にもその影響を及ぼしている.

〔対話と弁証法〕弁証法としての対話は相手を論難する術,その主張の論理的矛盾を指摘して新たな認識を促すための学問的思考の技術という意味があり,そこから後に哲学の一部としての *論理学が発展した.論駁のための弁証法は中世以来の *スコラ学の学術論争にもその顕著な例をみることができる.

近代以後の弁証法をめぐる論議では,思考の運動や発展の形式論理学的な法則から,ヘーゲルのように存在の運動と発展の法則を,さらに K.*マルクスのように歴史の運動と発展の法則を論じるようになり,弁証法という概念は極めて多義的に用いられるようになった.

今日一般に理解される意味での他者との対話の概念は,一方では 18 世紀後半以来のドイツ哲学におけるヤコービの問題提起に始まり,*ドイツ観念論の弁証法論議に対する批判としての *シュライエルマッハーや *フォイエルバハらの研究を経て,20 世紀前半のブーバーや F. エーブナーらによって引き継がれたユダヤ・

キリスト教的人格主義における「我と汝」に関する研究がある．また他方ではデカルト以来の主体と客体の対比における思考主体の強調を克服して客体である他者を共存在者（〔独〕Mitsein, Mitmensch）として積極的に理解しようとする実存哲学的思考における「人間と人間との間にあるもの」の研究があり，これらが現代のキリスト教における対話に関する理解の根底となっている．

〔現代神学〕現代の人間中心論的神学と信仰理解の発展過程において，人間存在は神学的にも対話的存在として理解されるようになった．*人間はそもそもその*創造の際に，個としてではなく，男と女という複数的存在として創造され（創1:27），人間はその本質から他者を必要とする存在というより，他者のためにもある存在であり，言葉をもって互いに意志を伝え，意見を交換し，対話において他者との出会いをもつ存在である．

対話という原理は現代のカトリック神学において，神学的人間論の領域においてばかりでなく，人間に関する存在論的考察や真理の認識のための方法論として，重要な意義をもつようになった．また*倫理神学，信仰教育論においても重視されている．さらに対話の原理は組織神学的にキリスト教神学の本質における究極的原理として，*三位一体論，*啓示論，*救済論，そして特に*教会論などの分野においても重要な視座となっている．

現代のカトリック神学はこのような神学的人間論に基づいて，人間とその社会における対話の必要性ばかりでなく，教会内・外においてもそれを認識するようになった．第2*ヴァティカン公会議の『現代世界憲章』や*エキュメニズム，*ユダヤ教，諸宗教，*無宗教などに関する諸教令・諸宣言などもこのような経緯から成り立ったものであり，また*宣教の神学や*実践神学の領域でも対話の原理は不可欠な基本的認識である．

【文献】HWP 2: 226-29; LThK³ 3: 191-96; B. ヘーリング『福音宣教と無神論』犬飼政一訳（中央出版社 1986）126-36; B. HÄRING, *Frei in Christus*, v. 2 (Freiburg 1980) 351-57.　　　　　　　　　（犬飼政一）

たいわく　対話句　〔ラ〕forma dialogalis, 〔英〕dialogic formula, 〔独〕dialogische Formel, 〔仏〕formule dialogique　*ミサにおいて，司式者（→司式）の呼びかけに*会衆が応える形で共同体的な祈りを進行させていく言葉．典型的なのは，「主は皆さんとともに」「また司祭とともに」という司式者と会衆の対話である．これは，新約・旧約どちらにもみられる「主はあなたがたとともにおられる」という*挨拶の言葉に由来する（ルツ2:4；ルカ1:28；フィリ1:2等）．*パウロの手紙の初めと終わりにはこれをさらに発展させた形がみられ，*応唱もパウロの表現で「あなたの霊とともに」が用いられた（ガラ6:18）．*ローマ典礼の伝統では，この対話句（〔ラ〕Dominus vobiscum—Et cum spiritu tuo）は形式的な慣用句として使われていた．第2*ヴァティカン公会議によるミサの刷新によって，現在のミサでは開祭の挨拶の部分にはより豊かな呼びかけが用意されている．なお，この対話句は，閉祭のほかに福音朗読の前と叙唱前句（→叙唱）でも用いられる．叙唱前句と呼ばれる対話句は*ユダヤ教の過越の食事（→過越祭）の食後の祈りまで遡るものであり，これが*奉献文の源となったと考えられている．

【文献】A. ADAM, R. BERGER, eds., *Pastralliturgisches Handlexikon* (Freiburg 1980) 111-12.　　（国井健宏）

【意義】今日の典礼は，その共同体的性格を表すために，司式者と会衆との間に交わされる対話を重視しており，司式者の呼びかけに対する会衆の応唱は，会衆の*行動参加のしるしとされる（『ミサ典礼書の総則』14項，『典礼憲章』30項参照）．これは典礼の国語化と不可分のものであり（→典礼言語），今日のミサをはじめとするすべての典礼祭儀において，対話句は式の進行の軸となっている．ミサにおける対話句には，上述のもののほか，祈願への同意を示す「アーメン」，福音朗読前後の*賛美の応唱（「主に栄光」「キリストに賛美」），奉献文の中心部で「信仰の神秘」に対する会衆の応唱，拝領前の*信仰告白などがある．　　　　　　（石井祥裕）

たいわしゅう　対話集　〔ラ〕dialogi, 〔英・仏〕dialogues, 〔独〕Dialoge　二人ないしそれ以上の人々の間で交わされる会話である対話は人間にとって一般的なことであるため，対話集という文学上の表現形式は時代を越えて存在するだけでなく，さまざまな形態の文学作品のうちにも用いられている．教会文学においてもまた対話という形式がしばしばとられる．その際には，古代の特に*プラトンおよび*キケロの対話編が重要な役割を果たした．*対話という形態は，特に以下の三つの意味で用いられている．

（1）ユダヤ教徒ないし異教徒に対してキリスト教の真理を擁護する*護教論．この種の対話で現存する最古のものは殉教者*ユスティノスの『トリュフォンとの対話』である．ラテン語によるやや時代が下がってからの*ミヌキウス・フェリクスの対話『オクタウィウス』は，異教徒を論駁するための護教論である．

（2）プラトンの*ソクラテス的対話編に倣い，神学的な議論を通して真理の発見に寄与するもの．例えば*オリゲネスの『ヘラクレイデスとの対話』または*アウグスティヌスの哲学的な対話編（『浄福の生』『秩序論』など）である．

（3）対話は，話題の転回に富み，読者の興味を引き，その理解を助ける叙述形態であるため，しばしば教えの教示のために用いられる．このような教育的対話は，一人の話者がほとんど一貫して話を展開し，時折対話の相手（弟子）が短い質問を挟むという形態をとる．このようなものとしては，*グレゴリウス1世の『対話』などの伝記と並んで，徳の鑑，文法書などが含まれる．

対話編の特殊な形態としては，東方における「問答」（erotapokriseis），西方では特に，中世の*スコラ学の「問」（〔ラ〕quaestiones）があげられるが，これは多くの場合は，実際の学問上の「討論」（disputationes）をもとに成立したものである．

これらの対話においては，著者の同時代人，歴史上または聖書上の人物が対話を繰り広げるか，あるいはユダヤ教徒とキリスト教徒，キリスト教徒とイスラム教徒といったような，特定宗派の代表者同士が対話を交わす．さらには擬人化された*霊魂，*徳，*死などが現れることもある．

【文献】LMit 3: 946-65; RAC 3: 928-55.

（J. フィルハウス）

たいわん　台湾　正式名称：中華民国，〔英〕Republic of China. 面積：3万 5,961 km². 人口：2,162 万人（1997年現在）．言語：中国語（公用語），台湾語，ほかに高山語．宗教：大多数は仏教，ほかにキリスト教（主にカトリック）60万人，イスラム教4万人等．

【キリスト教の歴史】1626年5月，マルティネス

たいわん

(Bartólome Martínez, ?-1629) をはじめとするスペイン人の*ドミニコ会司祭6人が台湾北部に上陸したのがキリスト教宣教の始まりである．彼らの宣教活動は著しく進展し，その後の16年間に4,000人以上の住民が改宗した．しかし1642年にオランダが台湾北部のスペイン人保有地からスペイン人を追放したため，宣教活動は中断した．その後200年間は，1715年に*レジス，*マイヤ，アンデルレ (Romain Hinderer, 徳瑪諾, 1669-1744) ら3人の*イエズス会司祭が清の皇帝の要請で台湾の地図作成のために訪れただけである．彼らは，カトリック信者か，少なくとも*十字架のしるしをする人々と遭遇したと報告している．

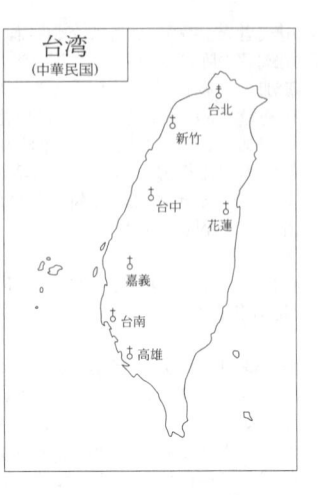

1859年5月18日，スペインのドミニコ会員サインス (Fernando Sainz, 1831-95) がフィリピンからアモイ（厦門）を経て台湾に到着し，南部の*高雄に新しい教会を建て，*台南・彰化・台中へと北進した．1868年，ヘルセ (Francisco Herce, ?-1894) ら二人の宣教師が*台北に行き，224年ぶりに宣教を再開した．彼らの努力にもかかわらず，迫害のために宣教活動は困難を極め，1859年から1895年の間に改宗した住民は1,300人程度にすぎなかった．1895年の下関条約に始まる日本による台湾統治のもとでも，宣教は容易ではなかったが着実に進展した．

台南司教座聖堂外観

1913年，台湾はアモイの*代牧区から分割されて*知牧区となり，カトリック信徒（当時約3,000人）の大半が集中していた高雄に本部が置かれた．初代*知牧にはドミニコ会のフェルナンデス (Clemente Fernández, 林謀才, 1879-1950, 在職1913-20)，第2代知牧に同会の*ラ・オスが就任した（在職1920-41）．太平洋戦争中は*長崎大司教区の枢機卿であった*里脇浅次郎が日本人知牧に指名された．

1945年，台湾が中国に返還された当時のカトリック信者数は約8,000人であった．1946年に台湾人司祭涂

台南司教座聖堂内部

敏正 (Raymund Tu, 1906-82) が台湾知牧区の管理者に任命された後，1948年3月5日，ドミニコ会員でスペイン人のアレギ・イ・イパラギレ (Joseph Arregui y Yparaguirre, 陳若瑟, 1903-89) が台湾知牧に任命された．1949年12月30日，台湾は二つの知牧区に分割され，台北知牧区は中国人司祭の会・主徒会 (Congregatio Disciplorum Domini) が宣教を担当し，同会の郭若石 (Joseph Kuo, 1906-95) が知牧になった．高雄知牧区は引き続きドミニコ会の管轄で，アレギが知牧を続けた．1950年には高雄知牧区から台中知牧区が分割設立され，*メリノール宣教会が担当した．1950年代初頭，中国本土から追放された多くの宣教師が到来し，教会は多くの人に知られるようになった．中国本土での長年の経験を生かした宣教方法は発展途上の台湾で効果を発揮した．新しい知牧区が各主要都市に設立され，年を追って多くの宣教師が地方に進出した．1952年には，台北が管区大司教区になって教区制度が確立した．1961年には三つの司教区が中国人司教に委ねられ，1964年には7司教区のうち5司教区で中国人司教が教区長となった．

台湾では，教会内の信徒の宣教活動を促進するために，1962年に設立された命の泉 (Fons Vitae) カテキスタ・社会活動養成センター（台北）や1970年に設立された台湾司牧センター（台北）で*カテキスタの養成に努めている．大神学校は哲学・神学の課程をイエズス会に委託し，*輔仁大学の附設神学院として司祭養成を進めている．1971年，高山族として初めて阿美（アミ）族の司祭が叙階された．1976年には太魯閣（タロコ）族初の司祭が叙階された．

1987年の戒厳令の廃止により，台湾は新しい社会状況に突入している．新しい課題に直面して，1988年2月には輔仁大学を会場として「福音宣教のための全国シンポジウム」が開催された．司教団は産業化の進む台湾において教会が預言者的役割を果たすよう呼びかけ，これは，教派や宗教を超えた取り組みになっている．台湾の教会の一般的な影響力は，統計的な数値が示すよりもはるかに大きい．今日のカトリック信者に求められているのは，個人的，家庭的，職業的，社会的などあらゆる面でキリスト教が根を下ろすために，生活のなかで信仰を分かち合っていくことであると，台湾の教会は確信している．

【現勢】1998年現在，カトリック信者数：31万．大司教区：1．司教区：7．小教区：445．教区司祭：236．修道司祭：439．信徒修道士：100．修道女：1,070．

【文献】カ大 3: 419-22; 世キ百 525-29; NCE 13: 916-17; 19: 389-91; WCE 235-38; WCE² 1: 723-26; J. DEHERGNE, *Répertoire des Jésuites de Chine de 1552 à 1800* (Paris 1973); YU PING, *Catholic Church and Chinese Culture* (Taipei 1974); DOMINICAN CURIA, ed., *A History of Catholics in Taiwan* (Taipei 1974); YI TIEN MU, *Introduction to Catholic Church in Taiwan* (Taichung 1980); M. K. CHANG, *A History of Christianity in Taiwan* (Tainan 1984); CHINESE CATHOLIC BISHOPS' CONFERENCE, ed., *The Catholic Church in Taiwan Republic of China* (Taipei 1992). (張奉箴)

【文学と思想】〔特徴〕台湾は政治的・文化的に中国の一部であり，台湾思想あるいは台湾文学といった独立したものはない．しかし，さまざまな歴史的事情から，大陸とは違った特徴をもつに至っている．明末に鄭成功(1624-62)が大陸の中国人を伴って台湾に渡るまで，台湾は移耕農業を行う先住民の島であった．鄭成功の渡台後は，移民の定着に伴い中国化が進み，中国の伝統的文治社会が形成され，士大夫階層，文人階層が出現するに至った．これによって大陸風の学問が行われ，思想の中心は*儒教，文学の中心は詩文となった．しかし1895年，日清戦争の結果，台湾は日本に割譲され，以後50年にもわたって日本の皇民化教育が施され，中国語は禁止され，文化伝統の空白時代となった．1945年，日本が敗戦によって台湾を去り，数年後，かわりに大陸で共産党に敗北した国民党が台湾に拠を置くに至り，台湾は再び中国文化に復帰した．しかし台湾人にとって，国民党とともに渡台して来た大陸人(外省人)が話す中国語(主として北京語)は新しい外国語にも等しく，文化活動の中心は外省人となるのを抑えることができなかった．これに対抗して，台湾人の台湾文学(郷土文学)運動が起こったが，やがて北京語が国語として普及するに至り，台湾人・外省人の区別を越えて，思想・文学は発展し，さらには多様化して今日に至っている．

〔思想〕日本の占拠時代を除き，台湾の思想の中心はつねに儒教であった．この点で，台湾は大陸と大いに違っている．大陸では共産党が制覇を成し遂げて以来，思想はマルクス・レーニン主義以外認められず，後には毛沢東主義に流れていくのであるが，国民党の党首である蔣介石(1887-1975)は儒家精神の持ち主であった．またキリスト教徒であった妻の宋美齢(1901-)を通して，キリスト教的ヒューマニズムにも接近していた．この指導者のもとに行われた学校教育は，人文科学が第一で，自然科学，社会科学がそれに次いだ．人文科学では儒家思想の近代的研究に重きが置かれ，歴史研究も重んじられた．この流れのなかで，新儒家思想家として名をなしたのは，外省人の徐復観(1902-82)である．

〔文学〕台湾文学史は，鄭成功の渡台から現在に至るまで，4期に分けられる．(1)「本土化」の時代．士大夫階級の文人による文学．中心は詩文．(2) 日本占拠時代．少数の日本語作家が登場．ほかに中国語あるいは台湾語で創作を試みた愛国的作家もわずかにあったが，日文作家たちは日本人に負けない日本語力をもっていると示すことで，被占拠民の矜持を示そうとした．(3) 戦後初期．国民党とともに渡台した中国人が文化活動の中心となり，対抗して台湾人が「郷土文学」を打ち建てようとした．(4) 1980年から現在に至るまで．文学は政治文学，第三世界文学，消費社会文学，女性文学，環境保護文学，人権文学，大衆文学，郷愁文学，工商文学，先住民文学，台湾語文学，民族文学等々，多元的に発展してきている．最も有名な作家は，第3期の白先勇(1937-)である．
【文献】高天生著『台湾小説与小説家』(台北 1994). (吉田とよ子)

ダヴァオ Davao フィリピンのミンダナオ島にあるフィリピン南部最大の都市．商業の中心地で，漁港，大学がある．1949年に*免属高位聖職者の管轄区域になり，1966年に*司教区，1970年に大司教区となった．1999年現在，教区内人口は112万3,280人，うちカトリック信者数99万5,250人．
【文献】AnPont (2001) 176; LThK² 3: 174; LThK³ 3: 37. (久野暁子)

タヴァナー Taverner, John (1490頃-1545. 10. 18) *宗教改革前夜のイングランドを代表する作曲家．1526年に*オックスフォード大学カーディナル・コレッジの初代少年聖歌隊員監督に就任．1530年にはリンカーンシャー(Lincolnshire)の教会聖歌隊員となるが，37年までには辞職，土地の有力者として余生を送った．1538年に政府の委託で，教会の装飾品破壊を敢行していることから，彼が改革主義に転向し，カトリック教会音楽を書いたことを後悔したとする見方があるが，確証はない．*ミサ曲，マニフィカト(→マリアの歌)，*モテットなどを残している．
【文献】NGDM 18: 598-602; 田辺尚雄他編『音楽大事典』3 (平凡社 1982) 1412. (那須輝彦)

ダヴィッド David, Jacques Louis (1748. 8. 30-1825. 12. 29) フランスの画家．*パリに生まれる．ヴィアン(Joseph-Marie Viens, 1716-1809)に学び，1776-80年イタリアに留学．パリに戻ると，『ホラティウス兄弟の誓い』(1784, ルーヴル美術館)など，古代ギリシア・ローマ史に取材した作品をサロンに発表，新古典主義の代表者となる．祖国や自己の信念に殉ずる人々を，古代美術を踏まえた簡潔で厳粛な様式で描いたこれらの作品は，当時の華麗で享楽的なロココ絵画の対極をなし，*フランス革命の理念を先取りした観がある．事実，1789年の革命勃発後，ダヴィッドは革命派の一人として美術行政に携わり，国民議会によって否定されたキリスト教の儀式に代わるものとしての，「革命祭典」の装置や演出を監督した．また，暗殺された革命派の要人を描いた『マラーの死』(1793, ブリュッセル王立美術館)では，*ピエタの図像を応用して記念碑性を強めている．革命後は*ナポレオン・ボナパルトに重用され，『ナポレオンの戴冠式』(1805-1807, ルーヴル美術館)をはじめ，壮麗な様式による皇帝賛美の作品を描いた．帝政瓦解後は*ブリュッセルに亡命し，その地で他界する．生涯を通じて優れた肖像画家でもあった．
【文献】新潮美術辞典 877; DA 8: 554-62; 小学館美術全集 19: 59, 65; 名画への旅 16: 72-95; 鈴木杜幾子『画家ダヴィッド』(晶文社 1991). (高橋裕子)

ダヴィッド David, Pierre (17世紀) フランスの神学者，*フランシスコ会の会員．『わずかの時間にごく少ない言葉で実体と偶有の本性を知らしめる新たな次元の哲学』(La philosophie dans un ordre nouveau qui fait connaître en peu de temps et en peu de parole la nature de la substance et de l'accident, 1664)など，スコトゥス主義(→ドゥンス・スコトゥス)の影響を受け

ダーヴィト

た哲学の著書で知られる.
【文献】Cath. 3: 488; DThC 4: 153.　　　（土居由美）

ダーヴィト　**David, Christian**　（1690. 12. 21-1751. 2. 3）　ドイツの説教者. 大工だったが, 1717年に*回心を体験し, 信徒伝道者として活躍. *ツィンツェンドルフに協力して, ヘルンフート村（→ヘルンフート派）創建に協力, モラヴィア派（→モラヴィア兄弟団）の信仰復興運動を指導した. 1733年, *グリーンランド伝道を始め, 成功を収めた. ヨーロッパ各地で巡回伝道もした.
【文献】キ人 840; キ大 677; RGG³ 2: 51.　（榎本昌弘）

ダヴィト（ダーフィット）　**David, Gerard**　（1460頃-1523）　オランダ出身のフランドルの画家. *ユトレヒト近郊アウデワーテル（Oydewater）に生まれ*ブルッヘで没す. 初期作品にはヘールチェン・トート・シント・ヤンス（Geertgen tot Sint Jans, 1460頃-1485/95）の影響が認められ, ハールレム（Haarlem）のアルベルト・ファン・アウワーテル（Albert van Ouwater, 15世紀中葉活動）のもとで学んだと考えられる. 1484年にブルッヘに移り, *メムリンク没後（1494）は指導的な画家となる. 優れた風景描写, 画面を支配する静謐で優雅な雰囲気が彼の特徴である. 初期作品に『カンビュセスの裁判』（1498頃, ブルッヘ市立美術館）, 後年の作品にイエスの*洗礼を描いた三翼祭壇画（1507頃, 同館）がある.
【文献】DA 8: 550-54.　　　（木戸口智恵）

ダヴィド　**David**　（?-588/89または601）　ウェールズの*守護の聖人（祝日3月1日）. デヴィ（Dewi）とも呼ばれる. メネヴィア（Menevia, 現セント・デイヴィッズ St. David's）の初代司教. *オエングスの『祝日考』にも名前がある. 彼の名声は11世紀の司教リギファーク（Rhygyfarch, またはリキマス Ricimas）の伝記（1090）に負うところが多い. 「沈黙・労働・苦行」という彼の生活から「水を飲む人」（〔ラ〕aquaticus）とも呼ばれ, *ペラギウス派に対抗するための二つの*教会会議に参加したともいわれている.
【文献】LMit 3: 602; LThK³ 3: 42; NCE 4: 660; ODCC³ 453.　　　（相原優子）

ダヴィド〔アウグスブルクの〕　**David**　（1200/10-1272. 11. 19）　神学者, *フランシスコ会の会員. *アウグスブルクの出身. *マクデブルクで教育を受け, 長期間にわたり*レーゲンスブルクで修練長を務めた. 1246年にはレーゲンスブルクの*ベルトルトとともに, レーゲンスブルク市の修道女の*巡察師に, さらに*ヴァルドー派に対する異端審問官に任命された（→異端審問）. 民衆への説教師としても高名であった.
　彼は*アウグスティヌスや*グレゴリウス1世などの*教父, またクレルヴォーの*ベルナルドゥスやサン・ティエリの*グイレルムスの影響を強く受け, *修道生活についての多くの実際的でわかりやすい著作をラテン語とドイツ語で残している. 主著は『始め, 成長, 完成の三つの段階からなる人間の外面と内面について』（De exterioris et interioris hominis compositione secundum triplicem statum incipientium, proficientium et perfectorum, 表題は後世の校訂者によるもの）である. このなかで彼は霊的上昇の三様の道というサン・ティエリのグイレルムスの図式に倣って, 第1巻では修道者の規律を論じ, 初心の修練士を対象としている. 第2巻では霊的進歩のための条件である内的新生を, 第3巻では霊的進歩の七つの段階を説いている. この作品は信仰生活についての中世における最も影響力のある教科書の一つであり, 370以上の手稿本が現存している. 彼の著作は, *トマス・ア・ケンピスなどの*デヴォティオ・モデルナ運動や, さらにシエナの*ベルナルディヌスやスペイン・フランシスコ会の*神秘主義などの後世の霊性に大きな影響を与えた.
【文献】DHGE 14: 116; DSp 3: 42-44; DThC 4: 153-57; LMit 3: 604; LThK² 3: 177-78; NCE 4: 659.　　　（神崎忠昭）

ダヴィド〔ディナンの〕　**David**　（?-1206以後1210以前）　中世の自然学者, 医者. その生涯について詳しいことは知られていないが, ベルギーのディナン（Dinant）の出身といわれ, 教皇*インノケンティウス3世の宮廷付司祭を務めた. マギステル（Magister）の称号で呼ばれており, *パリ大学で教授した可能性もあるが確証はない. ギリシアに留学して直接ギリシア語の原典で*アリストテレスの著作を学び, 当時西欧に全く知られていなかった『問題集』（Problemata）をラテン人として初めて読んで, 他の*自然学的著作とともに抜粋, ラテン語への翻訳を行った. 血液循環に関する著作は失われ, 講義録と考えられる『クアテルヌリ』（Quaternuli）のみが現存している. 同書には, アリストテレスの自然学的著作の抜粋・翻訳が含まれるとともに, ダヴィド自身の論考も展開されており, 単に紹介にとどまらず, さまざまな矛盾を含むアリストテレスの著作の体系的な解釈・批判も意図されていた. ダヴィドの形而上学思想は*新プラトン主義の影響を受けた質料主義的*汎神論といえるもので, 諸事物の三種の*原理であるヒュレー（*第一質料）と*ヌース（*精神）と*神は同一であり, *世界はそのまま神の*顕現として考えられている. 教会当局は異端的分派活動への汎神論的思想の影響を危惧し, 1210年および1215年にダヴィドの教説を*異端と宣告した.
【文献】キ人 840; LMit 3: 605; LThK³ 3: 40-41.　　　（別宮幸徳）

ダーウィニズム　→　進化論

ダーウィン　**Darwin, Charles**　（1809. 2. 12-1882. 4. 19）　生物科学におけるダーウィンの主な業績は二つある. 一つは, 生物進化を裏づける多様な資料を採取, 整理したことであり, もう一つは, その資料をもとに生物進化過程のメカニズムを説明する仮説（自然淘汰仮説）を提唱したことである（→進化論）. *神によって個々に動物の現在の姿が作られたとする神学における*創造論に対して, ダーウィンは, 現生するあらゆる動物種は少数の原始的な種が自然淘汰の働きによって分化した結果生じたとみなすべきであると主張した. 個々の動物種には優れた環境に対する適応がみられるが, それこそが神の存在の証しであるとされていた19世紀後半に, 彼はその適応を創造主の知恵としてではなく, 自然現象として説明できるとしたのである. そのため, 自然淘汰説は, *唯物論の立場からは「神を自然のなかから追放した」として高く評価された. しかし, この評価は当時の彼の意図に反するものであった. なぜなら彼は

『種の起源』(Origin of Species by Means of Natural Selection, 1859) を書いていた頃は自然法則のなかに創造主の働きをみていたからである．しだいに *不可知論の立場をとるようになったのはその後のことである．

（北原隆）

タヴェリッチ　→　ニコラス・タヴェリッチ

ダウハー　Daucher, Adolf　（1460/65頃-1523/24頃）　ドイツの彫刻家．1419年に出身地のウルム (Ulm) から *アウグスブルクへ移り，フッガー家の仕事に従事する．そこで，代表作となるザンクト・アンナ聖堂フッガー家礼拝堂の *内陣を制作する（1509-18）．この作品はおそらく息子のハンス（Hans, 1485頃-1538）との共同制作であると思われる．祭壇上部のキリスト，聖母，聖ヨハネ，天使の石像は北方の祭壇装飾において独立群像として表現された最初期の作例の一つである．また，アンナベルク（現在のアンナベルク・ブフホルツ Annaberg-Buchholz）のアレナ聖堂の大理石祭壇を制作（1521）．どちらも明快で調和のとれたルネサンス的な要素を備えている．
【文献】DA 8: 540.

（木戸口智恵）

ダウマー　Daumer, Georg Friedrich　（1800.3.5-1875.12.13）　ドイツの宗教哲学者，詩人．*ニュルンベルクに生まれ，*ヴュルツブルクに没す．1830年に教職を辞し，執筆と思索の生活に入る．*敬虔主義に失望し，新たな宗教の形を模索する途上で，1858年カトリックに転向．『わが改宗』（Meine Conversion, 1859）にその体験が綴られている．改宗後はエウセビウス・エンメラン（Eusebius Emmeran）というペンネームを用いて詩作に励んだ．
【文献】キ人 842; LThK² 3: 173; MEL 6: 305.

（山口和彦）

タウラー　Tauler, Johannes　（1300/10頃-1361.6.16）　ドミニコ会修道司祭，神学者，霊性家．*霊性神学の思弁よりも，その実践に生涯を捧げた．キリストへの信従，すなわちキリストへの信仰・希望・愛の日々の新たな *回心，そこに働く「神愛と人愛の一致」がタウラーの霊性神学の実践的熱願であり，「霊魂内の神との神秘的一致」によるキリスト教的 *完徳を霊性神学の最高目的として追求した．キリスト教霊性史上，最も敬愛された偉大な霊性家の一人である．
【生涯】ヨハネス・タウラー（家名は Tauler, Taler, Taweler などの表記がある）は1300年から10年の間に帝国自由都市 *ストラスブールの富裕な市民の家庭に生まれ，1315年頃（おそらく14歳の頃）ドミニコ会ストラスブール修道院に入った．1316年ないしは17年の *ドミニコ会の修学一般課程を履修し，おそらく25歳で司祭叙階後，福音宣教・*霊的指導の任務に備えるため，霊性神学の独学研修に専心した．タウラーは *ケルンにおけるドミニコ会の *ストゥディウム・ゲネラーレで *ゾイゼとともにマイスター・*エックハルトのもとに学び，「レクトール」（Lector 教授）の職にあったとされるが，しかし，今日の研究成果によれば，エックハルトの学徒でも，「レクトール」でもなく，「霊性の師」（Lebemeister），「霊的指導司祭」（Spiritual）であったとされる．エックハルトとの関係に関して今日の研究は両者の個人的出会いには否定的であるが，両者の精神的・思想的出会いについては肯定的である．タウラー自身の言葉によると，エックハルトは彼にとって「敬愛する師」（der minnenliche Meister）であった．
　タウラーはドミニコ会的霊性神学の伝統に立つが，*シトー会の神秘霊性にも結ばれており，さらに *フランシスコ会の霊性にも深く生かされている．教皇 *ヨハンネス22世と神聖ローマ皇帝 *ルートヴィヒ4世との間の悲劇的対立のなかで，教皇派のドミニコ会ドイツ管区は皇帝派の都市ストラスブールを退去しなければならなくなり，タウラーは1338年から39年の冬にストラスブール修道院を去って *バーゼルに赴き，1342年までバーゼル修道院に滞留した．その間に1339年の *四旬節にバーゼルからバイエルンのメディンゲン（Medingen），さらにケルンを訪ね，再びバーゼルに帰り，1342年ないしは43年にストラスブールに戻っている．さらに彼は1344年から46年にかけてケルンに滞在，この間にブリュッセル郊外の *アウグスチノ修道司祭者会グルーネンデール修道院に「神の友」（Gottesfreunde）と呼ばれる福音的完徳を追求した男女グループの中心人物 *ロイスブルクを訪ねている．タウラーはこのグループの中心的な霊的指導者の一人となって活躍し，教区司祭ネルトリンゲンのハインリヒ（Heinrich von Nördlingen, ?-1356以後），ゾイゼ，レーヴェンのハインリヒ（Heinrich von Löwen, ?-1302以後），信徒 *ルルマン，また3人のドミニコ会修道女クリスティナ・*エーブナー，マルガレテ・*エーブナー，シャパッハ（Elizabeth Schappach, 生没年不詳）などと協力した．
　タウラーは，1347年末から48年初め，再びメディンゲンに旅し，バーゼルを経て最終的にストラスブールに帰還した．すでに霊性の幽雅な円熟の境地にあったタウラーは，1350年から60年の間にストラスブールとケルンを往来し，ドミニコ会女子修道院における説教活動および霊的指導に献身している．そして1361年夏，おそらく重病のために，故郷のドミニコ会聖ニコラウス女子修道院の庭園で実妹マルガレタ修道女の看護を受けつつ，6月16日に没し，ストラスブール修道院聖堂に埋葬された．
【著作】タウラーの霊性神学は，彼が女子修道院で行った主日・祝日ミサの説教，毎月の *静修のための霊的講話や歌・書簡を通して残されている．すでに14世紀後半以来，タウラーの「真説教写本」と「偽説教写本」，あるいは，「タウラー名の霊的著作・講話写本」が存在し，しだいに『タウラー説教集』が編纂成立していった．この説教集は，真説教が全体の中心を構成し，偽説教・著作・講話などもタウラー的霊性神学思想を感じさせるので，総称的に『タウラー説教集』（Der Tauler）と呼ばれ，『大タウラー説教集』（Der große Tauler）と『小タウラー説教集』（Der kleine Tauler）が伝承されている．タウラーの説教に感動した *ドミニコ女子修道会や *ベギンや「神の友」の人々による筆写写本（その多くは特に14-15世紀成立）が，今日ドイツ，スイス，オランダ，ベルギーの41の図書館に保存されている．15世紀末以降，印刷技術の進歩につれて『タウラー説教集』の出版が企画され，諸本が世に送られていった．ライプツィヒ版（1498），アウグスブルク版（1508），バーゼル版（1521），ハルベルシュタット版（1523），ケルン版（1543），ネーデルラント版（1547），ケルンで刊行されたスリウス版（1548）などである．20世紀初頭，タウラーの説教・著作に関する諸写本の批判的研究が進められ，1910年にフェッター（Ferdinand Vetter）による『タウ

ラー説教校訂本』(Die Predigten Taulers, der Deutschen Texte des Mittelalters) が刊行された．これは中世高地ドイツ語で筆写された，タウラーの真説教77と講話4を収めるもので，今日まで基本的校訂本として評価されている．1961年にはタウラー没後600年を記念して，従来の諸写本の批判的研究成果を踏まえた現代高地ドイツ語の完全版，ホフマン (Georg Hoffmann) 校訂による『ヨハネス・タウラー説教集』(Johannes Tauler. Predigten) が刊行された.

【意義】タウラーのほとんどの説教は彼の人生的円熟期 (1340-57頃) の結晶である．彼は人間の霊魂の奥底における神秘的な神の現存と，神と霊魂との神秘的な愛の一致，そしてイエス・キリストによる全人間的完成に関して，自己体験に深く基づきつつ，教会の神秘主義的霊性伝統の生きた証人として説教している．それゆえ『タウラー説教集』には，霊性史上の過去・現在の優れた人々の著作の言葉が随所にみられ，*アウグスティヌス，教皇 *グレゴリウス1世，*ディオニュシオス・アレオパギテース，*トマス・アクィナス，*アルベルトゥス・マグヌス，また *オリゲネスや *アンブロシウス，*ベダ・ヴェネラビリス，カンタベリの *アンセルムスなどが引用されている．タウラーは，中世末期の人間社会の多様な価値観の波乱と激動の現実状況において，神の友・説教家・霊性家として神の似姿である人間の霊魂の美を愛し，キリスト教的霊性文化の統合を喪失しつつあった社会，そして霊魂内の神の現存に無意識になりつつあった人間を，再び神の愛に満たされたものとし，新たな神との一致へと呼び戻そうと熱望した.

【邦訳】E. ルカ編，橋本裕明訳『中世ドイツ神秘主義タウラー全説教集』全3巻（行路社1989-94）.

【文献】E. ルカ「ヨハネス・タウラーの人間観」『中世の人間像』上智大学中世思想研究所編（創文社1987）231-48；同「中世後期の宗教的民衆教育」『教育思想史』4，上智大学中世思想研究所編（東洋館出版社1985）377-412；鈴木宣明『中世ドイツ神秘霊性』（南窓社1991）140-84；H. S. DENIFLE, *Taulers Bekehrung, kritisch untersucht*, Quellen und Forschungen, 36 (Straßburg 1879); E. FILTHAUT, ed., *Johannes Tauler: Ein deutscher Mystiker. Gedenkschrift zum 600. Todestag* (Essen 1961); I. WEILNER, *Johannes Taulers Bekehrungsweg, Die Erfahrungsgrundlagen seiner Mystik* (Regensburg 1961); P. WYSER, "Der Seelengrund in Taulers Predigten," *Lebendiges Mittelalter: Festgabe für W. Stammler* (Fribourg 1958) 204-311; J. ZAHN, "Taulers Mystik in ihrer Stellung zur Kirche," *Ehrengabe deutscher Wissenschaft, dargeboten von katholischen Gelehrten*, ed. F. FESSLER (Freiburg 1920) 125-46.

（鈴木宣明）

ダヴリュイ Daveluy, Marie-Nicolas-Antoine (1818. 3. 16-1866. 3. 30) 李子朝鮮の時代のフランス人カトリック宣教師．朝鮮名は安斐理または安敦伊．*アミアンに生まれ，パリの *聖スルピス会神学校で学んだ後，1841年司祭に叙階された．1843年に *パリ外国宣教会の神学校に入り，1844年宣教のために日本に向けて出発するが，*マカオ，*上海を経て1845年に朝鮮に着くと，翌年からそこで宣教活動を始めた．宣教用の書の朝鮮語訳，朝鮮人殉教者や *証聖者の伝記作成のほか，中国語−朝鮮語−フランス語の辞書の作成，朝鮮語の歴史書や年代記の翻訳など，朝鮮半島の民族，言語，風俗，歴史等の研究も幅広く行い，パリ外国宣教会にもたらされたこれらの記録は，1874年にフランスで刊行された朝鮮半島の教会史（Histoire de l'Eglise de Corée）の資料としても用いられた．1866年の初め，キリスト教迫害のなか他の数人の宣教師とともに捕らえられ，*ベルヌーの殉教後，第5代代牧としてカルメモ（現在の忠清南道保寧）で殉教（→韓国103聖人殉教者）．遺骸は *ソウルの大聖堂に葬られている．1984年に *列聖.

【文献】カ大3: 427; M. PROVET, ed., *Dictionnaire de Biographie Française*, v. 10 (Paris 1965) 329-30.

（豊田妙子）

ダヴンポート Davenport, Christopher (1598-1680) イングランドのカトリック神学者．別名フランシスクス・ア・サンタ・クララ (Franciscus a Santa Clara). *ダブリンと *オックスフォード大学に学び，カトリックに改宗．1617年 *フランシスコ会に入会．王妃ヘンリエッタ・マライア (Henrietta Maria, 1609-69)，ブラガンサのキャサリン (Catherine of Braganza, 1638-1705) に仕えた．イングランド国教会（→聖公会）の *三十九箇条がカトリック教会の伝統と矛盾すると解釈した.

【文献】キ大 677; ODCC^2 377. （榎本昌弘）

ダヴンポート Davenport, John (1597. 4-1670. 3. 11) アメリカ合衆国の *会衆派牧師．イギリスのコヴェントリ (Coventry) の生まれ．1637年 *ボストンに渡り，翌年，友人とニューヘイヴン (New Haven) 植民地を建設，30年間，宗教・政治面で活躍．同地の行政指導者7人のうちの一人．1660年代の *洗礼に関する半途契約論争では，半途契約説（〔英〕Half-Way Covenant) に反対．ボストン第1会衆派教会牧師を数か月務め死去.

【文献】キ人 843; キ大 677; ODCC^2 377. （榎本昌弘）

ダオン Daon, Roger François (1679-1749) 18世紀フランスのカトリック神学者．ノルマンディー地方のブリックヴィル (Bricqueville) に生まれ，1699年 *ユード修道会に入会．1706年から晩年までカン (Caen)，アヴランシュ (Avranches)，サンリス (Senlis)，セース (Sées) で神学を教えるかたわら司牧と執筆に従事．*ジャンセニスムに対し確固たる *正統信仰を擁護したことで知られる.

【文献】Cath. 3: 465; DThC 4: 138-39. （土居由美）

たかいかん 他界観 〔英〕idea of other world, 〔独〕Idee über die andere Welt, 〔仏〕idée de l'autre monde 死後の世界または *運命についてのさまざまな考え方をいう．この世に対するあの世についての観念，来世観ともいう．広義には，現実の世界に対して観念的に想像される別の世界についての思考をいう.

【原始宗教】*原始宗教における他界は，現実世界と連続したところにあるのが特徴である．それはこの世界や *宇宙のどこかに地理的に定められており，祖先がそこから現在の土地へやってきた故郷の地とされることもしばしばある．また，死者の魂が生き続ける埋葬地の近くのほの暗い場所であったり，墓から下ったところにある地下世界であったりもする．あるいはシャーマン（→シャーマニズム）の他界飛翔に窺われるように，生者の

魂が肉体から遊離して到達できる天上界または地下界とする考え方もある．また，生者の生活空間に近接したところにあって現世の生活よりもさらに幸福な生活が送れる世界をいう，楽観的な他界観念もみられる．

【世界宗教】＊世界宗教では，他界は倫理的色彩を帯び，時間的にも空間的にも明確に現世と区別された世界とされる．＊キリスト教や＊イスラム教では善人の行く＊天国と悪人の向かう＊地獄という二つの対立する他界が想定され，世界の＊終末に信仰の有無を量る＊最後の審判によって死者の行く他界が決まるとされる．＊カトリック教会では他界として天国と地獄のほかに＊煉獄を認めている．＊仏教では浄土教において極楽と地獄という二元的他界観が説かれる．

西欧近代社会では物質主義的世界観が主流を占め，他界の問題はほとんど無視されるようになった．しかし，近年目覚ましい臨死体験についての報告は，伝統社会のみならず近代工業社会においても他界が消滅していないことを示している．

【文献】ERE 11: 817-54; EncRe1(E) 11: 133-37.

（堀美佐子）

たかいコスメ　高井コスメ（1522頃-?）　16世紀後期の日本人イエズス会修道士．

＊都に生まれ＊ヴィレラから受洗．1568年（永禄11）＊同宿となり，1571年（元亀2）には美濃へ，1573年（天正1）布教長 F. ＊カブラルによって＊イエズス会入会を許された．主に都を中心に説教師として活躍し，1581年（天正9）には越前で宣教．また，1587年には＊大坂にあり，同年の＊復活祭（3月29日）に教会を訪ねた＊細川ガラシアに教理を授けた．哲学および神学は修めなかったが，日本文学に精通しており，1592年には＊天草の＊コレジョや＊セミナリヨでも日本文学の教授にあたった．特に文筆に優れ，多くの書状の執筆に携わった．また，キリシタン版＊『日葡辞書』の編纂者の一人とみられている．1613年（慶長18）2月の＊『イエズス会日本管区目録』にはその名前が記されているが，それ以後は明らかでない．

【文献】J. F. Schütte, *Monumenta Historica Japoniae*, 1 (Roma 1975).

（尾原悟）

タカオ　高雄　Kaohsiung, Gāoxióng　台湾南西部に位置する港湾都市．＊台北に次ぐ第二の都市であり，また最大の貿易港でもある．打狗（ターカウ），または打鼓（ターク）と呼ばれていたが，日本による植民地化政策のために1920年高雄と改称された．

台湾への本格的な宣教は高雄から始まった．1859年＊ドミニコ会の会員サインス（Fernando Sainz, 1831-95）が来島し，高雄に教会を建設．この地を拠点に＊台南，そして北部へと宣教活動を拡大していった．1913年台湾は厦門＊代牧区から＊知牧区として独立し，信者の大半が在住する高雄がその中心となった．さらに1949年台北知牧区と高雄知牧区に分かれ，最終的に1961年3月に＊司教区となり今日に至る．1996年現在，教区内人口 353 万 790，うちカトリック信徒数 4 万 5,187．小教区 62．教区司祭 16．修道司祭 70．信徒修道士 74．修道女 144．

【文献】カ大 3: 419-22; 平大百科 9: 182; AnPont (1998) 339; NCE 13: 916-17.

（高橋佳代子）

たかぎげんたろう　高木源太郎（1855-1931. 2. 17）　再布教後最初の日本人カトリック司祭の一人，＊高木仙右衛門の次男．1865年（慶応1）11月，長崎神学校の発端となる＊浦上天主堂の司祭館で，兄の敬三郎とともに＊ローケーニュより教理やラテン語を学んだ．1867年浦上キリシタン問題（→ 浦上崩れ）が表面化し，信徒たちの捕縛に及ぶと，司教＊プティジャンは敬三郎・源太郎兄弟を含む日本人神学生10人を J. A. ＊クーザンに引率させ日本を脱出，＊上海，＊香港を経てペナン（Penang）の神学校に避難させた．1870年その地で兄の敬三郎は病死．1872年（明治5）源太郎は帰国し，東京の神学校で学ぶ．＊切支丹高札が撤去された翌73年12月3日，二人の神学生とともにプティジャンより＊剃髪を受けた．1875年＊長崎の神学校に転校して，勉学のかたわら社会体験として＊天草へ宣教に赴いた．1880年＊下級品級を受け侍祭となり，1881年復活祭の前日＊副助祭に，同年12月17日に＊助祭にあげられ，1882年12月31日＊司祭に叙階された．その後，福岡県大刀洗教会（今村教会）で司牧に携わり，その間『羅和辞典』を編纂した．後に函館のトラピスト修道院（→ 厳律シトー会）で＊観想の生活を送り，晩年は熊本市島崎町の弟・仙太郎の家に起居し，近くの修道院付属の教会の司牧を助けた．

【文献】高木慶子『高木仙右衛門覚書の研究』（中央出版社 1993）．

（高木慶子）

たかぎさくうえもん　高木作右衛門

（1）1代目作右衛門（1553-1630. 1. 21）．長崎町年寄，御朱印船貿易家．勘右衛門．後に作右衛門忠雄．洗礼名はルイス．1570年（元亀1）長崎開港後，肥前高木庄から移住し＊長崎の頭人となった．長崎奉行＊長谷川藤広の紹介により，1616年（元和2）モルッカ諸島（摩陸）宛の朱印状を得た．1617年家督を嫡子忠次に譲って引退．

（2）2代目作右衛門（1586-1641. 5. 9）．長崎町年寄，御朱印船貿易家．忠次．洗礼名はペトロ．1617年（元和3）家督を譲られて年寄職を継いだ頃に棄教したとみられる．1628年（寛永5）タイ国に朱印船を送ったが同船はスペイン艦隊によって焼き討ちされ，その報復として日葡貿易断絶の措置をとるなどして，幕府の対外政策にも影響を及ぼした．1638年＊島原の乱に際して長崎を守衛したことにより地元を代表して将軍徳川家光から時服と白銀を拝領した．晩年剃髪して十善村に住んだ．

【文献】越中哲也「ルイス作右衛門・ペトロ作右衛門が出た高木氏諸家について」『キリシタン文化研究会会報』10/2 (1968)．

（高木慶子）

たかぎせんうえもん　高木仙右衛門（1820-1899. 4. 13）　キリシタン．洗礼名ドミニコ．キリシタン信仰を受け継いだ長崎浦上村の高木家10代目として，＊浦上の山里村本原郷辻に生まれる．1865年（慶応1）＊プティジャンに＊大浦天主堂で信仰を表明したキリシタンの一人（→ キリシタンの復活）．その後，内密に教理や祈りをプティジャンに習い，伝道士（＊カテキスタ）として再布教に献身．1867年自宅に秘密教会聖ヨゼフ堂を設立．浦上四番崩れの皮切りに68名の仲間とともに投獄され（→ 浦上崩れ），残酷な拷問により棄教を迫られたが，彼一人だけが最後まで屈しなかった．後に保釈されて帰村．先に棄教した仲間を励まし，改心取消しを庄屋に届けさせた．1868年（明治1）＊浦上キリシタン流配事件に際し，石見国＊津和野に配流されたが，つねに仲間の先頭に立ち激励・指導を続け，同地で6年間，氷の張りつめた池に投げ込まれるなど，苛酷な拷問にも屈せ

たかきところ

ず信仰を貫き，1873年 *切支丹高札の撤去により帰郷．当時，病人と孤児の世話をしていた十字会に土地と家を譲り，自分は狭い藁屋根小屋に居住し，*浦上天主堂や十字架山の土地購入に奔走した．また，伝道士として教理を説き，よき模範を示し人々を信仰に導いた．長崎市本原町の *お告げのマリア修道会の墓地に眠る．
【文献】高木慶子『高木仙右衛門覚書の研究』(中央出版社 1993）
(高木慶子)

たかきところ 高き所 → 高台

たかぎみずたろう 高木壬太郎 (1864.5.20-1921.1.27) 神学者，教育者，*メソジスト教会牧師．カナダ人宣教師に導かれ，1886年(明治19)に平岩愃保(1857-1933)から受洗．カナダに留学の後，築地，本郷中央会堂，麻布，駒込などの諸教会で牧会．1901年に『護教』主筆．1907年，青山学院神学部教授．1911年，『基督教大辞典』(警醒社書店)の編纂を完成．1913年(大正2)から1921年まで青山学院第4代院長．
【文献】キ人843；キ大678；日キ歴821．(榎本昌弘)

たかくらとくたろう 高倉徳太郎 (1885.4.23-1934.4.3) 旧 *日本基督教会牧師，大正から昭和にかけての代表的な教義学者．師の *植村正久から受け継いだ *福音主義を深化徹底させ，「福音的基督教」を提唱，高倉神学といわれる．父高倉平兵衛はクリスチャン実業家であったが，旧制第四高等学校時代から教会に通い始め，東京帝国大学法科に入ってから植村正久の薫陶を受け受洗．卒業を待たずして植村が創立した東京神学社に身を投じ，卒業後京都，札幌で牧師をした．後に，イギリスに留学，帰国して東京神学社の教授となり，植村の死後は東京神学社校長となる．明治学院神学部と合同して日本神学校が発足するや，その教頭となり，次いで校長となった．著作は『高倉徳太郎全集』全10巻(1936-37)，『高倉徳太郎著作集』全5巻(1964)としてまとめられている．
(佐藤敏夫)

たかしま 鷹島 大村湾の小島．*大村純頼の迫害に苦しむ *キリシタンを励ますために城下で公然と説教をして捕らえられた *ドミニコ会の会員 A. *ナバレテと *アウグスチノ会の会員 *アヤラが1616年(元和3)6月1日，この島で斬首されて殉教した．先の5月22日 *大村の郡で殉教した *フランシスコ会の会員 *ペトロ・デ・ラ・アセンシオンと *イエズス会の会員 *マシャドの棺もここまで運ばれ，マシャドの棺にナバレテが，ペトロ・デ・ラ・アセンシオンの棺にアヤラが一緒にされ，大石をつけて海に沈められた．くしくも当時日本で宣教活動に従事していた4修道会の宣教師たちが揃ったことになる．
【文献】片岡弥吉『日本キリシタン殉教史』(時事通信社 1979)．(片岡瑠美子)

たかだい 高台 〔ヘ〕bāmâ，〔ギ〕Bama, hypsēlon，〔ラ〕excelsum, fanum ヘブライ語バマーの訳語．日本語の新共同訳旧約聖書で80回にわたり「聖なる高台」と訳されている．主要な意味は「祭儀用の高台」または単に「祭儀場」で，合法(サム上 9: 12-14; 代下 1: 3, 13)，非合法(王上 11: 7; エレ 48: 35)の *祭儀に使われた．地形的に高いところが望まれたが(エゼ 20: 28-29)，それは必要条件ではなかったらしい(エゼ 6: 3)．祭儀場自体は屋外にあり，建造物も付随していた(サム上 9: 19, 22; 王上 12: 31)が，献げ物をささげる *祭壇を不可欠とした．そのほか，香をたく祭壇(代下 34: 4)，また後の *カナンの影響下では，豊穣の女神を表すアシェラ像(木柱か木)，その男神を表す *石柱も置かれていたようである．このような高台は破壊されるべきものであった(王下 18: 4; 23: 15)．
【文献】新聖書大 883; ABD 3: 169-200; IDB 2: 602-604; TDOT 2: 139-45; ThWAT 1: 662-67．
(B. シュナイダー)

たかたさぶろう 髙田三郎 (1913.12.18-2000.10.22) 作曲家．名古屋市生まれ．東京音楽学校(現東京芸術大学)卒業．1953-79年，国立音楽大学教授，後に同大学名誉教授．1963-68年，1979-84年日本現代音楽協会会長を務める．1953年(昭和28)，カトリックの *洗礼を受ける．1956年に聖歌集改訂委員会委員に指名される．国語訳の *ミサ曲の作曲を委嘱され，経文の旋法的・旋律的特徴を取り入れたミサ曲「やまとのささげうた」を作曲．第2 *ヴァティカン公会議後の典礼刷新による典礼の国語化(→ 典礼言語)に伴い，典礼全国委員会の国語典礼文起草委員会委員，典礼聖歌編集委員に任命され，『典礼聖歌』(1980)の歌詞の起草・作曲・編集に携わり，*ミサの式次第，*教会の祈りをはじめ，日本の典礼の根幹となる *聖歌の多くを作曲する．長年の典礼聖歌作曲活動に対し，1992年には教皇よりシルヴェステル勲章を授与された．典礼聖歌は宗教合唱曲としての評価も高いが，このほかに『イザヤの預言』(1968)，『預言書による争いと平和』(1983)，『ヨハネによる福音』(1984)の三つの聖書 *カンタータ，ラテン語の歌詞による『雅楽の旋法による聖母賛歌』(1959)がある．一般合唱曲は多数あるが，代表曲は『水のいのち』(1964，作詩：高野喜久雄)．そのほか器楽曲，管弦楽曲，歌曲，オペラも作曲．
【著作】『くいなは飛ばずに』(音楽之友社 1988)；『典礼聖歌を作曲して』(オリエンス宗教研究所 1992)；『来し方』(音楽之友社 1996)．
【文献】国立音楽大学付属図書館編『髙田三郎』人物書誌体系 31(日外アソシエーツ 1995)；西脇純「インカルチュレーション——日本における典礼聖歌刷新の歩みによせて」『カトリック神学会誌』3 (1992) 97-134．
(齊藤克弘)

たかださぶろう 高田三郎 (1902.11.14-1994.5.12) 京都大学教授．大阪市で生まれる．*松本正夫らとともに日本における *中世哲学の研究の先駆者であり，*トマス・アクィナスの『神学大全』の翻訳を中心となって進めた．
【主著】「13世紀論理学書の『スポジチオ論』に見られる命題分析の問題とアクィナスの態度」『西洋中世思想の研究』江藤太郎他編(岩波書店 1965) 217-36．
(高柳俊一)

たかつき 高槻 大阪府北東部(摂津)の地名．キリシタン時代には，摂津守護・和田惟政が *キリシタンの保護に努め，惟政の死後の1573年(天正1)に領主となった *高山右近は領内のキリシタン宣教を積極的に勧め，教会は急速に進展した．1579年に8,000，1581年に1万8,000名のキリシタンを数えている．高槻の主なキリシタン教会は城内の野見神社，すなわち，牛頭天王

社に設けられていた．1581年には五畿内巡察中の巡察師 *ヴァリニャーノが訪れて *復活祭を祝うなど，摂津一帯の教会の中心地となり，1582年には *安土の *セミナリヨが移転してきた．1585年，右近が明石に転封され，さらに1587年の *伴天連追放令を契機に，同地におけるキリシタン宗門は急速に弱体化するが，山間部には依然としてキリシタンが残っており，1600年(慶長5)に司祭が訪れた際には，北摂を中心とするこの地域は全員が信徒であったと報じられている．しかし，1617年(元和3)の司祭訪問をもってこの地方の *イエズス会の報告は絶える．1920年(大正9)から昭和初年にかけて高槻を中心に北摂の山中から *キリシタン遺物が発見されたことは，かつてのこの地方のキリシタンの繁栄を物語るものであろう．
【文献】L. フロイス『日本史』第1部第95, 103, 第2部第47(中央公論社1977-80); H. チースリク「高山右近領の山間部におけるキリシタン」『キリシタン研究』16(吉川弘文館1976) 57-113.
(尾原悟)

たかつきセミナリヨ　高槻セミナリヨ　→ セミナリヨ

たかつきはっけんきりしたんもんじょ　高槻発見切支丹文書　1933年(昭和8), *高槻の安満浄誓寺から発見されたといわれる文書．1594年(文禄3)の「人見パウロ写本キリシタン暦」と同じく人見パウロが *イエズス会の司祭に宛てた誓文の2文書である(→人見パウロ暦)．前者は，旧暦による教会暦(→典礼暦)の写本で，行間に五畿内地区の信徒の動静などが書き込まれており，後者は，新たに来朝した *フランシスコ会の *伴天連には荷担せぬ旨を誓ったもので，「千五百九十五年極月三日」(1596年1月2日)付のものである．「伴天連普留岸鎮」(*オルガンティーノ)本によるというこの暦本には，*キリシタン用語などに誤りがあり，また，発見事情も明らかにされていない．桜井安二の解説を付した影印本が刊行されている．
【文献】『高槻発見切支丹文書』(巌松堂1933); M. ANESAKI, "Two Kirishitan Documents Discovered at Takatsuki," *Proceedings of the Imperial Academy of Japan*, 9/7 (1933).
(尾原悟)

たかはしアドリアン　高橋アドリアン　(?-1613. 10. 17)　キリシタン時代の有馬の殉教者．*有馬晴信の長子・*有馬直純は，幼少の頃 *洗礼を受けたが，1610年(慶長15) *徳川家康の養女を配せられ，正室を離別，その後棄教した．さらに幕命により長崎奉行 *長谷川藤広とともに *キリシタン禁制を励行し，1613年には *キリシタンの重臣8人を捕らえて棄教を迫り，信仰を棄てなかった3人を家族ともども火刑に処した．そのなかの一人がアドリアンで，夫人ジョアンナ，林田および武富らの家族とともに有馬川のほとりで殉教した．
【文献】『イエズス会日本年報』1613年度 (ARSI, Jap. Sin. 57, ff. 269v-271v).
(尾原悟)

たかはしたかこ　高橋たか子　(1932. 3. 2-)　小説家．
【生涯】京都市に富裕なサラリーマンの一人娘として出生．第2次世界大戦後の教育改革で女性にも門戸を開いた新制京都大学文学部に入学，仏文科に進む．秀才集団のなかの紅一点の存在として悪戦苦闘．根強い男性コンプレックスを植えつけられる．1954年(昭和29), 中国文学専攻の大学院生・高橋和巳(後に京大中文助教授，また『悲の器』『邪宗門』の作者として知られる．1931-71)と結婚．自らも大学院仏文専攻に進学してF. *モーリアックを研究．夫の小説家デビューを支援するかたわら書き始めた短編小説『囚われ』(『彼方の水音』1971に所収)，『彼方の水音』(1971)，『共生空間』(1973)，『失われた絵』(1974)が芥川賞候補作となり，小説家の道を歩み始める．1971年，多大な文学的影響を受けた夫を癌で失うが，創作意欲はますます高まり，同年，最初の作品集『彼方の水音』を刊行．以後『空の果てまで』で第13回田村俊子賞(1973)，『誘惑者』で第4回泉鏡花賞(1976)，『ロンリー・ウーマン』で第16回女流文学賞(1976)，『怒りの子』で第37回読売文学賞(1985)，『恋う』で第12回川端康成文学賞(1985)を受ける．その間，1975年『誘惑者』執筆中にカトリックに入信．1980年求道のため渡仏．1988年まで *パリの観想修道会・エルサレム会に属し，修練者・修道者として働く．小説も1982年の『装いせよ，わが魂よ』以降は，*エロスの愛から脱皮して *アガペーの愛を知った者の内側を描く．
【文学】初めモーリアックの影響を強く受け，女性の心の奥の魔性や男性コンプレックスを摘出する作家として出発．一心同体と信じていた夫との別居，死別を経て，男女の恋愛の限界や罪性を鋭くえぐるようになる．地上的恋愛を破綻させる女性の無意識の悪やエゴイズムを徹底的に暴き描くうちに，逆説的にカトリックに捉えられ，浄化された男女の愛を目指すようになる．『亡命者』(1995)は，その集大成．
【文献】須浪俊子『高橋たか子論』(桜楓社1992).
(須浪敏子)

たかぼこじま　高鉾島　古くは高向．この島が長崎港の入口にあるためポルトガル人は「カテドラ」と呼んだ．『長崎名勝図絵』に「皇帝卵」とあるのは，「カテドラ」の音を写したものである．1609年(慶長14) *有馬晴信はポルトガル船焼き討ちに際し，この島に陣を構えた．1617年，鷹島で殉教した *ドミニコ会の司祭 *ナバレテと *アウグスチノ会の司祭 *アヤラの *宿主であったガスパル上田彦次郎とアンドレア吉田の二人が，司祭の宿主であったという理由で，この島で斬首されて殉教し，遺体は海中に捨てられた．高鉾島周辺の海中には，西坂での殉教者も多数投げ入れられた．オランダ人はキリシタンが殉教した島としてパッペンベルグ(教皇の山)と呼んだ．『長崎図志』では檳榔島ともいう．
【文献】純心女子短期大学長崎地方文化史研究所編『長崎図志』(純心女子短期大学1992); 片岡弥吉『日本キリシタン殉教史』(時事通信社1979).
(片岡瑠美子)

たかま　高間　〔ラ〕cenaculum　エルサレム城内にある「二階の広間」(〔ギ〕anagaion mega. マコ14: 14-15; ルカ22: 11-12)で，ここでイエスと12人の弟子は，*最後の晩餐を祝った．またイエスの *昇天の後，120人ほどの弟子たちが集まって祈り，*ユダ・イスカリオテに代わる使徒 *マティアを選び，*五旬祭の日には一同に *聖霊が降った「高間」(〔ギ〕hyperōon. 使1: 13-2: 4)は，伝承によれば，この同じ「二階の広間」であった．使徒言行録12: 12(4: 31も参照)には，大勢の人々がマルコの母マリアの家に集まったと記されているが，それもこの「二階の広間」であったという伝承もある．

たかまつしきょうく

伝承通りの「高間」のある今日の建物は，中世以降のもので，東端には，いわゆるダビデの墓があるモスクが建てられている．
【文献】DBS 1: 1064-84.　　　　　　(B. シュナイダー)

たかまつしきょうく　高松司教区

四国の香川，徳島，高知，愛媛の4県を管轄する司教区．面積：1万8,800 km²．総人口：417万6,371人．カトリック信者数：5,699人(1998年現在)．教区長：ヨセフ深堀敏．

司教座聖堂
(高松司教区)

【歴史】1566年(永禄9) *イエズス会の会員 *フロイスが伊予の堀江で6人に授洗したのが四国宣教の始まりである．1586年(天正14)小豆島では G. デ・*セスペデスが1,400人に授洗し同年，伊予の道後に布教所が設置された．土佐に *キリシタン大名の *一条兼定，阿波には *蜂須賀家政が信徒の武士たちと住んでいた．またほかから移住してきた信徒も散在していた．迫害中，宣教師は信徒たちを巡回司牧したが *殉教者も出た．1617年(元和3)石原孫右衛門父子が高松で殉教している．

1869-73年(明治2-6)長崎浦上の信徒364名が四国の4藩に流配された(→浦上キリシタン流配事件)．禁教令解除後1882年(明治15) *パリ外国宣教会の司祭プレシ(Marie-Justin Plessis, 1844-1902)は大阪から高知，宇和島に入り宣教を再開．松山では長崎出身で大阪司教区最初の日本人司祭 *深堀達右衛門が活動した．さらに高松，徳島にも宣教は拡大した．

1904年教皇 *ピウス10世は四国の宣教を *ドミニコ会ロザリオの聖母管区に委ねて大阪司教区から独立させ，四国を *知牧区とした．初代教区長は *アルバレスで，宣教の拠点を徳島に置いた．ここでは学問を志す少年たちを育成して有能な人材を社会に送った．高知に伝道士養成所，小神学校を設置したが数年後閉鎖した．愛媛県今治，八幡浜にも進出した．*ドミニコ宣教修道女会は松山に美善女学校を開校した．なお高松や坂出に信徒の小集団が生まれた．教区司祭 *田中英吉は高知で別に聖堂を建て，隣接地では *聖心の布教姉妹会が養護施設を運営した．1941年(昭和16)第3代教区長 M. *ペレスは戦時下の日本状勢に対応して辞任した．第4代は大阪司教の *田口芳五郎が兼務した．

戦後，宣教は活発になり坂出に聖堂が，隣接地に病院がドミニコ宣教修道女会によって開設され，地域に大きく貢献した．1949年 *オブレート会のギル(Robert J. Gill)が高知，徳島に入り従来の宣教を引き継いで鳴門，阿南，池田，安芸に聖堂が献堂された．1951年，邦人の *教区司祭3名が誕生し香川県を担当．ほかに同県西部地区では *スペイン外国宣教会(旧称，ブルゴス外国宣教会)のオンダラ(Thomas Ondarra)が1955年から丸亀，善通寺，観音寺，伊予三島に宣教している．ドミニコ会は愛媛で重点的に宣教司牧することになり，西条，北条，伊予郡中に聖堂が献堂された．1953年，松山に男子校愛光学園を開校して教育面にも力を注いだ．四国のほとんどの主要都市に聖堂と付属幼稚園が設置された．1963年教皇 *パウルス6世は四国知牧区を司教区に昇格し，初代司教に田中英吉を任命した．北条には聖カタリナ女子短期大学が開学し，高松では大阪からの *聖母被昇天修道会，ドミニコ観想修道女会が活動を始めた．1977年田中司教は辞任し，第2代司教に福岡教区の司祭・深堀敏(1924-)が任命された．北条に *聖カタリナ女子大学，また1990年高松に国際宣教神学院が創設された．

【現勢】1998年現在，小教区：27．司教：1．教区司祭：13．修道司祭：36．助祭：4．信徒修道士：1．修道女：98．大神学校：1．大学：1．短期大学：1．高等学校：2．中学校：1．幼稚園：23．社会福祉施設：7．

【文献】L. フロイス『日本史』全12巻，松田毅一，川崎桃太訳(中央公論社1980); 松田毅一『キリシタン研究』第1部・四国篇(創元社1953); L. マカリオ『四国キリシタン史』一色忠良訳(四国文庫の会1969);『中島町カトリック教会百年の歩み』(高知・中島町カトリック教会1982);『愛媛宣教百年』(聖ドミニコ修道会ロザリオ管区愛媛地区1985).　　　　　(岩永千一)

たかやまうこん　高山右近 (1552-1615)

*キリシタン大名で当時の最も優れた人物の一人．洗礼名ジュスト． *高山飛騨守の長子として摂津高山城に生まれ，1563年(永禄6)，父の回心に続いて沢城において *イルマンの *ロレンソより *洗礼を受けた．1568年，和田惟政の旗のもとに初めて戦陣へ赴く．1571年(元亀2)，和田惟長の家来として *高槻にいたが，1573年(天正1)，自衛のため惟長と戦った．惟長の没後，摂津守荒木村重は高山飛騨守に高槻城を与えたが，同年飛騨守は隠居し，右近が城主となった．以後，活発に宣教に力を尽くした．

右近は当時の社会生活においてもその優れた人柄が目立っていた．1578年にはすでに千利休(1522-91)の弟子として有岡城にて荒木村重の茶会に招かれ，利休に称賛されている．茶人としても南坊と号し著名であった．同1578年，荒木が *織田信長に背き，信長は有岡城を攻めるため右近に高槻城の明け渡しを求めた．荒木に姉と長男を人質として預けていた右近は，一方では彼らの命を救うため，他方では信長の手中にあった司祭 *オルガンティーノをはじめ，ほかの宣教師たちを救うため城を渡さず剃髪して信長のもとへ赴いた．荒木村重を破った後，信長は人質を解放し，高槻を右近に戻したが，高山飛騨守は越前へ流された．このとき以来，右近の生活に

は神に対する深い信頼が目立つ．1582年，信長が殺されたとき，右近は山崎の合戦で先頭に立って明智光秀と戦った．*安土から逃れた*セミナリヨを高槻城に受け入れ，私財で支えた．*豊臣秀吉の家臣になった右近はその旗下に多くの戦いに出陣した．1586年には6万石の*明石の大名となって関白秀吉の警備隊として九州征伐へ出立した．1587年7月25日，博多の筥崎の陣営において秀吉が宣教師の追放令を発布し，右近にもキリシタンの棄教を命令したが，右近は躊躇することなく信仰を捨てないと断言した．その夜明けには領地を奪われ貧しい浪人となり，諸大名からの招きを断って姿を消した．そのときの右近の喜びは印象的であったという．

右近は一時的に*小西行長の知行であった小豆島に潜伏し，南肥後の*宇土へ渡り，そこから*有馬へ移った．*有家にあった*イエズス会の修練院にしばらく寄留していたが秀吉に召された．加賀の前田利家に預けられ，ここでも大きく活躍してしだいに知行を受けるようになった．1590-91年，小田原の戦いに参戦した後，京都(*都)ではしばしば千利休の茶会に招かれ，*ヴァリニャーノと*天正遣欧使節の少年たちが京都へ上った際には終始彼らの先導役を務めた．1592年(文禄1)，利休に切腹を命じた秀吉は淀君との間に生まれた鶴松の死を惜しみ，態度を軟化，右近を肥前名護屋に招き，再び茶湯を共にしたが，右近は恐れることなく肥前名護屋でもキリシタンの宣教に尽力した．1593年，右近は加賀に戻り，越中にあった病弱の父・高山飛騨守を京都の近くに来るようにした．1595年には*蒲生氏郷，翌年には高山飛騨守が亡くなったが，その最期のときには右近は彼らの傍らにいてキリスト信者として死を迎えることができるように助けた．1595-96年には京都，*大坂で右近の宣教の働きが目立っている．

*日本26聖人が捕らえられたとき，右近は他の信徒とともに殉教の準備をしていたが，石田三成の計らいで*キリシタンの名簿から右近の名は消された．秀吉の没後，1598年(慶長3)には*金沢に戻り，前田利長より金沢城の修築を依頼された．関ヶ原合戦の後，金沢ではイエズス会の修道院と教会を建て，司祭たちの生活費を援助した．また能登半島に所有する知行地に*内藤汝安，*宇喜多休閑など熱心な信徒が集まり教会ができあがった．1614年*徳川家康が禁教令を発布すると同時に，右近をはじめ家族，内藤汝安らはルソン(Luzon)に追放された．右近は*長崎まで行き，10月27日には*福田へ移送され，11月7日か8日に*マニラへ向かって出帆した．マニラ到着は12月11日で，温かく迎えられた．総督からの援助を辞退して，静かな祈りの生活に退いたがマニラに到着してから40日目に，追放，船旅，慣れない気候などの苦労により病に倒れ，1615年2月5日(または3日)に死亡した．イエズス会の教会に葬られたが，第2次世界大戦のために遺体の所在が不明になった．

【文献】片岡弥吉『高山右近大夫長房伝』(カトリック中央書院1936); J. ラウレス『高山右近の生涯』(中央出版社1953); A. セルメニオ『聖将高山右近』(中央出版社1966); D. パチェコ『高山右近の横顔』(二十六聖人史料館1971); H. チースリク『高山右近史話』(聖母の騎士社1995). (結城了悟)

たかやまちょぎゅう　高山樗牛　(1871.1.10-1902.12.24)
【生涯】山形県鶴岡市山王町に生まれる．本名，齋藤林次郎．実父の兄・高山久平の養子となり，二高予科，東京帝国大学に進学．大学在学中に『滝口入道』が『読売新聞』懸賞小説に入選，一躍文名をあげる．1895年(明治28)1月に総合雑誌『太陽』が創刊され，文芸欄主筆として毎号論考を発表，以後時代を代表する思想家，評論家としてジャーナリズムに君臨した．1900年，喀血に伴って欧州留学を断念．療養生活に入り，翌々年，32歳で没した．

【思想】第1期の*ロマン主義，第2期の国家主義，第3期の本能充足主義と，樗牛の思想は一見激しく変転しているかにみえるが，根底に一貫して流れているのは，独自の主我主義である．その「日本主義」も後にファシスト・イデオローグとして批判される側面をもちつつ，一方で「人生の目的は幸福にあり．国家至上主義は是の幸福を実現する方便なり」という個人主義国家観に裏打ちされていた．*内村鑑三をはじめとするキリスト教民主主義者に徹底した攻撃を加えていくが，これも超自然，無差別，平等を旨とするキリスト教と，忠君愛国的なイデオロギーとの安易な折衷を批判したうえでのことであった．やがて個人と国家の両立への幻想がついえるにしたがって天才主義へと移行し，熱烈な*ニーチェ崇拝者とみなされるようになる．*無神論的傾向の集成である，「美的生活を論ず」(1901.8)においては，*道徳の極致は無道徳にあり，道徳も*理性も性欲の満足には及ばず，あくなき*本能の充足を目指す美的生活にこそ人生の幸福があると説いた．やがて国家の犠牲をもいとわぬ信念の一貫性を日蓮(1222-82)に評価するに至り，現世的個人主義の観点から宗教を肯定するに至っている．

【文献】日本近代文学館編『日本近代文学大事典』856-58; 太田資順編『樗牛兄弟』(博文館1915). (安藤宏)

たかやまひだのかみ　高山飛騨守　(?-1596)　大永年間(1521-27)に摂津高山荘で生まれる．五畿内のキリシタン史の始まりにおいての中心的な人物で洗礼名はダリオ．松永久秀，和田惟政，荒木村重などに仕え，1563年(永禄6)，奈良で結城山城守*清原枝賢とともに*イルマンの*ロレンソの取調べを行っていたが，ロレンソによって信仰に導かれた．*沢の城で家族とともに受洗．6人の子どもがいて，長男は*高山右近．1573年(天正1)高槻城主となり，領内の宣教に力を注いだ．1578年に*織田信長により越前へ追放されたが，乏しい生活のなかで宣教に努めた．信長没後，*高槻に戻り，1586年，息子右近とともに*明石に移り住んだが，1587年の禁教令の後，一時，淡路島に潜伏した．その後右近が前田利家に預けられたとき，高山飛騨守は越中にいたが，1594年頃体調が優れず京都の近くに居を移し，*オルガンティーノや他の宣教師から*秘跡を受け，模範的な信者としてその生涯を終えた．遺体は後に*長崎へ移された．

【文献】H. チースリク『高山右近史話』(聖母の騎士社1995); L. フロイス『日本史』全12巻，松田毅一，川崎桃太訳(中央公論社1977-80). (結城了悟)

たがわふさたろう　田川房太郎　(1897.12.11-1977.12.29)　マリア会員．洗礼名ヨハネ．長崎市浦上出身．1921年(大正10)7月*マリア会の終生誓願宣立．スイスの*フリブール大学に学び，1928年(昭和3)3月，同会最初の日本人司祭として叙階された．帰国後は東京の暁星学校(暁星学園)，長崎聖マリア学院，長崎の海星学校(海星学園)で教鞭をとり，1943年管区長，

ダカン

1948年暁星高等学校校長，その他，修練院長など要職を務めた．また，文部省の教育職員適格審査委員(1946-47)，内閣の教育刷新審議会委員(1946-52)を務めるなど社会的にも活躍した．東京の同会修道院で死去．
(尾原悟)

ダカン　Daquin, Louis-Claude (1694.7.4-1772.6.15)　18世紀フランスの鍵盤楽器奏者，作曲家．12歳のときから *パリでオルガニストとして活躍し，1739年にヴェルサイユ宮廷礼拝堂，55年には *ノートルダム大聖堂の奏者となる．描写的なクラヴサン曲のほか，クリスマス用のオルガン音楽(ノエル)に，愛すべき作品を残している．
(礒山雅)

たきざわかつみ　滝沢克己 (1909.3.8-1984.6.26)
【生涯】栃木県宇都宮市大町に漆器卸売商の父・滝沢佐市，母・操の三男として生まれる．1928-31年九州帝国大学に学び，コーエン(Hermann Cohen, 1842-1918)，*フッサール，*ハイデガーに関する卒業論文を書き，翌年有給副手となって小笠原トシと結婚．この頃より西田哲学を学ぶ．フンボルト協会留学生として1933-35年ドイツ留学し，*ベルリン大学哲学部に学んだ後ボン大学神学部で K.*バルトに，*マールブルク大学神学部で *ブルトマンに師事する．1937年(昭和12)山口高等商業学校に哲学概論担当講師として赴任．1941年宇都宮師団に召集されるが健康上の理由で兵役免除．1943年九州帝国大学法文学部西洋哲学嘱託講師，1947年同専任講師，1950年同教授．1958年12月福岡市にある *日本基督教団社家町教会で牧師・佐藤俊男(1913-　)から夫人とともに受洗．1965年 *ドイツ福音主義教会連合の招きでドイツに行き，バルトやハイデガーらと交流．1968年九州大学構内米軍機墜落事故問題によって学園紛争に積極的に参加．1971年大学を辞職．1974年，1977年，1979年マインツ大学やエッセン大学などで客員教授．1984年6月福岡大学病院で急性白血病のため死去．9月 *ハイデルベルク大学より名誉神学博士号を受ける．
【思想】滝沢は，*西田幾多郎の勧めに従ってドイツでバルトに師事したが，聖書なしにキリスト教信仰は成立しうると考えた．滝沢にとって，神と人との結合の実質が *インマヌエルと呼ばれることの第一義であって，*イエス・キリストの *ペルソナにおけるインマヌエルは，その一つの表現にすぎず第二義にとどまる．第一義と第二義とはあくまでも不可逆でなければならない．こうした立場から滝沢は，バルトと異なって他宗教に対するキリスト教の優位性を認めず，キリスト教そのものの脱構築を試みる．また滝沢は，マルクス批判を通して人間営為の諸事象をありのままに認識する方法を構築した．さらに西田哲学における絶対矛盾的自己同一を批判して，そこには神と人との間に存する不可逆性が欠落しているがゆえに，現実認識としては不十分な抽象的思考にとどまっていると主張した．このような滝沢の思想は，晩年になって純粋神人学として結晶して最終的な理論的まとまりをみせることとなる．
　滝沢思想は，西洋と東洋の総合とその超克といった局面やエキュメニカル運動など，現代の宗教的・思想的・政治的混乱や行き詰まりを打開して新たなパースペクティヴを提示するための，根本的反省と独創的視点をもっている．
【著作集】『滝沢克己著作集』全10巻(法藏館1972-75)．
【主著】『西田哲学の根本問題』(刀江書院1936);『現代日本の哲学』(三笠書房1939);『カール・バルト研究 ― イエス・キリストのペルソナの問題』(刀江書院1941);『夏目漱石』(三笠書房1943);『仏教とキリスト教 ― 久松真一博士「無神論」にちなみて』(法藏館1950);『聖書のイエスと現代の思惟』(新教出版社1965);『大学革命の原点を求めて』(新教出版社1969);『自由の原点・インマヌエル』(新教出版社1969);『聖書入門』(三一書房1986);『純粋神人学序説』(創言社1988)．
【文献】キ人846;坂口博編『滝沢克己年譜』(創言社1989);前田保「滝沢克己入門」『思想のひろば』1(1993) 6-40．
(河波昌)

たぎたこうや　田北耕也 (1896.11.12-1994.2.19)
長崎県下のカクレキリシタン研究(→ かくれキリシタン)のパイオニア．奈良県添上郡月瀬村に生まれ，大阪高等工業学校(現大阪大学)採鉱冶金科を卒業後，再び1929年(昭和4)九州帝国大学法文学部哲学科宗教学専攻を卒業した．翌年より3年間東京帝国大学の *姉崎正治の推薦によって帝国学士院より「切支丹部落の社会的歴史的研究」に対して補助金を受け，長崎県下のキリシタン村落を歴訪し資料蒐集を行い，それまで明らかにされることのなかったカクレキリシタンの存在とその信仰，習俗を詳細に調査し世に紹介した．その後も調査を重ね，1954年主著『昭和時代の潜伏キリシタン』を著した．また1955年から63年にかけて米，欧，インドの300余か所においてキリシタン関係の講演を行って海外における紹介に努めた．
　1930年より西田天香(1872-1968)の指導によって一燈園生活を営み，財団法人・光泉林灯影学園を創設・経営した．1930年9月より半年間 *マクシミリアン・マリア・コルベらと長崎大浦の仮修道院にて同居し『聖母の騎士』誌出版企画に参加し，その影響により1938年家族とともにカトリックに改宗した．また研究のかたわら，第2次世界大戦前後約20年にわたってカトリック長崎教区神学校教授，長崎東陵中学校(現南山学園)校長，長崎県立長崎中学校教授等を歴任した．1948年には名古屋に移り，名古屋外国語専門学校(現 *南山大学)教授として1959年まで *比較宗教学を担当．その後も名古屋の同朋大学，名古屋造形短期大学において教鞭をとった．
(宮崎賢太郎)

タキトゥス　Tacitus, Publius Cornelius (55頃-117頃)　ローマの歴史家．イエスの *受難とキリスト者の *迫害を記録した最初期の異教作家．
【生涯】明確ではないが，おそらく北イタリアか南ガリアに生まれ，80年頃財務官と同時に元老院議員に選任された．地方長官などを歴任し，93年 *ローマに戻ったが，当時の *ドミティアヌス治世後期の恐怖政治は，以前から退廃した元首政に批判的だった彼に，一層悲観主義的傾向の歴史書を執筆させた．97年執政官，112-13年頃アシア州(Asia)総督．
【著作】現存する著作は次の五つである．(1)『雄弁家について』(Dialogus de oratoribus, 著作年不明)．弁論家についての対話．(2)『アグリコラ伝』(De vita et moribus Iulii Agricolae, 98)．ブリタニア総督であった義父アグリコラ(Gnaeus Julius Agricola, 40-93)の伝記．(3)『ゲルマニア』(De origine et situ Germanorum, 98)．ゲルマン人の歴史・習俗．(4)『歴史』(Historiae, 109頃)．フラヴィウス朝(69-96)の記述．5巻目の途中までが現存．(5)『年代記』(Annales)．*トラヤヌスお

よび *ハドリアヌスの治世下で執筆されたと考えられる. *ティベリウス帝から *ネロ帝の記述(14-68/69). 全体の3分の2が残る.

『年代記』(15, 44)は，キリストがティベリウス帝の治世，*ピラトによって処刑された，という記述が，64年のローマ大火の後のネロによる迫害とともにみられる有名な箇所である．タキトゥスの態度は，キリスト教徒に対して好意的なものではないが，キリスト受難に言及した最初の異教文献という点で重要である．

【主著邦訳】泉井久之助訳註『ゲルマーニア』(岩波書店1979)；国原吉之助訳『年代記』(岩波書店 1981).
【文献】キ人 846; NCE 13: 911-12; 11: 146; R. L. ウィルケン『ローマ人が見たキリスト教』三小田敏雄他訳(ヨルダン社 1987); R. L. WILKEN, *The Christians as the Roman Saw Them* (New Haven 1984); 松本仁助他編『ラテン文学を学ぶ人のために』(世界思想社 1992).
(水戸博之)

たくしま　度島　長崎県平戸市にあり，面積は 3.45 km² の島で平戸島より約 4 km の海上にある．*キリシタンの時代には籠手田家の知行で，1562年(永禄5)の終わり頃 C. デ.*トレスによって宣教が行われた．1563年 11月 *横瀬浦が破壊されたとき，司祭の *フロイスと *イルマンの J. *フェルナンデスは度島に逃れ，その間にフェルナンデスは日本語の文法書を製作したが火災によって度島の小さな教会は焼失した．
【文献】長崎新聞社編『長崎県大百科事典』(長崎新聞社 1984); D. パチェコ『長崎を開いた人』(中央出版社 1969).
(結城了悟)

たくしん　託身 → 受肉

たぐちよしごろう　田口芳五郎 (1902. 7. 20-1978. 2. 23)　カトリック大阪大司教区初代大司教，枢機卿. *大阪聖ヨゼフ宣教修道女会，ガラシア病院，*英知大学創立者．長崎県西彼杵郡黒崎村出津で田口興市，サダの長男として生まれる．1917年(大正6)，東京小神学校に入籍，旧制暁星中学に入学，同校卒業後，関東大震災に被災したが，海路ローマの *ウルバニアナ大学に留学，哲学博士・神学博士の学位を得る．1928年ラテラノ大聖堂で司祭叙階．アポリナーレ大学で，*教会法と *ローマ法を研究し，1931年(昭和6)両法学博士の学位取得後，11月に帰国，『カトリック新聞』や『聲』などの編集に従事，1936年には麹町教会の主任司祭となる．大司教 *土井辰雄の後任としてローマ教皇使節秘書を務めた．1941年，第5代大阪司教に祝聖．1948年神戸塩屋に *少年の町を開設，同年尼崎市若王寺に大阪聖ヨゼフ宣教修道女会を創立．教区長在任中，多数の *小教区を設立，また女子トラピスト修道院(→ 厳律シトー会)はじめ数多くの *修道会を招致し，百合学院，ガラシア病院，英知大学を創立した．第2*ヴァティカン公会議の後には，教区内で公会議説明会を開催，公会議の精神の普及と実践に努めた．1965年には *高山右近の列福運動を始め *マレラ枢機卿を迎えての高山右近 350年祭，1968年には大阪教区宣教 100年を祝った．1973年 *枢機卿に親任．1974年 *世界代表司教会議に参加．小教区のみならず，修道会による活動，また特に学校，病院等を通しての社会における教育・社会福祉活動による宣教の重大性を深く認識し，教区の力で大学を設立するなど卓越した識見と知性に恵まれていた．学問研究と観想生活を愛し，自ら清貧を貫く一方で厳格な規律を人々にも求めたが，人情味溢れる心優しい実践家でもあった．編著『真理の本源』(公教社 1948)ほか『福音宣教の神学』(精道教育促進会 1975)等，著作も多い．
【文献】『カトリック大阪大司教区・宣教 100年』(カトリック大阪大司教区 1966);『走るべき道を走り……』(大阪聖ヨゼフ宣教修道女会 1991).
(岸英司)

たくはつしゅうどうかい　托鉢修道会　〔ラ〕ordo mendicans，〔英〕mendicant orders，〔独〕Bettelorden，〔仏〕ordres mendiants　名称は「托鉢する」(〔ラ〕mendicare)に由来する．創立時に会として，また個人としてすべての所有の放棄を誓約する修道会を指す．

托鉢修道会運動は 12世紀末から 13世紀初頭の宗教的・経済的状況を背景として始まった．当時，都市経済が徐々に封建的経済に取って代わり，新興都市や自由都市は聖職者階級と対立し，聖職者たちは長期の *秘跡執行の停止で都市を脅かした．市民階級の興隆で，貧しい階層は *ヴァルドー派やリヨンの貧者など，聖職者の贅沢は福音に反すると説く人々に同調していった．同じ頃，無資格の説教者が清貧(*貧しさ)を強調し，*カタリ派や *アルビ派などが南フランスや北イタリアに広まった．この運動を抑えるために，多くの *教皇特使や十字軍，宣教師が送られた．このような状況のなか，イタリアでアッシジの *フランチェスコが従順に清貧を結び合わせることで，またスペインでは *ドミニクスが学問と使徒的熱意を合わせ，この問題の解決に道を開いた．

第4*ラテラノ公会議(1215)による改革後，*ドミニコ会と *フランシスコ会は，学問的にも司牧的にも大きな影響力をもつようになった．その後 *カルメル会と *アウグスチノ会が興り，どちらも第2*リヨン公会議(1274)で托鉢修道会として認可された．やがて *マリアのしもべ修道会がこれらに続き，1578年には教皇 *グレゴリウス13世によって *ミニミ修道会，*イエスアート会，*三位一体修道会，*メルセス修道会が認可された．15-16世紀にフランシスコ会はコンベンツアル派(→ コンベンツアル聖フランシスコ修道会)，カプチン派(→ カプチン・フランシスコ修道会)，*原会則派の三つに分かれ，それぞれが独立した会となった．

托鉢修道会の地域司教の *裁治権からの *免属の問題は，サンタムールの *ゲイレルムスによって引き起こされ，13世紀の *パリ大学神学部を二分する論争に発展した．フランシスコ会とドミニコ会は，パリ大学神学部に講座をもつ *トマス・アクィナスや *ボナヴェントゥラなどの神学者の弁護によって防衛に躍起となった．しかし，1267年，教皇 *クレメンス4世が両会は司教たちの許可を必要とせずに説教，聴罪，埋葬などを行う権利を有すると発表したことで，フランス司教団からは一層激しい抗議の声が上がった．この問題は，教皇 *ボニファティウス8世が公開勅書『スペル・カテドラム』(Super cathedram, 1300)によって，托鉢修道士が，説教をしたり告解を聞くときには，許可を義務づけるなど，托鉢修道会と地域司教の裁治権との関係を新たに規定し，一応の解決をみた．

托鉢修道会は，会として，また個人としてのすべての所有の放棄を旨としていたが，*トリエント公会議以降，会として財産を所有することが認められるとともに，コンベンツアル聖フランシスコ修道会の共同の清貧には教皇からの承認が与えられた．旧『教会法典』は托鉢修道会の創立時の身分と特権を認めており，托鉢者と呼ば

れ，また実際に托鉢する盛式修道者は，その修道院が属する教区内にかぎり，自己の上長の許可のみで施しを求めることができるとした（旧『教会法典』621条1項，新『教会法典』1265条1項参照）．第2*ヴァティカン公会議後は，その指針に沿って，托鉢修道会は新しい試験的会憲を通じて，彼らの創立者の理想をいかに表現するかに腐心している．

【文献】キ史4: 289-319; DMA 8: 273-74; EDR 2: 2334; NCE 9: 648-49; H. HOLZAPFEL, *Handbuch der Geschichte des Franziskanerordens* (Freiburg 1909); D. KNOWLES, *From Pachomius to Ignatius* (Oxford 1966); R. W. SOUTHERN, *Western Society and the Church in the Middle Ages* (London 1970) 214-99. （石井健吾）

たくはつしゅうどうかいろんそう　托鉢修道会論争　〔英〕conflict between the Mendicants and the Seculars, 〔独〕Mendikantenstreit, 〔仏〕querelle des mendiants et des séculiers　托鉢修道会論争とは*托鉢修道会の司牧活動や生活, *特権について, 13-14世紀に*教区司祭や在俗勢力と行われた論争をいう．12世紀の*清貧運動を基に成立した托鉢修道会は, 急激な発展のゆえに既存勢力との軋轢を生じた．背景には都市化と貨幣経済化, また諸*教皇が托鉢修道会を援護して直属の手兵とし, 教皇至上権（→首位権）を伸張したという過程がある．争点は，(1)*修道者が*司牧に携わることの是非，(2)托鉢修道会の司牧特権であった．

第一の論争は*パリ大学を舞台に起こり, 狭義の托鉢修道会論争と呼ばれる．*ドミニコ会と*フランシスコ会はパリ大学に教授席をもっていたが, 1252年のストライキに彼らは同調しなかった．大学側は彼らの教授席を没収しドミニコ会の*トマス・アクィナスとフランシスコ会の*ボナヴェントゥラの教授認定を拒否した．これに対して修道会側は教皇に直訴し, 決定撤回への圧力をかけた．大学側はサンタムールの*グイレルムスを理論面の指導者とした．彼はボルゴ・サン・ドンニーノのゲラルドゥス（Gerardus de Borgo San Donnino, ?-1276頃）が書いた『永遠の福音入門書』（Liber introductorius in Evangelium aeternum）をヨアキム主義（→フィオーレのヨアキム）の異端であると教皇に訴えた．教皇*インノケンティウス4世は態度を変え, 托鉢修道会の教授席を取り上げた．フランシスコ会総長パルマの*ヨアンネスもヨアキム主義の疑いを受け, 辞任に追い込まれた．しかし, 数週間後に登位した教皇*アレクサンデル4世はこれを破棄した．次にグイレルムスは托鉢修道者が司牧に携わること自体を非難した．ボナヴェントゥラやトマスは反論し, 1256年アレクサンデル4世は托鉢修道会の司牧の権利, 清貧様式を荘厳に確認した．グイレルムスはフランス国王によって追放された．しかし1268年に教皇*クレメンス4世が亡くなり3年の空位が生じると, 論争は再燃した．グイレルムスの弟子アブヴィルの*ゲラルドゥスは再び托鉢修道会を攻撃し, 教区司祭が司牧に携わり, 修道者は修道院での労働と祈りに専念すべきで, 勉学や研究は不要であるとした．また托鉢修道会の理念と生活は福音に反しており, このような会は廃止すべきだとした．これに対してボナヴェントゥラは, 托鉢修道者が司牧に携わるのは教皇からの派遣に基づくとして反論した．*ペトロが捕れた魚の数の多さに他の船の仲間に加勢を頼んだように, 托鉢修道者は本来の司牧者（すなわち教皇）から司牧を依頼されたこと, また福音は自らそれを生きる者によって最もよく説教し教えることができるとした．さらにボナヴェントゥラは托鉢修道会の財産放棄と清貧が*完徳に適うものであることを示した．1274年の第2*リヨン公会議は第4*ラテラノ公会議(1215)の後に設立された托鉢修道会を廃止することを決めたが, ドミニコ会とフランシスコ会を例外とし, *カルメル会と*アウグスチノ会はそれ以前の創立と認めた．

【司牧特権論争】第二の争点は司牧特権であった．諸教皇は托鉢修道会に説教と聴罪(*ゆるしの秘跡の執行)を特権として与えたが, *教区司教の同意が条件であった．1281年に教皇*マルティヌス4世はフランシスコ会とドミニコ会に対して司牧における司教権限からの独立を認め, 説教者, 聴罪師（→聴罪司祭）への適性審査を修道会上長に任せた．ところが, 教区聖職者の反発が大きかったために, 教皇*ボニファティウス8世は勅書『スーペル・カテドラム』(Super cathedram, 1300)を出して解決を図った．托鉢修道者は, 修道会の教会や公の場所では, 地域の*高位聖職者が説教をする場合を除き自由に説教できるが, *小教区の教会では*主任司祭が招くかその許可を必要とする．聴罪師への資格審査は修道会上長が行うが, 聴罪権を得るためには教区司祭の許可を必要とし, 前もって名前を届ける．修道会教会に信者の埋葬もできるが, 謝礼の4分の1を教区司祭に渡すというものであった．すると今度は托鉢修道会側からの反対が起こり, 元ドミニコ会総長の教皇*ベネディクトゥス11世はこれを1304年に廃棄した．しかし再び教区聖職者から反対が出され, *ヴィエンヌ公会議(1311)で教皇*クレメンス5世は『スーペル・カテドラム』を再び有効とした．

【文献】キ史4; LThK² 1: 886-88; LThK³ 1: 1014-15; 石井健吾『フランシスカニズムの系譜―黄金の世紀・13世紀』フランシスコ会叢書6(フランシスコ会日本管区本部1979); 川下勝『フランシスカニズムの流れ』(聖母の騎士社1988); L. IRIARTE, *Historia Franciscana* (Valencia 1954 ²1979). （濱田了）

タクラ・ハイマノト　Takla Hāymānot　(?-1312頃)　聖人(祝日1月4日, 5月20日, 8月30日), エチオピアの修道士．名前は「信仰の植物」の意味．スコア(Schoa)で説教者として非常な評判を得た後, 厳しい悔い改めの生活に入り, 最終的にはワガダ(Wagadā)の修道院に住んだ．ダブラ・リバーノス(Dabra Libānos)の修道院の創立者とみなされ, 後世の伝説によれば, 賢明な支配者が権限を得るよう助力したとされている．

【文献】LThK² 9: 1278; LThK³ 9: 1244-45.

（久野暁子）

たけだごひょうえ　竹田五兵衛　(?-1603.12.9)　キリシタン時代の肥後八代の殉教者．洗礼名シモン．京都出身で, 祖父は*高山右近の家臣であった．*小西行長の*宇土転封に従って*八代に移り, 1593年(文禄2)頃に受洗．同地の教会の指導者となる．関ヶ原の戦い後, 肥後は*加藤清正の支配下に入ったため*キリシタンに対する迫害が始まり, 宣教師は追放, 小西美作(*小西ディエゴ)はキリシタンの家臣を連れて薩摩に逃れ, 多くのキリシタン指導者たちが追放された．しかし, シモンは領内にとどまって信徒らを励ました．1603年(慶長8)11月23日, 清正は熊本・本妙寺の日真を遣わし, 日蓮宗への改宗を強要したが, 最後まで拒み通し, 妻イネスや母ジョアンナとともに斬首された．

【文献】F. PASIO, *Historia do martirio de seis Japões…no reyno de Fingo em Dezembro de 1603*, ARSI, Jap. Sin. 54, ff. 274-320v.
(尾原悟)

たけだたいじゅん　武田泰淳（1912.2.12-1976.10.5）　小説家，中国文学研究家．東京市本郷区(現在の文京区)に生まれる．大島泰信・つるの次男．幼名・大島覺(さとる)．武田姓は住職であった父の師僧，武田芳淳の遺言による．芳淳は血縁ではないが，小作人の次男である泰信に学資を出して東京帝国大学を卒業させた恩人であり，独身でもあったので弟子泰信との間に次男を後継者とする約束が交わされていた．当時，父泰信は大正大学教授．兄の大島泰雄は元東京帝国大学農学部教授．1918年(大正7)本郷誠之小学校入学．5年生のとき作文を担任に激賞され，作文が得意になる．1924年京北中学入学．四修で浦和高等学校文科甲類入学．この頃から『紅楼夢』や魯迅(1881-1936)，胡適(1891-1962)などを読みあさる．左翼組織A(反帝グループ)に加盟．1931年(昭和6)，東京大学支那哲学支那文学科入学．同級に竹内好(1910-77)がいた．5月左翼運動のため4回逮捕される．大学には自然に行かなくなる．1932年2月泰淳と改名，芝増上寺の加行道場に入り僧侶の資格をとる．1937年10月召集，輜重補充兵として中国中部地方に派遣される．1939年10月上等兵で除隊．

1943年『司馬遷』刊行．処女評論において彼は本多秋五のいう「あれもこれも」という多元論を完成させた．翌年，徴用のがれの意味もあり，*上海に渡り中日文化協会に就職．2年間上海で過ごし，この間，聖書と*ドストエフスキーを耽読．これが後の武田文学を支える礎となった．1947年10月，北海道大学法文学部助教授となるが半年で辞職，作家活動に専念．「審判」「秘密」「蝮のすえ」は47年に連続して書かれた．特に「蝮のすえ」の宗教的モチーフは，「ひかりごけ」(1954)，『わが子キリスト』(1968)へと発展していく．戦後の泰淳文学の主要テーマが「滅亡」であることは誰しも認めることだが，日本の敗戦と，聖書およびドストエフスキー体験によって「滅亡」の観念は実存化したといえる．

武田泰淳の描く世界は仏教的かキリスト教的かという問題があるのだが，不思議にキリスト教的作品にみるべきものが多い．かつて*遠藤周作に，彼くらい聖書を読んでいる現代作家は*椎名麟三を別にしていないといわせた男が泰淳である．その彼が『快楽』において「仏教」と「政治」の対立を描こうとしたが，雑誌『新潮』(1960-64)に45回連載したものの未完に終わった．いわば無手勝流の挙に出たのであるが，「何をしても許される」世界，それが彼の仏教であってみれば小説も未完に終わらざるをえなかったのである．『わが子キリスト』においてはキリストを政治的立場に立たせ，キリストの*復活を政治的に復活させようとした．これは一見成功したようにみえるが，もともと政治と信仰は油と水である．彼独自の解釈は一部の者が納得するにとどまった．彼の最後の長編小説『富士』(1971)はそういう意味で貴重である．この作品は富士山麓の精神病院が舞台であるが，ここで泰淳は仏教的世界である人生の曼陀羅模様を描く．そして序章，終章を設けおのおの「神の餌」「神の指」とした．今では病院長である大島の愛犬ポコにとって大島は神そのものであり，大島もそれに応えようとする．仏教においては「生きとし生ける者」は動物・植物を問わず平等であるはずである．愛犬ポコの神である大島院長，しかし皮肉にも彼の妻マリは精神を病み夫の病院でない病院を探しているのだ．主人公たちを統御しているのは明らかに人間ではなく神である．ここに泰淳の望んだと思われる仏教的世界とキリスト教的世界の握手がある．小説の世界で「あれか，これか」と迷っていた泰淳の世界は，『富士』の完成により見事に成立したといえる．1976年に肝臓癌のため死去．

【文献】『武田泰淳全集』増補版，全18巻，別巻3(筑摩書房1978-80)；埴谷雄高編『増補・武田泰淳研究』(筑摩書房1980)；松原新一『武田泰淳論』(審美社1970)；粟津則雄『主題と構造—武田泰淳と戦後文学』(集英社1977).
(西谷博之)

たけなかしげよし　竹中重義（?-1634）　采女正．江戸初期の長崎奉行．父重利の所領2万石を相続．豊後国府内城主．1619年(元和5)福島正則の改易に際し広島開城を交渉．1628年(寛永5)*長崎奉行．外様大名としては異例な起用で，この年の対外関係の悪化(浜田弥兵衛の台湾事件による平戸オランダ商館閉鎖，スペイン艦隊のシャム国における朱印船焼討事件による長崎入港ポルトガル船の抑留等)や，*キリシタン禁制の強化などが考慮されたためであろう．重義は市内のキリシタン多数を捕らえ雲仙岳で苛酷な*温泉(うんぜん)責めに処するなど，在任中禁制を徹底した．対外政策面では，トンキンやシャムなどへの渡航船に対する通商許可証の私的発給や私貿易，唐船に対する課税や収賄など数々の職権濫用があり，長崎代官*末次平蔵らに訴えられ，1633年罷免．翌年所領没収のうえ，浅草海禅寺で切腹．

【文献】高柳光寿他編『寛政重修諸家譜』6 (続群書類従完成会1964)；村上直次郎訳注，中村孝志校注『バタヴィア城日誌』1 (平凡社1970)；八百啓介「長崎奉行竹中重義について — 近世初期外交政策に関する一考察」『九州史学』80 (1984) 29-48.
(清水紘一)

たけのけいさく　岳野慶作（1909.3.2-1992.3.26）　哲学者．長崎県に生まれ，東洋大学に学ぶ．上智大学教授，聖カタリナ女子短期大学学長を歴任．*マルセルの紹介者であり，*パスカル，*ペギーについての著作がある．横浜にて没す．

【著作集】『岳野慶作著作集』全8巻(中央出版社1972-74).
(高柳俊一)

たけみやはやと　武宮隼人（1900.2.19-1980.11.28）　イエズス会員．東京市麻布に父武宮一，母えまの九男として生まれる．洗礼名フェリックス．1919年(大正8)*上智大学予科に入学．1922年*イエズス会に入会，ファルケンブルク大学で哲学・神学・教育学を修める．1931年，司祭叙階，*グレゴリアナ大学より哲学博士の学位を受ける．1933-35年，*フライブルク大学で教育学を研究し帰国．上智大学教授を経て，1937年(昭和12)財団法人・六甲中学校校長となる．1965年退職，以後は司牧者として神戸を拠点に講演，黙想指導等，全国的な活動を続けた．ドイツでは神学者K.*ラーナーと個人的親交があり，深い神学的素養と自然と人間をこよなく愛する古武士的の風格を備えた人柄で，多くの人々から親しまれた．強烈な人格と人情味を併せ持ち，深い信仰に基づく無私と自由の精神で温かく人々を導いた．
(宗正孝)

たけやコスメ　竹屋コスメ（?-1597）　*日本26

たけやレアン

聖人の一人．尾張出身の刀研師．*イエズス会の宣教師から *洗礼を受け，*フランシスコ会の伝道士（*カテキスタ）として *大坂の修道院で活躍したが，捕らえられ，他の殉教者とともに京都（*都）の牢屋に入れられ，*長崎までの道を歩いた．結婚しており息子がいたが，それ以上の資料は残っていない．
【文献】結城了悟『長崎への道』（日本二十六聖人記念館 1981）． (結城了悟)

たけやレアン　竹屋レアン （1603-1623. 12. 4）

江戸の殉教者．徳川家光の将軍職継承を前に，*江戸では *キリシタンに対する新たな迫害が起こり，宣教師や信徒に懸賞金がかけられた．密告によって作成したリストをもとに，奉行は江戸に潜伏する *アンジェリスの宿を襲ったが，すでに隠れ家を替えたあとであったので，捕吏は宿主のレアンを捕縛した．そして *元和大殉教と呼ばれる 1623 年（元和9）10月1日に，芝の刑場で火刑によって殉教した．*フランシスコ会の指導のもとに江戸で組織された *勢数多講（せすた）の署名にみえる「るひいな竹や夫婦」に比定されている．
【文献】『イエズス会日本年報』1624 年度 (ARSI, Jap. Sin. 60, ff. 291-396v)． (尾原悟)

たげんごしよう　多言語使用 〔英〕multilingualism

個人または一つの *国家や *共同体が二つ以上の *言語を併用すること．現在，多言語使用について二つの類型が認められている．その一つは，二つ以上の異なった言語社会でそれぞれの言語を全く別々に獲得し，それぞれの社会で母語として使用する等位型多言語使用である．もう一つは同一の社会で二つ以上の言語のうち一つは母語とし，他の言語は第 2 言語または外国語として獲得し，必要に応じて複数の言語を使い分ける複合型多言語使用である．

多言語使用者は単一言語使用者に比べて知能や認知能力に劣るといわれたことがあったが，現在では，多言語使用者は言語を抽象的な記号体系として分析する認知能力に優れているとの報告が多くなっている．普通，右利きの人間において言語野は左大脳半球に局在しているが，多言語使用者の場合，左大脳半球の言語野だけでは過重になり，右大脳半球にも言語機能がみられるとの説もあるが，明確なことはわかっていない．また，多言語使用者が複数の言語を使い分けるときの言語切り換え機能が脳のどこにあり，どのように働いているかや言語同士の干渉のために，言語の混乱が起きる過程なども明らかにされていない．

多言語使用の社会であっても，それぞれの言語が社会的，政治的，宗教的に対等に扱われていないことは多い．アメリカ合衆国は多民族国家であり，それだけ多くの言語が用いられており，民主的な言語教育政策に基づいて，少数民族の子弟のために二言語併用教育が実施されている．同じ教材を一方の言語では視覚的に，もう一方の言語では聴覚的に同時に教える方法や，一つの課目を一方の言語で，別の課目を別の言語で教える方法などが用いられている． (山中祥男)

たげんしゆぎ　多元主義　→　多様主義

たげんろん　多元論 〔英〕pluralism，〔独〕Pluralismus，〔仏〕pluralisme

【概念】複数の *原理や *実体から *世界を説明しようとする哲学的立場のこと．広義には *一元論に対する思考一般を指し，*二元論をはじめ一定数の原理を置く立場を含むが，実際の用法としてはむしろ，特定数の原理に世界を *還元し説明しようとすることを拒否し，世界を *多様性，多数性において理解しようとする思考法のことをいう場合が多い．

【歴史】古代ギリシアでは，エンペドクレス (Empedocles, 前 495 頃-435 頃) の四原因説や *デモクリトスらの *原子論がエレア派の一元論への批判として現れた．これらは広義の多元論に含まれるが，実際には *唯物論的な説明と言い換えることができ，類似の多元論も結局は一元論的な世界理解に吸収されることになる．それに対して *デカルトに代表される *近代哲学はそのように一元的に理解されうる世界の全体性を *認識の側から切断することから出発し，物心二元論と呼ばれる立場を形成した．しかし，この立場は *心身問題のような難問を必然的に抱え込むこととなり，実際にはこの二元的対立を全体性へ *統一する原理として，*理性といったものが要請される結果となる．また *ライプニッツは無数の *単子によって世界を記述しようとしたが，その背後には *予定調和説が立てられており，後にそれを引き継いだ *ロッツェの *汎神論などとともに，一元論的な多元論だと考えてよい．

【現代的意義】こうした経過を踏まえて，W. *ジェイムズは，多元論の本質を *一神論に対する汎神論の主張として捉え，さらにそれを一元論としての絶対的 *観念論と区別された，根源的 *経験論として定義した．ジェイムズは多元論を一つの宇宙観として立てたが，彼の *プラグマティズムは厳密にいえばやはりそこから一つの原理を抽出するものである．むしろ現代においては，多元論は世界を何かに還元して説明するような近代的思考に対する批判として理解されなくてはならない．後期の *ヴィトゲンシュタインは我々の生活を無数の言語ゲームの網の目として記述したが，そこでは可能なかぎり中心的な原理や実体への還元が拒否されている．また，1970 年代以降に現れたポストモダニズムと呼ばれる潮流においては，理性主義的，自文化中心主義的な思考の弊害が指摘され，多文化，多数の理論の共存するモデルが模索されている．

こうした議論に共通する問題として，等質的な原理に還元して理解することのできない *他者といかにして向き合うかという，極めて倫理的な課題が浮かび上がってくる．旧来の一元論や多元論がその目的を世界の形而上学的な意味づけに置いていたのに対して，現代ではむしろ実践的思考の拠り所としてそれらが問い直されているのである．西欧形而上学の背景としてその一元的思考が批判されることも多いキリスト教が，他者との *対話の根源的な重要性を説いていることを考えるならば，現代の教会には，いわば多元論的な視野に立った自己認識がつねに求められているのだといわなくてはならない．
【文献】W. ジェイムズ『多元的宇宙』ウィリアム・ジェイムズ著作集 6, 吉田夏彦訳 (日本教文社 1961): W. JAMES, *A Pluralistic Universe* (New York 1909). (崎川修)

たこくごたいやくせいしよ　多国語対訳聖書

〔ラ〕(Biblia) Polyglotta，〔英〕Polyglot (Bible)，〔独〕Polyglotte, Polyglottenbibel，〔仏〕(Bible) Polyglotte　ポリグロト聖書ともいわれる印刷聖書．ポリグロトとは，ギリシア語の「多くの」(polys) と「舌，言語」(glōssa,

14世紀の多国語対訳聖書写本
(Biblioteca Vaticana)

glōtta)を語源とし，聖書に限らず，数か国語の並行本文の一定部分を同一頁に印刷した共観書のことをいう．聖書の場合，厳密にいうと，*聖書の正典とされる全文書を収め，各文書の原文とその古代語訳を少なくとも二つ以上含み(→聖書の翻訳)，その並行本文の一定部分が欄(column)の形で同一頁に印刷されているものを指す．これによって各言語間の*聖書の本文の比較対照，また本文の確定と解釈が簡便となり，種々出版されるようになった．しかし，*ヘクサプラと並んで，聖書の本文の研究にとって今日でも重要で価値があるのは，以下の聖書である(通常，ラテン語で出版地名を付記する)．(1) アルカラ版 Polyglotta Complutensis (Alcalá de Henares 1514–17), (2) アントヴェルペン版 Polyglotta Antwerpiensis = Biblia Regia (Antwerpen 1569–72), (3) パリ版 Polyglotta Parisiensis (Paris 1629–57), (4) ロンドン版 Polyglotta Londinensis = Biblia Waltoniana (London 1654–57), (5) マドリード版 Polyglotta Matritensis (Madrid 1957–)．
【文献】Cath. 11: 604–605; NCE 11: 540–42; W. ヴュルトヴァイン『旧約聖書の本文研究』鍋谷尭爾, 本間敏雄訳 (日本基督教団出版局 1997) 229: W. WÜRTHWEIN, *Der Text des Alten Testaments* (Stuttgart 1952 ⁵1988); B. M. METZGER, *The Text of the New Testament* (Oxford 1964 ³1992) 95–118; A. SCHENKER, "Der alttestamentliche Text in den vier großen Polyglottenbibeln nach dem heutigen Stand der Forschung," ThRv 90 (1994) 77–188.
(清水宏)

ダゴベルト2世　Dagobert II (652頃–679. 12. 23)　聖人(祝日12月23日), *メロヴィング朝フランク王国の分国アウストラシア王(在位 656–79). 父王*シギベルト3世の没年(656), 彼が幼少のため宮宰グリモアルド(Grimoald)父子に権力を奪われ, アイルランドの一修道院に幽閉された. 675年*ヨークの司教ウィルフリド(Wilfrid, 634–709/10)の援助で帰国, 復位したが, 宮宰派に暗殺され, ストネー(Stenay)に葬られ, 殉教者として崇敬された.
【文献】LMit 3: 430; LThK³ 2: 1374; NCE 4: 611.
(橋口倫介)

タゴール　Tagore, Rabindranath (1861. 5. 7–1941. 8. 7)　ヒンドゥー教神秘主義者, 20世紀の文学的巨匠. ベンガル語では Ravīndranāth Thākur. *ガンディーの同時代人で, インド西部のベンガル州出身. 詩人, 小説家, 劇作家, 教育者, 哲学者, 社会改革者, 芸術家, 音楽家, 政治的発言者と, あらゆる方面で世界的に著名. ガンディーとともに, 南アジア亜大陸の両眼と称される. 1913年ノーベル文学賞受賞. タゴールはインドの美や笑いの部分を代表し, ガンディーはインドの苦難や霊性を代表しているといわれている. タゴールはまた, 西欧にインドの文化を紹介するにあたって最も影響力をもった人物であり, 同時にインドの人々に西欧の優れた文化を紹介するのにも影響力があった.

タゴールは, *カルカッタ(現コルコタ)でデーベンダラナータ・タゴール(Debendranāth Tagore, 1817–1905)の14番目の子どもとして生まれた. デーベンダラナータは神秘主義者で, *ラーム・モーハン・ライが設立したブラフモ協会の指導者を務めた. 母はシャーラダ・デーヴィ(Sarada Devi, ?–1875). タゴール家は*ヒンドゥー教のカースト制度において, 司祭階級であるバラモンの階級に属す非常に裕福な家庭で, その家系はもともとジェッソル(Jessore, 現バングラデシュ南東部)の出身であったが, イギリスの東インド会社(East India Company)がカルカッタの町を設立した頃と時を同じくして, カルカッタに移住した. 父親は有能な実務家であると同時に禁欲的な紳士で, 民衆の信望が非常に厚く, しばしば「大聖」(マハーリシ Maharishi)と呼ばれ賞賛されていた. 父の*『ウパニシャッド』に対する傾倒や, 偶像崇拝に対する断固とした拒絶, 西欧文化に対する偏見なき受容などはタゴールの精神形成に大きな影響を与えた. 年とともに父は俗世間から距離を置くようになり, 祈りと瞑想の生活に入っていった. 同時に自分の家族の一人ひとりに起こるあらゆることに非常に敏感であった. それゆえタゴールの後の人生において, 父は家庭内で圧倒的な圧迫感をもつ存在となっていった. 乳母に預けられることが多かった少年時代は, 彼の心に母性的な愛への渇望を生み出した要因だと思われる. 召使いたちから聞いた物語や寓話, 詩や歌は, 彼の心にその美しさやリズムに対する愛着を植えつけた. 彼は字が書けるようになるとすぐに散文を書き始め, 家庭環境の影響で音楽に対する強い愛着をもつようになった.

タゴールの学生時代は短く単調であった. 学校の厳格で堅苦しい雰囲気や学友のいたずら, 教師の体罰などになじめず, 学校に対しては嫌悪感を抱いた. 彼が本当の教育を授かったのは, 学校や家庭教師からではなく, 家族や家庭環境からであった. 大聖と称えられていた父デーベンダラナータは, 財力もあり虚心坦懐な人物であったため, 子どもたちは, インドだけでなく西洋の古典, 音楽, その他さまざまな芸術の知識を充分に享受できた. そのうえ, 洋の東西を問わず, サンスクリット

ださい

語，英語，ベンガル語，ペルシア語といったさまざまな言語の能力を磨く機会にも恵まれた．

タゴールの詩的発展に寄与したのは主にサンスクリット語で書かれた文学や，ヒンドゥー教の宇宙の保護神ヴィシュヌ (Viṣṇu) を賛美する「ヴァイシャナヴァ」(Vaiṣṇava) と呼ばれる中世の詩や，西洋文学であった．傾倒していた作家として，サンスクリット文学の詩人カーリダーサ (Kālidāsa, 4-5世紀) やイギリスの詩人*シェリ，*キーツがあげられる．また，バウル (baul) と呼ばれるベンガル地方の吟遊詩人たちの歌も，大きな影響を与えた．これらの歌が，彼のもつ神の概念を形作る主要な要因になった．

幼少時代，無関心な母のかわりに若く美しい義理の姉，カーダムバリ・デーヴィ (Kadambari Devi, 1859-84) の愛情と庇護を受けたが，それでもなお，女性の愛情に対する切望は終生衰えることはなく，また無比の美を描く詩の源泉ともなった．しかし，永遠の愛情や渇望を描く一方で，タゴールは，愛や美の歓喜が同時に苦痛や疲労，当惑をも伴うという事実にも気づいていた．

18歳のときの神秘的な体験により，タゴールは神を普遍的な魂と捉え，自然と同一視するようになった．さらに，さまざまな形で現れる自然の美しさや自分自身の魂が体験する精神的な美は，互いに心の奥底からつながっており，宇宙を支配する魂はまた自分自身の個人的な生をも同時に支配すると悟るに至った．

1883年，タゴールはミリナーリニ・デーヴィ (Mirinalini Devi, 1873-1902) と結婚する．シェリダ (Shileida, 現バングラデシュ領) にある一族の所有地の管理を任されてまもなくのことだった．1913年，イギリスで出版された英訳詩集『ギーターンジャリ』(Gitanjali) でノーベル文学賞を受賞した．1918年，カルカッタ近郊の村シャーンティニケタン (Shantiniketan) に，ヴィシュヴァバーラティ国際大学を創立，東西間の対話や理解，交流の推進を図った．霊性，詩，宗教哲学，国粋主義の悪弊などについて講演するために，活動範囲を西欧にまで広げたが，1941年カルカッタにて死去．

タゴールは宗教，言語，人種，カースト，性別に基づく*差別のすべては本質的に間違いである，との信念のもとカースト制度には終始一貫して反対した．また，イギリス政府によるインド支配はインド人の本質的な弱さから生じた結果であり，屈辱的な社会制度を甘んじて受け入れてしまった弱さを克服し，自らを信じ，知恵や道徳，美的感覚を伸ばすことがインド人の進むべき道であると主張した．

タゴールは自然を征服しようとするあらゆる試みを激しく拒絶した．人間としての最大の喜びとは，自分の目の前にあるすべてのものとの融和によって，自身が徐々に高まっていくことである．人間とは本質的に「愛する者」であるとするタゴールにおいて，「愛」とは「完璧な包容力」を意味する．タゴールはこの完璧な包容力によって，人間はあらゆるものに遍在する魂と融合し，完全融合に至れば，人間と自然の間に完璧な調和の状態が生まれると考えたのである．

タゴールには，人生に対する観念論的姿勢や，自然に対して美のみをみいだす傾向があったが，それによって自らの社会的責任を放棄したりはしなかった．彼は貧しい者や苦しんでいる者に対して深い思いやりと関心を示し，卑劣な行為によって圧力をかけられても，自分の声を抑えようとはしなかった．ガンディーが，早急な完全独立を目指し，そのためには，あらゆる非暴力の手段が必要であると信じていたのに対し，タゴールは，ゆっくりと「全世界の調和」に向かっていく過程でインドの独立が達成されるべきだと考えていた．調和とは人間の成長を律している法なのであるから，インドの目指すべきものとは，全人類の，一つの大きな調和を獲得するということである，とタゴールは主張したのである．

【邦訳】山室静他編『タゴール著作集』全12巻(第三文明社 1981-93).
【文献】EBritMi 9: 766;『世界文学大事典』4 (集英社 1997) 902. (C. ヴェリヤト)

ださい 堕罪 → 原罪

ださいおさむ 太宰治 (1909. 6. 19-1948. 6. 13)
小説家．本名，津島修治．青森県津軽郡金木村大字金木に父源右衛門，母たねの7男4女(姉4人)の六男として生まれる．父源右衛門は大地主として多額納税者であり貴族院議員でもあったが，太宰治が青森中学に入学した年に52歳で急逝した．これより長兄・文治が太宰治の父親がわりを務めるようになる．

年少時代から早熟で感受性が強かった太宰はその頃は生母たねを真の母と思わず，叔母きえを生みの母と思い，2歳から6歳まで叔母の使用人・近村タケに育てられた．その思いは『津軽』(1944) に最もよく表れている．弘前高等学校に入学し文学に目覚めるようになってから成績が落ち，弘高時代*芥川龍之介に憧れていた太宰にとって彼の自殺は大きな衝撃であった．芸者半玉の小山初代と知り合ったのもこの頃である．

1930年(昭和5)は太宰にとって文学的にも人間形成上からも大きな転機となった年である．この年東京帝国大学仏文科に入学した太宰は全く教室に顔を出さず共産党シンパ活動や文学活動に精を出すが，小山初代が上京，結婚を条件に津島家から分家除籍処分にされる．また，いったん初代が帰郷した間に太宰は銀座のバーの女給・田部シメ子と心中未遂事件(シメ子は死亡)を起こす．なお長兄・文治が早稲田大学で同窓であった井伏鱒二 (1898-1993) に師事するのもこの年である．共産党へのシンパ活動は翌年初代と世帯をもってからも続けられたが，田部シメ子との心中未遂事件は彼を聖書により近づける要因になったと思われる．太宰がキリスト教にいつ頃から接近し，また聖書をいつ頃から読み始めたかは諸説があり確定し難いが，今後は*マルクス主義と太宰の関係を調べる以上にキリスト教との関係は研究されるべきである．というのも初代との結婚生活は約5年半続いたのであるが，その間大学落第，都新聞入社試験不合格，パビナール中毒による再度の入院，初代姦通事件，初代との心中未遂事件などが次々に太宰を急襲した．この影響もあり急速に彼は左翼のシンパ活動から遠ざかり聖書に近づいたと思われる．初代とは1937年離婚．

文学活動としては1934年伊馬鵜平(後に春部，1908-67)，壇一雄(1912-76)，*中原中也，久保喬(1906-98)，木山捷平(1904-68)，小山祐士(1906-82)，今官一(1909-83)，山岸外史(1904-77) らと『青い花』を創刊，「ロマネスク」をものにした．1935年太宰文学の萌芽を思わせる「道化の華」を発表．主人公・大庭葉蔵は彼の死の直前の長編小説『人間失格』の主人公でもあり，彼の聖書受容の一端を担っている．またこの年「逆行」が芥川賞候補となり彼にとって意味深いものとなった．1939年井伏鱒二夫妻の媒酌で石原美知子と結婚した太宰は生

活が安定し，後に傑作といわれる作品を書いていった．同年「富嶽百景」「女生徒」，1940年『女の決闘』『走れメロス』，1941年「東京百景」「清貧譚」『新ハムレット』，1942年『駆込み訴へ』『正義と微笑』，1943年『右大臣実朝』，1945年『お伽草紙』などを発表し，一躍戦後文壇の寵児に祭り上げられた．

これら中期の傑作群にキリスト教の影響を認め，特に*無教会主義の伝道者・塚本虎二(1885–1973)発行の『聖書知識』にその源を認める論者もいるが，太宰の聖書への傾倒は『聖書知識』以前からあり，決して塚本だけに特定できるものではない．1947年「トカトントン」「ヴィヨンの妻」「父」『斜陽』と注目すべき作品群を発表したが，これらはすべて聖書との関連が深く特に『斜陽』の6章はマタイ伝10章そのままの引用といってよい．1948年山崎富枝との心中で命を絶つが，これには1944年誕生の長男・正樹が知的障害をもって生まれてきたことが大きな原因となっている．死後発刊された*志賀直哉に対する反論である『如是我聞』も文学，宗教に対する将来の問題として研究されなければならない．*平等はマルクス主義の大きな柱であるが，キリスト教にとっても平等は重要な問題である．太宰がいう「愛」はキリスト教にとっての最大の柱である．ではなぜ今まで太宰と聖書の関連性が一部でしか取り上げられなかったかというと，一つには太宰のマルクス主義思想だけが強調されたこと，もう一つは心中事件を何度も起こした太宰と，キリスト教がなかなか結びつかなかったことがあげられる．今後の課題としては太宰治の小説やエッセイに聖句があるというだけでなく，その聖句が小説のモチーフやテーマに，さらには構造にどのように関わっているかを見極める必要がある．なお1950年から旅館・斜陽館として親しまれてきた太宰の生家は，1998年から金木町町営の太宰治資料館として一般に公開されている．

【全集】『太宰治全集』全12巻(筑摩書房1976–78)．
【文献】奥野健男編『太宰治研究 I その文学』(筑摩書房1979); 田中良彦『太宰治と「聖書知識」』(朝文社1994); 津島美智子『回想の太宰治』増補改訂版(人文書院1997); 野原一夫『太宰治と聖書』(新潮社1998); 井上ひさし『太宰治に聞く』(文藝春秋社1998)． (西谷博之)

ダーシ　D'Arcy, Martin Cyril (1888.6.15–1976.11.20)

イギリスのキリスト教思想家．バース(Bath)に生まれ，1906年*イエズス会に入会．ストーニハースト・コレッジ，*オックスフォード大学および ローマの*グレゴリアナ大学で教育を受けた．1921年に司祭叙階．1927–45年は，ストーニハースト・コレッジで哲学を教え，またファーム・ストリート教会で説教活動をした．その間，1933–45年オックスフォードの*イエズス会学院キャンピオン・ホールの院長を務めた．1945–50年イギリス管区管区長．その後は，*ロンドンを拠点として旺盛な執筆・講演活動をした．文学的な才能に恵まれ，哲学・神学およびその関連分野に多彩な著作を残した．1953年(昭和28)に来日．

【主著】*The Mind and Heart of Love*, 1945: 井筒俊彦，三辺文子訳『愛のロゴスとパトス』(創文社1957)．
【文献】キ人848; ODCC³ 451． (光延一郎)

ダシウス　Dasius (?–303頃)

ローマの殉教者，聖人(祝日11月20日)．伝説によると，ドゥロストルム(Durostorum, 現在のブルガリアのシリストラ Silistra)に駐屯した兵士．農神祭でのクロノス神への犠牲に選ばれたが，キリストのために死ぬことを決意して信仰を告白，祭儀への参加を拒絶したため斬首された．

【文献】Cath. 3: 470–71; LThK³ 3: 31; D. CUMONT, "The Acts of St. Dasius," AnBoll 16 (1897) 5–16.
(山口和彦)

タシェ　Taché, Alexandre Antonin (1823.7.23–1894.6.22)

宣教師．カナダ西部での宣教に大きな功績をあげた．カナダ・ケベック州のフラゼルヴィル(Fraserville)に生まれ，マニトバ州のサン・ボニファス(Saint-Boniface)で没す．*オブレート会に入会し，1846年カナダ西部のクロス島(Ile-à-la-Crosse)で先住民(→インディアン)や混血系住民への宣教に従事．27歳でサン・ボニファスの補佐司教(1851)，次いで司教(1853)になった．1862年から*代牧として北西部の先住民および*エスキモーへの宣教を担当，1871年にはサン・ボニファスの初代大司教となる．1869年北西部がカナダ連邦へ併合された結果生じた地元住民の蜂起の際には，政府との間に立って調停に奔走，住民の諸権利の保護に努めた．また，後年カトリック学校禁令をめぐって州政府と闘った．彼の在任中に教会組織が整備され，多くの小教区教会が設けられた．地元住民の権利擁護のためにフランス語のカトリック系新聞を創刊．西部宣教に関する多くの著述がある．

【文献】LThK² 9: 1271–72; NCE 13: 911． (神崎忠昭)

たしゃ　他者 〔英〕the other, 〔独〕der Andere, 〔仏〕l'autre

【哲学】〔概念〕他者問題の困難は，この概念が初めから両義性をその本質としているところに由来する．すなわちそれは一方で，決して私とはなりえないもの，私ではないもの，私にとって異他的なものであると同時に，他方で，私と全く同じではないにしても私と類似したもの，私と何か共通性をもつもの，私と関わりをもつもの，この意味で私の仲間でもある．相反するこの二つの性格のどちらを欠いてもこの概念が成立しないところに，他者をめぐる思考に独特の困難がある．

〔問題の展開〕キリスト教の長い伝統のなかで他者は，*神の絶対性・超越性と我々*人間との間の何らかの関係性をめぐって絶えず思考され続けてきたといってよい．この意味での他者問題とは，人間とそれを絶対的に超えたものとの*関係の問題である(→絶対，超越)．これに対して，この問題が哲学の場面でことさら意識され始めたのはそれほど古いことではない．この新たな他者問題は*近代哲学の成立とともに懐胎されたのだが，それは私の同類，私の仲間であるはずの他人の内に他者性をみいだすという仕方で立てられた．近代哲学は，その確実性への要求を満たすものを私の意識の内に発見した．「私は考える」(*コギト，*デカルト)という*経験こそ，あらゆる*懐疑を退ける絶対的確実性をもつ，哲学の第一原理なのである．このとき，私の意識の内に*世界のなかの他のさまざまな事象とともに現れる他人の意識それ自体は，それがまさに私のものではないがゆえに，その*存在の確実性をコギトの確実性に基づいて論証すべきものとなる．

だが近代における他者問題の成立にはもう一つの思考伝統が関与している．それは*ニコラウス・クザーヌスから*ライプニッツを経て*ニーチェに至るパースペクティヴィズム(〔英〕perspectivism)とモナド論(→単子)

の系譜であり，彼らは，世界は本質的に多様なパースペクティヴ（視点の多様性）を通して現象すると考える．つまり我々の世界が世界として現象することの内には，初めから世界は他の視点に対しては別様に現象するということが含まれているのであり，こうした無限に多様な異他的視線（パースペクティヴ）の交差こそ，「世界が現象する」という事態だと考えるのである．ここでは他者性は，問題というよりは，世界現出の本質的構造とみなされることになる．

以上二つの思考伝統が交わり，独特の緊張関係のなかで他者問題が追求されるのが*フッサールの*現象学ならびに現象学派の哲学である．彼の超越論的現象学は，一方で，すべてを絶対的確実性の地盤の上に新たに基礎づけようとするデカルト以来の超越論的動機に導かれつつ，他方で，デカルト哲学に忍び寄っていた*独我論の嫌疑を払拭すべく相互主観性理論を展開し，基本的にはパースペクティヴィズムの系譜に沿って問題の解明を試みることになる．したがってそこでは問題は，「世界が現象する唯一の場である超越論的領野における多様な世界現出の解明」という形をとる．後者のパースペクティヴィズムの思考は共同主観性の学としての*社会哲学ならびに言語ゲーム論へと展開され，前者の超越論的思考は逆説的にも，世界現出の最終的な場である超越論的領野にはもはや姿を現さない何ものかとしての他者の痕跡を他人の「顔」の内にみいだす*レヴィナスの「応答＝責任の論理」へと展開される．

【文献】R. デカルト『省察』三木清訳（岩波書店 1949 ²1994）; G. W. ライプニッツ『単子論』河野与一訳（岩波書店 1951）; E. フッサール『デカルト的省察』世界の名著 51，船橋弘訳（中央公論社 1970）173-353: E. HUSSERL, Cartesianische Meditationen, Husserliana, 1 (Den Haag 1951 ²1963); M. トイニッセン「他者」鷲田清一訳『現象学の根本問題』（抄訳）新田義弘，小川侃編（晃洋書房 1978）247-66: M. THEUNISSEN, Der Andere (Berlin 1965 ²1981); B. ヴァルデンフェルス「対話の中間領域」山口一郎訳『現象学の展望』（抄訳）新田義弘，村田純一編（国文社 1986）115-63: B. WALDENFELS, Das Zwischenreich des Dialogos (Den Haag 1971); E. レヴィナス『全体性と無限』合田正人訳（国文社 1989）: E. LEVINAS, Totalité et infini (La Haye 1961 ⁴1971); 同『存在するとは別の仕方で あるいは存在することの彼方へ』合田正人訳（朝日出版社 1990）: ID., Autrement qu'être ou au-delà de l'essence (Le Haye 1974); 斎藤慶典「他者の現象学の展開」『現象学運動』岩波講座現代思想 6（岩波書店 1993）147-78; E. HUSSERL, Zur Phänomenologie der Intersubjektivität, Husserliana, 13-15 (Den Haag 1973). （斎藤慶典）

【倫理神学】〔概要〕キリスト教において「他者」とは伝統的に，利他主義（→愛他主義）や愛情の面から論じられてきた．ここでは*倫理神学の立場から自由と関わりのある人という意味で述べてみたい．なぜなら，我々の生活における他者とは，まず家族や親族，友人，知人，隣人，職場や学校の仲間や同僚，地域社会の人々，また広くは日本の社会さらには世界中に生きている人々も，この他者という言葉のなかに確実に含まれてくるからである．したがって我々の関心は，他者をどのような観点で理解し，どのような態度で関わっていくのかということであり，そのような観点から，我々はキリストによってもたらされた人との新しい関わり方や関係のうちに他者を考察することができるであろう．

〔他者への無関心〕以前，「東京砂漠」という表現がしばしば用いられたが，現在はその言葉すら忘れ去られた観があり，現代人は依然として競争社会を忙しく生き，自分以外の他者に関心を向ける余裕すらないかのような様相を呈している．しかしながら，現代人はそれだけ自分のことに関心を集中しているからといって，その分，真の意味で幸せになっただろうか．他者に無関心になることによって，かえって自らの人間関係を不満足なものにし，結果的に自分自身をも見失ってしまうことになると考えられる．

〔人間の尊厳〕旧約聖書によれば，「神は御自分にかたどって人を創造された」（創 1: 27）と記されている．さらに神は，キリストが成し遂げたかけがえのない*贖いの業によって，神から離反したすべての人間を取り戻そうとしたが，それは，人間一人ひとりが，どれほど貴重で高価な代価で贖われたかを示している．したがって，一人ひとりの人間には神に由来する固有の*尊厳があり，それに対して充分な注意や配慮が払われないとするなら，人間の尊厳への無関心あるいは否定となり，真の人間性から遠く隔たってしまい，結果として神への重大な反逆となるのである．

〔他者との関わり〕人間の尊敬に配慮するという意味でも，他者を知るための努力は我々にとって重要なことである．他者とは抽象的な他者としてではなく，真実でいわゆる具体的かつ歴史的な生きている他者である，ということが理解されねばならない．ときとして他者は，敵あるいは味方としての姿をとって現れるが，その際にも，単に利害関係のうちに理解されるのではなく，正しい信仰のうちに受け取られ位置づけられねばならない．さらに他者との関わりで重要なことは，*対話である．対話を通して，さらに*自由と*責任のなかにおいて，初めて他者を理解することが可能となるのである．また我々は*良心を通しても他者と関わる．そのようにして，立場や信条の異なる人々との間にも相互理解に裏づけられた連帯が実現し，他者との関わりは実り豊かなものとなる．実に，他者は連帯性において捉えられるのであり，他者とのそのような関わりのうちに信仰は生きられるのである．同時に現実的には，他者との関わりにおいて示される我々の限界を認めることも一方では必要であろう．しかし，神は，我々にキリストに従うとはどういうことであるかを，他者との関わりにおいて問うているのである．

【文献】ERE 1: 333-58; 12: 152-54; NCE 1: 355-56; J. ドミニアン「独身生活と共同体」風間則雄訳『神学ダイジェスト』38 (1975) 16-23; J. DOMINIAN, "The Single State II," The Tablet, 6998 (1974) 789-91; 教皇ヨハネ・パウロ 2 世『家庭』（カトリック中央協議会 1987）: AAS 74 (1982) 81-191; B. ヘーリング『世界への責任・環境・文化の倫理：キリストにおける自由』田淵文男編訳（中央出版社 1990）; B. HÄRING, Frei in Christus, v. 3 (Freiburg 1981); J. DOMINIAN, H. MONTEFIORE, God, Sex and Love (London 1989) 22-36. （清永俊一）

タシャール Tachard, Guy （1651. 4. 7-1712. 10. 21） フランスの現シャラント県マルトン (Marthon) 出身のイエズス会員．1668 年 *イエズス会に入会．数学，天文学を学び，南米に 4 年間滞在後，*ルイ 14 世のシャム・中国への派遣使節団の随員として，1685 年 3 月ブレスト (Brest) を出港した．シャム王プラ・ナライ (Pra Narai, 在位 1657-88) と寵臣のギリシア人フォール

コン (Phaulkon, ?-1688) の依頼で帰仏し，1687 年，14 人のイエスズ会員の科学者たちを連れてシャムに戻った．さらに，フランス王と教皇 *インノケンティウス 11 世へのシャム王の使節として，1688 年 1 月再び帰仏したが，その間に王が病死しフォールコンが処刑され，シャムが親仏政策を放棄したため再入国を拒否された．その後，ベンガル地方で宣教中に伝染病で死亡した．
【主著】*Voyage de Siam*, 1686; 鈴木康司他訳『シャム旅行記』(岩波書店 1991).
【文献】Cath. 14: 722-23.　　　　　　　(宮岡孝尚)

だじょうかんちょうじゃ　太政官諜者　太政官が独自に明治新政府に反する動きなどを偵察するために適宜必要に応じて各方面・各分野に派遣した者で，特にキリスト教の情報や動静探索のための諜者は，耶蘇教諜者または異宗探索諜者と呼ばれた．弾正台に属したが，1871 年 (明治 4) 8 月の司法省の設置とともに弾正台が廃止されるに伴い，太政官に直属した．耶蘇教諜者としては，豊田道二，正木護，安藤劉太郎 (関信三)，伊沢道一らが知られる．初期のキリスト教会では諜者が偽名で信徒を装い，信徒の行動をつぶさに密偵し，これを上司に報告した．
【文献】小沢三郎『幕末明治耶蘇教史研究』(亜細亜書房 1944).　　　　　　　　　　　(尾原悟)

だじょうかんふこく 68　太政官布告 68　1868 年 4 月 7 日 (慶応 4.3.15)，明治新政府は，旧幕府の高札の撤去を命じ，5 札の太政官札，いわゆる，五榜の掲示を掲げた．その第 3 札で「切支丹邪宗門ノ儀ハ堅ク御制禁タリ」と，旧幕府の禁教政策をそのまま引き継いだ．これに対し，諸外国は厳しく抗議した．太政官は同年 5 月 25 日 (閏 4.4)「切支丹宗門之儀」と「邪宗門之儀」の 2 条に分けて一応の体裁をつくろったが，長崎の *浦上で潜伏していた信徒が明るみに出ると (→キリシタンの復活)，政府は神道国教化の政策をとり，信徒を捕らえて各藩に配流するなど，むしろ厳しい処断を進めてきた (→浦上崩れ)．しかし，1871 年 (明治 4) の岩倉遣外使節団の欧米における経験や，民衆の抗議により，また，禁制高札のあるかぎり条約改正交渉は不可能であることを悟り，1872 年頃から迫害の手を緩め，浦上信徒らの帰村を許し，2 月 24 日，太政官布告 68 をもって「従来高札ノ儀ハ一般熟知ノ事に付，向後取除キ可申事」と布告した．これによってようやくキリスト教禁止の高札 (→切支丹高札) が撤廃され，実質的には *信教の自由が黙認された．これを機に，カトリックやプロテスタント各派の宣教師は布教活動を積極的に展開するようになった．
【原文】『法令全書』明治 6 年 (内閣官報局 1889) 64.
　　　　　　　　　　　　　　　(尾原悟)

たしんきょう　多神教　〔英〕polytheism,〔独〕Polytheismus,〔仏〕polythéisme
【定義】多神論ともいう．字義上は，複数の神々を崇拝する宗教を指すが，この場合の「神」は，理論上も，実践上も唯一絶対，完全そのものである究極の存在者 (これをユダヤ・キリスト教では大文字のテオスあるいは，デウスで表す) を意味しているわけではない．むしろ信仰活動もしくは崇拝行為の焦点が複数であることを是認する宗教形態である．
【意義】19 世紀末から 20 世紀にかけて，生物進化論の影響を受けた宗教学者らは，人間の宗教形態は人智の進化につれて，低俗なプレアニミズムの段階から，*アニミズムの段階へ，そして多神教へ，さらに一つの主神が他の神々を支配するとされる単一神教を経て高等な唯一神教へと上昇していくと捉え，この過程のなかで，多神教は，劣った，克服しなければならない宗教形態であり，やがて人智が進むにつれて，*一神教のみが生き残ると考えた．しかし，このような理論は，部分的にはあてはまるとしても，人類全体の宗教形態にすべて妥当するとはいえない．かえってそのために多神教は，あたかも同一の次元で一神教と対立し，健全な理性の持ち主であれば，当然多神教を捨て一神教に加担すべきであるかのような印象を与えることとなった．特にキリスト教的西欧思潮が全世界の模範的理想であると信じる人々は，多神教の意義を不当に軽視してきた．しかしながら，今日では，西欧思潮の源流自体が多神教的であるばかりか，一神教の典型である *キリスト教や，*イスラム教のなかにさえ多神教的因子が事実上生き残っていることがますます自覚されてきつつあるように思われる．その結果，多神教，一神教の「*神」の概念が本質的に異なることが一般的に認められ，両者は，価値の高下であるというよりも，それぞれの宗教が置かれた文化的・歴史的条件に左右された宗教形態，宗教の在り方として理解すべきであることがますます認められてきた．
【神概念】我が国における多神教の典型は，*神道および神道系の諸宗教である．周知のように，神道においては，信仰のロゴス化が意識的に避けられている．したがって，「神」の概念も必ずしも明確ではないが，本居宣長 (1730-1801) が述べたいわゆる定義「……人はさらにも云ず，鳥獣木草のたぐひ海山など，其餘(ソノホカ)何にまれ，尋常(ヨノツネ)ならずすぐれたる徳(トコロ)のありて，可畏(カシコ)き物を迦微(カミ)とは云なり．〔すぐれたるとは，尊きこと善きこと，功しきことなどの，優れたるのみを云に非ず，悪きもの奇(アヤ)しきものなども，よにすぐれて可畏きをば，神と云なり〕」(『本居宣長全集』9, 125 頁) は神道界一般に少なくとも消極的に受け容れられているといえよう．もしそうであれば，この場合の「神」は，キリスト教などの「一神教」でいわれる「神」とは，本質的に違った概念であることは明白である．したがって，少なくとも神概念に関するかぎり，多神教と一神教とを同一の次元で比べることには問題がある．
【区別】多神教も一つの宗教形態であると捉えるかぎり，二つの次元に大別して，考察しなければならないであろう．

〔実践の次元〕まず，宗教実践・信仰実践の領域において，上述のように，多神教は，その崇拝行為の焦点が複数であることを積極的に，明示的に容認する．仮に限られた場所，時間における信仰活動の焦点は一つだけであるとしても，少なくとも時間や，空間の軸を大きくとるかぎり，多神教の信仰の焦点 (神) は多数である．例えば，ある一柱の神に一心に祈願しているその瞬間をとれば極めて一神教的であろうが，新年と夏祭りに詣でる神社が違っていてもそれほど違和感はない．また，ある地方の神を祭神とする神社に参詣した後，他の祭神を祀る別の神社に参拝するのも，それほど奇異なことではない．そのとき，その場で心の渇きを満たしてくれると信じられる神が，ありがたい霊験あらたかな神である．このことは，人間の心の無節操を意味しているであろうか．必ずしもそのように決めつけてしまえるものではないであろう．むしろ，それは，人間の現実の姿を素直に

表現しているのではなかろうか．このように意味を限定すれば，上述のように多神教は，キリスト教やイスラムなどの一神教徒の信仰実践にも現実にみられる現象である．例えば各地の聖母マリア *崇敬や，*殉教者・*聖人崇敬などがそれである．こうして多神教は聖なるものを悪い意味で俗化する危険をはらみながらも，ともすれば，超越神から親しみや人間味を奪いかねない一神教的信仰の弱点を補完するのである．

〔形而上学の次元〕次に，形而上学的もしくは，教学的次元においては，神という概念規定自体が問題となる．神が，上述の本居宣長的な意味で捉えられるのなら，もともと相対的，有限で，かつ完成される余地のあるものを表現しているのであるから，同時に多数存在すると考えられても不条理ではない．しかし，ギリシア・ローマ哲学，ひいては *スコラ学が練り上げてきたような完全無欠唯一絶対なる *一者として「神」が意味されるなら，このような神が，二つ以上あることは，健全な理性の持ち主には考えることはできない．そのような考えは，明らかに「否矛盾律」に真っ向から反するからである．ちなみに否矛盾律は例えば *ヘレニズムや，ヨーロッパ的思考様式などによる歴史や文化に制約された限られた思考法則ではなく，「有」そのものに基づく人間理性の根本原理である．否矛盾律を否定することはつねに可能であるが，それは，まさにこの否定を行っている理性そのものを根本から掘り崩していることにほかならない．それゆえ，もし多神教が，形而上学の次元で，このようなことを主張するのであるなら，多神教は，現実に存在しえないといわねばならない．しかしながら，多神教は，実際にそのようなことを主張しているのであろうか．もちろん多神教にもさまざまな類型があるから，一概に断定はできないが，少なくとも神道に関するかぎり，このような不条理を真剣に主張しているとは思えない．むしろ形而上学的次元での考察をあえてしない，もしくはそのような必要性を感得しないということであろう．ただ宗教は，人生の一部にのみ関することではなく，最終的には，人間全体，宇宙全体について総合的な首尾一貫した理解を提供しなければならないから，形而上学的次元において，判断を保留もしくは中断したり，さらに，究極的な存在者(としての神)が，もし実在するとして，多数であると主張するのは至難であろう．

【評価】しかしながら，このことは，すでに述べたように，実践的領域，ならびに形而上学的領域においてさえ，「相対的多神教」の価値を少しも減ずるものではない．特に絶対的超越神を強調しがちなキリスト教のような一神教は，実践面でも，思索の次元でも多神教から学ぶべきことは決して少なくない．このような一神教は，絶対超越神を強調するあまり，神の「概念」を含む，本来絶対でないものを絶対化する危険に絶えずさらされている．すなわち，真の意味での偶像崇拝の危険にさらされている．これは，信仰実践の次元で特にいえることである．このような危険を避ける一つの有効な方法として，少なくとも経験的な真理の相対性を主張する(神道的)多神教から学ぶことが推奨されよう．もちろん，多神教自体も，本来的であると主張している神々の一部を絶対化しようとする誘惑にさらされていることを自覚しなければならない．このような絶対化は，本来相対的なものの絶対化であるかぎり，対立する神々を否定，抹殺することによってしか遂行できない．なぜなら真の絶対者は，まさに絶対であるから，いかなるものにも対立せず，いわばすべてを包容すると考えられるべきであるのに対して，相対者の絶対化は，他を排除する以外にありえないからである．本来多神教である神道がいわゆる国家神道として，自らの本質を裏切って全体主義化された歴史は，一つの例証となろう．絶対化されたいわゆる神道は，多神教の必然的帰結ではなく，むしろ逸脱である．

【文献】宗教学辞典 521–22; A. リチャードソン，J. ボウデン編『キリスト教神学事典』左柳文男訳(教文館1995) 430; 本居宣長『古事記伝: 三之巻〜十七之巻』本居宣長全集 9–10 (筑摩書房 1968); 岸本英夫『宗教現象の諸相』(大明堂 1975); 石田友雄『ユダヤ教史』(山川出版社 1980); 上田賢治『神道神学』(大明堂 1986); D. L. ミラー『甦る神々』桑原知子，高石恭子訳(春秋社 1991): D. L. MILLER, *The New Polytheism* (Dallas, Tex. 1981); J. ヒック，P. F. ニッター編『キリスト教の絶対性を超えて』八木誠一，樋口恵訳(春秋社 1993): J. HICK, P. F. KNITTER, eds., *The Myth of Christian Uniqueness* (Maryknoll, NY 1987); B. ラング『唯一なる神』荒井章三，辻学訳(新教出版社 1994): B. LANG, *Der einzige Gott* (München 1981); A. RACE, *Christians and Religious Pluralism* (Maryknoll, NY 1982).

(石脇慶總)

たすうけつげんり　多数決原理　〔英〕principle of majority rule, 〔独〕Mehrheitsprinzip, 〔仏〕principe de décision (prise) à la majorité　多数人によって構成される *集団がそれ自体意思をもち行為をなすにあたっては，当然その集団の意思を決定することが必要となる．多数決原理はそのような意思決定のための政治的技術の一つであって，集団の成員たる各人が個人として確立されていること，各人の主張が相異なる場合にも，それら主張が等価であることを前提として，集団の一体性の維持という観点からそれらを統合する必要があるとき，これを量的多数によって決し，その結果を集団の意思とするものである．

この原理は，本来古代 *ローマ法における法の擬制(実在・特定の意思を抽象・全体のそれとしてみなす)に端を発し，*ゲルマン人社会における共同体的団体意識が固執した全会一致主義，さらには，*教皇や *司教の *選挙に関わる切実な問題として教会法学者が精緻化した法理論を通じて整えられ，そこでの質概念が近代科学的 *合理主義のもとで克服されることによってようやく確立したものであるといわれている．今日，およそ *民主主義に基礎を置く集団であるかぎり，この原理による意思決定が一般的かつ自明的であると考えられている．

もっとも，多数意思が何ゆえに集団の全体意思たりうるのか，その論拠については必ずしも根本的な解答が得られているわけではない．それだけに，その成員が極めて多数かつ多様になってくると，多数決をもってしても容易にその結果が集団の意思として受容されえないような場合も現出する．もともと少数意見を軽視または無視するような多数決は多数の専制に陥りやすい．少数者もまた多数決による集団の意思に服しうるためには，説得と説服が何ら制約なく行われるなど，何よりも多数決原理の本質的部分をなす討論の過程が実効的に確保されていなければならないし，また，特別多数を必要とする，一定の事項を多数決によらしめないなど，少数意見尊重ないし少数者保護を図りうるような方式を備えておくことも必要になろう．

(矢島基美)

ダゼリョ → タパレリ

だたい　堕胎　〔英〕abortion, 〔独〕Abtreibung, 〔仏〕abortement　日本語には堕胎という言葉と紛らわしいものに流産と中絶がある．英語では，いずれにも abortion という言葉が使用されている．流産には自然流産と人工流産があるが，日本においては，母体保護法（1996年の改正までは *優生保護法）に基づいて行われる人工流産を人工妊娠中絶といい，法律に基づかない非合法な人工流産を堕胎というように使い分ける場合がある．しかし，ここでは，堕胎という言葉を広くあてはめ，人工流産すべてを対象とする．

　堕胎の歴史が相当古いということは，紀元前4世紀頃のいわゆる「ヒッポクラテスの誓い」に「婦人に堕胎用の器具を与えるようなことはしません」とあるところからも窺い知ることができる．また教会内の最古の文献としては，1世紀末に書かれた *『十二使徒の教訓』に，「堕胎によって胎内の子を殺してはならない」と記されている．以下，堕胎について，法的，社会的，医学的，倫理的観点より考察する．

【法的観点】民法第1条の「私権の享有は出生に始まる」という条文から，胎児はまだ人間でないと主張する人々がいる．しかし，民法は国民としての権利義務の主体について述べているのであり，胎児を倫理的な意味で人間でないと主張しているとはいえない．現に，損害賠償の請求権(721条)や相続権(886条)，遺贈(965条)に関しては胎児にもその権利を認めているので，民法はむしろ胎児を人として受け入れているようにもとれる．さらに，刑法(212-214条)によれば，堕胎は現在でも禁じられている．また，1946年(昭和21)に厚生省が発布した「死産の届出に関する規程」によれば，自然・人工を問わず流産した胎児が4か月目に入っていれば「死産届」を提出し，「埋葬許可」をとって埋葬することが義務づけられているので，4か月以降の胎児は人間のように扱われているともいえるのである．しかし，1948年に成立した優生保護法に基づいて行えば中絶は合法となる．同法に基づいて中絶できる最大期限は，当初は7か月の終わりまでであったが，1977年にそれが1か月早められ，1992年(平成4)以降は満22週未満ということになっている．米国においては，1973年1月22日の連邦最高裁判所の判決で，中絶の決定権が個人のプライバシーの権利として認められて以来，合法化されている．1975年には世界人口の60%が社会的理由や要求次第で中絶できる国に住んでいる．

【社会的観点】厚生省編集の『優生保護法統計報告』によると，日本の中絶数は1953年から1961年の9年間は毎年100万を超えているが，その後は減少しており，1995年では34万3,024件となっている．ただし20歳未満の中絶数は，1975年の1万2,123件を最低に年々増加しており，1991年に3万3,299件と過去最高を記録し，以後少しずつ減少している．しかし，これらの統計は，あくまでも報告されたものを集計したのであり，報告されていないものがかなりあると考えられている．中絶の理由は，同法の「妊娠の継続又は分娩が身体的又は経済的理由により母体の健康を著しく害するおそれのあるもの」という項目にほぼ99.9%が該当と報告されている．また，日本の人口ピラミッドをみてみると，優生保護法が施行された1948年を境に，下のほうが狭くなり，いわゆる壺形になっていることがよくわかる．この人口形態は，将来の労働力や年金制度に影響を与えるものと思われる．

【医学的観点】1970年代に入って胎児学が発達したことにより，胎内における胎児の様子がよくわかるようになった．今では超音波診断装置によって，妊婦は自分の子宮内の胎児の動きをいつでもみることができるし，必要ならば，医師は特殊カメラを用いて子宮内の胎児をカラーでみることさえできる．このような技術の進歩は，中絶を決断するためにも役立っているが，他方，その技術によって胎児を一人の人間として捉える人々が増えてきたことも事実である．1984年にアメリカのテレビで放映され，その後市販された「沈黙の叫び」(The Silent Scream)という，中絶手術中の胎児の様子を超音波診断装置で映し出したビデオは多くの人々に衝撃を与えた．

【倫理的観点】堕胎が倫理的問題となるかどうかは，胎児が何であるかという点にかかっている．それが単なる細胞の塊か肉片であるならば，それを切り取ることはそれほど大きな倫理の問題とはならない．しかし，それがすでに人間であるということになれば，中絶は倫理の重大な問題となる．この問題を理性的に考えてみるならば，(1) 母体の中か外かという場所の違いで胎児が本質的に変わるとは思われない，(2) 誕生した赤ん坊を時間的に遡って考えていった場合，受精卵まで連続したものであって，ここから人間であるという決定的な時を定めることは無理と思われる，(3) 超音波診断装置などで胎児をみるかぎり，現在中絶が認められている時期よりずっと前から，外見的にも人間であると確信できる．以上の点より，胎児は，未熟ではあるけれども一人の人間として，倫理的に無条件の尊重を受けるべき存在であるといわざるをえない．もちろん，この結論は中絶を非倫理的行為とする．ある人々は，特に受精の初期段階において，受精卵を人の命とみるかどうかに疑問を抱いているようであるが，倫理的態度は明白である．すなわち，それが人間であるかどうか疑わしい場合は，あえて殺人の危険を犯す道は避けるべきなのである．それはちょうど，猟師が森で獲物をみつけたとき，少しでも人間かもしれないという疑問を抱いたならば，確実に人間でないといえるまで，引き金を引いてはいけないのと同様である．

【文献】教会公文書: 教皇庁教理省『堕胎に関する教理省の宣言』(カトリック中央協議会 1975); 教皇ヨハネ・パウロ2世回勅『いのちの福音』(カトリック中央協議会 1996).

　その他: 太田典礼『堕胎禁止と優生保護法』(人間の科学社 1967); P. マルクス『産まない自由とは何か』土屋哲訳(日本教文社 1972): P. MARX, *The Death Peddlers: War on the Unborn* (Collegeville, Minn. 1971); 生天目昭一『闇に哭く胎児たち―人工妊娠中絶』(泉文社 1980); 日本教文社編『胎児は人間でないのか―優生保護法の疑問点』(日本教文社 1982); M. ポッツ他『文化としての妊娠中絶』池上千寿子他訳(勁草書房 1985): M. POTTS, ET AL., *Abortion* (Cambridge 1977).

(松本信愛)

たたり　祟り　霊的存在が制裁・懲罰という形で災禍を与える現象．タタリの古意は，神霊が顕現することを指し，現在，南島で神の出現を「カミタタリ」と称するのはその例である．ただ現在は，御霊信仰・怨霊信仰などの影響のもとに，神仏・怨霊・動物霊・その他の霊が災いを与える意味で用いるのが普通である．祟りの原因

たちかえり

には，神仏の祭祀を怠る，祖霊・死霊の供養不足，聖地を汚す，蛇・狐など神の使いとされる動物を殺す，神木を切る，などの例が多い．神霊のなかには，よく祟ると信じられている荒神・金神などもある．また，特定の山や田が「祟り山」「祟り田」と称され，これらの山や田に触れて祟りを受けることもある．祟りの類似語として「障り」の語があるが，祟りは，霊が身体に侵入する「憑入」の意味をもつのに対して，障りは，霊が身体の外側から影響を与える「憑感」の意味をもつことが多い（→憑きもの）．だが，両者の概念には地域的な差異がある．祟り・障りの現象かどうかを判別して除祓するのは，修験者・巫女・祈祷師などのシャーマン的職能者（→シャーマニズム）であることが多い．また，日本の新宗教教団のなかには祟り・障りの原因とされる霊の救済を説くものが少なくない．祟り・障りの現象は*タブー（禁忌）を犯した結果であると解すならば，この現象は世界各地にみられるといえよう．
【文献】宗教学辞典 522-24；桜井徳太郎『民間信仰』（塙書房 1966）；佐々木宏幹『聖と呪力の人類学』（講談社 1996）．　　　　　　　　　　　　　（佐藤憲昭）

たちかえり　立帰り　立返りとも書く．本来，江戸時代に欠落(ｶﾞｹｵﾁ)または出奔人がもとの居住地に戻ることをいったが，棄教したキリシタン（*転び）が再び信仰を表明することをいい，その者を立帰り者または立上り者というようになった．キリシタン宗門の根絶を目的とした各種の詮索制度のなかには，転んだキリシタンが再び立帰らないことを誓約させた起請文，すなわち，転び書物(ｺﾛﾋﾞｼｮﾓﾂ)の作成を課したり，また，キリシタンや宣教師の摘発に絶大な効果を発揮した*訴人褒賞制に，立帰り者の密告には*イルマンと同額の褒賞銀が与えられたこともあり，取り締まる側でも立帰りを重視していたことが知られる．なお，聖書（申 4: 30；ルカ 1: 16 等）でも，立帰りをラテン語の reversio, conversio などをもって神への信仰に戻ることを表している．　（尾原悟）

たちはらすいけん　立原翠軒　(1744-1823)　江戸時代後期の水戸藩の儒臣．彰考館文庫役・蘭渓の子．名は万，字は伯時，号は東里または此君堂．藩士・谷田部東壑，荻生徂徠門下の田中江南や大内熊耳，折衷学派の細井平洲らに学ぶ．1766 年（明和 3）水戸史館編集，1786 年（天明 6）彰考館総裁となり，主に『大日本史』の校訂にあたった．また，水戸から江戸に取り寄せてあった*キリシタン遺物を藩命により修理し，1800 年（寛政 12）その図録『吉利支丹法器諸品物目録略図』を作成した．後に，本書は，9 代藩主・徳川斉昭の時代に*キリシタン禁制ならびに破邪関係書を編纂した*『息距篇』のなかに収められた．
【文献】伊東多三郎「宗教の統制と切支丹」『水戸市史』中巻 1（水戸市役所 1968）807-35．　　　（尾原悟）

タッキ・ヴェントゥーリ　Tacchi Venturi, Pietro　(1861. 8. 12-1956. 3. 18)　教会史家．イタリア中東部レー・マルケー地方に生まれ，1878 年*イエズス会に入会．16 世紀イタリアの教会史，特にイエズス会の歴史を中心に研究，各地の古文書館を体系的に渉猟した．この成果は主著『イタリアにおけるイエズス会の歴史』全 3 巻（Storia della Compagnia di Gesù in Italia, 1910-51）となって表れている．また彼の『マテオ・リッチ著作集』全 2 巻（Opere storiche del P. Matteo Ricci, 1911-13）は今日でも重要な根本史料である．研究の一方で，彼は*『チヴィルタ・カトリカ』誌において広範な評論活動を繰り広げた．*ラテラノ条約締結などをめぐるファシスト政府との微妙な交渉において重要な役割を果たしたことも特筆されてよい．
【文献】LThK² 9: 1271; NCE 13: 910-11．　（神崎忠昭）

だっこん　脱魂　〔ラ〕ecstasis, 〔英〕ecstasy, 〔独〕Ekstase, 〔仏〕extase
【語義】上記の西欧諸語はギリシア語の ekstasis に由来し，文字通り（人間における身体の一部が不自然に）飛び出すこと，あるいは（喜び・不安・怒りなどのために）我を忘れることを表す．その原因は現象学的に種々でありかつ種々に解釈される（例えば神・善霊または悪霊による）．宗教史的にはすべての世界諸宗教にみられる人間の異常体験状態を指し，肉体からの「霊魂の脱出」「脱魂」「自己超越」（キリスト教），「魂魄」（儒教），「忘我」「法悦」（仏教）を意味する．

人間における*霊魂と肉体とをそれぞれ独立した存在と考えた古代人は，霊魂は人間の*死とともに永遠に肉体から脱出するように，生存中にもたびたび肉体から脱出する（睡眠中の通常状態あるいは一定の異常状態において）と信じた．「脱魂」現象は異常状態の一定の時間的な「霊魂の脱出」にあたる．霊魂が「脱出」するだけでなく，神的なものが霊魂のなかに「内在」（〔ギ〕enstasis）または「内入」（entheos），すなわち霊魂を奪取することによっても異常状態は生じる．霊魂は「脱出」にあっては周りの人々を去るが，「内在」にあっては霊魂内に現存する神（的なもの）が周りの人々にその所在を知らせる．両者は異なるものであるが，しかし区別されることなく，共に脱魂といわれる．この宗教的体験においては，神（的なもの）と直接に触れ合うために霊魂は肉体から脱出し，自己超越する．*新プラトン主義において，霊魂は肉体を脱出し，上昇して絶対*超越者である*一者に復帰しうる（*プロティノス『エネアデス』3, 8; 4, 7, 9 参照）．霊魂が肉体を脱出し，肉体が一時的な死の状態に落ち自然的諸力を喪失するほどに，*三位一体の神が霊魂を直接にかつ激烈に引き上げるというキリスト教的「霊魂の脱出」「脱魂」「自己超越」観は新プラトン主義の影響を大いに受けている．
【キリスト教霊性史】〔聖書〕「霊魂の脱出」は人間における神の救いの業およびこの世を超越した，神の現存の恵まれた異常体験として現れる（創 5: 24；民 6: 22-27；王下 2: 1；2 コリ 12: 1-4；ヘブ 11: 5）．イエスとの出会いにおいて人々は感嘆と歓喜のうちに我を忘れて「自己超越」を体験する（マコ 5: 42；ルカ 5: 26；使 3: 10）．
〔教父〕「エクスタシス」は多くのギリシア教父たち，例えば*オリゲネス（『ケルソス駁論』3, 24），ポントスの*エウァグリオス（『邪悪な八つの思想』9），*ヨアンネス・クリュソストモス（『創世記についての説教』37, 2）などによって語られている．創世記 2 章 21 節で「主なる神はそこで，人を深い眠りに落とされた」とある部分の*アダムの眠りは*七十人訳聖書において ekstasis と記されており，オリュンポスの*メトディオスなどは十字架上のキリストのエクスタシスの*予型と解釈している．殉教者*ユスティノス以来，すべての教父たちは純粋な「霊魂の脱出」が*超自然的状態であることを強調し，ニュッサの*グレゴリオスや*ディオニュシオス・アレオパギテースは「自己超越」が神的超越の結果であり，ただ超自然的状態においてのみ体験されると説

いた.

　ラテン教父たち，特に *アウグスティヌスはプロティノスの影響のもとに「自己超越」を *被造物から創造主への前進的な精神的上昇によると説いている. この「自己超越」は *愛の認識を伴い，直接的な神体験において行われるのである. ギリシア・ラテン教父の霊性を後世に仲介した *カッシアヌスは「自己超越」を「精神の脱出」（〔ラ〕excessus mentis），「霊の脱出」（excessus spiritus），「心の脱出」（excessus cordis）と表している（『教父たちの会談』1, 15, 2; 6, 10, 2; 9, 14, 15, 27;『共住修道院の諸制度と八つの罪源の治療』2, 10, 1）.

　〔中世の霊性神学〕中世初期から 12 世紀の史料には中世ラテン語による種々の用語がみられ（extasis, raptus, excessio, sublevatio, dilatatio, elevatio, mentis, alienatio, excessus contemplationis），「霊魂の脱出」「脱魂」「自己超越」は，霊魂の諸体験，例えば *天国・死の直感，*照明，*啓示，神との *親しさ，神秘的一致（*ウニオ・ミスティカ），*聖痕などと深く結ばれている. サン・ヴィクトルの *フーゴやサン・ヴィクトルの *リカルドゥス，特にクレルヴォーの *ベルナルドゥスは，神なる花婿から花嫁なる霊魂に純粋な *恩寵として贈られる「観想の脱出」「精神の脱出・離脱」「霊魂の膨脹」「霊魂の軽減」さらに肉体の「神秘的死」「神秘的眠り」について語っている.

　中世盛期から末期においては，「霊魂の脱出」「脱魂」「自己超越」の異常状態に関する記述が，特に女性たちの *神秘体験（ビンゲンの *ヒルデガルト，シェーナウの *エリーザベト，スウェーデンの *ビルギッタ，シエナの *カテリーナ等）やアッシジの *フランチェスコの聖痕体験の影響によって数多くなされている. *ボナヴェントゥラによれば，「恵みによる奪取あるいは自己超越的離脱」（raptus sive alienatio ecstatica）において，霊魂は神との愛の一致への上昇に導かれ，*理性によって神を認識することなしに神を感じ，味わうのである. *トマス・アクィナスは「エクスタシス」を「ある離脱」（qaedam alienatio,『神学大全』Ⅱ, 1, q. 28, a. 3），「自己自身からの脱出」（excessus a seipso, extra suam ordinationem, 同 Ⅱ, 2, q. 175, a. 2）と規定し，エクスタシスを（1）外的感覚の中止，（2）外的・内的感覚の中止，（3）神的本質の直接的観想の 3 段階に区別しつつ（同 Ⅱ, 2, q. 175, a. 3），あらゆる純粋なキリスト教的脱魂現象が愛（神愛・人愛）によることを論証している（同 Ⅱ, 1, q. 28, a. 3）.

　〔16 世紀スペインのキリスト教神秘家〕アビラの *テレサおよび *フアン・デ・ラ・クルスにおいて，エクスタシスは心理的に最も完全に，かつ最も純粋に表される. 両神秘家の体験記述を総合すれば，二つの事実が人々に脱魂を知らせる. すなわち意識状態が神的なことの深い認識まで異常に高まること，ならびに肉体の感覚機能が最低限度まで異常に低くなることである. 神は霊魂を突然かつ直接その知性と意志において神との神秘的一致に引き上げる. そのため肉体は死のごとき状態に入る. 彼らによれば，この脱魂の原因は肉体の無力さにある. 神が神秘的一致への上昇のなかで霊魂を奪取するとき，肉体はこれに伴って行くことができない.（アビラのテレサ『霊魂の城』第 6 の住まい，4; フアン・デ・ラ・クルス『魂の暗夜』2: 1-2）.

【霊的意義】キリスト教では神は「愛」として信仰され，希望され，愛される. この信仰・希望・愛は自己自身から脱出して溢れ，流れ，限界を超えて一致をつくり，歓喜をもたらす. この自己超越は，*聖霊の外へ内へと働く愛によって燃やされつつ一切を新しく変容する. しかし，エクスタシスはキリスト教的に理解された神と人間との神秘的一致の目的そのものではなく，随伴現象であり，キリスト教的・福音的 *完徳はエクスタシス体験に依拠するものではない. エクスタシスの体験は神愛と人愛，教会と世界への無我の奉仕に霊魂を燃え上がらせるために恵まれる *カリスマなのである.

【文献】DSp 4: 2045-189; LMit 3: 1772-73; LThK³ 3: 573-75; NCE 5: 88; C. SHUTZ, ed., *Praktisches Lexikon der Spiritualität* (Freiburg 1988) 283-86; P. DINZELBACHER, ed., *Wörterbuch der Mystik* (Stuttgart 1989) 132-34; アビラの聖女テレサ『霊魂の城』高橋テレサ訳（聖母の騎士社 1992）; 鈴木宣明『教会博士』（聖母の騎士社 1996）; J. MARÉCHAL, *Etudes sur psychologie des Mystiques*, 2 v. (Bruxelles, Paris 1924-38); M. VILLER, K. RAHNER, *Aszese und Mystik in der Väterzeit* (Freiburg 1939); W. VÖLKER, *Gregor von Nyssa als Mystiker* (Wiesbaden 1955); R. C. ZAEHNER, *Mysticism, Sacred and Profane* (Oxford 1957); W. VÖLKER, *Kontemplation und Ekstase bei Pseude-Dionysius Areopagita* (Wiesbaden 1958); C. ALBRECHT, *Das mystische Erkennen* (Mainz 1958); J. SUDBRACK, *Meditation. Theorie und Praxis* (Würzburg 1971); A. BRUNNER, *Der Schritt über die Grenzen* (Würzburg 1972); G. RUHBCH, J. SUDBRACK, *Grosse Mystiker* (München 1984); J. SUDBRACK, *Mystik* (Mainz, Stuttgart 1988); C. CLÉMENT, S. KAKAR, *Der Heilige und die Verrückte* (Mainz 1993); H. U. VON BALTHASAR, *Thomas und die Charismatik* (Freiburg 1996).

（鈴木宣明）

タッシナーリ　Tassinari, Clodoveo（1912. 3. 9- ）　サレジオ会司祭. イタリアのモデナ県サン・フェリチェ（San Felice sul Panaro）に生まれる. 1930 年（昭和 5）*サレジオ会の宣教師団とともに来日. 1936 年司祭叙階，以後 1946 年までサレジオ会修練長，神学院院長を歴任し，多くの日本人司祭，修道者の養成に尽くした. 1949 年第 2 代サレジオ会日本管区長に就任. 1946 年戦災孤児救済・教育事業計画を作り，同年 4 月，旧陸軍成増兵舎跡に孤児を収容，ここに東京サレジオ学園が誕生，初代園長となる. 現在の東京都小平市の学校法人・東京サレジオ学園の前身である.

　1953 年には日本カトリック社会福祉（後の *カリタス・ジャパン）の理事長に就任し，戦後の福祉活動復興に大きな影響を与えた. 現在は高齢のため第一線を退いているが多くの子弟に敬慕されている. また戦前戦後を通じて江戸の *キリシタンの研究を続け，『殉教者シドッティ』（ドン・ボスコ社 1941）などの著書もある.

（金子賢之介）

タッソ　Tasso, Torquato（1544. 3. 11-1595. 4. 25）　イタリアの *マニエリスムを代表する詩人. 叙事詩『解放されたエルサレム』（Gerusalemme liberata, 1575）の作者.

【生涯】叙事詩『アマディージ』（Amadigi, 1560）の作者として知られる父ベルナルド（Bernardo, 1493-1569）が政治的葛藤に巻き込まれ，亡命生活を送る途上のソレント（Sorrento）で誕生. 父の意向に従い法律を学んだが，文学への情熱を抑えがたく，18 歳で叙事詩『リナルド』（Rinaldo, 1562）を発表. *フェラーラに移り，1572 年以

タッダイオス〔ストゥディオスの〕

降, 支配者アルフォンソ2世 (Alfonso II d'Este, 在位 1559-97) の恩顧を受けるに至った. しかし, 1575年, 代表作『解放されたエルサレム』の完成直後から, 宗教上の疑義に起因する精神錯乱に見舞われ, 自らを宗教裁判所 (→ 異端審問) に訴え出るに及ぶ. また, 1577年には宮廷内の軋轢から君主の不興を買い, 修道院や地下牢に監禁された. 1586年マントヴァ公ヴィンチェンツォ・ゴンザーガ (Vincenzo Gonzaga, 在位 1587-1612) の執りなしにより出所した後は, 拘禁生活で蝕まれた肉体の苦悩のうちに, ローマ近郊の修道院で生涯を閉じた.
【作品】少年時代に東方世界の息吹に触れたタッソは, 古典文学の復興にさおさす牧歌劇『アミンタ』(Aminta, 1573) を発表. 続く『解放されたエルサレム』では, *十字軍の聖地奪還という歴史を叙事的背景としながらも, そこに妖精・魔女など超自然的な要素を盛り込み, 脇筋の恋物語の描写に多大な労力を費やし, それが *異端の嫌疑を招く結果ともなった. 晩年は, 自作の改作『征服されたエルサレム』(Gerusalemme conquistata, 1593) や『天地創造』(Le sette giornate del mondo creato, 1594) など, 正統的・融和的な作品が目立つようになる. なお, タッソの名が外国に広く知られるに至ったのは, *ゲーテの古典主義戯曲『タッソー』(1790) に負うところが大きい.
【著作】Gerusalemme liberata, 2 v., 1979, ³1995.
【邦訳】鷲平京子訳『愛神の戯れ—牧歌劇アミンタ』(岩波書店 1987).
(白崎容子)

タッダイオス〔ストゥディオスの〕 Thaddaios
(?-816.12.29) 聖人 (祝日12月29日). スキタイ人修道者, 殉教者. ストゥディオスの (Stoudios) *テオドロスの親元に仕えていた奴隷で, 解放された後サクディオン (Sakkudion) の修道院に入る. ビザンティン皇帝 *レオ5世のもとでアルメニアに派遣されたが, *聖画像崇敬を忠実に守ったため, 130回の鞭打ちを受け, 2日後に死亡した.
【文献】LThK² 10: 7.
(久野暁子)

ダッチ・リフォームド・チャーチ → 改革派教会

『たつときゆかりしちやのこと』
明治初期の *ミサの解説書. 刊行地, 刊行年とも不詳. 1877年 (明治10) 頃, 長崎補佐司教 *ローケーニュのもとで刊行されたと思われる. 洋紙を用い, 31頁からなる仮綴じの小冊子. 書名にゆかりしちや (えうかりすちあ. *聖体の *秘跡を意味するラテン語・ポルトガル語 Eucharistia の転訛) とみられるように, キリシタン伝統の用語によって記述されている. 本書は, 海老澤有道によって紹介された. 上智大学 *キリシタン文庫に所蔵されている.
【文献】海老澤有道『切支丹典籍叢書考』(拓文堂 1943).
(尾原悟)

タッパー Tapper, Ruardus
(1487.2.15-1559.3.2) ベルギーの神学者. 独名タッペルト (Ruard Tappert). *ルーヴァン大学で学んだ後, 同所の神学部長, 学長を歴任. 1551年から52年にかけて, ルーヴァン大学の代表として *トリエント公会議に参加. 第14総会の *ゆるしの秘跡に関する教令の作成に貢献. 宗教裁判の尋問者として, ヨアンネス・ピストリウス (Johannes Pistorius, 1499-1525) を断罪した人物としても知られる.
【主著】Explicationes, 1555-57.
【文献】DS 1667-719; EDR 3: 3456; NCE 13: 937.
(高松誠)

タッペ Tappe, Fritz
(1909.6.5-1958.9.5) ドイツ人イエズス会司祭, 倫理神学者.
ドイツのドルトムント (Dortmund) で生まれ, 国立ギムナジウムを経て, 1928年 *イエズス会に入会 (北ドイツ管区). オランダのファルケンブルク大学で哲学を3年, 神学を4年学ぶ. そこで1937年6月24日に司祭叙階. くしくもこの月日は, *イグナティオ・デ・ロヨラと *フランシスコ・ザビエルが400年前に叙階された月日と一致する.
1938年 (昭和13) に来日し, 広島の長束修練院で第3修練を終え, 日本語を学ぶため広島教区で2年間生活し, 1941年から東京のイエズス会神学院で *倫理神学を担当, 1945年に神学院を広島の長束に移動したところ, 原爆投下に遭遇する. 1947年, 東京大神学院神学教授に就任. 1950-52年に *ローマで研究に従事し, 博士号を授与される. 論文『日本の家族の社会学』(Soziologie der japanischen Familie, 1955) 刊行. ローマから日本に戻ってまもない1954年に腎臓癌の手術を受け, 脳に転移したためドイツに帰国し, 45歳で生まれ故郷のドルトムントで逝去.
(K. ルーメル)

タティアノス Tatianos
(120頃-176以降) 「アッシリア人の地」と呼ばれたメソポタミア地方あるいはシリア地方に生まれた2世紀の *護教家教父. ギリシア的教養をもち, 遍歴の後キリスト教へ改宗した. 当初は *ユスティノス (殉教者) の門下にあって, 師とともに, キニク派哲学者と論争した. 残存する著作のうち『ギリシア人への言葉』(Logos pros Hellēnas) は, ギリシア文化批判とキリスト教擁護の内容を示している. この155年から170年の間に著されたらしい文書のなかで, タティアノスは神論, *創造論, また *復活や神の *全能についての説教, *天使の創造, 天使と *人祖の堕落 (→ 原罪), そこから生じた *偶像礼拝とその反駁, 悪魔論, 霊魂論, *救済論などを論じ, さらに誤った医療や見世物, 異教徒の倫理や行政の在り方などを批判している. ユスティノスの死後, 教会を離れて郷里に戻り, 禁欲主義的 (→ エンクラティス派) になって人類の堕落の問題を悲観視し, *アダムを呪うに至る. 一部の教父にはタティアノスの教説を *グノーシス主義の流れを汲むものであり, その禁欲的倫理を *異端とみなす向きもある (*エイレナイオス『異端反駁論』1, 28, 1-2). また彼の作品のなかで著名なのは *『ディアテッサロン』であるが, 原本は残存せず, その成立も明白でない. 当時, 四福音書を一つにまとめる試みはほかにもあったが, タティアノスの試みの特徴は *ヨハネによる福音書が *共観福音書と同様な価値のものとみなされ, また全体の枠組みとされている点である. この書は作者が異端視されたにもかかわらず, アラビア語, ペルシア語, ラテン語などに翻訳され *シリア教会において4世紀頃までは重要な位置づけをもった.
【文献】EEC 2: 815.
(鳥巣義文)

ダテヌス Dathenus, Petrus
(1531/32-1590.2.16 または 1588.3.17) ネーデルラントの宗教改革者. *カルメル会修道院にいたが, *カルヴィニズムに転向, 西部フランドル地方で宗教改革運動を指導. 迫害を受

け，1550年，イングランドに逃れ，後にドイツ，フランドル地方で難民教会の牧師をした．プファルツ伯の宮廷牧師になったが，投獄，追放された．
【文献】キ人 852; キ大 681; RGG³ 2: 47. （榎本昌弘）

たてのえいしゅんにカタリナ　竪野永俊尼カタリナ (1564-1649)
有馬家「御一開組」の一族である皆吉家の出で，*小西行長の計らいによって宇土城に預けられていた出水の備前忠清と結婚した．3人の娘があり，その一人は島津家久側室で，光久の母であった．カタリナは熱心な信者で鹿児島の竪野に住み，その屋敷は迫害の間，信徒たちの拠り所となったが，1632年（寛永9）幕命により種子島へ流罪となる．*島原の乱の後，二人の娘（喜入忠政室，基夆村越中室）は離別されて母のもとに送られたが，皆最後まで信仰を守り続けた．カタリナの墓は娘の妙身と孫の一人とともに西之表にある種子島家の墓地に残っている．
【文献】D. パチェコ『鹿児島のキリシタン』（春苑堂書店 1975）; 木村フジエ「殉教者カタリーナ永俊と島津家」『純心学報』2 (1973). （結城了悟）

たてやま　立山
長崎港の奥に立つ丘で岩原郷の一部．1913年（大正2）から長崎市の町名となる．東側裾にキリシタン時代には*山のサンタ・マリア教会が建てられ，1606年（慶長11）には長崎初の*小教区となった．禁教令で破壊された跡地に奉行所が置かれ，立山役所と呼ばれた．現在は県立美術博物館が建っている．1863年（文久3）*プティジャンは立山を*日本26聖人の殉教地と推定した．それは茶臼山，すなわち女風頭と呼ばれる地だったが，*浦川和三郎は『公教会の復活』(1915)でその誤りを指摘し，『切支丹の復活』で今日の西坂公園が殉教地であることを論証した．しかしその土地を入手できなかったので，立山町の俗称坊主岩の畑地を購入して26聖人記念の場所として参詣していた．現在，長崎黙想の家がある．
【文献】浦川和三郎『切支丹の復活』前編 (1927; 国書刊行会 1979). （片岡瑠美子）

たとえ　譬え 〔ラ〕parabola, 〔英〕parable, 〔独〕Gleichnis, 〔仏〕parabole
聖書に現れる種々の譬えに関する現代の研究者の焦点は，福音伝承のイエスの譬えにあり，その解明のため，旧約およびそれ以後の*ユダヤ教における譬えが照合される．

【旧約聖書】(1) 譬えに相当するヘブライ語はマーシャール (māšal) である．その意味は「～のようである」という動詞を基本にして，よく知られているものによって，知られていない何かとを比較するということである．マーシャールの文学上の典型は箴言または格言である．最古のものはサムエル記上10章12節にある（そのほかに同書 24: 14; サム下 5: 8; 20: 18; エゼ 12: 22; 18: 2 等）．(2) 格言は具体的で一般民衆の生活の*知恵を表し，抽象言語でなく生き生きとした表現を用いる（例えば象徴としての*サウル，小指と父の腰，ぶどう酒と歯）．(3) 古代イスラエル人はこのような格言を*ソロモンの知恵として*箴言の書に集録した．しかしそこではマーシャールは箴言・格言から区別されるべきジャンル，箴言1章6節が示すように，格言（マーシャール），寓話 (m^{e}lîṣâ)，賢人らの言葉，謎 (hîdōt) をも含む（参考に詩 49: 4-5）．さらにマーシャールは嘲りの意味（ミカ 2: 4; 詩 44: 14）や託宣にも応用された（民 23: 7, 18; 24: 3, 15）．(4) こうしてマーシャールは含蓄的・暗示的言語よりなり，「～のようだ」という語が示すように，その文が明示する字義・文意以外の他の何かについての譬えであるから，これは解釈・説明または推論を本質とする．(5) それは具体的言語を用いても，その文脈に縛られず，特殊ではなく示唆するものの典型または代表を表す．

【ユダヤ教】*ラビたちはマーシャールを旧約でのように格言・寓喩（→アレゴリー）にも用いるが，しかし旧約と相違して物語，しかもイエスの譬えに近似する物語の形でのマーシャールを数多く用いる．しかしそれは3世紀以後に例証される．譬えのなかの主要人物はたびたび王であるが，主人，奴隷，妻も現れる．そして主要人物の行動に注目して，特殊な過去の事件ではなく一般的状況を記述するフィクションであり，これらの人物によって譬えられるのはつねにモーセの*律法（トーラー）である．すなわち譬えはもっぱらトーラーの意味や遵守の有益性を人に訴えるための例証として用いられ，トーラーが宇宙のあらゆるものを包含することを示す．

【イエスの譬え】福音書にはイエスが話したという譬えが多い．その形は*ラビ文学に共通する物語である．(1) 史実性と伝承．イエスの譬えの多くはそれぞれの核心的部分においてイエス自身によって話されたものである．ただし福音書に文書化されるまでの伝承過程において，イエス以後の*原始教団において再解釈され，それぞれの時や場所における教会の状況に適用され，そのため変化を受けた．ユーリッヒャー (Adolf Jülicher, Gleichnisreden Jesu, 1888-99) の研究以来，譬えのなかで特に寓喩的解釈または寓喩性があるものは，イエス自身によるのではなく，原始教団の解釈によるとみなされている．例えば，種を蒔く人の譬え（マコ 4: 3-9）に対する説明（同 4: 13-20）は寓喩的解釈だが，これは原始教団による．(2) 譬えと寓喩．しかし譬えのなかの寓喩的要素がすべて原始教団による派生とはいえず，譬えにはたびたび，寓喩的機能が元来からあったことも否定できない．例としてぶどう園と農夫の譬え（マコ 12: 1-9）の息子を殺した農夫への主人の罰は，*終末における神罰を表す寓喩としてのみ理解される．(3) 譬えの共示性．譬えに元来から寓喩的要素があるならば，イエスが意図した譬えには，比較された二つの現実（例えば，*神の国と種蒔き）の共通項または比較点（〔ラ〕tertium comparationis）は一つのみだったとする理解（*アリストテレスの修辞学によるユーリッヒャー，*ドッド，*エレミアス）には無理がある．すなわち，譬えには，その意味が元来一つだけだったのではなく，中心・焦点が一つで，それに従属して他の意味もあるか，あるいは並列して一つ以上の意味を示す譬えもある．*放蕩息子の譬え（ルカ 15: 11-32）では彼だけでなく，兄の態度もこの譬えの本質要素としての意味をもつ．(4) イエスの譬えの暗喩性．譬えが共示的（〔英〕connotative）である理由は，譬えがすでに人に知られている二つの現実の比較によって双方の共通点をみいだすのではなく，知られている一つの現実によって，知られていない，あるいは人知の達しえない神の超越的現実を何とかして示そうという試みだからである．このような譬えは暗喩 (metaphor) とも詩的であるともいわれる．暗喩や詩の本質は，概念や抽象的叙述や理論によっては把握されない何かを体験的に味わうことによって触れよう，捉えようとすることにある．俳句における「わび」とか「さび」は，概念では説明困難な現実の捉え方である．これが感覚世界を超えた

神の現実なら，暗喩による接近法は適切だった．(5) 暗喩的示唆方法．イエスの譬えの素材は大自然や*ガリラヤの民衆の生活からとられた(種，パン種，魚，畑，労働者，ぶどう園，婚宴，ドラクマ銀貨など)．イエスは人と神との接触点を人間経験の日常に置いた．そしてこれらの素材を架空の虚構的物語に組み立てた．その組み立て方は当時のユダヤ人にとって生き生きしているだけでなく，たびたび奇抜で人心の意表を突くもの，相容れぬ素材の列だった．例えば，重傷のユダヤ人を聖なる*祭司が無視して助けず，背教徒で敵の*サマリア人が救う譬え(ルカ10: 30以下)，孝行息子よりも娼婦との放蕩で父の財産を潰した息子を優遇する父(ルカ15: 11以下)，働いた時間の長さが全く異なる労働者たちへの同一賃金(マタ20: 1以下)，畑にとっての禁忌異種のからし種を畑に蒔く譬え(マコ4: 30)など．これらの素材はそれぞれ現実の日常生活から採用されてはいるが，その組み立て方は当時の人々にとっては余りにも奇抜で意表を突くものだった．その理由は，神の働きは人々の日常生活において感触されるはずだが，しかしその神の活動は人心をはるかに超える何かであることを示唆するためだった．その「何か」とは神の国・神の支配というものだった．(6) イエスの譬えと神の支配．神の支配は元来ダニエル書をはじめとするユダヤ終末思想の表象である(→黙示文学)．すなわち悪い人間史を神がやがて破壊し，新しく正しい世界を創造するという思想で，この新世界をユダヤ人は神の律法を遵守するユダヤ人の世界と規定した．しかし，イエスの譬えが示唆する神の支配は，律法を超越し，人間の理解を超え互恵の原則に基づく倫理をはるかに超えることを示す．多くの譬えは「神の国は……に似ている」とか，「神の国は……に譬えられる」という導入句で始まる(種蒔き：マコ4: 11とその並行伝承．成長する種：マコ4: 26とその並行伝承．からし種：マコ4: 30とその並行伝承．パン種：マタ13: 33とその並行伝承．畑の宝・真珠，網と魚：マタ13: 44–50．ぶどう園の労働者：マタ20: 1．婚宴：マタ22: 2. 10人のおとめ：マタ: 25: 1．タラントン：マタ25: 14；ルカ19: 11)．しかし，他のすべての譬えも，当時の人々を驚かす神の支配の在り方を示唆する譬えだった(恥知らずの隣人にパンを：ルカ11: 5–7．汚れの権化のような*徴税人の祈り：ルカ18: 8–14．金持ちと乞食：ルカ16: 19–31．招待客に断られた宴会の主：ルカ14: 15–24．主人の債権をごまかす管理人：ルカ16: 1–8．神を畏れぬ恥知らずの判事：ルカ18: 1–5．その他)．
【文献】ThWNT 5: 741–59；C. H. ドッド『神の国の譬』室野玄一，木下順治訳(日本基督教団出版局1964)：C. H. DODD, *The Parables of the Kingdom* (New York 1961); J. エレミアス『イエスの譬え』善野碩之助訳(新教出版社1969): J. JEREMIAS, *Die Gleichnisse Jesu: Kurzausgabe* (München 1966); N. ペリン『新約聖書解釈における象徴と隠喩』髙橋敬基訳(教文館1981): N. PERRIN, *Jesus and the Language of the Kingdom* (Philadelphia 1976); W. ハルニッシュ『イエスのたとえ物語』廣石望訳(日本基督教団出版局1993): W. HARNISCH, *Die Gleichniserzählungen Jesu* (Göttingen 1985); P. FIEBIG, *Altjüdische Gleichnisse und die Gleichnisse Jesu* (Tübingen 1904); A. JÜLICHER, *Die Gleichnisreden Jesu*, 2 v. (1888–99; Darmstadt 1969); A. M. HUNTER, *Interpreting the Parables* (London, Philadelphia 1960); E. LINNEMANN, *Gleichnisse Jesu* (Göttingen 1961); R. W. FUNK, *Language, Hermeneutic and the Word of God* (New York 1966); D. O. VIA, *The Parables* (Philadelphia 1967); A. WILDER, *Early Christian Rhetoric* (Cambridge, Mass. 1971); J. D. CROSSAN, *In Parables: The Challenge of the Historical Jesus* (New York 1973); W. J. HARRINGTON, *Parables Told by Jesus* (New York 1973); C. E. CARLSTON, *The Parables of the Triple Tradition* (Philadelphia 1975); M. I. BOUCHER, *The Mysterious Parable: A Literary Study* (Washington, D. C. 1977); H.-J. KLAUCK, *Allegorie und Allegorese in synoptischen Gleichnistexten* (Münster 1978); H. WEDER, *Die Gleichnisse Jesu als Metaphern* (Göttingen 1978); J. D. CROSSAN, *Cliffs of Fall: Paradox and Polyvalence in the Parables of Jesus* (New York 1981); W. HARNISCH, ed., *Die neutestamentliche Gleichnisforschung im Horizont von Hermeneutik und Literaturwissenschaft* (Darmstadt 1982); ID., ed., *Gleichnisse Jesu: Positionen der Auslegung von Adolf Jülicher bis zur Formgeschichte* (Darmstadt 1982); E. ARENS, *Kommunikative Handlungen: Die paradigmatische Bedeutung der Gleichnisse Jesu für eine Handlungstheorie* (Düsseldorf 1982); J. DRURY, *The Parables in the Gospels* (London 1985); B. B. SCOTT, *Hear Then the Parable: A Commentary on the Parables of Jesus* (Minneapolis 1989); J. DELORME, *Les paraboles évangéliques* (Paris 1989); E. RAU, *Reden in Vollmacht: Hintergrund, Form und Anliegen der Gleichnisse Jesu* (Göttingen 1990).

(三好迪)

タドモール　Tadmor, Hayim (1923. 11. 18–) イスラエルのアッシリア学者，古代オリエント史学者．中国ハルピン(哈爾浜)に生まれ，1935年パレスチナに移住．エルサレムのヘブライ大学，ロンドン大学，シカゴ大学に学び，1954年シカゴ大学で博士号を取得する．1966–92年ヘブライ大学でアッシリア学を講じ，現在名誉教授，イスラエル科学人文アカデミー副会長．著書論文のなかに*マラマット等と共著で石田友雄，村岡崇光訳『ユダヤ民族史』(六興出版1976: A History of the Jewish People, 1976)がある．

(清水宏)

ターナー　Turner, Victor (1920. 5. 28–1983. 12. 19)　イギリス生まれの人類学者．マンチェスター大学，アメリカに渡りヴァージニア大学等で教鞭を執り，象徴人類学の中心的存在であった．*ヴァン・ジュネップによる*通過儀礼の理論を精緻化，*儀礼の過程とそれが行われる社会状況に関するダイナミックな構造分析を行い，儀礼の境界性，感情，無意識にまで作用する象徴の力に注目，儀礼の際のオージー([英] orgy)が成員相互の非日常的・全人格的な交流，神聖の顕現する世界を実現し，日常世界の規範，集団的統合を補強するとした．
【主著】*The Ritual Process: Structure and Anti-Structure*, 1969: 冨倉光雄訳『儀礼の過程』(思索社1976).

(井桁碧)

タナー　Tanner, Adam von (1572. 4. 14–1632. 5. 25)　オーストリアのカトリック神学者，*イエズス会の会員．1597年司祭叙階．ミュンヘン大学，インゴルシュタット大学で教える．*カトリック改革の代表的人物としてルター派(→ルター教会)の*義認の教義に反論した．*スアレスを土台とした4巻にわたる*スコ

ラ学の大全を著した.
【主著】*Universa theologia scholastica*, 4 v., 1626-27; *Lutherus seu Anatomia Confessionis Aufustanae*, 1613.
【文献】キ人 852-53; LThK² 9: 1289; NCE 13: 932.
（髙松誠）

たなかえいきち　田中英吉　(1902.6.6-1983.5.20) 初代高松司教，第 5 代高松(四国)教区長．愛媛県宇和島市生まれ．1923 年(大正 12)宇和島教会で受洗．洗礼名フランシスコ・ザビエル．旧制高知高校を経て長崎医科大学に入学するがその後中退し，1930 年(昭和 5)東京カトリック大神学院に入学，同校よりローマの＊ウルバニアナ大学に留学する．1935 年ローマのラテラノ大聖堂で司祭叙階を受け，翌年 8 月に帰国．高知県の新本町(現江の口)，徳島県の徳島，香川県の番町，桜町の各教会で＊主任司祭を歴任する．1941 年から四国教区長代理を兼任．1955 年から 8 年間，高知刑務所教誨師を務める．1963 年 9 月，高松司教区初代司教に選任され，10 月ローマの＊サン・ピエトロ大聖堂で教皇＊パウルス 6 世によって司教に叙階される．高松カテドラルでの＊着座式は同年 12 月．1963-65 年の第 2＊ヴァティカン公会議後期に参加．1966 年から 4 年間，聖カタリナ女子短期大学学長を兼任．1972-77 司教協議会海外移住委員長としてブラジル等各国を訪問．1977 年高松教区長を引退．同窓・同郷を中心に，県知事，大手企業経営者など幅広い交友関係をもち，ライオンズ・クラブにおいて国際委員長を引き受けるなど，地域社会にも貢献した．著書に『藻汐草』(中央出版社 1968)等がある．
（清水昭）

たなかおうどう　田中王堂　(1867.12.30-1932.5.9) 哲学者，評論家．埼玉県所沢市生まれ．本名，喜一．青山学院を経て同志社大学を中退後，1889 年に渡米．ケンタッキー・カレッジとシカゴ大学に学び，＊デューイに直接師事した．1897 年に帰国，東京高等工業学校，早稲田大学，立教大学などで教鞭をとった．その思想の特色は＊プラグマティズムに根ざした個人主義にあり，「生活」に密着した直接経験を重視するところにある(『徹底個人主義』1918)．したがって現実を超える形而上的な要求を絶対化することをいとい，神の概念もまた，実際の生活と一元的に調和すべきことを説いた．そのキリスト教観は，大胆に民衆の生活を改善する方針を創設し，細心にこれを実現する手段を案出したとして，「ロオマンチストたると同時に実利主義者」としてのキリストを評価する，「功利の人基督」(1913)によく表れている．独自の東西文明融合論や，自然主義文学批判，科学文明に対する批評をもって知られ，＊ドイツ観念論を中心とする講壇哲学と一線を画しつつ，戦闘的な評論活動を展開した．
【主著】『二宮尊徳の新研究』(廣文堂書店 1911)；『哲人主義』(廣文堂書店 1912)；『福沢諭吉』(實業之世界社 1915)；『徹底個人主義』(天祐社 1918)；『田中王堂選集』全 4 巻(関書院 1948-49)．
【文献】稲垣達郎編『金子筑水・田中王堂・片山孤村・中澤臨川・魚住折蘆集』明治文学全集 50 (筑摩書房 1974) 77-153.
（安藤宏）

たなかこうたろう　田中耕太郎　(1890.10.25-1974.3.1)　商法学者，法哲学者．第一高等学校を経て，1915 年(大正 4)東京帝国大学法科大学法律学科卒業．内務省に入ったが辞職し，1917 年東京帝国大学助教授，1923 年同教授となり，1937 年(昭和 12)法学部長となった．その間，1926 年 4 月 3 日司祭 H.＊ホフマンにより受洗．洗礼名パウロ．戦後は教育行政に転じ，1945 年文部省学校教育局長となり，1946 年第 1 次吉田内閣の文部大臣となるが，6・3 制問題で首相と対立，1947 年 1 月辞職．同年 5 月の第 1 回参議院議員選挙に当選，同年 5 月緑風会を結成．参議院任期中の 1950 年 3 月に第 2 代最高裁判所長官に就任．1960 年 10 月までの間に，チャタレイ事件，松川事件，砂川事件などを審理した．1960 年 11 月から 70 年 2 月まで日本人として初めての国際司法裁判所判事を務めた.

田中耕太郎

学問研究においては，商法の新しい理論を基礎づけ，＊法哲学の分野を開拓．1929 年の学位論文『世界法の理論』はその後，増補されて全 3 巻(岩波書店 1932)の大著となっている．戦時中は軍部の圧力から大学自治擁護のために努め，篤信のカトリック者として戦中，戦後，一貫した平和主義的態度をとった．『法律哲学論集』全 3 巻(岩波書店 1942-52)，『教育基本法の理論』(有斐閣 1961)など多数の著書のほか，自伝『私の履歴書』(春秋社 1961)がある．
【文献】鈴木竹雄編『田中耕太郎 — 人と業績』(有斐閣 1977).
（尾原悟）

たなかすみえ　田中澄江　(1908.4.11-2000.3.1) 劇作家，小説家．東京市板橋町に生まれる．1932 年(昭和 7)，東京女子高等師範学校国史科卒業．在学中より戯曲を発表．1939 年，岸田国士主宰の『劇作』に「陽炎」を発表．同年＊田中千禾夫と結婚．2 男 1 女をもうける．第 2 次世界大戦後，ラジオ放送台本，映画シナリオを執筆するとともに，1948 年「悪女と眼と壁」，1949 年「ほたるの歌」，1950 年「赤いざくろ」「京都の虹」「水のほとりの女」を書き，文学座，俳優座などで上演．戦中，戦後の混乱期の哀歓のなかに，絶対的な愛を求めて生きる女性を描いた．1952 年 11 月 23 日，3 児とともにカトリック京都西陣教会で＊冨沢孝彦から受洗．洗礼名マリア・マグダレナ．その後，作風が変わり，女主人公が作者の分身ではなく，思想的骨格のある，救済を希求する人間となった．1952 年「天使」，1955 年「鋏」，1958 年「つづみの女」，1959 年「細川がらしあ夫人」などが上演され，好評を博した．一方，小説にも手をのばし，1967 年「妻」，1970 年「椿谷」，1973 年「カキツバタ群落」など，みずみずしい重厚な思想性のある作品を書いた．夫の死の直前を描いた「夫の始末」(1995)は，奔放でユーモア溢れる快作である．
【文献】『現代日本キリスト教文学全集』4, 10 (教文館 1973)；武田友寿『日本のキリスト者作家たち』(教文館 1974).
（高堂要）

たなかちかお　田中千禾夫　(1905.10.10-1995.11.

たなかみちたろう

29)　劇作家，演出家．長崎市馬町に生まれる．1930年(昭和5)慶応義塾大学仏文科卒業．1933年処女作「おふくろ」を岸田国士主宰の『劇作』に発表．続いて「橘体操女塾裏」「僕亭先生の鞄持」「風塵」などを発表するが，1936年以降敗戦まで作品を発表しない．この初期の作品群は，「心理的陰翳」が豊かで細やかな「対話の魅力」(岸田国士)をたたえた心理主義的戯曲だが，そこにエゴイズムとそれを超える自己犠牲的愛への渇仰が描かれている．

　第2次世界大戦後書かれ，文学座で上演された「雲の涯(はた)」(1948)は，日本初の実存主義的戯曲として評価された．そこには，戦争の傷痕から立ち直ろうとし，主体性を獲得しようとして，性への嫌悪と興味に悩み，混沌とした泥沼である自己という実存に直面し，絶対的なものへ目をあげる戦傷者の若い医師が描かれている．この世界をさらに発展させて，「教育」(俳優座上演1954)は，人間の純粋な愛が逆に相手を壊廃させるエゴイズムの貫徹となり，相互の「実体」を無化し，生きる「目的」を喪失させる世界を描いた．このドラマは，無意識のうちに惑溺するマドンナの美が*ソドムとゴモラの美であることを示し，女性崇拝と同時にある女性憎悪の劇と呼ばれた．このようなアンビバレントな女性観は，人間の業としての*原罪意識を孕み，ついに「マリアの首」(俳優座上演1959)に結晶した．原爆後廃墟となった長崎で，天主堂から，ケロイドを顔に負ったマリア像を盗み出し，戦争の惨禍を後代に知らしめようとする娼婦らに悪徳医師，与太者，詩人らがからむ物語で，戦争の災禍を蒙り虚無と頽廃に生きる人々の祈願の対象として，赦しと愛の聖母像が描かれる．作者はほとんど作中で信仰を告白したかにみえたが，受洗せず，形而上性に富んだ意欲作を次々と発表し続けた．1959年「千鳥」，1961年「野にくだる右近」，1963年「大姫島の理髪師」，1966年「国語」，1967年「心理」，1968年「あらいはくせき」，1972年「八百屋お七」などである．作風はきめ細かな心理主義的作風から，大胆な実存主義的ドラマトゥルギーに移り，さらに自由奔放に従来の芝居づくり，せりふ術の約束を踏みにじった劇作法に変わり，「自由少年」(1964)をはじめ，「右往左往」(1979)などでは，アンチ・テアトル風の，因果律から解放された，いわゆるドラマを解体した，破天荒な世界を創造した．それは「あらゆる可能性を試み得る多次元の基地」としての舞台を駆使しての，社会的不義，不正への怒りの表現であり，八方破れを赦されて絶対的なものへ向かう自由な祈りの表現でもあった．なお，伝統的演劇である能・狂言の手法を取り入れ，近代劇を超える新しい演劇の創出にも力を注ぐ．「花子」(1950)，「肥前風土記」(1956)，「8段」(1960)，「伐る勿れ樹を」(1961)などがその試みである．しかし，そのような伝統的手法を用いつつも，日本人の精神史のなかに潜む*汎神論的風土，*天皇制を育み，民衆の自主性・主体性を喪失せしめ，絶対的なるものへの追求を阻み，戦争責任を追求せず，戦争への風潮を助長する精神風土を抉り出し，糾弾した．

　劇作家としての活動のみならず，自作以外にもモリエール(Jean-Baptiste Poquelin Molière, 1622-73)，*椎名麟三などの作品を演出し，舞台に新風を吹き込んだほか，俳優座養成所，桐朋学園大学演劇科などで俳優養成に携わった．俳優術の教本『物言う術』(初版1949，改訂版1954，1966)，『劇的文体論序説』全2巻(1977-78)の著者でもある．読売文学賞，芸術選奨，芸術祭賞，芸術祭奨励賞などを受賞している．

　長い間の懐疑，逡巡，懊悩のすえ，夫人*田中澄江の加祷のせいもあってか，1988年12月28日，東京江東区のカトリック潮見教会で司祭ルイ(Constant Louis, 1927-)から受洗した．
【著作】『田中千禾夫戯曲集』全7巻(白水社 1960-67)．
　　　　　　　　　　　　　　　　　(高堂要)

たなかみちたろう　田中美知太郎　(1902.1.1-1985.12.18)　西洋古典学者，哲学者．

【生涯】新潟県に生まれる．*上智大学予科でドイツ語を学んだ後，京都帝国大学哲学科選科に入り，ギリシア語を習得するとともに*波多野精一のもとで*プラトンの哲学を学ぶも選科を修了するのみにして東京に戻る．以後1947年(昭和22)京都大学助教授として迎えられるまで，東京の諸大学で非常勤講師の地位に甘んじる．経歴としては不遇な前半生であったが，昭和の前半という困難な時代に，一人の哲学徒がいかに生きたか，その自伝的著作『時代と私』(1971)は，同時代史としても白眉のものである．

　当時，日本の講壇哲学では*ドイツ観念論，*新カント学派などの思想が流行していたが，田中はそのような時流から一人離れて，一介のギリシア古典文献学徒，プラトン学徒として身を持していた．その最初の成果も，プラトン『テアイテトス』の翻訳(1938)という地味なものであったが，これは，日本で最初の厳密な原典批判に基づくプラトン対話篇の翻訳である．その後，1950年日本西洋古典学会の設立に中心的な役割も果たし，日本における西洋古典学の基礎を固めたのみならず，世界的な水準にまで高める主導的な地位にあった．そして文化勲章受賞(1978)の後に書き始められた最晩年の大著『プラトン』全4巻(1979-84)は自らのプラトン研究の集大成というばかりでなく，その広さ，深さにおいて世界的にも比類なきものとなった．

【著作】『田中美知太郎全集』に収められた諸著作は，哲学の根本問題を扱ったもの(『ロゴスとイデア』1947等)，哲学思索へ案内するもの(『哲学初歩』1950等)，ギリシア思想史・文化史を叙述したもの(『ツキュディデスの場合』1970等)，人生論を語ったもの(『人生論風に』1969等)，そして哲学者の本務として論じた多くの政治論，時事論など広範囲に及ぶがそれらのどれをとっても「対話人物が登場しない対話篇」ということができる．

【思想および位置づけ】プラトンは思考するとは，魂が音声なしに自らと対話することであるといったが，田中の「対話篇」はまさにこうした自己対話の記録である．そして，哲学の予備知識はなくともまじめな読者ならば誰でもその対話に加われるよう開かれている．ここに明治の初頭哲学が移入されて以来初めて，学術翻訳語ではない生粋の自国語による哲学思索の展開をみることができる．それは，遠くアテネにおける*ソクラテス，プラトンの生粋のギリシア語による哲学対話を偲ばせるものである．こうして，単に近代的なプラトン学者ではなく，二千数百年を超えて生涯プラトンの弟子であった田中美知太郎という存在の，その意味するところは大きい．すなわち*ニーチェが*キリスト教は大衆化された*プラトン主義にすぎないといったその発言は，今日の我々の知るキリスト教思想の多くはプラトン主義によって形を与えられたものであり，逆に西洋におけるプラトン主義の伝統はキリスト教のなかでその内容を保ってきたということを端的に語っている．そのヨーロッパ・キリスト教文化の圏外に一人の真正のプラトン学徒がある

とすれば，ここにキリスト教化されていないプラトン哲学をその生けるままにみることができる．一方そのようなものをもつことで，無論単純な引き算でないにせよ，歴史的キリスト教からプラトン主義としての何を差し引けるのかわかるならば，それはまたプラトン主義との融合以前という意味でのキリスト教の原初の姿に近づくことになるであろう．
【主著】『田中美知太郎全集』全 26 巻(筑摩書房 1987-90).
(山下善明)

たなべはじめ　田辺元　(1885. 2. 3-1962. 4. 29) 大正から昭和期前半に活躍した哲学者，科学哲学者．
【生涯】東京神田に生まれる．旧制第一高等学校理科から東京帝国大学数学科に進むが，入学 1 年後に哲学科に転じる．1908 年(明治 41)同科卒業．1913 年より東北帝国大学理学部講師となり科学概論を講じる．1918 年，論文「数理哲学研究」により文学博士．翌年，*西田幾多郎に招かれて京都帝国大学文学部哲学科助教授となる．1922-24 年，文部省在外研究員として*ベルリン大学，*フライブルク大学に留学．特に後者では*フッサールに学んだ．1927 年，退官した西田のあとを継いで教授に昇格，哲学第一講座を担当．1945 年 3 月定年退職後，群馬県北軽井沢の山荘に移り，哲学に興味をもつ小・中学校の教師に講義をしたり著述に没入する．1947 年学士院会員．1950 年文化勲章を受ける．ドイツ留学中に親交を結んだ*ハイデガーの推挙で，1957 年フライブルク大学創立 500 周年記念名誉博士号が授与された．
【思想】田辺の哲学は大体三つの時期に区分される．初期は*新カント学派に近い立場で科学方法論を説いた．中期は西田とともにいわゆる京都学派を築き，田辺哲学ともいえる絶対弁証法を提唱した．そして後期は退官後の晩年で宗教的境地を拓いた時期である．
〔自然科学の哲学〕*カントの先験論をとりながら直観に基礎を置いた*実在論の立場から，*アインシュタインの*相対性理論や*マッハの*実証主義を論じた．最初の著書『最近の自然科学』(岩波書店 1915)や『科学概論』(岩波書店 1918)は，科学哲学の入門書となった．しかし彼の科学哲学は，科学の思想的機能を内在的に発展させたというよりは，あくまで外から考察したもので，その役割は方法論的な啓蒙の範囲にとどまった．
〔絶対弁証法〕ドイツ留学後は，*ヘーゲルの観念*弁証法と K.*マルクスの唯物弁証法を止揚統一すべく絶対弁証法が構想された．具体的には西田の「場所の論理」における「場所」と「個物」の二層構造に対して，田辺はその間に「種」を入れ，「類(普遍，絶対)」「種」「個」の三層構造を弁証法的な運動関係(絶対媒介)から考察し，「種の論理」を提唱したのである．これは*自由主義を批判しながらも*全体主義を否定する意図をもっていたが，*国家(社会的集合体としての種)を絶対化して個人の自由をそれに同化することになり，当時の日本の軍国主義を正当化する論理となった．
〔宗教哲学〕戦後は*宗教哲学に傾倒していく．まず「種の論理」を自己批判したのが，『懺悔道としての哲学』(岩波書店 1946)である．田辺によると，自己の無力や罪性という人間のもつ有限性を自覚させると，その究極で絶対無の働きに出会うという．そしてここから，絶対無の働きによって「生かされる」という他力の立場が出てくるとする．これは親鸞(1173-1262)の教えに通じた．さらに『キリスト教の弁証』(筑摩書房 1948)では，親鸞の他力からキリストの*福音へと思想的変移を遂げる．田辺は，宗教的*真理をキリスト教のような現実社会における*愛の実践の具体性にみてとり，真宗のような西国浄土の問題とすることを退けた．また『哲学入門：補説第三，宗教哲学・倫理学』(筑摩書房 1952)では，*ベルグソンのいう人類の宗教に共鳴しながらも，ベルグソンには弁証法的論理の徹底性が欠けていると批判し，神は絶対無即愛と解すべきだと主張した．
【著作】西谷啓治他編『田辺元全集』全 15 巻(筑摩書房 1963-64).
(今野宏之)

ダニエル　Daniel, Gabriel　(1649. 2. 8-1728. 6. 23)　フランスの歴史家，*イエズス会の会員．ルーアン(Rouen)に生まれ，*パリで没す．教職のかたわら執筆活動を通じて*デカルトの哲学を反駁し，*ジャンセニスムの支持者たちと論争を展開した．主著全 3 巻『王制確立後のフランス史』(Histoire de France depuis l'établissement de la monarchie française, 1713)によって*ルイ 14 世から「歴史家」の称号を受けた．
【文献】キ人 855; DThC 5: 104-105; LThK^2 3: 156; NCE 4: 631-32.
(高松誠)

ダニエル　Daniel　(?-1227. 10. 10)　聖人(祝日 10 月 10 日)，殉教者，フランシスコ会員．ベルヴェデーレ(Belvedere)のダニエルと呼ばれる．*フランシスコ会のカラブリア管区長であったが，1227 年コルトナの*エリアスの許可のもと，会員のサムエル(Samuel)，アグネルス(Agnellus)，ドムヌス(Domnus)，レオ(Leo)，ニコラス(Nicholas)，フゴリヌス(Hugolinus)を率いてモロッコ宣教に向かった．モロッコに上陸し，セウタ(Ceuta)郊外の居留地内のキリスト教徒商人の家に数日滞在し，同年 10 月 3 日，日曜日の朝，セウタの街頭でイスラム教徒に福音を語ろうとして捕らえられた．イスラムに改宗することを拒否したため，同年 10 月 10 日に斬首刑となり殉教．一行 7 名は 1516 年に教皇*レオ 10 世により*列聖．
【文献】DHGE 14: 68; LThK^3 3: 13; NCE 4: 631.
(伊能哲大)

ダニエル〔柱頭行者〕　Daniel　(409 頃-493. 12. 11)　聖人(祝日，ギリシア正教会 12 月 11 日)，司祭．初期の*柱頭行者の一人．
シリアのサモサタ(Samosata)近郊で生まれる．若年で修道院に入るが，すぐに退会して*エルサレムとカラートシマン(Kal'at Sim'an)に巡礼し，最初の柱頭行者の*シメオンの弟子となる．47 歳のときに*コンスタンティノポリス近郊のアナプルス(Anaplus)の柱頭で修行を始め，司祭に叙階された．首都が近かったために他の行者たちに比べて神学や政治論争に関わることが多く，皇帝*レオ 1 世が訪れて助言を頼んだこともあった．皇帝バシリスクス(Basiliscus，在位 475-76)が*キリスト単性説を支持し，コンスタンティノポリス総主教*アカキオスと対立した際に一度だけ柱を降り，皇帝を論駁したといわれる．アナプルスで没す．
【文献】LThK^2 3: 155-56; LThK^3 3: 15-16.
(杉崎泰一郎)

ダニエル・アグリコラ　Daniel Agricora, Mayer　(生没年不詳)　16 世紀のスイスで，*宗教改革に対抗したカトリック神学者．*フランシスコ会の

ダニエル・ブロティエ

会員．*バーゼルに生まれ，同地で活躍した．『四福音書による私たちの主イエス・キリストの受難』（Passio Domini Jesu Christi secundum quatuor evangelistas, 1513) が名著として知られる．
【文献】Cath. 3: 453.
(土居由美)

ダニエル・ブロティエ → ブロティエ

ダニエル・ロプス　Daniel-Rops, Henri (1901. 1. 19-1965. 7. 27) フランスの作家, 宗教史家. 本名ジャン・シャルル・アンリ・プチョー (Jean Charles Henri Petiot). 東部エピナル (Épinal) に生まれ, 南東部シャンベリ (Chambéry) で没す. 法学の学士号取得後, 21歳で歴史の上級教員資格を取得, 1945年まで教職に就く. その後1948年から終生, 雑誌『エクレジア』(Ecclesia) の編集に携わる. カトリック教徒としてその作品で, 技術文明と*キリスト教的ヒューマニズムの伝統的な価値観との対立を描いたが, その後ユダヤ・キリスト教史の方向に進むことになる. とりわけ『イエスとその時代』(邦訳題『キリストとその時代』Jésus en son temps, 1945) は, フランス以外の国でもベストセラーとなった. この成功によって彼が大衆の期待におもねるようになったという批判がないわけではない. しかし, 誠実なカトリック作家, 神の歴史家として, 宗教的, 文学的エッセーを含むその数多い作品を通して, 彼は多くの読者に道徳的な教育を施したのであり, そのすべての作品には, 最も正統的なキリスト教的モラルが刻印されているといえよう. 1955年, アカデミー・フランセーズ会員となる.
【主著】*Mort, où est ta victoire?*, 1934; *Histoire sainte*, 1943.
(二川佳巳)

ダニエルー　Daniélou, Jean (1905. 5. 14-1974. 5. 20) フランスの神学者, イエズス会員, 枢機卿. ヌイイー (Neuilly) に生まれ, *パリに没した. ジャーナリストで大臣を務めた父親のもと, 知的な家庭環境で早くから文学, 哲学, 歴史学, 社会学的な問題意識に目覚めた. 1927年*ソルボンヌ大学で教授資格取得(J. *マリタンや*ムーニエと交友あり). 1929年*イエズス会入会. *リヨンなどで研究, *パリ大学で神学博士号取得 (1943) の後, 古代キリスト教文献学と歴史学をパリの*アンスティテュ・カトリックで講じた. 『エチュード』(Études) の編集者として, 1946年に*ヌヴェル・テオロジー論争を引き起こした. 1942年以降*リュバックとともに「キリスト教原典叢書」(Sources Chrétiennes) を創刊. 1941年以降, 高等師範学校 (École Normale Supérieure) の学生グループや, また現代文明や宗教の問題に取り組む学識者グループ(サン・ジャン・バティスト会 Cercle Saint-Jean-Baptiste) の*霊的指導を行っており, このような司牧的関心は彼の業績にも反映している. 著作は*聖書学, *教父学, *典礼学, *歴史神学, 象徴と神話論, *死海文書, キリスト教以外の諸宗教, *ヘレニズムの影響, 現代社会の困難と霊の問題, 文明の危機, 知識人の役割などの幅広い分野にわたる. 第2*ヴァティカン公会議の神学顧問を務め, *パウルス6世から枢機卿に任じられ (1969), アカデミー・フランセーズに選出された (1972-73). 枢機卿としてフランス国内外の文化的, 学術的分野におけるキリスト教の役割と現存を示唆した.
【文献】LThK³ 5: 16-17.
(鳥巣義文)

ダニエル（しょ）　ダニエル（書） 〔ヘ〕dānī'ēl, dānīyē'l, 〔ギ〕Daniēl　旧約聖書中の一書. ダニエルという名の意味は, 「神は裁き人」である. この名は, *ダビデの次男(代上 3: 1), 祭司イタマルの一族(エズ 8: 2) などにもみられるが, もともとは*ノア, *ヨブと並んで人類の歴史のなかで3人の代表的知者, 義人の一人とされている(エゼ 14: 14, 20; 28: 3). ダニエル書は, ユダの王*ヨヤキムの治世にバビロニア*捕囚となり, メディアの時代を経てペルシア時代の*キュロスの治世に至るまで活動した知者, *預言者であるダニエルという人物についての物語(ダニ 1-6章) と, ダニエルがみた幻(ダニ 7-12章) の記録を集めたものという形になっている. ダニエル書の前半の物語と, 後半の幻の記録は, かなり異なる性質の文学であるが, 内容的には相互に深く結びついている. ダニエルという伝説的人物の名を借りて, 著者の時代における政治的・宗教的迫害をめぐる問題について, 幻によって与えられた神の審判を告げ, 迫害のもとにある人々に励ましと希望を与えるのが, 本書の主要な目的である. ダニエル書は, 新約の*ヨハネの黙示録と並んで, 聖書全体のなかで代表的な*黙示文学である.
【正典における位置】黙示文学としてのダニエル書は全体として, 将来の出来事についての預言としての性格をもっているので, キリスト教の聖書では, 伝統的にエゼキエル書と十二の小預言者の間に置かれている. この配列は*七十人訳聖書に遡る. しかしヘブライ語正典では, 紀元前200年頃には, 正典第2部の「預言者」がすでに完結しており, そこに収めることは, もはやできなかったので, 正典の第3部である「諸書」に収められている(→ 旧約聖書). 七十人訳聖書には, ヘブライ語正典にはないアザルヤの祈りと三人の若者の賛歌(→ 三人の若者の歌)がダニエル書 3: 23-24 に加えられており, さらに巻末には, *スザンナと*ベルと竜が付録として加えられている. この配列は*ウルガタ訳聖書でも踏襲されていたが, 『新共同訳聖書』では, この三つの部分は, まとめて*旧約聖書続編の部に, 「ダニエル書補遺」として置かれている(→ 聖書の翻訳: 共同訳).
【内容】前半は六つの物語からなる. (1) *バビロンの宮廷でのダニエル(1: 1-21). (2) 巨大な像の夢(2: 1-49). (3) 燃え盛る炉に投げ込まれた3人(3: 1-30). (4) 大きな木の夢(3: 31-4: 34). (5) 壁に字を書く指の幻(5: 1-30). (6) 獅子の洞窟に投げ込まれたダニエル(6: 1-29). 後半は四つの幻からなっている. (a) 4頭の獣の幻(7: 1-28). (b) 雄羊と雄山羊の幻(8: 1-27). (c) 定めの70週(9: 1-27). (d) 終わりの時についての幻(10: 1-12: 13). ダニエル書で使われている言語は, 最初と後半の主な部分はヘブライ語であるが, 2: 4後半-7: 28はアラム語である. 特に, 前半の2章と後半の初めの章である7章とは明確に対応する内容となっており, ダニエル書は前半の物語部分では, すでに知られていた素材を使っているとしても全体として統一のある文書であるということができる.
【時代と思想】ダニエル書が書かれたのは, シリア帝国の暴君*アンティオコス4世(在位前175-163)のユダヤ教に対する迫害(前167-163)の末期である. おそらく迫害の終わる直前にまとめられたと思われる(前163).
ダニエル書の思想の根本は極めて明瞭である. それは神の支配と地上の権力の対比がつねに意識され, 地上の権力が傲慢になれば, 神は必ずこれを罰するということである. 神の支配を信ずる者は, 地上の権力が自らを絶

対化して礼拝を強要しても，迫害に屈せず唯一の神のみを礼拝すべきであり，信仰のゆえに殉教することがあっても，神はこのような殉教者を復活させ，永遠の生命と栄光を与えると約束される(ダニ 12: 1-3). アンティオコス 4 世の迫害はまだ終わっていないが，ダニエルは幻において，天上の法廷が開かれアンティオコスに対する神の審判が下されるのをみている(ダニ 7: 9-27). それゆえに，この幻を信ずる者は，迫害に屈せず，忍耐をもって信仰を守り抜かねばならないと奨められている．

ダニエル書で明らかにされている最も重要な信仰は，死者の復活と，信仰によって死んだ者が栄光と永遠の生命を受けるということである．

【文献】N. ポーチァス『ダニエル書』関根清三訳 (ATD. NTD 聖書註解刊行会 1980): N. PORTEOUS, *Das Buch Daniel* (Göttingen ⁴1985); W. S. タウナー『ダニエル書』高柳富雄訳（日本基督教団出版局 1987): W. S. TOWNER, *Daniel* (Atlanta 1984); D. S. ラッセル『ダニエル書』牧野留美子訳 (新教出版社 1986): D. S. RUSSELL, *Daniel* (Edinburgh 1981); A. BENTZEN, *Daniel* (Tübingen 1937 ²1952); O. PLÖGER, *Das Buch Daniel* (Leipzig 1965); L. F. HARTMANN, A. A. DI LELLA, *The Book of Daniel* (Garden City 1976); E. HAAG, *Daniel* (Würzburg 1993). （木田献一）

たねなしパン　種なしパン〔ヘ〕maṣṣôt,〔ギ〕azymos　イスラエルにおいては，通常の食事の際のパンは酵母で発酵させたものであったが，*過越祭後の 1 週間は酵母を入れないで焼いたものを食べた．元来は，急用時などに手早く焼いて食したり(創 19: 3)，春の収穫の頃，新しい麦で作った粉に酵母を入れないでパンを焼いて食べる習慣が*カナンの地で行われていたようである．それは前年に作ったパン種(酵母)を使用しないことで，新しい年の始まりを祝ったのであろう．このような習慣をイスラエル部族がカナンに定住するようになって取り入れ，過越祭(春の満月の日に祝われる)と組み合わせて，祝うようになったと推測される．そこから，種なしパンが*出エジプトを記念するものとして再解釈され，宗教的意味を付与されるようになったのであろう(出 12: 17-20). レビ記 6: 14 は，献げ物としても用いられるようになったことを示している．新約聖書にはキリスト教徒の在り方の象徴として使用されている(1 コリ 5: 7). （岡崎才蔵）

ダネンマイヤー　Dannenmayer, Matthias (1744. 2. 13-1805. 7. 8)　ドイツのカトリック教会史家．ドナウ河畔エープフィンゲン (Öpfingen) の出身．*フライブルク大学の教会史主任教授を経て，皇帝*ヨーゼフ 2 世に招かれウィーン大学教授となる(1786). 主著の『新約聖書の教会史概説』全 2 巻 (Institutiones historiae ecclesiasticae Novi Testamenti, 1783-88) は*ハプスブルク家の領内では公式教科書となったが，*ヨーゼフ主義，*フェブロニウス主義の色彩が濃いとの理由で教会当局からは評価されず，1820 年には*禁書目録に入れられた．*ウィーンで没す．

【文献】キ人 856; LThK³ 3: 20; NCE 4: 639. （相原直美）

たばねばしら　束ね柱〔英〕clustered column,〔独〕Bündelsäule,〔仏〕colonne fasciculée　幾つかの細い円柱を束ね一つの柱としたようにみえるもの．特にロマネスク，ゴシックの聖堂建築に使用され，細い円柱は，太い柱を細くみせると同時に垂直性を強調する効果がある．教会堂内部では，石造りの*ヴォールトが細長い円柱によって支えられているような印象が与えられる．

【文献】新潮美術辞典 895; 小学館美術全集 9, ゴシック 1. （守山実花）

タバリー　al-Ṭabarī, Muḥammad b. Djarīr (838/39-923. 2. 16)　アラブ，*アッバース朝の歴史家，イスラム法学者，*コーラン(クルアーン)注釈家．本名アブー・ジャファル・ムハンマド・イブン・ジャリール (Abū Djaʻfar Muḥammad b. Djarīr).

タバリスタンのアームル (Āmul) に生れる．イラク，シリア，エジプト遊学後，*バグダードで学業，著作活動を続け同地に没す．人類の創造からヒジュラ暦 302 年 (西暦 914 年) までの年代記『諸民族(または諸預言者)と諸王の歴史』(915) および『タバリーのクルアーン注釈書』(923) の二大著作は有名で，前者は初期イスラム時代の最も完備した最初の歴史文献として，また後者はクルアーン解釈に欠くことのできない資料として評価されている．法学者としてはシャーフィイ派の分派を自ら起こし，ジャリール派と呼び，ハンバリー派と対立した． （池田修）

タパレリ　Taparelli d'Azeglio, Luigi (1793. 11. 24-1862. 9. 20)　イタリアの哲学者，イエズス会員．19 世紀におけるトミズム復興(→ 新トマス主義)の先駆者の一人であり，*社会哲学および*政治哲学の分野で大きな影響を及ぼした．1814 年*イエズス会入会．1850 年*リベラトーレ等とともに*『チヴィルタ・カトリカ』誌を創刊し，当時の反宗教的・反教会的思想に対して論陣を張った．主著『事実に基づく自然法の理論』全 5 巻 (Saggio teoretico di diritto naturale appoggiato sul fatto, 1840-43) は*トマス・アクィナスの*自然法論を復権させようとする試みであり，国家の起源や国際社会の形成等に関して注目すべき学説を展開している．このほか，晩年には，未完に終わったが経済学に関する重要な著作を公にした．

【その他の著作】*L'esame critico degli ordini rappresentativi nella società moderna*, 2 v., 1854; F. JACQUIN, ed., *Essai sur les principes philosophiques de l'économie politique*, 1943.

【文献】LThK² 9: 1295; NCE 13: 936-37. （稲垣良典）

ダービー　Darby, John Nelson (1800. 11. 18-1882. 8. 29)　イギリスの神学者．*ダブリンのトリニティ・コレッジで学び，1822 年アイルランド大法院弁護士となるが，1826 年アイルランド教会で*按手を受け，ダブリンの南のウィックロウ (Wicklow) で牧会にあたる．翌年辞職し，ダブリンでプリマス・ブレズレン (Plymouth Brethren) に入り頭角を現す．1845 年，指導者ニュートン (Benjamin Wills Newton, 1807-99) と預言解釈をめぐり対立して脱退．ニュートンを中心とするオープン・ブレズレン (Open Brethren) に対し，「ダービー派」(Darbyite) と呼ばれるエクスクルーシヴ・ブレズレン (Exclusive Brethren) を結成した．経綸主義(〔英〕dispensationalism) を体系づけ，ヨーロッパ大陸，北アメリカ，ニュージーランド各地の伝道旅行を通して特に北米の*根本主義に強い影響を与えた．*賛美歌の作者でもある．

タピスリー

【文献】 キ人 856-57; キ大 682; NIDChC 282-83; ODCC² 376; RGG² 2: 40; W. A. ELWELL, ed., *Evangelical Dictionary of Theology* (Grand Rapids 1984) 292-93.

(髙橋章)

タピスリー → 織物工芸

ダビデ David 〔ヘ〕dāwîd（在位前 1010/1000 頃-970/960 頃）　イスラエル最大の王．ユダ王国の創始者，イスラエル王国第 2 代目の王．ヘブロンで 7 年，エルサレムで 33 年，合計 40 年間在位した（王上 2:11）．
【名前と家系】 おそらく「父の兄弟」あるいは「愛される者」の意．個人名ではなく職務名（「司令官」）を表すという学説は否定された．ユダのベツレヘムの人，*エッサイの八男（サム上 17: 12-14），あるいは七男（代上 2: 15）．その系図（ルツ 4: 18-22; 代上 2: 3-15; マタ 1: 2-6; ルカ 3: 31-38）は，彼がユダ族の出身であるが，カナン人とモアブ人の血を受け継いだことも示す．
【台頭】 イスラエル初代の王 *サウルに失望した預言者 *サムエルが，ヤハウェに導かれて，ベツレヘムの牧童であったエッサイの子ダビデを発見し，サウルに代わる王として油を注いだという物語（サム上 16: 1-13）によって，ダビデに関する旧約聖書の記述は始まる．サウルに代わる王として，ダビデが神に選ばれたことを伝える傾向的な物語であるが，彼の出自など，信頼できる情報も含む．いずれにしても，牧童ダビデは堅琴の名演奏者，勇敢な青年戦士として，イスラエル初代の王サウルに仕え，ペリシテ（→ペリシテ人）の巨人戦士 *ゴリアトを一騎討ちで倒し，数々の戦功を立てたため，千人隊の長に任命された．サウルの子ヨナタンと固い友情で結ばれ，王の娘ミカルを妻に与えられたが，余りにも人気が高くなったためサウルに嫉妬され，生命を狙われるに及び宮廷から逃亡した．サウルの政体に不満をもつ人々をユダ山地に集めて私兵隊の頭領となり，執拗に追跡してくるサウルに抵抗したが，逃げきれないと悟ると，イスラエルの宿敵ペリシテのガト王アキシュの家臣となり，*ネゲブ荒野に近いツィクラグに封土を得た．ここから荒野の遊牧民アマレク（→アマレク人）を討伐してアキシュの信頼を得る一方，ひそかに南方ユダの諸氏族と友好関係を結び，後にユダ王国に発展する勢力基盤を培った．その後，サウルと決戦するためイズレエルに向かったペリシテ軍にアキシュとともに従軍したが，他のペリシテ人に忠節を疑われて引き返すことができた．*ギルボア山でサウルとヨナタンが戦死した後，ユダの中心都市 *ヘブロンに移り，ユダ王国を建国して王位に就いた．他方，東ヨルダンで，サウルの軍司令官 *アブネルがサウルの子イシュ・ボシェトをイスラエル王に擁立したが，二人とも暗殺されるとイスラエル王国の王位も授けられた（サム上 16: 14-27: 12; 29: 1-30: 30; サム下 1: 1-5: 3）．
【業績】 イスラエル王国とユダ王国をパーソナルユニオン（同君連合）によって統合したダビデは，*エブス人が支配していたエルサレムを攻略して，その要害 *シオンをダビデの町と名づけ，ヘブロンから遷都した．エルサレムは，彼の勢力基盤である南方部族ユダと北方イスラエル諸部族の中間に位置し，それまでイスラエルのどの部族の嗣業にも属していなかったため，南北の均衡を保って複合王国を支配するのにふさわしい王都であった．その後，エルサレムを宗教的統合の中心にもするため，王国時代以前，イスラエル諸部族宗教連合のシンボルであった *契約の箱をエルサレムに搬入した（サム下 5: 6-12; 6: 1-23）．

ギルボアの決戦でサウルを敗った後，パレスチナ全土に支配権を確立したペリシテ人は，ダビデがイスラエル王になったことを知って攻め寄せた．しかし，ダビデはペリシテ軍を撃破し，イスラエル諸部族をペリシテの支配から解放しただけでなく，反対にペリシテ人を支配するようになった（サム下 5: 17-25; 8: 1）．さらに東ヨルダンのモアブ人，*アンモン人，*エドム人を征服し，シリア南部のツォバとダマスコの *アラム人とも戦って勝利を収め，隷属させた．中部シリアのハマトの王はダビデに朝貢し，フェニキア海岸の都市国家 *ティルスとは友好関係を結んだ．こうして，南はシナイ半島から北はユーフラテス川まで広がる広大な地域を支配下に置く大帝国が建設された（サム下 8: 2-13; 10: 1-19; 12: 26-31）．これは，前 2000 年紀末から前 1000 年紀初頭にかけて，エジプト，ヒッタイト，アッシリア，バビロニアなどの大国が，滅亡したり弱体化したため，古代オリエント世界に生じた政治的真空状態に乗じて形成された帝国であった．

大帝国を支配するために，ダビデは，カナン都市国家のモデルに従って宮廷と官僚機構を創設した（サム下 8: 15-18; 20: 23-26）．また徴兵と徴税の台帳を作成するため大規模な人口調査をしたが，民衆の反発を受け，神罰を受けたと伝えられている（サム下 24 章）．
【王位継承問題】 イスラエル初代の王サウルの家と血縁関係がなかったため，イスラエル王国の王位継承をめぐり，ダビデはサウル家と複雑な関係を結んだ．サウルに仕えていたときに与えられた王の娘ミカルを，その後サウルは別の男に妻として与えたが，ユダ王になったダビデは無理矢理に取り戻した（サム下 3: 14-16）．サウル家との姻戚関係により，彼の王位継承権を正統化するためであった．しかし，ミカルはダビデの子を産まなかった（サム下 6: 23）．彼はまた口実を設けてサウルの遺子たちを処刑させ（サム下 21: 1-14），一人生き残った両足とも不自由なヨナタンの子メフィボシェトを保護して監視下に置いた（サム下 9: 1-13）．サウル家の残党とサウルの出身部族ベニヤミンの人々が，最後までダビデの王権の正統性を認めなかったことは，*アブサロムの乱のときに示した彼らの態度（サム下 16: 1-13）とシェバの反逆（サム下 20: 1-22）から明らかである．

王政が導入されたばかりのイスラエルで，王位継承のルールは確立されていなかった．しかも，ダビデは，8 人の妻と多数の側女によって 19 人以上の息子をもうけたが，最後まで後継者を指名しなかったため，各王子とその母を支持する廷臣が党派を組んで争った．この争いに，ダビデの中央集権政策に幻滅したイスラエルの民衆が加わった結果，第 3 王子アブサロムの反乱となった．不意を突かれたダビデは，一時エルサレムから東ヨルダンに避難したが，彼に忠節を尽くす傭兵隊がイスラエルの国民軍を敗り，アブサロムは戦死してダビデは復位した（サム下 13-19 章）．その後宮廷の陰謀によって，*バト・シェバの子 *ソロモンがダビデの後継者に指名された（王上 1: 5-40）．
【ダビデ契約】 ダビデは，王国の中央聖所として，エルサレムに神殿を建設する計画を立てたが，何らかの理由でその実行を後継者ソロモンに委ねなければならなかった．しかし，この挫折を契機として，ダビデ王朝の永続を約束するヤハウェの言葉が，預言者 *ナタンの口を通して与えられた（サム下 7: 1-17）．その後，この神の約

束は，神がダビデ家をイスラエルの王朝，エルサレムを首都として永遠に選んだという，二重の選びの神学に発展する(詩 2, 78, 132 等). この神の約束は「ダビデ契約」と呼ばれ，*メシアはダビデ家の子孫から現れるというメシア思想の源泉となった(イザ 11: 1-10; エレ 33: 6-26 等). このためナザレのイエスは「ダビデの子」と呼ばれた(マタ 1: 1; 21: 9; ロマ 1: 3 等).
【資料と伝承】旧約聖書に登場する人物のなかで，ダビデは最も詳細に記録されている．主な資料は，サムエル記上 16: 1- 列王記上 2: 11 と歴代誌上 3: 1-9 および 11: 1-29: 30 であるが，前者が「ダビデ台頭史」と「ダビデ王位継承史」(あるいは「ダビデ宮廷史」)から構成されており，後者がエルサレム第2神殿の祭司と*レビ人の組織の創始者として，理想の王ダビデを描く傾向性の強い資料であることは，一般に認められている．またダビデが詩編作者であったという伝承に従って，相当数の*詩編が「ダビデの詩」と呼ばれている(詩 3-9, 11-24 等).
【文献】旧新約聖書大 732-36; 平大百科 9: 375-76; ABD 2: 41-49; A. マラマット, H. タドモール『ユダヤ民族史』1, 古代篇 1, 石田友雄訳(六興出版 1976) 160-73: A. MALAMAT, H. TADMOR, *The History of the Jewish People*, ed. H. H. Ben-Sasson (London 1976) 94-101; 石田友雄「ソロモンの王位継承 — 歴史と歴史記述をめぐる諸問題」『聖書学論集』19 (山本書店 1985) 5-43; T. ISHIDA, *The Royal Dynasties in Ancient Israel* (Berlin, New York 1977) 55-150; ID., ed., *Studies in the Period of David and Solomon and Other Essays* (Tokyo, Winona Lake 1982); R. P. GORDON, "In Search of David: The Davidic Tradition in Recent Study," *Faith, Tradition, and History: Old Testament Historiography in Its Near Eastern Context*, ed. A. R. MILLARD, ET AL. (Winona Lake 1994) 258-98.

(石田友雄)

ダビデのこ　ダビデの子〔ギ〕hyios tou David,〔ラ〕Filius David　*共観福音書で，イエスに適用される*キリスト論的称号．「ダビデの子」が，すべての敵を排除し，イスラエルを再確立するメシア王の称号として用いられるようになるのは，紀元前1世紀半ばの*ソロモンの詩編(17: 21)においてである．これは*ダビデに対する*ナタンの預言(サム下 7: 12-16)を背景に，旧約の「エッサイの根」(イザ 11: 10)，「若枝」(エレ 23: 5; 33: 15; ゼカ 3: 8; 6: 12)の概念を発展させたものであり，*捕囚の時代を重要な契機とする終末的救済への期待は，この「ダビデの子」解釈に基づいてはぐくまれていく．

政治的・軍事的性格を備えた「ダビデの子」観は，共観福音書にも反映されている(マコ 10: 35-37; 15: 2, 26). しかし福音書記者は，イエスが系図的な意味でのダビデの子孫(マタ 1: 1, 17; ルカ 1: 32)を超える存在であることを，*聖霊による誕生(マタ 1: 18, 20; ルカ 1: 35)，ダビデの主としてのイエス(マコ 12: 35-37)によって強調する．「ダビデの子」イエスは，弱者の解放(マコ 10: 46-52，さらにルカ 4:18-19 参照)，自らの死を通した罪と死からの人間の解放によって，終末的，普遍的救済を実現し，*神の国を確立する．
【文献】TDNT 8: 478-88; J. B. GREEN, ed., *Dictionary of Jesus and the Gospels* (Leicester 1992) 766-69.

(泉安宏)

たびのはなし　旅の話　浦上キリシタンの配流体験談をいう．

「信徒発見」後の浦上キリシタンは，*寺請制度に定める僧侶立ち会いの葬儀を拒否して自葬を行い信仰を公にした．それを契機に明治政府は*キリシタンを検挙し，一村総流配という信仰弾圧を断行した．浦上四番崩れである(→浦上崩れ). しかし，人権問題として欧米諸国の批判を浴びた政府は，1873年(明治6)2月24日，全国の*キリシタン禁制の高札を撤去し，キリシタンを帰村させた．キリシタンたちが「旅の話」として語り合う苦難の体験談を*パリ外国宣教会の*ルマレシャルが採録し，*マルナスが著書『日本キリスト教復活史』に収めた．*浦川和三郎は古老の体験談を直接集録し，その著『切支丹の復活』(後編)に収め，さらに抜粋増訂を加えて『旅の話』を刊行した．
【文献】浦川和三郎『旅の話』(長崎公教神学校 1938).

(片岡瑠美子)

タブ　Tabb, John Banister　(1845. 3. 22-1909. 11. 19)　アメリカの詩人，カトリック司祭．ヴァージニア州リッチモンド(Richmond)近郊に生まれる．生まれつき目が弱く，最初はピアニストを志した．南北戦争(1861-65)のときに詩人のレイニア(Sidney Lanier, 1842-81)と知り合い，詩を書く喜びを教えられる．その後，音楽の勉強のため*ボルティモアに行くが，経済的理由から教壇に立つうち*監督教会の牧師になることを考える．しかし，しだいに*カトリシズムに引かれ，1872年に改宗．大学を卒業した1881年には神学校に入り，3年後に*叙階．その後ケイトンズヴィル(Catonsville)にある母校セント・チャールズ・カレッジに戻り，終生英語と詩を教えた．その詩は平明だが，高い技巧に裏打ちされている．感情は驚くほど抑制されていて，形而上詩人を思わせる奇想も特徴的．詩集は人気を博し，『詩』(Poems, 1894)は17版を数えた．1908年には完全に失明し，翌年ボルティモアにて死去．
【主著】F. A. LITZ, ed., *The Poetry of Father Tabb, John Banister Tabb*, 1928.

(飯野友幸)

タブー　〔英〕taboo, tabu,〔独〕Tabu,〔仏〕tabou
【用語と定義】特定の事象(人物，事物，動植物，行為，日時，名称，方位など)に，感染性の危険な力が宿っているとみなし，それをみたり接触したりする行為を「禁じる」こと．単なる禁止と異なるのは，違反すれば自動的に超自然的な制裁を受け，災厄に見舞われる点にある．しかも，この災厄は当事者だけでなく，他の人間や共同体にも及ぶとされている．タブーの語はポリネシア語の tabu (または tapu) に由来する．「はっきりと(強く)しるしづけられた」事象を意味する．イギリスの探検家クック(James Cook, 1728-79)によって18世紀末にヨーロッパに紹介された．その後，類似現象が世界各地にみられることが知られるにつれ，学術用語や日常語として定着した．日本語では「禁忌」と訳されている．
【宗教生活とタブー】タブーは特定の事象が備えている超自然的な力に対する畏敬や畏怖の態度に基づくものであり，宗教(聖)と非宗教(俗)とを区別する重要な指標とされている．*マレットは，聖がタブーとされているのは*マナ(超自然的・神秘的な力)を備えているからであり，タブーによって俗から隔離されたものが聖であると捉え，タブーを聖と俗との境界に位置づけた．また*デュルケムは，宗教とは聖なる事物，すなわち分離され禁忌(タブー)された事物に関する信仰と行事の連帯的

体系であると定義し，タブーが宗教の本質を形成する要因であるとした．

他方，*リーチはタブーが成立する根拠を言語による事象の分類・カテゴリー化に求めた．つまり，幼児は自然界を一つの連続体として知覚しているが，やがて自然界に名称を与えて男と女，昼と夜，神と人間などのように，分類・カテゴリー化することを学ぶ．だが，カテゴリーとカテゴリーとの境界領域や重複領域は，どっちつかずで曖昧な領域として残り，この領域にタブーが集中する．例えば，人間でありながら神と人との媒介者である祭司・シャーマン・呪師などの宗教的職能者は，普通の人間の領域からずれた存在であるとみなされて，神秘化され，畏敬・畏怖されることが多い．それゆえにタブーの対象とされる．また，ダグラス (Mary Tew Douglas, 1921-) は，旧約聖書のレビ記に現れた許食と禁食との動物について考察を深めている (→ 食物規定)．一例をあげると，当時の分類によれば，ひづめが分かれて反芻する動物は許食としてふさわしいとされ，ラクダ，岩タヌキ，野ウサギなどはひづめが分かれているのに反芻しないから禁じられていた．豚が禁じられたのも同じ理由による．このように，タブーは分類された領域に完全に属していない曖昧な事象に対して，これをはっきりしるしづける記号の役割をもつという．

国の運命を左右する王は，神自身または神の化身として強大なマナを宿しているとみなされ，数多くのタブーに取り囲まれている．かつてタヒチでは王が歩いた土地は王の強大なマナが土地に感染して人々に災厄が及ぶためにタブーとされ，王は人の肩に担がれて外出しなければならなかった．社会秩序の中心にある王のマナは浄性を意味するプラスの聖であるのに対して，社会秩序の枠外に位置づけられる集団や事象は，不浄性を意味するマイナスの聖とみられ，タブー視されることがある．例えば，インドのカーストにおけるブラーフマン (バラモン) と不可触民のように，浄性と不浄性とは両極において聖化され，タブー化されるとみなされている．この意味においてタブーは社会秩序を明確化させる制度として機能するのである．

【文献】石川栄吉他編『文化人類学事典』(弘文堂 1987) 458-59; R. R. マレット『宗教と呪術』竹中信常訳 (誠信書房 1964): R. R. MARETT, *The Threshold of Religion* (London 1909); F. シュタイナー『タブー』井上兼行訳 (せりか書房 1970): F. STEINER, *Taboo* (London 1956); E. デュルケム『宗教生活の原初形態』全2巻, 古野清人訳 (岩波書店 1975): E. DURKHEIM, *Les formes élémentaires de la vie religieuse* (Paris 1912); 竹中信常『タブーの研究』(山喜房仏書林 1977); E. R. リーチ『文化とコミュニケーション』青木保, 宮坂敬造訳 (紀伊國屋書店 1981): E. R. LEACH, *Culture and Communication* (Cambridge 1976); 山内昶『「食」の歴史人類学』(人文書院 1994); M. ダグラス『汚穢と禁忌』塚木利明訳 (思潮社 1995): M. DOUGLAS, *Purity and Danger* (London 1966); 佐々木宏幹『宗教人類学』(講談社 1995).

(佐藤憲昭)

ダフード　Dahood, Mitchell Joseph　(1922. 2. 2-1982. 3. 8)　アメリカのカトリックの古代中東言語学者，イエズス会司祭．モンタナ州アナコンダ (Anaconda) に生まれ，*ローマで没す．1941年*イエズス会に入会．51年*オールブライトの指導でジョンズ・ホプキンス大学から博士号 (PhD) を取得．1954年司祭叙階．56年以降，死去するまで*教皇庁立聖書研究所のウガリト語・フェニキア語教授．旧約聖書ヘブライ語とウガリト語 (→ ウガリト)，ならびに*エブラで発見された碑文の言語関連に着目し数多くの論文を発表．なかでも『詩編』全3巻 (Psalms, 1966-70) は，旧約聖書ヘブライ語とウガリト語との並行関係を過度に強調する傾向があるものの，挑戦的な注解書である．

【文献】NCE 18: 113.

(清水宏)

タブハ　Tabgha　[ギ] et-Tabgha, [ギ] Heptapegon　*カファルナウム南西の泉．ヘプタペゴン (七つの泉の意) ともいう (スキュトポリスの*キュリロス『サバス伝』24)．6世紀に遡る伝承によると，イエスが*使徒に授洗，またパンと魚による供食の*奇跡を行い (マコ 6: 30-52 参照)，さらに9世紀頃の伝承によれば，復活したイエスと弟子が出会った場所である．1932年から発掘調査が行われ，614年に破壊された聖堂跡と，その床面下には小聖堂が発見される．二層の聖堂は，4世紀中頃に翼廊，後陣や中庭，また周囲に巡礼者用宿泊施設を有する*バシリカ様式で建立された．堂内の動植物を描いたモザイク舗床は有名である．

【文献】A. NEGEV, ed., *Archaeological Encyclopedia of the Holy Land* (Jerusalem 1972) 142-43; B. PIXNER, *Wege des Messias und Stätten der Urkirche* (Gießen ²1994) 79-113.

(清水宏)

タブラチュア　[英・仏] tablature, [独] Tabulatur　通常の五線譜と音符を用いずに，文字，数字，記号などによって音楽を表記する方法で，ヨーロッパでは14世紀以後，特に鍵盤楽器や弦楽器による器楽音楽の記譜に用いられた．ヨーロッパ以外にも，古代中国伝来の雅楽譜，三味線の文化譜，ジャワのガムランの数字譜などの例がある．また音楽以外にも，舞踏のステップを表記するためにタブラチュアを用いることもあった．

最も代表的なタブラチュアは，16-18世紀にリュート，シターン，バンドーラ，テオルボ，キタローネ，リラ・ヴィオール，ビウエラ，ギターなどの弦楽器に用いられたもので，コース (弦の列) を横線で示し，その上に数字 (イタリア，スペイン系) あるいはアルファベット (フランス，イングランド系) を書き込むことによって左手のポジションを示した．鍵盤音楽では，音の高さをアルファベットで示すドイツ式タブラチュアが主である．

【文献】NGDM 18: 506-15; 田辺尚雄他訳『音楽大事典』3 (平凡社 1982) 1433-37; W. APEL, *The Notation of Polyphonic Music, 900-1600* (Cambridge, Mass. 1942).

(金澤正剛)

ダブリン　Dublin　ゲーリック (アイルランド語) では Dubh Linn と表記する．アイルランド共和国の首都．アイリッシュ海に注ぐリフィ川河口に位置する．織物工業で有名．*プトレマイオスの『地理学入門』(Geōgraphikē hyphēgēsis) にすでにその名エブラナ (Eblana) が現れ，ゲーリックではブラークリーア (Baile Atha Cliath) と呼ばれていた．841年にスカンディナヴィアからのノース人が入植し，11世紀には

*アーマーと並ぶ司教区として，アーマーではなく *カンタベリの *裁治権のもとに置かれている．7世紀中葉の *ホイットビ教会会議の後も *ケルト典礼を保持していたが，1170年頃にイングランドの *ヘンリ2世の侵略の後に *ローマ典礼を受容．1152年に *管区大司教が置かれ，1214年にグレンダロウ(Glendalaugh)司教区を併合し拡大した．18世紀に繁栄し，1801年にイギリスがアイルランドを合併すると自治運動の中心地となった．1922年にアイルランド自由国の，1949年に共和国の首都となる．19世紀末からのアイルランド文芸復興の中心地で，1904年創設のアビー・シアターも著名．ダブリンの *守護の聖人は *ケヴィンと *ローレンス・オトゥール．初代ダブリン司教ダナン(Dunan)が1038年に創建したクライスト・チャーチ大聖堂および聖パトリック大聖堂(建造1190頃)が現存する．

【文献】An Pont (1998) 216-17; LMit 3: 1426-33; NCE 4: 1076-78.

(宮岡孝尚)

タブロー 〔仏〕tableau　板を意味するラテン語 tabula に由来する語で，元来は木板(樫・檜・ポプラなど)にテンペラあるいは油彩で描いた *板絵のことであるが，今日では，14世紀後半から現れた画枠に張ったカンヴァスに描かれた絵画をいう．額絵(額画)とも訳される．固定的な壁画と異なり，掛幅や巻物と同様，可動的であり，しかも額縁によって独立した絵画空間を作る．この意味でタブローにはエテュード(習作)や下描きは含まれず，完成した独立の絵画を意味する場合が多い．

【文献】*Reclams Handbuch der Künstlerischen Techniken*, v. 1 (Stuttgart 1984).

(越宏一)

タペストリー → 織物工芸

ダホメー → ベニン

タボルさん　タボル山 〔ヘ〕har tābôr　イズレエル平原の東北部に位置する明確な稜線をもつ単独の山(士4: 6, 12, 14)．標高588 m．*カルメル山，*ヘルモン山，*ギルボア山と同様，ランドマークとして重要な山で，土地取得に際し，ゼブルン族，ナフタリ族，イサカル族の境界となる(ヨシュ19: 12, 22, 34)．イエスの *変容(マタ17: 1参照)は4世紀以来この山での出来事と伝承されている．

【文献】旧新約聖書大 737; ABD 6: 304-305.

(金井美彦)

たましい　魂 → 霊魂

ダマスカス → ダマスコ

ダマスク → ダマスコ

ダマスコ　Damascus 〔ヘ〕dammešeq, 〔ギ〕Damaskos　バラダー川に面し，豊富な水と肥沃な土地をもつ *シリアの有力な都市．現在のシリア・アラブ共和国の首都．前10-8世紀までアラム王国(→アラム人)の首都．旧約聖書では *アブラハムの物語で初めて言及され(創14: 15)，その後，*ダビデが守備隊を置き，この地域は一時イスラエルの支配に服す．しかし，*ソロモン王の時代(前10世紀後半)にはダマスコ王レツィンのもと，独立を回復し，それ以後この王国はイスラエルのライバル，もしくは敵として登場する．ダマスコ王ハザエル，その子ベン・ハダドの時代(前9世紀後半)には，北イスラエルを攻撃し，危機に陥れたが(王下12: 18-19; 13: 3, 22)，北イスラエルのヨアシュ王は最終的にダマスコの力を駆逐した(王下13: 25)．前8世紀後半，*アッシリアの *ティグラト・ピレセル3世がアッシリアを再興し，シリア・パレスチナの支配に乗り出すなか，前733年ダマスコ王レツィンは北イスラエルと反アッシリア同盟を構想し，そこに *ユダを強制加入させようと侵攻したが，かえってユダはアッシリアに援軍を求めたので，ティグラト・ピレセル3世は直ちに当地に遠征し，ダマスコを陥落させ，北イスラエルの一部を併合した(シリア・エフライム戦争)．その後ダマスコは支配者がしばしば交替したが，シリア地域の重要拠点としての地位は保持し続けた．ヘレニズム時代，一時セレウコス朝の首都となるが，その後 *ナバタイ人の支配を経て，ローマ領となった(前66)．この地には多くのユダヤ教徒がおり，その一部は *クムランの *エッセネ派と緊密な関係をもっていたとも考えられている(→死海文書)．キリスト教成立直後，すでにこの地にはキリスト教徒も存在し，彼らを迫害するためにこの地に向かった *パウロは，その途上回心したとされる(使9: 3以下)．

【文献】旧新約聖書大 737-39; ABD 2: 5-8.　(金井美彦)

ダマスコぶんしょ　ダマスコ文書 〔英〕Damascus Document, 〔独〕Damaskusschrift, 〔仏〕Document (Ecrit) de Damas　*死海文書のなかの一文書．元来の名称は不明．「ツァドク人文書」(〔英〕Zadokite Documents)の名称もあるが，通常は「ダマスコ文書」(Cairo Damascus [Document]．略記 CD)と呼ばれる．本文中に *ダマスコという地名が頻出するためである(例えば，6: 5, 19; 7: 5, 19参照．ただし，本書との直接の関係は疑問視されている)．1896年エジプトのカイロのユダヤ教会堂で2対の写本AとB(推定，10-12世紀のもの)，また1952年以降 *クムランで諸断片が発見された(略記 4Q266-273 = 4QD^{a-h}; 5Q12 = 5QD; 6Q15 = 6QD)．双方が符合したため，カイロで発見された文書も死海文書に含める．クムランの諸断片を除き，本文は「奨励」(1: 1-8:21[+19: 1-20: 34])と「基本法」(15: 1-16: 20; 9: 1-14: 22)に二分される．死海文書中には『宗規要覧』(略記 1QS)という規則書がある．しかし本書との関係は明らかではない．死海文書の研究は流動的であるが，少なくとも本書はクムラン共同体の補助的な規則と考えられる．

【文献】日本聖書学研究所編『死海文書』(1963; 山本書店 1994) 247-76; J. H. CHARLESWORTH, ed., *The Dead Sea Scrolls*, v. 2 (Tübingen, Louisville 1995) 4-79.

(清水宏)

ダマスス1世　Damasus I (305頃-384. 12. 11)　聖人(祝日12月11日)，教皇(在位366-84)．

【ローマ司教選出】『リベル・ポンティフィカーリス』によれば305年頃おそらくローマのスペイン系家庭に生まれ，若くして聖職者の道を選ぶ．教皇 *リベリウスのもとで *助祭に叙階されたが，追放された．帰還後，対立教皇 *フェリクス2世を認めたが，後にリベリウスと和解．366年9月24日にリベリウスが没すると，ローマの聖職者および民衆の少数派はユリウス聖堂で助祭ウルシヌス(Ursinus または Ursicinus)をローマ司教に選出し，ティボリ(Tivoli)の司教によって彼を叙階させた．

ダマスス2世

大多数は366年10月1日ラテラノ聖堂でダマススを選出し、彼はオスティア (Ostia) の司教によって叙階された。両派の対立は激化したが、皇帝*ウァレンティニアヌス1世はダマススを認め、ウルシヌスを追放した。367年ウルシヌスのローマ帰還が許されると、両派の対立は再燃し、死者を出すに至った。結局、ウルシヌスは永久に追放され、やがて*ケルンに監禁された。しかし、ダマススに対する攻撃は続き、改宗者ユダヤ人の*イサクは彼を殺人罪の市民法をもって告訴した。ダマスス教皇は皇帝決裁と、ローマ教会会議(378)により無罪と宣告された。381年イサクの死とともに、ついに平和が得られた。

【教会刷新】ダマススは*ドナトゥス派や*ルキフェル派と戦い、368年および369年にローマ教会会議を開催して*アレイオス派、*アポリナリオス派や*マケドニオス派を排斥した。381年の第1*コンスタンティノポリス公会議には*教皇特使を派遣。382年のローマ教会会議ではローマ教会の*首位権を明示し、また*聖書の正典を明確化して*ウルガタ訳聖書を公認した。また、ダマススは、ラウレンティウス教会 (San Lorenzo in Damaso) を建て、そのそばに教会文書館を設立した。さらに*ラテン語をローマ教会の公式語とし、典礼刷新を行った。また、ローマの*カタコンベ内に*殉教者の墓所を造って増築・装飾をさせ、これに碑文を書いたり、大理石板に彫刻をさせたりしてカタコンベの再建に努めた。*マルクスとマルケリヌスのカタコンベのそばのアルデアティナ街道 (Via Ardeatina) に墓地教会を建て、自らも同教会墓地の彼の母および妹の聖女イレネ (Irene, 祝日2月21日) の傍らに葬られた。後に彼の遺体はラウレンティウス教会に移葬された。

【文献】カ大 447-48; キ人 858; Casper 1: 196-256; LThK³ 2: 1385; NCE 4: 624-25; PL 13: 347-424; Seppelt 1: 109-26; A. FERRUA, *Epigrammata Damasiana* (Città del Vaticano 1942).　　　　　（鈴木宣明）

ダマスス2世　Damasus II　(?-1048.8.9)　ドイツ出身の教皇(在位 1048.7-1048.8)。ドイツ皇帝*ハインリヒ3世のローマ行きに随行。1047年に同帝から教皇に指名されるが、*ベネディクトゥス9世が*対立教皇となったため、正式に即位したのは翌年であった。在位わずか23日でパレストリーナ (Palestrina) にて病没。

【文献】キ人 859; LP 2: 274, 332-33; LThK³ 2: 1385-86.　　　　　（杉崎泰一郎）

ダマススのしんじょう　ダマススの信条　〔ラ〕Fides Damasi　古代から数多く定式化され伝えられてきたキリスト教の*信仰告白の一つで、5世紀末おそらく南フランスでまとめられたものと推測される。以前は教皇*ダマスス1世(在位 366-84)もしくは*ヒエロニムスの作と考えられていたために、この呼称で呼ばれている。内容としては、まず*三位一体の信仰、すなわち父と子と聖霊がそれぞれ別の位格でありながら、三神ではなく唯一の神であることが述べられ、次いでキリスト論の信仰、すなわち三位一体の第二の位格である子が*マリアから生まれて人となり、苦しみを受けて復活したことが述べられ、最後にこの信仰を保つことによって生命を得るであろうと結んでいる。なお382年のローマ教会会議で決議されたいわゆる『ダマススの教書』(Tomus Damasi, DS 152-77) や『ダマススの教令』(Decretum Damasi, DS 178-80) と混同されることがあるが、それぞれ別の文書である。

【文献】DS 71-72.　　　　　（高松誠）

たまや　廟　〔ラ・英〕mausoleum, 〔独〕Mausoleum, 〔仏〕mausolée　たまやの形態は文化によって多様である。日本では、霊屋とも記され古代の殯宮・喪屋から発したと考えられる。葬送の際に遺体を安置しておくための建物として平安時代後期からみられ、桧皮葺の屋根に四方を壁で塗り固めた建物を指した。もとはそこに死者を隔離し、死者につく悪霊を鎮める儀礼を行ったが、しだいに遺体を安置する施設となった。さらに浄土教の広まりとともに、死者の埋葬地の上に、浄土往生を願い、阿弥陀堂などを建立するようになった代表的な例が平泉・中尊寺の金色堂である。これがしだいに埋葬習俗として広まり、埋葬の盛り土の上にタマヤと呼ばれる小屋をかたどった堂を置くようになった。これについては死者があの世に行き着くまでの不安定な期間の忌み籠りのための装置だとする説もある。近世になると、*豊臣秀吉は豊国大明神、*徳川家康は東照大権現としてその霊が廟に祀られ、京都の豊国神社(豊国廟)や各地の東照宮など、豪華絢爛たる霊廟が建立された。以後、徳川家光(1604-51)の大猷院霊廟をはじめ、多くの大名の霊廟が建立されている。

一方、中国では、中国固有の宗教建築を廟と呼ぶ。廟はもともと祖霊を祀る宗廟のことを指していたが、しだいに拡大され特に超自然的な力をもつと信じられた人物や自然物や動物を祀る民間の祭祀施設も廟と呼ぶようになり、祈願信仰が盛んになった。代表的なものには、関羽(?-219)を祀る関帝廟、子授けの女神の娘娘廟などがある。西欧では聖堂・聖廟と呼ばれ、*聖人などの遺体や*聖遺物を安置し、*巡礼や聖地として信仰されている。

（武田道生）

ダミアノス　Damianos　(?-606)　*アレクサンドリアの総主教(在職 578-606)。シリアの出身。*キリスト単性説を主張するダミアノス派の創設者。*ヨアンネス・フィロポノスの*三神説に反対し、四神論者とも呼ばれた。

【文献】DThC 4: 39-40; LThK³ 2: 1388.　　　　　（土居由美）

ダミアン　Damian　(1840.1.3-1889.4.15)　福者(祝日5月10日)。本名ジョゼフ・ド・ヴーステル (Jozef de Veuster)。ベルギーのトレメロー (Tremeloo) に生まれ、モロカイにて病死。19世紀後半、*ハワイ・*モロカイ島のハンセン病患者のため献身的に働き、自身も感染して亡くなった*イエズ・マリアの聖心会の司祭で「救らいの使徒」とも呼ばれる。当時、ハワイではハンセン病と診断された患者は強制的に隔離されモロカイ島へ送られて生きた屍となった。こうした悲惨な状況に自ら志願して赴き、超人的な勇気と自己犠牲をもって患者たちが人間として

ダミアン

立ち直れるように慰め励まし，希望を与えた．人間が住めるような小屋を建て，きれいな水を引き衣類を送ってもらい配布した．また，毎日，病気に侵され打ちひしがれた人々を訪問して勇気づけ，傷口の手当をして回った．臨終を迎えた患者には，司祭として死をみとった後，棺桶を作り墓を掘ることもしばしばであった．ある朝，自分も病魔に侵されたことを悟り，「私たちらい患者は…」とみんなに話しかけたことはよく知られている．社会から捨てられ孤独のうちに希望を失っている人々と同じ立場に立ったダミアン神父の遺骨は1936年故国の *ルーヴァンに移され，1995年6月 *ブリュッセルで *福者の位にあげられた．
【文献】キ人 859；カ大 3：448；LThK³ 3：47．
(成田浄司)

ダミヤン (1560-1605) *堺に生まれる．生来，目が不自由で琵琶法師として諸国を巡り，ついに *山口で結婚し，そこに居を構えた．知恵に優れ，特に話術に勝っていたので，山口の寺では法話の語り手を務めたが，1586年(天正14)宣教師たちが一時，山口に戻ったとき *洗礼を受けた．翌年，宣教師が再び追放されるとダミヤンは伝道士(*カテキスタ)となり，しだいに山口の信徒たちの指導者として活躍するようになった．そのためそれまで彼の保護者であった寺方とは対立するようになり，ついに 1605年(慶長10)，迫害を強化した毛利輝元はキリシタンであった家臣 *熊谷元直を処刑した後，信者たちの支えであるダミヤンの殺害をも命じた．ダミヤンは深い信仰生活を続け，すべての背教の勧めに応じなかった．同年8月16日，一本松の刑場で夜中，祈っている間に首が斬られ，遺体は川に捨てられたが，翌日，信者たちがダミヤンの首をみつけて *長崎まで届けた．1614年の追放令の際，宣教師たちは他の殉教者の遺骨とともにダミヤンの遺骨をも *マカオにもっていき，サン・パウロ学院の教会に安置した．現在，ダミヤンの列福(→列聖)のための手続きが進められている．
【文献】L. パジェス『日本切支丹宗門史』全3巻，吉田小五郎訳(岩波書店 1938-40)．
(結城了悟)

たようしゅぎ　多様主義 〔英〕pluralism，〔独〕Pluralismus，〔仏〕pluralisme　異なる事象に平等の価値を認める思考と行動の根本姿勢をいう．
【概念】プルーラリズムの語源は「複数」または「多様」を意味するラテン語の形容詞 puluralis に遡る．名詞 pluralismus は *一元論や *二元論とは対照的に，現実を成り立たせる根拠として複数にして相互に独立している要因を想定する *多元論を意味するもので，18世紀に初めて哲学の用語として現れた．多元論をとる哲学者は，古代以来の *形而上学またはキリスト教信仰で想定されている，あらゆる存在の唯一にして究極的根源を必ずしも否定しないものの，その確実な *認識の可能性，ひいてはそれを軸にした哲学の正当性を否定する．

哲学的発想を背景に，明治40年代以来，日本語の定訳は多元論だが，19世紀以来，*社会学・政治学を経由して他の学問分野にも広がり，現在日常言語にも使われていることを考えれば，「多様主義」がより適切な訳と思われる．社会学・政治学の分野で多様主義は二つの相反する見解を除外する姿勢を示す．一つは個人による *幸福の追求を共同社会の公益に優先させる *自由主義であり，今一つは *国家と個人の意志また政治と倫理の同一性を説き，たとえ教会，労働組合など，部分社会や集団の存在を許しても，国家に従属するものとしてのみ承認する *全体主義である．それに対して，多様主義は国家の機能を一定の目的遂行に限定する一方，国家とは別の目的を遂行すべく部分社会や集団の自主権を力説する．

20世紀後半以降，多様主義は神学界にも市民権を得た．当初は種々の学説，学派の共存を肯定するものであったが，第2 *ヴァティカン公会議を機に，まずキリスト教内のエキュメニカルな対話(→教会一致促進運動)に，次いでキリスト教と他宗教の関係に適用された．
【エキュメニカルな対話】第2 ヴァティカン公会議は，『エキュメニズム教令』15項で，東方諸教会(→東方教会)独自の *典礼と *霊性に敬意を表したうえで，16項で各教会の教理伝承における相違をも肯定的に評価する．「啓示された真理の探究において，……東方と西方ではそれぞれ異なった方法と手段が用いられた．このために，啓示された秘義のある面が，ときには一方よりも他方によってより適切に理解され，より明らかに説明されるのは不思議ではない．したがって，このようなときには，それらの種々の神学的表現形式は，しばしば互いに対立するよりもむしろ補足し合うというべきである」(同17項)．多くの注解者はこの原則を義化(*義認)や *秘跡などに関するカトリックとプロテスタントの食い違いに適用し，また「神学的表現形式」の多様性だけにとどまらず，教理の多様性も承認されるべきであると力説した．

これと関連して，*フィレンツェ公会議が特別注目を集めた．同公会議によって，*聖霊の発出(→聖霊発出論争)に関して，西方の「父と子から」と東方の「子を通して父から」という二つの教理定式のいずれもが同一の信仰を表現することが認められ，さらに *ニカイア・コンスタンティノポリス信条の当該箇所が各教会で従来通り唱えられることも許された．異なる教理定式を保持しつつ，同一の *信仰を確認し合うという原則に従って，現在，エキュメニカルな対話が進められている．
【諸宗教の関係】*教会の外に救いなし(DS 802)という古来の教理に従って，カトリックもプロテスタントも長い間他宗教に対して排他的な姿勢を貫いてきた．どちらかといえば，元来，プロテスタントではカトリックより一層厳格な排他主義がとられた．K. *バルトはあらゆる宗教を「自らの義をたてる人間の業」と弾劾し，*啓示に負おうとするかぎりにおいて，キリスト教のみが「真の宗教である」と力説した．また，*ブルトマンは「キリスト教の信仰によらず，人間が神を語っても，神を語っているのではなく，相変わらず悪魔を語っている」とまでも断言した．

*ジャンセニズムとの対決によって，カトリック教会の教導権は，従来の排他主義との訣別を余儀なくさせられた．1713年，教皇 *クレメンス11世は，「教会の外において恩恵は絶対に与えられていない」という *ケネルの主張を *異端として退け(DS 2429)，1863年，*ピウス9世は「神がすべての人の心に刻みつけた自然法とその道徳律を忠実に守り，神に従う用意があり，正しく生きるならば，神の光と恩恵との働きによって，永遠の生命に達することができる」(DS 2866)と確認した．第2 ヴァティカン公会議はこの見解を確認するとともに(『教会憲章』16項，『宣教活動教令』7項)，*洗礼を受けていない者も *過越の秘義にあずかることを示唆し(『現代世界憲章』22項)，さらに他の「諸宗教の行動と生活の様式，戒律と教義」を積極的に評価した(『諸宗教

たようせい

宣言』2項）．公会議後のカトリック神学では包括主義（［英］inclusivism）といえる見解が主流となっている．すなわち，キリストがもたらした*救いはすべての人間に及び，各宗教はその信奉者にとって救いにあずかるための「通常の道」であるとするものである．

1970年代以降，とりわけプロテスタントの神学者の間には，第2ヴァティカン公会議後の包括主義への異議が強まり，例えばヒック（John Harwood Hick, 1922- ）は，多様性へのパラダイム転換をコペルニクス的転換に譬える．*コペルニクスが太陽を宇宙の中心に移し，地球をはじめとするすべての天体をその周りに回転させたように，現代神学はキリスト教のかわりに，*神こそ宗教世界の中心にあり，各宗教は独自の仕方でその輝きを反映することを認めなければならない．その主張が有神論的包括主義にとどまるという批判に応えて，ヒックは今度は神という名称を避けて，「究極的現実」（［英］ultimate reality）について語る．各宗教はおのおのの文化的，風土的条件のもとに「究極的現実」を部分的，暫定的に表現するもので，互いの関係は*カントの哲学における「物自体」と「現象」との関係に類似している．それゆえ諸宗教の相違を評価するにあたっては，各宗教が信奉者にどの程度まで「究極的現実」との関わり，ひいては自己執着からの解放を可能にするかという問いのみが正当な基準となる．

カトリック神学では，*真理の問題と救いの問題を区別する傾向が現れた．各宗教は真と偽の部分を含み，最終的判断は*最後の審判に委ねられるべきである．各宗教が真理の重要な一部を提示し，それゆえその信奉者にとって救いへの道でもある，という意味における多様主義はカトリック神学者にとって正当な立場といえる．しかし，救済者として*イエス・キリストの役割を他宗教の創始者と同等のものとみなすかぎりにおいて，カトリック神学者は多様主義の立場をとることはできないだろう．

【文献】K. バルト『神の言葉』II/2, 吉永正義訳（新教出版社 1976）147-301; R. ブルトマン『神学論文集 1』ブルトマン著作集 11, 土屋博訳（新教出版社 1986）: R. BULTMANN, *Glauben und Verstehen*, Gesammelte Aufsätze, v. 1 (Tübingen 1933); J. ヒック『宗教多元主義』間瀬啓允訳（法蔵館 1990）: J. HICK, *Problems of Religious Pluralism* (London 1985); INTERNATIONALE THEOLOGENKOMMISSION, ed., *Die Einheit des Glaubens und der theologische Pluralismus* (Einsiedeln 1973); H. FRIES, W. PANNENBERG, "Einheit und Vielheit des Glaubens," UnaS 28 (1973) 123-44; H. J. MARX, *Filioque und Verbot eines anderen Glaubens auf dem Florentinum. Zum Pluralismus in dogmatischen Formeln* (Sankt Augustin 1977); J. HICK, *God and the Universe of Faiths* (London 1977); G. D'COSTA, *Theology and Religious Pluralism* (London 1986); A. RACE, *Christian and Religious Pluralism* (London 1983); M. BARNES, *Religions in Conversation: Christian Identity and Religious Pluralism* (London 1989); N. H. GREGERSEN, "How to Cope with Pluralism in Dogmatics," ST(L) 44 (1990) 123-36; C. GILLIS, *Pluralism: A New Paradigm for Theology* (Louvain 1993); K. MÜLLER, W. PRAWDZIK, eds., *Ist Christus der einzige Weg zum Heil?* (Nettetal 1991); J. FISCHER, "Pluralismus, Wahrheit und die Krise der Dogmatik," ZThK 91 (1994) 487-539.　　　　　　　　　　　　　（H. J. マルクス）

たようせい　多様性　→　多様主義

だらくものがたり　堕落物語　→　原罪

タラコス，プロボスとアンドロニコス　Tarachos, Probos, Andronikos（304頃没）聖人（祝日10月11日），殉教者．おそらく*ディオクレティアヌス帝の時代に*タルソスの近くで殉教．タラコスはローマ軍を退役した者で殉教時に65歳，プロボスはパンフィリア（Pamphilia）出身，アンドロニコスは*エフェソスの良家の出身といわれる．その殉教は伝説の域を出ないが，5世紀には彼らをたたえてモプスエスティア（Mopsuestia）の近郊に教会が建てられ，483年には*聖遺物が*エルサレムへ移された．

【文献】LThK² 9: 1297-98.　　　　　（久野暁子）

タラシオス　Tarasios（730頃-806.2.18）*聖画像崇敬の擁護者，聖人（祝日2月25日）．*コンスタンティノポリスの総主教（在職784-806）．初めは聖職者ではなかったが，784年，女帝*エイレネの皇太子の顧問を務め，同年の12月にはエイレネの推挙によりコンスタンティノポリス総主教に就任．教皇*ハドリアヌス1世に働きかけ，そのなかで*レオ3世以来の*聖画像破壊論争についても言及，*公会議の開催を求めた．これにより350人の司教たちによる第2*ニカイア公会議が787年に開催され，聖画像崇敬について教会の教えが宣言され，聖画像崇敬が教会の教えとして認められることとなった．

【主著】PG 98: 1423-500.
【文献】キ人 860; DS 600-609; DThC 11: 417-41; EDR 3: 3856; LThK² 9: 1298; Mansi 12: 1119-28; 13: 208-356; NCE 13: 938.　　　　　　　　　（高松誠）

タラッシオス　Thalassios（7世紀）*東方教会の修道者．*カルタゴ近郊の大修道院院長．ケントゥリア（［ラ］centuria）と呼ばれる文学類型を用いて，愛徳と節制に関する400の金言選集を記したことで知られる．証聖者*マクシモスと親交が厚い．

【文献】DThC 15: 202-203.　　　　　（土居由美）

ダラム　Durham　イングランド北部，ダラム州の州都．*ハドリアヌスの城壁（Hadrian's Wall）の南に位置する．ローマ時代に要塞都市として建設されたことに起源を発するが，重要性が増したのはデーン人の侵入によりリンディスファーン（Lindisfarne）からチェスター・ラ・ストリート（Chester-le-Street）を経てここに*カスバートの遺体が移転されたときである（995）．1066年の*ノルマン人のイングランド征服後，スコットランドのための北方の防衛上，ダラム司教には*領主司教として俗事上の全権が与えられた．11世紀末に起工された大聖堂はノルマン建築（*ロマネスク建築）の傑作（1130頃完成）．また大聖堂と向かいあって同じ丘の上に建っている城は最近までダラム主教の住居であった．カスバートの墓所は*ヘンリ8世のもとに行われた*宗教改革の際に破壊されたが，その後新たな墓所が設けられそこに埋葬された．また*ベダ・ヴェネラビリスの墓も，大聖堂の最西端にある礼拝堂に残っている．ダラム司教に与えられた俗権は宗教改革の際に剝奪されたが，*聖公会のなかでは現在でも，南で*ウィンチェスターと*ロンドンの主教が*カンタベリ大主教に次ぐ地位を

占めているように，北のダラム主教は*ヨーク大主教に次ぐ地位を占めている．
【文献】DHGE 14: 1179-99; LThK² 3: 614-15; NCE 4: 1120-21. （P. ミルワード）

タラントン 〔ヘ〕kikkar, 〔ギ〕Talanton, 〔ラ〕Talentum　元来，度量衡の最大単位（約 30 から 40 kg）として，重さと貨幣の両方を意味し（→聖書の度量衡），*七十人訳聖書において，主にキカル（〔ヘ〕kikkar）の訳語として用いられている（出 25: 39; 38: 24-29）．新約聖書では，1 万タラントンもの巨額の負債が許されたのに，わずかの負債を他の人に許そうとしない者の譬え（マタ 18: 24）と，タラントンの譬え（マタ 25: 14-30）の 2 箇所のみにみいだされる（→譬え）．
【文献】旧新約聖書大 740-41; 新約釈義 3: 374.
（江川憲）

ダランベール D'Alembert, Jean Le Rond （1717. 11. 16-1783. 10. 29）　フランスの哲学者，物理学者，数学者．*パリに生まれ，同地で没す．タンサン夫人（Marquise de Tencin, 1682-1749）の私生児として生まれるが，捨てられ，ガラス職人の家庭で育てられる．若くしてその数学的才能を発揮し，23 歳で科学アカデミー会員となる．『力学論』（Traité de dynamique, 1743）において，解析力学の基礎を築く．天体力学の分野では，初めて歳差の数学的理論づけに成功，代数学においてもダランベール・ゴースの定理を残すなど，多方面で活躍する．哲学者としては，*ディドロとともに『百科全書』（Encyclopédie, 1751-72）の編集出版を担当し，とりわけその序文『百科全書序説』（Discours préliminaire de l'Encyclopédie, 1751）を執筆したことで名高い．また，『哲学諸問題論考』（Essai sur les éléments de philosophie, 1759）では，道徳を神の認識とは切り離された社会的なものとして捉えたうえで，その重要性を指摘している．合理主義者として宗教的な絶対主義に対立し，寛容を説いた．アカデミー・フランセーズ会員（1754）．
【邦訳】桑原武夫編訳『百科全書：序論および代表項目』（岩波書店 1971）． （二川佳巳）

タリス Tallis, Thomas （1505 頃-1585. 11. 23）　イギリス・ルネサンス音楽の代表的作曲家．ウォルサム大修道院，*カンタベリの大聖堂などを経て，1543 年頃王室礼拝堂の音楽家に就任，生涯その地位にあった．*宗教改革の時代に 4 人の君主に仕え，二転三転する教会体制に応じて，カトリック教会とイングランド国教会（→聖公会）双方の音楽を残す．グリニッジ（Greenwich）で没す．カトリック作品には，聖母アンティフォナ（*聖母賛歌），*ミサ曲，レスポンソリウム（→答唱）．*賛歌などがある．有名な「エレミヤ哀歌」はおそらく国教会成立以後の作品で，カトリック教徒を中心に私的な形で歌われた可能性が大きい．
【文献】NGDM 18: 541-48; 田辺尚雄他編『音楽大事典』3（平凡社 1982）1440-41．（那須輝彦）

ダルガード Dalgado, Sebastiao Rogolfo （1855-1922）　インド出身の司祭，言語学者．*ゴアの近郊でポルトガル人を父に，インド人を母に生まれる．*ローマで教会法，ローマ法の博士号を取得後，インド宣教に赴く．セイロン（現スリランカ），ベンガル（Bengal）の*司教総代理を務めた後，*リスボンに移って初の『コンカニ-ポルトガル語辞典』を完成．独・伊・葡語のほか，インドのコンカニ語・カナラ語・マラヤーラム語・シンハラ語，サンスクリット，アラビア語，ペルシア語に精通し，言語学関係の著作も多数執筆した．
（橋爪由美子）

タルグム targum
【用語】タルグム（targûm，複数 targumîm）とは，通常「アラム語訳旧約聖書」を指す（例えば，ミシュナー・メギラー II, 1; IV, 4 参照）．その語源はアッカド語 trgm と考えられ，*アラム語や*ヘブライ語で「翻訳」「説明」また「解釈」を意味する（エズ 4: 7 参照）．

16 世紀のパレスチナ・タルグム
(Biblioteca Vaticana)

【背景と類型・特徴】〔背景〕*捕囚後の（主にパレスチナの）ユダヤ人の間ではアラム語が日常生活で一般的に話されるようになり，ヘブライ語の使用は徐々に礼拝の場に限られるようになっていった（ネヘ 13: 24 参照）．このため，いつパレスチナでヘブライ語の使用が途絶え，ヘブライ語旧約聖書のアラム語への翻訳が始まったのか明らかではないが，*会堂での礼拝の際にヘブライ語で朗読される*モーセ五書（→律法）や*預言書を朗読者のあとに続いて 1 節ないし 3 節ごとに翻訳担当者（meturgeman, turgeman）がアラム語に翻訳しなければならないことになった．もっとも，例えば*死海文書中の『外典創世記』（1QapGen）にみられるように，それは逐語訳ではなく，「再読」（〔仏〕relecture）のようなものであっただろう．そして，元来タルグムは口頭による翻訳として生じ，聖書理解を助けることを目的とした口伝にすぎなかったが（ネヘ 8: 8 参照），しだいに紀元前後から文書化されるようになって礼拝ばかりか教育のためにも使用されていくようになる．後には*ラビによっ

タルグム

てタルグムに関して厳格な条件や詳細な使用規則が定められる(例えば，バビロニア・タルムード・メギラー 21，23–32 参照).

〔類型〕*ミドラシュや死海文書中の注解(pešer. 例えば，『ハバクク書注解』1QpHab)の場合は，聖書本文と論述ないし注解部分とが明確に区分できる．ところが，タルグム本文は，ヘブライ語原文の内容を聞いただけでもわかるように，その本文中に聖書本文も言い換えや*グロッサ(補足説明)なども巧みに組み込まれた一連の文章となっている．それゆえタルグムは，単にアラム語訳旧約聖書というだけではなく，アラム語による「解説的聖書」という固有の文学類型であるといえよう．

〔特徴〕タルグム本文にみられる特徴をあげておく．
(1) 挿入．創世記 2 章 19 節の「人が呼ぶと，……生き物の名となった」は「人が聖なる場所の言葉で呼ぶと，……生きる物の名となった」(断片タルグム)という．
(2) 神への畏敬．誤解を招きやすい*擬人神観を避けるために，神(主)という語のかわりに「(主の)言葉」memrâ や「(主の)栄光」iᵉqārā, 'iqar また「(主の)現存」šekinâh という語を使用する．例えば，「神は二つの大きな光る物と星を造り……神はそれらを天の大空に置いて」(創 1: 16–17)という旧約聖書本文を「主の言葉は二つの大きな光る物と星を造り……主の栄光はそれらを天の大空に置いて」(ネオフィティ 1)，あるいは「主は降って来て……見て」(創 11: 5)を「主の栄光の現存が現れて」(ネオフィティ 1)とする．
(3) 宗教上の教えや慣例の変更．例えば，「ルベンを生かし，滅ぼさないでください」(申 33: 6)を「ルベンをこの世で生かし，悪人が来るべき世で滅ぼされる死，つまり第二の死によって滅ぼさないでください」(断片タルグム)と敷衍して死生観の変更を試みる．また，出エジプト記 24 章 8 節の「モーセは血を取り，……振りかけて言った」は「モーセは血を取り，……民の贖いのために振りかけて言った」(オンケロス，擬ヨナタン)と補足する．これは，贖罪観の変化に伴い儀礼的慣例を現在化させたものである．
(4) 歴史的・地理的記述の現在化．創世記 10 章 2 節は元来「ヤフェトの子孫はゴメル，マゴグ……ティラスであった」というが，タルグムは続けて説明句「これらの地域の名は，フリギア，ゲルマニア……アジアとトラキアである」(擬ヨナタン)を補足して現在化する．
(5) 二重の訳語．ある単語に二重の意味合いを読み取る．例えば，創世記 4 章 13 節の「わたしの罪は重すぎて負いきれません」の「負う」を「わたしの罪は重すぎて負いきれません．あなたにはそれを解き，そして許すことができても」(ネオフィティ 1)のように「解く」と「許す」と二通りに翻訳する．
(6) 年長者に対する敬意．創世記 29 章 17 節にある「レアは優しい目をしていた」の「優しい」には「弱い」という意味合いもある．そこで「レアは美しい目をしていた」(オンケロス)あるいは「レアは目をあげて祈った」(ネオフィティ 1)と改訳する．
(7) 呼びかけの導入句．しばしば「わが民，イスラエルの子らよ」という言葉が冒頭で補足使用されている(例えば，出 20: 7, 12–17; 23: 2)．これはタルグムの起源が礼拝にあったことを思い起こさせるものであろう．
(8) 記述の整合化．ヘブライ語本文では，しばしば文脈と関わりなく「これらのことの後で」(創 15: 1)というように物語が展開する．これをタルグム本文では「これらのことの後で，つまり王たちが集まり，アブラムの前にひれ伏して……」(パレスチナ・タルグム)と説明し，前の部分(創 14 章)との整合化を図る．

【タルグム本文】タルグムには，旧約聖書中のエズラ記，ネヘミヤ記，そしてダニエル書を除く各書がある．なお，死海文書中にもタルグムがあるが(レビ記 4Q156，ヨブ記 4Q157, 11Q10)，本項でのタルグムとの直接的関係はない．

〔モーセ五書〕言語や内容から①と②に大別できる．
① タルグム・オンケロス．「バビロニア・タルグム」ともいい，モーセ五書タルグムの公式本文である．オンケロス(Onkelos，または Onqelos)とは，単にアクイラ(〔ギ〕Akulas，〔ラ〕Aquila, Aquilas)のアラム語化した人名にすぎず，翻訳者を指すわけではない．本書のアラム語は旧約聖書やパレスチナ・アラム語に類似しているので，元来パレスチナで 1 世紀頃に作成され，その後バビロニアで大幅に改訂されたと思われる．訳文は直訳の傾向が顕著で，本文中のグロッサもパレスチナ・タルグムほど多くはない．校訂版としては，A. Berliner, Targum Onkelos I–II (Berlin 1884) や A. Sperber, The Bible in Aramaic I (Leiden 1959)，また，A. Díez Macho, ed., Biblia Polyglotta Matritensia IV (Madrid 1965–88) がある．

② パレスチナ・タルグム．①に代置されるまでパレスチナのユダヤ人の間で広く使用されていたモーセ五書タルグムがあった．これを「パレスチナ・タルグム」という．パレスチナ・タルグムは公式本文ではなく，しかも敷衍的訳文で，①のように充分に推敲統一された本文を伝えているわけではない．そして数種の異なった伝承の形で残っている．

(a) ネオフィティ 1 (Codex Neophyti 1，あるいは Codex Neofiti 1). 1949–56 年*ヴァティカン図書館が所蔵する写本のなかから*ディエス・マチョによって発見され，16 世紀初めのモーセ五書タルグム写本であることが判明した．比較的古い(3–4 世紀頃)パレスチナ・アラム語によるモーセ五書全体(ただし，ほんのわずかな欠損がある)の翻訳であるが，すでに 16 世紀以前にかなり校訂が加えられたこともあって，新旧の言語・内容が重層的に入りまじった複雑な本文である．ただし，パレスチナ・タルグムのなかでは訳文はそれほど敷衍的ではない．その起源を発見者ディエス・マチョは 1 世紀以前とするが，結論をみていない．校訂版は，以下のようにディエス・マチョによって公刊された．A. Díez Macho, ed., Neophyti 1: Targum Palestinense MS de la Biblioteca Vaticana, I–IV (Madrid, Barcelona 1968–79).

(b) タルグム・擬ヨナタン (Pseudo-Jonathan). モーセ五書タルグムで，「偽ヨナタン」と表記する場合がある．本来は「タルグム・イエルシャルミ I」(Targum Jerushalmi I) という．これをタルグム・擬ヨナタンと呼ぶのは，このタルグムの略記 (TJ) の J を，エルサレムではなく，ヨナタン・ベン・ウジエル (Jonathan ben Uzziel) なる人物の J と 14 世紀に誤解して「ヨナタンによるタルグム」(Targum Jonathan) とみなした結果である．このタルグムはネオフィティ 1 のように，ほんのわずかな欠損はあるが，モーセ五書全体の翻訳である．しかし，訳文は最も敷衍的で長く(ヘブライ語原文の約 2 倍)，本文中には数々の補足説明もみられる．また，新旧ならびにパレスチナ以外の伝承が複合的に混在する本文である．①と並行関連のある部分もある．校訂版には，えば E. G. Clarke, et al., Targum Pseudo-

Jonathan of the Pentateuch: Text and Concordance (New York 1984) がある.

(c) ゲニザ断片タルグム. エジプトのカイロ旧市街にあるユダヤ教の会堂にあるゲニザ(〔ヘ〕geniza. 文書保管所)で発見された8-14世紀のモーセ五書のパレスチナ・タルグム断片写本. 断片的な写本にすぎないが, 現存する最古のタルグム本文である. ① やほかのパレスチナ・タルグムとも異なる本文, またアラム語である. 訳文は直訳もあれば敷衍訳の部分もある. しかし, パレスチナ・アラム語研究やタルグム普及をめぐっての重要な史料となる. 校訂版は, M. L. Klein, Genizah Manuscripts of the Palestinan Targum to the Pentateuch, 2 v. (Cincinnati 1986) がある.

(d) 断片タルグム. 「タルグム・イエルシャルミ II」(Targum Jerushalmi II) とも呼ばれる. モーセ五書タルグムで九つの断片伝承があるが, このうち5断片は13-18世紀のものである. 各断片に共通することは, 同一のヘブライ語原典に基づき, パレスチナ・アラム語であって, 訳文は直訳と敷衍訳が混在していること, また, その本文は1516-17年に出版された「第1ラビ聖書」(→ 聖書の出版) のタルグム本文と符合することであろう. 校訂版は, M. L. Klein, The Fragment-Targums of the Pentateuch: According to Their Extant Sources (Rome 1980) がある.

(e) トセフトート. 「トセフタ」(Tosefta. → トセフタ) あるいは「トセフタ・イエルシャルミ」(Tosefta Jerushalmi) ないし「イエルシャルミ III」(Jerushalmi III) という. 幾つかのタルグム・オンケロスの写本欄外また各書の末尾に添書されている. 断片的で, その訳文は敷衍的である. 元来はパレスチナで作成されたと考えられるが, 後に *バビロニアで校訂された. 典礼詩, また特定の *祭をはじめとして礼拝で使用するために一書にまとめられた朗読集もある. 校訂版としては, A. Sperber, The Bible in Aramaic I (Leiden 1959) や M. L. Klein, Genizah Manuscripts of the Palestinan Targum to the Pentateuch, v. 1 (Cincinnati 1986) がある.

③ サマリア五書タルグム. 上述①や②のタルグム本文は, その基本的特徴からいって冗長さを免れない. それと比較するならば *サマリア五書タルグムの訳文の場合は, ヘブライ語とアラム語サマリア方言との逐語的な合致が極めて顕著である. 最古の伝承は3-4世紀頃に遡る. サマリア五書タルグムには公式本文はなく, それぞれに異なる伝承本文が現存するだけである. 校訂版は, A. Tal, The Samaritan Targum of the Pentateuch, 3 v. (Tel Aviv 1983) である.

〔預言書タルグム〕「前の預言者」「後の預言者」(→ 旧約聖書, 預言書) のタルグム.

① タルグム・ヨナタン (Targum Jonathan). 「タルグム・ヨナタン・ベン・ウジエル」(Targum Jonathan ben Uzziel) と呼ばれることもあるが, これは後代の伝承にすぎない. *タルムードによれば, タルグム・ヨナタンはタルグム・オンケロスのように権威ある, いわば預言書タルグムの公式本文とみなされていた(バビロニア・タルムード・メギラー 3a). 言語は, タルグム・オンケロスのアラム語に極めて類似している. このため, おそらくパレスチナで作成されて後, 3-4世紀頃にバビロニアでタルグム・オンケロスほどではないが改編されたと思われる. しかし, 充分に本文が推敲統一されているわけではない. 訳文はタルグム・オンケロスよりも敷衍的であるが, その方法は各書ごとに異なり一様ではない. 文書によってはパレスチナ・タルグムに近似することもあり(例えば, イザヤ書タルグム), ときには死海文書や新約聖書中の内容と符合するものさえある(例えば, *メシア理解). タルグム・ヨナタンには西方(ティベリアス)校訂とイエメン校訂の二つの本文がある.

② トセフトート. タルグム・オンケロスと同じように, 幾つかの預言書タルグムの写本には欄外にトセフタ, ないし本文中に「タルグム・イエルシャルミ」(Targum Jerushalmi) と呼ばれる添書がある. 例えば, 「ロイヒリン写本」(Codex Reuchlinianus) には約80のトセフタがみられる. これらは校訂以前のパレスチナ・預言書タルグムの残余ではないか, また特定の祭や礼拝での朗読部分 (haptarôt) と符合するという見解もある.

預言書タルグムの校訂版としては, A. Sperber, The Bible in Aramaic II-III (Leiden 1959-62) や J. Ribera Florit, El Targum de Isaías (Valencia 1988) などがある.

〔諸書タルグム〕*諸書(ただし, 上述のようにエズラ記, ネヘミヤ記, ダニエル書を除く)のタルグムは, モーセ五書や預言書のタルグムより比較的新しい時期のものである. いずれもパレスチナ・アラム語だが, 各書は時代も翻訳の仕様もみな異なる. そもそも諸書タルグム中の各書の公式本文などないのである. もっとも, 諸書タルグムは便宜的に二つのグループに大別できる. *メギロート(ルツ記, 雅歌, コヘレトの言葉, 哀歌, エステル記)の5文書のタルグム, それとヨブ記, 箴言, 詩編, 歴代誌の4文書のタルグムである. メギロートの各書には, タルグム・ヨナタンのように西方校訂とイエメン校訂の本文がある. 二つの伝承本文を比較してみると, 雅歌と哀歌のタルグムでは部分的にかなりの相違があり, ルツ記とコヘレトの言葉のタルグムの場合にはそれほど相違はみられない. エステル記については, 三つのタルグムがある. その一つは逐語訳である. 二つ目の「タルグム・シェニ」(Targum senî) と呼ばれているエステル記タルグムと三つ目の『アントヴェルペン版多国語対訳聖書』(→ 多国語対訳聖書)所収のエステル記タルグムとは類似し, どちらの訳文も敷衍的である. ヨブ記と詩編のタルグムは, 言語や訳文の敷衍, 補足説明などが相似していることがあり, どちらにも共通する伝達過程, また起源を推測できる. しかし, 箴言のタルグムの場合, 訳文は直訳で, シリア語訳聖書(→ 聖書の翻訳: シリア語)と符合する章節がみられる. 歴代誌タルグムも, ほとんどの訳文は直訳であるが, しかしタルグム・擬ヨナタンとの類似もみられる. 校訂版には, 以下のものがある. A. Sperber, The Bible in Aramaic IV A (Leiden 1968); R. Le Déaut, J. Robert, Targum des Chroniques (Rome 1971); E. Levine, The Aramaic Version of Ruth (Rome 1973); Id., The Aramaic Version of Lamentations (New York 1976); Id., The Aramaic Version of Qohelet (New York 1979); D. M. Stec, The Text of the Targum of Job (Leiden 1994).

【タルグム研究の意義と現状】タルグムは, これまで単なる「翻訳」とみなされ, それ自体が充分研究されてきたわけではない. しかし今日の研究上の関心は, タルグムに固有な旧約聖書の解釈方法や特質, 類型を検討するまでに及んでいる.

しばしばタルグムはミドラシュに類似するといわれる. なぜなら翻訳に先立って, まず聖書本文を精査して理解し, また訳文は生彩さを有し実際的で明確かつ直ちに理解可能でなければならず, 時代や思想的環境の理念

タルシキウス

に適合する語句や補足説明を必要に応じて加えるわけだが、タルグムはミドラシュとともに貴重な旧約聖書をめぐる「探究」の証言になるからである．そればかりか、タルグムは古代ユダヤ教の聖書理解の多様で柔軟な一面を明示しているのである．もっとも、タルグムとミドラシュとは上述したように相違する．タルグムが解釈を伴うとはいえ翻訳という枠内にとどまるのに対し、ミドラシュの注解はより自由な余地を有しているためである．

また、タルグムは新約聖書の解釈にとっても重要だといわれる．タルグムと部分的に時代を同じくする新約聖書中には、旧約聖書の言葉を引用ないし暗示する箇所、ときには種々の補足説明さえもみられる．これらは単に旧約聖書の言葉の翻訳を伝えているというよりも、タルグムのように旧約聖書理解の方法と特質を示すものである．タルグムの伝承本文は、当該箇所や部分ごとに検討すべきだが、元来は極めて古く、それらの本文から当時の旧約聖書理解が当然明らかになる．したがってタルグムの数々の事例と比較することで新約聖書の解釈(上述の特徴には、新約聖書の記述と類似や並行するものが多い)、また旧約聖書の総合理解が十全なものとなる．さらに、新約聖書も同じだが、タルグムの起源と使用はまず礼拝にあった．これは伝統を継承して共通の聖書解釈を後世に伝えていくことを意味するものであろう．また、タルグム本文、特にラビによる校訂を受けていないパレスチナ・タルグムのなかには、*外典・偽典のなかの文書(例えば、*ヨベル書)と並行一致する表現や解釈さえみられる．もちろん、タルグムと新約聖書ならびに外典・偽典中の文書との間に、内容のみならず起源・使用や伝達における類似や並行あるいは一致がみられるからといって、それだけを過度に強調し評価することは避けなければならない．やはり相違も数多く、宗教的には決定的に異なるからである．

なお、タルグム研究の動向に関しては、W. E. Aufrecht, Newsletter for Targumic and Cognates Studies (Toronto 1974-) や B. Grossfeld, A Bibliography of Targum Literature, 3 v. (Cincinnati, New York 1972-90) を参照のこと．また、校訂版に現代語訳が付記されている場合もあるが、例えば、以下のような現代語訳がある．M. McNamara, ed., The Aramaic Bible: The Targums (Edinburgh 1987-); R. Le Déaut, Targoum du Pentateuque, 5 v. (Paris 1978-81).

【文献】ABD 4: 320-31; IDB Suppl. 856-61; LThK³ 2: 385-88; TRE 6: 216-28; 土岐健治『初期ユダヤ教と聖書』(日本基督教団出版局 1994) 28-31, 73-98, 213-23; R. Le Déaut, Introduction à la litterature targoumique (Rome 1966); M. McNamara, The New Testament and the Palestinian Targum to the Pentateuch, AnBib 27A (Rome 1966 ²1978); Id., Targum and Testament (Shannon 1972); A. Díez Macho, El Targum (Barcelona 1972); R. Le Déaut, The Message of the New Testament and the Aramaic Bible (Rome 1982); U. Gleßmer, Einleitung in die Targume zum Pentateuch (Tübingen 1995). (清水宏)

タルシキウス　Tarsicius（3世紀-4世紀前半）
ローマの殉教者、聖人(祝日8月15日)．*アッピア街道の*カリストゥスの*カタコンベに埋葬された．*ダマスス1世は、牢にいる信徒に*聖体を届ける途上、異教徒の群衆に襲われ、聖体を守って死んだタルシキウスを*ステファノと並べて謳い上げた詩や墓碑銘を書いている．タルシキウスが*祭壇奉仕者という説もある．ヴィエンヌの*アドにより*殉教録に入れられ、*ワイズマンの小説『ファビオラ』において脚色された形で著名になった．
【文献】キ人 861; EC 11: 1776-77; LThK² 10: 11; NCE 13: 940. (山口和彦)

タルシシュ　Tarshish〔ヘ〕taršîš
(1) 創世記10章のいわゆる*民族表では、ヤワンの4人の子孫の一人として現れるが(創 10: 4 = 代上 1: 7)、これは民族名であると同時に地名でもあると考えられる．並んで現れるエリシャ、キティム、ロダニムが地中海およびエーゲ海の沿岸諸国であるから、タルシシュもその一つと思われるが、なお確定できない．この地が銀、鉄、錫、鉛を産出する地として現れるので(エレ 10: 9; エゼ 27: 12)、鉱物資源の豊富なスペインのタルテッスス(Tartessus)であるとする説、あるいはキリキアの*タルソスとみなす説などがある．*ソロモンはこの地と大規模な貿易を行っており、列王記上10章22節には「3年に1度、タルシシュの船団は、金、銀、象牙、猿、ひひを積んで入港した」とある．
(2) 地名から転じて、そこから産出する宝石を指すことがある．新共同訳聖書では「藍玉」(出 28: 20; 39: 13)、「緑柱石」(エゼ 1: 16; 10: 9)、「かんらん石」(28: 13)、「タルシシュの珠玉」(雅 5: 14)などと訳出される．
(3) 人名．(a) ベニヤミン族ビルハンの7人の息子の一人(代上 7: 10)．(b) ペルシア王クセルクセス(アハシュエロス)の側近で、*ペルシアと*メディアの7人の大臣の一人(エス 1: 14)．
【文献】旧新約聖書大 741; ABD 6: 331-33. (金井美彦)

タルシラ　Tarsilla（?-581頃）聖人(祝日12月24日)．ローマの乙女．教皇*グレゴリウス1世によると、彼の父ゴルディアス(Gordias)の姉妹．父親のもとで二人の姉妹とともに祈りと禁欲の生活を送る．主の*降誕の前日に死んだ後、姉妹の一人アエミリアナ(Aemiliana)に主の*公現の前に彼女が死ぬことを知らせたという．
【文献】LThK² 9: 1303. (久野暁子)

タルソス　Tarsus〔ギ〕Tarsos　歴史的に古くはアッシリア時代に遡るが、*キリキア州最大の都市(現在、トルコ南部)．ストラボン(Strabon, 前64-21以後)によれば「学問の町」．*パウロの生まれた都市であり(使 22: 3)、彼はタルソスの人と言及されている(使 9: 11; 21: 39)．
【文献】旧新約聖書大 741; 新約釈義 3: 378. (加山久夫)

ダルボア　Darboy, Georges（1813. 1. 16-1871. 5. 24）パリ大司教．フランス中東部オート・マルヌ県フェイ・ビヨ(Fays-Billot)に生まれ、*パリで没す．1836年司祭叙階、1837年サン・ディジエ(St.-Dizier)小教区助任司祭となり、*ラングルの大神学校神学教授(1839-45)、パリのアンリ4世高等学校付司祭(1845)を務める．さまざまな教会管理事務の奉仕の後、ナンシー(Nancy)の司教(1859)、次いでパリ大司教(1863)となる．熱心な司牧者であったが、*ガリカニスムの影響を受け、ローマからの司教団の独立を強く支持した．第1*ヴァティカン公会議においては、教皇の*不可謬性は時宜を得ていないとの考えから、その定義に反対した少

数派の司教たちの側についたが，決定後は，それを受け入れた．1871年，*プロイセンによってパリが包囲され，市が*パリ・コミューンの支配下に置かれた際，ダルボアは貧しい者，無力な者の保護に精力を傾けた．4月4日，コミューン支持者によって捕らえられ，人質となった後，獄中で刑執行人たちへの祝福の祈りのうちに銃殺された．
【文献】Cath. 3: 465-67. （H. ブライテンシュタイン）

タールホーファー Thalhofer, Valentin (1825. 1. 21-1891. 9. 17)

ドイツのカトリック典礼学者．ウルム近郊のウンテルロート (Unterroth) に生まれる．1850年からディリンゲン (Dillingen) で聖書学を教え，1863年にはミュンヘン大学教授およびバイエルン公立ゲオルク学院院長．1876年より*アイヒシュテットで司教座聖堂参事会首席司祭を務める．F.*プロプストと並ぶ19世紀を代表する典礼学者で，主著『カトリック典礼学』全2巻 (Handbuch der katholischen Liturgik, 1883, 1893) では，歴史批判的研究と典礼神学的考察を巧みに組み合わせた．その成果は20世紀の*アイゼンホーファーの典礼学教本に引き継がれ，今日の*典礼神学の前提をなしている．
【著作】Die unblutigen Opfer des mosaischen Cultes, 1848; Das Opfer des Alten und Neuen Bundes, 1870.
【文献】LThK² 10: 9-10. （石井祥裕）

ダルマ Dharma

*ヒンドゥー教，*仏教，*耆那教(ジャイナ教)で用いられる語で，極めて多岐にわたる語義を有する．

ヒンドゥー教では，人間の在り方を存在論的に規定する超自然的な掟，また，世界秩序および宇宙の運行を維持する自然の掟として解釈される．個人あるいは集団の生活の行動規範，社会のなかでの人間の行為を導く戒律，また日の出入り，季節の移り変わり，若者の思春期への移行などがそのなかに含まれる．さらにダルマは正義や憐れみといった抽象概念をも含み，公正，美徳，功徳，善，真理，規範，理想，道などにも適用される．しかしながら，最も重要な概念は，義務それ自体のための義務の遂行である．

仏教では，一般に，永世万人に適用される聖なる教義，仏陀(*シッダールタ)の説法の真理を指す．しかし，形而上学上は，複数形で使われる場合がほとんどで，我々の可視的世界を構成するさまざまな要素(抽象，具象双方)を指す．

ジャイナ教では，普通，「道義」と解釈されるが，生ける者の運動の条件となる実在体の意味をも含む．ジャイナ教の僧は，10のダルマとも呼ばれる10の正道を養うよう要請される．10のダルマとは，忍耐，謙遜，高潔，純潔，正直，節制，厳格，滅私，清貧，従順である．
【文献】平大百科9: 433-34; 高崎直道他編『仏教・インド思想辞典』(春秋社1987) 403-407. （C. ヴェリヤト）

ダルマティカ 〔ラ〕dalmatica, 〔英〕dalmatic, 〔独〕Dalmatika, 〔仏〕dalmatique

本来は*助祭の*祭服で，盛儀の典礼では*司教が*カズラの下に着用することもある．2-3世紀にダルマティア (Dalmatia) 地方から*ローマに入ってきた服装で，広い袖のついた丈の長い白い上着(〔ラ〕tunica dalmatica) に由来すると考えられる．4世紀頃からは*教皇とその助祭が祝祭に着用し，*西方教会では9世紀以降，司教と助祭が着用するようになった．初めは白地にクラヴィ (clavi) と呼ばれる赤紫色の線が前面と背面に縦に施されていたが，12世紀以降，*典礼色の規定が導入されるにつれ，各典礼色のものも作られるようになった．
【文献】カ大 2: 355; LThK³ 2: 1380-81; A. フリューラー『新しい祭服』林良子訳 (南窓社1966) 106-12: A. FLÜELER, Das sakrale Gewand (Zürich 1964); R. BERGER, ET AL., eds, Gestalt des Gottesdienstes, GDK 3: 338. （宮越俊光）

ダールマン Dahlmann, Josef (1861. 10. 14-1930. 6. 23)

ドイツ人のイエズス会司祭，インド哲学者，上智大学創立者の一人．ライン河畔のコブレンツ (Koblenz) で生まれ，1878年にイエズス会系の高等学校を卒業し*イエズス会ドイツ管区に入会．1890年司祭叙階．10年間*ベルリン大学などで東洋学(梵語・インド思想)を専攻，博士号取得．その間，インド思想史に関する8点の著名な研究を発表し，1900年にはルクセンブルクでイエズス会の学術月刊誌(略号 StdZ) を中心に執筆活動を展開する．

1902年から3年間，アジア諸国，中国，日本，カンボジア，インドネシア，インドを旅行し，その成果を『インド紀行』全2巻 (Indische Fahrten) として刊行(初版1908, 再版1927)．1903年(明治36)，日本に滞在中，東京でカトリック大学を設置する運動を開始し，1905年には教皇*ピウス10世に拝謁，日本にカトリック大学を設置する許可を得て，1908年に再来日．1913年(大正2)に*上智大学が設立されると，教授に就任，そのかたわら東京帝国大学でドイツ文学とギリシア語を教授した．1924年には帝国大学を，1929年(昭和4)には上智大学を病気のため退任し，数か月間療養の後，逝去した．亡くなる直前まで執筆活動を続け，多くの学者との友好関係を保った． （K. ルーメル）

タルムード Talmud 〔ヘ〕talmūd

普通名詞としては学習の意であるが，*ユダヤ教ではタルムード・トーラー，すなわち*律法の学習の意．また，律法の教えと議論が集大成された書物の名として知られる．タルムードという書は，*ミシュナーとゲマラからなると理解されている．ミシュナーとは西暦200年頃までに成立したユダヤ教口伝律法の集大成で，主としてヘブライ語である．ゲマラ(学習の意)とは，それ以後の賢者によるミシュナーの学習と解釈であり，アラム語とヘブライ語が使用された．400年頃*パレスチナで編纂されたエルサレム・タルムード(パレスチナ・タルムードとも呼ぶ)と500年頃*バビロニアで編纂されたバビロニア・タルムードの二つがあり，単にタルムードといえばバビロニア版を指す．バビロニア・タルムードは1520-23年に最初の全集が*ヴェネツィアで出版され，この版が今日までタルムードの印刷本の体裁を決定した．すなわち，中央の柱にミシュナーとゲマラ，その内側に*ラシの註解，外側にトーサフォート(〔ヘ〕tôsapôt,「付加」の意)の注釈を配する構成である．

【成立史】パレスチナのユダヤ人社会は，西暦70年エルサレム*神殿の崩壊以後，*ラビの称号をもつ律法の賢者(〔英〕sages,〔ヘ〕ḥakāmîm) によって，聖書にはない口伝律法(*ハラカー)を整理発展させて，200年頃までに宗教共同体の法的自治社会を達成した．その画期的な出来事がラビ・ユダ・ハ・ナスィ (Judah ha-Nasi, 135頃-

220頃)によるミシュナーの欽定編纂であった．ミシュナーの欽定編纂は一時代を画すことになり，ミシュナー成立までの賢者はタンナイーム（[ヘ] tannā'îm, 教授者の意）と呼ばれ，ミシュナー以後の賢者アモライーム（āmōrā'îm 解説者）と区別される．ユダヤ人はパレスチナとバビロニアの二大中心地でミシュナーを権威として賢者を中心に自治共同体を形成発展させた．その社会の宗教的法的な基盤となる学問がミシュナーの学習と法の適用である．この学問をヘブライ語でタルムード，アラム語でゲマラと呼ぶ．ミシュナー以後の時代には，パレスチナの賢者はラビ (rabbi)，バビロニアの賢者はラヴ (raw) の称号で呼ばれた．

周囲の民族による迫害が強まるなか，400年頃にパレスチナで，その約100年後にバビロニアで相次いでタルムードが編纂された．パレスチナでは，ローマ帝国のキリスト教化とともにユダヤ人共同体の首長であるナスィ職 (Nasi) の権限は縮小され，4世紀中期には廃止された．これに対してバビロニアのユダヤ人共同体は，スーラ (Sura) とプンベディータ (Pumbedita) の法学院（イェシヴァー Yeshivah）を中心に繁栄し，ササン朝ペルシアに代わって*イスラム教が中近東地域を支配して以後は，ユダヤ人世界の唯一の中心地として栄えていく．この時期をゲオニーム (geōnîm) 時代と呼ぶ．バビロニア・タルムードは，内容の充実と編纂の完成度でエルサレム・タルムードを凌駕し，イスラム圏，およびヨーロッパのキリスト教圏の両方のユダヤ人諸共同体において，ヘブライ語聖書（→旧約聖書）と並ぶ権威となり，ラビの伝統である口伝律法を浸透させていく．しかし，タルムードは議論の集成であったこと，そしてイスラムの支配とともにアラビア語がアラム語を駆逐したことのために，タルムードの内容を理解できない人々が増え，議論ではなく結論のみを法典化する必要が生じ，中世には『ミシュネー・トーラー』（*マイモニデス），『シュルハン・アルーフ』(Shurḥan Arukh, 1565) などが著された．

【タルムードの内容】タルムードの基本はミシュナーの解釈であるが，ミシュナーは古代ユダヤ教の*契約の思想，聖性の観念によって特徴づけられ，その基本的な観念は今日の*実定法とは大きく違う．ミシュナーの規定は，すでにエルサレムの神殿は崩壊していたにもかかわらず神殿への接近を基準にした厳格な聖性概念によって貫かれ，それをいかに日常生活において維持するかが重視され，聖なる民としての儀礼的・倫理的規範観念が生活の全領域に浸透している．以下ミシュナー全6巻に従って，内容と基本理念を整理しよう．

第1巻「ゼライーム」(zeʿrā'îm 種子) は冒頭に造物主への祈りと祝福を配し，残りは約束の地における農産物規定を扱う．大地の実りは本来は*聖と俗が未分離なため，これを分離させ適正な食物にする諸規定である．収穫物から*祭司への献げ物（→犠牲），*レビ人への10分の1，エルサレムで享受すべき第二の10分の1を取り分けた残りが一般人の通常の食物となる．これを誤れば聖俗未分離のものが混ざり，それを食べれば神への冒瀆となり汚れの因となる（→清さ，汚れ）．*ファリサイ派が細心の注意を払った根拠はこれであった．バビロニアでは農産物に関するゲマラはない．

第2巻「モエード」(mō'ēd 祭日) は，祭日本来の意義に適った過ごし方を規定する．安息日には禁止される仕事が詳細に分類され，三大巡礼祭（*過越祭，*五旬祭，*仮庵祭），新年，贖罪日の規定には，失われた神殿での儀礼の式次第が保存されている．

第3巻「ナシーム」(nāshîm 女性) は結婚，離婚，結婚契約書，姦通の疑惑など，婚姻によって女性の法的身分に変更が生じる場合の適正な手続きを扱う．

第4巻「ネズィキーン」(neʿzikîn 損害) は市民法上，刑法上の諸規定を扱い，ミシュナー全体のなかで最も宗教的色彩が薄い．金銭的・身体的損害，窃盗，遺失物，売買，金銭貸借，雇用関係など，また死刑判決や法廷（*最高法院）の構成，偶像崇拝が扱われる．タンナイームの格言を集めた「アヴォート篇」も含まれる．

第5巻「コダシーム」(koʿdāshîm 聖物) は，神殿での供犠と財産の寄進を扱い，家畜や穀物の聖別，適格か否かの判断，供犠の手続き，神殿の構造などを定める．神殿崩壊により供犠は完全に中断したが，*メシアの世における神殿の再建を信じ，祭司身分は存続し，バビロニアではこの巻の学習も続けられた．

第6巻「トホロート」(toʿhōrōt 清浄) の規定は，汚れの諸原因と感染の仕方，その清め方を扱う．汚れの因は人間の死体や獣の死体，妻女の月水などがある．神殿の崩壊後は，生理の汚れとその清めの問題（ニッダーnidâ）以外は関心が薄く，両方のタルムードではニッダーのみにゲマラが残されている．

【ゲマラの特徴】ミシュナーの法伝承は極めて簡略で，前後の脈絡なしに伝承される場合が多いため，その教えの本来の文脈に沿っていかに理解すべきかが課題となる．そこで賢者は，伝えられたあらゆる法伝承を動員し，あらゆる法的推論を駆使し，ユダヤ法の精神全体との調和ある理解を目指した．具体的な方法には，まずミシュナーに採用されなかった法伝承バライタ (bāraitā') との対照によるミシュナー解釈がある．必要ならば意味や適用範囲を限定し，あるいは意訳し敷衍し，ときにはその文言さえ変更して，法体系全体との調和を目指した．また，ミシュナーの根拠をヘブライ語聖書の規定に求める態度が顕著であり，口伝律法と成文律法の整合的な関係に腐心している．さらに，ミシュナー時代の個々の賢者の思想全体に論理的な首尾一貫性を与えようとする．特に賢者同士の見解が対立する場合は，一方は非として退けるのではなく，互いの根拠を探り，両者それぞれの言い分に論理の一貫性を読み取る．その過程で賢者の論理矛盾が明るみに出されることも多い．これらすべての議論は，主として問答と論争の応酬の形式で記述されていることから，タルムードの学習が本来討論という*弁証法で貫かれていたことが推測できる．

【バビロニア・タルムードの邦訳】『ペアー他』『スッカー』『ローシュ・ハ・シャナー』『メギラー』『ケトゥボート』『ナズィール』『ソーター』『マッコート』『アヴォート』『ケリーム他』（三貴 1993- 以後続刊予定）．

【文献】市川裕「タルムード期のユダヤ思想」『ユダヤ思想1』東洋思想1（岩波書店 1988）229-312; R. ムーサフ・アンドリーセ『ユダヤ教聖典入門』市川裕訳（教文館 1990）; R. C. Musaph-Andriesse, Wat na de Tora kwam. Rabbijnse Literatuur van Tora tot Kabbala (Baarn 1973); A. コーヘン『タルムード入門 I-III』村岡崇光, 市川裕, 藤井悦子訳（教文館 1977）: A. Cohen, Everyman's Talmud (London 1949); D. W. Halivni, Midrash, Mishnah, and Gemara (Cambridge, Mass. 1986).

〔市川裕〕

タレス Thales （前625頃-?） 小アジアの港町*ミレトスの人．古来「七賢人」の筆頭とされる伝説的

賢者であり，多くの逸話や語録が伝わるが著作はない．政治活動の一方で，エジプトから先進的な数学天文学を導入し，日蝕(585)を予言するなど*自然学研究を主軸に多方面で活躍した．特に*アリストテレスによって哲学の開祖とされ(『形而上学』A3)，転変してやまぬ世界を貫く不変の質料因を探究して，万物の原理を水であるとした．ただしそれは死んだ物質ではなく「万有は神々に満ちている」という言葉に代表されるように*汎神論的傾向が強い．
【文献】H. ディールス，W. クランツ編『ソクラテス以前哲学者断片集』第1分冊，内山勝利編，国方栄二他訳(岩波書店 1996): H. DIELS, W. KRANZ, eds., *Die Fragmente der Vorsokratiker*, 3 v. (Berlin 1903 ⁶1951-52).

(荻野弘之)

ダレス　Dulles, Avery (1918. 8. 24-)　アメリカのカトリック神学者．*イエズス会に入り1956年司祭叙階．元アメリカ国務長官で*ニューヨークの*長老派教会の長老ダレス(John Foster Dulles, 1888-1959)の次男．*アメリカ・カトリック大学，後に*フォーダム大学で教鞭をとる一方，プロテスタント系のプリンストン神学校やユニオン神学校でも教え，エキュメニカルな活動を展開．主著『教会のモデル』(Models of the Church, 1976)では，教会を制度，秘義的交わり，*秘跡，みことばの宣教者，仕える者，弟子たちの共同体，という六つのモデルによる説明を試み，注目を浴びた．2001年*枢機卿に親任される．
【文献】キ人 863.

(高松誠)

タレーラン・ペリゴール　Talleyrand-Périgord, Charles Maurice de (1754. 2. 2-1838. 5. 17)　フランスの政治家，行政官．*パリの名門貴族軍人の家に生まれたが，脚が不自由だったため軍職には不向きとされ，*召命がないまま聖職に就かされた．1779年司祭叙階，1780年*高位聖職者であった叔父の助力もあって，聖職身分総代に任命され，自由思想と放蕩ですでに知れわたっていたにもかかわらず，1788年*オータンの司教となった．1789年教区の聖職者代表として三部会の議員に選出され，愛国的革命派として*フランス革命で重要な役割を果たした．国家財政の破綻を防ぐため*教会財産の国有化を提議したのは，彼である．1790年*聖職者民事基本法を支持し，立憲派聖職者のリーダー格となり，独自に新司教を叙階したため，ローマ・カトリック教会から*破門に処された．聖職を離れてまもなく，政治家・外交官として登場し，良きにつけ悪しきにつけ有名になった．1791-92年の立法議会を皮切りに途中3年ほどイングランド，そしてアメリカに亡命することになったが，1792-95年国民公会，1795-99年総裁政府，1799-1814年*ナポレオン・ボナパルトの執政政府ならびに第一帝政，1814年以降*ブルボン家と，さまざまな政治体制の間を巧妙に渡り歩きながら，いずれも外相か外交的な職務に就いた．ときには卓越した政治手腕を発揮することもあったが，絶えず自己の利益と安楽な暮らしをもたらす巨富の蓄積を求めることに目を向けていた．1814-15年*ウィーン会議に*ルイ18世の外相として参加，巧みに戦勝国間の不和につけこみ，フランスに強大な権力の座を取り戻させた．最後の外交的役割は1830-34年のロンドン特命全権大使で，*ルイ・フィリップ王政府への好意をとりつけるべく，懸命に英国に働きかけた．パリで没するが，死の床でカトリック教会と和解した．
【文献】Cath. 14: 734-38; A. D. クーパー『タレイラン評伝』曾村保信訳(中央公論社 ²1963): A. D. COOPER, *Talleyrand* (London ²1958); 高木良男『ナポレオンとタレイラン』全2巻(中央公論社 1997); J. オリュー『タレラン伝』全2巻，宮澤泰訳(藤原書店 1998): J. ORIEUX, *Talleyrand* (Paris 1970); G. LACOUR-GAYET, *Talleyrand*, 4 v. (Paris 1928-34); L. MADELIN, *Talleyrand* (Pairs 1944); P. LÉON, ed., *Mémoires* (Paris 1953).

(H. ブライテンシュタイン)

たわらちかとら　田原親虎 (1560-?)　戦国時代の*キリシタンの武将．公家柳原氏の子で，豊後大友氏宿老(加判衆)の豊前妙見城主・田原親賢の養子．勝之四郎と称した．乗馬，武術，書道，礼法をはじめ多才であったことから，*大友義鎮(宗麟)から格別の寵愛を受けた．1577年(天正5)4月頃*臼杵でF.*カブラルから受洗した．洗礼名シモン．養父・親賢および伯母の宗麟夫人らの激怒を買い，棄教を迫られたが屈せず，ついに田原家から追放され，*府内の教会の保護を受けた．翌年日向に進出した宗麟に従い，11月，耳川の戦いに養父とともに出陣した．宗麟の敗北後は伊予に逃れ，同地で結婚した．1581年には巡察師*ヴァリニャーノに*堺で会って*都での再起を促されたが，伊予に戻った．1587年の*伴天連追放令の際には伊予から*山口に向かう*イエズス会の会員らを援助している．
【文献】L. フロイス『日本史』全12巻，松田毅一，川崎桃太訳(中央公論社 1977-80).

(尾原悟)

たわらちかもり　田原親盛 (16世紀)　*大友義鎮(宗麟)の三男．大友氏宿老の田原親賢は初め*田原親虎を養子としたが，縁を切り，1583年(天正11)親盛を婿養子とした．以後，*府内にあった養父に代わって妙見城の城番を務めた．養子になる前年に*臼杵で洗礼を受け，洗礼名をパンタリアンといった．以後，彼のいた妙見と教会との連絡が始まり，*イエズス会の報告書には，宣教の様子や受洗者数の報告がみえるが，1585年の*『イエズス会日本年報』に彼の名前がみいだせないため教会から離れたと推測される．しかし，その年の終わりに彼は教会に戻り，1586年の*復活祭に臼杵の教会で父と和解し，改めて信仰宣言を行った．その後妙見にはレジデンシア(住院)が設けられて司祭も常住し，毎年の年報にその活動と親盛のことも報じられるが，*伴天連追放令発布の1587年，レジデンシアは廃止され，同時に親盛についての記録も絶えた．
【文献】L. フロイス『日本史』全12巻，松田毅一，川崎桃太訳(中央公論社 1977-80).

(尾原悟)

ダン　→　ライシュ

ダン　Dann, Christian Adam (1758-1837)　ドイツ・ルター派の牧師，賛美歌作詞者．テュービンゲン(Tübingen)で生まれた*ユグノー教徒の子孫．禁欲的傾向が強い．シュトゥットガルト(Stuttgart)で牧会したほか，慈善施設も建設．*ルター教会内で*敬虔主義運動を推進したが，教会内に敬虔主義的団体を作ることには反対．賛美歌編集にも携わる．
【文献】キ人 864; キ大 686; RGG³ 2: 32.

(榎本昌弘)

ダン　Dens, Pierre (1690. 11. 12-1775. 2. 15)　ベ

ダン

ルギーのカトリック神学者．＊アントヴェルペンに生まれ，＊メヘレンで没す．40年以上にわたり貧しい子女のための学校を支え，労働者のための要理教育に従事．主著『神学校と神学教育のための神学』全14巻 (Theologia ad usum seminariorum et sacrae theologiae alumnorum, 1777) は＊トマス・アクィナスの『神学大全』に基づいて書かれ，20世紀初頭まで広く神学生の養成に用いられた．

【文献】DThC 4: 421-23; NCE 4: 774.　　　　（高松誠）

ダン　Donne, John（1572-1631. 3. 31）　イギリスの詩人，聖職者．＊ロンドンの裕福な商家で熱心なカトリックの家庭に生まれた．母方の家系は＊トマス・モアに連なり，＊イエズス会の要職にあったヘイウッド (Jasper Heywood, 1535-98) は叔父であった．イエズス会員を家庭教師として教育を受けた後，1584年＊オックスフォード大学のハート・ホールに入学，さらに＊ケンブリッジ大学に学んだが，カトリック信者であるため学位は得られなかった．1592年にはリンカーンズ・イン法学院に入学．＊エリザベス1世のカトリック弾圧を目の当たりにした青年期に，彼は自身の宗教的立場について思い悩み，多くの宗教書を読んで研究するとともに懐疑的な気分にも陥り，結局，1590年代のある時期にカトリック信仰を捨ててイングランド国教会（→聖公会）の路線を選択したようである．この懐疑の時期はまた，もはや伝説的となった彼の放蕩の時期でもあった．「ジャック」と渾名され娯楽と恋愛に明け暮れたとされるこの時期の彼の生活の一端が『エレジー』(Elegies) や『唄とソネット』(Songs and Sonnets) のなかの恋愛詩に反映していることは間違いないが，乱脈な生活ぶりについて（多くは彼自身によって）伝えられていることがどこまで信ずるに足るかは疑問である．宮廷に知己を得，出世のチャンスをつかもうという下心もあって，1596年にエセックス伯のカディス遠征，1597年にはアゾーレス群島遠征に参加，それを記念する詩「あらし」(The Storm) と「なぎ」(The Calm) を書いた．1598年に国璽尚書エジャートン (Sir Thomas Egerton) の秘書となるが，4年後の1601年にはエジャートン夫人の姪アン・モア (Ann More) との秘密結婚が発覚してこの職を失い，10年あまり困窮の失業生活を経験する．この間，後に『聖なるソネット集』(Holy Sonnets, 1833) としてまとめられる宗教詩，『偽殉教者』(Pseudo-Martyr, 1610)，『イグナティウスの秘密会議』(Ignatius His Conclave, 1611) 等の反カトリック文書，また当時の彼の暗鬱な気分を反映する『自殺論』(Biathanatos, 1608) を書いた．ようやく1615年に国王＊ジェイムズ1世の説得を受け，それまで躊躇していた国教会の聖職に就く．以後は国王の信任も厚く，順風満帆の出世コースを歩み，1621年にはセント・ポール大聖堂の首席司祭になった．ここで彼は，青年時代以来の学究生活から得た多方面の学識を活かして名説教家としての令名を得るとともに，宮廷付説教家としても活躍した．1623年に大病を経験するが，病床で散文の『黙想集』(Devotions upon Emergent Occasions) を書き，翌年出版した．1630年に再び重病に倒れ，翌年2月に宮廷で最後の説教を行って死を迎える準備を怠りなく済ませ，3月にロンドンで永眠した．

詩人としてのダンは，知的かと思えば肉感的でもあり，斬新な論理的展開と奇抜な言葉遣いを特徴とする詩風で時代の感受性を表現し，後に「形而上派」(metaphysical) と呼ばれることになる一群の詩人たちの筆頭格に位置している．この詩風は，17世紀後半から今世紀初頭まで＊ミルトンとロマン派の陰に隠れて等閑視されていたが，T. S. ＊エリオットが現代詩の一つの模範として称揚して以後，評価が高まった．死後(1640, 1649, 1660)に出版された彼の説教は学識と雄弁の結合した絢爛たるもので，特に最後の説教となった「死の決闘」(Death's Duel) が有名である．

【文献】R. C. BALD, *John Donne: A Life* (Oxford 1970); J. CAREY, *John Donne: Life, Mind and Art* (London 1981).　　　　（舟川一彦）

たんいせつ　単意説　→　キリスト単意説

たんいつせい〔かみの〕　単一性〔神の〕　〔ラ〕simplicitas Dei, 〔英〕simplicity of God, 〔独〕Einfachheit Gottes, 〔仏〕simplicité de Dieu　　＊神が，存在上の複合も思考上の複合も一切排除する存在であり，完全な自己充満（→充満）と絶対的な超越性（→超越）を有する存在であることを表現する，古代教会以後の神学的な概念．

【聖書】聖書は，神の単一性について直接には何も記していない．ただし，神が＊全知・＊全能(知1: 7)，＊永遠(エレ10: 10; ロマ16: 26)，＊霊(知7: 22; ヨハ4: 24)，不可視(ロマ1: 20)，不滅(1テモ6: 16)な方であるという記述は，後の神の単一性の探求のための基礎となっている．

【教理史】古代教会において，神の単一性は，＊キリスト論および＊三位一体論の発展に伴って，しだいに明確に表現されるようになった．＊オリゲネスは，神の本性が一（〔ギ〕monas）であり単一 (henas) であると述べ（『諸原理について』1, 1, 6），また＊アタナシオスも神が単一であり不可分割 (ameres) であると述べた（『ニカイア公会議の決議文について』11）．＊トマス・アクィナスは，神の単一性とは，考えうるかぎりのあらゆる複合（〔ラ〕compositio）の否定を意味すると述べた（『神学大全』I, 1, q. 3, a. 1-8参照）．第4＊ラテラノ公会議および第1＊ヴァティカン公会議は，神の単一性を＊教会の＊信仰の表現とみなした (DS 800, 804, 3001)．

【評価】神の単一性の概念は，神の＊本質の理論的探求のいわば必然的な帰結であるが，否定的かつ類比的推論に基づくため，神を理解するために必ずしも適切な概念とはいえないことをつねに念頭に置くべきである．

【文献】LThK² 3: 745-46; SM(E) 2: 399-401; トマス・アクィナス『神学大全』(I, 1, q. 3, a. 1-8) 第1巻, 高田三郎訳（創文社 ⁷1977）49-77.　　　　（石橋榮助）

ダンカーは　ダンカー派　〔英・独〕Tunkers, Dunkers, Dunkards　　ドイツで発生した＊バプテスト教会系の一派．ドイツ・バプテスト派や兄弟の教会 (Church of the Brethren) ともいう．マック (Alexander Mack, 1679-1735) を中心に＊新約聖書の教えに従い，共同実践生活(1708)をしたが迫害により北米へ移住(1719)．＊幼児洗礼の否定，＊良心的兵役拒否を主張し，その後保守派と急進派に分離した．

【文献】キ大 686; NIDChC 228; ODCC² 1399; RGG³ 2: 283.　　　　（高橋章）

たんがん　嘆願　〔ラ〕deprecatio, 〔英〕petition, 〔独〕Bittgebet, 〔仏〕prière de demande　　キリスト教の

*祈りの形式の一つで，広い意味で，何かを祈り求める形式(切願，懇願)のもの．聖書的伝統を背景にキリスト教の祈りは，神の救いの業を記念しつつ，神に賛美と感謝をささげることを基本とするが，この意識は，同時に，神に*恩恵を願い求めるという形でも表される．それは福音書的にいえば「神の国と神の義を求める」キリスト者の姿勢でもある(マタ6:33参照)．訳語が示すような「嘆き」の要素は詩編の祈りの一つの形式であり，キリスト教においても，苦難のなかで救いを待ち望む「うめき」(ロマ8:22)や自らの罪を悔い，ゆるしを請い願う嘆願の場合もあるが，本来は，むしろ，神の前で*被造物としての自覚と*回心を前提として，神の力と働きへの信頼と希望をもってする祈り求めにほかならない(マタ6:7-8; 18:19-20参照)．それは，キリスト者としての使命の受諾の表明でもあり，救いの実現への協力の意志表示でもある．

典礼の祈りは，*主の祈りが典型的に示すように，神賛美の祈りを基本としつつ，同時に嘆願を伴い，そこに神との交わりが示される(『教会の祈り』総則179項参照)．このような祈りの基本形は，*ミサの*公式祈願，特に*集会祈願に典型的にみられる(『ミサ典礼書』総則32項参照)．広い意味での嘆願に類する典礼の祈りには，聖霊の働きを求める*エピクレーシスや，*共同祈願などがある．

【文献】R. BERGER, ET AL., eds., *Gestalt des Gottesdienstes*, GDK 3: 106–107.　　　(石井祥裕)

タングル　Tangl, Michael（1861. 5. 26–1921. 9. 7）オーストリアの歴史学者．南部ケルンテン州のヴォルフスベルク(Wolfsberg)に生まれ，クラーゲンフルト(Klagenfurt)で死去．中世期の古文書学，特に*カロリング朝の公文書研究，さらに教皇史研究の第一人者として，*『モヌメンタ・ゲルマニアエ・ヒストリカ』の編集に中心的な役割を果たした．*ベルリン大学教授を長く務め，*ヤッフェをはじめとする歴史補助学([独] geschichtliche Hilfswissenschaften)の伝統を受け継いだ．

【主著】*Die päpstlichen Kanzleiordnungen von 1200 bis 1500*, 1894, 1959.

共編: W. ARNDT, ed., *Schrifttafeln zur Erlernung der lateinischen Palaeographie*, 1976.

【文献】BBKL 11: 488; HZ 29: 372–75.　　　(富田裕)

タンクレ　Tanquerey, Adolphe-Alfred（1854. 5. 1–1932. 1. 21）フランスのカトリック神学者．*聖スルピス会会員．マンシュ県のブランヴィル(Blainville)に生まれ，*エクサン・プロヴァンスで没す．1878年司祭叙階．1887年アメリカに渡り，*ボルティモアのセント・メアリ神学校で教理神学と教会法を教える．『教義神学概要』全3巻(Synopsis theologiae dogmaticae, 1894–96)，『基礎教義神学概要』(Synopsis theologiae dogmaticae fundamentalis, 1896)，『倫理神学概要』全3巻(Synopsis theologiae moralis et pastoralis, 1902–1905)の三部作は神学の教科書として広く用いられ，神学教育の発展に大きく貢献した．

【文献】キ人865; DThC 15/1: 47–48; EDR 3: 3454; NCE 13: 934.　　　(高松誠)

タンザニア　正式国名: タンザニア連合共和国，[英] United Republic of Tanzania, [ｽﾜ] Jamhuri ya Muungano wa Tanzania. 面積: 94万5,087 km². 人口: 3,080万人(1996年現在)．言語: スワヒリ語，英語(以上公用語)，ほかにバントゥー諸語．宗教: 主として海岸部では*イスラム教が多数を占める．キリスト教も多く，ほかに伝統的な*アニミズム，*ヒンドゥー教，*シーク教．

一つの国家としてのタンザニアは1964年の「連合令」によって発足した．この法令により，タンガニーカ(Tanganyika)とザンジバル(Zanzibar)が合併してタンザニア連合共和国となった．しかし，タンガニーカとザンジバルは古くから，地理的にも経済的にも密接なつながりをもっていた．

文化・宗教面では二つの地域に分けて考えることができる．一つは島嶼部と，大陸の北から南にかけての海岸沿いに走る地域で，残りが第二の地域に属する．前者は文化も宗教も圧倒的にアラブ的，イスラム教的であり，後者は土着の多様な伝統的習俗と宗教が特徴である．キリスト教の勢力が強く，また数と活力の点からも影響力を増しているのは第二の地域である．

【キリスト教の歴史】〔ポルトガル人による初期の宣教〕タンザニアには2度にわたるキリスト教宣教の時期がある．第1期はポルトガル人による探検と植民地化の時代で，およそ15世紀から18世紀までの間にあたる．第2期は19世紀後半に始まる．

1498年，探検中のポルトガル人がインドに向かう途中キルワ(Kilwa)に上陸した．この都市のもつ通商上の可能性に魅力を覚えた彼らは再来し，1505年にキルワを征服した．強力で裕福なアラビアの都市国家であったキルワはポルトガル王の領地となった．征服に伴って入植が始まると，*フランシスコ会の宣教師が到着し，ポルトガル人商館や駐留軍の*チャプレンとなり現地人にもキリスト教を広めた．しかし，10年もたたないうちに植民地化の試みは失敗し，ポルトガル人は湧き起こる反対と敵意の波に襲われて1513年にこの地を放棄した．このほか宣教が試みられたのはザンジバル(Zanzibar)，ペンバ(Pemba)の両島で，*ドミニコ会の会員が担当した地域での宣教活動はポルトガル人のキルワ放棄後も続いた．1598年から1612年の間に*ゴアの*司教総代理が任命され，ザンジバルの町に定住した．しかし，これら二つの島でも，今度は王族をも巻き込んでのキリスト

タンザニア

教への改宗は次々と問題を引き起こした.

改宗により最下層の者も上流階級の者も困難な立場に立たされた. 前者はキリスト教に対する軽蔑を招き, 後者は果てしない論争や家庭争議, さらには追放をもたらした. 集団改宗のようなものはなかった. これは当時反キリスト教の声がますます高まっていた状況から当然のことと考えられる. ついに1580年の終わりにエジプト人の支援を受けてアラビア人が *ジハード(イスラムの聖戦)の口火を切り, 紛争は国際的なものになった. この激しい対立からみて, ドミニコ会員がフランシスコ会員よりも成功を収めたとは考えにくい.

タンザニアの北部のウトンドウェ(Utondwe)やサダニ(Sadani)のような地域にも宣教師たちはいたが, やはり宣教活動が多少とも長続きすることはほとんどなかった. この時代を通じて, 海岸沿いの住民はポルトガル人とポルトガル人が意味する植民地化とキリスト教に対し執拗に反対し続けた.

〔挫折の原因〕このように第1次宣教は失敗に終わった. その原因は多様である.

根本的な原因はアラビア人, イスラム教徒のアフリカ人, 一般大衆の断固たる反対である. ポルトガル人が沿岸地帯に入植したときには, アラビア人および *ペルシアからのシラジ族(Shirazis)のような近縁の民族がすでに同地域に定住していた. 彼らの東アフリカ海岸到着は10世紀に遡る. 彼らの定住によりゼンジ(Zenj)帝国が成立し, この帝国は北はモガディシュ(Mogadishu)から南は現 *モザンビーク内のソファラ(Sofala)まで広がっていた. ゼンジ帝国は一つの政治的単位としての帝国ではなく, むしろ, 漠然と一緒になった国々の集合体で, その共通基盤はイスラム教であった. イスラム国家としてこれらの国々は共に強い反キリスト教感情をもっていたため, ポルトガル人の到来は直ちにキリスト教とイスラム教を真正面から対立させることになったのである.

これに劣らず重要な理由は政治的・経済的思惑である. アラビア人とその支持者たちは, ポルトガル人の渡来をこれらの地域での自分たちの覇権に対する挑戦とみなした. 彼らにとってポルトガル人の進出は従来の政治・経済活動を脅かすものであり, キリスト教の宣教はイスラム教徒を霊的・精神的脅威にさらした. 彼らの生活は物心両面で脅かされたのである.

最後の理由はポルトガル人進出期の日本における宣教活動とも似た状況である. 日本では *フランシスコ・ザビエルに続く *イエズス会の会員たちがキリスト教を伝えた. 日本でもタンザニアでもキリスト教はわずかの人々が受け入れたにすぎず, やがて同じような結末を招いている. すなわちキリスト教に対する断固たる抵抗と, あげくの果ての排斥である. タンザニアでは, 1716年頃ポルトガル人が駆逐され, キリスト教徒は姿を消し, 忘れ去られてしまった.

〔19世紀における宣教〕19世紀に宣教の第2期が始まる. この時期の宣教活動は規模も密度も前の時期より大きかった. 宣教師も宣教団の陣容も空前のものであった. その多くは互いに改宗の成果を競ってタンザニアにやってきたキリスト教諸派であった. 国の全地域に足を向けたのも19世紀の宣教師たちの特徴である.

まず, 最初に *聖公会の *宣教会である中央アフリカ大学宣教会(The Universities' Mission to Central Africa)がザンジバルのストーン・タウン(Stonetown)で宣教を始めた. 1864年8月には主教もザンジバルに到着している. 数年後には同じく聖公会の教会宣教会(Church Missionary Society)が到着し, やがて *ウガンダへの隊商路沿いに一連の宣教所を設置した. 同様に, 諸教派合同のロンドン伝道協会(London Missionary Society)はタンガニーカ湖近辺で活動した. 1890年タンザニア本土地域がドイツ帝国の植民地となると, ドイツ人たちは「皇帝・文化・協会」(Kaiser, Kultur, Kirche)という当時の標語を重んじ, 宣教師を派遣した. *ルター教会, *セブンスデー・アドヴェンチストおよび *モラヴィア兄弟団が好例である. 彼らはウザラモ(Uzaramo), ヌジョンベ(Njombe), モーシ(Moshi), トゥクユ(Tukuyu), ブコーバ(Bukoba), アルーシャ(Arusha)と本土の各地に散らばっていった.

一方, カトリックの宣教活動は当初は停滞していたが, 1863年 *聖霊宣教会の宣教師たちが組織的な活動を始めた. その最初の拠点はやはりザンジバルだった. しかしカトリックと聖公会双方の宣教師はザンジバルでの宣教の成果にはほとんど期待していなかった. ここは単に内陸への前進基地でしかなかったのである. むしろ当時のザンジバルでは, 奴隷売買が恐るべき規模に達していたため, 宣教師たちは奴隷解放に関わることを余儀なくされた. やがて解放奴隷が改宗し, これがキリスト教共同体の基礎となっていった. 1868年に宣教師たちはザンジバルの町から対岸の内陸側バガモーヨ(Bagamoyo)に新たな宣教所を開いたが, そこもイスラム教の勢力が依然強く, 彼らの努力はなかなか報いられなかった. 1870年代の初頭, 宣教師たちは二つの宣教所を維持したまま, イスラム教の勢力が明らかに弱い内陸部に進出することを決断し, 成功したのである.

ドイツの植民地になる以前の1878年にタンザニアに来た *白衣宣教会は, タンガニーカ湖, ニアサ湖, ニアンザ湖の周辺の奥地で活動した. ザンクト・オッティリエン(Sankt Ottilien)のベネディクト会員(→オッティリア修族ベネディクト会)は, ドイツの宣教会としてプロテスタントの宣教師たちとほぼ同時期の1886年に到来した. 彼らはダル・エス・サラーム(Dar es Salaam)の南方全域を担当した. 以上が大きな役割を果たした三つのカトリック宣教会であり, その後到来した宣教会の活動にとって前例として重んじられることになる.

【20世紀におけるカトリック教会】1953年, 教皇 *ピウス12世がこの国に正式な教会組織(教区制度)を設立させた. 1953年の統計によれば, 当時, 教区は18を数え, カトリック信者の総数は84万6,094で, これは総人口の10%にあたる. この数は確かに宣教の効果を証しするものであるが, 他方, カトリックもプロテスタントも数のうえだけでなく, 社会生活の諸分野で多大な貢献をしており, それはタンザニアの歴史にしっかりと刻まれている.

〔社会活動〕教育上の貢献は最も目覚ましい. 教会は当初から教育に重点を置いてきた. 1953年にダル・エス・サラームに *司教区が置かれたとき, そして1961年のタンガニーカ独立の頃には, 小学校の半分以上がカトリック, プロテスタントなど教会立のものであった. 医療もまた, 教会がドイツや英国などの植民地政府よりも早くから先駆的働きをしていた分野である. 今日存在する数多くの病院, 施療院, 診療所, ハンセン病院および孤児院は教会立のものであった. 今日ではぶどう酒製造業がこの国の経済の重要部門となっているが, そもそもぶどう酒用ぶどうの栽培は宣教師が1950年代後半に紹介したものである. ベネディクト会員が運営するペラミ

ホ (Peramiho) およびヌダンダ (Ndanda) の工業学校は社会・経済分野に対する教会の寄与の一例である．教会がつねに人間の全面的解放のために働いてきたことはいうまでもない．教会の支持者であろうと批判者であろうと，この点は認めている．しかし，社会的に有益な貢献については誰もが認めながらも，宣教の動機に関しては見解が分かれている．

〔当面する問題〕二つの時期とも宣教が植民地化とヨーロッパの領土拡張政策と並行したという事実は，必然的に教会を植民地主義の加担者の地位につけてしまった．これは今日でも教会に対してたびたび繰り返される非難である．教会にとって問題なのは一般社会の人々が抱くイメージであり，基本的には多くの人がキリスト教と植民地主義を結びつけるという連想である．教会に要求されることは，植民地主義的な過去およびその現代版である新植民地主義からの脱却である．そうすることで教会の教えるキリスト教の真価を明確に示していくことが可能となるであろう．

もう一つの重要な問題は，やはりキリスト教と植民地主義とのつながりに関連して生じる文化の問題である．教会は外国の一宗教とみなされ，その福音宣教は対象となる民族の文化を破壊したと非難される．この非難を不当だとする者は少ないはずである．タンザニアを含む今日のアフリカは独自の文化の重要性に目覚め，固有の文化の維持・尊重に熱心である．タンザニアはもはや自らの文化に手を加えられたり，これが危うくされることを黙認できない．この点でも問題の解決は，自らの植民地主義的な精神を放棄しようとする教会の側の決然たる努力にかかっている．すなわち 19 世紀の宣教活動の推進者たちが強調した，「タンザニアにおける地域教会の自立，自治そして信徒自身の宣教」という諸原則を言葉と行いによって守る努力である．

さらに教会内部の問題として慢性的な司祭不足があげられる．タンザニアの人口はつねに増加しているが，司牧活動に必要な人員はさほど増加していない．その結果，これまでの司祭の司牧活動の効果がますます減少してしまうおそれもある．この傾向が不幸にも長く継続すれば，名前だけのカトリック信者が増える一方となるであろう．これに対処するには利用できる人的資源の柔軟な再配分が急務である．また，*信徒の役割が全面的に強化される必要がある．最後に司祭養成の方式を根本的に改めることを考えなくてはならない．

以上のように問題は多いが，それでも展望は明るい．初期宣教の頃に教会を壊滅させたような抵抗がないのは一つの利点である．一般の人々が教会の存在を許容しているのも，また利点である．さらに，いつでもキリスト者としての責任を恐れずに担う信徒の存在は，教会にとって心強いことである．過去の教会の働きは無駄ではなかったといえる．

【現勢】1998 年現在，カトリック信者数：815 万 4,000．枢機卿：1．大司教区：5．司教区：25．司教：28．小教区：750．教区司祭：1,396．修道司祭：668．信徒修道士：608．修道女：6,746．カテキスタ：1 万 2,326．

【文献】NCE 19: 391-94. 　　　　　　　（L. マリシ）

たんし　単子　〔ギ・ラ〕monas, 〔英〕monad, 〔独〕der Einzelne, Monade, 〔仏〕monade　ギリシア語のモナス (monas) に由来し，本来数学上の用語で「単位，一性」を意味する．*ギリシア哲学では，モナスは単純で，合成されておらず，分割不可能なものと捉えられ，*プラトンでは *イデアとして，*デモクリトス，*エピクロスにおいては，アトムとして捉えられた（→ 原子論）．中世では，超越的一者(*神)，または形而上学的要素として用いられた．ルネサンスに入って，*ブルーノ，ヘルモント (Jan Baptista van Helmont, 1577-1644) らは，宇宙を構成する物的・心的要素と解した．*ライプニッツは，モナスに新たな内実を加えて，独自の形而上学を構成した．ライプニッツでは，モナスは部分のない単純 *実体・個体的実体として捉えられ，個物，実在的な不可分者であり，数学的点，自然学的点（原子）と区別されて，「形而上学的点」ともいわれる．その場合，物質的，延長的な原子から区別され，「単子」と訳される．原初的単子たる神以外の単子はすべて被造的で，その表象の渾然・判明の度に従って，「裸の単子」（植物）から精神（動物），理性的精神（人間），*天使に至る階層がみられる．それぞれの単子は力を本性とし，自らのうちにあらかじめ含まれていた表象の系列を自発的に展開するもので，互いに独立で，相互に交流し合う窓をもたず，影響し合うことはないが，相互に反映し合い，*予定調和的に対応し合い，それぞれの視点から全宇宙を表現するとされる．

【文献】G. W. ライプニッツ『単子論』河野与一訳 (岩波書店 1951).　　　　　　　　（山内志朗）

だんじき　断食　〔ヘ〕ṣôm, 〔ギ〕nēsteia, 〔ラ〕jejunium, 〔英〕fast, 〔独〕Fasten, 〔仏〕jeûne　一定期間，一切の飲食またはある特定の種類の飲食を断つこと．これは世界のさまざまな *宗教に広くみられる宗教行為であるが，その起源と動機は宗教的世界観や時代によって異なる．

【聖書】旧約におけるイスラエルの断食の実践は，古代オリエントの習慣に基づき，仕事，言葉遣い，喜びのしるし，*性など生活上のさまざまな領域と密接なつながりをもち，かなり広範な制限をつねに伴っている．

*神の民においては公的，私的な断食がさまざまな機会に行われていた．悔い改め（→ 回心）の儀式として行われた断食（サム上 7: 6；王上 21: 27；ネヘ 9: 1-3；エレ 36: 3-9；ヨナ 3: 4-10；ダニ 9: 3-19 参照．特にヨエ 1: 13-14; 2: 12-13, 15-17 は重要．*ローマ典礼では頻繁に用いられる）は，*祈りの観念と密接に結ばれている．信心深いイスラエルの民にとって断食に支えられることのない祈り，*嘆願，*償いを考えることはできなかった（士 20: 26；代下 20: 3；ユディ 4: 9-13；サム下 12: 16；詩 69: 11）．さらに断食は，「神の救済にしか頼らない人」（エズ 8: 21-23 参照）に典型的な態度である．また，*モーセ（出 34: 28；申 9: 18；出 34: 9；32: 11 も参照）や *エリヤ（王上 19: 8；19: 14 も参照）のように，断食は罪深い民のためのとりなしと，*神との出会いの準備の役割を同時に果たしていた．しかし，イスラエルの *預言者たちは，たびたび同時代の偽善者の *形式主義に反発し，儀式それ自体を非難することなく，*犠牲と断食にふさわしい内面性として，*隣人愛と *社会正義という最も本質的な *掟の実行を伴わせる必要を強調した（ホセ 6: 6；イザ 58: 6-7；ゼカ 8: 19；ヨエ 2: 12-13；トビ 12: 8）．このようにして，キリスト教の伝統が受け継いできた断食，祈り，*施しの三者が構成される．

新約聖書において，断食の意味は新たにされた．それは，イエスとの人格的関係と，*聖霊の賜物からその究極的な意味を得ているからである．キリストは断食によって *十字架による償いの業と *過越の秘義に備える

だんしゅ

(マタ4:2;ルカ4:2).こうして*悪魔の*誘惑を退けることによって,*死と十字架へと導いた父のみ旨という食物しかとらない意志を明らかにしている.また,断食に関する洗礼者*ヨハネの弟子たちに対するイエスの答えは(マタ9:14-17;マコ2:18-22;ルカ5:33-39),彼によってもたらされた新しい経綸(*オイコノミア)において断食がもつ新しい意味を知らせている.すなわち,断食することによって*義とされるのではなく,義をもたらす主を捜すという意味で断食が捉えられている.さらに*山上の説教(マタ6:16-18)は,ただ*父なる神のまなざしのもとで断食を行うことを通して,人が内的義の世界に導かれることを教えている.

【歴史】*原始教団においては,弟子たちが特に重要な決定をする前に断食を祈りに結びつけている(使13:2-3;14:23).また,*パウロは,食物について真の霊的自由を主張しながら(ロマ14:14-23;1コリ10:25-31),自ら断食を実践していた(2コリ6:5;11:27;1コリ9:15-27).

教会の伝統のなかで,断食はまず何よりも*福音への回心の*しるしである.さらにキリストの過越の秘義との関係における*聖体拝領前の断食は,「来るべき方」への霊的集中と考えられる.*四旬節の断食の本質的側面は,荒野でのキリストの40日の記念,キリストの十字架にあずかる手段である.やがて断食の修行的意味が重要になるにつれて,一年の別の時期にさまざまな形態で断食が行われるようになる.しかし,断食は,愛徳の実践をつねに伴っていなければ,神との出会いを待ちわびる魂の目覚めと待望を表すことはできない.

断食の意味はかなり以前から見失われてきた.しかし,霊的再生のために,断食の意味を再発見することは,重要な要素であり,課題である.

【文献】旧新約聖書大743-44;宗教学辞典532-33;聖書語大838-39;聖書思563-64;DSp 8: 1164-79;EC 4: 1589-99;NCE 5: 847-50. (中川博道)

だんしゅ　断種　〔英・仏〕castration,〔独〕Kastration

【位置づけ】現在では,断種と去勢を一緒にして不妊化(〔英〕sterilization)の項目で扱われるのが一般的である.断種は男性の精巣や女性の卵巣の機能不全を外科的手段で招来することを指し,生殖不能をもたらす.この種の手術の結果としては,人間の肉体的,精神的,社会的な成長に及ぼす影響が認められる.倫理的に問題となるのは,断種がどのような意図と目的のもとに行われるのかであり,病気の治療の間接的結果として生ずる場合は問題とされていない.出産の可能性に対する意図的な破壊が直接に目指される場合が問題となる.

【去勢との区別】断種は普通,去勢と同じように語られる場合があるが,*倫理神学の分野においては,生殖腺である男性の精巣や女性の卵巣の切除である「去勢」とは区別されている.去勢手術は,精巣ならびに卵巣の除去を通してその男女の人間的な成長,成熟に対して,必要である性ホルモンの分泌の器官を摘出するという重大な影響をもたらし,特に思春期までにその手術が施されると,人間の性的資質は重大な影響を受ける.さらに,去勢手術を受けた男女に対して,その他の身体的以外のさまざまな心理的不安やコンプレックスなど精神的な障害が引き起こされる原因ともなりうる.この種の手術は,人間の自己実現についての本質的な部分に重大に関わることであり,理由の如何にかかわらず,直接に意図されることは許されない.

【方法】男性の断種手術には,精管の一部を閉塞させたり除去したりする精管切除術(いわゆるパイプ・カット)などがあり,女性の場合には卵管の結紮(けっさつ)や切断による方法などがある.

【倫理判断】断種の場合,去勢と異なり,施される手術が性ホルモン分泌に甚大な影響はないとしても,重大な事実には変わりない.どのような場合であっても,妊娠や出産の不能性が直接に目指される場合,永続的方法であれ一時的方法であれ,断種は倫理的に許されないことになる.

【断種の背景】断種の選択をする人々のなかには,自分たちだけの都合や主に経済的理由などから,子どもを望まないことに起因する心理的背景によって妊娠・出産を極度に嫌う人々もいるであろう.その際,彼らの背景にある心理的・精神的態度が看過されないよう十分注意されねばならない.消費社会に支配的な考え方の範疇から出られない人は,*結婚や夫婦関係,家族関係が神に向かって開かれている地平に目を注がず,そのようにして自らの性的存在の意味を見失ってしまいがちである.断種の動機としての,いかなる妊娠をも無条件に排除しようとする,子どもの誕生の否定というゆがんだ*自由に基づく選択が基本にあれば,その基本的選択がその夫婦関係にとどまらず,夫婦の有するであろうすべての人間関係を倫理的に正しいものにはさせないであろう.一人ひとりの人間が性的存在であることや*生命の価値,尊厳性を認めず,結果的に軽視する考え方は,その後の夫婦関係や家族関係にさまざまな形で影響を及ぼす.

【広い視野での評価】しかしながら,生殖器の機能のみを過度に重視すること,つまり手術それ自体の善悪のみに注目しすぎることも正しくない.近視眼的に判断してしまうのではなく,むしろ人間全体に対して何が最も「善い」ことなのかを探求していくことがより重要であろう.人間関係の在り方,結婚や夫婦関係,家族の在り方,健康についての理解などの観点から広く深い視野に立って評価すべきである.

【文献】森岡恭彦監修『医学大事典』(朝倉書店1985)215-16;パウロ6世『フマーネ・ヴィテ――適正な産児の制限について』翻訳委員会訳(中央出版社1969);B. ヘーリング『生命・医・死の倫理:キリストにおける自由』田淵文男訳(中央出版社1990);B. HÄRING, Frei in Christus, v. 3 (Freiburg 1980); D. TETTAMANZI, Bioetica (Milano 1990). (清永俊一)

たんじょう　誕生　〔英〕birth,〔独〕Geburt,〔仏〕naissance

日本語の新共同訳聖書では誕生という語が,旧約聖書に1回(エゼ16:4),旧約聖書続編に2回(知6:22;7:5),新約聖書に2回(マタ1:18;ルカ1:14)用いられているだけである.誕生と訳されているヘブライ語(môledet)は,動詞ヤーラード(yld,「生まれる」の意)の受動の不定形で,実は旧約聖書には22回用いられ,他の箇所では故郷(誕生の地),一族,家族,出身などの意味合いで訳されている.ギリシア語の*七十人訳聖書ではこのうちの6回がgenesisと訳されている.また,このギリシア語は41回用いられ,大半は系図(〔ヘ〕tôlēdôt)の訳語であり,旧約聖書続編では*知恵文学のなかにみられ(16回),生来や世代,発生などと文脈に準じて訳し分けられ,新約聖書では5回用いられ,誕生や*系図のほかに素性や始源,生来などを含意する語に訳されている(マタ1:1, 18;ルカ1:14;ヤコ1:23; 3:6).

誕生や出産，あるいは子孫をもうけるということは，神が望んだ *創造の秩序に基づく約束の実現と考えられ(創1:26)，逆に，不妊は恥辱とさえ思われていた(サム上1:5-11)．それゆえ，家や一族の存続という意味でも息子の誕生は重大な関心事の一つであった．

創世記16-18章には *イシュマエルや *イサクの誕生，士師記13章には *サムソンの誕生，イザヤ書7:14-15には男子の誕生が告知されており，そこから一定の告知形式の共通要素が推定できる．(1) 神の使い(*天使)の出現，(2) 出現を受けた者の不安，(3) 誕生の告知，(4) 生まれる子の名，(5) その子の使命というものである．

特に，マタイ書(1:18-25)とルカ書(1:5-66)にみられるイエスと洗礼者 *ヨハネの誕生告知の物語は，これらの要素を備えている(→受胎告知)．興味深いのは，マタイが「誕生」という語をイエスに関して用いているのに対し，ルカはヨハネに対してのみ用いるだけで，イエスには用いていないことである．これはマタイが旧約の系図を意識しながら，時代史的に特定の人物の出現，つまり誕生を新しい時代の始まりとしてイエスの誕生を待望の *メシアの到来としているのに対し，ルカは *救済史の観点から新しい時代の始まりをヨハネの誕生にみて，イエスをその新しい時代の中心に据えようとしたためであろう．また，ルカが同様の誕生告知形式をヨハネとイエスに用いながらも，イエスの優位性に工夫を凝らしていることも看過できない．

【文献】NBL 1: 748-53; R. E. BROWN, *The Birth of the Messiah* (Garden City 1977). (岡崎才蔵)

だんじょきょうがく　男女共学〔英〕coeducation, 〔独〕Koedukation, 〔仏〕coéducation

【定義】厳密にいえばコインストラクション(〔英〕coinstruction)，すなわち男女の生徒が同じ教室で同じ *カリキュラムに従った授業を受けることと，コエデュケーション (coeducation)，すなわち学業以外の場でも共同の教育を受けることとを区別しなければならないが，現在は両者が混同されて使用される場合が多い．後者は特に，本来全寮制の学校で用いられた用語である．

【歴史】小学校の低学年と大学は別として，世の東西の区別なく，中等教育の段階では両性別学が一般通念となっていた．しかし19世紀頃から，男女平等意識の向上，男女の社会的役割の変化，*民主主義思想の浸透などの影響で，男女共学が広く普及するようになった．1833年にアメリカ合衆国で最も早く取り入れられ，1876年にスウェーデン，1893年デンマーク，1906年ドイツが部分的に導入したが，カトリック教会の反対もあって南ヨーロッパでは男女共学の導入が大幅に遅れていた．

日本も「男女七歳にして席を同じうせず」という旧武士層の儒教道徳(→儒教)や家父長制(→家制度)を柱とした旧民法の影響，さらには欧米風の性別役割を積極的に取り入れた新興市民層の台頭もあって，とりわけ中等学校では男女別学が普通であった．しかし戦後，アメリカをモデルにした教育改革で急速な変化が起こった．1947年(昭和22)2月に日本を訪れた米国教育使節団が提出した報告書のなかで，小学校はもちろん，義務教育である3年制「下級中等学校」(中学)にも男女共学を導入することを強く奨励し，さらに，3年制の「上級中等学校」(高等学校)も「男女共学は財政的節約になるだけでなく，男女の平等を確立する助けとなるであろう」(教育使節団報告書)とした．もっとも同報告書は「過渡期においては，この段階では男女別学であってもよい」としている．この報告書の勧告，そして何より教育基本法(第5条男女共学)の規定に基づいて，私立学校を除くほとんど全国の公立の小学校・中等学校は男女共学を導入した．

【カトリックの立場】アメリカにおいては，カトリック系中学校に現在も男女別学を実施している学校がみられるが，全般的に男女共学に対する抵抗は少なかった．しかし教皇 *ピウス10世が1929年に発布した回勅 *『ディヴィニ・イリウス』は，男女共学を「自然主義，および原罪否定に基づいている方法」として厳しく排撃した．これらの回勅もあってカトリック教会の男女共学に対する立場は，現在に至るまで紆余曲折をみせている．第2 *ヴァティカン公会議も *キリスト教教育の問題を取り上げて『キリスト教教育宣言』を公表したが，そのなかで男女教育の問題には触れていない点は注目に値する．

欧米諸国で男女共学が広く採用されるようになったのは1970年代以降である．とはいえ特に教会または *修道会が経営する私立学校の大部分は，相変わらず男女別学の制度を実施しており，しかもこれらの学校への入学志願者は意外に多い．

【男女共学の問題点】第2次世界大戦後の日本ではアメリカの強い要請のもとで中等学校が男女共学に切り換えられたが，その主な動機は女性の教養レベルを高めることであった．最近，ドイツの公立学校はすべて男女共学に切り換えられたが，この制度に疑問をもち，再検討すべきであるとの声もある．そのきっかけは，女子高校を卒業して大学に進学した学生への追跡調査である．それによると，理数系の諸学科で学ぶ女子学生の大多数は女子高校の卒業生であることが明らかになり，男女共学は必ずしも女子の学習の向上をもたらすものではない，という結果が示された．カトリック教会の現在の教育政策は，男女共学に反対するものではないが，その良い点を認めながらも，同時に男女別学の学校をも認めて欲しいということであり，いずれにしても共学制度のなかでも，性(〔英〕gender)の特殊性を充分に考慮しなければならないという方針を示している．

【文献】NCE 3: 977-80; 橋本紀子『男女共学制の史的研究』(大月書店 1992); ARBEITSKREIS KATHOLISCHER SCHULEN, "Mädchenschulen, Jungenschulen, Koedukation?," *Engagement*, Sondernummer (1995).

(K. ルーメル)

だんじょどうけん　男女同権〔英〕equal rights for man and woman, 〔独〕Gleichberechtigung von Mann und Frau, 〔仏〕droits égaux entre les hommes et les femmes　性別による差別的扱いを否認する原理．法のもとの *平等から当然に帰結される原理であるが，歴史的に女性は男性より劣位に扱われ，実現の歩みは数世紀にわたる時間を必要とした．現在，憲法によってこの権利が保証されている国が多く，女性にも高等教育や公職に就く機会が認められるようになってきている．

【聖書的背景】聖書のテクストは，男性と女性の根本的な平等を認める充分な基礎を与えている．人間性の深い秘義を伝える記述において，創世記は「神は御自分にかたどって人を創造された．神にかたどって創造された．男と女に創造された」(1:27)と，両性がいずれも *神にかたどって創られたものであることを語り，地上の支

だんじょどうけん

配権が全人類(すべての男性と女性)に委ねられたこと(1:28参照)を告白している．*創造の物語は，両性がその*尊厳と使命を初めから与えられていると同時に，男女が相互の人格的交わりによって完成すること(2:18-24)，また男女の真の平等が*自由の濫用(*罪)により損なわれたこと(3:16)も示唆する．

イエスの男性と女性に対する言葉と態度について語る福音書の記述は，男性と女性が対等な立場と尊厳を有することを啓示する．これは女性が結婚生活や社会生活において不利な立場に置かれていた当時の習慣からみると異例なことである．*婚姻の不解消性を語る一節(マタ19:3-9)において，イエスは神が初めから人間を男と女に創造したこと，二人とも似姿として神にかたどって創られたことに言及する．福音書には男性と並んで女性が多く登場し，またイエスが*神の国の説明をするときに用いた譬え話のなかにも，女性がしばしば登場する(ルカ15:8-10；マタ13:33；25:1-13)．イエスは腰の曲がった女を「アブラハムの娘」(ルカ13:16)と呼んだが，「アブラハムの子」という名称は聖書全体を通じて男性のみに用いられていたものであり，イエスの言葉は女性が受けるべき当然の尊敬を示すと考えられる．また，イエスの*奇跡に対する信仰告白を行う者やキリストの*復活の最初の証人たちとして男性と女性が登場する．キリストは一人の例外もなく男女を贖い，その*恩恵よってすべての人は等しく*愛の法のもとにいる．

*パウロは，キリストにおいて男も女もなく「あなたがたは皆，キリスト・イエスにおいて一つ」(ガラ3:28)であると語り，キリストにおいては*原罪の遺産である男性と女性の対立は完全に乗り越えられると書いた．また神の前に男性と女性が平等であることを，共に神から出たものであることによる(1コリ11:11参照)とし，さらに*婚姻における夫と妻の平等は，キリストが*教会に自己を与える愛の秘義に類比される，互いに対する*従順と*奉仕にある(エフェ5:21-33参照)と教えている．しかし，実際の教会生活において差別は残り，*典礼の集会で女性がかぶり物をすることを命じたり(1コリ11:2-16参照)，女性が教会のなかで発言しないよう(同14:34参照)教えたりしている．

【教導職の教え】教会のなかでの男女同権は，近代以降実現しつつあるものである．男女の対等な尊厳と使命を擁護しようとする教会の立場は，福音に忠実であった男女を共に*聖人の位にあげて称えるという慣習のなかにもみいだされるが，現代においては第2ヴァティカン公会議の宣言が際立っている．すでに教皇*ヨアンネス23世は，回勅*『パーケム・イン・テリス』(1963)において，両性が政治・経済・社会・文化などの分野，特に公的生活への参加において同等の権利を有するものであることを示しており(41項)，第2ヴァティカン公会議は，ガラテヤ書(3:28)を引用して，キリストにおいて，すべての人が尊厳と行為において平等であり，性に基づく何の不平等もないことを語った(『教会憲章』32項)．また，『現代世界憲章』においても，すべての人は神の似姿として創られ，同じ本性と源を有し，またキリストによって贖われ，神から同じく召し出しと目的を与えられているので基本的な平等を享受するものであり，それゆえ，「基本的人権に関するすべての差別は，それが社会的差別であろうと，文化的差別であろうと，あるいは性別・人種・皮膚の色・地位・言語・宗教に基づくものであろうと，神の意図に反するものであり，克服し，排除しなければならない」(29項)と宣言している．『教会憲章』の宣言は教会内の事柄に関するものであり，『現代世界憲章』の宣言は世界に向けられた発言であるが，共に両性が個人の尊厳・共同体・文化・家庭・社会性・政治への参加などにおいて平等であること，それゆえ，より平等な社会を発展させる義務が社会にあり，教会がそれらに関する自らの責任を宣言したものといえる．

この考えは教皇*パウルス6世に受け継がれ(1971年の使徒的書簡『オクトゲシマ・アドヴェニエンス』13項)，また1979年のプエブラ司教会議(→解放の神学)は尊厳と使命における両性の平等を求めた(835-40項)．教皇*ヨアンネス・パウルス2世は，女性に対する差別を糾弾し(1981年の使徒的勧告*『ファミリアーリス・コンソルティオ』24項)，また，キリストの言葉と行いのなかに示された福音的平等性が，神の偉大な業に関わる男性と女性の平等性であり，教会と世界における両者の尊厳と使命の平等性であると語る．それは「両者とも，聖霊における神聖な真理と愛のほとばしりを同じように受けることができ，両者とも，聖霊の救いと聖化の『訪れ』を受け取ることができる」からであると教えている(使徒的書簡『女性の尊厳と使命』16項)．教会の社会教説は，このように男性と女性が人間として同じ権利と責任を有していることを宣言するが，同時にそれらの文書では人間の本性とは区別される形で女性特有の本性と役割が論じられているため，女性の権利は充分には実現されえないと批判する者もいる．

【教会法の規定】教会法はカトリック教会内の両性の平等を扱っている．基本となる「すべてのキリスト信者の義務及び権利」の最初の条文(新『教会法典』208条)において「すべてのキリスト信者は，キリストにおける新生のゆえに，尊厳性においても行為においても真に平等である」と規定している．この条文は，キリストにおける新生，すなわち*洗礼に言及し，すべてのキリスト者の平等が人間によるものではなくキリストによって与えられたものであることを強調する．教会において個々人が果たす役割に相違はあるが，洗礼によってすべての人が基本的に平等であることが，他の条文に先行するものとして示されている．

現行『教会法典』は，旧『教会法典』が有していた性的差別にあたる表現を削除する努力をしている．例えば，住所に関する規定(新『教会法典』104条)，異なる典礼への移籍(同112条)，*聖職者の交際についての規定(同277条2項)，告白に関する規定(同964条)や婚姻の挙式地(同1115条)あるいは葬儀の場所(同1177条)に関する規定などにおいて，以前みられた性に基づく差別を排除している．また，現行『教会法典』は婚姻における夫婦の同等な権利(同1135条)，子に対する両親の対等な権利(同226条，1136条)についても語る．改宗者については，複数の非受洗者の夫または妻をもつ男女を同様に扱い(同1148条1項)，*奉献生活の会とその会員について規定されている事項は，文脈や事柄の性質から別段に解されないかぎり男女両性に同等に適用される(同606条)．*信徒の役務については，教会裁判所の裁判官の任命(同1421条2項)，教会における教話の可能性(同766条)，*小教区の司牧的世話をする者の任命(同517条2項)などにおいて，男性と女性は同等の権利を有すると定めている．

教会法において，より大きな区別が置かれているのは，男性と女性の間よりも聖職者と信徒の間であり，例外は*宣教奉仕者と*教会奉仕者の職務への恒常的な任命に関する規定(同230条1項．女性は「恒常的」には任

命されない），および誘拐または監禁が婚姻の無効障害になる場合（同1089条．男性が女性を誘拐，監禁した場合に限られる）の二つである．しかしながら，『教会法典』は女性が聖職階位を受けることを認めておらず（同1024条），それゆえ，聖職者に留保されている *裁治権を行使すること（同129条1項），またその職務に就くこと（同274条1項）の可能性を考えていない（教理省「役務的祭司職を女性に授ける問題に関する宣言」"Inter insignores," AAS 69 (1977) 98-116 参照).
【文献】教皇ヨハネ・パウロ2世，使徒的書簡『女性の尊厳と使命』初見まり子，松本三朗訳（カトリック中央協議会 1991）: IOANNES PAULUS II, "Mulieris dignitatem," AAS 80 (1980) 1653-729; J. A. CORRIDEN, ET AL., eds., *The Code of Canon Law: A Text and Commentary* (New York 1985) 134-41; R. NORMAN, *Free and Equal* (Oxford 1983); H. MOLZER, "Frau in der Kirche," *Ordenskorrespondenz*, 35 (1994) 140-53; I. RAMING, "Ignored Opportunities for Women in Canon Law," ThD 42 (1995) 235-38. (菅原裕二)

だんじょへいぞんしゅうどういん 男女併存修道院 〔英〕double monastery, 〔独〕Doppelkloster, 〔仏〕monastène double　修道士と修道女が共住生活する修道院．東方ではカイサレイアの *バシレイオスが修道規則においてこれを承認し，*東方教会全体に建てられた．529年と543年に *ユスティニアヌス1世が禁止令を出したが消滅しなかった．787年の第2*ニカイア公会議で改めて禁止の決議がなされ，その後東方では14世紀頃までわずかながら存続した．西方では6世紀頃からイングランド，スペイン，フランスなどで建てられ，修道女の院長のもとで，修道士が修道女に奉仕する形態が多かった．9世紀頃に一度衰退するが，11世紀頃から再び増加した．*フォントヴロー修道会や *ギルバート修道会の修道院，*ビルギッタ修道会の修道院では修道女中心の形態が，*ベネディクト会，*アウグスチノ会，*プレモントレ会，*カマルドリ修道会，*カルトゥジア修道会の修道院では男子修道院に女子修道院が付随する形態で建てられた．しかし教会内で男女併存修道院に対する不信感は根強く，禁止されることはなかったが，しだいに消滅していった．
【文献】LThK² 3: 512-13; 杉崎泰一郎「グレゴリウス改革期の遍歴説教者―ロベール・ダルブリッセルの理想と現実」『紀尾井史学』12 (1992) 1-8; J. DALARUN, *Robert d'Arbrissel, fondateur de Fontevraud* (Paris 1986). (杉崎泰一郎)

タンジール 〔ア〕Tanja, 〔英〕Tangier, 〔独・仏〕Tanger　モロッコの *ジブラルタル海峡の西端にある港．モロッコ支配をめぐり仏独が対立した1905年のモロッコ事件の舞台として知られる．
*ローマ帝国の支配下の298年頃に百人隊長の *マルケルスが殉教．5-7世紀は *ヴァンダル族，*ビザンティン帝国，*西ゴート人と支配者が変わり，8世紀初頭イスラムの *ハワーリジュ派の勢力下に入る．1630年に *知牧区となる．1790年にモロッコから宣教師が追放になった際に，タンジールだけは宣教師の残留が認められた．1912年以降，モロッコの10分の9がフランスの保護領となったこともあり，フランスからの *フランシスコ会の会員が司牧，宣教にあたる．1956年に教皇庁直轄の大司教区となる．
【文献】平大百科 9: 490; LThK² 9: 1288; NCE 13: 932. (伊能哲大)

ダンスタブル Dunstable, John (1390頃-1453. 12. 24)　イングランドの作曲家，数学者，天文学者．*デュファイをはじめとする *ルネサンス初期の音楽家にイングランド音楽様式を伝え，多大な影響を与えたことで知られる．当時の史料から，おそらくベッドフォード公ジョン（John of Lancaster, Duke of Bedford, 1389-1435）に仕えていたものと思われ，公の供をしてヨーロッパ各地を巡り，しばらくブルゴーニュ宮廷にも滞在していたものと推察されているが，確かなことはわかっていない．二つの循環 *ミサ曲に，*ミサ通常式文約20曲余り，イソリズム（〔英〕isorhythm）による *モテット14曲，その他24の典礼曲と *宗教音楽が多いが，『お麗しのバラ』など五つの世俗歌曲も知られている．
【文献】M. BENT, *Dunstable* (London 1981). (金澤正剛)

タンスタル Tunstall, Cuthbert (1474-1559. 11. 18)　イングランドの司教，学者，外交官．1511年司祭叙階，22年 *ロンドンの，また30年 *ダラムの司教に任ぜられる．*ヘンリ8世のもとでさまざまな政治的要職に就いた．しかしイングランドの教会改革の影響により，カトリックの教義を固守していたタンスタルは *エドワード6世治下で，司教の任を解かれ，投獄された．続く *メアリ・テューダー治下で官位を回復したが，*エリザベス1世が王位を継ぎ *首長令が復活すると，それに反発，再び奪位，投獄され獄中死した．
*エラスムス，*トマス・モアらと親交があり，学者としても著名であった．*聖体におけるキリストの真の現存についての弁明書（De veritate corporis et sanguinis Domini Nostri Jesu Christi in Eucharistia, 1554）などが知られている．
【文献】キ大 687; キ人 816; NEC 14: 342; ODCC³ 1646-47. (高橋佳代子)

ダンスタン Dunstan (909-988. 5. 19)　聖人（祝日5月19日），修道院改革者，カンタベリ大司教．グラストンベリ（Glastonbury）出身の貴族で一門に *高位聖職者がいてイングランド王宮に仕え，940年，エドマンド王（Edmund I, 在位939-46）によりグラストンベリ大修道院長に任命された．*ベネディクト会の会則を導入し，960年 *エドガー王より *カンタベリの大司教に叙任され，イングランド修道制の改革を促進した．すべての修道院で共用する模範的な会則『諸会則の調和』(Regularis concordia) の制定（970頃）に影響を及ぼした．王国の司法，行政にも携わり，王権と教会の協調に努めた．金銀細工，音楽にも堪能であった．
【文献】キ人 965; LThK³ 3: 406-407; NCE 4: 1107. (橋口倫介)

たんせいせつ 単性説 → キリスト単性説

たんせんせいか 単旋聖歌 → プレインソング

だんたいせい 団体性 〔ラ〕collegialitas, 〔英〕collegiality, 〔独〕Kollegialität, 〔仏〕collégialité　全教会の *司教たちがローマ *教皇とともに一つの団体を構成するという司教たちの一体性を意味する概念．

第1*ヴァティカン公会議の教会に関する教えは，ローマ教皇の*裁治権上の*首位権についての教えを述べただけで，教会についての教えという点では，未完成であった．第2ヴァティカン公会議では，これを司教についての教えによって補足し（『教会憲章』第3章「教会の聖職位階制度，特に司教職について」），司教についての教えを「交わりの教会論」の文脈のなかで団体性の概念によって考察している．

【団体の概念】「団体」（［ラ］collegium）という概念は新約聖書に由来する．イエスは，12人の*使徒を「団体すなわち永続的な集団の形に制定し，かれらの中からペトロを選んでその頭とした」（『教会憲章』19項）．したがって司教の団体の根拠は*ペトロと一致した使徒の団体である．そこで，「主の制定によって，聖ペトロと他の使徒たちとが一つの使徒団体を構成しているのと同じように，ペトロの後継者であるローマ教皇と使徒たちの後継者である司教たちとは，互いに結ばれている」（同22項）．ここで「同じように」といわれているのは，両者の比較が完全ではないことを意味する．ローマ教皇と司教たちは使徒ではなく，したがって使徒たちの特別な*権能は後継者である彼らには授けられず，ただ群れを司牧し治めるための通常の権能が移譲されるだけである．こうして，第一の関係「ペトロ－使徒たち」と第二の関係「教皇－司教たち」との間には平等性ではなく，ただ比例あるいは真の類似があるだけである．この類似は，公会議によると，司教たちの団体性の教えを基礎づけるのに充分である．そのうえ，司教が団体の構成員となるには，司教の「秘跡的聖別」と「司教団体の頭ならびにその構成員との位階的交わり」（同）の二つが求められる．

【司教団体の構造】以上の点から，司教団体が頭であるローマ教皇と，構成員である司教たちという互いに緊密に結ばれた二つの要素で構成されているのがわかる．司教が一緒になっても，教皇なしでは団体とはなりえない．団体は頭なしには存在しえないからである．

司教団体は教会において最高の権能を有する主体である．(1) ローマ教皇はその任務，すなわちキリストの代理者ならびに全教会の牧者としての任務の力によって，「教会の上に完全・最高・普遍の権能を持つ」．(2) 司教団体も，「その頭であるローマ教皇とともに，……全教会のうえに最高，完全な権能を持つ主体である」．この最高の権能の行使に関しては，ローマ教皇は首位権のゆえに，その権能を「常に自由に行使することができ」，司教団体は自らの最高の権能を「公会議において荘厳な様式で行使」する．司教たちはさらに公会議の外で「全世界に散在しているときにも，……司教団体の頭がかれらを団体的行為へ招く」とき，その最高の権能を行使できる．要するに，最高の権能の行使には，首位権のゆえに教皇だけによる行使と，教皇が*司教団とともに行う厳密な意味での団体的行使の二つがある．これらすべてが互いに正しく整えられるために，「聖霊は［教会の］有機的構造と協和を絶えず固めている」（以上，『教会憲章』22項）と，公会議は指摘している．

「団体的一致は」教皇と共にある司教団のなかにだけではなく，「各司教と諸部分教会ならびに全教会との相互関係の中にも現れる」（同23項）．各司教はそれぞれ自分の部分教会の長に立てられ，その部分教会のなかで自分の司牧上の統治を行う．しかし，彼らは司教団の一員であり，使徒たちの正当な後継者であるから，それぞれ全教会のために配慮する義務を負う．したがってすべての司教は，信仰の一致と規律を促進すべきであり，全教会を愛するよう信者に教えるべきである．とりわけ地上のあらゆるところに福音を告げるよう配慮して教皇を助けなければならない．

第2ヴァティカン公会議後，司教の団体性を具体化しようとする制度として，*世界代表司教会議や*司教協議会などが生まれた．

【文献】Y. M. CONGAR, ET AL., *La Collegialité épiscopale* (Paris 1965); C. Pozo, "La teología del Episcopado en el capítulo 3º de la Constitución 'De Ecclesia'," EE 40 (1965) 139-61; G. DEJAIFVE, "Episcopal Collegiality according to 'Lumen Gentium'," LV 20 (1965) 637-50; J. RATZINGER, "Die pastoralen Implikationen der Lehre von der Kollegialität der Bischöfe," Conc. (D) 1 (1965) 16-29; K. RAHNER, "Pastoraltheologische Bemerkungen über den Episkopat in der Lehre des II. Vaticanum," Conc. (D) 1 (1965) 170-74; W. ONCLIN, "Kollegialität der Bischöfe und ihre Struktur," Conc. (D) 1 (1965) 664-69; W. BERTRAMS, "Die Einheit von Papst und Bischofs-Kollegium in der Ausübung der Hirtengewalt durch den Träger des Petrusamtes," Gr. 48 (1967) 28-48; H. HOLSTEIN, "Épiscopat et Primat," Études 332 (1970) 241-55. (J. アリエタ)

ダンツィヒ → グダニスク

タンツベルク　Tanzberg, Kris（1921. 2. 9- ）ドイツの文学史家，詩人．本名*クランツによる著作も多い．*カトリシズムの立場からヨーロッパの文学を，人間の信仰告白の歴史として理解しようとしている．存在の不安に苦悩する現代世界のなかでは，たとえキリストを語らなくとも，文学者は無意識のうちに神の啓示しようとする真理を語ることができる，という彼の確信は，神学者の側からの批判を浴びながらも，キリスト教文学が果たして今日可能なのか，という問いを投げかける契機ともなっている．

【主著】*Christliche Literatur der Gegenwart*, 1961; *Epiphanien*, 1975; *Christliche Dichtung heute*, 1975; *Gertrud von le Fort*, 1976, 1993.

【文献】*Wer ist wer 1996/1997. Das deutsche Who's Who* (Lübeck 1996) 798; K.-J. KUSCHEL, *Jesus in der deutschsprachigen Gegenwartsliteratur* (Zürich 1984).

(富田裕)

ダンテ　Dante, Alighieri（1265. 5. 14 と 6. 13 の間-1321. 9. 13/14）『神曲』（La Divina Commedia）をもって最もよく知られている詩人．*グエルフィの小貴族の家系に*フィレンツェで生まれる．双子座生まれであることが『神曲』（天国篇22, 112-17）から推測される．当時街は**ギベリーニ政権下にあったが，ダンテの父は政治的大物ではなく，一家は追放を免れた．『新生』（La Vita Nuova）の記述では，9歳のとき初めてベアトリーチェ（Beatrice）に出会い，9年後初めて彼女から会釈を受けた．そのときの出来事を題材に『新生』収録の第1ソネットを書いたが，それ以前から詩作を試みていた．詩人カヴァルカンティ（Guido Cavalcanti, 1260頃-1300頃）らと交際し，精緻な心理分析，平明さ，音楽性を特色とする「新優美体」（dolce stil novo）の境地を開くに至る．1285年頃ジェンマ・ドナーティ（Gemma Donati）と結婚，3人の子女を得た．1290年ベアトリー

チェ死去．それまでに書かれていた韻文作品を取捨選択，作品の背景や意味を散文で解説しながら『新生』を書く（1292-94頃）．ここでは詩の文体の発展を跡づけながら，ベアトリーチェを9（*三位一体の象徴3の2乗）の奇跡として伝説化し，彼女をよりふさわしく賛美する未来の作品を予告している．ベアトリーチェの死後，哲学研究に励む．また，1295年に貴族出身者の市政参画に対する規制が緩和されると，ダンテは政治に積極的に参加した．1300年には市政の最高職たる「行政官」に選出．任期中，教皇権力寄りの「黒派」とフィレンツェ自治を重んじる「白派」が武力衝突を起こす（1266年以降街はグェルフィ政権下にあったが，内部分裂し階級対立的な様相を呈していた）．1301年10月末，ローマの教皇*ボニファティウス8世のもとに使節として派遣される．教皇は，市の内紛調停役という名目でシャルル・ド・ヴァロワ（Charles de Valois, 1270-1325）を派遣しようとしていたが，街に対する影響力強化を目指し「黒派」を好んでいた．11月1日シャルルが不意にフィレンツェに入城．シャルル黙認のもと，「黒派」が実力で「白派」を排除，政権を樹立．1302年1月新政権はダンテを公金横領などの冤罪で起訴，欠席裁判で有罪が確定．3月には所定の罰金支払いと謝罪が行われなかったため，永久国外追放（市当局が逮捕した場合は死刑）が宣告された．追放直後の時期には「白派」や皇帝派の他の追放者たちと武力による復帰を試みたが失敗，やがて彼らとの関係を絶ち，一人庇護と職を求めて諸宮廷をめぐる放浪生活を送り，決して故郷に帰ることなく，*ラヴェンナで生涯を閉じた．

『新生』執筆と相前後しながら，宮廷風恋愛の流れを汲む高雅な恋愛詩以外の作品にも取り組み，主題と文体の幅を増していった．追放後（1304-1307頃）には，詩への註釈を通じて哲学的な知識の普及を試みた百科全書的性格の『饗宴』（Il Convivio, 1304-1307）や，言語の起源から始めて理想の作詩法を論じた『俗語論』（De vulgari eloquentia, 1304-1305）に取り組んだが，いずれも未完に終わった．また，皇帝支配を積極的に弁護し，*教皇との役割分担を論じた政治的著作『帝政論』（Monarchia, 1310-12）や，ラテン語による牧歌，海に覆われていない陸地の存在理由を論じた思弁的な論考を書いた．『神曲』（1307-20頃）は，1行11音節の3韻句法（各行末をABABCBCDC……と連鎖的に韻を踏む）によって書かれた100の歌章（地獄篇34，煉獄篇33，天国篇33）からなる作品で，*ウェルギリウスを*地獄・*煉獄，ベアトリーチェを*天国の導師として，主人公ダンテが彼岸の世界を旅してめぐる物語である．道徳・倫理的な意味を帯びた作品で，死後の魂の諸状態を描きながら，現世の混乱の原因を示し，*救いへの道を歩ませるべく警鐘を鳴らしているが，このことは登場人物を一般抽象概念の寓意に堕さしめるものではない．個人の生は彼岸でこそ完成され，より明確な形と意味を獲得するのであって，現世における個性・特殊性は雲散霧消させられるどころか，凝縮したリアリズムによって捉えられている．

【評価】哲学的な議論を差し挟むことによって，『饗宴』の意図は『神曲』においてある意味で実現された．中世末のキリスト教の世界観に明証な表現を賦与した百科全書的『神曲』は，同時に文体の百科全書でもあった．野卑な言葉遣い，方言的な色彩をも排除しなかった『神曲』の文体は，優雅に一つに統一された*ペトラルカに比して，手本としてはやや敬遠された．しかしペトラルカはある意味では「新優美体」のダンテを洗練したにすぎず，逆に全宇宙という大きな主題に対応する幅広い文体がダンテの特徴といえよう．

【著作版】N. SAPEGNO, ed., *La Divina Commedia*, D. DE ROBERTIS, G. CONTINI, eds., *Opera minori*, La letteratura italiana: storia e testi, 4-5 (Milano 1957-88); M. BARBI, ed., *La Vita Nuova* (Firenze 1932); A. MARIGO, ed., *De Vulgari Eloquentia* (Firenze 1938); M. BARBI, F. MAGGINI, eds., *Rime della "Vita Nuova" e della giovinezza* (Firenze 1956); G. BUSNELLI, G. VANDELLI, eds., *Il Convivio*, 2 v. (Firenze 1964-68); M. SIMONELLI, ed., *Il Convivio* (Bologna 1966); M. BARBI, V. PERNICONE, eds., *Rime della maturità dell'esilio* (Firenze 1969); F. B. AGENO, ed., *Convivio*, 3 v. (Firenze 1995); G. GORNI, ed., *Vita Nova* (Torino 1996).

【文献】平川祐弘『中世の四季』（河出書房新社 1982）；岩倉具忠『ダンテ研究』（創文社 1988）；岩倉具忠他『イタリア文学史』（東京大学出版会 ²1993）31-58; E. アウエルバッハ『世俗詩人ダンテ』小竹澄栄訳（みすず書房 1993）: E. AUERBACH, *Dante als Dichter der irdischen Welt* (Berlin 1929); 浦一章『ダンテ研究』1（東信堂 1994）; R. ボルヒャルト『ダンテとヨーロッパ中世』小竹澄栄訳（みすず書房 1995）; R. P. ハリスン『ベアトリーチェの身体』船倉正憲訳（法政大学出版局 1995）: R. P. HARRISON, *The Body of Beatrice* (Baltimore 1988); R. BORCHARDT, *Epilegomena zu Dante, I: Einleitung in die Vita Nova* (Berlin 1923). （浦一章）

ダンディ **D'Indy, Paul-Marie-Théodore-Vincent** (1851. 3. 27-1931. 12. 2) フランスの作曲家，音楽理論家，教育者．*パリに生まれ同地で没す．C. *フランクの流れを汲む古典的な交響曲の理念をフランスに普及させ，多様なジャンルにわたり旺盛な作曲・著述活動を展開した．また1871年の国民音楽協会（Société nationale de musique）の創設や1894年の*スコラ・カントールムの創設に関わり，近代フランス音楽の興隆に大きく寄与した．堅固なカトリック信仰をもち，『主に向かって歌え』（1885）をはじめとする九つの宗教的声楽作品，三つのオルガン曲を作曲したほか，宗教的な主題の*オペラや*聖史劇も手がけている．
【文献】Cath. 5: 1538-39. （笠羽映子）

タントゥム・エルゴ **Tantum ergo** ラテン語聖歌*パンジェ・リングア（*トマス・アクィナスによる）の最後の2節．聖木曜日の主の晩餐の夕べのミサ（→過越の三日間）の後，聖体奉遷式の行列中にパンジェ・リングアを歌い始め，*聖体容器が仮祭壇上に置かれて献香（→香）する間にタントゥム・エルゴが歌われる．また，キリストの*聖体の祭日の行列，およびその*晩の祈りでも歌われる．*聖体賛美式の場合は，同じトマス・アクィナス作の「ヴェルブム・スーペルヌム・プロディエンス」（Verbum supernum prodiens）の終わりの典礼聖歌「オ・サルタリス」（O Salutaris）がまず歌われ，そして献香の後にこれが歌われる．タントゥム・エルゴは，この歌の冒頭「かくも偉大な秘跡を」（Tantum ergo sacramentum）の最初の2語．

【文献】キ百科 986-88, 1106; 田辺尚雄他編『音楽大事典』3（平凡社 1982）1456; 同4: 1904-905, 1965-66; カトリック儀式書『ミサ以外のときの聖体拝領と聖体礼拝』

たんどくしゃ

(カトリック中央協議会 1989).　　　　　（宮崎正美）

たんどくしゃ　単独者　〔英〕the individual,〔独〕der Einzelne,〔仏〕l'individu　20世紀の思想に影響を及ぼした *キルケゴールの根本概念の一つで，*実存や *主体性の概念と関係する．実存する人間は抽象的なものではなく単独者である．すなわち *良心において *神の前に立ち，時間的で有限なものを超えて永遠・無限な神に向かって決断すべき自由な主体である．しかし人間は神に背いて *罪を犯すために苦悩し絶望する．だが，そこにとどまるのではなく，神への *信仰・*希望によってその苦悩や絶望から救われることができる．*実存哲学と *実存主義は単独者に関する考えから何らかの影響を受けた．極限状況において *超越へと自由に決断する人間についての *ヤスパースの考えは単独者についての哲学的解釈であり，自由以外の何ものにも頼らないで，*不安を抱きながら選択する主体性という *サルトルの概念は，神なしの単独者の概念である．キルケゴールにおける単独者は孤立した者ではなく，*絶対者に対する *責任を意識している者である．
【文献】M. キム『単独者と普遍』酒井一郎訳（東京大学出版会 1988）: M. KIM, *Der Einzelne und das Allgemeine* (Wien 1980).　　　　　（R. ロペス・シロニス）

タントラ　tantra　*ヒンドゥー教，*仏教，*耆那教（ジャイナ教）の特定宗派が有する密教的教義と実践を総称するサンスクリット語．語源ははっきりとせず，織物の糸の「縦糸」を意味するほか，さまざまな意味が含まれる．起源に関しても定説はなく，最古の宗派，瑜伽（*ヨーガ）をはじめ密教実践の原型，あるいは *アーリア人到来以前のインド固有の宗教などと諸説ある．タントラ信仰はインド東部で最も栄えた．その実践には呪句，神秘的図像，鈴，ろうそく，香，性行為などが含まれる．伝承されているタントラ関係の文献の多くは，比較的年代が新しく，ごく初期のものでも 7-8 世紀の成立とされ，最も重要なものは 12-17 世紀に編纂された．
【文献】平大百科 9: 514-15; 高崎直道他編『仏教・インド思想辞典』（春秋社 1987）291-92.　　　（C. ヴェリヤト）

タントラきょう　タントラ教　→　タントラ

タンナ　Tanna　〔ヘ〕tannā'　「法を教える者」の意．語根 tny はヘブライ語 šnh に相当し，「繰り返す」の意も含む．*ミシュナーを教えた権威ある賢者を指し，複数形でタンナイーム (tannaim) と呼び，ミシュナー成立以後の賢者アモライーム（[ヘ] amoraim）と区別する．ほかに，*ラビの学塾でミシュナーを記憶する役職者の呼称．
【文献】R. C. ムーサフ・アンドリーセ『ユダヤ教聖典入門』市川裕訳（教文館 1990）: R. C. MUSAPH-ANDRIESSE, *Wat na de Tora kwam. Rabbijnse literatuur van Tora tot Kabbala* (Baarn 1973).　　　（市川裕）

ダンヌンツィオ　D'Annunzio, Gabriele　(1863. 3. 12-1938. 3. 1)　19世紀末イタリアを代表する詩人，小説家．ペスカーラ (Pescara) に生まれ，10代で天才詩人の名をほしいままにする．その後，多彩で享楽的な恋愛生活と堅固な表現を目指す修辞的要求との統合に苦しみ，*ニーチェの「超人」思想と観念的行動主義に突破口をみいだそうとした．小説の代表作『快楽』(Il piacere, 1889),『イノセント』(L'Innocente, 1892),『死の勝利』(Trionfo della Morte, 1894) は，いずれも生の不安と性による救済をテーマとしている．戯曲にも手をそめ，『フランチェスカ・ダ・リーミニ』(Francesca da Rimini, 1902) や，*ドビュッシーの付曲で知られる『聖セバスティアンの殉教』(Le Martyre de St. Sébastien, 1911, フランス語) を発表した．第1次世界大戦に航空兵として従軍，負傷．1920年にはフィウーメ (Fiume, 現クロアティアのリエカ Rijeka) の自由市化に反対し，義勇軍を率いてここを占拠した．晩年は，ガルダ湖畔で隠遁生活を送る．ガルドーネ・リヴィエラ (Gardone Riviera) にて死去．
【著作】*Prose di romanzi*, 1988; *Tutte le novelle*, 1992.
【翻訳】三島由紀夫，池田弘太郎訳『聖セバスチァンの殉教』（国書刊行会 1988）.　　　（白崎容子）

ダンバー　Dunbar, William　(1460 頃-1513 頃) スコットランドの詩人．生年も家系も正確には不詳．1479年に *セント・アンドリューズ大学で学位 (licentiate) を得た後，一時 *フランシスコ会に入会するが，*托鉢修道会の生活を嫌って脱会．15世紀末からジェイムズ4世 (James IV, 在位 1488-1513) の宮廷に出入りするようになる．1500年には国王から年金を受ける宮廷詩人となり，ジェイムズ4世とマーガレット・テューダー (Margaret Tudor, 1489-1541) の結婚を祝う政治的寓意詩「アザミとバラ」(The Thrissill and the Rois, 1503) を書いた．1513年にイングランド軍と相まみえたフロッデンの戦いで王が敗死して以後のダンバーについて，正確な記録は残っていない．彼自身もこの戦いで死んだのであろうとも推測されている．ほかに諷刺的寓意詩「七大罪の踊り」(The Dance of the Sevin Deidly Synnis) など．
【文献】DNB 6: 154-57.　　　（舟川一彦）

タンバラムこくさいせんきょうかいぎ　タンバラム国際宣教会議　〔英〕Tambaram International Missionary Conference,〔独〕Internationale Missionskonferenz in Tambaram,〔仏〕Conférence internationale des Missions à Tambaram　*国際宣教協議会の第2回世界会議．1938年，南インドのタンバラムのマドラス・キリスト教大学を会場として開かれた．世界の諸教会の宣教社団，宣教協会，「若い教会」の代表など471名の参加者があり，その約半数が「若い教会」の代表であった．
　この会議は，1928年の *エルサレム国際宣教会議のあとを受けて，ドイツにおけるヒトラー独裁政権成立による平和への脅威，日本軍の中国侵攻などの厳しい世界情勢のもとで開かれ，宗教色を強める国家主義の広まりのもとで，教会の宣教をどのように進めるべきかが論じられた．この会議のために書かれたクラーメル (Hendrik Kraemer, 1887-1965) の著書『非キリスト教世界におけるキリスト教の使信』(Christian Message in a Non-Christian World, 1938) は，他宗教との対話の問題を提起したが，キリストにおける特殊啓示と他宗教における自然啓示との非連続性が強調された．*モットは，国際宣教協議会と，設立準備に入った *世界教会協議会との密接な関係の確立を主張した．「若い教会」の代表たちは，目にみえる教会の一致の実現を要求した．そのほか，教職者養成，教会自立の経済的基礎，文書伝道などが論じられた．

【文献】ODCC² 1399; RGG³ 3: 794-95; ÖL 820-21.

(小川圭治)

タンピエ　Tempier, Étienne　(1210頃-1279.9.3)　パリ大学学長，パリ司教(在職1268-79)．フランス，*オルレアン生まれ．1262年にパリ・ノートルダム聖堂参事会員，1263年に*パリ大学事務局長，1268年にパリ司教となる．大学の最高管理者として，当時パリで勢力を有していた過激な*アリストテレス主義と*ラテン・アヴェロエス主義を抑えようとして，2回にわたっていわゆる「アリストテレス禁令」を下した．アリストテレス哲学は因果律による一貫した世界理解を可能とし，教師・学生を強く魅了，1255年にはパリ大学人文学部で必修とされていた．しかし過激な一派は，例えば世界の自立性を説いて神による創造を否定するなど，アリストテレス哲学を優先し，キリスト教教理と根本的に相容れなかった．1270年にタンピエはアリストテレス主義，ラテン・アヴェロエス主義に関わる13の誤謬，例えば知性単一論(〔英〕monopsychism)などを弾劾．1277年には教皇*ヨアンネス21世の要請を受けて，さらに219の命題を断罪した．これらの命題は主として人文学部のラテン・アヴェロエス主義者の教師たち，特にブラバンの*シゲルスとダキアの*ボエティウスの著作から取り出されたものである．だが断罪された命題のなかには，キリスト教とアリストテレス主義の総合を企てていた*トマス・アクィナスの主張も，少なくとも15の命題(世界の単一性の必然性など)について含まれている．なおアクィナスの教説に関わるタンピエの弾劾は1325年に取り消された．

【文献】Cath. 14: 880-81; LThK² 9: 1360-61; NCE 13: 992; 14: 102-15; F. コプルストン『中世哲学史』箕輪秀二，柏木英彦訳 (創文社 1970): F. COPLESTON, *A History of Philosophy*, v. 2-3 (London 1950-53).

(神崎忠昭)

タンブリーニ　Tamburini, Tommaso　(1591.3.6-1675.10.10)　17世紀イタリアのカトリック倫理神学者，*イエズス会会員．シチリアのカルタニセッタ(Caltanisetta)に生まれ，*パレルモで没す．メッシーナ(Messina)とパレルモの神学校で28年間にわたり哲学と神学を教え，*倫理神学の諸問題に関する多くの書物を著した．倫理神学において，ある行為が正しいという蓋然性があれば行ってよいとする*蓋然説の立場をとった．これは掟の拘束を最小限に減ずるため，しばしば*弛緩説と誤解された．

【主著】*Methodus expeditae confessionis*, 5 v., 1647.

【文献】キ人 867; DS 2021, 2103; DThC 15/1: 34-38; EDR 3: 3453; NCE 13: 928.

(高松誠)

ち

ち　血　[英] blood, [独] Blut, [仏] sang
【一般的概念】血は*生命の源であり，それゆえ神秘的な力を有するとみなす観念は，人類に普遍的にみられる．ここから血の霊力を積極的に利用したり，逆に危難をもたらすものとして厳しい*タブーが課せられたりしてきた．

例えば敵方の英雄的存在を倒した際に，血を飲むことによって，その霊力を獲得しようとする営為が，かつて未開社会にみられた．また農耕社会においても，作物の成長を促すため，犠牲獣の血を畑にまいたり，種子に塗ったりする行為が存在した．日本の『播磨風土記』の讃容(さよ)の郡(こおり)をめぐる条に，生きた鹿の腹を割き，その血溜まりを苗代として籾を蒔いたところ，一晩のうちに苗が生えたとの記述がある．

さらには血の霊力によって，神と人間の盟約や結合を図ろうとする*儀礼も広く存在する．古代ギリシアの*ミトラス教やキュベレ([ギ] Kybelē)女神の*密儀において，参加者が犠牲獣の血を浴びたのも，この観念によるものとされる．また人間同士をめぐっても，互いに自らの身体を損傷して血をすすり合ったり，犠牲獣の血に手を浸し合ったりして，相互の盟約や結合を確認するなどの行為がみられる．

他方で流血と死との連関性，さらには霊的存在そのものが有する両義的性格から，血が危険視され禁忌視されることもある．日本にも，「赤不浄」という言葉にみられるごとく，女性を月経や出産など血に近しい存在として，聖域から厳重に隔離しようとする観念が存在した．

(河東仁)

【聖書】聖書で血は，生きものの命，罪の*贖い，神との*契約に関わる重要な概念である．その語([ヘ] dam, [ギ] haima) は，具体的には人や獣の血液を指すが，比喩的には暴力による死・殺害を意味する．また，初期ユダヤ教文献と新約聖書では，「肉と血」は，死と罪につながれた人間存在を表す表現となった(シラ14:18; 17:31; マタ16:17．ただし新共同訳は「人間」と意訳；1コリ15:50)．

〔血の飲食と殺害の禁止〕旧約聖書によれば，血は生きものの命であり，それゆえ，血や血を含んだ肉を食べてはならない(創9:4; レビ17:10-14; 19:26; 申12:23-25)．イスラエルの民だけでなく異邦人にも適用されたこの禁令は，*使徒会議での決定の一条項となり(使15:29)，初期のキリスト教会でも有効性を保持した．

「血を流すこと」とは殺害を意味し，「人の血を流す者は，人によって自分の血を流される」(創9:6)．つまり，奪われた命は，殺害者の命によって償わなければならない．殺された者の血は報復を求め叫びをあげ(創4:10; 黙6:10)，神は流された血に報いる(創9:5-6; 王上21:19; 王下9:7; ホセ1:4; 黙19:2)．旧約聖書の法によれば，故意の殺害者は「血を贖う者」(流血に対する報復の義務を負う，殺された者の近親者)の手に委ねられるか，あるいは，死刑に処されなければならない(民35:16-34; 申19:11-12)．

〔贖罪と清め〕旧約聖書の*祭儀規定では，屠られた犠牲獣の血は集められ，*祭壇の基に注がれるとされる．犠牲獣の血には，贖罪の働きが認められ(レビ4章; 16章; 17:11; 代下29:24)，また，犠牲獣の血をつけることによって，祭壇(出30:10)，*至聖所(レビ16:15-19)，*祭司(出29:20-21; レビ8:23-24)，皮膚病が治癒した人(レビ14:4-7)は清められる(→清さ，汚れ)．

*過越の小羊の血によってイスラエルの民が災いから守られたという伝統(出12:7, 13, 22-23)の背景には，血に魔除けの力を認める信仰がある(→十の災い．また，*割礼の血について，出4:24-26を参照)．

このように犠牲の血には贖罪や清めの働きが認められるが，女性の月経や産褥期の出血は，祭儀的汚れの原因とされている(レビ12章; 15章．マコ5:25-34参照)．

また，旧約聖書には，神とイスラエルの民との契約締結に際して，祭壇と民に犠牲獣の血が振りかけられたといわれるが(出24:6-8)，この「契約の血」(出24:8; ゼカ9:11)は契約の保証という意味を帯びている．

〔キリストの血〕新約聖書では，初期ユダヤ教の血と贖罪に関わる多様な概念(義人や預言者の代贖死，贖罪の犠牲，過越の小羊，契約など)が組み合わされることによって，イエスの血，すなわち死が解釈されている．

イエスの血は罪を贖うものであり(エフェ1:7; ヘブ10:19; 13:12; 1ヨハ1:7; 黙1:5; 5:9; 7:14)，イエスは過越の小羊(ヨハ1:29, 36; 19:36; 1ペト1:19)，贖罪日の犠牲(ヘブ9:12-14)，贖いの座(ロマ3:25．新共同訳では「罪を償う供え物」)に比される．また，イエスの血は*新しい契約の保証であるが，「契約の血」もまた贖罪思想の枠組みで意味づけられている(マタ26:28; マコ14:24; ルカ22:20; 1コリ11:25; ヘブ9:15-22; 10:29)．

【文献】旧新約聖書大 745; IDB Supplementary Volume 114-17; NBL 1:306-11; ThWAT 2:248-66; ThWNT 1:171-76; TRE 6:727-36; 木寺廉太「初期キリスト教における食物規定」『宗教研究』224 (1975) 1023; 小林信雄「『主の晩餐』の伝承」関西学院大学神学研究会編『神学研究』24 (1976) 169-220．

(加藤久美子)

ちいききょうかい　地域教会　[英] local church, [独] Ortskirche, [仏] église locale　普遍教会([ラ] ecclesia universa)と部分教会(ecclesia particularis)，全世界の教会とアジア，アフリカ，アメリカなどの地方教会を対比して呼ばれる「地域教会」とは，特定の時代，場所，文化，国民のなかに具現された*キリストの神秘体としての教会を指す．これに関しては，*教皇の*首位権と*司教たちの自主性，中央集権と地方分権，普遍性と多様性における一致が問われている．教会は地方の文化や生活に深く根ざし，その生活，歴史を自分のものにすることによって神がもたらす和解と交わりを推し進める使命を果たすことができる(→インカルチュレーション)．地域教会が*ミサを行うとき，そこに神と人間の

交わり，人々の愛の交わりが実現し，人々を愛の奉仕へと駆り立てる．*エウカリスティアの秘義は愛の分かち合い，交わり（*コイノニア）の秘義だからである．

宣教の目的は，各地域であらゆる人々が賛美と感謝を神に献げることにあり，「キリスト者の共同体をつくり，教会を完全に熟成するように育てることを目的として」いる．これは，「ひとつの地域の環境のなかで，正しく機能できる新しい部分教会を設立することができるまでは」完了したとはいえない．第2*ヴァティカン公会議以来，「教会の秘義全体がそれぞれの部分教会に含まれていることを強調する神学的考察が発展し，この部分教会は孤立でなく普遍教会との交わりを保ち，それぞれの立場において宣教者になるのだという考察」がなされてきている（教皇ヨアンネス・パウルス2世回勅『救い主の使命』48項，『宣教活動教令』19-22項参照）．

地域教会の活性化のため，例えば，*アジア司教協議会連盟は独自のやり方で貧困，人口増加，都市化，家庭の問題に取り組んでいる．司教は一教区のためばかりでなく，全世界の救いのために派遣されているのであり，他の兄弟の問題に関心を寄せ，相互に富を分かち合い，交わりと協力によって福音を宣教する（『宣教活動教令』38項参照）．*司教区，*小教区の枠を越えた草の根の*教会基礎共同体，*よりよき世界運動，*新求道期間の道（ネオカテクメナート），*フォコラーレ，*カリスマ刷新，*マリッジ・エンカウンター，*クリスチャン・ライフ・コミュニティー（CLC）の活動は種々の行き過ぎもあるが，地域教会の活性化に貢献している．

地域教会がキリストの祭司職・預言職・王職を継続しようとするとき，新しい問題に直面する．典礼祭儀は各国語や各国の慣習に従って創造され，わかりやすくなった反面，簡略化されすぎて，象徴的・神秘的な面が薄れた．頭でわかるだけでなく，心と体，人間全体で帰依したくなるような*キリスト秘義の*祭儀を追求しなければならない．言葉による直接宣教（*ケリュグマ）が宣伝として嫌われる状況では，沈黙における生活の証し，*キリスト教教育による種蒔きの宣教，*マス・メディアによる間接的宣教が重要である．生活の証しはアジアの貧しい人々への愛の奉仕に結びつかなければならない．諸宗教との対話によってキリスト者は自分たちのもっているキリストの福音の豊かさを再現することができる（1ペト3：15）．

【文献】G. グティエレス『解放の神学』関望，山田経三訳（岩波書店 1985）: G. Gutierrez, *Teologia de la Liberacion, Perspectivas* (Salamanca 1972); 岩島忠彦『キリストの教会を問う』（中央出版社 1987）; G. M. フローレス『成熟した教会—アジアにおける教会の使命』小林紀由訳（新世社 1990）: G. M. Florez, *An Appeal to the Church* (Anand 1986). （荒木関巧）

『チヴィルタ・カトリカ』 La Civiltà Cattolica

略号 CivCatt. 教皇*ピウス9世の意向で，1850年，*リベラトーレほかによってイタリアの*ナポリで創刊，同年*ローマで刊行されるようになったイタリア語の宗教・文化に関するカトリック系隔週誌．編集は*イエズス会の会員による．公報としての性格はないが，一時，*ウルトラモンタニズムの代弁者として強硬な論陣を張る．

【文献】LThK³ 2: 1208; F. Dante, *Storia della Civiltà Cattolica, 1850-1991* (Roma 1990). （清水宏）

ちえ 知恵 〔ヘ〕ḥokmâ, 〔ギ〕sophia, 〔ラ〕sapientia, 〔英〕wisdom, 〔独〕Weisheit, 〔仏〕sagesse

【一般的概念】「知恵」という言葉は広い意味では物事を理解し判断を下す能力を指し，非理性的動物についても用いられることがあるが，より厳密な意味では知的能力の最高度の完全性を指す．すなわち，単にある限られた分野について知識を有するにとどまらず，すべての物事を根源的な仕方で理解し，それに基づいて実践的問題についても適切に判断し，秩序づけることのできる人が特に賢明な人と呼ばれ，そのような人においてみいだされる知的能力の完全性が知恵と呼ばれるのである．ここでいう「知的能力」は*意志や*愛を排除する狭い意味ではなく，それらを含むことに注意する必要がある．愛によって浸透されていない知恵は真の知恵とはいえないのであり，古くから人々が知恵に幸福と並ぶ高い価値を認めてきたのも知恵と愛の密接な結びつきによるところが大きい．そして，初めに触れた広い意味での知恵は，知的能力の最高度の完全性を何らか分有しているかぎりでそのように名づけられていると解すべきであろう．

知恵の概念はエジプト，バビロニア，インド，中国などの古代文化においてもみいだされるが，ここではこの概念が*ギリシア哲学とキリスト教を2本の柱とする西洋思想のなかでたどった展開を概観する．

【ソクラテス，プラトン】*ソクラテス，*プラトンにおいては，自ら知恵ある者と称した*ソフィストたちに対して，知恵は人間によって所有されるよりはむしろすべてに勝って愛され，探求されるべきものとされた．知恵を所有することによって万物を秩序づけるのは神であり，したがって知恵の探求を通じてそれを何ほどか分有する者も「秩序づけることをなしうる」とされた．このようにソクラテス，プラトンにおいてはすべての存在するものに及ぶ最高の知としての知恵（〔ギ〕sophia）は実践的知恵としての知慮（phronēsis）から必ずしも明確に区別されていなかった．プラトンにおいては知恵あるいは知慮が，*正義，*勇気，*節制とともに四徳に属するとされている（→枢要徳）．

【アリストテレス】これに対して*アリストテレスにおいては，知恵はもっぱら人間の立場から考察され，そのことに基づいて知恵の思弁的ないし観想的性格が強調され，実践的知恵としての知慮から明確に区別されている．それというのも，アリストテレスによると人間は宇宙に存在するもののなかで最善のものではないのであるから，人間の最高の知としての知恵は人間を超える必然的な事物の認識と観想に関わるべきで，人間自身の目的に向かってすべてを秩序づける知慮は人間的な事柄における最高の知ではありえても，無条件的に最高の知，すなわち知恵ではありえないからである．

さらにアリストテレスは，知恵の基本的特徴をすべての物事に及ぶ，困難な，そして最も正確な認識，物事の原因についてよりよく教えてくれ，何らかの効用のためではなくそれ自らのゆえに望ましく，最も王者的であるような認識ないし学として規定したうえで，第一の原理や原因を研究する観想（*テオリア）的な学，すなわち後に*形而上学と名づけられた学こそこうした特徴をすべて備えており，知恵という名前にふさわしいと述べている．それに付け加えてアリストテレスが，この学（知恵）は感覚から最も遠い非質料的で不可変の存在，および最高の諸原因など神的なものを対象とし，さらに神のみが所有しうるであろうような学（知恵）であるという二重の意味で神的な学であると述べていることも注目に値する

ちえ

といえよう.

【アウグスティヌス】すべての知恵は神から来るものであり，神は最高の知恵あるいは知恵そのものであって，神の知恵は人となった *神の言葉である *イエス・キリストにおいて明示されていることを信じる *アウグスティヌスにとって，人間の知恵は何よりも敬神（[ラ] pietas）ないし神の尊崇（cultus Dei）にほかならない（『信仰・希望・愛』1, 2；『三位一体論』14, 1, 1）．他方，非質料的存在や最高の原因などの神的な事物を対象とする観想的な学を知恵と呼ぶギリシア哲学の伝統を受け継いで，アウグスティヌスは知恵（sapientia）と知識（scientia）の違いに対応するのは永遠なる事物の *観想（contemplatio）と，現世的（時間的）事物をよく使用する活動（actio）との違いであるという．言い換えると永遠なる事物の知性的認識（aeternorum rerum cognitio intellectualis）が知恵であり，現世的事物の理性的認識（temporalium rerum cognitio rationalis）が知識である（『三位一体論』12, 15, 25）．ここでアウグスティヌスのいう永遠なる事物の「観想」「知性的認識」は，人が *信仰，*希望，愛をもって真の幸福を目指してたどる歩みのなかで理解されており，愛や意志の要素を排除した知恵ではないことはいうまでもない．

【トマス・アクィナス】*トマス・アクィナスは知恵を学知（scientia）および直知（intellectus）とともに思弁的な知的徳（virtus intellectualis speculativa）に属するとして，技術知（ars）とともに実践的な（practica）知的徳に属する知慮（それはトマスによると倫理徳の一つでもある）から区別した点でアリストテレスに従っている．すなわち，直知が人間理性による探求の始源に位置づけられるところのそれ自体によって知られる諸原理の把握に関わり，学知が理性的探求のある特定の領域における最終的なもの（結論）の認識に関わるのに対して，知恵は人間的認識の全体に関して最終的であるところのものの認識に関わる．言い換えると，もろもろの学知が何らかの直接的原因を考察することによって特定の領域の事物についての論証的認識に到達するのに対して，知恵は最高の諸原因を考察することによって存在するすべての事物についての論証的認識に到達するとともに，もろもろの学知について判断を下す．その意味で，第一の諸原理および諸原因を考察する形而上学はトマスにおいても知恵と呼ばれる．

しかし，トマスが「あらゆる人間的営為のなかで知恵の探求はより完全，より高貴，より有益であって，より大いなる悦びを与える」（『対異教徒大全』1, 2）と言明するときの知恵は，単に人間の自然的理性のみによって獲得される真理のみに関わるのではなく，知恵そのものである神が信仰をもって受け入れるべきこととして啓示したもろもろの *真理を含んでいる．言い換えると，このような探求が目指す知恵は形而上学（アリストテレスのいう神学）のみでなく，（啓示）神学をも含む．そしてトマスは，上の言葉に続いて「知恵の探求は特に人間を神へと *友愛の絆をもって結びつける」と述べており，知恵と（知恵そのものである神への）愛との密接な結びつきを強調している．

トマスは（知的）徳としての知恵のほかに *聖霊の賜物としての知恵についても詳細に考察している．賜物としての知恵は知的徳としての知恵が思弁的・観想的であるのに対して，神的なものの観想と神的なものの認識に基づいて人間的行為を導くという思弁と実践の両側面を備えている．さらに注目に値するのは，知恵の賜物は愛徳（caritas）に対応し，愛徳に基づくものであって，まさに愛徳による神との合一が神的なものについて正しい判断を下すことを可能にするとされている点である．ギリシア哲学の伝統においては知的エリートのみに限られた知恵が，キリスト教の伝統においては賜物としての知恵の導入によって，いわば万人のものとされたことも知恵の概念の歴史において特筆すべき点であるといえよう．

【文献】聖アウグスティヌス『信仰・希望・愛：エンキリディオン』服部英次郎訳（増進堂 1944）；アリストテレス『形而上学』出隆訳（岩波書店 1968）；同『ニコマコス倫理学』出隆，加藤信朗訳（岩波書店 1973）；アウグスティヌス『三位一体論』中沢宣夫訳（東京大学出版会 1975）；トマス・アクィナス『神学大全』稲垣良典訳，第11分冊（創文社 1980）． 　　　　　　　　　　（稲垣良典）

【旧約聖書の知恵】ヘブライ語のハーカーム（ḥkm 賢い）の基本的意味は「巧みな，有能な，経験，洞察に富む」であり，ホフマー（知恵）とはそのような人間の思考，経験，活動を表現する一般的，包括的な用語である．関連語として，見分ける，理解，洞察，*知るなどを知恵の同義語としてあげることができる．

知恵の働きは極めて広範かつ多様である．まず手芸，工作，石工，金銀細工の技術，建築，造船，航海，農業などの実際的技能としての知恵である（出 28：3 以下；31：1 以下；36：1 以下のベツァルエル，オホリアブ；代下 2：5-16；エレ 10：9；エゼ 27：8）．第二に *ソロモンに代表される統治と裁判の能力としての王的，メシア的知恵（王上 3：16 以下；イザ 11：1；10：13），またしばしば宮廷と結びついた *魔術や *占いの知恵（創 42：8；イザ 3：3；44：25），また書記や官吏，王の側近たちの外交，行政，管理の手腕と権謀術数に現れる政治的知恵である（エレ 50：35；王上 2：9；イザ 29：14；サム下 15：1 以下のアヒトフェルとフシャイ参照）．第三に *箴言にみられるようなことわざと，教訓，数の箴言（30：15 以下），さらに *譬えや寓話，また知恵のなかで最も古い起源をもつとされる事物や人名を列挙するリストの，また人生の生き方や道徳，また博物学的知識を取り扱った文学的知恵と科学的知恵の，さらにコヘレトの言葉の，人間と人生への深刻な懐疑や，ヨブ記の義人の苦しみを取り扱った激しい苦闘のような，宇宙と人生の神秘に迫る思想的，瞑想的，哲学的な知恵までをも含む．

知恵の影響は，イザヤ書，アモス書，ミカ書，ヨナ書，ダビデ王位継承史（サム下 9-20 章；王上 1-2 章），*ヨセフ物語，*原歴史（原初史，創 1-11 章），信仰告白（出 34：6-7），申命記，*黙示文学にまで及ぶ．

*知恵文学をはじめとする旧約の知恵に共通してみられる特徴は，イスラエル的要素が顕著ではないという点である．イスラエル民族の *選び，*啓示，*契約，*メシアの待望など *救済史に結びつく諸概念は，シラ書以外では欠如している．逆に人間に関する具体的問題の解決や処理に関わる注意深い配慮や経験，適切な行為が取り上げられる．イスラエル民族のみならず人間生活全体に関わり，人生の全分野に及ぶものである．

このことは，世界には経験によって見分けられうる根本的な秩序があり，教えは神によって決定されていたこの秩序と一致をもたらすように計画された，と知者たちが考えていたことを意味する．彼らは経験から引き出された結論を提示する．これが，知恵の示す「道」「命の道」（箴 2：19；5：6 等）である．道自体は知者の教えを具体化する行為，正直，勤勉（箴 10：4；26：14），自制（箴 14：17；15：1），責任感（箴 10：26；27：23-27）である．

*十戒と重なるが，知恵のアプローチは性格形成を目的とする点で，十戒のそれよりも広く，またそれが与える動機づけの点でより深い．この経験を導くのは，「主の畏れ」である．

しかしながらその叙述の教理的形式にもかかわらず，知者たちは神秘と不確実性，限界(箴 21:30)をも知っている(→秘義)．イスラエルはイスラエル自身の歴史の伝統においてよりも，より根元的に知恵の領域において神の神秘を経験した(*マーフィ)．イスラエルの知者たちは神と人生の神秘を聖書の著者の誰よりもより印象的に表現したのである(ヨブ 36:22-26)．このような知恵の主題は，近東の知者たちにも共通するものであり，彼らの文学も，根本的には，創造された世界の秩序とそのなかにおける人間の行為，行動の問題を取り扱っているのである．「秩序」の強調は一部，エジプト人たちの間における同様の見解 (ma'at) の存在によっている．

聖書の知恵はこのような「秩序」と「神秘」への探究を内包する．その前提はこの世の二面性への現実認識である．

この神の神秘に参与しているのが「知恵」婦人の姿で，ヨブ記 28 章，箴言 1, 8, 9 章，バルク書 3 章 9 節から 4 章 4 節，シラ書 24 章，知恵の書 7 章 7 節から 9 章 18 節に現れる知恵の人格化である．「知恵は『もの』の形，教え，救済の指導書で人に向かうのではなく，人格，呼びかける『私』の形で人に向かう．知恵は，まことに，ヤハウェが自らを示し，人間によって求められることを欲する形である」(*ラート)．

知恵の目的は「生」である．繁栄と*祝福によって特徴づけられた，この世における生の充実である．それゆえヘブライ人は死の不可避性に対する著しい諦めをみせた(詩 49)．にもかかわらず，問題はこの人生における不義と苦悩の問題によって深化する(コヘ 2:16)．不死は義から(知 1:15)，神の賜物である知恵から流れ出て，祝福されたものは*神の子らと共にある(1 Q 11, 8-9)という，神の前の永遠の現存性の思想に至る(詩 73:23-28)．

【文献】石田友雄他『総説旧約聖書』(日本基督教団出版局 1984) 511-58；J. L. クレンショウ『知恵の招き』中村健三訳(新教出版社 1987)：J. L. Crenshaw, *Old Testament Wisdom* (Atlanta 1981); G. フォン・ラート『イスラエルの知恵』勝村弘也訳(日本基督教団出版局 1988)：G. von Rad, *Weisheit in Israel* (Neukirchen-Vluyn 1970); J. Gammie, ed., *Israelite Wisdom* (Missoula 1978); M. Gilbert, ed., *La Sagesse de l'Ancien Testament* (Leuven 1990); L. G. Perdue, et al., eds., *In Search of Wisdom* (Louisville 1993).　　(西村俊昭)

【新約聖書の知恵】新約聖書では，旧約聖書ほどに人間の知恵が称賛されることはあまりなく(マタ 12:42；使 7:22；1 コリ 3:10)，かえってパウロ書簡にみられるように人間的な賢さや知識，洞察などは拒絶されている(ロマ 1:22；1 コリ 1:17-29．しかしヤコ 1:5-6；3:14 比較参照)．もっとも旧約聖書と同様に知恵は，一つの特性であり(黙 7:12)，神の言葉や啓示の受容に先行する神からの賜物であるという言及もある(ルカ 21:15；使 6:3；1 コリ 2:6；12:8；エフェ 1:8-9 等参照)．また，キリストを信じる者にとってキリストが真の知恵の源である(1 コリ 1:23-24)．

なお，知恵に関する新約聖書(特に，イエスやパウロ)と*死海文書における文言との直接の関係を立証することはできない．両者は単に旧約以来の知恵文学の潮流のなかにあるだけである．

【文献】聖書思 573-78; E. J. Schnabel, *Law and Wisdom from Ben Sira to Paul* (Tübingen 1985); H. von Lips, *Weisheitliche Traditionen im Neuen Testament* (Neukirchen-Vluyn 1990); D. J. Harrington, *Wisdom Texts from Qumran* (London 1996).　　(清水宏)

ちえあけのみち　『知慧明ケ乃道』　1877年(明治10)刊の活版印刷本．これまで出版物の印刷にあたっていた*ド・ロ神父が，著作内容・印刷共に手がけた啓蒙書．内容は漢字制限と活版の利用についての持論を述べたものである．内容は，片仮名，平仮名，漢字の3体で提灯の話を重複して掲げ，多くの人が読めるのはどれかと問い，最後の「チエアケノミチ」で漢字を制限した平易な文章で，しかも活字を用い，多くの本を作って日本人の読書力を高め，人々の精神を真理に導こうとしている．*浦川和三郎の所蔵していた原本は失われたが，上智大学*キリシタン文庫に写真による複製本がある．

(尾原悟)

チェコ　正式国名：チェコ共和国，〔チェコ〕 Česká Republika, 〔英〕Czech Republic. 面積：7万8,864 km². 人口：1,030 万人(1997 年現在)．言語：チェコ語(公用語)．宗教：カトリック(全人口の約 40%)．

【概要】第1次世界大戦後，オーストリア・ハンガリー帝国の解体の結果，その一継承国として成立したチェコスロヴァキアが 1993 年，さらに分離し，チェコ共和国と*スロヴァキア共和国が成立した．チェコ共和国は，旧チェコスロヴァキアの西の部分，すなわち 12 世紀以来チェコ王室領地を構成していたボヘミア(チェヒ Čechy)，モラヴィア(モラヴァ Morava)，*シレジア(スレスカ Slezko)からなっている．首都*プラハには，973 年に*司教座が置かれた．現在は，プラハ管区大司教座のもとにリトミェルジツェ(Litoměřice)，ツェスケ・ブジェヨヴィツェ(České Budějovice)，フラデツ・クラロヴェ(Hradec Králové)，プルゼニ(Plzeň)の4司教区，*オロモウツ管区大司教座のもとにブルノ(Brno)，オストラヴァ・オパヴァ(Ostrava-Opava)の2司教区がそれぞれ属している．

【キリスト教の起源】チェコ領土内におけるキリスト教宣教は9世紀に西方からも東方からもほぼ同時に開始された．845年にチェコの貴族14人が*レーゲンスブルクで*ローマ典礼による洗礼を受ける一方，大モラヴィア王国の貴族がビザンティン教会からスラヴ語を話せる

チェコスロヴァキア

宣教師を招き入れ，863年に*キュリロスとメトディオスを中心に宣教活動が始まった．大モラヴィア王国の滅亡後(987)，プシェミシル家(Přemysl)の君主たちは，政治的にも文化的にも，西欧に傾き，*神聖ローマ帝国の傘下に加わり，*スラヴ典礼のみを残して，*ラテン教会のキリスト教の道を選んだ．929年に殉教した*ヴェンツェスラウスや，その母*ルドミラ，プラハの司教*アダルベルトらはチェコのキリスト教の礎となった聖人として今なお崇敬されている．

【教会改革とフス派】皇帝*カール4世(チェコ国王としてはカレル1世)の統治期間(1346-78)は，チェコ史上の黄金時代である．大司教座であり，神聖ローマ帝国の首都となったプラハで，1348年に帝国領土内で最初の*プラハ大学が創設され，皇帝官房は当時広まりつつあった*人文主義の中心地となった．しかし，文明の開花や経済の飛躍的発展は同時に宗教の衰退の原因にもなった．教会の世俗化に対抗して刷新を呼びかけるヴァルトハウゼン(Waldhausen)のコンラート(Konrad, ?-1369)，クロメジーシュ(Kroměříž)のヤン・ミリーチ(Jan Milič, ?-1374)，ヤノフ(Janova)のマチェイ(Matej, 1350/55-93)，トマシュ・シュチートニー(Thomas Štitny, ?-1401)のような熱心な改革者は*デヴォティオ・モデルナの波に乗って，聖職者や信徒に清貧と福音的生活を勧めた．しかし，*フスを中心とした次の世代の改革者たちは，しだいにイングランドの*ウィクリフの教えの影響により正統信仰から離れていき，やがて*フス派の乱を招いた．フス戦争は，チェコ全土に経済的荒廃，文化的孤立，そして宗教上の分裂をもたらした．やがて，フス派の多くは16世紀に*ルターが率いたドイツの*宗教改革に傾き，チェコは徐々にプロテスタントの国へと変貌していった．

【カトリックの再興】1526年に*ハプスブルク家の*フェルディナント1世がチェコの国王に選ばれ，チェコとオーストリアとのその後400年にわたる政治的・文化的共存の歴史が始まった．皇帝*ルドルフ2世(在位1576-1611)がプラハを居城とした頃にチェコのバロック文化が開花した．その後，ヨーロッパ全体を廃墟にした*三十年戦争の結果，ハプスブルク家の領土内では宗教上の寛容政策が破棄され，プロテスタントは非合法とされた．カトリックへの復帰を断った多くのチェコ人は国を追われた．平和主義的な*ボヘミア兄弟団も追放処分となり，*コメニウスは異郷で生涯を終えた．民衆をカトリックへと連れ戻す活動の主力となったのは各修道会

プラハのアダルベルト
(BSS)

とりわけ*イエズス会と*カプチン・フランシスコ修道会であった．チェコに*信教の自由を取り戻したのは18世紀の*啓蒙思想や*自由主義の精神に応えた皇帝*ヨーゼフ2世の宗教寛容令(1781)であった．しかし，*ヨーゼフ主義の真の狙いは聖職者を国の安定に奉仕する国家公務員に仕立てることであった．特に*フランス革命の後，ヨーロッパ中で保守主義体制が支配的になったとき，チェコのカトリック教会はハプスブルク家の王座を守る任務を果たさなければならなかった．

【20世紀】〔第2次世界大戦〕以上のような経緯は，第2次世界大戦後の教会にとって不幸な結果をもたらした．独立国となったチェコスロヴァキアでは旧オーストリア・ハンガリー帝国に対する反発がカトリック教会に対する不信を生み出し，1920年までにチェコ人の約4分の1がカトリック教会を離れてしまったのである．第2次世界大戦中は，ナチス・ドイツ(→ナチズム)の占領下でチェコの教会は厳しい迫害を受けた．カトリックの出版事業や諸団体は禁じられ，逮捕された370人のカトリック司祭のうち8人は処刑され，70人は刑務所で，58人は強制収容所で，7人は拷問の末に死亡した．にもかかわらず，1948年当時のチェコスロヴァキアには，ラテン典礼そして*東方典礼のカトリック信徒は合わせて1,040人もいた．

〔共産主義体制とその崩壊〕1948年2月のクーデターをもって始まった41年にわたる共産主義体制による宗教弾圧は，ナチス・ドイツのそれに劣らなかった．カトリック出版の禁止，カトリック学校の閉鎖，教会財産の没収，全国における修道者の逮捕・監禁，修道会の禁止，神学校閉鎖，司牧活動の国家管理，学校教育による*無神論の流布は2世代も続いた．1989年の共産主義政権崩壊後，チェコには教会活動の自由が戻ってきた．しかし，中堅聖職者の絶対的不足を考えただけでも，50年前に途切れた活動の時点に立ち返って従来通りの再出発が不可能であることは明白である．新しく任命された司教団と迫害によって鍛えられた信徒たちの創造的協力に寄せられる期待は大きい．→東欧のカトリック教会

【現勢】1999年現在，カトリック信者数：432万3,000．大司教区：2．司教区：6．ビザンティン典礼の総主教代理区：1．小教区：3,135．教区司祭：1,356．修道司祭：594．終身助祭：141．信徒修道士：114．修道女：2,345．

【文献】世キ百 536-43；NCE 4: 589-605; 19: 91-94; WCE 257-62; F. DVORNIK, *The Slavs in European History and Civilization* (New Brunswick 1962); B. J. FREI, *Staat und Kirche in der Tschechoslowakei, 1948-1968*, 5 v. (München 1989-91); J. PEKAR, *Dejiny ceskoslovenske* (Praha 1991).　　(L. アルムブルスター)

チェコスロヴァキア　→チェコ，スロヴァキア

チェーザレ　→ヴァニーニ

チェ・ジェウ　崔済愚　Choe Je-oo　〔日〕さい・せいぐ(1824-64)　朝鮮(→大韓民国)李朝末期の東学(後の天道教)の創始者．幼名は福述．慶尚北道慶州の両班(양반)の出身．16歳のとき父を失い，述道に入る．貧苦の修行の後，1860年，天主の降臨を感得，東学を創始する．東学とは，*儒教・*仏教・仙道の長所と，朝鮮の民間信仰を組み入れた宗教で，当時広まりつつあった天主教(カトリック)という「西学」に対抗するという，民族主義的な思想が根底にあった．地上天国の待望と人間

1022

平等の思想をうたった教義は，対抗していたはずの天主教の影響を受けているように思われるが，この教義は社会的圧迫に苦しむ農民層の心を捉え，信徒の数は急速に増大した．これに危機感を募らせた李朝政府は，李朝の正統教義は儒教だとして，1864年崔済愚を処刑した．しかし東学運動は第2代教主・崔時亨(1827-98)に引き継がれますます拡大していき，1894年の甲午農民戦争にまで発展した．
【文献】桑原武夫他編『世界伝記大事典—日本・朝鮮・中国編』2 (ほるぷ出版 1978) 404-406；呉知泳『東学史』(平凡社 1970). (高橋佳代子)

チェスカ　Ceska, Anton (1877.12.8-1951.4.29) 神言修道会日本管区長，新潟教区長．オーストリア南部のトリエステ教区マットゥリエ(Mattuglie, 現クロアティア領マルリイ Malulji)に生まれ，1905年に司祭叙階．2年間国立ウィーン師範学校で語学を教え，1907年(明治40) 9月に最初の＊神言修道会宣教師の一人として来日．秋田で日本語を学習後，1908年新潟で宣教．1912年(大正1)より神言修道会日本管区長兼新潟教会主任を務めた．1920年管区長を退任したが，新潟教会主任に留任．博識と独特のユーモアにより，キリスト教信仰を信徒の心に深く定着させた．1926年，北陸3県を新設の名古屋教区に割譲して管轄区域の狭まった新潟教区長に就任．以後新潟教会堂をはじめとして，新潟県，山形県，秋田県の諸都市における合計七つの教会堂，ならびに諸慈善事業施設，新潟小神学校(聖ヴィアンネー館)などの建設に尽力した．配下の宣教師や信徒の意見を積極的に吸い上げて生かす話し合いの精神にも優れ，教区内の信徒活動を大いに盛り上げた．1941年(昭和16)，教区長を退任して多治見修道院に引退．1946年東京吉祥寺のアルベルト・ホームに移り，1950年名古屋の神言神学院でラテン語を教授．同地で没す．(青山玄)

チェスタトン　Chesterton, Gilbert Keith (1874.5.29-1936.6.14) イギリスの詩人，著述家．【生涯】＊ロンドンの，当時は西郊のケンジントン(Kensington)に生まれる．父母は中産階級に属す．弟のセシル(Cecil)を第1次世界大戦で失っている．＊ミルトンを輩出したセント・ポール校に学び，在学中，東洋の使徒＊フランシスコ・ザビエルを歌った詩によりミルトン賞を受ける．学友と文芸誌『論客』(The Debater)を刊行．卒業後，スレイド美術学校および聴講生としてロンドン大学ユニヴァーシティ・コレッジに通った．ユーモア，諷刺，機知，逆説を特徴とする作風が今世紀初頭の読書界に歓迎され，詩，批評，小説などの分野で目覚ましく活躍する．1900年＊ベロックと相知る．1909年ロンドン北西部ベコンズフィールド(Beaconsfield)に転居．1919年アイルランドとパレスチナを旅行．翌年アメリカに講演旅行．1922年カトリックに改宗．1925年，週刊新聞『週刊チェスタトン』(G. K.'s Weekly)を創刊して社主となる．1927年ポーランドに行く．1934年ローマを訪れる．1936年ベコンズフィールドにて病没．
【評価】唯物主義的傾向(→唯物論)をはじめとする現代の病弊に家族や私有財産などの伝統的価値を対置して文化の根底にある聖なるものを擁護した文業が永続的に再評価の対象となり，諸国に研究団体がある．1974年カナダで創刊された『チェスタトン評論』(The Chesterton Review)，1988年アメリカで＊イエズス会の会員ス
コール(James Schall)が創刊した『中西部チェスタトン・ニュース』(Midwest Chesterton News)は同主旨の刊行物への刺激となっている．
【日本における受容】＊夏目漱石の『文学論』(1907)がチェスタトン初出の邦文文献である．ここに評伝『ロバート・ブラウニング』(Robert Browning, 1903)への言及がある．厨川白村(1880-1923)は漱石からこの本を借覧したのが機縁で，1909年，「現代英国文壇の奇才チェスタトンの散文」を『帝国文学』に掲載し，またチェスタトンの中世観を肯定的に紹介した．＊芥川龍之介，＊有島武郎もチェスタトンのよき読者であった．ブラウン神父を主人公とする物語(The Father Brown Stories, 1911-35)の翻訳者には直木三十五(1891-1934)，福原麟太郎(1894-1981)など多彩．1965年，上智大学名誉教授・イエズス会員ミルワード(Peter Milward, 1925-)が結成したチェスタトン協会(日本チェスタトン協会 Japan Chesterton Society；所在地：上智大学ルネッサンスセンター内)は研究と啓蒙に尽力している．
【著作】詩: *Greybeards at Play*, 1900; *Collected Poems*, 1927. 小説: *The Napoleon of Notting Hill*, 1904; *The Innocence of Father Brown*, 1911 (この連作は1935年に完結). 評伝: *Charles Dickens*, 1906; *George Bernard Shaw*, 1909; *William Blake*, 1910; *William Cobbett*, 1925; *St. Francis of Assisi*, 1923; *Chaucer*, 1932; *St. Thomas Aquinas*, 1933. 戯曲: *Magic*, 1913. 評論: *Orthodoxy*, 1908; *The Victorian Age in Literature*, 1913; *The Everlasting Man*, 1925. 旅行記: *What I saw in America*, 1922. 自叙伝: (遺稿) *Autobiography*, 1936. 選集: G. J. MARLIN, ET AL., eds., *The Collected Works of G. K. Chesterton*, 1986- .
【邦訳】別宮貞徳他訳『G. K. チェスタトン著作集』全10巻(春秋社 1973-79)；P. ミルワード編『チェスタトン著作集・評伝篇』全5巻(春秋社 1991-95)．
【文献】P. ミルワード，中野記偉，山形和美編『G. K. チェスタトンの世界』(研究社 1986)；井上ひさし編『「ブラウン神父」ブック』(春秋社 1986); M. WARD, *G. K. Chesterton* (London 1944); J. SULLIVAN, ed., *G. K. Chesterton: A Bibliography* (London 1958); ID., ed., *Chesterton Continued. A Bibliographical Supplement* (London 1968); W. SPRUG, ed., *An Index to G. K. Chesterton* (Washington, D. C. 1966): I. BOYD, *The Novels of G. K. Chesterton* (London 1975); A. S. DALE, *The Art of G. K. Chesterton* (Chicago 1985); J. PEARCE, *Wisdom and Innocence: A Life of G. K. Chesterton* (London 1996). (中野記偉)

チェスター・ビーティ・パピルス　Chester Beatty Papyri チェスター・ビーティ(Alfred Chester Beatty, 1875-1968)が収集，死後アイルランドの＊ダブリン市に一部を除いて譲渡し，現在は同地の古文書館(Chester Beatty Library and Oriental Art)に収蔵されている＊パピルスを素材にした写本の総称(以下，「写本」はパピルス製の＊聖書写本をいう)．コプト語による(獣皮製の聖書の)＊巻物や写本，＊マニ教の文書写本などもあるが，最多で最重要なのはギリシア語で書かれた＊外典・偽典を含む写本である(略記 Pap. I-XI)．これらのギリシア語の写本の大半は，3世紀のものと考えられている．しかし，2世紀(Pap. VI)あるいは4世紀(Pap. XI)と推定できるものもある．大きさ(例えば，一葉が14×24.2 cmから18×33 cm)，また仕様や綴じ方

チェストホーヴァ

などまちまちで，最大236頁を数える写本がある（Pap. IX-X）．*古文書学のうえで興味深いのは，写本Pap. VI（民5: 12-36: 13; 申1: 20-34: 12）のなかで*ヨシュア（イエス）の名が短縮形で筆記されていることである．筆耕する際に神やイエス，キリスト，（神の）子などの「神聖な名称」（〔ラ〕nomina sarca）は最初と最後のギリシア文字だけを筆記して読者の注意を喚起する習慣があったが（例えば，神 Theos は Ths で，他の神聖な名称は，異なった方法での短縮形となる），これがすでに2世紀に機械的に行われていたことを想定させるからである．さらに，これらの写本と4世紀の*ヴァティカン写本や*シナイ写本とを比較すると，古くから*聖書の本文の伝達は極めて堅実に行われていたことが明らかになる．写本Pap. I-III は新約聖書の写本である．いずれも3世紀の写本と考えられるが，このうちマタイ，ヨハネ，ルカ，マルコの各福音書，そして使徒言行録という順序になっている写本 Pap. I（略号 𝔓⁴⁵，マタ20: 24-使17: 7 を含む），またローマ書 5: 17-16: 23 にヘブライ，1-2 コリント，エフェソ，ガラテヤ，フィレモン，コロサイ，1テサロニケの各書が続く配列を伝える写本 Pap. II（略号 𝔓⁴⁶）が重要である．現行の新約聖書とは異なる，またそれが確定する以前の段階の文書配列順序を示しているためである（→ ボドマー・パピルス）．

【文献】ABD 1: 901-903; B. M. METZGER, *The Text of the New Testament* (Oxford 1964 ³1992) 13-14, 37, 261.

（清水宏）

チェストホーヴァ Częstochowa ポーランド中南部の都市．ヤスナ・グラ（Jasna Góra，「光の丘」の意）修道院の聖堂にある木彫りの聖母子像の*イコン（通称「黒いマドンナ」）で知られる中央ヨーロッパ最大の巡礼地．このイコンはおそらく9世紀にギリシア，またはギリシアからイタリアにかけての地域で制作されたと考えられるもの．1382年に，オポル公ウワディスワフ（Władysław）がウクライナのベルツィ（Beltsy）の城からここに移した．ウワディスワフは聖画を管理する

ヤスナ・グラ修道院

ために聖堂を建設し，ハンガリーから招いた*パウロス修道会の*隠修士のためにヤスナ・グラ修道院を設立した．この聖画のマリアの右頬にある傷は，1430年の盗賊（おそらくは*フス派）の*瀆聖行為によるものといわれている．巡礼聖堂は，14世紀の終わり頃，ポーランド国王*ヤギエロによって戴冠式の後に建造され，1620-24年に補強された．修道院が1655年のスウェーデン軍の包囲にもちこたえた後，国王*ヤン2世は，チェストホーヴァの聖母をポーランドの女王として称揚した．1717年に教皇*クレメンス11世の名で聖母は女王の冠を受けた．以来，聖母は，幾世紀を通じて，特に第2次世界大戦後の困難な時期においても，ポーランド国民の愛国心と宗教的自由の象徴となり，教皇*ヨアンネス・パウルス2世が崇敬していることでも知られる．

【文献】LMit 3: 408.

（T. オーブオンク）

チェチリア → カエキリア

ちえのしょ 知恵の書 〔ギ〕Sophia Salomonos, Sophia Salomontos, Sophia Solomontos, 〔ラ〕Liber Sapientiae (Salomonis)

チェストホーヴァの聖母 (NCP)

【正典と書名】本書は，カトリック教会では*第二正典，*東方教会では正典，その他のキリスト教諸派では外典の一書とされ（ただし，新共同訳聖書では*旧約聖書続編に所収．→ 外典・偽典，聖書の正典），一般に*シラ書の前に置かれ，また*知恵文学のジャンルに属している．しばしば「ソロモンの知恵」と呼ばれる．

【著者と原語】書名に*ソロモンの名があるにもかかわらず，文体や内容から，特定できない一ユダヤ人が著者として推定される．彼は古代の*ユダヤ教にも*ヘレニズムにも習熟精通し，エジプトの*アレクサンドリア出身の人物と考えられ，ソロモンの名を借用して自作の価値を高めている．本書の6-9章ではソロモンが第一人称で語る形式がとられているが，名前は表れない．ちなみに登場諸人物の固有名詞が皆無であることが本書の特徴の一つであり，これは，対象である読者がユダヤ人である可能性を示している．原語は，文体が翻訳とは認め難い特色を有するがゆえに，ギリシア語であると結論される．ヘブライ的特徴もみいだされる事実は，著者のもつ旧約聖書に関する教養を表している．

【執筆の場所と年代】*ディアスポラ（離散）のユダヤ人が多数暮らしていたアレクサンドリアが，またシラ書との関わりなどから（同書の執筆年代の上限は前130年），一般には，*アウグストゥスによるエジプト支配の初期，前30年頃とも推測される．

【読者層と作成目的】ディアスポラに住むユダヤ人たちには自らの宗教ならびに文化の卓越性を*知恵の視点から自覚させ，「律法の不滅の光」（18: 4 参照）を異邦人に知らせる使命をも想起させ，他方，イスラエルの知恵を異邦の民々にも紹介し，その優位性を提示することが考えられる．

【ジャンル】*黙示文学の諸要素を伴う「知恵文学系」の作品であり，迫害時における堅忍をユダヤ民族に説く目的で，前半（1-9章）は講話的，後半（10-19章）は*ミドラシュ（聖書本文の現実への適用を意図する解釈）的な性格をもつ．

【構成区分】3部に大別できる．第1部「知恵と人生」（1-6章），第2部「知恵の本質と働き」（7-9章），第3部「救いの歴史における知恵」（10-19章）．しかしながら，表現形式，テーマ，メッセージの面で本来的な「統一性」もみられる．

【旧・新約聖書との関わり】本書は上述の3部において旧約聖書関係の資料をふんだんに活用している．*創造の

物語は，知恵の書1-2章の背景をなしており，不死不滅の人間が死ぬ現実，悪，苦しみ，死後の賞罰など人生に関する根本的諸問題の考察に解答の手がかりを提供している．それゆえ本書は知恵に関する旧約聖書の*啓示の頂点をなし，「神の知恵」そのものであるキリスト（ルカ11: 49参照）を準備する．新約聖書との関わりは特にヨハネ福音書の「*ロゴス（言）論」（ヨハ1: 1, 18 と知7: 22; 8: 6; 9: 1, 9）やパウロの「被造界を通しての神認識の可能性に関する考察」（ロマ1: 19-21 と知13: 1-5 参照）などにみられる．

【知恵の書の教説】(1) 位格化された知恵．知恵は神とは区別される「位格」（→ ペルソナ）であり，自己の生命原理である「霊」（1: 7; 7: 22）と，神の座の傍らに存する固有の座（9: 4）とをもつ．その起源と本性とは神的（7: 25-26）で，神の完全さ（7: 22-23）と非物質性（7: 24）とを有する（神の働きに似た働きについては，1: 4や7-8章を参照）．知恵は「霊」とも同一視され（1: 5, 6, 7; 7: 22参照），新約聖書の*聖霊にもつながる（ルカ1: 15; マタ3: 16等参照）．被造界に対する知恵の働きかけは，創造と保持の形をとる（7-9章参照）．人間に対しては教育者の役割を果たし，人間を神との交わりに導き入れる（7-9章に詳述）．この知恵はイスラエルの歴史において救いの業を展開させる（10-19章）．救いの歴史において知恵に付与される中心的な位置は，新約のイエス・キリストを準備する場を提供している．キリストは歴史の中心かつ目的であるとみなされるからである（→ 救済史）．

(2) 人間論．人間は不滅の者として神に造られたがゆえに（2: 23; 3: 1），不滅性の説明は「霊魂は非合成物であるから不滅」といった哲学的理由ではなく，「神の幸いな永遠性への参与」という神学的理由に基づくものである．

(3) 人間の運命（行く末）．知恵に沿って生きるか否かで人間は永遠の賞か罰かを受ける（3章．なお11-19章はこの現実の歴史的検証）．知恵の書における*終末論は，旧約聖書にはほとんどみられない啓示内容を有する．「神の訪れのとき」に下される集団の賞罰（3: 10; 4: 20），個人の死の直後の賞罰（4: 10-17），からだの復活（3章の初め，5: 15参照）などは，本文そのものだけからでは明白な啓示とはいえないにしても，充分な示唆はある．

【本書の一貫したメッセージ】序文と末尾の対応に注目することができる．「義（知恵，ひいては神自身）を愛せよ」（1: 1）と，国を治める者たちに呼びかけた著者は，「主よ，あなたはすべてにおいて民（「知恵を愛するすべての人」と理解してよい）を大いなる者とし，栄光を与えられた．あなたは，彼らを見捨てず，いつでもどこでも彼らの傍らに立っておられた」（19: 22）と述べる．そして，キリストと*パラクレートス（聖霊）とを通していつも，知恵と交わりをもつ個人や共同体を守る神をキリスト者は知恵において思い起こすのである．

【文献】DBS 11: 58-119; 石川康輔「知恵の書」『新共同訳旧約聖書注解』3, 高橋虔, B. シュナイダー監修（日本基督教団出版局 1993）292-322; L. L. Grabbe, *Wisdom of Solomon* (Sheffield 1997).　　　　（石川康輔）

ちえぶんがく　知恵文学

〔英〕wisdom literature, 〔独〕Weisheitsliteratur, 〔仏〕livres sapientiaux　箴言，コヘレトの言葉，ヨブ記，シラ書，知恵の書といった一般に*知恵のテクストと認められた文書の収集体を意味する（各書の項を参照）．

【背景】列王記上5: 9-14の記述，箴言の表現（1: 1; 10: 1; 25: 1），雅歌，コヘレトの言葉の伝統的解釈によれば，これらの知恵はすべて*ソロモンに帰せられている．*イスラエルの歴史のなかで，ソロモン時代において，外国との文化的関係は密接になり，その影響を受けることになった．宮廷と王の庇護はイスラエルの知者階級の出現の背景である．

*エジプト，*メソポタミアでは宮廷人の職業階級が早くから生じた．エジプトでは知者たちが子弟と官吏を教育した．神殿学校で*シュメール人，*バビロニアの書記たちが技術を獲得した．これらの知者への依存は両国の複雑な書法体系にも関係する．一方イスラエルでは，*ヘブライ語は知識人に多くの困難さを示さない．イスラエルの宮廷は比較的単純であり，*占いの解釈の機能は欠如している（*マーフィ）．イスラエルにおける知者の職業的階級の存在については，エレミヤ書18: 18に，三つの指導者の階級，*祭司，*預言者，知者（新共同訳では「賢者」）への暗示がみられる．

イスラエルにおける知恵の起源は，宮廷のみならず，家庭と部族にもみいだすことができる．その影響は，本来の知恵文学に属するとはみなされない他の箇所，詩編（1; 37; 49; 73），*ヤーウィスト資料，*ヨセフ物語，ダビデ王位継承史（サム下6-20章; 王上1-2章），申命記，イザヤ書，アモス書の預言者，エステル記にみいだされる．

【形式】知者たちは，その内容を表現するのにふさわしい固有の形式を用いた．箴言1: 6では「マーシャールと譬えと知者たちの言葉と彼らの謎」というふうに知恵の表現の諸形式を区別している．旧約聖書における用法は，「マーシャール」（[ヘ] māšāl）がことわざから教訓詩，民衆の常套句から知者の言説，勧めの言葉からあざけりの歌まで，ことわざ（サム上10: 12），笑い草（詩44: 15），預言者的象徴的託宣（民23: 7），類比（エゼ17: 2），叙情詩（民21: 27以下），知恵の言葉（箴10: 1）を含む包括的な表現であることを示す．「マーシャール」は語源的には，「比較，あるいは支配」という意味に結びつく．

基本的な知恵の言葉（[英] wisdom saying）は，2行の並行句からなり，箴言（10-31章）に共通の特徴である．しばしば動詞なしの単純な併置（箴10: 5），あるいは同義的，また対立的2行並行併置句からなる．

類型として，(1) 世界と人間生活に関する経験と洞察を言い表す箴言あるいはことわざ（サム上24: 14）．単純なことわざは，自然，動物の行動，人間の行動の観察から生まれた洞察を記録する．教育的意図が働くと動機句，警告が付け加わり，教訓となる．(2) 謎（士14: 14-18），数の箴言（箴6: 16-19）．(3) 譬え（イザ5: 1-17），寓話（士9: 8-15），*アレゴリー（コヘ12: 1-8）．(4) *創造における知恵の役割を強調する賛歌（箴3: 13-20）や「知恵の婦人」についての歌．(5) 対話，論争（*ヨブ）．(6) 自伝物語（コヘ2: 1-14）．(7) 名前のリスト（ヨブ40: 15-25）や植物誌，動物誌．(8) 教育的物語（詩，散文，箴7: 6-23）をあげることができる．

【聖書外の知恵】イスラエルの近隣の文学の発見は知恵文学に関して聖書の理解に多大の刺激を与えた．エジプトには，紀元前3000年紀の中頃からペルシア，ギリシア期にまで，「教え」また「教訓」（[象形] sebayit）といわれるものがあり，プタホテプ，メリカレ，アメンエムヘト，アニ，アメンエムオペの「教え」と，デモチック文学のオンクシェションキ，パピルス・インシンガーな

チェリアーニ

どがそれである．箴言 27：17 以下と「アメンエムオペの教え」との類似は明白である．メソポタミアには，アッカド語(→ アッカド)の「私は知恵の主を称える」「悲観論者の対話」「人間の悲惨さについての対話」(バビロニアの *神義論) などがある．ギリシア文学については，地中海世界を包んだギリシア文化の背景がなければ，知恵の書のごとき書物は書かれなかったであろうし，シラ書もヘレニズムの文化の光において読まれる．

【神学】旧約聖書の知恵また知恵文学に共通する著しい特徴は，特にイスラエル的であるとはいえないことである．排他的なヤハウェ信仰，イスラエル民族の *選びと使命，*シナイでの *啓示，*契約，約束の地，神殿，*律法，*終末論，諸国民の裁き，*メシアの待望といった諸概念，すなわち神との契約，啓示，選びに基づく *救済史が欠如していることである(シラ書を除く)．

逆にそこで取り扱われているのは，人間生活のあらゆる場面で生じる具体的問題の解決や処理に関わることであり，注意深い配慮，経験，適切な行為が示される．律法や預言とは別に，現実と世界の，観察と判断による主体の能動的働きに関わり，イスラエルを超えて適用される共通要素をもつ．

知恵文学は現実に対する特別の態度，*世界観を示す．コスモスを受け入れ，洞察を求め，調和して生きることを教える．姦淫の危険，弁舌の危難，飲酒の有害，不当な *苦しみの謎，人生の不公平，*死の究極性などが共通の主題である．この知恵の中心には楽観論(*楽観主義)が存在する．が，世界と人間の潜在能力に対する信頼は一方で深い懐疑論(*懐疑主義)を生み出した．

その結果，知恵文学は旧約聖書の人間観，世界観に拡大(普遍化)と深化をもたらした．主題の根本は *救いではなくて世界の秩序，創造であり(*ラート，*ツィンメルリ)，*祝福(ヴェスターマン Claus Westermann, 1909- ，クレンショウ James Lee Crenshaw, 1934-)である．そして創造は混沌(*カオス)の概念と分離することはできないから，創造と混沌，そのなかにおける人間の存在の意味と行動が知恵の活動の分野である．聖書において箴言は神的秩序，創造への信頼と探究を教える．ヨブ記の場合は創造と救済の乖離と結合が，神の現存在の強さと弱さにおいて表現される．コヘレトの言葉の場合には，*真理の表裏の関係において，隠されたものと，現れたものとの関係において創造の意味が探究されている．箴言は知識の探究であり，ヨブ記は神の現存在への探究，コヘレトの言葉は意味への探究，シラ書は継続性への探究であるといえよう．

【文献】J. L. クレンショウ『知恵の招き』中村健三訳(新教出版社 1987): J. L. CRENSHAW, *Old Testament Wisdom* (Atlanta 1981); G. フォン・ラート『イスラエルの知恵』勝村弘也訳(日本基督教団出版局 1988): G. VON RAD, *Weisheit in Israel* (Neukirchen-Vluyn 1970); J. DAY, ed., *Wisdom in Ancient Israel* (Cambridge 1955); J. L. CRENSHAW, ed., *Studies in Ancient Israelite Wisdom* (New York 1976); J. GAMMIE, ed., *Israelite Wisdom* (Missoula 1978); M.GILBERT, ed., *La Sagesse de l'Ancien Testament* (Leuven 1990); L. G. PERDUE, ET AL., eds., *In Search of Wisdom* (Louisville 1993).

(西村俊昭)

チェリアーニ Ceriani, Antonio Maria (1828. 5.2-1907.3.2)   イタリアの聖書本文学，オリエント学ならびに典礼学者，司祭．*ミラノの北西ウボルド (Uboldo) に生まれる．1852 年司祭叙階，52-55 年メラーテ (Merate) の学校教師．1855-70 年ミラノの *アンブロジアナ図書館司書，また神学校オリエント言語・ギリシア語教授．1870 年以降図書館長，ならびにアカデミア (Regia Accademia) のギリシア語・ラテン語古文書学教授(1905 まで)を兼務．シリア・*ヘクサプラ (Syro-Hexapla) や *イタラなど聖書本文研究と出版のかたわら，古い *ローマ典礼に基づくと想定したアンブロシウス典礼書の再編にも努力したが，部分的に刊行できたにすぎない．また晩年，*教皇庁立聖書委員会顧問に就任．*ロアジをはじめ近代主義的聖書解釈を批判．ミラノで没す．

【文献】A. M. GHISALBERTI, ed., *Dizionario Biografico degli Italiani*, v. 23 (Roma 1979) 737-43.

(清水宏)

チェリオリ Cerioli, Costanza (1816. 1. 16-1865. 12. 24)   福者(祝日 12 月 23 日)．修道名パオラ・エリザベッタ (Paola Elisabetta)．イタリア北部，ベルガモのソンチーノ (Soncino) に生まれる．夫と子どもたちの死(1854)の後，遺産を用いて孤児と地元の子どもたちの教育に尽力し，聖家族姉妹会 (Istituto della Sacra Famiglia, 1857) と聖家族兄弟会 (Fratelli della Sacra Famiglia, 1863) を創立．女子修道会の初代総長となる．ベルガモのコモンテ (Comonte) で没す．1950 年に列福．

【文献】LThK³ 2: 993.

(久野暁子)

チェリーニ Cellini, Benvenuto (1500. 11. 1-1571. 2. 14)   *マニエリスムを代表する金工家，彫刻家．*フィレンツェに生まれ，同地で没す．*ローマやフランスで活動した後，1545 年に郷里に戻り大公コジモ 1 世 (Cosimo I, 1519-74) に仕えた．フランス王のために制作した金製の『フランソワ 1 世の塩入れ』(1540-43, ウィーン美術史美術館)は，*金属工芸の域を超えた意欲作である．人物の凝った身ぶりには *ミケランジェロの影響がみられる．ブロンズの『ペルセウス』(1545-53, フィレンツェのロッジア・デイ・ランツィ)にみられるように，大型の彫刻においても優れていた．自伝を残しており，その生涯だけでなく 16 世紀の美術界を知るうえで貴重な史料となっている．

【主著邦訳】古賀弘人訳『チェッリーニ自伝』全 2 巻(岩波書店 1993)．

【文献】新潮美術辞典 910; DA 6: 139-50; NCE 3: 381-82; M. スカリーニ『チェリーニ』上村清雄訳(東京書籍 1996): M. SCALINI, *Benvenuto Cellini* (Firenze 1995).

(本間紀子)

チェレスティウス   → カイエタヌス

チェレモニア・エピスコポールム   → 司教儀典書

チェンバレン Chamberlain, Houston Stewart (1855. 9. 9-1927. 1. 9)   イギリスの政治哲学者．ハンプシャーのサウスシー (Southsea) に生まれ，1916 年ドイツに帰化．いわゆるアーリア人種至上主義(→ アーリア人)の提唱者であり，特に *ナチズムに与えた影響は大きい．R. *ヴァーグナーの崇拝者で，そのゲルマン主義，英雄主義を学んだ．主著『19 世紀の諸基盤』全 2 巻 (Die Grundlagen des neunzehnten Jahrhun-

derts, 1899）では，広範な，しかし極度に偏ったヨーロッパ文化論を展開．ゴビノー（Joseph Arthur Gobineau, 1816-82）の説に負いながら，ドイツ人に限らず，西アーリア人種の優越と，そのヨーロッパ文化への責任を説いた．
【文献】平大百科 9: 575; EBritMi 2: 717. （土屋晶子）

チェンマイ　Chiang Mai　タイ北部，チェンマイ県の県都．北部最大の都市．1296年ラーンナータイ（Lannathai）王国の王都として建設された．16世紀中葉からビルマ（→ミャンマー）の支配下となる．18世紀に独立，20世紀初頭シャム（Siam）王国（現タイ）に併合される．

1996年現在，教区内人口569万4679，うちカトリック信徒数2万7,757．小教区22．教区司祭21．修道司祭24．信徒修道士36．修道女63．
【文献】AnPont (1998) 160. （高橋佳代子）

ちかい　誓い　〔英〕oath,〔独〕Eid,〔仏〕serment
【聖書】誓い（例えば，〔ヘ〕šĕbûʿâ, ʾālâ,〔ギ〕horkos）とは，自分の言葉と動機に偽りのないことが証明されるように神に祈願することである．旧約では「あなたの神，主を畏れ，主にのみ仕え，その御名によって誓いなさい」（申6: 13）とあるとおり，神にかけて誓うことは主に対して忠実な行為とみなされた．もっとも，神が誓いを保証するものとされるわけであるから，その誓いは重大な場合にだけなされるべきであり，また，真実なものでなければならない．したがって，偽りの誓いは当然断罪される．「わたしの名を用いて偽り誓ってはならない．それによってあなたの神の名を汚してはならない」（レビ19: 12；出20: 7参照）．後には，神に代えて，*天，*エルサレム，*神殿，*祭壇などを指して誓いがなされた．誓いには種々の象徴的行為（創24: 2；申32: 40）と形式（創31: 50；民5: 22；士8: 19）が伴った．さらに，神も自ら誓いを立てる（創22: 16）．特に，神は*契約の民に対する*約束を必ず実現することを自分に義務づける．例えば，父祖（創50: 24），ダビデ王朝（詩89: 4, 36, 50），*メシア的な*祭司で*王（詩110: 4）に対しての約束があるが，これらはすべて*イエス・キリストにおいて成就する．すなわち，父祖（ルカ1: 68-73），*ダビデ（使2: 30），旧約の祭司的王（ヘブ7: 20-28）などへの約束が実現するからである．

他方，新約では，イエスは誓いがしばしば濫用され，誓いによって生じる拘束を軽減するための詭弁が横行することもあった当時，イエスに従う者に対して，すべての誓いを禁止する．例えば，*山上の説教で「昔の人は，『偽りの誓いを立てるな．主に対して誓ったことは，必ず果たせ』と命じられている．しかし，わたしは言っておく．一切誓いを立ててはならない」（マタ5: 33-34．さらにヤコ5: 12参照）．どのような誓いであれ，それは神の主権と超越性に抵触するからである．人は自分の目的のために神を証人として，自由に操縦できると思ってはならない．イエスに従う者は自分の言葉の真実性を，兄弟的な誠実さによってのみ保証しなければならない．実に，イエスは自分の言葉を裏づけるために誓いという手段を用いなかった．
【文献】新聖書大 919; 聖書思 578-79. （円谷勝子）
【倫理学的見解】社会生活を営むうえで，個人や組織の益のため，言葉や事柄の真実性の保証として，この習慣が用いられている．さらに，重大かつ決定的な事柄や声明などの真実性の証拠のために*神の名を呼び，そのみ名に訴えて，自分の言葉や約束事の保証とすることを意味する．人間の言葉の真実性と約束事を忠実に果たすことの最終的な保証は神以外に訴えるところがないことから，絶対的に真実であり，忠実であるという*神の属性を包括するものとしての神のみ名があげられ，呼び求められるのである．このようなことから，誓いの行為は*宗教的行為とも呼ばれている．誓いは個人的なレベルないし社会的なレベルにおける当事者の利益のために立てられるが，宗教的行為であるゆえに，そのことの実現の可能性の有無などの事情を慎重に考慮し，さらに*正義に対する配慮をもったうえでなされなければならないし，かつ遵守されなければならない．それゆえに，果たす意志がなく，不誠実に立てられたり，罪になることを知りつつ立てられた誓いは，神のみ名ばかりでなく，他者に対する誠実さに欠けるものである．明白な欺瞞による誓い，あるいは，強制的に立てさせられた誓いは，通常，果たす義務がないともいわれる．
【文献】トマス・アクィナス『神学大全』(II, 2, q. 89) 第19巻，稲垣良典訳（創文社 1991）230-68; B. ヘーリンク『キリストの掟』2, 田代安子，長沢トキ訳（中央出版社 1967）364-65; B. HÄRING, *Das Gesetz Christi* (Freiburg 1954); F. SCHULZ, "Der Eid als wesentlich religiöse Tatsetzung," ThGl 28 (1936) 703-16. （満留功次）

ちかいをもとめるしんこう　知解を求める信仰
〔ラ〕fides quaerens intellectum　スコラ神学の父と呼ばれるカンタベリの*アンセルムスの言葉で，信仰者は必然的に自らの信仰の実存を知性的に理解しようとすることをいう．もともと彼の著作『プロスロギオン』の副題であったが，後代に*スコラ学の本質を表現するモットーとされた．アンセルムスによれば，*信仰こそ*神認識の出発点である．信仰は知性的理解によって支えられ，この知解を要求する．ゆえに理解した後に信仰が生まれるのではなく，信じた後に初めて理解が可能になるとする．→スコラ哲学，スコラ学
【文献】NCE 5:910-11; LThK² 4:119-20. （高松誠）

ちかく　知覚　〔英・仏〕perception,〔独〕Wahrnehmung
【哲学】感覚器官によって現存する対象に気づく働き．ここで感覚器官とは身体表面に位置するもの，対象とは身体の外の物的対象であり，哲学で*ライプニッツや*バークリに顕著で18世紀哲学で一般にみられるように，心のうちにある観念の知覚について語るのは転用でしかない．

ライプニッツも属している*観念論は，*デカルトが感覚の認識機能を疑うことから始めて，*認識の道を，人の思いのうちで対象の認識を許すものとそうでないものとを分別することにみたところに成立した．感覚とは本来，運動能力をもつ生体が体の内外の諸刺激を弁別的に受容する際に生じ，これによって生体が自らの適切な姿勢，運動を制御し，かつ外物との関わり方を方向づけるものであるが，個人のもつ諸刺激の弁別能力と弁別仕方に依存して生ずるものであるかぎりで個人に相対的であることは免れない．すると，日常の暮らしでは物の性質とされる色や匂いが，実は物を知覚する人の*意識，思いの内容でしかないとの解釈が発生するのである．けれども，ここから感覚器官の働きなしでは可能でない知覚もまた物に到達しない意識内容でしかないとするのは問

ちから

題であるし，感覚を含めてあらゆる意識内容についてその知覚をいうのも語の不当な拡張である．

外的感覚は人では刺激種と受容器官との区別によって普通は5種あるが，知覚とは，それぞれの感覚に固有な質の経験を通じて，物を身体との空間的位置関係において捉えることである．空間とは人々の身体が共属しつつ互いに交渉し合える場であるがゆえに，空間性が知覚の客観性の実質なのであり，感覚的質も空間的配置を与えられるかぎりで人と人との共通の話題になりうるのである．知覚のパースペクティヴ性も，空間性と感覚器官を備えた身体の運動性からくる． (松永澄夫)

【心理学】個々の生体が固有にもつ生物学的機構をもとに捉えた生体内外の物理的事象や出来事の内的な写しと，それをもとに内的に再構成された認識結果を指す．それは生の直接の感覚と，この感覚を素材としてさらに組み合わされ構成された結果である知覚とに区分される．なお，知覚は狭い意味での*認知といってよいが，認知がより全体的かつ動的で，さまざまな機構を含む組織的で体系的な機能であるのに対して，知覚は個別の感覚事象とその感覚要素をもとにした組み合わせ，関係構造を基本として構成される．したがって，認知は，個々の知覚内容を基本的に含みながらさらに他の入出力機構，パターン認識機構，情報処理機構や記憶機構を含む総合的な認識の営みを指す上位概念である．生物学的機構とは，通常受容器ないし入力機構と呼ばれ，目，耳，鼻，舌，皮膚(耳の内耳にある三半規官を含む)がそれである．これが捉えた物理的出来事に対応する内的な出来事は，各受容器に対応して視覚，聴覚，嗅覚，味覚，そして触覚ないし体性感覚(温覚，冷覚，圧覚，痛覚，身体の平衡感覚)と呼ばれるいわゆる5感覚である．このため受容器を感覚器ともいう．つまり感覚器は，生体が物理的世界や事象(以降，刺激と呼ぶ)を受け入れるための窓，あるいは通路である．この個々の感覚器のもつ精度や鋭敏さ，引き起こされたある感覚内での相互間の関係から構成される知覚の特性を示す概念として，閾ならびに閾値，弁別閾がある．閾は，感覚・知覚が生じるための境界，限界を指す概念である．その閾値は，感覚器官が受容可能な刺激の最小エネルギー量(これを絶対閾と呼ぶ)ないしは上限量(刺激頂という)で定義される．また，閾上刺激であってもそのすべてを感覚し識別できるわけではない．識別でき知覚できるために必要な二つの刺激の間の差のうちの最小の差($\triangle S$)を絶対弁別閾という．なおこの差の値は，感覚器がそのときどのような刺激量(S)にさらされているかによって変動する．しかし，この刺激量(S)と刺激差($\triangle S$)との比($\triangle S/S$)をとると(これを相対弁別閾と呼ぶ)，各感覚に応じて一定の値(C)をとることが知られている．これを触感実験(触2点弁別閾実験)から明らかにしたウェーバー (Ernst Heinrich Weber, 1795-1878) の名をとり，ウェーバーの法則(($\triangle S/S$) = C)という．これをもとに，さらに内的に引き起こされた個々の感覚の等差的変化は刺激の相対弁別閾に比例するという前提から，感覚(心的事象，R)と刺激(物理事象，S)との間に存在する関係が対数法則($R = K \log S$, K は比例定数)になることを導いたのが，*フェヒナーである．これを心理物理学的法則(フェヒナーの法則)，その体系を心理(精神)物理学([英] psychophysics)と呼ぶ．これはその後，計量心理学，新精神物理学，そして数理心理学へと引き継がれるが，質的な心理事象をいかに計量化・数量化できるかという基本論点に対して心理測定論ならびに心理尺度論を整備し，心の科学を目指す現代心理学を切り開くもとになった実験心理学を確立した．一方，個々の感覚要素同士の関係から構成されるおのおのの知覚事象をめぐっては，特に視知覚に関する知覚現象学を土台とする*ゲシュタルト心理学に独特の展開があった．そこでは個別の錯視図版や多義図形，反転図形をもとにする錯視現象，色の対比現象や恒常性現象，仮似運動，自動運動，誘導運動，さらに運動残効などの運動知覚をはじめ，諸知覚事象を生成する基本的な仕組みや法則が論じられ，全体事象(図式や意味)がまず先にあり，それは部分事象を加算した以上のものであることを主張する．

【文献】西川泰夫『心の科学のフロンティア』(培風館 1994); 大澤光, 西川泰夫編『印象の工学 ― 印象はどう測ればよいか』現代のエスプリ 364 (至文堂 1997); 西川泰夫『「認識」のかたち ― 自分を知るための心理学』(誠信書房 1988); 同『現代心理学への招待』(八千代出版 1989). (西川泰夫)

ちから　力　[ギ] dynamis, [ラ] potentia, [英] power, [独] Macht, [仏] pouvoir

【人間と力】力は，自然的力と人間的力に大別することができる．さらに自然的力は物理的なものと生物的なものに分けることができる．人間の力とは原因であり，能力であり，*権能・権力，規制・強制である．人間は，*自由に基づく自律性の次元に生きる存在であるため，二つの領域の力から影響を受けるばかりでなく，それらを駆使する存在である．その対象は人間以外の無機物や生物のみならず，社会的関連において他の人間に向けられる．かつては他の人間に対するこのような力の乱用に起因する搾取が指摘され，是正が叫ばれたが，今日，人間以外の生物と無機物を含む自然の搾取にも目が向けられるようになっている．

【宗教における力】*宗教が成立する過程の初期には，超自然的力の持ち主である存在と人間との遭遇が起こる．神の*顕現あるいは神聖顕現(*ヒエロファニー)は多くの場合，力の顕現であり，人間は恐怖と*権威の前に立たされた感覚を覚える．神聖な力に圧倒され，畏怖(*恐れ)の念をもち，自分の罪深さを深く認識するのである(出 3: 4-6 参照)．宗教はこのような体験をある文化が儀礼化することによって体系化されたということができる．神聖な力は人間に利益をもたらす*マナと，害をもたらす*タブーに分けられ，前者は祈願され，後者は儀式によって分離され，回避する方策がとられるようになる．さまざまな宗教の宇宙開闢神話は(最高)神の創造力(それは同時に破壊力でもある)が人知を超え，恐怖で打ちのめす力であることを語っている．

【聖書における力】聖書では，力は神のものである．旧約聖書の「力」は，創造主，*救い主，審判者である神*ヤハウェに帰され，その力はイスラエルばかりでなくすべての民と天地の上に発揮される．旧約聖書は人間がもつ力に対して驚嘆しているが，人間の成功もあくまでも神の力によるものと考えている(レビ 26: 18-20; 代下 25: 8)．ヘレニズム時代のユダヤ教において，力を示すギリシア語デュナミス (dynamis) の複数形デュナメイス (dynameis) は，この宇宙の*天使ならびに*悪魔に由来する諸力を示すようになった．これらの諸力は人間にさまざまな形で影響し，干渉すると考えられた．新約聖書における力に相当する語はデュナミスとエクスシア (exousia) である．デュナミスが内在的な力に基づいて行動する能力であるのに対し，エクスシアは権威に基づ

いて行動する自由と権利である．

　新約聖書において神の力を示すのは *イエス・キリストである．イエスの *復活は神の力のはっきりとした現れであり，その力は *聖霊降臨のあとの教会における *聖霊の現存によって世界に輝き出るものとなる．*パウロはキリストの復活における神の力が信仰者を宇宙の諸力から解放し，自由にしたと述べる．*偶像である神々の無力と非現実性はすでに旧約聖書で強調されたが，それをさらに深め，この世界の諸力の神秘的力が幻想であり，神以外のものに神秘的な権威（力）を与えて畏れ敬うのではなく，*被造物としての現実をはっきりと捉える必要性が説かれている（ガラ 4: 8-11）．

【神学】近代はこのような考え方を基礎に自然をそのものとして対象化し，その力を解明し，発見と発明によって利用することに専念してきたと考えられる．しかし同時に近代はそれを再び神秘化し，絶対化してしまったともいえる．19 世紀の古典的自然科学の時代から 20 世紀になると，大宇宙に対応する小宇宙である人間の深層心理の世界の諸力の発見によって，人間はそれらの力によって支配された存在であるとの考え方が広まり，それらを巧みに操作する政治的傾向も現れた．

　これに対して，キリスト教神学は，創造論に基づく「力」の考え方の復権を進めていくことで，将来に貢献できるであろう．カトリック教会は *位階制に基づく信仰共同体である．しかし位階制における権威（力）は神の力のもとにそれぞれ秩序づけられていることを忘れてはならない（『教会法典』204 条参照）．教会における権威（力）の発動・行使が可能なのは，教会が神の創造的・救済的力によって世界の救いの *秘跡として造られた交わりの共同体だからであり，キリストを通して神から信仰へと招かれた一人ひとりが，固有の *尊厳と権利・義務（聖霊による *カリスマ）を授けられているからである（同 208 条参照）．教会は *神の民として *希望の力によって未来に進む信仰共同体であり，聖霊によって与えられた *愛の共同体である．愛は創造的な力である．

【文献】EncRel(E) 11: 467-76; HPG 3: 868-77; LThK³ 6: 1166-70; NIDNTT 2: 601-606; TRE 21: 648-57; ヨハネ・パウロ 2 世使徒的書簡『紀元 2000 年の到来』日本カトリック宣教研究所訳（カトリック中央協議会 1995）34-35; Ioannes Paulus II, "Tertio millennio adveniente," AAS 87 (1995) 5-41.　　　　　　（高柳俊一）

【社会学】〔力の多義性〕「力」（〔独〕Macht）は，類比的，多義的な概念であり，文脈により内容が変わってくる．例えば，「自然の力」は自然の影響力，「自然に対する力」という場合は人間の形成力を意味する．ある人に他の人々が服従を示すときの「他の人々への力（権力）」という表現もその一つである．人間が制度を築くと，人間の力はこれに移る．この委譲された力が独り立ちし，人間を圧倒することも少なくない．かつては，神にのみ認められていた *全能（Allmacht）という表現が，近代には *国家に適用されるようになった．「知は力なり」とはこのような近代の標語である．

〔権力の概念〕M. *ヴェーバーによれば，権力（力）とはある社会的関係において，たとえ抵抗があっても自らの意志を貫く機会を（それが何に基づいていようと）意味している．彼が関心をもったのは，いかにして人間の「権力」が厳密な意味での支配に到達するかである．ヴェーバーは「支配」を，一つの命令に対して，多くの人々から，素早い自動的な，しかも訓練された型通りの服従を得る機会としている．このような支配への展開過程は，彼によれば，近代における *封建制度から中央集権制への移行にみられ，以前は権力の正当性の根拠づけが伝統や *カリスマによって付与されていたのに対して，近代では，立法的な手続きを通じて行われるようになったことに現れている．

　米国の政治学者 *アレントは，権力を「自由で平等な人々のコミュニケーション」と呼んでいる．権力を有するのは個人ではなく，*コミュニケーションを遂行する集団であり，権力は強制力ではなく，共通の世界を形成するための権限の付与だというものである．しかし，この概念規定は余りにも狭いと思われる．権力は，それ以前から存在し，人間としての生活とは切り離しがたく，人間が自由か平等かにかかわらず，あらゆる社会関係に現れているからである．

　フランスの哲学者 M. *フーコーにとって権力は人間の身体，知，規範に対して強制力を行使することを意味している．この場合，力は国家においてばかりでなく，社会のすべての集団にも存在している．つまり社会の規律化と統合に権力は役割を果たしているが，しかし，知をも生み出す．人間の啓蒙，成熟，自律の観点から権力を考えるフーコーにおける権力の概念は，極めて否定的なものである．権力が人間の生の不可欠の一部であるという側面は見失われている．

〔権力と法〕*法は権力を必要とする．しかし，権力も法を必要とする．法秩序自体が一つの力である．このことは，ある人に対して法の義務が課せられる以前においても同様である．権力なくしては，法の固有の使命を果たすことはほとんどできない．法は権力を用いなければならないかぎりにおいて，権力を規制しなくてはならない．法によって適用されるべき権力は，法の貫徹に奉仕するのみならず，それ自体が法になろうとする．法の使命の実現を妨げないかぎり，法は権力構造を侵すべきではない．しかし，法の使命が必要とするならば，権力構造も解体されたり再構築されなければならない．

　このように，ある社会に存在する権力は三つに区分される．法的には捉えられない権力，法的に形成される権力，法秩序によって初めて作り出される権力である．

　*平等の原理のもとに発展する法秩序においても，社会的かつ狭義の政治的な権力が等しく一様に分配されると考えるのは誤りだろう．極端な例をあげると，法秩序は，一連の人権や三権分立の原則と同様に，少数の集団の社会的利益のために恣意的に用いられてしまうこともある．逆に「全面的な」平等は，法からの全面的な逸脱という犠牲を払ってのみ到達されるものであり，創造性，自由そして人間相互の豊かな個性の違いを消滅させてしまうものなのである．

〔権力との関わり〕権力は海水のようなものだという諺がある．飲めば飲むほど渇きが増して欲しくなるという意味である．*ホッブスは，『リヴァイアサン』で，さらなる権力に対する飽くなき欲求は，すべての人間の一般的な衝動であり，これは死によってのみ終わると考えている．人間は，一層の権力を獲得しなければ，現在の権力と快適な生活への手段を維持できないからだ，というのである．人間は，自らの権力を得ようと努めたり，これを減らしたりすることができる．できるからには，そうする義務がある．共同生活において，人間は，責任をもって，また他の人々との友好のうちに権力と関わることを学ばなければならない．権力に対する抑制のない欲求は，等しい価値をもつ多数の人からなる共同体を破壊し，混沌としたものへと堕落させ，少数あるいは一人

ちから

の人間への多数の隷属をもたらしてしまうからである.権力との関わりは,節度や毅然とした態度,そして正義と賢明さをもって行われなくてはならない.そうして初めて権力は人間にとって共同体に対して破壊的でも堕落的でもなく作用し,権力の行使は奉仕として理解されるのである(1 コリ 12:7; マコ 10:42-45 参照).しかし,他の人々の善意を安易に信じるべきではなく,立法・行政・司法の三権が独立し,互いに監督するよう制度を整えることにより,権力を権力によって制限しなければならない.さらに批判的な世論を形成し,情報を正しく受け止め,提供するジャーナリズムを育てることが必要だと思われる.

【文献】T. ESCHENBURG, *Über Autorität* (Frankfurt 1965); H. ARENDT, *On Violence* (New York 1970); A. HONNETH, *Kritik der Macht* (Frankfurt 1985); K. GABRIEL, "Machtausübung in der heutigen Kirche im Spiegel sozialwissenschaftlicher Machttheorien," Conc. 24 (1988) 190-95; K. RÖTTGERS, *Spuren der Macht* (Freiburg 1990). (N. ブリースコルン)

【物理学】古代より人間は,なぜ物体が動いたり,いろいろな事象が自然界に起きるのだろうかと考えていた.そして,17 世紀以前には地球上のすべての物体の最も自然な在り方は静止状態であると考えられていた.なぜ物体が静止しているのかということを考えるより,なぜ物体が動くのだろうかということが,当時の人たちの関心事であったようだ.このような疑問を解決したのは,*ニュートンの画期的な力学の法則の発見であった.彼の法則によれば静止状態は物体のもちうる幾つかの状態の一つであり,物体は外部からいかなる助けも受けずに,等速で直線運動を続けられる.物体の運動を変化させるためには,何か外部からの介入が必要となる.つまり,静止状態も等速直線運動も正常な状態と考えることができる.この状態が乱されるということは,物体に「力」がかかっていることを意味する.力が存在しなければ *宇宙の *物質はその基本的な構成要素に分解し,互いに他の要素に依存せず,勝手に動き回るのである.もちろん,我々人間が存在することなどありえない.力が物体に与える影響は,その物体を加速させることである.これが有名なニュートンの第二の法則,$F = ma$,である.ここで,F は力,a は加速度,m は物体が加速されるのにどのくらい抵抗するのかを示す量である.同じ力なら m が大きければ大きいほど加速度は小さくなる.つまりこれは物体の慣性を表す量であり,質量と呼ばれている.力は加速度と同じように大きさと方向をもつのでベクトル量である.

自然界では物体にいろいろな力が働いている.かなづちが釘を打ち込む力,地球と太陽の間に働く重力などである.かなづちと釘の例のように,直接接触して与えられる力(接触作用)もあれば,重力のように遠隔作用する力もある.我々の日常生活に直接関与する力は重力と電磁気力である.二つの電荷間に働く静電力も遠隔作用する力で電荷の積に比例し,電荷間の距離の 2 乗に反比例する.このような遠隔作用を説明するために,*場という概念が生まれた.静電力の例をとると,一つの電荷が源となって目にみえない「電場」を作り,その存在はもう一つの電荷がこの電場のなかに入ることにより受ける作用によって確認される.それゆえ,電荷間の力は電場と電荷の接触相互作用の結果であるともいえる.これらの力は,我々の世界,つまり巨視的な世界での力の二つの例であるが,自然界の振る舞いの根幹にある力,ある

いは相互作用は,微視的な世界の相互作用で,次の四つである.(1) 重力相互作用,(2) 電磁相互作用,(3) 強い相互作用,(4) 弱い相互作用.微視的な世界の現象を記述する物理学は量子力学(→ 量子論)である.しかし,重力相互作用の量子力学的記述はまだ成功しておらず,他の三つの相互作用とは性質が違うと現時点では考えられている.また我々が自然界で経験する現象から,強い相互作用の力の強さを 1 とすると,電磁相互作用はその約 100 分の 1,弱い相互作用は約 10 の 5 乗分の 1,重力相互作用は約 10 の 38 乗分の 1 であると考えられている.量子化された電磁気学は量子電磁気学と呼ばれ,理論物理学のなかでは最も完成された理論であり,ほぼ 100% 微視的世界の電磁気現象を正しく記述していると考えられている.この理論によれば荷電粒子,例えば電子の間の力は質量のない光子と呼ばれる量子化された電磁波によって媒介される.つまり,一つの電子が光子を放出し,もう一つの電子がそれを吸収することにより,両電子間に力が生じるのである.この光子の放出と吸収は非常に短い時間内で起きるため,*不確定性原理より,実在する光子ではなく「仮想」の光子と呼ばれている.量子電磁気学の画期的な成功から,他の二つの相互作用も,おのおのの相互作用に特有な仮想粒子の交換で生ずると考えられ,量子電磁気学に沿った理論が構築されている.

陽子間には静電斥力,中性子間には何の電磁力も働かないにもかかわらず,それらを非常に小さい原子核として束縛する力が存在し,それは強い相互作用と呼ばれる.原子核に関連して「核力」と呼ばれることもあり,湯川秀樹(1907-81)は陽子,中性子間に働く核力は「パイ中間子」と名づけられた粒子によって媒介されると提言し,後にパイ中間子は実在の粒子として発見された.しかし「素粒子」と呼ばれていた陽子等にも構造があり,クオークと呼ばれる 6 個の基本的な粒子の特定の組み合わせから成り立っていることが実験的にも理論的にも明らかになってきた.このことから強い相互作用による力は基本的にはグルーオンと呼ばれる質量のない 8 個の粒子の一つを媒介してクオーク間に働く力であると今は考えられている.強い相互作用を記述する理論は量子色力学と呼ばれ,多くの現象を説明している.また,クオークもグルーオンも間接的ながら(直接観測することは理論的に不可能とされている)実験でその存在が確認されている.原子核内に働く核力は陽子,中性子を構成するクオーク間の力の「余韻」とでもいうべきであろう.

弱い相互作用は放射能物質の崩壊のパターンの一つであるベータ崩壊などを引き起こす相互作用である.基本的にはクオークと,電子やニュートリノのような「レプトン」と呼ばれる基本的な粒子間に,W^+, W^-, Z^0 と呼ばれる非常に重い(陽子の質量の約 90 倍)粒子が交換されて起きる相互作用である.W^+, W^-, Z^0 も実験的に観測されている.弱い相互作用の理論も量子電磁気学をモデルにして構築され,多くの現象を定量的に記述している.以上の三つの相互作用の理論の重要な共通点は,交換される粒子が皆ベクトルボソンと呼ばれる共通の特定の量子数をもっていることと,同じタイプの理論で記述できることである.そこで三つの相互作用を,基本的な一つの相互作用の三つの「顔」と考えて統一することが試みられた.その結果少なくとも電磁相互作用と弱い相互作用の統一は成功し,それは量子弱電磁相互作用と呼ばれ,その予測に矛盾する実験結果はまだ現れていな

い．さらに，強い相互作用と弱電磁相互作用を統合する「大統一理論」の研究も進んでいるが，まだ「唯一」の大統一理論は完成されていない．上記の三つの相互作用が区別できない（三つの力の強さが同じになる）状態は弱い相互作用を媒介するW, Z粒子の質量をゼロとみなされるような，超高エネルギーの状態で，これは宇宙が約150億年前に誕生したビッグバンの状態に近い．そして，誕生後宇宙の膨張に従い，エネルギー密度が下がり，基本的相互作用が，三つの相互作用に分かれ，原子核が生成され，現在の状況に至ったという考えが今最も有力なシナリオである．さらに，重力相互作用までも相互作用の統一に参加できれば，これは「超統一理論」となり，自然界の四つの相互作用は，ただ一つの超統一理論で記述される相互作用の四つの「顔」と考えることができる．この試みが成功すれば自然界の究極の力はただ一つであるといえるであろう．　　　　　　（山本祐靖）

ちきゅうかんきょう　地球環境〔英〕global environment,〔独〕Umwelt,〔仏〕environnement terrestre
地球環境は今や，オゾン層侵食の進行，熱帯雨林の破壊，生物多様性の激減，広域海洋汚染，越境大気汚染および酸性雨などによって，生物の生息環境としては末期症状を呈しているといっても過言ではない．破局寸前の局面打開が，客観的にはまさに焦眉の急と表現しうる状況にある．しかし，我々が地球環境問題に直面していることに気づき始めたのは，ごく最近のことである．限られた地域および人間集団に被害をもたらす従来の公害問題と違って，より広域に地球規模で人類を含む生物の存立条件全般あるいは生物の存続自体を危うくするのが地球環境問題である．今日，我々の行く手には，これまでに経験したことのない，いわばすべてを終焉に導く地球環境問題が幾つも立ちはだかっているのであり，我々はそれらにどのように立ち向かおうとしているのか，果たして有効に立ち向かうことができているのかどうか，正念場を迎えている．

地球上での我々の存立条件に破滅的な打撃を及ぼす潜在的リスクが大きいといわれ，したがって地球環境問題の象徴とされるのが地球温暖化である．温暖化が近年のエルニーニョ現象の激化を促していることはほぼ明白だとみられ，近い将来に気象異変が深刻化して世界各地で劇的な環境変化を引き起こす危険性は小さくないと予測されている．もし危機が現実に到来すると，そのときには確実に経済成長を主眼とした世界的な人間活動全体の急速な抑制が必要となるため，今のうちに効果的な抑制策を検討しておいて危機に備えるとともに，何よりも危機の到来を回避すべく人類社会における社会的枠組みの構造変革に着手しなければならない．

この地球温暖化の問題以上に早急な対応が必要なのが，一般には「環境ホルモン」といわれる内分泌攪乱物質として働く化学物質による影響の問題である．なぜなら，それは近未来に関する予測ではなく，現に今，人類を含む生物に対して生殖異変をもたらしつつある環境危機だからである．我々はやがて種の存続をクローン技術による生物の作製に頼るしかなくなり，人類についてもクローン人間として生き残る以外は事実上絶滅したことになるといったSF仕立ての物語が，現実にそして急激に起きそうな道を目下着実に歩んでいる．

アメリカや日本などの環境政策の先進国は，環境ホルモン汚染という種の存続に影響を及ぼす問題の出現に至って初めて，先制的予防原則と呼ばれ，環境政策の理想とされる徹底した未然防止の方針を表明するようになった．従来の主として個人や小集団にしか影響しない問題，すなわち個の*尊厳に関わるだけでは，これほどの本格的な対応を示すことはなかっただろう．しかし，環境ホルモン汚染の問題が重大なのは，一般に誤解されているような，それがもたらす種の存続危機ではなく，やはり個の尊厳に対する侵犯のためである．つまり，種の存続への懸念はあくまで未来世代の人間個々人がその尊厳を侵犯されるゆえにこそ重大なのであり，そのうえでそこには個の尊厳に対する侵犯が種全体に及ぶ点で，従来局地的な範疇だった公害問題の致命的な被害が一挙に地球規模にまで拡大したという深刻さがあると捉えるのが正確だろう．環境ホルモン汚染の問題は，このように環境問題の怖さとともに，その本質をもこれまでになくよく表している．それは，ごく微量の化学物質が決定的な打撃を及ぼすためにその極めて薄い濃度の拡散にも気を留めなければならないという理由で，我々は現代のいわゆる文明生活の見直しを迫られているからであり，結局，環境問題への対処の仕方，環境政策の在り方が転換を迫られていることになる．物事を原理的に思索するところから地球環境に対処する新たな政策パラダイムを模索することが必須であって，環境政策が目指すべき根本原理を明確にすることが急務となっている．

今日の地球環境を考察するにあたって，現代文明に対する疑問が生じる．既存の膨大な数の化学物質は我々の欲する便利で豊かな文明生活を支えていると思いがちであるが，それは実は錯覚ではないか．これほどの化学物質が必要であろうか．それらのなかでかなりの化学物質がなくても文明生活は送ることができるし，そうしたなくてもすむ化学物質がかえって我々の生存を不快にしている．明らかに不快の認識がもたれるほど雑多な有害な内容を蓄積し，地球環境を無限に劣化させる疑念がもたれる現代の肥大化した物質文明に対して，今や人類社会は「必需文明」と「不要文明」とを識別する必要に迫られているのではなかろうか．しかし，今日の大量*消費社会は，コマーシャリズムが過度の利便性を追求して人々の行きすぎた物欲を喚起し，人間の消費欲求が他者の消費内容と比べることによって相対的に決定されるなど，社会経済システムとして消費欲求の総量が最大化することで成り立つようになっている．際限なく拡大する傾向をもつこうした相対的欲求を，地球環境のソース（資源調達基盤）およびシンク（廃棄物吸収源）としての限界を踏まえて制御し，必需性に基づく消費欲求へとその距離をできるかぎり近づけていく必要がある．なぜなら，生態系の平衡状態が維持されることがすべての大前提だとすれば，相対的欲求がもたらしやすい肥大化した物質文明よりは必需性のある需要からなる「必需文明」のほうが生態系によりふさわしいものだからである．

ところで，「必需文明」とは一体何か．必需性のある需要とは，まずは肥大化による余分な需要ではなく，健康や生命保持という一次的な個の尊厳を確保すべく自然の成り立ちあるいは自然の成り行きからくる不幸，悲哀の除去に主眼を置くこと，すなわち自然の脅威や苛酷さに対して基本的な個の尊厳を守ることだといえよう．しかし，それは現在の文明達成水準を放棄し，過去の無為無策で人間としての最低限の個の尊厳が確保されない悲惨な時代に回帰するのではない．というのは，そうした必需性のある需要は生態系に適合しやすいが，生態系に適合することが必ずしも個の尊厳を守るとは限らないため，自然の脅威や苛酷さを克服していく文明の高度化

は，それが生態系の平衡状態に抵触しさえしなければ否定されてはならないのである．他方，原子力発電のような巨大技術や有害化学物質など一部の科学技術は，生態系に適合せずに個の尊厳に抵触することから，それらを排除した生態系への適合が個の尊厳を確保することになる．したがって，個の尊厳を確保するとは，自然の脅威や苛酷さとそこから脱する抵抗の一環として歪んだ発達を遂げた巨大技術や有害化学物質などに抵抗することであり，自然の猛威を免れえないといった，生態系への適合が個の尊厳を守らない側面を牽制しつつ，生態系の平衡状態が維持されないと個の尊厳を含むすべてが成り立たないために，生態系に適合しようとするという複合的な内容をもつ．このような概念的総括によって，自然のなかでの生業や遊びを楽しむ過去の牧歌的な快適さがあって，なおかつ自然の猛威にも対抗しうるような両面を併せもつ文明内容による生存の上質化が展望できる．そこには，危険な富裕化か耐乏の環境浄化かという選択を迫られるトレードオフ（択一的な競合）の問題は存在せず，したがってよく懸念されるような，環境改善の副作用によって人々の生活水準が低下することはない．

環境改善は人々の生活水準を低下させるのではなく，むしろ向上させるのであるが，それはなぜか．個の尊厳を確保すると同時に生態系に適合することが維持可能な社会発展の必須条件であることを考えると，従来の科学技術の代替として出現した生態系に適合する科学技術に対しての需要であれば，それは健康や生命保持を越えた任意の欲求であっても個人の強い欲求なら必需性のある需要とみなし，その実現を二次的な個の尊厳の確保と位置づけることができ，そこに環境保全型製品が増加していくのに伴って「必需文明」が拡大していく余地が見込めるからである．つまり，「必需文明」とは単に健康や生命保持の絶対的欲求だけしか満たせないといった文明を意味するのではなく，生態系に適合する科学技術の部分によって実現される発展性のある文明を意味することになる．

そこで重要なのは，「必需文明」の拡大を図って個の尊厳確保の範囲を拡大することであるとともに，それは生態系に適合する科学技術の範囲を拡大しなければならないことでもあるから，科学技術が生態系に適合することの内実，すなわち自然の生態循環に適合するか，あるいは適合したうえでその循環機能を模倣するというサイクリカル原則の可能性について考察してみることである．なぜなら，物質文明の隆盛を築いてきた化学物質を含む科学技術全般をサイクリカル原則の方向へ転換させ，その代替によって有害な「不要文明」をより多く削除していくことでより幅の広い個の尊厳を確保でき，そしてもしサイクリカル原則を適用することで物質文明全体が人類によって制御可能となれば，文明の内容からはあらゆるレベルの個の尊厳確保を妨げる要因はなくなるからであるが，果たしてサイクリカル原則を適用して生態系に適合する科学技術の範囲をどの程度まで拡大することができるかが問題となろう．この考察は文明内容の取捨選択をめぐる結論を導くことにつながるものであり，それは「科学技術そのものが自然が備える自己回復能力の環境質をどうしても悪化させるため，科学技術は環境および生命にとって本質的に悪だ」とする極端なエコロジストの文明否定的な立場と，それとは逆の「科学技術によって引き起こされる弊害は，一層の技術革新によって解決できる」とする一方的な科学技術信奉主義者の単純な技術的打開策を尊ぶ立場とを対比することに

よって，明確となってこよう．

まず，技術革新を唱える立場に近い肯定的な見通しとしては，自然の生態循環に適合するような，公害発生の防止ないしは汚染排出の抑制技術を開発するのと，生態循環に適合する範囲内でそうした循環機能を模倣するような微生物活用による環境浄化ないしはソフト・エネルギー技術を開発すること，このように自然が自然らしさを失わないような，もっと正確には自然のままの自然を残すサイクリカル原則を挿入した科学技術の革新を可能にすることによって，あるいはそれが可能な場合，従来の科学技術に起因する問題は解決され，科学技術は環境および生命にとって悪ではなくなるのである．しかし，徹底したエコロジストのごとく否定的にならざるをえないのは，どんなに技術革新を進めても，従来の科学技術の代替として，その弊害を解消すべく生体を含む自然のメカニズムに対して人為的に把握・補正するのが困難な領域が存在するからである．例えば，高性能コンピュータによる人間の頭脳のような意識の再現，長期経済予測や地震予知や温暖化防止策のシミュレーションは難しく，また生体の発生・発育期におけるインプリント作用の絶妙さゆえに，環境ホルモン汚染によるメス化をテストステロンの投与によって解消することは不可能である．元来，よりアナログ的な構造をもつ自然の成り立ちに比してよりデジタル的にしか製作できない人工技術は，その目の粗さから生体を含む自然のメカニズムを完全には掌握できず，人為的な把握あるいは補正には限界がある．したがって，技術革新を進めても人為的な把握・補正ができず，従来の科学技術による弊害が克服されない場合，これは技術革新が問題を解決しないケースであり，そうした科学技術は環境および生命にとって悪であるため，「不要文明」として削除していくしかないのである．つまり，科学技術をめぐる問題のポイントは，自然の生態循環機能への対応が示すように，目下の科学技術が扱うことのできる生体を含む自然のメカニズムはその表層部分であり，そこにはサイクリカルな方策を確立しやすいが，把握しえない深層部分についてはサイクリカルな方策を確立しようがないことである．もちろん，万難を排してサイクリカルな方策が確立される範囲を拡大すべきであり，しだいに拡大すると思われるし，サイクリカルな方策が確立される見通しがなく，弊害をもたらし続ける科学技術は「不要文明」として削除すればよいわけである．しかし，それでも，当初オゾン層に無害なため採用された代替フロンがその後，温暖化効果を懸念されるようになった事例が物語っているように，未知の弊害を確定する決定的な手立てを欠く現状のもとでは，科学技術で処理しえない深層部分はなお相当に大きいと予想せざるをえない．

では，どうすればよいのか．人類の歴史においてそれぞれの時代の懸案が解消していった突破口として技術の発達が果たした役割が大きかったことをみると，地球環境問題の解決にあたっても技術革新に負うところがなお大きいと思われるが，これまで述べてきたように，以前と違って現代の先鋭化した問題群に対して科学技術の進展に過度の期待は抱けないことから，維持可能な社会発展を展開していくためには問題解決アプローチのもう一つの柱をなす社会的努力の実効性ある方法を確立しなければならず，そこに社会科学が担うべき仕事がある．

文明内容の取捨選択にあたって，サイクリカルな方策が確立できずに弊害をもたらす科学技術を「不要文明」として削除することは人為的な直接手法による決定であ

```
┌─────────────────────────────────────────────────────────────────────┐
│              規制手法による地球環境問題の分類                          │
│ 地球環境問題  ┌ 産業(工業)・生活関連の環境問題                          │
│ (先進国と途上国│ ┌ エネルギー環境問題 (a. 温暖化—CO₂等, 酸性雨—SO₂等)   │
│  の区別は必要なし)│ └ 非エネルギー環境問題 (b. オゾン層破壊, 有害化学物質の越境移動と海洋汚染) │
│              └ 生態系破壊の環境問題 (c. 森林破壊, 生物多様性減少, 砂漠化) │
│                                                                     │
│ 規制手法で分類すると,                                                 │
│       ┌ 総量規制方式でよい環境問題—生産に不可避で安全な対象物質        │
│       │ ┌ 化石燃料燃焼(非再生資源)による環境問題…上記 a               │
│       │ └ 排出権市場制度で省エネ化                                    │
│       │              (削減目標超過達成のため)                         │
│       │                                                              │
│       │ 木材伐採(再生資源)による環境問題…上記 c                       │
│       └ 削除方式でなければならない環境問題—生産に不可避でなく安全でもない対象物質 │
│                          …上記 b (フロン, 環境ホルモン・発癌化学物質)    │
└─────────────────────────────────────────────────────────────────────┘
```

るのはいうまでもないが，科学技術では解決できない深層部分の未知の弊害を推し量ること，そしてその結論に対してどのように対処するかの決定は科学的知見に頼れないため，これも直接手法によらざるをえない．ここで問題なのは，社会的努力の実効性ある方法を確立するには，地球環境問題は「元締めとなる」あるいは「枢要を掌握する」という意味で究極的には直接手法を主たる手段とすべきものの，人間社会の活力を急速に減退させないように，いったん安全が確認された文明の部分については，その発展を活性化するのに直接手法と経済誘導措置を有効に組み合わせた方法が工夫されなければならないことである．環境政策では直接手法を主たる手段に据えることによって文明の有害な部分，すなわち「不要文明」を効果的に削除していき，その過程で安全な部分，すなわち「必需文明」を発展させるために経済誘導措置を駆使して最大限の効果を図る役割の発揮が期待される．例えば従来車を減量化していくのに伴って低公害車が普及しやすくなるように，経済誘導措置は直接手法と連動させることが有効なのだが，経済誘導措置を奏功させるには注意を要する．つまり，経済誘導措置は，仮に低公害車の普及を割り当て制にした場合の直接手法が目指す目的達成と等しい効果をもつように策定しなければならず，概念的にいえば直接手法を込めるか，少なくとも直接手法に近づけることが重要なのである．従来の規制政策でも同様で，例えばかつて日本の高額 SO₂ 課徴金が企業から負担回避の対応を引き出し，規制基準を超える排出削減を実現したように，税率などを直接手法さながらの実効性ある水準に設定するか，あるいはそれ以上の達成効果がある誘導内容を用意しておかないと，経済誘導措置は空洞化しやすいのである．

経済誘導措置のなかでも環境税は本来，環境汚染あるいは破壊に対するペナルティとしての課徴金の性格を帯びているものの，それでは禁止の作用が働きすぎて環境および資源の利用対価としての設定が意図する税収が期待できなくなることから，財源確保のために低税率に据え置かれて汚染排出費ないし生産免許と化してしまうきらいがある．それは，もともと生産規模を一定範囲内に抑え込む保証がない環境税に生産拡大の作用をもたせる結果になりかねず，経済誘導措置の運営は直接手法による歯止めが必要なことを物語っている．総枠の制御がないことから汚染の増大を招きかねない環境税に対して，総量規制という手法によって最初から直接手法を込めた経済誘導措置が排出権市場取引の制度であるが，それでも汚染の排出がゼロになるわけではない．すなわち総量規制ということは排出許可物質はその枠内で排出されることになり，例えば環境ホルモンなどを削減はするが，それは削除ではなく，総量規制は直接に有害化学物質の削除には行き着かないことを意味している．したがって，排出権市場取引の制度は安全が確認された文明の部分にのみその発展を活性化するために使える程度ということにとどまる．このように，排出権市場取引の制度が有害化学物質を削除することとは直接につながってはいない以上，環境ホルモンなどを削除する考え方が別途必要となる．ここから，経済誘導措置は下位の政策手段だということがわかるが，その上位に位置づけられるのが直接手法そのものである削除方式であり，排出権市場取引の制度が生産に不可避で安全な部分に適用されるのに対して，削除方式は生産に不可避でなく安全でもない文明の部分，すなわち「不要文明」に適用される．図式化することによって理解しやすくするために，地球環境問題を規制手法で分類した概念図をあげておく．

さて，科学的知見に頼れない場合，客観基準がなく，主観判断に基づいて問題に対処せざるをえないことは先に述べたが，同様に市場の自動制御が解決しない問題が存在することが削除方式を経済誘導措置の上位に位置づけざるをえなくしているのであり，削除方式を究極の政策手段としなければならないからには，主観判断が高次に洗練された「主体性原理」とでも呼べるような政策手段として確立されなければならない．

環境コストの内部化を図り外部不経済を解消することによって「市場の失敗」が是正されても，市場は何でも金銭で片づけようとするから，現行の規制基準内において金銭で片づけることが健康維持や生命保持に合わないにもかかわらず，市場は価格シグナルによる対処以外のことはできないゆえ，本来的にそれ自身として欠陥を抱えているという「市場の欠陥」が起きる．それは，直接手法によって外部から変更を加えないと，それ自身として，すなわち金銭で自動的に健康障害や生命損失を防ぐ手立てがないからである．つまり，市場原理を第一義とし，最上位に置くと，たとえ「市場の失敗」が是正されても，市場は越えてはいけない基準を自ら導き出すわけではない（「パレート最適」原則もそうではなく，経済的な節約・経済効率の達成しか目指さない）から，例えば健康・生命の侵害など何か事があったときには市場の属性

あるいは特性として価格尺度による処理しかできないことが健康・生命の救済と合わないという欠陥を露呈してしまうことになるのである．したがって，市場が欠陥を露呈しないように，削除方式などの，健康・生命を死守する，越えてはいけない基準を意識的に設定できる「主体性原理」を第一義とし，最上位に置く必要がある．すなわち，最重大事である死活線は自動制御には任せておけないので，肝心かなめを押さえて外から枠をはめることのほうを優先する必要があるということであって，市場をその属性あるいは特性のなかで健全に，そして有効に働かせ，活性化させるためにもそうした必要がある．「主体性原理」による決定が価格シグナルによる自動制御の決定よりも上位にあるべき理由は，価格シグナルで自動制御できずに健康・生命，あるいは生態系・景観が不可逆的な損失を被ると，その価格シグナルで成り立つ経済活動自体が立ち行かなくなって本末転倒となってしまうからでもある．究極的な決定原理として経済原理は不適当なため，「主体性原理」からの価値判断が重要となるが，その場合，先に述べた，近未来において科学技術の革新による人為的把握あるいは補正が可能かどうか，すなわち問題対象が科学技術で扱いうる表層部分かそうでない深層部分かという基準が決め手となる科学的知見を取り込んだ判断力によって，譲れない価値を設定するしかないのである．　　　　　　　　　　（大和田滝惠）

ちくちょう　地区長　→　デカーヌス

ちしき　知識　〔ギ〕epistēmē，〔ラ〕scientia，〔英〕knowledge，〔独〕Wissen，〔仏〕savoir　一般的には，事物について知られた内容のうちで確実な根拠をもつもの（認識内容）を意味する．こうした内容を獲得する過程において，理性的思弁の契機を重視する場合と感性的経験の契機を重視する場合がある．特に人間の行為に関わる内容については，実践的知識と呼ばれて，理論的知識と区別されることが多い．知識に確実性を与える根拠については，哲学史上それを合理的なものとみなす立場と，非合理的で直接的なものとみなす立場とに大別されてきた．後者ではまた，直接的な知識を合理的な知識がそこから発生する根源とみなす立場もあり，その際はこの根拠を *非合理主義と単純に同一視することはできない．

知識とはまた，単に知識主体に関わるというよりも，むしろ知る主体と知られる対象とを媒介するものであり，その観点からすれば，知識の獲得の程度に応じて，知識主体と対象との関係の在り方そのものが生成され，変化していくともいうことができる．このことから，知識は主体の存在の在り方に密接に関わり，主体の人格性を形成するものと考えられることがある．西洋中世の*キリスト教哲学，とりわけ *神秘主義的哲学においては，主体（*霊魂）と対象（*神）との一致を導くものが知識とされ，知識の獲得は霊魂の変容そのものを意味すると考えられた．ここではまた，主体による獲得という *主知主義的な知識観ではなく，*恩恵として与えられるものとしての知識という意義も重視されねばならない．

【文献】I. カント『純粋理性批判』全3巻，篠田英雄訳（岩波書店 1961-62）; J. ロック『人間知性論』大槻春彦訳（中央公論社 1968）; R. デカルト『方法序説』野田又夫訳（中央公論社 1974）; W. ジェームズ『根本的経験論』桝田啓三郎，加藤茂訳（白水社 1978）．
　　　　　　　　　　　　　　（板橋勇仁，大橋容一郎）

ちしきしゃかいがく　知識社会学　〔英〕sociology of knowledge，〔独〕Wissenssoziologie，〔仏〕sociologie de la connaissance　*知識の在り方を社会的制約や社会制度との関連・相互作用において研究する学問．こうした研究は，すでに19世紀において *コントや K. *マルクスなどによって手がけられていたが，知識社会学という名の一つの学問（学科）として確立されたのは，1920年代ドイツでの *シェーラーや *マンハイムによってである．

まずシェーラーは，*社会学を欲動理論に基づく実在社会学と精神理論に基づく文化社会学に分類しつつ，後者の一部門として知識社会学を位置づけた．そのうえ彼は，知識社会学の課題を，人間生活の現実的な諸因子（血縁関係，権力関係，経済関係など）と理想的諸因子（*宗教，*形而上学，*科学など）の相互作用を解明していくことに求めたが，その相互作用を決して恣意的なものとは考えず，そこに働く序列的法則を認識することを知識社会学の最重要課題とみなした．この考え方の根底には，知識を救済知（宗教），教養知（形而上学），実証的作業知（科学）の序列的な三つの階層で捉えるシェーラー独自の世界観が窺えよう．

このようなシェーラーの考えを静的で没歴史的と批判し，動的で歴史的な観点から知識社会学を構想したのがマンハイムである．彼は，知識が社会的に制約されていることを，知識の「存在拘束性」（〔独〕Seinsverbundenheit）という用語で言い表し，その解明を相関主義という観点から進めることを提唱した．相関主義とは，知識がその前提となる視座構造によってさまざまな展望を帯びており，その点では相対的であるが，その視座構造が恣意的・偶然的なものでなく全体性を必然的に志向している点で，知識の *相対主義に陥らずに知識の存在拘束性を解明できるという考え方である．このマンハイムの構想はしかし，1930年代以降の政治的破局を迎えたドイツでは，さらに発展させられることなく終わり，第2次世界大戦後も，*フランクフルト学派の批判理論の優勢の前に，影響力を保つことができなかったといえる．

それに対し，1940年代のアメリカ合衆国では，R. K. *マートンがマンハイム流の知識社会学の *主知主義的・思弁的側面を批判し，実証的・経験主義的な観点で知識社会学を再構想した．その後の彼は，知識が社会のなかで果たす役割を重視しつつ，特に *科学社会学とマス・コミュニケーション（→マス・メディア）の社会学の分野で，知識社会学を展開させていった．このマートン流の *機能主義的な知識社会学に対抗しつつ，1960年代に *現象学的な知識社会学を構想したのが，*バーガーと *ルックマンである．彼らは，人間が日常の生活世界において知識やコモン・センスを習得していく現実的な過程を，機能主義的に説明するのではなく，現象学的に了解・記述していくことを，知識社会学の重要任務とみなし，特に *宗教社会学の分野で成果を収めた．

以上のように，知識社会学はさまざまなかたちで構想・展開されたが，今日の知がますます専門化・断片化する状況において，その果たすべき役割は決して小さくないといえる．さらに付言するならば，遺伝子操作やクローン人間の問題，オカルト集団（→オカルティズム）の暴走の問題や真の宗教が社会でなすべき役割を問うとき，知識社会学はもはや社会学の一分野に甘んずることはできず，知識の社会倫理学とも呼びうるような領域へと進まざるをえないように思われる．

【文献】K. マンハイム「知識社会学」『知識社会学』現代社会学大系 8, 秋元律郎, 田中清助訳(青木書店 1973) 151-204: K. MANNHEIM, "Wissenssoziologie," Handwörterbuch der Soziologie, ed. A. VIERKANDT (Stuttgart 1931); P. L. バーガー, T. ルックマン『日常世界の構成』山口節郎訳 (新曜社 1977): P. L. BERGER, T. LUCKMANN, The Social Construction of Reality (New York 1966); M. シェーラー『知識形態と社会』シェーラー著作集 11-12, 浜井修他訳(白水社 1978): M. SCHELER, Die Wissensformen und die Gesellschaft (1926; Bern ³1980); R. マートン『科学社会学の歩み』ライブラリ科学史 2, 成定薫訳(サイエンス社 1983): R. MERTON, The Sociology of Science (Chicago 1973). 〔山脇直司〕

ちしへん 『知恥篇』 3巻1冊本. *向井元升が拾棄奴という名で 1655 年(明暦 1)に著し, 伊勢外宮の神主・度会常晨に本書を献じた. 国体擁護と皇室中心を主張する神道的国粋主義の向井の精神が現れている. *キリシタンによる亡国の危機を回避した*徳川家康の徳を称賛して神格化し, また, *儒教, *仏教なかでも新しく渡来した黄檗宗を排斥する. キリシタンを排撃する近世初期の思想を代表する資料として, また, *宣教および通商などに関する文献としても注目されている. 大田南畝(1749-1823)旧蔵の写本が京都大学付属図書館に架蔵され, 校訂本が*海表叢書 1 に収められている.
〔尾原悟〕

ちせい 知性 〔ラ〕intellectus, 〔英・仏〕intellect, 〔独〕Intellekt ヨーロッパ的な思惟の伝統において知性の概念は, 単に感性や非合理的・情緒的なるものとの対立規定においてではなく, 精神的能力の内部で固有の機能と内実をもつ認識の可能性と活動性として特徴づけられている.
【プラトンの知識論】知性の概念形成に重要な意義をもつ知性(〔ラ〕intellectus) と *悟性 (ratio) との区別の原型は, すでに*プラトンの知識論のなかで描き出された*認識の諸段階にみいだされる. 『国家』第 6 巻の線分の比喩が明示するように, 今日我々が悟性と呼ぶ機能はディアノイア(〔ギ〕dianoia) つまり諸前提(仮設, →仮説)を出発点とする概念的思惟であるのに対し, それとは区別されたノエシス(noēsis)・*ヌース (nous) とは諸理念への洞察と理念諸関係の洞察, すなわち真に存在するもの(*イデア)の認識を意味する. プラトンにおいては, これらディアノイアとノエシスが広義の学(知)を形成するとともに, 狭義の学は, 哲学的問答法(*弁証法), すなわち諸前提を突破し, 究極の根拠・真実在に至るノエシスだけに委ねられている.
【アリストテレス】上記の概念的区別は, *アリストテレスの知的習性(*徳)の枚挙においてもみいだされ(『ニコマコス倫理学』第 6 巻 1139 b 15-18 および『分析論後書』第 1 巻 89 b 7-9), ヌースは諸原理の洞察の機能として規定されている. しかるにアリストテレスの精神哲学, 特に『魂論』第 3 巻で主題的に分析された人間認識の受容性と自発性についての明晰な解明は, 知性をその構造諸契機において概念化するという新たな理論的基盤をもたらす. すなわち, 知性の現実態化の過程が問題とされ, 可能的に可知的なる本質*形相に対して開かれ, 受け入れる働きにおいて自らも形相化されるところの可能知性(nous pathētikos) と, この受動性に対し, 可能的に可知的なる認識内容の現勢化を遂行する能動原理としての能動知性(nous poiētikos, →能動理性) が区別される. この両契機が, 感性的*知覚から概念形式を経て*理念への関与を実現する真なる認識の成立にとっての本質的条件とされる. アリストテレスにとって, 人間の認識と学の対象は経験の全領域へと開かれており, この領域の根底へと遡って*存在者自体の究極構造および思惟の諸原理を問題とする*形而上学にまで自らを遂行する知性の能動原理は, 神によってもたらされる契機と考えられている.
【キリスト教的伝統とトマスの知性概念】*アウグスティヌスからカンタベリの*アンセルムスを経て*トマス・アクィナスに至るキリスト教的伝統は, 人間の知性的認識にもたらされる神の契機を, 人格的創造神の知性(〔ラ〕intellectus divinus) によるものと規定する. 一方, 13 世紀以降アリストテレスが本格的に受容されるようになると, 神の知性と人間の知性の直接的結合が解消されていくようになる. トマス的な*アリストテレス主義は, 人間の精神的自己実現としての知性を認識作用や行為の諸原理を洞察する能力と定義する. この諸原理の洞察は, 普遍的な存在の根拠を精神的に観るに至る認識形態として遂行されるかぎり, 感性的認識を出発点とし, 知性にも感性にも関係するところの悟性 (ratio) の概念形成の道に媒介されると考えられる. つまりトマスにとっては, 人間知性が神的契機において自らを知る, つまり自らの能動性の由来へと再帰することによって究極の内実(対象領野)を得るということは, その被造物としての性格ゆえに直接には不可能とされる. ここに, 人間知性の有限化への第一歩がみられるとともに, それが認識源泉としての独自性と自立性を獲得していく近代への道が胎動し始める境界線を見定めることができよう.
【文献】HWP 4: 432-35; H. M. BAUMGARTNER, "Wandlungen des Vernunftbegriffs in der Geschichte des europäischen Denkens," Rationalität. Ihre Entwicklung und ihre Grenzen, ed. L. SCHEFFCZYK (München 1989) 167-203. 〔長町裕司〕

ちち 乳 〔ヘ〕ḥālāb, 〔ギ〕gala, 〔英〕milk, 〔独〕Milch, 〔仏〕lait 遊牧民や羊飼いにとって羊や山羊の乳は重要な生活必需品である(申 32:14). 牛やラクダの乳も飲料となった. 革袋に保存し(士 4:19), 飲料だけでなくチーズやヨーグルトも製造した(創 18:8; 士 5:25). しかしイスラエルでは子山羊をその母の乳で料理することは禁じられていた(出 23:19). 「乳と蜜の流れる土地」(出 3:8; 民 14:8; 申 6:3; シラ 46:8)とは, *カナンの地の豊饒な様子の一般的表現だが, 祝福と約束の象徴でもある(エゼ 20:6, 15). 乳は終末時の至福(イザ 55:1)や救い(ヨエ 4:18), また雅歌に「舌には蜂蜜と乳がひそむ」(4:11), 「乳で身を洗い」(5:12)とあるように, 貴重品で富の象徴である(創 49:12). さらに乳は幼児にとって基本的な食料である. だからパウロは初歩的な教えの象徴表現として使用する(1 コリ 3:2. さらにヘブ 5:12-13 参照). 1 ペトロ書 2:2 は「生まれたばかりの乳飲み子のように, 混じりけのない霊の乳を慕い求めなさい」と勧告する. ここでは前節(2:1)と対照させて真正な教え, 結局はキリスト自身のことをいう(2:4).
【文献】旧新約聖書大 751-52; 聖書思 591; EWNT 1: 557; TDOT 4: 386-91. 〔清水宏〕

ちちなるかみ 父なる神 〔ギ〕Theos Patēr, 〔ラ〕Deus Pater, 〔英〕God the Father, 〔独〕Vatergott, Gott

ちちなるかみ

der Vater, 〔仏〕Dieu Père

【宗教史】*神を父と呼ぶのは *原始宗教などでもみられることであり，この呼び名を用いて唱えられる祈りによって，神に対する尊敬，愛情，信頼などが表される．古代のセム族（→ セム族の宗教）も，*インド・ヨーロッパ語族も，最高の神を父と呼んでいた．ギリシア・ローマの宗教のなかでは，ゼウス・パテール（Zeus Patēr,〔ラ〕Jupiter）は，「神々と人々の父」として礼拝された．ギリシアの哲学者によってこの理念は高められ，*プラトンはすべてのものの源である「*善そのもの」を「父」と呼び（『国家』6,506e），*ストア学派は *ロゴスである神を「すべての人の父」といい，中期 *プラトン主義では，万物を超越し，その原因である神を「万物の父」（〔ギ〕patēr pantōn, patēr tōn holōn）と名づけ，この最高の神がすべての人，特に有徳の人の父として，父親のように優しく *摂理をもって世界を導くとした．

【聖書】超越性を強調している旧約聖書には，神が父と呼ばれる箇所は少ない．神による *選びを表すためにときとして，イスラエル民族は *神の子，神の長子（出 4:22）と呼ばれている．神に対する民の反抗を非難するために，預言者マラキは，「わたしが父であるなら，わたしに対する尊敬はどこにあるのか」（マラ 1:6）という神の言葉を伝えている．家父長制の強い古代では，父という名が最初に連想させるのは，大家族の主人である父親に対する尊敬と従順の義務であった．しかし，絶対の権力をもっている父には，優しさもある．だから聖書は，「父がその子を憐れむように，主は主を畏れる人を憐れんでくださる」（詩 103:13）といい，「かわいい息子を懲らしめる父のように，主は愛する者を懲らしめられる」（箴 3:12）ともいう．艱難に遭うときにイスラエル人は，「あなたはわたしたちの父です．アブラハムがわたしたちを見知らず，イスラエルがわたしたちを認めなくても，主よ，あなたはわたしたちの父です」（イザ 63:16）と訴えていた．この呼びかけに対する神の答えは，ローマの *クレメンス 1 世が引用している，出典不明のユダヤ人の文書に次のように記されている．「あなたたちの罪が地から天に届くほどであっても，緋色よりも赤く，袋地の麻布よりももっと黒くても，もしあなたたちが全心からわたしに回心し，『父よ』と言うならば，わたしはあなたたちの声をわたしの聖なる民の声として聞く」（『コリント人への手紙』8, 3）．

全体としてのイスラエル民族のほかに，特に国王は，神によって選ばれ，支えられる者という意味で，神の子とみなされた（詩 2:7; サム下 7:14）．したがって王は，「あなたはわたしの父」という言葉で神に呼びかけることができた（詩 89:27）．個々のイスラエル人が神を自分の父と呼ぶ箇所は，旧約時代の終わり頃に書かれた *知恵文学においてみられる（知 2:16; シラ 23:1）．

新約聖書によれば，イエスは神を *アッバ，「わたしの父」と呼び，父なる神とその *慈しみを啓示することを自分の使命と考えた．尊敬と親しさを表す「アッバ」（お父様）という呼び名は，イエスとその父である神との間のユニークな関係を示す（マタ 11:25-30）．イエスは弟子たちに話すとき，同じ神を「あなたがたの父」と呼び，すべての生き物のことを優しく配慮するこの父なる神にすべてを委ねるように勧めた（マタ 6:5-8, 25-34; 10:29-31; 18:14）．イエスはさらに，*放蕩息子の譬え話によって（ルカ 15:11-32），「悪人にも情け深い」（ルカ 6:35）父なる神の慈しみを語り，弟子たちがこの「天の父の子となるため」，父に倣って「敵を愛する」ように教えた（マタ 5:44-48）．イエスから学んだ弟子たちの祈りは，「天におられるわたしたちの父よ」という言葉で始まる *主の祈りである（マタ 6:9）．

ヨハネ福音書は，イエスを父なる神の最終的な啓示者として描く．「その独り子をお与えになったほどに，世を愛された」（3:16）父は，救いの営みの創始者である．イエスの言行を通してのみ父が知られる（6:45-46; 14:7-11）．イエスは父の意志に従って *救いの業を全うし，父の栄光を現した（17:4-6）．そして，死んで復活したイエスは，弟子たちに，「わたしの父であり，あなたがたの父である方……へわたしは上る」（20:17）という．

使徒たちの手紙は，キリスト者が *聖霊の力によって，*信仰と *洗礼を通して，父なる神の子として生まれ（ガラ 4:4-6），「キリストによって……一つの霊に結ばれて，御父に近づくことができ」（エフェ 2:18），「アッバ，父よ」というイエスの祈りを自分の祈りにすることができる（ロマ 8:14-15）と述べている．

【神学】古代教会の神学者たちのなかで父なる神の理念をその神学思想全体の中心にしたのは *オリゲネスである．彼によれば，神は父として，「与える善」であり，自分の善性のすべてを永遠に与えて御子を生み，また，その善に部分的にあずかる *霊魂たちを創造した．この霊魂たちが *自由意志を乱用して善から離れたとき，神は *愛に駆られて，彼らのために教育の場として世界を創造する．この世界に生きる人々が，御子を通して行われる父の働きによって信仰，愛，*善業に励むとき，その一つひとつの良い行為を通して父は彼らを生んでいる．敵をも愛するような愛の境地に至り，*悪を全く働かないようになった人間こそ，御子の立場にあずかって，ことごとく父の子となる．

*三位一体論が明確化されるにつれて，父は，生まれざる方，神性の泉，神である御子と聖霊の源であるということ，また *エイレナイオスがいっているように，父は御子と聖霊という二つの腕を使って人間を創造し（『異端反駁論』4, 序），御子と聖霊の働きによって人々を自分の *永遠の命へ導くことが強調される．第 2 *ヴァティカン公会議はこの考えを，「神は，その愛と英知によって，自分を啓示し，また意志の奥義を明らかにしようと望んだ．それによって人々は受肉したみことば・キリストを通じて，聖霊において父に近づき，神性に参与するものとなる」（『啓示憲章』2 項）と述べている．

聖書によれば，神はすべての生き物，特にすべての人間に対して親心をもっているが，「神はすべての人間の父である」という表現は聖書にはみられない．聖書の考えによれば，人間は回心してキリストを信じ，*神の国に入り，神の愛に倣って生きることによって父なる神の子となる．しかし，神が放蕩息子に対して父の心を持ち続けているという意味で，「神はすべての人の父である」という表現を用い，そこからすべての人の兄弟的な関係を導き出すことは正しいと思われる．第 2 ヴァティカン公会議はこの意味で，「神の姿に似せて造られた人間の中の一部の人々に対して，われわれが兄弟として振舞うことを拒否するならば，われわれはすべての人の父である神に呼びかけることができない」（『諸宗教宣言』5 項）と述べている．だからこそ父なる神を信じることは，人類の兄弟的な一致のために力を尽くすように人を駆り立てるのである．

【文献】ThWNT 5: 946-1016; P. ネメシェギ「父なる神の子ら」カ神 6 (1967) 79-113; R. GYLLENBERG, *Gott der Vater im Alten Testament und in der Predigt Jesu*

(Helsinki 1925); W. SCHMIDT, *Der Ursprung der Gottesidee*, 12 v. (Münster 1926-55); P. KETTER, "Der Vater im Himmel," ThPQ 93 (1940) 1-10, 95-103; W. KOESTER, "Der Vatergott in Jesu Leben und Lehre," Schol. 16 (1941) 482-95; P. NEMESHEGYI, *La Paternité de Dieu chez Origène* (Paris 1960); W. MARCHEL, *Abba Père* (Roma 1963). (P. ネメシェギ)

ちぢわ　千々石　長崎県南高来郡千々石町．島原半島の西側，雲仙岳ふもとの千々石湾に面して広がる．面積32.6 km²．農・漁業が盛んである．*有馬晴純の四男・千々石淡路守直員は1569年（永禄12）ここに釜蓋城を築いたが龍造寺隆信との戦いで戦死した．城跡には現在，橘神社と公園があり，その森のなかには天満宮があって千々石淡路守が祀られている．
【文献】長崎新聞社編『長崎県大百科事典』（長崎新聞社 1984）533-34． (結城了悟)

ちぢわミゲル　千々石ミゲル（1569-?）　清左衛門．有馬領の千々石釜蓋城城主・千々石直員の息子．直員は*有馬晴純の四男で，清左衛門は*大村純忠の甥で*有馬晴信の従兄弟である．幼年時代に父を龍造寺隆信との戦いで失った．1580年（天正8）*ヴァリニャーノより*洗礼を受けたが，その洗礼式では*マカオの司令官ドン・ミゲル・ダ・ガマ（Don Miguel da Gama）が代父（→代父母）として立ち会った．1581年，*有馬の*セミナリヨに入り，1582年，大村純忠と有馬晴信の名代で*天正遣欧使節の一人として出発した．1590年*長崎に戻り，1591年*豊臣秀吉に謁見した後，*イエズス会に入会したが，1601年頃病弱で勉学にも問題があったため退会した．後に結婚して*大村喜前に仕え，1606年（慶長11）大村喜前とともに棄教したが，大村喜前との不和によって有馬へ移り家来との争いで重傷を負い長崎へ逃れた．その後の消息は不明．使節時代に書いた数通の手紙が残っているのみである．現在，千々石町の釜蓋城跡には使節としてのミゲルを記念する碑が建てられている．
【文献】結城了悟『新史料天正少年使節』（南窓社 1990）；同『天正少年使節』（長崎純心女子短期大学 1992）．
(結城了悟)

ちてきちょっかん　知的直観〔英〕intellectual intuition, 〔独〕intellektuelle Anschauung, 〔仏〕intuition intellectuelle　*直観の原義は「見ること」にある．この見ることに形而上学的な絶対的存在者の直接的把握をも認めるのが，古代ギリシアにおける知的直観である．それに対して*カントにおいては，人間の*認識は直観と*悟性との協働により可能となる．この直観は，*時間と*空間という形式に感官を通して経験的なものが与えられる感性的直観である．感性的直観と対極にあって，直観することが同時に*対象の産出でもある知的直観は*神にのみ認められる．その後の*観念論に至り，知的直観は人間にとっての最高段階の認識として位置づけられた．
【文献】I. カント『純粋理性批判』全3巻，篠田英雄訳（岩波書店 1961-62）；I. KANT, *Kritik der reinen Vernunft* (Riga ²1787)． (開龍美)

ちどうせつ　地動説　→　太陽中心説

ちのきせき　血の奇跡〔ラ〕miraculum sanguinis, 〔英〕miraculous bleeding, 〔独〕Blutwunder, 〔仏〕miracle de sang　*聖体や聖血に関する*奇跡，聖像（特にキリスト磔刑像）が血を流す奇跡，*聖人の血にまつわる奇跡．聖体や聖血が瀆聖行為に対して起こした奇跡の物語は，中世において頻繁に語られた．例えば聖体を自宅に持ち帰って冒瀆したところ，聖体から血が流れ，瀆聖行為が発覚して罰せられたなどである．ブラウンシュヴァイク（Braunschweig），*マインツ，*アーヘンなどではキリストの像が血を流す奇跡が伝えられた．また聖人が*殉教の際に流した血は奇跡を起こすと信じられ，*崇敬の対象となった．*カンタベリの大司教*トマス・ベケットがイングランド王*ヘンリ2世の配下によってカンタベリ大聖堂で暗殺された際に流れた血は崇敬の対象となり，多くの巡礼者を集めた．トマスの血を水で希釈した「ベケット・ウォーター」は万病に効くと信じられ，巡礼者たちはこれを小瓶に入れて持ち帰った．*ナポリでは，町の*守護の聖人である殉教者*ヤヌアリウスの血が保存されていて，祝日の9月19日に液化する奇跡が起こるといわれ，今日でも多くの会衆を集めて聖ヤヌアリウス祭が行われている．
【文献】カ大 3: 477-78; LThK² 2: 548-49; 渡辺昌美『中世の奇跡と幻想』（岩波書店 1989）． (杉崎泰一郎)

ちのせんれい　血の洗礼〔ラ〕baptismus sanguinis, 〔英〕baptism of blood, 〔独〕Bluttaufe, 〔仏〕baptême de sang　*洗礼を受けていない者であっても，キリストへの信仰のために殉教する者は，洗礼を受けたと同様に*殉教というかたちで血の洗礼を受けることで*神の子のいのちにあずかるとする考えで，殉教者の多く出た*初代教会で発展した．マタイ書10章32, 39節に伝えられるキリストの言葉が聖書的根拠となっている．ローマの*ヒッポリュトスは*『使徒伝承』（19）のなかで洗礼を受けていない殉教者の罪の*ゆるしについて語り，*オリゲネスは『殉教の勧め』（30）で多くの人々の*浄化のための奉仕として血の洗礼を説明している．
【文献】EDR 1: 359． (高松誠)

ちのたみ　地の民〔ヘ〕'am hā'āreṣ　ヘブライ語のアム・ハ・アレツは，新共同訳聖書では「国の民」と訳されている．単数形で使われているこの語は，ユダ王国で，*エルサレムに居住する人々に対して，ユダ族の自由農民の有力な階層として，土地を所有し，政治・軍事・社会の各方面で影響力をもっていた人々を指している．王の交代に際しても，強い影響力をもっていたことが，列王記の記述から知られる（王下 11: 14, 18, 19, 20; 15: 5; 16: 15; 21: 24; 23: 30, 35; 24: 14; 25: 19 等を参照）．この階層はユダ王国の滅亡とともに没落し，消滅してしまった．バビロニア捕囚期以後の時代において，この語は複数形で使われ，直訳すれば，「諸国の民たち」となる．「その地の住民」，あるいは「その地の民」などと訳されている．その意味も，捕囚前とは全く異なって，*捕囚から帰国した，ユダ族の人々を圧迫する，*サマリア，*アンモン人，モアブなどの支配階層を指すものになっている（エズ 3: 3; 4: 4; 9: 1, 2, 11; 10: 11; ネヘ 10: 29, 31, 32 等を参照）．そのほか，*アブラハムがヘト人（*ヒッタイト）から土地を購入したとき，彼らを指すのに「国の民」が使われている（創 23: 7）． (木田献一)

チ・ハクスン　池学淳　Tji Hak-soun〔日〕ち・が

ちびょうぎれい

くじゅん（1921.9.9-1993.3.12）　*大韓民国の司教．平安南道（現朝鮮民主主義人民共和国）生まれ．*ソウル，*平壌の神学校に学ぶが，南北分断に直面し，1950年，北緯38度線を越え韓国に入る．1952年司祭叙階，イタリア留学後の65年には教皇庁から初代司教として江原道の原州教区長に任命される．1973年，『民主回復を求める時局宣言文』に署名．1974年，民青学連（全国民主青年学生総連盟）への資金援助の容疑で逮捕されるが，キリスト教徒2万人の抗議デモもあり翌年釈放される．人権尊重を求める発言は韓国のみならず世界に影響を与えた．

【文献】日外アソシエーツ編『現代外国人名録』（日外アソシエーツ1992）437．
　　　　　　　　　　　　　　　　（高橋佳代子）

ちびょうぎれい　治病儀礼　〔英〕ceremonial healing

【宗教と病】身心の病を癒やすために行われる呪術・宗教的儀礼の総称．病は人間にとって深刻な災厄，不幸，苦悩を与えるものの一つとして受け止められてきた．それゆえ，世界・宇宙の森羅万象の起源，歴史，現在のありようを意味づけ，共同体および個人を困難な状況から救済する文化装置としての宗教は，古い時代から病の原因の診断，解明，治療の思想と技術，実践に深く関わってきたと考えられる．

旧約聖書には神による病とその癒やし（出15: 26），預言者による癒やしについての記述（王下5: 1-14）がある．また新約聖書はイエスによる奇跡，すなわち重い皮膚病患者を清め（マタ8: 1-4；ルカ5: 12-14），悪霊につかれた者（マタ8: 28-34；マコ5: 1-20）から悪霊を追い出し，中風を病む者（マタ8: 5-13），出血が続いている女（マタ9: 20-22）を癒やしたと伝えており，カトリック教会では*病者の塗油を*秘跡と定めている．

【治病儀礼の構造】近代医学の発達した社会では，治病儀礼は*迷信の類とみなされがちである．しかし，治病儀礼が，当該共同体の宗教的宇宙・世界観に基づき，音・音楽，呪具，呪文・歌唱，香・煙，異装，舞踏および薬草・食品など多様な媒体，象徴を駆使し，周到に構造化されていることも稀ではない．*宗教学，*文化人類学などの領域では，そうした特徴をもつ儀礼が病者を苦悩から解放し，共同体の秩序を維持・再建する機能を果たしていることに注目した調査・研究が行われてきた．

それらの報告によれば，治病儀礼では一般に，シャーマン（→シャーマニズム）や呪医など，呪術・宗教的職能者が関与し，占い・神託をもって，病の原因が，①身体からの霊魂の離脱，②悪しき霊の身体への侵入・憑依，③人間の所業，罪過に対しての神霊の下した罰あるいは*祟り，④他の人間による呪詛など，いずれかの原因によるとの判断が下され，その原因に即した儀礼が執行される．病因が①であると判断すると，離脱した霊魂を取り戻して病者の身体に戻す．②の場合には，悪霊を他の物質に移しそれを破壊する．または霊を脅したり，病者の身体を叩いて追い払うといった所作が行われる．③の場合には，罪過を贖い，神・霊の怒りを鎮めるための儀礼や供養をささげる．④の場合，呪医は呪詛を祓い，特に病者の身体から，呪詛による病，災厄の証拠として，骨や小石，虫などを摘出してみせることもある．

【治病儀礼の特徴と意味】治病儀礼は，病者が自ら積極的に役割を演じなければならない，一種のサイコ・ドラマとみなすこともできよう．しかもこの儀礼には病者個人だけでなく，家族・親族また当該病者と同様の病の苦しみを体験した人々が参加することも少なくない．こうした治病儀礼が総合的効果を及ぼし，病者の自然治癒力，免疫力を昂進させ，心身の健康回復，治癒をもたらす可能性は現代医学の観点からも首肯されよう．加えて儀式が集団的に営まれるとき，治病儀礼は，病むことにおいて疎外された状態にある病者の共同体への復帰，再統合を主要な目的として実践されてきたと理解できる．

現在，日本の身心・精神医学，医療人類学の関係者のなかに，世界各地の治病儀礼を，非科学的な遅れた医療としてではなく，現代の医学・医療に再検討を迫るものとして評価しようとする傾向のあることは注目に値する．ただし，宗教が病苦からの救済を説き，治病活動を行う一方で，しばしば特定の病への賤視，共同体による病者の排除を正当化する論理を提示してきたという事実も軽視すべきではない．治病儀礼を評価するにあたっては，こうした観点からの考察も必要であろう．

【文献】宗教学辞典537-39; EncRel(E) 1: 55-59; 波平恵美子『病気と治療の文化人類学』（海鳴社1984）; I. M. ルイス『エクスタシーの人類学』平沼孝之訳（法政大学出版局1985）: I. M. LEWIS, *Ecstatic Religion: An Anthropological Study of Spirit Possession and Shamanism* (London 1971); 上田紀行『スリランカの悪魔祓い』（徳間書店1990）．
　　　　　　　　　　　　　　　　　　（井桁碧）

チベット　Tibet

【概要】チベットは平均高度4,800 m，面積122万1,700 km²の高原にあり，世界の屋根として知られている．人口はわずかで，1995年度の統計によれば240万人に満たない．そのほとんどは南部に住み，遊牧経済に依存している．このほかにチベット族は*インドと中国南東部に居住している．チベットは1200年間，断続的に*中国の皇帝に支配されてきたが，19世紀半ばから独立に向かい，1911年の中国革命後，独立を宣言した．しかし，1950年にチベットの占領を開始した中国共産党政権は，1959年チベットを完全に併合した．それ以降，チベットは中華人民共和国の一部とされるが，1965年からはチベット（西蔵）自治区とされている．

【歴史】チベットには中国から大乗仏教が伝わり，その後，組織的にインド人，特にベンガル人の伝道師によって布教された．8世紀に*仏教は，*ボン教として知られている仏教以前の*民族宗教の多くの面を吸収して，*ラマ教（チベット仏教）を形成した．14世紀の終わりから15世紀の初めにかけて黄帽派（後のチベット仏教正統派）が起こり，修行僧の独身制を復活させ，大規模な改革を行った．1578年，この黄帽派の3代目ソナム・ギャンツォ（Bsod-Nams-rgya-mtsho, 在位1543-88）が，*モンゴルのトゥメット部の首長アルタン・ハーン（Altan Khan 俺答汗, 1507-81）から「ダライ・ラマ」（Dalai bla ma）という称号を受けた（ダライはチベット語のギャムツォ＝大海にあたるモンゴル語）．この頃には，多くのモンゴル人がラマ教に帰依しており，ラマ教はさらにシベリア南部やロシア南部にまで広まった．

1959年，中国がチベットを占領した際，ダライ・ラマ14世（在位1934-　）はインドに亡命し，このことが中国とインドの継続的な紛争のもととなった．1988年にダライ・ラマ14世はノーベル平和賞を受賞した．ダライ・ラマの対抗者パンチェン・ラマ10世（Pan chen bla ma, 1989没）はつねに中国側につき，今日ではダライ・ラマと中国政府が個別に認定したパンチェン・ラマ11世が二

人存在する結果になっている.

【キリスト教の宣教】7世紀までに，*ネストリオス派教会の布教がチベットにまで及んだ形跡がある. ヒマラヤ山脈カラコルムの東南ラダーク (Ladhak) にある，中央アジア諸言語と古代シリア語で書かれた石碑は，チベットと同盟する諸部族にキリスト教が伝わったことを示している. 9世紀の初め，ネストリオス派*カトリコスのティモテオス1世 (Timotheos I, 在職780-823) はチベットの管区大主教を任命している. 近世の17世紀になると，インドから来た*イエズス会の会員がチベット西部ツァパラング (Tsaparang) に宣教本部を設立した (1624-25). 1661年には二人のイエズス会員がインドから中国への旅の途上でチベットを通過している. 1615年から21年にかけて，イタリア人イエズス会員*デシデーリがチベットに逗留し，チベット語を学び，チベット語でキリスト教に関する論文を書いた.

やがて，チベットの宣教は*教皇庁の布教聖省 (福音宣教省の前身) から*カプチン・フランシスコ修道会に委託されたため，デシデーリはチベットを去ることになった. 1707年から45年にかけてカプチン会は，ラサ (Lhasa) の宣教本部を3回にわたって組織化しようとした. しかし，これは中止を余儀なくされ，ネワリ (Newari) と呼ばれるネパール人商人が大部分を占めた改宗者たちは，ベッティア (Bettiah, 現インドのビハール州北部チャンパラン地方) 近くに定住した. 1792年にカプチン会の働きにより，チベットはチベット・ヒンドゥスタン (Tibet-Hindustan) *代牧区の所属となったが，宣教師が派遣されることはなかった. 1844年になって*ヴィンセンシオの宣教会 (ラザリスト会) のフランス人宣教師*ユクと*ガベがラサを短期間訪れ，続いて*パリ外国宣教会が，新しく設立されたラサ代牧区のもとで最後の宣教を担当した. インドや中国から「禁じられた国」に入ることは大変な冒険で，パリ外国宣教会の司祭クリック (Nicholas-Michel Krick, 1819-54) とブーリ (Auguste-Etienne Bourry, 1826-54) の活動は，結局アルボル族による惨殺で幕を閉じた (1854). 中国・チベット国境付近は特に危険であったが，それでもわずかながら宣教本部が開設された. ところが，1904年の英国探検隊に対して再発した排外感情は，反キリスト教運動へと展開し，ついに4人の宣教師が殺害され，多くの信徒が虐殺された. 宣教本部もほぼ完全に破壊された. それでもなお1910年には21人の宣教師と2,407人のチベット人信徒が残っていた.

1933年，*アウグスチノ修道祭式者会の会員が宣教を引き継ぎ，1959年に国外退去になるまで10人の司祭が滞在した. そのときまでに，チベットには1,200人の信徒が，中国側には3,000人の信徒が存在したはずである. その何人かはどうにかチベットを脱出し，*台湾へ逃れた. アメリカと中国国内の宣教地からのプロテスタントの宣教師は，19世紀の終わりから活動し，ほんのわずかではあるが信徒を得ている. カトリック教会の組織上，チベットは1924年に創設されたタチエンル (Tatsienlu) 代牧区に含まれていたが，1946年以降は中国四川省の重慶大司教区の属司教区である康定司教区に属している.

【文献】EBritMa 18: 372-82; EC 12: 77-81; NCE 14: 151-52; RGG³ 6: 883-84; L. PETECH, ed., *I missionarii italiani nel Tibet e nel Nepal*, 7 v. (Roma 1952-57).

(E. R. ハンビ)

ちぼく　知牧　〔ラ〕praefectus apostolicus, 〔英〕apostolic prefect, 〔独〕apostolischer Präfekt, 〔仏〕préfet apostolique　使徒座知牧区長が現在の呼称. 宣教地あるいは定住司教制がまだ設置されていない地方において特別の*裁治権が与えられている*司祭で，*使徒座に直属し，*教皇の名において，*教区司教に準ずる種々の権利と*権能をもって*神の民の一定の部分を統治する (『教会法典』134条, 371条1項). 使徒座知牧区 (旧『教会法典』における呼称は*知牧区) は，やがて信者が増加してカトリック者共同体が発展すると，*司教区の前身である使徒座代理区 (*代牧区) に昇格する. 使徒座知牧区長の任命は*聖座に留保される. 使徒座知牧区長は司教位階を有しないが，自己の管轄区域内では，聖座が特別の留保をしないかぎり，地区*裁治権者として，法が教区司教に与えるすべての権利と権能をもつ. 使徒座知牧区内の全宣教活動は使徒座知牧区長に従属し，*修道者もその裁治権と視察権に服する. その職務の遂行において使徒座知牧区長は聖座から充分な権能を受け，その多くは配下の宣教司祭に再委任することができる. 現行の『教会法典』は使徒座知牧区長の法的地位の詳細は規定せず，主にその*司牧的役割を強調している.

(傘木澄男)

ちぼくく　知牧区　〔ラ〕praefectura apostolica, 〔英〕apostolic prefecture, 〔独〕apostolische Präfektur, 〔仏〕préfecture apostolique　*教皇の名においてその統治権 (*裁治権) を行使する使徒座知牧区長 (旧『教会法典』による名称は*知牧) によって司牧される，部分教会の一形態. 新『教会法典』では使徒座知牧区と訳されている. 元来，宣教地といわれてきた地域，すなわち教会*位階制がいまだ完全に確立されていない地域において，特別の事情により，いまだ教区として設立されるに至っていない部分教会のことを指す教会行政上の用語である. 宣教地においては，*司教区が設立されるに先立って，まず一定の宣教地区が設定され，次に使徒座知牧区，そしてその次に使徒座代理区 (*代牧区) が設立されるのが一般的な順序であった.

(枝村茂)

チーホン　**Tikhon**　(1865. 1. 19-1925. 4. 7)　ロシア革命時の*ロシア正教会モスクワ総主教 (在職1917-25). 本名ヴァシーリィ・イヴァーノヴィチ・ベラーヴィン (Vasilij Ivanovich Belavin).

【生涯】プスコフ県トロペツ (Tropets) に司祭の子として生まれる. 1888年ペテルブルグ神学大学を卒業後プスコフの神学校で教え，1891年修道誓願. ルブリン (Lublin) の主教 (1898-99), 1899-1907年アリューシャンおよび*アラスカの主教としてアメリカでの正教会の基礎を築く. その後, ヤロスラーヴリ (Yaroslavl') の大主教 (1907) などを経て, 1917年モスクワ府主教に就任. 当時のロシアには*ピョートル1世により廃止されて以来，総主教座はなかったが，革命を前に同年8月全ロシア地方公会議が開かれて復活が決定され，総主教に選出された. これによりチーホンはソヴィエト政権との闘いの波にのみ込まれていく. すなわち革命政権は1918年1月23日の布告により教会を非合法化したため，総主教も政府を「教会の敵」として*破門. 教会は政治問題には関与しないことを宣言したが，1922年政府は教会財産の没収を決め，チーホン逮捕に踏み切った. この頃から迫害はますます激しいものとなる. 同時に政府傀儡の「生ける教会」の活動も活発になり，教会は苦境に

チーホン〔ザドンスクの〕

陥っていく．1923年チーホンは政府に忠誠を表明するという苦渋の選択をし，釈放される．1925年には再度忠誠を表明するとともに，セルビアのカルロフツィ (Karlovtsi) にあった亡命者の教会との絶縁にも追い込まれた．こうした苦難のなかでその年の福音祭の日にモスクワで永眠．

チーホンの選択に関して評価は分かれるだろうが，ロシア正教会はその後も非常に限定された条件のもとではあるが，まがりなりにも存続することになった．チーホンは，1989年ロシア正教会総主教制度確立400年記念祭時に *列聖．記念日は9月26日(新暦10月9日)．
【文献】キ人 873; EncRel(E) 14: 519-20; NCE 14: 154; ODCC³ 1621. 　　　　　　　　　　　　　(安村仁志)

チーホン〔ザドンスクの〕 Tikhon (1724-1783. 8. 13)

聖人(祝日8月13日)，*ロシア正教会の *主教，文筆家．本名チモフェイ・ソコロフ (Timofei Sokolov)．ノヴゴロド県出身．教会誦経者の父を早くに失い，極貧のなかで育つ．ノヴゴロド神学校卒業後，1758年修道士となる．1763年ヴォロネジ (Voronezh) の主教に任ぜられ，聖職者の知的水準の向上や民衆の教化に尽力するが，聖職者と民衆双方の抵抗に遭う．1767年辞職し，1769年ザドンスク (Zadonsk) の修道院に隠遁．同地で没するまで，貧者と弱者のために生き，多数の著作を執筆した．*ドストエフスキーの『カラマーゾフの兄弟』に登場するゾシマのモデルともいわれる．
【主著】『世から集められた霊的宝』 Sokrovishche dukhovnoe, ot mira sobiraemoe, 1774;『真のキリスト教について』 Ob istinnom khristianstve, 1785, ²1803;『肉と霊』 Plot' i dukh, 1796.
【文献】EncRel(E) 14: 520-21; N. GORODETZKY, Saint Tikhon of Zadonsk, Inspirer of Dostoevsky (New York 1951 ²1976); Russkii biograficheskii slovar', v. 20 (New York 1962) 583-89; Polnyi pravoslavnyi bogoslovskii entsiklopedicheskii slovar', v. 2 (London 1971) 2165.
　　　　　　　　　　　　　　　　　　　　　(青木恭子)

チーマ・ダ・コネリャーノ Cima da Conegliano (1459頃-1517頃)

*ヴェネツィア派の画家．本名ジョヴァンニ・バッティスタ・チーマ (Giovanni Battista Cima)．ヴェネト地方コネリャーノ (Conegliano) の出身．G. *ベリーニ，*アントネロ・ダ・メッシーナ，アルヴィーゼ・ヴィヴァリーニ (Alvise Vivarini, 1445頃-1504) 等の影響を受け，*サクラ・コンヴェルサツィオーネ(聖会話)の形式の祭壇画や多翼祭壇画，ベリーニ風の聖母子画を *ヴェネツィアやその周辺の都市に多く残す．画風は均質かつ静謐明快で，澄明な詩情をたたえた大気と風景の表現に優れているが，人物表現は，品格と敬虔さに富むとはいえ，やや硬く単調である．代表作にコネリャーノ大聖堂の『聖会話』，ヴェネツィアのサン・ジョヴァンニ・イン・ブラーゴラ聖堂の『キリストの洗礼』などがある．　　　　　(森田義之)

チマッティ Cimatti, Vincenzo (1879. 7. 15-1965. 10. 6)

サレジオ会宣教師．イタリアの *ラヴェンナ近郊のファエンツァ (Faenza) の生まれ．1896年 *サレジオ会入会，1905年司祭叙階．1926年(大正15)日本渡来の同会最初の宣教師として宮崎に着任，同会に管理を任された宮崎・大分の両県で宣教に従事．1928年(昭和3)宮崎宣教区長，1935年宮崎の初代 *知牧および初代管区長に就任．宮崎，大分，別府，東京にサレジオ神学院を設け，日向学院，育英学院などの学校法人，中津ドン・ボスコ学園，東京サレジオ学園などの社会福祉事業施設を開設するなど同会の発展に寄与し，40年にわたって司牧と教育に献身した．司祭職以外にも，自然科学や音楽などの面でその才を発揮した．その遺徳がしのばれて列福調査(→ 列聖)が開始され，1991年12月21日，教皇 *ヨアンネス・パウルス2世から徳の英雄性を認められた *尊者の宣言を受けた．　　(尾原悟)

チマブエ Cimabue (1240/50頃-1302)

イタリアのフィレンツェの画家．本名はチェンニ・ディ・ペポ (Cenni di Pepo)．記録が乏しく1272年以降のことしか明らかでないため，生年や生い立ち，修業期等多くの点が不明である．チマブエ作であることが確かな現存作品で，最も早い時期のものと考えられているのはアレッツォ (Arezzo) のサン・ドメニコ聖堂の *板絵の磔刑像であり，金線を用いた衣の襞の表現にはジュンタ・ピサーノ (Giunta Pisano, 活動1200頃-1250年代以降)やコッポ・ディ・マルコヴァルド (Coppo di Marcovaldo, 1225頃-1280頃) の影響をみてとることができる．代表作は1280年代に制作された *アッシジのサン・フランチェスコ聖堂の上堂のフレスコ画連作である．『キリストの磔刑』の深い悲しみを表す身振りにみられるような感情表現は，彼の弟子と伝えられる *ジョットへと確実に受け継がれている．かつて *フィレンツェのサンタ・トリニタ聖堂に置かれていた『荘厳の聖母』(フィレンツェのウフィッツィ美術館)は，人物の容貌や衣の襞においては依然として *ビザンティン美術的な硬さを感じさせているが，玉座にみられる奥行きの表現は非常に革新的である．
【文献】DA 7: 314-19; M. キエッリーニ『チマブーエ』野村幸弘訳 (東京書籍 1994); M. CHIELLINI, Cimabue (Florence 1988). 　　　　　　　　　　　(本間紀子)

チマローザ Cimarosa, Domenico (1749. 12. 17-1801. 1. 11)

*ナポリ近郊アヴェルサ (Aversa) に生まれ，*ヴェネツィアで没したイタリアの作曲家．1761-71年にナポリで音楽教育を受けた後，*オペラの作曲家として登場し，1780年代半ばには，国の内外で名声を確立した．ナポリ，*ローマ，ヴェネツィアでの活躍のほか，1787-91年 *ザンクト・ペテルブルグで，さらに1791-92年 *ウィーンで宮廷楽長を務めた．オペラへの評価が高く，1792年作の『秘密の結婚』が代表作であるが，*オラトリオ，*ミサ曲(1787年作の *レクイエムを含む)などの宗教作品，世俗カンタータ，鍵盤楽器独奏用のソナタ，協奏曲，室内楽曲なども残している．　　　　　　　　　　　　　　　　　(伊東辰彦)

チ・ミョンクワン 池明観 Chi Myong-kwan (1924. 10. 11-)

大韓民国の大学教授，イエス教長老教会 (Presbyterian Church of Korea) の統合派長老．平安北道定州(現朝鮮民主主義人民共和国)に生まれる．ソウル大学で宗教哲学を学び，韓国の月刊誌『思想界』主幹などを歴任．1972年(昭和47)来日し，東京女子大学などで教鞭をとる．1993年に韓国に帰国するまで，多くの日本語著書を著し，日韓の相互理解と交流に尽力した．また，雑誌『歴史批判』を主催するなど，言論人としての影響力も大きい．
【主著】『流れに抗して』(新教出版社 1966);『アジア宗

教と福音の論理』第三世界とキリスト教 1（新教出版社 1970）；『韓国文化史』（高麗書林 1979）.
【文献】キ人 868. （高橋佳代子）

チャイコフスキー　Chaikovskii, Pëtr Il'ich
(1840. 5. 7-1893. 11. 6)　ロシアの作曲家．ウラル山麓の鉱山町ボトキンスク (Votkinsk) に生まれる．法務省の官吏となったが，音楽の道へ転じ，ペテルブルグ音楽院でルビンシテイン (Anton Rubinshtein, 1829-94) に師事した．卒業後，モスクワ音楽院で教師を務めるかたわら作曲活動を行い，国民楽派の影響を受けつつも，基本的には西欧的作風をとった．1876 年以降は，フォン・メック夫人 (Nadezhda Filaretovna von Meck, 1831-94) から経済的援助を受け，結婚生活の破綻による精神的苦悩にもかかわらず，傑作を次々と生み出した．晩年は指揮者として欧米各地を訪問，好評を博したが，1893 年，交響曲第 6 番『悲愴』(Patetisheskaya) の初演 10 日後に *サンクト・ペテルブルグで死去した．

チャイコフスキーの音楽は，そのセンティメンタリズムとロマンティシズムにより，広く大衆に人気が高いが，宗教音楽作品は趣を異にしている．すなわち，そのほとんどは *典礼での使用が意図されているため，ロシア正教の聖歌の伝統（→ロシア正教会）にのっとって無伴奏合唱（→ア・カペラ）の編成で書かれ，様式的にも「非ヨーロッパ化」が試みられているのである．ロシア的なものに愛着を感じていた彼は，当時皇帝付礼拝堂に独占されていた，このような *典礼音楽の分野にも興味を覚え，『金口イオアンの典礼』(1878, →クリュソストモス典礼) を作曲した．『晩課』(1882) は古い聖歌に厳格な和声づけを施した作品であるが，旋律は自由に扱われている．『九つの聖歌』(1884-85) の作曲にあたっては，彼の活躍に関心を寄せていた皇帝アレクサンドル 3 世 (Aleksandr III, 在位 1881-94) の勧めがあったとされ，多くの教会で歌われたと伝えられる．このほか，『聖キリルと聖メフォーディ賛歌』(1885) 等がある．
【文献】NGDM 18: 606-36；田辺尚雄他編『音楽大百科事典』3（平凡社 1982）1471-78． （藤田浩）

ちゃくいしき　着衣式〔ラ〕vestitio, susceptio habitus religiosi,〔英〕clothing of the religious,〔独〕Einkleidung,〔仏〕prise d'habit　*修練期に入る *修道志願者に対して，正式に *修道服を与える儀式．ヌルシアの *ベネディクトゥスの『戒律』(6 世紀) には志願者の受け入れと *修練者の請願に関する規程はあるが (58 章)，着衣式に関する言及はない．中世になって *修道会会則に着衣式に関する規程が詳述されるようになった．12 世紀前半に成立した *シャルトルーズの修道院慣習律 (23-25 章) には，志願者は *ミサの *奉納の後に請願文を読み上げ，出席者全員の祈りがあった後に，司祭が修道服を祝福して志願者に着せるという条項が記されている．その後現代に至るまで，諸修道会においてそれぞれの形式で志願者に対する着衣式が行われている．1917 年の旧『教会法典』553 条には修練期間は着衣式をもって始まることが定められたが，第 2 *ヴァティカン公会議以降，簡略化される傾向にある．
【文献】カ大 2: 482；LThK³ 3: 553. （杉崎泰一郎）

ちゃくざしき　着座式〔ラ〕inthronisatio,〔英〕inthronisation,〔独〕Inthronisation,〔仏〕intronisation　通常，*司教に任命された者が *司教座聖堂の *司教座

ドイツでの着衣式の行列
(Herder)

（カテドラ）に座り，*教区司教に就任したことを公的に明らかにする式．新『教会法典』では，「司教は，教会法上の就任に当たり，当該教区において文書を作成すべき教区事務局長の同席のもとに，自ら，又は代理人を介して顧問団に使徒座任命書を提示することによって着座を行う．新設の教区においては，司教座聖堂に参列している聖職者及び信徒に，同任命書が伝達されることによって着座する」(382 条 3 項) とあり，中心は任命書の提示にある．また，着座に際しては，司教座聖堂において聖職者と信徒の参列のもとで *ミサを行うことが望ましいとされ (同条 4 項)，その場合，式のなかで一同の前に *使徒座からの任命書が示され，新司教が司教座に座ることによって教区長就任が明らかにされる．
【文献】カ大 3: 482-83；LThK³ 5: 564-65. （宮越俊光）

チャーダーエフ　Chaadaev, Pyotr Yakovlevich　(1794. 6. 7-1856. 4. 26).　ロシアの知識人，作家．*モスクワに生まれ同地で没す．ロシア史に関する主張がスラヴ派（→スラヴ主義）と西欧派の論争を激化させる要因となる．彼自身の立場は，ロシア発展のためには西欧化が必要であるという主張では前者と，宗教史的考察においては後者と一線を画するものであった．リベラルな陸軍士官だったが 1820 年代に神秘主義的キリスト教徒に転ず．1827 年に発表した主著『哲学的書簡』(Lettres philosophiques, 1827-31) ではロシアの歴史と文化，*ロシア正教会に痛烈な批判を加え，*ローマ・カトリックと西欧文化への同化を主張．1836 年に同書のロシア語への翻訳を掲載した雑誌は発禁処分となり，彼自身は精神異常であるとして病院に収容された．
【文献】EBritMi 2: 702. （井上洋一）

チャタトン　Chatterton, Thomas　(1752. 11. 20-1770. 8. 24)　イギリスの詩人．ブリストル (Bristol) に生まれ，父の教えていた学塾在学中から詩を発表．や

チャーチ・オブ・ゴッド〔アメリカの〕

がて架空の詩人を創出し，その作品を発見したという触れ込みで多数の詩を偽作．これらを出版社や文人に送りつけ，一時名声を得る．だがまもなく真相が判明し，貧窮と失望のうちに *ロンドンで自殺．偽作とはいえその詩才は優れ，後に *ロマン主義の詩人たちから高い評価を得た．その短く悲劇的な生涯は人々の興味を引き，劇化されてもいる．

【主著】 Poems, supposed to have been written at Bristol, 1777; D. S. TAYLOR, B. B. HOOVER, eds., Complete Works, 1970.

【文献】 EBritMi 2: 781-82. （小林章夫）

チャーチ・オブ・ゴッド〔アメリカの〕 Church of God

アメリカ合衆国内の約 200 の宗教団体を指す．この言葉に教理的意味はないといわれるが，聖書的教会との主張もある．1825 年，アメリカ合衆国の *ドイツ改革派教会内で最初に使用され，現在では，南北戦争後にできた宗教団体の幾つかを指す．*ペンテコステ派，*ホーリネス教会の流れを汲むものが多い．

【文献】 キ大 691; NIDChC 227-28; D. G. REID, ET AL., eds., Dictionary of Christianity in America (Downers Grove, Ill. 1990) 278-80. （榎本昌弘）

チャーチ・ワールド・サービス Church World Service

アメリカ合衆国の全国教会協議会 (National Council of the Churches of Christ in the USA) の救済・更生を扱う団体．1946 年設立．1959 年には 50 か国に支部を置き，さまざまな救済活動を行う．日本支部は東京に設置され，日本国際基督教奉仕団の名称で呼ばれていたが，1958 年独立して社会福祉法人 *日本キリスト教奉仕団となった．

【文献】 キ大 691; NCE 10: 234. （高橋章）

チャド

正式国名：チャド共和国，〔仏〕République du Tchad，〔英〕Republic of Chad．面積：128 万 4,000km²．人口：727 万人（1998 年現在）．言語：フランス語，アラビア語（以上公用語），ほかに部族語のサラ語，トゥブリ語，フルフルデ語など．宗教：特に北部で *イスラム教が有力で全人口の 50% を占める．南部では部族固有の伝統宗教が有力だが，キリスト教徒も約 5% を占める．

【概要】 チャドといえばその文化の多様性と，近年の悲劇的な内乱の歴史が思い浮かぶ．1960 年の独立以来，北部のアラブ系イスラム教徒と南部のスーダン系イスラム教徒の対立が激化し，政治的紛争と流血の敵対関係に揺さぶられた．そこから生じた内乱は，*リビアや旧宗主国 *フランスなどの介入によって国際紛争と化した．これらの介入は，フランスや *アメリカ合衆国の経済的・戦略的権益を守るため，あるいはリビアの元首カダフィ (Mu'ammar al-Qadhāfi, 1942-) の場合のように，領土拡張と汎イスラム主義計画の実現のために行われたものである．政情不安はチャドの経済と組織の混乱を招き，貧困の度合いをさらに悪化させただけでなく，キリスト教諸派にも困難な問題を生じさせた．

チャドは広大な国であるが人口は少なく，人口密度は 5.7 人/km²（日本は 335 人/km²）である．人口は農業の面から最も豊かな南部に集中している．北東部は雨が少なく砂漠気候だからである．北部は人口の 90% 以上をイスラム教徒が占めている．キリスト教の福音宣教は *アニミズムの強い南部の住民の間で始められ，現在もそこにキリスト教徒が集中している．

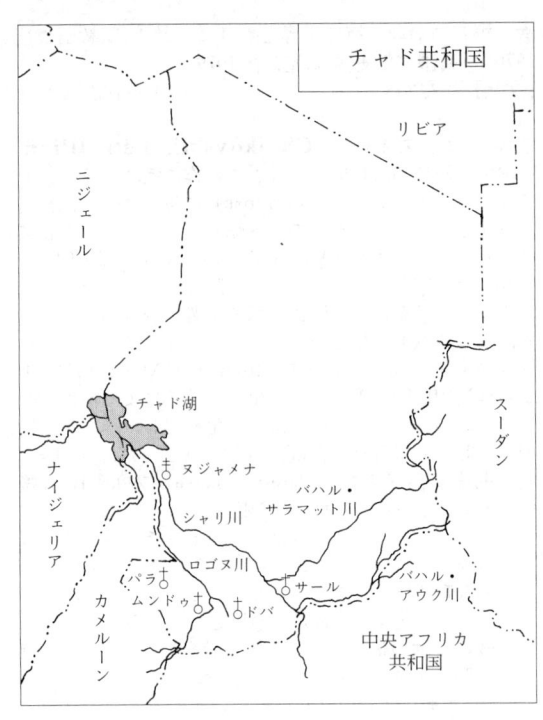

【キリスト教の歴史】 チャドへの宣教の歴史は新しい．最初のカトリック宣教師，バンギ（現在の *中央アフリカ共和国）からやって来た *聖霊宣教会の一会員が南部のクー (Kou) に居を定めたのは 1929 年のことである．プロテスタントの宣教師はその地にすでに 1920 年以来住んでいた．特に人員不足などの理由から，聖霊宣教会は 1935 年に *カプチン・フランシスコ修道会の手に宣教を委ねた．同じ時期に，*イエズス会の会員が一人，植民地の首都フォール・ラミ (Fort-Lamy, 現ヌジャメナ N'Djaména) に *従軍司祭として居住することを計画，イスラム教化された地帯にキリスト教を広めることに強いためらいをみせていたフランス植民地当局を説得し，その地に小聖堂を建立することに成功した．1944 年，*教皇庁はフォール・ラミに *知牧区を設置し，イエズス会と *オブレート会に会員の派遣を要請，南部のカトリック教会の足場を固めることになった．

【現況】〔概要〕 チャドの広大な領土にはヌジャメナの大司教区とムンドゥー (Moundou)，パラ (Pala) およびサール (Sarh) の 3 司教区があった．1989 年 3 月，教皇 *ヨアンネス・パウルス 2 世はドバ (Doba) に新司教区を設置した．これらの *司教区の司教は，かつては皆外国人だったが，1980 年代後半から現地人司教が誕生し始めている．チャドには全部で 100 近い *小教区センターと 1,000 程の集会所があり，これらの大部分は *カテキスタによって維持され，司祭が一定の間隔で訪問している．カトリック信者の数は約 55 万 5,000 で人口の 7.6% 弱，キリスト教徒総数では 22% 強を占める．残りはイスラム教徒（特に北部と東部に多い）と伝統的部族宗教の信奉者（特に南部）からなっている．

最初のチャド人司祭は 1958 年に叙階された．チャド人司祭と神学生の数も絶えず増加を続けている．司祭と同じく，現地人男女修道者の *召命もまだ揺籃期にある．したがってチャド人の青年信徒に多大な期待を寄せてはいるものの，宣教師の存在と援助は依然圧倒的で，今後もしばらくは必要とされるであろう．この国の宣教

師に関しては一つ注目すべき点がある．チャドにはアフリカ人修道会の会員，特に*ルワンダと*ブルンディから来た宣教師がいるが，これはいわば南と南の協力なのである．この現象は，キリスト教徒の迅速で持続的な増加と非アフリカ系外国人宣教師の減少に対する対策として，今後数年間で一般化していくものと思われる．

〔司牧の特徴〕司牧は全体として，福音は地域の文化風土に従って表現され，開花しなければならないという信念に従って行われている．責任者たちは自分たちの活動の重点を信仰教育の刷新，*秘跡の理解と実践の向上に置くことにより，このことを実現しようと試みた．秘跡に関しては，西欧的伝統が余りにも目立つ儀式や規則の偏重を避け，アフリカの固有文化に調和した，より自由な形を模索している．

この秘跡に関する司牧により当国の*教導職は，アフリカの他の教会と同じく，*役務の問題に直面している．チャドでは，教区は広大である．国には住民も少なくカトリックの信者はさらに少ない．しかし信者は秘跡を受ける権利をもっている．充分な数の司祭を確保できないことからチャドの司教は，1983年の*アド・リミナの際，結婚した男性信徒を司祭に任ずることの妥当性について，教皇に直接質問した．この既婚信徒とはすでに長年の間，それぞれの*共同体で重要な責任を担い，それを立派に果たしている者たちである．しかし，この働きかけは実らなかった．

チャドでの司牧の第二特徴は信徒の養成に関してである．すなわち，カテキスタ，下部集団の責任者，開発あるいは保健・衛生の問題に関する指導者の養成である．さらに言語と文化の多様性に由来する問題がある．そのためにこそ司祭は，例えば要理教育（→要理と要理教育）や*主日の説教に関して，地域のカテキスタの協力に頼らざるをえない．ちなみに，チャド教会の責任者たちが奨励しようと試みた「新カトリック要理」は農村の人々の精神性には向いているようではあるが，当の奨励者の告白するところでは，都会人や，ますます宗教に無関心になっていくエリート階級には適していないと考えられる．

チャド教会の特徴として最後にあげられるのは，地域住民の社会的・経済的向上に積極的に参加していることである．チャドの教会は，戦争や飢餓の犠牲者を助けるため国際協力機関と西欧のカトリック開発援助事業団体からの援助金の流通配分にしばしば尽力した．また当国の慢性的貧困と戦時の被害に対して，生活の種々の面でさまざまな対策を講じてきた（医療関係者や牧畜・農業指導員の養成，農村の生活向上，身体障害者援助）．これらの活動の目標は，町々や村々を自立させ，責任をもたせることにある．

チャドの教会はイスラム教徒が大多数を占める現在の政府のもとで活動の自由を享受しており，その活動は政府から必要不可欠なものと認められている．チャドの*司教協議会の一機関であるカリタス活動（→カリタス・インテルナツィオナーリス）および開発研究・連絡事務局は社会的・経済的発展を図る際に，小教区および司教区の活動を連携させる．この社会活動の受益者は，既述の歴史的理由から南部の4司教区，ムンドゥー，パラ，サール，ドバに集中している．しかしこの活動は，現在の変動に立ち向かうための訓練を受け，組織化された共同の活動に参加することを求める人々であれば，キリスト教徒であろうとなかろうとすべて受け入れるものである．

【現勢】1998年現在，カトリック信者数：55万5,000．大司教区：1．司教区：6．小教区：108．教区司祭：99．修道司祭：122．信徒修道士：35．修道女：300．カテキスタ：7,543．
(P. ルタイジール)

チャニング　Channing, William Ellery（1780.4.7-1842.10.2）　アメリカ合衆国のユニタリアン派牧師，思想家．ロードアイランドのニューポート(Newport)生まれ．*ハーヴァード大学卒業(1798)，*ボストンのフェデラル・ストリート組合教会（→会衆派）で*按手礼を受け(1803)，生涯その教会で牧会(*司牧)にあたった．そこでユニタリアン論争で大きな役割を果たす．正統的*カルヴィニズムに対して，*自由主義的な立場をとる牧師が多くなり，彼はその急先鋒となる．1819年*ユニテリアンの立場を支持，翌20年自由主義牧師たちによるベリー・ストリート協議会を組織した．これが1825年にアメリカ・ユニテリアン協会(American Unitarian Association)となる．彼はカルヴィニズムの*三位一体論と贖罪（→贖い）についての伝統的な概念を否定し，人間の道徳的実践による*救いを強調した．特に*奴隷制は語ることのできぬ悪と批判し，黒人解放に力を注いだ．*ワーズワース，*コールリッジとも交わり，*エマソンや*ソローへの影響は大きい．ボストン公園にある彼の記念像には「彼は神学に人間の精神を吹き込んだ」と記されている．

【主著】*The Works of William E. Channing*, 6 v. 1848.
【文献】キ人875；キ大691-92；ODCC³ 318．（茂洋）

チャプター・ハウス　〔英〕chapter house，〔独〕Kapitelsaal，〔仏〕salle capitulaire　聖堂参事会室．大聖堂や参事会聖堂における，参事会会員（→カピトゥルム）のための会議室．本来は修道院内に設置された特別の部屋で，修道士が*修道会の戒律書の章（チャプター）の朗読を聞いたり，共同体の事務処理のために使用した．聖堂の傍ら，*内陣に近い位置に設置され，ほぼ正方形平面のものが多い．13世紀には，聖堂に次ぐ重要建築物となり，特にイギリスでは正多角形平面の独立形式の大聖堂付属チャプター・ハウスが発達した．

【文献】DA 6: 463-67；『オックスフォード西洋美術事典』（講談社1989）653；小学館美術全集，ゴシックI．
(守山実花)

チャプレン　〔ラ〕capellanus，〔英〕chaplain，〔独〕Kaplan，〔仏〕chapelain　一定の*共同体または特定のキリスト信者の集団のため，その*司牧の少なくとも一部が，普遍法および局地法の規定に従って行われるよう恒常的様式で委託されている*司祭（『教会法典』564条）で，団体付司祭と訳される．具体的には*礼拝堂または記念堂付司祭，あるいは*修道院，孤児院，*病院，刑務所等の施設で職務を行うために任命された司祭，特定の階層の人々に奉仕するために任命された司祭（例えば*従軍司祭），その他各種*信心会の集会や議会等の集団で*祈りの先唱をする司祭もチャプレンと呼ばれる．ラテン語のカペラヌス(cappellanus)は礼拝堂を意味するカペラ(cappela)に由来する．団体付司祭は通常，地区*裁治権者がこれを任命する．推薦する者を任命し，また選任された者を認証する権限も地区裁治権者が有する（『教会法典』565条）．団体付司祭は，適正な司牧に要求されるすべての*権能を賦与され，局地法または局地委任によって賦与されているもののほかに，職

務上，自己に委ねられた信者の告白を聴き（→聴罪司祭），*神の言葉を述べ，臨終の*聖体拝領および*病者の塗油を執行し，かつ死の危険にある者に*堅信の秘跡を授ける等の権能を有する（同566条）．非聖職者*修道会の団体付司祭は典礼聖務を行い，またはそれを規制する権限を有するが，修道会の内部統治に関与することは許されない（同567条）．生活の事情により*主任司祭の通常の司牧を受けることができない人々，すなわち*移住者，亡命者，*難民，放浪者および船員のためには可能なかぎり団体付司祭が任命されなければならないとされる（同568条）．軍隊付司祭（従軍司祭）については特別法が適用され（同569条），それによって団体付司祭の通常の権能のほかに，その*役務に必要な特別の権能を賦与することができる．団体付司祭の解任は教会主管者司祭の解任の規定が適用されるが，地区裁治権者または上長の賢明な判断により，正当な理由がある場合は転任および解任はいつでも可能である（同563, 572条）．

（傘木澄男）

チャーマーズ　Chalmers, James（1841. 8. 4-1901. 4. 8）*会衆派のロンドン宣教協会宣教師，南太平洋開拓伝道者．貧しい家庭に育ちながら海外伝道を志し，クック諸島ラロトンガ島に赴く（1867）．さらに未開地伝道のためニューギニア島に移住（1877）．原住民の教化と伝道に従事するが，旅行中，原住民により殺害される．

【文献】キ人876；キ大692；ODCC³ 316．　　（高橋章）

チャーマーズ　Chalmers, Thomas（1780. 3. 17-1847. 5. 31）スコットランドの神学者，牧師．*セント・アンドリューズ大学道徳哲学教授，エディンバラ大学神学教授．産業革命後の貧民問題に力を注ぐ．*スコットランド教会の牧師の公選運動や*自由教会の分派活動を起こして，スコットランドの自由教会を創設した（1843）．

【文献】キ人876-77；キ大692；NIDChC² 210；ODCC² 264．　　（高橋章）

チャールズ1世　Charles I（1600. 11. 19-1649. 1. 30）イングランド王（在位1625-1649），イギリス，ステュアート朝の王．*ジェイムズ1世の第2子として，ファイフシャーのダンファームリン（Dunfermline）城で生まれる．1625年に即位．W. *ロードを中心とするイングランド国教会（→聖公会）の*ピューリタン弾圧を支持し，その一方ローマ・カトリックに寛容策をとる．失政を重ね，1628年に議会の要求により「権利請願」（Petition of Right）を承認したが，*王権神授説を信奉したこともあり，1629年に議会を解散した．その後，スコットランドにも国教を強制しようとして，1639年に反乱を招き，その鎮圧費用を徴収するために1640年に議会を召集した．これは「短期議会」と呼ばれるように3週間で解散した．同年末に議会を再召集する（長期議会）ものの議会内での王党派と議会派の対立が原因で，1642年から内戦が起こる．これがいわゆるピューリタン革命（Civil War）の勃発である．1647年に王は捕らえられ，1649年O. *クロムウェルを中心とする独立派の軍と議会により処刑された．1660年の*王政復古の後，殉教者とみなされ，1859年までイングランド国教会では聖人として記念された．

【文献】ODCC³ 322-23．　　（伊能哲大）

チャールズ2世　Charles II（1630. 5. 29-1685. 2. 6）グレート・ブリテンおよびアイルランド王（在位1660-85）．カトリック教徒．ロンドンのセント・ジェイムズ宮殿に生まれる．*チャールズ1世の処刑後スコットランドで即位したがフランスに亡命（1651）．O. *クロムウェルの死後ブレダ宣言（Declaration of Breda）を発表して帰国（1660）．非国教徒に寛容な策をとったが国教派（→聖公会）の優勢な議会と対立．議会の圧力でクラレンドン伯（Edward Hyde, 1st Earl of Clarendon, 1609-74）を登用し，非国教徒を弾圧するクラレンドン法（Clarendon Code, 1661-65）が成立した．伯失脚後フランス王*ルイ14世とドーヴァーの密約（Secret Treaty of Dover）を結び（1670），援助金をフランスから得るかわりに，対オランダ開戦とカトリック寛容策を約し，信仰自由令を発布した（1672）．しかし議会の反対で翌年撤回．逆に議会は審査律を議決して公職から非国教徒を排除した．*教皇派陰謀事件（1678）でカトリック教徒が投獄され，カトリックであるヨーク公（Duke of York, 後のジェイムズ2世 James II, 在位1685-89）はフランスに亡命した．その後国王は議会との対立を深め，晩年は議会を開かずに統治した．ロンドンのホワイトホール（Whitehall）にて死去．

チャールズ2世（NPG）

【文献】キ人877；G. M. TREVELYAN, *England under the Stuarts* (London 1904)．　　（杉崎泰一郎）

チャロナー　Challoner, Richard（1691. 9. 29-1781. 1. 12）イギリスのカトリック著作家．デブラ（Debra, 現ユーゴスラヴィア領）の*名義司教．ドゥエー版英訳聖書（→聖書の翻訳：英語）の改訂に尽力したことでよく知られる．

サセックス（Sussex）出身．両親は*長老派教会に属していたが，父の死後はカトリック教徒の家庭で育てられ，1704年にカトリックに改宗した．翌年フランスのドゥエー（Douai）の神学校に入学し，1716年に司祭叙階．1719年に同校の神学教授となり，1727年には神学博士の学位を取得．1730年にイギリスへ戻り，*ロンドンの貧民街で司牧活動に従事．1738年にイングランド国教会（→聖公会）の神学者ミドルトン（Conyers Middleton, 1683-1750）の論駁によってイギリスを離れるがまもなく戻り，1741年には名義司教兼*代牧となった．ロンドンにて没す．

チャロナー（Westminster Cathedral）

【著作】*The Garden of the Soul*, 1740; *Memoirs of Mis-*

sionary Priests, 2 v., 1741; *Considerations upon Christian Truths and Christian Duties*, 2 v., 1753.
【文献】キ人 877; D. R. GWYNN, *Bishop Challoner* (London 1946). (杉崎泰一郎)

ちゅうおうアフリカきょうわこく 中央アフリカ共和国
正式国名: 中央アフリカ共和国, 〔仏〕République Centrafricaine, 〔英〕Central African Republic. 面積: 62万2,984km². 人口: 331万人(1995年現在). 言語: フランス語(公用語), サンゴ語, ハウサ語. 宗教: 部族固有の伝統宗教60%, カトリック20%弱, プロテスタント13%, イスラム教5-8%.

【概要】中央アフリカは沿岸から500km以上離れている内陸国. 今なお社会生活の基礎固めが進行中の, アフリカで最も貧しい国の一つである. ダイヤモンドとコーヒーの輸出によって一定の外貨は得ているが, つねに外国の援助に頼っている. 1960年にフランスの植民地支配から独立し, クーデターを経てベーデル・ボカサ(Bedel Bokassa)が1966年より大統領として, 後に自称「皇帝ボカサ1世」として支配した. 彼は1979年に失脚・追放されたが, その支配の後遺症で国家はいまだに苦しんでいる.

人口は特に北部に集まっているが, 多くは隣国から来た外国人で, *スーダンや*チャドからの難民も多く流入している. また人口の60%余がアフリカの伝統的な部族宗教の信奉者で, カトリック信者は20%弱である.

【カトリック教会の歴史】1894年2月に*聖霊宣教会の会員で司教のオーグアール(Prosper Philippe Augouard, 1852-1921)とともに同宣教会会員の司祭二人と修道士一人が訪れたのが, 中央アフリカ宣教の始まりである. 1968年にはバンギ(Bangui)司教区内ロコ(Loko)出身のヌダイエン(Joachim N'Dayen, 1934-)が中央アフリカ初の現地人司教に叙階された. 1995年, 1996年にようやく他の2司教区でも中央アフリカ出身の司教が誕生し, 1997年には新設の司教区カガ・バンドロ(Kaga-Bandoro)の司教にやはり現地人が叙階され, 3人のヨーロッパ出身の*教区司祭とともに司牧にあたっている.

1989年の統計では228人の司祭のうち52名が現地人教区司祭, 2名が現地人修道司祭で, 他のすべての司祭はヨーロッパ出身であった. また277名の修道女のうちわずか25名が現地出身である. さらに教会は信徒の協力者にも頼っている. 2,846人の*カテキスタのうち2,736人が別の職業を有するパート・タイムのカテキスタで, 専従のカテキスタは110人である.

教会の活動の発展を妨げているものとしては次のような問題がある. アフリカの伝統に従えば, 若者は自分の大家族の面倒をみなくてはならない. それは家族の仕事を助け経済的に援助することであり, また跡継ぎの面倒をみることでもある. したがって多くの青少年が初等神学校に入学し, *修道会に入ろうとする者も少なくないが, 親戚の熱望によって家族を支えることが可能な他の職に就くことを決断するのである.

1981年に再び新憲法による私立学校を開校することが許可され, 初等学校が開校された. 後に軍事政権がこの憲法を無効としたが, この学校だけは残ることになった. 教会は青少年に配慮して, 家族と離れて住む者のために寄宿舎を建て, 充実した図書館を備えた青少年センターを設置した. そのほかにも教会によって設立された幾つかの職業訓練所がある.

問題は学生時代にではなく, 卒業後の生活にある. 教皇*ヨアンネス・パウルス2世は1985年8月14日にバンギを訪問した際に, 青少年教育の重要性と必要性を訴えた. そこで司牧的視野からも信徒の信仰教育とその後の司牧, さらに*教役者の養成が重要になってくる. 継続的教育は教会の役割であり, *教役者の成長や増大とも密接に結びついている. また, 教会で結婚する受洗者が余りにも少ないために家庭の在り方も問題となっている. 1982年1月には, これらすべての問題についての評議会が開催され, 司教のほかに105名の信徒, 54名の司祭, 16名の修道女, 3名の神学生が参加した. この評議会で大司教ヌダイエンは将来の発展について, 「どの程度まで現実にアフリカのキリスト教が可能であろうか. 我々は西欧の影響に圧倒されそうになっている. このような状況からすぐに抜け出さなくてはならない. 西欧の影響が続くかぎり, 事態をより良い方向へと向けることは一層困難になるからである」と述べている.

【現勢】1998年現在, カトリック信者数: 70万9,000. 大司教区: 1. 司教区: 7. 小教区: 117. 教区司祭: 155. 修道司祭: 146. 信徒修道士: 60. 修道女: 388. カテキスタ: 4,109. (W. ホフマン)

ちゅうおうしゅっぱんしゃ 中央出版社
カトリック系出版社で正式名称は聖パウロ修道会中央出版, 後にサンパウロ. 1934年(昭和9)*パウロ修道会のイタリア人司祭2名が, 社会的コミュニケーションを手段とする日本宣教のために派遣された. 1939年, 中央出版の前身である誠光社が設立され, 出版物を通して活動を開始した. 1943年, 日本政府は企業統制令を発布し, 誠光社を含むカトリック系出版社は「中央出版」として統合された. 1946年6月にカトリック系出版社はそれぞれ独立し, パウロ修道会が「中央出版」の名前を継承した. 1948-73年, 中央出版は*司教団の委託により*カトリック新聞の編集・営業等を担当し, 1949年には月刊誌『家庭の友』を創刊, 1979年には音響・映像部門である現在のサンパウロAVCを開設した. 1995年(平成7)4月, 経営母体であるパウロ修道会の方針に従い社名を「サンパウロ」と改めた. 現在, 東京と京都に書店をもち, 大阪と福岡に販売部門をもつ. (山内堅治)

ちゅうおうとう 中央党 Zentrumspartei
ドイツのカトリック政党(→キリスト教政党). *自由主義の発展やプロテスタント中心のドイツ統一の進展のなかで, 危機感を抱いた*プロイセンの議会下院のカトリック議員58人が1870年に中央党を結成し, さらに統

ちゅうかいしゃ

一後の1871年3月に帝国議会のカトリック議員63人が同党に結集した．このようなカトリック勢力の成長を脅威とみた帝国宰相 *ビスマルクは，1870年代初期から五月法に代表されるカトリックへの弾圧政策を行い中央党と対立した．しかし1870年代後半になると，社会主義者の抑圧や保護関税政策への転換に腐心するビスマルクは，中央党との対立を得策ではないと判断し，五月法の撤回などにより妥協に転じたので，1880年代には両者の関係は修復に向かった．この一連の闘争が *文化闘争である．1890年代以降，中央党は帝国政府との協調関係を深め，海軍拡張や通商政策の推進に大きな役割を果たした．第1次世界大戦末期には民衆の厭戦的世論を背景に同党左派のエルツベルガー（Matthias Erzberger, 1875-1921）が休戦交渉で活躍した．ヴァイマール共和国において同党は社会民主党などとヴァイマール連合を形成して共和政を支え，しばしば首相を出した．しかしナチス（→ ナチズム）の圧力には抗しきれず，1933年7月6日に自発的解散を余儀なくされた．
【文献】室潔『宗教政党と政治革命─新たなドイツ現代史像の素描』（早稲田大学出版部 1977）; E. L. Evans, *The German Center Party, 1870-1933: A Study in Political Catholicism* (Carbondale, Ill. 1981). （福本淳）

ちゅうかいしゃ　仲介者　〔ギ〕mesitēs, 〔ラ・英〕mediator, 〔独〕Mittler, 〔仏〕médiateur　*人間に対して *神を代表し，神に対して人間を代表しつつ両者間をとりなす存在．主にキリストの役割を表現するのに用いられる聖書的概念であり，仲保者ともいわれる．
【聖書】旧約聖書は，「仲介者」をほとんど用いないが，*王，*祭司，*預言者をはじめ，神（ヨブ16:20）や *モーセ（出32:11等），*主の僕（イザ49:6等）などに仲介者的役割を帰している．新約聖書は，モーセにも言及しているが（ガラ3:19-20），「神と人との間の仲介者も，人であるキリスト・イエスただおひとりなのです」（1テモ2:5）や，*大祭司キリストを「契約の仲介者」と呼んでいる箇所（ヘブ8:6; 9:15; 12:24）では，キリストを *贖いによる完全な仲介者とみなしている．さらに新約聖書全体が，*イエス・キリストの役割を仲介職と理解していることは明らかである（マタ11:27; ヨハ14:6; ロマ8:34等）．したがって，仲介者とは，新約の中心的な概念の一つであるということができる．
【教理史】古代教会には，仲介者の用例は少ない．教皇 *レオ1世は，キリストが神人両性のゆえに仲介者であると述べ（『フラウィアノス宛の信仰教説に関する手紙』449, DS 293），*フィレンツェ公会議（DS 1347）や *トリエント公会議（DS 1513）もこれを教えた．また，教皇 *レオ13世は，キリストの仲介職への聖母 *マリアの特別な参与を説いた（DS 3321等）．第2 *ヴァティカン公会議は，キリストの仲介職を繰り返し強調している（『教会憲章』49, 60;『典礼憲章』5;『宣教活動教令』3）．仲介者は，キリストの神人性とその役割を表す優れた聖書用語として，現代神学において極めて重要視されている．
【文献】LThK² 7: 498-502; TDNT 4: 598-624; K. ラーナー『キリスト教とは何か』百瀬文晃訳（エンデルレ書店 1981）229-427; K. Rahner, *Grundkurs des Glaubens* (Freiburg 1976 ¹¹1979). （石橋粲助）

ちゅうかんじだい　中間時代　聖書学上の時代区分の一名称．正確には聖書中間時代（〔英〕Intertestamental Period）といい，旧約聖書と新約聖書時代の中間期（intermediate period），およそ前200年から紀元200年までの期間を指す．しかし近年，この名称はあまり使用されなくなり，「キリスト教起源」あるいは「古代ユダヤ教」「初期ユダヤ教」の時代などと呼ばれる．時間的に不正確で，内容的にもふさわしくない表現だからである．ヘブライ語の旧約聖書中で最も新しい文書はダニエル書（前165頃），また新約聖書中で最も古い文書は1テサロニケ書（50頃）である．旧新約聖書時代の中間期とするにもかかわらず，これでは事実上ダニエル書以前，1テサロニケ書以降の他の旧新約聖書の文書の著された時期さえも含むことになってしまうし，さらにこの間に著された旧約聖書の *第二正典や古代ユダヤ教の数多くの文書は *聖書の正典に加えられた文書に劣るか，正典文書を理解するにあたって参考となるかぎりにおいて重要であるという偏向した連想さえ引き起こすだろう．この時期とその諸文書は旧新約聖書の時代の中間期にあって橋渡しという脇役を果たすのでも，背景でもない．それはキリスト教にとっては源流，母胎なのである．
【文献】土岐健治『初期ユダヤ教と聖書』（日本基督教団出版局 1994）14-15, 224; J. H. Charlesworth, *The Old Testament Pseudepigrapha and the New Testament* (Cambridge 1985) 13. （清水宏）

ちゅうごく　中国　正式国名：中華人民共和国，〔英〕People's Republic of China. 面積：959万6,961 km²（台湾を含む）．人口：12億6,255万7,000人（2000年現在．台湾を除く）．言語：漢語（北方語，呉語，客家語等）が大部分を占める．共通語は北京語を基礎とする普通話．そのほか少数民族の言語．宗教：宗教活動は制限されており，イスラム教1%，キリスト教，ラマ教等の信者が少数存在する．
【景教時代】すでに635年にはペルシアから来た阿羅本（アロペン Alopen）が唐の都長安（現在の陝西省西安）にキリスト教を根づかせている．ここで1623年（一説には1625年）に発見された *大秦景教流行中国碑は，大秦（西洋の意）の *景教が導入されたことを伝えるものである（→ カルデア教会の布教，ネストリオス派教会の布教）．7世紀中葉以降は *イスラム教が近東全域に浸透し，西方キリスト教諸国と中国との交渉は難しくなったが，極東のキリスト教は存続した．蒙古のウイグル（回紇）族は8-9世紀にモンゴル高原を支配したとき，*マニ教を採用し定住を始めた．しかし9世紀にはトゥルファン（Turfan 吐魯番）やハミ（Hami 哈密）のオアシスに撤退，しだいにイスラム教を受け入れるようになった．彼らの文化は蒙古で彼らに代わって支配者となったケレイト（克烈）族やナイマン（乃蛮）族に影響を与え，逆に彼らからは特に東部モンゴル人が影響を受けた（→ モンゴル）．
【蒙古帝国から元朝の時代】蒙古帝国の時代に極東のキリスト教は短期間ではあるが，復興と教勢の拡大を享受した．これは帝国が宗教寛容政策をとったためであるが，勢力を拡大しつつあるイスラム教が脅威となることを危惧した *チンギス・ハーンが，イスラムに対抗する勢力の成長を図ったためでもある．
　一方，西方では東欧にまで侵入した蒙古の勢力を憂慮した教皇 *インノケンティウス4世が第1 *リヨン公会議において *教皇特使の東方派遣を決定，ピアン・デル・カルピネの *ヨアンネスら *フランシスコ会の会員数名

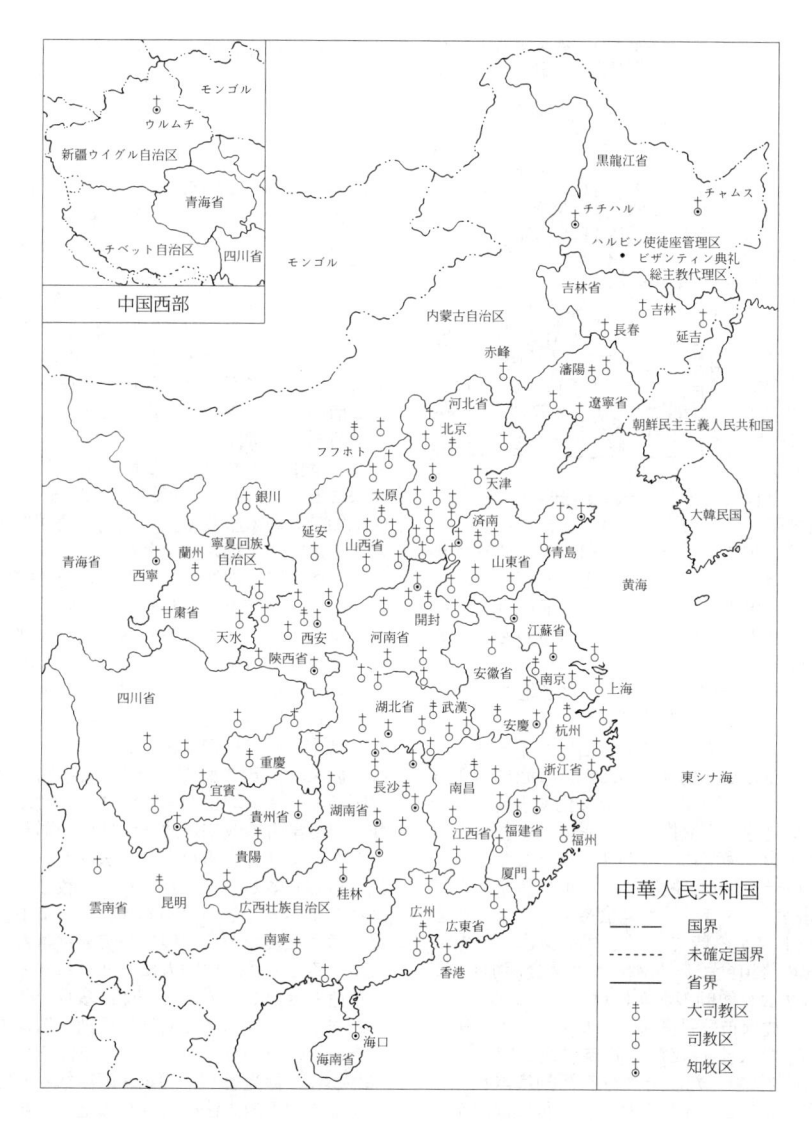

が1246年に蒙古のクーロン（Kuron 庫倫）に到達した．また蒙古からの使節は1247年にトゥールネの修道士アンセルム（Anselme de Tournai．別称ロンバルディーのアンセルム）とシモン（Simon de Saint Quintin）に伴われて*ローマを訪れた．彼らは第3代皇帝グユク・ハーン（定宗，在位1246-48）の代理（阿爾及吉台 Aljigidai）が派遣したもので，*ルイ9世のもとにも使節の大闗（David）と馬可（Marcus）が送られた．*十字軍に遠征中のルイ9世は*キプロスで使節と接見，使節はグユク・ハーンとその母后のキリスト教改宗を伝え，すべてのキリスト教徒，景教徒を保護し，*エルサレム奪還のためのイスラムとの戦いを援助する旨の皇帝親書を奉呈した．ルイ9世からの特使として派遣されたのは，*ドミニコ会の会員ロンジュモーの*アンドレとギョーム（Guillaume），カルカッソンヌのジャン（Jean de Carcassonne）で，グユク・ハーンの死後に到着したため主目的である同盟締結は果たせなかったが，東方事情を西洋に伝える一助となった．また，ルイ9世の宣教許可を要請する書簡を託されたリュブリュキの*ギョームらは1253年に*カラコルムに到着，数名に*洗礼を授け翌年帰途についた．このほか1260年には*ヴェネツィアの商人ポーロ兄弟（Maffeo Polo, Nicolo Polo）がフビライ・ハーン（世祖，在位1260-94）の宮廷に到着した．彼らは，ヨーロッパの学問と宗教を教えるための科学と宗教の教師100名の派遣を教皇に要請するフビライ・ハーンの書簡を持ち帰ったが，中国再訪時に伴ったのはニコロの息子マルコ・*ポーロのみであった．1275-92年にフビライ・ハーンに仕えたマルコは，その経験を生き生きとした記録として残している．

*北京（当時はカンバリック Khambalik あるいは大都）の初代大司教はモンテ・コルヴィーノの*ジョヴァンニで，ポルデノーネの*オドリコ，マリニョリの*ジョヴァンニら，いずれもフランシスコ会員が継承した．当時の信徒数は約6,000名であったといわれる．しかし，イル汗国の君主ガザン（在位1295-1304）のイスラム教改宗と明朝による蒙古打倒（1368）により，東西交渉の時代は終わりを告げた．この交渉により後世に残った成果は当時の使節，宣教師，商人による蒙古・中国についての記録である．

【16世紀】15世紀前半，ポルトガル王*ジョアン1世の第3王子・航海者エンリケ（Henrique o Navegador, 1394-1460）によりアフリカ南端を回る航路が開かれ，

ちゅうごく

15世紀末にポルトガル人はインドに到達した．同じ頃，*レコンキスタによりイベリア半島からイスラム勢力を駆逐したスペインとポルトガルは，今度は東方でのキリスト教宣教を図り，教皇も新航路開拓と海外進出を一種の十字軍とみなし支持した．しかし，スペインとポルトガルが勢力圏をめぐって対立するのは避けられず，1493年教皇*アレクサンデル6世により植民地分界線(教皇子午線)が定められ，*トルデシリャス条約(1494)とサラゴサ条約(1529)によりポルトガルはアジアとブラジルに，スペインは新大陸に進出することになった．両国はそれぞれの地域で交易を独占するかわりにキリスト教を広めることを誓い，ここに*保護権が成立した．

ポルトガル人は15世紀前半にはアジア各地で交易に必要な拠点を築き，重要な港を確保した．彼らはアジア固有の文化に触れ，初めてキリスト教信仰がヨーロッパ人のみのものであると知り驚きはしたが，宣教に対する使命感はむしろ高まり，西洋の高度な文化や学問を背景とする宣教師は優越感さえも抱いて，キリスト教信仰のみならず西洋文化をも強引に根づかせようとした．

〔フランシスコ・ザビエル〕最初にインドに渡来した宣教師は*教区司祭で，フランシスコ会やドミニコ会の会員とともにポルトガルの砦で*チャプレンとして働いた．やがて新興の修道会である*イエズス会が加わる．最初期のイエズス会宣教師のなかには*フランシスコ・ザビエルがいる．彼は布教保護権によりポルトガル王から派遣された宣教師であったが，同時に教皇庁からは*教皇大使に任命されていた．その宣教活動はポルトガルの植民地政策に依存して始められたが，後にはポルトガルの影響力の及ばない日本の宣教に着手した．日本宣教を通じてザビエルは，アジアでの宣教が成功するためには，宣教師は現地の人々に対して現地の文化を通して語りかけなければならないことに気づいた．すなわち，現地の言葉で話し，読み書きを学び，彼らの文化・慣習を受容し，彼らと同様にふるまわなければならないということである．さらに彼は，日本にキリスト教を根づかせるためには，日本人が高く評価する中国のキリスト教化が必要であると確信するに至った．そこで彼は鎖国政策をとる明朝(1368-1644)の中国に赴くことを決意したが，その夢を達成することなく中国本土からわずか数キロの上川島で没した．以後，ザビエルの遺志を継ぐイエズス会員により中国入国が試みられるようになる．

〔マテオ・リッチ〕1557年から1583年の間に25名のイエズス会員が中国定住を試みたが成功せず，フランシスコ会員22名，ドミニコ会員1名，*アウグスチノ会の2名も同様であった．イエズス会員25名は入国は許されたが滞在を認められず，交易活動の後，直ちに出国しなければならなかった．唯一の例外は1555年に嵐のため上川島に上陸した*ヌネシュ・バレトで，広東を2回訪問し，1ヶ月ずつ滞在したほか，翌1556年にも広東に赴き，さらに沿岸地帯のポルトガル人の司牧にあたった．彼は日本に向けて出発する際，助修士グース(Estevao Goes, 1526-88)を中国語習得のため中国に残したが，まもなくグースは病気のためインドに帰らざるをえなくなった．1564-65年には F. *ペレスとテキセイラ(Manuel Texeira, 1536-90)が来華，彼らも定住することはかなわなかったが，1557年来ポルトガル人の居住が認められた *マカオにイエズス会修道院を設立した．

1577年，アジア巡察師*ヴァリニャーノは*ルッジェーリと*リッチを中国に派遣することを決め，1580-82年にルッジェーリが広州と肇慶を旅行，1582年にはリッチもマカオに到着，翌1583年に両者はようやく肇慶に定住するに至った．このとき彼らはヴァリニャーノの仏僧のような服装を着用したが，これは日本のイエズス会宣教師の慣習に従ったものである．しかし，後にリッチは中国の知識人が仏教を必ずしも高く評価していないことに気づき，試行錯誤を繰り返しながら，むしろ中国知識人層の服装や生活様式を取り入れることで独自の文化適応法を編み出すようになる．

リッチの適応方法は前任者から受け継いだ方法や習慣のなかから適切と思われるものは採用し，それ以外は排除するものであった．彼は中国人が倫理原則や道徳的姿勢を重視し，科学に興味をもつ聡明な国民であるとするザビエル，ヴァリニャーノ，ルッジェーリ等の意見に同意はしたが，彼らとは異なる結論を導き出した．前任者たちは皆，まず皇帝に謁見しキリスト教の教えを伝えれば，教えの真理に感銘した皇帝が臣下ともども改宗し，中国のキリスト教化が一気に進むと考えていた．確かにリッチも皇帝の改宗が及ぼすはずの影響力を確信してはいたが，より有意義な宣教方法は，キリスト教を西洋文化から切り離し，ヨーロッパの宗教としてではなく人類すべてにふさわしい普遍的宗教として中国人に示すことだと考えたのである．彼は服装も言語も生活様式も中国式にすることで，中国人になりきろうとした．彼が自らの使命とみなしたのは，一度に多数の改宗者を獲得することではなく地道に知的宣教活動を積み重ねていくことであった．リッチが活動した時期の改宗者は *李之藻，*瞿太素，*徐光啓など約2,500名であった．

リッチの宣教方法をより具体化し実践したのは後任の宣教師たちであった．その宣教方法の特徴は，(1)*儒教の社会倫理を尊重すること，(2)わかりやすい用語でキリスト教の教えを説くこと，(3)改宗者が儒教や*祖先崇拝の慣習を保持するのを許容すること，である．リッチは27年に及ぶ中国滞在中，最後の9年間を北京で過ごしたが，ついに皇帝に謁見することはなかった．しかし，中国におけるキリスト教の基礎を築くうえで，その業績は計り知れない．彼は1610年に没し，万暦帝(在位1572-1620)から埋葬地を賜り，イエズス会員により建立された墓碑は今日でも北京に残されている．

リッチの存命中，その宣教方法に異議を唱える者はいなかったが，彼の死後まもなく反論が起こり，論争とさらには迫害へと発展した．当時*南京で宣教にあたっていた*ヴァニョーニはリッチが固執していた宣教方針を捨てることを決め，マカオ在住の宣教師もそれに倣った．リッチが中国語で著したもののほぼ半数は科学関係の著作であったが，ヴァニョーニらは科学がキリスト教信仰を広める手段になるとは考えず，キリスト教の教えを直接説くほうが有効であると考えたのである．ヴァニョーニによる最初の教会堂開設と彼が述べたとされる仏僧に対する侮蔑的発言の結果，1616年に迫害(南京教

北京のマテオ・リッチの墓

難)が起こり，翌年にはキリスト教の行事と宣教が禁止されるに至った．ヴァニョーニは鞭打ちの刑を受け，*セメドとともにマカオに追放された．

日本からマカオに追放されていた宣教師たちも科学が信仰を伝えるための有効な手段となりうるか疑問視していたが，彼らが特に反対したのは西洋の学問を背景としながら，より広い視点からキリスト教を紹介しようとするリッチの西学という取り組み方であった．日本と中国の管区長ヴァレンティン・*カルヴァリョは1614年に，さらに巡察師パルメイロ(André Palmeiro, 1569-1635)も1629年に見解の相違が解消されるまでの間，西学を禁じた．また，リッチの後継として中国布教長となった*ロンゴバルドは，神を表す訳語として「天」や「上帝」を用いることに反対し，数年間に及ぶ論争の末，「天主」が訳語として採用されるようになった．

【17世紀】17世紀初頭，リッチの死後にフランシスコ会員やドミニコ会員が新たに来華した結果，典礼論争が起こる．また明朝は末期を迎え，混乱の時代が到来する．

〔典礼論争と戦乱〕1585年，教皇*グレゴリウス13世はイエズス会以外の修道会員の中国入国を禁止したが，この禁令は1623年頃に*ウルバヌス8世により解除され，1633年にフランシスコ会員*カバリェロとドミニコ会員モラレス(Juan Bautista de Morales, 1598-1664)が来華する．モラレスは，中国服の着用をはじめとするイエズス会員の生活様式や宣教方法に異を唱え，教会の掟を伝えず，秘跡を執行しない点，特に儒教や祖先崇拝など中国の儀式典礼を許容することを強く批判した．モラレスはこれら問題点をまとめ布教聖省に調査書を提出，ここに*中国の典礼問題の論争が起こった．

すでに中国布教長ロンゴバルドの指示のもと，*トリゴーはローマに戻り教皇から中国固有の儀礼容認の許可を得たほか，科学者を伴って1613年に再び中国に渡っていたが，このとき同行した科学者のなかには，傑出した宣教師だが過激な発言を辞さない*シャール・フォン・ベルやG.*ローらがいた．シャール・フォン・ベルは明朝から清朝にかけて宣教師・科学者として活躍したほか，満州族による北京掠奪(1649)を目撃した．

この時期，多くの宣教師の報告が示すように，首都北京のみならず中国全土が戦火にさらされていた．G.ド・*マガリャンイスは*ブリオとともに反乱の領袖・張献忠(1606-46)の捕虜となったときの克明な記録を残してい

シャール・フォン・ベル (ÖN)

る(1649)．1640年以降，福建省のクーニャ(Simão de Cunha 瞿西満, 1590-1660)とグヴェア(Antonio de Gouvea 何大化, 1592-1677)，陝西省のトリゴー，海南島のマットス(Bento de Mattos 林本篤, 1600-52/53), *上海のブランカティ(Francesco Brancati 潘国光, 1607-71)等からも戦乱の報告がもたらされた．またフィゲレイド(Rodrigues Figuereido 費楽徳, 1594-1642)は開封の包囲について，グラッセッティ(Tranquillo Grassetti 謝貴禄, 1588-1644)は南京占領についての報告を残している．広州の最初の陥落については*ザンビアージが，2度目の陥落についてはセメドが報告した．清朝成立前後の戦乱では中国最初の殉教者でドミニコ会員の*カピリャスをはじめイエズス会員も7名死亡している．

1658年にはマカオでも満州族による反イエズス会暴動が起こった．満州族の侵略により中国が分断された結果，イエズス会の準管区も南北に分かれ北には準管区長M.*ディアスと巡察師*フルタド，南には準管区長セメドと巡察師マヤ(Sebastiao de Maya, 1599-1664)がそれぞれ置かれ，ローマへは北からM.*マルティーニ，南から*ボイムが派遣された．また，明朝末期の宮廷周辺には200名を超えるカトリック改宗者がおり，南部で明朝復活を図っていた第4代僭王・永暦帝(在位1647-63)は母后と重臣*龐天寿らがカトリックに改宗していたことからボイムを通じて教皇の支援を得ようとした．

〔康熙帝親政初期〕一方，北京ではシャール・フォン・ベルが清朝の幼い順治帝(在位1643-61)の信任を得て欽天監正(天文台長)に任命されていた．順治帝の死後，第4代康熙帝(在位1661-1722)の時代の1664年，シャー

ル・フォン・ベルを妬む天文学者・楊光先(1596-1670)が摂政・鰲拝に讒訴したことから迫害が激化，シャール・フォン・ベルは投獄され，他の外国人宣教師22名は広州に追放された．ヨーロッパの学問や文化に関心を寄せていた康熙帝は親政を開始するとシャール・フォン・ベルを解放，その死後は *フェルビーストを顧問とし1671年には広州で拘束されていた宣教師も解放した．康熙帝の親政初期はキリスト教が飛躍的に発展した時期で，信徒数はポルトガル一国が派遣する宣教師だけでは対応できないほど増加した．最良の解決策は現地人聖職者の養成と中国語による典礼執行と考えられた．すでにトリゴーは1613年のローマ訪問時に中国語によるミサの許可を教皇庁に申請，1615年に許可されていたが，マカオのイエズス会の指示により実現には至っていなかった．フェルビーストは中国語ミサを行うため，北京にいる同僚のブリオに *典礼書の翻訳を依頼した．また，中国人の知的・道徳的水準の高さをヨーロッパの人々に示すため，中国人青年キリスト教徒がヨーロッパに送られたが，そのなかの一人である鄭維信(Manuel Siqueira, 1635-73)は1645年にマカオを出発，23年間を外国で過ごし1668年にイエズス会の最初の中国人司祭として帰国した．また沈福宗(Michael Alphonso, 生没年不詳)は1681年にヨーロッパに赴き教皇や各国の王に謁見，イエズス会に入会し1694年に帰国した．このほか3名の中国人イエズス会会員が1688年に中国人初の司教でドミニコ会員の *羅文藻により司祭に叙階された．

1680年にはアウグスチノ会，1684年には新興の *パリ外国宣教会が中国に渡来，ドミニコ会は福建，フランシスコ会は江西・山東・山西，アウグスチノ会は広東など南部，パリ外国宣教会は四川など南西部をそれぞれ中心として活発な宣教活動を展開した．

〔裁治権問題〕中国のイエズス会宣教団は元来，日本の準管区から分かれたものであった．1611年に日本のイエズス会は管区となり，1623年に中国準管区が成立する．中国のイエズス会員は日本と事情が異なる中国での宣教を効果的に進めるため独立した管区の設立を要望したが，マカオにあった巡察師の反対により実現しないまま，1633年以降，日本の *キリシタン禁教と迫害が本格化すると日本から追放された宣教師が日本管区長の指示により中国に派遣されるようになる．広東・広西・海南島を管区内であると主張する日本管区に対し，中国準管区は広東・広西・海南島の回復を教皇庁に請願した．

これまで中国全土の *裁治権はポルトガルの保護権のもと1576年に置かれたマカオ司教座が掌握していたが，教皇庁はポルトガルの影響力を抑え，より活発な宣教活動が可能となるよう新たに直轄の *代牧区を設立することを決定した．中国最初の *代牧としてパリ外国宣教会員の *パリュ，*ランベール・ド・ラ・モットらが1659年に派遣され，1669年までにはすべての宣教団が代牧の裁治権下に置かれるようになった．

1678年にはフィリピンからイエズス会員が来華，8年間にわたり宣教司牧に協力した．さらに1688年，かねてよりフェルビーストが派遣を要請していた数学者が *ルイ14世の宮廷から送られてきた．これらイエズス会員はフランス人代牧と同様，保護権を無視したためポルトガルとの対立が生じ，イエズス会内部でもフランス人会員とポルトガル人会員の間の緊張が高まった．イエズス会内部の対立と，保護権を主張するポルトガルと代牧との緊張関係改善のため，イエズス会総長はスピノラ(Francisco Maria Spinora, ?-1694)を派遣，スピノラは1686年に教皇特使となるが航海の途上で病没した．

当時，フェルビーストは康熙帝の顧問であり，科学教師でもあった．フェルビーストの名声と影響力により各地の宣教師は自由に活動できるようになっていた．ルイ14世から派遣された5名の数学者はフェルビーストの死後まもなく北京に到着した．なかでも *ジェルビヨンは1689年に中露国境を定めるネルチンスク条約締結に際して助言するなど康熙帝に重用され，宣教師たちの貢献に報いるため康熙帝は1692年に信教自由令を発布，北京および地方における宣教活動の自由を認めた．

布教聖省は1645年に中国における儒教の伝統的儀礼を *偶像礼拝として排斥したが，中国語のミサは1656年に許可され，また1667-68年には広州に抑留されていたイエズス会，フランシスコ会，ドミニコ会の会員たちの間で宣教方法等に関する合意もなされていたため，イエズス会員の多くは典礼論争が終結したと考えるようになっていた．しかし，1684年に福建の代牧となった *メグロは中国の儀礼を尊重しながら宣教を進めるイエズス会員の活動を指弾，あわせてイエズス会員の不服従を批判し，翌年には中国固有の儀式典礼を排斥した．

【18世紀】1701年に教皇 *クレメンス11世は *トゥルノンを教皇特使として中国に派遣することを決定，彼にアンティオケイア総大司教の称号を与え，全権を委ねた(1702)．

〔中国典礼の排斥と禁教令〕トゥルノンは1702年2月に出発，6月にインドに到着すると *マラバル典礼を排斥した．一方，クレメンス11世は1704年に回勅『クム・デウス・オプティムス』(Cum Deus optimus)を発布し，中国の典礼に対する妥協的姿勢を示した．トゥルノンは1705年に中国に到着，すべての宣教師を裁治権下に置く駐在代表(*プロクラートル)の拠点を北京に設けるため外交関係樹立を皇帝に請願した．典礼論争やスペイン人，ポルトガル人，フランス人の対立から西洋人に対して不信感を抱くようになった康熙帝は祖先崇拝など古来の慣習を容認するよう求めたが，トゥルノンは『クム・デウス・オプティムス』の全容を知らないまま，メグロの意見を入れ1707年2月に中国の伝統的儀式の排斥を発表した．翌3月，広州への追放命令が南京のトゥルノンに届き，5月にはトゥルノンは広州へ去り，さらにマカオに達して保護権を固持するポルトガルと対立したまま生涯を閉じた．

トゥルノンの言動により，ほぼ一夜にして全盛を誇っていた教会の多くが皇帝の怒りを買い，勅令に反する宣教師は一括して国外追放となり，司牧者を失った教会の財産は没収された．皇帝への不忠は死刑に値すると脅迫された改宗者は恐怖と混乱を味わい，それまで宮廷の親キリスト教政策によりかろうじて抑えられていた地方官僚の反外国人感情も表面化するようになった．1717年にはキリスト教の宣教を禁じ，宮廷に伺候する者を除く外国人宣教師を国外追放とする勅令が発布される．康熙帝の治世でこの勅令が徹底されることはなかったが，次代以降，迫害はしだいに激化，19世紀中葉に至るまでほぼ150年に及んだ．1708年の時点で，広州に追放されていた元イエズス会準管区長モンテイロ(Jose Monteiro 穆若瑟, 1646-1718)は過去3年間の宣教師名簿を作成したが，それによると43名が中国から追放(うち数名は自主的に出国)，イエズス会員5名とドミニコ会員1名は勅令により広州に拘禁され，*ヴィンセンシオの宣教会の会員1名と教区司祭1名は山間に潜伏中であった．一方，イエズス会，フランシスコ会，アウグス

チノ会の会員計57名は中国に適応した宣教方法を採用する者として皇帝から認められ，各地に分散し宣教を続けていた．また中国人イエズス会員の司祭のうち5名が政府の尋問を受けずにすんだほか，北京では19名が皇帝のもとで迫害を受けることなく活動を続けていた．

禁教政策はとったものの康熙帝はイエズス会員の登用を続けていた．1708年には勅命により *ジャルトゥーと *レジスが中国大地図の作成に着手したほか，*フォンターネ，*ル・コント，*ゴービルらも地理や科学の分野で貢献した．*ブーヴェ，*フーケ，*プレマールらは古代中国と聖書の年表とを対応させることで，またゴザニ（Giampaolo Gozani 駱保禄，1647-1732）とドマンジュ（Jean Domenge 孟正気，1666-1735）はかつて中国に定住したユダヤ人が社会的なものとして典礼を容認していた事例を示すことで，それぞれ中国典礼保持の妥当性を説こうとした．一方，クレメンス11世は *メッツァバルバを特使として派遣，迫害に遭った宣教師の支援を図ったが，若干の譲歩を康熙帝から引き出したのみで，次の雍正帝（在位1723-35）の治下，迫害はさらに激しくなり1726年にはジョアン・*モランが殉教した．

〔乾隆年間〕乾隆帝（在位1735/36-1795）は即位後まもなくキリスト教徒と宣教師は死罪とする禁令を発布したが，宮廷ではイエズス会員のG.*カスティリョーネ，*アティレ，*ジッヘルバルトらに戦勝図を描かせたほか，ヴェルサイユのトリアノン宮殿を模した夏の宮殿・円明園の造営に参加させるなど重用し，*ケーグラー，ハレルシュタイン（Augustin de Hallerstein 劉松齢，1703-74），ロドリゲス（André Rodrigues 安国寧，1729-96）らは天文台長に登用された．ローマではクレメンス11世が *使徒憲章『エクス・イラ・ディエ』（Ex illa die, 1715）によりトゥルノンの中国典礼排斥を承認，さらに *ベネディクトゥス14世が *大勅書『エクス・クオ・シングラリ』（Ex quo singulari, 1742）で中国典礼を「本質的に邪悪なもの」と断じた結果，中国の宣教師は宣教方法の変更を迫られることとなった．

禁教令下，地方で潜伏を余儀なくされた外国人宣教師のかわりに活動の中心を担ったのは中国人の *カテキスタである．パリ外国宣教会はタイの首都アユタヤ（Ayutthaya）にカテキスタ養成所を設立，40歳までカテキスタを務めた者は司祭に叙階され，ヨーロッパ人宣教師の不足を補う一助となった．

中国宣教に決定的な打撃を与えたのは，1762年のマカオ在住宣教師の投獄・追放と1773年の教皇 *クレメンス14世によるイエズス会解散命令であった．以後，19世紀初頭まで外国人宣教師を国外追放とする中国政府の方針は維持され，特に1805年以降，宣教師の新規入国はほぼ不可能となり，国内に残る宣教師もごく少数となった．キリスト教徒は投獄され，教会は破壊された．1811年の勅令により首都にいた4名を除くすべての宣教師は死刑を宣告されたが，それでも教会がかろうじて存続したのは中国人聖職者の勇気に負うもので，例えば北京と南京の司教ライムベックホーフェン（Gottfried von Laimbeckhoven 南懐仁，1707-87）の死後，江南地方では現地人司祭だけで活動が続けられた．

【19世紀】1720年代から始まった迫害は時期や地域により激しくなったこともあるが，宣教師や信徒の捕縛や追放が全土で徹底して行われたわけではなく，また他の新興宗教に対する弾圧に比べるとキリスト教徒に科された刑罰は軽いものであった．政府は宣教師の新規入国を防げば教会も自然に消滅していくと考え，教会の成長を妨げる形の禁教策をとっていたのである．

〔嘉慶・道光年間〕当時の状況を示すのに北京を例としてあげればわかりやすい．嘉慶帝（在位1796-1820）は1802年の時点ではまだキリスト教優遇政策をとっており，通常の礼拝も1804年までは可能だった．北京の東の聖堂（東堂）ではポルトガル人イエズス会員に代わってヴィンセンシオの宣教会のポルトガル人会員が司牧にあたっていたが，教会が全焼すると再建が禁じられた．1811年には布教聖省の使節が西堂から退去を命じられ，彼らの帰国が決まると使節館は売却，西堂は転用された．北堂は天文台長を務めたヴィンセンシオの宣教会員

現在の北京の北堂

サラ（Monteiro da Sara 高守謙，1830没）が南堂の北京司教館への移転を余儀なくされた際に無人となった．南堂でも *グヴェアが1808年に亡くなると後継司教は不在のまま，天文台長として北京に残留していたヴィンセンシオの宣教会員ピレス・ペレイラ（Gaeten Pirès-Pereyra 畢学源，1769-1838）が居住するのみで，道光帝（在位1821-50）の治下，ピレス・ペレイラが死亡すると外国人登用の道も絶たれた．

宣教師の潜入は隠密裡に続けられていた．日本の場合と異なり中国の広い国土と長い海岸線，さらに発達した水路は潜入を容易にし，内陸部の四川省においてさえ数名のフランス人宣教師が活動を続けていた．しかし，1805年以降に迫害は激化，1811年からはキリスト教徒も他の邪教徒と同様の刑に処せられるようになった．1815年には四川の代牧デュフレス（Louis Gabriel Taurin Dufresse 李多林または徐徳新，1750-1815）をはじめ多くの司祭が捕らえられ処刑された．デュフレスの後継者フォンタナ（Louis Fontana, 1780-1838）を司教に叙階する者も皆無で，フォンタナはヨーロッパから到着した彼の補佐司教により，ようやく司教に叙階された．このような状況のため，司教は自らの後継者を指名し叙階することを認められた．太原を拠点として山西・陝西・湖北・湖南省を管轄したフランシスコ会の代牧区も同様の苦難を味わった．勅令により天文台長のピレス・ペレイラを唯一の例外として，他の残留宣教師は首都からの退去を命じられた．ピレス・ペレイラは南京司教に任命されたが南京に赴くことができず，また新任の北京司教は着座できないままマカオにとどまっていた．

〔開国と信仰自由令発布〕南京条約締結により中国が

ちゅうごく

開国される 1842 年まで残留できたヨーロッパ人宣教師は中国全土で 40 名弱, 中国人司祭も 40 名を超えることはなかった. 教皇 *グレゴリウス 16 世は既存の 3 代牧区を分割して 12 代牧区とし, パリ外国宣教会はピナン (Pinang, 現マレーシア北西部. 別称ペナン Penang) に, またヴィンセンシオの宣教会はマカオに神学校を開設, 将来の宣教活動開始に備えた.

長引く迫害にもかかわらず上海をはじめ江南地方ではカトリック信仰が保たれていた. 1814 年にイエズス会が復活すると江南地方の中国人司祭や上海の信徒はイエズス会総長に宣教師派遣を請願, 阿片戦争が続く 1841 年にまず 3 人の宣教師がフランスから派遣された. 上海近郊の張樸橋には神学校も開設され 2 年後には 23 名の神学生が学ぶようになった.

阿片戦争の終結とともに締結された英清南京条約 (1842), 米清望夏条約および仏清黄埔条約 (1844) により清朝中国の五つの港が外国人に開かれ, さらに 1844 年には開港された都市での教会・病院・学校の開設が宣教師に認められた. しかし, フランスの使節はキリスト教の全面的解禁を迫り, ついに 1846 年, 道光帝は *信教の自由を保証する勅令を発布, 中国国内で接収された施設を宣教師に返還し, 返還不能の場合はしかるべき補償がなされることも定められた. 道光帝の信教自由令はなかなか徹底されず, 後の天津条約 (1858), 北京条約 (1860) によりキリスト教の中国全土での解禁が定められ, 宣教師は内陸部にも自由に赴けるようになった.

1856 年に教皇 *ピウス 9 世は保護権下にあった北京および南京の司教区を廃止, 新たに南京代牧区を設立する一方, 北京教区を三分割してそれぞれを代牧区としてヴィンセンシオの宣教会, イエズス会, パリ外国宣教会に委託した. 清朝との条約締結国のうち唯一のカトリック国であったフランスは積極的に宣教師を保護し, 中国政府との交渉の末, 宣教師が開港都市だけでなく中国全土で土地を取得し居住する自由をも獲得した.

宣教活動が公認されると多くの修道会・宣教会が会員を派遣, ヴィンセンシオの宣教会は河北・江西・河南・浙江, イエズス会は江蘇・安徽・河北東南部, パリ外国宣教会は四川・貴州・雲南・広西・広東・満州・西蔵, フランシスコ会は山東・山西・陝西・湖北・湖南, スペインのドミニコ会は福建で宣教を再開, 多数の信者を獲得した. また 1858 年に *香港に渡来した *ミラノ外国宣教会が河南省で活動を始めたほか, アウグスチノ会, *神言修道会, *厳律シトー会, *マリア会等も中国宣教に着手した.

イエズス会は 1850 年に上海の徐家滙(ジカウェ)に聖イグナティウス学院 (*徐家滙大学の前身) を設立, 中国人司祭の養成に乗り出した. 教育事業以外にこの時期の活動として特徴的だったのは孤児院開設で, その運営に協力するため 1847 年に *ヴィンセンシオ・ア・パウロの愛徳姉妹会が来華したのをはじめとして翌年には *シャルトル聖パウロ修道女会, 1860 年に *カノッサ修道女会, 1867 年に *煉獄援助修道会, 1875 年にポルティュの御摂理修道女会 (→ 神の御摂理修道女会), 1886 年に *マリアの宣教者フランシスコ修道会, 1889 年に *ドミニコ女子修道会が会員を派遣, 男子修道会・宣教会の事業に協力したのみならず, 女子教育事業にも着手, 女性に対する宣教にも多大な貢献を果たした.

宣教活動のほかヨーロッパの学問を伝える試みも始まり, 上海に近い佘山には天文台が創設され天文学や気象学の研究拠点となった (後に *ゾスの聖母聖堂が建設される). また, 宣教師のなかから *アヴレのような本格

現在の北京の東堂

的な中国学者が誕生するようになった.

〔プロテスタント諸派の伝道〕プロテスタントの伝道師として中国に初めて渡ったのはロンドン伝道協会のモリソン (Robert Morrison 馬礼遜, 1782-1834) で, 1807 年にマカオに到着, 困難な状況下で広州を拠点に精力的に伝道活動を展開, 1822 年に聖書の中国語訳を完成させたほか, 英中・中英辞典をまとめるなど後の伝道活動の基礎を築いた. またアメリカ合衆国から渡来した伝道団は医療活動を行うことで, 伝道活動の新機軸を示した. 天津・北京条約締結後には *聖公会がイギリス, カナダ, アメリカから伝道団を派遣したほか, *メソジスト教会, *ルター教会, *長老派教会などの伝道も主として上海を拠点に始まった. なかでも 1865 年に活動を始めた J. H. *テイラーの中国内地会は最大規模のもので, その活動指針は他の伝道団の範となった.

〔反キリスト教運動〕阿片戦争から清仏戦争を経て諸条約によりキリスト教信仰の自由は保証されたが, キリスト教に対する反感は根強く, 犠牲となった宣教師・伝道師も多い. モリソン訳の聖書の影響を受けた *洪秀全率いる太平天国の乱は宣教師の活動をも混乱に陥れ, 各地で再燃する反キリスト教運動により 1856 年には *シャプドレーヌが殉教, 1870 年には *天津で司祭 2 名, 修道女 10 名, 信徒 8 名が虐殺されるなど犠牲者が相次いだ. 西欧の列強諸国は, 自国の宣教師・伝道師に危害が加えられると直ちに武力行使に踏み切り軍艦を派遣したため, 反キリスト教運動はしだいにキリスト教の背後にある列強諸国に対する反感に転じ, *義和団事件において頂点を迎えることになる.

【20 世紀】相次ぐ戦争や革命により中国のキリスト教会は 20 世紀を通じてさまざまな変化と困難に直面する.

〔義和団事件と中華民国の成立〕1899 年に山東省で蜂起した義和拳教徒の暴動は天津や北京から山西省に波及, 2 か月で 3 万の殉教者を出したといわれる. フランシスコ会やマリアの宣教者フランシスコ修道会の会員を含む山西省太原の殉教者, 代牧ファントサティ (Antonio Fantosati, 殉教 1900) などフランシスコ会員をはじめとする南部湖南の殉教者のほか, 河北省南部献県代牧区の朱家河ではイエズス会員を含む 3,000 名が虐殺により殉教した (→ 中国の殉教者).

迫害後には改宗者が急増した. 1900 年に 74 万強だっ

た信徒数は1907年には100万に達する. 1909年にイエズス会総長 *ヴェルンツが中国宣教師の増員を指示したように, 各会から多数の宣教師が中国に派遣された. *ベネディクトゥス15世の『マクシムム・イルド』(Maximum illud, 1919) や *ピウス11世の『レルム・エクレジアエ』(Rerum Ecclesiae, 1926) といった教皇文書は宣教熱に拍車をかけ, 中国で活動する男子修道会・宣教会は20世紀前半で5倍に増加, 1949年には47の修道会・宣教会の会員4,500名弱が福音宣教, あるいは教育・福祉事業に携わるようになった. 女子修道会は同じ時期に12倍に増加, 18世紀に創立された *中国童貞会をはじめ中国人修道女会63を含む123の会の会員6,900名強が宣教の一端を担っていた.

辛亥革命(1911)により清朝が崩壊, 1912年に中華民国が成立した後も受洗者の増加は続き, 1920年には200万に達する勢いであった. 信徒の増加に伴い教育等の事業拡大も必要となる. すでに1903年に上海に *震旦大学がイエズス会により創設されていたが, 1904年の教育改革はキリスト教教育事業にとっての好機となり, 1924年に *天津工商学院がイエズス会により設立されたほか, 北京ではアメリカからの *ベネディクト会が1925年に *輔仁(ジン)大学を創立, また大神学校や初等・中等教育機関も次々と開設されていった. 宣教師のなかには著名な学者も多数含まれており, 北京原人発掘に加わった *テイヤール・ド・シャルダンや中国学者 *クヴルール, *ヴィジェなどをあげることができる.

信徒の増加による教会管区の再編も必要となった. 北京・南京司教区が廃止された1856年以降, 1900年までに41代牧区が設立され修道会・宣教会に委託された. 1924年にモンゴルおよび中国は20管区に分割され, 各管区のもとに代牧区, *知牧区, 宣教区が置かれた.

第1 *ヴァティカン公会議は, 列強諸国の政治的干渉を受けずに宣教を進めるため *教皇大使の中国駐在を検討したが, 既得権を固守するフランスの反対等のためになかなか実現せず, 1922年になってようやく外交権をもたない使節としてコスタンティーニ (Celso Costantini, 1876-1958) が北京に派遣された. コスタンティーニは中国人司祭団の成長を図り, 着任後の1922年と1924年に中国人知牧が誕生, 1926年には中国人司教6名がローマでピウス11世により叙階された. 1933年に

中国の殉教者

殉教年月日	列福	祝日	
1648. 1.15	1909	1.15	*カピリャス OP
1747. 5.26	1893	6. 5	サンツ・イ・ホルダ Pedro Sanz y Jordá, OP (司教・屯渓代牧)
1748.10.28	1893	6. 5	フリアス Francisco Serrano Frias, OP (被選司教)
			フィゲラ Juan Alcober Figuera, OP
			ディアス・デル・リンコン Francisco Díaz del Rincón, OP
			ペレス Joaquin Royo Pérez, OP
1815. 9.14	1900	11.27	デュフレッス Gabriel Taurin Dufresse, MEP (司教・四川代牧)
1814-56			ほか四川の教区司祭4名, カテキスタ2名, 信徒3名
1816. 2. 7	1900	2.13	*ラントルア OFM
1820. 2.17	1900	2.17	クレ François Regis Clet, CM
1840. 9.11	1889	11. 7	*ペルボアル CM (列聖1995)
1856. 2.26/27	1900	11.27	*シャプドレーヌ MEP
1862. 2.18	1909	2.18	ネール Jean Pierre Néel, MEP
1815-62			ほかカテキスタ4名, 神学生2名, 信徒6名
1900. 7. 4	1946	7. 4	ジャコマントニオ Cesidio Giacomantonio, OFM
1900. 7. 7			ファントサティ Antonio Fantosati, OFM (司教・南部湖南代牧)
			ガンバロ Giuseppe Gambaro, OFM
			バラ Théodric Balat, OFM
1900. 7. 9			グラッシ Gregorio Grassi, OFM (司教・北部山西代牧)
			フォゴラ Francesco Fogolla, OFM (補佐司教)
			ファッチーニ Elia Facchini, OFM
			ボエ André Bauer, OFM
			ほか *マリアの宣教者フランシスコ修道会の会員7名, 中国人神学生5名, 中国人従僕9名
1900. 7.21	1951	7.24	クレシテリ Alberico Crescitelli, PIME
1900. 7.19	1956	7.20	アンドロエ Modeste Andlauer, SJ
1900. 7.20			マンジャン León Ignace Mangin, SJ
			ダン Paul Denn, SJ
			イゾレ Rémi Isoré, SJ
			ほか中国人信徒49名, 洗礼志願者3名
1930. 2.25	1983	1.25	*ヴェルシリア SDB
			*カラヴァリオ SDB

所属修道会　CM: ヴィンセンシオの宣教会; MEP: パリ外国宣教会; OFM: フランシスコ会; OP: ドミニコ会; PIME: ミラノ外国宣教会; SDB: サレジオ会; SJ: イエズス会

ちゅうごく

はさらに3名の中国人司教が誕生した．中国からの外交使節は1943年にヴァティカンに着任，1946年にフランスが中国での特権を放棄するとヴァティカンからは教皇公使が中国に派遣され外交関係が樹立された．

〔日中戦争勃発から中華人民共和国の成立〕20世紀前半の中国でキリスト教の弾圧が続いていたことを考えると，その時期に教会が飛躍的発展を遂げたことは驚嘆に値する．大陸への進出を図る日本，中国の国民党あるいは共産党，混乱に乗じて略奪に走る暴徒等，すべての勢力は理由は異なれキリスト教を敵視する点では等しく，特に日中戦争(1937-45)が始まってからは多くの宣教師，中国人キリスト者が拉致・殺害された．

1939年，教皇 *ピウス12世はかつて排斥された中国典礼を容認する指針を発表，*孔子や祖先を敬う中国の儀式はあくまでも社会的な儀礼であってカトリック教徒が参加しても何ら支障はないと宣言した．改宗者は伝統的な行事に参加することで親族や社会との交わりを保ちつつ，カトリックの信仰をもつことが可能になったのである．

1946年には教会管区の改編により主要都市には大司教座が置かれ，新たに79司教区が創設された．また，初の中国人枢機卿も任命されている．1940年代から共産党勢力によるキリスト教弾圧が激化したが，宣教師は戦争が終結すれば自由に福音を伝えられる時代が来ると期待し，苦境に耐えていた．第2次世界大戦末期に中国共産党が掌握していた北部では特に迫害が激しく，厳律シトー会では修道院が略奪に遭ったほか多数の会員が惨殺され，消息不明となった者も多かった．戦後の1947-48年にはカトリックの聖職者・修道者約100名とプロテスタントの宣教師，さらに中国人信徒も多数殉教したと推測されるが，詳細不明のまま毛沢東による中華人民共和国成立を迎え，情報の収集さえ困難になる．

【中華人民共和国におけるキリスト教】1948年，中国共産党は支持者を増やすために信教の自由を宣言するが，1949年に中華人民共和国が成立すると一転してキリスト教弾圧政策をとるようになった．外国人宣教師・修道者は国外追放ないしは投獄され，ごく一部を例外として中国人聖職者も投獄された．中国政府は1957年に公認の天主教友愛国会(後に天主教愛国会と改称．通称は愛国教会)を設立し，中国のカトリック教会を政府の監督下に置いた．愛国教会はヴァティカンとの交渉を断って独自に司教を選出したため外交関係も断絶し，教皇公使は国外に退去，外国人宣教師の多くは台湾に移動して活動を続行した．ヴァティカンとの関係を保持する元来のカトリック教会の聖職者・信徒は地下に潜伏したが，露見すると教皇の *首位権を否定するよう命じられるとともに愛国教会への協力を強制され，それを拒めば終身刑を科された．このような逮捕・投獄は今日まで続いており，罰金刑を科された信徒もいる．上海司教で獄中で *枢機卿に任命された龔品梅(1901-2000)は1955年から30年間を独房で過ごし，1987年になってようやく病気を理由にアメリカへの出国を許可された．

1999年の時点で中国に残留している中国人イエズス会員は25名，またフランシスコ会の中国人会員も残留しており，一部は愛国教会の聖職者として活動を続けている．地下教会の聖職者のみならず愛国教会の聖職者も秘密裡にヴァティカンとの連絡を保っているとの説もある．教皇 *ヨアンネス・パウルス2世は1998年のアジア代表司教会議に，ピウス12世により任命され愛国教会司教に転じた二人を招待，また2000年には中国の殉教者120名を列聖するなど，中国の教会に心を寄せ，近い将来の関係改善を目指している．

【文献】世キ百 550-55; NCE 3: 591-603; 19: 78-82; WCE² 1: 191-98; 矢沢利彦『中国とキリスト教』(近藤出版社 1972); J. CHARBONNIER, *A Guide to the Catholic Church in China* (中国天主教指南 2000) (Singapore 2000). (J. セベス)

【哲学】〔中国哲学と中国思想〕中国哲学・中国思想，また中国哲学史・中国思想史などの用語は，日本においては明治期以降の近代的学術研究のなかで生まれたものである．したがって研究者間には中国哲学という用語が使えるか，中国に「哲学」があるのかといった議論が少なからず続いてきている．中国固有の用語では，学や道・教といった概念のもとに営まれた思索がほぼこれに相当する．近代の「中国哲学」の研究は，西欧の学術研究の枠組みのもと，西欧哲学の形式，方法に合わせ，組織化・系譜化を試みることから始まっている．

学制としては，1905年(明治38)東京帝国大学文科が哲学・史学・文学の3学科に整理統合されるのに伴い，講座名が支那哲学・支那史学・支那文学となり，「支那哲学(中国哲学)」という学問の一分野が名実ともに成立した．1900年に出た遠藤隆吉(1874-1946)著の『支那哲学史』は日本における「中国哲学史」の起点と称しうるものである．ただ当時の研究の傾向として，ややもすると東西の学説の対比や図式化，あまつさえ西洋哲学の方法・体系をいきなり中国の個々の思想に適用するのに急で，その内在的関連の検討に欠けるうらみがあった．洋学の方法の摂取と固有の中国の思想研究との結合に多くの努力が費やされた．宇野哲人(1875-1974)の『支那哲学史講話』(1914)は *ヴィンデルバントの哲学史の方法に基づいたもので，当時出版された支那(中国)哲学史に比してバランスのとれた構想を有する著作で，その後広く読まれてきた．

こうした中国哲学・中国哲学史の学的方法に対して批判的な立場をとり，西欧のシノロジー(〔英〕Sinology)の方法を摂取するも，中国の学術をその学術の在り方のままに理解していく態度を重視した研究が京都大学を中心に提唱された．いわゆる京都「支那学」である．その基礎を築いた狩野直喜(1868-1947)が，1906-24年に京都大学で行った支那哲学史の講義を後に公刊した『中国哲学史』(1953)では，中国の文明は，西洋の文明とは大いに趣を異にするもので，中国の学術に対し，これは哲学，これは文学，これは政治，法律と分類して研究できないものだとしている．そこでは当然のことながら，中国哲学・中国哲学史と呼べるものがあったかどうかという疑問が生まれ，西洋哲学史の形式をそのままあてはめて叙述することに慎重な態度をとる．その結果，中国哲学史の大部分は中国古典学，もしくは古典的な研究の歴史と捉えることができるとし，さらには多くの場合，経学研究の歴史と一致すると考えている．つまり儒教経典を中心とする古典がどのように受け継がれ，その解釈にどのような変化があったかを明らかにするところに，中国哲学史が成り立つという考えである．

中国固有の学のなかに哲学という語がないと同時に，その学に明確な哲学の体系に相当するものがないと考える立場の者のなかには，中国思想・中国思想史の用語を用いることが多い．ただそれは形態の異なる西欧哲学と中国哲学との混同を避けるという考えにのみとどまるのではなくして，思想変遷の過程を明らかにしたいとの積極的な研究姿勢に基づくことに結びついている．戦後顕

著になってくる思想史的研究である．中国人の思想を中国人に即して捉えることはもちろんのこと，思想を時代・社会の広汎な文化現象と関連させて把握していこうというものであった．思想史研究の方法上の問題としては，次の諸点があげられる．(1) 中国思想史における時代区分の問題(特に中国における近世・近代の問題). (2) 唯物史観の適用. (3) 歴史学・社会学・政治学などの研究方法，成果の利用．これらは相互につながっている問題であって，時代区分の問題はつまるところ，中国思想それ自身の展開をどう捉えるのか，またそれは歴史的・社会的条件とどのように関係するのか，さらには世界の思想・文明の歩みのなかにおいてみるとどうなるのか，あるいは逆にどのようにしたらそれをおいてみることができるのか，という方法の根幹に関わるものである．とりわけ中国の伝統思想がそれ自体でいかにして近代化，現代化するかという問題は，中国思想研究の根本問題として意識されるようになった．換言すれば，思想史的研究は多かれ少なかれ中国思想の「近代性」の問題を視野に入れているといっても過言ではなかろう．

一方において，思想史研究は従来の哲学史が儒学史，経学史が中心であったのに対して，*儒教と*道教・*仏教との交渉，相互の内的連関を詳しくたどって，思想変遷の過程を明らかにしようという傾向を進展せしめた．中国仏教の研究はすでに相応の蓄積があったが，中国の宗教思想としていかなる発展を遂げてきたかという観点に立って研究の問い直しが行われつつある．道教研究は戦後本格的に研究の体制が整えられるにつれて，しだいに研究が加速され，深まりかつ広まることになった．1980 年前後から飛躍的に研究が進み，近年目覚ましい活況を呈している．

〔中国哲学(中国思想)の展開〕次に，中国の思想を概観する．思想の展開をどのように区分するかということは，前述のようにそのこと自体，研究上の基本的な視点に関わる問題であるが，ここでは 4 期に分けることにする．すなわち，前漢前 2 世紀後半，儒家の教説が国家の公認する教説として確立することをもって第 1 期と第 2 期との区切り，北宋 11 世紀からの新儒学の展開をもって第 2 期と第 3 期との区切り，清末 19 世紀末の西洋近代文化の衝撃（ウェスタン・インパクト）をもって第 3 期と第 4 期との区切りとする．

(1) 第 1 期．今日，中国の思想の成立として知りうるのは，殷代前 15 世紀以降のことである．経典や古典のなかにみえる黄帝や堯・舜などの聖王は伝承上の人物として扱う．殷代については 20 世紀に甲骨卜辞の解読により，王朝の祭祀の仕組みが明らかになり，帝(上帝)の概念の発生が認められる．周王朝は殷の上帝を受け継ぎながら，天の概念を根拠とし，天命による天下統治の確立を図った．天や上帝は共同体の普遍性・妥当性を根拠づける概念として，中国人の自然観・人間観にその後もつねに関わり続けていった．

中国思想の本格的な展開は，周代の前 6 世紀末から前 3 世紀末，いわゆる先秦時代と呼ばれる春秋時代後期から戦国時代にかけての時期で，後世，*諸子百家と呼ぶ数多くの学派・思想家が輩出した．そのなかで，*孔子は初めて人倫道徳を自覚しその実践を主張，*仁を創唱し修己治人の教えを説いた．いわば一個人の固有の思想として論じうる最初の人物である．孔子を祖とする学派は儒家(→ 儒教)と称され，*孟子，荀子(?-前 235)らに受け継がれて発展し，有力な学派となった．諸子百家を分類して九流十家とするのは，後漢の班固(はん，32-92)の

『漢書』芸文志に拠るもので，国家教学となった儒家を中心に諸子の相対的評価を与えている．儒・道・*陰陽・法・名・墨・縦横・雑・農・小説の十家をあげるが，そのうち主要な思想家群は儒家のほか，*墨子に代表される墨家，『*老子』や『*荘子』に集成されて伝わる道家と総称される一群の思想家，商鞅(しょうおう，?-前 338)・韓非(前 280 頃-233，→『韓非子』)ら統一帝国の実現のために法治国家の理論を準備した法家である．また名家は論理的観念と知識を代表し，陰陽家は陰陽五行説の理論を明らかにし，共にこの時期に生まれた思想として注目すべき内容を有している．

戦国末期から秦，漢初にかけては，各学派においてその学説やテクストの整理が行われる一方，思想界の総括や総合も行われた．雑家の呂不韋(?-前 235)による『呂氏春秋』や劉安(前 179-122)による*『淮南子』の編纂は諸子百家の思想の整理の一端である．他方，秦代には，法家思想による思想統一が図られ，焚書坑儒や挟書律という思想統制が行われた．

(2) 第 2 期．中央集権的な漢帝国は，儒家の教説を唯一の正統思想として承認した．前 2 世紀後半，武帝(在位前 141-87)のとき，儒教によって天下の思想を統一すべき旨の，董仲舒(とうちゅうじょ，前 179-104)の「対策」が直接の契機となった．かくして儒教の教説が国家の政治，社会の指導理念となり，以後清末に第 3 期が終わるまで王朝の体制教学として保持され続けた．また，政治・文化の担い手である士人(官僚・知識層)の主たる思想となって，中国の前近代の思想史の主流を形成していった．儒教の学術面を儒学と称するが，その根幹に儒家の経書を奉持し，その解釈・研究をめぐる学術すなわち「経学」の形式をとって展開した(「儒教」【第 2 期】参照).

儒教が知識人に必須の教説として重んぜられ，経学が盛んであった一方において，漢代には陰陽五行説，災異説，讖緯説，神仙思想などが流行し，儒教経学にも影響を与え，それらの説が取り込まれていった．魏晋の時期には老荘思想が愛好され，三玄(『老子』『荘子』『易経』)の書を中心に玄学や清談が流行した．第 2 期の初期に伝来した仏教は，魏晋から南北朝にかけて浸透し，多くの経典がもたらされ漢訳された．その宗教教義の典籍も経と呼ばれ，仏教経学として展開していくが，中国在来の思想・宗教思想を媒介にしたり，逆に摩擦や衝突を繰り返しながら，中国仏教としての基礎を確立した．隋・唐の時期には天台・華厳をはじめ高度な中国仏教哲学を創造し，禅宗・浄土教などの中国独自の仏教を生み出していった．道教系の宗教思想は後漢末の太平道や五斗米道に始まるが，民間信仰・思想・科学などの各要素が複合された道教の成立は，中国仏教の展開と並行して 5 世紀頃と考えられる．この第 2 期において儒教と併せて儒仏道三教が成立し，すでに成立の過程から相互に交渉し刺激し拮抗していった．

(3) 第 3 期．宋代になると，隋唐期の貴族制が解体し科挙制による新興の官僚支配層が確立する．中央集権的君主独裁制のもと，名分論や正統論が提唱され，道義心を養い聖賢の道を主体的に体得しようという新儒学が生まれた．仏教・道教の盛行による儒教自体の思想的危機感を根底にもつが，仏教の理論や老荘・道教の所説の影響を受けてそれらを批判的に受容している．宋学とも呼ばれ，人間の本性と宇宙の原理を追求しようとして展開する理・気・心・性を中核とする部分を称して性理学と呼ぶ．また，その大成者が*朱子で，その学説を朱子学と呼ぶが，理気論を基本に体系的な学説を打ち立てい

る．朱子は四書を定立し，自らの哲理に基づく注釈書『四書集注』(しっしゅう)を著し，五経に導入するための階梯と位置づけた．朱子学は，朱子の没後しだいに世に広まり，元明清代を通じて朱子学を信奉し，継承する学者が数多く出た．科挙に朱子の四書注釈が課せられ，経書の解釈として朱子学系の注釈が採用された．明の永楽年間(15世紀初)には胡広(うえ，1370-1418)の編纂により，『五経大全』『四書大全』『性理大全』が著され，朱子学の官学としての地位は強化されて清末に及んだ．

宋代に朱子と論争を行った者として，陸九淵(象山，1139-92)の心学と陳亮(龍川，1143-94)の事功学派があるが，このうち心学の要素が成長し，明代中期には*王陽明の心学つまり陽明学として自己の主体性を重視する実践的修養の学が大成された．官学となった朱子学に対して，陽明学の主体性の重視はその学派から反官学的な性格を有する思想をも生むに至った．また，理気論に基づく性理学の内部において，理よりも気を根源的な存在とみる立場の流れも発展してきて，朱子学の理という道徳的規範に対して人間の本性を問い直す動きも出てきたが，結局は朱子学に代わる新しい道徳原理を確立するには至らなかった．

明末清初(17世紀)の混乱期には経世致用の実学が提唱されたが，清朝が安定するにつれ清朝考証学と呼ばれる実証的な古典学が学界の大勢となった．宋明の性理学に対して漢魏六朝期の経学を尊重したので，清朝の漢学とも呼ばれる．

仏教は禅宗と浄土教が中心で，浄土教が民衆の信仰を集めた．道教は金のとき華北において新しく全真教が生まれた．明末には三教合一の風潮が高まり，それを背景に善書が多く作られた．

また明末には，マテオ・*リッチをはじめ*イエズス会の宣教師が中国に入り，士人や民衆の間に布教を試みた．併せて天文暦学など西欧の科学技術が紹介され，明清を通じて中国人の関心や研究心を刺激し，関連する学問の進歩に寄与している．

(4) 第4期．阿片戦争に象徴される，欧米の中国進出に伴う西洋近代文化との接触は，伝統思想に衝撃を与え，近代化が模索された．中体西用論や洋務運動による西洋の文化・技術の利用の試み，変法運動による政治制度の変革の企てなどを経ながら，外来の近代的諸思想との本格的な受容と対決が続いていった．士人の教養と体制教学は儒教(新儒学)に変わりはなかったが，経書は有効性を喪失しその権威は失墜していった．太平天国の運動は反儒教の姿勢を鮮明にしたが，変法派や革命派も経書批判とともに儒教批判を展開させていった．*三民主義を掲げた*孫文らの革命運動は1911年，辛亥革命を成功させたが，1919年，五・四運動は国内的には伝統思想を批判して近代化の徹底を目指したものであった．

今日，中国は，*マルクス主義哲学を是とするが，中国の伝統の文化，ことにその哲学思想をいかに理解し評価するかは避けて通れぬ問題である．文化大革命を経た後，改めて中国現代哲学の発展の筋道をめぐり，議論と検証を行ってきている．中国の伝統思想・哲学が中国の今の文化においていかなる位置を占めるかは，最も現代的な問題として認識されている．

【文献】赤塚忠他編『思想概論』『思想史』中国文化叢書2-3 (大修館書店 1967-68)；本田濟編『中国哲学を学ぶ人のために』(世界思想社 1975)；小野沢精一他編『気の思想』(東京大学出版会 1978)；宇野哲人『中国思想』(講談社 1980)；戸川芳郎『古代中国の思想』(放送大学教育振興会 1985)；山井湧他『中国思想概論』中国文化全書1 (高文堂出版社 1986)；戸川芳郎他『儒教史』世界宗教史叢書10 (山川出版社 1987)；福永光司『道教思想史研究』(岩波書店 1987)；大島晃「日本における宋明儒学研究の概況」『上智大学国文学科紀要』6 (1989) 175-97.

(大島晃)

【文学】中国文学は，まず地域的には北部(黄河流域の中原)と南部(揚子江流域)に分けられる．北部の文学は儒家思想の影響が強く，政治的，道徳的な色彩が強いが，南部の文学は道家思想や土着の自然宗教などの影響によって浪漫的，享楽的な面をもつ．次に北部では文学の担い手が士大夫階級に属す教養人であったが，南部では教養人に加えて無名の庶民も担い手となっていた．さらに内容的には高雅文学と通俗文学に二分され，前者は北部，後者は南部において目立っている．思想的には儒家思想が主流を占める．

〔儒家と文学〕儒家は文学を「学問」と定義し，『詩経』『書経』『易経』『礼記』『春秋』の五経をはじめとする教典をその対象とする．五経のなかでは『詩経』が最も今日の文学に近いが，情感の芸術的表現ではなく，高尚な志を養い，高貴な人格を形成するために孔子が編纂した道徳書とみなされていた．また『書経』は太古以来の聖賢の言葉や歴史上の大事件を記録した書であり，聖君・賢臣を目指す者の学問に必須の歴史書とみなされていた．この2書に共通して重要なのは*天の思想であり，天は地上のあらゆる権威の源として宗教的に賛仰された．

〔仏教と文学〕儒家は道家思想に対しては寛大であったが，漢代(前3-後2世紀)に入ってきた仏教は邪教とみなした．最大の理由は出家に対する反感で，忠孝を道徳の要とする儒家にとって，親兄弟や社会のすべてを捨てよとの教えは肯定できるものではなかった．しかし，道家は仏教に寛容で，仏教経典の中国語訳に多くの語彙を提供した．総じて仏教は士大夫階級に根を下ろすことができず庶民の間に広まり，通俗文学と結びついた．20世紀に敦煌で発見された「変文」と呼ばれる仏教説話は中国仏教文学の萌芽で，以来，通俗文学のなかを流れた仏教思想は明の『西遊記』で最大の花を咲かせた．

〔キリスト教と文学〕キリスト教は仏教よりもはるかに遅れて中国に伝来したが，仏教以上に歓迎されなかった．唐代(7-9世紀)に景教が伝わり，元代(13-14世紀)にはカトリック教会の教えがドミニコ会，フランシスコ会の宣教師によって伝えられたが，文人の改宗者を得て文学的活動がなされるまでには至らなかった．次の明代(14-17世紀)にはイエズス会員の活発な活動によって士大夫階級のなかにも改宗者を得た．しかし，マテオ・リッチの死後は迫害が起こり，清代(17-19世紀)に入っても迫害はやまず，ついに厳しい禁教政策がとられるに至る．そのため中国人信者の表立った文学活動は全く不可能となった．清の禁教時代にはキリスト教文学と認められるものは皆無だが，黄龍による研究書『紅楼新論』(1993)は，中国小説の最高傑作である曹雪芹(?-1762)の『紅楼夢』にキリスト教の影響がみられるとして，キリスト教的アレゴリーの可能性を指摘しており，今後の研究成果が期待される．

〔文学改革とキリスト教〕辛亥革命の6年後に北京大学から起こって全国に波及した五・四運動(社会改革運動)は文学にも改革をもたらした．伝統文学の殻を破って新しい文学を創造するには口語体を用いるべきであり，儒家的観念を脱し，新しい思想を摂取することの必

要性が叫ばれた．この時期，キリスト教は新しい思想として知識人の関心を集めた．その一人は雑誌『新青年』を発行して文学改革の先陣にたった陳独秀(1879–1942)である．陳独秀は後に *マルクス主義に転向するが，キリスト教を信仰する対象としてではなく，社会改革のための思想とみなす傾向が強かった．彼に続く知識人の多くも同様で，したがってキリスト教思想がナショナリズムと摩擦を起こすと，彼らの関心は弱まった．

文学改革期以降，キリスト教的要素を含む作品を発表したのは，プロテスタント系作家では郭沫若(1892–1978)，郁達夫(1896–1945)，謝冰心(1900–99)，許地山(1894–1941)，老舎(1899–1966)，李健吾(1906–82)，巴金(1904–)など，またカトリック系では蘇雪林(1899/1900–99)などである．

【文献】L. S. ROBINSON, *Double-Edged Sword: Christianity and 20th Century Chinese Fiction* (Hong Kong 1986).

(吉田とよ子)

ちゅうごくどうていかい　中国童貞会
〔仏〕Vierges Chinoises　*パリ外国宣教会の会員マルティリア(Joanchin Engelbert de Martilliat, 1706–55)によって創立された中国女性による乙女たちの会．1744 年に中国四川省の司牧も委ねられたマルティリアは，中国キリスト教徒女性のための会の創立を計画した．彼は 1748 年フランスに帰国し，会の創立企画を心にかけながらも 1755 年ローマにて死去した．後に中国童貞会となるこの会のためにマルティリアは手書きの会則を残し，この会則が 1905 年初めて中国語で印刷されるまで会員たちの生活指針となった．この会則によって会員は貞潔の誓願を立てるが，特別な修道服を着用せず修道院にも居住せず，それぞれの家庭に生活しながらあたかも観想修道女のように自己の完徳を目指していた．しかしその後 1773 年，マルティリアの跡を継いで四川省の司牧にあたったモワイエ(Jean-Martin Moyë, 1730–93)によって *使徒的活動が取り入れられ，会員は少女たちのキリスト教教育，*洗礼志願者の要理教育，さらに幼児，特に飢饉や疫病流行の際に死の危険にさらされている幼児たちへの洗礼授与に務めるようになった．1929 年の統計によれば中国全域に 9,000 名の会員がいたとされるが，共産党政権となってからの状況ははっきりしない．

【文献】DHGE 25: 1343–44; DIP 9: 1852–55.

(和田誠)

ちゅうごくのじゅんきょうしゃ　中国の殉教者
約 120 年にわたる禁教令の時代を経て天津条約(1858)により宣教が可能になったあとも，中国ではキリスト教に対する反感や排外感情から反天主教運動が衰えることはなかった．湖南省や山西省北部では *義和団事件(1900)の 2 か月間だけで約 3 万のキリスト者が殉教したともいわれる．中国での多数の殉教者のうち 2,855 名に関しては列福の前段階である *神の僕としての調査が終了している．そのなかでも特に 2000 年 10 月 1 日に列聖された 120 名を指して「中国の殉教者」と呼ぶ．→中国

【文献】NCE 3: 602–603; OR English Edition (28 Aug. 1996) 3–5, 7; (4 Oct. 2000) 1–2, 10.

(橋爪由美子)

ちゅうごくのてんれいもんだい　中国の典礼問題
17–18 世紀における中国での宣教に関する論争で，*孔子を崇拝し先祖を祀る儀式に中国人キリスト教徒が参加することが許されるかどうかが問題となった(→中国)．この論争は *宣教方法ばかりでなく，キリスト教がほかの宗教・文化をどうみるべきかという問題を含んでおり，加えて宗主国の利害と，各修道会の考え方の相違がその背景に存在していた．

【背景】東洋への宣教活動は，*フランシスコ・ザビエルが *教皇使節としてポルトガル王 *ジョアン 3 世(在位 1521–57)によって派遣され，1542 年 5 月 6 日にインドの *ゴアに到着したときから始められた．1549 年ザビエルはそこから日本に向かい宣教するが，やがて日本宣教のためには中国の宣教が欠かせないことを悟り，中国に向かう．しかし中国に着く前に熱病にかかり，広東近くの小島で没する．ポルトガル商人によって *マカオが港として開かれると，*イエズス会の巡察師 *ヴァリニャーノの要請により，1579 年 *ナポリ出身の *ルッジエーリ，さらにマテオ・*リッチが到来し，リッチは広東，*北京，*南京に宣教拠点を設立した．彼は中国において儒学者の衣服をまとい，西洋からやってきた学者としてふるまい，中国古来の宮廷儀式に関心を寄せた．古代キリスト教の *アレクサンドリア学派の教父に倣って，彼はキリスト教の教理と中国古代思想との一致点を強調し，中国の文化と習慣への高い評価に基づいて儒学者たちと接し，彼らの学問的関心を捉えた．そしてキリスト教の教えが *儒教の教えと合致し，さらにそれを明らかにする真理であることを説いた．その結果，1610 年彼が没するまでにすでに相当数の儒学者が洗礼を受けた．

リッチは中国語で教理書 *『天主実義』ほかを書き，そのなかで「天主」および「天」「上帝」という表現を用いた．リッチと彼に続いた宣教師にとって，これらの表現は天界と霊界と人間界の支配者を指し，原始福音の痕跡とみなされたが，同時にこうした表現は *道教や *仏教における至高の存在を指すものとしても使われていた．また中国では *祖先崇拝が社会生活の神聖な根幹であり，それに基づいて孔子と祖先に対する *儀礼が行われ，宮廷儀式が執行されていた．リッチは，先祖の名前が書かれた位牌の前で香を焚き，拝む行為を宗教的行事ではなく，社会的・文化的習慣とみなし容認した．こうして北京の宮廷では洗礼を受ける学者が現れ始め，学者を含む 2,500 人の信者を数えた．*トリゴー，*シャール・フォン・ベル，*フェルビーストのような優れたイエズス会員の学者が中国宣教に加わり，数学，*天文学，*暦法などの知識によって宮廷で重んじられ，影響力をもった．これは清朝の時代になっても同様であった．清の康熙帝(在位 1661–1722)の時代，1687 年に *ルイ 14 世によって派遣されたイエズス会のフランス人宣教師たちは北京に独自の組織を設立し，科学者，軍事顧問，外交官として皇帝に仕え，1686 年ネルチンスク条約による中露国境確定に大きな役割を果たした．さらに 1692 年，康熙帝から宗教的自由の勅令を得て，1700 年までに 30 万の信者を擁するまでになった．同様の宣教方法は，ヴェトナムではド・*ロードによって，インドでは *ノビリによって採用された(→ヴェトナム，インド)．

【論争の始まりと経過】1631 年，中国宣教に新たに *フランシスコ会とモラレス(Juan Baptista de Morales, 1598–1664)を含む *ドミニコ会が加わる．しかし，彼らは中国の風俗習慣を考慮に入れなかったために結局追放され，マニラに退去した．彼らはイエズス会の「適応主義」による中国宣教の方法に不信感を抱くようになり，モラレスがローマにもたらした報告により，1645 年布教聖省(福音宣教省の前身)は中国の典礼の禁止命令

を出し，これを教皇 *インノケンティウス 10 世も承認した．しかしイエズス会員たちも布教聖省さらに検邪聖省 (教理省の前身) に反論を提出し，「中国の儀礼は純粋に社会的・政治的な儀式であるから，それに中国人信者が参加してもよい」との回答を得，1656 年 *アレクサンデル 7 世がこれを勅書によって承認した．しかし教皇庁の二つの文書は結局いずれが正しいものなのかはっきりせず，再度ローマに問い合わせがなされた．検邪聖省はこれに答えて 1669 年両方の文書の効力を認め，時と場合によってそれぞれ遵守されるべきものとした．すなわち，*偶像礼拝，迷信的儀式は禁止されるが，社会的・政治的・文化的儀礼は認めるということであり，両者を区別するためのリストを作成することが必要になった．

1667 年と 1668 年に宣教方法を統一するために広東で宣教師の会議が開かれ，合意がほぼ成立したが，1676 年 *マドリードでドミニコ会宣教師で反中国典礼論者である D. F. *ナバレテの『中国王朝の歴史・政治・民族・宗教』が出版されると，ヨーロッパで中国の典礼論争が起こった．

1693 年，*パリ外国宣教会の会員で福建省の代牧 *メグロは，*司牧書簡によって，*迷信に犯されたものとして中国の儀式を非難し，禁止命令を出した．その結果，まずフランスで中国典礼論争が燃え上がり，特にイエズス会とパリ外国宣教会との対立が表面化した．フランス人イエズス会員 *ル・コントは，中国人は 2,000 年の間，真の神認識を保持しており，ヨーロッパのキリスト教徒の模範たりうる仕方で神を崇拝してきていると主張したが，*ソルボンヌ大学は 1700 年公式に彼の意見を断罪した．1704 年 11 月 20 日，教皇 *クレメンス 11 世はメグロの禁止命令を追認して，「天」「上帝」の使用を禁止した検邪聖省の命令を承認した．これに対して中国では康熙帝が，孔子と祖先を崇拝する儀式は純粋に社会的・政治的儀式であるとしたイエズス会員の覚書を承認した．教皇庁は問題解決のために，教皇特使として *トゥルノンを派遣したが，康熙帝は態度を変えず，逆にメグロを追放し，1706 年 12 月，中国で宣教活動を続けるための条件として，すべての宣教師に皇帝の認可証を得ることを命じた．これを知ったトゥルノンは，南京で 1704 年のクレメンス 11 世の教令を公にし，皇帝の認可証を受けるものは *破門にすると宣言した．

【結末】膠着した事態を打開するために，1715 年クレメンス 11 世は教会憲章『エクス・イラ・ディエ』(Ex illa die) によって中国典礼にキリスト教徒が参加することを明確に禁じ，自ら起草を命じた文書に基づいて宣誓をする義務を宣教師に課した．しかし事態は好転せず，さらに 1720 年，*メッツァバルバを教皇第 2 特使として中国に派遣した．メッツァバルバは 1721 年 11 月，宣教師たちに「八つの許可」を提示して，ローマの指令に従うよう説得した．このとき許可されたのは，迷信的な言葉が刻まれていない祖先の位牌を使用すること，孔子に対する社会的儀式に参加すること，位牌に対して供物を捧げて崇敬を表すこと，棺あるいは墓地で香水・香を使うこと，などである．しかしこれらの「許可」により各宣教師は中国典礼に関し自由に解釈できるようになってしまったため，1735 年，*クレメンス 12 世は『エクス・イラ・ディエ』を解釈する権利は教皇だけのものであると宣言せざるをえなくなった．さらに *ベネディクトゥス 14 世は 1742 年 7 月 11 日，大勅書『エクス・クオ・シングラリ』(Ex quo singulari) を発布し，「八つの許可」は *聖座の承認を受けたものではなく，無効であるばかり

か，むしろキリスト教にとって危険なものであると宣言した．この決定は中国宣教にとって大きな打撃となったばかりでなく，以後 20 世紀に至るまで宣教の障壁となった．しかし 1773 年イエズス会が *クレメンス 14 世により解散させられると，論争自体は事実上過去のものとなった．

他方中国では，当初キリスト教に好意的だった康熙帝が 1717 年禁教令を発布し，宮廷に仕えていた宣教師以外はすべて国外退去を命じられたが，禁教令の施行は実際には厳格なものではなかった．後継者である雍正帝 (在位 1723-35) はこの勅令を執行し，宮廷のイエズス会員は除外されたものの，地方の宣教師は地下活動を余儀なくされた．1723 年より散発的に迫害が起こり，1747 年から 48 年にかけて福建省で 5 人のドミニコ会員が，同 48 年蘇州で二人のイエズス会員が殉教し，さらに 1784-85 年に中国全土で多くの信者が殉教した．

19 世紀後半に中国が欧米各国と条約を結び門戸を開くようになって，中国宣教は再び活発化したが，中国の儀礼への参加は禁止されていた．1891 年 10 月 10 日付のイエズス会総長アンデルルディ (Antoine-Marie Anderledy, 1819-92) への検邪聖省の回答によれば，この禁止は「教会規律の問題ではなく，教理上の問題に属する」(non ad disciplinam, sed ad doctrinam pertinere) とみなされていた．しかし 20 世紀になると *ピウス 11 世以後，日本，満州，中国の状況を考慮して社会的・文化的慣習としての儀式への参列を容認する例外的措置が認められるようになり，1939 年 12 月 4 日 *ピウス 12 世が『中国の典礼に関する教書』(Instructio circa quasdam caeremonias super ritibus sinensibus) を発布して，中国人カトリック教徒が公に孔子への崇敬を表明し，先祖の位牌を祀ることを許した．この精神は第 2 *ヴァティカン公会議の『諸宗教宣言』と『宣教活動教令』においてさらに明確化され，宣教に際して教会が他宗教，異文化に対する理解をもたなければならないこと (→インカルチュレーション) が強調されるようになった．

【文献】 Cath. 12: 1268-13: 3; DHGE 12: 731-41; DThC 11: 2364-91; LThK² 8: 1322-24; NCE 3: 611-17; 矢沢利彦『中国とキリスト教』(近藤出版社 1972); A. S. Rosso, *Apostolic Legations to China of the 18th Century* (South Pasadena 1948) 63-146; J. KRAHL, *China Mission in Crisis* (Rome 1964); G. MINAMIKI, *The Chinese Rites Controversy from Its Beginning to Modern Times* (Chicago 1985); J. RIES, *Les chrétiens parmi les religions. Des Actes des Apôtres à Vatican II* (Paris 1987); A. PEELMAN, *L'inculturation. L'Eglise et les cultures* (Paris 1989). (高柳俊一)

ちゅうさんかいきゅう　中産階級　〔英〕middle class, 〔独〕Mittelstand, 〔仏〕classe moyenne　社会階級の上下いずれにも属さず，政治・経済・文化的に中間に位置する層．中産階級という場合には財産の所有程度が含意される．その内実は歴史的に変遷しており，*資本主義社会では資本家と労働者階級の間に位置するが，*マルクス主義の階級論が「旧」中産階級 (自営業者・農民) の解体・減少を念頭に置き，これを究極的には敵対する二大階級に収斂すべき過渡的存在と捉えるのに対し，英米の研究の多くは「新」中産階級 (非現業の雇用従事者) の登場・増大という 20 世紀的変容を踏まえ，これを体制の安定要因となりうる自律的・永続的存在と捉え，

その重要性を強調する．通常，中産階級はこの新旧二つの要素からなるとされるが，戦後先進資本主義社会では豊かさのなかで労働者の中流意識の高まりもみられ，かかる意識に対応する＊階級が実体として存在するか否かを含め，その様態や性格については見解が多岐に分かれている．
【文献】村上泰亮『新中間大衆の時代』（中央公論社1984）． （永井惠子）

ちゅうじつ 忠実 〔英〕faithfulness，〔独〕Treue，〔仏〕fidélité 「忠実」「まこと（誠）」「誠実」と訳される語として，ヘブライ語 'ᵉmet，'ᵉmûnâ（「＊アーメン」と同根 'mn，堅固であるの意），ギリシア語 alētheia などがあるが，これらは「真実」とも訳される．ヘブライ語では両方とも「不変」「不動」「堅固」「信頼できること」を意味し，人格的・倫理的含みをもつ．「忠実」「真実」は相互信頼の基本であり，神と人，人と人との人格的関わりにおける最も重要な要求である．聖書には＊神の属性の一つとしての「忠実」への言及が多い．「忠実」は特に「言葉」と関連し，言葉の真実性，信頼性を表す．この語は，しばしば，もう一つの神の属性である「変わることのない愛」（〔ヘ〕ḥesed）とともに用いられ（出34：6参照），神の＊契約の民に対する永続的誠実を意味する．

旧約聖書では，神はイスラエルの「岩」（申32：4）ともいわれるほど，その言葉は真実で，偽りなく，またその＊約束は堅く，前言を取り消すこともない（民23：19）．神の言葉は過ぎ去るものではなく（イザ40：8），その約束はすべて成し遂げられる（イザ55：11）．また神は変わることがない（マラ3：6）．この神が自らイスラエルを契約の相手として選び，彼らと誠の愛の絆で相互に一致することを望んでいる（ホセ2：22）．彼らが神の忠実の証人として呼ばれているからである．神の忠実こそがあらゆる＊真理の土台であり，人間の忠実の要である．神に対する忠実がないとき，他人に対する忠実も失せ，誰一人信頼できなくなる（エレ9：2-8）．＊救済史をみれば，イスラエルは忠実な神の僕とはいえない．彼らの歴史は不忠実の連続である．彼らは目があってもみえず，耳があっても聞こえない（イザ42：19-20）．そこで神はもう一人の「僕」（＊主の僕）を選び，神の霊を与え（イザ42：1-3），聴きかつ語る力を授ける．この僕は試練のなかにも，国々の光としての自己の使命を忠実に果たすことになる．神が彼の力だからである（イザ49：5）．

この預言が成就するのは新約のイエス・キリストにおいてである．彼は聖書の言葉と神の業を成就するためにこの世に遣わされ（マコ10：45；ルカ24：44；ヨハ19：28，30），神の約束はすべて実現する（2コリ1：20）．彼において，忠実の本質が＊愛であることが明らかになる．真正な愛が忠実となって姿を現すともいえよう．「父がわたしを愛されたように，わたしもあなたがたを愛してきた．わたしの愛にとどまりなさい．わたしが父の掟を守り，その愛にとどまっているように，あなたがたも，わたしの掟を守るなら，わたしの愛にとどまっていることになる」（ヨハ15：9-10）．キリストは「アーメンである方，誠実で真実な証人，神に創造された万物の源である方」（黙3：14）といわれ，また「誠実」および「真実」と呼ばれて，正義をもって裁き，また戦う（黙19：11）．さらに彼の名は「神の言葉」と呼ばれる（黙19：13）．彼は，きのうもきょうも永遠に同じである（ヘブ13：8）．また彼は憐れみに満ちた誠実な＊大祭司であるから（ヘブ2：17），神の約束の誠を頼みとする人々を確実に彼とともに神との交わりに導くことができる．いかなるときにも，神に対して誠実を尽くす人々には，主の喜びに加わるという報いが約束されている（マタ25：21，23；ヨハ15：11）．
【文献】新聖書大 720, 1283；聖書思 771-72；ABD 2: 744-49；TDOT 1: 292-323． （円谷勝子）

ちゅうしょう 抽象 〔ラ〕abstractio，〔英・仏〕abstraction，〔独〕Abstraktion 事物において結びついているものの一つを＊思考のうちで他から切り離して認識する心的作用．＊近代哲学においては，例えば多様な個々の人間を指示する特殊観念ないし＊表象から，それらすべてに共通な「人間」という一般観念を抽出する作用を抽象と呼ぶ用法が（このような作用を否認する論者，例えば＊バークリも含めて）確立された．ここからして抽象は論理的・科学的思考としての一般化のために不可欠な心的作用であることは認められつつも，事物をその生き生きとした具体性において捉えることができないかぎりにおいて否定的に評価される傾向がみられる．

しかし，「抽象」（〔ギ〕aphairesis）という用語を最初に哲学的議論へと導入した＊アリストテレスにおいては，抽象は，人間的＊認識が事物の多様で可変的な現れに関わる感覚的＊経験から出発しつつ，それら＊多様性と可変性を生ぜしめる＊質料からの切り離し（抽象）を通じて，事物の＊形相ないし＊本質の認識へと到着することを可能ならしめる契機として重要視されていた．このような抽象をめぐるアリストテレスの考えは，後に中世のスコラ学者によって知性的認識およびもろもろの学的認識の成立を説明する理論として展開された．この場合の抽象は単に切り離し，抽出するという作用にとどまらず，感覚的認識の段階ではまだ可能的にのみ可知的であった対象を現実に可知的なものに高めることによって知性的認識を成立させる働きであり，その鍵を握る力が能動知性（→能動理性）と呼ばれる．さらに＊自然学に特有の学的認識を成立させる個別的・特殊的部分からの普遍的全体の抽象，数学的認識を成立させる可感的質料からの形相の抽象，および形而上学的認識を成立させる，すべての質料からの分離などが抽象の種類としてあげられる．
【文献】G．バークリ『人知原理論』大槻春彦訳（岩波書店1958）；アリストテレス『自然学』出隆，岩崎允胤訳（岩波書店1968）；トマス・アクィナス『神学大全』第6分冊，大鹿一正訳（創文社1962）；同『ボエティウス三位一体論註解』『トマス・アクィナス』松田禎二訳（平凡社1993）113-97． （稲垣良典）

ちゅうしょう 中傷 〔ラ〕calumnia，〔英〕calumny，〔独〕Entehrung，〔仏〕calomnie 他人に対して，特に他人の名誉を故意の嘘によって傷つけること．人の性格を言葉または文章で傷つける名誉棄損と相関関係にある他人に対する不正義な行為の一つである．この行為には，他人の名誉を傷つけること，嘘の発言や悪口を発することも含まれ，二重の悪が働くことになる．

人間にとって名誉を保持し，それを真の価値に添ってはぐくむことは根本的なことである．「名誉は多くの富よりも望ましく品位は金銀にまさる」（箴22：1）．

名誉は，個人や共同体にとっても重要なことであり，これが悪意によって犯される場合，それに付随して当事者は損害を被るのであり，それ自体，盗みよりも一層重い悪であるといわれている（ロマ1：29）．それゆえに，

ちゅうせいえんげき

他人の名誉に与えた精神的，物的な損害を，*正義と*愛において，またその損害の段階に応じて償う義務がある．他人に与えた損害を完全なかたちで償うことは人間には不可能であるゆえに，神の前における*償いと，将来における用心深さとが要求される．

【文献】NCE 2: 1085; J. A. ハードン編『カトリック小事典』浜寛五郎訳（エンデルレ書店 1986) 216: J. A. HARDON, Pocket Catholic Dictionary (New York 1985); B. ヘーリング『キリストの掟』3, 渡辺義愛訳（中央出版社 1968) 306-35: B.HÄRING, Das Gesetz Christi, v. 3 (Freiburg 1957); K. B. MOORE, The Moral Principles Governing the Sin of Detraction and Application of These Principles to Specific Cases (Washington, D. C. 1950); B. H. MERKELBACH, Summa theologiae moralis, v. 2 (Paris ³1949) 423-32. （満留功次）

ちゅうせいえんげき　中世演劇　日本の演劇は*神道の祭礼における神楽から発達し，ギリシア悲劇はディオニュソスの祭礼（植物の神が年ごとに死ぬことへの嘆き）から発達したが（→ギリシアの宗教），ヨーロッパの演劇は*復活祭の*トロープスのなかや*十字架の道行きの最後で行われる信心深い婦人と天使の対話などにその起源をもつ．それらの演劇は初期においては，教会内で*司祭と*修道院学校の生徒によって演じられていた．しかし，これとは別に，古代の演劇の系統に属す役者集団，吟遊詩人（*トルバドゥール），流しの楽士，芸人，手品師らによって，歳の市や領主の城中で，教会のものとは異なる演劇も行われていた．そうした演劇が続いていたことは，たび重なる教会の禁止令から察せられる．これらの世俗的演劇は*典礼劇にも影響を与えた．面をつけること（例えば秋田県男鹿地方のなまはげ等）や競争といった異教の風習は，使徒*ペトロと*ヨハネの聖墓までの競走（ヨハ 20: 3-5）という典礼劇につながっている．

10-11 世紀のイングランド，フランス，ドイツに伝わる最古のテキストには中世演劇の発端が示されている．そこにはまだ劇的な緊張はなかったにしても，舞台を形作ることで*預言を目にみえる形で具象化する試みが示されている．ドイツ南部のテーゲルンゼー（Tegernsee）で 1160 年に行われた『アンティキリストの劇』(Ludus antichristus) は，ユダヤ教会とキリスト教会の対話を内容とする偽アウグスティヌスの説教からとった，預言者とユダヤ人との討論を視覚的に豊かに形作っている．

重要な*祭日（*復活祭，*クリスマス，*聖体の祭日）は，演劇の展開に重要な役割を果たすことになる．とはいえ『アンティキリストの劇』のように芸術的に抜きん出て緊張した演劇構造が造られることはめったになく，たいていの場合は聖書のなかの伝説的な場面を並べただけの絵本のような作品に甘んじていた．本来は教会のなかで司祭や生徒たちによって*ラテン語で演じられていたそれらの場面は，その後しだいに，中世の人々の日常的な経験の範囲を筋の展開に取り込むようになっていく．そしてさらに，発達しつつあった都市の住民が教会に代わって上演を受け継いだことにより，演劇の様式も変化し，俗語で演じられる*聖史劇が現れるようになる．滑稽な場面（香油の小売人，聖墓にいる酒飲みの兵士，二人の使徒の競走など）が物語の展開に入ってくるようになり，上演場所も教会のなかから外の広場に移り，後には市の立つ町の広場に移った．そこではさまざまな場面のための専用の舞台が用意されるようになり，演技者たちはそこへ行列して行った．

個々の*ギルドは自分たちが上演を受け持った場面について責任をもっていた．聖史劇は，読み書きのできない民衆に*救済史の知識を生活に即した形式で伝達するメディアの役目を果たしていたのである．なかでも*放蕩息子といった譬え話は，舞台で上演しやすいものであった．*受難劇の最も詳細な文献は*ルツェルンに保管されている．聖体の祭日の際の*聖体行列には，各ギルドの山車が出，*アンティキリスト，*最後の審判（観客からつかみ出した魂を*悪魔が*地獄の入り口に放り込む），あるいは十人の乙女（マタ 25: 1-13）といった場面の上演は，観衆の心を歴史の究極的目標へと導いたのである．*待降節には旧約聖書の預言者や正義の人を待望する劇が上演され，またキリストの*昇天は，教会のなかを屋根へ吊り上げられていく人形によって表された．とりわけ人気のあったのは，マリアの生涯の劇であった．*聖人の生涯を題材とする*聖人劇は豊富に作られたが，これは，町の*守護の聖人の*祝日を祝うイタリアにおいて特に顕著であった．特に人気があった題材は，シエナの*カテリーナ，*ドロテア，*ヘレナと彼女による十字架の発見，竜退治の英雄*ゲオルギオス，範となる偉人としてミュラの*ニコラオス（*サンタクロース）などであった．後には，美徳（→徳）と*悪徳が擬人化された登場人物として出てくる寓意的な*道徳劇や古代の手本から新たに作られた学校劇が盛んになった．

*宗教改革の時代，中世劇の伝統は弾圧されたため，プロテスタントの地域においては中世劇の伝統は全く廃れてしまった．アルプス，ズデーテン (Sudeten)，ラインラント (Rheinland) のようなカトリックの地域では中世劇の伝統は生き続けていたが，通俗的な民衆演劇と結びつくことも多かった．バロック時代（→バロック文学）になるとこうした劇は*イエズス会の新しい学校劇（*イエズス会劇）につながる方向をもつようになった．また，スイスの*フリブールやルツェルンで上演された，トッゲンブルクの*イダ，フリューエの*ニコラウスといった土着の聖人を扱う劇などが知られる．

現代に至って初めて，受難劇や最後の審判といった宗教的題材による民衆劇のテキストが，学問的に研究されるようになった．*オーベルアンメルガウでは，今日でもまだ受難劇を定期的に上演しており，17 世紀の*ペストの時代に行われた祈願を今に伝えている．ミュラのニコラオスの行列や，主の*公現の日に*三人の博士の仮装をした子どもたちが家々の前で歌をうたう習慣は，上述の演劇の伝統を長期にわたって守り伝えてきたものである．

第 1 次世界大戦後，至るところで中世劇から新カトリック演劇を作り出そうという試みがなされた．とりわけ，フランスの*クローデル，スペインの若干の人々，オーストリアの*クラーリク，*ホフマンスタールや*メル，スイスのエーベルレ (Josef Oskar Eberle, 1902-56) 等があげられる．ザルツブルク音楽祭でのホフマンスタールの『イェーダーマン』(*『エヴリマン』の改作) の上演も，こうした見地から成立してきたものである．日本においてもまた，宣教師が活動した他の諸国と同じく，イエズス会の影響のもとで，当時*キリシタンの殉教者を題材とした劇が上演されていたことがわずかな記録のなかに示されている．

【文献】永野藤夫『独逸中世宗教劇概説』（中央出版社 1950); 石井美樹子訳『イギリス中世劇集』（篠崎書林 1983); 石井美樹子『中世劇の世界』（中央公論社 1984);

G. ウィッカム『中世演劇の社会史』山本浩訳 (筑摩書房 1990): G. WICKHAM, *The Medieval Theatre* (Cambridge ³1987); 村上文昭『イギリス道徳劇とその周辺』(中央書院 1996); 松田隆美編『イギリス中世・チューダー朝演劇事典』(慶應義塾大学出版会 1998).

(T. インモース)

ちゅうせいおんがく　中世音楽

【総論】音楽史における中世が果たしていつからいつまでに関しては異論が多く，明確な時代区分をあえて示さない学者も少なくない．しかし一般にはおおよそ 5-6 世紀から 15 世紀の初頭にかけての音楽を中世音楽と呼ぶことが定着しつつあるが，*ルネサンス音楽の伝播が遅れたイングランドやドイツ各地などでは現実的に 15 世紀末まで中世が続くものと考えられるなど，地域的な差があることも充分考慮する必要がある．より具体的な時代区分としては，教皇 *グレゴリウス 1 世によるキリスト教典礼音楽の統一運動(600 頃)から，ルネサンス音楽最初の巨匠 *デュファイの作曲活動開始(1420)までを中世と考える説が，今日より多くの支持を得ている．

【聖歌，トロープス，典礼劇など】グレゴリウス 1 世によるキリスト教典礼聖歌の標準体系化運動の結果，新しいローマ聖歌(Cantus Romanus)が成立するが，今日ではそれを一般に *グレゴリオ聖歌の名で呼んでいる．教皇庁公認の *聖歌が出現したことによって，フランスの *ガリア聖歌，スペインの *モサラベ聖歌のような地方的聖歌はほとんど消滅したが，ミラノの *アンブロシオ聖歌のみは特例として公式に残された．一方 *ビザンティン聖歌は *ギリシア正教会によって今日に伝えられている．

9 世紀頃から，既存の聖歌の *メリスマ(歌詞 1 シラブルに対して，数多くの音符を装飾的に歌う部分)に新しい歌詞をつけて歌う習慣が盛んとなった．それはさらに旋律の断片や，歌詞と旋律の両方をつけ加えることによって元の聖歌をより長い旋律に書き換える手法へと発展した．このように聖歌に新しい歌詞や旋律を付け加えることを *トロープスと呼ぶが，ときにはトロープスの部分が独立して新しい聖歌となった例もある．*アレルヤ唱から独立したセクエンツィア(*続唱)などはそのよい例である．またトロープスが発達して劇として演じられるようになった例として知られるのが *典礼劇である．

【中世音楽理論】中世の理論に最も強い影響力を残したのが *ボエティウスの著作(6 世紀初頭)で，主に彼を通して古代ギリシアの音楽理論が中世ヨーロッパに伝えられた．特に重要なのは音楽(ムジカ，〔ラ〕musica)の本質は数的調和にあるとする主張で，音楽を学ぶのには数比の分析が不可欠と考えたことである．このため中世の大学教育においては，音楽を数学の一分野とみなし，神学に進む前の基礎教養としての *自由学芸(または自由七科)の一つ，それも数の学問であるクァドリヴィウム(四つの基礎科目)の一科目として教えたわけである．さらにそのような数学的な考え方は宇宙観にまで発展し，ムジカを単なる音楽の演奏としてばかりでなく，むしろそれを含めた音楽的現象を司る数の法則による秩序と考えた．そしてそのような秩序は全宇宙に存在し，それらのうち天空の秩序をムジカ・ムンダーナ(musica mundana 天体の音楽)，人間界の秩序をムジカ・フマーナ(musica humana)，人工的に生み出された秩序をムジカ・インストゥルメンターリス(musica instrumentalis)と分類した．つまり今日，我々が音楽と呼んでいるものは第三のムジカ・インストゥルメンターリスにあたるわけで，それは声楽，器楽の両者を含むものであった．数の法則を基礎とするこのような音楽観は 12 世紀以後急速に発達した記譜法にも影響し，計量記譜法(→計量音楽)によるリズム構造をしだいに複雑化した結果，*アルス・ノーヴァからアルス・スブティリオル(ars subtilior)に至る極端に技巧化された音楽を生み出すこととなった．

【世俗歌曲と器楽曲】古代以来ケルト民族の間では，クルースと呼ばれる弦楽器の伴奏で叙事詩を歌った詩人兼音楽家バード(〔英〕bard)の活躍が知られている．一方ヨーロッパ本土では，歌や器楽の演奏をも得意とする大道芸人ジョングルール(〔仏〕jongleur)の活躍が盛んとなり，やがてそのなかから封建社会の発達に伴い権力者に仕官して社会的地位の確立を得ようとする職業音楽家が現れ，メネストレル(ménestrel)と呼ばれるようになった．中世の中頃にはジョングルールの手によって，イベリア半島を経由してアラブからさまざまな楽器や音楽が伝えられたことはよく知られているが，伝えられた楽器のなかにはリュートをはじめ，ギター，レベック(ヴァイオリンの祖先)，ショーム(オーボエの祖先)などがあり，それ以後のヨーロッパ音楽の発展に大いに影響を与えたことを忘れるわけにはいかない．ところでこれら初期の職業音楽家の手による作品のほとんどは楽譜に記されることもなく消滅してしまった．わずかにエスタンピー(スタンティプス)やドゥクツィアなど，器楽による舞曲が知られている．

1100 年頃から世俗歌曲を記譜によって書き残す習慣が定着するが，そのような歌曲の作者は主に *十字軍の騎士たちを中心とする貴族階級，または聖職者，裕福な市民など，職業音楽家にとってはパトロンにあたる上流階級の詩人兼作曲家であった．これら中世詩人たちはそれぞれが用いた言語によって，南フランスの *トルバドゥール(オック語)，北フランスのトルヴェール(trouvère, オイル語)，ドイツ語圏のミンネゼンガー(〔独〕Minnesänger)に区別される．ミンネゼンガーの伝統は騎士階級没落後は市民階級の手に受け継がれ，マイスタージンガー(Meistersinger)の歌曲を生んだ．一方 13-14 世紀にはイタリアの *ラウダ，スペインの *カンティーガなどといった俗語による歌曲も盛んとなるが，これらは内容的には宗教的性格のものが大半を占め，特に聖母を賛えたものが多い．カスティリャ王アルフォンソ 10 世(Alfonso X, 在位 1252-84)が編纂させた『聖母マリアのカンティーガ集』(Las Cantigas de Santa Maria)はそのような歌曲の代表的な集成として名高い．

【初期ポリフォニー】*ポリフォニーは最初典礼聖歌，またはその一部分に対旋律を加え，2 声部で歌うことから始まった．そのようにして作られたポリフォニー曲をオルガヌム(〔ラ〕organum)と呼ぶ．オルガヌムの最初の実例は 9 世紀後半の理論書『音楽提要』(Musica enchiriadis)に譜例として示されているが，その大部分は定旋律(基礎となる聖歌の旋律)に対して第二の旋律，つまり対旋律が平行 5 度または平行 4 度で動くもので，それを今日では平行オルガヌムと呼んでいる．しかしほどなく対旋律は定旋律に対して自由に動くようになり，そのような書法で書かれた楽曲は自由オルガヌムと呼ばれている．

以後 11 世紀末に至るオルガヌムの資料は極めて断片的にしか残っていないが，それはおそらく初期オルガヌ

ムの演奏が即興によるものであったためと推察される．1100年頃からは数多くの楽譜がみられるようになるが，それらの資料から，当時のオルガヌムの中心地がリモージュ（Limoges）のサン・マルシャル修道院，北スペインの*サンティアゴ・デ・コンポステラ，イングランドの*ウィンチェスターなどであったことがわかる．この時代のオルガヌムには自由オルガヌムのほか，定旋律の音符一つに対して対旋律が数多くの音符を華やかに歌うメリスマ風オルガヌムもみられた．

【ノートルダム楽派とアルス・アンティカ】パリの*ノートルダム大聖堂では1163年に礎石式，1182年に*献堂式が行われたが，それに伴い聖歌隊の活動も活発化し，新しいオルガヌムの中心地となった．その最初の指導者といわれる*レオニヌスは1年を通じての主要祝日のために2声オルガヌムを1組作曲し，『オルガヌム大曲集』を完成させた．またその後継者*ペロティヌスは『大曲集』を改訂し，3-4声オルガヌムに書き換え，さらにオルガヌムの一部分のみを独立させて書き換えた*クラウスラや，それに新しい歌詞を付け加えた*モテット，ポリフォニーによる*コンドゥクトゥスなどをも作曲した．これら*ノートルダム楽派の音楽的特徴は，史上初めて音符の長短を区別し，長いほうの音符を三分割することによって独特のリズムを用いたことにある．そしてペロティヌスの時代にはそのようなリズムを6種類の基本型に分類するリズム・モードの理論が完成された．ノートルダム楽派の様式は急速にヨーロッパ全土に伝わり，音符の分割法もしだいに複雑化し，世紀末になるとペトルス・デ・クルーチェ（Petrus de Cruce, 13世紀末）のモテットのように，当時の記譜法の限界を示すような作品も現れ，また一方ではアダン・ド・ラ・アル（Adam de la Halle, 1240頃-1287頃）のロンドーのように，ポリフォニーによる世俗歌曲も作曲されるようになる．

【アルス・ノーヴァとアルス・スブティリオール】フィリップ・ド・ヴィトリ（Philippe de Vitry, 1291-1361）は新たにより正確な記譜法を考案し，それを論文『アルス・ノーヴァ』（Ars nova, 1320頃）において提唱した．以後その記譜法を基本として作曲された14世紀後半にかけてのフランス音楽を一般的にアルス・ノーヴァの名で呼ぶようになったが，その代表的な作曲家がギョーム・ド・*マショーである．彼は史上最初の*ミサ曲の作曲家としても有名であるが，ほかにモテットやシャンソンを数多く残している．彼のシャンソンはトルヴェールの伝統を引き継ぎ，バラード，レー，ヴィルレ，ロンドーなどの形式を用いているが，その約半数がポリフォニーによっている．この時代独特のイソリズム（同一のリズム型を繰り返す技法）やホケトゥス（休止符の挿入によって旋律を分断する技法）などの特殊な作曲技法は，特にモテットに多くみられる．

マショーの死後，記譜法はより緻密な音楽理論に従ってしだいに複雑化し，フランスでは14世紀末から15世紀初頭にかけて極端に技巧的な作品が現れるようになった．頻繁に変化するリズム構造，シンコペーション，作為的な旋律の動きなどを特徴とするこれらの作品を従来はアルス・ノーヴァ後期とみなしてきたが，今日ではアルス・スブティリオールの名で呼ぶことが多く，中世末期の音楽の最終到達点と考える学者も少なくない．

【14世紀イタリア】14世紀イタリアの音楽は従来アルス・ノーヴァの範疇に含んで考えられてきたこともあるが，同時代のフランス音楽が特にリズムに関心を示していたのに対し，イタリアではむしろ言葉と旋律の結びつきや，旋律の装飾的な動きに比重が置かれている点でアルス・ノーヴァとは根本的な違いがあるとの認識から，明確に区別してトレチェント音楽と呼ぶようになってきている．*トレチェントにおいてはアルス・ノーヴァのシャンソンより少し遅れてポリフォニーの世俗歌曲が盛んとなり，ヤコポ・ダ・ボローニャ（Jacopo da Bologna），ジョヴァンニ・ダ・カッシャ別名ダ・フィレンツェ（Giovanni da Cascia, da Firenze），フランチェスコ・ランディーニ（Francesco Landini）らが活躍した．歌曲は2-3声部によるもので，*マドリガーレ，バラータ，カッチャなどの形式がみられた．またミサのための作品など，教会音楽の例も少数ながら残っている．

【中世の終わり】フランス，イタリア以外の地域における14世紀の音楽に関しての資料は極めて限られており，その実態は明らかでない．世紀末から15世紀初頭にかけては北イタリアにおけるチコニア（Johannes Ciconia, 1335頃-1411）などのフランス系の作曲家たちの活躍が目立つようになり，国際的音楽様式への移行が窺える．イングランドにおいては即興演奏を通じて，中世音楽理論に縛られない経験に基づく曲づくりが発達し，その独特な甘美な様式が大陸に伝わった時点で中世は崩壊し，ルネサンスの訪れを迎えることとなる．

【文献】柴田南雄『西洋音楽の歴史』上（音楽之友社 1967）; 今谷和徳『中世・ルネサンスの社会と音楽』（音楽之友社 1983）; 皆川達夫『西洋音楽史：中世・ルネサンス』（音楽之友社 1986）; A. スィー『中世社会の音楽』プレンティスホール音楽史シリーズ1, 村井範子，藤江効子訳（東海大学出版会 1972）: A. Seay, *Music in the Medieval World* (Englewood Cliffs, N.J. 1965); G. Reese, *Music in the Middle Ages* (New York 1940); A. Hughes, *Early Medieval Music, up to 1300*, The New Oxford History of Music 2 (London, 1954); Id., *Ars Nova and the Renaissance, 1300-1540*, The New Oxford History of Music 3 (London 1960); R. H. Hoppin, *Medieval Music* (New York 1978). 〈金澤正剛〉

ちゅうせいきょうかいし　中世教会史

【時代区分とその特色】西洋中世教会史は5-15世紀の約1,000年間で，一般に11世紀半ばを境に前半期と後半期に大別される．そのうち5-8世紀半ばは古代から中世への過渡期であり，*ローマ帝国の西半部の解体とゲルマン系諸国家の誕生という歴史的状況のなかで，キリスト教会は古代末期以来の組織と伝統を存続させることに成功し，新しく到来したゲルマン系諸部族の教化に着手した．8世紀半ばから11世紀半ばまでの期間は，フランク王国のカール大帝（シャルルマーニュ）のもとでいわゆる「ヨーロッパ世界」が誕生する時期で，この王権の協力により，教会は*ビザンティン帝国から目を西方に向けるようになった教皇権とともに新しい秩序に対応する中世キリスト教的世界を形成した．しかしやがてカロリング帝国の解体と*民族大移動第2波の影響とにより，公権力が崩壊し，封建制の社会が出現するとともに，教会もその体制に順応して封建化していき，さまざまな悪弊に苦しむこととなった．これらの悪弊を正し，封建的な諸権力からの教会の解放を目指して，11世紀半ばから始まったのが，*グレゴリウス改革であり，以後1300年まで，中世盛期といわれる時代を迎える．この時期は，教皇権が精神的な面ではもとより，政治的な面でも絶頂に達した時代であり，キリスト教の諸原理が社会のすみずみにまで浸透していった，いわばキリスト

教的社会の完成の時期であった．次いで 14-15 世紀になると，このようなキリスト教中心の世界に分裂の兆しが各方面において現れるようになり，教会は新しく台頭してくる国民国家と結びついた地方教会と教皇権との対立や，教皇権自体の内部分裂の間で苦闘を続けることになる．その間さまざまな改革が模索されるが，その実践はつねに中途半端なものに終わるうちに，16 世紀のビッグ・バンともいえる *宗教改革を迎えることとなった．

【中世初期：5-8 世紀半ば】〔ゲルマン民族のローマ世界への侵入とキリスト教会の存続〕4 世紀後半以来ゲルマン系の諸部族(→ ゲルマン人)がローマ帝国領土内に相次いで進出し，いわゆる蛮族国家を樹立していく間に，476 年から西の皇帝は姿を消し，帝国の西半部はしだいに崩壊していった．しかしながらこのような情勢のなかで，キリスト教会は唯一の組織体として存続し，多くの *司教たちは消滅しつつあった都市の行政当局に代わって秩序の維持に努力した．*ヴァンダル族の攻撃に対してヒッポ(Hippo) の市民の保護に心を砕いた *アウグスティヌス，*フン族の進攻から *ローマの町を守った教皇 *レオ 1 世，クレルモン(Clermont) の町を *西ゴート人から防衛した司教 *シドニウス・アポリナリスなどはその例である．この時期の司教の多くは古典的教養を身につけたローマ貴族層の出身であったので，彼らは新来のゲルマン諸部族に対する教化と古典文化の伝達の上でも大きな役割を果たした．

古代において基本的には都市の *司教座聖堂を中心に成り立っていた教会が農村部へ拡大し，そこにキリスト教が土着化していくのもこの時期のことである．最初は都市の司教座聖堂から農村へ *司祭が派遣されて農民に宣教したが，彼らがそこに定住するようになると，やがて農村部の *小教区として教会が成立した．他方では地方の領主たちも自己の所領(荘園)に，領民のために自己の費用で礼拝堂を建立していったが，これが私有教会の起源となった(→ 私有教会制度)．

〔ローマ教会の卓越と教皇制の基盤形成〕イタリアでは 5-6 世紀に，その後のラテン・キリスト教会の中心的存在になっていくローマ教会とその頭である *教皇(ローマ司教)との威信の上昇がみられるようになった．両者の他の教会に対する精神的な優位と，教理問題に対する介入の例は，すでに古代にも認められうるが，使徒 *ペトロの後継者としてのローマの司教の全教会に対する *首位権の主張が歴史的に確認されるようになるのは 4 世紀からであり，*使徒座([ラ] sedes apostolica) という言葉も 4 世紀の後半に生まれた．このような流れのなかで，決定的な足跡を残したのが，*グレゴリウス 1 世(在位 590-604)であった．彼はローマの名門貴族の出身で古典的教養を身につけた後，行政官として若くしてローマ市の長官まで務めながら，隠遁への志止み難く職を辞し，*修道生活へ入った．しかし前任者の急死により市民から一致してローマ司教に選ばれると，直ちに折から生じた洪水・疫病・飢餓に悩むローマ市民の民生の安定に努力する一方で，*ランゴバルド族の南下の脅威に対して有効な手段をとりえない *ビザンティン皇帝には見切りをつけ，自ら先頭に立って蛮族と交渉して市民と教会の安全を守った．このような活動を支えるために必要な財源には，早くからローマ教会に寄進されていた各地に散在する多数の荘園の収入をあてがうが，その経営の改善を図るため自ら管理の指導まで行った．「聖ペトロの遺産」と呼ばれたこれらの所領こそが，後にフランク国王ピピン 3 世(*ペパン)によって改めて寄進されて *教皇領の中核となったのである．グレゴリウスの最大の関心は信者の霊的生活の深化にあり，それを具体化するため，教会規律の確立や *典礼の発展にも大きな力を注いだ．自ら修道士ともなった彼は，*修道院の建立を奨励し，側近にも修道士を重用し，中世に広く愛好された彼の『対話』第 2 巻に *ベネディクトゥスの生涯を描くことによって，修道制の西欧への普及にも貢献した．教会裁治の面でも，イタリア各地の司教と教会への絶えざる指導はもちろんのこと，西方世界の総大司教としてガリア，スペイン，アフリカなどの諸教会宛に必要に応じて多数の司牧的書簡を送っている．その視線の延長線上に位置づけられるのが，異教徒に対する宣教活動である．当時イングランドに侵入し定着した異教徒の *アングロ・サクソン人に対して，彼は 596 年に総勢 40 人よりなる宣教師団を派遣し，その改宗に成功，ここにイングランド教会が成立する．この宣教団の派遣こそ，ローマ教会が明確な計画をもって送り出した最初の宣教事業であり，ゲルマニアや *スラヴ人に対する教化事業の先駆けとなるものであった．また彼が残した数多くの著作の影響も忘れてはならない．特に全 14 巻 848 通にのぼる書簡集は，彼以後の中世の諸教皇が多くの問題においてしばしば引用し，解決の指針とする文書表現の慣例を生み出すことになった．こうしてグレゴリウス 1 世は，中世的教会組織の原型を作り出すとともに中世教皇の範ともなり，広く愛好された著作を通じて中世最大の教師ともなったのである．

〔ゲルマン諸部族の教化とフランク国王クロヴィス受洗の歴史的意義〕この混乱の時期にあって教会体制の存続問題と並ぶ今一つの重大事は，西方世界の各地に進出し，国家を建てたゲルマン諸部族をいかにしてキリスト教化するかということであった．彼らの多くは文明世界に入って，ローマ人と接触するうちにローマ人に倣ってキリスト教へ改宗していったが，そのキリスト教は正統信仰とされた *ローマ・カトリックの教えではなく，325 年の第 1 *ニカイア公会議で *異端とされた *アレイオス派のキリスト教であった．そのためゲルマン諸国家のなかではローマ系住民との対立等の問題がしばしば生じ，それらの諸国家は短命に終わったが，唯一の例外は，比較的遅い 481 年にガリア北部に建国したフランク部族の場合であった．その第 1 王朝である *メロヴィング朝初代の国王 *クロヴィスは，他のゲルマン諸族とは異なってローマ・カトリックへ改宗し，ランスの司教 *レミギウスにより部下 3,000 人と一緒にカトリックの *洗礼を受けた．この行為は，フランク人とローマ系住民との融合を促進して，フランク王国の長期の存続を可能にすると同時に，やがて新しく誕生することになったヨーロッパ世界の宗教上の基本線を決定することにもなったのである．

【中世前期：8 世紀半ば-11 世紀半ば】〔カロリング朝主導下でのキリスト教的世界の形成〕メロヴィング朝治下のフランク王国は，王位の継承にゲルマン的慣習である分割相続の原理が適用されたため，複数の分国体制が常態化し，王家相互間の争いも繰り返されたので，王権は弱体化し，秩序は失われていった．そのためガリアの教会も規律を失い，聖職者のモラルは低下し，特に 7 世紀後半以降 *教会会議は全く開かれなくなってしまった．名目化した国王に代わって政治の実権を握ったのが，地方豪族であったカロリング家で，同家出身の *シャル・マルテルは折から王国内に侵入してきたイスラム教徒軍を 732 年トゥール・ポアティエ間の戦いで国王に代

わって撃破し，同家の威信を確立した．その子ピピン3世は751年についにクーデターに成功し，ここにフランク王国第2代目の王朝（*カロリング朝）が成立した．

この新王朝は成立の前から，当時ガリア教会の秩序の建て直しとゲルマニアへの宣教とのために渡来してきたアングロ・サクソン系の修道士たちの活動を支援していたが，その代表的人物である*ボニファティウスを介してローマ教皇からクーデターの支持をとりつけていた．そのためボニファティウスはクーデター後に新国王ピピンを*聖香油の*塗油をもって*聖別した．さらに3年後ランゴバルド族南下の脅威の除去を訴えてガリアにやってきた教皇*ステファヌス2世は，新国王夫妻と二人の息子のために聖別式を執り行った．この塗油は元来*按手とともに聖職者叙階式（→叙階）の核心部であったが，その一半をピピンとその一族に施すことによって教会は新王朝が神の恩恵によって選ばれたことを衆人に目に見えるかたちで知らせ，なお残るメロヴィング家に対する貴種信仰を打破する役目を果たしたのである．その後この儀式はヨーロッパにおける国王即位式の中心部分として，王権の神聖性と正統性を保証するよすがとなり，同時に王権と教会との密接なつながりを象徴するものともなったのである（→王権神授説，戴冠式）．

ピピンの子が有名なカール大帝（*シャルルマーニュ，在位768-814）で，彼の治世下に西ローマ帝国の旧領土の中核部分にさらに新しい領土を加えて，西は大西洋岸から東はエルベ川までに至る一大帝国が形成され，失われていた政治的秩序は再建され，ヨーロッパ内陸部の農村を中心とする新しい中世世界が誕生した．彼はこの広大な国家の内部に居住する多数の民族を一つの国民とする国家統一の原理としてキリスト教を重視し，新たに征服したゲルマニアの住民に対しては，宣教師の派遣と武力行使との硬軟両様の手法をもってキリスト教化を推進したのであった．そのため国内のどこでも同一宗教・同一典礼が行われるよう，彼はキリスト教自体の典礼・修道戒律・組織などの標準化を重視した．こうして彼の治世下に，その後のヨーロッパ中世の教会組織と慣行の基本が成立することとなった．その第一は，全帝国内における教会管区制（Provincia ecclesiastica）の復興と再編である（→管区）．ローマ帝国の行政区画に基づいて作られていた教会組織と教会*位階制は混乱の時代に衰退し，多くの教区では司教が欠け，首都の司教（*管区大司教）の活動と権威も名目的なものとなっていた．それゆえこれらの組織の再建が図られる一方で，ローマの行政区画とは無縁であったゲルマニアにはそれが新設され，大帝の晩年には，今後*大司教とも呼ばれることになる各州首都の司教が教会管区内の*裁治権者として全責任を負う体制が成立したのであった．基本の第二は，7世紀後半以来途絶えていた教会会議の定期的開催の復活である．これ以降，帝国全体・教会管区・司教区の各レベルで必要に応じ，教会規律問題を論じる教会会議が再び定期的に開かれることになった．基本の第三は，聖職者の規律の確立とモラルの向上である．789年に公布された「一般訓令」（Admonitio Generalis）において，カール大帝は聖職者と俗人の区分を明確にし，大司教・司教・司祭の各身分の任務と生活の規律を定めた．また*修道会に属さない在俗聖職者，特に司教座聖堂で司教を補佐する司祭たちに対しては，修道士に倣って共住生活を命じたメッス司教*クロデガングの「参事会員への戒律」の採用を奨励して，その生活規律とモラルの向上に意を用いた．基本の第四は典礼の統一である．そのため彼は教皇*ハドリアヌス1世にローマ式典礼書（→サクラメンタリウム）の送付を要請し，それに基づいて*ガリア典礼の慣習を改めさせた（もっとも最近の研究ではガリア的要素の残存の見直しも進められつつある）．また*アルクインを中心に*典礼書の改訂作業も精力的に進められ，大帝の死後は多くの典礼学者がガリアの地に誕生することになった．基本の最後は，一般信徒の宗教生活の枠組みの設定である．彼らの小教区教会への帰属と*十分の一税の支払いや，安息日（日曜）の遵守などは，この時期に義務づけられたものであった．

しかしながら，教会に対する支援と保護は支配という他の一面も有していたことを忘れてはならない．その典型的な現れは，国王や皇帝による司教の任命の慣行化で，古来からの聖職者と人民による選出という司教選挙の原則に取って代わられた．同時にこれ以後，司教は教区民に対する司牧の責任と同時に国王の側近・顧問として重要な政治的役割をも負担することになり，国家と教会との協力から融合へという，ある意味ではローマ時代の旧きコンスタンティヌス的教会体制の復活をみることとなり，11世紀以降の教会改革の遠因を胚胎することともなった．

以上述べてきたカロリング的教会体制の形成過程全体にみられる著しい特徴として，最近次のような点が指摘されている．すなわちその一つは，古典文明世界が崩壊したあとの当時の人間の心性と社会状態に適応した旧約聖書的な風土への回帰現象である．そこでは，外的な宗教的慣行と掟の形式的な遵守が重視された．第二は典礼の尊重であり，この特徴は中世を通じて長く保持されることになった．

〔西欧修道制の開花〕教会位階制を基本とする在俗教会組織と並んで，中世キリスト教会のもう一つの柱となった西欧修道制が開花したのも中世前期のことである．修道制自体はすでに古代末期から東方よりイタリア，ガリア中南部，アイルランドに導入されていた．それは基本的には修道院長の指導のもとに独自の修道生活を各修道院ごとに自立的に行うものであったが，大きな流れとしては，*苦行・*禁欲と孤独な*祈り・*観想の生活を強調するケルト修道制と，祈祷と労働との調和と*共同生活を重んずる地中海型の温和な修道制の二つがあった．前者は7世紀になっても，アイルランドやブリテン島北部で盛行しており，一部の修道士たちは「異郷への巡礼」（peregrinatio, 宣教の意）を求めて大陸へも渡来し，北イタリアまで進出し，当時各地の修道院長が指導原理とするようになった「混合戒律」に重要な要素を提供したが，やがて後者の修道制がしだいに卓越するようになった．特に後者のなかから生まれた「ベネディクトゥスの戒律」は，しだいに戒律としての優位が認められるようになり，カロリング諸王，とりわけカール大帝とその子の王*ルートヴィヒ1世のもとで，全帝国の修道院の標準戒律として採用が奨励された結果，これが西欧修道制の基本戒律として定着するに至った．カロリング諸王はまた，司教座に対してと同様に修道院に対してもさまざまな特権や広大な所領を与えて，研学や宣教の拠点としての育成を図った．

9世紀後半から明らかとなるカロリング国家の解体とともに，修道院は世俗権力者に支配され，修道生活の退廃が広がったが，10世紀になると西欧の各地で修道院改革運動が生じてきた．その代表的な例が909-10年に南フランスの領主アキテーヌ公ギョーム（Guillaume, ?-918）によって創建された*クリュニーの修道院である．

その際，公は修道士たちに修道院長を自由に選出する権利を与えると同時に，聖俗一切の外部権力からの介入を排するために，この修道院をローマ教皇に寄進し，使徒座に直属する修道院とした．以後，外部権力からの＊免属を受ける修道院の形をとるこのクリュニー方式は，有徳の修道院長の輩出にも恵まれてヨーロッパ各地に広がっていき，本部修道院長のもとに支部修道院を傘下に抱く，いわゆる修道会組織を初めて誕生させることになった．

〔東欧・北欧世界への宣教〕ヨーロッパ中央部から東部へ，さらに北部へとキリスト教が拡大していくのもこの時期のことである．イングランドのアングロ・サクソン族に対する教化は7世紀末にはほとんど終了したが，ゲルマニアの異教徒に対しては，7世紀から8世紀にかけてイングランドから渡来してきた宣教師たちによって宣教が始められた．その代表的人物が「ゲルマニアの使徒」と呼ばれたボニファティウスで，彼はライン川流域からフリースラントまでをキリスト教化し，そこに新しい教会管区を設立した後，754年に殉教した．ゲルマニアの教化は804年のカール大帝の＊ザクセン征服完了によって一応の終結をみた．東欧およびスラヴ人への宣教は，西方のラテン教会と東方のビザンティン教会との双方から競合してなされたが，9世紀半ばにモラヴィア地方を教化した＊キュリロスとメトディオスの兄弟宣教師の名がよく知られている．10世紀の後半から11世紀にかけてポーランドとハンガリーにもキリスト教が伝えられ，司教座が設立され，デンマークとスウェーデンに対しては，ガリア出身の＊アンスガルが9世紀半ばに宣教を開始した．しかしその終了は10世紀末から11世紀まで待たねばならなかった．

〔新たな分裂と教会の封建化〕814年カール大帝が没すると，その孫たちは相続争いから9世紀半ばには早くもカロリング帝国（フランク王国）を3国に分割し，王権の弱体化が始まった．この3国はやがて後のフランス・ドイツ・イタリアへと変わっていくが，9世紀の後半から10世紀にかけて始まった＊ノルマン人・＊サラセン人・マジャール人による北・南・東の3方面からの帝国への侵入と略奪行為は，公権力の弱体化を加速し，社会秩序の崩壊をもたらした．その結果，各国王は有名無実化し，各地方ごとに自分の生命と財産を守るため有力者を中心に私的な主従関係を結んで結集した武装集団が現れた．これらの有力者の多くはかつての国王代官であったが，今や自立して封建領主となって土地と人民を支配するようになった．いわゆる封建制社会の成立である．それと同時に教会自身もこのような体制に即応して生存を続けるために，その組織と体制の封建化が始まった．すなわち，司教や修道院長がその職務の遂行上の財源として国王や大諸侯から何らかの特権や所領を与えられ，それを保有するかぎり，その反対給付としてそれらの本来の所有者であった国王・大諸侯に封建的な奉仕を行わなければならなくなったのである．かつて国王に独占されていた＊高位聖職者の任命権も，その多くが封建的大領主の手中に移行していき，彼らは司教・修道院長という聖職を，それに付随する所領の観点から自己の意のままになる動産とみなし，個人的な利害と結びついた人物をしばしば聖職に任命するようになった．その結果，10世紀から11世紀に至って教会内には種々の悪弊が目立つようになった．その主要なものは，金銭の提供によって高位の聖職への任命を得ようとする＊聖職売買，聖職者の妻帯，高位聖職者の側近への近親者登用（＊ネポティズム）の三つであった．そしてこれらの弊害は，ローマ教皇権にとっても無縁ではなかったのである．

〔東方教会との決定的分離〕この時期の最後に，中世前期を通じてしだいに高まっていった東西教会間の分離の動きも見落としてはならない．すでに中世初期から教会体制の相違や神学教理問題に対する関心の度合いの違いなどから両者の関係は漸次分離の方向に向かっていたが，8世紀に生じた聖画像（＊イコン）崇敬を禁じた東方教会の聖画像破壊運動は，その動きを促進した（→聖画像破壊論争）．そして11世紀半ばに「＊フィリオクェ」の語句の解釈をめぐる論争によって，両者は決定的に袂を分かつことになってしまった（→東西教会の断絶と分離）．

【中世盛期：11世紀半ば－13世紀】〔教皇権の確立と集権的教会統治体制の成立〕教会の封建化とその弊害が頂点に達したとき，教会を世俗権力者の支配から解放しようとする動きは，前述したように先駆的には「修道院の自由」を求める運動としてクリュニーから始まったが，やがてこの動きは「教会全体の自由」を求めるものへと拡大していった．11世紀半ば以降になると，「精神が肉体に勝るように，教会は国家に勝る」との論理が主張されるようになり，修道生活改革運動は教会の政治的改革運動へと高まっていった．改革はまず教会の頂点から始まった．＊教皇選挙は10世紀以来ローマ市の貴族間の党派争いの対象となり，しばしば二重・三重の対立選挙となった．その結果，不適切な人物が選ばれることも多かったので，ドイツの皇帝＊ハインリヒ3世はローマに遠征し，1046年3人の＊対立教皇を免職にし，＊オットー1世以来＊神聖ローマ帝国の皇帝に認められていた特権に基づいてドイツ出身の＊クレメンス2世を教皇に任命した．ここにまず皇帝主導の教会中枢部の改革が始まった．以後4人の教皇が同帝によって指名され，いずれも情熱をもって改革にあたり，聖職売買を厳しく断罪したが，俗人による聖職叙任自体を禁じることはできなかった．改革の具体的な第一歩は，ローマの聖職者たちによって選ばれた教皇＊ニコラウス2世が1059年に新しい教皇選挙規定（基本的には今日まで存続）を公布したときから始まった．それは教皇の選挙権者を＊枢機卿に限定するもので，直接の狙いは選挙へのローマ貴族の介入の阻止にあったが，やがてすべての世俗権力者の介入を排除することになった．改革の決定的な開始は，＊グレゴリウス7世（在位1073-85）からである．彼は諸悪の根源は世俗権力者による高位聖職者の叙任の慣行にあると考え，1075年ついに俗人による司教・修道院長の叙任を全面的に禁止する教令を発布した．このとき彼は「司教職」（episcopatus）を構成する教会位階制上の聖職自体と，その職に伴う財産とを区別しなかった．彼自身は財には関心がなく，ただ司教職を俗権から切り離して独立させようとしたのである．これに対して帝国教会体制を皇帝権力の最大の支柱としていた神聖ローマ帝国（ドイツ）の＊ハインリヒ4世（在位1056-1106）は猛烈な抵抗を開始した．いわゆる＊叙任権闘争の始まりである．翌76年皇帝は教皇の廃位を要求し，ついに教皇は皇帝を＊破門とし，1077年には有名なカノッサの屈辱事件により一時的には皇帝が屈服したが，破門の解除後は権力を回復してローマに進軍し，グレゴリウス7世は南イタリアの＊サレルノに亡命を余儀なくされ，その地で没した．その時点では皇帝が勝利を得たかにみえたが，実際は皇帝が教皇により破門されたことが，その政治的権威を大きく損なうこととなった．

しかしながら，教会と国家の関係を不可分のものと考えた11世紀の人間にとって両者を明確に分離しようとの試みはいずれも失敗し，結局1122年ドイツの*ヴォルムスで皇帝側と教皇側の代表者の間で結ばれた「政教和約」（*ヴォルムス協約）による妥協策で一応の終結をみることとなった．それはフランスのシャルトル司教*イヴォの唱えた二重叙任論に基づく考え方で，当時の司教職の概念を二分し，聖職位自体に伴う霊的権能（spiritualitas）と，その位に附随する物的財産（temporalia）とを区分し，前者を象徴する物件を教会が，後者を象徴する物件を世俗君主が新司教に与えることによって叙任を全うさせるものであった．ここに初めて霊的なものと物的なもの，教会と国家，宗教と政治を概念的に区分する考え方がヨーロッパに出現することになった．

しかし妥協は問題を先送りしただけで，一方で司教が封建諸侯としての所領を保有し続け，他方で皇帝や大領主が司教叙任に関与する権利を保持し続けたことから，教会と国家の結合関係は基本的には結局*フランス革命のときまで存続することになり，その後は霊権と俗権との優劣争いという形で両者の衝突が繰り返されることになった．12世紀半ば約30年にわたって続けられた皇帝*フリードリヒ1世（在位1152-90）と教皇*アレクサンデル3世（在位1159-81）との間の争いは，その典型である．この間，ローマ教皇の世俗問題に対する介入が増大していくが，今日，史家たちはそのような教皇たちの姿勢を「神権政治」（*神政政治）と呼んでいる．その意味での教皇権が頂点に達したのは，12世紀末に即位した*インノケンティウス3世（在位1198-1216）の治世であった．元来教会法学者であった彼は，「欠けることのない権威」（plenitudo potestatis）という教皇権の完全優位性を説く政治理論を主張し，霊的分野では全教会は教皇に服従すべきこと，そして世俗的分野でも信者の救霊が危機にさらされる場合には教皇は政治問題にも介入する権利があると主張した．こうして同教皇は，全西欧の君主の仲介者として行動し，神聖ローマ皇帝の候補者を指名し，*カンタベリの大司教任命問題で異を唱えたイングランド国王*ジョンを破門して，これを屈服させた．彼が召集した第4*ラテラノ公会議（1215）は，全ヨーロッパから司教・修道院長はもちろん，各国君主の使節までもが参加し，*アルビ派の異端を断罪し，*実体変化の教理を信ずべきものと定め，年に1度の*告白と*聖体拝領を全信者に義務づけ，教会規律を刷新し，聖地回復のための*十字軍の派遣を決議した．

他方，*教皇庁と地方教会との結びつきもグレゴリウスの教会改革以来，種々の手段によって強化され，13世紀以降，教皇による地方教会に対する集権的統治体制が徐々に完成していった．これらの手段のうち主なものは，(1)*公会議および地方での改革教会会議の教皇自身による召集と主宰(4回に及ぶラテラノ公会議，毎年四旬節のローマ教会会議，南仏の*クレルモン教会会議等)，(2)*教皇使節の地方教会への派遣(グレゴリウス7世以来，常任使節化して教皇庁との仲介役を果たした)，(3)*教皇文書の発布と集成(これらは*教会法としての役割を果たした)，(4)地方教会の係争事件の教皇庁への上訴の受け入れ(13世紀からそのための専門機構の整備と強化が始まった)，(5)司教選挙への介入と直接任命の増大(最初は分裂選挙の場合に介入していたが，後には選挙を排して直接任命する例が増大した)，(6)11世紀以降，新任大司教に対して*パリウム(大司教の典礼用の肩衣)のローマでの受領の義務づけ，(7)司教に対するローマへの表敬訪問(*アド・リミナ)の励行と義務づけ，(8)教皇による聖職者への課税(12世紀末から始まり，13世紀前半になると司教任命に伴う初年度収入上納金や，全聖職者からの十分の一税の徴収などが始まり，地方教会全体への課税システムができ上がった)などである．

〔新型修道会の出現と在俗司祭の生き方の刷新〕クリュニーによる修道生活の刷新運動は，11世紀になると西欧各地でさまざまな階層の人々を捉え，多様な修道生活の形態を生み出した．その最初の形態は同世紀の半ばから現れた隠修士生活の運動である．彼らは当時ヨーロッパの大半を覆っていた森を古代修道士たちの隠遁した砂漠に見立てて，人里離れた森林・洞窟・離島などで悔悛と清貧の生活を送り始めた．彼らは*隠修士と呼ばれたが，下層民の間に十字軍への参加を説教した隠者アミアンの*ペトルスや，巡歴説教を続けながら最終的には北フランスのフォントヴロー（Fontevrault）に男女の修道院を建てたロベール・ダルブリッセル（Robert d'Arbrissel, 1045-1116)，隠修士制と共住制の調和を目指し独自の修道院を建てた*カルトゥジア修道会の創立者*ブルーノなどが有名である．

伝統的な共住生活を送る修道士のなかからも新しい修道制の在り方を求める人々が出てきた．彼らは当時余りにも壮麗になったクリュニーの典礼生活に背を向けて，荒れ地を自らの手で切り開き，ベネディクトゥスの戒律の文字通りの実践を目指して簡素な生活を始めた．その代表例が，クリュニー出身のモレムの*ロベルトゥスによって1098年ブルゴーニュ地方の*シトーに創立された*シトー会である．会員たちは，衣服・食物・住居の貧しさと簡素な典礼と森林のなかの孤独を理想とし，自らの労働で生活を支え（後には*助修士によってその肩代りがなされたが），本部修道院長は支部修道院長に対して直接の命令権を行使しなかった．さらに1115年*クレルヴォーに新修道院を建てた*ベルナルドゥスは，この会に新たな名声と発展をもたらし，半世紀後にはシトー会修道院は早くも350に増加，その後は会員のなかから4人の教皇を出すまでになった．

他方，教区に属する在俗司祭の間にも生き方の変化が生じた．グレゴリウスの改革以後，最初は「クロデガングの戒律」の復興が試みられたが，やがて彼らの間に二つの生活形態が生まれた．一つは，司教座聖堂以外の比較的大きな教会を中心に複数の在俗司祭が集まって修道士さながらに清貧の誓願と結びついた厳密な共同生活を実践するもので，彼らの会は*修道祭式者会と呼ばれ，1120年ノルベルトゥスが創立した*プレモントレ会がよく知られている．もう一つの形態は中世前期から存続した司教座聖堂参事会（→カピトゥルム）のメンバーたちによるものであり，彼らは司教座聖堂参事会員（[ラ]canonicus）と呼ばれ，固有の財産をもち，共同生活は復興しなかったが，典礼・教育・施療などの活動を強化すると同時に，政治的役割の大きかった司教に代わって教区行政の実質的担当者となっていった．

〔清貧運動と異端運動〕教会改革の運動はやがて一般民衆の間にも，説教者の話に刺激を受けて福音の実践に関心を抱き，キリストを模倣する生き方を求める者を生み出した．12世紀半ばに北イタリアの*ミラノの織物職人たちの間から生まれ，私有財産を拒否する生産共同体を形成して，苦行と貧者の世話に従事した*フミリアティ（謙遜者たちの意）と呼ばれたグループや，1170年代にネーデルラントに現れ，13-14世紀に急速に各地に

広がっていった．*修道誓願は立てずに厳しい清貧の共同生活を行った信心深い婦人たちの*ベギンなどは有名である．けれども彼らのなかには使徒時代の清貧の理想を追求するあまり，体制化した教会の現状を批判し，攻撃する者も現れた．12世紀半ばに現れて教皇制を激しく攻撃して1155年に断罪処刑されたブレッシアの*アルノルドゥスや，1170年に清貧と贖罪の説教を始めたリヨンの商人*ヴァルドーを中心に，自らは「キリストの貧者たち」と称して民衆の間に大きな影響を与えながら最後は教皇から断罪された*ヴァルドー派などは，その例である．

清貧運動と並んで，それまで異端運動とはほとんど縁のなかった西欧社会にも各種の異端が発生した．その背景には，12世紀以降盛んになってくる東方世界との交流や都市の発達などがあげられるが，この現象はある意味では*スコラ哲学や*神学の発達によって正統教理が体系化され，厳密化されたことの反映でもあった．異端の最大のものは*カタリ派(アルビ派とも呼ばれる)である．その起源については今なお不明の点が多いが，東方起源の二元論的思想の影響を受けたこのセクトは，物的なものと肉体とを敵視し，禁欲と現世の放棄によるそれらからの離脱を唱えて，南フランス一帯に急速に拡大した．彼らが教会と政治の体制批判を先鋭化するに及んで，教会と世俗権力はその弾圧への道を歩み始めた．その一つは，説教と説得による彼らの回心が失敗したあと，1209年インノケンティウス3世が北フランスの諸侯・騎士たちの協力を得て派遣した対アルビ派十字軍(1209-29)による武力弾圧の道であった．他の一つは，カタリ派征圧の後，残る異端の嫌疑者を追及するために設けられた*異端審問で，この制度は近世まで存続して，宗教面ではもちろんのこと，政治面においてもしばしば大きな影響を引き起こすことになった．

13世紀のヨーロッパでは都市の繁栄と富の蓄積が進む一方で，カタリ派とは別の形の清貧運動も生まれた．それは幾つかの*托鉢修道会の発生である．その第一のものは，それまでの放蕩無頼の生活を突然放棄して，ナザレのイエスの生き方を文字通り実践しようとしたアッシジの*フランチェスコとその仲間たちによって1209年に創られた「小さき兄弟会」，通称*フランシスコ会の出現である(最終的公認1223)．その第二は，*ドミニクスによって異端者の回心のための説教活動を目指して創られた「説教者会」，通称*ドミニコ会で，1216年に教皇より認可され，その会員たちは説教と神学の研究に力を入れ，後に*パリ大学の神学部でフランシスコ会員とともに正統神学の解説者として重要な役割を果たすことになった．

〔信心の人間的内面化，およびキリスト教倫理の社会生活への浸透〕中世前期における一般信者の宗教生活は，典礼への形式的かつ受動的な参加を基本とするものであったが，中世盛期，特に12世紀末から13世紀になると，それは個人的でより内面的な信心行為の傾向を強めていった．同時に聖なるものを五官に触れうる形で感知し，それに近づこうとする欲求がさまざまな形態をとって現れた．例えば，第4ラテラノ公会議で年に1度と義務づけられた聖体拝領は，まもなくフランスを中心に3度以上が奨励されるようになり，*ミサの間に*聖体を信者にみせるためにこれを奉挙する慣行や，聖体を通じてキリストとの出会いを意識させる「聖体の祝日」が制定された．またキリストの人性との一致を求める欲求から，*幼きイエスへの信心，十字架上の苦しみに対する共感の高まりなどが現れた．久しい以前から存在していた聖母*マリアに対する*崇敬においても，13世紀以降，聖母の七つの喜びと悲しみなど極めて具体的かつ人間的な側面が強調されるようになった．

他方，社会生活上の通念や慣習などにもキリスト教的倫理がこの時期に深く浸透していった．神からの*召命に基づく職分によって「祈る人」(聖職者)，「戦う人」(騎士)，「働く人」(農民)の各身分が定まるとした，いわゆる「三身分思想」の出現，武人の生き方をキリスト教的倫理によって規制する*騎士道の成立，封建社会につきものの私戦の弊害を規制しようとした*神の平和・*神の休戦などは，その例である．

〔12世紀ルネサンスの開花と教会〕12世紀を前後に挟んだ約1世紀半の間に*パリを中心とする比較的狭い地域で，12世紀ルネサンスの名で知られる，西欧文化の原点となる著しい文化の発展現象が生じたことはよく知られているが，キリスト教会はこの動きにも深い関わり合いをもっていた．まず知的活動の分野では，神学研究のなかから従来の「権威」と呼ばれる書物に基づく真偽の判定よりも，論理の一貫性を重視する新しい学問の方法論が生まれ，そこからやがてスコラ哲学が発展していった．この方法論を駆使する新たな高等教育機関として，それまでの*司教座聖堂付属学校や*修道院学校に代わって13世紀以降パリやオックスフォードをはじめとする各地で*大学が誕生し，諸教皇はその育成と発展に期待を寄せ，支持を与え続けた．芸術活動の分野では，11-12世紀以降再び盛んとなる石造教会堂建築運動のなかから*ロマネスク建築と*ゴシック建築の各様式が生まれ，特に後者は今日に至るまでヨーロッパ各地の主要都市の司教座聖堂としてその威容を示している．

【中世末期：14-15世紀】〔教皇のアヴィニョン捕囚〕インノケンティウス3世の死後，教皇権は皇帝と対立・抗争を繰り返すうちにしだいにその指導性を低下させていった．13世紀から14世紀にかけて明らかとなってくる国民国家の台頭はこれに拍車をかけた．教皇権の最初の明らかな陰りは，フランスのカペー王権のもとで始まった．対英戦の戦費の財源としてフランス王*フィリップ4世が国内の聖職者に課税しようとしたことから教皇*ボニファティウス8世との対立が生じ，同教皇は1302年大勅書*『ウナム・サンクタム』を発して，そのなかでこの世を支配する2本の剣はキリストによって教会のみに与えられているという極端な神権政治の原理を主張した．これに対してフィリップ4世は，教皇権に対する国家の自立を主張し，翌年最初の三部会を召集して国民の支持を確認した．その直後，国王側近による「アナーニ事件」が起こり，教皇は憤激のあまり急死し，神権政治の主張は大きな打撃を受けた．

それ以後フランス国王の教皇権への影響力は高まり，枢機卿団のなかのフランス人の比重が増した．1305年にはボルドー大司教が教皇に選ばれ，*リヨンで国王の面前で即位式をあげ，*クレメンス5世を名のり，そのままフランスにとどまり，1309年には南フランスの*アヴィニョンに居所を定めた．それ以後，教皇と教皇庁とは1378年ローマに帰還するまでこの地にとどまり，その間約70年間は一般に「教皇のアヴィニョン捕囚」と呼ばれている(→アヴィニョン教皇)．クレメンス5世は，ボニファティウス8世の死後裁判と*テンプル騎士団の解散を要求するフィリップ4世に抵抗したが，結局はその要求に屈してしまった．アヴィニョン時代の歴代教皇たちは教会全体に対する集権的統治体制の整備に

ちゅうせいきょうかいし

努め，そのために教皇庁の組織を改革していく一方で，司教選挙への介入を増やし，やがては直接任命を行うようになっていった．他方では3,000～4,000人にも膨張した教皇庁の人員を維持し，新しい宮殿を建築するために，地方教会とその聖職者から上納金の形で絶えず収入を増加させるよう努力を払った．アヴィニョンの教皇庁に対しては，同時代のイタリアの*ペトラルカ以来20世紀初めに至るまで教皇たちの堕落した生活ぶりと，フランス国王に対する服従的な態度に対して厳しい批判が加えられてきたが，今日では主としてフランスの歴史家を中心とする実証的研究によって，その批判は大きく修正されてきている．

〔教会の大分裂と一致の回復〕長期間の教皇のアヴィニョン居住は，キリスト教世界にローマへの帰還の訴えを広く喚起することになったため，教皇*グレゴリウス9世は1378年ついにローマへ帰ったが，その直後に没したため，新たな教皇の選出がなされた．そのときローマ市民の強要によりイタリア人の*ウルバヌス6世が選ばれたが，この選挙を無効とするフランス人の枢機卿たちは新たに*クレメンス7世を選出し，前者はローマに，後者は再びアヴィニョンにそれぞれ教皇庁を開いたので全キリスト教会は二分されることになった．これがいわゆる*教会大分裂(1378-1417)の始まりであり，両者は互いに相手を破門状態に置き，あらゆる*役務と*聖職禄は二重に配分された．またドイツ・ハンガリー・ネーデルラント・イングランドの諸国はローマを，フランス・イベリア半島の諸国とスコットランドはアヴィニョンを支持し，イタリアは双方に分かれたため，教会内の対立と混乱は一層助長された．やがて双方の枢機卿団は問題を解決するため，パリ大学神学部の提案した三つの方法のうち教会会議開催による解決法を選び，1409年の*ピサ教会会議において双方の教皇の廃位を決議して新教皇を選んだ．しかし二人の教皇が共に退位を拒否したため，第三の教皇*ヨアンネス23世と一緒に今や3人の教皇が鼎立する異常事態となった．その結果パリ大学の神学者たちを中心とする*公会議首位主義の主張が強く現れてきた．そこでドイツの皇帝*ジギスムントはピサの教皇を説得して*コンスタンツ公会議(1414-18)を開くことに成功した．この公会議は3人の教皇の同時辞任による教会一致の回復を目指し，イタリア人の多数派を抑えるために議決方法を人数別から国別単位に改め，教令『サクロサンクタ』(Sacrosancta, もしくは『ハエク・サンクタ』Haec sancta)を発して，公会議こそが教皇を含む全教会に対して卓越する存在であることを確認した．当時はこれこそが危機を打開する唯一の方法と思われたのである．結局ヨアンネス23世は追放され，ローマの教皇は自発的に辞任し，最後まで抵抗したアヴィニョンの教皇も廃位されて，1417年新教皇*マルティヌス5世が選出されて分裂は終わり，教会の一致は回復された．しかし同時に今後10年ごとに永続的に公会議の開催を定めた教令『フレクエンス』(Frequens)も発布され，公会議首位説の主張が強まった．この教令に基づいて教皇*エウゲニウス4世によって1431年スイスで開かれた*バーゼル公会議(1431-37)は参加者が少なく，特に司教の出席者が少なかったため，教皇が解散しようとしたところ，出席者の多くはこれに反対し，教皇も結局はそれに同意せざるをえなかった．その間に公会議の出席者は公会議首位説の実現のため，公会議独自の行政機構を設置し，教皇庁への上納金の大幅な削減を打ち出した．ここにおいてエウゲニウス4世と公会議との対立は深まり，1437年折から*オスマン帝国の圧迫により危機感を覚えたビザンティン帝国内の東方教会代表団と交渉するためと称して，同教皇は公会議を北イタリアのフェラーラに移し，翌年さらにそれをフィレンツェに移した(→ フィレンツェ公会議．なお今日ではバーゼル・フェラーラ・フィレンツェの3会議を合わせて第17回公会議と呼んでいる)．この交渉は成功し，一時的には東西教会の合同が実現するかにみえたためと(交渉団の帰国後における東方教会内部の強硬派の反対のため，結局合同は実現しなかった)，教皇の各国君主との精力的で巧妙な接触とにより，世俗君主の多くが教皇の支持者に変わり，バーゼルに残存するメンバーはやがて解散するに至った．それによって公会議首位説は拠点を失い，教皇権は表面的にはその地位を回復したが，前例のない疑惑と分裂との40年間は教皇職の霊的な権威を低下させることになった．

〔国民国家的教会の成長と伝統的神学への批判〕しかしながら分裂は教皇制のみにはとどまらなかった．やがてキリスト教的世界全体の分裂の萌芽となるべき新しい兆しも現れてきた．すなわち，各国単位の国民国家的教会体制の出現である(→ 国家教会)．その代表的なものは，教皇庁に対するフランス教会の自立的権利を強調する*ガリカニスムの発展である．それはパドヴァの*マルシリウスや*オッカム，さらにはローマ法学者らの影響により，ガリア(フランス)教会に対する国王権力の行使を容認する考え方で，同国の聖職者の多くもこれに賛意を示すようになった．その結果，フランス国王の聖職者に対する課税，教会裁判所に対する国王裁判権の介入などが強まった．1438年の*ブールジュの聖職者会議で採択された『ブールジュ国事詔書』(Pragmatique sanction de Bourges)はその帰結である．

イングランドでも14世紀半ばに国王エドワード3世(Edward Ⅲ, 在位1327-77)は相次ぐ法令により，国内における教皇の聖職禄授与を禁止し，司教選挙の復活と，その際における国王の指名権とを定めた．コンスタンツ公会議で同国代表団と教皇との間で結ばれた*政教条約は，教皇の従来からの特権をほとんど認めなかった．やがて*ウィクリフの改革思想の影響が現れ始めると，ローマに対する批判の風潮は強まり，イングランドの教会はしだいに国王に依存しその仲介によってローマとの関係を保つ方向へ動いていった．

コンスタンツ公会議では，ドイツの皇帝も教皇と政教条約を結び，同国における司教選挙の復活の原則を定めた．その後1448年に新たに結ばれた政教条約では，教皇が旧い特権の多くを回復したが，それに対する反対も強く，高位聖職者の幾人かはその承認を拒否して混乱が続いた．

〔中世末期の宗教生活〕しかし中世末期は教会にとって分裂と混乱だけの時代ではなかった．この時代にも，教会の改革を志す人々とともに，多くの*聖人たちが現れたし，一般信者の宗教生活においてもその内面化と深化とが一層進行していった．特に14世紀末以来ライン地方やネーデルラントから生じて，各地に広がっていった*デヴォティオ・モデルナという新しい信仰浄化運動は，従来のクリュニー型の典礼儀式や*秘跡にあずかるよりも，心の内での神との霊的な一致を重視することによって*完徳に至る道を目指して，一般俗人の間にも大きな影響を及ぼした．その結果，この運動のなかから，*観想生活によって神秘思想の発展に貢献した*ロイスブルクや，『キリストのまねび』(*『イミタティオ・クリ

スティ』)を著した *トマス・ア・ケンピスなどが出た.
　しかし15世紀後半の教皇たちはバーゼル公会議での公会議首位説を克服したあと, 各地からの相次ぐ教会改革の要請をよそにして, 一方では中部イタリアにおける教皇国家の秩序維持の問題に腐心し, 他方では *ルネサンスの開花期における芸術のパトロンとしての生き方に心を奪われている間に16世紀を迎えることになったのである. 1512年教皇 *ユリウス2世は第5 *ラテラノ公会議を開き, 教会内の弊害問題を取り上げ, 改革のプログラムを作成したが, その実行は不徹底で, 1517年3月にはこの公会議を閉会した. *ルターが *免償の問題に対する95箇条の批判書を書いたのは, 同年秋のことである.

【基本文献】キ史 3-4; Bihlmeyer-Tüchle 2; DMA 3: 343-78; Fliche-Martin 5-14; HKG (J) II/1-III/2; NCE 3: 699-708; 糸永貞一他編『ヨーロッパ・キリスト教史』第2-3巻(中央出版社 1971); 今野国雄『西欧中世の社会と教会』(岩波書店 1973); 半田元夫, 今野国雄『宗教改革以前』キリスト教史 1 (山川出版社 1977) 215-503; W. ウォーカー『中世の教会』キリスト教史 2, 速水敏彦他訳(ヨルダン社 1987); W. WALKER, *A History of the Christian Church* (New York 1970); A. フランツェン『教会史提要』中村友太郎訳(エンデルレ書店 1992) 99-210; A. FRANZEN, *Kleine Kirchengeschichte* (Freiburg 1965 ⁹1980); T. ボーケンコッター『新世界カトリック教会史』石井健吾訳(エンデルレ書店 1992) 101-225; T. BOKENKOTTER, *A Concise History of the Catholic Church* (New York 1977); G. バラクラフ編『図説キリスト教文化史』第1-2巻, 別宮貞徳訳(原書房 1993); G. BARRACLOUGH, ed., *The Christian World* (London 1981); M. DEANESLY, *A History of the Medieval Church, 590-1500* (London 1925 ⁹1972); R. W. SOUTHERN, *Western Society and the Church in the Middle Ages* (London 1970); J. PAUL, *L'Eglise et la culture en Occident IXᵉ-XIIᵉ siècles*, 2 v. (Paris 1986); J. M. MAYEUR, ET AL., eds., *Histoire du Christianisme*, v. 4-7 (Paris 1990-94); J. H. LYNCH, *The Medieval Church* (London, New York 1992); B. MERDRIGNAC, *La Vie religieuse en France au moyen âge* (Paris 1994); J. A. THOMSON, *The Western Church in the Middle Ages* (London, New York 1998).　　　　　(河井田研朗)

ちゅうせいしんがく　中世神学　中世の *神学はいわゆる *スコラ学によって代表され, *理性と *啓示を調和させた *トマス・アクィナスがその典型的神学者であった. ここにいう理性とは内容的に *ギリシア哲学であり, したがって, 中世神学においては *哲学と *信仰の間の調和が図られたのである. しかし, 啓示は哲学を超えた次元のものであり, 理性は信仰に優先するものでは決してなかった. これらの総合は容易でなく, また一度完成された総合が長期にわたって保たれたわけでもないことは, 中世神学の歴史が示すところである.

【黎明期・スコラ学以前】中世神学はキリスト教古代の終焉する5世紀末に黎明期を迎える. 430年に死去したラテン教父中最大の神学者 *アウグスティヌスは後の西欧における神学の展開に決定的影響を与えた. 中世への移行期には, 教皇 *グレゴリウス1世, セビリャの *イシドルス, *ベダ・ヴェネラビリスらが歴史書や聖書解釈を残している. *アリストテレスの著作をラテン語に翻訳した *ボエティウスの影響は限られたものであった.

*教父たちの著作は数々の選集によって伝えられ, それらを通して中世黎明期の神学者たちは聖書解釈を学び, キリスト教の *教理を古典古代末期に体系化された *自由学芸を応用して説明することを学び始めた. 中世の神学者にとって教父たちは権威([ラ] auctoritates)であり, 聖書解釈の拠り所となった.

【9-10世紀】西ローマ帝国の滅亡後, 東方の *ビザンティン帝国では, ダマスコの *ヨアンネスのように神学は高い水準を維持していたが, 西方の神学は聖書解釈の域にとどまっていた. *シャルル・マーニュが西ローマ帝国を再建すると(カロリング朝), *アルクインが文教政策の主な推進役になった. 宮廷学校では自由学芸が教えられ, 聖書解釈には文法が使われ, ボエティウスがラテン語に翻訳したアリストテレスの『範疇論』と『命題論』が学ばれた. いわゆる *カロリング・ルネサンスの基礎となったものである. やがて西方では *キリスト養子説, 予定論(→予定), *聖体における *キリストの現存をめぐる議論(→聖餐論争)が起こり, 神学は再生の兆しをみせた. 9世紀の哲学者 *エリウゲナは哲学と神学の一致を主張し, *ディオニュシオス・アレオパギテースの著作を翻訳した.

【スコラ学的神学の始まり】11世紀になると, 神学に *弁証法を導入することの是非について議論が起こった. *ペトルス・ダミアニはキリスト教神学に理性を導入することに反対, *ランフランクスは聖書の解釈にある程度の理性を使うべきだと主張した. トゥールの *ベレンガリウスは理性に基づいて聖体の秘跡におけるキリストの現存を否定した. スコラ学の父と呼ばれるカンタベリの *アンセルムスは, 信仰を理性によって理解しようとし, *神の存在証明や *受肉や贖罪(→贖い)の理性的証明をしようとしたが, 理性と信仰との関係についてまだ明確に捉えていなかったようである.

【12世紀】13世紀に学問的体裁を整えるようになる新たな神学の展開は, 12世紀にアリストテレスの「オルガノン」(一連の論理学的著作)が導入されたことを契機として始まった.「オルガノン」によって西欧中世の神学者は *認識論と論証法を学んだからである. 弁証法的傾向と反弁証法的傾向の対立はまだ続いていた. 弁証法的傾向を代表する *アベラルドゥスは, ランの *アンセルムスが「権威」に余りにも依存する方法をとっていることに疑問をもち, アリストテレスの「オルガノン」に基づいて信仰内容を理性によって反省する方法をとるようになった. 彼は「然りと否」によって二つの対立する「権威」の間の調和を図ろうとした先駆者であった. *シャルトル学派に属する *ギルベルトゥス・ポレターヌスは原理から出発する「神学的方法論」を編み出した. リールの *アラヌスはギルベルトゥスの方法論を『神学定式集』のなかでまとめあげた. このように, 神学の出発点を信仰・聖書・教父に置き, これらを理性の能力の助けによって解明し, それを「質問」(qauestiones)にまとめ, 論じるという方法論がしだいに形成されていった. これは初期には聖書あるいは他の原典本文を解説するためのものであったが, しだいに本文から切り離されて独立していき, 幾つかの「質問」が *命題を内容として組織的に配列されるようになった. こうして中世神学は, 本文の解説(lectio)と議論(disputatio)という二つの側面をもつようになる.

　12世紀神学の反弁証法的傾向は修道院神学にみられる. その代表格はアベラルドゥスやギルベルトゥスに反対したクレルヴォーの *ベルナルドゥスである. 彼は神

ちゅうせいしんがく

学を純粋に学問とすることに激しく反対し、教父の著作の伝統を背景にして聖書に寓意的意味（→アレゴリー）を発見しようと努め、神秘神学（*霊性神学）を展開した。パリ郊外のサン・ヴィクトル修道院を拠点とする*サン・ヴィクトル学派からは*フーゴ、*リカルドゥスなどの優れた神学者が現れた。彼らはアウグスティヌスが『キリスト教の教え』のなかで述べたキリスト教的教養を神学の基礎とし、その豊かな素地の上でアリストテレスの方法論を活かして神学を展開しようとした。フーゴは理性と信仰の二つの認識の秩序を明確化し、人文的教養と神についての真理を結びつけようとした。リカルドゥスはさらにそれを神秘神学にまで高めようとした。

中世初期の神学者にとって研究の基盤は聖書と*教父詞華集であったが、12世紀には問題ごとにまとめた「大全」（*スンマ）という形式が中心になった。ランのアンセルムス、*ロベルトゥス・プルスらの著作、著者不明の『神性の命題集』（Sententiae divinitatis）、『命題大全』（Summa sententiarum）などが知られていたが、なかでも*ペトルス・ロンバルドゥスの『命題集』は、独自性に乏しかったものの以後の中世神学の拠り所となった。

【スコラ学の最盛期】中世スコラ学の黄金期は13世紀、トマス・アクィナスと*ボナヴェントゥラの二人の巨匠が生まれた世紀である。その背景には*大学と*托鉢修道会の出現がある。

〔大学の成立とアリストテレスの哲学〕大学は13世紀に出現し、それまでの修道院に代わって神学研究の主導権をもち、推進役を果たすようになった。その典型は*パリ大学である。大学の成立によって諸学問は七つの自由学芸から出発して神学・*法学・*医学を頂点とする形に組織化された。哲学は七つの学科の上に君臨して知の領域を秩序だて、神学における*超自然的知の領域へと導く役割を与えられていた。アリストテレスの全著作は（一部、当時アリストテレスに帰されていた*新プラトン主義の著作とともに）ラテン語に翻訳され、中世において哲学は端的にアリストテレス哲学を意味することになった。

哲学と神学とは、特にアリストテレス哲学の担うべき役割をめぐって緊張関係にあった。哲学部におけるアリストテレス哲学の解釈はブラバンの*シゲルスによって代表されていたが、その解釈は*イスラム哲学からもたらされたものであり、個々の*霊魂の不滅を否定したり、世界が始まりをもたず、*永遠から存在していたとするなど、啓示とは相容れない極端な見解をもっていた。そのため、教会当局から、アリストテレス哲学はキリスト教と対立するものとして疑問視されていた。そして、1211年パリ大司教により、続いて1231年および1263年、教皇*大勅書により、アリストテレスの哲学を講義することは禁止された。一方、パリ大学哲学部においてはアリストテレスを研究することが全教授の義務とされていた。結局、トマスによってアリストテレス哲学は神学の基礎としての地位を与えられることになる。

〔フランシスコ会とドミニコ会〕中世の学問組織化上もう一つ重要な要素となったのは、*フランシスコ会と*ドミニコ会という二つの新しい托鉢修道会の創立と躍進である。両修道会がパリをはじめとする大学に進出し、*神学教育に携わるようになると、*教区司祭である教員との間に紛争も生じた。

西欧キリスト教神学の思想的源流はアウグスティヌスであり、彼によって神学の問題設定はすでになされていた。13世紀のパリ大学の神学は二つの学派、どちらかといえば*アウグスティニズムに依存した*フランシスコ会神学派と新たに導入されたアリストテレス哲学を神学の基盤として積極的に認めたドミニコ会神学派に分けられる。フランシスコ会の神学は、ヘールスの*アレクサンデルによって始まり、その代表格は枢機卿に任命され*東方正教会との一致に努めたボナヴェントゥラである。ドミニコ会の神学はトマス・アクィナスの師*アルベルトゥス・マグヌスによって推進され、さらにトマスが神学におけるアリストテレス受容を完成した。トマスとボナヴェントゥラはほぼ同時期にパリ大学で教え、托鉢修道会に対する強い反発に直面している。彼らはそれぞれの修道会の後継者たちの神学教育に力を入れ、イタリアで設立された修道会神学院（*ストゥディウム・ゲネラーレ）でも教え、神学的問題について答える教皇顧問でもあった。存命中はボナヴェントゥラのほうがより広く受け容れられたようであるが、しだいにトマスが教会の公的神学者としての地歩を築いていくようになり、後世のカトリック神学はトマスなしでは考えられなくなった。

〔トマスの神学〕今日の眼でみれば、中世スコラ学はトマスの『神学大全』にまとめられている。彼にとって、神学は「学問・知」（scientia）であり、『神学大全』は理性に基づく神の存在証明から始まり、まず信仰の知識の可能性が確立される。続いて教理が命題ごとに配列され、それに対する疑問が提示され、それに答えるなかで、聖書・教父からの引用を理性的論述によって総合しつつ証明するといった構成がとられていく。トマスは中世におけるアウグスティニズムをアリストテレスの*形而上学と方法論によって総合したといえよう。教理学（*教理神学）という言葉はまだ存在せず、彼の『神学大全』は*倫理神学をも含んでいた。ただ、彼の神学が包括的であったことは、後に神学が個別の部門に分岐し専門家のものとなっていく可能性をもはらんでいた。トマスにとって神学は、永遠の相のもとに*自然、超自然すべての知識を取り扱う思弁的学問であった。神学は「*知解を求める信仰」の営みであり、最終的には理性的、客観的、包括的な一つの世界を構成する構造物であった。トマスの神学が*主知主義的であることはいうまでもなく、彼の思想はアリストテレスの哲学なしには考えられないが、当時アリストテレスに帰されていた新プラトン主義的著作であるディオニュシオス・アレオパギテースを通して、神秘神学と神の直観（*至福直観）への志向性を含んでいることは注目すべきであろう。トマスの神学はパリ大学、*オックスフォード大学において根強い反対に遭遇し、トマスが列聖（1323）された後もこの反対は続いたが、13世紀末までにはドミニコ会内で公的地位を得て、『神学大全』はロンバルドゥスの『命題集』に代わって講義されるようになり、幾多の解説が残されるようになった（→トマス学派）。

〔フランシスコ会の神学〕フランシスコ会神学派はボナヴェントゥラによって代表され、彼に続いて*ドゥンス・スコトゥスが登場する。ボナヴェントゥラはアウグスティニズムの継承者であり、信仰の理解において知性よりも*意志と*愛の役割を重視する*主意主義的傾向を示した。アリストテレス哲学の影響が全くないとはいえないが、アリストテレスの形而上学の助けによって神学を体系化しながらも、根本では理性を信用していなかったようである。*被造物は彼にとって神を映す鏡であり、神の映像としてのみ価値が与えられていた。そし

てそれらの意味を説き明かすのが聖書であった．この傾向はフランシスコ会神学派の伝統において受け継がれ，強められていく．

スコトゥスは，形而上学は神について直接に語るのではなく，被造物について語るものであると考えた．神学における神の知識の可能性は，「啓示する神の意志から」(ex voluntate Dei revelantis) 生じる．*神の意志のみが人間が信じる事柄の証明・根拠であり，聖書すなわち啓示のみが信仰の所与を互いに結びつける根拠である．神学体系を結びつけるのは，啓示された事柄の性格についての人間の洞察ではない．神の意志がすべてを結びつける保証なのである．この考え方は 14 世紀の *オッカムによってさらに徹底された．

このほか，13 世紀の神学者にはトマス学派の伝統を擁護したパリの *ヨアンネス，レシーヌのアエギディウス (Aegidius, ?-1304 頃)，伝統的アウグスティニズムの立場に立つアブヴィルの *ゲラルドゥス，ヘントの *ヘンリクス，アウグスティニズムにトマス学派の要素を取り入れたローマの *アエギディウスがいた．

【14-15 世紀】14 世紀は教会史の上で *教会大分裂と *公会議首位主義の時代である．13 世紀の神学諸学派は生き延びていたが，巨匠は現れなかった．トマス学派からは *ヘルヴェウス・ナターリス，フランシスコ会神学派ではスコトゥスの伝統を受け継いだメーロンヌの *フランシスクス，ボナヴェントゥラの伝統を受け継いだエルフルトの *ヨアンネス，ローマのアエギディウスのアウグスティニズムを継承したアンコーナの *アウグスティヌス・トリウンフスとリミニの *グレゴリウスがいる．しかし，14 世紀の神学者のなかで後世にまで影響を残したのは唯名論者オッカムである．*唯名論によってオッカムは理性に基づく人間の理解の現実性を否定し，聖書における啓示を，神と神の経綸 (*オイコノミア) についての人間の知識の唯一の道であると主張した．この考え方はフランシスコ会神学派の枠を越えて同時代の神学者に影響を与えた．

15 世紀になると神学の中心は *教会論になり，教会と政治の関係が主に議論された．ヴィテルボの *ヤコブスは最初の教会論の著作『キリスト教における統治』を著し，*アイイ，*ジェルソンは，*公会議を *教皇よりも上に位置づけた．*ビールはオッカムの唯名論神学を命題化した『神学命題集注解』を著し，この著作は広く教科書として使われ，*ルターに影響を及ぼした．15 世紀のイタリアでは *ルネサンスが始まっており，*メディチ家の保護のもと，新プラトン主義が影響力をもち，*人文主義が勃興した．

他方，西欧中世に相当した時期の *東方教会の領域では，*東西教会の断絶と分離以後，11 世紀の半ば頃になっていわゆるビザンティン神学と呼ばれる神学が出現した．これはギリシア教父の伝統が続いていたことを示している．その特徴としては，東方教会独自の問題 (*聖画像破壊論争) や *西方教会との教理上の相違 (例えば *三位一体の *聖霊の発出に関する問題) が目立っている．すでに 6 世紀頃から東方神学の特徴は現れ始めており，トマスの神学に影響を与えたダマスコのヨアンネスから 14 世紀のグレゴリオス・*パラマスに至って最後の盛んな時期を迎えた．パラマスはトマスの『対異教徒大全』と『神学大全』(第 2 巻第 1 分冊) をギリシア語に翻訳した．彼の最大の関心は東方神学の中心的関心事である *神化にあり，神はどこまで人間が神性に参与するのを許すのか，神はなぜ人間にとって *超越のかなたにとどまり続けているのかを問題とした．

【中世神学の特徴】13 世紀スコラ学は，西欧中世神学の典型である．その課題はトマスの透明なラテン語文体と組織的な方法論によって代表されるように，啓示と理性の橋渡しであった．この意味で 13 世紀スコラ学は一つであったが，しかし，完全に同質ではなく，おおよそ修道会ごとに区別される多様な学問傾向によって形成されていた．とはいえ神学と哲学それぞれの最終権威，拠り所は決まっていた．聖書をいわば教科書とし，そこから分析と推論によって結論を導き出す方法が共通にとられていたのである．

この神学は理性に依存する傾向が強く，*ケリュグマのすべてを探究するために哲学的概念を使い，それによって学問的に体系化・組織化されていった．これは，教父神学が聖書を瞑想し，読み解く生き方や，*説教と *霊性に結びついていたのと対照的である．神学は諸学の女王として他の学問が向かう形相因 (→ 四原因論) であり，それらの雛形でもある．「大全」の形式に代表されるこの神学は，大学での講義の形態と切り離しては考えられない．

*三位一体論は *カッパドキア三教父やアウグスティヌスの段階からさらに進み，天使論，原罪論，*恩恵論，義認論，受肉論，*秘跡論の分野でも進展があったが，教会論は神学においては部分的な展開のみで，むしろ *教会法の分野に委ねられた．全体的には *救済史的構想があまり認められず，終末論は死後の世界 (→ 来世) についての教えに限定されていた．贖罪論が中心となり，そこには司法的思考が濃厚に持ち込まれた．*十字架上のキリストの *受難と *死が人間の *罪を贖う *犠牲であることが強調された (→ 救い)．*アンブロシウス，アウグスティヌスにおいてはラテン語の sacramentum (現在「秘跡」などと訳される) はギリシア語の mystērion (現在「秘義」などと訳される) に相当し，神がそのわざを可視的に伝えることを意味したが，中世においてはそれが，主に位階的聖職者によって儀礼的外見を伴って執行される，現代のいわゆる「*秘跡」の意味になった．12 世紀に聖体の秘跡の解釈にアリストテレスの「*実体」(substantia)，「*偶有性」(accidentiae) が導入され，聖変化された *パンと *ぶどう酒が *実体変化 (transsubstantiatio) により，感覚的にはパンとぶどう酒の偶有性を保ちながらも，実体において真にキリストの身体，肉と血に変化し，十字架の犠牲の *功徳をもたらすものという教理が確立された．こうして聖体の秘跡は *キリストの神秘体 (身体的共同体，教会) の秘跡体系の中心に位置づけられていった．

【文献】NCE 12: 1154-58; 14: 50-54; 18: 291-302; A. GARDEIL, *Le Donné révélé et la théologie* (Paris 1910); M. GRABMANN, *Die theologische Erkenntnis- und Einleitungslehre des hl. Thomas von Aquin auf Grund seiner Schrift "In Boethium de Trinitate"* (Freiburg 1948); J. DE GHELLINCK, *Le mouvement théologique du XIIe siècle* (Bruges 1948); C. JOURNET, *The Wisdom of Faith*, tr. R. F. SMITH (Westminster, Md. 1952); M. D. CHENU, *La Théologie au XIIe siècle* (Paris 1957); ID., *La Théologie comme science au XIIIe siècle* (Paris ³1957); J. R. GEISELMANN, *Die lebendige Überlieferung als Norm des christlichen Glaubens* (Freiburg 1959); E. GILSON, *The Philosopher and Theology*, tr. C. GILSON (New York 1962); K. CONLEY, *A Theology of Wisdom* (Dubuque 1963); J. J. PELIKAN, *The Growth of Medie-*

ちゅうせいてつがく

val Theology (600-1300), The Christian Tradition 3 (Chicago 1978); F. VAN STEENBERGHEN, Thomas Aquinas and Radical Aristotelianism (Washington, D.C. 1980); A. MAURER, Medieval Philosophy (Toronto ²1982); B. SMALLEY, The Study of the Bible in the Middle Ages (Oxford ³1983); F. A. C. MANTELLO, A. G. RIGG, eds., Medieval Latin: An Introduction and Bibliographical Guide (Washington, D. C. 1996) 267-87.

(高柳俊一)

ちゅうせいてつがく　中世哲学

【特色】中世哲学，すなわち慣習的な時代区分で中世と呼ばれる6世紀から15世紀までの約1,000年間のヨーロッパにおける*哲学は，極めて多様な立場ないし傾向を包括するが，全体として古代哲学と*近代哲学の両者から明確に区別される特色を備えている．それは*キリスト教がヨーロッパ全域に伝えられ，教皇権と皇帝権という二つの中心によって統合されたキリスト教社会と呼ばれる超民族的な共同体が形成され，成熟し，やがて崩壊へ向かった時代の哲学である．その特色は古典的な古代哲学によって代表される人間*理性が，キリスト教の啓示真理に対して自らを開き，その新しい光のもとに世界と人間を理解し，その根拠を探求しようと試みたことに存する．このように中世哲学は*信仰をもって受け入れた啓示真理を根本的前提とするものであるところから，人間理性による根元的で全体的な探求としての哲学の名に値しない，と非難されることが多い．反対に，中世哲学の哲学としての独自性を評価する論者（例えば*ジルソン，*ピーパー）は，信仰との対話を通じて哲学的探求の射程が拡大され，厳しい検証にさらされる可能性が開かれることを指摘する．中世哲学は理性と信仰を，豊かな緊張をはらみつつ総合しようとする試みのなかで展開されたのであり，この二者を分離する傾向が強まったとき哲学の新しい道（近代哲学）が登場したのである．

【古代的遺産】中世哲学を理解し，適切に評価するためには，時代区分としては古代に属する，キリスト教思想の基礎を確立した*教父たちの仕事を振り返る必要がある．殉教者*ユスティノス，アレクサンドリアの*クレメンス，*オリゲネスなどのように広いギリシア的教養をもちつつキリスト教信仰を受容した者にとって，キリスト教は「真の哲学」であり，哲学を完成するものであった．これに対してカトリック教会の根本教義である*三位一体論と*キリスト論が確定された，最初の四大公会議時代のアレクサンドリアの*アタナシオスや*カッパドキア三教父たちにおいては，信仰の真理の超越性と神秘性が強調された．しかし中世哲学に対して最大の影響を与えたのは*アウグスティヌスであり，彼が追求した信仰と理性の総合は中世哲学を決定的に方向づけるものであった．このほか，中世哲学への重要な古代遺産としては*ボエティウス，*ディオニュシオス・アレオパギテース，ダマスコの*ヨアンネスなどの仕事をあげるべきであろう．

【中世初期】中世哲学の歴史は9世紀*カロリング・ルネサンスを代表する*エリウゲナによる，*新プラトン主義的な存在・世界理解をキリスト教的な創造・救済観に基づいて捉え直そうとする体系的・思弁的な試みに始まる．この試みは「*知解を求める信仰」という方向で，論理的・弁証的思考を有効に用いつつ信仰と理性のアウグスティヌス的総合を進展させ，「スコラ学の父」と呼ばれるカンタベリの*アンセルムスを経て，12世紀には多彩な初期*スコラ学として開花する．すなわち，スコラ学の方法論を創出した*論理学・*弁証法の大家*アベラルドゥスと，修道院神学の伝統に忠実な神秘思想家クレルヴォーの*ベルナルドゥスを両極として，その中間に*人文主義の傾向の強い*シャルトル学派や，サン・ヴィクトルの*フーゴと*リカルドゥスによって代表される神秘思想と哲学的思弁の両者において豊かな結実を示した*サン・ヴィクトル学派などが栄えたのである．

【盛期スコラ学】13世紀中頃の50年は中世哲学が最高の創造性を示した時代であり，信仰の光のもとに世界・人間・歴史の包括的で体系的な理解を目指す偉大な神学的総合が相次いで現れた．このような盛期スコラ学の豊かな結実を可能にした要因として次の三つを指摘すべきであろう．第一は，*修道院ないし*司教座聖堂付属学校に代わる，活発な討論や厳しい相互批判を伴う真理の共同的探求の制度としての*大学の成立である．第二は，明らかにキリスト教社会に対して優位を保っていたイスラム文化の波に乗って押し寄せた*アリストテレス哲学の挑戦である．この挑戦に対する盛期スコラ学の応答は，アウグスティヌス的な神学的総合を固持しつつ，アリストテレスから部分的に受容した学説によってそれを補完しようとする保守的立場(*ボナヴェントゥラ)，哲学に関するかぎりアリストテレスの権威を絶対視して哲学と神学との統合を顧慮しない急進的*アリストテレス主義（ブラバンの*シゲルス），その中道，すなわちアリストテレスを徹底的に学ぶことを通じて獲得された新しい哲学的洞察に基づいて，新しい神学的総合を創り出すという真の革新的立場(*アルベルトゥス・マグヌス，*トマス・アクィナス)という形をとった．第三に，この時代の創造的な神学・哲学的活動の源泉として，都市を舞台とする新しい宣教運動(*フランシスコ会，*ドミニコ会)が果たした役割を見落としてはならない．

【中世後期】14世紀スコラ学は前世紀の偉大な神学的総合に対する厳密な批判的分析をもって始まり，神学ないし信仰の純粋性の強調と，哲学的探求を人間理性と経験に基づいて確実性が完全に保証されうる領域のみに限定しようとする傾向を強めた．後者は*形而上学に関しては*ドゥンス・スコトゥスにおいて，認識理論に関しては*オッカムにおいて明確に現れる．神学的総合の内部での哲学の相対的な自律はトマスにおいても認められていたが，哲学が神学から分離されるのは14世紀以降のことである（→神学と哲学）．13世紀の神学的総合にみられた求心性が弱まるにつれて，哲学の分野では14世紀になると，前世紀*オックスフォード大学で始まった数学的方法を用いる自然研究が，さらに力学的・機械論的な自然観（→機械論的自然説）へと向けて展開され，神学においては（マイスター・*エックハルトの場合はなおトマス的総合への連続性を保ちつつ）精神的*直観や内的経験を重視する*神秘主義的傾向が強まる．スコラ学の機械論的な世界理解を基調とする哲学と，神秘的経験に閉じこもる神学への分極化は，*ニコラウス・クザーヌスにおいて調和・総合へともたらされるが，やがてこれらの二者の分離は15世紀イタリア・ルネサンスの人文主義的な哲学の影響を経て，16世紀の「聖書のみ」（→ソーラ・スクリプトゥーラ）の標語を掲げる*宗教改革の時代に決定的となり，信仰と理性との対話を中心に営まれた中世哲学はその終結を迎える．

【イスラム哲学，ユダヤ哲学の影響】中世における*イスラム哲学および*ユダヤ哲学はそれ自体として研究に

値する重要性を有するが，ここではそれらが盛期スコラ学の形成に大きな影響を及ぼしたことを指摘するにとどめる．イスラム哲学については，スコラ学者たちはアリストテレス哲学を当初は新プラトン主義的傾向の強い*アヴィケンナの影響のもとに，後にはアリストテレス全著作の詳しい注釈を書いた*アヴェロエスの影響のもとに学んだ．ユダヤ哲学に関しては，*質料形相論をすべての有限的存在者に適用したイブン・ガビロール(*アヴィケブロン)や，*神認識の否定的側面を強調した*マイモニデスがスコラ学者たちに大きな影響を与えた．

【文献】F. コプルストン『中世哲学史』箕輪秀二，柏木英彦訳(創文社 1970): F. COPLESTON, *A History of Philosophy*, v. 2-3 (London 1950-53); E. ジルソン『中世哲学の精神』全 2 巻，服部英次郎訳(筑摩書房 1974-75): E. GILSON, *L'esprit de la philosophie médiévale* (Paris 1943); J. マレンボン『後期中世の哲学』加藤雅人訳(勁草書房 1989): J. MARENBON, *Later Medieval Philosophy* (London 1987); K. リーゼンフーバー『西洋古代中世哲学史』(放送大学教育振興会 1991); J. マレンボン『初期中世の哲学』中村治訳(勁草書房 1992): J. MARENBON, *Early Medieval Philosophy* (London 1983).

(稲垣良典)

ちゅうどう 中道 → ヴィア・メディア

ちゅうとうぎょうじゃ　柱頭行者 〔ギ〕stylitēs, 〔英〕stylite, 〔独〕Stylit, 〔仏〕stylite　4 世紀以降，シリア地方で盛んだった特定の*修行をする修道者たちを指す．彼らは厳しい修徳的修行をなすために，柱(〔ギ〕stylos)の上にとどまって生活した．このことから彼らを「柱頭行者」と呼ぶ．

この奇妙な修行方法は自己に可能なかぎり厳しい生活様式を課するということもあるが，当時は建物の廃墟の柱が多くみつかったということも一因である．柱の上で休むための手すりや欄干をもうけたり，小屋を建てることもあった．彼らは*祈りに専心するために柱の上に登ったのであるから，食物は弟子たちが籠に入れ，上から引き上げた．また柱の上にとどまっている以上，教会の*典礼にあずかれないので，柱の下でそれを行ったり，*聖体はこれも籠で引き上げたりした．さらに厳しい修行をするという目的で柱をどんどん高くした例もある．こうした修行をするのは何よりも自己の精神を天に上げるためであった．そのために体ごと地上よりより高く持ち上げ，しかも睡眠を極度に切りつめて徹夜の行もした．彼らが住まいとする柱は神へと憧れる者を天に導く梯子でもある．彼らが目指したのは，*修道生活の目的である「天使的生」を生きることであった．こうして*三位一体の秘義を観想することを中心に据えた．だが，このような生活は人を寄せつけないものではなく，彼らは*霊的指導や*和解の勧告，神学論争，*説教，*賛歌の作成，書簡による教化，修道規則の作成などを行った．彼らの周りには弟子や人々が集まり，一つの*共同体を形成していた．また彼らが*奇跡を行ったとして多くの民衆の好奇の的ともなった．彼らの間では*シメオンが創始者とされ，彼は没するまで柱の上で生活し，最後はその高さが 17 m に達したといわれる．ほかの柱頭行者として*ダニエル，*ラゾロス，*ルカスがいる．

【文献】DSp 14: 1267-75; N. D. PATRINACOS, ed., *A Dictionary of Greek Orthodoxy* (Pleasantville, N. Y. 1984) 344.

(大森正樹)

ちゅうにちきょうこうちょうたいし　駐日教皇庁大使　〔英〕Apostolic Pro-Nuncio to Japan
【特派使節派遣】*教皇庁が日本に使節を最初に派遣したのは 1885 年(明治 18)のことである．教皇*レオ 13 世は，当時不安定な状態に置かれていた日本のカトリック信者の保護を求めるため，日本北緯代牧区長*オズーフ司教を特派使節に任命．1885 年 9 月 12 日，同司教は明治天皇に謁見して親書を捧呈．天皇は日本におけるカトリック宣教師の保護と，日本人信者にも他の国民と同等の権利を賦与することを約束した．

次いで教皇*ピウス 10 世は，日露戦争の戦場となった大韓帝国や満州(現在の中国東北 3 省)におけるカトリック教会保護に対する感謝と，今後も日本におけるカトリック教会の保護を求めるため，アメリカ合衆国ポートランド教区長 W. H. *オコンネル司教を特派使節に任命．1905 年 11 月 10 日に同司教は明治天皇に謁見して親書を捧呈した．

さらに教皇*ベネディクトゥス 15 世は，大正天皇即位祝賀のため，フィリピンのマニラ駐在教皇庁使節ペトレリ(Giuseppe Petrelli)大司教を派遣．1916 年(大正 5) 2 月 3 日に同大司教は，国賓待遇で大正天皇に謁見し，親書を捧呈．日本政府は答礼として翌年 1 月にスイス駐在特命全権公使・三浦弥五郎を特派使節として教皇庁に派遣，大正天皇の親書を教皇ベネディクトゥス 15 世に捧呈した．

【使節常駐】1873 年(明治 6)の*切支丹高札の撤去以来，日本国内でフランス，スペイン，ドイツ，カナダなどの国籍をもつ*宣教師による宣教活動が活発になったため，教皇庁は 1905 年以降たびたび日本に使節常駐を申し入れたが実現せず．慶弔電の交換程度にとどまっていた．しかし，日本が第 1 次世界大戦によって太平洋の赤道以北旧ドイツ領諸島を占領，ドイツ人宣教師放逐問題を起こしたため，教皇庁と日本政府は南洋諸島におけるカトリック教会に関する協約を 1919 年(大正 8) 9 月 6 日に締結．ドイツ人宣教師のかわりにスペイン人宣教師を派遣することと両者の交渉地を東京にすることが協定されたため，教皇庁使節は日本に常駐することになった．

1919 年 11 月 26 日，教皇庁は*フマゾーニ・ビオンディ大司教を初代駐日教皇庁使節(〔英〕Apostolic Delegate)に任命，12 月 6 日東京市京橋区明石町の元東京大司教館跡に教皇庁使節館を開設．同大司教は，日本政府関係者との友好関係確立のために努力し，全国を巡視して日本における宣教方針を定めた．また皇太子(後の昭和天皇)の外遊に際しては教皇ベネディクトゥス 15 世との謁見を準備した．1921 年，同大司教は駐米教皇庁使節に転任(同年，勲 1 等瑞宝章受章).

1921 年 12 月 8 日，第 2 代教皇庁使節として*ジャルディーニ大司教が任命され，1922 年 3 月 18 日に着任．1923 年の関東大震災によって使節館が倒壊．同大司教は 1926 年 11 月に東京市麻布区新龍土町に使節館を入手するまでの 3 年余を転々と仮住まいを続けながら，諸外国の教会に援助を呼びかけ，救済に奔走．1926 年末，日本政府より外交上の特派大使待遇を受ける．1927 年(昭和 2)，大正天皇葬儀に教皇特派使節として参列．勲 1 等旭日桐花大綬章受章．式年遷宮祭にあたる 1929 年には*シャンボン東京大司教と連名で，伊勢神宮や神社参拝への参列をやめるように全国の信者に指示．1931 年，同大司教はイタリアのアンコーナ教区司教に転任．

1931 年 3 月 27 日，第 3 代教皇庁使節として*ムーニ大司教が着任．朝鮮半島での*教会会議を開催．1931

ちゅうにちきょうこうちょうたいし

| フマゾーニ・ビオンディ (1919–1921) | ジャルディーニ (1921–1931) | ムーニ (1931–1933) | マレラ (1933–1949) |

| ド・フュルステンベルク (1949–1960) | エンリーチ (1960–1962) | カーニャ (1962–1966) | ヴュステンベルク (1966–1973) |

| ロトリ (1974–1977) | ガスパリ (1977–1983) | カルー (1983–1997) | デ・パオリ (1998–) |

駐日教皇庁使節と在職年

年9月，日本は中国東北部で満州事変を起こして日中15年戦争に突入．1932年3月には満州国を成立させて支配下に置いた．1933年3月 *国際連盟の総会で日本の軍事行動と満州国不承認が採択されたため，日本は国際連盟を脱退．日米関係も悪化し，米国籍の同大司教は1933年に合衆国ロチェスター教区司教に転任した．

1933年9月15日，第4代教皇庁使節として *マレラ大司教が任命され，12月19日着任．軍国主義が高揚し宗教弾圧が激しくなるなかで，奄美大島事件や *神社参拝問題，1940年4月施行の宗教団体法への対応などに苦慮を重ね，1940年秋には全国の外国人教区長の解任と邦人教区長任命を完了させた．1942年3月24日，日本政府は駐フランス日本大使館の原田健参事官を初代ローマ教皇庁駐在特命全権公使に任命．同年5月9日，原田公使が教皇 *ピウス12世に信任状を捧呈．5月31日，教皇は信任状に署名，6月にマレラ大司教が天皇に捧呈して教皇庁と日本は正式に外交関係を締結．1945年4月14日，空襲により使節館は焼失．同年12月，同

じ町内の旧ビルマ公使館に入り戦後処理を行う．沖縄問題，台湾，朝鮮，南洋諸島などの教会が直面する諸問題への対処のほかに，旧日本軍将兵の安否や戦犯者の減刑嘆願，復員の促進，シベリア抑留者の早期釈放勧告などに尽力．1949 年，同大司教は駐オーストラリア教皇庁使節に転任（勲 1 等旭日大綬章受章）．

【教皇庁公使から大使へ】1949 年 3 月 8 日，第 5 代教皇庁使節としてド・*フュルステンベルク大司教が任命され，7 月 2 日に着任．1950 年 9 月 15 日，使節館は千代田区麴町三番町に移転．1951 年 9 月 8 日，日本はサンフランシスコで 48 か国との講和条約に調印．1952 年 1 月 22 日，日本は教皇庁との国交再開を閣議決定し，翌日公文書を交換．4 月 28 日の講和条約発効と同時に同大司教は初代の駐日教皇庁公使（Apostolic Internuncio）となり，5 月 10 日に信任状を捧呈．1960 年，同大司教は駐オーストラリア教皇庁使節に転任．

1960 年 1 月 5 日，第 2 代教皇庁公使として*エンリーチ大司教が任命され，4 月 9 日に着任．1962 年，同大司教は駐オーストラリア教皇庁使節に転任．

1962 年 10 月 13 日，第 3 代教皇庁公使として*カーニャ大司教が任命され，翌年 1 月 9 日に着任．1966 年 6 月 14 日，教皇*パウルス 6 世は公使館を大使館に昇格，同大司教は初代の駐日教皇庁大使（Apostolic Pro-Nuncio）となる．1966 年，同大司教は駐ユーゴスラヴィア使節に転任．

1966 年 10 月 24 日，第 2 代教皇庁大使として*ヴュステンベルク大司教が任命され，翌年 2 月 28 日に着任．1973 年，同大司教は駐コートディヴォアール使節に転任．

1974 年 1 月 10 日，第 3 代教皇庁大使として*ロトリ大司教が任命され，4 月 1 日着任．1977 年 10 月 5 日に急逝．

1977 年 11 月 16 日，第 4 代教皇庁大使として M. P. *ガスパリ大司教が任命され，12 月 22 日着任．1983 年 6 月 23 日に急逝．

1983 年 8 月 30 日，第 5 代教皇庁大使として*カルー大司教が任命され，11 月 18 日着任．1997 年 10 月 23 日定年退職．後任の*デ・パオリ大司教は 1998 年 1 月 30 日に着任した．

【文献】日キ歴 160, 202, 315, 644, 1153, 1229, 1345, 1384, 1527; 高木一雄『日本・ヴァチカン外交史』（聖母の騎士社 1984）; 同「教皇庁大使館の歴史」『日本カトリック年鑑』（カトリック中央協議会 1985）8–9． （小田武彦）

ちゅうにゅうとく　注入徳　〔ラ〕virtus infusa, 〔英〕infused virtue, 〔独〕eingegossene Tugend, 〔仏〕vertu infuse　*倫理神学において*徳とは人間が自ら進んで*善を行う精神的な能力のことをいうが，その由来や対象によって習得徳と注入徳に区別される．習得徳が人間の努力や鍛錬によって習得されるのに対して，注入徳は神から超自然的に与えられる徳で，その顕著なものは*三位一体のいのちに参与するよう人を駆りたてる*信仰・*希望・*愛である．*トリエント公会議では*イエス・キリストの*受難の*功徳によって*義とされた人間に注入徳がとどまると定義され（DS 1530），義化（→義認）の恵みと不可分のものと理解されている．

【文献】カ大 3: 725–29; DThC 15: 2739–99; EDR 3: 3680; NCE 14: 704–709; SM(D) 4: 1037–42; A. ファンコール『倫理神学概論』第 1 巻，浜寛五郎訳（エンデルレ書店 1975）141–55; A. VAN KOL, *Theologia moralis*, v.

1 (Barcinone 1968) 115–34. （高松誠）

ちゅうりつこうい　中立行為　→　アディアフォラ

チュニジア　正式国名：チュニジア共和国，〔ア〕al-Jumhūrīya al-Tūnisīya, 〔英〕Republic of Tunisia. 面積：16 万 3,610 km². 人口：958 万 6,000 人（2000 年現在）．言語：アラビア語（公用語），フランス語．宗教：イスラム教（国教）95% 以上．

【概要】今日のチュニジアにあたる地域は，*シチリアに向かい合う戦略的に重要な地理条件のために歴史上ほぼ恒常的に外国の占領下にあった．900 万近いその人口のなかには，かつてここに居住していたフェニキア人，ローマ人，*ノルマン人，アンダルシア人，トルコ人の子孫が，地中海沿岸地域を中心に混然と同居している．これに対して内陸部はアラビア化され，ベルベルも点在している．4,000 から 1 万人の*ユダヤ人の居住も推定される．19 世紀以来チュニジアはフランスの植民地であったが，1986 年に独立宣言し，同年に*イスラム教が国教と宣言された．

【キリスト教の歴史】紀元 1 世紀から数世紀の間，チュニジアではキリスト教が栄えていた．例えば，220 年には*カルタゴで，北アフリカ全土から 70 人の司教が集まった*教会会議が開催されている（→カルタゴ教会会議）．しかし，イスラム教世界の勃興と拡大によって数世紀のうちにキリスト教は姿を消した．

キリスト教宣教が新しい出発を迎えるのは 19 世紀である．1829 年にはイングランド国教会（→聖公会），1881 年にはプロテスタントの北アフリカ宣教会（North Africa Mission）が活動を開始した．カトリック教会では，1843 年にチュニス（Tunis）に*代牧区が設置され，1884 年には，チュニジアの全教会を統括するカルタゴ大司教区が再建され，アルジェ（Alger）の大司教を退いた*ラヴィジュリ（後に枢機卿）が大司教となった．司牧の主力となったのは*白衣宣教会の司祭である．当時のキリスト教徒の多くは植民地化の過程で流入してきたフランス人であり，ほかはイタリア人，スペイン人などだった．

独立の 2 年前の 1954 年には，チュニジアのカトリック教徒は 28 万人に上っていた．ところが，1959 年にはわずか 7 万人にまで減少し，今日では 2 万人程度のカトリック教徒と，聖公会やプロテスタント，正教会がそれぞれ数百人の信者を擁するのみである．

【教会と国家】独立前後の時期に，カトリック教会の体制，教育施設や福祉施設には何ら変化がみられなかったため，教会は植民地時代の名残といった観を呈し，新政府の好意を得ることができなかった．このような経緯にもかかわらず，教会と政府との闘争には至らず，政府と*教皇庁は外交交渉に踏み切った．そして 1964 年 7 月 10 日，ほかに類をみない，イスラム国家と*聖座との間の国際法上唯一有効な条約の締結に至った．この条約によってチュニジアでのカトリック教会と政府との関係が規定され，教会の法律上の地位が定められた．カルタゴ大司教区は一種の格下げを経て，チュニス地方管区と

なった．カトリック教会はその所有地のほとんどをチュニジア共和国政府に譲渡し，その見返りとして政府はカトリック教会の存続と，認可された一定数の建造物（管区事務局の建物，教会 5，司祭館 5，教育施設 32 と社会福祉施設 8）の所有権を保証した．この合意の成立以来，教会と政府との間には何ら問題は生じていない．

独立政府の創立者であり最初の大統領であるブルキバ（Ḥabīb bn ʿAlī Burqība, 1903-2000）の罷免によって様相が変化するのではないかとの懸念も杞憂にとどまった．1987 年 11 月 7 日にブルキバから政権を奪った新首相ジーネ・エル・アビディネ・ベン・アリ（Zīne el-Abidine Ben Ali, 1936-   ）は教会に対しては和解政策を心がけた．彼は，むしろイスラム過激派や純化主義者との間に問題を抱えていた．

チュニジアの教会は信徒数が少ないため，司祭，修道者の数は充分だともいえるが，より重要な課題は，*アルジェリア，*モロッコ，*リビアの教会と同様，人々にキリストの愛を証しすることである．教会は，身寄りのない人，貧しい人，障害者，子ども，女性や虐げられた人のために尽力している．このような*隣人愛を具体的に示す活動は，カトリック教会に残された各種の施設ばかりでなく，小規模な共同体を構成する修道女たちや人々のなかで共に生活する司祭たちにより実現されている．また，諸宗教の違いを超えた学問的対話も生まれている．チュニスの白衣宣教会によるアラビア語文学研究所（Institut des Belles Lettres Arabes）と同会司祭カスパー（Robert Casper）の主宰するイスラム・キリスト教研究グループ（Groupe de Recherches Islamo-Chrétien）がこの対話に寄与している．

カトリック信者のほとんどがフランス人，イタリア人，スペイン人のチュニジア定住者であったが，その数は減少の一途をたどっている．教会がチュニジアで深く根をおろすことができるかどうかは疑問であるが，教会はつねにすべての人々にとって，救いの目に見える証しであることが望まれている．

【現勢】1998 年現在，カトリック信者数：2 万 2,000．司教区：1．小教区：13．教区司祭：13．修道司祭：22．信徒修道士：8．修道女：168．

【文献】世キ百 555-58; NCE 14: 341-42; WCE 677-79; WCE² 1: 749-52.　　　　　　　　　　（W. ホフマン）

チューネ　Thuine　ドイツ北西部の，オランダとの国境に近いクライス・リンゲン（Kreis Lingen）の小さな町．オスナブリュック（Osnabrück）教区に属する．*殉教者聖ゲオルギオのフランシスコ修道会の創立（1869）の地であり，その総本部が置かれている．中世にはフェンキ・ガウ（Fenki-gau）という名称の行政県に属し，現在のエムス川の東に位置していた．この地域はエムスラント（Emsland）と呼ばれている．チューネの名は 836 年の史料に初出する．キリスト教は*ミュンスター最初の司教*リウドゲルにより伝えられた．

【文献】LThK² 10: 173.　　　　　　　　　　（宮崎正美）

チュリゲーラ　Churriguera, José Benito de（1665-1725）　スペインの建築家，彫刻家．スペインのバロック様式（→バロック建築）を代表するチュリゲーラ一族三兄弟の長兄で（弟にホアキン Joaquín, 1674-1724，とアルベルト Alberto, 1676-1740 頃，がいる），一族中最も秀でた人物である．その様式は「チュリゲレスコ」（チュリゲーラ様式の意）と呼ばれ，豪華絢爛たる装飾を特色とする．1689 年カルロス 2 世（Carlos II, 在位 1665-1700）の妃マリア・ルイサの棺台制作のコンテストに勝利し名をあげる．*サラマンカのサン・エステバン聖堂の主祭壇（1692-94）は彼の力量を示す大作である．1693 年サラマンカ大聖堂の主任建築家に就任．1696 年以降*マドリードで活躍．マドリードの東ヌエボ・バスタン（Nuevo Baztán）の市街の建築物の建設に携わる．　　　　　　　　　　　　　　　（木戸口智恵）

チューリヒ　Zürich　スイス最大の都市．同名の州の州都．人口約 33 万 9,000 人（1998 年現在），郊外を加えると 84 万人以上．スイスで最も重要な文化的中心地である．1833 年に創立され 2 万人の学生を有するチューリヒ大学や，1855 年に創立された連邦工科大学（略称 ETH），美術や音楽の専門学校，研究機関（例えばユング研究所等），博物館，美術コレクション，オペラ，劇場，オーケストラなどがある．スイスの金融・商業の中心でもあり，多数の銀行，保険会社や株式取引所，重要な製造業（機械，織物，食品，出版）の会社の本部などがある．リマト川の流れ出す，チューリヒ湖の先端部分に位置し，東部のグラウビュンデン州（Graubünden）の旧山道の出発点として便利であったため，早くから*ケルト人とローマ人が定着した．男子修道院グロスミュンスター（Großmünster）と女子修道院フラウミュンスター（Fraumünster）が 9 世紀に設立され，今なお旧市街を特色づけるものとなっている．1218 年には*自由都市となり，1336 年に，*ギルドによって団結した市民，商人，職人たちが政治権力を貴族と共有する権利を得，さらにそれを確実にするために，他のスイス諸州との永久同盟が結ばれた（1351）．*ツヴィングリによる 1523 年の*宗教改革においては，チューリヒはその指導的役割を果たし，すでに拡張されていたチューリヒ市の領土は，修道院の世俗化によって一層拡張されることとなった．*フランス革命によって一時的に独立を失ったが，その後チューリヒ市を州都としてチューリヒ州が形成された（1803）．1833 年に民主制が導入された後は，急進的なリベラリズムの中心地となり，1848 年には現代的なスイス連邦の形成が実現した．19 世紀と 20 世紀には，スイスの産業，経済の急速な進歩を反映して，顕著な人口増加，都市の発展，富の増大がみられた．

【文献】A. LARGIARDÈR, Geschichte von Stadt und Landschaft Zürich, 2 v. (Zürich 1945); S. WIDMER, Zürich. Eine Kulturgeschichte, 13 v. (Zürich 1975-85); G. A. CRAIG, The Triumph of Liberalism: Zürich in the Golden Age, 1830-1869 (New York 1988).
　　　　　　　　　　（H. ブライテンシュタイン）

チューリヒいっちしんじょう　チューリヒ一致信条　〔ラ〕Consensus Tigurinus，〔独〕Zürich Consensus　スイスの*宗教改革はジュネーヴの*カルヴァンと，チューリヒの*ツヴィングリの後継者*ブリンガーとの間で，神学的に基本的には一致していたが，その傾向や教えの細部にわたってまで一致をみることが必要と判断した二人は，特に聖餐論について 1546 年以来協議を続け，カルヴァンの文書をブリンガーが 24 条に分けたものによって，両者は 1549 年 5 月末に合意した．両市の参事会が加わって公式の文書となる過程で，さらにカルヴァンが 2 条を追加して最終的に 26 条の文書となったのがこの信条である．両市それぞれの原本が存在する

が，1551年になってまずラテン語訳，同年中にフランス語とドイツ語の訳が出版された．
【原文】E. F. K. MÜLLER, ed., *Die Bekenntnisschriften der reformierten Kirche* (Leipzig 1903 ²1987) 159-63.

(德善義和)

チューリンゲン Thüringen ドイツ連邦共和国中央部の州．人口252万人(1995年現在)．州都 *エルフルト．北はハルツ山地，南はチューリンゲンの森，西はヴェラ川，東はザーレ川に囲まれた，歴史的地域としてのチューリンゲン地方とほぼ一致する．その歴史的伝統は5世紀末頃の *ゲルマン人のチューリンガー族の王国と，531年の王国滅亡の後に旧領の一部に置かれた大公領に遡る．中世初期に部族大公が廃止されて方伯(Landgraf)が統治した．中世・近世と分裂状態が続き，19世紀の統一回復の試みも失敗した．1920年にヴァイマール(Weimar)を首都とするチューリンゲン自由国(州)が誕生した．第2次世界大戦後ドイツ民主共和国に編入後，エルフルト，ズール(Suhl)，ゲーラ(Gera)の諸県に分割されたが，ドイツ統一(1990. 10. 3)によりチューリンゲン州が復活した．

*ボニファティウスの宣教から本格的なキリスト教化が始まり，742年にエルフルト教区が設立されたが，まもなく *マインツに吸収された．以後この地方の教会組織は統一性を欠き，大部分がマインツ大司教区に属してエルフルトに座を置く *補佐司教に司牧されたが，周辺部は他の諸教区に所属した．1392年には *エルフルト大学が創立された(1816年廃止．1994年復活)．*宗教改革はカトリック教会をほぼ壊滅させたが，18世紀以降カトリック信徒に限定的な活動が認められ，19世紀以降は *パーダーボルン，*ヴュルツブルク，マイセン(Meißen)，*フルダなどの司教の手で教会再建が進められた．東独時代にはフルダとヴュルツブルクに *司教総代理が置かれ，1973年には *使徒座管理区が設立されたが，統一後の1994年にエルフルト教区が設立された．1999年の同教区のカトリック信徒数は18万3,710人(人口の9%)である．なお，1952年には *共産主義政権下の東独で唯一のカトリックの *神学校がエルフルトに設立された．
【文献】LThK² 10: 174-76; RGG³ 6: 873-80; R. HERRMANN, *Thüringische Kirchengeschichte*, v. 1 (Jena 1937), v. 2 (Weimar 1947); H. PATZE, W. SCHLESINGER, eds., *Geschichte Thüringens*, 5 v. (Köln 1968-78).

(出崎澄男)

ちょうえつ 超越 〔英〕transcendence, 〔独〕Transzendenz, 〔仏〕transcendance 「超越」の概念は，古代ギリシア哲学とキリスト教の伝統に由来し，中世において *形而上学の基本概念となり，その後，現代の哲学・神学に至るまで中心概念であり続けている．
【古代】超越は *プラトンのイデア論に始まる．*イデアとは，例えばそれを光のイメージで捉えたいわゆる「洞窟の比喩」(『国家』514a-21b)で説明されるように，あらゆる実在を超えたものであり，*認識と *存在の根拠である．プラトンは，その存在の秩序を表現し，その秩序の原因となっているイデアへと魂が自らを段階的に超越することを説いている．その超越概念は，*新プラトン主義の「一性への還帰としての自己超越」(*プロティノス)の概念を経て，さらに，*ディオニュシオス・アレオパギテース，*エリウゲナ，*トマス・アクィナス，さらにマイスター・*エックハルトという *否定神学の系譜へと受け継がれていった．そこでは超越は，人間によって認識も言表も不可能であるという否定によって表現されるのである．

他方で *アリストテレスの形而上学は，「存在者としての存在者とは何か」という問いを主題化しつつ，その存在者の根拠を含蓄的に問うことによって，神的なもの(〔ギ〕theion)を思考し，結局，存在-神-論(〔独〕Onto-theo-Logik)として超越を扱うことになった．
【中世】アリストテレスを受容した *スコラ哲学において，トマス・アクィナスは，まず神を「自らを通して自存する存在それ自体」(〔ラ〕ipsum esse per se subsistens)とする．そして，有限な人間の精神と存在それ自体との間に開かれた世界を *存在の類比の理論によって秩序づけた．トマスはこの理論によって，神について肯定的述定も可能であるとしている．

古代から中世にかけての超越概念に特徴的なことは，存在者の現実全体をその認識と存在の統一原理(神)から秩序づけることにある．この統一原理から一方で知性認識としての精神の開きが可能となり，他方で，宇宙論的・創造論的な世界地平の構造も可能となっている．

しかし中世後期になると認識の原理と存在の原理が分離してくる．*ドゥンス・スコトゥスは，存在を存在概念という観点から考察し，形而上学を概念分析のなかに追いやった．また *オッカムは，神の全能と人間の自由を説く *主意主義的倫理学を展開することによって，世界内にある *価値の秩序や人間の自然本性的欲求を否定し，近代哲学を用意したのである．
【近代】近代以降の超越理解は，意識の主観性の認識の構造として捉えられる．例えば，*カントでは，認識の可能性の制約を主観性の意識に遡って超越論的に問う．その超越論的な問いにおいては，認識が成立するための意識の側のア・プリオリな契機が問われ，超越概念は認識不可能な契機である「物自体」へと適応される．しかしその後，この意識と物自体という *二元論的な構図は，「体系性と弁証法」という学としての知の構築によって克服されていく．つまり，絶対的主観性の反省の構造のうちへと呑み込まれていくのである(→ ドイツ観念論)．
【現代】〔ハイデガーの超越理解〕20世紀の哲学において超越理解に決定的な意義をもたらしたのは，*ハイデガーであった．彼は，『存在と時間』(1927)において超越を，存在を了解する *存在者(人間)である *現存在の根本体制とした．超越は，*世界内存在としての現存在として，存在者の現出を可能にする．それは，存在が存在者の現出の根拠となっているのであるから，存在と存在者との存在論的差異を可能にするものである．それゆえ，現存在がさまざまな存在者と交渉することは，この超越によって可能となるのであるが，その際，存在が主題となっているわけではない．ハイデガーは，この前存在論的存在了解を *存在論的な理解へともたらすことを主眼としていた．『存在と時間』以降の中期における諸著作や諸講義において，超越の理解は，世界概念や「現存在の形而上学」の基礎となっている．

〔ラーナーの超越理解〕ハイデガーから多くを学んだカトリック神学者 K. *ラーナーは，神と人間の関わりの本質を「把握しがたい根源的に唯一の神秘とその現実を志向する超越の構造」として理解する．その際，神秘によって担われ，神秘を志向する主体性のア・プリオリな自覚を「超越論的経験」と呼ぶ．「……人間の超越論

的主体としての構成それ自体が，神秘である存在の自己提供によって担われているのである．この神秘は，絶えず自らを開示すると同時に自らを隠している．……人間の超越論性は，あくまでも『志向性』であって，他者によって創設され支配されたものとして，すなわち名状しがたき神秘の深淵の中に根拠づけられたものとして経験されるのである」(『キリスト教とは何か』)．超越の動きは，超越が目標としている存在(神秘)から可能となる．超越の源泉が神秘であることから，人間の超越が真に関わるのは神のみである．それゆえ，超越論的志向性における超越の目標は限界づけられない．さらに超越とは，ただ単に人間の認識を可能にする条件だけでなく，自由・意志・愛における行為を可能にする人格的・精神的主体の条件でもある．このように超越概念は，ラーナーの神学的人間論の中心に位置することになる．

【課題】超越が宗教的実践と人間の精神の根源的ダイナミズムと結ばれているかぎり，それを概念的理解へもたらす作業には原理的に限界がつきまとう．ユダヤ・キリスト教的伝統を介しての超越の思索は，近年では *レヴィナスの諸著作にみいだせるし，東アジアの霊性，また *イスラム教の宗教性のうちに超越理解を探る試みはこれからの課題といわなければならない．

【文献】HPG 6: 1540; K. ラーナー『キリスト教とは何か』百瀬文晃訳 (エンデルレ書店 1981); K. RAHNER, *Grundkurs des Glaubens* (Freiburg 1976); L. HONNEFELDER, W. SCHÜßLER, eds., *Transzendenz. Zu einem Grundwort der klassischen Metaphysik* (Paderborn 1992); M. HEIDEGGER, *Einleitung in die Philosophie*, Gesammtausgabe, v. 27 (Frankfurt 1996); ID., *Der deutsche Idealismus (Fichte, Schelling, Hegel) und die philosophische Problemlage der Gegenwart*, Gesammtausgabe 28 (Frankfurt 1997). (長町裕司, 茂牧人)

ちょうえつしゃ　超越者 〔英〕transcendent, 〔独〕Transzendenz, 〔仏〕transcendance

【ギリシア哲学】古代ギリシア哲学において超越者の概念は，絶えず生成消滅し，多様に現れる *存在者に対して，その根拠(存在)を問うという作業から導き出される．つまり，それらの存在者の不断の可変性と時間性を超えた究極根拠を超越性においてみいだそうとする．それゆえその統一根拠(存在)は，時間そのものを創造する永遠の恒常的な神的源泉となり，あらゆる有限的存在者を超えた第一の最高の根拠(*神)となる．そこから存在としての神を思考する存在-神-論(〔独〕Onto-theo-Logik)の伝統が確立する．

もっともギリシア哲学では，その存在が神とされるものの，神が人格的存在となることはない．それは聖書的・ヘブライ的伝統によって初めて仲介されるのである．だから例えば，*アリストテレスの「不動の第一動者」の観念，*プロティノスが世界を一者からの流出とそれへの還帰の運動と捉えたときの一者(神)の観念も，その後の中世哲学の超越者の思想の準備段階と捉えることができる．それでも，このプロティノスなどの *新プラトン主義の思想は，*ディオニュシオス・アレオパギテースによって展開され，*エリウゲナを経て *トマス・アクィナスおよびマイスター・*エックハルトに至るまでの *否定神学の系譜へと決定的な影響を及ぼした．

【トマスの超越者理解】13世紀 *スコラ哲学を代表するトマス・アクィナスによる「自らによって自存せる存在そのもの」(〔ラ〕ipsum esse per se subsistens) という最高の存在規定は，*存在論の超越者の理解とキリスト教の超越者理解とを仲介するものである．それゆえ，超越者に対する関わりは，例えば神名論などにおける *認識論的問題においても，絶対的存在への有限的自由の関係を論じる自由論においても，トマスの思索の中心的問題となっている．つまりトマスは，*被造物という有限な存在者と存在それ自体としての超越者(神)との間に開かれた存在者の現実世界の秩序を *存在の類比によって構造化しつつ，人間の有限な精神が，その構造に即して超越者との関係のうちに人格的な主体性を確立するとしたのである．

【中世後期から現代まで】古代・中世哲学における超越者の観念は，中世後期から現代に至る間に危機にさらされることになる．神の絶対的全能と人間の自由を説く極端な *主意主義(*オッカム)，近世の機械論的世界観(*デカルト)，自然科学の台頭とそれに基づく *経験論，17-18世紀の啓蒙主義，また *フォイエルバハ，K. *マルクス，*ニーチェや *フロイトなどの *無神論などがあげられる．

しかし他方で，超越者を思惟する新たなアプローチもこの数百年の哲学史のなかには現れてきている．とりわけ20世紀前半の「対話の哲学」を代表する M. *ブーバーや F. *エーブナーにおいては，対話の制約として「無制約な汝」を説くことによって超越者の観念を再発見した．キリスト教の影響を受けた実存主義者である *マルセルや *ヤスパースは，*ニヒリズムを克服する形而上学のなかに超越者の概念を取り戻す．ヤスパースにおいて超越者は，実存する人間が意のままにすることのできない「*包括者」として考えられており，*暗号解読によってのみ確認できるものとされる．また *現象学の潮流からは *レヴィナスなどが超越者の思索を展開している．

【文献】SM(D) 4: 992-1005; M. ミュラー『実存哲学と新形而上学』大橋良介訳 (創文社 1974); M. MÜLLER, *Existenzphilosophie im geistigen Leben der Gegenwart* (Heidelberg 1949 ³1964); K. リーゼンフーバー「現代思想における瞑想」カ研 38 (1980) 33-58; R. SCHAEFFLER, *Religionsphilosophie* (Freiburg 1983). (長町裕司, 茂牧人)

ちょうえつてきがいねん　超越的概念 〔ラ〕transcendentia, transcendentalia, 〔英〕transcendentals, 〔独〕Transzendentalien, 〔仏〕idées transcendantales

超越的概念とは，範疇としてのあらゆる類を超越している超範疇的規定のことである．*アリストテレスは，すでに「一」という規定が超越的概念であって，存在するものそれ自体に帰属する規定であることを主張している(『形而上学』第4巻第2章)．しかし，超越的概念そのものが考察の対象となったのは，13世紀以降の *スコラ学においてである．1230年代にパリ大学監 *フィリップスの『善についての大全』において超越的概念に関する最初の論考が現れて以来，盛期スコラ学でさまざまな考察が展開された．*アルベルトゥス・マグヌスは，アリストテレスの伝統とともに *新プラトン主義の思想にも触れ，アリストテレスの「一」という規定に加えて，「真」と「善」を超越的概念として主題化している．さらに *トマス・アクィナスは，超越的概念としての「真」と「善」を *存在それ自体の超越的概念として，また精神の二つの働きである *知性と *意志との起源として捉える．超越的概念として「存在」(〔ラ〕ens)，「も

の」(res),「一」(unum),「あるもの」(aliquid),「真」(verum),「善」(bonum),「美」(pulchrum) があげられるが，その理論的秩序や相互の関係の問題が，トマスの*存在論の中核をなしている．
【文献】K. リーゼンフーバー「トマス・アクィナスにおける超越論的規定の展開」『中世における知と超越』山本耕平他編（創文社 1992) 187-238; G. PÖLTNER, *Schönheit* (Wien 1978); J. A. AERTSEN, "Die Transzendentalienlehre bei Thomas von Aquin in ihren historischen Hintergründen und philosophischen Motiven," *Thomas von Aquin: Werk und Wirkung im Licht neuerer Forschung*, ed. A. ZIMMERMANN (Berlin 1988).

(長町裕司，茂牧人)

ちょうえつろんてきしょうめい　超越論的証明

〔英〕transcendental argument, 〔独〕transzendentales Argument, 〔仏〕argument transcendentale　1960年代から80年代にかけて，主として欧米の哲学者たちによって論議された，*カントの*超越論哲学に特有の証明形式，ないしはそうした形式を備えた哲学的証明のこと．常識や科学を形成する外界に関する*認識を，それに対する懐疑論者の異論(*懐疑主義)を論駁しつつ正当化するというのが，*近代哲学における伝統的な*認識論の方向づけであったが，この正当化のプログラムは，例えば*クワインの「自然化された認識論」のような，人間の信念形成の事実的な過程に関する経験科学的なアプローチによって挑戦を受けていた．それに対して伝統的認識論を擁護するため，カント哲学に特有の認識論的な証明を現代的に再構成したもの，ないしそのエッセンスを核としつつ独自に展開した哲学的証明を使用するというもくろみが，その論議の背景にはあった．

発端は，*ストローソンの「記述的形而上学」の構想と，それと密接に関連した彼のカント解釈であった．前者の構想の核をなすのは，人間のあらゆる*思考や認識にとって不可欠かつ基本的な諸*概念よりなる「概念枠組み」の記述的な探究であるが，ストローソンは，そうした探究こそが『純粋理性批判』におけるカントの哲学的議論の核心であるとみて，この観点から「超越論的演繹」や「観念論論駁」に関する独自の解釈を展開した．その後カント研究者以外の哲学者たちをも巻き込んで，超越論的証明の独自性をカント解釈としてだけでなく一般的にも解明しつつ，その射程と限界を究明する方向で論議が展開され，超越論的証明とある種の「自己関係性」や「検証原理」との関連などが指摘された．こうした論議はカント研究に大きな刺激を与えた一方で，カントの証明，ひいては哲学の超越論性についての問い直しを差し迫った課題とした．
【文献】P. F. STRAWSON, *The Bounds of Sense* (London 1966); B. STROUD, "Transcendental Arguments," *The Journal of Philosophy*, 65 (1968) 241-56; R. BUBNER, "Zur Struktur eines transzendentalen Arguments," *Kant-Studien*, 65, Sonderheft (1974) 15-27.

(湯浅正彦)

ちょうえつろんてつがく　超越論哲学

〔英〕transcendental philosophy, 〔独〕Transzendentalphilosophie, 〔仏〕philosophie transcendentale　「先験哲学」とも訳され，またかつては「*批判哲学」ないし「批判主義」の同義語ともされた．「超越論的」は*カントの理論哲学における中心概念となり，現代に至るまで哲学の主要な視点の一つとして，*認識論，言語論，科学論などの多方面に影響を与えている．

カントにおいて，「超越論的」とは，*スコラ学以来の「超越的」と同様に，*経験を超えているという意味をもつにもかかわらず，全く異なったものを指す（→超越，超越的概念）．すなわち「超越的」とは，実在物や認識対象が人間の能力を超えたものであることを示すのに対して，「超越論的」とは，*対象を*認識する人間の認識仕方に関わるという意味をもつ．後者はその認識仕方によって初めて対象が可能になる先行条件という点で，対象に先立ち，超えている（超越論的）と呼ばれる．

他方また「超越論的」とは，経験に先立っているという意味をもつ「先天的」（*ア・プリオリ）の概念とも異なる．カントによれば我々人間のような理性的存在者は，自然科学の知識に代表されるように，個別的経験だけでは得られないはずの普遍妥当性と必然性を備えた「先天的」認識を有している．この先天的認識を可能にしている我々の認識構造が，経験に先立ち（先験的），超えている（超越論的）と呼ばれるものである．

このように，我々の可能的経験一般についての先天的認識を可能にする条件が「超越論的」と呼ばれ，こうした条件を原理とし，またその在り方を批判的に吟味する立場（批判主義）に立つ哲学が超越論（的）哲学と名づけられる．カントの『純粋理性批判』は，人間の対象認識におけるこうした超越論的原理の範囲と限界とを批判的に吟味し，確定しようとする，初めての本格的な試みであった．以来，超越論哲学は主に，認識を行う理性の批判的吟味という形態で受け継がれた．*ドイツ観念論哲学においては*自然哲学と超越論哲学が哲学の二大方法とされ，それらを統一する*絶対者，絶対的精神などが要請されるに至った．また*新カント学派において，19世紀末以来の科学基礎論にこの超越論的立場を再度据えようとする試みがなされた．さらに20世紀後半になっても，*社会哲学やコミュニケーション倫理などに超越論的根拠づけを行おうとする*アーペルなどの理論があり，原理的な先行条件を忌避するさまざまな立場との間で論争が生じている．これらとは方向をやや異にするが，近代の認識論に関わる上述の哲学ばかりでなく，超越論的立場はN.*ハルトマンの超越論的(批判的)実在論，キューン(Herbert Kühn, 1895-1980) 等の超越論的美学等の基底となり，さらには*エマソン等の*唯心論的な「超絶主義」を生み出すきっかけともなった．
【文献】カント『純粋理性批判』全3巻，篠田英雄訳（岩波書店 1961-62); 有福孝岳，坂部恵他編『カント事典』（弘文堂 1997).

(大橋容一郎)

ちょうか　朝課　→　読書課

ちょうこく　彫刻

〔英・仏〕sculpture, 〔独〕Plastik　彫刻は，広義には，石や木などの素材から彫り出された，あるいは粘土などで肉づけ（モデリング）されたり，ブロンズに鋳造された，自立した造形や，建築の壁面を飾る浮彫など，あらゆる立体的な表現を意味する．本項目では，神の姿や寓意象徴の表現であれ，人間のイメージに表すという長い伝統をもつヨーロッパの彫刻に限定して記述するが，現在の我々に親しい，空間のなかに単独でそびえる芸術作品としての彫刻が生まれるのは，15世紀イタリア・ルネサンスの時代になってからである．ロマネスクやゴシックの時代の聖堂を飾った浮彫や聖人の彫像などは，いずれも建築に付随していた（→ロマネ

ちょうざいしさい

スク建築,ゴシック建築).*ルネサンスの時代に「発見」された遠近法は,一人の人間の視点から眺めることを前提としている.それゆえ,*フィレンツェの*サンタ・マリア・デル・フィオーレ大聖堂のために,みる人の眼を想定して造形上の効果を熟考した彫像(『ヨハネ像』)を制作した*ドナテーロが,おそらく1430年代に,空間のなかに独立する単独のブロンズ像『ダヴィデ』を生み出したのは当然の展開であっただろう.以後,*ミケランジェロが彫る,英雄的な『ダヴィデ』(1501-1504)であれ,深い精神の動きを示す『ロンダニーニのピエタ』(1550以降)であれ,優れた人間像が空間のなかに出現する.

4世紀の浮彫『巻物を広げるイエス』
(ブレッシア市立キリスト教美術館)

ヨーロッパ彫刻では,その時代の精神が人間像の表現に色濃く反映されている.*チェリーニが制作したブロンズ像『ペルセウス』は,ドナテーロの作品と異なり,みる人に特定の視点を求めず,像の周りをめぐらす動きを勧める.そこにルネサンスの安定した世界観が揺らいだ*マニエリスムの時代の特徴を指摘することができる.また,教皇の巨大な権力のもと17世紀*ローマに開花した*バロックの精神は,建築,彫刻,絵画の境をとりはらい,これら三つの芸術が融合され効果を深め,「美しき総体」と自ら呼ぶ造形表現を達成しようと壮麗な墓碑や祭礼の仕掛けをつくった,*ベルニーニの作品に表れている.近代に入ると,20世紀初頭に*ロダンは『地獄の門』の壮大なモニュメントを完成させる.その一方で,このモニュメントを構成していた幾十もの人体は,それぞれ独立した一点の作品に生まれ変わり(『考える人』等),こうして当初モニュメントのなかで意味や象徴をもった彫像はその役割を失い,一個の人体となった.さらにそれらの人体もさまざまな部分に分割され,これら人体の一部,すなわちトルソは独立した作品として提示されるに至る.空間のなかに孤立する人体,そして分割され断片化する人体の表現に,人々の連帯が失われ疎外感が広がる近代化の兆候が指摘できる.

ミケランジェロは直彫りを彫刻の主要な技法として用い,ロダンは粘土による肉づけに専念し,大理石像は雛型を示すのみで,実際に彫る作業は職人に委ねられた.このように,彫刻の主要な技法である「彫る」ことと「肉づけする」ことは彫刻家の表現と分かち難い.従来,彫刻の重要な機能として,モニュメントなど,イメージを永続して顕彰することが第一に論じられてきた.しかしながら近年は,15世紀ルネサンスにドナテーロなどが制作した聖母子の浮彫や,後にベルニーニなどが彫像のために制作した習作など,粘土やテラコッタなどで「肉づけ」された塑像に関心が寄せられている.それらは,素材が廉価なために多数制作されて芸術家の表現の範囲に広げ,またその素材の特質により一層直截な表現が可能となった.また主要な素材ではないが,15世紀には木彫による人間像が彫刻家によって南ドイツにおいて(例えば*リーメンシュナイダー),また鮮やかな彩色を加えイタリア中部で制作されている(例えばヤコポ・デッラ・クエルチャ Jacopo della Quercia).

【文献】DA 26: 132-37; 29: 559-76; R. ウィトコウアー『彫刻』池上忠治監訳(中央公論美術出版 1994); R. WITTKOWER, *Sculpture* (London 1977). (上村清雄)

ちょうざいしさい　聴罪司祭　〔ラ〕confessarius, 〔英〕confessor, 〔独〕Beichtvater, 〔仏〕confesseur

【概要】聴罪司祭とは,権限をもつ教会権威者から*ゆるしの秘跡によって適法かつ有効に*罪をゆるす*権能を受けている*司祭である.ゆるしの秘跡の役務者とも呼ばれる.実際に罪をゆるすことができるのは神のみである(マタ6: 12).その権能を地上で行使したのは,神のひとり子であり神そのものである*イエス・キリストである(マタ9: 6).イエスは*最後の晩餐の席で教会を導くために自ら選んだ*弟子たちに*司祭職の*恩恵を授与し,その後復活した日の夕方,彼らとその後継者に罪をゆるす権能を授けた(ヨハ20: 21-23).このため司祭のみが罪をゆるす権能を有する.こうして聴罪司祭はキリストの名によって,*聖霊の力により,教会の*奉仕者として罪をゆるす.

【聴罪司祭の務め】聴罪司祭の務めは多岐にわたる.まず,ゆるしの秘跡性を尊重して,罪のゆるしを請う者の霊的状態を知り,ゆるしを受けるに充分な*痛悔の心を抱いているかどうかを確認すること.必要ならば,罪をよりよく知り,正しく表明し,真の痛悔を抱くよう助けるために質問することができる.しかしその際,不謹慎かつ不必要な質問は避け,つねに賢明,慎重でなければならない.そのうえで賢明に判断をくだす.この判断は,神が慈しみ深い方であるように,*慈しみに満ちたものでなければならない.告白の*奉仕にあたって,聴罪司祭はまた医者の役割を果たす.聴罪司祭はゆるしの秘跡を受ける者を介抱し癒やすために,告白者の霊的状態を知らなければならない.それは,有益かつ適切な*償いを課し,キリスト者としてよりふさわしく生き,霊的生活に進歩するのを助けるために必要な霊的勧めを与えるためである.聴罪司祭はキリストの名によって教会の奉仕者としてふるまうのであり,告白者の*救いと*神の栄光を目指す.

【聴罪司祭の義務】教会の奉仕者として,*教導職の教えと権限ある権威者による規定を忠実に遵守しなければならない.したがって聴罪司祭はキリストと教会の教えについて充分知識を身につけ神の霊の示しに従って生活し,特に*愛,*忍耐,慈悲,*賢明の*徳を実践して,自らの務めを果たす備えとしなければならない.告白を聴く権能は,以上の資質を備えた者に付与される.聴罪司祭は,告白者の痛悔について,また生活を改めるために努力しようとの望みについて疑う理由がないときには,ゆるしを与えることを拒否したり延期することはできない.ゆるしを与える前に,告白する人の状況を考慮し,罪の性質および回数に応じて償いを課す.償いは,罪によって神に加えられた侮蔑に対する*贖いであり,キリストの無限の贖いへの参与である.聴罪司祭はつねに,告白を聴いてくれるよう真面目に求めてくる信者を

心から迎えなければならない．また聴罪司祭には，神の役務者として，罪人である兄弟の *良心の秘密を知った者であることを自覚して，告白で聴いたことを誰にももらしてはならないという厳正で聖なる，また不可侵の義務がある．この秘密を侵すことは *正義と愛と *敬神徳に対する重大な罪であり，これを直接侵す聴罪司祭は，それ自体によって，教会から *破門の制裁を受ける．

【文献】カトリック儀式書『ゆるしの秘跡』（カトリック中央協議会 1978）緒言 9, 10; 新教会法典 630, 965-86, 1387-88 条; J. P. CORDEN, T. J. GREEN, D. E. HEINTSCHEL, eds., *The Code of Canon Law: A Text and Commentary* (New York 1985) 681-93; P. V. PINTO, *Commento al Codice di Diritto Canonico* (Roma 1985) 579-88; B. DUFOUR, *La pénitence et l'onction des malades* (Tardy 1989) 53-97.　　　　　（J. P. ラベル）

【聴罪司祭の裁治権】教会が有する統治の権限（*裁治権）は，一般組織とは異なり，外的行為のみならず内的行為をも規整することができる．聴罪司祭が告白者に *赦免を与えるのはこの分野（内的法廷）における裁治権の行使である．現行の『教会法典』は，ゆるしの秘跡における赦免の有効条件として，執行者が *叙階による権限のほかに告白者に赦免を与える権能を有することを定めている（966 条 1 項）．この権能（［ラ］facultas）は法定の職務への就任により法律上当然，または権限ある権威者から個別に付与されうる（966 条 2 項）．旧『教会法典』では「裁治権」（iurisdictio）とされていたが，その用語的な語感が，ゆるしの秘跡における司祭の資格とはなじまないことから変更された．*教皇と *枢機卿は全世界における権能を有し，*司教もこれに準ずる（967 条 1 項）．一般の *信徒の告白については地区裁治権者だけがこの権能を付与することができ，恒常的に付与された権能は当該地の地区裁治権者から個別に拒否されないかぎり，どこでも行使できる（969 条 1 項，967 条 2 項）．また教皇庁直轄の聖職者修道会および使徒的生活会で統治権を有する者は，自己の従属者および修道院滞在者の告白についていかなる司祭にも付託することができ，自らは上級上長によって個別に拒否されないかぎり会の他の修道院においても行使できる（967 条 3 項，968 条 2 項，969 条 2 項）．なお，死の危険にある者に対してはいかなる司祭も，たとえ告白を聴く権能を欠く場合でも，告白者のいかなる懲戒罪および罪をも有効かつ適法に赦免できる（976 条）．さらに事実または法について錯誤が通常起こりうる場合や，積極的で蓋然的な疑義のある場合は教会がこの権能を補う（144 条）．

【文献】K. LÜDICKE, ed., *Münsterischer Kommentar zum Codex Iuris Canonici*, v. 3 (Essen 1990); J. LISTL, H. MÜLLER, H. SCHMITZ, eds., *Handbuch des katholischen Kirchenrechts* (Regensburg 1983) 699-700; *Codice di Diritto Canonico*, v. 2 (Napoli 1988) 104-10; M. MORGANTE, *I Sacramenti del Codice di Diritto Canonico: Commento giuridico-pastorale* (Milano 1986) 78-80.　　　　　（濱田了）

ちょうざいしさいせんたくきょかしょう　聴罪司祭選択許可証　〔ラ〕confessionalia, litterae indulgentiales　かつて *罪の告白は所属教会の司祭のもとでするようにとした一般的指示とは関わりなく，所有者に特定の *聴罪司祭を選択する権利を与えた文書．聴罪司祭は，*教皇にのみ *留保されている事項を除き，あらゆる罪をゆるす *権能を有していた．寄付金と引換えに与えられることもあり（例えば，1513-14 年 *コンスタンツの大聖堂建設資金募集），場合によっては *免償を伴う許可証もあり（例えば，14 世紀末の *十字軍や *聖年における免償），乱用や誤解を招くとして，その付与は *トリエント公会議（1547）で，明文化されなかったものの，非難また制限された（→ ゆるしの秘跡）．

【文献】LThK² 2: 125-26; LThK³ 2: 156.　　　（清水宏）

ちょうし　長子　〔英〕firstborn, 〔独〕Erstgeburt, 〔仏〕premier「長子」（［ヘ］bᵉkōr．*初穂と同じ語根 bkr, 初めに実る，最初に生まれるの意．〔ギ〕prōtotokos）は，人間や動物の初子のこと．旧約聖書では，長子は「命の力の初穂」（創 49: 3; 申 21: 17）あるいは「初めに胎を開くもの」（出 13: 2, 12, 15; 民 18: 15）といわれ，前者は父方を，後者は母方を強調した表現である．長子は家族のなかで，また，*祭儀において種々の特権を与えられていた．まず，家族内では，相続権，父の祝福，家督権，食事時の特定の席（創 25: 5-6; 27: 35-36; 37: 21-22; 42: 22, 37; 43: 33; 申 21: 15-17）などがある．長子としての地位を神はイスラエルとダビデ王家にも適用する．「イスラエルはわたしの子，わたしの長子である」（出 4: 22）．「わたしは彼を長子とし，地の諸王の中で最も高い位に就ける」（詩 89: 28）．イスラエルの祭儀においては，男性の長子は，初穂の場合と同じように，天地の主であり，命の源である神に所属するものとみなされ，神にささげられた（出 13: 2; 22: 28-29; 民 3: 13）．つまり，初子（長子）の奉献はまず神の絶対的支配権を表す．また，この祭儀は歴史上の出来事を想起させ，それを記念する．すなわち，エジプトの初子がイスラエルを解放した神にささげられた出来事である（出 13: 15）．イスラエルの初子のささげ方は動物と人間では異なる．動物の場合はいけにえ（*犠牲）にしたり（出 13: 15）首を折ったり（出 13: 13; 34: 20）するが，人間の場合は，実際にいけにえにされた残酷な事例もみられるにせよ（王下 3: 27; ミカ 6: 7），このような行為は明白に禁じられた（レビ 18: 21; 20: 2-4; 申 12: 31; 18: 10-12; エレ 7: 31; 19: 5; 32: 35）．人間の初子の場合にはほふられずに贖われた（創 22: 1-19．→ アケダ）．このような贖いの仕方は，後には，イスラエルの長子の身代わりとして神から *聖別される *レビ人を通して続けられた（民 3: 11-13; 8: 16）．やがて，人類の初穂としてイエスが *マリアの手を通して自らを父にささげる「時」が来る（ルカ 2: 22-24）．そのとき，初穂と初子の供え物に関する旧約の規定は完全な意義を帯びることになる．

【文献】新聖書大 925; 聖書思 696-97; TDOT 2: 121-27.

（円谷勝子）

ちょうしぜんてき　超自然的　〔ラ〕supernaturalis, 〔英〕supernatural, 〔独〕übernatürlich, 〔仏〕surnaturel　人間本性の能力を超越し，神がキリストと *聖霊とによって人間に与える新しい命の賜物の特徴を表現する神学用語．

【古代と中世】新約聖書によると，人間となった神の子は人々に「神の子となる資格を与え」（ヨハ 1: 12），人々が *神の子であることを示す子の霊を彼らの心に送り（ガラ 4: 6），彼らを「神の本性」（［ギ］physis）にあずからせる（2 ペト 1: 4）．ギリシア *教父たちは，神のこの働きを，人間の *神化と呼び，神の一方的な恵みとみなした．子のみに固有の資格を他の人々にも与えることが人間の「本性を超えている」（hyper physin）という表

ちょうしゅかん

現を，初めて用いたのはアレクサンドリアの *キュリロスであると思われる（『ヨハネ福音書注解』1, 12）．ラテン教父たちのうちで *アウグスティヌスは *原罪による人間本性の堕落を強調し，罪深い人間に無償で与えられる神の *恩恵によってのみ本性の傷が癒やされることを力説し，神の命にあずかることが *アダムをも含むすべての人間の能力を超えているということにはあまり注目しなかった．

その後，スコラ学者はギリシア教父の神化思想をラテン語の gratia supernaturalis という用語で表現し直した．日本語の神学用語として「超自然的」という訳語が定着しているが，supernaturalis における naturalis の意味は，「自然的」ではなく「本性的」である（→ 自然・本性）．そのため，「超自然的」よりも「超本性的」という訳のほうが正しいと思われる．

この哲学的な概念を用いて *トマス・アクイナスは，神が人間のために定めた最終目的，すなわち，神を直接にみる *至福直観が，人間にとってだけでなく，すべての *被造物にとっても，その本性を無限に超える「超本性的」なものであると説明した．したがって，この直観を可能にするためには，神が自らの本性を人間の精神に注ぎ入れ，さらに *栄光の光という超本性的な力によって人間の精神を強める必要がある．さらに神は，人間がこの世における人生を通して来世の命に向かって歩むように定めた．したがって，超本性的な最終目的に向かって釣り合う歩みができるために，神はこの世で人間の本性を超える「一層高い能力」（virtus altior）を人間に与える必要がある．これが，*習性的恩恵と *注入徳とさまざまな *助力の恩恵である．恩恵は人間の本性を前提し，それを完成する．トマスは恩恵が人間を超えているということを強調しながら，人間の本性と神の恩恵の間の密接な関係をも強調する．すなわち，彼によれば，神によって創造された人間は，神を直観しようとする *本性的願望をもっているのである（『対異教徒大全』3, 50-51；『神学綱要』2, 9）．

【近代と現代】13 世紀以来，恩恵を超本性的なものとして説明することは，*恩恵論の中心テーマとなり，なぜ正義の神が一人の人祖の罪ゆえに他の人々をも罰しうるのかという問題にも答えが与えられた．すなわち，アダムの罪によって失われたのは，人間の本性に属するものではなく，神がそれに加えた無償の賜物であるという答えである．後代の神学者たちにとって難解であったのは，至福直観に対する本性的願望についてのトマスの思想であった．確かに人間がこの最終目的に憧れる者として本性的に創造されたとするならば，なぜそれを得るために必要な手段が本性の要請を超える神の自由の賜物といえるかは理解し難い．そこで16 世紀の神学者 *カイエタヌスは，人間の本性的願望を否定し，人間は神により超本性的な目的に達するよう定められたが，「単なる人間本性」（natura pura）には，自然的な *神認識という，そのすべての願望を満たす自然的な目的があると考えた．カイエタヌス以後のカトリック神学者は概してこの説明に従ったが，それは *ルターや M. *バーユスに反対したためもある．

現代の神学者 *リュバックは，超本性的な目的に対する本性的願望というトマスの思想を復活させ，第 2 *ヴァティカン公会議後のカトリック神学の主流をなした．人間が自分を超える目的を本性的に願望している者でありながら，他方でその目的に達するために必要な手段を要請することができず，神の自由の賜物として受けているという思想は，確かに逆説的である．しかし，このような逆説こそ人間の本質であるといえよう．また，リュバックの思想と従来の思想の間の中道である K. *ラーナーは，超本性的な *神の自己譲与がおのおのの人間につねに与えられている超自然的な実存規定（〔独〕übernatürliches Existenzial）とする．

【神学的な解明】「超本性的」（supernaturalis）という語によって表現される事実は，キリスト教の本質に属するものであるが，この表現そのものは，教会の公文書に用いられているとはいえ（DS 3004-3006, 3008 等），最適な表現とはいえない．神の本性と人間の本性という哲学的な発想に基づくこの表現が，キリスト教の神が父と子と聖霊であるということ，また神の子が人間となったということに全く触れていないからである．超自然的なものとはすなわち，*三位一体の神の人間への自己譲与である．それが成り立つためには，神の子が人間となり，聖霊の派遣によって人々を自分と結びつける必要がある．世界の *創造と，創造された世界への子と聖霊の派遣とは，神の二つの業であるが，創造という第一の業は，初めから，子と聖霊の派遣という第二の業を目指して行われた．この派遣を受容することで，人々は父と子と聖霊の愛と命の交わりに入る．これこそ，あらゆる有限の被造物のレベルを無限に超えることであると同時に，神を知り，愛することのできる人間の最も根本的な希望である．

【文献】P. ネメシェギ『神の恵みの神学』（南窓社 1967）；トマス・アクイナス『神学大全』II, 2, q. 109-14；II, 1, q. 23-24, q. 62, q. 95；H. DE LUBAC, *Surnaturel* (Paris 1946); ID., *Augustinisme et théologie moderne* (Paris 1965); ID., *Le mystère du surnaturel* (Paris 1965); J. P. KENNY, *The Supernatural* (Staten Island 1972); E. YARNOLD, *The Second Gift* (Slough 1974); G. PHILIPS, *L'union personelle avec le Dieu vivant* (Gembloux 1974).　　　　　　　　　　　　（P. ネメシェギ）

ちょうしゅかん　聴取官〔ラ・英〕auditor，〔独〕Vernehmungsrichter,〔仏〕auditeur　教会の裁判や財政管理において，管轄の上長から尋問調査あるいは判決を行うよう任ぜられた者を指す．

（1）地方教会における裁判の聴取官は裁判所の裁判官のなかから，または *司教によって承認された者のなかから選任される．司教は品行，賢明さおよび学識に優れた *聖職者または *信徒を承認することができる．聴取官の任務は裁判長からの委任によって証拠を収集し，裁判長に提出することに限られるが，任務遂行途中で必要となった場合，裁判長の委任に反しないかぎり，いかなる証拠を，いかなる方法で収集するかを決定することができる（『教会法典』1428 条，1590 条2 項参照）．

（2）*教皇に上訴された案件を扱う *ローマ控訴院においては，裁判官は聴取官と呼ばれる．形式上，教皇が裁判長であるため，任官は教皇に留保される．

（3）教皇空位期間事務局（→ 教皇庁）においては，*教皇空位の期間中に教皇庁財政を管理する者を総聴取官（〔ラ〕auditor generalis）と呼ぶ．

【文献】AnPont (1997) 1263, 1841; LThK³ 1: 1175; C. C. SALVADOR, ET AL., eds., *Nuovo Dizionario di Diritto Canonico* (Torino 1993) 1073.　　　（濱田了）

ちょうじょうげんしょう　超常現象〔英〕paranormal phenomena,〔独〕paranormale Phänomene,〔仏〕

phénomènes paranormaux　通常の常識では理解できないような現象を指す．超心理学（[英] parapsychology）では「サイ」現象と呼ぶことが多い．「サイ」とはギリシア文字のφ（プサイ）に由来し，ギリシア語の「心霊」（psychē）の意味である．言い換えれば「心霊現象」ということになる．普通は ESP (extrasensory perception) と遠隔作動 (psychokinesis,「念動」ともいう)とが超常現象に含まれる．

ESP は，文字通り，普通の感覚では捉えられないような知覚を得ることである．人間の五感の知覚範囲は平均的に決まっており，例えば聴覚では，10 ヘルツの「音」も，3 万ヘルツの「音」も，「音」としては聞こえないのが普通である．平均的な可聴領域の外の音波を超音波と呼ぶとすれば，一般に超音波は聴覚に感知されない．しかし，こうした感知可能な範囲には個人差があり，ときには超音波の一部が聞こえるという人がある．個人差ばかりではなく，砂漠を移動するベドウィンの人々は，常識を超えるような遠視力をもつことも知られている．あるいは砂漠に住む民族のなかには嗅覚が極度に発達している例がある．また，五感のうちの一つもしくは幾つかが不全の場合に，一種の補償現象として，ほかの感覚が異常に発達することもありうる．例えば，通常は感じられないような（あるいは感じていても認知できないような）空気の流れを，皮膚感覚で捉えるというようなことは，充分起こりうる．したがって，少なくともある種の ESP には，充分合理的な根拠があると考えられる．五感を超えた感覚（第六感）といわれるものもまた，少なくとも一部はこうした文脈で理解できる．

しかし，それ以上の ESP，例えば遠隔知覚あるいはテレパシー（空間的に隔てられた人間同士の間に，物理的な手段を使わずに意志伝達を行う），遠隔作動（「念力」でものを動かす），探しものあて（杖，棒などを使って，水脈を探しあてたり，紛失物を探したりする），虫の知らせ（未来に起こることを予知する）などという現象が，超常現象としてしばしば伝えられるが，いずれも説明するための合理的根拠はない．例えば，遠隔知覚に関しては，アメリカでも旧ソ連でも，冷戦中は軍事的理由から開発のための実験が熱心に重ねられたらしいが，少なくとも明らかにされたかぎりでは，何らの結果も得られていない．また，そうした特殊な能力を備えていると称する人々も，つねにそうした能力を発揮できるわけではなく，例えば客観的な実験をしようとすると，その条件だけで，能力が抑えられてしまう，ということもありうる．

宗教的な *奇跡は，こうした意味での超常現象とは無縁であると考えておくべきであろう．　　　（村上陽一郎）

ちょうせい　張誠　→　ジェルビヨン

ちょうぜいにん　徴税人　[ギ] telōnēs, [ラ] publicanus, [英] tax-collector, [独] Zöllner, [仏] publicain, collecteur d'impôts　聖書で問題になる徴税人は，何よりも新約時代のそれである．その際の徴税とは，直接税（人頭税，地租）と間接税（関税，市場税等）に大別される．*ローマ帝国の場合，直接税は，ローマの騎士階級出身者である徴税請負人たち（[ラ] publicani）に委託され，さらに彼らが地元の役人を徴税人として雇って税を集めるのが慣例であった．しかしパレスチナでは大部分，ローマに下った *ハスモン家ないし *ヘロデの役人を使って徴収された．紀元 6 年にユダヤ・サマリアが

ローマの皇帝直轄属州になると，*総督がローマの役人を使って直接徴収を行った．間接税に関しては，ローマの直接支配地（ユダヤ・サマリア）においても，またヘロデ家の領地（ガリラヤなど）においても，地元民の下請けで徴収された．彼らが「徴税人」（新約中，福音書にしか出ない）といわれる存在であるが，その際，徴税監督人ともいうべき，広域を請け負っていた，経済的にも裕福であった者（例えば *ザアカイ．「徴税人の頭」[ギ] architelōnēs. ルカ 19: 2 参照）と，さらにその下で雇われていた現場の徴税人（マコ 2: 14 のレビ等）とが一般的に区別されたであろう．そのどちらも，必要以上の税をごまかして巻き上げ私腹を肥やすことで，民の激しい憎悪を買っていた．また，とりわけ直接ローマの支配する地においては，憎むべき異教徒に仕える者として民の軽蔑がそれに加わったと思われる．イエスはそうした彼らとも，何ら隔たりなく交際したという（ルカ 7: 34 および並行箇所；マコ 2: 15-17）．

【文献】ABD 4: 337-38; W. O. WALKER, "Jesus and the Tax Collectors," JBL 97 (1978) 221-38; F. HERRENBÜCK, Jesus und die Zöllner (Tübingen 1990).

（佐藤研）

ちょうせんみんしゅしゅぎじんみんきょうわこく　朝鮮民主主義人民共和国　[韓] Choson-minju-juui-inmin-konghwaguk, [英] Democratic People's Republic of Korea.　通称：朝鮮，北朝鮮．面積：12 万 0,538 km²．人口：2,403 万 9,000 人（2000 年現在）．言語：朝鮮語．宗教：シャーマニズム，仏教，天道教，キリスト教の信者が潜伏するが，大多数は無宗教．

1910 年，日本に併合され，第 2 次世界大戦終結時に日本が無条件降伏した後は，北緯 38 度線を境界としてソ連軍に占領される．朝鮮半島全土を掌握する朝鮮人民共和国政府樹立を目指すが，1948 年 8 月，南に大韓民国が成立したのに続き，9 月に朝鮮民主主義人民共和国の成立を宣言した．1950-53 年の朝鮮戦争を経て北緯 38 度線を国境とすることが確定，金日成（1912-94），金正日（1942- ）の指導体制のもと独自の外交・経済政策を展開する．

本項では第 2 次世界大戦前後から今日に至る朝鮮半島北部のキリスト教略史を扱う．朝鮮半島全体のキリスト教の歴史については大韓民国の項を参照されたい．

【キリスト教史】18 世紀に中国からカトリックの宣教師が渡来，1880 年代には *長老派教会，*メソジスト教会の伝道師も渡来し，20 世紀初頭にはアジアでフィリピンに次ぐ大きなキリスト者共同体が成立していた．特に長老派教会は *平壌の周辺に多数の信者を擁していた．

1910-45 年の占領時代には日本が国家神道を強制したためキリスト教は弾圧された．次いで南北それぞれの国家成立と朝鮮戦争の混乱を経て 200 万人以上のキリスト者（うち 2 万 5,000 人はカトリック教徒）が南へ移動，さらに共産主義政権の反宗教政策により政治活動の自由を求めるキリスト教系諸団体は弾圧され，指導者は投獄あるいは行方不明となる．地下に潜伏した信者，強制収容所に送られた信者も多いといわれ，1957 年には 2,000 人のキリスト者が発見され，指導者 10 人が処刑されたとの報告もある．今日，政府公認の教会が平壌などに幾つか存在するが，その活動の詳細は不明である．

ローマ・カトリック教会はすでに 1920 年に咸興（함흥）に，1927 年に平壌に司教区を設立したが，朝鮮戦争後に施設・財産の没収など弾圧のために司教らは南に避難，

ちょうていしんがく

現在はソウル大司教区の属司教区としてソウルに事務所を置く．また*ベネディクト会が修道院を置く徳源（トグウォン）が1940年に*大修道院区となったが，現在では韓国慶尚北道倭館（ウェグァン）に移動している．枢機卿*金壽煥をはじめ大韓民国の司教団は韓国カリタス（→カリタス・インテルナツィオナーリス）とともに食糧援助や南北離散家族の交流促進に協力し，潜伏したキリスト教関係者の所在を確認する道を模索している．
【文献】WCE² 1: 558-60.　　　　　（橋爪由美子）

ちょうていしんがく　調停神学　〔独〕Vermittlungstheologie　19世紀ドイツの*プロテスタンティズムを代表する学派で，*自由主義神学および*信条主義神学と対峙し，主として*合同教会の地域で活動した．機関誌は『神学の研究と批判―神学の全領域に関する雑誌』（Theologische Studien und Kritiken: Zeitschrift für das gesamte Gebiet der Theologie, 創刊1828）．編集者はウルマン（Karl Ullmann, 1796-1865），ウムブライト（Friedrich Wilhelm Karl Umbreit, 1795-1860），*ニッチ，後に*ローテ，ユリウス・*ミュラー，*ドルナーらが加わった．その編集目的は「純粋な聖書的信仰と学問的精神それぞれが貫徹され，それによって無拘束と律法主義の熱狂主義が克服されること」で，信仰と学問の調停がこの神学の目指すところであった．彼らはD. F. *シュトラウスの『イエス伝』（1835）に対して，その福音書批判は認めたが，神人イエスに対する信仰は譲らなかった．また，信条主義神学を聖書と*信条との非宗教改革的同等化と批判した．教派的対立に対しては職制やサクラメント（→秘跡）に関する宗教改革的遺産と*福音主義の共通性を強調し，ドイツにおけるプロテスタント教会の一致を準備した．彼らの多くは*シュライエルマッハーの影響を受けていた．*リッチュルの学派と最近ではバルト主義者（→K. バルト）の批判を受けた．
【文献】LThK² 10: 719; ODCC³ 1688; RGG³ 6: 1362-64.　　　　　（倉松功）

ちょうろう　長老　〔ヘ〕zāqēn, 〔ギ〕presbyteros, 〔ラ〕senior, 〔英〕elder, 〔独〕Ältester, 〔仏〕ancien　この語は元来，人の年齢に関する表現であった．旧約聖書では，*モーセを助ける者たち（出17: 5; 18: 12; 19: 7），*ダビデに*油を注ぎイスラエルの*王とする者たち（サム下5: 3），バビロン*捕囚後のエルサレム*神殿を委ねられた者たち（エズ6: 7, 8, 14）等として描かれている．新約聖書では，*祭司長たちや*律法学者たちとともに*最高法院の構成員をなし，イエスの代表的な敵対者として描かれており，*共観福音書，特にマタイ福音書の受難物語部分に多用されている（マタ21: 23; 26: 3, 47; 27: 1, 3, 12, 20）．*原始教団では，*使徒や*監督と並んで，指導的役割を担う職名として用いられている（使11: 30; 14: 23; 15: 2, 4, 6, 22, 23; 16: 4; 20: 17; 21: 18）．
【文献】旧新約聖書大 755-56; 新約釈義 3: 182-83; TDNT 6: 652-61;『新共同訳聖書事典』（キリスト新聞社 1995）319.　　　　　（江川憲）

ちょうろうせい　長老制　〔英〕presbyterian constitution, 〔独〕Presbyterialverfassung, 〔仏〕Presbytérianisme　*教会のかしらであるキリストの主権に服従し，その*救いのわざを具体的に実現する教会の体制には大きく分けて三つある．監督制，会衆制，長老制である．監督制は，*信徒と区別された教職がキリストの主権を代表するもので，*ローマ・カトリック教会や*聖公会がこれに属する．会衆制は，全教会員の会議のなかにキリストの主権をみるもので，*バプテスト教会や組合教会（*会衆派）がこれにあたる．長老制はこの二つの中間に位置し，教職と信徒の代表よりなる議会体がキリスト主権を代表すると考えるもので，*長老派教会あるいは*改革派教会と呼ばれる．

長老制は教職と信徒の教会的職務の相違と区別を認める．しかし，*説教と*聖礼典を執り行う教職を宣教長老（〔英〕preaching elder），その他の職務に携わる信徒代表を治会長老（ruling elder）と呼び，この両者で長老会議を組織する．ここでは信徒と教職が対等の立場で教会に仕える．この長老会議は，各個教会では長老会または小会（session, consistory），一定地域の諸教会の共同体では中会（presbytery, classis），全国的な教会組織では大会あるいは総会（synod, general assembly）と呼ばれて，互いに深く連係しているところに特色がある．
【文献】キ大 700; 日キ歴 876-77; J. カルヴァン『キリスト教綱要』4/1, 3 渡辺信夫訳（新教出版社 1964³ 1966）; P. SCHAFF, History of the Christian Church, v. 8 (Grand Rapids 1979) 475-84.　　　　　（小島一郎）

ちょうろうはきょうかい　長老派教会　〔英〕Presbyterian Church, 〔独〕Presbyterianer, 〔仏〕presbytérien　長老派教会とは，16世紀のスイスの宗教改革者*ツヴィングリから*カルヴァンに至る教会改革運動によって形成されたプロテスタント教会の一つの流れで，「神の言葉によって絶えず改革される教会」という意味で*改革派教会とも呼ばれるが，キリストの主権に応答する教会政治の形態として*長老制をとるところから，長老教会ないし長老派教会の名称で呼ばれる．

この教会の特色として，第一に，*聖書の権威を重んじ，*神の言葉を通してのキリストとの人格的信頼関係に教会と*信仰の根源と規範をみる．したがって，教会のすべての職務と組織とは，神の言葉への*奉仕を目指して整えられる．

第二に，*信仰告白が重視される．この教会が信仰告白というとき，*使徒信条，*ニカイア・コンスタンティノポリス信条などの基本*信条あるいは世界教会信条（〔英〕the oecumenical creeds）と，改革派教会の信仰告白（*ハイデルベルク教理問答，第1*スイス信仰告白，スコットランド信条，フランス信条，*ウェストミンスター信仰告白など）とともに，現在その教会の所属する中会（presbytery）を経て大会（synod）で制定された信仰告白（日本の場合は1890年に制定された「日本基督教会信仰の告白」など）の3種類の信仰告白を告白することを意味する．つまりこの教会は「唯一の・使徒的な・聖なる・公同の・教会」としての教会性を主張しながら，宗教改革者の信仰を受け継ぎ，さらにこれを自らの属す時代と地域にふさわしい教会として表明するのである．

もともと信仰告白とは，歴史的・伝統的な教会の信仰内容を，自分の信仰として受け入れるという，個人的・主体的な信仰の決断の表現であるが，同時にこの告白を可能にする，教会的な営みでもある．聖日（→主日）ごとに，*礼拝において，一人ひとりの信仰が新しく告白されることによって，教会は形成されていく．また信仰告白は，神の言葉が恣意的・主観的に語られたり聞かれたりしないために，あるいは信仰がただ個人的・独善的にならないための道標の役割を果たす．

第三のこの教会は，神の愛と正義と自由のもとで，人間の果たすべき*文化と歴史への*責任を強く自覚している．

カルヴァンは，「ただ神の栄光のために」（[ラ] soli Deogloria）といい，文字通り「神中心」の信仰と教会のあり方を強調した．しかし，この神の主権にのみ服従する生き方こそ，地上の一切の権威と力を相対化するとともに，人間をすべての束縛から解放し，我々を取り巻いているさまざまな不安，暴力，飢餓，貧困，環境破壊などの，今日の人類の課題と真剣に取り組み，人間と自然，歴史と世界を真実に生かす文化を形成する倫理を生み出すことを信じている．

第四に，以上のような聖書と信仰告白に基づいて教会を形成することを基本に据え，しかも世界的な視野に立って，真実な人類の歴史と文化を形成する倫理的責任を果たそうとするきと，教会の自己吟味が不可欠になる．ここに，この教会が*神学を重んじる理由がある．この場合，神学とは教会全体の営みとして重要視するもので，すべての教会員が，正しく聖書を読み，*教理と倫理（→道徳）を正しく結びつけて学び，信仰告白の内容を日々新しく受けとめ，エキュメニカル（→エキュメニズム）な信仰に立ち，*信仰生活をこれらの真理に基づいて反省・吟味することは，教会の内的充実と外的展開のためにぜひ必要と考える．

【文献】キ大 700; RGG³ 5: 542-43; S. FERGUSON, ed., *New Dictionary of Theology* (Leicester 1988) 530-31; 連合長老会編『長老主義教会への手引き』（小峰書店 1973）4-49, 63-199; 永井修也『信仰告白を規範とする教会形成』（日本基督教団改革長老教会協議会準備委員会 1988）6-17, 83-110; P. SCHAFF, *History of the Christian Church*, v. 7 (Grand Rapids 1979) 448-84.

（小島一郎）

ちょくせつせい　直接性　[ギ] amesos, [ラ] immediatus, [英] immediacy, [独] Unmittelbarkeit, [仏] immédiation　直接性の概念の原義を端的に示す術語は「アメソス」（[ギ] amesos）である．この語は字義通りには「メソン」（meson 中項）のないこと，すなわち「無中項」を意味する．これはこのように2項間にそれらを媒介する第3項のないことを指示する語であるから，「直接無媒介」という訳語をあてることもできる．

*アリストテレスは『分析論後書』（第1巻第2章）のなかで，論証が真であるための条件として論証の出発点に置かれるべき前提命題が「無中項・直接無媒介」たるべきことについて論じ，そのようなものとして公理，定義などをあげている．ここでは幾何学の論証形式が念頭に置かれているが，他方で認識能力に関する議論もなされており（第2巻第19章），そこでは感覚から記憶を経て経験・知識に至る認識能力の高まりや「思考能力」（dianoia）についても論じられ，つねに真なるものとして「学知」（epistēmē）と「理知」（nous）があげられている．彼によれば，前者は論証による間接知であるのに対して，後者はその前提，第一原理をみる直接知にほかならず，後者が真知としては上位に位置づけられる．このような論述は*プラトンの『国家』第6巻の線分の比喩における知の階層を彷彿とさせはするが，そこにおいて間接的推理としての「思考」（dianoia）の上位に位置づけられる直接知としての「理知」（noēsis）は，哲学者が*イデアを直観する理性的知にほかならず，この点でアリストテレスの理知とは異なる．アリストテレスの理知は後年においては，例えば*デカルトが真理の基準として立てた明晰判明知に類するものといえる．これに対し，プラトンの理知は，キリスト教の伝統では*神秘主義における神の直観，*ヤコービの*信仰哲学における感情，*ドイツ観念論では*シェリングの*知的直観などに類するものであろう．

（松山寿一）

チョーサー　Chaucer, Geoffrey　(1340 頃-1400. 10. 25)　中世イングランドの詩人．「英詩の父」と呼ばれる．宮内省酒類副管理者でもあった裕福なぶどう酒商人の息子として*ロンドンに生まれる．1357年頃には，王族の小姓であった．1359年，百年戦争に従軍するがフランスで捕虜となり，翌年釈放される．帰国後は国王に仕える．1366年頃までに，宮廷の女官のフィリッパ（Philippa de Roet）と結婚．後援者であったジョン・オブ・ゴーント（John of Gaunt）の夫人の死を悼んで，最初の重要な作品である寓意詩『公爵夫人の書』(The Book of the Duchess, 1369/70) を書く．この時期はフランス文学の影響を強く受けており，『薔薇物語』(Roman de la rose) の英訳も試みている．1370年代には外交官として大陸をたびたび訪れ，特に2度のイタリア訪問(1372, 1378)によって，開花し始めていたルネサンス文化に触れてイタリア文学への関心を強める．1375年にロンドン港の関税検査官に任命され，経済的にも裕福になる．職務多忙であったが詩作を続け，2,000行を超える未完の寓意詩『誉れの宮』(The House of Fame, 1374-82 頃)や，寓意詩『鳥の会議』(The Parliament of Fowls, 1381-82) を執筆する．これらの作品は必ずしも成功作ではないが，次の長編詩『トロイラスとクリセーデ』(Troilus and Criseyde, 1382-85) は，*ボッカッチョの影響のもとに書かれたロマンス文学の傑作である．1385年にケント（Kent）の治安判事に任命され，翌年にはケント選出の代議士になったが，政治的状況の変化によって公職から追放され，1387年には妻を亡くす．この失意の時期に，恋愛に殉じた女性たちを描いた『善女物語』(The Legend of Good Women, 1385-86) を執筆し，また『カンタベリ物語』(The Canterbury Tales, 1387-1400) にも着手する．再び政治状況が変化し，1389年に王室所有の建物の維持補修を担当する役人になる．1391年にはサマセットのノース・パサトン(North Patherton) の副森林官に任命され，亡くなるまでこの仕事を続けた．死後，ロンドンの*ウェストミンスター・アベイに埋葬されたが，これは平民としては異例のことであった．晩年の物語詩『カンタベリ物語』は，*トマス・ベケットの廟に詣でるため*カンタベリへ向かう巡礼者たちが道中の退屈しのぎに語った物語を集めたという形をとったもので，中世の物語文学の傑作として名高い．

（山本浩）

ちょっかん　直観　[ギ] epibolē, [ラ] intuitio, intuitus, [英・仏] intuition, [独] Anschauung

【概要】語源的には「みる」という語に由来するが，一般にある事象や価値を媒介なしに直接に捉えることが直観と呼ばれる．そこで直観される対象は何か（個物，概念，根源的真理），どのような種類の直観を認めるのか（感性的直観，非感性的直観），人間の*認識におけるその位置づけなどによって，その扱いは異なる．また西洋の古典的伝統では神的認識のモデルであることからわかるように，直観は最も理想的な認識とされるので，人間の直観をどう解釈するかは，しばしばその思想の認識

ちょっかんしゅぎ

観，真理観，人間観全般に関わる問題となる．
【概念史】哲学的表現として直観（[ギ]epibolē）という語の使用は *エピクロス学派に由来するといわれるが，直観概念に大きな影響を与えているのは，*イデアの直視（*プラトン）や，論証の第一原理は *ヌース（*理性）によって直接与えられる（*アリストテレス）という思想である．

直観的認識と判断や推理を積み重ねる論証的認識との対比は，アレクサンドリアの *フィロンにもみられるが，*新プラトン主義においてこの対比は先鋭化される．*プロティノスによれば，人間の *精神は世界内において論証的たらざるをえないが，純粋な英知界においては直観的認識が可能である．この直観は純粋な自己洞察であり，感覚的知覚のような対象との分裂を超えており，誤謬を含まない．また *プロクロスは直観を学問論的に考察し，原理の知として，*弁証法も超える最高の認識段階に位置づけている．

ラテン語の用語としての直観（[ラ]intuitio, intuitus）はプロクロスの翻訳を通じて入ってきたが，術語として初めて使用したのは *ボエティウスである．また論証的認識と直観的認識の区別はラテン中世に引き継がれ，論証的に思惟する理性（ratio）と直観的に認識する精神（mens）とを区別する図式が定着した．そして知性自身の本性の直観的な認識が知的存在のより完成された姿として理解され，人間の精神がどれほどそれを実現できるかが議論された．*トマス・アクィナスによれば，人間は *天使や *神のように己の知的本質を直観できないが，外的事物の認識を通して *現実態となった己の知性を認識するという．*ドゥンス・スコトゥスに至ると，伝統的な理解とは異なり，直観の対象は事実的に実在する個的対象に限られ，さらに *オッカムにおいて，知性の現実態化に着目する形而上学的な認識理論が退けられ，対象を与えるものとしての個体の直観が *認識論の基礎に据えられることになる．これは近代的な直観の理解を準備するものといえる．

近代の直観についての議論も知性の自己理解を扱うものであるが，認識批判的性格が濃くなる．*デカルトは，感性的直観は疑わしいものであるとし，知性的な直観を認識の根本に置いた．*真理の直観は精神自らの直観を通してなされ，推論的認識よりも一層確実な認識とされる．第一原理が直観によって把握されるという思想は古代よりの伝統を継承している．また *スピノザにおいて直観知（scientia intuitiva）は唯一の *実体を捉える最高の認識とされる．さらに感覚的な認識源泉を重視する *ロックさえ，観念間の一致・不一致を直接把握する直観的知識は，推論や感性的知識に比して絶対確実であるとしている．しかし *ヒュームによって，認識の原理の確実性は徹底的に批判される．この認識論的危機を解決しようとした *カントは，認識の原理をその先験性を示すことで救うとともに，直観概念を制限し，人間に可能な直観を感性的対象に限った．そして認識の対象は感性的直観（[独]sinnliche Anschauung）においてのみ与えられるとした．しかし感性的といっても経験的な性格にとどまらず，時間，空間という純粋な直観形式を示した．その後 *ドイツ観念論の時代には再び知的直観が復権される．J. G. *フィヒテは自我の活動を捉えるものとして，*シェリングは主客の絶対的同一を捉えるものとして，それぞれの立場から *知的直観に基づく思弁的体系を構想したが，体系期の *ヘーゲルは概念的媒介を重視する立場から，直観に低い位置づけしか与えていない．

現代において直観に中心的位置を与える思想家としては，*ベルグソンおよび *フッサールなどがあげられる．前者は抽象的・分析的認識を批判して対象を生の内側から把握する直観を主張し，後者は直観を志向された意味の充実として捉え，彼の *現象学の方法として本質直観（Wesensschau）を提唱している．

【文献】HWP 4: 524-40; 廣松渉他編『岩波哲学・思想事典』（岩波書店 1998）1091-92; 稲垣良典『抽象と直観』（創文社 1990）． 　　　　　　　　　　　（塩川千夏）

ちょっかんしゅぎ　直観主義　[英]intuitionism, [独]Intuitionismus, [仏]intuitionnisme
【倫理理論】倫理的な基本的概念は直観によってのみ把握されるとする直観主義は，18 世紀スコットランド学派（常識学派）において，また 19 世紀には *シジウィク等においてすでにみられるが，20 世紀初頭に G. E. *ムアによって現代倫理学の議論となる．彼は「善い」（[英]good）という根本概念は他の概念から定義できず直観によって獲得されるとした．そして *善を経験的事実や形而上学的な存在から説明しようとする試みを自然主義的誤謬（naturalistic fallacy）であると批判した．彼の後にプリチャード（Harold Arthur Prichard, 1871-1947）やロス（William David Ross, 1877-1971）等が直観主義を展開した．プリチャードは，なすべき行為に関して一般的な理論は不可能であり，それは特定の状況において直観されるとした．ロスによれば倫理的な根本諸概念は互いに還元不可能であり，行為の「正しさ」（right）は，倫理的善によって説明できない．また直観される個々の義務は一応の義務（prima facie duties）にすぎず，複数の義務間の葛藤は判断によって解決するほかないとする点で，直観の有効性を制限した．

【数学理論】ブローエル（Luitzen Egbertus Jan Brouwer, 1881-1966）による数学基礎論についての立場．カントル（George Cantor, 1845-1918）らの集合論がもたらすパラドックスに対応し，集合論の方法を制限すべく *論理主義や *形式主義などの学派が生まれたが，両者に対して直観主義は，数学的な方法は自然数の直観から構成されるべきであるとし，論理学的な普遍言明を数学に持ち込むことを批判する．1922 年から 27 年にかけて形式主義との間に論争が展開された．直観主義の先駆者にはクローネッカー（Leopold Kronecker, 1823-91），ポアンカレ（Henri Poincaré, 1854-1912）が，同時代の部分的支持者としてヴァイル（Claud Hugo Hermann Weyl, 1885-1955）があげられる．またブローエルの弟子のハイティング（Arend Heyting, 1898-1980）等は，直観主義論理の公理化を試みている．

【文献】HWP 4: 540-44; 廣末渉他編『岩波哲学・思想事典』（岩波書店 1998）1091-93; R. Audi, ed., *The Cambridge Dictionary of Philosophy* (Cambridge 1995) 468, 642-43.　　　　　　　　　　　　　　　　　（塩川千夏）

チリ　正式国名：チリ共和国，[西]República de Chile, [英]Republic of Chile. 面積：75 万 6,626 km². 人口：1,502 万人（2000 年現在）．言語：スペイン語．宗教：70% 強をカトリックが占める．
【概要】チリの人口は首都 *サンティアゴに 40% が集中し，毎年 1.6% の伸びをみせている．国土はペルーから中南米諸国（ラテン・アメリカ）の南にかけて 5,000 km 以上に広がっており，うち平野はわずか 20% である．
最初の住民はインカ文明が興った 15 世紀よりもはる

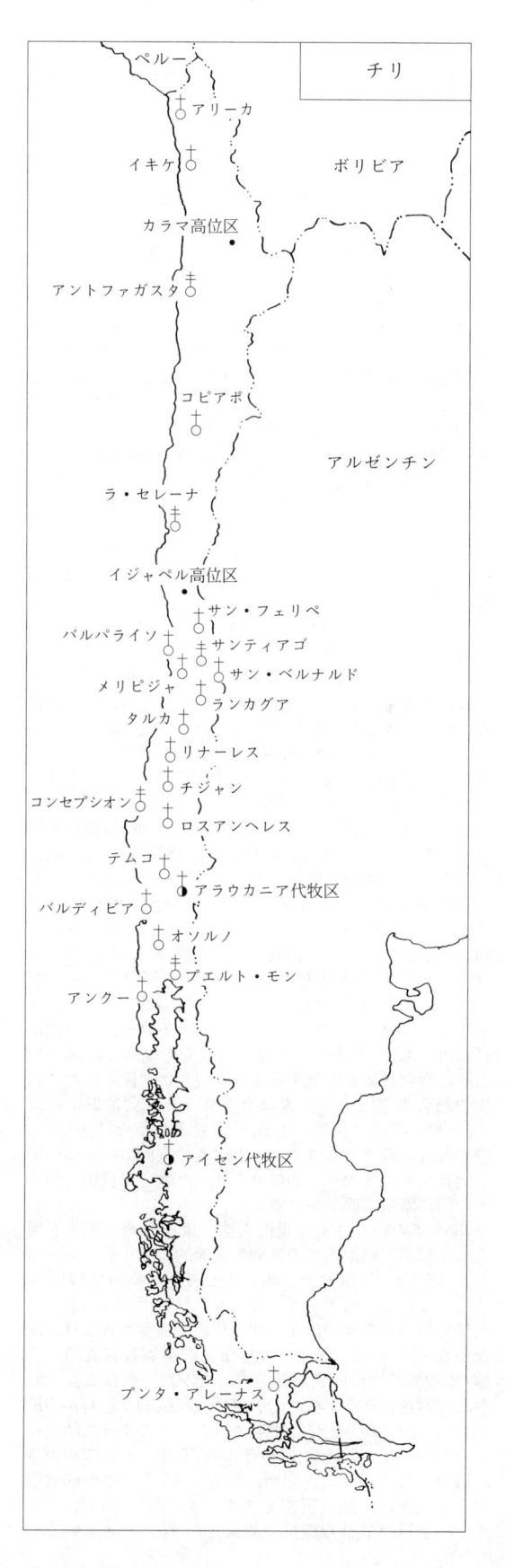

か以前に，アジアの北，あるいはポリネシア，オーストラリアから渡ってきた．彼らは農耕，狩猟，漁撈，採集のいずれかを行っていた．主要部族だけでも 15 以上あったと考えられる．スペイン人が到来したとき，チリの北部はインカ族によって統治されていた．1600 年頃からイタタ川とトルテン川に挟まれた中南部を支配していたアラウカ系の民族集団マプチェは，スペイン人の侵略に対し最も激しく抵抗し，1823 年の独立宣言まで敗北することがなかった．チリの住民がキリスト教と接触するのは 16 世紀に入ってからのことである．

【キリスト教史】〔16 世紀〕初期のスペイン人は 1520 年にチリに立ち寄りはしたものの，滞在することはなかった．チリの発見者とみなされているのは，1536 年に過酷な遠征の末，チリに到達した後のペルー総督アルマグロ (Diego de Almagro, 1464/75–1538) である．1540 年にはサンティアゴに最初の教会と *修道生活のための建物が四つ建てられた．1542 年にサンティアゴは *インディオの襲撃に遭い廃墟となり，それを機に長期にわたる戦いが始まった．インディオは宗教心を持ち合わせてはいたが，宣教師たちはインディオの言語を話さず，長い戦いは敵対心，残虐行為などを生み出していった．広大な土地を宣教するには大変な時間がかかった．当初は後述するエンコミエンダ制や *保護権も宣教にとって好都合と思われた．保護権は *聖座がポルトガルとスペインに与えた複数の権利と義務からなるもので，これにより 1493 年，スペインは原住民に宣教する独占的な権限を得た．1501 年以降は教会や信仰の維持のために原住民から *十分の一税を徴収する権限も得た．1508 年からは国王がスペイン領アメリカの全面的な保護権をもつようになり，国王自らが聖職者の任命，教区の設立，宣教師の人選を行えるようになったが，実質的な統治は植民地の最高統治機関インディアス会議 (Council of the Indies) が行っていた．

エンコミエンダはスペイン人により考案された司法上の制度で，スペイン人一人につき数人のインディオ，ときには一部族全員，あるいは部族の酋長とその臣下を割り当てるもので，エンコミエンダの領主（エンコメンデーロ）はインディオに労役を課す権限をもつかわりに彼らの保護とキリスト教化を義務づけられていたが，結果的には大抵が強制労働に終始し，宣教はほとんどなされなかった．司教たちはしばしばこの状況をスペイン王に訴えたが何ら改善はみられず，逆に虐待や過度の飲酒など不名誉な行為があると植民地総督の介入を要請しなければならなかった．公の罪は君主の名のもとに罰せられることになっていたからである．したがって司教らは，ある程度まで行政当局に頼らざるをえなかったのである．

宣教は人種の混交によって進められた面が大きい．スペイン人男性と原住民の女性との間にできた子どもは，母親とともに *洗礼を受けさせられた．キリスト者となった母親が子どもの教育に際して悩んだのは，*アニミズム，*迷信，*一夫多妻婚などの伝統的な風習とキリスト教的道徳との対立である．海外からの聖職者は教区の司祭たちよりも信心深く，また彼らの多くは原住民の言語の習得に熱心であった．最初の *司教区サンティアゴは 1561 年に設立された．3 代目の司教メデリン（現地読みでメデジン Diego de Medellín, 在職 1574–93）は聖職者に対し規律の厳守を強く命じた．彼は 1584 年に神学校を創設し，数人のメスティソ（混血住民）に聖職位を授けたが，勅命により *叙階はやめざるをえなくなっ

チリ

た．メデリンはインディオを搾取するだけで負担金を司祭に支払わないエンコメンデーロと対決したが，逆にエンコメンデーロは絶えず起こる原住民の反乱による危険を訴え，免責さらには補償や保護を要求した．

〔17世紀〕チリ北部と南部チロエ島では，宣教師による司牧，要理教育，読み書きや労働作業や音楽の教授などの活動が急速に進められた．マプチェ族の間でも同様の活動が続けられたが，戦争，地震，洪水，さらにはペストにより生活は不安定であった．農場がエンコミエンダの制度下で作られたが，エンコメンデーロはキリスト教化の義務を怠り，一方，宣教師が僻地に赴くのは容易ではなかった．司教たちは国王に労働に従事するインディオの数を減らす，あるいはインディオを本来の土地に戻すよう要求したが，かなえられなかった．信仰生活は家庭，*修道院，教区で育っていった．*信心会と各種宗教団体が隆盛を極めた．1690年までに400人以上の*修道者が*フランシスコ会，*アウグスチノ会，*ドミニコ会，*イエズス会などで誕生し，女子修道院も幾つか創設された．入会者の多くは宗教的動機以外の理由で*修道会に入った．修道院に入ることで初めて指導権，特権を手にしたり，文化に接することが可能になるからである．したがって*禁域制や清貧(→貧しさ)の遵守はおろそかになり，すべての修道会が活発な宣教活動を展開するようにとの勅命に従えば従うほど，*修道誓願は軽視されるようになっていった．

一方，原住民への虐待が注目され始め，サンティアゴの司教は1626年の教区会議の席上，虐待を防止するよう働きかけることを決議したが，エンコメンデーロはこれを拒絶した．教区会議は*秘跡の執行などの司牧活動や聖職者の編成の改善，迷信の根絶促進を討議し，1688年の教区会議でも同様の方針が継承された．「ラ・インペリアル」(La Imperial)という呼称で1563年に設立された司教区コンセプシオン(Concepción)に比べ，サンティアゴ司教区の状況はより安定していた．

〔独立運動〕*ブルボン家がスペインを統治していた時代，フランスの著述家を通して*啓蒙思想がアメリカにも入ってきた．アラウコ戦争が鎮静化し，フランス人やイギリス人相手にマプチェ族が交易を始めると，彼らの土地に教会を建てることも認めるようになった．総督や司教たちは協力して町や村を建設した．ランカグア(Rancagua)，クリコ(Curicó)，タルカ(Talca)，サン・フェリペ(San Felipe)などの町村の歴史は1730年代から始まったのである．都市は新しい文字の文化を持ち込み，地方では伝統的な口承文化が保持された．フランスの*ロココ様式より重苦しいスペインの*バロック様式に取って代わり，科学への関心がごく一部の少数派の間で育ち，そこでは信仰に対するある種の無関心も生まれた．道路や学校の建設などの公共事業が着手され，公衆衛生の改善により伝染病が減少した．宣教師たちの援助により農業や土木建築の技術が向上した．イエズス会の司祭ハイムハウゼン(Karl von Haimhausen, 1692-1767)はドイツから38人の*信徒修道士を連れてきたが，彼らの多くは銀細工師や時計技師，家具職人のような専門技術をもつ者であった．また，イエズス会員はコンセプシオンの神学校やサンティアゴの二つの大学の運営にあたった．しかし，彼らは教会を支配下に置こうとするブルボン家の国王教権主義に抵抗したかどで，1767年には追放され，その活動はフランシスコ会，ドミニコ会，*メルセス修道会によって受け継がれた．教区司祭はより手厚く保護されたが，これは彼らの多くが国王に恭順の姿勢を示したからである．

1810年に再び広がった社会不安は20年間続き，結果的には独立へとつながっていった．*ナポレオン・ボナパルトのスペイン侵攻により王室の権威が失墜すると，チリ国内では王室や，教会と国家との密接な関係に対する反感が生まれた．ナポレオンの敗北後，国王はたびたび代わる短命な植民地政府に国王への忠誠を要求するばかりで，空席の司教区に新しい司教を置こうとはしなかった．国王教権主義と独立推進思想との対立は修道会をも直撃した．チリの愛国主義政権は経済危機を脱するために修道会の財産を没収し，これに抗議したドミニコ会員67名とメルセス会員63名は修道会から離れた．ドミニコ会員で政府を批判する出版活動を展開した者もいる．愛国主義運動に賛同した司教たちは，国王により職権を剥奪された．1824年にチリを訪れた*教皇使節ムツィ(Giovanni Muzi, 1772-1849)の一行は政府内の根強い不信感に直面し，政府によって強制的に帰国の途につかされた．教会は教育をより重視するようになり，また決起の際にチリ独立解放軍(愛国軍)が*守護の聖人と仰いだメンドサ市広場のカルメル山の聖母像に象徴される，より民衆に密着した新しい形の信仰に重きを置くようになった．しかし，サンティアゴとコンセプシオンの*司教座は空位のまま，ほぼ15年間にわたって放置された．

〔共和国と教会〕1818年の独立を経て，1828年に制定された憲法(改正1833)は，それなりの安定と繁栄をもたらした．共和国政府は保護権の継承を主張したが，実際には保護権にかつての強制力はなく，その結果，信仰心の厚い信者たちはむしろローマとの直接の関係を強いものとした．政府は修道院に没収財産を返還し，かわりに小学校の開設を義務づけた．1840年に*教皇庁はチリをペルーの*リマ教会管区から独立させて，新たにサンティアゴ大司教区を創設した．教会と国家は信頼関係で結ばれ，新しい修道会が到来し，1834年にはイエズス会も戻って活動を再開した．

1842年創立のチリ大学は神学部を設置，1927年までに幾つかの課程が設けられたが，その後は*実証主義に傾くようになった．大司教は新しい教育と奉仕活動の実践を奨励した．1843年に政府は教区の経費削減と司祭の職務停止を図ったが，これは*反聖職者主義の台頭を示すものである．*フリーメイソンが多数を占める鉱山経営者たちは1863年に急進的な政党を結成し，国が独占的に教育事業を推進するよう主張した．保守派やこれまで教育事業を担ってきたカトリック教会は抵抗したが，1865年に*信教の自由が認められると，憲法上，国の公式宗教であるカトリック以外の宗派に対する姿勢も柔軟なものとなり，逆にカトリック教会と自由主義者との間に緊張関係が生じるようになった．

1883年のいわゆる「世俗人法」は民事婚の制度を導入し，教会の敷地内での埋葬を全面的に禁止した．カトリック教会が民事婚を*婚姻として認めるのは1916年のことである．信者であるにもかかわらず，カトリック教徒も教会の墓地ではなく共同墓地に埋葬されなければならなくなった．議会，大学などの高等教育機関，言論・出版界等では国家と教会の対立がたびたび表面化した．宗教色のある学校での教育は，狂信的な信者か中途半端な人間を作り出すと批判された．このような状況にもかかわらず司教区は1850年から70年にかけて再編され確立されていった．当時，教育・宗教界で指導的立場にある人々は，熱い視線をフランスに向けていた．*ルルドの聖母は熱烈な信仰の対象となり，*イエスの聖心

や *聖体に対する *信心も広がっていった.

〔19世紀末から20世紀初頭〕1884年結成のカトリック連合は, 社会活動や教育活動を推進するべく活発な活動を展開した. *社会主義が浸透している北部の硝石鉱山の労働者への援助は優先事項であった. 硝酸の合成法が発明されると多くの労働者が失業し, 援助の必要性はさらに増大した. 都市での新たな課題は, 信仰から離れてしまった人々の司牧である. サンティアゴ大司教カサノバ (Mariano Casanova, 在職1886-1908) は, 回勅 *『レルム・ノヴァールム』を日曜のミサで朗読し, 1895年の教区会議では回勅の教えを実践し, *自由主義の誤謬を糾弾していくよう説いた. 彼はチリ人の司教3名とともに1899年に *ローマで開かれた最初のラテン・アメリカ司教会議に参加した. サンティアゴでは1904年に初の *聖体大会が開催された. このほか中等教育や社会事業が拡充され, 労働者の住宅問題改善のためにはレオ13世協会が創設された. 続く大司教ゴンザレス (Juan Ignacio González Eyzaguirre, 在職1908-18) は「労働者の大司教」と呼ばれ, 中南部アラウカニアや南端のフエゴ島の宣教だけでなく, 社会活動や教育事業を支援した. また都市や農村の労働者が正当な報酬を得られるようにと訴え, 農園内の小作農制度の撤廃を主張したが, その結果, 反体制主義者として弾劾された.

ゴンザレス大司教の後継者は富を貪る一族を批判したのみで, 積極的な介入は控えた. 当時, アレッサンドリ (Arturo Alessandri Parma, 1868-1950) が指揮する自由主義政権が社会改革を推し進めていたからである. アレッサンドリは司祭が政治活動に参加することを禁じた. しかし, コンセプシオンの司教フエンサリダ (Gilberto Fuenzalida Guzmán, 1868-1938) は, 一般信徒や司祭に教会を擁護する保守党を支持するよう強く求めた. 1925年には教会と国家の分離が現実のものとなったが, 国は軍隊や公立学校や更生施設における教会の活動に対しては補助金の交付を続行した. この時期, さらに九つの司教区が新設された. 司教たちはサンティアゴ大司教の方針を受け入れていたが, 報道機関はフリーメイソンによって支配されており, 彼らは労働者の側に立つあらゆる活動を批判した.

〔第2ヴァティカン公会議以前〕1931年から68年までの時代を特徴づけるものとして, 政治面では保守党の衰退, 社会面ではサンティアゴへの大量の人口流入, 宗教面では神学と典礼の刷新があげられる. 1915年創立のカトリック学生連合は自由主義経済を批判し, チリ・ファランヘ党を結成, 1934年以降は政党としての活動を始めた. チリ・ファランヘ党が1931年に結成された *アクティオ・カトリカの多くの活動を結びつけたことから, アクティオ・カトリカの参加者の思想は社会主義や *共産主義により近いものとなっていった. その結果, 聖職者との摩擦が生じたが, これは教皇庁が共産主義者との協力を禁じていたからである. さまざまな問題に対処すべく, 1952年にチリでも *司教協議会が結成された. 労働者の側に立つ司祭や C. E. ド・*フーコーの思想は, 特にサンティアゴ郊外の新しい *小教区の聖職者や若者たちの共感を呼んだ. 雑誌を通じて読者に貧しい人々に対する意識をもたせ, 都市や地方の労働者たちをまとめていくための啓蒙活動も始まった. 1954年にはチリ聖職者会議が結成された.

アクティオ・カトリカは霊性と聖書の知識向上の場となった. 神学生たちはラテン語とカスティリャ語併記の *ミサ典礼書を使い始めた. また, ミサの間に行われる *九日間の祈りや三日間の *黙想は廃止が検討された. 1960年のチリ大地震の後, 多くの教会は再建が必要となった. 一部の教会では第2*ヴァティカン公会議の意向が受け入れられ始めた. すでに1950年頃から *詩編の新しい翻訳に *ジェリーノによる曲が付され, ミサで用いられるようになっている. 典礼でギターを用いるグループも登場した. しかしながら, このような新しいものに対する情熱の結果として, 一方では古くからの価値ある芸術品を教会から多数放出してしまった.

教皇庁立カトリック大学で1935年に設立された神学部は, 1940年に創刊された『神学部年報』(Anales de la Facultad) と1960年創刊の『神学と生命』(Theología y Vida) の2誌を発行してきた. この神学部は一般の信徒にも開放されている. *カテキスタおよび *宣教師の組織化は宗教的知識の不足に対応するため不可欠であった. そこでラテン・アメリカ司牧会議はサンティアゴにラテン・アメリカ要理教育学校を創設し, カトリック大学には高等神学院が付設された. サンティアゴの大司教カロ・ロドリゲス (José María Caro Rodríguez, 在職1939-58) は1946年にチリで最初の *枢機卿となった. 彼はラ・ボス神学院とラジオ放送局を創立, また新聞『光と愛』(Luz y Amor) を発行した. これらの活動の多くは外国からの経済援助に支えられていた. このほか1945年には慈善事業のための組織「キリストの家」(Hogar de Cristo) が創設されている.

〔第2ヴァティカン公会議以後〕枢機卿シルバ (Raúl Silva Henriquez, 1907-99; サンティアゴ大司教1961-83) は大司教の土地を農業労働者に委譲することを決めた. これは農地改革に対する彼の姿勢を示すものである. 一方, 第2ヴァティカン公会議を受けて1967年, 改革を要求するカトリック大学の学生たちは大学の中央校舎を占拠した. 司祭9名と修道女3名, 信徒約200名からなるグループ「若い教会」(Young Church) が団結して教会当局の決定に抗議し, 司教座聖堂を占拠したことから, 事態はさらに悪化した. 彼らに影響を与えたのは *トレス・レストレポやゲバラ (Che Guevara, 1928-67) の革命精神である.

「若い教会」のメンバーは「社会主義を推進するキリスト者の運動」には譲歩した. 「若い教会」の運動に反対する人々は従来の教会制度の維持を支持した. シルバ枢機卿は, 両者とも人間が本来もっている優れた資質を無視しているとして非難した. アジェンデ (Salvador Allende Gossens, 1908-73) の政権下では学校教育の完全公立化案が検討されたが, シルバ枢機卿は私立学校を擁護した. 1973年の軍事政権樹立の際には, 枢機卿は貧しい者と迫害された者を擁護した. 彼らを保護するための一手段として平和委員会を創設した. この超教派組織は軍事政権によって解散させられたが, 枢機卿は1976年, 司祭の連盟「ビカリア」(Vicaría de la Solidaridad) を結成, この会の活動は1992年まで続けられた. 1976年から88年には行方不明者救済のために法廷などに8,706通もの誓願書を提出した. このほか枢機卿は, 1975年に知識人保護のためにキリスト教ヒューマニズム・アカデミーを, また1977年に労働者司牧会を設立した. このような教会の動きに対して組織的な迫害はなされなかった.

*オプス・デイ, *シェーンシュタット運動, *キリストのレギオ修道会の活動はますます活発になっていった. チリからは3人の *福者・*聖人が誕生している. 1987年の *ヨアンネス・パウルス2世による初の教皇チリ訪

間は，ロス・アンデスのイエスのテレサ (Teresa de Jesus de los Andes, 1900-20) の列福のときであった (列聖 1993)．翌 88 年にはビクーニャ (Laura Vicuña, 1891-1904) の列福式が *トリノで，また 1994 年にはウルタド・クルチャガ (Alberto Hurtado Cruchaga, 1901-52) の列福式がローマで挙行された．1990 年にオビエド・カバダ (Carlos Oviedo Cavada, 1927-98) がサンティアゴ大司教となり，1994 年には枢機卿となった．彼は 1994 年から 97 年にかけてサンティアゴの第 9 回教区会議を開催した (第 8 回は 1967 年に開催)．彼の関心はチリの若者，家族，低所得者層に向けられている．

ロス・アンデスのイエスのテレサの列聖式

【教会の現在】〔概要〕チリのカトリック教会はサンティアゴ (設立 1840)，コンセプシオン (1939)，ラ・セレーナ (La Serena, 1939)，プエルト・モン (Puerto Montt, 1963)，アントファガスタ (Antofagasta, 1967) の五つの教会管区 (大司教区) で構成されている．

人口の 73% はカトリックである．プロテスタント諸派と *福音教会の信者が 14% を占める．これには *ルター教会，*聖公会，*長老派教会，*メソジスト教会，*救世軍，*アドヴェンティスト派，*ペンテコステ派などが含まれている．特定の宗教に属さない人々は 12% 強である．キリスト教一致推進全国会議には，*末日聖徒イエス・キリスト教会 (モルモン教)，*ものみの塔聖書冊子協会 (エホバの証人)，*クリスチャン・サイエンス，ハーレ・クリシュナの代表も出席した．カトリック教会は教育や典礼を改善することで教会離れを防ごうと努めている．

〔一般の信心〕*祈り，歌，*踊り，固有の服装，誓いの言葉，*葬儀，*祝日，*祭日以外に，特に聖母 *マリアとその他の聖人の聖地までの *巡礼に国中の人々が加わるところに，熱心な信心をみいだすことができる．これらの信心が誤った方向に行くのは阻止されるべきであるが，司教団はこれら信仰表現の根底にあるキリスト教的価値観の重要性を強調している．

〔社会奉仕活動〕奉仕活動を目的とする団体のうち主なものにはカリタス・チリ (→ カリタス・インテルナツィオナーリス)，*ヴィンセンシオ・ア・パウロ会，前述のキリストの家，失業者のための組織 (Solidary Foundation Work for the Brother) がある．司牧活動では特に労働者，犯罪者，移住者，原住民，アルコール依存症患者，麻薬中毒患者が重視されている．

〔教育〕チリには 1991 年以降，*カトリック学校が 594 校でき，うち小学校は 201，中学校は 323 である．一部の学校には国からの補助金があり，そのほかは親が支払う学費で運営されている．また *カトリック大学は 7 校ある．

〔聖職者〕1996 年の時点でチリには 2,233 人の司祭がおり，これは 1991 年よりも 200 人の増加で，うち 1,589 人はチリ人である．神学生は 469 人いる．70 の男子修道会と 175 の女子修道会が活動している．

【将来の展望】過去 20 年間の調査で強調されたのは，カトリック教会は現実の社会をより積極的に評価すべきであり，よりよい社会や経済状態に向けて精神面での援助を提供するべきである，という点である．教会は迷信には抗しなければならないが，もしそこに何か良い点があるとしたら，それは認めるべきである．他のキリスト者や他の宗派の信者との一致を維持，あるいは新たに築いていくためには忍耐が必要で，また自らのうちにある *神の像をより純粋なものとしていかなければならない．第 9 回教区会議では宣教活動，*共同体，信徒の *行動参加が議論された．また，家族，若者，低所得者や女性に対する優先的活動が検討されている．

【現勢】2000 年現在，大司教区：5．司教区：17．高位聖職者区：2．代牧区：1．知牧区：2．枢機卿：2．大司教：11．司教：38．ほかに 1910 年教皇 *ピウス 10 世によりチリ軍および南極のために創設された軍事管区の *司教総代理．小教区：940．教区司祭：1,083．修道司祭：1,192．終身助祭：534．信徒修道士：391．修道女：5,146．カテキスタ：4 万 9,585．

【文献】NCE 3: 583-88; 4: 105-106; 12: 1069-70; J. エイサギレ『チリの歴史』山本雅俊訳 (新評論 1998): J. EYZAGUIRRE, *Historia de Chile* (Santiago 1982); F. ALIAGA ROJA, *La Iglesia en Chile* (Santiago 1985); M. BARRIOS VALDÉS, *Chile y su Iglesia* (Santiago 1992); P. LOWDEN, *Moral Opposition to Authoritarian Rule in Chile, 1973-90* (Oxford 1996). (B. ウェグハウス)

チリノ　Chirino, Pedro (1557-1635. 9. 16)　スペインの宣教師，イエズス会員．*セビリャ地方のオスナ (Osuna) に生まれ，*マニラで没す．1580 年 *イエズス会に入会．1590 年，フィリピン群島長官ダスマリニャス (Gomez Perez Dasmariñas, 在職 1590-93) に同行し，メキシコ経由でマニラに到着．1595 年，他のイエズス会員とともに，セブ島にサン・カルロス大学を設立．1602 年，*ローマに戻り『フィリピン群島宣教史』(Relación de las islas Filipinas, 1604) を刊行．1606 年，再度フィリピンに赴き，宣教のかたわらさらなる *宣教史の執筆に取りかかったが，未完に終わった．しかし，上述書の当時のフィリピン群島の正確な記述は，モルガ (Antonio de Morga, 1559-1636) の『フィリピン群島誌』(Sucesos de las Filipinas, 1609) とともに，*コリンの『宣教活動』(1663) に多大な影響を与えた．

【文献】LThK² 2: 1071; F. L. JOCANO, ed., *The Philippines at the Spanish Contact* (Manila 1975).

(山口和彦)

ちりょうきょういく　治療教育　心身に障害をもつ児童に対する治療と教育の総称．この実践は，啓蒙時代以後ヨーロッパ各地で一斉に始まっているが，その際に根拠となった学問的研究は主として，イタール (Jean Marie Gaspard Itard, 1775-1838) やセガン (Edouard Séguin, 1812-80) に代表されるような医学，特に生理学や精神医学が中心であった．*教育学の立場から学問的に取り組むようになるのは，1931 年スイスのチューリヒ大学に世界で最初の治療教育学の講座が設けられ，ハンゼルマン (Heinrich Hanselmann, 1885-1960) が教授として着任したときに始まる．その著書『治療教育学入

門』(Einführung in die Heilpädagogik, ³1946) において，彼は「治療教育学とは，身体と精神の発達が，個人的と社会的要因により，継続的に阻害されているすべての児童の教授学，教育学，福祉学である」と定義している．ハンゼルマンに代表されるスイスの治療教育の捉え方の特徴は，*学校教育と福祉施設の教育を分けずに一緒に含めている点である．治療教育は戦後のドイツにおいて，特殊教育として発展し，その場合には主として学校教育の治療教育を指していた．その後，我が国でもまた世界的にも*障害児教育という表現で，精神遅滞，自閉症，情緒障害，視覚障害，聴覚障害，言語障害，肢体不自由，病弱・虚弱，重複障害などをもつ児童を対象とするようになった．そして最近はもう一度治療教育という表現に戻り，そこでは児童の教育だけに限らず，早期教育，障害児の家族への援助，成人障害者への援助，就労指導，専門職やボランティアの養成などにまで及ぶ広い範囲が含まれている．しかし，*合理主義や，効率優先の現代社会にあっては，ともすると障害をもつ人の*尊厳や生存が脅かされる危険があるので，治療教育における人間理解の在り方や価値の問題は特に重要である．

【文献】U. HAEBERLIN, *Heilpädagogik als wert-geleitete Wissenschaft* (Bern 1996).　　　　　　　（春見静子）

チリングワース　Chillingworth, William
(1602. 10. 12-1644. 1. 30)　イングランドの神学者．オックスフォードに生まれ，*オックスフォード大学のトリニティ・コレッジで学ぶ．28 歳の頃*イエズス会の会員である*ジョン・フィッシャーの影響でローマ・カトリック教会に転じるが，自らその意味を考え直したり，先輩であるイングランド国教会 (→ 聖公会) の主教 W. *ロードとの文通などにより苦悩の末，4 年後にはローマ教会を離れる．明確に国教会に戻ったとはいえないが，1638 年には『プロテスタントの宗教 — 救いへの確かな道』(The Religion of Protestants, A Safe Way to Salvation) を著し，御言葉に従うことと聖書解釈における信仰的自由とを結びつけて捉えている点は注目される．ピューリタン革命で王党派として捕らえられ，チチェスター (Chichester) で獄死．

【文献】キ人 880；キ大 701；RGG³ 1: 1653.　（小島一郎）

チロル　Tirol
アルプス山系の東部の山岳地帯と，アルプスから流出してドナウ川に注ぐイン川の峡谷地帯を含む地域．北チロルと東チロルからなるオーストリア共和国の州で，面積は 1 万 2,647 km²．歴史的にはブレンナー峠を経てトレント (*トリエント) 周辺までのチロルを含む．南チロルは第 1 次世界大戦後，オーストリアからイタリアに割譲され，現在はイタリアのトレンティノ・アルト・アディジェ州 (Trentino-Alto Adige)．
【歴史】前 1 世紀以来ローマの属州となっており，6 世紀末に南下してきたバイエルン人は南チロルにも進出した．他方，南チロル南部のトレント地方は*ランゴバルト族に占拠された．8 世紀末，*シャルルマーニュにより，これらの地はフランク王国に併合され，その後ドイツ諸王の支配下に置かれた．14 世紀半ば，チロルはオーストリア・*ハプスブルク家のルドルフ 4 世 (Rudolf IV, 在位 1358-65) に譲られ，以後ハプスブルク家の支配領となる．1805 年，*ナポレオン・ボナパルトがチロルをフランスとバイエルンの支配下に編入するや，農民たちは 1809 年，ホーファー (Andreas Hofer, 1767-1810) のもとオーストリアへの復帰を求めて一揆を起こし，これはチロル自由闘争として全ヨーロッパに知られた．翌年一揆は鎮圧されたが，ナポレオンの失脚により，チロルはオーストリアに返還された．
【キリスト教史】4 世紀半ば，トレント (当時トリデントゥム Tridentum) に司教区が成立し，5 世紀からアクイレイア総大司教区の属司教区となる．第 3 代のトレントの司教*ウィギリウスは約 30 の教会を南チロルに建設し，殉教した．北チロルでは，パッサウの*ウァレンティヌスが宣教に奉仕した．8-13 世紀のチロルには多くの修道院が発展し，16-17 世紀には，*イエズス会，*フランシスコ会，*カプチン・フランシスコ修道会などの修道院を拠点に*カトリック改革の運動が展開された．現在，オーストリアのチロルには*インスブルック司教区とフェルトキルヒ (Feldkirch) 司教区，南チロル (イタリア) にはトレント大司教区とボルツァノ・ブレサノネ (Bolzano-Bressanone) 司教区がある．

【文献】LThK² 10: 205-207; J. EGGER, *Geschichte Tirols*, 3 v. (Innsbruck 1880); J. KRÖß, *Die Heiligen und Seligen Tiols* (Wien 1910); A. SPARBER, *Kirchengeschichte Tirols* (Bozen 1957).　　（鈴木宣明）

チンギス・ハーン　Chinghis (Genghis, Jenghiz, Jinghis) Khan
(1167 頃-1227)　成吉思汗，ジンギスカンとも呼ばれる．モンゴル (蒙古) 帝国の創始者．元朝の太祖 (在位 1206-27)．名はテムジン (Temüjin, 鈴木真)．

モンゴル族中のボルジギン氏族の出身．1189 年頃モンゴル氏族連合の盟主となり，タタール族，ケレイト族，ナイマン族を滅ぼしてモンゴル高原を統一．1206 年クリルタイ (部族長会議) を開いてモンゴル帝国のハーン (汗) 位に就いた．国家機構に大改革を加え，遊牧部族を直属する 95 の千人隊に構成して征服活動を開始し，南方の金や西夏に侵入．次いで東西交易路を押さえるために中央アジアに遠征し，ホラズム帝国を滅ぼした．帰国後の西夏遠征の陣中に没したが，征服活動は後裔たちの手でさらに進められ，欧亜にまたがるモンゴル帝国が成立した．

【文献】C. ドーソン『モンゴル帝国史』1, 佐口透訳 (平凡社 1968): A. C. M. D'OHSSON, *Histoire des Mongols*, 4 v. (La Haye 1834-35); 村上正二訳『モンゴル秘史』全 3 巻 (平凡社 1970-76; B. Y. VLADIMIRTSOV, *The Life of Chingis-Khan* (London 1930).　　（志茂碩敏）

ちんぎん　賃金　〔英〕wage, 〔独〕Lohn, 〔仏〕salaire
【一般概念】工業化された社会においては，大多数の人が自分の*労働を雇主に提供することによって生計をたてている．この労働の代償として受け取る報酬の主要部分が賃金である．工業化が起こる前は，生産組織の規模も小さく，労働者の役割や地位は基本的に慣習や法によって規定されていた (領主と農奴，親方職人と見習工など)．しかし，近代の産業社会では，工場などの生産組織の規模が増大し，雇う者と雇われる者との関係が著しく没個人的なものに変質した．現代では，法人企業の経営者と労働組合が，雇主と被雇用者の代表として団体交渉その他の方法によって，「賃金契約を結ぶ」という形で賃金が決定されるのがほとんどである．これは，工業化前の社会で慣習や伝統によって (ときには天候，虫害，戦争などの外的要因にも影響されたが) 賃金が決定されていたのと対照的である．伝統的社会において賃金

の上限と下限を決定したのは，食糧の全供給量と食糧の生存可能水準であったといえる．19世紀に入って市場経済が深く，そしてより広く浸透するにつれて，賃金や物価が没個人的な*市場の力で決定されるようになっただけではない．20世紀には，賃金自体もさまざまな法的規制と管理を受け，賃金決定のメカニズムはますます複雑な様相を呈してきている．

賃金は，これまで現業部門で働く生産労働者に支払われる報酬を意味し，事務員，技術者など職員に対して支払われる報酬を給料ないし俸給（[英]salary）と呼ぶことが多かった．しかし，近年はこのような区別は特に設けず，生産労働者も職員もすべて労働者と呼び（例えば労働基準法におけるように），彼らが受ける現金の報酬を賃金と規定するようになっている．また賃金を，労働の代償として使用者が直接に労働者に支払うすべてのものを指すと解釈すれば，諸手当，ボーナス，退職金なども賃金に含まれることになる．さらに，社会保障や福利厚生などに関する雇主負担も，賃金に準ずるものとして付加給付（[英]fringe benefit）と呼び，広義の賃金のなかに含めることもある．

【理論・学説】学説史上の主要な賃金決定理論は，大きく分けると四つある．（1）18世紀後半から19世紀前半において支配的であった賃金生存費説，（2）19世紀中葉の賃金基金説，（3）19世紀から20世紀にかけて現れた限界生産力説，（4）そして主に20世紀に入ってから主張され始めた交渉力説，の四つである．以下に説明するこれら四学説は決して相互に背反するものではなく，賃金決定の異なった側面に注目しており，むしろ相補う性質のものと考えられる．

（1）賃金生存費説は，人口増加の「自然的」傾向を仮定し，労働力の再生産の費用を強調する労働供給の理論である．*マルサスや*リカルドが最も明確に定式化したように，賃金が生存水準（これをリカルドは「自然賃金」と呼んだ）を超えると生存率が高まり，家庭規模が大きくなる．これはしだいに労働の供給量を増加させ，市場賃金を下方へ押しやる．生存水準以下の場合には人口減少のため，逆に賃金は上昇する．（2）賃金基金説も，この生存費説に，市場向けの財の生産と販売量を予測しながら労働者を雇い入れるという労働需要側の条件を加えることによって，論理的に演繹されうる性質のものである．雇われる労働者たちに前もって支払われる賃金総額の量は，賃金基金と呼ばれるが，これは貯蓄と再投資による富の蓄積によってしだいに増大する．この賃金基金を労働者数によって分割したものが平均賃金である．この賃金の低下を食い止めうるのは，富の蓄積によって賃金基金をふくらませるか，人口の増加を減速させるかのいずれかによらなければならないと考える．（3）限界生産力説は，元来生産要素の需要理論として生まれた．収穫漸減の原理に企業の利潤極大化行動を結びつけると，「企業は，労働の限界生産物が追加的に投入された労働の賃金費用を上回るかぎり，労働を投入し続ける」という命題が得られる．個々の企業にとっての近衡状態は，賃金が労働の限界生産物にちょうど等しい点で成立する．この限界生産力理論には幾つかの重要な批判が投げかけられているが，依然として新古典派経済理論の中核的存在であり，その妥当性が否定されているとは言い難い．（4）最近の賃金理論の注目すべき展開の一つに，交渉力説がある．これは労働組合の存在に注目し，雇主と組合との相対的な交渉力を軸にして賃金決定を説明しようとするものである．いうまでもなく交渉力のみが賃金の唯一の決定要素ではあり得ないが，ゲームの理論が近年新しい展開を示しているなかで，この種の交渉理論への関心が再び高まりつつあるというのが現状である．

【最低賃金制】支払いがこれ以下になってはならないという最低限の賃金（minimum wage）を設定することを最低賃金制という．一般に企業レベルの労働協約・就業規則で定めるものと，法律に基づいて定めるものとの2種があるが，普通最低賃金制という場合，後者の法定最低賃金を決める制度を指す．これには「労働者の生活の安定，労働力の質的向上および事業の公正な競争の確保に資するとともに国民経済の健全な発展に寄与する」（最低賃金法1条）という目的がある．

一般に世帯主の所得が低いと，家計の他のメンバーが働きにでる．このような低い賃金が労働供給を増やし，さらに賃金が低下するという悪循環を断ち切るためにも，賃金の「許容しうる下限」を設けて下から支えておく必要がある．また，最低賃金制によって賃金を下支えすることにより，労働者の生活の悪化を防ぎ，知力・体力が改善するため，生産性や能率の維持にとっても適切な水準の賃金は不可欠となる．さらに重要な効果として，企業間の競争条件に一定の枠を設定し，競争が労働者の経済厚生に反しないようにすることがあげられる．

最低賃金制はこうした望ましい効果だけでなく，一定の「副作用」を伴うことを無視できない．それは最低賃金以上を支払うことを余儀なくされた雇い主が，できる限り生産性の高い労働者を雇い入れることによって，最低賃金と生産性の差を小さくしようとするからである．このような事態が続くと技能の低い労働者が職を失い失業率が高くなることは避けられない．なお，最低賃金を決定する原則は，労働者の生計費，類似の労働者の賃金および通常の事業の賃金の支払い能力を考慮することによる．

【文献】産業労働調査所編『賃金用語辞典』（産業労働出版協会 1989）　　　　　　　　　　　　（猪木武徳）

チンクエチェント　Cinquecento　イタリア語で「500」の意味．イタリア史の時代区分の用語で1500年代，つまり16世紀のことを指す．この用語は通常美術史の時代概念として用いられることが多く，盛期（後期）*ルネサンスあるいは*マニエリスムの時代と重なる．イタリア美術史の一つの頂点をなす世紀であり，*ローマ，*フィレンツェ，*ヴェネツィアなどの都市を中心に数多くの天才芸術家が輩出した．建築では，*ブラマンテ，アントニオ・ダ・*サンガロ，*ミケランジェロ，アンマナーティ（Bartolommeo Ammanati, 1511-92），*ヴィニョーラ，*パラーディオ，サンミケーリ（Michele Sanmicheli, 1484-1559），*ヴァザーリ，彫刻では，ミケランジェロ，サンソヴィーノ（Jacopo Sansovino, 1486-1570），*チェリーニ，ジョヴァンニ・ダ・ボローニャ（Giovanni da Bologna, 1529-1608），絵画では*レオナルド・ダ・ヴィンチ，ミケランジェロ，*ラファエロ，アンドレア・デル・*サルト，*ブロンツィーノ，*ポントルモ，*コレッジョ，*パルミジアニーノ，*ジュリオ・ロマーノ，サルヴィアーティ（Francesco Salviati, 1510-63），ヴァザーリ，*ジョルジョーネ，*ティツィアーノ，*ティントレット，*ヴェロネーゼなどの名があげられる．　　　　　　　　　　　　　　（森田義之）

チングルム　[ラ]cingulum, [英]cincture, [独]Zingulum,〔仏〕cordon　＊祭服の一部で，ラテン語の「帯」に由来する．＊アルバの腰の周りを縛るために用いる．＊純潔と＊節制の象徴と考えられたが，アルバを着用して典礼奉仕する際に動きやすくするという実用的な面も備えている．現在は，チングルムなしでも体に合うように作られたアルバを用いる場合，着用は任意である（『ミサ典礼書』総則298）．

【文献】カ大2: 354; R. BERGER, ET AL., eds, *Gestalt des Gottesdienstes*, GDK 3: 334.　　　　　　　（宮越俊光）

チンタオ　青島　Qīngdǎo

中国山東省東部，膠州湾に面する都市．＊上海，＊天津と並ぶ良港であり，省内随一の工業都市．元来青島は小さな漁村が点在するにすぎなかったが，19世紀，清朝の北洋艦隊の基地が設けられて発展が始まった．また1897年（光緒23），曹州でドイツ人宣教師2名が殺害されたのを理由として，ドイツがこの地を占領．租借地とし，ドイツ軍の一拠点として湾や市街地の整備を行った．第1次世界大戦の際，日本が占領したが，1922年のワシントン会議の結果，中国に返還された．1930年より市となる．

【文献】MEL 23: 798; 京大東洋史辞典編纂会編『東洋史辞典』（東京創元社 1980）587.　　（高橋佳代子）

ちんもく　沈黙　〔ギ〕siōpē,〔ラ〕silentium,〔英・仏〕silence,〔独〕Schweigen

【体験と認識】無言のなかに一切を内に秘めて外に表さない，静かに心を保ち何も語らない沈黙は，すべての宗教において神的なものを体験するために必要なこととして要求され実践されてきた．宇宙の静寂，＊被造物の広大さは創造主の神秘について語る．ユダヤ教は＊ヤハウェの前における沈黙を尊び，イスラム教徒は畏敬に満ちた沈黙に深くとどまり，＊ギリシア正教会の信者は荘厳な沈黙に潜心し，中国人は礼拝において沈静を敬う．＊ヒンドゥー教，そして特に＊仏教は沈黙の瞑想に献身する．沈黙は＊祈りでありうるという体験は，エジプト人の宗教，＊新プラトン主義や新ピュタゴラス派（→ ピュタゴラス）の哲学に，さらに諸宗教の神秘思想家たちにみられる古今東西の認識である．神の前における沈黙は，すべてのキリスト教徒に福音的人間完成のために＊修徳に必要な実践的手段として勧められてきた．

【キリスト教霊性史】〔聖書〕旧約聖書において詩編歌人は神の沈黙について歌い（詩28: 1; 35: 22; 39: 13; 50: 3; 109: 1参照），「神よ，沈黙しないでください．黙していないでください．静まっていないでください」（詩83: 2）と祈る．また，詩編歌人や預言者は人間の沈黙についても語り（詩37: 7; 65: 2; 131: 2; イザ41: 1; ハバ2: 20; ゼファ1: 7），「すべての肉なる者よ，主の御前に黙せ」（ゼカ2: 17）と呼びかけ，さらに箴言（10: 19; 17: 27）やシラ書（20: 7）は「知恵ある人は，時が来るまで口をつぐむ」と賢明に沈黙について語る．新約聖書は，特に「イエスは黙って何もお答えにならなかった」（マタ26: 62-63; 27: 14; マコ14: 61; ルカ23: 9; ヨハ19:9参照）と，キリストの沈黙について語り，信仰に生きるマリアの沈黙について記している（ルカ1: 34, 38, 46-55; 2: 48; ヨハ2: 3, 5参照）．

〔典礼〕聖書に従って，「沈黙」は神の＊現存を示すしるし，あるいは＊救いをもたらす神の特別な業，または神の日の到来のしるしである．初代教会以来，教会の典礼は沈黙のうちに祈りをささげてきた．すでに3世紀中葉のラテン教会詩人＊コンモディアヌスは＊奉献文の＊叙唱前句「心をこめて神を仰ぎ」（〔ラ〕Sursum corda）をキリスト教徒に対する沈黙への招きとして解釈している．今日，第2＊ヴァティカン公会議の『典礼憲章』は，＊典礼における救いの業の実現，＊キリストの現存そして天上の典礼につながる地上の典礼を教え，刷新された『ローマ・ミサ典礼書』（1970）は深い沈黙とともに＊ミサをささげるように呼びかけている．沈黙のあるところに，つねに神と祈る人々との間の愛の交わりがあるからである．

〔教父〕ギリシア・ラテン教父たちはこぞって沈黙のうちにこそ神との親しい出会いが恵まれることを説いている．アンティオケイアの＊イグナティオスによれば，沈黙は神・キリスト・教会の秘義に深く満たされている．＊アウグスティヌスは，「多くの沈黙する人々は心をこめて叫んだ．……それゆえ，あなたが叫ぶなら，心の奥において呼びなさい．そこで神は聞いてくださる」（『説教集』91, 3）と教える．

〔修道生活の伝統〕古代キリスト教の＊修道生活はひたすら神のみへの＊奉仕に潜心し，福音的＊完徳の道を進むための手段として沈黙の意義を認識していた．「口数が多ければ罪は避けえない．唇を制すれば成功する」（箴10: 19）．砂漠の荒野における修道男女の沈黙について，『砂漠の師父の言葉』（PG 65: 113, → 教父詞華集）は伝えており，ヌルシアの＊ベネディクトゥスの『戒律』の第6章は「沈黙について」（De taciturnitate）の定めを説き，その遵守を命じている．中世の諸修道院・修道会は，特に＊寝る前の祈りの終わりから翌日の一時課（→ 小時課）の終わりまで，いわゆる大沈黙（silentium magnum）を遵守した．このような沈黙遵守の伝統は，第2ヴァティカン公会議による修道生活の刷新まで尊重されてきた．外的沈黙は現代生活に適応され，刷新されたものの，内的沈黙は基本的には今もなお生きており，かつ推奨されている．

〔神秘生活の伝統〕沈黙は心の祈りを豊かにするばかりでなく，神との神秘的一致へと霊魂を高める祈りそのものである．神に恵まれたすべての神秘的祈りは神の言葉なき愛の対話へと入る．フォティケの＊ディアドコスは，霊魂が愛に陶酔し，沈黙の声をもって主の＊栄光を味わう神秘的状態を体験している（『霊的完成の100章』8）．＊カッシアヌスは言葉に表し難い沈黙の燃える祈りについて（『教父たちの会談』9, 25），＊アンゲルス・シレジウス（『さすらいの天使』1, 240）や＊フランソア・ド・サル（『神愛論』6, 1）は神秘的沈黙について語っている．また，＊フアン・デ・ラ・クルスは神との神秘的一致に至るための外的・内的沈黙の必要性について（『カルメル山登攀』3, 3），霊魂における深い沈黙について（『魂の暗夜』2, 23），沈黙の観想（『愛の生ける炎』3, 40），沈黙の静けさ（同）について説明している．永遠の沈黙において語られる神の言葉は，沈黙において霊魂によって聞かれなければならないからである．

【文献】DSp 14: 829-59; C. SCHÜTZ, ed., *Praktisches Lexikon der Spiritualität* (Freiburg 1988) 1108-11; 聖イグナチオ・デ・ロヨラ『霊操』霊操刊行会訳（エンデルレ書店 1956 ⁹1991）; 十字架の聖ヨハネ『愛の生ける炎』P. アルペ，井上郁二訳，山口・女子カルメル会改訳（ドン・ボスコ社 1985）; 高橋テレサ訳『アビラの聖女テレサの手紙』（聖母の騎士社 1994）201-19; アビラの聖女テレサ『霊魂の城』高橋テレサ訳（聖母の騎士社 1992）; O. CASEL, *De philosophorum graecorum silentio mystico* (Giesen 1919); ID., *Die Liturgie als Mysterienfeier*

ちんもく

(Freiburg 1922) 138-60; G. MENSCHING, *Das heilige Schweigen. Eine religionsgeschichtliche Untersuchung* (Giesen 1926); A. B. GREENE, *The Philosophy of Silence* (New York 1940); M. BRUNO, *Aux écoutes de Dieu, le silence monastique* (Besançon 1954); H. U. VON BALTHASAR, "Wort und Schweigen," *Verbum caro* (Einsiedeln 1960) 135-55; K. RAHNER, H. RAHNER, *Worte ins Schweigen. Gebete der Einkehr* (Freiburg 1973); A. WATHEN, *Silence: The Meaning of Silence in the Rule of St. Benedict* (Washington, D.C. 1973); R. SESTERHENN, ed., *Das Schweigen und die Religionen* (München 1983); J. LECLERCQ, "Silence et parole," *Collectanea Cisterciensia*, 45 (1983) 185-98.

(鈴木宣明)

つ

ツァルリーノ　Zarlino, Gioseffo　(1517. 1. 31頃-1590. 2. 4)　イタリアの作曲家，音楽理論家．*ヴェネツィア近郊のキオッジア(Chioggia)に生まれ，その大聖堂の聖歌隊員として教育を受け，1537年*フランシスコ会に入り，司祭となった．1541年ヴェネツィアに移り，*ヴィラールトに師事し，1565年以後は，*サン・マルコ大聖堂の楽長として活躍した．彼が著した三つの音楽理論書のうち，1558年に出版された『和声法教程』(Le istitutioni harmoniche)は，数多くの言語に翻訳されて多数の音楽家に影響を与え，近代音楽理論に道を開くものとして高く評価される．作品としては2巻にまとめられた*モテットと*マドリガーレ約10曲がある．ヴェネツィアで没す．
【文献】NGDM 20: 646-49; G. A. Marco, C. V. Palisca, *The Art of Counterpoint* (New Haven 1968).
（金澤正剛）

ツァーン　Zahn, Theodor von　(1838. 10. 10-1933. 3. 15)　ドイツ・プロテスタントの新約聖書学者，教父学者．ライン地方メーアス(Moers)に生まれ，エルランゲン(Erlangen)で没す．ゲッティンゲン(Göttingen)，キール(Kiel)，エルランゲン，*ライプツィヒの各大学で教える．『新約聖書注解』全18巻(Kommentar zum Neuen Testament, 1903-26)の編集長として，近代の保守的だが堅実な聖書釈義を指導．その著『新約聖書正典と古代教会の文学の歴史研究』全10巻(Forschungen zur Geschichte des neutestamentlichen Kanons und der altkirchlichen Literatur, 1881-1929)は*聖書の正典の成立史研究における重要文献である．
【文献】キ人 883-84; LThK² 10: 1306; NCE 14: 1109-10.
（萱場基）

ついかしゅう　追加集　Extravagantes　『ヨアンネス22世の追加集』(Extravagantes Joannis XXII)および『普通追加集』(Extravagantes communes)の二つの追加集がある．この二つの追加集は，*『クレメンス集』(1317年教皇*ヨアンネス22世の勅令により編纂された，教皇*クレメンス5世発布の法規の集成)の後発布された法令の集成である．この集成は教会法学者ジャン・シャピュイ(Jean Chappuis, 生没年不詳)によって，1500年頃*パリで出版された．しかしこれらの追加集は新しい公的法令集ではなく，あくまで先行する法令集の追加集にすぎなかった．『ヨアンネス22世の追加集』は，14の部と20の章から，『普通追加集』は五つの集，35の部，74の章からなっている．
【文献】DMC 1: 977; LThK³ 3: 67-69.
（枝村茂）

ツィーグラー　Ziegler, Jakob　(1470/71-1549)　ドイツの*人文主義神学者．ランダウ(Landau)生まれ．インゴルシュタット大学およびその後*ウィーンで学ぶ．ローマの*レオ10世のもとで聖書研究に従事するが，教皇権を批判し*ストラスブールに逃れる．*再洗礼派を攻撃し，カトリックおよびプロテスタントいずれの教会にもとどまることができず各地を転々とした．*パッサウにて没す．
【文献】キ人 884; キ大 702; RGG³ 6: 1907-908.
（高橋章）

ツィーグラー　Ziegler, Joseph　(1902. 3. 15-1988. 10. 1)　ドイツのカトリック旧約聖書学者，教区司祭．タウベルレッテルスハイム(Tauberrettersheim)に生まれる．*ヴュルツブルク，*ローマで哲学，神学，聖書学を修了．1926年司祭叙階．1933-46年ブラウンスベルク(Braunsberg)，1946-48年*レーゲンスブルク，1948年以降ヴュルツブルクの各大学で旧約聖書学やオリエント言語を講じる．*七十人訳聖書の本文研究を専門とし，「ゲッティンゲン・七十人訳聖書」(Göttinger Septuaginta, 1931-)のヨブ記，イザヤ書，エレミヤ書，エゼキエル書，十二小預言書，哀歌，ダニエル書(含む補遺)，エレミヤの手紙，バルク書，知恵の書，シラ書の各書の批判校訂は重要な業績．ヴュルツブルクで没す．
【著作】*Untersuchungen zur Septuaginta des Buches Isaias*, 1934; *Die Bibeltext im Daniel Kommentar des Hippolytos von Rom*, 1952; *Sylloge. Gesammelte Aufsätze zur Septuaginta*, 1971; *Beiträge zum griechischen Iob*, 1985.
【文献】J. Schreiner, "Joseph Ziegler zum Gedenken," BZ 33 (1989) 311-12.
（清水宏）

ツィーグラー　Ziegler, Leopold　(1881. 4. 30-1958. 11. 25)　ドイツの哲学者．K.R.E.*ハルトマン，*ニーチェ，*ユング等の影響を受け，*生の哲学の立場から主に*宗教儀礼や*神話を研究した．*アリストテレス以来の西欧*主知主義がもつ限界を指摘し，従来の「神は死んだ」，それゆえ現代においては新たな神が必要であるとの立場から，宗教のもつリアリティを探求した．
（板橋勇仁）

ツィーグラー　Ziegler, Titus　(1899. 8. 7-1959. 8. 28)　フランシスコ会員．ドイツ南部タウベルビショッフスハイム(Tauberbischofsheim)に生まれ，若くして司祭職を目指し，教区立神学校に入学，第1次世界大戦中は兵役に服し，帰還後*フランシスコ会入会(1919)．翌年*修道誓願宣立，1923年6月司祭叙階，同年(大正12)9月来日．北海道の倶知安，札幌北11条，室蘭の各教会で宣教・司牧に尽力した．この間8年を費やして『ローマ・ミサ典書』を邦訳出版(1935)，次いで『叙階式の典礼』を光明社から刊行，さらに『カトリック用語辞典』を編纂したが，これが教皇*ピウス11世から要請されていた*『カトリック大辞典』の出版責任者J. B. *クラウスの目にとまり，協力を求められたことから東京の*上智大学に居を移し，同辞典全5巻

の完成までとどまった．この間，世田谷区瀬田に開校した聖アントニオ神学校の神学部教授として，後輩の養成にあたった．1945年(昭和20)クラウスの突然の死により『カトリック大辞典』の編集を統括，最終巻に載せる総索引を脱稿し，1960年の発刊目前に心臓疾患で急逝した．なおその功績を多とし，教皇 *ピウス12世より*教皇勲章が贈られた．東京府中のカトリック墓地に眠る．
(石井健吾)

ツィーゲンバルク **Ziegenbalg, Bartholomäus** (1682. 7. 10-1719. 2. 23) ドイツの *ルター教会宣教師．インドでの伝道者．*ハレで学んだ後，デンマーク王の要請によりインドのデンマーク領トランクバール (Tranquebar) に赴く(1706)．インドにおける最初の聖書翻訳に着手し，タミール語を駆使し旧新約聖書の翻訳を手がける．学校を設立し伝道と教育事業に従事．
【文献】キ人 884-85; キ大 702; NIDChC 1070; RGG³ 6: 1907.
(高橋章)

ツィタ **Zita** (1212頃-1272. 4. 17) イタリアの聖人(祝日4月27日)．中部ルッカ (Lucca) に近いモンサグラーティ (Monsagrati) に生まれ，12歳でルッカの富豪ファティネリ家の侍女となり，生涯をそこで過ごす．信仰心篤く，貧者に食料・衣類を施す行為が主人の誤解を招いたとき，鍵をなくしたときなど，窮地に陥ると*守護の天使が現れ，彼女を助けたという．家政婦，召使い，物をなくし困っている人の *守護の聖人．
【文献】EC 12: 1805; LThK² 10: 1388; NCE 14: 1124.
(山口和彦)

ツィック **Zick, Januarius** (1730. 2. 6-1797. 11. 14) ドイツの画家．フレスコ画家ヨーハン (Johann Zick, 1702-62) の息子として *ミュンヘンに生まれ，父に学んでその片腕となる．1757年 *パリを訪れてフランス・ロココ絵画に接し，58年には *ローマで新古典主義の先駆者 *メングスに師事した．1762年，コブレンツ近郊のエーレンブライトシュタイン (Ehrenbreitstein) に居を定め，同地で没す．神話画や肖像画の額絵も描いたが，注目されるのは後期の教会堂装飾で，ウルム近郊のヴィープリンゲン (Wiblingen) の修道院聖堂(1778-80)やトリーフェンシュタイン (Triefenstein) の修道院聖堂を，*ロココから新古典主義への移行を示すフレスコで飾った．
【文献】新潮美術辞典 950; DA 33: 671-72. (高橋裕子)

ついとう **追悼** → 死者のための祈り

ツィリアラ **Zigliara, Tommaso Maria** (1833. 10. 29-1893. 5. 10) イタリアのカトリック哲学者，神学者．*ドミニコ会の会員で，コルシカ島ボニファシオ (Bonifacio) に生まれ，*ローマで没す．1856年司祭叙階．その後コルバラ (Corbara)，ヴィテルボ (Viterbo)，ローマで教える．1879年 *レオ13世により*枢機卿に任命される．『哲学大全』全3巻 (Summa Philosophica, 1876) などを著し，*トマス学派の哲学・神学の復興に寄与した．
【文献】キ人 886; LThK² 10: 1370. (萱場基)

ツィンツェンドルフ **Zinzendorf (und Pottendorf), Nikolaus Ludwig Reichsgraf von** (1700. 5. 26-1760. 5. 9) ドイツのプロテスタント神学者，賛美歌作詞家．ドレスデン (Dresden) に生まれる．*敬虔主義の牙城であった *ハレで早くも少年期に *フランケの強い影響を受け，地上に *神の国を建設するために生涯を捧げようとする思想が植えつけられた．ドレスデンにおいて宮中顧問官を務めるが，領地ヘルンフート (Herrnhut) に1722年に創設した超教派的なヘルンフート兄弟団(*ヘルンフート派)は理想主義的な *信仰覚醒運動を *ルター教会の内部に引き起こしながらも，教会側の抵抗にあい挫折，職を追われる．その後，北米伝道旅行に出かけドイツ移民の教会建設に努力するが失敗．1747年に領地への復帰を許され今日の社会事業と伝道に従事する兄弟団の基礎が築かれた．神秘主義的傾向をもちながらルター神学に堅く立った彼の文学，神学の後世への影響は無視できない．賛美歌を多く残したが，敬虔主義の信仰の遺産でもある年間聖書通読表 (Losungen) は現在も利用されている．ヘルンフートにて没す．
【著作集】*Hauptschriften*, 6 v., 1962-63; *Ergänzungsbände*, 14 v., 1964-85.
【文献】Brecht 2: 3-106; RGG³ 6: 1913-16; *Materialien und Dokumente: Reihe*, 1 (1970-82); 2 (1972-89); 3 (1973); 4 (1977-80). (富田裕)

ツィンメルマン **Zimmermann, Dominikus** (1685. 6. 30-1766. 11. 16) ドイツの建築家，ストゥッコ(化粧漆喰)細工師．バイエルン・ロココ建築の傑作，ヴィース (Wies) の巡礼教会堂の設計者．南独ヴェッソブルン (Wessobrunn) のストゥッコ細工師の家系に生まれ，兄ヨーハン・バプティスト (Johann Baptist Zimmermann, 1680-1758) も装飾家として活躍，しばしば弟に協力した．当初，*祭壇の制作や教会堂の内装を手がけ，特に大理石を模した表面装飾を得意とした．建築にも手を広げ，シュタインハウゼン (Steinhausen) の巡礼教会堂(1728-31)やヴィースの巡礼教会堂(1744-55)を設計，ヴィースで没した．両教会堂は共に楕円形プランで構想され，軽快優美なストゥッコ装飾が光に満ちた内部空間を華やかに彩る．
【文献】新潮美術辞典 951; DA 33: 683-84; 小学館美術全集 18: 266, 417. (高橋裕子)

ツィンメルリ **Zimmerli, Walther** (1907. 1. 20-1983. 12. 4) 「ツィメリー」「ツィンマリ」などとも表記される，スイス・ドイツのプロテスタントの旧約学者．スイスのグラウビュンデン州シールス (Schiers) に生まれ，ベルン州オーベルディースバハ (Oberdiessbach) で没する．*チューリヒ，*ベルリン，ゲッティンゲン (Göttingen) の各大学で学び，1935年以降チューリヒ大学教授，1951-75年，ゲッティンゲン大学教授(1963-65年には同大学学長)を務める一方，幾つかの重要な学会誌の編集委員，国際旧約学会 (IOSOT) の会長(1974-77)を務めるなど，国際的にも指導的な役割を果たした．特に預言者研究と旧約神学に優れ，その文献学的厳密さと神学的洞察に富んだ釈義には定評がある．大著『エゼキエル書注解』(Ezechiel, BK. AT XII, 1955-69) は，その後のエゼキエル書研究に不可欠の決定版とみなされている．
【主著】*Prediger*, 1962: 有働奉博他訳『伝道の書』(ATD・NTD 聖書註解刊行会 1991); *Die Weltlichkeit*

des Alten Testaments, 1971: 山我哲雄訳『旧約聖書の世界観』（教文館 1990）; *Grundriß der alttestamentlichen Theologie*, 1972; *Studien zur alttestamentlichen Theologie und Prophetie*, 1977.
【文献】キ人 886; H. DONNER, ET AL., eds., *Beiträge zur alttestamentlichen Theologie* (Göttingen 1977) 559-80; L. PERLITT, "Walther Zimmerli," ZAW 96 (1984) 1-2.

（山我哲雄）

ツヴィングリ　Zwingli, Huldrych　(1484. 1. 1-1531. 10. 11)

【生涯】スイスの最初の宗教改革者．*ルターよりも2か月後の1484年1月にスイスのヴィルトハウス(Wildhaus)で生まれ，*バーゼル，*ベルン，*ウィーンで教育を受けた．彼は*ルネサンスのうねりのなかで育ち，特に*人文主義の思想家*エラスムスの強い影響を受け，バーゼルの*ヴィッテンバハからは聖書のみ(*ソーラ・スクリプトゥーラ)・恩恵のみ(*ソーラ・グラティア)の思想を学んだ．

ツヴィングリ (NPG)

1506年にグラールス(Glarus)の司祭となり，熱心に*司牧(牧会)と*説教の務めを果たし，学問に励んだ．スイスの青年が*教皇の軍隊の傭兵となっている現実を，*従軍司祭として体験し，この傭兵制に反対するようになる．これがグラールスでの緊張をもたらし，ついに1516年*アインジーデルンに転任するに至る．

アインジーデルンでは，有名なマリア聖堂への大勢の巡礼者のためによい説教をした．同時に大修道院の図書館を利用して*教父の研究をしたり，ここでエラスムスのギリシア語新約聖書と取り組んだ．新約聖書の原典研究は，その後の彼の全生涯，特に思想と行動に深い影響を与える，*福音への新しい洞察をもたらした．

1519年に*チューリヒのグロスミュンスター教会の説教者に招かれたところから，ツヴィングリの改革運動が始まった．彼は聖書日課（ミサの朗読配分）によらず，*マタイによる福音書から始めて聖書各巻を順次取り上げて講解説教をした．この説教は司祭たちや信徒たちに，聖書の真理と，現実に自分たちが信じ，実践していることとの間に大きな開きがあると気づかせることとなる．

1520年，市内に広まった疫病はツヴィングリの兄弟を襲い，彼自身も辛うじて一命をとりとめた．この経験が，*神の主権への信仰と*恩恵の理解に深みを加えた．その後彼は，チューリヒの市参事会に協力を求め，思い切った教会改革に着手した．*ミサを廃止し，教皇制・*位階制を否定し，*修道院を閉鎖し，聖書と*典礼言語(*ラテン語)を日常語（ドイツ語）に取り替え，聖書に従って生活や習慣を簡素化し，神学教育を改善し，教会の地域的共同体を形成して*司教から自立した教会運営を始め，*信徒の役割を重んじ，徹底した教会生活の指導と訓練の制度を導入するなどである．この改革はチューリヒのみならずシャフハウゼン(Schaffhausen)，バーゼル，ベルンなどの近隣諸都市や諸州の人々の生活を急速に変えていった．プロテスタント教会の成立である．

1525年以降ツヴィングリは急進的な改革を求める*再洗礼派や*聖餐論争ではルター派(*ルター教会)とも対立せざるをえなかった．*マールブルク会談(1529)が失敗に終わると，政治的にもチューリヒは孤立し，かねて対立していたカトリック信仰に立つ森林5州は準備の整わないチューリヒ勢をカッペル(Kappel)に襲撃し，1531年10月11日，ツヴィングリは敗戦のなかで倒れた．

【思想】ツヴィングリの信仰と思想は，聖書中心と神中心の2点に集約される．

聖書とは，単なる過去の神の教えの記録ではなく，今ここで説教を通して語られる生きた*神の言葉であり，聴く者の生活を変え，社会を変える力をもつものである．この意味で，聖書だけが教会をつくり，教会を育て，市民生活を導くとされる．

彼は聖書の解釈が再洗礼派やルターのように，特定の箇所や*教理を強調したり，偏向しないように，聖書全体に目を注いだ．特に*祈りをもって聖書を読み，*聖霊の*照明を重んじた．さらに彼は，一方では教父たちの伝統に立ちつつ，他方キリスト教徒ではないギリシア・ローマの思想家たちが示す*真理を受け入れることにおいてためらわなかった．究極的な真理の源泉は神であると信じたからである．

神中心という点では，まず，神は霊的存在であるとし，キリストの人間性よりも神性を重視し，*救いについては*選びと*摂理を強調し，説教や*聖礼典については外的な方法よりも内的な聖霊の働きを強調する．さらに，内的なものと外的なものとの対立を主張する．*聖餐における，物としての*パンと霊的なキリストを同一視できず，ルターと対立したのもこのためである．

次に，彼は*偶像礼拝の否定に力を入れた．偶像礼拝とは，信頼と罪のゆるしの権威を創造主にではなく，*被造物に置くことである．*聖人たち，*聖画像，*善業，*信仰を抜きにした*秘跡などが偶像化されることを彼は知っていた．

最後に，神中心は決して人間軽視ではなく，かえって人を生かす立場である．教会の改革はチューリヒ市民の倫理の変革であることを，ツヴィングリは，当時の貧しい人々を組織的・法的に救済し，尊敬することで明らかにした．真実の信仰は*愛において証しされるからである．

【位置づけ】ツヴィングリはルターとほぼ同時に，スイス北西部のチューリヒで宗教改革運動を始めた．ルターの影響は受けたが，独自の聖書中心的福音信仰に立ち，神の主権(選びと*契約)の強調，講解説教の重視，諸教会の共同体の形成などを進めた．この意味では，彼の影響は，今日でも，世界の*改革派教会・*長老派教会の伝統のなかに生きている．

特に，区別はするが分離はしないという，ツヴィングリの*教会と国家の関係の理解は，彼の後継者である*ブリンガーによってイングランド，スコットランドに大きな影響を与えた．またツヴィングリの聖餐論を受け継いだチューリヒ教会は，チューリヒ協定(1549)において*カルヴァンのジュネーヴ教会との間で聖餐の理解の一致をみ，これがJ.*ノックスらを通してイングランドの宗教改革に，さらにアメリカ合衆国や日本のプロテス

タント教会に影響を与えている．

初期の著作として『神の言葉の明瞭さと確実さについて』(Von Klarheit und Gewißheit des Worts Gottes, 1522) をはじめ，チューリヒ市の公開討論のために提出された最初の改革派的 *信仰告白である『六十七論題』(Schlußreden, 1523)，説教を印刷した『神の義と人間の義』(Von göttlicher und menschlicher Gerechtigkeit, 1523)，また，神学的に最も重要なものの一つとして『真の宗教と誤りの宗教について』(De vera et falsa religione commentarius, 1525) がある．『信仰の弁明』(Fidei ratio, 1530) は福音主義教会(→福音主義)の一致を求めて，マールブルク会談のために書いたもの．『キリスト教信仰の解明』(Fidei christianae expositio, 1531) はフランス国王を味方にしようとの意図があったが，成功しなかった．

【主著邦訳】出村彰，森田安一，内山稔訳『ツヴィングリとその周辺1』宗教改革著作集5(教文館1984)．

【文献】キ史5: 110-15; キ人888; キ大702-703; EBritMa 19: 1178-80; EBritMi 10: 904; SM(E) 5: 215-33; S. B. FERGUSON, ET AL., eds., *New Dictionary of Theology* (Leicester 1988) 736-38; 出村彰，『スイス宗教改革史研究』(日本基督教団出版局1971) 297-316; 同『ツヴィングリ』(日本基督教団出版局 ²1979); P. SCHAFF, *History of the Church: The Swiss Reformation*, v. 7 (Grand Rapids ³1910) 1-201; R. SEEBERG, *Text-book of History of Doctrines*, v. 2 (Grand Rapids 1958) 306-31; G. W. BROMILEY, *Historical Theology: An Introduction* (Grand Rapids 1978) 213-17, 276-79, 285-300; W. P. STEPHENS, *The Theology of Huldrych Zwingli* (Oxford 1986); L. P. WANDEL, *Always among Us: Images of the Poor in Zwingli's Zurich* (Cambridge 1990); W. P. STEPHENS, *Zwingli: An Introduction to His Thought* (Oxford 1992).　　　　　　　　　　　(小島一郎)

つうかい　痛悔　〔ラ〕contritio, 〔英・仏〕contrition, 〔独〕Reue　犯した *罪に対する深い *悲しみと嫌悪．罪の結果による羞恥心や *神に背いたこと，神の *愛に対する重大な裏切り，または神による *罰への恐れから自分の行為を反省し，後悔とともに再びそれを繰り返さないことを決心することである．*ゆるしの秘跡における三つの行為(痛悔，*告白，*償い)のなかで最も重要な要件である．

【聖書】旧約聖書には罪人が過去の過ちを悔いて神に立ち帰るように決心することを求める *預言者の戒め(エゼ18: 30-31)や痛悔の心で祈る人の姿(詩6: 7-8; 31: 10-11; 51: 5-6)が記されている．また，福音書には罪を悔い改める女性(ルカ7: 36-50)や *放蕩息子の痛悔と告白(同15: 11-24)，徴税人の告白(同18: 9-14)，*ペトロの涙(マタ26: 69-75)などが語られている．それらは自分の罪深さを悟ることによる *悲しみ，神の愛を思い起こすことによる苦痛と *ゆるしの懇願の姿を示すとともに，神の慈しみとゆるしを体験することによる人間の *謙遜への道や心底からの救いへの *希望を抱かせる．使徒 *パウロも信徒の怠惰な生活を戒めて(2テサ3: 6-15)，正しい道に立ち帰るように呼びかけている(ガラ6: 1-2; 2コリ2: 5-11; 7: 8-12; 12: 20-13: 10)．

【教理】*トリエント公会議の「ゆるしの秘跡」(DS 1667-93)の教えによれば，痛悔は告白者の第一の行為である．「痛悔とは，魂の悲しみであり，将来再び罪を犯さないという決心をもって，犯した罪を忌み嫌うことである」と定義し，それは罪のゆるしのために必要であると教える．その痛悔は罪から遠ざかること，新しい生活を始める決心をすること，過去の生活を嫌うことを含んでいる(DS 1676)．痛悔は愛徳による完全な痛悔(〔ラ〕contritio perfecta, DS 1677)と，罪の醜さや *刑罰の恐れにより罪を犯す意志を捨てる不完全な痛悔(attritio, DS 1678)とに区別される．前者はゆるしの秘跡を受ける望みをもって神との *和解を期待するが，もしその秘跡を受けることができなくとも和解は成立するとされる．人間の義化(→義認)のためには神の恩恵が必要であるが(DS 1525-34)，人は神の愛を信じ *自由意志をもって自分の罪を認め，キリストの *十字架の秘義による救済と神の無限の愛を知り痛悔することも求められる．この痛悔に促されて自分の罪を告白するが，不完全な痛悔だけでは人の義化は成立せず，ゆるしの秘跡を受ける必要がある(DS 1678-82)．なお17-18世紀には完全な痛悔を強調する立場(〔英〕contritionism)と不完全な痛悔の意義を主張する立場(attritionism)との議論も展開されるが，当時の検邪聖省(現教理省)はその論争を緩和する教令を出した(DS 2070)．

【解説】痛悔は罪人の神の前での謙遜な自己認識に基づく．真の痛悔から罪を告白する勇気と決心が生まれ，神の無限の憐れみにすがるようになる．そこに神のゆるしへの希望をもって本心を取り戻し，父(神)の家に帰るという *回心の道，全面的な生活の方向転換の第一歩が始まる．罪の嫌悪だけでなく，キリストの十字架の秘義における神の愛にこたえようとする新生への決意が生じる．人は必ずしも完全な痛悔に至るものではないから，不完全な痛悔をもって素直に自分の過ちを認め，それを告白し，犯した罪を悲しみつつも回心の道を歩み続けるようになる．こうして痛悔こそが人の永続的な心構えとなり，単なる感情的な表現を超えて心からの償いを果たす完全な痛悔の心をもてるように成長しうるのである．

【文献】カ大3: 526-28; 現カ480; DMC 1: 951-54; DThC 3: 1671-94; HTT 6: 284-88; LThK² 8: 1261-65; TRE 29: 99-109; J. RAMOS-REGIDOR, ed., *Il Sacramento della Penitenza* (Torino 1971); Z. ALSZEGHY, M. FLICK, *Il Sacramento della Riconciliazione* (Roma 1976); H.-P. ARENDT, *Bußsakrament und Einzelbeichte* (Freiburg 1981).　　　　　　　(浜口吉隆)

つうかぎれい　通過儀礼　〔英〕rites of passage, 〔独〕Übergangsriten, 〔仏〕rites de passage　社会・共同体は，人の一生を分節し，誕生，命名，成人，結婚，葬送などの儀礼を行ってきた．通過儀礼とは第一義的には人生の節目を無事に通過し，新しい身分・地位，状態への移行を保障するために行われる儀礼である．人生儀礼とも称されるが，それだけでなく，王の戴冠や，*洗礼また得度式のように，特定の身分への就任あるいは世俗集団から宗教的集団への帰属変更に際しての儀礼，河川を渡るとき，また村・国境を越えるときに執行される儀礼，祭事にあたり祭司者が聖なる時空間に移行するために執行すべき儀礼などをも含意する．

「通過儀礼」は *ヴァン・ジュネップが導入した用語・概念で，彼は地位・身分の変化に伴う通過儀礼は通文化的に，それ以前の状態からの「分離」，次の段階への「過渡・移行」，新たな位置・集団への「統合」を象徴する儀礼によって構成されていると論じた．「分離」の儀礼は，死を表象する行為，隔離状態に置かれるという形で表現され，日本のいわゆる嫁入り婚では，娘が生家に

戻ってこないようにと，家を出るときに彼女の使用していた茶碗を割るといったことが行われた．「過渡」の儀礼では，オーストラリアの男子成人儀礼の報告によると，当該者が従前の状態にはなく，いまだ新たな状態にもないことが，胎児のような振る舞いによって表される．結婚式の「固めの杯」「披露宴」は「結合」儀礼の例であり，前2段階の儀礼を通過した者を共同体の一員として受け入れ一体化するために行われる．通過儀礼は，儀礼を通過する者に新たな地位を担うのに必要な責任感を抱かせ，さらに集団で儀礼を通過した者たちの間に連帯感を生じさせ，成員の誕生や死による共同体の危機状況を克服するといった機能を果たしてきたと考えられる．

【文献】宗教学辞典 552-54; EncRel(E) 12: 380-403; 石川栄吉他編『文化人類学事典』(弘文堂 1987) 489-90; A. ファン・ヘネップ『通過儀礼』綾部恒雄，綾部裕子訳 (弘文堂 1977): A. VAN GENNEP, *Les rites de passage* (Paris 1909).

(井桁碧)

つうそうていおん　通奏低音　〔伊〕Basso continuo

単数または複数の旋律をどのように伴奏するかを示す低音旋律のこと．その際，数字や変化記号を付加することによって，和音の変化を示した．*バロック音楽の時代 (1600-1750) を通じて，複数の演奏者による作品を作曲する場合には必ずといってよいほど通奏低音を用いた．

(金澤正剛)

つうぞくてつがく　通俗哲学　〔英〕popular philosophy, 〔独〕Popularphilosophie, 〔仏〕philosophie populaire

18世紀後半において，*ライプニツと C. *ヴォルフの哲学の継承と発展にあたって，その試みを平明な叙述スタイルで通俗化しようとしたドイツ *啓蒙哲学の一般的性格をいう．その担い手としては，ズルツァー (Johann Georg Sulzer, 1720-79), M. *メンデルスゾーン，プラートナー (Ernst Platner, 1744-1818), エーベルハルト (Johann August Eberhard, 1739-1809), フェーダー (Johann Georg Heinrich Feder, 1740-1821), ガルヴェ (Christian Garve, 1742-98), ニコライ (Christoph Friedrich Nicolai, 1733-1811), アプト (Thomas Abbt, 1738-66) らがあげられる．一般に，折衷主義的傾向が強い．通俗哲学は，伝統的な講壇哲学との対比で，またそもそも通俗的にはなりえない *カントの理性批判との対比で用いられ，さらに後の *ドイツ観念論の側から体系性欠如の歴史的前例として，しばしば否定的な価値評価を伴ってあげられる．しかし，メンデルスゾーンの『感覚についての書簡』(1755) や『イェルザレム』(1783) のように，*美学や宗教論における貢献，またフェーダーの『哲学的諸学の概論』(1767), 『論理学と形而上学』(1769) のように，*大学における哲学教育普及への貢献は見逃しえないものがある．

【文献】LThK² 8: 618.

(石川文康)

ツェラー　Zeller, Eduard　(1814. 1. 22-1908. 3. 19)

哲学史家．テュービンゲン (Tübingen) と *ベルリンで学び，1840年からテュービンゲンの私講師，1842年 *テュービンゲン学派の機関誌『神学年報』(Theologische Jahrbücher) を創刊した (1857年まで続く)．その後ベルン，*マールブルク，*ハイデルベルク，ベルリン，シュトゥットガルト (Stuttgart) の教授を歴任した．もともと *ヘーゲルから出発したが，その後距離をとり，1862年以降 *カントに戻り，*新カント学派の初期の代表者となった．

【文献】LThK² 10: 1342.

(茂牧人)

ツェラーン　Celan, Paul　(1920. 11. 23-1970. 4. 20)

ルーマニア出身のユダヤ系ドイツ語詩人．チェルノヴィツ (Tschernowzy, 現ブコヴィナ Bukovina) に生まれる．本名はパウル・アンチェル (Paul Antschel). 1941年にナチス・ドイツによって *ゲットーが設けられた故郷を追われ，両親を強制収容所で失う．1948年に *ウィーンで処女詩集『骨壺からの砂』(Der Sand aus den Urnen) を出版し，同年 *パリに移住，その後詩人としての活動を始める．ホロコーストの体験から彼の文学が出発した，ということもできるが，ユダヤ人としての意識は直接 *アウシュヴィッツの悲惨を描き出すのではなく，むしろその歴史的現象の背景にある宗教的危機を暗示している．救世主の現れを待望し続ける選民としての確信はホロコーストという逆説的な出来事によって，超越者ではなく，人間とともに苦悩する神の姿に突きあたることになる．第4詩集『誰のものでもない薔薇』(Die Niemandsrose, 1963) に収められた詩「チューリヒ，シュトルヒェンにて」(Zürich, Zum Storchen) では，同じくユダヤ系ドイツ語詩人 *ザクスとの出会いと対話が示唆されているが，そこから読み取れるのは，「神の亡命」である．*イスラエルとともに迫害と *捕囚の途上で悩む絶対者の幻は，詩的言語の到達地点が無と有とのはざまに生起する沈黙の深淵にある，という現実をツェラーンの作品のなかに垣間みさせている．1969年にイスラエルを訪問するが，そこには詩人の期待していたユダヤ的心象風景はみいだせなかった．ユダヤ人であることは，彼にとっては政治的な色彩をもたず，個人的な主体性以外の何ものでもなかったからである．パリにて入水自殺．

【著作集】*Gesammelte Werke*, 5 v., 1983 ²1992.
【邦訳】中村朝子訳『パウル・ツェラン全詩集』(青土社 1992).
【文献】生野幸吉『闇の子午線』(岩波書店 1990); 相原勝「日本におけるパウル・ツェラーン——翻訳と研究文献」『ドイツ文学』86 (1991) 193-226; 中央大学人文科学研究所編『ツェラーン研究の現在』研究叢書19 (中央大学出版部 1998); 鍛治哲郎『ツェラーン言葉の身ぶりと記憶』(鳥影社 1997); W. HAUG, ed., *Religiöse Erfahrung* (München 1992) 453-69; O. PÖGGELER, ed., *Der glühende Leertext* (München 1993); K.-J. KUSCHEL, *Vielleicht hält Gott sich einige Dichter* (Mainz 1991) 285-306.

(富田裕)

ツェル　Zell, Matthäus　(1477. 9. 21-1548. 1. 9)

ストラスブールの宗教改革者．1518年に *ストラスブールの大聖堂説教者となる．1521年頃から *ルターの影響で *宗教改革の精神を説く．司教の非難に対して『キリスト者の責務』(Christliche Verantwortung, 1523) を著すが，これは当地での最初の *福音主義の著述．貧困者を救護した．

【文献】キ人890; キ大704; RGG³ 6: 1891-92.

(榎本昌弘)

つがる　津軽

陸奥国，現在の青森県北西部に位置する．東は陸奥湾に面していて，北は津軽海峡，西は日本海に面している半島である．1590年 (天正18) 赤石城

つがるのぶかず

城主・大浦守信の子，為信が *豊臣秀吉よりその地方の領主に任ぜられ津軽の名が与えられた．その子 *津軽信枚は徳川方につき1610年(慶長15)に津軽郡に弘前城を築いた．
【文献】高柳光寿他編『新訂寛政重修諸家譜』12(続群書類従完成会1965)．　　　　　　　(結城了悟)

つがるのぶかず　津軽信枚　(1586-1631)　キリシタン大名．洗礼名ジョアン．信牧(のぶまき)とも記す．津軽為信の三男で兄の *津軽信建の死によって1608年(慶長13)父の跡を継ぐ．信枚の *キリシタンとの関わりは *大坂で始まった．1590年(天正18)に *豊臣秀吉より津軽領を受けた為信は，すでにキリシタンが禁じられていたにもかかわらず大坂でキリシタンとめぐり逢い，1595年，受洗を決めて教理の勉強をしていたが津軽領内の問題で戻らなければならなかった．帰国前に，当時10歳であった信枚に *洗礼を受けさせたいと考え，その宗教教育のため一人の伝道士(*カテキスタ)を伴った．信枚は1596年に受洗．東照宮の養女・満天姫と結婚したが，徳川の圧迫によりキリシタンの信仰を保つことはできなかった．1614年(慶長19)，*徳川家康は主だったキリシタンの流刑地として *津軽を選んだが，津軽領内では殉教は少なく，迫害が行われたのも幕府の命によるものだけであった．
【文献】結城了悟『キリシタンになった大名』(キリシタン文化研究会1986); 高柳光寿他編『新訂寛政重修諸家譜』12(続群書類従完成会1961)．　　　(結城了悟)

つがるのぶたけ　津軽信建　(1574-1607)　キリシタン武将．津軽為信の長男．*豊臣秀吉の時代に *大坂，京都(*都)で潜伏していた *オルガンティーノ，*モレホンの両司祭と知り合ったが，禁教令のため *洗礼を受けることを延期していた．1607年(慶長12)大坂に戻り，自分の死の近いことを予感して受洗，宣教計画を心に津軽に戻った．教会建設を考え，当時京都で完成した立派な教会の図面をも持ち帰っていたのである．弟の *津軽信枚はすでに受洗しており，父親も *キリシタンに対して理解を示していたので宣教師たちは大きな希望を抱いていた．しかし，同1607年，信建が急死してすべての計画は空しく消えた．
【文献】結城了悟『キリシタンになった大名』(キリシタン文化研究会1986); 高柳光寿他編『新訂寛政重修諸家譜』12(続群書類従完成会1961)．　　　(結城了悟)

つがるるけい　津軽流刑　1614年(慶長18)12月23日付で，*徳川家康は *宣教師の追放令とキリシタン宗門の禁令を発布すると同時に，数人の代表的な信徒を追放した．*高山右近，*内藤如安，*都の比丘尼と呼ばれた *修道女たちを *マニラへ追放し，*大坂，京都(*都)，*金沢で高山右近の尽力でできあがった教会の主だった信者たちを *津軽の高岡へ流刑にした．初めに大坂と京都からの信徒たちが高岡に入り，遅れて金沢からの信徒たちがその近くの二つの村に監禁された．彼らのなかには *宇喜多休閑とその息子3人や柴山権兵衛などがおり，*イエズス会の宣教師 *アンジェリス，D. *カルヴァリョ，*結城ディエゴなどが信徒たちに *秘跡を授けるために津軽まで赴いた．信徒たちは厳しい生活のなかで信仰を守り続け，キリシタンの教えを伝えた．その生活の苦しみによって死亡した人々は *殉教者と考えられる．彼らが書いた手紙が宣教師の記録に残ってお

り，その深い信仰を表している．
【文献】浦川和三郎『東北キリシタン史』(日本学術振興会1957); H. チースリク『北方探検記』(吉川弘文館1963)．　　　　　　　　　　　　(結城了悟)

つきじてんしゅどう　築地天主堂　1871年(明治4)夏に東京での宣教が始まり，1874年2月に *パリ外国宣教会の *マランが築地居留地内に土地を借り入れ，聖 *ヨセフに捧げた仮聖堂を建てた．築地天主堂の発祥である．1876年設置の北緯代牧区(*北緯聖会)の司教 *オズーフは翌年7月，*司教座を築地に移すとともに，教会所有地に礎石を置き，ゴシック式の木造聖堂を建設，1878年8月15日に *献堂式を執り行った．1879年には神田猿楽町から神学校が移転した．教会堂は1923年(大正12)の関東大震災で焼失，1927年(昭和2)4月，新聖堂が竣工した．歴代の主任司祭には，*エヴラール，*ミュガビュール，*シュタイシェン，F.-P. *ヴィグルー，外岡金声(1866-1933)その他の名がみえるが，献堂まもない頃にオズーフを助け，要理教育などを担当した伝道士(*カテキスタ)の *石川音次郎の長年にわたる築地教会への貢献も忘れてはならない．
【文献】石川音次郎『東京築地記憶録』(私家版1925); 築地カトリック教会百周年記念誌編集委員会編『つきじ百周年記念号』(記念誌編集委員会1978)．　(尾原悟)

つきもの　憑きもの　[英・仏]possession, [独]Besessenheit　人間その他に憑依する霊的存在を指す場合と，霊的存在または呪力が人間その他に乗り移り，あるいは影響を与えて，人間や事物に聖なる変化を生じさせると信じられている現象を指す場合との2種類の意味がある．後者を意味する憑きものは憑霊(精霊憑依，[英]spirit possession)と同義である．霊(力)が人間に憑依する仕方は一様ではなく，その特色から，(1)霊(力)が身体に侵入する憑入型，(2)霊(力)が身体に付着する憑着型，(3)霊(力)が身体の外側から影響を与える憑感型の3型がみられる．これらの型を意図的に作り出すのがシャーマン的職能者(→シャーマニズム)であるが，普通の人もこれらの型を無意図的に示すこともある．双方とも望ましい憑霊である．他方，災いの原因である無意図的な望ましくない憑霊もある．この場合にはシャーマン的職能者に除祓してもらわなければならない．人間の憑霊には，トランス(変性意識)を伴う場合とそうでない場合とがある．*聖霊の象徴である白鳩が聖母 *マリアを目指して飛んでいく *受胎告知の絵は，憑霊を構図とする作品と解される．また，人間以外の事物の憑霊は，動物，植物，自然物，人工物など万般に及ぶ．入魂式の終了後に神像や仏像が礼拝の対象とされるのは，その一例である．
【文献】宗教学辞典555-56; 佐々木宏幹『憑霊とシャーマン』(東京大学出版会1983)．　　　(佐藤憲昭)

つくししげなり　筑紫茂成　(1575-1646.8.21)　桃山時代の武将．筑紫惟門の次男．兄の *筑紫広門の養子となり，広門と改名する．初め *豊臣秀吉に仕え，1599年(慶長4)従五位下主水正に叙任．1600年の関ヶ原の戦いでは西軍に属し，伊勢口を防衛．戦後追放され，肥後に隠棲．1614年細川忠興(1563-1645)につき大坂の陣には徳川勢となり，1627年(寛永4)寄合に列し，豊後国速見郡に3,000石の采地を与えられた．文禄の役に出征中の1593年(文禄2)か94年に *小西行長の保護

のもとに宣教を行っていた G. デ・*セスペデスにより受洗してシモンと称した「筑紫殿の長男」という人物に比定する説があるが，確証はない．
【文献】『イエズス会日本年報』1595年度（ARSI, Jap. Sin. 52, ff. 85-117v）;『寛政重修諸家譜』第738巻（続群書類従完成会 1965）． （尾原悟）

つくしひろかど　筑紫広門　(1556-1623. 5. 22)

筑紫惟門の子．1587年（天正15），*豊臣秀吉の島津攻めに従軍，筑後上妻郡に1万8,000石を安堵され，山下城主となる．文禄・慶長の役に朝鮮に出兵，関ヶ原の戦いでは西軍に属して領地を失い，*加藤清正のもとに身を寄せる．1595年度の*『イエズス会日本年報』によれば，朝鮮出兵中に*小西行長のとりなしで*有馬晴信の娘との縁組みを望み，嫡子とその家臣を受洗させ，自分も帰国後に*キリシタンになることを約束したとある．筑紫広門父子についての宣教師の記録はこの年報のみで，ほかにはないので，この父子の*洗礼については明らかではない．
【文献】『イエズス会日本年報』1595年度（ARSI, Jap. Sin. 52, ff. 85-117v）;『寛政重修諸家譜』第738巻（続群書類従完成会 1965）． （尾原悟）

つくだまたうえもん　佃又右衛門　(?-1617)

*キリシタンの武士．初め*蒲生氏郷に仕え，1590年（天正18）の小田原の陣に功があったが，その後1613年（慶長18）までは安芸の福島正則（1561-1624）に仕えていた．受洗年は明らかでないが，洗礼名はペドロ．1614年の禁教令後も広島教会の柱石であった．大坂城落城のとき，城中にいた宣教師*ポロや*明石掃部の子・内記の脱出を助けたことから捕らえられ，江戸送りとなった．火炙りの刑で殉教．一族もすべて処刑された．
【文献】H. チースリク『芸備キリシタン史料』（吉川弘文館 1978）． （尾原悟）

つぐない　償い　〔ラ〕satisfactio，〔英・仏〕satisfaction，〔独〕Genugtuung

【概要】この用語は，何らかの弁償の義務がある場合に，他の方法や手段によってその義務から解放されることを意味する古代ローマの法律用語に由来している．したがって元来，*正義に関係した用語であったが，キリスト教神学に採用された後には，その意味は普通にいわれるような単なる交換正義，つまり同等の対価をもって贖われるようなものとしてではなく，人間をゆるし，清め，救う神の正義と関わりのある意味を帯びた．このようにキリスト教における償いとは，一般の法律の用語範囲をはるかに越えたものであり，さらに*ゆるしの秘跡や*回心，悔悛，また*恩恵との関連で理解されるのがふさわしいといえるであろう．

【悔い改め・痛悔との関わり】中世期以来のカトリック教会の伝統によれば，償いとは，「十分にふさわしく」（〔ラ〕satis），償いの業を「実行すること」（factio）を意味しているとされ，悔悛とは「心からの痛悔，言葉での告白，行為による償い」（compunctio cordis, confessio oris, satisfactio operis）という三つの要素から成り立っていると考えられた．このように償いは，回心から痛悔，そして罪の告白，さらに償いへと至る悔い改め，ないしは悔悛という一連の過程のなかに位置づけられるようになった．*罪と戦うに際して，悔い改めとその罪への償いは，どうしても必要なものなのである．それゆえ，痛悔は必然的に償いの意志を伴っているものであり，もし真の痛悔や悔い改めが求められないとするならば，そこには償いもその真の姿を現さないのである．償いは正しい痛悔から湧き出る行為であり，神の憐れみが深く悟られるに従って，感謝と喜びのうちに果たされるものとなる．

【神の憐れみとの関わり】キリスト者は，自分の行う償いが，神の*ゆるしを当然のことのように要求できないことを知っている．神は人間の行為に対しての何らかの義務あるいは強制された結果として人間をゆるすのではない．神の憐れみとゆるしは，無償のものだからである．すなわち，人間は神に対してへりくだる心によってのみ，神の憐れみとゆるしを期待することができる．キリストは十字架上の*受難と*死によって，我々人類すべての罪を贖った．キリスト者の償いは，まさにキリストのこの業を信頼することによって有効性をもちうるのであり，そしてそのような償いの行為を通して，我々の抱く神への信頼はますます深まっていくのである．そのようにキリスト者の行う償いに対して，キリストだけがそれを神に向けて高め，価値あるものとするのである．したがって，キリスト者の果たす償いは，人間だけが孤立して行う行為ではありえないことになる．また，自分の罪がゆるされ，悔い改めの業としての償いを果たす行為は，キリストによって示され，キリストにおいて成し遂げられた神のゆるしと*救いの業に感謝を捧げる行為ともなるのである．そのように，償いは強制された行為としてではなく，また義務としての行為でもないということが明らかになる．償いは，ゆるされた者が行うことのできる感謝の行為なのである．

【ふさわしい償い】しかしながら，償いの程度にも我々は注意を向けなければならない．教会は伝統的に償いを重視してきたが，それは償いが，徹底的なもの，あるいは程度の大きい強烈なものであれば何事にしろよしとしたのではないということである．また，場合によっては極端と思えるような償いが，喜びの告知としてのキリストの宣べ伝えた*福音への唯一の回答であると解釈されてきたということでもない．償いは悔い改めや悔悛からおのずと生じる感謝の表現であり，悔い改めが真摯で深いものであればあるほど喜びをもって自発的に湧き出てくるものである，という考えが背景にあったからである．神のもとに立ち戻るには，真の悔い改めが必要不可欠であることを充分に認識していた結果でもあったのである．現代では以前ほど厳しい償いを課すことはなくなったが，かつての精神は尊重されるべきであろう．

ところで，罪に相応しない償いは，しばしば悔い改めや回心の真剣さをいい加減で中途半端なものにしてしまう結果にもなる．したがって，償いはなされた罪の重大さに比例して，またその人の身体的・精神的な状況や成長段階に応じてなされる必要がある．実際，ふさわしい償いは，罪を犯した人が再びその*悪に打ち負かされないためにも，効果のあるものとならなければならない．

【キリストの贖いの業との関連】キリストは，*贖いの業によって人間に神との*和解と神からの救いをもたらしたが，人類にそのような道が備えられたのは，キリストを通して以外にはないのである．そのようにして，神はキリストによって，人類に罪からの解放と救いをもたらした．我々が罪の償いをすることができるのは，ただこのキリストの贖いの効果によるのである．悔い改めようとする人は，自分がいかに貴重で高価な代償によって罪がゆるされかつ贖われたかを決して忘れないであろう

し，キリストが罪の連帯性を救いの連帯性へと変えたことに深く感謝するであろう．キリストによってなされたこの変化に，キリスト者の感謝と賛美の根拠がある．したがって，キリスト者の償いが真摯なものであればあるほど，我々の行う償いには，キリストの贖いの業との深い関わりが生じてくるのである．「キリストによって，キリストとともに，キリストのうちに」（*奉献文の*栄唱）成し遂げられた贖いの業に一人ひとりが感謝して参与することによって，我々の罪に由来する償いには，全く新しい価値が開かれていくのである．

【秘跡的価値】我々は，償いという行為によって，我々のために受難と死を体験したキリストのあとに従う者となる．特にゆるしの秘跡のうちに，我々は「わたしについて来たい者は，自分を捨て，自分の十字架を背負って，わたしに従いなさい」（マタ16：24）と述べたキリストに文字通りに従うことになる．犯された罪へのキリスト教的な意味での償いは，単に弁償や罰，弱さへの矯正以上のものであり，我々が*秘跡においてキリストと同化することに，その卓越した価値と効果がある．我々の生涯はキリストのあとに従うことにおいて，その究極的な価値をみいだすのである．そのため，キリスト者にとっての苦痛や*悲しみは，実にキリストのあの贖いの業に秘跡的に参与することなのである．キリスト者の償いは，キリストの苦しみ，痛みを自分のものとしてそれに一致し，さらにすべての*聖人と一つになって，自分一人のためだけではなく，すべての人々のためになされるはずのものなのである（償いの連帯性）．「教会およびキリスト教的生活の秘跡的な形態の中で，わたしたちは自分の悔い改めと償いを，教会の全体的苦難や償いと一致させる．……教会全体にとっての償いの必要性は，救済の業の不足からではなくて，救いの豊かさから来るのであり，その豊かさゆえに主は，わたしたちを単に受動的な受け手としてばかりでなく，協力者としても選ぶのである」（B. ヘーリング『価値判断の根底を探る』p. 291）．

【償いの精神】真の償いを根拠づける真摯な悔悛は，必然的に神と隣人に対して犯された罪に対する償いへの意志とともに悲しみをも伴うはずであるが，この悲しみは，神と教会の前に自分の罪を認めることにおいて現れ，神の命じることに謹んで従い，教会の課す償いを受け入れ，次いで償いの業を実行することによって示されるであろう．したがって，習慣的に行われる償いの業やそのために唱えられる祈り（伝統的には*断食，*節制，*施し，*祈り，またその他の*信心業など）が，仮に習慣に流されて注意深く行われないとするならば，神のゆるしの有している深い次元との関わりや，本人の悔い改めへの決心を曖昧なものにしてしまう危険性が生じてくる．償いはふさわしい悔い改めや悔悛の精神があって初めて実りあるものとなるのである．ふさわしい償いが必要であると理解することのできる人だけが，自ら犯した罪の重大さを真に認識し，道徳的進歩を遂げることができ，キリストに倣って新しい生き方を目指すことができるのである．また償いにおいて，根底に*愛がなければ，償いはその意味をなくし，形ばかりのものとなってしまう．その意味から，祈りが償いとして課される場合，祈りの性格を誤らせるものとなってしまうことがある．祈りは，キリスト者にとって，神への感謝と賛美の語りかけであり，キリスト者の特権であり，償いの業として課されるはずのものでは本来ないからである．「わたしたちは，生活に身近な悔い改めの共通の探求において，創造的であるべきであろう」（同 p. 294）．

【文献】ERE 11: 207-10; B. ヘーリング『キリストの掟』1, 渡辺秀他訳（中央出版社 1966 ²1968)529-610: B. HÄRING, Das Gesetz Christi, v. 1 (Freiburg 1963); 同『価値判断の根底を探る』中村友太郎訳（中央出版社 1990) 285-95: ID., Frei in Christus, v. 1 (Freiburg 1979); C. E. CURRAN, Directions in Fundamental Moral Theology (Notre Dame, Ind. 1985) 99-118. （清永俊一）

つぐないのきていしょ　償いの規定書〔ラ〕libri poenitentiales,〔英〕penitential books,〔独〕Bußbücher,〔仏〕livres pénitentiels　中世以降，*西方教会でしだいに定着した*ゆるしの秘跡において*聴罪司祭が用いた手引書．古代教会ではキリスト者が*洗礼の後に犯した*罪を公衆の面前で告白し*回心（悔い改めの業）を行う習慣があったが，やがて中世の西方では個人的に司祭に罪を告白し，司祭から課される相応の*償いを果たすことによって罪の赦免を受けるようになった．償いの規定書は個々の罪のリストとそれに呼応する償いなどを記したもので，時代と場所によってさまざまに異なるが，現存する最古のものは6世紀のアイルランド，スコットランド，イングランドで成立．その後，おびただしい写本と作者不詳のために生じた混乱に対して，8世紀*カロリング朝の時代に改革が行われ，統一的な基準が制定されるようになった．これらの書は道徳規範として中世キリスト教の*良心の洗練と文化の向上に寄与した(→贖罪制度)．

【文献】LThK² 2: 802-805; LThK³ 2: 822-24.
（土居由美）

つぐないのマリアしゅうどうじょかい　償いのマリア修道女会〔仏〕Société de Marie Réparatrice,〔略号〕M.R.　教皇庁立女子修道会．フランスの*ストラスブールで1857年にエミリ・ドゥルトルモン（Emilie d'Oultremont d'Hooghvorst, 1818-78）によって創立され，1869年*聖座により認可された．創立者が理想としたのは聖母*マリアを模範とし，彼女とともに神に対してなされたあらゆる侮辱と人類の犯した罪によってもたらされた悪を償うために神に完全な自己奉献をすることであり，その実現方法として会員は絶えざる*聖体礼拝と，信仰を目覚めさせ促進するために有益なあらゆる*使徒的活動，例えば*黙想会，教理指導，宣教事業などに従事する．ヨーロッパ，アフリカ，アメリカで活動し，1997年末現在の施設125，会員数1,020名．総本部をローマに置く．

【文献】AnPont (1999) 1609; Cath. 8: 620; DIP 6: 1061-62; 8: 1627-31; V. DELAPORTE, La Société de Marie Réparatrice (Paris 1891). （和田誠）

つくみ　津久見　大分県の東南に位置し，豊後水道に面す．中世には大友水軍の根拠地の一つであった．狩猟を好んだ*大友義鎮（宗麟）は津久見でしばしば狩りを行っており，また，早くから隠居地と決めて移り住み，同地にオラトリオ（小礼拝堂）を設け，*イエズス会の司祭や修道士を招いて常駐させた．宗麟は1587年（天正15）6月28日ここで逝去し，*ラグーナが葬儀を執り行った．

【文献】『イエズス会日本年報』1584年度 (ARSI, Jap. Sin. 45 I, ff. 67v-68); 1587年度 (ARSI, Jap. Sin. 51, f. 58). （尾原悟）

つじトマス　辻トマス （1577-1627）

*日本205福者の一人．大村領の東彼杵に生まれる．1585年(天正13)*八良尾の*セミナリヨに入り，1589年*大村にあった修練院において*イエズス会に入会した．*天草，*河内浦の*コレジオで勉強した後，*イルマンとして活躍し，説教者として高く評価された．1612年頃*長崎で司祭叙階．1614年(慶長19)*マカオに追放された．1618年，ひそかに日本に戻ったが，1620年頃イエズス会を退会．1627年(寛永4)7月22日長崎で捕らえられ，クルス町の牢に投獄中，再びイエズス会に受け入れられた．同年9月6日，宿を提供した牧ルイス，その妻ジョアンナとともに西坂で火炙りの刑により殉教を遂げた．3人は1867年(慶応3)に列福され日本205福者のなかに数えられている．

【文献】L. パジェス『日本切支丹宗門史』全3巻，吉田小五郎訳（岩波書店 1938-40）; J. F. SCHÜTTE, *Monumenta Historica Japoniae*, 1 (Roma 1975). （結城了悟）

辻トマス
（タンネル『イエズス会殉教録』）

つじのひさのり　辻野久憲 （1909.5.28-1937.9.9）

カトリックの仏文学者．京都出身．1932年(昭和7)東京帝国大学卒．*吉満義彦と知り合い，カトリックを知る．1936年，*神山復生病院に*岩下壮一を訪ねて入信を決意し，翌年，受洗．洗礼名ヨハネ．*ジッド，*ヴァレリー，ジャック・リヴィエール，F.*モーリアックなどの著作の翻訳に従事し，また，自らの信仰告白を「漂泊者の手記」や「天と地とのあはひ」（いずれも*『創造』に発表）などに記している．

【文献】「辻野久憲特輯」『創造』13 (1937). （尾原悟）

つちはしやちた　土橋八千太 （1866.5.26-1965.3.11）

カトリック司祭．諏訪に生まれる．宣教のため諏訪地方を巡回中の*パリ外国宣教会のラングレ(Julien Albert Langlais, 1850-1923)に出会い，受洗．洗礼名パウロ．聖職を志して上京し，築地のラテン学校に入学．1886年*上海に渡り，*イエズス会の経営する若瑟学院で哲学・数学・物理学などを修め，1888年イエズス会に入会した．その後フランスに移り，*パリ大学で数学・力学・天文学を修め，学位を取得．1901年*リヨンで司祭に叙階．上海佘山天文台(→ゾスの聖母聖堂)副台長を務める．1911年(明治44)帰国し，*上智大学の設立準備にあたり，設立後は数学と漢文を担当した．1940年(昭和15)に学長に就任し，戦時下の難局に対処した．1964年，教育上の功績により勲三等瑞宝章を受ける．著書に『邦暦西暦対照表』（上智大学 1952）などがある． （尾原悟）

つついさだつぐ　筒井定次 （1562-1615）

安土桃山・江戸時代前期の*キリシタン大名．1572年(元亀3)，大和郡山城主・筒井順慶(1549-84)の養子となり，1584年(天正12)に順慶が没したのでその封を継ぎ大和を領したが，翌年伊賀上野城に移り，山城，伊勢国のうち8万石を加えられ，都合20万石を領した．1592年(文禄1)朝鮮出兵のとき肥前名護屋城に駐屯し，その間*長崎に赴いて巡察師*ヴァリニャーノから受洗．1608年(慶長13)家臣に不行跡を訴えられて改易され，奥州岩城の鳥居忠政(1566-1628)に預けられた．一説に，*キリシタンであることが露見したためともいわれる．1615年旧臣が大坂方に属したため，子息・順定とともに自害．

【文献】『イエズス会日本年報』1592年度 (ARSI, Jap. Sin. 51, ff. 303-370v). （尾原悟）

つついマリア　筒井マリア （?-1639.10.8）

出身地の名をとって，伊賀マリアともいう．筒井順慶(1549-84)の娘ともいわれる．*モレホンの指導のもとに創立された日本最初の女子修道会*ベアタス会の創立者の一人．創立者*内藤ジュリアに導かれて1596年(慶長1)頃に受洗．1614年(慶長19)京都(*都)で俵責めの拷問を受けた後，*長崎に送られ，次いでジュリアらとともに*マニラに追放された．同地で*修道生活を全うし，サンミゲル修道院で死去した．

【文献】片岡瑠美子『キリシタン時代の女子修道会』（キリシタン文化研究会 1976）; P. PASTELLS, *Labor evangelica*, v. 3 (Barcelona 1902) 503. （尾原悟）

ツッカリきょうだい　ツッカリ兄弟　Zuccari

イタリアの画家兄弟．ウルビーノ近郊のサン・タンジェロ・イン・ヴァド(Sant'Angelo in Vado)の出身で，兄のタッデオ(Taddeo Zuccaro, 1529-66)は*ローマで，弟のフェデリコ(Federico Zuccaro, 1540/41-1609)はアンコーナ(Ancona)で没す．タッデオは14歳のときにローマに出て，主に*ラファエロとその流派の作品から多くを学び，後期*マニエリスムを代表する画家の一人となった．代表作であるローマのサン・マルチェロ・アル・コルソ聖堂フランジパーネ礼拝堂の祭壇画『聖パウロの回心』には，ラファエロの明快な画面構成や*ミケランジェロの力強い人物像の影響がみられる．一方，タッデオのもとで訓練を受けた弟のフェデリコは，兄の没後，後継者として工房と仕事を引き継ぎ，カプラローラ(Caprarola)のヴィラ・ファルネーゼの装飾などを完成させた．晩年には芸術論『画家，彫刻家，建築家の理論』(Idea de' pittori, scultori ed architetti, 1607)を出版するなど著作家としても活動した．

【文献】DA 33: 716-21; S. J. FREEDBERG, *Painting in Italy: 1500-1600* (Baltimore 1970). （本間紀子）

ツッカーロ　→　ツッカリ兄弟

つまずき　躓き 〔ギ〕skandalon, 〔ラ〕scandalum, 〔英・仏〕scandal, 〔独〕Skandal

躓きとは一般には，足先を物に打ち当てて前へよろめくことを意味しているが，ここでは人がぶつかり躓いてよろめくような障害物を指す．*倫理神学の古典的定義によれば，「他人に罪を犯す機会を与える正しくない言葉または行動や態度」を指し，個人の*救いに対する重大な責任感の欠如の意味合いを含んでいる．しかし福音書においては，倫理神学とはかなり異なった用い方がなされている．すなわち，人が躓きに直面することによって今までの考え方や生き方，常識が揺り動かされ，その結果，各人に新たな*決断を迫るような，人間の態度や言動，という意味である．

【躓きとしてのキリスト】イエスの言葉と行い，そして

つみ

生き方のすべては，人々にとってさまざまな意味で躓きの種となり，イエス自身も意識的につねにそうであろうとした．イエスの意図は，躓きによって神の救いから人間を遠ざけることにはなく，まさにその反対であり，人々が*福音を受け入れるために明確で真摯な決断をすることにあった．イエスはすべての人に，各人の*回心を通してあずかることのできる救いを告げ知らせ，神の*恩恵に自らを委ねようとする人々を救おうとした．その結果，救いの福音そのものが，ある人には確かに救いをもたらすものとなるが，しかしまた他の人には神に背を向ける結果ともなる．「わたしにつまずかない人は幸いである」（マタ 11：6）とイエスはいった．イエスのもたらした躓きの種は，人々を誤った偽りの状態から正しい*信仰へと連れ戻すために必要不可欠のものである．福音書には，人々の驚きと疑い，賛美と感謝の原因となった躓きとしてのイエスの言動が明確に述べられている．確かに*十字架は最大の躓きであった．「わたしたちは，十字架につけられたキリストを宣べ伝えています．すなわち，ユダヤ人にはつまずかせるもの，異邦人には愚かなものですが，……神の力，神の知恵であるキリストを宣べ伝えているのです」（1 コリ 1：23-24）．

*使徒たちも，この躓きとしてのイエスを断固として宣べ伝えている．しかし，人々に福音を宣べ伝える際に，キリストのもたらしたこの「躓き」から生じる人々の実際の躓きの原因をできるだけ最小限に抑えようとする人間的配慮から，弟子や使徒たちのなかにおいてさえも，*律法の扱いや食事の規定をめぐっての *ペトロと *パウロの対決にみられるような，葛藤が少なからずあったことを我々は知ることができる（→ 使徒会議）．

【躓きの区別】躓きは通常，他人に *罪を犯すような機会を与える正しくない言葉または行動や態度という意味で用いられているが，実際には，必ずしも正しくない言動ばかりを指すのではなく，有益な躓きもありうる．したがって，どのような内容であるかによって躓きは区別されなくてはならない．神の *愛の現れである十字架のキリストに代表される「躓きとしてのキリスト」を忘れるならば，また人々を神の愛に対して重大で真摯な決断に直面させようとするキリストの使命を受け継いでいるキリスト者が，社会の風潮や生き方に無思慮に迎合し，その使命を軽視し忘れ去るとするならば，キリスト者の使命を歪めることになり，そのことによってキリストの真の姿に対して，逆に人々を躓かせることになるのである．また，我々のなかにみられる一つの傾向であるが，「あなたがたの父が憐れみ深いように，あなたがたも憐れみ深い者となりなさい」（ルカ 6：36）というキリストの教えを顧みず，規則上の問題点だけに我々の注意を注ぐとするなら，キリストの教えに対して躓きの種となるのである．社会のなかに生きるキリスト者は，キリストを正しく理解し，「躓きとしてのキリスト」に由来する「躓き」に対して臆病であってはならないのである．

【文献】B. ヘーリング『信仰ある希望—キリストにおける自由』磯見昭太郎訳（中央出版社 1987）188-207；同『キリストの掟』3, 渡辺義愛訳（中央出版社 1968）65-88：B. HÄRING, *Das Gesetz Christi* (Freiburg 1954); A. ファン・コール『倫理神学概論』1, 浜寛五郎訳（エンデルレ書店 1975）272-77：A. VAN KOL, *Theologia Moralis*, v. 1 (Freiburg 1968); B. HÄRING, *Frei in Christus*, v. 2 (Freiburg 1980). （清永俊一）

つみ　罪　〔ラ〕peccattum, 〔英〕sin, 〔独〕Sünde, 〔仏〕péché

【聖書】広義の罪は，人間の特定の行動ないし態度に基づく宗教的失格を意味する．聖書においては，唯一絶対の創造主，イスラエルの主，イエスの父である神に対する根本的態度に関わる．罪が人間の実存と世界の現実の深みまで浸食していることは，神の救いの業によって初めて明らかになる．

旧約聖書の罪をめぐるヘブライ語は多様であり，ḥaṭṭâʾt（過誤，過失），ʿawôn（不正，正しい道からの逸脱），pešaʿ（反抗），rāʿā（邪悪）など，宗教的意味としてのみならず一般の用語としても用いられるものである．

個々の罪は共同体の秩序に対する違反行為として，罪人自身だけでなく共同体にも損害を与えるものであり，それゆえ罪は違反行為とともにその結果である災い（ないし *罰）をも表現する．

聖書は罪の本質について，概念的定義を与えるよりは，むしろ歴史的・実存的経験を追体験させる意図をもって語る．その表象は多彩であり，生を脅かす悪魔的存在（創 4：7）のごとき悪の領域に接触して罪とされるなどの，呪術的 *タブーの意識から，他方では *祭司文書の緻密な贖罪に関する法体系まで（レビ 4-16 章等），また他方で個人的・人格的罪の深い意識まで（サム下 12 章；詩 51），その様相は多元的である．その本質をあえて要約すれば，罪とは先在的秩序，つまり神がその *創造において本質的に据えた秩序（あるいは *律法，*掟）に対する背反である．罪は世界を支配するべき神的秩序を混乱させるものであるから，隠れた罪といえども人間共同体，全宇宙に影響を及ぼさないではおかない．*楽園物語で神は，人間の生存条件として，食料と助け手とともに，園の「中央」に善悪の知識の木とそれに関わる命令を与える（創 2：17）．この命令に反したために地すなわち人間とその世界は混乱する（*呪い．創 3 章）．神が据える秩序，命令はその表象が物語る通り，世界存続の中心的意義をもっている．

被造物である世界全体のなかで *神の民は特別な意味と使命をもって神に創造されたものであり（出 19：5-6），その罪と赦しは世界に対する神の *啓示をもたらす．すなわち預言者たちは共同体としてまた個々の成員として神の民の違反を指摘し *回心を要求するが，その根底には *選びの神への忘恩，神の愛への裏切りがあり（ヤロブアムの罪，王上 12：25-33；異国の神々に従う，王下 21：2-16），その赦しは，創造がそうであるのと同じく，神の愛に依るほかはない（ホセ 2 章，11 章等）．

バビロン *捕囚の悲劇的体験は神とその民の関係を深く反省する機会となった．王国時代の罪に対する罰は神との結びの終結を意味するのではなく，回心により新たな出発へと向かうものとして受け止められ（エゼ 18 章等），終末的完成のときにすべての罪と暴力が滅ぼされるという恵みの希望が生まれた（イザ 2：2-5）．

他方で罪とそれが及ぼす影響である *悪について，神との関係が問題とされる．罪に対し罰が必ずしも下されるわけでもなく，正しい人が苦しみ，罪を罪とも思わない邪悪な者が栄えるのも現実である．つまり行為とその報いに関して世界には合理的秩序がない．ヨブとコヘレトが正面から取り上げたこの疑問は（ヨブ 24：1-12；コヘ 8：11-12 等），人を罪に誘う悪の起源と神との関係という *神義論の根本的問題を（神の悪に対する支配を認めたうえでも）投げかけている．

新約聖書はギリシア語の名詞 hamartia とその関連語をもっぱら用い，旧約の罪概念を前提とする．新約聖書

の使信は罪を定義することではなく,「わたしたちの咎のために」(イザ53:5)苦しむ*主の僕が神の子自身であること, 彼は破壊的勢力である罪に打ち勝ち, 世を神と和解させるために(2コリ5:20)来たこと, すなわちキリストにおいて余すところなく啓示された神の愛と, これを信じて応える人間の諸次元を告げることに中心がある.

*共観福音書でイエスの福音は,「罪の赦しを得させる悔い改め」への呼びかけとして「あらゆる国の人々に宣べ伝えられる」ものとされる(ルカ24:47). イエスは罪人に近づき(マコ2:16), ザアカイの回心を「アブラハムの子」の回復という(ルカ19:9). それは*悪霊や病にとりつかれた人々を癒やし(マコ1:34), 死者を蘇らせる(マタ9:18以下)こととともに, *神の国が罪ゆえに傷ついた人間と世界を癒やし立て直す象徴ともなっている. すなわち異邦人にも及ぶ救い(マコ7:24-30. またイザ42:6も参照)が回復されたイスラエルから発する. イエスは刷新されたイスラエルの生き方を示す指針として「律法」を与える(マタ5章以下. またマコ7章のファリサイ派の人々との論争参照). イエスが与える「律法」は, 外的行為の規制ではなく, 内面からの回心を要求するものであり(マコ7:21-23), 罪の深い次元を明らかにする. いわゆる「放蕩息子の譬え」(ルカ15:11-32)に表されているように, 家を出た弟(罪人)だけでなく, 家にとどまった兄(義人)にも回心が求められる. 結局罪の本質は, 倫理的違反行為の次元では現れない. 神以外のものに頼り, 神の愛の招きを拒絶することこそが人間に深く巣くう罪の本質だからである.

ヨハネ福音書は,「光」であるイエスに対抗する勢力,「世の罪」「闇」について語る. 罪の本質は言(ことば)である御子に対する拒絶であり,「最初から人殺しであった悪魔」(ヨハ8:44参照)の奴隷となることである. しかし世の拒絶にもかかわらず神は, 罪がなく(ヨハ8:46)真理そのもの(ヨハ1:14; 8:40)であるキリストの愛(ヨハ15:9)の勝利によって神の愛を証明し(1ヨハ4:8), 御子の栄光を現すことになる(ヨハ17:1-5).

*パウロは単数で表現される「罪」によって, 個々の罪の行為を生み出す根源的敵対勢力の存在を指摘する. 罪は*アダムの不従順によって全人類の内面にまで食い込み(ロマ5:12-19), たとえ善を欲するとしてもそれを成し遂げる力が全くないほどに人間を支配している(ロマ7:18). ここに律法の無力とキリストの救いの例外のない必要性が示されている. 第二のアダムとしてキリストは罪に勝る恵みを世にもたらし(ロマ5:17-21), 信仰と*洗礼によって義とされる信仰者を罪から完全に解放する(ガラ3:26-28; ロマ6:10-11). イスラエルの不信仰もまた神の知恵のなかで, 人間の理解を超えた役割をもっており, 罪でさえも神の救いの計画から逸脱するものではない.

キリストの*受難と*復活が「わたしたちの罪のため」(ロマ8:32; イザ53:5参照)であると信じられるところに, 神の愛が闇のなかに輝き出て, 罪の闇を人類から追いやるのである(コロ3:1-4; イザ49:6).

【文献】新約釈義1: 98-101; 聖書思603-12; ThWAT 2: 857-70; W. ZIMMERLI, *Grundriß der alttestamentlichen Theologie* (Stuttgart ⁵1985) 147-214. (佐久間勤)

【神学的概要】罪は*愛, *恩恵とともにキリスト教神学と信仰生活・霊性にとって最も重要な概念である. それはキリスト者の*良心の糾明による内的生活の深まりを助けたが, 他方では罪についての必要以上のこだわりからパウロの意図とは正反対に罪について小心な態度を養ったこともまた事実であるといわねばならない. 罪について考えるとき, キリスト者は信仰が罪と霊的死からの解放であり, それがキリストの十字架による神の愛と恩恵によってなされたことをいつも覚えていなければならない.

〔教父神学〕初代教会ではキリストによる罪の赦しを福音の中心に据えた宣教を行い, 人々に回心を呼びかけて信者を獲得した. *洗礼は罪からの解放であることを*使徒教父や*護教家教父は強調し, 同時に罪の償いの必要性を説き, キリスト者の生涯が罪との闘いであることを教えた. *グノーシス主義と対決しなければならなかった教父たちは罪の根源が人間の霊魂のなかにあり, 罪が人間の自由の乱用によってもたらされるとして倫理的行為における人間の責任の問題と罪の問題を結びつけた. アレクサンドリアの*クレメンスや*オリゲネスは罪の起源がグノーシス主義者がいうように物質にあるのでなく, 人間の*自由意志による神への不従順にあると考えた. 西方では*テルトゥリアヌスが罪を神からの離反, *偶像礼拝とみなした. しかし罪の神学は, *アウグスティヌスが*ペラギウス派と激しく対立して展開するまで*救済論の一部にすぎなかった. アウグスティヌスは罪の神学を体系化したが, 同時にそれを一方的に極端な方向に向けた. 彼によれば罪の本質は神に対立する人間の意志であり, *最高善である神に対立して自分を立てる傲慢と, 自己愛によって自分の存在を歪める意志の行為である. その結果, 人間はより低いものへの情欲に動かされて自分の本質を否定し, 神の罰の対象となるのである.

〔中世神学〕中世の神学者はアウグスティヌスの遺産を受け継ぎ, さらに体系化を進めたが, カンタベリの*アンセルムスや*アベラルドゥスはその極端な側面を緩和しようと努めた. 中世において罪の問題は聖母*マリアの問題と教会を通してもたらされる*秘跡との関連で考えられた. 特に*トマス・アクィナスは救済のために最重要であった秘跡の枠組みのなかで罪を考え, 霊的死をもたらす*大罪と*小罪とを区別した. *ドゥンス・スコトゥスは罪の本質が神の掟からの逸脱, 最高善からの離脱であると定義した.

〔宗教改革・近代神学〕*ルターをはじめとしたプロテスタント神学は人間の神に対する反逆と罪悪性を強調し, 中世神学の罪についての存在論的なアプローチを退け, 実存的な人格中心的見方を打ち出したが, 再びアウグスティヌスの極端な傾向をよみがえらせ, いわゆる人間についての悲観主義的立場になった. 近代合理主義はこのような不条理な罪の支配から人間を解放しようとした. その結果, 人間の悪への傾きが心理学的に説明されるようになった. *カントは人間性の奥にある「根源的悪」(〔独〕radikales Böse)によって罪を説明しようとした. *シュライエルマッハーは人間の存在を神と対立する意志に基づくものと考え, *リッチュルは「罪の国」を想定した. K. *バルトは罪が人間存在に無効性(Nichtigkeit)をもたらし, 人間の矛盾があらわにされるとした.

【教理】罪についての教会の公式見解はさまざまな問題との関連で出されたことを指摘しておく必要がある. *トリエント公会議は*義認に関する教令のなかで人間が「罪をもって神にそむいた者」(DS 1525),「罪の奴隷」であり, 悪魔と死の支配下にあったが,「自由意志が消されてしまった」状態ではなかったと述べている

(DS 1521). なるほど大罪は「自由をもって神法に違犯することである」と定義されているが (DS 2291), しかしトリエント公会議の関心は洗礼を受けた者が失った恩恵を回復し, 再び義とされる点に向けられていたのである (DS 1542-44). また第2*ヴァティカン公会議の『現代世界憲章』は人間についての人格主義的理解を社会的関連で展開して, 罪の由来と罪に傷つけられた人間の自由について述べている. 「実に罪は人間そのものを弱くし, 人間をその完成から遠ざける」(13項). 同憲章は17項で, 「罪によって傷つけられている人間の自由は, 神の恵みによって助けられなければ, 神への指向を完全に行動に移すことはできない」と述べ, さらに罪が個々人の内面からその人格を歪め, 神と対立するようにするばかりでなく, 歴史のなかで神の創造の目的に抵抗し, 戦う勢力となっており, しかも構造的に人間が形成する善きもの, 社会, 科学, 進歩をエゴイズムによって毒し, 混乱をもたらすものと捉えている (37項).

【神学的考察】罪とは, 神の創造の意志と創造の秩序に対して, 人間の自我を絶対化しようとする自由意志の行為とその結果である. それは神の掟に対する違反であるばかりでなく, 神の人格・存在の侵害である. それゆえ, 罪は「不従順」「反乱」として表現される. キリスト教は罪について語るとき, 神によって創造された世界における罪の起源から始める. *原罪をどのようなものとして解釈するかは別として, この行為は重大な結果をもたらし, 確かに人類の歴史と社会にその結果が及んでいる. しかしキリスト教は罪だけを強調し, 悲観主義的な世界観に陥るものではない. 罪は神と人間, ひいては創造された世界全体の理想的な交わりに影響を与え続けている. キリスト教は罪の根強い影響を決して軽視するのではない. キリスト教は創造された世界に罪が生じた責任の所在を明らかにしつつ, 同時にその克服による, 以前にも増した神との一致・和解と人類の世界の再生が, キリストの福音によって目にみえなくともすでに達成され, 世の終わりに明らかになることを語る. したがってキリスト教の使信は「罪に対するキリストの勝利」「罪からの解放」である. 罪はキリスト教が十字架によってもたらされた神の驚くべき恵みを語るときに, まず触れなければならないものなのである. すなわち罪は, 救済の秩序の枠内で理解されなければならない. 罪の現実は全知全能の神が創造した世界における神秘であるが, 「罪の神秘」(〔ラ〕mysterium iniquitatis) は救いと恩恵の神秘を上回る神秘ではなく, いわばそれに陰影を与える影の部分であるとみなされるべきであろう. 福音は罪の重大さばかりでなく, 悔い改めと罪からの回心を伝えるのである.

*神秘家や*聖人は, 神の前における自分たちの罪あるいは世間の人々の罪に深い恐怖を抱き, ある者は創造主への恐ろしい冒瀆を代わって償おうとした. 彼らの心理には脅迫観念は認められないが, 長い間「第六戒」(→十戒) をめぐる逸脱行為に集中して罪を考える態度がキリスト教倫理に定着した結果として, 罪は罪悪感・圧迫感として受け取られ, その圧迫からの解放が*フロイト心理学によって目指され, 罪とは誤った心理的錯覚であるとみなされる傾向が生じた. 罪は個人の意識的な選択とその結果であり, 必ずや自己実存の内部分裂を起こし, 不安 (〔独〕Angst) をもたらす. キリストはそのような罪の奴隷状態からの解放を説いたのである. 罪と心理的脅迫感とは区別されなければならないし, そのためには良心の意識の教育が必要であるといえる.

また, 第2ヴァティカン公会議の『現代世界憲章』は罪の現実を社会的枠組みで理解する示唆を与えている. もっとも罪は社会的なものだけに限定できないし, 物理現象のように因果の鎖で説明するのは誤りである. しかし現代は, さまざまなレベルで人間の社会制度に罪の因子が入り込み, 疎外と不正義の原因となり, 人間本来の姿を奪い, 貧しい人々や権利を奪われている人々への圧迫を放置してきたことを意識し始めている. 旧約の預言者たちの警告と回心の呼びかけが今日でも現実味を失っていないことは, 20世紀の数々の悲劇的事件ばかりでなく, 今も世界の各地で起こっている事件を思い起こせば肯けるであろう. さらに今日, 我々は環境やエコロジーの問題に直面し, 神の創造の秩序に対する人間の違反の範囲の大きさを知らされつつある. ある意味では「世の罪」なるものを考えることができるようになり, そこからの回心を迫られているのである.

【文献】DSp 12: 790-853; DThC 12: 140-275; HthG 2: 596-606; LThK² 9: 1169-83; RGG³ 6: 476-505; SM(D) 4: 766-79; Barth 4/1; A. SOLIGNAC, "La condition de l'homme pécheur d'après Saint Augustin," NRTh 78 (1956) 359-85; A. M. HORVÁTH, Heiligkeit und Sünde im Lichte der thomistischen Theologie (Fribourg 1952); G. TEICHTWEIER, Die Sündenlehre des Origenes (Regensburg 1958); P. SCHOONENBERG, Theologie der Sünde (Einsiedeln 1966); J.-C. SAGNE, Péché, culpabilité, pénitence (Paris 1971); P. WATTÉ, "Anthropologie théologique et hamartologie," Bilanz de la théologie au 20ᵉ siècle, v. 2 (Paris 1971) 290-308; B. HÄRING, Frei in Christus: Moraltheologie für die Praxis des christlichen Lebens, v. 2 (Freiburg 1980) 368-410.　(高柳俊一)

【罪の機会】人の置かれている状況, 場所, 事物など外部にありながら人に罪を犯させたり, 犯すようにさせる機会のことをいう. 悪い習慣, 情念などのように, 人の内部にある罪への傾きとは区別される. さらに, 誘惑, 自然的弱さなどのように, 人を罪におとしめる危険な要素とも混同されてはならない.

罪を犯す人に及ぼす危険性の度合いについて論じられるとき, 罪の機会は問題となり, その度合いが確実である場合を近接 (〔英〕proximate), 危険性の度合いが少ない場合を遠隔 (remote) という. 日常生活において, 人は多くの場合, 遠隔的罪の機会のなかに置かれているが, それらが罪の近接の機会になる場合, 道徳的な義務が生じる. 伝統的な*倫理神学では, どのような機会が近接になるかが論じられてきた. どのような場合であっても, 悪や罪に人を導くような機会は避けるべきである. しかし, 現代の世界環境においては, 避けたくとも避けられない状況によって犯される場合もあり, その場合, 多くは当事者の内的強さが問題となる. 外的状況が避けることのできない危険を生じさせた場合, 内的人間の動きを強く監視し, *聖霊に祈ることが要求される. 現在, 遠隔と近接の間に一線を引くことは困難であると同時に, *戦争や*生命倫理の諸事象に直面した場合, 罪の機会が新しく論議を呼ぶこととなる.

【文献】DThC 11: 905-15; NCE 13: 246-47; B. ヘーリンク『キリストの掟』1, 渡辺秀, 稲垣良典, 田代安子訳 (中央出版社 1966) 435-37; B. HÄRING, Das Gesetz Christi, v. 1 (Freiburg ⁴1957); J. C. FORD, G. A. KELY, Contemporary Moral Theology, v. 1 (Westminster, Md. 1958) 141-73.　(満留功次)

つや　通夜　〔英〕vigil for the deceased,〔独〕Totenwache,〔仏〕veillée funèbre　通夜の原型は，死者の家で徹夜で行う一連の行為（遺体の清め・*塗油・哀悼）にある．古代のキリスト教信者は一般に行われていたこれらの行為のあるものは受け入れ，他のものは拒否した．特に哀悼を *詩編唱に代え，主の過越（→過越の秘義）に対する信仰宣言を行いながら通夜を行った．この儀式観は後に大きな影響を与えることになった．7世紀の*『オルド・ロマーヌス』49にはその発展した様式をみることができる．中世には暗い雰囲気のうちに葬儀全体が行われたが，1969年における *葬儀の儀式書の刷新は，古代の儀式観を再興した．現在では，通夜は自宅または教会で行われる．遺族を慰め，個人のために祈ることが通夜の目的であるが，いずれの場合も，死の過越の性格（『典礼憲章』81項参照）を明らかに表現している．聖書朗読と詩編唱和を中心に参列者の積極的な参加を促し，日本の伝統から献花，あるいは焼香を取り入れている．
【文献】カトリック儀式書『葬儀』（カトリック中央協議会 1993）; M. ANDRIEU, *Les Ordines Romani du haut moyen age*, v. 4 (Louvain 1965) 529-30.　　（南雲正晴）

つるぎ　剣　〔英〕sword,〔独〕Schwert,〔仏〕sabre　剣は古代中近東，ギリシア・ローマ世界において最も重要な武器であり，*権威（力）の象徴であった．旧約聖書では戦闘行為を指す換喩であった（エレ 19: 7）．剣は *神の怒り，*審判を指し（詩 7: 13；イザ 34: 6；エレ 12: 12），イエスは黙示録で口に鋭い両刃の剣をもち（1: 16），終わりの日に諸国の民を滅ぼすとされる（19: 15）．また，*神の言葉が剣に譬えられ，人の心を貫くものであることが暗示される（イザ 49: 2；ルカ 2: 35；エフェ 6: 17；ヘブ 4: 12）．刃の鋭さのゆえに，剣は人々に深刻な害を及ぼすものを指した（詩 57: 4；箴 12: 18；30: 14）．*パウロはローマ書13章4節において国家権力に悪を懲らしめる権限があるとし，それを剣で象徴している．
【文献】L. RYKEN, ET AL., eds., *Dictionary of Biblical Imagery* (Downers Grove, Ill. 1998) 835-36.　　（高柳俊一）

つるぎきしだん　剣騎士団　〔独〕Schwertbrüder,〔英〕Knights of the Sword　*十字軍の時代にバルト海沿岸のリヴランド（Livland）で創設された *騎士修道会．リヴォニア騎士団ともいう．1201年から1202年に*リガの修道院長テオドリック（Theodoric）または司教アルブレヒト（Albrecht von Bremen, 在職 1199-1229）によって組織され，1204年教皇 *インノケンティウス3世の認可を受け，当時異教徒であったリヴ人やエスト人（後世のエストニア人）への宣教にあたった．*テンプル騎士団の会則を採用し，白マントに赤十字と赤色の剣の紋章を用いたので剣の騎士と呼ばれた（邦訳では帯剣，刀剣，剣友など名称不定）．1236年総長フォルクヴィン（Volkwin）が南部のゼンガール人（後世のラトヴィア人）との戦いで戦死し，翌年 *テュートン騎士団に併合され，会員は任務を続行したが，教会関係事項についてはリガの大司教（1253以降）の *裁治権に服し，テュートン騎士団総長のもとでリヴォニア団長を立て，1561年最後の団長ケットラー（Gotthard Kettler, 1517頃-1587）のときまで存続した．
【文献】NCE 8: 222; P. ロロ『バルト三国』磯見辰典訳（白水社 1991）; P. LOROT, *Les Pays baltes* (Paris 1991).
（橋口倫介）

つるまるじょう　鶴丸城　鹿児島県東市来（ひがしいちき，現在の東市来町長里）にあった山城．市来城ともいう．*キリシタンの時代の城主は新納伊勢守康久であった．この城の家老は *フランシスコ・ザビエルから *鹿児島で *洗礼を受けてミゲルと呼ばれた．ミゲルの勧めで城主はザビエルを城に招き，ザビエルは *平戸へ向かう際に当城に滞在した．また，薩摩を発つ前にも再び城へ行って12日間滞在してミゲルを中心とする信者の共同体を励まし，自筆の祈りなどを残した．1561年（永禄4）C. デ・*トレスによって薩摩に派遣された L. デ・*アルメイダは，新納夫人や家老ミゲルに会い，薩摩に滞在した翌年までの間にたびたびこの城を訪れたことが，宣教師の報告に記されている．
【文献】L. フロイス『日本史』6, 松田毅一，川崎桃太訳（中央公論社 1978）．　　（尾原悟）

つわの　津和野　島根県鹿足郡津和野町．1867年（慶応3）の *キリシタンの信徒発見を契機に *浦上では四番崩れという大検挙があり，1868年，浦上の信徒の流刑が決まり，1873年までに津和野など西日本の各藩に流された．信徒は各地で厳しい拷問と説得により，棄教を強いられた．津和野には約150名の信徒が流されたが，弾圧は特に厳しく，36名の *殉教者を出した．殉教者の遺徳を称えて乙女峠にマリア聖堂，蕪坂には *ヴィリオンによって建立された殉教碑など，苦難と *殉教を記念する建立物がある．→浦上崩れ，浦上キリシタン流配事件
【文献】浦川和三郎『切支丹の復活』後編（日本カトリック刊行会 1928）．　　（尾原悟）

て

て　手　〔英〕hand, 〔独〕Hand, 〔仏〕main　手とは、広義には肩から先の上肢全体をいい、狭義には手首から先を指す．動物の前肢を手と呼ぶこともあるが、*被造物のうち霊長類、なかでも人間において最も精妙な発達をみせている．手の使用は、*言語と並んで、人間を他の被造物から分ける最大の要因であり、ここから古今東西を問わず、手にさまざまな象徴性が付与されることとなった．諸宗教においても、崇拝対象に祈る際に、手の所作が重要な意味をもっている（→合掌）．

キリスト教において手は、*父なる神を表象する最古の象徴の一つである．例えば古代ローマの*カタコンベから、*イサクの燔祭や*モーセの*召命の場面で、雲のなかから突き出された手の刻み込まれた石棺が発見されている．また手の所作に関して、祈るとき以外にも癒やしのみわざ（マコ 16:18）、あるいは*按手礼（叙階式）において、手が重要な役割を果たしている．

【聖書】手の記述は非常に多く、その大半は手そのものを指しているが、軍勢（民 20:20）、力（レビ 27:8；申 32:36；イザ 47:14）、定め（エズ 3:10）などを意味する場合もある．「神の手」は、神の力・臨在・意志・刑罰・摂理などを表象する．例えば不思議な力（出 3:20）、刑罰（イザ 40:2；50:11）、摂理（詩 31:15）などである．しかし手をめぐる最も重要な用法は、神の庇護を意味するもの、すなわち「彼らをわたしの手から奪うことはできない」（ヨハ 10:28）であり、さらには*神の子としての最後の叫び「父よ、わたしの霊を御手にゆだねます」（ルカ 23:46）にみられる．

【文献】『イメージ・シンボル事典』（大修館書店 1984）：A. DE VRIES, *Dictionary of Symbols and Imagery* (Amsterdam, London 1974).　　　　　　　　　　（河東仁）

デ　Dez, Jean　(1643.4.3-1712.9.12)　フランスのイエズス会司祭．マルヌ地方のサント・ムヌウ（Sainte-Menehould）近くに生まれる．*ルター教会と*カトリック教会の合同を求め、ラテン語とドイツ語による 31 箇条の提案を行ったが、ルター教会の神学者から激しく攻撃され、カトリック教会でも*禁書目録に載せられた．1697 年および 98 年には、中国の*典礼問題に関して*イエズス会の立場を弁明した覚書を*教皇庁の検邪聖省（教理省の前身）に提出した．*ストラスブールで没す．

【文献】Cath. 3: 716-17; DThC 4: 685.　　　（高柳俊一）

であい　出会い　〔英〕encounter, 〔独〕Begegnung, 〔仏〕rencontre

【由来】人間を自らの運命を決していく存在として解明しようとした*実存哲学や*ブーバーを代表とする*対話の哲学の議論のなかで徐々に仕上がってきた概念で、非人格的事象一般の在り方（自然的*範疇あるいは本質規定）には還元されえない人格存在固有の在り方（実存的範疇あるいは実存規定）を指す（→人格）．

【意味内容】ブーバーは「出会い」の「相互性」や「排他性」とともに賜物としての性格（*恩恵）を浮き彫りにし、プロテスタントの組織神学者*ゴーガルテンは出会いのなかで「私」を*決断へと呼び出す制約として働く「汝」の他者性を強調した．哲学者*レーヴィットは出会いの根本的な性格をその偶然性とともに相互的な抵抗にみいだし、カトリックの神学者・宗教哲学者*グアルディーニは、自己の有限性の全き受諾を要求する一回的な決断を迫る一回的な状況との出会いに注目した．これらの研究成果を踏まえつつ「出会い」概念の核心的意味に迫ろうとした教育哲学者*ボルノーは、ともすれば曖昧な用法に供されがちの「出会い」の概念を実存的範疇に属するものと確定し、その意味内容の特徴として、(1)（出会いという）出来事の宿命的な偶然性、(2) そのつど一つのものにのみ結びつく排他性、(3) 人格の最も内なる中核での人間の感動、(4) それとともに、その際経験される呼びかけの内容的不確定さをあげている．

【神学的示唆】この概念の形成過程で、宗教的*真理の源泉は人間と出会う*神の人格的な行為であり、そこでの真理性とは人格的（主体相互の関係的）出来事に固有の真理性であるという根本事実が明らかになった．*信仰とは*教理の命題表現への単なる知的同意であるとする*主知主義的偏向（客観主義的還元）によっても、またいかなる特定の教理としても形式化されえない内なる宗教的感情の発露こそ信仰であるとする*敬虔主義的偏向（主観主義的還元）によってもやすやすと見過ごされてしまう「信仰の実存的次元」、および*知性とか*感情とかではなく一個の人間存在全体が巻き込まれその*主体性が丸ごと問いに付される「信仰の場」における「真理顕現の出来事」が主題化されたといえよう．

このことは、*神の言葉の客観性と信仰の主観性をその双方が帯びている人格的性格を充分に活かしながら相関させようとした*弁証法神学に顕著である．とりわけ、この概念を根本思想として*啓示論や人間論や*教会論の組織的展開を試みたプロテスタントの聖書神学者*ブルンナーが現代神学、ことに*基礎神学の発展に与えた影響は無視できない．

カトリック神学の今日化（*アジョルナメント）に寄与した神学者の一人*スキレベークスは、「出会い」概念を積極的に取り入れ、さらにそれを身体性の*現象学的考察と結び合わせることにより、秘跡性の理解を刷新し、非人格的で*機械論的な、*秘跡についての説明に終始しがちだった従来の*秘跡論を、「秘跡が人間の固有な神との出会いの様式」であり「自らを人間に与える神との人格的交わり」であるという洞察に基づいて「生きたキリスト教的信仰」（〔ラ〕religio christianae vitae）の全体を体系的に提示する秘跡神学へと変容させる道を開いた．

【文献】キ大 706; EDR 1: 1200; E. ブルンナー『聖書の「真理」の性格』弓削達訳（日本基督教青年会同盟版 1950）: E. BRUNNER, *Wahrheit als Begegnung* (Berlin 1938); O. F. ボルノー『実存哲学と教育学』実存主義叢書 14、峰島旭雄訳（理想社 1966）: O. F. BOLLNOW, *Exis-*

tenzphilosophie und Pädagogik (Stuttgart 1959); E. スキレベークス『キリスト・神との出会いの秘跡』石福恒雄訳（エンデルレ書店 1966）: E. Schilebeeckx, *Christus sacrament van de Godsontmoeting* (Bilthoven 1959); M. ブーバー「我と汝」『我と汝・対話』田口義弘訳（みすず書房 1978) 3-179: M. Buber, *Ich und Du* (Leipzig 1923).

（瀬本正之）

テアティニしゅうどうかい　テアティニ修道会

〔ラ〕Ordo Clericorum Regularium vulgo Theatinorum, 〔伊〕Chierici Regolari Teatini, 〔略号〕C.R.　教皇庁立男子修道会. 16 世紀に次々に誕生する律修聖職者会（→修道会）の先駆として, 1524 年 9 月 14 日に *ローマでティエネの *ガエターノによって創立された. 創立に先立つ同年 6 月 24 日に, すでに時の教皇 *クレメンス 7 世は *小勅書によって会を認可し, ガエターノと最初の 3 人の会員の誓願宣立（→修道誓願）を許可したばかりでなく, 新修道会を聖座直属とし特別な保護のもとに置いた. さらに教皇は 1 年間の試験期間の後, 独自の *会憲を作成する許可を与え, 1 年後最初の 4 人の会員が *サン・ピエトロ大聖堂で揃って荘厳誓願を宣立, 後に教皇 *パウルス 4 世となるカラファ (Gian Pietro Carafa, 1476-1559) が初代総長として選出された. 創立者は模範的な司祭生活と厳格な使徒職（→使徒的活動）の実践を通して, *聖職者およびキリスト教徒たちの *霊的生活刷新を目指した. 1527 年ローマ略奪の際に大きな被害を受けて活動の本拠地を *ヴェネツィアに移し, 同年カラファの後継者としてティエネのガエターノが総長となった. 当初からテアティニ会員を特徴づけていたのは, 教会財産を求めず完全な清貧（→貧しさ）の生活を実践し, 個人財産はもとより *共同体としての財産所有も放棄した, 全く神の *摂理に頼って生きる生き方であった. 会員は聖職者や一般信者に修徳生活を奨励し霊的な刷新を促すとともに, 当時としては珍しかった頻繁な *聖体拝領を *聖化の手段として勧めた. さらに各種慈善事業, 特に貧者や病人たちの世話にも従事し, カトリック信仰の純化, *典礼の刷新にも力を尽くした. 会員の増加とともにますます *聖座の近くから教会刷新のための強力な協力者となり, 特に *トリエント公会議におけるテアティニ会員の活動は目覚ましかった. 創立者の死後, イタリア国外にも多くの支部を開き, 宣教地にも進出した. 会は教皇パウルス 4 世をはじめ多くの *枢機卿, *司教を出し, 教会刷新運動に大いに貢献した.

【現勢】1997 年末現在, 施設 30. 会員数 207 名（うち, 司祭 109 名). 活動地域はヨーロッパ, アメリカ合衆国, 南米諸国. 総本部はローマ.

【文献】AnPont (1999) 1457-58; DIP 2: 978-99; G. B. Del Tufo, *Historia della religione dei padri Chierici. Regolari Teatini.* (Roma 1609); A. F. Vezzosi, *Scrittori dei Chierici Regolari Teatini* (Roma 1780); F. Mandle, L. Salvatori, *S. Gaetano da Thiene e la Riforma cattolica italiana (1480-1527)* (Roma 1911).　（和田誠）

デ・アミーチス　De Amicis, Edmondo

(1846. 10. 21-1908. 3. 11)　イタリアの小説家. 北西部ピエモンテのオネーリア (Oneglia) に生まれる. *イタリア統一運動の際には職業軍人としてクストーザ (Custoza) の対オーストリア戦などに参加. やがて軍籍を辞して諸外国を旅行し, 旅行記を数多く残した. 新しい国家建設に燃える時代の価値観を反映する代表作『クオレ』(Cuore, 1886) は小学生の日記に道徳的な訓話を挿入する形式をとり, 訓話の一つ「母をたずねて三千里」(Dagli Appennini alle Ande) は独立した物語としても紹介されている. ほかに『愛と訓練』(Amore e ginnastica, 1890) など, 作品多数.

【主著邦訳】前田晁一郎訳『愛の学校: クオレ』（岩波書店 1955).

（白崎容子）

デイ　Day, Dorothy

(1897. 11. 8-1980. 11. 29) アメリカのカトリック社会活動家, ジャーナリスト. *ニューヨークに生まれ, 同地で没す. 1927 年, カトリックに改宗. 大恐慌時代 (1929-33) にモリン (Peter Maurin, 1877-1949) とともにカトリック労働者運動（→キリスト教労働運動）を組織し, 1933 年, 新聞『カトリック労働者』(The Catholic Worker) を創刊. 福音書（特に *山上の説教やマタイ書 25 章）に基づき, 貧者やホームレスのために無数の救護院やコミュニティを創設したほか, 階級闘争, 公民権運動, 反戦運動, 核の脅威など 20 世紀の諸問題に関して積極的な執筆活動・社会活動を行った. 蔓延する暴力の時代に, 徹底的な平和主義と社会および *神の国への忠誠を説いたその生涯により,「アメリカのマザー・*テレサ」と称される. 彼女の遺産は受け継がれ, 現在でもコミュニティのメンバーが積極的な社会奉仕活動などに従事している.

【主著】*The Long Loneliness*, 1952; *On Pilgrimage: The Sixties*, 1972.

【文献】R. P. McBrien, ed., *The Harper Collins Encyclopedia of Catholicism* (San Francisco 1995) 395; M. Piehl, *Breaking Bread* (Philadelphia 1982); W. D. Miller, *Dorothy Day* (San Francisco 1982).

（山口和彦）

ディアコニア　〔ギ〕diakonia

(1)「給仕（世話)」「奉仕」の意. *証し, *典礼 (*祭儀), *コイノニアとともにキリスト教会にとっての基本的使命の一つ. 四つの使命の関係は, 並列せずに相関する. 新約聖書の用例（使 6: 2, 4; 2 コリ 5: 18 参照）から明らかなように有形無形の意味を帯び, これまでキリスト教各派間に同一の理解があったわけではない. しかし, やはり *イエス・キリストに「雛型」を求めることはできる（マコ 10: 45 参照). それゆえ, いわば貧しい者を優先する側面をもち（ルカ 4: 18-19), また教会は他者のために存在し, 教会内には権謀術数や専制・支配の余地はないとの認識を促す（マコ 10: 42-45; 使 2: 42-47 参照). →解放の神学, 教会論

(2) キリスト教系の奉仕団体の名称, あるいは多岐にわたる奉仕活動の総称. →カリタス・インテルナツィオナーリス, カリタス・ジャパン

【文献】LThK³ 3: 184-85, 187; StL⁷ 1: 1078-86; 2: 38-40; 門脇聖子『ディアコニア・その思想と実践』（キリスト新聞社 1997).

（清水宏）

ディアコニッセ　→　女執事

ディアス　Dias, Alvaro

(1555 頃-1620. 1. 18) キリシタン時代の宣教師. ポルトガル領インドの *コーチンの出身. 1574 年 7 月に *ゴアで *イエズス会に入る. 1576 年巡察師 *ヴァリニャーノの要請で日本に向かって出発, 翌 77 年（天正 5) *長崎に到着. 日本で修学した後, 1582 年 2 月, 司祭叙階のため *マカオに赴く

ディアス

ことになり，ヴァリニャーノおよび *天正遣欧使節と長崎を出港．叙階後，7月に日本に向け出帆したが遭難してマカオに戻り，1583年7月25日，日本に戻った．*セミナリヨでラテン語教師として働き，また，高来，三会，*島原，*上津浦などの *下(しも)地方の各地で司牧にもあたった．1596年(慶応1)司教 *マルティンスが来日すると通訳などを務め，司教の *都訪問にも同行した．1597年3月，司教とともにマカオに渡ったが，翌年8月，ヴァリニャーノおよび新任の司教 *セルケイラと日本に到着．その後，島原で宣教，*有馬のセミナリヨでラテン語教師として働いた．1610年西郷に移り，1613年には長崎の *慈悲の組で働いた．1614年11月の禁教令でマカオに追放され，同地で没した．
【文献】F. J. Schütte, *Monumenta Historica Japoniae*, 1 (Roma 1975). (尾原悟)

ディアス　Dias, Domingos (1563頃-1631. 12. 12) *キリシタンの時代のイエズス会員．*リスボン出身．1583年(天正11)，日本で *イエズス会に入会．*助修士として *有馬，*島原，*加津佐，*長崎などの各地で信徒の教化に努めた．1614年(慶長19)11月，禁教令で *マカオに追放され，以後 *コレジョで働き，同地で没した．
【文献】F. J. Schütte, *Monumenta Historica Japoniae*, 1 (Roma 1975). (尾原悟)

ディアス　Dias, Manoel (1574-1659. 3. 1) 在華イエズス会員．漢名，陽瑪諾．ポルトガルのカステロブランコ (Castelo Branco) に生まれる．1593年2月2日 *イエズス会に入会．1601年4月11日極東に向けて出航し，1610年 *マカオに到着後，韶州と南雄で宣教．1614-15年日本およびシナの *巡察師．1616年 *南京で迫害を受け，マカオに移る．1621年 *徐光啓の援助で *北京に入京．1623年，*ローシャの後継として準管区長．この間に，*『天文略』(1615)，『代疑論』(1622)，『聖経直解』(1636)，*『軽世金書』(1640)など多くの著訳書をまとめ，これらの書は禁書令下の日本に舶載され，少なからぬ影響を与えた．
【文献】L. Pfister, *Notices biographiques et bibliographiques sur les Jésuites de l'ancienne mission de Chine* (Chang-hai 1932); J. Dehergne, *Répertoire des Jesuites de Chine de 1552 à 1800* (Roma 1973). (尾原悟)

ディアスポラ　Diaspora 〔ギ〕diaspora
【概要】「離散」の意から「離散ユダヤ人」を指す．神が祖先 *アブラハムに約束した国土 (*パレスチナ) の外に，自由意思で居住する *ユダヤ人の総称．強制的に国外に連行，あるいは追放された「捕囚民」と区別される．

離散ユダヤ人に関する最古の報告によると，バビロンへの *捕囚(前6世紀)以前のエジプト各地に，すでにユダヤ人は居住していた(エレ44:1)．前538年に，ペルシア王 *キュロスが，バビロンに捕囚されていたユダヤ人の祖国帰還を許可した後も，多数のユダヤ人がメソポタミアに残留した．また前5世紀に，エジプト南方のエレファンティネにユダヤ人傭兵隊の駐屯地があった(→エレファンティネ・パピルス)．このようにペルシア帝国各地に居住していた離散ユダヤ人の人口は，ヘレニズム・ローマ時代に飛躍的に増加し，その居住地はメソポタミア，エジプト，シリア，アナトリアから地中海世界全域に拡散した．その原因は，ユダヤ本国における宗教的弾圧，エジプトなど近隣諸国の経済的繁栄，異邦人を改宗させる伝道活動などの複合的要因に求めることができる．紀元1世紀初頭の歴史・地理学者ストラボン (Strabon, 前64-後23頃) は，ユダヤ人があらゆる都市に住み，人が居住する場所で彼らの力が及んでいないところはない，と述べる(*ヨセフス『ユダヤ古代誌』14:115)．この状況は新約聖書にも反映している(ヨハ7:35; 使2:9-11)．

前4世紀末以降，シリアとエジプトのギリシア系諸王国においても，その後地中海世界を統一した *ローマ帝国と *バビロニアを支配したパルティア王国においても，原則として，支配民に対するペルシア帝国の宗教的寛容政策が継承された．この政策のもとに，各地の離散ユダヤ人の共同体は自治組織を保持し，*皇帝礼拝を免除される特権を与えられた．各共同体は，礼拝の場であるシナゴーグ(*会堂)を中心に，*律法に従って生活するユダヤ人社会を形成していた．彼らはあらゆる職種につき，各地の経済活動に大きな貢献をして繁栄していたが，自分たちが仮寓の地に住む寄留民であるという意識は失わなかった．本国は約束の地(パレスチナ)であり，*エルサレムにある *神殿が彼らの民族的・宗教的中心であると考えていたのである．実際，彼らはエルサレム神殿に一人毎年半シェケルの献金を捧げ(→貨幣)，各地から個人あるいは団体でエルサレムに巡礼する慣行を守って，本国との堅い絆を維持した．巡礼は主に大きな *祭に行われたが，エルサレムに住み着いて活躍する離散ユダヤ人も多数いた．その代表的人物が，前1世紀末から紀元1世紀初頭のエルサレム最大の律法学者であった，バビロニア出身のヒレル(→ヒレルとヒレル派)である．

前3世紀にアレクサンドリアで，旧約聖書が，当時の地中海世界の国際語であったギリシア語に翻訳された．一般に *七十人訳聖書と呼ばれる，このギリシア語訳聖書は，*『アリステアスの手紙』の伝承によれば，プトレマイオス2世 (Ptolemaios II, 在位前308-246) の要請により，エルサレム出身の72人の *長老たちによって翻訳されたことになっているが，この伝承は，本来，ギリシア語を話す離散ユダヤ人の必要性に応じて成立したギリシア語訳聖書が，聖典として認められるためにエルサレムの権威を必要としたことを示している．ギリシア語訳聖書は，アレクサンドリアの哲学者 *フィロン，キリスト教の使徒 *パウロのような，離散の地で生まれ育ち，国際的教養を身につけたユダヤ人が，国際社会に向かってユダヤ人の宗教と伝統を告知，弁明するための重要な武器となった．

ローマ帝国が統一した地中海世界の離散ユダヤ人共同体は，初代キリスト教伝播の拠点となった．その後，4世紀にローマ帝国がキリスト教化すると，ユダヤ人世界の中心はパレスチナからバビロニアに移り，バビロニアにおいて，*タルムードの編纂が5世紀までに完了した．
【文献】旧約新約聖書大772-73; 平大百科10:6; EJ 6:8-19; M. シュテルン, S. サフライ『ユダヤ民族史2』古代篇2, 石田友雄訳 (六興出版 1977) 160-67, 298-327: M. Stern, S. Safrai, *History of the Jewish People*, ed. H. H. Ben-Sasson (London 1976) 277-81, 364-82; S. サフライ, M. シュテルン編『総説・ユダヤ人の歴史—キリスト教成立時代のユダヤ的生活の諸相』長窪専三他訳 (新地書房 1989-92) 上125-222, 中43-137, 339-64, 下241-65: S. Safrai, M. Stern, eds., *The Jewish People in the First Century: Historical Geography, Political*

History, Social, Cultural and Religious Life and Institutions, 2 v. (Assen 1974-76). （石田友雄）

【キリスト教のディアスポラ】新約聖書では，わずか3回ディアスポラ（離散）という語が使用されているだけである（ヨハ 7: 35; ヤコ 1: 1; 1 ペト 1: 1 参照）．しかし，*異邦人キリスト者であれ *ユダヤ人キリスト者であれ，いずれもローマ帝国の非キリスト教地域に生活する少数派であるかぎり，いわばディアスポラの状態に置かれていることになろう．これは，キリスト者が事実上は少数派である地域では，今日でも同じである．さらに，1 ペトロ書でキリスト者は「離散し」「仮住まい」する「旅人」であるといわれているので（1: 1; 2: 11 参照），ディアスポラとはキリスト者自身の実存の根源的姿，また教会の本来の在り方の一つだとする理解も不可能ではない．世界と協調しつつも妥協はせず，世界のなかにありながらもそこに安住することはないからである．

古くは *アルメニア教会の事例がある．しかし，ここでドイツ語圏の場合に限るなら，*宗教改革の結果，カトリックとプロテスタントという教派が要因となって双方のディアスポラが生じた．もっとも，*ウェストファリア条約を通して両者の融和共存が図られ，さらに *啓蒙思想や *フランス革命などの影響もあって *国家宗教という原則自体も崩壊し，こうしたディアスポラは徐々に地域によっては解消していくが，19-20 世紀には国内外の人口移動や経済活動の変化，都市化や工業化による影響も加わり，かえってディアスポラは大都市部，東欧や南アフリカへと拡大する．また，18 世紀末以降，また特にヒトラー（Adolf Hitler, 1889-1945）の政権掌握（1933）の後には国家主導の措置（例えば，戦争や強制疎開，追放や退去，迫害などのディアスポラ）によって，一教派ないし同胞全体に及ぶほどの大規模なディアスポラが内外で生じた．そして，ディアスポラにある教派・同胞を物心両面から組織的に支援するキリスト教団体が各教派で結成されて活動するようになった．

今日は異なる状況のなかにある．従来の要因に加え，*世俗化や価値観の多様化ゆえの宗教心の衰退および宗教上の無関心，非キリスト者との結婚，教会からの離脱やキリスト教否定など，新たに生じたディアスポラの（しばしば複合的な）影響もあって，教派や地域また言語の区別なく，キリスト教自体が弱体化して文字通りのキリスト教ディアスポラがキリスト教世界で現実になっているからである．これには教派が一致して誠実に取り組み，さらにまた，世界における *無神論や宗教否定の強大な潮流，いわば宗教ディアスポラについては諸宗教が協力して対処する必要があるだろう．ディアスポラはキリスト教神学の重要な今日的課題の一つである．

【文献】LThK³ 3: 201-203; G. CHALIAND, J. P. RAGEAU, *The Penguin Atlas of Diasporas* (New York 1995). （清水宏）

『ディアテッサロン』 **Diatessaron** 170 年頃にシリア人 *タティアノスが作成した『合併福音書』（→福音書和合）をいう．「四つの（福音書）から」（[ギ] dia tessarōn）の意で，これをカイサレイアの *エウセビオスが適用した（『教会史』IV, 29, 6）．タティアノスは典礼や宣教，各福音書間の異同を調和させることを目的に，ヨハネ福音書の記述と順序を基本的枠組みとし，それにマタイ，マルコ，ルカの各福音書また正典外の伝承資料から記述を随時選択して挿入・付記，いわば 4 福音書からなる一つの「イエス伝」を作成した．この試みはタティアノスが最初でも唯一でもないが，本書は大衆的な地位を獲得，5 世紀初めまで *東方教会の一部では標準的福音書として公式に使用されていた．シリアの *エフラエムは本書の注解を著した．また後の福音書和合やイエス伝，例えばザクセンの *ルドルフス『キリスト伝』（Monotessaron）の作成には大きな影響を及ぼした．しかし 5 世紀末キュロスの *テオドレトスによる焚書処分もあってか原本はなく，今日ではギリシア語とシリア語の断片，また中世のアラビア語訳等が伝わる．元来ギリシア語かシリア語のどちらで作成されたのか，その場所もローマかシリアなのか明らかではない．2 世紀の福音書本文を伝えるという意義はあるものの，新約聖書の本文研究にとってはあまり重要ではない．

【文献】ABD 2: 189-90; EEC 1: 234; B. M. METZGER, *The Text of the New Testament* (1964; New York ³1992) 89-92, 255; T. BAARDA, *Essays on the Diatessaron* (Kampen 1994) ; H. R. DROBNER, *Lehrbuch der Patrologie* (Freiburg 1994) 64-67. （清水宏）

ディアドコス **Diadochos** (?-486 以前) 5 世紀の *東方教会の *神秘家．451 年にギリシアのフォティケ（Phōtikē）の主教に叙階．『霊的完成の 100 章』(Capita centum de perfectione spirituali) は霊性史に大きな影響を及ぼし，証聖者 *マクシモスや *フォティオスにもしばしば引用されている．*キリスト単性説を反駁する説教などが残されている．

【文献】キ人 896; LThK² 3: 318; NCE 4: 841-42.
（萱場基）

ディアトリベ **Diatribe** [ギ] Diatribē *ギリシア哲学と *修辞学の諸学派に始まり犬儒学派（キニク派）と *ストア学派によって洗練された教えと奨励の方法・様式．元来文学的ジャンルとは別概念であったが，前 3 世紀以降は一種の文学類型として，*摂理，*自制，*幸福等の道徳的・哲学的テーマを扱う講話に多用された．仮想の対話相手の反対論を展開し虚偽の結論を導き出してからそれを論駁するなど，対話的な修辞技法を駆使し，ギリシア・ローマの修辞学と共通の技法（擬人法，歴史的実例，格言，徳目表と悪徳表，並行法，対照法，首句反復，*アイロニー，*パラドックス等）を用いた．ディアトリベの要素は *新約聖書のなかにもみられるが（*共観福音書，*パウロの手紙，第二パウロ書簡，*ヤコブの手紙），特に *パウロはこれを効果的に用いた（ロマ 2: 1-5, 17-29; 3: 1-9; 3: 27-4: 2; 6: 1-3; 9: 19-21; 11: 17-24:1 コリ 6: 12-20; ガラ 3: 1-9 等）．

【文献】旧新約聖書大 773, 776; R. BULTMANN, *Der Stil der paulinischen Predigt und die kynisch-stoische Diatribe* (1910; Göttingen 1984); S. K. STOWERS, "Diatribe," *Greco-Roman Literature and the New Testament*, ed. D. E. AUNE (Atlanta 1988) 71-83.
（太田修司）

『ディヴィニ・イリウス』 **Divini illius** 教皇 *ピウス 11 世が 1929 年 12 月 31 日に発布した教育回勅．邦題『青少年のキリスト教的教育』．

【背景】この時代は，イタリアが *ファシズム，ソ連が *共産主義，その他の国々も全体主義的な *マルクス主義あるいは *ナショナリズムの政治思想に支配され，いわゆる「自由主義民主政治」の国でも，教育の本来の使命とその在り方についてさまざまな異説がはびこる時代

『ディヴィニ・レデンプトーリス』

であった．それに対してキリスト教的な人間像に基づく教育の意味を明らかにし，国家権力に対して*教育権，とりわけ家庭と学校における教育に関する教会としての教育権を保守する必要があった(→ キリスト教教育)．しかも当時，キリスト教的人間像に基づく健全な教育はいろいろな偏った*イデオロギーに脅かされ，子どもの本来の教育を受ける権利が無視され，第一の教育者である両親と教師が子どもの教育について迷い，あるいはその使命について自信を失っていた．そこで彼らにキリスト教の教えにかなう指針を与えるために，この回勅が発布された．要するに1920年代は，明瞭で健全な教育原理が欠如していたため，神の*啓示に照らし，それを確立する必要性が感じられた時代だったのである．

【教育の意味】回勅によれば現代は，教育に関する数多くの理論や方法論，および教育の効果を高めるための技術などが提供されている．それは人間の生活を物質的な意味で豊かにし，充実させることをねらっているが，しかしそれだけでは教育の最も重要な課題である人間の心に宿る神へのあこがれを満たすことはできない．子どもの心に根ざす宗教的な可能性を完全に満たすものはキリスト教的教育以外にはない．なぜなら，その教育だけが「道であり，真理であり，命である」(ヨハ14:6)神の御子へと導く教育だからである．

キリスト教的教育の目的は，「キリストの模範と教えの超自然的な光に照らされた正しい理性に従って常に堅実に思考し，判断し，行動する人間」(第4章第1節)，すなわちキリスト教的な人格者の育成である．

教育を脅かす思想として，回勅は特に「超自然的な人間像を否定する意味での自然主義」を指摘する．宗教的な手助けをすべて排斥する自然主義的な教育理論は誤った*性教育を導き出してこれを勧め，それに従って無分別な「誤った男女共学」を採用することは，キリスト教的な教育思想と矛盾する，としている．一方この回勅は第2*ヴァティカン公会議の前に発布されたものであるが，原則としてカトリック信者の子どもを「中立学校」つまり，宗教的な基盤のない「神のない学校」に入学させるのは好ましくないとする．その背景には，教会や家庭による教育権のほうが国家の教育権に(歴史的にも質的にも)勝るとの理解がある．

【教育権】回勅によれば，*自然法からいっても，子どもを教育する権利と義務はまず第一に両親に属する．しかし当時は両親に属するこの権利を全く否定する極左と極右のイデオロギーが広がっていた．そこで回勅では，教育の理念についても内容(教科課程)についても家庭のもつ権利が国家の権利に優先するので，両親の権利を侵してはならないとしている．同時にピウス11世は，教育は教会に属すると強く主張する．それは教会が創立者のイエス・キリストから*教導職を与えられているからである．国家の教育権は，人間社会の*共通善を守るという国家の使命に基づいている．したがって国家はあくまでも家族と教会の教育権を尊重し，保護しなければならないし，両親や教会側から出される要求を果たすよう心がけなければならない，と説いている．

【原典】AAS 22(1930)49–86．

【邦訳】教皇ピオ11世回勅『青少年のキリスト教的教育』東京イエズス会神学会訳(カトリック教育協議会 1957)． (K. ルーメル)

『ディヴィニ・レデンプトーリス』 **Divini redemptoris** 教皇*ピウス11世が1937年3月19日発表した，無神論的*共産主義に関する*回勅．表題はその冒頭句で「神的贖い主」の意．教会が共産主義に反対する理由は，その*無神論的性格にあることを述べるもので，*ピウス9世の回勅『クイ・プルリブス』(Qui pluribus, 1846)に遡って，ロシア，メキシコ，スペインにおける教会への迫害に対する抗議に触れながら，共産主義革命の欺瞞性を指摘している．しかし，回勅の大半は，キリスト教的社会原理に基づく西欧社会を再建するようにとの勧告を内容としている．

【原文】AAS 29(1937)65–106．

【邦訳】岳野慶作訳『ディヴィニ・レデンプトリス — 無神論的共産主義』(中央出版社 1959)． (高柳俊一)

『ディヴィノ・アフランテ・スピリトゥ』 **Divino afflante Spiritu** *『プロヴィデンティッシムス・デウス』(1893)50周年を記念，1943年9月30日，時宜にかなった聖書研究の振興を目的に*ピウス12世により公布された*回勅．*レオ13世をはじめ，以降の諸教皇が聖書の研究および普及のために貢献した事実を回顧した後(例えば，*教皇庁立聖書委員会，*教皇庁立聖書研究所，*聖書運動)，聖書研究における今日的課題を示す．

背景には当時，それまでとは比較できないほどに考古学上の領域での知見が増大，また碑文やパピルスを通しての，さらに*聖書写本や*教父などの研究も飛躍的に進展し整備されたという事情があった．このため特に，古代オリエントの諸言語の知識や*聖書の本文批判は聖書研究にとって不可欠であると認識され，聖書の古代訳や原典の批判的校訂版の編集・出版が望まれるようになった．もっとも，こうした原典の批判的校訂版によってカトリック教会における*ウルガタ訳聖書の真正性([ラ] authentia)が消失するわけではないという．その真正性は「批判学上」(critica)ではなく，「法律上」(juridica)であるためである(→ 真正性(聖書の)，聖書の翻訳)．

聖書釈義に関しては，語句の*字義通りの意味そして本文の神学的意味や内容を解明し，何よりも真の*霊的意味を明示するよう要請する．こうした意味や内容を顧みない傾向や論述が一部みられたからである．しかし聖書釈義を正確で豊かなものとするためには，やはり教父の見解や*教導職による諸決定を参照，また聖書記者の固有性や*聖書の文学類型も考慮しなければならないとする．そして聖書の歴史的・文学的性格に注目することで，一方では聖書をめぐる神学上の未解決な難題(例えば，*聖書の無謬性，*霊感)に対する積極的な解答をもみいだすことが可能になるという．

結局，近代的な*聖書批評学による聖書研究の自由を基本的には容認して研究促進への期待を示すとともに，また神学生養成や教会内の諸活動にあっての適正な聖書知識の教授と実践の必要性を表し，たとえ戦渦に巻き込まれている時代においても聖書を読むことに慰めと希望をみるよう励ます．回勅公布日は，聖書研究の*守護の聖人である*ヒエロニムスの祝日にあたる．

【文献】AAS 35 (1943) 297–325; EnchB 538–96; J. LEVIE, *La Bible, Parole humaine et message de Dieu* (Paris 1958). (清水宏)

『ディヴェス・イン・ミセリコルディア』 **Dives in misericordia** ラテン語で慈しみ深い神の意．教皇*ヨアンネス・パウルス2世によって，1980年11月

30日，*待降節第1主日に公布された*回勅．第1章「わたしを見る人は父を見る」，第2章「メシア的メッセージ」，第3章「旧約」，第4章「放蕩息子のたとえ」，第5章「復活秘義」，第6章「代々に至るあわれみ」，第7章「教会の使命における神のいつくしみ」，第8章「現代における教会の祈り」の8章からなる．現代における高度に進歩した科学と技術がともすれば信仰にとって脅威となりうることをかんがみ，この時代において，「慈愛に満ちた父，慰めを豊かにくださる神」(2コリ1:3)である神の*慈しみ(misericordia，憐れみ，慈悲)を求める叫びが教会の特徴でなければならないとする．同時に，一人ひとりに，慈しみにおいて生きる道を歩むことが勧められる．旧・新約聖書の個々の記述と伝承から，慈しみは*愛の別称であり，愛は何よりも慈しみとして表され，慈しみとして実現されなければならず，終末的完成において慈しみは愛として啓示されると説明されている．さらに，慈しみは，父性的であるとともに，母性的な神の愛の在り方でもあると表現されている点が特徴的である．
【邦訳】教皇ヨハネ・パウロ2世回勅『いつくしみ深い神』沢田和男訳(カトリック中央協議会1981)．

(土居由美)

『**ディウトゥルヌム・イルド**』 **Diuturnum illud** 教皇*レオ13世が1881年6月29日に発表した，国家権力の起源や本質に関する*回勅の一つ．表題はその冒頭句「あの永く続いた(戦い)」からとられている．これに先立つ*グレゴリウス16世の回勅*『ミラリ・ヴォス』(1832)および*ピウス9世の回勅『クイ・プルリブス』(Qui pluribus, 1846)では，正当な君主あるいは国家権力に対して，従順を拒否し反抗することが許されるとの考え方が非難されていたが，この回勅では明らかに*自然法と*神法に反する命令には抵抗する権利が認められている．ただし，法律に従わないという消極的抵抗を意味していた．
【原文】ASS 14 (1881-82) 3-14.
【文献】LThK³ 3: 274.

(高柳俊一)

ディエゴ〔アルカラの〕 **Diego** (1400頃-1463.11.12/13) スペイン出身のフランシスコ会員，聖人(祝日11月13日)．*隠修士として生活していたが，コルドバ(Córdoba)のアリザファ修道院に入り，*フランシスコ会に入会，キリスト教的美徳のよき手本となった．1441年よりカナリア諸島への宣教に派遣され，修道院長になるとともに，多くの異教徒をキリスト教に改宗させた．1450年，シエナの*ベルナルディヌスの*列聖のための調査で*ローマに赴き病人の看護にもあたった．1456年，新設されたアルカラ(Alcalá)の修道院に行き，その*回心の生活，数かずの奇跡，霊的知識により崇敬を集めた．その死後すぐに，多くの*癒やしの奇跡が報告された．1562年，*フェリペ2世が息子カルロス(Carlos, 1545-68)の病床にディエゴの遺物を運ばせたところ，癒やしの奇跡が起きたとされる．1564年，フェリペ2世の要請により，列聖された．
【文献】LThK³ 3: 208; NCE 4: 859-60.

(山口和彦)

ディエゴ・デ・エステリャ **Diego de Estella** (1524.4.13-1578.8.1) スペインのフランシスコ会員，修道神学者，神秘神学者．*フランシスコ・ザビエルの甥(本名 Diego de San Cristóbal y Cruzat)．ナバラ(Navarra)のエステリャに生まれ，おそらく*トゥールーズ大学で法律を*サラマンカ大学で神学を修め，*サラマンカで*フランシスコ会に入会(1550)．長期間*リスボンに滞在したあとで，1561年頃スペインに戻り，著作と説教に専念．この間国王*フェリペ2世の神学顧問と宮廷説教師に任ぜられている．また，アビラの*テレサの願いを入れて，サラマンカの女子*カルメル会修道院創設の記念の説教を行った．主な著作としては，修徳神学を取り扱う『世の空しさの書』(Libro de la vanidad del mundo, 1562)，神秘神学を取り扱う『神の愛についてのいとも敬虔なる瞑想』(Meditaciones devotísimas del amor de Dios, 1576)があり，*アウグスティニズムの色合いが濃い．そのほかにも多数の著作があり，いずれも当時のキリスト教界に大きな反響を巻き起こして，各国語に訳出された．『ルカ福音書注解』全2巻(Enarrationes in Lucam, 1574-75)で*異端の疑いをかけられたが，正式審査の前にサラマンカで死去した．
【文献】キ人899; DHGE 14: 438-39.

(石井健吾)

ディエゴ・デ・オヘダ **Diego de Hojeda** (1570頃-1615) スペインの詩人，聖職者．スペイン南部の*セビリャで生まれる．両親の反対を押し切り，若くして新大陸に渡る．1591年にペルーで*ドミニコ会に入会．現地の幹部の後ろ盾を得て，やがてペルーにおける同会の要職に就く．その後，幹部の交代に伴い平修道士に降格され，最後はペルーの辺境のウアヌコ・デ・ロ・カバリェロス(Huánuco de los Caballeros)の修道院で没した．

『キリスト伝』(La Cristiada, 1611)はおそらくオヘダの唯一の作品である．*最後の晩餐に始まり，埋葬で終わるキリストの物語で，キリスト教をテーマとした叙事詩としては，スペイン文学を代表する作品といえる．作品の主眼はキリストの*受難の意味を明らかにすることで，語りの中心もその場面にある．キリストの周囲に配された象徴群，*地獄の描き方等々の点で*バロック的象徴を示す半面，文体は地味で平易である．しかしすばらしい描写力とリアリズムは，語り尽くされた物語を新鮮な形で見事によみがえらせているといえよう．
【文献】C. ROSELL, ed., *La Cristiada*, Biblioteca de autores españoles, 17 (Madrid 1945) 401-501.

(岡村一)

ディエゴ・デ・サンタ・カタリナ **Diego de Santa Catalina**
(1)スペイン人フランシスコ会員(1577-1636.6.1)．1599年*フランシスコ会に入会．1600年*修道誓願を宣立．*サラマンカでの修練を経てアレバロ(Arevalo)の修道院長在任中の1613年，スペイン王フェリペ3世(Felipe III，在位1598-1621)の使節として*徳川家康のもとに派遣される．アカプルコ(Acapulco)を経て1615年(元和1)，使節団の団長として浦賀に来航するが，宣教師保護を求める親書を奉呈したことで禁教政策をとる幕府の不興を買い，交易交渉は不備に終わった．帰還後，メキシコの管区長代理，修道院長を務め1623年の総会に出席した後に引退．
【文献】日キ歴892; B. ヴィレケ『キリシタン時代におけるフランシスコ会の活動』伊能哲大訳(光明社1993) 291-93.

(橘爪由美子)

(2)日本人ドミニコ会員，司祭(1582-1629)．豊後(現

ディエゴ・デ・サン・フランシスコ

在の大分)の中田の出身．熱心なキリスト教信者の家庭に生まれ，祖父も父も殉教している．1602年(慶長7)*イエズス会の長崎コレジヨに入り，*トマス・デ・サン・ハシント(西トマス)と12年間にわたり共に学ぶ．*同宿の資格を得て活発な宣教活動を展開．1614年以降，*伴天連追放令が徹底されると自らの意志で*マニラに渡る．1624年*ドミニコ会第三会の司祭として叙階され，翌年ドミニコ会第一会の会員となり，修練を経て1626年に誓願宣立．1627年にフィリピンのカガヤン県に配属されるが，1629年のドミニコ会ロザリオ管区総会議記録に任地に到着後まもなく病死したことが記されている．
【文献】Archivo de la Provincia del santo Rosario, O. P., "Informaciones," Mss. "Santo Domingo" de Manila, T. 12, exfol. 156r. (Convento de Santo Tomas, Avila). (J. デルガード)

ディエゴ・デ・サン・フランシスコ　Diego de San Francisco　(1575頃-1632以降)　フランシスコ会員．スペイン南部メンブリリャ(Membrilla)に生まれ，*フランシスコ会跣足派のサン・パブロ管区に入会，司祭叙階後に宣教を志してスペインを出発(1605)．翌年*マニラに到着．1609年から同地のサン・フランシス・デル・モンテ修道院で修練長を務め，1612年(慶長17)日本に派遣，翌年まで伏見か*大坂に滞在したが，*徳川家康の追放令で*長崎に連行される．同地で山中に逃がれ，司牧にあたった．1615年(元和1)*江戸に派遣され，浅草でハンセン病の患者と共住しながら司牧に努めたが，同年の聖土曜日に捕らえられ，1年半獄中にあった．1616年9月釈放され，メキシコに追放．1618年4月メキシコからマニラに向かい，7月に同地で日本宣教地区副管長に任命され，8月12日に長崎に到着．1620年2月には大坂を経由して江戸に向かい，7か月の滞在の後，長崎へ戻った．1626年(寛永3)4月東北に旅し，山形に居を定めたが，1629年9月長崎への途につく．迫害のため大坂にとどまり，以後は主に東北を巡って宣教と司牧に従事した．彼と他の会員たちの消息は，1632年以降不明．日本宣教団の長上としてマニラ管区宛に定期的に報告・書簡を書いたが，特に1614年以降の日本教会の迫害に関する報告(Relación verdadera)は有名で，一部はマニラで(1625)，完本はメキシコで印刷された(1626)．このなかにはマニラの管区長に宛てた書簡「日本殉教の報告書」など4文書と*ソテロに宛てた書簡など6文書が含まれている．
【文献】T. オイテンブルク『16-17世紀の日本におけるフランシスコ会士たち』石井健吾訳(中央出版社1980): T. UYTTENBROECK, Franciscans in Japan (Tokyo 1958). (石井健吾)

ディエゴ・デ・ラ・クルス　Diego de la Cruz　(1587-?)　フランシスコ会員．スペイン中東部クエンカ教区内ポラマレス・デル・カンポ(Polamares del Campo)の出身．*フランシスコ会サン・ホセ管区に入会，*修道誓願を宣立のうえ，司祭に叙階される．1615年にアジア宣教を志願し，1619年(元和5)来日．*長崎に滞在して信徒の世話にあたったが，熱心だったので信徒たちから父のように慕われ，短期間で700人を改宗させたとある．その後，*江戸に呼ばれ，*ガルベスに協力して宣教にあたった．次いで東北を巡回しながら，各地で実り豊かな宣教活動を行い，1624年(寛永1)から25年にかけての宣教報告書に，最上・仙台・若松の各地で大勢の聴罪の後11月に江戸に到着したが市中に入れず，仙台の*パラハスを見舞い，最上で*四旬節と*復活祭の勤めを信徒に果たさせ，1625年5月，仙台経由で再び江戸に入り信徒に霊的慰めを与えた後，最上に戻ったとある．以後の消息は不明．
【文献】T. オイテンブルク『16-17世紀の日本におけるフランシスコ会士たち』石井健吾訳(中央出版社1980): T. UYTTENBROECK, Franciscans in Japan (Tokyo 1985). (石井健吾)

ディエゴ・ルイス・デ・サン・ビトレス　→　サン・ビトレス

ディエス・イレ　Dies irae　かつての『ローマ・ミサ典礼書』(1570-1962)で，*死者の日の*続唱として採用されていた歌．ディエス・イレは，その冒頭の言葉で「怒りの日」を意味する．元来は続唱として作られたものではない．最古の写本は13世紀に由来するが，一部は12世紀にはすでに使用されていたとする説もある．作者としてしばしば言及されるチェラーノの*トマスは実際の作者とは今日認められていないが，既存の歌詞に手を加えた一人であった可能性はある．歌詞には*最後の審判に関する言葉やイメージが盛り込まれ，「怒りの日」という冒頭句はゼファニヤ書1章14-16節や他の賛歌，典礼文にもみられる．背景には，最後の審判に言及する福音書箇所のほかに*『シビュラの託宣』をめぐる伝承やオルフェウス伝説，*ウェルギリウスなどの古典文学の影響がみられ，全体的な詩情はフィオーレの*ヨアキムの時代の精神を感じさせる．当初，*待降節第1主日の続唱として使われたこともあったが，やがて死者の日に使われるようになり，重んじられた．*モーツァルトや*ヴェルディのレクイエム，またH. *ベルリオーズ，*サン・サーンス，*リストの作品にもこの影響がみられる．
【文献】Cath. 3: 764-65; EDR 1: 1057; LThK³ 3: 219; NCE 4: 863-64. (石井健吾)

ディエス・マチョ　Díez-Macho, Alejandro　(1916. 5. 13-1984. 10. 6)　スペインの古代ヘブライ語，アラム語ならびにアラビア語学者，ラビ文学研究者．司祭，聖心宣教会(Congregación de los Missioneros del Sagrado Corazón)会員．パレンシアのビラフリア・デ・ラ・ペーニャ(Villafría de la Peña)に生まれる．1943年司祭叙階，1945年モーセ・イブン・エズラに関する研究(Mosé Ibn 'Ezra como poeta y preceptista)で博士号を取得する．1944-73年*バルセロナで，また1973年以降は*アルカラ大学で古代ヘブライ語，アラム語ならびにアラビア語，また*ラビ文学を講じる．この間，重要な聖書関連の写本や古文書を所蔵する世界各地の図書館や研究機関で史料の収集や整理，研究を行った．1956年*ヴァティカン図書館で16世紀のものと考えられるタルグム写本(Neofiti 1)を発見した．著名なアラム語学者カーレ(Paul Ernst Kahle, 1875-1964)とも親交を結び，専攻分野の研究促進に大きく貢献した．*マドリードで没す．→聖書写本，タルグム
【主著】Mosé Ibn 'Ezra como poeta y Preceptista, 1953; Manuscriptos hebreos y arameos de la Biblia, 1971; Actitud de Jesus ante el homber, 1976; El Targum, 1979; Biblia babilonica, 1987.

共編著: *La Biblia Políglota Matritense*, 1957- ; *Enciclopedia de la Biblia*, 3 v., 1963-66; *Neophyti 1*, 1968-79; *Targum palestinense in Pentateuchum*, 1977; *The Pentateuch*, 1977; *Apocrifos del Antiguo Testamento*, 5 v., 1984-87.

論文集: D. M. LEON, ed., *A. Díez-Macho: Salvacion en la palabra*, 1984. （清水宏）

ティエポロ　Giovanni Battista（Giambattista）Tiepolo （1696-1770）　18世紀イタリアの代表的画家.

＊ヴェネツィアで富裕な商人の家に生まれ，ラッザリーニ（Gregorio Lazzarini, 1655-1730）に師事する. 21歳で画家組合に登録，2年後画家グアルディ（Francesco Guardi, 1712-93）の姉と結婚する. リッチ（Sebastiano Ricci, 1659-1734）やピアツェッタ（Giovanni Battista Piazzetta, 1683-1754）の影響を受け，＊ヴェロネーゼの明朗な色彩空間を取り入れて画風を形成. ウーディネ（Udine）の大司教館の壁画装飾（1626-28）で名声を確立し，ヴェネツィアをはじめ北イタリアの諸都市の邸宅や聖堂に大規模な壁画装飾を次々に制作する（＊ミラノのアルキント邸，ヴィチェンツァ Vicenza のロスキ邸，ヴェネツィアのラビア邸，ジェズアーティ聖堂）．その画風の特徴は，ピアツェッタ風の褐色明暗調を完全に脱した明澄な色彩表現，大胆な短縮法ポーズを駆使した人物構図の雄弁なオペラ的演出，軽快敏捷で名人芸的なデッサン，主題の明朗典雅で親密な世俗的解釈などにある. 1750-53年，ドイツの＊ヴュルツブルクに招かれ，新司教館に画業の頂点をなす大天井画を制作. 帰国後，1756年には新設のヴェネツィアの画家アカデミーの初代会長に就任した. 晩年には，スペイン国王の招きで二人の息子（ジャンドメニコ Giandomenico, 1727-1804, ロレンツォ Lorenzo, 1736-76）とともに＊マドリードに滞在し，新王宮のために大天井装飾を完成したが，当地で客死する. 息子ジャンドメニコも父の画風を引き継いで画家として一家をなした.

【文献】DA 30: 854-63; 宮下規久朗『ティエポロ画集』（トレヴィル 1996）; A. PALLUCCHINI, *L'Opera completa di Giambattista Tiepolo* (Milano 1968); M. LEVEY, *Giambattista Tiepolo: His Life and Art* (New Haven 1986). （森田義之）

ティエント　〔西〕tiento，〔葡〕tento　語源は「手探りする，試し弾きする」意のスペイン語の tentar. 16-18世紀スペインの模倣対位法による器楽曲. イタリアの＊リチェルカーレと類似. ＊カベソン，アラウホ（Francisco Correa de Arauxo, 1575頃-1663頃），ブルナー（Pablo Bruna, 1611-79），コエリョ（Manuel Rodrigues Coelho, 1555頃-1635頃），＊カバニリェスの作品が有名. 弦楽器のビウエラ用もあるが，オルガン曲が中心である. （植田義子）

ディオグネトスへのてがみ　『ディオグネトスへの手紙』〔ギ〕Epistol pros Diogneton,〔ラ〕Epistula ad Diognetum　作者不詳の書簡体のキリスト教護教文書. ディオグネトスなる人物も不明で，高貴な身分の異教徒と推定されるのみである. 写本は1436年＊コンスタンティノポリスで発見され，後にストラスブール市立図書館に移管されたが，1870年に焼失. 幸いその写しが現存している. 全体は12章からなり，キリスト教の本質部分に関わるディオグネトスの質問（1章）に対し，著者はまず，異教の＊偶像礼拝および＊ユダヤ教の儀礼慣習を批判し（2-4章），迫害のさなかでも，信徒による隣人愛の具体的実践で証しされるキリスト教の＊秘義を解き明かす（5-6章）．これに続いて，人類の救いのため，また真実なる神を啓示するため父から遣わされた＊ロゴスの派遣に関して詳論され（7-8章），救い主の到来までの旧約の時代は人間の力による救いへの到達不可能性を意識させる期間であったことが説明されたあと（9章），キリスト教信仰の受け入れが相手に促される（10章）．ロゴスに関する叙述が展開し，また創世記2章9節の寓意的な解釈を土台として，知と生の分離し難い結びつきを強調する最後の2章（11-12章）は内容・文体ともそれ以前の部分とは著しく異なるため，別の著者による後代の付加と考えられている.

11章1節に本書の著者として「使徒たちの弟子」という言及があり，それゆえ本書の著者は，史実であるかどうかはともかく，慣例として＊使徒教父の一人に数えられている. 一般には2世紀終わりから3世紀初めに＊アレクサンドリアで成立した文書とみなされている. 全体として＊ヨハネ神学および＊パウロ神学の影響が強いが，＊ヘレニズム世界から＊ストア学派や＊プラトンの思考様式，また弁論術の要素も取り入れている.

【文献】キ大 707; EEC 1: 237; LThK² 3: 398-99; LThK³ 3: 238-39; 荒井献編訳『使徒教父文書』（講談社 ²1972）179-89, 326-27. （久松英二）

ディオクレティアヌス　Diocletianus, Gaius Aurelius Valerius （245頃-313頃）　ローマ皇帝. 正帝在位 284-305年. ダルマティア（Dalmatia）の一兵士から身を起こし，皇帝警護隊長職のときにヌメリアヌス帝（Marcus Aurelius Numerius Numerianus, 在位 283-84）が暗殺され，軍に推戴され帝位に就く. 四分五裂の帝国の現状打開策として，まず同僚マクシミアヌス（Marcus Aurelius Valerius Maximianus, 310没）を285年末に副帝，翌年4月には正帝に任じ，帝国西部を担当させた. 293年には東西正帝のもとに副帝を配置する四分治（テトラルキア，〔ギ〕tetrarchia）体制に移行し，自らは上級東部正帝として小アジアの西端＊ニコメデイア（現イズミット Ismit）にあって，ササン朝ペルシアに対峙した. 諸帝の働きで，国内の反乱・国境線の治安は回復するが，それとともにマクシミアヌスの独立動向に悩まされもする. この第1次四分治体制がともかく退位まで維持されえたのは，彼の妥協を知らなぐいまれな政治力によっていた. 改革は制度全般に及び，皇帝直属機動軍（〔ラ〕comitatus）の強化と，属州の細分化（倍加して100州に達する）・管区制導入の経過のなかで，軍司令官職と属州総督職は決定的に元老院身分から騎士身分に移行，いわゆる東方的専制君主制への布石となった. そのための膨大な経費捻出には新税制カピタティオ・ユガティオ（Capitatio-jugatio）と貨幣改鋳を導入，結果生じた深刻なインフレには「最高価格令」（301）で対応. 305年には，前代未聞の東西正帝同時退位を強行し，自らは生地付近のサロナ（Salona, 現スプリト Split）に居城を営んで隠棲，天寿を全うしたと伝えられている.

彼は伝統的ローマ宗教理念に従って303年に「最後のキリスト教大迫害」を開始したとされてきたが，状況は従来いわれてきたほど簡単ではない. むしろ副帝＊ガレリウス教唆説が有力で，キリスト教徒責任論すら提出されている. 政治的主導権争い，対ペルシア政策が錯綜す

ディオスコロス〔アレクサンドリアの〕

る複雑な問題であった．
【文献】豊田浩志『キリスト教の興隆とローマ帝国』(南窓社 1994)．　　　　　　　　　　　(豊田浩志)

ディオスコロス〔アレクサンドリアの〕 Dioskoros (?-454. 9. 4)　＊アレクサンドリアの総主教(在職 444-51)．アレクサンドリアの＊キュリロスの後継者で＊キリスト単性説論者＊エウテュケスを支持したことで知られる．エウテュケスが 448 年コンスタンティノポリス総主教＊フラウィアノスによって単性説の＊異端として＊破門されると，ディオスコロスは皇帝＊テオドシウス 2 世を説き伏せて 449 年＊エフェソス強盗会議を開会させ，彼自身が主宰して強引にエウテュケスの正統性を認めさせ，フラウィアノスを免職した．しかしテオドシウス 2 世が 450 年に没すると，451 年＊カルケドン公会議でエウテュケスが排斥されたとき，追放に処せられ，454 年流刑地パフラゴニアのガングラ(Gangra)で没した．まとまった著作はなく，断片と数通の手紙がシリア語で残存している．単性論者の教会では＊聖人として崇敬されている．
【文献】キ人 900；LThK² 3: 409．　　　(手塚奈々子)

ディオドロス〔タルソスの〕 Diodoros (?-394 以前)　4 世紀のギリシア教父．＊タルソスの司教(在職 378-94 以前)．＊アンティオケイア学派の神学者，聖書注解者．弟子に＊ヨアンネス・クリュソストモス，モプスエスティアの＊テオドロス等がいる．聖書の比喩的解釈で知られる＊アレクサンドリア学派とは対照的に，聖書の歴史的文派に沿った解釈で知られるアンティオケイア学派の聖書解釈を盛んならしめた．＊アンティオケイアで生まれ，同地と＊アテネで神学と古典を学び，その後修道士となり，アンティオケイア近郊の修道院で生活．＊異教や＊アレイオス派，ラオディケイアの＊アポリナリオスの異端を排撃し，ニカイアの正統信仰(→ ニカイア信条)を擁護．背教者＊ユリアヌス帝と論争した．アレイオス派皇帝＊ウァレンスによって 372 年アルメニアに追放されたが，帝の死後アンティオケイアに帰還して 378 年タルソスの司教に就任した．その後 381 年，第 1＊コンスタンティノポリス公会議に出席し，皇帝＊テオドシウス 1 世によって正統派の柱石と称された．しかし死後，アレクサンドリアの＊キュリロスによって＊ネストリオス派として排撃され，499 年コンスタンティノポリス教会会議で異端とされた．著書は破棄され，断片のみ残存する．
【著作校訂版】PG 33: 1559-628．
【文献】キ人 901；LThK² 3: 397-98；RGG³ 2: 200．
　　　　　　　　　　　　　　　　　(手塚奈々子)

ディオニシウス Dionysius (?-268. 12. 26/27) ローマ教皇(在位 259-68)，聖人(祝日 12 月 30 日)．アレクサンドリアの＊ディオニュシオスより，＊ステファヌス 1 世によって弾劾された東方の教義と，異端者洗礼(→ 異端者洗礼論争)に対するローマ司教団の立場との仲介を求められた．＊イエス・キリストを＊父なる神に従属する者とみなすディオニュシオスに宛てた書簡では，サベリオス主義(→ 御父受難説)と御子＊従属説を弾劾し，父と子の＊同一本質を説いた．カイサレイアの＊エウセビオスによると，キリスト教組織の拡大と没収地の回復に努めたとされる(『教会史』7, 13)．また，カイサレイアの＊バシレイオスなどから＊正統信仰の保持者として賞賛を受けた．
【文献】キ人 902；LThK² 3: 405；NCE 4: 876．
　　　　　　　　　　　　　　　　　(山口和彦)

ディオニシウス〔カルトゥジア会の〕 Dionysius (1402/03-1471. 3. 12)　＊尊者，神学者，霊的著作家．「脱魂の博士」(Doctor Ecstaticus)と称され，リッケル(Ryckel)のディオニシウス，ディオニシウス・ファン・レーウェン(Van Leeuwen)とも呼ばれる．Denis とも表記される．
【生涯】ベルギーのリッケルで，ファン・レーウェン家(もしくは Leeuvis)に生まれ，10 歳頃から＊カルトゥジア修道会入会を志す．ツヴァレ(Zwalle)で哲学の初歩を学んだ後，1421 年にゼレム(Zelem)，次いでルールモント(Roermond)のカルトゥジア会の門を叩くが，20 歳になっていないということで断られ，＊ケルン大学で学ぶことを勧められ，同大学で＊トマス・アクィナスの思想を学ぶ．1424 年同大学のマギステル(〔ラ〕Magister artium)となるが，翌 1425 年ルールモントのカルトゥジア会に入会．1432-34 年会計係を務める．1434-40 年聖書注解書の最初のシリーズを執筆．1441-43 年に 3 回，1458 年にも＊幻視を体験している．1451-52 年ムーズ(Meuse)およびライン地方の教会改革のため＊教皇特使として派遣された＊ニコラウス・クザーヌスに同行，教会，＊修道生活の刷新に協力．クザーヌスに勧められて＊ムハンマド駁論を執筆した後，聖書注解を再開，完成させる．1465 年ボア・ル・デュク(Bois-le-Duc)に新修道院の設立を託され，1466 年初代修道院長となるが，1469 年健康を害してルールモントに戻り，同地で死去．
【著作】旧約・新約聖書の全書を注解する『聖書講解』(Enarrationes in Sacram Scripturam)，トマス・アクィナスの『神学大全』を要約した『正統信仰大全』(Summa fidei orthodoxae)，＊ディオニュシオス・アレオパギテース文書の注解書，＊ペトルス・ロンバルドゥスの『神学命題集』の注解書，＊ボエティウスの『哲学の慰め』の注解書，＊ヨアンネス・クリマコスの『楽園の梯子』の注解書，『説教集』，＊キリスト秘義，＊エウカリスティア，聖母＊マリア，教会刷新，瞑想，修道生活等を取り扱った数多くの小論がある．特に『観想』(De contemplatione)は，彼の＊霊性神学を理解するうえで重要である．
【思想】＊観想によって魂(＊霊魂)は＊愛に燃え，英知の賜物と特別な＊照明を受けて，＊脱魂のうちに神との一致に至るものとして，観想を高く評価する．英知の賜物と照明によって得られる，被造界にみられる完全性を無限なものとして神に帰する，神に関する肯定的な知識は，神の愛の認識体験へと導く．しかし，観想は＊恩恵の照らしによってさらに否定の道へと進む．そこにおいて，神は善ならざるもの，知恵ならざるものとして観られる．被造界から引き出された概念では神は表現されえないからである．ディオニシウスは，神を至高の＊善を超えた者(superbonissimus)，至高の＊知恵を超えた者(supersapientissimus)と呼ぶ．観想は名状し難い存在者の前に沈黙のうちにとどまることをよしとするものなのである．

思弁神学の面ではトマスの影響が顕著であるが，神秘神学の面ではクレルボーの＊ベルナルドゥス，サン・ヴィクトルの＊フーゴと＊リカルドゥス，＊ボナヴェントゥラの流れを汲み，特にディオニュシオス・アレオパ

ギテース，*ロイスブルクから大きな影響を受けている．後代広く愛読され，*イグナティウス・デ・ロヨラ，*フランソア・ド・サル，*アルフォンソ・マリア・デ・リグオーリらによってしばしば引用されている．
【著作校訂版】*Doctoris ecstatici D. Dionysii cartusiani Opera omnia in unum corpus digesta*, 44 v., 1896-1901.
【文献】キ人 901; DSp 3: 430-50; DThC 4: 436-48; LThK² 3: 406-407; NCE 4: 764-65; TRE 9: 4-6; A. Mougel, *Denys le chartreux, 1402-1471. Sa vie, son rôle, une nouvelle édition de ses ouvrages* (Montreuil 1896). (小高毅)

ディオニシウス〔パリの〕 Dionysius (?-258) 聖人(祝日 10 月 9 日)．フランスの*守護の聖人で 14 *救難聖人の一人．サン・ドニ (Saint Denis) と呼ばれ，絶大な*崇敬の対象とされる．トゥールの*グレゴリウスによれば，*デキウス帝の時代に*ローマからガリアに派遣された初代のパリ司教とされ，最近の研究では*ウァレリアヌス帝治下の迫害で 258 年に斬首刑に処せられた*殉教者とみなされる．626 年フランク王ダゴベルト 1 世 (Dagobert I, 在位 622-39) はこの聖人のためパリ北部のサン・ドニに修道院を設立した．827 年，ここの院長ヒルドゥイヌス (Hilduinus, 775 頃-844) が*擬ディオニシオス文書を訳出し，その著者に擬された*ディオニシオス・アレオパギテースとこの聖人を同一人物としたことから，*『黄金伝説』では，教皇*クレメンス 1 世が派遣したパリ司教として，96 年に 90 歳で殉教したという伝説が定着した．モンマルトル (Montmartre) で斬られた自分の首をサン・ドニまで運び歩いたという伝説に基づく絵画や彫刻がある．
【文献】BSS 4: 650-61; DHGE 14: 263-64; LMit 3: 1076-79; LThK³ 3: 246-47; NCE 4: 765-66.
(橋口倫介)

ディオニシウス〔ミラノの〕 Dionysius (?-355 以降) 聖人(祝日 5 月 25 日)．ミラノ司教(351 頃)．反*アレイオス派の闘士．355 年のミラノ教会会議において，*アタナシオスの*破門にヴェルチェリの*エウセビウスとともに反対．親アレイオス派政策をとる皇帝*コンスタンティウス 2 世によって司教職を解任され，アルメニアに流刑となり同地で死去．*アンブロシウスによって*殉教者とされ，遺骸は*ミラノに帰還 (375/76)，*崇敬される．
【文献】LThK² 3: 407; LThK³ 3: 245. (神崎忠昭)

ディオニシウス・エクシグウス Dionysius Exiguus (470 頃-550 頃) ローマの修道士，教会法学者，翻訳者，典礼暦作成者．
　南ロシアのスキティア (Scythia) 生まれ．496 年頃に*ローマに移り，没するまで修道士として活動，*カッシオドルスと親交をもつ．ギリシア語とラテン語に通じ，多くの翻訳や編集活動を行った．教皇*シリキウスから教皇*アナスタシウス 2 世までの*教皇教令をまとめ，第 1 *ニカイア公会議 (325) から*カルケドン公会議 (451) までの公会議決議録である『ディオニジアナ集』(Collectio Dionysiana) を編纂した．これは中世初期の*教会法の基本文献となった．またニュッサの*グレゴリオスの作品や『パコミオス伝』(*Vita Pachomii*) などのラテン語訳を行った．教皇*ヨアンネス 1 世の依頼で*復活祭の日の算定を行った．キリスト紀元による紀年法を創始したことでも知られる．ローマで没す．
【主著】PL 67; 73: 229-72.
【文献】LThK³ 3: 244-45. (杉崎泰一郎)

ディオニシウス・フィロカルス Dionysius Philocalus (?-354 以降) 4 世紀に活躍したローマの年代記作者，能書家．354 年頃編纂された*ローマ帝国とキリスト教の*年代記，いわゆる*『354 年の年代記』の編纂者の一人で，*ミニアチュールに飾られた暦の部分は彼の作である．教皇*ダマスス 1 世が建設した殉教者のための*カタコンベの装飾にも協力．「聖ダマスス教皇の敬慕者・友人フリウス・ディオニシウス・フィロカルス」(Damasis Papae cultor atque amator Furius Dionysius Filocalus) との碑銘が残っている．
【文献】LThK² 2: 1189; 3: 408; LThK³ 3: 1286; NCE 3: 669-70; E. Ferguson, ed., *Encyclopedia of Early Christianity* (New York 1990) 464. (高松誠)

ディオニシオス〔アトスの〕 Dionysios (1308/16-1382/89) 聖人(祝日 6 月 25 日)．*アトス山のディオニシュ修道院創設者．マケドニアに生まれ，兄テオドシオス (Theodosios. 当時アトス山のフィロテウ修道院長，後にトレビゾンド (Trebizond, 現在のトルコ北東部トラブゾン Trabzon の府主教) に従って*修道生活に入り，*司祭となる．1370 年頃共住修道生活を去り，3 年間洞窟で独住する．多くの*修道者が彼のもとに集まって指導を求めたため，トレビゾンド帝国皇帝アレクシオス 3 世・コムネノス (Alexios III Komnenos, 在位 1349-90) の援助を受けて，そこにヨアンネス・プロドロモス修道院(ディオニシオスの死後ディオニシュ修道院と呼ばれる)を建設．修道院への新たな援助を求めてトレビゾンドの宮廷に赴き，その地で没す．
【文献】LThK² 3: 403-404; LThK³ 3: 243. (神崎忠昭)

ディオニシオス〔アレクサンドリアの〕 Dionysios (190 頃-264 頃) 聖人(祝日 11 月 17 日)．*アレクサンドリアの司教(在職 247/48-264 頃)．*オリゲネスの弟子．233 年頃ヘラクラス (Heraclas, 180-247/48) の後継として*アレクサンドリア教理学校の校長となる．250 年*デキウス帝の迫害時に逃がれ，帝の死後アレクサンドリアに戻る．257 年*ウァレリアヌス帝の迫害時に再び追放されるが信者たちと書簡を往復して接触を保ち，260 年帰還．生来の司牧者であり，多くの宗教的論争に関与した．迫害下の棄教者(→信仰離反)，異端者，*分派を再洗礼なしに受け入れるべきとしたが，再洗礼を行う教会との分裂は拒否した．サベリオス主義(→御父受難説)やサモサタの*パウロスを攻撃したが，彼自身は教皇*ディオニシウスから三神論者(→三神説)と非難された．後に*アタナシオスは彼の正統性を認めたが，カイサレイアの*バシレイオスは否定した．また*ヨハネによる福音書と*ヨハネの黙示録の著者は別人と主張した．著作は断片的にカイサレイアの*エウセビオスやアタナシオスの書物中に残っている．
【文献】キ人 902; LThK² 3: 401; RGG³ 2: 201.
(手塚奈々子)

ディオニシオス〔コリントの〕 Dionysios (2 世紀) 聖人(祝日 4 月 8 日)．*コリントの司教(170 頃在職)．カイサレイアの*エウセビオスの『教会史』のなかに，彼の書簡に関する言及があるが，著作は現存

ディオニュシオス・アレオパギテース

していない．書簡の内容は，コリント教会へのローマ教会の援助に対する感謝，教皇 *クレメンス1世の手紙がコリントの教会でよく読まれていることへの言及，*マルキオンに対する論駁等である．
【文献】キ人 909; DHGE 14: 261-62; LThK² 3: 404; LThK³ 3: 245; RGG³ 2: 202-203.　　　（手塚奈々子）

ディオニュシオス・アレオパギテース　**Dionysios Areopagites**　（5世紀-6世紀前半）　シリアの修道者と推測されている．擬ディオニュシオスとも呼ばれる．これは使徒言行録17章34節に登場する *アレオパゴスの議員ディオニュシオスに由来する．*擬ディオニュシオス文書は，『天上位階論』(Peri tēs ouranias hierarchias), 『教会位階論』(Peri tēs ekklesiastikēs hierarchias), 『神名論』(Peri theiōn onomatōn), 『神秘神学』(Peri mystikēs theologias), および書簡10通からなる．中世末期まで多数の著名な神学者によってラテン語に訳され，注解された．19世紀末に，シュティグルマイル (Josef Stiglmayr, 1851-1934) と コッホ (Hugo Koch, 1869-1940) が『神名論』と *プロクロスの『悪の存立について』の間に類似性があることを証明した．*新プラトン主義にキリスト教的装いを与えたものとされる．
【著作校訂版】PG 3; G. HEIL, A. M. RITTER, eds., *De coelesti Hierarchia, De ecclesiastica hierarchia, De mystica theologica, Epistulae*, Patristische Texte und Studien 36, 1991.
【邦訳】熊田陽一郎訳「神名論」「神秘神学」『ギリシア教父の神秘主義』キリスト教神秘主義著作集1（教文館1992) 137-272; 今義博訳「天上位階論」「神秘神学」，月川和雄訳「書簡集」『後期ギリシア教父とビザンティン思想』中世思想原典集成3（平凡社1994) 339-498.
　　　（手塚奈々子）

ディオニュシオス・バル・サリビ　**Dionysios bar Salibi**　(?-1171. 11. 2)　12世紀シリア・ヤコブ派教会（→ヤコブ教会）の神学者，著作家．メリテネ (Melitene, 現在のトルコ中東部マラティヤ Malatya) 生まれ．1154年にマラシュ (Mar'as, 別名 ゲルマニキア・エウフラテンシス Germanicia Euphratensis, 現トルコ領マラシュ Maras), 1155年にはマブク (Mabbug, 現シリア領メンビ Memby) の *主教に任命され，教会改革を推進．1166年にアミダ (Amida, 現在のディヤルバキール Diyarbakir) の府主教に推された．同地で没す．*聖書と *教父の著作の注解，*神学の体系的著述，*説教と書簡，*典礼に関する著述などは早くからアラビア語にも翻訳され，シリア・ヤコブ派教会の発展に大きな影響を及ぼした．
【著作校訂版】CSCO 13-16, 53, 60, 77, 85, 95, 98, 113-14.
【文献】キ人 901; BBKL 2: 1326; LMit 3: 1076; LThK³ 3: 244; RGG³ 2: 203-204; TRE 9: 6-9.
　　　（高松誠）

ディーカンプ　**Diekamp, Franz**　(1864. 11. 8-1943. 10. 10)　ドイツの *トマス学派のカトリック神学者．ライン地方のゲルデルン (Geldern) に生まれ，*ミュンスターで没す．1887年司祭叙階．1898年から1933年までミュンスター大学で教父学，教理史，教会史，教理神学を教え，教父文学の編集・注釈に携わる．

『聖トマスの理念に基づくカトリック教義学』全3巻 (Katholische Dogmatik nach den Grundsätzen des hl. Thomas, 1912-14) ほか，多くの著作がある．
【文献】LThK² 3: 376; NCE 4: 862-63.　　　（萱場基）

ていぎ　定義　〔ラ〕definitio, 〔英〕definition, 〔独〕Definition, 〔仏〕définition　*概念の内容を限定すること．すなわち，ある概念の内包を構成する本質的 *属性を明らかにし，他の概念から区別すること．その概念の属する同類の他の概念から区別して命題化すること．例えば，「人間は理性的（種差）動物（類概念）である」．

　*アリストテレスによれば，定義は，事物の「何であるか＝*本質」を述べる言説であって，論証されるのではなく，論証の原理とされる．定義にもさまざまな種類があるが，分割による定義，つまり類概念の種差による限定と他の同類のものからの区別によって，種概念を規定する定義が基本とされた．この定義は *存在論的階層構造を前提としている．近世に入って，*ロックは単なる名称の説明である「唯名的定義」と「事象的定義」を区別し，従来の定義論を批判し，伝統的な定義の規則の有効性を疑問視した．現代では，被定義項と定義項に関して，定義項は被定義項の内容をより明晰に説明するもので，両者の間には同義性と代入可能性が成り立つとされる．定義には，さまざまな分類が存在するが，既成の意味を正確に表現する「辞書的定義」と，ある語の新たな使用法を示す「約定的定義」とに分類されるほか，文脈的定義，説得的定義，再帰的定義，指示的定義などがある．
【文献】W. C. KNEALE, M. KNEALE, *The Development of Logic* (Oxford 1962).　　　（山内志朗）

ティキコ　**Tychikos**　アジア州出身で，*パウロの同行者の一人（使20: 4）．パウロは，*コロサイの教会をはじめアジアの諸教会にティキコを代理として派遣する．「わたしの様子については，ティキコがすべてを話すことでしょう．彼は主に結ばれた，愛する兄弟，忠実に仕える者，仲間の僕です．彼をそちらに送るのは，あなたがたがわたしたちの様子を知り，彼によって心が励まされるためなのです」（コロ 4: 7-8. エフェ 6: 21-22 も参照）．*司牧書簡も彼の務めを同様に紹介している（2テモ 4: 12; テト 3: 12）．
【文献】新約釈義 3: 423.　　　（加山久夫）

ていきょうかい　低教会　〔英〕Low Church　16世紀にカトリック教会より分離したイングランド国教会（→聖公会）内の二つの潮流の一つ．低教会は，教会に対する「低い」評価で知られる立場で，*福音主義とほぼ同義．イングランド国教会の「最高統治者」としての君主，祈祷書（→英国教会祈祷書）による *礼拝，*三十九箇条によって打ち出された教理的立場などの受け入れを拒否した非信従者（〔英〕non-conformist）に親近感を抱いていた国教会員は，徹底した *聖書主義に立ち，サクラメント（→秘跡），歴史的 *信条，*初代教会以来の聖職制度などをすべて「低く」評価した．*クランマーをはじめとする宗教改革者たちは，初め *ルター主義の，次いで *カルヴィニズムの影響を受けて「低教会」的であったといわれている．17世紀になって *ピューリタンへの反動として，*教父や *公会議の決定を重視する *高教会派が台頭するに従い，*説教中心の礼拝と個々人の *回心を強調する「低教会」派が18世紀に出

現した．
【文献】ODCC³ 999. （八代崇）

ディキンソン　Dickinson, Emily　(1830. 12. 10-1886. 5. 15)　アメリカの女性詩人．マサチューセッツ州アマースト(Amherst)生まれ．厳格なピューリタニズム(→ピューリタン)の支配する土地と家庭に育つが，因習にとらわれない考え方をはぐくむ．30歳を過ぎてからは白い服を着けて部屋に閉じこもり，滅多に外出することもなかった．詩は生前ほとんど出版されず，今世紀半ばにやっと1,775編全部がまとめられた．独特の短い詩型のなかに大胆な言葉遣いと思索が込められていて，評価は極めて高い．アマーストにて没す．
【邦訳】新倉俊一編訳『ディキンスン詩集』（新潮社1993）． （飯野友幸）

ティーク　Tieck, Ludwig　(1773. 5. 31-1853. 4. 28)　ドイツの作家．初期ドイツ・ロマン派文学の代表的な存在である．ベルリンに生まれる．夭逝した親友ヴァッケンローダー(Wilhelm Heinrich Wackenroder, 1773-98)の芸術評論『芸術を愛する一修道士の告白』(Herzensergießungen eines kunstliebenden Klosterbruders, 1796-97)は中世ドイツ美術の再発見を促し，ロマン派(→ロマン主義)に決定的な影響を与えた書であるが，その価値を認めて編集・出版した功績は大きい．中世文化に対する憧憬は，民間伝承を収集した『民話集』(Volksmärchen, 1797)に凝縮され，さらに中世に題材を求めた教養小説『フランツ・シュテルンバルトの遍歴』(Franz Sternbalds Wanderungen, 1798)へと発展した．しかし中世の普遍的宗教性への没入から*カトリシズムに傾いた他のロマン派詩人とは異なり，晩年には現実主義的な詩風へと変わっていく．特にシュレーゲル(August Wilhelm Schlegel, 1767-1845)と共訳した*シェイクスピアの戯曲は後世のドイツ文学の遺産である．*ベルリンにて没す．
【著作集】Schriften, 1986- ．
【文献】Der Literatur Brockhaus, v. 3 (Mannheim 1988) 520-21; 富田武正「F. シュレーゲルとL. ティーク」『上智大学ドイツ文学論集』22 (1985) 7-28; 田畑雅英「日本におけるルートヴィヒ・ティーク―翻訳・研究文献」『ドイツ文学』94 (1995) 176-93. （富田裕）

ディクス　Dix, Gregory　(1901. 10. 4-1952. 5. 12)　イギリスの教会史家，典礼学者．イングランドのウリッチ(Woolwich)に生まれる(本名ジョージ・エグリントン・アルストン・ディクス George Eglinton Alston Dix)．ウェストミンスター，オックスフォードのマートン・コレッジに学び，1924年イングランド国教会(→聖公会)の司祭に叙階される．1926年，ナシュダム(Nashdom)の聖公会ベネディクト会に入会．1948年から同修道院長．教父時代の神学と典礼の研究に専念し，ローマの*ヒッポリュトスの*『使徒伝承』の研究，入信式や叙階式，特に*ミサ(聖公会での聖餐式)の研究を進めた．主著『典礼の形』(The Shape of Liturgy, 1945)はミサの歴史的・神学的研究における古典となっている．
【その他の著作】The Treatise on the Apostolic Tradition of St. Hippolytus, 1937; Jew and Greek: A Study in the Primitive Church, 1953; The Image and Likeness of God, 1953.
【文献】キ人 903; LThK³ 3: 276; J. LEACHMAN, "The Printed Writings of Dom Gregory Dix (1901-1952)," EL 106 (1992) 275-81. （石井祥裕）

ティクスロン　Tixeront, Joseph　(1856. 3. 19-1925. 9. 3)　フランスのカトリック神学者，教父学者，*聖スルピス会の会員．現ピュイ・ド・ドーム県のアンヌザ(Ennezat)で生まれ，*リヨンで没す．1897年に司祭叙階．1881年よりリヨン神学校教授，1898年からはリヨン大学で教父学を教えた．主著『キリスト教古代教理史』全3巻(Histoire des dogmes dans l'antiquité chrétienne, 1905-12)は初期キリスト教の歴史を客観的に書き綴り，20世紀初頭の*教理史・*教父学研究の道標の書として用いられた．
【文献】キ人 903-904; EDR 3: 3539; LThK² 10: 214; NCE 14: 182. （高松誠）

ティグラト・ピレセル3世　Tiglat-pileser　[ティグラト・ピレセル]　Tukulti-apal-Ešarra　アッシリア王(在位前744-726).「プル」という異名(バビロニア王名表，王下15: 19)はおそらく「アパル」(apal)の短縮形に由来する．一時弱体化していたアッシリア帝国を立て直し，地方支配を強化して全盛期の礎を築いた．南の*バビロニアをも支配下に収め，アッシリア王であると同時にバビロニア王ともなった．シリア・パレスチナの諸国家群は，ダマスコ王レツィン(ラヒアヌ)とイスラエル王*ペカを中心に同盟を結んで*アッシリアに抵抗することを試みた．これに加わらなかったユダ王*アハズは，同盟軍を率いる*シリア(*ダマスコ)と*エフライム(イスラエル)から攻撃を受けた(シリア・エフライム戦争，前733)．しかしアハズから貢納を受け，支援を求められたティグラト・ピレセル3世は進軍して同盟軍を敗退させた(王下16: 5-9; 代下28: 5-21)．
【文献】渡辺和子「前1千年紀のメソポタミア」『聖書の風土・歴史・社会』現代聖書講座 1, 月本昭男，小林稔編 (日本基督教団出版局 1996) 109-20; M. ローフ『古代のメソポタミア』松谷敏雄監訳 (朝倉書店 1994); M. ROAF, Cultural Atlas of Mesopotamia and the Ancient Near East (New York 1990); H. TADMOR, The Inscriptions of Tiglath-pileser III King of Assyria (Jerusalem 1994). （渡辺和子）

ていけつ　貞潔　→ 純潔

ティゲルナク　Tigernach　(?-549/50)　聖人 (祝日4月4日および5日)，アイルランドの司教．Tierry, Tierney とも表記される．伝説によれば王族として生まれ，*ローマに巡礼．キルデアの*ブリギッドの願いで*司教に叙階された．海賊に襲われるなどの苦難を経て，アイルランド北部のモナハン州クローンズ(Clones)に修道院を開き，院長となる．
【文献】LThK² 10: 193; B. NÖEL, ed., Dictionnaire Historique des Saints (Paris 1964) 361. （久野暁子）

ディケンズ　Dickens, Charles　(1812. 2. 7-1870. 6. 9)　イギリスの小説家．ポーツマス近くのランドポート(Landport)に生まれる．幼少期に引っ越しを繰り返したため正規の教育は受けられず，また父の借財により早くから働きに出る．その後さまざまな職業に就いたが，それらの経験が後の彼の作品に反映されている．読書好きだった彼は，やがて文筆に手を染め，雑誌に短

てịけんのいどう

編や写生文を発表，それらをまとめて『ボズのスケッチ集』(Sketches by 'Boz', 1836) を発表した．その後，月刊分冊の『ピックウィック・クラブ遺文録』(The Posthumous Papers of the Pickwick Club, 1836-37) が人気を集め，作家としての地位を確立．この時期に結婚するが，性格不一致ゆえに 1858 年に離婚する．だが執筆はますます多忙となり，多くの雑誌を執筆発行する一方，小説を続々と発表して国民的作家の地位を獲得した．その作品は同時代の社会を活写したもので，若干の構成上の不統一，感傷癖はあるというものの，生彩溢れる人物像を次々と生み出した点で高い評価を得ている．また波乱万丈の筋立てとユーモアに富んだ語り口は，今日まで多くの人々を魅了している．なお宗教性は稀薄だが，人間の善性に対する信頼は良い意味でキリスト教的ともいえる．1870 年，ロチェスター (Rochester) の近くで死去．

【主著】*Oliver Twist*, 1837-39: 小池滋訳『オリヴァー・トゥイスト』(講談社 1971); *Nicholas Nickleby*, 1838-39: 菊池武一訳『善神と魔神と—ニコラス・ニクルビー』(角川書店 1953); *David Copperfield*, 1849-50: 中野好夫訳『デイヴィッド・コパフィールド』全 4 巻 (新潮社 1967); *Hard Times*, 1854.

【文献】NCE 4: 856-57;『世界・日本キリスト教文学事典』(教文館 1994) 390; J. フォースター『チャールズ・ディケンズの生涯』全2巻, 宮崎孝一監訳 (研友社 1985-87); J. Forster, *The Life of Charles Dickens*, 3 v. (London 1872-74); J. Butt, K. Tillotson, *Dickens at Work* (London 1957). 　　　　　　（小林章夫）

ていけんのいどう　帝権の移動　〔ラ〕Translatio imperii　権力の移転に重要な意義を認める観念は，すでに古代ローマやキリスト教の歴史書にもみられるが，ヨーロッパでは，800 年の *シャルルマーニュの帝位獲得（この出来事は 9 世紀から「帝権の移動」と呼ばれ始める）をめぐる論争が政治思想に大きく影響した．*叙任権闘争以後，帝位の法的根拠，帝位獲得の主導権の所在，*教皇と皇帝の上位権などの問題を含めて「移動」論議が活発化したが，この時期の論議では，現存するビザンツ帝権（→ビザンティン帝国）を否認したわけではなかった．シャルルマーニュによって帝権がギリシア人からフランク人（→フランク族）に完全に移動したという主張が支配的になるのは，12 世紀以後である．教皇 *インノケンティウス 3 世は，*ハインリヒ 6 世没後のドイツの王位紛争に介入したとき，帝権移動の主体が教皇であったとの理由で皇帝選挙への認可権を主張した．この主張は，レンゼ (Rhense) の選帝侯会議 (1338) が，選帝侯の多数決で選出された皇帝は教皇の認可を必要としないと決議したときに政治的意義を失ったが，教皇側では 18 世紀にもなお教皇権の優位を主張した．

【文献】LThK² 10: 309; W. Goez, *Translatio imperii* (Tübingen 1958). 　　　　　　（出崎澄男）

ていけんのさっしん　帝権の刷新　〔ラ〕Renovatio imperii　*ローマ帝国のキリスト教徒は，この国を神の特別の *摂理に基づくものとみたが，中世ヨーロッパにもローマ帝国への特別な感情が受け継がれ，しばしば帝権刷新の機運が生じた．*シャルルマーニュは印璽に「ローマ帝国の刷新」(Renovatio Romani Imperii) の文言を用い，*神聖ローマ帝国ではとりわけ *オットー 3 世が，*アウグストゥスから *コンスタンティヌス大帝，シャルルマーニュを経て一直線につながる帝国の伝統の完成者としての自己理解を，キリスト教徒である「ローマ市民」による「ローマ帝国の刷新」(Renovatio Imperii Romanorum) という文言に示した．*叙任権闘争の後は，帝国の神聖性喪失の状況下で，シュタウファー朝の諸帝が古代ローマ的帝権理念による帝権刷新を目指した．

【文献】LMit 7: 732-34; LThK² 8: 1238-39; LThK³ 8: 981-82; P. E. Schramm, *Kaiser, Rom und Renovatio*, 2 v. (1929; Darmstadt 1992). 　　　　　　（出崎澄男）

ていげんめいれい　定言命令　〔独〕kategorischer Imperativ，〔英〕categorical imperative，〔仏〕impératif catégorique　*カントの *倫理学の基本概念．定言的とは，可能性や現実性にかかわらず無条件に必然的との意である．カントによれば，理性的存在者には，*実践理性の唯一の根本法則である道徳法則が「理性の事実」として与えられている．人間は不完全な理性的存在者であるために，この道徳法則が「汝……なすべし」という無条件的な定言命令となる．人間がもつ義務感や *良心の呼び声は，可能・不可能にかかわらず，いずれもこの定言命令の無条件性を含んでいるのであり，それは通常の良識をもっている者には誰でも了解されると考えられている．

【文献】I. カント『道徳形而上学原論』篠田英雄訳（岩波書店 1960). 　　　　　　（大橋容一郎）

ていこうけん　抵抗権　〔英〕right of resistance，〔独〕Widerstandsrecht，〔仏〕droit de résistance　合法的に成立している法律上の *義務を，より上位の *規範に基づいて否認する権利．

【一般的概念と種類】抵抗権とは，より上位の規範の命じる義務を根拠として，下位の規範の命じる義務を拒否する権利のことであり，対等な関係にある異なった規範が互いに矛盾した義務を要求した場合に起こる，いわゆる「義務の衝突」(〔独〕Pflichtenkonflikt) とは異なる．また，我が国の農民一揆などにみられたように，法律上の義務を拒否することの正当化理由をもたない場合は，抵抗の事実ではあっても抵抗権の行使ではない．

抵抗権は，その根拠を何に求めるか，どのような手段を用いるかなどによってさまざまな種類に区別される．

抵抗権の根拠に関しては，その根拠を憲法に求める場合と，既存の *実定法秩序を超える規範に求める場合とがある．前者は，憲法に違反する条約や法律に対してのみ抵抗権が成立すると考える立場であり，我が国ではこの立場を支持する論者が多い．しかし，本来の抵抗権は，その根拠を *神法，*自然法など，実定法を超えた規範に求める．聖書では「人間に従うよりも，神に従わなくてはなりません」（使 5: 29）という *ペトロの言葉が，実定法を超える抵抗権の存在を宣言したものとしてしばしば引用される．

抵抗権の手段に関しては，実力を用いず，非暴力不服従の態度（→非暴力主義）で法的義務を拒否する「市民的不服従」(〔英〕civil disobedience) や「良心的拒否」(conscientious objection) などを受動的抵抗権，実力を用いて不正な支配者を殺害したり，反乱によって不正な政府の転覆を企図する場合を能動的抵抗権と呼ぶ．また，個人で抵抗権を行使する場合を個別的抵抗権，集団で行使する場合を集団的抵抗権という．既存の実定法を超える規範に根拠を求め，能動的かつ集団的な手段を用

いる場合，抵抗権は革命権(→革命)としての性格をもつ．なお，各種の異議申し立てやリコール制など，近代国家において制度化された手段を用いて法への服従義務を拒否する場合を合法的抵抗権と呼ぶこともあるが，これは固有な意味での抵抗権とは呼びえないとするのが一般的な理解である．

【歴史】〔古代〕古代においては，抵抗権の明確な主張はみられない．ただ，*アリストテレスが，*暴力で君主の地位を奪取した「権原なき暴君」(〔ラ〕tyrannus absque titulo)と君主の資格はあるが，権原の濫用によって暴君と化した「行使による暴君」(tyrannus exercitio)とを区別したことが知られる．この区別はその後の抵抗権論に大きな影響を与えたが，アリストテレス自身はこれ以上明確な抵抗権の理論を展開していない．

キリスト教においても，*パウロの言葉「人は皆，上に立つ権威に従うべきです」(ロマ13:1)にみられるように，既存の権力に対する無抵抗が勧められた．*アウグスティヌスにも抵抗権の理論はみいだせない．

〔中世〕中世に至って，俗権に対する教権の優位が唱えられるようになり，抵抗権の思想が誕生した．ソールズベリの*ヨアンネスは「暴君は邪魔の写し絵として一般的には殺されさえしなければならない」と述べ，暴君の殺害を肯定した．*トマス・アクィナスは抵抗権を認めたが，その行使については慎重な立場をとった．*『神学大全』においては，*法が*良心の法廷において人を拘束しうる要件が論じられ，その要件として，*共通善を目指していること，立法者がその権限を超えていないこと，法の負担が均等であることをあげている．これらの要件のいずれかを欠く場合，その法は「法というよりも暴力」となり，人の良心を拘束せず，抵抗権が成立するとした．ただし，その行使については，「暴君政治から生じる害悪よりもさらに大きな害悪が生じないかぎりで抵抗することが許される」と述べ，慎重な立場をとっている(『神学大全』II, 1, q. 96 a. 4)．

〔宗教改革期〕宗教改革期には*ミュンツァーや*再洗礼派など，能動的かつ集団的な抵抗権の行使を正当化する急進的な抵抗権論者が多く現れた．しかし，その後の抵抗権論の発展に，より大きな影響を与えたのはモナルコマキ(monarchomachi，ギリシア語に由来)と呼ばれる一連の暴君放伐論者である．彼らは，神法に違反する君主は統治契約に違反した暴君であり，聖書において異教徒による迫害には武力が用いられているのでも明らかなように，神法違反の暴君を殺害することは何ら信仰の要請と矛盾しないと主張した．このような暴君放伐の思想は，本来，プロテスタント教会を弾圧する支配者への抵抗を正当化する*カルヴィニズムに由来するが，同様の思想はカトリックにもみられ，通常，双方を合わせてモナルコマキと呼ぶ．

〔近代〕近代の抵抗権論は各人の自然権を根拠とした革命権の性格をもつ．*ロックは，統治者が人民の自然権を保全せず，権限を濫用した場合，まずは法的手段に訴えるべきであるが，それでも権利回復が不可能なときは「天への訴え」(〔英〕appeal to heaven)が認められると述べ，力による抵抗の権利を認めた．さらに，ロックに代表されるような自然権に基づく抵抗権の主張は，さまざまな人権宣言文書に実定化されるに至った．『フランス人権宣言』(1789)は，「自由・所有権・安全および圧政への抵抗」を「人の消滅することのない自然権」であると述べている．

〔現代〕18世紀にみられた抵抗権の実定化は，その後の法治主義の浸透とともに消滅したが，20世紀になって，*ナチズムに対する反省からドイツの幾つかの州憲法で再び抵抗権の実定化が行われた．ヘッセン(Hessen)憲法は「憲法違反の公権力に対する抵抗は各人の権利であり，義務である」と規定した．また，マルク・ブランデンブルク(Mark Brandenburg)憲法は「道徳および人道に反する法律に対しては抵抗権が成立する」と規定した．このような憲法や人道を根拠とした抵抗権全般の実定化については，そもそも実定法を超える権利という抵抗権の性格になじまないとする批判が多いが，*良心的兵役拒否などのように制度化された抵抗権については，今日，憲法上正当な権利として多くの国で定着をみている．

【現代カトリック自然法論と抵抗権】現代カトリック自然法論者の多くは，厳密な条件下での抵抗権の成立を認める．*メスナーは，国家権力の濫用に対する受動的抵抗は権利であるとともに，しばしば義務でもあるとする．さらに，共通善が深刻な危機にさらされており，平和的な手段では回復しえず，しかも抵抗によってもたらされる害悪が暴力支配のもたらす害悪を上回らないかぎりにおいて能動的抵抗も認められると述べている．

【文献】R. トロイマン『モナルコマキ—人民主権論の源流』小林孝輔，佐々木高雄訳(学陽書房1976): R. TREUMANN, *Die Monarchomachen* (Leipzig 1895); J. メスナー『自然法』水波朗他訳(創文社1995): J. MESSNER, *Das Naturrecht* (Innsbruck 6 1966); K. WOLZENDORFF, *Staatsrecht und Naturrecht in der Lehren vom Widerstandsrecht des Volkes gegen Rechtswidrige Ausübung der Staatsgewalt* (Breslau 1916); A. KAUFMANN, L. E. BACKMANN, eds., *Das Widerstandsrecht* (Darmstadt 1972).

(葛生栄二郎)

ていこくしゅぎ　帝国主義　〔英〕imperialism, 〔独〕Imperialismus, 〔仏〕impérialisme

【概要】19世紀後半に生まれた術語で，一つの*国家が自らの歴史的，地理的，国家的に固有の境界をはるかに超えて統治，指導，影響力の及ぶ範囲を拡大し，他民族を支配しようとすること，およびそのような体制の確立した状態を指す．さらに帝国主義とはそのような体制を確立し，維持するための直接の武力行使，強制による植民地の獲得とその支配機構の整備を含むものであり，間接的には植民地獲得のために政治的・外交的手段を行使し，保護的条約の締結・行政・軍事・経済・技術などの分野の専門家を組織的に送り込むことを含む．したがって，帝国主義は*植民地主義と表裏一体である．*大航海時代を推進したスペインとポルトガルは，海外に広大な植民地をもつ帝国の先例となった．19世紀のヨーロッパ列強は相次いで*資本主義経済を発展させ，資源と市場におけるシェアを求めて海外に進出し，植民地獲得のために争った．これが20世紀の2度の世界大戦の原因となり，人類に大きな不幸をもたらすことになった．

【普遍主義】帝国主義の政策は単なる植民地支配の体制の確立ばかりでなく，植民地の文化・伝統を無視あるいは根絶して自国の文化・伝統を導入し，言語を強要する．それとともに，大量の資源供給のために単一作物栽培に基づく単純経済体制を作り出し，本国への依存を強める結果をもたらす．さらに，本国からの支配体制を維持するために，植民地における官僚機構を作り出す目的で教育制度を作り，ヨーロッパ的教養の持ち主を生み出し，文化・言語政策的にも搾取を行う結果になる．ヨーロッ

ティコニウス

パ列強はそれぞれかつての *ローマ帝国の後継国家としての「ローマの平和」(*パックス・ロマーナ)の近代版である「世界平和」を実現する使命感をもち，キリスト教文化を土台とした普遍的文明の価値体系を地の果てまでもたらすという意識をもっており，自国の利益のためにそれを利用したことは確かであろう．

【克服への道】かつて *共産主義世界からは，帝国主義は資本主義に必然的なものと宣伝されたが，今日になってみれば，*マルクス主義の普遍主義的使命感のほうがより強烈で，旧ソ連の支配体制がより帝国主義的であったことは明らかである．いずれにせよ，植民地主義が終わったとされる 20 世紀後半以後においても，帝国主義は形を変えて文化的さらに経済的に現存している．帝国主義は植民地支配の間にその支配地域の経済を歪め，荒廃させ，植民地支配から独立した国々の自立を困難にし，先進国と途上国の格差を増大させている．これらの問題に言及する，第 2 *ヴァティカン公会議の『現代世界憲章』や教皇 *パウルス 6 世の回勅『*ポプロールム・プログレッシオ』は，世界秩序における *正義の原則を強調し，経済協力の正しい在り方を説いている．さらに教皇 *ヨアンネス・パウルス 2 世の回勅『真の開発とは』(1987)は，先進国が途上国に対し新たな植民地主義に向かう衝動を戒めている．それらの考え方が浸透し，21 世紀の世界が抱える数々の複雑で，解決困難にみえる問題に適切な対応がとられれば，世界はみえない帝国主義の克服に向かうことであろう．

【文献】LThK³ 5: 435-36; 教皇ヨハネ・パウロ 2 世回勅『真の開発とは — 人間不在の開発から人間尊重の発展へ』(カトリック中央協議会 1988): IOANNES PAULUS II, Encyclica, "Sollicitudo rei socialis," AAS 80 (1988) 513-86. (高柳俊一)

ティコニウス Ticonius (Tyconius) (?-400頃) 北アフリカで活躍した *ドナトゥス派の思想家．正統派教会と論争しつつ，その立場を採り入れ，*教会論，*秘跡論に関しては正統的な見解をとった．そのため 387 年 *カルタゴ教会会議でドナトゥス派が排斥された後もドナトゥス派にとどまった．その著『聖書解釈規則書』(Liber regularum, 380頃) は *アウグスティヌスの『キリスト教の教え』に引用され，ラテン教会最初の聖書解釈の手引書として評価されている．彼の黙示録の注解は *プリマシウスやリエバナの *ベアトゥスの聖書注解に引用され，断片的に復元されている．

【主著】Liber regularum, PL 18: 15-16
【文献】キ人 904; DThC 15/2: 1932-34; EDR 3: 3587; LThK² 10: 180-81; ODCC³ 1648-49; RGG³ 6: 884-85; E. FERGUSON, ed., Encyclopedia of Early Christianity (New York 1990) 917-18; アウグスティヌス『キリスト教の教え』アウグスティヌス著作集 6, 加藤武訳 (教文館 1988) 30-37. (高松誠)

デイコラ Deicola (7 世紀) アイルランドの聖人(祝日 1 月 18 日)．師 *コルンバヌスに従い，*リュクスーユに赴く．610 年に病気を理由に師と別れて後，リュール (Lure) に修道院を創設し，初代院長となる．625 年 1 月 18 日に当地の修道院で死去したと考えられている．*聖遺物がリュール大修道院(後にアルザスのミュルバク Murbach 大修道院と合併)内に保存され，後に小教区教会に移されている．

【文献】Cath. 3: 545-46; LThK² 3: 195; NCE 4: 721; B. NOËL, ed., Dictionnaire historique des saints (Paris 1964) 127. (富田裕)

ディサイプルきょうかい ディサイプル教会 Disciples of Christ (Churches of Christ) スコットランドの *長老派教会の牧師であったトマス・キャンベル (Thomas Campbell, 1763-1854) は新天地を求めてアメリカ合衆国ペンシルヴァニアに移住した．その息子アレクサンダー・*キャンベルとともに *バプテスト教会に加わり，さまざまな職業の人々からなるキリスト教団体を形成したが，教理の点などから分離し，1827 年に独自の教派を創立しディサイプル教会となった．それゆえキャンベル派と呼ばれ，バプテスト派からの加入者によって急速に勢力を拡大した．

歴史的 *信条などは拒否し，ただ聖書のみ(*ソーラ・スクリプトゥーラ)を信仰の規準とし，*主日ごとに *聖餐を守り，教職と *信徒の区別はゆるやかであり，会衆主義の形態をとる．伝道も熱心でイギリス，オーストラリア，ニュージーランド，南アフリカ，インドに拠点をもっている．また教育に力を入れ大学も多く設立している．

日本では，その多くは **日本基督教団と合同している．東京都北区滝野川にある聖学院は元ディサイプル派の学校である．
【文献】キ大 709; 日キ歴 422-23; ODCC³ 487-88. (川村哲嗣)

デイシス 〔ギ〕Deisis 中央にキリスト，向かって左に聖母 *マリア，右に洗礼者 *ヨハネを配する図像．語義はギリシア語の「請願」「代願」である．つまり，人類の罪の赦しを聖母と洗礼者ヨハネは神(キリスト)に祈願し，とりなしの役割を果たす．図像の起源は *ビザンティン美術にある．図像のもつ意味から *最後の審判の図に組み入れられることになる．その例としてはイタリアのトルチェロ (Torcello) の大聖堂西壁モザイク(12 世紀) がある．12 世紀以降，このような形式の最後の審判図は西欧にも波及する．また，独立した図像の例としては *ハギア・ソフィア大聖堂階上廊モザイク(12 世紀頃) がある． (木戸口智恵)

ていじゅうぎむ 定住義務 〔ラ〕obligatio residentiae,〔英〕obligation of residence,〔独〕Residenzpflicht,〔仏〕obligation de la résidence 司牧的職務を果たすために，任地あるいは管轄地に定住する義務を指す．任地に滞在し信者と直接個人的に関わり，*役務に従事する場合のみ正式定住もしくは能動的定住となる．これに対して，単に滞在するだけの定住は，身体的または受動的定住といわれる．しかし正当な理由による不在は，法的に職務にあると推量され，擬制の定住とされる．*霊的指導などは電話またはテレビなどの利用も可能であり，必ずしも任地に滞在する必要はなく，実質的に能動的定住の概念に近いとする者もあるが，*教会法においては一般的規範として正式定住が規定されている．身体的不在の状態では，十全な司牧が保証されず，責務の怠りによる被害が大きいからである．

第 1 *ニカイア公会議以来，多くの *教会会議で *聖職者の定住が論議されてきたが，*トリエント公会議において *司教の定住義務に厳しい条項が作られ(第 23 盛式会議，『改革教令』1 条)，*聖職禄の重複受領や他の逸脱が矯正されるようになった．現行教会法典は，*枢

機卿，司教，*主任司祭などの職務における定住義務および不在の許容範囲を定め(『教会法典』356, 395, 410, 429, 533, 543 条)，これに背反する場合の処罰の可能性も規定し(1396 条)，さらに*修道会の長上が自己の*修道院に定住する義務も定めている(629 条).

【文献】DMC 4: 108; LThK² 8: 1250; H. イェディン『公会議史』梅津尚志，出崎澄男訳(南窓社 1986): H. JEDIN, Kleine Konziliengeschichte (Freiburg 1978 ³1981).

(濱田了)

ていじゅうのせいがん　定住の誓願

修道士が誓願を立てる*修道院に定住することを誓約すること．定住(〔ラ〕stabilitas)が*修道誓願の一項目として定着するのは 9 世紀以降であるが，その根拠となったのは 6 世紀のヌルシアの*ベネディクトゥスの『戒律』である．この『戒律』は，共住修道士(〔ラ〕coenobita)を修道院に住み，戒律と修道院長のもとで生活する者と規定し，特定の修道院長をもたず，少数で生活する独住修士(sarabaita, →隠修士)や*放浪修道士(gyrovagus)と区別し(1 章 1-2, 6-11)，さらに修道士となる者に定住，修道的生活，*従順を約束するように定めている(58 章 17-18). だが，ここではまだ定住は厳密には誓願の一項目とされてはいない．また，修道士が僧房ないし修道院にとどまるべきであるとする考えは，必ずしもベネディクトゥスの『戒律』独自のものではなく，彼が参照した 3-5 世紀の砂漠の修道士たちの言葉，カイサレイアの*バシレイオスの『修道士大規定』，また*『レグラ・マギストリ』などにもみいだされる．さらに，こうした考えの源泉となるのは新約聖書および初期キリスト教の殉教文学における*堅忍の伝統であり，ベネディクトゥスの『戒律』においても，定住という語を堅忍(〔ラ〕perseverantia)とほぼ同義で使用している箇所がある(58-59 章).

【文献】LThK² 9: 1001; T. FRY, ed., The Rule of St. Benedict in English (Collegeville, Minn. 1980).

(矢内義顕)

ていしょくせいさい　停職制裁

〔ラ〕suspensio, 〔英〕suspension, 〔独〕Suspension, 〔仏〕suspense　教会法上の*刑罰で，犯罪者の改善を目的とする懲戒罰(*ケンスラ)の一種(『教会法典』1312 条). 停職制裁は*聖職者にのみ科せられる刑罰で，これによって次の事項が禁止される．(1) *叙階による権限に基づくすべての，または若干の行為．(2) 統治権(→裁治権)に基づくすべての行為または若干の行為．(3) 職務に付随するすべての，もしくは若干の権利または任務の行使(同 1333 条 1 項).

有罪判決または宣言判決後，停職制裁を受けた者が統治行為を有効になすことができないことを，法律または命令によって規定することができる(同 2 項). ただし次の事項は決して禁止事項とはならない．(1) 刑罰を規定した上長の権限下にない職務または統治権．(2) 犯人が職務に基づいて有している場合の居住権．(3) 刑罰が伴事的刑罰の場合，停職制裁を受けた者の職務に偶然に属している財産の管理権(同 3 項). 上記所定の限度内で，法律自体もしくは命令によって，または判決もしくは決定によって停職制裁の範囲が規定される(同 1334 条 1 項). 伴事的停職制裁を科せられる犯罪としては，*司教に対する暴行(同 1370 条 2 項)，司祭叙階を受けていないにもかかわらず*ミサの執行を試みること(同 1378 条 2 項 1 号)，秘跡的赦免を有効に付与できないにもかかわらず，秘跡上の*告白を聴くこと，また*赦免の付与を試みること(同 2 号)などが規定されている．

【文献】L. CHIAPPETTA, Dizionario del Nuovo Codice di Diritto Canonico (Napoli 1986) 1061-62; N. RUF, Das Recht der katholischen Kirche (Freiburg 1983) 337, 347, 362-63; J. A. CORIDEN, T. J. GREEN, D. E. HEINTSCHEL, eds., The Code of Canon Law: A Text and Commentary (New York 1985) 893-926.

(枝村茂)

ディジョン　Dijon

フランス中東部ブルゴーニュ地方(Bourgogne)の中心都市で，コート・ドール県(Côte-d'Or)の県都．司教区の総人口は 50 万 4,000 人，信徒数 40 万 5,228 人，小教区数 527(1997 年末現在). *リヨンと*マインツを結ぶ*ローマ帝国の軍道を警備する城塞ディヴィオ(Divio)に起源を発する．ガリア(→フランス)に宣教した司教ベニグヌス(Benignus, 2 世紀末頃)がこの地で殉教したとされ，その遺骨が発見された墓所には 6 世紀にサン・ベニーニュ修道院が創建された．11 世紀初頭にはカペー朝の領土に組み込まれ，1090 年には近郊のフォンテーヌ(Fontaine)の城でクレルヴォーの*ベルナルドゥスが誕生している．1364 年から 1477 年にかけては，4 代にわたるヴァロア家(Valois)の大公が支配するブルゴーニュ公国の政治的・文化的中心として繁栄した．その時代の記憶は，郊外の旧シャンモル修道院に残る*スリューテルの彫刻『モーセの井戸』にしのぶことができる．

【文献】AnPont (1999) 208; Cath. 3: 802-806; DHGE 14: 466-79; J. RICHARD, Histoire de la Bourgogne (Toulouse 1978).

(池田健二)

ディスカント

〔ラ〕discantus, 〔英〕discant, 〔独〕Diskant, 〔仏〕déchant　ポリフォニー曲の最上声部を指すが，広義には*ポリフォニーそのものを指す場合もある．13 世紀には全声部が同じリズムで動くポリフォニー曲をこの名で呼び，*ノートルダム楽派のオルガヌム(〔ラ〕organum)においては*テノル声部が*定旋律を一定のリズム型(オルド ordo)に従って動く部分をディスカント様式の名で呼んだ．イングランドでは単旋律の聖歌の楽譜をみながら即興的にポリフォニー演奏を行う手法をディスカントゥス・スープラ・リブルム(discantus supra librum)と呼んだ．15 世紀においては，装飾された定旋律ないしは主旋律を最上声部に置く様式をディスカント風と呼ぶこともある．

【文献】NGDM 5: 487-95; 田辺尚雄他編『音楽大事典』3 (平凡社 1982) 1535-36.

(金澤正剛)

ディスキプリーナ・アルカーニ　→ 守秘規定

ディストラー　Distler, Hugo

(1908. 6. 24-1942. 11. 1)　*ニュルンベルク生まれのドイツの作曲家．ライプツィヒ音楽院に学び，J. S. *バッハ以前の音楽に興味をもち，特に H. *シュッツに私淑するとともに，オルガン復古運動に加わった．1931 年に*リューベックのヤコブ教会のオルガニストとなり，ドイツ・ミサ曲や*モテットなどの優れた教会作品を数多く手がけるとともに，青少年の音楽運動にも加担した．1937 年にシュトゥットガルト(Stuttgart)に移りヴュルテンベルク音楽大学で，さらに 1940 年には*ベルリンのシャーロッテンブルク国立音楽大学で教鞭をとることとなったが，

デイズム

第2次世界大戦下の政治的圧力に屈して自殺した.
(金澤正剛)

デイズム　→　理神論

ティスラン　Tisseran, Jean（15世紀末頃）
パリの*フランシスコ会の修道士. 卓抜した説教によって知られる. 数多くの娼婦を回心させて, 1494年, マグダラの*マリアの加護のもとに彼女たちを保護する施設を創設した. 200人以上の回心した女性がこの施設に入ったが, 維持費が不足したため, 何人かは*托鉢修道会に倣って献金を集めに行くことが許されていた. パリの司教ジャン・シモン（Jean Simon, 生没年不詳）が規約を作成し, 彼女たちを*アウグスティヌスの会則（→アウグスチノ会）に従わせた.
【文献】J. F. MICHAUD, *Biographie Universelle ancienne et moderne*, v. 41 (Paris 1870-73) 590.　(二川佳已)

ティスラン　Tisserant, Eugène Gabriel
(1884. 3. 24-1972. 2. 21)　フランスの東洋学者, 枢機卿. ナンシー（Nancy）に生まれ, アルバノ・ラツィアーレ（Albano Laziale）で没す. ナンシーの大神学校, エルサレムの*エコール・ビブリック, パリの*ソルボンヌ大学などで学び, 1907年司祭に叙階. 1919-30年に*ヴァティカン図書館の館長補佐を務め, シリア語等, 古代の中東言語を専門とし, 古文書研究の第一人者となる. 1936年*枢機卿に任命, 翌年司教に叙階された. 1936-59年*教皇庁の東方教会聖省の長官に就任. 1946-66年はポルト（Port）とサンタ・ルフィーナ（Santa Rufina）, 1951-66年はオスティア（Ostia）教区の司教を兼任. また枢機卿団の首席も務めた.
【文献】キ人 905; *Grand Dictionnaire Encyclopédique Larousse*, 14 (Paris 1985) 10255.　(森本由子)

ていせんりつ　定旋律〔ラ〕cantus firmus　*ポリフォニー音楽において, 作曲の基礎となる既存の旋律を指す. 特に中世においては, *グレゴリオ聖歌またはその断片に対旋律をつけることが*対位法の基礎とされたが, その場合の*聖歌またはその断片が定旋律にあたる. 14世紀以後の定旋律には世俗的な起源のものみられる.
(金澤正剛)

ティソ　Tiso, Jozef　(1887. 10. 13-1947. 4. 17)
スロヴァキアの司祭, 政治家. スロヴァキア大統領(在職1939-45). 1910年司祭叙階. 第1次世界大戦後, *フリンカの指導するスロヴァキア人民党の有力な党員となり, フリンカを首班とする内閣にも参加した(1927-29). その後1938年に, 分離独立派スロヴァキアの首相となった. そして, チェコ・スロヴァキアの解体をもくろむヒトラー（Adolf Hitler, 1889-1945）の援助を受けて, 1939年にスロヴァキアの完全独立を果たし, 自らが大統領となった. 第2次世界大戦中は枢軸国に協力したが, 戦況の悪化とパルチザンの暴動, 赤軍の到来によって, 彼の権威主義的政治体制は1945年に崩壊した. 1947年, 絞首刑に処せられた.
【文献】LThK² 10: 209; NCE 14: 173-74.　(細川甚孝)

ていそぎれい　定礎儀礼〔英〕corner stone laying ceremony, foundation rites, 〔独〕Grundsteinlegung, 〔仏〕cérémonie de la première pierre　建築儀礼の総称. 家屋, 寺院, 城塞, 橋, 堤などの建設, 建造にあたり, 開始から終了までの建造作業において生じうる危険を回避し, 無事に完成に至ること, さらに建造物を堅固なものとすることを目的として執行される呪術・宗教的儀礼. 定礎儀礼は人類文化のなかで広範囲にみいだせるが, 土地の悪霊を祓除し, 神・霊に対して供犠, 供物を奉献し, その怒りや妬みを慰撫し, 超越的な力による加護を願い実修されてきたと解釈できよう.

　一般に, 当該の文化の宇宙観に基づいた占いなど, 建設地の選択にまつわる儀礼に始まり, 建造すべき場所を区画し, 浄める儀礼が行われた後, 最も重要な中央隅の主柱の設置の儀礼, または石造の場合は基礎・隅石を据えつける儀礼が行われる. 建造物の中央または隅という部位は構造的, 力学的に重要であるだけでなく, 聖書にもみられるように（イザ 28: 16）, 呪術・宗教的な意味で世界, 宇宙の根幹・礎ともみなされてきた（→隅の親石）. それゆえ隅石の下, 主柱を建てる穴には, 宝石, 金, 塩, 斧など土地・建造物を浄化もしくは強化する呪術的力をもつと信じられるさまざまな物質や道具の類を埋めたりする. また伝承や考古学的遺物から動物, 奴隷, 異人, 処女などを, それらが*守護霊となることを期待し, 生きたままあるいは殺害して埋めるという行為がなされたと推測されている.

　現代建築では, コンクリートの打ち込みが終わった後, 壁面に建築図面や工事を記念する物品を収納した箱を納め,「定礎」の文字を記した石・金属板をはめ込むことも行われる. 現在日本では, 定礎儀礼としての地鎮祭, 棟上祭などがいわゆる神式で執行されることが多い. 公共建築物の地鎮祭が市町村主催で行われ, 憲法の*政教分離の原則に抵触するとして裁判に提訴された例もある.
【文献】宗教学辞典 559-60; EncRel(E) 5: 395-401; M. エリアーデ『聖と俗』（法政大学出版局 1969）: M ELIADE, *Das Heilige und das Profane* (Hamburg 1957).
(井桁碧)

ディダクス　→　ディエゴ〔アルカラの〕

『ディダケー』　→　『十二使徒の教訓』

『ディダスカリア』　→　『使徒戒規』

ていちしょこく　低地諸国　北海沿岸の低地諸国とは, 現在の*オランダ, *ルクセンブルク, *ベルギー, および*フランスの一部地域を指す. いずれも4世紀にキリスト教と出会った地域である.
【キリスト教の歴史】〔宣教初期〕4世紀のローマ人は道路や要塞を造り, *ケルンからマーストリヒト（Maastricht, 現オランダ）を通って北海沿岸にまで達する交易道路に沿って, ローマ人の居留地があった. 現地人は, ローマ式の生活様式を学び, キリスト教を知るようになった. ケルンの支配下にあったトンゲレン（Tongeren）には*司教座があり, 司教*セルウァティウスが知られている. 360年にこの司教座はマーストリヒトに移った.

　*ユトレヒトの南方までがキリスト教化されるのは, かなり後のことである. 641年ノアイヨンの*エロイがトゥールネ（Tournai, 現ベルギー）の司教になる. 彼の管轄地域は*ブルッヘまで達した. 修道者司教マーストリヒトの*アマンドゥスはさらに有名である. 彼はフラ

ンス南東部の出身で，フランク族の貴族に福音を説き，*ヘント，後には *アントヴェルペン(アントワープ)やマーストリヒトでも働いた．特に今日のフランドル地方の多くの場所や教会に彼の名がつけられている．678年の秋，英国から *ウィリブロード率いる11人の宣教師が現在のオランダのフリースラント(Friesland)に上陸し，後にユトレヒトに定住した．フランク王国はこの宣教師たちを手厚くもてなした．

これらの地域のキリスト教化の動きは，9世紀の *ノルマン人の侵入によって一時中断したが，同世紀末には平和が戻り，キリスト教が再び発展し始めた．しかし，すぐに聖俗の衝突が始まる．君主による聖職叙任などの問題である(→ グレゴリウス改革)．

低地諸国の南部と北部の教会の霊的生活は大きく成長し，その影響力は増大した．特に南部では，*大修道院が信仰の砦となった．聖地奪還のために，フランドル地方の貴族は，フランスの貴族と合同して *十字軍に加わった．

〔中世後期〕低地諸国の社会構造は，13世紀に変化し始めた．まず南部に，続いて北部にも都市が成立した．この新しい社会構造は教会に新しい問題を投げかけ，適切な *司牧の方法と新しい *霊性が必要とされた．

13世紀，低地諸国，特に南部では，*ベギンと *ベガルドの運動が起こった．彼らは共同生活または独居生活をしながら，祈りと奉仕活動の生活を続けていた．14世紀には，礼拝堂を中心に小さな住居を造り，生活をするベギンの活動がみられた．

1370年頃から1470年頃まで，いわゆる *デヴォティオ・モデルナ(新しい信心)が最高潮に達した．この運動の提唱者は *フローテであり，*ロイスブルクの *ドイツ神秘主義から霊感を受け，友人に助けられて，回心運動を始めた．主に現在のオランダを基盤に兄弟会が結成され，会員たちは会全体のために奉仕し，*私有財産を捨てた．だがこの会は，完全な意味での *修道会とはみなされない．その特色から，彼らは *共同生活兄弟会・姉妹会と呼ばれていた．フローテは，この新しい会に非宗教性と異端性が入り込む可能性を予測していたようである．彼は，死に際して，*アウグスチノ会の会則を用いる *修道院の設立を命じ，1387年 *ヴィンデスハイムに修道院が開かれた．しかし，これで共同生活兄弟会・姉妹会の活動がなくなったわけではなく，多くの者は世俗社会にとどまり，そこで生きる形をみつけようとした．謙虚で真面目で，聖書を大切にし，「厳しさ」という表現が一番ふさわしい，近代的信仰の一形式として後世に受け継がれていくスタイルを作り出した．

デヴォティオ・モデルナは，内面化に向かう一つの葛藤であったが，当時はいわゆる西方の *教会大分裂の時代であった．ローマの教皇と *アヴィニョン教皇が現れ，混乱の原因となった．低地諸国は，ローマの教皇に従ったが，ここでも宗教的動機のほかに，政治的動機が重要な役割を果たした．この出来事により，低地諸国での教皇の権威は大いに失墜し，教会改革を要求する声は至るところで高くなっていった．この抗争のなかで，1425年 *ルーヴァン大学が設立された．

〔宗教改革〕15世紀半ばの印刷術の発明が大きな変革をもたらす一方で，各国語で書かれた聖書を求める運動が盛り上がっていった．1477年デルフト(Delft)でオランダ語旧約聖書が出版された．1480年頃には低地諸国の東部の住民も完訳された聖書を入手することができるようになり，*ラテン語は権威を失った．*宗教改革の前段階である．この時代で忘れてならないのは，*人文主義の論者の活動である．教会大分裂のときに教会の刷新が望まれたが，*教会会議はこれに対応できず，教会生活は混乱を極めた．人文主義者が教会批判を展開するなかで，最も厳しくかつ最も知的なものは *エラスムスの『痴愚神礼賛』(1509)である．彼は教会の権威の尊大さと司祭の愚かさを笑ったが，宗教界を一新する指導者とはならず，書斎の学者にとどまった．

しかしついに，宗教改革者たちがローマの教会から離れるときが到来し，これが低地諸国の教会史にとっての転機となった．アントヴェルペンは，宗教改革が有名になった最初の都市である．ドイツ系の商人は *ルターに同情的だった．アントヴェルペンにあるアウグスチノ会の隠修士の修道院では，イーペル(Ieper)出身の修道者が院長をしていたが，同じ会員のルターに好意をもっている者が多くいた．1519年，人間の働きではなく，「信仰のみによる救い」(*ソーラ・フィデ)というルターの教えは，ルーヴァン大学神学部から非難を受けた．その後まもなく，ローマからも非難されることになった．

1530年の少し前まで，改革を求める抗争は少数の人に限られていたが，低地諸国の北部では，ルターの味方がいた．スイスに興った *再洗礼派の運動は1530年以降，低地諸国北部で活発化した．その後急速に，ローマ教会に反対するさまざまな運動が現れた．1538年以降は *カルヴァンがその中心的指導者である．

当時，現在のオランダ，ベルギー，フランス北部とほぼ一致する地域は，カトリックの君主 *カール5世の支配下にあった．王は，すべての宗教改革運動に厳しく対処した．1540年教皇によって認可され，1542年にはすでに *ルーヴァンで活躍していた新しい修道会の *イエズス会を王は特に援助した．16世紀半ば以降，諸教皇は教会の改革を始め，*トリエント公会議が開催され，何回か中断しながらも継続された．1559年カール5世の息子 *フェリペ2世は，低地諸国を宗教的に再分割した．当時の *司教区は地理的に大きすぎたので，プロテスタントと効果的に闘うことができなかったからである．ルターやカルヴァンの勢力には強い処置がとられた．改革を求める人々には疑惑の目が向けられたが，それにもかかわらず，改革文書の翻訳・印刷・配布は続けられた．アントヴェルペンは，北部と南部へ禁書を配布する中心地となった．カトリックの神学者たちや政府の役人たちは，改革者たちが聖書を実に深く理解し，彼らの論争が多大な影響力をもつことを徐々に認識するようになった．政府は印刷者を厳しく取り締まり，*ハーグとアントヴェルペンでは厳しい罰が課せられた．

1560年頃，ワロニア(Wallonia, 現ベルギー南東部)とフランドルの両地方で，カルヴァン派が力を持ち始めた．ルター派と再洗礼派は，政府と関わりをもたなかったが，カルヴァン派は，国家を神の命令(教会の指導権)に従わせようとしたので，宗教上の争いが起こった．やがて，カルヴァン派が優勢な北部ではなく，南部の幾つかの工業都市で最初の暴動が起きた．これは主に，多くの人々が対スペインの抗争に参加していたためである．大多数の人々は，この抗争に国民的・経済的・政治的動機から参加していたが，カルヴァン派の中核の人々は，自分たちの宗教的信条のために戦い主導権を握った．カトリック信者たちは，この宗教的要素が前面に出てきたときにも，それに従い続けた．

〔1581年までの経緯〕低地諸国におけるこの宗教上の抗争には，中央集権化と絶対王制の強化を狙っていたス

ペインの君主フェリペ2世の干渉があった．彼は，パルマ(Parma)のマルハレータ(Margaretha, 1522-86)を低地諸国の総督に任命した．彼女に仕える3人からなる顧問会議の一人は，*メヘレンの新大司教*グランヴェルであった．国策会議の構成は，3人の顧問と，エグモント伯(Lamoraal, Graf von Egmont, 1522-68)，ホルン伯(Philipp, Graf von Horne [Hoorne], 1524-68)，オラニェ公(*ヴィレム1世)ら3人の上級貴族であった．

オラニェ公は，実行力と強い意志の持ち主で，スペインとの抗争の中心的指導者となった．マルハレータが時代の圧力に負けて，低地諸国に対する布告を寛容なものにしたとき，カルヴァン派の人々は布告が完全に廃止されたかのように行動した．1566年8月，シントマール(Sint-Omaars)とアルマンティエール(Armentieres)の近くで，突然，聖像破壊の暴動が起きた．続いて，アントヴェルペン，ヘント，デルフト，ハーグ，*ライデン，アムステルダム，ユトレヒト，フローニンゲン(Groningen)の各都市でも暴動が起き，フランドル地方だけでも400の教会が略奪に遭った．フェリペ2世は，カトリックに対するこの攻撃に激怒して「鉄の伯爵」アルバ(Herzog von Alba, Fernando Alvarez de Toledo y Pimmentel, 1507-82)を低地諸国に送り，力づくで鎮圧させた．エグモント伯とホルン伯は処刑され，オラニェ公が抗争派の指導者となった．彼と彼の支持者は，北部で力をもち，南部はスペイン領にとどまった．1581年北部7州が独立したとき，南部と北部の分裂が確実なものとなった．北部の低地諸国は，現在のオランダの領土とほぼ同じであるが，以後，多くの植民地と豊かな貿易によって，強力な国家に成長していった．1795年までカトリックは公に禁じられていた．南部は，今日のベルギーが中心であるが，そこでは後年，特に大公アルベール(Albert)とその妻イザベル(Isabelle)のもとで，カトリックが復興された(1598-1633)．　(R. ブーデンス)

ティツィアーノ　Tiziano Vecellio　(1490頃-1576)　16世紀イタリアの最大の画家の一人．*ティントレット，*ヴェロネーゼとともに後期ルネサンスの*ヴェネツィア派の三大巨匠とされる．

アルプス山麓のピエーヴェ・ディ・カドーレ(Pieve di Cadore)で公証人の家に生まれ，9歳で*ヴェネツィアに出，モザイク画家ツッカート(Sebastiano Zuccato, 1527没)に入門．次いでジョヴァンニ・*ベリーニの弟子となる．早熟な才能を発揮し，1508年には同門の先輩画家*ジョルジョーネとともにフォンダコ・デイ・テデスキ(ドイツ人商館)の外壁装飾に参加．ジョルジョーネの詩情豊かな開かれた色彩様式を吸収し，その夭逝(1510)の後は未完で残された作品(ドレスデン国立絵画館の『眠れるヴィーナス』やルーヴル美術館の『田園の奏楽』)を完成して，ジョルジョニズム(1510-20年代にヴェネツィアで流行)の先導者となる．その一方，1511年に*パドヴァのサント同信会館(スクオーラ・ディ・サンタントニオ)に壁画『聖アントニウスの奇跡』連作を描いて，雄弁な叙事的様式を打ち出す．1518年にはヴェネツィアのサンタ・マリア・グロリオーサ・デイ・フラーリ聖堂の主祭壇画『聖母被昇天』を完成して，ローマ派の壮大様式に拮抗するモニュメンタルな古典様式を確立した．また師ジョヴァンニ・ベリーニ(1516没)の跡を継いで共和国公認画家となり，ヴェネツィア画界で第一人者の地位を築く．

1520-30年代にはパトロンをヴェネツィア以外にも拡大し，*フェラーラ，マントヴァ(Mantova)，ウルビーノ(Urbino)などの宮廷と関係を結び，これらの諸君主のために多くの肖像画や神話画を制作．なかでもフェラーラのアルフォンソ・デステ(Alfonso d'Este, 1486-1534)のための「バッコス祭」三部作(『ヴィーナスへの捧げ物』『アンドロス島の人々』『バッコスとアリアドネ』1518-25)は初期の神話画の代表作となった．

1530年，*ボローニャで神聖ローマ皇帝*カール5世に謁見し，その肖像画を描く．以後*ハプスブルク家は*フェリペ2世まで2代にわたり彼の最大のパトロンとなる．1533年にはカール5世から宮廷伯の称号を授与され，1548年と50年にはその招きで*アウグスブルクの宮廷に滞在，『カール5世騎馬像』『ヴィーナスとオルガン奏者』など多くの作品を制作．1550年代から最晩年にかけては，スペイン国王フェリペ2世のために「ポエジエ」(詩想画)と呼ばれる神話画の傑作(『ヴィーナスとアドニス』『ディアナとカリスト』『エウロペの略奪』等)を断続的にスペインに送った．また1545年には*ローマに招かれ，教皇*パウルス3世やファルネーゼ家のために制作し，ローマ市民権を与えられた．

ティツィアーノは，60年以上にわたる長い活動期間を通じて16世紀のヴェネツィア画界に君臨し，国際的名声と世俗的栄華を極め，宗教画，神話画，肖像画の三つの分野で，工房作も含め500点近い作品を残した．その画風と手法は，初期から晩年にかけて大きく変化し，初期のベリーニ＝ジョルジョーネ風の精緻で豊潤な色彩的古典様式から，1530-40年代のより強い動勢とエネルギーに満ちたモニュメンタルな人物構成や*マニエリスム的誇張を含んだ表現へ，さらに1550年代以降の「色彩の錬金術」といわれる大胆な筆触画法による開かれた絵画的＝バロック的様式へと展開する．鮮烈な色彩と微妙な明暗の諸調を和音的に総合した柔軟で豊麗な油彩画法は，バロック期のヨーロッパの画家たち(*ベラスケス，*ルーベンス，ファン・*ダイク)に大きな影響を及ぼし，近世絵画の色彩主義的伝統の原点となった．

【文献】DA 31: 31-45; F. ヴァルカノーヴェル『ティツィアーノ』三輪福松訳(集英社 1975): F. VALCANOVER, *L'Opera completa di Tiziano* (Milano 1969); D. ローザンド『ティツィアーノ』久保尋二訳(美術出版社 1978): D. ROSAND, *Titian* (New York 1978); 辻茂『ティツィアーノ』(集英社 1979); 前川誠郎，森田義之『ジョルジョーネ／ティツィアーノ』(中央公論社 1984); F. ペドロッコ『ティツィアーノ』池田享訳(東京書籍 1995): F. PEDROCCO, *Tiziano* (Firenze 1993); R. PALLUCCHINI, *Tiziano*, 2 v. (Firenze 1969); H. E. WETHEY, *The Paintings of Titian*, 3 v. (London 1969-75).

(森田義之)

ティッシェンドルフ　Tischendorf, Lobegott Friedrich Konstantin von　(1815. 1. 18-1874. 12. 7)　ドイツのプロテスタント聖書学者．専門は新約聖書本文批評学．レンゲンフェルト(Lengenfeld)に生まれ，*ライプツィヒで没す．1834-38年ライプツィヒ大学で神学を学ぶ．1840年以降同大学で新約聖書学の教鞭をとる．この間，最も純粋なギリシア語聖書復元のためには最も古い写本による証拠が必要であると考え，西欧や中東各地を旅行．膨大な数量の*聖書写本の調査照合，*パリムプセストの解読，また数々の写本の発見ならびに校訂版を刊行．特に1844年と59年シナイの聖カタリナ修道院での*シナイ写本発見は有名．この写本と

*ヴァティカン写本を主要証左に，今日でも *聖書の本文研究にとって不可欠な『ギリシア語新約聖書第8版』(Novum Testamentum Graece. Editio octava critica maior, ⁸1869-72) を出版．*外典・偽典や *七十人訳聖書の研究でも業績を残す．
【文献】RGG³ 6: 904-905; 蛭沼寿雄『新約本文学史』(山本書店 1987) 105-10. （清水宏）

ディッペル　Dippel, Johann Konrad (1673. 8. 10-1734. 4. 24/25)
ドイツの敬虔主義神学者，化学者．*フランクフルト・アム・マイン南方のフランケンシュタイン (Frankenstein) の生まれ．ギーセン大学私講師．G. *アルノルトの影響により *正統主義に反対した．また化学の面では染料プロシア青やディッペル油を発見(1707)．その後自己の *敬虔主義の主張のため定住できず，オランダやスウェーデンなどに赴いた．ベルレベルク (Berleberg) で死去．
【文献】キ人 907; キ大 712; NIDChC² 302; ODCC² 408; RGG³ 2: 206-207. （高橋章）

ティッボン　Ibn Tibbon, Samuel ben Judah (1150/60頃-1230頃)
ユダヤ人の学者，翻訳家．フランス南部リュネル (Lunel) に生まれ，*マルセイユで没す．*グラナダから南仏へ移住したイブン・ティッボン(「ティッボンの息子」の意) を名のる学者一族の2代目．この一族は12世紀から13世紀にかけて活躍し，ユダヤやアラブの学者によってアラビア語で書かれた諸学の文献を *ヘブライ語に翻訳した．初代は「翻訳の父」として知られ，サムエル個人の業績としては，*マイモニデスの『迷える人々の導き』やイブン・ルシュド(*アヴェロエス) の幾つかの論文の翻訳などがある．
【文献】EJ 15: 1129-30; JE 6: 544-50; NCE 7: 316-17. （矢島文夫）

ディディオ　Didiot, Jules (1840. 8. 14-1903. 12. 20)
フランスのカトリック神学者，司祭．フランス北東部シェピー (Cheppy) の生まれ．リール (Lille) の *アンスティテュ・カトリックで教理神学と倫理神学を教える．5巻に及ぶ『カトリック神学の課程』(Cours de théologie catholique, 1891-99) を執筆．ムーズ県モンブラ (Montbras) で没す．
【文献】Cath. 3: 756-57. （土居由美）

ディディモ → トマス

ディデュモス　Didymos (313頃-398頃)
*アレクサンドリア学派の神学者．「盲目の」(〔ギ〕ho typhlós) ディデュモスと呼ばれる．4-5歳頃に視力を失ったが，*アタナシオスから *アレクサンドリア教理学校の教師として承認されるほどに博識であった．彼は *修道生活を送る聖書釈義家であり，弟子には *ヒエロニムス，アクイレイアの *ルフィヌス，*パラディオスらがいる．*オリゲネス派とともに，543年の *教会会議と第2*コンスタンティノポリス公会議(553) またラテラノ教会会議(649)において，*異端として排斥された．著作のほとんどは破棄され，断片のみが伝えられている．例えばギリシア語の『マニ教反駁』(Contra Manichaeos)，ヒエロニムスのラテン語訳による『聖霊論』(De spiritu sancto)，また聖書注解(創世記，出エジプト記，列王記，ヨブ記，詩編，箴言，ヨハネ書，ローマ書，コリント書，使徒言行録など)の抄録あるいは引用(ダマスコの *ヨアンネスの『聖なる並列』における)等が残っている (主に PG 39所収)．また古代の著作家が言及する作品には，24巻のイザヤ書注解(ヒエロニムスが指摘)，『子どもたちの死』(Ad Rufinum quare moriantur infantes),『徳論』(De virtutibus),『御子について』(De filio) あるいは異端者との論争等がある．そのほか，1941年にカイロ近くのトゥーラ (Tura) で発掘された *パピルスの古文書には，創世記，ヨブ記，ゼカリア書等の注解が含まれていた．ヒエロニムスはディデュモスの *三位一体論の正統性を唱えるが，やはり彼が *オリゲネスの魂の *先在や *万物復興の教説に影響されていることは否定できない．
【文献】EEC 1: 235-36; LThK³ 3: 312-13. （鳥巣義文）

テイト　Tate, Allen (1899. 11. 19-1979. 2. 9)
アメリカの詩人，批評家．ケンタッキー州ウィンチェスター (Winchester) に生まれ，ヴァンダービルト大学で *ランサムに師事，詩誌『フュージティヴ』(The Fugitive) の同人となる．1928-30年ヨーロッパに滞在し，帰国後は大学で教えるかたわら新批評の論者として評論集や伝記も出版した．以前からカトリック信仰に惹かれてはいたが，自由な創作活動の妨げになることを恐れ受洗を躊躇，1940年代に J. *マリタンの著作を精読したのを契機として1950年カトリックの *洗礼を受ける．*ダンテにおいて芸術と宗教が対立するものではないことを確認，人間世界に密着した主題を扱いながらも，そこに超越する神の神秘を表現しようとした．テネシー州ナッシュヴィル (Nashville) で死去．
【文献】D. J. TYNAN, Biographical Dictionary of Contemporary Catholic American Writing (New York 1989) 291-94. （橋爪由美子）

ティトゥス　Titus Flavius Vespasianus (39. 12. 30-81. 9. 13)
ローマ皇帝(在位 79-81)．*ローマに生まれる．66-70年のユダヤ戦争で父 *ウェスパシアヌスの指揮下，*エルサレムの完全掌握という軍功をあげ，その後も父の治世を補佐した．在位中の79年にヴェスヴィオ山噴火で被災した地域への迅速な救援，また80年に疫病と大火に見舞われたローマの復旧に尽力した．*ユダヤ教や *キリスト教の廃絶を企図していたという報告(*スルピキウス・セウェルス『年代記』II, 30)があるが，その信憑性はない．サビナ (Sabina) のアクアエ・クティリアエ (Aquae Cutiliae) で急死，直ちに弟 *ドミティアヌスが帝位に就く．
【文献】DPAC 2: 3466; S. HORNBLOWER, A. SPAWFORTH, eds., The Oxford Classical Dictionary (Oxford ³1996) 1532-33. （清水宏）

ティトゥス〔ボストラの〕　Titus (?-378以前)
ローマ帝国属州アラビア領内ボストラ (Bostra) の司教 (在職 362-71)．*ユリアヌス帝(背教者)による追放処分を経験．363年の *アンティオケイア教会会議に参加し，*ニカイア信条を容認する文書に署名している．『マニ教反駁』(Contra Manichaeos),『ルカ福音書注解』(Commentarii in Lucam) 等の著作が残っている．
【主著】PG 18: 1264-77; 83: 381
【文献】キ人 908; EEC 2: 843; NCE 14: 181. （高松誠）

ティートマル〔メルゼブルクの〕　Thietmar

ディートリヒ〔ニーム〕

(Dietmar) (975. 7. 25-1018. 12. 1)　ドイツの司教，*年代記の作者．ザクセンの貴族の血をひき，*神聖ローマ帝国の皇帝の親戚にあたる．クヴェトリンブルク(Quedlinburg)とマクデブルク(Magdeburg)で教育を受ける．1004年に司祭叙階．1009年にメルゼブルク(Merseburg)の司教に叙階．教区の古い境界線を調べるために『年代記』(Chronicon)を書き始める(1012)．帝国史の様相をもつこの著作は*ハインリヒ1世，*オットー1世，*オットー2世，*ハインリヒ2世の治世を記述している．
【文献】DMA 12: 27-28; LThK² 10: 114-15; NCE 14: 90-91.　　　　　　　　　　　　　　　（相原優子）

ディートリヒ〔ニームの〕　Dietrich

(1340頃-1418.3)　教会政治学者．ドイツの*ヴェストファーレンのニーハイム(Nieheim, 別名ニーム Niem)の町ブラーケル(Brakel)で裕福な市参事会員の家に生まれる．1370年に*アヴィニョン教皇の控訴院(→ローマ控訴院)の公証官となり，1378年以降，教皇庁尚書院(Cancellaria Apostolica)の略文書作製官(Abbreviator)，尚書作製官(Scriptor)となる．教皇*ボニファティウス9世により1395年フェルデン(Verden)の*司教に任命される予定だったが，かなわなかった．当時は*教会大分裂の時代にあたり，その状況のなかで，教会の一致を求める文書を書いた．特に1410年の『教会大分裂に関する対話』(Dialogus de schismate)のなかで，*公会議首位主義を表明し，*オッカムやパドヴァの*マルシリウスに依拠するとともに，レースの*アレクサンデルと並んで歴史的に記述する傾向を強く示している．1414年から15年にかけて書かれた『省察』(Avisamenta)では，*コンスタンツ公会議のための具体的な改革案が示されている．1399年から1415年にかけて，*シャルルマーニュからシュタウフェン朝に至るドイツ帝国の歴史を幾つかの書物にまとめることによって当時のドイツ王*ジギスムントに君主と教会との関わり合いを説こうと試みている．マーストリヒト(Maastricht)で没す．
【文献】LMit 3: 1037-38; LThK² 3: 386; LThK³ 3: 224.　　　　　　　　　　　　　　　（伊能哲大）

ディートリヒ〔フライベルクの〕　Dietrich

(1240頃-1318/20頃)　ドイツのドミニコ会員の哲学者，神学者，自然科学者．ラテン語表記はTheodoricus de Vriberch，またはTheodoricus Teutonicus. 1271年頃フライベルク(Freiberg)の*ドミニコ会の修道院講師，1272-74年*パリ大学で神学を学び，1280-81年*トリールのドミニコ会修道院講師，1281-93年パリ大学で*ペトルス・ロンバルドゥスの『神学命題集』を講義．1293-96年ドミニコ会ドイツ管区長(総長代理兼任1294-96)，1296-97年パリ大学神学教授．1303年コブレンツ(Koblenz)の管区長会議，1304年*トゥールーズの総会，1310年の*ピアチェンツァの総会に出席．『知性と知性認識されるものについて』(De intellectu et intelligibili)，『虹と光線の現象について』(De iride et radialibus impressionibus)ほか哲学・神学・自然科学など多岐の分野にわたる多数の著作がある．*アリストテレス主義と*新プラトン主義の伝統，特に*アウグスティヌス，*プロクロス，*アルベルトゥス・マグヌス，*トマス・アクィナス，またイスラムの哲学・自然科学者から着想を得つつ，純粋に形而上学的思考に基づいた，活動的自己還帰としての独自の知性(=意識)論を展開し，マイスター・*エックハルト，モースブルクのベルトルト(Berthold von Moosburg, 1300以前-1361以降)などの*ドイツ神秘主義に影響を与えた．自然科学者としては虹や色彩の研究が有名である．
【著作】Dietrich von Freiberg, Opera Omnia, 4v., 1977-85.
【邦訳】渡部菊郎訳「至福直観について」『盛期スコラ学』中世思想原典集成13(平凡社1993) 785-823.
【文献】K. リーゼンフーバー『中世哲学の源流』(創文社1995) 648-56; W. WALLACE, The Scientific Methodology of Theodoric of Freiberg (Fribourg 1959); B. MOJSISCH, Die Theorie des Intellekts bei Dietrich von Freiberg (Hamburg 1977).　　　（岩本潤一）

ティトルーズ　Titelouze, Jehan

(1562頃-1633. 10. 24)　フランスの作曲家．フランスのオルガン音楽の祖とも称される．サント・メール(Sainte Mère)出身で，1585年ルーアン(Rouen)に移り，1588年以後はルーアン大聖堂のオルガニストとして活躍した．1623年，1626年に2巻からなるオルガン曲集を発表している．ルーアンで没す．
【主著】N. DUFOURCQ, ed., Hymnes de l'église pour toucher sur l'orgue, 1965.
【文献】W. APEL, The History of Keyboard Music to 1700 (Bloomington, Ind. 1972).　　　（金澤正剛）

ディドロ　Diderot, Denis

(1713. 10. 5-1784. 7. 31)　フランスの啓蒙思想家，哲学者．*百科全書派の代表的人物．*ラングルに生まれ，*パリで学ぶ．神学研究を志すかたわら，数学や文学に関心をもつ．文筆家として身を立てるようになり，英国の文学，*自然主義的道徳論，*懐疑主義，*理神論等を知り，*シャフツベリの道徳論などを翻訳紹介した．感覚論的*機械論の自然観をとるなどしだいに*無神論的な傾向を強め，*自由思想家として拘禁されることもあったが，物質の本性に知覚を認めて「石は感じる」と述べるなど，*物活論的で有機的な世界を認め，完全な*唯物論には至らなかった．1745年以来，*ダランベールとともに全28巻うち図版11巻の『百科全書』(Encyclopédie, ou Dictionnaire raisonné des sciences, des arts et des métiers, 1751-72)の編纂責任者となり，ダランベールの離脱後も発禁などの苦労を重ねつつ全巻の刊行にこぎつけた．パリにて死去．そのほかにも政治改革論，演劇論，芸術批評など多方面にわたって該博で実験改革的な思想を展開しているが，全集も現在なお刊行中であり，いまだその全貌が知られるには至っていない．
【主著】CLUB FRANÇAIS DU LIVRE, ed., Œuvres complètes, 15 v., 1969-73.
　邦訳：小場瀬卓三，平岡昇監修『ディドロ著作集』全4巻(法政大学出版局1976-　).
【文献】Cath. 3: 751; EncU 6: 121-25; 安宇植他編『世界文学事典』3 (集英社1997) 46-52.　（大橋容一郎）

ディーネ・イラーヒー　Dīn-i Ilāhī

ペルシア語で「神的宗教」の意．インドの*ムガル帝国の第3代皇帝*アクバルが1582年の初め頃に創設した宗教で，イスラム神秘主義(*スーフィズム)の影響を強く受けているが，儀式面で燈火を重視し，*太陽を崇拝するなど*ゾロアスター教の影響もみられる．経典も聖職者もないこの教えが，イスラムとは異なった新しい宗教であっ

たのか，あるいは，*イスラム教の枠内にとどまる一種の異端的*スーフィー教団であったのかで，後世の学者の意見は分かれるが，近年は後者の意見をとる学者が多い．どちらにしても，この新しい教えはアクバルの個人的な信仰として，公には宣教しなかったため，信者も彼の宮廷内の取り巻きに限られ，彼の死後は途絶えた．しかし，このようなアクバルの正統イスラムからの逸脱は，後に，シルヒンディー(Aḥmad Sirhindī, 1564–1624)に代表されるウラマー('ulamā' イスラムの学者・宗教者)たちを刺激してイスラムの再興を促す結果となった．
【文献】EI 2: 296-97; M. L. ROY CHOUDHURY, *The Din-i-Ilahi or the Religion of Akbar* (New Delhi ³1985).
（竹下政孝）

ていはつ　剃髪　〔ラ〕tonsura，〔英・仏〕tonsure，〔独〕Tonsur　*聖職者の身分を示すものとして，頭髪を一部もしくは全体を刈る習慣．語源はラテン語 tondere (刈る，剃るの意)．古代の東方修道士が*回心，*従順などのしるしとして剃髪の習慣を取り入れ，しだいに西方に伝播したものと思われる．教皇*グレゴリウス1世は*信徒を聖職者身分にする際に剃髪を行っていた(旧『教会法典』108条1項)．剃髪の形状は9世紀までは一般的に「ペトロ型」といわれる「キリストの冠(コロナ)型」(頭部周囲の環状部以外の髪を刈る)，「パウロ

剃髪 (ÖN)

型」(髪をすべて刈る)，「ヤコブ型」(頭部前部の髪を両耳の線まで刈る．「魔術師シモンの剃髪」の呼称はローマにおける蔑称)の3種類があったが，頭頂を小さく環状に刈るガリア地方(フランス)の聖職者の習慣が西方では一般化した．剃髪儀式に関する最古の史料は*アルクインによる『グレゴリウス秘跡書』(→サクラメンタリウム)の補遺で，剃髪を聖職者衣の授与とともに行うように定めている．

剃髪の習慣は長く存続したが，1972年に教皇*パウルス6世によって廃止され，今日では一部の修道会を除いて行われなくなった(旧『教会法典』136条1項参照)．
【文献】LThK² 10: 250-51; NCE 14: 199-200.
（杉崎泰一郎）

ティバルディ　Tibaldi, Pellegrino　(1527-96)　イタリアの画家，建築家，彫刻家．通称ペレグリーニ(Pellegrini)．プーリア・ディ・ヴァルソルダ(Púria di Valsolda)出身．*ローマで学び，*ミケランジェロをはじめペルッツィ(Baldassare Peruzzi, 1481-1536)，*ジュリオ・ロマーノらの影響を受ける．大胆なイリュージョニズムを駆使した後期*マニエリスムの手法で，ローマのサンタンジェロ城のサーラ・パオリーナ，*ボローニャのパラッツォ・ポッジなどに壁画を制作．建築家としては，*カトリック改革(対抗宗教改革)の指導者*カルロ・ボロメオの庇護を受け，パヴィアのコレジョ・ボロメオ(1564)や*ミラノのサン・フェデーレ聖堂(1569以降)を設計．ミラノ大聖堂の建築にも関与した．晩年にはスペインに招かれ，*エル・エスコリアルの図書室の彫刻・壁画装飾に従事した．
（森田義之）

ティファヌス　Tiphanus, Claudius　(1571-1641)　17世紀フランスの神学者．*イエズス会の会員で，パリ近郊の，オーヴェルヴィリエ(Aubervilliers)生まれ．*アリストテレスと*トマス・アクィナスに精通し，中世において一般的傾向となっていた，キリストにおける人的本性の欠如という認識に対して，*三位一体の位格に関するスコラ神学の教理を擁護した．17世紀における，*位格的結合の教理の再認識に多大な貢献をなした．サンス(Sens)で没す．
【文献】Cath. 15: 3-4; DThC 15: 1141-43.　（土居由美）

ディプテュコン　diptychon　二枚折記録板．*東方正教会で使われる左右両葉からなる木製の平板で，上部には降誕・磔刑(あるいは十字架)の*イコンがついている．左の平板には生存している信徒の名，右には死者の信徒の名が書かれている．これらの名前は，*至聖所左方の聖台の上で行われる奉献礼儀(プロスコミディア．*聖別に必要なパンと聖体礼儀のあとで皆で食するパンとを分ける)の際に読まれ，記憶される．最初期には使徒書の朗読の前に，*祭壇中央の王門から声高に読まれた．ディプテュコンから名が削除されることは，教会共同体からの追放を意味した．今日では，本来のディプテュコンの形は稀で，紙片に生者や死者の名前を書き，*司祭にプロスコミディアのときに記憶してもらう．特別の場合として，*高位聖職者が奉神礼(*典礼)を司式するとき，輔祭(*助祭)がそこの聖職者の名や正教会の長の名を唱え，読み上げることがある．
【文献】ODCC³ 487.　（大森正樹）

ティブルティウス　Tiburtius　ローマ時代の聖人，殉教者．

(1) 3世紀頃にウァレリアヌス(Valerianus)とマクシムス(Maximus)とともに殉教(祝日は*ヒエロニムスの『殉教録』によると4月14日．ローマの*カエキリアの*殉教記録によると4月21日)．ティブルティウスはカエキリアの婚約者ウァレリアヌスの兄弟と伝えられる．プラエテクスタトゥス(Praetextatus)の*カタコンベに埋葬されたことが7世紀の巡礼案内書に示される．教皇*ハドリアヌス1世(在位772-95)はその墓を再建し，*パスカリス1世(在位817-24)は遺体をサンタ・チェチリア・イン・トラステヴェレ聖堂へ移した．

(2) 288年頃にラヴィカナ街道の「二つの月桂樹」(Duas Lauros)と呼ばれる地で殉教(祝日8月11日)．墓の上に教会が建てられ，*ダマスス1世による碑銘とゲラシウスやグレゴリウスの*サクラメンタリウム(秘跡書)によって知られる．古くから崇敬されていたが生涯の詳細は不明．
【文献】LThK² 10: 180.　（久野暁子）

ティベサー　Tibesar, Lepold Henry　(1898. 8. 27-1970. 3. 13)　メリノール宣教会司祭．米国イリノイ州クインシ(Quincy)の出身．*アメリカ・カトリック大学で人類学を専攻．1921年司祭叙階．1925年*メリノール宣教会の神学校で校長代理を務める．翌年，当時日本領土だった満州撫順で宣教活動に入るが，健康を害し1931年帰米．*ロサンジェルスとシアトル(Seattle)

ティベリアス

で日本人のミッション教会に尽力．太平洋戦争中は日系2世を1か所に強制収容せよとの政府の方針を良しとせず，数家族単位で米全土への再配置および後援を進言．自らもアイダホの収容所で日本人と起居を共にするという重責を果たす．日系人とのこの密接な生活から多数の日系司祭の *召命が開花．また *ヴィンセンシオ・ア・パウロ会，*レジオ・マリエ，教理指導に力を尽くす．1946年（昭和21）敗戦国日本に戻り，満州，韓国から引き揚げてきた日本人カトリック信者の *小教区となった銀座教会の *主任司祭として日本の救援活動に心血を注ぐ．1949年，カトリック教区連盟事務局長に就任．来日外国人宣教者の日本各地への配属に従事．1952年，同連盟改称による *カトリック中央協議会の事務局総務となる．後に京都伏見教会主任司祭に就任．また西陣絹織物で日本のカトリック美術を世界に紹介するという非凡な才能，知力，性格を兼ね備えた偉大な宣教者であった．

(P. オダナヒュー)

ティベリアス　Tiberias 〔ギ〕Tiberias　20年に *ヘロデ・アンティパスがそれまでの首府であったセフォリス (Sepphoris) に代えて建設した，*ガリラヤ湖西岸の都市．当時のローマ皇帝 *ティベリウスにちなんで命名された．*ヨセフスによれば，この都市はガリラヤ地方の最良の場所とされ，農作物は豊富，近くには温泉も湧出した．新約聖書ではヨハネ福音書6：23で，イエスのもとへ近づいてくる小舟の出発点としてティベリアスが言及される．ヘレニズム時代の都市の一つで，王宮，競技場，浴場，広場，市場が建設され，600人議会と10人の参議官をもつ統治機構が置かれるなど，当時の重要都市となった．また，ユダヤ人の教学の中心地ともなり，パレスチナ・タルムードの大部分はここで成立した (400頃．→タルムード)．ティベリアスのキリスト教会が初めて言及されるのは4世紀初頭であり，概して *ユダヤ教の影響の大きい都市であった．7世紀にアラブ軍によって占領されるが，なおマソラ学者 (→マソラ本文) の拠点の一つであり続けた．
【文献】旧新約聖書大 777-78; ABD 6: 547-49.

(金井美彦)

ティベリウス　Tiberius Claudius Nero (前42. 11. 16-後 37. 3. 16)　ローマ皇帝 (在位 14-37)．*ローマに生まれる．母リウィア (Livia Drusilla, 前58-後29) が *アウグストゥスと再婚し，その継子となる．後に養子とされ帝位に就き改名 (Tiberius Iulius Caesar Augustus)．*国家宗教以外の諸宗教にやや不寛容な姿勢をとり，また一時ユダヤ人をローマから追放する．他方，彼自らに対する *皇帝礼拝は許さなかった．新約聖書では洗礼者 *ヨハネの登場する箇所 (ルカ 3：1) にその名が明言されているにすぎないが (例えば，マタ 22：15-21 および並行箇所参照)，*ナザレのイエスはティベリウスの治世中に活動し処刑された．カンパーニャ地方のミセヌム (Misenum) で没する．
【文献】旧新約聖書大 778; DPAC 2: 3447; S. HORNBLOWER, A. SPAWFORTH, eds., *The Oxford Classical Dictionary* (Oxford ³1996) 1523-24.

(清水宏)

ディベリウス　Dibelius, Martin (1883. 9. 14-1947. 11. 11)　ドイツ・プロテスタントの新約聖書学者，牧師，宮廷説教者．F. ディベリウス (Franz Dibelius, 1847-1924) を父としてドレスデン (Dresden) に生まれる．ヌシャテル (Neuchâtel)，*ライプツィヒ，テュービンゲン (Tübingen)，*ベルリンに学ぶ．1910-15年 *ベルリン大学私講師，1915年以後 *ハイデルベルク大学新約聖書学教授．*教会一致促進運動にも尽力．*宗教史学派や *ロマン主義による民話研究方法に触発され，*原始教団の口伝の批判的研究，やがて *福音書と *使徒言行録などの *聖書の様式史的研究の創始者となった．主著『福音書の様式史』(Die Formgeschichte des Evangeliums, 1919) では，*ブルトマンとは異なる構成的方法を用いた．*ハイデルベルクで没す．
【文献】キ人 911; NIDChC 297; RGG³ 2: 181; TRE 8: 726-29.

(秋山昇)

ディーペンブロック　Diepenbrock, Apolonia von (1799. 11. 13-1880. 7. 4)　ドイツの社会福祉事業家．1825年頃からコブレンツ (Koblenz) で，1834年からは *レーゲンスブルクで病人看護や恵まれない女子の教育など，さまざまな社会活動に献身した．枢機卿 M. フォン・*ディーペンブロックの妹．
【文献】キ人 911; LThK² 3: 379.

(山口和彦)

ディーペンブロック　Diepenbrock, Melchior von (1798. 1. 6-1853. 1. 20)　ドイツの神学者，枢機卿．ボッホルト (Bocholt) に生まれる．1814-15年，対ナポレオン戦争にプロイセン側として参加する．その後，*ザイラーに感化されて，30歳になってから神学を学び，1823年司祭叙階される．ザイラーの秘書としてレーゲンスブルクの司教代理を務めた．1845年，ブレスラウ (Breslau, 現 *ヴロツワーフ) の領主司教となり，混乱した司教区をまとめ，司教養成に努めた．また，プロイセンやオーストリア政府による教会の権利の侵害に立ち向かい，教会と国家権力との分離に努めた．1850年に *枢機卿に任命される．
【文献】LThK³ 3: 218; NCE 4: 863.

(高橋佳代子)

ディミエ　Dimier, Louis (1865-1943. 11. 21)　フランスの作家，美術史家．*パリに生まれ，サン・ポール・シュール・イゼール (Saint-Paul-sur-Isère) で没す．1900年，プリマティッチョ (Francesco Primaticcio, 1504-70) に関する博士論文を提出した後，*アクシオン・フランセーズの側に立って政治闘争に参加し，『反革命の指導者たち』(Les Maîtres de la Contre-Révolution au XIXᵉ siècle, 1906) を発表する．歴史書，回想録，哲学史，美術史など，その執筆活動は多岐にわたる．
【主著】*Bossuet*, 1917; *Histoire de la peinture de portrait en France au XVIᵉ siècle*, 3 v., 1924-26.

(二川佳巳)

ディミトリー〔ロストフの〕　Dimitorij (1651. 12-1709. 10. 28)　聖人 (祝日 9月 21日)．ロストフ (Rostov) の府主教 (在職 1701-1709)．ウクライナ人将校の息子で，*キエフ北郊のマカーロボ (Makarawo) に生まれる (本名 Daniil Savvic Tuptalo)．1668年キエフのキリーロフ修道院に入り，1675年チェルニゴフ (Chernigov) で修道司祭となる．その後ポーランド領などを説教師として巡り，説教家として名を博す．ウクライナ各地の大修道院長を務めた後，*ピョートル1世の目にとまり，1701年シベリアのトボリスク (Tobol'sk) の府主教に任命されるが，病のためシベリアを離れ，ロストフ府主教となり，同地で没す．1684年『大聖者伝』

(Cetii-Minei, 1689–1705) を編集し，古儀式派(分離派)を *ロシア正教会に復帰させるべく論駁の書を著した．またピョートル1世の教会改革を条件つきで認めている．カトリックの影響の強いキエフで学んだため，カトリックの精神性(*無原罪の御宿りへの賛意等)に近いが，*イエスの祈りの実践者でもあった．
【文献】Cath. 3: 831-32; LThK² 3: 394-95; LThK³ 3: 234. 　　　　　　　　　　　　　　　　　　(大森正樹)

ティモテオス1世〔コンスタンティノポリスの〕 Timotheos I

(?-518.4.5) 　　*コンスタンティノポリスの総主教(在職511-18)．*キリスト単性説を支持した *マケドニオス2世が皇帝アナスタシウス1世(Anastasius I, 491-518)により罷免された後，大聖堂の祭具室係をしていた彼が総主教に任命される．しかししだいに単性説に傾き，聖金曜日の典礼で唱えられる *トリスアギオンという *三位一体への賛詞に「我らのために十字架につけられたる者……」という単性説的文言を挿入しようとして暴動を引き起こす．515年のコンスタンティノポリスの *教会会議で明確にカルケドン派(→ カルケドン公会議)を非難．その後，アンティオケイアの *セウェロスと同じ立場をとる．
【文献】LThK² 10: 200; NCE 14: 166-67. 　　(大森正樹)

ティモテオス・アイルロス Timotheos Ailouros

(?-477) 　　アレクサンドリアのキリスト単性説派総主教(在職457-60, 476-77)．アイルロスとは「猫」または「イタチ」の意で，彼の小躯に由来するあだ名．*カルケドン公会議を承認しないエジプトの *キリスト単性説論者によって *主教に叙階され，やがて *アレクサンドリアの *総主教となる．反ローマ，反コンスタンティノポリス的な立場をとり，460年にビザンティン皇帝 *レオ1世により罷免，追放されるが，475年皇帝バシリスクス(Basiliscus, 在位475-76)により召還，復位した．477年に死去．*コプト教会では *聖人に列せられている．
【文献】キ人912; NCE 14: 167-68; A. P. Kazhdan, et al., eds., The Oxford Dictionary of Byzantium, v. 3 (New York 1991) 2086-87. 　　(尾田泰彦)

テイヤール・ド・シャルダン Teilhard de Chardin, Pierre

(1881.5.1-1955.4.10) 　　フランスのカトリック司祭，イエズス会員，古生物学者．近代自然科学の世界観，特に進化論的世界観(→ 進化論)とキリスト教的世界観を総合することを提唱し，その実現を目指した．
【生涯】フランス中部ピュイ・ド・ドーム県のサルセナ(Sarcenat)に生まれ，1899年 *イエズス会入会．イギリスで哲学，神学を学び，帰国後1911年司祭となる．ブル(Marcellin Boule, 1861-1942)のもとで古生物学を研究．第1次世界大戦では看護兵として徴集され，戦後 *ソルボンヌ大学で博士号を取得．*アンスティテュ・カトリックで短期間教鞭をとった後，1923年から46年まで中国地理学会の顧問として中国・アジア北部の古生物学と層位学の研究に従事し，この間，周口店洞穴の発掘調査に参加したほか，中央アジア，インド，ビルマなどへの数多くの探検に参加．サハラ砂漠以南のヒト科の生物の起源を探る探検隊にも参加している．この探検の際の書簡集『旅の手紙』(Lettres de voyage, 1956)は彼の生涯と思想の展開を知るうえで重要な文献である．生前，彼の思想は哲学・神学的に問題があるとみなされ，教職を追われ，著作の出版も *教皇庁によって禁止された．彼が *ニューヨークで学究生活を送ったのもこのためである．1955年に同地で死去．
【思想】死後『現象としての人間』(Le phénomène humain, 1955)，『神のくに』(Le Milieu divin, 1957)などの著作が次々と出版され，熱烈に迎えられたが，1962年教理聖省(現教理省)が彼の思想についての注意書きを発表したことにみられるように，教皇庁の警戒の姿勢は続いていた．しかし，特に第2*ヴァティカン公会議の後，精神と物質，身体と霊魂，自然と超自然をキリストにおいて統合し，宇宙的な視点によってまとめ上げた20世紀の偉大なキリスト教思想家とみなされるようになった．彼の思想の基本構造は，「世界は人間のため，人間はキリストのため，キリストは神のため」と述べた言葉に表現されているが，人間の頭脳の複雑化にみられるように，*世界はその内実の複雑化を通してより深く統合されて一つのものになり，*宇宙全体が「超キリスト」として人格性を完成させ，*聖別された *ホスティアに象徴されている通り，神の体として最終的に神と一致することを目指しているというものである．
【神学史的位置】彼は *ヌヴェル・テオロジーの神学者たちとともに神学を学び，彼らと同じ傾向を共有していた．彼の神学思想は，エフェソ書，コロサイ書にみられる「宇宙のキリスト」の考え方とギリシア *教父の宇宙の *神化の考え方を背景とし，それを現代の自然科学的世界観に結びつけようとしたものである．フランスと英語圏では彼の思想は歓迎され，J.*ハクスリのようにキリスト教外の論客・科学者にも受け入れられた．ドイツ神学界では K.*ラーナーのように，テイヤールの思想を好意的に受けとめる向きもあったが，同時に *バルタザールらのように否定的な反応を示す神学者もいた．
【著作集】Œuvres de Pierre Teilhard de Chardin, 13 v., 1955-76.
【邦訳】山崎庸一郎他訳『テイヤール・ド・シャルダン著作集』全10巻(みすず書房1968-75)．
【文献】NCE 13: 977-78; ODCC³ 1582; 高柳俊一「テイヤール・ド・シャルダンの宗教性」カ神8 (1965) 395-421; W. Pfeffer, Christus-Omega: Neutestamentlich-exegetische Untersuchungen zur Christologie und Anthropologie von Pierre Teilhard de Chardin, 2 v. (Frankfurt 1979). 　　(高柳俊一)

ティユモン Tillemont, Sébastien Le Nain de

(1637.11.30-1698.1.10) 　　フランスのカトリック教会史家，司祭，ジャンセニスト．*パリに生まれ，パリ近郊ティユモン(Tillemont)で没す．1646年より9年間 *ポール・ロワイヤルの「小さな学校」(Petite Ecole)で学び，歴史に興味を抱く．その後，パリその他で数年間教育を受けた後，1661年から69年まで *ボーヴェの神学校で学ぶ．1676年に司祭に叙階され，ポール・ロワイヤルの修道院で施設付司祭として，さまざまな職務を果たす．1679年にティユモンに引退し，この地で生涯を祈りと学問に捧げ，厳格で規律正しい生活を送った．慎み深い性格であまり論争には加わらなかったが，A.*アルノーの件では彼を擁護して，*ランセに強く反駁した．『教会史のための覚書』全16巻(Mémoires pour servir à l'histoire ecclésiastique des six premiers siècles, 1693-1712)が主著とされ，*教父たちの聖性や *殉教者たちの宗教生活の歴史を，深い学識を

テイラー

基盤とする資料批判的な立場から記述した．フランスの文芸批評家サント・ブーヴ(Charles Augustin Sainte-Beuve, 1804-69)はその『ポール・ロワイヤル』(Port-Royal, 1840-59)のなかで，彼の文学的肖像を描いている．
【文献】DSp 9: 590-93. （二川佳巳）

テイラー　**Taylor, Alfred Edward**　(1869. 12. 22-1945. 10. 31)　イギリスの哲学者．*オックスフォード大学卒業後，マンチェスター大学でギリシア語と哲学の講師をした後，カナダのモントリオールのマッギル大学で論理学と形而上学の教授となる．*セント・アンドリューズ大学(1908-24)，エディンバラ大学(1924-41)にて倫理学教授．著書に『プラトン』(Plato: The Man and His Work, 1926)，ギッフォード講演『一モラリストの信仰』(The Faith of a Moralist, 1930)，アイスキネス (Aischines, 前 390 頃-330 以降)，コンスタンティノポリスの*プロクロス，*トマス・アクィナス，F.*ベーコンなどの研究を収めた『哲学論集』(Philosophical Studies, 1934)，『不死に関するキリスト者の希望』(The Christian Hope of Immortality, 1938)，『神は存在するか?』(Does God Exist?, 1945)がある．
【文献】キ人 913; ODCC³ 1580. （土屋晶子）

テイラー　**Taylor, Edward**　(1642頃-1729. 6. 24)　アメリカの詩人，牧師．イングランドのレスターシャー (Leicestershire)の出身．高等教育を受けるが非国教徒だったため教職に就けず，1668 年*会衆派の信仰を保持できる*ボストンに移住．1671 年に*ハーヴァード大学での課程を終えると，以後終生をマサチューセッツ州ウェストフィールド (Westfield) で医師兼牧師として過ごす．多数の詩を書いたが遺言により公表されず，1937 年に初めて出版されると 17 世紀アメリカ最大の詩人と評されるに至った．多くは*ピューリタンの厳格な信仰をもとに人間の*罪とキリストによる*贖いを瞑想する詩で，特に G.*ハーバート，*クラショーの流れを汲む約 200 編の短詩 (Preparatory Meditations, 執筆 1682-1725) は評価が高い．
【主著】D. E. STANFORD, ed., *The Poems of Edward Taylor*, 1960; N. S. GRABO, ed., *Christographia*, 1960. （橋爪由美子）

テイラー　**Taylor, James Hudson**　(1832. 5. 21-1905. 6. 30)　イギリスのプロテスタント中国宣教師．漢名，戴雅各，戴徳生．*聖公会の中国伝道会の最初の宣教師として*上海に渡る(1854)．寧波を中心に伝道．病気のため一時帰国したが，その後超教派の伝道団体・中国内地会 (China Inland Mission) を組織し，再び中国へ行き，さまざまな地域で宣教活動をした．
【文献】キ人 913; キ大 727; ODCC² 1342-43. （高橋章）

テイラー　**Taylor, Jeremy**　(受洗 1613. 8. 15-1667. 8. 13)　イングランド国教会(→聖公会)主教，神学者．W.*ロードにより王党派の*チャプレンとなり，後に一時投獄されるが，ウェールズに引退．著作に励み敬虔文学者として認められる．長老主義に対して主教制を擁護し，*カトリック教会に対しては，その*実体変化の教説を批判した．
【文献】キ人 913; キ大 727; ODCC² 1343. （高橋章）

ティラク　**Tilak, Narayan Vaman**　(1862 頃-1919)　インドの詩人，マラーティ語賛美歌作者．インド西部のラトナーギリ (Ratnagiri) の生まれ．*ヒンドゥー教に疑問を持ち始めていた頃，新約聖書を読み*回心，*洗礼を受け 1904 年にアメリカ・マラーティ宣教会 (American Marathi Mission) の説教師に任命されたが，1917 年には自らの兄弟団を作るために宣教会を離れた．伝道に際し西欧風ではなくインド独特の賛美の方法を考案した．韻文で書かれた『キリスト伝』(Christayan, 1919)は代表作である．
【文献】キ人 914; NIDChC 974-75. （相原直美）

ティラボスキ　**Tiraboschi, Girolamo**　(1731. 12. 18-1794. 6. 3)　イタリアの文学者．ベルガモ (Bergamo) に生まれる．*イエズス会の会員で博学で知られる．1770 年，モデナ (Modena) のエステ家図書館 (Biblioteca Estense) 館長に就任．モデナで死去．
【主著】*Storia della letteratura italiana*, 13 v., 1772-82. （白崎容子）

ティリ　**Tilly, Johann Tserclaes**　(1559. 2-1632. 4. 30)　フランドルの伯爵，軍人．*三十年戦争における*カトリック同盟の司令官．*ファルネーゼのもとでスペイン各地で功績をたて，1610 年*バイエルンで軍務に就く．カトリック同盟を指揮し，プファルツ選帝侯フリードリヒ 5 世 (Friedrich V, 在位 1610-23) を*プラハ近郊の戦いで破り(1620)，さらにデンマーク王クリスティアン 4 世 (Christian IV, 在位 1588-1648) に対してルッター (Lutter am Barenberge) で勝利を収めた(1626. 8. 27)．*ヴァレンシュタインの罷免により，同盟軍の総司令官となり(1630)，*マクデブルクを壊滅させた(1631. 5. 20)．ブライテンフェルト (Breitenfeld) の戦いでスウェーデンの*グスターヴ 2 世に敗れ(1631. 9. 17)，スウェーデン軍のレッヒ河越えを阻止しようとして致命傷を受け(1632. 4. 15)，インゴルシュタット (Ingolstadt) で死亡．
【文献】LThK² 10: 196-97. （久野暁子）

ティリー　**Thiry, Fernand**　(1884. 9. 28-1930. 5. 10)　パリ外国宣教会司祭，来日宣教師．フランス北東部*カンブレ近郊のアノル (Anor) に生まれる．1904 年*パリ外国宣教会入会．1907 年(明治 40)司祭叙階．同年末に来日して，宮崎で日本語を学ぶ．1909 年，*五島の水ノ浦教会で司牧．1912 年より*長崎で神学校の理科教師ならびに青少年コーラスとブラスバンドの指導者となる．1917 年(大正 6)教区会計担当になり，1919 年在日外国人司牧兼*幼きイエズス修道会修練院の担当者を務める．1926 年長崎教区*司教代理になり，1927 年(昭和 2)7 月，福岡教区初代教区長に任命され，12 月 11 日*浦上天主堂で司教に叙階された．1928 年より将来の司教館と神学校などの土地を購入した．1929 年宮崎県と大分県を*サレジオ会に委ね，教区内聖堂建設に尽力した．*久留米で病死．（M. コーナン）

ディーリアス　**Delius, Frederick**　(1862. 1. 29-1934. 6. 10)　ドイツ系イギリス人作曲家．ヨークシャーのブラッドフォード (Bradford) に生まれる．*ライプツィヒの音楽院に学び，グリーグ (Edvard Hagerup Grieg, 1843-1907) の影響を受けるが，後にフランスに定住，個性を開花させた．印象主義的な管弦楽曲で知られ，*ニーチェのテクストによる『人生のミサ』

(1904-1905)や『レクイエム』(1914-16)など，自然愛と死の克服をテーマとする宗教的作品(→ミサ曲，レクイエム)も残している．フランスのグレ・シュール・ロアン(Grez-sur-Loing)にて死去． （礒山雅）

ティーリケ　Thielicke, Helmut (1908. 12. 4-1986. 3. 5)　ドイツの *ルター教会の神学者．バルメン(Barmen)に生まれ，*ハンブルクで死去．*ハイデルベルク大学教授(1936)となったが，ヒトラー政権により追放(1940)，ルター教会牧師およびヴュルテンベルク教会神学局長として活躍した(1941-45)．その間，講演と旅行をナチスにより禁じられたが，屈せず，説教と講演を続けた．戦後，テュービンゲン大学(1945)，ハンブルク大学(1954)で組織神学教授となり，西ドイツ大学総長会議議長となる(1951)．特に *組織神学とキリスト教倫理学の古典的論議と現代の問題とを生き生きと捉えた．主著として『神学的倫理学』全3巻(Theologische Ethik, 1951-64)や『福音主義的信仰』全3巻(Der evangelische Glaube, 1968-78)などがある．
【その他の著作】Gespräche über Himmel und Erde, 1964: 佐伯晴郎訳『現代キリスト教入門』(ヨルダン社1975)．
【文献】キ人 915; キ大 712; LThK³ 9: 1500. （茂洋）

ティリヒ　Tillich, Paul (1886. 8. 20-1965. 10. 22)　ドイツ出身のプロテスタント神学者．ブランデンブルク州シュタルツェッデル(Starzeddel)の牧師の息子として生まれ，*ベルリン，テュービンゲン(Tübingen)，*ハレの大学で，神学と哲学を学び(1904-1907)，ブレスラウ大学から *シェリングの研究により哲学博士の学位を受けた(1911)．第1次世界大戦中はドイツ軍従軍牧師(1914-18)．終戦後，ベルリン大学私講師，同時にドイツ宗教社会主義運動に参加，その運動に基礎づけを与えた．1924年より *マールブルク大学，ドレスデン大学，フランクフルト大学の教授を歴任．1933年，ヒトラー政権により追放された．R. *ニーバーらの助力で *ニューヨークのユニオン神学校教授となり，定年まで活躍(1955)，*ハーヴァード大学(1955-62)，シカゴ大学(1962-65)の教授を務め，宗教と文化の各方面に大きな影響を与え，*シカゴで死去．

彼の神学の方法論は，人間の現実から発せられる問いに神学から答えようとする，いわば相関関係([英]correlation)の方法である．有限性の問いから，*無限の *神が求められ，人間疎外の問いから *救い主が求められ，生の両義性(ambiguity)から *聖霊が求められる．こうして彼の『組織神学』全3巻(Systematic Theology, 1951-63)は，*三位一体論的構造をもつ．特に彼の貢献は，ドイツ神学とアメリカの *プラグマティズムとの橋渡しに努めたこと，また19世紀の *ロマン主義思想と20世紀の *実存主義思想とを総合しようとしたこと，そして何よりも人間は *永遠にこよなく受け入れられていることを主張した点にある．これが「慰めの神学」「癒しの神学」と名づけられる所以でもある．

彼の思想は，特に *世俗化への急激な変化のなかにあってキリスト教神学，思想をダイナミックに解釈することにより，新しい時代に生きる永遠の意味を与えようとした．*神学それ自体の再生への貢献，また神学と *哲学との相関性，さらに神学と深層心理学や *社会心理学との相関性を高めたことへの貢献は大きい．
【主著】Systematic Theology, 3 v., 1951-63: 谷口美智雄・土居真俊訳『組織神学』全3巻(新教出版社 1969-90); Gesammelte Werke, 14 v., 1959-75: 古屋安雄他訳『ティリッヒ著作集』全10巻，別巻3巻(白水社 1978-80)．
【文献】茂洋『ティリッヒ組織神学の構造』(新教出版社 1971); 同『ティリッヒの人間理解』(新教出版社 1986); 藤倉恒雄『ティリッヒの「組織神学」研究』(新教出版社 1988)． （茂洋）

ていりょうおんがく　定量音楽　→　計量音楽

デイル　Dale, Robert William (1829. 12. 1-1895. 3. 13)　イギリスの *会衆派の牧師，神学者．生涯 *バーミンガムのカーズ・レーン教会牧師．一方バーミンガム市自治に関与．英国初等教育制度研究委員(1885)．世界会衆派教会議長(1891)．神学的には，ブシュネル(Horace Bushnell, 1802-76)などの自由主義的贖罪観に対し，著書『贖罪』(The Atonement, 1875)において刑罰説的贖罪観を展開した．
【文献】キ人 916; キ大 728-29; ODCC² 373. （高橋章）

ティルス　Tyrus　〔ヘ〕ṣōr,〔ギ〕Tyros,〔ラ〕Tyrus　*フェニキア沿岸の最古の都市の一つ．南の *アッコと北の *シドンのほぼ中間地点にある．元来は本土から数百メートル離れた二つの島からなり，大きなほうが町で，小さなほうには *バアルの祭壇があったが，*ヒラム1世(前969-936)の時代，両者はつなげられ，一つの島になった．その後 *アレクサンドロス大王の侵攻の際(前332)，突堤が築かれ，陸続きとなった．

紀元前3000年紀半ばにはすでに定住者がおり，その当初から神殿も存在したとされる．前1200年頃の海の民の侵攻の波を被るが，*ダビデがペリシテ諸都市を支配したことに伴って，ティルスはヒラム1世の治下に最初の黄金時代を迎える．彼はダビデ・ソロモン時代を通じて *イスラエルと友好関係を保ち，*エルサレムでの宮殿・神殿の建築の際，杉や職人を送っている(サム下 5: 11; 王上 5: 15-26)．またオフィル(Ophir)の金をめぐる海洋交易も *ソロモンと共同して行った(王上 9: 26-28)．前9世紀，アシュタロテ(Ashtaroth)の祭司であったエトバアル1世(Ethbaal I)が王位に就き，第二の黄金時代を迎える．彼は旧約聖書では「シドン人の王」として知られ(王上 16: 31)，北イスラエルの王 *アハブの妃イゼベルの父であった．エトバアルの時代，ティルスは多くの植民地をもち *アッシリアや *バビロンの侵攻を受けたが，陥落することはなかった．*ネブカドネツァルは13年間包囲を続けたという．*エゼキエルはティルスに対する預言で(エゼ 26-28章)，この町の栄華を極めて具体的に表現している．前332年にアレクサンドロス大王がこの都市を陸続きにして攻略した後も，フェニキアにおける重要性を保持した．イエスや *使徒たちもこの町の住民と交流をもった(マタ 15: 21; マコ 3: 8, 7: 24, 31; 使 21: 3-7)．
【文献】旧新約聖書大 779-80; ABD 6: 686-92.
（金井美彦）

ティルソ・デ・モリナ　Tirso de Molina (1571頃-1648. 3. 22)　スペイン黄金世紀の劇作家．本名ガブリエル・テーリェス(Gabriel Téllez)．父はオスーナ公爵(Juan de Osuna)ともいわれるが証拠はない．*マドリードに生まれ，16歳でグアダラハラ(Guadalajara)の *メルセデ修道会に入会，翌年 *修道誓願を宣立．

1606年に*トレドに滞在し，*サラマンカ，ガリシア（Galicia），ポルトガルに旅行する．1616年にはヒスパニョラ島東部（現ドミニカ共和国）に赴いて2年間にわたり宣教活動に従事する．そのかたわら多くのコメディア（［西］comedia，戯曲）をものし，1621年頃までに300編の作品を書き上げたといわれる．戯曲の人気が高まるとともにその才能と声望を妬む者が現れ，その策謀であると推測されるが，1625年には風俗紊乱の罪で訴えられた．このため作家活動を禁止されてマドリード追放の刑を受ける危険が生じ，*セビリャに難を逃れる．翌年，マドリードに戻り，トルヒーヨ（Trujillo）の修道院長を務める．1629年にサラマンカに移り，1632年以降はメルセス会の年代記作家として『メルセス会史概説』（Historia general de la Orden de la Merced, 1639）を完成させる．1645年にはソリア（Soria）の修道院長に就任．翌年アルマンサ（Almansa）の修道院に移り，この地に没した．

【作品】生涯で400編もの作品を書いているが，残存するのはそのうち約80編で，大きく四つのジャンルに分類される．(1) 宗教的なテーマで，聖書を題材としたもの（『家庭で采配をふるう女』La mujer que manda en casa, 1611-12；『至極善良な落ち穂拾いの女』La mejor espigadera, 1614；『一番多いのは一番少ないのと同じ』Tanto es lo de más como lo de menos, 1614；『タマルの復讐』La venganza de Tamar, 1621 等）．神学的問題を含むもの（『最大の幻滅』El mayor desengaño, 1621；『不信心ゆえの地獄堕ち』El condenado por desconfiado, 1635)，*聖人伝と呼べるもの（『聖女フアナ』La santa Juana, 1613-14)，(2) 歴史的なもの（『女の分別』La prudencia en la mujer, 1630-33），(3) 伝説的なもの（『セビリャの色事師と石の客人』El burlador de Sevilla y el convidado de piedra, 1630），(4) 風俗的なもの（『緑ズボンのドン・ヒル』Don Gil de las calzas verdes, 上演1615；『信仰篤きマルタ』Marta la piadosa, 1615）などである．また劇作以外の散文作品としては『トレドの別荘』（Los cigarrales de Toledo, 1620）や『有益娯楽本』（Deleytar aprovechando, 1635）などが知られている．

【主著】ティルソの作品のなかで最も卓越した作品といえるのは，後世にさまざまなドン・フアンものを生み出すきっかけを与えた『セビリャの色事師と石の客人』と，*自由意志と*予定（神の恩恵）の対立という神学上の大問題を提起した『不信心ゆえの地獄堕ち』である．「女たらし」の代名詞として知られる「ドン・フアン」の原型を与えた前者の作品において，主人公ドン・フアンは単なる性的快楽の渉猟者としてではなく，神の正義（→義）と*審判に挑戦し，その威力を侮るキリスト者として描かれ，結局その悪徳の代償を告解（→ゆるしの秘跡）なき死，すなわち永遠の死という形で支払わされる．『不信心ゆえの地獄堕ち』では，隠者たるパウロが天使の姿を装う悪魔の言葉に惑わされ，自分の末路に絶望して信仰を捨てたのに対して，悪党エンリコのほうは悪業にもかかわらず死ぬまで信仰を守っていたために救われるという対照を描いて，神の*恩恵と信仰の在り方を説いている．ティルソは自由意志と運命予定説の神学論争において片方に偏ることなく，*善業の重要性を神の恩恵同様に認める*モリナ主義に近い立場に立っていた．

【主著邦訳】岩根圀和訳「セビーリャの色事師と石の招客」『バロック演劇名作集』スペイン中世・黄金世紀文学選集7（国書刊行会1994）.

【文献】大島正『ドン・フアンの原型の研究』（白水社1966）；橋本一郎『ドン・ファン』（講談社1978）.

（本田誠二）

ディルタイ Dilthey, Wilhelm (1833.11.19-1910.10.1) ドイツの哲学者．ヴィースバーデン近くのビープリヒ（Biebrich）に生まれる．*ベルリン大学で哲学・歴史学などを学び，キール大学，ブレスラウ大学の教授を経て，1882年からベルリン大学教授を務める．彼の哲学的立場は一般に*生の哲学と呼ばれている．これは，生の意味が生それ自身の内に成立していることを主張する点で，内在的な現実主義に定位しており，形而上学的思弁を拒否する点では*経験論や*実証主義との親近性を示している．その反面，従来の経験論が，まず人間の経験をその発生源としての感覚的要素に還元し，それらの要素を組み合わせて，自然科学的方法によって構成的に解明（［独］Erklären）しようとするのに対して，彼は，これでは経験そのもののもつ直接的で生きいきとした具体的な姿を捉えることは不可能であるとし，現実の生の世界は関連をなしており，これを把握するためには，その直接の体験的了解（Verstehen）に基づかなければならないとした．この了解は，主観性を超えて全体的なものと普遍的なものの領域に入り込むことによって初めて生の経験になる．そのためには，体験が「生の表出」（Lebensäußerungen）として客観的に表現される必要がある．この表出には，体験の直接的・個別的表現があるが，より重要なのは歴史的・客観的に表出された生である（言語芸術，法的秩序，国家的秩序，学問・宗教など）．これを彼は*ヘーゲルの用語を借りて「客観的精神」（objektiver Geist）と呼び，これには「解釈」という了解の形式が必要とされるとする．こうして，ディルタイは「記述的分析心理学」の方法論から，*精神科学を基礎づける方法論としての*解釈学という理論に移行した．後年になってディルタイは「世界観学」（Weltanschauungslehre）を提唱し，相対立するもろもろの世界観をすべて「生の解釈」として受け取り，類型的に三つに分類する考察を展開した（*自然主義，自由の観念論，客観的観念論）．ただ，彼が立脚し，解釈しようとした生という実在そのものは，全体として合理性を超えていて特定の世界観によって汲み尽くすことはできないとされるため，彼の世界観学は一種の*相対主義に陥ってしまうことになる．しかし，彼の基本姿勢は，生の多様性とその深みにどこまでも迫ろうとする肯定的で楽観的な態度に貫かれているということができよう．

主著は『精神科学序説』（Einleitung in die Geisteswissenschaften, 1883），『精神科学における歴史的世界の構成』（Der Aufbau der geschichtlichen Welt in den Geisteswissenschaften, 1910）など．

【全集】*Gesammelte Schriften*, 20 v., 1914-90.

【文献】O. F. ボルノー『ディルタイ』麻生建訳（未来社1977）; O. F. BOLLNOW, *Dilthey. Eine Einführung in seine Philosophie* (Stuttgart 1955); R. A. マックリール『ディルタイ』大野篤一郎他訳（法政大学出版局 1993）: R. A. MAKKREEL, *Dilthey, Philosopher of the Human Studies* (Princeton, N.J. 1975).

（本間英世）

ティルツァ Tirzah 〔ヘ〕ṭirṣa

(1) 正確な同定はできないが，*シケムの北東約10 kmのテル・エル・ファールア（Tell el-Far'ah）が有力視されている．古くは*カナンの町であったがヨシュアに

よる征服の際，イスラエルに編入された(ヨシュ 12: 24). 王国分裂後，*サマリアが首都とされるまで北イスラエルの首都であった(王上 15: 21, 33; 16: 8, 15, 23-24).
　(2) マナセ族に属するツェロフハドの娘(民 27:1).
【文献】旧新約聖書大 797; ABD 6: 573-77. 　(金井美彦)

ティルブルクじひのははマリアしゅうしかい ティルブルク慈悲の母マリア修士会 〔蘭〕Fraters van O. L. Vrouw, Moeder van Barmhartigheid, 〔ラ〕Congregatio Fratrum Beatae Mariae Virginae, Matris Misericordiae, 〔略号〕F.M.M.M. 教皇庁立修道士修道会. 後のオランダの *ユトレヒト の大司教ツイセン(Jan Zwijsen, 1794-1877)によって，主に青少年教育を目的として 1844 年に創立され，1870 年には *聖座によって認可された. 創立者の意向に従って，教育事業のほかにも種々の使徒職(→ 使徒的活動)，なかでも伝染病患者の看護には第四の誓願のもとに従事する. 1997 年現在の施設 44, 会員数 383 名. 総本部をオランダのティルビュルヒ(Tilburg)に置く.
【文献】AnPont (1999) 1488; DIP 4: 597-98. 　(和田誠)

ティレ　Tyrrel, George (1861. 2. 6-1907. 7. 15)　イギリスの著述家，近代主義者. アイルランドの *ダブリンで生まれ，イングランドのストリントン(Storrington)で没す. イングランド国教会(→ 聖公会)の *低教会の家庭に生まれ，*カルヴィニズムの教育を受けたが，1879 年カトリックに改宗. 翌年 *イエズス会に入会. 1891 年司祭に叙階され，ストーニハースト(Stonyhurst)のイエズス会神学院で倫理学を教えた. *トマス・アクィナスの熱烈な支持者であり，評論誌『マンス』(The Month, 1896-1900)の定期的寄稿者となったが，同時に黙想指導者，霊的指導者としても活躍し，有名になった. 1907 年以後，*ヒューゲルとの交友と文通が始まり，*ブロンデル，*ラベルトニエール，*ベルグソン，*ロアジらの著作に親しむようになり，また，H.*ブレモンと知り合った. 1900 年以後，近代主義的傾向のために小教区司牧の任務に回されたが，著作・出版を続け，特に *近代主義に同情的であったペトレ女史(Maud Dominica Petre, 1863-1942)の知己となり，その援助を受けるようになった.
　科学と信仰との板挟みにあった人類学者に教会にとどまるよう勧める，匿名出版の著作『ある人類学の教授への手紙』(A Letter to a Professor of Anthropology, 1904)がイタリア語に翻訳され，*ミラノで出版されたとき，イエズス会イギリス管区長から自説を公に撤回するよう求められたが，これを拒絶し，退会処分となった. *教区司祭として彼を引き受ける司教はいなかったが，彼は文筆活動を続け，内的宗教体験の重要性，反理知主義，*啓示と *教理の区別を説いた. 1907 年，教皇 *ピウス 10 世の近代主義の誤謬を排斥する回勅 *『パスケンディ』を公に非難したため *破門とされた. 1908 年の『中世主義』(Medievalism)では，*メルシエ枢機卿の近代主義批判に答えた. *病者の塗油と条件つきの *ゆるしの秘跡を受けたが，自説を公に撤回しなかったため，カトリック墓地ではなくストリントンのイングランド国教会墓地に葬られた.
【主著】*Nova et Vetera*, 1897; *Lex credendi*, 1906; *Through Scylla and Charybdis*, 1907; *Christianity at the Crossroads*, 1909.

【文献】キ人 918; LThK² 10: 426-27; NCE 14: 356-57. 　(高柳俊一)

ティロ　Tillo (?-702 頃)　聖人(祝日 1 月 7 日). *ヴェストファーレン地方の出身で，若くして奴隷として売られたが，ノアイヨンの *エロイに請け出され，金細工師として養成された. 後にソリニャック(Solignac)の修道士，修道院長となり，トゥールネ(Tournai)一帯の宣教に努めた. 特にフランドル地方のイーズゲム(Izegem)で崇敬される.
【文献】LThK² 10: 196. 　(久野暁子)

ティロトソン　Tillotson, John (1630. 10. 10-1694. 11. 22)　イングランド国教会(→ 聖公会)のカンタベリ大主教. *ケンブリッジ大学に学び後にクレア・コレッジのフェロー. *サヴォイ会議(1661)には非国教徒として出席したが，その後国教会に転ずる. ウィリアム 3 世(William III, 在位 1689-1702)により聖パウロ大聖堂参事会長，カンタベリ大主教(1691)に任じられる. *ユニテリアンを除く全プロテスタントの一致を図った.
【文献】キ人 919; キ大 713; NIDChC² 975; ODCC² 1378. 　(高橋章)

ティンクトリス　Tinctoris, Johannes (1435 頃-1511 頃)　フランスの作曲家，音楽理論家. フランドル出身で，オルレアン大学に学び，1472 年頃からナポリ国王フェルディナンド 1 世(Ferdinando I, 在位 1458-94)に仕えるようになった. 王から委任された仕事のため 1487 年 *ナポリを離れ，1492 年に *ローマに滞在したことがわかっているが，その後の活動は不詳. 1495 年に出版された『音楽用語定義集』(Terminorum musicae diffinitorium)は，史上最初の音楽辞典の出版として知られる. ほかに『対位法技法の書』(Liber de arte contrapuncti)など，合わせて 12 の理論集を残した. 作品には五つの *ミサ曲をはじめ，*モテットやシャンソンがある.
【主著】中世ルネサンス音楽史研究会訳『音楽用語定義集』(シンフォニア 1979). 　(金澤正剛)

ディンター　Dinter, Gustav Friedrich (1760. 2. 29-1831. 5. 29)　ドイツの実践神学者，教育者. キッチャー(Kitscher)で牧師(1787). ドレスデン(Dresden)で小学校校長(1797). ケーニヒスベルク(後の *カリニングラード)の大学神学教授(1817). 神学者としては，合理主義的立場であり，教育者としては，教科の中心を聖書に置く *聖書主義の立場をとった. 教育は *ペスタロッツィの影響を受ける.
【文献】キ人 919; キ大 714. 　(高橋章)

ティンダル　Tindal, Matthew (1653/57-1733. 8. 16)　イングランドの神学者，理神論者. デヴォンシャーのビア・フェラーズ(Beer Ferrers)に生まれ，オックスフォードで没す. *オックスフォード大学で法学を学び，1678 年にオール・ソールズ・コレッジのフェローとなる. ジェイムズ 2 世(James II, 在位 1685-88)治下に一時カトリックに転向したが，すぐにイングランド国教会(→ 聖公会)に戻る. その後，*啓蒙思想に近づいた. 主著に『天地創造以来のキリスト教』(Christianity as Old as the Creation, or the Gospel a Republication of the Religion of Nature, 1730)があり，*理神論の聖書

といわれている．キリスト教は，*創造の始まりからあり，自然宗教として，自然法則や*理性と合致しているので，*啓示や*奇跡は合理的に説明できるとした．
【文献】キ人 920; LThK² 10: 201; ODCC³ 1624.
(常葉隆義)

ティンダル　Tyndale, William (1494頃-1536. 10.6)　イングランドの聖書翻訳者，宗教改革者．グロスターシャー (Gloucestershire) に生まれ，1510年から15年まで*オックスフォード大学のモードリン・カレッジに学び，後*ケンブリッジ大学に移る．1522年頃聖書翻訳を始めたが，ロンドン司教*タンスタルが支持しなかったため，ドイツの*ハンブルクに赴いた (1524)．その後母国に戻ることはなかった．

彼の最初の英語による聖書の翻訳は，1525年*ケルンで印刷され始めたが，*コッホレウスの策動により阻止されたため，形を変えて*ヴォルムスで完成した（→聖書の翻訳：英語）．新しい英語聖書は英国に送られ，1526年には多くの教職者を魅了した．しかし，タンスタルや*ウォーラムら司教たちの激しい反対を受け，破棄された．ティンダルは*アントヴェルペンの英国館 (English House) に逃れ，そこで幾度も新約聖書の翻訳に手を入れた．さらに旧約聖書の翻訳も始め，モーセ五書 (1530)，ヨナ書 (1531)，ヨシュア記から歴代誌下までを完成した．

神学的には，聖書の権威と，*ルターと同じように信仰*義認を主張したが，聖餐論（→エウカリスティア）に関しては*ツヴィングリの影響を強く受けた．彼は*ウルジの行政と*離婚手続きを批判し，『高位聖職者の悪徳』(Practice of Prelates, 1530) を刊行した．1535年コッホレウスの密告によりブリュッセル郊外のヴィルヴォールデ (Vilvorde) で捕らえられ，36年絞首そして火刑に処せられた．10月6日とされている．

ティンダルの聖書翻訳は，ギリシア語とヘブライ語から直接に英訳されたもので，その後の『グレート・バイブル』(Great Bible, 1539) や欽定訳聖書の基礎となっている．
【主著】*Parable of the Wicked Mammon*, 1528; *Obedience of a Christian Man*, 1528; *An Answer unto Sir Thomas More*, 1531.
【文献】キ人 919; キ大 714; ODCC³ 1648-49.　(茂洋)

ディーンツェンホーファー　Dientzenhofer, Johann (1663-1726.6.20)　ドイツの建築家．ドイツ・バロックの代表者の一人．南独ローゼンハイム (Rosenheim) で生まれ，*バンベルクで没す．1699年イタリアに赴き，*ローマの*バロック建築を研究，帰国後，*フルダの大聖堂の改築に携わる (1704-12)．円熟期の代表作はフランケン地方バンツ (Banz) の*ベネディクト会の修道院聖堂 (1710-13) で，大小の楕円形を短軸方向に幾つも連ねて，リズミカルな変化のある長大な内部空間を生み出した．世俗建築としては，ポメルスフェルデン (Pommersfelden) の大司教兼選帝侯の宮殿 (1711-18) が名高い．ヨーハンの師匠と推定される兄クリストフ (Christoph, 1655-1722) も，イタリア・バロックの建築家*グアリーニの様式に学んで，*プラハを中心に活動した．
【文献】新潮美術辞典 973; DA 8: 875; 小学館美術全集 18: 9-10, 280-81.　(高橋裕子)

ティントレット　Tintoretto, Jacopo (1518-1594.5.31)　16世紀イタリアの代表的画家．*ティツィアーノ，*ヴェロネーゼと並んで後期ルネサンスの*ヴェネツィア派の三大巨匠とされる．本名ヤコポ・ロブスティ (Jacopo Robusti)．「ティントレット」の通称は染織職人 (ティントーレ tintore) であった父の職業に由来する．

おそらくティツィアーノの工房で短期間修業し，ポルデノーネ (Pordenone, 1483頃-1539) やスキアヴォーネ (Andrea Schiavone, 1510頃-63) 等の北イタリアのマニエリスム画家の影響を受けて画風を形成．1539年には独立した工房を構え，サン・マルコ同信会館 (スクオーラ scuola) のための大作『聖マルコの奇跡』(1584, ヴェネツィアのアカデミア美術館) で名声を確立する．以後1550年代から70年代にかけて，大規模な宗教画や肖像画，神話画の注文を次々と受け，驚くべき多産な制作活動を展開した．国際的な活動を展開したティツィアーノとは対照的に，彼は生涯*ヴェネツィアにとどまり，もっぱら同地の同信会館や教会堂，共和国政府のために制作した．1564年，サン・ロッコ同信会館の油彩画装飾に着手し，大作『キリストの磔刑』をはじめ，受難伝の諸画面を制作．また1575-87年には同会館の大広間に旧約聖書と新約聖書の一大連作を描いて，画業の頂点を築いた．

その工房には「*ミケランジェロの素描とティツィアーノの彩色」という標語が掲げてあったといわれるが，両巨匠の芸術を吸収しながらも，全く独自な劇的ダイナミズムに溢れる画風を創造した．引き伸ばされた人物の激しいアクションの交錯，短縮法ポーズの駆使，大胆な対角線構図，強烈で幻惑的な明暗対比，荒々しく敏捷な筆触画法がその特徴をなす．1570年代以降，彼の画風はますます前バロック的な幻想性を強め，エル・*グレコのヴィジョンを先取りする．晩年も活動は衰えを知らず，ヴェネツィア政庁（パラッツォ・ドゥカーレ）の大評議会広間に1577年の火災後に制作した畢生の大作『天国』(1588) や，サン・ジョルジョ・マッジョーレ聖堂の『最後の晩餐』(1592-94) 等，多くの傑作を残した．息子ドメニコ (Domenico Tintoretto, 1560-1635) とマルコ (Marco Tintoretto, 1561-1635)，娘マリエッタ (Marietta Tintoretto, 1554頃-90頃) も画家で，家族工房として父の大量の作品受注に協力した．
【文献】DA 31: 5-18; F. ヴァルカノーヴェル, T. ピニャッティ『ティントレット』若桑みどり訳 (美術出版社 1988); F. VALCANOVER, T. PIGNATTI, *Tintoretto* (New York 1988); P. DE VECCHI, *L'Opera completa del Tintoretto* (Milano 1970); P. ROSSI, *Jacopo Tintoretto: I ritratti* (Venezia 1973); R. PALLUCCHINI, P. ROSSI, *Tintoretto: Le opere sacre e profane* (Milano 1982).
(森田義之)

ティンパヌム　〔英〕tympanum,〔独〕Tympanon,〔仏〕tympan　古典建築では切妻屋根の端にできる三角形の切妻壁の部分．ロマネスク，ゴシック聖堂建築では扉口上部の楣石（まぐさ，〔英〕lintel, 開口部上方に位置する水平材）と上方の飾り*アーチで囲まれた，半円形または尖頭半円形の小壁をいう．この場合しばしばタンパン（仏語）と呼ばれる．古典建築，中世建築を問わず，ティンパヌムは彫刻によって装飾されることが多く，ロマネスク時代の作例では四福音書記者像に囲まれた荘厳なキリスト (*マイエスタス・ドミニ)，*最後の審判に関連し

たものが多い.
【文献】DA 31: 492-93;『オックスフォード西洋美術事典』(講談社 1989) 679-80;『ロマネスク美術』大系世界の美術 11 (学習研究社 1972). （守山実花）

ティンメルマンス　Timmermans, Felix
(1886. 7. 5-1947. 1. 24)　ベルギーの作家，詩人，劇作家で，フラマン語で執筆活動を行う．リエール (Lier) で生まれ，同地で没す．ストルヴェルス (Stijn Streuvels, 1871-1969) とワルシャップ (Gerard Walschap, 1898-1989) という二大作家の間に位置し，当時のフラマン語散文の指導者的存在であった．『パリーテル』(Pallieter, 1916) は，一連の自然情景を背景とする生の礼賛であるが，各情景を結びつける主人公は異教的な快楽主義者ではなく，神の反映としての創造を称える人物として描かれている．さらに『農民詩編』(Boerenpsalm, 1935) においては，*自然以上に，人生の喜怒哀楽のなかに生きる一人の農民の生が賛美されており，神に対する強い *信仰がその支えとなっている．ほかにも，定型詩，短編小説，小話，民謡を題材とした清らかな物語など多彩な作品があり，『聖フランチェスコの竪琴』(De Harp van Sint-Franciscus, 1932) のような物語風の伝記も残している．
【主著】Het Kindeken Jesus in Vlaanderen, 1917; De zeer schoone uren van Juffrouw Symforosa, begijntjen, 1918; Driekoningentryptiek, 1923. （二川佳巳）

デヴァリエール　Desvallières, Georges-Olivier
(1861. 3. 14-1950. 10. 5)　フランスの画家．*パリに生まれ，同地で没す．アカデミー・ジュリアンで学ぶ．1880 年頃，モロー (Gustave Moreau, 1826-98) の影響を受け，宗教画や神話画を制作する．後にパリのモロー美術館の 2 代目館長を務め，1912 年にはモローの画集を出版する．1903 年に *ロンドンに滞在したときには宗教画ではなく，『ミュージック・ホール』（倉敷の大原美術館）のような劇場，カフェの情景を描いたり，社交界の肖像画を制作するものの，1905 年以降，再び宗教画に専念し，1919 年には *ドニと宗教芸術工房 (Atelier d'art sacré) を創設する．宗教美術の復興に力を注ぎ，教会装飾なども手がけた．
【文献】Cath. 3: 686-88; DA 9: 818. （賀川恭子）

デ・ヴェッテ　De Wette, Wilhelm Martin Leberecht
(1780. 1. 12-1849. 6. 16)　ドイツのプロテスタント神学者．ヴァイマール近くのウッラ (Ulla) で生まれ，*バーゼルで死去．イエナ (Jena) で学び，*ハイデルベルク大学を経て，1810 年に *ベルリン大学の教授となるが，その急進的 *合理主義のために大学を追われた(1819)．後バーゼル大学教授となる(1822)．*ヘルダーと *バウアの影響のもとに，文学批評的方法に宗教史的方法を加えて聖書を研究した．特に *ヨシヤの宗教改革時の「律法の書」(王下 22-23 章) と *申命記は同じものと主張．旧約聖書六書研究の業績は大きい．*組織神学では，*フリースと *シュライエルマッハーの影響を受け，*教理は生きた宗教体験の結晶とした．また彼の合理主義的傾向から，イエスの降誕，*復活，*昇天は事実ではなく，神話であるとしたため，*敬虔主義の論者たちから激しい攻撃を受けた．
【主著】Christliche Sittenlehre, 3 v., 1819-23; Das Wesen des christlichen Glaubens, 1846.

【文献】キ人 894; キ大 715; ODCC³ 476. （茂洋）

デヴォティオ・モデルナ　〔ラ〕Devotio moderna
「現代的(ないし新しい)信心」の意．14 世紀末ネーデルラントで形成され，15 世紀にベルギー，フランス，スペイン，イタリア等のヨーロッパ諸国，特にライン河に沿ってドイツに進出したキリスト教 *霊性の刷新運動.
【歴史】「デヴォティオ・モデルナ」という名称はその初期の代表的な霊性家たち，*フロレンティウス・ラーデウェインス，フォス (Johannes Vos, 1349-1424)，ツプトフェン (Ger[h]ard Zerbolt van Zuptphen, 1367-98)，*マンデ，*ヤン・ヴァン・スコーンホヴェン，*トマス・ア・ケンピス，*ブッシュなどの著作にみられる．「デヴォティオ」は神への奉仕のため神に自己を捧げること，福音書のキリストに従う愛の業を実行することによって神との親密な一致を追求し，神のみに献身することにある(*『イミタティオ・クリスティ』第 1 巻第 1-9 章参照).「モデルナ」の意味は中世末期のスコラ学的思弁による真理認識に対し信仰体験による愛の追求，心情的諸能力の活性化，自我克服の修徳を志向することにある．このようにしてデヴォティオ・モデルナは後期 *スコラ学の実存疎外の思弁に対し，信仰・希望・愛の日常体験を通して神なる汝と人間なる我との一致の単純な道を追求した．

この新しい霊性の父は *フローテであり，彼は自分の家を共同生活姉妹会に提供して，指導した．そして，フローテの友，フロレンティウス・ラーデウェインスを中心に *共同生活兄弟会が結成された．デヴォティオ・モデルナはこのような共同生活会や *アウグスチノ修道祭式者会の *ヴィンデスハイム修族によって推進された．彼らはフローテの霊性に従って托鉢を否認，福音的生活の実践として，使徒 *パウロを模範として労働，特に筆写・製本・教育に従事し，自分たちの手で働き共同生活の維持に努めた．

【霊性】デヴォティオ・モデルナの霊性の特色は，その初期の霊性家たちによって完成された著作『イミタティオ・クリスティ』のうちに示される．この書にはイエス・キリスト中心主義，聖書謹読，神の秘義の黙想，福音的生活の実践を基本精神とするデヴォティオ・モデルナの霊性から汲まれた「神と霊魂」「汝と我」「神＝有と人間＝無」の出会いが強烈に語られている．「我はいかに神への信仰・希望・愛に生きるか」と，キリスト教的人間実存を問い，神において *被造物の無を超越する希望の霊性を追求したのである．

デヴォティオ・モデルナの霊性の源泉は ① 聖書，② 教父著作(特に *アウグスティヌス，教皇 *グレゴリウス 1 世，*ディオニュシオス・アレオパギテース，*ヨアンネス・クリマコス)，③ 中世霊性家の著作(特に*カッシアヌス，サン・ヴィクトルの *フーゴ，クレルヴォーの *ベルナルドゥス，*ボナヴェントゥラ，アウグスブルクの *ダヴィド，*ゾイゼ，ザクセンの *ルドルフス，*ロイスブルクなど)，④ *霊的生活の自己体験(霊的読書，聖務日課，黙想，ミサ，祈り，労働，兄弟相互の矯正，共同の良心糾明，一切の共同所有)である．

【学校教育】兄弟会は主にデーヴェンター (Deventer) やツヴォレ (Zwolle) の学校を中心に，デヴォティオ・モデルナの霊性の推進者としてばかりでなく，青少年の教育者として活躍した．そして，ヘギウス (Alexander Hegius, 1433 頃-98) や R. *アグリコラなどの指導のもとに *エラスムス，*ニコラウス・クザーヌス，*ブッツバハな

デウス・エクス・マキナ

ど多くの人文主義者が輩出した．兄弟会の学校教育は後世のギムナジウム制度の基礎となった．

【著作】デヴォティオ・モデルナを代表する著作にはマンデ，トマス・ア・ケンピスの著書のほかに，ツプトフェンの『霊的上昇について』(De spiritualibus ascensionibus)，『内的人間あるいは霊魂の諸力の改革について』(De reformatione interioris hominis seu virium animae)，フォスの『我らの主イエス・キリストの生涯と受難についての手紙』(Epistola de vita et passione D. N. Jesu Christi)，フェーゲ(Johannes Veghe, 1431頃-1504)の『霊魂のぶどう園』(Wyngaerden der Sele)，『我らの花咲く安楽』(Lectulus noster floridus)，マウブルヌス(Johannes Mauburnus, 1460頃-1501)の『霊操と聖なる黙想のバラ園』(Rosetum exercitiorum spiritualium et sacrarum meditationum)等がある．

【文献】DSp 3: 727-47; LMit 3: 928-30; J. Busch, *Chronicon Windeshemense*, ed. K. Grube (Halle 1886-87); P. Mestwerdt, *Die Anfänge des Erasmus. Humanismus und Devotio Moderna* (Leipzig 1917); A. Hyma, *The Christian Renaissance: A History of the "Devotio Moderna"* (Grand Rapids, Mich. 1924); A. Hyma, ed., *Brethren of the Common Life* (Grand Rapids, Mich. 1950); J. M. E. Dols, *Bibliographie der Moderne Devotie* (Nijmegen ²1941); R. R. Post, *De Moderne Devotie* (Amsterdam ²1950); M. Ditsche, "Zur Herkunft und Bedeutung des Begriffes 'Devotio Moderna'," HJ 79 (1960) 124-45; J. Sudbrack, "Existentielles Christentum. Gedanken über die Frömmigkeit der Nachfolge Christi," Gul 37 (1964) 38-63; R. R. Post, *The Modern Devotion: Confrontation with Reformation and Humanism* (Leiden 1968); H. N. Janowski, *Geert Groote, Thomas von Kempen und die Devotio Moderna* (Olten 1978). (鈴木宣明)

デウス・エクス・マキナ　Deus ex machina
字義は「機械から出現する神」．古代ギリシア・ローマ演劇において，展開上，筋が紛糾した際に一気に解決するために機械によって舞台上空に現れる神のこと．起源は紀元前5世紀．古代劇における例としては，*ソフォクレスの『フィロクテテス』に1回，*エウリピデスに9回，行き詰まった重大局面を解決するために神が現れる．文芸用語としては紀元前4世紀，*アリストテレスの『詩学』(1445 b. 1)に初出する．以来この表現は，演劇のみならず現実生活において，解決不可能な状況で，通常では期待しえないような救済者が突如現れること，また混乱してしまった状況を正常な元の状態に戻してくれる，現実には起こりえないような出来事が起こることに対して比喩的に用いられる．キリスト教においては，近代以降，安易な神概念としてしばしば批判的に引用された．

【文献】EBritMi 3: 496; 中村善也『ギリシア悲劇研究』(岩波書店 1987)． (土居由美)

デウスデディトゥス　Deusdeditus (?-1097/1100)　教会法学者．生年および出生地は不詳．フランスのテュール(Tulle)の*ベネディクト会の修道者であったらしい．1078年，教皇*グレゴリウス7世により*枢機卿に任命される．1086-87年の教皇*ヴィクトル3世の時代に*教会法の重要な著作『教会法令集』(Collectio Canonum)を刊行．そのなかで教会の霊的統治における*教皇の権限は，*聖職禄の授与も含めて*国家の権限から独立していることを明らかにした．1090年頃，教会財産の売買を禁じ，また離教に対抗した書『リベルス』(Libellus)を刊行した．*グラティアヌスの先駆者の一人と呼ばれるにふさわしい教会法学者である．

【文献】キ人 921; DDC 4: 1186-91; DThC 4: 647-51; NCE 4: 823. (J. P. ラベル)

デウスデディトゥス1世　Deusdeditus I (?-618. 11. 8)　ローマ教皇(在位615-18)，聖人(祝日11月8日)．アデオダトゥス1世(Adeodatus I)とも呼ばれる．*ローマに生まれ，40年間，ローマで司祭を務めた後，教皇になる．イタリア半島の反乱の鎮圧に努めたビザンティン皇帝*ヘラクリウスに対し，忠実であり続けた．死後，*サン・ピエトロ大聖堂に葬られた．

【文献】Cath. 1: 140; NCE 4: 822; 杉村貞臣『ヘラクレイオス王朝時代の研究』(山川出版社 1981). (千葉佳子)

テウダリウス　Theudarius (6世紀初頭-575頃)　聖人(祝日10月29日)．Theodore, Chef とも記される．*ヴィエンヌの貴族の家に生まれる．財産を貧しい人々に分け与えて*レランスの共同体に入会することを望んだが，アルルの*カエサリウスから助言を受け，アルルで彼によって司祭に叙階された．その後，*隠修士としてヴィエンヌ近郊に過ごし，多くの礼拝堂や修道院を創立．また570年から73年にかけては積極的な使徒的活動を展開した．ヴィエンヌで没す．遺体は自らが創立した聖マリア修道院に埋葬された．

【文献】LThK² 10: 111. (久野暁子)

テヴネ　→　マリー・ド・サンティニャス・テヴネ

テオクティストス　Theoktistos
(1) パレスチナの*カイサレイアの司教(216頃-260頃)．*オリゲネスの友人で後援者でもあった．アレクサンドリアの*デメトリオスの反対をよそに，エルサレムの*アレクサンドロスのように*信徒であるオリゲネスが説教することを認め，伝承によると後にはオリゲネスを*司祭に叙階した．また，オリゲネスが*アレクサンドリアから追放されたとき，パレスチナのカイサレイアに迎えて学校を設立することを許可した．アレクサンドリアの*ディオニュシオスによれば，当時最も著名な司教の一人であった．他方，*ノウァティアヌス派の離教をめぐる*アンティオケイア教会会議にはディオニュシオスを招請した．*デキウスや*ウァレリアヌスによるキリスト者の*迫害という苦境の時代を切り抜け，*ガリエヌスの治世下に没す．

【文献】EEC 2: 822; LThK² 10: 57-58. (清水宏)

(2) パレスチナの修道者(?-466. 8. 3)．聖人(祝日9月3日)．初めファラン(Pharan)の*ラウラに居住し，ここで知り合った*エウテュミオスとともに411年以降，*エルサレムと*エリコの間にあるダボル谷の洞窟で隠遁生活に入り，修道院を創立．テオクティストスは初代院長となる．この修道院は，6世紀末にアラブ人の侵攻によって閉鎖されるまで，パレスチナにおける修道生活と神学研究の一中心地となった．

【文献】BSS 12: 207-208; LThK² 10: 57; LThK³ 9: 1433. (石井祥裕)

テオグノストス　**Theognostos**　(?-282頃)　キリスト教思想家．*アレクサンドリア学派の代表的人物の一人．アレクサンドリアの*ディオニュシオスのあとを継いで*アレクサンドリア教理学校の学頭となる．*オリゲネスの影響下で7巻からなる神学的著作『便覧』(Hypotypōseis) を著したことが知られている．
【文献】キ人 922; DThC 15: 334; EDR 3: 495; LThK² 10: 55; PG 10: 235-42; E. FERGUSON, ed., *Encyclopedia of the Early Christianity* (New York 1990) 894.
（高松誠）

デオ・グラティアス　**Deo gratias**　「神に感謝」の意のラテン語．典礼のなかで神への感謝を表す短い応唱句．日本の『ミサ典礼書』(1978)では，福音朗読前の*聖書朗読の結びに，朗読者(または奉仕者)が唱える言葉，および*派遣の祝福の結びに*会衆が唱える言葉とされている（総則 89, 91, 124）．古くからキリスト者の礼拝集会は*エウカリスティアすなわち感謝の祭儀と呼ばれ，それを端的に表す「神に感謝」という唱句は，恩恵を受けた自分自身を，感謝をもって神のものとしてささげる礼拝行為であり，*信仰告白である．
（宮崎正美）

デオグラティアス〔カルタゴの〕　**Deogratias**　(?-457頃)　聖人（祝日3月22日），カルタゴの司教（在職454-57）．ヴァンダル王*ゲイセリクスにより陥落(439)した*カルタゴの司教になる．ウィタの*ウィクトルによる『アフリカ属州迫害史』によれば，ゲイセリクスのローマ侵略(455)によりカルタゴに連れてこられたキリスト教徒の捕虜の世話をしたとされる．
【文献】DHGE 14: 312-13; LThK² 3: 235; LThK³ 3: 99-100.
（伊能哲大）

テオダルド〔トンゲレンの〕　**Theodard**　(613/22-669/70. 9. 以降)　聖人（祝日9月10日），トンゲレン・マーストリヒト (Tongeren-Maastricht) の司教．*レマクルスの弟子で，その後継者として653年，*ベネディクト会の修道院長となる．663年に司教叙階．在職期間は不明だが，大土地所有者と王の徴税役人によりもたらされる教区内の窮状をヒルデリヒ2世 (Childerich II, 在位 662-75) 王に直訴しようとして，その途上*シュパイアー近くの森で強盗により殺害された．彼の後継者はマーストリヒトの*ランベルトである．
【文献】LThK² 10: 23; B. NÖEL, ed., *Dictionnaire historique des saints* (Paris 1964) 350.
（伊能哲大）

テオダルドゥス〔ナルボンヌの〕　**Theodardus**　(9世紀中頃-893. 5. 1)　聖人（祝日5月1日）．仏語で Audard とも記す．フランスのモンテーバン司教区に属するモントリオール (Montauriol) に生まれ，*トゥールーズで学び，878年に司祭叙階．885年に司教に叙階されナルボンヌ (Narbonne) の司教として貧しい人々の世話をし，特に*サラセン人の侵入時には，人々の救済に尽くした．887年アパメイアのアントニノス (Antoninos, 生没年不詳) の*聖遺物を移葬する．890年，*ユストゥスとパストールの祭壇を改装．891年，マン・シュール・ロアール (Meung-sur-Loire) の*教会会議に参加．893年，遺体はモントリオールの*ベネディクト会聖マルタン修道院に埋葬された．
【文献】Cath. 14: 976-77; LThK² 10: 23.
（木村晶子）

テオティモス　**Theotimos**　(?-402)　聖人（祝日4月20日）．*スキタイ人として生まれたトミ (Tomi) の*司教（在職392-402）．*フン族の改宗に努力した．彼は，*ヨアンネス・クリュソストモスを支持し，402年*オリゲネスの比喩的聖書解釈(→聖書解釈学)に反対したサラミスの*エピファニオスの行動を非難した．
【文献】LThK² 10: 96.
（伊能哲大）

テオドゥルフ〔オルレアンの〕　**Theodulf**　(750/60頃-821)　オルレアンの司教(800年以降，大司教)，*カロリング・ルネサンスの時代の指導的思想家の一人．故郷スペインを*サラセン人の侵入のために追われるが，778年頃以降は*シャルルマーニュの*アーヘンの宮廷で詩人また神学者として活躍している．*オルレアンの司教，同地のサンテニャン修道院またフルーリ (Fleury) のサンブノア修道院の院長を務め，シャルルマーニュが帝冠を授与された800年に，同じ*レオ3世により大司教に任ぜられた．敬虔王*ルートヴィヒ1世の治世下，818年に政治的反乱に加担したとして名誉を剥奪，追放され，*アンジェやルマン (Le Mans) の修道院で余生を送った．彼の『詩歌集』(Carmina) は，優れた精神性を秘めた4,600編以上の二行詩で，ラテン詩人*オウィディウスやキリスト教詩人A. C. *プルデンティウスの影響が大きい．この詩歌集には，彼が798年にシャルルマーニュの使節としてガリア南部に行き，裁判の在り方を批判したこと，シャルルマーニュの宮廷での社交生活，文教政策，詩的な自叙伝などが織り込まれている．ほかにも，*受難の主日の典礼歌 (Gloria, laus et honor) や神学的・倫理学的な詩があり，また*フィリオクェを支持する『聖霊について』(De Spiritu Sancto, PL 105: 239-76)，『洗礼式について』(De ordine baptismi, PL 105: 223-40) などの神学的著作のほか，装飾的にも優れた*ウルガタ訳聖書の写本を制作している．*カロリング文書は790年頃シャルルマーニュのためにテオドゥルフが編集したものと考えられている．
【主著邦訳】佐藤直子，長谷川星舟訳「詩歌集」『中世思想原典集成』6(平凡社 1992)153-69.
【文献】LThK² 10: 52-53.
（鳥巣義文）

テオドゥルフ〔サン・ティエリの〕　**Theodulf**　(?-590頃)　聖人（祝日5月1日）．*ランス郊外サン・ティエリ・オー・モン・ドール (St. Thierry-au-Mont-d'Or) の大修道院長．初代院長テオドリクス (Theodoricus, ?-533, 聖人) の跡を継ぐ．ランスを中心に宣教，その*聖遺物は大修道院教会の中央祭壇に収められている．
【文献】LDHSEG 521; LThK² 10: 53.
（伊能哲大）

テオドゥルフ〔ロッブの〕　**Theodulf**　(?-776. 6. 24)　聖人（祝日6月24日，ロッブでは25日）．750年頃ロッブ (Lobbes, 現在のベルギー南西部) の*ベネディクト会の*大修道院長となる．大修道院長としては*司教による*叙階の最後の例で，修道院財産の増大に努めた．ロッブに埋葬される．
【文献】LDHSEG 521; LThK² 10: 52.
（伊能哲大）

テオトコス　**Theotokos**　「神の母」の意のギリシア語で，*マリアに対する称号．*日本ハリストス正教会での訳語は「生神女(しょうしんじょ)」．*オリゲネス以来用いら

テオドシア

れ，4世紀には神学でも一般民衆の間でも使われるようになった．5世紀になってコンスタンティノポリスの*ネストリオスがキリストの人性の強調により，「神の母」の称号はふさわしくなく，かわりに「キリストの母」(Christotokos)と呼ぶべきであるとした．しかし，それに反対したアレクサンドリアの*キュリロス等は431年*エフェソス公会議でネストリオスを*異端とし，「テオトコス」の称号を承認した．その後この語の正否は論議されることなく，*西方教会でも承認され，現在に至っている．キリストの*受肉における神性と人性の結合という*キリスト論とマリア崇敬とが結びついて生まれてきた称号であり，つねにキリストとの関係でマリアを捉えている．

【文献】キ大 228; LThK² 10: 96. （手塚奈々子）

テオドシア　Theodosia (?-726) 聖女（祝日 7月18日または19日, 14世紀以降5月29日）．*聖画像破壊論争の時代の殉教者．城門のキリスト像を破壊しようとしたビザンティン皇帝*レオ3世の官吏に抵抗したため，斬首となる．*聖遺物は*コンスタンティノポリスの彼女の名を冠した教会に保管したが，そこは後に海軍兵器庫，モスクになった．

【文献】BSS 12: 288-89; LThK² 10: 47; ActaSS, maii, 4 (1688) 66-87; PG 140: 893-936; J. PARGOIRE, "L'église Sainte-Theodosia," Echos d'Orient, 9 (1906) 161-65. （秋山有紀）

テオドシウス1世　Theodosius I, Flavius (346頃-395.1.17) ローマ皇帝（在位 379-95）．スペイン北西部のカウカ(Cauca)で生まれる．優秀な将軍であった父に従って国境各地を転戦し，第1モエシア州の知事にまで昇進．父の失脚後，故郷に隠棲（375末頃）を余儀なくされたが，378年秋に復職を命じられ，翌年には西部正帝グラティアヌス(Gratianus, 在位 367/375-83)によって，対ゴート戦で敗死した東部正帝*ウァレンスの後任に抜擢された．382年，ゴート人に独自の法と王を有してトラキア(Thracia)に定住することを認めた．熱心な*アタナシオス派のキリスト教徒で，それまで皇帝が兼任してきた大神官職(Pontifex maximus)を，皇帝就任時に拒否した最初の人となる．380年，*正統信仰を全臣民に強制する勅令を発令し，*異教への改宗を禁じるとともに，異教神殿領の没収，神官特権の剥奪を行った．これ以降，*異端に対する法令も次々と発布された．387年，西部の簒奪帝マクシムス(Magnus Maximus, 在位 383-88)征討に乗り出し，*ウァレンティニアヌス2世を復位させた後，自らもイタリアにとどまり，メディオラヌム(Mediolanum, 現*ミラノ)司教*アンブロシウスの影響を強く受けるようになった．390年，*テサロニケで守備隊長が暴徒に殺害されると，激怒した帝は市民7,000人を円形闘技場で虐殺した．これに対してアンブロシウスは帝を破門し，贖罪として公開での懺悔を要求．皇帝は8か月間の抵抗の後，結局屈服した．391年にはすべての異教信仰が禁止され，一連の弾圧に対して異教勢力は帝国西部でエウゲニウス(Eugenius, 在位 392-94)を皇帝に擁立して最後の抵抗を試みたが敗れた．その結果，394年帝国東西の単独皇帝となるが，翌年メディオラヌムで没した．帝国は再度，息子*アルカディウスと*ホノリウスによって東西で分有され，以後二度と統一されることはなかった．死後神化された銘文が存在する．

【文献】H. DESSAU, Inscriptiones Latinae: Selectae, v. 1 (Dublin 1974) 1277, 1278, 2948; M. BUNSON, Encyclopedia of the Roman Empire (New York 1994) 412.
（豊田浩志）

テオドシウス2世　Theodosius II (401.4.10-450.7.28) *ビザンティン帝国皇帝（在位 408-450）．幼くして帝位につき，かつ神学などに関心が向いていたので，政治の実権は姉の*プルケリアや有能な高官たちが握った．コンスタンティノポリス城壁の構築（着手413），大学ともいうべきアウディトリウム(auditorium)の整備(425), *『テオドシウス法典』の編纂（公布438）は彼の時代における重要な事業であった．帝国の東国境は比較的平穏で，西方における*フン族の攻撃は高額の貢納金の支払いで阻止した．彼の宗教的見解には異端的な紛らわしさがあった．彼が支持した*ネストリオスが*コンスタンティノポリスの司教となり，キリストにおける神性と人性の統一を否定する見解が持ち込まれて問題となると，その解決のため431年に*エフェソス公会議が開かれ，*ネストリオス派が批判されたが，彼はこれに渋々と同意し，また449年の*エフェソス強盗会議では，*エウテュケスの*キリスト単性説を支持した．

【文献】PRE Suppl. 13 (1973) 961-1044; A. H. M. JONES, The Later Roman Empire (London 1964). （尚樹啓太郎）

テオドシウスほうてん　『テオドシウス法典』 Codex Theodosianus ローマ皇帝*テオドシウス2世によって，*コンスタンティヌス大帝以後に制定されたすべての一般法規（[ラ] leges generales）を時代の新しい状況に適応させて法典化したもの．東ローマ帝国（→ビザンティン帝国）で439年に発効し，西ローマ帝国でも権威あるものとして受容された．東ローマ帝国で*ユスティニアヌス1世によって廃止された後も西ローマ帝国では使われた．編纂者には法規の形式ならびに内容にまでわたる広範な裁量権が与えられた．法規は16巻で，行政，財政，*刑罰，教会等の諸分野についての詳細な規定が各題目のもとに時代順に配列されていた．宗教問題を扱う第16巻は，*異教を禁じ，*異端を処罰する法規や，*聖職者の地位を規制し，*教会と国家の関係を規定するものなどを含んでいた．本法典の重要性は，*法が不明確でその確定が困難であった4-5世紀の時期に，制定法の初めての公的で拘束力をもつ集大成として，この深刻な状況の回避に貢献したことにある．→ローマ法
（傘木澄男）

テオドシオス〔アレクサンドリアの〕　Theodosios (?-566.6.19/22) *アレクサンドリアの総主教（在職 535-66），キリスト単性説論者．皇帝*ユスティニアヌス1世の妃で*キリスト単性説に通じていた*テオドラの支持を受けて総主教に任ぜられたが，*カルケドン公会議の決定を認めさせようとしたユスティニアヌス1世によって*コンスタンティノポリスに召喚された(536)．しかし，*コンスタンティノポリスの総主教アンティモス1世(Anthimos I, 在職 535-36)の罷免とアンティオケイアの*セウェロスの死(536)の後，ユスティニアヌス帝との衝突を避けながら*ヤコブ・バラダイオスをはじめとした単性説派を支援，その発展に大きく貢献した．ユスティニアヌス帝の没後，皇帝ユスティヌス

2世 (Iustinus II, 在位565-78) により帰還が許されるがその直後に死去，コンスタンティノポリスで埋葬された．セウェロスやアンティモスへ宛てた書簡，*アグノエタイ派や*三神説に対する駁論などを著している.
【著作校訂版】PG 86. 1: 277-86.
【文献】NCE 14: 26; LThK² 10: 47-48. （比企潔）

テオドシオス〔大修道院長〕 Theodosios (424頃-529. 1. 11) 聖人（祝日1月11日）．*カッパドキアの出身．青年期にパレスチナの修道院に入るが，より厳しい*修道生活を求めて岩屋に引きこもる．やがてそこに各国の修道士たちが集まり修道団へと発展，後にテオドシオス大修道院として知られるようになる．病人，老人，精神障害者の看護にも従事．493年*エルサレムの共住修道会全体の長となる．マル・サバの*サバスとともに*キリスト単性説に反発する．テオドシオス大修道院にて死去.
【文献】キ人923; LThK² 10: 48-49; NCE 14: 27. （相原直美）

テオドティオン → 聖書の翻訳：古代語

テオドトス Theodotos
(1) 聖人（祝日5月18日）．4世紀初めの*ディオクレティアヌス帝による大迫害時の殉教者．*アンキュラの宿屋の主人であったが，同地で殺害された7人の処女殉教者の遺体をキリスト教式に埋葬したかどで捕らえられ，斬首された．
(2) グノーシス主義者テオドトス（2世紀）．著作の抜粋がアレクサンドリアの*クレメンスの『ストロマテイス』にのみ残されている．*ウァレンティノス派の*グノーシス主義を唱えたと思われる．
(3) 皮なめし職人のテオドトス（2世紀）．革職人または革を扱う商人で，ローマで*キリスト養子説を主張した（→テオドトス派）．
(4) 両替商テオドトス（2世紀）．皮なめし職人のテオドトスの支持者．*テオドトス派の中心人物でキリストの神性を否定，教皇*ゼフィリヌスにより排斥された．
【文献】EEC 2: 830; E. FERGUSON, ed., *Encyclopedia of Early Christianity* (New York 1990) 893-94.
（比企潔）

テオドトス〔アンキュラの〕 Theodotos (?-446頃) *アンキュラの司教．初め友人であった*ネストリオスを支持していたにもかかわらず，*エフェソス公会議(431)においてアレクサンドリアの*キュリロスの側に立ち，ネストリオスに対して断固反対の立場をとった．そのため，*ネストリオス派のタルソス教会会議(432)で呪咀された．著作には，全6巻からなる『ネストリオス駁論』(現存せず)，ネストリオスの主張が*ニカイア信条においてすでに*異端とされたと述べる『ニカイア信条講解』(Expositio symboli Nicaeni)，『説教集』(一部現存)などがある．
【著作校訂版】PG 77: 1307-432.
【文献】EEC 2: 829-30; LThK² 10: 51; NCE 14: 27-28.
（比企潔）

テオドトス派 Theodotiani
2世紀末から3世紀にかけて起こった*キリスト養子説の流れを汲む*モナルキアニスムスの分派．ローマに来たビュザンティオン(後の*コンスタンティノポリス)出身の革職人*テオドトスの主張による．イエスは奇跡的に処女マリアから生まれたが，単なる人間であって，受洗の際，*聖霊によって聖別され，神の養子となり，キリストになったというもの．この派のなかには，イエスは復活後，神となったと述べる者もいるが，一般にはイエスの神性を否定した．教皇*ヴィクトル1世や*ゼフィリヌスらによる排斥，弾劾を受けながらも*ロゴス・キリスト論に対する反対勢力として抗争したが，結果的には異端の小派にとどまった．
【文献】キ大717; RGG³ 1: 98-99. （比企潔）

テオドラ Theodora (2世紀頃) 乙女殉教者，聖人（祝日4月1日）．ローマで殉教したヘルメス(Hermes, ?-132頃)の姉妹．120年頃にローマで殉教し，旧サラリア街道(Via Salaria)の墓地に兄弟とともに埋葬されたといわれるが，確たる史料はない．
【文献】Cath. 14: 979; LThK² 10: 31. （秋山有紀）

テオドラ Theodora (500頃-548. 6. 28) ビザンティン皇帝*ユスティニアヌス1世の妃．ユスティニアヌス自身*キリスト単性説に傾いていたらしいが，登位してからは帝国内に*異端を存続させまいと意図して，単性説を迫害する立場をとった．一方，皇后のテオドラは単性説論者で，帝国内の単性説を保護するという逆の立場をとった．皇帝と皇后は宗教政策で争うことになったが，彼女は自分の力の及ぶ範囲を越えて，その保護の力が伸びるのを控えた．彼女はエジプトやシリアで生活した経験があるらしく，東方の事情に詳しく，そのうえ優れた政治感覚を有していた．そこで帝国の政策問題に介入するだけでなく神学論争にも口を出し，皇帝の帝国運営にも大きな影響力を行使した．後に皇帝はこれまでの単性説派迫害の方向を転じて，単性説宥和策を打ち出したが，これはそのままでは単性説の多い東方が皇帝から離反するというおそれに加え，テオドラの力も大いにあったようである．イタリア，*ラヴェンナの*サン・ヴィターレ聖堂には，皇帝とともにテオドラを描いた*モザイクのあることはよく知られている．*コンスタンティノポリスにて死去．
【文献】LMit 8: 631-32; NCE 14: 14-15; A. P. KAZHDAN, ET AL., eds., *The Oxford Dictionary of Byzantium*, v. 3 (New York 1991) 2036-37. （大森正樹）

テオドラ Theodora (810-867. 2. 11) *東方正教会の聖女（祝日2月11日）．ビザンティン皇帝テオフィロス(Theophilos, 在位829-42)の妃．小アジア北部パフラゴニア(Paphlagonia)生まれ．聖画像破壊運動(→聖画像破壊論争)を推し進める夫とは反対に，テオドラはひそかに聖画像の崇拝を続けた．夫の没後，息子ミカエル3世(Michael III, 在位842-67)の摂政となる．教会会議(843)を開き，*聖画像崇敬派を呼び戻し，反対派のコンスタンティノポリスの総主教*ヨハンネス7世・グラマティコスを罷免し，*メトディオス1世に後継させた．また，第2*ニカイア公会議の決定を確認した後，聖画像破壊論者を糾弾した．これにより聖画像復活の日として，正教会では*四旬節の最初の日曜が祝われるようになった．
また，ブルガリア人の改宗や小アジアの*パウリキアヌス派の弾圧も試みた．しかし，ミカエルとの不和，その叔父バルダス(Bardas, ?-866)の策略によって856年

テオドラ〔アレクサンドリアの〕

退位．一時修道院に入れられたが，その後ミカエルと和解する．*コンスタンティノポリスで没す．
【文献】Cath. 14: 980-81; NCE 14: 15; A. P. KAZHDAN, ET AL., eds., *The Oxford Dictionary of Byzantium*, v. 3 (New York 1991) 2037-38; J. HERGENRÖTHER, *Photius, Patriarch von Constantinopel* (Regensburg 1867) 288-95, 339-51; J. B. BURY, *A History of the Eastern Roman Empire* (London 1912) 81-82, 123-61. （秋山有紀）

テオドラ〔アレクサンドリアの〕 Theodora

(3世紀後半-304頃) 聖人(祝日4月28日)，*アレクサンドリアの乙女殉教者．上流の出身．*ディオクレティアヌス帝の迫害によって娼家に入れられたが，異教徒ディデュモス(Didymos, ?-304)に助けられる．これを機にディデュモスは改宗し，テオドラとともに逮捕・処刑された．オロンテス川の*アンティオケイアでの殉教とする説もあるが，殉教そのものの史的根拠はかなり信頼できるものである．
【文献】Cath. 3: 758-59; 14: 979; LThK³ 9: 1398-99. （秋山有紀）

テオドリクス Theodoricus

(456頃-526. 8. 30) 東ゴート王(在位471-526)．大王と呼ばれる．パンノニア(Pannonia, 現在のハンガリー)で生まれ，幼少の頃人質として東ローマ皇帝*レオ1世の宮廷に送られ，ギリシア・ローマ文化の教養を培った．471年父王テオデメル(Theodemer)没後王位に就き481年国内の政敵を抑えて全ゴート族の統一を果たす．488年ビザンティン皇帝*ゼノの命を受け西征を行い，イタリアの支配者オドアケル(Odoacer, 在位476-93)を倒して東ゴート王国をそこに移し*ラヴェンナに都を定めた．その統治はすべてローマ風を継承し，ゲルマン諸王国の緩やかな連合体の主導者を自認した．宗教政策では*アレイオス派の説を堅持してカトリックのイタリア人と対立していたが，治世初期には教会の自由を尊重し寛容であった．教皇*シンマクスの依頼で対立教皇ラウレンティウス(Laurentius, 対立教皇在位498-506)を排斥し(506)，*アカキオスの離教の際，教皇*ホルミスダスを支持するなど公正な行動により教会側の高い評価を受けた．しかし晩年，皇帝*ユスティヌス1世がアレイオス派の弾圧政策を実施すると，その同調者による謀反を恐れ，王の側近に仕えていた著名なローマ人哲学者*ボエティウスらを政治犯として処刑するなど失政が多く，王の没後まもなく王国も滅亡した．
【文献】NCE 14: 24. （橋口倫介）

テオドリクス〔シャルトルの〕 Theodoricus

(1100頃-1156頃) *シャルトル学派の傑出した哲学者，神学者．ティエリ([英・仏・独]Thierry)とも記される．シャルトルの*ベルナルドゥスの弟．*アベラルドゥスの著作を弾劾する1121年のソアソン(Soisson)の教会会議に出席．1125年頃から41年まで*パリで教え，名声を博す．1137年頃，ドルー(Dreux)の*助祭長，1141年，*ギルベルトゥス・ポレターヌスを継いでシャルトル司教座聖堂学院院長に就任．ギルベルトゥスを審議するランス教会会議(1148)に参加した．*キケロの『弁論術』の注解書や教材集『七学科の書』(Heptateuchon)を著し，弟子の一人ソールズベリの*ヨハンネスから「自由学芸の最も熱心な研究者」(artium studiosissumus investigator)と呼ばれた．同時代の学者たちから*アリストテレスの伝統の継承者とみなされた彼は，アリストテレスの論理学に関する著作の再発見にも寄与したとみられる．また，*ボエティウスの『三位一体論』によりながら，*アウグスティヌスに由来する*三位一体論の哲学的な正当化を意図した．神の創造の業を論じた『6日間の御業について』(De sex dierum operibus)は，自然に対する新しい見方を示している．
【文献】LThK³ 9: 1404; NCE 14: 89-90; ODCC³ 1609-10. （高柳俊一）

テオドリクス〔フルーリの〕 Theodoricus

(960頃-1018以降) アモルバハ(Amorbach)のテオドリクスとも呼ばれる．聖人伝記者．おそらくフランス人．最初在俗司祭であったが，後にフルーリ(Fleury)の*ベネディクト会に入会．*ローマ，*モンテ・カッシーノ，アモルバハ等の地に赴いて，『聖ベネディクトの埋葬』(『12月4日のベネディクトの祝日の解明』Illatio sancti Benedicti)をはじめとする数々の著作を記した．彼の作品は，聖人の生涯についての単なる記述にとどまらず，時折，時代を厳しく批判する，精気に満ちたものであった．
【文献】LThK³ 9: 1405. （土居由美）

テオドリンデ Theodolinde

(570/75-627. 1. 22/628. 1. 28) 父方は*バイエルンのアギロフィンガー家(Agilofinger)の出身．Theudelindeとも記す．ランゴバルド王アウタリ(Authari, 在位584-90)の妻であったが，彼の死後，亡夫の義兄弟アギルルフ(Agilulf, 在位590-616)と再婚．彼女の影響でアギルルフは，ランゴバルド王として初めてカトリック教徒となった(603)．教皇*グレゴリウス1世の友人で，ローマとの関係を良好化させた．モンツァ(Monza)の大聖堂に彼女の宝物が残っている．
【文献】LMit 8: 686-87. （秋山有紀）

テオドルス1世 Theodorus I

(?-649. 5. 14) 教皇(在位642-49)．エルサレム出身のギリシア人．コンスタンティノポリスの総主教*セルギオスとその後任ピュロス(Pyrrhos, 在職638-41, 654. 1-6)らの作成した『キリスト単意説的信仰解明書』(Ekthesis, 638)に反対し，ピュロスに自説を撤回させる．その後ピュロスを総主教に復位させたものの再び政治的理由から破門した．
【文献】LThK² 10: 27. （相原優子）

テオドルス2世 Theodorus II

(生没年不詳) 教皇(897年12月即位)．ローマ出身．*ステファヌス6(7)世によって死後に冒瀆された*フォルモッスの名誉を回復するために，生前の彼によって与えられた*叙階を有効と宣言するための*教会会議を開催した．さらにフォルモッスの遺体を新たに*サン・ピエトロ大聖堂に葬るために壮麗な儀式を営んだが，こうした行為が反対派を挑発し，わずか20日間の在位の後に死亡．暗殺されたとも推測される．
【文献】LMit 8: 629-30; LThK³ 9: 1417; NCE 14: 17. （富田裕）

テオドルス〔カンタベリの〕 Theodorus

(602頃-690. 9. 19) 聖人(祝日9月19日)．ギリシア人修道士，*カンタベリの大司教．*タルソスの出身．*アテネで学び*ローマで下級聖職に就き，667年教皇*ヴィ

タリアヌスにより65歳で*司教に叙階され，イングランドへ赴任を命じられた．668年，彼を適任者として推挙したカンタベリの*ハドリアヌスと*ベネディクト・ビスコップとともにフランク王国各地を経，翌年カンタベリに到着し，直ちにイングランド各地への司教巡察を行い，司教区の分割や空位補充などによって教会の統一的整備を成し遂げた．673年ハートフォード（Hertford）で開催した最初の全イングランドの*教会会議はよくその成果を反映している．680年再び全国教会会議をハットフィールド（Hatfield）に招集し，ローマとの一致において*正統信仰の宣言が行われた．カンタベリ付属神学校は国内最高の権威となり，彼の著作とも伝えられる*償いの規定書などは西方教会に多大な影響を与えた．
【文献】NCE 14: 17；ベーダ『イギリス教会史』長友栄三郎訳（創文社1965）259-79．　　　　（橋口倫介）

テオドレトス〔アンティオケイアの〕 Theodoretos（?-362）聖人（祝日，ギリシア教会3月2日あるいは4日，ローマ教会10月23日），殉教者．*アンティオケイアの教会の司祭・会計係で，背教者*ユリアヌスの*迫害に際してアンティオケイアで捕らえられ，厳しい拷問の後，斬首されたとされる．彼の名は同時代の殉教者エウカイタの*テオドロスと混同して伝えられていた．
【文献】LThK² 10: 32.　　　　（伊能哲大）

テオドレトス〔キュロスの〕 Theodoretos（393頃-466）ギリシア教父，キュロス（Kyros）の司教，アンティオケイア学派最後の大神学者．
〔生涯〕*アンティオケイアに生まれ，修道院で教育を受け，423年アンティオケイアに近い小さな町キュロスの司教に選任される．以後，35年間にわたって，同町の司牧に専念する．信徒の霊的進歩を促進するとともに，異教徒・ユダヤ人・異端者の論破にも努める．また，同町の公共施設（運河，橋，公共浴場等）の建設にもあたる．モプスエスティアの*テオドロスに師事し，コンスタンティノポリスの*ネストリオスとアンティオケイアの*ヨアンネスは同輩であったともいわれる．アレクサンドリアの*キュリロスとネストリオスとの間の論争に巻き込まれるが，キュリロスの教説にはラオディケイアの*アポリナリオスの*異端が潜んでいると考え，またヨアンネスの要請もあって，431年初頭，『アレクサンドリアのキュリロスの12の破門条項反論』（Reprehensio duodecim capitum seu anathematismorum Cyrilli，現存せず，キュリロスの第84書簡に断片が収録されている．*ネストリオス派によるシリア語訳がある）を著述，その危惧を表明する．

同年，アンティオケイアのヨアンネスとともに*エフェソス公会議に出席，ネストリオスが断罪された後も自己の見解を保守する．5巻からなる，キュリロスとエフェソス公会議の宣言に反対する著作『ペンタログス』（Pentalogus，現存せず，ラテン語訳断片が6世紀半ばに編纂された『コレクティオ・パラティーナ』Collectio Palatinaに収録されている）を発表する．433年の合同信条は彼の起草と考えられるが，それに同意することに反対し，表式からネストリオスの断罪を削除することで最終的に同意した．その後，*エウテュケスの異端と戦う．449年のいわゆる*エフェソス強盗会議で，アレクサンドリアの司教*ディオスコロスによって罷免，追放される．彼は，同教会会議の決定の非合法性と無効を主張し，ローマ教皇*レオ1世に訴える．*マルキアヌス帝の登位によってキュロスへ帰還．451年の*カルケドン公会議では最後までネストリオスの異端宣告に反対するが，最終的に承諾，署名する．キュロスで没した．

〔著作〕〔聖書釈義〕文字通りの釈義に極端にとどまらず，比喩的・前表的解釈をも援用し，*アンティオケイア学派の聖書釈義のなかでも最も優れたものと評される．『モーセ五書における諸問題』『列王記と歴代誌における諸問題』『詩編釈義』『雅歌釈義』『ダニエル書釈義』『十二小預言書釈義』『エレミヤ書釈義』『パウロ14書簡釈義』があるが，『イザヤ書釈義』はごく最近まで断片のみしか知られておらず，1899年に完全な写本が発見され，1929年に校訂本が刊行された．彼のキリスト理解を知るうえで重要である．

〔護教書〕『ギリシア人の病の治療』（Graecarum affectionum curatio）．正式には『異教徒マラディエスの治癒あるいはギリシア哲学からの福音の真理の証明』と題する．最良の異教駁論の一つ．哲学・宗教の12の基本的問題を異教徒とキリスト教徒の双方から解答をあげ，キリスト教がギリシア哲学に勝ることを論証する．そのなかで100人以上の異教の哲学者・詩人・歴史家が言及され，約340の言葉が引用されている．しかし，大部分は直接の引用ではなく，アレクサンドリアの*クレメンスの『ストロマテイス』とカイサレイアの*エウセビオスの『福音の準備』からの孫引きである．

〔教理・論争書〕『乞食』（Eranistes seu Polymorphus）は，テオドレトスの*教理関係の著作のなかでも最も重要なもので，*キリスト単性説に対する反論である．447年頃の作で4巻からなり，完全な形で現存する．第1-3巻は，正統信仰者と乞食（単性説者）との対話からなり，キリストの神性の不可変性，神性と人間性が混合しないこと，神性の不受苦性が論じられる．第4巻は要約である．『正統信仰開示』（Expositio rectae fidei）と『正統信仰者への質問と解答』（Quaestiones et responsiones ad orthodoxos）の2作は，殉教者*ユスティノスの作として伝えられたが，テオドレトスの作であることが判明した．

〔歴史書〕『修道士列伝』（『神への愛の歴史』Historia religiosa seu ascetica vivendi ratio）は30章からなる．31人の*隠修士（3人は女性）の生涯を報告するもの．その多くはアンティオケイア周辺の人物で，テオドレトス自身個人的に知っていた人物．『教会史』（Historia ecclesiastica）は323年から428年までを取り扱う．*アレイオス論争の始まりから，モプスエスティアのテオドロスの死までで，ネストリオスおよびネストリオス論争への言及はない．『異端史』（Haereticarum fabularum compendium）は5巻からなる．第1-4巻で，魔術師*シモンからネストリオスとエウテュケスまでを扱う．第5巻は教会の教えを29章のうちに体系的に記述している．

〔説教〕神の摂理に関する説教，神の愛についての説教を除くと，断片しか伝えられていない．

〔手紙〕14世紀に*クサントプロスは500通以上のテオドレトスの書簡を所持していた．現存するのは232通．特に，第92-96, 99-101, 103, 104, 106, 109書簡は*キリスト論論争の渦中のものとして重要である．

〔位置づけ〕553年，第2*コンスタンティノポリス公会議で，「三章」の一つとして，キュリロスとエフェソス公会議に対する反論ならびに幾つかの説教と手紙が*異

テオドロス〔エウカイタの〕

端と宣告される（→ 三章論争）．テオドレトスはネストリオス主義者か否かということが生存中から繰り返し問われてきた．現代の多くの学者は，彼は当初はネストリオス主義者であったが，カルケドン公会議前後に立場を変えたと考えている．しかし，当初からテオドレトスは，受肉したキリストにおいて神性と人間性が混合することなく，それぞれの固有性をもって存続すること，*受肉の主体が神の *ロゴスであることを主張し，受肉における両本性の結合を表現するために，*三位一体の神の一性を示す用語（〔ギ〕henoō, synaptō, metechō, koinōneō）を用いている．また，彼にとって *救いは人間の神への変容（theopoiēsis）ではなく，参与による神との一致である．

【著作校訂版】CPG 3: 6200-88; PG 80-84; SC 40, 57, 98, 111, 234, 257, 276, 295, 315; G. H. ETTLINGER, ed., *Eranistes* (Oxford 1975); N. FERNÁNDEZ MARCOS, A. SÁENZ-BADILLOS, eds., *Quaestiones in Octateuchum* (Madrid 1979).

【文献】キ人 925; Altaner[8] 339-41; DPAC 3371-74; DThC 15: 299-325; NCE 14: 20-22; Quasten 3: 536-54; G. W. ASHBY, *Theodoret of Cyrrhus as Exegete of the Old Testament* (Grahamstown 1972); G. KOCH, *Strukturen und Geschichte des Heils in der Theologie des Theodoret von Cyrus* (Frankfurt 1974); P. CANIVET, *Le monachisme syrien selon Théodoret de Cyr* (Paris 1977); F. YOUNG, *From Nicaea to Chalcedon* (Philadelphia 1983) 265-89; J.-N. GUINOT, *L'Exgésè de Théodor de Cyr* (Paris 1995). （小高毅）

テオドロス〔エウカイタの〕 Theodoros

(?-306) 聖人（祝日，ギリシア教会 2 月 17 日と 22 日，ローマ教会 11 月 9 日），殉教者．別名テオドロス・テロン (Theodoros Teron. テロンはギリシア語に由来し「兵士」の意)．ニュッサの *グレゴリオスの著作 (PG 46, 736-48) などに彼の話が伝えられているが，その後も彼の生涯は著しく脚色され，9 世紀にはテオドロス・ストラテラテス (Theodoros Stratelates. ストラテラテスはギリシア語に由来し「将軍」の意．祝日 2 月 8 日) という聖人の伝説が生まれた．アマシア (Amasia, 現トルコ中北部の州都アマシャ Amasya) 近郊のエウカイタ (Euchaita, 971 年に聖人にちなんでテオドロポリス Theodoropolis と改名) の出身で，異教の神殿に火を放ったため 306 年に火刑に処せられたとされている．*ビザンティン帝国の軍の *守護の聖人として知られていた．

【文献】LMit 8: 638; LThK[2] 10: 39-40. （伊能哲大）

テオドロス〔シュケオンの〕 Theodoros

(?-613. 4.22) 聖人（祝日 4 月 22 日）．「奇跡を行う人」の異名をもつ．アナトリア（現在のトルコ中部）のシュケオン (Sykeon) に生まれる．*修道生活を志し，アナスタシオポリス (Anastasiopolis, 別名ダラ Dara. 現在のオグズ Oğuz) の府主教テオドシウス (Theodosius) のもとで修行をし，司祭に叙階され，後に故郷のシュケオンの修道院の院長となった．その後，アナスタシオポリスの府主教に任じられ，そこで没した．

【文献】キ人 925; LThK[2] 10: 46-47; NCE 14: 20. （伊能哲大）

テオドロス〔ストゥディオスの〕 Theodoros

(759-826. 11. 11) 聖人（祝日 11 月 11 日），ビザンティン神学者，*ストゥディオスの修道院長．*コンスタンティノポリスに生まれ，プリンキポ島 (Prinkipo, 現ビュユカダ Büyükada) で没す．聖画像破壊派（→ 聖画像破壊論争）の皇帝コンスタンティヌス 5 世 (Constantinus V, 在位 741-75) の治世が終わって後，780 年，後に *テサロニケの大主教となる弟ヨシッポス (Josippos, 762-832) とともに，伯父かつ院長であった *プラトンのもと，サックディオン (Sakkudion) の修道院に入った．787 年頃に司祭，794 年に修道院長となり，798 年にはコンスタンティノポリスのストゥディオス修道院長になる．そこで，*アラブ人の侵攻で荒廃した修道制の刷新と編成のため尽力し，カイサレイアの *バシレイオスの修道規則に体系づけられた禁欲的な共住隠修制の理想を具体化，確立した．ストゥディオス修道院を中心とした彼の修道制の刷新は，*ビザンティン帝国の諸修道院で広く受け入れられた．また，修道者のために『要理教育論』(Megalē Katēchēsis) を著し，*四旬節の朗読用詩編を編纂した．その生涯において，テオドロスは弟を含む修道者仲間とともに 3 度流刑に処せられている．初めの 2 度 (796, 809) は皇帝コンスタンティヌス 6 世 (Constantinus VI, 在位 780-97) の不正な離婚と再婚を批判したためであり，最後の流刑 (815) は聖画像破壊派の皇帝 *レオ 5 世に反対し *聖画像崇敬の擁護活動を行ったためである．この関連で彼の神学的著作には 3 巻からなる聖画像崇敬の擁護論がある．後に皇帝ミカエル 2 世 (Michael II, 在位 820-29) は彼に対する追放処置を解いたが，コンスタンティノポリスに住むことは許さず，彼は半流刑状態で没した．844 年にその遺骸は弟のものとともにストゥディオス修道院に移された．

【主著邦訳】鳥巣義文訳「聖画像破壊論者への第一の駁論」『中世思想原典集成』3 (平凡社 1994) 717-44.

【文献】LThK[2] 10: 45-46. （鳥巣義文）

テオドロス〔タベンニシの〕 Theodoros

(314 頃-368) 聖人（祝日 12 月 28 日，*ギリシア正教会では 5 月 16 日，*コプト教会では 4 月 27 日）．上エジプトのエスネー (Esneh) に生まれる．上エジプトのタベンニシ (Tabennisi) 近郊にある *パコミオスの修道院に入り，第 3 代院長 *ホルシエシを助けて指導を行い，新しく五つの修道院を設立した．*修道生活に関して彼の手になる幾つかの断片が伝えられている．

【文献】LThK[2] 10: 47. （伊能哲大）

テオドロス〔タルソスの〕 → テオドルス〔カンタベリの〕

テオドロス〔モプスエスティアの〕 Theodoros

(350 頃-428) ギリシア教父，司教，*アンティオケイア学派の代表的な神学者，聖書釈義家．

【生涯】*アンティオケイアに生まれ，リバニオス (Libanios, 314-393/404) に師事し，*ヨアンネス・クリュソストモスと親交を結ぶ．ヨアンネスの誘いで，アンティオケイア近郊の修道院に入り，おそらく 378 年頃まで，*ディオドロス（後のタルソスの司教）のもとで聖書を学びつつ，修徳生活を送るが，町に戻り，法律家となり，結婚する．383 年にアンティオケイアで司祭に叙階，392 年に小アジア，キリキア地方のモプスエスティア (Mopsuestia) の司教に任命される．生存中から *異端に対する真理の擁護者，優れた聖書釈義家として高い評

テオドロス〔モプスエスティアの〕

価を得ていたが，死後125年後，第2*コンスタンティノポリス公会議で，*ネストリオス派の元凶として師のディオドロスとともに異端宣告される（→三章論争）.

【著作】テオドロスは，聖書のほとんどすべての書について注解を記している．著者・年代に関しても厳密に考証しており，学的・文献学的に，また歴史的考察に優れたものである．その著作の大部分は，異端宣告のゆえに廃棄され残されていないが，近年になって幾つかの古代語訳が発見され，彼の思想が見直されることになった．

*ミニュの教父全集（PG 66）では，ギリシア語断片とラテン語訳の断片が収録されているにすぎない．その著作の表題は，14世紀初頭のネストリオス派の*アブディショー・バル・ベリカによって伝えられている（ネストリオス派では高く評価され続けてきたため）.

〔聖書注解〕『創世記注解』（断片），『出エジプト記注解』（断片），『ヨシュア記 7: 4-5 注解』（断片），『士師記 13: 25; 16: 17 注解』（断片），『サムエル記注解』（断片），『詩編注解』『十二小預言書注解』『ヨブ記注解』（断片），『コヘレトの言葉注解』（シリア語訳，未刊のまま消失），『雅歌注解』（断片），『イザヤ書注解』（断片），『マタイ福音書注解』（断片），『マルコ福音書注解』（断片），『ルカ福音書注解』（断片），『ヨハネ福音書注解』（シリア語訳），『使徒言行録注解』（断片），『パウロの小手紙注解』（ラテン語訳，ガラテヤ，エフェソ，フィリピ，コロサイ，1・2 テサロニケ，1・2 テモテ，テトス，フィレモン），『ローマ書注解』（断片），『1・2 コリント書注解』（断片），『ヘブライ書注解』（断片）.

『詩編注解』は最初の作品．20歳頃の作．5巻からなる．*カテナに収録されて部分的に現存．そこからギリシア語で詩編32-80までがほぼ完全に復元されラテン語訳で詩編1-16: 11の注解部が完全に，16: 12-40: 13の大部分が復元された．*詩編を歴史的な背景において読まねばならないことを主張．すべての詩編が*ダビデのものであると認めるものの，多くの詩編は状況的にダビデの時代背景とは合致していない．それらの詩編は*預言としてイスラエルの将来を啓示していると考える．これに即して，ダビデからマカバイ時代までの間に配分する．彼は詩編に直接的にメシアに言及する箇所が存在することを認めない．とはいえ，詩編 2, 8, 44, 109 は例外として，*受肉ならびに*教会を描写するものとして解釈している．同一詩編のなかで，人物とか状況が変わるとは認めない．*アレクサンドリア学派的な比喩的解釈を退ける．各詩編の表題は後代のものとする．

『十二小預言書注解』はギリシア語原文で完全な形で保存された唯一のもの．内容的に*キリスト論に関する言及が全くないためであろう．詩編注解に続いて著述された．

『ヨハネ福音書注解』はシリア語訳で完全な形で保存されており，1940年にラテン語訳を付して出版された．

〔教理・典礼等に関する文書〕『教理教育講話』16講話（Homiliae catecheticae: Liber ad baptizandos），『司祭職について』（シリア語断片），『聖霊論』（De sancto spiritu: シリア語断片），『受肉論』（De incarnatione: シリア語訳），『マケドニオス派との討論』（Disputatio cum Macedonianis: シリア語訳），『アポリナリオス駁論』（Contra Apollinarium: 断片），『エウノミオス駁論』（Contra Eunomium: 断片），『原罪擁護者駁論』（Contra defensores peccati originalis: 断片），『魔術師駁論』（Contra magos: シリア語断片），『比喩的解釈者駁論』（Contra allegoricos: ラテン語断片），書簡集『真珠の書』（Liber margaritarum: 断片），De perfectione regimini（シリア語断片），De legislatione（消失），De obscura locutione（消失）．

『教理教育講話』は1932年にシリア語版が発見され，写真版がフランス語対訳つきで1949年に刊行された．これをもってテオドロスの再評価の口火が切られる．16講話からなり，2部に分かれる．第1部：第1-10講話は*ニカイア信条の解説．第2部：第11-16講話は*ミュスタゴギア（第11講話：*主の祈りの解説，第12-14講話：*洗礼，第15-16講話：*エウカリスティア）．388年から92年の間に，アンティオケイアでなされたものと推定される（ただし，*リーツマンのように，392-428年に司教になってから，モプスエスティアでなされたと推定する学者もいる）．

『受肉論』は1905年に，シリア語版が発見されたが，第1次世界大戦中に原版は，校訂版として刊行される前に消失．テオドロスの友人，論敵の双方が多く引用している．特に，ビュザンティオンの*レオンティオスは『ネストリオス派およびエウテュケス派駁論』のなかで29箇所引用している．司教就任前の作．*アレイオス，*エウノミオス，ラオディケイアの*アポリナリオスに反論して，イエスが完全に神であり，完全に人間であることを主張している．

【思想】*アポリナリオス派に対して，*ロゴスによって受け取られた人間は肉体と理性的な魂とからなり，人間性に属するすべてのものを備えた完全な人間であることを，また*アレイオス派に対して，*神の子は*父なる神と*同一本質の，真の神からの真の神であることを主張．こうしてキリストにおける神性と人間性の区別を強調するが，その一致を「意志の質による」（〔ギ〕kata schesin tēs gnōmēs），「寵愛による」（kat'eudokian）とする．この結合は唯一独特のものであり，ロゴスが受け取った人間から離れることはなく，この結合は解消されることはない．そもそもテオドロスの考えでは，*救いの業の成就において，神の創造的な*恩恵の業が人間を再形成する必要があり，人間の意志が*罪の座であるからには，人間のほうでは神への従順のうちに意志を遂行する必要がある．受肉において受け取られた人間は，神の子と結ばれて子とされた．それは神の特別な寵愛によることである．受け取られた人間はこの一致のゆえに子として行動する．テオドロスは「ふたりの子」という表現には不快感を示しているが，あくまでも二つの主体性を強調する．だが，その一致の説明には不十分なところがあり，論議を呼ぶことになる．

【著作校訂版】CSCO 115-16; PG 66: 9-1020; POr 9: 637-67; R. Devreesse, ed., *Le commentaire de Théodore de Mopsueste sur les Psaumes*, StT 93; R. Tonneau, R. Devreesse, eds., *Les Homélies catéchétiques de Théodore de Mopsueste*, StT 145; H. B. Swete, *Theodori episcopi Mopsuesteni in epistolas B. Pauli commentarii*, 2 v. (Cambridge 1882, 1962); H. N. Sprenger, ed., *Commentarius in XII Prophetas* (Wiesbaden 1977).

【文献】キ人 926; DPAC 3382-86; DThC 15: 235-79; NCE 14: 18-19; Altaner⁸ 319-22; Quasten 3: 401-23; R. Greer, *Theodore of Mopsuestia: Exegete and Theologian* (London 1961); R. A. Norris, *Manhood and Christ: A Study in Christology of Theodore of Mopsuestia* (Oxford 1963); G. Koch, *Die Heilsverwirklichung bei Theodor von Mopsuestia* (München 1965); J. M. Dewart, *The Theology of Grace of Theodore of*

テオドロス〔ライトゥの〕

Mopsuestia (Washington D.C. 1971); F. YOUNG, *From Nicaea to Chalcedon* (Philadelphia 1983). （小高毅）

テオドロス〔ライトゥの〕 Theodoros （生没年不詳） 6世紀のシナイ半島南西岸にあるライトゥ(Raithu)の修道者．彼の著作とされる『備え』(Proparaskeue, 537-53)によれば，思想的には*カルケドン公会議における*キリスト論と，アレクサンドリアの*キュリロスの用語法との調和を目指す，*新カルケドン主義の傾向を有していたことがわかる．また，受肉論を根拠にして，ハリカルナッソスの*ユリアノスとアンティオケイアの*セウェロスの二人の*キリスト単性説論者やそれ以前のさまざまな異端者たち，*ネストリオス，*エウテュケス，ラオディケイアの*アポリナリオス，サモサタの*パウロス，モプスエスティアの*テオドロス等を反駁している．
【著作校訂版】PG 91: 1483-504.
【文献】LThK² 10: 45; NCE 14: 19. （比企潔）

テオドロス・アナグノーステース Theodoros Anagnostes （6世紀初頭） コンスタンティノポリスの教会史家，*ハギア・ソフィア大聖堂の聖書朗読師．*ソクラテス，*ソゾメノス，キュロスの*テオドレトスの各教会史から抜粋集成した，*コンスタンティヌス大帝から*エフェソス公会議(431)に至るまでの*東方教会の歴史『教会史三部作』をまとめた．
【文献】キ人 926; NCE 14: 17-18. （土居由美）

テオドロス・ダフノパテス Theodoros Daphnopates （10世紀） ビザンティン帝国の高級官吏，文章家．宰相，筆頭書記官を経て，貴族の称号を得，最後に皇帝ロマヌス2世(Romanus II, 在位 959-63)のもとで，*コンスタンティノポリスの首都長官となった．『ヨアンネス・クリュソストモスの説教の断片選集』(Eklogaiapo diaphorontou Ioanou Chrysostomou)の著者．皇帝*ロマヌス1世の名で書かれた4通の書簡と総主教たちに宛てた挨拶状および選集の一部が，テオドロス自身の作とみなされる．
【文献】Cath. 3: 465; DThC 4: 139-40; K. KRUMBACHER, *Geschichte der byzantinischen Literatur* (München ²1897). （土居由美）

テオパスキタイは テオパスキタイ派 Theopaschitai 6世紀において*キリスト単性説を唱えた人々に対する呼称．「神受難論者」の意．「聖三位の一つが肉において受難した」と主張するもので，ヨアンネス・*マクセンティウスらスキタイ人修道者の一派がこれを唱えた．519年*コンスタンティノポリスに現れ，皇帝*ユスティヌス1世はその正統性を認めたが，後の教皇*ホルミスダスによって排斥される．位格(*ペルソナ)の相違を認めるにせよ，神自身の受苦が可能であると述べる点で，3世紀における様態論的*モナルキアニスムスや*御父受難説と同一の思想系列上に位置づけられる．
【文献】LThK² 9: 83; ODCC³ 1605-606. （比企潔）

テオバルドゥス〔カンタベリの〕 → シーオボールド〔カンタベリの〕

テオファニア → 顕現〔神の〕

テオファネス Theophanes （765頃-817. 3. 12） 聖人(祝日3月12日)，歴史家．テオファネス・ホモロゲテス(Theophanes Homologetes 証聖者テオファネス)とも呼ばれる．*コンスタンティノポリスに生まれ，*ビザンティン帝国の貴族の娘メガロ(Megalo)と結婚したが，マルマラ(Marmara, トルコ北西部の内海)の沿岸に自分で建てた修道院に引きこもった．修道士として，彼は皇帝*レオ5世の*聖画像破壊論争に反対して捕らえられ，エーゲ海北東部サモトラキ島へ追放され，そこで死亡した．友人ゲオルギオス・シュンケロス(Georgios Synkellos, ?-810/11頃)の仕事を引き継いで284年から813年までを扱った*年代記『クロノグラフィア』(Chronographia)を書き，中世にはビザンティン史の重要史料として用いられた．
【文献】LThK² 10: 84; A. P. KAZHDAN, ET AL., eds., *The Oxford Dictionary of Byzantium*, v. 3 (New York 1991) 2063. （伊能哲大）

テオフィロ Theophilos *ルカが福音書および使徒言行録を献呈したキリスト者(ルカ 1: 3; 使 1: 1)．テオフィロに付されている kratistos はローマ高官の称号(「閣下」，使 23: 26)ではなく，「敬愛する(人)」という意味であろう．
【文献】新約釈義 2: 184. （加山久夫）

テオフィロ〔コルテの〕 Teofilo （1676. 10. 30-1740. 5. 19） 聖人(祝日5月19日)．フランシスコ会員．コルシカのコルテ(Corte)の貴族の家系に生まれ，受洗後ビアジオ(Biagio)と名づけられる．1693年に当地の*フランシスコ会に入会してテオフィロの修道名を受ける．1700年に司祭叙階．ローマのチヴィテラ(Civitella)，その後パロンブラ(Palombra)で*観想生活に身を捧げる．両修道院で院長，神学教師として働き，故郷コルシカのズアニ(Zuani)とイタリアのトスカーナ地方のフチェッキオ(Fucecchio)に観想修道院を作った．教皇*レオ13世により1895年列福，*ピウス11世により1930年*列聖．
【文献】BSS 12: 343-45; LThK² 10: 91; NCE 14: 72-73. （伊能哲大）

テオフィロス〔アレクサンドリアの〕 Theophilos （?-412） アレクサンドリア総主教(在職 385-412)．*コプト教会や*シリア教会における聖人．385年，*総主教に就任当初，*アレクサンドリア地方に残っていた異教の撲滅を図り，391年には皇帝*テオドシウス1世の許可のもとで多くの神殿を破壊した．*オリゲネスの信奉者であったが，後に反対，エジプトから多数の*オリゲネス派の修道者を追放した．彼らの一部がコンスタンティノポリスの*ヨアンネス・クリュソストモスに迎えられたことが意に沿わず，403年，同市での*ドリュス教会会議において不当な告発を行い，クリュソストモスの罷免，追放を余儀なくさせて不評を買った．神学論争における彼の立場は，復活祭書簡や説教などによって表明されているが，*ヒエロニムスの訳などでその一部が伝わるのみである．
【文献】キ人 927; LThK² 10: 88; NCE 14: 71-72. （比企潔）

テオフィロス〔アンティオケイアの〕 Theophilos （?-186頃） 聖人(祝日10月13日)，アンティ

オケイアの第6代司教(在職169頃-190頃)，護教家．ユーフラテス河流域に生まれ，修辞学と哲学を学んだ後，聖書の研究を通じてキリスト教に改宗した．*マルキオンや*ヘルモゲネスらの思想に対する論駁書，教理講義書，箴言と福音書に関する注解書等を著したが，いずれも残存せず，現存するのは友人アウトリュコス(Autolykos, 生没年不詳)に宛てた3巻からなる『護教論』(Ad Autolycum)のみである．この書では，異教の神々やギリシア詩人たちの不道徳性を弾劾し，キリスト教の真理，聖書における倫理性を論証した．同書の執筆年代は，皇帝*マルクス・アウレリウスの死に言及していることから180年以後と推測されている．全体としてギリシア思想と*ユダヤ教を混合させたとみられる彼の神学の特徴は，ロゴス論を発展させたこと(その際，父である神に内在する叡知としての*ロゴス〔ギ〕logos endiathetos と，創造のために発言されたロゴス logos prophorikos とを区別する)，神性を表すために初めて「三位」(trias)という用語を用いたこと，また，初めて福音書記者たちを「神の霊感を受けた者」(theophorētoi) として言及したことなどあり，その貢献は大きい．
【著作校訂版】PG 6: 1023-168.
【文献】キ人 927; Altaner⁸ 75-77; BSS 12: 330-38; LThK² 10: 88-89; NCE 14: 72.　　(比企潔)

テオフィロス〔インド人〕 Theophilos

(?-365頃)　インド西部のディウ島に生まれ，若いときに人質として*コンスタンティノポリスに連れてこられた．そこで，*ヘレニズムの文化を学び，ニコメデイアの*エウセビオスにより，*アレイオス派教会で*助祭に叙階された後に*司教となった．342年，皇帝*コンスタンティウス2世により*ホメリト人のもとに派遣され現地では宣教活動に従事した．コンスタンティノポリスに戻って後，宮廷内の争いに巻き込まれ追放された．
【文献】LThK² 10: 89-90.　　(伊能哲大)

テオフュラクトス Theophylaktos

(1) ニコメデイアのテオフュラクトス(生没年不詳)．聖人(祝日3月7日または8日)．806年頃に*ニコメデイアの府主教(→管区大司教)となる．詳しい生涯は不明であるが900年頃に書かれた伝記によれば，後に*総主教となる*タラシオスに784年に仕え，その後修道士となり，皇帝*レオ5世によって*聖画像崇敬の罪で842年頃にストロビロス(Strobilos, 現在のトルコのアスパート Aspat)に流刑とされ同地で死去したとされる．彼の遺体は後にニコメデイアに移された．
【文献】LThK³ 9: 1476.

(2) テオフュラクトまたはテオフュラクトス(?-924頃)．ローマ貴族．教皇*フォルモッススに敵対する党派の領袖であり，*教皇庁のいわゆる財産管理人(〔ラ〕vestararius) として隠然とした勢力を振るった．*セルギウス3世の教皇登位(904)を画策したことは有名である．娘*マロツィアをはじめ一族は風紀紊乱の悪名が高いが，10世紀初頭のローマにおける修道院改革に努めたという意見もあり毀誉褒貶の激しい人物である．
【文献】キ人 927; LMit 8: 671; LThK³ 9: 1475.

(3) テオフュラクトス・シモカッテス(580頃-628以降)．ビザンティンの歴史家．おそらくは*アレクサンドリアのシモカッテス(Simokattes)家に生まれる．610年頃に*コンスタンティノポリスに来て総主教セルギオス1世(→コンスタンティノポリスのセルギオス)，皇帝*ヘラクリウスのもとで活躍したらしい．主著に皇帝マウリキウス(Flavius Tiberius Mauricius, 在位582-602)の治世を叙述した『歴史』(Historiae)がある．
【文献】LThK³ 9: 1476; LMit 8: 672; A. P. KAZHDAN, ET AL., eds., The Oxford Dictionary of Byzantium, v. 3 (Oxford 1991) 1900-901.　　(富田裕)

テオフュラクトス〔オフリドの〕 Theophylaktos

(1050頃-1107/1108)　マケドニアのオフリド(Ohrid)の*大主教，ビザンティンの釈義家．ギリシアのエヴォイア島(Evvoia)で生まれる．ビザンティン皇帝ミカエル7世(Michael VII, 在位1071-78)の息子の家庭教師を経て*聖職者になり1078年にオフリドの大主教に就任した．この辺境の地で*聖書学，*教父学の研究を続け，それに基づいて旧新約聖書各書の釈義的注解を行った．それらの著作にはアンティオケイアの*オイクメニオス，*エウテュミオス・ジガベノスの影響がみられる．小論『ラテン人たちが非難されている事柄について』(Peri hon enkalountai Latinoi)は東西両教会の一致を願って書かれたものである．
【主著】PG 123-26.
【文献】キ人 927-28; NIDChC 967; ODCC² 1364; RGG³ 6: 844-45.　　(高橋章)

テオリア theoria

ギリシア語の名詞で「観ること」の意．哲学用語としては「感覚では捉えられない*真理を観ること」を意味する．この概念は，*アリストテレスによって用いられ，プラクシス(〔ギ〕praxis, 実践活動)に対してテオリア(観想)の生活が重視された．アリストテレスにおいては最高の神は，観ることだけを目的とするヌース(nous 直観的理性)であった．観想的生活を重要とするのは，古代ギリシアの一般的習わしである．なおテオリアという語は，英語，ドイツ語，フランス語で「理論」を意味する theory, Theorie, théorie の語源となっている．
【文献】アリストテレス『ニコマコス倫理学』アリストテレス全集13, 加藤信朗訳(岩波書店1973). (常葉隆義)

『テオロギア・ゲルマニカ』 →『テオロギア・ドイチュ』

『テオロギア・トイチュ』 →『テオロギア・ドイチュ』

『テオロギア・ドイチュ』 Theologia deutsch

『テオロギア・ゲルマニカ』(Theologia germanica)とも呼ばれる．14世紀末にザクセンハウゼン(Sachsenhausen)で*テュートン騎士団に属する司祭が匿名で著したとされる修徳書．キリスト教的*完徳への導きの書として，マイスター・*エックハルトや*タウラーに代表される中世後期の*ドイツ神秘主義の潮流や*『イミタティオ・クリスティ』などの霊性の伝統のなかにあり，心の貧しさと神への帰依が神の本性に向けて人間が変容されていくための手段であることを示している．この書の精神は，活字版初版(1518)の監修者であった*ルターに及んでおり，善業に反対し，自己確信に基づく信仰心を重視した彼の立場に影響を残している．この書はプロテスタントの間で人気を博し，*敬虔主義の論者によって称揚され，各国語に訳された．カトリックではある種

テオログメノン

の疑いの目でみられ，*カステリオによるラテン語訳は*禁書目録に入れられた．
【原典邦訳】山内貞男訳『ドイツ神学』（創文社 1993）．
【文献】LThK² 10: 61-62; LThK³ 9: 1434; NCE 14: 30; ODCC³ 1603-604; 山内貞男「もう一つの『ドイツ神学』ローマ・カトリック教会への立場から」『創文』4月号（1994）19-22; G. BARING, Bibliographie der Ausgaben der 'Theologia deutsch' (Baden-Baden 1963).

（田渕文男）

テオログメノン → 神学上の仮説

テカクウィタ　Tekakwitha, Kateri　（1656 頃-1680. 4. 17）　北米先住民（*インディアン）で最初の*福者．オッサーネノン（Ossernenon, 現ニューヨーク州オーリーズビル Auriesville）に生まれ，カナダのカーナワーガ（Caughnawaga）で没す．母はフランス人に育てられたアルゴンキン族のキリスト者で，父はモホーク族酋長．4歳のとき，天然痘で家族を失い，彼女自身も視力障害が後遺症となる．1667年，伯父宅に滞在していた*イエズス会の宣教師に会い，1676年同会員ランベルヴィル（Jacques de Lamberville, 1640-1711）により洗礼を受け，カテリの名を授かる．この改宗は周囲の攻撃を引き起こしたため，徒歩で 300 km 以上を旅し，セント・ローレンス川沿いにある先住民キリスト者の部落（現在の*モントリオール付近）に移り，1677年クリスマスに初めて*聖体拝領をする．以降純潔の誓いをたて，苦行と愛の実行に励み，24歳で独身のまま没した．1980年*ヨアンネス・パウルス2世により列福．
【文献】BSS 12: 187-88; NCE 13: 978-79; M. C. BUEHRLE, Kateri of the Mohawks (Milwaukee 1954); P. THEORET, Kateri, vierge iroquoise (Lyon, Paris 1960).

（栩木伸明）

デ・ガスペリ　De Gasperi, Alicide　（1881. 4. 3-1954. 8. 19）　イタリアの政治家．*トリエント近くのピエベ・テシノ（Pieve Tesino）に生まれる．イタリア人民党（Parito Populare Italiano）に加わり，1921年，下院議員に当選．1927年，ムッソリーニ（Benito Mussolini, 1883-1945）に反対し監禁されたが，カトリックの代弁者として*教皇庁の庇護を受け，翌年釈放され，*ヴァティカン図書館に勤務（1930-43）．第2次世界大戦中は，レジスタンスに参加．社会党・共産党と連携し，反ファシスト解放運動を展開した．この間キリスト教民主党（Democrazia Christiana）を結成し，1943年に事実上の党首となる．1944年の解放後，ボノミ（Ivanoe Bonomi, 1873-1951）内閣で無任所相，外相を務め，1945年に首相となる（退任 1953）．当初，社会党・共産党との協力を続けたが，やがて，アメリカ合衆国の反共政策に賛同し，共産党閣僚を排除．マーシャル・プランの受け入れ，北大西洋条約機構加盟（1951）などの一連の政策によってアメリカ合衆国との同盟関係を構築した．
【文献】平大百科 10: 98; EBritMi 3: 435; NCE 6: 297-98.

（細川甚孝）

デカーヌス　〔ラ〕decanus, vicarius foraneus, 〔英〕dean, 〔独〕Dekan, 〔仏〕décanat　デカーヌスは複数の役職を意味するが，「地区長」（〔ラ〕vicarius foraneus, 『教会法典』553-55条）がその主たるもの．

地区長は*教区司教によって，*司牧のために一定の近隣諸*小教区を統括した*司教区の一区分ないし地域を監督するために任命された*司祭．第1ミラノ地方会議（1565）において導入され，急速にイタリアの他の*管区に，さらに世界中に広まり，1917年公布の旧『教会法典』によって一般法となった．当初は教区の田園地域または外辺部（〔ラ〕foraneus）が対象であったが，後には都市部にも任命されるようになった．地区長は教区司教が当該地区で奉仕職を行う司祭たちの意見を徴したうえで，任命する．局地法で他の任命方法を決めることもできる．例えば地区の*司祭団または全*信徒によって選出された者を*司教が任命する，などである．地区長は局地法で定める一定の任期で任命される．

地区長の*権能の多くは局地法によって付与される．そのなかには訪問司祭への聴罪権の賦与（→聴罪司祭），一定の*婚姻障害の免除，特別役務者として*堅信を授与する権能などがある．

現行『教会法典』555条の規定する地区長の三つの主要な権利義務は，（1）自己の地区における，*聖職者のみならず*神の民全体の参加によるものを含む共同司牧活動を推進，調整すること，（2）聖職者の生活と*役務を監督すること，（3）*典礼の執行，教会の管理，*準秘跡や*ミサおよび*聖体の安置に対する配慮，*小教区台帳の保管，教会行政全般を監督することである．さらに，聖職者の監督に関わる重要な義務として，聖職者の教育の推進と継続，地区の聖職者の霊的必要に注意し問題をもつ司祭を援助すること，病気・高齢・死に直面する司祭について霊的・物的福祉に配慮し，*葬儀を監督する義務，ならびに司祭の病気中または死去の場合の小教区の財産と台帳の保全の義務がある．地区長は自己の地区の小教区を視察する義務があり，その年間の回数と方法は*教区司祭がこれを決める．
【文献】N. RUF, Das Recht der katholischen Kirche (Freiburg 1983) 149-50; J. LISTL, H. MULLER, H. SCHMITZ, eds., Handbuch des katholischen Kirchenrechts (Regensburg 1983) 237, 382-84.

（傘木澄男）

デガベ　Desgabets, Robert　（?-1678. 3. 19）　フランス北西部アンスモン（Ancemont）に生まれ，コメルシー（Commercy）近郊で没す．*ベネディクト会の会員で*デカルトの支持者として，その哲学をカトリック神学の柱にしたいと望んだ．『デカルト哲学への補足』（Supplément à la philosophie de Descartes）の執筆により，*感覚論，*汎神論の傾向に傾いているとして訴えられた．
【文献】DThC 4: 622-24.

（土居由美）

デカポリス　Dekapolis　*アレクサンドロス大王のオリエント征服以降にヨルダン川東側にできたギリシア人の植民都市を，前64年に*ポンペイウスがシリアをローマ属州に編成した際に組織化した，都市の連合体．この連合体は自立的で，*ユダヤ人，*ナバタイ人，高地の遊牧民から自らを厳格に区別した．おおむね10の都市からなるので「デカポリス」（ギリシア語で「10の都市」）と呼ばれる．当初はアビラ（Abila），カナタ（Canata），ディウス（Dius），ガダラ（Gadara），ゲラサ（Gerasa），ヒッポス（Hippos），ペラ（Pella），フィラデルフィア（Philadelphia），ラファナ（Raphana），*スキュトポリスであったと思われる．後に*ダマスコが加わるなど，拡大された．福音書の伝承によれば，イエスの活動の舞台となった地域でもある（マタ 4:25; マコ 5:

20; 7: 31). マルコ書5章によると，悪霊にとりつかれた *ゲラサ人の男を癒やしたことで，イエスの業はデカポリス地方に広まったとされる．
【文献】旧新約聖書大780-81; ABD 2: 116-21.

(金井美彦)

デカルト Descartes, René (1596. 3. 31-1650. 2. 11) フランスの哲学者．学問の改革を企て，新しい学問の体系とそれに対応する新しい方法を主張した．デカルトは当時の優れた数学者・科学者の一人だったが，それ以上に哲学者であり，極めて広範な思想家である．
【生涯】中世の宗教的な思想体系や社会体制が崩壊した時代に現れたデカルトの生涯は精神の独立と自由な思索を求めた孤独と移住の生活である．生まれはフランスのトゥーレーヌ(Touraine)で，小貴族の家柄である．ラ・フレーシュ(La Flèche)の *イエズス会学院で学び，その後の学歴もあったが，教養を完成したのは当時の風習による軍隊生活である．彼は自分自身の判断で確実な真理を求めていたので，書物による教えには強い不信感を覚え，軍隊で方々へ旅をすることで真実を探し，やがて真理は自分自身のなかに求めるべきものと考えることになる．軍隊生活のなかで若い友人ベークマン(Isaac Beeckman, 1588-1637)に数学への意欲を刺激され，また人間の情熱を知った．軍隊生活にも空虚なものを感じるようになっていたとき，予言のような夢から霊感を得る．すべての学問は一体をなすもので，それをデカルトが築き上げるというものである．このように近代的な *合理主義の先駆者といわれるデカルトの学問の出発は，神秘的な夢から力を得ている．デカルトは *哲学や自然科学の研究で早くから名声を得たが，1628年 *パリからオランダへ移り，人々から煩わされずに自由な思索の生活を保とうとした．オランダの滞在は短い間隙を除けば20年にわたり，1649年になってからスウェーデンの女王 *クリスティーナに招かれて同国へ行き，数か月を過ごして死んだ．
【方法的懐疑】オランダに滞在していたデカルトが新しい *自然学の研究を進めて，著作を発表しようとしたとき，*ガリレイの学説が *異端の宣告を受けたことを知った．それはデカルトの自然学も認める地動説(*太陽中心説)のためだったので，自分の信じる宗教の当局との紛争を避けて，著作の発表をやめた．このような宗教的・社会的な分別と学者として人間の *幸福のために新しい学説を発表しようとする使命感との内心の争いは，デカルトにとって大きな悩みだったに違いない．その悩みを一応解決したのが『方法叙説』(Discours de la méthode, 1637)の発表である．『方法叙説』は単純な談話の形で彼の精神の経歴を語り，彼の知的経験に基づいてすべての人が自分の *理性をいかにしてよく働かせることができるかを示そうとする．彼の主張する方法の効力を理解させ，その方法によって得られた新しい学説を承認させようとするのである．この著作は当時の学者の言葉である *ラテン語ではなく，フランス語で書かれた．これは当時の学者としては画期的な試みだった．

デカルトの方法は *権威に頼らず，伝統や常識に基づかず，ただ明らかに感得される観念だけをとり，そのような観念から観念への必然の結びつきを求めようとする．これは数学者の習性から示唆されたものであろうが，デカルトにとって数学の思索は精神の準備であり，*形而上学が達成された後には，数学は精神の新しい力の適用の一つとなる．この方法はあらゆる学問に用いられるが，その規則としてあげられるものは，今の読者にはあたりまえのことにみえる．それだけデカルトのような主張が近代の学問や文化に深く吸収されているからだろう．四つの規則を簡単にいえば，第一の規則は明晰判明な観念だけを認めること，第二は問題をできるだけ多くの部分に分けること，第三は順序を立てて最も単純なものから始めること，第四は列挙によって何も省かないように検討することである．明晰判明な観念は *直観によって自分自身のなかに得られる．そして問題の分割と順序立てによる観念の連鎖の発見で，確実な真理から知られなかった真理を演繹することができる．四つの規則は，よく直観し演繹するように精神を訓練することの勧めである．

デカルトの方法は直観という自分の知的確信に基づくもので，個人の *知性のそのような作用によって究極的な真理を立てるには，絶対的な保証が必要である．それがデカルトの *懐疑による「我思う．ゆえに我あり」([仏] Je pense, donc je suis. [ラ] Cogito ergo sum.)の把握である．この懐疑はデカルト自身が *方法的懐疑と呼ぶもので，生活や行動のなかの疑いではなく，理論的・観想的な場面で，少しでも疑いうるものを次々に排除していく．つまり，疑いのふるいにかけて，残った真理をみつけようとすることである．日常的には疑いえないことを，あえて疑うのは，*意志の行為である．この意志はまず感覚や想像に頼る *心を除き，次に夢と現実の曖昧な区別を取り上げ，『省察』(Meditationes de prima philosophia, 1641)では最後に *悪霊を想定して，一切を疑う．こうしてすべてを疑いのなかへ押しやるとき，疑っている，そう思っている「我思う」の確実性が浮かび上がる．これは同時に「思う我」の把握である．この疑いのすべては自分の思いとその思いの *対象になっている実在との一致についての疑いであり，第一に得られた確信は思う我が客観的に実在することの確信である．それだからこそ，これを *根拠にした実在の形而上学と，それに基づくすべての学説が主張される．デカルトの方法や学説には，後の時代の *観念論をもたらす要素が含まれているが，デカルトの思想そのものは *実在論である．「我思う．ゆえに我あり」は心理の段階を超えて究極的な意味，形而上学的な意味を帯びるのである．すべてを疑うとき疑う我の存在を認める考えは，古い時代に *アウグスティヌスも表明した．しかし，アウグスティヌスではその考えは *懐疑主義を反駁する役割にとどまっているのに対して，デカルトはその考えにすべての学問の源をみいだし，またそれを根拠として個人の *自我の生き方を考えていく．

【神と人間】デカルトは思う我の存在から出発して *神の存在証明をする．明晰判明な観念が実在と一致することの確信は，人間の観念をつくり，実在する万物をつくった誠実な神によって，さらに保証が確実となる．すなわち，すべてを疑う場面を離れても，明晰判明な観念によって真理を獲得しうるということである．そこから精神的な実在と物体の実在との区別，人間については精神と身体との区別が主張され，これに基づいて自然論と人間論が展開される．*思考を *属性とする精神から切り離される自然は *延長を属性とする物体界であり，機械的な *法則によって支配される．これは中世の *アリストテレス風の自然観の根本的な変革で，近代の科学的な自然の研究に大きく道を開く考えであった．人間の身体が全く物体界に属するという見方も近代の生理学や *医学の研究に積極的な道をつけている．人間の *体を

物として，あるいは動物の生命体として研究すべきものとするからである．

しかし，デカルトは人間の心身の本質的な区別を前提にしたうえで，事実として心身が結合し，相互に働きかけあって，一つになっていることを主張する（→心身問題）．この実際上の結合は人間性の特色で，いわば第三の次元であり，それ自体として研究されるべきものである．『情念論』(Les passiones de l'âmes, 1649) はまさにその研究であり，精神が身体に従属するしくみを明らかにして，このしくみを精神の目指す目的に用いる方途を探っている．

【倫理】デカルトはすべての学問が一本の英知の樹になっているとして，その根は形而上学，幹は自然学，枝は医学と機械工学と倫理（→道徳）であると述べている．疑いから始まって一つに統一される学問の樹の実りは，健康な体と便利な生活と倫理である．この順序からみれば，倫理は他の学問が完成した後のものになり，最後の著作が『情念論』であるため，倫理についてのまとまった著作はない．しかし，『方法叙説』には「暫定的」倫理があり，『情念論』や晩年の手紙からはデカルトの倫理思想が読み取れる．至高の*善は真理の*認識であり，真理を認識する理性に意志が従う恒常的決意からすべての*徳が生ずる．徳によって生きるとき人間は自由である．理性の訓練により，さまざまな領域の現実を認識することで，自由は拡大する．身体の状態も社会の動きも自然の法則も，それらが人間の精神に働きかけるしくみを認識することによって，それに対応し，それを活用する意志の自由が生ずる．自分に対して意志の自由が実現した状態が*寛大の徳である．そして，人は自分が部分をなす「万人」の利益を優先させるべきであるとして，個人の自我の尊重に関しては自己支配と社会性の承認を前提にしている．

【評価】デカルトの神の存在証明は形而上学の端緒ともいえるもので，「思う我」の存在の断定と明晰判明な観念が実在に合致することの確信に結びついている．疑いを抱く我という不完全で*有限な存在を自分自身が認識することは，我のなかに完全な*無限なものの観念があることを予想させる．その観念が不完全な我のなかにあることは，我を*創造した完全なもの，すなわち神が存在するからでなければならない．この証明は感覚的経験を重んじる現代人にとってのみならず，当時の*トマス学派にも受け入れにくいものであった．しかし，とにかくここで証明された神の存在は，デカルトの認識の方法を保証するものであり，またデカルトの*機械論的な自然学では，自然という大きな機械の進行をまず発動させるのが神であるとされた．

「哲学者の神」を退ける*パスカルは，デカルトの自然論が神にひとはじきさせるだけで，その後は神を必要としないから，許せないといっている．パスカルの熱烈な信仰心にとっては許せないことだが，近代の合理主義の学者たちにとっては，神秘性のない理論のなかで神が認識の保証になり，また自然の世界の機械のような進行にその機械の動力として神があることは，奇異な印象を与えるものだろう．そしてこれは合理的な理論としては根拠の整っていない断定であるため，*神話のようなものともいわれる．そこで，デカルトのように生得の明晰判明な観念に基づき，思考する精神と広がる物体の区別を受け継ぐ17-18世紀の哲学者たちも，この神話風の学説をとらない場合が多い．

デカルトは実生活では神をあがめ，宗教を尊重し，著作のなかでも神をたたえる人物であった．そしてデカルトの学問体系は神の存在証明を根拠にして成立するが，さらにその根拠を可能にする根源は個人的な自我の疑いであり，そこからの自我の認識であったことが注目される．学問的な研究に個人の知的・経験的な承認を基礎にしようとする傾向は，*ルネサンスの頃から著しくなるとみられるが，自分自身の個人的な確証をすべての真理認識の源泉に置き，自我の確認にはっきりした形而上学的な意味をみて，そのうえにすべての思想体系を立てようとしたのはデカルトである．これは知的探究においても，倫理的要求においても，近代人の思索と生活における誠実さに対する一種の標準を与えたものといえるであろう．

【著作集】*Œuvres de Descartes*, 12 v., ed. C. ADAM, P. TANNERY (Paris 1964-76); 三宅徳嘉他編『デカルト著作集』全4巻（白水社 1973, 増補版 1993).

【文献】キ史 6: 480-82; 哲学事典 968-70; 廣松渉他編『岩波 哲学・思想事典』(岩波書店 1998) 1115-16; A. BAILLET, *La Vie de Monsieur Descartes*, 2 v. (Paris 1691); G. MILHAUD, *Descartes savant* (Paris 1921); H. GOUHIER, *La pensée religieuse de Descartes* (Paris 1924); E. GILSON, *Discours de la méthode, Texte et commentaire* (Paris 1925); ID., *Etudes sur le rôle de la Pensée médiévale dans la formation du système cartésien* (Paris 1930); F. ALQUIÉ, *La découverte métaphysique de l'homme chez Descartes* (Paris 1950). 〈渡辺秀〉

デカルトがくは　デカルト学派〔仏〕Cartésiens, 〔英〕Cartesian, 〔独〕Cartesianer　*デカルトは近代思想の先駆者の一人といわれ，彼の学問は生前から名声を得ていたため，当時のヨーロッパに大きな反響を呼び，後の時代にも影響を及ぼした．しかし，デカルトの学説と思想を忠実に継承した人は，有名な学者には必ずしも多くはない．

デカルトはすべての学問を統一する新しい体系を作って英知を求めようとしたので，ときには学究的な分析から生じる問題をあえて提出せずに，実際に体験できる*事実をそのまま前提にして思索を進めていくことが少なくなかった．例えば，デカルトは人間の*精神と身体を本質的に別個の*実体と考えたが，事実において精神と身体は相互に働きかけ，結合して一人の人間になっていることを説いた．『情念論』(1649) や多くの手紙のなかでは，その事実を前提にして議論を進めている．この結合の事実を認めなければ，デカルトの人間論は始まらない．また，デカルトは人間の*意志の*自由を主張して，それが*神の*摂理と両立しうるかという問題の提起はない．デカルトの哲学は神の*存在と人間の*自由意志を主張するものであるため，両者が*矛盾するなら，デカルトの体系は根本的に成立しない．

しかし，デカルト学派と呼ばれる17世紀の人々には，人間の心身の結合を問題にする議論（→心身問題）が目立っている．すなわち心身はいかにして結合しうるかという疑問が提出され，また人間の自由意志と神の摂理との関係，*動力因ではなくて単に機会となる*原因の説（→機会原因論），*自然学の研究における*経験と観念の役割などが問題になっている．彼らはこのように問題を提起し，それぞれの見解を示したが，思想全体の傾向としてはデカルトに同調したものが多い．そのようなデカルト学派ではオランダの*ゲーリンクス，ドイツのクラウベルク (Johann Clauberg, 1622-65)，フランスの

*コルドモワ，ロオー（Jacques Rohautt, 1620-75），*レジスなどが有名である．フランスの*マルブランシュ，オランダの*スピノザ，ドイツの*ライプニツもデカルトの明晰判明な*生得観念の説，精神と物体の区別の説を受け継いでいるため，デカルト学派と呼ばれることがあるが，彼らはそれぞれにデカルトとはっきり異なった哲学体系を立てている．

　普通デカルト学派と呼ばれる人々は，デカルトの直後の時代を除けば，現代に至るまでの各時代に，デカルトの個々の学説は別にして，*自我の独立に基づく合理性の追求に集中する．現代においてそのようなデカルト学派を代表するのは，*アランと*ヴァレリーである．アランは，*哲学の本来の意味を回復させようとする．すなわち哲学とは人を英知へ導き，*情念を支配し，感覚や想像の無秩序を抑えることを可能にする普遍的な*認識にほかならないということである．彼はその点でデカルトをたたえる．デカルトは実生活では果断の人物であり，デカルトの疑いは判断を遅らせる不決断ではなく，普段信じていることをあえて疑おうとする決意であることが，まず強調される．そして万人の*幸福のために知的な探究に集中したデカルトの生き方に注目し，アランも世間の先入観や学者の偏見にとらわれない*知性の直観を求め，それを簡潔な談話の形で表現する．超自然的なものの*信心を認めずに，人間的な知性の向上を目指し，それを可能にする*民主主義を説き，反戦を掲げている．ヴァレリーも知性をテーマとし，人間の知性を超えた神秘思想を認めず，デカルトのオランダ滞在に注目して，デカルトとともに知性の行使に集中する生活を目指す．

【文献】E. BRÉHIER, *Histoire de la philosophie* (Paris 1938).　　　　　　　　　　　　　　（渡辺秀）

デキウス　**Decius, Gaius Messius Quintus Traianus**（190頃／201-251.6）　ローマ皇帝（在位249-51）．パンノニア（Pannonia）生まれ．皇帝*フィリップス・アラブスの信任を得て，ドナウ川流域の秩序回復に成功し，軍隊から皇帝に推挙される（249年7月）．*ヴェローナで*フィリップス・アラブスを破り，元老院の承認を得て皇帝に即位．当時，ローマは東西の国境で外敵の脅威にさらされていたためデキウスは帝国護持のため，積極的な外征とともに古来の伝統の回復を推進し，監察官職を復活させた．その結果，諸司教の指導のもとに勢力を拡大してきたキリスト教は，彼の政策に非協力的であるとされ，史上初めて帝国全土で組織的な*迫害が実施された．249年，教会指導者の検挙が始められ，ローマ司教*ファビアヌスが殉教した．さらに250年春，皇帝は帝国全土に対し国家の伝統的な神に供儀をなすことを命じ，それを監督する委員を設置し，供儀を実施した証明書（libellus）を発行させた．このため，キリスト教は多数の殉教者・棄教者を生み，またアレクサンドリアの*ディオニュシオスのように一時身を隠した人々も多かった．その後ゴート人との戦争の激化に伴い迫害は緩和され，デキウスが251年6月，アブリッタ（Abrittus）の戦いで戦死すると，迫害は中止されキリスト教は勢力を回復したが，迫害下の棄教者の再洗礼問題が生ずることになった．

【文献】Cath. 3: 506-507; NCE 4: 701; M. BUNSON, *Encyclopedia of the Roman Empire* (New York 1994) 128.　　　　　　　　　　　　（長谷川岳男）

てきおう　**適応**　〔ラ〕accommodatio, 〔英・仏〕accommodation, 〔独〕Akkommodation　適応とは*カトリック教会で，*福音の本質を変えることなく，時代，場所，異なった*文化のなかで，福音の表現を変え，そのより深い理解，受容を目指すことを意味する．このことは，*教会の刷新を目指した第2*ヴァティカン公会議の意図したところで，公会議は*教皇と*司教団との*団体性，*教皇庁と*地域教会の関係，*教区司教と*司祭の権限，*司祭養成，*修道生活，要理教育の在り方，諸国民の哲学や英知と神の*啓示による*道徳との合致等について，より深い適応を求めた．また教皇*パウルス6世は*『エヴァンゲリイ・ヌンティアンディ』において，福音化の方法は，さまざまな時代，場所，文化によって変わり，それを発見しまた適応していくことが現代の挑戦であると述べた（同40項）．ここでは公会議と公会議以後の主な適応について述べる．

　(1) 教皇庁：『司教司牧教令』は教皇庁諸省が時代と諸地域と諸典礼様式の要求にもっと適合したものとなるよう要望し（同9項），これは新教会法典360条によって確認され，その詳細は特別法に規定されている．

　(2) 東方教会総大司教：『東方諸教会教令』は東方総大司教制度を確認し，新教会法典も，*東方典礼の総大司教の枢機卿団での権限を350条において規定している．

　(3) 教区司教および司祭の権限：『司教司牧教令』はこれについて詳しく述べており（同19-32項），新教会法典においても教区司教，司祭について規定されている（381-572条）．

　(4) 司祭養成に関する適応：『司祭養成教令』は司祭養成の重要性を説き，この教令の規則は教区司祭の養成のみならず修道司祭の養成にも適応させることを求めている（同序文）．

　(5) 修道生活の刷新における適応：『修道生活刷新教令』は現代修道生活の刷新・適応に大きな役割を果たし，今日，修道生活は大きな変貌を遂げている．新教会法典では607-709条に規定されている．

　(6) 要理教育に関する適応：『司教司牧教令』は要理教育（〔ラ〕catechetica institutio）が聴講者の性質，能力，年齢，生活状況に適応したものであることを求め（同14項），第5回*世界代表司教会議（1977）は信仰教育（カテケーシス）を取り扱った．世界的にカテケーシス（→要理と要理教育）の基本となる『カトリック教会のカテキズム』（Catechismus Catholicae Ecclesiae）が教皇*ヨアンネス・パウルス2世の言葉とともに1992年10月11日に出版され，序文のなかで各国における適応の必要性が指摘されている．

　(7) 福音の文化内受肉（*インカルチュレーション）における適応：『現代世界憲章』は各国の開発の状況に合わせた経済的習慣の適応について述べたが（同69項），『宣教活動教令』は福音が各国の文化のなかに*受肉し適応すべきことを詳しく述べている．すなわち，*神の言葉は種子としてよい土に芽ばえ，多くの実を結ぶものであり，教会は諸国民のもつすべての富を交わりのうちに取り入れる．諸国民の哲学や英知と神の啓示が合致し，キリスト教的生活のすべての領域において，より深い適応の道が開かれるよう神学的な考察が要請されている．なお社会，文化を共にする広大な地域内に存在する数箇の*司教協議会が適応の目的を追求するよう要請されたが（同22項），これは今日，例えばアジア司教協議会の活動において実現している．

てきかくしゃ

【文献】聖職者聖省・第5回司教シノドス『信仰教育の指針』J. P. ラベル編（中央出版社 1977）. 　　　　（岸英司）

てきかくしゃ　適格者　教会法上，基本的適格性（[ラ] capacitas）を有する者とは受洗者である．すなわち人は *洗礼によってキリストの *教会に合体され，教会の交わりのなかにあるかぎり，その身分に応じて，キリスト者に固有の義務および権利を有する者となる（『教会法典』96 条）．ただし成年者（満 18 歳以上）のみが自己の権利を完全に行使することができる．未成年者は *神法または *教会法により，親または後見人の権限から除外される事項を除き，自己の権利の行使については親または後見人の権限に服する（同 98 条 1-2 項）．なお，常時理性の働きを欠く者は意志能力を欠く者とみなされ，かつ，幼児と同等にみなされる（同 99 条）．*秘跡のうえでの適格者とは，*叙階の秘跡については男子の受洗者のことをいう（同 1024 条）．*婚姻の秘跡については，婚姻契約を締結する能力を有しない次の者以外は誰でも婚姻を締結することができる（同 1058, 1095 条）．(1) 理性の働きが充分でない者，(2) 相互に授受されるべき婚姻上の本質的権利および義務に関する判断力に重大な欠陥を有する者，(3) 心理的理由のために婚姻の本質的義務を担いえない者．

【文献】L. CHIAPPETTA, *Dizionario del Nuovo Codice di Diritto Canonico* (Napoli 1986) 104-106.　　　（枝村茂）

てきにたいするあい　敵に対する愛　敵とは，戦争や争いにおいて劇的に対立する人物を指す．敵という対象に向けられたとき，我々の常日頃の行為の基準が，*イエス・キリストの示した *愛に基づいているかどうかが明らかとなり，したがって現実における一人ひとりの愛の不完全さが浮かび上がってくる．

【和解させる神の愛】イエスの示した愛は，例外なしにすべての人に向けられている．神はすべての人を *神の国へと呼び招いている．そのために，キリストは十字架上で亡くなった．「わたしたちがまだ罪人であったとき，キリストがわたしたちのために死んでくださったことにより，神はわたしたちに対する愛を示されました」（ロマ 5: 8）．神の敵であった人間の *罪をゆるし，人間と和解し，その友となったのである．我々はイエスの示したこの神の愛から，人間と和解させる神の愛の徹底性を汲み取る．敵への愛は，この神の愛の力からのみ湧き出るのである．

【聖書の示す敵への愛】敵への愛は，キリスト教の *掟の一つである．「あなたがたも聞いているとおり，『隣人を愛し，敵を憎め』と命じられている．しかし，わたしは言っておく．敵を愛し，自分を迫害する者のために祈りなさい．……自分を愛してくれる人を愛したところで，あなたがたにどんな報いがあろうか」（マタ 5: 43-46）．旧約聖書のなかには，どこを探しても「敵を憎め」とは書かれていない．むしろ，「復讐してはならない」（レビ 19: 18），「あなたを憎む者が飢えているならパンを与えよ．渇いているなら水を飲ませよ」（箴 25: 21）と教えられていた．ところがイエスの時代の *ラビのある人々は，それまでの旧約聖書の教えに反して，「隣人を愛し，敵を憎め」と主張していた．これに対してイエスは，旧約の教えを尊重しながら，すべての人が隣人であることを示した．*パウロも「あなたの敵が飢えていたら食べさせ，渇いていたら飲ませよ」（ロマ 12: 20）と述べている．

【掟としての愛】敵への愛は，キリスト教において掟の一つとして考えられているが，簡単に割り切って，敵を敵として受け入れ愛せよといっているのではない．また，「敵をも愛せよ」ということは，神の愛がすべての人に向けられているということからして，キリストの単なる忠告以上のものとして理解されねばならない．つまり単に *ゆるしや *復讐，あるいは仕返しに対する断念を消極的に表現しているのではなく，我々に示された神の愛がどのようなものであるのかを明確に示しているのである．単なるゆるしや利害関係を超えた，敵に対する愛こそが，自分を愛してくれる者しか愛さないような人々の愛から，キリスト教の愛を区別するのである．それはイエスの示した，働きかける積極的で能動的な愛であり，「悪をもって悪に，侮辱をもって侮辱に報いてはなりません．かえって祝福を祈りなさい．祝福を受け継ぐためにあなたがたは召されたのです」（1 ペト 3: 9），また「あなたの頬を打つ者には，もう一方の頬をも向けなさい」（ルカ 6: 29）に端的に示されている．しかし，そのようにすることによって相手の無礼で横柄な態度を一層募らせるだけであれば，当人にそのようにふるまうことは要求されない．つねに賢明さが要求される．しかし侮辱を与えた相手がゆるしを求めないときにも，心からゆるさねばならない．いずれにしても，キリストのゆるしと愛を受けている者にとっては，いかなる場合であれ，本来的に克服できない敵意や *憎しみというものが存在するはずはないのである．我々はキリストが我々を愛したあの愛を共に分かち合うことへと，いつも招かれ呼ばれている．敵への憎しみではなく，ゆるす愛によってこそ，我々は解放されるのである．

【文献】B. ヘーリンク『キリストの掟』第 3 巻，渡辺義愛訳（中央出版社 1968）36-46: B. HÄRING, *Das Gesetz Christi* (Freiburg 1954); 同『信仰ある希望』磯見昭太郎訳（中央出版社 1987）85-220: B. HÄRING, *Free and Faithful in Christ*, v. 2 (New York 1979) 444-46.
　　　　（清永俊一）

てきようてきいみ　適用的意味　[ラ] sensus accomodatus　聖書の *字義通りの意味や *霊的意味のように聖書から「引き出す（釈義）」（[ギ] exegesis）ことで獲得できる意味とは異なり，適用的意味は逆に聖書に意味を「持ち込む」（eisgesis），つまり何らかのかたちで適用（→ 適応）することで生じる意味のことである．*教父の聖書注解の大半，*典礼での聖書箇所の適宜の選択使用や *説教などは，こうした適用にあたるだろう．好例として，かつて教皇 *グレゴリウス 1 世は，「タラントンのたとえ」（マタ 25: 14-30 参照）の 5 *タラントンを人間の五感であると説明し（『福音書講話』31 参照），またある説教者は教皇 *ヨアンネス 23 世に「神から遣わされた一人の人がいた．その名はヨハネである」（ヨハ 1: 6）という言葉を適用して讃えたことをあげることができる．

確かに聖書の解釈という課題に絶えず取り組まなければならないが（→ 聖書解釈の歴史），それと同時に，聖書は *宣教はもとより，*要理と要理教育から教話までを含むほどに広範で種々の教会活動において適用され，さらに個人的な *神的読書として活用，また異なる文化や *教会一致促進運動のなかでも現示（[仏] actualisation）されなければならない（→ インカルチュレーション，聖書の翻訳: 共同訳）．

要するに教会にとって聖書の適用はつねに不可避なこ

となのである(例えば，イザ 66: 18; マタ 28: 19 参照)．実際，冷静で妥当かつ理知的に適用されていることが多い．ヨアンネス 23 世をめぐる適用にしても，それが他の人物であるなら疑念が生じるであろうが，許容範囲内にとどまるものといえよう．もっとも，聖書の文言が冷静に適用されているにしても，それは一回性のものにすぎず，つねに妥当するような原理性を有するものではないことに留意しなければならない．

しばしば，安易かつ恣意的に聖書の適用が行われることがあるし，*神の言葉に代わって人間側の才能を誇示してしまうような場合もある．しかし，賢明で均衡ある判断力を失わないならば，こうした危険は回避できるだろう．また膨大な聖書研究の成果，特に聖書の字義通りの意味をめぐる堅実な解説は，好奇で独創的な適用よりも，はるかに有益で役立つといわなければならない．

【文献】『啓示憲章』10, 21-26; EB 622-33; R. E. BROWN, ET AL., eds., The New Jerome Biblical Commentary (Englewood Cliffs 1990) 1162-63; J. A. FITZMYER, The Biblical Commission's Document "The Interpretation of the Bible in the Church": Text and Commentary (Rome 1995) 170-88.　　　　　　　　　　　　(清水宏)

テクノクラシー　〔英〕technocracy,〔独〕Technokratie,〔仏〕technocratie　*技術の支配・政治の意．一般的には，巨大企業や行政機構など大規模化・複雑化した現代社会の組織の運営・管理上の問題は科学技術によって解決でき，それゆえ高度な科学的知識や専門技術を所有する者が組織の意思決定に重要な役割を果たすべきであるとする考え方，またそのようなシステムの総称．語源的には，アメリカで *ヴェブレンの『技術者と価格体制』(The Engineers and the Price System, 1921) に収められた「技術者のソヴィエト」(1919) の影響のもとに始まった技術者による改良主義的な思想運動のなかでスミス (William Henry Smyth) が創出．この運動は 1930 年代前半にスコット (Howard Scott, 1890-1970) が世界恐慌の原因と克服法の解明を目指したテクノクラシー委員会を組織したことで最盛期を迎えたが，運動の衰退後も用語自体は現代社会に関する一般的な機能的概念として使用されている．テクノクラシー運動家は *資本主義の欠陥が価格制度(→ 価格)にあると考え，資本家に代わって社会全体の利益を考慮する技術家が経済を指導すべきであると主張したが，その後の評価は *ガルブレイスの『新しい産業国家』における「テクノストラクチャー」論のように，その進歩的性格への期待よりもエリート主義的思考への幻滅や危惧を表明するものが多い．

【文献】J. メイノー『テクノクラシー』現代思想 5, 寿里茂訳 (ダイヤモンド社 1973); J. MEYNAUD, La technocratie: mythe ou réalité? (Paris 1964); W. E. AKIN, Technocracy and the American Dream: The Technocrat Movement, 1900-1941 (Berkeley 1977).　　(永井惠子)

テクラ　Thecla (?-790)　聖女(祝日 10 月 15 日)．アングロ・サクソンの名家出身．*ボニファティウスの宣教を助けるためにドイツに赴く *リオバに従い，タウベルビショップスハイム (Tauberbischofsheim) の修道院に入る．750 年にハデロガ (Hadeloga, ?-750) の後継者としてキッツィンゲン (Kitzingen) の女子大修道院長となり，ボニファティウスの命により，*ベネディクト会の *修道会則を採り入れる．婦女の教育，病人の介護者として活躍．

【文献】LThK³ 9: 1391; NCE 14: 7.　　(秋山有紀)

テクラ　Thekla　*『パウロ行伝』によれば，*小アジアの町イコニオン (Ikonion) 出身の女性．キリスト教改宗者で，*パウロに同調する宣教協力者．パウロの説教を聞いてキリスト教に改宗し結婚を断念，幾多の危険から奇跡的に救出され，自らに洗礼を授け，宣教活動に従事してイサウリアのセレウケイア (Seleukeia, 現トルコ南岸シリフケ Silifke) で没する．最初の女性殉教者という伝承もあってか古くから広く各地で，特に 4-6 世紀に小アジア一帯では異常なほどに崇敬された．ナジアンズスの *グレゴリオスはテクラに献げられた巨大な教会堂のあったセレウケイアを「聖なる名高い乙女テクラの町」とさえ形容している．『パウロ行伝』に基づいて描かれた絵画作品も少なくない．しかし『パウロ行伝』や他の伝承の歴史的信憑性は乏しく，実在の人物かどうか明らかではない．かつて西方教会では 9 月 23 日が祝日であったが，今日では典礼上の一般暦から除外されている．

【文献】ABD 6: 443-44; BSS 12: 176-79.　　(清水宏)

デクレートゥム・ラウディス　Decretum Laudis　新しい *修道会に対して，教区立としての設立行為を完成する *教皇庁からの推奨決定書．司教律修者聖省の慣行を官房長がまとめた 1901 年の「規範」に最初に現れた．1917 年公布の旧『教会法典』(492 条 1 項) および 1921 年の修道者聖省「規範」によって完成され，認証された(現行法は『教会法典』579 条を参照)．新修道会の認可は，まず *修道生活を望む *信徒の会として地区 *裁治権者により設立される．次に *聖座の同意のもとに，同じ裁治権者がそれを教区立の修道会または *在俗会とする．しかし過去において教区立の会は，まだ修道会とみなされていなかったため，聖座からのデクレートゥム(〔ラ〕decretum, 決定書)が正式な設立行為と考えられた．デクレートゥム・ラウディス(推奨決定書)を得た後に，さらに発展がみられる場合はデクレートゥム・アプロバティオニス (decretum approbationis 認可決定書) が与えられた．推奨書なしに決定的認可書が与えられることもあった．認可決定書により，地区裁治権者はもはやその *会憲を変更したり，会の経済，内部統治や規律に介入することができなくなり，この意味で聖座管轄になるとされた．

【文献】DMC 2: 25-27; LThK² 3: 205; X. OCHOA, ed., Leges Ecclesiae, v. 1 (Roma 1966) 374-77.　　(濱田了)

デコック　Descoqs, Pedro (1877. 6. 2-1946. 11. 7)　フランスの *新スコラ哲学者．マンシュ県プロン (Plomb) に生まれ，ローヌ県モングレ (Mongré) で没す．マルネフ (Marneffe) で修辞学と哲学を教え(1909-11)，その後，ジェルゼー (Jersey) で *存在論と弁神論(*神義論)を教えた(1912-42)．この町に図書館を建てたことでも知られる．1922 年に，哲学研究誌『アルシーブ・ド・フィロゾフィ』(Archives de Philosophie) を創刊している．

【文献】Cath. 3: 663; LThK³ 3: 107.　　(茂牧人)

テサロニケ　Thessalonike　ギリシア北部のテルマイコス湾奥のアクシオス川 (Axios ギリシア名．マケドニア名はヴァルダル川 Vardar) の河口東側の都市

テサロニケのしんとへのてがみ

で，古代以来バルカン半島の南北を結ぶ道と東西を結ぶ道の結合点であった．

【歴史】マケドニアのカサンドロス（Kassandros, 前358頃-前297）が建設し，妻の名をとって命名した．前146年に *ローマ帝国が征服し，5世紀半ば以後は *イリュリクムの首都となり，以後 *コンスタンティノポリスに次ぐ *ビザンティン帝国の大都市として繁栄した．第4回の *十字軍の後ここを首都としてラテン系のテサロニケ王国ができたが短命で，復活したビザンティン帝国のもとでも *オスマン帝国に脅かされ，1430年にその支配下に入った．15世紀末に著しく減少した人口は，スペインから追放されたユダヤ人の到来によって補われた．テサロニケがギリシア領となるのは第1次バルカン戦争（1912）のときである．

【キリスト教的事項】*パウロがここを訪れ，信徒に2通の書簡を書いた．初期の *殉教者には後にこの都市の *守護の聖人とされた *デメトリオスがいる．390年に *テオドシウス1世は部下のゲルマン人将軍を殺された罰として市民を虐殺，ミラノ司教 *アンブロシウスによって *破門とされた．5世紀初めに教皇代理が置かれ，ローマ教会がイリュリクムの管轄権を握ったが，*聖画像破壊論争との絡みで732年に皇帝 *レオ3世が管轄権をコンスタンティノポリス教会に移した．ビザンティン後期にはキュドネス（Kydones）兄弟（兄デメトリオス Demetrios, 1324頃-1398頃；弟プロコロス Prochoros, 1333頃-1369頃）のようなギリシアにラテン神学を紹介した神学者たちが出ている．市にはビザンティン時代の聖堂・修道院およびその壁画などが数多く残っている．

【文献】A. VAACALOPOULOS, *History of Thessaloniki*, tr. T. F. CARNEY (Thessalonike 1963).　　　　（尚樹啓太郎）

テサロニケのしんとへのてがみ　テサロニケの信徒への手紙

〔ギ〕epistolē pros Thessalonikeis, 〔ラ〕Epistula ad Thessalonicenes　新約27文書のなかに「テサロニケの信徒への手紙」として収められているのは，第一の手紙と第二の手紙の2通である．2通とも *パウロの名による手紙となっているがそれぞれの *真正性については，第一の手紙は充分認められるが，第二の手紙に関しては，特に終末論（→終末）においてパウロのものとは認められない．第二の手紙は，むしろパウロの死後，かなりの年数を経た後，パウロの名によって書かれたものと思われる．

【第一の手紙】第一の手紙は紀元50年の終わりに書かれたものと推定されるので，現存するパウロの手紙のなかで最古のものであり，同時に新約聖書中最古の文書である．この手紙はパウロ自身同労者シルワノおよび *テモテとともに第2宣教旅行中に訪問，滞在し，*福音を伝えて設立した *テサロニケの教会の信徒たちに宛てて書き記されたものである．

パウロとシルワノとテモテがテサロニケを訪れたのは紀元50年の初め頃であった．彼らは *フィリピで教会を建てたが捕らえられ，追放されてテサロニケへ来た．彼らはこの地でユダヤ人の *会堂とヤソンの家で福音を宣べ伝えて教会を設立したが，宣教活動の半ばにユダヤ人からも異邦人からも迫害されて，余儀なくこの地を離れた．このためにパウロたちは何度も再訪問を計画したが，実現できなかった（1テサ2:18）．さまざまな *迫害と苦難のなかでテサロニケの信徒たちはどうなっているのか，信仰を失ってはいないかという不安にパウロは耐えられなくなり，代理としてテモテをテサロニケに派遣した（1テサ3:1-2, 5）．その結果，テモテは，テサロニケの信徒たちが主イエスにあって堅く立っているという「良い知らせ」をもってパウロのもとに帰ってきた．そこで，パウロは早速喜びと感謝を伝え，彼らがなお迫害と苦難のなかでも動揺することがないよう，彼らの信仰を励ますために，また彼らからの幾つかの質問に答えるために書き送ったのがこの手紙なのである．

この手紙にはテモテが派遣されたとき，パウロは *アテネにとどまることにした，と書かれている（3:1）．しかし，1章7節には *アカイアへの言及があるので，この手紙を執筆したときパウロはすでにアカイアの首都 *コリントに滞在していたと考えられる．パウロはアテネからコリントへ行き，そこでマケドニアから帰還したシルワノとテモテに再会したと記されていること（使18:1-5）からもこの手紙の執筆の場所はコリントだと考えられる．

使徒言行録18章12節以下にはその後パウロがコリントでアカイアの総督 *ガリオンの法廷に訴えられたことが記されている．デルフォイで発見された *ガリオン碑文によれば，皇帝 *クラウディウスはガリオンをアカイアの総督と呼び，彼自身の皇帝としての26回目の歓呼に言及している．27回目の歓呼は紀元52年8月1日となっており，属州における総督の任期は1年であるからガリオンは紀元51年から52年にかけてアカイアの総督であったことが明らかである．しかもパウロがテサロニケからアテネを経てコリントへ来るまでそれほど長くはたっていないので，彼がコリントへ来てコリントから追放されるまでの時期は紀元50年から51年ないしは52年までと考えられる．ゆえにこの手紙が書き記されたのはパウロがコリントに到達してまもなく紀元50年の終わり頃であったと考えられる．この手紙にはテサロニケにパウロが来たときのことが生きいきと語られ，そのことを読者は「知っている」「覚えている」と記されている（1テサ1:5; 2:1, 5, 9; 3:4）．

この手紙は，明白に分節化された構成によって内的にも完結した文書として理解される．その内容は二つの主要部分から成り立っている．第1部は1章から3章までで，まず「導入部」があって，発信人・宛先・挨拶に続き「感謝の言葉」が述べられ（1:2-4），パウロ自身の「福音宣教の在り方」が語られている（1:5）．続いて感謝の内容が「物語」の形式で述べられている．これに対して，4章1節から5章22節の部分は，この手紙の第2部として，この教会からの質問への回答とともに，*信仰生活についての勧告が示されている．この部分は「勧告」と「論証」にあたる．この手紙の特色はまず第一に感謝である．感謝は手紙の執筆の動機であり，キーワードである．使徒パウロは彼らの信仰の働き・愛の労苦・希望の忍耐について感謝し，彼らが使徒の言葉を *神の言葉として受け入れたことを感謝し，彼らが迫害のなかでも信仰に堅く立っていることに感謝し，読者にも喜びと祈りと感謝をするように勧告している．第二にこの手紙にはパウロの宣教とその在り方が示されている．宣教の内容は偶像から離れて生ける真の神に仕え，御子イエスの *再臨による神の *審判からの *救いを待望することである（1:9-10）．使徒パウロは神の信任を受け，力と *聖霊と確信をもって語ったという．第三にこの手紙には主の再臨についての論証とそれを目指した信仰生活への勧告が示されている．*黙示文学的伝承による主の再臨についての論証の目標はキリストにある死者も生者も

共に「いつまでも主とともに生きる」ということであり，このことは究極の救いの実現として示されている．勧告はすでに与えられている *恩恵の現在に基づくものであると同時に，主の再臨における将来の救いを目指した命令法による勧告が示されている（1：4；4：4，5；4：3，7，14-18；5：9，10）．

【第二の手紙】第二の手紙は，第一の手紙に比較して，2章1節から12節に全く異なった終末論が示されているが，その他は多少の言い換えや意味づけの違いはあるが同じ内容とみなされる．意味づけの変更は「生活の座」（〔独〕Sitz im Leben）の相違によるものであろう．第一の手紙で間近に迫っている主の再臨による永遠の慰めと確かな希望が示されている（1：3，10；2：19；4：13-14）のに対して，第二の手紙では「主の日はすでに来ている」とふれまわる者が現れたこと（2：1-3 参照）による混乱を防ぐために，*主の日が来るまでに何が起こるかが示されている．ここで相異なった二つの伝承による *終末遅延の「論証」がなされている．① 一つは主の再臨が実現する前に *背教が起こり，無法者・滅びの子が出現し自分は神だと宣言する．そこで主イエスが再臨して彼を滅ぼすという（2：3b，4，9，10）．② これに対して，いま一つの伝承は，無法者の出現を「阻止しているもの」があって，これによって無法者の出現はそれが取り除かれるときまで抑えられているという（2：6，7）．これは第一の手紙でパウロが生きている間に主イエスは来臨すると語られているのに対して明らかに「終末遅延」についての説明であって，その説明のために ① のみならず，② も加えられたものと考えられる．第二の手紙では主の再臨は迫害を受けていた者にとっては栄光のときとなり迫害していた者には刑罰のときとなる，という「主の報復」についての論証がなされている（1：5-12）．これは「神の神殿を壊す者がいれば神はその人を滅ぼされるでしょう」という「応報の法」に基づいた聖法文（1 コリ 3：17）の黙示文学的展開とみることができる．第二の手紙は第一の手紙が書かれたあとの時代に生じた終末論的熱狂主義者らに対して，終末遅延を前提にして彼らを批判し，彼らの誤った態度を改めるよう，パウロの名によって，パウロの弟子が「論証」し，「勧告」した「手紙」形式による文書であろうと考えられる．この手紙は紀元 90 年頃形成された最初の「パウロ集」（〔ラ〕Corpus Paulinum）のなかにすでに他の 9 書とともに収録されているので，その著作年代は紀元 80 年代であろうと推定される．

【文献】松永晋一『テサロニケ人への手紙』（日本基督教団出版局 1995）; T. ホルツ『テサロニケ人への第一の手紙』大友陽子訳（教文館 1996）: T. HOLTZ, *Der erste Brief an die Thessalonicher* (Zürich 1986); W. TRILLING, *Der zweite Brief an die Thessalonicher* (Zürich 1980); R. JEWETT, *The Thessalonian Correspondence* (Philadelphia 1986); C. A. WANAMAKER, *The Epistle to the Thessalonians* (Grand Rapids 1990) （松永晋一）

デザンジュ → ジャンヌ・エリザベト・ビシエ・デザンジュ

でし　弟子　〔ラ〕discipulus，〔英・仏〕disciple，〔独〕Jünger

【旧約聖書】この語そのものはヘブライ語の limmūd にせよ，ギリシア語（*七十人訳聖書）の mathētēs にせよ，旧約聖書にはわずかの箇所（イザ 8：16；代上 25：8 等）にしかみいだされないが，弟子という概念は旧約聖書のなかに伝統的にみられる．*サムエルをはじめ，*エリヤと *エリシャなど，*預言者たちの団体あるいは師弟関係に関するエピソードが記されている（サム上 19：18-24；王上 19：15-21；王下 2：1-18；イザ 8：16；50：4；54：13 など）．また，*知恵文学においては，知者たちの伝統が「わが子よ」という呼びかけとともに，父が子に教え諭すというかたちで，弟子たちに伝えられている（箴 1：8，10，15；2：1；3：1，11，21；4：1-4，10，20；5：1，20；6：1，3，20；7：1 等）．さらに，人格化された神の *知恵自身（箴 1：20-33；8：1-31）が人間の師となったり，終わりの時には，神が直接人間の心に主を知らしめる（エレ 31：31-34）というように，神が直接人の師となり，人は皆，神の弟子となるという考え方もみいだされる．

【ラビ文学】初期 *ユダヤ教における *ラビとその弟子（〔ヘ〕talmîd）という表現が多くみいだされるが，その問答形式における教育方法は，おそらくギリシア・ヘレニズム世界におけるそれからの影響を受けているようである．もちろん，その主題は哲学や弁論術などの学問上の師弟関係に限られることなく，社会生活全般に関わるものであり，それらを網羅している *律法解釈に関するものであったところが特徴的であり，旧約聖書における預言者たちや知者たちの伝統を受け継いでいる．そして，それぞれの集団が一つの学派を形成してその教えが師から弟子へと受け継がれていったようである．最初は口伝律法として伝えられたラビたちの律法解釈が書き記されていくことになるが，つねに，すでに書き記された律法である *モーセ五書を絶対として，その権威に依って立つものであった（→ ラビ文学）．

【新約聖書】新約聖書における mathētēs の用法は *福音書と *使徒言行録に限られている．主にイエスの弟子について用いられているが，福音書には，洗礼者 *ヨハネの「弟子たち」（マコ 2：18；6：29；マタ 9：14；14：12；ルカ 5：33；ヨハ 1：35；4：1；使 18：24-19：7）とか *ファリサイ派の「弟子たち」（マコ 2：18；マタ 22：16；ルカ 5：33）とか *モーセの「弟子」（ヨハ 9：28）という表現もある．しかし，ほとんどはイエスの弟子について用いられており，また，その用例が福音書と使徒言行録に限られているという事実が，この「弟子」（mathētēs）という言葉の意味内容と機能を如実に明示している．すなわち，福音書と使徒言行録を生み出していった主体こそまさにイエスの弟子であったのであり，また，その弟子たちの信仰共同体であったからである．

マルコ福音書における弟子の意味と機能は，福音書という新しい文学類型の創出と密接に結びつけられている．それゆえ，弟子像の描き方について他の福音書（マタイ，ルカ，ヨハネ）と言行録にも決定的な影響を与えている．そのなかでも特に注目すべきことは，弟子の *召命記事がイエスの *宣教活動の一番最初に置かれていることである（マコ 1：16-20；マタ 4：18-22；ルカ 5：1-11）．弟子になるよう呼びかけること，弟子として従うこと，すなわち，弟子とする，あるいは弟子となることは福音宣教そのものの内実であるという捉え方である．マルコ福音書において問題となっている「弟子の無理解」の問題もそこから捉えられねばならないであろう．弟子たちは福音書の内部におけるイエスの弟子たちであるだけではなく，やはりイエスの弟子たちとしての自覚を有しているマルコの教会共同体の読者たちにとっての従うべき行為モデルでもある．マルコ福音書はまさにそのために書かれたのであり，そのような状況から生

まれたがゆえに，独自の文学類型を産出するに至ったのである．そのマルコの描く弟子のイメージは何よりもまず，神より委ねられた*救いを成し遂げるため，己を捨て*十字架へと向かうイエスのあとに従う者である．福音書はそのための行為モデルを提供しており，イエス自身によって呼び出され，訓練されていくイエスの弟子たちの姿を描いている．

マタイ福音書(28: 19)とヨハネ福音書(20: 30-31; 21: 20-25)において，この弟子のイメージはそれぞれの属する教会共同体の状況に応じて，独自に展開されている．マタイはマタイ教会共同体のメンバーであるイエスの弟子たちに対する教えであるマタイ福音書10章を意図的に，5-7章の*山上の説教と8-9章のイエスの癒やしの業のあとに置くことにより，イエスの弟子たちの使命がどのようなものであるかを読者たちに伝えようとしている．すなわち，マタイ福音書におけるイエスの弟子たちとは，特に*十二使徒と*ペトロの役割が強調されているのであるが，イエスの教えと業をよく理解し，それを継続することをイエス自身から委ねられた者たちである(28: 19)．

ヨハネ福音書においても，弟子たちは，邪悪な*世に属する存在であるユダヤ人たちから分かたれた者として描かれている．特にこの福音書にのみ出てくるイエスの愛する弟子という表現は(例えば，13: 23; 21: 20参照)，ヨハネの教会共同体の読者たちにとっての，一つの理想的な行為モデルを提供するものであろう．イエスの弟子とは，イエスとその父なる神との間の愛の交わりに加わり，イエスを愛し，愛されると同時に，その構成員相互が互いに仕え合い，愛し合っている者たちであるというのが，そのいわんとするところであろうか．

ルカ福音書と使徒言行録の両者におけるこの語彙の頻度を合わせても，マタイやヨハネのそれよりも少ないということは，決して，ルカがこの弟子という概念を軽んじていることの証しではない．むしろ，この弟子という概念と枠組みが*異邦人キリスト者へ向かって広がっているということを証しするものであろう．弟子とは，イエスを*神の子・キリストと信ずるすべての人々を内包していくはずであるから，もはや，*キリスト者という呼び名と別の「弟子」という概念を必要としなくなっていく過程を表示するものである．ルカ文書(福音書と使徒言行録)にとって重要なことは，弟子たちの無理解の克服というテーマが復活後のイエスの弟子たちへの出現のみならず，*聖霊降臨の出来事を通して成されていく過程として描かれていることであろう．また，弟子たちのなかでもつねに最重要な存在として描かれてきた十二使徒と全く同じような意味で*パウロの*使徒としての役割が強調されていることである．使徒言行録のなかで3回繰り返されるパウロの*回心の物語は，イエスの弟子としてのユダヤ人ならびに異邦人キリスト者たちの行為モデルとして描かれているのかもしれない．イスラエルの救いの歴史を人類の救いの歴史とつなげ壮大な*救済史を描こうとしたルカにとって，神の人であり弟子である義人たちが神の子*イエス・キリストの弟子であることは，全く矛盾しないどころか，むしろイスラエルの神であると同時に万物の創造主である唯一の神による救いの計画のうちに備えられたことでもあった．

【文献】旧新約聖書大 785-88; 新聖書 950; 新約釈義 2: 434-36; 聖書思 617-19; ISBE 1: 947-48; NIDNTT 1: 483-90; ThWAT 4: 576-82; THAT 1: 872-75; TDNT 3: 415-60; IDB, Suppl. 232-34; TRE 23: 678-86; X. Léon-Dufour, *Les évangiles et l'histoire de Jésus* (Paris 1963); M. Hengel, *Nachfolge und Charisma*, BZNW 34 (Berlin 1968); U. Luz, "Die Jünger im Matthäusevangelium," ZNW 17 (1971) 141-71; R. Riesner, *Jesus als Lehrer* (Tübingen 1981) 408-98; M. J. Wilkins, *The Concept of Disciple in Matthew's Gospel* (Leiden 1988); J. Gnilka, *Jesus von Nazaret* (Freiburg 1990) 166-93; M. Grilli, *Comunità e Missione: Le direttive di Matteo* (Frankfurt 1992) 179-219; R. E. Brown, *The Death of the Messiah*, 2 v. (New York 1994); Id., *An Introduction to the New Testament* (New York 1997).

(江川憲)

デシデーリ　Desideri, Ippolito (1684. 12. 20-1733. 4. 13)　イエズス会員．イタリア西部ピストイア(Pistoia)に生まれ，*ローマで死去．1700年に*イエズス会入会．*総会長の委任を受け，1712年インドへ向かい，*アンドラデ以来のチベット宣教者となる．1714年にデリー(Delhi)，1716年にラサ(Lasa)に赴くが，宣教を*カプチン・フランシスコ修道会に委ねて1727年にインドを経て帰国．チベットの言語と歴史に精通し，キリスト教の*護教論をチベット語で著した．

【文献】LThK³ 3: 108; G. H. Anderson, ed., *Biographical Dictionary of Christian Missions* (New York 1998) 176-77.

(久野暁子)

でじま　出島　17世紀に築造されたポルトガル，*オランダ商館の跡．現在の長崎市出島町．総面積1万3,000 m²．1634年(寛永11)徳川家光が*鎖国の政策を強化するため*長崎に在住するポルトガル人を監禁する目的で，町の有力商人たちに築造を命じた．江戸町の前，浦上川と中島川によってできた浅瀬に出島が造られた．ポルトガル人はそこを「埋立地」(O Entulho)と呼んでいた．1636年に完成．1639年までポルトガル人が居住し，1641年から*平戸にあったオランダ商館が出島に移され，1867年(慶応3)まで居留地であった．1904年(明治37)その周辺の海が埋め立てられ，しだいに島の本来の姿が消えていった．現在，その復元計画が進められている．

【文献】長崎新聞社編『長崎県大百科事典』(長崎新聞社 1984) 560-61; 結城了悟「出島のはじまり」『長崎談叢』70 (長崎史談会 1985).

(結城了悟)

デシュレット　Déchelette, Joseph (1862. 1. 8-1914. 10. 8)　フランスの考古学者で，現代フランス考古学の礎を築いた．ロアール県ロアンヌ(Roanne)に生まれ，第1次世界大戦に従軍，ピカルディー地方エーヌ(Aisne)で戦死する．1900年にフォレ地方の中世とルネサンスの壁画に関する研究(Les peintures murales du Moyen Age et de la Renaissance en Forez)を共同で発表した後，先史時代やケルト，ガロ・ロマンの考古学の専門家となる．代表的著作として，『先史，ケルト，ガロ・ロマン時代の考古学ハンドブック』(Manuel d'archéologie préhistorique, celtique et gallo-romaine, 1908-13)がある．

【文献】Cath. 3: 509-10; EncU Thesaurus 1: 807.

(高野禎子)

『テスタメントゥム・ドミニ』　Testamentum Domini　5世紀にシリアにおいて書かれた教会規

則に関する書物．表題は「我らの主イエス・キリストの遺言」というもので，キリスト自身の言葉として，ローマの *ヒッポリュトスの『*使徒伝承』に基づく教会生活規定を収めている．2巻からなり，教会建築の方法，*洗礼，愛餐(*アガペー)，*聖餐，*埋葬などに関する規定を含む．エデッサの *ヤコブによるシリア語訳(7世紀)の写本に基づいて *ラーマニが1899年にシリア語・ラテン語対訳の校訂版を出している．

【校訂版】I. E. RAHMANI, *Testamentum Domini nostri Jesu Christi* (Mainz 1899).

【文献】DThC 15: 194–200; Altaner⁸ 257. (比企潔)

テストヴィド　Testevuide, Germain Léger

(1849.10.2–1891.8.3)　パリ外国宣教会司祭，来日宣教師．フランス東部 *ラングル近郊のティヴェ(Thivet)に生まれる．ラングル教区の小・大神学校を経て，1872年 *パリ外国宣教会に入会し，翌年6月司祭叙階，同年(明治6)12月来日．横浜で *プティジャン司教のもと，日本語を学びながら横須賀海軍工廠で働くフランス人技師の司牧にあたる．1875年より若い伝道士(*カテキスタ)の養成と神奈川県内(砂川・八王子・そして市分方と拝島の同和村も含む)の宣教活動を開始した．東海道筋の巡回宣教師に任命され，相模・駿河・伊豆・遠江各地方を巡り，福音の種を蒔いた．厚木・小田原・静岡・藤枝・松長・浜松まで巡回し，1885年沼津に教会を建設した．翌年御殿場付近で非人間的な状況のなかに見捨てられていた30歳位の女性ハンセン病患者との出会いをきっかけとして，ハンセン病患者の世話を始める．1889年1月に，*神山復生病院を設立．1891年6月病状悪化のため香港のミッション会運営ベタニア・サナトリウムで療養したが，8月に同所にて胃癌のため優しさと愛に溢れた宣教師としての短い生涯を閉じた．

【文献】日キ歴898；ボーデュ神父『静岡県宣教史』後藤平訳(創造社1965)；『パリ外国宣教会年次報告』1(聖母の騎士社1996). (M.コーナン)

テゼきょうどうたい　テゼ共同体　Taizé Communauté

超教派の男子修道会．

創始者のブラザー・ロジェ(R. *シュッツ)はスイスのプロテスタント牧師の家庭に生まれる．戦争の犠牲者をかくまった祖母や他教派との和解を求め続けた父親などの影響を強く受け，*ローザンヌで神学を学ぶうちに，弱者とともに歩む超教派の男子修道会の構想を抱く．1940年，フランスの *クリュニーに近い小村テゼ(Taizé)に移り住み，1949年に修道会を発足．以来院長を務める．

【歴史】当初の2年間，ブラザー・ロジェは一人で祈りと労働の生活をしながらユダヤ人難民や孤児などを迎え入れた．1949年に7人の「兄弟」が誓願を立て，修道共同体として正式に発足．現在，プロテスタントとカトリック出身の約100名の兄弟がいる．その初めからキリスト教各派の和解と，すべての分裂した人々の和解を働きのテーマとする．60年代に入ると，その単純素朴な祈りと和解への呼びかけに共鳴する若者の訪問が急増し，90年代には，夏期には毎週5,000人ほどが集うようになった．彼らは，一日3回の共同の祈りを中心に，分かち合いや *沈黙のときをもつ．そこではカトリックの聖アンデレ女子修道会が訪問者の受け入れの手伝いをしている．1983年より，*和解を祈り行動する「信頼の巡礼」を呼びかけ，世界各地で毎年数万人規模の集いを開く．アジアでは *マドラス(1985, 1988)と *マニラ(1991)で開かれた．

テゼ共同体は第2 *ヴァティカン公会議にオブザーバーとして招かれ，1986年には教皇 *ヨアンネス・パウルス2世がテゼを訪問．また，プロテスタント各派および正教会の指導者たちの多くがテゼを訪れる．またマザー・*テレサとブラザー・ロジェは和解を求める共同声明を1976年に発表した．

短い言葉を繰り返す単純なテゼの歌は，現在世界各地の教会や修道院で歌われている．

【日本】1978年(昭和53)，3人のブラザーが来日し宮寺教会(浦和教区)に共同体を構えた．1988年，韓国に移動．

【文献】DIP 9: 807–13；テゼー共同体『日ごとの讃美』松山與志雄訳(新教出版社1982)：TAIZÉ COMMUNAUTÉ, *Praise in All Our Days* (Oxford 1975); G. BALADO, *The Story of Taizé* (Oxford 1881 ³1988); S. ROGER, *No Greater Love* (Oxford 1990). (植松功)

てつがく　哲学　〔英〕philosophy, 〔独〕Philosophie, 〔仏〕philosophie

人々の *世界観・価値観の根底の枠組みないし *原理，またそれら原理に対する前学問的ならびに学問的反省・自覚を意味する．学問以前の生活世界において共有される文化や価値観の違いに由来する *多様性，また学問的反省・自覚の方法の多様性に応じて，さまざまな類型の哲学がある．例えば，*宗教的体験に根ざすもの，*宗教に敵対するもの，等々．

【日本語の「哲学」】日本語の「哲学」という言葉は，明治初頭西洋の文明の導入期に *西周によって，その著『百一新論』(1874)において英語の philosophy の訳語として採用され，以後一般に使われるようになった．この語は，元来ギリシア語の「知恵」(sophia)を「愛する」(philein)ことを意味するフィロソフィア(philosophia)に由来するものであるので，西は，最初原意を生かして「希哲学」すなわち明智を希求する学という訳語を考えたが，後に現行の訳語に落ち着いたものである．

いずれにせよ，ここで留意すべきことは，この訳語の確定が，19世紀初頭あたりからの(人文・社会科学も含めての)個別諸科学の独立の過程をほぼ終えた段階での西洋文明の我が国への本格的な移入に符節を合わせて行われたこと，したがって，そのことの結果として，「哲学」を，例えば「物理学」「経済学」等々と並ぶ個別科学ないし少なくともそれに極めて近い性格規定を有するものとして受け取る傾向が，最初からそこに何ほどか含意されていたことである．事柄の特殊性は，例えば，同じフィロソフィアを，この場合にはポルトガル語とラテン語経由で，近世初頭という明治期のそれとは違った発展位相に属する西洋文明から，「学問ノ好キ」なる訳語のもとに移入した我が国のキリシタン文書(→キリシタン文学)における受容と引き比べてみれば，直ちに明らかになるだろう．

哲学を最初から，すでに *科学として確立・制度化されたもろもろの個別科学と並ぶ一個別科学ないし研究部門として考える傾向は，こうして，古代ギリシアの *ピュタゴラス学派において名利を離れた *知恵の愛求の営みとして出発して以来，その発展の比較的近い過去の段階において，いわば自らの母胎のうちから順次個別諸科学を生み出してきたフィロソフィアとそれら個別科学との微妙な成立位相のずれや，また両者の間にときとして生ずる対立緊張の関係への感受性をともすれば鈍く

てつがく

させ、また、民衆の生きた知恵と何らかの程度と形において制度化された哲学との間のありうる交流を見落として、その「成果」のみを、ひたすら植民地的勤勉をもって輸入する傾向に連なる。言い換えれば、「哲学」を、ともすればその実際における広がりよりもやや狭く特殊なものと考える方向に傾き、欧米原語の場合よりも、はるかに日常用語とかけ離れた訳語を専門用語にあてて、流通圏を自らの手で狭める傾向をもったことにまず留意しておくべきだろう。

【哲学の二つの極】「哲学」の語は、以上に述べたところからもすでに明らかなように、必ずしも特定の制度化された学問領域を意味するのみではなく、むしろそれに先立って、元来、より広く、意識的・無意識的を問わず、人が生きるうえでの基本的なしるべとなる価値観、世界観といったものにまで及ぶ広がりをもった言葉である。このことは、欧米語の原語の用法に遡ってみるまでもなく、「あの棋士は独特の勝負の哲学を身につけている」「この国の教育政策には哲学がない」等々の日常の日本語でのこの語の用法に即してみればすでに明らかだろう。そこで、考察の便宜上、まず「哲学」の語の意味の広がりをその全範囲にわたって見渡しておくとすれば、さしあたり、そこにその広狭両義に応じて次のような二つの極を見定めることができる。

① 学問としての哲学．一方の極には、何らかの程度また何らかの形において組織化され制度化された知の基本原理(ギリシア語にいう *アルケー)の探求の学問としての哲学が来る。近代の個別科学の(大学・研究所等の)研究体制に倣って、あるいはその一環として制度化、組織化され下位区分をもった一定の領域の研究・探索・教育として今日行われている哲学は、いうまでもなく、その一典型である。さらに遡れば、西欧中世の *修道院学校におけるいわゆる *スコラ哲学、あるいは同じく中世にその淵源をもつ西欧の *大学で、*法学、*医学などと並んで、一定の厳密な方法的手続きに従って研究され講じられた哲学も、今日の学問的哲学の直接の祖先として、同じくこの極の一典型といってよい。しかし、ここでは、「何らかの程度また何らかの形において組織化され制度化された知の基本原理の探求の学問としての哲学」という表現をもう少し広くとって、古代ギリシアのピュタゴラス学派において名利を離れた知恵の愛求の営みとして自覚的に名指されて以来の「フィロソフィア」をはじめとして、今日大方の哲学史の叙述の対象となる哲学思想の大半をこの型に含めて考えておきたい。それは、一般にいって、近代科学成立以前の西欧、あるいは非西欧文明圏において、多くの場合ある職能集団(祭司、宗教者、学校教師、政治的助言・指導者、ソフィスト、イデオローグ等々)によって「学問」として、制度化、組織化された知としての哲学をそのうちに含むことになるだろう。ピュタゴラス学派の「フィロソフィア」が、むしろ秘教的な教団の宗教者を、中世のスコラ哲学が学問僧・修道僧を、それぞれその主要な担い手またさらには想定される受容層としてもち、そのかぎりでやや閉じた性格をもつのに対して、しばしば今日の西洋哲学の始祖とみなされる *ソクラテスの哲学が、民主制下の古代アテネの「市民」をいわば対象集団とする開かれた公共性をその特徴としてもっていることは、すぐあとにもみるように、哲学の学問性の今日的理解につながることとして留意すべきである。

② 価値観、世界観としての哲学．他方の極には、(当事者によって必ずしも自覚的に反省され意識されているとは限らない)人々の基本的な考え方、価値観(行動の指針)、世界観としての哲学が来る。「哲学を否定することもまた一つの哲学にほかならない」という *パスカルの有名な言葉にいうように、こちらの意味の哲学は、人々の考え方、感じ方の基底一般を包括する最も広い意味でのそれである。文学や芸術、神話、さらにはことわざや世俗知のなかにも哲学がある、あるいは、こちらのほうにこそ真に生きた哲学があるというようにいわれる場合の意味での哲学である。*デカルトは、万人に公平に天与の素質として分かち与えられた「良識」に自らの哲学を定位することを志し、*カントは、「生来自然の素質としての形而上学」に「コスモポリタン的哲学」の基盤を見届けた。彼ら近代の市民の共同体を背景とする哲学者たちにとっては、民衆の生きた知恵に定位することがすなわち、学問としての哲学の公共性の究極の支えとなると考えられたのである。

以上の極 ① ② をその両極端として、現実の哲学の営みと働きとは、この二つの要素をある度合いにおいて分かちもちつつ、その中間のいずれかの場所に位置を占めていると考えられる。時代により、地域により、①の在り方には(例えば、中世 *イスラム哲学、古代中国哲学、近世西欧哲学等々)さまざまな類型があり、また、② についても、同じく時代と地域により、(こちらの場合には、古代エジプト等々からさらに広くは無文字社会ないし原始社会のそれまでも含めて)さまざまな文化伝統に応じての最広義の哲学の類型がみられる。この結果、また、① と ② の両極間の関係についても、すでにその一端をみた公共性、普遍性への志向の強いものから、地域や時代やさらには集団・個人の特殊性に重点を置くものに至るまで、(ときに個別科学、技術等、知の他の諸形態との関わりをいわば間に挟んで)さまざまな相互交流あるいは相互の対立、批判等の類型が存在しうることとなる。

【哲学的知の一般的特徴】前節 ② のむしろ反省的自覚や意識化以前のいわば素朴な価値観、世界観としての最広義の哲学については、ここでは置くとして、基本的にはそこに根ざし、あるいは少なくともそこに出発点をもつにせよ、何らかの程度においてそうした素朴さを離れて自覚的に反省され、さらには組織化・制度化された営みとしての哲学ないしフィロソフィア(すなわち最も広い意味での前節の ①)の特徴をあげるとすれば、さしあたって、(1) 公共的(対話的)知、(2) 原理への反省・*批判、(3) 世界観・価値観・存在観の基底の表現・自覚といった諸点をあげることができるだろう。以下、順次これについて説明する。

〔公共的知〕人が生きるうえでのよすがとなる知の基底の反省的自覚を目指す哲学の営みは、その性格からして、秘教的あるいはさらには私秘的なものではありえず、何らかの程度において公共的に開かれていることをその特徴とし、また志向もする。たとえそれが、西洋の「フィロソフィア」の出発点におけるピュタゴラス学派におけるように、ある秘教的性格を帯びた教団の内部で営まれるとしても、少なくともその集団の構成員相互の間には、公共的な自由検討の可能性とよりよい相互了解へ向けての開かれた姿勢があり、そのことが、成員自身にとっても究め尽くすことのできない部分を残す啓示や神話などへの関わりと、哲学的探求の知を分け隔てる一つの基本的な徴憑をなしている。この姿勢は、例えば、信仰を知解(〔ラ〕intelligere)することを目指す *アウグスティヌスの哲学の根本思想にも通じている(→知解を

求める信仰). 自らの無知の自覚から出発するソクラテス的対話は, そうした哲学の公共性への志向の最も古典的・原型的な例とみなされうるし, また, *プラトンや*ヘーゲルの弁証法あるいは*中世哲学の「然りと否」の方法などは, すべて, ある意味で知の公共性を志向する開かれた対話の論理を, 知の及ぶぎりぎりの限界にまで, 洗練する試みとみなすことができるだろう. こう考えれば, *新プラトン主義の色彩の濃い*否定神学の伝統なども, 19世紀に起源する「神秘主義」などという粗雑な概念でくくって済ますには, 慎重であるべきことが了解されるはずである.

哲学的知のこうした公共的・対話的性格は, また, そのおのずからなる結果として, 哲学の言語表現が多く韻文よりはむしろ散文と親和性をもつという事実に通ずる. 韻文が, どちらかといえば, 人が, 「うた」「かたり」をもって, 神あるいは神々に差し向けたり, あるいは神が人の口を借りて人に差し向けたり, あるいは特定の職能を帯びた人々が民族や教団等々の集団の伝統を権威をもって人々に語り伝えたりといったかたちで, 垂直な非対話的伝達ないし表現の場面に関わるのに対して, 散文は, むしろその本質からして, 人が人に対して互いに水平方向に差し向ける, 開かれた自由検討と対話に適合的な伝達ないし表現の形式にほかならないからである. 哲学の知は, その古層やあるいは極限的な場合において, 韻文に近づくことがないわけではないが, 基本的に散文の形をとり, 開かれた公共の場での説得, 論証, 検討を志向する.

〔原理への反省, 批判〕前項の公共知にみたように, 少なくともある範囲での公共性を志向し, 典型的には開かれた対話の場で, 生きるよすがとなる知の基底ないし基本原理を繰り返し自由な検討に委ねていくことを特色としてもつ哲学の営みは, そのことの結果として, 生き方や思考の基本原理への反省や批判的検討の働きをその目標としてもつことになる. 生き方や思考の基本原理を開かれた公共的な対話的状況のなかで繰り返し自由な検討に委ねることは, その基本原理を基本原理として自覚することに通じると同時に, またとりわけ転換期にあって, それに対して距離をとり, 批判的意識を働かせることにも通じる. ここに, およそあらゆる生き方やものの見方に対する「批判」, なかんずく, 突き詰めたところ人間の思考のとりわけての媒体として機能する言語表現への「批判」的・分析的検討が, 哲学の営みをその目標ないし対象の側からみるとき, 前述の基本原理の自覚という働きと並んで, その重要な特色の一環として浮かび上がることとなる. この「批判」としての側面は, 哲学の営みに, しばしば, 達成された一定の積極的成果に自足し, あるいは馴れ合うことなく, 絶えず自らを超えていく自己超越, ないしは永遠の未完結性という特色を与えることとなる. 哲学は, すでにみたように, 自らの知を公共的なものならしめるために, 厳密な論証への要求をもつ点において, 一面で(科)学の性格を分かちもつが, 他面, 自身そこにとどまることなく, 例えば典型的には科学哲学というかたちをとって, 科学的知の科学性そのものを批判的検討に付するという点で, 科学を超える側面をももつ.

〔世界観, 価値観の基底の表現, 反省〕哲学の知は, 公共性, 批判性という前述のような特色をもつが, しかし究極のところ, その内実についていえば, 知の基底への反省・自覚というその営みにおいて, 前節②にあげた最広義の「哲学」, すなわち人々によって生きられる反省以前の, あるいは反省を超越した(*信仰等の)世界観・価値観にその根をもっている. 日常の生活世界, 生活形式を離れて, どれほど抽象的であろうとおよそ一般に思考はありえないからである. この文脈からすると, したがって, 哲学は, 世界観・価値観の基底の, 公共的・批判的知にもたらされうるかぎりでの, 表現・自覚・反省として規定される. 哲学は, 一面で, 既述のように, 科学と深い親縁関係をもつと同時に, とりわけここでは, ある時代, ある集団の世界観・価値観の基底の表現である芸術・宗教等々との親縁関係を有するものとして現れる. この側面からみるとき, 哲学は, 宗教・芸術・科学・技術・教育・法制度などと並んで, 文化の一環をなし, 他面で, *宗教哲学, 芸術哲学(*美学), *教育哲学, 道徳哲学(*倫理学)等々として, さまざまな*文化あるいは生活形式の部門の反省的自覚にあたる. 哲学は, 文化の基底の公共性に向けて開かれた表現・自覚として, 文化における特殊と普遍を媒介し, 同時に, また, 前述の批判性という要因によって, 一つの文化が既成の生活形式を, ときに他の集団のそれと兼ね合わせ, 反省し, 超え深めつつ自らを形成していく, その形成力・変革力の一つの担い手ともなるのである.

【哲学と哲学史】哲学の知が, 以上にみた(1)公共的(対話的)知, (2)原理への反省・批判, (3)世界観・価値観の根底の表現・自覚・反省・変革といった特色をもっている以上, それが, とりわけ, さしあたっていえば以上のうち(3)との関係で, 各時代さらには各地域ないし文化圏に応じて異なった形の現れをみせることは当然のことである. 同時にまた, それぞれの時代からする過去の時代との関わり(さらには, それぞれの文化圏からする他の文化圏との関わり)が, 時代の進展に伴い(また文化圏に応じ, また文化圏相互の交流・衝突が介入する場合にはそれに伴って), 少しずつ違った様相をみせること, 一言でいえば, 各時代は, 各時代なりの哲学史像(と他文化圏の哲学像)をもつこともまた, 歴史や地理をすっかり超越した特権的視点などというものがおよそ人間の身に不可能である以上, 当然のことといってよい.

〔進歩史観とヨーロッパ中心主義〕西洋の哲学において, 哲学の歴史を自己の時代におけるその終極に至る思索の展開の過程として叙述し, 哲学史そのものを一つの学問たらしめる試みは, 19世紀初頭のヘーゲルにおいて初めてなされた(→ 哲学史). 以後そこにみられる思弁的な歴史の改編を修正し, あるいは歴史研究の進展に伴う精密化を加える等々の変化はみられたものの, ヘーゲルによってそれ以前の研究を踏まえて大成され, 提示された西洋哲学史像は, 基本的に少なくともアカデミックな哲学, 哲学史研究の世界では, ドイツ以外の諸国も含めて長らく教科書的常識のうちに溶け入って, 世間一般の見方を大きく支配した.

この大勢に明らかな変化が認められるようになったのは, 1960年代以降の知的情勢における大幅な変化, すなわち*構造主義の登場による異教や異文化の対等な理解の進展, また*科学史におけるいわゆるパラダイム相対主義による進歩史観の退潮等々に伴ってのことにほかならない. 哲学史の領域においてもまた, 単線的な進歩史観への根底的な反省やまたヨーロッパ中心的な文明史観から多文化主義的な視点への転換が今や一般の風潮に影響を及ぼすまでになり, *コントやH.*スペンサーと同じく, 基本的にそうした進歩史観(およびヨーロッパ文化中心主義)の影響下にあるヘーゲル流の哲学史観の根本的な見直しの気運が時代の趨勢として目立つように

てつがくし

なってきた.

〔ヨーロッパ世界の哲学〕M. *フーコー, *デリダなどが1960年代以来試みた西洋の哲学・思想史の解体・再編の試み, またそれに並行しての *ハイデガーや *ニーチェの影響の増大などについて, ここではその詳細に立ち入ることはしない. それほどまでラディカルな試みでなくとも, しかし, 従来の枠組みの多少の手直しの試みは提出しておいてもよいだろう.

西洋の哲学史は, 従来の古代-中世-近代という三分法を廃し, ないし相対化して, (歴史学でピレンヌ Henri Pirenne, 1862-1935 や *トレルチがとるような) 古代地中海世界-内陸ヨーロッパ世界の二分法に従ってみるほうが, より実情に即した展望が得られる. 9世紀の *カロリング・ルネサンスを起点として, 中世-近代を断絶よりは連続の相のほうを重視して, 一続きのヨーロッパ世界の哲学とみ, そのうえで, 14世紀と, 1770-1820年の時期に下位の相対的な断絶を置いてみるのである.

古代地中海世界の哲学は, (ときにアラブ世界経由で)後にこの(内陸)ヨーロッパ世界の哲学に合流し, 「共生」し, その重要な構成要素をなしていくことになる. 古典 *ギリシア哲学が, イギリスをも含むプロテスタント圏諸国で, 過度に重視され, 相対的に *ヘレニズムの哲学やまたとりわけラテン世界の哲学が軽視されるという傾向があったが, (クレオールとまでいわぬまでも)中近東諸語の影響を多分に含んだ *コイネー(共通ギリシア語)で書かれた *ディオニュシオス・アレオパギーテースなどを, 古典古代の基準で判定するのは, 文化理解として正しいとはいえない. *ヘレニズム・ローマ哲学もそれなりに個性的で豊かなのである.

9世紀カロリング・ルネサンスの時代に, 古代地中海世界の遺産を復興しつつ, *神学-哲学-*自由学芸という学問の序列の基礎が置かれ, また, これに従って教育の制度・体系が整えられる. この秩序・体系は, 後の大学に受け継がれる. 14世紀に *オッカムの *唯名論が, 独立の個体の強調によって, 合意に基づく近代的共同体への道を開くとともに, 普遍概念の権能を失わせて, 神学と哲学の乖離を招き, 信に対する知の守備範囲を狭くした. オッカムに影響された初期 *ルターの哲学嫌いは, その一帰結であり, *経験論, *実証主義に通じる反形而上学的な傾向はここに胚胎する. 18世紀終わり前後の変革においては, 自由学芸のレトリックの一部門である「批判」の延長線上に, 「哲学」や「*理性」の存立の基盤そのものが問われ, 多くは自由学芸を母体として続々と独立の歩みに入った個別科学と「芸術」が, 哲学の牙城を脅かす. 早くも, 「哲学の終わり」の時代の幕開けである. しかし, 一方では, フランスの *唯心論, ドイツ語圏の *ロッツェ, F.*ブレンターノら, 中世以来の「知性」を継承する路線も存続して, 1960年以来の多文化主義的な転換を含み込んだ次の変革期を迎える.

〔日本の近代哲学〕明治以降の西洋文明と思想の急激な移入と吸収の流れのなかにあって, *西田幾多郎, *和辻哲郎, *九鬼周造, *岩下壮一といった人々が, 日本の地盤に根づいた哲学の理解と創造に努めた. 6世紀以来の日本思想を東アジアの背景を充分考慮しつつ見直し, 現在に生かす道を探ることは, なお今後の課題である.
→日本の哲学

【文献】吉満義彦『詩と愛と実存』(河出書房1940); 岩下壮一『信仰の遺産』(岩波書店1941); 波多野精一『時と永遠』(岩波書店1943); 西田幾多郎『哲学概論』(岩波書店1948); 林達夫『精神史への探求』林達夫著作集2, 久野収, 花田清輝編(平凡社1972); M. フーコー『言葉と物』渡辺一民, 佐々木明訳(新潮社1974); M. FOUCAULT, *Les mots et les choses* (Paris 1966); E. ジルソン『中世哲学の精神』全2巻, 服部英次郎訳(筑摩書房1974-75); E. GILSON, *L'esprit de la philosophie médiévale* (Paris 1932); G. マルセル『存在と所有』世界の名著続13, 山本信訳(中央公論社1976); G. MARCEL, *Etre et avoir* (Paris 1935); H. G. ガダマー『真理と方法』1, 轡田収他訳(法政大学出版局1986); H. G. GADAMER, *Wahrheit und Methode* (Tübingen 1960); K. ヤスパース『哲学とは何か』林田信二訳(白水社1986); K. JASPERS, *Was ist die Philosophie? Ein Lesebuch* (München 1976); 稲垣良典『抽象と直観』(創文社1990); 井筒俊彦『意識と本質』(岩波書店1991); R. ローティ『哲学と自然の鏡』野家啓一監訳(産業図書1993); R. RORTY, *Philosophy and the Mirror of Nature* (Princeton 1979); 坂部恵『ヨーロッパ精神史入門』(岩波書店1997); H. ベルクソン『思想と動くもの』河野与一訳(岩波書店1998); H. BERGSON, *La pensée et le mouvant* (Paris 1934). (坂部恵)

てつがくし　哲学史

【哲学史とは何か】「歴史」を表すヨーロッパ各国語の語源であるギリシア語 historia の元来の意味が「情報・知識の収集」であったことは, ヘロドトス(Herodotos, 前5世紀)の『歴史』(Historiai)の内容から明らかである. やがてそれが *アリストテレスの『詩学』において出来事の再現的記述としての意味をもつに至るが, いわゆる歴史を動かす力の認識への関心が出てくるのは, はるか後世のことである. しかし, 近代西欧の *啓蒙思想や *ロマン主義, そして19世紀の *歴史主義を経由してきた我々にとっては, すべての学問と同様に, 哲学についてもその歴史を語る際に, 少なくとも二重の意味があることを考慮せざるをえない. つまり, 時間的な出来事の系列としての歴史(客観的な事実としての哲学史)と, その過程の洞察を目指す学問的な叙述としての歴史とである. そして「哲学史」においてとりわけ主眼となるのは, いうまでもなく後者である.

学問としての哲学史の主要対象は, 外面的な出来事ではなく, 思惟する *理性の行為である哲学的思想, しかもその内容とその結果である. そこで哲学には, したがって哲学史にも, *神話やキリスト教の *啓示の秘義などは属さない. ところで思惟する理性の行為は, 多数の有限的な諸主体において表現される. それらは, 具体的にいえば, 人間に固有な, 歴史的な成り行きのいろいろな制約性や偶然性を伴う人間的な思想である. そこで問題となるのは, 果たしてまたどの程度まで, これらが哲学史の対象にも属するかである. 哲学史を文化史的に取り扱う場合には, 哲学史をなるべく他の文化領域と絡み合わせるようにみなすことになる. しかし, 一人の人間の人格の表現としてみれば, もろもろの哲学的な思想には一つの総合的な統一点があり, それによってそれらの思想は他の出来事の流れから際立たされ, そしてそこからそれらの思想は全く個人的な, 一回限りの色合いを受ける. このことは哲学史の伝記的・精神科学的な取り扱いにとっての基礎を提供する. なお, 特定の民族や人種に共通の特徴を究めようとする民族史学の方法もこれに近いものといえる.

とはいえ哲学史の目標と頂点は，いつでも，問題史や理念史としての取り扱い方であろう．これは，哲学史を真理に忠実に総括することを前提にするが，その場合に必ずしもすべてを無選択に考察するわけではない．単に伝承的な学校哲学や，伝統的な原理の広範な領域への単なる適用は，そこにおいてはあまり意義はない．むしろ固有の対象をなすのはもろもろの原理そのものとそれらの進歩する展開であり，あれこれ偶然の影響によって成立するからではなく，理性そのものの力によって，つまりそれらの*理念そのものに内在する原動力に従って考えられるかぎりでの哲学者たちの思想である．この意味において哲学史にとって何が肝要であるかの尺度は，形式的な真か偽かの抽象的な関係ではなく，ある哲学が理性の存在理解や自己理解への何らかの問いにおいて，すでに達成された立場を超えて果たす貢献である．哲学史のそのような取り扱いは，互いに矛盾する哲学者たちの「厄介事」を乗り越えて，単なる文化史的な考察がとかく陥りがちな懐疑論への誘惑を回避する．

哲学とその歴史とは互いに一つの相互関係にある．人間精神の所産としての哲学は，具体的な歴史のかたちにおいてのみ生成する．それゆえそれは，もしも創造的な，自己とその目標を関知する哲学であろうとするなら，その歴史から抽象化することはできない．他方，いかなる哲学史も（少なくとも理念史的な方法に従えば），深く包括的な体系的哲学なくしては不可能である．

【哲学思想あるいは哲学者と哲学史】多数の哲学者たちは，哲学の歴史を単なる思想の歴史の系譜を即事的にたどること以上に重要な問題とみなしてきた．以下にその主な事例を展望してみよう．

古代ギリシアのアリストテレスには，今日の我々が期待するような哲学の歴史を著述する意図はみられないとしても，すでに一種の哲学史的記述がみいだされる．すなわちアリストテレスは，その*第一哲学，いわゆる*形而上学の講義の冒頭において，前6世紀初めの*タレスに始まる「自然学者たち」（[ギ] physiologoi, →自然学）や，前5世紀後半の*ソクラテスに続いた「哲学者たち」（philosophoi）による第一哲学的な思索活動を，あらゆる*存在と生成の*原理・*原因を探究する問題史的展開として回顧している．

ところで，3世紀前半の著作家ディオゲネス・ラエルティオス（Diogenes Laertios）による『哲学者列伝』(De vitis, dogmatis et apophthegmatis clarorum philosophorum) や，キリスト教の*教父たちの時代から中世を経由して近世初期に至るまでの哲学的著作家たちによる断片的な諸資料を踏まえて，比較的まとまった「哲学史」という表題をもつ著述が現れたのは，ようやく17-18世紀になってからのことである．例えば，イギリスの詩人・翻訳家スタンリ（Thomas Stanley, 1625-78）の著書『哲学史』全4巻（The History of Philosophy, 1655-62）は長らく基本文献とされていたし，ドイツでは哲学者ブルッカー（Johann Jakob Brucker, 1696-1770）による『批判的哲学史』全5巻（Historia critica philosophiae, 1742-44）が最初の哲学史と呼ばれてきた．

やがて19世紀以降に，今日みられるような一般哲学通史や，時代別の古代・中世・近世の哲学史，さらに各国別の哲学史，あるいは特定テーマの問題史を扱う哲学史など，多種多様な哲学史的著述が出版されるようになった．その意味での近代の哲学史の祖とみなされるのは，哲学史そのものについての反省を深めた*ヘーゲルである．彼は哲学の歴史における哲学体系の進歩を特徴づける正（[独] These）・反（Antithese）・合（Synthese）という*弁証法的パターンをみいだした．その大著『哲学史講義』において何よりも明らかなことは，ヘーゲルが「哲学」の誕生したギリシア以前・以後にわたって跡づける歴史的展望は究極的に彼自身の哲学体系を頂点として浮かび上がらせるための道程であるということである．ヘーゲル的な弁証法的思考方法を唯物史観に基づいて展開したマルクス・レーニン主義の世界観においても，哲学史はあたかも*唯物論と*観念論という*イデオロギー闘争の道行きの舞台として解釈されるに至った．

これに対して，*ヴィンデルバントのような*新カント学派による「学としての哲学史」の志向は，19世紀中葉以降の実証的精神を背景にして，イデオロギー的論理の枠によって歴史的事実が歪められがちな点を批判し，厳正な資料批判を通して事実と論理の総合をさらに徹底して深めようとするものであった．

『現代哲学史教程』全5巻（Cours d'histoire de la philosophie moderne, 1841-46）の著者で，フランスにおける哲学史の創始者として知られるV. *クーザンは，哲学のあらゆる体系を，感覚主義（*感覚論）・*理想主義・*懐疑主義・*神秘主義という四つの類型のいずれかを表すものとして分類した．彼によれば，哲学史はそれら四つの類型の一つをそれぞれ表す無数の体系から成り立ち，どの哲学体系も間違いではないが，すべての体系が不完全である．そして，これらの不完全な体系を統合し，こうして意識の全体性に適合する哲学を提供することが哲学者の機能の一端なのである．哲学教育の組織者であったクーザンは，そのような意味において，ヘーゲルの哲学史とは別の客観的な探究をすでに含意するものであった．

ドイツ・オーストリアの哲学者・心理学者のF. *ブレンターノは，魂と神の両者を弁護したが，哲学はおのおのの生気のある諸時期において衰退の諸局面を経ていく傾きがあるものと考え，それらの局面は，実践的な事柄，懐疑論，そして最後に神秘主義へと関心を移していくとした．

次に，アメリカの哲学者ペッパー（Stephen C. Pepper, 1891-1972）は，形而上学のあらゆる体系は形式論・機械論・有機体論・情況論のいずれかの事例として特徴づけられうることを示唆した．彼によれば，すべての哲学体系は，その体系の基本的カテゴリーが理解されるべき仕方を制御する根源的メタファーから展開されてくる．そして哲学史においては，四つの基本的な根源的メタファーが存在し，そこで四つの基本的な形而上学的な体系が存在する．すなわち，形式論（例えばアリストテレスにおいては，形式が鍵概念とされている），機械論（例えば*ホッブスにおいては，機械が基本的メタファーである），有機体論（例えば*ホワイトヘッドにおいては，有機体が組織化するメタファーである），情況論（例えば*プラグマティズムにおいては，情況への言及が鍵となる）である．

同じくアメリカの哲学者マッケオン（Richard Peter McKeon, 1900-85）は，哲学史における循環周期をみいだした．哲学は，形而上学的な体系が増えると*認識論に向きを変え，やがて認識論が同様に増えてくると言語研究に転ずるというものである．すなわち，形而上学的な思弁が周期の第1段階であり，この体系が増すにつれて，それらの間に決着をつける必要が哲学を認識論的な時期へと駆り立てる．次に同じように認識論が増えてくると，哲学は言語学的時期に移行し，もろもろの認識論

てつこうげい

を識別する手段を探し求める．その後に周期は，再度形而上学へと戻ることになる．

【世界哲学史に向けて】我が国においても，哲学史といえば，フィロソフィアの発生した古代ギリシアでのタレスらの*ミレトスや*ピュタゴラスの学派，孤高の*ヘラクレイトスとエレアの*パルメニデスとそれに続く*多元論の論者たちなどの自然探究を発端とし，ソクラテス・*プラトン・アリストテレスという師弟3代の古典哲学を頂点として，さらに*ヘレニズム期の諸思想へと向かう思想史の展開がまず想起され，その後の環地中海文明世界における三大啓示宗教(ユダヤ教・キリスト教・イスラム教)との関わりにおける中世思想と，そこからのある意味での脱皮ないしは再生を経由する近代・現代の哲学への発展を大枠とする「西洋哲学史」がおのずからモデルとみなされてきた．しかしながら，ことに20世紀における全地球的な人類文化の著しい状況変化のなかで，より広義の哲学的思索への再考の必要は，従来の西洋中心の自己閉鎖的な限界を脱して，多様性ある東洋思想をも内包する，より一層普遍的な学問的認識を志向する「世界哲学史」を求めさせずにはおかないであろう．上記の欧米における哲学史研究者たちの模索は，その意味における探究の手がかりとなるべきものと考えられる．

【文献】W. ヴィンデルバント『一般哲学史』全4巻，井上忻治訳(第一書房 1932-33): W. WINDELBAND, *Lehrbuch der Geschichte der Philosophie* (Freiburg 1892 [18]1993); J. ヒルシュベルガー『小哲学史』稲垣良典訳(エンデルレ書店 1964): J. HIRSCHBERGER, *Kleine Philosophiegeschichte* (Freiburg 1961); 同『西洋哲学史』全4巻，高橋憲一訳(理想社 1967-78): J. HIRSCHBERGER, *Geschichte der Philosophie*, 2 v. (Freiburg 1949-52 [8]1965); B. ラッセル『西洋哲学史』全3巻，市井三郎訳(みすず書房 1970): B. RUSSEL, *A History of Western Philosophy* (New York 1945); G. ヘーゲル『哲学史講義』全3巻，長谷川宏訳(河出書房新社 1992): G. W. F. HEGEL, *Vorlesungen über die Geschichte der Philosophie*, Samtliche Werke 17-19, ed. H. GLOCKNER (Stuttgart 1928); F. UEBERWEG, *Grundriß der Geschichte der Philosophie*, 3 v. (Berlin 1863-66), 5 v. (Berlin [12]1923-28); E. BRÉHIER, *Histoire de la philosophie*, 7 v. (Paris 1931-32); F. COPLESTON, *A History of Philosophy*, 9 v. (London 1946-75); K. SCHILLING, *Weltgeschichte der Philosophie* (Berlin 1964). （中村友太郎）

てつこうげい　鉄工芸

鉄を素材とした，建築，聖堂および城館の家具什器などの工芸作品．中世において，教会の*内陣前仕切りとして使用された鉄格子は，扉や家具の金具などとともに*金属工芸の一分野をなすが，現存作例はあまり多くない．フランスにおいて鉄工芸は12世紀までに高度の発達を遂げ，13世紀には打型の使用が普及し始めている．13-14世紀イタリアでは礼拝堂や墓所の衝立，窓格子などが，イギリスにおいても聖堂の鉄扉，所蔵する財宝を保護するための鉄格子が製作された．ドイツは特に鉄工芸が盛んであったが，15-16世紀には，*アウグスブルクで広く鉄器が製造され，バロック期にも作例は多い．また，レハ(rejas)と称するモニュメンタルな鉄格子が，スペインのゴシック大聖堂において創出された．16世紀には多くの聖堂で大規模なレハが製作され，全ヨーロッパを通じ発展した．17世紀以降は格子のほかに戸，家具，鍵，その他の金具，照明具など広範囲にわたって各種の製品がみられる．

【文献】『ブリタニカ国際大百科事典』5 (TBS ブリタニカ 1973 [2]1991) 763-98; DA 16: 59-60. （守山実花）

デッサウアー　Dessauer, Friedrich

(1881. 7. 19-1963. 2. 16) ドイツの哲学者．理想主義的な技術哲学で知られる．*技術とは，自然法則に従いつつ，これに合目的的な加工により具体的な形を与えるだけのものではない．さらにそこには，すでに自然界に存在するものをみいだす発見とは異なり，新たなものが世界にもたらされる発明という意味で，創造的*目的の設定がみいだされる．古代ギリシアの*イデア論を念頭に置きつつ，デッサウアーは，*理念の世界・物自体の世界にあるものが，技術により*経験世界に立ち現れる(すなわち，技術による理念の実在化)と主張する．

【主著】*Philosophie der Technik*, 1927; *Streit um die Technik*, 1926, [4]1956. （開龍美）

テッツェル　Tetzel, Johannes

(1465 頃-1519. 8. 11) *ルターの時代の*免償の説教者，ドミニコ会員．彼はマイセン近郊のプリナ(Prina)で生まれ，*ライプツィヒに学び，その後*ドミニコ会に入った．彼はグウォグフ(Głogów)の修道院長を務め，1509年にポーランドの異端審問官(→ 異端審問)に任ぜられた．彼のこのような経歴以上に歴史の上に彼の名をとどめおいたものは，彼の免償に関しての*説教がルターの*宗教改革の引き金になったということである．

1514年，ローマの*サン・ピエトロ大聖堂修築資金を集めるために，教皇*レオ10世は*献金を条件に全免償を授けることを宣言し，ドイツではマインツ大司教のブランデンブルクの*アルブレヒトに委任した．彼はテッツェルにこの免償の説教を行うように命じた．テッツェルは免償に関する説教を1503年から1510年にかけて10都市で行い，この説教に関して充分に経験を積んでいた．しかし，彼の免償の説教は，神学的に充分なものではなく，伝えられるところでは，「箱のなかに幾ばくかの貨幣を投げ込むと，皆さんの友人や親戚の魂を煉獄の炎から救うことができる」という内容とされている．さらに，この免償にはフッガー家が絡み，さらにドミニコ会が関与していることで，ドイツ国民の間には潜在的に不満が行き渡っていた．その結果，*ヴィッテンベルク近郊のユターボク(Jüterbog)で説教をした際，彼はそこの住民から攻撃を受けた．そしてテッツェルの方法に疑問をもつルターが*九十五箇条提題を書き，宗教改革の火ぶたが落とされることになる．

テッツェルはトマス主義的な後期*スコラ学の立場から122の異論で応答し，ルターはその*唯名論的・*オッカム主義的立場から反論していった．しかし，この論争のさなか，テッツェルはライプツィヒのドミニコ会の修道院で死亡した．

【文献】LThK[2] 9: 1383-84; NCE 13: 1025; A. フランツェン『教会史提要』P. フィステル監修，中村友太郎訳(エンデルレ書店 1992): A. FRANZEN, *Kleine Kirchengeschichte*, ed., R. BÄUMER (Freiburg 1988). （伊能哲大）

デップフナー　Döpfner, Julius

(1913. 8. 26-1976. 7. 24) ドイツのカトリック神学者．1958年より*枢機卿．バート・キッシンゲン近郊のハウゼン(Hausen)に生まれる．*ヴュルツブルクの司教，*ミュ

ンヘンおよび*フライジングの大司教，ドイツ司教協議会議長などを歴任する．*パウルス6世によってその聡明さを認められ，1963年より第2*ヴァティカン公会議において指導的な役割を果たしたことは特筆に値する．ミュンヘンで死去．

【主著】*In dieser Stunde der Kirche. Worte zum II. Vatikanischen Konzil*, 1967.

【文献】LThK³ 3: 336-37; MEL 7: 93-94. （富田裕）

てつや　徹夜　〔ラ〕vigilia，〔英〕vigil，〔独〕Vigil，〔仏〕vigile　大祝日の前夜祭として行われる真夜中の祈り．「徹夜」という名は「目覚めて警戒する」（〔ラ〕vigilare）という語に由来する（古代ローマでは夜を4等分し，それぞれに警備兵を配置して徹夜の警備勤務を行っていた）．*初代教会以来行われている徹夜祭は古代*イスラエルにおける*祝日前夜を準備する祭式，あるいは迫害時代の夜中の祭式から発展したものと考えられる．

やがて*復活徹夜祭の例に倣って種々の大祝日徹夜祭が発展する一方で，*修道生活の展開とともに，真夜中もしくは日の出前に鶏鳴とともに祈る徹夜の祈りが行われ，これは「朝課」（matutinum）とも呼ばれた（現在の*教会の祈りの*読書課）．これは，「イエスは祈るために山に行き，神に祈って夜を明かされた」（ルカ6: 12）に倣うものである．

大祝日・祝日を迎える*喜びの霊的準備として，その前日または前夜には特別な聖務日課（教会の祈り）を唱え，その日に記念する救いの*秘義もしくは*聖人を賛美する．現代のカトリック教会は主の降誕祭（→降誕）と*復活祭，および*聖霊降臨の祭日の前夜をミサによって荘厳に祝うこととしている．第2*ヴァティカン公会議による典礼刷新によって，現代の社会状況に対応して盛大な前夜祭の数が削減されたが，「大きな祝日の前夜，待降節と四旬節中のある週日，また主日と祝日に，ミサ中のことばの典礼と同じ構成で『神のことば』の聖なる祭儀が行われることが望ましい」（典礼憲章実施のための第1指針『インテル・エクメニキ』Inter Oecumenici, 38項）とし，今日もなお前夜祭の祈りの*霊性をキリスト者が深く記憶し，これに留意することを希望し勧めている．

【文献】Sacra Congregatio Rituum, "Inter Oecumenici," AAS 56 (1964) 885; C. Marcora, *La vigilia nella liturgia* (Milano 1954); A. Baumstark, *Nocturna laus* (Münster 1957); J. A. Jungmann, *Christliches Beten in Wandel und Bestand* (München 1969).

（鈴木宣明）

テ・デウム　Te Deum　日曜日または祝日の朝課（→読書課）において，また特に喜びを表現したり，神に感謝を捧げたりするときに歌われる聖歌．かつては*アンブロシウスか*アウグスティヌスの作といわれ，また5世紀に活躍したレメシアナの司教*ニケタスの作とする説もあるが，作者を確定するまでには至っていない．韻文による歌詞は29節（節の分け方によっては30節）からなるが，*ミサの通常式文や詩編からの引用が少なくない．一方，今日一般に知られている*グレゴリオ聖歌の旋律は12世紀まで遡ることができる．

【音楽】9世紀後期の音楽理論書『ムジカ・エンキリアディス』（Musica enchiriadis）にはオルガヌム（〔ラ〕organum）の実例として，テ・デウムの一節が引用されている．以後中世を通じてテ・デウムを即興で*ポリフォニーによって歌う習慣があったことが推察される．ルネサンス以後テ・デウムは盛んに作曲されるようになり，代表的な作曲家としては*バンショア，フェスタ（Costanzo Festa, 1490-1545），*ラッスス，*ビクトリア，*アネーリオ兄弟，*ケルレ，*タヴァナー，*タリス，*バード，O.*ギボンズ，*パーセル，*リュリ，*シャルパンティエ，*ヘンデル，F. J.*ハイドン，*モーツァルト，H.*ベルリオーズ，*ドヴォルザーク，*ブルックナー，*ヴェルディ，*コダーイ，*ブリテンらが含まれる．

【文献】J. Julian, *Dictionary of Hymnology*, rev. ed. (London 1907); G. Reese, *Music in the Middle Ages* (New York 1940); Id., *Music in the Renaissance* (New York 1954); P. Wagner, *Einführung in die gregorianischen Melodien*, 3 v. (Hildesheim 1970). （金澤正剛）

【典礼・霊性】ラテン語の名称 Te Deum laudamus は「神よ，あなたを（わたしたちはほめたたえます）」の意味で，現在の日本の典礼では「賛美の賛歌」と呼ばれている（『典礼聖歌』367）．6世紀のヌルシアの*ベネディクトゥスの『戒律』（11: 8）にも，主日の*徹夜のなかでテ・デウムを歌うことについての言及がある．現在の聖務日課（*教会の祈り）では，*四旬節以外の主日，*復活祭と降誕祭（→降誕）の*8日間，*祭日と*祝日の*読書課のなかの第2朗読の*答唱のあとにこの歌を歌うこととされている（『教会の祈り』総則68）．

テ・デウムは華やかな*賛美の性格をもっているため，それまで栄光と感謝の歌として歌われてきた「キリストは打ち勝てり」（Christus vincit）に代わって聖務日課で歌われるようになった．また，中世には朝課のなかで*典礼劇がテ・デウムの前に行われていたことから，この歌は，何らかの記念すべき出来事に続く感謝の歌とする慣習が生じた．そこで，誓願式や叙階式のほか，さまざまな信心業の結びに用いられ，17世紀からは戦勝記念や君主・貴族の家における子女の誕生や結婚などの慶事にも感謝の歌として歌われた．ルネサンス以降，テ・デウムは合唱曲または，オルガンのヴェルセット（交互演奏）の曲として発達していったが，他方，ラテン語が一般に理解されなくなったことや，やがて主として戦勝や慶事の際に用いられる歌になったことから，典礼，特に聖務日課における参加者の賛美の歌としての性格は薄れていった．第2*ヴァティカン公会議による典礼刷新を通してテ・デウムは本来の性格を取り戻し，上述のように，新しい読書課の要素とされているほか，他の典礼祭儀でも，賛美の歌として歌うことができるようになった．

【文献】LThK² 9: 1336-37; LMit 8: 516; 遠山一行，海老沢敏編『ラルース音楽事典』上（福武書店1989）1070.

（齊藤克弘）

テトス　Titus　〔ギ〕Titos　おそらく*キリキア出身で，使徒*パウロによって改宗し（テト1: 4参照），*異邦人キリスト者としては最初の宣教者となった人．彼はパウロ文書にだけ言及されていて，使徒パウロに特別に信頼され（2コリ8: 23），彼に導かれてエルサレムの*使徒会議に参加した際に，彼により，*割礼要求に反対して弁護してもらったオロンテス川の*アンティオケイアの異邦人キリスト者である（ガラ2: 3）．パウロは同労者であるテトスを信頼するからこそ，外からやってきた扇動的キリスト者によって*コリントにある教会の人々がパウロの使徒性を否認し，彼に対立するという重

テトスへのてがみ

大問題が生じたときに，彼を派遣したのである．事実テトスは，エルサレム教会が異邦人宣教者パウロの使徒性を承認したことに対する生き証人であったので，その証言によっても，動揺するパウロの位置を再強化しえたのであろう(2 コリ 2: 13; 7: 6-7, 13 以下参照)．自ら進んで熱心にパウロを助けた(2 コリ 8: 22)彼は，パウロの切実な手紙(「涙の手紙」，おそらく 2 コリ 10-13 章)をコリントの教会に赴いて伝達したにとどまらず，その人格的な影響力と外交的手腕により，和解にこぎつけ，さらには，教会を *回心に導いて，使徒パウロを慕うに至らせた(2 コリ 7: 7)．コリント教会は貧しいエルサレム教会への募金活動に関しても，パウロを悲しませたが，この困難な活動の実現にも，パウロの委託を受けたテトスは貢献した(2 コリ 8: 6, 16-24; 12: 18)．エルサレム教会に容認された異邦人キリスト者として，テトスはその教会とコリントの教会とを結合する象徴的存在となる．カイサレイアの *エウセビオスの『教会史』(Ⅲ, 6, 6)によれば，彼はパウロの死後 *クレタに行き，*司教として高齢で死んだといわれる．

【文献】C. WOLFF, *Der zweite Brief des Paulus an die Korinther* (Berlin 1989) 48. 　　　　　(朴憲郁)

テトスへのてがみ　テトスへの手紙〔ギ〕epistolē pros Titon,〔ラ〕Epistola ad Titum　*パウロがその弟子の *テトスに書き送ったとされる手紙で，*異端に対決する健全な教えによって教会を形成することを勧めた *司牧書簡の一つである．著者および成立年代に関して，同じく司牧書簡に属する *テモテへの手紙とともに，種々の議論がある．

【執筆の背景と目的】テトス書 1 章 5 節によれば，パウロはテトスとともに *クレタの教会形成に携わっているが，使徒言行録(27: 7-28: 1)では，パウロのクレタ滞在は語られず，この近辺の航海の途中で暴風の危険にさらされているだけである．この点で少なくともテトス書との相違がみられるが，この相違を調停する試みがいろいろなされてきた．有力なものとして，パウロがローマで 2 度入獄されたと仮定する見解がある．すなわち，使徒パウロはローマで軟禁状態(使 28 章)から 1 度放免されて，しばらく宣教活動を継続したことがテトス書に反映されたと考える．そして，彼の 2 回目にして最後の入獄と殉教に先立って，彼のスペイン宣教の計画が表明された(ロマ 15: 22-29 参照)と想定する．しかしテトス書は，西方，とりわけスペインについては全く言及していない．したがって，ローマにおけるパウロの 2 度の入獄の間の時期に 1: 5 の記述の史実性の根拠を置く想定は，やはり困難であろう．

パウロと彼の協力者の足跡を歴史的に描くことは，本来司牧書簡の主要目的ではなく，むしろ教会の指導者たちである *長老と *監督の資格が詳しく述べられ(1: 5-9)，彼らへの実践的指示がこの手紙の内容の大部分を占めている．そこで，真正な *パウロの手紙より一歩踏み込んで教会の職階とそれらの指示について記述するテトス書は，テモテ書とともに，パウロ直後の時代の教会制度発展の歴史的一段階を反映している．しかしおのおのの役職の任務と相互関連性はまだ未分化にある．

【内容区分】
(1) *祝福の祈りを伴う序文(1: 1-4)．
(2) 長老と監督たちを任命する職務を，テトスは受ける(1: 5-9)．
(3) 教会を惑わす敵対的なキリスト者との戦いの必要性(1: 10-16)．
(4) 教会における多様な年齢層の人々と奴隷とに対するキリスト教的態度に関する勧め(2: 1-10)．
(5) その基礎づけ．すなわち，神はその民をキリストによって救い，良い業のために召し出した(2: 11-15)．
(6) 国家の代表者とすべての人に対しても，キリスト者のふるまいの真価が明らかにされなければならない(3: 1-2)．
(7) 信仰者は *洗礼によって古い存在から解放され，神への服従の義務を負う(3: 3-11)．
(8) 依頼とあいさつと祝福の祈り(3: 12-15)．

【特徴的事柄】使徒的権威によって使徒的務めの継承を委託された司牧者のテトスは，彼が任命すべき長老・監督の資格基準(1: 5-9)の場合と同様に，「健全な教え」によって教会を励まし(2: 1)，どこでも模範(〔ギ〕typos)として良い実例を率先して示すこと(2: 7)を求められる．ここにはテトスが，テモテ書と同様に(1 テモ 4: 12)，イエスとパウロに連なって教会の指導的模範になることにより，教会を形成していく意図が窺える．この意図は司牧書簡全体を貫いている．道徳的に考えられたその模範は，時間と空間の制約を越えた普遍性を要求する．したがって，教会に対する世間の肯定的な評価も大切になる(テト 2: 5, 8; 3: 8)．正統でない者への対処において，教会史上初めて厳密に「異端者」(hairetikos)という表現が用いられる(3: 10)．

【文献】土屋博『牧会書簡』(日本基督教団出版局 1990); M. WOLTER, *Die Pastoralbriefe als Paulustradition* (Göttingen 1988).　　　　　(朴憲郁)

デニ　Denney, James　(1856. 2. 5-1917. 6. 12)　スコットランドの *自由教会神学者，福音主義的神学者．グラスゴー大学，グラスゴー自由教会神学校に学ぶ．ブルーティ・フェリー(Broughty Ferry)東自由教会牧師(1886)．グラスゴー自由教会神学校教授(1897)．同学長(1917)．スコットランド国教会と自由教会との再合同運動の指導に尽力する．

【文献】キ人 932; キ大 723; NIDChC 293.　　　　　(高橋章)

テニエス　Tönnies, Ferdinand　(1855. 7. 26-1936. 4. 9)　ドイツの社会学者．ドイツ北部シュレスヴィヒのリープ(Riep)に生まれる．1881 年からキール大学で教え始める．1909 年，*ジンメル，*ゾンバルト，M. *ヴェーバーとともにドイツ社会学会を創立，1922-33 年には会長を務める．

イギリスの法学者メイン(Henry James Summer Maine, 1822-88)の著書『古代法』(Ancient Law, 1861)における「身分から契約へ」という考えのもとに，*ホッブスを中心とする合理主義的 *社会契約説と，ギールケ(Otto Friedrich von Gierke, 1841-1921)やイェーリング(Rudolf von Jhering, 1818-92)などの歴史法学のロマン主義的社会契約説との対立を克服する道を考えた．彼によれば，社会は意志の生み出したものであり，この意志は，「生」に基礎をもつ本質意志と，思考によって基礎づけられた意欲に基づいた選択意志に分けられる．それぞれに対応する社会構成体として，「ゲマインシャフト」(〔独〕Gemeinschaft, 共同社会)と「ゲゼルシャフト」(Gesellschaft 利益社会)をあげ，これらを乗り越えるものとして「ゲノッセンシャフト」(Genossenschaft 協同体，協同組合)を構想した．

【主著】 *Gemeinschaft und Gesellschaft*, 1887: 杉之原寿一訳『ゲマインシャフトとゲゼルシャフト—純粋社会学の基本概念』全2巻 (岩波書店 1957).　　　(細川甚孝)

デニス　Denis, Michael (1729. 9. 26-1800. 9. 29)
オーストリアの詩人, *イエズス会の会員. シェルディング (Schärding) に生まれ, *ウィーンにて死去. 1760年からウィーンの貴族出身の外交官養成所であった当時のテレジアーヌム (Theresianum) で修辞学教授を務め, イエズス会解散の後に司書となり 1779年には帝国図書館の館長に任命される. *ヨーゼフ2世治世下のカトリック啓蒙主義の展開に尽力し, *スコラ学の伝統に立った *イエズス会学院の旧態依然とした現状を厳しく批判した. オード (頌歌) 詩人として当時のオーストリアにおけるドイツ語文学に対する貢献は言うに及ばず, 聖歌本文に教理的明確さを求めたことでも知られる.
【著作】 *Lieder Sineds des Barden*, 1772; *Geistliche Lieder für die Erzdiözese Wien*, 1774; *Michaelis Denisii Carmina Quaedam*, 1794.
【文献】 LThK² 3: 228; LThK³ 3: 94-95.　　　(富田裕)

テニソン　Tenison, Thomas (1636. 9. 29-1715. 12. 14)
イングランド国教会 (→聖公会) のカンタベリ大主教. *ケンブリッジ大学出身. 説教家として活躍の後, 1692年リンカーン (Lincoln) 教区主教, 1695年に *カンタベリの大主教に就任. 英国聖公会福音宣布協会 (Society for the Propagation of the Gospel in Foreign Parts, 略称 SPG) の創立 (1701) に貢献した. ホイッグ党および *低教会の立場をとったため, 女王アン (Anne, 在位 1702-14) の信任を失った.
【文献】 ODCC³ 1588.　　　(高橋章)

テニソン　Tennyson, Alfred (1809. 8. 6-1892. 10. 6)
イギリスの詩人. 教区牧師の子としてリンカーンシャーのサマズビー (Somersby) に生まれ, 父の教育を受けた後, 1828年に *ケンブリッジ大学のトリニティ・コレッジに入学. ここで宗教・哲学・社会を論じる討論グループ「使徒団」(the Apostles) の一員となり, 親友ハラム (Arthur Henry Hallam, 1811-33) と知り合う. この頃, 詩作のほうでも名誉総長牌を受けるなど才能を発揮し始めている. 1833年に *ウィーンで客死したハラムを偲んで追悼詩『イン・メモリアム』(In Memoriam A.H.H.) を書き始める. 1842年に「アーサー王の死」(Morte d'Arthur) や「ユリシーズ」(Ulysses) を含む『詩集』(Poems) 2巻で名をあげた. 1850年には『イン・メモリアム』を完成・出版, 同年, *ワーズワースの跡を継いで桂冠詩人に任ぜられて名声はいよいよ揺るぎないものになる. テニソンはいわば国民的名士となり, 文学界のみならず多方面の友人との親交を得た. この後『モード』(Maud, 1855), 『国王牧歌』(Idylls of the King, 1859-85), 『イーノック・アーデン』(Enoch Arden, 1864) 等の物語詩を発表, 晩年には劇作にも手を染めた. 『イン・メモリアム』をはじめとする彼の作品の多くにおいて, 彼は伝統的キリスト教信仰と自然科学をはじめとする新しい進歩的思想の矛盾に苦しみながら, 何とか折り合いをつけ, 希望をみいだそうと努力している. 現在からみると彼の結論は皮相にみえるかもしれないが, 彼の生きた時代の精神的雰囲気を最もよく表現する詩人であることは間違いない. レディング近郊のオルドワース (Aldworth) で死去.

【文献】 C. TENNYSON, *Alfred Tennyson* (New York 1949); C. RICKS, *Tennyson* (New York 1972); R. B. MARTIN, *Tennyson: The Unquiet Heart* (Oxford 1980).
　　　(舟川一彦)

デニフレ　Denifle, Heinrich Seuse (Suso) (1844. 1. 16-1905. 6. 10)
オーストリアのカトリック神学者, 中世史家, ルター研究史家. チロルのイムスト (Imst) に生まれ, *ミュンヘンで没す. 1861年 *グラーツで *ドミニコ会に入会, 66年司祭叙階. 1870-80年グラーツのドミニコ会学院で哲学・神学を教授し, 1880年 *トマス・アクィナスの著作集編集委員長 *ツィリアラに招かれ *ローマに赴任する. 1883年 *ヴァティカン文書館で古文書研究, イギリス・スペイン・フランス・ポルトガルへ研究旅行. その研究は *スコラ学と *神秘主義, 大学史, 文化史, *古文書学, *中世教会史, 修道会史 (ドミニコ会修道制史・学問史), 百年戦争, *ルター研究, また典礼・説教・霊性文学に及び, 著作・論文のは膨大である. *エールレとともに『中世文学・教会史史料集』(Archiv für Literatur und Kirchengeschichte des Mittelalters, 1885-1900) を編集した.
【主著】 CUPa 4 v.; *Die Katholische Kirche und das Ziel der Menschheit*, 1872; *Das geistliche Leben*, 1873; *Das Buch von geistlicher Armut*, 1877; *Taulers Bekehrung*, 1879; *Die deutschen Schriften des seligen Heinrich Seuse*, 1, 1880; *Auctarium Chartularii*, 2 v., 1894-97; *Luther und Luthertum in der ersten Entwicklung*, 1, 1904; *Die deutschen Mystiker des 14. Jahrhunderts*, ed., O. SPIESS, 1951.
【文献】 LThK³ 3: 94; MThZ 6: 275-85.　　　(鈴木宣明)

テーヌ　Taine, Hippotyte-Adolphe (1828. 4. 21-1893. 3. 5)
フランスの歴史家, 哲学者. 初期は文学史の研究で認められたが, 晩年はフランス現代史の研究に費やした. *ドイツ観念論とイギリス *実証主義の融合を試みたが, 科学の成果をもって豊かにしようとした彼の哲学の本質は心理学的である. 人間論や言語学や歴史学はこの心理学の個別的な視点として捉えられる. 歴史は人種と環境と歴史的な契機の3要因の相互作用という機械的な社会力学によって解明されるとし, この方法論は芸術の歴史にも適用された. したがって, 宗教的・哲学的諸体系も絶対的な価値をもたず, 特定の文化の *世界観を反映するものとみなしたが, すべてを貫いて働く内的な力として神を考えている. 彼は, 15歳でカトリックの信仰を失い, キリスト教に対する敵意をもっていた. 特定の信仰を受け入れてはいないが, フランスの歴史における教会の創造的・慈善的役割は認めていた.
【主著】 *Philosophie de l'art*, 1865: 広瀬哲士訳『芸術哲学』(東京堂 1948).
【文献】 NCE 13: 914; CENTRO DI STUDI FILOSOFICI DI GALLARATE, ed., *Dizionario dei filosofi* (Firenze 1976) 1148.　　　(湯沢民夫)

テネブレ　tenebrae
ラテン語で「暗闇」の意. *聖週間の木曜日, 金曜日, 土曜日に行われる聖務日課 (→教会の祈り) の朝課 (→読書課) と賛課 (→朝の祈り) を指す. 各日の前晩に繰り上げて暗闇のなかで行われたため「暗闇の朝課」([ラ] matutinum tenebrarum) とも呼ばれ, 中世以来, 1955年の教皇 *ピウス12世による

テノル

聖週間の典礼の改定まで行われていた．式では，燭台にともされた15本あるいは13本の*ろうそくを，各詩編が終わるたびに1本ずつ消していった．そして最後の詩編のあと，1本だけを残して*ザカリアの歌と交唱(→アンティフォナ)を歌い，その後，このろうそくを*祭壇の後ろに隠した．詩編の歌唱とともに順番に消されるろうそくは，弟子たちがイエスのもとを離れていったことを表し，最後に祭壇の後ろに移されるろうそくは，キリストの死と埋葬を象徴すると解釈された．なお「テネブレ」とは，聖金曜日の朝課の第2夜課で歌われた答唱(Tenebrae factae sunt 暗闇になって)を指す場合もある．

【文献】NCE 13: 1007-1009; A. J. MACGREGOR, *Fire and Light in the Western Triduum* (Collegeville, Minn. 1992) 5-132. (宮越俊光)

テノル 〔英〕tenor,〔独〕Tenor,〔仏〕ténor　ラテン語の「保持する」(tenere)に由来する用語で，時代と場合によってさまざまな意味に用いられてきた．*グレゴリオ聖歌では*詩編唱において，発唱部に続く保持音(各旋法のドミナントにあたり，レペルクッシオ repercussio ともいう)を指す．12-16世紀の*ポリフォニー曲においては，*対位法的書法の基礎となる声部を指し，*定旋律(主に聖歌から引用された既存の旋律の断片で，ポリフォニー作曲の際，基礎素材となるもの)を置くことをつねとした．ところが15世紀以後，定旋律をテノル以外の声部に置く可能性も普及したことから，しだいに意味も変化するようになり，1500年頃4声書法が完成するに至り，下から2番目の声部をテノル(またはテノール)と呼ぶようになり，管や弦の合奏においても，下から2番目の声部を担当する楽器をテノルの名を冠して呼んだ．さらに17世紀以後，特に*オペラの発展に伴い，高音域の男声をテノール，またはテナーと呼ぶようになった．

【文献】NGDM 18: 688-90; 田辺尚雄他編『音楽大事典』3 (平凡社 1982) 1557. (金澤正剛)

テバイス → テーベ

デ・パオリ De Paoli, Ambrose (1934. 8. 19-)　駐日教皇大使(1998-)，大司教．米国ペンシルヴァニア州ジャネット(Jeannette)出身．1960年*ローマで司祭叙階．1966年以降，教皇庁外交官としてザンビア，ベネズエラ，カナダ，*ヴァティカンで勤務．1983年に名義大司教(→名義司教)に叙階．駐スリランカ，南アフリカの*教皇大使，レソトの大使代理を歴任し，1998年1月に駐日教皇庁大使として東京に着任．

【文献】AnPont (1999) 908, 1338. (橋爪由美子)

デハルベ Deharbe, Joseph (1800. 4. 1-1871. 11. 8)　*イエズス会の会員．*ストラスブールに生まれ，ドイツの*マリア・ラーハで没す．1828年司祭叙階．1847年，名前を伏せて『カトリック要理』(Katholischer Katechismus)を出版．やがて名前を明らかにしたこの書は，1848年から1922年の間に多くの版を重ね，多くの司教区で学校の教科書として使われたほか，英語，ポーランド語をはじめ，諸外国語に翻訳され，世界各地で使われた．

【文献】Koch 382; LThK³ 3: 58-59. (高柳俊一)

デビル Debir 〔ヘ〕dᵉbîr,〔ギ〕Dabir

(1) イスラエルのカナン侵入に際して征服された，ユダ南部の丘陵地帯*シェフェラにあった*カナンの町の一つ．ヨシュア記 10: 38-39 では*ヨシュアがこの町を滅ぼし尽くしたとされるが，同 15: 13-17 と士師記 1: 12-13 によれば，ケナズの子オトニエルが占領したという．この町の住民はアナク人で，元来の町の名はキルヤト・セフェル(qiryat seper)といった(ヨシュ 15: 49 は「キルヤト・サナ」としているが，これは誤記であろう)．*七十人訳聖書はキルヤト・セフェルをヘブライ語の字義通りギリシア語に訳し，「書物の町」(polis grammaton)としているが，元来デビルという語は統治者を示すヒッタイト語ダバラ(dabara)に由来し，ダバラに対応するヘブライ語ソーフェール(soper)をあてたとする説がある．これに従えば「統治者(ないし役人)の町」となる．この町の元来の位置の同定は争われてきた．*オルブライトはテル・ベト・ミルシム(Tell Beit Mirsim)と考えたが，ガーリンク(Kurt Galling, 1900-87)以降キルベト・ラブート(Khirbet Rabût)とする見方が有力となり，コハビ(Moshe Kochavi, 1928-)の発掘調査によってその蓋然性は高まった．

(2) ユダの北の境界となる，アコルの谷沿いの町(ヨシュ 15: 7)．

【文献】旧新約聖書大 792; ABD 2: 112-13; ISBE 1: 901-904; K. GALLING, "Zur Lokalisierung von Debir," *Zeitschrift des Deutschen Palästina-Vereins*, 70 (1954) 135-41; M. KOCHAVI, "Khirbet Rabût=Debir," *Tel Aviv*, 1 (1974) 2-33. (金井美彦)

デフォー Defoe, Daniel (1660-1731. 4. 24)　イギリスのジャーナリスト，小説家．ろうそく商人の子として*ロンドンに生まれる．非国教徒(Dissenter)の商人の子弟が通う学校で学んだ後，商人として独立するが，その後は詩や政治，宗教の小冊子，雑誌など多方面にわたって執筆を行う．また政治家の秘密諜報員も務めた．60歳頃から小説に手を染め，『ロビンソン・クルーソー』(The Life and Strange Adventures of Robinson Crusoe, 1719)をはじめ多くの作品を出版した．

【主著邦訳】平井正穂訳『ロビンソン・クルーソー』全2巻(岩波書店 1967-71)．

【文献】キ人 934; EBritMa 5: 550-52; J. R. MOORE, *Daniel Defoe: Citizen of the Modern World* (Chicago 1958); P. R. BACKSCHEIDER, *Daniel Defoe* (Baltimore 1989). (小林章夫)

デーブリン Döblin, Alfred (1878. 8. 10-1957. 6. 26)　ドイツの作家．シュテッティン(Stettin)にユダヤ人の息子として生まれ，医者として働くが，表現主義の文芸誌『嵐』(Der Sturm)の創刊および編集に携わる．彼の作風を一つの文学潮流にまとめることはできないが，つねに時代の批判者であったことは確かである．その詩的核心には，大都市独特の*機械文明がもたらす物質主義と精神的な永遠性を求める人間の内面との葛藤があり，魂の荒野を浮き彫りにして世界的名声を博した長編小説『ベルリン・アレクサンダー広場』(Berlin-Alexanderplatz, 1929)がその意味では代表的作品である．ナチス・ドイツ(→ナチズム)の侵攻を逃れ，フランスを経てアメリカに亡命し，1940年にはカトリックへと改宗する．改宗はすでに『ポーランドの旅』(Reise in Polen, 1925)に描かれたユダヤ的宗教性への諦念に対置

された十字架のイメージによって準備されていたといえる．亡命先のアメリカで書かれた三部作『1918年11月』(November 1918, 1948-50) では神秘主義的な魂の*暗夜が扱われており，改宗を契機として，キリスト教的な視野に立って諷刺と諧謔に満ちながらも，同時に形而上的傾向を含む評論を展開した．なかでもエッセイ『不滅の人間』(Der unsterbliche Mensch, 1946) は，単なる社会的あるいは政治的関心にとどまらず，内省的なカトリシズムから出発した神学的問題提議へと発展した彼の精神的変容が最も如実に表れた作品である．エメンディンゲン (Emmendingen) にて没す．
【選集】W. MUSCHG, ed., Ausgewählte Werke in Einzelbänden, 1960- ．
　翻訳：早崎守俊訳『ベルリン・アレクサンダー広場』(河出書房新社 1971)．
【文献】RGG³ 2: 216; Der Literatur Brockhaus, v.1 (Mannheim 1988) 529-30; A. WICHERT, A. Döblins historisches Denken (Stuttgart 1978); H. HAMM, "A. Döblin 'November 1918',"『上智大学ドイツ文学論集』20 (1983) 1-18.　　　　　　　　　　　（富田 裕）

デ・プロフンディス　De Profundis　〔ヘ〕minma'amaqîm　*ウルガタ訳聖書の詩編129の1に由来するラテン語表現（ヘブライ語旧約聖書の場合，詩130: 1）．単に「深きところ (profundum) から (de)」の意．これが*陰府(ֹשְׁ)を連想させ，後に詩編130は詩編6のように悔い改めの祈り，特に*葬儀に使用されるようになる．しかし，ヘブライ語表現も「深淵から」を意味し（イザ 51: 10；エゼ 27: 34；詩 69: 3, 15），この「個人の嘆きの詩」という類型に区分される詩編130は，例えば詩編51 (*ミゼレーレ) のように「悔い改めの詩」で，神のゆるしと憐れみを嘆願し，希望を表明する詩であるから，これは霊の深淵に陥らせる結果を招いた罪，また詩人の現況を象徴した表現であろう（特に，詩 130: 3 参照）．
【文献】L. SABOURIN, Psalms: Their Origin and Meaning (New York 1974) 259-60.　　　　　　　（清水 宏）
【教会の祈り】七つの*悔罪詩編のうちの一つであり，また15の*昇階唱の一つである．*教会の祈りでは以下の*晩の祈りで歌われる．第4主日の前晩の祈り，主の降誕とその8日間の晩の祈り，主の奉献および神のお告げの晩の祈りの各第2唱和（なお，*寝る前の祈りの水曜日の詩編唱和，四旬節第5および受難の火曜日の*朝の祈りの答唱も参照）．「主（のもとに）は豊かな贖いに満ち，慈しみ深い」（詩 130: 7 参照）という答唱は，父の懐から遣わされたひとり子によって現れた人類への深い憐れみを思わせる．教会は*死者のための祈りに，慈しみに満ちたキリストによる救いの業を想起させるこの詩編を，よく引用してきた．亡くなった信徒の棺の側で詩編を歌うことはすでに古代からあったが，この詩編は特に，死者のための教会の祈りでも使われる（「祝日共通」死者・晩の祈り・第2唱和参照）．教会の祈りの*詩編唱の表題が示すように神への信頼と希望の詩編である．
【文献】カ大 2: 442; 現カ 491-92; CathEnc 4: 738; 田辺尚雄他編『音楽大事典』3 (平凡社 1982) 1557.
　　　　　　　　　　　　　　　　　　　（宮崎 正美）

テーベ　Thebes　〔エジ〕niw.t, niw.t imn，〔ギ〕Thebai
【古代】古代エジプトの都市．カイロの南約480 km，*ナイル川沿岸にあり，長期にわたり上（南）エジプトの首都であった．テーベは，エジプト語ではヘブライ語 (no' 'amon.「アモンの都市」の意．ナホ 3: 8 参照) に由来する「都市」「アモンの都市」(アメン Amen ともいう)，後にギリシア語では「ゼウスの都市」(Diospolis) とも呼ばれる．エジプトの大半の都市のように，テーベもナイル川両岸を挟んで，東岸（現ルクソル Luxor, カルナク Karnak）に街が，西岸（現デイル・エル・バーリ Deir el-Bahri, メディネト・ハブ Medînet Habu）に*ファラオの墓「王家の谷」のあるネクロポリス (necropolis) が広がっていた．都市の発端は先史時代に遡り，旧王朝時代（前2614-2175頃）は一地方都市にすぎなかったが，第11王朝時代（前2133-1992頃）にはそれまでの首都メンフィス (Memphis) を凌駕して統一エジプト王国の首都となる．両都市の政治上の地位交代と宗教的な変化とは並行する．メンフィスは神プタハ (Ptah) 礼拝の中心地であったが，テーベは神アモン（後に神レ Re ないしラ Ra と結合して神アモン・レ）礼拝の中心地で，この遷都の結果，プタハ神礼拝は衰亡し，アモン神礼拝が興隆していくからである．テーベは第18-19王朝時代（前1570-1200頃）に最盛期を迎えたが，前663年アッシリア（ナホ 3: 8-10 参照），さらに前27年ローマの強奪にあう．古代都市テーベの発掘は18世紀に始まった．特にラメセス2世 (Rameses Ⅱ, 在位前1142-35) が造営を完成させた国家神殿，あるいはスフィンクスなどの巨大な古代建造物は有名である（→エジプト，エジプトの古代宗教）．
【キリスト教】テーベとその一帯は*修道生活の発祥の地であるばかりか，一中心地であり（→隠修士），キリスト教徒の巡礼地でもあった．また202年の*セプティミウス・セウェルス，303年の*ドミティアヌスによる迫害では数多くの殉教者を出した．*コプト教会の影響の強い地域ではあるが，エジプトがイスラム圏に併合されてからは他の地域と同じようにキリスト教会は少数派の立場に置かれたままである．1895年（カトリック・コプト）司教区となる．1996年現在，信徒約1万8,000，小教区24，司祭（修道司祭を含む）21．
【文献】AnPont (1998) 410; NCE 14: 7.　　　　　（清水 宏）

テーベぐんだん　テーベ軍団　〔ラ〕Legio Thebaeorum
エジプトの*テーベで募ったキリスト教徒により構成された*ローマ帝国の一軍団．リヨンの*エウケリウスによれば，かつてスイスの*ジュネーヴ近郊の戦闘で無辜のキリスト教徒を殺害することを拒み兵士が殉教したという．異教礼拝を拒むという伝承もあるが，これがどの軍団か（例えば tertia Diocletiana Thebaeorum, prima Maximiana Thebaeorum），何名の兵士が殉教したのか不明である．しかし，4世紀アガウヌム (Agaunum, 現在のスイスのサン・モリッツ Saint-Moritz) に*マウルスらの殉教記念聖堂が建立され，同地は有名な巡礼地となる．また6世紀トゥールの*グレゴリウスは*ケルンの50名の殉教者はこの軍団の兵士であったと主張する．軍団は各地で，特に中世を通してライン川流域一帯で崇敬された．
【文献】NCE 14: 6.　　　　　　　　　　　　　　（清水 宏）

テヘラン　Tehran　イラン・イスラム共和国の首都．カスピ海から100 km のエルブールス山脈の南斜面に位置する．古代ペルシアの都レイ (Rai) の郊外の村として4世紀から存在したとされる．1220年の*モンゴ

デボラ

ルによるレイの破壊の後，住民はテヘランに移住した．16-18世紀には，*サファヴィー朝の本拠地となった．1785年，カージャール朝(1779-1925)の創始者アーガ・ムハンマド(Agha-Moḥammad, 在位1779-96)に占領され，1788年，首都とされた．パハレヴィー朝(1925-79)，イスラム共和国(1979-)においても首都として発展している．*カルデア教会の府主教座が置かれている．

【文献】嶋田襄平他監修『イスラム事典』(平凡社1982); 黒田壽郎編『イスラーム辞典』(東京堂出版1983)．

(宮岡孝尚)

デボラ Deborah 〔ヘ〕deḇōrâ

旧約聖書の女性名(蜂の意)．*エフライムの女預言者，*士師(士4:4)．ナフタリの*バラクを呼び寄せ，協力して*ハツォルの王ヤビンの将軍シセラを*メギドの近郊で破り，イスラエルを救った．彼女の業績は散文(士4:6-24)と韻文「デボラの歌」(士5章)に記録されている．これは，南方部族(ユダとシメオン)を除くイスラエル10部族の連合を伝える最古の資料と考えられている．同名の女性に*リベカの乳母(創35:8)とトビトの祖母(トビ1:8)がいる．

【文献】旧新約聖書大792; ABD 2: 113-14; A. マラマット, H. タドモール『ユダヤ民族史』1, 古代篇 I, 石田友雄訳 (六興出版1976) 119-23: A. MALAMAT, H. TADMOR, History of Jewish People, ed. H. H. Ben-Sasson (London 1976) 69-71; R. DE VAUX, Histoire ancienne d'Israël: La période des Juges (Paris 1973); D. I. BLOCK, "Deborah among the Judges: The Perspective of the Hebrew Historian," Faith, Tradition, and History: Old Testament Historiography in Its Near Eastern Context, ed. A. R. MILLARD, ET AL. (Winona Lake 1994) 229-53.

(石田友雄)

デポルト Desportes, Philippe (1546頃-1606. 10. 5)

フランスの詩人．*シャルトルに生まれる．若くして聖職に就き，*アンリ3世から終生寵愛される．*ロンサールからマレルブ(François de Malherbe, 1555-1628)に至る過渡期の詩人．その典雅な『初期作品集』(Les Premières Œuvres, 1573)は版を重ねた．晩年は『ダビデ詩編』仏訳(Psaumes de David, 1603)のかたわら，宗教詩に専念した．ノルマンディーのボンポール(Bonport)にて没す．

【文献】J. LAVAUD, Un poète de cour au temps des derniers Valois, Philippe Desportes (Paris 1936). (白石嘉治)

デボルド・ヴァルモール Desbordes-Valmore, Marceline-Félicité-Josèphe (1786. 6. 20-1859. 7. 23)

フランスの女流詩人．ドゥエー(Douai)に生まれ，*パリで没す．若くして両親を失い，10代の頃から歌手，女優として舞台に立つ．最初の詩集を発表した1819年頃から詩作に没頭し，母親，女性，詩人としてのさまざまな感動を歌う．*ロマン主義の詩人たちによって評価され名声を得るが，後年肉親，友人の相次ぐ死に見舞われ，直接的に信仰を歌った作品が多くなる．彼女の詩の魅力は，その飾らない自然さにあり，そこで用いられる奇数韻律は，後の詩人たちにも影響を与えた．

【主著】Poésies, 1842; Poésies inédites, 1860.

(二川佳巳)

デマス Demas

*デメトリオス(3ヨハ12参照)の短縮形であろう．最初の獄中生活を送った*パウロの同労者の一人である(フィレ24; コロ4: 14)．しかし2テモテ書4章10節に従えば，パウロの2回目の獄中期間にパウロのもとから離れ，出身地と思われる*テサロニケに去ってしまった．

(朴憲郁)

デマレ・ド・サン・ソルラン Desmarets de Saint-Sorlin, Jean (1595頃-1676. 10. 28)

フランスの作家．*パリの生まれ．宰相*リシュリューの文化政策と呼応する詩文や戯曲を書く．リシュリューの死後は，宗教的かつ政治的な著作の執筆に専念．キリスト教叙事詩『クロヴィス』(Clovis ou la France chrétinne, 1657)などを著し，ギリシア・ローマ神話を異教的かつ非フランス的要素として排した文学作品を実践する．*ボアロー・デプレオーとキリスト教叙事詩について論争する．パリで没す．

【文献】H. G. HALL, Richelieu's Desmarets and the Century of Louis XIV (Oxford 1990). (白石嘉治)

デミウルゴス dēmiourgos

「民衆」(dēmos)と「仕事」(ergon)を合成したギリシア語で元来は予言者，医師，歌人，大工など公共の役に立つ技能者，職人(ホメロス『オデュッセイア』17: 383)また民事長官(トゥキュディデス『戦史』5: 47)を意味する．クセノフォンによれば*ソクラテスは神々のことを人間を造った「工作者」と呼んで崇敬していたが(『ソクラテスの思い出』1: 4: 7)，特に*プラトンが範型(→範型論)たる*イデアを模倣しつつ可視的世界を制作する，理性を備えた創造神に適用して(『ティマイオス』28a)以来，古代*宇宙論，*創造論の鍵概念となった．世界の有機的で合目的的な性格を強調するこうした寓話的な記述は，アレクサンドリアの*フィロンにも継承されたが(『世界の創造』5)，同時代の*七十人訳聖書のなかには用例がなく，新約聖書にもわずか1例(ヘブ11: 10)をみるにすぎない．

擬人化された創造神と，究極の創造原理，被造世界の三者の関係をめぐってはさまざまな思想類型がある．アパメイア(Apameia)のヌメニオス(Noumenios, 2世紀後半)は創造神を秩序の原理たる至高神から区別し，*ヘルメス主義では至高神から産み出された叡知的な創造神が「火と霊気の神」といわれ，恒星天と同一視された(『ポイマンドレース』9)．また*グノーシス主義の神話では逆に，無知で傲慢な下級の神格(ヤルダバオート)に貶められて旧約の神*ヤハウェと同定され，悪の原因とみなされる．*プロティノスは叡知界のみならず，その下位に立つ世界霊魂や自然も「デミウルゴス」と呼ぶが(『エネアデス』5: 9: 3; 2: 3: 18)，世界は意志的な要素の介在なしに上位の原理から必然的に産出されると主張してグノーシス主義を批判する(2: 9: 8)．*アウグスティヌスはこうした神話的表象の神を克服する形で「言葉による無からの創造」の可能性を追究した(『告白』11: 5: 7)．

【文献】HWP 2: 49-50; LThK² 3: 218-20; プラトン「ティマイオス」種山恭子訳，『プラトン全集』12, 田中美知太郎，藤沢令夫編(岩波書店1975) 1-215; 荒井献, 柴田有訳『ヘルメス文書』(朝日出版社1980 ⁴1993); 荒井献, 大貫隆, 小林稔訳『救済神話』ナグ・ハマディ文書1(岩波書店1997).

(荻野弘之)

テミスティオス　Themistios　(317 頃-388)

ギリシア後期，*ペリパトス学派の哲学者，弁論家．小アジアのパフラゴニア (Paphlagonia) に生まれ，*ニコメデイア，*ローマを経て*コンスタンティノポリスに学校を開く (345 頃)．やがて元老院議員となり (355)，*ウァレンス，*テオドシウス1世など歴代皇帝の信任厚く首都の知事 (383/84) や外交使節を歴任し，皇太子の教育を委託された．*アリストテレスの注解者として著名で，特に『「魂論」解説』(De anima paraphrasis) はその後も広く読まれ，*二元論的な*能動理性の解釈は*アヴェロエスにも影響を与え，ムールベーケの*グイレルムスのラテン語訳 (1267) を通じて*トマス・アクィナスやブラバンの*シゲルスにも及んだ．同時代に流行した*新プラトン主義とは距離を置いた彼の学風は概して折衷的で独創性に欠ける．キリスト教に対しては寛容であったが，自らの立つ異教の哲学の優位を確信していた．

【著作校訂版】G. REIMER, ed., *Commentaria in Aristotelem Graeca*, 5 (Berolini 1885-1903) 1-6; *Themistius on Aristotle "On the Soul"*, tr. R. B. TODD (London 1996).

(荻野弘之)

デメトラコプロス　Demetrakopoulos, Andronikos　(1826. 3. 1-1872. 10. 21)

ギリシアの神学者．1857年以降*ライプツィヒの*ギリシア正教会主任司祭を務めるかたわら，古文書学者としても活躍．1869年ライプツィヒ大学名誉博士．

【文献】Cath. 3: 575; DHGE 14: 193; DThC 4: 263.

(土居由美)

デメトリアノス　Demetrianos　(830/35-910/15)

聖人 (祝日11月6日)，*キプロスのキトリ (Khytri) の司教．15歳で結婚したが，まもなく妻を失い，*アントニオス修道会に入会．キトリの司教エウスタティオス (Eustathios, 生没年不詳) により司祭叙階を受ける．同司教の秘書をしばらく務めた後，同司教がサラミス (Salamis) の大司教に就任した (885頃) のに伴い，後任としてキトリの司教になった．アラビア人の侵攻 (911/12) の際，信徒とともに進んで捕囚となって*カイロに行き，捕虜の釈放を勝ち取った．

【文献】BSS 4: 552; LThK² 3: 295.　(久野暁子)

デメトリオ　Demetrius　〔ギ〕Demetrios

新約聖書中の人物．

(1) *エフェソスに住む銀細工師で，使徒言行録19章23-40節によれば，仲間を煽動して*パウロの宣教活動を妨害した．銅細工人アレクサンドロ (2テモ4:14) とは別の人物．

(2) 3ヨハネの手紙12で，ディオトレフェスとは逆に (9-10節)，推奨されているキリスト者．しばしば，*デマス (コロ4:14; 2テモ4:10) と比定されるが，記述も短く内容も異なり，その確定は不可能である．

【文献】ABD 2: 136-37; NBL 1: 407.　(清水宏)

デメトリオス　Demetrios

ヘレニズム・ローマ時代のシリアの王

(1) デメトリオス1世・ソーテール (Demetrios I Soter, 前187-150)．セレウコス4世 (Seleukos IV, 在位前187-175) の第2子．シリアの王 (在位前161頃-150)．青年時代をローマで人質として過ごす．王国が最初は叔父の*アンティオコス4世の手に，次に当時9歳 (12歳説もある) だったその子アンティオコス5世 (前164-162) の手に渡るのをみて，前162年にギリシアの歴史家ポリュビオス (Polybios, 前203頃-120) らの支援を受けてローマを脱出，フェニキアのトリポリス (Toripolis) に上陸すると甥と摂政のリュシアス (Lysias) を倒してシリアの王に即位．前160年に彼の将軍バッキデス (Bacchides) がユダ・マカバイの率いる軍勢に勝利したため，ユダヤの地を支配するに至る．この間，*バビロニアの知事ティマルコスの率いる謀反も鎮圧する．その専制君主的な性格のため，シリア人や近隣の諸民族の憎しみを買い，ローマの元老院に警戒される．前154年頃，アレクサンドロス・バラス (Alexandros Balas) なる人物がアンティオコス4世・エピファネスを僭称して王位を窺う．*ペルガモンの王アッタロス2世 (Attalos II, 前220-138) とエジプトの王プトレマイオス6世 (Ptolemaios VI, 在位前180-145) はこのバラスを支持する．*ハスモン家のヨナタン (Jonathan) はこのバラスと接触する．デメトリオスは前150年にアレクサンドロス・バラスとの戦いで戦死．

【文献】1マカバイ記: 7: 1-9; 10: 20以下; 2マカバイ記14: 1以下; F. ヨセフス『ユダヤ古代誌』秦剛平訳 (山本書店 1979-84) 12: 389以下; 13: 23以下; POLYBIOS, *Historiae* (1893-1905; Stuttgart 1962-67) 31. 32; APPIANOS, *Bellum civile* (1913; Cambridge, Mass. 1961-64) 67; DIODROS, *Bibliotheca historiae* (Cambridge, Mass. 1957-67) 31. 11以下.

(2) デメトリオス2世・ニカトール (Demetrios II Nikator, 前161-125)．デメトリオス1世・ソーテールの長子，シリアの王 (在位前145-138, 129-125)．前145年に，エジプトの王プトレマイオス6世・フィロメートール (Ptolemaios VI Philometor, 在位前181-145) の支援を受けて，父王のデメトリオス1世から王位を簒奪したアレクサンドロス・バラス (Alexandros Balas, 在位前150-145) を打ち破って王位に就く．デメトリオスは，即位後，ハスモン家のヨナタンの大祭司職を確認し，アファレイマ (*エフライム)，リュダ，ラマタイム (*ラマ) の3地域をユダヤ人の領地として承認する．その支配は最初から暴君的で，その私生活は放蕩三昧なものだったため，オロンテス川の*アンティオケイアの知事だったトリュフォン (Tryphon) が*ナバタイ人の知事の庇護下に置かれていたアレクサンドロス・バラスの子アンティオコス6世・ディオニュソス (Antiochos VI Dionysos, 在位前145-142/47) を戴いて反乱する．前141年にパルティアに遠征するが，その地で捕虜となる (前138-129)．前129年に釈放されて帰国すると，再び王位に就く．前125年アレクサンドロス・ザビナス (Alexandros Zabinas) と戦って敗れ*ティルスの町に逃げ込むが，その地で捕まり処刑される．ハスモン一族のシモンの指揮下の*ユダヤがシリアから独立したのは，このデメトリオスの時代のことである．

【文献】1マカバイ記10: 67-11: 56; F. ヨセフス『ユダヤ古代誌』13: 86以下, 109以下, 174以下, 218以下, 253以下, 267以下; APPIANOS, *Bellum civile* (1913; Cambridge, Mass. 1961-64) 68.

(3) デメトリオス3世・エウカイロス (Demetrios III Eukairos, 在位前96-88)．アンティオコス8世・グリュポス (Antiochos VIII Grypos, 在位前125-96) の第4子．シリアのセレウコス王朝の最後の王の一人．エジプトの王プトレマイオス10世・ラテュロス (Ptolemaios X

デメトリオス〔アレクサンドリアの〕

Lathyros, 在位前 117-107, 89-81) により，クニドスから送り出されて*ダマスコで王に即位する(兄のフィリッポス Philippos はオロンテス川のアンティオケイアで王位に就き対立王となる)．首都のダマスコからユダヤの内政に干渉する．ハスモン家の王アレクサンドロス・ヤンナイオス (Alexandros Iannaeos, 在位前 103-76) がアラブ人とトランスヨルダンの支配者を相手に戦っているとき，*ファリサイ派の者たちはデメトリオス 3 世を*エルサレムに招いてハスモン王朝の王を放逐しようと画策する．デメトリオスは*シケムの近くの戦闘でヤンナイオスの軍隊を破る．この一連の出来事は*ヨセフスにより，またその名は*死海文書の『ナホム書注解』(4Q169) で言及されている．前 88 年頃，デメトリオスは兄のフィリッポスと戦って破れ，兄を助けたポントスの王ミトリダテス 2 世 (Mithridates II) の宮廷に逃れ，前 77 年頃そこで没す．
【文献】死海文書『ナホム書註解』(4Q169) 1. 2; F. ヨセフス『ユダヤ古代誌』13: 370-71, 376 以下, 384 以下．
(秦剛平)

デメトリオス〔アレクサンドリアの〕 **Demetrios** (?-231)

聖人(祝日 10 月 9 日)．*アレクサンドリアの司教(在職 189 頃-231)．生涯については，カイサレイアの*エウセビオスと*ヒエロニムスが*オリゲネスとの関連で伝えている．*司教在任中に*アレクサンドリア教理学校の教授にアレクサンドリアの*クレメンスを任命し，これを契機として学校は発展し，*アレクサンドリア学派を形成するに至った．わずか 18 歳のオリゲネスをクレメンスの後任に据え(203)彼を庇護したが，後にオリゲネスが*教会法に反してカイサレイアで*叙階を受けたため，教理学校の教授職から解任し(231)，アレクサンドリアから追放．さらに彼の*司祭職が無効であると宣言した．*復活祭の日時算出方法に関する書簡がデメトリオスのものとされている．
【文献】キ人 936-37; LThK² 3: 215-16; LThK³ 3: 81.
(久野暁子)

デメトリオス〔テサロニケの〕 **Demetrios**

*テサロニケの都市の*守護の聖人(祝日 4 月 9 日と 10 月 26 日)．4 世紀初頭に遡る三つの異なる伝承が残存し，その墓碑によれば「香油を湧き出させる人」(〔ギ〕Myrobrytes) と呼ばれていた．*シルミウムにある彼の墓からは香油が湧出し，5 世紀頃からは*殉教者として崇敬されていた．また*イリュリクムの*総督レオンティオス (Leontios) がデメトリオスに取り次ぎを願ったところ病気が快癒したので，その地の守護の聖人と定めた．おそらく 441 年ないし 442 年シルミウムが*フン族に強奪されたとき，*聖遺物はテサロニケに移され，また 535 年シルミウムの総督の職位が廃止されるに伴いテサロニケが*崇敬の中心地となる．今日ギリシア全域はもとより，*東方教会で広く崇敬されており，戦争調停者や殉教者，兵士などの種々の図像が各地の聖堂に残されている．生涯の詳細は不詳．
【文献】LMit 3: 686-89.
(清水宏)

デモクリトス **Democritos** (前 460 頃-370 頃)

古代ギリシアの哲学者．トラキア地方アブデラ (Abdera) の出身でエジプトやペルシアにまで旅したといわれるが，その生涯は謎が多い．運動の実在を否定するエレア派の逆説を受け，自然現象の合理的説明を模索して，師レウキッポス (Leukippos, 480-?) とともに古代*原子論を確立した．自然学，倫理学，数学，音楽，技術論など多方面にわたる膨大な著作はほとんど散逸し，彼の理論の全貌は*アリストテレスの自然学書の引用などによって間接的に再構成される．現存するのは「快活な生」を目標とした人生論風の警句の断片にすぎず，ここから体系的な倫理学説を窺うことは難しい．後代に*エピクロス，*ルクレティウスなどの賛同者を得たが，偶然性と不連続の世界観に立つ原子論は，*プラトンやアリストテレスの徹底した批判もあって，古代・中世を通じて傍流の地位にとどまり，17 世紀に*ガッサンディによって再評価された．
【文献】西川亮『デモクリトス研究』(理想社 1971); H. ディールス, W. クランツ編『ソクラテス以前哲学者断片集』第 4 分冊(岩波書店 1998); H. DIELS, W. KRANZ, eds., *Die Fragmente der Vorsokratiker*, 3 v. (Berlin 1903 ⁶1951-52).
(荻野弘之)

テモテ **Timotheus** 〔ギ〕Timotheos

「神をあがめる者」の意で，よく用いられるギリシア男性名．
【生い立ち】確定することは困難であるが，第 2 次資料によれば次のようである．テモテは，ユダヤ人の母エウニケとギリシア人異教徒の父との間に生まれた，*小アジアのリストラ出身の子であった(使 16: 1-3; 2 テモ 1: 5)．*割礼を受けないまま，母のもとでかなり自由な*ユダヤ教に基づく教育を受けた彼は，リストラとイコニオンのキリスト者たちの間で良い評判を得ていた．彼はおそらく，リストラを経由した使徒*パウロの第 1 回宣教旅行のときに回心したのであろう．その際に彼は，2 テモテ書 3 章 11 節によれば，パウロの受けた苦難の証人となった．

使徒言行録(15: 36-37)の記述が事実とすれば，使徒パウロがマルコと呼ばれるヨハネのことで*バルナバと対立し，バルナバが彼を連れてキプロス島へ向かったのに対して，使徒はバルナバに代わってシラスをシリア州とキリキア州への宣教に同行させたが，その途上でこの若いテモテをさらに(ヨハネ・マルコに代わって)選び，宣教の働きに伴わせた．この選出が確かになされたことを思わせるものは，1 テモテ書(1: 18; 4: 14)の記述である．つまりそこでパウロは，預言の業のためにテモテが選び出されたことを保証した預言的発言を後に引き合いに出している．

【宣教活動の生涯】真正なパウロ書簡のなかで，2 コリント書 1 章 1 節，*獄中書簡のフィリピ書 1 章 1 節とフィレモン書 1 節(コロ 1: 1 も参照)によれば，テモテはこれらの書簡をパウロが書き送る場合のただ一人の共同差出人である．1 テサロニケ書 1 章 1 節(2 テサ 1: 1 も参照)では，シルワノとともにパウロの共同差出人になっている．パウロは，彼の宣教において同労者として重要な役割を果たした(2 コリ 1: 19)テモテを「兄弟」(2 コリ 1: 1; 1 テサ 3: 2)，「協力者」(1 テサ 3: 2; ロマ 16: 21)，「わたしの愛する子で，主において忠実な者」(1 コリ 4: 17)と呼ぶ．

使徒パウロは教会の困難な問題にぶつかったとき，それを解決するための任務をテモテに委ねた．そこで彼は，動揺し苦境に立つ教会を励まし，整えて後，その状況を報告して使徒を安心させた(1 テサ 3: 1-6)．1 コリント書 4 章 17 節以下において，エフェソにおける使徒の活動中に，テモテがコリントでの宣教とてこ入れのために推薦され，その際に彼がコリント人たちの間で心地

よく迎えられ，さらに1コリント書(16:10-11)によれば，保護されるべきだ，と使徒は強く求める．ここから，テモテの内気な性格が窺われる．獄中書簡のフィリピ書(2:19-22)によれば，彼は，捕らえられたパウロを心配するフィリピ人の世話をするにふさわしい人物として，高く評価される．すなわち，パウロと「同じ思いを抱き」また「親身になって」教会のことを心にかけ，パウロとともに「息子が父に仕えるように」福音に仕えた者は，ほかにいないと．

信頼できる最後の資料として，使徒の同労者であるテモテがローマの信徒らに伝えるあいさつが，ローマ書(16:21)に書きとめられている．このローマ書を使徒パウロはコリントの*ガイオの家から書き送り(ロマ16:23)，その後献金を携えて*エルサレムに上ったのであるが，使徒言行録(20:4-5)によれば，そのときにテモテも他の数人とともに同行した．

【文献】新約釈義3: 795; H. BURKHARDT, ET AL., eds., *Das Grosse Bibellexikon*, v. 3 (Wuppertal, Gießen 1989) 1571. （朴憲郁）

テモテへのてがみ　テモテへの手紙

〔ギ〕epistolē pros Timotheon, 〔ラ〕Epistola ad Timotheum　*パウロがその弟子，すなわち後にエフェソ教会の指導者となった(1テモ1:3; 4:14; 2テモ1:18; 2:2)*テモテに書き送ったとされる二つの手紙で，*テトスへの手紙とともに，*司牧書簡を構成する．差出人と受取人，成立の年代と場所に関しては，テトス書の場合と合わせて，司牧書簡の緒論的問題としてさまざまな議論が今日までなされているが，2世紀初め頃に*エフェソスで執筆されたものであろう．

【執筆の背景と目的】背景に，教会内の分裂の危機をもたらす偽りの教師の出現があり，パウロの伝統に従ってその*異端から*教会を守ることが，執筆の主要な動機であった．周囲の誘惑的な勢力に対して教会を組織的に防衛するために，*位階制が必要とされた．

【異端思想】これについて体系的に説明していないので，厳密に把握することはできないが，断片的な言及を再構成すると，次のことが指摘される．一方にはユダヤ主義的要素があり(1テモ1:7)，他方には*グノーシス主義的要素(1テモ1:4; 4:3, 7; 6:20; 2テモ4:14等)があるが，その両者が混交化した形態(*シンクレティズム)，すなわちユダヤ主義的グノーシス主義の初期の思想がここに現れていて，*教父の文書や*ナグ・ハマディ文書にみられるグノーシス主義の特徴を帯びている．この異端者たちは，旧約聖書の思弁的解釈によって作り上げた*神話と*系図に信仰の基礎を置き(1テモ1:4)，*律法に固執してこれを教えつつ(1テモ1:7)，物質世界を軽視するヘレニズム的二元論による仮現論的見解を主張し(→キリスト仮現説)，結婚や特定の食物を禁ずる禁欲主義を要求した(1テモ4:3)．そしてその二元論的思考の帰結と思われるが，彼らは*復活がすでに済んだと主張していた(2テモ2:18)．彼らはこうして自己を誇示しつつ，有弁な説得活動を展開した．

【内容区分】

〔1テモテ書〕
(1) *祝福の祈りを伴う手紙の序文(1:1-2)．
(2) 教会とその礼拝における交わり(1:3-4:10)．
① 律法再回復を試みる者による交わりの脅かし(1:3-11)．
② 教会の交わりを保持するもの(1:12-4:11)．
  (a) 基礎となるパウロの使徒職(1:12-20)．
  (b) 共同の*取り次ぎの祈り(2:1-7)．
  (c) 男女の祈りの奉仕(2:8-15)．
  (d) *監督と*奉仕者の選出の留意点(3:1-13)．
  (e) 信仰の*秘義(3:14-16)．
  (f) 偽りの*禁欲の克服と信仰の訓練(4:1-10)．
(3) 教会指導者として仕える準備(4:11-6:21)．
① 個人的励まし，テモテが受けた*恩恵の賜物(4:11-16)．
② 個別的な境遇における司牧的配慮(5:1-6:2)．
  (a) 教会を家族として譬える(5:1-2)．
  (b) *やもめの扶助(5:3-16)．
  (c) *長老との正しい関わり(5:17-25)．
  (d) 奴隷への教示(6:1-2)．
③ 危険に対する警告(6:3-21)．
  (a) 精神的，物質的な利益追求に対する警告(6:3-10)．
  (b) 惑うことなく信仰の戦いを続けるようテモテに勧める(6:11-16)．
  (c) 自分の富に信頼を置かないよう富者に勧める(6:17-19)．
  (d) 偽りの知識(*グノーシス)に対する警告，および祝禱(6:20-21)．

〔2テモテ書〕
(1) 祝福の祈りを伴う手紙の序文(1:1-2)．
(2) パウロはテモテに伝統的信仰の保持と忍苦を勧める(1:3-2:13)．
① テモテとの再会を願いつつ，彼のために祈り，取り次ぐ(1:3-5)．
② 福音とそのために囚人となっている人とを恥じないようテモテに願う(1:6-14)．
③ 協力者に関する報告(1:15-18)．
④ イエスの兵士として忍苦することをテモテに要請(2:1-13)．
(3) テモテへの勧め(2:14-4:5)．
① 福音の敵対者との尽きない論争に深入りしないこと(2:14-21)．
② 正しい態度で敵対者の*回心に努めること(2:22-26)．
③ 教会の前途に待ち受けている困難な時期を指摘(3:1-9)．
④ テモテが学びかつ委ねられた事柄に固くとどまるようにとの勧め(3:10-4:5)．
(4) 終わりの願い，テモテが急いでパウロのもとに来るよう求める(4:6-18)．
(5) あいさつと結びの祝禱(4:19-22)．

【特徴的事柄】上に述べた異端的教えとの対決が執筆の主要な動機であるが，相手の思想内容とその問題点・矛盾を明確にするという論争的な方法を選ばないで，その教えの現実的結果と道徳的欠陥を問いただす．その点ではむしろ彼らとの議論そのものが愚かで，空虚で無益とされる(1テモ1:4, 6-7; 6:4; 2テモ2:14, 23-24)．

異端的教師を斥けうる組織的な教会を建てることを目指す著者は，パウロの神学思想に依拠している．彼には，パウロ自身にみられた信仰義認論(→義認)への集中が欠け，むしろ善い行いが評価される点などで*パウロ神学とのずれをみせているにもかかわらず，パウロ神学との連続性を追求することによって，敬愛する先達への忠誠を明らかにする．しかも彼は，使徒後の状況と諸問題に関して，独自の神学的立場から，充分な知識によ

る執筆活動を行ったといえよう.
　パウロを「手本」にし(1テモ1:16; 2テモ1:13)，それによって教えるテモテをさらに信徒たちの「模範」(1テモ4:12．テト2:7も参照)にせよと主張する，著者の継承的態度，教会の位階制への関心，および周辺の異教的精神に挑む積極的な対決の姿勢は，*初期カトリシズムへの発展の土台となっている．
【文献】土屋博『牧会書簡』(日本基督教団出版局 1990); J. ROLOFF, *Der erste Brief an Timotheus* (Neukirchen-Vluyn, Zürich 1988). (朴憲郁)

デモニズム　→　悪魔礼拝

デュアムレ　Duhamelet, Geneviève-Pauline (1890. 1. 8–1980)　フランスの女性カトリック文筆家．ノルマンディーの旧家の血筋で*パリに生まれる．第1次世界大戦中は看護婦として働く．その後教職に携わるかたわら，数々の雑誌に寄稿し文才を認められた．詩集『愛の神の愛のために』(Pour l'amour de l'Amour, 1923)や小説『病院336の婦人達』(Ces dames de l'hôpital 336, 1917)，『追われし者』(La dépossédée, 1931)などの作品には，キリスト教的感性が絶妙に織りなされている．また『シエナの聖カテリーナ伝』(Les Dominicaines de Ste Catherine de Sienne, 1951)をはじめ多くの伝記を手がけた．
【文献】Cath. 3: 1158. (山口和彦)

デュ・アルド　Du Halde, Jean-Baptiste (1674. 2. 1–1743. 8. 18)　フランスの司祭，*イエズス会の会員．*パリに生まれ，同地で没す．長年，パリのルイ・ル・グラン学院で教え，1711年から43年までフランス人イエズス会員中国宣教師の便り『教訓的にして興味ある手紙』(Lettres édifiantes et curieuses) 9–26巻を編集した．*ルイ14世の*聴罪司祭 M. *ル・テリエの秘書を務め，1729年オルレアン公の聴罪司祭に任命された．彼の最大の著作は『中国および中国領蒙古誌』全4巻 (Description géographique, historique, chronologique, politique et physique de l'empire de la Chine et de la Tartarie chinoise, 1735)である．これは英語，独語，露語に翻訳され，*啓蒙思想に貢献し，その影響により*ジャンセニスムの側からは反イエズス会小冊子が出されるに至った．
【文献】Cath. 3: 1156; L. KOCH, *Jesuitenlexikon* (Paderborn 1934); Y. T. LIN, *Essai sur le Père Du Halde* (Fribourg 1937). (高柳俊一)

デューイ　Dewey, John (1859. 10. 20–1952. 6. 1)　アメリカの哲学者，教育学者．伝統的な*主知主義を克服するために*プラグマティズムの哲学に基づいた*道具主義を主張し，科学的思考方法を取り入れて実践重視の哲学を目指した．また，自然主義的ヒューマニズムの立場に立ちながら，実験主義の理論と実践からなる進歩主義教育を基礎づけた．人間の成長過程を*経験の更新過程とみなして*教育における経験の重視を唱えるとともに，子どもの個性と自由を尊重する*教育学を推進した．教育の使命には価値あるものを意識的に内在化させることがあるが，実験主義的立場からすれば教育と*価値を経験に取り込で，その経験を豊かにするための価値が教育の手段として有効であることが条件となる．これを一歩進めて考えると，教育の意義は過去の価値を伝達することにあるよりも，むしろ未来に価値を創造するための活動である，ということになる．
　彼はシカゴ大学に付属実験学校を創設し，自らの哲学の具体化を通して教育学理論の構築に努力し，カリキュラム論に至るまで幅広い研究活動を展開した．彼は教育の成立する基盤を家庭と学校と社会の3領域が相互に連関すること，特に学校を社会生活の一部とみなして社会と教育の不可分の関係を整理しながら，その有機的結合を公式化し，社会を維持し発展させるための社会的機関として学校を位置づけた．
　デューイは1919年(大正8)に訪日しており，彼の思想が日本の哲学・教育学に与えた影響は大きく，我が国の教育学研究において最も多くの研究がなされている一人でもある．1957年(昭和32)には日本デューイ学会が創設され活動している．
【主著】*School and Society*, 1899: 宮原誠一訳『学校と社会』(岩波書店 1957); *Democracy and Education*, 1916: 松野安男訳『民主主義と教育』全2巻(岩波書店 1975); *Experience and Education*, 1938: 原田実訳『経験と教育』(春秋社 1950). (増渕幸男)

デュイレ・ド・サン・プロジェ　Duilhé de Saint-Projet (1822. 7. 15–1897. 5. 15)　フランスのカトリック護教論者．*トゥールーズに生まれ同地で没す．1846年司祭叙階．当地で教育と説教に専念し，1894年，*アンスティテュ・カトリックの院長に就任．著作『キリスト教信仰の科学的護教論』(Apologie scientifique de la foi chrétienne, 1885)が有名．
【文献】Cath. 3: 1160–61; DThC 4: 1859; LThK² 3: 597. (土居由美)

デュ・ヴァル　Du Val, André (1564. 1. 15–1638. 9. 9)　フランスのカトリック神学者，教区司祭．ポントワーズ(Pontoise)に生まれ，*パリに没す．*ソルボンヌ大学で学び，1597年より同大学で神学を教授．諸修道会の刷新に尽くし，*カルメル会のフランス招聘に貢献した．著作に『教会権と公権』(Libelli de ecclesiastica et politica potestate, 1612)がある．
【文献】Cath. 3: 1209–10; DHGE 14: 1213–16; DThC 4: 1967. (坂田俊也)

デューヴィル　→　マリー・マルグリット・デューヴィル

デュヴェルジエ・ド・オーランヌ　Du Vergier de Hauranne, Jean (1581–1643. 10. 11)　一般に，サン・シラン(Abbé de Saint-Cyran)の名で知られるフランスの神学者で，メジエール近郊のサン・シランの大修道院長．*バイヨンヌに生まれる．*ルーヴァンの*イエズス会の神学校で，*レッシウス，ラピド(Cornelius à Lapide, 1567–1637)のもとで神学を学ぶ．1609年*パリでC. O. *ヤンセンと親交を結び，彼とともに故郷バイヨンヌ近郊に隠棲，1616年まで聖書や*アウグスティヌスなどの*教父たちについての研究を行う．1618年司祭に叙階された後，1620年にサン・シランの大修道院長となる．その後もパリに住み，*アルノー・ダンディや*ベリュルと親交を深めた．さらにA.*アルノーを指導し，後には*ポール・ロワイヤル修道院の霊的指導者として大きな影響力をもった．ベリュルの死後も反*リシュリュー勢力の中心人物であり続けたため，1638

年5月，ヴァンセンヌ（Vincennes）に投獄された．リシュリューの死後，1643年2月6日に釈放されたがすでに健康は損なわれており，8か月後にパリで没した．
【主著】*Théologie familière*, 1639; *Lettres chrétiennes et spirituelles*, 2 v., 1645-47.
【文献】Cath. 13: 476-79; J. ORCIBAL, *Saint-Cyran et le jansénisme* (Paris 1961). （宮岡孝尚）

デュゲ　Duguet, Jacques-Joseph （1649. 12. 9-1733. 10. 25）　フランスの*ジャンセニスムの神学者．*リヨン南西のモンブリゾン（Montbrison）に生まれ，*パリで没す．1667年*オラトリオ会に入会．1677年司祭叙階．1684年*ルイ14世による反ジャンセニスム誓約の命を拒否し，ベルギーに逃れた．著作に『聖書理解のための規則』（*Règles pour l'intelligence des Saintes Ecritures*, 1716），『女性信徒のための手引き』（*Conduite d'une dame chrétienne*, 1725）がある．
【文献】Cath. 3: 1154-55; DThC 4: 1858-59; LThK³ 3: 399. （坂田俊也）

テュコン〔アマトスの〕　Tychon　（5世紀頃）　聖人（祝日6月16日），キプロス島アマトス（Amathos, 現在のリマソル Limassol）の司教．慈善家．*ヨアンネスによる伝説的な伝記によると，サラミスの*エピファニオスによって司教叙階を受けた．その後，*異教に対抗して精力的な活動を行ったとされる．*キプロスの神話のぶどう園の神と名前が一致することなどから，実在の人物ではなく，初期のぶどう酒の神に対する信仰がそのままキリスト教文化に受け入れられて残ったとする説もある．7世紀には墓所への*巡礼が行われていた記録がある．
【文献】LThK² 10: 419; B. NOËL, ed., *Dictionnaire historique des saints* (Paris 1964) 364. （久野暁子）

デュシェーヌ　Duchesne, Louis　（1843. 9. 13-1922. 4. 21）　フランスの考古学者，教会史家．サン・セルヴァン（Saint-Servan）に生まれ，*ローマで没す．ローマで学び，初期教会史と*キリスト教考古学に関心をもつ．1867年司祭叙階．1871-73年*パリのカルム学院と高等研究院で研究を積む．1876年にパリの*アンスティテュ・カトリックの教会史教授，1885年文学高等学院の助教授，1895年にはローマのフランス考古学学院院長となり，1900年，使徒座書記官となる．*三位一体論やガリア教会についての考古学的証拠を求める彼の立場は，批判的宗教史の先駆者である一方，保守的な歴史家たちから伝統破壊論者とみなされた．*リベル・ポンティフィカーリスの編集（全2巻，1886, 1892）のほか，『キリスト教的礼拝の起源』（*Les origines du culte chrétien*, 1889），『古代教会史』（*L'histoire ancienne de l'Église chrétienne*, 1906-10）などの著書を残した．
【文献】キ人939; *Grand Dictionnaire Encyclopédique Larousse*, 5 (Paris 1982) 3431. （森本由子）

デュシェーヌ　→　ローズ・フィリピン・デュシェーヌ

デュジャルダン　Dujardin, Thomas　（1653-1733. 6. 15）　カトリック神学者．オランダのラハイ（La Haye）に生まれ，*ヘントで没す．1669年*ドミニコ会入会．*ルーヴァン大学で聖書学，哲学，倫理学を教える．著作に『101命題の毒』（*Venin des 101 propositions*, 1730）等がある．
【文献】Cath. 3: 1162; DSp 3: 1775-76. （坂田俊也）

デュスベール　Duesberg, Hilaire　（1888. 4. 29-1969. 3. 11）　ベルギーのカトリック旧約聖書学者，ベネディクト会司祭．ヴェルヴィエ（Verviers）に生まれ，フランスの*ストラスブールで没す．1907年*ベネディクト会に入会，モン・セザール（Mont César）や*ローマで哲学・神学を修める．1914年司祭叙階．1919-21年，エコール・ビブリックで聖書研究．その後，一時スイスの*フリブール大学の教授も務めたが，ベルギーのマレズー（Maredsous）で研究指導，また1964年以降は雑誌（BVC）の編集者も兼任して啓蒙活動に励む．*知恵文学に関心を示し，特に*シラ書のヘブライ語からの翻訳（*Ecclesiastico*, 1966）は著名．
【主著】*Les scribes inspirés*, 2 v., 1938, ²1965; *Adam, père des hommes modernes*, 1968.
【文献】C. MOELLER, "Dom Hilaire Duesberg, 'tel qu'en lui-même...," BVC 100 (1971) 66-86. （清水宏）

テュートンきしだん　テュートン騎士団　〔独〕Deutscher Ritterorden, 〔英〕Teutonic Knights, 〔仏〕Ordre Teutonique　*十字軍の時代に創設された*騎士修道会．テュートンは中世ドイツ人の古称．近世以降は慈善団体化して現代まで存続．ドイツ騎士団ともいう．
【創設】1190年頃，第3回十字軍が*アッコを攻囲中，*リューベック，ブレーメン（Bremen）の海運業者がテント張りの野戦病院を開設し，そこに*エルサレムの聖母マリア・ドイツ病院修道会（〔ラ〕Fratres hospitalis Sanctae Mariae Teutonicorum, → 病院修道会）の会員を配属，1191年アッコ再占領後エルサレム王*ギ・ド・リュジニャン（在位1186-92）より土地・建物の寄進を受けたことを起源とする．また1143年エルサレムの巡礼用病院・ドイツ館が教皇*ケレスティヌス2世の裁可により*ヨハネ騎士団の管理下に置かれたことを創設とみる異説もある．いずれにせよ，*聖地にとどまったドイツ諸侯は皇帝*ハインリヒ6世と教皇*インノケンティウス3世に強く後援を求め，1198年3月正規の騎士修道会に昇格，翌年教皇の認可を得た．
【会則・会員・服装】初期にはヨハネ騎士団会則を用いていたが公認以後*テンプル騎士団会則に替え，次いで*インノケンティウス4世の時代の1244年に専用会則が認められ，教皇に直属し世俗権力と封建関係に入ることを禁じ，所在地司教の*裁治権より*免属とされる．会員は原則として国際的に開放されていたが，他の先行騎士団がイタリア人やフランス人を主体とするのに対しドイツ騎士を中核とし，同会所属の司祭もドイツの中流階級出身者が多く，13世紀以降にはドイツ人修道女の会員が徴募された．初代総長ハインリヒ・ヴァルポト・フォン・バッセンハイム（Heinrich Walpot von Bassenheim, 在職1198-1200）はライン地方の騎士階層出身で，その格式はドイツ帝国の諸侯に準ずる．総長の補佐役に5人の長官（軍務，財務，病院等を担当）がいて十字軍戦士と医療施設の管理にあたる．寄進と征服によって増加の一途をたどる*テュートン騎士団領は，最盛期の14世紀後半にヨーロッパから中近東に及ぶ12管区（バライエン Balleien）に広がり，ラントコムトゥール（Land-Komtur），ラントマイスター（Land-Meister）な

テュートンきしだんりょう

ど各階級騎士団長の管理下に置かれた．会員の服装，会旗，楯はすべて白地に黒十字のデザインで統一されている．

【プロイセン征服・宣教】シリア・パレスチナにおいて後発の同会は充分な活動の機会に恵まれず，1211年ハンガリー王アンドラーシュ2世（András II, 在位1205-35）が *クマン人撃退のためトランシルヴァニア（Transylvania）に出動を要請したとき，第4代総長サルザの *ヘルマン（在職1209/10-39）は将来の活動の舞台を中欧に転換する決断を下した．1225年ポーランドのマゾヴィア侯コンラート（Konrad von Masowien, 1190頃-1247）はプロイセン人とリトアニア人に対する宣教を兼ねた征服戦争に同会の出動を要望，総長は皇帝 *フリードリヒ2世に，征服地を帝国領としたうえで同会の所領と認め，総長の権限を帝国諸侯と同格とする旨を明記した「リミニ金印勅書」の発布を申請した後，実行に移した．1234年教皇 *グレゴリウス9世も同会のプロイセン領有を承認，1249年 *ウルバヌス4世の調停を経て成立したクリストブルク条約によりプロイセン人の服属が決定した．これと同じ頃1237年にはバルト海沿岸各地へも進出，リヴォニア（Livonia）に本部のあった *剣騎士団を合併し，その所領と諸特権を継承，13世紀末強大なテュートン騎士団領国家が成立した．

【文献】DMA 3: 306; NCE 13: 1025; 阿部謹也『ドイツ中世後期の世界 ─ ドイツ騎士修道会史の研究』（未来社1974）; W. HUBATSCH, *Die Staatsbildung des Deutschen Ritterordens* (Würzburg 1958). （橋口倫介）

テュートンきしだんりょう　テュートン騎士団領

〔独〕Deutschordensballeien　広義には *テュートン騎士団の所領の総称であるが，固有名詞としては同会が13世紀末に平定したプロイセンの領土を指し，行政上はドイツ帝国の封建諸侯国家の一つである．教会の *裁治権の面では教皇直属の4管区をなし，1309年マリエンブルク城に本部を定めた総長の管理下に置かれた．その版図はヴィスワ川下流のポンメルン地方からバルト海沿岸を北上してエストニア（Estonia）に及び，ドイツ人の商人・農民の東方植民によって数百の村落・都市が建設された．1385年以降リトアニア，リヴォニア地方も騎士団によって征服され，キリスト教への改宗を条件として開発が進められたが，1410年東プロイセンのタンネンベルク（Tannenberg）でリトアニア人，ポーランド人，ロシア人の連合軍に敗れ，1422年メルノゼー条約によりリトアニアとの国境線を画定（1920年まで有効），ポーランドとは1453年から十三年戦争が起こり，これにも敗れた騎士団は1466年第2トルン条約により西プロイセン全域を失った．16世紀に入ると *宗教改革の攻勢に屈した最後の総長ブランデンブルクの *アルブレヒトは1525年プロテスタントに改宗し，ポーランド王の封臣となり，修道会は解消した．リヴォニア管区は1561年最後の騎士団長ケットラー（Gotthart Kettler, 1517頃-87）によって世俗の侯領に変えられた．ドイツ国内のカトリック地域の所領はフランケン地方のメルゲントハイム（Mergentheim）を本部とするドイツ人騎士団長のもとに存続していたが，19世紀初め *ナポレオン・ボナパルトにより廃止され，所領・財産はドイツ諸侯に分配され，ここに騎士団領は全面的に消滅した．1839年新会則を定め慈善団体として復活した後は *ウィーンに総長居館を所有するのみである． （橋口倫介）

デュ・バルタス　Du Bartas, Guillaume de Salluste　（1544頃-1590. 8. 28）　フランスの詩人．宗教内乱の時代に，*改革派の立場から数々の作品を書いた．フランス南西部のモンフォール（Montfort）の裕福な商家に生まれ，*トゥールーズで法律を学ぶ．*アンリ4世に重用され政治的手腕も発揮．

トゥールーズ時代から非凡な詩才を示すが，それが開花するのは『ユディット』（Judith, 1574）と『ユラニー』（Uranie ou la Muse céleste, 1574）である．前者ではキリスト教的叙事詩が実践され，後者では詩人にとって霊感が神からの授かりものであることが語られる．大作『聖週間』（La Semaine ou la Création du monde, 1578）では天地創造（→ 創造）が取り上げられ，篤い信仰と比類稀な博識が示される．この叙事詩によって，彼は非常な成功を収め，さらに *エデンの園から *最後の審判までの人類の全歴史の叙事詩『聖週間続編』（La Seconde Semaine, 1584）にとりかかるが，未完のまま世を去った．*パリで没す．

【主著】Y. BELLENGER, ed., *La Semaine*, 1981; ID. ET AL., eds., *La Seconde Semaine*, 1991-92.

【文献】J. DAUPHIN, ed., *Du Bartas, poète encyclopédique au XVIe siècle* (Lyon 1988). （白石嘉治）

デュパンルー　Dupanloup, Félix　（1802. 1. 3-1878. 10. 11）　フランスの司祭．サヴォアのサン・フェリックス（Saint-Félix）に生まれ，シャトー・ド・ラコンブ（Château de Lacombe）で没す．1825年教区司祭に叙階，教育者として子弟教育に努め，サン・ニコラ・デュ・シャルドネ（S.-Nicolas-du-Chardonnet）中等神学校の校長，1849年に *オルレアンの司教となる．1850年の学校法「ファルー法」（Loi Falloux）の発案者の一人としても活躍．また近代思想に好意的なカトリック一派の指導者として *モンタランベールらとともに活動．1864年の教皇 *ピウス9世の *『謬説表』に対する解説書は教皇からも賛辞を得る．1871年国民議会の代表になり教育への貢献を続けた．

【文献】キ人 940; *Grand Dictionnaire Encyclopédique Larousse*, 5 (Paris 1982) 3447. （森本由子）

テュピコン　Typikon

（1）*東方教会の *典礼書．典礼暦年（→ 典礼暦）を通じて定められた個々の *典礼の儀式および *朗読の箇所と *聖歌が記載されている．マル・サバの *サバスの名を付した「聖サバスのテュピコン」としても知られている．主に11世紀に行われた，*エルサレムと *コンスタンティノポリスの典礼儀式の伝統の融合を反映している．

（2）東方の特定の *修道院における *修道会会則と慣例の集成．重要なものには，聖サバ修道院と *ストゥディオス修道院の修道会会則がある．

【文献】LThK² 10: 422. （久野暁子）

テュヒレ　Tüchle, Hermann　（1905. 11. 7-1986. 8. 22）　ドイツのカトリック教会史家．エスリンゲン（Eßlingen）に生まれ，テュービンゲン大学で神学と歴史を専攻，1930年司祭叙階，1937年神学博士の学位取得．テュービンゲン大学私講師（1939），同大学講師（1946-50），員外教授（1948-　）を経てパーダーボルン（Paderborn）の哲学・神学大学の教会史教授（1951-71）．1952年からミュンヘン大学の中世・近代教会史教授を務

める.『ミュンヘン神学研究』(Münchener Theologische Studien) の編集者の一人. 特に *ビールマイアーの『教会史』全3巻改訂版 (Lehrbuch der kirchengeschichte, 3 v., 1951-64) の編集・共同執筆者である.『キリスト教史』全11巻（講談社，後に平凡社ライブラリーに所収）の第5巻「信仰分裂の時代」, 第6巻「バロック時代のキリスト教」の共著者の一人. フュルステンフェルトブルック (Fürstenfeldbruck) で没す.
【文献】LThK³ 10: 292. 　　　　　　　　　（鈴木宣明）

テュービンゲンがくは　テュービンゲン学派
〔独〕Tübinger Schule　端的にはテュービンゲン大学福音主義神学部を拠点としたプロテスタント神学学派をいう. カトリック神学部を拠点とした, カトリック・テュービンゲン学派もある.
【プロテスタントのテュービンゲン学派】これには18世紀と19世紀の二つの神学学派がある. 18世紀のものは, 1777-97年に同神学部教授であった G. C. *シュトルが同僚とともに始めた学派で, 旧テュービンゲン学派, または超自然主義的テュービンゲン学派といわれる. その主張は *啓示についての超自然主義にあり, *カントの哲学の影響を受けて *啓蒙思想と *宗教批判・聖書批判を退け, *宗教哲学によらずにイエスについての *聖書の証言と教会の *伝承の自律性を確立することを目指した.
　19世紀のテュービンゲン学派は *バウアによって始められ, 新テュービンゲン学派, または歴史的テュービンゲン学派と呼ばれる. *ヘーゲル, *シュライエルマッハーの思想の影響を受けて *新約聖書を研究し, *原始教団の成立と展開を解明しようとした学派である. 彼らは原始キリスト教のなかに *ペトロ的な傾向と *パウロ的傾向が定立と反定立として存在し, 両者の総合が2-3世紀に *初期カトリシズムになったと主張した.『イエス伝』を書いた D. F. *シュトラウスはバウアとともに有名な人物であったが, この学派の考え方を最も明確な形で表したのは『使徒後の時代』を書いた *シュヴェーグラーであった. 1850年を過ぎるとこの学派は影響力を失った.
【カトリック・テュービンゲン学派】19世紀にはカトリック神学部でも *ドライによってカトリックのテュービンゲン学派が興った. *ヒルシャー, *メーラー, J. E. フォン・*クーンなどがこの学派の主な神学者である. 彼らはプロテスタントの学派と同じく, 啓蒙思想および *ロマン主義と *観念論哲学によってもたらされた問題に対応して啓示の新しい説明を行おうとし, *教父以降の *中世神学を含む伝統に依拠しながらも, ヘーゲル, *シェリング, シュライエルマッハーの考え方と接触した. 彼らは, 歴史的に与えられた超自然的啓示が人間の *理性の先験的自律性にとって必要不可欠であることを証明しようとし, 神と人間理性の根源的結びつきから出発して, 啓示が人類の歴史における必然的要素であると主張した. 歴史は神の自己啓示の展開であり, 啓示はその全体的展開を通じて与えられる歴史の絶対的意味である. 自然と超自然は弁証法的に結びついており, 歴史の展開は *恩恵の結果としてのものである. 啓示は歴史なのである. ドライは, 教会のなかの根源的出来事が持続するのは, 歴史的展開が根源的出来事をより強烈に繰り返すからであると考えた. クーンは, 歴史的展開のなかでの啓示そのものが, 教会において制度化された *教導職を通して働く *教理の展開の原理であるとした. 信仰

は弁証法的に展開するのであり, 教理はキリスト教的意識の客観的精神なのである. 彼らに共通する特徴は, *新スコラ哲学とは違って *歴史性を強調し, カトリック神学の枠内で弁証法的思考をもっていた点にある. ヒルシャーは *神の国を内面的に捉え, 人間の *行為によってその実現を指すこととして道徳を位置づけていた. ここにみられるように, カトリック・テュービンゲン学派に終末論的意識はみられない.
【文献】LThK² 10: 390-93; RGG³ 6: 1067-69.
　　　　　　　　　　　　　　　　　　　（高柳俊一）

デュファイ　Dufay, Guillaume
（1400頃-1474. 11. 24）　初期ルネサンスを代表するフランスの作曲家. フランドル出身で, *ブルゴーニュ楽派に属する.
【生涯】1409-12年にカンブレ大聖堂の少年聖歌隊員であったことから, 1400年頃 *カンブレまたはその近郊に生まれたと推察される. その後ほどなくイタリアに赴き, 1420-26年にリミニ (Rimini) のマラテスタ家 (Malatesta) に滞在し, 一時帰郷の後, *ボローニャを訪れ, その際大学で *教会法を学んだともいわれるが, 確証はない. いずれにしろ1428年までには司祭に叙階され, 1428-33年には *ローマの *教皇聖堂で活躍していた. 1434年招かれてサヴォア (Savoie) の宮廷を訪れ, 1435-37年には当時 *フィレンツェに移動していた教皇聖堂に復帰したが, その後 *フェラーラ, サヴォアなどを訪れ, 1439年末までには故郷カンブレに帰っている. 以後, 1451-58年に再度サヴォアに滞在したことを除けば, カンブレを離れることなく, 大聖堂の要職に就き, 活躍を続けたことが知られている. 同地で没す.
【作品】現存する七つの *ミサ曲のうち, 1440年以後に作曲された4曲（『セ・ラ・ファス・エ・パル　顔が青ざめているのなら』『ロム・アルメ　武装した人』『エッチェ・アンチラ・ドミニ』『アヴェ・レジナ・チェロールム』）は, 最初期の循環ミサ曲として歴史的に重要. ほかにミサ通常式文, 固有式文 (→ ミサ), 晩課 (→ 晩の祈り) のための *賛歌, マグニフィカト (→ マリアの歌) など, *典礼のための作品約90曲が現存する. *モテットは約30曲知られ, 約半数がイソリズム ([英] isorhythm) によるもので, 教皇 *エウゲニウス4世の戴冠（『忠実な教会の都ローマ』1431), ヴィテルボ平和条約調印（『人間にとって最高の善』1433), フィレンツェ大聖堂献堂式（『ばらの花は新たに』1436) など, 歴史的行事のために作曲されたものが多い. 世俗歌曲にはフランス語によるシャンソン約85曲のほかに, イタリア語などによるものが10曲余知られている.
【評価】伝統的な中世フランスの作曲法を基盤としながらも, イングランド風の快い音の響き, イタリア風の旋律の流れを自分の書法に取り入れ, 融合して国際的様式を確立し, *ルネサンス音楽の基礎を確立した.
【文献】NGDM 5: 674-87; 田辺尚雄他編『音楽大事典』3（平凡社 1982) 1561-66; D. FALLOWS, *Dufay* (London 1982). 　　　　　　　　　（金澤正剛）

デュブランシー　Dublanchy, Edmond
（1858. 1. 21-1938. 1. 26）　フランスのカトリック神学者. *マリア会の会員で1881年司祭叙階後, 所属修道会の命によって, さまざまな国で教鞭をとった. 特に,『カトリック神学事典』(DThC) の編纂に貢献する. *トマス学派に属し, *教皇の世俗権を主張した.
【文献】Cath. 3: 1134. 　　　　　　　　　（英隆一朗）

デュプレ　Dupré, Marcel (1886. 5. 3-1971. 5. 30)　フランスのオルガン奏者，作曲家，教育者. ルーアン(Rouen)に生まれ，ムドン(Meudon)で没す. 少年期からオルガン演奏に秀で，パリ音楽院で *ギルマン，ヴィエルヌ(Louis Vierne, 1870-1937), *ヴィドールらに師事.『受難交響曲』(1924),『十字架への道』(1931-32)をはじめ，卓越した即興演奏に基づいたオルガン曲を中心とした創作活動，パリのサン・スルピス教会の正オルガン奏者(1934-71)やパリ音楽院などにおける教育者としての活動により，今世紀の教会オルガン音楽界に大きな貢献をした．著作に『グレゴリオ単旋律聖歌伴奏の手引き』(Manuel d'accompagnement du plain-chant grégorien, 1937)などがある．門下生に *メシアンらがいる．
【文献】遠山一行，海老沢敏編『ラルース世界音楽事典』上 (福武書店 1989) 1080.　　　　　　　(笠羽映子)

デュフロ・ド・ラゼンマレー → マリー・マルグリット・デューヴィル

デュ・ペロン　Du Perron, Jacques Davy (1556. 11. 25-1618. 9. 5)　フランスの枢機卿，政治家，文筆家．スイスの *ベルン近郊で生まれ，両親はフランスのノルマンディー(Normandie)出身のカルヴィニストであった．1576年 *パリに出て， *トマス・アクィナスの『神学大全』を読み，カトリックに改宗したとされる．初め *アンリ3世に仕え，その雄弁の才を認められて，1586年在俗の身でありながら， *ロンサールの追悼演説を行う．1588年からは *アンリ4世に仕え，1593年聖職に就き，国王の引き立てによりエヴルー(Evreux)の司教に就任，カトリックの宣教に力を入れた．アンリ4世の改宗(1593)や，教皇 *クレメンス8世による彼の *破門取り消し(1595)にも一役買った．カトリックの論争家としても有名で，1600年のフォンテーヌブロー(Fontainebleau)における論争では，プロテスタント側のデュ・プレシ・モルネー(Philippe Du Plessis-Mornay, 1549-1623)を打ち負かした．1604年 *枢機卿に任命され，フランス大使として *レオ11世と *パウルス5世の教皇選出会議に参加， *恩恵論に関する論争へのパウルス5世の介入を防いだ．1606年にサンス(Sens)の大司教に就任．アンリ4世の死後は *マリー・ド・メディシスに協力し，摂政会議に参加． *ソルボンヌ大学や高等法院と対立し， *ガリカニスムに対して *ウルトラモンタニスムを擁護した．パリで死去．
【文献】Cath. 3: 1183-84; NCE 4: 1109; R. D'AMAT, ed., *Dictionnaire de Biographie Française*, v. 12 (Paris 1970) 339-41.　　　　　　　(豊田妙子)

デュ・ボス　Du Bos, Charles (1882. 10. 27-1939. 8. 5)　フランスの文芸批評家，エッセイスト． *パリに生まれ，ラ・セル・サン・クルー(La Celle-Saint-Cloud)で没す．イギリス，イタリア，ドイツの大学で学び，外国文学にも造詣が深い．ジャック・*リヴィエール，*ジッド，F. *モーリアックなどと親交を結び，1927年，決定的にカトリックに帰依する．1908年から書き始められ死後出版となった『日記』(Journal, 1946-57)には，彼の文学観，人生観，信仰生活が綴られており，*アウグスティヌスに対する熱烈な傾倒がみられる．さらにこの作品は，現代史の貴重な資料であるとともに，*宗教心理学の一つの頂点を示すものともいわれている．文芸批評家としても，対象とする作品の根源に作家の個人的な体験を据え，その体験の内部において作家と自己が共鳴するという，独自の内省的な共感の手法により，数多くの作家論を残した．
【主著】*Approximations*, 7 v., 1922-37: 山本省編訳『近似値』(彩流社 1993, 抄訳); *François Mauriac et le problème du romancier catholique*, 1933.　　(二川佳巳)

デュポン　Dupont, Jacques (1915. 12. 19-1998. 9. 10)　ベルギーのカトリック新約聖書学者，ベネディクト会司祭． *リエージュに生まれる．1933年 *ベネディクト会入会，1940年司祭叙階． *ルーヴァン大学でオリエント言語や修道生活の起源の歴史，新約聖書を研究．1946年に同大学で博士号，1948年 *ローマで聖書学教授資格を取得後，ネヴェ(Nève)のサンタンドレ修道院で新約聖書学を講じ，1970年以降はオッティニ(Ottignies)のサンタンドレ・ド・クレルランド修道院で指導するかたわら，1954-55年ローマの聖アンセルモ神学院をはじめ，イタリアやカナダ，またアフリカやラテン・アメリカ各国の大学での客員教授も兼務．この間，第2 *ヴァティカン公会議にも参加．またキリスト教各派合同の *パウロをめぐる国際研究会議(1968-85)の組織運営共同責任者や国際新約聖書学会会長(1984-85), *教皇庁立聖書委員会委員(1974-84)などの重責も果たす．数多くの著書論文のなかでも，『エルサレム聖書』(Bijer[12])中の使徒言行録の翻訳，また使徒言行録研究(Etudes sur les Actes des Apôtres, 1967; Nouvelles Etudes sur les Actes des Apôtres, 1984), 全3巻の *山上の説教をめぐる浩瀚な研究(Les Béatitudes, 1953/69-73)は重要．オッティニで没す．
【主著】*Sophia Theou dans les épîtres de saint Paul*, 1946; *Gnosis. la connaissance religieuse dans les épîtres de saint Paul*, 1948 [2]1960; *Syn Christôi*, 1950; *Essai sur la christologie de saint Paul*, 1951; *Mariage et divorce dans l'Evangile*, 1959; *Le discours de Milet, testament pastoral de saint Paul*, 1962; *Les Tentations de Jésus au désert*, 1968; *Pourquoi des Paraboles?*, 1977: 石脇慶總訳『イエスのたとえ話』(新教出版社 1988); *Les Trois Apocalypses synoptiques*, 1985; *Etudes sur les évangiles synoptiques*, 2 v., 1985.
【文献】*A cause de l'Evangile* (Paris 1985) 3-5, 809-26.
(清水宏)

デュポン　Dupont, Léon-Papin (1797. 1. 24-1876. 3. 18)　マルティニク(Martinique)の公務員だったが，妻の死後(1833)母と娘を伴って *トゥールに移住．贖いの精神をもって，慈善と敬虔のうちに生活を始める．特に *イエス・キリストの顔を崇敬し，またトゥールの *マルティヌスの墓を再発見した．彼が住んだ家は現在 *巡礼所になっており，1939年より列福調査が始められた．
【文献】Cath. 3: 1186-87; LThK[2] 3: 608.　(久野暁子)

デュマ　Dumas, André (1895. 10. 6-1959. 12. 25)　来日カナダ人宣教師，ドミニコ会員．1922年司祭叙階．1927年 *パリ外国宣教会の会員で初代函館司教 A. *ベルリオーズの辞任に伴い，教区の司牧は *ドミニコ会カナダ管区に委ねられた．翌28年(昭和3)5月デュマは他の4名とともに，院長として日本に到着．初めは函館の修道院にいたが，火災のため仙台の元寺小路に移った．

1931年11月函館教区の教区長に正式に任命される．当時多くの教会に*主任司祭がいなかったため，ドミニコ会カナダ管区に多数の司祭派遣を要請，その結果として彼が任務を終えた1936年には，20教会すべてに主任司祭が置かれるようになった．また．デュマの熱心な招請により函館教区に7修道会が宣教のため入ってきた．1957年，修道院長の職を辞し，1959年カナダの*ケベックで死去した．なお1936年，後任の*ルミューは，*聖座の裁可を得て*司教座を函館から仙台に移した（→仙台司教区）． (J. デルガード)

デュモリン　Dumoulin, Heinrich (1905.5.31-1995.7.21)　ドイツ人のイエズス会司祭，宗教学者．
ドイツ・ラインラントのヴェフェリンクホーフェン (Wevelinghoven) で生まれ，ノイス (Neuss) の国立ギムナジウム卒業後，*イエズス会の北管区に入会した．ギムナジウム時代はノイドイチラント (Neudeutschland) の青年運動で指導的な役割を果たす．オランダのファルケンブルク大学で哲学を，フランスのファルス大学とドイツの*ベルリン大学で哲学と日本語を学び，再度ファルケンブルク大学で神学を学び，1933年司祭に叙階された．1935年（昭和10）来日．1946年，東京帝国大学から賀茂真淵の研究で文学博士号を受ける．1941-76年，*上智大学文学部教授．*仏教，とりわけ禅宗の研究家として世界的な権威者．著書は『全き人間』（社会思想社 1952）など11点，論文は56点に及ぶ． (K. ルーメル)

デュ・モン　Du Mont, Henry (1610-1684.5.8)
フランスの作曲家，オルガニスト．現ベルギー領の*リエージュ近郊に生まれ，1621年にマーストリヒト大聖堂所属の聖歌隊学校に入学，1631-32年には同校のオルガニストを務めた．その後リエージュに学び，1638年に*パリに移り，1643年以後マレー地区の聖ポール教会のオルガニストを務めた．1652-60年には国王の弟アンジュー公に仕え，1663-83年には王室礼拝堂でも活躍した．1652年出版の『聖歌集』(Cantica sacra) は，フランスで2-3声の*モテットに通奏低音を用いた最初の例として知られる．ほかにも数多くのモテットや詩編を残している．
【文献】NGDM 5: 712-14; 田辺尚雄他編『音楽大事典』3（平凡社 1982）1567; H. QUITTARD, *Un musicien en France au XVIIᵉ siècle: Henry Du Mont* (Paris 1906). (金澤正剛)

デューラー　Dürer, Albrecht (1471.5.21-1528.4.6)　*ニュルンベルクで生まれ，同地で没す．ドイツ最大の画家，素描家であり，版画家として木版画と銅版画の発展に貢献し，また鋭い自然観察による水彩画を残した．2度のイタリア滞在を通じてルネサンス芸術（→ルネサンス美術）を学び，北方にこれをもたらした．金細工師の息子として生まれ，1486年から3年間*ヴォルゲムートの工房で修業した後，ライン上流地方で遍歴時代を送る．この間，*バーゼルで印刷本の木版挿し絵を手がける．1494年にニュルンベルクに戻り，資産家の娘アグネス・フライ (Agnes Frey) と結婚．同年秋に第1次*ヴェネツィア滞在．*マンテーニャなどのイタリアの画家の作品に触れる．旅行中に多くの風景水彩画を描く．翌年ニュルンベルクに戻って工房を構え，ザクセン選帝侯*フリードリヒ3世（賢公）など重要なパトロンを得て制作するようになる．絵画のほか版画制作も盛んになり，1498年に刊行された木版画「黙示録」「大受難伝」連作によりその名声は全欧に広まる．1505-1507年に第2次イタリア滞在．ヴェネツィアのほか，*ボローニャ，*フィレンツェ，*ローマにも旅行した可能性がある．帰国後，『ランダウアー祭壇画』（1511，ウィーン美術史美術館）などの大作を手がける．1512年から皇帝*マクシミリアン1世のための仕事に従事．

デューラー『オリーブ山のキリスト』(ÖN)

1513-14年には，三大銅版画『騎士と死と悪魔』『書斎の聖ヒエロニムス』『メレンコリアI』を制作する．1520年，ネーデルラント旅行．日記およびスケッチブックを残す．*ルターによる*宗教改革の波がニュルンベルクにも押し寄せるなか，デューラーはこの指導者に深い共感を寄せ，その宗教的心情を1526年の大作『4人の使徒』（ミュンヘンのアルテ・ピナコテーク）で表明する．また晩年には芸術理論の研究に関心を示し，『測定論』(Underweyssung der Messung, 1525)，『人体均衡論』(Hjerin sind begriffen vier bücher von menschlicher Proportion, 1525) などを著した．
【文献】F. アンツェレフスキー『デューラー』前川誠郎，勝国興訳（岩波書店 1982）: F. ANZELEWSKY, *Dürer: Werk und Wirkung* (Stuttgart 1980); 河野多恵子，有川治男『デューラー』カンヴァス世界の大画家7（中央公論社 1983）; E. パノフスキー『アルブレヒト・デューラー』中森義宗，清水忠訳（日貿出版社 1984）: E. PANOFSKY, *The Life and Art of Albrecht Dürer* (Princeton ⁴1955); F. ヴィンツィンガー『デューラー』永井繁樹訳（グラフ社 1985）: F. WINZINGER, *Albrecht Dürer in Selbstzeugnissen und Bilddokumenten* (Reinbek bei Hamburg 1971); 前川誠郎『デューラー』（講談社 1990）; P. シュトリーダー『デューラー』勝國興監訳（中央公論社 1995）: P. STRIEDER, *Dürer* (Königstein im Taunus ²1989); 下村耕史『アルブレヒト・デューラーの芸術』（中央公論美術出版 1997）. (保井亜弓)

デューラー『騎士と死と悪魔』(ÖN)

デュラン　Durand, Barthélemy d'Antibes (?-1720)　フランスのカトリック神学者．*フランシスコ会の会員で，南仏アンティーブ (Antibes) の生まれ．スコトゥス主義（→ドゥンス・スコトゥス）に徹し，

*ドミニコ会の *ゴネの教説に反対した. 護教論『守られた信仰』(Fides vindicata, 1709) の著で知られる. オーバーニュ (Aubagne) で没す.
【文献】Cath. 3: 1190-91.　　　　　　（土居由美）

デュリー　Dury (Durie), John（1596-1680. 9. 26)　スコットランドの神学者. *エディンバラ生まれ. プロイセンのエルビング (Elbing) の牧師(1628). イングランド, 大陸を歴訪して生涯プロテスタント諸教派の合同を図った. 特にルター派とカルヴァン派の合同を策するが失敗. *ウェストミンスター信仰告白と*『ウェストミンスター教理問答』の作成に関与した.
【文献】キ人 942; キ大 726; ODCC³ 519.　　　（高橋章）

デュルケム　Durkheim, Émile（1858. 4. 13-1917. 11. 25)　フランスの社会学者. フランス的な*実証主義のもとで社会学方法論の確立に努めた. ヴォージェ県エピナル (Epinal) に生まれる. ボルドー大学教授(1887-1902) を経て *ソルボンヌ大学教授となる(1902). 彼は, タルド (Jean Gabriel Tarde, 1843-1904) の心理学的社会学や H. *スペンサーの *功利主義的社会理論の克服を目指すなかで, 社会的事実を「物のように」客観的に考察し, その成立や変化を社会諸環境と関連づけて説明することを社会学の根本原則と考えた. この立場は後に *社会学主義と呼ばれた. さらに実践的問題にも関心を寄せ, 当時の急激な産業化から生じた *アノミーと *自殺の増加・階級対立・国家の肥大化などを考察し, 解決策として道徳的性格の強い職業集団の建設と組織化を提示した. また, 道徳と教育に関して, *合理主義と非宗教性によってフランス第三共和制での市民社会の道徳的秩序をいかにして再建すべきかという問題関心のもとで研究を遂行した. その後の社会学の方向に対して,『社会学年報』(L'Année Sociologique, 1896-1912) を中心とした彼の研究グループは大きな影響を与えた.
【主著】Les règles de la méthode sociologique, 1895: 宮島喬訳『社会学的方法の規準』(岩波書店 1978); Le suicide: étude de sociologie, 1897: 宮島喬訳『自殺論』(中央公論社 1985); Les formes élémentaires de la vie religieuse: Le système totémique en Australie, 1912: 古野清人訳『宗教生活の原初形態』全 2 巻(岩波書店 1975); Éducation et Sociologie, 1922: 佐々木交賢訳『教育学と社会学』(恒星社厚生閣 1976); L'éducation morale, 1925: 麻生誠, 山村健訳『道徳教育論』全 2 巻, 世界教育学選集 32-33 (明治図書出版 1964).
【文献】折原浩「デュルケーム社会学の『保守主義』的性格」『社会学評論』76 (1969) 2-20; 中久郎「社会連帯論と社会主義・デュルケム理論の問題点」『社会学評論』77 (1969) 52-72; 宮島喬『デュルケム社会理論の研究』(東京大学出版会 1977).　　　　　　（細川甚孝）

テュルソス　Thyrsos（生没年不詳)　聖人(祝日, ローマ教会 1 月 28 日, ギリシア教会 12 月 14 日). 殉教の時代は不明. *シメオン・メタフラステスが編纂した *聖人伝の一つ (PG 116: 508-37) では, ロイキオス (Leukios), カリニコス (Kallinikos) らとともに, 皇帝 *デキウスの時代に *ニコメデイアで殉教したとされるが, 同編者の他の伝記 (PG 116: 537-60) では, フィレモン (Philemon), アポロニオス (Apollonios) らとともに, 皇帝 *ディオクレティアヌスの時代にアンティノエ (Antinoe) で殉教したとされる.
【文献】LThK² 10: 177.　　　　　　（久野暁子）

テュルパン　Tulpin, Augustin Ernest（1853. 7. 6-1933. 11. 8)　パリ外国宣教会司祭. フランス中東部 *ラングルに近いヴォアゼー (Voisey) に生まれる. ラングル大神学校より 1874 年 *パリ外国宣教会に入会. 1877 年 2 月司祭叙階. 同年(明治 10)7 月来日. 北緯代牧区(*北緯聖会)宣教師. 新潟で日本語を習得した後, 新潟県や山形県の庄内・酒田で巡回宣教. 1881 年, 東京浅草教会主任司祭. 1884 年より秋田・盛岡で巡回宣教師の生活を送りながら, 1886 年に秋田教会聖堂を献堂. 1887 年「仏教の台所」とも称される名古屋地区に赴任. 1888 年現教会用地を購入し, 古い長屋を小聖堂に改造. 同年小学校設立. 1891 年の大地震後, 緊急に養老院創設. ロシア正教会(→日本ハリストス正教会)やプロテスタント諸派と宣教の成果を競うかのように, 毎夜講演会を開き大勢の人々に授洗. 1903 年, 金沢と富士へ転任. 1906 年以降, 東京麻布教会主任司祭. 1916 年に建設された新聖堂は, 信心, 養成, 福祉等の多数の小グループで組織された共同体作りの結実であった. 1928 年(昭和 3)青少年を対象に, 料理とクリーニングの講座を開始. 1931 年, 聖堂を増築. 1932 年に引退するが過労で体調を崩し, 翌年多くの著作を残して死去. 東京青山霊園外人墓地にて永眠.
【文献】『パリ外国宣教会年次報告』1 (聖母の騎士社 1996).　　　　　　（M. コーナン）

デュレンマット　Dürrenmatt, Friedrich（1921. 1. 5-1990. 12. 14)　スイスの作家, 劇作家. プロテスタント牧師の息子として *ベルンの郊外コノルフィンゲン (Konolfingen) に生まれ, 神学を学んだが, *チューリヒの週刊誌『ヴェルトヴォッヘ』(Weltwoche) に劇評を書き始め, 自身も戯曲の創作に着手した結果, スイスの国民的作家となった. ドイツ語圏における現代演劇作家の代表的な存在でもある. 彼の文学活動の狙いは, 例えば『ミシシッピ氏の結婚』(Die Ehe des Herrn Mississippi, 1952) に認められるように, 喜劇に現代世界の悲劇的な本質を表現するための唯一の可能性をみいだすことにあった. 喜劇作家としての前衛的な作品には, 小市民的な俗物性を徹底的にパロディー化し, グロテスクな倒錯した現実世界の相対化を図ろうとする傾向がある. その諷刺精神は不気味で, ときとして残忍なまでの傾向をみせるものの, 底流にはスイスのプロテスタンティズム文化圏に育まれた倫理的なキリスト教的良心に裏打ちされた批評家の姿が垣間みえる. 彼の代表作『老婦人の帰郷』(Der Besuch der alten Dame, 1956) に織り込まれた人間の孤独と虚無感に対するブラック・ユーモアと冷笑は, さらに犯罪という現象のなかに人間の救い難い *原罪の姿を観察するための題材を効果的に表現する手法ともなった. それゆえ『嫌疑』(Der Verdacht, 1953),『約束』(Das Versprechen, 1958) のような推理小説では, 唯一の絶対的な審判者である神の存在が故意に欄外に置かれ, あえて堕落した人間世界の暗黒を前面に押し出すという, ある意味で宗教的問題意識の放出が認められる.
【著作集】Werkausgabe, 30 v., 1980.
【文献】Der Literatur Brockhaus, v. 1 (Mannheim 1988) 562; F. Martini, Deutsche Literaturgeschichte (Stuttgart 1961 ¹⁷1978) 680-82; T. Immoos, "Dürrenmatts

protestantische Komödie,"『上智大学ドイツ文学論集』3 (1966) 1-16. 　　　　　　　　　　（富田裕）

デュロシェ　Durocher, Marie-Rose　(1811.10.6-1849.10.6)　福者(祝日10月6日),カナダの修道女.ケベック州ロンゲユ(Longueuil)で1844年に設立された*イエズス・マリア御名修道女会の創立者,初代総長.ケベック州に生まれ,ウーラリー(Eulalie)と名づけられる.マリー・ローズは修道名.*オブレート会司祭らの霊的支えを得て*修道会を創立し,同名のマルセイユの修道会の会則をカナダの状況に適応させる.ロンゲユで没す.1982年列福.
【文献】日キ歴290, 771; DHGE 14: 1205-206; DIP 3: 1000-1002; NCE 7: 80-81. 　　　　　（宮崎正美）

デュロフ　Dyroff, Adolf　(1866.2.2-1943.7.3)　ドイツのカトリック哲学者,フライブルク大学教授.古代哲学史研究から学問的活動を開始し,中世哲学史,近代哲学史,特にルネサンス哲学史へと研究を進め,心理学や思弁哲学へと向かう.彼にとって,*哲学は*永遠の哲学であり,すべての個別的な知識を唯一の世界像のなかに配置するために,存在のあらゆる具体化の根本原理の探求を目指すものである.哲学の個別的な分野の進歩は,それに基づいて存在や人間活動の領域に現れる価値の体系が始まる,開かれた課題である.
【文献】CENTRO DI STUDI FILOSOFICI DI GALLARATE, ed., *Dizionario dei filosofi* (Firenze 1976) 327. 　（湯沢民夫）

てらうけしょうもん　寺請証文　寺証文,寺手形,宗旨証文.寺僧が,人別(または戸主)に自宗の檀那であることを証明した文書.*キリシタン禁制に伴い*仏教への帰依がすべての人々に強制されたが,段階的に強化された*宗門改により関連の文書が作製された.禁制当初の1614年(慶長19)には転人を対象とする寺手形が作製されたが,1634-35年(寛永11-12)頃から一般の士民を対象とする寺請証文の調製にまで拡大され,60年代(寛文頃)には人別帳と複合して簿冊化の傾向をたどった.1671年(寛文11)には百姓1軒ずつに人別の宗旨や移動などを記した宗門人別改帳の毎年作製が発令された.寺院では檀家帳をもとにして宗判を捺し,民衆の出生・死亡時や婚姻・奉公・移住から旅行などの移動に際し,本人を含め移動先の寺院や関係の諸役人に,寺送状や往来一札,その他の文書を発給した.1871年(明治4)廃止.
【文献】藤井学「江戸幕府の宗教統制」『岩波講座日本歴史・近世3』(岩波書店1963) 133-70; 大桑斉『寺檀の思想』(教育社1979); 圭室文雄『日本仏教史・近世』(吉川弘文館1987). 　　　　　　　　　　　（清水紘一）

てらうけせいど　寺請制度　禁制された宗派の門信徒でないことを,寺僧が人別に証明する制度.起源は1612年(慶長17)*キリシタン禁制を発布した幕府が,1614年同宗を転んで改宗し帰依した寺僧から手形をとらせたことに始まる.次いで1634年(寛永11)には京都で,翌年には若狭藩で寺僧からの手形取立てが実施されており,1630年代には寺請が各地で広く施行されたことが推測される.寺請が恒常的に確立されていく契機は,大村藩における1657-58年(明暦3-4)の*郡崩れ以降のこととみられる.この崩れにより500人余を斬罪または牢死せしめた幕府は,1659年(万治2)諸大名に領民が帰依する檀那寺の改めを厳命し,*五人組と結合させた寺請を施行させた.以降1664年(寛文4)に幕府は代官領を含め諸藩に,*宗門改専任の役人設置を命じた.また1671年には百姓1軒ずつの宗門人別帳の作製が発令され,制度として完成の段階を迎えた.この結果,民衆は移動の折には*寺請証文が必要とされ,寺院は行政の末端機関として位置づけられることとなった.また18世紀の末頃には,一家一宗・寺檀固定の方向に向かい,離檀は制約される傾向にあった.1871年(明治4)廃止.
【文献】藤井学「江戸幕府の宗教統制」『岩波講座日本歴史・近世3』(岩波書店1963) 133-70; 清水紘一「寺請制度について」『キリシタン文化研究会会報』18/1・2 (1976) 112-32; 圭室文雄『日本仏教史・近世』(吉川弘文館1987). 　　　　　　　　　　　（清水紘一）

てらざわかたたか　寺沢堅高　(1609-47)　江戸初期*天草を領した肥前唐津城主.*寺沢広高の子.1633年(寛永10)遺領を継承.1637年参勤中,天草・*島原で連年の凶作に困窮した農民の一揆が起こり急遽帰国.天草地方ではこの年12月頃*キリシタンへの*立帰りがあり,まもなく*大矢野・*上津浦等10か村の農民が蜂起.同月末には島原の一揆勢と上津浦で合流し唐津藩兵に挑戦.本戸で藩勢を撃破し,同30日番代・三宅藤兵衛(就任1621)を討ち取った.勢いに乗じて一揆軍は富岡城を攻めたが,守りの固いのをみて撤収し翌38年1月*原城に入った.堅高は2月19日*有馬に出陣し,上使・松平信綱のもとで原城攻囲軍に参加した.同城攻略後*江戸に参府したが,5月25日将軍徳川家光から,天草一揆の責任を問われ天草領4万石を没収された.同時に蟄居を命じられ翌年赦免されたが,嗣子のないまま自害し同家は断絶した.乱後天草には,備中成羽から山崎家治が移封された.
【文献】高柳光寿他編『寛政重修諸家譜』11 (続群書類従完成会1965); 松田唯雄『天草近代年譜』(1947; 国書刊行会1973); 松本寿三郎監修,鶴田倉造編『原史料で綴る天草・島原の乱』(本渡市1994). 　（清水紘一）

てらざわひろたか　寺沢広高　(1563-1633)　志摩守.桃山・江戸初期の大名.*豊臣秀吉に仕え,1592年(文禄1)の文禄の役には名護屋に在陣し,九州の諸職人や材木等を管理したほか,同地と対馬,釜山浦間の継船を差配した.1593年,肥前に所領を与えられ唐津を居城とし,1595年には特命を受け朝鮮に渡海した.1592年以降*長崎奉行を兼ね,市中の教会や修道院を破壊し,代官2名を置いて支配した.その後の教会との関係は複雑で,*フロイスによれば,1593年秀吉に教会堂の再建と宣教師10名の長崎常駐を進言して許可(*伴天連追放令の一部解禁)を得,1595年には自身が*キリシタンとなり幾俵かの米を献じたと記されている.1597年には,*サン・フェリペ号事件を契機として京坂で捕縛された*フランシスコ会の会員ら26名を,*長崎に駐在した実弟・半三郎に命じ2月5日処刑した(*日本26聖人の殉教).1600年(慶長5)の関ヶ原の役には東軍に属し主力戦に参加.戦後*徳川家康から*天草4万石を加増され,都合12万石余を領した.1601年フィリピン長官と交渉するなど朱印船貿易制度の創設に努めたが,ポルトガル船との貿易をめぐって問題を生じ,1603年長崎奉行の職を解かれた.その後領内のキリシタンを迫害した.1614-15年の大坂の役に従軍.1626年(寛永3)には

テラフィム

従5位下となる.
【文献】高柳光寿他編『寛政重修諸家譜』11 (続群書類従完成会 1965); 松田毅一監訳『十六・七世紀イエズス会日本報告集』第1期第2巻 (同朋舎出版 1987).

(清水紘一)

テラフィム　Teraphim 〔ヘ〕tᵉrāpîm　旧約聖書で15回, つねに複数形で使用されている語. 新共同訳聖書では,「守り神の像」(創 31:19, 34, 35), また「偶像礼拝」(サム上 15:23) と翻訳, ないし「テラフィム」(士 17:5; 18:14, 17, 18, 20; サム上 19:13, 16; 王下 23:24; エゼ 21:26; ホセ 3:4; ゼカ 10:2) と音写されている. 語源や形態, また用途など諸説があって断言できないが, おそらく先祖の小立像で, *占い (例えば, 降霊術) に用いられたものであろう.
【文献】DDD 1588-601.

(清水宏)

テラペウタイは　テラペウタイ派　Therapeutai　1世紀の終わり頃まであったエジプトにおける *ユダヤ教の宗団. *フィロンによると祈りを中心にした隠遁生活を営み, 厳格な規律を守った. カイサレイアの *エウセビオスはキリスト教の *修道生活の基礎をここにみている. 手仕事の否定から *エッセネ派とは別の団体と考えられる.
【文献】LThK² 10:97.

(英隆一朗)

デリーア　D'Elia, Pasquale (1890.4.2-1963.5.18)　イタリアのイエズス会宣教師, 東洋学者. 漢名, 徳礼賢. イタリア中南部カンポバッソ (Canpobasso) に生まれる. 1904年 *イエズス会入会, 1917年からアメリカ・メリーランド州のウッドストック大学で4年間神学を学び, 司祭叙階された. 1921年から1934年まで *上海の *イエズス会学院で神学教師を務めた. この期間に中国の古典文学作品を集め編集したり, 中国におけるイエズス会の活動の歴史を研究. 1934年に *ローマに戻り, *グレゴリアナ大学で *宣教学を教える一方, 宣教生活の間に積み重ねた研究の成果を次々に論文として世に送り出した. 特に, 中国におけるイエズス会宣教の歴史に関しては, 現在最も権威ある研究者とされている. また, 同時代の中国の政治的情勢にも精通しており, それに関する著作も多い. ローマで没す.
【主著】The Catholic Missions in China, 1934; "The History of the Catholic Church in China," StMiss (1950) 1-68.
【文献】NCE 4:733.

(髙橋佳代子)

デリダ　Derrida, Jacques (1930.7.15-)　フランスの哲学者. フランス植民地時代のアルジェリアでユダヤ人の家に生まれる. パリの高等師範学校に学び, 1964年に母校の助教授, 84年から社会科学高等研究院教授.『グラマトロジーについて』(De la grammatologie, 1967) などで, 脱構築 (ディコンストラクション déconstruction) と呼ばれる形而上学批判を提起する. 脱構築はまず, 現前性の特権, 男根ロゴス中心主義, 音声中心主義など, 差異や他性を排除して自己固有なものの世界を構築しようとする *形而上学の不可能性を示す. このラディカルな伝統批判はしかし, *ニヒリズムには帰着せず, 他者の到来を初めて可能にする「肯定の思想」だとされる. 循環なき贈与, 約束の構造をもつ肯定, メシア的なもの, 非現前者 (亡霊) の呼びかけに応える責任といった思想が追究される.『死を与える』(Donner la mort, 1992),『信と知』(Foi et savoir, 1996) をはじめ, 多くの著作で神学, 宗教を論じるが, デリダの思想自体, *否定神学やユダヤ・メシアニズムとの関連が問題となる.
【邦訳】足立和浩訳『根源の彼方に―グラマトロジーについて』全2巻 (現代思潮社 1976-77).

(髙橋哲哉)

デリッチ　Delitzsch, Franz Julius (1813.2.23-1890.3.4)　ドイツのプロテスタント旧約聖書学者. *ライプツィヒに生まれ, 同地で没す. 1844年ライプツィヒ, 1846年ロストック (Rostock), 1850年エルランゲン (Erlangen) の各大学で旧約聖書学を教えた後, 1867年以降はライプツィヒ大学旧約聖書学教授. セム語や *ラビ文学に関し該博な知識を有し, 青年時代に敬虔主義的な *信仰覚醒運動に参与したこともあって, 合理主義的・批判的聖書研究に抗して, 個人の信仰と教会の教えを背景にしつつ救済史的観点から創世記や詩編, イザヤ書などの注解を著し, 1877年には新約聖書のヘブライ語訳を完成. また *反ユダヤ主義を批判し, 1886年ライプツィヒにユダヤ人宣教とキリスト教徒のユダヤ教理解の促進を目的としたユダヤ教研究所 (Institutum Judaicum. 後に Institutum Judaicum Delitzschianum と改称され *ミュンスターに移転) を設立. 19世紀の最も影響力のあった旧約聖書釈義家とさえ称されている. バベル・ビベル論争 (Babel-Bibel Streit) で有名なアッシリア学者デリッチ (Friedrich Delitzsch, 1850-1922) は息子, また旧約聖書学者ダルマン (Gustaf Hermann Dalman, 1855-1941) は弟子.
【主著】Die Genesis, 1852, ⁵1887; Commentar über den Psalmen, 2 v., 1859-60, ⁵1894; Biblischer Commentar über den Prophet Jesaia, 1866, ⁴1889; Übersetzung des Neuen Testaments ins Hebräisch, 1887, rev. G. H. DALMAN, ¹¹1892.
【文献】S. WAGNER, Franz Delitzsch. Leben und Werk (München 1978 ²1991).

(清水宏)

デリンガー　Döllinger, Johannes Joseph Ignaz von (1799.2.28-1890.1.10)　ドイツのカトリック神学者, 教会史家. *バンベルクに生まれる. 1822年司祭叙階後, まずアシャフェンブルク (Aschaffenburg) で教会法と教会史, 1826年以降ミュンヘン大学で教会史の講座を担当する. 当初は, 当時のロマン派, 政治的には保守派で, 穏健な教皇権至上主義 (→ウルトラモンタニズム) に近いグループに属していた. 伝統の概念を大切にし, プロテスタントを歴史的発展を妨げるものとして批判していた. 1850年以降, 国家主義の影響から立場を変え, *教皇からのドイツ司教団の独立を主張するようになった. 聖母マリアの無原罪の御宿りの定義 (1854) やシラブス (*近代主義の論者の *謬説表) の発表 (1864) などで態度をさらに硬化させ, ついに第1 *ヴァティカン公会議の教皇の *不可謬性の定義 (1870) に同意するのを拒否したため, *破門とされ (1871), 教授権を剥奪された (1872). その定義に同様に反対して離教した *復古カトリック教会の指導者たちと親交があったが, 彼自身はその派には属さなかった. カトリック教会内に神学の思弁的研究と教会史の科学的研究への関心を喚起した功績がある. しかし純粋な歴史的観点からのみ研究する方法論の限界も指摘されている.
【主著】Die Reformation. Ihre innere Entwicklung und

ihre Wirkungen in Umfange des Lutherischen Bekenntnisses, 1846-48; *Christentum und Kirche*, 1860; *Kirche und Kirchen, Papsttum und Kirchenstaat*, 1861. 【文献】キ人 945; LThK² 3: 475; NCE 4: 959-60; RGG³ 3: 217-19; S. LÖSCH, *Döllinger und Frankreich* (München 1955); S. TONSOR, "Lord Acton on Döllinger's Historical Theology," JHI 20 (1957) 329-52.

(英隆一朗)

デーリング　Döring, Heinrich (1859.9.13-1951.12.17) ドイツ人のイエズス会司祭, インドのプーナ (Poona) 教区司教, 広島教区司教. ドイツの*ヴェストファーレン州ボホルト (Bocholt) に生まれ, 1882 年に司祭叙階, 1890 年に*イエズス会に入会した. 1895 年以降, インドのプーナで宣教活動に従事し, 1907 年, プーナ司教に任命された. 第1次世界大戦が勃発した当初, ヨーロッパ訪問中だったため, イギリスの植民地であったインドに帰れなくなり, オランダのファルケンブルク (Valkenburg) に滞在した. その後, プーナ司教を辞任し, マディトゥス (Madytus) の名義大司教に任命される. 1922 年 (大正 11) 来日, 1923 年に大阪司教区から分離して設立された広島*代牧区の初代*代牧に任命され, 岡山に居住して司牧に尽力した. 1927 年, ドイツ人宣教師のインド行きが許された後, 布教聖省 (後の福音宣教省) の招きに応じてプーナに戻り, 1928 年, 再びプーナ司教に就任した. 1949 年, 90 歳を迎えて司教職を辞し, 同地のイエズス会経営のノビリ神学院で没した.
【主著】*Bilder aus der deutschen Jesuitenmission Puna*, 1918; *Die Mission von Hiroshima in neuerer Zeit*, 1924.
【文献】カ大 4: 18; 日キ歴 903; P. フィステル編『日本のイエズス会史』(イエズス会日本管区 1984) 43-45.

(K. ルーメル)

テル　tel, tell テルは考古遺跡の一種であり, 古代都市が層をなして埋没し, 丘状をなすに至ったものを指す. 英語でマウンド (mound), 日本語で遺丘と呼ばれる. 年代的には青銅器時代と鉄器時代の各層を主体とし, その後の層がさらに上部を占めることがある. また, テル最深部の新石器時代の層をテルの核という. → 聖書考古学, 陶器

(小川英雄)

テルアビブ　Tel Aviv イスラエル最大の都市. バルフォア宣言 (Balfour-Declaration, 1917.11.2) 後のユダヤ移民の増加により発展した新しい都市で, 1934 年に市制を施行, 1950 年に*ヤッファと合併し, 現在のテル・アビブ・ヤッファ ([ヘ] Tel Aviv Yafo) となった. ヤッファは古い町で, 預言者*ヨナがここから*タルシシュへ出航し, 皮なめしシモンの家 (使 9: 43; 10: 6, 32) や聖ペトロ修道院等がある. 古くは*ペリシテ人の支配下にあったという. イスラエルの*ダビデ, *ソロモン両王により占領され, *アッシリア, アケメネス朝 (前 700-前 330) の支配の後, *ローマ帝国の時代に衰退した. イスラム勢力下に入り, *十字軍の一時支配を受けた後, マムルーク朝 (1250-1517) により破壊され, オスマン朝 (→ オスマン帝国) のもと, 17 世紀末に港湾都市として再興した.

(宮岡孝尚)

デルウィーシュ　derwīsh [英] dervish, [独] Derwisch, [仏] derviche　ダルウィーシュ (darwīsh) ともいう. 広義には*スーフィーのことだが狭義にはスーフィー教団に属し托鉢放浪する修道者を意味する. 元来は語源不明のペルシア語であるがアラビア語, トルコ語でも使われる. 12-13 世紀から形成され始めたスーフィー教団はおのおの独自の入門儀式, 修行法などをもっていた. また各教団には, どのような師を通じて, 現在の教団長に奥義が伝授されたかを示す師資相承の系図 (シルシラ silsila) があった. 入会式において入門者は師に忠誠を誓い, 教団の象徴である袈裟 (ヒルカ khirka) と帽子を受け取る. 修行法としては神の名を何万回も唱えるジクル (dhikr) という行や隔離された小部屋への隠棲などがある. また一定の曜日に教団の修道場 (ペルシア語でハーンカー khānkāh, トルコ語でテッケ tekke, アラビア語でザーウィヤ zāwiya) に団員が集まり, 集団でジクルを行う集会をもった. サマー (samā') とかハドラ (ḥaḍra) と呼ばれるこのような集会はしばしば音楽やダンスを伴い参加者は恍惚状態に陥った. また修道場は鉢と杖をもって托鉢する修道者の宿ともなった.
【文献】EI 2: 164-65; 嶋田襄平他監修『イスラム事典』(平凡社 1982) 266-67.

(竹下政孝)

デル・ヴェッキョ　Del Vecchio, Giorgio (1878.8.26-1970.11.28) イタリアの法哲学者. 1920 年ローマ大学教授, ユダヤ人であるがために 1938 年に免職, ファシスト政権への協力により 1944 年に復職, 1945 年に同じ理由で免職, 1947 年に復職. *新カント学派の影響を受けた*自然法論の立場から, 人間本性に内在する法の普遍的原理と歴史における法の進化を説いた.
【主著】*Lezioni di filosofia del diritto*, 1930.

(樽井正義)

デルガー　Dölger, Franz Joseph (1879.10.18-1940.10.17) ドイツの古代宗教史・教会史家. ザール地方のズルツバハ (Sulzbach) に生まれ, シュヴァインフルト (Schweinfurt) で死去. 1904 年, ヴュルツブルク大学で神学博士号取得. ヴュルツブルク大学, ミュンスター大学, ブレスラウ大学, ボン大学で教鞭をとる. その間, 5 年間のローマ滞在 (1908-13), たび重なるイタリア・北アフリカ旅行などを通じて, 初期のキリスト教の制度や*典礼, 生活慣習などに関する実証的な研究を進めた. 代表作は『イクテュス』全 5 巻 (ΙΧΘΓΖ, 1910-43) で, 古代教会が用いた*魚の象徴の研究である. そのほか, 研究誌『古代とキリスト教』(Antike und Christentum, 1929-50) の編集・執筆をはじめ, 多くの著作を残した.
【主著】*Die Sonne der Gerechtigkeit und der Schwarze*, 1918; *Sol salutis, Gebet und Gesang im christlichen Altertum*, 1920.
【文献】LThK² 3: 473-74; NCE 4: 958.

(山口和彦)

デルガド　Delgado, Juan José (1679.6.23-1755.3.24) スペインの*イエズス会宣教師. アンダルシアのカディス (Cádiz) 出身. 1711 年母国を出発. しばらくメキシコに滞在し, 1717 年にフィリピンに入った. 著書『フィリピン史』(Historia de Filipinas, 1892) は 1751 年から 54 年にかけて書かれたが, そこには現地の人間を軽蔑し誹謗する同僚宣教師とは異なり, 愛情を込めて派遣地の風物を受け入れようとする視点がみられる.
【文献】カ大 4: 414; 篠田英雄編『岩波西洋人名辞典』(岩波書店 ³1983) 894; E. H. BLAIR, J. A. ROBERTSON,

eds., *The Philippine Islands 1493–1898*, v. 40 (Cleveland, Ohio 1906). (相原直美)

テルステーゲン　Tersteegen, Gerhard　(1697. 11. 25–1769. 4. 3)　ドイツの詩人．ドイツ西部メーアス (Moers) に生まれる．商人であったが *静寂主義の影響を受け，独身を貫きキリストへの徹底的献身を説いた．*禁欲と静寂主義的な隠遁への傾向が特徴的なその生涯はプロテスタント最大の神秘思想家の一人として位置づけられる．数多くの信仰覚醒を促す著作のなかでも『敬虔な魂の霊的花園』(Geistliches Blumengärtlein inniger Seelen, 1727) のような優れた自然観照を示す宗教詩集は賛美歌の白眉ともいえる．*敬虔主義の熱狂や啓蒙主義 (→啓蒙思想) の*無神論はいうに及ばず，伝統に埋没した怠惰な教会生活にも厳しい姿勢で臨んだ．ミュールハイム (Mülheim) にて没す．
【著作集】*Gesammelte Schriften*, 8 v., 1844–46.
【文献】Brecht 2: 390–410; RGG³ 6: 697–98. (富田裕)

テ・ルチス・アンテ・テルミヌム　Te lucis ante terminum　*教会の祈り　において，*寝る前の祈りで歌われるラテン語の聖歌．最古の写本は，9世紀にアイルランドで作られたともいわれるが詳細は不明．夜を創造した神に平安な眠りと睡眠中の守護を願う内容．悪魔の働きによって性的欲望が起こされないようにと願う第2連は，新しい教会の祈りにおいて，別の内容の古い詩の連に置き換えられた．
【文献】Chevalier H 20136. (橋爪由美子)

テルトゥリアヌス　Tertullianus, Quintus Septimius Florens　(155頃–220後)　3世紀のラテン語圏最大の神学者．
【生涯】生涯の詳細は不明．*ヒエロニムスの記述 (『著名者列伝』53) から次のことが知られる．(1) テルトゥリアヌスは *百人隊長の息子で，*カルタゴに生まれた．(2) 司祭であった (この点に関しては現代では疑問視されている)．(3) その活動の最盛期は *セプティミウス・セウェルス帝と *カラカラ帝の治世の時代 (193–217) であり，長生きであった．(4) *キプリアヌスはテルトゥリアヌスを非常に尊敬しており，その著作を毎日読み，その際「我が師を与えよ」といって，本を用意させていた．テルトゥリアヌス自身が著作のなかで自伝的なことを述べていないこともあって，その生涯の詳しいことはわからず，わずかな手がかりから推定されるにすぎない．

155年頃 (155–60) カルタゴに生まれ，法律と修辞学を学んだ．ギリシア語にも精通しており，ラテン語と同じように書くことができた．ギリシア語の著作があった．法律家としてローマで名声を博した，と考える学者もいる．ローマに滞在したことは，そこでの見聞を述べているので (『女性の服装について』1, 7; 2, 10)，確かなことと思われる．しかし，彼がローマに長期滞在して法律家として活動したことを疑問視する学者もいる．*ユスティニアヌス1世の *『市民法大全』に含まれる「学説彙纂」(Digesta) のなかにみいだされるテルトゥリアヌスと同一人物とする説もあるが，定かではない．しかし，著作，特に『護教論』には法律の知識と実務家としての経験がにじみでているので，法律家，弁護士であったことは確かなことと判断される．後年，自分がかつて大変放埒な生活を送っていたことを後悔していることから，その青年時代には，見世物に夢中になり，姦通も行ったことがあったのではないかと推測する者もある．

キリスト教への改宗は193年とも196年ともいわれるが，護教的著作 (→護教論) が197年に書かれたことは確かなことと思われるので，少なくとも，それ以前，190年から195年の間に改宗していると考えなければならないだろう．

彼は激しく熱狂的な気性，短気で，我意が強く，強力なものと有益なものに向かう特性とを併せもっていたといわれる．彼の熱狂的な気性は，*迫害のなかにあっては，防御のみに満足せず，攻撃に移る．彼は *ローマ法を利用して，ローマ人の弱点を捉えて攻撃していく．これは護教的・論駁的著作においては利点となったが，倫理，道徳生活の面では極端な *厳格主義，禁欲主義 (→禁欲) に陥ることになる．実際，この厳格な態度はしばしばその著作に現れている．キリスト者は，一切異教的なものから手を引くよう強調し (『冠について』)，いかなる見世物にも行ってはならず，婦人には一切の装身具を禁じている (『女性の服装について』1, 1 では，「女性の唯一のふさわしい身なりは，懺悔の身なりである」と述べている)．また，この熱狂的な気性が彼を *モンタノス派に走らせることになる．204年頃から，その影響が著作に現れ始め，207年頃にはモンタノス派であることを公言するようになる．213年には完全にカトリック教会から離れる．しかし，その後，モンタノス派内でも衝突し，彼自身の分派 (テルトゥリアヌス派) を結成した．この派は *アウグスティヌスの時代まで存続する．彼の死は，220年以降のことと考えられている．

彼は毒舌家であったが，「言葉の魔術師」でもあった．レランスの *ウィンケンティウスは「言葉の数ほど思想がある」([ラ] Quot paene verba, tot sententia) と評している．実際，彼の成句は今日まで慣用句として用いられている．「キリスト教徒の血は種子である」「キリスト教徒は生まれながらにしてキリスト教徒であるのではなく，キリスト教徒になったのである」「アテネとエルサレムとに何の関わりがあろうか」「哲学者はギリシアの弟子だが，キリスト教徒は天国の弟子だ」(『護教論』)．「不条理 (不合理) なるがゆえに我信ず」(Credo quia absurdum) という言葉は，しばしばテルトゥリアヌスのものとして引用されるが，実際にこの通りの発言はない．しかし，彼の思想をよく表している．
【著作】〔197年以降〕『異教徒へ』(Ad nationes)，『護教論』(Apologeticus)，『殉教者へ』(Ad martyres)，『ユダヤ人駁論』(Adversus Iudaeos)．
〔200年以降〕『魂の証言について』(De testimonio animae)．
〔200–206年〕『芸能見物について』(De spectaculis)，『祈りについて』(De oratione)，『忍耐について』(De patientia)，『悔い改めについて』(De paenitentia)，『女性の服装について』(De cultu feminarum)，『妻へ』(Ad uxorem)，『洗礼について』(De baptismo)，『異端者への抗弁』(De praescriptione haereticorum)，『ヘルモゲネス駁論』(Adversus Hermogenem)．
〔207–12年〕『マルキオン駁論』(Adversus Marcionem)，『ウァレンティノス派駁論』(Adversus Valentinianos)，『霊魂について』(De anima)，『キリストの肉体について』(De carne Christi)，『死者の復活について』(De resurrectione mortuorum)，『貞潔の勧めについて』(De exhortatione castitatis)，『処女の被りものについて』(De virginibus velandis)，『兵士の月桂冠について』(De

corona militis), 『蝎の解毒剤について』(Scorpiace), 『スカプラへ』(Ad Scapulam), 『偶像崇拝について』(De idolatoria).

〔212-13年〕『迫害時における避難について』(De fuga in persecutione), 『プラクセアス駁論』(Adversus Praxean), 『一夫一妻制について』(De monogamia), 『断食について』(De ieiunio adversus Psychicos), 『慎みについて』(De pudicitia).

〔現存しない著作〕De baptismo haereticorum; De censu animae Adversus Hermogenem; Adversus Apelleiacos; De paradiso; De fato; De spe fidelium; De ecstasi.

〔擬作〕『パッリウムについて』(De pallio).

【思想】ラテン語神学用語の創案者という評価は、現代では修正されつつあるにしても、テルトゥリアヌスがラテン神学の創始者であることは否定できない。*ヘルモゲネス、*マルキオン、*グノーシス主義、*異教との論争において神学のほとんどの分野が論じられている。特に*三位一体論と*受肉に関して教理神学上大きな功績を残している。特に『プラクセアス駁論』において、「この秘義は、父と御子と霊が三であることを明らかにしているが、それが三であるのは本質(status)についてではなく、相対的な位置(gradus)についてであり、実体についてではなく、形相(forma)についてであり、力(potestas)についてではなく、(それを担う)具体的存在(species)についてであって、この三つは一つの実体(substantia)、一つの本質、一つの力に属している。なぜなら、神は一であるが、この神から、父と御子と聖霊という名で、このような相対的な位置、あるいは形相、あるいは具体的な存在が生じると考えられるからである」(2, 4)とし、さらに「御子が第二の位格(ペルソナ)として、父の言(ことば)として、父に付随しており、第三の位格として、言のなかに霊があった」(12, 3)と述べ、一つの*実体における三つの*位格(→ペルソナ)という*三位一体の秘義を定式化している。また、「私たちは、一つの位格のなかに、混同されることなく結合している二重の本質(status)を、すなわち神にして人であるイエスをみるのである」と述べ、「両実体の独自性は損なわれておらず」「両方の実体がそれぞれの本質に応じて、区別を伴って活動した」(27, 11. 13)とする表現は、その後のラテン神学のキリスト理解を方向づけるものであり、教皇*レオ1世のトムス(Tomus)にも取り入れられ、*カルケドン公会議の定式を先取りするものとなっている。

モンタノス派に走ってから厳格な見解が提示されるようになるのは、特に道徳的な面である。例えば、初期の『妻へ』では再婚しないよう勧めているが、再婚を罪とはしていないのに対して、『一夫一妻制について』では再婚を姦淫(→姦通)とみなしている。また『悔い改めについて』では、*罪をゆるす教会の*権能にいかなる限定もしていないが、『慎みについて』ではゆるされる罪とゆるされない罪とが区別され、後者は神のみがゆるしうるとする(→ゆるしの秘跡).

【著作校訂版】CChrL 1-2; CPL 1-36; CSEL 20, 47, 69, 70, 76; PL 1-2; PLS 1: 29-32; SC 35, 46, 173, 216-17, 273, 280-81, 310, 316, 319, 332, 343, 365, 368.

邦訳: 金子寿男訳『護教論』(水府出版1984); 土岐正策訳『プラクセアス反論』『パッリウムについて』、鈴木一郎訳『護教論』キリスト教教父著作集13-14(教文館1987).

【文献】キ人 946-47; Altaner 148-63; DPAC 3413-24; DThC 15: 130-71; NCE 13: 1019-22; Quasten 2: 246-340; 室根郁男「テルトゥリアーヌスの洗礼論—De Baptismo を中心として」『日本の神学』4 (1965) 98-107; 栗原貞一「テルトゥリアヌス・人とその教説」『桃山学院大学キリスト教論集』1 (1965) 27-55; 石村緑「テルトゥリアヌスの『護教論』『研究』(神戸大学) 39 (1967) 35-74; 岩山三郎「テルツリアヌスの『不合理なるが故に我信ず』について」『近代』40 (1967) 125-49; 持田行雄「テルトゥリアヌスの三位一体論」『倫理学年報』18 (1969) 1-10; 赤木善光『信仰と権威』(日本基督教団出版局 1971) 255-316; 荒井献「身体のよみがえり、テルトゥリアヌスの復活論をめぐって」『初期キリスト教史の諸問題』(新教出版社 1973) 259-73; 川崎幸夫「テルトゥリアヌスにおける信仰の概念」『研究年報』(奈良女子大学文学部) 17 (1974) 1-20; 室根郁男「テルトゥリアヌスのRegula fidei について—De praescriptione haereticorum を中心として」『キリスト教学』16·17 (1975) 106-24; 水垣渉『宗教的探求の問題』(創文社 1984) 21-27; 井谷嘉男「テルトゥリアヌス」『新約聖書正典の成立』荒井献編(日本基督教団出版局 1988) 233-55; J. MOINGT, Théologie trinitaire de Tertullien, 4 v. (Paris 1966-69); C. RAMBAUX, Tertullien face aux morales des trois premières siècles (Paris 1979). (小高毅)

テルナー Toellner, Johann Gottlieb (1724. 12. 9-1774. 1. 26) ドイツの神学者、フランクフルト大学教授(1756). 18世紀プロテスタント合理主義的傾向が強く、教理的神学よりも道徳の要素を重視し、*信条を必要悪とした。*三位一体論、*原罪の教説なども*理性や*聖書と矛盾していると考えた。C. *ヴォルフの哲学と*敬虔主義の影響下にあった。

【文献】キ人 947; キ大 729. (髙橋章)

デルプ Delp, Alfred (1907. 9. 15-1945. 2. 2) ドイツのカトリック神学者、イエズス会司祭、著述家。マンハイム(Mannheim)に生まれる。1926年*イエズス会に入会、1937年司祭叙階、1939-41年『時の声』(StdZ)編集長、1941-44年ミュンヘン・ボーゲンハウゼン(München-Bogenhausen)の聖ゲオルグ教会主任司祭を務める。1942年にナチス抵抗運動グループ「クライザウアー」(Kreisauer Kreis)に参加、当時の政治的・社会的思潮をキリスト教的立場から厳しく批判する諸論文を発表した。クライザウアーの声明文「抵抗における新秩序」(Neuordnung im Widerstand)には、社会回勅(→社会問題)の理念が取り入れられている。1944年6月初めヒトラー(Adolf Hitler, 1889-1945)暗殺計画をもくろむクラウス・シェンク(Claus Schenk, Graf von Stauffenberg, 1907-44)と接触、1944年7月28日逮捕、1945年1月11日特別法廷である民族裁判所(Volksgerichtshof)で国家反逆罪を理由に死刑を宣告される。その論拠の一つには、自らのキリスト教信仰とイエズス会への忠誠を表明した文書『死に直面して』(Im Angesicht des Todes, 1947)が含まれていた。1945年2月2日ベルリン・プレッツェンゼー(Berlin-Plötzensee)で絞首刑に処せられる。

【著作】R. BLEISTEIN, ed., Gesammelte Schriften, 5 v., 1983-88.

【文献】LThK³ 3: 77; 6: 435-36; TRE 24: 35-78; R. BLEISTEIN, Alfred Delp. Geschichte eines Zeugen

デルプラス **Delplace, Louis** (1843.9.16-1928.10.3)
イエズス会員．ベルギーの*ブルッヘに生まれる．1861年9月*イエズス会入会．教会史を中心とする著述家として知られる．日本関係では，キリシタン史概説書全2巻(Le catholicisme au Japon, 1909-10)があり，イエズス会本部に所蔵される多数の史料を駆使し，近代的な歴史考証を試みた書として評価されている． (尾原悟)

デルボス **Delbos, Fernand** (1903.3.24-1989.1.1)
パリ外国宣教会司祭．フランスのオーヴェルニュ地方のモンミュラ(Montmurat)に生まれる．1923年*パリ外国宣教会に入会，1927年(昭和2)司祭叙階，直ちに東京教区に派遣される．1年間日本語を学んだ後，長野県の松本教会の主任司祭となり，その間に幼稚園を創立する．1937年に甲府教会に転任．大変陽気で人々から親しまれ，地域に溶け込み草の根の教会づくりを展開する．戦後しばらく横浜の山手教会の*主任司祭となるが，まもなく静岡県の藤枝教会に転任する．1950年，パリ外国宣教会の総会に出席．帰国後，総会の決定に従って日本管区が誕生，初代管区長に選ばれ，新しい組織を軌道に乗せるために尽力する．一方で日本とその文化に多大な関心を寄せ，それに関する記事をフランス語に訳して出版したこともある．これは若い宣教師に日本の文化を紹介するためでもあった．1963年管区長の任務を終え，教会の司牧に戻ったが，その後鎌倉の*聖母訪問会の社会福祉事業において司牧に従事し，1980年に東京の清瀬ベトレヘムの園に引退する．1987年にフランスに帰国．タルヌ・エ・ガロンヌ県のモンブトン(Montbeton)にて死去． (E.ミルサン)

デルメンゲム **Dermenghem, Émile** (1892.1.3-1971)
フランスの宗教学者．*パリに生まれる．パリの古文書学校と*ソルボンヌ大学に学ぶ．モロッコで特派員をしていた1925年頃からイスラム世界と関わりをもつ．*メーストル，*トマス・モア，*ルネサンスのユートピア主義者，*ムハンマド，*イスラム教の聖人たち，アラブの神秘主義的詩などについての著作を発表する．また，*民族学，民族誌学の研究家でもある．
【主著】*Le culte des saints dans l'Islam maghrébin*, ⁴1954. (二川佳巳)

デル・リオ **Del Rio, Martin Antoine** (1551.5.17-1608.10.19)
フランドル出身の神学者，人文学者，法学者，古典学者．*イエズス会の会員で若いときから古典学，哲学，法学に精通し，語学に堪能で古典文学の注解書を書き，当時の人文学者に影響を与える．また法学者としての能力が評価され，28歳でスペイン領オランダの総督ドン・フアン(Don Juan, 1547-78)のもとでブラバント(Brabant)の副大法官・検事長官に就任．1580年イエズス会に入会後は*ルーヴァン大学，*サラマンカ大学など数々の大学で教え，聖書の注解書，マリア学，論証学など数多くの著作を残す．キリスト教*人文主義に貢献すると同時に，魔女狩り(→魔女)を促進する悪影響も与えた．
【主著】*Disquisitionum magicarum libri VI*, 3 v., 1599.
【文献】キ人 946; LThK² 3: 212-13. (英隆一朗)

デルンバハしまいかい　デルンバハ姉妹会 →
イエズス・キリストの貧しい侍女会

テレサ **Teresa** (1910.8.26-1997.9.5)
神の愛の宣教者会創設者．リジューの*テレーズを修道名とし，マザー・テレサと呼ばれる．本名アグネス・ゴンジャ・ボワジュ(Agnes Gonxha Bojaxhiu).

ユーゴスラヴィアのスコピエ(Skopje, 現マケドニア領)でアルバニア系の裕福な商人の家庭に生まれる．信仰心篤い環境で育ち，特に母親からは熱心なカトリック信仰と，気丈だが人には穏やかに接する性格を受け継いだといわれる．12歳でインド宣教に心惹かれ，*ロレット修道会がインドに派遣する修道女を募っていることを知り，1928年アイルランドの*ダブリンで入会．インドに派遣され，北部ダージリン(Darjeeling)で*修練期を過ごし，1931年には有期の*修道誓願を宣立，ベンガル地方の病院で看護補助にあたりながら病気や貧困にあえぐ人々と接する．1937年に終生誓願を立て*カルカッタの学校に歴史・地理の教師として派遣される．後には校長も務め，教職や学校運営を精力的にこなすが，校内で接する裕福な家庭の子女とは別に市中には貧しい人々が溢れていることを実感し，焦燥感を強める．

1946年，ダージリンに向かう列車のなかで「修道院を出て貧しい人々のなかで暮らし，貧しい人々とともにいるキリストに仕えるように」との神の声を聞き，活動の場を修道院外に置く道を模索するようになる．教職を辞し，医療看護の研修を受け，1948年*教皇庁より誓願を立てたまま退会することを許可されると*修道服のかわりにサリーを着用，徹底した清貧(→貧しさ)に身を置き，カルカッタの大司教らの助言を得ながら，単身市内の最も貧しい地区で子どもたち数人を集めては読み書きを教えることから独自の活動を始める．生徒数の増加とともにかつての教え子たちが少しずつ協力者として集まり，1950年，12名の共同体は*神の愛の宣教者会として教皇庁により認可され正式な*修道会となった．

行き倒れの病人，ハンセン病患者，孤児など社会の最底辺に追いやられている人々に奉仕する活動には多くの人々の賛同と援助が寄せられ，1952年にはカルカッタに「死を待つ人の家」を開設，「貧しさや病気が不幸なのではなく，誰からも必要とされていないと感じることこそが最大の不幸なのだ」との信念のもと，見捨てられた病者らを収容し，一人ひとりに手厚い看護を施すことで神の愛の体現に努めた．また，個々の生命は胎児から死期の迫った人に至るまでかけがえのないものであるという確信から，*堕胎や避妊(→計画産児)には断固反対の姿勢を堅持した．

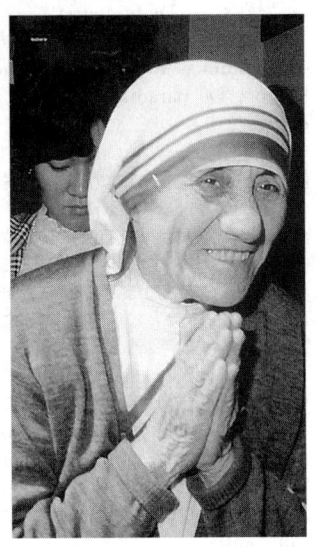

マザー・テレサ
(上智大学史料室)

包容力とユーモア溢れる人柄は階層や宗教，国籍の枠を越えて人々を魅了し，小柄ながらも精力的な活動ぶりから「カルカッタの聖女」とも呼ばれた．その活動は世界各国に及び，来日も3回を数える．教皇ヨアンネス23世平和賞(1971)，ノーベル平和賞(1979)，インドの民間人としては最高の「インドの星」賞(1980)など内外の受賞も多い．1990年頃から体力の衰えを理由に総長職引退を考え，1997年3月にインド北部出身のネパール人ニルマラ(Joshi Nirmala)を後継とし，半年後に心臓発作のためカルカッタの本部修道院にて逝去，葬儀は異例の国葬となった．死後その評価はさらに高まり，1998年末には特例として*列聖に先立つ列福調査の開始が教皇*ヨアンネス・パウルス2世により認められ，早ければ2002年に*福者とされる予定である．
【文献】M. マゲッリッジ『マザー・テレサ』沢田和夫訳（女子パウロ会 1997）: M. MUGGERIDGE, *Something Beautiful for God: Mother Teresa of Calcutta* (New York 1971); L. GJERGJI, *Mother Teresa: Her Life, Her Works* (New York 1991); E. LE JOLY, *Mother Teresa: A Woman in Love* (Notre Dame, Ind. 1993).

（橋爪由美子）

テレサ〔アビラの〕 Teresa （1515. 3. 28–1582. 10. 4) 聖人（祝日10月15日）．修道名でイエスのテレサ(Teresa de Jesús)と呼ばれる．1622年教皇*グレゴリウス15世によって列聖され，1970年9月27日教皇*パウルス6世によって教会史上で最初の女性*教会博士と宣言された．跣足*カルメル会の改革者または創立者として名高く，現在との関わりでもその意義は大きく，その著作集の出版が今日でも絶えない事実がその現代への霊的意義を示唆している．

【生涯】アビラのテレサと呼ばれるのは，スペインのカスティリャ州のアビラ(Avila)に生まれてそこで育ち，そこを足場として活躍したからである．ちょうどその時代は，スペインの歴史的黄金期であり，ヨーロッパ全体はプロテスタントの*宗教改革の時期である．つまり，内側には文化の花が咲き，外側には南米に植民地を拡大した時期である．テレサが*アウグスチノ会の修道女経営の女学校の寄宿舎に入り，まもなく治り難い病気にかかってからのさまざまな反省が足台になって，父親の反対にもかかわらず，アビラ城外にある女子カルメル会のエンカルナシオン修道院に入ったのは1535年で20歳のときにあたる．改革カルメルの創立を思い立ったのは1560年7月16日の*カルメル山の聖母の祝日に，その修道院に寄宿生として生活していた姪たちとの対話からである．テレサは当時そこで実行されていた緩和会則ではなく，昔の原始会則によるカルメルの生活の再生を目指した．カルメル会の歴史において跣足カルメル会と呼ばれるものはアビラのテレサに始まる流れを意味している．

サン・ホセ修道院を皮切りに開始された創立事業を促した事情として，プロテスタントの宗教改革，アメリカ大陸の発見とその様子，当時のカルメル会総長やテレサの協力者となった*ファン・デ・ラ・クルスとの出会いなどが指摘されている．しかし，本当の事情はテレサの主体的な内面のドラマだと思われる．1562年からの一連の修道院の創立事業の間にさまざまな人生の波乱に徹底的にもまれ，1582年10月4日アルバ・デ・トルメス(Alba de Tormés)の修道院で帰天した．当時の教会の運命に共感的・連帯的に生き抜いたテレサであった．

【著作】著作活動は生涯の最終20年間に行われ，創立事業で最も多忙な時期であるのに，著作全体の調子は明るく朗らかである．主な著作は11ほどで，折に触れて統合的意向なしに書かれたのに，内容は相関的・呼応的な性質を帯びている．まず，年代とともに発展した形で，テレサの対神的な経験と理解との実質的な成長が浮き彫りになっている五つの著作が目立っている．

(1) 『自叙伝』(*Libro de la Vida*, 1562-65). 生身の体験談で，そこから実際的教説が生まれ，他の著作の足台となる．

(2) 『完徳の道』(*Camino de Perfección*, 1566). *完徳への道というよりも，完徳に生きる道と理解するほうがよく，娘たちに向かっての教育的な修道話である．内面的な対神生活入門を意味しており，特に内面的な*沈黙の祈り（念祷）の入門書である．

(3) 『霊魂の城』(*Castillo Interior, o las Moradas*, 1577). 対神的な経験と理解との織り合わさった神秘話であり，対神生活の円満な内面的成長のなかに現成してくる神の*内在，内住の神秘の絶妙さを描写的に物語っている．

(4) 『創立史』(*Las Fundaciones*, 1573-82). 創立事業中の実話であり，聖俗の絡み合いや活動と祈りとの関係などをめぐってテレサ式の生活や見方を具体的に物語っている．

(5) 『書簡集』(*Cartas*, 1576-82). 創立史に相似する性質を帯びて，内面的*観想と実際的行動との相依相関の関係を人間的で穏やかな調子で物語っている．

これら五つ以外にも次の著作がある．
(6) 『霊的報告集』(*Las Relaciones*, 1560-61, 75). (7) 『会憲』(*Constituciones*, 1562). (8) 『修道院視察法』(*Modo de visitar los conventos*, 1567). (9) 『神への魂の叫び』(*Exclamaciones del alma a Dios*, 1569). (10) 『神愛考』(*Conceptos del Amor de Dios*, 1574). (11) 『詩集』(*Poesias*, 著作年不明). 以上のほかにも幾つかの小品や雑話が数点ある．

キリスト教的な対神生活の歴史の面から眺めて，対神生活の神学に，テレサの著作のなかで最も大きな貢献をしたのは，五つの著作のなかの最初の三部作であり，おのおの異なった特色を帯びていても，テレサの神体験や神理解を三重にまとめた姿をみせており，年代的にも内容的にも，発展的・進展的な経過を生きいきと反映している．これらの三部作が提示している生身の神学（神理解または対神関係理解）は，決していわゆる客観化された抽象的・理論的・組織的な知識という場に立っているのではなく，むしろ，主体的なままでの実際的・体験的・臨床的な洞察という場に立っている．いわば，名詞的な知識の神学ではなくて，動詞的な内心の動きの神学である．

【霊的意義】対神生活へのテレサの貢献の特色を最もよく浮き彫りにするのはやはり『霊魂の城』であり，テレサのみた「城」，つまり内面的神秘界の展望を提示してくれることである．円熟した，しかも系統的な仕方で神秘理解が述べられ，体験の素材と実践的認識上の原則が統合され，能動的な*修道生活と受動的な神秘生活とが，よく均斉を保ちながら調和されている．他の著作を補う性質をもち，『自叙伝』に含まれている体験が洗練され，『完徳の道』の修道性が前提とされる．それが第一から第三の住居において要約され，第四から第七の住居においては神秘的生活が要約される．そこで第四の住居は中間帯にあたる．描写的で非理論的・非学問的であ

テレサしゅうどうかい

りながら卓越した教育の叙述であり，神秘的生活に到達していない人にも有益であって，神秘的 *恩恵の認識には特別な *聖化の作用があることが強調される．

七つの住居とは対神生活の内面的成長の道程が7段階に区分されることであり，各段階は上昇の過程として理解するよりも，内側に下りていく深化の過程として理解するほうが適当である．なぜなら，内面的深化の特定の時期または状態を指しているからである．この区分法には比喩的・類型的な意味が秘められており，テレサ式の描写法・説明法なのであって，内面的成長の法則を意味しているのではない．テレサの用いる比喩には，基本的比喩と補充的比喩とがあり，前者は七つの部屋または住居をもつ城でかたどられ，対神生活の内面的成長全部にわたって適用されており，後者は必要に応じて内面的成長の特定の側面を浮き彫りにするために用いられている．展望的に比喩を素描すると，次のようになる．

(1) 城の比喩：第一から第七の住居．
(2) 障害者の比喩：第一から第三の住居．
(3) 二つの泉の比喩：第四の住居．
(4) 蚕のまゆの比喩：第五の住居．
(5) 婚姻の比喩：第六から第七の住居．

要約すれば，城の比喩は *霊魂の姿全部を，障害者の比喩は霊魂の不透明に曇ったありさまを，二つの泉の比喩は内面界の能動的側面と受動的側面を，蚕のまゆの比喩は霊魂の変容のありさまを，そして，婚姻の比喩は内在内住の神と霊魂の相互浸透を，それぞれ指し示している．

七つの住居の実践的重要性は，『完徳の道』における対神生活の不断の整えという観点から眺めると，まさに内面的な沈黙の祈りである念禱の段階を提示している．城の内側にだんだんと深く入っていきながら通り抜けていく扉にたとえられている．それは観想的整えの進展であり，テレサ式念禱生活の深化である．「念禱とは，私の考えによれば，自分が神から愛されていることを知りつつ，その神と，ただふたりだけでたびたび語り合う，友情の親密な交換にほかなりません」（『自叙伝』8, 5），「私どもの望んでいる住居にまでのぼりたいならば，たいせつなのは，多く考えることではなくて多く愛することである，という点を，よく注意しておきたいと思います」（『霊魂の城』IV, 1, 7）．テレサの念禱の定義は，いわばテレサ式対神生活の鍵を指し示しており，それで各住居は同時に念禱の各段階となる．この点においては，『自叙伝』における念禱の四つの段階（四つの水）の区分法（『自叙伝』11-22）と対照するならば，全く同一の区分法ではなく，『霊魂の城』においてはより総合的な区分法がとられているといえる．

ダイアモンドや水晶の城にたとえられる霊魂の内奥における神の内在内住の事実の指摘，そして，その神に向かっての対面を，限りなく内側に向かって密接親密に近づけて生きていこうとする，内面的な沈黙の祈りの価値の指摘，これらの二つの点こそは，実質的に眺めて，創造主から創造主に向けて造られた存在者であるかぎり，すべてのキリスト者にもまた他宗教の人にも，根本的に共通する普遍的意義を帯びていると思われる．テレサの体験した内面的神秘界は，瞑想によってのみ入っていくことのできる内なる深みなのであり，その深みのなかで，キリスト教的神秘理解と他宗教における神秘理解とが出会うことができるだろう．

【著作集】T. ALVAREZ, ed., *Santa Teresa de Jesús, Obras Completas* (Burgos 1971).

【主著邦訳】東京女子跣足カルメル会訳『イエズスの聖テレジア自叙伝』（中央出版社 1960 ⁵1972）；同訳『霊魂の城』（ドン・ボスコ社 1966 ⁷1971）；同訳『完徳の道』（ドン・ボスコ社 ⁶1968）；同訳『創立史』（ドン・ボスコ社 ²1977）；高橋テレサ訳『霊魂の城』（聖母の騎士社 1992）．

【文献】E. ルノー『アヴィラの聖テレサ』前田和子訳（中央出版社 1981）：E. RENAULT, *Sainte Thérèse d'Avila* (Paris 1970)；T. アルヴァレス『城の中へ』田中輝義訳（ドン・ボスコ社 1989）：T. ALVAREZ, *Nel segreto del Castello* (Firenze 1982).

（田中輝義）

テレサしゅうどうかい　テレサ修道会　〔西〕

Compañía de Santa Teresa de Jesús,〔略号〕S.T.J. 教皇庁立女子修道会．スペインのタラゴナ（Tarragona）で 1876 年教区司祭 *オソ・イ・セルベヨによって，アビラの *テレサの精神に従って，青少年の教育を目的として創立された．創立者の晩年，修道会内部分裂という十字架を体験したが，その後大きく発展し，1908 年 *聖座によって最終的に認可された．会員は，ヨーロッパ，アフリカ，アメリカなどで活動している．1997 年現在の施設 203，会員数 1,836 名．総本部はローマ．

【文献】AnPont (1999) 1696; DIP 2: 1357-58.

（和田誠）

テレジア〔アビラの〕　→　テレサ〔アビラの〕

テレジア〔リジューの〕　→　テレーズ〔リジューの〕

テレーズ〔リジューの〕　Thérèse　(1873. 1. 2-1897. 9. 30)

聖人（祝日 10 月 1 日），教会博士．「小さき花のテレジア」「幼きイエズスと尊い面影の聖テレジア」等の名で知られるフランスのカルメル会修道女．

〔生涯〕〔幼年期〕ノルマンディー地方のアランソン（Alençon）に，時計宝石商の父ルイ・マルタン（Louis Martin, 1823-94）と母ゼリー・ゲラン（Zélie Guérin, 1831-77）の 9 人目の子として生まれた．敬虔なキリスト教家庭で彼女の心と感性は繊細で愛情深く培われ，活気に溢れ表現力豊かに育った．しかし 4 歳半で母を失ってから極度に内向的になり，異常に感じやすくなった．その後一家はリジュー（Lisieux）に引っ越した．

リジューでは *ベネディクト会経営の学校で学んだが，成績が良いため同級生から妬まれ，内気な性格のためよくいじめられ，自ら呼ぶ「悲しみに満ちた時期」を過ごした．姉ポリーヌ（Pauline, 1861-1951）の改革カルメル会入会をきっかけに，種々の奇妙な症状を示すようになり，本人も家族の者も手がつけられないでいたとき，聖母像の微笑みによって癒やされた．心と感性のこの試練は彼女を深く傷つけたが，これにより情緒的諸能力は神に向かって開放された．初聖体では「イエスと一つに融け合った」愛を体験し，この愛に完全に応えるために *修道生活を望むようになった．

14 歳のクリスマスには，「魂の闇が光の奔流」に変えられ，「4 歳半の時失った魂の力を再び取り戻した」．その後，十字架上のキリストの絵をみて，流れ落ちる血を無駄にしないようにつねに十字架の下にとどまって主の血を受け止め，罪人たちに注ぎたいと思った．この強い望みは，具体的には人々の *救いと司祭のために祈る *カルメル会への入会志願となり，ついに 1888 年 4 月 9

日15歳で入会した．

〔カルメル会にて〕厳格な観想修道院での生活はすべて気に入ったが，19世紀末まだ色濃かった *禁欲的雰囲気の残る修道院で院長の厳しい態度，不慣れな手仕事，周りの者たちの刺のある言葉，祈りにおける無味乾燥などの困難を味わい，外面的にも内面的にも孤独であった．しかしその孤独と闇のうちに信仰と愛は純化され，その過程において *聖霊は「小さい者にひそかに」神の愛の神秘とそれに至る「小さい道」を示した．さらにスペインの神秘家 *フアン・デ・ラ・クルスが示す感覚の *暗夜を通し，さらに霊の暗黒のなかに無限の神の愛を悟った．「神様がご覧になるのは行為の大きさ，難しさではなく，どんな愛をもってこれをしたかだけ」であり，「私たちの業を必要とはなさらない，ただ私たちの愛だけを求めておられる」．

1893年，院長イエズスのアニェス（ポリーヌ）は，テレーズを修練長補佐とした．そのときからそれまで自分がひたすら生きていた「小さい道」を修練女たちに説き示すことになった．そのなかには1894年7月父の死後入会した姉のセリーヌ（Céline, 1869-1959）もいた．

1894年末，院長から幼児期の思い出を書くことを命じられた（後の自叙伝原稿A）．1896年復活祭前に最初の喀血をし，以後死ぬまで18か月間信仰の試練に苦しんだ．まさに *ゲッセマネとカルヴァリオ（*ゴルゴダ）におけるキリストの内的ドラマにもつながる愛と罪との格闘であった．この試練を *無神論者，罪人たちの救いのために最後までしのび，その深みのなかで時間も空間も超えた愛の永遠性を悟った．「私の天職，それは愛です……母なる教会の心臓のなかで愛となりましょう」と自分の使命を確信した．神はほとばしり溢れ出る愛を人々が受け入れることを欲し，拒まれるときでさえ自らを与えたいと望む．この *慈しみの愛，人々から拒まれる愛を受けようと「神の慈しみの愛に身を捧げ」た．それは自分が神の愛に満たされるというよりは，ただひたすら「神を喜ばせる」ためであった．

1897年6月，院長から修道生活に関する思い出を記すことを命じられ，気力を絞って書いたのが自叙伝原稿Cである．9月30日断末魔の苦しみのうちに次の言葉を残して死去した．「こんなに苦しめるとは思いませんでした．それは人々を救いたいとの私の熱い望み以外に説明することはできません」「神様，あなたを愛しています……私は愛に身を委ねたことを後悔しません．いいえ，決して後悔していません」．

【霊性】テレーズはカルメル会の伝統と霊的遺産，特に改革者アビラの *テレサ，フアン・デ・ラ・クルスの霊的教えに深く根ざしながら，誰にでも理解できるやさしい表現をもってその *霊性を全教会に示した．神の慈しみの愛を悟り，神がすべてのものを自らとの親しい交わり，*観想の最高峰へと呼んでいると確信していた．この無限の愛の招きにどのように応え，身を委ねたらよいのか．彼女は自分が偉大な *徳，大きな *業を行うにはあまりにも小さく弱く，貧しいことを自覚していた．「神へのただ一つの道は，御父の腕のなかに，何の恐れもなくまどろむ幼子の委託」であり，テレーズはそれを「小さい道」と呼び，さまざまな譬えを借りて説明している．二つの例をあげる．幼い子が階段を登りたくて，足を上げても最初の一段にも届かない．しかし，繰り返し小さい足を上げ続けていると，それをみて，父自ら降りてきて我が子を腕に抱え上げてくれる．うぶ毛の小鳥は太陽を目指して飛ぶことはできない．しかし，偉大な鷲キリストは自らの翼に乗せて小鳥を *三位一体の竈へと連れていってくれる．このテレーズの「小さい道」によって *聖性と高い観想はすべての人の手に届くものとなった．死に臨んで彼女はいった．「私は死ぬのではありません．命に入るのです」「私の使命が始まろうとしています．それは私が愛しているように人々に神を愛させる使命です．人々に私の『小さい道』を示す使命が！」．

【影響】テレーズの死後，イエズスのアニェスは原稿AとCをもとにテレーズの略伝をまとめ，慣例に従って他のカルメル会修道院に送った．そこから湧き出る福音的メッセージに驚き喜んだ修道女たちは，知人や友人たちに伝えていった．1年後には人々の要求に応え，『ある霊魂の物語』（Histoire d'une âme）として出版され，たちまち版が重ねられた．1901年以降，英語をはじめ他の外国語にも訳され世界中に知れ渡っていった．このような現象を教皇 *ピウス11世は「栄光の嵐」と呼び，通常50年を要する期間を例外的に短縮し，1923年テレーズを列福，1925年に *列聖した．イエズスのアニェスによる加筆・修正なしの原稿AとCに，み心のマリー（長姉マリー Marie, 1860-1940）に宛てた手紙，原稿Bからなる『自叙伝の三つの原稿』は1956年出版された．現在50か国語に訳され愛読されている．

教会はテレーズを1927年に *フランシスコ・ザビエルとともに *宣教師の *守護の聖人，1944年に *ジャンヌ・ダルクとともにフランスの守護の聖人とした．

日本においてテレーズが慕われているのは，『小さき花』が1911年から29年の間に17版を重ね，聖女に捧げられた数多い教会，また *洗礼名ではマリアに次いで数多くの人々がその名をつけているのをみてもわかる．

教皇 *ピウス10世が「現代の最も偉大な聖人」と呼んだテレーズの福音的，普遍的メッセージは21世紀に向かってその重要性が再確認され，教皇 *ヨアンネス・パウルス2世は1997年10月19日彼女をカルメル会の改革者アビラのテレサおよびシエナの *カテリーナに次ぐ3人目の女性 *教会博士とした．

【主著】*Lettres de Sainte Thérèse de L'Enfant Jésus*, 1948: 福岡カルメル会訳『幼いイエズスの聖テレーズの手紙』（中央出版社 1963）; *Manuscrits autobiographiques de Sainte Thérèse de L'Enfant Jésus*, 1957: 東京女子跣足カルメル会訳『小さき聖テレジア自叙伝』（ドン・ボスコ社 1962 ¹²1990）; 伊従信子改訳『幼いイエスの聖テレーズ自叙伝』（ドン・ボスコ社 1996）; *Poésies* 1979: 伊庭昭江訳『テレジアの詩』（中央出版社 1989）; *Correspondance générale*, v. 1, 1972; v. 2, 1974.

【文献】BSS 12: 379-94; DIP 9: 967-72; LThK² 10: 102-104; NCE 14: 77-78; リジューカルメル会『小さき花』S. ブスケ訳（福音社 1911 ¹⁹1937）; *Carmel de Lisieux, Histoire d'une âme* (Lisieux 1898); リジューカルメル会『小さき花の聖テレジア最後の言葉』西宮カルメル会訳（ドン・ボスコ社 1951）: *Carmel de Lisieux, Novissima Verba* (Lisieux 1927); J. ピアット『ある家庭の物語』カルメル会訳（ドン・ボスコ社 1952）: 伊従信子訳（ドン・ボスコ社 1995）: J. Piat, *Histoire d'une famille* (Lisieux 1946); G. ゴシェ『死と闇をこえて』福岡カルメル会訳（中央出版社 1974; 聖母の騎士社 1996）: G. Gaucher, *La Passion de Thérèse de Lisieux* (Paris 1973); C. メーステル『テレーズ—空の手で』福岡カルメル会訳（聖母の騎士社 1987）: C. de Meester, *Les mains vides* (Paris 1973); M. エウジェンヌ『わがテレー

テレーズ・クデール
ズ愛の成長』伊従信子訳（中央出版社 1991）: M. Eugène, *Ton amour a grandi avec moi* (Venasque 1987); 伊従信子『テレーズの約束』（中央出版社 1993）; 奥村一郎編『幼いイエズスの聖テレジア』（男子跣足カルメル修道会 1998）; Carmel de Lisieux, *Derniers Entretiens* (Paris 1972). （伊従信子）

テレーズ・クデール Thérèse Couderc
(1805. 2.1-1885. 9. 26) 聖人（祝日9月26日），フランスの修道女．*セナクル修道女会の創立者．フランスのアルデッシュ県サブリエール（Sablières）に生まれ，マリー・ヴィクトアール（Marie Victoire）と名づけられる．1826年に，教区司祭テルム（Jean Terme, ?-1834）がアプス（Aps）に創立した*教育修道会に入会，その影響を受ける．修道名テレーズ．*ジャン・フランソア・レジスの墓地への女性巡礼者のための活動をしたが，1828年に上長となり，女性のための*イグナティウス・デ・ロヨラの『*霊操』による*黙想の家を設ける．1836年に*修道会会則が認可され，セナクル修道女会とジャン・フランソア・レジス修道女会に分かれる．*リヨンで没す．1970年に*列聖．
【文献】BSS 4: 275-78; Cath. 2: 789-90; LThK² 3: 77; NCE 4: 368-69. （宮崎正美）

テレーズ・クーデルク → テレーズ・クデール

テレーズ・ド・ジェズ・ジョルネ Thérèse de Jesus Jornet
(1843. 1. 9-1897. 8. 26) 福者（祝日8月26日）．スペインの修道女で*貧者の小さい姉妹修道女会の創立者．信心深い農民の娘としてカタルーニャのレリダ（Lérida）で生まれ，ジョルネ・エ・イバールス（Jornet e Ibars）と名づけられる．会ではイエスのテレサと呼ばれた．生涯を通じて会全体の指導にあたり，1887年に教皇認可を得る．温和・親切で*マリアの信心に熱心であった．バレンシアのリリア（Liria）で没す．1958年に列福．
【文献】BSS 7: 1027-29; NCE 7: 1106; 8: 856-57.
（宮崎正美）

テレスフォルス Telesphorus
(?-136頃) 殉教者，聖人（祝日1月5日），教皇（在位125-36）．*『リベル・ポンティフィカーリス』によれば，ギリシア出身．生涯や*殉教の詳細はよく知られていない．カイサレイアの*エウセビオスの『教会史』(5, 6, 24)は，彼が*復活祭の日づけの問題に関して十四日派を排斥しなかったと伝えている．
【文献】LThK² 9: 1347; NCE 13: 982. （相原優子）

テレマコス Telemachos
(?-391) 聖人（祝日1月1日），東方の修道士，殉教者．生涯は不詳．キュロスの*テオドレトスの『教会史』によると，*ローマの剣闘競技をやめさせるため競技場内に入り，剣闘士の間に入ったところ逆上した観客の投石に遭い，殉教した．
【文献】LThK² 9: 1344. （相原優子）

テレマン Telemann, Georg Philipp
(1681. 3. 14-1767. 6. 25) ドイツの作曲家．*マクデブルクに生まれ，ライプツィヒ大学に学んで法律を修める一方，同地で音楽家としての活動を開始．ゾーラウ（Sorau），アイゼナハ（Eisenach）の宮廷楽長，*フランクフルト・アム・マインの教会楽長を経て，1721年，*ハンブルクの市音楽監督に就任した．当地では五大教会の音楽をつかさどったほか，*オペラや市民の合奏音楽にも力を入れ，高い人気を博した．彼は速筆の多作家で，軽妙で親しみやすい音楽を，さまざまな様式を駆使しつつ書き綴っており，その多くに，*バロックを脱し古典派を先取りする進歩性が窺える．啓蒙期のルター派教会のためにも膨大な作品を書いているが，そのうちには，教会暦12年分以上，曲数にして1,000曲を超える*カンタータや，毎年新作されて46曲に及んだ*受難曲，受難オラトリオ，*モテットやアリアなどが含まれている．よどみなく平易な手法と劇場風の趣向が，その基本的特徴である．
（礒山雅）

テレンツ Terrenz, Johannes
(1576-1630. 5. 11) 在華イエズス会員．本名はシュレック（Schreck）．漢名，鄧玉函．スイス（現ドイツ）の*コンスタンツに生まれる．1611年*ローマで*イエズス会に入会．哲学，医学や天文学などの科学，古典語をはじめ諸国語に通じていた．また，*ガリレイ，*ケプラーらとも親交があった．1618年4月*トリゴーらとともに*リスボンを発ち，翌年7月*マカオに着いた．嘉定で中国語を学び，迫害を避けて杭州に至ったが，崇禎帝（在位1627-44）に召されて入京し，*徐光啓，*李之藻らの協力を得て修暦にあたり，『崇禎暦書』編纂の基をなした．*『遠西奇器図説』(1627)，『渾蓋通憲図説』をはじめとする数々の著作は，禁書令下にもかかわらず日本に舶載されて科学の発展に多大な影響を与えた．
【文献】L. Pfister, *Notices biographiques et bibliographiques sur les Jésuites de l'ancienne mission de Chine* (Chang-hai 1932); J. Dehergne, *Répertoire des Jesuites de Chine de 1552 à 1800* (Roma 1973). （尾原悟）

テレンティウス Terentius
（生没年不詳） 聖人（祝日7月30日）．学者によっては6世紀頃，または10世紀から11世紀頃という説があり生没年の時期について確実なことはわからないが，イタリア中北部イモラ（Imola）の生まれらしい．ファエンツァ（Faenza）の聖十字架病院の*助祭で，後に*隠修士となり，自らが予言した日に死んだとされている．遺骨はファエンツァのサンタ・クローチェ教会に安置されている．
【文献】BSS 12: 372-74; LThK² 9: 1367. （伊能哲大）

テレンティウス Terentius Afer, Publius
(前195頃-159) プラウトゥス（Titus Maccius Plautus, 前254頃-184）とともに作品が現存するローマの喜劇作家．
【生涯】作家スエトニウス（Gaius Suetonius Tranquillus, 70頃-140頃）によれば，アフリカの*カルタゴに生まれ，*ローマで奴隷として元老院議長テレンティウス・ルカヌス（Terentius Lucanus, 生没年不詳）に仕えるが，優れた才能と容姿ゆえに，教育を施され，さらに解放され主人の名にちなんでテレンティウスと称するようになった．小スキピオ（Scipio Aemilianus Africanus Minor, 前185-129）らギリシア文化をローマに導入しようとしていた著名人の支持を受け，作品を発表・上演する．取材のため渡航したギリシアで没したといわれる．
【作品】現存する作品は次の6編である．『アンドロスの少女』（Andria, 前166），『自虐者』（Heauton Timorumenos, 前163），『宦官』（Eunuchhus, 前161），『ポルミ

オ』(Phormio, 前 161),『義母』(Hecyra, 前 165, 前 160),『兄弟』(Adelphoe, 前 161). いずれの作品もギリシアを舞台にしているが, プラウトゥスの滑稽さや誇張の多いローマ的翻案の笑劇に対し, テレンティウスは*メナンドロスの複数の作品を混合し, ギリシア的要素をより忠実な形で再現している.

【後世への影響】*ラテン語が洗練され, 人物描写に優れていることから, 中世においても愛読された. 作品からは現代でも広く知られる多くの格言が採られている. その一種の反動として, 10 世紀に*フロスヴィタが, テレンティウスのかわりに読むべきものとして, 6 編の*宗教劇を著した. 近世においても, ラテン語学校の講読に用いられ, *エラスムスは, 最も有益な作家と述べているが, その後の文学や演劇への影響の大きさでは, 再発見されたプラウトゥスに譲る.

【文献】新関良三『ローマ演劇史概説』『プラウトゥス・テレンティウス・セネカ』ギリシャ・ローマ演劇史 5–6 (東京堂 1957); A. シュタウプ編『ギリシャ・ローマ古典文学参照事典』(中央出版社 1971); 鈴木一郎訳『テレンティウス』古代ローマ喜劇全集 5 (東京大学出版会 1979); 松本仁助他編『ラテン文学を学ぶ人のために』(世界思想社 1992).　　　　　　　　　　　(水戸博之)

デロリエ　Deslauriers, Philippe (1907–59)
日本で活動したドミニコ会員. カナダの*ケベックで生まれる. *ドミニコ会に入会し 1935 年(昭和 10), 他の二人のドミニコ会司祭とともに日本に到着, 仙台に赴任する. 日本語を習得後, 1937 年に司教*ルミューが仙台市に神学校を創設すると校長として多くの司祭志願者を育成した. 戦中も日本での任務を継続, 戦後の 1950 年には福岡に赴任し, 九州大学で中世*スコラ哲学の講座を担当, 5 年間哲学を講じたほか希望者にキリスト教を教えた. 1955 年病気のため大学を退き, 1959 年カナダに帰国, ケベックで没す.

【文献】P.-H. GIRARD, *Dominicains Canadiens au Japon, 1928–1978* (Tokyo 1978).　　　　　(J. デルガード)

てん　天〔英〕heaven, 〔独〕Himmel, 〔仏〕ciel
【聖書】神は「御力をもって大地を造り, 知恵をもって世界を固く据え, 英知をもって天を広げられた方」(エレ 51:15)という言葉が示すように, 「土台のように動かないものとしての大地」の上に「すべての者が動き回る空間としての世界」があり, さらにその上に「天」が広がるという構造をもったものとして*宇宙は把握されている. しかし, ときには「大地」が「世界」という概念をも含み持ち, 「天と地」という表現で宇宙全体が表されることもある.

このような表現における「天」は物理的・自然的な天であり, 目で見ることのできる空間としての天である. 太陽や月や星がそこに輝き(創 1:14), 鳥が飛び(創 1:20), 雲がそこを覆う場所である(王上 18:45). 大地が天の下の水(海)の上に据えられているように(詩 24:2), 天も柱(ヨブ 26:11)と基(サム下 22:8)で支えられた建造物であり, その天の倉には天の上の水が収められており(創 1:7), その水は天の窓(王下 7:2)を通して, 雨(創 8:2)や雪(イザ 55:10)や露(創 27:28)となって地に下る. また, この天の扉(詩 78:23)は天からのパン(詩 105:40)が落ちてくる通路ともなる(詩 78:24).

限りなく広がる天はその不思議な調和のゆえに神秘的な思いを人に与えるが, 聖書においては, 天が神としてあがめられることはなく, むしろ神の偉大さを映し出す空間として捉えられている. 神の指の業(詩 8:4)である「天は神の栄光を物語り, 大空は御手の業を示す」(詩 19:2)のであり, 「天は主のもの, 地は人への賜物」(詩 115:16)なのである.

このような用例が示すように, 「天」はまた超自然的世界, 目に見えない神的世界として受け取られている. 主は「天に御座を固く据え」(詩 103:19), 「天はわたしの王座, 地はわが足台」(イザ 66:1)と宣言される. 神が設けた「天の高殿」(アモ 9:6)から雲に乗って現れ(詩 18:10–12), 雷鳴のうちにその声を響かせる(詩 29:3–9). 天に座す神は地上の王たちのたくらみをあざ笑い(詩 2:2), 人の子らを見渡し(詩 11:4), 民の祈りに耳を傾け(王上 8:30), 祝福を注ぐ(創 9:1). 民が「どうか, 天を裂いて降ってください」と祈る声に応えて(イザ 63:19), 神は「わたしの造る新しい天と新しい地がわたしの前に長く続く」と約束する(イザ 66:22).

ところでヘブライ語では「天」(šāmayim)はつねに複数形である. 場所の広がりを表す複数形, あるいは天が複数の層からなることを表す複数形とみることもできるが, 天のもつ宗教的な意味合いを強調する複数形とみることもできる. いずれにしても, 「天」は自然的世界をも, また超自然的世界をも表す言葉であるが, それぞれが独立した世界とされているのではなく, 自然的な世界のうちに神の業をみていると考えるべきである.

イエスの到来は「天」(〔ギ〕ouranos)と人との関わりを全く新たなものに変えている. イエスは天の国の秘密を知っているだけでなく(マタ 13:11), 天から来て天に戻る方であり(ヨハ 6:62), 天より高く上げられて神の右に座し, 新しい契約の仲保者となっている(ヘブ 9:25). だからこそ, イエスを信じる者は「わたしたちの本国は天にあります. そこから主イエス・キリストが救い主として来られるのを, わたしたちは待っています」と宣言することができる(フィリ 3:20).　　　(雨宮慧)

【中国哲学】中国において最も早く現れた基本観念の一つで, 中国人の自然観・人間観につねに関わり続け, 多義的・多面的な性格をもつ概念として展開していった. 今日の学者の見解によれば, 紀元前 11 世紀の殷周革命の過程を通して天は重要な概念となる. すなわち殷人の崇拝・信仰の対象である至上神は帝(上帝)であり, 天は本来, 頂上の意で宇宙の頂上として天空の意味に引き伸ばされていた. 西周初期に登場する天は殷の帝の性格を受け継ぎつつも, 王朝交替(革命)の根拠となり, その合理性を問うことによって*徳の概念を案出していったが, その後の中国思想の歩みのなかで, 天と人との関係は王朝の交替など政治的な正統性の根拠, 倫理道徳的な規範の根拠を問うことをはじめ, 多方面にわたる意味連関をもって中国思想の根底に置かれ続けた. 天には, 天体・天空・天文現象などの自然物としての天, 万物を生育せしめ主宰する天, 人間の理法・規範の根源となる理念的な天などさまざまな性格があり, それらは学派・思想家により強調し問題にするところが異なってはいても, いつも截然と区分されずむしろ重なり合っている. 後世, 西洋思想との交渉のなかで, 天はゴッド(God)の訳としても, またゴッドの所在するヘヴン(heaven)の訳としても用いられたのも, 天の多義性として理解できよう.

【文献】本田済「天」『中国文化叢書・思想概論』(大修館書店 1968); 平石直昭『天：一語の辞典』(三省堂 1996).
　　　　　　　　　　　　　　　　　　　　(大島晃)

てんか

てんか　転嫁　〔ラ〕imputatio, 〔英・仏〕imputation, 〔独〕Imputation　*宗教改革の神学における主要な概念の一つ．キリストへの信仰によって罪人に*罪の*ゆるしが与えられ，キリストの*義が帰与されることをいう．プロテスタント教会の伝統的な義認論によれば，*原罪に汚されている人間はキリストの*功徳によって義とされるが，それは存在論的な*聖化ではない．*義認によって，神は罪人にキリストの正義を転嫁したのであり，それは，内的刷新ではなく，むしろ外的転嫁なのである．罪人は*信仰によって罪をゆるされているものの，その魂から罪が根絶されているわけではなく，キリストの功徳に包まれている状態にある．義とされたキリスト者は義人であると同時に罪人である．(〔ラ〕simul justus et peccator)．この義認と転嫁の思想は*トリエント公会議で公にされたカトリック教会の義化の教えと対照的である．カトリックでは，義化によって*成聖の恩恵が魂に注賦され，存在論的に聖化されていくとされる．しかし，現代のエキュメニカルな対話を通じて義認と義化に関してはかなりのところまで共通理解が得られるようになった．
【文献】LThK² 5: 641-42; NCE 7: 408.　　(英隆一朗)

てんがい　天蓋　→バルダキヌム

てんがくしょかん　『天学初函』　明末の万暦・天啓年間(1573-1627)に刊行された叢書で，*イエズス会の在華会員の著編書を収める．*李之藻の編．キリスト教関係書を中心とした理編には，M.*リッチの*『天主実義』および『交友論』(1603)，『二十五言』(1604)，*『畸人十篇』(1608)，『弁学遺牘』(1609)，*パントーハの*『七克』(1614)，*アレーニの*『西学凡』および*『職方外紀』(1623)，*サンビアージの『霊言蠡勺』(1624)の9種，天文，数学，測量，水利などの科学技術関係書の器編には，リッチの*『幾何原本』(1605)，『渾蓋通憲図説』(1607)，*『同文算指』および*『圜容較義』(1614)，*『測量法義』『句股義』，*ウルシスの『簡平儀説』(1611)，*『泰西水法』(1612)，『表度説』，M.*ディアスの*『天文略』(1615)の10種を収める．日本にも輸入されていたが，1630年(寛永7)に発せられた．*寛永禁書令の32種の禁書に本叢書に収められたすべての書が指定された．しかし1720年(享保5)徳川吉宗(1684-1751)によって禁書令が緩和されると，本叢書を通して西洋の科学技術が紹介され，鎖国下の日本の科学思想の発展に寄与した．　　(尾原悟)

てんきゅうろん　「天球論」　De Sphaera　1580年(天正8)，*府内に設置された*コレジョの教科書として P.*ゴメスが執筆した『講義要綱』(*『コンペンディウム』)の第1部．前半は，サクロボスコ(Johannes de Sacrobosco, 1256頃没)の『天球論』(Tractatus de sphaera, 1256)に基礎を置きながらも，1582年の教皇*グレゴリウス13世の改暦(→グレゴリウス暦)など最も新しい説を組み込み，また，日本の自然観なども踏まえた独特の配慮が払われている．後半は，*アリストテレスの系譜に属する四大論，地球論，宇宙論で，大地が球形であることなど，体系的かつ高度なヨーロッパの宇宙観の紹介を試みている．ラテン語本は1593年(文禄2)に完成し，1595年に邦訳されたと報告されている．日本語本は現存しないが，*小林謙貞の*『二儀略説』(1715)はキリスト教的な表現と西欧人名を除いているが，内容は完全に『講義要綱』によるものである．*『乾坤弁説』より50年以上早く日本にヨーロッパ科学を初めて紹介した書と位置づけられる．
【文献】上智大学キリシタン文庫編『イエズス会日本コレジヨの講義要綱』(大空社1997); 尾原悟編注『イエズス会日本コレジヨの講義要綱』1 (教文館1997).
　　(尾原悟)

デンク　Denck, Hans　(1495頃-1527)　ドイツの*再洗礼派の指導者．ハイバハ (Heybach) 生まれ．インゴルシュタット大学で*人文主義の支持者と親交をもった(1520)．*ニュルンベルクの聖ゼバルト校の校長となる．*神秘主義に影響され再洗礼主義運動に同意した結果，*アウグスブルクなどの諸都市から追放されるが後に転向した．
【文献】キ人 950; キ大 730; NIDChC² 292.　　(高橋章)

デンク　Denk, Joseph　(1849. 8. 9-1927. 1. 23)　ドイツのカトリック聖書学者，司祭．古ラテン語訳聖書*イタラを研究．*ミュンヘンに生まれ，同地で没す．1875年司祭叙階後，司牧に従事．P.*サバティエによる古ラテン語訳聖書 (Vetus Latina) の改訂を計画準備．*アルクインまでの古ラテン語訳聖書の断片を含む全写本の収集を決意．しかし1914年，計画案ならびにサンプルとしてルツ記とユダ書 (Sabatier redivivus) を公表できたにすぎない．収集資料は，今日，ボイロン (Beuron) の古ラテン語訳聖書研究所 (Stiftung Vetus Latina) が保管し調査整理中である．
【文献】LThK² 3: 228; NDB 3: 600-601; 蛭沼寿雄『新約本文学史』(山本書店 1987) 436-39.　　(清水宏)

てんけいわくもん　『天経或問』　天主教系漢籍の天文書．清代の游子六の編．刊年不詳，1675年(康熙14)の序がある．M.*リッチなどの天文書に基づきながら，天地の形体論を中心に東洋的な天文学を記した書である．禁書令下の日本にも輸入され，1730年(享保15)，西川正休(1693-1756)が訓点を施して刊行したことにより，識者の間に大きな影響を及ぼした．
【文献】海老澤有道『南蛮学統の研究』(創文社 1958 ²1978).　　(尾原悟)

デンケル　Denkel, Solanus　(1896. 7. 16-1974. 11. 21)　フランシスコ会員．ドイツの*トリールのギュルス (Güls) に生まれ，1914年に*フランシスコ会聖エリザベト管区(トウリンギア・フルダ)に入会，翌年誓願宣立し，1924年司祭叙階．1925年(大正14)11月来日し，札幌で司牧研修の後，倶知安教会に赴任．1929年(昭和4)新築の小樽富岡教会に移り，1947年7月に離任するまで19年にわたって主任司祭と小樽高等商業学校のドイツ語教官を務めた．その後，札幌の山鼻教会，福岡のフランシスコ会ラテン神学校付司祭として，司祭志願者の養成と霊的指導にあたる．次いで福岡高宮教会の主任司祭を務めながら，九州大学でドイツ語講座を担当した．1968年，札幌天使病院付司祭として赴任，心筋梗塞で倒れるまで同院で患者と修道女のために献身した．　　(石井健吾)

てんごく　天国　〔ギ〕ouranos, 〔ラ〕coelum, 〔英〕heaven, 〔独〕Himmel, 〔仏〕ciel
【宗教史】天上にあるとされる神の住む世界．また，比

天国
(エヒテルナハのアウレウス写本)

喩的に至福の状態，理想郷を指す．しばしば罪人の赴く*地獄と対比的に考えられる．人間の死後と結びつけて考えられることも多い．*キリスト教においても中心的観念の一つだが，*ユダヤ教や*イスラム教においても重要な意味をもつ．また，天上の神の住む世界を認める宇宙論的思考は他の多くの宗教にもみいだされる．

古代宗教においては，天上に神の住まう世界があるとする宇宙論的思考がほぼ普遍的にみられる．例えば，古代*バビロニアでは世界は天上界と地上界と瞑界からなる三層の建造物として想定され，天上界の最上方に神々の聖なる玉座があるという．イスラム教においては天国の観念は地獄の観念とともに重要な意味をもつ．*コーランでは天国はジャンナ(janna 楽園)と呼ばれ，最後の審判のときにこの世で善行を積んだ人が住むことを許される楽園とされる．そして，そこはこんこんと湧き出る泉，緑濃い木陰など具象的・感覚的表現で描写されている．*仏教では浄土教で説かれる阿弥陀仏のいる極楽が天国にあたる．また，日本の古代思想における高天原も天国の一種と考えられる．

古代ヘブライ思想では，天国は天にある神*ヤハウェの住む聖なる場所とされ，まだ死者の行く世界という観念とは明瞭に結びついていない．死者はシェオール(→陰府)と呼ばれる地下世界に住むと考えられている．しかし旧約時代の後期になると終末観の高まりとともに*最後の審判の後，*律法にかなった善を行った人が死後復活する天国という観念が生まれた．初期キリスト教では，天国はこの世の*終末における地上天国の実現を待望するというユダヤ教の終末論的天国観の影響を受けて，まもなく到来する終末によって古い世界が滅ぼされた後に生まれる新しい世界とされた．しかもそれだけにとどまらず，天国はすでにこの世で実現しつつある世界であるともされた．

【文献】旧新約聖書大 799-800; ERE 11: 817-54; Enc-Rel(E) 6: 237-43; M. エリアーデ『世界宗教史』全4巻，荒木美智雄他訳(筑摩書房 1991-98): M. ELIADE, *Histoire des croyances et idées religieuses*, 3 v. (Paris 1976-83). (堀美佐子)

【聖書における「天」】〔旧約聖書〕唯一の創造主である*神を信じていたイスラエル人は，*天そのものを決して神として礼拝せず，天は神によって創造されたものであるということをつねに強調していた(創 1: 1 等)．彼らは大空を堅固な丸天井のようなものとみなし，その上にある天を神の住まいと考えていた．その「天は主のもの」であり，「地は人への賜物」である(詩 115: 16)．神は，*天使たちに囲まれて天の玉座に座っており，地上の人々を見下ろしている(申 26: 15; 王上 22: 19; 詩 2: 4; 11: 4 等)．しかし，旧約聖書は，天を神が特にいる場と考えても，神の現存を天に限定しなかった．神は，「いつ呼び求めても近くにいる神」(申 4: 7)，*契約の*幕屋やエルサレムの*神殿に住んでいる神，神殿が破壊されても不思議な乗り物に乗って，*捕囚の身になっていた*エゼキエルをバビロニアの地で訪れる神(エゼ 1: 3-28)である．神は結局「天をも地をも」満たしており(エレ 23: 24)，「天も，天の天も」神を納めることができない(王上 8: 27)．世の終わり(→終末)に神が世を裁くとき，地とともに天も破壊されるが(アモ 8: 9 等)，その後神は「新しい天と新しい地を創造する」(イザ 65: 17)．旧約時代の終わり頃には，死んだ義人が神とともに天国にいると考えられるようになり(2 マカ 7: 36; 知 3: 1-9 等)，その人々のいる場所が*天のエルサレムと呼ばれるようになった．

〔新約聖書〕天に関するイスラエル人の考えは新約聖書に受け継がれている．天は神によって創造されたものであり(使 4: 24)，世の終わりに破壊されるが(2 ペト 3: 7)，神によってその後，「義の宿る新しい天と新しい地」(2 ペト 3: 13)が創造され，「新しいエルサレムが……天から下って来る」(黙 21: 2)．天には神の玉座があり(マタ 5: 34)，天使たちの住まいがある(マコ 12: 25 参照)．しかし，新約聖書でも，神の現存は決して天に限られてはいない(使 17: 27, 28 参照)．イエスの宣教の中心テーマは，*神の国の到来であり，それは世の終わりに完全に実現するが，イエスの到来によってすでに地上で始まっている(マタイ書は，「神」のかわりに「天」という語を用いる当時のユダヤ人の言葉遣いに従い，「神の国」をほとんどの場合「天の国」と言い直している)．新約聖書によれば，イエスは天から降りて来て，死と*復活によって天に上げられた(ヨハ 6: 62; 使 1: 9-10)．天においてイエスは今，「神の右に座っていて，わたしたちのために執り成しており」(ロマ 8: 34)，*大祭司としての務めを永遠に果たしている(ヘブ 7: 1-10: 18)．このイエスは，世の終わりにまた天から降りて来て，信じる人々の*救いを全うする(使 1: 11; 1 テサ 4: 16)．天の国は，キリストによって贖われた人々が死んでから入る救いの場であり，神が造った「天にある永遠の住みか」(2 コリ 5: 1)であり，「いつまでも主[キリスト]と共にいる」(1 テサ 4: 17)*幸福の場である．

【キリスト教思想史】古代において，聖書の思想と*ギリシア哲学の思想が合流した結果，神を非物体的・精神的存在者と考えることがキリスト者の常識となり，したがって，神は「天国」という一定の場所に座しているものとは考えられなくなった．しかし，天国は，復活したキリストが今いる場所，また，キリストを信じている

人々の永遠の幸福の場所として，キリスト者の思想のなかで大きな場を占めていた．

古代イスラエル人の宇宙観と異なり，K.*プトレマイオスの宇宙観に従って考えていた古代・中世のキリスト者にとって(→宇宙)，天国は，地球をとりまいている幾層かの天球のうちの最高の不動の球(「火天」〔ラ〕coelum empyreum とも呼ばれる)にある場所と考えられていた(*オリゲネス『諸原理について』2, 3, 6)．天国をこの場所に位置づけることは，近代に至るまでキリスト教神学の思想であった(*トマス・アクイナス『神学大全』I, q. 66, a. 3)．

すべてのキリスト者は初めから，*殉教者は死んでから直ちに，天国に入ることを確信していたが，そのほかの義人がいつ天国に入るかということについては，長い間，考えはまちまちであった．これについての論争を終わらせるため，教皇*ベネディクトゥス12世は1336年に，清めを必要としない*聖人たちの魂が死んでから直ちに，キリストとともに天使たちと交わって，天にあり，天国にあり，直接に神の本質をみて幸福を味わっていると宣言した(DS 1000 参照)．世の終わりに人々の体が復活させられてから，救われた人々は，霊肉共にこの天国で永遠に生きるとされていた．

【神学的解明】天国を長い間，空間的に上にある場所として想像していたキリスト者にとって，この考えを覆す*ガリレイの地動説は大きな衝撃であった．この説に対して教会は長い間抵抗を続けたが，その主な理由は，天国の場所に関する伝統的な考えであったと思われる．

現代神学の新しい理解によれば，天国とは，キリストによって神と直接に一致している人々の永遠の幸福な命の状態のことである．それを，宇宙の三次元の空間の内部にも，またその外側にも，空間的に位置づけることはできない．愛の絶頂に至って死に，復活して，神と一致し，その命にあずかっている人間*イエス・キリスト自身が天国であるといえる．キリストのゆえにすべての人間に与えられる*聖霊の働きに従って愛に生きるすべての人は，死んでからこのキリストの在り方にあずかり，キリストとともに天国を形成する．

以上のような理解をもとにして，*ラッツィンガーに従って，天国の五つの特徴を説明することができる．すなわち，(1) 天国に至った人々は，キリストとともに神を礼拝し，人を生かしている神と直接的に一致し，神をみ，神の*愛に統合される．(2) 天国に至った人々は神によって相手として愛されており，したがって彼らは，神と完全に一致しながら，それぞれの自我を保っており，それぞれの受容力に応じて*神の自己譲与にあずかる(DS 1305 参照)．(3) 天国に至った人々は，キリストの体の諸肢体として，互いに交わり，相互関係を保つ．(4) キリストを中心とするこの交わりは，宇宙の終末的な状態を先取りし，宇宙の歩みの方向を示す．(5) 天国が完成されるのは，世の終わりのときであり，神の*愛とキリストの*恩恵と聖霊の交わりによって救われたすべての人が神の*永遠の命にあずかって生きるようになり，自然界が虚無や滅びへの隷属から解放されて，神の子どもたちの自由にあずかるときである(ロマ 8: 20-21 参照)．現代神学では，第五の点が特に強調され，天国をすでに今，上にあるものとして考えるよりも，*希望の対象である万物の未来の状態として考えることに重点を置くべきであるとされる．聖霊に動かされて人間の*尊厳，すべての人の愛の交わり，*自由などの諸価値をこの世で広めた人々は，キリストが世の終わ

りに*父なる神に渡す，真理と生命と正義と愛と平和の国である天国をすでに準備しているのである(『現代世界憲章』39 項参照)．

【文献】Cath. 2: 1119-22; LThK² 5: 352-58; LThK³ 5: 115-22; M. SCHMAUS, *Von den letzten Dingen* (Regensburg, Münster 1948); A. RUDONI, *Escatologia* (Torino 1972); G. MARTELET, *L'au-delà retrouvé* (Paris 1975); B. DALEY, ET AL., *Eschatologie in der Schrift und Patristik*, HDG 4, 7, 1 (Freiburg 1980-90).

(P. ネメシェギ)

てんし　天使　〔ヘ〕mal'āk, 〔ギ〕angelos, 〔ラ〕angelus, 〔英〕angel, 〔独〕Engel, 〔仏〕ange　神によって創造され，人間を超えた力を有している精神的な存在．聖書でさまざまな名称で呼ばれているが，最も頻繁に用いられているのは，「使い」(〔ヘ〕mal'āk, 〔ギ〕angelos) である．神から遣わされることが彼らの主な役割だからである．

天使アルケーとデュナミス
(BSS)

【宗教学】神(神々)と人間の中間に精神的な者がいるという考えは，多くの宗教にみられる．古代のエジプト，メソポタミア，インドなどの諸宗教では，神々に奉仕し，人々を助けるこのような者が重要な役割を果たしており，特に，古代ペルシアの*ゾロアスター教では，最高神アフラマズダから流出する天使たちについて多くが語られている．*ユダヤ教，*キリスト教，*イスラム教という唯一神教では，この者たちが唯一の神によって創造された存在であり，したがって崇拝の対象にしてはならないということが強調されている．

【旧約聖書】イスラエル人は，近隣の諸民族と同様に，人間を超えている精神的な者たちの存在を信じ，大自然の成り行きや人間の歴史につねに影響を及ぼしていると考えていた．バビロニア*捕囚以前に書かれた諸書に，天使たちについての話がみられるが(創 16: 7-12; 18: 2; 19: 1; 28: 12; ヨシュ 5: 13-14; 士 13: 3-24; 王上 22: 19 等)，箇所は比較的少ない．天使たちはすなわち，神を囲んでいる廷臣のような者であって，神を賛美し(イザ 6: 2-3 等)，神によって遣わされてイスラエル民族を助け，*神の意志を伝える．特に目立っているのは*主の

使いと呼ばれている者であり，彼はしばしば神自身の現れであるかのように語られている．

バビロニア捕囚後に書かれた聖書の諸書に，また特に外典(→外典・偽典)に，天使に関する一層詳しい話がみられる．天使たちは，「神の子ら」(ヨブ38:7等)，「聖なるもの」(ヨブ5:1)，「神々」(〔ヘ〕'elōhîm, 詩82:6)，「見張り」(ダニ4:10)，「天使長」(ダニ10:13等．原語は単に「長」〔ヘ〕śar)，「霊」(2マカ3:24)などと呼ばれ，その数はおびただしいとされている．天使たちのうち特に *ミカエル，*ガブリエル，*ラファエルの名前もあげられている．神は天使たちを通して *宇宙と人類を支配し，天使たちにそれぞれの民族を分け与え，一人ひとりの人間に *守護の天使を与える．天使たちは神の使者として *神の言葉を伝え，人々を教え，悪人を罰し，神の前で人々のために取り次ぎ，あるいは人々を告訴する．人々を神の前で告訴する天使は *サタンと呼ばれ(ヨブ1:6; ゼカ3:1-2)，神に逆らい，人々に害をもたらす者として考えられるようになる(代上21:1; 知2:24)．特に *クムラン教団の文献では，光の天使と対立する暗闇の使いが各人を誘惑していることが強調されている．イスラエル人はゾロアスター教の *二元論を拒否し，唯一の神を万物の創造者と信じていたので，神によって善いものとして創造された天使たちの一部が自分で *罪を犯すことによって悪くなったと考えざるをえなかった．その罪についてはさまざまな説があったが，確定した説はみられない．

【新約聖書】イエスと *初代教会の信者たちは，天使について，当時のユダヤ教徒，特に *ファリサイ派の人々と同様の考えをもっていた．福音書には，天使たちは特にイエスの誕生(マタ1:20; 2:13; ルカ1:11-20, 26-38; 2:9-14)と *復活(マタ28:2-7; ルカ24:4-7; 使1:10-11; ヨハ20:12-13)についての話に登場する．イエスは，小さな者たちの天使たちが *天でいつも神の顔を仰いでいるといい(マタ18:10)，死んだ義人が「天使たちによって」救いの場に「連れて行かれる」(ルカ16:22)と述べている．イエスの *受難は，特にルカとヨハネの福音書に，イエスとサタンとの対決として描写されている．

使徒言行録によれば，主の天使は使徒たちを牢獄から解放し，彼らの宣教活動を導く(5:19; 8:26; 12:7-11; 27:23)．使徒の手紙には，天には「無数の天使たちの祝いの集まり」があると書かれ(ヘブ12:22)，「支配」「権威」「勢力」「主権」(エフェ1:21)，「王座」(コロ1:16)という天使たちの位の名称が記されている．また，「サタンから送られた使い」がパウロを痛めつけ(2コリ12:7)，「悪魔の策略」が信者たちを襲い，信者の「敵である悪魔が，ほえたける獅子のように，だれかを食い尽くそうと探し回っている」(1ペト5:8)とも書かれている．2ペトロ書は，天使たちの「力も権能も」人間より「はるかにまさっている」(2:11)といい，さらに，ある天使が犯した罪に言及している(2:4; ユダ6も参照)．またヨハネの黙示録には多くの天使や *悪霊が登場し，当時のユダヤ人の *黙示文学にみられるように，神を賛美したり，神の使いとしてヨハネを教えたり，罪人たちを罰したりする．

天使たちに関する新約聖書の教えの特徴は，イエスがすべての天使よりもはるかに優れているという主張である．イエスは，世の終わりに「天使たちを皆従えて来て」裁きの座に着く(マタ25:31)．イエスの死と *復活を通して得られた勝利によって，イエスは「もろもろの支配と権威の武装を解除し，キリストの勝利の列に従え」(コロ2:15)，「すべての支配，権威，勢力，主権の上に」置かれ(エフェ1:21)，世界の終わりに「すべての支配，すべての権威や勢力を滅ぼす」(1コリ15:24)．「天上のもの」も，「高く上げられた」「イエスの御名にひざまずく」(フィリ2:9-10; 1ペト3:22も参照)．すべての天使に対するイエスの優位を特に強調するのは，コロサイ書とヘブライ書である．神はすべての天使たちを「御子において造り」(コロ1:16)，したがって，イエスは「すべての支配や権威の頭」である(コロ2:10)．「天使たちは皆，奉仕する霊であり」(ヘブ1:14)，神の子キリストは，「天使たちより優れた者」である(ヘブ1:4)．キリストによって人間にもたらされた救いの偉大さを強調するため，ヘブライ書は，イエスが「天使たちを助けず，アブラハムの子孫を助けられた」(2:16)といっているが，コロサイ書によれば，「天にあるもの」(すなわち，天使たち)も，イエスの血によって神と和解させられた(1:20)．神とイエスのこの優位のゆえに，聖書は「天使礼拝」を禁じている(コロ2:18; 黙19:10; 22:8-9)．

【古代教会】天使について聖書に多くのことが記され，古代の諸民族に天使のような者たちの存在が一般に認められていたので，古代教会の人々は天使の存在を当然のこととして認め，善い天使たちが人々の神への歩みを助け，悪い使いたちがそれを妨げていると考えた．また，天使たちが神によって創造された精神的な生き物として *理性と *自由意志をもっていること，すべての天使が善いものとして創造されたこと，ある天使たちが罪を犯して *悪魔となったことなどが皆によって認められた．天使たちの罪についてはさまざまな説があったが，それは世の始まりに起こり，神に逆らう高慢の罪であったという説がしだいに通説となった．悪魔にならなかった天使たちについて，幾人かの *教父は，彼らも罪を犯すことがあり，神の赦しを願って赦される必要があると述べたが，しだいに善い天使たちは創造されたときから *聖霊によって聖化された汚れのない者であるという見解が一般に受け入れられるようになった(カイサレイアの *バシレイオス，*グレゴリウス1世，ダマスコの *ヨアンネス等)．*オリゲネスは，神が初めに多くの精神的な存在者を創造し，彼らが皆それぞれの罪を犯し，その重さに応じて神が彼らを天使や人間や悪霊の位に置き，彼らを教育し，善へ導き戻すために彼らすべてから成り立つ秩序正しい宇宙を創造したと述べたが(『諸原理について』1, 8)，彼のこの説は教会には受け入れられなかった．

天使たちの存在様式について，教父の大部分は天使に空気のような物体的な体があると考えていた．天使たちが全く非物体的な精神であるという説を初めて述べたのは *ディオニュシオス・アレオパギテースである．天使たちについて書かれた最初の体系的著作である彼の『天上位階論』で，彼は聖書のさまざまな箇所に現れる天使たちの位の名称を集めて，天使たちに九つの隊があるとし，最高の隊は *セラフィムであり，その下に順番に，*ケルビム(創3:24)，王座，主権，勢力，権威，支配，大天使，天使があり，セラフィムだけが神から直接に照らされ，他の天使が上位の天使の隊を通して神の影響を受け，最も下位の天使たちだけが人々のもとへ遣わされるとした．*新プラトン主義の段階宇宙論に基づくこの思想は，神とすべての *被造物の直接的な接触を述べる聖書の思想とは異質なものである．

てんし

古代教会では天使たちについて多くが語られていたが，天使たちの取り次ぎを願って祈る習慣はなかった．しかし，4-5世紀から大天使ミカエルに献げられる聖堂が多く建てられるようになり，西方教会では9月29日，東方教会では5月8日が大天使ミカエルの祝日とされるようになった．11世紀になると，クレルヴォーの*ベルナルドゥスが天使を愛し，尊敬し，模倣し，そのとりなしを願うことを切に勧めた．それ以来，天使たちへの*信心がますます盛んになり，多くの人に天使の名前が*洗礼名としてつけられ，天使たちの保護が求められるようになった．現行のカトリック教会の*典礼暦では，9月29日は大天使ミカエル，ガブリエル，ラファエルの祝日，10月2日は守護の天使の記念日となっている．

【教理】12-13世紀に南フランスで広まった*カタリ派の二元論に対して，第4*ラテラノ公会議は次の*教理宣言を行った．「神はすべてのみえるものとみえないもの，すなわち霊的なものと物質的なものの創造主である．この神は，その全能の力によって，時の初めに，霊的被造物と物質的被造物，すなわち天使たちと世界との両者を無から共に創造し，それから霊と身体の両方を有するものとして人間を創造した．事実，悪魔およびその他の悪霊たちは，神によって本性上は善いものとして造られたが，自分の業によって悪いものとなった」（拙訳 DS 800. DS 3002, 3891 も参照）．1992年に発布された『カトリック教会のカテキズム』(Catholicae Ecclesiae Catechismus) によれば，「聖書が普通，天使と呼んでいる非身体的で霊的な諸存在者が存在することは信じるべき真理である」(328)．

第4ラテラノ公会議が天使を「霊的な被造物」と呼んだとき，天使に空気のような体があるとする多くの教父の説を排斥する意図はなかったが，同公会議以後，天使には何の物体的な体もないという考えが通説となった．*ボナヴェントゥラに従って*フランシスコ会神学派は，天使の存在を精神と「霊的質料」（[ラ] materia spiritualis) の複合体と考え，*トマス・アクィナスに従う*ドミニコ会の神学派は，おのおのの天使を，種的に異なる自存する形相 (forma subsistens) である*本質と*存在の複合体と考えた（『神学大全』I, q. 50-61)．善い天使たちがキリストのゆえに神の*超自然的な*恩恵を受けて，神を直観し，死ぬことなく，永遠に幸福を味わっているというのが，神学の通説である．

【現代神学】現代神学においては，天使たちに関して三つの見解がみられる．(1) 多くのプロテスタント神学者（K.*バルト，*アルトハウス，*エーベリング等）とカトリック神学者は，*聖書と伝承に従って，天使たちの存在と働きについての教えをキリスト教の本質的な一要素とみなしている．(2) *シュライエルマッヘル，*ブルトマンなどのプロテスタント神学者と少数のカトリック神学者(*ハーグ等)は，天使たちのことを古代・中世の神話的世界観の一要素とみなし，それを*非神話化すべきであると考えている．(3) K.*ラーナーは，天使たちの存在が神の自己啓示の一次的な要素ではないと確かめたうえで，その二次的な要素であるかどうかという問題についての断言を避け，時間をかけてこの問題の解決を待つべきであるとしている．ラーナーはさらに，天使たちの存在を全く非物質的なものとして考える説に反対し，天使たちをむしろ進化する物質界のさまざまな領域に特徴をもたらすものとして考えるべきであると述べている．なお，過去にも現代にも，天使についてさまざまな迷信がみられ，近年では「オプス・アンゲロールム」([ラ] Opus Angelorum) という運動が教理省によって禁じられた．

【文献】カ大 3: 612-16; DSp 1: 580-625; DThC 1: 1189-217; LThK² 1: 533-38; 3: 863-74; NCE 1: 505-19; SM(D) 1038-46; ThWNT 1: 72-86; TRE 9: 580-615; J. DANIÉLOU, *Les anges et leurs missions d'après les Pères de l'Eglise* (Chevetogne ²1953); H. SCHLIER, *Mächte und Gewalten im Neuen Testament* (Freiburg 1958); K. RAHNER, "Über Engel," Rahner Sch 13: 381-428; H. BOBERSKI, *Das Engelwerk* (Salzburg 1990).

(P. ネメシェギ)

【美術】天使はキリスト教美術のなかで非常に大きな位置を占めており，その姿は随所にみいだされる．彼らの役割は大きく二つに分けられよう．一つは天上の神・キリスト・*三位一体・聖母子など至高の存在の傍らにあってそれを守り，永遠に賛美する役割で，もう一つは使者として地上の存在に神の意志を伝え，神の加護を約束する役割である．後者の天使は聖人から罪人に至るまで，あらゆる人間をさまざまな誘惑や災厄から守り，神によって示された進むべき道へと導く．

第一の，賛美の役割を果たす天使は，ディオニュシオス・アレオパギテースの『天上位階論』において，最上位の位階にあるとされるセラフィムとケルビムである．彼らはイザヤ書6章1-2節に由来する非常に特異な形状をもっていて，他の天使たちと容易に区別することができる．その姿は人間の頭部とその周囲を覆い尽くす3対（2対あるいは4対のこともある）の翼からなり，セラフィムは全身が赤い色を，ケルビムは青い色をしている．彼らは通常，聖なる存在を囲んでぎっしりと並ぶ密集した集団として表され，旧約聖書の場面においては，*契約の箱を守り，新約聖書の主題においては，天上の支配者として君臨する神(キリスト)，あるいは聖母子を囲んでいる．ルネサンス以降，彼らは子どもの頭部に小さな翼をつけた愛らしい姿をとることがある．

第二の，使者の役割を果たす天使は九つの位階のうち8番目に位置する大天使である．その代表的存在はガブリエル，ミカエル，ラファエルの3者であり，単独で姿を表すことが多い．ガブリエル(ダニ 8: 16; 9: 21)は神の使者として聖母への*受胎告知という大事な役割を果たすゆえに，この主題とともに頻繁に美術に登場する．その際，聖母の処女性の象徴である百合の花，または百合の紋章のついた笏を手に持つことが多い．神の使いとして*三人の博士にキリストの降誕を告げるのも，キリストの復活を3人のマリアに告げるのもまた，この大天使である．ミカエルはダニエル書(10: 13, 21)にはユダヤ民族の守護の天使として，黙示録(12: 7-9)には竜(悪魔またはサタン)と戦い，地上に投げ落とす戦士として登場する．後者の記述に従い，この大天使は一般に天の軍団長として天上界を悪の侵入から守るために，堕天使や竜と戦う姿で表される．中世末期にはミカエルは鎧冑をつけ，槍をもった騎士の姿をとることが多い．この大天使はまた，*最後の審判において死者の魂を天秤で計量し，天国と地獄に振り分ける役割も果たす．大天使ラファエルはトビト記に登場し，父のために長旅をする息子トビアスに付き添い，数々の危険から守ったので，守護の天使として崇敬を集めることになった．巡礼者や旅人，さらに悪に誘惑されることの多い若者の守護の天使として，ルネサンス以降バロック時代にかけて数多く表現された．

9番目の一般の天使はさまざまな場面に複数で出現し，さまざまな役割を演じる．例えば，キリストの哀悼の場面で悲しみに浸り，死せるキリストの周りで受難具（→ 受難）を捧げ持ち，聖なる存在の前で香炉を振り，最後の審判でラッパを吹き鳴らす．また，天上の妙なる音楽を視覚的に喚起するために，いわゆる奏楽の天使として，しばしば聖なる存在の傍らでリュートや竪琴などの楽器を奏したり，合唱したりする．

特異な形状のセラフィムとケルビムばかりでなく，すべての天使は5世紀以降，翼をもって表されるのが普通になったが，有翼の人間というなじみ深い天使の姿は，古代ギリシア・ローマの「勝利の女神」のイメージに由来するものとされる．天使は本来性別を超えた存在であるが，一般に簡素な白い長衣を着けた清らかな若者の姿で表される．中世末期には，おそらく *聖史劇で *助祭が天使の役を演じた事実にのっとって，そのミサ用の祭服を着けていることがある．ルネサンス以降，古代のプットーの影響下に裸の童子の天使が登場する．
【文献】美術解読事典 232-34.　　　　（荒木成子）

てんししゅくし　天使祝詞　→ アヴェ・マリア

てんしのせいぼせんきょうしゅうどうじょかい
天使の聖母宣教修道女会　〔仏〕Sœurs Missionnaires de Notre-Dame des Anges, 〔略号〕M.N.D.A.　女子修道会．1919年，カナダのケベック州レノックスヴィル (Lennoxville) において，カナダ人マリー・デュ・サクレクール (Marie du Sacré-Cœur, 本名 Anne-Marie-Florina Gervais, 1888-1979) は，中国人マリー・ガブリエル (Marie-Gabrielle, 本名 Chan Tsi Kwan, 生没年不詳) の協力を得て，本会を創立する．*フランシスコ会第三会に属し，福音勧告に生きる国際会である．当初中国の宣教のために創立された本会は，中国人女性をカナダ人と同等の立場で受け入れ，宣教の働き手として養成した．同時に社会から見捨てられていた孤児・病人などのために働いた．後に女子教育にも着手するが，中国が共産圏となり，宣教者は国外に退去しなければならなくなり，これを機に世界各地（日本，ペルー，タヒチ，ザイール，タンザニア，ブラジル等）へと飛躍することとなった．来日は1949年（昭和24）で，現在特別養護老人ホームを経営する一方，特に *小教区の宣教活動に力を入れている．また障害者，滞日在日外国人の支援も行っている．総本部はレノックスヴィル．1997年現在，会員数179名．
【文献】日キ歴906; AnPont (1999) 1621; DIP 5: 1582-83.　　　　（石井芳子）

てんしゅきゅうきょうこっかいしき　『天主旧教告解式』　告解（*告白，*ゆるしの秘跡）の手引書．末尾に「阿部真造著也」とあるので，太政官の邪教探索に関わりのあった *阿部真造が資料として提出したものか．告白について，カトリック教会は *キリシタン版の *『サルバトール・ムンヂ』(1598刊) を再刻した *『とがのぞき規則』を *プティジャンが1868年（明治1）に刊行しているので，これをもとにまとめられたものと思われる．写本の形で無窮会神習文庫に1本所蔵されている．
　　　　（尾原悟）

てんしゅきょうしょうりゃく　『天主教抄略』
キリスト教の教理書．F.-P. *ヴィグルーが編纂し，1879年（明治12）頃，横浜で刊行したと思われる．内容は，神の存在，*三位一体の神，人間，*原罪，救世主，公教会，*洗礼など七つの *秘跡，*十戒，*教会の掟について述べ，最後に各種の *祈りをあげている．1880，1897，1903年と版を重ねている．　　　　（尾原悟）

てんしゅきょうたいい　『天主教大意』　1709年（宝永6），*新井白石が将軍・徳川家宣の命を受け，前年屋久島に潜入して捕らえられた宣教師 *シドッティを取り調べた上書で，7箇条からなる．白石はキリシタン奪国論説を否定している（第6条）一方で，*キリシタンが盛んになれば必ず反逆の臣が現れること（第7条）などを述べている点が注目される．幕末に幕吏・向山誠斎がひそかに写し，『偶堂雑記』に収めていたものを，1882年（明治15）に大槻文彦が校訂本 *『西洋紀聞』の付録として刊行し，世に知られるようになった．
【文献】宮崎道生校訂『西洋紀聞』（平凡社 1968）.
　　　　（尾原悟）

てんしゅきょうたいりゃく　『天主教大略』　カトリック教理書．天地 *創造，*原罪とキリストによる人類の *救いを簡単に説明し，最後に使徒信経（→ 使徒信条），慈悲，七つの *秘跡を列挙している．洋紙に木版刷り，16丁の和綴本．出版に関わる記載はないが，おそらく東京か横浜で1877年（明治10）頃に刊行されたものと思われる．上智大学 *キリシタン文庫に1本のみ伝わる．　　　　（尾原悟）

てんしゅきょうでんらいじょせつ　『天主教伝来序説』　天地 *創造より *聖霊降臨までを歴史的に述べ，*カトリック教会の信仰の起源を説明する書．洋紙に石版刷り，30丁の洋装本．出版に関わる記載はないが，2本の *『聖教初学要理』(1875年に *プティジャン，1877年に *オズーフが刊行した) に印字や内容の面で似ている点が多いので，1875年から77年の間に刊行されたものと思われる．上智大学 *キリシタン文庫に所蔵される．　　　　（尾原悟）

てんしゅこうきょうかい　天主公教会　明治時代の日本の *カトリック教会の名称．中国や朝鮮半島ではカトリック教会を天主教と呼んでいた．日本では幕末のキリスト教の再宣教以後，一般にはプロテスタント教会を耶蘇教，カトリック教会を天主教と称して区別していたが，カトリック教会は公的に日本天主公教会と称した．公は，カトリック教会の特徴の一つである「カトリキタス」（〔ラ〕catholicitas, 全人類の，あらゆる時代の，普遍的なもの）からきている．戦後，名称はカトリック教会に変わった．　　　　（尾原悟）

てんしゅこうきょうかいせいか　天主公教会聖歌
以下の2種の *聖歌集があげられる．
　(1) 1908年（明治41），東京の三才社から出され，表紙に「公教会聖歌」という表題をもつもの．全302頁，155曲，歌詞のみ，後半の142頁は『羅甸歌集』．*ルマレシャルの編集による『聖詠』（初版1883）の改訂増補版と『公教会羅甸歌集』(1906) が合本され，この名称で出版．1923年に再版．
　(2) 1910年，*マルモニエによって大阪の聖若瑟教育院から出され，フランス語の表題 (Recueil de Chants religieux) を併せもつもの．全358頁，ラテン語聖歌

てんしゅこうせいげんこうきりゃく

160曲，日本語聖歌50曲，楽譜つき，後半の94頁は公教要理(→カトリック要理)と祈祷文．1996年に復刻版．両聖歌集共に，当時フランスで歌われていたラテン語やフランス語聖歌の影響がみられる．
【文献】手代木俊一監修『明治期讃美歌・聖歌集成』7, 9 (大空社1996). (E. ヘンゼラー，安足磨由美)

てんしゅこうせいげんこうきりゃく 『天主降生言行紀略』 *アレーニ著の四福音書によるキリスト伝．1642年に*北京で8巻本として刊行された．巻1に洗礼者*ヨハネの誕生からエルサレムの神殿におけるキリストまで，巻2にキリストの受洗から*使徒の選定まで，巻3に*山上の説教や五つのパンを増やす*奇跡，巻4に水上を歩く奇跡と善き牧者の訓話，巻5に使徒の使命と*ラザロのよみがえり，巻6にユダヤ人のキリスト殺害の策略と*最高法院での裁判，巻7に*受難と埋葬，巻8に*復活と使徒の派遣などが述べられている．1738, 1796, 1852年と版を重ねた．また，我が国では1880年(明治13)に*マランの訳により『耶蘇言行紀略』として東京築地の聖心大堂から4冊本として刊行された． (尾原悟)

てんしゅこうせいせいけいちょっかい 『天主降生聖経直解』 M.*ディアス訳編．1636年に*北京から14巻本として刊行．年中の*主日および*祝日に朗読される福音書の箇所と，*教父などの説教や譬えなどを交えた解説を付したものである．部分的ではあるが，聖書の漢訳の嚆矢といえる．我が国では，1890年(明治23)，*三上七十郎によって一部が邦訳され，『和訳聖経直解』として公教書籍出版仮局から刊行された． (尾原悟)

てんしゅじっかいかんろんせいせき 『天主十誡勧論聖跡』 ブランカティ(Francesco Brancati, 漢名は潘国光，1607-71)による十戒論．1650年に河南で刊行された2巻本．神の限りない威光と善とを説く，人の道の基本的な掟である*十戒をキリスト者がいかに守るかの規範を示している． (尾原悟)

てんしゅじっかいげりゃく 『天主十誡解略』 *ヴァニョーニ著のモーセの*十戒を中心としたキリスト教倫理書．1624年に*北京で刊行された． (尾原悟)

てんしゅじつぎ 『天主実義』 *リッチ著．カトリック教理書．書名は，天主(神)に関する真実の教義の意．1601年成稿し，1603年刊行した．中国宣教における最初の教理書にはリッチ自身も編纂に関与した*ルッジエーリ編『天主実録』(1584)があるが，当時の中国における*儒教の実情に対する認識を欠いていたため，リッチは『実録』の改補・修正を試みた．西士と中士との質疑応答の形をとり，天地の創造主の無始無終・絶対唯一なることから論じ，カトリックの立場から中国の伝統思想である儒仏老に批判を加え，儒(宋学)の太極理気説や無神論的見解を排斥する．*霊魂の不滅を論じ，応報(天堂地獄の賞罰)論を展開する．本書は，*徐光啓の入信のきっかけとなったように，当時の中国人ばかりでなく，西欧でも大きな興味と関心を喚起し，また，後のいわゆる*中国の典礼問題にも深い影響を及ぼした．中国宣教に携わった*イエズス会の会員の著書中の白眉と評価されるものである．同時代の*ヴァリニャーノも日本の宣教にも有益な書と判断して日本への輸入を図った．1605年(慶長10)には相当数が伝えられたと思われ，*林羅山が翌年*都の*南蛮寺で*ファビアンと論争した際，この書の名があげられている．1630年(寛永7)，本書を収める叢書*『天学初函』が禁書に指定されたが，18世紀末頃には再び識者の間でひそかに読まれ，大坂切支丹一件のような本書に触発された事件も起こった．我が国では，小嶋準治訓点本(1585)，後藤基巳校訳注本(1971)などがある．
【文献】海老澤有道「天主実義雑考」『史苑』26/2-3 (1966) 179-88；平川祐弘『マッテオ・リッチ伝』全3巻(平凡社1969-98). (尾原悟)

てんしゅせいきょうじっかいちょくせん 『天主聖教十誡直詮』 M.*ディアス著の十戒論(→十戒). 1642年，北京刊．2巻本で，上巻「愛天主」に総論と神と人との道を説く第3戒まで，下巻「愛世人」に人と人との道を説く残りの7戒の詳細な解説を加えている． (尾原悟)

てんしゅどう 天主堂 中国および朝鮮半島におけるカトリックの*教会堂の名称．中国で神(デウス)の訳語として天主が用いられたことによる．幕末のカトリック再宣教後，最初に建てられた横浜の教会は，表に「天主堂」の額を掲げ，次いで*長崎の*大浦天主堂をはじめ明治期建立の教会はこれに倣って天主堂と称した． (尾原悟)

てんしゅのばんぺい 『天主之番兵』 明治期のカトリック月刊雑誌．*『公教万報』誌を改題継承したもので，*リギョールが主幹．*三島良忠が編集に携わり，1885年(明治18)5月(96号)から89年6月(144号)まで公友社から発刊された．カトリック関係の報道とカトリックの教理の説明を主とし，ほかに，歴史学・天文学・生物学・地質学などの知識も紹介している． (尾原悟)

でんしょう 伝承 〔ギ〕paradosis, 〔ラ〕traditio, 〔英・仏〕tradition, 〔独〕Überlieferung 一般的には，一定の社会において，世代から世代へ伝達される思想，*慣習，生き方，*価値体系，諸制度などを総括したもの，またそれを授与し継承する行為をいう．キリスト教の用語として，*イエス・キリストにおいて完了した神の公の*啓示の全体を*使徒たちの時代から世の終わりまで*聖霊の助けのもとで伝達する行為，およびその伝達された内容をいう．
【聖書】イエスの*福音が，全人類のために与えられた神の決定的な啓示であるということは，新約聖書の根本主張である(ガラ1：7-8；2コリ3：16-4：6等)．この福音を世の終わりまですべての人に宣べ伝えるために，イエスは*使徒たちを派遣し，福音宣教を助けるものとして彼らに聖霊を与えた(マタ28：19-20；マコ16：15；ヨハ14：26；16：12-13)．聖書はこの伝達の過程を，「受けたものを伝え」「告げ知らせた福音をしっかり覚える」という言葉で表している(1コリ15：1-5；1テサ2：13；2テサ2：15；3：6；ガラ1：9, 12；ロマ6：17；フィリ4：9参照)．この伝達を特に重視しているテモテ書は，*パウロが*テモテに「あなたにゆだねられている良いものを，わたしたちの内に住まわれる聖霊によって守り」(2テモ1：14)，「わたしから聞いたことを，ほかの人々にも教えることのできる忠実な人たちにゆだね」(2テモ2：

2)るように命じたことを記している(第2*ヴァティカン公会議『啓示憲章』7項参照).伝承は決して,言葉を通して伝えられる*教理のみではない.言葉による伝達はその本質的な要素ではあるが,使徒たちはイエスとともに生活しながらイエスとの交際やその活動から学んだことの全体を,*説教,生き方,諸制度などのようなすべての手段を用いて伝えた.しかも,彼らは賜物を授けながら,すなわち*宣教,*洗礼,主の晩餐(*エウカリスティア)などを通して人々にキリストの*恩恵と聖霊の交わりとを媒介しながらそうしたのである.

伝承は生きている人々の理解を通して伝えられるものであるから,それによって過去の遺産が伝えられるだけでなく,つねに新しく把握され,表現されるものである.新約聖書のなかですでに,イエスの弟子たちがどのようにして福音をさまざまな形で表現し直したかをみることができる.

【古代教会】文字を使う文化圏では,伝達の一手段としてつねに書物が用いられる.*契約によって神と結ばれた民*イスラエルにおいても,規範的な伝承が書き記され,それらの書物がしだいに絶対的な権威をもつもの(*聖書)とみなされるようになった.キリスト者はこの聖書を絶対的な権威をもつものとして受け継ぎ,イエスによる最終的な啓示をもとにして再解釈した.イエスの弟子たちによって書かれた幾つかの書物も,2世紀から旧約聖書に匹敵するもの,否それ以上の権威を有しているものとして承認されるようになった.それ以来,教会の伝承の中心が,*旧約聖書と*新約聖書からなる全聖書となり,説教の中心は聖書の解釈であった.

ところで,教会は2世紀以後,使徒たちから秘密伝承を受け継いだと主張して聖書を歪曲して解釈する*グノーシス主義の支持者や旧約聖書を拒否する*マルキオン派に悩まされるようになった.それに対抗するために,*教父たちは全世界に散らばっている教会の*司教たちが異口同音に伝える教えこそ,「真理の基準」であるといい,使徒たちから諸教会の指導を委ねられた司教たちの教えが権威あるものであり,すべての真理へ導く聖霊が普遍的な全教会という器のなかにいると強調した(*エイレナイオス『異端反駁論』3, 24, 1;*オリゲネス『諸原理について』1,序言,2).したがって,古代教会では,福音は,正典として承認された聖書,聖書の中心的な教えを短くまとめた*信条,司教たちの教え,*典礼,信者の*信仰生活の全体によって伝達されていた(『啓示憲章』8項参照).

キリスト教が広まり,さまざまな文化と出会ったり,対決したり,融合したりするにつれて,教会の伝承は当然のことながら多様化した.伝達はつねに再創造でもあるから,これをイエスと使徒たちに由来する伝承の発展とみなすことができる.この発展が歪曲ではなく,新しい状況にふさわしい福音の適応であることを保証するのは,教会に約束された聖霊である(『啓示憲章』8項参照).古代教会は,全教会の司教たちが*公会議に集まり,教理を宣言したとき,「真理へ導く神の確かな賜物」(エイレナイオス『異端反駁論』4, 26, 2)が特に力を発揮したと確信し,その決定は,キリスト教の正しい理解の基準とされた.

もちろん,教会のなかでみられるすべてのものが,聖霊によって保証された正しいものではない.弱い人間の集いである教会は,聖書に書かれた通りのイエスと*初代教会との姿を基準としてつねに改革すべきであることが絶えず強調されてきた.さらに,教会の具体的な思想や実践に,誤りとはいえないにしても,周囲の文化や人々の発意に由来する多くのものが入り,伝達されるようになった.こうして,使徒たちに由来する一つの伝承のほかに,多数の個別の諸伝承が生じた.現代神学では*インカルチュレーションの必要性が叫ばれているが,古代教会は自然に古代の諸文化に根づいた.このようにして生まれた諸伝承は,福音の神髄を覆い隠すほどに溢れたこともあるが,福音を実生活に密着させるための貴重な手段ともなった(『宣教教令』22項参照).

【宗教改革とトリエント公会議】中世の教会には,さまざまな個別の伝承が溢れ,*教会法の掟が増え,福音の神髄が把握しにくくなった.16世紀の*宗教改革者たちはこのことに反発して,「あなたたちは神の掟を捨てて,人間の言い伝えを固く守っている」(マコ7:8)というイエスの叱責が当時のカトリック教会にあてはまると主張し,聖書のみ(*ソーラ・スクリプトゥーラ)を権威ある伝承として承認した.彼らは,聖書の内容は明確であるとし,個々人は聖書を解釈することによって救われるために必要な真理を充分に知ることができるとした.

この主張に対して,*トリエント公会議は1546年に開催された第4総会で,『受け入れるべき聖書と諸伝承についての教令』を採択した.それによれば,福音はイエスの口によって公布され,次に使徒たちが,救いをもたらすすべての真理と*道徳律の源泉としてすべての人に宣べ伝えるよう命じられた.この真理と規律は聖書および書かれていない諸伝承に含まれており,これらの伝承は,使徒たちがキリストから受けたもの,あるいは聖霊によって彼らに教えられたものであり,使徒たちから,手から手へ渡すようにして,我々に伝えられたものである.したがって公会議は,「旧約聖書と新約聖書のすべての書と,キリストによって口授され,あるいは聖霊によって教えられ,カトリック教会によって絶えず受け継がれ,保存された,信仰と道徳に関する諸伝承を,同様の尊敬の心をもって受け入れる」としている(DS 1501).

公会議後,聖書と伝承の問題についてプロテスタントとカトリックの間に続いた論争のなかで,カトリックの神学者たちは,トリエント公会議の上述の教令を,聖書と伝承を信仰の二つの源泉と認めるものとして理解したが,教令の元来の意味は少し異なっている.すなわち教令によれば,信仰の唯一の源泉は福音であり,その福音は聖書と使徒たちに遡る伝承を通して伝えられているのである.教令草案における,「福音は部分的には聖書に,また部分的には諸伝承に含まれている」という文が,最終的には「聖書と諸伝承とに含まれている」という表現に変えられた事実も,福音が全体として聖書を通して,また全体として使徒に由来する伝承を通して伝えられているという解釈の余地が残されたことを示している.

【第2ヴァティカン公会議】第2ヴァティカン公会議の『啓示憲章』は,「神の啓示の伝達」と題する第2章で伝承の問題を取り扱っている.憲章の草案は,極めて反プロテスタント的であったが採用されず,採択された憲章はプロテスタントの考えへの歩み寄りを示している.憲章は伝承と聖書の密接な関係を強調し,聖書に書かれていない啓示が存在するという主張を賢明に避けている.いっているのはただ,伝承によって,*聖書の正典が教会に知られ,伝承のなかにいる人に聖書が深く理解され,絶えず活力に溢れたものとされていること(同8項),したがって教会が,啓示された事柄すべてについての確信([ラ]certitudinem)を聖書のみから汲み取るの

てんじょうが

ではないということである(同9項). プロテスタントの説とは異なる点として, 聖書と伝承によって伝えられた *神の言葉を権威をもって正しく (authentice) 解釈する任務は, *教導職に携わる人々(すなわち, 教皇と司教たち)にだけ委ねられているといっているが, 「教導職は神の言葉の上位にあるのではなく, むしろ, これに奉仕するものである」と付け加えている(同10項).

【神学的な解明】 イエスによって完了された啓示は, 新約聖書が書かれる以前, 使徒たちに由来する伝承によってのみ伝えられていた. 新約聖書はいわば, 聖霊の特別な助けで書き記された, 使徒伝承の沈澱物である. 新約聖書ができてから, 福音は聖書によっても, また伝承によっても伝えられている. 教父たちは, *幼児洗礼やその他の典礼的な習わしを, 聖書に書かれていない使徒たちの伝承に由来するものと呼んだが, それは証明し難いことである. まして, 近代に宣言された *マリアについての教理が聖書よりもはっきりした形で使徒たちによって教えられたとは考えられない. むしろ, 教会の信仰内容の全体は聖書にも伝承にも由来するものであるというべきであろう. すなわち, 聖霊によって導かれる教会の信仰感覚 (sensus fidei) によって, 聖書に暗示されていることも正しく理解される. プロテスタントとカトリック(および正教会)との相違点は, 前者が, 各信者と神との直接的な一致だけを規範的なものと考え, 後者が, 神と人との関係が両者の直接的な一致によってだけでなく, 神によって定められた機関(教導職に携わる人たちの *教理宣言や諸 *秘跡など)によっても律せられると考えていることである.

【文献】 カ大 3: 238-41; DThC 15: 1252-350; LThK² 2: 498-528; D. VAN DEN EYNDE, *Les normes de l'enseignement chrétien dans la littérature patristique des trois premiers siècles* (Gembloux 1933); Y. CONGAR, *La Tradition et les traditions*, 2 v. (Paris 1960-63); R. P. C. HANSON, *Tradition in the Early Church* (London 1962); J. R. GEISELMANN, *Die Heilige Schrift und die Tradition* (Freiburg 1962); Y. CONGAR, *La tradition et la vie de l'Eglise* (Paris 1963); K. RAHNER, J. RATZINGER, *Offenbarung und Überlieferung* (Freiburg 1965); P. G. MÜLLER, *Der Traditionsprozeß im Neuen Testament* (Freiburg 1982). (P. ネメシェギ)

てんじょうが　天井画

〔英〕ceiling painting, 〔独〕Deckenmalerei, 〔仏〕plafond　天井の壁面に直接描かれた壁画, あるいは天井に据えつけられた板画などの総称. 先史時代の洞窟壁画を除けば, 現存最古の天井画は後期ミノス期のクレタの宮殿や古代エジプトの墳墓(テーベなど)にみいだされる. ギリシアの天井画は残っていないが文献(*プリニウス)により伝えられている.

*カタコンベの天井は壁画で飾られたが, 古代末期および初期キリスト教時代においては, *ヴォールト(穹窿)や *ドーム(円蓋)の *モザイクが好まれた(ローマのサンタ・コスタンツァ聖堂, *ラヴェンナの *ガラ・プラキディア廟堂等). プレ・ロマネスク時代の天井画の作例は断片を除いて現存しない. これに対してロマネスク時代は, *ポアティエ近郊サン・サヴァン・シュール・ガルタンプ (Saint-Savin-sur-Gartempe) の聖堂穹窿壁画, スイスのツィリス (Zillis-Reischen) のザンクト・マルティン聖堂およびドイツの *ヒルデスハイムのザンクト・ミヒャエル聖堂の木造天井画など優れた作例を残している. *ゴシック建築においては天井画が発達する素地はなかった. ルネサンスの例としてヴァティカン宮殿内の *システィナ礼拝堂天井画(*ミケランジェロ)が有名であり, ここでは *創世記の場面が各区画に全体構想をもって配されている. ルネサンス以降, 天井画にイリュージョンの効果が取り入れられ, 天井の閉鎖性を視覚的に打ち破る天井画が登場する. *マンテーニャのカメラ・デリ・スポージ(1472-74)や *コレッジョのパルマ大聖堂(1526-30)の円蓋フレスコ画はその初期作例である. この種の天井画はとりわけバロックの聖堂や宮殿で盛んであり, *ポッツォはローマのサンティニャツィオ聖堂(1681-85)にみられるように, ソッティンスー(仰視法)を駆使して, 画面空間と室内空間との区別がつけ難い, まことに幻想的な空間効果に満ちた天井画を描いた.

【文献】 *Kindlers Malerei-Lexikon im dtv*, v. 13 (München 1982) 237-38. (越宏一)

てんしょうけんおうしせつ　天正遣欧使節

1582年(天正10), 九州のキリシタン大名フランシスコ *大友義鎮(宗麟), プロタシオ *有馬晴信, バルトロメウ *大村純忠がポルトガル国王とローマ教皇に遣わした使節. 天正少年使節とも呼ばれる. 使節は正使2名で, *豊後から *伊東マンショ, *有馬と *大村から *千々石ミゲルが選ばれ, その副使として大村の家臣 *原マルティノと *中浦ジュリアンが同行した. 少年たちの教師として *イエズス会のイルマンである *ロヨラが同行し, 皆の世話役としてほかに2名の日本人, *ドーラードとアゴスティノ (Agostinho) が加わった. 総指揮官は司祭 *ヴァリニャーノで, 少年たちの係として司祭 *メスキータが任命された.

この使節一行については多くの資料から明らかであり, ヴァリニャーノ自身も明言しているように使節派遣を計画し, 大名たちに進言したうえで, すべての準備を整えたのはヴァリニャーノだった. ヴァリニャーノがこのことを考え始めたのは, おそらく安土で *織田信長に謁見し, 安土城を描いた貴重な屏風を賜わったときからであろう. 当時, 安土セミナリヨ(→セミナリヨ)で勉強していた *伊東ジェロニモを使節として選んだのはそれを裏づける. 九州に戻って1581年7月有馬セミナリヨを訪れ, 選ばれた少年たちについて知ったとき, 使節の計画は具体化したが, 最終決定は11月に長崎で開かれた宣教師会議によって行われた. この会議ではヴァリニャーノがローマに行くことが決まり, 使節たちも一緒に行くことが発表された. 準管区長ガスパル・*コエリョがはっきりとこのことを伝えている. ヴァリニャーノはこの会議後の12月半ば頃, 大村に移り, 三城城で大村純忠と計画について話し合った. 有馬晴信にはヴァリニャーノ自身がすでに話していなかったなら, おそらく有馬のセミナリヨ院長 M. デ・*モラが知らせたであろう. モラは会議に出席し, 数日後には有馬に戻ったからである. 大友宗麟には *ラモンがヴァリニャーノの手紙とメッセージを伝えた. 同時に使節たちの家族に話があり母親たちから強い反発があった.

【使節たちの家柄】 これまでかなり議論された問題であるが現在はキリシタン史, 地方史の研究の発展, 新しい資料の発表などによって4人の少年たちの家族について疑問点は残っていない. 最初に選ばれた伊東ジェロニモ祐勝は日向の大名・伊東義益(1546-69)の息子で大友宗麟の親戚であった. ジェロニモの祖父・義祐(1512-85)は宗麟の妹と結婚していた. ジェロニモを安土から呼ぶ時間的余裕がなかったため, かわりにヴァリニャーノはマン

ショを選んだ．マンショは日向の家臣・伊東祐青と義祐の娘・町ノ上の子であった．したがってマンショは日向の大名の血統であったが，大友家とは遠い親類でしかなかった．千々石ミゲルの父・千々石直員は有馬の大名・晴純仙厳(1483-1566)の息子で，有馬義直と大村純忠の兄弟であった．ミゲルは有馬晴信の従兄弟で大村純忠の甥にあたる．原マルティノは，大村の重臣の息子で，兄は大村領の城主，姉の一人は大村家に嫁いでいた．中浦ジュリアンの父・中浦甚五郎純吉は中浦城主で西海の一部を治めていた小佐々家一族であったが，1569年宮村合戦で戦死した．マンショの父も1578年島津との戦いで亡くなり，ミゲルの父も1570年藤津郡で龍造寺隆信(1529-84)との戦いで戦死した．使節派遣のとき，マルティノの父のみが存命していた．イルマン・ロヨラとドーラードについてはあまり知られていないが二人とも*諫早出身であることが記されている．全員が有馬セミナリヨで育てられていた．以上述べた家族とその系図に関することは使節派遣時にローマに残された記録と，*フロイスの説明，ヴァリニャーノの『アポロギア』に述べられていることと一致している．使節たちを民衆からの貧しい少年たちと紹介するラモンをはじめ，後に*マニラから渡った*フランシスコ会と*ドミニコ会の宣教師の記録はかなり間違っている．使節の目的もヴァリニャーノの言葉から明らかである．一つはローマ教皇とポルトガル国王に日本で培われた教会の実り，日本文化の優れたところを紹介するとともにキリシタンになった大名の教皇への挨拶を伝え，日本の教会の発展のために人材と経済的な援助を請願することであった．もう一つはローマの教会と教皇，キリスト信者の国王の栄光を日本人の目で確認し，それを日本に紹介することであった．

【使節の旅路】使節一行は1582年2月20日長崎を出帆し，*マカオ，*マラッカ，*ゴアに寄港した．この航海では，使節たちは荒海とインド洋の凪という試練に遭い，伊東マンショは重い病気になった．ゴアに着いたのは1583年11月10日で，ここでヴァリニャーノがインドのイエズス会管区長に任命されたため残り，その代行者として司祭ロドリゲス(Nuno Rodriguez)が選ばれた．1584年2月20日*コーチンを出てセント・ヘレナ島に寄り，ついに8月11日*リスボンで下船した．ポルトガルはスペイン国王*フェリペ2世の支配下にあったので，使節たちは枢機卿アルベルト・デ・アウストリア(Alberto de Austria)を表敬訪問した後，目立たないように努めたが，エヴォラ大司教*ブラガンサとヴィラ・ヴィソーサ(Vila Viçosa)ではブラガンサ公爵から盛大な歓迎を受けた．ヴィラ・ヴィソーサからスペインに入り，グアダルペ修道院に滞在した後，*トレドまで旅を続けた．ここで千々石ミゲルが天然痘にかかり，死に瀕したが回復して，一行は10月20日*マドリードに入った．今度は原マルティノが病気になったが，ついに11月14日国王*フェリペ2世に謁見することができた．国王は彼らを温かく受け入れ，援助を惜しまなかった．スペインを横断してアリカンテ港まで行き，そこからイタリアのリヴォルノ(Livorno)まで渡った．*ピサと*フィレンツェではメディチ公に歓迎され，次のローマへと赴いた．途中で中浦ジュリアンがイタリア中部の風土病である三日熱にかかり，数か月にわたり後遺症に悩まされた．ローマに着いたのは1585年3月22日夕刻で，*イル・ジェズ聖堂に入り，*イエズス会の本部に宿をとった．

【ローマ滞在】翌日，待ち兼ねていた*グレゴリウス13世は，厳粛な枢機卿会議によってヴァリニャーノや*アクアヴィーヴァの期待を上回る盛大な歓迎を示し，「日本への自分の愛情を表すため」少年たちを国王からの大使のように遇した．依然として本復していないジュリアンと年老いた教皇との出会いは，感動的な情景であった．グレゴリウス13世が4月10日に亡くなると，使節たちは深い悲しみのなかにその葬儀にあずかり，後継者*シクストゥス5世の登位式にも列席した．ヴァティカンの壁画にはそのときの情景が紹介されている．シクストゥス5世も使節たちに対して愛情と寛大さを示し，それは1588年の*府内(大分)司教区設立として結実した．少年たちは教皇により聖ペトロ騎士団に騎士として加えられ，ローマ議会からはローマ市民権が与えられた．その後，使節たちは6月3日ローマを出発し，帰国の途次に通過するイタリア東北部の随所で厚いもてなしを受けた．とりわけ*ヴェネツィアでは共和国の統領ニッコロ・ダ・ポンテ(Niccolo da Ponte, 1498-1586)との謁見があって，使節一行のため数日間にわたっていろいろな行事が催された．この旅では宗教界と政界の多くの優れた人物との交流もあった．*ボローニャ大学の法学者で枢機卿のパレオッティ(Gabriele Paleotti, 1522-97)，クレモナ(Cremona)の枢機卿スフォンドラティ(後の*グレゴリウス14世)，フェラーラ公とマントヴァ公などが彼らに宿を与え援助した．*ミラノと*ジェノヴァを通ってイタリアを去り，司令官ドリア(Andrea Doria, 1539-1606)の艦隊により*バルセロナまで送られた．ここから*モンセラートに巡礼者として登り，モンゾン(Monzon)の議会でフェリペ2世に謁見し，マドリードを経てポルトガルに赴いた．往路同様，ヴィラ・ヴィソーサとエヴォラではブラガンサ家の客となり，エヴォラではイルマン・ロヨラがブラガンサ大司教によって*副助祭に叙階された．リスボンで休んだ後，使節たちは*コインブラ大学を訪れ，学生たちのにぎやかな世界で1585年のクリスマスを過ごした．少年たちは出発までの数か月間，リスボンで最も有名な音楽の教師から学び，メスキータはヴァリニャーノから依頼された*グーテンベルクの印刷機を入手，ドーラードとイルマン・ロヨラが印刷の技術を身につけた．1586年4月13日アウストリア枢機卿に別れを告げ帰国の途に着いた．

【帰国の道】リスボンからゴアまでの海路ではさまざまな危険に遭遇した．モザンビーク到着が遅れたため，そこで冬を越し，ゴアに入港したのは1587年5月29日であった．ゴアではヴァリニャーノと再会し，約1年間滞在した後，マカオまで旅を続けた．マカオに到着したのは1588年11月20日で，*豊臣秀吉の禁教令，大友宗麟，大村純忠の訃報などを聞いた．1589年には日本への便船がなかったので，マカオに2年ほど滞在しなければならなかった．この間に持ち帰ってきた印刷機を使ってボニファシオ(Juan de Bonifacio, 1538-1606)の*『キリスト教子弟の教育』とヴァリニャーノの『遣欧使節対話録』の2冊を発行した．1589年リスボン滞在以来，患っていたイルマン・ロヨラが死亡した．この長い試練の後，ついに1590年7月21日一行は無事に長崎に帰り，8年5か月の旅を終えた．有馬晴信，*大村喜前などをはじめ，一般の市民やキリシタンたちから熱烈な歓迎を受け，有馬セミナリヨで休息した後，ゴア総督の使節として京都(*都)に行くヴァリニャーノに同行，京都に入る許可を待つ間に備前の室津で数人の大名に旅のことを聞かせた．その大名のなかの一人，*大友義統は

てんしょうけんおうしせつき

父の使節であった伊東マンショにとりなしを願い、ヴァリニャーノと教会との和解に努めた。1591年3月1日京都の聚楽第において豊臣秀吉に謁し、西洋器楽を演奏した。秀吉は使節たちと親しく談笑したうえで、伊東マンショに自分に仕えることを勧めた。皆が九州に戻った5月半ば頃、有馬の日野江城下の教会で晴信に使節の報告と教皇からの献上品を贈った。数日後には大村へ行き同様にし、使節としての役目を終えた。

同年7月、4人の使節はヴァリニャーノとメスキータとともに*天草へ行き、7月25日河内浦にあったイエズス会の修練院に入会した。ここで*修練期の2年間と*コレジョの4年間を過ごした。*日本26聖人の殉教後の1597年(慶長2)コレジョは長崎に移され、マンショは有馬セミナリヨへ、ジュリアンは*八代の教会に派遣された。皆より先に勉強を終えたマルティノは、長崎のコレジョで活発に活動していた。1601年からマンショとジュリアンは神学の勉強のため3年間にわたるマカオ留学に出発したが、病弱だった千々石ミゲルは勉強が進まず長崎に残された。落胆したミゲルはイエズス会を脱会し、従兄弟である大村喜前に仕えることになったが不和があって大村から有馬に移った。有馬にいる間に家来と争い負傷したが、ある程度まで回復した後、長崎へ行っているがその後の消息は不明である。マンショ、マルティノ、ジュリアンらはさまざまな試練を乗り越えて、ついに1607年司祭として叙階され、マルティノは長崎に、ジュリアンは博多に、マンショは*小倉に派遣され活発に活動した。1611年細川忠興(1563-1646)が宣教師を追放したとき、マンショは日向の飫肥城まで宣教の旅をした後、長崎に戻ったが1612年11月13日長崎で病死し、コレジョの墓地に葬られた。1614年、追放された宣教師の船が出航する直前の11月4日メスキータが長崎十人町の浜の小屋で死亡した。原マルティノとドーラードはマカオに追放され、ドーラードは1615年マラッカで司祭となり、マカオに戻って神学院の院長に任命され、在任中の1620年マカオで亡くなった。マルティノはマカオで活躍し、1629年に亡くなった。中浦ジュリアンのみが日本に残り、1625年まで*口之津の教会主任として働き、天草、熊本、柳川などを毎年訪れ、職務を全うした。健康を損ねて小倉に移り、小倉にて1632年末頃捕らえられた。長崎のクルス町牢に10か月ほど投獄された後、1633年10月18日西坂で穴吊りの責めを受けて3日後の21日に殉教した。1634年、マカオで始められた列福調査は後に中断し、現在あらためて調査が始められている。

【使節の影響】当時、ヨーロッパはいうまでもなく、日本の信者のなかにもこの天正の少年使節は大きな反響を呼んだ。フロイスはローマで集められた記録などに基づいて詳しい記録を編纂し、その記録は後の著書の基礎となった。使節たちがもたらした印刷機によって発行された書物はキリシタンの教会にとって大きな助けとなった。美術、音楽などの分野においても彼らはいろいろな新しい道を開いた。使節たちは日本とヨーロッパを結んだ人間で、晩年の千々石ミゲルを除いて皆立派に委ねられたその使命を果たした。他の修道会が日本へ渡ることを禁じたグレゴリウス13世の教書の遠因がこの使節であると考えたマニラの修道者たちは、その教書とともに使節を批判したが、詳細な事実を知っていたわけではなく、したがって批判も的外れなものであった。近年、ラモンが書いた手紙のある部分を取り上げて使節の信憑性に疑いを投げかけようとする研究者がいる。しかし、その手紙は1587年の禁教令発布により精神的打撃を受けたラモンの状態を表すもので、誤りが多く、同時に著者の意向に反して、大友宗麟が使節の出発前に伊東マンショのことも知っていてヴァリニャーノに手紙を送ったことを明らかにしている。使節派遣400周年にあたって発行された書物、設置された記念碑などが天正少年使節の成果がいかに高く評価されているかを示している。

【文献】大日本史料、第11編之別巻之1、第11編之別巻之2；濱田耕作『天正遣欧使節記』(岩波書店1931)；結城了悟『ローマを見た』(日本二十六聖人記念館1982)；同『新史料天正少年使節』キリシタン研究29(南窓社1990)；同『天正少年使節—史料と研究』(純心女子短期大学長崎地方文化史研究所1993)；L. FROIS, *La Premier Ambassade du Japon en Europe, 1582-1592*, ed. J. A. ABRANCHES PINTO, Y. OKAMOTO, H. BERNARD (Tokyo 1942); A. BOSCARO, *Sixteenth Century European Printed Works on the First Japanese Mission to Europe* (Leiden 1973); *Milano Incontra il Giappone, 1585* (Milano 1990).　　　　　　　　　　　(結城了悟)

てんしょうけんおうしせつき　『天正遣欧使節記』

キリシタン大名 *大友義鎮らがヨーロッパへ派遣した4人の使節たちの旅行の見聞記。対話という形をとり、*サンデがラテン語に翻訳し、一行が帰国途中*マカオに滞在中の1590年に刊行された。*天正遣欧使節の帰国にあたって、日本の*イエズス会はヨーロッパから活字印刷機を日本に導入したが、本書はその印刷機による出版で、表題を De missione legatorum Iaponensium ad Romanam curiam... とし、全222丁の大部からなる。本書には4少年が*千々石ミゲルの二人の従兄弟とかわす34の対話があって、内容は使節一行の8年間にわたる旅行記であるが、使節派遣を計画・実現させた*ヴァリニャーノ自身の日本宣教のヴィジョンを対話という形を借りて表したものといえる。また、日本の*コレジョでの日本人学生のラテン語学習の教科書として本書が用いられた。*天理図書館に所蔵されるほか*大英博物館所蔵キリシタン資料などに含まれ、邦訳には泉井久之助他訳による『デ・サンデ天正遣欧使節記』(雄松堂書店1969)がある。

【文献】幸田成友「サンデの遣欧使節記につき」『幸田成友著作集』3(中央公論社1971) 418-23.　　(尾原悟)

テンシン　天津　Tiānjīn

中国の四大直轄市の一つ。河北省東北部に位置する都市。大河の合流地点にあたり、水路交通の要衝として明代から徐々に発展していった。アロー戦争(第2次阿片戦争)後の天津条約(1858)、北京条約(1860)により開港され、9か国もの租界が置かれ、商工業都市として発展した。一方で外国との摩擦も多く、1870年には、孤児院でキリスト教徒による幼児虐待が行われているとの噂が流れ、天津教案と呼ばれる大規模なキリスト教迫害事件が起こった。また、1900年に発生した*義和団事件の際、運動の一拠点ともなった。*天津工商学院をはじめ、多数のカトリック教育機関が設立された。

【文献】日大百科16: 359-60；平大百科10: 341.

(髙橋佳代子)

てんしんこうしょうがくいん　天津工商学院　Institut des Hautes Etudes de Tientsin

中国、天津のカトリック系高等教育機関。1920年、教皇

庁は，河北省献県で宣教活動をしていた *イエズス会の会員に *天津に教育施設を設立するよう命じた．天津はその当時商・工業の中心になりつつあったこともあり，商業および工業の教育機関を創設することが決定され，1923年9月15日，天津工商学院が開校された．

カリキュラムは次の通り．(1) 予科は2-3年間で，フランス語および一般教養の習得を目的とする．(2) 本科は3年間で，二つの選択コースがある．一つは工業コースで，工業技術，鉄道建設，水力学，製図，地形測量，建築学を学ぶ．もう一つは商業コースで，最初の2年間は会計学と，中国および海外の商業の手法と法律に専念し，3年目に商業と銀行業務のどちらかを選択する．(3) 文学部(女子のみ)は1943年に開設され，中国文学，外国文学，家政の修得を目的とする．

1933年，政府はこの教育機関を高等機関である「学院」として認定，1948年には「大学」となり，名称も「津沽大学」と改名された．設立より25年余で天津工商学院は急速に発展し，その名は広く知られ大きな影響力をもつに至った．しかし中国共産党が政権を握った1949年，ほかのカトリック教育機関と同様に天津工商学院も閉鎖を余儀なくされた．
【文献】カ大 3: 624. (C. コッシーニ)

でんせつ 伝説 〔英〕legend, 〔独〕Legende, Sage, 〔仏〕légende 物語や説話のジャンルの一つで，歴史時代の出来事として特定の場所や人物と結びつけて具体性を帯びた事実として語られ，記録されたもの．ドイツ語圏では内容が宗教に関わる場合を聖伝説，*聖人伝(Legende)とし，非宗教的な伝説(Sage)と区別する．研究者は伝説の特徴を明確にするため，歴史以前の悠久の原古での，主として神々を主人公とする出来事を真実として語る *神話〔英〕mythや，特定の時代，場所，人物のいずれとも結びつかず娯楽や教訓として語られ，事実性を問題にしない昔話(〔英〕folktales, 〔独〕Märchen)と区別することが多い．しかし人々はそうした違いを必ずしも厳密に意識しているとは限らないし，一つの説話中に三者が共存している場合もある．

聖書の場合には，動物譚，諺，謎々，ノヴェラ(事実風物語)，機知話，地方伝説，聖人伝，*サガなどのように伝説をより細かく分類することもある．こうした立場からは，例えば *ノアの箱舟のハトとカラスの物語は動物譚，*コヘレトの言葉，*箴言，ベン・シラの知恵(→シラ書)などは諺，*サムソンの物語(士 14: 8)，*ソロモンと *シェバの女王(代下9章)は謎々，ヨセフとポティファの妻(創 39 章)はノヴェラ，イエスの譬え話や *ヤコブが *ラバンを欺く話(創 30 章)は機知話，ヤコブの夢(創 28 章)，ロトの妻とソドムの滅亡(創 19 章)，*バベルの塔(創 11 章)は地方伝説，預言者 *エリヤ(王上 17-19 章)，*使徒言行録，*『黄金伝説』の「眠れる7人」(96 章)などは聖人伝，そしてサムソン，*ダビデ，*アブラハム，*モーセなどは連続した英雄物語であるサガに属するとされる．分類は対象解明のための研究上の手段であり，絶対的なものではない．伝説のどの要素をどのような手法で考察するかによって，分類はそのつど変化しうる．
【文献】旧新約聖書大 805-807; RGG³ 5: 1313-14; F. L. アトリー「聖書時代における神話」『神話の系譜学』野町啓他訳(平凡社 1987) 32-82: F. L. UTLEY, "Myth in Biblical Times," *Dictionary of the History of Ideas*, 3 (New York 1968) 275-86. (松村一男)

てんたいすうはい 天体崇拝 〔英〕astral worship
【概要】天体崇拝は *自然崇拝の一つであり，しかも天体には唯一存在が幾つもあるため，*太陽や月など，人類普遍的に崇拝対象とされるものが多い．古代イスラエル人の周囲でも，大半の民族は天体崇拝を有していた．このため，*カナンに入った *ユダヤ人に，その影響を受けないよう，日・月・星への崇拝や奉仕に対する禁令が改めて出されている(申 4: 19; 17: 3)．またイエスは，太陽が暗くなり，月が光を放つのをやめ，星が空から落ちる時点をもって *メシア到来のときとした(マコ 13: 25-26)．黙示録 21: 23 においては，神の栄光が都を明るくし，小羊があかりとなるため，*天のエルサレムでは太陽や月が照らす必要がないとされている．

しかしその一方で，聖書の随所に天体崇拝の痕跡を窺うことができる．また初期のキリスト教徒には，死からの *復活になぞらえて，朝日に向かって祈る習慣が存在し，近代に至るまで教会は東向きに建てられている(→東)．さらには，ローマ教会が主の *降誕を12月25日としたのも(354頃)，異教徒の間で行われていた，太陽のよみがえりを祝う冬至祭を利用したことに由来する．
【聖書】空気の乾燥した地を移動するユダヤ人は，古くから星座に関する知識を有していた．北斗(大熊)，オリオン，プレアデス，黄道十二宮などがその代表である(ヨブ 9: 9; 38: 31-32)．そして批判すべき対象として記されているとはいえ，天体を崇拝し，さらには *占星術に頼る者がユダヤ人の一部にあったことも事実である(イザ 47: 13)．荒野時代には，おそらく土星を指す，ライファンないしケワンへの崇拝が存在した(使 7: 43; アモ 5: 26)ことが窺われる．
【文献】G. VAN DER LEEUW, *Phänomenologie der Religion* (Tübingen ²1956). (河東仁)

てんちじん 『天地人』 明治期のカトリック雑誌．1898年(明治31)1月に *ルモアーヌが三才社から創刊し，各界の寄稿を得てカトリック思想の紹介，文化の向上に貢献した総合雑誌であったが，1901年6月(55号)をもって廃刊となった． (尾原悟)

てんちそうぞう 天地創造 → 創造

てんちはじまりのこと 『天地始之事』 九州の *外海(そとめ)・*五島地方の *潜伏キリシタンの間に伝わった伝承本．原本は不明であるが，迫害と殉教を乗り越え，来世への希望をもって生き続けたキリシタンの信仰が物語られている．伝承された諸写本により若干の相違はあるが，天地 *創造(天地始之事)から *原罪(まさんの悪の実)，*三位一体の第二位の玄義(天帝人間をたすけのため御身を分けさせ給ふ事)，*ロザリオの苦しみ第四と第五(御主かるわ竜ヶ嶽に連行奉事)，*使徒信条(きりんとの事)など，キリスト教の一神教的絶対者の性格，*受肉の玄義，原罪，*贖い，道徳や世界観などが書きとどめられている．本書については，1865年(慶応1)の *プティジャンの日記にみえるが，ほかにはあまり注目されなかった．*田北耕也が採訪，1931年(昭和6)謄写印刷して発表し，世に知られるようになった．『日本思想大系』25(岩波書店 1970)に校訂を加え掲載されている．
【文献】田北耕也『昭和時代の潜伏キリシタン』(日本学術振興会 1954); J. LAURES, *Kirishitan Bunko* (Tokyo 1957). (尾原悟)

デンツィンガー

デンツィンガー Denzinger, Heinrich Joseph
(1819. 10. 10–1883. 6. 19)　ドイツのカトリック神学者．1844 年司祭叙階後，ヴュルツブルク大学で神学を教える．神学の実証的，歴史的な方法論と教会の伝統にのっとった立脚点を確立した．彼の業績のなかで最も有名なものは，『カトリック教会文書資料集』(Enchiridion Symbolorum et Definitionum, 1854) で，教会史のなかで重要だと思われる *信条や定義，*回勅などをまとめた．後にシェーンメッツァー (A. Schönmetzer) が改訂版を出し (1963)，DS という略称で現在も多くの神学者や神学生の座右の書とされている．
【文献】LThK² 3: 233–34; NCE 4: 777.　　(英隆一朗)

でんとう　伝統　→　伝承

でんどう　伝道　→　宣教

でんどうがく　伝道学　→　宣教学

でんどうきょうかい　伝道協会　〔英〕missionary society, 〔独〕Missionsgesellschaft, 〔仏〕société missionaire　プロテスタント教会内に組織された外国伝道のための協会の総称．各教派によって伝道会社，伝道会，宣教協会などとも呼ばれる．
　海外のイギリス人への伝道を中心にした英国聖公会福音宣布協会 (SPG, 設立 1710) や，*ツィンツェンドルフの感化から始まったルター派の *モラヴィア兄弟団 (設立 1722)，メソジスト伝道協会 (1786)，バプテスト伝道協会 (1792)，ロンドン伝道協会 (1795)，英国聖公会宣教協会 (CMS, 1799) などがあり，世界各地への伝道が盛んになった．南アメリカ伝道協会 (1844)，メラネシアン伝道会 (1846)，中央アフリカへの大学伝道会 (1859) も興り，さらに中国内地伝道会 (1865) をはじめ，日本に伝道を始めた多くの外国の伝道協会もある．
　最初に日本に派遣された宣教師は，アメリカ・プロテスタント・エピスコパル教会 (→聖公会)，*長老派教会，*改革派教会，アメリカ・バプテスト伝道協会，英国聖公会宣教協会，そして組合教会 (→会衆派) から送られてきた．その組合教会が，日本基督伝道会を組織した (1877)．また長老派と改革派とによってできた日本基督一致教会 (後の *日本基督教会) は内国伝道協会 (一致教会伝道局の前身) を計画した．
　現在ではインターボード宣教師現地委員会 (Interboard Committee for the Christian Work in Japan) が設置され，*日本基督教団に協力する宣教師の日本における委員会となっている．
【文献】キ大 733; 日キ歴 909.　　(茂洋)

でんどうし　伝道士　→　カテキスタ

でんとうしゅぎ　伝統主義　〔英〕traditionalism, 〔独〕Traditionalismus, 〔仏〕traditionalisme　過去の *伝承をひたすら保持し，継承しようとする思想運動を指すが，特に 19 世紀のフランス，ベルギーにおける反合理主義的，保守的動きを指す．*神と *世界，*啓示と *認識，*信仰と *知性の関係について，*理性よりも神の啓示に対する信仰や *教会の権威，伝統に対する *従順を強調する．人間理性は宗教的真理を自らの力によっては認識できず，少なくとも最初の人間が神から *原啓示を受け，その啓示を忠実に継承していかなければならない．啓示とその伝承を受け入れる信仰を強調するため *信仰主義ともいわれる．それは *啓蒙思想，*合理主義，*デカルトらに対する反動でもあった．理性の限界を自覚し，神秘に対する尊敬という面では肯定できる点があるが，自然理性による *神認識の可能性を否定した点は教会の教えに反しており，第 1 *ヴァティカン公会議によって排斥された．*ボナール，H. F. R. *ラムネー，*メーストル，*ボネッティ，*ボータンなどがいる．
【文献】キ史² 8: 276–99; NCE 14: 230; H. MÉDINE, Esquisse d'un traditionalisme catholique (Paris 1956).
　　(荒木関巧)

でんどうのしょ　伝道の書　→　コヘレトの言葉

てんのうせい　天皇制
【原意】もともとは，1920–30 年代に，*マルクス主義社会科学により論争的な文脈で使われた用語．日本近代国家の性格理解として，いわゆる講座派の論者は，地主的土地所有を本質的基礎とする半封建的なものと捉え，その絶対主義体制を天皇制という観念で総括した．いわゆる労農派は，日本近代国家を，封建遺産を伴ったブルジョア国家として位置づけた．*社会主義への変革の戦略として，講座派は，まずブルジョア革命，しかる後，社会主義革命という二段階革命論をとったのに対し，労農派は一段階革命を主張した．どちらも，日本近代国家の経済的基盤の性格を問うという形をとりつつ，それぞれの国家論を主張したのである．
【一般的意味】その後，天皇制という言葉は，上記のような特定の含意を離れて，天皇制度を一般的に指すものとして使われるようになっている．大日本帝国憲法第 4 条は，天皇を，「国ノ元首ニシテ統治権ヲ総攬」するものと定めていた．その地位と権能をできるかぎり通常の立憲君主に近いものとして憲法を運用しようとしたのが天皇機関説である．それが通説となり現実の運用もそれに沿って行われていた時期もあったが，天皇機関説事件 (1935) により，国体に反する国禁の説とされた．また，統帥権独立の原則によって，そもそも政府の関与が及ばぬ領域があるとされ，加えて神としての天皇が国民道徳の根本とされて，思想の自由を大きく制約していた．*国民主権を掲げる日本国憲法により，天皇は国民の総意に基づく「象徴」(1 条) となり，「国政に関する権能を有しない」(4 条) こととなった．しかし，昭和天皇 (在位 1926–89) の戦争責任についての発言がテロ行為の反撃を招く (本島等長崎市長銃撃事件, 1990) など，天皇をめぐる思想・表現の自由な流通はいまだ確保されてはいない．
【文献】横田喜三郎『天皇制』(労働文化社 1949).
　　(樋口陽一)

てんのエルサレム　天のエルサレム　〔ギ〕Ierousalēm epouranios　永遠にある「天のエルサレム」(シリア語バルク黙示録 4: 1–7) が終末のときに下るという (エズ・ラ 10: 25–54; 13: 36)，古代ユダヤ教 *黙示文学にみられる思想を発展させたもの．*パウロも「天のエルサレム」(ガラ 4: 26; ヘブ 12: 22) と記す．他方，ヨハネの黙示録は「新しいエルサレム」(〔ギ〕kainē Ierousalēm) と称し，それが下る終末のときに勝利者は皆，そこに迎え入れられると語る (黙 3: 12; 21: 2, 10)．この栄光の都エルサレムにある神殿は，神とその小羊キ

リストである．それが人間の手により石で造られた*エルサレムの「神殿」に執着するユダヤ教思想との相違点である．
【文献】ABD 3: 747-66.　　　　　　　(S. フィナテリ)

デンプフ　Dempf, Alois (1891. 1. 2-1982. 11. 15) ドイツの哲学者．1891年に南部のアルトミュンスター (Altomünster) に生まれる．1926年にボン大学の教授となり，以後1937年に*ウィーン，1949年より*ミュンヘンで教鞭をとる．エッグシュテット (Eggstätt) で没す．中世教父哲学の分析と探求を体系的に進め，*トマス・アクィナスの哲学，人間学，知識学，歴史哲学を修める．また*永遠の哲学という観点から哲学者の統合を試みる．哲学者に包括的思考を開示し，保証するところの人間学，社会学，比較哲学史を研究する．著書は『行為としての世界史と共同社会』(Weltgeschichte als Tat und Gemeinschaft, 1924)，『中世世界観の基本形態』(Die Hauptformen der mittelalterlichen Weltanschauung, 1925)，『マイスター・エックハルト』(Meister Eckhart, 1934)，『学問の統一』(Die Einheit der Wissenschaft, 1955)，『古代キリスト教文化の精神史』(Geistesgeschichte der altchristlichen Kultur, 1964) など多数．
【文献】キ人 951-52; LThK³ 3: 89.　　(常葉隆義)

テンプル　Temple, Frederick (1821. 11. 30-1902. 12. 22) 英国国教会(→聖公会)の聖職者．*オックスフォード大学のベイリオル・コレッジに学び，卒業後母校の教員を務めたあと，1857年ラグビー校校長．69年エクセター (Exeter) の主教に叙任され，ロンドン教区主教を経て，97年第95代カンタベリ大主教に就任．*オックスフォード運動に対しては*自由主義の立場を堅持した．
【文献】キ人 952; キ大 735-36; ODCC³ 1586.　(八代崇)

テンプル　Temple, William (1881. 10. 15-1944. 10. 24) 英国国教会(→聖公会)の聖職者，F. *テンプルの第2子．マンチェスター教区主教(1921)，ヨーク大主教(1929)を経て，1942年第98代カンタベリ大主教就任．哲学者としても知られていたが，社会問題や政治問題に関心をもち，労働者教育協会や学生キリスト者運動を通して活躍．*エキュメニズム運動では，指導的役割を果たした．
【文献】キ人 952; キ大 736; ODCC³ 1586.　(八代崇)

テンプルきしだん　テンプル騎士団 〔仏〕Templiers, 〔英〕Templars, 〔独〕Templer, Templerorden　十字軍の時代の三大騎士修道会の一つ．正式名は「ソロモン神殿の貧しきキリストの騎士」(〔ラ〕Pauperes commilitones Christi Salomonici). 1118年または1119年から1312年まで約200年にわたって西欧と中近東における最強の騎士団として活動した．訳語に，「神殿騎士団」「聖堂騎士団」「タンプル騎士団」なども使われる．
【創設】第1回*十字軍の成功後，キリスト教徒*巡礼の誘導と護衛を任務とする9人の騎士が，エルサレム総大司教ゴルモン (Gormond, ラテン名ウァルムンドゥス Warmundus) に*アウグスチノ修道祭司者会の会則を準用して奉仕生活を送る誓いを立て，エルサレム王*ボードゥアン2世から神殿聖域内に宿舎を与えられたことがその起源とされる．10年後，初代*総会長となるシャンパーニュ騎士ユーグ・ド・パイヤン (Hugues de Payns, 在職 1119-36) は先行の*ヨハネ騎士団に倣って修道騎士となることを熱望し，クレルヴォーの*ベルナルドゥスに会則起草と宣伝活動を依頼した．1128年1月13日教皇*ホノリウス2世はシャンパーニュのトロア (Troyes) に*教会会議を召集し，新しい*騎士修道会の創設を許可し*シトー会に範をとる新会則を採択した．
【組織・所領】会員は騎士，司祭，従士の3身分よりなり，成年男子に限られ，私有財産を放棄し，華美な服装や娯楽を禁じ終身会員にとどまる．シトー会風の白マントに特殊な形の緋色十字章を佩用する．全会員は総会長にのみ服従するが，総会長の権限は一般の修道会と同じく役職者の諮問会議と修道参事会(→カピトゥルム)の助言を受け，*総会議の選挙によって選任される．12世紀半ばまでに西欧諸国内に設置された騎士団は領地・建物・軍馬・武器等の莫大な寄進を受け，所在地司教からの*免属，*十分の一税免除などにより物心両面の発展を遂げ，13世紀前半までにエルサレム，*トリポリ，*アンティオケイアの聖地3管区，フランス，イングランド，*アラゴン，*カスティリャ，ポルトガルなど西欧の12管区，ハンガリー，キプロスなど中欧その他の3管区に広がっていた．入会希望者は増加の一途をたどり14世紀初頭には騎士1万5,000人を数えた．聖地以外の管区では十字軍への補給源として各種の生産活動が営まれ，キリスト教徒として初めて金融業に従事し莫大な富を蓄積した．各管区長所在地のうち，エルサレム，パリおよびロンドンの3城館は騎士団の繁栄の象徴であった．
【十字軍参加】第2回十字軍に初陣を飾り，以後シリア・パレスチナ各地に転戦，地中海沿岸アトリット (Athlit, 現イスラエル北西部) をはじめとする戦略拠点に堅城を築き，各十字軍遠征隊の主戦力を形成しヨハネ騎士団と競合して戦果を上げた．1291年*アッコ陥落以後キプロス島に撤退し聖地奪回に備えたが，騎士修道会の目的意識は失われた．
【廃絶・異端訴訟】同会の諸管区中最大の勢力を保持するフランス王国の，早期絶対主義を目指す*フィリップ4世は1307年法律顧問官*ノガレらの画策により騎士団に*異端の嫌疑をかけ，同年10月13日全員の一斉逮捕と全財産の没収に踏み切った．翌年教皇*クレメンス5世による*異端審問も行われ，その結果1312年4月3日同会は*大勅書『ヴォクス・イン・エクセルソ』(Vox in excelso) により廃止と決定，またフランス王側の法廷は1314年3月19日最後の総会長ジャック・ド・モレー (Jacques de Molay, 1292-1314) 以下4人の幹部会員をシテ島で火刑に処した．同会の莫大な財産は国王側から教皇側に戻され，ヨハネ騎士団に移管された．処刑を免れた会員は他の類似の騎士団に転入した．
【文献】R. ペルヌー『テンプル騎士団』橋口倫介訳(白水社 1977); R. PERNOUD, Les Templiers (Paris 1974); T. W. PARKER, The Knights Templars in England (Tucson 1963).　　　　　　　　　　　(橋口倫介)

テンペラ 〔英・仏・伊〕tempera, 〔独〕Tempera　粉末状の顔料をさまざまな水溶性の媒剤(膠・アラビアゴム・樹脂・油・卵などで固定剤ともいう)で溶いた絵具，あるいはその技法，作品のこと．「混ぜ合わせる」という意のイタリア語 temperare に由来する．歴史的には非常に古く，エジプトやクレタ，ミュケナイにまで遡るが，12-13世紀のヨーロッパ*板絵において多用され，固定

てんぺんちいせつ

剤を使用しないフレスコ (fresco) に対して，固定剤を使用する絵画を総称した．特に，卵テンペラは歴史的に重要で，重ね塗りによって硬質で耐久性のある画面を作り，鮮やかな色彩表現を可能にした．15-16世紀の油彩画の発展によりその使用は減少する．

【文献】DA 30: 425-28. （木戸口智恵）

てんぺんちいせつ　天変地異説　〔英〕catastrophism, 〔独〕Katastrophentheorie, 〔仏〕catastrophisme　地球の歴史のなかで，今日我々に知られているような作用とは異なった，より大々的な原因が作用した結果，現在の地球の状態が生まれたとする考え方．激変説ともいわれる．これに対して，現在知られている作用は，時間的にも空間的にもつねに普遍的であるとする斉一説(自然の斉一性を認める説)がある．

ヨーロッパの 17-18 世紀の地球に関する理解はおおむねこの天変地異説に基づいていた．例えば *ノアの洪水はその一つとみなされ，そうした過去の特別な現象の積み重ねが，地層や地質学上の所見と一致すると考えられた．19 世紀になってもフランスのキュヴィエ (Georges Léopold Cuvier, 1769-1832) や，イギリスのバックランド (William Buckland, 1784-1856) のような博物学者はこうした天変地異説によって，地層の状態や動植物の絶滅，新生などを説明しようとした．この段階の天変地異説では，宗教的な *奇跡と結びつけるような発想は稀薄になった．他方イギリスの地質学者ハットン (James Hutton, 1726-97) のように，斉一説の立場からこうした天変地異説を批判し否定する学者も現れた．今日では「自然の斉一性」は科学の前提となっており，天変地異説は否定されている．

【文献】NCE 2: 568; *The New Columbia Encyclopedia* (New York 1975) 478. （村上陽一郎）

てんまいぶん　『天馬異聞』　オランダのカピタンが日記体で記した *島原の乱の見聞記．「天馬」とは乱の起こった *天草と *有馬を指す．1637 年(寛永 14)12 月 17 日から翌年 7 月 29 日にかけてのもので，オランダ船デ・リイプが幕府の命で参戦したいきさつなどの記述がある．日記を書いたカピタンは序文に寛永年間に渡来とあるので，クーケバッケル (Nicolaes Couckebacker, 1597-?) と推定される．19 世紀初頭の文化年間にカピタン・ドゥーフ (Hendrik Doeff) が写本したものをオランダ通詞・吉雄如淵が訳した．『文明源流叢書』1 (名著刊行会 1969) に翻刻されている．

【文献】岡田章雄「天馬異聞」『南蛮帖』(黄河書院 1943) 392-432. （尾原悟）

デンマーク　正式国名: デンマーク王国，〔デンマーク〕Kongeriget Danmark, 〔英〕Kingdom of Denmark. 面積: 4 万 3,069km². 人口: 本土人口 528 万人，フェロー諸島 5 万人，グリーンランド 6 万人（以上 1997 年現在）. 言語: デンマーク語(公用語). 宗教: ルター教会(国教)87%.
【キリスト教の歴史】〔キリスト教の伝播〕デンマーク (1660 年まではスウェーデンの南部 3 州も含む) がキリスト教と接触したのは 8 世紀のことである．*ウィリブロードおよびランスの *エッボによる宣教の試みや *アンスガルの持続的な活動(862-65)をもって宣教が始まる．その後の進展は緩慢で，ヨーロッパ大陸からの商人たち，キリスト教諸国に対するヴァイキングの襲撃，またおそらく，アイルランド系あるいはアングロ・サクソン系の宣教師たちなどさまざまな影響のもとに，960 年頃にキリスト教は自らも受洗した国王ハーラル (Harald Blaastad, 在位 940-86 頃) によってデーン人の宗教と宣言された．王がイェリング (Jelling) に建立した石碑の証するところである．教会の完全な組織化をみるにはさらに 1 世紀を要したが，12 世紀末には *ルンド(現スウェーデン)大司教区(創設 1104)，8 司教区，約 1,200 の *小教区を擁するようになった．これらの教会は何度も増築され，復旧されながら，ほとんどのものが今日まで残っている．また，幾つかの修道会，特に *シトー会，13 世紀には *ドミニコ会，*フランシスコ会が重要な *大修道院，*修道院を設立した．

オールフス大聖堂，建造 1201
(Herder)

〔宗教改革〕一般に広まっている見方とは違い，15 世紀は手の施しようのない宗教的退廃の時代ではなかった．*宗教改革の原因はこれとは別の次元に属している．すなわち，特にドイツの勢力があり，財政的・政治的理由によるデンマークとローマの間の隔絶，神学研究に対する聖職者の無関心などである．そして特に社会の変容がある．都市が発展し，そこで成長した教養と影響力ある市民階級は貴族の支配と同じく聖職者の支配に耐えることができなかったのである．

デンマークにはルター派の思想が速やかに浸透した．抵抗はごく一部で，それも複雑な政治的および教会内の分裂によって弱められていた．1536 年 8 月 12 日，国王クリスティアン 3 世 (Christian III, 在位 1534-59) はすべての *司教を逮捕し，教会財産を没収した．1537 年か

らは，*ルターの弟子 *ブーゲンハーゲンが国民教会を組織し，最初の7人の *ルター教会教区監督を任命した．こうして *使徒継承に断絶が生じた．約10年の間に，実際はルター派説教師のために導入された宗教的自由は，その後3世紀にわたって消滅した．国はカトリック教会のささやかな試みに対しては，一層厳しい反カトリック法をもって対抗した．

しかし，17世紀以来，かなりの数の教養あるデンマーク人たちが外国に旅行し，その地で *カトリック教会と出会い改宗する人も出てきた．最も有名な人物は *ステンセンで，彼は学者であったが北欧の宣教地の *代牧となり，後にメクレンブルグ州シュヴェリン (Schwerin) で清貧のうちに死去した．

〔礼拝の自由〕1849年6月5日，フレデリック7世 (Frederick Ⅶ, 在位 1848-63) はデンマークに信仰と礼拝の完全な自由を保障する自由主義的憲法を定めた．これより，カトリック教会は再び公認され，活動することができるようになった．カトリック教会は今やデンマークで「国の承認を受けた」一つの宗派である．このことは，とりわけ，教会によって執り行われた民事上の行為 (*婚姻) や教会の与えた身分保証が国によって認められることを意味する．

〔カトリック教会の復興〕1849年以降のカトリック教会の歩みは幾つかの段階を経てきた．まず20年間はドイツのオスナブリュック (Osnabrück) 司教区の宣教区にとどまり，若干のドイツ人司祭とシャンベリー (Chambéry) の *ヨゼフ修道女会の最初の修道女たちがいた．次いで，ドイツ人のグリューデル (Hermann Grüder)，フォン・オイヒ (Johannes von Euch) のもとで *知牧区となった (1868-92)．そしてこれを支援して外国から数多くのカトリック宣教師が到来し，とりわけ *イエズス会のドイツ人会員は幾つかの学校を設立した (1873-1919)．また，多少なりとも重要な都市には次々と小教区が設置され，最初の病院も開設された．1892年にはデンマークは *代牧区となり，フォン・オイヒが代牧に任じられた．約10の男子修道会，12以上の女子修道会がデンマークに居を定めたが，それらはドイツ，オランダ，ベルギー，フランス，そして，近年には米国およびポーランドから到来したものである．それは比較的急速な発展の時期であって，年々入信者が増えていったが，彼らの多くは立派な教養の持ち主で，教会にデンマーク文化を，またデンマークの社会に教会を受け入れさせるために決定的な役割を演じた．最も有名なのは作家 *ヨルゲンセンである．フランシスコ会の *霊性の影響を受けた彼の著書はデンマークで非常によく読まれた．1920年頃，カトリック教会の信者数はそれまでで最大になった．婚姻の少なくとも3分の2を占める *混宗婚や，社会の *世俗化の進展などにより，教会の発展は速度を緩めた．このことはカトリック教会から離れたところに住む信者たちを孤立させ，その信仰維持をより困難なものとした．しかし，この間にも，カトリック教会の組織は整備されていった．1953年，代牧区は *司教区に昇格し，代牧であった *ベネディクト会の会員シュール (Theodore Suhr) は *コペンハーゲンの初代司教となった．しかし，これで教会の発展が完了したわけではない．*司祭や修道女は大多数が相変わらず外国人であり，また信者のなかでも外国人の占める数はかなり高い．

〔現代〕第2 *ヴァティカン公会議は，世界各地と同じように，デンマークのカトリック教会に一つの重要な刷新運動を喚起した．この運動は全国教区会議 (1967-69) となって表れた．これはヨーロッパで行われたこの種の全国的な教区会議の最初の例である．社会福祉および教育施設の領域では20年来，著しい変化が起こりつつある．教区の社会福祉機関であるカリタス (→カリタス・インテルナツィオナーリス) がその活動を発展途上国にまで広げますます盛んに展開している一方で，カトリック病院は公営の大病院に併合され，消滅しかねない状態である．時あたかも修道女の数が減少し，そのうえ，彼女たちは他の *使徒的活動 (青少年の指導，外国人や身寄りのない人の世話，*カテキスタなど) に呼ばれている．*カトリック学校は非常に好意的な法律に助けられて繁栄はしているが，教師は一般信徒が多くを占めるようになっている．

すでにかなり以前から，特に第2ヴァティカン公会議後，教会一致のための歩み寄りが顕著に行われていた．多少の警戒心と無理解は残っていても，個人同士あるいは組織間の交渉は存在する．それも単に，ほとんどすべての家族間，すべての市民生活のなかでの交渉という日常生活の面だけでなく，神学的・司牧的領域においても交流はある．登録されたカトリック信者の絶対数は最近の30年間は安定したものであったが，人口比はむしろ減少状態といえよう．信者の多くは都市居住者である．カトリック信者は農村地帯や，漁業従事者の間にはほとんどみられず，労働者の間には全くいない．

【現勢】1998年現在，カトリック信者数：3万5,000．司教区：1．司教：2．小教区：50．教区司祭：46．修道司祭：53．終身助祭：2．信徒修道士：4．修道女：240．

(J. W. グラン)

てんもんがく　天文学　〔英〕astronomy, 〔独〕Astronomie, 〔仏〕astronomie　天文学とは天体についての科学を意味する包括的なことばである．19世紀後半に入るまで，天文学はもっぱら天空に存在する物体の「位置」を中心に扱っていた．19世紀後半に入ると天文学に新しい分野が発生した．天体の「本性」を研究する天体物理学である．しかし，天文学の近代における最も特筆すべき進歩は，銀河系および宇宙の起源と終焉に関する問題を研究する *宇宙論の分野においてみられる．

【初期の天文学】人類はいつの時代においても，*時間を計る自然な単位として昼と夜の繰り返しである「日」によって生活を統制してきた．「年」は，特に中緯度地方の農業社会に影響を及ぼすもう一つの時間の単位であり，1年を一つの周期として春夏秋冬が繰り返される．「至」とは，1年のうちで赤道から最も遠いところに太陽が位置する日である．夏至の日には黄道の最北天を，冬至では最南天を太陽が通過し，古代の人々はこの至を特別な日として祝った．

「月」は，また別の時間の単位である．これは，例えば新月から新月へというように，月がその相を繰り返す期間である．あいにく太陰月は「日」や「年」のように正確ではなく，変化しやすいものである．そのため，太陰月の規則性について少しでも多くを理解しようとすることで，人々は天体の動きについてより多くの知識をもつようになっていった．惑星に関しても同様のことがいえる．長い混乱の時期を経て，人々はついに惑星の公転周期，つまり惑星が元の位置に戻ってくる一定の周期があることに気づいた．しかし，時間の測定ばかりが天体現象に関する興味の対象ではなかった．

多くの古代人が，星と彼らの神々のなかに，同一性あ

てんもんがく

るいは何らかの関連性をみいだした．*メソポタミアおよび中国における国王や皇帝は，神の意志を表す兆候や天体の動きを発見するため多くの天文学者を抱えており，彼らにとって日食や月食を予言することは特に重要な役割であった．やがてこれら古代の天文学者は，観察記録をつけることによってほとんどの天体現象の予測が可能なことに気づき，天文学を科学へと発展させるための礎を築いた．

メソポタミアのバビロニア人は，天体現象を予測するため，数列に基づいた高度な数学の技術を発展させた．楔形文字で綴られた多数の粘土板は，メソポタミアにおける数学の発達がいかに素晴らしいものであったかを物語っている．また中国でも驚くほど似通った算術が使われていた．これらメソポタミアと中国の天文学者によって残された多くの記録は現在でも，永年的な天体現象を研究するための貴重な資料である．

【ギリシアの天文学】詩歌に始まる古代ギリシア文明の功績は演劇・哲学・数学・天文学にまで至り，これらすべてがギリシア文明の独特な性質を備えていた．特にギリシアの天文学は，国家や国王に雇われるのではなく独立した形で成立しており，天文学者はあくまでも私的な好奇心あるいは発見欲を満たすため，個人的に研究を続けた．ここにもギリシア文明の特徴がみられる．ギリシアの天文学者はバビロニア人のデータを利用したが，分析方法としてはあらゆる時代のあらゆる天体現象を表す天体表を算出できる，幾何学的モデルを使用した．この天体表は，ユークリッド (Eukleides, 前300頃) の代表的な著書『原論』(Stoicheia) の発表以降，初めて使用が可能になったものである．天文学の発達は，球面三角法の正確な公式を発見した数学者メネラオス (Menelaos, 100頃) の業績によるところも多い．

*ピュタゴラスとその弟子は初めて宇宙モデルなるものを提唱し，地球は中心火（太陽とは異なる）の周りを回転していると説いた．後にエウドクソス (Eudoxos, 前408-355) は，太陽を含む全惑星は円を描きながら移動しているという仮説を立てた．この宇宙観は「同心球説」と呼ばれており，哲学者の*アリストテレスが自らの著書のなかで提案した宇宙観である．しかし，観測されたあらゆる天体現象をもってしてもこの宇宙観を裏づけることができなかったため，これはすぐに破棄された．このように人々は地球の球形について議論を重ね，また子午線の角度を測定することにより地球の大きさを算出しようとした（アナクサゴラス Anaxagoras, 前500頃-428頃）．また，数学者のエラトステネス (Eratosthenes, 前275-194) は，地球の大きさを測定するための方法を開発した．

ヒッパルコス (Hipparcos, 前190-120) はギリシアのなかでも特に強い影響力をもった天文学者で，まず地球の自転軸が黄道に沿って円を描きながら緩やかに移動する現象である，春分点歳差を発見した．また，K.*プトレマイオスによって完成された新しい太陽と惑星の動きの幾何学的モデルを提案し，これは結果的に中世まで使われることになった．これらのモデルの利点は，計算することによって，太陽と惑星の観測位置を天文学者がほぼ正確に再現できることにある．これが数理天文学の主な目的であり，実際の天体現象を伝えることはない．同様にギリシアの偉大な天文学者であったプトレマイオスは，『アルマゲスト』(『天文学大系』) として知られる彼の代表作において天文学の完結版を提示している．これは16世紀に至るまで，天文学を研究するためには必要不可欠な参考書物として位置づけられていた．

アラブ人はギリシア天文学を受容し，さらなる発展を加えた．12世紀のアラビア天文学は，15世紀頃から文芸復興(*ルネサンス)が進められたヨーロッパへと広まった．近世の天文学は，*コペルニクス，ブラーエ (Tycho Brahe, 1546-1601)，*ケプラー，ガリレオ・*ガリレイ，*ニュートンなどの有名な天文学者の出現から始まる．

【望遠鏡】望遠鏡が開発されるまで天文学者は裸眼で天体観測をしていたが，裸眼ではせいぜい1分角が限度であった．この制限はガリレオが初めて望遠鏡を空に向けたときに克服された．ガリレオは，月にある山，木星の周りに存在する四つの衛星，多くの星雲が星団へと分解できることなどの発見を『星界ニュース』(1610) という画期的な小冊子で発表した．現代の望遠鏡は，ガリレオが発明したほんの簡単な道具からは想像できないほどの発達を遂げた．

【太陽】*太陽は地球にとても近い（約1億5,000万km）恒星であり，我々の生活や行動に強い影響を及ぼすため，我々は他のどの恒星よりも太陽に関する知識を有する．1611年頃に，ファブリキウス (David Fabricius, 1564-1617)，*シャイナー，ガリレオの3人が太陽黒点を観察し始めたとき，太陽物理学が始まった．太陽の表面に黒い点が現れることはそれ以前から知られており，古くは中国の天文学者による観察記録も残されている．望遠鏡の使用と鋭い太陽光を克服する技術によって，太陽の連続的な観察が可能となった．この巨大な黒い点は変化しやすく，太陽と一緒に回転し25日に1度消えたり現れたりする．19世紀の初めには，11年周期といって太陽黒点の数が周期的に増減することが発見された．20世紀になると分光学が発展したこともあって，太陽黒点とは強力な磁場の領域であり，その磁場の反転も考慮に入れると本当の周期は22年だということが判明した．

皆既日食中の観察により，太陽の表面からおよそ200km上空には「彩層」と呼ばれる，「光球」（肉眼でみえる太陽の表面）よりも薄い層があることが発見された．以前は日食の間にしかみられなかったこの現象も，現在では機具の発達により随時観察できるようになった．彩層は磁場の関係上，つねに模様をなして現れる．また皆既日食の短い時間のなかでも荘厳なコロナ，つまり太陽の最外層部分を垣間みることができるが，驚いたことにその温度は数百万度に達する．光球からの放射に比べてコロナからのそれは比較にならないほど少量ではあるが，この高温の影響によってコロナからの放射は紫外線と軟エックス線の領域にあり，上空の大気に影響を与える．また太陽風と呼ばれる粒子の放出もみられる．19世紀にはすでに「フレア」と呼ばれる，太陽黒点あるいは活動領域上部で時々起こる強烈な輝きが発見されていた．フレアは，地球の磁場で起こる擾乱(じょう)や無線通信に影響を与える現象，また北の空にみえる壮麗なオーロラなど，地球上に起こる大規模な現象に関係があると考えられている．

太陽の内側からは毎秒 4×10^{26} ジュールのエネルギーが発せられる．1938年にベーテ (Hans Albrecht Bethe, 1906-) とC.F.フォン・*ヴァイツゼッカーが，太陽は水素を「燃やしている」と提言するまで太陽エネルギーの起源は謎であった．1,500万度という高温の太陽内部で起こりうる数々の反応により，四つの水素原子核は一つのヘリウム原子核に合成される．理論上では，太陽は

毎秒4億tの水素を燃やし，質量も400万tずつ減少していると考えられている．太陽の質量は高く，あと数十億年分の燃料があると考えられるが，いずれ太陽も他の星と同じく最期を迎えるのである．

【惑星】「惑星」という単語は，軌道が定まらないとかさまようものという意味のギリシア語に由来する．これは，つねに相互の距離を一定に保つ恒星に対し，惑星が天空の黄道(地球の公転軌道上)近くを動くことからきている．古代人はすでに，地球より内側を公転する水星，金星と，外側を公転する火星，木星，土星を認知していた．近代ではさらに，海王星と天王星，20世紀には冥王星が発見され，さらにほとんどの惑星が小さな月のような衛星を多くもつことが確認されている．これらの惑星以外にも，「小惑星」([英]asteroid)と呼ばれるものが存在し，同じく太陽の周り，火星と木星の軌道の間を動いている．惑星は，内部で熱核反応が起きるには質量が足りないため，内部にエネルギーとなる原料がないという点で恒星とは異なる．そのかわりに惑星は太陽の光を反射する．1543年にコペルニクスは，惑星が地球ではなく太陽の周りを回っているという説を提唱した．以後ケプラーが1603年に惑星運動の法則を発見し，1687年にはニュートンがその法則に理論的説明を与えた(コペルニクス説については，太陽中心説の項を参照)．

「彗星」は時々太陽系を訪れる．あるものは，楕円形の軌道に乗っているため定期的に太陽系へ戻ってくる．しかしほとんどは太陽系外から訪れ，太陽の周りを飛びまた宇宙へと向かう．彗星が太陽に近づくと，太陽熱が彗星のガスや蒸気，塵などを消散させ彗星本体の周りに星霧のようなものを作り出す．これらの物質の大部分が背後に取り残され，彗星の特徴である尾を作る．

【他惑星での生命】地球のような条件を備える他惑星での生命については今までにも論じられてきた．現代では土壌標本の分析が可能な宇宙探査機が火星を探査し，強力な電波望遠鏡による他星へのメッセージ受送信も試みられてきた．宇宙に存在する星の数を考慮すると，地球のような気温，酸素や水を含んだ大気など，生命体の生活に適した環境が他の天体上に存在する可能性は極めて高いが，かつて火星に生命体が存在したのかどうかは定かではない．実質的な証拠がないため，すべての疑問は生命の起源についての理論に集中する．整った環境があれば生命は自発的に生まれるのか，それとも一つの天体からもう一つへと伝播しなければならないのか．我々は生命の起源についていまだ無知であり，そのためこの疑問に対する答えは個人の哲学に基づく意見から導き出すよりほかはない．

【恒星】恒星は太陽のようなものであるが，太陽に比べるとはるか遠くに位置する．明るい星はそれだけで比較的近くに存在すると仮定しがちである．地球が太陽の周りを公転することにより星の観測位置に変化が生じるわけだが，観測対象の星とそれ以外の星を注意深く比較観測し，確認されるわずかな位置の変動は，年周視差(三角視差)と呼ばれ，これにより天体の距離を測定することができる．

ガスや塵のなかにある密度の高い部分が，その重力によって周りの物質を引き寄せるようにして成長するときに恒星は生まれる．その核の温度が数千万度に達したとき，太陽の場合と同じようにして水素燃焼が始まり，中心部で燃焼し続ける水素がある間は数十億年でもそのままの状態で過ごす．恒星の質量が高ければ高いほど，重力収縮のバランスを保つために高い圧力を必要とするわけだから，恒星の質量は一つの重要な要素を担っているといえる．

恒星の核に含まれる水素が底をつき始めると，その恒星は命の最終段階に達したといえる．仮にそれが質量の小さい恒星であれば，その恒星は最終的に「白色矮星」となる．一方で，その恒星が太陽の10倍の質量をもっていたとすれば，その恒星は最終的に「超新星爆発」と呼ばれる大爆発を起こす．小さな星がその中心で形成されると同時に，恒星の外層部は宇宙空間に放出される．しかし質量の高い星の場合，小さい容積のなかに大きな質量が詰め込まれているため，光も星の外に出られない状態ができあがる．これが「ブラックホール」である．このような特別な場合を除いて，「中性子星」と呼ばれる，中性子で構成される星があとに残る．天文学史上有名なのは，1572年と1604年に我々の銀河系で観測された超新星で，数日間は光の下でも観測が可能であった．また，カニ星雲は中性子星をもっており，1054年に中国および日本の天文学者によって観測された超新星爆発の残骸である．

レヴィット(Henrietta Swan Leavitt, 1868-1921)は1912年に，特定の種類の巨星は星自身が脈動しており，その周期は絶対光度と密接な関係がある，という重要な発見をした．この特定の恒星とは，ケフェウス型変光星とこと座RR型変光星である．年周視差によって幾つかのケフェウス型変光星の距離が測定され，我々の銀河の大きさやマゼラン星雲，アンドロメダ星雲などの距離測定を可能にする，有効な測定方法が得られた．

【天の川銀河と系外銀河】晴れわたった夜，「天の川」(Milky Way)と呼ばれる，空にかかる光の帯のような星の集まりをみることができる．ガリレオはそれに向かって望遠鏡を向けた最初の人物であり，ぼおっとした光のようにみえたものが，星の集合体であることを発見した．

天文学者が天の川の全体像を捉えるまでには長い時間が必要とされた．天の川の実際の形と大きさを捉えるために，天体の距離測定が可能なありとあらゆる方法を利用し尽くさなければならなかった．星はまるで巨大な円盤のなかに含まれているようだった．我々の観測する多くの銀河(これについては後に述べる)と何ら変わりはない．つまり天の川も我々の銀河の一部であるといえる．我々の太陽は天の川銀河の中心から約2万8,000光年先に位置するのだが，天の川銀河の直径はほぼ10万光年で，含まれる星の数は約1,000億個である．この銀河には数本の腕が外に向かって伸びており，中心には巨大なブラックホールが存在すると考えられている．

【銀河】天文学者は，19世紀後半から望遠鏡によって観測される美しい螺旋状の星雲が，天の川のような星の集合体ではないかと考えていた．これは1924年に確認され，アンドロメダ星雲の距離の推定値が出された．現在，その距離は約200万光年だとされている．どちらかといえば不均整な形をなす二つの小さな銀河，大小マゼラン星雲は肉眼でも観測できるが，南の空に位置しており，はっきりとした姿を捉えることはできない．さらに遠くに位置する銀河におけるケフェウス型変光星や他の変光星を観測することは最近ハッブル望遠鏡を用いて行われている．

高性能の望遠鏡により，観測可能な銀河は数えきれないほどある．多くの銀河は集合し，幾千もの星雲を構成する．幾つかの銀河は螺旋形をしているが(我々の銀河も渦状腕を形成する)，他の銀河は中央をわたる棒状の

ものがあったり，均整のとれていないものもあったり，さまざまな形で宇宙に存在する．その形状より銀河進化に対応した分類が理論上では試みられている．これらの，はるかなかたの天体は，電波望遠鏡で観測すると非常に明るいが，通常の望遠鏡で観測するとまるで点のようにしかみえないものもある．内部に秘められたブラックホールの可能性も含め，これらの天体に関するさまざまな謎がいまだ明かされておらず，それに関する理論も多く存在する．

現在では，100億光年先の天体を観測することができるが，光の速さは有限であるため，我々が観測できるのは天体の現在の姿ではなく数十億年も前の姿である．したがって天体の距離の測定はとりもなおさず宇宙の過去をどこまで遡るかを示す．いずれ，さらに強力な望遠鏡を使って，この宇宙の始まりに近い状態を観測することができるようになるだろう．　　　　（J. カサノヴァス）

【ヴァティカン天文台】ヴァティカン天文台（[伊] Specola Vaticana）は，ユリウス暦の改定を図る教皇 *グレゴリウス13世が1578年にヴァティカン宮殿の敷地に設置した「風の塔」（Torre dei Venti）を起源とする．そこでは気象観測，また1800-21年には天文観測が行われた．その後，長期間活動を停止していたが，1891年3月14日に *レオ13世は自発教令『ウト・ミスティカム』（Ut mysticam）で天文台の再興を公布した．

1910年 *ピウス10世はヴァティカン庭園内にレオ13世が天文観測所に充当したよりも大きな施設の建設を望んだが，*ピウス11世はそれをカステル・ガンドルフォ（Castel Gandolfo）に移転させることにし，1934年天文台の施設は規模も活動内容も一新された．

1980年代初頭以降，カステル・ガンドルフォの上空は明るすぎて観測には不適当なため，アメリカのトゥーソン（Tucson）の天文観測所内に支部を開設し，1993年以降は観測調査に最適な時期に専任研究員が独自に天文観測を実施している．一方，カステル・ガンドルフォには本部，研究機器，図書館や博物館があり，専任研究員や客員研究員が観測データに基づいて，理論的・歴史的な研究を継続している．夏期には専門的な研究会，また一般向けの天文教室も開催されている．

【文献】AnPont (2000) 2000.　　　　（清水宏）

てんもんりゃく　『天文略』　M. *ディアスの天球解説書．1615年，北京刊．問答体により，*プトレマイオス流の天球論を展開するが，*ガリレイの望遠鏡での最新の発見についても触れている．本書は *『天学初函』に収められており，寛永年間に禁書に指定されたが（→寛永禁書令），江戸後期の天文学者の間に流布した．
　　　　（尾原悟）

てんりとしょかん　天理図書館　正式名称は天理大学附属天理図書館．奈良県天理市杣之内町にある．天理教2代真柱・中山正善(1905-67)が，天理教の諸機関の図書を結集し，1926年（大正15）天理外国語学校に設置したことに始まる．1930年（昭和5）には現天理図書館が竣工，さらに1963年に増築された．創設以来，一般にも公開．

蔵書は約140万冊．各分野にわたって広く蒐集．特に東西交渉史（キリスト教伝道等）関係資料や，国宝6点，重要文化財83点，重要美術品74点を含む和漢書と *インキュナブラなどの洋書の稀覯書，またキリスト教布教のために日本で1600年前後に西洋式活版印刷機で印刷された *キリシタン版8種10点．その他，約100余種の言語訳の聖書などを収蔵．

【文献】天理図書館編『天理図書館40年史』（天理大学出版部1975）；中山正善『本と天理図書館』天理大学附属天理図書館編（天理大学出版部1987）；天理図書館編『きりしたん版の研究』（天理大学出版部1973）；反町茂雄『天理図書館の善本稀書』（八木書店1980）．
　　　　（澤井勇治）

てんれい　典礼　〔ラ〕liturgia，〔英〕liturgy，〔独〕Liturgie，〔仏〕liturgie　　*神の民である *教会が神にささげる公的 *礼拝．このなかで神の民は，*イエス・キリストによる *救いの現実に共にあずかり，信仰を宣言し，神に対する *賛美と *感謝，*祈りを共にささげる．具体的には，*典礼暦に従って展開される *ミサをはじめとする *秘跡や *準秘跡の典礼，*教会の祈りなどを指す．このような神と神の民との交わりは，個々の教会共同体の集会での *ことばと *しるしによるコミュニケーションとして実現される．

【用語】リトゥルギアというラテン語は，民の公共の *奉仕を指すギリシア語のレイトゥルギア（leitourgia）に由来する．これは，*七十人訳聖書では *祭儀や *神殿での奉仕を指す訳語として使われ，新約聖書にも同様の用例がみられる（ルカ1:23; ヘブ9:21; 10:11等）．新約聖書では，この語および派生語 leitourgos（奉仕者）が，キリストの *大祭司としての務め（ヘブ8:6），愛の奉仕（ロマ15:27; 2コリ9:12; フィリ2:30等），宣教のための奉仕（ロマ15:16; フィリ2:14-17等参照），共同の礼拝（使13:2）に関して使われるなど多義的である．*使徒教父文書の *『十二使徒の教訓』や *クレメンス1世の『コリント人への手紙』(40-44章)では，キリスト者共同体の礼拝の務めや *司教・*司祭の務めを指している．レイトゥルギアはその後，5世紀以降のギリシア語圏の教会で主に *エウカリスティアの典礼を指す語になった．

中世の西方教会では，今日でいう典礼を指す語として，神奉仕を意味するもの（〔ラ〕ministerium, munus, opus [Dei], officium [divinum]）や聖なる行為を意味するもの（actio, celebratio, sacrum, sacramentum, sollemnitas等）など多くの言葉があった．リトゥルギアという用語の導入は16世紀の人文主義者によるもので，当初はミサを指すことが多かったが，やがて教会の礼拝行為の総称となり，その際，世俗的な語源を意識して「教会の典礼」（sacra liturgia）と呼ばれることが多かった．カトリック教会の公文書では1917年の旧『教会法典』（1257条）が初の用例で，その後，*典礼運動の進展や *典礼学の発達とともに，特に第2 *ヴァティカン公会議後に一般化した．英語では worship, service，ドイツ語では Gottesdienst など，神奉仕を意味する固有の語彙で表されることも多い．日本では，カトリック教会で「典礼」，*聖公会やプロテスタント諸教会では「礼拝」や「公同礼拝」，*東方正教会では「奉神礼」といった訳語が用いられる．

【本質的性格】典礼という用語の定着以来，典礼とは何かという問いは，絶えず深められてきた．

〔神の民の公的な神奉仕〕リトゥルギアという用語が「民の公的奉仕」という意味を含んでいるように，典礼は，神の民である教会の神奉仕の行為である．キリストを頭とする *キリストの体である教会，すなわち新約の大祭司キリストと結ばれた民全体が，この神奉仕の主体

（祭司・奉仕者）である（『典礼憲章』7項参照）．キリスト者の個人的な祈りや礼拝（→信仰心，信心）と異なって，典礼が公的であるのは，神の民における *祭司職の秩序（→位階制）に従って個々の成員の間での互いの奉仕を通して行われる神奉仕だからである（同 26-29 項参照）．すべてのキリスト者は，キリストの死と復活にあずかる *洗礼を通してこの奉仕のための使命を与えられている．典礼は，奉仕的祭司職および信徒の *共通祭司職の行使としての種々の奉仕（*司式，*共同司式，*祭壇奉仕者，朗読者，*先唱者，*詩編唱者，解説者，*歌隊，*オルガンの奏者などの役割，そして最も基本的な *会衆としての役割を通して，個々の典礼集会におけるすべての信者の *行動参加によって行われる（同 14 項参照，→典礼参加）．

〔救いの秘義〕典礼において祝われるのは，神がイエス・キリストによって全人類に対して実現した救いの出来事である．その根源にあるのは，キリストが全人類の *贖いのために自らを *父なる神に *奉献した出来事である（同 6 項参照，→キリスト秘義，過越の秘義）．ひとり子を世の救いのために与えた神自身の奉仕が民の神奉仕に先立つ根源である．神が人間を *聖化するプロセスと，それに対して，*恩恵を受け入れたキリスト者共同体の応答がなされるプロセスとが一つになって実現するのが典礼であり，救いの秘義をこの世界に表す教会の秘跡的な在り方が典礼の本質をなしている．その意味で，典礼とは基本的に秘跡的な礼拝（[英] sacramental worship），秘跡的な祭儀（[独] sakramentliche Feier）である．

〔キリストの現存，三位一体的現実〕神と人との新しい契約を仲介する大祭司キリストはあらゆる典礼行為に現存する．ミサは，*キリストの現存に支えられ，キリストの奉献に結ばれる教会の奉献である．司式者において，何よりも *聖体において，また *聖書朗読，祈り，歌にもキリストは現存する（同 7 項参照）．*神の言葉はキリストを通して告げられ，民の祈りはキリストを通して（[ラ] per Christum）父なる神にささげられる．キリストの現存において，神からの行為と人間からの行為は一つに結びつけられるのである．

歴史のうちに実現した救いの秘義を祝う典礼は，神の *三位一体の秘義のうちに営まれる．神の子キリストの言葉の分かち合いとその体にあずかる交わりは，父と子と *聖霊の交わりの世界における展開である．三位一体のうちに全教会の一致の源があり，この一致は各共同体の典礼集会において示される．典礼の祈りは三位一体の神への賛美（→栄唱）として聖霊に促されながらささげられる．典礼による賛美・感謝・奉献・祈願はすべてつねに父なる神に向けられていく．典礼は，このように三位一体の神のいのちが教会共同体を通して顕現する出来事である．

〔終末論的性格〕典礼は，歴史のなかで実現した救いの出来事の記念に終始するものではなく，今現在における神の恩恵の現存であるとともに，さらに，*終末において完成される *神の国の祝宴を現実の世界において不完全ながらも先取りし，これを指し示す行為である（同 8 項参照）．「主の死を思い，復活をたたえよう．主が来られるまで」というミサでの言葉（1 コリ 11: 26 参照）が端的に示すように，神の民の典礼は，主の *再臨までの教会の時における証しであり，すべてがキリストのもとに集められ，一つになる時を待望する祈りである．この観点から典礼暦は，キリスト者の生活を終末の完成に向かうものとして形成する（同 102 項参照）．

【典礼を形づくるもの】典礼の本質的な姿は，実際には，特定の社会的・文化的状況に置かれている教会共同体における神と人間との対話，コミュニケーションとして具体化される．典礼集会における聖書朗読は神の言葉の最も公的な告知であり，そのメッセージを信者に伝える *説教や秘跡授与の定式句，*奉献文におけるキリストの言葉，*祝福の言葉なども神の言葉を示す．これに応える神の民の言葉は，*公式祈願，*共同祈願，*連願，*信仰宣言，種々の賛美の *応唱，*賛歌などで表現される．言葉だけではなく，*しるしとなる儀式的な *動作も典礼の不可欠な要素である．そもそも典礼における言葉も実際には身体性を含む声であり，朗読，朗唱，歌唱，叫びとして表される．他方，*儀式や動作もつねに意味をもった言葉である（→ことば）．これらの空間的前提となるのが *教会堂であり，*教会堂建築は，それ自体 *キリストの神秘体のしるしである．さらに，典礼的な祈りの言葉は，時間のなかで典礼暦の展開に応じて，救いの秘義の豊かな側面を照らし出していく．

【典礼と福音宣教】典礼は，世界のなかに派遣された神の民の行為であり，各教会共同体が置かれている現実の社会的・文化的環境においてささげられる．したがって，典礼は，世界に対して神の存在，恩恵，力，キリストによって実現した救いを証しする根本的な *信仰宣言の行為であり，福音宣教の行為である．神の民は自分たちに明らかにされた救いの秘義をそのようにしてすべての人に告げ知らせるために派遣されているのであり，教会生活とあらゆる *使徒的活動は，典礼における神との交わりを原動力として，それに方向づけられていくものである．典礼が「教会の活動が目指す頂点であり，同時に教会のあらゆる力が流れ出る泉である」（同 10 項）といわれる所以である．

典礼が教会の信仰の公的告知の行為であるというこの性格から，典礼の祈りはつねに教会の正しい信仰の表現であることが求められる．そのために，典礼書の公的承認（→認可，認証・確認）や *典礼法規の尊重が重要となる．このことと関連して，典礼には，信者を教会の信仰に根ざした生活へと導く教育的・司牧的役割がある（同 33 項参照）．信仰の訓練の場（[独] Schule des Glaubens）ともいわれる典礼は，信者が日々，自らの祭司職を果たしながら，信仰共同体の一員として成長する過程を支えるのである．こうして，一人ひとりが典礼における賛美・感謝・祝福・奉献・愛・平和・奉仕の共体験を通して，神との間，そして *他者との間に新しい人格的関係を築くことができる．この意味で，典礼は福音的倫理の源泉ともなるのである．

【典礼の一致と多様性】典礼は，教会の信仰の正しい伝承を共にしつつ，各教会共同体が置かれている社会的・文化的状況のなかで多様な形態をもって行われ，多様な *典礼様式を生み出してきた（→典礼史）．それ自体，神の恩恵の豊かさの証明である．このことを現代の教会は自覚し，典礼の国語化（→典礼言語）や，諸民族の文化伝統の積極的な評価と受容（同 37-40 項参照）を促している（→インカルチュレーション）．このような姿勢は，同時に，歴史を通じて分かれてきた諸教会，諸教派における多様な礼拝と *信仰告白の伝統と新たな視点で向き合うことを促している．今日では，単に教理神学的観点からだけでなく，社会学や宗教学・文化論的見地からそれぞれの伝統を再評価し，相互理解を進めていくエキュメニカルな対話が，典礼や礼拝に関して特に大きな関心

をもって行われるようになっている．近年の聖書日課における相互影響にみられるように，キリストの教会共通の礼拝を求める動きは，これからますます活発化していくであろう．

【文献】Cath. 7: 862-902; HthG 2: 75-97; LThK³ 6: 970-71; NCE 8: 928-37; NHthG 3: 26-43; SM(D) 3: 255-78; TRE 21: 358-77; 北村宗次，岸本羊一編『キリスト教礼拝辞典』（日本基督教団出版局 1977）375-81；由木康『礼拝学概論』（新教出版社 1961 ²1998）；土屋吉正「『典礼憲章』解説」『新風かおる教会』公会議解説叢書5, 南山大学監修（中央出版社 1969）99-529；ピオ12世回章『メディアトル・デイ』小柳義夫訳（あかし書房 1970）；土屋吉正『典礼の刷新』（オリエンス宗教研究所 1985）；J.F. ホワイト『キリスト教の礼拝』越川弘英訳（日本基督教団出版局 2000）；J. F. WHITE, Introduction to Christian Worship (Nashville 1990); J. A. JUNGMANN, Der Gottesdienst der Kirche (Innsbruck 1962); E. J. LENGELING, Liturgie: Dialog zwischen Gott und Mensch (Freiburg 1981); A. G. MARTIMORT, ET AL., eds., The Church at Prayer, v. 1 (Collegeville, Minn. 1987); A. ADAM, Grundriß Liturgie (Freiburg 1985); Catechismus Catholicae Ecclesiae (Città del Vaticano 1997) 293-330. （石井祥裕）

てんれいいいんかい　典礼委員会　〔ラ〕commissio liturgica,〔英〕committee on liturgy,〔独〕liturgische Kommission,〔仏〕commission liturgique　『典礼憲章』44項および教皇庁礼部聖省（典礼秘跡省の前身）の『典礼憲章実施のための一般指針』(Inter Oecumenici, 1964) の44-45項によって定められた，典礼の促進と刷新のために司教協議会のもとに組織される委員会．*典礼学，*典礼，*典礼音楽，*典礼芸術，*司牧などに関する専門家によって構成され，可能な場合は信徒も含めた*典礼研究所によってその活動が助けられるようにする．典礼委員会は，*司教協議会の指導のもと，司牧典礼活動に関して指導し，典礼上の適応（〔ラ〕adaptatio）に関する事柄が生じた場合は，必要な研究や試みを実施し，*使徒座に報告する任務を果たす．また，各司教区も個々の司教の指導のもとに司教区内の典礼活動を推進するための典礼委員会を設置することが勧められている（『典礼憲章』45項，上述『一般指針』47項）．日本カトリック司教協議会には1964年（昭和39）に典礼委員会が組織され，各種*典礼書の翻訳・編集，*聖歌集の編集，*ローマ典礼の日本への適応，典礼研修会の開催などに取り組んでいる．

【文献】LThK³ 6: 1001; NDSW 691-94.　（宮越俊光）

てんれいうんどう　典礼運動　〔英〕liturgical movement,〔独〕Liturgische Bewegung,〔仏〕mouvement liturgique

【概要】19世紀から20世紀に至る近代キリスト教史において，*典礼の復興と刷新を目指し，それを通して教会生活およびキリスト者の信仰理解に対しても影響を及ぼした一連の運動を総称する．このような運動は，主にカトリック教会の歴史において語られているが，19世紀後半からのプロテスタント諸教会においても礼拝刷新運動は幅広くみられる．またその前史はいずれも，18世紀後半以降の*啓蒙思想登場以後の時代精神を背景にしており，その意味で，典礼運動は，近代化しつつある欧米教会において登場した，典礼の理解と実践における刷新運動といえる．カトリック教会の文脈では，20世紀の教会刷新の諸事象と結びついて展開し，典礼は「信者が真のキリスト教精神を酌み取る，欠くことのできない第一の泉」（『典礼憲章』14項）であり，「教会の活動が目指す頂点であり，同時に教会のあらゆる力が流れ出る泉である」（同10項）とした第2*ヴァティカン公会議において実を結んだ．

【前史】典礼運動は，*宗教改革と*トリエント公会議後の典礼改革によって定まった典礼のいわば近世的枠組みのもとで展開し，やがてその枠組みを乗り越えることになる典礼思想・*典礼学および典礼実践上の運動を含んでいる．その意味で，17世紀以降フランス，イタリアで盛んになった中世典礼書の収集・校訂の作業は広い意味で典礼史研究の土壌形成として，その前史に数えることができる．次に18世紀のいわゆるカトリック啓蒙思想の傾向のもとに，信徒の典礼理解や*典礼参加を奨励することの必要を認めたドイツの聖職者たちの活動があり，*ヴェッセンベルク，ロック（Franz Georg Lock, 1751-1831），*ザイラー，*ヒルシャーなどをあげることができる．この頃には，すでに典礼への会衆参加と共同体的祭儀の執行，国語の導入（→ 典礼言語）など，典礼改革の必要点はすでに充分に自覚されていた．同様の認識は，1786年のトスカーナ大公国の*ピストイア教会会議での改革の提案にもみられる（ただし，同教会会議の決議は教皇庁から認められなかった）．

【ベネディクト会修道院による典礼復興運動】これら18世紀後半の改革思想は，人間主義的傾向や当時の国家教会主義との関連から，教会を根底から動かすには至らなかった．典礼の神学的な本質や伝統を問い直す本格的な典礼運動の出発点となるのは，フランスの*ゲランジェの活動であろう．彼は1833年，*フランス革命後，閉鎖されていた*ソレームの修道院を再建し，復古主義の思潮のなかで，典礼を源泉とする*修道生活の復興を目指し，*ローマ典礼およびローマ典礼聖歌としての*グレゴリオ聖歌の復興を志した．彼の思想には，近代精神への反感やローマ中心主義，学問的客観性の欠如などがみられるものの，主著『典礼暦年』により典礼の霊性への関心を喚起するうえで大きく貢献した．

ソレームの運動の精神に影響を受けて，それをさらに展開させたのは，*ボイロン修族ベネディクト会である．1863年に修道院を復興した創立者ヴォルター（Maurus Wolter, 1825-90）は，聖務日課（→ 教会の祈り）と詩編の解説に専念し，典礼生活の霊性を説いた．ベルギーの*マレズー，モン・セザール（Mont-César），ドイツの*マリア・ラーハと続々と再建されたボイロン修族の修道院では，やがて信徒の典礼参加を促進する活動が始められていく．その手始めがラテン語の式文と各国語訳を対照させ信徒のミサ理解を促進する会衆用*ミサ典礼書であり，1880年代に，ベルギーのマレズー修道院のファン・カレン（Gérard van Caloen, 1853-1932）編纂のフランス語・ラテン語版（Missel des fidèles, 1882），続いて，*ショットのドイツ語・ラテン語版（Das Meßbuch der heiligen Kirche, 1884）が発行された．

【教皇ピウス10世の改革】教皇*ピウス10世は，一連の*典礼音楽や秘跡，司牧に関する教書を発布し，20世紀の典礼運動にとって決定的な方向づけを与えた．1903年の典礼音楽に関する自発教令『トラ・レ・ソレキトゥディニ』(Tra le sollecitudini) で，教皇は典礼を，信者が真のキリスト教精神を酌み取る第一の不可欠な源泉であるとして（『典礼憲章』14項でも繰り返される言

葉），この「聖なる秘義，そして教会の公的な祭儀的祈りに信者が行動的に参加すること」を求めた．*行動参加という目標が示された最初である．この展望から，まず*聖歌集の改訂を要請し，続いて毎日の*聖体拝領の奨励（1905），適齢児童への聖体拝領の許可（1910），聖務日課における詩編配分や*聖書朗読の改訂の必要性を説くなど，後の典礼改革につながる課題を示した．

【司牧典礼運動の展開】ピウス10世が示した典礼観や信者の行動参加の促進に力を得て，20世紀の典礼運動は欧米各地で活発化していく．

〔ベルギー〕1909年に*メヘレンで開催されたカトリック大会で，モン・セザールの修道司祭*ボーデュアンは，典礼が真の信者の祈りであること，その刷新の実現のために信徒が典礼を理解できるような手段が必要であることを訴えた．彼は1911年に，主日ミサ参加のための会衆用小冊子を発刊し，それと並行して，司祭たちの典礼的な司牧意識を促進するための研究誌『典礼と小教区の諸問題』（Questions liturgiques et paroissiales）を創刊，さらに司祭向け研修会を企画した．このように典礼が教会司牧の源泉であることの意識化を進める，この段階の典礼運動は特に司牧典礼運動とも呼ばれる．

〔ドイツ，オーストリア〕ドイツ語圏の教会では，第1次世界大戦後に運動が活発になった．その精神的・実践的な母体となったのは，マリア・ラーハである．大修道院長*ヘルヴェーゲンは，1918年に典礼に関する叢書「エクレシア・オランス」（Ecclesia Orans）を創刊．その第1作として*グアルディーニの『典礼の精神』を発行した．これは，当時の時代思潮のなかで，カトリックの伝統の宝である典礼の意味を哲学的に説いたもので，当時の若い知識人や学生たちに歓迎された．マリア・ラーハでは，1921年にミサの共同体的執行が開始され（共唱ミサ，〔独〕Gemeinschaftsmesse），若い知識人にとって思想的刺激となり，グアルディーニのほか，ヴォルカー（Ludwig Wolker, 1887-1955）や*クイックボルンなどのカトリック青年運動と結びついていった．一方，マリア・ラーハでは，典礼史学や*典礼神学の研究が奨励され，同修道院司祭の*カーゼルが『秘儀と秘義』（1932）で主張した典礼秘義の思想は，20世紀の典礼神学や秘跡神学の革新のきっかけとなった（→秘義神学）．

オーストリアでは，やはりマリア・ラーハの感化を受けた*クロスターノイブルクの*アウグスチノ修道祭式者会の司祭*パルシュが，自ら「大衆的典礼運動」（Volksliturgische Bewegung）と呼ぶ活動を展開した．共唱ミサの実践，ミサへの信徒参加を促進する小冊子の発行，研究雑誌『聖書と典礼』（Bibel und Liturgie）の創刊（1926）のほか，ミサ解説，聖務日課解説，典礼的説教集，典礼暦年に関する霊性書などの広汎な著作活動を通して大きな影響力をもった．

〔アメリカ合衆国〕ソレームやベルギーの各修道院，特にボーデュアンから典礼運動の精神を学んだ*ベネディクト会のマイケル（Virgil Michel, 1890-1938）は，同様の運動を1920年代にミネソタ州コレッジヴィル（Collegeville）のセント・ジョンズ修道院で始めた．1926年に雑誌『オラーテ・フラートレス』（Orate Fratres, 1951年に『礼拝』Worshipと改称，現在に至る）を創刊し，典礼に関する啓発書・研究書の出版機関リタージカル・プレス（Liturgical Press）を創設した．

【典礼運動の転機】第1次世界大戦後，特に1920-30年代における各国での司牧典礼運動の盛り上がりは，教皇庁にもしだいに影響を及ぼした．教皇*ピウス11世の回勅『ミゼレンティッシムス・レデンプトール』（Miserentissimus Redemptor, 1928），典礼音楽に関する憲章『ディヴィニ・クルトゥス・サンクティターテム』（Divini cultus sanctitatem, 1928）をはじめ20-30年代の公文書は，教会における典礼の重要性や信徒の行動参加の必要性を繰り返し説いていた．それでもなお一般的にみると，伝統的な典礼意識にとどまっている司教，司祭，信徒が多かったことも確かである．このような状況が大きく転換する契機となるのは，第2次世界大戦中，1940年から43年にかけて起こったドイツ（当時はオーストリアを含む）の*司教団における典礼運動推進派と保守派の論争である．この結果，司教団は公式に典礼運動を支持・促進する立場に立ち，1940年に*典礼委員会が設立された．教皇庁からも1943年の国務長官回答により，典礼運動は原則的な承認を受け，共唱ミサ，ドイツ語歌唱ミサなどの実践が認められた．

『メディアトール・デイ』以後】1943年の回勅*『ミスティキ・コルポリス』で，*キリストの神秘体としての教会理解を示した教皇*ピウス12世は，1947年に典礼を主題とする最初の回勅*『メディアトール・デイ』を発表し，典礼運動の意図や精神，また典礼に関する基本的な考え方に対し公的な承認を与えた．ただし，典礼運動のなかでしばしばみられる，伝統的な個人的*信仰心や*信心業を否定する極端な傾向に対してはこれを戒め，典礼の優位を認めたうえでの信心行為の意義を認めている．

このようにして，典礼運動に対して教会の公的承認が与えられたことによって，典礼運動は教会のいわば基幹活動として展開されるようになるとともに，司牧の源泉としての典礼，典礼を通しての教会の活性化を目指すにふさわしい典礼制度の改革や典礼書の改定が次の課題として浮かび上がってきた．すでに，信者生活と密接に結びついている諸秘跡の典礼では，*儀式書（ローマ儀式書）の国語訳の認可がまず1941年に宣教国で認められ，戦後は主要国でも次々と国語の儀式書が認可発行された（1947年フランス．1950年ドイツ．1953年イタリア．1954年米国）．ピウス12世自らも，すでに1946年に礼部聖省（後の典礼秘跡省）に全般的な典礼改革の検討を要請した．その注目すべき最初の成果は，1951年の*復活徹夜祭の典礼の改定および，1955年の*聖週間の典礼全体の改定である．そのほか，夕方のミサの許可やミサ前の節食規定の緩和など，法規上改定が行われている．続いて1958年には『教会音楽と典礼に関する指針』（礼部聖省），1960年の*典礼法規の改定へと進んだ．

また，公的研究機関として*典礼研究所が主要国に設立されていった．1943年，パリで設立された司牧典礼センター（Centre de pastorale liturgique），1947年，西ドイツのトリールに設立された司教団立の典礼研究所（Liturgisches Institut）がその代表である．1950年代には，典礼運動の精神の浸透を目指す全国レベルの*典礼大会（例えば，1950年のフランクフルト，55年のミュンヘンでの大会など），国際典礼学会（1951年のマリア・ラーハ以来）なども続々開催され，典礼に対する関心はますます高まっていった．

【第2ヴァティカン公会議】第2ヴァティカン公会議の『典礼憲章』（1963）は，20世紀の司牧典礼思想の集大成といってもよく，この憲章の実施として進められたミサや諸儀式の改革は，400年ぶりの典礼刷新として画期的な意義をもった．もとより，典礼的教会刷新の思想は，『啓示憲章』『教会憲章』『現代世界憲章』『宣教活動教令』など，すべての公会議文書に通じるものであり，そ

の意味では，典礼運動の影響は公会議全体に及んでいるとともに，公会議によって，典礼運動の思想ははるかに深い次元に移し入れられたということができる．

【プロテスタントにおける礼拝運動】近代キリスト教史における典礼（礼拝）の再認識および刷新の運動としての典礼運動（礼拝運動）は，プロテスタント諸教会においてもみられる．ドイツの*ルター教会の伝統のもとでは，18世紀末の啓蒙思想期の*ハーマンや*ヘルダーの礼拝論，特に*シュライエルマッハーの*実践神学，プロイセンのフリードリヒ・ヴィルヘルム3世（Friedrich Wilhelm Ⅲ，在位1797-1840）が開始したアゲンダ（Agenda 礼拝定式書）の刷新（1820-30年代）にもその先駆がみられたが，本格的な礼拝運動の第一の高まりは19世紀末に訪れた．シュライエルマッハーの礼拝論の影響のもとに，*文化プロテスタント主義の立場に立つストラスブールの神学者シュピッタ（Friedrich Spitta, 1852-1924）とスメント（Julius Smend, 1857-1930）は，礼拝の芸術性や祝祭性の回復を主張して月刊誌『礼拝と教会芸術』（Monatsschrift für Gottesdienst und kirchliche Kunst）を創刊した（1896-1941）．20世紀，特に第1次世界大戦後には礼拝運動は第二の高まりを迎え，R.*オットーや*メンシングの宗教哲学が名状し難い神秘に対する礼拝への関心を喚起し，*ハイラーの指導下で福音主義・エキュメニカル協会がとった福音主義的カトリシズムの立場からの古代教会の礼拝への回帰運動，礼拝共同体としての教会形成を目指したベルノイヒェナー（Berneuchener）運動とその代表者シュテーリン（Wilhelm Stählin, 1883-1975）やリッター（Karl Bernhard Ritter, 1900-83）の礼拝神学，また，ブフホルツ（Friedrich Buchholz, 1900-67）が指導したアルピルスバハ教会活動（Kirchliche Arbeit von Alpirsbach, 1933- ）における*神の言葉の神学に結びついたグレゴリオ聖歌研究活動がみられた．これらを背景に第2次世界大戦後，福音主義教会の礼拝定式書改定が進んだ．改革派諸教会における礼拝運動は，18世紀半ばにおける*カルヴァンの礼拝思想の見直しと当時の教育主義的な礼拝実践に対する批判から始まっており，特にアメリカ合衆国が先駆的である．ネヴィン（John Williamson Nevin, 1803-86）とシャフ（Philip Schaff, 1819-93）のマーサーズバーグ運動（Mercersburg Movement）などが重要である．イングランド国教会（→ 聖公会）では，*ピュージや*ニューマンに代表される19世紀後半の*オックスフォード運動がカトリックの典礼伝統への回帰の意図をもっていた．

これら諸教会の礼拝運動は*教会一致促進運動とも関連しながら，20世紀，特に第2次世界大戦後にそれぞれの礼拝定式書の改定へと進展している点でカトリックとも共通であり，そのなかで，神学的にも礼拝形式のうえでも学問上・実践上の交流が進行している．

【日本】欧米宣教師の宣教によって形成された近代日本のキリスト教諸教会において，欧米と似た典礼運動・礼拝運動の存在を語ることができるかどうかはそれ自体問題であろう．会衆参加を促進するための努力として，プロテスタント・カトリック共に聖歌集や*祈祷書は絶えず発行されていた．カトリックの場合の『公教会祈祷文』，信徒用『ミサ典書』など，さらに，1961年に創刊された主日ミサ用リーフレット『聖書と典礼』（オリエンス宗教研究所発行）などにも信徒の典礼参加促進運動の側面をみることができる．しかし，典礼神学の革新，典礼史研究に基づく典礼の本質についての新しい探究と

いう典礼運動の思想的側面が伝来したのは，カトリックの場合，何よりも第2ヴァティカン公会議後の典礼刷新によってであり，改定された典礼の導入がきっかけとなって初めて新しい典礼意識の芽生えがみられるようになった．プロテスタント諸教会においても，近年までの，各教派で規範となる礼拝定式書の翻訳版による礼拝実践から，特に口語による礼拝書の自主作成と賛歌集の改訂などが課題となるにあたり，礼拝研究，礼拝意識の刷新に対する関心が高まってきた．典礼改革に先立つ運動であった欧米の運動とは異なり，日本においては，典礼書・礼拝書の改訂と結びつきながら，典礼学や教会内での意識化を促す活動として典礼運動の経験は生かされていくであろう．

【文献】LThK³ 6: 992-94; NCE 8: 900-906; NDSW 695-715; SM(D) 3: 288-91; TRE 21: 401-406; 土屋吉正『典礼の刷新』（オリエンス宗教研究所1985）; W. ナーゲル『キリスト教礼拝史』松山與志雄訳（教文館1998）: W. Nagel, *Geschichte des christlichen Gottesdienstes* (Berlin ²1970); W. Trapp, *Vorgeschichte und Ursprung der Liturgischen Bewegung* (Rebensburg 1940); O. Rousseau, *Histoire du mouvement liturgique* (Paris 1945); T. Bogler, *Liturgische Erneuerung in aller Welt* (Maria Laach 1950); F. Kolbe, *Die Liturgische Bewegung* (Aschaffenburg 1964); W. Birnbaum, *Das Kultusproblem und die liturgischen Bewegungen des 20. Jahrhunderts*, 2 v. (Tübingen 1966-70); B. Botte, *Le mouvement liturgique* (Paris 1973); T. Maas-Ewerd, *Die Krise der Liturgischen Bewegung in Deutschland und Österreich* (Regensburg 1981); K. Richter, A. Schilson, *Den Glauben feiern. Wege liturgischer Erneuerung* (Mainz 1989); A. Häusling, "Maria Laach und die Liturgischen Bewegung," EuA 68 (1992) 22-33.

〔石井祥裕〕

典礼運動史年表
第2ヴァティカン公会議後の典礼刷新の経過まで

1833	ゲランジェ，フランスのソレームに大修道院を再建．
1841	ゲランジェの主著『典礼暦年』刊行始まる（-1866）．
1863	南ドイツのボイロンにベネディクト修道院再建（初代院長 M. ヴォルター）．
1872	ベルギーのマレズーにボイロン系修道院設立．
1882	マレズーのファン・カレン，フランス語訳会衆用ミサ典礼書発行．
1884	ボイロン修族ベネディクト修道院，教皇庁より認可される．
	ボイロンのショット，ドイツ語訳会衆用ミサ典礼書発行．
1892	ドイツのマリア・ラーハにボイロン系修道院設立．
1899	ベルギーにボイロン系のモン・セザール修道院設立．
1903	教皇ピウス10世，典礼音楽とミサにおける信者の行動参加についての自発教令『トララ・レ・ソレキトゥディニ』発布．
1905	同教皇，毎日の聖体拝領についての教令発布．
1909	ベルギーのメヘレンのカトリック大会で，ボーデュアンが信徒の典礼参加を訴える．

1914	ボーデュアン，『典礼と小教区司牧の諸問題』誌創刊．
1917	旧『教会法典』発布（典礼の教会法的定義）．
1918	マリア・ラーハ修道院長ヘルヴェーゲン，典礼叢書「エクレシア・オランス」創刊． グアルディーニ著『典礼の精神』発行． マリア・ラーハのモールベルクにより『典礼史の史料と研究』誌創刊．
1920	カトリック青年運動において典礼への関心高まる．
1921	マリア・ラーハ修道院で共唱ミサ開始． カーゼル，『典礼学年鑑』創刊．
1922	パルシュ，クロスターノイブルクに共唱ミサの実践共同体設立．
1926	パルシュ，『聖書と典礼』誌創刊． 米国ミネソタ州コレッジヴィル，セント・ジョンズ修道院の V. マイクル，『オラーテ・フラートレス』誌創刊（1951 より『礼拝』誌）．同国での典礼運動を創始．
1932	カーゼル著『秘儀と秘跡』刊行．秘儀論争起こる．
1934	イタリア，ジェノヴァで，全国典礼大会開催．
1936	ユングマン著『福音と現代の宣教』刊行．教会当局より店頭販売停止の措置．
1940	米国で，「典礼週間」開催（1969 まで毎年開催）． ドイツ・オーストリア司教団が典礼委員会を設立．
1940–43	ドイツで典礼運動をめぐる論争激化．
1941	布教聖省，『ローマ儀式書』の国語版を宣教地に許可．
1942	ドイツ・オーストリア司教団，共唱ミサに関する司牧典礼指針を発表．
1943	フランスのパリに司牧典礼センター設立． 教皇ピウス 12 世，回勅『ミスティキ・コルポリス』発布．
1945	パリの司牧典礼センターから『神の家』誌創刊． フランスで初の全国典礼大会開催．
1946	ベルギー，ブルッヘのサンタンドレ修道院より『小教区と典礼』誌創刊．
1947	教皇ピウス 12 世，典礼に関する回勅『メディアトール・デイ』発布（典礼運動の趣旨を公認）． 礼部聖省，フランス語版儀式書を認可． 西ドイツのトリールに典礼研究所創設． 米国インディアナ州ノートルダム大学で典礼講座開設．
1948	教皇ピウス 12 世，典礼改革委員会設立（–1960）． ユングマン著『ミサールム・ソレムニア』刊行．
1950	ドイツ語版儀式書を認可． マリア・ラーハから『典礼学論叢』創刊． 西ドイツ，フランクフルトで，初の全国典礼大会開催．
1951	復活徹夜祭の典礼の改定． マリア・ラーハで，第 1 回国際典礼学会． トリールで『典礼年報』創刊．
1954	米国で英語版儀式書認可．
1955	教皇ピウス 12 世，教会音楽に関する回勅『ムジカエ・サクラエ・ディスキプリナ』発布． 聖週間典礼の改定．
1956	アッシジで，第 1 回国際司牧典礼大会．
1956–62	欧米各国司教団，典礼司牧指針発表．
1958	礼部聖省『教会音楽と典礼に関する指針』発表． オランダのネイメーヘンで，国際宣教典礼大会．
1960	ミサ典礼書・聖務日課書の典礼注規改訂． 西ドイツのミュンヘンで，第 26 回国際聖体大会．
1960. 5.	公会議典礼準備委員会発足（『典礼憲章』草案を作成）．
1961	ローマの聖アンセルモ学院に教皇庁立典礼研究所設置． 日本：主日ミサ用リーフレット『聖書と典礼』（オリエンス宗教研究所）創刊．
1962. 10.	第 2 ヴァティカン公会議開会．典礼に関する公会議委員会発足．
1963. 12.	『典礼憲章』発表．
1964. 2.	典礼憲章実施評議会発足．
4.	日本：日本司教団典礼委員会設置．
9.	典礼憲章実施評議会と礼部聖省，『典礼憲章実施のための一般指針』発表（第 1 指針）．
1965. 1.	『ミサの式次第と挙式法』発行（暫定改定ミサの実施）．
2.	日本：典礼委員会『ミサ典礼に関する司牧指針』発表．
3.	『第 1 指針』発効（国語による典礼実施始まる）．
9.	日本：国語典礼文審議会発足．
12.	第 2 ヴァティカン公会議閉会．
1967. 3.	礼部聖省『典礼音楽に関する指針』発表．
5.	『典礼憲章実施に関する第 2 一般指針』発表． 礼部聖省『聖体祭儀指針』発表．
6.	日本：第 1 回全国合同典礼委員会総会開催．
11.	日本：国語典礼文起草委員会発足．
1968. 3.	日本：『典礼聖歌』分冊第 1 集発行（第 9 集 1978 まで）．
5.	礼部聖省『新しいミサの叙唱と典文』発行．
8.	『司教・司祭・助祭叙階式』規範版発行．
1969. 1.	典礼憲章実施評議会，『典礼文の翻訳に関する指針』発表．
3.	『結婚式』規範版発行． 『ローマ典礼暦』発効．
4.	教皇パウルス 6 世『刷新されたローマ・ミサ典礼書を公布する使徒憲章』公布． 礼部聖省『ミサの式次第』発行．
5.	礼部聖省を典礼省に改組． 『ミサの朗読配分』規範版発行．
8.	『葬儀』規範版発行．
11.	日本：日本の教会のための順応を含む新しい「ミサの式次第」の全教区での実施始まる．
1970. 3.	『ローマ・ミサ典礼書』規範版発行．
9.	『ローマ・ミサ朗読聖書』発行． 『典礼憲章実施に関する第 3 一般指針』発表（刷新への反論に対する回答）．
1971. 8.	『堅信式』規範版発行．
12.	日本：カトリック儀式書『結婚式』『葬式』

てんれいおんがく

		発行.
1971-72		『時課の典礼』(全4巻)規範版発行.
1972.	1.	『成人のキリスト教入信式』規範版発行.
	11.	『病者の塗油』規範版発行.
1973.	6.	『ミサ以外のときの聖体拝領と聖体礼拝』規範版発行.
	9.	日本:『教会の祈り』(新しい聖務日課)発行.
	12.	『ゆるしの秘跡』規範版発行.
1975.	3.	『ローマ・ミサ典礼書』改訂規範版発行.
	12.	日本:カトリック儀式書『幼児洗礼式』発行.
1976.	3.	日本:カトリック儀式書『成人のキリスト教入信式』発行.
1978.	4.	日本:カトリック儀式書『ゆるしの秘跡』発行.
	12.	日本:『ミサ典礼書』発行.
1980.	2.	日本:『典礼聖歌』合本,発行.
	5.	日本:カトリック儀式書『病者の塗油』発行.
1981.	1.	『ミサの朗読配分』改定規範版発行.
1987.	9.	日本:『聖書 新共同訳』(日本聖書協会)刊行.
1988.	6.	典礼省『司祭不在のときの主日の集会祭儀指針』発表.
		典礼省と秘跡省が合併,典礼秘跡省となる.
1989		日本:『毎日のミサ』創刊(カトリック中央協議会).
		日本:カトリック儀式書『ミサ以外のときの聖体拝領と聖体礼拝』発行.
1993		日本:カトリック儀式書『葬儀』発行.
1994		典礼秘跡省『典礼憲章実施のための第4一般指針』発表(典礼のインカルチュレーションの諸原則).
1995		日本:典礼委員会にミサ典礼書改訂研究部会設置.
1996		日本:新しい主日ミサの公式祈願試用開始.
2000		日本:日本聖公会と日本カトリック教会共通口語訳「主の祈り」公式使用開始.
		日本:典礼委員会にミサ典礼書改訂委員会設置.

てんれいおんがく 典礼音楽 〔ラ〕musica liturgica,〔英〕liturgical music,〔独〕liturgische Musik,〔仏〕musique liturgique *典礼に奉仕する音楽を表す用語. *教会音楽とも重なる概念だが,教会音楽が16世紀後半に由来し,*グレゴリオ聖歌や多声音楽,*オルガンをはじめとする器楽や*コラールなどを総称するとともに,*西方教会の伝統的な作品群全体をも指す広い意味をもつのに対して,典礼音楽という概念は,あくまで教会的関心に則し,第2*ヴァティカン公会議以後の典礼刷新が目指す,*会衆の*行動参加による全共同体的な神賛美を実現する音楽(→聖歌)を追求するために近年になって使われるようになった. 第2ヴァティカン公会議の『典礼憲章』第6章および1967年の典礼省の『典礼音楽に関する指針』(Musicam sacram, AAS 59: 300-20)は,典礼の国語化(→典礼言語)に伴う諸文化伝統の受容をも見据えながら,今日的な典礼音楽形成の方向づけを示している.

【文献】Cath. 9: 880-98; LThK³ 6: 1003-1005; NDSW 854-81. (石井祥裕)

てんれいがく 典礼学 〔ラ〕liturgica,〔英〕liturgics, liturgical science, liturgiology,〔独〕Liturgiewissenschaft,〔仏〕liturgie, science liturgique

【概要】キリスト教の*典礼に関する学問的研究の総称. 一般に*司牧神学または*実践神学に属するものと分類されるが,性格としては神学諸学科のあらゆる側面を含むもので,主に,典礼と総称される*ミサ,*秘跡,*準秘跡の祭儀,*典礼暦,*教会の祈りなどの神学的基礎づけを課題とする*典礼神学,典礼の歴史的事実を研究する実証科学としての典礼史学,そして教会における典礼の具体的な実践の方途を探る司牧典礼学(〔独〕Pastoralliturgik)からなる. このようにそれ自体としても総合的な学科である典礼学は神学の他学科との関連も深く,事実,近代における*聖書学・教会史学・*教父学などの発達とともに典礼学も成長してきた. また,典礼が人間のあらゆる表現行為と関連していることから美術史・建築史・*キリスト教図像学・音楽史などとも関係が深く,近年においては,心理学,宗教学,社会学,言語学,コミュニケーション論,*記号論,情報論などとも関連を深めつつある.

典礼学が独自の学科として成立するのは,実践神学の意識が高まった19世紀初めのドイツにおいてであるが,今日的な「典礼学」(Liturgiewissenschaft)という用語は,*グアルディーニの論文『典礼学の体系的方法について』(Über die systhematische Methode der Liturgiewissenschaft, 1921)に始まる. 英語圏では,概して「典礼」を指す liturgy が同時に典礼学を指す. 日本では,プロテスタント諸教会では一般に礼拝学,カトリックでは典礼学と呼ばれる.

【歴史】〔古代・中世〕近代的な人文科学の方法論を含む,本格的な典礼学は,近代に始まるが,教会の礼拝行為についての知的考察を広く典礼学とするならば,その起源はもちろん教会の礼拝行為とともに古い. 新約聖書,教父の著作,*『使徒伝承』などの教会規則にはつねに教会の典礼の本質についての理解とそこから帰結する実践規定が含まれている. 4-5世紀の*ミュスタゴギアには典礼の救済史的意味についての神学的解説の萌芽がみられ,その趣向は,9世紀のメッスの*アマラリウスに代表される中世初期の寓意論的典礼解説に引き継がれる. この流れを集大成したのが13世紀のメンドの*ドゥランドゥスである. 他方で,すでに9世紀のリヨンの*フロルスや*ヴァラフリドゥス・ストラボ以来,典礼の客観的解明を求める立場もあった.

〔実証的研究の始まり〕16世紀になると,*人文主義の精神に基づき,典礼に関する文献資料を収集し,批判的に研究し,翻訳版・校訂版を編纂する作業が始まった. *宗教改革以来の教理論争との関係が強かった時期もあるが,やがて実証的学問として展開された.

16世紀には*ヒットルプやパメリウス(Jacobus Pamelius, 1536-87),17-18世紀にはフランスの*サン・モール学派の学者,メナール(Nicolas-Hugues Ménard, 1585-1644),*マビヨン,*マルテーヌ,イタリアの*ボーナ,ビアンキーニ(Francesco Bianchini, 1662-1729),*ムラトリ,*ゲルベルトなどにより,中世初期の*典礼書が収集され,校訂版が出された. 東方諸典礼に関する研究が*ゴアール,*ルノードなどによって着手されたのもこの頃である.

〔近代の発展〕18世紀後半から19世紀初頭にかけて,歴史資料研究から一歩踏み込んだ典礼に関する実践神学への方向が開かれた. 典礼学は歴史研究においても,神

学的考察においても，また実践論としても，飛躍的に発展する．19世紀末から20世紀初めにかけて，イギリスのヘンリー・ブラッドショー協会 (Henry Bradshow Society, 創立 1891)，アルクイン・クラブ (Alcuin Club, 創立 1899) による中世の典礼書の出版，フランスの L. *デュシェーヌの『キリスト教礼拝の起源』(1889) や *アンドリューによる *『オルド・ロマーヌス』の研究に示される中世初期の研究も進む一方で，当時新たに発達した古代文化研究，宗教史研究，*キリスト教考古学などとも結びついた新しい典礼史研究が展開した．*カブロルおよび H. *ルクレールが創刊した『キリスト教考古学・典礼学事典』(1907-53)，*デルガーが創刊した『古代文化とキリスト教』(1929-50)，*クラウザーがこれを引き継いで創刊した『古代文化とキリスト教年報』(1958-)，『古代文化とキリスト教事典』(1950-) などがその代表である．*マリア・ラーハでは，*ヘルヴェーゲンの奨励のもと，第1次世界大戦後，*モールベルクらが創刊した『典礼史の史料と研究』(1918-)，*カーゼルが編纂した『典礼学年鑑』(1921-41) などにより研究が進み，カーゼルの *秘義神学は典礼神学の革新の大きな契機となった．ベルギーでは *カペルや *ボットの研究が傑出している．*東方典礼の研究誌『オリエンス・クリスティアヌス』(『東方のキリスト者』1901-) を創刊した *バウムシュタルクは『比較典礼』(1953) においてさまざまな *典礼様式を把握する方法を探った．

〔第2次世界大戦後〕カトリック教会の側では一般的状況として，教皇 *ピウス12世の回勅 *『メディアトール・デイ』(1947) によって典礼運動が原則的に承認されるとともに各地に *典礼研究所が設立され，典礼学研究が促進された．各研究所は，現在の代表的な典礼学雑誌を発行している（例えば，フランス『神の家』La Maison-Dieu, 1947- ；ドイツ『典礼年報』Liturgisches Jahrbuch, 1951- ；『典礼学論叢』Archiv für Liturgiewissenschaft, 1950- ；アメリカ合衆国『礼拝』Worship, 1951- ）．この時期，典礼史研究は一つの集大成期を迎える．代表作は，*聖公会の聖餐式刷新の動向と結びついた，イギリスの G. *ディクスの『典礼の形』(1945)，そしてカトリック教会のミサの刷新の基礎となった J. A. *ユングマンの『ミサールム・ソレムニア』(1948) である．1950年代からは典礼学の体系化の努力がみられる．カトリックでは，ユングマンの『教会の礼拝』(1955)，*ヴァガッジーニの『典礼の神学的意味』(1957)，ほかに *ルター教会の礼拝学手引書『レイトゥルギア』全5巻 (1954-70)，フランスの *マルティモールの編纂になる典礼学手引書『祈る教会―典礼学入門』全4巻 (1961) などがその代表である．さらに第2*ヴァティカン公会議後の現在の典礼学の研究状況については，上記の『祈る教会』第2版 (1983-84) や H. B. *マイアーらの編纂になるドイツ語圏の典礼学手引書『教会の礼拝』全8巻 (1983-) などに示されている．

【教会的意義】第2ヴァティカン公会議の『典礼憲章』(14-20項) は，典礼学を神学の主要学科とし，*司祭養成，*神学教育において主要な位置を占めるべきであるとしており，典礼学の研究と教育上の重要性を認め，奨励している．典礼学は，教会が直面する実践的な諸課題にとっても重要な役割をもっている．エキュメニカルな対話においては，従来の論争の枠組みを乗り越える視野を開き，また諸宗教の祭儀的性格との比較はキリスト教理解の新しい視点を開きつつある．また，典礼の *インカルチュレーションのために，福音と文化の結びつきを多角的に研究する学問としても重要度を増している．それらの成果を広く教会全体に提供することによって，現代のキリスト者が，「典礼によって養われた霊的生活」（『典礼憲章』17項）を営むために寄与するところに典礼学の教会的意義があるといえるだろう．

【文献】LThK³ 6: 989-92; NCE 8: 919-27; NDSW 526-29; NHthG 3: 279-305; SM(D) 2: 282-88; TRE 21: 383-401; 北村宗次, 岸本羊一編『キリスト教礼拝辞典』（日本基督教団出版局 1977）381-87; 由木康『礼拝学概論』（新教出版社 1961 ²1998）; 土屋吉正『典礼の刷新』（オリエンス宗教研究所 1985）; 森紀旦編『聖公会の礼拝と祈祷書』（聖公会出版 1989）; 神田健次他編『総説実践神学』（日本基督教団出版局 1989）111-35; 岸本羊一『礼拝の神学』（日本基督教団出版局 1991）; J. A. ユングマン『古代キリスト教典礼史』石井祥裕訳（平凡社 1997）: J. A. JUNGMANN, Liturgie der christlichen Frühzeit (Fribourg 1967); R. GUARDINI, "Über die systematische Methode in der Liturgiewissenschaft," JLW 1 (1921) 97-108; H. B. MEYER, "Liturgie als Hauptfach. Ewägungen zur Stellung und Aufgabe der Liturgiewissenschaft im Ganzen des theologischen Studiums," ZKTh 88 (1966) 315-35; T. BERGER, "Prolegomena für eine ökumenische Liturgiewissenschaft," ALW 29 (1987) 1-18; A. HÄUẞLING, "Liturgiewissenschaft. Aufgabenfelder vor uns," LJ 38 (1988) 94-108; K. RICHTER, "Die Liturgiewissenschaft im Studium der Theologie heute," LJ 45 (1995) 40-47. (石井祥裕)

てんれいきょういく　典礼教育　〔ラ〕formatio liturgica, 〔英〕liturgical formation, 〔独〕liturgische Erziehung, 〔仏〕formation liturgique　*典礼は，キリストと結ばれた *共同体の行為であり，そのために全信徒が「充実した，意識的な，行動的な参加」へと導かれることが重要である．第2*ヴァティカン公会議の『典礼憲章』はこのように述べて，典礼刷新の必要性を訴えるとともに典礼教育の必要性を語っている(14-19項)．まず司牧者が典礼の精神と典礼が有する力を身につけなければならない．そのために教授陣の準備から始めて *神学校での充分な養成，また現場の司牧者の生涯教育が必要であると指摘される．こうして信徒の *行動参加を促す教育が可能となる．典礼教育は，典礼における *キリスト秘義の現存を理解し，それを共同体で祝うために重要であり，基本的な聖書の知識，教会と *秘跡についての理解，共同体の意味に対する理解と体験，典礼的な *象徴の重要性の認識，共同の祈りや歌などを共通の土台として深めることが大切である．今日ではまた，司祭不在の際の主日の集会祭儀が増えるなかで，信徒の典礼教育を基盤に，聖体奉仕者や集会祭儀の司式者をふさわしく養成することにも力が注がれている．

【公文書邦訳】カトリック教育省『司祭養成における典礼教育指針』（カトリック中央協議会 1985）; カトリック儀式書『ミサ以外のときの聖体拝領と聖体礼拝』（カトリック中央協議会 1989）．　　　　　　　　　　(国井健宏)

てんれいげいじゅつ　典礼芸術　〔ラ〕ars sacra, 〔英〕liturgical art, 〔独〕liturgische Kunst, 〔仏〕art liturgique　キリスト教の *典礼による神賛美，神礼拝の目的のために使用される造形芸術．芸術という概念を最も広くとれば音楽や文学までも含むが，*典礼音楽および典礼にお

てんれいげき

ける言語表現から区別された造形芸術を指し、*教会堂建築、*祭具、*祭服、*祭壇、聖像、聖画(→イコン)などを含む(『典礼憲章』124項)．典礼の範囲を越えた教会生活やキリスト教的家庭生活、信心行事などに用いられる造形表現も含めて教会芸術と理解される場合もある．文化史的にみればキリスト教美術に含まれるものであるが、典礼芸術は人間の*聖化と神礼拝のしるしとしての典礼の神学的本質に即した造形表現ということができる．

　第2*ヴァティカン公会議の『典礼憲章』によれば、典礼芸術は、人間の芸術の本質をより高い次元において生かすものであるとしている．「芸術は、本質的に、人間の作品をもって神の無限の美をある程度表現しようとするものである．芸術作品が人々の心を敬虔に神に向けるために最も役立つことだけを目的とするとき、一層神に奉仕し、神と神の賛美と栄光を高めることになる」(同122項)．歴史的にみても、「教会は、常に芸術の友」であり、芸術および芸術家を育て、諸作品のなかで、礼拝に適したものを判別してきており、その成果は、各時代や各文化圏の芸術様式を反映してきた美術および建築にみることができる(→初期キリスト教建築，同美術，ビザンティン美術，同建築，カロリング朝美術，オットー朝美術，ロマネスク建築，同美術，ゴシック建築，同美術)．典礼的もしくは教会的目的の比重の強かった中世までの芸術は、典礼においても多くが伝統として受け継がれていくと同時に、近世においては、華美・壮麗の美意識に批判的な宗教改革者も登場する．その一方で、審美主義的な典礼空間づくりに傾く様式も生まれた．典礼芸術における革新は、礼拝空間を形づくる要素(素材)や環境が大きく変化するようになった19世紀末以降のことであり、この頃から始まった*典礼運動は、一方で典礼音楽の運動であるとともに、新しい典礼芸術運動をも伴った(→20世紀のキリスト教美術と建築)．これらの西洋または西欧文化圏の歴史にとどまらず全教会史を顧みながら、第2ヴァティカン公会議は、「教会は、いかなる芸術様式をも自分に固有のものと考えず、諸民族の天性と諸条件、また種々の典礼様式の必要に従って、それぞれの時代の法式を容認し、……芸術の宝庫を創り上げてきた」とする(『典礼憲章』123項)．そして、現代の様式やあらゆる民族の芸術も、教会の礼拝の目的にふさわしいものであれば取り入れることができるとして、各文化への適応(*インカルチュレーション)の可能性と必要性を説いている(同128項)．

　『典礼憲章』は、さらに芸術の質や典礼への適合性の判断に関しては、司教やその諮問機関の役割(同124，126項)、典礼芸術に関する司祭の教育や芸術家の養成の必要性を述べている(127項)．このようにして、今日では、典礼刷新の精神の浸透とともに、現実の必要や諸条件を顧みながら、典礼芸術の新しい展開が始まっている．

【文献】LThK³ 6: 529-37; NCE 8: 857-89; 岸本羊一，北村宗次『キリスト教礼拝辞典』(日本基督教団出版局 1977) 81-88; R. BERGER, ET AL., eds., *Gestalt des Gottesdienstes*, GDK 3: 289-416. 　　　　(石井祥裕)

てんれいげき　典礼劇　〔英〕liturgical drama，〔独〕liturgisches Drama，〔仏〕drame liturgique　狭義には、中世ヨーロッパにおいて、*復活祭や*クリスマスの*典礼のなかに加えられた、劇的な内容をもつ詩句を典礼劇と呼ぶが、特定の典礼とは無関係に作られた典礼劇もある．単純な形の典礼劇としてよく知られているのは、*ザンクト・ガレンの修道院やリモージュ(Limoges)のサン・マルシャル修道院に伝わる「クエム・クエリティス」(Quem quaeritis)である．これは、10世紀頃に復活祭のミサの入祭唱(→入祭)に*トロープスとして付加されて歌われるようになったもので、ザンクト・ガレン修道院に伝わる「クエム・クエリティス」は、「誰を聖墓に探しているのか、キリストに従う者たちよ/十字架にかけられたナザレのイエスです、天の住人たちよ/その人はもうここにはおられない．予言なさった通りに復活されたのだ．イエスが聖墓から復活されたことを、行って人々に伝えなさい」(Quem quaeritis in sepulchro, Christicolae? / Jesum Nazarenum crucifixum, o caelicolae. / Non est hic, surrexit sicut praedixerat; ite, nuntiate quia surrexit de sepulchro.) という3行からなっている．これは非常に単純なものであるが、復活祭の朝の聖墓での出来事を天使と3人のマリアとの対話という形で劇のように描いたものである．

　各地の修道院で、これと同じような「クエム・クエリティス」が復活祭の典礼のなかにみられるようになると、クリスマスの時期にも同様の典礼劇が作られるようになり、羊飼いたちが馬小屋の幼子イエスを礼拝する「羊飼い劇」、ヘロデ王による子どもたちの殺戮を描いた「嬰児虐殺劇」、東方の三王が星に導かれて馬小屋を訪れ幼子イエスを礼拝する「東方の三王劇」が*降誕節の典礼に付加されるようになった．こういった典礼劇は、単に歌うだけの場合もあれば、修道士たちが天使、3人のマリア、羊飼い、ヘロデ、3人の王といった人物に扮して仕草を交えながら歌う場合もあった．また、教会堂の天井から吊るしたシャンデリアを荒れ野に現れた星に見立てたり、教会堂のなかに聖墓、馬小屋、ヘロデの宮殿などの場面を設定することもあった．こういった狭義の典礼劇は、たとえ劇のようではあっても、あくまでも復活祭やクリスマスの典礼の一部をなすものであって、通常の意味の劇とは一線を画すと考えるべきであろう．特に通常の劇は演じる俳優と見物する観客がいて初めて成立するのに対して、これらの典礼劇が行われる聖堂内にいるのは修道士たちだけである．何らかの役に扮した修道士も、他の修道士も、一致して儀式としての典礼を執り行っているのであって、彼らは俳優でも観客でもないのである．

　復活祭やクリスマスの典礼の一部としてこのような典礼劇が行われる一方で、典礼劇の技法を用いながら、特定の典礼とは無関係に作られる典礼劇が現れるようになった．そのなかでもよく知られ、今日なおしばしば上演されるのは『ダニエルの劇』(Ludus Danielis)である．これは、12世紀末から13世紀初めにフランスのボーヴェ(Beauvais)の神学生たちが特定の典礼とは関係なく旧約聖書の*ダニエル書に取材して創作し上演したもので、演劇的手法や世俗音楽が多用されており、狭義の典礼劇とは趣を異にしている．また、単旋律の行列歌(*コンドゥクトゥス)の多い点、特に注目される．同様の典礼劇に、12世紀にドイツ南部のテーゲルンゼー(Tegernsee)の修道院で作られ、おそらく神聖ローマ皇帝*フリードリヒ1世(赤髭王)臨席のもとに上演されたと考えられている『アンティキリストの劇』(Ludus antichristus)がある．これは、反キリスト(*アンティキリスト)の伝説を使いながら、神聖ローマ皇帝のもとでのみ理想的なキリスト教世界が実現できることを訴えた政治的内容をもつ作品で、作劇技法のみ典礼劇のそれを

利用している．これらの典礼劇は，狭義の典礼劇とは異なり，通常の意味での劇に近いものになっている．『ダニエルの劇』の場合も『アンティキリストの劇』の場合も，原題に「劇」を意味するラテン語 ludus が用いられていることが，それをよく示している．
【文献】NGDM 12: 22-38; 田辺尚雄他編『音楽大事典』3 (平凡社 1982) 1593-94． (山本浩)

てんれいけんきゅうじょ　典礼研究所　〔ラ〕institutum liturgicum,〔英〕liturgical institute,〔独〕liturgisches Institut,〔仏〕institut liturgique

第2*ヴァティカン公会議の『*典礼憲章』44項で，*司教協議会のもとに組織された*典礼委員会の活動を補佐する役割を担うために設置が勧められている研究機関．信徒も含めた，*典礼学，*典礼音楽，*典礼芸術，*司牧などの専門家で構成されることが勧められている．ドイツの典礼研究所 (Deutsches Liturgisches Institut, *トリール) は公会議以前の1947年に設立され，早い時期から典礼学や*典礼運動の発展に貢献してきた．こうした研究所には，ドイツのように司教協議会によって設立された研究所のほかに，フランスの典礼司牧センター (Centre de Pastorale liturgique, *パリ) やオーストリアの典礼研究所 (Institutum Liturgicum, *ザルツブルク) などのように民間・大学・修道会などによって設立された研究所を司教協議会が認知して活動している場合がある．アジアでは，フィリピンのパウロ6世典礼研究所 (Paul VI Institute of Liturgy, *マニラ)，インドの全国聖書・要理・典礼センター (National Biblical, Catechetical and Liturgical Center, *バンガロール) などがある．こうした研究所の主な活動としては，*典礼書や典礼研究書の翻訳・編集，典礼に関する学術雑誌の発行，学術会議の開催，典礼学習のための講座や典礼の指導者の養成コースの開設などがある．
【文献】LThK³ 6: 1000-1001． (宮越俊光)

てんれいげんご　典礼言語　〔英〕liturgical language,〔独〕Liturgiesprache,〔仏〕langage liturgique

キリスト教*典礼と*言語は不可分である．*神の言葉を聞き，歌と祈りによって賛美をささげ，祈りを唱えることが典礼行為の根幹をなすからである (→ ことば)．*典礼史を通じてこれがどのような言語形態で形成されてきたか，また，言語の本質や機能が典礼とどのように関わっているかは，現代において新たに問われている．
【歴史】初代教会の典礼は，当時の教会の言語状況をそのまま反映し，主に，新約聖書の言語である当時のギリシア語*コイネーの世界のなかで形成されていった．礼拝形式そのものにおいて旧約以来の神殿礼拝 (→ 神殿) やユダヤ人の会堂礼拝 (→ 会堂) の要素を引き継いでいるかぎり，*ヘブライ語・*アラム語の定型句は教会にも受け継がれていった (*アレルヤ，*ホザンナ，*アーメン，*マラナ・タなど)．*宣教の拡大とともに各言語文化圏に広がった教会は，*聖書の翻訳とともに*礼拝もそれぞれの文化圏の生きた言語によって営まれていった．東方ではシリア語，ギリシア語のほかエチオピア語，コプト語，アルメニア語など (→ 東方典礼)，西方では北アフリカを皮切りに*ラテン語の使用が進められ，ローマ教会でも4世紀にこの切替えが行われた模様である．これらを通じて，古代における典礼が各文化圏に深く浸透していき，キリスト教生活を促進した (→ インカルチュレーション)．

さまざまな*典礼様式の成立はある意味で古代のそれぞれ高度な言語文化のキリスト教的集大成であり，多くの場合，*典礼書の成立とともに式文を固定化し保持する段階へと変わっていった．例えば，ラテン語はゲルマン人諸国の成立過程を通しても教会公用語となっていたため典礼言語として不動の位置にあった．9世紀のスラヴ世界への宣教とともに，聖書・典礼言語となった古代スラヴ語はその後世までロシア，ウクライナ，セルビア，ブルガリアなどの国々において，共通の典礼言語となった (→ スラヴ典礼)．このように，中世の典礼言語は，土着の言語とは区別される一つの文化圏共通の文化言語または古典語によって担われる傾向が生まれる．

ヨーロッパ近世における国民国家の形成は，*宗教改革をはじめ教会組織・諸制度の再編成の一つの背景となり，宗教改革の諸教会が国語による礼拝を成立させたのに対して，カトリック教会は，*トリエント公会議以降，典礼言語としてのラテン語を固持する姿勢をとった．近代の*典礼運動は，一般に典礼の祈りに対する信徒の理解と*行動参加を促進するために，ラテン語による典礼体系のなかでも聖歌・賛歌や祈願に国語の導入を求め，実践を試みるようになった．このような要求は，古代における典礼言語の多様性，諸文化との生きたつながりの事実が知られるとともに，典礼の諸民族文化への適応の課題として意識化された (『典礼憲章』37-40項参照)．

【国語の使用】第2*ヴァティカン公会議の『典礼憲章』は典礼における広範な国語使用の可能性を認め (36, 54項)，この方針は典礼憲章実施評議会による『第1一般指針』(1964)，『第2一般指針』(1967)，『典礼文の翻訳に関する指針』(1969) を通じて典礼全般の国語化の方向に徹底され，具体化作業は各地方所轄*司教団によって進められた．日本のカトリック教会では，1965年 (昭和40) の『ミサ典礼に関する司牧指針』，同年末の国語典礼文審議会の発足を皮切りに，次々と発行される典礼書の新しいラテン語規範版の日本語訳および日本への適応作業が行われ，典礼用の詩編の翻訳，典礼聖歌の創作など日本語による典礼を目指す活動が始まった．

【神学的特徴と課題】典礼言語の神学の基礎は，イエス・キリストにおける神の言葉の*受肉である．それは人間のコミュニケーション生活のなかに，神との交わり・対話的関係が揺るぎなく実現したということである．*聖霊降臨とともに地上での活動を開始した教会は，特定の国語を超えたこの神の言葉，そしてキリストの福音を特定の言語を通じて告げ知らせることを使命としている．このような関係を日々具体的に表していくのが教会の礼拝集会であり，典礼祭儀である．それは当然，人々がそれをもって生活を営むところの言語を通じて，理解され，表現されていかなければならない．この意味で，典礼言語は，古代諸宗教にあったような，特殊な祭儀言語・神聖言語にはなりえないものである．

他方，典礼は，*神の民の歴史を通じての救いの伝承行為でもあり，聖書を根幹に置く．したがって，聖書のもつ歴史・文化的内容を現代の各教会共同体が置かれている歴史・文化的文脈のなかで受けとめるプロセスが不可欠となる．その意味で，典礼言語は決して平板に単一の国語体系に納まりうるものではなく，つねに自らのうちに異文化の要素を含み，文化と文化の間の対話を伴うものである．文化間の翻訳は伝統的なラテン語式文の翻訳という形だけでなく，各国語の特性を活かした創作を通してより深い次元で求められる．また一つの祭儀内外での導入や招き，解説，*説教を通しても典礼の祈りに

てんれいさんか

おける神の民との対話に必要な文化の翻訳が遂行されなくてはならない．このように典礼言語に求められる生活密着性とそれ自体における文化的多様性の特質を顧慮することによって，今日では，多様な諸文化における教会の一致の実現や，社会そのものの国際化のなかでの典礼司牧の在り方などの問題への取り組みが求められている．

【文献】NDSW 651-61; SM(D) 2: 278-82; 土屋吉正「言語と文化の神学―文化への受肉の試み」カ研 57 (1990) 25-48; J. A. ユングマン『古代キリスト教典礼史』石井祥裕訳（平凡社 1997）: J. A. JUNGMANN, *Liturgie der christlichen Frühzeit* (Fribourg 1967); K. H. BIERITZ, "Das Wort im Gottesdienst," GDK 3: 47-76.

（石井祥裕）

てんれいさんか　典礼参加　〔英〕participation in the liturgy, 〔独〕Teilnahme an der Liturgie, 〔仏〕participation à la liturgie　現代教会が典礼の刷新と典礼生活の推進のために追求しているのは，すべての信者の積極的かつ行動的な典礼への参加である（→行動参加）．これは，20世紀の*典礼運動によって一貫して追求され，第2*ヴァティカン公会議に始まる抜本的な典礼刷新に際して，すべての信者の典礼参加は，あらゆる典礼祭儀の式次第や式文の構成およびその実践において第一に顧慮されるべき事柄とされている（『典礼憲章』11項参照）．『典礼憲章』が，信者の典礼教育と結びついた「内的，外的な行動的参加」(19項)，「意識的な参加」(11, 48, 79項)，「充実した参加」(14, 21, 41項)，「完全な参加」(55項)，「共同体的な参加」(21, 27項参照)，「敬虔な参加」(48, 50項)といった表現によって典礼参加の理想を語るように，典礼参加は，本来，典礼を通しての内的な霊性の形成を目指すものである．

典礼参加は，すべての信者の*神の民としての*共通祭司職に基づく権利・義務（同14項参照）であり，また*教役者の奉仕的祭司職の秩序に則し，ことばやしるし（*祈り，*聖歌，*朗読，*行列，*姿勢，*動作など）によって表される．すべての根源には，*洗礼によってキリストの死と復活にあずかること（ロマ 6: 3-5 参照）による教会への加入があり，そして，*ミサごとの交わりの儀（〔ラ〕communio），すなわちキリストの体への参与がある．これらすべては，*三位一体の神の内的生命活動を源とするものであり，そのなかに招き入れられていく出来事そのものである．このようなより深い次元での交わりに連なる典礼参加をもって教会生活の生命力の回復を図り，さらに，それをより広い意味での教会的な*参加，すなわち，その宣教使命に向けての教会共同体の活動・維持・運営に関する参加，奉仕の秩序の再編と結びつけようとしているところに，今日における典礼参加推進の実践的な意義がある．

【文献】LThK³ 1: 122-23.

（石井祥裕）

てんれいし　典礼史　*典礼の歴史は，教会共同体が各時代の社会的・文化的状況のなかでどのように信仰を宣言し，伝承してきたかを生き生きと示している．本項では，キリスト教典礼の形成期と主な*典礼様式の成立，中世から現代に至るまでのカトリック教会の典礼の変遷を中心に概観する．

【初期の礼拝集会】キリスト教共同体によってささげられる典礼は，イエスが最後の晩餐のなかで弟子たちに，パンとぶどう酒を分け与えながら「わたしの記念としてこのように行いなさい」と命じたこと（1 コリ 11: 24, 26）に基づき，イエスの復活を体験した弟子たちが主とともに食事をしたという信仰体験を源としていると考えられる．初期の信仰共同体は，イエスの死と復活（→過越の秘義）を記念するこの儀式を週の初めの日（*主日）に行い，復活を証ししていった．これは，ユダヤ的な伝統を引き継ぐ会食のなかで行われ，*パンを裂く式または主の晩餐（1 コリ 11: 20）と呼ばれた．*エウカリスティアの典礼の最初の姿である．このような主の会食に集う共同体は，イエスの言葉（マタ 28: 19; マコ 16: 15, 16）に基づく宣教と*洗礼の授与によって，新たな信者を加えていった（使 2: 41）．使徒言行録は，「使徒の教え，相互の交わり，パンを裂くこと，祈ることに熱心であった」（使 2: 42）と，初期の礼拝集会の姿を伝えている．

【新約の民の礼拝】初期の教会は，旧約的・ユダヤ的な礼拝の本質的特徴や諸要素を受け継ぎながら，そこに新約の信仰内容を新たに注ぎ込んでいった．最後の晩餐でイエス自身が唱えた賛美と感謝の祈り（マタ 26: 26-27 並行箇所参照）を受け継ぐエウカリスティアの祈りや，神を賛美し，感謝をささげる「詩編と賛歌と霊的な歌」（エフェ 5: 19）は，まさに旧約時代からの神賛美の伝統をキリスト信仰の観点からより深い形で受け継ぐものであった．*キリスト者が古代ヘブライ暦の週の周期を守りながらも，安息日（→安息）の次の日を主日として守ることもその例である．当初，弟子たちは，神殿参りや伝統的な定時礼拝の枠組みにのっとりながら，自らの宣教や礼拝を行っていた（使 2: 1-15; 10: 9; 3: 1 等）．*『十二使徒の教訓』では，日に3度祈る慣習を受け継ぎながらもこれを*主の祈りに変えることや週に2日の*断食の慣習は残しつつもユダヤ人（月曜日と木曜日）とは違う日（水曜日と金曜日）に行うことを勧めている．また，1年の周期のなかでキリストの復活を記念する*復活祭，および*聖霊降臨を記念する祭日は，それぞれユダヤ教の*過越祭（パスカ）と*五旬祭（ペンテコステ）を前身とするもので，呼び名もそのまま受け継ぎながら新約の神の民の根本的な祭日となった．両者共に主日に祝われることのうちに，これらがキリスト教の祭日であることが示される．

ユダヤ的土壌から出発した教会の宣教は早くから他の諸宗教の世界にも及んでいたが，その進展とともに，キリスト教の典礼は，しだいに固有の姿を整え始めた．2世紀半ばの殉教者*ユスティノスの『第1弁明』(67章)には，すでに実際の会食から切り離され独立した典礼祭儀となった主日の礼拝集会の輪郭が描かれている．それは，*聖書朗読，*説教，*共同祈願からなることばの典礼と，パンとぶどう酒の準備，エウカリスティアの祈り，*聖体の分配からなる感謝の典礼の2部構成になっており，これはキリスト教典礼の基本型となっていった．

ユスティノスにおいても示されるように，初期の典礼ではまだ固定した式文はなく，司式者（当時の意味での司教）が自由に祈っていた．3世紀初めのローマの*ヒッポリュトスによる*『使徒伝承』でもこの原則は生きているが，この文書は，*司教・*司祭・*助祭の*叙階の祈り，ミサの*奉献文（エウカリスティアの祈り），入信準備制度と入信式の模様（→洗礼），日々の祈りなど，当時の教会生活にとって重要な典礼の式次第と式文が整い始めていたことを窺わせる．また，*按手，*塗油，*十字架のしるしなどの重要な儀式が具体的に触れられている．『使徒伝承』は，その優れた教会理解とも相

まって，後の東西の教会規則(*『使徒教憲』や*『使徒戒規』など)の形成の際に共通資料とされ，各地域での典礼規範の成立に大きな影響を及ぼした．このようにして，教会の公的な信仰表現である典礼の意義に対する意識が高まっていった．

【キリスト教公認後の変化】4世紀初めのキリスト教公認によって，キリスト教の典礼をめぐる環境は大きく転換した．教会は社会生活のなかで中心的な位置を占めるようになり，教会の組織や司牧体制が整っていった．一方では教理論争を機に，正統な教理の確立が*公会議によって進められた時代であるが，この論争や政治的な状況も絡んだ教会の分裂も典礼様式に反映していった．

典礼の祭儀的形式も大きく発達するが，基盤となったのは*バシリカや*洗礼堂など礼拝専用の建物の登場である(→教会堂建築)．エウカリスティアの典礼(*ミサ)の発展にとってはこの時期から始まる*祭壇の固定化も大きな意味をもった．ミサが主日の献げ物であるとの理解は初期からみられるが(『十二使徒の教訓』14章)，その考えは，2-3世紀における*グノーシス主義との闘争を通して強められ，供え物をささげる儀式に比重が置かれるようになった．こうして，しだいに，エウカリスティアを奉献として捉える神学的認識が深められ，大聖堂や祭壇の発達とも相まってこのことが祭儀的にも表現されるようになった．

社会に根づいた教会の形成が進むとともに，各地域の言語・文化の諸要素が盛んに導入されるようになった．ギリシア語，ラテン語，シリア語などの言語的・文学的特性は式文のなかに取り込まれ，独自の祈りの様式となった．また，共同体的な典礼の実践，特に信者の参加を促す*聖歌も作られるようになり，*詩編唱や*答唱詩編や交唱(→アンティフォナ)も様式が発達した．各地の宗教的伝統の導入が特に進んだのは，祝祭日の典礼である．*行列は盛大な祭儀の特徴となり，*祭服や*ろうそくや*香などによる演出も進んだ．祝祭日は，各地域ごとの土着の伝統を取り込んだ場合も多く，その典型は，主の*降誕と*公現の祭である．ごく初期から行われていた*殉教者の記念も迫害の時代が終わるとともにより盛大に祝われるようになり，*マリアの崇敬や，*使徒，殉教者をはじめとする*聖人の崇敬，また*死者のための祈りなどが民の信仰心を集めた．*四旬節と*復活節，*待降節などの典礼季節が各主日ごとの主題をもった聖書朗読を伴って形成されていった．こうして，1年を通じて*キリスト秘義を祝う*典礼暦が形づくられた．典礼を通じて，救いの秘義に導き入れていく*ミュスタゴギアが入信教育や信者の教育として試みられたのもこの頃である．

この時代は同時に*修道生活の開花の時期でもある．祈りに専念する人々の定時の祈りを日課とする共同生活のなかで，旧約以来の詩編による*賛美という伝統が修道共同体のなかで新たな生命を受け取ることになった．聖務日課(*教会の祈り)という精緻な礼拝形式と深みのある典礼の*霊性が修道共同体のなかではぐくまれていった．

【諸典礼様式の形成】4世紀以降，言語圏や教会組織を基盤に典礼様式の幾つかの系統への分岐が進んだ．その中心になったのは多くの場合，古代の総大司教座都市，*エルサレム，オロンテス河畔の*アンティオケイア，*アレクサンドリア，*ローマ，そして*コンスタンティノポリスである．

(1) アンティオケイア系諸典礼．アンティオケイアを中心とする典礼の系統は，*シリアから*ペルシアまで広がる地域に及び，東シリア型と西シリア型に大きく分けられる．東シリア型典礼は，シリア語を典礼言語とするもので，*エデッサを中心とした*ネストリオス派の典礼，カルデア典礼(→カルデア教会)，シリア・*マラバル典礼などがある．西シリア型典礼は，ギリシア語またはシリア語を使うもので，*カルケドン公会議後のキリスト論論争のなかで，正統信仰を奉じた*メルキト教会の典礼(メルキト典礼)，後にシリア正教会とシリア・カトリック教会に継承されるいわゆるヤコブ典礼(→ヤコブ教会)，レバノンに残っている*マロン教会の典礼(マロニト典礼)，ローマと合同し，西シリア典礼を採用したところのマラバル典礼，*マランカル典礼などがある．

エルサレムは，4世紀において巡礼者を集め，季節ごとの典礼，特に聖週間の典礼が発達し，*エゲリアの『巡礼記』などによって広く知られた．しかし，様式的にはアンティオケイアなどの影響が大きく，後に残るような独自の典礼系統の中心地とはならなかった．

*アルメニア教会は，エルサレム，ペルシア，ビザンティンの典礼の影響を受けながらも，アルメニア語による独自の典礼様式を形成した．

(2) アレクサンドリア系諸典礼．アレクサンドリア典礼は，ギリシア語を使い，マルコのアナフォラ(奉献文)を用いるためマルコ典礼とも呼ばれる．カルケドン公会議後の正統派メルキト教会はビザンティン典礼を採用した．アレクサンドリア典礼から派生したのが，コプト典礼(→コプト教会)である．エチオピア典礼(→エチオピア)はコプト典礼に基づきながらも，よりシリア的要素を含んでおり，ゲエズ語で行われる．

(3) ビザンティン典礼．コンスタンティノポリスを中心とした典礼様式は，*ヨアンネス・クリュソストモスやカイサレイアの*バシレイオスの働きのもとに形成され，*東方典礼の代表として，その後，バルカン諸国やロシア方面，グルジアにも広がり，これらの民族語に翻訳され適応された(→クリュソストモス典礼，バシレイオス典礼)．

(4) 西方諸典礼．*西方教会の典礼の諸伝統は，ラテン語を共通の*典礼言語とする以外，成立の経緯は明らかではない．大まかに，狭義のローマ・北アフリカ型典礼と，東方からの影響が色濃くみられる広義のガリア系諸典礼とが区別され，後者には，*イスパニア典礼，*ミラノ典礼，狭義の*ガリア典礼，*ケルト典礼が数えられる．

【ローマ・カトリック教会の典礼の形成】西方教会の典礼諸様式のなかで*ローマ典礼には高い尊厳が認められ，カトリック教会の典礼様式として発展を遂げていく．

〔古ローマ典礼〕ローマの教会に固有の典礼伝統が形成され始めるのは4世紀のことである．それまではギリシア語が教会内での公用語であり，典礼もギリシア語で行われていたが，4世紀末までにラテン語の使用へと転換を遂げた．教皇*ダマッス1世の頃にはローマ・ミサの奉献文(ローマ典文)の核となる部分はでき上がっており，それは*アンブロシウスの『秘跡についての講話』から知ることができる．奉献用語が多く盛り込まれた祈りで，キリストの奉献を記念して教会が自らを奉献するという礼拝の考え方が前面に表れている．

この頃からエウカリスティアの典礼がミサ(〔ラ〕missa)と呼ばれるようになり，5世紀末にはこれが定着した．そして，*教皇が*集会指定聖堂で司る典礼など

てんれいしょ

が模範になりミサの式次第や式文の成文化が進んでいった．5世紀の教皇 *レオ1世や *ゲラシウス1世らの優れた指導を経て，6世紀末の *グレゴリウス1世の頃にはローマ・ミサは，古典的な形式を整えた．祝祭日に対応した祈願，*叙唱などがその特徴である．また多くが東方に由来する *あわれみの賛歌，*栄光の賛歌，*感謝の賛歌，答唱詩編，*アレルヤなどのラテン語の聖歌が整えられた．教皇司式典礼の唱えられた祈願は尊重され，それらを集成した司式者用式文集が6世紀以降編纂されるようになり，ここから，*サクラメンタリウム（秘跡書）と呼ばれるローマ典礼の最初の *典礼書が生まれた．

〔ローマ・フランク典礼〕ローマ典礼はやがてフランク王国の宗教政策によって，アルプス以北のヨーロッパに導入された．フランク王国の領域は，もともとガリア典礼の伝統や *ゲルマン人の文化を色濃く残す地域であり，その土壌の上にローマ典礼が受容されていった．その過程は，8世紀に編纂された『新ゲラシウス秘跡書』や『グレゴリウス秘跡書』，それに *『オルド・ロマーヌス』に刻印されている．こうして10世紀末には，西方教会の典礼の標準型となるローマ・フランク式という緩やかな統一性をもつ典礼様式が生まれた．この過程と並行して注目すべきことは，*グレゴリオ聖歌の確立である．深い霊性をたたえる，ラテン語の言葉と結びついた聖歌はその後のヨーロッパ文化に大きな影響を与えた．

中世のミサは，しだいに聖職者中心型のものに傾き，司式者が個人的に（少数の奉仕者を伴いながら）司式する形が多くなっていった．式文のなかに罪意識を強く反映する司祭の個人的祈りが数多く挿入されるのもこの頃である．信徒会衆の積極的な参加や *聖体拝領はあまり行われなくなったが，その一方で，顕示された聖体に現存するキリストを礼拝する聖体崇敬が盛んになった（→ 聖体賛美式）．典礼本来の共同体的実践が失われていくという経過の一因は，典礼言語としてのラテン語が会衆には理解できない言葉であったことによる．ミサの寓意解説などの努力や，会衆向けの儀式上の演出も増えたものの，本来の典礼参加の実は失われていった．このような経過のいわば補完物となるような，聖母崇敬や十字架崇敬などの信心に伴われる祈り，*アヴェ・マリア，*お告げの祈り，*ロザリオ，*十字架の道行きが中世末期以降に成立し，民衆の礼拝生活にとって重要なものとなっていった．

〔典礼の統一化〕11世紀には，ローマ・フランク様式がローマでも受容され，教皇庁様式のミサや聖務日課が形成される一方，主要な修道会はローマ・フランク様式の枠内で固有の典礼伝統を作った．特に教皇庁様式典礼を採用した *フランシスコ会の活動がこれを全ヨーロッパに広めることとなった．中世末期には，しかし，より明確な統一化や典礼の改革が求められるようになっていた．このようななかで *宗教改革が起こり，自己変革を迫られたカトリック教会は，*トリエント公会議に始まる典礼改革を遂行することになった．

宗教改革の諸教会は，それぞれ，改革の一環として礼拝改革をも遂行し，それぞれ中世末期のミサや説教礼拝の要素を取り入れた礼拝の形式を新たに創り出した．*ルターの『ミサ定式』（1523），『ドイツ・ミサ』（1926），*ツヴィングリの『聖晩餐の方法あるいは慣習』（1525），*カルヴァンの『教会の祈りと歌の形式』（1542），イングランド国教会（→ 聖公会）の『祈祷書』（1549, 1552, 1662．→ 英国教会祈祷書）などである．宗教改革の教会では，聖書の各国語訳（→ 聖書の翻訳）と結びつく礼拝への国語の導入や会衆参加の促進を進めていった．

これに対し，トリエント公会議による典礼改革は，諸秘跡やミサに関する伝統的な教理をもとにラテン語の典礼を守り，式次第・式文・*典礼注規を細かく規定する統一典礼書を発行した．1568年の『ローマ聖務日課書』，1570年の『ローマ・ミサ典礼書』（→ ミサ典礼書），1596年の『ローマ司教典礼書』（→ 司教典礼書），1614年の『ローマ儀式書』（→ 儀式書）などである．これらは中世の実践伝統に従い，聖職者型の典礼を標準型とする司式者用典礼書で，秘跡を正しく有効に授けるための規範として義務づけられるようになった（→ 典礼法規）．

〔現代の刷新〕カトリック教会の典礼の統一化は，国家教会主義や宣教地における文化受容の問題（例えば *中国の典礼問題やインド南部の場合）など新たな問題に遭遇しながらも徹底されていった．しかし，その一方では，18世紀における *啓蒙思想の影響や国民文化の発展を背景に，典礼への会衆の積極参加や典礼言語の国語化への要求が芽生えた．19世紀になると，*グランジェをはじめとする *ベネディクト会の修道者たちによってローマ典礼やグレゴリオ聖歌の伝統を研究し，典礼の霊性を復興しようとする運動が始まった．20世紀初めには，教皇 *ピウス10世が，典礼への会衆の *行動参加を通じてのキリスト教精神の活性化を呼びかけ，これを契機に *典礼運動が盛んになった．この運動は，近代の *典礼学の発達と結びつき，特に *初代教会や古代教会の典礼の研究は，*典礼神学や実践意識の革新を促進した．教皇 *ピウス12世の回勅 *『メディアトール・デイ』（1947）によっていよいよ典礼改革が着手され，これはさらに第2 *ヴァティカン公会議によって，現代世界に対して自らを開く教会への刷新の展望のなかで，全面的な典礼刷新へと展開された．現在の典礼は，公会議直後の暫定期間を経て，1970年の『ローマ・ミサ典礼書』を中心とする各典礼書のラテン語規範版を基礎として各国・各地域の教会ごとに作成された典礼書により実施されている．

20世紀を通じて進行した典礼刷新は，カトリック教会を超えてキリスト教の全教会に影響を及ぼしており，エキュメニカルな対話やさらには各国の文化・宗教心との交流を通して継続されている．典礼は今や広範な共同研究の対象となり，神の民すべての日常の実践における霊的な吟味を受けつつ，これからも絶えざる刷新に向かおうとしている．

【文献】LThK² 6: 1085-95; LThK³ 6: 969-88; SM(D) 2: 255-72; J. A. ユングマン『古代キリスト教典礼史』石井祥裕訳（平凡社 1997）: J. A. JUNGMANN, *Liturgie der christlichen Frühzeit* (Fribourg 1967); W. ナーゲル『キリスト教礼拝史』松山與志雄訳（教文館 1998）: W. NAGEL, *Geschichte des christlichen Gottesdienstes* (Berlin 1970); H. A. J. WEGMANN, *Geschichte der Liturgie im Westen und Osten* (Regensburg 1979); A. G. MARTIMORT, ed., *The Church at Prayer*, v. 1 (Collegeville, Minn. 1987) 19-84; H. B. MEYER, *Eucharistie*, GDK 4 (Regensburg 1989). （石井祥裕）

てんれいしょ　典礼書　〔英〕liturgical books,〔独〕liturgische Bücher,〔仏〕les libres liturgiques　典礼を執り行うためのもとになる文書．典礼で唱えられる言葉（式文）や式の行い方の説明（*典礼注規）を記載する実用的な役割を中心とするが，それだけではなく，典礼の祈

りや行い方の規範を示すものとしての役割がある．このため，典礼書の発行にあたっては，*司教協議会の *認可と *使徒座の *認証・確認を必要とする．

*神の民の真実の信仰を祈りの形において表現する典礼書の永遠の源泉は，いうまでもなく聖書である．聖書には，典礼祭儀で記念される出来事や歴史が語られ，神と神の民との生きた交わりの証しとしての典礼的な祈りの源となる祈りが，*詩編や *旧約聖書の歌，*新約聖書の歌，*キリスト賛歌，*栄唱などの形で収められている．これらは，教会における典礼の発展や形成のための霊感の源となり，実践規則の規準となった．その意味で，典礼書の形成には，各言語圏の教会における *聖書の翻訳の進展も重要な意味をもっている．

【歴史】〔典礼の創成期〕2世紀までは，典礼における式文が固定化されていた形跡はなく，司式者が自由に祈ることが普通であった．*『十二使徒の教訓』における感謝の祈りもその一例である．しかし，個々の文言は自由であったにせよ，教会の公式の祈りとして，イエスの教えに従い，*聖霊の促しと助けのうちに，神の救いの業を記念・賛美し，現在と将来における恵みを願うという神の民の祈りの根本構造は確立されていた．やがて3世紀の初めになると，教会の正統な実践の規範を求める動きが高まり，各地において教会規則の成文化が始まる（→ 教会法史）．ローマの *ヒッポリュトスの *『使徒伝承』はなかでも大きな影響力をもった．そこに記された式文は，一例として書きとどめられたにもかかわらず，後の式文の模範ともなり，3-4世紀に成立した教会規則の書（*『使徒戒規』や *『使徒教憲』，*『テスタメントゥム・ドミニ』など）に例示された祈りは，後の固定式文の雛型となり，狭義の典礼書の前身となった．

〔共同体的奉仕のための典礼書〕4-5世紀以降，主に*典礼言語の分岐とも関連して多様な典礼様式が形成される．これとともに厳密な意味での典礼書，すなわちミサを中心とした典礼の執行の際に司式者，朗読奉仕者，*歌隊または *先唱者などの各奉仕に必要となる事柄を記した典礼書が形成された．西方教会において中世初期・前期に形成されたこの段階のものは次のようなものである．

(1) ミサに関する典礼書の主なもの．

① 司式者用の式文書．*サクラメンタリウム（秘跡書）．

② 司式に関する指示書．オルディナーレ（Ordinale 聖務指針書，後の典礼注規のもとになる）．

③ 朗読書．朗読聖書（lectionarium），朗読福音書（evangeliarium），朗読使徒書（epistolarium）など（→聖書朗読）．

④ 聖歌集．通常文聖歌集（*キリアーレ），固有部分聖歌集（cantatorium および graduale → 昇階唱）など．後にグラドゥアーレはミサ聖歌集全体の呼称となる．

(2) 聖務日課（→ 教会の祈り）のための典礼書．

① 共唱に関するもの．交唱集（*アンティフォナーレ），詩編集（psalterium），応唱集（responsoriale），賛歌集（hymnarium）など．後に，聖務日課聖歌集全体がアンティフォナーレと呼ばれる．

② 朗読と祈りに関するもの．朗読（lectionarium），教父説教集（homiliarium, sermologus），殉教録（passionale, martyrologium），集祷集（collectarium），聖人祝日固有文集（sanctorale），季節固有文集（temporale）など．

(3) 種々の典礼儀式の手引き書．

① 定式書（ordo）．教皇や司教の司式する典礼に関する規定書（→『オルド・ロマーヌス』）．*司教典礼書，*司教儀典書の前身．

② 手引書（manuale, agenda 等）．司祭司式典礼のための指示書．後に *儀式書として集成される．

〔東方正教会の典礼書〕ビザンティン典礼（→ クリュソストモス典礼，バシレイオス典礼）においても，西方教会の中世初期段階に相当する数々の典礼書の類型が生まれ，今日に至っている．聖体礼儀（ミサ）や各機密（*秘跡）のための典礼書として式次第と式文を含む *エウコロギオン（祈祷書．奉事経）と *エヴァンゲリオン（聖福音経），*アポストロス（使徒経）などの朗読書のほか，定式書である *テュピコンや *ホロロギオン，*トリオディオン・カタニュクティコン，*ペンテコスタリオン，*オクトエコスなどの聖務日課に関する典礼書，聖人の祝日の式文を月別に収めるメナイオン（menaion）などがある．

〔総合型典礼書〕西方教会では，中世中期以降，いわゆる聖職者中心的な典礼の執行が主流になっていった．それにつれて，もっぱらミサを司式する司祭や聖務日課を行う司祭・修道者の便宜のために，必要な式文，朗読本文，賛歌，典礼注規を一括して収録する便覧型の典礼書の形態が生まれた．その典型が *ミサ典礼書と聖務日課書（*ブレヴィアリウム）である．当初，西方の主要な教区や修道会ごとに固有の伝統を反映したミサ典礼書が作られていたが，13世紀からは教皇庁様式のミサ典礼書と聖務日課書が権威を増した．中世末期には典礼の規範の確立と統一化が求められ，*トリエント公会議でも明確に要請された後，教皇の権威のもとに全典礼書が新たに編纂・発行された．1568年の『ローマ聖務日課書』（Breviarium Romanum），1570年の『ローマ・ミサ典礼書』（Missale Romanum），1596年の『ローマ司教典礼書』（Pontificale Romanum），1614年の『ローマ儀式書』（Rituale Romanum）などである．これらはいずれも中世後期の展開を受けた司式者用典礼書の形式のものであり，これ以後の典礼執行の形式を義務づけるものとなった．*宗教改革以後，カトリックと分かれた諸教会・諸教派でも，中世末期の前例をもとに，それぞれの礼拝論に従った固有の礼拝式文書が作られていった．

〔現代の典礼書〕すべての *神の民の典礼に対する*行動参加と共同体的な典礼執行を原則とした，第2 *ヴァティカン公会議に始まる典礼刷新は，トリエント公会議後に定められた統一典礼の改訂という形で典礼の改定を推し進めた．しかし，従来との大きな違いとして，すべての典礼儀式の各国語による執行が認められたことにより，教皇庁の発行する典礼書は，各国語版のためのモデル（規範版 editio typica）として位置づけられることになった．直接各教会の典礼の規範を示し，執行の

13世紀ドイツの秘跡書
(Morgan Library)

てんれいしょく

もととなる典礼書は，各司教団のもとに置かれた典礼委員会によって起草・編纂され，そのうえで司教団の認可と使徒座の認証・確認を受けるべきものとなった．

現在の典礼書の体系は，従来の枠組みに準拠しつつも，共同体的な奉仕に対応した中世初期のような役割ごとの編成方法を再び導入している．また従来の司教典礼書，儀式書に属する儀式書も個別に発行されている（典礼運動の項の年表を参照）．また，現在の典礼書は，従来と異なり，執行方法の多様な選択，式文選択の可能性の拡大，*共同祈願などでの共同体ごとの創作の促進など典礼司牧上の適応の可能性を幅広くとっているのが特徴である．さらに典礼生活を促進するための手段として，各教会の宣教司牧状況を反映させながら，式文や式次第を絶えず検討し，改めていくことが望まれている．このような傾向においては，カトリック以外の諸教会も現在ほぼ同様の道を歩んでおり，その内容に関して，相互に影響し合っている．

【文献】LThK³ 6: 995-97; NDSW 358-65, 687-94; 岸本羊一，北村宗次編『キリスト教礼拝辞典』（日本基督教団出版局 1977）406-28; R. Berger, ed., *Neues Pastoralliturgisches Handlexikon* (Freiburg 1999) 76-79.

（石井祥裕）

てんれいしょく　典礼色　〔ラ〕color liturgicus,〔英〕liturgical color,〔独〕liturgische Farbe,〔仏〕couleur liturgique　*典礼で使用する*祭服や物品装飾の色．*色の象徴は*典礼暦の季節や*祭日によって異なるが，いずれも一年を通してその典礼の場面に現存するキリストの特徴を表すものである．意味合いは歴史的・心理的要因によりさまざまである．例えば，白を好む傾向はさまざまな発展をみた．まず古代エジプトやメソポタミアの太陽崇拝では，白は光と神的な生命を表現していた．イスラエルの*祭司も白を着用して*神の栄光を表した．ローマ人も誕生日には白の服を着て，倫理的な*純潔と神とともにある不滅の生命を求める気分を高めた．新約聖書では，白は神性を表すもので，キリストの救いの業に結びついていた．2世紀には受洗者は白衣を身に着け，キリストの栄光への参与を表現した．*洗礼によって，キリストの復活を通して楽園（→天国）での体と魂の統合に復帰するしるしである．白い衣服は，徳の高さや教理面の純粋さを示すものでもある．

12世紀の*エルサレムで，典礼色の最初の編成が成立した．主の*降誕と*マリアの祝日には黒，主の*公現と*昇天の祭日には青が使われた．色の編成は地域ごとに異なっていたが，そのなかで一般的に受け入れられたものが中世の*西方教会に広まった．13世紀初めには教皇*インノケンティウス3世が，祭日には白，*殉教者の祝日には赤，*回心の季節には黒，その他の時期には緑の使用を定めた．1570年の『ローマ・ミサ典礼書』には今日と似通った典礼色の編成が指定されている．1970年以降のカトリック教会における典礼色の使用法については，『ミサ典礼書』総則に規定されている（総則 307-10）．

【文献】LThK³ 3: 1182; NDSW 1311-12.　（福地幹男）

てんれいしんがく　典礼神学　〔英〕liturgical theology,〔独〕Theologie der Liturgie,〔仏〕théologie liturgique

【概要】*典礼学の一分野で，*典礼の神学的本質を考察し，典礼の具体的な形態や実践論を基礎づけ，方向づける課題を担う．近代に発達した典礼学は，実際上，典礼史学として，典礼の事実についての研究を拡大し，古代末期以降の*西方教会の典礼だけではなく，*初代教会や*東方教会の典礼の実情についての知見を広めていった．そのような事実認識の拡大のなかで，教会の生命的な本質活動としての典礼についての総合的把握が求められるようになり，教会活動全般を対象とする*実践神学の一環としてその考察が深められるようになった．それは，*典礼運動や第2*ヴァティカン公会議による典礼刷新，プロテスタント諸教会における礼拝刷新の進行と並行しており，現代神学にとって最も古くかつ新しい考察様式としてますます注目されるようになっている．他方，典礼神学は，その本質規定や方法論においてもなお流動的かつ多様であり，その意味では未確立な分野ということもいえる．

【歴史】典礼の事実に関する実証的研究としての典礼学の本格的な歩みは近代からのものではあるが，典礼に関する神学的な考察はむしろ，礼拝実践の開始とともに始まっているといわなくてはならない．新約聖書や使徒教父（*『十二使徒の教訓』，アンティオケイアの*イグナティオスの手紙），*護教家教父（殉教者*ユスティノス），3世紀の教父たちの著作（*テルトゥリアヌス，*キプリアヌス，*オリゲネスなど）は，すでに典礼神学の第一の源泉である．典礼の実践規定としてのローマの*ヒッポリュトスの*『使徒伝承』もその式文や儀式の記述のなかに深い典礼神学思想を含んでいる．より意識的に典礼に関する神学的考察を示しているのは，4世紀後半のエルサレムの*キュリロス，*ヨアンネス・クリュソストモス，モプスエスティアの*テオドロス，ミラノの*アンブロシウスといった教父たちの秘義教話（*ミュスタゴギア）である．これは，洗礼式と聖餐式を中心に入信の*秘義を説き明かしながら信仰の神秘に信徒を導き入れる講話で，旧約の出来事とキリストの出来事と典礼祭儀上の出来事とを関係づける*予型論を展開しつつ，*救済史の文脈へと信者を導き入れていく．この方法は，東方教会の典礼実践を方向づける象徴論的思考につながる一方で，西方中世における寓意的典礼解説に引き継がれていった．また，アンブロシウス，*アウグスティヌスにおけるサクラメントゥム（〔ラ〕sacramentum）の思想は，中世*スコラ学の秘跡神学の端緒となった．*宗

現行の『ローマ・ミサ典礼書』(1970)による主な典礼色

白色	復活節と待降節の「教会の祈り」とミサ
	受難の日以外の祝日と祭日
	聖母マリア，天使，殉教者でない聖人の祝祭日と記念日
	諸聖人(11月1日)
	洗礼者聖ヨハネの誕生(6月24日)
	聖ヨハネ使徒福音記者(12月27日)
	聖ペトロの使徒座(2月22日)
	聖パウロの回心(1月25日)
赤色	受難の主日，聖金曜日，聖霊降臨の主日
	主の受難の諸祝日
	使徒および福音記者の帰天の日
	殉教者の諸祝日
緑色	年間の「教会の祈り」とミサ
紫色	待降節，四旬節

教改革は，礼拝の神学や実践に関しても新しい地平を開いたが，*トリエント公会議によるカトリックの典礼改革以降は典礼が固定化され，*典礼注規に関する研究に比重が置かれた．しかし，近代の典礼史研究の進展は，初代教会の典礼に対する展望を一新し，典礼運動は，教会の実現としての典礼の意味や，信仰の教えと典礼の祈りとの本質的な関係についての洞察をもたらしていった．このようななかで，*カーゼルらの典礼秘義の思想（*秘義神学）が典礼の神学的理解に革新をもたらし，第2ヴァティカン公会議の時代に至って秘跡神学の刷新と典礼神学の本格的な成立がもたらされた．

【さまざまな方向性】新しい研究分野としての典礼神学は，その性格も非常に多面的であり，この名称自体をどのように受け取るかによってもその内実は異なってくる．ここでは，典礼神学という一般的な名称のもとで展開されている主な方向性をみておこう．

〔典礼基礎論〕典礼史学と区別される意味での典礼神学は，典礼の事実および現象についての把握から進んで，典礼の本質を体系的に考察することを指している．この意味では，今日の典礼基礎論は，典礼の救済史的な基礎づけになるものであり，「キリストの秘義と救いの歴史」（『典礼憲章』16項）に典礼を結びつけ，あらゆる秘跡・準秘跡の典礼を*過越の秘義のもとに総合する観点に立っている（同61項）．これは，ある意味で神学の全学科の共通の展望に基づくものであり，聖書や教父の思想に根ざす典礼本質論ということができる．これとも関連するが，「イエス・キリストの神秘体，そのかしらと肢体による公的礼拝」「キリストの祭司職の行使」「キリストの現存の諸形態」（『典礼憲章』7項参照）といった典礼の定義を掘り下げていくのも基礎論の役割である．この面では，カーゼルや*グアルディーニ，J. A.*ユングマンらの基礎論が古典的な役割を果たしている．

この場合の典礼基礎論が神学的といわれるのは，それが聖書的・救済史的概念を継続するからであり，実際に，*聖書神学，*教会論，*秘跡論と必然的に結びつく．

他方，近年において，典礼の基礎論を必ずしも教理学的・救済史的概念によってではなく，より人間諸科学的に（象徴理論，コミュニケーション理論などによって）展開する理論も試みられている．これは教理学的概念把握に専念する理論方向への批判を含む思考法であるが，本来，キリスト教神学であるかぎりは，人間論的諸次元にはいつも開かれており，これらの理論傾向も，秘義や秘跡，ロゴスの*受肉といった伝統的概念を把握し直そうとするものだということができる（→象徴，しるし）．特に*インカルチュレーション（福音の文化への浸透・開花，文化の福音的変容）が課題とされている今日，典礼基礎論は広く文化の理論と関連を深めつつある．

〔組織神学の典礼的総合〕20世紀前半の典礼運動において大きな関心となったのは，キリスト教の信仰内容あるいは教理体系（ドグマ）と典礼行為との本質的な対応関係を再確認することであった．これは「祈りの法則は信仰の法則」（〔ラ〕lex orandi, lex credendi）という伝統的な格言で示される．教皇*ピウス12世の回勅*『メディアトール・デイ』も，典礼は信仰の規準ではないが，公の*信仰告白を含み，*教理の証明になりうるものだとしている．第2ヴァティカン公会議は，キリストの秘義と救いの歴史そのものから典礼を根拠づけて考えているために，典礼の教理との関係はより根源的なところへと深められている．その意味で，信仰や教理の重要なものは，典礼の祈りにおいて表現され，教会の信仰内容として宣言される．*祈願や*栄唱一つとっても，*三位一体論や*キリスト論によって裏打ちされていなければ行うことはできない．さらに，今日の典礼は豊かな*聖書朗読によって，救済史に根ざす教会生活の展開を進めている．その意味で，典礼は神賛美を基調とする*祈りと*霊性を養うものとして，本来の神学を総合する要となる視点を含んでいる．このように，キリスト教の信仰内容の体系的考察としての教理学，その意味での神学を，すべて祈りの次元において総合していく典礼的神学総合として典礼神学を考える方向性もある．

〔典礼の実践神学〕典礼の過去の事実の研究を踏まえた典礼本質論としての展開に対応する実践論として典礼神学を考えることもできる．典礼の現在の実践現象を把握し，その背景，原因，経緯を調査・評価し，教会生活の実情・司牧活動の実際を踏まえつつ典礼の本質的性格を実現するための規準を導き出す考察であり，現実の典礼活動のなかでは最も必要とされている方向性である．この意味での典礼神学にとって，今日，最も重要な源泉となっているのは，各典礼書・儀式書規範版の緒言である．これは，現代の典礼刷新の過程で，単に典礼書の実用上の序文という以上に，典礼本質論を踏まえた実践指針となっている．これを土台として，地域教会ごとの典礼の実現のための実践神学は*典礼委員会や*典礼研究所などの機関における検討のなかで，生きた形で展開されているといえよう．学問としての典礼の実践神学は，それらの生きた実践論を整理・検討し，問題点を解明するとともに，実践意識の啓発・教育の役割を担っている．

以上のような典礼神学の主な方向性のどれをとっても忘れてはならないのは，それらがいずれも，今日においては，キリスト教諸教会のエキュメニカルな神学対話および共同研究の重要な舞台となっていることである．かつての教理論争の枠組みを超えて，全教会共通の源泉である聖書や初代教会の歴史への眼差しを共にしつつ，一つのキリスト教を求める探究において，典礼神学の役割は今後も大きくなっていくだろう．

【文献】LThK³ 6: 989-92; NCE 8: 919-27; NDSW 721-33; SM(D) 2: 282-88; TRE 21: 383-401; O. カーゼル『秘儀と秘義』小柳義夫訳（みすず書房 1975）: O. CASEL, *Das christliche Kultmysterium* (Regensburg 1932); V. ワルナッハ『キリスト秘義と救いの歴史』土屋吉正，福地幹男訳（あかし書房 1984）: V. WARNACH, *Christusmysterium* (Graz 1977); 日本キリスト教協議会信仰と職制委員会，日本カトリック教会エキュメニズム委員会編訳『洗礼・聖餐・職務—教会の見える一致をめざして』（日本基督教団出版局 1985）; 土屋吉正『典礼の刷新』（オリエンス宗教研究所 1985）; 岸本羊一『礼拝の神学』（日本基督教団出版局 1991）; J. A. ユングマン『ミサ』福地幹男訳（オリエンス宗教研究所 1992）: J. A. JUNGMANN, *The Mass* (Collegeville, Minn. 1976); P. ALTHAUS, *Das Wesen des evangelischen Gottesdienstes* (Gütersloh 1926); P. BRUNNER, "Zur Lehre vom Gottesdienst der im Namen Jesu versammelten Gemeinde," *Leiturgia*, 1 (1954) 83-364; C. VAGAGGINI, *Il senso teologico della liturgia* (Roma 1957); K.-H. BIERITZ, "Ansätze zu einer Theorie des Gottesdienstes," ThLZ 100 (1975) 721-37; H. REIFENBERG, *Fundamentalliturgie*, 2 v. (Klosterneuburg 1978); P. CORNEHL, "Theorie des Gottesdienstes: Ein Prospekt," ThQ 159 (1979) 178-95; D. N. POWER, "Cult to Culture: The Liturgical Foundation of Theology," Worship, 54

てんれいたいかい

(1980) 482-95; G. WAINWRIGHT, *Doxology, the Praise of God in Worship, Doctrine and Life: A Systematic Theology* (New York 1980); A. KAVANAGH, *On Liturgical Theology* (New York 1984); F. KOHLSCHEIN, "Symbol und Kommunikation als Schlüsselbegriffe einer Theologie und Theorie der Liturgie," LJ 35 (1985) 200-18.
(石井祥裕)

てんれいたいかい　典礼大会　〔英〕liturgical congress,〔独〕liturgischer Kongreß,〔仏〕congrés liturgique　第2次世界大戦後，教皇 *ピウス12世の回勅 *『メディアトール・デイ』が公布されて以降，*典礼運動の盛り上がりを示す典礼大会が国内的・国際的レベルで開催されるようになった．歴史的に重要なのは1950年に *フランクフルト・アム・マインで開催された第1回ドイツ典礼大会(テーマ「共同体における主日ミサ」)および1955年の *ミュンヘンにおける第2回ドイツ典礼大会(テーマ「典礼と信仰心」)である．1956年9月にはイタリアの *アッシジで第1回国際司牧典礼大会が開催され，「教皇ピウス12世のもとにおける司牧の精神からの典礼の刷新」をテーマに世界的な典礼刷新の気運を盛り上げた．これらは，第2 *ヴァティカン公会議による典礼刷新の先駆けとなった．
【文献】F. KOLBE, *Die Liturgische Bewegung* (Aschaffenburg 1964).
(石井祥裕)

てんれいちゅうき　典礼注規　〔ラ〕rubrica,〔英〕rubric,〔独〕Rubrik,〔仏〕rubrique　*典礼書中に典礼式文と区別するために赤字で書かれた，祭儀を執行するための指示や規定．ラテン語の「赤い」(ruber)に由来し，ラテン語のままルブリカと呼ばれることもある．古代の法令集で本文と区別するために表題や見出しを朱書きした習慣を，教会が典礼書に導入したものと考えられる．初期の時代の *サクラメンタリウムには詳しい典礼注規はみられないが，中世以降 *『オルド・ロマーヌス』に代表される定式書中に，祭儀執行に関する詳細な指示が記載され，*パリ大学の教授ファーヴァーシャム(Faversham)のハイモ(Haimo, ?-1243)が簡素な典礼注規を用いるまではかなり冗長な表現が用いられた．*トリエント公会議後の典礼書では，祭儀全般について解説する一般典礼注規 (rubricae generales) と個々の典礼文につけられた特殊典礼注規 (rubricae speciales) に分けられた．中世末期に典礼上の指示についての体系的な教えが発達すると，典礼注規は正しい祭儀執行のための守るべき規則という法的な色彩が強く現れた．第2 *ヴァティカン公会議で改訂された典礼書では典礼注規として各典礼書の冒頭に，祭儀に関する神学的解説と祭儀執行に関する司牧的・実践的解説を「緒言」(Praenotanda)として掲げ，各式文につけられた注規は，法的な規定ではなく司牧的側面を考慮した，司式者への具体的な指示を主体にしたものとなっている．
【文献】カ大3: 642; LThK³ 8: 1340-41; NCE 17: 589.
(宮越俊光)

てんれいび　典礼日　〔ラ〕dies liturgicus,〔英〕liturgical day,〔独〕liturgischer Tag,〔仏〕jour liturgique　*典礼暦を構成する単位で，真夜中から真夜中まで続く一日を指す．典礼日は，*主日，*祭日，*祝日，記念日(義務と任意)，*週日に分類される．なお，主日と祭日の場合，前日の夕刻からすでにその日が始まっているものとし，*前晩のミサや *前晩の祈りがささげられる．各典礼日には，その日のために定められた聖書朗読配分や詩編配分などに基づいて *ミサと *教会の祈り(聖務日課)が執り行われる．特にミサの福音朗読で告げられるキリストの救いの出来事は，各典礼日に教会全体が記念する主題(→ 記念)となっている(「典礼暦年と典礼暦に関する一般原則」3-16項参照)．
【典礼日の優先順位】典礼日には *聖人の記念日のように日づけで固定されている典礼日と，日づけで固定できない典礼日とがある．そのため，一年のうちには複数の典礼日が重なることがある．その場合，どの典礼日を優先的に祝うかを判断する基準が，典礼日の優先順位として提示されており，これに基づいてその日の典礼の聖書朗読箇所や *祈願が選ばれる．
〔典礼日の優先順位表〕(同59-61項)
I
(1) 主の受難と復活からなる *過越の三日間．
(2) 主の *降誕，主の *公現，主の *昇天，*聖霊降臨．
　　*待降節，*四旬節，*復活節の主日．
　　*灰の水曜日．
　　月曜日から木曜日に至るまでの *聖週間の週日．
　　復活の *8日間中の日．
(3) 一般暦に記載されている主の祭日，聖母と聖人の祭日．
　　死者の日．
(4) 固有の祭日，すなわち，
　　イ．国家のおもな保護者の祭日．
　　ロ．固有の教会の献堂，および献堂記念の祭日．
　　ハ．固有の教会の名称の祭日．
　　ニ．盛式誓願 *修道会または単式誓願修道会の名称，創立者，あるいは，おもな保護者の祭日．
II
(5) 一般暦に記載されている主の祝日．
(6) 降誕節の主日と年間主日．
(7) 一般暦に記載されている聖母と聖人の祝日．
(8) 固有の祝日，すなわち，
　　イ．教区のおもな保護者の祝日．
　　ロ．*司教座教会献堂記念の祝日．
　　ハ．地方，管区，国家，あるいは，より広い地域のおもな保護者の祝日．
　　ニ．盛式誓願修道会または単式誓願修道会，および修道管区の名称，創立者，おもな保護者の祝日．ただし，(4)の規定を守ること．
　　ホ．ある特定の教会に固有な他の祝日．
　　ヘ．教区あるいは盛式誓願修道会または単式誓願修道会の暦に記載されている他の祝日．
(9) 12月17日から24日までの待降節の週日．
　　降誕の8日間中の日．
　　四旬節の週日．
III
(10) 一般暦の義務の記念日．
(11) 固有の義務の記念日，すなわち，
　　イ．教区，管区または地方，国家，より広い地域，盛式誓願修道会または単式誓願修道会と修道管区の二次的な保護者の記念日．
　　ロ．教区あるいは盛式誓願修道会または単式誓願修道会の暦に記載されているその他の義務の記念日．
(12) 任意の記念日の中で，「ローマ・ミサ典礼書の総則」

と「教会の祈りの総則」に特記されているため，(9)に該当する日であっても祝うことができる記念日．

同じ理由から，四旬節の週日と偶然に重なる義務の記念日は任意の記念日として祝うことができる．

(13) 12月16日までの待降節の週日．

1月2日から公現後の土曜日までの降誕節の週日．復活の8日間の後の月曜日から，聖霊降臨前の土曜日までの復活節の週日．年間週日．

【文献】日本カトリック典礼委員会編『ミサ典礼書の総則と典礼暦年の一般原則』(カトリック中央協議会 1994) 129-31, 142-44; P. HARNONCOURT, *Der Kalender*, GDK 6/1: 53-54.

(宮越俊光)

てんれいひぎ　典礼秘義　→　秘義神学

てんれいほうき　典礼法規　〔ラ〕lex liturgicae, 〔英〕liturgical law, 〔独〕liturgisches Recht, 〔仏〕loi liturgique

典礼をどのように執り行うかについての教会法的定め．典礼が教会の公的な礼拝であるということから，このような規範は古来，必要とされ，教会生活の規範を記す『十二使徒の教訓』やローマの*ヒッポリュトスの*『使徒伝承』，さらに*『使徒教憲』*『使徒戒規』などの文書は典礼法規を主な内容としていた．古代末期以降，もろもろの*典礼様式が成立し，伝来の慣習や典礼の形式が整えられるとともに，しだいにそれぞれの地域・教区・修道会ごとの伝承を成文化する*典礼書が現れた．西方では，中世末期の典礼書の乱立の傾向が反省され，*トリエント公会議とその後の典礼改革によって典礼書の統一が図られ，典礼の規制権が*使徒座にあることが明確化され，監督機関として礼部聖省(典礼秘跡省の前身)が設置された．こうして使徒座が発行する典礼書が典礼法規の源泉とされた．1917年の旧『教会法典』は，「典礼を規制し，典礼書を認可するのは，使徒座のみの権限である」(1257条)と明記し，典礼書による以外，教会法典として典礼法規は定めない原則を掲げている(2条参照)．第2*ヴァティカン公会議による典礼刷新は，トリエント公会議後の典礼書と典礼法規の改定として行われ，新しい典礼書の規範版(〔ラ〕editio typica)を発行するかたちで進められている．それとともに，規範版の翻訳や適応を含む，各国・各地域の*司教協議会のもとでの典礼規制権を認め，促している(『典礼憲章』36-40項)．現在では，典礼書における総則(institutio generalis)，緒言(praenotanda)のほか教皇や典礼省の発する公文書が典礼法規の主要源泉であり，新『教会法典』もこれらに基づいて*秘跡と典礼に関する法規(840-1253条)を敷衍・集成している．

【文献】NDSW 661-69; 土屋吉正『典礼の刷新』(オリエンス宗教研究所 1984) 451-70; H. B. MEYER, *Eucharistie*, GDK 4: 515-48.

(石井祥裕)

てんれいもんだい　典礼問題　→　中国の典礼問題

てんれいようしき　典礼様式　〔ラ〕ritus, 〔英〕rite, 〔独〕Ritus, 〔仏〕rit

*典礼の歴史のなかで，言語や教会行政組織の区分，また教理的な立場などを原因としてさまざまな典礼様式が形成されてきた．教会成立時から4世紀にかけての典礼形成期においては，使徒的伝承の諸系統によって，多様な典礼伝承があったと思われるが，典礼史上でいう典礼様式とは，4世紀におけるキリスト教の公認と国教化の過程で教会の地理的・組織的な区分の進展とともに生じた，それ以降の典礼様式のことをいう．この形成にあたっては，*エルサレム，オロンテス河畔の*アンティオケイア，*アレクサンドリア，*ローマ，*コンスタンティノポリスなどの中心都市が規範的な中心となり，相互影響や地域ごとの変遷を経て，5世紀から7世紀にかけて諸様式の古典的な形成が進んだ．大きく分けて東方諸典礼様式と西方諸典礼様式に分かれる．東方典礼のなかではビザンティン典礼(→クリュソストモス典礼，バシレイオス典礼)が後に*東方正教会の典礼様式として広範囲な影響力をもつものとなった．西方でも多様な伝統があったが，*ミラノ典礼が独自の様式を現代に至るまで保った以外は，フランク王国で採用されて普遍化された*ローマ典礼が西方ラテン典礼様式としてローマ・カトリック教会の典礼様式とされた．西方の典礼様式は*ラテン語を*典礼言語とするのに対して，東方では，各民族語の採用によりそれぞれの地域的特色が生まれた．西方でラテン語以外の礼拝様式が生まれるのは，*宗教改革後の各教派の成立によるものであるが，それは教理的立場における分裂を反映するものとなった．

典礼様式の違いは，典礼の名称や用語の違いをはじめ，各典礼の式次第や式文の違いに顕著に表れ，そこには教理的立場・神学の違いなども反映される．また，個々の儀式要素，すなわち*動作・*姿勢，聖歌，*祭服，*教会堂建築などの形式や慣習の違いにも及ぶ．典礼様式は，さらに典礼儀式の枠内だけではなく，その教会伝統に属する*信仰心・*霊性・慣習の総体を示すものという意味合いを含むようになり，一つの教会組織に所属することが，その教会の典礼様式に代表される宗教生活の様式に従うことをも意味するまでになった．しかし，ローマ・カトリック教会に属しつつも，伝来の東方典礼様式が認められていく例もある(→カトリック東方教会)．このような，教会組織上の一致のもとで多様な典礼様式を認めていく姿勢は，現代の第2*ヴァティカン公会議が各国・地域の教会において各民族文化の伝統要素を積極的に受容することを進めることによって，一層明確にされた(『典礼憲章』38項；『宣教活動教令』22項等)．それは，ある意味で，典礼言語や儀式要素の部分的な採用というだけでなく，各民族の精神性に合った典礼生活の様式・霊性・信仰心の形成まで視野に入れた文化受容を意味する(→インカルチュレーション)．その場合，キリスト教としての一致やカトリック的な一致がどのように示され，またどのように各教会独自の様式が形成されるべきかは，今後の宣教経験や典礼生活の積み重ねのなかで問われていく課題となっている．

【文献】J. A. ユングマン『古代キリスト教典礼史』石井祥裕訳(平凡社 1997); J. A. JUNGMANN, *Liturgie der christlichen Frühzeit* (Fribourg 1967); A. G. MARTIMORT, ed., *The Church at Prayer*, v. 1 (Collegeville 1987) 19-84; H. B. MEYER, *Eucharistie*, GDK 4: 515-48.

(石井祥裕)

てんれいれき　典礼暦　〔ラ〕calendarium liturgicum, 〔英〕liturgical calendar, 〔独〕liturgischer Kalender, 〔仏〕calendrier liturgique

教会が1年間の各日に定められた典礼祭儀を行っていくために用いられる暦．狭義では，個々の日がキリストの救いの秘義のどの

てんれいれき

日本で適用されている一般ローマ暦

(祭)は祭日，(祝)は祝日，(記)は記念日，〔　〕は任意の記念日(人名は本事典表記による).

1月

- 1日　神の母聖マリア　　　　　　　　　　　　　　　(祭)
- 2日　聖バシレイオス(カイサレイアの)　聖グレゴリオス(ナジアンゾスの)司教教会博士　　　　　　　(記)
- 3日
- 4日
- 5日
- 6日
- 7日　〔聖ライムンドゥス(ペニャフォルトの)司祭〕
- 8日
- 9日
- 10日
- 11日
- 12日
- 13日　〔聖ヒラリウス(ポアティエの)司教教会博士〕
- 14日
- 15日
- 16日
- 17日　聖アントニオス(エジプトの)修道院長　　　(記)
- 18日
- 19日
- 20日　〔聖ファビアヌス教皇殉教者〕
　　　　〔聖セバスティアヌス殉教者〕
- 21日　聖アグネス(ローマの)おとめ殉教者　　　　(記)
- 22日　〔聖ウィンケンティウス(サラゴサの)助祭殉教者〕
- 23日
- 24日　聖フランソア・ド・サル司教教会博士　　　(記)
- 25日　**聖パウロの回心**　　　　　　　　　　　　(祝)
- 26日　聖テモテ　聖テトス司教　　　　　　　　　(記)
- 27日　〔聖アンジェラ・メリチおとめ〕
- 28日　聖トマス・アクィナス司祭教会博士　　　　(記)
- 29日
- 30日
- 31日　聖ジョヴァンニ・ボスコ司祭　　　　　　　(記)

*主の公現(祭日)：1月2日から8日の間の主日
*主の洗礼(祝日)：主の公現直後の主日．主の公現が1月7日か8日の場合は翌日の月曜日

2月

- 1日
- 2日　**主の奉献**　　　　　　　　　　　　　　　(祝)
- 3日　〔聖ブラシオス(セバステの)司教殉教者〕
　　　〔聖アンスガル司教〕
- 4日
- 5日　**日本26聖人殉教者**　　　　　　　　　　　(祝)
- 6日　聖アガタおとめ殉教者　　　　　　　　　　(記)
- 7日
- 8日　〔聖ジロラモ・ミアーニ〕
- 9日
- 10日　聖スコラスティカおとめ　　　　　　　　　(記)
- 11日　〔ルルドの聖母〕
- 12日
- 13日
- 14日　聖キュリロス(コンスタンティノポリスの)隠世修道者
　　　　聖メトディオス1世(コンスタンティノポリスの)司教　　　　　　　　　　　　　　　　　　　(記)
- 15日
- 16日
- 17日　〔聖母のしもべ会7聖人〕
- 18日
- 19日
- 20日
- 21日　〔聖ペトルス・ダミアニ司教教会博士〕
- 22日　**聖ペトロの使徒座**　　　　　　　　　　　(祝)
- 23日　聖ポリュカルポス司教殉教者　　　　　　　(記)
- 24日
- 25日
- 26日
- 27日
- 28日

3月

- 1日
- 2日
- 3日
- 4日　〔聖カジミエシュ〕
- 5日
- 6日
- 7日　聖ペルペトゥアと聖フェリキタス殉教者　　(記)
- 8日　〔聖フアン・デ・ディオス修道者〕
- 9日　〔聖フランチェスカ(ローマの)修道女〕
- 10日
- 11日
- 12日
- 13日
- 14日
- 15日
- 16日
- 17日　〔長崎の信徒発見記念日〕
　　　　〔聖パトリキウス司教〕
- 18日　〔聖キュリロス(エルサレムの)司教教会博士〕
- 19日　**聖ヨセフ**　　　　　　　　　　　　　　　(祭)
- 20日
- 21日
- 22日
- 23日　〔聖トリビオ・アルフォンソ・デ・モグロベホ司教〕
- 24日
- 25日　**神のお告げ**　　　　　　　　　　　　　　(祭)
- 26日
- 27日
- 28日
- 29日
- 30日
- 31日

*聖ヨセフ(3月19日)：受難の主日と重なる場合は前日の土曜日．守るべき祭日でない場合，司教協議会は四旬節以外の日に移すことができる
*神のお告げ(3月25日)：聖週間あるいは復活の8日間に重なる場合は復活節第2主日後の月曜日

4月

- 1日
- 2日　〔聖フランチェスコ(パウラの)隠世修道者〕
- 3日
- 4日　〔聖イシドルス(セビリャの)司教教会博士〕
- 5日　〔聖ビセンテ・フェレル司祭〕
- 6日
- 7日　聖ジャン・バティスト・ド・ラ・サール司祭　(記)
- 8日
- 9日
- 10日
- 11日　聖スタニスラフ(クラコフの)司教殉教者　　(記)
- 12日
- 13日　〔聖マルティヌス1世教皇殉教者〕
- 14日
- 15日
- 16日
- 17日
- 18日
- 19日
- 20日
- 21日　〔聖アンセルムス(カンタベリの)司教教会博士〕
- 22日
- 23日　〔聖ゲオルギオス殉教者〕
　　　　〔聖アダルベルト(プラハの)司教殉教者〕
- 24日　〔聖フィデリス(ジークマリンゲンの)司祭殉教者〕
- 25日　**聖マルコ福音記者**　　　　　　　　　　　(祝)
- 26日
- 27日
- 28日　〔聖ピエール・シャネル司祭殉教者〕
　　　　〔聖ルイ・マリー・グリニョン・ド・モンフォール司祭〕
- 29日　聖カテリーナ(シエナの)おとめ教会博士　　(記)
- 30日　〔聖ピウス5世教皇〕

5月

- 1日 〔労働者聖ヨセフ〕
- 2日 聖アタナシオス司教会博士　　　　　　　　　　　（記）
- 3日 **聖フィリポ　聖ヤコブ使徒**　　　　　　　　　　（祝）
- 4日
- 5日
- 6日
- 7日
- 8日
- 9日
- 10日
- 11日
- 12日 〔聖ネレウスと聖アキレウス殉教者〕
  〔聖パンクラティウス殉教者〕
- 13日
- 14日 **聖マティア使徒**　　　　　　　　　　　　　　　（祝）
- 15日
- 16日
- 17日
- 18日 〔聖ヨアンネス1世教皇殉教者〕
- 19日
- 20日 〔聖ベルナルディヌス（シエナの）司祭〕
- 21日
- 22日
- 23日
- 24日
- 25日 〔聖ベダ・ヴェネラビリス司祭教会博士〕
  〔聖グレゴリウス7世教皇〕
  〔聖マリア・マッダレーナ・デ・パッツィおとめ〕
- 26日 聖フィリッポ・ネリ司祭　　　　　　　　　　　　（記）
- 27日 〔聖アウグスティヌス（カンタベリの）司教〕
- 28日
- 29日
- 30日
- 31日 **聖母の訪問**　　　　　　　　　　　　　　　　　（祝）
  *主の昇天（祭）：復活節第7主日
  *三位一体の主日（祭）：聖霊降臨後第1主日
  *キリストの聖体（祭）：聖霊降臨後第2主日

6月

- 1日 聖ユスティノス殉教者　　　　　　　　　　　　　（記）
- 2日 〔聖マルケリヌスと聖ペトルス殉教者〕
- 3日 聖カロルス・ルワンガと同志殉教者（→ウガンダの殉教者）　　　　　　　　　　　　　　　　　　　　　（記）
- 4日
- 5日 聖ボニファティウス司教殉教者　　　　　　　　　（記）
- 6日 〔聖ノルベルト（クサンテンの）司教〕
- 7日
- 8日
- 9日 〔聖エフラエム（シリアの）助祭教会博士〕
- 10日
- 11日 聖バルナバ使徒　　　　　　　　　　　　　　　　（記）
- 12日
- 13日 聖アントニウス（パドヴァの）司祭教会博士　　　（記）
- 14日
- 15日
- 16日
- 17日
- 18日
- 19日 〔聖ロムアルド（カマルドリの）修道院長〕
- 20日
- 21日 聖アロイシウス・ゴンザーガ修道者　　　　　　　（記）
- 22日 〔聖パウリヌス（ノラの）司祭〕
  〔聖ジョン・フィッシャー司教　聖トマス・モア殉教者〕
- 23日
- 24日 **洗礼者聖ヨハネの誕生**　　　　　　　　　　　　（祭）
- 25日
- 26日
- 27日 〔聖キュリロス（アレクサンドリアの）司教教会博士〕
- 28日 聖エイレナイオス司教殉教者　　　　　　　　　　（記）
- 29日 **聖ペトロ　聖パウロ使徒**　　　　　　　　　　　（祭）
- 30日 〔ローマ教会最初の殉教者たち〕
  *イエスのみ心（祭）：聖霊降臨後第2主日後の金曜日
  *聖母のみ心（記）：聖霊降臨後第2主日後の土曜日

7月

- 1日
- 2日
- 3日 **聖トマス使徒**　　　　　　　　　　　　　　　　（祝）
- 4日 〔聖イサベル（ポルトガルの）〕
- 5日 〔聖アントニオ・マリア・ザッカリア司祭〕
- 6日 〔聖マリア・ゴレッティおとめ殉教者〕
- 7日
- 8日
- 9日
- 10日
- 11日 聖ベネディクトゥス（ヌルシアの）修道院長　　　（記）
- 12日
- 13日 〔聖ハインリヒ〕
- 14日 〔聖カミロ・デ・レリス司祭〕
- 15日 聖ボナヴェントゥラ司教会博士　　　　　　　　　（記）
- 16日 〔カルメル山の聖母〕
- 17日
- 18日
- 19日
- 20日
- 21日 〔聖ラウレンティウス（ポルトガルの）司祭教会博士〕
- 22日 聖マリア（マグダラの）　　　　　　　　　　　　（記）
- 23日 〔聖ビルギッタ（スウェーデンの）修道女〕
- 24日
- 25日 **聖ヤコブ使徒**　　　　　　　　　　　　　　　　（祝）
- 26日 聖マリアの両親聖ヨアキムと聖アンナ　　　　　　（記）
- 27日
- 28日
- 29日 聖マルタ　　　　　　　　　　　　　　　　　　　（記）
- 30日 〔聖ペトルス・クリソログス司教教会博士〕
- 31日 聖イグナティウス・デ・ロヨラ司祭　　　　　　　（記）

8月

- 1日 聖アルフォンソ・マリア・デ・リグオーリ司教教会博士　　　　　　　　　　　　　　　　　　　　　（記）
- 2日 〔聖エウセビウス（ヴェルチェリの）司教〕
  〔聖ピエール・ジュリアン・エマール司祭〕
- 3日
- 4日 聖ジャン・バティスト・マリー・ヴィアンネ司祭（記）
- 5日 〔聖マリア教会の献堂〕
- 6日 **主の変容**　　　　　　　　　　　　　　　　　　（祝）
- 7日 聖シクストゥス2世教皇と同志殉教者〕
  〔聖カイエタヌス司祭〕
- 8日 聖ドミニクス司祭　　　　　　　　　　　　　　　（記）
- 9日
- 10日 **聖ラウレンティウス（ローマの）助祭殉教者**　　（祝）
- 11日 聖クララ（アッシジの）おとめ　　　　　　　　　（記）
- 12日
- 13日 〔聖ポンティアヌス教皇　聖ヒッポリュトス（ローマの）司祭殉教者〕
- 14日 聖マクシミリアン・マリア・コルベ司祭殉教者　　（記）
- 15日 **聖母の被昇天**　　　　　　　　　　　　　　　　（祭）
- 16日 〔聖ステファヌス1世（ハンガリーの）〕
- 17日
- 18日
- 19日 〔聖ジャン・ユード司祭〕
- 20日 聖ベルナルドゥス（クレルヴォーの）修道院長教会博士　　　　　　　　　　　　　　　　　　　　　（記）
- 21日 聖ピウス10世教皇　　　　　　　　　　　　　　　（記）
- 22日 天の元后聖マリア　　　　　　　　　　　　　　　（記）
- 23日 〔聖ローサ（リマの）おとめ〕
- 24日 **聖バルトロマイ使徒**　　　　　　　　　　　　　（祝）
- 25日 〔聖ルイ9世〕
  〔聖ホセ・デ・カラサンス司祭〕
- 26日
- 27日 聖モニカ　　　　　　　　　　　　　　　　　　　（記）
- 28日 聖アウグスティヌス司教会博士　　　　　　　　　（記）
- 29日 洗礼者聖ヨハネの殉教　　　　　　　　　　　　　（記）
- 30日
- 31日

てんれいれき

9月		
1日		
2日		
3日	聖グレゴリウス1世教皇教会博士	（記）
4日		
5日		
6日		
7日		
8日	**聖マリアの誕生**	（祝）
9日	〔聖ペドロ・クラベル司祭〕	
10日	日本205福者殉教者	（記）
11日		
12日		
13日	聖ヨアンネス・クリュソストモス司教教会博士	（記）
14日	**十字架称賛**	
15日	悲しみの聖母	（記）
16日	聖コルネリウス教皇　聖キプリアヌス司教殉教者	（記）
17日	〔聖ロベルト・ベラルミーノ司教教会博士〕	
18日		
19日	〔聖ヤヌアリウス（ナポリの）司教殉教者〕	
20日	聖アンドレア金大建と同志殉教者	（記）
21日	**聖マタイ使徒福音記者**	（祝）
22日		
23日		
24日		
25日		
26日	〔聖コスマスと聖ダミアヌス殉教者〕	
27日	聖ヴァンサン・ド・ポール司祭	（記）
28日	聖トマス西と15殉教者	（記）
29日	**聖ミカエル　聖ガブリエル　聖ラファエル大天使**	（祝）
30日	聖ヒエロニムス司祭教会博士	（記）

10月		
1日	聖テレーズ（リジューの）おとめ教会博士	（記）
2日	守護の天使	（記）
3日		
4日	聖フランチェスコ（アッシジの）修道者	（記）
5日		
6日	〔聖ブルノ司祭〕	
7日	ロザリオの聖母	（記）
8日		
9日	〔聖ディオニシウス（パリの）司教と同志殉教者〕	
	〔聖ジョヴァンニ・レオナルディ司祭〕	
10日		
11日		
12日		
13日		
14日	〔聖カリストゥス1世教皇殉教者〕	
15日	聖テレサ（アビラの）おとめ教会博士	（記）
16日	聖ヘートヴィヒ修道女	
	〔聖マルグリット・マリー・アラコックおとめ〕	
17日	聖イグナティオス（アンティオケイアの）司教殉教者	（記）
18日	**聖ルカ福音記者**	（祝）
19日	〔聖ジャン・ド・ブレブーフ　聖イザク・ジョーグ司祭と同志殉教者〕	
	〔聖パオロ（十字架の）司祭〕	
20日		
21日		
22日		
23日	〔聖ジョヴァンニ（カペストラーノの）司祭〕	
24日	〔聖アントニオ・マリア・クラレト・イ・クララ司教〕	
25日		
26日		
27日		
28日	**聖シモン　聖ユダ使徒**	（祝）
29日		
30日		
31日		

11月		
1日	**諸聖人**	（祭）
2日	死者の日	
3日	〔聖マルティノ・デ・ポレス修道者〕	
4日	聖カルロ・ボロメオ司教	（記）
5日		
6日		
7日		
8日		
9日	**ラテラノ教会の献堂**	（祝）
10日	聖レオ1世教皇教会博士	（記）
11日	聖マルティヌス（トゥールの）司教	（記）
12日	聖ヨサファト・クンツェヴィチ司教殉教者	（記）
13日		
14日		
15日	〔聖アルベルトゥス・マグヌス司教教会博士〕	
16日	〔聖マルガリタ（ロスキレの）〕	
17日	聖エリーザベト（ハンガリーの）修道女	（記）
18日	〔聖ペトロ教会と聖パウロ教会の献堂〕	
19日		
20日		
21日	聖マリアの奉献	（記）
22日	聖カエキリア（ローマの）おとめ殉教者	（記）
23日	〔聖クレメンス1世教皇殉教者〕	
	〔聖コルンバヌス修道院長〕	
24日	聖アンドレア・ドゥン・ラク司祭と同志殉教者（→ヴェトナムの殉教者）	（記）
25日		
26日		
27日		
28日		
29日		
30日	**聖アンデレ使徒**	（祝）

*王であるキリスト（祭）：年間最後の主日

12月		
1日		
2日		
3日	**聖フランシスコ・ザビエル司祭**	（祝）
4日	〔聖ヨアンネス（ダマスコの）司祭教会博士〕	
5日		
6日	〔聖ニコラオス（ミュラの）司教〕	
7日	聖アンブロシウス司教教会博士	（記）
8日	**無原罪の聖マリア**	（祭）
9日		
10日		
11日	〔聖ダマスス1世教皇〕	
12日	〔聖ジャンヌ・フランソアーズ・フレミオ・ド・シャンタル修道女〕	
13日	聖ルキア（シラクーザの）おとめ殉教者	（記）
14日	聖フアン・デ・ラ・クルス司祭教会博士	（記）
15日		
16日		
17日		
18日		
19日		
20日		
21日	〔聖ペトルス・カニシウス司祭教会博士〕	
22日		
23日	〔聖ヤン・カンティ司祭〕	
24日		
25日	**主の降誕**	（祭）
26日	聖ステファノ殉教者	（祝）
27日	聖ヨハネ使徒福音記者	（祝）
28日	幼子殉教者	（祝）
29日	〔聖トマス・ベケット司教殉教者〕	
30日		
31日	〔聖シルヴェステル1世教皇〕	

*聖家族（祝）：主の降誕の8間中の主日．その間に主日がない場合は12月30日

【文献】日本カトリック典礼委員会編『ミサ典礼書の総則と典礼暦年の一般原則』（カトリック中央協議会1999）．

ような側面を記念する日であるか，またどのような*聖人を記念する日であるか，などを示す1年間の暦（カレンダー）を指す．*復活祭が毎年異なる日に祝われるため，一般の社会生活を営むための暦と同様に，年ごとに異なった典礼暦が必要となる．こうした年ごとに作成される暦は「オルド」（〔ラ〕Ordo）と呼ばれる．

【形成】初期時代のキリスト者は*カエサルの定めた*ローマ帝国の暦（ユリウス暦）に従うとともに，*ユダヤ教の伝統に従って7日間からなる1週間の周期を受け入れていた．その中心はキリストが復活した週の初めの日，すなわち*主日である．主日には信者は一つに集まり，キリストの死と復活を記念し，これは週ごとに祝われる「小復活祭」として位置づけられた．

この週の周期とともにユダヤ教の二大祝日（*過越祭と*五旬祭）を受け継ぎ，それらにキリストの復活を中心とする祭典を導入することで，キリスト教独自の暦が発展していった．典礼暦の頂点である復活祭の日づけは，ニサンの月の14日に祝う人々と，週の初めの日である主日に祝う人々との間で議論が交わされたが（→復活祭論争），第1*ニカイア公会議（325）によって春分の日のあとの満月の次の日曜日に祝うことが正式に承認された．そして，過越祭から50日目に祝われていた五旬祭を*聖霊降臨祭として祝い，この50日間をキリストの復活を盛大に祝う季節（*復活節）とした．また，4世紀からは復活祭の準備期間として設けられた*四旬節が信者の*回心と*洗礼志願者のための準備期間として各地で祝われることとなった．

典礼暦におけるもう一つの柱となる主の*降誕と*公現も4世紀にキリスト者の暦に導入された．降誕祭はローマ帝国で祝われていた不滅の太陽の祝祭をキリスト教化したもので，公現祭もエジプトを起源とする祝祭が導入されたものである．さらに四旬節に倣って，降誕祭の前の準備期間として*待降節が設けられた．また，キリストの生涯の他の出来事を記念する祝祭日が幾つか導入され，こうして，キリストの*過越の秘義と顕現の秘義を中心とする典礼暦の枠組みが成立することとなった．

キリストの生涯の出来事の記念とともに祝われたのが，*マリアに関する祝日と，*使徒や*殉教者などの聖人に関する祝日である．これらは，2-3世紀頃からそれぞれの聖人にゆかりの地を中心に発展し，1年の特定の日に記念することが「聖人暦」（→聖人の記念）として定着した．5-6世紀以降キリストの生涯を中心とした典礼暦の枠組みに大きな変更はみられないが，聖人の記念は民間信心とも結びついて，特定の地方に根づいた信仰形態ともなり，その数も増え，典礼暦のなかに占める割合も大きくなった．そのため，キリストの生涯を1年を周期として記念するという典礼暦本来の姿を覆い隠す傾向が強くなった．

【現代の改定】上記のような状況を反省し，教皇*ピウス10世の頃から典礼暦の見直しが徐々に始まり，1951年には*ピウス12世によって*復活徹夜祭が復興され，1955年には*聖週間の典礼全体が刷新された．そして，第2*ヴァティカン公会議の『典礼憲章』は，106項で主日の重要性を確認し，典礼暦を改定する意義について次のように述べている．「聖なる諸季節に行なわれる伝統的な慣習や規律を現代の状況に応じて保存または復旧しなければならない．こうして，それらの本来の性格を維持し，キリストのあがないの秘義，ことに過越秘義を祝うことによって，信者の信仰心を正しく養うようにしなければならない」（107項）．さらに季節固有の部について（108項），四旬節について（109-10項），聖人の祝日について（111項）それぞれ述べ，改定の基本方針を明確にした．こうした方針を受けて典礼暦の改定作業が着手され，*パウルス6世の1969年2月14日付自発使徒書簡『ミステリイ・パスカーリス』（Mysterii paschalis）によって，典礼暦年に関する一般原則と新しい一般ローマ暦が認可され，現在に至っている．

【典礼暦年】待降節第1主日に始まり年間第34週の土曜日で終わる，1年間を周期とする暦（〔ラ〕annus liturgicus，〔英〕liturgical year，〔独〕Kirchenjahr，〔仏〕année liturgique）を典礼暦年という．この1年を通してキリストの救いの秘義全体が記念されると同時に，マリアや聖人の記念日が特定の日に組み込まれて構成される．

典礼暦年を構成する最小の単位は個々の*典礼日であるが，典礼暦年は1週間を基本的な単位として展開されていく．そのなかで主日は特別な重要性と意義をもって祝われる．典礼暦年の1年の周期は，キリストの秘義のさまざまな側面を記念する諸節とそれ以外の期間とに分けられる．前者は，待降節，降誕節，四旬節，聖なる*過越の三日間，復活節からなる．後者の期間（33ないし34週）は，年間と呼ばれる．

【典礼季節】1年の周期のなかで*キリスト秘義のうちの主要な出来事を祝う諸節を典礼季節という．まず，復活祭（過越の三日間，復活徹夜祭，復活の主日）を頂点として，その準備の季節としての四旬節，復活の主日に続く50日間つまり復活節がある．全体として過越の季節と捉えることができる．キリスト教信仰の核心である主の過越の秘義を祝う季節として教会生活にとって根源的な意味をもち，特に入信の準備・入信式・入信直後のため，また信者全体の回心と信仰生活の刷新を意図したミサの聖書朗読配分が大きな特徴である．

もう一つの重要な典礼季節は，主の降誕，公現を中心とする季節である降誕節とその準備期間としての待降節である．これらによって，教会による第一の来臨（主の降誕）の記念と第二の来臨（*終末）への待望が結びつけられ，世界の歴史のなかに現れた神の救いの恵みを喜び祝い，その完成を祈ることになる．このような意味で，全体を顕現の季節と捉えることができる．なお，暦日的にはこの期間に属さないが，神のお告げ（3月25日，降誕の9か月前）や主の奉献（2月2日，降誕後40日目）も顕現の季節の祝祭日に数えられる．

【季節固有】典礼暦の編成において，典礼季節に該当する部分のことで「季節の部」（〔ラ〕Proprium de Tempore）と呼ばれる．後述の年間の部と並んで，典礼暦年中，キリストの秘義をめぐる主要部分を構成する．これに加えて聖人の祭典（Sanctorale）によって典礼暦が構成される（「典礼暦年と典礼暦に関する一般原則」49項）．

【年間】典礼暦年の1年の周期のなかから，固有な特質をもつ諸節（待降節，降誕節，四旬節，聖なる過越の三日間，復活節）を除いて残る，33ないし34週からなる期間を年間（〔ラ〕tempus per annum，〔英〕ordinary time，〔独〕Zeit im Jahreskreis，〔仏〕temps ordinaire）と総称する．年間は二つの部分に分けられる．まず，主の*洗礼の祝日の翌日の月曜日（主の洗礼の祝日が月曜日の場合は火曜日）から始まり，四旬節の初日である*灰の水曜日の前日まで続く．その後，四旬節，聖なる過越の三日間，復活節を挟み，復活節最終日の聖霊降臨の主日の翌日の月曜日から再び始まり，待降節第1主日の前晩の祈りの直前まで続く．年間の典礼では，キリストの救いの

てんれいれき

出来事の特定の側面は記念されず，むしろキリストの秘義全体を思い起こすような典礼が行われる（「典礼暦年と典礼暦に関する一般原則」43-44項参照）．

【一般暦と特殊暦】典礼暦は，ローマ典礼様式の教会全般にわたって用いられる「一般暦」（［ラ］calendarium generale）と，特定の地方教会や修道会などで用いられる「特殊暦」（calendarium particulare）に分けられる（「典礼暦年と典礼暦に関する一般原則」48項）．一般暦は，「季節と年間の部における救いの神秘の祭典，普遍的で重要な意義をもつために義務としてすべての人によって祝われる聖人の祭典，および神の民の聖性の普遍性と連続性を示す聖人の祭典」（同49項）で構成される．特殊暦には，「一般の周期との適当な比率で有機的に組み合わされた，固有の祭儀」が含まれており，各地の教会や修道会が独自の理由で固有の聖人を特別に崇敬するために必要であるが，「権限ある権威者によって作られ，使徒座の承認を得なければならない」（同49項）．また，特殊暦を編成する際には，救いの秘義を1年を通して記念するために設けられた季節と年間ならびに祝祭日の周期を守ること，典礼日の優先順位に基づいて一般の祭典との有機的な組み合わせを考慮し，各聖人の祭典を典礼暦年のなかで1回に限ること，救いの秘義を記念する周期のなかですでに祝われている他の祭典と重複しないようにすることなど（同50項）に留意しなければならない．

【現行典礼書】『ミサ典礼書の総則と典礼暦年の一般原則』（カトリック中央協議会1994）;『朗読聖書の緒言』（カトリック中央協議会1998）．

【文献】LThK³ 6: 15-18; Martimort 4: 1-150; 土屋吉正『暦とキリスト教』（オリエンス宗教研究所1987）; J. F. ホワイト『キリスト教の礼拝』越川弘英訳（日本基督教団出版局2000）; J. F. WHITE, *Introduction to Christian Worship* (Nashville 1990); A. ADAM, *Das Kirchenjahr mitfeiern* (Freiburg 1979); P. HARNONCOURT, H. AUF DER MAUR, *Feiern im Rhythmus der Zeit I. Herrenfeste in Woche und Jahr*, GDK 5 (Regensburg 1983); T. J. TALLEY, *The Origins of the Liturgical Year* (New York 1986); P. HARNONCOURT, H. AUF DER MAUR, *Feiern im Rhythmus der Zeit II/1*, GDK 6/1 (Regensburg 1994).

【祈願日と四季】祈願日または祈願祭（［ラ］rogationes, ［英］rogation days, ［独］Bittage, ［仏］regations）は，特別の祈りと *回心の日と定められた日で，ミサの結びに祈願行列が行われた．祝い方によって2種類の祈願日があった．より盛大に祝われたのはローマで成立した4月25日の祈願日（大祈願祭 litana maior）である．この日が福音記者聖マルコの祝日であることとの関連は特になく，むしろ，ローマの農耕神ロビグス（Robigus）をたたえ，疫病を避けるための春の祭りをキリスト教化したものと考えられる．もう一つは，主の昇天の祝日（復活祭から40日目の木曜日）直前の月曜日から水曜日までの3日間に行われた祈願日（小祈願祭 litaniae minores）で，5世紀末，ガリアのヴィエンヌの司教 *マメルトゥスによって災害からの保護を願う日として導入されたとされ，6世紀初めには全ガリアで行われ，800年頃にはローマにも伝えられた．

四季（［ラ］quattuor anni tempora, ［英］ember days, ［独］Quatembertage, ［仏］quatre-temps）は，回心や収穫の感謝や各季節の祝福を願う日で *断食の日でもあった．そのため「四季の斎日」とも訳される．キリスト教以前の農耕儀礼に由来すると考えられ，4世紀頃のローマで各季節を聖化することを目的として導入され，その後西方教会に広まった．地方によって祝われる日は異なっていたが，教皇 *グレゴリウス7世が1078年のローマでの教会会議の際に日づけを統一し，それ以来，春は四旬節第1主日後，夏は聖霊降臨の主日後，秋は十字架称賛の祝日（9月14日）後，冬は聖ルチアの記念日（12月13日）後の，それぞれ水曜日，金曜日，土曜日の3日間で行われることとなった．

祈願日と四季については，第2ヴァティカン公会議後は特に原則は定められておらず，「それぞれの地域と信者の要求にこたえるものとなるよう，これを行う時期と方法については司教協議会が規定する」（「典礼暦年と典礼暦に関する一般原則」46項）とされ，各 *司教協議会の判断に委ねられている．

【祈願祭】上述の祈願日を祈願祭とも訳す．原語のリタニアエ（litaniae）は，元来，連願を指すが，やがて連願を伴う祈願行列，ひいては，この行列を特色とする祈願日の典礼を指すことになったため，祈願祭の訳語が生まれた．

【文献】カ大1: 491; 2: 421; キ百科380-81, 725-26; A. ADAM, R. BERGER, *Pastoralliturgisches Handlexikon* (Freiburg 1980) 70, 444-45.

（宮越俊光）

と

どいたつお　土井辰雄（1892.12.22-1970.2.21）
東京大司教，日本人初の枢機卿．洗礼名ペトロ．仙台市に生まれ，1920年ローマの*ウルバニアナ大学卒業，1921年5月1日司祭に叙階，1933年(昭和8)まで函館教区(後の*仙台司教区)の盛岡，仙台，一関，気仙沼，会津若松で宣教・司牧にあたる．1933年から4年間教皇庁使節*マレラ大司教の秘書を務め，1938年2月13日東京大司教に叙階，1960年3月3日に教皇*ヨアンネス23世より日本で初めての*枢機卿に親任される．1970年東京において死去．戦前，戦時中の困難な時代，日本教会の最高指導者(当時，日本で唯一の大司教)として賢明に指導する．戦後は全国の教会の復興の中心となり，強力な福音宣教の体制を作る．1956年東京教区長としてドイツの*ケルン大司教区と姉妹関係を結び，1964年東京カテドラル聖マリア大聖堂を完成させた．第2*ヴァティカン公会議(1962-65)においては中央準備委員会，教会法改正委員会，司教・教会行政委員会の委員として貢献．公会議の精神の徹底のため東京教区大会を開催した．
（白柳誠一）

ドイツ　正式国名：ドイツ連邦共和国，〔独〕Bundesrepublik Deutschland, 〔英〕Federal Republic of Germany. 面積：35万6,733 km². 人口：8,207万人(1997年現在)．言語：ドイツ語(公用語)．

　ドイツ連邦共和国(旧西独および旧東独)のカトリック教会は1994年現在，全人口8,103万人の34%を占める約2,800万人の信徒を擁し，この国で最大の宗教共同体を形成している．一方，プロテスタント教会(→ドイツ福音主義教会，ルター教会)の信徒数は合計すると2,900万人に達し，全人口の36%にあたる．したがって，ドイツ国民の大多数はいずれかのキリスト教会の信徒であるということができる．

ドレスデン司教座聖堂，旧宮廷礼拝堂
(Herder)

【ドイツのキリスト教会の歴史】〔ドイツ圏のキリスト教化〕*ローマを起点としておそらく*リヨンを経て広がっていったキリスト教化と*修道院設立の波は大きく三つに分けられる．まず古代においては，おそらく2世紀に，ローマ占領地域の西部と南部がまずキリスト教化された(→ローマ帝国)．5世紀までにキリスト教はローマ軍駐屯地と移住民たちの間に伝播したが，その最も枢要な中心地はローマ皇帝の一時の居城であった*トリールである．この地は*コンスタンティヌス大帝によって，当時の教会全体にとって大きな意義をもつことになる．しかしドイツ地域のキリスト教化にきっかけを与え

ドイツ

たローマの影響は、*民族大移動の混乱によって脅かされた。ゲルマン諸族(→ゲルマン人)の大部分は*アレイオス派の教理に親しんでいたからである。アイルランド、スコットランド、そして*アングロ・サクソン人の*修道者を通して、正統的なカトリック信仰に改宗していたフランク王国民(→フランク族)の間にキリスト教は深く浸透していった。かくしてドイツ地域におけるキリスト教化の第二波が始まった。この流れはまずフランケン(Franken)、ヘッセン(Hessen)、さらには*チューリンゲンの諸族に及び、その後*ボニファティウスによって、彼と*教皇および*シャルル・マルテルとの密接な連携のもとに、教会上・法制上の組織が漸次確立されていった。*シャルルマーニュの治下、*ザクセンがフランク王国に合流することによりドイツ圏のキリスト教化はこの段階で一応完成し、帝国教会憲法([独]Reichskirchenverfassung)が制定された。この憲法はドイツ国の版図内で1803年ないし1806年まで、さらに部分的には現代まで効力を持ち続けたのである。教会は*聖職者を通じて、管理上・行政上、何ものによっても代わることのできない力をもつことになった。教会の自主的かつ責任ある立場が、聖職者たちに自己の重責への自覚を一層促したが、同時にやがて生起する国家と教会の間の軋轢の土壌が醸成されていったのである。このラテン的帝国教会が形成されていく過程は、それゆえにまた、いずれは1054年の*東西教会の断絶と分離にまで導かれる歴史的発展の途上での一つの重大な足跡を意味したのである。

修道院が教育や文化の中心地を形成していたが、このような構成がドイツにおける教会の構造を特徴づけていた。ドイツの教会はその組織上、明らかに政治的発展と無縁ではなかったが、それにもかかわらず政治的発展への依存は部分的なものにとどまった。その間、ドイツ圏のキリスト教化は、帝国教会(Reichskirche)という特殊な性格ゆえにラテン・ローマ教会(→ラテン教会、西方教会)全体に特別な影響を反作用として与え続けたのである。

テュービンゲン (Herder)

マインツ司教座聖堂

ドイツ圏のキリスト教化の第三波は、ザクセン朝以来の東方進出と符号する。このキリスト教化の担い手は特に*プレモントレ会(例えばクサンテンの*ノルベルト)や*シトー会であり、13世紀以降は、さらに*テュートン騎士団が加わった。彼らの居住地は*司牧と文化の中心地となり、その周辺にキリスト教的生活が発展した。すでにそれ以前に、*司教座や*ベネディクト会の

[皇帝と教会] シャルルマーニュが戴冠した800年から、この君主はコンスタンティヌス大帝以来ローマ皇帝が教会のために演じ続けてきた役割を再び担うことになる。シャルルマーニュのこのような役割が効果的に起こりえた歴史的背景には次のような理由がある。一方では*ビザンティン帝国の帝権と同様に、教皇権が弱体であったことである。他方、以後数世紀にわたって再三再四ローマ教会の保護のために政治的権力を直接的に行使したドイツ諸部族の支援があったこと、そして結局は旧ローマ帝国の西方地域における精神的・法制的影響が混乱・衰微したからにほかならなかった。1046年のストゥリ(Sutri)の*教会会議(→グレゴリウス6世、ハインリヒ3世)の後、ドイツ出身の教皇たち(例えば*レオ9世)によって初めて教皇権は新たな自覚のもとに確立された。しかしそのことが、*司教と*大修道院長の*叙任をめぐって教皇*グレゴリウス7世と皇帝*ハインリヒ4世との間に生じたかの有名な紛争(1077年の*カノッサの屈辱、1075–1122年の*叙任権闘争、1122年の*ヴォルムス協約)の原因となった。事実、当時ドイツ、フランス、イギリスにおいては、司教・大修道院長は、領主の私有教会権に基づいて政治的支配者によって任命されていた。教皇と皇帝の相剋は政治権力と教会権力の間の正当な関係という観点からいえば特別な意味をもつ。皇帝*ハインリヒ5世と教皇*カリストゥス2世の間に成立したヴォルムス協約の後も、両者間の新しい法的合意は依然として実際的な効力を発揮しなかった。闘争はその後も1世紀以上続きその時々の権力図に左右されたのである。特に皇帝*フリードリヒ1世と*ハインリヒ6世の治世下、政治的権力は一層強大となり、闘いは皇帝側に決定的に有利に展開したかのようにみえた。*ケルンの大司教でありフリードリヒ1世のもとで帝国大宰相であったダッセル(Rainald von Dassel, 1120頃–1167)は、*カロリング朝、オットー朝(→オットー1世)時代の帝国教会体制を完全に再興しようと志し、その結果、教皇権との争いは恒常的なものとなった。フ

リードリヒ1世やダッセルの執政において，帝国は自己の力が最高頂にあることを示したが，それにもかかわらず，外面的には依然として弱体であった教皇権の改革を意図したグレゴリウス7世以後の教皇に対して，帝国は何らの精神的対抗策を示しえなかった．*十字軍の遠征はこのような状況のなかで教皇側から提議され，皇帝側はその計画に乗らざるをえなかった．フリードリヒ1世は自ら西欧キリスト教世界の指導者として十字軍を指揮したが，征旅の途上で没した．皇帝ハインリヒ6世と*シチリアの支配者コンスタンツェ(Konstanze I, ?-1198)との婚姻はシュタウフェン家(Staufen)にノルマン王国(→ノルマン人)の支配を保証し，同時に教皇側諸邦に対する包囲網を確立させた．しかしハインリヒ6世とコンスタンツェが早逝した後，その息子(後の皇帝*フリードリヒ2世)の後見人となったのは教皇*インノケンティウス3世であり，この教皇のもとに教皇座は政治的にいまだかつて経験しなかった意義をヨーロッパにおいてもつことになった．たとえすぐには表面化しなかったにせよ，旧来の状勢は逆転していたのである．今や西欧の指導者は教皇であり，グレゴリウス7世がローマの*聖座の名において要求した「教皇の霊的主権」([ラ] dictatus papae)は実現した．しかし皇帝側も自己の権力を防衛した．フリードリヒ2世はシチリア経営に精力を集中し，また非聖職者の官吏登用の基礎作りに腐心した．すでに以前より，シュタウフェン王家は新興の帝国諸都市を支援し，彼らの独立への欲求を助長して新しい政治的力を確保していたのだが，これらの勢力を，領主である司教・大修道院長に代わって直接に皇帝の権力の背景に据えようとしたのである．しかしこれらの新しい勢力は，内面的にも外面的にも即効的な支援を果たしえず，多くの闘いの後，教皇*インノケンティウス4世は第1*リョン公会議(1245)において皇帝フリードリヒ2世を退位させた．教皇は皇帝にいったん勝利を博したようにみえた．しかしながら皇帝側の敗退にもかかわらず，世俗の権力と教会の権力の関係に介在する問題は，決して最終的に解決したのではなかった．ローマの教皇座の諸権力が最高頂に達した教皇*ボニファティウス8世の時代に，教皇とフランス王*フィリップ4世との間の軋轢はすでに紛糾し，教皇の皇帝への従属が始まっていたのである．ローマ教皇のアヴィニョン捕囚(→アヴィニョン教皇)は，教皇の超国家的地位が揺がされた点においてドイツの教会にも影響し，教皇*ヨアンネス22世と皇帝*ルートヴィヒ4世の対決を通じて帝国内の俗権と教権の間に理論的な境界線が設けられることになった．このような境界設定のなかにはすでに近代的な見解が明白に現れている．つまり人々の民族国家的意識が一層強く彼らの教会観を支配したのである．*教会と国家の関係についての問題は，今日でもなお，たとえ教会の自由，*信教の自由が確立している国においても，そしてまた世俗の権利と教会の権利の関係を調整するための古典的な方法である*政教条約が認められているところにおいてさえも，依然として問い続けられている．なぜなら，二つの権力の共存は，現実には全く異なる見解，それどころかときには全く相反する見解に左右されざるをえないからである．

帝国教会と普遍教会との争いをもたらした原因は二つの対立する認識の衝突である．教会は国家に従属しないという立場と，その逆に，国家は教会に従属しないという立場である．このような相対的な自主性を互いに認め合うためには，長期間にわたる相互理解の過程を必要とした．なぜなら，教会と国家は単なる無関係なものの共存ではないからであって，そのことは，中世，その影響力が絶頂にあったとき，教会がドイツ圏の領域で担った公共的・社会的任務において明白に表れている．教会は疑いの余地もなく，教育・文化・学問の担い手であった．かつまた，教会は貧者や病人救済のための諸施設(*病院，*病院修道会，*病院修道女会，*病院騎士団など)を設立・組織化し，虐げられた者たちの味方となり，祝祭日などを設けて社会生活を秩序づけることに努めた．閉鎖的な階級的社会とは別に，教会は個人にある程度，立身の道を開いた．教会はそれ自身のなかに偉大さとともに，すべての生活との結びつきを具現していたのである．かくして神の前での*平等の意識は，教会を通じて西欧人の心に普遍的な共通意識となり，不正に対する倫理的規範を人々の心に植えつけた．普遍性をもったこのような一連の価値観念は，やがて人間性の根本的理念として世界的な広がりのなかで定着していった．

〔学問・信心・慈善〕皇帝権の衰退は，それに反比例して，世俗領主および聖職者である領主たちに，あるいは諸都市に，以前より一層大きな自主独立性をもたらしたが，民族国家や民族主権が形成されていくにはなお長期間を必要とした．教会は今や精神的・文化的・社会的に自由な活躍の場を手に入れたのであり，その分野でとりわけ重要な役割を果たしたのは，*フランシスコ会と*ドミニコ会などの新しい*托鉢修道会であった．教会はまず，集中的な救霊活動，司牧活動(*説教，*信心会の活動)を通じて庶民階級への影響力を一層強め，特に新興の諸都市や，この時期に生まれつつあった*大学において効果的な活動を行った．活発な商業・文化交流によって全ヨーロッパの関係は密になり，宗教的な意味でのキリスト教的ヨーロッパ世界の連帯意識も強められていった．このようなキリスト教としての共同体意識は，王権や領土上の利害関係を超えた精神的統一体の意識にまで広がっていく．*アルベルトゥス・マグヌスのような学者はドイツ圏を超えて学問的・思想的に強力な影響を与え，また汎ヨーロッパ的な広がりのなかで*トマス・アクィナスや*ドゥンス・スコトゥスらの学者たちは教育を受け，かつ教えたのであった．13世紀における修道会員たちの学問的研究から，14世紀には，*パリ大学および*ボローニャ大学を模範としてヨーロッパ各地に大学が生まれた(*プラハ大学，*ウィーン大学，*エルフルト大学，*ハイデルベルク大学，*ケルン大学)．これら諸大学では*スコラ哲学の洗礼を受けながら未来の聖職者や官僚が育っていった．大学は，とりわけこの時代の諸都市に開花した偉大な文化の象徴的存在であり，このような文化の発展が同時にこの時代に共通であった信仰心に支えられていたことは多くの証人たちが証明している．ドイツ圏の教会が学問の分野で果たした功績の最たるものは*神秘主義であり，その代表者は，ヘルフタの*ゲルトルーディス，マイスター・*エックハルト，*ゾイゼ，*タウラーであった．さらに民間の信心は例えばハンガリーの聖女*エリーザベトのような形姿に触発されてとみに高まり，*慈善事業が盛んになり，病院・養老院・孤児院などが各地に設けられ貧者救済が組織化された．しかし旧来の教区(→司教区)の組織はこのような新しい社会状況にほとんど対応できず，結局，信仰生活の新しい発揚と硬直した社会構造や法制との間に緊張状態が芽生えるようになった．旧態依然とした制度のもとでは，もはや生きいきとした宗教生活は発展しなくなっていたのである．不安と反抗が生じ，それが最も明白に表れた

ドイツ

のはいわゆる J. *フスの信奉者たちの戦い（フス戦争 1419-36）であった．そこでは，宗教上の改革理念が，政治的・文化的そして社会的な改革理念と混ざり合っていたのである．*コンスタンツ公会議および *バーゼル公会議以来，全般的な教会革命の要求が，克服されるべきあらゆる諸問題のなかで最優先課題として取り扱われ，1 世紀にわたってこの問題は論じられつつ，やがて起こった *ルターの *宗教改革のための土壌を形成していった．

〔宗教改革〕ルターの宗教改革運動とともに，ローマ教会はドイツを起点としてカトリック教会とプロテスタント教会へと分裂していった．もっとも，最初に意図されていたのは教会の改革であり，この問題に対する呼びかけは，すでに久しい以前よりドイツの教会の内部でとりわけ緊急の要件として意識されていたのであり，それはまたローマに対して増大しつつあった不信感と結びついていたのである．ルターは教会自身に悔い改めるように呼びかけた．そのことによって彼は，まだ私的領域にとどまっていた改革初期の種々多様な動機を越えて，彼自身意図せず予想すらしなかった展開を許したのである．それに誘発されたさまざまな改革運動に対する彼自身の批判的・拒否的姿勢がそのことを証明しているが，これらの運動を彼が意図した元来の方向へ戻そうとする試みは成功しなかった．改革運動は種々の異なった勢力や動機の影響を受けながら推し進められたが，それらの影響のなかで政治的な支援が少なからざる役割を果たした．領邦諸侯（領主）と諸都市の対立，あるいは諸侯と，*カール 5 世のもとで著しく権力を回復した皇帝の中央権力との対立は，改革の指導権（ius reformandi）をめぐる争いのなかで凝縮していった．教皇および *教皇庁にはもはや宗教改革を効果的に指導し完遂する能力を期待しえないという前提に立って，帝国権力あるいは領邦君主のいずれが改革のための義務と権利を専有するか，という問題を人々は問うたのである．したがって宗教改革の第 2 段階におけるカトリックあるいはプロテスタントの *領邦教会の成立過程は，宗教上だけでなく，本質的には政治的な諸要素に左右されたのであった．ルターはこのようななりゆきをはっきりと是認していた．なぜなら彼は，改革の第 1 段階の混乱のなかですでに予想された秩序全般の崩壊を，なお防ぎうると信じていたからである．1517 年，ルターが *九十五箇条提題を掲げて，教会による贖宥の教理とその実践（→ 贖罪制度，免罪符）に関する学問的な論争の端緒を開いたとき，改革運動の発端はいまだ無害なものであった．しかしその条文が広く世に知られると，結局は 1518 年の教皇座による告発にまで発展した．ルターは，彼の意見の重要な諸前提を，同年 4 月，いわゆる「ハイデルベルク論争」において詳論し，*アウグスブルク帝国議会における喚問の席上で，枢機卿 *カイエタヌスに対して，聖書および理性の根拠から反証されないかぎり自説を撤回することを拒否した．さらに彼は 1519 年，J. M.*エックと *カールシュタットの間で争われた *ライプツィヒ論争に，*公会議の権威と教会の教導権（→ 教導職）に異論を唱えて介入した．ケルン大学と *ルーヴァン大学はルターの主張に対して反対を表明した．1520 年，ローマで新たに審判が開かれ，同年 6 月 15 日，*大勅書『エクスルゲ・ドミネ』によってルターは *破門の警告を受けた．それに対して彼は公会議に告訴し，同時にこの大勅書を公衆の面前で焼き捨てたのであった．1521 年 1 月ルターは破門された．同時期，彼は三大綱領書を著述しドイツ輿論を喚起していたが，その一つ，『キリスト者貴族へ与える書』のなかでは反教皇庁的改革案を提示し，『教会のバビロニア捕囚について』では *秘跡についての伝統的見解を否定，犠牲としての *ミサの性格に異論を唱えた．『キリスト者の自由』には教皇 *レオ 10 世宛の手紙が付されており，平明な文章で *救いに関するルター自身の見解の要点が述べられている．1521 年 1 月，ルターは再度，教皇座から *異端の宣告を受けた自己の論文の正当性を激しく主張した．皇帝カール 5 世はこのような状況のなかでルターを *ヴォルムス帝国議会に召喚したが，そこでルターは自説の撤回，公会議への服従，論争の提供などのすべてを拒否した．皇帝はヴォルムス勅令を通じてルターに帝国追放を課した．しかしこの追放令は完全には履行されなかった．*シュパラティンの仲介により，ルターの領主でザクセン侯の *フリードリヒ 3 世は，ルター襲撃の危険を口実にひそかにこの改革者をヴァルトブルク（Wartburg）の城に匿名でかくまったのである．

ルターはここで新約聖書のドイツ語訳に精励したが，このドイツ語訳聖書（→ 聖書の翻訳：ドイツ語）こそ，ドイツ語圏のキリスト教のために，またカトリック教会のために，さらにはドイツ語とドイツ語文学の発展のために計りしれない意義を後世に遺したのである（→ ドイツ文学）．ルター訳の聖書の改訂版は今日に至るまでドイツの *ルター教会（ドイツ福音主義教会）で公式に使用されている．ルターの綱領書や彼の訳による新約聖書，そして 10 か月間のヴァルトブルク滞在は，教会改革運動そのものにむしろ独立性を与える結果となり，それに触発されて，1522 年から 1523 年にかけて *ジッキンゲンが率いる騎士階級の武力反乱が起こり，続いて生じた *農民戦争は，中・南部ドイツの広い地域において強い支持を得た．「純粋なる福音」と「自由」がこれらの革命運動の旗じるしであった．*ミュンツァーの急進的な宗教思想や「ツヴィッカウの予言者たち」（Zwickauer Propheten）の言動もこの騒乱に関与した．このような動きはカールシュタットを介して *ヴィッテンベルク領内にも浸透し始めたが，このことは，公的秩序の回復に腐心したルターをして，熱狂者たちに対する断固たる処置をとらしめる動機となった．秩序の回復は，信徒共同体の独自の *典礼と財産権の確立によってのみ可能となった．ここにおいて，カトリック教会と改革派集団との間の根本原理の相違が明確になり，近い将来における分裂がすでに明らかとなったのである．同時に，全教会をルター的な意味で改革しようとする彼の運動が挫折したのは疑いの余地もない事実であった．ルターに加担していた少なからざる地方が，それまで信奉していたルターの改革理念に離反したのである．一方，*神聖ローマ帝国当局は改革運動に歯止めをかけようとしたが，ルター寄りの諸州，とりわけザクセンとヘッセンをはじめとする帝国諸都市においては効果なく終わった．このような情勢のもと，1529 年の *シュパイアー帝国議会の議決に改革派が「抗議」（protestatio）し，それ以来改革派はプロテスタント（Protestant 抗議者）と呼ばれるようになった．カトリック側とプロテスタント側はそれぞれ自己保全を図りつつ和解の道を探った（1530 年のアウグスブルク帝国議会におけるプロテスタント側のいわゆる *アウグスブルク信仰告白およびカトリック側の『駁論』を参照）．現実的には，その方法として，事情に応じて宗教対話か，あるいは政治的な圧力か，ときとしては軍事力さえも使用された（*シュマルカルデン同盟，

1547年のシュマルカルデン戦争，*アウグスブルク仮信条協定）．*アウグスブルク宗教和議で，カトリック側とプロテスタント側は，相互に相手方の自由と財産を保証し合った．原則的に，帝国等族（〔独〕Reichsstände，神聖ローマ帝国議会の構成員である貴族・聖職者・帝国直属都市）のうち，世俗人の貴族領主には宗教と信条の自由選択が認められた．ここに，「領主の宗教は領民の宗教」（〔ラ〕Cuius regio, eius religio）の原則が成立した．*領主司教など聖職にある領主たち（司教，大修道院長などの*高位聖職者）は，教会の留保事項（reservatum ecclesiasticum）としてこの自由選択権から除外された．

信条の自由選択という共通の権利のもとに，以後，カトリック側・プロテスタント側の両教徒は，共に「キリスト教徒」という総括的な名称で呼ばれてきたが，そのことは，その後永続的にドイツのキリスト教徒の意識に影響を与え続けることになった．敵対，併存，協力の関係が，以後数世紀にわたって交互に現れるのである．

まずカトリック教会が再び力を取り戻し，*カトリック改革が起こり，一方ではプロテスタント側の内部で長期にわたる論争が続く．宗教戦争の時代への諸原因がすでに胚胎していたのである．*三十年戦争をもたらした原因や状況を概観するのは容易ではない．宗教・法律・政治・王家などの諸事情やその他の要因が錯綜しているからである．いわゆる「教会の留保」の原則は三十年戦争の終結時まで続いたが，オスナブリュック（Osnabrück）の司教区の場合，司教座は，ブラウンシュヴァイク・リューネブルク家（Braunschweig-Lüneburg）に属するカトリック側の人々とプロテスタント側の人々によって交互に占められるという奇妙な規則があった．また，ケルンの大司教選帝侯領邦の場合，1583年から1588年まで壊滅的な戦禍に見舞われた．ネーデルラント（現在のオランダ）とスペインの戦争も直接的にこのような複雑な状況に関与したのである（ネーデルラントは1648年にようやく神聖ローマ帝国同盟から離脱した）．

三十年戦争は，ほとんどすべてのヨーロッパの列強が参加することにより，ヨーロッパにおける近代的な争覇戦争となったが，ドイツ領土の完全な疲弊と，1624年の勢力状況の回復を確定した*ウェストファリア条約によりようやく終結した．その後フランスとイタリアの影響のもとに，ドイツにおけるカトリック改革運動はバロックの精神性と文化にかなり直接的な影響を与えた（→バロック文学）．しかしこのような背景を受け継いで次の時代に生じたのは，反対勢力としてプロテスタンティズムの色彩の濃い啓蒙思想であった．

〔啓蒙主義と世俗化〕中世後期以来，西部および中部ヨーロッパで*世俗化の傾向が現れる．もともとこの傾向は啓蒙的思索に触発されてイギリスにおいて強まり，フランスを経由してドイツに浸透したものである．プロテスタントの地方では，すでに宗教改革の過程で，古くからの教会の施設の多くが世俗の手に移っていたが，カトリックの地方では，それらは依然として教会の手に保全されていた．世俗化に対するカトリック教会側の反応は矛盾していた．一方では世俗化の潮流に反抗しつつ，他方では，本質的とみなされない問題に関しては譲歩することで，世俗化の圧力に対抗しうると信じていたのである．ドイツのカトリシズムが帝国教会の時代から保持してきた地位はしだいに崩壊していき，帝国代表者会議主要決議（1803）と帝国の終焉（1806）により，領主大司教区および大修道院の国法上の独立性は消滅し，その領地はプロテスタント側の領主の所有に帰した．その結果，ドイツ・カトリック教会やカトリック信徒は，少数派としての抑圧感と，守勢に追い込まれた重圧を味わうようになったのである．カトリック精神は，ドイツ・*ロマン主義において一時的にではあるが確かに高揚を体験し，その高揚は文化の諸領域で生きいきと作用したが，結局は，時代の支配的な精神を持続して変化させることはできなかった．カトリック教徒は，自己の権利のために闘わざるをえなかった．権威主義に陥るのも稀ではない国教会主義への依存が事態を一層悪化させた．*ヘルメスから始まった論争がもたらした結果もその一例である．ドイツ・カトリック教会は，反国家権力の同盟者であったし，1848年の革命の活動的な要因となった．

普仏戦争（1870-71）における*プロイセンの勝利の結果，ドイツ帝国が成立する．その時点までカトリック教会は革命で手に入れた自由を，霊的・宗教的な生活の深化（講演会，信徒の*黙想会など），社会的な活動（代表的な例は司教*ケッテラー），あるいは政治的・文化的な分野に傾注した．このような精力的なカトリック教会の精神運動の結果，プロテスタント側の住民とカトリック側の住民の間に，また同時にドイツ・カトリック教会の内部にさえも，ある種の対極化が生じた．他方，出版・宣教活動の刷新や教育事業の推進により宗教的意識はかえって強化され安定化した．この宗教的意識の強化なしには，ドイツ・カトリック精神は，当時始まりつつあった*文化闘争を克服しえなかったであろう．カトリシズムに対する*ビスマルクの敵対心は，脅かされた少数派としての意識を克服する余裕を教会側に与えなかったし，新しい帝国と同化することも許さなかった．カトリック側の防衛は，本質的な部分で一般信徒によって支えられた．政治的カトリック主義と称される勢力が*中央党のなかに存在し，カトリック信徒によって幅広い支持を受けた．カトリック教会の諸権利や理念を公の場で表明する議会活動は，信仰の深化や実践を目指す信徒たちの努力と呼応していたのである．国民として不誠実であるとの疑惑を受けることは，多くのカトリック信徒にとって深刻な屈辱感を与えるもので，例えば第1次世界大戦の際には，真のドイツ精神を実証しようとした信徒も多かった．文化闘争によって制定された反カトリック教会の諸法令はしだいに緩和されていったが，カトリック教会が完全な自由を得るためには，1918年の第1次世界大戦によるドイツ崩壊を待たねばならなかった．

〔ヴァイマールから現代まで〕多分野にわたる世俗化の傾向に対する闘いは，ドイツのカトリシズムの特質に深い刻印を残した．ヴァイマール共和制のなかで，ドイツ・カトリック教会は，外的には同等の権利をもつ他の政治集団と同様な役割に，容易に順応することができなかった．しかし，たとえカトリック教会が，そのすべての勢力を結集できなかったにせよ，大戦後の国家の困窮が，むしろ公然とした成功を教会にもたらしたのである．特筆すべきはドイツ・カリタス協会（→カリタス・インテルナツィオナーリス）の設立とその拡大，ドイツ・カトリック教会が学問・文学・芸術の分野で与えた著しい影響である．教会は達成できたものを*ラテラノ条約（1929），さらには帝国政教条約（1933）を通じて確保しようと努力したが，この希望は，結局は，*ナチズム支配に直面して束の間の幻影に終わってしまった．カトリック信徒の大部分は，消極的な形ではあったが，ヒトラー（Adolf Hitler, 1889-1945）の政党と対立した．それは1933年の選挙の結果から明らかである．にもかかわらず，いわゆるナチスの「権力の掌握」の後，教会は「協

ドイツ

調の方法」(modus vivendi) を探ったが，この点については反対論者も容認せざるをえなかった．なぜなら，初期の段階では，カトリック信徒たちへのナチズムの浸透は取るに足らないものだったからである．しかしやがて個々の措置が激しい抵抗を呼び起こすことになる．例えば，戦争中，ミュンスター司教 *ガレンは，後に有名になった三つの説教で公然とナチスの措置を弾劾し，幅広いカトリック信徒層から支持された．この抵抗は，信仰上の信念に基づいており，そのためには種々の適切な方法が模索された．

ドイツのカトリシズムが，国家社会主義(ナチズム)に買収されなかった極めて数少ない組織の一つであったことは大戦後明らかになった．カトリック教会の立場が今日，強くなっているのも，そのような状況を踏まえてのことである．戦後は異常なまでに大きな任務がカトリック教会に課された．多数のカトリック教徒は追放されて，*シレジアやエルムラント (Ermland)，ズデーテン地方 (Sudeten, 現在のチェコ北部) から旧西ドイツへと避難し，伝統的プロテスタントの地域にも定住地をみいだした．この民族移動は，ドイツ・キリスト教の宗派状況に宗教改革以来最大の変化をもたらした．教会にとって，戦禍からの再建事業は不可避であったし，それとともに，多数の追放された信者たちを受け入れ救霊活動を行うために，多くの新しい拠点聖堂や司牧施設を建設しなければならなかったからである．必然的にカトリック教徒とプロテスタント教徒との出会いの機会は増大した．確かに早い時期から両者の協力は存在した．地方によっては，すべてのキリスト教勢力が結集してナチスの攻撃に反抗したところもあった．しかし今日に至ってようやく，全キリスト教徒の共同体の問題，いわゆる *エキュメニズムの問題が，宗教的・神学的な中心課題として取り上げられることになる．この傾向は，政治的なレベルでは，戦後直ぐに結成されたキリスト教民主同盟 (略称 CDU) の結党理念にすでに表されている (→ キリスト教政党)．政党として，あらゆるキリスト教的な勢力を結束させようとした CDU は，ドイツ連邦共和国 (旧西ドイツ) の復興の過程で，1960 年代の終わりまで指導的役割を演じ，この党のキリスト教的理念や要求は旧西ドイツの憲法・立法・社会秩序に導入されている．労働組合の組織も，二つの大戦間の時代の多極的構造を克服した．この多極的構造こそ，国家社会主義に対する労働者階級の弱点とみなされていたものである．

ナチス政権によって，ドイツ人の名のもとに行われたあらゆる損害を賠償・清算しようとする努力，開かれた協力関係への意欲，より公正な社会を建設しようとする意志は，この時期におけるキリスト教的信念の公的な表明であった．その際，カトリック教会はドイツ福音主義教会に劣らず強力であった．19 世紀初頭から始まった世俗化のなかで，ドイツ・カトリック教会は初めてドイツ・プロテスタント教会に対して対等の協力者としての自覚をもつに至り，しだいに旧西ドイツにおける最大の宗教共同体に発展した．カトリック教会は，感傷に溺れることなく，戦後の復興と精神の新しい秩序の建設に参加し，やがて国境を越えた世界教会 (→ 世界教会論) のなかで特色ある役割を演じ始めたのである．それは，とりわけ第 2 *ヴァティカン公会議において，ドイツ圏内ですでに久しく積み重ねられてきた体験と試みに基づく貢献という形で明らかになる．公会議はまた，教会が現に置かれている世界的状況についての意識を新たに呼び起こし，このような状況に対して，ドイツの教会がその独自の可能性にふさわしく対応するように促した．

1958 年にドイツの *司教団によって設立された飢餓と病気に苦しむ人々を対象とする援助活動ミゼリオール (Misereor) に代表されるように，*第三世界の貧困と開発の問題が取り上げられ，また 1961 年に同じくドイツ司教団によって設立された援助活動アドヴェニアート (Adveniat) は，ラテン・アメリカの教会を集中的に援助した．世界の開発・貧困の問題は焦眉の問題としてドイツ市民の意識に広く喚起され，カトリック教会以外の援助活動にも刺激を与えることになった．同時に，カトリック教会は，公会議の理念に従って新しい生命を教会と信仰生活に吹き込まなければならなかった．試行錯誤の末に *ヴュルツブルクで開催された旧西ドイツの全司教区の合同教会会議 (1971-75) は，ドイツの教会のほとんどすべての力を公会議の精神に参加させることに成功した．すでに周到な予備調査が公会議の準備段階でなされていた．ただ，公会議の決定を日常生活に採り入れていくことは容易ではなく，多くの刺激は受けたものの徹底されないままで終わった．不安や困惑，あるいはおそらく勇気と自信の欠如により，最近ではむしろ防御的な姿勢が強くなっている．多くの場で後退が目立ち，安穏な生活のなかでひたすら自己保全が追求されているように思われる．

旧東ドイツにおいては，カトリック教会は最初から少数派であった．もちろんカトリック教会はその持ち前の政治的潔癖さによって少数派であるにもかかわらず，しばらくの間は重要な役割を果たしたが，一方で教会当局は *共産主義の時代に陥った閉塞状況ゆえに，重要な役割を担うことができなかった．旧東ドイツの教会は，1945 年に第 2 次世界大戦後の国家解体の結果，かつてのドイツ領東方地域からの追放者や避難民からなるドイツ語系キリスト教徒によって成長したが，まず復興と再組織化に全力を傾注しなければならず，公的には，政治的な理由でいかなる役割をも演じることができなかった．旧西ドイツに定住する司教たちは，旧東ドイツに存在する彼らの司教区の司牧や管理を妨げられてしまったが，むしろ *補佐司教は大きな権限を与えられ，1950 年 7 月に *ベルリンの司教のもとで *司教協議会を形成した．ベルリンの司教は 1 か月に数日間，直接に西ベルリンに赴き司牧の責務を遂行した．西ベルリンにおけるカトリック教会の主要な課題は，種々の理由によりカトリック信仰が絶えず挑戦を受けている環境のなかで，いかに信徒たちを保護するかということであった．このような状況のなかで，より包括的な共通の関心事のために，全キリスト教会の共同的な活動が着実に芽生えていった．1990 年 10 月 3 日に旧東ドイツは旧西ドイツ (ドイツ連邦共和国) に併合され，1976 年から続いていたベルリン司教協議会は翌年に解散，ドイツ司教協議会への参入を決めた．

【ドイツのカトリック教会の組織と展望】統一前のドイツ司教協議会はドイツの 21 の教区とベルリン教区によって代表され，主席代表は五つの司教区によって構成されていた．ベルリン司教協議会はゲルリッツ (Görlitz) を *使徒座管理区に指定し，さらに *エルフルト，*マクデブルク，シュヴェーリン (Schwerin) の各 *司教代理を恒常的な使徒座管理区長に任命した．またエルフルト使徒座管理区長の *裁治権をマイニンゲン (Meiningen) にまで及ぼすことを決定した．使徒座 *巡察師は旧ドイツ東方地域の司教区からの信徒たちを保護した．ドイツの各教区のうち，少なくとも五つの教区は，

その伝統を古典古代にまで帰することができ，10の教区はその成立をフランク王国カロリング朝の宣教に負っている．残りの教区は19世紀から20世紀に成立したものである．

1989年のベルリンの壁崩壊の後，1994年7月にドイツ司教協議会はベルリンをドレスデン・マイセン（Dresden-Meißen）とゲルリッツの二つの属司教区をもつ大司教区に格上げし，*パーダーボルンの大司教区の傘下にエルフルトとマクデブルクの両教区を加えることを決定した．1995年1月にはオスナブリュック教区から切り離して*ハンブルク大司教区が生まれ，属司教区として以前はパーダーボルン大司教区のもとにあった*ヒルデスハイムと，ケルン大司教区のもとにあったオスナブリュックの両教区が加えられた．これらの司教区は新生ドイツのなかでも，ドイツ・カトリシズムの共通意識とともに，各地域に固有の伝統的精神によって支えられている．そのような状況のなかで，ドイツ司教協議会がもつ中心的な性格は，1848年の革命以来，しだいに重味を増して，特に第2ヴァティカン公会議後は，各地域の組織のなかで効果的に機能した．ベルリン司教協議会も，はるかに規模が小さいが，同様に重要な任務を統一前に果たしていたことは記しておかなければならないだろう．

〔司牧〕教会は信者の*共同体であり，ミサと信徒の救霊活動のなかで生きている．第2ヴァティカン公会議によって導入された*典礼の刷新は，ドイツ圏では以前から部分的には準備されていたので，概して困難なく進められた．しかし伝統的な信心生活の一部は密度を失い，新しい信仰の形態も控え目な発展にとどまった．典礼刷新は結果的には，期待したほど多くの信徒の賛同を得られず，むしろミサに定期的に出席する信徒は著しく減少した．しかし，これは本質的な変化として早くから現れていたものであって，公会議にすべての責を負わせることはできない．すでにかなり以前から，人間の生き方や宗教的な行動に変化が起こっていたのである．その変化は人間の心性の変化や社会・経済の変化と深く結びついているものであり，宗教性そのものが人間の心から失われたと簡単にいうことはできない．いわゆる反教会的な行動はそれほどの広がりをみせていないし，特別な動機があれば，多数の信徒たちが容易に結集する．*宗教教育は，学校および秘跡の準備や社会人教育の場では，ほとんどあらゆる子どもたちと，関心をもつすべての大人たちに及んでいる．キリスト教の主要な*祭日・*祝日は昔と同様にドイツ人の社会生活の基調となっている．ドイツの教会の司牧活動の重点は，明らかに結婚・家庭，それに関連した諸問題に移ってきている．核家族化の時流に応じた青少年福祉事業の意義はますます重要性を帯びてくる一方で，従来の社会のなかで置かれた立場（妻・夫・子ども・老人）の違いによる救霊方式は後退していった．

司牧活動が抱える多種多様な任務は，聖職者や修道会員によってのみ支えられているのではなく，かなり以前から信徒の協力によって果たされてきた．このような協力は，以前はごく限られたグループの信徒のみに頼ってきたが，今日ではすべての人々に広く開かれるようになっている．ドイツの教会にとって特別な司牧上の課題は，この地で生活し，働き，しかも全く異なった伝統のなかで育った多数の外国人キリスト教徒のための司牧である．これら外国人キリスト者の存在は，ドイツの教会に一種の架け橋としての機能を要請するものである．架け橋になろうと努めることは同時に，ドイツの教会が自己理解を深める契機ともなっている．

〔神学〕ドイツ語圏は，カトリック神学への省察にとってとりわけ刺激的かつ重要な地域である．12の国立大学にはそれぞれカトリック神学部が設けられており，それに加えて，*アイヒシュテットのカトリック大学，四つの哲学・神学単科大学のグループ，六つの修道会経営の単科大学などがある．さらにオーストリアとスイスには，国立およびカトリック教会が経営する*神学校が存在する．多くの場合，カトリック神学の研究は他の学問との学際的交流のなかで進められ，特にプロテスタント神学との交流と対決のなかでその真価を実証してきた．ドイツ・カトリック神学が前世紀以来，定評のある高い水準を保ち，絶えず優れた寄与をカトリック神学界に果たしてきたのも，以上のような学問的状況が背景にあったからである．その成果は特に第2ヴァティカン公会議において豊かに結実した．ただ公会議の後，神学研究の中心はむしろアメリカ合衆国に移ったかの印象を与える．ドイツ神学が果たした寄与の特徴は，まず最近のカトリシズムが置かれた状況から説明されよう．カトリシズムが，近代的思惟（特に*カント，*ドイツ観念論）および近代歴史学と対決せざるをえなかったという状況，同時にまた，プロテスタントに対してカトリックの立場を防衛せざるをえなかったという状況である．

このような努力を通して，新しい学問的分野が成立した．*宣教学，*キリスト教社会論，カリタス学（Caritaswissenschaft）などである．これらの新しい分野は*司牧神学の拡充のためにも多くの刺激を与えた．しかしさらに重要なことは，ドイツにおいて新スコラ神学（→新トマス主義，新スコラ哲学）が絶え間のない検証にさらされてきたということである．新スコラ神学は，ドイツ圏のなかではいまだ一度も，他の地域でみられるような平穏な位置に到達することはなかった．この神学の不充分さや弱点は余りにも明白になった．ただ，新スコラ神学が，ドイツにおいて最初から冷ややかな処遇を受け，まともに受け取られなかったということではない．むしろ新スコラ神学の傾向をもった，世界で知られた教科書はおしなべて元来はドイツで著されたのである．新スコラ神学が抱える内面的・外面的な諸問題を正確に把握しようとする試みと努力はまさしく，この神学とのこうした集中的な関わり合いから生まれたのであった．この試みの第一の段階としてとりわけ役立ったのは歴史に関わる研究であり，特にそれは*聖書解釈学と*教理神学に集中した．それに反して第二の段階で支配的になったのは超越論的神学（→超越論哲学）や*解釈学などの思弁的方向の研究であった．個別研究の迷路のなかへしだいに入り込んでいく神学の現状に直面して，神学の統一性を取り戻すために，基礎的な問題が一層全面に押し出されてくる．最近では，非合理的なもの，感情的なものへの傾向が著しくなってきており，そのなかでは力強い修辞が重要な役割を演じている．神学はキリスト教の真理に関して，精緻な思索の可能性を絶えず追求していかなければならない．しかし，その結果として，他大陸や他の国々のカトリック神学とドイツ神学との生きいきとした交流が阻害されることもありうる．ある種の自閉と自己満足がドイツ神学を支配しているからである．

全体としてみれば，ヨーロッパのカトリック神学は，全世界の教会のための信仰・反省という思い込みを脱して，今や世界の異なった地域のそれぞれの教会との生き

ドイツ

いきとした対話を模索している．地球規模で考えなければならないのは，*平和・*環境・統一世界などの諸問題である．神学という分野，あるいは神学が取り上げる課題についての伝統的な定義は，今日では曖昧なものになってきている．それゆえ，神学は今日何でありうるか，何でなければならないかという点について，より精密な定義づけが必要とされている．それが最も明瞭に現れているのが，プロテスタント神学との関係である．すなわちカトリック神学とプロテスタント神学の間の境界は，以前は明確であり自明のことであったが，その後，多くの専門領域や問題のなかでその境界線は流動的になったのである．

〔教会一致運動と宣教〕世界教会の枠のなかで今日のドイツの教会がもつ意味は，ドイツの教会が置かれている状況と，この教会が代々相続してきた遺産に関わっている．1980年の教皇*ヨアンネス・パウルス2世のドイツ訪問に際しては，特に教会一致（エキュメニズム）の問題に重点が置かれた．*教会一致促進運動そのものはもともとドイツから発したものではなかったが，宗教改革以来，キリスト教会の分裂を克服しようとする試みがこの地で再三再四なされてきたのは，歴史的にみて自然ななりゆきであった．この試みは，最初は神学者たちのサークルに限られていたが，実際に問題が具体性を帯びたのは，カトリック・プロテスタント両派の信徒が混ざり合って生活している地方である（クレーフェ・ユーリヒ Kleve-Jülich，オスナブリュック，*プファルツなどの各地方をはじめ，19世紀以降は各都市および工業密集地域）．

しかし第2次世界大戦後，これまで至るところでカトリック・プロテスタントの両者間に存在していた差異はいとも容易に乗り越えられてしまった．人々が両派の区別と境界を否定したからである．もはや両派の分離の根拠自体が理解されなくなり，ましてやその区別を自己の信仰の本質的な部分に関わるものとして受け入れる人も減ってしまった．ここには無差別的融合主義の危険が存在する．このような融合主義が，現代や世界の挑戦に対抗することはほとんど不可能であろう．

一方，教会一致の理念のなかには，具体的かつ現実的な目的意識が明白に示されている．安易な融合主義が蔓延する一方で，教会一致への試みが，確たる理念や持続性を欠くものであった場合，それらに対する懐疑的な拒否反応もまたドイツにおいては強いのである．それぞれ異なった宗教上の伝統が，障壁としてではなくむしろキリスト者としての信仰を豊かにしていく要因となるためには，教会一致の理念が絶えず意識に刻印され，同時にその深い意味がつねに新しい経験に基づいて問われ続けなければならない．

特に19世紀のドイツでは，*宣教修道会の活躍や幅広い出版活動を通じて，カトリック教会の宣教精神が改めて高揚されたが，それにはドイツのカトリック信徒たちの協力があった．ただ信徒たちの意識は，時代の状況に対応して変化せざるをえなかった．とりわけ好戦的な*無神論や共産主義に基づく世界観の挑戦に対しては深刻な対応を迫られたのである．このような挑戦に直面して，キリスト教信仰が改めて問われることになり，宣教活動は，敵対する勢力との競合関係のなかに入っていった．以前の護教的精神は，現代のキリスト教に必ずしもそぐわなくなったが，この状況を克服する方法として一つの道が示された．それは第2ヴァティカン公会議が示した「対話」の道である．対話によって初めて，相互間の言葉による*証しが，自己の信仰のより深い理解のために決定的な役割を果たすようになったのである．空虚な言葉ではなく，実践に裏づけられた証言，これこそが実り豊かな対話のための要件でなければならない．

〔他者との協力関係〕ドイツ・カトリック教会はその生成の歴史からみて，他のさまざまな勢力との多様な協力関係，そしてまた国家との協調のなかで生きてきた．原則としては，独立独歩ではなく，いかにして他者に対してふさわしい尊敬の念をもって協調しうるかがつねに教会の課題とされてきた．その原則に基づく一つの例として，すでに述べたドイツ・カリタス協会の大きな組織があげられる．病者，老人，困窮する人々や子どもたちの保護，カトリック系の病院，老人ホーム，幼稚園，あらゆる種類の援助や相談，奉仕といったこれらの諸活動は，国家や自由な精神の人々，各教区の個別の教会に支えられて一つの大きな組織となっている．この活動に対する個々の教会の参加は，古くから極めて活発であり，つねに公的にも高い評価を得てきた．社会的な論議のなかで，いまだ解決されない諸問題もある．例えば胎児の法的権利あるいは*堕胎（妊娠中絶）の問題などである．その根底には，どのような基盤の上で社会の諸勢力の共同作業が可能かという根本問題がある．共通の価値観が広い範囲で通用する一方で，カトリックの立場から共通財産とみなされている自明の価値観が，教会外の人々からみて議論の的になることもある．共同作業を可能にするために，異なった価値観の間で繰り返し意見の合意が確かめられなければならないのは当然である．そこから，自己の価値観が公認されるようにもっていくことも可能になる．現代技術の先端をいく*マス・メディアの利用も極めて効果的であろう．

以上のことを踏まえたうえで，このような日常的・具体的な状況を超えて，カトリシズムの本質に根ざした問題点に触れておかなければならない．それは教会自身が理解しているように，カトリック教会は社会の共生のなかで精神的な力として生きているのだということである．教会共同体は，宗教的確信によって人間をキリスト教的な行為へと動かしていく力なのである．この確信は根本的には人間性の本質そのものに関わっており，個々のグループや国家への関心に左右されるものではない．したがってカトリック教会は，集団への関心を超えて人間の本性に基づく権利と義務とを人々に思い出させることを義務とする．国際的な援助活動，あるいは物質的・精神的に脅かされている人々との連帯への呼びかけ，これらの動きは，カトリック教会の基本的態度と密接に関連している．ただ，カトリック教会が目指す教会外の人々との協同活動が，たびたび制限を余儀なくされ，両者の間に論争や不和が生じることも少なくない．このような状況に際して，ドイツのカトリック教会は，キリスト教社会論のなかに妥当な判断基準が存在することを確信する．

前述したカリタスの活躍とともに協同活動のもう一つの大きな領域は，社会の公の意識と良心に対する精神的な働きかけであろう．第2ヴァティカン公会議の『現代世界憲章』のなかで展開された原則が，この働きかけの基盤となっている．

〔世界のなかのドイツ教会〕優れた組織と，ドイツ国民のさまざまな勢力や集団との融和を基盤にして，ドイツのカトリック教会は，世界の教会や諸国民の共同体のためにも何らかの重要な役割を果たすことができるであろう．ドイツ人は世界のあらゆる場所で，最近では著し

い減少傾向にある教会の建設や復興に力を尽くしている．ドイツ以外の国々の教会との関係を強めようとするドイツの司教団や教区の試みは，以前にも増して強化されてきた．相互訪問や留学をはじめとするさまざまな交流の試みは，ドイツの教会が他の大陸のカトリック教会やキリスト教諸派の教会が抱えるもろもろの問題点や特有の前提条件をよく理解することに役立っている．ひるがえってドイツの教会はこのような経験に照らされて，自らの立場を反省的に検証し批判することをも学ぶのである．

一方，ドイツの教会事情を学ぶためにドイツを訪問する他国のキリスト教徒も依然として多い．他国のキリスト教徒の訪問者のなかで最も多数を占めるのは神学研究の学徒であり，次いで外国の修道会や宣教会の会員たちである．このような人材交流を支えているのは，もちろん，ドイツにおける学術研究，情報提供，出版などの充実である．聖書の解釈学研究でドイツを出自とするものも少なくなく，*ヴァティカンにおけるドイツ側の学問的協力や判断決定への影響も，節度をわきまえたものではあるが有効に働いている．世界の教会の種々の分野における資金提供も，近年やや誇張されて巷間に語られているとはいえ，重要な援助の一端となっている．

しかしながら，教会の活力のために物質的な保障が不可欠であるとはいえ，その保障が外部から与えられるかぎり，結局，それは始動のための援助以上のものにはなりえない．ドイツの教会は一つの生きている実例として影響力を持ち続けるであろう．そしてこの教会自身の体験から，他国の教会のことを学びとることもでき，反対に，他国の教会からの批判によって，ドイツの教会がよりよい自己をみいだすことも可能になる．与えることと与えられること，これが正しい対等な関係としての協同活動の意味でなければならない．世界教会のなかで行われる各教会間の相互活動は，全キリスト教会にとって重要な意味をもつだけでなく，キリスト教の信仰の真正性の根拠となりうる．現在の世界は，パートナーとしての真の共存関係の規範がどこにあるのかを探し求めているのである．

人間と民族に関する地球規模の諸問題を論じる際に，キリスト教会も独自の見解をもつ．一般的な印象からいえば，問題が紛糾すればするほど，人々はより痛切にカトリック教会の声を尋ね求めるようである．現在，世界のとりわけ重要な問題は，人間の*尊厳と，それに関連した*権利・*義務・平和の問題である．これら根本問題に関して，世界の分裂を身をもって体験したドイツの教会は，独特な貢献を果たすことができる．空疎な長広舌や要求によってではなく，人間蔑視とそれがもたらす災禍を実際に目撃した，その体験に裏打ちされた貢献である．それは具体的な条件や複雑な状況の綿密な調査に基づいた貢献である．かつてドイツ人およびドイツの教会は，幼稚で単純な主張のために多くのものを失った．ドイツの教会はそのような公的言辞に対して不信感を抱くとともに，あらゆる事態について偏向のない厳密な分析と検証が必要であることを訴える．このような姿勢は世界の教会のそれと異なるものではないが，ドイツの状況を背景にするとき，その輪郭はより明確になり，ドイツの現実に一層ふさわしいと確信されるのである．

最後に平和の問題について触れておかなければならない．キリスト教徒，そしてキリスト教会が，平和に対する脅威と平和維持の問題を，信仰の光のなかで考えるのは当然のことだが，政治の次元を無視できないことも，また当然である．これに関するいかなる原則的な解答も不充分だし，むしろ危険でさえある．ものごとを単純化して考えようとする誘惑に抵抗して，むしろ解答を出すことの困難さこそ，絶えず強調していかなければならない．同時にキリスト教の側からは，勇気と確信を失うべきではないことを実践的に示さなければならない．自分自身の生涯をその時々の困難とともに生き，悪を拒否し，善を推し進めようとする人々の心を静かに勇気づけること，それが今日，ドイツのために，ひいては世界のために果たしうる教会の貢献である．

【現勢】2000 年現在，カトリック信者数：2,781 万．大司教区：7．司教区：20．ウクライナ教会の総主教代理区：1．軍事管区：1．枢機卿：9．大司教：8．司教：92．小教区：1 万 2,483．教区司祭：1 万 5,028．修道司祭：4,614．終身助祭：2,215．信徒修道士：1,651．修道女：3 万 9,484．

【文献】LThK³ 3: 136–66． (K. H. ノイフェルト)

ドイツかいかくはきょうかい　ドイツ改革派教会　German Reformed Church

アメリカ合衆国で創設されたドイツ系の*改革派教会．主として 17 世紀末より渡ってきたドイツ西部の改革派教会に属する植民地開拓者によってペンシルヴァニア州を中心に設立され，1725 年，ベーム (John Philipp Boehm, 1683–1749) によって，教会が*カルヴァンの原則によって形成されることや*ハイデルベルク教理問答を基準とする方針が定められた．1747 年，オランダ改革派教会から派遣されたシュラッター (Michael Schlatter, 1716–90) により組織化が進められた．1793 年，オランダ教会の保護下から独立し，アメリカ・ドイツ改革派教会 (German Reformed Church in the United States of America) と称す．1879 年 (明治 12) には日本に宣教師を派遣した．

【文献】キ人 733；キ大 738–39；日キ歴 59；J. GRÜNDLER, ed., *Lexikon der christlichen Kirchen und Sekten*, v. 2 (Wien 1961) 1172． (秋山昇)

ドイツかいかくはれんめい　ドイツ改革派連盟　Reformierter Bund für Deutschland

ドイツにおける*改革派教会の結束を図るために組織された連盟．1877 年の改革派世界同盟 (〔独〕Reformierter Weltbund) の設立が刺激となり，1884 年に*ツヴィングリの生誕 400 年記念祭が*マールブルクで開催された際に，改革派の牧師や長老により創立された．この連盟の目的は「改革派教会の宝と賜物を守り養う」ためにドイツ国内の改革派の教会と信徒を結合することにあった．*ナチズムと闘った*告白教会と緊密な関係をもち (→ ドイツ教会闘争)，戦後再編成されたドイツの教会および世界の教会に対して改革派を代表した．1851 年創刊の『改革派教会新聞』(Reformierte Kirchen-Zeitung) を機関紙とする．

【文献】キ大 739；LThK³ 8: 955–66；RGG³ 5: 894–95． (秋山昇)

ドイツ・カトリックしゅぎ　ドイツ・カトリック主義　Deutschkatholizismus

1844 年に*ロンゲの提唱のもとに起きた*シレジアを中心とする反ローマ的な宗教的社会運動．リベラルな傾向をもつ労働者を核とした*市民階層に支えられ，従来のカトリック的伝統を否定する独自の教会を各地に建設し，その後に来る 1848 年の三月革命を準備するような理性主義的・政治的

ドイツかんねんろん

意図をもったうねりとなるが，革命後に保守反動に制圧される．抑圧された階級意識がもたらした解放運動として捉えることもできるが，同時にそこに社会における宗教意識の変化をも読み取るべきである．
【文献】MEL 6: 681; LThK³ 3: 136; TRE 8: 559-66.
(富田裕)

ドイツかんねんろん　ドイツ観念論〔独〕deutscher Idealismus 「*カントから*ヘーゲルまで」のドイツ哲学の歩みにおいて「ドイツ観念論」と呼ばれている思想運動は，主として，J. G. *フィヒテ，*シェリング，ヘーゲルらによって代表される．先駆者カントは，どこまでも*批判哲学の枠組みを堅持する．その「批判」の仕事が語るように，彼は，経験認識ないしは*科学，*道徳，*美，*宗教の各領域を截然と分別づけることはしたが，それら全領域を一つの絶対的な原理から体系化することは企図しなかった．それは*独断論に陥るとみたからである．独断論に陥ることなく，一つの原理から全領域，全世界を体系的に捉えることは可能ではないのか．カントを体系へと継承すること，それがカント後の共通の哲学的な課題となった．後継者たちは，批判の枠組みを越えて，無制約な*理念（〔独〕Idee）のなかに体系化の原理を求める*観念論（Idealismus）を選択した．

【フィヒテ】その最初はフィヒテである．フィヒテの主な労作は，「知識学」(Wissenshaftslehre)と呼ばれているが，そのモチーフは，理論的，実践的学問を包括するような一つの「学」を，根本原理から体系化しようとするところにある．彼は，体系化の原理を求めるのに純粋な*自己意識から出発した．経験的意識，例えば，腹の痛いのを内部に知覚して，そこに腹が痛い自分を意識するといった意識の働きからではない，自己から出て自己に帰る*意識の働きを純粋かつ論理的に省察することから始めた．純粋な「自己＝定立」(reines 'Sich＝Setzen')の働き，それをフィヒテは「事行」(Tathandlung)と呼んだ．その働きを通じて「我在り」という命題が成立する．つまり，自らを定立するという働きのなかに，自己の存在は語られるのである．「事行」において，働きと存在とは一つである．その事態と一つになる認識，それは，*感性と*悟性とが，カントにおけるように二元的に分離していないで，一つになっている認識の働きとして*知的直観と呼ばれた．

端的に*自我の存在が演繹されたあとは，自我に対して「自我ならざるもの」・「非我」が導出され，さらに，「自我」と「非我」との間の相互限定の働きが引き出される．自我は，自我ならざるものの抵抗に出会い，それを「障害」として受け取りつつ，それを実践的に乗り越える．自我ならざるものを対象として認識する理論活動は，非我乗り越えのその実践活動のなかに包摂される．カントでは，*理論の領域（科学）と実践の領域（主に道徳）とは二つ別々に置かれて，実践優位の思想が説かれたのだが，ここフィヒテでは，理論認識は，むしろ実践のなかに包摂されるというかたちで，実践優位の思想が，いわば「超越論的行動学」(transzendentale Pragmatik)として一元化された．

【ヘーゲルとシェリング】非我克服の限りない活動を通じて，自我は絶対的であろうとする．その「自我哲学」の組み立ては，自我への熱愛に生きる，時代の*ロマン主義感情にうまく適合したであろう．だが，その観念論は主観的であると，いち早く批判して登場したのがヘーゲルとシェリングである．

1801年，ヘーゲルは，『フィヒテとシェリングとの哲学体系の差異』を書いて，フィヒテでは観念論は主観的であると評した．およそ絶対的なものは，主＝客の同一性において成立するものだが，フィヒテの自我哲学では，自我は，非我と同じであってはならず，自我は非我克服の限りなく遠い果てに自らの同一性を実現するべく課せられている．そのかぎりでは，体系化の原理であるはずの自我の同一性は，客観的に保証されてはいない．自我哲学は，当為的であり，主観的である，と．それに対してシェリングの観念論は，*同一哲学というかたちで，絶対的なものの概念に客観的に到達している．つまり，ヘーゲルによれば，フィヒテにおける主観的な観念論を客観化するという，その仕事に一歩先んじて着手したのがシェリングであると評価される．

1798年からイエナ(Jena)における員外教授の席にあったシェリングは，その*自然哲学と芸術哲学とを収斂させるかたちで，同一哲学に到達していた．同一哲学とは，絶対的なものの概念を主＝客の同一性に求める哲学をいう．もともとシェリングは，フィヒテの自我哲学の傘のもとに哲学を始めたが，非我，つまり自然が，自我の絶対性実現のための消極的な踏み台でしかないことには批判的であった．自然は，むしろ自我ないしは精神を育む母ではないか．それがロマン主義の自然感情にもかなう．いわば，「眠れる精神」としての自然は，精神の目覚めていく過程でもある．そのようにして，シェリングは，自我哲学と自然哲学とを一つの体系のもとに包摂する同一哲学を構築することになった．

体系の理念たるものは，あらゆる制約を超えた無制約的なものとして，主＝客の絶対同一性の概念のなかに求められた．フィヒテにおいて，無制約な理念は，自我の，非我克服の無限活動のなかに求められた．そこでは「自我が一切」なのである．その意味でも観念論は主観的である．今や，シェリングでは，「一切が自我」なのである．その意味で客観的である．加えて，体系化の原理・「同一性」は客観的に全世界を貫通している．個物世界の種々相は，同一性原理のただの量的な差異とみなされる．彼の自然哲学は，その「超越論的観念論」の原理のもとに体系化されたのであるが，その自然像は，*ゲーテとともに，「生きた自然」を標榜するものとして着目される．力学的モデルからする近代の自然像は，彼らからすると，いわば「死んだ自然」として抽象である．自らを自らで創成する自然，自己自身を自己自身で有機的に組織づけていく自然(Selbstorganisation)としての自然，その自然概念は，現今，再び見直されようとしている．

【ヘーゲルの体系】観念論を客観化しようとする点では，ヘーゲルはシェリングと課題を共有した．体系化の原理は絶対理念において求められるのであるが，その理念は客観的に「*自然」と「*精神」とを貫いている．客観的観念論こそは，絶対観念論の成立の具体的な形である．ドイツ観念論は，単線的に主観的（フィヒテ）－客観的（シェリング）－絶対的（ヘーゲル）と三つのステップを踏んだわけではない．観念論を客観化するという課題を共有しつつ，しかし二人の間には決裂した一点がある．それは，主＝客の，思惟と存在との同一性としての絶対的なものの概念に至るのに，シェリングが直接的，無媒介的であるのに対して，ヘーゲルは間接的，媒介的であったことである．1807年の『精神現象学』序文において，ヘーゲルが，シェリング同一哲学の，知的直観を方法と

する直接性への批判を痛烈に展開したことはあまりにも有名である．間接的，媒介的とは，思惟の運動が，他者を否定的な媒介として，「もの」や「こと」の真実相に至る運びをいう．すべて，「もの」や「こと」は，自己のうちに他者をみて，それを否定的な媒介として自己に還るという論理の運びをとる．その運びと一つになるとき，思惟は「もの」や「こと」の真実相を概念（Begriff）として捉える．概念とは，ただ単に，思惟の主観的表象として成立するのでなく，同時に「もの」や「こと」の真実相を顕している客観的表象である．そのようにして，主＝客の同一性，思惟と存在との同一性は，ヘーゲルにおいては，媒介的，間接的なのである．その思惟の方法が＊弁証法と呼ばれる．

彼の『精神現象学』は，「意識の経験の学」とも呼ばれるように，意識が，感覚的確信から始まって「絶対知」にまで至る長い道程を叙述するものである．「絶対知」というかたちにおいて，絶対理念は自己自身をみいだす．カントは，絶対的なものの学は独断論に陥ると警告したが，その戒めを破らないためにも，精神の，絶対者に至る長い遍歴のこの叙述が必要であった．『精神現象学』は，まさしく，学的体系の理念をみいだす準備学であった．その準備学を踏まえて，彼の学的体系・エンチクロペディ（Enzyklopädie）は，絶対理念の自己展開として，「論理学」「自然哲学」「精神哲学」を包括する全学問の集成として成立する．学問の集成は，同時に全世界，つまり，論理の世界，自然の世界，精神の世界（社会，歴史，文化を含む）全体を一つの絶対理念の展開として体系化することを意味した．ここに至って，ドイツ観念論は包括的な世界体系として頂点に達した．

【後期シェリングの哲学】ヘーゲルに乗り越えられたシェリングは，しばらくの沈黙の後，ヘーゲルに対抗する独自の哲学の創出に力を注いだ．後期「積極哲学」（positive Philosophie）と呼ばれる哲学である．後期への過渡の名作『人間的自由の本質』（1809）は，＊ベーメの神秘思想の影響を受け，「神のうちなる自然」という概念が示すように，闇の原理，無の概念を通じて存在の真実に迫ろうとする．けだし透明な理性は，「在るもの」の本質を捉えるにとどまり，何かが「在ること」の事実の前でつまずく．しかし求められることは，何かの「その何か」（das Was）＝「＊本質」なのではなくて，それが「在るということ」，つまり＊存在の事実（das Daß）である．前者に向かう本質学を「消極哲学」（negative Philosophie），そして後者に定位する自分の哲学を「積極哲学」と呼んだのである．絶対理念の展開過程として世界を体系化するヘーゲル哲学はいうまでもなく，自分自身の「同一哲学」も理性の消極哲学であるとみなされる．思惟に先立ち，思惟の届かぬ（unvordenklich）存在の事実，それに定位する哲学としての「こと＝存在論」（Daß＝Ontologie）が積極哲学の真面目である．それは，一つの形而上学的経験論をとるが，その立場から，世界は出来事の生起（Geschehen）として語られる．神々の物語としては「神話の哲学」（Philosophie der Mythologie）が，神の世界創造としては「啓示の哲学」（Philosophie der Offenbarung）が成立し，その二つが，後期シェリングの主としてミュンヘンやベルリンで講じた哲学である．だが，その哲学をもってドイツ観念論の終焉とみるか，それともヘーゲルとは違った意味での観念論の一つの完成のかたちとみるかは，見方の分かれるところである．

【文献】廣松渉他編『講座ドイツ観念論』全6巻（弘文堂 1990）; 大橋良介『絶対者のゆくえ』（ミネルヴァ書房 1993）; 大橋良介他編『叢書ドイツ観念論との対話』全6巻（ミネルヴァ書房 1993-94）．　　　　（西川富雄）

ドイツぎかいふくいんきょうかいだん　ドイツ議会福音教会団 → コルプス・エヴァンゲリコールム

ドイツきしだん　ドイツ騎士団 → テュートン騎士団

ドイツきょうかいとうそう　ドイツ教会闘争
〔独〕deutscher Kirchenkampf　ナチス第三帝国（1933-45）における政府とドイツ福音主義連邦教会との対立，抗争をいう．ナチス政府（→ ナチズム）は政権掌握後，＊ドイツ福音主義教会に対して強制的同質化政策を行った．これは反民主主義的な指導原理による教会支配であり，同時に教会の教理にナチスの偏狭な民族理論を注入しようとするものであった．また福音主義教会内には，このナチス政府の政策を支持するドイツ・キリスト者信仰運動（〔独〕Deutsch-christliche Bewegung, 略称DC）があり，第三帝国の初期，諸連邦教会執行部を支配した．このような危機的な状況に直面して，当時のドイツ福音主義教会は，1934年5月，バルメン（Barmen）において第1回全国告白会議（Bekenntnissynode）を開催し，＊バルメン宣言を発表して自らの神学的立場を明確にした．そしてこの全国告白会議は，ダーレム（Dahlem, 1934），＊アウグスブルク（1935），オアインハウゼン（Oeynhausen, 1936）と続けられ，すべての＊領邦教会の告白会議への統一が図られたが，路線をめぐって古プロイセン合同教会とルター派領邦教会との間に深刻な対立も生まれた．

このような矛盾を抱えながらも，全国告白教会執行部は教理と組織に介入しようとするナチス政府に抵抗した．1936年，ナチス政府のさまざまな非人道主義政策を批判する建白書をヒトラー（Adolf Hitler, 1889-1945）に提出したり，1938年には迫りくる戦争を前にして平和祈祷文を用意したりして，そのつど政府と対立して弾圧を受け，多くの投獄者を出した．また，ナチス政府といち早く＊政教条約を結び，その組織を守ることができたローマ・カトリック教会も，＊ユダヤ人迫害や心身障害者安楽死に対しては，＊告白教会とともに敢然と抗戦した．

【文献】M. ガイガー『ドイツ教会闘争』佐々木悟史，魚住昌良訳（日本基督教団出版局 1971）: M. GEIGER, *Der Deutsche Kirchenkampf* (Zürich 1965); 雨宮栄一『ドイツ教会闘争の展開』（日本基督教団出版局 1980）; 同『ドイツ教会闘争の挫折』（日本基督教団出版局 1991）．　　　　（雨宮栄一）

ドイツごやくせいしょ　ドイツ語訳聖書 → 聖書の翻訳: ドイツ語

ドイツしんぴしゅぎ　ドイツ神秘主義〔独〕Deutsche Mystik　「ドイツ神秘主義」「ドイツ神秘思想」または「ドイツ神秘霊性」とも訳され，プファイファー（Franz Pfeiffer, 1815-82），グライト（Carl Johann Greith, 1807-82）や＊デニフレに由来する術語．広義のドイツ神秘主義は神と人間との神秘的一致（＊ウニオ・ミスティカ）の体験とともに，12世紀にはすでに現れる．

中世ドイツ神秘主義的霊性の中心となったのは *シトー会, *フランシスコ会, *ドミニコ会の霊性であり, さらに *ベネディクト会, *カルトゥジア修道会の霊性もこの動きに加わった. また *デヴォティオ・モデルナは, ドイツ神秘主義によって導かれながらも独自の展開を示した. このようにドイツ神秘主義は15世紀, さらにその後に至るまで栄え, 影響を与えていく.

狭義のドイツ神秘主義としては, 13-14世紀に栄えたドイツ・ドミニコ会の神秘主義がある. これはマイスター・*エックハルト, *タウラー, *ゾイゼによって深められ, 展開していった.

【歴史】〔女性たちの神秘霊性〕ドイツ神秘主義はドイツのライン川沿い, 特に *ケルン, *ストラスブール, *バーゼル, *コンスタンツなどを中心に栄えた. その歴史的前提は, 多くの女子修道院の豊かな霊的生活である. 初期の代表的女性はビンゲンの *ヒルデガルト, シエーナウの *エリーザベト, さらに3人のシトー会修道女, すなわち *メヒティルト・フォン・ハッケボルン, マクデブルクの *メヒティルト, ヘルフタの *ゲルトルーディスなどである. ドイツの北西部, 特にライン下流の都市部で起きた霊性運動は, *ベギンの使徒的共同生活をはじめ13世紀前半に頂点を迎える. ドイツ女性の霊性運動は福音的動機, キリストに従う生活への憧れと神への信仰・希望・愛の献身から展開した. 神秘的霊性運動の中心となった *ドミニコ女子修道会からは C. *エーブナー, M. *エーブナーなどが登場した.

〔ドミニコ会〕ドイツでは特にドミニコ会員が *説教や *霊的指導を通して, あるいは *聴罪司祭としてこれら女性たちの霊的生活の形成に決定的影響を与えた. また, これを契機としてドミニコ会員は霊性神学的思弁を深め, 神学における神秘的諸要素の研究に精励することとなった.

*アルベルトゥス・マグヌスはドイツ *スコラ哲学および神学の形成の道を示したばかりでなく, ドミニコ会の神秘霊性に *新プラトン主義や *ディオニュシオス・アレオパギテース, *アヴィケンナの思想を加味した. ストラスブールの *ウルリヒは *トマス・アクィナスの神学に基づいている. トマスの神学体系に従った神秘神学は, ドイツ語の説教や講話を通して民衆にも伝えられた.

〔フランシスコ会〕13世紀中葉以来ドイツのフランシスコ会員は民衆宣教を展開し, 彼らの霊性は中世末期のドイツ民衆の心を豊かに潤していった. ドイツ語による神秘神学の著作家アウグスブルクの *ダヴィド, ダヴィドの弟子で中世ドイツ最大の民衆説教家レーゲンスブルクの *ベルトルトはアッシジの *フランチェスコの神体験を心に秘めつつ, その神秘思想を著した. 14世紀中葉に書かれた『霊的清貧の書』(Das Buch von geistlicher Armuth) はフランシスコ会的霊性に立つ人物の著作で, 外的にも内的にもキリストに従って貧しく生きることを読者に勧告し, 神と霊魂との一致の道を示している. また15世紀の霊性作家としては *ハルピウス・ファン・エルプをあげることができる. ほかに *フリドリンらがラテン教父の伝統に立つ著作を著している. 中世末期に *ボナヴェントゥラの『魂の神への旅路』などの霊性神学書がドイツ語に訳された結果, ボナヴェントゥラは教父と並ぶ神学・霊性上の大家として仰がれるようになり, フランシスコ会的修道霊性が勢いある流れとなった.

〔カトリック刷新の霊性家〕*ジェルソンの『実践的神秘神学』にはボナヴェントゥラの霊性神学の影響が色濃い. ストラスブールのカルトゥジア会は14世紀に多くの著名な霊性家を輩出し, ザクセンの *ルドルフスはフランシスコ会的神秘霊性を汲みつつ『キリスト伝』を著している. *ディオニシウスのように15世紀のカルトゥジア会員にはボナヴェントゥラの影響が顕著で, デヴォティオ・モデルナの霊性家や *『イミタティオ・クリスティ』なども本質的にはボナヴェントゥラの諸著作に依存している.

〔スコラ神学的基礎〕アルベルトゥス, トマス, ボナヴェントゥラは偉大なスコラ神学者であるとともに *神秘家であった. 彼らにはスコラ神学と神秘体験の内的一致がみられる. 神学と霊性, 教理と生活, 聖書と霊性, 神学と霊性の一致は, ドイツ神秘霊性が追求したものである. エックハルト, タウラー, ゾイゼ, *ルースブルークは教理と聖書, 教説と生活の一致に努め, 信仰の真理と神体験の一致をスコラ神学的基礎に立ちながらも新鮮な言葉で表現した. 中世ドイツ神秘家の代表者たちは, 神秘霊性の中心として霊魂内の神誕生について語っているが, この思想は聖書・教父神学伝統の *恩恵論を源泉とするものであった.

【文献】LThK² 3: 266-70; LThK³ 3: 123-26; 鈴木宣明『中世ドイツ神秘霊性』(南窓社 1991); 上智大学中世思想研究所編訳『中世末期の神秘思想』中世思想原典集成 17 (平凡社 1992); 同編訳『中世の霊性』キリスト教神秘思想史 2 (平凡社 1997); M. GRABMANN, *Die Kulturwerte der deutschen Mystik des Mittelalters* (Augsburg 1923); L. SCHREYER, *Deutsche Mystik* (Berlin 1925); O. KARRER, *Die große Glut* (München 1926); A. HEILER, *Mystik deutscher Frauen im Mittelalter* (Berlin 1929); J. KOCH, ed., *Humanismus, Mystik und Kunst in der Welt des Mittelalters* (Leiden 1953); G. WEHR, *Die deutsche Mystik* (Gütersloh 1980); J. SUDBRACK, *Mystik* (Mainz 1988). （鈴木宣明）

ドイツびじゅつ　ドイツ美術　ドイツはヨーロッパ大陸の中心に位置し, その文化圏は北と東はスカンディナヴィアやマジャル・スラヴ圏に及び, 南と西の境界を接するイタリア, フランス, ネーデルラントは, つねにこの地に芸術的な刺激をもたらした. 伝統を保守的に墨守する一方で, 他国で発展した様式はしばしば遅れて受容されるため, 後期ゴシックや後期バロックのように, 法則性を逸脱した激しい運動感を伴う「末期様式」となって独自の展開をみせる. 外からの絶えざる影響に加え, 地方の独立性が高く, 分裂と統合を繰り返してきた歴史をもつために, ドイツ美術の発展を統一的に把握することは困難である. *宗教改革以来, 南部のカトリック圏と北部のプロテスタント圏に分かれ, また第2次世界大戦後の1949年から90年まで東西に二つのドイツが成立したという宗教的・政治的背景は, 美術についても地域により全く異なる状況を生み出すこととなった. ドイツ美術の特性としては, ラテン的な客観的形式性に対置される主観的精神性があげられる. また特に版画や素描の線的な芸術に優れ, 自然と深く融合する感覚は風景画を重要な主題に発展させた.

【ロマネスク】ドイツ, フランス, イタリアにわたる *シャルルマーニュ (在位 768-814) の帝国が分裂した後, 10世紀にオットー朝が新たに帝国を興した. *オットー朝美術は, 古代の伝統とキリスト教とゲルマン的要素を結合させた *カロリング朝の遺産を正統に受け継ぎつ

つ，*ビザンティン美術の伝統を取り入れ，独特の中世的な特性を明確に示して，ザリエル朝，シュタウフェン朝へと続く*ロマネスクの始まりとなった．建築では，カロリング朝の西構えと二重内陣の*バシリカの伝統が引き継がれ，*ヒルデスハイムのザンクト・ミヒャエル聖堂(1000頃)で交差部を規準単位とする梁間構成が成立し，12世紀には強大な帝権を示す堂々たる大聖堂や修道院などがライン川地域に建造されて，東西相称，二重内陣，三葉形祭室といったドイツ・ロマネスクの特徴を確立する．*シュパイアー大聖堂の身廊(*ネイヴ)に架けられた交差穹窿(→ヴォールト)は建築史上の構造的革新である．金工はドイツに優れた伝統がみられ，司教*ベルンヴァルトがいたヒルデスハイムでは，ザンクト・ミヒャエル聖堂のためにブロンズ扉(現ヒルデスハイム大聖堂，1015頃)が制作されてブロンズ鋳造の中心地となり，12世紀に大きな影響力をもったモザン派からは，後に*ニコラ・ド・ヴェルダンが出て『三博士の聖遺物箱』(ケルン大聖堂，1200頃)などを残した．また木彫の『ゲロの磔刑像』(ケルン大聖堂，969-79)はロマネスクのモニュメンタルな彫刻に先駆する表現を示している．絵画では，*トリールや*ライヘナウなどの修道院で制作された彩飾写本によって10-11世紀に最盛期を迎える(ライヘナウ派の『バンベルク黙示録』)．壁画の遺構はわずかである(ライヘナウのザンクト・ゲオルク聖堂)．

【ゴシック】*叙任権闘争を経て皇帝の絶対的権力がしだいに衰えていく頃，フランスでは*ゴシック建築が登場するが，ドイツでは部分的な採用はあっても，基本構造は伝統ある重厚な*ロマネスク建築が長く好まれた．ようやく13世紀半ばの*ケルン大聖堂(完成は19世紀)においてフランス・ゴシックの本格的な移植がなされるものの多くの例を生まず，むしろ後期ゴシックの独自な発展を遂げたのは，単一の広い内部空間を指向するハレンキルヒェ(等高式聖堂)であり，高くそびえる単塔あるいは双塔を特徴とする．後期ゴシック(ドイツ特殊ゴシック)は14世紀半ばからパルラー一家(Familie Parler)によって西南ドイツに広められ，また石材を産しない北方では煉瓦建築が主流になり，*リューベックからさらにはスカンディナヴィアまで伝えられた．彫刻においても北フランスからの影響を受けた新しい彫刻群が現れ始めるが，建築との結びつきはむしろ弱く独立像に近い(バンベルク大聖堂の『聖母のエリザベト訪問』や『騎士像』1225-37)．また*神秘主義と結びついた『キリストと聖ヨハネ』や『ピエタ』の*祈念像の伝統がドイツで独自に成立した．

【中世末期】14世紀末には*国際ゴシック(柔軟様式)が主流となり，皇帝*カール4世が都とした*プラハは北イタリアやフランスの美術を吸収して芸術の中心地となった．「美しき聖母」(〔独〕schöne Madonna)の彫刻はこの様式の典型である．13世紀中頃に始まる*板絵はしだいに絵画の中心となり，ボヘミア派の様式はハンブルクのベルトラム(Bertram von Minden, 1345頃-1415)などドイツに伝播した．15世紀に入るとネーデルラントでは新しい自然感覚に基づく絵画が生まれ，その影響が広く及んだ．*ロッホナーなどのケルン派のほか，*ヴィッツ，モーザー(Lucas Moser, 1390頃-1434以後)が活躍したライン上流地方や南ドイツでは木版画に次いで銅版画が登場した(*ショーンガウアー)．また木彫をはじめとする彫刻，特に彫刻祭壇が南ドイツで盛んになる(*ムルチャー，*パッハー，*リーメンシュナイダー)．彫刻家はしばしば画家としても活躍した．

【ルネサンス】*デューラーの時代とも呼ばれるこの時期はドイツ絵画の黄金時代である．デューラーはイタリア*ルネサンスの芸術理念を北方にもたらし，その芸術家としての自覚は自画像によく現れている．一方*グリューネヴァルトの『イーゼンハイム祭壇画』は強烈な色彩による神秘的なヴィジョンにゴシック的傾向が認められる．そのほか*クラーナハ，*バルドゥング，ドナウ派の*アルトドルファーら多くの画家が活躍し，皇帝*マクシミリアン1世などが重要なパトロンとして庇護を与えた．デューラーが木版画『黙示録』(1498)によって世に知られたように，版画は重要な芸術表現となった．ほとんどの主要画家がその制作に関わるという状況は他国ではみられない．宗教改革の指導者*ルターに共感を寄せる画家もいたが，プロテスタントの運動は概して芸術的活動にとって有利とはいえず，ドイツ・ルネサンスの完成者*ホルバイン(子)は後半生の制作地をイングランドに求めた．16世紀後半には，ネーデルラントの画家が*ミュンヘンやプラハの宮廷で*マニエリスムを展開した．

13世紀の朗読台
(Herder)

【バロック・ロココ】宗教改革以来の南北における宗教的対立と*三十年戦争(1618-48)によって国土は荒廃し，17世紀末頃まで芸術的創造は停滞する．18世紀になると，オーストリアを含む南部のカトリック圏では，財政豊かな教会の庇護のもとでイタリアの影響を受けて*バロック建築が全盛となる(B.*ノイマンのフィアツェーン・ハイリゲンの巡礼聖堂および*ヴュルツブルクの司教宮殿)．これら後期バロックの聖俗の建築では，ストゥッコ彫刻やフレスコ画などの内部装飾と建築は一体化し，幻想的な内部空間が現出している．一方，北東部のプロテスタント圏では概して美術は振るわなかったが，プロイセンの*フリードリヒ2世のもとでは同時代のフランス・ロココ様式が取り入れられ，クノーベルスドルフ(Georg Wenzeslaus von Knobelsdorff, 1699-1753)がポツダム(Potsdam)にサンスーシ宮を建造した．工芸では，ベットガー(Johann Friedrich Böttger, 1682-1719)が磁器の製法に成功してマイセン(Meissen)にヨーロッパ初の窯を開き，またゼーネフェルダー(Aloys Senefelder, 1771-1834)が石版画技法を発明した．

【新古典主義とロマン主義】*ヴィンケルマンによる『ギリシア美術模倣論』(1755)が理論的基礎となり，時代の趣味はバロック・ロココからギリシア・ローマを手本とする新古典主義へと転換した．ベルリンではシンケル(Karl Friedrich Schinkel, 1781-1841)，ミュンヘンでは

ドイツふくいんしゅぎきょうかい

15世紀中葉の聖母子像
(ケルン大司教区)

クレンツェ (Leo von Klenze, 1784-1864) により19世紀初めに建造された新古典主義建築は, 現在でも目にすることができる. 一方 *フランス革命からナポレオン戦争にかけて民族意識が高まるとともに, アカデミーの形式主義に反発してロマン主義の動きが起こる (→ ロマン派美術). 北方ではフリードリヒ (Caspar David Friedrich, 1774-1840) やルンゲ (Philipp Otto Runge, 1777-1810) が, プロテスタント的な敬虔主義で内的な精神性を投影させた象徴的風景を描いた. もう一つの流れはキリスト教中世への回帰を信条とした *ナザレ派であり, こうした復古主義的ロマン主義は歴史主義へとつながった. 反動的なウィーン体制は変革をもたらさず, 現実批判とは無縁のビーダーマイヤー様式の時代を経てメンツェル (Adolf Menzel, 1815-1905) のリアリズムへ至り, 印象主義のリーベルマン (Max Liebermann, 1847-1935) やイタリアに渡った理想主義者のベックリーン (Arnold Böcklin, 1827-1901), マレー (Hans von Mareés, 1837-87), フォイエルバハ (Anselm Feuerbach, 1829-80) のほか, 世紀末にはクリンガー (Max Klinger, 1857-1920) やホドラー (Ferdinand Hodler, 1853-1918) 等の象徴主義, クリムト (Gustav Klimt, 1862-1918) 等のユーゲン

トシュティール(青春様式)の活動が次代の新たな動向を準備した.

【20世紀】世紀初頭には, 表現主義が現代絵画の重要な潮流の一つになった. 自然主義を排し創作の根源を自己の内部に求めるこの運動の中心となったのは, ドレスデン (Dresden) のブリュッケ(橋)派のキルヒナー (Ernst Ludwig Kirchner, 1880-1938) とミュンヘンの年刊誌『ブラウエ・ライター』(Der Blaue Reiter, 青騎士の意) のカンディンスキー (Wassilij Wassiljewitsch Kandinskij, 1866-1944), マルク (Franz Marc, 1880-1916) らで, ココシュカ (Oskar Kokoschka, 1886-1980) や彫刻家のバルラハ (Ernst Barlach, 1870-1938) も同じ傾向を示している. 社会批判的精神を示すコルヴィッツ (Käthe Kollwitz, 1867-1945), 第1次世界大戦後の新即物主義のディクス (Otto Dix, 1891-1961), グロス (George Grosz, 1893-1959) のほか, ダダやシュルレアリスムのシュヴィッタース (Kurt Schwitters, 1887-1948), アルプ (Jean Arp, 1887-1966), エルンスト (Max Ernst, 1891-1976) 等が活躍した. 1919年創設のバウハウスにはグロピウス (Walter Gropius, 1883-1969), カンディンスキー, P. *クレーなど多彩な芸術家が揃い, 近代建築とデザイン・工芸の基礎を築いた. こうした活発な芸術活動は *ナチズムによって終止符を打たれる. 戦後は東西ドイツに分裂し, 両国とも弾圧された頽廃美術の復活から歩みを始めるが, 西は国際モダニズムに参加してその象徴がカッセル (Kassel) で開催される国際美術展「ドクメンタ」となり, 東は社会主義的リアリズムへと異なる道を進んだ. 国際的な美術の動向と連動するとともに, 1970-80年代には戦前の表現主義や新即物主義が再認識される(批判的リアリズム, 新野獣派). 歴史性と社会性という点で重要な活動としては, ボイス (Joseph Beuys, 1921-86), 続くキーファー (Anselm Kiefer, 1945-) の仕事があげられる.

【文献】前川誠郎編『ドイツ美術』世界美術大系 18 (講談社 1962); H. ベルティンク『ドイツ人とドイツ美術』仲間祐子訳 (晃洋書房 1998): H. BELTING, Die Deutschen und ihre Kunst (München 1992); G. DEHIO, Geschichte der deutschen Kunst, v. 1-3 (Berlin 1919-26); W. PINDER, Vom Wesen und Werden deutscher Formen (Leipzig 1937); E. HAMPEL, ET AL., Deutsche Kunstgeschichte, 6 v. (München 1949-58); H. WEIGERT, Geschichte der deutschen Kunst, 2 v. (Frankfurt 1963); W. BRAUNFELS, Die Kunst im Heiligen Römischen Reich Deutscher Nation, 6 v. (München 1979-89); E. ULLMANN, ET AL., eds., Geschichte der deutschen Kunst, 8 v. (Leipzig 1981-90); H. KLOTZ, M. WARNKE, Geschichte der deutschen Kunst, 3 v. (München 1998-99).

(保井亜弓)

ドイツふくいんしゅぎきょうかい ドイツ福音主義教会 Evangelische Kirche in Deutschland ドイツ福音主義教会(略称 EKD)は第2次世界大戦後に結成されたドイツの *領邦教会の連盟である.

【前史】*宗教改革以後, ドイツのプロテスタント教会は領邦君主を長とした国教制で相互に独立した領邦教会であったが, 1852年領邦教会の教会当局者たちは2年ごとに開催されるドイツ福音主義教会協議会 (Deutsche Evangelische Kirchenkonferenz, 通称アイゼナハ協議会) を設立, 1903年には領邦教会の利益を代表する機関

としてドイツ福音主義教会委員会 (Deutsche Evangelische Kirchenausschuß, 略称 DEKA) を結成した．第1次世界大戦後 *政教分離を主張したヴァイマール共和国は国教制を廃止したが，*教会税と宗教教育権は認めた．教会は国民教会となったが，領邦教会の名前は存続させ，今日に至っている．1922 年 *ヴィッテンベルクにおいて 28 の領邦教会はドイツ福音主義教会連盟 (Deutscher Evangelischer Kirchenbund, 1933 まで) を結成，これは共和国直属の団体であった．

1933 年ヒトラー政権の画一化政策による教会政治への介入によって，帝国監督の指導する帝国教会としてドイツ福音主義教会 (Deutsche Evangelische Kirche, 略称 DEK) が誕生したが，DEK のなかでナチスの教会政策に反対する人々は *バルメン宣言を告白し，*告白教会を形成した．ナチスの崩壊とともに DEK も解体した．

【成立】第 2 次世界大戦後の教会の再建を準備した主なものは，M. *ニーメラーを中心とする告白教会の帝国兄弟評議会 (Reichsbruderrat) のメンバーとルター派領邦教会の指導者たちであった．この対立する両者をヴルム (Theophil Wurm, 1868-1953) がまとめ，EKD の暫定的規約と 12 人委員会が設けられるに至った．12 人委員会は *シュトゥットガルト宣言や非ナチ化を主張し，国外からも評価された．EKD の教会的一致への障碍は *聖餐観の相違であった．それを契機にドイツ・ルター派教会合同 (Vereinigte Evangelisch-Lutherische Kirche Deutschlands, 略称 VELKD) が結成された．EKD はそれぞれの信条に拘束された *ルター教会，*改革派，*合同教会 (Evangelische Kirche der Union, 略称 EKU) の連盟で教会ではない．しかし，加盟教会は教会闘争の成果であるバルメン宣言を承認し，EKD を導く教理的一致の基礎を旧新約聖書において与えられている *イエス・キリストの *福音とした (基本法 II の 1, 序)．これらの基本法は 1948 年 12 月 3 日施行され，現在に至っている．

【1948 年以降】EKD の歴史は，再軍備，核武装，東ドイツの承認を含む東欧政策などに関する政治倫理と公的責任をめぐる教会的態度の決定によって特徴づけられる．EKD の大半はそれらを認める政策を支持し，ハイネマン (Gustav Heinemann, 1899-1976)，ニーメラーのグループはそれらに反対した．1969 年 6 月旧東ドイツの八つの領邦教会は EKD から分離，ドイツ民主共和国福音主義教会連盟 (Bund der Evangelischen Kirchen in DDR, 略称 BEK) を結成した．1989 年東ドイツの崩壊，1990 年西ドイツ基本法第 23 条によるドイツ統一の後，EKD と BEK は 1991 年 2 月再合同のための規約 (教会税と *宗教教育の実施を含む) を定め，同年 6 月合同の教会大会において，EKD は再び 24 の領邦教会とこれに準じる *ヘルンフート派の連盟となった．EKD には約 3,000 万の教会員が所属し，160 人からなる大会議員，大会議長と 18 人の委員からなる評議員会，事務局，中央政府と欧州連合 (EU) に対して EKD を代表する機関などがある．

【文献】キ大 742; ODCC³ 579; TRE 10: 656-77; *Materialdienst von Pressestelle der EKD* (Hannover 1990-). 　　　　　　　　　　　　　　（倉松功）

ドイツぶんがく　ドイツ文学　ドイツ文学とはドイツ語が使われているすべての地域における芸術的散文と詩を意味する．その地域とはドイツ以外ではオーストリア，スイス全土の 7 割を占めるドイツ語圏，フランスの *アルザス，イタリアの *チロル南部，さらにベルギー，デンマーク，ポーランドの国境地帯である．

ドイツ語は 8 世紀になってようやく独自の文学的伝統を表現する言語として認められるようになった．ドイツ文学は *ゲルマン人の伝統と *ギリシア・ローマ古典文学，そしてキリスト教の影響という三者の絶え間のない相互作用によって形成されてきたといえる．他言語による文学を模倣する時期を経て，ドイツ語そのものの価値へと目を向けることができるようになったのがドイツ文学の歴史である．

【古高ドイツ語文学: 750-1050 年】*民族大移動の冒険を物語る民衆の言葉による文学が存在したことは後世の幾つもの証左から推定することができるが，現存するは 800 年頃の *『ヒルデブラントの歌』の断片のみである．*シャルルマーニュは吟遊詩人が歌う英雄歌謡を好み，収録させたが，それらは今は残っていない．

キリスト教以前の *原始宗教を示す重要な証左は 9 世紀の *『メルゼブルクの呪文』である．『*ムスピリ』は死後の霊魂の運命や *最後の審判，そして *アンティキリストとの闘争を物語っている．

*ベネディクト会の修道院で生き続けていたラテン的古典古代の伝統はキリスト教と結びつき，新たに統合された．その最も初期の証左としては *典礼書や学習書，*祝福の言葉や *祈りがあげられる．835 年頃には *タティアノスによる *『ディアテッサロン』の翻訳が生まれた．アルザスではヴァイセンブルクの *オットフリートが *福音書和合を初めてドイツ語の韻文で著した．また低部ラインのザクセン語を用い古い英雄歌謡の様式でイエスの生涯を描いたのが『*ヘーリアント』である．作者不詳の『ルートヴィヒの歌』(Ludwigslied, 881) では若い王が神の恩恵によって英雄的行為を成し遂げる．

初期の重要なドイツ文学はラテン語のテクストにおいてのみ保持された．10 世紀に *ザンクト・ガレンの *エッケハルト 1 世は *ウェルギリウスに倣ってラテン語の叙事詩を著した．中世最大の翻訳家はザンクト・ガレンの *ノートカー・ラベオで，所属する修道院の宗教的・人文的教養を見事に体現していた．彼の翻訳やラテン語の書物に書き入れたドイツ語による語釈，ことわざ，謎ときによりドイツ語の学術的な散文の端緒が開かれた．*バイエルンではラテン語の韻文で『ルーオトリープ』(Ruodlieb, 11 世紀中頃) が著されたが，これはドイツ最古の小説とみなされている．

この時期，*神秘劇が典礼から発達した．10 世紀後半に修道女 *フロスヴィタは一連の教訓劇をラテン語で書いた．1080 年に *ミュンヘンで生まれた『三王来朝劇』(Dreikönigspiel) の最古のテクストが残されている．1160 年頃には『アンティキリストの劇』(Ludus de Antichristo) が生まれた．なおドイツ語による最古の復活祭劇が書かれたのは 1250 年頃，スイス北部のムーリ (Muri) においてのことである (→中世演劇)．

【中世盛期の文学: 1050-1230 年】中高ドイツ語が形成されたのと同じ時期に，*クリュニー改革により宗教生活や道徳生活の刷新が始まった．こうした時代精神は *説教，祈祷，*観想，*聖人伝などにも反映された．言語様式は南へと重心を移し，ライン・ドナウ上流で話される南部ドイツ語が文学の言語として支配的になった．

作者不詳の『ハインリヒの連祷』(Heinrichs-Litanei, 1150 頃) は罪の嘆きを表現し，悔い改めを勧める説教者ハインリヒ・フォン・メルク (Heinrich von Melk, 1160

頃）は『死への想い』(Erinnerung an den Tod, 1160頃）などで聖職者の放埓や悪徳を叱責し，非難した．作者不詳の『エッツォーの歌』(Ezzolied, 1065頃）は救済の教理の大要を記したものである．これは行進曲として*十字軍の兵士や巡礼者によって歌われた．『アルンシュタイン本：マリアの祈り』(Marien-Leich von Arnstein, 1150)ではドイツ語による最初の女性詩人の一人がキリスト誕生を称えている．ヴェルンヘル（Wernher, 13世紀前半）は聖書の*外典・偽典におけるマリア伝説を語る．聖人伝説は形式の豊かさを増しながら，中世末期まで文学にインスピレーションを与え続けた（例えばエジプトの*マリア，またドイツで最も崇敬される聖人となった*クリストフォロスの伝説など）．12世紀前半に書かれたとされる*『アンノの歌』は*ケルンの大司教*アンノ2世を理想的な司牧者・政治家として称え，ドイツ諸部族の起源についての教訓的な寓話は人々に平和を呼びかけた．

吟遊詩人の語りからは叙事詩が生まれた．初期の例としては，1150年頃にフランケン（Franken）で生まれた作者不詳の『ローター王』(König Rother)がある．作者は当時人気のあった求愛物語や誘拐物語という形式にビザンティンの描写を挿入し，シチリアの王*ルジェロ2世の英雄的行為を素材として潤色を加えた．この時代，修道士はフランスの叙事文学から題材をとった．ランプレヒト（Lamprecht, 12世紀）による『アレクサンダーの歌』(Alexanderlied, 1150頃）は，王を*騎士道の手本として描き，コンラート（Konrad, 12世紀）により古フランス語から中高ドイツ語に訳された*『ローランの歌』(Rolandslied, 1170)は，裏切りによって滅亡するシャルルマーニュ旗下の騎士をキリスト教の*殉教者として描いた．作者不詳の『エルンスト公』(Herzog Ernst, 1180頃）に登場する奇妙な想像上の怪物たちは，中世の芸術や文学を生彩あるものとした．

精神世界が深まるにつれ文学の可能性も豊かなものになった．ゲルマン古来の英雄の理想とキリスト教的価値観とが結びつき，登場するドイツの騎士は世界の中心に位置して世界を形成しようとするが，そのまなざしは*救済史の奥義に向けられていた．ホーエンシュタウフェン家の皇帝たちの理想は，英雄的行為と威厳，貴族的教養と信仰による行いとを調和させることであった．アイルハルト（Eilhart von Oberge, 12世紀）は1170年頃『トリストラントとイザルデ』(Tristrant und Isalde)において*アーサー王物語と*聖杯伝説のテーマをドイツ文学に持ち込んだ．ハインリヒ・フォン・フェルデケ（Heinrich von Veldeke, 1150-1200頃）は『エネイート』(Eneit, 1173-86)でトロイの伝説を扱い，シュタウフェン朝古典主義の格調高い詩語を生み出した．アウエの*ハルトマンは『グレゴーリウス』で，意志に反して犯した*近親相姦の罪と禁欲的な*隠修士の生活によるその*贖いというオイディプス的モチーフを取り入れた．同じ作者による『哀れなハインリヒ』は農夫の娘の犠牲的な愛とキリストの恩恵によって癒やされる騎士を描く．宮廷叙事詩は*ヴォルフラム・フォン・エッシェンバハが『パルツィヴァール』において，世俗的な騎士道と宗教的な騎士道を統合したことで頂点に達した．世事に疎い主人公の青年は，不幸と過ちによって知恵に達する西洋的英雄の原型となる．*ゴットフリート・フォン・シュトラースブルクは『トリスタンとイゾルト』において「トリスタン」の題材に愛の恍惚と宿命という決定的な形を与えた．宮廷叙事詩の後継としては，例えばウルリヒ・フォン・ツァツィクホーフェン（Ulrich von Zatzikhoven, 12世紀末-13世紀初頭）による『ランスロート』(Lanzelet, 1195)やヴィルント・フォン・グラーフェンベルク（Wirnt von Grafenberg, 12世紀末-13世紀初頭）による『ヴィーガロイス』(Wigalois, 1205)，ハインリヒ・フォン・デム・テュールリーン（Heinrich von dem Türlin, 13世紀前半）の壮大な叙事詩『冒険の冠』(Der aventiure crone, 1220頃）がある．

600年にわたる口承時代の後に，民族大移動期を描く英雄文学は民衆叙事詩として新たに姿を現した．『ニーベルンゲンの歌』(Nibelungenlied, 1220頃）において英雄ジークフリート（Siegfried）とエッツェル（Etzel）の宮廷における*ブルグンド族の滅亡という悲劇が物語られた．ここでは*ゲルマン法の最高の義務である血の復讐により破局が訪れる．それによって価値体系は崩れるが，未来は別の理想，すなわち*ゆるしと*愛というキリストの福音へと導かれていくことになる．また，英雄歌謡をもとにした誘拐物語『クードルーン』(Kudrun-lied, 1240頃）において，卑しめられた奴隷の状態にある女主人公は精神的な高貴さをみいだしていくのである．

この時代，格言（Spruch）という一つの古い伝統もまた文字で書きとどめられるようになった．例えばフライダンク（Freidank, 13世紀前半）の『分別集』(Bescheidenheit)などの格言は，聖書や古典古代の寓話，民衆の処世術から着想を得たものである．

騎士が民衆的な恋愛歌謡と結びつき生み出した「ミンネザング」(Minnesang)は，シュタウフェン朝時代のもう一つの驚くべき成果であった．オーストリアのキューレンベルク（Der von Kürenberg, 12世紀前半）は1160年頃，古い民衆の伝統と宮廷の形式を結びつけた．スイスのルドルフ・フォン・フェーニス（Rudolf von Fenis, 12世紀中頃-1196）はドイツ語とロマンス語という二つの言語の境界に暮らし，南フランスの*トルバドゥールの形式と主題をドイツに伝えた．「高きミンネ」(hohe Minne)において騎士は優れた教養を備えた貴婦人を芸術や高い礼節の保護者として畏敬した．ミンネザングの詩人フリードリヒ・フォン・ハウゼン（Friedrich von Hausen, 1150頃-1190）は十字軍の遠征で没した．皇帝*ハインリヒ6世は詩人としても卓越し，ハインリヒ・フォン・モールンゲン（Heinrich von Morungen, ?-1217）は巡礼者としてインドを訪れたといわれている．明快で響きの美しい言葉が*ウィーンの宮廷詩人ラインマル・フォン・ハーゲナウ（Reinmar von Hagenau, 12世紀末）の魅力である．*ヴァルター・フォン・デル・フォーゲルヴァイデは政治の世界に批判的であった．彼の卓越した技量は，「高きミンネ」と身分の低い少女に対する真摯な愛情を歌う「低きミンネ」(niedere Minne)，敬虔な信仰，自然の喜び，愛国心，政治的な格言詩といった当時の文学のあらゆる形式にわたって示されている．中世後期には「低きミンネ」がますます盛んになり，この形式はナイトハルト・フォン・ロイエンタール（Neidhart von Reuental, 1190頃-1246頃）によって賞賛された．彼は村の農民の生活をユーモアと同時に辛辣な嘲笑をもって描写した．ミンネザングを奨励することに最も熱心だったのがウィーンと*チューリンゲンの宮廷であった．

【中世後期：1230-1500年】中世後期になると国家としてのドイツが意識されるようになり，皇帝に対する諸侯の勢力が増し，ツンフト（同業組合）をもつ都市が形成さ

れていった．ラテン語から解放されたドイツ語の領域は説教，*神秘主義，法，行政，学問の分野に及び，民衆文学も生まれた．*プラハの皇帝の官房では，どこででも理解される書き言葉が育成され，新高ドイツ語の端緒となる．ツンフトはそれぞれ独自の職匠歌人（マイスタージンガー）の学校を開設した．富と権力を得た市民の自意識は年代誌に記され，彼らは自らが歩んだ歴史を散文で褒め称えた．

教訓的な文学としては動物寓話が好まれた．狡猾な狐の話『ライネケ狐』(Reinke de Vos) は1498年に中低ドイツ語で書かれ，16世紀に民衆本にとられ，*ゲーテもこれを改作した．最も人気のあった動物寓話は*ボーナーによる『宝石』である．また，韻文で書かれた教訓的な格言が多くの選集に収められるようになった．ハインリヒ・フォン・マイセン（Heinrich von Meißen, 別名フラウエンロプ Frauenlob, 1250頃-1318）の代表作『マリア賛歌』(Unser frouwenleich, 1290頃) は抒情詩のあらゆるテーマを包括する．騎士のための宗教上の有徳の教えはトーマシーン・フォン・ツィルクレーレ（Thomasin von Zerklaere, 1186-1216頃）の教訓詩『異国の客』(Der wälsche Gast, 1215-16) に示されている．フーゴ・フォン・トリムベルク（Hugo von Trimberg, 1230頃-1313頃）の『疾走者』(Der Renner, 1296-1313) は騎士道の衰退を厳しく批判する倫理的説教である．あらゆる秩序の崩壊はヴェルンヘル・デア・ゲルトナー（Wernher der Gärtner, 13世紀後半）の『マイヤー・ヘルムブレヒト』(Meier Helmbrecht, 1280) において諷刺された．吟遊詩人の伝統からはシュトリッカー（Der Stricker, 1200頃-1250頃）の神明裁判を扱う笑話『熱い鉄』(Das heiße Eisen, 1250) が生まれた．エムスの*ルドルフの叙事詩『バルラアムとヨサファート』には仏陀伝説の西欧世界への受容がみられる．

教養ある市民コンラート・フォン・ヴュルツブルク（Konrad von Würzburg, 1220/30頃-1287）は『白鳥の騎士』(Der Schwanritter, 1255/57) や数多くの聖譚を書き，叙事詩の伝統を継承した．抒情詩ではミンネザングが書き続けられたが，もはやミンネザングの厳格な形式は壊され，パロディーや民謡に近づくようになった．深い信仰心からは*賛美歌が生まれ，ラウフェンブルク（Heinrich Laufenburg, 1390頃-1460）がひたむきなマリア賛歌を作った．

ドイツ語による神秘劇は，民衆が文学を享受できる最も人気のある形式となり，民衆劇として現代に至るまで各地で存続した．15-16世紀の*ペストの蔓延により*死の舞踏が至るところで上演され，死がすべての階層を支配することを示した．そうした死を描いた傑作に『ボヘミアの農夫』がある．作者はプラハの*カール4世の宮廷の官吏*ヨハネス・フォン・テープルである．キリスト教以前に行われていた季節祭という民間伝承は*カーニバルの謝肉祭劇として蘇った．

中世後期で最も重要なのは*ドイツ神秘主義の書物である．レーゲンスブルクの*ベルトルトは民衆の良心に強く訴える説教をドイツ語で行った．マクデブルクの*メヒティルトは貴族的教養を備え，自身の宗教的体験を語るその様式には世俗的なミンネザングの方法が感じとられる．*ドミニコ会のマイスター・*エックハルトは*スコラ哲学を教える一方，熟練した司牧者であり，捉え難い神的存在を語りながら，その存在は理性ではなくただ愛する心において体験されるものだと説いた．*ストラスブールではドミニコ会員*タウラーが一般信徒を啓発し，その説教はバロック時代の神秘家によって注意深く読まれることになる．ドミニコ会員*ゾイゼが修道女たちに語った神秘体験は，修道女によって書きとめられた．彼の『ゾイゼの生涯』はドイツ語で書かれた最初の自伝である．14世紀末に書かれた*『テオロギア・ドイチュ』は，後に青年*ルターにみいだされ，1518年に出版された．

民衆本は大衆的な伝承を単純な物語に集めたもので，民衆のための読み物として版を重ね，何世紀にもわたり愛読された．『ファウスト博士』(Historia von D. Johann Fausten, 1587) はゲーテにもインスピレーションを与えている（→ ファウスト伝説）．『美しきマゲローネ』(Die schöne Magelone) や『メルジーネ』(Melusine) は近代の作曲家たちを魅了した．民謡は14世紀から15世紀にわたり最も豊かに発展し，愛，闘い，宗教，ぶどう酒，自然の喜び，歴史的な物語詩（バラーデ）が取り上げられた．

【宗教改革と人文主義】1348年の*プラハ大学の創設により学者たちの間に*人文主義が振興した．市民の神秘主義的なサークルでは聖書をドイツ語で読もうとする動きが活発化し，1466年には最初のドイツ語訳聖書，すなわちストラスブール版が生まれた（→ 聖書の翻訳：ドイツ語）．神の個人的体験が強調された結果，衒学的な講壇神学の影は薄くなり，*異端の多発は*宗教改革を促す要因となった．ルターはドイツ全土で理解されるドイツ語に聖書を翻訳し，今日でも用いられている新高ドイツ語が生まれた．彼は神秘主義の宗教的な言葉遣いを日常語に統合し，彼の作曲した賛美歌は宗教的抒情詩を発展させるもとになった．

宗派間の争いのなかでプロテスタント側ではベルンのマヌエル（Niklaus Manuel, 1484頃-1530）が諷刺的な劇を用いて闘い，アルザスのフィシャルト（Johann Fischart, 1546頃-1590頃）も攻撃的な著述を発表した．カトリック側には『ルター派の大馬鹿について』を書き，ルターを激しく批判した*ムルナーがいる．

戯曲は両宗派がそれぞれのギムナジウム（Gymnasium 古典語を中心とした人文主義的教養を施すドイツの中高等教育機関）において育成したラテン語による学校劇によって発展した．これらの劇は聖書に取材するもので，ヴァルディス（Burkhard Waldis, 1490頃-1556頃）の『放蕩息子の寓話』(Vam Verlorn Szon, 1527)，ビルク（Sixt Birck, 1501-54）の『スザンナ』(Susanna, ドイツ語版1532, ラテン語版1537）があげられる．ザクス（Hans Sachs, 1494-1576）は特に謝肉祭劇の分野で成功した．ヴィクラム（Jörg Wickram, 1505頃-1562頃）は二つの長編小説『少年の鏡』(Der Jungen Knaben Spiegel, 1554) と『黄金の糸』(Der Goldtfaden, 1557) において心理的分析を用い，ドイツ長編小説の典型を生み出した．一方で神秘主義の伝統は，硬直した教条主義に抵抗してしばしば地下を脈々と流れ続けた．なかでも*ヴァイゲルは深遠な神の認識を明晰な言葉で見事に表現した．

【バロック】人文主義，宗教改革，*カトリック改革といった精神的エネルギーは，17世紀になると，*ハイデルベルクを中心とするバロック文化に凝縮される（→ バロック文学）．ヴェカリーン（Georg Rudolf Weckherlin, 1584-1653）は『頌歌と歌唱』(Oden und Gesänge, 1618-19) でルネサンス文学の形式を導入し，オーピッツ（Martin Opitz, 1597-1639）は『ドイツ詩学論』(Buch von der deutschen Poeterey, 1624) で，フラ

ンスの手本に従って一つの文学理論を立てたが，それはその後1世紀にわたり規範となった．ケーニヒスベルク（→カリニングラード）ではダッハ（Simon Dach, 1605-59）や*フレミングが芸術性豊かな詩を生み出し，ローガウ（Friedrich Freiherr von Logau, 1604-55）は3,000編もの『エピグラム』を書いた．これらのいわゆる「シレジア派」によって，ドイツの東部地方は文学において初めて指導的立場に立ったのである．

プロテスタントの賛美歌の最大の巨匠はP.*ゲルハルトである．カトリックでは*アンゲルス・シレジウスが神秘主義的思弁がもたらす詩情の素晴らしさをみせた．*シュペーはルネサンス様式で宗教的な田園文学を書いた．*ベーメは自身の体験を綴った『黎明』において*敬虔主義の一つの手本を示したが，これは神秘主義のプロテスタンティズムにおける成果の一つであった．

戯曲では*イエズス会学院におけるラテン語の*イエズス会劇をあげることができる．*シレジア出身の*グリュフィウスによって初めて，ドイツ語の劇が優れたバロック様式で作られた．彼の『馬鹿げた喜劇またはペーター・スクヴェンツ氏—おどけた芝居』や『かわいいドルンローゼ』は長い間喜劇の最高傑作とみなされた．彼の*受難劇では，皇帝や国王までもが信仰に対して英雄的な誠実さを示している．

スペインから多くを学んだ長編小説にはグリンメルスハウゼン（Johann Jakob Christoffel von Grimmelshausen, 1622-76）の『ジンプリチシムスの冒険』（Der Abentheuerliche Simplicissimus Teusch, 1668）やシュナーベル（Johann Gottfried Schnabel, 1692-1752）の『フェルゼンブルク島』（Wunderliche Fata einiger Seefahrer, 1731-43）などがある．フランスの手本に倣った恋愛小説の作者としてはアントン・ウルリヒ公（Herzog Anton Ulrich von Braunschweig-Wolfenbüttel, 1633-1714）や有名な『アジアのバニーゼ』（Die Asiatische Banise, 1689）を書いたツィーグラー（Heinrich Anselm von Zigler, 1663-96），『アルミニウス』（Arminius, 1689-90）を書いたローエンシュタイン（Daniel Caspar von Lohenstein, 1635-83）があげられる．

【啓蒙主義】*ライプニツは*啓蒙思想のための哲学的な基礎を築き，*シュペーナーによって敬虔主義の蘇生が図られた．

ギュンター（Johann Christian Günther, 1695-1723）はミンネザング以来，途絶えていた生き生きとした恋愛詩を書いた．ロココ文学の華美な表現を攻撃したブロケス（Barthold Heinrich Brockes, 1680-1747）は，イギリスの抒情詩の自然描写から多大な影響を受けた．イギリスを手本とする道徳週刊誌は客観的な文学様式を促進した．こうした週刊誌の登場はジャーナリズムの始まりをも意味していた．

ライプツィヒ大学教授ゴットシェート（Johann Christoph Gottsched, 1700-66）は17世紀のフランス古典主義を手本にして『批判的詩学』（Versuch einer Critischen Dichtkunst vor die Deutschen, 1730）を著し，文学のあらゆる形式に対して厳格な規則を示した．彼の合理主義的な理論に対抗して1740年頃チューリヒでは，*シェイクスピアに代表される自由で独創的な天賦の才能が高く評価され，シェイクスピアや*ミルトンが初めてドイツ語に翻訳された．ボードマー（Johann Jacob Bodmer, 1698-1783）や*ブライティンガーはその批判的著作においてドイツ古典主義の基礎を築き，*クロプシュトックの『救世主』や頌歌によって前古典主義の時代が始まる．

ハレ大学ではグライム（Johann Wilhelm Ludwig Gleim, 1719-1803）を中心とする一派が，古代ギリシア詩人*アナクレオンを範とするアナクレオン派を形成した．スイスのハラー（Albrecht von Haller, 1708-77）は叙事詩『アルプス』（Die Alpen, 1732）で，崇高なものへと人間を向かわせる雄大な風景を描いた．

*レッシングは古典主義的な規範を信奉したが，その規範とはフランスではなく，ギリシアの古典に由来するもので，その点では*ヴィンケルマンも同様であった．レッシングの『ラオコーン』には絵画と彫刻と文学の間にある境界や，それぞれのもつ特殊性が詳しく定義されている．また，レッシングは市民悲劇『ミス・サラ・サンプソン』，喜劇『ミンナ・フォン・バルンヘルム』，思想劇『賢者ナータン』により演劇の刷新を図り，その作品は今日まで上演され続けている．

*ヴィーラントは『アガトン物語』で心理的な発展小説の典型を生み出した．*ペスタロッツィは理論的な著作や小説を著し，近代的な学校の基礎を築いた．*ヘルダーは意識的に啓蒙主義と訣別し，歴史の発展に対する感覚を呼び起こした．彼の関心は言霊（註）に宿る民族の魂，すなわち民謡に向かい，「シュトゥルム・ウント・ドラング」（疾風怒濤時代），すなわち理性尊重の啓蒙主義に対抗した1767-85年のドイツ文学史上の一時期に大きな影響を与え，さらに*ロマン主義の祖ともみなされる．ゲッティンゲン大学では1772年頃，若い詩人たちにより「森林同盟」（Göttinger Hain）が結成され，*シュトルベルク，フォス（Johann Heinrich Voß, 1751-1826），*クラウディウス，ビュルガー（Gottfried August Bürger, 1747-94）らが活躍した．

【古典主義】若きゲーテとJ. C. F. フォン・シラーは，当初「シュトゥルム・ウント・ドラング」の興奮を革命的な響きをもつ戯曲に取り入れた．彼らにとってこの運動は自身の天賦の才能の解放と感じられた．ゲーテの『ゲッツ・フォン・ベルリヒンゲン』（Götz von Berlichingen mit der eisernen Hand, 1773）や『ファウスト初稿』（Urfaust, 1774-75）では抜き去り難い情熱と対決する偉大な人物が描かれている．シラーの『群盗』『ジェノーヴァのフィエスコの謀叛』『たくらみと恋』『ドン・カルロス』は*フランス革命の興奮を精神の自由への渇望と結びつけて，舞台効果の大きな戯曲のモデルとなった．

ゲーテが真の古典主義へ突き進んでいったのは1775年に小国ヴァイマールの宮廷に招聘され，大臣として活動するようになってからであり，シラーの場合は1787年にイエナ大学の歴史の教授に就任してからのことであった．『タウリスのイフィゲーニエ』『エグモント』『タッソー』は古典主義的な円熟へ向かうゲーテの発展を示し，長編小説『ヴィルヘルム・マイスターの修行時代』には新しい芸術の理想を求める努力や理想的な生の探究が示されている．シラーの成熟は*カントの哲学に負うところが多い．思想詩や美学的論文『優美と尊厳について』『素朴文学と感傷文学について』においては古典主義的完成という人間形成の理想が展開される．『ヴァレンシュタイン』三部作から最後の作品『ヴィルヘルム・テル』に至るまでの作品は，義務と嗜好との葛藤に基づいて歴史を解明する古典主義的な歴史解釈の手本であると考えられている．シラーの励ましによってゲーテは1808年『ファウスト第1部』を完成した．『ヘルマンとドロテーア』によってゲーテは近代の叙事詩の模範を示し，『ヴィルヘルム・マイスターの遍歴時代』と

『西東詩集』においてはロマン主義が提起することになるさまざまな問題を先取りしている.

このほか卓越した叙述的な散文を書いたのは, 帆船によって世界を周航した革命家フォルスター (Johann Georg Forster, 1754-94) と, 哲学者であり自然科学者であるフンボルト (Alexander von Humboldt, 1769-1859) であった.

古典主義に続く時代に位置するのは詩人の *ヘルダーリンと小説家ジャン・パウル (Jean Paul, 本名リヒター Johann Paul Friedrich Richter, 1763-1825) である. 両者とも古典主義的な形式の枠を打ち破りはしたが, ロマン主義という新しい思潮にはそれほど浸潤されていない. ヘルダーリンにおいては理想的なギリシアへの憧憬が, 小国家に分裂し, 絶対主義に支配され, 自由や国家統一の理想に耳を傾けようとしない祖国ドイツの現状に対する幻滅と結びつく. 劇作家 *クライストは『公子フリードリヒ・フォン・ホンブルク』や『ヘルマンの戦い』で真理の認識や政治的自由の可能性に取り組んだ.

【ロマン主義】ロマン主義者は, 文学の起源はギリシア以前に探し求められなければならないと主張し, アジアに着目した. その意味でゲーテもペルシア文学を模倣し, そこからゲーテの「世界文学」(Weltliteratur) という理念が生まれた. シュレーゲル (August Wilhelm von Schlegel, 1767-1845) はサンスクリットを学び, 初めて *インド文学について著述した. ロマン主義者は同時に中世の文学や芸術に新しい理想をみいだしたが, それはまたカトリシズムの賛美とも結びついた. ヴァッケンローダー (Wilhelm Heinrich Wackenroder, 1773-98) の『芸術を愛する一修道士の心情の告白』(Herzensergießungen eines kunstliebenden Klosterbruders, 1796-97) にはロマン主義の芸術理論が収められており, それを引き継いだのが *ノヴァーリスの讃歌や断章である. こうした新しい理想に本質的に寄与したのは *ティークの物語や童話や戯曲であった. ティークがシュレーゲルと共訳したシェイクスピアの翻訳 (1797-1810) によって, シェイクスピアはドイツ古典主義のなかでも高く評価されるようになった. 文芸批評は, 自分自身の内なる法則に従うことで, 束縛のない天才的な人間の表現として文学作品を理解することに努めた. 音楽をはじめとする諸芸術や哲学, 神学が本質的な要素として文学に受け入れられた. K. W. F. フォン・*シュレーゲルのウィーンにおける講義や *シュライエルマッハーの神学は *解釈学の基本構想を生み出した.

後期ロマン主義 (1804-30) はハイデルベルクの学生を中心として興り, C. *ブレンターノらの共同編集による民謡集『少年の不思議な角笛』には新しい国民文学の模範が示されている. ロマン主義者はまた短編小説や創作童話を生み出した. ドイツの過去を高く評価することからドイツ文学・語学研究 (Germanistik) が大学の専門科目として初めて取り入れられたが, それは特にグリム兄弟 (Jacob Grimm, 1785-1863; Wilhelm Grimm, 1786-1859) の功績である. 彼らはドイツ語文法書 (Deutsche Grammatik, 1819) や, 兄弟の生前には完成しなかった浩瀚な辞書 (Deutsches Wörterbuch, 1854-1960), そして手本となるような童話集 (Kinder- und Hausmärchen, 1812-15) や伝説集 (Deutsche Sagen, 1816-18) を著した. ロマン主義は戯曲ではそれほど豊かな成果をあげなかったが, クライストとヴェルナーは新しい思潮に刺激されて古典主義の戯曲をさらに発展させることに成功した. E. T. A. *ホフマンの独創的な物語においては幽霊話やメルヒェンが成功しており, その影響は全ヨーロッパにおいて, いわゆる「黒いロマン主義」(schwarze Romantik) の流れのなかで今日まで続いている. ミュラー (Wilhelm Müller, 1794-1827) がギリシアと東ヨーロッパの解放を支援したように, ドイツ・ロマン主義は東欧の国々における民族運動に影響を与えた. K. *マルクスがロマン主義詩人として出発したことも特筆されてよい. 言語学者リュッケルト (Friedrich Rückert, 1788-1866) はアジアの文学や宗教を研究し, ドイツ文学に豊穣な実りをもたらした.

ロマン主義の余滴ともいえるのは, シュヴァーベン (Schwaben) におけるウーラント (Ludwig Uhland, 1787-1862) のバラードや学術的な古代文学研究である. シュヴァープ (Gustav Schwab, 1792-1850) やハウフ (Wilhelm Hauff, 1802-27) は歴史物語を刷新し, メーリケ (Eduard Mörike, 1804-75) は抒情詩や短編小説によってロマン主義の遺産を新しい時代に伝えた.

【若いドイツ: 1830-50年】ゲーテの死 (1832) は一つの時代の終焉であった. フランスの七月革命, 工業化, あるいは自然科学の発展は古典主義もロマン主義もその解決策を提示できないようなさまざまな問題を生み出し, 復古主義の反動的な政権は若者たちの間に反抗の気運を呼び起こした. 彼らは文学的一派「若きドイツ」(Junges Deutschland) として集結し時代や社会への批判を積極的に推し進めたが, その著作は1835年に連邦議会によって発禁処分となった. 中心人物 *ハイネは『ドイツ冬物語』のなかで革命を支援する.『歌の本』は彼がなおもロマン主義に根ざしていることを示している. ハイネは友人のベルネ (Ludwig Börne, 1786-1837) とともに文芸欄 (Feuilleton) という才気に満ちた文学様式を生み出した. ベルネの『パリからの手紙』(Briefe aus Paris, 1832-34) はドイツのジャーナリズムの本格的な幕開けである. グツコー (Karl Gutzkow, 1811-78) は喜劇や小説『疑う女ヴァリー』(Wally, die Zweiflerin, 1835) によって反キリスト教的な自由思想を展開した. ラウベ (Heinrich Laube, 1806-84) は社会批判的な小説や紀行短編を書いた. 歴史小説においてはチョッケ (Heinrich Zschokke, 1771-1848) やハウフがイギリスの例に倣った.

戯曲の世界ではグラッベ (Christian Dietrich Grabbe, 1801-36) という型破りな天才が現れた. 彼は『ドン・ファンとファウスト』(Don Juan und Faust, 1829) を著し, 新しい形式としての運命悲劇を生み出した. G. *ビュヒナーは『ダントンの死』によって革命を賛美し, さらに『ヴォイツェク』において, もはや行動する能力のない「負の主人公」(negativer Held) が登場する社会的な戯曲の典型を提示した. グリルパルツァー (Franz Grillparzer, 1791-1872) はオーストリア最大の劇作家であり, 歴史のさまざまな過程における心理的および社会的な合法性を示した. 彼は運命悲劇『祖先の女』(Die Ahnfrau, 1817) で出発したが, まもなく『金羊皮』(Das Goldne Vließ, 1822),『オッツカル王の幸福と最期』(König Ottokars Glück und Ende, 1825),『夢が人生』(Der Traum, ein Leben, 1834) などで古典主義とロマン主義の諸要素を結び合わせた. ライムント (Ferdinand Raimund, 1790-1836) とネストロイ (Johann Nestroy, 1801-62) による, 卓越した対話術で書かれた喜劇や魔法劇はウィーンの大衆劇の典型となった.

小説ではインマーマン (Karl Leberecht Immermann, 1796-1840) の『エピゴーネン』(Die Epigonen, 1836) や

ドイツぶんがく

『ミュンヒハウゼン』(Münchhausen, 1839) において時代批判の精神が生きている．抒情詩ではプラーテン (August Graf von Platen-Hallermünde, 1796-1835) が東洋の詩形やソネットを用いて優れた作品を書いた．レーナウ (Nikolaus Lenau, 1802-50) は詩『ファウスト』(Faust, 1836) において，*ニヒリズムの代弁者を描くことによって *理想主義の対立像を生み出し，政治的な詩では民族の統一や革命的な変革を訴えた．

【写実主義：1848-80 年】写実主義者はロマン主義文学の遺産を社会問題の解決への努力と結びつけ，詩的写実主義 (poetischer Realismus) という新しい理念を生み出した．市民や農民の心理描写にはしばしば諦念が混在し，その悲観主義的な世界観は特に哲学者 *ショーペンハウアーにおいて顕著である．彼は芸術や文学にほとんど霊感を与えることのなかった *ヘーゲルの哲学を排斥した．いまや文学形式の主流は社会問題を強調する小説であった．商人階級の新しい精神を描いたのは，フライターク (Gustav Freytag, 1816-95) の『借方と貸方』(Soll und Haben, 1855) であった．アレクシス (Willibald Alexis, 本名ヘーリング Georg Wilhelm Heinrich Häring, 1798-1871) の歴史小説は全 6 巻に及ぶ大作で，*プロイセンの歴史が愛国主義的に解釈されている．民族大移動の時代の往古を叙述したのはダーン (Felix Dahn, 1834-1912) の小説である．スイスの牧師 *ゴットヘルフはアルプスの農民社会を『作男ウーリ』や『黒いクモ』において豊かに描き出した．アウエルバハ (Berthold Auerbach, 1812-82) の『シュヴァルツヴァルト村物語集』(Schwarzwälder Dorfgeschichten, 1843-54) やドイツ系ボヘミア人 *シュティフターの小説は古典作品として評価されている．シュティフターの『晩夏』や『ヴィティコー』では，自然に則した生活の「穏やかな法則」(das sanfte Gesetz) が時代のさまざまな矛盾に打ち勝つ様子が語られている．*シュトルムは叙情的な短編小説を書き，ケラー (Gottfried Keller, 1819-90) は自伝的小説『緑のハインリヒ』(Der grüne Heinrich, 第 1 版 1854, 第 2 版 1879) でドイツ教養小説の系譜を締めくくった．また短編小説集『ゼルトヴィーラの人々』(Die Leute von Seldwyla, 1856-74) や史実に基づいた『チューリヒ短編集』(Züricher Novellen, 1878-79) で短編小説の傑作を生み出した．マイアー (Conrad Ferdinand Meyer, 1825-98) は特にルネサンス期に題材をとった歴史短編小説の巨匠である．*フォンターネはプロイセンを舞台にして『迷い，もつれ』(Irrungen, Wirrungen, 1887) のように貴族階級と市民階級の軋轢を描く社会小説を生み出した．ラーベ (Wilhelm Raabe, 1831-1910) は『飢えの牧師』(Der Hungerpastor, 1864) において繊細なユーモアをもって小市民を描写し，ローゼッガー (Peter Rosegger, 1843-1918) は『森の学校教師の手記』(Waldschulmeister, 1875) にみられるように山地の農民の生活を文学に取り入れた．エーブナー・エシェンバハ (Marie von Ebner-Eschenbach, 1830-1916) やザール (Ferdinand von Saar, 1833-1906) は，短編小説の名手として忘れてはならない存在である．

この時代の最も重要な劇作家である *ヘッベルとルートヴィヒ (Otto Ludwig, 1813-65) は外的な葛藤を心理的および社会的な緊張状態として描く．1850 年から 1862 年の間に書かれたヘッベルの傑作『ヘローデスとマリアムネ』『アグネス・ベルナウアー』『ギューゲスとその指輪』『ニーベルンゲン』は現代劇を先取りするもので，過度の個人主義が人間を破滅させる様子を描く．カトリック教会に対する *文化闘争の風潮はアンツェングルーバー (Ludwig Anzengruber, 1839-89) の『キルヒフェルトの牧師』(Der Pfarrer von Kirchfeld, 1870) に反映されている．彼はまた農民の生活を巧みに描いたことでも知られる．R. *ヴァーグナーは，音楽やバレエを伴い文学的テクストの効果を高めた総合芸術作品を創造した．彼の『ニーベルンゲンの指環』四部作は民族主義的な戯曲の新しい時代の幕開けとなった．この時代の精神を完璧に表しているのは *ニーチェの哲学と文学である．彼のいう「君主的人間」(Herrenmensch) とは，『ツァラトゥストラはこう語った』に描かれているように，因習に屈伏することによってではなく，自己の存在を意識した行動によって実現されるものであった．

【自然主義以降：1880-1945 年】自然主義においては，宗教的次元のものであっても不可解であれば排除され，芸術は物質主義的な認識に基づく社会的機能という側面から解釈され，*資本主義の犠牲者や大都市の生活の欠陥が徹底的に描写される．社会の底辺にいる「負の主人公」や平凡な人間の異常な点が強調され，仮借なく分析される．また，日常の口語表現をそのままの形で表す精緻な手法がとられるようになった．啓蒙や革命へ誘導することが戯曲や小説の目的となったために，抒情詩の存在意義はほとんど失われた．ホルツ (Arno Holz, 1863-1929) の『パパ・ハムレット』(Papa Hamlet, 1889) や『ゼーリケ一家』(Familie Selicke, 1890) が自然主義文学の模範となった．自然主義の戯曲として代表的なのは *ハウプトマンの『織工』などだが，ハウプトマンは『沈鐘』ですでに新ロマン主義を取り入れている．大都市や村落が文学の題材に新しい領域を開き，例えばヴェーデキント (Frank Wedekind, 1864-1918) は市民階級を諷刺するために自然主義的な演劇の手法を用いて『地霊』(Der Erdgeist, 1895)，『パンドラの箱』(Die Büchse der Pandora, 1904) などを発表した．

*ヘッセの『荒野の狼』(Der Steppenwolf, 1927) を端緒とする新ロマン主義は新古典主義同様，批判的に描かれる市民社会という「現実」に文学が限定されることに抗議し，非合理的なものの価値，つまり人間の魂の奥にひそむ神秘的なものの価値を強調した．エルンスト (Paul Ernst, 1866-1933) の『デメトリオス』(Demetrios, 1905)，*カロッサの『医師ギオン』などがそこでは注目される．言語芸術が非常に重要になった結果，*ゲオルゲの象徴主義が興り，また *ホフマンスタールの韻文劇，*リルケの『ドゥイノ悲歌』や『オルフォイスのソネット』などの作品が生み出された．精神分析はシュニッラー (Arthur Schnitzler, 1862-1931) の戯曲『輪舞』(Reigen, 1900) にも取り入れられた．社会批評や心理学の要素が加味されることで *マンの『ブッデンブローク家の人々』『魔の山』『ヨゼフとその兄弟』『ファウスト博士』といった小説はより深いものとなった．彼の兄ハインリヒ (Heinrich Mann, 1871-1950) も『ウンラート教授』(Professor Unrat, 1905)，『アンリ 4 世の青春』(Die Jugend des Königs Henri Quartre, 1935)，『アンリ 4 世の完成』(Die Vollendung des Königs Henri Quartre, 1938) によって，隆盛を極める市民社会を攻撃した．

表現主義 (1910-25) は機械化された近代の過ちと戦い，人間や世界の内奥にある内的存在の表現を追求した．代表的な作品としてはバルラハ (Ernst Barlach, 1870-1938) の『あわれな従兄』(Der arme Vetter, 1918) があり，またカイザー (Georg Kaiser, 1878-1945) の『カ

レーの市民』(Die Bürger von Calais, 1914) や『田中兵卒』(Soldat Tanaka, 1940) はその斬新さが注目された．その他の主要な作家としては *カフカ, *デーブリン, ムージル (Robert Musil, 1880-1942), *ヴェルフェルなどがいる．一方，ブロッホ (Hermann Broch, 1886-1951) は『夢遊の人々』(Die Schlafwandler, 1931-32) や『ウェルギリウスの死』(Der Tod des Vergil, 1946) で知性や感情のもたらす幻想を克服しようと試み，新しい小説を生み出した．

1925 年以来「新即物主義」により歴史的題材，地方や郷土というテーマが取り上げられるようになり，ルポルタージュの手法も出現，さらに第三帝国(→ ナチズム)の「血と地の文学」が生まれる．イングリーン (Meinrad Inglin, 1893-1971) は『民族の青春』(Jugend eines Volkes, 1933) でスイスの過去の歴史を，『スイスの鏡』(Schweizerspiegel, 1938) で第 1 次世界大戦を解釈しようとした．

人間は，自分が真の存在から疎外されていると感じることでニヒリズムに落ちていくが，一方では多くの人々が生を美化することでニヒリズムを克服しようと試み，またキリスト教のなかに失われた中心を求める人々もいた．キリスト教的文学は人間の存在に関わる苦しみを神と悪魔の抗争のなかに認識した．代表的な作家に *ル・フォール, *ゾルゲ, R. *シュナイダー, *アンドレス, *シャーパー, *ランゲッサー, *クレッパー, *ベルゲングリューンなどがいる．

創作技法の面では新しい形式を用いた実験が行われ，さまざまなジャンルの間の境界が取り払われた．すなわちエッセイ，ルポルタージュ，書簡，日記が小説のなかに取り入れられ，ラジオ・ドラマが新しい文学ジャンルとなったのである．社会主義的な写実主義がプロレタリアートを描き，革命を表明するようになり，ゼーガース (Anna Seghers, 1900-83) の『第七の十字架』(Das siebte Kreuz, 1942) や，トラー (Ernst Toller, 1893-1939) の『群衆人間』(Masse Mensch, 1921) が書かれた．B. *ブレヒトは叙事的演劇を通じて革命的な行為の指導者となり，*共産主義の教訓劇は「異化効果」(Verfremdungseffekt) によって娯楽的な演劇を克服するものとなった．

抒情詩は全人類の連帯を意識する新しい人間の姿を告知した．なかでも *トラクルの『詩集』, ベン (Gottfried Benn, 1886-1956) の『静の詩集』(Statische Gedichte, 1948), ベッヒャー (Johannes Robert Becher, 1891-1958) の『ヨーロッパに』(An Europa, 1916), *シュレーダーの『人生の半ば』, ヴァインヘーバー (Josef Weinheber, 1892-1945) の『神々とデーモンたちの間』(Zwischen Göttern und Dämonen, 1938) があげられる．レーマン (Wilhelm Lehmann, 1882-1968) は『沈黙の答』(Antwort des Schweigens, 1935) で時事問題に背を向けて，自然のなかに神秘的な象徴をみいだそうとした．

1933 年にヒトラーが政権を掌握すると文学もまた均質化された．ナチのイデオロギーに異議を唱える者は亡命するか，もしくは自己の内面に逃避せざるをえなかった．この時代に受け入れられた作家のうちグリム (Hans Grimm, 1875-1959) は『土地なき民』(Volk ohne Raum, 1928-30) で，ブルンク (Hans Friedrich Blunck, 1888-1961) は『先祖のサガ』(Urvätersaga, 1933) でそれぞれ郷土文学や歴史小説や北方神話に範を求めた．

【現代】1945 年以降，ドイツ文学は東と西で別々の道を歩んだ．西独ではナチスの独裁の崩壊の後，再び人道主義的伝統の復活が求められた．独裁のもとで誤用された言語はいまや真理へ到達する道を開かねばならない．政治問題に積極的に参加する作家たちは「グルッペ 47」(Gruppe 47) という文学グループに集まった．「過去の克服」，すなわちナチスの犯罪の克服が戦争からの「帰還者たち」のテーマで，例えばボルヒェルト (Wolfgang Borchert, 1921-47) は『戸の外』(Draußen vor der Tür, 1947) を書いた．徹底したペシミズムは市民階級の時代の終焉や個人というものの排斥を表明し，階級のない社会へ突き進むことを標榜した．そこでは文学は実験もしくは自己分析となる．*ベルは『九時半の撞球』で独善を批判し，ノサック (Hans Erich Nossack, 1901-77) は『遅くとも 11 月には』(Spätestens im November, 1955) で精神的な孤独を慨嘆する．*デュレンマットは仮借ないまでの喜劇だけが価値の崩壊を表現できることを発見し，M. *フリッシュは『シュティラー』や『アンドラ』(Andorra, 1962) といった戯曲や小説で，さまざまな視点が交差する人物像を通して現代史を解釈しようとする．ホーホヴェルダー (Fritz Hochwälder, 1911-86) は『聖なる実験』(Das heilige Experiment, 1947) でこの世において神の国が実現されることは不可能であることを示そうとした．エンツェンスベルガー (Hans Magnus Enzensberger, 1929-) は『詩集—狼どもの弁護』(Gedichte: Verteidigung der Wölfe, 1957) で人間に対する技術による裏切りを慨嘆する．詩を生み出すのはもはや体験ではなく，意識的な技法となる．荒廃した世界のなかで人間は自らが異邦人であると感じ，言葉はすでに極限に達している．そのような時代に活躍しているのはゴル (Ivan Goll, 1891-1950), *ツェラーン，バハマン (Ingeborg Bachmann, 1926-73), ラヴァント (Christine Lavant, 1915-73), さらに *ザクスなどの詩人である．

小説では語りがより重要になった．内的独白が無意識のなかの事象を暴露する．例えばガイザー (Gerd Gaiser, 1908-76) の『お別れパーティー』(Schlußball, 1958), シュミット (Arno Schmidt, 1914-79) の『レヴィアタン』(Leviathan, 1949), グラス (Günther Grass, 1927-) の『ブリキの太鼓』(Die Blechtrommel, 1959), アンデルシュ (Alfred Andersch, 1914-80) の『殺人者の父親』(Der Vater eines Mörders, 1980), ヴァルザー (Martin Walser, 1927-96) の『ハーフタイム』(Halbzeit, 1960) などである．『ヤーコブについての推測』(Mutmaßungen über Jakob, 1959) でヨーンゾン (Uwe Johnson, 1934-84) は人道的な社会主義を標榜するために新しい語りの方法を試みた．短編小説の重要性が増し，戯曲では写実的な時事問題劇や記録劇が盛んになった．

東独では社会主義のプロパガンダ劇が生まれ，芸術が階級闘争に貢献するようになった．シュトリットマター (Erwin Strittmatter, 1912-94) は 3 巻からなる長編小説『奇跡を行う人』(Der Wundertäter, 1957-73) でドイツ民主共和国の建設という時事問題を扱った．ハックス (Peter Hacks, 1928-) は社会主義的ユートピアの建設を標榜する理由を述べて，『ローボジッツ近郊の戦い』(Die Schlacht bei Lobositz, 1956) を書いている．ヴォルフ (Christa Wolf, 1929-) は小説『引き裂かれた空』(Der geteilte Himmel, 1963) でドイツの分割という問題に徹底的に取り組んだ．しかし，1961 年にベルリンの壁が築かれると，文学者たちの批判はもっぱらドイツ民

ドイツ・レクイエム

主共和国の停滞した日常に向けられるようになった。ハイン (Christopf Hein, 1944-) は小説『ホルンの最期』(Horns Ende, 1985) でドイツ民主共和国の小市民たちの間に生き延びる隠れた *ファシズムを告発する。ビアマン (Wolf Biermann, 1936-) は、『針金のハープ』(Die Drahtharfe, 1965) や『プロイセンのイーカルス』(Preußischer Ikarus, 1978) で、東西ドイツの卑屈な奴隷根性を痛烈に批判する詩を発表した。1960年からは社会的テーマや経済的テーマに対する関心が優勢になった。しかし1970年以降は高尚な理論への信頼が消えて、「自我」が再びテーマとなった。理性による啓蒙のかわりに感情が取り上げられたのである。しかしまた技術によって脅かされる世界への不安も主題とならざるをえない。例えばフリート (Erich Fried, 1921-88) の『生の影』(Lebensschatten, 1981)、クローロ (Karl Krolow, 1915-) の『秋のソネット』(Herbstsonett, 1981)、ビアマンの『気違いじみた世界』(Verdrehte Welt, 1982)、キルシュ (Sarah Kirsch, 1935-) の『猫の生』(Katzenleben, 1984)、クンツェ (Reiner Kunze, 1933-) の『自分の希望で』(Auf eigene Hoffnung, 1981) などである。

アイヒ (Günter Eich, 1907-72) は批判的な覚醒状態を育成するための手段をラジオ・ドラマにみいだし、『夢』(Träume, 1951) を書いた。そして世界を詩的な比喩として表現したのが彼の『時間と馬鈴薯』(Zeit und Kartoffeln, 1972) である。戯曲ではドルスト (Tankred Dorst, 1925-) が『市壁での大弾劾演説』(Große Schmährede an der Stadtmauer, 1962) において徹底した平和主義を表明する。革命的な政治宣伝演劇を用いたのがヴァイス (Peter Weiss, 1916-82) の『追求』(Die Ermittlung, 1965) や『ヴェトナム討論』(Diskurs über die Vorgeschichte und den Verlauf des lang andauernden Befreiungskrieges in Viet Nam als Beispiel für die Notwendigkeit des bewaffneten Kampfes der Unterdrückten gegen ihre Unterdrücker sowie über die Versuche der Vereinigten Staaten von Amerika, die Grundlage der Revolution zu vernichten, 1968) である。独特の幻想性を示すのはザクスの劇『エリ』である。地方の小市民的な偏狭さを批判したのはシュペル (Martin Sperr, 1944-) の『ニーダーバイエルンの狩猟』(Jagdszenen aus Niederbayern, 1966) やクレッツ (Franz Xaver Kroetz, 1946-) の『酪農農園』(Stallerhof, 1972) である。さらに詩人や歴史上の人物が実存的な戯曲の登場人物になった。例えばドルストの『トラー』(Toller, 1968)、ヴァイスの『ヘルダーリン』(Hölderlin, 1971)、『ジャン・ポール・マラーの迫害と殺害』(Die Verfolgung und Ermordung Jean Paul Marats, 1964) である。ハントケ (Peter Handke, 1942-) の『心気症者』(Die Hypochonder, 1972) は記述的散文のための小説の虚構という伝統的な技法を放棄して内的な現実に対峙しようとする。彼の『観客罵倒』(Publikumsbeschimpfung, 1966) は演劇の幻想を撤廃する。*カネッティは小説『眩暈』やエッセイ『群衆と権力』でファシズムという異常な心理状態を悪の自然法として捉え、提示した。

今日の文学は一方で、よりよい世界の創造に積極的に参加することを求めている。他方、客観的にも主観的にも再現できない、つまり写実的な模倣としても体験としても叙述できない中間の現実世界を探り出す技法が重要となっている。長編小説はしばしば危機的な瞬間に焦点をあてる。作家たちは今日、それぞれの言語環境におけるさまざまな問題を解決する方法を明示するように求められている。例えばスイスでは小国家の偏狭さを抜け出て、広い世界と対峙することが求められている。オーストリアには共産主義から解放された東欧諸国を西欧世界に組み入れるためのパイオニア的な役割が期待されている。旧東ドイツでは、不当な政権に協力した者たちが今なお抱えている過去が克服されていかなければならない。旧西ドイツでは責任を強く自覚した自由市場経済が再編成されなければならない。あらゆる領域でよりよいヨーロッパを共に形成していかなければならない時代にあって、作家たちにも手本となる姿が期待されている。

(T. インモース)

『**ドイツ・レクイエム**』　**Ein deutsches Requiem**　*ブラームスの *オラトリオ。*シューマンの死、母の死、普墺戦争の犠牲などをきっかけに構想され、段階的に成立した。第5部を除く初演は1868年、ブレーメン、また全曲初演は1869年、ライプツィヒ。典礼文によらず、*ルターによるドイツ語訳聖書からの抜粋に付曲した7楽章よりなり、深い詠嘆と、安息への憧れに満ちている。典型的なコンサート用の宗教曲で、「キリスト」概念の不在を根拠に、教会で拒否された歴史をもつ。

(礒山雅)

ドイティンガー　Deutinger, Martin　(1815. 3. 24-1864. 9. 9)　ドイツのカトリック神学者、哲学者。1815年オーバーバイエルンのランゲンプライジング (Langenpreising) に生まれる。1837年に司祭となり、1841年にフライジング (Freising) で教授となる。その後、1846年 *ミュンヘン、1847-52年ディリンゲン (Dillingen) で教える。1858年、大学説教師となる。スイスのプフェーファース (Pfäfers) で没す。キリスト教と時代精神との互いの和解を特に美学者として模索した。主著として『実証哲学の根本問題』全7巻 (Grundlinien einer positiven Philosophie, 1843-52)、『使徒ヨハネによる神の国』全3巻 (Das Reich Gottes nach dem Apostel Johannes, 1862-65) がある。

【文献】キ人 955; LThK³ 3: 118-19.　(常葉隆義)

ドイル　Doyle, Arthur Conan　(1859. 5. 22-1930. 7. 7)　イギリスの作家。*エディンバラのカトリックの家に生まれる。*イエズス会経営の学校からエディンバラ大学医学部に進み、医者を開業。同時に文筆にも手を染め、シャーロック・ホームズが初めて登場する『緋色の研究』(Study in Scarlet, 1887) を皮切りに、数多くの「ホームズ物」(The Adventures of Sherlock Holmes, 1892 等) を発表。また後にカトリック信仰を棄てて心霊術 (→ スピリティズム) への関心を強める。以後、歴史小説、政治パンフレット、心霊術の歴史などを著した。サセックスのクローバラ (Crowborough) の自宅で没す。

【主著邦訳】鮎川信夫訳『緋色の研究』(講談社 1977); 延原謙訳『シャーロック・ホームズの冒険』(新潮社 1953).

【文献】『世界・日本キリスト教文学事典』(教文館 1994) 405-406.　(小林章夫)

トインビー　Toynbee, Arnold　(1852. 8. 23-1883. 3. 9)　イギリスの経済学者、社会改良家。*ロンドン

に生まれる．*オックスフォード大学で学び，卒業後 1878 年より同大学で教鞭をとった．一方で，ロンドンのホワイトチャペル (Whitechapel) 地区に住む労働者階級の生活改善に努めるなど，実践的な運動も精力的に行った．協同組合の普及や，教会の改革に尽力した．1883 年ウィンブルドン (Wimbledon) で没す．翌年，ホワイトチャペルに設立された世界初のセツルメントは，彼の功績をたたえ「トインビーホール」(Toynbee Hall) と名づけられた．イギリス産業革命の研究が有名で，死後，講義をまとめたものが出版された．歴史家 A. J. *トインビーは甥にあたる．

【文献】平大百科 10: 497; L. STEPHEN, S. LEE, eds., Dictionary of National Biography, v. 19 (London 1968) 1063-65. 　　　　　　　　　　　（高橋佳代子）

トインビー　Toynbee, Arnold Joseph（1889. 4. 14-1975. 10. 22）　イギリスの歴史家．A. *トインビーの甥として *ロンドンに生まれる．*オックスフォード大学で古典古代史を学び，第 1 次世界大戦中には政治情報部に勤務，パリ講話会議(1919)に参加した．その後，国際関係の研究と報告に従事した．ペロポネソス戦争期(前 431-404)のギリシアと世界大戦期のヨーロッパの哲学的同時代性に気づいたことが世界史を比較文明史的に考察するきっかけとなり，大著『歴史の研究』全 12 巻 (A Study of History, 1934-61) が著された．そこでは歴史の真の統一体は国家や国民ではなく，文明社会であるとされ，世界史は 21 の文明単位に分類される．トインビーは歴史の決定論を排し，文明の発生の契機を超人間的なものの呼びかけと人間の決断に求めた．そして，諸文明の発生・成長・衰退・解体の過程と出会いが挑戦と応戦，創造的少数者と支配的少数者，外的および内的プロレタリアートといった諸概念を駆使して描出される．解体に瀕した社会は世界教会を生み出し，それがさなぎの役目を果たして新しい社会が出現する．古代ギリシア・ローマから西欧文明社会への移行を可能にした初期キリスト教はそのような例の一つである(→ 初代教会, 原始教団)．1950 年代以降文明批評的な傾向を強め，世界平和と全人類の統一を自己の使命と信ずる宗教への関心を鮮明にした．*ヨークにて死去．

【邦訳】下島連他訳『歴史の研究』全 25 巻(「歴史の研究」刊行会 1966-72); 深瀬基寛訳『試練に立つ文明』(社会思想社 1966); 長谷川松治訳『歴史の研究』全 3 巻(社会思想社 1975).

【文献】J. フォークト『世界史の課題』小西嘉四郎訳(勁草書房 1965): J. VOGT, Wege zum Historischen Universum (Stuttgart 1961); P. GEYL, Debates with Historians (London 1955). 　　　　　　（室井俊通）

とう　塔〔英〕tower, 〔独〕Turm, 〔仏〕tour　建物に付随するかまたは独立して建てられる，上昇を志向する構築物．著しい垂直性を示す．塔には軍事的な監視や防御機能，ないしは宗教的，記念建造物としての象徴的機能がある．なお軍事的であれ宗教的であれ，塔を建造するためには多大な労力と経費を必要とし，それを可能にする高度な技術も不可欠である．したがってそれを成しうるのは，時の支配者であり，塔は人間のあくなき欲求とより高く天へと向かう意志が結びついて形となったものである．「塔の建設は，人類最古の情熱の一つであるように思われる」とレヴェツ・アレクサンダー (Magda Révész-Alexander) はその著『塔の思想』(1953) で述べ

ている．

旧約聖書が伝える *バベルの塔の物語(創 11: 1-9)は，そうした塔建設にあたって象徴的な意味を端的に示すエピソードである．人間が神に挑戦し，天まで届く高塔を建てようとして不遜の罰を受け，塔建設を中止させられるというこの物語の背後には，古代 *バビロニアの聖塔ジッグラトの存在があったとされている．ちなみに *ウルに残る遺構は，紀元前 2100 年頃の，三層の階段ピラミッド状の塔で，頂部には祀堂があった．メソポタミアではこれと並んで早い時期から軍事用の塔を備えた城塞が発達していたことも知られている．

古代エジプトでは，王墓としてのピラミッド，ならびに単体で石造の柱状記念碑であるオベリスクなどは造られたが，塔には関心がもたれなかった．ギリシア文明においても同様に塔は重視されない．ローマではもっぱら軍事用の塔が町の城塞に多数建造された．トラヤヌス円柱は内部に螺旋階段を有しており，塔の一種と考えられる．これらの世俗の塔は，中世の十字軍遠征の時代のドンジョン(〔仏〕donjon, 城塞)や市庁舎などの鐘塔に受け継がれている．

中世時代，東方キリスト教世界では円蓋が多用され，塔は重視されないが，西欧中世において塔は大きな役割を演じる．日々の生活のリズムや教会の行事など時を刻む鐘塔や，今日のように電灯照明が一般化した時代からはとうてい想像もつかない闇の深かった時代にあって，ランプの光やローソクの灯が塔の頂にともされた場合もあった．

イタリアでは鐘塔は独立して建てられることが多い．*ラヴェンナの 6 世紀の諸聖堂をはじめとして，ポンポーサ (Pomposa), *ピサ (12 世紀), フィレンツェ大聖堂の *ジョットの鐘塔 (14 世紀) など優美な塔が多数残されている．フランスやドイツ，イギリスでは，*カロリング朝からロマネスク時代にかけて東西両 *内陣に塔が建てられる形式や，翼廊の交差部，西正面両側などに複数の塔を備えた聖堂が発達する(→ ロマネスク建築)．次のゴシック時代になると北フランスをはじめとして各地で建てられた大規模な大聖堂建築では，著しい垂直性をみせた，ときに 100m にも達する高い塔が登場する．パリの *ノートルダム大聖堂をはじめ，*シャルトル，*アミアン，さらにソールズベリ (Salisbury) や *ケルンの大聖堂が代表例である(→ ゴシック建築)．また起源，用途に不明な点は多いが，アイルランドに数十基残る中世時代の円塔の存在も忘れてはならない．

ルネサンス期に入ると塔への関心は薄れ，安定し調和のとれた円蓋などが好まれる(→ ルネサンス建築)．バロック期に塔は再び登場するが，以前のように極端な高さを希求せず，曲線を多用した装飾モチーフで飾られた優美な塔となる(→ バロック建築)．19 世紀のゴシック・リバイバルの塔や 1889 年建設のパリのエッフェル塔などにみられる鉄骨製の塔など，新たな時代精神を反映した塔が造られた．

【文献】佐原六郎『世界の古塔』(雪華社 1963); M. レヴェツ・アレクサンダー『塔の思想─ヨーロッパ文明の鍵』池井望訳(河出書房新社 1972): M. RÉVÉSZ-ALEXANDER, Der Turm als Symbol und Erlebnis (Den Haag 1953). 　　　　　　　　　　　（高野禎子）

ドゥーア　Duhr, Bernhard（1852. 8. 2-1930. 9. 21）　ドイツの *イエズス会の歴史研究者．*ケルン生まれ．1872 年イエズス会入会，1887 年司祭に叙階．イ

どうい

エズス会の16世紀から18世紀にかけての歴史研究に生涯を捧げ，欧州各地で活躍した．資料の豊富さと揺るぎない客観性を特徴とする彼の著作・論文は膨大な数にのぼる．*ミュンヘンにて没す．

【主著】*Die Geschichte der Jesuiten in den Ländern deutscher Zunge vom 16. bis 18. Jahrhundert*, 4 v., 1907-28.
【文献】キ人 956; LThK³ 3: 399; NCE: 1096.

(相原直美)

どうい　同意　〔英〕consent, 〔独〕Konsens, Zustimmung, 〔仏〕consentement

【語義と倫理上の問題】同意とは，自由な意志をもった人間が自己の利害に関わる*他者の意思について承認を与える行為を意味する（→自由意志）．同意は対等の人間関係においてもなされるが，当事者に対し何らかの*権威（行政的・社会的・宗教的）を有する者の意思に対してこれを求められることが多く，この場合に倫理的問題が検討される必要性が強く生じる．同意は自由な意志をもつ人間の自由な行為として求められるべきであるが，権威を有するものの意思表示は容易に強制力をもち，命令へと転じるからである．

【自由な行為としての「同意」】いうまでもなく，命令は何らかの権威がその権威に属する事柄につきなされる場合に正当なものとなり服従を要求することができる．例えば，企業の社長がその秘書に対し会議の準備をするよう命じることは正当な命令であるが，娘の誕生日のために花を買っておくよう命じることは正当とはいえない．このような場合には秘書はその命令を拒否する権利があると考えられるが，実際の社会の場面ではこのような命令ですら強制力をもちうる．また，不道徳な命令（例えば自社の商品の重大な欠陥を知りながらこれを売るようにとの命令，異性の部下に交際を迫る等の命令）には従う義務はないが，権威を有する者の意思は容易に強制力を伴うものとして受け止められ，それだけ拒否は困難となる．

正当な命令に対しては服従する義務があるとしても，人間は一人ひとりが*神の像として創造された存在として自己の利害，とりわけ*基本的人権に関わる他者の意思に対してはこれに同意を求められる正当な権利を有すると考えられる．神は人間を自らと人格的関係をもちうる自由な存在として創造したからである．教会がつねに*自由を擁護してきたわけではない．かつては，社会的に高まる自由の要求を断罪したときもあった．しかし今日，教会は神の*福音の宣言に謙虚に耳を傾け，かつての自己の過ちを率直に認めながら，人間の自由の尊さを確認し神に造られた人間の*尊厳の一部としてこれを擁護するものである．

人類社会は長い間社会的に弱い立場に立たされた者から同意の権利を奪ってきた．例えば，我が国においては戦前の民法のもとで，女性は事実上の無能力者とされ，夫は妻の「同意」を求めることなく，妻以外の女性に産ませた子どもを認知することができた．逆に婚姻にあたっては「戸主の同意」を得ることが義務づけられており，とりわけ女性は自己の意志で結婚相手を決めることもほとんどできなかった．同意を与えるのは強者の側の特権であり，社会的弱者にはこの権利が認められなかったわけである．親，とりわけ父親が娘の幸せを願ってその結婚相手を決定した「善意」を認めるとしても，父的権威を有する者の権威に「おまかせ」することを良しとする傾向（パターナリズム，〔英〕paternalism）は，本来自由であるべき人間を他者の従属のもとに置くことであり，神の福音に反する行為であるといわねばなるまい．弱者の側の権利としての「同意」は歴史的に弱い立場に立たされてきた者の権利保障として重要な意味をもつ．

【「同意」をめぐる今日の諸問題】今日においても弱者の側の同意の権利は充分に保障されているとは言い難い．特定の地域に対する国や地方自治体の行政行為（例えば原子力発電所，空港などの建設を支援するとか，沖縄における米軍基地を維持するために働きかける等の行為）は多数の者の利益のために少数者の犠牲を強いる場合も多いが，このような場合に充分に少数者の同意を得ることなく半ば強制的に多数者の利益が強制されることもある．国連『子どもの権利条約』（1989）は*子どもの意見表明権を最大限尊重するよう促しているが，親あるいは学校が子どもの意見に耳を傾けることなくこれを管理する傾向も依然みられる．

医療の現場では「説明と同意」(informed consent)なる語が用いられるようになってきた．医師と患者との関係は従来，権威ある者とこれに「おまかせ」する者との関係として機能してきたが，この立場を見直し自己の治療行為を選択する患者の自己決定権の主張としてこの言葉は理解される．もっとも，実際の医療の場面で患者の自己決定権として医療行為への「同意」を保障することには困難が伴う．医師と患者のみの関係では患者が自己決定するための情報の提供とその理解を促す説明を医師の善意と説明能力に期待しなければならないからであり，逆に医師の側は自己の望む医療行為へ向け患者の「同意」を得ることはたやすいからである（→医の倫理）．医療現場に限らず，強者の側が弱者の同意を促すことは比較的容易であり，弱者の同意を理由に強者が自己の行為を正当化することも可能であるだけに，弱者が真に自由な意志に基づいて同意を行うことができるよう環境を整備する必要がある．

【「同意」の限界と人間の尊厳】終わりに，神に*創造されたすべての*生命の尊厳を信じるキリスト教徒としては，自由なる意志に基づき同意を表明することのできない存在の権利についても考慮する必要があろう．第三世界に生活する多くの貧しい人々は我々の消費生活や我が国の援助に基づく開発計画について拒否することも，同意を表明することもできない．中絶により殺される胎児たちも同様であり，逆に強者の意思により中絶を強制される女性たちも同様である．女性について付け加えるならば，産む産まないの決定に同意を与える権利も認められず，子を産む，それも男の子を産むべき存在として扱われている第三世界の圧倒的多数の女性たちの生殖権についても忘れてはならない．*体外受精の技術においては多くの受精卵が冷凍保存されあるいは遺棄されるが，これらのごく小さな人間の命もその意思を表示することなく生命が絶たれる．地球規模の環境の破壊は将来この地上に生まれくる人間「将来世代」の*生存権を脅かす行為であり，彼らは我々の破壊行為に対して決して同意を与えないであろうが，我々は彼らが声なき存在であるがゆえに彼らの利益を無視してしまう．これら声なき存在の声を聞く力は，信仰に求めねばなるまい．キリスト教に限らず，人間が有する「共感」の心（→同情）を育み，神以外の誰にも支配されてはならない人間の尊厳を信じることが弱者の「同意」を尊重する社会の始まりであろう．

【文献】教皇庁正義と平和委員会『教会と人権』日本カトリック正義と平和協議会訳（中央出版社 1977）: PON-

TIFICAL COMMISSION FOR JUSTICE AND PEACE, *Church and Human Rights* (Vatican City 1975); 水野肇『インフォームド・コンセント―医療現場における説明と同意』(中央公論社 1990). 　　　　　　　　　（小林紀由）

とういつ　統一　〔英〕unity,〔独〕Einheit, Einigung, Vereinigung,〔仏〕unité　何かが存在するということは，一つのまとまりをもったものとして存在することである．*存在とまとまりとは不可分である．このまとまりを*プロティノスは*一者という．「一者は万物の原理であって，万物は一者から生起する」(『エネアデス』V, 2). しかし，もっと素朴に単一であることを本性とする原子が万物のもとになっていると考えても，存在と一者との連関は保たれている．物質を分割していくと最後にはこれ以上分割できない究極の粒子に到着すると想定すると*原子論になる．原子論では，物質的な粒子が「一者」という特性をもっており，原子の複合されたものは，見かけ上は「一者」であっても，本当は一者ではないことになる．

　*ライプニッツは，単一であることを特性とする実体を想定して，それを「モナド」(単一なもの，*単子) と呼んだ．「モナドとは複合体をつくっている単一な実体である．単一とは部分がないことである」(『モナドロジー』). ここでは複合的なものは単純なものに還元されるという考え方がもとになっているから，存在の究極の姿は，物質的であるか精神的であるかどちらにしても，原子と同じ在り方をしている．

　これに対して，存在するものの究極の在り方は流動体であって，そのつど流動体が「一者」に統合されることによって，物が存在するという見方では，物質的なものは根源的に自己自身に「一者」をもっていない．「存在するものはすべて，それ自身の内にあるか，それとも他のものの内にある」(*スピノザ『エティカ』公理 1)．自分の内に「一者」をもつものは自己自身の内にあり，自己自身の内にないものとは，その統合の中心がそのものの外部にあるもののことである．時計はたくさんの部分から組み立てられているが，一つひとつの部品は独立していて自己自身の内にあるが，それらの全体を「時計」として統一しているものが，その用途であるとすれば，用途という理念が多数の部品を統合して「時計」というまとまりをもたらしていることになる．

　食塩には，白い，辛い，水に溶けるなどの多数の性質がある．「白い」と「辛い」は完全に独立で，相互に無関係である．これら多数の性質を統合して「食塩」としているものが，物質そのものにあるという立場が*唯物論であり，物質はそれ自体に統合原理をもたないので，人間の自覚的な*意識で統合されるというのが心理的*観念論であり，統合の原理は*概念にあると主張するのが論理的観念論である．

　*ヘーゲルでは統一という言葉につねに二つの意味が重なっている．つまり対立する契機を統一するという統合作用的な性格と，対立する契機が一つになっているという存在の姿とである．多様性と単一性が統一されるとき，それは多様性と単一性という対立する契機が統合されることでもある．「概念と存在との統一が神の概念を形づくるものである」(『小論理学』51 節) と，彼がいうとき，論理的観念論の立場が，「神とはその概念の内に存在を含むものである」というスピノザによる神の定義を成就するものと考えられている．この概念を主観性とみなし，存在を客観性とみなせば，この神の概念は主観と客観の統一と読み換えることもできる．
【文献】プロクノス『善なるもの一なるもの』田中美知太郎訳（岩波書店 1961); スピノザ『エティカ』世界の名著 25, 工藤喜作，斎藤博訳 (中央公論社 1969) 75-372; ライプニッツ「モナドロジー」『スピノザ，ライプニッツ』世界の名著 25, 下村寅太郎編, 清水富雄，竹田篤司訳 (中央公論社 1969) 435-60. 　　　　　（加藤尚武）

とういつきょうかい　統一協会　→　世界基督教統一神霊協会

どういつせい　同一性　→　アイデンティティ

どういつせい　同一性　〔英〕identity,〔独〕Identität,〔仏〕identité　「同一」という概念はさまざまな意味で語られている．「太郎は花子と年齢が同じだ」というときには，別の個体の性質が同じという意味である．「明けの明星と宵の明星は同じである」というときには，同じ個体が二つの名で呼ばれており，この同一性を数的同一性 (〔英〕numerical sameness,〔独〕numerische Identität) という．「二つのリンゴと二つのナシのように，性質が違っても数が同じ」という意味ではなく，「一個として数えられる同一性」という意味である．

　数的に同一でない二つのものは必ず違う性質をもつと仮定すれば，逆に「識別できない二つのものは同一である」といえる．これが*ライプニッツが唱えた「不可識別者同一の原理」である．

　しかし，「性質の違うものは同一の個体ではありえない」というと，禿げる前の山田氏と禿げた後の山田氏は同一ではないということになる．「シーザーがルビコン河を渡らなかったらブルータスに殺されなかっただろう」という文章では，ルビコン河を渡ったシーザーとルビコン河を渡らなかったシーザーは同じである．もし，性質が違えば同じでないとすれば，流れる河は二度と同じ河であることがない．「人は同じ河に二度入ることはできない」(*ヘラクレイトス『断片』91). 生きている人間が変化を通じて同一であることを「人格の同一性」(〔英〕personal identity) という．

　数学的な集合では，そこに含まれる要素が同じであれば，同じ集合であるが，軍隊，会社，合唱団などはメンバーが変わっても同じである．すると「同じ」であることの基準はものによって同じではないことになる．

　河は，源流と河口が同じならば同じ，人格は，連続した身体をもち記憶が同じなら同じ，会社は，会社法の定めに従って同じというような，たくさんの「同じ」であるための基準を作ると，その基準のなかに「源流が同じ」「河口が同じ」というように，再び「同じ」という言葉が出てくる．ここから無限に「同じ」である条件を作り続けるのでないとすると，どこかに究極の「同じ」ものがあると考えられる．

　*パルメニデスによれば*存在は「不生」「不滅」「全一」「不動」であって，永遠に「一なるもの」である．*プロティノスによれば，根源にある「一なるもの」(*一者) が*流出してさまざまなものに「一なるもの」を*分有させる．

　*カントや*ドイツ観念論の立場の哲学者，J. G. *フィヒテ，*シェリング，*ヘーゲルによると，*自我は，しかし瞬間ごとに変わる世界のなかでも，自分にとって自分があるという*自己意識 (統覚) という在り方で自己同一性を保ち続けると考えられる．この根源的に

どういつてつがく

同一である統覚が対象にカテゴリー(*範疇)を適用することを通じて対象の同一性を構成すると，カントは考えた．物の同一性を支えているのは，根源にある自我の同一性であるということになる．

自我という*主観に対立して客観が存在するのだとすると，この主観は対立するものの片方であることになる．すると二つの全く別個の主観と客観が存在することになり，根源的な同一性が成立しないことになる．そこでシェリングは，根源的な同一性は主観と客観，精神と自然，心と身体の同一性であると考えて「同一性の哲学」(→同一哲学)を唱えた．

ヘーゲルは，主観と客観が根源的に同一であってそこに非同一が含まれないなら，それは対立するものの一つであるに違いないから，真の根源的な同一は「同一と非同一の同一」すなわち「対立物の同一」でなければならないと考えて，あらゆる物事の根源に「対立物の同一」という構造があるという*存在論を組み立てた．

【文献】ヘーゲル『宗教哲学』全3巻，木場深定訳（岩波書店 1982-84）; S. A. クリプキ『名指しと必然性』八木沢敬，野家啓一訳（産業図書 1985）: S. A. KRIPKE, *Naming and Necessity* (Cambridge, Mass. 1980).

(加藤尚武)

どういつてつがく　同一哲学　〔独〕Identitätsphilosophie

*シェリングの1801年の『我が哲学体系の叙述』に典型的にみられる思想．*デカルト以来確実な存在として考えられた*自我を超えた，「絶対的理性」(〔独〕die absolute Vernunft) を根源的に存在するものとみなす．絶対的理性は「絶対的に同一的なもの」，A = A であり，それ自体としては*差異や*差別を容れない「絶対的無差別」(die absolute Indifferenz) であるが，*理性であるかぎり*主観・客観という差異をもった「自己認識」として現象する．しかし，認識する主観 A と認識する客観 B はあくまで同一のものであるから，A = B である．あらゆる*存在者は，この自己認識という形式で存在しており，その総体が，絶対的理性の自己同一的自己認識である．各存在者の自己認識における主観性の度合いと客観性の度合いの優越（量的差異 die quantitative Differenz）により，存在者の段階が決定される．

存在者の存在の仕方が「自己」認識であるかぎり，A = B としての自己の認識であるから，それ自体 A = B にすぎない自己自身を超え，さらに高次のレベルから認識する能力が，各存在者には備わっていることになる．自己自身を超出するたびに，存在者の主観性の度合いが上がり，新たな存在者が順次生成していく．シェリングはこれを「ポテンツ」(Potenz) と呼び，$A^2 = (A = B)$ と表記する．同一哲学はこのポテンツ論を基本形式として，あらゆる存在者を連続的な進展過程のなかに秩序づける．この存在把握の仕方は，さまざまな形で，シェリングがこれ以後に打ち立てる自由論，*宗教哲学の根本構造を決定している．関連する他のシェリングの著書に，『ブルーノ』『哲学体系のさらなる叙述』などがある．

(高尾由子)

どういつほんしつ　同一本質　〔ギ〕homoousios, 〔ラ〕consubstantialis, 〔英〕consubstantial, 〔独〕wesensgleich, 〔仏〕consubstantiel

古代教会において，父・子・聖霊が同じ本質を有する真の*神であることを表現するために用いられた，*キリスト論・*三位一体論における用語．

ギリシア教父（→教父）は，子が父と同じ神的存在であることを表現するために，*グノーシスに由来する同一本質（〔ギ〕homoousios）を用いた（オリゲネス『ヘブライ人への手紙について』PG14, 1308 等）．*アレイオスが父と子の同一本質を否定して以来，激しい論争が起こった．325年，第1*ニカイア公会議は，*アタナシオスらの努力によって，子が「父と同一本質」（〔ギ〕homoousion tō patri）であることを記した信条を採択した（DS 125, →ニカイア信条）．アレイオス説は排斥されたが，同一本質がすぐに全教会で正しく理解され受け入れられたわけではなかった．*カッパドキア三教父は，*本質（〔ギ〕ousia）と自立存在（*ヒュポスタシス）を厳密に使い分け，また聖霊の神性についての理解も深めた．アタナシオスの『信条解説』（DS 46-47．実際はサラミスの*エピファニオスの信条 DS 42-45 に由来するものか）は，聖霊が「父と子と同一本質」（〔ギ〕homoousion patri kai hyiō）であると述べた．ラテン語圏では，*テルトゥリアヌス以来，父・子・聖霊の同一性は「一つの実体」（〔ラ〕unitas substantiae）で表現された．いわゆる*ニカイア・コンスタンティノポリス信条（DS 150）は，同一本質を同一実体（〔ラ〕consubstantialis）と訳した．

父と子と聖霊の同一本質という概念は，あくまで*信仰の形而上学的理解の表現であり，*聖書が示した神の内的生命の豊かさを充分表現しているわけではない．

【文献】P. ネメシェギ『父と子と聖霊』（南窓社 ²1972）109-81; 百瀬文晃『イエス・キリストを学ぶ』（中央出版社 1986）282-90; A. GRILLMEIER, *Christ in Christian Tradition*, v. 1 (Atlanta ²1975).

(石橋泰助)

どういつりつ　同一律　〔英〕law of identity, 〔独〕Satz der Identität, 〔仏〕principe d'identité

存在の統一，同一性，不変性を主張する原理．その他の矛盾律（→矛盾）と排中律のなかでも第一の原理とされている．「A は A である」と表現される．例えば，「机は机である」となる．それは「あらゆる存在は，それ自身で決定される，それ自身と同一である」という意味である．最初は*ライプニッツがこの原理を確立したが，そのときは*現象の変化にもかかわらず，*実体そのものの不変固定なことを意味していた．しかしその後この原理は，論理的な意味だけに限定されることになり，A という概念はつねにどこでも同一の A を指すという意味となった．そうでなければ，思考不可能となってしまうからである．しかし，この判断は，同語反復であって，何も表現されておらず，実際の判断としては使われないものである．

【文献】NCE 7: 346-47; 須藤新吉『論理学綱要』（内田老鶴圃新社 1976）10-12.

(茂牧人)

トゥヴァル　正式国名：トゥヴァル，〔ツバル・英〕Tuval

面積：25.9 km²．人口：1万人（1997年現在）．言語：トゥヴァル語，英語．宗教：キリスト教（会衆派）が大部分．

南太平洋上の九つの島からなる．旧称エリス諸島．1568年スペイン人が中央のヌイ島を発見．1819年にフナフティ島発見（フナフティ Funafti は現在の首都）．1892年にギルバート諸島（現 *キリバス）とともにエリス諸島としてイギリス保護領となり，1916年イギリスの植民地ギルバート・エリスとなる．1978年ギルバート諸島から分離，イギリス連邦に属する独立国となる．

キリスト教は1861年に*サモアから到来した*会衆派のロンドン伝道協会が宣教を始め，1900年までにほぼ全住民に広まった．1964年までカトリックの宣教は禁じられていた．
【現勢】1998年現在，カトリック信者数: 100. 独立宣教区: 1. 教区司祭: 1.
【文献】世キ百564; WCE 684-85. （石井祥裕）

ドゥ・ヴォー　→　ヴォー

トウェイン　→　マーク・トウェイン

ドゥエーばんえいやくせいしょ　ドゥエー版英訳聖書　→　聖書の翻訳: 英語

とうおうのカトリックきょうかい　東欧のカトリック教会
【キリスト教受容の初期】1836年，ヨーロッパ民族として最後にキリスト教化された*リトアニアを除き，東欧は北欧と並んで9世紀から11世紀の間に公式にキリスト教を受け入れた．
〔アルバニア人とルーマニア人〕*アルバニア人やルーマニア人が自らの祖先と主張するイリュリア人(→イリュリクム)，トラキア人，ダキア人などバルカン半島の先住民は，紀元後の最初の数世紀の間にキリスト教を受け入れた．彼らはローマとビザンティンの双方のキリスト教と接触していたが，*スラヴ人の民族移動によって孤立し，キリスト教との接触も一時途絶えた．再びキリスト教と接したとき，ルーマニア人(→ルーマニア)は*東方正教会の支配を受け，他方，アルバニア人は*ヴェネツィアのカトリック教会とビザンティン教会の双方の影響を受けた．その後，トルコの支配のもとで彼らのほとんどは*イスラム教を受け入れた．
〔クロアティア〕クロアティア人はダルマティア沿岸の都市を通じて，ローマとビザンティンの双方のキリスト教と接触していた(→クロアティア)．最初の王トミスラフ(Tomislav, 在位924頃-928頃)は教皇の承認をもってパンノニア(Pannonia)とダルマティア(Dalmatia)を統一した(925). クロアティアでは*ローマ典礼が行われて，スラヴ語も一時的に使用が試みられたが，結局使われなくなった．スラヴ語は，後にヌルシアの*ベネディクトゥスの戒律を採用した修道院で用いられ，第2*ヴァティカン公会議までローマ典礼のなかでラテン語以外の言語が用いられた唯一の例外となる．
〔スロヴェニア〕北東アルプスのカランタニア(Carantania, 現オーストリア・ケルンテンKärnten)に居住するスロヴェニア人の先祖には，北イタリアの*アクイレイアと*ザルツブルクからラテン的キリスト教が伝えられた．この地域は773年に最後の異教徒の反乱が制圧されると，行政的にも教会組織的にも*シャルルマーニュのフランク王国に組み込まれた．
〔セルヴィアとブルガリア〕固有の国家を建設していたセルヴィア人とブルガリア人は，二つの様式のキリスト教の間で揺らいでいた．東方正教会に改宗していたセルヴィアの統治者ステファン(Stefan, 在位1196-1228)は教皇*インノケンティウス3世から国王の戴冠を受け(1204)，「プルヴォヴェンチャニ」(Prvovencani 最初の戴冠者)と呼ばれた．彼の弟*サバスは*コンスタンティノポリスの総主教の管轄下にあったセルヴィアの正教会を*独立自治教会とし，その初代大主教となった．ステファンはサバスによって正教会の信仰に戻った．*コンスタンティノポリスに近い*ブルガリアは政治的にも教会的にもヘレニズム化の脅威を受け，それに対抗してローマへの接近を企てることになった．ブルガリア王*ボリスは，教会の独立を求めてローマに書簡を送り，これに応えて教皇*ニコラウス1世は宣教師を派遣したが，大司教座を与えることを拒んだため(868)，ブルガリアは再びコンスタンティノポリスの管轄下に入った．

〔モラヴィア〕アヴァール汗国の崩壊後，東欧中部を支配した新しい西スラヴ人の国家，大モラヴィア王国は，フランク王国とブルガリアの間に位置し，統治者ラスティスラフ(Rastilav, 在位846-70)は隣国に対抗するため*ビザンティン帝国との同盟を企て，宣教師*キュリロスとメトディオスを招請して国民の改宗を促した．しかし，スラヴ語に反対するフランク人宣教師との対立が生じ，キュリロスとメトディオスの弟子たちは追放され，結局はブルガリアのボリスのもとで保護された．その後まもなく，大モラヴィア王国はマジャール人によって滅ぼされた(906).

〔ボヘミア，ハンガリー，ポーランド〕マジャール人(ハンガリー人)の出現と*ポーランド，ボヘミアというスラヴ人国家の拡大は東欧の教会の状況を一変させた．11世紀までにこの三つの国家ともキリスト教国となり，ローマ教会および*神聖ローマ帝国と結びついた．ボヘミア大公ボジヴォイ(Bořivoj, 在位870-95)は，おそらくメトディオスから受洗し，その息子スピティヒニェフ(Spytihněv, 在位895-912)はラテン典礼を導入した．ポーランドでは，ボヘミアからラテン・キリスト教がもたらされた．ミエシュコ1世(Mieszko I, 在位960頃-992)は，ボヘミア王ボレスラフ1世(Boleslav I, 在位929-67)の娘ドブラヴァ(Dobrava)と結婚し，966年に受洗した．彼はローマの直接の*裁治権のもとでポーランド独立教会を設立することを考えていた．*ハンガリーのアールパード朝によるキリスト教国家建設はポーランドのそれと匹敵する．*ステファヌス1世はキリスト教と西方文化をハンガリーにもたらし，ハンガリーの*守護の聖人となった．彼は日曜日のミサ出席を国民に義務づけた．修道院は*ベネディクト会によって11世紀から基礎が固められ，*小教区の組織網は12世紀までに作られた．ハンガリー，ポーランドおよびボヘミアでは，*ギリシア・ローマ古典文学や*スコラ哲学が導入され，西方ラテン文化が浸透したが，反面，自国文学の成熟を妨げる結果ともなった．ポーランドとハンガリーはとりわけキリスト教国家と西方文化の二重の砦(〔ラ〕antemurale christianitatis)の役割を担った．

【中世後期から宗教改革とカトリック改革まで】〔バルカン地方〕ローマ・カトリック教会はバルカン半島で広まり，*アルバニアをカトリックにとどめるために，アドリア海沿岸にアンティヴァリ(Antivari)大司教区を設立した(1062). ハンガリー王たちの保護のもと，*オスマン帝国の侵略によってボスニアのスラヴ人がイスラム教に改宗するまで，ローマ・カトリック教会は，ボスニア教会の*ボゴミール派と激しく衝突した．オスマン帝国はハンガリーの大部分を吸収(1526)，教会の活動は著しく制限された．15世紀には，アルバニア人たちはイスラム教に改宗し始めたが，一部は潜伏キリスト者となった．

〔ドイツ騎士団領〕ドイツ騎士団(*テュートン騎士団)は，異教国の改宗のためにバルト諸国に進出し，ローマ

とうおうのカトリックきょうかい

の裁治権下に属する *リガ大司教区を創設した(1255). しかし, グルンヴァルト (Grunwald) の戦い(1410–15)で, ドイツ騎士団はポーランド・リトアニア連合軍によって壊滅させられ, その領土は分割されてポーランドの支配下に置かれた.

〔ボヘミア〕ボヘミアでは, 教会内での道徳的頽廃や *聖職売買, 社会的不平等, チェコ人とドイツ人の紛争などが大衆向け説教や急進的な社会運動を誘発した. J. *フスは *デヴォティオ・モデルナと *ウィクリフの教えを人々に説き教会批判を展開したが, *コンスタンツ公会議の決定により, ボヘミア王 *ジギスムント (後の神聖ローマ皇帝) によって火刑に処せられた(1415). これに抗議してフス派の運動が起こり, カトリック側討伐軍との戦いが起こった(1420–36). プラハにおける協約(1433)により, *フス派のなかの穏健派(ウトラキスト派)との妥協が成立したが, 教会組織を拒否する急進的なタボル派は1467年に同胞的団体を設立した. *ルターの宗教改革以降, ルター派とカルヴァン派は合同し(1575), ボヘミア信仰告白に調印, チェコ福音教会が組織された. しかし, 熱心なカトリック教徒であったボヘミア王・神聖ローマ皇帝 *フェルディナント2世は, ビーラー・ホラ (Bilā Hora) の戦い(1620)で, チェコ貴族・プロテスタント連合軍を破り, *ハプスブルク家の領内各地からプロテスタントを追放した(→三十年戦争). チェコのプロテスタント教徒は改宗か亡命かを迫られ, さらに改宗した場合, ドイツ文化やドイツ語も受け入れることを強いられた.

〔ハンガリー〕ハンガリーではルター派が改革を開始したが, カルヴァン派が優勢になり, 1562年, ハンガリー信仰告白が採用され, ハンガリー・カルヴァン派改革教会が設立された. 1600年までに, ハンガリー人の90%がプロテスタントになったが, *カトリック改革とハプスブルク家の支配は貴族階級をカトリック信仰へと復帰させた. これは *パーズマーニの努力の賜物である. しかし, 一般民衆と少数の貴族はプロテスタントにとどまった.

〔ポーランド〕16世紀の間, ポーランド・リトアニア連合国はカトリックの世襲君主のもとに統治されていたが, 他宗教の信奉者や *ユダヤ人を寛容に扱うことで知られ, 異端者の避難所と呼ばれていた. ワルシャワ連盟協約(1573)では, ローマ・カトリック, ルター派, カルヴァン派およびチェコ同胞教会に *信教の自由が認められた. ジグムント3世 (Zygmunt III, 在位1587–1632) とその後継者の時代には, *イエズス会が活躍し, ポーランド管区(1574)とリトアニア管区(1608)を設立, 優れた学校網を確立した.

正教会に属するコサックやモスクワ大公国, オスマン帝国, プロテスタントの *スウェーデンとの戦いなどは, ポーランド国民にカトリックとしての一体感をもたらした. 東部の東方正教会は, 市民権取得と彼ら独自の典礼と伝統の保護を条件にローマ教会と合同した(1596年 *ブレスト合同, →カトリック東方教会). しかし, 合同を拒否した一部の正教会も後に合法化され, この一致は不完全な結果に終わった.

〔ハプスブルク時代〕東ヨーロッパ中部のハプスブルク家の支配は1917年まで続き, ボヘミア, ハンガリーおよびポーランドのガリチア (Galicia) におけるカトリックの地位が保証された(ガリチア地方は1772年, 第1回ポーランド分割後, オーストリアに編入). *マリア・テレジアや *ヨーゼフ2世の政策は, 国家による宗教の管理を強化した(→ヨーゼフ主義). しかし他教派 (ルター派, カルヴァン派, 正教会) にも信教の自由を認め(1781), ユダヤ教徒にもわずかな権利を認めた. ヨーゼフ2世は, ラテン典礼をカトリック東方典礼より優位とする見方さえとらなかった. 19世紀末まで, 東ヨーロッパ中部の人口の5分の2はローマ・カトリックで, オーストリア・ハンガリー帝国に集中していた (オーストリアでは人口の91%, ハンガリーでは61%がカトリック). ヴァティカンとの *政教条約(1855)により司教の任命権は皇帝に留保されたものの, 教会が国家の諸干渉を受けることはなくなった. しだいにローマ・カトリック教会は, ハプスブルク家の統治を支える重要な柱とみなされるようになり, 19世紀から20世紀前半にかけて高まった各地の民族主義運動は教会を君主同様, 敵視するようになった.

〔ロシア帝国支配下〕ポーランドやリトアニアや東スラヴのカトリック東方教会などから構成されるその他のカトリック人口は, *プロイセンや *ロシアの支配下に組み込まれていた. カトリック教会はロシア帝国内で容認されてはいたが, 国教である *ロシア正教会のような特権は与えられなかった. ポーランド人の反乱後, カトリックに改宗した正教徒は厳罰に処された. またカトリック信徒はポーランド人か外国人とみなされ, ロシア文化の主流からは隔離された. さらにポーランド人すらロシア化する試みがなされた.

【第1次世界大戦後】第1次世界大戦によって, ロシア, オーストリア・ハンガリー, トルコの三つの帝国は終焉を迎え, その領土内から新しい国家が生まれた. それぞれの国には少数派教会に属す信徒がいた. *ユーゴスラヴィアでは少数派クロアティア人のローマ・カトリックと多数派のセルヴィア人正教徒が一触即発状態にあった. カトリック教徒の地位強化を図る教皇庁は1922年, *ラトヴィアをはじめとしてポーランド(1925), リトアニア(1926), *ルーマニア(1927)と条約や協定を締結, ユーゴスラヴィア(1935, 正教会の反対により不承認)やチェコスロヴァキア(1927, 暫定協定のみ)との交渉も進められた. カトリック教会が主眼としたのは教育水準の向上や出版活動の活性化であり, また知識人を育成することであった.

チェコスロヴァキアはローマ・カトリック教会とハプスブルク体制を敵視, 最も攻撃的な反カトリック勢力となった. 宗教行事は激減し, 民事婚が強制され, 高等教育における *宗教教育も禁止され, さらに, フスが崇敬された. 教会の礼拝における自国語の導入, 聖職者の独身制(→独身)の廃止, 総大主教区の設立などを掲げた急進派司祭団はローマとの一致を否定し, 政府の支援でチェコスロヴァキア独立教会を設立した(1920). 他の一派は, セルヴィア府主教区のもとで, チェコスロヴァキア正教会を創設した. 最終的には政府の後押しで, *ルテニア教会などの *カトリック東方教会の一部が正教会と再合同したが, *スロヴァキアではカトリック教会が存続した.

【第2次世界大戦時】ポーランドのカトリック教会は, ナチス・ドイツとソヴィエト連邦の両国から迫害を受けることになった. ソヴィエトはポーランドの半分とバルト三国を占領し(1939), 一時ドイツによって退却を余儀なくされたが(1941), 東ヨーロッパの決定的支配者として再来した(1944–45). 反ドイツ抵抗運動と結びつくことで民衆の支持を得たポーランド・カトリック教会だったが犠牲者は多く, とりわけカトリック知識人はナチス

の恰好の標的となった．ヴァルテガウ（Warthegau, 現ポーランド北西部ワルタ Warta 周辺）ではとりわけ激しい迫害が行われ，ほぼ全教会が破壊され，聖職者の90％は抑留または処刑された．

占領地のボヘミアおよびモラヴィアでは抵抗勢力とローマ・カトリック司祭団とが連帯した結果，この地のチェコ人の反聖職者主義感情は低下した．しかし，スロヴァキアのようにナチス勢力下の政権で，ローマ・カトリック教会への忠誠を強調したところでは，*反聖職者主義が強まった．ドイツの影響下のクロアティアでは，カトリック人民党の過激派からファシスト国家が出現し，カトリック信徒の権利は守られたが，ごく少数のセルヴィア正教徒のロマニー（ジプシー）やユダヤ人の権利は失われた．セルヴィア人たちは強制的にカトリックに改宗させられるか，過酷な迫害に直面した．ボスニア・ヘルツェゴヴィナでは*フランシスコ会とこの地域の正教会との関係が悪化し，カトリックの修道会が迫害に加わった．

【共産主義政権時代】第2次世界大戦の終結とともに，新たな国境と共産主義国家が東ヨーロッパに出現した．カトリック教会は少数派であったことから，共産主義諸国では大変な痛手を被った．とりわけソヴィエト連邦，ルーマニア，アルバニアなど政府との対立が激しい国々での弾圧は過酷で，スロヴァキア，クロアティアのように教会指導者が*ファシズム政権を支持したり，アルバニアのように占領者に肩入れしたところでもカトリックは苦境に陥った．ポーランドの共産主義政権は1945年にヴァティカンとの接触を絶ったが，教会各機関の活動を実際に停止させることはできなかった．教会の建物が残ったポーランドではカトリック信徒が政府の圧力に抵抗したため，政府はやむなく宗教出版事業の自由を条件つきで認め，またカトリック教育機関の設置や高等教育における宗教教育や修道会の活動も承認した．ハンガリーやとりわけチェコスロヴァキアでは，政府が強硬策を取り続けて譲歩は得られず，修道会は解散させられた．

それでもローマ・カトリック教会は各地で生き残ったが，カトリック東方教会は多くの国々で活動を停止させられ，ウクライナ教会は1946年，ルーマニア教会は1948年，ルテニア教会は1949年，スロヴァキア教会は1950年にそれぞれ正教会に統合された．ポーランド正教会，ハンガリー改革派教会，チェコスロヴァキアのフス派と正教会，ルーマニア，ブルガリア，アルバニアの各正教会など共産主義政権に従順な諸教会の活動が奨励され，他方，カトリック教会の組織は弱体化した．

スターリン時代にはチェコスロヴァキアのベラン（Josef Beran, 1888-1969），ハンガリーの*ミンセンティ，ユーゴスラヴィアの*ステピナツ，ポーランドの*ヴィシンスキーなど有力な教会指導者の逮捕，公開裁判および有罪宣告が相次いだ．他方で，ヴァティカンの方針に批判的で，政府に協力的なカトリック司祭団組織（ポーランド，ハンガリー，チェコスロヴァキアの平和司祭団）も設立され，共産主義とキリスト教原理の共存の強調，核軍縮と*マルクス主義による世界平和の要求を掲げた．

1953年にスターリンが没すると，ソヴィエトの勢力下にある国々での教会活動に対する規制や抑圧は緩和された．ポーランドでは宗教生活の充実がみられたが，ユーゴスラヴィアでは宗教活動の減少が顕著で，特定の信仰をもたない人々が増えた．ルーマニア，ブルガリア，アルバニアでは正教会やイスラム教に対してカトリックは少数派となり，状況はさらに悪化していった．ルーマニアのカトリック教会はほとんどがハンガリー人で構成され，司教全員の投獄を含む民族的・宗教的差別に苦しんだ．アルバニア政府はカトリック教徒とローマとの接触を禁じ，アルバニア愛国カトリック教会を設立（1951），その後すべての宗教を弾圧し，世界初の無神論国家を宣言した（1967）．

【冷戦体制崩壊後】1988-90年におけるソヴィエト連邦と東ヨーロッパ共産圏の崩壊と民主主義国家の設立という事態のなかで，カトリック教徒を取り巻く環境は改善された．迫害に対し断固たる姿勢を保持したカトリック教会は，人々の共感と信頼を得た．

〔ポーランド〕1978年にポーランド人教皇*ヨアンネス・パウルス2世が選出されると，道徳的影響力をもつ存在としてカトリック教会はポーランド社会で一層重視されるようになった．経済危機や道徳観念の欠如，ますます世俗化し西欧化する社会において，その影響力を維持し続けることができるかが今日問われている．

〔ハンガリー〕ハンガリーのキリスト教界はさまざまな教派に分かれ，ヨーゼフ主義以来の宗教的無関心，政府による抑圧や規制，教会指導者の政府に対する妥協的体質などが特徴となっていたが，修道会は早くも1989年に再建され，1990年には教会の合法的な権利を認める新しい法律ができた．教会は没収された財産の返還や教育機関や神学校の再建，宗教教育の許可などを要求したが，左派の反対によりこれらの要求は一部実現したにとどまった．旧体制に協力した教会指導者が告発され，民族主義的風潮がハンガリーを覆うなか，国外の少数派ハンガリー人の権利の擁護と共産主義によって迫害された人々の復権が行われた．

〔チェコスロヴァキア〕チェコスロヴァキアでは，宗教の迫害という強硬路線はビロード革命（1989）による共産主義政権の崩壊まで続いた．その後，教会は直ちに組織の再編および修道会の再建を目指し，出版活動の自由の回復，宗教教育の許可を求めた．1991年までに新政府は教会にこれらの権利をほぼ認めたが，学校での宗教教育導入には消極的であった．未解決の問題は，既婚者の司祭叙階や女性助祭の叙階などである．1993年の*チェコとスロヴァキアの分離独立の後，スロヴァキア教会では，スロヴァキア語を話す人々と，半独立的教会運営を要求する少数派ハンガリー人との関係が険悪になった．

〔バルカン諸国〕バルカン諸国では，信教の自由は混沌とした情勢を悪化させる要因になっている．ユーゴスラヴィアでは，クロアティアのローマ・カトリック教会とセルヴィア正教会の指導者たちが平和への努力を続けているにもかかわらず，宗教の違いがそれぞれの民族主義感情に火をつけ，国内のキリスト者やスラヴ系およびアルバニア系イスラム教徒の分裂や対立を招いた．1990年にルーマニアでカトリック東方教会が復興した結果，正教会との緊張は増し，教派の相違と民族の相違が複雑に絡み合って対立を生んでいる．イスラム教徒が大部分を占めるアルバニアでは，カトリック教徒は少数派だったが，スターリン主義に対して決して妥協せず，過酷な迫害に耐えた反対勢力として復活した（1990）．

〔旧ソヴィエト連邦諸国〕旧ソヴィエト連邦内では，1988年にリトアニアで初めて司教たちの復権，教会組織の再編，教会施設の復旧，出版・報道活動の許可，神学校の再開，学校における宗教教育の開始など，カト

とうおうびじゅつ

リック教会の活動に関する自由が認められた．リトアニアの独立以来，教会の状況は好転したが，リトアニア人とポーランド人の間で，リトアニアの首都ヴィリニュス(Vil'nyus)の教会の使用をめぐって対立が起こった．1990年，ソヴィェト内の全市民に信教の自由が与えられたが，ソ連邦の崩壊により，宗教組織に関しては各共和国の法律によって規制されることになった．

【文献】R. G. ROBERSON, *The Eastern Christian Churches* (Rome 1995). (C. サイモン)

とうおうびじゅつ　東欧美術　東欧とは，第2次世界大戦後から半世紀近く続いたヨーロッパの社会主義の国々を指す呼称であったが，ここでは中世以降，ビザンティンないしロシアと(*カロリング朝以降の)西欧との間に位置していた地域と考えることにする．

　キリスト教は，*ローマ帝国のキリスト教公認以来，東欧地域にも伝わり，ダルマティア(Dalmatia, *クロアティアのアドリア海沿岸部)のサロナ(Salona, 現ソリンSolin)やセルビアのツァリチングラード(Caričingrad)などに*バシリカ式の建築群の礎石が残る．しかし*民族大移動そして7世紀の*スラヴ人の到来以降，この地域は異教化した．その後キリスト教を最も早く受容したのはモラヴィア(Moravia, 現チェコ共和国)で，863年に*マケドニア朝の*ビザンティン帝国より*キュリロスとメトディオスが聖書と典礼書の翻訳とともにビザンティン文化をもたらした．またカロリング朝の東方拡大の意図のもとに，西方からも宣教がなされた．ダルマティアでは円形をはじめとする集中型の小規模の聖堂建築(→教会堂建築)が広くみられる．

　ポーランドやハンガリーは10世紀にキリスト教をドイツから受容し，ロマネスク様式の聖堂建築(→ロマネスク建築)や装飾を残す(ポーランドのトゥム Tum, ハンガリーのヤーク Ják, チェコのティシュノフ Tišnov など)．ゴシック様式(→ゴシック建築)はポーランドの*クラコフやトルン(Toruń)，ハンザ同盟都市*グダニスクや*テュートン騎士団の城塞マルボルク(Malbork)などにみられ，特に*神聖ローマ帝国の首都となった*プラハは優美な*国際ゴシック様式の中心となり，ボヘミアからポーランドにかけて「美しき聖母子」の彫刻がみられる．しかしハンガリーは同時に*ビザンティン皇帝との婚姻関係もあり，ビザンティンの工芸品が伝えられ(*ステファヌス1世の王冠など)，ヴェスプレーム(Veszprém)には13世紀ビザンティンのフレスコ*壁画が残る．ポーランドでも15世紀にはルブリン(Lublin)やクラコフの聖堂にロシアのビザンティン様式のフレスコ画が描かれている．*ルネサンスは*フィレンツェからまずブダ(→ブダペスト)の王宮にもたらされた．マーチャーシュ王(*マッティアス1世，在位1458-90)は宮廷をルネサンス様式(→ルネサンス建築)に改築し，*写本収集を盛んに行った．そのルネサンス様式はポーランド王のジグムント1世(Zygmunt I, 在位1506-48)によってクラコフへ，ボヘミア王のウヴワディスワフ2世(Vladislav II, 在位1471-1516)によってプラハに伝えられた．神聖ローマ帝国皇帝の*ルドルフ2世は科学と芸術を保護し，プラハの宮廷では，画家アルチンボルド(Giuseppe Archimboldo, 1527-93)や天文学者*ケプラーが活躍し，懐疑主義を克服する信仰がさまざまな現実追求の成果を生んだ．

　一方，12世紀以降セルビアは，アドリア海を通じて伝えられた西欧ロマネスクのバシリカ形式と彫刻装飾に，ビザンティン教会の典礼に合わせた内部構造を組み合わせた折衷様式の聖堂建築を特徴とした(ストゥデニッツァ Studenica, ソポチャニ Sopoćani, デチャニ Dečani の修道院聖堂など．→ビザンティン建築)．しかし壁画のフレスコ画の様式はビザンティンの画家に学んだもので，特に14世紀初めのミルティン王(Milutin, 在位1282-1321)の時代に建てられた聖堂の壁画は*パライオロゴス朝の優品である(グラチャニツァ Gračanica 修道院聖堂など)．ブルガリアは現存例は少ないが，ボヤナ(Bojana)のフレスコ画(1259)が最も重要である．ルーマニアでは16世紀のモルドヴァ(Moldova)の聖堂外壁の壁画が注目されるが，*オスマン帝国の支配下でルーマニアやブルガリアの美術はプリミティヴな民衆芸術になっていく．カルパチア山中の木造聖堂の建築と*イコンも民衆の想像力の見事な結実である．18世紀になると，西欧の画家に学びつつ，それぞれの地で近代的な肖像画家が育ち，彼らは近代的な歴史画や肖像画とともに正教会(→東方正教会)の画家として，セルビア各地の聖堂にイコンを描いた．19世紀後半の民族主義の時代，ポーランドのマテイコ(Jan Matejko, 1838-93)，ハンガリーの*ムンカーチ，クロアティアのブコヴァツ(Vlaho Bukovac, 1855-1922)，セルビアのクルスティチ(Djordje Krstić, 1851-1907)，ルーマニアのアマン(Teodor Aman, 1831-91)らがいわば国民画家として活躍する．概して東欧ではドイツの*ナザレ派の影響が持続し，*神秘主義の傾向が強いといえ，プラハ出身のマックス(Gabriel Cornelius Max, 1840-1915)も神秘主義の主題を描き，その『ヴェロニカのキリスト』は複製によって西欧，ロシア，アメリカに多く流布した．ポーランドのシエミラツキ(Henryk Siemiradzki, 1834-1902)も*サンクト・ペテルブルグで学び，ロシアで活躍し，ローマ史を題材に歴史画を描くとともに，*モスクワの救世主キリスト聖堂(成聖1883)の壁画を描き，革命前のロシア・イコンの模範となって多く模写された．社会主義時代の東欧は主題に関して制約があったが，クロアティア出身の彫刻家メシュトロヴィチ(Ivan Meštrović, 1883-1962)は，各地に建設した巨大な記念碑と同時にキリストの生涯の連作(スプリトSplit のメシュトロヴィチ美術館)も制作している．

【文献】新潮美術辞典 909, 1181, 1289, 1372, 1515-16, 1600-601. (鐸木道剛)

とうおうぶんがく　東欧文学　「東欧文学」とは，文字通り，東欧(東ヨーロッパ)諸国の文学の意味である．しかし，そもそもどこからどこまでを「東欧」と呼ぶのかについては，はっきりした定義があるわけではなく，文学研究にとってはあまりに漠然とした概念である．東欧は歴史的に変遷してきた相対的な概念であって，特に冷戦体制終結後の現代では，東欧という地域名の有効性自体が疑問視される傾向にある．また東欧を広義で用いる場合は，ロシアやバルト3国(リトアニア，ラトヴィア，エストニア)を含む場合があるが，本項では，ポーランド，ハンガリー，チェコ，スロヴァキアなどの中欧(ないし東中欧)諸国と，旧ユーゴスラヴィア圏，ブルガリア，ルーマニア，アルバニアなどのバルカン諸国に限定して記述を進める．東ドイツの文学も「東欧文学」の一翼を担っていた時期があるが，これは，本来*ドイツ文学の一部であるという認識から本項では扱わない．

【便宜的な呼称としての「東欧文学」】厳密な定義がない

ままとはいえ、一般に「東欧文学」という呼称が、日本だけでなく欧米でもしばしば用いられてきて現在に至っていることは事実である。例えば、1960年代以降の日本で東欧文学の普及のために最大の貢献をした恒文社の翻訳文学シリーズは「東欧文学全集」「東ヨーロッパの文学」(1966-69)と銘打たれている。ただし、その呼称がどれほど文学的な実体に即して使われてきたかについては疑問である。この呼称は、むしろ便宜的なものというべきであろう。つまり、東欧諸国の文学は、国際的には*フランス文学や*イギリス文学に比べた場合、はるかにマイナーな存在でしかなく、個別の国・民族別にはっきり認知されているとは言い難いので、それを便宜的にひとまとめにして「とりあえずレッテルを貼っておこう」という程度のことである。

それでは、文学的な観点からみた場合、「東欧文学」という呼称に何の意味もないのかといえば、そうともいえない。ロシアおよび東方の非ヨーロッパ世界と西欧との間に挟まれ、歴史的な運命の多くを共有してきたこの地域の文学は、西欧の文学からは一線を画すような特徴をもっており、全体として緩やかなものであれ一つの文化圏を形成しているとみることが可能だからである。

【東欧の概念】〔東欧を定義する18世紀以来の試み〕東欧文学を全体として把握するためには、まず東欧という概念そのものの定義を検討する必要がある。「東欧」が「西欧」と区別して論じられるようになったのは、18世紀末以来のことで、その後さまざまな立場から「東欧」の定義が試みられてきた。ロシアを含む*スラヴ人の世界が東欧であるとする*スラヴ主義的立場、西欧のローマ・ゲルマン文化(→ ローマ帝国、ゲルマン人)に対して、ビザンティン・スラヴ文化圏(→ ビザンティン帝国)を東欧として対置する立場、あるいは「東欧」とはドイツとロシアに挟まれた地域であって、そこにはロシアは含まれないとする立場など、実に多様である。日本でも「東欧」という名称自体はやはり、かなり古くから使われてきた。例えば第1次世界大戦前に*ウィーンに駐在した外交官・信夫淳平(1871-1962)は日本で最初の本格的な東欧論ともいうべき著書『東欧の夢』(1919)で、アルプスからドナウ川流域を中心として、かつてのローマ帝国の版図からバルカン半島に至る地域を「中欧および東欧」と呼ぶことを提唱している。

〔戦後の東欧〕第2次世界大戦後に成立した米ソ対立に基づく冷戦構造のなかでは、東欧とは一般に、西欧の東側に位置するソ連周辺の*社会主義国家の全体を指す政治的な分類のための名称であった。したがって、東欧に含まれたのは、旧東ドイツ、ポーランド、チェコスロヴァキア、ハンガリー、ルーマニア、ブルガリア、旧ユーゴスラヴィア、アルバニアである。戦後の欧米や日本で「東欧文学」という場合は、具体的にはこれらの国々の文学を指すのが普通だった。冷戦が終結すると、これらの国々の多くは、かつての「東」という政治的レッテルを嫌って、「中欧」(中央ヨーロッパ)という呼称を積極的に使うようになった。

そういった事情を踏まえて、1990年代以降は、ポーランド、チェコ、スロヴァキア、ハンガリーを「中欧」、旧ユーゴ圏、ブルガリア、ルーマニア、アルバニアを「バルカン諸国」と呼ぶ傾向が欧米や日本でも強まっているが、こういった分類もまたかなり便宜的なものである。これらの国々は、言語も民族も異なり、文化的・宗教的にも多様であり、そのすべてに共通する文化的特徴をみつけることは難しいからである。チェコ出身の亡命作家クンデラ(Milan Kundera, 1929-)は、「中欧」のことを「地理的に中央にありながら、文化的には西、政治的には東に位置する、最も複雑なヨーロッパ」と呼んだほどである。東欧ないし中欧をどのように定義しようとも、一つはっきりしているのは、地理的に西欧とロシアの間に、そのどちらにも完全には吸収されない地域が形成されてきたということである。

【東欧の民族・歴史・文化的背景】〔多民族帝国の歴史的遺産〕「東欧」(ないし「中欧」)と呼ばれる地域のかなりの部分は、かつてハプスブルク帝国(→ ハプスブルク家)の版図に入っていた。19世紀後半から20世紀初頭にかけて、ハプスブルク帝国がオーストリア・ハンガリー二重帝国を形成していたとき、そこにはボヘミア(チェコ)、スロヴァキア、ポーランド、ウクライナの一部、スロヴェニア、クロアティアなどが含まれていた。小民族を数多く抱えながらも「多民族国家」としての統合力をもつ文化が、ウィーンを中心として存在していたのである。多くの民族が比較的狭い地域に共存するのは、東欧の歴史的宿命であった。

また、東欧の一部はハプスブルク帝国以外にもロシア帝国や*オスマン帝国などの支配を受けてきた。つまり、全体としてみれば東欧は多くの民族を抱える帝国の支配を恒常的に受け、国民国家の成立・発展を阻害されてきたということができる。第1次世界大戦後に東欧の諸民族は帝国の支配から抜け出て次々と独立し、国民国家を形成するが、国民国家発展のための歴史的条件が西欧のように整っていたとは言い難く、複雑な民族問題を内包しながら、民族的文化を発展させていくのである。

〔言語・民族〕クンデラは中・東欧を、「最小限の領土に最大限の多様性」が含まれた地域と呼んでいるが、実際、この地域の民族と言語は多様であり、その全体を把握できるような専門家の存在は考えにくい。この地域で優勢なのはスラヴ系の民族と、彼らの使うスラヴ系の言語である。言語系統上、チェコ語、スロヴァキア語、ポーランド語のいずれも、スラヴ語派のなかでも西スラヴ系に、ブルガリア語、および旧ユーゴスラヴィアで用いられていたセルビア語、クロアティア語、スロヴェニア語、マケドニア語は南スラヴ系に属す。非スラヴ系の*インド・ヨーロッパ語族としては、ロマンス語派に属すルーマニア語、独立した一派をなすアルバニア語がある。またハンガリー語はフィンランド語と同じウラル語族に属している。旧東ドイツの主要言語はもちろんドイツ語である。また東欧には第2次世界大戦前には約700万人もの*ユダヤ人が住んでおり、その多くがナチス・ドイツ(→ ナチズム)によるホロコーストの犠牲になったが、彼らの母語であるイディッシュ語もこの地域で広く用いられていた。広義の東欧文学には当然、ユダヤ人によるイディッシュ語文学も含まれる。

〔宗教と文化的伝統〕宗教の面からみれば、ヨーロッパはローマ帝国の影響下に発展した西側のカトリック圏と、ビザンティンの影響下に発展した東方正教会圏の二つに大別されるが、東欧は、ちょうどこれらの東西二大宗教圏の交錯する地域といえよう。ローマ・カトリック圏に属すのが、ポーランド、チェコ、スロヴァキア、ハンガリー、スロヴェニア、クロアティア、東方正教会圏に属すのが、ルーマニア、セルビア、マケドニア、ブルガリアである。さらにバルカン半島では、*イスラム教の影響も大きく、ボスニア・ヘルツェゴビナやアルバニアではイスラム教徒が多数派を占めている。戦前まで約700万人いたと推定されるユダヤ人の*ユダヤ教の存在

も大きい.

　東西の宗教の違いは，文化的にもそれぞれの国に大きな影響を及ぼすことになった．これは使用する文字にも端的に反映している．ローマ・カトリック圏は英語と同じラテン文字を使用し，東方正教会圏の諸国は，ルーマニアを除いてすべてがキリル文字(いわゆるロシア文字．ちなみにロシアはもちろん正教圏である)を使用しているので，東西の違いは視覚にも強く訴えてくる．

【東欧文学の特質】東欧諸国の文学はそれぞれが独自の言語に基づく独自の伝統と文学史をもっており，全体をひとくくりにして共通の特徴について語るのは容易ではない．しかし，この地域全体を緩やかに結びつける，西欧文学とは一線を画すような特質がやはり存在する．

〔中欧文学と愛国精神〕まず第一に，中欧文学のかなり大きな部分が，*ナショナリズム，あるいは愛国主義の情熱に貫かれているということがあげられよう．これは歴史的背景によるところが大きい．近代史上，ポーランド，チェコ，スロヴァキア，ハンガリー，アルバニア，ブルガリアのいずれも，20世紀になるまで独立した民族国家をもつことができなかった．また旧ユーゴスラヴィア圏の場合，セルビアは19世紀末にオスマン帝国の支配を脱し，独立した王国を形成していたが，スロヴェニア人とクロアティア人は第1次世界大戦までオーストリア・ハンガリー二重帝国の支配下にあり，南スラヴ人の統一国家(セルビア人クロアティア人スロヴェニア人王国)が樹立されるのは1918年のことである．これらの民族が独立を勝ち取っていく歴史の流れのなかで，民族文化の復興と民族独立を求める機運を代表したのが，何よりも詩人や作家たちの愛国的な作品だった．ハンガリーの*ペテーフィや*アディ，ポーランドの*ミツキェーヴィチや*シェンキェヴィチ，チェコのニェムツォヴァー(Božena Němcová, 1820-62)，ブルガリアのヴァゾフ(Ivan Vazov, 1850-1921)などは，皆そういった意味での「国民詩人・作家」である．またセルビアの言語学者・文学研究者カラジッチ(Vuk Stefanović Karadžić, 1787-1846)は口承文芸を体系的に収集し，セルビア語を改革し，辞書を編纂し，近代セルビア文学の基礎を築いた．

　ポーランドのように列強に国土を分割されるという悲惨な運命にあった国の場合，亡命者として国外で活動していた詩人たちのなかでは，ポーランドの受難を特別な使命のしるしとみなす「ポーランド・メシアニズム」の思想が強まることになった．

〔文学の社会的役割〕こういった強烈なナショナリズムの代弁者となることを通じて，東欧では作家は社会的に重要な役割を負うことになった．作家の社会参加が強く求められるという東欧文学の在り方は，20世紀に入っても基本的には変わらなかった．第2次世界大戦後には，ここで取り扱っている東欧諸国はすべて社会主義圏に入り，作家たちは社会主義体制のもとで*イデオロギー的な統制を受け，*言論の自由を規制され，西側との交流も制限された閉鎖的な社会で創作をしなければならなくなった．チェコの現代作家クリーマ(Ivan Klíma, 1931-)は，「体制が人々に嘘をつくことを強いる」「全体主義と闘ってきた体験こそが[東欧の]共通の絆である」と指摘し，この体験が東欧独特の優れた文学を生み出す条件となったと主張している．こうして社会主義体制のもとで，作家たちの言葉は，それがあからさまに反体制的なものではなくとも，政治権力が繰り出すイデオロギー的な宣伝言葉に対抗する人々の精神的な拠り所となった．チェコスロヴァキアで1989年のいわゆる「ビロード革命」の結果，社会主義体制が崩壊して，劇作家ハヴェル(Václav Havel, 1936-)が大統領になったのも，政治の言葉に対する文学の自由な言葉の勝利を象徴するものといえるだろう．

〔東欧文学の前衛性〕しかし，ナショナリズムや，そこから派生する社会的責任は文学には重荷となり，文学の自由を縛ることになる．逆説的なことだが，文学を縛る伝統が強ければ強いだけ，それに対する反動も強烈な形で噴出する．東欧文学がしばしば極めて(ときとして西欧以上に)前衛的になるのも，まさにそのためである．特に20世紀前半の「大戦間期」にはさまざまな前衛的流派が東欧で興り，チャペック(Karel Čapek, 1890-1938)，*カフカ，ヴィトキェヴィチ(Stanisław Ignacy Witkiewicz, 1885-1939)，ゴンブロヴィチ(Witold Gombrowicz, 1904-69)といった，それぞれの作風において世界の最先端を切って走るような作家がこの地域から生まれた．

〔地方主義と越境〕他方，ナショナリズムはときとして，偏狭な「地方主義」に陥る危険がある．実際，東欧の知識人はしばしば「小国コンプレックス」に悩まされ，「自分たちの国はヨーロッパの片田舎の小国にすぎず，世界文化に何の貢献もできないのではないか」という疑惑を抱いてきた．しかし，だからこそ逆に偏狭な「民族的なもの」の境界を越えて，大きな世界に向かおうとする姿勢が一部の作家の間に強まることになる．もともと東欧はさまざまな文化や民族が交差する地域であり，国境を越えて全世界に広がった東欧系ユダヤ人(アシュクナーズ Ashkenaz)の故郷でもあった．その意味では，カフカは典型的だったといえるだろう．確かにカフカは*プラハという町から外にほとんど出なかったが，ドイツ，チェコ，*ユダヤの三つの文化が彼のなかで複雑に交差していたのである．また亡命者や移民を数多く出してきたというこの地域の歴史的事情があって，国境を越え国外で執筆を続けざるをえなくなった作家も多い．そういった亡命者の外からの視点が東欧の「民族的なもの」を批判的に相対化するとともに，欧米にも新鮮な刺激を与えることになった．例えばフランスに亡命したチェコのクンデラやユーゴスラヴィアのキシュ(Danilo Kiš, 1935-89)，アルゼンチンに亡命したポーランドのゴンブロヴィチ，スイスに亡命したハンガリーのクリストフ(Agota Kristof, 1935-)などである．

　強烈に民族主義的でありながら，しばしば境界を越えていく「越境性」を併せ持ち，愛国的・保守的でありながら，ときとして世界の先端を切って走るほど前衛的にもなる．「周辺」の「小国」とみられがちだが，それだけ世界のなかの自分の位置について自覚的になり，世界の文学を意識している．こういった自己矛盾に貫かれながら，東欧の文学は西欧の文学とも*ロシア文学とも異なる，独特の輝きを帯びることになったのである．

【文献】伊東孝之他監修『東欧を知る事典』(平凡社 1993); 沼野充義監修『中欧 — ポーランド・チェコ・スロヴァキア・ハンガリー』(新潮社 1996); S. BARAŃCZAK, *Breathing Under Water and Other East European Essays* (Cambridge, Mass. 1990); R. B. PYNSENT, S. I. KANIKOVA, eds., *The Everyman Companion to East European Literature* (London 1993); M. MARCH, ed., *Description of a Struggle: The Vintage Book of Contemporary Eastern European Writing* (New York 1994).

〔沼野充義〕

ドヴォルザーク　Dvořák, Antonín（1841. 9. 8-1904. 5. 1）　チェコの作曲家．ドヴォルジャークとも表記される．＊プラハに学び，ヴィオラ奏者として楽団に所属．作曲家としては1870年代に，＊ブラームスの支援を得て地歩を築いた．1891年からプラハ音楽院教授，後に院長となるが，1892-95年には＊ニューヨークの音楽院院長として渡米，『新世界より』などの作品を書いている．作風は抒情と情感の魅力に富んでおり，民族的・民衆的味わいが西欧風の作曲技術と結合している．宗教曲には，＊ミサ曲，＊レクイエム，＊スタバト・マーテルなどカトリック典礼文による合唱曲や，＊オラトリオ『聖ルドミラ』がある．
（礒山雅）

ドヴォルニク　Dvorník, Frantisek（1893. 8. 14-1975. 11. 4）　チェコのビザンティン学者，教会史家．ホミズ（Chomýž, 現モラヴィア）に生まれる．1916年に司祭叙階．その後＊プラハ，＊パリで学び博士号を取得（1926）．プラハで教会史教授となるが，第2次世界大戦によって渡米，＊ハーヴァード大学のダンバートン・オークス・ビザンティン研究センター（Dumbarton Oaks Center for Byzantine Studies, Washington, D. C.）で教会史を講じる（1948-75）．9世紀に遡るローマとビザンティンとの分離による東西教会の＊シスマを探ることが彼の研究の焦点であった（→東西教会断絶と分離）．ホミズで死去．
【文献】Cath. 3: 1213-14; LThK³ 3: 418.
（富田裕）

どうがいほうふくほう　同害報復法　ラテン語でLex talionis と呼ばれる規範で，ローマの12表法第8表では，傷害について金銭賠償による妥協がなされない場合，同害報復（talio）をもって対処すべしとされている．遊牧民に由来するタリオは，加害者と被害者が帰属する集団間の無制限な報復を防止し，一対一の報復にとどめるように定めた掟である．「目には目を，歯には歯を」の原則は私的な復讐を合法化した規定ではなく，＊ハンムラピ法典（196条）では私法的な処理に対する公権力による犯罪懲罰の強化のために使われている．旧約聖書の「血の復讐」（申 19: 6, 12参照）も私的な報復を防止するもので，タリオ（出 21: 23-25; レビ 24: 18-20; 申 19: 21）は，ここでも犯罪防止を目指した規定で，いずれも判決に基づいて公的に執行されるべきものである．
【文献】原田慶吉『楔形文字法の研究』（清水弘文堂 1967）；佐藤篤士『LEX XII TABULARUM — 12表法原文・邦訳および解説』（早稲田大学出版部 1968）; H. クレンゲル『古代バビロニアの歴史 — ハンムラピ王とその社会』江上波夫，五味享訳（山川出版社 1980）; H. KLENGEL, *Hammurapi von Babylon und seine Zeit* (Berlin 1976); H. J. ベッカー『古代オリエントの法と社会 — 旧約聖書とハンムラピ法典』鈴木佳秀訳（ヨルダン社 1989 ²1994）; H. J. BOECKER, *Recht und Gesetz im Alten Testament und im Alten Orient* (Neukirchen-Vluyn 1984).
（鈴木佳秀）

とうき　陶器　〔英〕pottery, 〔独〕Töpferei, 〔仏〕poterie　考古学の発掘調査では陶器（土器）は石器と並んで最も多い出土物であり，それは出土層位別および形式別に分類されて，遺構やほかの出土物の年代決定上重要な役割を果たす．一般に粘土をこねて乾燥させ比較的低温で焼き上げた土器に対し，釉をかけて焼いたものを陶器，より高温で焼き締めたものを磁器というが，＊聖書考古学の対象となるのは主として土器である．

聖書考古学史上，初めて学問的な土器研究を行ったのは，ピートリ（William Matthew Flinders Petrie, 1853-1942）であった．彼は1890年にパレスチナ南部のテル・エル・ヘシ（Tell el-Ḥesi）を発掘し，土器片を層位ごとに取り出し，それぞれのグループのタイプとしての特徴を識別して年代を与え，それによって各層位の年代を決定した．ピートリが導出した年代はいまだ不正確であったが，20世紀に入って層位的発掘の事例の増加と出土物記録法の進歩に伴い，土器の編年はしだいに厳密な科学として成立するに至った．その間に重要な役割を演じた発掘例としては，1909-10年のライスナー（George Andrew Reisner, 1867-1942）とフィッシャー（Clarence Stanley Fisher, 1876-1941）による＊サマリア，1926-32年の＊オールブライトによるテル・ベイト・ミルシム（Tell Beit Mirsim），1931-35年の＊ケニヨンほかによるサマリア，1961-67年のケニヨンによる＊エリコなどがある．こうして，パレスチナ土器の編年を扱った二大集成が出現した．すなわち，アミラン（Ruth Amiran, 1914- ）による『聖地の古代土器』（Ancient Pottery of the Holy Land, ヘブライ語版 1963，英語版 1969）とラップ（Paul W. Lapp, 1930-70）による『パレスチナ土器編年，前 200 年-後 70 年』（Palestinian Ceramic Chronology, 200 B.C.-A.D. 70, 1961）である．

パレスチナ土器の見方としては，第一にその製作技法であり，轆轤の使用・不使用，スリップ（粘土液）と研磨（ヴァーニシング）による表面処理の有無のほか，彩文，押印，盛り上げなどの装飾の有無があげられる．第二に，口縁部，頸部，胴部，注口，把手，底部などの形態上の差異が注目される．また，胎土の質や混入物，焼き具合も問題となる．しかし，タイプ別分類の最も普通のものは用途をもととする．すなわち，ピトス（据付用大甕），貯蔵用甕形土器，壺形土器，小型壺形土器，鉢形土器，クラテール（撹拌用大鉢），ランプ，祭祀用土器（香炉，リベーション用土器など）である．また，パレスチナ土着の製品か，エジプト，ギリシア，キプロスなどからの輸入品かという区別も重要である．

これらの特徴と用途により，出土物としての土器は年代別の集合体（アセンブレージ）を形成し，そのようにしてなった土器編年表によって，逆に新たに出土した土器の年代を知ることができ，さらにそのような土器の集合体によってそれが出土した層位の年代を知ることができる．聖書考古学における土器の時代区分は表の通りである．

各時代のパレスチナ土器の主要な特徴は次の通りである．土器の出現に先んじて，土偶の制作，漆喰を使った成形技術が出現したが，最初の土器は単純な形をもち，轆轤は使わず，粘土の巻き上げ，輪積み，手づくねなどの技法が用いられた．器種としては，小型の鉢，大小の深鉢，台つきのカリス（杯），小型・中型の甕などであり，垂直有穴の把手がつくものもある．装飾は赤褐色粘土液をかけたうえ研磨したもの，とがった道具または爪で刻み目を入れ，帯状に並べたもの，筆で赤色，赤褐色，黄褐色などの彩文を描いたり，粘土液を塗り残すことによって文様を表したもの，刻線文と彩文を組み合わせたものなどが知られる．

金石併用時代になると，土器の種類が増え，各種の鉢形土器，角笛形壺，香炉，ピトス，調理用壺形土器などが現れるほか，カオリンを使ったクリーム色土器，水平なつまみ式把手がみられる．また，家形，動物形，甕形

どうき

などの骨壺，羊の皮の容器を模した樽形土器(バターを製造するための牛乳攪拌器)はこの時期特有のものである．

土器の時代区分

有土器新石器時代	前 6000-5000 年紀
金石併用期	前 4000 年紀
初期青銅器時代第一期	前 3100-2900 年
初期青銅器時代第二期	前 2900-2650 年
初期青銅器時代第三期	前 2650-2350 年
初期青銅器時代第四期	前 2350-2250 または 2200 年
初期中期移行時代(または中期青銅器時代第一期)	前 2250 または 2200-2000 年 または 1950 年
中期青銅器時代第一期(または同第二A期)	前 2000 または 1950-1750 年
中期青銅器時代第二期(または同第二B・C期)	前 1750-1550 年
後期青銅器時代第一期	前 1550-1400 年
後期青銅器時代第二A期	前 1400-1300 年
後期青銅器時代第二B期	前 1300-1200 年
鉄器時代第一期	前 1200-1000 年
鉄器時代第二A期	前 1000-900 年
鉄器時代第二B期	前 900-800 年
鉄器時代第二C期	前 800-586 年
バビロン捕囚・ペルシア時代	前 6-4 世紀
ヘレニズム時代	前 3 世紀-前 30 年
ヘロデ朝時代	前 30-後 20 年
ローマ時代	後 20-330 年
ビザンティン時代	330-633 年

初期青銅器時代になると，水平な波状把手が現れ，同時代エジプトとの土器製作上の交流があったことを示す．また，これ以後パレスチナ土器の製造には轆轤が導入されるが，アナトリア中央部からの移住民があったことを示すキルベト・ケラク(Khirbet Kerak)土器にはそれは使われていない．各種研磨土器をはじめ，パレスチナ土器のレパートリーはこの時代に確立した．中期青銅器には，皿形ランプが発明されたほか，鉢形土器の器壁のそりの反転(カリネーション)がみられるようになる．灰色または黄褐色研磨を施されたテル・エル・ヤフディエ(Tell el-Yahudiyeh)土器はエジプトとの関係を示すほか，この時代から後期青銅器時代にかけては轆轤を使わないキプロス土器の輸入が増大する．また，ミケーネ土器も発見される．海岸地帯からは，牛，山羊，鳥，魚，抽象文が描かれた二色彩文土器が出土するが，これは品質的に古代パレスチナ土器の頂点を示している．

鉄器時代の冒頭には特徴ある*ペリシテ人の彩文土器がみられるが，その後は土着の粗製土器が主流を占める．なかでも赤色研磨されたサマリア土器に優れた品質が認められる．

ペルシア時代以降になると，胎土処理や焼成法に進歩がみられ，とりわけヘレニズム・ローマ時代には再び外国(主としてギリシア・ローマ)の影響のもとに，パレスチナ土器の文様，器種，器形のどの分野にも新しいレパートリーが成立した．土着の土器には，円筒形の甕，丸い胴部をもつ調理用壺，注口付壺形ランプなどが加わり，ビザンティン時代にかけては，壺や甕の胴部には肋骨状装飾が現れる．輸入品としては，ロードス産やコス島産の押印された把手つきの甕を筆頭に，押型によるギリシア的図柄をもつメガラ式鉢形土器，ルーレット文と棕櫚の葉形押印との組み合わせ文様を内側につけたテラ・シギラッタ(赤色粘土液をかけた皿形土器)などがみうけられる．

〈小川英雄〉

どうき　動機　〔英〕motive, 〔独〕Motiv, 〔仏〕motif

行動を引き起こし，一定方向に向けて推進し，持続させる過程の心的原初にある状態．生体内の目標指向的意図のことで，生物学的にみて，最も素朴な状態を指す場合には要求という用語が用いられ，行動との対応でみる場合には動因という用語が用いられるが，社会的な行動の原因として用いられるときにしばしば動機が用いられる．ただし，要求，動因，動機のすべてを動機と呼ぶこともある．動機を発生させ，それによって生じる行動を持続させる仕組みを動機づけと呼ぶ．

動機は生体内に基礎をもつものと生体外に基礎をもつものとに区分され，生得的に備わっているものと*経験を通じて習得されるものとに区分される．

*フロイトは本能的動機(動因)を強調し，それを自己保存的本能動因(飢え，渇き，攻撃性)と性的本能動因の二つに還元した．彼はこの二つの本能的動因が行動のエネルギー源になるとしたが，特に性的本能動因のエネルギーをリビドーと呼んで重視した．

マレー(Henry Alexander Murray, 1893-1988)は現在の不満な状態を改善するために*知覚や統覚や知的作用や意欲や行為などをある特定の方向に体制化する仕組みを要求と呼び，その要求には生命過程のなかで生じる生理発生的なものと，準備状態さえあればわずかな圧力ないしその予期的イメージによって誘発される心理発生的なものがあるとした．前者は生理的満足に関係し，後者は精神的・情緒的満足に関係している．前者は酸素・水・食物への要求，性・排泄への要求，傷害・熱冷・毒回避の要求であり，後者は優越・達成・承認・顕示・支配・恭順・模倣・攻撃・屈従・親和・拒絶・養護・遊戯・求知・獲得・保存などである．マレーは各要求ならびにそのほかの要因間の融合や従属や抗争によってパーソナリティが決定されると考えた(表1)．

すべての生命体の行動は個体維持および種族保存という基本的動機に支配されており，これらの動機を満足させるための最小限の努力をすることが生命体の行動の原理(最小努力の原理)であるとの考えがある．この考えによれば，生命体はこれらの基本的動機が満たされれば，何もしないことになる．しかし霊長類などの高度に進化した動物ではこの原理はあてはまらない．我々には内発的動機があり，直接個体維持や種族保存に関係ない行動がみられる．内発的動機には感性動機，好奇動機，操作動機などがある．感性動機は環境刺激を求める動機である．例えば，何もすることができず，視覚，聴覚，触覚などの刺激が極度に制限された状態に置かれるとヒトは

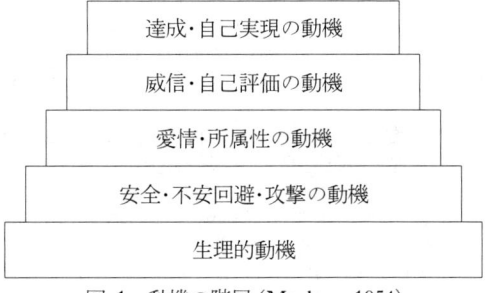

図 1　動機の階層 (Maslow, 1954)
- 達成・自己実現の動機
- 威信・自己評価の動機
- 愛情・所属性の動機
- 安全・不安回避・攻撃の動機
- 生理的動機

表 1 社会的動機のリスト (Murray, 1938)

主に事物と結びついた動機	獲得動機	所有物・財産を求める動機	人間の力を発揮し，それに抵抗し，または屈服することに関係のある動機	支配動機	他人に働きかけ支配しようとする動機
	保存動機	収集，修理，掃除，貯蔵する動機		服従動機	優越者を嘆賞し，進んで追随し仕える動機
	整頓動機	配列し，組織し，片づける動機		模倣動機	他人を模倣し，競争し，同意し，信じる動機
	保持動機	所有を続け，集め，惜しみ，節約し，けちになる動機		自律動機	影響に抵抗し，独立しようと努力する動機
	構成動機	組織し，建設する動機		反動動機	他人と異なった動作をし，独自的であり，反対の側に立つ動機
大望，意志力，達成，および威信の動機	優越動機	優位に立つ動機	他人または自己を損傷することに関係のある動機	攻撃動機	他人を襲撃し，損傷し，人を軽視し，傷つけ，悪意的に嘲笑する動機
	達成動機	障害に打ち克ち，力を発揮し，できるだけよく，かつ早く困難なことを成し遂げようと努力する動機		謙虚動機	罰を承服甘受し，自己を卑下する動機
	承認動機	賞讃を博し，推挙され，尊敬を求める動機		非難回避の動機	衝動を抑制して，非難，追放，処罰を避け，行儀をよくし，法に従う動機
	顕示動機	自己演出し，他人を興奮させ，面白がらせ，感動させ，驚かせ，ハラハラさせる動機	他人との愛情に関する動機	親和動機	友情と交友を作る動機
				拒絶動機	他人を差別し，無視し，排斥する動機
	保身動機	中傷されず，自尊心を失うことを避け，良い評判を保とうとする動機		養護動機	他人を養い，助け，保護する動機
	劣等感回避の動機	失敗，恥辱，軽蔑，嘲笑を避けようとする動機		救援動機	援助，保護，同情を求め，依頼する動機
	防衛動機	非難または軽蔑に対して自己を防衛し，行為を正当化せんとする動機	その他の社会的動機	遊戯動機	緊張緩和，娯楽，変化，慰安の動機
				求知動機	探求，質問，好奇の動機
	中和動機	再挙報復によって敗北に打ち克とうとする動機		解明動機	指摘，例証，報知，説明，解釈，講釈の動機

わずかな刺激を求め，知覚障害や妄想を経験することさえあるといわれる．好奇動機は好奇心を引き起こすものであり，それに応える刺激の特性は新奇性である．幼い子どもは複雑な刺激や，刺激の変化，あるいは刺激の不調和性を求める．しかし，刺激が新奇すぎると恐怖や回避を引き起こすこともある．感性動機や好奇動機が環境を受動的に認識しようとする動機であるのに対し，操作動機は自分の行為によって能動的に環境を操作しようとする動機である．幼い子どもは，少しできるようになった操作を熱心に実行し，飽きることがない．このような行動傾向は自発的使用の原理といわれる．

人間の行動は生理的動機が満たされるとより高次の動機によって始動される．*マズローは生理的動機が満たされると安全を求める動機が出現し，それが満たされると所属と*愛への動機が，次いで承認されたいという動機が出現すると主張している．この段階までは外からの物や他者によって充足され，その充足感によって緊張が緩和される欠乏動機であると示唆した．最上位の動機は自己の才能，可能性を充分発揮し，自らを完成させ，なしうる最善を尽くしたいとする達成・自己実現の動機で

どうきょう

ある．これは自己充足的であり，そこでの緊張は緩和され解消されるべきものであるというよりは，維持され，高められるべきで，これを成長動機と呼んでいる（前掲の図1）．

【文献】H. A. MURRAY, ed., *Explorations in Personality* (New York 1938); A. MASLOW, *Motivation and Personality* (New York 1954).　　　　　　（山中祥男）

どうきょう　道教　〔英〕Taoism, 〔独〕Taoismus, 〔仏〕taoisme　中国三大宗教（*儒教・*仏教・道教）もしくは五大宗教（上記三教に *キリスト教と *イスラム教）の一つ．中国古代の道家に関係ある人物（老子や荘子，列子等）を神格化したのが始まりで *多神教．英語のTaoismは道を奉じる宗派の意味．18世紀に中国皇帝が「仏教をもって心を治め，儒教をもって世を治め，道教をもって身を治めよ」と告示しているように，近代では三教それぞれの社会的分担が定められたが，「中国人は公（表向き）には儒教徒か仏教徒だが，私（本音）には道教徒だ」と評されるほど，道教は中国社会全体に浸透した宗教である．「道教を知らないと中国はわからない」と中国人はよくいう．

道教は道家とも呼ばれる．「道教」は他の宗教（とりわけ仏教と儒教）と比較する文脈で使われる呼び方であって，中国では普通「道家」の語のほうを使っている．日本でも明治時代以前では，道教を道家(どうか)と呼ぶのが通例であった．

【歴史】道教（道家）は，仙人（不老長寿または不死の人）の存在を信じ，仙人になろうとする努力から始まった．中国では，紀元前4世紀頃から仙人の存在を想定する話が現れ，紀元前後には，仙人を神格化するようになった．その代表が *老子であり，神格としては「老君（または太上老君）」となり，それを祀る教団が生まれた．老子が世界の根源とした「道」も神格化されて「道君」とされ，こうして老子に関係する人々（道家）と彼らの説く仙人になる技法と，仙人にまつわる世界観とが組み合わさって，「道教」（または道家）と総称される宗教団体が紀元後5世紀初めに中国北部に成立した．しだいに中国南部に拠点を移し，各種ある宗派のなかでも正一教が中心になり，総本山を江西省に置いた．しかし，共産党による革命後は台湾に亡命．台湾では，明代末17世紀に中国大陸から移住した正一教が，すでに土着で存在しており，大陸から新来の教団ともども，中国南部の道教の伝統を現在も支えている．他方，12世紀に王重陽（または王嘉(か)，1113-70）が山東省（中国北部）で開創した全真教を中心とする「新道教」がある．全真教では，仏教から般若心経，儒教から孝経等を取り入れて「三教（仏教・儒教・道教）一致」の傾向が強く，中国北部に教線を張り，現在に至っている．大本山としては北京の白雲観がある．教祖のなかでも，王重陽が教えを受けたとされる仙人の呂祖（呂洞賓(りょどうひん)）が庶民の人気を今でも集めている．

道教といえば，上述の正一教と全真教が歴史を通じて中心であった．前者は祈祷を重視し，護符や養生術を用い，現在の台湾道教をみればわかるように，庶民の現世利益に応えている．教主は血統相承である．後者は護符等を呪術的行為として斥け，静坐（座禅）を奨励するなど禅宗から得た儀礼が多い．しかし，両派共に，優れた古代の人物が仙人となり，さらに神とされ尊崇されている点で，同じ「道教」としての共通点がある．

【組織と経典】道教宗団には仏教に倣って組織された制度が多い．例えば，僧侶→道士（女性は女冠），縁日→廟会，葬儀→功徳，仏暦→道暦，寺→観がそれである．ただ，道士はひげを蓄え，髪を頭上で束ねてまげに結っている点が，仏教の僧と異なる顕著な外面上の特徴である．

経典には，仏教の一切経を模倣して15世紀半ばから17世紀初めにかけて編纂された『道蔵』『続道蔵』合わせて5,485巻のほか，それ以後作成された道典が多数残っている．

仙人になるために，特別な呼吸法（服気・導引・胎息.）や養生法，神々を脳中に思い描く観想法（存思）が考案されている．しかし，それらの術も倫理的に正しい生活を送るのでなければ成就しないとして，日常生活を倫理的に導く道徳律（功過格）が考案され，信者であるないにかかわらず，中国人社会の日常モラルに多大な影響を与えてきた．

【文献】福井康順他監修『道教』全3巻（平河出版社1983）；野口鉄郎，福井文雅編『道教事典』（平河出版社1994）；野口鉄郎他編『選集・道教と日本』（雄山閣1996-97）．　　　　　　　　　　　　　　　　　（福井文雅）

とうきょうこくりつはくぶつかんしょぞうキリシタンしりょう　東京国立博物館所蔵キリシタン資料　1879年（明治12）に当時の文部省博物館が内務省社寺局から引き継いだ旧長崎奉行所保管の信徒からの没収品を主体とし，その後に購入した，もしくは寄贈された関係資料を加えた総数470件の資料．長崎関係の遺品の引き継ぎ時の台帳をみると，多くには①「もと長崎奉行所宗門蔵保管」，②「安政三年長崎奉行所に収納」，③「慶応三年長崎浦上村切支丹より収納」，④「長崎県浦上にて収納」等と個別の注記があり，それぞれ，①は禁令以後没収され奉行所宗門関係倉庫に保管されていた遺品類，②は安政3年（1856）の浦上三番崩れ没収品，③④は慶応3年（1867）の浦上四番崩れ関係品，に対応する（→浦上崩れ）．①は *フランシスコ・ザビエルによる布教開始から *徳川家康のキリシタン禁令までの時代に海外から将来された，もしくは将来品を模して国内で制作されたものが主で，絵画・十字架・銅牌等．②には白磁製 *マリア観音等の仏像類があり，原所有者の居住地・名前の判明するものもある．③④は石膏像，*ロザリオ，貨幣等で，慶応元年（1865）に *プティジャンが *浦上の *潜伏キリシタンに与えたものを含む．

【文献】東京国立博物館編『キリシタン関係遺品展』（東京国立博物館1973）．　　　　　　　　（後藤文子）

とうきょうじゅんしんじょしだいがく　東京純心女子大学　→純心女子大学

とうきょうだいしきょうく　東京大司教区　日本の16司教区の一つ．1891年（明治24），長崎，大阪，函館を従属司教区として設立され，1937年（昭和12），東京都・千葉県を管轄地域として現在に至る．面積：7,098 km^2．総人口：1,763万6,355人．カトリック信者数：8万4,733人（2000年現在）．ほかに滞・在日外国人信徒約6万人を擁する．教区長：ペトロ岡田武夫．札幌，仙台，新潟，浦和，横浜の5司教区を含めた教会管区の主幹教区の立場から大司教区に位置づけられている．

【歴史】1846年（弘化3），*パリ外国宣教会の司祭 *フォルカードを初代 *代牧として日本代牧区が設立される．

とうけい〔きょうかいの〕

司教座聖堂
（東京大司教区）

1858年（安政5）に江戸幕府とフランス国との間で調印された日仏修好通商条約を受け、翌年、日本再宣教の使命をもってパリ外国宣教会司祭P. S. B. *ジラールが白金台町（現東京都港区）に上陸して以来、日本におけるカトリック教会の新しい歩みが始まる。

1868年1月15日、明治新政府が誕生するも、キリシタン弾圧は続き*信教の自由が保障されないため、フランス、イギリス、アメリカ、スペイン、イタリア、ロシアなどの各国公使は新政府に対し再三抗議を続ける。1873年（明治6）2月24日、ようやく政府は*切支丹高札を撤去。当時すでに日本全域でパリ外国宣教会員29、修道女6、*カテキスタ227、信徒1万5,000を数えた。同年3月14日、配流耶蘇教徒に対し全員赦免の布告、8月15日築地聖ヨセフ教会（→築地天主堂）における初の日本人受洗者を生むに至り、名実ともに、信教の自由と福音宣教と司牧活動を通して、日本の教会の礎が築かれることになる。

1876年、日本代牧区を二分、横浜に*司教座を置き北緯代牧区を新設（→北緯聖会）。管轄地域の教勢は、パリ外国宣教会員18、神学生31、カテキスタ34、信徒1,200、教会10。1878年、新司教座聖堂として築地聖ヨセフ教会が献堂される。1891年6月15日、長崎、大阪、函館を従属教区として東京大司教区が設立される。管轄地域は、東海道（尾張、三河、遠江、駿河、甲斐、伊豆、相模、武蔵、安房、上総、下総、常陸）、東山道（美濃、飛騨、信濃、上野、下野）、北陸道（越前、加賀、能登、越中）であり、大司教区内総人口1,380万のうち信徒数は9,660、大司教1、司祭22、助祭3、カテキスタ10、教会（巡回含む）68が往時教勢であった。1894年、東京大司教区初の邦人司祭2名が叙階され、この時期に相前後して来日した男女各修道会によって、学校、専門学校、医療・福祉事業が盛んになる。

1900年以降、小川町（現神田）、築地、本所、浅草、麻布、小石川、八王子など東京府内教会を中心に、公開演説会、幻灯演説会などの宣教活動やミサ聖祭、黙想会、*堅信式、*聖体行列などの司牧活動が展開される。1937年（昭和12）、*横浜司教区の設立に伴い、東京大司教区は現在の東京都と千葉県を管轄地域とし、翌年、初の日本人教区長として*土井辰雄大司教が着座。強まる軍国体制と国粋主義教育のなか、挙国一致体制へと組み入れられ、外国人排斥、復活教義への文部省干渉、靖国神社参拝（→神社参拝問題）、太平洋戦争など多難な歳月を経る。

1970年、大司教・白柳誠一（1928- . 現枢機卿）が教区長として着座。安保条約や靖国神社国家護持法案などをめぐる諸運動のなか、教区大会、ブロック会議（現地域協力体）制度、第2*ヴァティカン公会議後の刷新活動などを通し、教会と社会の福音化に努め、アジア諸教会との連帯を深めるべく歩み続けている。なお白柳枢機卿の教区長退任に伴い、浦和教区長を務めていた岡田武夫（1941- ）が2000年（平成12）に東京大司教として着座した。

【現勢】1999年現在、小教区：74、枢機卿：1、教区司祭：84、修道司祭：337、信徒修道士：100、修道女：1,579、在俗会員：68、大神学校：1、大学：5、短期大学：2、高等学校：13、中学校：13。

【文献】高木一雄編、白柳誠一監修『カトリック東京教区年表』（カトリック東京大司教区1992）。　（岩橋淳一）

どうぐしゅぎ　道具主義　〔英〕instrumentalism,〔独〕Instrumentalismus,〔仏〕instrumentalisme

*デューイの用語。実験主義（〔英〕experimentalism）と並んで彼の*プラグマティズムの哲学の特徴を表すもので、人間の思考を道具として考える立場。思考は、知識獲得という意味での思考でなく、問題的場面においてその解決のための道具であるとされ、そこから、思考によって獲得された知識や真理も、次の問題的状況に対する道具とされる。また道具主義は、一つの論理学となる。なぜなら思考がいかに問題を形成し解決するかという方法に関する学となるからである。

【文献】牧野宇一郎『デューイ真理観の研究』（未来社1964）。　（茂牧人）

とうけい〔きょうかいの〕　統計〔教会の〕　〔英〕ecclesiastical statistics,〔独〕Kirchenstatistik,〔仏〕statistique ecclésiastique

【教会と統計】*教会の統計とは、数を用いて教会の状態についてのおおよその像を作る試みである。教会の構成員になることを望む人々、関係者、賛同する人々、拒絶する人々が数で表される。またとりわけ教会とその活動の経済的な側面も統計で表される。

しかし、数を数えるということは、教会においては拒否されがちである。*神の民にこのような行為は不適切であるともいわれる。なぜなら統計は、人間の信仰・希望・愛において神が働いているという点を示すことはできないからである。それゆえ教会は、神に信頼を置いているのであって、教会の統計に信頼を置いているのではないというのである。統計を否定する際に、聖書の記事が引き合いに出されることがある（代上21: 1-28; ルカ14: 28-32等）。しかし、具体的な現実としての教会においては、神的な領域と人間的な領域の二つを切り離すことはできない。教会は「キリストにおけるいわば秘跡、すなわち神との親密な交わり、全人類一致のしるしと道具」である（『教会憲章』1項）。根源的な*秘跡としての教会は、社会的な側面、すなわち目にみえる外的な側面をも備えている。教会の統計は、このような教会の「外的な側面」への通路である。

【教会統計の主要テーマ】世界中の多くの教区は、古くから教会の外面について、社会科学の研究をするための部局や研究所を整えていた。その際に教会の状態は、横断面と縦断面において示される。問いの形式としては、

とうけいてきほうそく

「教会の目下の状態はどのようなものか」（横断面）というものと，「この状態は時間の経過とともにどのように展開するか」また「その展開はどのような価値があるか」「どのように進んでいくか」「また将来への影響はどのようであるか」（縦断面）といったものがある．

【横断面：現在の状態の調査】この側面での統計には宗教団体に関する統計理解のモデルがある．それによると四つの段階がある．(1) 教会の教えに賛同する，(2) 教会の *ミサや儀式に参加する，(3) 道徳的な生活の規範を受け入れる，(4) 教会の組織の多岐にわたる要素を受け入れたり，資金の提供，経営や教会行政への参加をする，という4段階である．これらの段階それぞれに即して教会動静の統計学的研究を進める場合，主として次のようなテーマがあげられる．

(1) 教えの次元．19世紀からヨーロッパでは，教会の構成員の信仰態度がどれほど教会の公式の教えの立場と一致しているかという問いが生じた．これは，神への信仰，神について抱いている像，*イエス・キリストをどのように理解しているか，キリストの死と復活，死後の生をどうみるかにも関わっている．

(2) 宗教的実践．多くの教区では大抵の場合年に2度，日曜日のミサ出席者の統計がとられる．また洗礼や結婚などの秘跡や *準秘跡が行われた数も統計がとられている．さらに，*献金・教会の *慈善事業への参加も計られる．

(3) 規範．生活の規範について，西欧や北米の自由な社会の教会は非常に敏感である．教会員の多くと教会の *教役者の間には，かなり大きな意見の相違がある．例えば，産児調節(→計画産児)や性のモラル，また子どもや外国人，進歩や正義や環境問題に対する責任といった重要な社会道徳の問題などについてである．

(4) 教会の組織．これには教会行政や権限の配分の問題も含まれる．例えば，*司教や *主任司祭の任命のような教会の決定過程への信徒の参加（→司牧評議会），女性に司祭への *叙階が許されるかというような問題である．教会組織の資金の問題，すなわち自発的な献金や資金調達のモデルを受け入れる教会員の心構えも取り上げられ，さらに教会の一般社会での働き，例えば教会独自のメディアの採用，教会のイメージ・アップの問題なども統計上のテーマとなる．

【縦断面：未来の状態の予測】教会の外的側面についてのデータにより，教会の変化や成長，退歩，変形の過程が明らかになる．より多くのデータを処理できるようになると，*小教区，*司教区，国家，大陸，世界の教会などのさまざまな領域における教会の発展像が明確になる．教皇庁は，『教皇庁年鑑』(Annuario Pontificio, 1912-)によって，カトリック教徒の数，司牧者，司祭，修道者，助祭，信徒の数など，世界の教会の基礎データを示している．

教会の統計データは，教会の将来について学問的に取り組むための土台となる．この教会の未来学の主要な課題は，将来どうなるかではなく，どのような将来が可能かということである．一般の未来学と同様，司牧未来学にも予測・理想・計画の三つの側面がある．より長い時間，より広い空間について統計となるデータを集めることは，しっかりとした予測のために不可欠である．ある教区では，統計データをもとに数年後の発展の可能性を計算している．また司祭が慢性的に不足している地区の教会では，神学校への入学者・叙階者の数，脱退者・退職者の数，死去の年齢，人口構成のデータをもとにして今後の傾向を計ることができる．

【教会の管理・運営と教会統計】教会統計との関連において教会運営上，統計的認識を過小評価するものと過大評価するものの二つのタイプがある．

(1) 教会統計を過小評価する人々は，しばしば教会について一面的なイメージしかもっていない．この立場の人々は，人間の関わる部分のなかでも個々人の司牧上の出会いのみをみており，教会組織の全体をみることが少ない．これは教会の管理・運営の考え方としてあまりにも狭い．なぜなら教会とは，教会の公益を管理するものであって，個人の福祉を扱うだけではないからである．

(2) 同様に教会の統計を過大評価する見方も，逆の意味で一面的な態度といえる．教会の組織された外側だけをみて，教会の *秘義という内的側面をみていないからである．そこには権力志向が生じたり，すべてが計測可能かつ計画可能であるかのように考える危険性が潜んでおり，もはや「偶然」に委ねられる余地はない．神の驚くべき業にとって残された活動空間はほとんどなくなるのである．

(3) 神学的にふさわしいのはこれら二つの中間の立場である．この中間の立場から教会の統計的認識を賢明に用いるためには次のような点が指針となる．

第一に，教会統計は，教会を共に形成していくための助けとなりうる．ここでは一般社会の未来学のように，「自己を充実させる予測」と「自己を破壊する予測」の二つの予測活動が展開されるからである．教会の発展に関して不安や動揺を感じることなく，神の力ある現存を信じる教会が活発に活動している場合には，統計によって，教会の発展を予測することができる．指導者は，予測される実現可能な未来を人々の期待と対置させ，両者が矛盾するか否かを明らかにできる．さらに予測の線上で行動してよいのか，それとも傾向に反して行動しなければならないのかということもわかってくる．このような形で教会統計を活用しながら積極的な教会行政を企画することができるのである．

第二に，教会統計は教会の発展のために生産的に役立たせることができる．教会共同体がもつ重荷を軽減し，教会管理や活動空間を認識し，これらを責任をもって広げていくための参考となるデータを，教会統計は示すからである．教会の統計的認識は，*インカルチュレーションの際にも役立つ．また，多くの教区がどの程度，司祭不足に苦しんでいるか，そのために教会の活動をどのように方向づけていくかという点についての方策も，信仰に厚く積極的な信徒に関する注意深い状況分析から得られる．それらを通じて，教会共同体全体のために，いかに *聖霊が働いているかということも知ることができるのである．

【文献】LThK² 9: 1022-23; NCE 13: 672-76.

(P. M. ツーレーナー)

とうけいてきほうそく　統計的法則　〔英〕statistical law, 〔独〕statistisches Gesetz, 〔仏〕loi statistique

統計的法則は，「Aという事象が多数回起きるとき，そこでBという事象が生じる割合はpである」という形をしている．コインを投げるという事象が多数回起きるとき，そこで表が出るという事象が生じる割合は約2分の1であり，サイコロを投げるという事象が多数回起きるとき，そこで1が出るという事象が生じる割合は約6分の1である．ここで，一つのコインを100回投げるのと，100個の同じコインを同時に投げるのとでは，理論

上は同じである．したがって，多数回ということは，必ずしも時間系列上の多数回を意味しない．サイコロの場合も同様である．これらは数学的な取り扱いが可能な場合であるが，日本では出産（A）で男子が生まれる（B）割合は何々（p）である，といったことも統計的法則である．この場合は，日本全国での大規模な調査が必要である．これらの場合，p は「相対頻度」（〔英〕relative frequency）といわれるが，もし相対頻度を前提にして，この次に生じることの確からしさを問題にするとすれば，p は「確率」（probability）となる．この次に投げるサイコロで1が出る確率は約6分の1であり，今度生まれる子どもが男の子である確率はpである，というわけである．したがって，「Aという事象でBという事象が生じる確率はpである」を統計的法則の形とすることもできる．

さてp＝1であるならば，Aという事象で必ずBという事象が生じることになる．したがって，Aという事象が生じるならばBという事象が生じると，確実に予測することができる．しかしこれは，必ずしも，Bという事象が生じることの説明になっているわけではない．稲妻が生じるならば雷鳴が生じると確実に予測することができるとしても，雷鳴の原因は放電であって稲妻ではない．したがって，雷鳴が生じたのは稲妻が生じたからである，とはいえない．ましてや，p＜1のときは，Aという事象でBという事象を説明することはできない．リンゴは，赤くなれば（A）95%甘くなっている（B）とすれば，赤くなったこと（A）から甘くなったこと（B）を95%の確率で予測できるとしても，甘くなった（B）のは赤くなった（A）からであるとはいえない．赤くなったこと（A）から甘くなったこと（B）を説明することはできないのである．

この例からもわかるように統計的法則は，一般には現象面での相関関係についての統計的な法則であり，その底には *決定論的な法則が支配しているとみなすことができる．そして，決定論的な法則に対しては統計的法則は「非決定論的法則」あるいは「確率的法則」といわれる．確率が高ければ，「おそらく」とか「九分九厘」などといって，高い *蓋然性をもって予測ができるが，しかしそれでも統計的法則には，よく考えれば，説明力のないことがわかるであろう．そして実は現実の生活においては，説明よりは予測のほうが大切なのである．例えば「明日は90%雨が降る」という天気予報を知れば，我々は10%の雨が降らない可能性に賭けるよりは90%の雨が降る可能性に賭けて，それに対応した予定を立て，行動するであろう．そしてこれが人間における合理的な生活なのである．100%確実な天気予報が知れればそれにこしたことはないが，確率的な天気予報でも，それなりに大いに有用なのである．そして，説明はむしろ予測のためにある，と考えるべきである．なぜなら，説明ができれば，それを基にして予測が可能になるからである．

以上は，古典力学的世界像における説明であるが，量子力学的世界像では事情が異なる．例えば電子の運動は波動関数で記述され，その波動関数はシュレーディンガー（Erwin Schrödinger, 1887-1961）の方程式という微分方程式に従って変化する．したがって波動関数それ自体は決定論的法則に従って変化する．しかし例えば電子の位置は，その波動関数から計算される確率によってしか与えられない．つまりそれは，本質的に確率的なのであり，確定しない．例えば，ある一つの電子が小さな穴を通って写真乾板にぶつかる．この場合，写真乾板のどこにぶつかるかは，確率的にしか知りえないのである．しかし全く同じ状態の電子を多数その穴を通して写真乾板にぶつければ，そこにはある一定の模様ができる．そしてこの模様は完全に決定論的に決まっている．電子の運動は，一つひとつは本質的に確率的であり，不確定であるが，多数を統計的に調べれば，全体としては全く決定論的なのである．したがって量子力学的世界像では個々の素粒子は確率的にふるまうが，その確率を決定する波動関数は決定論的な法則に従い，かつ多数の素粒子の統計的ふるまいも決定論的なのである．このように量子力学的世界像では，微視的対象の確率的で不確定な性格の背後に，全く決定論的な性格が控えているのである．

（黒崎宏）

どうさ　動作　〔ラ〕gestus,〔英〕gesture, movement,〔独〕Gebärde, Bewegung,〔仏〕geste, mouvement

人間は体の動きによっても他者にメッセージを伝える．キリスト者にとっても動作は，個人や共同体の思いを神に，また人に伝える手段である．心身を備えた人間の動作や *姿勢は，創造・受肉・復活の観点から，また *教会と *秘跡の本質からも *しるしとして不可欠の役割をもつ．特に現代の典礼刷新は *会衆の *行動参加の促進を目指し， *儀式における動作や姿勢をより効果的かつ統一的にすることを心がけている．また，どのような動作にも一定の文化圏固有の意味があり，限界もあるので（例えば *お辞儀），その点を考慮して各司教団の責任で現代的適応を図ることが求められている（『ミサ典礼書の総則』21項）．

【文献】LThK³ 6: 1002-1003; NCE 8: 894-97; 17: 357; NDSW 494-513; R. Berger, et al., eds., Gestalt des Gottesdienstes, GDK 3: 24-39.

（福地幹男）

とうざいきょうかいのだんぜつとぶんり　東西教会の断絶と分離

【年代設定と原因の問題】通説によれば，東西教会は1054年に分離したが，この年代設定は16世紀以降のもので，それ以前の資料は分離の時点および原因については，より慎重な判断を促す．13世紀から16世紀までの西方教会側の資料によれば，相手が *教皇の *首位権と並んで *聖霊の発出（→聖霊発出論争），聖体の秘跡（→エウカリスティア）や死者の行方に関する教理を否認したため分裂が起きたとされる．しかしそれがいつであったかについての言及は一切ない．これとは対照的に，同時代の東方教会側の資料は分裂へと導いた源を *神聖ローマ帝国の誕生に遡らせるとともに，相手が *ニカイア・コンスタンティノポリス信条を修正したことが，両教会の分離の最大の原因であると記している．

東方側の歴史認識はかなりの程度まで当を得ているであろう．ニカイア・コンスタンティノポリス信条の元来の形は，聖霊について「父から出る」と宣言しているが，6世紀以降のラテン語訳では「父と子から」（ *フィリオクェ）に変わっている（DS 150）．神聖ローマ帝国の誕生以降，西方側が相手に信条訂正の承認を迫り，これに中世盛期以降，政治・経済的利害関係も加わり，その結果フィリオクェはついに東方側より断絶と分離の最大の原因とみなされるようになった．

理屈として，東方側は9世紀以降， *エフェソス公会議に遡る信条訂正の禁令を引き合いに出し，西方側はまずローマ教皇の首位権の承認を求め，中世盛期以降は西

とうざいきょうかいのだんぜつとぶんり

方の *三位一体論，聖体の秘跡や死者の行方に関する教理の承認を東方側に迫った．こうしたやりとりの末，東西教会の断絶と分離が既成事実になったのは，*ビザンティン帝国の没落後のことであろう．

【分離への歩み】皇帝 *テオドシウス1世によるローマ帝国東西分割(394)を東西教会の断絶と分離に至る契機とみるのも可能だが，*カロリング朝時代が両教会の関係にとって決定的な分岐点であったと考えられる．

〔神聖ローマ帝国の誕生〕古代末期以来，ビザンティン帝国を旧ローマ帝国のキリスト教的後継者とみなすのが通念であった．したがって歴代教皇も *ビザンティン皇帝の宗主権を認めたが，*ランゴバルド族の侵略が始まると西方の新勢力フランク王国に安全保障を求め，その政策変更の一環として教皇 *ザカリアスは，751年，フランク王国の宮宰 *ペパン(ピピン3世)を王位に昇格させた．当時，ビザンティン帝国を混乱に陥れていた *聖画像破壊論争は教皇をはじめ西方教会の人々に相手を *異端とする口実を与え，その関連で初めて東方教会側は信条へのフィリオクェ追加を批判した．

787年，聖画像破壊論争に終止符を打った第2 *ニカイア公会議の公文書が拙劣なラテン語訳で，ペパンの後任 *シャルルマーニュのもとに送られた．反論を委任されたオルレアンの *テオドゥルフは公会議を「偽物」と断定し，議長を務めたコンスタンティノポリス総主教 *タラシオスを，信徒の立場で不正に *総主教にまでのし上がった輩と罵倒したうえ，「聖霊は父から子を通して出る」という *信仰宣言を異端と決めつけた．教皇 *ハドリアヌス1世はタラシオスの信仰宣言を擁護したものの，その回答は *カロリング文書の最終版には反映されなかった．

800年の降誕祭，教皇 *レオ3世はシャルルマーニュに帝冠を授けることによって，従来の安全保障政策を完遂した．神聖ローマ帝国という名称自体は10世紀以降のものだが，ビザンティン帝国がもはや旧ローマ帝国の神聖な後継者ではないという含みは，すでに帝国の誕生に際して存在していたのである．

〔信条の問題〕808年の降誕祭に，新帝国出身の修道士たちがエルサレムにある *オリーブ山の修道院で典礼を行う際，ニカイア・コンスタンティノポリス信条にフィリオクェを加えて唱えたとして，地元の東方キリスト教徒から激しく攻撃され，これを受けた *アーヘン教会会議は，フィリオクェを含むニカイア・コンスタンティノポリス信条を全教会で使用すべきであると決議したが，承認を求められたレオ3世は，どの *地域教会も全教会に共通する信条を修正することは許されないと力説，紛争の拡大を避けるため，帝国本土の教会に *使徒信条の使用を命じた．また，全教会の伝統に対するローマ教会の忠誠を示すため，教皇は2枚の銅板におのおのギリシア語とラテン語でフィリオクェなしのコンスタンティノポリス信条を刻み，これらを *サン・ピエトロ大聖堂の中央玄関の左右にはめこませた．しかし，神聖ローマ帝国の教会は教皇の命令を無視して，典礼でニカイア・コンスタンティノポリス信条を使用し，*スラヴ人への宣教を通じて東方へと広めた．

〔スラヴ人への宣教〕ブルガリアはスラヴ人によって占領されて以来，ビザンティン帝国にとって門前の敵地となっていた．関係が改善する兆しをみせかけていたとき，西方の宣教師が入ってきた．867年，コンスタンティノポリス総主教 *フォティオスの主宰で開かれた教会会議は，ブルガリアでの宣教師のふるまいをさまざまな観点から非難したうえ，全エキュメニカル公会議の禁令に反してフィリオクェを追加した形の信条受容を改宗者に要求することは強引の極みであると訴え，また，これとは別の問題で，教皇 *ニコラウス1世の廃位を決議した．数年後ローマとコンスタンティノポリスの関係は正常に戻ったが，分裂の始まりとささやかれたほど，これらの出来事は記憶に残るものであった．

〔改革教皇の役割〕11世紀までの歴代教皇は自らを総大司教(総主教)5名のうちの一人として理解し，就任時には古来の慣習にのっとって正統信仰のしるしとして信条を他の4名に送った．これを受けて *東方教会の各総主教区では新教皇の名前が *ディプテュコンに記され，典礼のなかで記念された．ドイツ出身の教皇が *帝国教会の典礼とともにフィリオクェを加えたニカイア・コンスタンティノポリス信条をローマに導入したとき以降，東方の典礼では教皇名が記念されなくなった．

その頃，欧州沿岸各地に勢力を拡大しつつあった *ノルマン人は南イタリアのビザンティン帝国領を奪い，教皇側の指導で当地に西方の教会制度や典礼が導入され，ついにビザンティン典礼(→東方典礼)，わけても種ありパンの使用が禁じられた．これを受けてコンスタンティノポリス総主教 *ミカエル・ケルラリオスは，管轄区域内で *ローマ典礼を禁じ，また側近に論駁書の執筆を依頼した．これに反論した改革の旗手シルヴァ・カンディダの *フンベルトゥス枢機卿は東方教会の典礼，慣行を種々の点から批判しながら，擬作文書 *「コンスタンティヌス寄進状」をもとに，初めて教皇の *裁治権はイタリア全土に及ぶと主張した．

ノルマン人が一層の勢力拡大への動きを示すなか，ローマとコンスタンティノポリスの間に利害の一致がみられ，ギリシア語に精通したフンベルトゥスは交渉にあたった．政治当局との交渉は成功したが，ミカエル・ケルラリオスとの会談は決裂し，以来，折衝を拒否されたフンベルトゥスは1054年7月16日，信徒でうまる *ハギア・ソフィア大聖堂に現れ，教皇の名においてミカエル・ケルラリオスとその側近を排斥する破門状を中央祭壇に置いた．

【分離の決着】通説によれば，フンベルトゥスとケルラリオスとの衝突で東西教会の断絶と分離が始まった．その後の1世紀半の資料からは双方の関係者にはっきりした分裂意識はみられないが，1204年に起きた事件で事態は一変した．

〔第4回十字軍〕教皇 *インノケンティウス3世の発議で編成された第4次 *十字軍は，主に *ヴェネツィアの企みで，*コンスタンティノポリスを征服した．そのときの強奪・殺戮・放火などの残忍さは，東方にとって忘れられないものとして久しく記憶にとどめられた．インノケンティウス3世はこれらの暴行を激しく非難したものの，新体制の誕生は歓迎した．教皇使節アルバノのペラギウス(Pelagius, 1230没)の監督下，新しい支配者は西方の聖職者をコンスタンティノポリス総主教座をはじめ東方の主教座に就け，教会・修道院財産を没収，反対者の死刑を惜しまず，フィリオクェ追加の信条朗唱を強制した．東西教会の分離はこのときから決定的になったのだろう．

〔第2リヨン公会議〕コンスタンティノポリス落城の後，皇帝，総主教をはじめビザンティン帝国指導部はニカイアに逃れ，祖国を支配していたフランス中心の体制が急速に弱体化するなか，教皇の支持を得ようと交渉に臨んだ．1259年，*ミカエル8世が帝位に就くや，軍事

行動を起こし，1261年，コンスタンティノポリスに入城した．当時，フランス王の親族であるアンジュのシャルル (Charles I Anjou, 1220-85) はシチリアからイタリア半島南部に勢力を伸ばし，さらにコンスタンティノポリス奪回を最終目標に東方遠征を企画したため，東西教会の再合同を目指す交渉は加速されることになった．他方，フランスなどに対し，教皇は正統信仰の最高責任者の立場を弁護する必要に迫られ，再合同のためには教理面で厳しい条件を設けざるをえなくなった．その結果，1267年の春，教皇*クレメンス4世から東方側に送られた信仰告白は西方教会の三位一体論・*キリスト論に加えて，死者の行方，七つの秘跡，全教会に対する教皇の首位権・裁治権に関する西方の教理の承認を要請するものとなった．

シャルルなどの干渉によりクレメンス4世の後継者選びは3年もかかったが，ついに*グレゴリウス10世が就任すると，直ちに*聖地の奪回，東西教会の再合同，教会改革の三つの達成目標のもと，公会議開催が発表され，東方側に対しては前任者の設けた再合同の条件の再確認と公会議出席の要請がなされた．これを受けてコンスタンティノポリス総主教*ヨセフォス1世は，西方教会の教理や教皇首位権などは容認できても，フィリオクェの信条への追加には賛成できないとして，公会議出席に反対し，修道者や下位聖職者，さらには民衆も総主教を支持した．シャルルの東方遠征が着々と進むなか，ミカエル8世は単独で代表団の派遣を決意し，これを受けてグレゴリウス10世は，1274年初夏に公会議をリヨンに召集した（→リヨン公会議）．欠席を主張するヨセフォス1世は修道院に閉じ込められ，かわりに前任者ゲルマノス3世 (Germanos III, 在位1265-66) が代表団長に任命された．その出発に先立って，皇帝は説得と脅迫を交えて，全司教団に教皇への従順を表明する書簡に署名させ，かねてよりクレメンス4世から送られてきていた信仰告白に単独で署名した．

6月24日，代表団はリヨンに到着し，7月6日，東西教会の再合同が宣言された．交渉の内容を示す資料は残っていないが，信条へのフィリオクェ追加を含め東方側が西方側の条件を全面的に受け入れたことは明らかである (DS 851-61 参照)．そのため，ビザンティン帝国の教会や社会は合同派と反合同派に分かれ，対立は帝国没落まで続いた．ついに反合同派の弾圧を断念したミカエル8世は両教会から*破門されたと伝えられており，教会での葬儀なしに埋葬されたことは確実である．

〔フィレンツェ公会議〕イスラム勢力の進出で帝国領土が縮小されていくなか，ミカエル8世の後継者も西方諸国の軍事援助を得ようとして，合同政策を保持した．いわゆる*教会大分裂(1378-1417)のため，交渉は一時挫折したが，*コンスタンツ公会議以降，東西間の折衝は一層活発になった．早くも古代教会の慣行に従ってエキュメニカル公会議を開き，両教会が対等の立場で争点を審議することの合意はできたが，*バーゼル公会議開催後，両教会エキュメニカル公会議の会場をめぐって紛糾した．西方教会内の改革を最優先課題と掲げたバーゼル公会議は，東方側に代表団派遣を求めたが断られ，*アヴィニョンを提案した．他方，教皇*エウゲニウス4世は地理的な理由で相手の便宜を計るべく，アドリア海岸に近い*フェラーラを提案，旅費をはじめ必要経費の全面的負担を約束した．そこには，教皇主宰の公会議が長年の夢である東方教会との再合同を実現させ，教皇の首位権が東方教会からも公認されたなら，教皇の威信が上がり，コンスタンツ公会議以来の*公会議首位主義も押さえ込むことができるとの思惑があった．東方側もその思惑は見抜いていたが，西方諸国の軍事援助を得るため，教皇の求心力がバーゼル公会議に勝るとの判断で，エウゲニウス4世の提案を受け入れた．

1437年の秋，ビザンティン皇帝ヨアンネス8世 (Ioannes VIII, 在位1425-48) をはじめ総主教*ヨセフォス2世やアレクサンドリア，アンティオケイア，エルサレム各総主教代理など約700名の代表団は，コンスタンティノポリスを出航，翌年3月上旬フェラーラに到着，エウゲニウス4世のもとに集まった西方代表団と公会議に臨んだ．非公式の会議で死者の行方について意見が交わされ，次いで正式の会議で東方側が分裂の最大の要因とする信条へのフィリオクェ追加が審議され，合意が得られないまま6月下旬に公会議は中断した．その後，*フィレンツェに移った公会議は，翌1438年7月6日，未完成の*サンタ・マリア・デル・フィオーレ大聖堂において再合同を宣言した．

1年半にわたる審議ではフィリオクェ問題に加えて，三位一体，聖体の秘跡，死者の行方，教皇の首位権なども審議され，各項目についての合意文書は合同憲章に収められた (DS 1300-308 参照)．しかし，ニカイア・コンスタンティノポリス信条へのフィリオクェ追加は，東方側にとって最大の問題であった．これを相手に押しつけず，各教会が従来通りのニカイア・コンスタンティノポリス信条を用いることに賛成したことは，当時の西方教会に期待しうる最大の妥協であったのだろう．残る争点の三位一体，聖体の秘跡，死者の行方，教皇の首位権についても，おおむね西方側の主張は認められた．全教会に対する教皇の首位権も認められたが，同時に東方4総主教の「すべての特権」も保証された．こうして教皇による裁治権の執行は西方教会内部に限定される形になったが，公会議首位主義を押さえ込もうという教皇側の狙いも達せられた．

〔ビザンティン帝国の没落〕当初は，東方各地でフィレンツェで結ばれた合同を歓迎するのが大勢であったが，教皇側の発議で編成された十字軍が1444年11月10日のヴァルナ (Varna) の戦いで破れると，西方諸国による軍事援助への見通しが消えてしまい，その結果コンスタンティノポリスでは反合同派の勢いが強まった．その結果，合同を支持していた総主教グレゴリオス3世・マンマス (Gregorios III Mammas, 在位1443-51) は辞職に追い込まれ，新たな総主教選任が不可能となった．数か月の包囲を経て，1453年5月29日，メフメット2世 (Mehmet II, 在位1451-81) の率いる*オスマン帝国軍はコンスタンティノポリスを征服，その後，反合同派に回った修道者*ゲオルギオス・スコラリオスが総主教に選ばれ，フィレンツェで結ばれた合同は正式に破棄された．こうしてオスマン帝国に合併された地域でも合同は徐々に消滅した．

【近代の展開】〔オスマン帝国〕オスマン帝国内に住むキリスト教徒には高額の特別税と引き換えにかなりの自治が認められ，コンスタンティノポリス総主教は徴税を含めた取りまとめ役を任された．また16世紀以降，エジプトもシリアも帝国領になり，アレクサンドリア，アンティオケイア，エルサレムの3総主教座もその管轄下に置かれた．帝国当局の方針に従わなければならない立場だったため，19世紀のバルカン半島諸国の独立戦争では信徒に多少の反感が出た．独立戦争の結果，群小国家が生まれ，各国の教会も独立して，総主教の管轄も及ば

どうざきてんしゅどう

なくなった．それぞれの *独立自治教会はコンスタンティノポリス総主教の名義上の首位権は認めるものの，管理運営については全く独立している．

〔ロシア帝国〕フィレンツェ公会議当時，ロシアはコンスタンティノポリス総主教の管轄下にあり，*キエフの府主教がその長を務めた．フィレンツェ公会議後，キエフ府主教 *イシドールは合同を実施しようとしたが，モスクワ大公ヴァシーリイ 2 世（Vasilii II, 在職 1425-62）によって正統信仰を裏切る者として廃位された．その後任選びは，初めてコンスタンティノポリス総主教の認可なしに実施された．他方，リトアニア，ポーランドの支配下にあったウクライナ教会（→ ウクライナ）の要請でコンスタンティノポリス総主教は新しいキエフ府主教座の設置を認め，その結果，*ロシア正教会の長は自らの名称をモスクワ府主教（→ モスクワ）と改めた．

モスクワ大公 *イヴァン 3 世は，モスクワ公国こそビザンティン帝国の後継者であると主張し始め，エレアザロフ修道院長フィロフェーイ（Filofei, 1465頃-1542）がそれにイデオロギー的裏づけをした．彼はビザンティン帝国とその教会が正統信仰に背いて西方教会と合同を結んだため，コンスタンティノポリスが陥落し，異教徒の支配下に置かれたとし，信仰の保護と宣教の使命は第二のローマであるビザンティン帝国から第三のローマであるモスクワ公国に移ったという，いわゆるモスクワ第 3 ローマ説を大公 *イヴァン 4 世に献呈した書簡集で披露した．1547 年イヴァン 4 世はモスクワ府主教によって戴冠され，皇帝（ツァーリ）として 1552 年以降，モンゴル支配下の諸公国を次々と征服し，中央集権的支配体制を固めた．イヴァン 4 世の没後，モスクワ府主教座の格上げをめぐる折衝が始まり，1589 年，府主教 *イオーヴが世界総主教 *ヒエレミアス 2 世によってモスクワ総主教に叙任され，ロシア正教会の自主独立が公認された．その後，ロシア皇帝 *ピョートル 1 世は総主教座を廃止し，教会運営には宗務院（シノド，〔露〕Sinod）があたり，「皇帝の目」といわれた俗人高官が議長格の宗務総監（オーベル・プロクロール ober-prokuroy）を務めた．こうしてロシア教会は完全に帝国の傀儡となり，総主教座は 1917 年の革命まで復興されなかった．

以上の経緯から東西教会の交流は，信徒の次元で行われたとしても，聖職者，ましてや最高指導者間では考えられないものであった．ローマ教皇 *ヨアンネス 23 世は第 2 *ヴァティカン公会議開催の目標の一つとして東西教会との和解を掲げた．これを機にローマ，コンスタンティノポリスの関係は徐々に改善され，1964 年 1 月 4 日，教皇 *パウルス 6 世と総主教アテナゴラス（Athenagoras I, 在職 1948-72）がエルサレムで歴史的な抱擁を交わした．1967 年 6 月パウルス 6 世がイスタンブールの総主教座ファナル（Phanar）にアテナゴラスを訪れ，同年 10 月，アテナゴラスがヴァティカンを訪れた．また 1979 年 11 月教皇 *ヨアンネス・パウルス 2 世がファナルに総主教デメトリオス 1 世（Demetrios I, 在職 1972-91）を訪問した際に，東西教会神学者からなる神学委員会が設置され，現在まで続いている．

東西教会の分裂に 1054 年が象徴的意味をもつことは否定できない．その年に統治者が交わした破門状は，1965 年 12 月 7 日，第 2 ヴァティカン公会議の終了前日，教皇パウルス 6 世と世界総主教アテナゴラス 1 世の共同声明によって無効宣言された．

【文献】DThC 14: 1312-468; LThK² 7: 1246-51; LThK³ 7: 1145-48; TRE 7: 500-31; HKG(J) 3/1: 3-118, 197-218, 462-84; 3/2: 144-67, 589-624; 森安達也『キリスト教史 3―東方キリスト教』（山川出版社 1978）108-78, 322-96; 同『東方キリスト教の世界』（山川出版社 1991）; H. J. マルクス「中世期における東西の根本問題」『日本の神学』19 (1980) 32-58; M. GORDILLO, *Theologia orientalium cum latinorum comparta* (Roma 1960); J. MACHA, *Ecclesiastical Unification* (Rome 1974); J. MEYENDORF, *Byzantine Theology* (New York 1974); D. BAKER, ed., *The Orthodox Churches and the West* (Oxford 1976); A. M. ALLCHIN, *The Kingdom of Love and Knowledge: The Encounter between Orthodoxy and the West* (London 1979); J. MEYENDORF, *Imperial Unity and Christian Divisions* (Crestwood, N.Y. 1989); H. D. DÖPMANN, *Die Ostkirchen vom Bilderstreit bis zur Kirchenspaltung von 1054* (Leipzig 1990); ID., *Die orthodoxen Kirchen* (Berlin 1991); E. C. SUTTNER, *Church Unity. Union or Uniatism? Catholic-Orthodox Ecumenical Perspectives*, tr. B. MCNEIL (Bangalore 1991); C. S. CALIAN, *Theology without Boundaries: Encounters of Eastern Orthodoxy and Western Tradition* (Louisville, Ken. 1992); G. LIMOURIS, ed., *Orthodox Visions of Ecumenïsm* (Geneva 1994); A. DOUDELET, *Les orthodoxes grecs* (Turnhout 1996); F. R. GAHBAUER, *Der orthodox-katholische Dialog* (Paderborn 1997). (H. J. マルクス)

どうざきてんしゅどう　堂崎天主堂

長崎県五島の福江市奥浦町堂崎の入江に建つカトリック教会．1880 年（明治 13）*パリ外国宣教会の司祭 *マルマンは，まず堂崎に仮聖堂を建て，ここを弾圧後の *五島における宣教再開の拠点とし，敷地内に孤児・貧児の収容所（現在の奥浦慈恵院）を開設した．後任のペルー（Albert Charles Arsène Pelu, 1848-1918）により建て替え工事が行われ，

堂崎天主堂

1908年，現在の赤煉瓦ゴシック様式の天主堂が完成，*日本26聖人殉教者に献堂された．現在は巡回教会となり，堂内には殉教者の一人 *五島ジョアンの遺骨をはじめ，キリシタン資料が展示されている．1974年(昭和49)長崎県の文化財に指定される．
【文献】カトリック長崎大司教区司牧企画室編『長崎の教会』(カトリック長崎大司教区 1989); お告げのマリア修道会編『お告げのマリア修道会史「礎」』(お告げのマリア修道会 1997). (野下千年)

ドゥサン　Doucin, Louis　(1652.8.21-1726.9.21)　フランスの反ジャンセニスム神学者．*パリの北西，ヴェルノン(Vernon)の生まれ．1668年 *イエズス会入会．1698年オランダの *ジャンセニスムに関する覚書を著し，激しい論争を引き起こした．ジャンセニスムを反駁した教皇 *クレメンス11世の回勅 *『ウニゲニトゥス』を擁護し，1715年，論敵によって *オルレアンに追われ，当地で没した．
【文献】Cath. 3: 1052-53; DThC 4: 1800-1802. (土居由美)

トゥーシー　al-Ṭūsī, Naṣīr al-Dīn　(1201.2.18-1274.2.26)　イスラムの哲学者，*シーア派神学者，著名な天文学者，数学者．イランのトゥース(Ṭūs)に生まれる．*アサシン(ニザール)派に属し，その衰亡(1256)後はモンゴルに仕えた．フラグ(Hūlāgū, 1218-65)の庇護を受け，その命により1259年からアゼルバイジャンのマラーゲー(Marāgheh)に天体観測所を建造，中世イスラムの同種の施設中，最も著名なものとなった．後世に多大な影響を与えた彼のペルシア語による著書『イル・ハーン天文表』(1271)はこの観測所での記録をもとにしている．約150にのぼる著作(大部分はアラビア語による)のなかで，特記すべきは *プトレマイオスの天体批判論である『覚書』および『ナーシルの倫理書』である．*バグダード近郊にて没す．
【主著】*Majmūʿ al-rasāʾil*, 2 v., 1939-40; *Akhlāq-i Nāṣirī*: G. M. WICKENS, tr., *The Nasirean Ethics* (London 1964).
【文献】C. C. GILLISPIE, ET AL., eds., *Dictionary of Scientific Biography*, 13 (New York 1981) 508-16. (H. ビースターフェルト)

どうじせい　同時性　〔英〕simultaneity, 〔独〕Simultan(e)ität, 〔仏〕simultanéité　古典力学と常識は，二つの事象が同時に起こることは，どの観測者からみても変わらないとしている．しかし *アインシュタインの提唱した特殊相対性理論(1905)において，従来の古典力学の時空概念とその記述に根本的な改変がなされた．その重要な結果の一つが同時性の概念の変革である．
アインシュタインは，19世紀に新たに発展した電磁気学が，光を含む電磁波の記述において，古典力学に適用される座標変換(ガリレオ変換)とは異なった，ローレンツ変換に従うことに注目した．この変換では，空間座標と，時間座標が，独立ではなく，また電磁波の伝搬速度が普遍定数として導入されている．アインシュタインは，質点の運動の記述においても，その速度が光速に近い場合に，ローレンツ変換が適用されるように，古典力学を改変した．この理論が特殊相対性理論であり，現在では，多数の実験結果によってその正しさが確証されている．

特殊相対性理論によると古典力学や常識の結論とは異なり，二つの事象が同時か否かは観測者間の相対速度によって異なる．ローレンツ変換においては，異なる観測者の時間座標は，観測者間の相対速度に関係しているからである．ただし，この差異は，この相対速度が光速に比べて小さい間は，ほとんどゼロに等しく，したがって，日常生活においてはこれを無視しても支障は起こらない．しかし哲学的には，*認識論的にも *存在論的にも重要な問題を提起する．この同時性の問題を正しく理解することなしには，哲学における時空に関する議論は素朴実在論の域を出ないことになる．→相対性理論
【文献】A. アインシュタイン『相対論の意味』矢野健太郎訳(岩波書店 1958); A. EINSTEIN, *Meaning of Relativity* (London ⁵1951); H. ベルグソン「持続と同時性」『ベルグソン全集』3, 花田圭介，加藤精司訳(白水社 1965) 153-382; H. BERGSON, *Durée et simultanéité* (Paris 1922); 渡辺慧『時』(河出書房新社 1974). (柳瀬睦男)

どうじにちてんそんざい　同時二地点存在　〔英・仏〕bilocation, 〔独〕Bilokation　同一人物が，同一時刻に，かけ離れた二つの場所に存在している異常な神秘現象．よく知られた事例として，*アルフォンソ・マリア・デ・リグオーリのものがある．彼は，アリエンツォ(Arienzo)の自室で熟睡していたとき，同時にローマで教皇 *クレメンス14世の臨終に立ち会っていた．そのほかにも，パドヴァの *アントニウスや *フランシスコ・ザビエルなどの例がある．
この現象が起こるとき，真実の肉体はある場所に存在し，ある種の感覚的な身体が他の場所に存在する．これは説明の最も難しい現象の一つである．原因として，*超自然的な力，あるいは *悪魔や未知の自然の力などが考えられ，さまざまな説明がなされてきたが，いまだ納得のいく説明がなされているとはいえない．しかし，このようなことが意味なく起こることは考えられない．一般的に，他の人々の *善のため，あるいは *神の *権能を現すために起こると考えられる．
【文献】現カ 500; CathEnc 2: 568; DSp 10: 1837-40; DESp 1: 248-49. (中川博道)

どうじゅく　同宿　キリシタン用語．*修道会の会員ではないが，教会関係の施設に住み，*宣教師を援助する各種の仕事に携わった．同じような身分には，ほかに *看坊，小者，殿原といったものがあった．元来は仏教用語で，「寺の内において坊主に仕える若者，または，剃髪した人」(『日葡辞書』)である．修道会員をはるかに上回る数の同宿がいたので，*ヴァリニャーノは1580年(天正8)に豊後国 *臼杵での *布教会議で同宿についての諸問を提出して討議し，また，『イエズス会士礼法指針』(1580)や1590年の第2回布教会議などで，同宿の役割を定めている．
【文献】J. ロペス・ガイ「キリシタン史上の信徒使徒職組織」『キリシタン研究』13 (1970) 91-136. (尾原悟)

とうしょ　答書　〔ラ〕rescriptum, 〔英〕rescript, 〔独〕Reskript, 〔仏〕rescrit　行政権を有する権威者によって書面で出された行政行為であり，その性質上，申請書に対して *特権，*免除，その他の恩恵を与えるものである(『教会法典』59条1項)．明白に禁じられていないかぎり誰でもいかなる答書をも請求することができ，ま

た第三者のために，その同意なしにもこれを得ることができる（同61条）．執行者を介さない答書は，その書面が付与されたときから効力を有し，その他の答書は，執行のときから効力を有する（同62条）．同一の事項について抵触する二つの答書が付与された場合，特別に表示されるものについては，特別答書が一般答書に優先し，二つの答書が，共に特別答書または一般答書である場合には，先の答書が後の答書に優先する（同67条1-2項）．いかなる答書も，法律自体に別段の規定の存しないかぎり，抵触する法律によって取り消されない（同73条）．
（枝村茂）

とうしょう　答唱〔ラ〕responsorium, 〔英〕responsory, 〔独〕Responsorium, Wechselgesang, 〔仏〕répons
【広義】*典礼での*聖書朗読に答えて歌われる聖歌．この類の聖歌は*詩編（136, 80等）にみられる通り，旧約時代に端を発する．*アンブロシウスやヌルシアの*ベネディクトゥスも言及しているが，*イシドルスや*アマラリウスは独唱に聖歌隊（→歌隊）または*会衆が応答し，反復を伴って歌っていたことを指摘している．答唱句を聖歌隊あるいは先唱者と聖歌隊が歌い，詩編に基づく節を一つあるいは複数，先唱者が歌い，さらにそれに聖歌隊が答唱句の一部または全体を反復歌唱するのが基本構造．読まれた聖書を深く黙想するもので，*ミサでは，第1朗読のあとで歌われる（→答唱詩編）．とりわけ*聖週間の答唱は，16世紀に*ビクトリアなどにより優れた多声*モテットとして作られたことから，合唱に委ねられることも少なくない．
【文献】NGDM 15: 759-65.　（水嶋良雄）
【教会の祈り】*教会の祈りにおいて，*先唱者の歌う*唱句に答えて会衆が歌う答唱（〔ラ〕responsum）には，(1)*朝の祈り，*晩の祈り，*寝る前の祈りの「神のことば」（聖書の小朗読）に続くものと，(2)読書（旧夜課，→読書課）の聖書朗読および(3)第2朗読のあとに続くものとがある．いずれも，その前に読まれた*神の言葉に答える歓呼の声であり，*朗読の内容を黙想し，*祈りに変えていくものである．特に聖書朗読のあとの答唱は，朗読を理解するための光を投じ，朗読を*救済史のなかに導き入れ，旧約から新約への橋渡しをする．

第2朗読後の答唱は朗読の内容あるいは季節，*祝日に関連した内容である．朝・晩の祈りの答唱は沈黙の祈りに代えることもでき，読書の答唱は一人で唱える場合，繰り返しを省くこともできる．第2*ヴァティカン公会議後の刷新では，芸術的見地からよりも，先行する聖書朗読に関連し，それをより深く理解し，味わい，答えていく答唱本来の役割が重視され，一人で唱える場合にも有意義なものとして作られている．*昼の祈りおよびその他の*小時課の「神のことば」に続くものは唱句と呼ばれる．
【文献】『教会の祈り』総則169-72項；中垣純編『キリストとともに祈る』（ドン・ボスコ社1984）.　（齊藤克弘）

どうじょう　同情〔英〕sympathy, 〔独〕Sympathie, 〔仏〕compassion
【語義】同情とは，他者と「思いを同じくする」ことを意味する．「喜ぶ者とともに喜び，悲しむ者とともに悲しむ」心は，自己本意を脱した他者意識に基づくものであり，キリスト教における*隣人愛あるいは*仏教における慈悲の心，すなわち宗教的愛の種子ともいえよう（なお，哲学上の意味については共感の項を参照）．

【諸宗教にみる同情】イエスは何よりも重要な掟として隣人愛を説き（マタ22: 34-40），隣人を助ける実践を強調し（ルカ10: 25-37），「最も小さい者」への愛の実践を*神の国へ入る基準ともした（マタ25: 31-46）．このイエスの主張にも強い他者意識に基づく同情，とりわけ貧しい人々への同情と，その同情に基づく実践の強調をみることができよう．また，*パウロは「だれかが弱っているなら，わたしは弱らないでいられるでしょうか」（2コリ11: 29）と告白しているが，これは同情の最も適切な表現であるとも思われる．

仏教においてはとりわけ，大乗仏教の菩薩の思想においてこの同情が重んじられている．大乗仏教を構成する諸経のうち，『維摩経』は聖徳太子による義疏などもあり，我が国の宗教思想にも大きな影響を与えた経であるが，同経のなかで主人公にあたる菩薩・維摩は病を負い，その病の原因について問われると，「一切衆生が病んでいるので，その故にわたくしも病むのです」と答えている．*孟子が重視したといわれる惻隠の心もまた，他者の心を推し量り，その不幸を憐れんで見過ごすことのできない同情の心，と説明されよう．

【現代における同情の問題】第2*ヴァティカン公会議はその成果である『現代世界憲章』において，「現代人の喜びと希望，悲しみと苦しみ，特に，貧しい人々とすべて苦しんでいる人々のものは，キリストの弟子たちの喜びと希望，悲しみと苦しみでもある」（1項）と記し，現代人への，とりわけ「貧しい人々」への同情を表明した．今日キリスト教的同情は貧しい人々を意識した正義の推進との関わりなしに考えることはできない．20世紀の教会が公にしたいわゆる一連の社会教書には福音宣教と正義の推進との不可分性を主張するものが多い．例えば*パウルス6世の使徒的勧告*『エヴァンゲリイ・ヌンティアンディ』は「福音宣教と人類の進歩，すなわちその開発ならびに解放とのあいだには深いつながりがあります」（31項）と主張する．同情はとりわけキリスト教においては，イエスにその範を求めることができるように，単なる心の共鳴を意味するものではなく，苦しむ人々をその苦しみから解放しようとする実践を求めるものだからである．

今日の世界にはなお，さまざまな理由で苦しみを負う人々が多く存在する．*神の像として創られた人間としての*尊厳を保障するに足る最低限の必要（〔英〕basic human needs）を欠く人々，政治的抑圧のもとにいる人々，さまざまな形で社会の周辺に置かれた人々などである．このような苦しみのなかに生きる人々への同情を育て，これを実践へと展開するには，*他者の人間としての尊厳を決して侵されてはならないものとして受け止める*感性を育成する必要があろう．そのような感性の育成は今日の教育，とりわけキリスト教教育に最も期待されるものである．
【文献】中村元編『大乗仏典』（筑摩書房1974）24; M. シェーラー『同情の本質と諸形式』青木茂，小林茂訳（白水社1977）: M. Scheler, *Wesen und Formen der Sympathie* (Bonn 1923).　（小林紀由）

とうしょうしへん　答唱詩編〔ラ〕psalmus responsorius, 〔英〕responsorial psalm, 〔独〕Antwortpsalm, 〔仏〕psaum responsorial　*ミサの第1朗読（→朗読）のあとに通常歌われる．*詩編が原則であるが，*復活徹夜祭の第3朗読，出エジプト記のあとのように詩編以外の聖書の歌が歌われることもある．

【歴史】答唱詩編の歴史は古く，古代 *ユダヤ教の *会堂礼拝にまで遡るとされている．第 2 神殿時代の会堂では安息日ごとに *律法と *預言書の朗読が行われていた（使徒 15：21）．詩編は律法の朗読のあとに歌われていたようで，現在，詩編が 5 巻に編集されているのも，それぞれが *モーセ五書の朗読に対応していたと考えられている．このことは詩編の編集・結集を考えるうえで重要であると同時に，会堂礼拝における詩編にどのような役割や意味が与えられていたかを探る重要な手がかりとなる．教会はこの答唱詩編を信仰の伝統として受け継ぎ，発展させてきた．4 世紀の *アンティオケイアを中心とする *シリア教会では，律法・預言書の朗読のあとに詩編が歌われ，それに続いて使徒書と福音朗読が行われており，答唱詩編がすでに古代から，旧約聖書と新約聖書（福音書）をつなぐ架け橋として用いられていたことがわかる．

*ローマ典礼でも古くには第 1 朗読に旧約聖書が用いられ，そのあと詩編が歌われ，この歌い方が伝統となった．ローマ典礼では朗読聖書として *ウルガタ訳聖書が長く用いられていたが，*ヒエロニムスは詩編については以前から歌われてきたものを原文に合わせて修正している．また，ローマ教会は詩編だけは例外として元の *詩編書を用いることを認めてきた．このことは，*典礼においていかに詩編の歌唱が浸透していたかを裏づける．ローマ典礼における答唱詩編は，詩編の *先唱者が詩編の本文を歌い，*会衆が答唱句を歌って答えるという形式であるが，詩編の先唱者が朗読台の階段（[ラ] gradus）から詩編を先唱したことから，答唱詩編をグラドゥアーレ（graduale *昇階唱）と呼ぶようになり，答唱詩編を中心とする詩編書，ミサ用の *聖歌集の名称にまでなった．

ミサにおける *グレゴリオ聖歌も答唱詩編を中心に発展してきたことは重要である．しかし，ローマ典礼において旧約朗読が姿を消すに従って，答唱詩編の旧約聖書と新約聖書（福音書）をつなぐ架け橋としての役割も変化することになる．詩編の言葉を聴き，答唱句で答えるという神と *神の民との交わりは，朗読箇所の内容を詩編の関連句で味わう瞑想（→ 観想）の手段となり，歌詞も短縮されていく．瞑想的な性格は母音を伸ばす *メリスマ的旋律によって豊かにされるようになったが，歌詞からも曲からも本来の答唱の機能は失われるようになる．先唱者の訓練を通して音楽的にはさらに高度になるが，会衆がラテン語を理解できなくなると，答唱句の部分も先唱者以外の *歌隊が歌うようになり，答唱詩編本来の *神の言葉に答え，歌って祈るという機能は果たせなくなった．会衆は音を聞いて瞑想的雰囲気に浸るようになり，歌隊を組織できない共同体では歌われることも少なくなっていった．

【現代の刷新】*典礼運動の進展や *典礼学の発展を背景にした，第 2 *ヴァティカン公会議による典礼刷新の大きな要素の一つが答唱詩編の復興である．3 年周期の主日の聖書朗読に合わせて，本来の機能である旧約聖書と福音書の橋渡しとしての答唱詩編を復活させたばかりでなく，会衆の *行動参加を第一に考え，音楽的に高度なものでなく，言葉を生かすものを要求している（『典礼憲章』112）．現在の答唱詩編はまず，*ことばの典礼に欠くことのできない部分であり，通常歌われるものである．しかし，詩編は朗読聖書からとられ，その選択が朗読に依存することからもわかるように，聖書朗読の一部であり，歌による聖書朗読ということができる．歌い方には，答唱句を挟んで歌う答唱形式と，答唱句を用いず詩編を一気に歌う単唱形式があるが，答唱形式をできるかぎり優先させることが求められている（日本の答唱詩編はすべて答唱形式で作られている）．詩編先唱者は朗読台で詩編を先唱し，会衆は答唱句を歌って神の言葉に答える．答唱句の各詩句も詩編本文と同様に，それぞれの朗読と結ばれているものだが，会衆が容易に参加できるように，季節や *聖人の *祝日，記念日のための詩編や答唱句を用いることができる．

【文献】NCE 6：685-87；『ローマ・ミサ典礼書の総則と典礼暦年の一般原則』（カトリック中央協議会 1994）；『朗読聖書の緒言』（カトリック中央協議会 1998）；土屋吉正『典礼の刷新：教会とともに二十年』（オリエンス宗教研究所 1985）；同『ミサがわかる：仕え合うよろこび』（オリエンス宗教研究所 1989）；髙田三郎『典礼聖歌を作曲して』（オリエンス宗教研究所 1992）．

（齊藤克弘）

どうせい　同棲

〔ラ〕concubinatus,〔英〕concubinage, cohabitation,〔独〕Konkubinat,〔仏〕concubinage　*結婚以外の性交関係にある継続的同居生活．外見上は *婚姻関係にあるが，常時または定期的な性的関係をもつ私通または *姦通とみなされる．*売（買）春とは異なり，経済的にも相互に扶助し合う生活である．合法的な結婚とは異なり，当事者同士の意向によって市民法上も *教会法上も必要な正当な手続き，婚姻方式を退けている．したがって，同棲の場合，当事者間に夫婦共同体も夫婦としての権利も存在しないから，真の夫婦愛も生殖も子どもの教育も不安定である．

同棲は教会または社会の婚姻制度に対する抵抗でもあり，個人の *自由を最優先し，結婚の社会的意味を見失っている．*愛と制度との関係，結婚の人格的また社会的意味と責任ある生命伝達と教育の使命も軽視される．その背景には *離婚の多発や結婚の儀式化，また人格的な *性教育の欠如や性の商業化などの影響もあると考えられる．個人の自由を絶対視する婚前また婚外の同棲関係者に対しても，夫婦としての人格的同意の意味と社会的承認および社会的責任の自覚に向けて公的制度としての結婚と家庭の重要性を受容するよう導くことが肝要である．

旧『教会法典』では同棲は私通と同罪であるという判断から，*信徒（693, 855, 1066, 2357 条）も厳罰に処せられ，真の改心の情を示すまで公的罪人として *聖体拝領も禁じられた．*聖職者（2176, 2358-59 条）にも制裁や *免職の可能性があった．新『教会法典』も私通関係とみなし，修道者（695 条），在俗会員（729 条），使徒的生活会員（746 条），また聖職者の聖職停止制裁（1395 条）を規定している．倫理的には同棲者を排斥することよりも教会や社会に対する不信感を和らげ，*個人主義的動機の根底を探り，社会の一員としての連帯を深めるよう自主的判断を喚起する必要がある．

【文献】DDC 3：1513-24；DMC 1：838-40；DThC 3：796-803；LThK² 6：460-61；LThK³ 6：271．

（浜口吉隆）

どうせいあい　同性愛

〔英〕homosexuality,〔独〕Homosexualität,〔仏〕homosexualité　男性または女性同士が色情的に魅惑されて性的関係を結ぶこと．一般に同性愛者は異性に対する魅力・興味が欠如しているか異性との身体的または心理的関係に嫌悪感を覚える．同性への愛情や友情が強烈になり，それを身体的に表現し

どうせいあい

同棲する場合もある．同性愛行為には一時的なもの，例えば牢獄や軍隊，寄宿舎などで随時行われるものと，真の性的倒錯や病的な同性同士の肉欲の充足を求める永続的なものとがある．その原因は複雑曖昧であり，確定するのは困難である．性ホルモンの不均衡などの身体的要因，幼少時の両親との異常な関係，異性への抑圧された感情，厳格で愛情の欠如した不幸な家庭生活また社会的悪弊の影響のもとにある．

【聖書】旧約聖書で同性愛に関連するとされる最も古典的な箇所はソドムの滅亡に関連する「ソドムの罪」（創19:4-11）である．これは同性愛の罪と同定はできないが，ソドムの罪は「おぞましいこと」（エレ23:14），「忌まわしいこと」（エゼ16:48-50）とされる犯罪である．またレビ記の「いとうべき性関係」のなかで男性同士の性行為が禁じられており（レビ18:22），必ず死刑に処せられる（同20:13）．新約聖書では特に*パウロが男女の自然にもとる関係として同性愛を戒めている（ロマ1:26-27）．男娼や男色をする者は*神の国を受け継がないとされ（1コリ6:9-10），そのような者のために*律法が与えられているという（1テモ1:9-10）．また「肉のわざ」として好色，わいせつ，*姦通が列挙されており，そのような行為を行う者は神の国を受け継ぐことはできない．同性愛が悪いのは，神が望んだ人間の自然な関係ではないからである．それは男女の*創造と*結婚の絆の神意に反する関係であると思われる．

新約でも*ソドムとゴモラの滅亡は語られ，*悪の象徴とされる（マタ10:14-15；ルカ10:10-12）．ソドムには種々雑多な性的放縦が関連づけられており，「みだらな行いにふけり，不自然な肉の欲の満足を追い求めたので，永遠の火の刑罰を受けた」（ユダ7）とされる．パウロが非難するのは異性愛の人々によって犯される同性愛行為であり，それは自然の秩序に反する．男娼も*売春の一種であろう．パウロは性的快楽のみを目的とした性交はどんな形態であれ，色情の表出として否認する．合法的な性は永続的な*一夫一妻婚の関係に含まれる配偶者との性的充足であるからである（1コリ7章参照）．

【歴史】同性とのエロティックな接触を好む者，同性への性的嗜好を自覚している男性はゲイ（[英] gay），女性はレスビアン（lesbian）と呼ばれる．それは同性に対する色情一般の現象を示すが，何が同性愛者の病因であるかは確定し難い．少年愛はすでにキリスト教以前の社会でも語られていた．初代教会に影響を及ぼした*ストア学派の性倫理においては，すべての*快楽は魂を霊的目標から引き離すものであり，同性愛は快楽を目的とする男女の性行為と同様に人間の完成への道を妨げるものとみなされた．性の唯一の自然的使用は生殖のためである．同性愛も含めてすべての悪徳に耽溺する者は自然を冒瀆するものである．*アウグスティヌスは若者に対して抱く愛情を表現しているが（『告白』3, 1; 4, 6），合法的な同性愛関係の可能性は否定している．性の快楽の唯一の合法的目的は生殖であり，同性間の色情は不毛な射精をもたらし蔑視される．生殖こそが性の自然な用法であり，生殖なしのいかなる目的の性交も*罪である．それは*自然・本性に反する醜行であり，神と人間との本来の関係を破る欲情行為である（同3, 8）．そのような不道徳な同性愛行為は過度の欲望から生じるものであり，性別の役割を侵害する．同性愛にしても異性愛にしても色情性が問題であり，人間性を堕落させる．

6-8世紀には東西ローマ帝国で同性愛が合法化されていたが，徐々に有罪化され，*回心と*償いが求められるようになる．信徒であれば*破門か追放，また*聖職者も罷免された．同性愛関係を単純に姦通の一形態とみる傾向もあった．8世紀の*『償いの規定書』では女性および男性の同性愛者の償いの期間も定められ，自然に反する「ソドムの罪」とみなされ断罪された．他方，同性愛をも含めて情熱的友愛，性愛の官能性などは文学のテーマでもあり神学的な神秘としての解釈も試みられた．また教会の*高位聖職者の間にも公然と同性愛関係があるという寛容な社会状況もみられた．1179年の第3*ラテラノ公会議で初めて同性愛行為に対して制裁措置がとられたほどである．13世紀にはイタリアの諸都市国家でも男色を禁じる市民法が制定されるようになり，徐々に同性愛行為は死罪に値するものに変化していく．

【倫理】伝統的カトリック神学の倫理規範は正しい*理性と自然の秩序に基づいている．性の領域でも自然の秩序に反する罪と自然に従うが理性の秩序に反する罪とに分けられる．前者には自慰（*マスターベーション）や同性愛行為また獣姦の罪が該当し，後者には私通や*近親相姦，姦通や強姦が該当する．性の行為は人類の保存のために必要である．同性愛は正しくない性の相手との行為であり，性の快楽は求めるが性交の第一目的である生殖目的は果たさない（*トマス・アクィナス『神学大全』II, 2, q. 153-54参照）．つまり自然法からして同性愛者は性的機能の生殖目的である生命伝達を排除することにより，*神の意志に反する重大な侵害をしていることになる．

ところで，同性愛者の同性愛行為はいつでも，どこでも悪い行為であるという倫理判断は正しいであろうか．同性愛者のなかには異性関係が不可能な人，異性間では充分に自己表現できない人もいよう．確かにキリスト教の倫理によれば，人間の性は男女間の愛の一致において真の意味をもつ．教会の*教導職の教えによれば，人間の性と生殖との結びつきは緊密であり，性交行為は生殖に開かれていなければならない．同性愛は創造の秩序には合致しないが，人が堕罪（→原罪）の結果の人間性の無秩序や混乱した世界に生きていることも否めない．ある状況では，同性愛は本人の責任外にあるであろう．基本的には人は自然・本性上，神の意志に従う男女関係のなかで正常な愛と性との結婚生活を送りうる．しかし結婚の性関係においてでさえ不倫関係もある．同性愛の関係も人間性の理想ではないが，当事者にとっては小悪として選択され黙認せざるをえないこともあろう．同性愛行為が客観的に悪いとしても，主観的にはその罪の力に打ち勝てないことも生じうる．人は罪との戦いで完全な勝利を得るとも限らないとすれば，病的な同性愛の素質をもって結婚できない人に対する寛容な態度も求められる．

多くの場合，同性愛は罪の結果であるが，現代の同性愛者の人権主張などの諸事情を勘案すれば，単にその罪深さを指摘するだけでなく，その人たちの人間性を容認し共存の道を探るべきかもしれない．男女の関係は単に生物学的なものではなく，真の人格的な関係における相互補足性を中核とするものである．現代の心理学や精神病理学の研究をも視野に入れて，同性愛の傾向と同性愛行為とを区別し，慎重な判断をしなければならない．また，異性関係が正常であり理想であるとする一方で，同性愛者の人格をおとしめてはならない．すべての人の人格としての*尊厳は認められなければならないし，同性愛者が人格喪失者として排除されることがあってはならない．同性愛者の人権も無視されてはならないのであ

る．ここでも人間の有限性と罪とが区別され，キリストの福音の精神による真の解放・*救いが宣べ伝えられるべきである．
【文献】EncRel(E) 6: 445-53; DETM 682-89; LChM 816-26; LThK² 5: 468-70; F. COMPAGNONI, G. PIANA, S. PRIVITERA, *Nuovo Dizionario di Theologia Morale* (Milano 1990) 830-38; D. J. ウェスト『同性愛』村上仁，高橋孝子訳 (人文書院 1977): D. J. WEST, *Homosexuality* (London 1955); J. MCNEILL, *The Church and Homosexual* (Kansas City 1976); C. E. CURRAN, *Catholic Moral Theology in Dialogue* (Notre Dame, Ind. 1976) 184-219; ID., *Critical Concerns in Moral Theology* (Notre Dame, Ind. 1984) 73-98. (浜口吉隆)

どうぞくとうよう　同族登用 → ネポティズム

とうちけん　統治権 → 裁治権

ドゥッチョ・ディ・ブオニンセーニャ　Duccio di Buoninsegna (1278-1318/19 活動)　イタリアの画家．シモーネ・*マルティーニ等に先立つシエナ派の始祖とされる．1278 年に最初の活動記録があるが，それ以前は不明．初期作品に『ルチェルライの聖母』(1285 頃，フィレンツェのウフィツィ美術館) がある．代表作である『マエスタ (荘厳の聖母)』(1308-11, 主要部分はシエナ大聖堂付属美術館) は *シエナ大聖堂の主祭壇のために制作された．正面パネルには玉座の聖母と天使，諸聖人が，背面パネルには受難伝の説話場面が描かれている．ビザンティン的な華麗な色彩および装飾性と新しいゴシック的な人間感情の描出の双方を融合させた大作である．
【文献】DA 9: 341-50; C. ヤンネッラ『ドゥッチョ・ディ・ブオニンセーニャ』松原哲哉訳 (東京書籍 1994): J. JANNELLA, *Duccio di Buoninsegna* (Constable 1992).
(木戸口智恵)

どうていせい　童貞性 〔ギ〕parthenia, 〔ラ〕virginitas, 〔英〕virginity, 〔独〕Jungfräulichkeit, 〔仏〕virginité
【概要】童貞性という言葉は，「おとめ」(〔ギ〕parthenos, 〔ラ〕virgo. マタ 1: 23; 25: 1, 7) から抽象名詞化されたもので，未婚の男子と女子 (童男童女)，すなわち，いまだ購合したことのない処女または男子を表す「童貞」の語を使って邦訳されている．キリスト教的徳としては男女両性が「天の国のために」(マタ 19: 12) というキリストへの従順によって全人生において *純潔であることをいう．

童貞性は完全な性的禁欲，純潔の最高段階として *異教にあっても尊重される場合がある．カトリック教会では童貞性は *修道者や *聖職者によって堅持されているが，これは決して *結婚の価値を否認するものではない．結婚は婚姻の *秘跡によって *聖別されているからである．童貞性が高く賛美され，評価されてきたのはその身分と使命としてであって，人間の倫理的な *善や *美のためではない．

諸宗教の歴史において，童貞性は貞潔や純潔と同じような意味で使われ，生涯にわたる女神の徳 (*ギリシア神話)，結婚するまでの徳 (多くの自然宗教や *イスラム教)，神殿奉仕終了までの徳などとして求められてきた．また，一定の *密儀にあずかる信者や *祭司に対して求められたり，僧侶や修行者に対して限定的に要求された．童貞性・貞潔・純潔は，神との一致，自然との融合，真理の悟りなど種々の目的から追求されたのであり，*独身が制度化される場合もある．
【聖書】〔旧約聖書〕旧約聖書では，未婚のおとめの純潔が尊ばれ (創 34: 7, 31)，*律法によって守られた (出 22: 15-16; 申 22: 13-21, 28-29). 祭司は処女をめとらなければならなかった (レビ 21: 13-15; エゼ 44: 22). 純潔を汚したおとめは結婚を許されず (サム下 13: 20)，死の罰を受けなければならない (申 22: 20-21). おとめの童貞性は誉れ高きものとしてたたえられたが，生涯追求すべきものとはされず，妻に迎えられないことは恥とされた (イザ 4: 1). *捕囚後の社会では，再婚しない未亡人は敬われ (ユディ 16: 22; ルカ 2: 36-38 参照)，結婚せずに *修徳を志す男女が現れた (→ クムラン教団). またイスラエルやエルサレムが，「おとめ」のイメージで語られることもあった (エレ 18: 13; イザ 37: 22).

〔新約聖書〕イエスはおとめから生まれ (マタ 1: 18-25; ルカ 1: 26-38)，洗礼者 *ヨハネと同様，生涯独身であった．イエスは天の国のために結婚を捨てることを勧告する (マタ 19: 10-12; ルカ 18: 29-30). 自らも結婚しなかった *パウロ (1 コリ 7: 7-8) は，ひたすら主キリストのみに奉仕するために (同 7: 32-35)，結婚よりも独身を勧告する (同 7: 8, 25-38). しかし，このようなキリストへの奉仕についての *福音的勧告に基づく独身生活は神からの賜物による (同 7: 7). 黙示録では，神の小羊キリストに従う人々が童貞 (〔ギ〕partheoi, 〔ラ〕virgines) として現れている (14: 4).

【霊性史】主キリストが自分のために選び，さらにその母おとめ *マリアが甘受した童貞性のなかにこそキリストを信じ，希望し，愛する人を彼とよりよく一致させる力がある．それゆえ，*使徒たちは信仰の遺産として童貞性を継承し，教会は天国のために守られた完全な童貞性を愛のしるしと励ましとして，また世における霊的豊かさの特別な泉として，歴史のなかでつねに大きな栄誉を与えてきた．初代教会以来，童貞性は福音的 *完徳に生きる多くの男女によって実践され，男子は「修徳者」(〔ギ〕askētēs)，女子は「おとめ」(〔ラ〕virgo) と呼ばれ，敬われていた．

教皇 *クレメンス 1 世は『コリント人への手紙』(38, 2) において，2 世紀初めにアンティオケイアの *イグナティオスは『ポリュカルポスへの手紙』(5, 2) において，神に奉献された童貞女を称賛している．殉教者 *ユスティノスはキリスト教の偉大な力のしるしとして，*キプリアヌス，オリュンポスの *メトディオス，*テルトゥリアヌスらは血を流さない *殉教として，*アンブロシウスと *アウグスティヌスは，キリストに従う福音的 *聖性として，童貞性を擁護し推奨した．

ニュッサの *グレゴリオスは，童貞性をキリストと霊魂とが花婿・花嫁として結ばれる神秘的結婚と説き，*ヨアンネス・クリュソストモスは *神の民への愛の奉仕と説いた．これを傷つけ破ることは，少なくともキプリアヌス以来，罪とされ，*エルビラ教会会議では処罰された．また，*アタナシオス，*ヒエロニムスやヴィエンヌの *アウィトゥスらは，神の母おとめマリアの永遠の童貞性を賛美しながら童貞性の絶対的優位を強調した．キリストと霊魂との神秘的結婚という霊性は，ローマの *アグネス，ビンゲンの *ヒルデガルト，シエナの *カテリーナ，アビラの *テレサなどのおとめによって鮮やかに表されている．*典礼では *処女奉献，「おとめのミサ」(Missa pro virginibus, → ミサ)，おとめマリアの

トゥドヴァル

*小聖務日課などで，童貞性が美しく気高いものとして述べられている．

【教会の教え】このように教父たちの教えにおいて，*自由意志をもって神に奉献された童貞性の身分は結婚の身分よりも高く評価され，この観点から，すでに4世紀に*ヨヴィニアヌスの謬説が論駁されている．

*トリエント公会議も次のように宣言している．「結婚生活を童貞生活または独身生活の上におくべきであると言い，童貞または独身でいることは結婚生活よりも良く聖である（マタ19: 11-12; 1 コリ7: 25-26; 7: 38, 40）ことを否定する者は排斥される」（DS 1810）．

教皇*ピウス12世は1950年，おとめマリアの*被昇天の信仰箇条を公布し，1953年をマリアの*無原罪の御宿りの教理決定100周年を記念する「マリアの年」と宣言した後，1954年の回勅『サクラ・ヴィルジニタス』（Sacra virginitas）においてキリスト教的童貞性の偉大な意義を説いた．

第2*ヴァティカン公会議は，カトリック教会の伝統的教えに基づきながら『教会憲章』において，すべての人が聖性に招かれていること，また聖性に達する多くの道があることを述べ，聖性に達する手段を教示しつつ，現代世界に対してキリスト教的な童貞性および独身生活を称賛し勧告している（40-42項参照）．「福音的勧告に従って完全な愛徳を追求することは，神なる師の教えと模範にその起源を持ち，天の王国の輝かしいしるし」（『修道生活刷新教令』序言）だからである．

【教会法】新しい『教会法典』により，すべての奉献生活の会のすべての会員は誓願または他の聖なる絆により，福音的勧告を生きることを表明し，童貞性に義務づけられている（599条）．さらに同法典は，童貞性を福音的勧告のいわゆる三誓願（→修道誓願）から独立しているものとして述べているが，修道会法の枠のなかで，処女（おとめ virgines）を取り扱っている（604条）．「この奉献生活の形態に近いのは，処女（おとめ）の身分である．彼女たちは，キリストにいっそう近く従う聖なる意図を表明し，承認された典礼に従って，教区司教によって神に奉献され，神の子キリストの神秘的な花嫁となり，教会の奉仕に献げられる」（604条1項）．おとめ，すなわち童貞女が奉献生活の身分に属するかどうかについて論議はあるものの，積極的に評価すべきものとされている．

【文献】DSp 16: 924-49; LThK² 5: 1213-19; LThK³ 5: 1096-99; C. Schütz, ed., *Praktisches Lexikon der Spiritualität* (Freiburg 1988) 693-96; ピオ12世回勅『サクラ・ヴィルジニタス―聖なる童貞性について』今道瑤子訳（中央出版社1976）: Pius XII., "Sacra virginitas," AAS 46 (1954) 161-91; 鈴木宣明「第二ヴァティカン公会議の修道生活観」『上智史学』27 (1982) 106-23; L. Legrand, "Fécondité virginale selon l'Esprit dans le Nouveau Testament," NRTh 84 (1962) 785-805; H. U. von Balthasar, *Christlicher Stand* (Einsiedeln 1977); J. Sudbrack, *Leben in geistlicher Gemeinschaft* (Würzburg 1983); N. Baumert, *Ehelosigkeit und Ehe im Herrn* (Würzburg 1984); A. Grün, *Ehelos - des Lebens wegen* (Münsterschwarzach 1989); M. Schlosser, "Alt, aber nicht veraltet. Die Jungfrauenweihe als Weg der Christusnachfolge," *Ordens-Korrespondenz*, 33 (1992) 41-64, 165, 178, 289-311. （鈴木宣明）

【霊性】新約聖書において「処女」（童貞）という概念は，神とキリストにささげられたものとの意味で使われている．2コリント書11章2節は，コリントの共同体のことを「純潔な処女」に譬え，「一人の夫と婚約させた」つまり「キリストに献げた」としている．この場合の「処女として」とは，「先人未踏のものとして」キリストにささげられたことを意味する．黙示録14章4節は「女に触れて身を汚したことのない者」という表現で，何ものにも踏みにじられていない誠実と純潔を初穂として神とキリストにささげる人のことを語っている．1コリント書7章25-40節で念頭に置かれているのも，未婚の男性，女性双方のことと解される．

3世紀の司教殉教者，オリュンポスのメトディオスは，童貞性は力強く，たくましく，気高い人を求め，魂の車を高いところに向ける人を要するがゆえに魂をこそ丹精し清めなければならないという（『シュンポシオン』）．アンブロシウスは，最初に選んで受け入れてくださった方のほかに目を向けるのを拒んだ殉教者アグネスの童貞性をたたえている（『童貞性について』）．神自身の未踏性が基本にあり，これを神が人間に賜り，みことばに従って主との共同生活へと招かれるというのが童貞性である．

教皇ピウス12世の『サクラ・ヴィルジニタス』が述べているように，「聖なる童貞性と神への奉仕にささげられた完全な貞潔とは，たしかに教会にとって，その創始者[キリスト]が遺産として残してくださったものの中でも，もっとも貴重なものの一つ」である（1項）．

使徒時代から教会の庭に聖別の童貞性が育ち，花咲いた．2世紀の殉教者ユスティノスは，子どもの頃からキリストの教えのうちに育ち，無傷のまま生き続けた男女の数の多いことを証言している（同2項）．ある人は無傷の童貞性を守り，ある人は配偶者と死別して，ある人は罪を悔いて全き貞潔を選び，皆同じく肉の快楽を神ゆえに一生控える決意をした（同4項）．神の国のため（マタ19: 12）ではなく，自己への執着や，重荷を避けるために結婚を断念する人々についてはキリスト教的童貞性とはいわれない（同10項）．神の国のためというのは，一層たやすく神のことに専念し，一層確かに永遠の浄福に到達し，一層自由に，ほかの人をも天の国へと導くためで，そうでなければキリスト教的徳とはならない．アウグスティヌスのいう通り，「童貞性がとうとばれるのは，童貞性そのもののためではなく，それが神に聖別されたものだから」である（同13項．アウグスティヌス『童貞性について』より）．

【文献】カ大3: 686-87; DThC 3: 4378-83; LThK² 5: 1213-19; NCE 14: 701-704; 沢田和夫『『ペリ・パルテニアス』の系譜」カ研41 (1982) 23-35. （澤田和夫）

トゥドヴァル Tudwal（564頃没） 聖人（祝日11月30日）．Tugdual, Tagdualus とも記す．伝承によると，ウェールズ出身で6世紀にブルターニュ（Bretagne）に赴き，トレギエ（Tréguier）に修道院を建設し，*大修道院区の司教となった．同地の伝説では教皇*レオ5世と同一視される．

【文献】LThK² 10: 395. （久野暁子）

どうとく 道徳 〔ラ〕morale, ethica, 〔英〕morals, ethics, 〔独〕Moral, Ethik, 〔仏〕morale, éthique

【語源】道徳および倫理に対応する語であるモラルは，ラテン語で「習慣」（mos）を意味する語を起源とし，またエシクスは，「住居，住み慣れた環境，習慣」を意味するギリシア語のエトス（ethos）あるいはエートス

(ēthos) に由来する．日常生活のなかで人々によって実際に生きられていた習慣や住み慣れた住まいという語が，身についたものとしての道徳やあるべき姿としての倫理の語源となっている．このように道徳とは，一般にその時代，その社会において*善を求める人間の行為を，外面的ではなく，個人的・内面的に規制するものとして一般に承認されている*規範の総体をいい，倫理とは，この実際的な道徳に対して規範となるような原理を意味し，さらに道徳や規範，原理，規則に関する学問としての*倫理学の意味で用いられる．さらにモラルの語は人間の行為の宗教的な考察に対して，またエシクスの語は理性的かつ哲学的取り組みに対して用いられてきたが，現在ではしばしば厳密な区別なしに使用されていると考えられる．

【道徳と現代人】道徳は，広い立場からみれば，時代や文化，民族，宗教によってそれぞれ異なったものとなりうるであろう．また，個人の*自由を尊重するという現代の強い傾向からすれば，いかなる権威にも束縛されない個人の*理性に基づいた自由な生き方や道徳が，人々の理想とされるのではないだろうか．したがってそのような観点に立つならば，キリスト教における道徳は，宗教的権威に基づく前近代的で古臭いものと映るだろう．しかし，自己の完成を目指したギリシアの倫理や，理性のみに基づくとされる近代的な世俗道徳が，果たして充分なる根拠をみいだせるだろうか．自分とは，人間とは，人生とは，世界とは何であろうか，より善なる生き方とは果たしてどのようなものか，また幸せとはどのようなことをいうのであろうか．このような問題に対して我々の出す答えは，その時代の社会の風潮や優勢な考え方によって大きな影響を受ける．その際に社会風潮や慣習が，そのまま我々の道徳となるのであろうか．そうであれば，道徳は時代や社会の変化によって動いていく相対的なものとなってしまう．道徳を支える重要かつ根本的な問題に対して明確な態度がなければ，道徳は不安定なものとなり，その時代の強い傾向や立場に左右される相対的な道徳に終わってしまう危険性がある．キリスト者は，このような根本的な問いかけに対して不可知論的あるいは相対的態度をとるのではなく，キリストを通して与えられた教えに基づいて，これら道徳を支える根本問題に明確な答えを求めていく．

【聖書】聖書には，人間の*救いについての必要かつ充分な永遠不変の使信が含まれている．しかし，聖書のなかで記述されている道徳やモラルの立場を，時代を超えて現代においてもそのままの形で受け取る態度について，現代の多くの倫理神学者たちは批判的である．それは，聖書が，現代社会に生きる我々の直面するさまざまな問題に対して，直接的かつ具体的な形で確実な解決法を示すものではないからである．聖書の重要な役割は，道徳に関する諸問題の価値やその解決すべき方向性，そしてその立場に対して，もっと全般的な観点から示唆し，根本的な影響を与えることである．

したがって聖書の道徳に該当する箇所や言葉をそのまま機械的にただ繰り返すだけでは，現代の状況を生きている人間には充分に力ある解答とはならない．現代という時代のなかで，イエスの言葉とその行いは新たに理解し直さなければならない．このように聖書への道徳的な観点からの忠実さは，ただ単に聖書に記述してある言葉をそのまま機械的に受け取るのではなく，現代という時代とその文化，またそれぞれの状況のなかでキリストの言葉と行いを創造的に理解し生きていくこと，すなわちキリストへの創造的忠実さが必要とされるのである．

【教会の伝統】また教会の伝統自体もこの線に沿ったものであり，教会と伝統への忠実さは，上述した聖書との関わりの文脈で語られるはずである．異なった時間と空間のなかで，キリスト教が真に，かつふさわしく生きられる試みや努力のなかで，この忠実さは真に創造的なものとなり，そのようにして*神の国は目指されていく．したがって，カトリックの道徳は，単なる伝統主義や懐古主義のなかにはみいだされず，また逆に，単なる反伝統主義や*近代主義のなかにもみいだされない．

【キリスト教道徳の特徴】キリスト者の道徳は，人間と神との，隣人との，世界との，そして自分自身との基本的な関係を踏まえた人間の生き方として理解されている．キリスト者としての根本的な在り方としての神との基本的な関係は，*イエス・キリストにおける*神の言葉とその行いに応えようとする開きである．神が我々を愛したのは，我々人間の行為に対する報償としてではない．神は無償で我々人間を選び，生命とその十全さを与えた．そのことに対する我々の神への感謝と礼拝は，キリストを信じる者の生き方を特徴づけている．

今も生き，働き続けている神の力と神の約束に信頼する希望は，キリストの弟子たちとすべてのキリスト者の生活を特徴づける．隣人との関係において，愛，正義，感謝，赦し，そして人々への連帯と奉仕は，キリスト者とその共同体，教会の在り方を性格づけている．人間の行為の意向と動機づけは，道徳の在り方を決定する重要な要素である．救い主であるキリストに従うことはキリスト信者にとっての特有の動機づけである．キリスト信者の考えや行動は，キリスト教信仰に基づいたものであり，また信仰とはそのようなものである．道徳についての規範や掟を議論することや道徳とは何かを論ずることも重要であり決して無視できないが，キリスト教の道徳がどのようであらねばならないかというその在り方が重視されるようになってきている．

〔掟至上主義の克服〕以前のカトリック倫理は，キリスト不在の倫理と後の時代に批判されたが，カトリック教会のなかに存在する*掟や規則が，道徳についての宗教的不寛容を生じせしめ，それがこれまでの歴史のなかでどれほど悲劇を生んできたかは，しばしば指摘されている．果たして規則や掟に対する恐れや義務感は，キリスト者の心底から生まれる自発的な道徳を作り出すのであろうか．このことをカトリック者は真摯に受け止めねばならない．道徳と倫理は，従来，残念ながらキリスト教のなかで法律との関係でしばしば議論されてきた．しかし，そもそも道徳を規定している要素とは何であろうか．道徳とは，特定の行為が善であり正しく，あるいは*悪であり間違っていることについて議論すること以上の何かを示していると思われる．何が我々人間を真の幸せに導いていくのかという問いを発しながら，教会は自らの伝統のなかで，かつ伝統に育まれながら新しい時代に向けて創造的な応答を作り上げるように，神から呼ばれている．

〔キリスト中心〕真にキリスト教的な道徳は*キリスト論を基礎にしている．というのは，キリストにおいて，キリストを通して，キリストによって，初めて人間は自らが一体誰であるかを自覚できるからである．キリストの生き方は全く自由にかつ創造的に父なる神に応答した結果であった．キリスト者にとって，イエス・キリストが自ら生きた愛の深さと高さ，そしてその豊かさに向かって生きること，すなわちキリストに従って生きる

こと，キリストのうちに生きることが，何よりも重要である．キリストはまさに我々の生活の中心であり，源泉であり，目標であり，支えである．それゆえ，キリスト教的道徳は，キリストに従う生き方，あるいはキリストにおける生き方として特徴づけられる．すなわち，神の言葉に傾聴しながら，キリストの招きへの応答，キリストとの親しさのうちに生きること，キリストの生活およびキリストの使命に関与することである．人間に語りかける神に対して我々が真実に応答すること，ここにキリスト教道徳の応答的性格がある．またこの応答が生活のなかでなされる際に，人間の責任と，キリストへの忠実さ，そして創造的自由さにおいて行われることが重要になってくる．このことは，別の表現をすれば，人格的関係における健全さを目指すことであり，共同社会や利益社会が健全であること，健全になること，それゆえに，神や隣人，自己自身や全被造物との健全な関係が構築されることであり，これは決定的な視座であると *ヘーリングは指摘している．

【現状】カトリック教会が伝統的に維持し，不動不変のものと思われていた道徳は，時代や社会の変化とともに20世紀中葉から刷新の波に洗われてきた．諸学問の発展とともに，これまで人類に知られていなかった新たな発見と事実が人間に関する分野において次々に明らかになってくるにしたがい，特に第2*ヴァティカン公会議を契機に，従来の道徳についての見直しが行われるようになった．道徳やモラルに関する重要な問題についてカトリックのなかで意見は一致しているが，しかし *性の倫理の一部の分野について，カトリック者の間でも意見の相違が明らかになってきている．教会がこれらの相違を受け入れることが可能かどうかが，大きな焦点となっている．さらにこのように倫理神学者を含めたカトリック者のなかで，キリスト者にとって道徳とは一体何なのかという問いかけが新たに行われている．

【文献】哲学事典 767, 1010; SM(E) 2: 252-56; 4: 112-20; B. ヘーリング『キリストの掟』1, 上智大学神学部編（中央出版社 1966）: B. Häring, *Das Gesetz Christi* (Freiburg 1959); J. マシア『倫理の解剖』（南窓社 1984）; B. ヘーリング『自由の源泉を求めて』中村友太郎訳（中央出版社 1986）; 同『倫理にのぞむ根本姿勢』中村友太郎訳（中央出版社 1987）; J. M. ガスタフソン『キリスト教倫理は可能か』東方敬信訳（ヨルダン社 1987）: J. M. Gustafson, *Can Ethics Be Christian?* (Chicago 1975); B. ヘーリング『価値判断の根底を探る』中村友太郎訳（中央出版社 1990）; R. メール『カトリック倫理とプロテスタント倫理』現代キリスト教倫理双書，小林恵一他訳（新教出版社 1990）: R. Mehl, *Ethique catholique et ethique protestante* (Neuchâtel 1970); 吉山登『カトリック倫理の基礎』（サンパウロ 1996）; B. Häring, *Frei in Christus* (Freiburg 1979); C. E. Curran, *Moral Theology: A Continuing Journey* (Notre Dame, Ind. 1982); Id., *Critical Concerns in Moral Theology* (Notre Dame, Ind. 1984); Id., *Tensions in Moral Theology* (Notre Dame, Ind. 1988); M. Vidal, *Moral de actitudes*, v. 1 (Madrid 1990); C. E. Curran, *The Church and Morality* (Minneapolis 1993); Id., *History and Contemporary Issues* (New York 1996).

（清永俊一）

【道徳と宗教】道徳と *宗教とはどう関係するかという問いは，西洋では近代以来議論の種になっており，現在でも学者の意見はさまざまである．この問いが重要なのは，それがただの思弁的・哲学的なものではなく，文明の問題であるところにある．キリスト教の立場からすると，「キリスト教的道徳（倫理）」というものは一体存在しうるか，もし存在するなら，それはどう定義したらよいか，キリスト教が西洋以外の文化圏に入る場合，その文化圏の信者の道徳はどうなるのか，などの問題とつながってくる．

〔理論〕この問いに対する答えは二通り考えられる．(1) 両者の間には依存関係がある．道徳は（特にその当為的性格において）宗教に基づくか，または宗教は道徳の要求から生まれる．(2) 両者は相互に独立したものである．後者の場合には二つの相対立する立場が考えられる．すなわち (a) 両者は互いに干渉してはいけない，(b) 実際の人間や社会においては，両者はなるべく総合しなければならない，というものである．

〔歴史〕原始的な民族においては，道徳的要求が，統合した全体において区別なしに宗教的（儀礼的）・法律的基準と統合していたに違いない．しかし，歴史の経過とともに幾つかの宗教的伝統において，他の（特に儀礼的）基準に対して，道徳的要求の優越が主張されるようになった（例えばイスラエルの *預言者を参照）．道徳が宗教と区別され，その独自性や自主性が強調されてきたのは，統一的・宗教的世界観が崩壊した文化においてであるといえる．その例として，中国の *儒教があげられる．その影響で日本では，宗教にかわって（かなり世俗的な）儒教が道徳の担い手となったと思われる．

しかし，宗教と道徳との関係が最も問題にされ，宗教に対する道徳の自立が要求されてきたのは，近代以降の西洋においてであろう．そこでは，神的命令に基づく倫理に対して，道徳的正邪（善悪）に関する判断は人間の理性にこそ属するという主張がしだいに支配的になった．

〔展望〕宗教は，人間社会の他のさまざまな側面と同じく道徳の自立を認めなければならないが，宗教と道徳との関係は密接である．確かに，宗教は最終的に道徳を超える．*日本の仏教はそれを特に強調するが，キリスト教でも最終的に救いは道徳によるのではなく，宗教的 *愛の次元が道徳の掟を超えると教えている．しかし他方，人の宗教心は道徳的生活を通じてその誠実さを実証しなければならない．

道徳は，人間の理性によるものとして自立的であるが，世における悪や人生の不合理な側面を前にして，理性は二律背反にぶつかるので，道徳それ自体だけでいつまでも道徳を維持していけるとは考えにくい．ある形而上学的または宗教的世界観のなかに，道徳は初めてその充実した意義や安定をもつと考えてよいだろう．→ヴェーバー，カント

【文献】P. Helm, ed., *Divine Commands and Morality* (Oxford 1981).

（J. ヴァン・ブラフト）

どうとくきょういく　道徳教育〔英〕moral education,〔独〕Moralerziehung,〔仏〕éducation morale　道徳教育は，*道徳についての知識または規範を教えるだけでは不充分であろう．それらを充分に踏まえながらも，しかしそのことにとどまることなく，人間をさらに創造的な行為および生き方へと励ましかつ支え，そのようにして人間として，また神に向かって信じる者として成長していくことの重要性が強調されねばならない．なぜなら道徳または倫理は，一定の *規範または規則を守ること以上のことだからである．以前の教育は，*掟や規範を教え，どのような行為が *罪であり，また罪でな

いかを吟味することが中心とされたが，現代では，キリストを通して与えられる*恩恵のうちに贖われ救われ，神の*愛に向かって変えられていく人間の創造的で積極的な面が強調されている．キリスト教の核心は，キリストを通して明らかになった神の愛である．したがって，キリスト教の道徳教育が目指す究極の目標は，まさに神の愛そのものである．神の愛に招かれ，そしてそれに応答するキリスト者の目指す道徳教育がどこに向かってなされるべきかを指摘することによって，道徳教育を説明したい．

【自分をみいだし受け入れること】まず，道徳教育において見落とされてならないことの一つは，一人ひとりの人間が自分自身をどのように評価し，受け入れることができるかということである．これに関して，アメリカの心理学者であるジョイス（Mary Joyce）は，すべての人が，その個性において独りであり，その独自性においてただ一つのものであることを強調する．一人ひとりはその在り方において独自の存在である．しかし，ここで独りであるということは他の人から孤立しているという意味ではないし，また，他人との共通点が何もないということでもない．そうではなく，人は個人としてありながら，他人と一致できるし，多くのことについて共有することができる．逆説的であるが，この独りであるという自覚が，他人との交わりの真の基盤であるとジョイスは指摘する．というのは，自分が独りであることを感謝して受け入れている人は，自ら安定し，他人に脅かされると感じることなく，他人に対して自分を開くことができるからである．他人との交わりのなかにあって，自分が自分自身であることに不安を抱かず，またそうであるからこそ，相手の人にその人がその人自身であることの恐れを感じさせることがない．交わりのうちに，人は自分自身であることができる．なぜなら自分が自分であることを喜んで受け入れている人は，他人が他人であることをも喜んで受け入れるからである．真の意味でのこのような自己に対する態度は，道徳を生きるうえで重要なことであり，道徳教育にとって無視できないことである．

【宗教教育との関係】道徳教育と*宗教教育との関係はどのようなものであろうか．一般的にいえば，意識的に無宗教の立場に立つ人の道徳は，すべての義務や規範，そしてあらゆる掟の存在とその理由の根拠が，人間としての*自我とその完成に置かれ，神に対しては反抗するという場合以外には，関わりをもたないものである．神から離れた形での人間のみを中心とするこのような道徳においては，普通，自分自身を完成するのが人間の義務であると強調される．この考えに従えば，一般に現代人にとっての人間の*人格とその道徳性は，神の側から理解されるのではなく，人間自身が倫理性を根拠づけ，道徳の目標を指示すると考えられる．このことから，人間の倫理的な課題は，自分自身の完成であるとされる．

【真の幸福】キリスト教は，我々人間が自分自身のためだけに*幸福を求めようとしても真の幸福をみつけられないように，神によって創造されたと教える．イエスは，「自分の命を得ようとする者は，それを失い，わたしのために命を失う者は，かえってそれを得る」（マタ10：39）と弟子たちに教えた．このように人間の自我を聖書的な意味でイエスのために失うことに心から同意する人だけが，真の自分自身をみいだし，真の幸福に達することができるとされる．

【神との愛の交わり】神との交わりが求められない場合は，自動的に人間の人格が倫理体系の中心になる．しかしながら，キリスト教の道徳が最終的に目指す魂の*救いは，生きた神との愛の交わりである．*ペルソナである神との人格的な交わりは，人間自身が道徳の中心になることを許さない．キリスト教の教えは，自分自身の人間的な完成を語ろうとするのではなく，生きた愛の神との関わりのなかでの人間の救い，魂の救いについて語る．道徳はその文脈で理解されるはずのものである．人間の人格は，神との人格的な結びつきをもっている宗教的な視野のなかでしか理解できない．ある人にとって，それまでの道徳的努力が自己の完成を目標にしていたという場合，ときとして自己完成と自分の救いのために役立つ効果的と思われる手段をキリスト教のなかにみいだすかもしれない．しかしながら意識的であれ無意識的であれ，このような場合，その人は神に至る道を自ら閉ざすことになる．なぜなら聖書に記述されている道徳はそのすべてが，本質的に神と民との*契約に関するものであり，人間が自分自身以上に神を愛するようにと招かれている宗教的な*対話のなかで，果たされていくものだからである．道徳の成就は，神とのこのような愛の対話によって実現していく．すなわち，道徳は宗教に依存することになる．

【神への応答】また，我々の道徳的なもろもろの行為の究極としての目的は，人間自身の完成や成功，あるいは救いや至福を獲得することではなく，また社会を道徳的に秩序立てることでもない．我々の目指すべき究極目的は，十字架において人類を贖ったほどに人間を愛した神自身を愛することであり，*イエス・キリストを通して示された神の愛に対する我々の愛をもってする答えである．さらに，神とのすべての関係，そして神に対してなされるすべての奉仕が，その際にそこから引き出される何らかの人間的な利益という観点から理解されるなら，キリスト教的生活や道徳は極めて大きな危険に出会うことになる．終極的には，倫理や道徳は，宗教と同じ中心をもたなければならない．すなわち，神との交わりという中心である．信仰によってキリスト者が従おうとする永遠のみことばは，我々の究極目的が何であるかを教えている．人間の究極目的とは，*父なる神が*聖霊において永遠に発するみことばそのものである．「永遠の命とは，唯一のまことの神であられるあなたと，あなたのお遣わしになったイエス・キリストを知ることです」（ヨハ17：3）．このように道徳教育は，信仰教育と深い関わりがあり，信仰教育なくしてキリスト教の道徳教育は成り立たない．

【創造的な責任】キリストは，父と子と聖霊の愛の交わりへと我々を招いている．そしてこの愛の交わりは，救い主であるキリストを通して，全人類に向かって神の愛を共に生きるようにと呼びかける．キリストはすべての人に向かって，救いの業を成し遂げた．キリスト教の救いは，共同体的な救いであり，救いの連帯性へと我々を招き，そしてさらに*救済史を全人類とともに連帯して担うよう共同責任のうちに呼びかけている．真の人間性は，隣人との関わりにおいて，また互いの尊敬，愛と共同責任においてのみ存在する．人間は，誠実な心で神を礼拝しつつ，隣人およびすべての人との健全な関係を通して神に栄光を帰する場合にだけ，真の自己を発見するのである．また，キリストとの関わりにおいて，神と隣人，そして世界と自分自身との関係の在り方についての健全な関係を作り上げる*責任が生じる．我々は一体何をなすべきか，という問いは重要であるが，我々がどのような人間でありどのような人格であるのか，という問

いはそれにもまして根本的なものである．キリストに従うことによって，我々は，同時に責任ある創造的な人格になるようにと呼ばれているのである．

【果たされる責任】イエス・キリストによって例外なしにすべての人間が，神の愛に呼ばれていることを知っているキリスト者にとって，神に対する責任は，実に大きいものがある．このような人間の使命は我々の想像を超えた，真に偉大なものである．神は我々を神の命である*三位一体の交わりのなかに招き，すべての人がそれに応えるよう呼びかけている．神は，我々が御子とともに，神の愛の命である聖霊において，神に向かって「アッバ，父よ」（ロマ8:15）と呼ぶ*神の子となることを望んでいる．我々に委ねられているこのような責任が果たされることによって，神によって創造された世界は完成に向かう．我々は，自分のそれぞれの状況のなかで，開かれた多くの可能性を前にして，神の前に自分が行った自由な選択の責任を負うはずである．しかしながらこのように果たされる責任は，神への直接的な答えとしてあるのではなく，世界および社会，また人々との関わりのなかでの我々の営みを通して求められる答えなのである．すなわち我々の道徳的な答えは，正しくは神への直接的な答えとしてではなく，造られた*善を通じての神への間接的な答えであるはずである．このように理解される責任の概念は，真にキリスト教道徳にとっての根本概念である．また，我々が人々に対して，または何かについての責任を有する場合，道徳の領域はつねに責任，特に共同責任の領域となるのである．

【服従と強制を超えるもの】理不尽な命令によって人に服従を要求したり強制したりすることは，人間の*自由意志を著しく害する．教育的観点から，場合によっては人を何かに向けて強制し命令に服従させることがあるかもしれないが，それは意志の鍛錬や訓練ということであり，自由意志を培う教育ではない．服従への教育が認められるのは，命令されることによってよりも，動機そのものによって導かれている場合である．その際に，規範および規則の内的な価値を明らかにしていく*権威が正しく示されねばならないであろう．規則および命令を伴った正しい教育は必要であるが，その際には教育を通して，それにとどまることなく，より高い*自由に向かう教育が目指されているはずである．

【習慣および習性の乗り越え】良い習慣や*習性は評価されるべきものである．しかし，もし人が自分の習慣という枠内から一歩も出ないのであれば，大きな誤りとなるであろう．なぜなら，我々の目指す道徳は，単なる習慣とは正反対のものだからである．というのは，習慣および習性は，そのたびごとに自由にそして新たに善を願い求める心によって，創造的に善を選んでいく行為に取って代わることはできないからである．習慣性が否定されるのではなく，良い習慣を創造的に生きることが求められるのである．

【神の愛に従うこと】キリスト教倫理の中心的動機は，特に神の愛に従うことを特徴とする愛である．人間は，神自らの愛に対して子としての愛をもって応答し，かつ永遠に参与するようにと召されている．その際に，人間は神によって創造された*被造物としてとどまり，したがって，神を人間の対等なパートナーとしてではなく，創造主として愛するのである．ここでいう人間の愛は，宗教的にはつねに礼拝を通して示される愛でなければならず，また倫理的には，従うことによって特徴づけられる愛でなければならないことを意味している．その際の根本となる動機は，愛し，愛される神の意志であり，キリストにおける神の愛の意志であり，最終的には，キリストに従うということのうちに統合されるものである．

【隣人との対話】キリスト教は*神の言葉と人間との応答を通しての真の出会いによって始まる．まず神が人間に向かって対話を始めたからこそ人間は神と語り合うことができるようになった．人と人との関係においても，キリスト教は互いに相手を真剣に受け止め，互いにとって真の意味での人格的な関係を築き上げる．このように理解されるキリスト教は，本質的に人格主義である．この人格主義とは自我に閉じこもることではなく，他者に向かって開かれていること，愛の応答ができることを意味している．このキリスト教的な人格主義は，神と神の言葉と神の恩恵に促される人間の応答の関係を頂点とする．そして，我々が充分にキリスト教的でありうるのは，愛そのものである神の側からでなければ自分自身が充分に理解されないという，神との対話の深みに達するときである．人間の人格は，神のために自分自身を失うそのときにこそ，真の自分をみいだす．人格主義は，神とのこの愛の対話の交わり以外にはみいだされえない．真実の対話を不可能とする掟や規範の絶対化は，結局は人間を隷属化させ，自己中心の倫理に終わらせてしまうであろう．キリスト教の道徳は，キリスト教それ自体によって成り立つ．道徳的規範に従うということは，人間を祝福する神の愛に対する人間の側からの応答に関わることである．キリスト教は本質的に対話であり，我々の道徳は厳密な意味で，その応答だからである．キリスト者は神との対話のうちに自分の答えを生きている．キリスト者がキリストに向かって行う応答は，我々の兄弟姉妹としての隣人にも向けられるはずである．

【動機づけ】道徳教育は，道徳に関することを単に教え込むことに終始するのではない．道徳について強制的かつ機械的に教え込まれる場合，人は心から喜んでそれを実行するだろうか．そのように教えられた道徳が，真にその人の人生を方向づけていくであろうか．道徳の価値が強制によってではなく，人類に向けられた神の愛のもとで明らかにされ，理解されなければ，道徳を生きる動機は，自発的で生き生きした，創造的なものとはならないであろう．また人間は，偶然に道徳的価値を深く悟るわけでもない．たび重なる訓練または練習によって，価値はますます自覚され，道徳への動機づけは深められていく．道徳教育において，生き生きした動機がその人の心のなかに現存しなくてはならない．「わたしがあなたがたを愛したように，あなたがたも互いに愛し合いなさい」（ヨハ13:34）とキリストが弟子たちにいったように，キリスト者の行為においては，キリストが我々に示した愛という動機が働いているはずである．そのほか，道徳教育は幅広い分野に関わっている．例えば，*平和と非暴力に関する教育，自由に関する教育，*良心に関する教育，人間の*尊厳に関する教育，*性教育，*結婚に関する教育，家庭教育などである．また，環境問題および自然保護に関する教育，エネルギー問題や公害に関する教育，隣人に関する関わりや臓器提供（→臓器移植）と福祉に関する教育，その他の社会的・政治的・経済的問題に関する教育などが必要であろう．

【文献】第2ヴァティカン公会議公文書『キリスト教教育宣言』『教会憲章』『現代世界憲章』; B. ヘーリンク『キリストの掟』全4巻，上智大学神学部編訳（中央出版社 1966-1974）: B. HÄRING, *Das Gesetz Christi* (Freiburg 1954); J. マシア「倫理教育と信仰教育」カ研40 (1981) 313-42; B. ヘーリンク『キリストの自由』全13冊, 中村友太郎他編訳 (中央出版社 1986-90); 吉山登『カトリック倫理の基礎』(サンパウロ 1996); M. ジョイス「貞潔は性の自由をもたらすか」小林治美訳『神学ダイジェスト』21 (1971) 26-31: M. JOYCE, "Celibacy and Sexual Freedom," *America* (1969. 4. 19) 468-70; B. HÄRING, *Frei in Christus*, 3 v. (Freiburg 1979); D. TETTAMANZI, *Bioetica* (Piemme 1990); C. E. CURRAN, *The Church and Morality* (Minneapolis 1993).

(清永俊一)

どうとくげき　道徳劇

〔英〕Morality play, 〔独〕Moralität, 〔仏〕Moralité　中世末期からルネサンス期にかけてヨーロッパ諸国で行われた寓意的な内容の*宗教劇. 中世末期に現れ始めたプロ, ないしはセミ・プロの俳優たちによって演じられた. 万人, 信仰, 希望, 善行, 怠惰, 絶望といった抽象概念を擬人化した人物が登場する寓意劇であり, この世の人間を代表する主人公(人間, 万人, 人類)が美徳と悪徳, 善と悪の間で葛藤する姿を描きつつ, 観客に道徳的教訓を与えた. 教訓的な劇であったが, 同時に笑劇的な要素が加わることも珍しくなかった. オランダの『奇跡の林檎の木』(Het esbatement den appelboom), フランスの『宴会の糾弾』(Condemnation des banquets), イングランドの『堅忍の城』(The Castle of Perseverance), *『エヴリマン』などがよく知られている.

(山本浩)

どうとくしゅぎ　道徳主義

〔英〕moralism, 〔独〕Moralismus, 〔仏〕moralisme　道徳主義は, それに対立する立場がどのようなものであるかによって規定される多義的な概念である. その積極的な意味としては, 人間の理性的性格に立脚し, 人間*理性の存在理由を道徳的なものにみいだすことによって, 自律的な*道徳を主張する立場のことである. これは幸福主義に対立する立場(*カント, J. G. *フィヒテ)や宗教に対して道徳の自立を主張する立場(カント)を表示する. この場合, 道徳的なきまりが時代状況などからは独立して適用されることになるので, 道徳主義は*厳格主義と通底するものとなる.

他方, 消極的な意味としては, 神を手放した代償として純粋な道徳にしがみつく立場を表示したり(*ニーチェ), さらには道徳的価値判断そのものへの嫌悪を込めて, 道徳的なきまりの形式的な適用によって現実の生き生きとした生活を窒息させる立場や, 他の文化領域との比較のなかで道徳的なものを過大評価する立場を指す場合もある.

【文献】O. HÖFFE, ed., *Lexikon der Ethik* (München 1992) 164-65.

(御子柴善之)

どうとくしんがく　道徳神学　→ 倫理神学

どうとくせいのはったつ　道徳性の発達

【道徳性の概念】*心理学においては, 正邪善悪に関する基本的な社会規範に対する個人の関わりの在り方を, 道徳性として問題にする. 道徳性は, 一般に, *道徳規範に合致した行動をとれるか否かという行動的側面, 行動のありさまに伴う満足感や罪障感などの感情的側面, 道徳規範やそれを含む状況・場面の理解・判断に関わる認知的側面に分けられる. 道徳性の感情的側面と認知的側面は行動的側面を支える重要な内的基盤であり, この3側面が相互に関連しつつ, 道徳性の発達が引き起こされていく.

【幼・児童期】*ピアジェによれば, 幼児期・児童期の子どもたちの道徳性は, 賞罰や外的な権威による他律的道徳性の段階から, 規範の内面化や愛他的・合理的動機に基づく自律的道徳性の段階へと発達していく. すなわち, ものの善悪や規則・規範等の存在にすら気づいていなかった幼児が, 成長とともに徐々にそれらに気づいていく. 最初, 他律的道徳性の段階では, 親や周りの大人から教えられたルールや善悪判断を唯一絶対的なもの, 変えることのできないものと考え, ほめられたことを*善, 罰せられたことを*悪と捉えるのに対して, 自律的道徳性の段階になると, 互いの約束・合意によるルール理解, ルール変更の可能性の理解, 相互協力や相互信頼の促進もしくは侵害に基づく善悪判断などが出現してくる. また年少児では, 行為の善悪や*責任を主としてその物理的・客観的結果によって判断する結果論的道徳判断－客観的責任性が多くみられるが, 自律的道徳性の段階になるにしたがって, 物理的結果の大小よりも, その行為者の主観的*動機や意図をもとに判断する動機論的道徳判断－主観的責任性が出現するようになる. このような道徳発達を引き起こす要因としては, 自他の未分化による自己中心性からの脱中心化という認知的要因と, 子どもの社会生活の拡大に伴う相互方向的な対人関係の経験という社会的な要因があげられる.

【青年期・成人期】ピアジェの道徳発達段階説を踏襲しつつも, さらにそれを修正・拡大していった*コールバーグによれば, 幼児期から成人期に至る道徳性の発達は, 大きくは以下の三つの水準からなる. すなわち, 道徳規範をまだ意識しておらず, 道徳的行動が出たとしても, それは規範や規則によってではなく賞罰や権威に依存している「前慣習的水準」(〔英〕pre-conventional level), 慣習的な道徳規則によって行動が統制され, 社会的に望ましい役割を果たしたり他者の期待に応えることに価値を置く「慣習的水準」(conventional level), 慣習的な規則にとらわれるのではなく, 自ら受け入れ形成した*良心や普遍的道徳原則によって自律的に判断・行動しようとする「超慣習的水準」(post-conventional level) である. さらに各水準は二つずつの段階に分かれ, (1) 罰/服従志向の段階, (2) 道具的快楽主義の段階, (3) 「良い子」志向の段階, (4) 法と秩序志向の段階, (5) 契約や法律志向の段階, (6) 良心や原理志向の段階の6段階が設定されている. コールバーグの道徳発達説は, 役割取得 (role taking) の経験や道徳的価値が相互にぶつかる道徳的葛藤事態の経験を重視しており, モラルジレンマ教材やそれを用いた教育カリキュラムの開発等, *道徳教育の分野にも大きな影響を与えた.

【文献】J. ピアジェ『児童道徳判断の発達』大伴茂訳 (同文書院 1956): J. PIAGET, *Le jugement morale chez l'enfant* (Paris 1923); L. コールバーグ『道徳性の形成: 認知発達的アプローチ』永野重史監訳 (新曜社 1987): L. KOHLBERG, "Stage and Sequence: The Cognitive-Developmental Approach to Socialization," *Handbook of Socialization Theory and Research*, ed. D. A. GOSLIN (Chicago 1969) 347-480; 古畑和孝編『幼児の人間関係の指導』(学芸図書 1995).

(明田芳久)

どうとくてきしょうめい　道徳的証明

〔ラ〕argumentum morale, 〔英〕moral argument, 〔独〕moralisches

どうとくりつ

Argument, 〔仏〕argument moral　　*良心の基本的要素である *善を行い *悪を避けよという，人間の心に *自然・本性的に刻まれた道徳法の普遍的体験から出発して，その法を立てた者としての *神の存在証明をする方法. *義務論的証明と結ばれうる. 人間は自己の行動を決定する *自由を有し，その意味で自己の行いの主である. 同時に人間は，自分の心のなかから来るが自己に依存しない，善へと促す絶対的命法を体験するとともに，自己と自己以外の何かに対して絶対的 *責任を有していることを体験する. そして悪を行えば，良心の呵責を逃れえない. その法は，超自我や社会から来るものではない. というのは，心理的メカニズムにすぎない超自我や相対的な社会ではなく絶対的汝（人間を *超越すると同様に人間に *内在する *人格神）のみが，自由な人間の（特に内的）行為に関して絶対的命令をする絶対的 *権威を有するからである. 道徳法と，それが課す絶対的 *義務と責任は，人間が絶対者ではなく，自らの究極的根源であり絶対者と結ばれている *存在者であることの実存的なしるしである.

【文献】P. EDWARDS, ed., *Encyclopedia of Philosophy*, v. 5 (London 1967) 381-85.　　（R. ロペス・シロニス）

どうとくりつ　道徳律〔英〕moral law, 〔独〕Moralgesetz, 〔仏〕loi morale　　道徳法則と同義. 一般に道徳的 *行為の善悪・是非を判定する基準となる法則をいう. 自然界の物体の *運動の法則を表現する自然 *必然性とは異なり，道徳律は人間のふるまいの実践的必然性を命ずる法則である. これは人間の行為と共同性とを基礎づける *規範ないし *義務の命令の形をとる. これは時代や場所によって容易に変化しうる単なる *掟ないし規律および *慣習とは異なり，およそ人間が生きるかぎり遵守すべき普遍的な法則とみられる法則である. 両者は厳密に区別されねばならないが，この区別を *カントのように絶対的とみるか，*デューイのように相対的とみるかは，道徳律の理解の仕方に対応して異なっている. 道徳律は，その起源ないし *根拠に関して幾つかの捉え方に区別される. 第一は，道徳律の立法者を *神などの権威的なものに帰する見解である. *ユダヤ教における *モーセの *十戒に代表されるような *律法はその典型的な例である. 第二は，その根拠を人間本性のうちに内在する理性的な働きのうちに求める立場である. 例えば，*グロティウスなどの近代 *自然法思想における道徳律がこれと深く関連する. 第三は，両者を総合した立場ともみられるカントの定言命法（*定言命令）の主張である.

カントは，命令をもっぱら行為の *目的実現を顧慮した仮言的命法と善なる *意志の無制約的な命令である定言命法とに区別する. カントでは道徳律とは，行為によって産み出される結果，例えば *幸福・財産・*完全性などを一切考慮せずにもっぱら道徳律に対する尊敬の念に基づいて行為することを命ずる定言命法のみを意味する. これは単に特定の個人や *集団に妥当する実践的法則ではなく，人間を含むあらゆる理性的 *存在者一般に妥当する普遍的な規範を意味する. ところで道徳律は法律と原理的に区別されなければならない. カントは両者の本質的区別を主張する. 道徳律は，行為の内的原理と動機とに関係するのに対して，法律はもっぱら行為の外面性のみを制約する. 後者のように行為の外面性のみを制約する適法性に対して，前者の行為の内面性を制約するのは道徳性である. 他方，カントの同時代人の *ベンサムは，「最大多数の最大幸福」を究極目的とした *功利主義的倫理思想を主張した. カントとは対照的にベンサムにおいては，道徳律と法律とは共に *国家・*社会による生活統制の手段と技術とみられている. したがってベンサムではカントのような両者の動機による原理的区別はみいだされない.

*シェーラーはカントの義務倫理学の立場に対して *形式主義という批判を浴びせて，自ら相対立する実質的価値倫理学の見解を主張する. シェーラーによれば，義務を定言的に命令する道徳律には，その行為によって実現されるべき目的ないし状態が前提されているからである. それゆえカントが看過した実質的な道徳原理が是非とも顧慮されなければならないのである.

道徳律の根拠に対する問いは，意志の *自由の問題とも不可分である. カントは道徳律による意志の自律こそ，単なる選択意志の自由とは異なる真の積極的自由を意味するものと解した. 自由は道徳律の存在根拠であり，道徳律は自由の認識根拠である. *実存主義の倫理思想は，このようなカントおよび *キルケゴールの倫理学の意義の再評価とみることもできる. *サルトルによる *実存の絶対的自由の主張は，自由をすべての人間の基本的な在り方をなす *存在論的構造として捉えるところにその固有性が存する. いずれにせよ道徳律とその根拠に対する問題は，意志の *決定論と *非決定論との対立およびジレンマへと導くものである.

【文献】J. P. サルトル『存在と無』サルトル全集 18, 松浪信三郎訳（人文書院 1956）; I. カント『人倫の形而上学の基礎づけ: 実践理性批判』カント全集 7, 深作守文訳（理想社 1965）; J. ベンサム『道徳および立法の諸原理序説』世界の名著 38, 山下重一訳（中央公論社 1967）; M. シェーラー『倫理学における形式主義と実質的価値倫理学』シェーラー著作集 1-2, 吉沢伝三郎訳（白水社 1976）; J. デューイ, J. H. タフツ『社会倫理学』世界の大思想 27, 久野収訳（河出書房新社 1966）.　　（牧野英二）

どうとくりつふようろん　道徳律不要論　→反律法主義

トゥニチェラ〔ラ〕tunicella, 〔英〕tunicle, 〔独〕Tunizella, 〔仏〕tunique　　*副助祭が *アルバの上に着用した短い袖のついた *祭服. *教皇が, *ダルマティカのかわりかその下に「小ダルマティカ」（〔ラ〕dalmatica minor）として着用していたが, 9世紀頃から副助祭の祭服として定着した. ダルマティカとは狭い袖や長さによって区別されたが, しだいに両者の区別は不明確になった. 現在は副助祭が廃止され, 1984年の *司教儀典書にも着用について明記されていないため, ほとんど用いられない.

【文献】カ大 2: 355; LThK² 10: 404; NCE 8: 875; R. BERGER, ET AL., eds, *Gestalt des Gottesdienstes*, GDK 3: 336.　　（宮越俊光）

ドゥニン・ボルゴヴスキー　Dunin Borkowski, Zbigniew Stanislaus Martin（1864. 11. 11-1934. 5. 1）　　ポーランド系ドイツ人神学者, 哲学者, 教育者, イエズス会員. レンベルク（Lemberg, 現ウクライナの *リヴォフ）生まれ. 1883年 *イエズス会に入会し, フェルトキルヒ（Feldkirch）のギムナジウムで教職に就く. *ボンで青少年の司牧活動に従事し, 1920年以後はブレスラウ（Breslau, 現 *ヴロツワーフ）で神学

生の *霊的指導にあたる．*スピノザの研究者としても知られる．*ミュンヘンに没す．
【主著】*Spinoza*, 4 v., 1910-36; *Reifendes Leben*, 1920, ⁴1929; *Jesus als Erzieher*, 1934.
【文献】キ人 959; LThK² 3: 601．　　　　（相原直美）

どうぶつ　動物　〔英・仏〕animal, 〔独〕Tier

【聖書の動物】〔概要〕聖書でもたくさんの動物が語られている．旧約聖書には約180以上，新約聖書には約50以上の動物に関連する語があり，それらは約70以上のタイプの動物に大別できる．経験的な判断であろうか，等級や性，年齢に準じて種々の語で表されている動物もいる（例えば，羊には11のヘブライ語やアラム語，山羊には八つのヘブライ語）．正確な動物名を決定できない，また不明の場合のほうが多い．それは同一の動物でも時代や地域，民族によって異なった語で表現され，そもそも聖書では動物学的関心に基づいて組織的に分類・叙述されているわけではないためである．それゆえ，下記の類別一覧は動物学的傍証が不充分で，曖昧な点（類目の混合使用）や限界（動物名）が当然ある．もし聖書の動物誌（〔ラ〕fauna）を明らかにしようとするなら，したがってパレスチナでの今日の動物分布の実態はあまり役に立たず，むしろ考古学上の充分な調査結果の検討や周辺言語との比較研究が必要となろう．

聖書によれば，動物は確かに「ふさわしい助け手」ではない（創 2: 18-20 参照）．しかし，人間にとって極めて近しい存在である．双方は，土で形づくられ，また土に帰っていくが（創 2: 7, 19; 詩 49: 13, 21; コヘ 3: 19），しかしまた，「すべて肉なるもの」は洪水によって破滅するのに，*ノアとその家族，そして「肉なるもの」（動物）は生き延び（創 6: 5-9: 17．→ 洪水物語），*終末には双方は平和的に共存することになるからである（イザ 11: 4-9; 65: 25）．双方の親しさは動物名が人名に使用されていること（→ 名），例えば，ナハシュ（蛇．サム上 11: 1），*ヨナ（鳩），カレブ（犬．民 13: 6），*ラケル（母羊．創 29: 6），ツィポラ（鳥．出 2: 15），*デボラ（蜜蜂．士 4: 4）などからも窺える．こうした命名には消極的な意味合いはなく，これらの動物の特質を受け継いで成長するようにとの期待のためであろう．さらに，*ナタンの譬え（サム下 12: 3-4）や *十戒（申 5: 14 参照），特に *羊飼いをめぐる数々の言葉（詩 23; エゼ 34 章; マコ 6: 34; ヨハ 10 章）を通して動物と人間との親しい関係が明らかになるだろう（ただし，ゼカ 11: 4-17; イザ 53 章; 使 8: 32 参照）．そして，動物は *犠牲として不可欠なものであった．

もちろん，動物は危険な存在，人間の敵でもあった．居住地を離れた原野では，野獣に襲われて殺傷される可能性がある（例えば，創 37: 33; 王上 13: 24）．仮に家にいても同じである（アモ 5: 19）．それにもかかわらず，しばしば動物は譬えに使用される（創 49: 9, 17; 出 23: 29; 王下 17: 25; ホセ 5: 14）．それどころか，世界全体が野獣や魑魅魍魎の棲む場なのである（ヨブ 3 章）．また，*清さと *汚れに従って動物は区別された（レビ 11 章; 申 14: 3-21）．

しかしながら，やはり動物は神によって *創造された世界の一員であり，固有の棲息地域を有し（詩 104: 17-18, 20-21; 箴 30: 24-28），何よりも神を讃えるように招かれている存在である（詩 148: 10）．つまり，神は動物界の主でもあるためである（ヨブ 38: 39-39: 30）．

〔類別一覧〕詳細は，聖書事・辞典の当該項目参照．また，本覧での類別は下記文献（IDB 2: 246-56）を参考とした．

〔A．哺乳類〕

1) 家畜．a．ウマ科．① 馬．銅石器時代の地層から骨が発見されたが，聖書ではエジプトの馬（創 47: 17; 出 14: 9-28）が初出で，*ダビデや *ソロモンの時代以降になって頻出する．ソロモンの厩舎は有名である（王上 5: 6）．軍馬（王上 5: 8; ミカ 1: 13）や駅馬（エス 8: 10, 14）もいた．力や速さの象徴だが（詩 147: 10; ヨブ 39: 19），高く評価されているとは限らない（申 17: 16; 詩 20: 8; 黙 6: 3-8）．② ろば．らくだとの共生が広く行き渡るまでは，「砂漠の舟」と形容できるほどに人間の移動や運搬に有益であった．*アブラハムの時代から知られていた（創 12: 16; 22: 5）．イエスもろばに乗ってエルサレムに入城した（マタ 21: 1-9; ゼカ 9: 9）．犠牲のための動物ではないが（出 34: 20），軽蔑されていたわけではない（エレ 22: 19 参照）．③ らば．ダビデ時代以降にみられる（サム下 13: 29）．交雑は *律法で禁じられていたので（レビ 19: 19），イスラエル以外から持ち込まれたと考えられる．

b．イノシシ科．豚や猪は汚れた動物で（レビ 11: 7; 申 14: 8），食用は禁止され，特に嫌悪されていた（イザ 65: 4; 66: 17．さらにマコ 5: 13; ルカ 15: 15 参照）．このためユダヤ人に棄教を迫って食べさせようとしたこともあった（2 マカ 6: 18; 7: 1）．

c．ラクダ科．聖書でのらくだは「ひとこぶらくだ」で，*族長の時代に登場するが（創 32: 16．ただし 12: 16 参照），イスラエルでは *士師の時代になって一般に乗用や運搬に使用されるようになったと思われる（士 6: 5; 7: 12）．毛は織物に，毛皮は服やサンダルに，乳は飲料となった（創 32: 16）．肉は食用となるが，律法によって食べることは許されない（レビ 11: 4; 申 14: 7）．イエスの譬えのなかにもみられる（マタ 19: 24．さらに 23: 24 参照）．

d．ウシ科．① 牛．聖書では，家畜や牛という一般的な語のほか，雄牛，雌牛など等級や性，年齢に準じて記されている．律法にも規定があり（出 22: 3; 申 22: 4; 25: 4），*カナン定住後に主として農業に使用されたと考えられる（箴 14: 4; 1 コリ 9: 9）．犠牲に不可欠であり（民 7: 87-88; サム下 24: 22-25），乳は飲料（創 18: 8），肉は食用となる（創 18: 7; 王上 5: 3）．力の象徴でもあった（エゼ 1: 10; 黙 4: 7）．② 羊．最重要な家畜の一つ．創世記 4 章 2 節にあるように古くから毛や毛皮はもとより，乳や肉は食用として，さらに犠牲としても使用される（レビ 1: 10; 4: 32 等）．角笛も作られた（ヨシュ 6: 4）．イエスは神の *小羊と呼ばれる（ヨハ 1: 29）．③ 山羊．最重要な家畜の一つだが，木の芽や若枝を食べるので，山野を荒廃させることもあった．羊のように多岐にわたって日常的に活用され（例えば，出 26: 7; ヘブ 11: 37），子山羊の肉が食用となった（士 6: 19; ルカ 15: 29）．異教の祭儀との関連から，律法には「子山羊をその母の乳で煮てはならない」（出 23: 19 等）という禁止規定がある．雄山羊は *贖いの日の儀式で使用される（レビ 16: 7-10）．

e．食肉目．① 犬．番犬としても益するが（ヨブ 30: 1; トビ 6: 2; 11: 4），もともと腐肉を食べる動物で（出 22: 30; 王上 14: 11），群をなしていた（詩 22: 16）．聖書では，一般に消極的な意味合いで使用されていることが多い（申 23: 19; サム下 9: 8; マタ 15: 26; ルカ 16: 21; フィリ 3: 2; 2 ペト 2: 22; 黙 22: 15）．② 猫．エレミヤ

どうぶつ

の手紙21 にのみ記されている．*異教の聖獣の一つであったから，古代イスラエルでは言及されることがなかったのであろう．

2) 野生種．a. 翼手目．こうもり．食用は禁止されている（レビ11: 19；申14: 18；イザ2: 20）．

b. 食虫目．山あらし，あるいは針ねずみ（イザ14: 23；34: 11；ゼファ2: 14）．

c. 食肉目．① 狼．特に羊や羊飼いにとって危険な野生動物で（マタ10: 16；使20: 29），邪悪さの象徴としても語られている（エゼ22: 27；ゼファ3: 3；ヨハ10: 12）．② 狐，山犬（ジャッカル）．両者はパレスチナで最もありふれた食肉動物で，同一視されることもあったようだが，山犬（ジャッカル）は腐肉を食べるのに対し，狐は腐肉を食べない．しばしば荒廃した状況を形容する場合に使用され（詩44: 20；イザ13: 22；哀5: 18），イエスの言葉のなかにもみられる（マタ8: 20；ルカ13: 32）．③ 熊．巨大で危険な動物の一つ（サム上17: 34-37；サム下17: 8；ホセ13: 8）．預言的な幻のなかで触れられている（ダニ7: 5；黙13: 2）．④ ハイエナ．聖書では単に地名としてだけである（複数形「ツェボイム」．サム上13: 18；ネヘ11: 34）．⑤ 獅子．羊や山羊などのように一般的な語のほかに，異なる語で表されている．危険な動物であるが，終末の幻（イザ11: 6-7）のなかに，また力や勇気（創49: 9），攻撃（イザ5: 29；1ペト5: 8），審判（アモ1: 2）などの象徴としても使用されている．⑥ 豹．残忍さや機敏さを表すため（エレ5: 6；ハバ1: 8），また預言的な幻（ダニ7: 6）に出てくる．パレスチナには稀であった（雅4: 8；黙13: 2）．以上は，野生種の食肉目である．

d. 岩狸．岩場に棲息する夜行性の小動物で（詩104: 18），食用は禁止されている（レビ11: 5；申14: 7）．類別は困難である．

e. 奇蹄目・偶蹄目．① 野ろば（ヨブ6: 5；イザ32: 14；ダニ5: 21）．② 猪（詩80: 14）．食用は禁止され（レビ11: 7；申14: 8），「豚」とも訳す（イザ65: 4）．③ 鹿．雄鹿は姿が美しく（雅2: 9），脚は丈夫で（イザ35: 6），水を求めて歩き回る（詩42: 2）．食用となる（申14: 5；王上5: 3）．

f. ウシ科．① 野牛（民23: 22；24: 8）．「雄牛」とも訳す（申33: 17；詩22: 22）．② かもしか．肉は食用となった（申14: 5；王上5: 3）．また，美の象徴として語られている（雅2: 17；4: 5；7: 14）．*ドルカスという婦人の名もある（使9: 36）．③ 野山羊（ヨブ39: 1；詩104: 18．さらに申14: 5；箴5: 19参照）．④ 羚羊（申14: 5のみ）．⑤ その他．大かもしか（申14: 5；イザ51: 20）．ガゼル（申14: 5のみ）．

g. ウサギ目．野兎（レビ11: 6；申14: 7）．

h. 齧歯目．① もぐら（イザ2: 20）とも訳されるもぐらねずみ（レビ11: 29）．② ねずみ（レビ11: 29；サム上6: 4-5；イザ66: 17）．いずれも汚れた動物である．

i. 長鼻目．象はパレスチナには棲息していない．戦闘用の動物として（1マカ6: 30，34-37），また象牙に関しての記述があるだけである（王上10: 22；代下9: 21）．

j. その他．じゅごん．皮が幕屋のために使用された（出25: 5；26: 14；民4: 6等）．しかし，単に「皮革」を意味する語と理解することもできる（エゼ16: 10）．

k. 霊長類．猿，ひひ（王上10: 22；代下9: 21）．

l. クジラ目．かつて誤って*レビヤタン（ヨブ3: 8等）を鯨と考えたことがある．

〔B. 鳥類〕

1) ワシ目・タカ目．猛禽（イザ18: 6；エレ12: 9），鷲（出19: 4；申32: 11），鷹（レビ11: 16；申14: 15；ヨブ39: 26）などのほかに，特定不可能なものが多い（例えば，レビ11: 13-14；申14: 12-17参照）．汚れた動物だが，威厳や権力の象徴でもある（エゼ1: 10；ダニ7: 4；エズ・ラ11章）．

2) フクロウ目．ふくろう（イザ34: 15）のほか，同類の鳥の特定は非常に困難である（例えば，レビ11: 16-18；申14: 12-17）．汚れた動物である．

3) ダチョウ科．駝鳥（イザ13: 21；ミカ1: 8），鷲みみずく（レビ11: 16；申14: 15）．食用は許されない．

4) スズメ目．つばめ（詩84: 4；さらにイザ38: 14），烏（創8: 7；王上17: 4，6；ルカ12: 24）．イエスの言葉にもみられる「雀」や「鳥」はこのタイプの小鳥である（マタ6: 26；10: 29）．

5) サギ科など．鶴（イザ38: 14；エレ8: 7）のほかに，食べてはならない青鷺，こうのとり，このはずく，魚みみずく，虎ふずく（レビ11: 16-19；申14: 5，17-18参照）．

6) ハト目・キジ目．a. 鳩（創8: 8），山鳩（15: 9）．どちらも犠牲としても使用される（レビ1: 14；さらにルカ2: 24）．イエスの活動や言葉とも関連がある（マタ10: 16；マコ1: 10）．象徴としての使用もみられる（例えば，雅1: 15；ホセ7: 11比較参照）．

b. 家禽全般．鶉鳥（王上5: 3参照），新約聖書では鶏（〔ギ〕alektōr．例えば，マタ26: 34等）．一般に「家禽」と訳す．

c. ウズラ類・シャコ属．しゃこ（サム上26: 20；エレ17: 11）．うずら（出16: 13；民11: 31-32；詩105: 40）．

〔C. 爬虫類・両性類〕

レビヤタンをはじめ，水中の怪物や竜（例えば，創1: 21；詩148: 7．ただし，「わに」と訳すこともある．エゼ29: 3；32: 2参照）などは，神話的存在であろう．やもり（レビ11: 30；箴30: 28），蛙（出7: 27-8: 9），とかげ（レビ11: 30），蛇（創3: 1；申8: 15）など一般的な語のほか，特定困難な動物が多いが（例えば，レビ11: 29以下参照），コブラ（申32: 33；ヨブ20: 14），蝮（創49: 17．またヨブ20: 16；箴23: 32；イザ11: 8；シラ39: 30比較参照）などがみられる（さらに，マタ3: 7；ロマ3: 13参照）．

〔D. 魚類〕

大小の魚という表現以外に特定の魚の名はない．

〔E. 昆虫〕

1) 吸血性の双翅目またはノミ目．ぶよ（出8: 12-14；詩105: 31；イザ51: 6）．イエスの言葉のなかにもみられる（マタ23: 24）．

2) 直翅目．いなご（出10: 4-19；さらにヨエ1: 4参照）．洗礼者*ヨハネにみられるように（マタ3: 4），食用となった（レビ11: 22）．

3) 半翅目．a. エンジ虫．樫の木に寄生する小さな虫で，緋色の染料となる（出25: 4；代下2: 7等参照）．

b. マナ虫．マナ・ギョリュウの木に付着し，甘い分泌液を出す（出16: 31以下；民11: 6，9等参照）．マナの項を参照．

4) 膜翅目．a. 蟻（箴6: 6；30: 25のみ）．知恵と勤勉，規則正しさが称賛されている．

b. 熊蜂．「恐怖」と訳す場合があるように（出23: 28；申7: 20；ヨシュ24: 12のみ），危険である．

c. 蜜蜂（申1: 44；士14: 8；詩118: 12；イザ7: 18のみ）．蜜は甘くて滋養豊かである（サム上14: 27）．ただし聖書で単に「蜜」という場合，蜂蜜だけではなく，

「なつめやしの蜜」を指すことがある.

5) 鱗翅類. 衣蛾（ヨブ4:19, イザ50:9; 51:8）. 一般に「しみ」と訳す. また, イザヤ書51章8節の「虫」は, 衣蛾の幼虫のことであろう（さらに, マタ6:19参照）.

6) 隠翅目. 蚤. 聖書には2回だけみられる（サム上24:15; 26:20）.

7) 双翅目. a. 蝿（コヘ10:1; イザ7:18）. エクロンの神バアル・ゼブブ（王下1:2-3）とは,「蝿（ザブブ）の主」の意味である. また, 出エジプト記16章24節の「虫」は,「蛆虫」（ヨブ7:5; 17:14; 25:6; イザ14:11）をいう.

b. あぶ（出8:17-27; 詩78:45; 105:31）.

c. 幼虫（出16:20; イザ14:11; 41:14）.

〔F. その他の無脊椎動物〕

1) 軟体動物. a. なめくじ（詩58:9のみ）.

b. 貝. ある種の貝は紫や紫青などの色の染料となったようである（例えば, 出25:4）.

2) 蛭（箴30:15のみ）.

3) 蛛形綱. a. さそり（申8:15; 王上12:11; 代下10:11; エゼ2:6; シラ26:7; ルカ10:19; 11:12; 黙9:5, 10）.「アクラビム（さそり）の坂」（民34:4）などのように地名としても出てくる.

b. くも（ヨブ8:14; イザ59:5）. 有毒のものもいる.

4) 花虫綱. さんご（ヨブ28:18; エゼ27:16）は, 海の宝石ともいわれ, 珊瑚虫がつくる.

〔G. その他〕

かつて *孔雀やオウム（A. 哺乳類の「ひひ」に対する訳語）, 白鳥（B. 鳥類の「鷲鳥」）, ペリカン（B. 鳥類の「このはずく」）, 河馬（*ベヘモット」ヨブ40:15）, 鰐（「レビヤタン」ヨブ40:25）という動物名もみられたが, いずれも今日では支持されてはいない.

【文献】ABD 6: 1109-67; IDB 2: 246-56; UBS, ed., *Fauna and Flora of the Bible* (New York 1972); O. KEEL, ET AL., eds., *Orte und Landschaften der Bibel*, v. 1 (Zürich, Göttingen 1984) 100-80; B. JANOWSKI, ET AL., eds., *Gefährten und Feinde des Menschen* (Neukirchen-Vluyn 1993). （清水宏）

【象徴としての動物】動物は人間に極めて親しい存在であるがゆえに, *植物と同様に多くの象徴性を担ってきた. 特に *キリスト教美術においては, 動物は美徳や悪徳を表すものとして, 世俗美術の場合よりもはるかに重要な象徴となっている. 旧約聖書では, 動物は清いものと汚れたものとに分けられる（レビ11章; 申14:3-21）. これは食物に関する律法であり（→食物規定）, そのまま善悪の象徴に結びつくわけではない. 新約聖書ではこうした分類はみられず, 動物はその特性によって象徴性が与えられている. そしてキリスト教においてはオリエントやユダヤ的伝統の救済（→救い）の真理における動物の役割を超えて, 動物の寓意的解釈は, 敬虔な信徒が, キリスト, *悪魔, 美徳と悪徳, あるいは *秘跡の意味を理解するためのものとなった. 動物の特性は, 古代の動物学的・医学的文献に根ざしていて, しばしば多義的な解釈を生んだ.

初期キリスト教時代では, *カタコンベなどに描かれた動物は, 古代の絵画表現の伝統を継承しつつ, *霊魂, *永遠の命, *復活といった終末論的象徴として表された. 良き羊飼いとともにいる小羊は, キリスト教徒の魂, *殉教者あるいは *教会を象徴し, 鳩は, 死によって解放されるキリスト教徒の魂を意味する. *孔雀や

*フェニックスは肉体の復活の象徴である. また泉の水を求める鹿は主を求めるキリスト教徒の魂を表す（詩42:1参照）. この時代の象徴として最もよく知られているのは *魚であろう. ギリシア語の Iesous Christos Theou (H)Yios Sōtēr（イエス・キリスト, 神の子, 救い主）の頭文字をつなぐと ichthys (魚) という語になり, それゆえ魚はキリストを表す. また「人間をとる漁師」というイエスの言葉から（マタ4:19）, 魚はキリスト教徒を意味する. さらに水は *再生を表すものとして, *洗礼や洗礼の水とも結びつけられた.

キリスト教の公認以降, ヨハネの黙示録はキリスト教美術におけるイメージの源泉として大きな役割を果たした. 黙示録において30回以上にわたり言及される小羊は, 今や犠牲のキリストを表す最も重要な象徴となった. 小羊がイエスの象徴であることは, 洗礼者ヨハネが「神の小羊」と呼んだことにもよる（ヨハ1:29, 36）. ヨハネの幻視に現れる四つの生き物（黙4:7-9）は, 預言者 *エゼキエルの幻視に関連するもので（エゼ1:4以下）, *ヒエロニムスの解釈以降, 鷲はヨハネ, 牛はルカ, 獅子はマルコ, 天使はマタイという *福音記者の象徴が定着する. またイエスの洗礼の際に霊が鳩のように下ってきたことから（マタ3:16）, 鳩は *聖霊を意味する重要な象徴として「*受胎告知」「*三位一体」「*聖霊の賜物」にも描かれるようになる.

12-13世紀の中世には『動物寓話集』（ベスティアリウム Bestiarium）が広く流布した. そのテクストは, *アリストテレス, ヘロドトス（Herodotos, 前484頃-425頃）, *プリニウスといった動物に関する古代の著作のほか, より直接的には2世紀頃アレクサンドリアで書かれたギリシア語の *『フィジオログス』が発展したものである. 『フィジオログス』は, 動物の性質と習性をキリスト教的な意味によって道徳的に解釈したもので, 中世を通じて動物象徴の形成に多大な影響を与えた書である. 獅子は, 旧約聖書でイエスの属するユダの民が「獅子の子」と呼ばれたことからキリストを象徴するが（創49:9）,『動物寓話集』では, 足跡を尾で消す, 目を開けて眠る, 死産の子が父親の息で三日後に生き返るという獅子の三つの性質は, キリストもまた悪魔に対し跡を隠し, 十字架上で肉体は眠っても神性は目覚め, そして父なる神の息により復活することに重ねられる. 鷲は不老水にひたって体力を回復するといわれ, 詩編（103:5）でも若さと結びつけられ, 復活の象徴となる. キリストの犠牲を象徴する, 胸を突いて子に自らの血を注ぐペリカンも『動物寓話集』によるものである. 人間のよき伴侶である犬は二面的な象徴をもつ. 忠実な番犬として忠誠や信仰を表す一方で, 嫉妬や怒りといった悪徳の象徴ともなる. 実在の動物だけでなく, 伝説上の動物もまたさまざまな象徴を担った. 手強くいかなる猟師も捕らえられず, 処女の膝にのみ身をまかせる *一角獣は, *純潔, *受肉の象徴であり, キリストの象徴でもある. オリエントに由来するグリフィン（griffin, griffon）は, 獅子の体躯と鷲の翼と嘴と鋭い目をもつ空想上の動物であり, 両者の象徴的性格を合わせもつ. *太陽, 復活, また地と天に属することから, キリストの神性と人間性を表す.

キリストに対する *悪を象徴するのは, まず *蛇である. ギリシア語やラテン語では蛇と同じ語で表される竜, そしてバシリスクス（basiliscus）もこれに関連する. 鋭い眼光をもつバシリスクスは, 蛇の王であり肉欲の象徴である. このほかに悪徳を象徴する多くの動物がい

る．ギリシア神話で旺盛な繁殖力を示す山羊は，*最後の審判における呪われた者の象徴となる（マタ 25: 31-46）．中世以降の悪魔はしばしば雄山羊の姿で表される．死肉を食らう鳥は，肉欲に囚われたもの，不純なものを表し，*ノアの箱舟に戻らないことから，悪魔，異教徒，罪人でもある．また狼は貪欲，狐は狡猾と悪意，ハイエナは不浄，豚は大食，不節制，無知を表す．

動物は，殉教を表すさまざまな事物と同様に，聖人の付属物（*アトリビュート）となっている．ヒエロニムスの獅子，*ペトロの雄鶏，トンゲレンの *フベルトゥスや *エウスタキウスの鹿，ローマの *アグネスの小羊，*ロクの犬などである．また，悪徳を表す動物もアトリビュートとしては肯定的な象徴となる．例えば，テーベの *パウロスの鳥，エジプトの *アントニオスの豚があげられる．

ルネサンス時代になると，イタリアのアルチアティ（Andrea Alciati, 1492-1550）による『エンブレマータ』（Emblemata, 初版 1531）に始まる寓意図像集（エンブレム・ブック，〔英〕emblem book）は，多大な影響を及ぼしたリーパ（Cesare Ripa, 1560 頃-1625 以前）の『イコノロギア』（Iconologia, 初版 1593）を経て，17 世紀まで大流行をみる．こうした寓意図像集では，古代，中世のさまざまなテクストに基づいた寓意図像が集められ，動物も数多く登場する．『エンブレマータ』より約 1 世紀早い 1419 年に，4 世紀頃書かれたとされる古代エジプト象形文字の解説書であるホラポロ（Horapollo）の『ヒエログリフィカ』（Hieroglyphica）のギリシア語写本が再発見されフィレンツェにもたらされた（ラテン語初版 1515）．豊富な動物象徴を含むこの書により，象形文字はルネサンスの古代学者にとって神秘的な権威となり，寓意図像集の流行を準備した．16 世紀末には，ニュルンベルクの *カメラリウスによる 5 巻本の動植物の寓意図像集（初版 1590）などが現れ，当時の動物学的，博物学的な関心と結びつきながら，古代的，中世キリスト教的な動物象徴はなおも継承され続けて豊かに発展していった．

【文献】美術解読事典; J.-P. クレベール『動物シンボル事典』竹内信夫他訳（大修館書店 1989）: J.-P. CLÉBERT, *Dictionnaire du symbolisme animal* (New York 1974); P. ミルワード『聖書の動物事典』中山理訳（大修館書店 1992）; G. ハインツ・モーア『西洋シンボル事典』野村太郎，小林頼子監訳（八坂書房 1994）: G. HEINZ-MOHR, *Lexikon der Symbole* (Düsseldorf 1971).　　（保井亜弓）

どうぶつすうはい　動物崇拝　〔英〕animal worship

【定義】動物を神聖視して宗教的に意味づけること．神意の伝達者とされて，禁忌，祭祀，礼拝などの対象となる．しかし同じ動物でも宗教が異なれば，一方で崇拝され，他方で嫌悪されることがある．また一つの宗教の内部でさえ，状況によって善悪異なる評価を受ける場合もある．例えば蛇は脱皮，冬眠，独自の形態などから，再生や不死の存在として多くの宗教で崇拝される．しかし逆にその独自さゆえに秩序に反する存在として，聖書のように悪やサタンの象徴とされることもある．また種全体ではなく，大きさや色（白，黒）など特別な個体が崇拝される例もある．動物自体に崇拝される理由があるのではなく，人間や社会が自己や世界を認識する手段として，身近に存在する事物を象徴化して利用するからであり，その一環として動物は比較的多く象徴性を付与されると考えられる．象徴性は他の *象徴との関係性で意味が決まるから多義的であり，状況に応じて変化するのである．

【研究史】19 世紀の宗教進化論では，動物崇拝は人格神崇拝の段階に達していない「未開人」の証拠とされた．動物をトーテムとして禁忌（*タブー）の対象としたり，祖先と親族であるとする *トーテミズムは，神と人間と動物をまだ充分に峻別しない（できない）宗教の始源形態を示すとされた．どれだけ動物崇拝やトーテミズムが残存しているかが，その宗教の進化の度合いを示すとか，人間と動物の姿の合成存在は動物崇拝から人格神崇拝への途上にあると考えられた．しかし現在では合成動物は *人格神を想像する能力の欠如を示すとは考えられず，人間を超える能力を示すための意図的な産物とされる．複数の動物を組み合わせた合成動物が存在するのもそのためである．

【具体例】それぞれの宗教が環境に応じて，象徴する能力にふさわしい動物や合成動物を崇拝している．また人間社会の外部に位置する動物には神意を伝える能力があるとされ，動物の内臓（特に肝臓）による占い（〔英〕haruspicy）や亀甲，鹿の骨による卜占，鳥の飛び方や餌のついばみ方によって神意を知る鳥占いもあった．古代エジプトの死者と再生の神アヌビスは死肉を漁るジャッカルの，学問の神トトはアフリカクロトキの，王の守護神ホルスはハヤブサの頭部をもつ．スフィンクスは有翼の女性あるいは人頭獅子身である．*アッシリアの王宮門には有翼人頭牡牛身の守護神像がみられる．ギリシア・ローマのゼウスは牛，白鳥に変身する．鹿はアルテミスの聖獣，鳩はアフロディテの聖鳥である．狼はマルスの聖獣で，キツツキは聖鳥．人と馬の合成のケンタウロスや人と山羊の合成のサテュロスは人間の獣性を示すもので，崇拝の対象とは言い難い．このほか，*ヒンドゥー教や東アフリカ牧畜民（ヌエル，ディンカなど）の牛，オーストラリアのアボリジニーのレインボー・サーペント，中国の鳳凰，麒麟，玄武など，動物・合成動物の崇拝例は数多いが，そうした崇拝の背後にある象徴作用の理解なしに，画一的な進化図式や元型論によって動物崇拝を説明することは避けなければならない．

【文献】宗教学辞典 579-80; EncRel(E) 1: 291-96; E. デュルケム『宗教生活の原初形態』全 2 巻，古野清人訳（岩波書店 1941-42）: E. DURKHEIM, *Les formes élémentaires de la vie religieuse* (Paris 1912); C. レヴィ・ストロース『今日のトーテミズム』仲沢紀雄訳（みすず書房 1970）: C. LÉVI-STRAUSS, *Le totémisme aujourd'hui* (Paris 1962); 同『野生の思考』大橋保夫訳（みすず書店 1976）: ID., *La pensée sauvage* (Paris 1962); R. ウィリス『人間と動物』小松和彦訳（紀伊國屋書店 1979）: R. WILLIS, *Man and Beast* (London 1974).　　（松村一男）

どうぶんさんし　『同文算指』

M. *リッチが *李之藻に教授した実用数学書．1614 年（万暦 42）北京刊の 2 巻本．筆算，加減乗除の式，約分，通分などを説明する．*『天学初函』や『海山仙館叢書』などに収められて，日本では寛永年間の禁書に指定されたが（→寛永禁書令），近藤重蔵（1771-1829）などの識者に読まれている．　　（尾原悟）

とうぼ　登簿　〔ラ〕incorporatio, 〔英・仏〕incorporation, 〔独〕Inkorporation

ラテン語の「インコルポラティオ」は多義的な用語であるが，狭義では，ある者の *奉献生活の会すなわち *修道会もしくは *在俗会，ま

たは使徒的生活の会(例えば *宣教会)への合体つまり入会を意味する(『教会法典』578条1項).しかし日本語で「登簿」という場合は,特に在俗会および使徒的生活の会への入会について用いられる.在俗会の場合,志願者は試験期を終了した時点で三つの *福音的勧告を引き受けることによって最初の登簿がなされる.この最初の登簿は5年未満であってはならず,かつ有期でなければならない.この有期の登簿期間を終了し,適性を有すると判断された会員は終生または最終的登簿を許可される(同723条).使徒的生活の会における登簿については各会の固有法によって規定される(同735条1項).

(枝村茂)

とうほうきいつきょうかい　東方帰一教会 → カトリック東方教会

とうほうきょうかい　東方教会　〔英〕oriental churches,〔独〕orientalische Kirchen,〔仏〕églises orientales

【概要】東方教会とはいわゆる東ローマ帝国(→ ビザンティン帝国)で展開・発展した諸教会の総称(ただし,アルメニアや *ペルシアなどの帝国領土外での教会もこの呼称のなかに含まれている).東ローマ帝国内の大都市の教会は暫時主要な位置を占めるようになり,特に *アンティオケイア,*アレクサンドリア,*エルサレム,そして *コンスタンティノポリスの *主教に限り *総主教と呼ばれ,これらの都市の管轄する区域は総主教区と呼ばれるようになった.東方教会はそこから発展していった.

東方教会では *キリスト論がつねに論争の的であったが,*ネストリオスはキリストに二つの別個の *ペルソナがあり,また聖母 *マリアを「神の母 = *テオトコス」と呼ぶのは神学上誤りであり,「キリストの母 = クリストトコス」と呼ぶべきであると主張して論争を引き起こした.これは *エフェソス公会議(431)で断罪されたが,ネストリオスに同調する人々は一派(→ ネストリオス派)をなし,ペルシア帝国の支配下にあった東シリアの *ニシビスにおいて「アッシリア教会」(*東シリア教会,*カルデア教会)を形成,後に中央アジアと東アジアに宣教し,成果を上げた.

ネストリオスの追放後もキリスト論は安定せず,*キリスト単性説が唱えられたが,*カルケドン公会議(451)に至って単性説派は退けられた.しかし *カルケドン信条に忠実なローマとコンスタンティノポリスの教会に対し,この決定を是としない教会は単性説の教会を形成した.すなわち *西シリア教会(これは6世紀の主教 *ヤコブ・バラダイオスの名をとって *ヤコブ教会とも称される),アレクサンドリア教会(5-6世紀に単性説を受容し *コプト教会となる.ここではキリストの人性は一応認められている),*アルメニア教会,エチオピア教会(5世紀以降)がそれである.その他,初めカルケドン信条に忠実であったが,*キリスト単意説に転向したものの,12世紀にローマ教会と合同した *マロン教会,これも初めは単性説派であったが,7世紀にカルケドン派に戻ったグルジア教会,またインドには東シリア教会の影響の強い *マラバル教会とマランカル教会(→ マランカル典礼)がある.

カルケドン派のローマとコンスタンティノポリスの教会は徐々に神学・霊性,そして政治・文化の違いが顕在化し,11世紀に至って分裂した(→ 東西教会の断絶と分離).以後コンスタンティノポリスの教会はバルカン半島を経てスラヴ世界に宣教し,そこからブルガリア,ルーマニア,セルビア,ロシアの各正教会が生まれた(→ 東方正教会).一方,ローマ教会は分離した東方諸教会に一致を呼びかけ,中東・インド・東欧・ロシアにおいて *カトリック東方教会が誕生した.

【特徴】東方教会の特徴としては,次のような点があげられる.*西方教会に比べ,どちらかといえば静的で瞑想(→ 観想)を好み,神を理知的に考えるよりは全人的に神に向かい,全身全霊をあげての *祈りをよしとする.具体性を重視し,*典礼を尊重する(→ 東方典礼).典礼では,頻繁に *香をたき,終始,歌(→ ビザンティン聖歌)で進行する.この教会が発展した地域の関係で雰囲気は東洋的である.初期の七つの *公会議の決定事項が最重要事で,*教理その他に新しく何かを付加することはなく,伝統を重んじる.国家と教会の結びつきが強く,公会議を主宰した *ビザンティン皇帝も出た(→ 皇帝教皇主義).神学としては *聖霊は父からのみ発出するという観点に立ち(→ フィリオクェ),肯定神学よりは *否定神学的アプローチを好み,神との一致の究極を人間の *神化とした.また,ローマ教会が長い間 *ラテン語を用いたのに対し,比較的早くから,宣教された地方の言語を *典礼言語として用いてきたことも特徴の一つである.

【文献】NCE 5: 13-21; A. NICHOLS, *Rome and the Eastern Churches* (Edinburgh 1992).

(大森正樹)

どうほうきょうかい　同胞教会　The Church of the United Brethren in Christ

*メソジスト教会に似た福音主義教会の一派.1752年,アメリカに移住したドイツ人のために *ドイツ改革派教会の牧師オッターバイン(Philipp Wilhelm Otterbein, 1726-1813)がペンシルヴァニア州ランカスター(Lancaster)で伝道を開始した.1768年,説教集会を行っていたところ *メノナイトの牧師ベーム(Martin Böhm, 1725-1812)と出会い,二人は「我々は兄弟だ」と叫びながら抱擁し合ったという.これを契機に,ドイツ人植民者の間にリヴァイヴァル(→ 信仰覚醒運動)が起こり,やがて協力伝道の必要から,1800年,オッターバイン,ベームのほか *長老派教会,ドイツ改革派教会,*ルター教会などの牧師13人により,メリーランド州フレデリック(Frederick)で同胞教会が組織された.オッターバインとベームが最初の *監督に選ばれ,メソジスト教会の制度を採用,霊的体験を重視し,神学的にはアルミニウス主義(→ アルミニウス)を奉じた.

1889年の教憲改正の際に従来の教憲を保持して分かれた少数派は,従来の名を維持したまま今日に至る.多数派は1946年に *福音教会と合同し,福音同胞教会(Evangelical United Brethren Church)となった.同胞教会の日本への伝道は1895年(明治28)に始まり,日本基督同胞教会を形成し,1941年(昭和16) *日本基督教団に合同した.

【文献】キ大746; 日キ歴1051; NCE 14: 415; J. GRÜNDLER, ed., *Lexikon der christlichen Kirchen und Sekten*, v. 2 (Wien 1961) 1303.

(秋山昇)

とうほうきょうかいほう　東方教会法　〔ラ〕Ius Ecclesiarum Orientalium

【東方教会の法源】古代の東方諸教会における法の主な源泉は,*公会議やある地域の *教会会議の決定,およ

とうほうせいきょうかい

び＊教父の著作である．

（1）次の公会議の決議．第1＊ニカイア公会議(325)，第1＊コンスタンティノポリス公会議(381)，＊エフェソス公会議(431)，＊カルケドン公会議(451)，第5・第6公会議(692．→第5・6教会会議，トルロス教会会議)，第2＊ニカイア公会議(787)．

（2）教会会議の決議．＊使徒教令をはじめ，アンキュラ教会会議，＊ネオ・カイサレイア教会会議，ガングラ教会会議，＊アンティオケイア教会会議，ラオディケイア教会会議，＊セルディカ教会会議，＊カルタゴ教会会議，コンスタンティノポリス教会会議(394，861，879)．

（3）次の教父の著作から得られる教会規則．アレクサンドリアの＊ディオニュシオス，＊グレゴリオス・タウマトゥルゴス，アレクサンドリアのペトロス(Petros，司教在職 300-303)，アレクサンドリアの＊アタナシオス，カイサレイアの＊バシレイオス，ニュッサの＊グレゴリオス，ナジアンゾスの＊グレゴリオス，＊アンフィロキオス，アレクサンドリアのティモテオス(Timotheos，400頃．→ラウソス史伝)，アレクサンドリアの＊テオフィロス，アレクサンドリアの＊キュリロス，コンスタンティノポリスの＊イグナティオス，コンスタンティノポリスの＊ゲンナディオス，さらにカルタゴの＊キプリアヌス，コンスタンティノポリスの＊タラシオスの著作．

ほかに，典礼書や＊償いの規定書なども法の規範となる．また次のような著名な教会法学者の見解も半ば法的拘束力をもつとみなされる．コンスタンティノポリスの総主教＊フォティオス，アレクシス・アリステノス(Alexis Aristenos，12世紀)，ヨアンネス・ゾナラス(Ioannes Zonaras，11世紀末-12世紀中葉)，テオドロス・バルサモン(Theodoros Balsamon，1130/40-1195以後)，マタイオス・ブラスタレス(Matthaios Blastares，?-1346以降)である．さらに＊『テオドシウス法典』や＊ユスティニアヌス1世の法令など，＊ビザンティン皇帝が教会問題について公布した諸法令も忘れてはならない．以上が東方正教会全体にほぼ共通の法源であるが，現在では，個々の教会が教会会議や行政機関によって独自の立法を行うこともできる．

【東方教会法の集成】教会法集成の歴史で最初のものとされるのは，545年頃にまとめられたとされる，60項目からなる『教会法典』(Corpus canonum)である．著者は不明で現存しないものだが，＊『ユスティニアヌス法典』を模したものと考えられている．重要なのは，司祭叙階前に法律家だったコンスタンティノポリスの総主教ヨアンネス・スコラスティコス(Ioannes Scholastikos，在職 565-77)が編纂した，50項目からなる『教会法集成』(Synagōgē kanonōn，570頃)である．これには『ユスティニアヌス法典』の教会に関する条項(Novellae)から87章が付加されている．この集成版は，後の編纂者により一般法典における教会に関する内容が増補されていき，その結果，＊教会法と＊『市民法大全』の内容を組み合わせた形の法典である「ノモカノン」(Nomokanon．nomos は市民法，kanon は教会法)が成立した．

「ノモカノン」のなかで，最も重要なものは，いわゆる『14項目のノモカノン』で，629-40年に編纂された(編者不詳)．これは580年頃に編纂されていた14項目の『教会法体系』(Syntagma)をもとに『市民法大全』における規定を加えたもので，「エンアンティファネス」(Enantiphanes)と称する匿名の学者によって編纂された．その増補版として有名なのはフォティオス編と伝えられてきた883年のもので，ほかに1090年頃に編纂された版がある．これらを通じて＊東方正教会の教会法は集大成されていった．

【カトリック東方教会法典】＊カトリック東方教会のための法典集成は，第1＊ヴァティカン公会議以来の懸案であり，1917年の『教会法典』公布に引き続いて設立された＊教皇庁立東方研究所はカトリック東方教会法をその研究課題の一つとした．1929年，＊ピウス11世は P. ＊ガスパリを長とする東方教会法作成のための枢機卿委員会を設立．ここで，1930年以降『東方教会法典資料集』(Fontes Codificationis Orientalis)が編纂された．1935年，同委員会は教皇庁立東方教会法典編纂委員会に改組され，法典起草に取り組み，1949年から1957年にかけてその一部が試験的に公布された．第2＊ヴァティカン公会議の『東方諸教会教令』は改めてカトリック東方教会の伝統を積極的に認め，これを受け，エキュメニカルな視点や個々の典礼様式の独自性の認知などを基本方針とする法典編纂事業が1974年に始められた．改訂委員会の報告は，雑誌『ヌンティア』(Nuntia，1975-90)に掲載されている．最終的に1990年10月18日に，『カトリック東方教会法典』(Codex Canonum Ecclesiarum Orientalium，略称 CCEO)が公布され，1991年10月1日に施行された．

【文献】LThK³ 2: 1241-43; 6: 52-54; I. REZÁČ, *Institutiones Iuris Canonici Orientalis*, 2 v. (Roma ²1961); J. ASSFALG, P. KRÜGER, eds., *Kleines Wörterbuch des christlichen Orients* (Wiesbaden 1975); W. SELB, *Orientalisches Kirchenrecht*, 2 v. (Wien 1981-89); D. CECCARELLI MOROLLI, S. MUDRY, *Introduzione allo studio storico-giuridico delle fonti di diritto canonico orientale* (Roma 1994).　　　　　　　　　　(J. マディ)

とうほうせいきょうかい　東方正教会　〔英〕Eastern Orthodox Church, 〔独〕Orthodoxe Kirchen, 〔仏〕Eglises orthodoxes　本来「正教会」という名称は，全教会を指すものであり，＊カトリック教会と同義であった．＊東西教会の断絶と分離の後，「正教会」は，第7回までの＊公会議を認める＊東方教会の名称となり，「東方正教会」(〔英〕Eastern Orthodox Church)と呼ばれる．これに対し自らを「正教会」と主張するが，三つの公会議しか認めない諸教会(前カルケドン教会，または古代オリエント教会)もあり，これらは「オリエント正教会」(Oriental Orthodox Church)とも呼ばれる．

東方正教会は，かつての＊ビザンティン帝国の首座教会であったコンスタンティノポリス教会(→ギリシア正教会)の遺産(教理・典礼・霊性・教会法)の主要部分を共有する．東方正教会に属する諸教会の信仰上の同一性は彼らの交わりの基礎であり，それぞれが唯一の正教会を構成する部分であることを自覚している．

【教理】〔一・聖・公・使徒継承〕東方正教会は自らを，キリストによって創設され，＊使徒と後継者たちによって全世界に宣教されていった「唯一の，聖なる，普遍的，使徒的教会」であると宣言する．すべての＊地域教会が結ばれる唯一のキリストの教会があるだけであり，地域教会はそれぞれの場所で一つの教会を現出させるものである．歴史上の紆余曲折はあったものの，正教会はつねに自らの起源に忠実であり，啓示された真理から離れたことはない．

東方正教会が継承してきた＊信仰の遺産は，キリスト教時代の最初の数世紀に発展し，七つのエキュメニカル

公会議(全地公会議)で確定したものである．第1*ニカイア公会議(325)，第1*コンスタンティノポリス公会議(381)，*エフェソス公会議(431)，*カルケドン公会議(451)，第2*コンスタンティノポリス公会議(553)，第3*コンスタンティノポリス公会議(680-81)，第2*ニカイア公会議(787)という七つの公会議だけが普遍的性格を有しており，その教えは永遠に効力をもつとみなされる．正教会の交わりの外にあるのは，種々の理由から，エフェソス公会議の決議を拒否した教会(*東シリア教会，*カルデア教会)，カルケドン公会議の決議を拒否した教会(*ヤコブ教会，*コプト教会，*アルメニア教会，エチオピア教会)，そのほか，正教会としての交わりの外で組織された教会や，東西教会の断絶と分離後の西方ラテン典礼の教会(ローマ・カトリック教会)，およびそこから派生した諸教会・諸教派(プロテスタント)である．

正教会の教理は，聖書および*教父を源泉としている．聖書を中心とする*伝承はキリスト教の真理の最高の表現であり，公会議はこの伝承を表現する最高権威者であるとともにこれを保証する．最初の七つの公会議のほかに，ビザンティン時代後期の教会会議で決定した教理や，キエフの府主教*モギラが1640年に著し，1672年のエルサレム教会会議で承認された『正教信仰告白』(Confessio Orthodoxa)などが認められている．正教会は，*西方教会が東西分離後に宣言したすべての教理や，分離前に単独宣言した*信条を認めていない．これらは*ニカイア信条における聖霊の発出および「子から」(*フィリオクェ)の文言をめぐるものだからである．この点は，中世以来大きな論争となっている(→聖霊発出論争)．

また，正教会は第1*ヴァティカン公会議で宣言された教理を認めていない．聖母*マリアの*無原罪の御宿りと*被昇天の教理も同様である．正教会では，マリアの清めはお告げのとき生じたと信じられており(生神女福音祭)，マリアの死と天の栄光は生神女就寝祭(*ドルミティオ)として記念される．この教理は，キリストの体である教会が認めたエキュメニカル公会議が宣言したものではなく，正教会はそれについて意見を求められることがなかったため教会の教理とは認めていない．正教会は，つねに*教皇の*裁治権を拒否するにあたっては慎重であった．第1ヴァティカン公会議の諸宣言が真理と教会の伝承に矛盾しているとみられているのはこのためである．以上が教理上の主な相違点であるが，最近では，カトリック教会と正教会双方の神学者たちの正式な神学対話委員会が過去のこうした相違と誤解を解決しようと努めている．

【規律】正教会にとっては，エキュメニカル公会議だけが普遍的な立法者である．そして，正教会は，エキュメニカル公会議や幾つかの教会会議の決議，そして一般に認められた何人かの教父の教えからなる「聖なる規準」を規範として仰いでいる(→東方教会法)．それらの規範の多くが時代に合わなくなると，各教会は固有の教憲や細則を作った．教会はすべての規則を「厳格な原則」か「寛容の原則」に従って適用している．寛容の原則とは，特別の状況のもとでは司牧上の理由で，ある規定の適用を停止することであり，例えば離婚者の再婚は前の配偶者の死後認められる．厳格な原則は，例えば正教会以外で執り行われる*秘跡(正教の訳語は機密)を認めないことにみられる．正教会は，他宗派の行った秘跡は「不完全で，無効であり，実在しないもの」と考えるのである．しかし，寛容の原則に従って，本質的には無効な秘跡も有効になることがある．例えば，ロシアとポーランドの正教会は，カトリックの司祭の前で行われた他宗教信徒との結婚式を認めている．

【典礼】全正教会は，いわゆるビザンティン典礼に従っている(→東方典礼，クリュソストモス典礼)．カトリックの*ミサにあたる典礼は「奉神礼」([ギ] leitourgia)と呼ばれ，すべての礼拝の中心である．通常の典礼は「聖ヨアンネス・クリュソストモスの聖体礼儀」である．もう一つの「聖バシレイオスの聖体礼儀」(→バシレイオス典礼)は，短いアナフォラ(*奉献文)が加えられている点で異なる．これは年に10回，主の*降誕と*公現の夜半および当日，カイサレイアの*バシレイオスの祝日(1月1日)，大斎期間(*四旬節)の5主日，聖木曜日と聖金曜日(→過越の三日間)に用いられる．1年に1度，聖*ヤコブの祝日(10月23日)にはエルサレムに由来する「聖ヤコブの聖体礼儀」(→ヤコブ典礼)が用いられる．この式文は非常に古く，エルサレムの*キュリロスの『教理講話』(4世紀)で言及されているものである．斎(ものいみ)の期間中のすべての水曜日と金曜日，第4週の火曜日，また*聖週間の月，火，水曜日には，*グレゴリウス1世に由来するとされる「先備聖体礼儀」が行われる．これは晩課(→晩の祈り)と聖体礼儀(ミサ)の二つの要素からなる礼拝であり，世界創造を思い起こす土曜日，主の復活を思い起こす日曜日，また生神女福音祭(ユリウス暦の3月25日)に行われる．

正教会では礼拝に以下の11種類の経典が用いられる．

(1) *エヴァンゲリオン．「聖福音経」．典礼用朗読福音書．祭壇上でつねに栄誉を与えられる．
(2) *アポストロス．「聖使徒経」．使徒言行録と使徒たちの手紙の朗読箇所および朗読の前後の*アンティフォナを含む．
(3) *テュピコン．典礼の規範集．
(4) *オクトエコス．「八調経」．聖務日課の祈祷文と賛歌．8週の間，聖歌を指定する8調を示す．
(5) *トリオディオン・カタニュクティコン．「三歌斎経」．大斎期間固有の祈祷書．
(6) *ペンテコスタリオン．「五旬経」．復活節固有の祈祷書．
(7) メナイア(Menaia)．「祭日経」．固定祝祭日固有の祈祷文．
(8) シュナクサリオン(Synaxarion)．短い聖人伝集．
(9) *ホロギオン．「時課経」．聖務日課の共通部からなる聖歌集．
(10) *プサルテリオン．「聖詠経」．詩編集．
(11) リトゥルギオン(Liturgion)．「主教祈祷書」．聖ヤコブの聖体礼儀を除く三つの聖体礼儀が含まれる．
(12) *エウコロギオン．「奉事経」．ラテン教会のミサ*典礼書，*儀式書にあたる祈祷書．

【組織】東方正教会は，*独立自治教会(autokephalie)と自治教会(autonomie)に分かれている．独立自治教会は，教会行政のあらゆる点で独立している教会であり，自らを治め，ほかの*教役者の裁治権のもとにはない．自治教会は，自治領内では独立している教会であるが，その主教は管轄領域外ではその地域を代表する母教会の許認可を必要とする．カルケドン公会議第28条により，「栄誉ある首位性」をもつエキュメニカル総主教区は，ある教会の独立権と自治権を認可する権威を主張するところから，正教会のなかには，その教会法的地位が普遍

的に承認されていないものもある．さらに，正教会のなかには，現在の地位も組織も独立したものと認められず，正教会の交わりの外にある教会もある．

【独立自治教会およびそれに属する自治教会】独立自治教会は，コンスタンティノポリスのエキュメニカル総主教区，*アレクサンドリア，*アンティオケイア，*エルサレムの各古代総主教区，*モスクワ，グルジア，セルビア，ルーマニア，ブルガリアの各総主教区，ポーランドの府主教区，およびキプロス，ギリシア，アルバニアの大主教区である．

〔エキュメニカル総主教区〕カルケドン公会議第28条に従い，エキュメニカル総主教区は「異邦人のなかでの」，現代語でいえば「離散教会における」，すべての信徒への裁治権をもつことを主張している（→コンスタンティノポリスの総主教，世界総主教）．ただ，この主張を受け入れているのは，諸事由により，エキュメニカル総主教区の裁治権下にあるギリシア語を使う教会とその教役者および信徒だけである．古代教会以来の教会法が強調してきた地域裁治権の原則には矛盾することだが，今日，移民先の国々で同一の地に複数の正教会の主教がみられるのはこのためである．

エキュメニカル総主教区は，アレクサンドリア総主教区に属するアフリカ大陸を除くすべての大陸に広がっている．トルコに残る正教会，ギリシアに属する島々ドデカネス（Dodecanese）の教会，*アトス山の修道院共同体，その他の離散正教徒のほか，南北両アメリカの大主教区，オーストラリア大主教区，イギリス，ドイツの大主教区，フランス主教区がある．以前はビザンティン典礼に従うカトリックの教区（→カトリック東方教会）だったが，*教皇庁がアメリカ合衆国における東方典礼の司祭にラテン教会的な独身制を義務づけたことから1930年代に分離した*ルテニア教会は，コンスタンティノポリス総主教区に所属している．独自の教区をもつウクライナ人，アルバニア人の正教徒も同様である．

アジアはニュージーランド府主教区のもとにあり，その裁治権はインド，大韓民国，日本，フィリピン，シンガポール，インドネシア，香港にまで及ぶ．

コンスタンティノポリスのエキュメニカル総主教区に属する自治教会には次のものがある．
(1) クレタ教会．1967年より「半自治」．
(2) ロシア正教会フランス・西欧管区大主教区．1917年のロシア革命以後の移民の間で生まれ，1922年創設．1931-65年および1971年以降エキュメニカル総主教区に所属．
(3) フィンランド正教会．
(4) 在米ウクライナ正教会．米国，カナダ在住のウクライナ独立正教会の一部の信徒で，エキュメニカル総主教区に属する．
(5) 在米アルバニア正教会教区．在米アルバニア大主教区と反対に，エキュメニカル総主教区に属する．

〔アレクサンドリア総主教区〕エジプトの4教区とアフリカの9教区を含む14教区からなる．エジプトでは19世紀以来，移住したシリア・パレスチナのアラブ人正教徒が主体だったが，アフリカの諸教区の勢力が強まっている．この総主教区に属する自治教会としてアフリカ正教会がある．これは1929年にウガンダ聖公会が分裂して正教会に移行した教会のことで，1946年にアレクサンドリア総主教区に属する正教会として認められた．

〔アンティオケイア総主教区〕アラビア語を教会言語とし，総主教座は*ダマスコに置かれ，シリア（6教区），レバノン（6教区），バクダード教区など．ヨーロッパではパリに総主教代理主教を置く．19-20世紀には，北米・南米への移民が相次いだ．アメリカ合衆国の北米・ニューヨーク府主教区，オハイオ州トレド（Toledo）大主教区，中米・メキシコ主教区，南米・サンパウロ主教区がある．またオーストラリアとニュージーランドにも総主教代理管区が置かれている．

〔エルサレム総主教区〕カルケドン公会議後，総主教区とされたエルサレムは，アラブ人の侵攻により信者の一部を失い，19-20世紀には西欧のカトリック教会やプロテスタント教会の宣教により，またイスラエル建国後はパレスチナ人の流出により，多くのアラブ人キリスト者を失った．今日の信徒は，イスラエルとヨルダンにいる．この総主教区に属する自治教会にシナイ山教会がある．これは537年に*ユスティニアヌス1世により創設された修道院で，1782年以来，自治教会となり，同修道院長がシナイ教会の大主教である．

〔ロシア正教会（モスクワ総主教区）〕*ロシア正教会は，トルコ人によるコンスタンティノポリス陥落の後，1459年に独立自治教会となり，1589年に総主教区に昇格した．多くの主教座は外国に置かれている．1917年から1987年までソヴィエト政府により深刻な迫害を受けたが，正教会全体のなかでも最大の正教会である．ソ連崩壊に伴って各共和国が独立した後，自治教会化の動きも盛んになっている．

モスクワ総主教区に属する自治教会として，
(1) *日本ハリストス正教会．
(2) モスクワ総主教区所属ウクライナ正教会．1990年自治教会となる．府主教座は*キエフ．
(3) ベラルーシ正教会．1990年自治教会となる．府主教座は，ミンスク（Minsk）．
(4) エストニア正教会．1993年自治教会となる．主教座はタリン（Tallin）．*ストックホルムを中心とする亡命エストニア正教会との関係が問題となっている．
(5) リトアニア正教会．1993年自治教会となる．主教座は*リガ．

なお，アメリカ合衆国府主教区および日本ハリストス正教会の自治の地位は，モスクワ総主教区から単独に認められたもので，エキュメニカル総主教区や他の独立自治教会からは認められていない．

〔グルジア正教会（カトリコス総主教区）〕5-7世紀には独立自治教会であり（→カトリコス），1811年に，グルジアのロシア帝国併合に伴いロシア正教会の府主教区に編入される．1917年の後，グルジア・カトリコス総主教区を創設．1946年，ロシア正教会により独立自治が認められ，1990年にはエキュメニカル総主教区によって独立自治教会として承認された．典礼言語は古グルジア語．

〔セルビア正教会（総主教区）〕1346年より総主教区．*ベオグラードに総主教座が置かれる．1975年には，700万の信徒を数えたといわれる．19-20世紀の国外移住により，アメリカ合衆国，カナダ，オーストラリア，西ヨーロッパなどに多くの主教区がある．

〔ルーマニア正教会（総主教区）〕古代ルーマニア帝国に遡り，ブルガリア人宣教師の活動により形成される．モルドヴァ（Mordova），ワラキア（Valachia）教区は13世紀創立．1859年，両大公領併合により正教会は独立を宣言．1885年，エキュメニカル総主教区により独立

自治が認められる．1925年，総主教区の地位を確立する．西欧，南北アメリカ，カナダにも主教区を有する．

〔ブルガリア正教会(総主教区)〕1871年，独立自治ブルガリア府主教区(府主教座イスタンブール)が創設され，ロシア正教会の支持は得たものの，エキュメニカル総主教区や他の古代総主教区，またギリシアなどはこれを認めなかった．1913年，府主教座は *ソフィアに移転．1950-53年に総主教区として組織され，1961年，エキュメニカル総主教区によっても承認された．11の教区に550万の信徒がいる．1907年以来，南北アメリカへの移民信徒のため府主教区が *ニューヨークに置かれる．

〔キプロス正教会(大主教区)〕エフェソス公会議によりアンティオケイア総主教区に属する独立自治教会として宣言される．大主教の称号は，ネア・ユスティニアーナ(Nea Iustitiana)および全キプロスの大主教で，ニコシア(Nikosia)に居住する．ほかの3教区とともに教会会議を構成し，これによって運営される．

〔ギリシア正教会(大主教区)〕ギリシアの正教会は，1821年，エキュメニカル総主教区から分かれ，1833年，ギリシア王国の独立自治国教会となった．1912-13年のマケドニア戦争後，ギリシア北部が加わったが，1928年の条約により，北部はエキュメニカル総主教区からアテネ大主教区に譲渡された．1980年代には信徒数約900万を数えた．1924年以来，*グレゴリウス暦採用をめぐって，旧暦信奉派が分かれ，なお多くの教区やアメリカ合衆国，カナダにも信徒がいる．

〔ポーランド独立自治教会(府主教区)〕1918年のポーランド再建に由来する．1925年にエキュメニカル総主教区により独立自治を認められる．ロシア正教会による承認は1948年までかかった．

〔アルバニア正教会(大主教区)〕1937年より独立自治教会．1967年に，ほかのすべての教会・宗教と同様，公的活動を禁止される．1990年の体制崩壊の後，エキュメニカル総主教区が新たに任命した大主教の指導下で復興された．

【位置づけに関し複雑な正教会】〔チェコおよびスロヴァキアの正教会〕1921年からは，チェコ・スロヴァキアにおける一つの正教会があったが，三つの派に分かれ，それぞれエキュメニカル総主教区，セルビア総主教区，モスクワ総主教区の承認を得た．第2次世界大戦時の複雑な経過の後，1951年，独立自治がエキュメニカル総主教区およびモスクワ総主教区によって承認され，府主教区が *プラハに置かれた．1993年以降，チェコとスロヴァキアの分離独立に伴い，分かれる方向をたどる．

〔アメリカ正教会〕アメリカの正教会は，1792年以降のアラスカ宣教と19-20世紀の移民に由来する．当時はアメリカ・ロシア正教カトリック東方教会と称した．1970年にロシア正教会により独立自治を認められたが，エキュメニカル総主教区には認められていない．アメリカ合衆国の正教会は *ワシントンの大主教区を中心として7主教区からなる．ルーマニア正教会大主教区およびアメリカ・アルバニア大主教区がアメリカ正教会の裁治権下に入っている．

〔マケドニア正教会〕1967年に自ら独立自治を宣言するが，セルビア正教会もエキュメニカル総主教区も認めていない．アメリカ合衆国とオーストラリアにも教会をもつ．

〔国外ロシア正教会〕1920年以降，反共産主義ロシア市民の難民・亡命者の正教徒によって成立した教会．1950年以降，ニューヨークに拠点を置く．しかし，現在，エキュメニカル総主教区や他の正教会からは認められておらず，モスクワ総主教区(ロシア正教会)とも裁治権をめぐって争う．アメリカ合衆国の5教区のほか，カナダ，南米，ドイツ，オーストリアなどに信徒をもつ．

〔ウクライナ独立自治正教会〕ロシア革命後，一時独立していたウクライナにおいてロシア正教会体制に対する反対運動を発端とし，1920年に独立を宣言した教会．国外，特にアメリカで勢力を強めるとともに諸派に分かれていった．ソ連では1930年，次いで1944年に禁止され，聖職者や信徒の多くがアメリカ，カナダに亡命した．ソ連崩壊後，教会再編が進み，1991年に独立したウクライナ共和国の支持を得るが，分裂問題などを抱え複雑な状況下にある．その結果，今日ウクライナにおける正教会には次の三つがある．(1) ウクライナ自治教会(モスクワ総主教区所属)，(2) ウクライナ独立自治教会(カナダおよびアメリカ合衆国のウクライナ独立自治教会と合同)，(3) ウクライナ独立教会(キエフ総主教区所属)．

アメリカ合衆国とカナダにおけるウクライナ独立自治教会も複雑な事情を経過し，三つの裁治権下に立つ．(1) アメリカ・ウクライナ正教会．エキュメニカル総主教区に所属する．(2) アメリカ合衆国・ウクライナ正教会．カナダ・ギリシア正教会と1973年に合同．1995年に「アメリカ合衆国および離散地・ウクライナ正教会」となる．エキュメニカル総主教区所属．アメリカ合衆国，カナダ，ブラジル，オーストラリア，ニュージーランド，ドイツに信徒をもつ．(3) ウクライナ正教会(教会会議統治 sobornoprauna)．1923年に成立し，1930年から *シカゴを拠点とする．アメリカ合衆国，スイス，オーストラリアに信徒をもつ．

〔ベラルーシ独立自治正教会〕1921-22年にソ連で創設運動が起きたが消滅し，第2次世界大戦中，再興が試みられた．戦後，アメリカ合衆国で共同体を形成，1949年に独立自治教会であると宣言したが，エキュメニカル総主教区や他の正教会からは承認されていない．

〔その他の亡命正教会〕第2次世界大戦やソ連統治時代に発生したそのほかの亡命教会の例として次のものがある．(1) 亡命エストニア正教会．拠点はストックホルム．(2) ブルガリア自治東方正教会．アメリカ合衆国で活動．1964年，ブルガリア総主教区から分離し，国外ロシア正教会(後にアメリカ正教会 Orthodox Church in America)のなかの教会としてモスクワ総主教区から自治を認められる．(3) アメリカ合衆国およびカナダにおけるセルビア東方正教会主教区．1963年，セルビア総主教区から分離したもので，オーストラリア，ニュージーランドにも教会をもつ．(4) アメリカ・アルバニア正教会大主教区．アメリカのアルバニア正教会のうちアメリカ正教会に加わらず，エキュメニカル総主教区に属すことを望んで形成された教会．

【文献】Cath. 10: 284-303; LThK³ 7: 1144-56; TRE 25: 423-64; J. Madey, *Die Kirchen des Ostens. Eine kleine Einführung* (Freiburg 1972); J. Meyendorff, *Living Tradition: Orthodox Witness in the Contemporary World* (Crestwood, N.Y. 1978); I. Bria, *Martyria/Mission: The Witness of the Orthodox Churches Today* (Geneva 1980); J. Meyendorff, *Orthodox Church* (Crestwood, N.Y. ³1981); S. Bulgakov, *The Orthodox Church* (Crestwood, N.Y. 1988); J. H. Erickson, *The Challenge of Our Past: Studies in Orthodox Canon*

Law and Church History (Crestwood, N.Y. 1991); M. ALBERT, ET AL., *Christianismes orientaux* (Paris 1993).

(J. マディ)

とうほうでんどうし 『東方伝道史』
*イエズス会の会員 *グスマンによる東インドならびに中国・日本の宣教史 (Historia de las misiones...en la India Oriental, y en los reynos de la China y Iapon, 1601) の邦訳書名. 新井トシが翻訳し, 1944-45年に天理時報社, 養徳社から刊行した. グスマンがスペインのベルモンテ (Belmonte) の学院長を務めていたとき, *天正遣欧使節が同地を訪れたが, これに触発されてアジアの宣教に関心を抱くようになり, 後に本書を執筆するきっかけとなった. 日本の宣教が開始された1549年(天文18)から1600年(慶長5)に及ぶ時期を含み, 日本や中国を含む*宣教史の編纂書としては最初のものである. グスマン自身は来日したことはないが, 現存しない史料を含め, アジアから送付された書簡類などの直接史料を多数使用しているので, 本書の史料的価値は高く評価されている.

(尾原悟)

とうほうてんれい 東方典礼
〔英〕oriental liturgy, 〔独〕orientalische Liturgien, 〔仏〕liturgies orientales 東方典礼(東方諸典礼)とは東方諸教会に固有の *典礼を指すが, ローマ・カトリック教会固有の典礼である*ローマ典礼と区別する意味で, 特に東方典礼と総称する(このなかには, 教会合同によってローマと一致した*カトリック東方教会の諸典礼も含まれる). 第1*ニカイア公会議(325)の頃までは, 教会の典礼は, 各地方により多少の相違はあったものの統一性はほぼ保たれ, 言語による形式の多様性はあっても根本的な意味では一致がみられた. しかし, 五つの総主教区(→総主教)が成立し, 各総主教区に独自の歩みが認められるようになると, 各地で独特の*典礼様式が発展した. 特に, 東方において最も古くキリスト教共同体が生まれた*アレクサンドリアと*アンティオケイアは, 典礼においても他の教会の母体となった. 今日の東方典礼の諸様式は, 主にアレクサンドリア, アンティオケイア, ビザンティン(*コンスタンティノポリス), アルメニア(→アルメニア教会)の典礼系統を源としているが, アルメニアとビザンティンの典礼も一応アンティオケイア典礼の分枝と考えられる.

【特徴】東方典礼の特徴としては, 次のような点があげられる. イエス・キリストによる *救いの意義が想起されるよう救済のドラマ(→救済史)を考慮しつつ構造化されていること, 典礼のなかでのさまざまな行為や*イコンなどによって *三位一体論やキリストの二つの本性についての教理(*キリスト論)などの教会の教えが明らかにされていること, *司祭が聖体礼儀(*ミサ)を執り行う*祭壇は目にみえるものであると同時に天上の祭壇でもあるという意義をもち, *聖体は*神と*信徒とを一致させ, *神化された世界を先取りするものであること(聖体の*パンはアルメニア教会と*マロン教会の典礼以外では発酵させたものを用いる), そして, 典礼での*祈りは生者と死者, 目にみえるものとみえないものすべてを包含する宇宙性を具現し, 典礼への参与は諸*聖人の生き方と一つになっていくのを明示することなどである.

【文献】C. A. KUCHAREK, *The Byzantine-Slav Liturgy of St. John Chrysostom* (Allendale, N.J. 1971); I. H. DALMAIS, *Les liturgies d'Orient* (Paris 1980).

(大森正樹)

とうほうてんれいのおんがく 東方典礼の音楽
【総論】東方教会圏では各地・各民族の言語による独自の*典礼様式が定着した. 原則として*ラテン語による*ローマ典礼がほぼ統一的に浸透した西方教会圏と対照的である. 東方典礼圏は西欧世界のような*ルネサンスと*宗教改革を体験しなかった. *祈りの歌も*音楽が*宗教のくびきから解放され芸術の一分野となり, 世俗の場から聖堂へ新しい語法を発信し続けた西方教会圏のそれと異なる. 各地の東方典礼では言葉をすべて歌う. 各語は固有の音楽性(抑揚とリズム)をもち*典礼での所作とともに祈りと一体化している. *聖職者の言葉, 聖歌隊(日本ハリストス正教会では詠隊. →歌隊)と*会衆の応答, *聖書朗読や*説教まで典礼は一連の旋律により朗唱・詠唱される. ビザンティン教会, バルカンの正教会と*ロシア正教会, *アルメニア教会などでは特に, 朗唱・詠唱から歌謡性の著しい部分(主に*賛歌)が独立した*聖歌としての性格を強め, 19世紀末以降, 欧米の音楽学者たちの研究対象にもなった. 1種または数種のリトゥルギア(leitourgia 聖体礼儀. ローマ・カトリック教会の*ミサにほぼ相当)と聖務日課(→教会の祈り)に規定された基本的唱詞, 8種の旋法組織, 無伴奏合唱(→ア・カペラ)などの点で各地の東方典礼の音楽は共通する一方, 典礼における聖歌・音楽の意味, 詩と旋律の形式, 旋法組織・記譜法, 唱詞などの詳細は異なる. 西方教会圏の典礼音楽は*グレゴリオ聖歌にほぼ基づくが, 東方教会圏のそれは諸原則を共有する多種多様な朗唱・詠唱の総体である.

長い歴史と伝統を誇る宗教の関係者のなかにはその原初性を過信し誇示する傾向が強く, 東方典礼の担い手たちも例外ではない. しかし録音技術の発明以前, 響きを完全に記録する術はなく, 今日各地の東方典礼で耳にする旋律はその信徒たちが歴史のなかで関わってきた無数の異民族・異教徒の音楽文化から大きな影響を受けたものである. 特に近世以降, 西欧世界の音楽文化が深く浸透した地域では東方典礼の音楽も著しく変容した. すなわち, 西欧の音楽文化を育成した社会環境(王侯貴族のサロンやコンサート・ホール)が形成され, 音楽文化の教育・普及活動が効率よく機能した, ロシア正教圏の大半, アルメニア教会圏の一部, バルカンの正教会圏(20世紀以降)の一部の典礼音楽である. 特に約300年のロマノフ王朝時代, *ルター教会からの改宗正教徒(ドイツ貴族)が宮廷に多かったロシアでは, イタリア, ドイツ, フランス出身の他宗派の音楽家が一時期宮廷の典礼音楽に発言力をもった. *ビザンティン帝国同様, 宮廷礼拝堂は*修道院や都市の大聖堂とともに典礼音楽の中心舞台だったため, 西欧派とロシア派(スラヴ派)の抗争が19世紀に典礼音楽の場でも展開した. 信徒たちが全世界へ移住したアルメニア教会でもこの種の対立が19世紀末に盛んになった. 両教会圏では聖歌を祈りの一部とし宗教性を重視する保守派と, 聖歌を芸術音楽の一部とし音楽性を重視する進歩派の間に軋轢が生じた.

東方典礼の音楽では, ビザンティン典礼圏(ビザンティン教会, バルカンとロシアの正教会)のそれが音楽の修得・教授制度を含め最も発達した. 現存資料(典礼・聖歌写本, 理論書)と研究においても質量共に際立つ. 中近東一帯から西欧・東欧世界の音楽文化をほぼ網羅する東方典礼の音楽を, ビザンティン, アルメニア両典礼

圏を中心に概観する．

【賛歌】各地の東方典礼は詩編朗唱（→詩編唱）と，詩編朗唱後の短い祈りから拡大した賛歌（自由韻文詩等）を中心とする．3-7世紀シリア一帯で創作された賛歌類は，特にビザンティン教会圏で詩と旋律の形式として芸術的完成度を高め，以後有名無名の聖歌作者が技を競った．現存する賛歌は1-8節程度の基本的賛歌，一定の旋律と韻律をモデルとして反復する賛歌とそれを数種結合した複合賛歌がある．いずれも唱法（独唱者と1または2組の合唱の応答，原則として聖堂内左右に位置する2組の合唱の応答等）により細分類される．特にビザンティン教会圏では唱詞の主題（聖母*マリア等），聖堂内での詠唱の場，典礼内での詠唱の時などにちなむ無数の賛歌名が定着した．各地の東方典礼の賛歌名はビザンティン典礼圏の大半以外，厳密な統一的規定を欠き，時代・地域・収録写本により賛歌名とその定義が異なる例も多い．

シリアの主要賛歌は次の3種で，ビザンティン，アルメニア，グルジア各典礼の賛歌に影響を与えた．
（1）リシュ・クォロ（rish qolo）．後続部の韻律と旋律のモデルとなる短い基本賛歌，またはこれによる数節の賛歌．(2) スギィアータ（sugyatha）．韻律的説教歌．独唱者が率いる合唱2組の応答によることが多い．(3) マドラーシャ（madrasha）．宗教的頌詩または詩的説教歌．

5世紀末頃から7世紀頃までビザンティン教会の主要賛歌だった*コンタキオンはスギィアータに基づき，7世紀以降登場した*カノンは基本賛歌イルモス（heirmos＝リシュ・クォロ）に基づく複合賛歌である．ビザンティン教会のスラヴ宣教とともに，またビザンティン教会圏でも時代につれ，基本型の正確な模倣というコンタキオン（スラヴ語でコンダク kondák）とカノンの原則はかなり崩れた．アルメニア教会ではリシュ・クォロに近いメゲディ（meghedi），スギィアータに近いシャラカン（sharakan），マドラーシャに近いイェルク（yerk）が主な賛歌である．シャラカンは基本的賛歌の総称兼賛歌集名でもある．

東方典礼の賛歌は単旋律が主である．ロシア正教会（16世紀以降），グルジア教会（10世紀以降）は多声の賛歌を伝え，ビザンティン教会圏では遅くとも10世紀以降，各旋法の基本音をイソン（ison 持続低音）として詠唱する．*シリア教会の一部はオルガヌム風の朗唱旋律を伝え，ロシア正教会では17世紀に登場した多声の自由創作曲コンツェルト（kontsert）が後にイタリア，ドイツの影響を受け独自の様式へ発展した．ロシア正教会では18世紀以降，アルメニア教会では19世紀以降，伝統旋律（単旋律）の和声化が修道院以外で定着し始めた．

【旋法】東方典礼の朗唱・詠唱は原則として八つの旋法に基づく．主要典礼ではシリアはクウァラ（quala），ビザンティンのギリシア語圏はエコス（echos．→オクトエコス），教会スラヴ語圏はグラス（glas），アルメニアはジャイン（dzain）と呼ぶ．ヘブライ起源のこの旋法組織は神と人間，全世界を律する基本的諸要素の分類概念として，*教父の時代以来，思索の対象となり，特にビザンティン教会圏では優れた論考が多い．各旋法は音階ではなく，固有の発唱句と終止句，主音と旋律型を規定している．朗唱者・詠唱者がそれらを組み合わせ唱詞を完結する．賛歌の冒頭では該当旋法を紹介する特定の旋律型を詠唱する．特にビザンティン教会ではエネケマ（Enechema），ロシア正教会ではポピェーフカ（Popievka）の体系が発達した．東方典礼の担い手たちは義務としてそれらのすべてを修得し，祈りの歌と*宇宙の原理を学んだ．旋法は*典礼暦と関わる．ビザンティン典礼では*復活祭第2週に第1旋法を，以後各週ごとに第2，第3旋法と旋法を選択する．シリアの一部では同一週間に二つの旋法を規定し毎日交互に採用する（第1週に第1・5旋法の旋律，第2週に第2・6旋法の旋律）．ビザンティン典礼では旋法と典礼暦の関係は時代とともに曖昧になり，複数の旋法による賛歌旋律（16-17世紀），重要な祭日に該当旋法と別の旋法による賛歌旋律を規定した例は少なくない．またロシア正教会，アルメニア教会の一部では西欧音楽の浸透とともに旋法組織の拘束力は弱まり，規定の唱詞を西欧的な自由創作旋律で歌うことが多くなった．ロシア正教会では旋法外旋律が中世以降，重要な役割を果たした．

【楽器】人は言葉で祈るので言葉のない楽器の音は聖堂に向かないという考えから，東方典礼では原則として楽器を禁じてきた．異教の祭儀の伴奏楽器を嫌悪した教父たちの教えに基づくという．宮廷儀式で*オルガンなどを愛好したビザンティン帝国では典礼への楽器導入の試みは成功しなかったが，楽器音へのあこがれは13世紀末カロフォニー（kalophony）聖歌（美しい響きの歌）を生んだ．当時の宮廷貴族が愛好した弦・管楽器の音を模倣し，「トロロ」など無意味な音節による多数の旋律句クラテマ（kratema）を賛歌や詩編朗唱に挿入した長大な聖歌で，ロシアの写本も類似の試みを示す．西欧音楽の浸透域，特にロシアでは教会側の強い反対をよそに貴族の私邸の礼拝堂でドイツ，イタリア，フランス人を中心とする楽師たちが19世紀頃から楽器を演奏したようである．ロシア正教会改革の気運が高まった19世紀末以降，典礼への楽器導入は一部進歩派の間で論争の的となり，楽器伴奏つき典礼歌も誕生，当時の聖歌隊指揮者にはバイオリン修得が特に義務とされた．同時期，アルメニア教会でも楽器が導入され，ピアノ，オルガンは1920年代に一部の地域で容認された．リズム楽器は東方典礼全体に古くから登場している．シンバル，トライアングルのほか編鐘はザンガク（Zangak, アルメニア典礼），シストル（Systr，コプト典礼）などで特に重視され，ロシアでは中世以降，大規模な編鐘の演奏が伝統となった．

【記譜法】詩編朗唱は初め口伝により修得された．記憶した旋律を想起する補助手段として一対の記号を写本中の唱詞の各部に記した（エクフォネティック ekphonetic 記譜法）．賛歌の発達とともに各字上の文字や*ネウマ記号で旋律を表示する文字譜（シリアの一部，初期のアルメニア，グルジア各写本）や譜線なしネウマ譜が浸透した．現存する東方典礼の譜線なしネウマ譜は記号を多数用い，各記号は旋法同様，多様な象徴的意味をもつ．旋律修得を前提とし音高表示は多くの場合曖昧なため，ビザンティン，ロシア，アルメニアなどの譜線なしネウマ譜は現在解読可能とされる時代の写本でも異論が少なくない．14-15世紀以降のロシア・ネウマ以外，各地の写本にみるネウマ記号の形状と名称などは密接な影響関係を例証している．10世紀以降のグルジア・ネウマや16世紀以降のロシア・ネウマ以外，いずれも単旋律のみを記す．最も緻密に体系化されたビザンティン・ネウマは19世紀の改革により精確度が飛躍的に上昇した．ロシアでは18世紀以降，アルメニアでは19世紀以降，近代五線譜が修道院を除き広く一般に定着し，両聖歌の西欧化進展と相まって印刷された聖歌集のほとんどは近代五線譜である．ロシア正教会初の印刷聖歌集（近代五線譜）は*カトリック東方教会の聖歌も収録したリヴォフ版が1701年，正教会聖歌のみの宗務院版が1772年，ビザン

ティン教会(コンスタンティノポリス総主教庁)初の印刷聖歌集(譜線なしネウマ譜)は1821年に刊行された.
【文献】J. QUASTEN, *Music and Worship in Pagan and Christian Antiquity* (Washington, D. C. 1983); C. HANNICK, G. WOLFRAM, eds., *Abhandlung über den Kirchengesang* (Wien 1985); N. LUNGU, G. COSTEA, I. CROITORU, *A Guide to the Music of the Eastern Orthodox Church*, ed. N. K. APOSTOLA (New York 1986).
(伊藤恵子)

ドゥーミック Doumic, René (1860. 3. 7-1937. 12. 2) フランスの文芸批評家. *パリに生まれ, 同地で没す. 高等師範学校を卒業後, 文学の上級教授資格(agrégation)を取得する. *ブリュンティエールの弟子で, *古典主義的な節度や明晰さを熱烈に擁護, 作家の社会的・道徳的責任をも重視し, 新しいものには概して批判的であった. 1916年以降『両世界評論』誌(Revue des deux mondes)の主幹を務める. 1909年, アカデミー・フランセーズ会員となる.
【主著】*Etudes sur la littérature française*, 6 v., 1896-1909; *George Sand*, 1909. (二川佳巳)

ドゥーム Duhm, Bernhard (1847. 10. 10-1928. 9. 1) ドイツのプロテスタント旧約聖書学者. フリースラント東部のビングム(Bingum)に生まれ, スイスの*バーゼルで没する. ゲッティンゲン大学で神学の学位取得, 1873年以降同大学講師ならびに員外教授, 1889年から約40年間バーゼル大学教授を務めた. また, 1896年にはバーゼル大学学長を兼務する. 旧約聖書中の*預言者を主要な研究主題とした. 特に*イザヤ書をめぐって, それを第1-第3イザヤの3区分にし, 同書中の*主の僕の歌も単独に扱うことを提唱した.
【文献】TRE 9: 214-15; R. E. クレメンツ『近代旧約聖書研究史』村岡崇光訳 (教文館 1978) 88-95: R. E. CLEMENTS, *A Century of Old Testament Study* (Guildford 1976). (清水宏)

ドゥメルグ Doumergue, Emile (1844. 11. 25-1937. 2. 14) フランスのプロテスタント神学者. 牧師の子として南フランスのニーム(Nimes)に生まれ, スイスの*ジュネーヴで神学教育を受けた. 1871年から80年の間に週刊誌『19世紀のキリスト教』(Christianisme au XIXe siècle)の編集者となり, 1880年にモントーバン(Montauban)のプロテスタント神学大学の教会史教授. 1906-19年に同神学部長を務めた. 特に*カルヴァンの研究で有名. 主著には7巻のカルヴァン伝(Jean Calvin, les hommes et les choses de son temps, 1899-1927)のほか, 『カルヴァンの人と神学』(Le caractère de Calvin, 1931; 邦訳1977)がある. モントーバンで没す.
【文献】キ人 960; キ大 749. (後藤憲正)

ドゥラ・エウロポス Dura Europos *シリアのユーフラテス川中流にある古代都市遺跡. 紀元前より隊商都市として繁栄したが, 165年頃ローマ軍によって占領された. 231年に住宅をシナゴーグ(*会堂)や洗礼室を備えた教区センターに改造したといわれる. キリスト教公認以前の*教会堂建築の姿を知る貴重な遺跡である. 旧約聖書, *奇跡などを描いた壁画は*ビザンティン美術の源流として注目される.
【文献】新潮美術辞典 1024; DA 9: 413-16; 新規矩男編『初期ヨーロッパ美術』大系世界の美術10 (学習研究社 1974). (守山実花)

ドゥランテ Durante, Francesco (1684. 3. 31-1755. 9. 30) イタリアの作曲家. *ナポリ楽派に属するが, *オペラの作曲を手がけず, もっぱら教会音楽の分野で活躍した. *ナポリのサン・オノフリオ・ア・カプアーナ音楽院の院長であった叔父アンジェロ・ドゥランテ(Angelo Durante, 1650頃-1704以降)の指導を受け, 1728年以後, 複数のナポリの音楽院で主任教師を務め, 優れた音楽教育家としても尊敬を集めた. その門下からは *ペルゴレージ, ヨンメッリ(Niccolò Jommelli, 1714-74), ピッチンニ(Nicola Piccinni, 1728-1800)らが出ている. 作品には聖歌劇『パドヴァの聖アントニオ』のほか, *ミサ曲, *レクイエム, *カンタータ, *モテット, 詩編, マグニフィカト(→マリアの歌)など数多くの宗教曲や, チェンバロ曲などが知られる.
【文献】NGDM 5: 740-45; 田辺尚雄他編『音楽大事典』4 (平凡社 1982) 1621. (金澤正剛)

ドゥランドゥス〔サン・プルサンの〕 Durandus (1275-1334. 9. 10) ドミニコ会司祭, 神学者, 司教.
【生涯】*クレルモン・フェランの北のサン・プルサン・シュール・シウル(Saint-Pourçain-sur-Sioule)に生まれ, 19歳で同地の*ドミニコ会に入会. 1300年頃パリに移り, *パリ大学で神学を学ぶ. ここで, メッスの*ヤコブスの講義を聞き, その影響のもとに, *ペトルス・ロンバルドゥスの『神学命題集』の注解を刊行(1307-1308). このなかで*トマス・アクィナスの見解に反対したことから, 1309年ドミニコ会の総会でトマスの教説に忠実であるべきことが決議され, パリの同僚*ヘルヴェウス・ナターリス, *ペトルス・パルダヌスによって非難される. 1310-13年にドゥランドゥスは改訂版を刊行するが, 彼らを満足させることはできなかった. 1312年神学修士の資格を得るが, 1313年*教皇庁で神学を講ずるため教皇*クレメンス5世によって*アヴィニョンに召喚される. 1314年ナターリスの主宰するドミニコ会の委員会は, 注解初版の91の命題を断罪. さらに1316年のモンペリエ(Montpellier)でのドミニコ会総会は, 235の箇所がトマスの見解とは異なっていることを表明した. 1317年教皇*ヨアンネス22世によりリムー(Limoux)の司教に任命されたが, 1318年ル・ヴレー地方のル・ピュイ(Le Puy)に, 1326年モー(Meaux)に転任している. 1317年以降に, かつて撤回した見解を再度取り入れた注解の第3版を刊行している. 1326年には, *オッカムの『命題集』の注解の56の見解を検討する委員の一人に任命されたが, 51の命題を譴責する最終的な文書には彼の名前は欠けている. 1333年には*至福直観に関する見解で譴責された. モーで死去.
【著作】上述の『命題集注解』(In Sententias theologicas Petri Lombardi commentariorum libri IV)のほかに, 三つの反論の書(Quodlibeta), 教皇ヨアンネス22世とフランス国王*フィリップ4世との論争の間に書かれた『権能と裁判権の起源について』(De origine potestatum et jurisdictionum), ヨアンネス22世の見解に反対した『公審判前の聖者の有する神の直観について』(De visione Dei quam habent animae sanctorum ante judicium generale), 『キリストと使徒たちの清貧について』(De

paupertate Christi et apostolorum) がある.
【思想】『命題集注解』初版の冒頭で, 信仰に触れない事柄については, いかなる尊敬すべき博士の権威よりも理性によるべきであることを表明, これがドミニコ会の同僚の不興を買うことになる. 彼はトマスの形象（［ラ］speices）の説ならびに *習性ないし性向の説, また *知性と *意志の実在的な区別を否定し, *霊魂の不滅に関しては *ドゥンス・スコトゥスに従い, 厳密な方法では証明することは難しいと述べる. *関係の概念に関しては, ヘントの *ヘンリクスに従い, 一つの存在様式とみなす. *被造物の場合, 因果関係のみが唯一の実在的な関係であり, 他のすべての関係は単なる概念的関係である. *自由意志と *恩恵の問題では, 人間の行為における神の効果的な恩恵を普遍的な原因と認めることを拒否し, 自由意志を創造し維持する者としてのみ, 神を人間の自由な行為の原因とする. *エウカリスティアについては, 神の絶対的な力（［ラ］potentia absoluta）によって, キリストは *パンと *ぶどう酒の *実体とともにエウカリスティアのうちに現存すると考える.

　*アリストテレス, トマス・アクィナスよりも *アウグスティヌス, *ボナヴェントゥラからの影響を強く受けており, 14世紀の *アウグスティニズムの復興の先駆けとなる. オッカムの先駆者, *唯名論者と称されるが, 事物のうちに普遍概念の実在的基礎を認めており, 現在では, 両者には直接の影響のないことが知られている.
【文献】キ人961; DMA 4: 313-14; DThC 4: 1964-66; LThK² 3: 612; NCE 4: 1114-16; TRE 9: 240-42; F. コプルストン『中世哲学史』箕輪秀彦, 柏木英彦訳（創文社 1970）608-11; F. COPLESTON, *A History of Medieval Philosophy*, v. 3 (London 1953) 24-28.　　（小高毅）

ドゥランドゥス〔トロアルンの〕　Durandus
(1005/20-1088/89. 2. 11)　フランスのベネディクト会員. 1059年ノルマンディーのトロアルン(Troarn)にある *ベネディクト会の聖マルタン修道院の初代院長となる. 特に『主の体と血について』(Liber de corpore et sanguine Domini) という論文で有名. 聖書と教父の著作の分析を通して, 聖餐においてパンとぶどう酒からキリストの体と血それ自体へ変化するという *アンブロシウスの思想を発展させ, 後の *実体変化の教理への道を開いた.
【文献】キ人961; LThK² 3: 612; NCE 4: 1116.
　　　　　　　　　　　　　　　　　（英隆一朗）

ドゥランドゥス〔メンドの〕　Durandus, Guillermus
　(1) 教会法学者, メンド(Mende)の司教(1230/31-1296. 11. 1). フランス南部ラングドック地方のベジエーに近いピュイミソン(Puymisson)に生まれ, *ボローニャで法学博士となり, 同地とモデナ(Modena)で教えた後, *ローマに赴き, *クレメンス4世のもとで *教皇庁の法律官（［ラ］auditores causarum sacri palati）を務める. 1274年 *グレゴリウス10世に協力し, 第2 *リヨン公会議の教令の草案を作成. 1285年メンドの司教に任命される. 1295年以降, *教皇領の統治者として教皇庁に務めた. ローマで死去. 主著『裁判の鏡』(Speculum judiciale) は1271-76年に刊行, 1289-91年に改訂版を刊行. 本書は補足が加えられたうえで, 1473年から1678年の間に50版を重ねている. また『聖務の理論』(Rationale divinorum officiorum) は1285-91年に著述され, *典礼の *象徴を論じる基礎的論述とされる. メンドの聖職者のために改訂した『司教典礼書』(Pontificale) は1485年にローマで刊行された *司教典礼書の原本となる.

　(2) 教会法学者, メンドの司教(1266頃-1330. 6). 上記のドゥランドゥスの甥. ピュイミソンに生まれる. 叔父のもとでメンドの *助祭長を務め, 1296年教皇 *ボニファティウス8世によってメンドの司教に任命される. 教皇 *クレメンス5世の要請を受け, カンティリュープの *トマスの *列聖のための調査や *テンプル騎士団の審議に携わる. *ヴィエンヌ公会議(1311)に際して, 教皇庁の中央集権化の阻止, 司教の権限の増大等の教会刷新を提言した『公会議はどう行うべきか』(Tractatus de modo concilii generalis celebrandi et corruptelis in Ecclesia reformandis) を提出. 教皇庁内に彼を排斥しようとする動きを引き起こすが, フランス王の宮廷での彼の地位によって救われる. 教皇 *ヨハネス22世とフランス王フィリップ6世 (Philippe VI, 在位 1328-50) によってトルコのスルタンの宮廷に派遣された帰路, キプロス島のニコシア(Nikosia)で死去.
【文献】キ人961; DMA 4: 314-15; DThC 4: 1962-63; 16: 1078-79; LThK² 3: 611-12; LThK³ 3: 411; NCE 4: 1117-18.　　（小高毅）

ドゥーリトル　Doolittle, Hilda　(1886. 9. 10-1961. 9. 27)　アメリカの女性詩人. ペンシルヴァニア州ベスレヘム(Bethlehem)の生まれ. エイチ・ディー (H. D.)のペンネームで知られる. 1911年イギリスに渡り, *パウンドを中心とするイマジズム運動に参加し, 明晰でくっきりとしたイメージを駆使した名作を残した. 1930年代に入ってスイスで *フロイトから *精神分析を受けたことがきっかけで, *心理学や古代宗教を作品に取り入れるようになり, 1940年代にはそれに *神話も交え「三部作」(Trilogy, 1944-46) という長い瞑想詩に結実する. スイスにて没す.
【主著】*Collected Poems, 1912-1944*, 1983.　（飯野友幸）

トゥリビウス〔アストルガの〕　Turibius　(?-460頃)　聖人(祝日4月16日). 444年頃にスペインのアストルガ(Astorga)の司教となる. スペインの二人の司教に宛てた手紙で *プリスキリアヌス派の蔓延と, その教えの危険性について言及している. また, 教皇 *レオ1世は手紙を受け, 詳細な返事を書いた (PL 54: 677-92).
【文献】LThK² 10: 407.　　（久野暁子）

どうりょくいん　動力因　〔ギ〕archē tēs kinēseōs, 〔ラ〕causa efficiens, 〔英〕efficient cause, 〔独〕Wirkursache, 〔仏〕cause efficiente　*アリストテレスの主張した四原因(→四原因論)の一つで, 運動変化の原理としての始まり, すなわち, 運動変化が第一にそれから始まり, またそれによって始められるところのそれを意味し, 起動因・始動因・作動因などとも呼ばれる.

　アリストテレスは『形而上学』第5巻において四原因を説明する際, 動力因の具体例として, 評議会の議員・医者・彫刻家・父親・種子などをあげている. これらを一般化したものが「作るもの」(作者・作因)もしくは「動かすもの」(動者・動因)という概念である. これは, 自然による生成と技術による制作, 自然の事象や人為の事件の生起, 行為の終わりとしての目的の実現など, 運動

変化を引き起こし，その結果を生み出す原因として動力因が導入される契機をよく表している．そして運動を動者と被動者との間の二項関係として捉え，また動者を可能態に対する現実態として捉えることによって，月下の世界の生成消滅の原因を太陽の運動に，またその原因を第一恒星天の円環運動に，さらには神的理性としての第一の不動の動者の存在に求め，こうして全宇宙の現実を動力因の連鎖の体系として示すのである．

アリストテレス以降，*プラトンの*イデア原因論の影響もあって，*新プラトン主義や中世の*スコラ哲学，さらに*ヒューム以前の*近代哲学までは，動力因は「結果は原因に似ている」「原因は結果と同じだけの，またはそれ以上の実在性ないし完全性をもっている」という因果のテーゼによって捉えられる．*トマス・アクィナスは動力因による*神の存在証明として動因と作因による二つの道を提示しているが，*デカルトの提示するものが，このテーゼによるものであることはよく知られたことである．近代科学の成立は四原因のなかの動力因のみを原因として認定したが，ヒュームの経験主義的な因果論の登場は動力因のこうしたテーゼそのものを根底から覆すものであった．

【文献】トマス・アクィナス『神学大全』第1巻，高田三郎訳（創文社1960）；アリストテレス『形而上学』アリストテレス全集12，出隆訳（岩波書店1968）；R. デカルト『省察』デカルト著作集2，所雄章訳（白水社1973）．

（今井知正）

トゥール　Tours　フランス中部トゥーレーヌ地方の中心都市で，人口54万5,500(1997年現在)．ローマ時代はカエサロドゥヌム（Caesarodunum），次いで4世紀からはテュロニ（Turoni）と呼ばれ，第3ルグドゥネンシス（Lugdunensis III）属州の中心地となる．この地の司教を務めた*マルティヌスの墓地聖堂が472年に建立されて以来，フランス有数の巡礼地に発展していった．*フランク族の*クロヴィスは幾度かこの聖地に参詣し，一説にはトゥールで受洗したとされる．508年には，彼は東ローマ皇帝からの官位をこの地で受けた．妃*クロティルドが生涯を閉じたのもこの町である．以来，トゥールは*メロヴィング朝の手厚い庇護を受けるようになる．マルティヌスの墓地で起こった数多くの奇跡は，573年に大司教となった*グレゴリウスの著作により広く伝えられたため，巡礼地の名声は一層高まり，修道院も建設された．796年には*カロリング・ルネサンスの推進者*アルクインがこの聖マルティヌス修道院の院長に任命された．彼は修道院に学校と写本室を設け，*写本芸術のトゥール画派など，9世紀のトゥールを教育・文化の中心地とした．その後*ノルマン人の侵入により一時的に都市は荒廃したが復興し，修道院は有力な*参事会教会となった．1200年頃からは巡礼地としての人気は衰えたものの，中世初頭以来の幾度もの*教会会議の開催，11-12世紀の4人の教皇の訪問などにみられるように，トゥールの宗教的重要性が揺らぐことはなかった．フランス王家との関係も密接であり，王国貨幣の鋳造，三部会の召集が行われたほか，すべてのフランス国王がここで参事会員の称号を受けている．ルネサンス時代の諸王はロアール河畔の城に居住することを好んだが，特にルイ11世（Louis XI, 1423-83）の治下，トゥールは王国の首都とみなされた．*宗教改革の時代には*ユグノー教徒側の中心地となったが，カトリック側が反撃し，虐殺が行われた．第2次世界大戦中，爆撃の被害を受けたが復興し，多くの歴史的建造物が残されている．1998年現在，82の小教区に43万6,400人のカトリック信者がいる．

【文献】AnPont (2000) 780.

（印出忠夫）

トゥールーズ　Toulouse　ピレネー山脈の北，ガロンヌ河両岸に広がる人口97万3,000人（1997年現在）のフランス第四の都市．*ケルト人の集落が置かれて後，ガロ・ロマン都市となり，1世紀には知的活動の中心地となる．3世紀頃キリスト教が入り，初代司教の*サトゥルニヌスは殉教した．5世紀に*西ゴート人の首都となり，6世紀には*フランク族の支配下に入る．その後アキテーヌ王国の首都を経て，9世紀から13世紀まで実質的な独立状態でこの地域一帯を支配した伯家の根拠地となった．特に1096年の第1回*十字軍を率いた*レーモン4世の時代，伯家の威信は最高潮に達する．12世紀以後は，*サンティアゴ・デ・コンポステラ巡礼路上の自治都市として繁栄し，また*トルバドゥールによる文学活動も活発に行われた．異端の*カタリ派はこの都市に広まっていたとはいえない．しかしアルビジョワ十字軍（→アルビ派）の侵入により，政治的にフランス王家への服属を余儀なくされ，これを機に都市には*ドミニコ会の修道院と*トゥールーズ大学とが設置された．16世紀の宗教対立の時代には，南フランスにおけるカトリック勢力の中心地となったが，革命時代は最左翼のモンターニュ派が勝利を収めた．1317年以来大司教座が置かれ，*ロマネスク建築の傑作サン・セルナン教会等の歴史的建造物・博物館で知られる．1999年現在の小教区数は633，カトリック信者数は88万人である．

【文献】AnPont (2001) 621.

（印出忠夫）

トゥールーズだいがく　トゥールーズ大学　Université de Toulouse　13世紀初頭の*トゥールーズは南仏のいわば首都であった．しかし北部の諸侯はアルビジョワ十字軍（→アルビ派）に事寄せてトゥールーズ伯領を攻略し，1271年これをフランス王国に併合せしめた．

トゥールーズ大学は，アルビ地方の*カタリ派の異端に抗してカトリックの*正統信仰を確立するため，*ドミニコ会の影響のもと，1229年に創設された．大学は以降，種々の変革を経て発展し，特に法学部は人文主義者で法学者でもあったクヤキウス（Jacques de Cujas, 1522-90）の活動で有名であった．一方ほかの地方の学生も受け入れ，1659年にはアイルランド学寮も設置された．*フランス革命によって解散させられたが，1887年に再建された．次いで1889年国立大学と私立の*アンスティテュ・カトリックに分割され，共に今日なお活発な教育・研究活動を展開している．

（J. ベジノ）

ドゥルスト　→　ユルスト

ドゥルーズは　ドゥルーズ派　〔ア〕Durūz,〔英・仏〕Druzes,〔独〕Drusen　*イスマーイール派から派生したイスラムの異端．現在，レバノン，イスラエル，シリアの山間部に約100万人いるが，民族的にはアラブ人．その名は初期の宣教師ダラジー（Muḥammad ibn Ismāʻīl al-Darazī, 生没年不明）に由来する他称であるが，彼ら自身は『一性の徒』（Muwaḥḥidūn）と呼ぶ．その起源はイスマーイール派のイマーム（imām イスラムの指

導者)であり，*ファーティマ朝の*カリフであったハーキム (Al-Ḥākim Bi-Amr Allāh, 985-1021) の神格化にあるが，彼の同時代人ハムザ (Ḥamza ibn 'Abd al-Muṭṭalib, 生没年不明) により教義が体系化される．普遍的英知，普遍的霊魂，言葉，先行者，追随者の五つの創造的原理の神からの*流出を説く*新プラトン主義的神学，*輪廻説などを特徴とする．
【文献】EI 2: 631-37; 嶋田襄平他編『イスラム事典』(平凡社 1982) 281-82; 黒田壽郎他編『イスラーム辞典』(東京堂出版 1983) 161.　　　　　　　(竹下政孝)

ドゥルチス・イエス・メモリア　Dulcis Jesu memoria　中世に作られたイエスを称える聖歌．現在，主の*変容の祝日 (8月6日) に歌われる．典礼聖歌としては3部形式 (1部は各5連) のものが用いられるが，原型は 42 連構成で各連 4 行が脚韻を踏んでいたという．元来個人用の賛歌であったが，後に教会典礼に採用されるに至った．クレルヴォーの*ベルナルドゥスの作ともいわれたが，12 世紀末のイングランドの*シトー会の会員の作とする説が優位を占める．しかし，ベルナルドゥスの影響が顕著であることは否定できない．中世*神秘主義を反映するこの聖歌は，イエスとの個人的な関係を強調する，後の*フランシスコ会的宗教詩の先駆といえる．
【文献】NCE 7: 892; H. LAUSBERG, Der Hymnus Jesu dulcis memoria (München 1967).　　　(橋爪由美子)

トゥール・デュ・パン　→　ラ・トゥール・デュ・パン

トゥルナイゼン　Thurneysen, Eduard (1888. 7. 10-1974. 8. 21)　スイスの牧師，実践神学者．ヴァレンシュタット (Wallenstadt) に生まれる．ロイトヴィル (Leutwil) の牧師となり (1913)，K. *バルトと親交を結び，『ローマ書』の執筆を助ける．*弁証法神学運動の中心となって，これを推進し，バルトと生涯不変の友情を保ち，同一の神学的立場をとった．組織神学者としてではなく，牧会者，説教者としての務めに専念し，実践神学者として独自の道を切り開いた．文学を深く理解し，バルト神学に豊かな花を添えた．ブルッゲン (Bruggen) に移り (1920)，*バーゼルのミュンスター教会の牧師を経て，バーゼル大学の実践神学講師 (1928)，後に正教授 (1939) となる．また，1923 年にはバルト学派機関誌『時の間に』(Zwischen den Zeiten) を創刊した．
【主著】Die Lehre von der Seelsorge, 1948: 加藤常昭訳『牧会学』(日本基督教団出版局 1960); Seelsorge im Vollzug, 1968: 加藤常昭訳『牧会学 II』(日本基督教団出版局 1970).
【文献】キ人 963-64; キ大 749; ODCC² 1376; RGG³ 6: 881-82.　　　　　　　　　　　　(秋山昇)

トゥルネ　Tournay, Raymond Jacques (1912. 3. 28-1999. 11. 25)　フランスのカトリック旧約聖書学者，アッシリア学者．司祭，ドミニコ会員．*パリに生まれる．1930 年*ドミニコ会に入会．ベルギーのソールショアール (Saulchoir) で哲学と神学を学び，1936 年司祭叙階．1938 年*エルサレムの*エコール・ビブリックで旧約聖書学とアッシリア学を講じるために着任するまで，*ルーヴァン，パリで研究に従事．1940-45 年ソールショアールで旧約聖書学，パリの*アンスティテュ・カトリックでアッシリア学の教鞭をとる．1945 年エコール・ビブリックに戻り，1992 年まで旧約聖書の詩編や雅歌，*知恵文学，アッシリア学やシュメール学などを講じ，この間に学院院長 (1972-81) や機関誌 (RB) 編集長 (1968-92) を兼務，また救援団体 (Caritas Jerusalem) の事務局長 (1967-95) としてパレスチナ人の政治的収監者の援助やイスラエルとアラブの関係改善にも尽力した．エルサレムで没す．
【主著】Les Psaumes, 1955; Le Cantique des cantiques, 1967; Quand Dieu parle aux hommes le langage de l'amour, 1982; Voir et entendre Dieu avec les psaumes ou la Liturgie prophétique du second temple à Jérusalem, 1988; Le Psautier de Jérusalem, 1990.
共著: A. SHAFFER, L'Epopée de Gilgamesh, 1997.
　　　　　　　　　　　　　　　　　　(清水宏)

トゥルネリ　Tournely, Honoré de (1658. 8. 28-1729. 12. 26)　フランスのカトリック神学者．1686 年*ソルボンヌ大学で博士号を取得．1688-92 年ドゥエー大学，1692-1716 年ソルボンヌ大学で教授．著書『スコラの教理および倫理神学教程』全 10 巻 (Honorati T. cursus theologicus scholastico-dogmaticus et moralis, 1731-47) は 18 世紀の神学校の教科書として用いられた．*ジャンセニスムと激しく対立し，*恩寵が有効であるのは，意志の反抗に打ち勝ち，それを同意させるだけの喜びに満ちた魅力があるときだけだと考えた．1717 年教皇の教書*『ウニゲニトゥス』を擁護したため学部教授会と対立し引退．他方，*ガリカニスムを支持し，教皇は教会の同意なしには不可謬でありえないとした (→ 不可謬性).
【文献】キ人 962; LThK² 10: 285; NCE 14: 217; J. MAYR, Die Ekklesiologie Honoré Tournelys (Essen 1964).　　　　　　　　　　　(英隆一朗)

トゥルノン　Tournon, Charles Thomas Maillard de (1668. 12. 21-1710. 6. 8)　イタリア人の枢機卿で*クレメンス 11 世の*教皇特使．漢名，多羅．*トリノで生まれる．1701 年，33 歳の若さで東インドおよび清帝国への教皇特使に任命される．*中国の典礼問題を解決し，最終的に*北京に聖座の常駐代表事務所を開設するという極めて困難な使命を与えられた．1703 年，スペインのカディス (Cadiz) を出発し，インドのポンディシェリー (Pondicherry) と*マニラで 2 年を過ごした．インド滞在中に，*イエズス会の*インカルチュレーション政策に不信感を抱く．1705 年 12 月 4 日北京に到着．12 月 31 日にキリスト教に好意的であった康熙帝 (在位 1661-1722) に盛儀のうちに迎えられた．半年後の 1706 年 6 月 29 日の 2 度目の会見において皇帝は中国の習慣を尊重するようにと注意を喚起した．さらに同年 2 月 17 日皇帝はすべての宣教師に，偉大なイエズス会員 M. *リッチの寛容な方法を採用するように要求し，聞き入れなければ国外に追放すると宣告した．これに対しトゥルノンは，1704 年 11 月 20 日のローマの秘密決定を楯に*南京で反発し，1707 年 1 月 25 日，すべての宣教師は中国の違法な儒教的典礼に反対しなければならないと義務づけ，守らなければ*破門に処すとした．トゥルノンは中国文化に精通していなかったため，イエズス会員，また皇帝自身さえも単なる非宗教的儀式とみなしていたものに宗教的意義を付したのである．この禁令を無効にしようと多くの宣教師がローマに不服申

ドヴレ

し立てを行ったが失敗に終わった(1709)．南京での強硬な姿勢がきっかけでトゥルノンは＊マカオに左遷された．この地での彼の＊裁治権は，ポルトガルの＊保護権に対する侵害であるとして，拒絶され続け，失意のうちに3年後病死した．わずかな慰めは，死の半年前に＊枢機卿に叙せられたことであった．彼の遺体は後任の教皇特使＊メッツァバルバによってローマに送られ，1723年布教聖省(現福音宣教省)の礼拝所に埋葬された．
【文献】NCE 14: 217-18.　　　　　　　　(J. ベジノ)

ドヴレ　**Devred, Emille Alexandre Joseph**
(1877. 1. 7-1926. 1. 18)　ソウルの補佐司教，＊パリ外国宣教会会員．フランスのルクール(Roucourt)に生まれ，＊ソウルにて死去．司祭に叙階された後1900年に大韓民国に入り，原州の＊小教区の責任者として江原道を中心に各地で活発な宣教活動を展開したために教勢は大きく伸びた．龍山神学校教授としても神学生の教育に力を注ぎ，人々の敬愛の対象であった．第1次世界大戦のために帰国したが，大韓民国宣教に対する情熱は枯れることなく終戦後に再び来韓，1920年にはソウルの初代＊代牧である＊ミュテルの＊補佐司教としてヨルダン東部ヘスボン(Hesbon)の＊名義司教に任命された．
【著書】*Le Catholicisme en Corée: Son origine et ses progrès*, 1924.
【文献】カ大 3: 507, 725.　　　　　　　　(富田裕)

トゥレしゅうどうじょかい　トゥレ修道女会
〔伊〕Suore della Carita sotto la Protezione di San Vincenzo de'Paoli (Suore della Carita di Santa Giovanna Autida Thouret), 〔仏〕Sœurs de la Charité sous la protection de Saint Vincent de Paul, 〔略号〕S.D.C. 教皇庁立女子修道会．フランスの＊ブザンソンで＊ジャンヌ・アンティド・トゥレによって青少年教育，病人看護その他の慈善事業を目的として1799年に創立され，1807年管轄司教によって，1819年には＊聖座によって認可された．会員は清貧・貞潔・従順の三誓願に加え，貧しい人々への奉仕に生涯を奉献するという第四の誓願も立てる．会は創立者存命中にブザンソン司教の命令で創立者の意に反して分裂，同じ創立者，同じ名称をもつ二つの修道会としてそれぞれフランスとイタリアに本部を置いて併存したが，1954年合同し，再び一つの修道会となった．19世紀後半の政治的混乱にもかかわらず，会は当時の修道会解散法の影響を免れ発展を続けた．現在，会員はヨーロッパばかりでなく南米・中東・アフリカ諸国で活躍している．1997年現在の施設498，会員数3,798名．総本部を＊ローマに置く．
【文献】AnPont (1999) 1678; Cath. 2: 982; DIP 2: 352-54; S. Béreaux, *Costituzioni delle Suore di Carita* (Roma 1969).　　　　　　　　(和田誠)

ドヴレッス　**Devreesse, Robert**　(1894. 5. 20-1978. 8. 16)　フランスのカトリック神学者，歴史家．ノルマンディーのオルヌ県に生まれ，同県のオルヴィル(Orville)で没す．1922年司祭叙階．1926年から40年まで＊ヴァティカン図書館の書記を務め，1946年から50年まで同副館長．主にギリシア語原典の訳注に力を尽くした．著作に『アンティオケイアの総主教』(*Le Patriarcat d'Antioche*, 1945)等がある．
【文献】Cath. 3: 715-16; EThL (1979) 215.　(坂田俊也)

トゥレティーニ　**Turretini, Jean Alphonse**
(1671. 8. 24-1737. 5. 1)　スイスの＊改革派神学者．ジュネーヴ大学教会史教授(1697)，続いて神学教授に就任(1705)．1675年のスイス一致信条(Formula Consensus Helvetica)を廃止し，一致書をそのかわりに作成した．これは基本的諸教理だけを扱った内容であり，ドイツ・ルター教会とスイス改革派の協力を促進した．
【文献】キ人 963; キ大 749; LThK² 10: 413-14; NCE 14: 348.　　　　　　　　(高橋章)

とうろんしゅう　討論集　→　論題集

とうろんしんがく　討論神学　〔英〕controversial theology, 〔独〕Kontroverstheologie, 〔仏〕théologie controversielle
【定義】カトリック＊教理神学の専門分野として，＊カトリック教会と他のキリスト教諸教会・諸教派相互の間に横たわる一致・合同を妨げる教理上の根本的違いを明確にし，それによって相互理解を深め，結果的に教会一致を推進しようとするもの(→教会一致促進運動)．自分のものと異なる信仰理解や教理理解の伝統を客観的に知り，何が教会間の分裂の原因になり，一致を妨げているかを知るとともに，相互の違いの背後に共通の教理理解がないかどうかを探る神学の分野である．確かに一方では，「真の教会」がどこにあるかを求めて相互の違いに注目し，教派間の隔たりをはっきりさせようとするもので，いたずらに相対主義的立場によって真理の問題を軽視したり，相違点を妥協によって調停しようとするものではないが，他方において相手を論破しようとして論争を挑むためのものでもない．

討論神学はそれぞれの教会・教派についての教派＊信条学から出発し，それらを踏まえて自らの信条とその理解の伝統とを突き合わせ，分析しつつ，教会間の対立を乗り越え，将来において一致することを望み，準備する＊教会一致の神学である．
【成立史】すでに古代神学においてこのような討論神学は実質的に存在していた．＊カルケドン公会議後，＊キリスト論において＊キリスト単性説を保持する教会との分裂の危機を前にして，＊カルケドン信条を単性説的表現と思考により補完しようとした＊新カルケドン主義の調停的神学は討論神学の出発点ともいえる．また，1054年以来の東西両教会間の対立を克服しようとして進められた対話においても，討論神学的要素は認められる．

しかし，討論神学が本格的に成立したのは16世紀の＊宗教改革によりそれぞれの信条に基づくプロテスタント諸教会が現れたときで，カトリック教会とプロテスタント諸教会の相違をはっきりとさせる，「討論」の要素の強いものであった．例えば，＊ロベルト・ベラルミーノの『キリスト教信仰をめぐって行われている論争についての考察』(1586-93)は，＊トリエント公会議後のカトリック神学に基づき，＊ルター派と＊カルヴァン派の教説をできるだけ正確にまとめてカトリックとプロテスタントの違いを明らかにし，対比させようと試みたものである．しかし，ベラルミーノは宗教改革側の＊信仰告白の中心点である＊三位一体論，キリスト論，＊救済論から出発して，討論の対象である教理についてカトリックの立場から議論を展開することはせず，教会を分かつ問題そのものを充分に議論するには至らなかった．

この時期，＊アウグスブルク信仰告白と取り組み，それに討論神学的に対応した唯一の存在は，＊イエズス会

のフランス人会員＊デであった．＊宗教戦争後の時代における討論神学の課題は教派間の論争における「主観主義的」見方の克服であった．そのような雰囲気はヴェロニウス（François Veronius, 1578-1649）の『信仰基準』（Regula Fidei）に反映されている．ルター派においても論争的調子が和らげられ，その最良の例としては＊ライプニッツをあげることができる．カトリック側の例としてあげられるのは J. A. ＊メーラーの『信条学』（1832）と『カトリックとプロテスタント間の対立的見解に関する新研究』（1834）で，以後＊ガイゼルマンなどによって補われ，カトリック討論神学の基本路線となった．このようにカトリックの討論神学は歴史的に宗教改革側の教説の研究，キリスト教の伝統についての共通意識と相互理解を目指す．さらに＊東方教会との間にあった＊フィリオクェなどのテーマについても研究を続けるものである．

【評価】討論神学とは，「分かれた兄弟の状態に公正と真理に基づいて対応していないため，かれらとの相互関係を困難にしていることば，判断，行動を根絶するため」（『エキュメニズム教令』4項）の神学であり，そのためにはまず＊啓示の真理に対して忠実であることが求められる．人間の言語の歴史性についての認識以外に，今日の討論神学において必要なのは＊対話の精神とその実践である．カトリック討論神学はこのような対話を通して，歴史的経過により成立し，言語的に表現された諸教会・諸教派間の違いを公正に吟味することで自らの伝統と教説を正確に捉え，表現し，より深く理解することができる．そしてその背後にある真にカトリック的なものを発見すると期待される．

【文献】LThK² 6: 511-15; LThK³ 6: 333-35; SM(D) 3: 31-39. （高柳俊一）

ドゥンガルス　Dungalus （?-825 以降）　＊カロリング・ルネサンスの時代の神学者，天文学者．アイルランドに生まれたと推定され，784 年頃，＊パリ北郊のサン・ドニ（Saint-Denis）の修道士となった．811 年頃，カール大帝（＊シャルルマーニュ）宛に日食に関する書簡（MGH. Ep 4: 570-78）を書き送っている．827 年＊パヴィアで主著『トリノのクラウディウスへの反駁』（Dungali responsa contra perversas Claudii Taurinensis）を執筆，トリノの＊クラウディウスの唱えた聖画像破壊論に反論し（→聖画像破壊論争），聖像，＊聖遺物の＊崇敬を擁護した．ほかに9通の書簡と数編の詩を残している．

【文献】キ人 964; Cath. 3: 1171; DHGE 14: 1047-50; LThK³ 3: 401; NCE 4: 1100. （坂田俊也）

ドゥンス・スコトゥス　Duns Scotus, Ioannes
（1265. 12. 23 または 1266. 3. 17-1308. 11. 8）　中世ヨーロッパの最も重要な神学者の一人．いわゆる初期＊フランシスコ会神学派の創始者．「精妙博士」（Doctor subtilis），「マリア博士」（Doctor Marianus）とも呼ばれる．
【生涯】正確な生年月日は知られておらず，表記の両説がある．おそらく今日のダンス（Duns, スコットランド南東端）出身で，両親は富裕な地主であり，寄進と血族関係により＊フランシスコ会と関係があった．叔父の一人は司教総代理で，その影響もあって 15 歳ほどで同会に入り，1291 年 3 月 17 日，司祭に叙階された．＊パリ大学と＊オックスフォード大学で学び，1300 年頃は＊ケンブリッジ大学，次いでオックスフォード，1302-1303 年にはパリで，学士として＊ペトルス・ロンバルドゥスの『命題集』を注解した．フランス国王＊フィリップ 4 世と教皇＊ボニファティウス 8 世の争いに際して王の側に立つことを拒否し，＊パリを離れなければならなかったが，再びパリに戻り，1305 年神学博士となる．1307 年に＊ケルンに赴き，1308 年 11 月 8 日にその地で没し，フランシスコ会の聖堂に埋葬された．

【著作】スコトゥスは膨大な著作を残したが，原典批判上の問題解決に大きな困難が伴い，近代的な方法による批判版はようやく 20 世紀半ばに着手されたばかりである．その理由は，彼の著作の一部がさまざまな層の聴講者の手になる講義録としてしか残っていないこと，さらに何よりも，スコトゥス自身が主著である『命題集注解』（オルディナティオ Ordinatio）を出版するつもりでいながら，未完のまま残してしまったことにある．さらに時代とともに，スコトゥスのものではない著作が彼の筆によるものとして伝えられるようになった．そこから真正なテクストを判別し，最善の本文を構成する作業を要することになったが，真正性の問題は今では解決済みとみなしてよいだろう．

近世からの印刷版としては，1639 年に＊リヨンで発行された＊ウォディングによる全集が重要で，19 世紀末にパリの出版社ヴィヴェス（Vivès）が刊行した全集（1891-95，以下ヴィヴェス版）でも底本とされた．近代的な批判版としては，ガルシア（Mariano Fernandez García, 1866-1940）がオルディナティオの第 1，第 2 巻の信頼できるテクストを校訂したのが先駆的で，1950 年以降はスコトゥス学会により本格的な批判版が発行されている（ヴァティカン版）．これに関しては，＊ロンプレ，とりわけバリチュ（Carlo Balič, 1899-1977）の貢献が大きい．

〔真正な著作〕スコトゥスの真正な著作とみなされるのは次のものである．

（1）（ペトルス・ロンバルドゥスの）『命題集注解』．これには種々のテクストが存在するが，ヴィヴェス版第 8-21 巻に『オプス・オクソニエンセ』（Opus Oxoniense）として収められていた著作の主要部分をなす『オルディナティオ』だけが信頼できるものと認められている．そのほかの部分は，スコトゥス自身の補遺か，または弟子や編集者の補注である．スコトゥスの命題集講義についてはほかにさまざまな聴講者による講義ノートがある．特に第 1，第 2 オックスフォード講義ノート（ヴァティカン版第 16-18 巻）は興味深いものである．パリ講義ノートでも『ラポルタティオ・エクサミナ』（Raportatio examina）は，スコトゥス自身が校閲し認可したと思われるため特別の価値がある（ヴィヴェス版第 22-24 巻）．

（2）『討論集』と『講話集』．年代的にパリ講義ノートとオルディナティオとの間に位置づけられる 21 の『自由討論集』（Quodlibet）が特に重要である（ヴィヴェス版第 25-26 巻）．

（3）＊アリストテレスの著作の注解．『形而上学注解』（ヴィヴェス版第 5-7 巻．ヴァティカン版 I, 152 によれば，第 9 討論つまりヴィヴェス版第 7 巻 2-620 までだけが真正），『魂論』注解のほか，『カテゴリー論』『命題論』『ソフィストの論駁法』など論理学的著作の注解がある（ヴィヴェス版第 1-3 巻）．

（4）『第一原因論』（Tractatus de primo principio, ヴィヴェス版第 4 巻）と，『定式集』（Theoromata, 同第 5 巻）．『定式集』の真正性は長く議論されたが，バリチュによって証明された．

ドゥンス・スコトゥス

【教説】〔救済史的方向づけ〕スコトゥスの神学は，表現の違いはあるにせよ *ボナヴェントゥラとも同じく，アッシジの *フランチェスコが強調したキリスト教精神の影響下にある．スコトゥスにおいてもまた，フランシスコ会的キリスト教精神と *アウグスティニズムとが実り豊かな総合へと導かれることになった．彼は，聖書的 *救済史の思想，*キリスト中心主義，キリストの人間性，至高・*全能・全善なるものとしての神のイメージなど，フランチェスコに由来する基本的関心事を独自の仕方で神学的に取り上げており，その際，聖書よりもアリストテレスの著作から多くを引用し，聖書の救済史的・具体的思考に対して抽象的思考を最大限に展開している．しかし，スコトゥスの思想が無類の抽象的鋭さをもって，全く非聖書的な言い回しで表現されているとしても，彼の思想的出発点と神学的概念は，著しく聖書的救済史を志向するものである．

〔哲学と神学〕スコトゥスが神学の内部で哲学にいかなる機能を与えているかという点は重要である．彼の思想を神学的に制限された哲学として取り扱うべきか，あるいは哲学的に先導された神学として取り扱うべきかという問題である．*存在の *形而上学，形相的区別（〔ラ〕distinctio formalis），*神の存在証明といった哲学的業績が証明するように，スコトゥスは哲学を高く評価し，巧妙に使いこなした．ただ彼は，哲学の諸可能性は，哲学者より神学者のほうがより多くの哲学の可能性を酌み尽くすことができると考えていた．

彼によれば，神学に対する哲学の独立性は次の二つの観点から制限される．すなわち，第一に，哲学的に議論可能な多くの論題があっても，*啓示に照らすと，そのうちの一つだけしか妥当しないとされる場合，そのほかの論題は哲学的論題としても排除される．これと関連して，神学的諸真理を哲学的に証明したり，根拠づける場合には，神学的諸真理が哲学的に証明可能であるということがわかればそれでよいという．彼は，ある見解を支持しているからといってアリストテレスを非難したことは一度もないが，キリスト教神学者が啓示に照らしてみた場合とは異なる哲学的論題に固執した場合，彼らを許し難いものとみなしている．

第二に，哲学的な問題提起と論題は，スコトゥスにおいては最終的に，あるいは少なくとも大幅な神学的制限を受けている．哲学的問題提起と論題は，一定の神学的出発点から一定の神学的観点のもとで考察されていくのが通例なのである．人間的 *知性の状態性，*霊魂の不滅，霊魂が自らの力に対してもつ関係，人間の人格性の消極的規定性あるいは *被造物としての存在者における本質と *現存在の間の形相的区別などのスコトゥスの命題をみると，それがよくわかる．

以上の点から，なぜ「スコトゥスの哲学」をそもそも語ることができないのか，あるいはもし語れるとしたらどのような意味でなのかという問題を理解することができる．スコトゥス自身，自らの哲学的な問題提起と論題の最終的な神学的制約のゆえに，いかなる一貫した哲学的体系も展開しなかったし，また，あとから彼の哲学的体系を組み立てようとしても，彼を正しく評価したことにはならないのである．

〔キリスト論と義認論〕スコトゥスは，フランチェスコにとっての中心テーマの一つであった「神の子の真の人間性」を彼独自の方法で取り上げ，キリストの絶対的 *予定の教説のための神学的な論拠を決定的な仕方で提示した．彼自身が最初に主張したわけではないが，それは，「もしアダムが罪を犯さなかったとしても，神の子は人間になっただろう」という教説である（→ 受肉）．*キリスト論自体に関しては，キリストの人間性の無欠性と完全性を守るために，スコトゥスは，思索の限りを尽くして，人間の人格性の消極的規定を主張した．

スコトゥスが神論と緊密に結びつけて構想した *義認の教説では，彼がいかに神を全能・全善・*絶対者とみていたかが特に明白である．人間は神の *恩恵と協働して *救いを成就するように召されたが，救い自体は最終的に自由な神の賜物である．神性以外の何ものも，厳密な意味で神に何かを強制することはないからである．*習性的恩恵として理解するならば，*成聖の恩恵ないし *注入徳としての *愛も被造物である．被造物の存在と善性（→ 善）は神の本質の存在と善性を模倣しているので，神は恩恵の客観的な在り方や善さをある程度まで受け入れるはずである．また恩恵は人間を特別な仕方で神的な愛の活動のうちに組み入れるので，協働する恩恵は人間の行為に，その協働がないときに比べてはるかに大きな完全無欠性をも授ける．しかし，神は恩恵のゆえに *永遠の命を人間に贈る義務はない．神が恩恵をもつ者を永遠の命へ受け入れ，恩恵との関わりにおいてなされた行為に永遠の命をもって報いることを，我々は啓示からのみ知っている．これは，神がそのように秩序づけたから（〔ラ〕de potentia ordinata）そうなのであって，そうでなければならないから（de potentia absoluta）そうなのではない．一方で，神は自ら（de potentia absoluta），恩恵の習性のない者をも永遠の命へ受け入れ，全く自然的に善い，つまり恩恵の協働なしになされた行為に永遠の命をもって報いうる．したがって，*功徳の本来の根拠（ratio meriti）は神の受諾であるが，現在の救いの秩序における（de potentia ordinata）受諾の根拠は，第一に人間と協働する恩恵なのである．功徳と恩恵の具備とは二つの異なる事態である．

スコトゥスの義認論は，*ルターより約200年も前に，*宗教改革における最も重要な主張の一つである神の絶対的自由の教説が極めて真剣にかつ確かな方法で説かれていたことを示している．功徳と *報いが義認との関係で語られる場合，カトリックの側ではスコトゥスの線で考えていってもよかったのではないかと思われる．この場合，人間の思い上がりが問題なわけでもなく，また，神に何かを強制しようとするような業の正当化が意図されているわけでもないことを，スコトゥスはかなり納得いくように証明しえているからである．

スコトゥスは，*アウグスティヌスによって培われた思考を放棄することなく，自らの神学的原理が許すかぎり，アリストテレスを広範囲にわたって総合することを心得ていた．とりわけ，極めて精緻な思索によって最高度の概念把握に努め，フランシスコ会の根本的な関心事を取り入れながら，深く聖書と救済史に方向づけられた神学を展開することを心得ていたのである．

【影響】哲学史ないし神学史の範囲でスコトゥス主義（Scotismus）が語られる場合，スコトゥス自身の教説と同様，その学派すなわち *スコトゥス学派の教説も指す．しかし，両者は明確に区別されるべきである．さらにスコトゥス学派の教説としてのスコトゥス主義にしても，統一的なものではないことにも留意すべきである．もちろん，ある程度共通の傾向はつねに確認できるのだが，なかでも *唯名論の影響のもとで一部非常に否定的展開を示す，本質的な逸脱があることも認めざるをえない．スコトゥス主義の衰退にはさまざまな原因が考えら

れる．一部が見逃されると全体はたちまち歪んでしまうほど，スコトゥス自身の教説が繊細な構造であること，追随者たちにはスコトゥスのような神学的本能や体系化の能力が欠けていたこと，彼の著作がさまざまな形で流布したために後世の人々が全体像を把握しにくかったこと，また，一部のスコトゥス主義者たちの逸脱した主張が，スコトゥスの義認論を激しく論駁した *ペトルス・アウレオリに対する反論を意図したものだったということなどである．

このような事態にもかかわらず，14世紀とりわけ前期の著者たちは注目に値し，近世には重要な注解者が現れた．錯綜した著作校訂上の問題とカトリック神学の *トマス・アクィナスに対する強い執着は，長い間，スコトゥスの徹底的な研究を妨げてきたが，20世紀になって，*ミンゲス，*バスリ，ガルシアらがスコトゥス研究への新たな興味を呼び覚ました．*ハイデガーの注目もあり，またスコトゥス理解のために *ジルソンも大きく貢献している．

【著作校訂版】Commissio Scotistica, ed., *Opera Omnia*, 1950- ．

【文献】LThK³ 3: 403-406; TRE 9: 218-40; C. Frassen, *Scotus Academicus*, 12 v. (Romae 1900-1902); H. de Montefortino, *Ioannis Duns Scoti Summa theologica*, 6 v. (Romae 1900-1903); M. Heidegger, *Die Kategorien- und Bedeutungslehre des Duns Scotus* (Tübingen 1916); P. Minges, *Ioannis Duns Scoti doctorina philosophica et theologica*, 2 v.(Quaracchi 1930); E. Gilson, *Jean Duns Scot* (Paris 1952); O. Schäfer, *Johannes Duns Scotus* (Bern 1953); Id., *Bibliographia de vita, operibus et doctrina Iohannis Duns Scoti, saec. XIX-XX* (Romae 1955); V. Heynck, "Zur Scotusbibliographie," FS 37 (1955) 285-91; W. Dettloff, *Die Entwicklung der Akzeptations- und Verdienstlehre von Duns Scotus bis Luther* (Münster 1963); M. A. Schmidt, "Literatur zu Johannes Duns Scotus (seit 1935)," ThR 34 (1969) 1-48.　　　(W. デトロフ)

とおやまフランシスコ　遠山フランシスコ

(1600-1624. 2. 16) 甚太郎．甲斐国，浅野長政の家臣の家に生まれ，領主に従って和歌山へ移り，*フランシスコ会の司祭 A. *フランコから *洗礼を受けた．以後 *フランシスコ第三会の精神を抱き，自宅をつねに宣教師たちの宿として供した．1619年(元和5)領主に従って広島へ移り，その教会の中心的な人物となる．*イエズス会の司祭 *ポロとフランシスコ会の司祭フランシスコ・デ・サン・アンドレス(Francisco de San Andrés, 生没年不詳)が時折，彼を訪れていた．1621年教皇 *パウルス5世に宛てた書簡に遠山甚太郎の花押がみられる．1624年 *キリシタンの信仰を棄てることを拒み，浅野但馬守の命によって斬首された．結婚していたが子どもはいなかった．列福(→ 列聖)のための手続きはすでにローマで始められている．

【文献】H. チースリク『芸備キリシタン史料』(吉川弘文館 1968); 日本188殉教者列福調査歴史委員会『キリシタン地図を歩く』(ドン・ボスコ社 1995).　(結城了悟)

ドオン　Dehon, Léon Gustave

(1843. 3. 14-1925. 8. 12) *イエズスの聖心司祭修道会の創設者．フランス北部エーヌ県のラ・カペル (La Capelle) に生まれる．*ソルボンヌ大学で民事法の博士号取得(1864)．ローマで叙階(1868). *グレゴリアナ大学で哲学，神学，教会法の博士号取得．第1*ヴァティカン公会議で書記を務め，公会議議事録をまとめる．1871年にソワッソン(Soissons)に戻り，サン・カンタン(Saint-Quentin)で司教補佐に就任．労働者のサークルに関わり社会研究センター設立のほか，社会福祉に従事する．1877年，教育や社会活動を通して *イエスの聖心の信心の浸透を目的に司教区認可の修道会を創立，翌年誓願を宣立し聖心のヨハンネスを修道名とする．困難を乗り越え同会はイエズスの聖心司祭修道会として教皇 *レオ13世より認可される(1888). 1897年，*教皇庁顧問に指名される．新聞諸紙に投稿したほか，聖心についての *黙想や社会問題に関する書を著す．政府の修道会禁止(1901)により亡命，*ブリュッセルで没す．

【文献】キ人 965; Cath. 3: 543-44; DHGE 14: 162-64; LThK³ 3: 59; NCE 4: 721.　　(宮崎正美)

とがのぞききそく　『とがのぞき規則』

カトリック教会の *秘跡の一つである悔悛(告白)の手引書(→ ゆるしの秘跡)．キリシタン時代の1598年(慶長3)に *キリシタン版の一本として *『サルバトール・ムンヂ』(Confessionarium)が刊行された．ローマの *カサナテ文庫に所蔵される一本のみが伝わるが，これを1868年(明治1)*プティジャンが写本にして日本に持ち帰り，翌年『とがのぞき規則』と題して出版した．唐紙を用い，*上海で石版刷りにされた和綴本．『南欧所在吉利支丹版集録』(1978)に影印され，また，*海表叢書や『明治文化全集』1に収められている．

【文献】海老澤有道『切支丹典籍叢考』(拓文堂 1943); J. Laures, *Kirishitan Bunko* (Tokyo 1957).　(尾原悟)

ときのしるし　時のしるし

〔ラ〕signa temporum, 〔英〕signs of the times, 〔独〕Zeichen der Zeiten, 〔仏〕signes des temps　新約聖書において *終末の到来を告げるしるしの意味でイエスが語る言葉，すなわちマタイ書16章3節の「時代のしるし(〔ギ〕semeia ton kairon)は見ることができないのか」という言葉に由来する(ルカ12: 56参照). 一般には，神の *摂理の現れや *回心を要求する *神の義のしるしとして読み取ることのできる世界の出来事を指すようになり，特に第2*ヴァティカン公会議では，絶えざる自己刷新を推進しようというカトリック教会の根本的な呼びかけのなかでこの語が使われた．「教会は時のしるしを探究して，福音の光のもとにそれを解明する義務を常に持って」(『現代世界憲章』4項)おり，「現代のできごと，必要，要求の中に……神の現存または神の計画の真のしるしを見分けようと努める」(同11項)ものである．この一環として，公会議は *教会一致促進運動への積極的な参加を呼びかけた(『エキュメニズム教令』4項).

【文献】LThK² Suppl. 3: 241-78; M. -D. Chenu, "Les signes de Temps," NRTh 87 (1965) 29-39.

(高柳俊一)

とく　徳

〔ギ〕aretē, 〔ラ〕virtus, 〔英〕virtue, 〔独〕Tugend, 〔仏〕vertu

【哲学】〔概要〕倫理的に善しと評価される行為や判断を，恒常的になしうる人間の力量や卓越性．*悪徳(〔ラ〕vice)と対をなす．個別行為についての一回ごとの評価のみならず，むしろ行為者である人間の持ち前となった性格や人柄を述べる点で存在論的な含意をもつ．西洋古

とく

代中世の*倫理学の中心概念であり，同時にカトリック倫理の基礎でもあった．1980年代以降，英米圏の倫理学において，啓蒙主義的近代の批判としてその再評価が著しく，さまざまな論争を呼んでいる．また儒学の伝統にある日本思想の文脈でも重要な位置を占めてきた．

〔東洋思想における徳〕漢字「徳」の字義は，支配者の軍事的監視による政治秩序の生成であり，やがて「天命」の概念と結合して，王者が*天から授かり保つべき倫理的側面が意識され始め，春秋戦国時代に*諸子百家の間で今日に至る道徳的観念が定着した．儒家（→儒教）では仁義礼智信（『論語』）が人の守るべき基本徳目「五常」とされ，また「徳」は音で「得」に通じる（『礼記』）ところから，「理」を実現する「道」と合成されて「道徳」となった．他方，道家（→道教）の立場では宇宙的原則である「道」が廃れることによって生じてきた二次的な位置を占める（*老子）．

〔古代ギリシアの倫理学〕徳の概念を倫理学の中心概念として洗練したのは古代ギリシア思想の圏内であった．前10-9世紀の英雄時代に遡る血族共同体において「自分が何者であるか」の自己認識に応じて，何をなすべきかという義務が生じ，それを遂行しうる力量を「アレテー」と称した．この語は元来「善い」という形容詞agathonの抽象名詞形で一般に「善さ」（→善）を表し，家畜，道具や身体器官についても適用される．さて一般に事物の善悪はその機能において決まる．包丁のアレテーはよく切れる点にあり，馬のアレテーは速く走ることである．機能の点でみるかぎり人間の場合にも，善い農夫，悪い御者は一義的に決まる．そしてその善さを決めるのは当該領域に関する技術＝知識であった．だが端的な人間としての善さ（徳）とは何か．こうして徳が哲学・倫理学の主題として浮上したのは前5世紀半ばであり，*ソフィストと呼ばれる一群の思想家によって，徳は教授しうるのか，それとも訓練によって身につけるのか，天性の素質なのか（*プラトン『メノン』70a），また，*勇気，*知恵，*正義，*節制，*友愛，敬虔などの諸徳は相互にいかなる関係にあるか（諸徳の統一性）が問題とされた（プラトン『プロタゴラス』329c；『ラケス』190c, 198a）．

*ソクラテスは「いかに身につけるか」の処世術にとどまらず，こうした徳の本質「何であるか」を執拗に問い求め，知識と徳の関係を追究した．これを受けてプラトンは，国家の3階層（守護者，戦士，生産者）が庶民のもつべき美徳と相関するように，個人の心のなかにある三つの部分，すなわち理知的部分，気概的部分，欲求的部分のもつ抑制と均衡として知恵，勇気，節制，正義の四徳を規定した（『国家』第4巻）．この四つはギリシアの最も代表的な徳目であるが，後世*キケロを経て*アンブロシウスの『教役者の義務について』によって教父思想のなかに取り込まれ，四元徳または*枢要徳と呼ばれて徳論の図式を準備することになる．

*アリストテレスは徳を「行為と情念に関わり，特定の状況で行為の選択をもたらし，中庸を保つ性向」と規定する（『ニコマコス倫理学』第2巻6章）．彼の特徴は，徳を「知的徳」（〔ギ〕dianoētikē aretē）と「人柄としての徳」（ethikē aretē）に二分し，伝統的な徳目の多くを後者に収容することで極端な*主知主義を退けながら，諸徳を統一的に理解する図式を構想した点にある．人柄としての徳は情念に対する中庸として，また悪徳は両極端として規定される（勇気の徳に対する，臆病と向こうみず）．また徳を習慣（ethos）と結びつけることにより，勇気ある行為が勇気ある人を形作るように，同種の行為の反復によって習慣が形成され，一定の持ち前として人柄が決まるという，発達と*教育の視点を導入した．しかし，正義は何の中間であるかが明瞭ではなく，配分的，規制的，応報的と呼ばれる複数の公正の尺度によって複合的に把握される徳であった．また友愛は徳そのものとは区別されながら，人間の共同性を完成する高い位置を与えられている．アリストテレス倫理学は*最高善としての*幸福を外枠としつつ，徳論を実質として展開している．性格の細目は高弟テオフラストス（Theophrastos, 前372/69-288/85）の『人さまざま』（Ethikoi charakteres）のなかでさらに記述的な人間学として展開された．

*ストア学派においては，人間は徳を目指す自然の傾向性をもっており，徳は魂の主導的部分が完成された状態であり，一度形成された以上は失われることがない．諸徳は知識によって強固な統一性を保っており，「自然と一致して」生きる境地を理想とした．また徳と悪徳こそが厳密な意味で善悪であり，それ以外の健康や財貨などは価値的に中立な要素（*アディアフォラ）で，賢者の顧慮に値しないとされた．ルネサンス時代の*マキャヴェリは*セネカに代表される自律的なストア的理念を継承しながらも，乱世を生き抜く君主の資質として，運命（〔ラ〕fortuna）に立ち向かう主体的な力量を強調し，利他的ないわゆる道徳的内容を含まない徳（〔伊〕virtù）を提唱して，19世紀末の*ニーチェにつながる伝統を形成している．

幸福を希求するのは人間の*自然・本性であり，こうした自然の傾向を前提としたうえで，幸福であるために有徳であることはなぜ必要なのかがさまざまな立場で論じられるところに，ギリシア倫理思想の多様な展開があった．

〔20世紀における徳倫理学の復興〕近代の倫理は総じて「人間のいかにあるか」ではなく「いかに行為すべきか」を問う，いわば行為の倫理学であった．これは，道徳性（〔独〕Moralität）を適法性から区別して徹底的に内面化し，行為の格率がいかに普遍的立法の原理たりうるか，規則の適用を問題にする*カントの形式的義務論的な倫理学にせよ，またある行為の結果として産出される功利（幸福，その実質としては快苦）の多寡によってその行為や規則の正当性を評量しようとする*功利主義（*ベンサム，*ミル）にせよ，事情は変わらない．習慣は「善き行為からその道徳的価値を奪う」（カント『人間学』12節）点で，倫理学の視野から外れる要素であった．

*ボルノーの指摘を待つまでもなく，徳目のうちで何が尊ばれるか，相対的な重要性は，時代と社会の要請によって変化する．*ホメロスの描くギリシアの英雄時代における至上の価値であった「勇気」と「知恵」は，やがてポリス社会の成立とともに，共同体成立の原理たる「正義」と自己の欲望を制御する「節制」へと重心を移し，またキリスト教倫理のなかでは「神愛」（〔ラ〕caritas）こそが諸徳を統合する紐帯として「母」とも「根」とも呼ばれた．我が国においても戦前の忠君愛国といった国家主義的な徳目に代わり，戦後は「やさしさ」といった身近な人間関係を円滑に処する繊細な配慮が尊重されている．いずれにせよ「あるべき人間像」の提示は，理性を備えた個人の自律性を標榜する啓蒙主義的人間観，多様な価値観の等質性を前提とするリベラルな社会観とは相容れない．

これに対して1980年代以降，米国を中心に「共同体

主義」に立つ徳倫理学が復興して注目を集めている．マッキンタイア（Alasdair MacIntyre, 1929- ）らによれば，近代的な倫理学の要請する普遍性は，行為者の知的・倫理的資質の多様性や特定の状況制約性を無視した非人称的な立場にほかならず，倫理的な感覚の未熟な子どもが適切な状況判断を身につける発達の観点を排除しているという．こうしたいわば啓蒙主義的人間観の破産宣告は，1960年代以降の，離婚や暴力，犯罪の蔓延など米国社会の病弊に対する深刻な危機意識に基づく思想的処方箋ともいえるのだが，アリストテレス，*トマス・アクィナスの伝統の再評価という形をとっており，現代カトリシズムの展開とも密接に関連している．

【文献】LThK² 10: 395-401; H. ディールス，W. クランツ編『ソクラテス以前哲学者断片集』全6冊，内山勝利編，国方栄二他訳（岩波書店 1996-98）; プラトン『プロタゴラス』藤澤令夫訳（岩波書店 1988）; 同『ラケス』三嶋輝夫訳（講談社 1997）; 同『メノン』藤澤令夫訳（岩波書店 1994）; 同『国家』藤澤令夫訳（岩波書店 1979）; アリストテレス『ニコマコス倫理学』アリストテレス全集 13, 加藤信朗訳（岩波書店 1973）; テオプラストス『人さまざま』森進一訳（岩波書店 1982）; ニュッサのグレゴリウス『モーセの生涯』キリスト教神秘主義著作集 1, 谷隆一郎訳（教文館 1992）; トマス・アクィナス『神学大全』高田三郎他訳（創文社 1960- ）第 11-22 分冊; マキアヴェッリ『君主論』河島英昭訳（岩波書店 1998）; 日本倫理学会編『アリストテレス』日本倫理学会論集 21（慶応通信 1986）; 同編『徳倫理学の現代的意義』日本倫理学会論集 29（慶応通信 1994）; O. F. ボルノー『徳の現象学』森田孝訳（白水社 1983）: O. F. BOLLNOW, Wesen und Wandel der Tugenden (Frankfurt 1958); A. マッキンタイア『美徳なき時代』篠崎榮訳（みすず書房 1993）: A. MACINTYRE, After Virtue (Notre Dame 1981 ²1984); B. ウィリアムズ『生き方について哲学は何が言えるか』森際康友，下川潔訳（産業図書 1993）: B. WILLIAMS, Ethics and the Limits of Philosophy (Cambridge, Mass. 1985); A. W. H. ADKINS, Merit and Responsibility (Oxford 1960); P. FOOT, Virtues and Vices (Berkeley 1978); A. O. RORTY, ed., Essays on Aristotle's Ethics (Berkeley 1980). （荻野弘之）

【聖書】旧約聖書には種々の徳が記述されている．主要な徳としては主の霊との関連で知恵，識別，思慮，勇気，畏敬（→恐れ・畏れ）が数えられており（イザ 11: 2），知恵の書にはギリシアの四つの枢要徳が知恵の教えとして述べられている（8: 7）．また*契約の神への*イスラエルの民の忠実は唯一の主への愛（申 6: 4）と*隣人愛（レビ 19: 13-18）によって表明されるものであり，不忠実に対しては「主に立ち帰る」悔い改め（*回心）が求められる．新約聖書では徳（［ギ］aretē）の語は 4 回だけ（フィリ 4: 8; 1 ペト 2: 9; 2 ペト 1: 3, 5）用いられているが，特にパウロの手紙には諸徳のカタログ（ガラ 5: 22-23; コロ 3: 12; エフェ 4: 2; 1 テモ 6: 11）がある．またキリスト者は信仰に加えて諸徳を身につけるように勧められている（2 ペト 1: 5-7）．イエスは旧約の*律法に勝る*義と至福を説いて（マタ 5 章），悔い改めと信仰へと招き，終末論的な救済の告知によって*謙遜，*賢明，普遍的な兄弟愛（同 25 章），内面的な目覚めと自己放棄による*従順などを説いている．聖書全体を通して*愛（agapē）こそが律法の完成であり，信仰と希望とともに愛の優位性が力説され，諸徳は愛の諸相であるとされる（1 コリ 13 章）．

【キリスト教の倫理思想】初期キリスト教はキケロ，ヴァロ（Marcus Terentius Varro, 前 116-27），セネカなどの哲学者たちを通してギリシア思想の徳の概念と出会い，自らの徳論を形成する．*アンブロシウスはキケロの『義務論』によってギリシアの四つの枢要徳を，ユダヤ教哲学者アレクサンドリアの*フィロンの『徳について』によって*神の言葉に根ざす倫理を知り，それらを総合する形で『教役者の義務について』を執筆，修道理念に基づく信仰的倫理，沈黙と聴従の徳を強調した．また*アウグスティヌスによれば，徳とは善くかつ正しく生きる術であり，魂を最高の状態にすることである．これはヴァロの「生を律する術」，セネカの「正しく生を律する術」，キケロの「自然の法，理性に一致する魂の習慣」という考えの影響を受けている．魂の卓越した在り方は自然・理性に即して魂を律する生である．しかしアウグスティヌスの力点は「よく生きる」「幸福に生きる」内的な生にある．しかも『カトリック教会の習俗とマニ教徒の習俗』ではギリシアの四つの枢要徳を神の愛の秩序のなかに位置づけ，徳と幸福とを緊密に結合してキリストの愛に従う生を説いている．秩序づけられた愛こそが徳の最高の形態であり，諸徳は神の愛によって自らに対する動機づけを受けるのである．

*トマス・アクィナスはアリストテレスの基本的な考えを受け入れ，『神学大全』第 2 部で人間の諸根源としての習慣・徳論を展開し，信仰，希望，愛の*対神徳と知慮，正義，*剛毅，節制などの倫理徳，および礼拝の*敬神徳を論じている．人間的な徳は習慣であり，作用習慣であり，善い習慣である（『神学大全』I, 2, q. 55, a. 1, 2, 3）．徳はつねに善へと関係づけられている習慣であり，人間がそれを通じて究極目的である至福に到達するところの行為の根源である．しかし人間が自力で獲得しうる徳によって直接に至福が得られるのではなく，徳は自らを自由に神へと転向させ，意志を神へと秩序づけるものである．人間を高次の自然本性・神的本性に参与させるのは神の*恩恵であり，*注入徳である．人間の最善の働きは神的善を対象に営まれる*観想であり，人間の至福はそのような働きに存しており，この世の生では完全な至福を幾らか分有している．アリストテレスは幸福を究極的な徳に基づく活動であると考えたが，トマスは「神を見る」という完全な至福を神の恩恵による注入徳に帰している．自然本性を超える神への秩序づけが重視され，霊魂は自然本性的に恩恵への受容可能性を有していることが力説される．こうして，トマスは知性的徳と倫理的徳と注入徳の三つの段階で人間本性の高められる可能性を論じた．愛徳は諸徳の形相であり，諸徳のなかで最大である．

【倫理神学】伝統的に*倫理神学は，以上のようなギリシアの枢要徳とアウグスティヌスやトマスの*徳論に基づいて，自然的な獲得徳と超自然的な注入徳の区分，倫理的徳と敬神徳と対神徳の区分をし，倫理神学の教科書では倫理の諸問題をそれらの徳の内容として取り扱ってきた．現代ではそれらの内容や方法にも変更がみられるが，伝統的な諸徳の理解とキリストの福音による新しい理解とを統合する方向にある．キリストの教訓と模範に従って，自然的な徳による自己完成の追求とともに，救済の視点から*神の自己譲与とその恩恵に対する応答としての対神徳が重視される．さらに，徳の体系は民族と文化，宗教と時代によって異なる側面もあり，徳の諸相の社会的，文化的，時代的理解も必要である．諸民族の優れた徳を大切にし，キリストの福音によって各民族の

徳を生かしていくことも忘れてはならない.
【文献】カ大 3: 725-30; 旧新約聖書大 821; DETM 1225-41; DMC 4: 678-82; DThC 30: 2737-99; LThK² 10: 395-99; SM(E) 6: 337-39; B. ヘーリンク『キリストの掟』1, 渡辺秀他訳(中央出版社 1966); B. HÄRING, *Das Gesetz Christi*, v.1 (Freiburg 1954); 稲垣良典『習慣の哲学』(創文社 1981); 岩田靖夫『アリストテレスの倫理思想』(岩波書店 1985); A. マッキンタイアー『西洋倫理思想史』上, 菅豊彦他訳(九州大学出版会 1985); A. MACINTYRE, *A Short History of Ethics* (London 1967); 茂泉昭男『アウグスティヌス研究』(教文館 1987) 25-119; 和辻哲郎『倫理学』上(岩波書店 1968) 627-59; C. H. PESCHKE, *Christian Ethics*, v. 2 (Dublin 1978) 1-220.

(浜口吉隆)

【美術】古代から中世, ルネサンス期の西洋美術の一主題に「美徳と悪徳」がある. 美徳は通常四つの基本的な徳(正義, 賢慮, 勇気, 節制)とキリスト教で特に重視される三つの対神徳(信仰, 希望, 愛)の計七つがある. さらにこのほか, 貞潔, 忍耐, 謙遜, 慎重などが加わる場合もある.

人間の心や行いの品格を問題とするこうした抽象概念をいかなる造形手段により可視的なものとするか. 古代以来行われた手法は擬人像を用いるものである. 初期キリスト教美術では, 5世紀のキリスト教詩人 A. C. *プルデンティウスの著した『霊魂の戦い』を典拠として, 美徳が図像化された. 戦士姿の女性擬人像で表された美徳は, 特定の持ち物(*アトリビュート)をもち, これと対になる悪徳に対して戦いを挑み勝利を収めるのである. これが定型となって, 多くの写本挿絵, フランス西南部のロマネスク聖堂の扉口彫刻などの一連の図像が豊富に生み出された. 13世紀には戦いの場面は消えて, フランス北部のゴシック大聖堂の彫刻(*シャルトル大聖堂南正面など)や*ステンドグラスでは, 勝利した美徳が敗北した悪徳像と並んで表される. *パドヴァのアレーナ礼拝堂の*ジョットの描いた壁画も名高い. ルネサンス期に入るとこれらの像は変貌し, 古代の神々の姿で表されるようになるが, 中世以来の戦いの形式は踏襲される. 近代に入っても銅版画などで多彩な展開をみせる.

【文献】A. KATZENELLENBOGEN, *Allegories of the Virtues and Vices in Mediaeval Art* (London 1970).

(高野禎子)

ド・クインシ De Quincey, Thomas (1785. 8. 15-1859. 12. 8)

イギリスのエッセイスト. マンチェスター (Manchester) に生まれる. マンチェスターのグラマー・スクールから逃亡してウェールズで放浪生活を送った後, *ロンドンに出る. *オックスフォード大学のウスター・コレッジに入学して古典とヘブライ語を学ぶが, 学位試験を放棄して去る. *コールリッジや*ワーズワースの知己を得湖水地方に移り住み, ドイツ哲学の研究に身を入れる. その後*エディンバラに移り, 雑誌にさまざまなエッセイ, 批評, 翻訳等を寄稿して生計を立てた. オックスフォード在学中に始まった阿片服用の習慣により, 終生, 心身両面の不健康にさいなまれた. その経験を綴った『阿片常習者の告白』(*Confessions of an English Opium Eater*, 1822)が主著. エディンバラにて没す.

【文献】M. ELWIN, *De Quincey* (New York 1935); H. A. EATON, *Thomas De Quincey: A Biography* (London 1936); J. E. JORDAN, *De Quincey to Wordsworth: A Biography of a Relationship* (Berkeley, Cal. 1962).

(舟川一彦)

トクヴィル Tocqueville, Alexis Charles Henri Maurice Clérel de (1805. 7. 29-1859. 4. 16)

フランスの政治学者, 歴史家. ノルマンディーの古い貴族の血統に連なり, *パリに生まれ, カンヌ (Cannes) で没す. 法学を学んだ後, 判事となり, 1831 年アメリカへ 9 か月の長期旅行に出る. この経験は後に『アメリカの民主政治』全2巻 (De la Démocratie en Amérique, 1835-40) に結実, アメリカ社会を人類平等主義と民主主義が必然的にたどる過程のモデルとして捉えた. 1839年, 下院議員となり, また 1838 年人文・社会科学アカデミー会員, 1841 年アカデミー・フランセーズ会員に選出される. 1848 年の二月革命後, 国民議会議員となり, *ナポレオン3世のもと, 短期間, 外務大臣の職にあったが, 1851 年のクーデター後は政界から引退, *フランス革命の研究に没頭する. 彼のフランス革命についての考察は, *モンテスキューにも比肩する哲学的なもので, 革命の成果を一般的に考えられているほど大きなものではないとする. それによると, 旧体制の破壊は, 1789年の革命以前からすでに始まっていた内的崩壊の過程にすぎず, 政治の中央集権化と社会的・政治的平等への発展の土壌は旧体制に内在していた. この過程は革命によって加速し, 従来の身分制度を破壊, フランスは画一的で孤立した個人から構成される大衆社会への道を歩んだ. しかしそのような国家ではかえって専制政治が生まれやすく, 個人の自由が奪われる危険があり, 平等と自由は倫理的価値と責任ある政治なしには存続しえないとした.

【主著】*L'Ancien Régime et la Révolution*, 1856: 井伊玄太郎訳『アンシャン・レジームと革命』(講談社 1997); *Souvenirs*, 1893: 喜安朗訳『フランス二月革命の日々: トクヴィル回想録』(岩波書店 1988).
【邦訳】井伊玄太郎訳『アメリカの民主政治』(講談社 1987).
【文献】J. P. MAYER, *Alexis de Tocqueville* (New York 1960); R. HERR, *Tocqueville and the Old Régime* (Princeton 1962); I. ZELTLIN, *Liberty, Equality, and Revolution in Alexis de Tocqueville* (Boston 1971); F. FURET, *Penser la Révolution française* (Paris 1978); P. MANENT, *Tocqueville et la nature de la démocratie* (Paris 1982); F. MÉLONIO, "Tocqueville: aux origines de la démocratie française," *The French Revolution and the Creation of Modern Political Culture*, v. 3, ed. F. FURET, M. OZOUF (Oxford 1989) 595-611.

(H. ブライテンシュタイン)

どくがろん 独我論 〔英〕solipsism, 〔独〕Solipsismus, 〔仏〕solipsisme

実在するのは自分の*自我だけであり, 他我およびその他の一切のものは, この自我の意識内容としてのみ存在するとする立場. ここでは, 真に存在するものは, ただこの自我とその*意識だけであり, それ以外の世界内の全現象は, (1)客観的な実在性をもたず私の意識の所業にすぎないとみなされるか, または, (2)自己意識の内に含まれるある原理との関係を通して初めて客観的な実在性を保証されるものとみなされる.

前者の立場は, 主観的*観念論の理論的帰結と考えら

れ，*バークリがその代表とされる．バークリは*ロックが容認していた実在観念(延長，個体，運動等)をすべて否定し，*実体としてあるのは我々の*知覚としての心の働きのみであると主張した．

他方，後者は，*カント以降の*超越論哲学が解決を迫られた中心課題であり，その意味では，自我の超越論的な活動性(＝事行)のなかにその他の一切(＝非我)を根拠づける端緒をみようとしたJ. G. *フィヒテの前期哲学や，純粋自我の根源的な作用の内に相互主観的な*間主観性の基礎をみいだそうとした中期*フッサール哲学，さらには*ヴィトゲンシュタインの「私的言語批判」理論のなかに，同様の独我論的な様相(とそれに対する対決の姿勢)を垣間みることができる．

【文献】G. バークリ『人知原理論』大槻春彦訳 (岩波書店 1958); L. ヴィトゲンシュタイン『論理哲学論考』藤本隆志，坂井秀寿訳 (法政大学出版局 1968); E. フッサール『イデーン：純粋現象学と現象学的哲学のための諸構想』渡辺二郎訳，全2巻 (みすず書房 1979-84); J. G. フィヒテ「全知識学の基礎」『全知識学の基礎・知識学梗概』隈元忠敬訳 (渓水社 1986) 7-322. （宇田川尚人）

とくがわいえやす　徳川家康 (1543. 1. 31-1616. 6. 1)　江戸幕府の初代将軍．三河守，内大臣，太政大臣．岡崎城主・松平広忠(1526-49)の長男．
【生涯】6歳のとき今川義元(1519-60)の人質となり*駿府で成長．1560年(永禄3)桶狭間の戦を機として独立．翌年*織田信長と同盟．1582年(天正10)の本能寺の変後*豊臣秀吉と対立．1584年小牧・長久手で対戦後講和．以降，秀吉傘下の筆頭大名として重きをなし，1590年，小田原落城後に関東へ移封され*江戸を居城とした．秀吉の晩年五大老筆頭．1600年(慶長5)の関ヶ原の戦で反対派を一掃，1603-1605年征夷大将軍．1607年から駿府に居城し以降大御所として幕政を司る．1614-15年の大坂の陣で豊臣秀頼を滅ぼし武家諸法度などの基本法を制定，法度政治を実現させた．晩年徳川将軍家の守護神を志向し，死後朝廷から東照大権現の神号を贈られた．
【対外政策】秀吉が強行した侵略戦争の後始末と，内外貿易船に対する統制を課題とした．1601年以降南方渡航船に対し朱印船制度を，1604年以降ポルトガル船を対象とした糸割符制度を創設．1607年対馬領主*宗義智を通じて朝鮮と復交した．1609年には島津氏に琉球進攻を許可したほか*マカオから*長崎に来航した*ノッサ・セニョーラ・ダ・グラサ号を*有馬晴信に撃沈させるなど強硬姿勢を示した．同年以降来日したオランダ，スペイン，イギリスの使節や高官を優遇し通商の自由ないし保護を認めた．
【キリシタン政策】寛厳両策併用の姿勢から*キリシタン禁制へと展開．1600年(慶長5) *宣教師の京都(*都)・*大坂・長崎居住を公認したほか，1606年日本司教*セルケイラと，翌1607年には*イエズス会の日本準管区長*パジオと会談するなど友好的な姿勢を示した．反面1602年フィリピン総督に宣教禁止を通告し，以降の外交文書でしばしば繰り返した．1612年有馬晴信と岡本大八間の贈収賄が露見し，禁制を発令(→岡本大八事件)．1614年「排吉利支丹文」を公布し，*高山右近ら主要信徒を含めマカオ・*マニラに追放した．以降キリシタン禁制は強化され，幕末まで厳しく貫徹された．
【文献】大日本史料，第12編; 藤野保「江戸幕府」『岩波講座日本歴史10 近世2』(岩波書店 1963) 1-55; 北島正元『江戸幕府の権力構造』(岩波書店 1964);『徳川実紀・第1篇』新訂増補国史大系38 (吉川弘文館 1964); 高木昭作「江戸幕府の成立」『岩波講座日本歴史9 近世1』(岩波書店 1975) 117-53; 中村孝也『徳川家康文書の研究』(日本学術振興会 1960 ²1980); 五野井隆史『徳川初期キリシタン史研究』(吉川弘文館 1983 ²1992); 藤野保他編『徳川家康事典』(新人物往来社 1990); 曽根原理『徳川家康神格化への道 ― 中世天台思想の展開』(吉川弘文館 1996). （清水紘一）

とくがわきんれいこう　『徳川禁令考』　明治初期の司法卿・大木喬任(1832-99)の命により，属官・菊地駿助とその後任者が編纂した江戸幕府法制史料集．1878年(明治11)から後聚を含め35分冊として同省から順次刊行された．次いで1894年から前聚62巻(6帙)，後聚40巻(4帙)，合計10冊が刊行された．前聚は法制禁令が中心で，公家・武家・社寺・庶民・外国などに大別．後聚は刑事法史料が中心で，「科条類典」をはじめ御定書制度後の類例と裁決を収録している．偽書からの引用をそのまま再録した箇所も一部にあるが，江戸時代の政治・経済・社会の法令類を網羅した重要史料．1931年(昭和6)に吉川弘文館で復刻(全10冊)．1959年に法制史学会から「棠蔭秘鑑」「刑典便覧」などに加え，前集の編年索引を付して全11巻で再刊．キリシタン関係の法令は，前集41章の切支丹と67章の外国に収録され，他の巻にも関連のものが散見される．
【文献】平松義郎「徳川禁令考前集解題」『徳川禁令考』前集1 (創文社 1959 ²1968); 同「徳川禁令考後集解題」『徳川禁令考』後集1 (創文社 1959 ²1968). （清水紘一）

どくさいせい　独裁制　〔英〕dictatorship, 〔独〕Diktatur, 〔仏〕dictature　一般に，単一人または単一集団が国民に服従を強制するため，法的に抑制されることのない権力を享受する政治形態をいう．独裁者(〔ラ〕dictator), 独裁(dictatura)といった単語は，共和政期のローマに由来し，動詞 dicto「書き取らせる(口授する)→命令する」からくる．当時のローマでは，特別な状況下にある場合，一人の人物に必要なすべての権限を与える法規があり，この独裁執政官は，戦争や内乱など危機的状況の打開を目的としているのであれば，法律に反することでも決裁することができた．ただし，この権限の行使は通常6か月間に限定されていた．現代の政治学ではさらに独裁制を，このような大権をもつ人または集団が，自らの利益を追求するために国家の全機関を支配する政治形態とする場合もある．

聖書は特定の政治形態を肯定することも否定することもないが，政治権力の行使に対しては明確な姿勢を示し，*基本的人権が侵されたり，人間相互の関係が絶え間なく損なわれたりするような状況は聖書に反するものとされている．第2 *ヴァティカン公会議の『現代世界憲章』はこの教えを現代に適用し，「政治権力が個人及び社会的団体の権利を侵害する全体主義や独裁主義の形態をとることは，非人間的なことである」(75項)とし，教皇*ヨアンネス・パウルス2世もこの思想を*回勅や声明のなかで繰り返し表明している．
【文献】教皇ヨハネ・パウロ2世回勅『真の開発とは―人間不在の開発から人間尊重の発展へ』山田経三訳 (カトリック中央協議会 1988): IOANNES PAULUS II, "Sollicitudo rei socialis," AAS 80 (1988) 513-86; C. J. FRIEDRICH, Z. K. BRZEZINSKI, *Totalitarian Dictatorship*

and Autocracy (Cambridge, Mass. 1956); J. J. KIRKPATRICK, *Dictatorships and Double Standards: Rationalism and Reason in Politics* (New York 1982); R. A. DAHL, *Democracy and Its Critics* (New Haven 1989).

(J. カスタニエダ)

どくじゅうしゅうし　独住修士　→ 隠修士

とくしゅれき　特殊暦　→ 典礼暦

どくしょか　読書課〔ラ〕officium lectionis,〔英〕office of readings,〔独〕Lesehore,〔仏〕office des lectures
従来は *朝の祈りの前，早朝に行われたことから「朝課」(〔ラ〕matutinum)と呼ばれていた．また，観想修道会では, *徹夜の祭儀として夜半(vigilia)に行われ，「夜課」(nocturnum)とも呼ばれた．現在は，一日のうちいつでも任意の時間に行うことができる．*聖書朗読の*答唱のあとに *教父の著作や *聖人伝などが読まれることから，現在ではこの名が用いられている(日本の『教会の祈り』では単に「読書」).
【歴史】読書課は夜半に行われるが，その起源は *初代教会の徹夜の祈りではなく，初期の *修道者が行っていた個別の夜中の祈りと考えられる．ヌルシアの *ベネディクトゥスの『戒律』によれば真夜中の第8時すなわち現在の午前2時より前に行うことはできず，賛課すなわち朝の祈りがわずかな間を置いて続けられ，現在の *初めの祈りと読書課，そして朝の祈りが一つの時課として行われていた．これは，詩編に「日に七たび，わたしはあなたを賛美します」(119: 164)とあることから，他の時課，すなわち，一時課，三時課，六時課，九時課(→ 小時課)，晩課(*晩の祈り)，終課(*寝る前の祈り)との数を合わせるためであった．さらに，*主日や *祭日には，それぞれ三つの詩編と三つの読書と答唱からなる三つの夜課が行われていたが，それぞれは独立した時課とは考えられてはいなかった．第1夜課の読書は *聖書からとられ，第2夜課の読書は通常，教父の説教集が，*聖人の *祝日には，その聖人の伝記が読まれた．第3夜課は新約聖書からとられていたが，*カロリング朝時代以降は教父の福音書注解に替えられた．
【現在】第2*ヴァティカン公会議による典礼刷新で，読書課は大幅に変更され，「歌隊共唱においては，夜中の賛美としての性格を保つが，一日の中，いつでもとなえることができる」(『典礼憲章』89項)と変わり，その構成も三つの詩編と二つの朗読を中心とするものとなった．第1朗読は聖書だが，福音書は含まない(福音書は *ミサで記念されるため)．聖書の朗読は規範版に載せられた1年周期のものと，自由に用いることができる2年周期のものがある．第2朗読は教父や教会著作家の作品からの引用，聖人伝などである．聖人の祭日，祝日には，固有の聖人言行録を読むが，それがない場合には聖人の共通の部分から選択する．
【文献】『教会の祈り』(カトリック中央協議会1973)総則 55-73, 98-99, 143-55, 159-70; NCE 4: 917-20; 9: 463-64; J. DAVIES, ed., *The New Westminster Dictionary of Liturgy and Worship* (Philadelphia 1972) 140-47; A. G. MARTIMORT, ed., *The Church at Prayer*, v. 4 (Collegeville, Minn. 1986) 266-69.

(齊藤克弘)

どくしん　独身〔ラ〕caelibatus,〔英〕celibacy,〔独〕Zölibat,〔仏〕célibat

【語義】社会的・法的な独身とは，当人の意図にかかわらず，教会あるいは国家から，配偶者と認められる者を現に有しない状態であり，したがって，かつて配偶者を有していた者でも何らかの理由でこれを失い，あるいはこれと離別した場合も独身とされる．しかし自発的に選ばれた独身の状態は，人が婚姻適齢期にあるにもかかわらず，結婚しておらず，また結婚したことがない状態を指し，それが宗教的な動機による場合，これからも決して結婚しないことを公に決断したことを示す．それゆえ独身生活を送る意義には *童貞性(処女性)および貞潔(→ 純潔)の意義と重なる部分もあり，カトリック教会における *聖職者と *修道者の独身制の場合，これらの意味合いが強い．
【自発的独身】性別は人間の本質的な特徴であり，男女の性関係は，すべての民族において *結婚として制度化されている．したがって，人類の大多数にとって，結婚することは人生の根本的な様式となっている．しかし，生涯独身で通す人もいる．このことについてキリスト教の立場から教皇 *ヨアンネス・パウルス2世は次のように述べる．「愛はすべての人間の根本的な生まれながらの召命です．……キリスト教の啓示は，人間の愛の召命の全体を実現するために二つの道を認めています．それらは結婚と神の国のための独身です」(使徒的勧告 *『ファミリアーリス・コンソルティオ』11項).

人が生涯独身を通す理由はさまざまである．結婚するつもりであったが，何らかの理由で結婚できなくなった人もいるし，全力をあげてある課題に専念するために結婚を断念する人もいる．また，結婚生活に縛られることを面倒がって自由に生活するために結婚しない人もいる．しかし，教皇の上述の言葉の通り，愛がすべての人間の根本的な *召命であるので，独身を自発的に選ぶ場合には，何らかの意味で愛の実行と関係する動機による選択だけが，愛である *神の像として創造された人間にふさわしいことであり，また，自分の意志によってではなく，さまざまな事情によって独身で暮らすようになった人は，人生を神と人々への愛の実行の場にするよう努力すべきである．キリスト教の倫理によれば，性関係の正しい形は夫婦間のそれであるから，独身者は性的関係とは別の方法で愛する人間になるべきである．
【宗教的な動機で選ばれる独身】幾つかの宗教においては，宗教的な動機から独身を選ぶことが勧められている．しかしアフリカやアメリカの部族宗教(→ 民族宗教)，日本の *神道，*ユダヤ教，*イスラム教などの場合，宗教的な動機で選ばれる独身はほとんどみられず，せいぜい命じられているのは，重要な宗教儀式を行う際に，一時的に夫婦関係を断つことだけである．例えば，旧約時代のイスラエルにおいて，いけにえ(→ 犠牲)を献げる務めを果たす期間，*祭司たちは妻と別居し，夫婦関係を慎んだ．これに対して来世志向の強い宗教，例えば *ヒンドゥー教や *仏教や *キリスト教の場合，宗教的な動機で生涯独身を通す人が多くみられる．ヒンドゥー教では，古代から現代に至るまで，多くの苦行家は究極的なものとの一致を目指して，生涯独身を通しており，仏教においては，出家した僧侶にとって，*輪廻からの解放の一条件とされる独身は，かつては本質的な義務とされていた．旧約時代のイスラエルにおいては，身体的な欠陥から結婚できなかったり，また子どもをもうけないことは不幸とみなされていたが，イエスの時代に，現世を超越する *神の国の到来への希望が強くなるにつれて，*クムラン教団の人々や洗礼者 *ヨハネのよ

うに，神の国のために生涯独身を通す人々もかなり多く現れた．キリスト教においては *修道生活と並んで，聖職者にも独身が要求されるようになり，特に *ラテン教会では独身が上級聖職への *叙階の前提となってきた．

【新約聖書】神の国の到来を宣教したイエスの呼びかけに従って，多くの人が家庭生活を放棄して神の国の宣教に全力を注ぐようになった．「神の国のために，家，妻，兄弟，両親，子供を捨てた者はだれでも，この世ではその何倍もの報いを受け，後の世では永遠の命を受ける」（ルカ 18: 29-30）というイエスの言葉は，このことを表している．イエスが弟子に向かって述べた，「天の国のために結婚しない者もいる．これを受け入れることのできる人は受け入れなさい」（マタ 19: 12）という言葉も，神の国の福音を宣べ伝えるために結婚生活を断念した人々を励ます発言である．「結婚しない者」と訳されたギリシア語 eunouchoi を文字通りに訳すと，「去勢された男子」となる．おそらく，神の国の宣教のために結婚を断念したイエスの弟子たちが，反対者から侮辱的にそのように呼ばれたので，イエスは上述の言葉によって彼らの決断を弁明したと思われる．「これを受け入れることのできる人は受け入れなさい」と付け加えることによって，イエスは結婚の断念がすべての人を束縛する戒めではなく，イエスの呼びかけを受け入れうるようにする神の恩恵を与えられた人々への勧めであることを示した．

上述の言葉のほかに，復活した人々の永遠の生命のありさまについてイエスが述べた，「復活の時には，めとることも嫁ぐこともなく，天使のようになる」（マタ 22: 30）という言葉も，キリスト教における独身の理解に大きな影響を及ぼした．それによれば，婚姻関係を結ぶことは，人間にとって永遠のことではない．

結婚と独身の問題は，1 コリント書でも取り上げられている．コリントの信徒のうちに，「男は女に触れない方がよい」（7: 1）と思う禁欲者たちがいた．*パウロはこの問題に関して，夫婦関係を続けるように夫婦に勧め，「ただ，納得しあったうえで，専ら祈りに時を過すためにしばらく別れる［すなわち，夫婦の交わりを断つ］」（7: 5）ことだけを許している．しかし，回心前の状態は不明であるが使徒としては独身であったパウロは，夫婦関係の正しさを認めながらも，自分と同じように独身であることを，結婚よりも一層良いこととみなしている（7: 7-8）．パウロ自身はこの書簡を書いた時点では独身であったと思われるが（7: 8 参照），結婚はすべきものであるというユダヤ人の考え方や実際の習慣を想定して，回心以前のパウロは結婚していたとする学者もある．はたして結婚後に妻を失ったのか，あるいは一度も結婚したことがないのか，いずれも立証できない．パウロによれば，結婚することは決して *罪ではないが，世の終わりが迫っているので，それに伴う苦労を免れるために未婚のままとどまるほうが望ましい．結婚した男女は，どうすれば相手に喜ばれるかと心を遣い，心が二つに分かれてしまう．逆に，独身者はキリストのことにだけ心を遣う（7: 25-35）．このようにパウロは結婚の合法性を認めながらも，全力を福音宣教に尽くすために独身でいることを優先させている．しかし，そのことを誰にも押しつけようとはしない．というのは，「人はそれぞれ神から賜物をいただいているのだから，人によって生き方が違う」（7: 7）ためである．

エフェソ書やテモテ書，テトス書には，家庭生活に関する一層積極的な評価がみられ，教会の *監督に関しても，「非のうちどころがなく，一人の妻の夫」でなければならないと書かれている（1 テモ 3: 2）．しかし「一人の妻の夫」とすることにより，妻が死亡した場合も，再婚を禁じていることがわかる（テト 1: 6 も参照）．またヨハネの黙示録によれば，来たるべき世に小羊とともにいる 14 万 4,000 人の人々は童貞である（14: 4）．このように新約聖書においては，教会の奉仕者一般に対する独身の義務づけはまだみられないが，祈りに専心するための自発的独身あるいは *禁欲への要請がすでにみられる．

【初代教会】キリスト教では，天の国のために性的行為を行わない存在，つまり自発的独身を守ること（初めから結婚しないか，あるいは妻帯者であれば夫婦関係をもたないこと）を主への愛における完全な自己譲与を生きる表現であり，方法であるとしてきた．神の国のために結婚の断念を勧めるイエスの言葉や，二つに分かたれない心でキリストのことに心を遣う未婚者についてのパウロの言葉の影響のもとで，*初代教会においてはかなり多くの人々が，*洗礼を受けるなら結婚を断念し，夫婦関係を断つべきであると考えていたと思われる．特にシリア地方の諸教会にそのような人々が極めて多かった．2 世紀には「主のからだ」の栄誉にあずかる身分（苦行者，おとめ，やもめ）が認められる．グノーシス主義者 *ユスティノス，アレクサンドリアの *クレメンス，アンティオケイアの *イグナティオスなどによれば，自発的独身はキリスト教の力強い証しであり，オリュンポスの *メトディオス，*オリゲネスなどは *殉教への道，あるいは殉教自体ともみていた．*テルトゥリアヌス以後，特にニュッサの *グレゴリオスによって，自発的な独身がキリストとの *婚姻として考えられるようになり，その身分の放棄は，少なくとも *キプリアヌス以後は *離婚と同様に考えられた．

*コンスタンティヌス大帝の *寛容令によって迫害時代が終わってから，殉教に取って代わることとして，隠遁生活や修道生活が盛んになった．修道者たちは一切の持ち物を捨てて荒れ野に退き，独身で生活しながら，天の国を目指した．当時流行していた二元論的な思想や物質を軽視する風潮の影響は否定できないが，*ローマ帝国においてキリスト教の修道生活のみが多くの人々を惹きつける運動に成長したことは，禁欲的な生き方の主たる基盤がキリスト教にあったことを示している．

【聖職者の独身制】新約聖書を介して知るかぎり，聖職者の資格についての初代教会の伝統には，結婚した一家の主人の立場が緊密に結びついており，良き父親としての資格が共同体の責任者の職務を正しく引き受けるための前提条件とまでみなされていた．そしてイエスが天の国のためにと教えた独身は，できる者だけに課されたものと理解されていた．同様に神学的な考察からも，すでに初代教会の頃から，独身はキリストの *祭司職を豊かに示すもの，また *司祭の聖化する任務の表現として考えられるようになった．*司祭職が礼拝に対する聖なるもの，霊に満ちたものとの考えから，世俗から隔離された司祭の理想像がキリスト教信者の間に広まっていった．4 世紀まで *教会会議や *公会議は繰り返し，司祭職と結婚の問題を扱った．

【東方教会】*東方教会では *ネオ・カイサレイア教会会議（314）で叙階後に結婚した司祭の免職が求められ，*アンキュラの教会会議（314）では，もし受階者が結婚の権利を留保するなら，助祭職だけが結婚することができると決定した．これは妻帯者は叙階されることができる

どくしん

が，叙階された者は結婚を許されないという実践に発展していった．*司教だけが妻なしに生活しなければならないことから，*トルロス教会会議(691)では，独身者が司教に叙階されるか，あるいは妻帯者の場合，司教叙階後，禁欲に生きなければならないとした．このため多くの修道者が司教となり，妻帯者の司教の場合，妻たちは修道院に送られた．司祭・*助祭・*副助祭には妻帯者も叙階されることができ，婚姻を継続することができたが，礼拝の日には夫婦関係を避けなければならなかった．トルロス教会会議の決定は今日に至るまで東方教会の規律となっており，正教会や，後にローマ教会と一致した*カトリック東方教会も同様である（『東方カトリック教会法典』373条参照）．

【西方教会】東方教会での規律として，妻帯司祭は礼拝の日に禁欲しなければならない，つまり夫婦関係を避けなければならないという点は，*西方教会の規律と通じるところがある．東方教会に比較して西方教会は，しばしば，それどころか毎日礼拝を行うのであり，それが常態としての禁欲を司祭に要求するようになったのではないかと考えられる．スペインの*エルビラ教会会議(300頃)は，まず叙階後の夫婦関係の継続に罰則を規定したのであり(33条)，叙階前に結婚すること自体を禁じたわけではなかった．東方と西方の両教会に共通する独身制を導入する試みは第1*ニカイア公会議(325)で論議された．この試みが失敗したので，西方は独自の道を歩むことになる．教皇*シリキウス(在位384-99)は何回かの教会会議でエルビラ会議の決定を実施しようとしたが，成果を収めたのはローマだけであった．ローマでは司教・司祭・助祭が独身を通した．教皇*ニコラウス1世(在位858-67)は西方における独身制の無視を嘆いたが，ブルガリアへの書簡では東方教会の実践に対して寛容であった．

11世紀の半ばには，西方諸国において聖職者の婚姻が一般的に行われていた．教皇*レオ9世(在位1049-54)は改革運動の一環として独身義務の遵守を新たに掲げた．彼と後継者*ヴィクトル2世(在位1055-57)や*グレゴリウス7世(在位1073-85)らが目指したのは，聖職者の待遇改善と職務能力の向上であり，また*ゲルマン法に従って*聖職禄を遺産相続することにより教会財産が減るのを防ぐことであった．*インノケンティウス2世(在位1130-43)は第2*ラテラノ公会議(1139)において，司教・司祭・助祭への叙階が*婚姻障害となることを規定し，*ケレスティヌス3世(在位1191-98)は婚姻障害を副助祭にまで広げた．法規制が明確化される一方，*スコラ学は，叙階の*秘跡に基づくものとして司祭の独身制を説いたが，実際にそれを遵守するには困難が多く，*宗教改革における主要な争点の一つとなった．*トリエント公会議は教会の規律を厳格にし，*神学校における聖職者養成の改善を命じた(1563年の第24会期，9条)．この新たな命令の結果は全教会に及ぶことになった．*フランス革命や近代国家による*教会財産の国有化などの試練を経ながら，第1*ヴァティカン公会議でも独身制は論議された．1917年発布の*教会法典は上級品級(副助祭以上)の聖職者の独身義務を再び確認した(132条1項)．

【第2ヴァティカン公会議】第2ヴァティカン公会議は，妻帯者にも助祭職への道を開くことを決定(『教会憲章』29項)，また『司祭教令』では，東方教会の実践に何ら変更を加えることは意図しないとしながらも，西方教会で築かれてきた司祭独身制を再確認した．「独身は多くの点で司祭職にふさわしい．……天の国のために守る童貞または独身によって，司祭は新しい崇高な理由によってキリストに身をささげ，分裂のない心をもって，よりたやすく主に一致し，主において，また主を通して，より自由に神と人々とに対する奉仕に身をささげ，主の国と超自然的更正のわざに身軽に仕える」(16項)．

【独身と童貞性の意義】〔愛のわざとしての独身〕『司祭教令』における独身制の規定は『教会憲章』(42項)の表現を踏襲したものである．『教会憲章』の箇所においては，前項において*聖性に達する多くの道を記述した後に，聖性に達する手段として「第一の，そして最も必要なたまものは，われわれが万事に越えて神を愛し，隣人を神のために愛する愛である」と述べ，「神と隣人に対する愛こそ，キリストの真の弟子のしるしである」とする．この愛を証しするものとして，イエスの苦難とそれにあやかる殉教が述べられる．この殉教に続いて*福音的勧告が述べられ，最初に独身生活があげられる．「童貞または独身生活を守りながら，分裂のない心をもってよりたやすく自分を神のみにささげることができるようにと，父からある人々に与えられる神の恩恵の貴重なたまものは，特にすぐれている．教会は，天の国のために守られるこの完全な節欲を，愛のしるしと励ましとして，また世における霊的豊かさの特別な泉として，常に大きな栄誉をもってたたえてきた」．

童貞あるいは独身の勧告がいわれるが，その賜物はある信者に与えられ，神にのみ自身を捧げさせるものである．それは，自然の傾きから結婚を望まない者や，結婚に適した相手をみいだせなかった者をいうのではない．また，人間的な職業のために，たとえそれが高貴な理由であったとしても，結婚を放棄した者について述べているのでもない．ここでは神のみが「天の国のために」与える召命をいう．童貞と独身の語はこの意味で神からの賜物として理解する必要がある．「独身」の義務は童貞，禁欲，貞潔という語で示される生き方と同じものを表現している．つまり，天の国のための童貞，あるいは御国のために神のみに自身を捧げる愛の態度である（『修道生活刷新教令』12項参照）．

キリスト教的聖性と愛一般および特に殉教との完全な調和がみられるように，独身に関して公会議はそれがまずもって「御父からの貴重な神からの恵みの賜物」であることを強調する．この神からの恵みの賜物は，すべての者に与えられたわけではない．殉教について扱いながら公会議は，この卓越した賜物がわずかの者にだけ与えられるとする．独身の場合には，同様にこの貴重な賜物が父なる神からある者たちに与えられるとする．

殉教について紹介するときと同様，独身を論ずる際にも愛の神学に言及してその本性が説明される．この場合はしかし，独身が，自分自身と神のみに「分かたれない心」(全身全霊を込めて)にするためという目的を有する．このような描写によって，神の主導権(父なる神がある者たちに与える賜物とすることによって)だけでなく，むしろ愛の動きに従って，神からの無償で愛に満ちた招きに対して，愛において与えなければならない応答の一種として独身は扱われている．

独身は「分かたれない心」で神に愛を与えるという自己譲与を要請する．「よりたやすく」という付加語は，この要請を限定するためではなく，分かたれない心の愛が独身に生きる者たちだけに可能であるとする解釈を妨げるためにある．

「分かたれない心で神を愛する」に関しては，他の二

つの聖書的表現とより確実に区別する必要がある．つまり，「すべてに超えて」（マタ 10: 37 参照）神を愛すべきことと，「心を尽くし，思いを尽くし，精神を尽くして」神を愛すべきこと（申 6: 5；マタ 22: 7；マコ 12: 30；ルカ 10:27）である．これら二つの表現は，人がどのような選択をしようとも神への愛の優先性はつねに尊重されなければならないこと，そして，何らの留保なしに，どのような状況においても，つねに，誰に対しても，何事に対しても，つまり，人が神の命令に対して従うか従わないかの選択に直面したときにはいつも神が絶対の優先性をもたなければならないことを意味するだけでなく，被造界と神との間の選択を要求されるすべての状況に対してそれがあてはまり，それゆえ，神には無条件の優先性が与えられなければならないことをいう．これが罪の痛みに縛られた命令や掟を含む場合や状況にもいわれるのは明らかである．被造物と神との関係から直接派生する根本的な命令や掟を意味するのである．「分かたれない心で神を愛すること」という表現は，これと全く異なる意味合いを有する．これは神を愛する個別の方法に関するものである．分かたれない心で神を愛することは勧告であり，命令ではない．その真の意義を理解するためには独身制の文脈のなかでこれを強調することが大切である．

〔分かたれない心〕「分かたれない心で神を愛する」という表現は，旧約聖書にも新約聖書にも明確な出典箇所はない．1 コリント書 7 章 32-34 節は，結婚した者の心が分かれることをいうだけである．公会議の教理委員会は，カトリックを含む何人かの釈義学者が，このパウロの文章に難解さを感じているのをよく知っていた．ある者は実際，パウロがこれを書いたときには，世の終わりが切迫していると誤解していたとする．他の者は，パウロが生きた社会的・文化的環境の典型的な考え方を反映するもので，その考え方は永遠の価値を有するものではないとする．さらに他の者は，パウロが結婚に反対していて，これを書くことにより，結婚の価値を貶めているとする．これらすべては教理委員会によって厳密に調べられた．『教会憲章』は明白にこのパウロの文章に言及し，その教えが聖なる童貞の勧告の核心自体を形づくることを示す．つまり，公会議がこの福音的勧告について教えることの本質が示されているのである．

「分かたれない心で神を愛する」の意味は，夫婦の身分に典型的な愛と，独身者のそれとを対比させるときに深めることができる．神を直接的に愛するとは，夫婦の身分に生きる者との比較においてのみいえることで，独身者といえども，この世に生きる人間であるかぎり，絶対的なものではない．むしろ，上述の比較においてのみいえることである．

結婚と家庭の聖性を扱いながら公会議は『現代世界憲章』（48 項）において，結婚を特徴づける生命と愛の親密な共同体が創造主によって基礎づけられ，主によって秘跡の尊厳にまで高められたことを強調する．結婚は「配偶者が互いに自分を与え，受ける」ことに本質的な基礎を置いている．それは彼らの間での愛に基づく相互の与え合いであり，相互の補い合いを目指し，子の出産を通して，人類の継続と *神の民の継続を目指している．この相互の与え合いの概念が，独身に対して解明の糸口を与える．

結婚が自然の法則と秘跡の尊厳に従って生きられるものなら，相互の愛に基づかなければならない．つまり，夫と妻はまずもって幸せを相手に「与えること」を望んでいるのである．言い換えれば，真正なキリスト教的結婚は，他者の善を求める善意と友愛に満ちたものである．この場合，受け取ることも「与えること」の一部である．まさしくこの点で独身とは異なる．独身に召された若者は普通の人間なので，人間本性に込められた結婚への願望を感じるはずである．しかし，神への愛によって「御国のために」彼自身を捧げることができる．それゆえ神からの恩恵により，人生の同伴者となる愛する人に自分を「与えること」から生ずる善を放棄することができる．この意味で分かたれない心の愛は，結婚と比較して，より直接的に神を愛するものである．また，両親と子どもの間の愛も，「与えること」として考えることができる．

独身に典型的な神への愛は，その本性として一致に導くものであるはずなので，神との効果的な一致をもたらさなければ真正ではない．つまり神が人々に対して抱く愛を分かち合うものでなければならない．神はその独り子を彼らのために犠牲にするほど大きな愛を抱いていた．独身はその本性として，特に強い使徒的愛を要求する．この世において個別に生きようとも，また *修道会の一員として生きようとも，この愛の法則は同様にあてはまる．すべて同じ使徒的愛に燃え立たなければならない．*使徒的活動に携わる者には，この愛がみえる形で現れなければならない．この場合，使徒的愛は，他者の善のための強い自己譲与であり，キリストにより近く従うことである．疲れを知らぬ活動によって人類を救済し，贖い，聖化するキリスト，独身に生きるキリストに特別親しく一致することによって，独身者の愛は，徹底的に人々のために自らを与えるキリストの願いを分かち合う．

結婚の身分における愛は，まずもって配偶者が互いのうちに神をみいだすよう推し進める．彼らは結婚の本性自体に基づいて，このような仲介を経て秩序だって神に上ろうとするが，その仲介とは天の栄光においては欠けるものである．確かに地上において夫婦の愛に結ばれた者は，天においても特別な愛着をもつであろう．しかしこれも，神において互いに知り，神において愛するということである．童貞の特徴的愛はこれと反対に，地上においてすでに，分かたれない心で神のみに完全に自分を捧げることで成り立つ．この愛の形態は，夫婦の愛に特徴的な仲介を通さないものであり，この点において天の栄光に特徴的な愛の先取りとなる．

【独身制への反対意見】第 2 ヴァティカン公会議後にも，司祭の独身制に疑問を抱き，異議を唱える者は後を絶たなかった．*パウルス 6 世が 1967 年の回勅『サケルドターリス・カエリバートゥス』（Sacerdotalis caelibatus）において分類した反対意見と，それぞれへの反論は以下の通りである．

反対意見の第一は，新約聖書に基づくかのように思われるものである．新約聖書は聖職者の独身制を明白には命じておらず，ただ神からの特別な召し出しに人が自由に応えるものとして示しているにすぎない．さらにキリストは十二使徒を選ぶにあたって独身を条件としなかったし，使徒たちも初代教会の上長に独身者だけを任命したわけではなかったとする．しかしこの意見は単に初代教会だけに限って論拠を置いている．この時代に既婚者も *役務についたことから，公会議が宣言したように「独身制が司祭職の本質から要求されるものではない」ということはできても，ここから独身制の価値そのものを軽視することはできない．

どくしん

　第二は，独身制が夫婦関係を蔑視する考え方に立脚するとの理解に基づくと思われる．*教父たちが司祭職への招きと聖なる童貞性とを密接に結び合わせたのは，現代とは異なる考え方に基づいてのことである．教父たちの著作では独身制を守ることよりは，夫婦関係を避けるようにとの勧めがしばしばなされている．性行為への欲求や人間の状態を過度に卑劣なものとみなしたり，あるいは，聖なる事物に触れる者には清らかさが必要であると考えたためとする．したがって，現代社会とその考え方に合わないとする．この意見は教父たちの性に対する見方が悲観的であるとするが，東方の教父たち（ニュッサの*グレゴリオスや*ヨアンネス・クリュソストモスなど）は悲観的ではない．東方教会において，独身者の司祭だけが司教になるのは，司教職が司祭職の充満であるという理由からである．したがって，もし東方教会において既婚者も司教になるのであれば別であるが，東方教会の実践と比較しても，西方教会だけが司祭職の独身制を特異に主張しているわけではない．

　第三は，司祭職への召命と完全な貞潔への召命が異なるものだとの認識から，司祭の独身制は，独身を受け入れる心はないが司祭職を受けたいと思う者を閉め出すとする．しかし，司祭職は神から与えられる召命であり，教会から認知されないかぎり誰も自分の召命を主張できない．教会は独身の賜物を有する者に召命を限定しているだけである．召命と召命の様態とを切り離すことはできない．

　第四は，教会における司祭不足が，独身を守る重荷に起因していると考える．しかし，プロテスタントなど，聖職者に妻帯を許している他の教会における状態を考察すれば，司祭職への召命減少が独身制に起因していないことは明らかである．召命の減少はむしろ信仰と秘跡を通して人々の救いに務める教会の役割が軽視されているためであろう．

　第五は，司祭が妻帯しているならば，不忠実，生活の乱れ，逸脱の機会がなくなり，家庭生活のなかで大きな力が与えられるとする．この意見は性を理想化して考えている．性は単に肉体的衝動だけでなく，人間の性として考えなければならない．性は全人格の交わりとなりうるが，それは人間的愛によって支配されている場合だけである．物理的なものが社会的，文化的なものに超越していくとき初めて人間的な愛となることができる．離婚の原因の80％は精神的なものといわれる．同じように司祭職を放棄する原因も，性の問題であるよりは，人間関係の問題が圧倒的に多い．精神的な問題は性にも反映されるものである．それゆえ，妻帯によってその問題が解決されるとは思われない．

　第六は，独身制は単に自然に反するだけでなく，正しい人格の成熟を妨げるものだとする．したがって司祭は心の潤いに欠けた人間となり，一般の人々の生活様式を導くための魂の情熱を徐々に失う．全く孤立した生活を送ることから，精神の無力化と落胆に追いやられるとする．しかし独身制はキリストへの愛に基づくものであり，恩恵によるものである．恩恵は人間の本性に反するものではない．自分勝手に結婚生活を放棄する者は，確かに自分のやりたいことを追求するのであり，成熟の機会とはならないだろう．しかし，神の国のための独身はキリストの人格に決定的に参与するのであり，キリストの模範によってそれが成熟に至る道であることがわかる．独身制はキリストと教会の秘義を一層固く結びつけるものであるがゆえに，人を高め，人格を発展させるものなのである．

　第七は，司祭志願者が養成の段階で独身制を受け入れることだけを強いられ，人間の正当な自由を充分に尊重していない．また，独身制を受け入れる青年は全く完全な自由をもっておらず，青年自身の理解力や決断力は独身制の責務自体とその真の困難を受け取るには不充分で不相応であるとする．確かに過去の小神学校（→神学校）などの実践においては，性について，さらには独身を選び取ることの価値についての教育が不完全であった．しかしそれは教育の方法を変更する理由とはなっても，独身制そのものを廃止する理由とはならない．

　〔パウロ6世の独身制擁護〕次にパウロ6世は独身制を擁護する神学的理由を，まずキリスト論，教会論，終末論上の意義から説明している．これは直接には司祭の独身についてであるが，修道者の独身の意義を擁護するものでもある．

　キリスト論上では，キリストが最高の大祭司であり永遠の祭司であることから司祭職が考察される．キリストは，自分と教会との結びつきの象徴として結婚の尊さを秘跡の尊厳にまで高めたが，同時に神自身に全く完全に一致し，神のことだけに心を配る新しい道を開いた．キリストは生涯にわたって童貞の状態にとどまったが，これは神と人への奉仕に自分のすべてを捧げたことを意味する．イエスは救いの役務者が単に「天の国の奥義を知る」だけでなく，全く独特の意味で神の協力者となり，自らの代理者となることを望んだ．また，家，家族，妻，子どもを神の国のために捨てたすべての人に，極めて豊かな報いを約束した．それは人が特別の恵みを受けて独身制によって神の国に捧げられるということである．このように人が独身を望ましいものとして選ぶのは，キリストへの証しとしてであり，キリストと同じ生活様式をとることである．神の召し出しに応えることはキリストの愛に，愛をもって応えることである．そのとき独身制は「愛のしるし，励まし」となる．キリストのわざに自らを捧げ尽くす生活は，倫理的にも霊的にも完全なものであることは疑いえない．

　教会論上の意味は，永遠の祭司であるキリストがそれをもって教会を愛して童貞的愛を示し，神の子らを生んだ婚姻の童貞的で超自然の実り豊かさを示すことにある．司祭はキリストと*キリストの神秘体に完全な自由を享受しながら自らを捧げる．司祭はこうして，司祭としての生活の一致と調和をより完全に実現し，神の言葉を聞き，敬虔に祈るための能力を増大させる．司祭はまた，キリストの代理者として，いけにえのしるしを担う自分の全生活を祭壇の上に置きながら，捧げ物と一層緊密に結ばれる．キリストが，一粒の麦が死ぬことで多くの実を結ぶといったことから，初代教会の頃から信者たちは殉教することもためらわなかった．それゆえ司祭は，この世における妻と子どもたちに対する正当な愛を放棄して，キリストにおいてもっと充実した生活の栄光を獲得する．信者の間においては，万事にキリストの似姿となり，キリストのあらゆる模範に倣うのである．

　終末論上の意味としては，天上の祖国に向かう神の民のあこがれを表し，「めとりもせず，嫁ぎもしない」天の栄光の姿を先取りする．したがってこの禁欲は，神の民が地上で歩む努力を証しするものであり，すべての人への刺激となる．

【世界代表司教会議】1971年の第2回*世界代表司教会議は司祭職と世界の正義の問題を扱い，その文書はパウロ6世によって認証された．代表司教会議は文書『司

祭職について』において，第2ヴァティカン公会議後の大きな転換期に混乱した司祭職を扱っている．

〔独身制の基礎〕司祭の独身はキリストに使徒的に従うことと十全に合致し，また*司牧の役務に就くようにとの召し出しに無条件に応答することとも合致する．独身によって司祭は主に従いながら，より充分に応答性を示し，過越の喜びのうちに十字架の道を進み，聖体の犠牲になぞらえられることを願う．福音の精神における独身が祈りにおいて清貧や喜びをもち，栄誉を軽んじて兄弟的愛のうちに生きられるならば，現代人に対してもキリストを効果的に証しするものとなる．

〔有用性〕より重要な善のために個人が選択する独身制は全く自然のものであり，人格の十全な成熟と完成を推し進める．天の国のための独身において，多くの*聖人や信者たちは神のために自らを聖別し，人間として，またキリスト者としての成長を遂げた．霊的価値がくすんでいる現代文化において，独身司祭は，自らの像に従って私たちを刷新するように招く絶対の神の存在を理解させる．性の価値が誇張されて真正の愛を忘れさせているところにおいて，キリストの御国のために選ばれた独身は，忠実な愛の深さに人々を呼び覚まし，生命の至高の意味を明示する．偶有的な性格をもつすべての人間的価値を凌駕して，独身司祭は，至高，絶対の善としてキリストの生涯に特別な方法であずかり，先取りした神の子の自由を明示する．キリスト教的婚姻のしるしと聖性の価値を十分に認めながらも，御国のために独身を選択した者は，霊的な実り豊かさ，あるいは新しい掟の産出力をより明白に示す．独身制によって，司祭は分かたれない心で神によりたやすく仕えることができ，小羊たちに自分を捧げ，福音宣教と教会の一致のより十全な推進者となることができる．

〔独身制を維持する必要性〕ラテン教会が司祭の基本的要件として独身制を定めたとき，これが聖性に至る唯一の生活様式であるとしたのではなかった．教会を築くために共同体における役務の遂行の具体的な形態を注意深く考えて決めたのである．司牧職と独身生活が密接に，また多くの点で合致するという理由で，現行の規則は維持されている．実際，この職務の特徴である全面的な献身を自由に望む者は，また自由に独身を受け入れる．志願者はこの生活形態を外側から強制されたものとしてではなく，むしろ自分が自らを自由に与えることの明示として考えなければならない．それは司教を通して教会に受け入れられ，認証されるものである．このようにして法規は自由の擁護，そして防御となり，それを通して司祭は自身をキリストに捧げ，それゆえ「負いやすいくびき」となることができる．

〔独身制を助ける要素〕司祭職には過去の時代から何度も経験してきた困難と現代世界に固有の困難がある．司祭たちはこれらの困難を，適切な条件を推し進めることによって乗り越えることができる．この条件とは祈り，自己放棄，神と隣人への燃え立つような愛，*霊的生活のほかの補助的手段に支えられた内的生活の向上であり，社会的関係においては秩序ある関与を通した人間的バランス，同僚司祭や司教との兄弟的な関係，これに見合った司牧的構造や信者たちからの助けである．独身は神からの賜物として，志願者がそれにふさわしく準備されていなければ遵守することのできないものであることを認識すべきである．増大する反対意見は，それ自体，元来の価値が危機にさらされていることのしるしであるが，この圧力に困惑させられるままにしないで，最初から志願者に独身の選択を助けるような積極的な理由づけを示すことが必要である．志願者たちは，神が我々に与える力が，神に忠実にそして全面的に仕えようと努める者にはつねに備わることを覚えるべきである．役務を放棄した司祭は，公平に，かつ兄弟的精神をもって扱われるべきではあるが，たとえ教会の奉仕の助けとなることはできるとしても，司祭の活動に参加するのを許すべきではない．

【ヨアンネス・パウルス2世】ヨアンネス・パウルス2世は1979年の聖木曜日に，全司祭に宛てた手紙のなかで独身制の意義を述べている．教皇によれば，独身にしても結婚にしても，二つの異なる方法でキリストの秘義を表すもので対立するものではなく，むしろ補完的な関係にある．パウロが独身を良いものとし，結婚の価値を低くみたと解釈するのは誤りである．なぜなら，パウロによれば，結婚はキリストと教会に関する偉大な神秘だからである．したがって救いに至る方法は結婚生活と独身生活の両方にあり，すべての人間が神との一致に召されている．既婚者は家庭の枠内で配偶者とともに他者のための人間になるのに対して，独身者は霊的子どもたちに対する父母性を有することになる．司祭の司牧的召命は全教会に向けられ，神の民の共同体の奉仕と結ばれている．独身制は奉仕のために自由であることのしるしとなる．叙階の秘跡を受ける者はすべて，何年も訓練し，深く熟考し，熱心に祈ってから充分に自覚し，全く自由に独身の誓約をする．それゆえ司祭の独身制はただ教会が定めた法のためだけでなく，個人の責任からも守られなければならない．キリストと教会への約束に忠実であることがその要点である．この忠実は，一つの義務であると同時に，司祭の内的成熟の証拠でもあり，また，その品位の現れでもある．結婚にしても独身にしても困難はつきものである．必要なのは自己を克服し，統治することである．

ヨアンネス・パウルス2世は1992年の使徒的勧告『現代の司祭養成』(『パストーレス・ダボ・ヴォビス』Pastores dabo vobis)において，童貞性と独身生活のなかに貞潔がその本来の意味をもつこと，すなわち，他者との交わりと互いに自己を与え合う愛を真に表現し，その愛に仕える人間の性の本来の意味をもっと述べ，さらに，教会は司祭の独身の究極の根拠を，教会の頭であり花婿であるイエス・キリストに似た者とする叙階とのつながりにみているとする(29項)．

【現行教会法典】現行の『教会法典』においてはこれらの歩みをまとめて，聖職者の独身制を次のように定めている．「聖職者は天の国のために完全かつ終生の貞潔を順守する義務を有する．したがって，神の特別の賜である独身を順守しなければならない．この賜によって聖職者は心を分かつことなく，より容易にキリストに結ばれ，神と人への奉仕にいっそう自由に献身することができる」(277条1項)．これと同じように599条では，修道者の貞潔の誓願を「貞潔の福音的勧告は，天の国のために受け入れるものであり，来たるべき世のしるしであり，全身全霊を捧げる人[原文は分かたれない心]にとっていっそう豊かな実りの源であって，独身性における完全な純潔の義務を伴う」と規定して，修道生活における独身義務を規定する．

法規自体は新たな教理を決定するものではなく，第2ヴァティカン公会議によって決定された内容を法制化しただけである．それゆえ『教会憲章』(29項)に従い，終身助祭職には独身者だけでなく，妻帯者も許可される

とくせい

ようになった(『教会法典』1031条2項参照). しかし妻が亡くなったあとでも再婚は許されない(1087条参照).

独身制は, 法的には, 結婚の禁止と完全な貞潔の遵守からなる. つまり性的行為を行うこと, 思いめぐらすこと, 望むことについての節制である. この点で修道者の貞潔の誓願と同じ内容となる. 両者の相違は, 修道生活においては完全な禁欲が福音的勧告の三誓願の一つとして直接意図されるのに対して, 聖職者の独身制は, 聖職の本質そのものに由来するのではなく, 役務に完全に献身できるために便宜上, 法的に課されたものといえる. 独身義務からの違犯は伴事的聖職停止制裁(→停職制裁)あるいは聖職者身分からの追放の処分を受ける(『教会法典』1394条1項および1395条1-2項).

独身を擁護するための手段はすでに325年のニカイア公会議から定められてきた. つまり聖職者の家事を行う者は, 品行が良く,「疑いの起こりえない」女性でなければならず, それには母親, 叔母, あるいは姉妹が相当する. さらに教皇 *ベネディクトゥス14世は憲章(Ad militantes, 1742)によって, 家事を行う女性が「中年」以上の年齢でなければならないとした. これは法学者の間では40歳以上の女性と解釈された. 両方の規定は1917年発布の教会法典133条に収められた. しかし1983年発布の現行教会法典においては,「人との交際において, 貞潔の義務の危険を招くか, 又は信者のつまずきとなる場合」これを避けるよう規定されている(277条2項). これにより, 日常生活における女性一般との交際を禁ずるのではなく,「分かたれない心の自由」を妨げるような, 特定の女性との特別の交際を戒めている. さらに独身を支えるために現行教会法典は, 聖職者同士が兄弟的に祈りの絆で結び合うこと(275条1項), 自己の聖性に励むこと(276条), 兄弟性と聖性を高め, 自己の司教との一致を計るための団体を作ること(278条2項), 共同生活を行うこと(280条), 聖職者の身分にふさわしくないすべての事柄を避けること(285条1-2項)を勧めている. (P. ネメシェギ, 濱田了)

【文献】EncRel (E) 3: 144-48; SM (D) 2: 1014-21; 4: 1440-52; ピオ12世『サクラ・ヴィルジニタス』今道瑶子訳(中央出版社1965): PIUS XII, litterae encyclicae, "Sacra virginitas," AAS 46 (1954) 175-91; パウロ6世『サチェルドターリス・チェリバートゥス』熊谷賢二訳(中央出版社1972): PAULUS VI, litterae encyclicae, "Sacerdotalis caelibatus," AAS 59 (1967) 657-97; H. クルーゼ「新約聖書と初代教会における結婚断念」カ研 48 (1985) 1-30; A. ROSKOVÁNY, Coelibatus et Breviarium, 12 v. (Pest, Nyitra 1861-88); F. X. FUNK, "Zölibat und Priesterehe im christlichen Altertum," Kirchengeschichtliche Abhandlungen und Untersuchungen, v. 1 (Paderborn 1897) 121-55; F. BOURASSA, La virginité chrétienne (Montreal 1953); GREGOIRE DE NYSSE, Traité de la virginité, SC 119 (Paris 1966); R. GRYSON, Les origines du célibat ecclésiastique du premier au septième siècle (Gembloux 1970); W. LEINWEBER, Der Streit um den Zölibat im 19. Jahrhundert (Münster 1978); C. COCHINI, Origines apostoliques du célibat sacerdotal (Paris, Namur 1981). (P. ネメシェギ)

ヨハネ・パウロ2世『ヨハネ・パウロ2世教皇の手紙』(カトリック中央協議会1979): IOANNES PAULUS II, epistula, "Novo incipiente," AAS 71 (1979) 393-417; 同『現代の司祭養成』東京カトリック神学院訳(カトリック中央協議会 1995); ID., adhortatio apostolica post-synodalis, "Pastores dabo vobis," AAS 84 (1992) 657-804; G. VERSALDI, L'Oggettività delle prove in campo psichico (Brescia 1981); P. MOLINARI, P. GUMPEL, Il capitolo VI "De Religiosis" della Costituzione Dogmatica sulla Chiesa (Milano 1985); K. LUDICKE, ed., Münsterischer Kommentar zum Codex Iuris Canonici, v. 1 (Essen 1985) zum can. 277; B. KIELY, Psychology and Moral Theology (Rome 1980); L. M. RULLA, Depth Psychology and Vocation (Rome, Chicago 1980). (濱田了)

とくせい　瀆聖　〔ラ〕sacrilegium, 〔英〕sacrilege, 〔独〕Sakrilege, 〔仏〕sacrilège　神にささげられた人, 物, 場所, 行為を侮辱して, その神聖を汚すこと. 瀆聖される聖なる対象は, 個人によっては恣意的に決定されるのではなく, 公に *神定法または *教会法によって決定される.

瀆聖は宗教的な分野における *罪であるが, すべての宗教的な対象物を不遜に扱うことは瀆聖になることではない. 厳密な意味での瀆聖は, 真に聖なるものとされている事柄への侮辱である. 神への奉仕のために設けられた物事が権威によって聖なるものと決定される場合(→聖別), それは相応の尊敬を受ける必要がある. なぜならそれらのものは神から刻印されたものという尊厳を受けるからである. それによってこれらの事物には神的要素が加わることになり, 神的要素のあるものに対する不遜な態度は神自身への不遜であると考えることもできるからである(*トマス・アクイナス『神学大全』II. 2, q. 99, a. 1 参照).

公に当人の奉仕が神への奉仕であると認められた人は, 聖なる奉仕職の執行人(→聖職者)と呼ばれるが, これらの人々に対する外的な虐待も瀆聖である. これらの人々に理由なく暴力をふるい, しかるべき当局の許しなく投獄したり, 裁判にかけることも瀆聖になりうる.

すべての神学者が認めているわけではないが, 公的に *独身の誓願を立てた人を不純な行為に誘うことも瀆聖とされることがある. 公的に独身生活の誓願を立てた者同士で行われる不純行為は二重瀆聖行為と呼ばれる.

教会堂, 公の礼拝所, 墓地といった聖別ないし *祝別された場所に対する侮辱も瀆聖である(『新教会法典』1211条参照). これらの場所から聖別された事物を盗み出すことや, これらの場所を考慮せず, 全く世俗的事柄に用いることも瀆聖となりうる. さらに, これら聖なる場所において, 不純な行為や流血行為がなされる場合なども瀆聖行為である.

神への奉仕と礼拝行為のために設けられた事物を間違った目的に用いることも瀆聖である. これには, *秘跡をないがしろにする行いも含まれる. *聖体を *大罪の *ゆるしなく拝領することは, 時によっては瀆聖行為になりうる.

瀆聖は, *宗教の本質に反する行為として大罪であるが, その対象や時と場合, さらには軽重の度合いによって異なった類別がなされる. これらの軽重はそれに直接関わる当人の意図や, 精神的な状態も大いに関係するものである.

【文献】現カ75; DDC 7: 830-34; NCE 12: 842; B. ヘーリンク『キリストの掟』題第2巻, 田代安子, 長沢トキ訳(中央出版社1967) 278-88: B. HÄRING, Das Gesetz Christi (Freiburg 1954); L. G. FANFANI, Manuale theorico-Practicum theologiae moralis, v. 3 (Romae 1950) 175-82. (満留功次)

ドクソロギア　→　栄唱

ドクソロジー　→　栄唱

ドクタ・イグノランティア　→　無知の知

どくだんろん　独断論〔英〕dogmatism,〔独〕Dogmatismus,〔仏〕dogmatisme　一般的には,あることについてまたある学説について,誤謬や他の可能性を吟味することなく,ただそれだけを *真理として信じる態度を指す.

語源はラテン語のドグマ (dogma) で,古代ギリシアにおいては *懐疑主義に対する語を意味し,特定の学説 (dogma) をそれのみで真理として主張する哲学的態度を指した. *カントは,非難の意味を込めてこの語を用い,人間の認識能力の限界や本質について充分に吟味せず,純粋な *理性のみによって *実在を認識しうると考えた当時の形而上学 (C. *ヴォルフの学派) を非難するためにこの語を用いた. 近代以降は,このカントの用法を受けて,理性の認識能力の限界を批判的に吟味することなく,理性の赴くままに形而上学的思惟に没頭し,可能的経験の領域内においてのみ妥当する概念を, *経験の領域を越えて想定される対象にまで適用しようとする「思惟の越権行為」に対してこの語が用いられている.

【文献】I. カント『純粋理性批判』全 4 巻,天野貞祐訳 (講談社 1979).　　　　　　　　　　　（宇田川尚人）

とくとみろか　徳冨蘆花　(1868. 10. 25-1927. 9. 18) 小説家. 本名, 徳冨健次郎.
【生涯】熊本県葦北郡水俣 (現在の水俣市) に一敬と久子の 4 女 3 男の末子として生まれる. その周囲には *熊本バンドの一人である兄・蘇峰 (1863-1957) のほか横井小楠 (1809-69), 竹崎順子 (1825-1905), 矢島楫子 (1833-1925), 湯浅治郎 (1850-1932), *海老名弾正ら著名なキリスト者がいる. 1878 年 (明治 11) 同志社に入学, *新島襄に認められたが 2 年後退学し帰郷. 兄の大江義塾に学び, 1885 年 3 月, 母・久子の感化もあって熊本メソジスト (熊本白川) 教会で受洗し, 愛媛県今治で伝道に従事する. その主たる動機は, 少年期からの負い目の反動として, 弱者, 敗者に対する社会救済や正義, 人道を説くことにあり, この考えは生涯変わらなかった. 1886 年同志社に再入学したが失恋により出奔. 一時熊本洋学校に勤め, 1889 年に「筆を以つて愛の事業に貢献したい」(『冨士』) という理想を抱いて兄の民友社に入り, 史伝, 翻訳の仕事に従事する. 1894 年に原田愛子と結婚. 10 年間の下積み生活の間に信仰も冷却したが,『不如帰』(1898-99) の成功により精神的, 経済的に自立し, また『自然と人生』(1900),『思出の記』(1900-1901) を書き作家の立場を確立する. 1902 年に『黒潮』をめぐって兄・蘇峰と袂を分かち,「自家のキリスト教社会主義」を唱えるも理論的に分裂を招き, やがて内的解脱と宗教的煩悶に閉ざされる. しかし, 1905 年富士山頂での人事不省体験によって信仰と再生の「心的革命」を自覚し, 翌年 *聖地巡礼およびロシアに *トルストイを訪問. 帰国後, 東京府下千歳村 (現在の世田谷区粕谷) に住み, トルストイの影響による「美的百姓」を実践し,『順礼紀行』(1906) や個人誌『黒潮』を創刊して, 聖地巡礼体験に基づく自由なる信仰, 自由なるキリスト教を訴え, 独自のキリスト教論を明らかにする. 1914 年以後は, 雅号を廃し小説家というより,「生活即芸術」の観念を奇矯ともいえる言動と信仰を通じて大胆に告白するという独善的な活動に終始していった. その経緯については,『死の蔭に』(1917) から自叙伝『冨士』(1925-28) に至る作品に詳しい. 生涯を通じて道義的問題をキリスト教の立場から問う真摯な情熱と曲折破綻の矛盾のうちに生きた特異な作家である.

【作品】蘆花の文学は, 作品史からほぼ三つに分けられる. 一つには自然美体験と自然愛への覚醒のなかで, キリスト教的自然観 (聖書的自然観) をもとに, 浪漫詩人としての豊かな個性を表現した『青山白雲』(1898),『自然と人生』等の自然文学である. 次いで書かれた『不如帰』『思出の記』などは, 前作にみられる近代社会の不自然に対する自然の存在という原理を, 入信以来のキリスト教から得たフェミニズムやプロテスタント的倫理観の理想と重ねて具象化した蘆花の力量を示す客観的な小説であり, これらの作品に共通する宗教的道義感というモチーフが, 晩年までの作品の基調になっている. 二つには『黒潮』前後の「自家のキリスト教社会主義」をもとにした社会小説, 政治小説の類である. しかし, 作者の「眼高手低」からその可能性が閉ざされ, 以後の蘆花は三つ目の特色となる自我主義に徹した「生活即芸術」による自己告白文学に傾き,『新春』(1918) から『冨士』を頂点に「人類の解脱更生史」の名において自己を披瀝した. 近代文学者たちと性格を異にする宗教と文学による骨太い人間主義に貫かれたその文学的営為は, 日本人の生き方に絶えず警鐘的な役割を果たしてきた.

【文献】『蘆花全集』全 20 巻 (蘆花全集刊行会 1928-30); 山口徳夫『文豪蘆花の基督教思想』(教文館 1940); 辻橋三郎『近代文学者とキリスト教思想』(桜楓社 1969); 中野好夫『蘆花徳冨健次郎』全 3 巻 (筑摩書房 1972-77).
　　　　　　　　　　　　　　　　　　　　　（神田重幸）

とくべつきゅうめい　特別究明　→　良心

とくべつすうけい　特別崇敬　〔ラ・英〕hyperdulia,〔独〕Hyperdulie,〔仏〕hyperdulie　*マリアに対して示される *崇敬を意味する神学用語. 2 世紀以降 *殉教者が崇敬されるようになると, 人間である *聖人たちに対する崇敬と父なる *神と御子キリストと *聖霊だけに対して示すべき崇拝 (〔ギ〕latreia,〔ラ〕latria) とが, はっきり区別されるようになった. 8 世紀以降, *聖人崇敬を表すために, ギリシア語の douleia (しもべの奉仕, の意) に由来するラテン語のドゥリア (dulia) が用いられるようになり, また, *スコラ学の時代から, すべての聖人にまさる崇敬に値するマリアへの崇敬を表すために, このヒペルドゥリア (hyperdulia, ほかのあらゆる崇敬にまさる崇敬, の意) という語が使用されるようになった.

【文献】DThC 3: 2407; LThK^2 5: 574-75.
　　　　　　　　　　　　　　　　　　　（P. ネメシェギ）

ドグマ　→　教理

どくりつこういく　独立高位区　→　大修道院区

どくりつじちきょうかい　独立自治教会　〔ギ〕autokephalos,〔英〕autocephalous church,〔独〕autokephale Kirche,〔仏〕église autocéphale　*東方正教会の地方教会の管轄形態・組織の特徴を指す概念で, それぞれが独立自治権をもっていることを意味する. 原語

とくろん

はギリシア語の autos（自立）と kephale（頭）の合成語．独立自治教会は，ほかの教会の干渉なしに自教会内の問題を解決し，最高権威者（→総主教，大主教）をはじめ管区内の主教を自由に選ぶことができる．独立自治教会には，*コンスタンティノポリスのエキュメニカル総主教区，古代教会以来の由緒ある*アレクサンドリア，*アンティオケイアおよび*エルサレムの各総主教区のほか，ロシア，グルジア，セルビア，ルーマニア，ブルガリア，ポーランド，キプロス，ギリシア，アルバニア，チェコ，スロヴァキアの各正教会がある．また，ロシア革命の結果，亡命者を中心として形成されたアメリカ合衆国の正教会の一部は，1970年にモスクワ総主教座から独立自治教会として認められた．このほか，*聖公会，*復古カトリック教会においてもそれぞれの地方教会が自律的であることを指すために，独立自治教会の語が用いられることがある．

【文献】LThK³ 1: 1292-94; ÖL 114-18; TRE 5: 1-4.

（高柳俊一）

とくろん　徳論　〔ラ〕tractatus de virtutibus theologicis,〔英〕treatise on theological virtues,〔独〕Traktat über die theologischen Tugenden,〔仏〕traité des vertus théologales, traité de la grâce　伝統的*教理神学の体系の一部門．この部門では，*恩恵論の結論を受けて，*義認の*恩恵によって内的に再生し，超自然的生命に成長し，*天国での*至福直観における完成に向かう過程で必要とされる*信仰・*希望・*愛の三つの*対神徳（または*注入徳）の存在と本質について，また，それぞれの特質とともに三つの段階的性格と相互の結びつきについて，*聖書，*教父，教会の*伝承に基づきながら解明し，論じることを目的とする．

【概要】*洗礼は真の意味での内的再生であり，*聖化の始まりであるが，それは神から注入された超自然的賜物によって起きるものである．この超自然的賜物によって，人間は*霊魂のなかに*聖霊を与えられ，*三位一体の神の*内在が可能となる．その結果，聖化の恩恵が与えられ，あたかも人間が誕生のときに生きる力を与えられるごとく，義認の恵みによって植えつけられた「新しい超自然的本性」も超自然的能力である*徳（ラテン語の virtus とは本来「力」の意味）を付与される．この力こそが信仰，希望，愛である．それは*聖霊の賜物であり，*トマス・アクィナスによれば持続的*習性である．

　生涯を通して聖化が深まっていくことは，すなわち人間の三つの徳を通して，聖化の恩恵の導きにより成熟していくということである．信・望・愛の三つの徳が注入徳と同時に対神徳とも呼ばれるのは，それらが道徳的徳の場合と異なり直接，神を目指し対象にするからである．これらの徳はそれぞれ別のものではなく，洗礼を受けた人間が生涯を通して神に向かっていく動きを三つの側面として捉えた概念化の産物なのである．これら三つの徳は，聖霊によって注入され，三位一体の神の内住によって内面に注がれ，神そのものとの直接の交わりと一致に向かう．三つの徳のうちでも信仰は超自然的生命の始まりであり，基礎である．したがって希望と愛は信仰に基づくといえる．

　しかし，信仰とは，いまだ訪れていない神との直接の一致（至福直観）についての神自身の約束を信頼することであるので，初めから希望に結びついており，希望なしには信仰もありえない．確かに超自然的生命の出発点である信仰がなければ希望も愛も実現されないのだが，信仰の行為は*意志の動きの産物であり，超自然に向けて意志を動かすのは愛である．「神は愛（そのもの）である」（1 ヨハ 4: 8,16 参照）とあるように，愛は超自然的生命の始まりを促し，自分へと向かうようにする．したがって，三つの徳には段階はあるものの，すべては超自然的生命の誕生から与えられるものであり，「新しい人間」が聖化の恩恵によって最後に神において*神化するまでの過程を予期させるものであり，そこで完成される一つの超自然的現実なのである．

【位置づけ】近代的思考に対応するために徳論のなかでも信仰論は信仰の行為の妥当性，その人格的行為としての卓越性を詳述するようになり，*基礎神学の一部となる傾向がある．また希望論は，20世紀後半において終末論的重要性（→終末）が注目を浴び，独自に取り扱われることが多くなった．徳論は伝統的教理学のなかで*倫理神学に基礎を提供するものであったが，現代神学においては恩恵論とともに，「人間とは何であるか」を問う神学的人間論を構成すべきものである．当然のことながら，従来の抽象的論法を避けて，*救いの神秘のなかで洗礼時における義認から至福直観に至る中間の時を地上で生き，旅する人間の具体的・実存的姿を直視するものでなければならない．

【文献】J. ALFARO, *Fides, Spes, Caritas: Adnotationes in tractatum de Virtutibus Theologicis* (Roma 1964); J. A. DE ALDAMA, "Tractatus IV De Virtutibus in fusis," *Sacrae Theologiae Summa* (Madrid 1950) 623-731.

（高柳俊一）

トケラウしょとう　トケラウ諸島　Tokelau Islands　南太平洋上にある*ニュージーランド領の島群．面積: 10 km²．人口: 2,000 人（1993 年現在）．1957 年サモア島およびトケラウ*代牧区の管轄となり，1966 年アピア（Apia）司教区に移管，1992 年にサモア・アピア大司教区内の独立した宣教地として指定されている．→オセアニア，ニュージーランド

【現勢】1993 年現在，カトリック信者数: 1,000．小教区: 2．教区司祭: 1．終身助祭: 1．修道女: 2．

（A. ネブレダ）

トーゴ　正式国名: トーゴ共和国,〔仏〕République Togolaise,〔英〕Republic of Togo．面積: 5 万 6,785 km²．人口: 451 万人（2000 年現在）．言語: フランス語（公用語），南部ではエウェ語，北部ではカブレ語などの部族語．宗教: 民族固有の宗教以外に南部ではキリスト教，北部では*イスラム教．1960 年に独立する前のトーゴはまず 1884 年にドイツの保護領トーゴランドとされた．第 1 次世界大戦後は，フランスと英国の植民地に分割された．次いで，英国領トーゴランドおよびゴールドコーストが現在の*ガーナとして 1957 年独立した．現在のトーゴはフランス領トーゴランドが独立したものである．宗教の面では，人口の 3 分の 2 は父祖伝来の宗教を守り，27% がカトリック，その他キリスト教諸派とイスラム教である．

【キリスト教の歴史】トーゴでの宣教は 17 世紀に始められた．しかし宣教区が設置されたのは 1887 年になってからで，*神言修道会の宣教師による．*ミュンヘンと*フライジングの大司教フォン・シュタイヒレ（Antoire von Steichele, 1816-89）の要請に応じて，教皇*レオ 13 世は神言会の創立者 A. *ヤンセンに 1884 年にドイツ保

護領となったトーゴランドの宣教を委ねたのであった．1892年4月12日にはトーゴ *知牧区が誕生した．第1次世界大戦後は，ドイツ人宣教師は国外に追放され，以後は *リヨンのアフリカ宣教会会員が宣教活動に従事した．女子修道会はドイツ系のシュタイル修道女会の会員に代わって，使徒のノートルダム修道女会(1918)，マントン(Menton)の小さき聖心侍女修道会(1927)が活動を開始した．

今日のトーゴのカトリック教会では，司祭および修道士・修道女の *召命が増加し，トーゴ教会の健全さと活力のしるしとなってはいるが，外国人宣教師の数がまだ上回っている．そのうえ，司祭・修道者だけでは900近い *小教区と 1,000 ほどの司牧センターでの福音宣教，さらに教育事業，医療，慈善事業，社会福祉活動などに携わるには不十分である．そこでトーゴの教会も他の国々と同様，これら司牧活動の種々の分野で数千の *カテキスタと積極的な信徒の自発的協力を頼りとしている．しかし，この面では地域または教区間に不均衡がみられる．実際，司祭，修道士・修道女の召命の増加，諸事業の発展，信徒の参加というこれらの動きは，すべて南部に集中しており，ロメ(Lomé)大司教区には現地人信者，司祭，修道士・修道女の3分の2が集まっている．したがって，特に司牧活動要員に関して，教区間の協力をより密接にすることが必要であり，急務でさえある．

教皇 *ヨアンネス・パウルス2世は，1985年トーゴを訪問したとき，信仰の問題を掘り下げ，信仰を「真にアフリカ的で，真にキリスト教的」にする必要を力説した．つまり信仰の *インカルチュレーションである．教皇の勧告は伝統的部族宗教や精霊崇拝がまだ根強いトーゴの国柄によくあてはまる．例えばヴォドゥ信仰または水神崇拝の民間信仰では清めの儀式によってこの水神を祀るための祭司団を抱えている．キリスト教信仰土着化の必要を裏づけるもう一つの要素は，トーゴにおけるイスラム教徒過激派の台頭である．彼らはアラブ諸国(リビア，サウディアラビア)から資金援助を受けているが，これら諸国が石油資源によって獲得した外貨がイスラム改宗運動に割かれているのである．

保存すべき文化的独自性，古い因習の必要な破棄，ともかくも欧米の思考様式に従って伝達される福音の間に均衡をみいだすための道のりは，始まったばかりにすぎない．

【現勢】2000年現在，カトリック信者数: 121万8,000. 大司教区: 1. 司教区: 6. 小教区: 128. 教区司祭: 259. 修道司祭: 107. 信徒修道士: 153. 修道女: 582.

(P. ルタイジール)

ド・ゴール　De Gaulle, Charles-André-Marie-Joseph　(1890. 11. 22-1970. 11. 9)　フランスの軍人，政治家．リール(Lille)に生まれる．サン・シール士官学校を卒業後，ペタン大佐(後の元帥，Henri Philippe Omer Pétain, 1856-1951)指揮の歩兵連隊に入隊し，第1次世界大戦では，ヴェルダン戦(1916)にも参加した．サン・シールで教鞭をとった後，軍事上級学校(陸軍大学)に入った．最高軍事会議，国防最高会議に参与し，レノー(Paul Reynaud, 1878-1966)内閣で陸軍次官を務めた．1940年6月のドイツへの降伏後，*ロンドンに亡命し，自由フランス政府を組織し，対独抗戦を訴えた．パリ解放後，臨時政府主席(1944-46)となるも，憲法制定議会で自案が入れられず，下野した．アルジェリア反乱(1958)に際してのド・ゴール復帰の要求により，第5共和制を開始，大統領制(1958-69)を敷いた．フランスの独自路線を守ろうとする「ド・ゴール主義」は，戦後フランス政治の一潮流となった．コロンベー・レ・ドゥーゼグリーズ(Colombey-les-deux-Églises)にて死去．

【文献】S. ホフマン『政治の芸術家ド・ゴール』天野恒雄訳 (白水社 1977); 同『没落か再生か』天野恒雄訳 (白水社 1977); S. HOFFMANN, *Decline or Renewal? France since the 1930s* (New York 1974).

(宮岡孝尚)

ドシエ　Dossier, René　(1878. 12. 24-1949. 3. 10) パリ外国宣教会員．フランス北西部ノルマンディーのポールバイユ(Portbail)に生まれる．1897年 *パリ外国宣教会入会．1901年(明治34)司祭叙階直後，函館へ派遣される．同市と会津若松にて日本語を優秀な成績で学ぶ．古い馬屋を拠点に室蘭で宣教，札幌では子どもの信仰教育に携わり，1908年盛岡教会に助任司祭として赴任する．陽気な性格で青年団形成に尽力した結果，神学生が6名誕生．第1次世界大戦中に召集され一時帰国．終戦後は盛岡に戻り，1931年(昭和6)から37年まで盛岡の小神学校校長．明るく優れた教育者として親しまれ，1939-41年には東京大神学校校長を務める．1937年以降，鎌倉大町教会主任司祭．1941-48年，横浜教区管理者を兼務．1949年病状悪化のため，女子修道会付司祭に任命されたが2か月後に東京国際聖母病院にて死去．

(M. コーナン)

ドシテオス〔エルサレムの〕Dositheos　(1641. 5. 31-1707. 2. 7)　エルサレムの総大主教(1669)に就いた *ギリシア正教会の指導者．ペロポネソス半島のアラコバ(Arachoba)に生まれ，*アテネで学ぶ．1672年に *教会会議を開き，*キュリロス・ルカリスのカルヴィニズム的な聖餐理解を批判し，また *エルサレムから *フランシスコ会の会員を排除した．*西方教会の神学が流入するのを防ぐため1680年には印刷所を設立し，教

としととしか

皇や*カルヴィニズムを論駁する自らの著作の出版をはじめ，文書活動を起こした．
【文献】キ人 967; LThK² 3: 527; ODCC² 422; RGG³ 2: 255.　　　　　　　　　　　　　　　　（後藤憲正）

としととしか　都市と都市化　〔英〕urbanization, 〔独〕Urbanisierung,〔仏〕urbanisation　都市形成の過程を意味する概念である都市化は，住民の人口増加（→人口問題），経済的発展の進行（とりわけ工業化），社会的関係の変化，さらに精神的背景あるいは世界観の変貌過程など，幾つかの側面において起こる．それに応じて都市型生活形態が生じるが，そうした意味での都市化は，全世界に浸透し，地球規模の傾向となっている．国際連合の報告によれば，今日では，先進諸国と発展途上国の75％が都市に暮らしているが，*第三世界ではこれまでのところ，その比率は33％にとどまっている．全世界を平均すると，都市生活者は全体の40％である．1800年以降，都市の人口の増加は世界の人口の増加の12倍の伸びを示している．

【歴史】このような都市化の過程は，人類の歴史においてつねに存在してきた．古代にあっては，都市の発展は，高度の*文明の形成と密接に結びついていた．文明のこの段階では，都市という場所は，社会的役割（居住区），宗教的役割（寺院），経済的役割（市場），精神的役割（種々の刷新の場）を果たしていた．ヨーロッパ中世では，中心的な場所（商業交通の要衝）に一連の都市が設立されることになる．そこでは，城塞，*司教座聖堂，商業地区が重要な意味をもっている．都市は法的にも特別な位置を占め（都市法），大抵は厳密に分化した社会階層（同職組合，*ギルド）からなっていた．都市はまた，文化と学問の担い手でもあった．近世の絶対主義国家においては，中央集権のために，都市独自の権利は後退を余儀なくされる．また，工業化とそれに伴う経済的・社会的生活の変貌によって，大規模な都市化の波が引き起こされた．都市は多くの人間にとって*労働を意味する場所となり，都市への人口の流入が急速に増大することになった．20世紀からは，このような事態はそれほど豊かでない地域でも起こっている．

【都市化の動向】都市の成長の主な要因は3点ある．第一に「社会増加」（〔英〕net migration）である．これは広範囲の地域の内部で生じ，人口の変動をもたらすものである．人々は地方を離れて，手近な都市へと移っていくのである．都市の成長の第二の要因は，都市人口の「自然増加」（natural increase）である．しかし，都市生活の質の向上に伴って，この人口増加は大抵は抑制される．高度に近代化された多くの地域のように，流入人口が減少すると，都市化の流れは逆行し，都市は衰退する．第三の成長要因は，国家間の移民（→移住者）である．これは最近の数十年，世界各地で大きな影響を及ぼしている．世界規模の経済*難民は，政治的難民とともに，今後もさらに増加することが予想される．

【都市の発展】都市は不動の完成物ではなく，不断に成長を続けるものである．都市化（都市の形成）・脱都市化（都市の解体）といった大まかな概念と並んで，再都市化（〔独〕Reurbanisierung）の概念も用いられる．二次的都市化（Suburbanisierung）とは，都市の内部で構造変革がなされることを指す．つまり都市住民がかつての中心地から都市周縁へと移動することである．こうして離散的な準中心地（市街地，住宅地）が成立する．そのために現代の諸都市の構造は，複数の中心によって成り立っている．このような発展には，その随伴現象として，財政政策的また社会的な問題が伴っている．都市に充分に溶け込めない一部の住民，例えば他民族集団を代表とする移民は，ごく限られた地域（人種分離）で暮らし，教育も不充分で所得も低く，犯罪率が高い．このような社会的「隔離」のなかから，望ましい都市政策を願う社会的起爆力が生じることになる．

【都市生活】すでに1830年前後に社会学者らが下した診断によれば，都会への脱出の波とともに人々はその生活形態を変えつつある．人々は，地方から離れ，それとともにそこで通用していた伝統的価値観を捨てることになる．さらに都市は，精神的・宗教的側面や*職業の選択や*家族の形成の点での多様な流動性とともに，人生観や生活習慣に関して大きな自由を認めている．都市での生活形態はその成り立ちからして寛容なものであり，多様性を許容するのである．都市は，個々人なりの生活形態を大幅に許容する．そのために諸都市は，近代の自由社会の発展において中心的位置を占めたのである．しかし都市生活における自由は，同時にリスクと背中合わせである．その自由が利用されうるか否かは，個人の能力次第であり，目前の機会の活用にも大きく依存する．こうしたリスクにうまく対処しきれない都市生活者も少なくない．それゆえ都市とは，人生の勝者とともに敗者を，豪邸住まいとホームレスを，富者と貧者を共に抱え込んでいる．都市が巨大化するにつれて，複雑さが増し，分極化が進むことになる．

都市への移住ゆえに，また都会特有の匿名性のために生活上の伝統的な組織網が解体するため，都市での生活は孤独であるとする想定は，今では根拠がないものとされている．都市においてもまた，地縁・血縁などの既存のものは影が薄れたものの，友人・知人のサークルによる基本的な交流集団が形成されている．現代の都市の社会的問題は，高齢者（→老い）の処遇である．都市化は，平均寿命の上昇と出生率の低下と明らかに手を携えて進行する．そのために現在の都市に暮らす人々の平均年齢も上昇している．高齢者は，その人生において培ってきた人的交流を徐々に失っていくのである．

このような都市型生活は，現代社会におけるメディア（→マス・メディア）の整備によって，都市以外の地域にますます浸透し，その先進性ゆえに共感を生んでいる．都市生活に対してかつて展開された批判も，これまでのところ，都市型生活形態の拡大に歯止めをかけることはできていない．

【文献】E. PFEIL, *Die Familie im Gefüge der Großstadt* (Hamburg 1965); D. HEROLD, *Die weltweite Vergroßstädterung; Ihre Ursachen und Folgen aus der Sicht der politischen Geographie* (Berlin 1972); H. KORTE, ET AL., eds., *Soziologie der Stadt* (München 1972) 9-37; F. BORGGREFE, *Kirche für die Großstadt* (Heidelberg 1973); J. FRIEDRICHS, ET AL., eds., *Soziologische Stadtforschung* (Opladen 1988) 56-77, 193-251; M. J. BANNON, ET AL., eds., *Urbanization and Urban Development* (Dublin 1991); J. FRIEDRICHS, *Stadtsoziologie* (Opladen 1995).　　　　　　　　　（P. M. ツーレーナー）

ドージャ　Daujat, Jean　(1906. 10. 27-) フランスのカトリック神学者．*パリに生まれる．1925年，教理や信仰に関して信徒を教育するために，パリに宗教研究センター（Centre d'études religieuses）を創立．キリスト教関連の著作を多数発表し，アカデミー・フラ

ンセーズ，その他フランス学士院のさまざまな賞を受賞．代表作に『祈り』(Prier, 1963),『神のめぐみとは』(La grâce et nous chretiens, 1956) がある．
【邦訳】野口秀吉訳『神のめぐみとは』(ドンボスコ社 1960); 中山篤子訳『祈り』(ドンボスコ社 1967).
【文献】Cath. 3: 477. 　　　　　　　　　(英隆一朗)

ドシャン　Dechamps, Etienne　(1613-1701)

フランスのカトリック神学者．反ジャンセニストの論争家．*ブールジュに生まれ，1630年に*イエズス会に入会．クレルモン(現*クレルモン・フェラン)，ブールジュ等の学院で修辞学，哲学，神学を教えるかたわら，*ジャンセニスムに対抗する著作活動に従事．パスカルに対しては*蓋然説を擁護した．
【文献】Cath. 3: 508. 　　　　　　　　　(英隆一朗)

ドシャン　Dechamps, Victor Auguste　(1810.12.6-1883.9.29)

ベルギーのカトリック神学者．1835年司祭に叙階され，その後*レデンプトール会に入会，1865年ナミュール(Namur)の司教，1875年枢機卿になる．主著『宗教的問題』全2巻(La question religieuse, 1861)では，人間の内的信仰と外的教会の聖性との呼応を説く．第1*ヴァティカン公会議では教皇の*不可謬性の確立に指導的な役割を果たした．
【文献】キ人967; LThK² 3: 183-84; NCE 4: 700-701.
　　　　　　　　　　　　　　　　　　(英隆一朗)

としょかん　図書館　〔英〕library,〔独〕Bibliothek,〔仏〕bibliothèque

文字文化が一定の水準に達したところでは，文書類を長期にわたって保存する願望と必要とが生じてくる．そうした文書類は，第一には職務上の管理や権利の立証のための文献資料として重要な記録，第二に教授や保存のための比較的大部の記録(書籍類)が含まれる．初期の時代にはこの両者は共にそれほどの量ではなかったため，それらは一か所に収められ，文書館と図書館との両方の機能を果たした．しかし，ここで扱う「図書館」とは，建物ないし施設ではなく，収集された書籍類の総体を指すものとする．

最古の図書館は紀元前2世紀から紀元後3世紀にまで遡り，*バビロニア，*ウガリト，*マリ，*エジプトでみられたものだが，特別な意義を有しているのは*ヘレニズムの時代の図書館である．特にエジプトでは*プトレマイオス朝，とりわけプトレマイオス2世(Ptolemaios Philadelphos, 在位 前285-246)以降において，文明世界全体から収集された書籍類(*パピルスの巻き物)が*アレクサンドリアの研究機関「ムーセイオン」(Mouseion)に併設された図書館に収められ，その総数は最終的に70万巻に達したともいわれる．第二の図書館はセラペイオン(Serapeion セラピス神殿)に設立された．ムーセイオン付属の図書館は*カエサルによるアレクサンドリア侵攻(前48/47)によって焼失し，セラペイオンは紀元後391年に破壊された．また小アジアの*ペルガモンにも著名な図書館が存在した．

同様に*ローマ帝国の西方ラテン世界においても，ギリシアの例に倣って図書館が設けられた．まず最初に私設の図書館が作られたが，これはほとんどの場合，例えばスラ(Lucius Cornelius Sulla, 前138-78)による戦争のような東方での征服戦争による略奪品であり，ギリシア語の著作がその蔵書の大半を占めていた．公共の図書館は*アウグストゥスや他の皇帝によって*ローマに設立されたが，それらは通常，ギリシア語の文献とラテン語の文献という2部門からなっていた．この種の図書館は20以上を数え，他の都市にはこれよりも小規模な図書館があった．

キリスト教は*ユダヤ教と同様，書物を重視する宗教であったため書籍類の使用は必要不可欠であった．*典礼や教理教育のために教会は一定の書籍を所持する必要があり，そこから小さな祭具室図書館が生まれることになる．しかしながら，そこでの書籍数は20巻から30巻の間を超えるものではない．紀元後の数世紀間に，*司教と*司祭との共同体がかなり一般化し，ここで将来の*聖職者が養成されたところから，*司教座聖堂では以前より多くの蔵書がみられるようになった．そのため3世紀初頭には，教理学校のあったアレクサンドリアと並んで，ローマの教会にも図書館が設置され，ローマの*ヒッポリュトスはその蔵書を用いて著述活動を行った．カイサレイアの*エウセビオスによれば，3世紀前半にエルサレムの*アレクサンドロスが*エルサレムに図書館を設立している．エウセビオスが最も重視したのは，自らが司教を務めたカイサレイアの図書館である．これは231年以降*オリゲネスが基礎を築き，*パンフィロスが完成させたものであり，その蔵書数は3世紀末に約3万巻に達した．

そのほかにも，著述活動を行った神学者たちは個人用の蔵書を揃えていた．ミラノにおける*アンブロシウス，ベツレヘムにおける*ヒエロニムス，ヒッポ(Hippo)における*アウグスティヌスがその例である．

教会関係の図書館としてさらに規模の大きな，しかもかなり重要な場所は*修道院である．すでに最古の，*パコミオスによる諸修道院でも蔵書を収める場所が考慮されており，日々の読書が義務とされていた．ラテン教会にとって最も重要なヌルシアの*ベネディクトゥスの『戒律』には，図書館設置に関する直接の言及はないが，おのおのの修道士が自己省察のために充分な「霊的読書」神的読書に励むよう定めた規定があることから，図書館の設置が間接的に指示されているといえる．写字室(〔ラ〕scriptorium)における修道士の*写本作成によって蔵書数は絶えず増え続けた．その大半は典礼・神学関係の文献であったが，ほかにも法学・医学，さらに文学作品一般などの著作も含まれている．しかしいずれにせよ，この時期の蔵書数は比較的わずかであり，最大で1,000巻の写本(重複する著作を含む総数)を擁する程度であった．

12-13世紀以降には，一連の条件に恵まれて図書館が発展した．特に大学図書館は教授と学生のためにますます拡充されることになった．また中世後期以降は，世俗の君主が文学に対する嗜好を示すようになり，君主による図書館が設けられる．この場合は書籍の外観が重視され，美麗な紙葉(装飾，挿絵など)や華美な装訂が好まれた．

大規模な図書館が発展するために決定的であったのが，15世紀中葉の印刷術の発明である．1500年まではラテン語で書かれた主に宗教関係の著作がなおも印刷本の大半を占めていたが，16世紀以降には他の分野，特に俗語で書かれた文学作品の比重が増加していく．同時にこの時期から，公共図書館と個人用図書館との相違が明瞭になる．公共図書館としては，大学図書館や国家の管理する図書館があるが，後者のうち特に重要なのは*パリ(設立1518)，*ウィーン(1526)，*ミュンヘン(1558)など各地の国立図書館である．私設図書館のなか

では，教会関係の図書館，すなわち司教座聖堂，*神学校，修道院の図書館が引き続き重要な位置を占め，その蔵書もしばしば10万冊を超えるようになった．

16世紀の*宗教改革は図書館の在り方に大きな影響を与えた．ドイツやイングランドでは修道院や司教座の廃止によって，付属の図書館が全面的ないし部分的に閉鎖された．プロテスタント改革の行われた土地では，1530年から16世紀末までの間に新たにプロテスタントの教会付属図書館が設立され，一方，カトリックの地域では，プロテスタントと学問的に対決する必要に迫られたため図書館が大いに発展することになった．

ヨーロッパのカトリックの図書館にとっては，18世紀末から19世紀にかけて多くの国に浸透した*教会財産の国有化が大きな打撃となった．多くの修道院付属図書館が公共図書館へと吸収されたため，所蔵状況も大きく変化し，その移管の過程で多くの書籍が廃棄されたのである．

カトリックの図書館は19世紀に新たな出発のときを迎え，以後，研究機関としての図書館と公共用図書館の2種類が存在するようになった．学問研究のための図書館は特に神学研究機関に付設されている．公共用図書館とは多くの場合，教区レベルの貸し出し文庫であり，例えばドイツでは1845年設立のボロメウス協会（Borromäusverein）がこれを推進している．

【文献】DMA 2: 557-70; DSp 1: 1589-606; LMit 2: 111-25; LThK³ 2: 416-18; NCE 8: 717-28; RAC 2: 231-74; TRE 6: 410-26; F. MILKAU, *Geschichte der Bibliotheken im Alten Orient* (Leipzig 1935); E. A. PARSONS, *The Alexandrian Library* (London 1952); J. W. THOMPSON, *The Medieval Library* (London ³1967); L. BUZÁS, *German Library History* (London 1986); B. BISCHOFF, ed., *Mittelalterliche Bibliothekskataloge Deutschlands und der Schweiz*, 3 v. (München 1989-90); *Histoire des bibliothèques françaises*, 4 v. (Paris 1989-92); H. Y. GAMBLE, *Books and Readers in the Early Church* (New Haven 1995). （J. フィルハウス）

としょけんえつ　図書検閲　〔ラ〕censura librorum

教会の監督権限に属する著作物が信仰と道徳に関するカトリックの*教理にかなうか否かについて，図書の出版の前に，*教会法に従って教会権威者によってなされる裁決．検閲の権限は著作者の，または出版の地の地区裁治権者にある．*修道会においては*会憲の規定に従って上長による検閲を要する．検閲は通常任命された図書検閲者によってなされ，検閲者は個々の著作物について自己の判断を書面で提出する．教会は二つの理由，すなわち，教会の成員を信仰と道徳上の危険から守る*自然法上の権利，ならびに主キリストから託された*啓示の遺産の教導と保全の任務を遂行する超自然的使命による権利として，図書検閲の権利を有するとされる．1917年の旧『教会法典』では，宗教と道徳の事柄に関するすべての出版物が検閲の対象とされ，また出版された一定の書物の禁止，すなわち*禁書目録も定められていたが，現行の『教会法典』は禁書目録を撤廃し，図書の検閲もかなり緩和された形で存続させている．認可を要する出版物の範囲は，教会の教理と*礼拝に特に密接な関係をもつ出版物，すなわち*聖書，*典礼書，*祈祷書，*信心書，信仰教育に関する図書，要理教育や神学・教会法ならびに宗教・道徳に関する教科書等に限られ，また規制の目的も，有害な出版物からの保護より，教会における祈りと*信条の正確な表現の保障という積極的なものとなった．→インプリマトゥル

【文献】旧『教会法典』1385-94条; 新『教会法典』823-26条． （傘木澄男）

ドストエフスキー　Dostoevskii, Fyodor Mikhailovich

(1821. 10. 30-1881. 1. 28)　ロシアの文学者．医師の家庭の次男としてモスクワに生まれる．17歳でペテルブルグ（Peterburg, 現*サンクト・ペテルブルグ）の陸軍工科学校に入学．在学中から*シェイクスピア，*ルソー，*ラシーヌ，*バルザック，*ディケンズら数々の西欧文学や，*ロシア文学を読みこなし，卒業後数年の官職勤務を経て，1846年の『貧しき人々』(Bednye lyudi) において文壇登場を果たす．1848年の『白夜』(Belye nochi) と並んで，これら一連の初期の作品のなかには虐げられた人々に対する思いが顕著に表れているが，社会的弱者の苦しみへの同情，*罪に対する心的葛藤は終生彼の作品中に書かれ続けたテーマであった．彼は自らの理想の現実を夢みてペトラシェフスキー（Mikhail Vasilievich Petrashevskii, 1821-66) の社会主義運動団体に参加するが，1849年に逮捕され，オムスク（Omsk）での4年間の強制労働とセミパラチンスク（Semipalatinsk）での義務的兵役に服することになる．この徒刑中に手にした一冊の新約聖書が，その後の彼の生涯に決定的な影響を与えることになった．1859年12月になってペテルブルグに帰還した彼は，社会主義的理想を捨て，キリスト教のなかに人間の*救いの道をみいだすようになる．以後彼は生涯を通じて，彼の教会である*ロシア正教会に忠実であり続けた．人間の苦悩の大もとは*原罪のなかにあり，すべての人間はまず自らの罪責と闘わなければならない．それゆえにすべての人をゆるし，強権よりも愛を重んずべきことを訴え，信仰と愛に基づく自由な献身は権力と法の原則を無用とすると唱える．さらに，*無神論を本質とする*社会主義や近代*合理主義は神を否定するものであり，それは人間の救いを自ら閉ざすものにほかならないとして，これらに基づく社会変革の意義を否定する．その根底にあるのは神を見失った*近代精神への懐疑である．こうした彼の思想は『虐げられし人々』(Unizhënnye i oskorblënnye, 1861)，『地下室の手記』(Zapiski iz podpol'ya, 1864)，『罪と罰』(Prestuplenie i nakazanie, 1866)，『白痴』(Idiot, 1868)，『悪霊』(Besy, 1872)，『カラマーゾフの兄弟』(Brat'ya Karamazovy, 1879-80) などすべての作品のなかに貫かれている．『罪と罰』における破壊者ラスコーリニコフを動かしたソーニャの信仰と温順，『カラマーゾフの兄弟』における次男イヴァンの無神論と合理主義の末路，それに対する三男アリョーシャのキリスト教信仰の勝利はその象徴である．彼にとって，『カラマーゾフの兄弟』における長老ゾシマの臨終の言葉が表すように，信仰深いロシアの民衆こそはロシアの未来の再生への力を宿す「神をはらんだ」存在であった．

ドストエフスキーは1862年と67年の2回にわたって西欧を旅行しているが，彼のヨーロッパ観は概して*汎スラヴ主義的色彩の濃いものであった．個人雑誌『作家の日記』(Dnevnik pisatelya, 1876-77, 1880-81) のなかでは，ロシアが全世界をキリスト教的*友愛で結ぶ使命を課せられているというメシアニズム（→メシア）や，他国の支配下にある*スラヴ人正教徒の解放への呼びかけが記されている．正教に唯一の価値を置く彼は同時

に，西欧の＊ローマ・カトリックへのあからさまな不信と憎悪を隠していない．彼にとってのカトリックとは，精神的な人間の結合というキリスト教本来の最終目的を忘れ＊教皇の権力による世界の統一を目論む存在であった．カトリックの理念は＊ローマ帝国の異教的権力原理である世界征服の理念と何ら変わるところはなく，このような神とキリストの外で人類の運命を解決しようとする姿勢がキリスト教自体の歪曲，退廃を招き，それに代わる社会主義をヨーロッパに出現させる結果となったとする．

ドストエフスキーは合理主義の反対者であったが，それは彼の思想が反動性・攻撃性によって貫かれていることを意味するものではない．正教への信仰を基礎とした彼の保守的＊ユートピア主義思想は，その一部分が狂信的あるいは民族主義的として誇大に解釈される傾向があるのも事実である．ペテルブルグにて死去．　（栗原毅）

ドス・パソス　Dos Passos, John Roderigo
(1896. 1. 14-1970. 9. 28)　アメリカの小説家．＊シカゴに生まれ，＊ハーヴァード大学に学ぶ．＊機械文明への批判から，＊マルクス主義哲学に大きな影響を受けた．多くの「失われた世代」（[英] lost generation）の作家たちと同様，第 1 次世界大戦に従軍．人間の＊尊厳を奪う戦争経験から，『ある男の入門 — 1917』(One Man's Initiation — 1917, 1920)，『三人の兵隊』(Three Soldiers, 1912) が生まれた．『マンハッタン乗換駅』(Manhattan Transfer, 1925) は，多様な人物の視点から大都市＊ニューヨークを捉える画期的なスタイルの作品．1920 年に起きたサッコ・ヴァンゼッティ殺人事件に触発されて書かれた『北緯 42 度線』(The 42nd Parallel, 1930)，『1919 年』(1919, 1932)，『ビッグ・マネー』(The Big Money, 1936) からなる『U. S. A.』三部作（刊行 1938）は，「伝記」「ニューズリール」「カメラ・アイ」などの技法を駆使し，アメリカという国を批判的・総体的に捉えた壮大な実験小説．社会運動に積極的に関わり，時代を記録する旺盛な姿勢が，ドス・パソスの真骨頂だといえる．＊ボルティモアにて死去．
【文献】R. G. DAVIS, *John Dos Passos* (Minneapolis 1962).　（山口和彦）

トセフタ　Tosefta　〔ヘ〕tōsephtā'　「追加，補遺」
の意だが，これ自体は独立した＊ハラカーの著作．内容，構成共に，ラビ・ユダ・ハナスィ (Judah ha-Nasi, 135 頃-220 頃) が欽定編纂した＊ミシュナーとほぼ同様で，ミシュナーの補遺としてミシュナー時代最後の世代の賢者（＊タンナ）によって編集されたと考えられる．ミシュナーと比べ，表現の仕方の違い，詳細な内容や対立した見解がみられることから，ミシュナー解釈の助けとなり，＊タルムードではバライタ（欽定ミシュナー以外の教え）としてしばしば言及される．
【文献】R.C. ムーサフ・アンドリーセ『ユダヤ教聖典入門』市川裕訳（教文館 1990）: R. C. MUSAPH-ANDRIESSE, *Wat na de Tora kwam. Rabbijnse Literatuur van Tora tot Kabbala* (Baarn 1973).　（市川裕）

ドーソン　Dawson, Christopher Henry
(1889. 10. 12-1970. 5. 25)　イギリスの歴史家．ウェールズのヘイ・カースル (Hay Castle) に生まれ，イングランドのデヴォン州で没す．イングランド国教会（→聖公会）に属す地主の家に生まれ，＊オックスフォード大学トリニティ・コレッジで学ぶ．1914 年カトリックに改宗．1947-48 年，有名なエディンバラ大学のギッフォード公開講座で講演を行った．処女作『神々の時代』(The Age of the Gods, 1928) 以来，宗教によって文化が形成されるという確信をもち，それ以後の著作では，ヨーロッパ文明の形成においてキリスト教が果たしてきた役割を示すことに力を注いだ．『進歩と宗教』(1929) では，ヨーロッパ文明がさまざまな世俗的思想による誘惑を受けており，その一つである進歩思想はキリスト教に受け入れられないものであるとした．また，キリスト教はヨーロッパの生みの親であるが，特にカトリック教会においてのみその完全な形態をとっているとした．自らを神学者でも哲学者でもなく，学問的立場に立つ歴史家であるとしたが，科学的一般化ではなく，宗教的洞察を通して歴史全体を眺める姿勢を貫いた．早くから＊教会一致促進運動の推進者だったが，晩年は病弱で，カトリック教会の変貌に対応することができなかった．
【主著】*Progress and Religion*, 1929: 刈田元司訳『進歩と宗教』（創元社 1954）; *The Making of Europe*, 1932: 野口啓祐他訳『ヨーロッパの形成』（創文社 1988）; *Religion and Culture*, 1948; *Understanding Europe*, 1952: 高谷毅，中内正夫訳『ヨーロッパをどう理解するか』（南雲堂 1969）.　（高柳俊一）

とだたてわき　戸田帯刀　(1898. 3. 23-1945. 8. 17)
札幌知牧，横浜教区長．洗礼名ヨハネ・ラウレンチオ．山梨県東山梨郡西穂村に生まれる．1919 年（大正 8）開成中学卒業後，4 月東京公教神学校（現在の東京カトリック神学院）に入学．1923 年ローマの＊ウルバニアナ大学留学．1927 年，司祭叙階．1928 年（昭和 3）同大学神学科を卒業し帰国，東京本所教会助任司祭となる．1930 年，麻布教会助任司祭となり，1931 年，喜多見教会主任司祭と大和市の南林間にある大和学園付司祭を兼任．1936 年，関口教会主任司祭．1938 年，東京教区司教顧問に任命される．1940 年，麻布教会主任司祭．同年 10 月，札幌知牧区長に，続いて 1944 年 10 月，横浜教区長に転任．終戦直後の 1945 年 8 月 16 日，海軍に占領されていた横浜山手教会と教区長館の返還を要請したことから軍の反感を買い，翌 17 日，仮の教区長館である横浜・保土ヶ谷教会司祭館の自室において憲兵に射殺された．
（松村菅和）

ドタン　Dothan　〔ヘ〕dōtān　＊エフライム族の領
域にある町．＊ヨセフがエジプトに売られる物語（創 37 章），＊エリシャ物語（王下 6: 13），およびユディト記(3: 9; 4: 6; 7: 3-18)で言及される．この町は 19 世紀に＊シケムの北約 22 km にあるテル・ドータ (Tell-Dotha) と同定され，1953-60 年にフリー (Joseph Paul Free, 1911-74) によって発掘調査された．それによれば，この町は前 810 年頃＊アラム人の侵攻によって破壊され，ヘレニズム時代まで荒廃したが，その後，丘の東部に小さな定住地が形成された．
【文献】旧新約聖書大 826; 聖書考古大 689-91; ABD 2: 226-27.　（金井美彦）

とち　土地　〔ヘ〕'ereṣ, 〔ギ〕gē　「天は主のもの，地
は人への賜物」（詩 115: 16）という言葉に示されているように，土地は神によって創造された被造物の一つであり（創 1: 1)，神はそれを賜物として人に委ねている．つまり，神が「土（アダマ）の塵で人（アダム）を形づくり，

ドチャオ

その鼻に命の息を吹き入れられた」のは(創2:7), 土地を人間に委ね, 管理を任せるためである. それほどに神は人との関わりを求めているのであり, 土地は神に仕えるための場である(創2:15).

したがって, *神の民の歴史においても土地は重要な役割を演じている. 神々が支配する*バビロンから*アブラハムを呼び出した神が, アブラハムの子孫を奴隷の家(エジプト)から導き出したのは(→出エジプト), バビロンやエジプトとは違った生活を民に求めているからである. 神が民を導き, 「平野にも山にも川が流れ, 泉が湧き, 地下水が溢れる土地, 小麦, 大麦, ぶどう, いちじく, ざくろが実る土地, ……何一つ欠けることのない土地」(申8:7-9)に招き入れたのは, *族長たちへの*約束を守り, 民との*契約への誠実さを示すためである. 約束の地における実りは, 神が愛であり, 誠実な神であることをつねに思い起こすためのよすがとなる(申26:1-11). 土地という贈り物のうちに神の愛をみている者は, その地の上で勤勉に働く義務を負い(箴10:5), 祝祭や収穫祭(→祭)を祝わねばならない(出23:14-17). それだけでなく, 貧しい同胞や*寄留者のために落ち穂を与えたり(申14:29), 7年ごとに土地を休ませねばならない(出23:11). このように生きることによって, バビロンでもエジプトでもない, 約束の地に生きる特別な民であることを示すことになる.

しかし, 約束の地で定住生活を送るようになったイスラエルには, 豊かさが試練と誘惑になる(ホセ10:1-2). 彼らにとって農耕生活は初めての体験であるから, 農耕に関する技術や知識をカナンから学ばざるをえないが, 技術や知識とともに, 学んではならない偶像崇拝的な生活様式までも取り入れることになる. *荒野での民は誰のあとを追うべきかを知っていたが, 「ところがお前たちはわたしの土地に入ると, そこを汚し, わたしが与えた土地を忌まわしいものに変え」, 空しいもののあとを追い, 空しいものとなってしまった(エレ2:1-8参照). 土地は神との対話の基盤として与えられたのに, 豊かさに心を奪われた民の関心は神の心へは向かわず, 実りそのものへ向けられることになる. そうなると, 実りは神の愛を味わい, 神との深い関わりに生きるためのよすがではなくなり, 民の欲求を満たすための手段に変わり果てる. こうして, 神はただ豊かさを保証する力でしかなく, 民の導き手ではなくなる. 期待を裏切られた神は民を約束の地から*捕囚の地へと追い払う. しかし, それは民の浄化のためであり, 時が来れば, 再び約束の地へと導かれ, 完全に聖化された地に住むことになり(エゼ47-48章), 全人類の「喜びの国」となる(マラ3:12).

マタイ書5:54が「柔和な人々は幸いである. その人たちは地を受け継ぐ」と述べるように, 約束の地は*神の国とか*永遠のいのちの前表であったのであり, 新約の時代における信仰者は「神の安息」にあずかり(ヘブ4:10), 「上にあるものに心を留め, 地上のものに心を引かれない」ように生きる(コロ3:2). しかし, 地上のものの価値を否定するのではなく, それに心を奪われることなく, 「かかわりのない人のように」生き(1コリ7:31), 「新しい地」の到来を待ち望むことになる(黙21:1. →新しい天と地).　　　　　　　　　　(雨宮慧)

ドチャオ　Dochao, Carmen　(1884.11.20-1965.8.13)　ベリス・メルセス宣教修道女会員. 修道名マリア・ベゴーニャ(Maria Begoña). スペイン北部ビルバオ(Bilbao)に生まれる. 1906年, ベリス(Berriz)のメルセス観想修道会に入会. 当時の*会憲に従い1907年初誓願(→修道誓願)を, 1910年荘厳誓願を宣立した. 彼女の優れた徳は高く評価されていた. 1930年ベリスのメルセス観想修道女会は*ベリス・メルセス宣教修道女会に変革されたが, それに先立つ1926年に組織された初の宣教団に加わり, 2年間院長として中国蕪湖の宣教に尽力. その後日本に派遣され1928年(昭和3)来日. 修練女の指導に携わった3年間を除き1949年まで修道院長の職責を果たした. 1931年東京に光塩高等女学校が創立されると, 初代校長に就任, 戦後光塩女子学院と改名されたがその小・中・高等学校校長を1964年まで務めた. 東京光塩修道院にて逝去. 当時の社会状況のなかで会の活動を維持・発展させた逸材で, 戦時中の大小さまざまな困難, 苦悩をも生来の柔和さと揺るぎない落ち着き, 謙虚さ, 深い信仰と希望をもって受けとめ乗り越えていった. 1956年勲五等瑞宝章, ならびにスペイン国よりイザベル十字章を受ける.　　　　(山田春子)

どちりいなきりしたん　問答体で書かれたキリシタン時代の教義書. 「どちりいな」([ラ] doctrina)は教義または教義書を意味する. *使徒信条と主要な*祈り, *十戒, *教会の掟, *秘跡, 徳などを収めた12箇条からなる. 現存するものとして, 国字本のものが1591年(天正19)加津佐刊(*バルベリーニ文庫所蔵)と1600年(慶長5)長崎刊(*カサナテ文庫所蔵), ローマ字本のものが1592年天草刊(東洋文庫所蔵)と1600年長崎刊(水府明徳会所蔵)の4本があり, いずれも影印出版された. 日本にキリスト教を伝えた*フランシスコ・ザビエルはどちりいなを鹿児島で作成したが(→鹿児島カテキズモ), この教義書作成の試みは後続の宣教師にも受け継がれた. その後, 1566年(永禄9)に刊行のジョルジェ(Marcos Jorge)編の『ドチリナキリシタン』を模範とし, ザビエル以来40年間の経験など, 日本の事情を鑑みて用語や文章に推敲を加えながら編纂し, 出版したものである. 1590年には, *天正遣欧使節の帰国とともに活版印刷機が到来し, すべての*キリシタンにとって必読の書であった本書が早速に, また, 多量に印刷された. キリシタンの教義や思想を知るうえで最も重要な史料である.

【文献】H. チースリク他編『日本イエズス会版キリシタン教理』(岩波書店1983).　　　　　　(尾原悟)

トッカータ　[伊] toccata　語源は「触れる, 楽器を演奏する」の意のイタリア語のtoccare. 技巧的で即興性に富む, 主として鍵盤楽器用の楽曲形式. *オルガン, チェンバロ用として16世紀後半から18世紀前半イタリア, ドイツを中心に著しく発展した. 自由で即興的な単一楽曲だった初期のものが, フーガ部をもつ複合的なトッカータへと発展し, 鍵盤音楽の主要ジャンルとなった. イタリアのジョヴァンニならびにアンドレア・*ガブリエーリ, *メルロ, *フレスコバルディ, ドイツの*フローベルガー, *ブクステフーデ, J. S. *バッハなどが多様な作品を残した. *シューマン, ラヴェル(Maurice Ravel, 1875-1937)など19世紀以降のピアノ作品にもみられる.　　　　　　　　　　(植田義子)

とつかぶんけい　戸塚文卿　(1892.2.12-1939.8.17)　医師, カトリック司祭. 洗礼名ヴィンセンシオ・ア・パウロ. 父環海, 母はなの12人兄弟の長男として神奈川県横須賀に生まれる. 戸塚家は代々高名な医家. 暁星中

学，第一高等学校，東京帝国大学医科大学を卒業．1907年（明治40）*岩下壮一を代父（→代父母）として東京・麻布教会で*テュルパンより受洗．1921年（大正10）北海道帝国大学助教授．同年フランスのパストゥール研究所に留学中，*ロンドンで司祭への*召命を受け大学に辞表を提出，神学生となる．1924年*パリのサン・スルピス神学校で司祭叙階．1925年帰国し，東京品川の戸塚外科医院を継承，聖ヨハネ汎愛病院を開院．同年末に東京荏原に分院を開設，1927年（昭和2）には品川の病院を閉じこの分院を聖ヨハネ医院とする．1929年，結核患者のアフターケア施設ナザレト・ハウスを荏原に開設．1931年ナザレト・ハウスは千葉県海上郡に移転，1935年海上寮と改称し病院になる．1939年，東京小金井に桜町病院を開設，後に*福音史家聖ヨハネ布教修道女会創立の基礎を築いた．このほか東京カトリック神学院教授，月刊誌『カトリック』（*『世紀』の前身）編集長，『カトリック新聞』初代主筆，カトリック中央出版部長，カトリック新聞社社長，カトリック・ペンクラブ会長，東京の聖母病院初代院長等を歴任．血管縫合による臓器移植に関する論文のほか*フランソア・ド・サルの著書の翻訳や随筆を多数残している．大正から昭和にかけてカトリック思想に基づく医療・福祉の実践を指導した存在として岩下壮一と並び称される．

【著作】小田部胤明編『戸塚文卿著作集』全5巻（中央出版社1964）．

【文献】小田部胤明『戸塚神父伝』（中央出版社1989）；『聖ヨハネ会50年誌』（聖ヨハネ会1989）；『50年の歩み』（福音史家聖ヨハネ布教修道女会1994）．　　　（武内昶篤）

とっけん　特権　〔ラ〕privilegium，〔英〕privilege，〔独〕Privileg，〔仏〕privilège　教会法上の特権とは，立法者または立法者によってその権限（→権能）を与えられた行政権を有する権威者によって，特定の個人または*法人の利益のために一般法に反して，もしくは一般法以外に特別付与される恩恵のことである．特権は私的法規（〔ラ〕lex privata）の性格を有する．すなわちそれは単なる主観的*権利ではなく客観的*規範であるがゆえに法規である．他方それは具体的な一人もしくは複数の特定の人または法人に直接付与されるがゆえに私的といわれる．特権は永久のものと推定される．ただし権限ある権威者の取り消しもしくは期間の満了によって，または特権が与えられた事項の終了時に消滅する（『教会法典』78条1項，79条，83条1項）．人的特権は，その人とともに消滅し，物的特権は物または場所の完全な破壊によって消滅する（同78条2-3項）．　　　（枝村茂）

ドッシ　Dossi, Dosso　（1490頃-1542.7.26）　イタリアの画家．本名はジョヴァンニ・ディ・ルーテリ（Giovanni di Luteri）．生年および出身地については記録がないが，主に*フェラーラで活動し，同地で没す．*ヴァザーリの『芸術家列伝』によれば，フェラーラ派の画家L.*コスタに師事したが，おそらく*ヴェネツィアを訪れることで*ジョルジョーネの深みのある色彩を学んだ．代表作『蝶を描くゼウス（絵画の寓意）』（ウィーン美術史美術館）にみられる，明滅するような幻想的な色彩表現が特徴である．1514年以後フェラーラのエステ家の宮廷に仕えている．

【文献】DA 9: 183-87；小学館美術全集，イタリア・ルネサンス3: 238-40．　　　（本間紀子）

ドッド　Dodd, Charles Harold　（1884.4.7-1973.9.22）　イギリスの新約聖書学者，*会衆派の牧師．ウェールズのレクサム（Wrexham）に生まれ，イングランドのゴーリング（Goring）で没す．オックスフォード，ベルリンで古典学，さらに1908-11年オックスフォードで神学研究後，1912年牧師．1915年までウォリック（Warwick）にある会衆派教会担当．1915-30年マンスフィールド，1930-35年マンチェスター，1935-49年ケンブリッジの各大学新約聖書学教授．神の国はイエスの宣教活動に現存するという「実現された終末論」（〔英〕realized eschatology）を主唱．新約聖書の宣教理解やヨハネ福音書研究に業績をあげると同時に，1948年*世界教会協議会設立に寄与，1970年刊行『新英語訳聖書』（New English Bible）の委員長として重責を果たす．

【主著】*The Parables of the Kingdom*, 1935: 室野玄一，木下順治訳『神の国の譬』（日本基督教団出版局1964）；*The Apostolic Preaching and Its Developments*, 1936: 平井清訳『使徒的宣教とその展開』（新教出版社1962）；*History and the Gospel*, 1938；*The Bible Today*, 1947: 神田盾夫訳『聖書』（新教出版社1953）；*The Interpretation of the Fourth Gospel*, 1953；*Historical Tradition in the Fourth Gospel*, 1963；*The Founder of Christianity*, 1970: 八田正光訳『イエス』（ヨルダン社1971）．

【文献】NCE 16: 132；W. D. DAVIES, D. DAUBE, eds., *The Background of the New Testament and Its Eschatology* (Cambridge 1958)．　　　（清水宏）

ドッドウェル　Dodwell, Henry　（1641-1711.6.7）　イギリスの神学者，歴史家．*ダブリンのトリニティ・コレッジのフェロー．*オックスフォード大学古代史教授(1688)．ウィリアム3世（William III, 在位1689-1792）への宣誓を拒否して，その地位を失う(1691)．その後イングランド国教会（→聖公会）に復帰(1710)．歴史，言語学，教父学，教義学の著作がある．

【文献】キ人969；キ大754；ODCC² 415；ODCC³ 495；RGG³ 2: 215．　　　（高橋章）

ドーデ　Daudet, Léon　（1867.11.16-1942.6.30）　フランスの小説家，批評家，ジャーナリスト．アルフォンス・ドーデ（Alphonse Daudet, 1840-97）の息子．*パリに生まれ，サン・レミ・ド・プロヴァンス（Saint-Rémy-de-Provence）で没す．最初医学を志すが断念し，ジャーナリズムの世界に入り，*ドリュモンのもとで，*反ユダヤ主義の愛国的新聞『リーブル・パロール』（La Libre Parole）の仕事に携わる．さらに*ドレフュス事件の頃より*モーラスに心酔し，右翼団体*アクシオン・フランセーズに参加，その機関紙に伝統，軍隊，国王を擁護し，反ユダヤ主義を唱える過激な論陣を張る．彼にとっては，*フランス革命こそが社会の堕落の最大の原因であった．1919年から24年まで国民議会議員を務めるが，息子の変死事件に絡んで政府を攻撃，名誉毀損の罪で投獄されるも脱獄し，国外へ逃亡，1929年恩赦によりフランスへ戻る．数多くの小説を残したが，今日ではむしろ当時の文壇をテーマとした回想録のほうに読者が多い．

【主著】*Les Morticoles*, 1894；*Fantômes et vivants*, 1914；*Charles Maurras et son temps*, 1928．　　　（二川佳巳）

とていだん　徒弟団　〔独〕Kolpingwerk, Gesellenverein, 〔英〕Catholic Kolping Society　徒弟団（Gesellenverein）は，カトリック・コルピング会ともいい，1849年 *コルピングが *ケルンで創立した，大都会で働く青年のための社会的宗教組織である．活動の中心となるコルピングの家（〔独〕Kolpinghaus）は，未婚の青年のためにキリスト教的教育とレクリエーションの場を提供する．徒弟団は，地区・地域・*司教区・全国とそれぞれの段階で組織され，さらに国際コルピング家族（〔英〕International Kolping Family, 〔独〕Internationale Kolpingsfamilie）を構成し，世界各国に急速に広まった．今日，国際コルピング家族（本部ケルン）は37か国において活動している．

第2次世界大戦まで青年を対象としていたが，戦後は年齢や社会階級の枠を越え，各国の中央連合（〔英〕Central Union, 〔独〕Zentralverband）により国際コルピング家族を構成するようになった．その活動領域は，会員個人の人間的・キリスト教的形成だけでなく人間活動の全領域，つまり家庭・政治・文化・レジャーなどにまで及ぶ．国際的組織であるため，*第三世界の援助にあたって国際的な連帯に特に関心が払われている．また自立を奨励するという基本方針に従って，社会的・経済的に恵まれない青少年に教育と仕事を与えようと努めている．今日のコルピング家族は，コルピングの時代の熟練労働者の連合という目的を越えて，現代世界の諸問題に応える社会援助を担う，より普遍的な組織を目的としている．

【文献】StL 3: 577-79; M. HANKE, *Sozialer Wandel durch Veränderung des Menschen* (Mülheim 1974); DEUTSCHE KOLPINGSFAMILIE E. V., ed., *Handbuch des Kolpingswerks* (Köln 1980); ID., ed., *Kolpingwerk in Staat und Gesellschaft* (Köln 1981).

(H. ブライテンシュタイン)

トデスコ　Todesco, Luigi　(1871. 6. 13-1938. 2. 9)　イタリアの教会史家．ヴィチェンツァ近郊のソラーニャ（Solagna）に生まれ，*パドヴァで没す．パドヴァの神学校で学び，司祭に叙された後，さらに文学・哲学を修める．同神学校で歴史および教会史を教えながら歴史教科書などを執筆，6巻からなる『講座教会史』(Corso di Storia della Chiesa, 1922-29) で一躍有名になる．同書の縮約版『教会史教本』全2巻 (Manuale di Storia della Chiesa, 1937) は，第2*ヴァティカン公会議までイタリア国内で広く流布した．
【文献】NCE 7: 12.　(A. ザンバルビエリ)

トーテミズム　〔英〕totemism, 〔独〕Totemismus, 〔仏〕totémisme　人間集団とさまざまな動物，植物，事物の種との間に特殊な関係があるとする信仰とそれに基づく制度．その種をトーテムと呼ぶ．

トーテムという語は，北米先住民（*インディアン）アルゴンキン語族のなかのオジブワ族で，クランの成員を意味する語 (dotem) に由来するという．北米北西沿岸インディアンの神話的動物の彫刻柱はトーテムポール (totem pole) と呼ばれ，初め北米インディアンに独自の習俗と思われたが，トーテミズムという用語が成立すると他の地域にも似たような習俗があるとされ，19世紀後半から注目を集めた．*進化論の見方が強かったこの時期，最も原始的と目されていたオーストラリアのアボリジニー社会に豊富な例がみつかったため，トーテミズムは宗教の起源を解明するとの期待が高まった．

トーテミズムの特徴的要素とされたのは以下のようなものであった．(1) 氏族や外婚制集団それぞれが特定の種をトーテムとする．(2) 各集団はそのトーテムの名前で呼ばれる．(3) トーテム種と集団の祖先は親族とされる．(4) 集団はトーテム種に対して何らかの禁忌・*タブーをもつ（殺さない，食べない等）．(5) トーテム種に儀礼を行う．しかしこれらの要素すべてを満たす例は存在せず，20世紀半ばには一般化・理論化の難しさが明らかになった．さらに *レヴィ・ストロースはトーテミズムとは研究者の幻想の産物であり，その概念を捨て去り，自然と文化という二つの系を対応させてそれぞれの系の差異を確認して構造化するという，より一般的な問題に解消すべきだと説いた．

【文献】EncRel(E) 14: 573-76; E. デュルケム『宗教生活の原初形態』全2巻，古野清人訳（岩波書店 1941-42）: E. DURKHEIM, *Les formes élémentaires de la vie religieuse* (Paris 1912); S. フロイト『トーテムとタブー』フロイト選集6，土井正徳訳（日本文教社 1953）149-430: S. FREUD, *Totem und Tabu* (Wien 1912); C. レヴィ・ストロース『今日のトーテミズム』仲沢紀雄訳（みすず書房 1970）: C. LÉVI-STRAUSS, *Le totémisme aujourd'hui* (Paris 1962); 同『野生の思考』大橋保夫訳（みすず書房 1976）: ID., *La pensée sauvage* (Paris 1962); J. G. FRAZER, *Totemism and Exogamy*, 5 v. (London 1910).

(松村一男)

トードス・オス・サントスきょうかい　トードス・オス・サントス教会　*長崎の最初の教会で，1569年（永禄12）11月，司祭 G. *ヴィレラによって長崎甚左衛門が L. デ・*アルメイダに寄進した土地に建立された．1574年（天正2）深堀殿の攻撃によって焼失したが再建されて *長崎コレジョに属し，1587年，1590年の迫害の際には宣教師の宿になる．1597年（慶長2）には *セミナリヨの宿舎となる．その後は籠手田家（*生月）からの亡命者たちの宿 (1599)，修練院 (1602-1604, 1607-1609)，また1603年には新しい教会が建てられた．1612年 *有馬を追放された宣教師とセミナリヨが移ってきて，ここで1614年まで存続する．その間に有馬と *八代の殉教に殉じた人々の遺骨を納めるため小聖堂が増設された．1614年11月に破壊され，数年後には跡地に禅宗の *春徳寺が建立された．

【文献】L. フロイス『日本史』全12巻，松田毅一，川崎桃太訳（中央公論社 1977-80）; 長崎純心女子短期大学長崎地方文化史研究所『長崎のコレジョ』（聖母の騎士社 1985）; J. F. SCHÜTTE, *Introductio ad Historiam Societatis Iesu in Japonia* (Roma 1968).　(結城了悟)

ドナティアヌスとロガティアヌス　Donatianus, Rogatianus　(生没年不詳)　聖人（祝日5月24日），殉教者の兄弟．伝承によればキリスト教公認(313)以前，フランスのナント (Nantes) に居住し，青少年にすぎなかったが，まず兄ドナティアヌスがキリスト教宣教のため，続いて弟ロガティアヌスが投獄され，共に拷問を受けて殺害された．兄はすでに受洗していたが，弟は *洗礼志願者であった．「ナントの童子」(Enfants nantais) と敬愛され，*聖遺物は *トゥールに保存されている．

【文献】BSS 4: 802-805; DHGE 14: 653.　(清水宏)

ドナテーロ　Donatello (Donato di Niccolò di

Betto Bardi）（1386頃-1466.12.13）　イタリア初期ルネサンスを代表する彫刻家．＊フィレンツェに生まれ，同地で没す．彫刻家としての活動は1406年にフィレンツェの＊サンタ・マリア・デル・フィオーレ大聖堂北側門の制作にナンニ・ディ・バンコ（Nanni di Banco, 1380/90-1421）とともに参加したことに始まる．以来，大聖堂やオルサンミケーレ聖堂のための彫刻を数多く制作した．彼の彫刻の特徴は，観察に基づいた＊リアリズムである．それが古代彫刻のもつ威厳や英雄性と融合し，キリスト教主題に見事に適用されている．『ズッコーネ』（1427-35，大聖堂美術館）において，預言者＊ハバククの姿はトーガをまとう古代の雄弁家のイメージと重ねられている．徹底したリアリズムで表現された彫像の開いた口元は，今にも声を発するかのようである．一方，ブロンズの『ダヴィデ』（1430-50年代，フィレンツェの国立バルジェロ美術館）は古代以来初の本格的な裸体像であり，しなやかな少年の裸体美が追求されている．ドナテーロは1443年から1453年までの間＊パドヴァに滞在し，サンタントニオ聖堂の主祭壇などを制作した．このことはフィレンツェに始まった＊ルネサンスが北イタリアに広まる契機となった．
【文献】DA 9: 122-32; NCE 4: 998-1000; 小学館美術全集 11: 76-85; G. ガエタ・ベルテラ『ドナテッロ』芳野明訳（東京書籍 1994）: G. GAETA BERTELA, *Donatello* (Firenze 1978).　　　　　　　　　　　（本間紀子）

ドナトゥス　Donatus（?-355）　北アフリカのカルタゴの対立司教，＊ドナトゥス派の指導者．4世紀初頭，＊カルタゴの教会で迫害時に棄教した司教による＊秘跡の有効性が問題となり，311年マヨリヌス（Maiorinus）が対立司教に立てられたが2年後に死去，313年その後任となる．学識と実行力に優れ，厳格派を率いたが，313年ラテラノ教会会議で排斥された．しかし，ドナトゥス派は，当時の社会情勢を巧みに利用しながら勢力を伸ばした．347年に皇帝によってカルタゴの司教の座を追われ，ガリアかスペインに追放された．
【文献】キ人 970; キ大 755; LThK² 3: 504-506; NCE 4: 1001-1003; RGG³ 2: 239-41.　　　　　　（英隆一朗）

ドナトゥス〔ブザンソンの〕Donatus（?-660頃）　聖人（祝日8月7日または7月22日）．フランスではサン・ドナ（Saint Donat）と呼ぶ．ブルゴーニュ貴族の出身．リュクスーユ修道院長＊コルンバヌスに師事．624年＊ブザンソンの司教となり，独自の修道会則を起草，市中に聖パウロ修道院を創立．彼の母フラヴィア（Flavia）が創設した聖マリア修道院のためにも女子修道会則（Regula ad virgines）を作った．＊ランス（625），クリシー（Clichy, 627），＊シャロン・シュール・ソーヌ（650）などの教会会議に出席し，＊メロヴィング朝時代のフランク教会のため積極的に奉仕した．
【文献】キ人 970; LThK³ 3: 334; NCE 4: 1003.
（橋口倫介）

ドナトゥスは　ドナトゥス派〔ラ〕donatistae, 〔英〕Donatists, 〔独〕Donatisten, 〔仏〕donatistes　4世紀から5世紀にかけて北アフリカの教会に勃興した分派．その最盛期にはカトリックの教会をしのぐ勢力となった．＊迫害における＊背教者の授ける＊秘跡の有効性と教会の成員の質が問題とされたが，過激な運動となった背後には北アフリカの反ローマ的ナショナリズムの動きがあった．

【起源と歴史的経過】＊ディオクレティアヌス帝治下の大迫害期（303-305）の後，＊カルタゴの司教メンスリウス（Mensurius, ?-311）が311年に死去し，助祭長＊カエキリアヌスが司教に叙階されると，かねてから迫害期に抵抗を避けたメンスリウスに反発していた厳格派が反対．彼らはカエキリアヌスの司教叙階の無効を宣言した．主な理由は，その司教叙階に列席した3人の司教の一人アプトゥンギ（Apthungi）のフェリクス（Felix）が，迫害中に官憲に聖書を引き渡した者（〔ラ〕traditor）であるという噂の立っている人物であることにあった．＊異端者・背教者による秘跡の授与は無効であるとする，3世紀末のカルタゴ司教＊キプリアヌス以来の伝統（これは＊テルトゥリアヌスに遡る北アフリカの伝統的見解である）があるだけに，有力な根拠となりえた．厳格派は教会会議を開催，カエキリアヌスの司教叙階を無効として，マヨリヌス（Maiorinus, ?-313）を司教に立てる．マヨリヌスの死後，＊ドナトゥスが司教となり，その後40年間，指導的立場に立ち続ける．

ここで，国家統一と迫害期間中に没収した教会財産の返還先を決定する必要から＊コンスタンティヌス大帝が介入．皇帝の要請によりローマの司教＊ミルティアデスは，ガリアの司教3名に仲裁裁定を行わせ（313），15名のイタリアの司教を招集してローマで教会会議を開催（314），カエキリアヌスの正統性を宣言した．さらに皇帝の命によって＊アルル教会会議が開催され（314），背教者による叙階の有効性が宣言される．皇帝は自ら＊ミラノの法廷でドナトゥス派に反対する決定を下す（316.11.10）．さらに317年春，ドナトゥス派の指導者たちを追放，教会堂の没収という厳罰主義をもって臨む．これは彼らの熱狂的態度を煽ることになった．この時期，熱狂的禁欲者の群れが「キリストの闘士」「キリストの戦士」と呼ばれて各地を放浪し，民衆を扇動して回り，彼らに農民・逃亡奴隷らが加わって略奪暴行を行うようになっていく（そのため，キルクムケリオネス Circumcelliones「放浪無頼の徒」と呼ばれた）．つまり，宗教問題に，ローマ人・ポエニ人・ベルベル人（ヌミディア人，先住民）などの社会階層や人種に関する問題が絡み合うことになる．

ドナトゥスは追放中に死去（355），＊パルメニアヌスが跡を継いだ．彼は391年まで活躍し，ドナトゥス派は第二の盛期を迎える．しかし，その後はプリミアヌス（Primianus）の率いる穏健派とマクシミアヌス（Maximianus）の率いる過激派とに分かれ，内部での対立が生じた．

366年頃ミレウィスの司教＊オプタトゥスがパルメニアヌス駁論を発表．カルタゴの司教＊アウレリウスは＊ヒッポ教会会議を開催（393），ドナトゥス派の＊聖職者がカトリック教会に復帰する場合，信徒として復帰するという従来の規定が緩和された．この頃から＊アウグスティヌスが論争に関わる．彼はドナトゥス派の司教たちと討論を重ねる一方，『洗礼論』等の多くのドナトゥス派駁論を著述した．

401年以降の＊カルタゴ教会会議では，ドナトゥス派の子どもらに聖職者になる資格を与えること，ドナトゥス派から帰正した聖職者にその地位を保証すること，世俗の官憲を通して，ドナトゥス派の代表者を会議に招待することが決定された．ドナトゥス派はこれらのすべてを拒否，正統派を非難したため暴動が起きた．カトリックとドナトゥス派の合同会議の開催を命ずる＊ホノリウ

ス帝の勅令が発布され，第1回会議(411.6.1)にはカトリック側286名，ドナトゥス派279名が出席．会議を主宰した公証人マルケリヌス(Marcellinus, ?-413頃)はドナトゥス派を禁圧する告示をカルタゴで公示(411.6.26)，ホノリウス帝は勅令を発布(412.1.30)，マルケリヌスの裁決を確認する．このようにして一応の決着をみるが，最終的にドナトゥス派が消滅するのは7世紀末のことである．

ドナトゥス派の主張は，(1) 教会論的にみて，教会は迫害に正面から抵抗した者たちによってのみ構成されるべきである，(2) 秘跡論的にみて，背教した司教による秘跡の授与は非合法であるだけでなく，その効果もない(無効)，というところにある．彼らは自らの教会を「聖なる教会」「汚れなき殉教者の教会」と称し，「大教会」「汚れた背教者たちの教会」すなわちカトリック教会とは異質のものであると宣言する．彼らの教会こそ*聖霊を有し，*洗礼をはじめ秘跡を有効に授与しており，*大罪を犯したことのない聖職者を有している，とする(この点で*ノウァティアヌス派と類似している．ただし，彼らが全成員を聖なる者としたのに対して，ドナトゥス派は聖職者のみの*聖性を主張した点で異なる)．

【文献】カ大 3: 753; キ大 755; キ史 2: 50-56; DThC 4: 1701-28; DPAC 1014-26; LThK³ 3: 332-34; NCE 4: 1001-1003; TRE 1: 654-68; 新田一郎『キリスト教とローマ皇帝』(教育社 1980) 183-209; アウグスティヌス『洗礼論』『ドナティスト批判（185 書簡）』アウグスティヌス著作集 8, 坂口昂吉, 金子晴勇訳（教文館 1984); W. H. C. FREND, *The Donatist Church: A Movement of Protest in Roman North Africa* (Oxford 1952 ³1984); E. L. GRASMÜCK, *Coercitio. Staat und Kirche im Donatistenstreit* (Bonn 1964); S. LANCEL, *Actes de la Conférence de Carthage en 411*, 4 v. (Paris 1972-91).

(小高毅)

ドニ　Denis, Maurice (1870.11.25-1943.11.13) フランスの画家，挿絵画家，芸術理論家．グランヴィル(Granville)に生まれ，*パリで没す．1888 年からパリの画塾アカデミー・ジュリアンに学ぶ．*ナビ派の創始者の一人．『ムーサたち』(1893, パリのオルセー美術館)にみられるように，単純化された輪郭線と平坦な色面を特徴とする一方，主題を重視し，晩年には多くの宗教画を描く．1919 年には*デヴァリエールと一緒に「宗教芸術工房」(Atelier d'art sacré)を設立し，宗教美術の改革を目指す．故郷サン・ジェルマン・アン・レー(Saint-Germain-en-Laye)の礼拝堂の装飾などを手がけた．ドニは評論家としても重要で，その理論は象徴主義へとつながる．『理論集』(Théories, 1912)，『新理論集』(Nouvelles Théories, 1922)，『宗教美術史』(Histoire de l'art religieux, 1939) などの著作がある．

【文献】小学館美術全集 24: 92-96, 128-29, 461-63; Cath. 3: 610-11; DA 9: 714-15.

(賀川恭子)

トニオーロ　Toniolo, Giuseppe (1845.3.7-1918.10.7) 経済学者，社会思想家．イタリア北部トレヴィーゾ(Treviso)の出身．*パドヴァ大学で法律を修めモデナ大学，ピサ大学で政治経済学を教える．信仰心篤く，教皇*レオ13世の回勅*『レルム・ノヴァールム』に代表される*キリスト教社会論の熱心な指導者で，全20巻にまとめられた著作のなかでは個人主義に偏向する資本主義と社会主義的全体主義を批判，独自の社会学的政治論を展開した．労使双方が参加する協調組合([伊] corporazione)を提案，1889年には社会問題に取り組むカトリックの協議会(Union Cattolica per gli studi sociali)を設立し，キリスト教倫理に基づく*民主主義の確立に尽力するなど，以後の政治・社会運動に及ぼした影響は多大．1951 年に列福．　(G. デサンティス)

トヌス 〔ラ・英〕tonus, 〔独〕Ton, 〔仏〕ton　「全音」「旋法」「朗唱旋律定型」を意味するが，*詩編唱などの朗唱旋律定型として使用される場合が多い．ギリシアの音楽理論がラテン語に訳された 5 世紀に，「トノス」([ギ] tonos) は tonus (実際的音高)，「トロポス」([ギ] tropos, →トロープス)は modus (旋法，旋律の在り方)とされた．その後，ギリシア音楽に無知なまま聖歌のレパートリーは 8 旋法に分類され，両語は作者不詳の理論書(9 世紀)のなかで混用されたので，以来，長い間混同された．しかし現在は「詩編唱の朗唱旋律定型」([ラ] toni psalmorum)，「書簡朗唱旋律定型」(tonus lectionum) のように用いられている．

【文献】NGDM 19: 67; 田辺尚雄他編『音楽大事典』4(平凡社 1982) 1636.

(水嶋良雄)

ドヌス　Donus (?-678.4.11)　教皇(在位 676-678)．*ローマの出身．*キリスト単意説をめぐる論争が長期化した時代に高齢で教皇登位．*コンスタンティノポリスの総主教やビザンティン皇帝*コンスタンティヌス 4 世による一致の要請に応じるまもなく死去．ローマから独立した教会創設を図る*ラヴェンナの大司教との間に生じていた分裂を解消したほか，*サン・ピエトロ大聖堂などローマの教会の修復に尽力したといわれる．

【文献】キ人 971; DHGE 14: 671-72; LThK³ 3: 336; NCE 4: 1010.

(相原優子)

トヌス・ペレグリヌス　tonus peregrinus　詩編朗唱旋律定型の一つ．*詩編唱での各行は，そのほとんどが旋法の保持音で朗唱されるのに，これだけは前半がイ音，後半がト音で朗唱される．このように二つの音で交互に歌われたり，さすらいの詩編 113 がこれで歌われることから，ペレグリヌス(遍歴)と呼ばれている．

【文献】NGDM 19: 67; 田辺尚雄他編『音楽大事典』4(平凡社 1982) 1636.

(水嶋良雄)

ドノソ・コルテス　Donoso Cortés, Juan (1809.5.9-1853.5.5)　スペインの政治家，著述家．洗礼名フランシスコ・マリア・デ・ラ・サルド(Francisco María de la Salud)．バダホス県(Badajoz)の法律家・大土地所有者の家庭に生まれる．*サラマンカ大学，セビリャ大学で法学を学び，*マドリードで法務省に務めた後，王権と教会を擁護するブルジョア自由主義陣営穏健派の理論家として活躍．*自由主義の運動が急進化すると，しだいに*伝統主義への傾向を強め，反合理主義・反物質主義の立場を明確にし，カトリシズムの社会改革の有効性を唱道．『カトリシズム・自由主義・社会主義に関する評論』(Ensayo sobre el catolicismo, el liberalismo, y el socialismo, 1851) は，神学に基づく*合理主義，ブルジョア自由主義，および*社会主義に関する予言的批評であった．彼の*歴史哲学・*歴史神学は*ヴィーコや黙示録の影響を強く受けている．

【文献】キ人 971; NCE 4: 1009-10; J. CHAIX-RUY, *Donoso Cortés: Théologien de l'histoire et prophète*

(Paris 1956). （山口和彦）

とばく　賭博〔英〕gambling, 〔独〕Glücksspiel, 〔仏〕jeu, pari　偶発的かつ非予測的な結果に，金銭や物品を賭けて，勝敗を争い，そこから損得を得ようとすること．勝敗に関わる当事者がゲームを通してその金銭の損得を決定することや，ある催しものに，全く予知できない結果を賭けて，勝利者にその掛け金がわたるようにすること．さらに公的機関による，くじ販売などがそれにあたる．現在の賭博は三つに大別される．(1) 私的賭博．(2) 賭博場におけるもの．(3) 公営の賭博．

賭博の歴史は古く，その根源的な原因は，人間のもつ娯楽への傾向と射幸への欲望が結びついたものと考えられる．人は金を含め自己の所有物を自分の意志のおもむくままに用いることが許され，自己の生活上の義務を果たすかぎりにおいて，贅沢な遊びとしての賭博もよしとする傾向がある．しかし，賭博により倫理道徳的な問題が生じることがある．すなわち，このような人間的傾向は，人をしてそれに溺れてしまい，勤労意欲を失わせたり，健全な経済社会の秩序を乱すことならびに副次的な犯罪の誘発になりうるからである．また，賭博は犯罪組織の資金源になったり，賭博をする者がその組織の犠牲になることもありうる．賭博はまた，家庭の経済生活を破壊し，それによって家族の絆や健全な家庭生活を破壊に導くこともある．賭博自体の構造にも，詐欺的要素が入り込むことが多く，他人に対する不正義を働くことにもなる．このような背景がありながら，賭博に関する規制はそれぞれの国家間において一定ではないが，キリスト教倫理の観点からみて，それらの規制緩和の傾向は望ましいものとはいえない．

【文献】NCE 6: 276; J. A. ハードン編著『カトリック小事典』浜寛五郎訳(エンデルレ書店 1986) 234–35; J. A. HARDON, *Pocket Catholic Dictionary* (New York 1985); D. M. PRÜMMER, *Manuale theologiae moralis*, ed. E. M. MÜNCH, v. 2. (Freiburg ¹²1955) 267–71; H. DAVIS, *Moral and Pastoral Theology*, ed. L. W. GEDDES, v. 2 (New York 1958) 373–76.　（満留功次）

ド・パジ　→　マドレーヌ・ド・パジ

トーピチュ　Topitsch, Ernst　(1919. 3. 20–　)　*ウィーン生まれのオーストリアの哲学者で，グラーツ大学教授などを務める．彼が一貫して追求したテーマは，古代ギリシア以降にみられる擬人的宇宙観が西洋の*形而上学に及ぼしたネガティヴな影響であり，それを彼は*イデオロギー批判という手法で遂行した．したがって彼の基本思想は「啓蒙された科学的知＝真理」「啓蒙以前の非科学的神話＝偽」という近代*啓蒙思想の延長にあるが，逆にそこに彼のナイーヴな理性信仰をみいだすことも可能である．主著としては『形而上学の起源と終焉』(Vom Ursprung und Ende der Metaphysik, 1958)，『イデオロギーと科学の間の社会哲学』(Sozialphilosophie zwischen Ideologie und Wissenschaft, 1961 ³1971) などがある．

【邦訳】『イデオロギーと科学の間』生松敬三，住谷一彦訳(未来社 1985).　（山脇直司）

トビトき　トビト記〔ギ〕Tobit, Tobith, 〔ラ〕Tobias　*旧約聖書続編中の一文書で，カトリックでは*第二正典に含まれる．トビトとトビア(いずれもヘブライ語「主はわたしの善」twbyh に由来)，この親子の行いを中心に，苦難は罰ではなく試みであり，正しい人は報われ悪人は罰せられ，それゆえ神を信頼し，その*義と憐れみと自由を日常生活に反映させるよう諭す，歴史叙述というよりも教訓「物語」(〔英〕romance) である．本書では，例えば*アッシリアの民間説話の主人公アヒカル(Ahiqar, 1: 21 等参照．→エレファンティネ・パピルス)が登場，さらに*ラファエル(3: 17 等)をはじめとする登場人物の名，6: 1 以下での旅や犬(6: 2)，魚，*悪魔祓い，民間療法など，説話的要素が顕著である．また，*申命記 28, 30 章や*ヨブ記からの思想的影響もある．*死海文書中にヘブライ語とアラム語の断片写本(4Q196–200)があるが，本書はギリシア語やラテン語，シリア語によって伝承されてきた．著作年代は前 200–180 年頃だが，その場所や言語は特定できない．芸術，特に絵画の題材になっている．

【文献】C. A. MOORE, *Tobit* (New York 1996).　（清水宏）

ドービニェ　D'Aubigné, Théodore Agrippa　(1552. 2. 8–1630. 5. 9)　フランスの詩人，軍人．宗教内乱の時代に，*改革派の立場で戦い，詩を書いた．改革派の拠点サントンジュ(Saintonge)で生まれ，ヘブライ語，ギリシア語，ラテン語を幼少時に修得し，後に哲学と数学も学ぶ．初期作品は*ロンサールの影響がみられるが，戦場での体験が彼の詩を独自なものにした．なかでも，1577 年に戦場で重傷を負ってから書き始められた叙事詩『悲壮曲』(Les Tragiques, 1616) は傑作として名高い．それは宗教内乱の残虐行為に対する悲憤に貫かれ，強固な信仰に基づく黙示録的幻想に満ち，ほぼ同時代のマレルブ(François de Malherbe, 1555–1628)の抑制された詩風とは対照をなす．*ジュネーヴで没す．死後出版の『児らに語る自伝』(Sa Vie à ses enfants, 1729)も宗教内乱の時代の貴重な証言である．

【主著】A. GARNIER, J. PLATTARD, eds., *Les Tragiques*, 4 v., 1932–33; G. SCHRENCK, ed., *Sa Vie à ses enfants*, 1986: 成瀬駒男訳『児らに語る自伝』(平凡社 1988).

【文献】M. M. FRAGONARD, *La Pensée religieuse d'Agrippa d'Aubigné et son expression* (Paris 1986).　（白石嘉治）

ドビュッシー　Debussy, Claude Achille　(1862. 8. 22–1918. 3. 25)　フランスの作曲家．サン・ジェルマン・アン・レー(Saint-Germain-en-Laye)に生まれ，*パリで没す．伝統的な約束事にとらわれない和声や形式や音色の追求によって，20 世紀西欧音楽創造の端緒を切り開いた作曲家の一人．いわゆる*教会音楽あるいは*宗教音楽に分類される音楽も，教会音楽の代表的な楽器である*オルガンのための作品も残していない．宗教的な題材を扱った作品には，パリ音楽院の卒業作品となった*カンタータ『放蕩息子』(1884)と，台本作者*ダンヌンツィオからの依頼で作曲した『聖セバスティアンの殉教』(初演 1911)のための声楽を含む付随音楽がある．『聖セバスティアンの殉教』が初演時に，パリ大司教をはじめ，カトリック関係者から攻撃された理由は，ほとんどすべてダンヌンツィオの台本および初演時の舞台演出に帰せられるだろうし，他方ドビュッシーの音楽に宗教的な側面を感じとることは可能だろうが，いずれにせよ，ドビュッシーにおける宗教感情は個人的なものにとどまると考えられる．

ドフォリ

【文献】遠山一行他編『ラルース世界音楽事典』上（福武書店 1989) 1131-38. （笠羽映子）

ドフォリ　Deforis, Jean-Pierre （1732-1794. 6. 25)　フランスのカトリック神学者，*ベネディクト会の会員．モンブリゾン(Montbrison)に生まれる．*百科全書派に対抗して伝統的な信仰を擁護．*ボシュエの著作集(全18巻，1772-88)を刊行した．*フランス革命の後の恐怖時代に投獄され，ギロチンで処刑される．
【文献】LThK² 3: 193. （英隆一朗）

トプレディ　Toplady, Augustus Montague (1740. 11. 14-1778. 8. 11)　イングランド国教会(→聖公会)司祭．*賛美歌作詞者．サリの ファーナム(Farnham)の生まれ．ウェストミンスター校，*ダブリンのトリニティ・コレッジ出身．新生を経験し*カルヴィニズムに転じた(1758)．ブロード・ヘンベリ(Broad Hembury)の主任司祭(1766)．*ウェスリと対立，論争した．「千歳の岩よ」(Rock of ages, deft of me)など約25の賛美歌を残した．
【文献】キ人 969; キ大 756; NIDChC² 980; ODCC² 1386; RGG³ 6: 950. （高橋章）

ドフレンヌ　Deffrennes, Jean-Baptiste (1870. 1. 1-1958. 11. 7)　パリ外国宣教会員．フランス北部*カンブレ教区に生まれる．1888年*パリ外国宣教会入会．1892年(明治25)司祭叙階後来日．函館で諺まで含めた日本語を習得．1895年，一関教会を開設したほか盛岡地区を自転車で巡回．1904年仙台の角五郎町教会主任と小神学校校長を兼任，教え子に日本初の枢機卿*土井辰雄や司教*早坂久之助などがいた．1915年(大正4)福島に聖堂を建設，1925年函館，1927年(昭和2)仙台，1930年福島，1931年東京の麻布，1937年横浜教区の片瀬で司牧，各教会では音楽の才能を活かした活動を展開する．1940年以降は鎌倉の七里ヶ浜病院付司祭として優しさと信心深さに溢れた宣教生活を送る．1950年一時的に静岡支部に引退するが，1951年より七里ヶ浜の療養所に戻り，同所で逝去． （M. コーナン）

ドブロフスキー　Dobrovský, Josef (1753. 8. 17-1829. 1. 6)　ボヘミア(チェコ)の言語学者，文学史家．チェコの民族文化復興の機運を作った第1世代のなかでも最大の学者である．*イエズス会の学校で学び，司祭に叙階されるが，貴族の庇護を受けて学問に専念．スラヴ文献学の基礎を築き，チェコ語，中世チェコ文学，*スラヴ典礼で用いられる古代教会スラヴ語の研究などで大きな業績をあげた．著作の大部分はドイツ語かラテン語による．主著はドイツ語による『ボヘミアの言語と文学の歴史』(Geschichte der böhmischen Sprache und Litteratur, 1792, ²1818).
【文献】S. H. STEINBERG, ed., *Cassell's Encyclopedia of World Literature*, v. 1 (New York 1954) 844. （沼野充義）

トマ　Thomas, Antoine (1644. 1. 25-1709. 7. 28)　ベルギーのイエズス会員．漢名，安多．1660年*イエズス会入会．自然科学，哲学に通じた．1673年司祭叙階．日本宣教を志し，1680年*リスボンを出発．翌年*マカオに到着したが，*フェルビーストの勧めで中国宣教に移った．欽天監(天文台長)として康熙帝(在位 1661-1722)に仕え，暦政を司る．また皇帝の厚い信任を得，帝に数学を進講，モンゴル巡歴に随行した．また*北京近郊の精密な地図を作成するなど，多彩な才能を発揮した．北京で没す．
【主著】*Synopsis Mathematica*, 1685.
【文献】キ人 973; 日キ歴 953. （山口和彦）

トマサン　Thomassin, Louis D'Eynac (1619. 8. 28-1695. 12. 24)　フランスのカトリック神学者，歴史学者，教会法学者．*エクサン・プロヴァンスに生まれ，*パリで没す．1632年*オラトリオ会に入会．1643年司祭叙階．1648-54年ソーミュール(Saumur)，1654-68年パリで神学教授．その後は*ガリカニスム，*ジャンセニスムに対抗して執筆に専念．*ペトーの実証的聖書学，教父学の影響を受け，歴史の発展を実証的に捉えたうえで，*キリスト論，*教会論，司牧神学などを展開した．キリスト教会における実証的，歴史的な教理神学の発展に貢献した．
【主著】*Ancienne et nouvelle discipline de l'Eglise touchant les bénéfices et les bénéficiers*, 3 v., 1678-79; *Dogmata theologica*, 3 v., 1680-89; *Traités historiques et dogmatiques sur divers points de la discipline de l'Eglise et de la morale chrétienne*, 7 v., 1680-97.
【文献】キ人 973; LThK² 10: 155-56; NCE 14: 126; P. NORDHUES, *Der Kirchenbegriff des Louis de Thomassin* (Leipzig 1958). （英隆一朗）

トマジウス　Thomasius, Christian (1655. 1. 1-1728. 9. 23)　ドイツにおける*啓蒙哲学の先駆者．ドイツ国民哲学の祖であり，C.*ヴォルフの師としても知られる．*ライプツィヒに生まれ，同地および*ハレの大学で，ラテン語ではなくドイツ語で講義を行い，論文をドイツ語で著した．当時のプロテスタント神学的な世界理解に対して，人間の*理性を重視し，神学と哲学の分離を主張．信仰を個人の内面的な精神の問題とみなした．また*合理主義的な哲学を標榜し，*スコラ哲学を批判して市民生活や社会への哲学の応用を主張し，ドイツ語による学術雑誌を創刊して国民意識の高揚を促した．ハレにて死去．
【文献】LThK² 10: 155; 廣松渉他編『岩波哲学・思想事典』(岩波書店 1998) 1183-84. （大橋容一郎）

トマス　→　パランピル

トマス　Thomas
【新約聖書】*十二使徒の一人．共観福音書や使徒言行録ではその名だけが*使徒のリスト中に列挙されている(マタ 10: 3; マコ 3: 18; ルカ 6: 15; 使 1: 13)．しかしヨハネ福音書には7回(11: 16; 14: 5; 20: 24, 26, 27, 28; 21: 2)，うち3回は「ディディモと呼ばれるトマス」(11: 16; 20: 24; 21: 2)と述べられている．ディディモ(didymos)とはギリシア語で「双子」のことである．また，トマスはアラム語「トゥオマー」(t"oma. ヘブライ語は t"om)のギリシア語化した人名で，アラム語では「双子」を意味する．こうした言語上の関連もあってかトマスを双子とみなす，それもイエスの双子の兄弟とする伝承もあるが(→トマス行伝，トマス福音書)，それに歴史的論拠があるわけではない．
ヨハネ福音書に残るわずかな記述によれば，「十二人の一人」(20: 24)の*弟子であるトマスは，「行って，

一緒に死のうではないか」(11:16)というほどに弟子たちのなかでも勇敢であったが、その一方では無知で無理解(14:5)、また不信仰(20:25)であった．この無理解と不信仰が「疑い深い人」（[英] doubting Thomas）という表現の所以である．それにもかかわらず、復活したイエスと出会って懐疑から信仰へ導かれ(20:24-29)、さらにティベリアス湖畔（→ガリラヤ湖）でもイエスに出会ってその証人となる(21:2)．こうしたヨハネ福音書におけるトマスをめぐっての言動は、復活したイエスに対する信仰の正当性に疑念を抱いて迷う弟子たち、さらにキリスト者の覚醒を促すものとなろう(20:29)．

イエスの傷を確かめるトマス
(BSS)

【キリスト教伝承のなかのトマス】聖人（祝日7月4日．東方教会7月3日ないし10月6日．コプト教会6月2日および10月9日）、殉教者．

使徒トマスがインドでキリスト教の宣教活動を行って殉職したという証言や伝承は、その歴史的信憑性について議論の余地を残してはいるものの、古くから数多くある．例えば、カイサレイアの*エウセビオス（『教会史』3, 1）は、トマスがイラン北部パルティア（Parthia）に赴いてキリスト教を伝えたという*オリゲネスの証言を記している．

おそらく、その地域からシルクロードつまり陸路を経由してキリスト教はインド北部に伝播し、それとともにインドにキリスト教を伝えたのもトマスで、彼はカラミナ（Calamina）で死亡、後には殉教したという伝承が形成・確立されたと推測できないわけではない．

なかでも、トマス行伝(3世紀)にはその詳細が伝えられている．それによればイエスの双子の兄弟トマスは、イエスの命令に基づき、奴隷として売られてインドにやってくる．まず王グンダファル（Gundaphar またはGundaphoros）のもとで大工として王宮建設に携わって後、次いで王マツダイ（Mazdai または Misdaeus）の宮廷に赴いて宣教活動を行うが、殉教して埋葬される．墓にはトマスの遺骨は残っていなかったものの、そこから持ち帰った塵で王の息子の病気が奇跡的に癒やされ、こうして王マツダイもキリスト教に改宗する．

こうしたトマス行伝の叙述をすべて歴史的報告とみなすことは当然できない．しかし、19世紀末、グンダファル王（1世紀前半頃）に関する貨幣や石碑も発見され、それはトマスの活動時期と符合する．さらに比較的古い伝承によれば、マツダイ王の支配地域はインド南東部の*マドラス地方とされる．この場合、トマスは海路を経由してインドにやってきたことになるが、当時の海路による交易事情を推考しても不可能ではない．

また、インド南部マラバル（Malabar）地方の*トマス・キリスト教徒の間でトマスは、自分たちの教会の創立者として崇敬され、そこには殉教したトマスの墓もある．そして、4世紀以降*エデッサではトマスに対する崇敬が盛んになる．特に、シリアの*エフラエムはトマスのインドでの殉教ならびに遺骨のエデッサへの移送について言及し、*エゲリアはエデッサで遺骨を納めた墓所を訪ねたという．

使徒トマスがインドでキリスト教の宣教活動を行って殉教したことをめぐっての歴史的確証はない．しかし、トマスは今日でも各地で崇敬され、*聖遺物は上述のほかに、イタリアの*ローマや*ミラノ、プラート（Prato）、オルトナ（Ortona）に安置されている．またトマスは、特に土地測量を含む建築関係者（トマス行伝）、神学者（ヨハ20:24-29）、眼病(20:29)の*守護の聖人である．彼の芸術作品の*アトリビュートは、槍（トマス行伝165, 168．さらにヨハ19:34; 20:25参照）、定規（トマス行伝）、聖母マリアの帯(*『黄金伝説』113)で、トマス行伝やトマス福音書のほかにその名を冠した文書もある（例えば、『トマスによるイエスの幼時物語』Evangelium Thomae de Infantia Salvatoris、『トマスの黙示録』Revelatio Thomae. →外典・偽典）．
【文献】BSS 12: 536-39; LCI 8: 468-75; LThK³ 9: 1505-509.　　　　　　　　　　　　　　　（清水宏）

トマス　(?-1597. 2. 5)　*日本26聖人の一人．京都（*都）の古い信者で、*フランシスコ会の宣教師が堀川の妙満寺跡に修道院を建てた際、自宅をその近くに移し、薬を売って生計を立てながら伝道士（*カテキスタ）として活動し、談義者（説教者の意）と呼ばれるようになった．1596年（慶長1）12月9日捕らえられ、皆とともに*長崎まで歩き、1597年2月5日磔刑により殉教を遂げた．1670年（寛文10）列福され、1862年（文久2）*列聖された．
【文献】結城了悟『長崎への道』(日本二十六聖人記念館1997); L. フロイス『日本二十六聖人殉教記』結城了悟訳（聖母の騎士社1997).　　　　　　（結城了悟）

トマス　Thomas, Alfield　(?-1585. 7. 6)　司祭、*尊者．グロスターシャー（Gloucestershire）に生まれ、イートン（Eton）と*ケンブリッジ大学で学んだ．カトリックに改宗し、ドゥエー（Douai）で神学を修め司祭叙階．1581年*ランスからイングランドに派遣され、*エドマンド・キャンピオンやR.*パーソンズの宣教活動に触れる．トマスは主に北の地方で活動していたが、逮捕され、1582年5月2日ロンドン塔に送られ、拷問にも耐えたものの、プロテスタント教会に転向した．解放されてから転向を後悔し、ランスの*アレンのもとに赴き、再出発の決意を表明する．数か月後、再び逮捕され、タイバーン（Tyburn）で殉教した．
【文献】CathEnc 14: 663.　　　　　　　　　　（木村晶子）

トマス　Thomas, Dylan　(1914. 10. 27-1953. 11. 9)　イギリスの詩人、作家．ウェールズのスウォンジー（Swansea）に生まれる．スウォンジー・グラマースクールを卒業後、地元新聞の記者を経て、21歳で*ロンドンに出た．早熟で、早くから詩作を始め、1934年には処女詩集『18編の詩』(18 Poems)を出版、『25編の詩』(Twenty-Five Poems, 1936)や『愛の地図』(The Map of Love, 1939)では、内面の葛藤に特徴づけ

られた．独創的な詩風に磨きがかかり，高い評価を得る．1937年に結婚，2男1女をもうけた．高まる名声とは裏腹に，金銭的には恵まれず，詩作以外に英国放送協会（BBC）の仕事や，映画の台本を書くなどした．戦後に発表された『死と入口』（Deaths and Entrance, 1946）では宗教的な側面が強まった．1950年代に入ってから何度かアメリカで朗読会を開くが，1953年募る精神的絶望のなか，*ニューヨークで客死．
【文献】EBritMa 18: 344-45; 齋藤勇監修『英米文学辞典』（研究社 ³1985）1339-40; M. DRABBLE, ed., *The Oxford Companion to English Literature* (Oxford 1932 ⁵1985) 977. （杉木良明）

トマス Thomas, Madathilparampil Mammen (1916. 5. 15-1996. 12. 3) インドのケララ州出身の信徒神学者．マル・トマ・シリア教会（Mar Thoma Syrian Church of Malabar. *シリア教会の流れを汲み *聖公会と関係の深い教会）の所属で，アジアにおける一般信徒の *教会一致促進運動の先駆者．他宗教との対話に努め，今日の *諸宗教に関する神学の先駆者でもある．1953-54年 *世界教会協議会（WCC）の基金で *ニューヨークのユニオン神学校に留学．1968-75年WCCの中央委員会議長．*ニューデリー世界教会協議会総会（1961），*ウプサラ世界教会協議会総会（1968）で活躍．アジアにおける種々の社会問題についてのエキュメニカルな研究集会の組織に尽力したほか，1990年には東部ナガランド（Nagaland）の州知事に就任した．
【主著】*The Acknowledged Christ of the Indian Renaissance*, 1970; *Salvation and Humanisation*, 1971; *My Ecumenical Journey*, 1990.
【文献】N. LOSSKY, ET AL., eds., *Dictionary of the Ecumenical Movement* (Geneva 1991) 1006-1007. （高柳俊一）

トマス〔ヴェルチェリの〕 Thomas Gallus (1200以前-1246. 12. 5) フランス生まれの神秘主義神学者．*サン・ヴィクトル学派で *アウグスチノ修道祭式会の会員．若い頃については知られていない．1218年にはすでに *パリで教職と著述に携わっていた．イタリア北部，ヴェルチェリ（Vercelli）の聖アンドレア修道院と病院の設立に貢献し，初代修道院長になる．特に *ディオニュシオス・アレオパギテースの神秘神学的解釈で有名．ディオニュシオスの著作とイザヤ書や雅歌など聖書的神秘主義との調和をみいだそうとした．彼の *神秘主義は，神への超越とこの世の離脱の必要性を強調している．パドヴァの *アントニウスとも個人的に親交があり，*フランシスコ会の霊性に影響を与えた．晩年は後援者の政治紛争に巻き込まれ，追放，破門された．北イタリアのイヴレア（Ivrea）で没す．
【文献】キ人 975; LThK² 10: 149-50; NCE 14: 120; J. WALSH, "The Expositions of Thomas Gallus on the pseudo-Dionysian Letters," AHDL 30 (1963) 199-220; G. THÉRY, "Thomas Gallus: Aperçu biographique," AHDL 14 (1939) 141-208. （英隆一朗）

トマス〔エメサの〕 Thomas (?-531以前) 聖人，修道者．「愚者」とも呼ばれた．シリア西部の *ホムス（古称エメサ Emesa）近くの修道院に住んでいたらしい．任務を帯びて *アンティオケイアに赴いたところ，そこで伝染病にかかり死亡した．共同墓地に葬られたが，後に *殉教者の墓地に移されると伝染病が終息したという．ローマ殉教録では明白な理由もなく，11月18日が祝日とされていた．
【文献】BSS 12: 577-78; LThK³ 9: 1528-29. （大森正樹）

トマス〔カンティリュープの〕 Tomas (1218頃-1282. 8. 25) カンティリュープ男爵（William Cantelupe）の子息で英国ヘレフォード（Hereford）の司教，聖人（祝日10月3日）．オックスフォード，*パリ，*オルレアンで学び，*オックスフォード大学の総長を務めるに至る（1261-63, 1273-74）．*聖職売買に反対，教区民の保護に努めたが，晩年，カンタベリ大司教 *ヨハネス・ペッカムと *裁治権をめぐり対立，*破門の宣告を受けた．
【文献】キ人 975; LThK² 10: 138-39; NCE 14: 117. （山口和彦）

トマス〔サットンの〕 Thomas (1250頃-1315頃) イングランドの初期 *トマス学派の代表的人物で，*ドミニコ会の会員．おそらくイングランド中北部サットン（Sutton Ashfield）の生まれ．『任意討論集』（Quodlibeta）と『定期討論集』（Quaestiones ordinariae）のほか多くの著作を通じて *トマス・アクィナスの哲学・神学の擁護と普及に尽くし，*ドゥンス・スコトゥスら *フランシスコ会神学派と対立した．
【主著】J. SCHNEIDER, ed., *Quaestiones Ordinariae*, 1977; M. SCHMAUS, ed., *Quodlibeta*, 1969.
【文献】DThC 15: 2867-73; LThK² 10: 148; NCE 14: 123; J. J. PREZEDZIECKI, "Selected Questions from the Writing of Thomas of Sutton OP," *Nine Mediaeval Thinkers*, ed. J. R. O'DONNELL (Tronto 1955) 309-78; F. J. ROENSCH, *Early Thomistic School* (Dubuque 1964) 44-51, 237-46. （高松誠）

トマス〔チェラーノの〕 Thomas (1190頃-1260頃) イタリア，アブルーツィ州チェラーノ（Celano）出身の作家．初期の *フランシスコ会の会員．教皇 *グレゴリウス9世の依頼を受けて，アッシジの *フランチェスコの伝記『聖人伝 I』（Vita I, 別名 Legenda prima, 1227-28）を執筆．後にこれに，「聖女キアラの伝記」（Legenda sanctae Clarae virginis）を加筆し，『聖人伝 II』（Vita II, 別名 Legenda secunda, 1246-47頃）とした．彼を，*続唱「怒りの日」（*ディエス・イレ）の作者とするのは定説だが，これに最初に曲をつけたのもやはり彼であるとされる．*最後の審判のさまを描く「怒りの日」は，18世紀後半以来，*モーツァルト，*ヴェルディらの作曲家により，*レクイエムのなかでも最もドラマティックな旋律を与えられている．タリアコッツォ（Tagliacozzo）で没す． （白崎容子）

トマス〔トレンティーノの〕 Thomas (?-1321. 4. 9) イタリアの殉教者，福者（祝日4月9日，フランシスコ会では9月5日）．イタリア中部トレンティーノ（Tolentino）に生まれる．幼くして *フランシスコ会に入会し，その *使徒的活動で名声をはせる．1290年，アルメニアに派遣され，宣教および教会一致のために尽力したほか，ヨーロッパ各地との外交も任された．教皇 *クレメンス5世の要請で3人の同僚とともに，中国への宣教を計画したが，インドの *ボンベイ近くのサル

セット島で船が座礁．*サラセン人に捕らえられ，拷問の末，斬首された．ポルデノーネの*オドリコがその遺体を発見し，中国のザイトン（Zaiton, 現在の福建省泉州）まで運び，頭部はイタリアのトレンティーノに送られた．1894年，教皇*レオ13世により列福．
【文献】LThK² 10: 148-49; NCE 14: 123. （山口和彦）

トマス〔ビリャヌエバの〕 Thomas （1487頃-1555.9.8）

聖人（祝日9月22日），バレンシア（Valencia）の大司教．南東部ビリャヌエバ（Villanueva）近くのフエンリャーナ（Fuenllana）に生まれる．*アルカラ大学で学び，同大学で倫理神学を教授．1516年*アウグスチノ会に入会，翌年司祭叙階．*サラマンカの修道院長（1519），アンダルシア（1527-30）と*カスティリャ（1534-37）の管区長を歴任し，新大陸への宣教師派遣に尽力．*カール5世の宮廷付説教師を経て，1544年バレンシアの大司教に叙階．貧しい人々や病人の保護，囚人の救済に努め，困窮した学生や女性のために学寮を設立した．バレンシアに没す．1618年に列福，1658年*列聖．1959年，アウグスチノ会の学問研究の*守護の聖人となる．
【文献】キ人 976; DIP 9: 1198-1200; NCE 14: 123.
（相原直美）

トマス〔ヨークの〕 Thomas （?-1260頃）

13世紀に活躍した*フランシスコ会神学派のスコラ哲学者，神学者．1245年*フランシスコ会に入会．*オックスフォード大学と*ケンブリッジ大学で教える．7巻からなる未完の主著『英知的なるもの』（Sapientiale, 1250-60）は*スコラ哲学における最初の形而上学体系とされる．自然的な英知とキリスト教的・超自然的英知との関わりを論じるが，*ボナヴェントゥラと同様，自然理性に基づく*哲学が決して自立しえず，*啓示の真理によって完成されなければならないとした．
【文献】DThC 15: 781-87; LThK² 10: 151-52; NCE 14: 124-25; G. フライレ, T. ウルダノス『西洋哲学史 中世 III』山根和平他訳（新世社 1995）246-47; G. FRAILE, T. URDANOZ, Historia de la Filosfia, II/2 (Madrid 1975); P. EDWARDS, ed., The Encyclopedia of Philosophy, v. 8 (New York 1972) 118. （高松誠）

トマス・アクィナス Thomas Aquinas （1225頃-1274.3.7）

聖人（祝日1月28日），中世スコラ哲学を代表するイタリアの神学者，哲学者，教会博士．
【生涯と著作】〔幼年および修行時代〕*ローマと*ナポリのほぼ中間，アクィノ（Aquino）の町に近いロッカ・セッカ（Roccasecca）の山城で誕生．父ランドルフォ（Landolfo）は*教皇領と*シチリア王国との境に位置する領地を，シチリア国王である皇帝*フリードリヒ2世のそばにつきつつ守り抜いた有能な騎士．母テオドラ（Theodora）はナポリ出身の貴婦人で，ランドルフォとの間に4男5女をもうけ，トマスは末子であった．5歳で初等教育を受けるため「修道志願児童」として近くにある*ベネディクト会の*モンテ・カッシーノ修道院へ送られた．父親は当時の*大修道院長が遠縁のランドルフォ・シニバルド（Landolfo Sinnibaldo, 在職1227-36）であったという事情もあり，軍人には不向きな末子がやがて，莫大な財宝を抱えキリスト教世界全体に影響力のあるモンテ・カッシーノ大修道院長となり，一族に富と勢威をもたらすことを期待したであろう．古い伝記によると少年トマスは寡黙で瞑想にふけりがちであり，読み書きの教師である修道士にしばしば「神とは何か」と質問したという．

1239年，モンテ・カッシーノは皇帝軍に占領され，戦雲に包まれたので，トマスは山を降りて勉学を続けるためにナポリに移った．フリードリヒ2世の勅令によって1224年に創設された*ナポリ大学で約5年間学ぶ間にトマスは二つの重大な出会いを経験した．一つは*フランシスコ会と並んで新しい福音運動を推進していた*ドミニコ会，もう一つはキリスト教世界を包囲していた文化的・軍事的に優勢なイスラム教圏を経て迫ってきた「哲学者」*アリストテレスとの出会いである．これらの出会いはトマスの個人的な生き方を決定的に方向づけただけでなく，*福音とアリストテレスがトマスのうちで合流したことを通じて，ヨーロッパの精神史にも大きな影響を及ぼすことになった．トマスがドミニコ会に入会したのは1243/44年頃であるが，このとき以来，著作と教授に献げられた彼の学者的生涯の真の基盤は，福音の完全な実践を追求する*修道生活だったのである．またアリストテレスの研究もナポリ大学でペトルス・デ・イベルニア（Petrus de Hibernia, 生没年不詳）の指導のもとに『自然学講義』を学んだのを皮切りに終生続けられる．彼にとってアリストテレス哲学は自分の都合に合わせて部分的に利用すべき素材ではなく，キリスト教世界観の存亡をかけて全体として対決し，摂取すべき体系であった．神学者トマスが実に死の前年までアリストテレスの注解を書き続けたという事実は，彼が自らの学問的使命をどのように理解していたかを明確に示している．それは「福音かアリストテレスか」ではなく「福音もアリストテレスも」であり，より正確には，福音ないし信仰の真理によりよく奉仕できる*哲学の構築であった．

*托鉢修道会であるドミニコ会への入会は，このような新しい型の修道会の福音的精神を理解しない家族の猛反対に遭い，トマスは約1年間軟禁状態に置かれる．しかし厳しい試練に耐えて自由の身となった彼は，1245年夏，修道会の決定に従って，ドミニコ会員で学者として名声の高い*アルベルトゥス・マグヌスのもとで学ぶためにパリへ旅し，1248年夏には*ケルンにドミニコ会神学大学（→ストゥディウム・ゲネラーレ）を創設することになったアルベルトゥスとともにケルンに移る．この時期のトマスがその巨体と寡黙のゆえに「シチリアの唖の牛」とあだ名され，やがてトマスの卓越した才能を発見した師アルベルトゥスが「この唖の牛の鳴き声はいつか全世界に響き渡るであろう」と予言した，という逸話は有名である．トマスが司祭に叙階されたのはこの頃であると考えられる．1252年，*パリ大学神学部教授の候補者の人選を委ねられたアルベルトゥスはトマスを推薦し，トマスは大学の規定に従って聖書講師，命題集講師としての務めを果たすために，この年の秋，パリのサン・ジャック修道院に移った．

〔第1回パリ時代〕トマスの聖書学講師としての著作としては『イザヤ書逐語解』（Expotitio in Isaiam prophetam）があり，命題集講師としての著作『命題論集注解』（Scriptum super sententiis）は多くの独創的な神学的・哲学的見解を含む，トマス最初の体系的神学書である．トマス思想の「新しさ」は聴講者に強烈な印象を与えたようで，トマスの講義ぶりを伝える伝記者たちはそろって「新しい」という修飾語を連発している．しかし伝記的により興味深いのは，1256年にサンタムールの*グイレルムスの『最近の諸判決について』に対する反

トマス・アクィナス

駁として書かれた論争的著作『神の礼拝と修道生活を攻撃する者に対して』(Contra impugnantes Dei cultum et religionem) である．論争の背景は，托鉢修道会に属する教授たちのパリ大学への進出によって自分たちの声望が失墜するのを恐れた教区聖職者教授団による排斥運動が，修道会そのものに対する攻撃にまで激化したことである．まだ教授ではなかった若いトマスは，この運動の首謀者グイレルムスの煽動に乗った教授団を「盲人に従って歩む盲人ども」と評し，グイレルムスの議論を「軽薄で無意味」と決めつけているが，そこにトマスの若さとともに，自らが選びとった修道生活（それは旧約の焼き尽くす献げ物のように，自らを神の奉仕へと献げ尽くすことである）に寄せる熱意が燃え上がっている．そのほかに，この時期の著作としては『自然の諸原理について』(De principiis naturae)，『存在と本質について』(De ente et essentia) があるが，特に注目に値するのは後者であり，トマスは「形而上学的革命」という言葉が決して誇張ではないような仕方で，自らの *存在（[ラ] esse）の *形而上学の基本的構造を確立し，それに基づいて当時の幾つかの重要な哲学的問題に対する彼独自の解決を提示している．

1256 年春，トマスはパリ大学の規定に従って神学教授就任のために必要とされる条件をすべて満たし，反対派の暴力的な妨害運動のなかで，教授就任式を済ませた．就任講義のテーマには「神学教授の職務」を選び，自らの教育哲学の基本思想を宣言し，また就任にあたっての一連の講義，討論においては聖書釈義の基本問題，および当時の論争の的になっていた修道生活と肉体労働の問題を取り上げた．このことはトマスが自らの神学教授としての職務と，自らを取り巻く危機的状況に正面から立ち向かったことを示すものであり，彼の人となりを知るうえで興味深い．しかし，このように正式に教授に就任したにもかかわらず，反対派の妨害のため，教授団に迎え入れられ，教授としての活動を開始できたのは 1257 年秋であった．

当時の神学教授の主要な職務は講義し (legere)，討論し (disputare)，説教する (praedicare) ことであった．講義とは文字通り重要なテクスト，すなわち聖書を読むこと (legere) であり，トマスも旧・新約いずれかの書について詳細に釈義したはずであり，かつては『マタイ福音書講解』(Lectura super Matthaeum) をこの時期の著作とするのが通説であったが，確証できない．次に討論には通常の授業の一環として行われる定期（正規）討論と，降誕祭および復活祭の前の休日に一般公開で行われる任意（自由）討論の 2 種類があるが（→スコラ学，スコラ哲学），この時期の作品で重要なのは，定期討論集『真理について』(De veritate) である．この著作は一見，統一的構想なしに 24 の問題を論じているような印象を与えるが，実は後に『神学大全』で結実するトマス独自の神学的総合が先取りされており，また最高の神学的権威を付与された *アウグスティヌスを批判的に継承しようと試みている点でも画期的といえる．

トマスがこの時期に書いた，教授活動とは直接に結びつきのない二つのボエティウス注解は，彼の神学・哲学思想の発展をたどるうえで重要な意味をもつ．まず『ボエティウス・三位一体論注解』(Expositio super librum Boethii de Trinitate) には *啓示ないし神秘と理性的探究の関係をめぐって基本的な神学的立場を確立しようとする試みや，*個体化の原理の問題および形而上学の方法に関する重要な洞察が含まれており，『ボエティウス・デ・ヘブドマディブス注解』(Expositio in librum Boethii de hebdomadibus) では存在の *分有という「プラトン的」立場を自らの形而上学に組み入れている．トマスの著作を注意深く読むと，彼が神学的にも哲学的にも探究の姿勢を最後まで貫き，絶えず自らの見解を吟味し，訂正を加えていることがわかるが，他方，彼独自の基本的立場はすでに第 1 回パリ時代に確立されていたのであり，このあと成熟，発展を遂げることはあっても，転回や変容をこうむることはなかった．

〔イタリア時代〕1259 年 6 月にはトマスは慣例に従って教授職をイングランド出身のドミニコ会員オルトンのウィリアム (William of Alton, 生没年不詳) に譲り，パリとケルンのほぼ中間にあるヴァレンシアンヌ (Valenciennes) で開かれたドミニコ会の学問研究・教育の基本方針を決定するための会議に出席した後，おそらくナポリに向かい，続く約 10 年間をイタリアで過ごしている．この期間のトマスの所在に関して確定できるのは，1260 年 9 月にナポリにいたこと，1261/62 年にオルヴィエト (Orvieto) のドミニコ会修道院付講師 (lector) として着任したこと，1265 年に新しい神学大学設立の任務を帯びてローマのサンタ・サビーナ修道院に移ったこと，そして 1268 年秋には再びパリに向けて旅立ったこと，だけである．パリ大学の職務から解放されたとはいえ，修道会内部での責任は重くなり，学問的声望が高まるにつれてさまざまな要請に応じなければならなかった．またトマスの身辺には皇帝派 (*ギベリーニ) と教皇派 (*グエルフィ) の対立・抗争の嵐が吹き荒れていたが，それにもかかわらずイタリア時代の著作は彼の思想が目覚ましい成熟を遂げたことを示している．

この時期の代表的著作としては，まず 1259 年春に着手され，1264 年頃完成された『対異教徒大全』(Summa contra gentiles) がある．この書物の執筆動機については諸説があるが，イスラム教徒の間で宣教に従事する者のハンドブックとして書かれたという，かつて広く主張された説は，本書の体系的構成に照らして支持し難い．むしろ多くの写本の表題『カトリック信仰の真理の書―不信の徒の誤謬に対して』が示しているように，トマスは本書において初めて注解という形によらないで，キリスト教の真理を理性と信仰に基づいて解明する神学的総合を企てた，とみるべきであろう．

トマスのオルヴィエト滞在は教皇 *ウルバヌス 4 世が同地に *教皇庁を置いた時期とほぼ重なっており，次にあげる著作は教皇の要請に由来するものである．まず『ギリシア人の誤謬を駁す』(Contra errores Graecorum) は *東方教会との再一致の課題と取り組む教皇の依頼により，有名な *フィリオクェ（[聖霊は]御子からも [発出する]）の問題に関わる文書を調査した成果であり，トマスがイタリア時代に行った精緻な *教理史，およびギリシア教父神学（→教父）に関する研究の一つの実りである．同じくウルバヌス 4 世の要請を受けて着手された『四福音書連続注解』(Glossa continua super Evangelia, 別名『黄金の鎖』Catena aurea) もその根底に周到なギリシア教父の研究があったことを示している．またトマスの詩才が輝き出る機会を作ったのもウルバヌス 4 世であって，トマスが教皇の命令に従って仕上げたキリストの *聖体の祝日の祈り (Officium de Festa Corporis Christi) や賛歌は今なお世界中で唱えられ，歌われ続けている．この時期のトマスは修道会の上長，世俗の君主や領主，騎士などの求めに応じてさまざまな主題について著作を物しているが，そのなかにはキプロス王

のための『君主の統治について』(De regno)，ブラバン侯爵夫人に宛てた『ユダヤ人の統治について』(De regimine Judaeorum) などが含まれている．

ローマの新しい神学大学は小規模であったが，トマスは高い学問的水準を保つため，聖書講義のほかに，真理の共同的探究がそのまま有効な教育方法でもあるような討論をカリキュラムに取り入れた．その成果が『神の能力について』(De potentia Dei)，『悪について』(De malo) をはじめとする数々の重要な定期討論集である．これらの討論は，そこにおいてトマス哲学の基盤である存在の形而上学が，*創造論を中軸としてより明確な形で展開されているという点で注目に値するが，同時にこれら一連の討論はこの時期に着手され，ある神秘的な出来事によって中断され，未完に終わることになる大作のための準備作業という意味をもつものであった．その大作，すなわち『神学大全』(Summa theologiae) は序文によると，神学（トマス自身は「聖なる教え」sacra doctrina という用語を用いており，それは「聖書」sacra scriptura とほとんど同じ意味である）に属する事柄を，初学者のために「学習の順序」に従って可能なかぎり簡潔・明瞭に追求する書物であり，著述は 1266 年に始められた．端的に*神を主題とするこの著作は，神論，人間論，*キリスト論という三部から構成され，初学者は第一に神とその*創造の業，次いで*神の像である人間についての詳細な考察を通じて，*聖書が伝える神の完全な啓示そのものである（真の神にして真の人間なる）キリストとの出会いへと導かれる，というのが「学習の順序」である．『神学大全』は 2,669 の項から構成されているが，それらはすべて「……であるか」という問いの形をとっており，しばしば誤解されるところに反して，この著作全体が問い，ないし探究の精神によって貫かれていることを示している．

〔第 2 回パリ時代〕1268 年秋，『神学大全』第 1 部を書き終えたトマスは，ドミニコ会総長の命令で再度パリ大学神学部教授に就任するためにイタリアを離れた．このような異例の決定が下された理由については推測の域を出ないが，当時のパリ大学をめぐる次のような困難な状況を乗り切るためにはトマスのような人物が必要であったことは明らかである．第一にサンタムールのグイレルムスが托鉢修道会攻撃を再開し，これに同調するパリ大学内の勢力が任意討論や説教を通じて，単に托鉢修道会の排斥というより，その存在理由そのものを否定する理論闘争を展開していた．第二は学芸学部教授ブラバンの*シゲルスを中心とするアヴェロエス派（イスラム思想家の*アヴェロエスをアリストテレス解説の唯一・最高の権威とする学派）によってもたらされた危機であった．彼らは信仰に反する諸学説を，それらがアリストテレスによって哲学的に証明されており，哲学においてはアリストテレスに従うべきであるとの理由で，あからさまに支持し，キリスト教的世界観の根底を揺るがせたのである．第三に*理性ないし哲学の自律性を尊重することが信仰の学としての*神学にとって有益なものとする，アルベルトゥスやトマスの立場は，*ボナヴェントゥラを中心とするアウグスティヌス派神学者にとってはアリストテレスへの過度の妥協と受け取られ，実際にトマスの二，三の学説を異端視する動きが出ていた．したがって，トマスは神学教授としての通常の職務を果たしつつ，三方から迫る論敵に対して応戦しなければならなかったのである．

しかし，著作に照らしてみるかぎり，第 2 回パリ時代の激動の 3 年は極めて実り豊かな，ほとんど信じ難いほど多産な時期であった．まず托鉢修道会を弁護する論争的著作としては『霊的生活の完全性について』(De perfectione vitae spiritualis) と『人々が修道会に入るのを妨げる者どもの有害なる教説を駁す』(Contra pestiferam doctrinam retrahentium homines a religionis ingressu) の二つがあるが，トマスは全体としては冷静に反論しつつ，ときとして激しい挑戦の言葉を発する．対アヴェロエス派論争の産物は『知性の単一性についてアヴェロエス主義者を駁する』(De unitate intellectus contra Averroistas) であり，トマスは論敵の主張は信仰の真理に反するがゆえに誤謬であると決めつけるのではなく，理性と*経験に照らして明らかに誤りであり，さらにアリストテレス解釈としても誤っていると論じ，アヴェロエスは「アリストテレスの歪曲者」と呼ぶのがふさわしいと結論する．注目に値するのは，トマスはこの論争を通じて論敵たる学芸学部教授たちの尊敬を勝ち得たということである．アウグスティヌス派神学者に対して書かれた論争的著作は『世界の永遠性について』(De aeternitate mundi) であるが，ここでトマスは論敵がトマスに向けた（聖なる教えに哲学的議論を持ち込みすぎるという）非難を逆手にとって，彼らこそ信仰に属することを（哲学的に）論証するのだと思い上がって，不信の徒に嘲笑の機会を提供しかねないと反論している．

この時期トマスが神学教授として行った聖書講義は，トマス神学の頂点に位置するともいえる『ヨハネ福音書講解』(Lectura super Johannem) および『使徒パウロ書簡解説および講解』(Expositio et lectura super epistolas Pauli Apostoli) として結実した．討論の成果も定期討論集『霊魂について』(De anima)，『徳一般について』(De virtutibus in communi)，『枢要徳について』(De virtutibus cardinalibus)，『愛徳について』(De caritate)，『希望について』(De spe) など多数に上る．またイタリア時代にドミニコ会員ムールベケの*グイレルムスによる新しい翻訳を用いて進められていたアリストテレス研究は，この時期に『命題論』『分析論後書』『自然学講義』『魂論』『形而上学』『ニコマコス倫理学』『政治学』などの主要著作の注解として結実しており，さらに*新プラトン主義哲学との接触の成果として『原因論』や*ディオニュシオス・アレオパギテースの『神名論』の注解が書かれたのもこの頃であった．しかし第 2 回パリ時代の著作活動の最高の成果は『神学大全』第 2 部である．この著作全体の半分以上の分量を占める第 2 部「人間論」は，内容的には究極目的へと秩序づけられた人間的行為を対象とする*倫理学的考察であるといえるが，端的に「神」を主題とし，すべてを「神の観点のもとに」考察しようとする神学体系書において，人間論がこれほど大きな場所を占めているのは驚くべきことであり，『神学大全』においてトマスが試みている神学的総合の独創性を理解するための手がかりがそこにある．

〔帰郷と最後の旅〕1272 年春，トマスは後継者ローマの*ロマヌスの教授就任式を主宰した後パリを離れ，6 月に*フィレンツェで開かれたドミニコ会の会議に出席したうえで，親しい知人や親族を訪ねつつゆっくりと南下し，9 月半ばに故郷ナポリに着いた．トマスはフィレンツェの会議で設立を委託された新しい神学大学の設置場所としてナポリを選んでいたので，このたびの帰郷は重要な任務を帯びてのものであった．彼はこの年の 9 月からナポリ大学に隣接するドミニコ会修道院で講義を始めたが，講義は国立のナポリ大学の学生にも開放されて

トマス・アクィナス

おり，国王シャルル・ダンジュー（Charles d'Anjou, 1226-85，在位1266-85）は修道士トマスに謝礼金として毎年黄金12オンスを支払うように命令した．

トマスがナポリで行った聖書講義の内容は確定できないが，『詩編講解』（Postilla super Psalmos）はこの時期に書かれたとする説がある．討論に関しても裏づける資料がない．他方，神学教授の職務としての説教については，パリ大学時代に関しては内容の記録がないのに対して，ナポリでは1273年の*四旬節にサン・ドメニコ・マッジョーレ（San Domenico Maggiore）において行ったナポリ方言による説教が市民たちの間に大きな感動を呼び起こしたことが伝えられており，その筆記記録もラテン語のものが残っている．この時期の著作としては長年の僚友であるピペルノの*レギナルドゥスに献呈された二つの未完の書物『神学綱要』（Compendium theologiae），『分離的実体について』（Tractatus de substantiis separatis）がある．前者はキリスト信者として生きるために必須の真理の認識，正しい目的の意図，および愛の秩序を信仰・希望・愛徳（→対神徳）の3項目のもとに簡潔に論じようとするもの，後者は天使論（→天使）である．しかし，ナポリでのトマスの著作活動は『神学大全』第3部「キリスト論」すなわち人となられた神の永遠の御言葉という神秘の論述に集中していたことは明らかである．ところが，1273年12月6日聖ニコラウスの祝日のミサの間にトマスの身に何事かが起こり，このときをもって彼は一切の著作活動を停止した．そのため『神学大全』は第3部第90問題第4項，悔悛の秘跡（*ゆるしの秘跡）についての論述半ばで永久に未完のままとどまることとなった．執筆停止の理由を問いつめるレギナルドゥスに対して，トマスは「私が見，私に啓示された事柄に比べると，私が書いたことはすべて私にはわらくずのように見えるのだ」と答えたという．

1274年初頭，トマスは教皇*グレゴリウス10世の要請に応じて東西教会の再一致が主要議題の一つであった第2*リヨン公会議に出席するため病身をおしてリヨンへ向けて旅立った．しかし甚だしい衰弱のため長く旅を続けることはできず，誕生の地からほど近い*フォッサノーヴァ（Fossanova）の*シトー会修道院で生涯の最後の十数日を過ごし，彼を温かくもてなした修道士たちの求めに応じて雅歌の講話を行ったとされる．彼は死の枕もとにもたらされたキリストの聖体に向かって「私が学び，夜を徹して目覚め，労苦したのはすべてあなたの愛のためであった」と述べ，3月7日早朝息を引き取った．

トマスの*列聖運動が正式に発足したのは彼の死後20年たったときであるが，1316年に教皇に選ばれた*ヨアンネス22世は当初から列聖運動に好意的で，*奇跡の数が少ないとの理由で異議を唱える者に対して，「トマスは彼が教授として解決した問題の数だけ奇跡を行ったのだ」と応酬したと伝えられる．トマスが教会の*聖人であることが公式に宣言されたのは1323年7月18日アヴィニョンのノートルダム・ド・ドム教会においてであった．

【神学思想】〔自然と恩恵〕トマスはアリストテレスや*ヘーゲルと並ぶ哲学者，体系的思想家であるといわれるが，彼が探究や思索を行ったのは第一に神学者としてであった．そして神学者として彼が直面しなければならなかった緊急で困難な問題は理性と信仰，ないし哲学と神学の関係をめぐるものであった（→信仰と理性）．トマスの立場の特徴は，理性に対する楽天的といえるほどの信頼と，その限界についての透徹した自覚が内的な緊張を保ちつつ統合されているところに認められる．すなわち，彼は一方において，人間理性が自らに固有の能力によって探究を行いうる領域，すなわち哲学があることを認め，その固有領域内における哲学の自律性を擁護した．しかし他方，トマスにおいて哲学の自律性は，理性的探究を啓示ないし信仰から切り離し，人間理性が最高の立法者として自らの領域に閉じこもるという自己主張の形で捉えられてはいない．むしろ理性は自らを上位の光としての信仰に対して開き，従属させるという自己否定の形で捉えられており，理性はそのような自己否定を通じて自らを最終的に完成させるものであるとされていた．この意味での理性の自己超越性を認めることが，理性と信仰，哲学と神学を区別しつつ，それらの総合を可能にする道であるというのがトマスの立場であった．

トマスが理性と信仰の関係を説明するために訴える「*恩恵は*自然・本性を廃棄せず，むしろ予想し，完成する」という原則は，まさしく理性の自己超越性，すなわち自らを超えて高められうる可能性の洞察に基づくものである．理性の自己超越性とは自然・本性の秩序を超える受容性としての「従順的可能性」（potentia oboedientialis）にほかならず，理性の側におけるそのような受容性を認めることによって初めて，恩恵たる信仰が自然・本性たる理性を破壊することなく高め，自らの秩序へと取り込むこと，すなわち理性と信仰が統合されうる可能性が理解されるのである．

〔聖書と神学〕トマスは現代的な意味での聖書学者ではなかったし，また一切の思弁を排して経験的・実証的に歴史的文書としての聖書から神の啓示を学びとるという意味での聖書神学者でもなかった．しかし，彼にとって神学，すなわち「聖なる教え」（sacra doctrina）はある根本的な意味で「聖書」（sacra scriptura）と同じものであった．*神の言葉を記録した聖書の「著者」が神であるのに対して，神についての探究・考察である神学は人間知性の営為であるという違いにもかかわらず，自らを啓示する「教える神」が中心であって，人間の役割は自らの精神を「教える神」に対して完全に開き，従属させることであるという点は両者に共通である．トマスは「神」を主題とする神学の営為が最終的に行きつくべき目標は，神の完全な啓示としての*イエス・キリストとの人格的な出会いであると確信していた．そしてキリストに関する*預言と*予型，キリスト自身の言葉と行動が記されているのは聖書であるから，我々が神学の最終的目標たるキリストとの出会いへと導かれるのは，聖書を真に聖書として，すなわち神の完全な啓示としてのキリストを伝える書物として読むことを通じてである，と彼は考えた．その意味ではトマスの神学は聖書神学と対立する意味での思弁的・スコラ神学（→スコラ学）では決してなく，むしろ徹底的に聖書的な神学であった．

このことは『神学大全』において用いられている神学的言語を注意深く分析することによって確証できる．トマスは神学が確実性をもつ「学」であるとの立場を堅持しているので，第1部では経験的世界に関する「学」との連続性を保ちながら形而上学的性格の強い神学的言語を用いて神の探究を始める．しかし，*三位一体や創造の神秘，神の像である人間の考察を通じて，人間キリストにおいて啓示された神秘そのものである神へと探究が進められるのに伴って，神学的言語はしだいに変容を遂げ，より聖書的性格を強めるのである．言い換えると，トマスの神学的営為ないし神学的言語は，信仰の光に自

らを開きつつ，理性が自らを理解しえたところに基づいて語る言語から，そこではもはや人間ではなく神自身が語る聖書の言語への道を備えるものであったといえるであろう．

〔恩恵の神学〕自然・本性と恩恵，*自由意志と恩恵の問題はキリスト教神学の歴史において繰り返し論争の中心となってきたが，トマスもこの問題と取り組み，自らの立場をしだいにより明確なものにしている．通説によると，恩恵は*聖霊によって人の心のなかに注入される習慣的賜物ないし*徳，つまり我々のうちに内在する一種の*形相であるというのが，スコラ学的*恩恵論の特徴であり，トマスはその代表者であるとされる．しかし，トマスが人間に内在し，彼を神によみされた者たらしめる形相ないし習慣的賜物としての恩恵を強調しているのは初期の著作においてであり，『神学大全』では，ある人々を選び，予定する神の無償の意志そのものが恩恵であって，我々が恩恵と呼び慣れている人間のうちなる超自然的賜物はむしろ恩恵の結果であることが強調されている．後期著作においては，神的扶助としての恩恵は何よりも内的人間の意志を動かす神的な「動かし」(motio)であり，習慣的賜物としての恩恵はこの「動かし」に基づいて理解されているのである．

このことと並行して，トマスは初期の著作においては，人が「自らのうちにあること」をなすならば神から恩恵が授けられるのであり，その意味で人間は自由意志のみによって*成聖の恩恵をもつことへと自らを準備づけることが可能であると，*半ペラギウス派の嫌疑を免れないような言明をしている．しかし『神学大全』においては，内的に動かしてくださる神の恩恵の扶助なしには，人が恩恵の光を受けることへと自らを準備することができないのは明白であると言明しており，恩恵を受けるための準備としての自由意志の善い運動そのものも神によって動かされた自由意志の働きであることを明らかにしている．トマスはここで人間の自由意志が排除されるような仕方で（その場合には*義とされ，救われる人間そのものが排除されることになろう）「恩恵のみ」（*ソーラ・グラティア）という主張をしているのではなく，むしろ神の「動かし」としての恩恵が人間の自由意志の働きを成立させ，完成するものであるとの立場をとっているのである．

〔教理神学〕トマスの教理神学の特徴は，キリスト教の中心的教理である，唯一なる神における三つの*ペルソナの区別，永遠なる神の御言葉の*受肉という神秘を比喩や*象徴，あるいは逆説的表現に訴えることなく，万人に対して開かれている「学」的言語によって可能なかぎり解明しようとしたところに認められる．彼はその際，これら神秘を人間的経験ないし合理性の領域に包み込み，解消させようとするのではなく，むしろそれらの神秘たることの自覚がより強められるような仕方で，探究を推し進めようと試みた．

三一なる神の神秘，すなわち最高に一なる神におけるペルソナの区別を「学」的言語によって言い表そうとする試みは，神的ペルソナを（*関係がそのまま*実体と同一視されているかにみえる）「自存するものとしての関係」という，ほとんど自己矛盾的な形而上学的言語で表現するところまで至っている．またキリストは，神的本性と人間本性が何らかの混合，変化もなく合一せしめられているとの意味で，真の神であって真の人間であるという神秘を，「ヒュポスタシス的合一」（*位格的結合）として理解しようとする試みは，「神は人間である」「人間は神である」という一見背理的な命題が肯定されるところまで我々を導いていくのである．

トマスの教理神学におけるこのような神秘の理解と言語化の試みにおいては，人間的言語に含まれている可能性をその極限まで現実化しようとする努力と，神秘に直面した際の人間的言語の限界と無力さの自覚が一つになっているのが認められる．そして人間的言語が神秘の「学」的探究という課題に対応しうるところまで完成されたのは，創造論を中軸とする存在の形而上学が形成されることを通じてであったのであり，そのことがトマスの教理神学に独自の特徴を与えたといえるであろう．

【哲学思想】トマスは哲学者として完結した哲学の体系を構築しようと企てたのではなく，彼の場合，自然的理性による探究としての哲学は，彼の神学者としての仕事，すなわち啓示の光に基づく神の神秘に関わる探究をより有効に推し進めることへと秩序づけられていた．しかし，そのことは彼の哲学がもはや真正の哲学とはいえないような仕方で神学に従属していたことを意味するのではなく，かえって神学への秩序づけが解放的な力として作用し，独創的な哲学を生み出したと考えられる．

〔形而上学〕トマスの哲学思想の核心は存在に関する洞察，あるいはすべての有（ens *存在者）を存在に基づいて理解しようとする試みである．トマスは古代*ギリシア哲学以来の有をまさしく有として，その全体において捉えようとする試みの歴史を振り返ったうえで，神以外のすべての有は，それをそのものたらしめる*本質ないし形相と，最高の完全性としての存在から複合されていると主張する．そして本質と存在の関係をアリストテレス的な*可能態と*現実態の原理に基づいて説明した．さらにプラトン的な分有の考え方に基づいて万物の本質は*有限なる有が存在を分有する様相であり，すべての分有によって存在する有は，分有によらず，本質によって存在する存在そのものたる神によって存在せしめられているとした．

このように有であるかぎりでの有は，本質と存在という二つの原理によって捉えられるものであるところから，事物の本質のように概念化されることはできず，本質の把握に続く*知性の第二の働きとしての*判断によって捉えられる，とトマスは主張する．さらに有は*被造物と神について一義的にではなく，類比的に語ることができるにとどまる（→存在の類比）．またすべての有がそれによって存在するところの存在は最高の完全性であるところから，有はまさしく有であるかぎりにおいて一であり，*真・善・美であることが帰結する．このようにトマスにおいて有は単なる事実の措定，あるいは内容空虚な一般概念ではなく，実在のすべての豊かさと多様性を，その第一の始源と究極の目的への関係において言い表すものである．

〔認識理論〕トマスの認識理論（→認識論）の主な課題は，*懐疑主義に対して知識の確実性を基礎づけ，人間的認識の起源および範囲を実証的，批判的な方法で確定することではなく，したがってそれはいわゆる批判的認識論ではなかった．むしろトマスの主な関心は認識における認識する者と認識されるものとの合一（平凡な事実であると同時に深遠な神秘）を形而上学的に解明することであり，その意味で彼の認識理論は認識の形而上学であった．

トマスの認識の形而上学の中心概念は，近代の認識理論においてその意味が完全に変容させられてしまった抽象と（認識）形象（species）である．認識の働きにおいて

成立する合一に際して，認識する者が自らの同一性を失うことなく認識されるものになるということは，認識する者が認識されるものの形相を受け取って，それを自らの働きを規定する形相たらしめるということによって説明される．そこで受け取られる形相が（認識）形象であり，感覚的認識の素材から可知的な形象を作り出す（それによって認識のレベルが感覚から知性へと高められる）知性の働きが抽象にほかならない．

トマスの認識理論は，身体と合一した*霊魂の能力としての知性によって行われる人間的認識が，単に感覚から出発するのみでなく，つねに感覚との結びつきにおいてのみ成立することを強調しているかぎりにおいて，徹底的な経験主義の立場であった．しかし，トマスによると人間精神は直接に経験される外的事物の認識から，自己すなわち*精神の認識へ，さらに自己の最も奥深いところにおいて自己を在らしめている存在の第一根源たる神の認識へと至りつくことができるのであり，その意味ではトマスの経験主義は形而上学と両立するのみでなく，形而上学へと導く経験主義であった．

さらにトマスの認識理論は根本的に人間知性による人間的認識についての徹底した振り返りを通じて成立したものであるが，非質料的な純粋知性としての天使的知性，およびそこにおいては知性認識することが存在することと同一であるような，*無限なる知性としての神的知性による知識についての考察によって補完されていたことを見落としてはならない．そのことによってトマスの認識理論は，人間的認識の特徴と限界を明らかにすることができ，また認識の単なる記述理論ないし論理学的分析たることを超えて，*目的論的視点をも含む認識の形而上学たりえたのである．

〔人間論〕トマスの人間論の基本思想は13世紀における*心身問題との取り組みを通じて形成された．この問題は，霊魂と身体とは形相と*質料として合一することによって人間実体を構成するというアリストテレス説によって引き起こされたものである．すなわち，この学説は人間は「身体を使用する霊魂」であるとするプラトン説に比べて人間が端的に「一」なる本質・実体であることを哲学的によりよく説明するが，キリスト教の教えるところに反して霊魂の独立性ないし身体からの超越性が否定される危険性を含むものである．トマスはこの問題を，考察の視点を形相・質料の次元から存在の次元へと深化させることによって解決した．すなわち，身体の形相たる人間霊魂は自らに固有の存在を有する個的な知的実体であり，知的実体としての働きを完全に営むための必要性から身体と合一しているというのである．

存在の立場から霊魂と身体の合一を理解することは，霊魂は身体と合一して端的に一なる人間実体を構成しつつも，知的実体として身体ないし質料的事物の世界を超越していることを意味する．このことはさらに，人間が変化と*時間の領域に埋没しているのではなく，むしろ時間と*永遠の接点に存在する中間者であり，「旅路にある」歴史的存在として理解されていることを意味する．トマスの人間理解は存在という，創造論との結びつきを含む視点からなされつつ，*救済史的な見方にも開かれていたといえるであろう．

〔倫理学〕トマスにとって倫理学は「神の像である人間」の考察であるかぎりにおいて，根本的に人間論であった．そして「神の像」である人間は単に神の*摂理に服するのみではなく，自由意志と自らの行為に対する支配力を有するものとして，摂理の分担者でもある．したがって，トマスによれば倫理学において考察される人間とは，理性によって永遠的な創造秩序を考察しつつ，それに基づいて時間のうちに自らに固有の秩序を作り出していく存在にほかならない．

トマスは，すべて行為する者は目的のゆえに行為するという基本原理に基づいて，人間は何らかの究極目的のゆえにすべての行為をなすこと，そして究極目的への到達が*至福であるとの立場をとっているところから，彼の倫理学は目的論的性格をもつといわれる．しかしトマスによると，完全な至福としての神的本質の直視（*至福直観）は地上の生においては到達不可能であり，人間の倫理的生活は，至福への道としての徳（倫理的な徳および神の恩恵によって与えられる対神徳としての信仰，希望，愛徳）を追求することに存するという点を見落としてはならない．トマス倫理学は*徳論の性格を色濃くもっているのである．

またトマスはアリストテレス，*ストア学派，*ローマ法における自然的*正義ないし*自然法の概念と，アウグスティヌスをはじめとする教父たちにおける神的創造の理念としての*永遠法の概念を総合して自然法の理論（→自然法論）を確立した．このためトマスの倫理学はしばしば自然法の倫理学として特徴づけられる．しかし，トマスによると自然法は*実践理性の第一原理であり，それが現実の倫理的生活において正しく適用されるためには，実践理性の徳としての賢徳，およびもろもろの倫理徳が必要とされるのであるから，自然法がトマスの倫理学において重要な位置を占めることからして，後者の義務論的性格を指摘することは正しいとしても，それは徳論的性格によって補完されていることを考慮に入れる必要がある．そして地上の生において人間を最も完全に神に合一させる愛徳は，すべての法ないし掟の完成であるとされる愛にほかならないというところに，トマスの倫理学の全体を統一する原理がみいだされるといえよう．

【伝記資料】D. PRÜMMER, M. H. LAURENT, eds., *Fontes vitae S. Thomae Aquinatis* (Toulouse 1912-37); A. M. WALZ, *Saint Thomas Aquinas: A Biographical Study*, tr. S. BULLOUGH (Westminster, Md. 1951): *San Tommaso d'Aquino. Studi biographi sul Dottore Angelico* (Roma 1945).

【全集】*Opera Omnia: Editio Piana*, 17 v. (Roma 1570-71); *Editio Parma*, 25 v. (Parma 1852-73); *Ed. L.Vivès* 34 v. (Paris 1871-80); *Editio Leonina*, 50 v.(Roma 1882-).

【著作邦訳】高田三郎他訳『神学大全』全37巻（創文社1960- ）；服部英次郎訳『トマス・アクィナス』世界大思想全集（河出書房新社1965）；V. プリオット，大鹿一正訳『原因論註解』（聖トマス学院1967）；山田晶訳『トマス・アクィナス』世界の名著続5（中央公論社1975）；花井一典訳『真理論：真理論第1問／ペトルス・ロンバルドゥス命題集註解第1巻第19篇第5問』中世哲学叢書2（哲学書房1990）；山本耕平監訳，上智大学中世思想研究所編『トマス・アクィナス』中世思想原典集成14（平凡社1993）．

【文献】生涯と著作：稲垣良典『トマス・アクィナス』人と思想114（清水書院1992）；同『トマス・アクィナス』講談社学術文庫1377（講談社1999）；M.-D. CHENU, *Introduction à l'étude de Saint Thomas d'Aquin* (Paris 1950 ³1974); J. PIEPER, *Hinführung zu Thomas von Aquin* (München 1958); V. J. BOURKE, *Aquinas' Search for*

Wisdom (Milwaukee 1965); J. A. WEISHEIPL, *Friar Thomas d'Aquino: His Life, Thought and Works* (Garden City, N.Y. 1974); S. TUGWELL, ed., *Albert and Thomas* (New York 1988); B. DAVIES, *The Thought of Thomas Aquinas* (Oxford 1992); J.-P. TORRELL, *Initiation à saint Thomas d'Aquin. Sa personne et son œuvre* (Fribourg 1993).

哲学: F. C. コプルストン『トマス・アクィナス』稲垣良典訳（上智大学出版部 1968）: F. C. COPLESTON, *Aquinas* (Harmondsworth 1955); 稲垣良典『トマス・アクィナス哲学の研究』（創文社 1970）; 山田晶『トマス・アクィナスの《エッセ》研究』（創文社 1978）; 同『トマス・アクィナスの《レス》研究』（創文社 1986）; 上田辰之助『トマス・アクィナス研究』（みすず書房 1987）; F. ファン・ステンベルゲン『トマス哲学入門』稲垣良典, 山内清海訳（白水社 1990）: F. VAN STEENBERGHEN, *Le thomisme* (Paris 1983); A. ケニー『トマス・アクィナスの心の哲学』川添信介訳（勁草書房 1997）: A. KENNY, *Aquinas on Mind* (London 1993); E. GILSON, *Le Thomisme. Introduction à la philosophie de Saint Thomas d'Aquin* (Paris 1919 ⁶1972); K. RAHNER, *Geist in Welt. Zur Metaphysik der Endlichen Erkenntnis bei Thomas von Aquin* (Innsbruck 1939); A.-D. SERTILLANGES, *La philosophie de Saint Thomas d'Aquin*, 2 v. (Paris 1941); L.-B. GEIGER, *La Participation dans la philosophie de S.Thomas d'Aquin* (Paris 1942 ²1953); J. DE FINANCE, *Etre et agir dans la philosophie de Saint Thomas* (Paris 1945); C. FABRO, *Participation et Causalité selon Saint Thomas d'Aquin* (Louvain 1961); M. SECKLER, *Das Heil in der Geschichte. Geschichtstheologisches Denken bei Thomas von Aquin* (München 1964); W. KLUXEN, *Philosophische Ethik bei Thomas von Aquin* (Mainz 1964 ²1980); B. LONERGAN, *Verbum: Word and Idea in Aquinas* (Notre Dame 1967); K. RIESENHUBER, *Die Transzendenz der Freiheit zum Guten. Der Wille in der Anthropologie und Metaphysik des Thomas von Aquin* (München 1971); D. B. BURRELL, *Aquinas: God and Action* (Notre Dame 1979); J. OWENS, *St. Thomas Aquinas on the Existence of God* (Albany 1980); J. F. WIPPEL, *Metaphysical Themes in Thomas Aquinas* (Washington, D.C. 1984); M. D. JORDAN, *Ordering Wisdom: The Hierarchy of Philosophical Discourses in Aquinas* (Notre Dame 1986); L. J. ELDERS, *The Metaphysics of Being of St.Thomas Aquinas in a Historical Perspective* (Leiden, New York 1993); R. MCINERNY, *Aquinas and Analogy* (Washington, D.C. 1996).

神学: 片山寛『トマス・アクィナスの三位一体論研究』（創文社 1995）; O. H. PESCH, *Thomas von Aquin. Grenze und Größe mittelalterlicher Theologie* (Mainz 1988).

〔稲垣良典〕

【日本におけるトマス・アクィナス】*キリシタンの時代に、*コレジヨの教科書として用いられたペドロ・*ゴメスの*コンペンディウム*の日本語訳などは、*トリエント公会議の精神とバロック・スコラ学派（→トマス学派）を反映したものであった。したがってトマス思想に基づく神学体系が導入されたとみることができるが、トマスの原著が我が国に当時もたらされたわけではない。

19世紀、教皇*レオ13世の回勅によってトマス・ルネサンスが起こったが、日本のトマス研究が始まったのは近代カトリシズムが*岩下壮一, *吉満義彦らの知識人によって受け入れられ, 大学で*中世哲学に対する関心が高まってからのことである。岩下や吉満の関心はアウグスティヌスとトマスに向けられていたが, どちらかといえば, アウグスティヌスに一層の共感を覚えていたようである。岩下には『哲学』1932年（昭和7）8月号に載った論文「新スコラ主義」があるのみだが, 吉満は同年9月に『宗教研究』に「聖トマスにおける神概念の形而上的構成について」を発表, その11年後には「聖トマスにおける理性と信仰」「聖トマスにおける人間概念の形而上的構成について」を発表している。一方, *司祭養成のための哲学・神学課程ではトマスに由来するスコラ学がカリキュラムに含まれており, 演習等でも『神学大全』は読まれていたが, それに必要な歴史的視点は欠けていたといわざるをえない。

すでに1930年代から始まっていたトマス研究が本格化するのは、第2次世界大戦後のことである。『神学大全』の翻訳は*高田三郎によって始められ, 山田晶(1922-　)によって継続されている。戦後の研究者のなかでは山田晶と稲垣良典(1928-　)がよく知られている。アンセルムス研究者・印具徹(1911-　)の『トマス・アクィナス』(1962)は日本基督教団出版部の「人と思想シリーズ」に収められた一般向きの本であるが, トマスの自由意志論を取り上げており, プロテスタント側の研究の特徴を示すユニークな書である。自然法思想は*田中耕太郎によって紹介され, 政治学, *法哲学にその影響が残っている。1930年代の上田辰之助(1892-1956)のトマスの経済思想の研究は特筆されるべきであろう。トマスには、このように哲学と法哲学・政治学・経済史の観点からの魅力もあり研究されたが, しだいにトマス思想の哲学史的系譜が新プラトン主義をも含むものであったことが意識されるようになった（岡崎文明『プロクロスとトマス・アクィナスにおける善と存在者』1993）。

しかし、彼の神学が研究の対象になったのは近年のことである。初めての本格的神学研究といえる片山寛の『トマス・アクィナスの三位一体論研究』(1995)がプロテスタントの研究者により発表されたことは, カトリックの神学者にとって刺激的なことであった。ほかに津崎幸子のトマスによるヨハネ福音書注解の邦訳『言と光』(1991), さらに彼女の著作『トマス・アクィナスの言語哲学』(1997)は言葉（verbum）と真理の問題がすでに神学を含んでいることを示している。落合仁司『トマス・アクィナスの言語ゲーム』(1991)は*知識社会学と文化論というこれまでのトマス研究にはみられなかった観点から、トマス的総合が西欧理念の基礎となっていた事実を指摘している。

日本におけるトマス研究も中世文化・思想の位置づけの変貌とそれを可能にした膨大な歴史研究のなかに自らを置き、トマスの他の著作を視野に入れながら、キリスト論をはじめとする彼の神学思想構造を捉える作業を意欲的に推し進めなければならない時期が訪れているといえよう。

【文献】HKG(J) 6/2: 316-27; 稲垣良典「日本における中世文献目録」『アカデミア』18 (1957.8) 別冊「文学」13-18; 高柳俊一「中世哲学における学研的連帯性」カ神7 (1965.6) 49-104; 澤田和夫『トマス・アクィナス研究』（南窓社 1969）; 上田辰之助『聖トマス経済学』『トマス・アクィナス研究』上田辰之助著作集1-2（みすず書房 1987-91）; 長倉久子編『トマス・アクィナス神学大全語彙集（羅和）』（新世社 1988）; 落合仁司『トマス・アクィ

ナスの言語ゲーム』(勁草書房 1991); トマス・アクィナス『言と光: ヨハネ福音書注解』津崎幸子訳 (新地書房 1991); 半澤孝麿『近代日本のカトリシズム』(みすず書房 1993); 岡崎文明『プロクロスとトマス・アクィナスにおける善と存在者』(晃洋書房 1993); 片山寛『トマス・アクィナスの三位一体論研究』(創文社 1995); 津崎幸子『トマス・アクィナスの言語哲学』(創文社 1997).

(高柳俊一)

トマス・ア・ケンピス　Thomas a Kempis

(1379.9.29 または 1380.7.24-1471.5.1 または 7.25) アウグスチノ修道祭式者会員, 修徳・神秘霊性家, *デヴォティオ・モデルナの代表者.

【生涯】トマスの家名はヘメルケン (Hemerken, Hammerkein, Hammerken, ラテン名マレオルス Malleolus). 出身地 (ア・ケンピス) は下ライン河畔にあり, 今日デュッセルドルフ行政地域に属するクレーフェルト郊外のケンペン (Kempen) で, トマス・フォン・ケンペン (Thomas von Kempen) とも呼ばれる. 職人の家庭に生まれ, *ヴィンデスハイムの*アウグスチノ修道祭式者会の会員だった兄ヨハネス (Johannes, 1365-1433) の勧めに従って 12-13 歳頃デーヴェンター (Deventer) の学院に入学, 5 年間勉学に精励した. 同学院寮において*共同生活兄弟会の会員とともに祈りと勉学の生活を体験した後, 1399 年ツヴォレ郊外のザンクト・アグネーテンベルク修道院に入った. 1406 年*修道誓願を立て, 1413 年または 14 年司祭叙階, 1425-31 年および 1448 年副修道院長, その間財務担当や修練長に精励し, 70 年余の長い修道生活をアグネーテンベルクの孤独と沈黙のうちに送った.

【著作】多くの著作が存在するが, キリスト教霊性文学史上, トマス・ア・ケンピスを著名にした*『イミタティオ・クリスティ』の原作者・成立については今日もなお論争されている. 15 世紀以来, 本書の著者・成立をめぐる研究により, すでに著者として 35 人ほどの名が列挙されてきた. *フローテをはじめ, デヴォティオ・モデルナの霊性家たちが本書を著し, トマスもその完成に従事したとする説がある. しかし本書第 1 巻 5 章 6 が「誰がこれを語ったかを問うことなく, 語られていることに心を留めよ」と語るように, 本書に関しては著者論争を越えて, その霊性が問われるべきであろう.

トマスの修徳的・霊性的著作は説教・祈り・黙想・書簡・伝記・賛美歌などに及ぶ美しい中世末期ラテン語の文学 (民衆語も含まれる) である.『トマス・ヘメルケン・ア・ケンピス全集』全 7 巻 (Thomas Hemerken a Kempis, Opera Omnia, ed. M. J. Pohl, 1902-1922, Hildesheim 1985) には次の作品が収められている. 第 1 巻: ①「清貧・謙遜・忍耐あるいは三つの聖櫃について」(De paupertate humilitate et patientia sive De tribus tabernaculis), ②「心の真の痛悔について」(De vera compunctione cordis), ③「信心に関する説教 (兄弟への説教)」(Sermones devoti [Sermones ad fratres]), ④「ある食事係 (忠実な管理者) への書簡」(Epistula ad quendam Cellarium [De fideli dispensatore]), ⑤「霊魂の独語」(Soliloquium animae). 第 2 巻: ⑥「修道者の規律に関する書」(Libellus de disciplina Claustralium), ⑦「ある修道祭式者に対する信心書簡」(Epistula devota ad quendam regularem), ⑧「霊操書」(Libellus spiritualis exercitii), ⑨「自己無力の再認識に関する書」(Libellus de recognitione propriae fragilitatis), ⑩「すべての聖性なる謙遜の勧め」(Recommendatio humilitatis quae est fundamentum omnis sanctitatis), ⑪「キリストのための禁欲的生活について」(De mortificata vita pro Christo), ⑫「自己放棄とともに善き平和な生活について」(De bona pacifica vita cum resignatione propria), ⑬「最高善の追究への精神高揚」(De elevatione mentis ad inquinendum summum bonum), ⑭「霊操の短い注意」(Brevis admonitio spiritualis exercitii). 第 3 巻: ⑮「聖書の証言によるキリストの受肉についての黙想」(Meditatio de incarnatione Christi secundum testimonia sanctarum scripturarum), ⑯「主の生涯と受難についての説教」(Sermones de vita et passione), ⑰「神の学舎における修道者への小入門」(Paruum alphabetum monachi in schola Dei), ⑱「善き言葉を聞き語ることについて」(De bonis verbis audiendis et loquiendis), ⑲「主の受難, 聖母マリアおよび他の聖人たちについての祈り」(Orationes de passione Domini et beata Virgine et aliis sanctis). 第 4 巻: ⑳「涙の谷におけるばらの園」(Hortulus rosarum in valle lacrimarum), ㉑「百合の谷」(Vallis liliorum), ㉒「貧者と病者の慰め」(Consolatio pauperum et infirmorum), ㉓「修道者たちの小さな墓石」(Breve epitaphium monachorum), ㉔「小さき人々の霊的手引き」(Manuale parvulorum), ㉕「青年への教え」(Doctorinale invenum), ㉖「貧者の宿舎」(Hospitale pauperum), ㉗「詩歌」(Cantica), ㉘「孤独と沈黙について」(De solicitudine et silentio), ㉙「書簡」(Epistulae). 第 5 巻: ㉚「キリストの生涯についての祈りと黙想」(Orationes et meditationes de vita Christi). 第 6 巻: ㉛「修道祭式者会修練者への説教」(Sermones ad novicios regulares), ㉜「おとめリドヴィネ伝」(Vita Lidewigis virginis). 第 7 巻: 修練者への霊的講話 (Instructiones):「現世軽視について」(De contemptu mundi),「大ヘールト伝」(Vita Gerardi Magni),「師フロレンティウスの弟子たちについて」(De discipulis domini Florentii),「聖アグネス山年代記」(Chronica Montis Sanctae Agnetis).

【霊性】トマスは神学者・哲学者でも, 人文主義者・詩人でもなかったが, 敬虔な修道者としてデヴォティオ・モデルナの卓越した霊性家であった. 彼の霊性は恩師*フロレンティウス・ラーデウェインスの指導と感化のもとに主として聖書および*ヒエロニムスと*アウグスティヌスの教父著作, クレルヴォーの*ベルナルドゥス, *ボナヴェントゥラやアウグスブルクの*ダヴィドの霊性神学, また*ゾイゼ, ザクセンの*ルドルフスやダンバハの*ヨアンネスの霊性書から汲まれており,『イミタティオ・クリスティ』の霊性と親密に結ばれている. 本書およびトマスの霊性は「ただ神と霊魂のみ」を追求しつつ,「神は一切, 人間は無」の認識のうちに倫理的・実存的謙遜をキリストに従う最高の道とする. トマスの祈り・黙想の方法は*カルトゥジア修道会の霊性と深く結ばれており, さらに彼のイエスに従う信仰・希望・愛 (→ 対神徳) はベルナルドゥスの*シトー会の霊性に活かされている.

【文献】DSp 15: 817-26; C. RICHSTÄTTER, *Thomas von Kempen. Leben und ausgewählte Schriften* (Hildesheim 1939); J. SUDBRACK, *Personale Meditation. Die vier Bücher der Nachfolge Christi neu betrachtet* (Düsseldorf 1973); ID., "Meditierter Personalismus. Zum Gespräch zwischen Ost und West," GuL 46 (1973)

206-16; E. ISERLOH, *Thomas von Kempen und die Devotio Moderna* (Bonn 1976); H. N. JANOWSKI, *Geert Groote, Thomas von Kempen und die Devotio Moderna* (Olten 1978). 〈鈴木宣明〉

トマス・デ・サン・アゴスティン　Thomas de San Agostin (?-1637. 11. 6)　キリシタン時代の殉教者，日本人アウグスチノ会員．日本名，金鍔次兵衛．肥前大村の出身．1608年(慶長13)＊有馬の＊セミナリョに入学，1614年11月の禁教令で＊マカオに追放された．1618年(元和4)頃，帰国して潜伏し，宣教にあたったが，司祭になることを希望して＊マニラに渡り，1622年＊アウグスチノ会に入会した．叙階後，再度の入国を試み，1632年(寛永9)頃成功した．＊長崎，＊大村や有馬などで昼は洞窟などに潜伏し，夜間は司牧にあたったが，厳しい探索を受けて捕らえられ，穴吊しの刑に処せられ，殉教した．彼の潜伏したところとして，長崎戸町と大村戸根近くの洞窟が金鍔谷などと呼ばれている．
【文献】H. チースリク『キリシタン時代の邦人司祭』(キリシタン文化研究会1981). 〈尾原悟〉

トマス・デ・サン・ハシント　Thomas de San Jacinto (1590-1634. 11. 17)　日本人ドミニコ会司祭，殉教者(→トマス西と15殉教者)．平戸の＊生月の出身で西トマスとも呼ばれる．父親の＊西玄可は籠手田家の家臣で，伝道士(＊カテキスタ)として活躍，妻・長男とともに1609年(慶長14)殉教した．トマスは＊有馬の＊セミナリョで学んだ後＊イエズス会の＊同宿を務め，1614年宣教師とともに＊マカオへ追放されたが，イエズス会管区長ヴァレンティン・＊カルヴァリョが同宿たちの入会を認めなかったため日本に戻り，活躍した後，＊マニラへ渡り1624年(寛永1)＊ドミニコ会に入会した．修道名トマス・デ・サン・ハシント．＊サント・トマス大学で優秀な成績を収め1625年司祭叙階．台湾宣教に従事し1629年日本に帰国，熱心に宣教に努めた．1634年11月17日長崎の西坂で穴吊りの責めで殉教を遂げた．1981年(昭和56)列福．1987年＊列聖．
【文献】H. チースリク『キリシタン時代の邦人司祭』(キリシタン文化研究会1981); 佐々木利昭『長崎16殉教者』(聖母の騎士社1981). 〈J. デルガード, 結城了悟〉

トマス・デ・サン・ハシント　Thomas de San Jacinto (1598-1628. 9. 8)　ドミニコ会ロザリオ管区助修士，＊日本205福者の一人．＊長崎の近郊で生まれる．1622年(元和8)司祭＊カステリェトのもとで宣教活動を始めた．1627年(寛永4)から同司祭とともに＊大村に行き，そこで信徒や病者の訪問，司祭の補助など几帳面な宣教活動をした．忠実さと奉仕精神を買われ同年夏の初め頃＊アントニオ・デ・サント・ドミンゴ(後に列福)とともに＊ドミニコ会に＊助修士として入会．修道名トマス・デ・サン・ハシント．同年7月二人は，久原の牢(→大村牢)に入れられ，翌1628年カステリェトも同じ牢に入れられた．トマスとアントニオは牢内で1年間の＊修練期を終え＊修道誓願を宣立．牢内では，厳しい修行を行い，その生き方は修道生活の模範とも呼ぶべきものであった．9月7日，牢内の他の24人とともに長崎の牢に移され，翌日宣教師・指導者の集団および協力者の集団に二分され，トマスは宣教師のグループに入れられ火刑に処せられた．1867年教皇＊ピウス9世により204人の殉教者とともに列福された．
【文献】D. アドゥアルテ『日本の聖ドミニコ ─ ロザリオの聖母管区の歴史』佐久間正，安藤弥生訳(ロザリオ聖母管区本部1990): D. ADUARTE, *Historia de la Provincia del Santo Rosario, O. P.* (Manila 1640). 〈J. デルガード〉

トマス・デ・ヘスス　Thomas de Jésus (1564-1627. 5. 24)　スペインの跣足カルメル会修道士，霊的著作家．本名ディアス・サンチェス・ダビラ(Díaz Sánchez de Avila)．アンダルシアのバエサ(Baeza)で生まれる．＊サラマンカ大学で法学と神学の博士号取得．アビラの＊テレサの影響を受け，＊グラナダの跣足＊カルメル会に入会(1587)，当時上長だった＊フアン・デ・ラ・クルスの『聖霊頌歌』の写本作業をする．バリャドリード(Valladolid)で誓願(1587)．アルカラ(Alcala)で教鞭をとった後，隠遁修道院「荒野」をボラルケ(Bolarque, 1593)とラス・バトゥエカス(Las Batuecas, 1599)に設立．フアン・デ・ラ・クルスと並んで神秘的観想の本質を『神の観想について』(De contemplatione divina, 1620)などで明らかにしている．宣教に関する著作として『すべての民族の救いについて』(De procuranda salute omnium gentium, 1613)があり，布教聖省の創設にも貢献した．＊ローマで没す．
【文献】LThK² 10: 143; NCE 3: 125; 14: 121; ODCC³ 1617-18. 〈宮崎正美〉

トマス・デル・ロザリオ　Thomas del Rosario (1602-1622. 9. 10)　日本人ドミニコ会修学修士，＊日本205福者の一人．肥後出身．ドミニコ会員＊マンシオ・デ・サント・トマスの従兄弟．孤児であったためドミニコ会員たちは長崎のサント・ドミンゴ教会の手伝いとして受け入れた．1614年(慶長19)末から管区長代理 T. デ・＊スマラガのもとで宣教活動を始め，A.＊ナバレテとF. デ・＊モラレス両管区長に忠実に仕えた．スマラガが捕縛された際，同行を願ったが拒否されたためモラレスに仕えた．また1618年(元和4)に着任した＊ドミニコ会の宣教師＊オルスッチと＊フアン・デ・サント・ドミンゴに＊同宿として日本語を教え，彼らの世話を任されたが，同年12月13日夜，宣教師二人とともに捕らえられ，スマラガと同じ＊鈴田の牢に入れられた．性格の良さと聡明さを買われ，司祭に適した人材として1621年ドミニコ会入会．翌年＊修道誓願を宣立．1622年9月10日長崎の西坂で他の30名とともに斬首された．1867年(慶応3)教皇＊ピウス9世により列福．
【文献】J. デルガド・ガルシア『コリャド日本キリシタン教会史補遺1621-1622年』井戸勝美訳(雄松堂書店1980). 〈J. デルガード〉

トマス・ドス・アンジョス　Thomas dos Anjos (生没年不詳)　キリシタン時代の日本人司祭．天草の＊志岐の出身であったので，志岐のトマスとも呼ばれる．初め＊イエズス会の＊セミナリョで勉強していたが，後に司教＊セルケイラが設立した教区のセミナリョに移った．おそらくセルケイラが叙階した最後の司祭で，司教館付司祭([ラ] capellanus episcopi)として働いた．1614年(慶長19)11月の禁教令で＊マニラに追放された．その後，＊マカオに移ったらしく，1632年の＊アウグスチノ会の，1635年のイエズス会の殉教者の列福調査(→列聖)の際に証言を行っている．

トマスにしと 15 じゅんきょうしゃ

【文献】J. F. SCHÜTTE, *Monumenta Historica Japoniae*, 1 (Roma 1975); H. チースリク『キリシタン時代の邦人司祭』(キリシタン文化研究会 1981). （尾原悟）

トマスにしと 15 じゅんきょうしゃ　トマス西と 15 殉教者　殉教聖人(祝日 9 月 28 日). 1633 年(寛永 10), 1634 年, 1637 年に *長崎で殉教した *ドミニ

トマス西と 15 殉教者			
殉教年			出身国
1633 年 (寛永 10)	司祭	ドミンゴ・デ・エルキシア	スペイン
	司祭	ルカス・デル・スピリト・サント	スペイン
	司祭	ヤコボ・デ・サンタ・マリア(朝長五郎兵衛)	日本
	修練者	フランシスコ正右衛門(庄右衛門)	日本
	修練者	ロザリオのマテオ小兵衛	日本
	同宿	ミゲル九郎兵衛	日本
1634 年 (寛永 11)	司祭	ホルダン・デ・サン・エステバン	シチリア
	司祭	トマス西	日本
	第三会員	大村のマリナ	日本
	第三会員	長崎のマグダレナ	日本
1637 年 (寛永 14)	司祭	アントニオ・ゴンザレス	スペイン
	司祭	ギヨーム・クルテ	フランス
	司祭	ミゲル・デ・アオザラザ	スペイン
	司祭	ビセンテ・デ・ラ・クルス(塩塚ルイス)	日本
	通訳	京都のラザロ	日本
	信心会員	ロレンソ・ルイス	フィリピン

コ会や *第三会(修道女会)の会員, 協力者の *同宿や *信心会の会員, 通訳で「長崎の 16 聖人」とも呼ばれる. この聖人に特徴的なのは各国出身者で構成されていること, 特に苛酷な拷問を受けたこと, 日本の聖人としては初めての女性二人を含むことである. 1981 年 *マニラにおいて列福. 1987 年教皇 *ヨアンネス・パウルス 2 世により *列聖. トマス西(*トマス・デ・サン・ハシント)をはじめとする各聖人についてはそれぞれの項を参照のこと.

【文献】佐々木利昭『長崎 16 殉教者 — 神のしもべ達の横顔』(聖母の騎士社 1981); D. アドゥアルテ『日本の聖ドミニコ — ロザリオの聖母管区の歴史』佐久間正, 安藤弥生訳(ロザリオ聖母管区本部 1990): D. ADUARTE, *Historia de la Provincia del Santo Rosario, O. P.* (Manila 1640). （J. デルガード）

トマス・ブラッドウォーディン　Thomas Bradwardine　(1300 頃-1349. 8. 26)　イングランド出身の神学者. 数学や運動理論の分野でも業績があり, 近代科学の先駆者の一人に数えられ, 「深遠博士」(［ラ］Doctor profundus)の称号が与えられている. *オックスフォード大学で哲学と神学を学んだ後, 同じオックスフォード大学のマートン・コレッジで数学や自然学の研究に従事し, 同コレッジにおける運動論の研究の推進者となった. 晩年はエドワード 3 世 (Edward III, 在位 1327-77)の宮廷付司祭, *聴罪司祭として仕え, *カンタベリの大司教に叙階された直後に没した.

マートン・コレッジ時代の著作としては『思弁的数論』(Arithmetica speculativa), 『思弁的幾何学』(Geometria speculativa), および『諸々の比に関する論考』(Tractatus de proportionibus)があるが, 最後のものは同じコレッジにおける運動論の研究のみでなく, 広く中世における力学の研究に対して影響を与えたとされる. 彼は *アリストテレスの運動法則を整合的に数学的定式によって表現することに努め, その試みは後に, 等加速運動を等速運動に還元するための, いわゆる「マートンの規則」の定式化とその証明として結実し, 近代力学に著しい影響を及ぼした.

ブラッドウォーディンは, 彼が「新しいペラギウス主義者」と呼んだ神学者たちの立場を論駁するための大著『神の擁護, ペラギウスに反論す』(De causa Dei contra Pelagium, 1344 以前)によっても有名である. 彼は「新しいペラギウス主義者」, すなわち *オッカム, オッカムの影響を受けたホルコット(Robert Holcot, 1290 頃-1349), ウォダム(Adam Wodham, 1295 頃-1358), マートン・コレッジの同僚バッキンガムのトマス(Thomas of Buckingham, 14 世紀中頃活躍)などが神的 *予知や *予定に対する人間の *自由を強調しすぎたとして, 意志行為を含むすべての被造的活動において, *第一原因である神の働きかけが優先的に必要・不可欠であることを強調した.

【文献】DHGE 10: 345-46; DThC 15: 765-73; LThK² 10: 137. （稲垣良典）

トマス・ベケット　Thomas Becket　(1117/18-1170. 12. 29)　聖人(祝日 12 月 29 日), カンタベリ大司教, 殉教者. *ロンドンのノルマン系の裕福な商人の子に生まれた. ロンドンで中等教育を受けた後, *パリに遊学し, ラテン文学と弁論術を学んだ. 21 歳でロンドンに戻り, *カンタベリの大司教 *シーオボールドにみいだされ, 1141 年に大司教館付書記官となり, 1154 年 *助祭長に選ばれたが, その数週間後には新国王 *ヘンリ 2 世の大法官に推挙された. 豪華奢侈を好む両者は, 親交を結び, 彼は優れた行政官として王の財務府に富を積んだ. シーオボールド没後, 王はトマスの大司教就任を強行した. しかし彼は就任を機に清貧と敬虔の生活に入り, 教権の守護者に変身し王を激怒させた. 聖職者特権, 特に犯罪聖職者の裁判権をめぐって対立 (1163), *クラレンドン憲章を否認してフランスへ亡命 (1164), 教皇 *アレクサンデル 3 世の採決を待った. 教皇の援護を得て和解が成立して帰国したが(1170), 対立が再燃し国王が送った 4 人の騎士によりカンタベリ大聖堂内陣で惨殺された. 1173 年 *列聖. 王は堂内の墓前で教皇への恭順を誓い, その墓所はイングランド最大の *巡礼所となった.

【文献】NCE 2: 212-14; ODCC³ 176. （渡辺愛子）

トマス・モア　Thomas More　(1477. 2. 7-1535. 7. 6)　イングランドの政治家, 人文主義者, 聖人(祝日 6 月 22 日). *ロンドンに生まれ, ロンドン塔で処刑された. 法廷弁護士にして後に判事となったジョン・モア(John More, ?-1530)の息子. ロンドンの聖アンソニー

学院で学び始める．12歳か13歳の頃，*カンタベリの大司教にして大法官モートン (John Morton, 1420頃-1500) の侍僕となる．彼の快活な性格と優れた知性が大司教の注目を引き，*オックスフォード大学へ送られた．そこでグロシン (William Grocyn, 1446頃-1519) とリナカー (Thomas Linacre, 1460頃-1524) と親しくなり，リナカーからギリシア語を学ぶ．古典のほかにフランス語や歴史や数学などを学んだ．法律を学ぶために1494年ロンドンのニュー・イン法学院に，また1496年にはリンカーンズ・イン法学院に入った．

トマス・モア
(NPG)

その頃彼はラテン語や英語で詩を書いた．特に*ピコ・デラ・ミランドラの著作に心酔し，後にその伝記を英訳した．著名な学者 J. *コレットやリリー (William Lily, 1468頃-1522) と知り合った．コレットはモアの*聴罪司祭となった．1499年，*エラスムスと出会い，生涯親しく文通する仲となった．モアはまた*教父の著作を熟読し，聖ロレンス教会において*アウグスティヌスの『神の国』について連続講義を行い，好評を博した．*カルトゥジア修道会の修道院で4年間*修道誓願を立てずに祈りと悔い改めの生活をした．しかし司祭の召命がないと覚って，1504年エセックス (Essex) の地主ジョン・コルト (John Colt) の娘ジェイン (Jane) と結婚した．

1504年に下院議員となり，また判事となった．*ヘンリ7世が後にスコットランドのジェイムズ4世 (James IV, 在位 1488-1513) に嫁ぐことになる娘マーガレット (Margaret Tudor, 1489-1541) の持参金のために法外な要求をしたことに，モアは下院で反対したため一時亡命を企てた．1508年，*パリ大学や*ルーヴァン大学を訪問．1509年*ヘンリ8世の*戴冠式に寄せてラテン語の祝賀の詩を書く．1510年，ロンドンの司政長官補となる．1515年フランドルへ，また1517年カレー (Calais) へ使節として送られる．帰国すると王の参議官および請願裁判所判事に任命される．1521年ナイトに叙せられ，財務次官となる．1523年下院議長．1524年オックスフォード大学執事長，1525年ランカスター公領司政長官および*ケンブリッジ大学執事長となる．1529年大法官として*ウルジの後任となる．

国王ヘンリ8世はモアの学識と才能を高く評価して国政に用いた．しかしモアは，国王が王妃であるアラゴンのキャサリン (Catherine of Aragon, 1485-1536) を離別してアン・ブーリン (Anne Boleyn, 1507-36) と結婚するために，教皇の反対を押し切って，国王が教会に優越すると主張したことに賛成できず，1532年大法官を辞任．モアは王によって，国王至上法 (*首長令) 確定の宣誓を強要されたが従わなかったために，1534年4月17日ロンドン塔へ幽閉された．1535年7月1日反逆罪を宣告され，7月6日斬首刑に処せられた．ロンドン塔への幽閉以後，家族や友人たちから命を救われるために節をまげることを勧められたが，深い信仰とソクラテス的態度をもって拒否した．1886年教皇*レオ13世によって列福され，1935年教皇*ピウス11世により*列聖．

最も著名な著作はラテン語で書かれた『ユートピア』(Utopia) で，1516年に刊行され，1551年ロビンソン (Ralph Robinson, 1521-?) によって英訳された．同書は有財産制および君主の戦争への野望に対する批判と，*プラトンの『国家』と修道院的共和制をモデルにしたと思われる理想都市国家の諸制度について述べている．ラテン語および英語で書かれた散文では『リチャード3世王史』([ラ] Historia Richardi Tertii, [英] History of Richard Ⅲ, 執筆 1513-18) が有名である．

【著作集】W. RASTELL, ed., *The Workes of Sir Thomas More, Knyght: sometyme Lorde Chauncellour of England / wrytten by him in the Englysh tonge*, 1557; *Thomae Mori Opera Omnia Latina*, 1689; W. E. CAMPBELL, A. W. REED, eds., *The English Works of Sir Thomas More*, 2 v., 1927-31.
【邦訳】平井正穂訳『ユートピア』(岩波書店 1957).
【文献】田村秀夫『イギリス・ユートウピアの原型』(中央大学出版部 1968); K. カウツキー『トマス・モアとユートピア』渡辺義晴訳 (法政大学出版局 1969); K. KAUTSKY, *Thomas More und seine Utopie* (Stuttgart 1888); 澤ည昭夫, 田村秀夫, P. ミルワード編『トマス・モアとその時代』(研究社 1978); W. ROPER, N. HARPSFIELD, *Lives of Sir Thomas More*, ed. E. E. REYNOLDS (London 1963).

(佐藤三夫)

トマスがくは　トマス学派　〔英〕Thomism, 〔独〕Thomismus, 〔仏〕Thomisme

【トマス学派とトミズム】「トミズム」という言葉は*トマス・アクィナス自身の思想体系ないしは神学・哲学的総合を示すのに用いられることもあるが，ここではトマスに従い，その思想を継承し，発展させた人々の学問的営為，つまりトマス学派の神学・哲学的活動を指している．その700年あまりの波乱に満ちた歴史を，(1) トマスの直弟子たち，(2) 初期トミズム，(3) 中世末期のトミズム，(4) 近世初頭のトミズム，(5) 19世紀のトミズム，(6) 現代トミズム，の6段階の順で述べる．

【トマスの直弟子たち】*パリ大学神学部教授としてのトマスが彼の講義を聴講した学生たちに自らの学説や方法の「新しさ」を強く印象づけた事実は伝記者の証言に照らして明らかであるが，そのことは例えば初期の著作『存在者と本質について』，定期討論集『真理について』の内容の検討によっても確認することができる．しかし，この「新しさ」は多くの弟子をトマスの周りに引き寄せ，一つの学派を形成するという結果は生み出さなかった．むしろトマスの「革新性」は*アウグスティヌスの神学的遺産を固持しようとする「保守的」神学者グループによって危険視され，ついには異端視されるに至った．トマスの教授・著作活動が彼の同時代人たちに多大の照明をもたらし，高く評価されたことは推定できるが，トマスを中心に一つの学派が形成されることはなかったのである．

トマスの「弟子」として最初に頭に浮かぶのは長年にわたって僚友 ([ラ] socius) としてトマスに仕え，その研究・著作活動を助けたピペルノの*レギナルドゥスであり，トマスは後期の2著作 (『分離的実体について』『神学綱要』) をレギナルドゥスに献呈している．しかし，レギナルドゥスはトマスの仕事や聖なる生涯に関して多くの証言を残してくれたが，トマスの著作や思想の内容に

ついては何も書き残していない．伝えられるごとく，『神学大全』第3部「補遺」がレギナルドゥス自身によって，あるいは彼の指導のもとに編集されたものであるとすれば，彼がトマスの著作に親しんでいたことは確かであるが，この仕事は彼がトマスの根本思想を深く理解していたことを示すものではない．同じことがトッコのグイレルムス (Guillelmus de Tocco, 1250頃-1323) をはじめとするトマスの古い伝記者についてもいえるのであって，彼らはトマスのもとで学んだとの意味では彼の弟子であったが，彼らが傾倒し，師と仰いだのはもっぱら聖者トマスであって，卓越した思想家トマスではなかったのである．

トマスがパリ大学神学部で指導し，彼の講座の後継者となった人々のなかからも，彼の思想を深く理解し，それを展開させた弟子は出現しなかった．すなわちイングランド出身のオルトンのウィリアム (William of Alton, 生没年不詳) もローマ出身の *ロマヌス (ロマノ・オルシーニ) も，彼らがトマスの「思想的な」後継者であることを示す著作は何も残していない．ウィリアムの後，同じ講座を受け継いだアンニバルド・デグリ・アンニバルディ (Annibaldo degli Annibaldi, 1220/30-74) はトマスのもとで「命題論集講師」を務めたことがあり，トマスの影響を深く受けていたことは，その著作『命題論集注解』(Commentarium in IV libros Sententiarum) がトマスの著作と間違えられてきたことから推察できる．トマスも後に *枢機卿となったこの弟子に特別の親しみを感じていたらしく，『四福音書連続注解』の後半部分を彼に献呈している．しかし，彼は決してトマス学派の形成者ではない．トマスはパリ大学人文学部のいわゆる「アヴェロエス派」と激しい議論を交えたが，人文学部の多くの教授たちの信頼と尊敬を勝ちとり，そのなかの一人アルヴェルニア (オーヴェルニュ) のペトルス (Petrus de Alvernia, 1240/50-1304) はトマスが未完のまま残した *アリストテレスの『天体論』と『政治学』の注解を補っており，トマスの代表的な弟子とみなされてきた．しかし，ペトルスがトマスの後に従ったのはトマスがアリストテレスと一致していたかぎりのことであって，トマス自身の思想に対して深い理解を有していたとは思われない．

このようにトマスの神学・哲学的総合の試みは，同時代人にその「新しさ」を強烈に印象づけたが，トマスに従った弟子たちはこの「新しさ」の根底にあるものを充分に理解することができず，反対者たちはそれを危険な「革新」(innovatio) として非難することに終始した．このためトマスの生存中にトマス学派と呼べるようなものが成立することはなかったのである．

【初期トミズム】トマスの死後，保守的神学者によるトマスの「革新性」に対する非難や攻撃は激しさを加え，それに対抗してトマスを弁護する *ドミニコ会の会員 (主にイングランド，フランス) の間で初期トミズムと呼ぶべきものが成立した．パリ司教 *タンピエによる1270年の非難宣言および1277年の禁令，ならびにカンタベリ大司教 *ロバート・キルウォードビによる1277年の禁令のいずれにおいても，トマスに対する攻撃は暗黙的であり，明示的ではなかった．しかし，トマスの生存中からトマスの「革新性」をあからさまに非難していたイングランド出身の *フランシスコ会会員 *ヨアンネス・ペッカムの跡を継いでパリ大学神学部教授となった，同じくイングランド出身のフランシスコ会神学者ラ・マールの *グイレルムスは，明示的なトマス非難の著作

『兄弟トマスの訂正』を1279年の終わり頃完成した．この著作はトマスの著作のなかから取り出された117の命題を聖書，アウグスティヌス，*ボナヴェントゥラに基づいて「訂正」したもので，フランシスコ会の公式見解となった．批判の対象となった主な点は，トマスが，(1) すべての *被造物において *質料という *可能性ないし制限原理がみいだされることを否定し，(2) 存在し，生き，知性認識する人間実体において実体的 *形相はただ一つであると主張し，(3) 個体化の原理は質料であるとの立場をとった，ということであり，これらはキリスト教の教理と矛盾する帰結をはらむ，危険で異端的な哲学説であるとされた．ラ・マールのグイレルムスに続いて，ロジャー・マーストン (Roger Marston, 1245頃-1303頃)，アクアスパルタの *マッタエウス，ミドルトンの *リカルドゥス，ペトルス・ヨアンネス・*オリヴィ，ブルッヘのヴァルテル (Walter, 1225頃-1307) なども同様のトマス批判を繰り返した．

このような「訂正」文献によるトマス批判に対してイングランドおよびフランスのドミニコ会神学者たちは「訂正の再訂正」という形で反撃し，「歪曲の訂正」(Correctorium corruptorii) と題する多くの論争的著作が現れた．したがって，ここで初期トミズムと呼ばれているものは，トマスの思想をさらに深化，展開しようとする学問的営為であるよりは，むしろ自分たちの修道会を代表する神学者トマスの名誉を守ろうとする論争的営為を主な内容とするものであった．

イングランドの初期トミズムを代表するのは，宗教改革以前のすべてのイングランド・ドミニコ会員のなかで最も著名な一人といわれるウィリアム・ホトゥム (William Hothum, 1245頃-1298)，有名な『歪曲の訂正』の著者で，カンタベリ大司教ペッカムに対抗してトマス弁護のためにローマまで赴いたナプウェルの *リカルドゥス，オックスフォードでトマスを弁護したロバート・オルフォード (Robert Orford, 1250頃-1300頃)，多くの哲学史家によって初期イングランド・トマス学派における最も卓越した思想家とみなされるサットンの *トマス，『歪曲の訂正』の一つを書き，ヘントの *ヘンリクスやフォンテーヌの *ゴデフリドゥスに対してもトマスを弁護したマックルズフィールドの *グイレルムスなどである．

イングランドの初期トミズムが主として (実体的) 形相の単一性に関するトマスの立場を弁護することに関わっているのに対して，フランスの初期トミズムの主要関心は，13世紀の終わりから14世紀の初頭にかけて，パリ大学を舞台にヘントのヘンリクス，ローマの *アエギディウス，フォンテーヌのゴデフリドゥス，さらに *ドゥンス・スコトゥスなどの間で，被造物における *本質と *存在の区別 (実在的区別か観念的区別か) の問題をめぐって論争が行われていたことを反映して，この区別は単に観念的なものではなく，実在的であると主張したトマスの立場を弁護することに集中していた，といえる．しかしながら，これらトミストが理解していた本質と存在の実在的区別は，必ずしもトマスの「形而上学的革命」とまで称される独創的な「存在」(esse) 理解を適切に反映するものではなかったことを付記しなければならない．フランスの初期トミズムの代表者としては，前述したアルヴェルニアのペトルス (彼はドミニコ会員ではなかった) のほか，トリリアのベルナルドゥス (Bernardus de Trilia, 1240頃-1292)，レッシーネのアエギディウス (Aegidius de Lessines, 1230頃-1304頃)，パリ

の *ヨアンネス（ジャン・キドール），アルヴェルニアのベルナルドゥス（Bernardus de Alvernia, ?-1307），*ヘルヴェウス・ナタリス，ベルヴェゼーのアルマン（Armand de Belvézer, ?-1323），および枢機卿となったギレルムス・ペトルス・ゴダン（Guillelmus Petrus Godin, 1260頃-1336）などのドミニコ会員をあげることができる．このうち『歪曲の訂正』の一つを書いたパリのヨアンネスは，トマスの弁護者としての業績に関しては評価が分かれるが，政治思想史における重要な著作『王権と教皇権について』の著者として有名である．

【中世末期のトミズム】哲学史の時代区分としての中世盛期は *スコラ学の黄金時代と呼ばれ，その実現に寄与したのは他の誰よりもトマスであったとされ，そこからしてトミズムがそれ以後の中世を通じて圧倒的な影響力を振るったかのように想像されがちであるが，上述のように事実はそうではなかった．すなわちドミニコ会の内部ではトマスの権威が確立され，トマス学派と呼べるものが成立したが，多くの思想史家が述べるところに反して，トマスの教説がローマ教皇を頂点とする *位階制的社会を基礎づけ，中世キリスト教世界の精神的・政治的安定を保持するような仕方で普遍的に受け入れられることは決してなかった．むしろトミズムは幾つかの対立する学派の一つにすぎなかったのである．

14世紀の初め，トミズムはフランシスコ会神学者ドゥンス・スコトゥスによる体系的で徹底的な批判にさらされた．通常トミズムとスコトゥスの対立は，前者が *知性の優位と有の類比性を主張したのに対して，後者は *意志の優位と有の一義性を主張した，というふうに定式化されるが，スコトゥスの真意は，トマスにおける神学・哲学的総合が余りにアリストテレス的「経験主義」ないし「自然主義」に妥協しすぎ，また学としての厳密性が欠落しているとみて，それに代わるべき総合を成就することであった．しかし14世紀中頃から *オッカムの影響力が強まったことによって，トミズムは新しい局面に立たされることになった．

すなわち，トマス学派と *スコトゥス学派の対立は，何らかの仕方で *信仰と理性，*神学と *哲学の総合を目指すスコラ学内部での争いであったが，信仰と理性ないし神学と哲学の分離への傾向をはらむオッカム学派は後期「スコラ学」とは呼ばれても，それらとは根本的に異なる性格のものであった．トマス学派とスコトゥス学派（それにローマのアエギディウスおよびヘントのヘンリクスに従う者も含めて）が「古い道」（via antiqua）と呼ばれ，オッカム学派が「新しい道」（via moderna）と呼ばれたのは充分な根拠をもってであった．オッカム学派が神学と哲学との分離への道を開いたのは，人間的な学としての哲学と *聖書における *啓示に基づく神学とを媒介するものとしての *形而上学の可能性を否定することを通じてであった．すなわち，オッカムは感覚的経験と論理的分析によって確証できないものをすべて人間的認識から排除する（「オッカムの剃刀」）ことによって，人間理性が自らを超越して探究を進めていく可能性としての形而上学を否定したのである．形而上学の否定は，人間理性が神的啓示に対して自らを開く可能性を否定することであり，それは信仰と理性，神学と哲学が別々の道を歩まざるをえないことを意味する．そして，それが中世末期に起こったスコラ学の根本的な変容にほかならない．

ところで，トミズムは何よりもまず神学と哲学との総合であり，この総合を通じて世界と人間を，そして創造と救いの歴史（→救済史）を根本的に理解しようとする試みであった．したがって，オッカム学派の「新しい道」によって神学と哲学との分離が広く受け入れられるに至ったとき，トミズムはその成立基盤を喪失したのである．もちろん，この時期においてもトマスの著作は学ばれ，その注解は書かれていた．そのなかで特筆すべきものはドミニコ会員ヨアンネス・*カプレオルスの『聖なる博士トマス・アクィナス神学弁護論』全4巻(1408-33)である．この著作は『命題論集』注解の形で書かれているが，その内容はトマスの教説を解説し，スコトゥス，ヘントのヘンリクス，オッカムなどに対して弁護したものであり，その明晰さと深い学識のゆえに，彼は特に「トミストの長（$\frac{おさ}{長}$）」（Princeps Thomistarum）の称号を得た．しかし，哲学と神学との分離がいわば自明の理となった知的雰囲気のなかにおいては，トミズムそのものが哲学と神学へと分離・解体される傾向が強まり，真の意味での影響力をもつことはできなかった．実際，このあとトマス思想は神学と哲学とに分けて学ばれ，また教授されるのが普通になり，今日に至っている．

【近世初頭のトミズム】15-16世紀，すなわち *人文主義と *宗教改革運動の時代においては，トミズムを含めてスコラ学一般は非難と軽蔑の対象となることが多かった．ここでは *エラスムスがアルベルトゥス学派，トマス学派，スコトゥス学派，オッカム学派など，もろもろの「学校学問の徒」（scholastici）に対する蔑称として「スコラ徒の道」（via scholasticorum）について語っていること，および *ルターがアリストテレスと並べてトマスを激しく批判し，スコラ神学を理性が作り上げた「無用で空しい神学」として退けていることを指摘しておく．しかしこの時期，二人の偉大なイタリアのトマス学者が成し遂げた先駆的な仕事を見落とすことはできない．それは *カイエタヌスとフェラーラのフランチェスコ・シルヴェストリ（Francesco Silvestri またはフェラリエンシス Ferrariensis, 1474-1528）の二人である．カイエタヌスの『トマス・アクィナス著神学大全注解』(1507-22)は最初のトマス全集（いわゆる「ピオ版」1570-71）以来，批判版である「レオ版」『神学大全』(1888-1906)に至るまで，主な『神学大全』の諸版に本文とともに収められており，フランチェスコ・シルヴェストリの『対異教徒大全注解』（Commentaria in Summam Contra Gentiles, 1552）も「レオ版」に収められていて，この二人の業績に対する後世の評価の高さを示している．特にカイエタヌスはトマスの抽象や類比理論に独自の解釈（彼がトマスを正しく理解したか否かは別として）を加え，またトマスと違って，人間の *霊魂の不滅の哲学的論証は蓋然的なものにとどまると主張して，後世のトミズムに大きな影響を与えた．

他方，スペインは中世末期から近代初頭にかけてヨーロッパの他の地域がこうむった精神的激動を免れ，16世紀から17世紀にかけて「学問的」哲学が着実に研究・教授され，そのなかでトミズムも著しい発展を遂げた．スペインにおけるトマス学派の中心になったのは *サラマンカ大学であり，その代表者は *ビトリアであった．ビトリアは神学者として卓越した仕事をしたのみなく，ヨーロッパにおける民族国家の興起，および新大陸との交渉などに伴って緊急の課題となった国際関係に深い関心を寄せ，その著作『戦争の法について』『インド人について』その他によって，*グロティウスに先立って，真の意味での「*国際法の父」になった．ビトリアのトマス理解の深さは『神学大全』第1部および第2部

の注解に示されているが，この著作はカイエタヌスの先例に倣って，大学における神学の教科書として，*ペトルス・ロンバルドゥスの『命題論集』のかわりにトマスの『神学大全』を用い始めた例として注目に値する．ビトリアのもとでサラマンカ大学はかつて13世紀においてパリ大学が果たした役割を果たすようになったといえる．

ビトリアの弟子のなかで有名なのは，その後継者としてサラマンカ大学で教えたメルキオール・カーノおよび*ソトである．カーノは，もう一人の重要なトミストであり，トマス形而上学の解釈史において見落とすことのできない*バニェスを教えた．バニェスは*イエズス会の神学者ルイス・デ・*モリナとの間で行った，神の*恩恵と人間の*自由意志をめぐる論争によって有名である．この論争においてモリナは人間にとって明白な事実である意志の自由を出発点として論議を進めたが，バニェスはそれに対して，神が*第一原因であり，第一の動者であるという形而上学的原理から出発した．この論争はモリナ学派とトマス学派の論議として継承され，人間の自由を強調する近代的な*人間中心主義と中世的な神中心主義の対立として記述されることが多いが，トマス自身の立場は神中心の立場を徹底させることがそのまま人間の真の自由を基礎づけることになる，というものであった．

近世初頭のスペインにおけるトミズムについて述べる際には，トミストではないが，トマスを深く研究したイエズス会神学者*スアレスに触れずにすますことはできない．彼の哲学的主著『形而上学の諸問題』は形而上学の全体を，スコラ学的な「討論」の形式によってではなく，著者自身の立場の論証・解明と歴史上の諸学説の紹介・批判を組み合わせるという近代的な叙述方式によって論述したものである．スアレスはトマスの学説を尊重しつつも，存在と本質の区別，類比理論，*個体化の原理など，重要な形而上学の問題に関して，トマスを批判している．しかし，トマスの学説がこれほど体系的にまとまった形で紹介されたのは初めてであり，そしてこの著作が17-18世紀を通じてヨーロッパの諸大学で哲学教科書として広く用いられたところから，後世，トマスの立場はしばしばスアレスの解釈を通じて伝えられることになったのである．

聖トマスの*ヨアンネスの名前で知られるスペインのドミニコ会神学者・哲学者についても一言する必要がある．彼はトマス思想の解説を内容とする『哲学教程』(1637-38．これにはアリストテレスの詳しい解説も含まれている)と『神学教程』(1637-67)を書き，後世のトマス研究に大きな影響を与えた．前者はこの後，数多く現れた「トマスに基づく」哲学教科書のモデルになったほか，*言語，*記号，*概念などの問題に関して独創的な見解を含んでおり，最近の研究によってその現代的意義が高く評価されるようになった．

16-17世紀におけるトミズムの「復興」について語ることができるとすれば，そこで*トリエント公会議が果たした役割を見落とすことはできない．この公会議はいわゆる宗教改革運動の挑戦に応えて，*救い，成義(*義認)，*秘跡などに関するカトリック教会の教理を明確にすることを目指したのであるが，この会期中トマスの『神学大全』が聖書と並んで祭壇の上に置かれて参照に供されたというのは伝説にすぎないにしても，この公会議においてカーノ，ソトをはじめとするトミスト神学者たちが重要な役割を果たしたことは明らかであり，その結果としてカトリック教会内におけるトマスの権威は著しく高まった．

【19世紀のトミズム】17世紀から18世紀の終わりにかけて，ドミニコ会を中心とするトマス学派，イエズス会のスアレス学派(→スアレス主義)，フランシスコ会のスコトゥス学派はそれぞれ多数の注釈書や教科書を産出し，それに新しい勢力として*カルメル会の学派が加わり，文献の数だけからみるとスコラ学やトミズムがこの時代の哲学的潮流を支配しなかったのが不思議に思われるくらいである．また16世紀に*ピウス5世によってトマスが*教会博士であることが宣言された(1567)のに続いて，*クレメンス8世から*ピウス6世に至る，この時期の20人の教皇のうち，少なくとも18人がトマスおよびトミズムを支持，擁護している．しかし，上述のスコラ学ないしトミズムに関する著作はラテン語を解する聖職者の間で読まれるにとどまり，*デカルト，*ロックなどによって代表される近代思想との対決を避けるか，あるいは安易な折衷主義に安住するものが多く，とうてい近代思想との対話のなかで活力と影響力を発揮することはできなかった．そして*フランス革命によって打撃を受けたカトリック教会内の神学・哲学活動は19世紀の初めに再興されるが，それはH．*ラムネー，*メーストル，*ボナールなどを中心とする，*合理主義を退けて信仰の優位を主張する*伝統主義，およびすべての人間的認識の根底には直観的な神認識があるとする存在・神論([仏]ontologisme)の強い影響下においてであって，トミズムないしスコラ学の学問的伝統に立ち帰ろうとする動きはほとんどみられなかった．ただしスペインにおいては17世紀以来スコラ学ないしトミズムの伝統が絶えることはなく，またドミニコ会ナポリ管区においてもフランス革命の前後を通じてトミズムが生き残り，後のトミズム復興運動の苗床となったことを看過してはならない．

ところが19世紀の後半になると，トマスの著作を直接学ぶことによってスコラ学ないしトミズムの復興を図ろうとする動きがイタリアで始まり，やがてヨーロッパ各地に広まった．トミズム復興ののろしを上げたのは1824年イエズス会に返還されたローマの*グレゴリアナ大学の学長*タパレリであり，彼は荒廃していた神学・哲学のカリキュラムをトマスに基づいて整備することを企てた．タパレリをトマスへと導いたのはイエズス会の同僚セラフィーノ・ソルディ(Selafino Sordi, 1793-1865)であり，セラフィーノはドメニコ・ソルディ(Domenico Sordi, 1790-1880)とともに*ピアチェンツァの神学校で，トマスに帰ってカトリック哲学を革新することを志したブゼッティ(Vincenzo Buzzetti, 1777-1824)からトマスを学んだのである．しかしタパレリの企ては同僚教授の反対によって実現できず，ナポリ管区長となった彼がドメニコ・ソルディとともに管区内の哲学教育について同様の改革を実行しようとすると，前回以上の激しい反対に遭い，二人は共にその地位を追われる結末に至るほどであった．

このような逆風にもかかわらず，タパレリやドメニコ・ソルディのトミズムは彼らがトマスへと導いた弟子たち(そのなかには後に教皇*レオ13世となるジョアッキーノ・ペッチや有力なトミストの*リベラトーレが含まれていた)に受け継がれて，19世紀の後半には力強いトマス復興運動として開花した．この時期ドイツにおいては*クロイトゲンがトミズムの立場から近代思想と対決し，スペインではゴンザレス(Ceferino González,

1831-94）が彼の手になる広く読まれた哲学教科書とセビリャ大司教としての影響力によって，トミズムの普及に努めていた．しかし何といってもこの時期のトマス復興運動を強力に推進し，19世紀末から20世紀にかけてのトマス研究の隆盛をもたらしたのは教皇レオ13世であった．彼は教皇になった翌年にトミズムの歴史において画期的な意義をもつことになった回勅＊『アエテルニ・パトリス』を公布し，「カトリック信仰の保全と栄光のため，社会の福祉のため，そしてすべての科学の発展のために，聖トマスの黄金の英知を復興し，力の及ぶかぎり推し広める」ように呼びかけた．そして，このトミズム復興宣言を実行に移すためにトマス全集の批判版（いわゆる「レオ版」Leoniana）の刊行，トマス研究の水準を高めるためのローマ・聖トマス学士院（Accademia Romana di S. Tommaso d'Aquino）の設立などの事業に着手した．彼の後継者たちもトミズムを尊重し，それの普及に努める点ではレオ13世の志を継いだが，彼らがとったさまざまな法的・制度的措置はトミズムの「権威」を高めることに重点が置かれ，トミズムがあたかもカトリック教会の「公式イデオロギー」であるかのような印象を作り出したことは否定できない．

これに対して1882年ベルギーの＊ルーヴァン大学に創設されたトマス哲学講座の初代教授＊メルシエ枢機卿を中心とするトミズム・ルーヴァン学派は，現代哲学の一学派として，他のもろもろの哲学，および科学的研究との批判的対決・対話のなかで自己を主張する自律的哲学としてのトミズムの構築を目指し，そのような明確な自己意識をもって＊新トマス主義の旗印を掲げた．トミズムを現代哲学および科学との密接な接触のなかで発展させようというメルシエの企ては，広く共感を呼び起こすと同時に，厳密な歴史的研究と深い形而上学的思弁を通じて改めてトマス自身に立ち帰ろうとする動きを生み出した．そのような二重の要求ないし動きが現代トミズムの底流をなしているといえるであろう．

【現代トミズム】19世紀後半から20世紀前半までのトミズムと，ここで「現代トミズム」と呼ばれている，それ以後のトミズムとの著しい違いは，前者においてトマス自身が探究し，成就した「形而上学的革命」および神学・哲学的「総合」の本質および独自性が，アリストテレス哲学との結びつき，スコラ学の「共同的遺産」などの通説によって覆われ，曖昧化されていたのに対して，後者においてはそれを明確に突き止めようとする試みがなされ，そのことに伴ってトミズム内部で驚くほどの多様化が生じたところに認められる．このようなトミズムの変容を引き起こした原因としては次の三つをあげることができる．

第一はトマスとその時代，歴史的源泉および影響に関する歴史的研究の前進である．主な成果だけを枚挙すると，13世紀の思想家たちの間にあってトマスがアリストテレスに対してとった態度と解釈の独自性の解明，トマス形而上学における＊新プラトン主義哲学的要素，特に＊分有の思想の研究，トマス独自の「存在」（esse）の形而上学，およびそれと神，創造，キリストに関する神学との結びつきの考察，トマス自身における思想成熟の跡づけなどである．第二はトマス研究に対する現代哲学の影響である．現代の優れたトミストの多くが＊ベルグソン，＊フッサール，＊シェーラー，＊ハイデガー，＊ヴィトゲンシュタインの弟子であり，彼らは現代の哲学的探究の最前線に身を置くことによって，これまで秘められたままであったトマス思想の本質的な側面に光をあてることができた．第三にトマスの神学や哲学が教会の「公認の」学説として教授・学習あるいは普及されるのではなく，あくまで思想史のなかの一つの体系として再発見され，カトリック系の大学や神学校の枠から解放されて，広く自由に研究されるようになった事実を指摘できる．かつては中世キリスト教世界やカトリック教会の「代弁者」，超歴史的なスコラ学の建設者という虚像の壁によって人々から隔てられていたトマスが，たぐいまれな探究心によって貫かれた一人の思想家として評価されるようになったことは，現代トミズムの著しい特徴である．

現代トミズムがかつて19世紀にトミストが考えていたような神学・哲学の一様化された思考方法ないし体系ではなく，著しい多様性もしくは分極化傾向を示していることは明らかである．例えば，トマスにおける神学・哲学的総合の鍵を握る，彼の形而上学の革新である「存在」理解に関しても，それを何よりも事物の＊実存として捉えようとするジルソン学派（→ジルソン），トマスのいう「存在」は事物において捉えられるというよりは，人間精神に備わっている根源的な力動的傾向に即して，言い換えると，知性自身に備わる＊ア・プリオリを要素として前もって捉えられていると解する，K.＊ラーナー，B.＊ロナガンによって代表される超越論的トミズム，そしてトマスの「存在」はすべての認識の源泉・根拠である「存在するもの」（ens）への立ち帰りによって，言い換えると，一，真，善などの超越的なもの（→超越）をさらに超えたところで存在するものが捉えられるとき，すべての＊現実態，＊完全性の完全性としての「存在」が捉えられると主張する，ファブロ（Cornelio Fablo, 1911- ）によって代表される分有学派などが競い合っており，そうした多様性をトマス自身の著作に基づいて克服もしくは解消することは容易ではない．しかし，トマス自身において人間知性による＊知恵の探究・＊愛としての哲学は，真理そのものである神の知への参与としての神学，すなわちトマスのいう「聖なる教え」（sacra doctrina）へと開かれ，後者と一体化されていたことを考察に入れるとき，現代トミズムにおいて認められる多様性は単なる対立ではなく，「統一するための区別」の道を示すものといえるであろう．

【文献】NCE 14: 126-35；稲垣良典「超越と類比―現代トミズムの問題」『現代の哲学』岩波講座哲学2，古在由重，真下信一編（岩波書店1968) 173-210；同『トマス・アクィナス』人類の知的遺産20（講談社1979); F. ファン・ステンベルゲン『トマス哲学入門』稲垣良典，山内清海訳（白水社1990): F. Van Steenberghen, Le thomisme (Paris 1983); F. Copleston, A History of Philosophy, v. 3 (Garden City, N. Y. 1963); F. J. Roensch, Early Thomistic School (Dubuque 1964); H. J. John, The Thomist Spectrum (New York 1966); J. A. Weisheipl, Friar Thomas d'Aquino: His Life, Thought and Works (Garden City, N. Y. 1974); F. A. Cunningham, Essence and Existence in Thomism (Lanham 1988); G. A. McCool, Nineteenth-Century Scholasticism (New York 1989); Id., From Unity to Pluralism: The Internal Evolution of Thomism (New York 1992); J.-P. Torrell, Initiation à saint Thomas d'Aquin. Sa personne et son œuvre (Fribourg 1993); G. A. McCool, The Neo-Thomists (Milwaukee 1994). （稲垣良典）

トマスぎょうでん 『トマス行伝』〔ラ〕Acta

トマス・キリストきょうと

Thomae　新約聖書外典の一書（→ 外典・偽典）．使徒 *トマスのインド北西地方での奇跡行為を含む宣教活動や殉教を伝える物語．元来は3世紀頃にシリア語で著され，極めて禁欲的傾向を帯びた内容を有していたが，後に *マルキオン派や *マニ教を批判する文言に推敲される．ギリシア語，コプト語，アルメニア語，アラビア語，ラテン語などの本文も伝えられているが，ギリシア語本文には *グノーシス主義の影響がみられる．本書は13の行伝と一つの殉教物語から構成され，二つの部分（1-6 と，7-13 ならびにトマスの殉教）に分けることができる．「婚宴の歌」（6-7 章）はインドやイランの神話に遡る．また「真珠の歌」（108-13 章）にはグノーシス主義的性格が認められる．*シリア教会をはじめ広範に流布していた文書である．

【文献】荒井献訳「使徒ユダ・トマスの行伝」『新約聖書外典』荒井献編（講談社 1997）275-408, 501-507; S. DÖPP, W. GEERLINGS, eds., *Lexikon der antiken christlichen Literatur* (Freiburg 1998) 604-605.

（清水宏）

トマス・キリストきょうと　トマス・キリスト教徒

〔英〕Thomas Christians, 〔独〕Thomaschristen, 〔仏〕Chrétiens de Saint-Thomas　使徒 *トマスを直接の起源と信じるインドのキリスト教徒．インド南西部，マラバル海岸のゴアからマンガロール（Mangalore）を経て南端のコモリン岬に至る地域を中心に信者を擁する．トマス・キリスト教徒は，(1) 東シリア教会（*カルデア教会）の流れを汲むもの，(2) *マラバル典礼で *カトリック東方教会に含まれるシリア・マラバル・カトリック教会（→ シリア・カトリック教会），(3) マラバル典礼で西シリア教会（*ヤコブ教会，シリア正教会，→ シリア教会）の総主教の裁治権下にあるシリア・マラバル教会，(4) *マランカル典礼で *独立自治教会となったシリア・マランカル教会，(5) マランカル典礼でカトリックに合同したシリア・マランカル・カトリック教会，(6) マラバル典礼で聖公会と相互陪餐となったマラバルのマル・トマ・シリア教会などに分けられる．1995 年現在，トマス・キリスト教徒は 714 万人で，インドのキリスト者の約 20% を占める．

【歴史】〔ポルトガル人渡来以前〕伝承によれば，インド南部の教会は使徒トマスによって設立され，*ヒンドゥー教の文献にもそれを示唆する箇所がある．確たる史料はないが，紀元 1 世紀には *ローマ帝国とインド南部の間で交易が盛んだったことから，インドにトマスが宣教に来た可能性も皆無とはいえない．トマスの墓がマイラプール（Mylapore, 現 *マドラスの一部）にあるとする伝説も，ほかにトマスに関する伝承がないことから信憑性があるといえなくもない．

否定できないのはインドにおけるキリスト教の伝統の古さである．例えば *『トマス行伝』はトマスのインドでの宣教活動を伝え，カイサレイアの *エウセビオスの『教会史』は 2 世紀後半に *パンタイノスがインドのキリスト教徒を訪れたと記す．さらにアレクサンドリアの *コスマスによる 6 世紀初頭のインドにおける多数のキリスト教徒についての記述があり，6 世紀末にはトゥールの *グレゴリウスが『殉教者たちの栄光』のなかでインドの修道士テオドール（Theodor）について書いている．また，中世後期にはモンテ・コルヴィーノの *ジョヴァンニをはじめとする *フランシスコ会や *ドミニコ会の宣教師たち，あるいはマルコ・*ポーロなどがトマス・キリスト教徒に関する記録を残している．さらに別の伝承は，司教マル・ヨゼフ（Mar Joseph）が率いる司祭，信徒の集団とともに 345 年にメソポタミアからマラバル海岸のクランガノール（Cranganore）に渡ってきたシリアの商人カナ（Kana）のトマスをトマス・キリスト教徒の起源とみなしている．

古くからトマス・キリスト教徒は *セレウケイア・クテシフォン（後には *バグダード）の *カトリコスのもとにある *ネストリオス派のカルデア教会（東シリア教会）と緊密な関係にあり，カトリコスは定期的にインドの主教を任命し派遣していた．主教館は 8-9 世紀にはクランガノールに置かれ，その後キロン（Quilon），アンガマーレ（Angamale），ディアンペル（Diamper），マイラプールへと移った．結果的に典礼は東シリア典礼（→ シリア典礼）が採用され，*典礼言語としては東シリア語が用いられた．ネストリオス派の影響が少なかったのは，セレウケイアから派遣された主教たちがインドの言語や慣習を知らず，かわりにインド人の *助祭長（*司教総代理に相当する）が教会統治の実権を掌握していたからである．15-16 世紀，トマス・キリスト教徒は約 3 万を数えたといわれる．

〔ポルトガル人渡来以降〕1498 年に *ガマはインド南西岸のカリカット（Calicut）に到着，以後，ヨーロッパ人が相次いで渡来するようになり，1661 年にはオランダ人が，1795 年にはイギリス人が来航した．ポルトガル人は世俗の役人も聖職者もインド人キリスト者に対して友好的で，当初は摩擦が起こることもなかったが，しだいに *裁治権や典礼に関して緊張関係が生じるようになった．

裁治権については，トマス・キリスト教徒の主教区がゴア大司教区の属司教区となり，従来セレウケイアから派遣されていた主教のかわりにラテン教会の司祭が任命されるようになった．1552 年，ローマ・カトリック教会とカルデア教会の一部が合同し *カルデア・カトリック教会が成立したが，インド国内のローマ教会の聖職者は，カルデア・カトリック教会の聖職者がネストリオスの教説を支持しているのではないかと疑い，1569 年にカルデア・カトリック教会総主教からインドに主教として派遣されたマル・*アブラハムも，ローマ教会の聖職者たちの根強い反感に直面しなければならなかった．

1597 年にマル・アブラハムが死亡すると，トマス・キリスト教会の主教の座は *イエズス会の会員によって占められるようになった．1599 年，ディアンペルの教会会議においてトマス・キリスト教会に対する最終的な対応策が検討され，カルデア教会，すなわちネストリオス派の影響を排除し，典礼をラテン教会の様式に変えていくことが決議された．この決定によりカトリック東方教会の一つとしてシリア・マラバル・カトリック教会が成立した．助祭長の権限は狭められ，ヨーロッパ人聖職者が大幅な変革を迫った結果，トマス・キリスト教徒の間ではラテン教会に対する不満が表面化した．東方教会の伝統を保持しようとした人々は，1653 年に *コーチン近郊のマッタンチェリ（Mattancherry）で，イエズス会から派遣されたラテン教会の司教には従わないとする「クーナンの十字架宣誓」を宣言した．同年，12 名の司祭により助祭長トマス・*パランピルがマル・トマス 1 世として主教に叙階された．1663 年には主教マル・グレゴリオス（Mar Gregorios, ?-1692）により *キリスト単性説と西シリア教会の典礼であるシリア・アンティオケイア典礼が導入された．ローマからは *カルメル会の会員が

調停のために派遣されたが失敗し，マル・グレゴリオスは *破門となり，シリア・マラバル教会はシリアの正教会に連なる教会として歩むことになった．

19世紀末までシリア・マラバル・カトリック教会のトマス・キリスト教徒は，ラテン教会から派遣されたカルメル会員の司教の裁治権下にあった．*位階制が確立したのは19世紀末のことで1886年にトリチュール(Trichur)とコタヤム(Kottayam)に*代牧が置かれ，1896年にはトリチュール，エルナクラム(Ernakulam)，チャンガナチェリ(Changanacherry)にインド人代牧が置かれるようになった．

シリア正教会総主教の裁治権下にあったインドのシリア・マラバル教会のなかから，20世紀になるとマランカル典礼の教会が独立自治教会であることを主張して分離し，1912年にシリア・マランカル教会が設立された．さらにこのシリア・マランカル教会の一部は1930年にローマと合同し，シリア・マランカル・カトリック教会がカトリック東方教会の一つとして成立した．また，19世紀末のイギリス人来航により盛んになった聖公会の宣教活動はシリア・マラバル教会にも影響を及ぼし，その結果として起きたシリア・マラバル教会改革運動の支持者は「マラバルのマル・トマ・シリア教会」と呼ばれる独立した教会を設立した．マラバルのマル・トマ・シリア教会は1974年に聖公会と相互陪餐が可能になった．→インド，カトリック東方教会，マラバル教会

【文献】LThK² 10: 152-54; TRE 16: 102-16; WCE² 1: 359-71; W. NYSSEN, ET AL., eds., *Handbuch der Ostkirchenkunde*, v. 1 (Düsseldorf 1984) 249-68; 森安達也『東方キリスト教』キリスト教史3(山川出版社 1978) 226-34; E. TISSERANT, E. R. HAMBYE, *Eastern Christianity in India* (Westminster, Md. 1957); J. THALIATH, *The Synod of Diamper* (Rome 1958); P. J. PODIPARA, *Die Thomas-Christen* (Würzburg 1966); J. VELLIAN, ed., *The Malabar Church* (Rome 1970); E. R. HAMBYE, J. MADEY, *1900 Jahre Thomas-Christen in Indien* (Fribourg 1972); G. MENACHERY, ed., *The St. Thomas Christian Encyclopedia of India* (Trichur 1973-); P. GREGORIOS, *Die syrischen Kirchen in Indien*, ed. P. VERGHESE (Stuttgart 1974); S. NEILL, *A History of Christianity in India* (Cambridge 1985); R. G. ROBERSON, *The Eastern Christian Churches* (Rome ⁵1995) 19-20, 32-36, 128-30, 138-39. (J. フィルハウス)

トマスふくいんしょ 『**トマス福音書**』〔英〕Gospel according to Thomas, 〔独〕Thomasevangelium, Evangelium nach Thomas, 〔仏〕Evangile selon Thomas　1945年，エジプトはナイル川上流の古都 *テーベ近郊のナグ・ハマディから発掘されたコプト語の *グノーシス主義の文書，*ナグ・ハマディ文書の一つ．114にのぼるイエスの語録(ないしは専門用語で *アポフテグマと呼ぶ短い対話単位)を含み，多くが「イエスは言った」の導入句で始まる．「福音書」というが実は「語録集」．全体の成立は紀元2世紀中頃，成立地はシリアの *エデッサ，原語はシリア語とみられる．後に *マニ教によって使用されたことが *教父たちによって証言されている．語録の全体は，すでに *共観福音書に並行記事があるもの，正典の福音書以外の資料からすでに存在がわかっていたイエス語録(*アグラファと呼ばれる)と並行するもの，これまで未知であったものの3グループに大別される．内容にはグノーシス的なものと同時に，ユダヤ人キリスト教徒的色彩のものも多い．最大の争点は第1グループの言葉が共観福音書(とりわけその背後に想定される *Q資料)よりも古い段階のものか，また第3グループのなかで実際にナザレのイエスに遡る言葉があるのか，という問題である．まだ決着はついていない．しかし，事の重要性にかんがみ，正典福音書中のあるイエス語録を引く場合，『トマス福音書』の並行語録の文面も参照するのが現在の研究者たちの慣行になりつつある．

【文献】F. F. ブルース『イエスについての聖書外資料』川島貞雄訳(教文館 1985) 149-230: F. F. BRUCE, *Jesus and Christian Origins Outside the New Testament* (London 1984); 荒井献『トマスによる福音書』(講談社 1994); M. FIEGER, *Das Thomasevangelium. Einleitung, Kommentar und Systematik* (Münster 1991). (佐藤研)

トマッシ → ジュゼッペ・マリア・トマッシ

ドマンジェル **Demangelle, Henri Anatole Wilhelm** (1868. 4. 24-1929. 3. 19)　パリ外国宣教会司祭．フランスの *ブザンソンに生まれる．マリスト学園で学び，特に音楽と声楽を好む．1889年 *パリ外国宣教会入会．1892年(明治25)7月司祭叙階，11月末来日．名古屋で日本語を学ぶ．1893年末に東京・関口の孤児院に助手として赴任し，1896年以降所長となり，子どもの教育，生活指導，技能訓練，就職などのために献身的に働く．1901年，過労のため一時帰国．1903年，鎌倉教会に派遣される．1907年，関口の孤児院に戻る．聖母 *マリアに対する深い *崇敬を表すべく隣接する関口教会の *ルルドの洞窟建設に協力する．1917年(大正6)再び過労のため帰国．1920年以降，甲府・静岡・福岡で宣教に励み1923年再び鎌倉に赴任．関東大震災後，交通事故に遭い，1924年関口に移り，合唱団の指揮者を務める．1927年(昭和2)より療養生活を送り，1928年治療のため帰国するが，希望していた再来日を果たせぬまま翌年故郷のブザンソン市民病院で逝去，在日37年の宣教生活の幕を閉じた． (M. コーナン)

ドマンジュ **Demange, Florian** (1875. 4. 25-1938. 2. 9)　朝鮮(現大韓民国)大邱(ﾀｸ)の初代代牧．フランスの *ストラスブール近郊サリュクシュール・レ・サール(Saluxures-les-Saales)に生まれる．*パリ外国宣教会に入会し，1898年司祭に叙階され，同年朝鮮に赴く．1911年，大邱の *代牧区新設に際し，アドラスス(Adrasus)の *名義司教として初代代牧に任命される．新しい代牧区を熱意をもって指導し，ことに朝鮮人司祭養成に尽力，1914年創立した大邱神学校は京城龍山神学校を凌ぐほどの勢いがあった．著書に『朝鮮代牧区創設100年記念』(Centenaire de l'érection de la Corée en Vicariat Apostolique, 1931)がある．大邱で没す．

【文献】カ大 3: 778. (木村晶子)

とみ **富**〔ラ〕divitiae,〔英〕wealth,〔独〕Reichtum,〔仏〕richesse　旧約聖書において富とは神が与えた *祝福のしるしであった．アブラハムやロトは多くの家畜，金銀，天幕をもち(創 13: 1-6)，イスラエル王ソロモンも神から富と *栄光を与えられた(王上 3: 13)．一方，アモスは富んだ者が貧しい者を抑圧することを批判し，イザヤ，エレミヤ，エゼキエル，ホセアや詩編の作者も貪欲に富を求めることを非難している(イザ 10: 1-

4; エレ 5: 27; 15: 13; 17: 3; エゼ 7: 10-11; ホセ 12: 8; 詩 10; 73: 1-12; 109: 16-20)．またヨブ記の作者やコヘレトの著者は，善者が富を得るというユダヤ的な考え方には消極的な立場をとっている．

福音書においてキリストは弟子たちと貧しい生活を営み(ルカ 9: 58)，貧しい人たちがその周りに集まり，そのなかに信仰深い人たちをみいだしている(ルカ 6: 20)．一方，富んだ者の譬えを用いて，富を得ることに没頭して神を忘れる者を批判した(マコ 10: 25; ルカ 12: 16-20)．キリストにおいて富とは天に宝を蓄えることであり(マタ 6: 20)，神の前に豊かになることであった(ルカ 12: 21)．

*使徒をはじめ，エルサレムの *初代教会の人々は財産を共有する生活を営んでいた．パウロは豊かな者に貧しい者を救うよう勧告し(2 コリ 8: 13-15)，ヤコブは貧富の差が教会の一致を乱すと述べている(ヤコ 2: 1-8; 5: 1-6)．このような理想は後に使徒的生活と呼ばれ，*修道生活の基軸となっていく．

【文献】カ大 3: 778-79; 新聖書大 993-94; LThK² 8: 1133-37. 　　　　　　　　　　　　　　(杉崎泰一郎)

どみいごいくすけこよみ　　ど見い古幾助暦
1787 年(天明 7)にドミイゴ(洗礼名ドミンゴ Domingo の転訛)幾助が写した *潜伏キリシタン伝承の暦本．転訛が著しいが，陰暦の 2 月 26 日(聖母マリアのお告げの祝日)から翌年正月 3 日までの暦で，*復活祭や *聖霊降臨など主要な *祝日のほか，*主日や斎日(→ 大斎, 小斎)などが記されている．お告げの祝日(陽暦の 3 月 25 日)が 2 月 26 日に，復活祭が陰暦 3 月 19 日，陽暦 4 月 16 日にあたるのは 1634 年(寛永 11)で，潜伏キリシタンが毎年の祝日表作成方法を失い，この 1634 年度の暦をその後毎年そのまま固定暦として用いていたことを示している．寛政初年の浦上一番崩れ(→ 浦上崩れ)の際，長崎奉行所が没収したキリシタンの教書類を含む *耶蘇教叢書に収められている．

【文献】村上直次郎「キリシタン研究の回顧」『キリシタン時代研究』1 (東京堂 1942). 　　　　(尾原悟)

とみざわたかひこ　冨澤孝彦 (1911. 2. 12-1989. 3. 26)　　札幌教区第 4 代教区長，札幌司教区初代司教．1911 年(明治 44)京都市で生まれ，河原町教会で *幼児洗礼を受ける．洗礼名ベネディクト．暁星中学校卒業後，東京公教神学校(東京カトリック神学院の前身)に入学．ローマの *ウルバニアナ大学で哲学と神学を学び，1937 年(昭和 12)，ラテラノ大聖堂で大阪教区司祭として叙階される．ウルバニアナ大学で神学博士号，教皇庁立アポリナーリス法科大学(現 *ラテラノ大学)で法学博士号を取得．1942 年，ローマ教皇庁駐在日本公使館開設と同時に *教皇庁と日本のパイプ役として同公使館の顧問に就任．1946 年帰国．京都の西陣教会主任となり，京都カトリック学生連盟を結成．1948 年，日本カトリック学生連盟の結成大会を京都大学で開催．同連盟の副総裁に就任(→ カトリック学生連盟)．

1952 年 12 月 11 日，全北海道が *札幌司教区に昇格したのに伴い，初代司教に任命される．1953 年 3 月 19 日，札幌の北一条教会において司教叙階．亡くなる 1987 年までの 35 年間，札幌教区長として教区内外の発展に尽力した．

1961 年，第 2 *ヴァティカン公会議の準備委員に選出され，公会議中は修道者委員会の委員として草案作成に参加．教皇庁福音宣教省の委員を 2 期，10 年間務め，国内では信徒使徒職委員会委員長，教会行政法制委員会委員長，宣教司牧司教委員会委員長などを歴任．公会議公文書『信徒使徒職に関する教令』や教皇 *パウルス 6 世の使徒的勧告『福音宣教』を翻訳．また *藤女子大学と天使女子短期大学で約 30 年間，宗教の講座を担当し，*アウグスティヌスの回心論などを論じた．

【文献】仁多見巌編『北海道とカトリック』前篇，戦前篇(「北海道とカトリック」出版委員会 1983) 277, 382-89; 仁多見巌編『北海道とカトリック』前篇，戦後篇(光明社 1987) 56-60; カトリック中央協議会事務局編『カトペディア '92』(カトリック中央協議会 1992) 180-81. 　　　　　　　　　　　　　　(小田武彦)

ドミティアヌス　Domitianus, Titus Flavius (51. 10. 24-96. 9. 18)　　ローマ皇帝(在位 81-96)．ローマ皇帝 *ウェスパシアヌスの次男として生まれる．73 年から 80 年まで執政官だったが，81 年兄 *ティトゥスの急死に伴いローマ皇帝に即位．88 年に起こったゲルマニア総督サトゥルニヌス(L. Antonius Saturninus, ?-89) の反乱後は徐々に専制政治を，特に 93 年以降は恐怖政治を敷き，95 年頃にはティトゥス・フラウィウス・*クレメンスを処刑するなど反対勢力の貴族を一掃した．また同じ頃グラブリオ(Acilius Glabrio, ?-95)を，ローマ皇帝を神と認めない *ユダヤ人の習慣に従ったとして処刑したが，それは彼がキリスト教徒だったからという説もある．このように，ドミティアヌスは専制君主として皇帝を絶対化また神化し，自らを「主であり神」([ラ] dominus et deus)と呼ばせた．これがキリスト教徒との衝突の原因にもなり，*ヨハネは黙示録(1: 9; 2: 9-13)のなかで，*ペルガモンと *スミュルナの教会に自分の経験した *迫害について書き送ったとされるが，ドミティアヌスが積極的に迫害を行ったという確証はない．96 年にドミティアヌスは妻と共謀した部下のステファヌス(Stephanus, ?-96)の手によって暗殺され，これによってローマ皇帝の専制政治は終わりを告げた．

【文献】キ人 977-78; Cath. 3: 1008-1009; LThK³ 3: 324-25; NCE 4: 993-94; M. BUNSON, *Encyclopedia of the Roman Empire* (New York 1994) 136. 　(齋藤克弘)

ドミティラ　Domitilla (2 世紀)　　処女殉教者(祝日 5 月 12 日)．正確にはフラウィア・ドミティラ(Flavia Domitilla)．この名を冠した *カタコンベがローマにある．かつてこの女性は *ドミティアヌスの姪で *ウェスパシアヌスの孫，ティトゥス・フラウィウス・*クレメンスの妻とみなされてきたが，キリスト教徒としてポンツァ島(Ponza)に追放になったクレメンスの姪と考えられる．

【文献】LThK³ 2: 325-26. 　　　　　　　　　　(清水宏)

ドミトリエフスキー　Dmitriewskij, Alexis-Athanasievitsh (1856-1929)　　ロシアの典礼学者．ロシア共和国西部のアストラハニ(Astrakhan')に生まれ，カザニ(Kazan')の教会アカデミーで学ぶ．1882 年，16 世紀のロシア教会の典礼についての論文で学位を取得．1889 年，キエフのアカデミーに移り，キリスト教考古学と典礼学の教鞭をとる．1894 年に *アトス山の修道院でツムイスの *セラピオンの『エウコロギオン』を発見．これをはじめとして *東方正教会の図書館所蔵の典礼書(*テュピコンや *エウコロギオン等)

を編纂した主著『典礼写本の記述』全3巻 (Opsanije litoergitsjekich roekopisej, 1895-1917) は，ビザンティン典礼史の研究のための基礎文献となっている．
【文献】Cath. 3: 931.
(石井祥裕)

ドミニカきょうわこく　ドミニカ共和国

正式国名：ドミニカ共和国，〔西〕República Dominicana, 〔英〕Dominican Republic. 面積：4万8,734 km². 人口：849万5,000人(2000年現在)．言語：スペイン語(公用語)．宗教：カトリック(国教)95%, プロテスタント, ユダヤ教．カリブ海のイスパニョラ島を*ハイチとともに二分し，その東側3分の2を占める．1492年*コロンブスが来島して以来スペイン領となり，アメリカ大陸での植民活動の出発点となった．1493-94年には早くも宣教活動が始まり，ドミニカは新大陸で最初に教会が建てられた地となる．1500年には*フランシスコ会, 1510年には*ドミニコ会の宣教師が到来した．

【インディオの権利の保護】1502年，オバンド (Nicolás de Ovando, 1451頃-1511頃) 率いる大遠征隊が到来し，エンコミエンダ (〔西〕encomienda) と呼ばれる先住民統治制度をもって臨み，彼らをスペイン人や金鉱採掘者の使役につかせた．やがて，新来の病原体による病気や強制労働，スペイン人占領者の暴力などが原因で，この地の先住民(*インディオ)の数が激減し始めた．コロンブスが入島した当時，約10万人の人口を数えたインディオは，1510年にはその3分の1ほどになっていた．ドミニコ会員は，1511年に修道院長モンテシノス (Antonio de Montesinos, 1486頃-1530頃) を通じてこの人口激減の様子をスペイン当局に報告している．翌1512年に発布されたブルゴス法は，スペイン人入植者がインディオに労働を課すことを認める一方で，インディオの自由を保証し，スペイン人入植者に対しては賃金の支払い，宣教，教育などを義務づけた．さらに1513年には，バリャドリード法により，女性と子どもに関する四つの規定が加えられた．これらインディオに関する法律は，インディオの権利を認めると同時に，スペイン人の権利や，文明の伝達および宣教活動における諸権利との調和を図ったものである．しかし，16世紀後半にはインディオの数はますます減っていき，スペイン人は不足する労働力を補うものとして，カトリックに改宗させた黒人をアフリカから強制入植させた．宣教師は主にスペイン人やインディオを含む児童の教育に従事し，1502年には最初の学校が建てられた．

【近代】アメリカ新大陸の他の地域が次々と発見されるにつれて，スペイン人のドミニカへの関心は薄らいでいった．1697年，西側(現ハイチ)がスペインからフランスに割譲された．1795年，フランスとの戦争に破れたスペインは東側(現ドミニカ)の支配権を失い，スペイン人は全員国外退去となり，キューバへ移った．1820年にドミニカがスペインの支配下に戻ると，スペイン人聖職者の多くが戻り，神学校や大学が再開されたが，翌1821年ドミニカ共和国の独立が宣言されると，彼らは再び国外に脱出せざるをえなくなった．1822年にハイチ人がドミニカを侵略，22年間に及ぶ占領期間中，カトリック教会は著しく弱体化した．1844年，ハイチを駆逐するも，1862年から再びスペインの支配下に置かれ，決定的な独立を得たのは1865年である．

1880年に共和国大統領に就任したメリニョ (Fernando Arturo de Meriño, 在職1880-82) は5年後に大司教となる．大司教メリニョは司祭育成に尽力し，17年間で70人の司祭が誕生したが，30年間で21回も政府が交替するという不安定な政局に加え，1916-24年のアメリカ合衆国による占領のために，カトリック教会の劇的な復興は果たされなかった．

【トルヒリョ時代以後】1930年，トルヒリョ (Rafael Leonidas Trujillo, 1891-1961) が大統領として独裁的な権力の座に就き，1961年まで「トルヒリョ時代」が続いた．教会の活動は政府の管理下に置かれた．この時代，新たに14の修道会がドミニカに修道院を開設した．1946年には*イエズス会が神学校を再開した．1954年*政教条約が結ばれ，1959年には新しい教会管区(大司教区)と四つの司教区が新設された．教会は，1960年1月付のトルヒリョ宛の*司教書簡や書簡などを通して，人権侵害，とりわけ国家への反逆を企てた容疑がかけられている青年グループに対する人権侵害に強く抗議し，また国内で多発する非人道的事態をも糾弾した．これに対し，政府は40人の司祭を国外追放し，修道会が経営する多くの学校を閉鎖するという厳しい態度に出た．1961年トルヒリョの没後，一時政局が混乱し，1965年には内戦になったが，1966年，アメリカ合衆国の介入により安定を取り戻した．

カストロ (Fidel Castro, 1927-) がキューバから追放した聖職者を受け入れたことにより，ドミニカの司祭数はしだいに増加し，教会は総合的な司牧活動を推進して教育活動や神学生の育成に力を注いだ．1962年にはサンティアゴ・デ・ロス・カバリェロス (Santiago de los Caballeros) にカトリック大学のマードレ・イ・マエストラが創立された．信徒団体による活動も活発化し，*クルシリョの運動や*キリスト教家庭運動が起こった．

第2*ヴァティカン公会議後，教会内での司牧の刷新運動が進み，*教会基礎共同体の形成，*司牧評議会における信徒の参加と共同責任などが進んでいる．

【現勢】1998年現在，カトリック信者数：733万1,000人．大司教区：2. 司教区：9. 小教区：434. 教区司祭：326. 修道司祭：416. 終身助祭：177. 信徒修道士：98. 修道女：1,559.

【文献】世々百 573-76; LThK³ 3: 318-19; NCE 4: 970-71; WCE 268-70; WCE² 1: 243-46; W. L. WIPFLER, *The Church as a Socio-Political Factor in the Dominican Republic* (Ann Arbor 1978); J. L. SÁEZ, *Testigos de la Esperanza. Historia de la Vida Religiosa en Santo Domingo* (Santo Domingo 1979); A. MENDOZA, *Cuba, Haití y República Dominicana: La iglesia en dos de las Grandes Antillas* (Santiago de los Caballeros 1983).

(A. メンドーサ)

ドミニカのぬきがき

ドミニカのぬきがき 『**ドミニカの抜書**』 *浦上の*潜伏キリシタンの間に伝承した写本で，教会で*主日に朗読される該当の福音が記されている．この種のものには，*ヴァティカン図書館で発見された*バレト写本の『一年中の主日と主要な祝日の福音書』(Evangelhos dos Domingos do anno e de algumas festas principais do anno) があって，主要祝日のほかに*待降節第1主日から*聖霊降臨後第25主日までのものが記されているが，このうちの枝の祝日(→受難の主日)，復活後第1主日，聖霊降臨の主日，聖霊降臨後の第4，第5，第7，第8主日の七つの主日のものが収められている．1790年(寛政2)の浦上一番崩れ(→浦上崩れ)の際，長崎奉行所が没収したキリシタンの教書類を含む*耶蘇教叢書に収められている．
【文献】村上直次郎「ドミニカの説教に就いて」『キリシタン時代研究』2 (東京堂1944)． (尾原悟)

ドミニカれんぽう　ドミニカ連邦　正式国名：ドミニカ連邦，〔英〕Commonwealth of Dominica. カリブ海小アンティル諸島北部の島で，イギリス領西インド連合州の一州だったが1978年に独立．首都はロゾー(Roseau)．面積：751 km^2．人口：7万5,000人(2000年現在)．言語：英語(公用語)，パトア語．宗教：カトリックが全人口の79%を占める．ほかに*聖公会，*メソジスト教会．*カトリック教会の*宣教は1642年より始まり，1850年にロゾー司教区が設立された．→アンティル諸島
【現勢】2000年現在，カトリック信者数：6万．司教区：1．小教区：15．教区司祭：6．修道司祭：52．信徒修道士：8．修道女：30．カテキスタ：480． (A.ネブレダ)

ドミニクス　Dominicus (1170頃-1221.8.6) 聖人(祝日8月8日)，*ドミニコ会(正式名称：説教者兄弟会 Ordo fratrum Praedicatorum)の創立者．

スペインの旧カスティリャ地方カラルエガ(Calaruega)の貴族・グスマン家(Guzman)に父フェリクス(Felix Guzman)と母ヨアンナ・デ・アサ(Joanna de Aza, 福者)の三男として生まれる．長兄アントニオ(Antonio)は教区司祭で，晩年は病者の看護に献身した．次兄マンネス(Manes, 福者)は後にドミニコ会の最初の会員の一人となる．ドミニクスの名は「主の人」の意．
【前半生】7歳から，母方の伯父にあたる近在の主任司祭の影響のもとで初等教育を受け，1184年からパレンシア大聖堂付属学校で哲学・聖書・神学を学ぶ．1194年にオスマ(Osma)で司教マルティノ(Martino de Bazán, 在職1188-1201)により司祭に叙階され，同司教座聖堂参事会(→カピトゥルム)の会員となる．ここで，*アウグスティヌスの会則(→アウグスチノ会)のもとに，さらに9年間観想と勉学に励んだ．1201年マルティノが死去し，同参事会会長ディエゴ(Diego d'Azevedo, ?-1207, 福者)が司教になると，ドミニクスはその後任として参事会会長に就任した．1203年末，ディエゴとともにカスティリャ王のデンマーク使節団に同行したが，途中，フランス南西部ラングドック(Languedoq)で*アルビ派の異端の弊害を目撃した．帰国後ディエゴとともに再びデンマーク使節団に同行するが，不慮の事故で使節団が解散したため，ドミニクスとディエゴは*ローマに向かい，教皇*インノケンティウス3世に謁見した．その際，「異端や異教は深い学識によって打ち破られる．誤謬を根底より崩壊させるのは真理の言葉を説くことによる」という教皇の言葉に感銘を受ける．スペインへの帰国の途中，フランス南部モンペリエ(Montpellier)でアルビ派に対する再宣教を行い，その清貧と厳格な生活をさらに徹底させ，真理の言葉の説教活動に没頭した．司教ディエゴは教区長としていったん帰国し，モンペリエへの再宣教を準備中に没した．ドミニクスはその後もフランス南部で10年間説教活動を続けた．
【ドミニコ会の創立】ドミニクスは宣教において女性の役割が極めて重要なことを認識した．そして，1206年アルビ派から改宗させた貴族の子女9人によって，アウグスティヌスの会則と自らの規則による女子修道院をプルイユ(Prouille)の聖マリア聖堂の傍らに設立した．この女子修道会は*祈りと*苦行によって宣教に参加することを主な活動として各地に発展していった．

1208年初頭，教皇使節がアルビ派に暗殺されたことを契機に，アルビ派に対して十字軍が送られた．その間にもドミニクスと協力者たちはアルビ派の地で，日々，生命の危険と生活の窮乏にさらされながらも，トゥールーズの司教フールク(Foulques)の援助を受け，宣教を続けた．

1214年夏，ドミニクスと6人の同志の司祭は*トゥールーズで使徒的修道会の設立に着手し，翌年春，トゥールーズ司教の認可を受けた．その認可状には「我々は，兄弟ドミニクスとその同志を我々の司教区の説教者に任命する．彼らは修道者として生活し，福音的清貧の中に福音を宣教するものである」という，彼らの理念が明確に記されている．13世紀におけるキリスト教変革の機運高揚に対応して，*ベネディクト会に代表される従来の観想修道会とは異なる，当時は司教の特権とされた説教職を恒久的に本来の奉仕職とする教会史上，画期的な使徒的修道会の設立を切望していたドミニクスは，ローマに赴き，教皇インノケンティウス3世に認可を申請した．これに対して，教皇から，既存の修道戒律の選択を行ったうえでの再申請の指示を受け，トゥールーズで同志とともに，アウグスティヌスの会則を選択し，その会則と自分たちの固有の会則を携えてローマに向かった．その途中インノケンティウス3世の訃報に接したが，ローマに到着後，新教皇*ホノリウス3世に認可を申請，1216年12月22日に説教者修道会(Ordo Praedicatorum)設立の正式認可を受けた．ローマ滞在中，ドミニクスは，*フランシスコ会の創立者アッシジの*フランチェスコと会い，平和の抱擁を交わしたとも伝えられている．

ドミニクスはローマで説教師として活躍，教皇付神学者とも呼ばれたが，ほどなくトゥールーズに戻り，1217年8月15日に16名の会員をヨーロッパ各地の大都市に派遣した．自らは再びローマに向かい，後に観想修道女に委譲することになる聖シクスト修道院を設立．また，現在はドミニコ会総本部となっている聖サビナ修道院に滞在し，その間，教会の財産と自由の擁護を誓約する在俗信徒の「イエス・キリストの聖軍会」(Militia Jesu Christi)，教育や福祉に貢献する在俗者の会などのいわゆる*第三会を設立した．

ドミニクスが蒔いた種子は各地で結実し，ローマ，*パリ，*ボローニャなど，当時の各大学都市に会員募集と養成の拠点および*使徒的活動の場としての修道院を設立していった．修道院と会員数が増加するなか，ドミニクスは各地の会員間の統一と，会の発展と適切な運営を実現するための会則の整備に努め，着実に会を組織化

していった．1220年の聖霊降臨の祭日にはボローニャで第1回総会を開催，清貧の*托鉢修道会であることを確認し，学問と観想と宣教の調和，会服の制定などを規定し，毎年総会を開催することを決議した．翌1221年，ボローニャでの第2回総会では，説教者に不可欠な教会の教えの不断の勉学を強調した．総会後，ドミニクスは自らの死が近いことを周囲に語り，後に教皇*グレゴリウス9世となるウゴリノ枢機卿を*ヴェネツィアに訪ねた．7月下旬ボローニャの修道院に帰ると突如高熱を発し，8月6日正午に死去，遺体は同市に埋葬された．1234年，グレゴリウス9世により*列聖．彼の最大の功績は学問研究を*修道生活に組み込んだことにあるといわれ，ドミニコ会は後世の使徒的修道会の模範の一つとなった．

【文献】キ人 978-79; BSS 4: 692-734; Cath. 3: 994-1002; CathEnc 5: 106-109; DHGE 14: 592-608; DIP 3: 948-61; LThK³ 3: 319-20; NCE 4: 964-65; M.-D. ポアンスネ『聖ドミニコ』岳野慶作訳（中央出版社 1982）: M.-D. POISENET, *Saint Dominic*, tr. J. CHAPIN (New York 1963).　　　　　　　　　　　　　　（竹島幸一）

ドミニクス・グンディッサリヌス　Dominicus Gundissalinus （1150頃活躍）　スペインの哲学者，アラビア語文献翻訳者，セゴビアの*助祭長．*アヴィケンナ，*アヴィケブロン，*ガザーリ等のアラビア語の*アリストテレス主義文書に関する多くの文献をラテン語訳した．また自身の著書として『魂について』(De anima)，『魂の不死について』(De immortalitate animae) などのほか，特に影響を及ぼしたものとして『哲学の区分について』(De divisione philosophiae) がある．

【文献】キ人 979; LThK³ 3: 322; NCE 4: 966.
　　　　　　　　　　　　　　　　　　（相原優子）

ドミニク・ド・ラ・トリニテ　Dominique de la Trinité （1616. 8. 4-1687. 4. 6/7）　フランスの神学者，カルメル会員．フランス中部ヌヴェール (Nevers) 生まれ．本名アントワーヌ・タルディ (Antoine Tardy)．16歳で*カルメル会に入会．*パリで誓願後，*ローマで哲学と神学を学び，ローマとマルタ島のカルメル会神学校教授を歴任．1653年マルタ島で修道院長に就任．ローマに帰還後，1659年から65年まで同会総長．主著に『ヨベルの年に関する論議』(Tractatus polemicus de anno jubilaei, 1650) がある．ローマで没す．

【文献】Cath. 3: 1005; DSp 3: 1544-46.　　　（久保文彦）

ドミニコかい　ドミニコ会　〔ラ〕Ordo Fratrum Praedicatorum，〔英〕Order of Friars Preachers, Dominicans，〔独〕Orden der Predigerbrüder, Dominikanerorden，〔仏〕Ordre des Frères prêcheurs, Dominicains

【概要】*ドミニクスによって創立された修道会．正式名は「説教者兄弟会」．キリシタン時代の日本語では，「談義者の門派」，中国語では「道明会」と呼ばれる．現行会憲によれば，広義には，ドミニコ会の宣教における説教・祈り・活動の職分の区別に基づく「司祭修道士および助修道士(第一会)，観想修道女(*第二会)，活動修道女および一般信徒の兄弟姉妹(*第三会)より構成されるドミニコ会的修道家族(〔ラ〕familia dominicana) を総称し，狭義には司祭および助修道士より構成される説教者兄弟会を意味する．しかし第一会から第三会に至るまで，基本的には観想と活動を両輪として「観想し，観想したことを伝える」(contemplari, contemplata aliis tradere) を理想としている．その意味で「説教と救霊のために設立された」(原初会憲の言葉) ドミニコ会において目的とされる説教 (praedicatio) は，*時のしるしを読みつつ未来の人間の在り方を開き示す預言者的で根本的なキリスト教の教えの示しにある．それが場所と聴衆の違いにより，教理的な説教や神秘主義的色彩の濃い修徳的説教を意味し，さらには倫理教訓的説教や教授・著述活動を含む広義の説教を意味する．この目的に至る主な手段が会員の共同生活，清貧・貞潔・従順の三誓願の厳守，典礼・聖務日課(*教会の祈り)や修道規律の遵守，不断の神学的勉学である．

ドミニコ会は，起源的には律修参事会(→カピトゥルム)より派生したもので，*アウグスティヌスの会則と固有の*会憲を遵奉しつつ，古来の修道院制度と12-13世紀の諸福音主義運動の諸特性を独自に総合し，説教者としてのキリストと使徒たちに倣い，観想と使徒的活動の融合を念願した．この使命には，所属観想修道女会と教育・福祉などの活動修道女会，在俗信徒会が各役割をもって参与する．ちなみに「ドミニコ会士」(dominicani) という語の民間語源は，神の真理を擁護する「主の番犬」(主の domini＋犬 canis) にあり，ドミニクスの母が「炬火をくわえて世界を巡る犬」の夢をみたという伝承にも由来する．

【創立・会憲】ドミニクスの新修道会は教皇*ホノリウス3世の1216年12月22日の勅書によって設立が認証され，1217年1月21日の勅書では「説教者」の名称が確認された．1219年12月12日の勅書では*托鉢修道会として認められた．1220年，ドミニクスは教皇勅書により説教者兄弟会の総長に任じられ，同年，*ボローニャで第1回総会が開催された．この総会と1221年の同市での第2回総会とで会憲の根本が定められ，管区制度など組織の基礎が据えられた．

会憲は，第2代総長ザクセンの*ヨルダヌス(在職1222-37)のもとでまとめられたが，第3代総長ペニャフォルトの*ライムンドゥス(在職1238-40)により法文の体裁が整った．この会憲は，その後も総会のたびに増補や教会の諸教令との調整が施されたが，20世紀初頭までの会憲の基礎となった．20世紀には，総長タイスリング(Ludwig Teißling, 1856-1925, 総長在職1916-25)のもとで，1917年の旧『教会法典』を踏まえた改訂が着手され，これは総長*ジレのもとで1932年に完了した．そして第2*ヴァティカン公会議を迎えると，1968年*シカゴのリバー・フォレスト (River Forest) における総会で，同公会議の教えを踏まえた会憲の改訂がなされた．

【組織】会の組織は，民主的原理と中央集権的原理の均衡を示すものと評され，総会・管区・修道院の三つの段階を基本とし，各段階は総長・管区長・修道院長によって統括される．総会は会の執行権，立法権，裁判権，会憲の改定権をもつ最高機関で，管区長と各管区2名の代表から構成される．当初は毎年開催され，1370年以降は2年ごと，1453年以降原則として3年ごとの開催になり，1656年からは主に総長選挙年のみの開催となったが，1891年から再び3年ごとの定期開催となり，今日に至る．総会には，総長(Magister Generalis) を選出するとともに罷免する権限がある．総長は，最初は終身だったが，1804年より6年，1862年より12年，現在では9年

ドミニコかい

を任期とする．総長の居住地は14世紀末に*ローマとなり，当初はミネルヴァ修道院，1936年以降は聖サビナ修道院である．総長は当初，各管区の言語に通じた同伴者（Socii）を一人伴ったが，その数と役割は時代とともに増大し，顧問会，総本部事務局の成立に至った．

管区は少なくとも三つの修道院で構成される会組織における自立的な単位で，管区会議によって運営される．管区会議は，各修道院長とその他の各員代表をもって構成され，当初は毎年開催，1372年からは2年ごと，1629年からは4年ごとが原則となり，今日に至る．*管区長は管区会議による選挙で選ばれ，総長によって認証される（当初は終身だったが，1629年より任期4年）．各修道院は，当初少なくとも12人の会員がいることを原則としたが，16世紀からは6人の場合も生じ，今日ではこれを原則とする．院長は院内選挙で選ばれ，管区長によって認証される．

【典礼】当時，*西方教会の典礼において緩やかな統一性を形成しつつあったローマ・フランク典礼のなかから，*シトー会の典礼や教皇庁典礼の形式などを採り入れながら，会としての統一的な典礼様式を形成した．その成立は会創立と同時に始まり，1254年から56年にかけて，総会長ロマスの*フンベルトゥスの全14巻の著書『説教者兄弟会の様式による典礼』で確立され，1267年教皇*クレメンス4世の勅書によって認証された．時代の経過とともに細部の変更はあったが，*トリエント公会議の後の典礼改革に際してもその伝統を認められて残った．ドミニコ会の特性をなす学問研究，司牧活動の必要と，聖務日課を共唱する*観想生活の理想とを調和させるために，儀礼上簡潔を旨としていたのが特徴である．ただ，終課（*寝る前の祈り）では*サルヴェ・レジナの行列が重んじられた．第2ヴァティカン公会議後の典礼刷新に際し，1969年，会固有の典礼は廃止し，新しいローマ・ミサ典礼書および聖務日課書を採用した．

【歴史：13-15世紀】〔教育制度〕ドミニコの兄弟会創立の動機は，中世封建制とそれを支えた教会制度が揺らぎ，文化や社会が大きく変わる13世紀（大学創立，使徒的民衆運動，都市化など）に都市の人々と真理を学び，それを共有し展開することにあった（観想と活動）．したがってドミニコ会は従来の農村型の大修道院生活に，伝統的な定住や肉体労働に代えて説教・宣教活動とそれに必要とされる勉学を各会員の義務として導入した．これは修道生活史上，画期的なことであった．第2代総長ザクセンのヨルダヌスは会の*召命の特徴を「聖なる生活をし，学び，教えること」（honeste vivere, discere et docere）と称している．博士が一人もいない修道院があってはならないことを原則とし，各修道院そのものが学校組織となり，少なくとも一人の神学教師（doctor, lector）を置き，学監（magister studentium）と院長によって統括されるものとなった．また，管区のなかの主要な修道院は各管区を代表する学院（管区学院）とされ，教師会員の養成・補充，異端の是正，民衆への説教，異文化の地への宣教，*パリ大学の学芸部と神学部の拡大とスコラ的神学の発達に対応した．この上に高等学院として*ストゥディウム・ゲネラーレが設立された．その最初で最も重要なものは，1218年設立のパリのサン・ジャック（聖ヤコブ）修道院に置かれた学院である．同学院は1229-30年にパリ大学神学部の2講座を獲得，ドミニコ会の最も有能な会員の教育の中心地となった．1248年には*ボローニャ大学，*モンペリエ大学，*ケルン大学，その後，*オックスフォード大学，*ナポリ大学，*トゥールーズ大学，*プラハ大学などに設立され，1304年までにはほぼ全管区にストゥディウム・ゲネラーレの設置が命じられた．このように，ドミニコ会の教育は各種の諸学院で行われ，その組織化の進歩性と適切さによって教会諸学校の範型ともなり，大学の設置・発展にも貢献した．

ドミニコ会における教育制度を定めた学事規定を代表するものは，1259年のヴァレンシエンヌ（Valenciennes）での総会で，総長フンベルトゥスの委任により，*トマス・アクイナスや*アルベルトゥス・マグヌスを含むパリ大学の5名の神学博士教授会員によって作成された学事規則である．これは会員一般の教育と大学教授会員の養成を目指す規定であり，当時最も進歩的なものとして後世に多大な影響を及ぼした．

ドミニコ会での教育の内容は聖書や教父著作を中心とする神学を根本としているが，やがて*自由学芸，*自然学，*倫理学，*哲学へと拡大していった．また13世紀のうちから，特に異文化世界への宣教活動と結びついて，外国語教育に重点が置かれ，アラビア語学院（チュニス Tunis，*バルセロナ，ムルシア Murcia，バレンシア Valencia）やヘブライ語学院（バルセロナ，ハティバ Játiva）が設立された．

〔管区と宣教活動〕1221年に，スペイン，プロヴァンス，フランス，ロンバルディア，ローマ，トイトニア（ドイツ），イングランド，ハンガリーの八つの管区が設立され，その後，1228年までにダキア（スカンディナヴィア），ポーランド，ギリシア，聖地の4管区が加わり，1303年には計18管区，修道院数590，会員数約1万を数えた．

中世における宣教活動は，まず管区組織の発達とともに，その近隣地域へと進められていった．スペイン管区ではアラビア人の改宗に重点が置かれ，1225年にはモロッコに進出，やがてチュニスに進んだ．北欧ではイングランド管区，ダキア管区がグリーンランド宣教を進めた．1233年にはドイツ管区がプロイセンの宣教に尽力した．ポーランド管区では*キエフや*グダニスクまで宣教の足を伸ばし，1246年にはロシア，1258年にはルテニアに宣教した．ハンガリー管区は*クマン人やバルカン半島に対する宣教を進めた．

ギリシア管区では*ラテン帝国に定着し，*東方正教会に属する信徒のカトリックへの転向に努め，*コンスタンティノポリス近郊のペラ（Pera，現ベイアール Beyoglu）などに修道院をもった．聖地管区（Provincia Terra Sancta）は，*聖地のすべてのラテン人占領地を管轄した．1289年の*トリポリ占領，1291年の*アッコ陥落によって十字軍都市が終焉を迎え，14世紀初めにはキプロス島の三つの修道院を残すのみとなったが，しかしここでの会の活動はかえって広がりをみせた．聖地管区はアジア宣教の出発点で，1237年には同管区長から，*ヤコブ教会，*ネストリオス派の教会，*マロン教会，イスラム教徒への宣教における成果が教皇に報告されている．ギリシア管区，聖地管区では，近東・南アジアへの宣教に臨んで全会から宣教志願者を募り，14世紀初めにはこれらの宣教者が巡礼者兄弟団（Societas Fratrum Peregrinantium）に組織され，後に管区組織と区別するために*修族（Congregatio）と呼ばれた（17世紀以後は東方修族 Congregatio Orientis）．巡礼者とは，異教の国に宣教や他の目的で旅をし，ある場合にはその地に定住する修道士たちを指す会独自の用語である．東方宣教のなか，アルメニアへの宣教の成果として，*ア

ルメニア教会における伝統的な修道制をドミニコ会の会憲に合わせた教会一致促進修道会 (Ordo Praedicatorum Unitorum) が設立された（後にドミニコ会に併合）.

〔改革〕13 世紀末には内的, 外的な要因から, 初期の熱誠の衰退, 規律の弛緩が生じた. 会の発展のなかで自由献金や施しに頼ることが困難になり, 清貧の原則の維持がしだいに難しくなった. やがて *聖職禄の承認により, 修道院も財産の所有を始め, 個々の会員も定収入を得る許可を得, いわゆる私的生活 (vita privata) が発生した. 14 世紀には黒死病の流行, *アヴィニョン教皇の時代, 続く *教会大分裂, 百年戦争などにより, 会の統治や規律においても混乱が生じた.

このようななかで初期の原則を見直す動きも徐々に現れ, 1380 年に総長に選出されたカプア (Capua) のライムンドゥス (Raimundus, 1330 頃-1399) によって本格的な改革が始められた. シエナの *カテリーナの聴罪司祭であったライムンドゥスは, ローマ教皇の指示を得て使徒的生活 (vita apostolica) の理想を追求し, 原始会則遵守 (Observantia) を目指す改革を始めた. 同様の改革は, 1389 年にはコルマー (Colmar) でプロイセンのコンラート (Konrad, ?-1426) が, 1390 年にはヴェネツィアでヨアンネス・ドミニチ (Joannes Dominici, 1355/56-1419) が行い, 改革は会全体に浸透する勢いを示した. 特にドイツでは, レッツ (Retz) のフランツ (Franz, 1343 頃-1427) やヨハネス・ニーダー (Johannes Nider, 1380 頃-1438) によって改革が進められ, ハンガリーやボヘミアにまで広がった.

理想とされる厳格な清貧が必ずしも現実的ではないことも明らかとなり, 総長バルトロマイウス・テクシエ (Bartholomaeus Texier, 1449 没, 総長在職 1426-49) は, 教皇 *マルティヌス 5 世からの要請に応じて, 1425 年, 各修道院に必要に応じて財産を私有し, 定収入を得ることを許可した. 1475 年には教皇 *シクストゥス 4 世が, *フランシスコ会以外のすべての托鉢修道会に絶対的清貧の義務を解いた.

改革運動は, 従来の管区から独立して直接総長のもとに置かれる修族を設立し, 改革修道院をこれら原始会則遵守派修族に統合する形で進められた. なかでもオランダ修族 (設立 1457) とロンバルディア修族 (設立 1459) は大きな影響力をもった. 改革派修族結成の動きはバンデリ (Vincentius Bandelli, 総長在職 1501-1506), *カイエタヌス (総長在職 1508-18) の頃に頂点に達し, やがて改革修族を管区に組織し, 総会における代表権を与える結果となった (1515 年オランダ修族から低地ドイツ管区, 1530 年トスカーナ修族からローマ管区, 1531 年ロンバルディア修族から聖ドミニコ管区と殉教者聖ペトルス管区など). これに対して改革派ではないいわゆる緩和派 (Conventuale) の修道院は代理区に編入された. このような改革をめぐる進展のなかでも, フランシスコ会とは異なり会そのものの分裂には至らず, 規律と組織の刷新は, 16 世紀からのドミニコ会の活動の隆盛の前提となった.

〔諸活動〕預言的説教を目的とし, そのため異文化を吸収しつつ神学的ヴィジョンを刷新させ, 同時に知恵・真理探究に熱意を注ぎ, *神学教育に重点を置いたドミニコ会からは, 大きな影響力をもった説教師や霊性家が輩出し, 教会における要職において重用された. 優れた説教師としてあげられる人物として, 13 世紀には第 2 代総長ザクセンのヨルダヌス, ブルボン (Bourbon) のステファヌス (Stephanus, 1185/90-1260/61), ヴィチェンツァ (Vicenza) のヨアンネス (Joannes, 1200 頃-1253/56), 14 世紀にはベルガモ (Bergamo) のヴェントゥリヌス (Venturinus, 1304-46) がいる. マイスター・*エックハルト, *タウラー, *ゾイゼらは, *ドイツ神秘主義と呼ばれる新しい霊性の潮流を開いた. 中世末期には, 14 世紀から 15 世紀にかけて *ビセンテ・フェレル, *サヴォナローラら民衆向け説教師が活躍した.

1231 年に教皇 *グレゴリウス 9 世により異端審問裁判所制度が新設されて以来, ドミニコ会は神学的な学識の高さから異端審問官として重用された. 14 世紀に異端審問官を務めた *ベルナルドゥス・グイドーニスや *ニコラウス・エイメリクスは *異端審問の手引書を著し, それらはこの分野の基礎的なものとなった.

時代とともに, 会員のなかからは司教職に就く者が現れ, *名義司教への任命もなされた. また, *インノケンティウス 5 世, *ベネディクトゥス 11 世などの教皇も会員から生まれた. *教皇使節や和平仲介者としても重用され, 諸国の王室の *聴罪司祭として働く会員も現れた.

〔学術〕ドミニコ会の優れた教育制度は中世の知的生活を大きく推進させる原動力となり, 多くの優れた学者が輩出した. アルベルトゥス・マグヌスとトマス・アクィナスはアリストテレス哲学の積極的導入を図り, 神学の大革新をもたらしたが, 彼らのほかにもクレモナの *ロランドゥス, ストラスブールの *ウルリヒ, *ロバート・キルウォードビ, ムールベーケの *グイレルムス, フライベルクの *ディートリヒらは重要な神学的貢献を行っている. サン・シェルの *フーゴは *ウルガタ訳聖書の修正や語句辞典の編纂を行い, 全聖書の注解書も著した. この時代は, 聖書の俗語への翻訳も推進された.

中世異端や他宗教に対する護教論の分野ではトマスの『対異教徒大全』のほか, クレモナ (Cremona) のモネタ (Moneta, ?-1260) の『対カタリ派・ヴァルドー派大全』(Summa adversus Catharos et Valdenses, 1241) や *ユダヤ教に対する信仰弁証論であるライムンドゥス・マルティーニ (Raimundus Martini, 1210/15-1285/90) の『信仰の剣』(Pugio fidei, 1278) があり, モンテ・クローチェの *リコルドゥスもイスラム教への反論を著し, 近世のイスラム教認識に影響を及ぼした.

教会法で大きな業績を残したのは第 3 代総長のペニャフォルトのライムンドゥスで, 彼は教皇グレゴリウス 9 世の命により編纂した『グレゴリウス 9 世教皇令集』のほか『告解大全』でも知られる. 教会史では, 前述のベルナルドゥス・グイドーニスやルッカの *プトレマイオスが重要な貢献をしている. このほか, *『黄金伝説』を著したジェノヴァの大司教ヴァラッツェの *ヤコブス, 百科全書『偉大な鏡』を著したボーヴェの *ヴィンケンティウスがいる.

15 世紀には, トマス主義の擁護者として知られる *カプレオルスのほか, J. *トルケマダは教会論の分野で, フィレンツェの *アントニヌスは倫理神学の分野で, それぞれ新しい領域を開拓した. 文学ではドミニコ会のボッカッチョといわれる *バンデロがいる.

芸術の分野にも貢献し, フィレンツェの *サンタ・マリア・ノヴェラ聖堂をはじめ, ローマのサンタ・マリア・スポラ・ミネルヴァ大聖堂などを代表とする *教会堂建築での会員の活躍は顕著である. 特にドイツでは説教に適した *ゴシック建築のホール式教会 (〔独〕Hallenkirche) が好んで建てられた. 絵画ではフラ・*アンジェ

ドミニコかい

リコと *バルトロメーオが傑出している．

〔信心と霊性〕ドミニコ会の霊性の中心は贖い主としてのキリストに置かれ，中世末期以来の *受難のキリストに対する信心が高まった．コルドヴァのアルヴァロ (Alvaro, ?-1430) は *十字架の道行きの前身となる信心を始めた．これは後にフランシスコ会員によって広められる．シエナのカテリーナはキリストの血による救いを強調し，16世紀の神秘家 *カテリーナ・デ・リッチは受難のキリストをみ，*聖痕を受けた．ドミニコ会の行列儀式書は *四旬節の金曜日に歌う受難賛歌を発達させた．一方，*聖体の信心が奨励され，ステラ (Thomasso Stella, ?-1566) は1530年にローマのサンタ・マリア・ソプラ・ミネルヴァ大聖堂内に *聖体信心会を創立した．

特にドミニコ会と関係の深い信心は *ロザリオで，*アラヌス・デ・ルペがその形式を確立し，1470年にドゥエー (Douai) でロザリオ信心会を創立した．1475年にはケルンでシュプランガー (Jakob Spranger, ?-1495) が同会を始め，ここから全ヨーロッパに広まった．

【歴史: 16-18世紀】〔新世界への宣教〕*宗教改革によりドミニコ会はサクソニア，ボヘミア，ハンガリーなど多くの管区を失い，1561年には *オスマン帝国の進出のためにギリシアと聖地の管区も喪失したが，15世紀末に始まった *大航海時代は海外宣教の範囲を地球大に拡大させ，それは宗教改革で失った管区を補って余りあるものとなった．まず，ポルトガル人とともにアフリカ西海岸から東アフリカ，そこから *インド，*マラッカへと足を伸ばした．アメリカ大陸への宣教拠点は1510年サント・ドミンゴに置かれた (→ ドミニカ共和国)．新世界への宣教のなかで，ペルーで *インディオの人権のために闘った *ラス・カサスの姿は *社会正義のために闘う会の姿勢を代表している．1586年にはアメリカ大陸から *フィリピンへ，1590年には *中国，1601年 (慶長6) には日本，1676年にはトンキン (ヴェトナム) へと進出した．近世期の発展を通じて，1573年には29管区，5修族，3代理区，1720年には34管区，9修族を数えた．

〔学問・教育の振興〕*カトリック改革の機運のなかで学問・教育の復興においてドミニコ会は大きな役割を果たし，やがて17-18世紀の学問の振興において活躍した．宗教改革はカトリック神学の擁護と活性化のきっかけとなり，トマス主義の神学の復興をもたらした．カイエタヌス，*ケリン，*カタリヌス，*プリエリアス，*イソラーニ，J. *ファブリ，トリエント公会議で活躍したドミンゴ・デ・*ソトおよびペドロ・デ・ソトの兄弟など，ドミニコ会の神学者の活躍は目覚ましく，同公会議ではトマス神学が支配的となった．また，この公会議の教えを浸透させるために編纂された *『ローマ・カトリック要理問答』(1566) はドミニコ会出身の教皇 *ピウス5世が同会の神学者に編纂させたものである．また，検邪聖省 (現教理省) の事務局においてもドミニコ会員が要職に配された．

このような神学研究は，スペイン管区をはじめ各地に新設された学院や大学で推進された．1577年に設立されたローマのトマス学院やフィリピンの *マニラに1611年に創立された *サント・トマス大学などが有名である．

このような体制のもと，16世紀から17世紀にかけて，国際法学者として重要な *ビトリア，神学者 M. *カーノ，倫理神学者 B. *メディナ，ポルトガル人哲学者・神学者の聖トマスの *ヨアンネス，実践的神学者にして霊性家 *ルイス・デ・グラナダ，恩恵に関する論争で著名な *バニェスらが知られ，独創的な思想家として *カンパネラもいる．特にルイス・デ・グラナダは *イエズス会の霊性形成に大きな影響を与えるほど当時の西欧で読まれ，キリシタン時代の日本にその著作が翻訳紹介された (*『ぎやどぺかどる』など)．

フランスでは，*宗教戦争の試練を経た後，学問の発展をみた．神学では，*コンタンソン，*ゴネ，グダン (Antoine Goudin, 1639-95)，そのほかビザンティン学創始者 *ゴアール，東方学者ル・キアン (Michel le Quien, 1661-1733)，教父学者 *コンブフィ，教会史家アレクサンドル (Noël Alexandre, 1639-1724)，書誌学者 *ケティフ，*エシャールらが活躍した．18世紀には，イタリアの歴史家として *オルシ，*ママキ，フランスのトマス注解者 *ビリュアール，書誌学者リシャール (Charles-Louis Richard, 1711-94) などが知られる．

【歴史: 19-20世紀】17-18世紀の *ガリカニスムや *ヨーゼフ主義，他の絶対主義による *国家教会主義によって修道会はいずれも圧迫を受け，特に *フランス革命によって壊滅的な打撃を被った．しかし，*ウィーン会議後の復古主義の時代には徐々に復興へと歩み，近代思想と社会のなかで新たな活動を展開した．著名な説教家 *ラコルデールは1850年にフランス管区を再建，会の復興に尽力した．管区の復興・新設は相次ぎ，20世紀初頭には28管区，5修族を数えるに至った．

19世紀は，近代的思潮を前にトマス思想の新たな復興期 (→ 新トマス主義) を迎えた．この時期を代表する哲学者・神学者 *ツィリアラは，教皇 *レオ13世と共同で『*アエテルニ・パトリス』，*『レルム・ノヴァールム』を執筆した．ほかに，A. M. *ヴァイス，*ユゴン，*ガルデイユ，*ラミレス，*セルティヤンジュらがいる．霊性神学では *ガリグー・ラグランジュが大きな影響力をもった．聖書学・考古学の分野では，1890年 *エコール・ビブリックを創立した J. *ラグランジュと同研究所の ド・*ヴォー，*ヴァンサンらが，死海での考古学的発掘や *死海文書の研究に多大な貢献をした．社会倫理の著作でも知られ，ドミニコ会史研究所を創立した *ジレ，神秘主義の研究を基礎づけた中世史家 *デニフレも重要である．

19世紀末から20世紀にはドミニコ会が担う神学教育・研究機関も近代的態様を整えた．ローマのトマス学院は1909年，教皇庁立のアンジェリクム学院となり，1963年聖トマス・アクィナス大学となった (→ 教皇庁立大学)．マニラのサント・トマス大学は1902年から教皇庁管轄大学となり，1947年にはフィリピン・カトリック大学となった．このほか *フリブール大学，ワシントン大学，*サラマンカ大学，オタワ大学の神学部などで運営を担うほか，モントリオール大学中世研究所 (1942)，カイロの *ドミニコ会東方研究所，パリのロシア正教研究所 (Centre Istina, 1936) などが活動している．

また，教会芸術の分野においてドミニコ会は，「アール・サクレ」(L'art sacré) の運動により現代化を率先して進めた (→ 20世紀のキリスト教美術と建築)．

第2ヴァティカン公会議の時代を迎えると *コンガール，*シェニュ，*スキレベークスらが現代的な神学の革新のために大きな役割を果たしている．

19世紀半ばからの復興努力により，1876年の会員数約3,300から，第2ヴァティカン公会議直後の1966年の約1万人まで増加を続けたが，その後は漸減している．

【現勢】1999年現在，修道院数626，会員6,371(うち司祭4,768).

【第三会】ドミニコ会の理念は在俗信徒にも多くの影響を与え，ドミニコ会と似た生活を個人または共同体で送る人々が多数生まれた．ドミニクス在世中に設立されたイエス・キリストの聖軍会 (Militia Jesu Christi) はその先駆である．また多くの信徒たちを堅固に結びつけ，ドミニコ会の指導に従う聖ドミニコの回心の兄弟姉妹会が形成され，第7代ドミニコ会総長ザモラのムニオ (Munio de Zamora, 在職 1285-91) はこれに規則を与え，紆余曲折の後，1405年，教皇 *インノケンティウス7世によって最終認証を得た．第三会はやがてドミニコ会の改革運動のなかで発展し，15世紀にはドミニコ会第三会の名称で知られるようになり，シエナのカテリーナはその模範的な人物として敬われた．近世からはリマの *ローザ，*ルイ・マリー・グリニョン・ド・モンフォールらが輩出した．第三会には厳密には，信徒会員による在俗第三会と，修道院での共同生活を採用する律修第三会(通常は誓願を立てるが，誓願のない場合もある)からなるものがあり，律修第三会としては *ラコルデールが1852年に創立した聖ドミニコの教育第三会 (Tiers-Ordre-enseignant de Saint Dominique) があるほか，律修女子第三会は多数創立された．19-20世紀には律修第三会修族の発展をみ，多くは教区での福祉事業を推進した．

在俗第三会に関しては，ムニオの規則に基づき1923年に「聖ドミニコの『在俗第三会』兄弟姉妹の規則」が教皇 *ピウス11世によって認証されたが，これは第2ヴァティカン公会議後の1969年に改訂され，従来のドミニコ会第三会という名称を廃止し，信徒の神学に依拠する「聖ドミニコ信徒兄弟会 (Fraternitas laicales) の規則」となった．

【文献】資料: T. RIPOLL, A. BREMOND, eds., *Bullarium Ordinis Fratrum Praedicatorum*, 8 v. (Roma 1729-40); V. M. FONTANA, ed., *Constitutiones, declarationes et ordinationes capitulorum generalium* (Roma ²1872); B. M. REICHERT, ed., *Acta capitulorum generalium Ordinis Praedicatorum*, 9 v. (Roma 1898-1904); A. MORTIER, *Histoire des maitre généraux de l'Ordre des Frères Prêcheurs*, 8 v. (Paris 1903-20); L. ROUSSEAU, *De ecclesiastico officio Fratrum Praedicatorum secundum ordinationem Humberti de Romanis* (Roma 1927); A. WALZ, *Compendium historiae Ordinis Praedicatorum* (Roma ²1948); T. KAEPPELI, *Scriptores Ordinis Praedicatorum medii aevi*, 4 v. (Roma 1970-93).

叢書: ASOFP 1 (1893-); MOFPH 1-25 (1896-1966); AFP 1 (1931-).

その他: CathEnc 12: 354-70; Cath. 4: 1618-28; DIP 4: 923-70; DHGE 18: 1369-410; DMA 4: 242-55; LMit 3: 1192-220; LThK² 3: 483-93; LThK³ 3: 309-18; NCE 4: 974-83; TRE 9: 127-36; 竹島幸一「13, 14世紀におけるドミニコ会の教育」『中世の教育思想(下)』教育思想史4, 上智大学中世思想研究所編(東洋館出版社 1985) 57-82; 同『聖父ドミニコを仰ぎて——聖ドミニコ会カナダ管区来日五十年記念』(聖ドミニコ会聖トマス学院 1978); 宮本久雄「ドミニコの霊性と説教者兄弟会」『宗教言語の可能性』(勁草書房 1992) 153-81; W. R. BONNIWELL, *A History of the Dominican Liturgy 1215-1945* (New York ²1945); G. M. SÖLCH, *Die Eigenliturgie der Dominikaner* (Düsseldorf 1957); A. H. THOMAS, *De oudste Constituties van de Dominicanen* (Leuven 1965); W. A. HINNEBUSCH, *Dominican Spirituality* (Washington, D.C. 1965); ID., *The History of the Dominican Order*, 2 v. (New York 1966-73); M. H. VICAIRE, *Dominique et ses prêcheurs* (Fribourg 1977); ID., *Histoire de saint Dominique*, 2 v. (Paris 1982); I. W. FRANK, *Die Bettelordensstudia im Gefüge des spätmittel-alterlichen Universitätwesens* (Stuttgart 1988); D. M. ABRESCIA, *Laici Domenicani* (Gavirate 1989); K. ELM, ed., *Reformbemühungen und Observanzbestrebungen im spätmittelalterlichen Ordenswesen* (Berlin 1989); P. LIPPINI, *La vita quotidiana di un convento medievale* (Bologna 1990).

【日本のドミニコ会】〔第1期: 1602-37〕日本宣教の第1期においては，*日本205福者，*トマス西と15殉教者が会の存在を雄弁に物語っている.

日本への最初の宣教にあたったのは，1582年9月15日付の教皇 *グレゴリウス13世の *小勅書によって認可され，1587年7月22日にマニラで設立されたドミニコ会ロザリオ管区である．会員の日本への渡来は，1592年に *コボがフィリピン総督使節として派遣され，名護屋で豊臣秀吉に謁見したのが最初だが，本格的な宣教が始まるのは，管区長 *フアン・デ・サント・トマスが1601年(慶長6)に薩摩藩主・島津家久(1576-1638)と交渉し，宣教師を迎え入れる旨の回答を得てからである．F. *モラレスを長とし，*メニャ，T. *スマラガほか2名の会員からなる宣教団が1602年7月3日，薩摩の *甑島(こしき)に上陸した．同地での宣教はあまりはかどらなかったが，3年後京泊(現鹿児島県川内市)に教会堂を建てると，そこでは多くの信者を集めた．1609年薩摩藩における迫害が始まると，肥前に拠点を移し，*長崎，京都 (*都)，*大坂にも進出した.

1612年の *慶長十七年禁教令に始まる迫害に際して，それまで来日していたメニャ，*オルファネル，A. *ナバレテ，モラレス，スマラガらは多くは長崎に集結，潜伏しつつ活動を続けた．1617年(元和3)，大村領の村々で，アウグスチノ会の *アヤラとともに，信者を鼓舞すべく活動していたナバレテは斬首刑に遭い，背信者の *立帰りに奔走したスマラガも逮捕，投獄された．さらに1618年には，長崎奉行 *長谷川権六によって *オルスッチ，*フアン・デ・サント・ドミンゴらも逮捕，投獄され，翌年5月フアンは獄中で病死した．1622年9月10日には長崎で，モラレス，メニャ，*オルスッチ，*ホセ・デ・サン・ハシント，オルファネルらが処刑され，9月12日にはスマラガが殉教した.

日本での仲間の迫害や殉難の報に接して，さらにマニラから日本に向かう宣教師も現れた．1620年6月にはL. *フロレスがアウグスチノ会員 *スニガとともに日本に向かうが，途中，外国船に拿捕され，*平戸へ連行，1622年8月長崎で火刑に処せられた．1621年7月には *カステリェト，*バスケスが長崎に到着，1623年6月には *ドミンゴ・デ・エルキシア，*ルカス・デル・スピリト・サント，L. *ベルトランらが鹿児島に到着した．このうち，バスケスは1623年に逮捕，翌年処刑され，大村で司牧活動をしていたベルトランも1626年に捕らえられて翌年7月処刑，1628年6月にはカステリェトも逮捕されて長崎に送られ，9月に処刑された．1617年から1628年(寛永5)までに殉教したドミニコ会の宣教師や修道士，第三会員，信徒は，他の修道会の会員とともに日本205福者に列せられている.

ドミニコかいとうほうけんきゅうじょ

　このような危機にある日本の教会を応援しようと，マニラからはさらに1632年8月に *ホルダン・デ・サン・エステバン，日本人司祭・朝長五郎兵衛(*ヤコボ・デ・サンタ・マリア)らの一団が長崎に到着し，長崎・大村領内で司牧にあたったが，1633年には殉教者をみた．1634年8月にはホルダン・デ・サン・エステバンと日本人司祭トマス西(トマス・デ・サン・ハシント)が長崎で捕らえられ，11月西坂で殉教した．日本にドミニコ会員がいなくなったことを知ったロザリオ管区本部は，次にサント・トマス大学学長 *アントニオ・ゴンサレスをはじめ，*ミゲル・デ・アオザラサ，*ギョーム・クルテ，*ビセンテ・デ・ラ・クルスらを派遣した．1636年7月，一行は琉球に到着したが，直ちに捕らえられ，1637年9月までに拷問の末または処刑によって殉教した．1633年，1634年，1637年に殉教した司祭らは「トマス西と15殉教者」として列聖されている．

　〔第2期：1904年以降〕近代・現代には，ドミニコ会ロザリオ管区，カナダ管区のほか，*ドミニコ宣教修道女会，*ドミニコ女子修道会や信徒兄弟会など修道家族全体での宣教・司牧・学術研究・教育・黙想指導・福祉事業などの活動が活発に展開されている．

　ロザリオ管区からは1902年(明治35)，サント・トマス大学の司祭二人が科学調査のために来日し，管区長の意向を伝え大阪司教 *シャトロンと協議した．これを踏まえ，教皇庁布教聖省(現，福音宣教省)は1904年1月27日付の布告をもって，四国を大阪司教区から分離，四国知牧区を設立したうえで，これをロザリオ管区の担当とした．*アルバレスが初代知牧に任命されて来日，ドミニコ会日本地区長を兼務しながら多くの教会を設立した．以後，1923年(大正12)には雑誌『小羊』を創刊(-1940)，1925年にはマニラからドミニコ宣教修道女会を招き，松山に美善女学校(→ 聖カタリナ女子大学)を設立した．太平洋戦争によって宣教は妨げられ，多くの教会を失い，戦後は愛媛地区のみの担当となる．1951年(昭和26)には男子学校として松山に愛光学園(現，愛光中学校・高等学校)を設立した．管区日本本部は現在松山市に置かれる．

　1911年に設立されたドミニコ会カナダ管区は，1927年12月30日付の教皇庁教令により，*パリ外国宣教会が担当していた函館司教区を任されることになり，1928年に4人の会員が来日．*デュマが函館教区長に就任し，現在の札幌・仙台教区を含む当時の函館教区に，多くの修道会を招いた．1936年，函館教区長となった *ルミューは，教皇庁の許可を得て *司教座を仙台に移し，これを *仙台司教区と改称，同年司教叙階を受けた．太平洋戦争の勃発によりルミューは仙台司教を辞任し，カナダに帰国．戦後，カナダ管区は福島県の宣教・司牧を担当する．同管区所属の *プーリオが1946年に京都市に創立した聖トマス学院は，その後約30年にわたって関西における中世哲学研究の拠点となった．1948年より同学院付指導司祭となった *エグリは京都大学で中世哲学を講ずるかたわら，ヴェリタス書院を開設して翻訳出版にもあたった．カナダ管区日本本部は現在，東京に置かれる．

【文献】カ大4: 31-34；日キ歴957-58；J.G.バリヤス編『星に輝く使徒』佐久間正訳(中央出版社1970)；J.デルガド・ガルシア編『オルファーネル：日本キリシタン教会史』井手勝美訳(雄松堂書店1977)；片岡弥吉『日本キリシタン殉教史』(時事通信社1979)；聖ドミニコ修道会『信仰の血証し人：日本ドミニコ殉教録』岡本哲男訳(カトリック聖ドミニコ修道会1988)；J.デルガード・ガルシア編『アドゥアルテ：日本の聖ドミニコ―ロザリオの聖母管区の歴史(1581年～1637年)』佐久間正，安藤弥生訳(カトリック聖ドミニコ会ロザリオの聖母管区1990)：D. ADUARTE, *Historia de la Provincia del Sancto Rosario de la Orden de Predicadores en Philippinas, Iapon, y China* (1640; Madrid 1962-63).

(竹島幸一，宮本久雄)

ドミニコかいとうほうけんきゅうじょ　ドミニコ会東方研究所　Institutum Dominicanum studiorum orientalium　1949年エジプトの *カイロに *イスラム教やアラブ文化研究を目的として *ドミニコ会の会員により開設され，1953年研究所として正規に発足する．古今東西の関連文献を数多く有し(1992年現在，蔵書約7万冊，専門誌約400種)，研究や研究者育成と交流，出版(例えば，*Mélanges de l'Institut dominicain d'études orientales*)，近年ではイスラム教とキリスト教間の対話の維持と相互理解の促進にも貢献している(→諸宗教評議会)．
【文献】DHGE 25: 1310-12.
(清水宏)

ドミニコじょししゅうどうかい　ドミニコ女子修道会　〔仏〕Congrégation Romaine de Saint Dominique,〔略号〕C.R.S.D.　女子修道会.
【沿革】正式名称は，聖ドミニコのローマ女子修道会で *ドミニコ会の律修女子 *第三会．1959年の修道者聖省(後の奉献・使徒的生活会省)の認可書により，それまで存在していたフランスの五つの女子修道会の統合によって誕生した．五つの修道会とは次の通り．(1) 1852年に *パリで創立された，いと尊きロザリオ修道会(Dominicaines du Très Saint-Rosaire de Sèvres)．(2) 1853年，ナンシー(Nancy)に創立された聖ドミニコ修道会(Congrégation de Saint-Dominique)．(3) 1621年，*シャロン・シュール・ソーヌで創立された聖三位一体修道会(Congrégation des dominicaines de la Sainte-Trinité)．(4) 1876年，アルダンガン(Hardinghen)で創立された聖心修道会(Dominicaines du Sacré-Cœur de Jésus)．(5) 1829年，バール・ル・デュック(Bar-le-Duc)で創立された，ロザリオの聖母と聖トマス・アクイナス修道会(Congrégation de Notre-Dame du Saint-Rosaire et de Saint-Thomas d'Aquin)．これら五つの修道会はそれぞれドミニコ会に所属する会であったので，統合後に新しい会としてドミニコ会への所属を願い出て，1960年に認可された．

【創立者】五つの会にはそれぞれ創立者と呼ばれる人たちがいるが，どの会も最初の養成は，1206年 *ドミニクスによりフランスのプルイユ(Prouille)で創立された聖ドミニコ女子修道院の流れを汲む修道院から派遣された修道女たちによってなされた．したがって，教会の声，時代と場所の声に応じて個々の創立者があったとはいうものの，もともとは一つの修道家族であり，特に統合後は，創立者というとき，個々の会の創立者ではなくドミニクスに遡る．

【性格】ドミニクスが創立した会は「説教者会」(Ordinis Praedicatorum)と呼ばれている．この名称は彼が欲し，*教皇から受けたものである．すなわち，ドミニコ会はみことばの宣教のために集まった同志の会であり，このことのために存在する．会の統治も生活様式も，すべてこのことのためにある，というよりも，すべてがみ

ことばの宣教でなくてはならない．みことばの宣教は，ただ口を通して言葉でなされるだけではなく，それ以上に，存在様式，行動そのものによってなされるからである．ドミニコ会に所属する本修道会も，同じ目的を生きるものとして，時代と場所に応じていろいろな形をとりながら，みことばの宣教を行っている．

【現勢】施設 83，会員数 670 名(1997 年現在)と，決して会の規模は大きくはないが，前掲の五つの会がそれぞれ遠隔の宣教地をもっていたため，地理的には非常に広い地域で活動している．会員の約半数が在住するフランスでは，幼稚園から大学までのいろいろな段階・形式での教育・寮・司牧・看護，移民や難民の食卓奉仕や識字教育，美術館や教会の観光案内など，それぞれの才能と養成に応じて，みことばの宣教の奉仕に務めている．ベルギーでは主に移民の識字教育が行われているが，弁護士として，経済的手段をもたない人には無料で，滞在の合法化や人権擁護のための弁護をしている会員もいる．スイスでは，司牧・寮・教育・社会福祉などが行われている．イタリアでは，祈りと勉学による神の探求の家を運営するほか，司牧・学校教育・識字教育に携わっている．スペインでは，特に若者の司牧活動・学校教育（一つは知的障害者のための職業訓練学校）・社会福祉，同じ労働に携わりながらの労働者との連帯などの活動をしている．スウェーデンでは，テレビ・ラジオ・新聞などマスコミを通じての説教・インタビュー・論説，さらに *黙想会や講習会の指導，正義と平和の運動などが行われている．植民地時代の痛手からいまだに抜け切れないベニンでは，あらゆる形での自立の援助をしている．特に妊婦や乳幼児の衛生・食事指導，足や脚の障害の治療とリハビリ，遠隔地の子女のための学生寮，職業教育・識字教育，西アフリカのフランス語圏のための出版など多様な活動がなされている．カナダでは司牧・教育・諸集会の指導および場所提供など，アメリカ合衆国では司牧・教育，疎外された人々の世話，先住民居住区（ナバホ族）での宣教・司牧・翻訳活動など，ブラジルでは司牧・教育，農村での職業訓練と自立援助（農業・畜産・養蜂・裁縫等），*教会基礎共同体の支援，土地問題への関わりなど，パラグアイでは日本人移住者，パラグアイ人，ブラジル人，グアラニ族の間での宣教・司牧活動などに従事している．

【日本での活動】1959 年（昭和 24），現在の聖ドミニコのローマ女子修道会が誕生したとき，会員はすでに来日していた．最初の来日は 1931 年で，統合した五つの会のうちの一つである聖ドミニコ修道会から 5 人が派遣された．来日後まもなく，門前に置かれていた幼児を引き取って育て始めたのがもとで生まれた天使園は，社会福祉法人ロザリオの聖母会の経営する仙台天使園として今日に受け継がれている．一時，幼稚園も開いたが，第 2 次世界大戦により中断した．教会活動，語学教室，病院訪問なども行った．現在の活動は次の通り．仙台では，養護施設仙台天使園で両親の離婚・別居，暴力・貧困などの犠牲となっている 2 歳から 18 歳までの子どもたちの養育を受け持つ．このほか，幼稚園，小学校，高等学校を通しての教育，教会活動，自然のなかでの祈りや集会の場の提供，訪問活動なども行っている．東京では，教会活動，幼稚園から高等学校までの学校教育，社会福祉関係のボランティア活動，外国人労働者との関わりなどに努めている．京都では，教会活動，幼稚園教育，ボランティア活動が行われている．1993 年現在，在日会員数は 80 名．総本部：ローマ．日本本部：仙台市．

【文献】日キ歴 762; AnPont (1999) 1556; Cath. 3: 986-93; DIP 3: 852. 　　　　　　　　　　(武田教子)

ドミニコせんきょうしゅうどうじょかい　ドミニコ宣教修道女会　〔西〕Hermanas Misioneras de Santo Domingo,〔英〕Congregation of Religious Missionaries of St. Dominic,〔略号〕O.P.　　女子修道会．

【創立】男子 *ドミニコ会ロザリオ管区によって，1688 年ドミニコ会律修女子 *第三会が *マニラで創立．遠近四つの国に散らばるドミニコ会修道女たちは 1933 年マニラにおける第 1 回の総会により「聖ドミニコ宣教修道女会」という正式名によって新組織となり，男子修道会の管轄から独立する．

【霊性】*ドミニクスと同じ招きに応えた姉妹たちの自発的な共同体．ドミニコ会の霊性に倣って，各人がキリストに従い，「巷の観想」と，その溢れる愛の体験を人々に差し出すことを目的に，誓願生活と共同の祈り，聖母 *マリアへの孝愛と，福音に奉仕するための勉学を大切にし，新しい *カリスマに対して開かれている．

【日本での活動】1925 年（大正 14）男子ドミニコ会ロザリオ管区によって愛媛県松山市に女学校が設立され，スペイン人修道女 2 名とマニラで養成を受けた日本人修道女 1 名が招聘された．1933 年に修練院を開設．日本での宣教活動は多彩であるが，最初の女学校から聖カタリナ学園として幼稚園，高校，短期大学，大学へと成長（→聖カタリナ女子大学），ほかに聖マルチン病院と特別養護老人施設等がある．

【現勢】1997 年現在，会員数：631 名．総本部：ローマ．在日会員数：104 名．日本における活動地域：東京，名古屋，大阪，京都，長崎，高松の各教区．日本本部：愛媛県松山市．

【文献】日キ歴 762; AnPont (1999) 1674. 　　(丹下令子)

ドミニス　Dominis, Marcus Antonius de (1560-1624. 9. 8)　クロアティア出身の神学者，著述家，教会政治家．アルベ島（現クロアティアのラーブ島）に生まれ，*ローマで没す．1579 年 *イエズス会に入会したが，1596 年退会．1600 年セグニ（Segni, 現クロアティアのセニェ Senj）の司教，1602 年スパラトゥム（Spalatum, 現スロヴェニアのスプリト Split）の大司教になる．教皇の *首位権をめぐってローマと *ヴェネツィアの抗争が起こると，ヴェネツィアを支持．ローマ教会との関係が悪化した 1616 年，大司教の職を辞してイングランドに渡り，イングランド国教会（→聖公会）の会員となる．イングランドで主著『教会的共和制』(De republica ecclesiastica, 1617-20) の第 1 部を出版し，ローマ教会を批判．教皇 *グレゴリウス 15 世のときにローマ教会と和解し，1622 年イングランドから戻るが，グレゴリウス 15 世の死後，*異端の嫌疑を受けて投獄され，*異端審問の途中に死去．

【文献】LThK[3] 3: 324; NCE 4: 933; ODCC[3] 463.

(久保文彦)

ドミニチ　Dominici, Maria Enrichetta (1824. 10. 10-1894. 2. 21)　イタリアの修道女．ピエモンテ州カルマニョーラ (Carmagnola) のボルゴ・サルサジオ (Borgo Salsasio) で生まれる．1850 年に *トリノの御摂理のアンナ姉妹会 (Suore di Santa Anna della Provvidenza) に入会．1860 年から 33 年間コレラ患者看護の模範として働くと同時に会の指導にあたった．トリノで没す．1943 年に列福調査開始．

ドミヌム・エト・ヴィヴィフィカンテム

【文献】BSS 4: 756-57; LThK² 3: 478. （宮崎正美）

『ドミヌム・エト・ヴィヴィフィカンテム』 **Dominum et vivificantem** 教皇 *ヨアンネス・パウルス2世が1986年5月18日に発表した，教会のなかで働く *聖霊に関する *回勅．表題は「主であり，生命を与える者」の意味．つねに聖霊が *神の民である教会の意識のなかに *三位一体の神に対する信仰を呼び起こしてきたことを指摘し，現代においても教会が「生命の与え主」である聖霊に近づくようにと促す．
【原典】AAS 78 (1986) 809-900.
【邦訳】石脇慶總，宮越俊光訳『聖霊―生命の与え主』（カトリック中央協議会 1995）． （高柳俊一）

ドミンゲス **Dominguez, Emiliano** (1879. 11. 12-1942. 11. 13) ドミニコ会員．スペインのクエンカ県タランコン (Tarancón) に生まれ，1895年 *ドミニコ会に入会，オカーニャ (Ocaña) とアビラ (Ávila) で学ぶ．1903年叙階され，台湾を経て1904年（明治37）に創設された四国知牧区に派遣された5人のうちの一人であった．1905年徳島，続いて愛媛県南部に新しい布教地を開き，それを宇和島に移して1913年（大正2）現在の宇和島教会の地に初めて教会等を建設．1916年高知の修道士学校の校長となり，1922年小神学校の校長となる．その後徳島の主任司祭になり，1935年（昭和10）から40年間ドミニコ会管区長代理を務める．奉仕的精神に富み，若い宣教師に良い影響を与えた．また日本語が流暢で，日本人の思想・習慣等をよく理解し，これにより日本の教会の宣教に大いに貢献した．
【文献】V. アリバス，C. プエブラ『日本のドミニコ会75周年記念』桝谷節子，端史江訳（ドミニコ会 1979）; R. マカリオ『四国キリシタン史』一色忠良訳（四国キリシタン史刊行委員会 1969）: R. MACARIO, *Christianos Antiguos de Shikoku* (Manila 1968). （J. デルガード）

ドミンゴ・デ・エルキシア **Domingo (Ibañez) de Erquicia** (1589. 2. 8-1633. 8. 14) *トマス西と15殉教者の一人．キリシタン時代の宣教師，殉教者，ドミニコ会員．日本名，太右衛門．スペイン北部ギプスコア県レーヒル (Regil) に生まれる．1604年 *ドミニコ会に入会，翌年誓願を立てる．1611年 *マニラに渡り，翌年司祭叙階．1623年（元和9）来日．翌年1月頃から *長崎付近で宣教活動を開始．1625年（寛永2）管区長代理となるが辞して京都（*都），*大坂で宣教．1627年管区長代理に再選されたため長崎に戻る．同年より長崎奉行 *水野守信は激しいキリシタン迫害を開始，信徒は山に逃れた．1629年 *竹中重義が長崎奉行になると，以前に増して検挙は峻烈を極めた．この間ドミンゴ・デ・エルキシアは潜伏キリシタンの援助を続けていたが，危険が迫り筑前に移る．1630年再び長崎に戻り，信徒の援助活動を行い，外国人で彼以上働いた宣教師はいないと書き残されている．長崎奉行は彼の人相書を配り，ついに1633年8月4日長与にて逮捕される．*大村牢に入れられた後，8月11日長崎に移され，13日穴吊りの拷問刑に処せられ，翌日殉教．
【文献】D. アドゥアルテ『日本の聖ドミニコ』佐久間正，安藤弥生訳（ロザリオ聖母管区本部 1990）．
（J. デルガード）

ドミンゴ・デ・バルデラマ **Domingo de Valderrama** （生没年不詳） ドミニコ会ロザリオ管区司祭．スペイン人で，1610年以前に *マニラに到着している．1612年（慶長17）*ドミニコ会の宣教師 A. *ナバレテとともに日本に派遣され，同年 *長崎のサント・ドミンゴの修道院に着任．ここで日本語を習うとともにドミニコ会宣教師たちの補助をするが，1614年11月に他の在日宣教師とともにマニラに追放される．1616年までマニラに滞在していたことが，その年のロザリオ管区総会議事録に記されているが，その後スペインに帰国した． （J. デルガード）

ドーム 〔英〕dome, 〔独〕Kuppel, 〔仏〕cupole, dôme, 〔伊〕cupola 建築用語で半球状の円天井，円屋根，円蓋をいう．底面は円形あるいは楕円形，多角形をしており，最も単純なものは円筒形の基部に半球状のドームを載せたものである．基部が多角形の場合はドームとの間にペンデンティヴ（球面三角形の部材）を挟む．ドームは古代ローマ建築の一つの特徴であり（例えば *パンテオン），さらに *ビザンティン建築において発達した（例えば *ハギア・ソフィア大聖堂）．ルネサンス時代には，*フィレンツェの *サンタ・マリア・デル・フィオーレ大聖堂（*ブルネレスキ設計）や *ローマの *サン・ピエトロ大聖堂（*ミケランジェロ設計）など大ドームが建築された．
【文献】DA 9: 82-86. （木戸口智恵）

ドムス・フォルマータ **domus formata** 1917年公布の旧『教会法典』488条5項によれば，ドムス・フォルマータとは，6人以上の立誓願者を有する「正規修道院」であり，聖職者修道会（→修道会）では，そのうち少なくとも4名が *司祭であることを義務づけられていた．それ以下の人数のものは「非正規修道院」（〔ラ〕domus non formata) とされた．*修道院の活動や性格からではなく，*修道者の人数によって区別がなされて，非正規修道院が地区 *裁治権者の特別な監督のもとに置かれた（旧『教会法典』617条2項）ことから，正規修道院とは地区裁治権者からの *免属を主張する拠点の意味であったことがわかる．今日では，免属についての考え方が変わったため，現行の『教会法典』では，正規修道院と非正規修道院の区別はない．
【文献】DIP 2: 625-30; DMC 2: 184-90; LThK² 3: 503; B. PRIMETSHOFER, *Ordensrecht* (Freiburg ²1979) 38; K. LÜDICKE, ed., *Münsterischer Kommentar zum Codex Iuris Canonici*, v. 2 (Essen 1989). （濱田了）

トムソン **Thompson, Francis** (1859. 12. 18-1907. 11. 13) イギリスの詩人．ランカシャーのプレストン (Preston) で医者の家庭に生まれる．両親共にカトリック信者であった．イングランド北部の神学校アショウ・コレッジで学ぶが，司祭になるのを断念し，マンチェスター大学のオウェンズ・コレッジに転じて医学を学ぶ．しかし医者になるのを嫌悪し，文学で身を立てようと *ロンドンに出てくるが，元来の病弱な健康状態に苦しみ阿片常用者となり，マッチを売ったり客のために辻馬車を呼んだりしてわずかな金を稼ぎながら赤貧の生活を送る．1888年にカトリック雑誌に詩を投稿したことから編集者の *メネル夫妻に注目され，夫妻の援助によって病気の治療を受け，詩作に励むことができるようになった．1889年から96年にかけて詩作に集中し，『詩集』(Poems, 1893)，『姉妹』(Sister Songs, 1895)，『新詩集』(New Poems, 1897) を出版する．特に『詩集』

のなかの「天の猟犬」(The Hound of Heaven) は，神との葛藤に苦悩する近代人の内面を描いた詩として名高い．1897年以降は雑誌に評論を多く寄稿するようになる．これら晩年の評論のなかでは，死後出版された『シェリー論』(Essay on Shelley, 1909) と *イグナティウス・デ・ロヨラの伝記 (Life of St. Ignatius Loyola, 1909) がよく知られている．肺病のためロンドンの病院で死去． (山本浩)

ドムノス1世〔アンティオケイアの〕 Domnos I
(?-272頃) シリアの *アンティオケイアの主教(在職268-71)．ペルシア占領下のアンティオケイアの主教デメトリアノス (Demetrianos, 在職253-60) の息子． *マルキオンとともに父の後任サモサタの *パウロスの教説や行いを批判．パウロスが *アンティオケイア教会会議で *破門になると，主教に選出される(268頃)．パウロス支持派の妨害により着座できず，271年頃 *アウレリアヌスの支持を得てようやく着座した．
【文献】NCE 4: 995. (相原直美)

ドムノス2世〔アンティオケイアの〕 Domnos II
(5世紀) シリアの *アンティオケイアの主教 (在職441-49)．前任者アンティオケイアの *ヨアンネスの甥でメリテネの *エウテュミオスのもとで育つ． *キリスト単性説の傾向をもつとして *エウテュケスを最も早い時期に弾劾した一人．アレクサンドリアの *ディオスコロスにより主教の座を追われ，青年期を過ごしたエウテュミオスの *ラウラに隠棲した．
【文献】NCE 4: 995. (相原直美)

ドメニキーノ Domenichino (1581-1641)
イタリアのボローニャ派の画家．本名はドメニコ・ザンピエーリ (Domenico Zampieri)． *ボローニャに生まれ， *ナポリで没す．カルヴァールト (Denys Calvaert, 1540頃-1619) の工房を経て，カラッチ一族のアカデミーで学ぶ．デッサンを重視し， *ラファエロを模範とすることで，カラッチ門下のなかでもとりわけ古典主義的な作風を創り上げた．1602年に *ローマに出て，A. *カラッチのファルネーゼ宮の装飾に協力し，『一角獣を伴った貴婦人』などを描いた．1609年に A. カラッチが没した後，ローマにおける指導的な画家の一人となり，ローマとその近郊の宮殿やヴィラ(別荘)や礼拝堂の重要な装飾に携わった．代表作は1614年に制作された『聖ヒエロニムスの最後の聖体拝領』(ヴァティカン絵画館)である．
【文献】DA 10: 88-93；小学館美術全集 16: 138-40. (本間紀子)

ドメニコ〔ソーラの〕 Domenico (951-1031. 1. 22)
聖人(祝日1月22日)，イタリアの修道院長．イタリアのフォリーニョ (Foligno) で生まれ，ソーラ (Sora) で没す．幼少期からフォリーニョの修道院で教育を受け，同地で叙階される．ピエトラ・デモーネ修道院の修道者でありながら，近くの山で *隠修士として暮らす．スカンドリリア (Scandriglia) のサン・サルバトーレ修道院(986)をはじめとする多くの修道院を創立．1011年頃よりソーラに創立した修道院の院長．民衆の教化に務めた．
【文献】LThK³ 3: 323；NCE 4: 968. (相原優子)

ドメニコ・サヴィオ Domenico Savio (1842. 4. 2-1857. 3. 9)
イタリアの聖人(祝日3月9日)． *トリノに近いリーヴァ (Riva) に鍛冶屋と女仕立屋の10人の子どもの一人として生まれ，アスティ (Asti) のマンドニオ (Mandonio) に没す． *ジョヴァンニ・ボスコの知遇を得，彼のもとで霊性を養う．若い頃から規則の遵守，博愛，助言の才， *エウカリスティアの尊重などの徳を備えていた．1857年，おそらく結核が原因で両親のもとに帰り，死去．彼の死後，ジョヴァンニ・ボスコはサヴィオの聖性を記録する伝記を記した．1950年列福，1954年 *列聖．
【文献】NCE 12: 1104; J. Bosco, *The Life of St. Dominic Savio*, tr. P. ARONICA (New Rochelle, N. Y. 1954). (山口和彦)

ドメニコ・デラ・マドレ・デ・ディオ Domenico della Madre di Dio (1792. 6. 22-1849. 8. 27)
福者(祝日8月27日)．ヴィテルボ (Viterbo) 近郊で生まれる． *御受難修道会に入会(1814)．翌年誓願を立て，1818年に *ローマで司祭叙階．哲学・神学を講じ(1815-31)，ルッカ (Lucca) の修道院長(1831-33)，南イタリアの管区長を務める(1833)．後にイギリスへ渡り(1841)，スタッフォードシャーのアストン (Aston) で，イギリス最初の御受難会修道院を創設(1842)， *ニューマンの改宗を助ける(1845)．イギリスのレディング (Reading) で死去．1963年10月27日に列福される．
【文献】BSS 4: 688-90; LThK³ 3: 323; NCE 2: 91; 10: 413, 1061. (宮崎正美)

とゆ 塗油 〔ラ〕unctio, 〔英〕unction, anointing, anointment, 〔独〕Ölung, Salbung, 〔仏〕onction

【宗教学的な意味】ウンクティオ (〔ラ〕unctio) とは，元来，何らかの効能があるとされる物によって人や物に触れることを広く意味し，中東をはじめとする諸文化圏・諸宗教の間で実践され，医療や社会制度上の目的，また精神性，宗教性が渾然一体となった行為を指す．これは，物を媒介とし，各種の共同体のなかで意味をもつ世俗的・宗教的な効果を目的とする行為である．その背景には，人間を精神と肉体に二分せず，一つの全体としてみようとする文化がある．もろくて傷つきやすい人間の条件に意味を与え，物心両面にわたる美容・健康の回復等の効果やスポーツにおける効用，さらに宗教的・社会的な強化に力があるものとされた．

【油を塗ること】この行為には，油脂をはじめ，血，水，唾液など多様な材料が使われた．イスラエルのエジプト脱出に際しては戸口に塗られた血が主の *過越のしるしとなり(出12: 13)，イエスが唾でこねた土を目に塗ると，唾をつけたのでみえるようになったとある(ヨハ9: 6)．なかでも人や物に *油を塗り，注ぎかけることには，古来特別の重きが置かれてきた．その主要目的は *聖別することにあった．聖書によると，石や *契約の箱や *幕屋の家具，王や *司祭も聖別の対象となった．特に選ばれた人物には神聖な地位が与えられ，通常の生活から取り分けられ，神の祝福と加護を受け，神に対する責任の授与のシンボルになった．イスラエルの未来の解放者は *メシア(油注がれた者)と呼ばれ，この称号から「キリスト」というギリシア語が新約聖書に登場した．

【典礼における役割】現代のカトリック教会では， *洗礼の前後， *堅信， *司教叙階式， *司祭叙階式， *病者の塗

とよたみつぎ

油の秘跡のなかで塗油を行う．いずれも人生の節目においてそのつど，人が神のものとして選別され，強められるプロセスである．さらに*献堂式では*祭壇の奉献，壁・鐘などの*祝別に用いる．物体への塗油は，神が教会を通して行う目にみえない働きを，みえる形で表そうとするものである．祭壇への塗油は，祭壇を油注がれた者，頭であるキリストのシンボルとする．壁の12か所ないし4か所への塗油は，聖堂を*天のエルサレムに重ね合わせ，*会衆を塗油された者，キリストの体とするものである．こうして共同体全体が塗油され，キリストの体である教会として奉献される．

叙階式や献堂式での塗油は，最初からのものではなく，中世のゲルマン民族，特に*フランク族の教会で行われた行為が*ローマ典礼に影響を与えて加えられ，10世紀頃には西方全域に定着したものである．これに先立って王侯に塗油する習慣が中世以降19世紀まで行われていた．これも古く旧約聖書の影響を受けて中世の7世紀，西ゴートに登場し，*カロリング朝の時代に広まったもので，政治と宗教の結びつきを示すものであった．ただし，*司教や*司祭の叙階式とは，塗油する部位や油の種類の違いをつけることで差別化を図っていた．第2*ヴァティカン公会議によって開始された典礼刷新の歩みは，塗油の実行形式を，複雑煩多なものから簡潔なものに縮小し，構成し直して，本来の意味が明確になることを目指している．

【文献】旧新約聖書大832; NCE 1: 565-68; NDSW 49-56; ODCC³ 73; J. G. DAVIES, ed., *A New Dictionary of Liturgy and Worship* (London 1986) 511.　（福地幹男）

とよたみつぎ　豊田みつぎ　(1774-1829. 12. 30)

江戸後期，キリシタン宗義を受法し，*大坂で処刑された宗教者．

越中の農家に生まれ，山城国井院村に移住．下女奉公から遊女を経て京都で陰陽師・斎藤伊織と結婚．夫の駈け落ち後，易占稲荷明神下々の看板を掲げ，加持祈祷を業とした．他方で利瑪竇(M.*リッチ)の*『天主実義』など漢籍の禁書類を読み，独自のキリシタン信仰に到達していた．*水野軍記と知り合い，30日に及ぶ浴水修行を経て1810年(文化7)軍記の説く切支丹天帝如来に帰依．1827年(文政10)大坂の門人・京屋さのが摘発されて発覚．大坂東町奉行所の掛与力・大塩平八郎(1793-1837)らの取調べにより，類門の一味数十人が召取りになり，宗団は壊滅した．幕府評定所は，以後の取締りのため処分を厳科と決定し，大坂三郷を引き廻しの末に磔刑に処した．同時期における漢籍天主教書の密行と，有識者のキリシタン宗門への関心の高まりを示すものとして注目される．

【文献】幸田成友「大塩平八郎」『幸田成友著作集』5 (中央公論社1972) 79-241; 海老澤有道「幕末禁教下におけるキリスト教的信仰の形成」『維新変革期とキリスト教』(新生社1968) 11-62; 箭内健次編『通航一覧続輯』1 (清文堂1968).　（清水紘一）

とよとみひでよし　豊臣秀吉　(1537. 3. 17-1598. 9. 18)　安土桃山時代の武将．

【生涯】尾張国愛知郡中村の出身．*織田信長に仕え，草履取りからの累進．1573年(天正1)近江長浜城主．1582年の本能寺の変後に台頭．1585-92年関白．その間惣無事を令し，1587年九州を平定，1589年小田原の北条氏を下し戦国乱世に終止符を打った．また太閤検地を全国的に遂行し兵農を分離，近世封建社会の基本構造を確定させた．1592年(文禄1)朝鮮出兵．1595年跡継ぎの関白秀次を高野山で自殺せしめ，専制政治を行った．晩年新八幡神となることを望み，伏見城で死去．死後朝廷から豊国大明神の神号を贈られた．

【対外政策】関白就任の頃から大陸侵略構想を表明．1590年李朝の朝鮮使節を京都の聚楽第で引見．1592年肥前名護屋に本陣を据え*小西行長らを先鋒とし朝鮮に出兵．緒戦で明の国境まで進軍させたが，翌93年1月明軍と戦い碧蹄館で辛勝．同年明使に和議7箇条を提議し1596年同国使を迎えたが，実態が「日本国王」冊封と知り拒絶．1597年再出兵し(慶長の役)南朝鮮の一部を占拠したが，1598年の秀吉自身の死により撤兵した．朝鮮出兵と前後して高圧的な外交を展開．フィリピン等の諸国に入貢を促す国書や使節を派遣し，対外関係を閉塞させた．

【キリシタン政策】公認から禁制へ展開した．1586年大坂城で*イエズス会日本準管区長G.*コエリョと接見し，日本布教を許可する印判状を発給．翌87年博多で同許可状の趣旨を覆す*伴天連追放令を発し，日本を神国，キリスト教を邪法として*宣教師の国外退去を命じた．ただし*南蛮貿易の断絶を恐れ，1591年*天正遣欧使節を引率した巡察師*ヴァリニャーノをインド使節として引見した．1592年には*長崎の教会施設を破壊したが，翌93年宣教師若干名の長崎逗留を認めた．1596年土佐に*サン・フェリペ号事件が生ずると，*フランシスコ会の会員ら26名を長崎で磔刑に処した(→日本26聖人)．

【文献】大日本史料，第11編；宮川満『太閤検地論』全3巻(1959; 御茶の水書房1981); 朝生直弘「豊臣政権論」『日本歴史9 近世1』(岩波書店1963) 159-210; 松田毅一『秀吉の南蛮外交』(桃源社1972); 桑田忠親『豊臣秀吉研究』(角川書店1975); 三鬼清一郎「太閤検地と朝鮮出兵」『岩波講座日本歴史・近世1』(岩波書店1975) 81-116; L. フロイス『日本史』全12巻，松田毅一，川崎桃太訳(中央公論社1977-80); 三鬼清一郎編『豊臣政権の研究』戦国大名論集18(吉川弘文館1984); 藤木久志『豊臣平和令と戦国社会』(東京大学出版会1985); 杉山博編『豊臣秀吉事典』(新人物往来社1990); 北島万次『豊臣政権の対外認識と朝鮮侵略』(校倉書房1990).

（清水紘一）

ドライ　Drey, Johann Sebastian von　(1777. 10. 16-1853. 2. 19)

ドイツのカトリック教理学者，教理史家．キリンゲン(Killingen)に生まれ，テュービンゲン(Tübingen)で没す．1801年司祭叙階．1806年ロットヴァイル(Rottweil)の神学校教授，1812年エルヴァンゲン大学教授(護教論，教理学，教理史)．1817年同大学が閉鎖されるとテュービンゲン大学に移り，1846年まで同大学カトリック神学部教授．1819年に『テュービンゲン神学季刊誌』(Tübinger theologische Quartalschrift)をグラーツ(Peter Alois Gratz, 1769-1849)，*ヒルシャーらとともに創刊．自らカトリック教理学関連の論文を書き，カトリック・*テュービンゲン学派の指導的神学者として活躍．主著は『護教論』全3巻(Die Apologetik als wissenschaftliche Nachweisung der Göttlichkeit des Christentums in seiner Erscheinung, 1838-47)．カトリック教会の歴史のうちに保持されている神の*啓示をすべての神学諸科目の基礎として論じ，現代のカトリック神学の科目である*基礎神学の先駆的

内容となっている．弟子には＊メーラー，J.＊クーン，＊シュタウデンマイアー，ベルラーゲ（Anton Berlage, 1805-81），ディーリンガー（Franz Xaver Dieringer, 1811-76）らがいる．
【文献】カ大 3: 792-93; キ人 983; Cath. 3: 1085-86; LThK³ 3: 373; NCE 4: 1060-61. （久保文彦）

ドライザー　Dreiser, Theodore　（1871. 8. 27-1945. 12. 28）　アメリカの小説家．インディアナ州テレ・ホート（Terre Haute）にカトリック教徒の父，クエーカー教徒（→キリスト友会）の母のもと，13人兄弟の末子として生まれた．6歳のとき，カトリック教会付属学校に入学するも，家族の不和と経済的困窮のため，一家は離散．高校中退後，さまざまな職業を転々とした後，新聞記者，雑誌記者となり，ノリス（Frank Norris, 1870-1902）に出会う．ノリスの勧めで書いた処女長編小説『シスター・キャリー』（Sister Carrie, 1900）は，内容が不道徳だという理由で世に受け入れられなかった．続く『ジェニー・ゲルハート』（Jennie Gerhardt, 1911）で名声は定まったが，それはアメリカ読者階級の受容の変化を表すものであった．その後，「欲望三部作」といわれる『資本家』（The Financier, 1912），『巨人』（The Titan, 1914），『禁欲の人』（The Stoic, 1947），神を冒瀆し風俗を乱すという悪徳防止協会からの非難があった『天才』（The Genius, 1915）などを発表．『アメリカの悲劇』（An American Tragedy, 1925）はアメリカ＊自然主義文学の最高傑作との声もある．＊社会進化論に影響を受け，環境や遺伝に左右される人間を描いたドライザーの作品は，20世紀アメリカ・リアリズム文学の原点といえる．ハリウッド（Hollywood）で死去．
【文献】P. L. GERBER, *Theodore Dreiser* (New York 1964). （山口和彦）

トライチュケ　Treitschke, Heinrich von　(1834. 9. 15-1896. 4. 28)　ドイツの歴史家，政治評論家．＊フライブルク大学，キール大学，＊ハイデルベルク大学，＊ベルリン大学の教授を歴任．主著は『19世紀ドイツ史』（Deutsche Geschichte im 19. Jahrhundert, 1879-94）である．『プロイセン年報』（Preußisches Jahrbuch）の編集者でもあり，1871年から84年までドイツ国会議員でもあった．政治家としては，＊ビスマルクを支持した．トライチュケの国家主義的な立場や＊反ユダヤ主義は反論も受けたが，19世紀後半のドイツでは，その著作は広く読まれて大きな影響力をもった．
【文献】H. ROSSLER, ed., *Biographisches Wörterbuch zur deutschen Geschichte*, v. 3 (München ²1953 1973-75) 2927-30; G. イッガース「ハインリヒ・フォン・トライチュケ」早島瑛訳，H. U. ヴェーラー編『ドイツの歴史家』2（未来社 1983）135-65: G. IGGERS, "Heinrich von Treitschke," *Deutsche Historiker*, v. 5, ed. H. U. WEHLER (Göttingen 1973). （山本尚志）

ドライデン　Dryden, John　（1631. 8. 9-1700. 5. 1）　イギリスの詩人，劇作家，批評家．ノーサンプトンシャー（Northamptonshire）の＊ピューリタンの家庭に生まれる．ウェストミンスター校と＊ケンブリッジ大学のトリニティ・コレッジに学んだ後，共和国政府で O.＊クロムウェルの側近として働き，クロムウェルの死に際しては『英雄的詩節』（Heroique Stanza's, Consecrated to the Glorious Memory of His Most Serene and Renowned Highnesse Oliver Late Lord Protector, 1658）を書いている．が，1660年に＊チャールズ2世が即位して王政復古がなるとすぐに王党派に鞍替えし，『帰れる星』（Astraea Redux, 1660）その他の詩で新王に賛辞を与えた．この後十数年にわたり，喜劇・悲劇・悲喜劇等あらゆるジャンルの戯曲を書き続けて劇壇を支配するとともに，自作に付した序文等で文学理論家・批評家としても重きをなした．その間，1668年には桂冠詩人にも任ぜられた（が，1688年の革命によってその座を追われることになる）．劇作と並ぶ彼のもう一つの真骨頂は諷刺にあり，この方面の代表作は1681年の政治的諷刺詩『アブサロムとアキトフェル』（Absalom and Achitophel）である．彼は1682年にイングランド国教会（→聖公会）の＊ヴィア・メディアを支持する『俗人の宗教』（Religio Laici）を書いたかと思えば，カトリック信徒であるジェイムズ2世（James II, 在位 1685-88）の即位後は自らもカトリックに改宗し，ローマ・カトリック教会を褒め讃える『雄鹿と豹』（The Hind and the Panther, 1687）を書いた．このように，彼の宗教的立場は，時の権力の移動に合わせるかのように，ピューリタン的信条に始まりイングランド国教会支持を経てカトリック教会の賛美にまで行き着き，後世，無節操と謗られる原因となった．ただし，1688年の革命でプロテスタント勢力が権力を得た後も，ついにカトリック信仰を捨てることはなかった．
【文献】L. I. BREDVOLD, *The Intellectual Milieu of John Dryden* (Ann Arbor 1934); P. HARTH, *Contexts of Dryden's Thought* (Chicago 1968). （舟川一彦）

トラヴァーズ　Travers, Walter　（1548頃-1643）ピューリタン指導者．＊長老制を主張．＊ケンブリッジ大学のクライスト・コレッジに学びトリニティ・コレッジのフェロー（1567）．＊ジュネーヴで＊ベザと親交をもち，＊ピューリタンの指導者となる．＊三十九箇条を拒否，聖書講義者として活躍．トリニティ・コレッジ初代学長も務める（1595）．
【文献】キ人 984; キ大 760; NIDChC 983; ODCC² 1391. （高橋章）

トラヴェルサーリ　Traversari, Ambrogio　（1386. 9. 16-1439. 10. 21）　福者（祝日11月20日），イタリアの人文主義者，カマルドリ修道会総会長．＊ラヴェンナの南西ポルティコ（Portico）の出身．1400年，＊フィレンツェで＊カマルドリ修道会に入会．ギリシア教父の著作の翻訳者，蔵書家として著名で，人文主義者と交流．会の綱紀刷新を図り，1431年に＊総会長に選出される．＊バーゼル公会議では皇帝＊ジギスムントに対して教皇＊エウゲニウス4世を代弁し，1438年の＊フィレンツェ公会議ではギリシア語の知識を活かし，東方教会との対話に尽力した．
【文献】BSS 12: 641-46; DHGE 2: 1127-29; DThC 1: 953-54; LThK² 1: 431; LThK³ 1: 498; NCE 1: 376; C. SOMIGLI, T. BASGELLINI, *Ambrogio Traversari* (Bologna 1986). （田渕文男）

トラウベ　Traube, Ludwig　（1861. 6. 19-1907. 5. 19）　ドイツの古文書学者，中世ラテン語学者．早くから本文校訂に才能を示し，ミュンヘン大学で学位（1881）および教授資格取得（1888）．1902年同大学中世ラテン語学教授となる．ドイツ中世の史料集（『モヌメ

トラクテリアニズム

ンタ・ゲルマニアエ・ヒストリカ』略号 MG）の編纂や著書を通じてラテン古文書学研究の発展に貢献した．
【主著】 *Poetae latini aevi Carolini*, 1886-96; *Textgeschichte der Regula St. Benedicti*, 1898.
【文献】 LThK² 10: 323; NCE 14: 264. （相原優子）

トラクテリアニズム　Tractarianism　*ニューマンなどの *オックスフォード運動初期の名称．機関誌『トラクト』(Tracts for the Times, 1833-41) に由来する．『トラクト』は当初，数頁の小冊子であったが，しだいにイングランド国教会（→ 聖公会）の使徒継承性を主張する学術論文と 17 世紀の同教会の神学者による著述の抜粋を掲載するようになった．1841 年 1 月 25 日の第 90 号に掲載されたニューマンの有名な論文「三十九箇条のある箇所に関する論述」(Remarks on Certain Passages in the Thirty-Nine Articles) は大きな物議を醸し，この機関誌は廃刊のやむなきに至った（→ 三十九箇条）．
【文献】 NCE 14: 222; ODCC³ 1634. （高柳俊一）

トラクトうんどう　トラクト運動　→ トラクテリアニズム

トラクル　→ トラークル

トラークル　Trakl, Georg　(1887. 2. 3-1914. 11. 3) オーストリアの詩人．*ザルツブルクに生まれる．第 1 次世界大戦の過酷な体験をもとにした初期表現主義を代表する詩は，フランス象徴派の影響と麻薬中毒からくる幻覚によって終末的世界を紡ぎ出している．キリスト者としての自覚がありながらも，詩的世界にのみ神の本質を認めようとする姿勢によって彼の生涯は貫かれている．ポーランドの *クラコフにて没す．
【著作校訂版】 *Dichtungen und Briefe. Historisch-kritische Ausgabe*, 2v., 1969.
【文献】 RGG³ 6: 986-87; *Der Literatur Brockhaus*, v. 3 (Mannheim 1988) 537-38; 三枝紘一『G. トラークル研究』（創栄出版 1995）． （富田裕）

ドラクロア　Delacroix, Eugène　(1798. 4. 26-1863. 8. 13) フランス・ロマン主義の画家．*パリ近郊のシャラントン・サン・モーリス (Charenton-Saint-Maurice) に生まれ，パリに没す．新古典主義の画家ゲラン (Pierre Guérin, 1774-1833) のアトリエに入門するが，兄弟子のジェリコー (Jean Louis Théodore Géricault, 1791-1824) の劇的な作風や，ルーヴル美術館でみた *ルーベンスや *ヴェネツィア派の作品に傾倒する．*ダンテの『神曲』に取材した『ダンテの小舟』(1822) や，ギリシア独立戦争を題材とした『キオス島の虐殺』(1824) など，多彩な画題を，動きのある構図，強烈な色彩，生き生きとした筆致で描いた．1830 年の七月革命に心を動かされ『民衆を導く自由の女神』を制作した．1832 年に政府使節の随員としてモロッコやアルジェリアを訪れたことが，彼の作品に大きな変化をもたらす．帰国後の作品『アルジェの女たち』(1834, 以上すべてルーヴル美術館）には，明るい光と色彩が認められる．ブルボン宮などの重要な公共建造物の装飾も手がけ，1861 年には最後の大作，パリのサン・スルピス聖堂天使礼拝堂の装飾を行った．文筆活動も盛んで，日記や書簡集，評論集が没後に出版されている．
【文献】 小学館美術全集 20: 85-140, 411-23; DA 8: 637-48; NCE 4: 725-26; L. JOHNSON, *The Paintings of Eugène Delacroix: A Critical Catalogue*, 6 v. (Oxford 1981-89). （賀川恭子）

ドラコンティウス　Dracontius, Blossius Aemilius　(450 頃-496 以降) 5 世紀後半に活躍した北アフリカの法律家で詩人．*カルタゴの生まれ．6 歩格の詩を得意とし，*ウェルギリウスの影響がみられる．*自由意志と *運命の問題や神の *摂理と *罪と *悪の存在についてうたった．東ローマ皇帝 *ゼノをたたえる詩を作り，ヴァンダル王グンダムント (Gundamund, 在位 485-96) の逆鱗に触れ投獄された．このとき王に許しを乞うた詩『充足』(Satisfactio) と『神賛美』(De laudibus Dei) が知られている．
【文献】 キ人 986; NCE 4: 1031; LThK³ 3: 360-61; F. J. E. RABY, *A History of Secular Latin Poetry in the Middle Age*, v.1 (Oxford ²1957) 105-106. （高松誠）

ドラッカー　Drucker, Peter Ferdinand　(1909. 11. 19-) *ウィーン生まれのアメリカ合衆国の経営学者．フランクフルト大学を卒業後，イギリスに渡る (1933)．経済記者を経て渡米 (1937)，大企業のコンサルタントとして活躍の後，ニューヨーク大学等で教鞭をとった．独自の立場から，産業文化を研究．経済人が中心となる自由競争主義の崩壊と *ファシズムの登場という歴史的な状況のなかで「機能しうる自由な産業社会」の構築を目指し，その解答を企業経営や経営者の在り方に求めた．
【主著】 *The End of Economic Man: A Study of the New Totalitarianism*, 1939: 岩根忠訳『経済人の終わり』（東洋経済新報社 1963）; *Post-capitalist Society*, 1993: 上田惇生他訳『ポスト資本主義社会』（ダイヤモンド社 1993）． （細川甚孝）

ドラットル　Delattre, Louis-Alfred　(1850. 6. 26-1932. 1. 11) フランスの考古学者で，カトリック司祭．ルーアンの北ドヴィル・レ・ルーアン (Deville-lès-Rouen) に生まれ，*カルタゴで没す．1872 年に *助祭となった後，アルジェ (Alger) に渡り，大司教 *ラヴィジュリによって新たに設立された *白衣宣教会の修練院に入る．1875 年にカルタゴのサン・ルイ礼拝堂付司祭となる．古代カルタゴの遺跡発掘の使命を与えられ，以後 50 年以上にわたってこの仕事に従事し，数多くの古代カルタゴの墳墓や，同地のキリスト教関連の遺跡を発見する．
【文献】 DHGE 14: 174-76. （二川佳巳）

ドーラード　Dourado, Constantino　(1567 頃-1620. 7. 3) キリシタン時代の *イエズス会の日本人会員．肥前 *諫早の出身．*有馬の *セミナリヨに学び，1582 年（天正 10），*ヴァリニャーノによって *天正遣欧使節の随員に加えられ，ヨーロッパで活版印刷技術を習得した．帰国途中の *ゴアで *原マルティノのヴァリニャーノへの謝辞 (Oratio habita a Fara D. Marino, 1588) の出版に際して組版を担当したのに始まり，その後の *キリシタン版の出版に寄与した．帰国後の 1595 年（文禄 4）イエズス会に入会．ヴァリニャーノの第 3 次 *巡察 (1598-1603) の際の秘書，また，有馬のセミナリヨ

のラテン語教師を務め，*長崎へ移転後のセミナリヨでは鍵盤楽器の演奏なども教授した．1514 年の禁教令で*マカオに追放され，1516 年，*マラッカで司祭に叙され，18 年にはマカオのセミナリヨの院長となった．マカオで死去．
【文献】J. F. SCHÜTTE, Monumenta Historica Japoniae, 1 (Roma 1975).　　　　　　　　　　　（尾原悟）

ドラヌー　→　ジャンヌ・ドラヌー

ドラピエ　Drapier, Guy　（?-1716.12.2）　フランスのカトリック神学者，司祭，著述家．パリ北部の町*ボーヴェの生まれ．戦闘的なジャンセニスト（→ジャンセニスム）として知られ，1656 年頃 *トゥールーズの大司教ド・マルカ (Pierre de Marca, 1594-1662) と論戦を交わし，1659 年には著書が禁書になっている．
【文献】Cath. 3: 1082-83.　　　　　　　　（久保文彦）

トラピスチン　→　厳律シトー会

トラピスト　→　厳律シトー会

ド・ラ・メネ　→　キリスト教教育修士会

トラヤヌス　Traianus, Marcus Ulpius　（53. 9. 18-117. 8. 8）　ローマ皇帝（在位 98-117）．スペインのイタリカ (Italica, 現在の *セビリャ近郊) 生まれ．父が元老院身分獲得．軍事経歴で頭角を現し，91 年執政官就任．97 年，軍を中心に幅広い支持を受けていたため，老皇帝 *ネルウァの養子に迎えられ共同統治者となる．翌年ネルウァが没すると単独皇帝となる．属州出身の最初の皇帝．広く人材を登用し，内外に積極的な政策を推進し，対外的には *アウグストゥス帝以来の守勢政策を放棄しダキア (Dacia, 現ルーマニア)，*メソポタミア，*アッシリア等へ進出して *ローマ帝国の最大版図を達成．また内政においてはアリメンタ制 (Alimenta 救貧制度) 導入や公共事業の拡大，元老院との協調等をなし，高い評価を得る．彼はキリスト教を非公認宗教と規定し，ビテュニア (Bithynia, 現トルコ北西部) 総督 *プリニウスの問い合わせに対し，キリスト教徒は処罰対象であると指示したが，同時に積極的に捜索する必要はなく，また改宗すれば自由とし，匿名の告発は受理してはならないとも指示したと伝えられる（プリニウス『書簡』第 10 巻，96-97）．116 年，病身を押して軍を率いて南メソポタミアの反乱を鎮圧したが，翌年，帰還の途上に*キリキアで没し，養子 *ハドリアヌスに帝位が継承された．
【文献】LThK² 10: 303-304; LThK³ 8: 357-58; RGG³ 5: 418; M. BUNSON, Encyclopedia of the Roman Empire (New York 1994) 424-25.　　　　　（長谷川岳男）

トラヤヌスのちょくれい　トラヤヌスの勅令　*『プリニウスの手紙』には，当時ビテュニア総督であった小 *プリニウスが，皇帝 *トラヤヌスに宛てた，現地のキリスト教徒への対応に関する問い合わせと，それに対する皇帝の指示が収められている（10: 96-97）．そしてそこでのトラヤヌスのキリスト教に対する規定が 112 年のトラヤヌスの勅令である．そのなかでトラヤヌスは，キリスト教徒を積極的に探索すべきではないこと，告発されてキリスト教徒であることが明らかになった場合は処罰の対象となるが，告発されても伝統の神々を礼拝して自らのキリスト教信仰を否定するならば許されるべきこと，かつてキリスト教を信仰していたとしても，棄教（→信仰離反）するならば寛容されるべきこと，キリスト教徒であることに関する匿名の告発は証拠として有効性をもちえぬこと，などを規定している．この勅令は，実際にはすでに非公認宗教であったキリスト教を，ローマ史上初めて公式に非公認としたものといわれるが，他方すでに実施されていたキリスト教の取締りに関して（アンティオケイアの *イグナティオスらが殉教した），原則を変更することなく寛容の度合いを広げたものとの評価もある．
【文献】NCE 14: 231; 下中彌三郎編『世界歴史事典』24 (平凡社 1955) 162-63.　　　　　　　（長谷川岳男）

ド・ラ・リュー　De la Rue, Pierre　（1460 頃-1518. 11. 20）　フランドル出身の作曲家．*シエナ大聖堂やブルゴーニュ宮廷で活躍し，マルグリット・ドートリシュ (Marguerite D'Autriche, 1480-1530) や若き日の*カール 5 世に仕えた．30 曲余りの *ミサ曲をはじめ，数多くの *モテットやシャンソンを作曲し，*ジョスカン・デプレと並ぶ，*ルネサンス中期の代表的作曲家として知られている．
【文献】NGDM 10: 473-76.　　　　　　　（金澤正剛）

トランセプト　〔英・仏〕transept，〔独〕Querschiff　聖堂の主軸に直交し，*内陣と外陣の間に置かれる空間．交差部と袖廊部からなるが，袖廊部のみをトランセプトと呼ぶこともある．フランスの大規模な聖堂では，しばしばトランセプトの端にも扉口が設置されていることがある．トランセプトを 2 本設ける例は特にイギリスでみいだされ，この場合，西正面側から第 1 トランセプト，第 2 トランセプトと呼ばれる．
【文献】新潮美術辞典 793, 1047-48; 小学館美術全集，ゴシック 1.　　　　　　　　　　　　（守山実花）

トーランド　Toland, John　（1670. 11. 30-1722. 3. 11）　イギリスの思想家．アイルランドに生まれる．*エディンバラ，*ライデン等で学んだ後，オックスフォードに至る．同地で『非神秘的キリスト教』(Christianity Not Mysterious) を公刊 (1696)．当時の*理神論論争の火に油を注いだかたちになり，その後死ぬまで迫害の憂き目をみる．一時 *ダブリンに逃れたが，アイルランド議会によって捕縛後追放．最後の 25 年間はイギリスと大陸の間を転々とし，『セリーナへの手紙』(Letters to Serena, 1704) の *唯物論を経て，『汎神論典範』(Pantheisticon, 1720) でスピノザ主義にたどりついた．*ロンドン近郊で死去．トーランドのいわゆる理神論に直接の影響を与えたのは，*ロックの『キリスト教の合理性』(1695) ではなく，むしろ『人間悟性論』(1690) である．ロックの知識論を利用して，キリスト教には理性を超えたものが一切存在しないことを論証しようとした．*啓示とは秘跡的なもののベールをはぐことだと主張した．トーランドの立場は正確には理神論者のそれというよりも，むしろ *自由思想家のそれだったとされている．
【文献】キ人 961; LThK² 10: 234; L. STEPHEN, History of English Thought in the Eighteenth Century, 2 v. (London 1876).　　　　　　　　　　　（朝広謙次郎）

とりいりゅうぞう　鳥居龍蔵

(1870. 4. 4–1953. 1. 14)　人類学・民族学・考古学者. 徳島の出身. 1898 年 (明治 31) 東京帝国大学助手, 以後, 同大学講師, 国学院大学教授を経て, 1928 年 (昭和 3) 上智大学文学部長となる. 1949 年には *北京の燕京大学客員教授となり, 1951 年辞任. この間, 鳥居人類文化研究所を創設, 世界人類学連盟学院会員でもあった. 肺炎のため, 東京で死去.
(尾原悟)

ドリエド　Driedo, Juan

(1480 頃–1535. 8. 4) *宗教改革の時代のカトリック神学者. 現ベルギーのダリスドンク (Darisdonck) に生まれ, *ルーヴァンで没す. *ルーヴァン大学で神学を学び, 1512 年に神学博士となり神学部教授に就任. 1515 年司祭叙階, 神学部長となる. 1518 年と 1533 年には総長を務める. *ルターが当時の教会を批判し神学的な数々の問題提起を行った際に, ローマ教皇の陣営でルターの学説に対抗したのが, ドリエドを代表とするルーヴァン大学の神学者たちである. 著作に『教会論』(De ecclesiasticis scripturis et dogmatibus, 1533),『人類の捕囚と贖いについて』(De captivitate et redemptione humani generis, 1534),『恩恵と自由意志について』(De gratia et libero arbitrio, 1537),『キリスト教の自由について』(De libertate christiana, 1540) などがある. カトリックとプロテスタントが神の *恩恵と人間の *自由意志をめぐる論争を広げるなかで, 彼の著作はしばしば引用された.
【文献】Cath. 3: 1087; DSp 3: 1717-18; LThK³ 3: 374.
(久保文彦)

トリエント　Trient

イタリア北部の大司教区. またその *司教座のある都市の独語名. イタリア語ではトレント (Trento). アディジェ川のほとりの人口約 10 万 (1994 年現在) のトリエント市は, *ローマ帝国の支配下でトリデントゥム (Tridentum) と呼ばれ, ランゴバルド王国, フランク王国の支配を経て, 952 年にドイツ王国の一部となる. 1545-63 年に当地で第 19 回公会議 (*トリエント公会議) が開催された. 1816 年オーストリア領となり, 1919 年にイタリアに帰属した. 現在はトレンティーノ・アルト・アーディジェ (Trentino-Alto Adige) 州の州都で, 同州のイタリア語地域にあたるトレント県の県都でもある.
【司教区の歴史】4 世紀に司教区, 5 世紀には *アクイレイアの属司教区として史料に登場する. 司教であるトレントの *ウィギリウスは, 周辺地域への宣教の本格化に道を開いた. 6 世紀半ばに起こった *三章論争では, アクイレイアとともに一時ローマ教会と分裂した. 11 世紀初期, 皇帝が寄進した所領を基盤に領国を形成した司教は帝国諸侯を称したが, 司教領は 1803 年に世俗化され, *チロルと合併された. 1751 年のアクイレイアの管区大司教座の廃止でゴリツィア (Gorizia) の属司教区となり, 1772 年に免属司教区となったが, 1825 年に *ザルツブルクの属司教区とされた. 1920 年に再び免属司教区となり, 1929 年には免属の大司教区となった. 1964 年に教区内のドイツ語地域が切り離されて *ブリクセン教区と合併され, これによって生まれたボルツァーノ・ブレッサノーネ ([伊] Bolzano-Bressanone, [独] Bozen-Brixen) 教区がトリエントの属司教区となった.
【文献】LThK² 10: 341-52; NCE 14: 270-71; RGG³ 6: 1012-17; A. ZIEGER, Storia del Trentino e dell'Alto Adige (Trento 1926); A. SPARBER, Kirchengeschichte Tirols (Innsbruck 1957).
(出崎澄男)

トリエントこうかいぎ　トリエント公会議

〔ラ〕Concilium Tridentinum,〔英〕Council of Trent,〔独〕Konzil von Trient,〔仏〕Concile de Trente　*宗教改革に対処し, *カトリック教会を抜本的に改革するために (→ カトリック改革), 1545 年に *トリエント (現トレント) で開催され, 1563 年に終了した全教会会議.

トリエント公会議 (Herder)

【公会議召集までの経緯】1517 年 10 月に *ルターが *免償の問題に対する抗議を公にしたことで始まった宗教改革は, 当時の教会の状態, 特にローマ *教皇庁の堕落に不満をもっていたドイツで大きな反響を引き起こした. 当時の教皇 *レオ 10 世は問題の重要性を充分に理解せず, ルターの審問を教皇特使 *カイエタヌスに委ねた. ルターは 1518 年 10 月 12 日から 14 日の帝国議会でカイエタヌスの審問を受けたが, 自説を撤回せず, 教皇の判断に対して,「ドイツ国で開かれる普遍的で自由なキリスト教的公会議」に控訴した. 伝統的な *公会議と異なりルターが求めたのは, *司教だけでなく *信徒の代表も投票権をもつという意味で「普遍的」であり, *教皇に服従することなく「自由な」, そして聖書のみ (*ソーラ・スクリプトゥーラ) に基づく「キリスト教的」な会議であった. レオ 10 世はこの控訴を認めず, 1520 年 6 月 15 日に大勅書『*エクスルゲ・ドミネ』を発布し, ルターの 41 の説を排斥した (DS 1451-92). ルターはこの大勅書を拒否し, 信仰のみ (*ソーラ・フィデ) による *義認, 聖書のみに基づく信仰理解を説き, 教皇を *アンティキリストと呼んで激しく非難する一連の書を著し, 再び公会議に控訴した. 1521 年 1 月 3 日にレオ 10 世はルターを *破門とし, ドイツ皇帝 *カール 5 世は彼に対して国外追放令を出したが, ルターの支持者は多く, 宗教改革運動がますます広まった.

カール 5 世はドイツ全国に広まる混乱をみて 1524 年以来, 全教会会議の開催を宗教上の分裂を癒やすための唯一の手段とみなすようになり, 公会議開催にふさわし

い場所としてトリエントを提案した．*領主司教の支配するトリエントは，ドイツ帝国に属していたが，アルプス山脈の南側にあり，イタリアとの交通が便利であった．教皇*クレメンス7世は，*コンスタンツ公会議と*バーゼル公会議で認められた*公会議首位主義が再び取り上げられると懸念し，公会議を開かずに外交的な手段で問題の解決を図ろうとしたが，その試みは失敗を重ねた．皇帝および帝国議会がますます強く公会議の召集を要求したので，ついに教皇は1530年7月31日に，公会議を召集することを約束し，1532年12月13日に*ボローニャで皇帝と会見，イタリアで公会議を開く点で合意に至った．一方，ドイツのプロテスタント諸侯は*シュマルカルデン同盟を結び，*ヘンリ8世はイングランド教会に対する首位権を宣言し（→ 首長令），カトリック教会にとって状況はますます不利になった．

公会議召集が具体化したのは*パウルス3世の教皇登位後で，新教皇は真剣に教会改革に着手し，1536年4月のカール5世との会談で公会議召集を最終的に決め，6月2日に公会議をマントヴァ（Mantova）に召集，開催日を1537年5月23日に決めた．しかし，マントヴァでの開催にフランス王やマントヴァ侯が難色を示したため開催は1538年5月1日に延期され，場所はヴィチェンツァ（Vicenza）に変わり，会議の議長を務めるべき3人の*教皇特使が任命された．一方，カール5世はプロテスタントの参加が可能なドイツ国内での*宗教会談によりプロテスタントとの和解を試みることを決定し，それを受けて教皇は1539年5月に公会議召集の計画を中止した．1540-41年にドイツで三つの宗教会談が行われたが，神学的な合意に達することはできず，教皇と皇帝は再び公会議開催の計画を協議し，教皇は1542年5月22日の大勅書でトリエントに公会議を召集した．しかし，その直後フランス王とドイツ皇帝の間で戦争が勃発し，1543年7月29日の大勅書で教皇は公会議召集の計画を再び中止せざるをえなかった．

1544年9月17日にフランス王とドイツ皇帝の間で和平条約が結ばれると公会議の召集が可能になり，11月19日に発布されたパウルス3世の大勅書『ラエタレ・エルサレム』（Laetare Ierusalem）によって，1545年3月15日がトリエント公会議の開催日と定められた．

【第1会期：1545-49】開催の大勅書によれば，公会議の目的は，① *教理を誤謬から守って明らかにすること，② 教会を改革すること，③ *キリスト者の一致を実現し，非キリスト者の侵略に対して*十字軍を準備することであった．実際には，公会議は①と②の課題だけに取り組み，③の課題には着手することさえできなかった．教皇はデル・モンテ（後の*ユリウス3世），チェルヴィーニ（後の*マルケルス2世），イングランド人の*ポールを議長を務める特使に任命した．3人は3月にトリエントに到着したが，司教が数名しか集まらなかったため開催は延期された．1545年12月13日，ついに公会議が開催され，第1盛式会議が開かれた．投票権のある参加者（ほとんどは司教）は33人にすぎなかった．公会議で提案権を有していたのは教皇特使であり，各草案は三つの段階で審議された．第1段階は投票権を有していない顧問神学者による審議，第2段階は投票権所有者の総会（Congregatio generalis），第3段階は最終的な決定投票が行われる盛式会議（Sessio）である．盛式会議の数え方に関して種々の問題があったが，最終的な数え方によれば，25の盛式会議が開かれた．

第1，第2盛式会議では一般的な事柄だけが定められたが，1546年1月22日の総会で重要な決定が行われた．すなわち，教皇は主にプロテスタントに対して教理を明らかにすることを望み，皇帝は主に教会の実践的な改革を望んだが，上述の総会で，この二つの課題を並行して取り扱うことが決められた．

第3盛式会議は1546年2月4日に開催され，すべてのキリスト者が認めるべき基本的なものとして，*ニカイア・コンスタンティノポリス信条が再確認された．

〔聖書と伝承についての教令〕教理上の問題に取り組むために，公会議はまず第一に，何に基づいて教理が定められるべきかという基礎的な問題を明らかにする必要があった．宗教改革者は教会の*伝承を「人間が作ったもの」として拒否し，聖書のみを基準とみなしたが，公会議は2か月間この問題を徹底的に審議し，1546年4月8日に開催された第4盛式会議で，『受け入れるべき聖書と諸伝承についての教令』（Decretum de libris sacris et de traditionibus recipiendis）および『聖書のウルガタ版と聖書の解釈方法についての教令』（Decretum de vulgata editione Bibliorum et de modo interpretendi sacram Scripturam）を採択した．

第一の教令の主な内容は次の通りである．*福音は，*イエス・キリストの口によって公布され，次に使徒たちは，救いをもたらすすべての*真理と*道徳律の源泉としてすべての人に宣べ伝えるように命じられた．この真理と規律は聖書，および書かれていない諸伝承に含まれている．これらの伝承は使徒たちがキリストから受けたもの，あるいは*聖霊によって彼らに教えられたものであり，手から手へ渡すようにして使徒たちから我々に伝えられたものである．したがって本公会議は，*旧約聖書と*新約聖書のすべての書と，キリストによって口授され，あるいは聖霊によって教えられ，カトリック教会に絶えず受け継がれ，保存された，信仰と道徳に関する諸伝承を同様の尊敬の心をもって受け入れる（DS 1501）．続いて教会が聖書として承認している旧約聖書と新約聖書の諸書のリストをあげる（→ 聖書の正典）．それは，古代以来の教会の伝承に従って，いわゆる*第二正典の書をも含むものである（DS 1502-504）．

この教令は公会議後，聖書のみを信仰の唯一の源泉として認めるプロテスタントの立場に反対して，*聖書と伝承という二つの源泉を認める宣言として解釈されたが，福音の全体が聖書を通しても，また伝承を通しても伝えられているという解釈の余地が残されている．この問題については第2 *ヴァティカン公会議の『啓示憲章』が一層はっきりと説明した．

第4盛式会議で公布された第二の教令では，聖書のラテン語訳のうちで*ウルガタ訳聖書が真正なもの（authentica）として認められ，使用されるべきであることが宣言された（DS 1506）．*ピウス12世が説明したように（DS 3825），この決定はウルガタ訳がつねに聖書学的に正しい訳であることを意味するのではなく，数世紀にわたる教会の解釈に従って理解されてきたウルガタ訳に教理上の誤りがないという確信に基づく，*西方教会のための法的な決定である．

公会議は，聖書に関する宣言に加えて，さらに，信仰と道徳の事柄に関して，教会が昔から支持し，今も支持している解釈に反して聖書を解釈してはならないこと，聖書の真の意味について判断する権限は教会にあること，*教父たちの一致した意見に反して聖書を解釈してはならないこと，統括司教の検閲を経ていない宗教的な書物を出版したり，所有したりしてはならないことを命

じた (DS 1507-508). 公会議後, この命令は余りにも狭い意味で理解され, カトリックの *聖書学の進歩を 400 年間妨げるものとなる (→『ディヴィノ・アフランテ・スピリトゥ』).

［原罪についての教令］1546 年 4 月から 6 月まで, 公会議は *原罪の問題, および教会改革の問題を並行的に審議した. 1546 年 6 月 17 日に開かれた第 5 盛式会議で, 原罪に関する五つの排斥条項, および 2 章からなる教会改革教令が採択された. 宗教改革者のうちには原罪の存在を否定する者も若干いたが, より大きな問題は, 原罪を人間の欲情と同一視し, *洗礼によっても原罪が取り除かれないとするルターの教えであった. 『原罪についての教令』(Decretum de peccato original) は, 古代の *カルタゴ教会会議や第 2 *オランジュ教会会議の教令によって示された *アウグスティヌスの説に基づく原罪論の要点を繰り返すもので, この教理がはらむ困難な諸問題を充分に掘り下げるものではなかった (DS 1510-15 参照).

同じ盛式会議で発布された改革教令には, *聖職禄の収入を用いて聖書を信者に説明する人々を立てること, 司教やその他の聖職者が信者に正しく説教すること, 説教者は司教の許可を得なければならないことなどが定められた. 第 5 盛式会議に参加した投票権所有者は 67 名にすぎず, 特にフランスやドイツから来た司教はわずかであった.

この頃, カール 5 世は武力でシュマルカルデン同盟のプロテスタント諸侯と戦うことを決心し, パウルス 3 世と軍事同盟を結び, 教皇軍も一時的に戦争に加わった. シュマルカルデン戦争は, 1547 年 4 月 24 日のミュールベルク (Mühlberg) の決戦での皇帝の勝利で終わった.

［義化についての教令］1546 年 6 月から公会議は, ルターの教えの中心である義認の問題の審議に入った. 審議は 6 か月間続き, *セリパンドなど多くの優れた神学者が作成に参加した『義化についての教令』(Decretum de iustificatione) は公会議の最も優れた教令となった. 審議が長引いたのは, 問題の重要性のためだけでなく, カール 5 世がプロテスタントとの相互理解の余地を残すために, 教会改革の問題を優先させ, 教理の問題の決定を延期するよう公会議に要請したためでもある.

16 の章と 33 の排斥条項からなるこの教令は, 「キリスト・イエスが教え, 使徒たちが伝え, カトリック教会が聖霊の導きによって絶え間なく保ってきた」(DS 1520) 義化 (iustificatio) についての教えを宣言しようとした. 主な内容は次の通りである.

原罪のゆえに, 異邦人は本性の力でその汚れた状態から解放されることができず, ユダヤ人も *モーセの *律法によってそこから立ち上がることができなかった (しかし, 人間の *自由意志は, 原罪によって弱められ *悪へ傾いたものとなったとはいえ, 消されてしまったのではない). そこで慈愛に満ちた *父なる神は, 人々を *神の子とするために, 自分の子イエス・キリストを, 信じる者のために罪を贖う者とした (→ 贖い). キリストの苦難の功徳を分け与えられる者は, キリストの死による恵みを受け, キリストにおいて再び生まれることによって義化される. この義化は, アダムの子として生まれた状態から, キリストによる *恩恵の状態への移行である. 義化は神の先行的恩恵によって始まる. すなわち, 功徳が少しもない人を呼び覚まし, 助ける神の恩恵に, その人は自由に同意し, 協力し, 聖霊の恩恵を受け入れて, 自分の義化に心を向けるようになる. 人はま

ず, 恩恵に呼び覚まされて, 神が啓示したことを真実と信じ, 神の正義に対する恐れを感じ, 神の慈悲を信頼し, 神を愛し始め, 罪を忌み嫌い, 洗礼を受けること, 掟を守ることを決心する. このような準備の後に義化そのものが行われ, 人の罪が赦され, 人は聖化され, 一新される. この義化の *目的因は神とキリストの *栄光, および人の *永遠の命であり, 作動因は神であり, 功徳因はキリストであり, 道具因は洗礼であり, 唯一の形相因は, 神によって人に与えられ, 人を霊的に刷新する義である. しかも, *信仰なしには誰一人として義とされない. 義化される人の心には神への *愛が注がれ, そのなかにとどまる. 人が信じることにより無償で義化されることは, 信仰がすべての義化の基礎であり根元であること, また義化に先立つ何ものも義化の恩恵に値しないことを意味する. しかし, 誰一人として, 自分が義とされたことを確信することはできない. 義化された人は, 神の掟を守ることによって, 受けた義の点で成長しなければならない. 義化された人にとって神の掟を守ることは不可能ではない. 祈るならば, 掟を守ることができるように神が助ける. *小罪といわれる軽い日常の罪をすべて避けることはできないが, その罪のために義人でなくなることはない. 人は自分が確実に救霊予定者のなかに入っていると断言したり, 最後まで *堅忍賜物を神から確実に与えられていると推定したりしてはならない. 与えられた義化の恩恵を *大罪によって失った人は神に励まされ, *ゆるしの秘跡によって再び義とされうる. キリストが義化された人に絶えず力を注ぎ入れるので, その人の善行は永遠の命を報いとして受けるに値する行為である. 事実, 神は自分の賜物が人の功徳となるようにするほどの大きな善良さを, すべての人に対して抱いている (DS 1520-49).

この教令は反プロテスタント的な立場から書かれたものではあるが, 均整のとれたものであり, 現在カトリック・プロテスタント間で行われている義認と義化の問題についての対話で合意が得られたことも, この教令が宗教改革者たちの洞察にみられる正しい点を排斥しなかったことを示している.

同じ盛式会議で公布された改革教令には, 各司教が自分の教区に在住すべきであることが厳しく命じられ, 司牧の義務を負う者は司教の許可なく不在してはならないこと, 司教は司教座聖堂 *参事会をも含む自分の教区にあるすべての教会を査察し, 弊害を矯正する権限を有することなどが定められた.

［諸秘跡についての教令］1547 年 1 月から 1 か月間, 諸秘跡について審議された. 宗教改革者の多くは, 教会が伝統的に認めてきた七つの *秘跡のうちで洗礼と *聖餐だけを秘跡として認め, *エウカリスティアの秘跡における *キリストの現存を否定し, 秘跡によって神の恩恵が人に与えられることも否定したため, 公会議は数年間, 秘跡についての教えを明らかにするために努力し続けた. 1547 年 3 月 3 日に開かれた第 7 盛式会議で採択されたのは, 秘跡一般についての 13 の排斥条項と, 洗礼についての 14 の排斥条項, *堅信の秘跡についての三つの排斥条項である. 義化の教令の場合と異なり徹底的な審議は行われず, 中世の神学者の *秘跡論をまとめて再確認するにとどまった. 主な内容は次の通りである.

七つの秘跡が存在する. 秘跡は救いのために必要である. 恩恵を受ける障害を作ったことのない人に, 秘跡は事効的に (*エクス・オペレ・オペラート) 恩恵を与える. 洗礼と堅信と *叙階の秘跡は, 消えない *霊印を人の魂

に刻む．秘跡を授ける者は，教会が行っていることを行おうとする意図をもたなければならない．大罪の状態にある人も秘跡を授けることができる．洗礼を受けた人はキリストの掟のすべてを守らなければならない．*幼児洗礼によっても人は信者になる．堅信は真の秘跡である．堅信の通常の授与者は司教である（DS 1601-30）．

同じ盛式会議で発布された改革教令には，職位の兼有が禁じられ，聖職禄の授与に関する司教の権限が強化された．

〔ボローニャへの移転と中断〕公会議の議長団や多くの参加者の間では，トリエントから離れて公会議の場を*教皇領に移す望みがますます強くなった．トリエントの気候が厳しかったことのほかに，公会議に対する皇帝の圧力が強すぎるように感じられたためである．そこで，トリエントで伝染病が流行したのを機に，1547年3月11日に開かれた第8盛式会議で公会議をボローニャに移すことが決定された．シュマルカルデン戦争によって獲得した立場を活かして，プロテスタントの代表者を公会議に参加させるよう働きかけていたカール5世の計画はこの移転によって挫折した．皇帝は激怒し，自分の領内から来た司教たちにトリエントにとどまるよう命じたため，4月21日にボローニャで第9盛式会議が開催されたときの参加司教はわずか36名であった．ボローニャでは諸秘跡についての審議が続けられたが，皇帝の強い反対のゆえに，第8，第9盛式会議では何の教令も発布されなかった．1548年5月15日にカール5世は，公会議がトリエントへ戻るまでドイツの宗教問題を暫定的に解決するため*アウグスブルク仮信条協定を発布した．これは伝統的なカトリックの教理に従う文書であったが，一般信徒に二種陪餐（*聖体拝領）を許し，司祭の結婚を認める点で，プロテスタントの要請に応えるものであった．教皇パウルス3世は皇帝のこの措置に関して抗議し，両者の対立が激化すると，公会議の機能は麻痺し，1549年9月13日に公会議は正式に中断された．

【第2会期：1551-52】1549年11月10日に死去したパウルス3世の後継者ユリウス3世は直ちに公会議の再開を図り，1550年11月14日に発布された大勅書によって，1551年5月1日にトリエントで会議を再開するよう命じ，教会法学者・枢機卿クレスチェンツィオ（Marcello Crescenzio, 1500-52）を議長を務める特使に任命した．公会議の再出発は困難であり，第11と第12盛式会議では何の教令も発布されなかった．フランス王は政治的な理由でフランスの司教の参加を禁じたが，イタリア以外にスペイン，ドイツから数人の司教が集まり，秋からエウカリスティアについての審議を始め，1551年10月11日に開かれた第13盛式会議で教令が発布された．

〔エウカリスティアについての教令〕宗教改革者たちは一致して，エウカリスティアの祭儀は宴であって*犠牲の*奉献ではないと主張したが，エウカリスティアの秘跡においてキリストの体と血が現存しているかどうかについては意見が分かれていた．公会議は，両方の問題を取り扱うつもりであったが，中世のエウカリスティア論に従って，エウカリスティアの秘跡におけるキリストの現存の問題とエウカリスティアの祭儀（*ミサ）の問題とを分けて審議し，さしあたり前者だけを取り扱う教令を採択した．キリストの現存の問題とともに聖体拝領の問題も扱われたが，プロテスタントとの協議の機会を待って，プロテスタント側が強く要請していた二種陪餐の問題の取り扱いは延期した．

『いとも聖なるエウカリスティアの秘跡についての教令』（Decretum de sacrosancta Eucharistia）は8章と11の排斥条項からなり，主な内容は次の通りである．

*パンと*ぶどう酒が*聖別されると，キリストが全体としてこれらの形態のそれぞれのもとに，「真に，現実に，実体的に」（vere, realiter ac substantialiter）現存する．聖別によってパンの*実体全体がキリストの体の実体に変化し，ぶどう酒の実体全体がキリストの血の実体に変化する．この変化はまさしく*実体変化と呼ばれるものである．祭儀のあとで残り，保存されている聖別された*ホスティアのうちにもキリストは現存しており，したがって礼拝すべきである．キリストの聖体を拝領する人は清い心をもたなければならず，もし大罪を犯したことを意識しているなら，聖体拝領の前にゆるしの秘跡を受けなければならない．聖体拝領の効果は，キリストの生命に生きること，日々の罪過から解放されること，大罪から守られること，永遠の至福の保証を受けることである（DS 1635-61）．

この教令は，エウカリスティアを通してキリストが自分自身を人々に与えている事実を教理としてはっきり宣言しているが，キリストの現存の方法に関してスコラ神学者たちが述べた一定の哲学的な説明は述べていない．「パンの実体がキリストの体の実体に変化する」という言葉は，キリストが現存するようになる存在論的な過程をいうのではなく，聖別されたパンが実際にキリストであって，したがってその究極的な現実はパンではないという事実を述べるものである．

なお，同じ会議で発布された改革教令では，司教の権限がさらに強められ，司教の判決に対する控訴権が制限された．

〔ゆるしの秘跡，および病者の塗油の秘跡についての教令〕上述の会議の直後，ゆるしの秘跡および*病者の塗油の秘跡についての審議が始まり，11月25日の第14盛式会議で，両秘跡についての教令が発布された．宗教改革者たちはゆるしの秘跡についての教会の伝統を厳しく非難し，*罪を司祭に告白する義務はないと主張した．本教令は，この主張に対して教会の伝統的な教理を再確認した．すなわち，洗礼後，罪を犯した人を神と和解させるために，キリストによって制定されたゆるしの秘跡がある．この秘跡を受ける者は，*神定法に従って罪を痛悔し，覚えているすべての大罪を司祭に告白し，司祭が命じる償いを果たさなければならない．司祭によるゆるしは裁判的な行為（actus iudicialis）である．また，司祭が授ける病者の塗油の秘跡によって恩恵が与えられ，罪がゆるされる（DS 1667-1719）．12の章および19の排斥条項からなるこの教令は準備時間が短く，ゆるしの秘跡の歴史についての細かい知識が当時欠けていたので，問題を充分に掘り下げているとはいえない．特に，教えを説く12の章は特別委員会によって急いで作成され，総会でほとんど討議されずに採択されたものである．

同じ会議で発布された改革教令では，司祭叙階に関する司教の権限が強化され，*聖職者が慎ましい衣服を着るべきこと，*修道会が有する聖職禄は会員である修道者のみに与えられるべきことなどが定められた．

【公会議の中止】1551年10月に初めてプロテスタント側の代表者がトリエントに現れた．*ヴュルテンベルクと*ストラスブールの代表者，およびザクセン選帝侯の使者である．彼らは，教皇への忠誠の誓いの遵守を司教たちに免除すること，教皇に対する公会議の優位を認めること，公会議がすでに採択した教理上の教令を再審議することを，プロテスタント側の公会議参加の条件とし

トリエントこうかいぎ

て要請した．これらの要請はカトリック側にとって受け入れ難いものであったが，1552年1月29日に開かれた第15盛式会議は，プロテスタント側との話し合いの方法を探る時間を確保するために，次の会議の開催を延期する決定のみを採択した．ところで，3月末にザクセン大公 *モーリツが突然皇帝を襲撃したため，トリエントに近い *インスブルックに滞在していた皇帝は急ぎ避難し，危険に陥った公会議の参加者たちは，4月28日に開かれた第16盛式会議で公会議を2年間休会することを決定した．

【第3会期：1562-63】休会期間は結局10年間に及んだ．1555年に死去したユリウス3世の後継者として選ばれたマルケルス2世は，わずか3週間後に死去した．その後継者 *パウルス4世は公会議に頼らず，ローマ異端審問所の権限の強化，厳しい *禁書目録の作成，教皇一人の手による教皇庁の改革などによって教会の刷新を試みたが，*モローネやポールのような優れた枢機卿たちを異端者として取り調べさせたり，スペイン国王との戦争に巻き込まれたりと，失敗に失敗を重ねた．彼の死後，1559年12月26日に教皇に選ばれた *ピウス4世は，直ちに公会議を再開する意志を表明した．

一方，ドイツは1555年の *アウグスブルク宗教和議の結果，カトリックとプロテスタントの領土に分けられており，公会議での審議によってドイツでの教会一致を実現する見込みはもはやなかった．他方，フランスも *カルヴィニズムが急速に広まり，カトリック教会から離れる危険が生じた．フランスの政治家たちは，全国教会会議の開催を計画したが，教皇はそのような会議の召集を危険とみなし，その計画を阻止するためにもトリエント公会議の再開を図り，カール5世の跡を継ぐ皇帝 *フェルディナント1世とスペイン国王 *フェリペ2世とフランス王の賛同を得ようと全力を尽くした．問題を困難にしたのは，フェリペが開くべき会議をあくまでもトリエント公会議の続行とみなしたのに対して，皇帝とフランス王がそれを新しい公会議とみなしたことである．ようやく1560年11月30日に，公会議が1561年の *復活祭にトリエントで開かれることを宣言する *大勅書が発布されたが，それが同じ公会議の続行であるか，それとも新しい公会議の開催であるかについて，大勅書は意図的に明言を避けた．教皇自身は会議の続行とみなしていたが，皇帝とフランス王の支持を得るため曖昧な表現に終始したのである．教皇はドイツのプロテスタント代表を公会議に招くために二人の特使をドイツに送ったが，ナウムブルク（Naumburg）に集まったプロテスタント諸侯は参加を拒否した．議長を務める特使としてはマントヴァの枢機卿ゴンザーガ（Ercole Gonzaga, 1505-63），枢機卿に任命されたばかりのセリパンド，枢機卿 *ホシウス，そして教皇の信頼の厚い枢機卿シモネッタ（Ludovico Simonetta, 1500頃-1568）が任命された．

開催は大幅に遅れたが，ようやく1562年1月18日に100名以上の投票権所有者が参加して第17盛式会議が開かれた．依然としてプロテスタントの参加を希望していた皇帝の要請を受け，教理の問題の討議は延期され，2月26日に開かれた第18盛式会議では禁書目録を作成する委員会の設置のみが定められ，第19と第20の会議も次の会議の開催日を決めるにとどまった．参加者数はしだいに増大し，1562年6月には175名に達した．大多数はイタリア人であったが，大司教ゲレーロ（Pedro Guerrero, 1501-76）を指導者とするスペインの司教たちの影響も大きかった．フランスの司教はまだ誰も到着しておらず，ドイツからの参加者は補佐司教1名のみだったが，皇帝とフランス王とスペイン王の大使は公会議に参加し，活発な動きをみせた．

〔両形態による聖体拝領と幼児の聖体拝領についての教令〕プロテスタントの代表の出席が期待できないことがしだいに明らかになったので，公会議は二種陪餐の問題の審議に入り，1562年7月16日に開かれた第21盛式会議で，『両形態による聖体拝領と幼児の聖体拝領についての教令』（Doctrina de communione sub utraque specie et parvulorum）を発布した．古代教会で信徒が杯からキリストの血を拝領していた事実は知られていたので，プロテスタントの要望を支持した皇帝の要請に応えて，それを再び許可するのは教理上差し支えないことであった．しかし，スペインの司教たちが反対したため，公会議は，救いのためにはパンだけの形での聖体拝領で充分であることを宣言し，さらに幼児洗礼は受けたが分別がつく年齢に達してはいない幼児に聖体を拝領させる必要のないことを述べるにとどまり（DS 1725-34），両形態による聖体拝領の問題についての決定は先送りされた．

同じ会議で発布された改革教令には，聖職叙階のために報酬を受けてはならないこと，聖職禄によって生活費が保証される人だけが叙階されるべきこと，崩れた聖堂を修理すべきこと，*免償などのために施しを募る托鉢者の職を廃止すべきことなどが定められた．

〔ミサの犠牲についての教令〕6月からミサについての審議が始まった．長い審議の末，両形態による聖体拝領を許すかどうかの判断は教皇に委ねられることになった（DS 1760）．ミサの本質について議論の対象となったのは，イエスが *最後の晩餐で犠牲を捧げたかどうかということだけであり，参加者は皆，イエスの十字架上の死という唯一の犠牲とミサの犠牲の一体性を認識していた．1562年9月17日に開かれた第22盛式会議では，8章と9の排斥条項からなる『いとも聖なるミサの犠牲についての教令』（Doctrina de sacrosanctae Missae）が発布された．主な内容は次の通りである．

キリストが十字架上で一度成し遂げた流血の犠牲を表し，その記憶を保たせ，その救いの力を分け与えるために，キリストは教会に，みえる犠牲を委ねようとして，最後の晩餐のときにその体と血をパンとぶどう酒の形態のもとで父なる神に捧げ，使徒たちにそれを渡し，彼らと彼らの *祭司職を継承する者たちに，それを捧げるように命じた．ミサの犠牲において，十字架上で一度血を流して自身を捧げたキリストが現存し，血を捧げることなく捧げられるゆえ，ミサの犠牲はなだめの犠牲である．十字架上で自分を捧げたキリストが今，祭司の手を通して自分を捧げるので，十字架上の犠牲の実りはミサを通して豊かに受けられる．だから，それは生きている信者のためにも，清めを必要とする死者のためにも，正しく捧げられる．ミサに参加する信者は聖体を拝領することが望ましいが，司祭だけが聖体を拝領するミサも有益である．ミサの意味を信者に説明することは望ましいが，ミサを各国の自国語で行うことが有益とは思われない（DS 1738-59）．

同じ会議で発布された改革教令では，*ミサ奉納金に関する乱用が禁じられ，ミサの挙行や参加や *典礼音楽が聖なる儀式にふさわしいものであるべきことが命じられ，さらに聖職者の品位ある生き方や大聖堂の参事会についてのさまざまな規則などが定められた．

トリエント公会議によるエウカリスティアの取り扱い方は，この会議の長所と短所とをよく示している．長所は，キリストの現存と感謝の祭儀の意義に関する教理を，聖書および全教会の1,500年間の伝承に基づいてはっきりと宣言したことであり，短所は，プロテスタントに対する反感や恐怖に駆られて，自国語によるミサの挙行や二種陪餐のような宗教改革者の妥当な要請に理解を示さなかったことである．また，中世の神学の影響を受けて，キリストの現存の問題とミサの問題を分けて取り扱ったことも，公会議後のカトリック神学に好ましくない影響を及ぼした．

〔教皇と司教の関係の問題〕ピウス4世は教皇の権限と司教の権限の関係が公会議で取り上げられることを非常に恐れ，その問題の審議を許さないよう特使たちに命じた．しかし，司教の*定住義務に関する審議のなかで，教皇が恐れたこの問題が間接的に論議の的となった．事実，司教の教区内在住に関して公会議が以前出した教令に充分な効果がなかったので，スペインの司教たちをはじめ多くの司教は，司教の教区内在住は神定法による義務であることを宣言しなければならないと強調するようになった．教皇特使の間でも，特にセリパンドはこの考えに同意した．

しかし，この問題は，司教が自分の権限を誰から受けるかという問題と密接に結ばれている．司教の*叙階権，すなわち諸秘跡を執行する権限が司教叙階によって直接に神から司教に与えられるということは，皆によって認められていた．しかし，司教の*裁治権については，教皇を通して与えられるとする説と，それは直接に神から与えられ，教皇がその権限を執行するための教区を割り当てるにすぎないとする説があった．ピウス4世自身や特使シモネッタを含む教皇庁法学者たちは前者の説を支持し，多くの司教は後者の説を支持したが，司教の権限や教区内定住義務が神定法によるものであると宣言されると，教皇から定住義務の*免除を受けることができなくなり，収入を得るのみで不在にしていた教区に帰らざるをえなくなるのではないかと恐れる人々もおり，司教の教区内在住の問題をめぐる論争は，教会改革を真剣に望むか否かを問うものとなった．問題をさらに複雑にしたのは，1562年11月23日に，枢機卿ギーズ (Charles de Lorraine Guise, 1524-74) を指導者とするフランスの司教たちがトリエントに到着したことである．以前からフランスの教会は，教皇に対する公会議の優位を支持していた．ギーズはトリエントで活発に動き，まもなく公会議の中心人物となった．

議長団は，教皇庁を含めて教会の徹底的な改革を要請したフェルディナント1世と，改革を望みつつも教皇庁の収入源である任命権や許可権の存続を願うピウス4世の板挟みになった．また，司教のあらゆる権限は神から直接与えられると主張する多くの司教と，教会のすべての裁治権は教皇に与えられ，教皇によって分配されると主張する教皇庁派の対立，公会議の第3会期を以前の公会議の続行とみなすスペインと，それを新しい公会議とみなすドイツとフランスの対立，さらにそれぞれ優先順位を主張するフランス大使とスペイン大使の対立などにより，公会議が深刻な危機に直面していたとき，議長団のうちのゴンザーガとセリパンドがそれぞれ1563年3月2日と17日に病死した．教皇は直ちに枢機卿モローネとナヴァジェーロ (Bernardo Navagero, 1507-65) を新しい特使に任命した．公会議を危機から救い，成功裡に終了させたのはモローネである．

〔叙階の秘跡についての教令〕皇帝の信頼も厚かったモローネは皇帝を訪れて妥協点をみいだし，さらにギーズとも交わり協力を得た．こうして，1563年7月15日に投票権所有者236名が出席して開かれた第23盛式会議で，『叙階の秘跡についての教令』(Doctrina de sacramento ordinis) および司教の教区内在住義務の問題を含む改革教令が採択されることになった．4章と8の排斥条項からなる『叙階の秘跡についての教令』は，教皇と司教の権限の関係には触れず，叙階権の問題だけを取り扱っている．教会の伝統的な聖職理解に対する宗教改革者たちの激しい非難に答えようとしたこの教令の主な内容は次の通りである．

教会には可見的な祭司職がある．司祭たちにはエウカリスティアを聖別し，ゆるしの秘跡で罪をゆるす権限がある．叙階はキリストによって制定された秘跡である．司祭になった人が再び一般信徒になることはできない．カトリック教会においては，司教と司祭と奉仕者から成り立つところの，神の定めによって (divina ordinatione) 制定された位階制度が存在する．司教は司祭より上位であり，司祭の*権能とは異なる，堅信と叙階を授ける権能を有している (DS 1763-69).

改革教令は，司教やその他の司牧者の教区内在住が神定法によると断言はしなかったが，神は司牧者に信者たちを知り牧することを命じること，教皇か*管区大司教が承認した重大な理由なしに2-3か月以上不在の司教は大罪を犯したとして，罰せられるべきであることを宣言した．さらに重要な規定として，司祭志願者である青少年を教育する*神学校を各教区に設立することが定められ，そのために必要な資金に関して細則が定められた．この聖職者養成学校の設置は公会議後の教会刷新の大きな力となった．

〔結婚の秘跡についての教令〕公会議は終わりに近づき，プロテスタントが世俗的な事柄とみなした結婚の問題が7月から審議され，1563年11月11日に開かれた第24盛式会議で，『結婚の秘跡についての教令』(Doctrina de sacramento matrimonii) が公布され，信者の結婚がキリストによって制定された秘跡であることが宣言された (DS 1801)．問題になったのは*離婚を禁じる条項のみである．ヴェネツィア共和国のトリエント駐在大使は，地中海の島々のヴェネツィア領に住む*カトリック東方教会の信者は，場合によっては離婚と再婚を許す*東方正教会の慣行に従っており，この慣行を真っ向から排斥するならば，彼らのうちに大きな混乱が起こるであろうと述べて，慎重な言葉遣いを要請した．この要請に応えて第7条項は次のようになった．「結婚の絆は夫婦の一方の姦通によって解消されないこと，二人とも，……他の配偶者が生きているかぎり再婚することができないこと……を，教会が福音と使徒の教えに従って，教えたのも，今も教えているのもまちがっていると言う者は排斥される」(DS 1807)．教令はさらに，聖職位階にある聖職者や盛式誓願を立てた修道者が結婚できないこと，結婚が*独身より優れているといってはならないこと，結婚訴訟に対しては教会の裁判官が権限を有することなどを宣言した (DS 1797-1812).

同じ会議で，かなり多くの反対票が出されたにもかかわらず多数決により，今後信者の結婚は*主任司祭，および二人の証人の前で結ばれなければ無効であることが決定された(『婚姻法改定についての教令』Tametsi, DS 1813-16)．この教令は，各小教区で発布されてから30日後に効力を得るとされたが，発布されなかった地方も

トリエントこうかいぎ

多く，それらの地方では1917年に*教会法典が発布されるまで，教令で定まった形式なしに結ばれた結婚も有効であった．

同じ盛式会議で発布された改革教令には，司教と枢機卿の任命の方法，教区会議の定期的な招集，司教による参事会の査察の方法，説教者に対する司教の権限，主任司祭の任命の方法などが定められ，司教たちの権限がさらに強化された．

【公会議の終結】公会議を終了する前に取り扱うべき教理上の問題として，ルターの最初の抗議のきっかけとなった免償の問題，*煉獄の問題，*聖人崇敬の問題があったが，これらの問題を徹底的に審議する時間はなく，1563年12月3-4日に開かれた第25盛式会議で発布された教令は，ごく簡単に，煉獄があり，そこにいる*霊魂が信者の祈りに助けられること，聖人たちの執り成しを願い，その*聖画像や*聖遺物を崇敬するのは正しいこと，免償を与える権限が教会に授けられていることを司教たちは信者に教え，弊害があればこれを排除するよう命じることにとどまった (DS 1820-35)．

改革教令では修道会の徹底的な改革に関する多くの規定も定められ，修道者でない人を修道院長に任命して収入を得させることが禁じられ，さらに*高位聖職者の質素な生き方，教会財産の管理，内縁関係で女性と結ばれている聖職者の処罰方法，決闘の禁止などが決定された．教会の堕落の大きな原因の一つであった世俗君主の教会に対するさまざまな越権行為を非難する文書の草案も作成されたが，君主たちの激しい反対に遭い，君主たちへの勧告の形で短い一章を改革教令に入れるにとどまった．禁書目録，*要理書と，統一的な聖務日課書 (*ブレヴィアリウム) と*ミサ典礼書の作成は教皇に委ねられた．

同会議で，トリエント公会議によって採択されたすべての教令が朗読され，荘厳な祈りで閉会した．公会議の全教令に署名した投票権所有者の数は216名であった．

【公会議の承認と受け入れ】ピウス4世は，1564年1月26日付の大勅書で公会議のすべての決定を承認した (DS 1847-50)．公会議の諸決定は，イタリアの諸侯，ポルトガル王，スペイン王，ポーランド王により直ちに受け入れられたが，ドイツ帝国議会，およびフランス王国の承認は得られなかった．ようやく1615年にフランスの聖職者会議が教会内の規定として公会議を承認した．

教皇たちは公会議から託された仕事を順調に果たした．ピウス4世は1564年に公会議の決定に基づく信仰宣言 (Professio fidei Tridentina, DS 1862-70) および「禁書目録」 (Regulae Tridentinae de libris prohibitis, DS 1851-61) を発布し，*ピウス5世は1566年に『トリエント公会議の決定に従って作成された主任司祭用要理書』(Catechismus ex decreto Concilii Tridentini ad parochos) を発布し，1568年には『ローマ聖務日課書』(Breviarium Romanum) を，1570年には『ローマ・ミサ典礼書』(Missale Romanum) を発布した．

ピウス4世はさらに，フェルディナント1世の要請に応えて，1564年に帝国の数人の司教に二種陪餐を許可することを許したが，多くの反対が起こったため40年も経ないうちにこの許可は取り消された．

【評価】トリエント公会議はプロテスタントとの再合同を実現することはできなかったが，カトリック教会の教えを再確認し，教会改革に着手する出発点となった．公会議後，優れた教皇や*カルロ・ボロメオなどの司教，また*イエズス会などの新しい修道会の努力によりカトリック教会は力を取り戻し，多くの弊害が取り除かれ，世界宣教が開始された．

教理に関していえば，公会議の教理的な教令に記されたすべてのことが同様の権限をもっているとはいえない．教理を説明する章よりも排斥条項の権威が高く，しかも排斥条項のなかには神の*啓示に含まれていない教会の慣行を拒否する人を排斥する条項もみられる．しかし，聖書と伝承，原罪，義化，秘跡，特にエウカリスティアの秘跡に関する根本的な教えを信じるべき教理としてはっきり宣言したことは，この公会議の歴史的な業績である．

公会議の限界は，宗教改革者たちの要請にみられる正しい要素に対して充分な理解を示さず，キリスト教の源泉に戻って問題を再考察するよりも，現状肯定の道を選んだ点にある．また，*東方教会の神学の影響がみられず，したがって聖霊論や*神の民についての理解は乏しく，*恩恵論に関しても人間の*神化を述べるギリシア教父たちの思想の影響はほとんどみられない．*教会論を充分に取り扱わず，教会の本質の問題を解明するには教皇と司教の権限の関係に関する中世的な教皇全権主義が妨げとなった．以上の諸問題に新たに取り組んだのは第2ヴァティカン公会議であり，第2ヴァティカン公会議によって，カトリック教会のなかで400年にわたって続いたトリエント公会議時代が終わったといえよう．

トリエント公会議に関するすべての資料の校訂版は，ドイツの*ゲレス協会により出版続行中である (Concilium Tridentinum. Diariorum, actorum, epistolarum, tractatuum nova collectio, Freiburg 1901-).

【文献】カ大 3: 797-802; DThC 15: 1414-508; LThK² 10: 342-52; Jedin Tr; Pastor 4-6, 8, 9; H. イエディン『公会議史』梅津尚志, 出崎澄男訳 (南窓社 1986) 100-27: H. JEDIN, Kleine Konziliengeschichte (Freiburg 1959 ⁸1981); S. PALLAVICINI, Istoria del Concilio di Trento (Roma 1656-57); C. J. VON HEFELE, Conciliengeschichte, 9 v. (Freiburg 1873-90); G. SCHREIBER, Das Weltkonzil von Trient, 2 v. (Freiburg 1951); C. GUTIÉRREZ, Españoles en Trento (Valladolid 1951); O. DE LA BROSSE, ET AL., eds., Latran V et Trente (Paris 1975); R. BÄUMER, ed., Concilium Tridentinum (Darmstadt 1979).

(P. ネメシェギ)

【芸術】トリエント公会議は*宗教改革によって自身喪失状態であったカトリック圏に活力を呼び戻し，宗教改革に対抗する教会生活と規律の刷新をもたらしたばかりでなく，神学，科学，人文学，文学，芸術の分野で新しい刺激となった．バロック芸術はトリエント公会議によって可能になったものといわれ，それを生み出したものは*イエズス会の精神であるとされる．しかし*バロックに*ルネサンスからの連続性をみる学者もいる．*サン・ピエトロ大聖堂やヴァティカン宮殿の建設はこの公会議によってさらに鼓舞されたカトリック建築の成果だが，公会議前のルネサンス期に始まったものである．

トリエント公会議の最後の会期(1563)の決定は，宗教改革側に対抗して*信仰生活における図像や象徴の重要性を強調し，司教たちに「人々に，絵画および画像などによって表現されている救いの諸秘義を熱心に教え，信仰箇条を繰返して復習するよう励まさなければならない」(DS 1824) と命じている．しかし同時にそれらが誤った教えや重要な誤謬の機会にならないようにしなければならず，また著しく均整を欠き，見苦しいものであってはならず，冒瀆的あるいは異様な図像は排除され

なければならないと警告している(同 1825). この決定は，この公会議が神学，哲学において *アリストテレスの権威を復活させたことと相まって，17 世紀の文学と芸術における「正しい秩序」(〔ラ〕decorum) の原理をめぐる論議に直接，間接の影響を与えたといえる. さらにまた，この公会議は宗教改革側の非難からラテン語 *ウルガダ訳聖書の権威を擁護し，それによって *聖書の正典から宗教改革側が排除した幾つかの旧約聖書文書の権威が再確認されたため，ライオンの檻に入れられたダニエルの物語，スザンナと長老の物語などを題材とする宗教画が描かれ続けた.

例えば，この「正しい秩序」との関連で，1573 年，*ヴェロネーゼはヴェネツィアのサン・ジョヴァンニ・エ・パウロ修道院に描いた『最後の晩餐』について，同市の異端審問所に召喚された. 一人の人物が鼻血を出し，兵士たちがドイツ人の服装をし，オウムを連れた道化が描かれている点で福音書とは異なると指摘されたヴェロネーゼは，巨大な画面にはこのような描き方をしなければならなかったと弁明し，ミケランジェロの『最後の晩餐』同様，芸術家には許容されるものがあると主張した.

一方，宗教音楽の分野では，*パレストリーナが *ポリフォニーのミサ曲を作曲するなど，種々の規制にもかかわらず，トリエント公会議は複雑で，相互に対立する様相が作り上げるダイナミックな均衡をはらんだ，独特のカトリック芸術を生み出した.
【文献】HKG (J) 4: 594-95; LThK³ 2: 26-30; H. JEDIN, Geschichte des Konzils von Trient, v. 4 (Freiburg 1975) 164-89; C. B. SCHMITT, Aristotle and the Renaissance (Cambridge, Mass. 1983); P. MURRAY, L. MURRAY, The Oxford Companion to Christian Art and Architecture (Oxford 1996) 133-34. (高柳俊一)

トリオディオン・カタニュクティコン　Triodion Katanyktikon　*ギリシア正教会で，*四旬節前の第 4 日曜日，すなわち税吏とファリサイ人の週から，聖土曜日までの間に使用される典礼書. トリオディオン (Triodion) という名称は，通常は *カノンとして，九つのオード(頌詩，〔ギ〕ode) に減じられることに由来し，ギリシア語ではこれにカタニュクティコン(斎，物忌み) という意味が付加される. *日本ハリストス正教会では，「三歌斎経」と訳されている. 内容は，主として，詩編や特に旧約聖書から多くとられた聖書の朗読の部分とカノンやスティヒラ (sticheron 詩編唱和に続く賛美の唱句) といった賛歌の部分からなる. 導入部のカノンはクレタの *アンドレアスの作とされる.
【文献】LThK² 10: 363-64. (大森正樹)

トリゴー　Trigault, Nicolas　(1577. 3. 3-1628. 11. 14)　入華イエズス会員. 漢名，金尼各. フランス北部のドゥエー (Douai) の生まれ. 1594 年 11 月 9 日に *イエズス会に入会し，1607 年に *ゴア，1610 年 *マカオに到着. 1611 年初め *南京に着き，同地で中国語を習得した. 中国布教長であった *ロンゴバルドの命で宣教の報告と援助を乞うため，1612 年南京を発って帰欧の途につき，1614 年 *ローマに到着. ローマでは教皇 *パウロ 5 世より典礼を中国語ですること，聖書を中国語に翻訳することなどの許可を取得した. また，教皇から中国宣教に必要な多数の書籍を得，イエズス会の総会長 *アクアヴィーヴァからは中国の日本管区からの独立を承認された. *シャール・フォン・ベルらと多数の宣教師を伴って 1618 年 *リスボンを発ち，このうちの 4 名とともに 1620 年マカオに到着した. 翌年，*セメドとともに南昌に赴き，1622 年には杭州，23 年に開封，24 年に山西省に宣教した. 1628 年に嘉定で開催された *中国の典礼問題に関する会議では，M. *リッチの *宣教方法を支持し，ロンゴバルドと論戦した. 杭州で死去. 主著に『況義』(イソップ物語) などがあり，また，リッチの残した報告書をもとに『キリスト教徒のシナ王国遠征記』(De christiana expeditione apud Sinas suscepta) を編纂，1615 年に *アウグスブルクで出版した. 本書は 1616 年にフランス語訳，次いでドイツ語訳 (1617)，スペイン語訳 (1621)，イタリア語訳 (1622) が出版されるなど，当時のヨーロッパで大きな反響を呼んだ.
【文献】J. DEHERGNE, Repertoire des Jésuites de Chine de 1552 à 1800 (Roma 1973). (尾原悟)

ドリシ　Dorisy, Jean　(1586. 3. 26-1657. 3. 12) フランスのカトリック神学者，著述家. フランス北東部のアルデンヌ地方ムーゾン (Mouzon) に生まれ，*パリで没す. 1606 年に *イエズス会に入会. 哲学と倫理神学の教授となる. C. O. *ヤンセンと同時代の人で，*ジャンセニスムに反論するために書いた数多くの著作がある.
【文献】Cath. 3: 1037. (久保文彦)

ドリーシュ　Driesch, Hans Adolf Eduard　(1867. 10. 28-1941. 4. 16)　ドイツの発生学者，哲学者. *ナポリの海洋生物学研究所で発生学に従事 (1891-1900). 2 個の分離割球が完全な幼体(胚)になることを発見. 機械論的発生学に反対し，発生は胚における細胞の位置情報によって決定されるという考えを提起した. 1907-1908 年にスコットランドのアバディーン大学で行ったギッフォード講演「科学と有機体の哲学」(The Science and Philosophy of the Organism) で極端な *生気論を発表し，その後 *ハイデルベルク，*ケルン，*ライプツィヒの各大学で哲学者として活躍する. 機械論的な自然現象の背後には彼が *アリストテレスに倣って *エンテレケイアと呼んだ超自然的な生命原理が働いているとする生気論は，発生学のその後の展開で完全に否定されている.
【主著】Philosophie des Organischen, 2 v., 1909. (朝広謙次郎)

トリスアギオン　Trisagion　全教会に継承される祈りで，神の聖性に対する賛美の詞. 「聖三詞」または「三聖唱」と訳される. 「聖なる神，聖なる勇気，聖なる常の者や，我らを憐れめよ」(日本ハリストス正教会訳) と祈る (カトリック教会訳「聖なる神よ，力ある聖なる神よ，不滅のいのち聖なる神よ，わたしたちにあわれみを」). *東方教会においては，キリスト単性説派，*ネストリオス派を含めて全教会の聖体礼儀 (カトリックの *ミサにあたる) で用いられ，*西方教会では聖金曜日 (→ 聖週間) の *十字架の崇敬と賛美の際に用いられる. 成立については，コンスタンティノポリスの *プロクロスにちなむと伝えられているが，内容的には *カルケドン公会議での *キリスト単性説に対する反証と内容的に近く，5 世紀初めにシリアで作られ，中葉に *コンスタンティノポリスに伝わり整えられ *典礼に採用された. 東方教会では聖三位に対する賛歌とされる.

とりつぎのいのり

【文献】LThK² 10: 365; ODCC³ 1642-43.　　（尾田泰彦）

とりつぎのいのり　取り次ぎの祈り　〔ラ〕intercessio,〔英・仏〕intercession,〔独〕Interzession　*ミサの*奉献文における祈りの一つ．元来は，ミサで奉納した人々の名や特定の人への*奉納がある場合にその人々の名を読み上げて思い起こす祈りを指す．その性質上，奉納行列後の祈りとして行う典礼もあったが(*ガリア典礼)，*ローマ・ミサ典文には5世紀初めから奉献文中に組み入れられ，現在の第1奉献文に至るまで前半(教皇・司教のために，集まっている人々，マリアをはじめ使徒・殉教者・聖人の記念)と後半(死者，使徒・殉教者・聖人の記念)の2部に分かれて置かれた(*死者のための祈りは9世紀に導入)．東方では，アレクサンドリア型典礼では*感謝の賛歌のあと，アンティオケイア型典礼では結びの*栄唱の前に置かれ，また*ディプテュコンの慣習とも結びついた．その位置づけ方には多様な可能性があるが(現行の第2，第3，第4奉献文では奉献文の後半)，いずれにしても，奉献文中の取り次ぎの祈りは，キリストの*奉献とともに自らを奉献する全教会の姿を表す意味をもち，「天上と地上の全教会の交わりの中で感謝の祭儀が行われることを表し，キリストのからだと血によって得られたあがないと救いに参加するよう招かれた教会と，生者と死者を問わず，そのすべての構成員のために，奉献が行われることを表現する」(『ミサ典礼書』総則55ト)．

【文献】Jungmann 2: 191-225, 295-322; R. KACZYNSKI, "Die Interzession im Hochgebet," T. MAAS-EVERD, K. RICHTER, eds., *Gemeinde im Herrenmahl* (Freiburg 1976) 303-13; A. ADAM, R. BERGER, eds., *Pastoralliturgisches Handlexikon* (Freiburg 1980) 110-11.
　　　　　　　　　　　　　　　　　　　（石井祥裕）

トリックスター　trickster
【定義】トリックスターという用語は19世紀後半にブリントン(Daniel Garrison Brinton, 1837-99)が初めて用いた(Myths of the New World, 1868)．*神話や民話の主人公で，両義的性格をもった悪戯者をいい，あらゆる面での常軌の逸脱を特徴とする．策略，欺き，裏切り，盗みなどによってそれまでの秩序に打撃や被害を与え，その結果として意図せずに新しい文化要素や制度を創出する．協調性を欠き，常識的なことは語らず，法螺か嘘しかいわない．身体的な異常とか，性転換もしばしばみられる．人間，動物，神など複数の様相を備え，普通の分類範疇に入りきらないことが多い．大食，好色，怠惰など一般常識からは非難される性格をもつ．しばしば相反する性格を示し，ずば抜けた知力をもつとされる反面で，自己と他者の区別もできず，そのため自ら生命の危機に陥るなど愚鈍な側面も併せもつ．静止，安定，秩序を嫌い，変化，破壊，創造を指向する．従来の制度，産物を一新して新しい要素をもたらすという点では文化英雄(→英雄崇拝)と似通うが，文化英雄が意識的であるのに対して，無意識に意図せずに革新する点が異なる．

【研究史】19世紀にボアズ(Franz Boas, 1858-1942)の指揮のもと*インディアンの神話や昔話が組織的に蒐集されると，曖昧で首尾一貫しない行動をするトリックスターへの関心が高まった．その後アフリカにも豊富にみられることがわかり，さらに古代の神話のなかにもトリックスター的な神々がいると指摘された．北米ではコヨーテ，ワタリガラス，野ウサギ，そしてアフリカではクモ，野ウサギなどが主人公として多い．*ギリシア神話のプロメテウスやヘルメス，*北欧神話のロキ，日本神話のスサノヲなどもトリックスター的とされる．これまで次のような解釈が呈示されている．

(1) 歴史的解釈．ボアズは進化論的立場から，人類の発達とともに利己的，無道徳的，衝動的なトリックスター像から自己犠牲的，道徳的，思弁的な文化英雄像への進化を考えた．これに対して，*ペッタッツォーニは「未開民族」に至高神を認める立場から，堕落の結果トリックスターが誕生したと考えた．

(2) 心理学的解釈．ラディン(Paul Radin, 1883-1959)は心理学の立場から，トリックスターを神と人間の区別が曖昧だった始源の形象とみたが，*ユングは動物から進化したばかりの人間の未分化な意識をその像に認めようとした．彼らの見方には相違点もあるが，トリックスターの両義性を心理の未分化の反映とする点では一致している．

(3) 構造論的解釈．*レヴィ・ストロースは異なる領域を交流させ，その結果として新しいものを創造するトリックスターを媒介者と位置づけ，媒介者が両義的であるのはむしろ当然とした．

(4) 宗教者としてのトリックスター．リケッツ(Mac Linscott Ricketts)はトリックスターを人間の姿と考える．悩みながら努力する人間精神の自己超越性と失敗による限界の認識が描かれるトリックスターの姿を笑うことによって，人間は救済されているというのである．

【文献】宗教学辞典 589-90; EncRel (E) 15: 45-53; 山口昌男『アフリカの神話的世界』(岩波書店1971); P. ラディン, K. ケレーニイ, C. G. ユング『トリックスター』皆河宗一他訳(晶文社1974); P. RADIN, K. KERENYI, C. G. JUNG, *The Trickster* (New York 1956); 山口昌男『道化の民俗学』(新潮社1975); 小川了『トリックスター』(海鳴社1985); M. L. RICKETTS, "The North American Indian Trickster," HtR 5 (1966) 327-50; E. E. EVANS-PRITCHARD, *The Zande Trickster* (Oxford 1967); R. D. PELTON, *The Trickster in West Africa* (Berkeley 1980); K.-L. KOEPPING, "Absurdity and Hidden Truth: Cunning Intelligence and Grotesque Images as Manifestations of the Trickster," HtR 24 (1985) 191-214.
　　　　　　　　　　　　　　　　　　（松村一男）

トリテミウス　Trithemius, Johannes　(1462. 2. 1-1516. 12. 13)　ドイツの人文主義者，著作家，ベネディクト会修道院長．*トリール近郊の生地トリッテンハイム(Trittenheim)にちなんで改名したが本名はハイデンベルク(Heidenberg)またはツェラー(Zeller)．1482年シュポンハイム(Sponheim)で*ベネディクト会に入会．翌年21歳の若さで修道院長となり，以後20年間修道院長を務め，修道院の規律の刷新，研究と教育の充実に尽くした．当時のヨーロッパで最高級の写本と蔵書を有する図書館を設立．1500年に修道院長の職を退き，スコットランド人の修道院である*ヴュルツブルクの聖ヤコブ修道院へ移り，著述に専念した．その関心は実に広範囲の学問分野に及ぶが，特に深い霊性の著作において評価されている．

【主著】*Catalogus scriptorum ecclesiasticorum*, 1494; *De viris illustribus Germaniae*, 1495.

【文献】キ人 989; EDR 3: 3570-71; LThK² 10: 366-67; NCE 14: 311-12; ODCC³ 1643; RGG³ 6: 1042-43.
　　　　　　　　　　　　　　　　　　（髙松誠）

トリニダーデ　→　トリンダーデ

トリニダード・トバゴ　正式国名：トリニダード・トバゴ共和国，〔英〕Republic of Trinidad and Tobago. カリブ海小アンティル諸島南端のトリニダード島とトバゴ島からなる．1833-34年の奴隷解放後はインドから多数の労働者が入植した．1962年独立，1976年より共和制をとる．首都はポート・オブ・スペイン（Port of Spain）．面積：5,128 km^2．人口：129万人（2000年現在）．言語：英語（公用語），ヒンディー語．宗教：カトリック（31％），*ヒンドゥー教（24％），*聖公会（11％），ほかに*イスラム教など．

　トリニダード島では1591年に初めて*カトリック教会が建てられたが，それ以前にも数度にわたって*宣教の試みがなされ，多くの宣教師が殉教した．特に*カプチン・フランシスコ修道会の会員は1618年から1802年頃まで活躍した．19世紀初頭，イギリスの支配下に置かれた後もカトリックの宣教活動は続けられた．1850年ポート・オブ・スペインは大司教区となる．国家と教会との関係は良好であり，両者とも自国民の*聖職者の育成に熱心である．→アンティル諸島
【現勢】2000年現在，カトリック信者数：39万5,000. 大司教区：1．小教区：61．教区司祭：39．修道司祭：68．信徒修道士：10．修道女：149．　　　（A. ネブレダ）

トリノ　Torino　イタリア北西部，ポー川上流の都市．ピエモンテ州の州都．*ローマ帝国時代に植民市として建設され，アウグスタ・タウリノルム（Augusta Taurinorum）と呼ばれた．250年頃キリスト教化．トリノの*マクシムスが最初の司教．領有をめぐって9世紀頃から争いが繰り返された．1136年，*神聖ローマ帝国の自治都市となる．1280年からはサヴォイ家（Savoy）の支配．1418年にサヴォイ公国に統合され，1563年にはその首都となった．17世紀には都市の整備が行われ，*バロック建築が今も残っている．18世紀には商工業が発達．1720年にはサルデーニャ王国の首都．19世紀初め*ナポレオン・ボナパルトにより一時フランス領となった．*イタリア統一運動の中心地でもあった．1861年，サルデーニャ王国の主導でイタリア王国統一が実現し，一時的に首都となった．
【文献】NCE 14: 343-44; F. Congnasso, Storia di Torino (Torino 1934).　　　　　　（秋山有紀）

トリビオ・アルフォンソ・デ・モグロベホ　Toribio Alfonso de Mogrovejo　(1538. 11. 16-1606. 3. 23)　スペイン出身のリマの大司教，聖人（祝日4月27日）．*サラマンカ大学で法学を学び，1574年，*グラナダの宗教裁判所長官となる．1579年，教皇*グレゴリウス13世より，*リマの大司教に任ぜられた．1581年，任地に到着してまもなく，*インディオへの宣教，要理教育，聖職者の規律の徹底など，堕落した教区の抜本的改革にとりかかった．教会，修道院，神学校，福祉施設を設立し，教区の*巡察を怠りなく行った．必要とあらば，国王との対立もいとわず改革を進めるその姿勢により，改革の波は南アメリカ各地に広がった．ペルーのサーニャ（Saña）で没す．1727年，教皇*ベネディクトゥス13世により*列聖．
【文献】キ人989; BSS 12: 711-15; NCE 9: 999-1000.
　　　　　　　　　　　　　　　　　　（山口和彦）

トリフォリウム　〔英・仏〕triforium, 〔独〕Triforium　教会堂側廊の上部にあって，身廊（*ネイヴ）に面して開いたアーケード．身廊の大アーケードの上（側廊2階席のトリビューンがある場合はその上），*クリアストーリーの下に位置し，背後の仕切り壁との間に幅の狭い通路（これもトリフォリウムという）が設けられている．通路がなく装飾としてのアーケードのみによるトリフォリウムもある．仕切り壁の外は側廊の小屋根にあたるが，13世紀半ばには屋根の形式を変えて仕切り壁にも開口部を設けた．まもなくトリフォリウムはクリアストーリーと一体化して消滅する．
　　　　　　　　　　　　　　　　　　（高橋裕子）

トリポリ　Tripoli　レバノン共和国北部の海岸都市タラブルス・エッ・シャーム（Tarabulus esh Shām）．前6世紀頃*ペルシア統治下の*フェニキア都市として建設され，*ローマ帝国の時代から現代までつねに地中海貿易で繁栄し，宗教的には*ギリシア正教会（*メルキト教会），*マロン教会，*イスラム教などが各時代に伝来した．第1回*十字軍のときトゥールーズ伯ベルトラン（Bertrand, comte de Toulouse, ?-1112）が「シリアのジブラルタル」と呼ばれるこの城塞を占領（1102-1109），近隣一帯にトリポリ伯領を設定，エルサレム王（→エルサレム・ラテン王国）に臣従して聖地4国の一環をなした．1289年エジプトのバフリー・マムルーク朝（1250-1390）に滅ぼされ，キリスト教徒住民は皆殺しにされた．
　　　　　　　　　　　　　　　　　　（橋口倫介）

ドリュイ　Deruy, Georges Joseph　(1884. 1. 28-1957. 12. 30)　パリ外国宣教会員．フランス北部アラス教区ベテュン（Béthune）に生まれる．1907年*パリ外国宣教会入会．1909年（明治42）3月司祭叙階．同年大阪教区へ派遣され来日し，11月より松江教会に赴任．教会墓地購入，幼稚園開設をはじめ，伝道士（*カテキスタ）の協力もあって，離散信徒を集め，青年公道会成立などで教勢を伸ばす．1914年（大正3），第1次世界大戦に伴う応召のため帰国．1919年松江教会に戻り，翌年鳥取教会を兼任．1921年米子で宣教開始．1922年津，1928年（昭和3）尼崎（聖堂・司祭館拡張），1935年奈良の各教会で司牧．1937年休暇で帰国．第2次世界大戦のため再来日ができず，1948年ようやく再来日を果たす．破壊された大阪司教座の川口教会で小聖堂建設と共同体再生に尽力する．須磨の聖ヨハネ病院で死去．
　　　　　　　　　　　　　　　　　　（M. コーナン）

ドリュスきょうかいかいぎ　ドリュス教会会議　〔英〕Synod of the Oak, 〔独〕Eichensynode, 〔仏〕synode du chêne　アレクサンドリアの総主教*テオフィロスが*ヨアンネス・クリュソストモスに対抗し，彼を*コンスタンティノポリスの総主教の座から追うために，403年秋，*カルケドン近くのドリュス（Drys）に招集した非合法な教会会議．樫の木にちなんだこの町の名から「樫の木教会会議」とも呼ばれる．401年，テオフィロスは*ニトリア砂漠の修道者たちを*オリゲネス派として破門し，追放したが，クリュソストモスは彼らを保護し，彼らの訴えを聞き入れた皇帝*アルカディウスはテオフィロスをコンスタンティノポリスに召喚した．しかし，帝都に赴いたテオフィロスは宮廷で賛同者を獲得して勢いを増し，ドリュスに教会会議を招集してクリュソストモスを召喚した．非合法を理由にクリュソストモスが出席を拒否すると，同教会会議は，教会財産の乱用，

トリュフォン

司祭に対する専横, 反逆等のとがでクリュソストモスを弾劾した. 反逆罪は皇帝に報告され, 皇帝は彼を流刑に処した.
【文献】LMit 3: 1667-68; LThK² 3: 722; LThK³ 3: 516-17; NCE 10: 589. （高柳俊一）

トリュフォン　Tryphon　（3世紀頃?）　聖人（祝日11月10日）. 生涯に関する信頼性のある資料類は現存せず, *ギリシア正教会とローマ教会の*殉教録があるにとどまる. 伝承によれば, *フリギアのサンプサドス (Sampsados) に生まれ, 250年頃*デキウス帝の迫害によって*ニカイアに連れ去られ, その地で殉教したとされる. フルーリの*テオドリクスも幾つかの伝説をもとに彼の生涯を記述している. 彼の崇敬の中心はサンプサドスだが, 後にニカイアおよび*シチリアでも崇敬された.
【文献】CathEnc 15: 79; LThK² 10: 382-83. （伊能哲大）

ドリュモン　Drumont, Edouard Adolphe　(1844. 5. 3–1917. 2. 3)　フランスの政治家, 評論家. *パリに生まれ, 同地で没す. 彼自身の言によれば,「耕された大地の香り」の染み込んだカトリックの庶民階級の家庭に生まれ, セーヌ県の役人となるが, やがてジャーナリズムの世界に入る. 1886年に出版した『ユダヤ人のフランス』(La France juive) は政情不安に揺れる19世紀後半のフランス社会に一大センセーションを巻き起こし, 貧窮にあえぐ民衆の心を摑みベストセラーとなる. 中世のカトリック社会へのノスタルジーと祖国愛に駆られた彼は, この書のなかで, 当時のフランス政財界を牛耳る富裕な*ユダヤ人たちをフランスの伝統を脅かす者として激しく非難し, 以後も次々と*反ユダヤ主義の政治キャンペーンを繰り広げる. 1892年には国粋主義と反ユダヤ主義の機関誌『リーブル・パロール』(La Libre parole) を創刊, パナマ運河建設に絡む疑獄事件を告発, *ドレフュス事件では反ドレフュス派の牙城となる. 1898年にはアルジェ (Alger) の代議士として政界に進出するが, 1902年には落選, その後急速に影響力を失い, 不遇の晩年を送る.
【主著】De l'or, de la boue, du sang, 1896.
【文献】M. WINOCK, Edouard Drumont et Cie (Paris 1982). （猪口好彦）

トリリング　Trilling Lionel　(1905. 7. 4–1975. 11. 5)　アメリカのユダヤ系批評家. *ニューヨークの生まれ. 1931年から母校コロンビア大学で英文学, 比較文学を講じた. ヒューマニスト, モラリストとして伝統的な批評態度を貫き,「文化批評の父」と呼ばれた. ことに, 人文科学と実人生の橋渡しに努めたM.*アーノルドの影響を強く受け, それは処女作『マシュー・アーノルド』(Matthew Arnold, 1939) に結実している. 評伝や文化論を多数出版し, 各種文芸雑誌の発展に貢献するとともに, 自らいうところの「道徳的想像力」を駆使した小説『旅路のなかばに』(The Middle of the Journey, 1947) も著した. ニューヨークにて死去.
【文献】EBritMi 10: 123;『世界文学大事典』3（集英社 1997) 231. （飯野友幸）

トリール　Trier　ドイツ西部の司教区, またその*司教座のある都市. トリール市はラインラント・プファルツ州トリール県の県都である. 人口約10万 (1994年現在). 市の前身アウグスタ・トレヴェロルム (Augusta Treverorum) は, 前15年頃*ローマ帝国初代の*アウグストゥス帝により建設され, とりわけ帝政末期に繁栄した. 市内には円形闘技場 (Amphitheater), 大浴場, 北門「ポルタ・ニグラ」(Porta Nigra), 現在はプロテスタント教会になっている*バシリカなどローマ時代の遺跡が残る. 大聖堂内には, *コンスタンティヌス大帝の母*ヘレナの寄進になる最初の教会の遺構が残る. 大聖堂はキリストの*聖衣を*聖遺物として保有する.
【司教座の歴史】3世紀半ばに司教座の存在が確認され, 遅くとも6世紀には*管区大司教の座が置かれた. ヴェルダン条約 (843) で中央王国 (→フランク族) に属し, 次いで東フランク王国, *神聖ローマ帝国に属した. 帝国教会内の首位争いでは*マインツと*ケルンに遅れをとったが, 選帝侯の地位を確保した. 10世紀以後モーゼル中流域からコブレンツ (Koblenz), ヴェステルヴァルト (Westerwald) にかけて領国支配権の形成が進んだ. 14世紀以降, 帝国のブルグンド (→ブルグンド族) 大書記長 (Erzkanzler) の職を兼ねた. *宗教改革はトリール教区には浸透しなかった. *ナポレオン・ボナパルトの占領下, ライン左岸の大司教領はフランスに奪われ, 右岸の領地はナッサウ・ヴァイルブルク (Nassau-Weilburg) に帰属した. この間, 1802年にトリール教区は*メヘレンの属司教区とされ, *プロイセン支配下への移行後も大司教座は復活せず, 1821年にケルンの属司教区となった.
【文献】LThK² 10: 352-57; NCE 14: 287-89; RGG³ 6: 1018-21; E. DÜSTERWALD, Kleine Geschichte der Erzbischöfe und Kurfürsten von Trier (Sankt Augustin 1980); H. H. ANTON, Trier im frühen Mittelalter (Paderborn, Würzburg 1987). （出崎澄男）

ドリル　Delisle, Léopold Victor　(1826. 10. 24–1910. 7. 22)　フランス国立図書館長, 古文書学者, 中世史家. フランス北西部ヴァローニュ (Valognes) に生まれる. パリのエコール・ド・シャルトで学び, 同地の国立図書館司書となり (1852), 後に館長となる (1875-1905). 放置されていた無数の写本を整理し, 全4巻の『写本収集便覧』(Cabinet des manuscripts, 1868-81) をまとめたほか150万以上の蔵書の目録を作成する. 特に, *サクラメンタリウム (秘跡書) の研究や死者のための典礼に関する史料収集に寄与した.
【主著】Bibliographie des travaux de M. Léopold Delisle, 1902-11.
【文献】キ人 990; LThK³ 3: 76; NCE 4: 735. （相原優子）

ドリール　Delille, Jacques　(1738. 6. 22–1813. 1. 5)　フランスの詩人. エグペルス (Aigueperse) の生まれ. *ウェルギリウスの翻訳で知られ, コレージュ・ド・フランスのラテン語講座などを担当した. 神父であるかのようにアベ・ドリール (l'abbé Delille) とも呼ばれるが, 聖職にあったことはない. 主著には『自然描写三界』(Les Trois règnes de la nature, 1809) 等があり, 流麗な筆致で情景を描く. *ミルトンの『失楽園』(Le Paradis perdu, 1805) の翻訳もある. *パリで没す.
【文献】E. GUITTON, Jacques Delille et le poème de la nature en France de 1750 à 1820 (Paris 1974). （白石嘉治）

トリンダーデ **Trindade, Angela**（1909. 8. 10-1980）　インドの画家．父（Antonio Xavier Trindade, 1870-1935）は *ゴア出身のポルトガル系インド人で著名な画家．父同様，*ベラスケス，*ムリリョ，*ゴヤ等の強い影響を受けながらもインドの伝統に立脚する作品を発表，聖書の場面をインドの風景のなかに描く作品で現代インドの聖画家としての地位を確立する．後にキュビスムや抽象表現を取り入れ *ヒンドゥー教とキリスト教とを融合する絵画に取り組む．*ピウス 12 世より教皇功労賞（→教皇勲章）を受ける．ブラジルにて客死．
【文献】W. U. EILAND, "Angela Trindade, Indian Artist," *Antonio Xavier Trindade* (Athens, Ga. 1996) 81-85.
（橋爪由美子）

ドル **Dol**　フランスのブルターニュ地方におけるかつての司教座所在地．キリスト教の起源についてははっきりしないが，ドルの *サムソンが 6 世紀に創設した修道院をめぐる地域が発展して司教区になったと考えられる．ブルターニュの首都の座をめぐって *トゥールとの間に争いが勃発したが，1199 年に教皇 *インノケンティウス 3 世によってトゥールに有利な裁定が下された．12 世紀には文化的な発展をみ，13 世紀には今日の司教座聖堂も建設された．1801 年の *政教条約により，ドルはレンヌ（Rennes）司教区に編入された．
【文献】Cath. 3: 966-70; LThK² 3: 472-73.
（久野暁子）

ドルアール・ド・レゼー **Drouart de Lezey, Lucien**（1849. 4. 27-1930. 11. 3）　パリ外国宣教会員．フランス北部ダンケルク（Dunkerque）の貴族の家に生まれる．1868 年パリ・イシ大神学校に入り，翌年 *パリ外国宣教会入会．1873 年司祭叙階．同年（明治 6）北緯代牧区（→北緯聖会）へ派遣され，9 月来日．東京で日本語を学ぶ．巡回宣教師として北日本で宣教．1886-88 年募金のため帰国．1888 年東京・神田，1892 年麻布，1893 年山梨県の担当者として松本および甲府（1894），東京・関口（1907）などの各教会・宣教地で熱意溢れる司牧をする．1918 年以降は，*神山復生病院で慈父の心をもってハンセン病患者に接し，寮などの新設，職業指導，余暇活用などに新風を吹き込む．同施設で死去．報道の必要性を認識して，定期刊行物 *『公教雑誌』や *『真理之本源』，さらに *『天主之番兵』等の発行に尽力するなど，出版に関し非常に熱心な指導をしたことで有名である．
（M. コーナン）

ドルアン **Drouin, René-Hyacinthe**（1680 頃-1740. 9. 30）　18 世紀フランスのカトリック神学者．トゥーロン（Toulon）に生まれ，イヴレー（Ivrée）で死去．1696 年 *ドミニコ会に入会．1719 年国王の任命でカン（Caen）の大学の神学部教授となり，正統的教義の擁護に尽くした．著作に『秘跡論』全 2 巻（De re sacramentaria contra perduelles hereticos, 1737）がある．
【文献】DThC 4: 1842-43.
（坂田俊也）

トルヴァルセン **Thorvaldsen (Thorwaldsen), Bertel**（1768. 11. 13-1844. 3. 24）　デンマークの彫刻家．*コペンハーゲンに生まれ，同地の美術アカデミーで学ぶ．1796 年 *ローマに行き古代彫刻を研究，その成果を『イアソン』（1802，コペンハーゲンのトルヴァルセン美術館）に示し，*カノーヴァに続く新古典主義の代表者として注目を集める．ロココ的甘美さや官能性をとどめるカノーヴァに比べ，さらに徹底的にギリシア古典期美術の簡潔さと厳粛さを回復しようとしたトルヴァルセンは，同時代人に「北方的」と評された端正で冷やかな作品を生み出した．ローマで多くの助手を率いて国際的に活躍，1838 年コペンハーゲンに戻り，同地で没した．トルヴァルセンの『キリスト』は 19 世紀の最も感動的な宗教的イメージとされて人気を集め，盛んにコピーされた．これは 1820 年の一時帰国の際，コペンハーゲンの聖母教会（現大聖堂）のために注文された『キリストと十二使徒』（1821-42）の一部で，新古典主義の端正さとドイツ・ルネサンスの宗教性を結びつけている．ローマの *サン・ピエトロ大聖堂内の『教皇ピウス 7 世墓碑』（1824-31）も彼の作である．
【文献】新潮美術辞典 1052; DA 30: 763-66; 小学館美術全集 19: 319-20.
（高橋裕子）

ドルエ **Drouet, François**（1887. 8. 1-1983. 2. 26）　パリ外国宣教会員．フランス中西部 *アンジェ教区ラ・シャペル・ドゥ・ジェネ（La Chapelle-du-Genêt）に生まれる．1908 年 *パリ外国宣教会入会．1910 年司祭叙階．1911 年（明治 44）1 月来日．宮崎で日本語を学ぶ．1912 年長崎神学校でラテン語教諭と会計係を兼任．1924 年（大正 13）以降は同校校長として浦上神学校の新建築に努める．1930 年福岡・大名町，1935 年北九州・八幡，1948 年陣山の各教会で子どもの教育に尽力する．終戦後残された孤児のため *小崎トマスにちなむ施設を開設（現在の児童養護施設・聖小崎ホーム）．1952 年（昭和 27）パリ外国宣教会北九州地区長に選ばれ，中国共産圏から追放された会員を八王寺支部に迎える．1959 年八王寺準小教区担当者に就任．1974 年引退．優しさと自制心に溢れた 72 年間にわたる宣教奉仕生活中 1 度も帰国せず，1983 年生涯を閉じる．
（M. コーナン）

ドルエー **Delehaye, Hippolyte**（1859. 8. 19-1941. 4. 1）　イエズス会員，*ボランディスト．*アントヴェルペンに生まれ，17 歳で *イエズス会ベルギー管区に入会．*修練期の後，古典学，哲学，神学，歴史学を修め，1891 年ボランディストの聖人伝研究編纂所（Société des Bollandistes）に入り，1921 年同所長に就任した．50 年にわたって，特にビザンティン世界の *聖人伝研究と聖人伝編纂に献身し続けた．*ブリュッセルで没す．主著に『キプロスの聖人たち』（Saints de Chypre, AnBoll 26: 161-301），『柱頭行者の聖人たち』（Les Saints Stylites, 1923）などの聖人伝校訂のほか，総合的な研究書として『殉教者崇敬の起源』（Les origines du culte des martyrs, 1912, ²1933），『殉教者の苦難と文学類型』（Les passions des martyrs et les genres littéraires, 1921, ⁶1966），『聖人：古代における聖人崇敬について』（Sanctus. Essai sur le culte des saints dans l'antiquité, 1927）などがある．
【その他の著作】Les légendes hagiographiques, SHG 18, 1905, ⁴1955; Cinq leçons sur la méthode hagiographique, SHG 21, 1934.
【文献】Cath. 3: 562-63; LThK³ 3: 73-74; P. PEETERS, "Le R. P. Hippolyte Delehaye," AnBoll 60 (1942) 1-52; E. DE STRYCKER, "L'œuvre d'un Bollandiste. Le Père Hippolyte Delehaye," ATh 3 (1942) 265-83.
（鈴木宣明）

ドルカス

ドルカス　Dorkas　ヤッファ在住の，「たくさんの善い行いや施しをしていた」女性信者（使 9: 36）．ドルカス（カモシカの意）はアラム語名「タビタ」（Tabitha）のギリシア語訳（使 9: 36, 39）．*ペトロは病死した彼女を甦えらせる（マコ 5: 38 以下比較参照）．

【文献】新約釈義 1: 402.　　　　　　　　（加山久夫）

トルクアトゥス　Torquatus　(1世紀)　聖人（祝日 5 月 15 日）．8 世紀の*聖人伝によると，*ローマにおいて*ペトロと*パウロによって叙階され，スペイン宣教に派遣された一人．トルクアトゥスはグラナダ（Granada）に近いグアディシュ（Guadix）の初代司教となった．そのほかにも 6 名（Ctesiphon, Secundus, Indaletius, Caecilius, Hesychius, Euphrasius）が同じくアンダルシア地方に派遣されたが，多くが殉教．*イスパニア典礼では全員共通の祝日が記念日として典礼暦に入れられている．

【文献】LThK² 10: 257.　　　　　　　　（久野暁子）

トルクゼス・フォン・ヴァルトブルク　→　トルフゼス・フォン・ヴァルトブルク

トルケマダ　Torquemada, Juan de　(1388-1468.9.26)　スペイン人ドミニコ会員，枢機卿．中世末期最大の神学者の一人．バリャドリード（Valliadolid）の貴族の家庭に生まれ，同市の大学で学び，1403 年*ドミニコ会入会．1417 年，管区長に随行して*コンスタンツ公会議に出席した．1425 年*パリ大学で神学修士となり，バリャドリードおよび*トレドの修道院長を務めた．1433 年，教皇の神学顧問として*バーゼル公会議に出席，*公会議首位主義に対して教皇の*首位権を擁護した．*フィレンツェ公会議では，*ギリシア正教会との合同交渉に参与．1439 年 12 月 18 日，枢機卿に親任された．教皇*エウゲニウス 4 世は彼に「*信仰の擁護者」の称号を贈った．スペイン，フランス，ドイツなどでの*教皇使節・司教を務めたほか，1455 年イタリア中部スビアコ（Subiaco）の修道院の改革にも携わる．*ローマで没し，サンタ・マリア・ソプラ・ミネルヴァ教会に埋葬された．主著として『教会大全』全 4 巻（Summa de Ecclesia, 1489）がある．

【文献】カ大 3: 803; LThK² 5: 1093-94; LThK³ 5: 973-74; NCE 14: 204-205; J. F. STOCKMANN, *Joannis de Turrecremata, O. P., vitam eiusque doctrinam de Corpore Christi mystico scholasticorum medioaevalium traditione illustratam et explicatam* (Bologna 1951).

（鈴木宣明）

トルケマダ　Torquemada, Tomás de　(1420-1498.9.16)　スペイン人ドミニコ会員，神学教授．スペインの*異端審問の指導者．バリャドリード（Valladolid）にペドロ・フェルナンデス・デ・トルケマダ（Pedro Fernández de Torquemada）の子として生まれる．フアン・デ・*トルケマダ枢機卿の甥．同市の*ドミニコ会サン・パブロ修道院に入り，そこで神学を学んだ．22 年間*セゴビアのサンタ・クルス修道院の院長を務め，アビラ（Ávila）にサン・トマス修道院を創立．1483 年以来異端審問官として活躍し，スペインの異端審問所を組織した．*フェルナンド 5 世と*イサベル 1 世の*聴罪司祭としてスペイン宮廷に絶大な霊的影響を及ぼし，アビラで没した．主著には『異端審問指針集』（Compilación de las instrucciones de la sancta Inquisición, 1576）がある．

【文献】LThK² 10: 149; NCE 14: 205; E. LUCKA, *Torquemada und die spanische Inquisition* (Leipzig 1926); N. LÓPEZ MARTÍNEZ, *Los judaizantes castellanos y la inquisición en tiempo de Isabel la católica* (Burgos 1954).

（鈴木宣明）

トルコ　正式国名：トルコ共和国，[トル] Türkiye Cumhuriyeti, [英] Republic of Turkey. 面積：77 万 4,815 km². 人口：6,375 万人（1997 年現在）．言語：トルコ語（公用語），ほかにクルド語，アラビア語．宗教：イスラム教（主にスンナ派）99%．

【キリスト教史】〔起源から東西分離まで〕キリスト教が当時*小アジアと呼ばれていたトルコに到来したのは使徒時代のことである．*パウロの宣教旅行および手紙，黙示録にある七つの教会（黙 1: 11 参照）がこのことをよく示している．やがてキリスト教は急速に全域に広まり，重要な神学学派も各地に現れた．4 世紀初頭，東部ではアルメニアがティリダテス 3 世（Tiridates III, 在位 297 頃-330）のもとでキリスト教を国教とする史上初の王国となった．*ローマ帝国がキリスト教国となってまもなく，最初の教会分離が起こる．南東部には 5 世紀の半ば頃に*ネストリオス派の教会が誕生し，東部では 6 世紀初頭に*アルメニア教会が独立，南部では 6 世紀中葉に*ヤコブ教会が出現した．しかし，アナトリアの住民は全体としてコンスタンティノポリスの教会，そしてこの教会を通じて普遍的なカトリック教会に忠実に従っていた．この状態は 1054 年まで続くが，その年，*コンスタンティノポリスの総主教である*ミカエル・ケラリオスは自治を宣言し，小アジアの教会全体を率いてローマ教会から分離した．ここにキリスト教会は*ギリシア正教会と*ローマ・カトリック教会に分かれ，現在に至る．この*東西教会の断絶と分離は，この地方のキリスト教にとっても大きな転換点となった．

〔トルコ人の支配〕もう一つの重要な出来事はトルコ人の到来である．1071 年の東部アナトリアのマラーズギルド（Malāzgird, またはマンツィケルト Mantzikert）の戦いの後，イスラム教徒のトルコ軍に続いてトルコ人住民が小アジアに侵入し，占領を始めた（→ セルジュク・トルコ）．その結果，*ビザンティン帝国はアナトリアの領土を失い，その後，*オスマン帝国によってコンスタンティノポリスも陥落した（1453）．首都占領後まもなく皇帝（スルタン）メフメット 2 世（Meḥmet II, 在位 1451-81）はギリシア正教会の総主教を帝国の全キリスト教徒の最高権威者と認めた．

〔ローマ・カトリック教会〕ラテン典礼のカトリック教徒が正確にいつこの国に定住するようになったのかは不明だが，9 世紀末にはすでにカトリック教徒が*コンス

イスタンブールのスラマニエ・モスク，建造 1550-56

タンティノポリスに存在したと伝えられている．その後，イタリア商人の居留地が首都と黒海沿岸に築かれた．第4回 *十字軍(1202-1204)の際にはラテン総大司教区が創設され，1261年には総大司教代理区となり，後に使徒座代理区(*代牧区)となった．1648年にイズミール(İzmir, 旧称 *スミュルナ)に一人のラテン教会定住司教が任命された．アナトリアには *ドミニコ会や *フランシスコ会の宣教師が13世紀以降，教会を設立した．そして，特に19世紀後半からは *ラテン教会の諸団体や教会が，19世紀前半に到来したプロテスタント系諸教派と並んでアナトリアで増加していった．

イスラム・トルコの到来によっても教会は消滅せず，二つの宗教は共存していた．キリスト教徒はオスマン帝国に服従しなければならず，トルコ人はキリスト教徒に特別税を課し，イスラム教徒とは別の法規に従わせた．トルコによる占領の最初の数十年間は，主に軍事的・行政的性格が強く，教会組織は温存された．ただ一つの変化は信者数が徐々に減少していったことである．逆にイスラム教徒は全域で一様に増加していった．

〔現代〕第1次世界大戦とその後の動向によりトルコ内のキリスト教徒は急速に減少する．1915年4月からアルメニア系のほぼ全住民がシリアに強制移住させられ，その大部分は途中で死亡するか虐殺にあい，アナトリアにおけるアルメニア教会は事実上，消滅した．国の南東部ではネストリオス派教会の信者が自治獲得を期待してロシア軍に加担した．しかし，ロシア帝政の崩壊とともにその希望も消え，彼らを裏切り者とみなしていたトルコ人の手から逃れるため，ネストリオス派の信者はイラクに避難した．以後，トルコにはもはやネストリオス派の教会は存在しない．トルコ・ギリシア戦争を終結させたローザンヌ条約(1923)の結果，ギリシア正教会に属するすべての人は，イスタンブールとその郊外を除くトルコ領から全面的に退去しなければならなくなり，以後，ギリシア正教会はもはやアナトリアには存在せず，総大主教区は信徒の大半を失った．イスタンブールに残った信徒も1935年には16万6,000人を数えたが，1978年には8,000人と著しく減少した．

【現在の諸教派】第1次世界大戦とトルコ・ギリシア戦争という動乱期に，アナトリア人のギリシア正教会司祭が正教会内部に一つの分派を起こし，「トルコ正教会総主教区」を創設した．これはトルコ政府に認められ，今日まで公式に存続しているが，信者数はさほど多くない．今日，トルコのキリスト教は往時の諸教会および諸教派の残存集団の寄り合い所帯となっている．主な教会・教派は次の通りである．

(1) カトリック教会として，ラテン・カトリック教会，アルメニア典礼カトリック教会，カルデア典礼カトリック教会，シリア典礼カトリック教会，ビザンティン典礼カトリック教会(→カトリック東方教会)．

(2) カトリック以外の諸教会には，ギリシア正教会(コンスタンティノポリス *世界総主教下およびアンティオケイア総主教下)，アルメニア使徒教会，シリア正教会(→シリア教会)，ブルガリア正教会，*ロシア正教会，セルビア正教会，*聖公会，ドイツ福音教会などがある．

【キリスト教の将来】第一に認めざるをえないことは，信者数の不断の減少である．この減少は特に国外移住によるもので，移住者はほとんどすべて青年層である．これは残留するキリスト教家庭の出生率にも悪影響を与えている．しかしながら，他方でカトリック信徒は，極めて少数ながら積極的な役割を演じており，とりわけ学校教育に熱心で，カトリックの修道会が経営する学校は良質で評判も良い．

キリスト教会はそれぞれ伝統となっている固有の言語を用いてきたため，一般に外来宗教とみなされている．しかし，第2*ヴァティカン公会議後，ラテン典礼カトリック教会ではトルコ語を導入し始め，他の幾つかのカトリック諸教会もこの例に倣っている．

1960年にトルコは教皇庁と外交関係を結んだ．しかし，駐トルコ教皇庁大使はトルコ政府からは，カトリック教会の代表としてではなくヴァティカン市国の大使とみなされるだけで，現在のところ，カトリック教会はトルコではいかなる公的・法的身分を確立するには至っておらず，なお今後の課題となっている．

【現勢】1998年現在，カトリック信者数：3万1,000．大司教区：3．使徒座代理区：2．ビザンティン典礼の総主教代理区：1．小教区：51．教区司祭：15．修道司祭：47．終身助祭：4．信徒修道士：11．修道女：117．

【文献】世キ百 582-86; NCE 14: 344-46; RGG³ 6: 1071-78; WCE 679-83; J. JÄSCHKE, "Die christliche Missionen in der Türkei," Saec. 7 (1956) 68-78; B. BRAUDE, B. LEWIS, eds., Christians and Jews in the Ottoman Empire, 2 v. (New York 1982).

(P. X. ヤコブ)

トルコせんそう　トルコ戦争〔英〕Turkish Wars,〔独〕Türkenkriege　15-18世紀における *イスラム教のオスマン・トルコ(*オスマン帝国)の領土拡大に対抗した，ヨーロッパ・キリスト教国家の長期防衛戦争(オスマン帝国対非ヨーロッパ諸国，例えばペルシアやエジプト戦は考慮に入れない)．名称としては，ヨーロッパ中心の歴史観を反映している．

ヨーロッパに対するオスマン帝国の脅威は，すでに *コンスタンティノポリス征服(1453)以前から明らかであり，16-17世紀にヨーロッパ諸国がバルカン半島に進攻する際の主な軍事的・政治的問題の一つとなった．地中海上ではトルコ軍と *ヴェネツィア，*ジェノヴァ，スペインの艦隊が対決し，陸地では，ハンガリー，オーストリア，次いでポーランド，ロシアがトルコに対する防御(ならびに反攻)の重責を担った．

【トルコ・ヴェネツィア戦争】ヴェネツィアは東地中海随一の海軍国であり，オスマン帝国内の都市での商業利益を防衛・維持していた．また *十字軍に対しては，陸軍

トルコせんそう

兵を運搬したり航路を開放して状況に応じて熱心に支援していた．トルコ軍との第1戦(1423-30)は*テサロニケを失う結果となったが，東地中海の商業特権は保持した．コンスタンティノポリス征服後，オスマン帝国はギリシアからヴェネツィアの艦隊を駆逐しようとした（第2戦1463-79)．第3戦(1499-1503)で，ヴェネツィアはスペイン，ポルトガル，フランス，教皇および*ヨハネ騎士団の支援を受けたが，再び敗北を認めざるをえず，アドリア海の諸港を失い，貢税を毎年納める結果になった．1538年には，ヴェネツィア・*カール5世・教皇により新たに組織されたカトリック同盟軍も敗北を喫した．ヴェネツィアは商業権を維持したものの，最後に残されたペロポネソス半島とダルマティア地方の領土を失った．

1570年，トルコ人はキプロス島を制覇した．再び*カトリック同盟がヴェネツィア・スペイン・教皇の間で結成され，レパントの海戦で将軍フアン・デ・アウストリア(Juan de Austria, 1545-78)が大勝利を収めた(1571)．しかし，ヴェネツィアはイスタンブールと単独講和条約を結ぶことになり，有利な立場を継続することはできなかった．17世紀になり，ヴェネツィアは再びオスマン帝国の脅威を一掃しようとしたが(1645-69)，クレタ島を失うはめになった．ウィーン包囲とキリスト教軍勝利後の翌1684年，ヴェネツィアは皇帝*レオポルト1世と同盟を結び，ギリシアの戦いで幾つか勝利を収めたが，1714-18年にはカルロヴィッツ講和条約(1699)によって獲得した領地を失ってしまった．この後，もはやヴェネツィアが対トルコ戦で重要な役割を果たすことはなかった．

以上の概観からもヴェネツィアの複雑な立場がわかる．対トルコ戦の指令が出されたのは，主に地中海における商業活動と領有地を保護する必要があったからである．反異教徒の十字軍の古い理念（キリスト教世界の防衛など）はしだいに稀薄になっていき，18世紀になるとそのような言葉自体が政治用語のなかから完全に消えてしまった．西地中海は一度もオスマン帝国に支配されなかったが，16世紀にイスラムの海賊船がイタリア，フランス，スペインの海岸を繰り返し略奪したため，1535年カール5世はチュニスでの調停を強行した．

【ハプスブルク家およびその同盟国との戦争】〔14-15世紀〕オスマン帝国が初めてヨーロッパに出現したのは1345年で，迅速にバルカン諸国に進撃していった．それを阻止する数々の企ては失敗した．1371年マリーツァ(Maritza)の戦い，1389年バルカン諸侯の連合軍との第1次コソヴォ(Kosovo)の戦い，1396年ハンガリー王*ジギスムント率いる国際十字軍とのニコポリス(Nicopolis)の戦い，1444年十字軍とのヴァルナ(Varna)の戦い，1448年第2次コソヴォの戦いと，次々にトルコが勝利を収めたことは，特にドナウ諸国に大きな恐怖心を抱かせ続けた．

〔16世紀〕オスマン帝国のスルタン，スレイマン1世(Süleyman I, 在位1520-66)のもと，トルコ軍団はドナウ川に沿って進軍，1521年*ベオグラードを占領し，1526年モハーチュ(Mohács)でハンガリー王ラヨシュ2世(Lajos II, 在位1516-26)の軍を破った．1529年にはウィーンの目前に迫ったが，輸送・宿営・食糧面の問題から包囲を断念せざるをえなかった．1536年，スルタンは*ハプスブルク家と戦うためフランスと同盟を結んだ．こうしたやり方が16-17世紀のトルコ戦争の原型となった．オーストリアは今や西のフランス，東のトルコという二つの戦線に脅かされ，同時に，1526年以来名目上のハンガリー王も兼ねていたハプスブルク家は，王位簒奪を企てるハンガリー国内の貴族にも対処しなければならなかった．1540-47年の戦いで，スレイマン1世はハンガリー領土の大部分とトランシルヴァニアを占領した．1551-62年と1566-68年の戦いでは，双方とも支離滅裂な破壊戦を繰り広げるにとどまった．皇帝*ルドルフ2世は，1593年から1615年に及ぶいわゆる「長期」戦でトルコの脅威から懸命に逃れようとしたが，決着はつかなかった．その後ペルシアではオスマン帝国が衰退し始め，武力衝突が続いた．スルタンがオーストリアを襲撃して，*三十年戦争を起こしても効を奏さなかったのはそのためであろう．

〔17世紀後半〕1663年，再びトルコはドナウ川沿いに進軍してきたが，翌年ザンクト・ゴットハルト(Sankt Gotthard)の会戦でモンテクッコリ(Montecuccoli, 1609-80)に敗れた．しかし，皇帝レオポルト1世は*ルイ14世を相手とする西部戦線から解放されるためには，和平交渉に同意せざるをえず，スルタンはトランシルヴァニアの宗主権を確保した．その侵略が対ポーランド戦を引き起こし(1672-76)，トルコはポーランド王ヤン3世・ソビエスキ(Jan III Sobieski, 在位1674-96)にたびたび敗れたにもかかわらず，ウクライナ地方の一部を獲得した．トルコはまたロシアとも戦ったが(1671-81)，ラトツイン協定(1681)の締結で停戦となり，東ウクライナにおけるロシアの宗主権を認めざるをえなかった．その間ハンガリーの貴族がハプスブルク家に反旗を翻し，スルタンの軍隊に加勢を求めた．これがポーランドと同盟を結んだオーストリアの対トルコ大戦争(1682-99)の引き金となった．

〔トルコ大戦争とその後〕1683年7月14日から9月12日まで大宰相カラ・ムスタファ(Kara Mustafa, 1664-1703. 後のムスタファ2世，在位1695-1703)はウィーンを包囲したが，ポーランド王ヤン3世・ソビエスキと皇帝軍の指揮にあたったロートリンゲン公カール5世・レオポルト(Karl V Leopold, 1643-90)の協力により撃退され，ハンガリーにおけるオスマン帝国の支配の衰退が始まった．オーストリアがハンガリー，トランシルヴァニア，クロアティアの大部分からオスマン・トルコ軍を撤退させることができたのは，フランスとの停戦とポーランド，ヴェネツィアとの*神聖同盟の締結および優れた統率力のためである．トルコ軍はセルビア，ボスニア，ブルガリアにも進撃したが，1688年ルイ14世のライン川流域の*プファルツ地方への進撃で皇帝軍が東部戦線から西部へ移動したため，反攻が可能となり，再び上記の地はトルコ軍の手に落ちた(1690)．1697年オーストリアのサヴォイ公オイゲン(Eugen von Savoy, 1663-1736)はツェンタ(Zenta)の決戦でトルコ軍を打破した．カルロヴィッツ講和条約(1699)が結ばれ，オーストリアのハンガリー領有が認められ（ただしテメシヴル Temesvár のバナト Banat 地方を除く），トランシルヴァニア，クロアティアとスラヴォニア(Slavonia)，ポドリア(Podolia)はポーランドが，モレア(Morea)，ダルマティア(Dalmatia)地方の一部はヴェネツィアが領有した．1716年，当時のオーストリア皇帝は対トルコ戦でヴェネツィアに加勢した．オイゲン公はペトロヴァラディン(Petrovaradin)で再びトルコ軍を敗り(1716)，ベオグラードを征服した(1717)．パッサロヴィッツ講和条約(1718)でオーストリアが獲得したのは，バナト地方，北セルビアと西ワラキアであった．1737年，ロシ

アとオーストリアはオスマン帝国と戦ったが不首尾に終わり，締結されたベオグラード講和条約(1739)で，北セルビアと西ワラキアは再び失われることになった．しかし，オーストリアは，今や対トルコ戦争の努力が報われ，ヨーロッパの列強としての地位を確立した．18世紀後半，トルコは対ロシア戦(1768-74)と対ロシア・オーストリア連合戦(1787-92)で，ロシアの優勢な力を目の当たりにして退却をした．これらの対戦は新しい時代に属するもので，ヨーロッパ列強の政治抗争が前面に出ており，「キリスト教世界の防衛」や「聖戦」の理念の影は薄くなっている．したがってこれらは通常それ以前の世紀の「トルコ戦争」とは別とみなされる．

【影響】16-17世紀のトルコ戦争は当時の時代精神に甚大な影響を及ぼした．*ルターにとって，トルコの脅威は教会の犯した罪に対する神の鞭であった．ルターの説教によりトルコ人への抵抗を推奨されたプロテスタント諸侯が，カトリック教徒と同様にトルコ軍の脅威を感じていたなら，キリスト教世界を「異教徒」から防衛する軍事行動への参加もより熱狂的になっていただろう．しかし，実際には彼らは，ヨーロッパを守る対トルコ戦の指導者である教皇と皇帝の軍隊にしぶしぶ参加したのであった．教皇も皇帝も*プロテスタンティズムの大敵だったからである．カトリック国はトルコ戦争を十字軍の伝統のなかで捉えた．しかし*フランソア1世が，イスラムの領土拡大を公然の目的とするスルタンと同盟を結んだ事実は，ドイツでは恥辱とされたが，同時にキリスト教の保護という十字軍の理念が消失しつつあったことを如実に示している．17世紀，特にルイ14世の統治下では，トルコはますます単なるヨーロッパの政治的主導権争いの要因となるだけだった．カトリック側では，特に国境付近の地域でトルコ軍の脅威を切実に感じ，1590年来，正午に教会で「トルコの鐘」を打ち鳴らして，トルコ軍の来襲を想起していた．教会では，教皇が結成し，出資したさまざまな「カトリック同盟」を祈りで支える運動が盛んになり，レパントの勝利はロザリオの聖母のとりなしによるものとされ，聖母の栄誉を讃える教会や聖母像が建立された．1683年のウィーン解放と続くトルコ戦での驚異的な勝利は盛大に祝われ，*テ・デウムが捧げられた．この勝利により，17-18世紀のオーストリアと南ドイツにおける*バロック建築と芸術の驚くべき活力と豊かさの背景が造られたのである．

【文献】C. TURETSCHEK, *Die Türkenpolitik Ferdinands I. von 1529 bis 1532* (Wien 1968); E. ZÖLLNER, *Geschichte Österreichs* (Wien ⁶1979).

(H.ブライテンシュタイン)

トルストイ　Tolstoi, Lev Nikolaevich（1828.8.28-1910.11.7）　ロシアの文学者．トゥーラ県のヤースナヤ・ポリャーナ(Yasnaya Polyana)に生まれる．16歳よりカザン大学哲学部東洋語科および法学部に在籍し，後に*モスクワ，ペテルブルグ(現*サンクト・ペテルブルグ)で放縦生活を送る．1852年から57年まで軍隊に身を置き，カフカス(Kavkaz)での戦闘やクリミア戦争(1853-56)に従軍した．1852年に『幼年時代』(Detstvo)を発表した彼は，クリミア戦争の最中に『青年時代』(Yunost', 1857)を書き始め，ほかに後の『セヴァストーポリ物語』(Sevastopol'skie rasskazy, 1855-56)にまとめられる三つの物語の執筆にもとりかかった．1857年と1860年の2度のヨーロッパ外遊ではフランス，ドイツ，イギリスの文学者や社会思想家との交流を深め，特にこのときの教育関係者との交流は，ロシアにおける教育の発展の必要性を強く感じていた彼に大きな影響を与えることとなった．1862年，トゥーラ(Tula)の医師の娘であるソフィア・アンドレーエヴナ・ベルス(Sof'ya Andreevna Bers, 1844-1919)と結婚．1869年には長編『戦争と平和』(Voyna i mir)を，1877年には『アンナ・カレーニナ』(Anna Karenina)を完成させた．

トルストイは作家の仕事のみならず社会活動にも大きな関心をもっていた．政府の農奴解放令に先立って自らの解放案を示し，自領の農奴の解放を手がけるとともに自ら領主と農民の利害を調整するための調停官となって働いた．1859年には農民の子弟のための学校を設け，後の1872年には自ら初等教育用教科書『初等読本』(Azbuka)を完成させるなど，教育活動にも熱心に取り組んだ．後に文学や社会活動に没頭するだけでは自己の人生の目的をみいだせなくなった彼は，*ロシア正教会のなかに答えを求めて1877年からの数年間を敬虔なキリスト教徒として過ごすことになる．しかし彼はしだいに正教の教義に疑問を抱くようになり，特に旧教徒(分離派，→ラスコールニキ)への攻撃や愛国主義・スラヴ民族主義(→スラヴ主義，汎スラヴ主義)をあおる教会の姿勢を受け入れることはできなかった．このような彼の教会批判の姿勢は1879年から翌年にかけての『懺悔』(Ispoved')と『教義神学の批判』(Kritika dogmaticheskogo bogoslaviya)のなかに現れている．1881年には福音書に独自の解釈を加えた『四福音書合一翻訳』(Soedinenie i perevod chetyrëkh evangelii)を著したほか，数々の宗教・倫理的著作，『我が信仰はいずこにありや』(V chyom moya vera?, 1884)，『キリスト教と愛国心』(Khristianstvo i patriotizm, 1893)，『大なる罪悪』(Velikii grekh, 1905)などのなかで教会の教義に攻撃を加え続けた．この間も彼は社会活動に従事し続け，特に1891年の飢饉では被害地に自ら赴いて救援活動にあたったほか，ロシア全国に向けて現地の惨状を訴え，活動への援助を呼びかけた．1882年に執筆を始めた『さらばわれら何をなすべきか』(Tak chto zhe nam delat'?, 完成1886)と『イワン・イリイッチの死』(Smert' Ivana Il'icha, 完成1886)は，この時期の彼自身の生き方も含めた社会の道徳的回生への指針を示したものである．

彼は国家をしだいに，人々を戦争に駆り立て，人を罰する原則をもって人を赦す愛の原則に代える非キリスト教的機構とみなすようになり，皇帝アレクサンドル3世(Aleksandr III, 在位1881-94)とそれに続くニコライ2世(Nikolai II, 在位1894-1917)の初期の反動政治のもとで，一切の国家権力を否定するキリスト教的*無政府主義への傾斜を強めていった．1898-99年に書かれた『神の王国は汝らのうちにあり』(Tsarstvo bozh'e vnutri vas)は，こうした思想を極限まで進めたものである．旧教徒の一派であるドゥホボール派が国家権力への服従を拒否して政府の弾圧を受けカナダに移住した際，同派の反戦思想に共鳴した彼は，1898年に執筆を始めた『復活』(Voskresen'e)の印税を提供する努力を惜しまなかった．この『復活』のなかに登場するネフリュードフはトルストイ自身の投影とされ，その意味で同作品は彼の自己告白ともいうべき性質を備えている．しかし，作品中の正教会への誹謗とみられた箇所が当時の宗務総監である*ポベドノースツェフや教会関係者の怒りを招き，ついに1901年彼は正教会から破門された．

後年「トルストイ主義」の名をもって呼ばれる彼の唱

えたキリスト教的無政府主義には客観性に欠ける部分が少なくないにせよ，そのヒューマニズム的要素の意味は現代に至るまで失われていない．作品における文章表現の巧みさ，そして死に至るまで自己の理想の実現に尽力し続けた彼の生き方と相まって，トルストイの作品が時代を越えて愛読され続けている所以である．リャザニ州アスターポヴォ(Astapovo)の小さな駅で死去．
（栗原毅）

トルセリーニ　Torsellini, Orazio（1544-99）
イエズス会員．*ローマに生まれ，1562年8月10日*イエズス会に入会．ローマ学院で22年間にわたって人文学を教授し，また，ローマの*セミナリヨ，*フィレンツェや*ロレトの*イエズス会学院などで働き，ローマで死去．その間に，*フランシスコ・ザビエルの伝記(De vita Francisci Xaverii)や書簡集(Francisci Xaverii epistolarum libri IV)など多くの著作と編纂物を残した．
【文献】C. SOMMERVOGEL, *Bibliothèque de la Compagnie de Jésus*, v. 8 (Bruxelles 1898) 138-57.　（尾原悟）

ドルチ　Dolci, Carlo（1616-1686）　イタリアの画家．*フィレンツェに生まれ，活動し，同地で没した．画家ヤコポ・ヴィニャリ(Jacopo Vignali, 1592-1664)のもとで修業期を過ごしている．1632年に『アルノルフォ・デ・バルディの肖像』(フィレンツェのピッティ美術館)を制作するなど，若くして肖像画家としての才能を示すが，主に宗教画家として活躍した．切ないような瞳をし，見る者の心に訴えかけるような表情の聖母や聖人像を多数制作している．洗練された技術で入念に仕上げられたそれらの作品は，同時代の人々に高く評価された．
【文献】DA 9: 76-79.　（本間紀子）

ドルチ　Dolci, Giovanni (Giovannino) di Pietro de'（?-1486.2.26）　15世紀イタリアの建築家，木彫家，寄木細工師．*フィレンツェの出身で，1450年以降ローマで活動，同地で没す．教皇*パウルス2世のもとで建築主任に任ぜられ，*ヴァティカンやローマのサン・マルコ宮殿(現ヴェネツィア宮殿)の造営に関わる．1475-81年，教皇*シクストゥス4世の命でヴァティカン内に*システィナ礼拝堂を建造．ほかにサンティ・アポストリ聖堂，チヴィタヴェッキア(Civitavecchia)やティヴォリ(Tivoli)の城塞の造営などにも携わった．
【文献】キ人: 992; MEL 7: 51; A. M. GHISALBERTI, ed., *Dizionario Biografico Degli Italiani*, v. 40 (Roma 1991) 425-27.　（森田義之）

トルデシリャスじょうやく　トルデシリャス条約
アメリカ大陸発見に続いてスペインとポルトガル国間の争いを避けるため，1493年5月4日教皇*アレクサンデル6世は両国の要請に応じて，両国の発見した土地の境界線(教皇子午線)をアゾレス諸島の西方約100マイルに決定した．しかし，翌年ポルトガル国王*ジョアン2世と，スペインの*フェルナンド5世と*イサベル1世はスペインのバリャドリード県トルデシリャス(Tordesillas)で会議を開き，ここで結ばれた協定によって境界線は*カボヴェルデ島の西方約370マイルに決められた．さらに1529年，*サラゴサでの協議によって，スペインとポルトガルの発見の境界線が東洋ではモルッカ諸

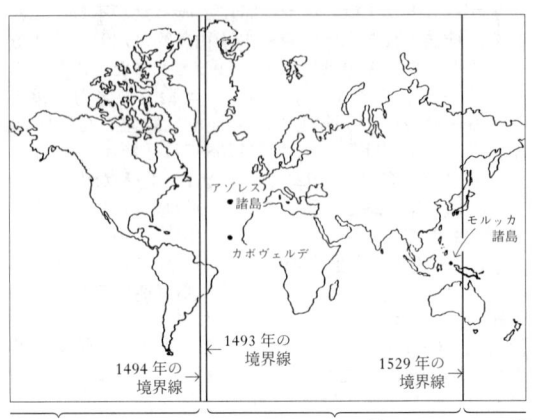

島(現インドネシア東部マルク諸島)の東方約297マイルに決められた．この境界についてはキリシタン時代にもフィリピンからのスペイン人修道者と，日本に滞在している*イエズス会のポルトガル人会員との間に議論があったが，当時，彼らは境界線が日本の中央を通っていたことを知らなかったのである．
（結城了悟）

トルド　Trudo（?-695頃）　聖人(祝日11月23日)，ベネディクト会修道院長．ベルギー，ブラバント地方のヘスベイ(Hesbaye)の*守護の聖人．*ベネディクト会に入会後，マーストリヒト(Maastricht)の司教*レマクルスにより，*メッスに送られ司祭叙階．*ルーヴァンとトンゲレン(Tongeren)の間に位置する父の所領に660年頃，修道院を創設．1227年に遺骨はメッスに移された．
【文献】LThK² 10: 380-81; NCE 14: 323.　（相原優子）

ドルト　Dold, Alban（1882.7.7-1960.9.27）
スイスの典礼学者，歴史家．フィリンゲン(Villingen)に生まれる．1903年，*ボイロン修族ベネディクト会に入り，1908年司祭叙階．*パリムプセストの研究に携わり，古ラテン語の*聖書写本や典礼書写本を研究した．1918年からは，1912年に同会修道院に創設された重記写本研究所の所長も務めた．
【主著】*Zwei Bobbienser Palimpseste mit frühestem Vulgatatext*, 1931; *Das älteste Liturgiebuch der lateinischen Kirche*, 1936; *Sursum corda. Hochgebete aus alten lateinischen Liturgien*, 1954.
【文献】キ人 992; MEL 7: 51.　（石井祥裕）

トルドペルト　Trudpert（?-643頃）　聖人(祝日4月26日)，ドイツの*隠修士．10世紀にまとめられた伝記によれば，アイルランドの出身で，7世紀前半シュヴァルツヴァルト(Schwarzwald)に修道院を創設しようとした際に従者に殺されたとされる．後にその現場に*ベネディクト会の修道院が建てられた(1806年に消滅)．*リュクスーユなどを拠点とする*コルンバヌスによる宣教活動に関わっていたとも考えられる．
【文献】LThK² 10: 381; NCE 14: 323.　（相原直美）

ドルトレヒトかいぎ　ドルトレヒト会議〔英〕Synod of Dordrecht,〔独〕Dordrechter Synode,〔仏〕synode de Dordrecht　1618年11月13日から1619

年5月9日まで，オランダ国会によってドルトレヒト (Dordrecht) に召集された，ヨーロッパの*改革派教会の代表による国際的な教会会議．当時のオランダで，教会ばかりか国内までも二分した「人間の救いと神の主権」をめぐる，*カルヴィニズムとアルミニウス主義の神学論争を解決するために開催された．ルネサンス以来*人文主義の影響の残るオランダでは，改革派教会が成立した後も，理性的思考や*自由意志を重んじ，教会の厳格な*教理に対する疑問や，細かい教理の相違を超えた信仰の実践を主張する精神などが息づいていた．これが，厳格なカルヴァン主義的予定論（→予定）に反対する*アルミニウスやその信奉者（レモンストラント派．アルミニウスの死後，国会に「異議申し立て状」Remonstrantiae の形で，自分たちの神学的立場を表明した人々）の現れた背景である．

会議では*ゴマルスを代表とする厳正なカルヴァン主義者たちが多数を占めたため，レモンストラント派の主張は受け入れられず，その後の改革派教会にも強い影響を与えた*ドルトレヒト規定が制定された．
【文献】キ大 763-64; S. FERGUSON, ed., *New Dictionary of Theology* (Leicester 1988) 207-208; 日本基督教協議会文書事業部編『信条集』後篇（新教出版社 1957）332-34; R. SEEBERG, *The History of Doctrines*, v. 2, tr. C. E. HAY (Grand Rapids 1977) 422-25: *Lehrbuch der Dogmengeschichte*, v. 4 (Basel 1954). （小島一郎）

ドルトレヒトきてい　ドルトレヒト規定 〔ラ〕 canones synodi Dordracensis, 〔英〕 Dordrecht Confession, 〔独〕 Dordrechter Konfession, 〔仏〕 confession de Dordrecht　*ドルトレヒト会議で制定された厳格な*カルヴィニズムの*信条で，アルミニウス主義（→アルミニウス）の5条項(1610)に対応した形で，基本的な教理が述べられている．

第一は「予定について」．アルミニウス主義では，神は信じる者を*救いに，信じない者を滅びに*予定しているとする．それに対して，神は人を救いや滅びに予定するのではないと，無制約的な神の*選びを主張する．したがって，選ばれた者は信仰を与えられ，*神の栄光のために生きる．選ばれなかった者たちは自らの*罪の当然の結果として滅びるのである．

第二は「キリストの死と贖いについて」．アルミニウス主義がキリストはすべての人のために十字架に死に，これを信じる者には罪の*ゆるしが与えられるとするのに対して，キリストの贖いの効力は，選ばれた者たちに限られると主張する．

第三，第四は「人間の堕落と回心について」．双方の主張に大差はない．*神の像に創造された人間は罪を犯し堕落した．キリストによる新生を受けなければ*愛と*善業に生きられない．この新しい生もただ神の*恩恵である．

第五は「聖徒の堅持について」．アルミニウス主義は，聖霊に逆らえば，滅びに至ることもあるとしているのに対して，選ばれ，救われ，新生の道を歩む信仰者は，*聖霊に捕らえられているので，罪を犯しても滅びることなく引き戻されるとする．
【文献】キ大 764; S. FERGUSON, ed., *New Dictionary of Theology* (Leicester 1988) 207-208; 日本基督教協議会文書事業部編『信条集』後篇（新教出版社 1957）163-80, 332-34; R. SEEBERG, *The History of Doctrines*, v. 2, tr. C. E. HAY (Grand Rapids 1977) 422-25: *Lehrbuch der Dogmengeschichte*, v. 4 (Basel 1954). （小島一郎）

ドルナー　Dorner, Isaak August　(1809.6.20-1884.7.8)　ドイツの*ルター教会の神学者．スイスのノイハウゼン (Neuhausen) で牧師の息子として生まれる．テュービンゲン大学で F. C. *バウアに学ぶ．1838年テュービンゲン大学の神学教授となり，その後キール (Kiel, 1839), ケーニヒスベルグ（一時*カリニングラードと改称，1843), ボン(1847), ゲッティンゲン (Göttingen, 1853) 諸大学の教授を歴任．最後に1862年*ベルリン大学教授に就任した．彼は*カントおよびカント後の哲学体系を伝統的なルター派の信仰のもとに神学的に解明しようとした（→調停神学）．代表作は，『キリストの人格に関する教義の発展史』(Die Entwicklungsgeschichte der Lehre von der Person Christi, 1939) である．またヘルマン (Emil Herrmann, 1812-85) とともに*福音主義同盟を助けた．
【文献】キ人 993; キ大 764; NIDChC 309; ODCC² 420-21; TRE 9: 155-58. （高橋章）

ドルバック　→　オルバック

トルバドゥール　troubadour　主として12世紀に，南フランスの宮廷を中心に活躍したオック語 (langue d'oc) による詩人兼作曲家たちの総称．400人以上ともいわれる彼らの身分は，貴賤さまざまであるが，その叙情詩は，近づき難い「意中の奥方」に対する憧憬，絶望，希望を歌って宮廷風恋愛詩の原型となった．この詩の起源は定かではないが，教会典礼の*トロープスの一種であるラテン語の宗教的叙情詩「ヴェルスス」 (versus) から生じたとする説が有力．最古のトルバドゥールは，アキテーヌ公・ポアティエ伯ギヨーム9世 (Guillaume IX, 1071-1127) とされ，ほかに，時局諷刺詩を作ったマルカブリュ (Marcabru), ノスタルジックな愛を歌ったリュデル (Jaufré Rudel), 最高のトルバドゥールとされるベルナール・ド・ヴァンタドゥール (Bernard de Ventadour, 1125頃-1200頃) などが有名．
【文献】H. ダヴァンソン『トゥルバドゥール―幻想の愛』新倉俊一訳（筑摩書房 1972): H. DAVENSON, *Les Troubadours* (Paris 1961). （二川佳巳）

トルーバル　Trubar, Primož　(1508.6.8-1586.6.29)　*スロヴェニアの宗教改革者．独語表記は Primus Truber. リュブリャナ (Ljubljana, 独名ライバハ Leibach) の司祭であったが，ペリカーヌス (Konrad Pellicanus, 1478-1556) や*ブリンガーの影響で，信仰*義認を説き追放される(1547)．ローテンブルク (Rothenburg) で説教者となる．スロヴェニア語による最初の*教理問答書や新約聖書の翻訳を完成させ，またスロヴェニア文学の創始者となった．
【文献】キ人 994; LThK² 10: 379-80; RGG³ 6: 1050. （高橋章）

ドルヒ　Dolch, Heimo　(1912.7.20-1984.4.2) ドイツのカトリック神学者，自然科学者．*ライプツィヒに生まれ，ヴィンテルベルク (Winterberg) で死去．理論物理学と神学を学び，1946年に司祭叙階．1963-77年にボン大学で基礎神学，宗教哲学，神学と自然科学の諸問題を講じた．著作に『神学と物理学』(Theologie und Physik, 1951) がある．

ドルフス

【文献】キ人 994; LThK³ 3: 303.　　　（坂田俊也）

ドルフス　Dollfuss, Engelbert　(1892.10.4-1934. 7.25)　オーストリアの政治家．ニーダーエスターライヒ州のテクシンク(Texing)に生まれる．*ベルリンで法学と経済学を修めた後，第1次世界大戦に従軍した．やがて農民組合書記を足がかりにして政界へと進出，鉄道総裁(1930)，農林相(1931)を経験した後，1932年に首相に就任した．小ドイツ主義を掲げ，オーストリアの経済的地位を強化するために，ドイツと関税同盟を結ばないかわりに*国際連盟を通じて，英仏から900万ポンドの借款を得た．このことが国内の猛烈な反対に遭い，議会も停止したため独裁政治を敷いた．イタリアと親交を深め，オーストリアを**ファシズム国家にしようとし，社会民主党をはじめとする数多くの反対者を追放した．その後，オーストリア国内による*ナチズムの支持勢力は増大した．1934年のナチスによるクーデター未遂事件の際に暗殺された．
【文献】LThK³ 3: 305-306; 桑原武夫編『世界伝記大事典：世界編』7 (ほるぷ出版 1981) 42-43.　　　（細川甚孝）

トルフゼス・フォン・ヴァルトブルク　Truchsess von Waldburg, Otto　(1514.2.25-1573.4.2)　ドイツの*カトリック改革指導者．ヴュルテンベルク州のシェーア城(Schloß Scheer)に生まれる．テュービンゲン大学，*パドヴァ大学などで学び，教皇庁で外交官としての訓練を受けるが，その際に参加した*シュパイアー帝国議会からドイツ国内の事情を察知し，アウグスブルク司教(1543)となってからの彼の関心は*アウグスブルク宗教和議に至るまでドイツの教会の統一と調和に向けられることとなる．*ペトルス・カニシウスの助言はドイツ教会内の改革努力について大きく影響を与えた．*トリエント公会議における*教会音楽の規定にはトルフゼスの意見が採択されている．1544年に*枢機卿就任．*コレギウム・ゲルマニクムの設立を推進した．*ローマで死去．1614年に遺体はディリンゲン(Dillingen)に移された．
【文献】キ人 991; EC 12: 584; LThK² 10: 930; NCE 14: 322.　　　（山口和彦）

ドルベー　d'Orbay, François　(1634-97)　フランスの建築家．*パリに生まれ，同地で没す．1650年代に王室首席建築家ルイ・ル・ヴォー(Louis Le Vau, 1612-70)の助手となり，1660年ル・ヴォーの援助で*ローマに留学，帰国後，王室建築局に入り，再びル・ヴォーに協力する．1670年のル・ヴォーの死後，ヴェルサイユ宮造営を引き継ぎ，「大使たちの階段」を設計した(1671-80，現存せず)．ほかに*ルイ14世の母アンヌ・ドートリシュ(Anne d'Autriche, 1601-66)の寄進になるパリの*プレモントレ会の修道院(1662-63，現存せず)，リヨンの*カルメル会の修道院聖堂(1680-82，現存せず)，モントーバン(Montauban)の大聖堂(1692)などを設計した．
【文献】DA 23: 474.　　　（高橋裕子）

トールボット　Talbot, Matt　(1856.5.2-1925.6.7)　アイルランドの尊者．「仕事着の聖人」(the saint in overalls)として知られる．*ダブリンの貧しい家庭で12人兄弟の2番目に生まれる．正規の教育を受けたのは11歳のときのみ．12歳からアルコール依存症となるが，28歳のときに無一文になり，友人の拒絶をきっかけに*回心．*ゆるしの秘跡を受け翌早朝の*ミサで*聖体拝領を受ける．ミサに定期出席する誓いをたてた．固い板の上で3時間半睡眠をとり，朝2時に起きて祈り，6時のミサに出，仕事のあとに教会へ行き，*信心会に出席するなど祈りと*霊的読書，苦行と善行の生活を全うする．年に9か月は肉食を断ち，昼食は乾パン一片と冷めた茶だけだった．*三位一体の主日のミサに向かう途上で没す．*フランシスコ第三会の会員で1931年*列聖のための調査開始，1975年*尊者とされる．
【文献】BSS 12: 105-107; A. BALL, *Modern Saints*, v. 2 (Rockford, Ill. 1990) 361-71; 出津岩夫編『聖なる労働者，マット・タルボット』(中央出版社 1953).　（宮崎正美）

トールボット　Talbot, Peter　(1620-80)　アイルランドの聖職者．リチャード・*トールボットの兄．1635年に*イエズス会に入会，1648年司祭に叙階．亡命中の*チャールズ2世の使節として活躍するかたわら，宗教関係の著作を多数出版．1659年イエズス会を脱会．王政復古後，1669年*ダブリンの大司教に着任．1678年*教皇派陰謀事件で捕らえられ，獄死．
【文献】キ人 993-94; NCE 13: 919.　　　（相原直美）

トールボット　Talbot, Richard　(1630-1691.8.14)　アイルランド・*ジャコバイトの将軍．ピーター・*トールボットの弟．O.*クロムウェルとの戦いで王党派として捕らえられるが，国外に逃亡．*チャールズ2世の弟でカトリックであるジェイムズ2世(James II, 在位1685-88)が王になると彼に仕え，伯爵位(earl of Tyrconnell)を授与される．1687年アイルランド総督に就任．1690年にウィリアム3世(William III, 在位1689-1702)の軍と戦い，1691年リマリック(Limerick)にて獄死．
【文献】キ人 993; EBritMi 10: 223; NCE 13: 919.　　　（相原直美）

ドルミティオ　Dormitio　聖母の遷化サイクルの一部をなす説話的な主題．
*東方教会の信仰に，聖母*マリアは死んだのではなく，*被昇天までの三日間をただ眠って過ごしていただけであるとするものがあり，そのために「お眠り」(Dormitio)の言葉があてられる．一方，*西方教会ではこれを聖母の「死の床」の場面として，被昇天の図像と組み合わせて表現することが多い．初期の福音書外典に記されていた伝承は1275年頃にヤコブス・ア・ヴォラギネ(ヴァラッツェの*ヤコブス)の著した*『黄金伝説』に再録され，中世末期の聖母信仰の高揚とともに，聖母に捧げられた聖堂を飾る祭壇や*壁画に取り上げられることになった．聖母は棺や寝台の上に長く横たわっており，その周囲を使徒や天使がとり囲んでいる．*ヨハネは棕櫚の枝を，*アンデレは吊香炉をそれぞれ手にしている．このほかに，東方系の図像では*族長，*殉教者，*証聖者，聖処女なども立ち会い，*天国の宮廷のごとき様相を呈する．15世紀以前の図像では，キリストは大きなアーモンド形光背(→後光)のなかに立ち，聖母の魂を表す小像を手にしていることが多い．
【文献】キ美術図典 173-74; 美術解読事典 183-84; Réau; Schiller, 4/1: 83-154.　　（西野嘉章）

ドルム　Dhorme, Edouard Paul　(1881.1.15-

1966.1.19) フランスのカトリック聖書学者, オリエント学者. 北西部フルーベ (Fleurbé) に生まれ, *パリで没す. 1899年エルサレムの *エコール・ビブリックに移住. 1900年 *ドミニコ会に入会, 1904年司祭叙階. 23-31年 *ラグランジュの後任としてエコール・ビブリック所長. 31年還俗しフランスに帰国. 33年 *ソルボンヌ大学, 45年以降コレージュ・ド・フランスで教鞭をとる. この間, 研究雑誌 (RHR, Revue de l'Assyriologie) の共同編集委員を兼務. また *ウガリトの文書の非公開を黙認, この解読に貢献. 退職後, 旧約聖書の個人訳 (Bible "de la Pléiade", 1956-59) を刊行. 聖書とそれに関連する歴史や言語の厳密で包括的また歴史・言語的研究で名高い.
【主著】*Choix de textes religieux assyro-babyloniens*, 1907; *La religion assyro-babylonienne*, 1910; *Les pays bibliques et l'Assyrie*, 1911; *L' emploi métaphorique des noms de parties du corps en hébreu et en accadien*, 1923; *Le livre de Job*, 1926; *Langues et écritures sémitiques*, 1930; *La poésie biblique*, 1931; *La religion des Hebreux nomades*, 1937; *La religion de Babylonie et d'Assyrie*, 1945-49; *Saint Paul*, 1965; 論文集 *Recueil Edouard Dhorme*, 1951.
【文献】P. C. クレイギー『ウガリトと旧約聖書』津村俊夫監訳 (教文館 1990): P. C. CRAIGIE, *Ugarit and the Old Testament* (Grand Rapids 1983); A. GUILLAUMONT, "E. Dhorm," RHR 169 (1996) 123-32.
(清水宏)

ドルムソン → ドルメッソン

ドルメッソン D'Ormesson, Jean (1925.6.16-   ) フランスのジャーナリスト, 作家.
【生涯】*パリに生まれる. ウラジミール・ドルメッソン (Wladimir d'Ormesson, 1888-1973) の甥にあたり, 父を含めて4人のフランス大使を輩出した高名な家系に連なる. 幼年時代をほとんど外国で過ごし, 1938年にフランスへ帰国. 高等師範学校を卒業後, 哲学の教授資格を取得するが, 高級官僚への道に進む. 1949年ジャーナリズムに転じ, 『パリ・マッチ』誌 (Paris-Match) や『ニース・マタン』紙 (Nice-Matin) などに寄稿する. 1974年アカデミー・フランセーズの会員となり, 同年『フィガロ』紙 (Le Figaro) の編集長ともなるが, これは1976年に退職.
【作品】最初の小説『愛は喜び』(L'amour est un plaisir, 1956) は, 連作の第1巻であり, その基本的な主題は *快楽の探求であるといえよう. その後, アカデミー・フランセーズの小説大賞を受賞した『帝国の栄光』(La Gloire de l'Empire, 1971) で歴史小説に転じ, さらに *シャトーブリアンの伝記で, 歴史ジャンルに新たな一歩を踏み出している. また, 『穴あきパラソルの下を通る放浪者』(Le vagabond qui passe sous une ombrelle trouée, 1978) など, 回想録風のエッセイも発表. ほかに, 『無益な愛』(Un amour pour rien, 1960), 『神の御意に』(Au plaisir de Dieu, 1974), 『神, その生, その業』(Dieu, sa vie, son œuvre, 1981) など.
【思想】エッセイにおいては, *快楽主義的な信条告白が随所にみられるが, それは無秩序なものではなく, 生に対する貴族的な観念に統御されている. ブルジョワ的 *消費社会の諸価値を否定し, 社会的成功よりも, 私的な生の喜びを軸とする *幸福の探求に価値を置くこの作家にとっては, ものを書くこともまたある意味で幸福を求める行為であるといえよう.
【文献】R. KANTERS, "L'Usage du monde, Jean d'Ormesson," *Le Figaro littéraire* (Paris 1968).
(二川佳巳)

トルラク・トルハルソン Thorlak Thorhallsson (1133-1193.12.23) アイスランドの国民的聖人(祝日12月23日, 7月20日), 司教. アイスランド最古のティクヴィベーエ (Thykkviboer) の *アウグスチノ会修道院を1168年に創立する. 1178年スカルホルト (Skalholt) の司教として赴任, 国家権力からの教会の自立を目標とする方針をとるが成功しなかった. 生涯を熱心な司牧活動に捧げ, スカルホルトにて没す. 彼の墓はアイスランドの最も重要な *巡礼所となった.
【文献】キ人 995-96; LMit 8: 732; LThK² 10: 168; NCE 14: 140.
(相原直美)

トルロスきょうかいかいぎ トルロス教会会議
〔ラ〕Concilium Trullanum, 〔英〕Trullan Council, 〔独〕Trullanische Synode, 〔仏〕Concile in Trullo   皇帝 *ユスティニアヌス2世の宮殿の丸天井 (〔ギ〕troullos) の間で開かれたことに由来する名称で, 第3 *コンスタンティノポリス公会議(680-81)を指すこともあれば, その後の教会会議(691)を指すこともある.
【第3コンスタンティノポリス公会議】コンスタンティノポリス総主教 *セルギオスはカルケドン正統派と *キリスト単性説の論者との和解のために, *キリスト単意説を導入しようとしたが失敗, 事態を収拾するため開かれた第6番目の公会議で, 第1トルロス教会会議とも呼ばれる. キリストのなかに二つの本性的意志と二つの本性的働きが分割されることなく, 変化することなく, 引き離されることなく, 混ぜ合わされることなく存在することを宣言した. 注目すべきは排斥されるべき単意説論者のリストのなかに, 教皇 *ホノリウス1世の名が載ったことである. 教皇のなかに異端者がいたという事実は, 第1 *ヴァティカン公会議における教皇の *不可謬性の議論の際に, 反対意見の一つの根拠となった.
【691年の教会会議】これは, 第5と第6公会議(すなわち第2, 第3コンスタンティノポリス公会議)の課題を完成させて実践規範となる教令を作るために開かれたもので, *第5・6教会会議(クイニセクスタ教会会議), また第2トルロス教会会議とも呼ばれる. その教令は司祭の *独身や *婚姻障害の問題など教会の規律を取り上げるが, 教皇 *セルギウス1世に拒否され, *東方教会と *西方教会の習慣を分離させる要因となった. この教会会議は東方教会においては, 第7番目の公会議として認められている.
【文献】LThK² 10: 381-82.
(英隆一朗)

トルンしゅうきょうかいだん トルン宗教会談
〔英〕Conference of Thorn, 〔独〕Thorner Religionsgespräch   1645年8月から11月まで, ポーランドにおけるカトリックとプロテスタントの協調を図る目的で国王ウワディスワフ4世 (Władysławs IV, 在位1632-48) が召集した宗教会議.
ポーランド北西部トルン (Toruń) の市庁舎にカトリック側26人, ルター派(→ ルター教会)28人, *改革派24人の神学者たちが集まり, それぞれの立場から, *教理や *礼拝の問題などを論じた. プロテスタント側

は，全体としてはポーランドを再びカトリック国にしたいという動きと対決しながらも，ルター派が *アウグスブルク信仰告白を宣言して改革派と一線を画し，両派の協力すら成立せず，結局 36 回の討論は実を結ばないまま，会談は中止され，相互の対立は激化したといわれる．
【文献】キ大 765; RGG³ 6: 871-72.　　　　（小島一郎）

ドレ　Doré, Gustave　（1832. 1. 6-1883. 1. 23）フランスの挿絵画家．*ストラスブールに生まれ，*パリで没す．ほぼ独学で挿絵画家となり，『神曲』（1861, 1868），『ドン・キホーテ』（1863），『聖書』（1863）など，

ドレ『墓所の天使』
(NCP)

古今の名作に，強烈な明暗対比と克明な描写を特徴とする，劇的迫力に溢れた挿絵をつけた．ジャーナリストのジェロルド（Blanchard Jerrold, 1826-84）と組んだ社会探訪記『ロンドン』（1872）も，現代の都市生活を描きながら，暗がりにうごめく群衆の描写は『神曲・地獄篇』の現代版を思わせる．後期には大規模な油彩画も制作，特に『キリスト昇天』（1879），『嘆きの谷』（1883，いずれもパリのプティ・パレ美術館）などの宗教画は国内外で大衆的人気を博した．
【文献】新潮美術辞典 1055; DA 9: 169-71.　（高橋裕子）

どれいせい　奴隷制　〔英〕slavery, 〔独〕Sklaverei, 〔仏〕esclavage　人間の歴史の古い時代には，人間でありながら普通の人間に隷属する下級の人間群が存在した．彼らは彼らの生きている地方ごとに隷属度も異なり，名称も異なったが，それらを一括して日本語では「奴隷（制）」と総称する．キリスト教の*宣教が始められた古代地中海世界は，世界史のなかでも最も奴隷制の発達した地域であったが，キリスト教の母体であった古代*ユダヤ教を育んだイスラエル人（*ユダヤ人）にあっても，奴隷が日常の生活のなかで大きな役割を演じていたことは旧約聖書の歴史書から窺われる．しかしこの項目では，初期キリスト教（→ 初代教会，原始教団）が宣教された地中海世界に限定して説明する．

【古代地中海世界の奴隷制】古代地中海世界（ギリシア，ローマ帝国）では一般に人間は *共同体（〔ギ〕polis,〔ラ〕civitas）を作って生活し，そのような共同体成員である人間は，それぞれの共同体のきまりに従って各自の共同体の政治・運営に参加した．これらの共同体にはそれぞれの成員のほかに，全く無権利の人間が少なからず生存していた．後者は，ほとんどの場合，共同体成員個々人に所有され，若干の場合には共同体全体に所有された（例えばギリシアのスパルタ Sparta）．そのような，他者に所有される人間が奴隷であり，所有する側の共同体成員が自由人であった．奴隷は自由人のもつ自由を大幅に欠いていたが，人間である事実は否定しようもなかったので，奴隷所有者による解放によって，あるいは逃亡によって，自由人に復帰することは少なくなかった．このような自由人と奴隷との対抗，ないしは補充的並存によって古代地中海世界の多くの諸国家が構成されていたので，かつてのソヴィエト連邦の古代史家は，古典古代の国家を「奴隷所有国家」と規定し，古代一般を「奴隷制時代」と呼んだ．また，「奴隷」概念の定義として，「自己の共同体をもたぬ人間」という提案もなされた．

古代地中海世界には奴隷以外にさまざまな隷属者がいた．それらを区別して，奴隷はギリシア語で最も一般的に doulos, ラテン語では servus（女性は ancilla）と呼ばれた．前者はスパルタのヘロット（〔ギ〕heilōtēs. 共同体により所有され，かつ土地に縛られたが，固有の共同体を自己の共同体としてそのなかで生活しえた）や，ローマ時代のコロヌス（〔ラ〕colonus）のように土地に縛られたものではなかった．このほかギリシア語では，oiketēs（家つきの従僕），serapon（給仕人），pais（少年）などとも呼ばれたが，それぞれの被使用形態からきた呼び方であるのに対して，andrapodon（奴隷）は奴隷売買からきた呼び方である．奴隷獲得形態は，戦争捕虜の奴隷化，人さらい，そして奴隷市場での売買となる．ラテン語では mancipium（手でつかまえたもの）が獲得法からきたものである．puer（少年），famulus（家つきの者）などのラテン語も，ギリシア語の対応語と同様に，ローマ時代の被使用形態からきたものである．また奴隷も人間として扱われた証拠として，女奴隷の性的行為から出生する子どもを指す語が，ギリシア語では oikogenēs, ラテン語では verna として定着していたことがあげられる．購入奴隷の価格が一般に高いことから，大カトー（Marcus Porcius Cato Censorius, 前 234-149），ヴァロ（Marcus Terentius Varro, 前 116-27），コルメラ（Lucius Junius Moderatus Columella, 前 1 世紀頃）など，ローマ時代の農事法家はいずれも奴隷供給源として女奴隷からの出産を褒美を与えて奨励すべきこととして勧めている．

こうした措置は，奴隷制社会として不可欠となった奴隷が，政治状況の変動につれて激しい増減を繰り返したことを反映している．ローマの地中海世界征服の過程で，前 250 年から前 150 年の間の主に東部地域での戦争をはじめとして，*カエサルのガリア征服（前 52）を含む前 1 世紀から後 1 世紀にかけての各地の戦争は，少なくとも 25 万人の捕虜をもたらし，奴隷源となったが，帝政期に入り時代が下るにつれて，従来の奴隷源であった征服戦争が下火となり，他方では奴隷主（自由人）の手に

よる奴隷解放が増加し，必然的に奴隷人口を減少させた．その穴を埋めたのが出生奴隷（[ラ] verna）であった．このことを実証するのは，1-2 世紀のローマの *カタコンベやそこにある壁龕墓などに刻まれている碑文が示す奴隷家族の存在である．出生奴隷は購買奴隷よりも安価に入手できたことはこの転換を促進した．

このような増減を繰り返しながらも，地中海世界では奴隷が使役されていない職種はほとんどなかった．家庭内の諸家事のほかに，主人の農地での耕作，同じく主人の工場（金属・皮革・陶器等）での職人，主人の営む銀行業の事務のほか，ギリシア人奴隷は主人の子どもの教育係にもなった．これらの職種での奴隷の使役は，奴隷に対しては鞭打ちが可能であったから，奴隷の犯すであろう悪事の予防手段を，自由人である主人は手中にしているということが促進剤となった．ローマ共和政末期（前133-31）にイタリアで普及した大農場経営は多数の奴隷を労働力として用いることが典型的な経営法であったが，帝政期（前27-後395）にはしだいに大農場の分割と，小土地の小作経営化が一般の趨勢となった．そのとき，小作地の経営を自由人農民が引き受けただけでなく，奴隷が奴隷のままで，あるいは解放された自由人（[ラ] liberti）として小作人となった．このほか奴隷は，皇帝の宮廷で皇帝奴隷として帝国行政や，皇帝領の管理，皇帝領である鉱山の管理と労働に使役され，これらの奴隷のなかには自由人高官以上に宮廷で権力を振るう者も現れた．

このような出生奴隷が現れえた根本的な理由は，奴隷は自由人である主人に所有されて反抗は不可能であるとはいうものの，結局は自由人と同じ人間であるという認識が，ギリシアでもローマでも否定されたことはないという点にあるであろう．ギリシアでは *プラトンや *アリストテレスは奴隷制を不可欠と考えたが，アルキダマス（Alkidamas, 前 4 世紀）のような *ソフィストは，すべての人間は本質上自由であるとして奴隷の内面的自由を強調し，自らが奴隷の人間的取り扱いをする権利を主張し，後の *ストア学派やキュニコス学派（犬儒学派）に影響を与えた（→ギリシア哲学）．ギリシアのソロン（Solon, 前 640 頃-559 頃）は債務による奴隷化を廃し，ローマでは 326 年のポエテリウス法が同じく債務奴隷化を禁じたのも，本質的には奴隷も自由人と同様に人間であるという認識に基づくものであろう．この認識があったからこそ，ローマの奴隷反乱は独特の過程をたどったものと思われる．奴隷反乱は前 140-70 年に多発した．シチリアのエウヌスの反乱（前 136-32），小アジアのアリストニコスの乱（前 133-30），イタリアのスパルタクスの乱（73），アッティカおよびデロス島の鉱山奴隷の乱において，反乱奴隷は自由人の国家に代わる奴隷の支配する国家（そこでは自由人を奴隷化する）や，故郷への帰還などを目的としたものの，奴隷制そのものの廃止を目的に掲げたことはなかった．このように奴隷制が深く定着していた理由としては，奴隷と自由人との服装の相違はなく外見上で差別はみえなかったこと，同じく人権上の奴隷に対する差別もみえにくく，奴隷に対する差別は財産権が奴隷特有財産（[ラ] peculium）という形で主人に帰属するとか，法廷での証言能力などのように平素みえにくいものであったこと，日常生活が各奴隷の主人に結びつき社会的な集団形成をなしにくかったことなどがあげられるであろう．

【奴隷制とキリスト教】ローマ共和政末期に頻発した奴隷反乱の後，奴隷の集団使用はしだいに抑制され，奴隷を売買の対象とすることは変わらなかったが，完全に物（res）とみなす考えはなくなり，奴隷に対する刑罰の法も，2 世紀の *ハドリアヌス帝，3-4 世紀の *ディオクレティアヌス帝，*コンスタンティヌス大帝など時代が下るにつれて緩和され，すぐに殺すとか虐待的な加害をすることはなくなった．

こうした流れのなかで初期キリスト教の宣教は始められた．もともと *イエス・キリストの宣教が始められたイスラエル人の世界では奴隷の存在は生活のなかで日常化していたが，人間存在としての奴隷の扱いは自由人と根底において等しくなった．*割礼を受けること（創 17: 12），*犠牲を食べることができること（申 12: 12），割礼を受けた男奴隷は *過越祭の犠牲を食べることができること（出 12: 44），安息日（→安息）に休むこと（出 20: 10 等），奴隷を棒で殴り殺してはいけないこと（出 21: 20）などが定められていた．奴隷もまた神によって母の胎内につくられ，我々と同じようにして生まれてきた者だ，とは *ヨブのことばであった（ヨブ 31: 13-15）．

こうした民族的伝統のなかで宣教されたキリスト教の精神が，奴隷の人間的扱い以上に，奴隷制の廃止にまで進まなかったことはむしろ当然である．*パウロは，「信仰により」「洗礼を受けてキリストに結ばれた」者は「皆，キリストを着て」おり，「そこではもはや，ユダヤ人もギリシア人もなく，奴隷も自由な身分の者もなく，男も女もありません」（ガラ 3: 26-28）と記し，また「もはや，ギリシア人とユダヤ人，割礼を受けた者と受けていない者，未開人，スキタイ人，奴隷，自由な身分の者の区別はありません」（コロ 3: 11）と述べ，「奴隷を正しく，公平に扱いなさい」，なぜなら奴隷にとっても「あなたがた[自由人]にとっても神が主人なのだから（コロ 4: 1）と勧めているが，奴隷制は不当だから廃止せよとか，解放を求めよとは記していない．パウロの奴隷に対する勧めにはそのことが窺える．彼はエフェソ書で，奴隷に呼びかけていう．「奴隷たち，キリストに従うように，恐れおののき，真心を込めて，肉による主人に従いなさい」（エフェ 6: 5）．そして主人に対しては「[自由人と]同じように奴隷を扱いなさい．彼らを脅かすのはやめなさい」（エフェ 6: 9）と勧めている．決定的なことばは，1 コリント書の 7 章 20 節以下にみいだされる．「おのおの[神に]召されたときの身分にとどまっていなさい．召されたときに奴隷であった人も，そのことを気にしてはいけません．自由の身になることができるとしても，むしろそのままでいなさい．というのは，主によって召された奴隷は，主によって自由の身にされた者だからです」．奴隷制廃止や奴隷解放は，神の前における人間の *自由・*平等の条件ではなかったのである．パウロが手紙の冒頭で自分のことをキリスト・イエスの「ドゥーロス」（奴隷，僕）と紹介していることも併せて考えられる（ロマ 1: 1 等）．

4 世紀以降になると，北アフリカの異端キルクムケリオネス（→ドナトゥス派）やアンティオケイアの *エウスタティオスの流れを汲む小アジアのエウスタティオス派の僧侶などが奴隷に逃亡に呼びかけたり，4-5 世紀のモプスエスティアの *テオドロスが『フィレモンへの手紙注解』で記しているように，「現在多くの者は……敬虔な思考から……奴隷と主人との間の区別はないと考えている」という風潮が強くなっていたが，実際には何も起こらなかった．しかし教会は，奴隷解放を *救いの業，人類愛の業（→博愛）と強く勧めるようになり，しだいに主人の同意のもとでの漸次的な奴隷制廃止に傾い

ドレーヴェス

ていった．このようにして，奴隷の存在は続いていったものの，古代末期から中世の初期に至る頃には，奴隷制は社会的に重要な制度ではなくなった．
【文献】弓削達『地中海世界とローマ帝国』(岩波書店 1977); 太田秀通『東地中海世界 — 古代におけるオリエントとギリシア』(岩波書店 1977). （弓削達）

ドレーヴェス　Dreves, Guido Maria (1854. 10. 27-1909. 6. 1) ドイツの典礼音楽研究家．イエズス会員．*ハンブルクに生まれ，1869 年 *イエズス会入会．中世ラテン語の宗教音楽大全である全 55 巻の AHMA (Analecta hymnica medii aevi, 1886-1922) を創刊し，資料収集，編纂を *ブルーメらと進めた．1906 年イエズス会脱会．ミットヴィッツ (Mitwitz) にて没す．
【文献】キ人 996; LThK³ 3: 372; NCE 4: 1059. （相原直美）

ドレクセル　Drexel, Jeremias (1581. 8. 15-1638. 4. 19) ドイツの宮廷説教師，*イエズス会の会員．*アウグスブルクのプロテスタントの家庭に生まれたが，カトリックに改宗．バロック期の *イエズス会劇の巨匠 *ビーダーマンの後継者として *ミュンヘンの *イエズス会学院の校長に就任する．後に同地の宮廷礼拝堂付司祭となる．その著作はすべてが保護者ヴィッテルスバハ王家をはじめとする王侯貴族，高位聖職者に献呈されており，絶対主義的な国家形態への関心が窺われる．一方で *イグナティウス・デ・ロヨラに学んだその *霊操の実践方法についての著作はプロテスタントの読者をも引きつけた．ミュンヘンにて没す．
【全集】*Opera*, 1628; *Opera Omnia Germanica*, 1645.
【文献】W. KILLY, ed., *Literatur Lexikon*, v. 3 (Gütersloh 1989) 112-13; I. M. BATTAFARANO, "Armenfürsorge bei Albertinus und Drexel," *Zeitschrift für bayerische Landesgeschichte*, 47 (1984) 141-80. （富田裕）

ドレクセル　Drexel, Katherine (1858. 11. 26-1955. 3. 3) 聖人 (祝日 3 月 3 日)，聖体修道女会創設者．*フィラデルフィアの裕福な銀行家の家庭に生まれる．家庭教師につき，アメリカ・ヨーロッパ各地を見聞して回る．教皇 *レオ 13 世の勧めで宣教への献身を決意，親の遺産を黒人と *インディアンへの宣教に捧げた．1891 年 *聖体修道女会を設立．1915 年黒人のためのザビエル大学を設立．*ピウス 12 世によってその活動は推奨された．ペンシルヴァニア州コーンウェルズ・ハイツ (Cornwells Heights) で没す．1988 年に列福，2000 年 10 月 1 日 *列聖．
【文献】キ人 997; NCE 4: 1059-60. （相原直美）

トレーサリ　〔英〕tracery, 〔独〕Fensterwerk, 〔仏〕réseau de fenêtre　狭間(はざま)飾り．中世建築において，窓の上部や *バラ窓に組み込まれる装飾的骨組み．その変化により，*ゴシック建築の様式を区分する．板石をくり抜いたプレート・トレーサリ (〔英〕plate tracery) が 13 世紀まで用いられたが，棒状の石材のみを用いた複雑なパターンのトレーサリが，*ランスの大聖堂で採用されて以降は，このバー・トレーサリ (bar tracery) の形式が急速に発展した．
【文献】小学館美術全集，ゴシック 1. （守山実花）

トレス　Torres, Baltasar de (1563-1626. 6. 20) イエズス会宣教師，*日本 205 福者の一人．スペイン南部 *グラナダに生まれ，1579 年 *イエズス会に入会．1586 年インドに渡り *ゴアで司祭叙階．1590 年 *マカオへ赴き 7 年間サン・パウロ学院で神学の教鞭をとる．1600 年 (慶長 5) 日本に着任．*有馬の *セミナリヨで日本語を学んだ後，中津へ任命され，さらに五畿内で宣教，また *金沢では 6 年間 *高山右近の保護下で活躍した．1614 年の禁教令下で潜伏し，大坂の冬の陣と夏の陣のときは城内にいた．落城の際に捕らえられたが *蜂須賀家政の家来に保護される．その後 2 年間 *堺で五畿内のイエズス会院長を務めたが 1619 年 (元和 5) *長崎に呼ばれ，長崎およびその周辺で活躍した．1626 年 (寛永 3) *古賀で捕らえられ，同年 6 月管区長 F. *パシェコ，*ゾラと 5 名のイエズス会 *イルマンとともに西坂で火炙りの殉教を遂げた．穏やかな性格，ユーモア溢れる人柄は残された手紙からも窺うことができる．1869 年列福．
【文献】L. パジェス『日本切支丹宗門史』全 3 巻，吉田小五郎訳 (岩波書店 1940). （結城了悟）

トレス
(カルディム『日本殉教精華』)

トレス　Torres, Cosme de (1510-1570. 10. 2) イエズス会宣教師．スペイン東部バレンシア (Valencia) に生まれ，司祭叙階後の 1538 年にメキシコへ渡り，1542 年にビリャロボス (Ruy Lopez de Villalobos) の遠征隊に参加，太平洋航海に出て 1546 年モルッカ諸島のアンボン島で *フランシスコ・ザビエルと出会う．*ゴアへ移り *教区司祭として働いたが，1548 年 *イエズス会に入会．最初の仕事は鹿児島出身の *ヤジロウに教理を教えることであった．1549 年 (天文 18) 8 月 15 日ザビエルとともに *鹿児島に入る．1550 年 9 月より *平戸に滞在してその教会を育て，翌年にはザビエルの代理として *山口へ赴き，5 年間宣教に励む．1551 年 11 月ザビエルがインドに戻るとその後任として日本布教長を務める．1556 年 (弘治 2) 毛利輝元によって山口から追放された際には *豊後へ行き，豊後から平戸，京都(*都)，薩摩へ宣教師を派遣，1562 年 (永禄 5) には *横瀬浦へ渡った．翌年 *大村純忠に *洗礼を授ける．横瀬浦が破壊されると *口之津に本部を設け，*五島，*天草，*長崎などでの宣教を指揮．1568 年志岐を通って *大村へ赴き教会を建て，大村純忠とともに長崎開港と新しい町づくりの計画を立案．1570 年 (元亀 1) 療養のため長崎の *トードス・オス・サントス教会に移る．同年 6 月新任の布教長 F. *カブラルが志岐に到着．トレスはカブラルと任務を交代し，宣教会議に出席した．同年 10 月死去．当時，日本の教会の信徒はすでに 3 万人を超えていた．
【文献】D. パチェコ『長崎を開いた人』佐久間正訳 (中央出版社 1969); L. フロイス『日本史』全 12 巻，松田毅一，川崎桃太訳 (中央公論社 1977-80). （結城了悟）

トレス　Torres, Francisco (1509 頃-1584. 11.

21)　宗教改革時代のスペインのカトリック神学者．イエズス会員．ヘレラ (Herrera) に生まれ，*ローマで死去．*アルカラ大学で学んだ後，1540 年頃ローマに赴き，ギリシア教父の研究に従事．1561-63 年 *トリエント公会議に教皇任命神学者として出席．1566 年 *イエズス会に入会し，ローマ学院（後の *グレゴリアナ大学）の教授となる．ギリシア教父の翻訳を多く手がけた．
【文献】キ人 997-98; LThK² 10: 258; ODCC³ 1633.
（坂田俊也）

トレス・レストレポ　Torres Restrepo, Camilo　(1929. 2. 3-1966. 2. 15)　コロンビアのカトリック神学者，革命家．*ボゴタの生まれ．1954 年司祭叙階．ボゴタ大学社会学部を創設し，その教授に就任するが農地改革にも協力し，過激な社会批判によって辞任に追い込まれる．1965 年聖職から退き，民族解放軍に加わる．翌年ククタ (Cúcuta) でコロンビア軍に射殺される．
【文献】キ人 998; MEL 23: 599.
（相原直美）

トレチェント　Trecento　イタリア語で「300」の意味．イタリア史の時代区分の用語で 1300 年代，つまり 14 世紀のことを指す．美術史の分野では後期ゴシック期にあたるが（→ ゴシック建築，ゴシック美術），この世紀を（特にフィレンツェ美術においては）前ルネサンス期（プロト・ルネサンス期）と呼ぶこともある．この時代は，*フィレンツェをはじめイタリア諸都市の繁栄を背景としたイタリア・ゴシック美術の最盛期であり，全般に次世紀の *ルネサンスに先駆する *自然主義の傾向が強まった．この時代に活躍した代表的な美術家としては彫刻・建築では，*アルノルフォ・ディ・カンビオ，ニコラおよびジョヴァンニ・*ピサーノ父子，アンドレア・*ピサーノ，ティーノ・ディ・カマイーノ (Tino di Camaino, 1285 頃-1337)，絵画では *ジョット，*ガッディ，*オルカーニャ，*ドゥッチョ・ディ・ブオニンセーニャ，S. *マルティーニ，*ロレンツェッティ兄弟などの名があげられる．
（森田義之）

トレド　Toledo　スペイン中央部，首都 *マドリードから南西に約 71 km にある *カスティリャ地方西部の都市，同名の州の州都．南北を山に挟まれ，中央部をタホ川が流れる．ローマ時代の古称はトレトゥム (Toletum)．

前 192 年以来ローマ植民地であった．伝説上は 96 年に殉教者 *エウゲニウスが初代司教になったとされるが，記録に残る最初の司教は *エルビラ教会会議に出席したメランティウス (Melantius, 3 世紀後半-4 世紀初頭) である．4 世紀には 21 の教区を管轄する首都大司教区となり，400 年から 702 年にかけては *トレド教会会議が開かれた．このためトレドの大司教は「スペインの *首席大司教」の称号をもつ．西ゴートの首都 (567-712) として繁栄したが，712 年に *コルドバのムーア人に占領され，ウマイヤ朝イスラムの影響を受けた．この時代からイスラム，ヘブライ文化・学芸の中心地となり，1085 年カスティリャ王アルフォンソ 6 世 (Alfonso VI, 在位 1072-1109) の征服後も，歴代の王が学術・文化を保護したため，*アリストテレス，*アヴェロエスの翻訳をはじめ，ギリシア，イスラム哲学の研究の中心地として栄えた．しかし，15 世紀半ば *ユダヤ人の公職追放を機に学術文化活動は廃れたが，芸術の町として残った．16 世紀後半には *グレコが晩年を過ごし，数多くの名画を残している．19 世紀のナポレオン戦争（→ ナポレオン・ボナパルト）では破壊・略奪を受け，また 1936-39 年のスペイン内乱でも多くの教区司祭や修道者が犠牲となった．現在はスペインのカトリック教会の精神的中心地として，また 15-16 世紀の遺跡美術の宝庫として，世界遺産に認定されている．1998 年現在，トレド大司教区の人口 55 万 0,095 人，うちカトリック信者数 54 万 7,760 人，小教区 265.
【文献】AnPont (2000) 774; NCE 14: 188-89.
（齊藤克弘）

トレド　Toledo, Francisco de　(1532. 10. 4-1596. 9. 14)　16 世紀スペインのカトリック哲学者，神学者．イエズス会員として最初の *枢機卿．コルドバ (Córdoba) に生まれ，*ローマに没する．バレンシア (Valencia) で哲学，*サラマンカで神学を学び，学位取得後は哲学を講じる．1558 年司祭叙階の後 *イエズス会に入会．1559 年にはローマに招かれ，ローマ学院（後の *グレゴリアナ大学）で哲学を，次いで 1562-69 年には神学を講ずる．彼はここで「功徳の予見後の予定」（[ラ] praedestinatio post praevisa merita）を説いた最初の者とされている．1569 年教皇 *ピウス 5 世により教皇庁説教者に任命され，以後 24 年間この職を務める．外交手腕に優れ，1572 年ポーランド，80 年にはドイツ，ベルギーに *教皇特使として赴いた．とりわけフランス国王 *アンリ 4 世のカトリック復帰の際に功績をあげ，王の要請もあって 1593 年枢機卿となる．多くの著作を残しているが，綿密な教義を簡潔かつ平明に表現しているという点で評価されている．晩年は *ウルガタ訳聖書の改訂に尽くした．
【主著】*In summam theologiae S. Thomae Aquinatis enaratio*, 1869-70.
【文献】キ人 998; LThK² 10: 237-38; NCE 14: 187-88; L. Koch, ed., *Jesuiten-Lexikon* (Paderborn 1934) 1760-61.
（坂田俊也）

トレドきょうかいかいぎ　トレド教会会議　[ラ] Concilia Toletana, [英] Councils of Toledo, [独] Konzilien von Toledo, [仏] Conciles de Tolède　イスパニア（スペイン）の *トレドが *西ゴート人の首都かつ宗教的中心地であった時代 (567-712) に開催された諸会議．全 18 会議中の七つは地方会議で，以下の 11 回の諸会議が *教会会議とみなされている．第 3 回会議 (589)，第 4 回会議 (633)，第 5 回会議 (636)，第 6 回会議 (638)，第 7 回会議 (646)，第 8 回会議 (653)，第 12 回会議 (681)，第 13 回会議 (683)，第 15 回会議 (688)，第 16 回会議 (693)，第 17 回会議 (694). *プリスキリアヌス派反駁を行った第 1 回地方会議 (400 頃) では 20 項目が決定されたが，主に聖職者関係の問題が中心的であった．第 3 回会議になってから一連の教会会議が開始した．この背景には国王 *レカレドをはじめとする西ゴート人のカトリックへの改宗があり，教会会議は国家議会の様相を呈し，そのことが教会会議の特徴となった．国王が召集した第 3 回会議には 62 司教（うち 8 人は *アレイオス派），5 人の王国全域からの使節が参加し，アレイオス派信条の排斥と *信仰告白の後，国王が提起する事項が審議され，教皇書簡に法的権限を付与すること，信仰告白の荘厳な歌唱，裁判官等の教会会議への参加承認等を含む 23 箇条が公布された．こうしてイスパニアの政治的・宗教的統一がなされ，国家と教会の協働体制

トレ・ド・トンボもんじょかん

が始まった．第4回会議ではセビリャの*イシドルスが議長を務め，決定された75箇条のなかには*フィリオクェを含む*信条の採択や王国全域での*典礼の統一がある．第12回会議では国王の王位継承権問題，またトレド大司教を*首席大司教とし，彼に王国内全司教の*叙任権を認める審議がなされた．この一連の教会会議文書は西ゴート教会史の主要資料となっている．
【文献】EEC 2: 844-45; LThK² 10: 236-37.
(鳥巣義文)

トレ・ド・トンボもんじょかん　トレ・ド・トンボ文書館　Arquivo Nacional da Torre do Tombo　ポルトガルの*リスボンのサン・ベント王宮内にある文書館．14世紀サン・ジョルジュ城の一つの塔に創設された王室文書館に由来し，王室，政府，教会関係などの豊富な公文書を所蔵する．日本関係では，「モンスーン文書」と呼ばれる文書集に多数の文書が収められている．
【文献】松田毅一『在南欧日本関係文書採訪録』(養徳社 1964).
(尾原悟)

ドレフュスじけん　ドレフュス事件　Affaire Dreyfus　フランス第三共和政時の最大の政治危機．中心となる人物は，フランス参謀本部付砲兵大尉のユダヤ系フランス人ドレフュス (Alfred Dreyfus, 1859-1935) である．彼は，1894年10月14日，対独通牒の疑惑で逮捕され，罪状を否認したにもかかわらず，軍法会議で1枚の「明細書」(bordereau) を証拠として有罪判決を受け，軍籍を剝脱されて，翌年1月フランス領ギアナの悪魔島 (Ile du Diable) に終身流刑された．しかし1896年，参謀本部情報部長ピカール中佐 (Georges Picquart, 1854-1914) は，筆跡鑑定から事件の真犯人はエステラジー少佐 (Carles F. Walsin-Esterhazy, 1847-?) であると確信する．ドレフュスの親族で上院副議長のケストネル (Auguste Scheurer-Kestner, 1833-99) および出版界がドレフュス事件の再審を要求したが，参謀本部は軍法会議の評決を支持，エステラジー少佐は無罪となった．このときゾラ (Emile Zola, 1840-1902) が『オーロル』(Aurore) の紙面に公開状「われ弾劾す」(J'accuse, 1898) を発表，軍の目に余る不正を弾劾した．それによってゾラは1年の禁固刑を宣告された．1899年にドレフュスの再審が行われ，刑は10年に減刑された．しかし左派の共和政大統領は直ちに被告に特赦を与えた．その後もドレフュスは無罪を主張し続け，1906年大審院はドレフュスへの判決を完全に無効にして，軍籍に戻し，彼は少佐に昇進した．

ドレフュス事件は，当初あまり注目されなかったが，ドレフュスに対する判決が誤審であったとする「ドレフュス擁護派」と，彼を有罪とする「反ドレフュス派」の間に激しい論戦を引き起こすことになった．やがて対立は政治的な路線に沿ってイデオロギーの対立となった．自由主義的な知識人，急進的な共和主義者，社会主義者は，軍部とその保守的支持者およびカトリック聖職者の勢力を公然と非難した．もはや争点はドレフュス本人の存在ではなくなり，かわりに18世紀末以後の政治的，経済的，社会的な革命を通して蓄積されてきた宗教的，イデオロギー的な種々の緊張が表面化し，二つの対立する流れが生じた．一つは熱烈な国粋主義や広範囲にわたる*反ユダヤ主義であり，もう一つは激しい*反聖職者主義である．保守的な人々，王政支持者，貴族，中産階級上層部，伝統的に支配階級にある資本家たちと一部の聖職者，「愛国者たち」は，その名誉が問われている軍部側についた．一方，急進的な共和主義者，社会主義者，知識人と左派のカトリック教徒は，共和政と人権の擁護のために立ち上がった．

極めて心情的な問題に発展したドレフュス事件により，*フランス革命以来の共和政と教会の間にある深い溝が再認識されるようになり，その結果として反聖職者主義で非宗教的な共和政と教会の長期の対立(1899-1944)，カトリック学校への抑圧(1904)，そして正式な*政教分離(1905)が起こった．また，*モーラスを中心とする*アクシオン・フランセーズが創設され，多数のカトリック信者を危険で厳格な保守主義に導き，他方では共和政党の「左翼連合」成立の発端ともなった．
【文献】渡辺一民『ドレーフュス事件』(筑摩書房 1972); 大佛次郎『ドレフュス事件』(朝日新聞社 1974); 平野新介『ドレフュス家の一世紀』(朝日新聞 1997); L. CAPÉRAN, L'Anticléricalisme et l'Affaire Dreyfus, 3 v. (Paris 1933-38); G. CHAPMAN, The Dreyfus Case (London 1955); P. BOUSSEL, L'Affaire Dreyfus et la presse (Paris 1960); M. THOMAS, L'Affaire sans Dreyfus (Paris 1961); A. DANSETTE, Histoire religieuse de la France Contemporaine (Paris 1965); G. ROUX, L'Affaire Dreyfus (Paris 1972).
(H. ブライテンシュタイン)

トレリ　Torelli, Giuseppe (1658. 4. 22-1729. 2. 8)　イタリアの作曲家，ヴァイオリニスト．*ヴェローナに生まれ，*ボローニャで学んで，同地聖ペトロニオ大聖堂の弦楽器奏者を務めた．大聖堂楽団が一時解散した1690年代にはドイツに入って，アンスバハ (Ansbach) の宮廷に仕えている．1686年から1709年にかけて弦楽器のための合奏・重奏曲集を八つ出版．最後の作品8では独奏協奏曲の様式を確立し，*ヴィヴァルディの先駆となった．ボローニャで没す．
(礒山雅)

トレルチ　Troeltsch, Ernst (1865. 2. 17-1923. 2. 1)　ドイツの神学者，歴史学者，宗教哲学者．*アウグスブルクに生まれる．ゲッティンゲン (Göttingen, 1891-92)，*ボン(1892-94)，*ハイデルベルク(1894-1915) の各大学で神学を教え，1915年以来亡くなるまで*ベルリン大学で哲学と文明の歴史論の享受を務めた．思想形成において神学では*リッチュル，哲学では*新カント学派の*ヴィンデルバントと*リッケルト，歴史と文化理解に関しては*ディルタイから影響を受けている．早くから*宗教史学派と結びつき，18世紀以来西欧で支配的となった歴史意識によって宗教に対して提起された問題に取り組んだ．キリスト教を文化的状況に関係づけようと努め，すべての宗教の主張は，その文化の全体構造と関わる相対的なものとして示されねばならないという立場から，宗教と文化の関係を考察した．その代表的な著作としては『キリスト教の絶対性と宗教史』(Die Absolutheit des Christentum und die Religionsgeschichte, 1902) がある．*教理神学は超歴史的な絶対的真理に近づくことはできないとしながらも，宗教の歴史における相対性のなかでキリスト教の絶対性について考察を続けた．
【邦訳】森田雄三郎，高野晃兆訳『キリスト教の絶対性と宗教史』現代キリスト教思想叢書2(白水社 1974); 森田雄三郎他訳『トレルチ著作集』全10巻(ヨルダン社 1981).
【文献】キ人 999; キ大 766-67; 日キ歴 968; EncRel(E)

58-61; NIDChC 986-87; ODCC³ 1643; RGG³ 6: 1044-47.　　　　　　　　　　　　　　　　（高橋章）

トレンデレンブルグ　Trendelenburg, Friedrich Adolf (1802. 11. 30-1892. 1. 24)　ドイツの哲学者．*ヘーゲルの影響からドイツの論理学研究を脱却させて，*アリストテレスの命題論を合理的に解釈することで独自の実在的 *観念論を構築した．*ドイツ観念論の成立の機縁を作った *ラインホルトが，晩年に *カントの論敵だったエーベルハルト (Johann August Eberhard, 1739-1809) の影響を受けて論点を集約した多義性論を，キール大学で彼に学ぶことで引き継ぎ，カント以来のカテゴリー論 (→ 範疇) と，つねに「……はさまざまに語られる」ということを哲学研究の基本形式としていたアリストテレスの研究とを結びつけ，F. *ブレンターノと *フレーゲに影響を与えた．
【主著】*Geschichte der Kategorienlehre*, 1846: 日下部吉信訳『カテゴリー論史』（松籟社 1985）．　　　（加藤尚武）

トレント　→ トリエント

ド・ロ　De Rotz, Marc-Marie (1840. 3. 27-1914. 11. 7)　パリ外国宣教会宣教師．*外海(そとめ)の聖者と呼ばれる．
　フランス北西部 *バイユー近郊に生まれる．1860 年オルレアン神学校入学．1865 年司祭叙階．1867 年 *パリ外国宣教会に入会．*プティジャン司教の求めに応じ，石版印刷術を習得して 1867 年（慶応 3）6 月 *長崎に上陸した．教会暦の『1868 年歳次戊辰瞻礼記』（→『瞻礼記(せんれいき)』）に続いて *『聖教日課』など，*潜伏キリシタンの宗教用語を使用した *プティジャン版と呼ばれる宗教書を刊行した．また 1875 年（明治 8）から 77 年に「善人の最期」「悪人の最期」など 10 組の大版画を制作している．1874 年長崎地方を襲った赤痢，天然痘の流行の際には，医学，薬学の知識をもって救護にあたり，この救護活動に協力した *岩永マキとその同志たちが孤児の養育を開始すると共同生活を指導し，田畑を買い与えて十字会と浦上養育院の基礎づくりを援助した．1879 年外海地区担当となり，黒崎村出津に定住，平易でわかりやすい宗教教育で信仰生活を導き，私財を投じて福祉事業に全力を傾注，「ド・ロさま」と慕われた．貧しい村人のために青年訓練所を設けて，読み，書き，算術のほかフランスの種，農機具を輸入して農業指導を行い，「産業上に付て仏国宣教師ド・ロ氏の口述筆記」を残している．田平，*平戸への信徒の移住も実現させた．授産場（救助院）を開いて，製粉，機織，染色，メリヤス編み，裁縫，パン・マカロニ・ソーメン等の製造技術を教えるとともに，製品を長崎の居留外国人に売り，自立の道を築かせた．ド・ロ考案の救助院の制服兼洋式作業着は我が国の洋装史上においても注目されている．これらの事業を継続させるために聖ヨゼフ会（*女部屋）を創設した．さらに 1884 年にはいわし網工場を建てて女性たちに仕事を与えた．ド・ロの設計施工になる建築は，重要文化財指定の旧ラテン神学校，長崎県文化財の *出津天主堂，救助院跡など日本に 6 件現存し，優れた才能を証明している．1914 年（大正 3）長崎で死去．遺言により自ら信徒のためにつくった出津の教会墓地に葬られた．
　なお長崎県の文化財指定のいわし網工場跡は，現在，ド・ロ神父記念館として，教会生活・教育・医薬業・印刷・農業・土木・網すきなどド・ロ神父の多方面にわたる優れた業績を物語る遺品を展示している．
【文献】片岡弥吉『ある明治の福祉像―ド・ロ神父の生涯』（日本放送出版協会 1977）．　　　（片岡瑠美子）

トロクメ　Trocmé, Etienne Paul (1924. 11. 8-　)　フランスのプロテスタント新約聖書学者．*パリの生まれ．パリや *バーゼル，*ストラスブールで西洋古典や新約聖書学ならびに神学を学び，1956 年以降ストラスブール大学プロテスタント神学部で新約聖書学を講じる．1960 年神学博士号を取得，1971-73 年学部長，1973 年以降学長．また長く学術誌（RHPhR, EHPhR）の編集責任者を兼務．
【主著】*Le "Livre des Actes" et l'histoire*, 1957: 田川建三訳『使徒行伝と歴史』（新教出版社 1969）; *La formation de l'Evangile selon Marc*, 1963; *Jésus de Nazareth*, 1972: 小林恵一，尾崎正明訳『ナザレのイエス』（ヨルダン社 1975）; *L'enfance du christianisme*, 1997: 加藤隆訳『キリスト教の揺籃期』（教文館 1998）．　　　（清水宏）

ドロステ・ツ・フィッシェリング　Droste zu Vischering, Clemens August von (1773. 1. 21-1845. 10. 19)　ケルン大司教．*ミュンスター近郊ベクム (Beckum) の旧家に生まれ *ガリツィン夫人のカトリック・サークルの影響下に育つ．ミュンスター大学で学び，1798 年，司祭に叙階．1807-20 年，ミュンスターの *管理者（教区管理者）として *異宗婚の問題で *プロイセン政府と争う．1827 年，兄カスパー・マックス (Kaspar Max, 在職 1825-45) のもとでミュンスター教区補佐司教となり，1835 年 *ケルンの大司教となった．同年，彼の主導により，*教会庁はボン大学の *ヘルメスの流れを汲む神学者たちの教理を非難．このことや異宗婚の問題における彼の頑なな態度は，1837 年のいわゆるケルン政教紛争へと発展，裁判なしにミンデン (Minden) で投獄された．この暴挙に教皇 *グレゴリウス 16 世は厳重に抗議，*ゲレスは有名な小冊子『アタナシウス』を出版し反論，ドイツのカトリック教徒も反対運動を展開．この結果，プロイセン政府は屈服せざるをえず，1839 年ようやく釈放されドロステ家代々の居城に戻った．1841 年，新プロイセン王フリードリヒ・ヴィルヘルム 4 世 (Friedrich Wilhelm IV, 在位 1840-61) は彼をケルンに帰還させ，それまでの処遇に関して個人的に謝罪した．しかしドロステは，より柔軟な姿勢の協働司教 *ガイセルに教区の管理を譲った．この事件はドイツのカトリック教徒にとって，国家の教会支配に対する初の道徳的勝利であった．
【文献】H. SCHRÖRS, *Die Kölner Wirren* (Bonn 1927); R. LILL, *Die Beilegung der Kölner Wirren 1840-1842* (Düsseldorf 1962); F. KEINEMANN, *Das Kölner Ereignis* (Münster 1974).　　　（H. ブライテンシュタイン）

ドロステ・ツ・フィッシェリング　Droste zu Vischering, Maria vom göttlichen Herzen (1863. 9. 8-1899. 6. 8)　福者（祝日 6 月 8 日）．ドイツの *ミュンスターに生まれる．少女時代をミュンスター近郊で送り，1888 年同地で *善き牧者愛徳の聖母修道会に入り，1891 年に *修道誓願を立てた．貧しく障害のある少女たちへの奉仕に全力を捧げた後，ポルトガルのポルト (Porto) に移り，1894 年から修道院長を務めた．同地で病に冒されながらも *イエスの聖心への献身から驚異的な活動を行った．彼女の願いを受けて 1899

ドロステ・ヒュルスホフ

年 *レオ13世は回勅『アンヌム・サクルム』(Annum sacrum)で世界を聖心に奉献した．ポルトで没す．1985年列福．
（室井俊通）

ドロステ・ヒュルスホフ Droste-Hülshoff, Anna Elisabeth Freiin von (Annette) (1797.1.10-1848.5.24) ドイツの女流詩人．19世紀ドイツを代表する深い宗教性をたたえた文学者である．
【生涯】北ドイツはヴェストファーレンの *ミュンスターの由緒ある家柄に貴族の娘として生まれ，幼少より保守的なカトリック信仰を植えつけられた．貴族としての高い教養を積んだ彼女は，グリム兄弟(Jacob Grimm; 1785-1863; Wilhelm Grimm, 1786-1859)のために民間伝承を収集したり，ウーラント(Ludwig Uhland, 1787-1862)の民謡集の編纂に協力したこともあった．特筆すべきは M. *クラウディウスも接触のあったミュンスターの *ガリツィン侯爵夫人を中心とするカトリック・サークル「聖家族」(Familia Sacra)や，そのサークルに属し，*敬虔主義からカトリックに改宗してドイツ・ロマン派の詩人たちに改宗へのきっかけを与えた *シュトルベルク伯爵とも交流があったことである．1841年に故郷を離れてメールスブルク城に移ったが，同地で作家シュッキング(Levin Schücking, 1814-83)に恋したがかなえられず，一生を独身で通した．この不毛な恋愛感情が彼女の文学に与えた刺激は計り知れない．彼を通して D. F. *シュトラウスや *フォイエルバハの近代 *自由主義神学にも精通する結果となった．晩年にはスペイン宗教詩を彼女に示唆した同郷出身の文通相手 *ディーペンブロック大司教の存在も見逃すことはできない．*トマス・ア・ケンピスの *『イミタティオ・クリスティ』が彼女の愛読する霊性書であったことには，ガリツィン侯爵夫人のサークルの影響が認められる．メールスブルク(Meersburg)にて没す．
【作品とその位置づけ】実生活の不毛と孤独はしかし同時に数多くの文学的な収穫を彼女にもたらすことになった．およそ25年間に及ぶ詩人としての活躍において，つねに彼女を捉えていたテーマは教会暦(→典礼暦)に沿って，神に対して内面を吐露する行為であった．当初は信仰厚い祖母に宛てて書かれていた宗教詩を結晶させたのが『教会暦詩集』(Das geistliche Jahr, 1839)である．これは *復活祭のあとの第1日曜日から大晦日に至るまでの黙想詩ともいうべき詩集で，特に福音書の言葉に基づいた彼女自身の信仰告白である．*恩寵と自然，希望と絶望の間を揺れ動きながら，なおも神の正義と慈愛に信頼を置こうとする熱烈な姿勢は中世以来のカトリシズムの信仰の遺産を受け継いでいる彼女の面目躍如である．護教的な教訓詩に終わらないのは，やはり広汎な教養に支えられた冷徹な観察眼が聖書の言葉によって裏づけられているからである．その同じ視線で被造物である自然を捉えたのが『詩集』(Gedichte, 1844)であり，故郷ヴェストファーレンの陰鬱な空の下に広がる自然界の正確な描写は，被造物が秘める悪魔的な本質を把握しつつ，実存主義的な世界観を抱く孤独な人間の魂の荒野を描出している．散文としては『ユダヤ人のぶなの木』(Die Judenbuche, 1841)が写実的手法で罪意識と絶対的正義との相剋を扱った秀作である．いずれにしても物事を分析し，細部にわたって鋭敏な知性を働かせながら，神への信仰を調和させた状態にとどめる彼女の作風がまずカトリックではなくプロテスタントの側から評価されたのは皮肉である．

【著作校訂版】*Historisch-kritische Ausgabe*, 1978- .
【文献】RGG³ 2: 267-69; *Der Literatur Brockhaus*, v. 1 (Mannheim 1988) 551; W. GÖSSMANN, *Annette von Droste-Hülshoff: Ich und Spiegelbild* (Düsseldorf 1985).
（富田裕）

トーロップ Toorop, Jan Theodoor (1858.12.20-1928.3.3) インドネシア出身のオランダ画家．ジャワのプルボレジョ(Purworedjo)に生まれ *ハーグで没す．1872年に渡蘭，デルフト工科大学と *アムステルダムの美術アカデミーで学んだ後，*ブリュッセルの装飾美術学校に籍を置き，1884年には前衛美術グループ「レ・ヴァン」(Les vingt 20人会)の創立メンバーの一人となった．多才な画家で宗教画，肖像画，風景画，静物画，風俗画など幅広い分野を手がけるかたわら流行にも敏感で，画風も象徴主義，新印象主義(点描主義)，表現主義と目まぐるしく変化した．今日，代表作とみなされているのは故郷ジャワ島の影絵芝居のワヤン人形（[影絵] wayang kulit）の形態に由来する極端に痩身の人物像を用いた1890年代前半の象徴主義時代の絵画と素描である．
【文献】三重県立美術館，オランダ国立美術総局編『ヤン・トーロップ展』(東京新聞社1988); V. HEFTING, *Jan Toorop, 1858-1928*, ed. E. BERGVELT (Den Haag 1989); I. GERARDS, E. VAN UITERT, *Jan Toorop: Symbolisme in de kunst* (Den Haag 1994).
（高橋達史）

ドロテア Dorothea (?-313) 聖人(祝日2月6日)．伝承を交えた *殉教記録(BHL)によると，カッパドキアの *カイサレイアに生まれ，同地で *ディオクレティアヌスの大迫害(313)の際に殉教した．すでに棄教していた二人の女性に預けられ棄教を迫られたが，逆に彼女たちを回心させたといわれる．また，テオフィロス(Theophilos)という法律家は処刑場へと向かう彼女に，楽園のバラとリンゴを送ってくれたらキリスト教徒になってやると嘲りの言葉を投げた．すると，刑場の彼女のもとから子どもによって果物籠が届けられ，それをみたテオフィロスは回心し，殉教者となった．彼女は中世には処女殉教者として特に慕われた．15-16世紀のドイツ・イタリアの芸術家に題材として好まれ，天使に付き添われて，バラ3本とリンゴ3個の入った籠を抱えている姿が描かれた．またケラー(Gottfried Keller, 1819-90)の小説『七つの伝説』(Die sieben Legenden, 1872)はドロテアを主人公にしたものである．
【文献】キ人1001; Cath. 3: 1039; DHGE 14: 684; NCE 4: 1018.
（相原直美）

ドロテア〔モンタウの〕 Dorothea (1347.2.6-1394.6.25) 女性神秘家，聖人(祝日6月25日)．ダンツィヒ(現ポーランド北部 *グダニスク)はモンタウ(Montau)の農家に生まれる．刀鍛冶の職人と結婚し多くの子どもに恵まれる平凡な家庭を築くが，*鞭打ちなどによる熱心な *霊的生活を幼少時代より継続することに変わりはなかった．後に彼女の伝記を書くことになるマリーエンヴェルダー(Johannes Marienwerder, 1343-1417)を霊父として仰ぐ．*アーヘンや *ローマへの巡礼，さらにスウェーデンの *ビルギッタの信仰に倣いながら，さまざまな試練や誘惑に耐えつつ，*幻視や *予言，*脱魂などの *神秘体験を授かった．1393年からマリーエンヴェルダー大聖堂の近くに隠棲して自己の霊性

を高めることに集中するだけでなく，さらに訪れる人々の*霊的指導にあたることに余生を捧げた．マリーエンヴェルダーにて死去．
【文献】BSS 4: 816–19; LMit 3: 1319–20; LThK³ 3: 347.　　　　　　　　　　　　　　　　　　（富田裕）

ドロテアきょうしょくしゅうどうじょかい　ドロテア教職修道女会　〔伊〕Suore Maestre di Santa Dorotea, 〔略号〕S.S.D.　教皇庁立女子修道会．*ヴェネツィアの教区司祭パッシ（Luca Passi, 1789–1866）によって，若い女性のためのキリスト教的教育促進を目的に彼自身が組織した敬虔な婦人たちによる小教区団体・ドロテア婦人会（Pia Opera di Santa Dorotea）を母体として創立され，1905年には*聖座によって*会憲が認可された．当初はパッシの勧告のもとに，教区司祭ファリーナ（Giovanni Antonio Farina, 1803–88）が1836年に*ドロテアの保護のもとに創立したヴィチェンツァのドロテア修道女会（Maestre di Santa Dorotea, Figlie dei Sacri Cuori di Vicenza）の分院として創立されたが，1840年にヴェネツィアのドロテア修道女会として独立した．同年，時のイタリア国王*ヴィットリオ・エマヌエーレ2世によって修道会事業は公共女性教育機関として承認された．同会からもブレッシア（Brescia）とルッカ（Lucca）のドロテア会が独立していったが第2*ヴァティカン公会議後，再び統合された．会員はカトリック女子教育に従事する．1997年現在の施設91，会員数757名．総本部，ローマ．
【文献】AnPont (1999) 1675; DIP 5: 840–41; S. Rumor, *L'istituto delle Suore Maestre di Santa Dorotea* (Vicenza 1898).　　　　　　　　　　（和田誠）

ドロテオス　Dorotheos　（?–560/80）　アンティオケイア出身の修道者，著作家．パレスチナの*ガザ近郊の修道院に入り，540年頃付近の地に自ら修道院を建てた．そこで講じた一連の講話は，『魂の教導』（Didaskaliai Psychōpheleis）としてまとめられ，古代の*修道生活の霊性を知るための重要な資料になっている．
【文献】キ人 1002; DHGE 14: 686–87; LThK³ 3: 347–48; ODCC³ 501–502.　　　　　　　　（坂田俊也）

トロフィマ　Trophima　聖人（祝日7月5日，11月5日）．*シチリアの生まれで，*ディオクレティアヌスの時代に*偶像礼拝を避けるために生地を去ったが，航海中に死亡，ミノリ（Minori）に葬られたと伝えられるが，信憑性は乏しい．*ヒエロニムスの『殉教録』には，7月5日にシチリアでアガト（Agatho）とともに殉教したトリフィナ（Trifina）あるいはトロフィマに並んで，7月13日にエジプトで殉教したトロフィマとセラピオン（Serapion）についての言及がある．トロフィマの名は177年頃のリヨン（当時のルグドゥヌム）の*殉教記録にもみられ，祝日は6月2日になっている．
【文献】LThK² 10: 374.　　　　　　　　　（久野暁子）

トロフィモス，ドリュメドンとサッバティオス　Trophimos, Dorymedon, Sabbatios　聖人（祝日9月19日），殉教者．ピシディアの*アンティオケイアで皇帝プロブス（Probus, 在位276–82）の治下，277年頃に殉教したとされる．また，*ヒエロニムスの『殉教録』によると，トロフィモスとドリュメドンは小アジアのシュンナダ（Synnada, 現チフット・カッサバ Tschifut-Kassaba）で，サッバティオスはアンティオケイアで殉教したとされる．1907年にシュンナダで発見された聖遺物匣は，その銘文からトロフィモスの*聖遺物に関連があると考えられる．
【文献】LThK² 10: 374.　　　　　　　　　（久野暁子）

トロープス　〔ラ〕tropus, 〔英・仏〕trope, 〔独〕Trope　中世*教会音楽の一技法で，典礼文を壮麗にしたり，かみくだいて説明する修辞的付加詩句．ギリシア語からラテン語へ翻訳・導入されたときは，*トヌスやモドゥス（〔ラ〕modus）と同義語であったが，典礼*聖歌を敷衍する付加詩句としてのトロープスは，9世紀中葉，ジュミエージュ（Jumièges）の修道院で始まり，*ザンクト・ガレンの修道院で大きく展開され（→ ノートカー・バルブルス），各地へ広がっていった．トロープスは典礼聖歌のほとんどすべてに添えられるほど発展したが，*アレルヤのトロープスである*続唱をも生み出していった．さらに，*典礼劇を作り出すまでに拡大されたが，非公式な装飾的付加部分が過度となったことから*トリエント公会議で全廃された．そのため現在では，キリエ（*あわれみの賛歌）の副題に名残をとどめる．聖体の賛歌*アヴェ・ヴェルム・コルプスはサンクトゥス（*感謝の賛歌）のトロープス，*復活祭の賛歌「オ・フィリイ」（O Filii）もトロープスであるなどの痕跡が残されている．
【文献】NGDM 19: 172–87; A. コラン『キリスト教音楽史』江藤きみえ訳（ドン・ボスコ社 1960）; A. Colling, *Histoire de la musique chrétienne* (Paris 1956).
　　　　　　　　　　　　　　　　　　（水嶋良雄）

ドロリエ　→　デロリエ

トロント　Toronto　カナダのオンタリオ州の州都．1870年より大司教区で，ハミルトン（Hamilton），ロンドン（London），フォート・ウィリアム（Fort William），セント・キャサリンズ（St. Catharines）の四つの属司教区をもつ．定住集落ができた1796年当時は，イギリス支配のいわゆるアッパー・カナダ（Upper Canada）の行政中心地としてヨーク（York）と呼ばれたが，1834年トロントと改名され，1867年カナダ自治領成立に伴い州都となった．もともとは*フランシスコ会と*イエズス会の宣教区であったが，1842年に*司教区が設立され，初の*教会会議が開かれた．その後，教育機関の充実や*小教区の増設が順調に行われ，第1*ヴァティカン公会議会期中に大司教区となった．両大戦間に商工業都市として急速に発展し，ヨーロッパからの移民が急増した．1995年現在，教区人口510万1,196，カトリック信者数120万1,510．小教区は218．382名の教区司祭，660名の修道司祭，126名の終身助祭，846名の信徒修道士，960名の修道女がいる．
【文献】平大百科 10: 1119; AnPont (1997) 719; NCE 14: 202.　　　　　　　　　　　　　　　（山口和彦）

ドワイト　Dwight, Timothy　（1752. 5. 14–1817. 1. 11）　アメリカ合衆国の*会衆派牧師，イェール・カレッジ学長．マサチューセッツ州ノーサンプトン（Northampton）に生まれる．*エドワーズは母方の祖父．そのカルヴァン派神学（→ カルヴィニズム）から強い影響を受ける．母校イェールの学長に就任後，力強い説教により，信仰覚醒を呼び起こした．コネティカット州ニュー・ヘイヴン（New Haven）にて没す．神学的著

ドン

作のほか，詩集もある．
【文献】キ人 1003; キ大 767; EncRel(E) 4: 520-21; NCE 4: 1129; RGG³ 2: 294. （平松良夫）

ドン Dom. ラテン語の「主」(Dominus) の短縮形．*ベネディクト会および *シトー会修道士の伝統的な称号．もとは *教皇，司教，修道士に対する敬称．イタリアで Don は *托鉢修道会の修道士以外のすべての *聖職者に対して用いられる．
【文献】Cath. 3: 975; LThK² 3: 476-77. （宮崎正美）

トンガ 正式国名：トンガ王国．〔英〕Kingdom of Tonga. 大西洋南西部にあるポリネシア系君主国で，150 もの島よりなる．首都はヌクアロファ (Nuku'alofa). 面積：699 km². 人口：9 万 5,000 人 (2000 年現在). 言語：トンガ語，英語（以上公用語）．宗教：大多数がキリスト教で，うちカトリックは全人口の 14.5% を占める．

プロテスタントの宣教が開始された数年後の 1842 年，*マリスト修道会の会員がカトリックの宣教活動を始める．1880 年までにはカトリック人口は 1,700 人に達する．1937 年 *代牧区が設立され，トンガ・ニウエ代牧区の時代を経て 1966 年に聖座直轄のトンガ司教区となる．→ オセアニア

【現勢】2000 年現在，カトリック信者数：1 万 5,000. 司教区：1. 小教区：13. 教区司祭：10. 修道司祭：9. 信徒修道士：9. 修道女：51. （A. ネブレダ）

どんしょく 貪食 〔ラ〕gula, 〔英〕gluttony, 〔独〕Gaumenlust, 〔仏〕gloutonnerie 伝統的には飲食物に対する不節制や過度の欲求，つまり健康を害するまで，または自分の職務に差し支えるほどに飲食することを指している．美食に溺れ，飲食の楽しみに心が占有され，個人の食欲を最優先し，必要以上に満たそうとすることが，人を貪食と呼ばれる状態に導く．その際には自己に対してだけではなく，同時に他者に対しても，つまり食料不足によって苦しむ多くの人々への思いやりを欠いた行為となる．

飲酒の場合に理性的判断や道徳的自由を失うほどにそれを楽しむことは，人間の品位と尊厳を傷つけることになる．過度の飲酒や喫煙は，その習慣性のゆえに個人の *自由意志が危険にさらされるようになる．とはいえ，すべてのキリスト者が禁酒禁煙を実行しなければならないわけではない．しかし，いずれにしても五官の快感やその他この世のさまざまなものを楽しむ際に，そのこと自体を最優先するのではなく，神を第一に求めることが重要である．

【文献】B. ヘーリンク『キリストの掟』第 1 巻，渡辺秀他訳（中央出版社 1966）476-79: B. HÄRING, *Das Gesetz Christi* (Freiburg 1954). （清永俊一）

トンスラ → 剃髪

ドンデルス Donders, Petrus (1809. 10. 27-1887. 1. 14) 福者，宣教師．オランダのティルビュルヒ（ティルブルク Tilburg）に生まれ，スリナムで没す．司祭叙階の翌年の 1842 年スリナムに向かい，ハンセン病療養所で生涯を患者の世話に捧げる．同地で *レデンプトール会に入会 (1866)，翌年 *修道誓願を立てた．彼の書簡が保存されて残っている．1982 年列福．
【文献】キ人 1003; LThK³ 3: 335; NCE 4: 1003-1004. （宮崎正美）

ドン・ボスコ → ジョヴァンニ・ボスコ

な

な　名　〔ヘ〕šēm,〔ギ〕onoma　聖書，特に旧約聖書の記述に従うなら，名は存在に不可欠の本質的構成要素の一つで，名がないのは無に等しいことであった（コヘ 6:10）．そして，その名から本性や特質，能力が明らかになることも（サム上 25:25 参照），また名を問いただして知ることによって支配・従属の関係が成立することもあると考えられていた（例えば，創 32:30；士 13:17）．それゆえ，事物や人に対する自由裁量権は名を与える側にあり（例えば，創 1:26；2:19-20；サム下 12:28），さらに人は手に *神の名を記すことで神への従属関係を表すとさえいわれている（イザ 44:5）．

通常，母親が命名する（例えば，創 29:31-30:24）．しかし，いつ命名の時期や方法が確定したのか明らかではない（ただし，ルカ 1:59-63；2:21 比較参照）．子に与えた名から *誕生を待望していた気持ち（創 4:1），神への信頼の思い（サム上 1:20），ときには成長後の行為さえ窺える（創 25:26；27:36；32:29 参照）．また，その特性や長所を受け継いで成長するようにという願望のためであろうか，動植物から採られた名もある（例えば，*スザンナ＝ゆり，*デボラ＝蜜蜂，*ヨナ＝鳩）．しかし数多いのは，やはり神の名を組み込んだ名で（例えば，ヨナタン＝「主は与えた」，*エリシャ＝「神は救い」，*インマヌエル＝「神はわれらとともにまします」の意），また神が命名することもあるが（ホセ 1:6, 9. さらにイザ 8:1-4 参照），これらは神の *恩恵や神との関係，あるいは告知者の正しさを示すものといえよう．

名は力や実質を欠く，単なる空虚な呼称ではない．新約聖書には，洗礼者 *ヨハネや *イエス・キリストのように命名に先立っての *救済史における重要な使命と働きが明示されること（マタ 1:21；ルカ 1:13-38 参照），またイエスによる改名は新たな役割の付与とみなすことができる記述もある（例えば，マタ 16:18；使 2:14 以下．およびマコ 3:17）．始源論の項の原因譚に関する記述も参照．
【文献】EWNT 2: 1268-77；THAT 2: 935-63．
（清水宏）

ナアマン　Naaman　〔ヘ〕na'ăman
（1）ベニヤミン族の一人．創世記 46 章 21 節では *ベニヤミンの息子とされるが，歴代誌上 8 章 4, 7 節ではベニヤミンの息子であるベラの息子とされている．
（2）前 9 世紀半ばのアラム王国の軍司令官（→ アラム人）．彼は重い皮膚病（*らい病）にかかっていたが，イスラエルの捕虜の少女から預言者 *エリシャの噂を聞き，彼のもとに赴き癒やされたとされる（王下 5:1-19）．この物語は，当時戦闘状態にあった北イスラエルとアラム双方の国家意志を超えて存在するエリシャの預言者的権威を表現している点で重要な物語である．
【文献】旧新約聖書大 844；ABD 4: 967-68．（金井美彦）

ないえん　内縁
【意義】今日，多くの国では，*婚姻は一定の法律上の方式を踏むことによって成立するという立場がとられている．これを法律婚主義という．我が国でも法律婚主義がとられており，婚姻は，婚姻の届け出を提出することによって成立するとされている（民法 739 条 1 項）．ところが，婚姻意思をもち夫婦としての共同生活の実態はあるものの，婚姻の届け出をしていないために，法律上の夫婦とは認められない男女関係がみられる．これを内縁という．

内縁には，婚姻意思がなければならないから，婚姻意思がなく，経済的援助を伴いながら性的関係を継続する「妾関係」とは異なるし，単なる「私通関係」や「同棲」とも異なる．また，将来婚姻しようという合意はあるものの共同生活の実態を欠く「婚約」とも異なる．

【内縁の発生事情】旧法（戦前の民法第 4 編，第 5 編）のもとでは，婚姻届け出を妨げる *家制度的要因（法定推定家督相続人は他家へ入ることができないとされた．また，家族は戸主の同意がなければ婚姻できず，男は 30 歳，女は 25 歳になるまで父母の同意を必要とした）や，儀式を済ませ共同生活を開始してもすぐには届け出を出さないという習俗などによって，内縁がかなり存在していたといわれる．戦後においては，家制度的要因はなくなり，届け出を妨げる習俗もほとんど消失したため，内縁の割合は急速に低下したが，近時，さまざまな理由から現行の法律婚に対して批判をしたり反発をして，当事者の主体的意思に基づいて婚姻の届け出をしないという夫婦（内縁）がみられる．なお，このような主体的ないし意識的内縁を，戦前に典型的にみられた内縁と区別する意味で，「事実婚」ということがある．

【内縁の不当破棄】内縁の当事者の一方から正当な理由がないにもかかわらず，内縁関係を一方的に破棄した場合に，他方の内縁配偶者を保護するため，判例は古くから不当破棄をした者に対して損害賠償責任を負わせている．すなわち，内縁を婚姻に準じた関係（準婚関係）として捉え，法律上の夫婦と同様に内縁においても法律上保護されるべき関係があるとして，不法行為による損害賠償責任が生ずると解されているのである（民法 709 条）．

【内縁の保護】民法には，内縁について特にこれを保護する規定は置かれていない．しかし，今日では，氏の変更，子の嫡出性，配偶者の相続権といった婚姻の効果は認められないが，その他の婚姻の効果は内縁にも認められると解されている．また，多くの社会立法にも内縁を準婚関係として捉えようとする傾向がみられる（厚生年金保険法 3 条 2 項，労働者災害補償保険法 16 条の 2, 1 項，国家公務員共済組合法 2 条 1 項 2 号イなど）．

【重婚的内縁】法律上の夫婦（A・B）の一方（B）が第三者（C）と内縁関係にある場合を，重婚的内縁という．B について法律婚と内縁とが重複するので重婚的内縁というのである．このような内縁を準婚として法律上保護すべきかについては議論がある．特に問題になるのが，重婚的内縁が解消されるに際して，財産分与請求が認められるかである．この点について，法律上の夫婦（A・B）の関係がすでに破綻していて，事実上離婚状態にあり，内

ないかん

縁夫婦（B・C）が相当期間共同生活をしている場合には，この内縁も準婚関係として認め，その解消の際には財産分与請求権が生じると解する見解が今日有力である．
【文献】川井健「内縁の保護」『婚姻・離婚』現代家族法大系 2，谷口知平他編（有斐閣 1980）1-26；青山道夫，有地亨編『総則・婚姻の成立・効果』新版注釈民法 21，親族 1（有斐閣 1989）245-79；二宮周平「事実婚」，佐藤良雄「重婚的内縁」『夫婦』講座現代家族法 2，川井健他編（日本評論社 1991）55-83． （辻伸行）

ないかん　内官〔英〕internal sense,〔独〕innerer Sinn,〔仏〕sens intérieur　*カントによれば，外官（外的感官，外観とも訳される）とともに *感性の一つのアスペクトである．すなわち，*認識を成立させる人間の能力として，*対象の *表象を受容する感性と，対象を自発的に *思考する *悟性とが区別されるが，感性による表象の受容は空間的な秩序および（あるいは）時間的な秩序においてなされるのであって，感性は前者の側面からは外官，後者の側面からは内官（内的感官，内観とも訳される）と呼ばれる．外官によって空間のうちにある「客観的」な物事が表象されるのに対して，内官によっては，今現在を生きる *自我をいわば係留点としてすべてが継起や持続といった時間的な秩序において表象される．内官は，*知覚，想起や想像（さらには幻想や妄想）において自己に関する認識ないし *意識を提供する *内省の能力である．しかしカントは，そうした経験的なレベルでの自己認識ないし意識とは区別されつつ，それを根拠づける機能をもつような *ア・プリオリな *自己意識を立て，これを超越論的な統覚と呼んだ．他方で彼が，従来の伝統的な形而上学において説かれた「*実体」としての自我の認識を否定したことを考慮するなら，自我ないし自己意識の探究が困難を極めるものであることが窺われるであろう．
【文献】I. カント『純粋理性批判』カント全集 4-6，原祐訳（理想社 1966-73）． （湯浅正彦）

ないざい　内在〔英・仏〕immanence,〔独〕Imannenz　*超越との対概念，内にとどまるを意味する語に由来する．端的にいって，あるものの境界内にとどまることが内在であり，その境界を超えるものを超越という．
　中世の *スコラ哲学によると，*生命は，自らの内面にある手段によって自己自身を完成する「内在的行為」（〔ラ〕actio immans）を特徴とするが，*霊魂をもつ生命体は自由に自己完成に向かうものであり，このような霊魂の働きゆえに超越的存在といえる．*近代哲学の *認識論において，*カントは人間の *認識を経験世界に限定し，世界・霊魂・神の概念をも経験された世界の統合の原理とみなした．*スピノザ，*バークリによって，神は世界と一体化され，世界の現象と個々の人間は神の *意識のなかに含まれるとされたが，やがて神に代わって人間の意識あるいは世界精神が意識の中心に置かれるようになる．*シェリングを経て *ヘーゲルに至ると，世界精神の発生からその完成までを完全な自由獲得に向かう歴史と捉えるようになった．*精神あるいは精神としての *自己意識の完成という考え方を物質に置き換えれば，カール・*マルクスの唯物史観になる．
　神学的には，内在とは神の *三位一体的本質について各位格（*ペルソナ）の相互内在（ペリコーレーシス，〔ギ〕perichōrēsis,〔ラ〕invicem immanentia）を意味し（→三位相互内在性），この内在性から神の外へと働きかけて世界を創造し，その世界の境界を超えて超越的存在でありながら，同時にその働きによって神は世界に内在するという事実を指す．現代神学，特に *プロセス神学においては，創造後の神は完全に内在的であるが，それ以前の絶対的超越性を被造世界の進化の過程を通して展開していくとされる．このほか，ヘーゲルやエルンスト・*ブロッホの影響を受けて，神の世界との関わりを印象づけるために，超越の神を世界の完成への過程と結びつけようと試みる傾向が強い．
【文献】LThK³ 5: 429-30． （高柳俊一）

ないざいてつがく　内在哲学〔独〕Immanenzphilosophie,〔英〕immanentism, immanence-philosophy,〔仏〕philosophie de l'immanence　19 世紀の終わりに，*カントの哲学の影響を受けて，人間の *認識を経験世界に限ろうとした立場の哲学を指す．この立場によれば，現実的であるとは *意識されていることであり，*経験は意識の範囲内でのみ可能である．こうして，現実と意識内容，客観と表象との一体性，客観と *主観の一体性が主張された．代表者はシュッペ（Wilhelm Schuppe, 1836-1913）．*マッハや R. *アヴェナリウス，さらに *ヒュームまでもこの立場に数えることがある．
【文献】哲学事典 1036; LThK³ 5: 430; 廣松渉他編『哲学・思想事典』（岩波書店 1998）1193． （高柳俊一）

ナイジェリア　正式国名：ナイジェリア連邦共和国,〔英〕Federal Republic of Nigeria．面積：92 万 3,768 km²．人口：1 億 1,502 万人（1996 年現在）．言語：英語（公用語）．宗教：*イスラム教 50%，キリスト教 11%，そのほか部族固有の宗教．
【概要】ナイジェリアは面積の点でも人口の点でもアフリカ最大の国であり，アフリカ人の 4 人または 5 人に一人がナイジェリア人であり，人口はますます増大している．世界でも 10 番目に人口が多い．2050 年までには 4 億を超え，インド，中国に次いで世界第三の国になると予測されている．
　ナイジェリアは豊かな石油産出国である．石油輸出国機構（オペック OPEC）加盟国で，石油輸出が外貨獲得の多くの部分を占めている．そのほか，南部の熱帯雨林から中央部のサバンナ大草原，そして北部の砂漠地帯に至るまで，ピーナッツ，ヤシ油，ココアを産出するなど，国土資源は豊かである．国民すべてに食糧を供給す

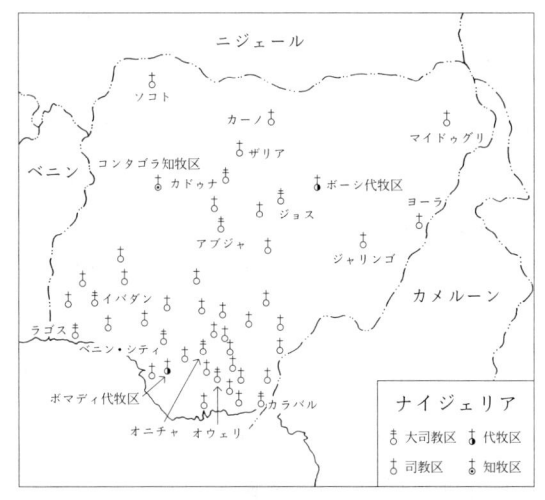

るに足りる国土があるが，石油産業に基づいた経済に移行したため，農産物は減少している．全体的にみて，ナイジェリアは，人口，国土資源の点から，アフリカで最も重要な国となっている．

【キリスト教の歴史】ナイジェリアがキリスト教に初めて触れたのは，15世紀のポルトガルとスペインの商人を通してであるが，キリスト教の定着には至らなかった．次いで，19世紀ヨーロッパから，特に英国からプロテスタントの宣教師が送られた．続いて1863年カトリックとして，アフリカ *白衣宣教会の宣教師が送られた．1807年ベニン湾 *代牧区が創設された．

19世紀を通して *カトリック教会は定着し，南西部沿岸から北部と東部へ広がっていった．20世紀には，他のアフリカ諸国と同様に，教会は急速に発展した．この発展の一つの因子は，司祭（後に司教）シャナハン（Joseph Shanahan）がそれぞれの *小教区と宣教地区に *カトリック学校を建てたことである．

カトリック教会の発展は，地域によって異なり，人口が少なく，イスラム教が強い北部では，キリスト教は弱い．西部では，キリスト教とイスラム教が共存している．南東部，特にイボ族（Igbo, Ibo）の人口が多い地域では，カトリック信者が大多数である．このことは，南東部に多くの *司教区があることからも明らかである．

【現状】キリスト教徒のなかで，約4分の1はローマ・カトリックである．その他，*聖公会，*バプテスト教会，*メソジスト教会の信者，そして大きく成長しているアフリカ独立諸教会の信者がいる．統計をやや不正確なものにしている一つの要因は，多くのナイジェリア人が二つの教会，またはキリスト教会と伝統的な宗教の双方に積極的に参加しているためである．

〔今日のカトリック教会〕今日約1,000万人のカトリック信者がいる．過去20年間その数は急激に伸びており，今後もこの増加は続くと予想される．その理由の一つは，キリスト教が近代技術文化とともにやって来た宗教だということである．特にカトリックは，ローマと全世界の教会となっている国際的なものとみなされている．また *修道会や *宣教会の伝統的な働きと，現地人司祭の増加のために，多くの分野で継続性のある奉仕活動が続けられている．

急速な成長に伴って，司教区の数も絶えず増加している．1995年現在大司教区は9，司教区は31である．1958年にナイジェリア司教協議会は事務局を創設し，開発，広報，教育，司牧，その他の部局を設けた．

〔司祭〕最初の宣教師は修道会員であった．特に東部では *聖霊宣教会，西部では白衣宣教会が宣教司牧を担当した．現在では約2,500人の *司祭がいるが，カトリック信徒の数が増加しているので，司祭の数は不足ぎみである．多くの信徒は，日曜日の *ミサに参加できないでいる．一人の司祭には，小教区のほかに10の宣教担当地区があるため，各地区の信徒は数週間に1回の割合でしか日曜日のミサに参加できない．

〔修道女〕*修道女は，教会の宣教活動の歴史で重要な働きをしている．修道女会のなかには，カリタス修道女会，マリア病院修道女会など国際的な会がある．このほか，ベニン・シティ（Benin City）司教区の *聖心会のように近年特定の司教区内で設立された修道女会や，無原罪の聖心姉妹会のように現地人による教皇庁認可の修道女会もある．

修道女への *召命は多い．1995年現在3,000人弱の修道女がいる．以前はカトリック学校が修道女の使徒的活動の中心であった．1967-70年の内乱後，学校は政府に移管され，修道女の小中学校での活動は減少した．しかし，看護学校や病院や診療所での活動は続いている．現在では，信仰教育，カウンセリング，社会奉仕，*秘跡を受ける前の教育などへと活動の場は広がっている．

〔信徒〕*カテキスタとして小教区で司祭を助ける信徒の活動は，教会の成長のために重要である．司祭不在のとき，カテキスタが巡回教会を守り，*カトリック要理，祈り，子どもの秘跡を受ける準備，*結婚の準備を行っている．教育程度が高くなっていくにつれて信徒は，男性も女性も，教会の宣教活動で重要な役目を果たすようになっている．1973年ナイジェリア・カトリック信徒協議会が正式に発足し，全国大会や地方大会を通して教会に大きく貢献している．

〔教会の成熟〕成熟した教会は，自ら宣教者を送り出す．1978年ナイジェリア司教団は，パウロ宣教会を創設した．この会は，ナイジェリア人がナイジェリアと世界各地で宣教司祭として働けるよう教育している．この会は急速に成長し，アフリカと米国で活動している．教会の成熟のもう一つのしるしは，神学研究である．1981年西アフリカ・カトリック研究所が開設された．ここでは，高度な神学研究が行われ，神学の大学院修了の学位を取得することができる．信徒のためにも開かれており，近い将来 *カトリック大学になることが望まれている．また多くの司教区は，霊性，典礼，要理教育，司牧のためのセンターを開いている．

多くの小教区では聖書研究の会があり，多くの信徒を集めている．また，*カリスマ刷新運動の集会を定期的に開く小教区も多い．いずれもプロテスタントに触発されたものといえる．小教区での日曜日の典礼は満員である．最近の動きとして観想修道会が設立されている．男女の *シトー会と *ベネディクト会がある．また，週刊新聞や雑誌などのカトリック出版物が増えている．国と州政府がラジオとテレビを運営しているが，多くの信徒と司祭が番組編成の場で働いている．カドゥナ（Kaduna）にはマス・メディアのセンターがある．

【課題】現在，教会は次のような課題に直面している．

〔イスラム教〕近年キリスト教とイスラム教との間で激しい戦いがあった．1987年3月カドゥナの近くで150以上のキリスト教会が焼打ちに遭った．暴動は分派集団のイスラム原理主義者によるもので，彼らは，キリスト教徒とイスラム教徒との間の緊張状態がさらに進むことを意図している．カトリック司教団はさまざまな場で，キリスト教とイスラム教との問題について意見を発表している．特に政府がイスラム寄りになっているときに，司教団は国家のあるべき姿と国民の *信教の自由を説いている．

〔エキュメニズム〕主要な教会間では協力と相互理解が進展している．1980年にナイジェリア・キリスト教連合（The Christian Association of Nigeria）が正式に発足した．アフリカ独立教会との関係は，一般的に発展していない．ときとして相互理解よりも相互非難が表面化する．この理由の一つは，ローマ・カトリックを含めて，キリスト教徒が必ずしも自己の信仰を深く理解していないことにある．このため，他のキリスト教団からの脅しや誘いを招きやすいのである．

〔新しい福音宣教〕1982年教皇 *ヨアンネス・パウルス2世がナイジェリアを訪問したとき，新しい福音宣教の時代が始まった．さらに，イエス・キリストの福音をまだ知らない人への宣教と，キリストを信じる人々の信仰

ないしゃいん

を深める必要性が求められた．特に成人に対する永続的な信仰教育は必要である．ナイジェリア人は帰属意識と忠誠心が強く，教会を支える意識は高い．しかしそれ以上に，信仰の教えと実践を理解したうえでの成長が期待されている．

〔健康管理〕発展途上国家であり，急速な人口増加がみられるので，健康管理のための施設を充実させることは時代の要請である．教会は，物質的にも精神的にも，病人看護の面で重要な働きをしている．

〔家庭と結婚〕平均的な小教区で，日曜日に *聖体拝領をする成人の比率はかなり低い．この理由の一つは，多くのカトリック信者が大家族のなかにあり，教会で結婚式をせずに，伝統的な結婚式を行っていることにある．これは全アフリカの司牧上の問題となっている．カトリック教会は，この点について検討を進めなければならない．

〔*インカルチュレーション〕ナイジェリア教会の主要な問題は，教皇 *パウルス6世の言葉を使えば，真のアフリカ人であり，真のキリスト者であるためにはどうすべきかという点にある．教会がアフリカ固有の祈りと礼拝の様式や小教区の組織・運営をどうするかが問題である．*祖先崇拝や伝統的収穫祭と教会の *祝日とが関連するとき，豊かなアフリカの伝統的宗教の上に，どのようにキリスト教会を建てるかが問題となる．また，伝統的文化を破壊しかねない現代文化に対して，教会はどのように対処すべきかという問題もある．

〔社会正義〕ナイジェリアでは富める者と貧しい者との格差がますます増大している．しばしば遅配になる安い賃金による生活苦や，インフレ，あらゆる分野での汚職が一般化している．司教団は「教会とナイジェリアの社会問題」と題する文書を出して，これらの問題を扱っているが，解決しなければならない問題は多い．

小教区では，子どもたちは熱心に信仰について学びとろうとしている．収穫は大きい．子どもたちの面からみるかぎり，ナイジェリアの教会の将来は明るい．

【現勢】2000年現在，カトリック信者数: 1,589万1,000．枢機卿: 1．大司教区: 9．司教区: 35．使徒座代理区(代牧区): 2．小教区: 1,680．教区司祭: 2,803．修道司祭: 571．終身助祭: 6．信徒修道士: 466．修道女: 3,231．カテキスタ: 2万3,280．　　(P. シネラー)

ないしゃいん　内赦院　〔ラ〕Paenitentiaria Apostolica, 〔英〕Apostolic Penitentiary, 〔独〕Apostolische Pönitentiarie, 〔仏〕Pénitencerie Apostolique　*教皇庁の一機関．内的法廷に関するすべてを審理する裁判所．

本裁判所の長は *教皇によって終身的に任命された内赦院長(〔ラ〕paenitentiarius maior)と呼ばれる *枢機卿である．本裁判所の管轄権は内的法廷(forum internum．*ゆるしの秘跡に関わる領域およびゆるしの秘跡に関わらない *良心上の事件をも含む)に限定される．*免除は，秘密事項もしくは外的法廷(forum externum)に至っていない事項についてのみ与える．しかし，*赦免については，それが本性上，良心の領域に関連するゆえに，秘密の場合に限らず公の事項についても与える．ただし秘密の場合は *聴罪司祭によって，公の場合は *裁治権者によって与えられる．*信徒であれ *聖職者であれ誰でも，自ら，または他者を介して嘆願書を内赦院に送付することができる．何語で記してもよいが，秘密事項に関する場合は，自己の姓名を伏せ，仮の名前を記載し，かつ *答書の送付先，氏名を付記して送付する．内赦院はゆるし，免除およびその他の恩典(→インドゥルトゥム)を委託の形式で(例えば聴罪司祭を介して)付与するのが通例である．

【文献】DMC 3: 696–97; LThK³ 1: 873–74; L. CHIAPPETTA, *Dizionario del Nuovo Codice di Diritto Canonico* (Napoli 1986) 755.　　(枝村茂)

ないじん　内陣　〔ラ〕chorus, 〔英〕choir, 〔独〕Chor, 〔仏〕chœur　元来，*教会堂のなかで，*典礼のために *聖職者が位置する場所．中世以降は聖堂東端にある中央 *祭壇を囲む部分に相当する．聖堂内部は，内陣と身廊(*ネイヴ)の二つに分けられる．内陣はさらに，祭壇を含む至聖所と聖職者のための席域に二分された．現代では内陣といえば後者を指す用語である．第2 *ヴァティカン公会議の刷新によれば，そこは *司祭席域(司式司祭および奉仕者の席)である．狭義の内陣は歴史上，身廊(*信徒席)の3分の2を占めるまでに拡大されたこともある．*修道院では聖職者用の席域を確保する目的もあった．こうして身廊・内陣・祭壇の三つに分かれた構造になった．こうした教会堂建築では，信徒席は祭壇から離れて位置している．なお現行の『ミサ典礼書』では「内陣」という用語は使われていない．

【文献】カ大 2: 302; LThK³ 2: 1082; J. G. DAVIES, ed., *A New Dictionary of Liturgy and Worship* (London 1986) 163.　　(福地幹男)

ないじんまえしきり　内陣前仕切り　〔ラ〕cancellus, 〔英〕rood-screen, 〔独〕Lettner, 〔仏〕jubé　聖堂内部にみられる *内陣と身廊(*ネイヴ)部分を仕切るための一種の内陣障壁．初期キリスト教時代は高さ1m前後の大理石浮彫板を並べる．ビザンティン中期には，柱がつけられて高くなり一種の門を形成し，それがさらに発達して *イコノスタシスとなる．西欧ではロマネスク時代から壮麗な高廊(ジュベjubé)が盛んに作られたが，その後大部分は撤去されてしまい現存するものは少ない．

【文献】新潮美術辞典 1062.　　(守山実花)

ないせい　内省　〔英・仏〕introspection, 〔独〕Selbstbeobachtung　人間が自己の *心の内に生じる事象を反省的に意識し観察すること．内観ともいう．19世紀後半に心的な現象を *実験により解明する近代科学としての *心理学が発足するにあたり，その独自の方法とされた．しかし，意識的には観察不可能な心的プロセス(無意識的 *行為)の発見や，内省報告は間主観的な検証が困難であり「客観性」に乏しいことから方法としての価値がいったんは否定され，心理学の対象を意識ではなく行動とする *行動主義が主流となった．だが最近の認知心理学ないし認知科学の勃興に伴い，内省は再び方法として採用されるに至った．すなわち，*認知構造についての包括的なモデルを形成するための探索型の実験においては，内省も有力な手がかりを与えうるからである．ひるがえって *近代哲学において内省は，*デカルトや *ロック以来認識の起源や妥当性を吟味し解明する *認識論的な探究にとって主要な方法であったし，いわゆる言語論的転回のあとでも，例えば *フッサール以来の *現象学にとっては *意識構造を解明するための主要な方法である．そして内省は，とりわけ自己意識との連関において解明を要する問題事象であることに留意すべ

きである. （湯浅正彦）

ないてきせいかつ　内的生活　〔ラ〕vita interior, 〔英〕interior life, 〔独〕innerliches Leben, 〔仏〕vie intérieure　一般的に「内的生活＝精神生活＝内面生活」, それと対照的に「外的生活＝物質生活＝外面生活」が語られるが, キリスト教的概念としての内的生活は, 霊的なものを追求している人間の根本的生き方, *霊的生活, 言い換えれば, 神の霊に生かされて生きる人間の全実存生活をいう. 人間の全実存の中心は, 内面性（〔ラ〕interioritas）にあり, 内面性は*精神と身体からなる存在としての全人間における生命の活動を意味する. キリスト教的解釈によれば, 人間はその*自我の最も内なる世界＝内面性において, 神, キリストと親しく出会い, 一致し, そこにおいて, 内なるものと外なるもの, 精神と身体, 全自我が統一される. 人間の内面性についての聖書的概念は, 神によって私の内に創造された「清い心」（詩 51：12；マタ 5：8）, および, キリストによって救われた「新しい人」（エフェ 4：22-24；コロ 3：9-10）である.「内なる人」（ロマ 7：22）として,「わたしたちの『外なる人』は衰えていくとしても, わたしたちの『内なる人』は日々新たにされていき」（2 コリ 4：16）,「主イエス・キリストの恵み, 神の愛, 聖霊の交わり」（同 13：13）に生かされる.

　キリスト教的内面性を直観する偉大な教会博士の一人は*アウグスティヌスであり, 彼によれば人間の自我の内面性は神と人間との出会いの場であり（『告白』III, 6, 11）, 両者が親しく一致するところである. このアウグスティヌス的な体験と思想はキリスト教の*霊性の歴史において*ボナヴェントゥラを経て中世末期から近世初頭へ流れ, 現代に達している.

【文献】DSp 7: 1877-903; LThK² 5: 684; LThK³ 5: 512-13; R. GUARDINI, *Die christliche Innerlichkeit. Unterscheidung des Geistlichen* (Mainz 1935); I. WEILER, *Gottselige Innigkeit* (Regensburg 1949). （鈴木宣明）

ナイト　Knight, Frank Hyneman　(1885.11.7-1972.4.15)　アメリカ合衆国の経済学者, 社会哲学者. 熱心なカトリック信者であったアイルランド系農民の 11 人兄弟の長男として, イリノイ州南部で生まれる. テネシー大学で 2 年間学び, その後コーネル大学へ転じ, 哲学から経済学へ関心を移す. 学位論文「企業利潤の理論」を大幅に改訂し, 5 年後に『危険・不確実性および利潤』(Risk, Uncertainty and Profit, 1921) として公刊, A. *マーシャル以後の新古典派価格理論の真髄を示すものと評価される. 危険（リスク）とは理論的・経験的にその確率を計量できるものであり, 予測不可能で保険をかけることができないものが「不確実性」である. 利潤は不確実性に対処する経営者の報酬として説明される. 1950 年にアメリカ経済学会会長に就任. 1958 年まで主にシカゴ大学教授. *フリードマンやスティグラー (George Joseph Stigler, 1911-91) など多くのノーベル経済学賞受賞者を輩出したシカゴ学派の創始者とみなされている.

【主著邦訳】奥隅栄喜訳『危険・不確実性および利潤』（文雅堂書店 1959）. （橋本昭一）

ないとううねめ　内藤采女　（生没年不詳）　*内藤汝安忠俊の子. 洗礼名トマス. 初め, *小西行長に登用された父とともにあったが, 関ヶ原の戦いで小西が処刑されて後, *加藤清正に仕えた. 1603 年（慶長 8）の清正の迫害を避けて, 加賀の前田利長の臣となった父とともに*金沢に移った. 1614 年の禁教令の際に, *高山右近や父とともに*マニラに追放されたが, 1626 年（寛永 3）の父の死後ひそかに帰国, 金沢に住んだと思われる.
 （尾原悟）

ないとうげんば　内藤玄蕃　（生没年不詳）　*内藤汝安忠俊の兄. 洗礼名ジュリアン. 1573 年（天正 1）6 月, 京都の*フロイスのもとを訪れて, その子ベントとともに*洗礼を受けたことがフロイスの書簡から窺えるが, そのほかの記録はない.
【文献】ARSI, Jap. Sin. 7, 3, f. 149-149v. （尾原悟）

ないとうジュリア　内藤ジュリア　(?-1627.3.28) *内藤汝安の妹. *ヴィセンテ洞院の教えを聴いて改宗を決意し, 1596 年（慶長 1）頃, *オルガンティーノから*洗礼を受けた. 京都で多数の貴婦人の改宗に努め, 1603 年頃には京都で日本で最初の女子修道会*ベアタス会を創設した. 1614 年の禁教令で他の修道女たちとともに*マニラに追放された後も, 同地のサン・ミゲル村で修道生活を送った.
【文献】片岡瑠美子『キリシタン時代の女子修道会』（キリシタン文化研究会 1976）; F. COLIN, *Labor evangelica* (Madrid 1663). （尾原悟）

ないとうじょあん　内藤汝安　(?-1626)　戦国時代の武将. 忠俊, 徳庵と称した. 父は松永久秀の弟・甚介, 母は丹波八木城主・内藤定房の娘. 京都に出て将軍・足利義昭に仕えたが, 義昭が勢力を失うとともに*小西行長に仕え, 文禄の役後, 明国への講和使節に選ばれ, 交渉にあたった. 小西の処刑後は, *加藤清正に仕えたが, 1603 年（慶長 8）の清正の迫害を避けて, 加賀の前田利長の臣となり, *金沢に移った. 1614 年の禁教令の際に, *高山右近らとともに*マニラに追放され, 1626 年（寛永 3）同地で死去した. 1565 年（永禄 8）京都で*洗礼を受け, 洗礼名をジョアンと号した*キリシタンで, 1574 年（天正 2）に*フロイスを八木城に招いたり, 上洛して教会を訪れたこと, 1590 年の G. *コエリョの葬儀に*有馬晴信とともに柩の傍らを進んだことなどが宣教師の報告書にみえる.
【文献】L. フロイス『日本史』2, 松田毅一, 川崎桃太訳（中央公論社 1977）. （尾原悟）

ないとうルイス　内藤ルイス　(1571 頃-1646.8.7) キリシタン時代の日本人イエズス会員. 摂津の能勢の出身. *内藤汝安の一族と考えられる. 1584 年（天正 12）当時*高槻にあった*セミナリヨに入り, 1587 年にはセミナリヨの移転に伴い*有馬に移った. 1588 年のセミナリヨの名簿に,「ラテン語第 2 級のクラスにあり, 日本文学は中程度」と報告されている. セミナリヨでの学習を終えた後, *同宿として働き, 1607 年（慶長 12）*イエズス会に入会し, 説教師として働いた. また, 日本の宗教に造詣が深かったので, セミナリヨで同宿や*イルマンのために日本の宗教に関する講義を行った.『仏法』の著者に擬せられている. 1614 年の禁教令で*マカオに追放され, 1632 年（寛永 9）と 35 年には, 日本の殉教者の列福調査（→列聖）のための証言を行っている.
【文献】F. J. SCHÜTTE, *Monumenta Historica Japoniae*, 1 (Roma 1975). （尾原悟）

ないみつこん　内密婚

〔ラ〕matrimonium secreto celebratum,〔英〕marriage secretly celebrated,〔独〕geheim geschlossene Ehe,〔仏〕mariage célébré en secret　教会法上の方式（〔ラ〕forma canonica）を欠いた *婚姻．すなわち *教会法によって規定された証人および方式なしに締結された婚姻．

　*トリエント公会議以前においても，キリスト教の信者の婚姻挙式は両親や証人などの臨席のもとに行われるのが通例であった（→結婚）．教会も無方式婚または秘密裡の婚姻を禁止し，場合によってはそれらを不適法と宣言してきた．しかし，そうした両親の臨席や証人の立ち会いなどが婚姻成立の有効要件として規定されることはなかった．婚姻は契約行為としても *秘跡としても，両当事者によって表示された自由な同意によってのみ実質的に有効かつ適法とみなされていた．しかし，当時頻繁に行われていた内密婚に伴う種々の社会上の問題や危険，霊的害等をより効果的に予防するためにトリエント公会議は1563年，『婚姻の秘跡に関する教令』(Tametsi)をもって教会史上初めて，いわゆる婚姻の教会法上の方式（forma canonica）の導入に踏み切った．この教令の規定によって，以後 *主任司祭自身の立ち会いと，あるいは主任司祭もしくは教区 *裁治権者のいずれかの許可を得た他の司祭の立ち会い，および2名もしくは3名の証人の臨席のもとに締結された婚姻のみが有効とされたのである（DS 1813-16）．この規定は，1907年教皇 *ピウス10世の命により公布され，翌1908年全ラテン世界に対して発効した教令『ネ・テメーレ』(Ne temere)により，すべてのカトリック信者間の婚姻のみならず，カトリック信者と非カトリック者との間の婚姻にも拡大され，徹底されるに至った（→異宗婚，混宗婚）．この規定は1917年公布された旧『教会法典』のうちにほぼそのまま条文化され（1094条），さらに1983年に全面改正・公布された新『教会法典』のうちに多少の変更を加えて（*助祭にも立ち会いの権限が与えられている）継承されている（1108条）．現在，内密婚に関する規定は，新『教会法典』1130-33条においてみられる．地区裁治権者は重大かつ緊急の場合，次の条件のもとで婚姻を秘密裡に挙式することを許可することができる．(1) 婚姻に先立って行われるべき調査が秘密裡に行われること．(2) 挙式された婚姻に関する秘密が，地区裁治権者，立会人，証人，新郎新婦によって守られること（『教会法典』1131条）．

【文献】DMC 1: 692-93；枝村茂「カトリック教会法における婚姻の形式的有効要件とその史的背景」『宗教法』3 (1985) 32-47.　　　　　　　　　　　（枝村茂）

ナイルがわ　ナイル川

〔ア〕al-Bahr,〔英〕Nile,〔独・仏〕Nil　赤道直下の東アフリカに発し，北流して地中海に注ぐ全長約6,700 kmの世界最長の川．北アフリカの砂漠地帯を貫く河口より約1,200 kmの下流地域が古代エジプト文明の舞台であり，幅平均20 kmの河谷地帯（上エジプト）とデルタ地帯（下エジプト）とからなる（→エジプト）．

　ナイル川に流れ込む最後の支流（青ナイル川とアトバラ川）の水源地帯であるエチオピア高原の雨季（夏）に集中する降雨によって，ナイル川は毎年6月末から10月末にかけて定期的に増水する．王朝末期の記録によると，最高水位は渇水時より約7.5 m上昇し，溢れた水は下流域の谷を覆う．水が引くと，土壌中の塩分は洗い流され，あとには肥沃な沈泥が残り，麦蒔きの時期となる．増水を農耕に有効利用するため，水路を通じて最高水位時の水を耕地に満たし，約1か月間放置した後一気に排水する貯溜式灌漑と呼ばれる独得の方法が考案され，高い農業生産力を保証した．3,000 kmにわたってゆるやかに流れるため，エジプトでの増水は量も時期も極めて規則的であり，洪水や渇水はごく稀であった．西アジアの降雨状況とは無関係であったから，飢餓に苦しむ *ヤコブの一族の受け入れも可能であった．旧約聖書（創41: 1-36, 53-57）の記す7年続く飢餓も極めて疑問である．

【文献】ヘロドトス『歴史』上，松平千秋訳（岩波書店 1971）161-278; J. RZÓSKA, ed., *The Nile* (The Hague 1976); K. W. BUTZER, *Early Hydraulic Civilization in Egypt* (Chicago 1976).　　　　　　　　（屋形禎亮）

ナイルズ　Niles, Daniel Thambyrajah

(1908. 5. 4-1970. 7)　スリランカの神学者，*メソジスト教会の牧師．1948年より *世界教会協議会の諸活動に参与．アジアの教会の一致と協力に努め，*教会一致促進運動に貢献した．著作に『福音宣教とつまずきの石』(The Preacher's Task and the Stone of Stumbling, 1958) がある．

【邦訳】山下慶親訳『福音宣教とつまずきの石』（日本基督教団出版局 1983）．

【文献】キ人 1005; G. H. ANDERSON, ed., *Biographical Dictionary of Christian Missions* (New York 1998) 496-97.　　　　　　　　　　　　　　　　（坂田俊也）

ナイロビ　Nairobi

*ケニア共和国の首都．東アフリカの政治，経済，文化の拠点．第2次世界大戦後，東アフリカにおける反植民地運動の中心地．ザンジバル(Zanzibar)代牧区を継承し，1953年より大司教区．

ナイロビ
（ケニア政府観光局）

1499年にヴァスコ・ダ・*ガマにより設立された *アウグスチノ会修道院は，1698年アラブ人により閉鎖となった．1933年 *司教座がこの地に移されて以来，教育，医療，福祉の充実が図られ，*ヴィンセンシオの宣教会などが積極的な活動を行っている．プロテスタントは1899年より宣教を開始．*東方正教会の府主教座もこの地に置かれている．また，海岸地帯にはイスラム教徒が多い．1999年現在，教区人口400万，カトリック信者数100万．*小教区は76．142名の教区司祭，482名の修道司祭，1,129名の修道女がいる．

【文献】AnPont (2001) 409; NCE 10: 199.　（山口和彦）

ナイロビせかいきょうかいきょうぎかいそうかい
ナイロビ世界教会協議会総会 〔英〕Nairobi Assembly of the World Council of Churches　1975年11月23日から12月10日まで，ケニアの*ナイロビのケニアッタ国際大会議場において開催された*世界教会協議会（WCC）の第5回総会．世界の285加盟教会から676名の正代議員のほか，専門家やローマ・カトリック教会からの16名を含むオブザーバー，報道関係者など2,000人を超える参加者があった．前回の*ウプサラ世界教会協議会総会で，世界の*貧困と人種差別が緊急課題として取り上げられたのを受けて，開催地にアフリカが選ばれたもので，総主題も「イエス・キリストは解放し，一つにする」となった．*ニューデリー世界教会協議会総会以来の*キリスト論の路線に立ちながら，教会一致の課題が人種差別・性差別・貧富の差の克服を含むことを明確に掲げた（→差別，人種問題）．この課題は，1974年のローザンヌ*世界宣教会議でも提起され，ナイロビ総会への準備となった．
【経過】アジア・キリスト教協議会（Christian Conference of Asia）やSODEPAX（社会・開発・平和に関するローマ・カトリック教会とWCCの間の共同委員会）などから非武装化や軍国主義反対の問題提起もあり，アジアやアフリカの代表からは急進的な意見が強く述べられ，協議会そのものが分裂するのではないかと心配する声も聞かれた．しかし会議は，社会参加への積極的姿勢を支持するとともに，聖書に基づく*聖霊の働きへの祈りを強調する方向へと進んだ．分科会は次の六つの小テーマについて行われた．(1) 今日のキリスト告白，(2) 教会一致が求めるもの，(3) 異なる信仰，文化，イデオロギーを超える交わりを求めて，(4) 解放と交わりのための教育，(5) 不公正の構造と解放との戦い，(6) 人類の発展—権力と技術の分裂と生の質．特に*教会一致促進運動のうえで重要な出来事としては，WCC信仰職制委員会が準備した合意文書『一つなる洗礼，一つなる聖餐，相互に承認された職務』（『アクラ文書』）が総会に提出され，この文書を全加盟教会に送付して，一致のための意見など応答を求めることが満場一致で採択された．これは次期総会に提出される『リマ文書』への準備となった．
【文献】ÖL 897-98, 1256-57; N. LOSSKY, ET AL., eds., *Dictionary of Ecumenical Movement* (Geneve 1991) 1094;「WCC・ナイロビ大会報告」『福音と世界』31/4 (1976) 55-69.　　　　　　　　　　（小川圭治）

ナイン　Nain
〔ヘ〕nā'im，〔ギ〕Nain　*ナザレの南東約10km，モレの丘の北斜面にあった町．イスラム教徒の町ネインと同定される．ルカ書7章11-17節の伝承では，イエスはこの町を訪れた際，町の門から担ぎ出される死んだ若者を蘇らせたとされる．この町については，カイサレイアの*エウセビオスも言及している（『人名・地名誌』140: 3）．　　　　　　　　　　（金井美彦）

ナヴァロ　Navarro, Pietro Paolo
(1560-1622. 11. 1)　キリシタン時代のイエズス会宣教師，*日本205福音の一人．
イタリア南部カラブリア地方ライノ（Laino）に生まれ，1579年*ナポリで*イエズス会に入会．哲学を勉強した後1584年*ゴアに着き，翌年に司祭叙階．*マカオで神学を学び1586年（天正14）8月*平戸に上陸．最初の任地は*山口で1587年四国の伊予（道後）で宣教を始めたが禁教令によって*長崎へ戻った．1596年再び山口に入り関ヶ原合戦まで山口地方で活躍した．1601年（慶長6）長崎で終生誓願（→修道誓願）を立て，豊後に派遣され高田，竹田，*野津で長年活躍した．1614年の追放令の後，ひそかに豊後に戻り1619年（元和5）まで宣教を続けた．野津の川登洞窟「風連鍾乳洞」に数週間隠れたこともある．1619年*有馬地方の院長に任命され，1621年12月27日*八良尾（はちらお）から有馬へ行く途中で捕らえられて*島原に護送された．豊後守*松倉重政はマカオへの追放を考えたが，将軍の命によって1622年11月1日今村の刑場で*鬼塚ペドロと一緒に火炙りにより*殉教を遂げた．徳の高い人で日本の生活によく順応していた．*コウロスによる伝記がある．1869年（明治2）列福．
【文献】L. パジェス『日本切支丹宗門史』全3巻，吉田小五郎訳（岩波書店 1940）；結城了悟「ペトロ・パウロ・ナヴァロ神父と豊後のキリシタン」大分合同新聞月刊誌『ミックス』(1991. 7); J. F. SCHÜTTE, *Monumenta Historica Japoniae*, 1 (Roma 1975).　　　（結城了悟）

ナヴァロの殉教
（タンネル『イエズス会殉教録』）

ナウクレルス　Nauclerus, Johannes
(1425/30-1510. 1. 5)　本名はフェルゲ（Verge）またはフェルゲンハンス（Vergenhans）．ドイツの人文主義者，法学者，年代記作者．ヴュルテンベルク伯エーベルハルト5世（Eberhard V, 1445-96）の家庭教師，顧問を務める（1450-59）．シュトゥットガルト（Stuttgart）では聖堂参事会首席を務める（1465-72）．テュービンゲン大学の創設（1477）に尽力し，初代学長となり（1477-78）*教会法の教授も務める．後に名誉総長（1483-1509）．*慣習法の法制化に務めたほか，*人文主義の見地から*年代記を執筆．これは，死後*メランヒトンにより刊行され，当時を知る貴重な資料となっている．テュービンゲンにて死去．
【主著】*Memorabilium omnis aetatis et omnium gentium chronini commentarii*, 2 v., 1516.
【文献】キ人 1005; LThK² 7: 845.　　　（相原優子）

ナウゼア　Nausea, Friedrich
(1490頃-1552. 2. 6)　宗教改革時代のドイツのカトリック説教者，神学者．南ドイツのヴァイシェンフェルト（Waischenfeld）に生まれ，*トリエントに没する．*ライプツィヒ，*パリ，*パヴィア，*パドヴァ，*シエナで学ぶ．1526年*マインツの*司教座聖堂説教者．1534年*ウィーンで大公*フェルディナント1世（後の皇帝）の宮廷説教者，1541年ウィーン司教となる．1540年のハーゲナウ（Hagenau）の宗教論争や*ヴォルムス宗教会談（1540-41）に

も参加.＊宗教改革に対抗して，カトリック教会の内部刷新に努めた．1551年＊トリエント公会議に出席，両形態の＊聖体拝領，聖職者＊独身制の再検討を主張した．

【主著】 *Centuriae IV homiliarum*, 1530; *Catechismus Catholicus*, 1543.

【文献】キ人 1005-1006; LThK² 7: 847; NCE 10: 282.

(坂田俊也)

ナウマン　Naumann, Friedrich (1860. 3. 25-1919. 8. 24) ドイツのプロテスタント神学者，政治家．＊ライプツィヒ近くのシュテルムタール (Störmthal) に生まれる．初めは保守的な神学思想の立場にあったが，＊シュテッカーなどの影響により＊自由主義神学と＊社会主義への関心をもった．プロレタリアートの解放を目指すキリスト教的社会活動に従事するが，やがて，ドイツ帝国の政策を必然的とみなす国民主義的社会主義の立場に転じ，1896 年，国民社会連盟 (Nationalsozialer Verein) を結成して直接政治活動に従事した．ドイツを中心とする中央ヨーロッパの統合を唱え，国会議員として活躍．1919 年にはドイツ民主党を結成して党首となり，ヴァイマール憲法の作成にも参画した．著書として『神の助け』全 7 巻 (Gotteshilfe, 1895-1902)，『中央ヨーロッパ』(Mitteleuropa, 1915) などがある．

【文献】キ人 1006; キ大 769; MEL 17: 8; RGG³ 4: 1383-84.

(高橋章)

ナウムブルクしゅうきょうかいぎ　ナウムブルク宗教会議〔独〕Naumburger Fürstentag,〔英〕Naumburg Convention 1561 年 1 月 20 日から 2 月 8 日まで，ドイツ中部ナウムブルク (Naumburg) でプロテスタントの諸侯によって，聖餐式 (→エウカリスティア) についての理解の対立を克服するために開かれた宗教会議．聖餐式の理解は＊宗教改革運動の最初から重大な対立点を含んでいた．そのために 1529 年の＊マールブルク会談が開かれたが，なお本質的な対立点が残っていた．1552 年に，特にルター派 (→ルター主義) と＊改革派の間でこの対立が再燃して神学論争が起こった．プロテスタント諸侯の一致を強固なものにするために，諸侯はナウムブルクで会議を開いてこの対立点を克服しようとした．しかし＊アウグスブルク信仰告白の底本テクストをめぐって，ルター派は 1530 年の非改訂本 (〔ラ〕invariata) を，改革派は 1540 年の改訂本 (variata) を固持したために両者の一致は得られなかった．

【文献】キ大 769; LThK³ 7: 704; ODCC³ 1132; K. Heussi, *Kompendium der Kirchengeschichte* (Tübingen 1991) 347-48.

(小川圭治)

ナウル　正式国名: ナウル共和国，〔英〕Republic of Nauru. 太平洋中部に位置する島国．第 2 次世界大戦中は日本軍に占領され，強制労働の結果，多くの住民が死亡した．1968 年独立．面積: 21 km². 人口: 1 万人 (1994 年現在). 言語: ナウル語，英語. 宗教: キリスト教．大多数をプロテスタントが占める．中心的教派はナウル・プロテスタント教会．

＊カトリック教会は 1982 年に成立したタラワ・ナウル (Tarawa and Nauru) 司教区の一部となっている．→オセアニア

【現勢】1998 年現在，カトリック信者数: 4,000. 小教区: 1. 修道司祭: 2. 終身助祭: 2. 修道女: 4.

(A. ネブレダ)

ナオロジー　Naoroji, Dadabhai (1825. 9. 4-1917. 7. 2) インド国民運動における初期の指導者，政治家．＊ボンベイの＊ゾロアスター教の信者の家に生まれる．インド人初の数学と物理学の教師となる (1854). 翌年渡英し，東インド協会を創設．インドの経済とイギリス支配についての研究をし，インドの貧困の原因を探った．帰国後バロダ王侯国首相 (1874)，国民会議派創立に尽力し，議長を歴任 (1886, 1893, 1906). 同時にイギリス自由党にも籍を置き，イギリス国会にインド人初の下院議席をもった (1892-95).

【主著】 *Poverty and Un-British Rule in India*, 1901.

【文献】EBritMi 7: 185-86.

(相原優子)

ながいたかし　永井隆 (1908. 2. 3-1951. 5. 1) 医学博士．島根県生まれ．旧制松江高等学校時代に＊唯物論にひかれたが，長崎医科大学入学後にカトリック教徒の多い長崎市浦上地区に下宿，＊パスカルの『パンセ』を精読したり，病床の母の最期を見届けるうちに，霊魂の存在を直感して＊カトリシズムに転向．長崎医科大学物理的療法科に勤務．満州事変に軍医として従軍．帰還後に出雲大社教徒からカトリック改宗 (1934). 浦上キリシタンの歴代＊お帳方の娘・森山緑と結婚．日中事変に従軍後に職場復帰．慢性骨髄性白血病で余命 3 か月後に原子爆弾被爆 (1945)，重傷を負いながらも救護活動し，放射線専門医の立場から原爆症などについて記述した『原子爆弾救護報告書』(長崎医大提出 1945) を作成．その後，白血病が進み，広さ 2 畳の自宅「如己堂」で闘病生活に入る．原爆病治療法を探るために，自らの血液を観察・研究する一方，原子爆弾被爆者の回復への努力や日常生活を内容とした文筆活動を続け『長崎の鐘』(脱稿 1946, 発行 1949)『この子を残して』(脱稿 1948) の両ベストセラーを含め著書多数．「原爆被爆は長崎で終わり」と訴え，「己の如く人を愛せよ」と戦争反対を説き，カトリック主義に基づく平和を求めた．

(永井誠一)

永井　隆
(長崎如己の会)

なかうらジュリアン　中浦ジュリアン (1568-1633. 10. 21) ＊天正遣欧使節の一人．1568 年 (永禄 11) 長崎県西海町中浦に生まれる．父・小佐々純吉甚五郎は中浦城主．1580 年 (天正 8) ＊有馬の＊セミナリヨに入学．1582 年＊ローマへ使節として渡り，1590 年＊長崎に戻る．1591 年＊豊臣秀吉に謁見した後，7 月 25 日＊河内浦にあった＊イエズス会の修練院に入る．＊天草の＊コレジヨで学び，1597 年 (慶長 2) ＊八代に派遣され，関ヶ原合戦の後，薩摩へ亡命してその後，長崎へ戻った．1601 年から 1605 年まで＊マカオのサン・パウロ学院で神学を修め，有馬セミナリヨ，京都 (＊都)，＊博多な

どの教会で務めた後，1608年長崎で司祭になって再び博多の教会に戻った．1614年潜伏し，*口之津の主任司祭に任命され，そこから天草，八代，山川，*久留米，*小倉の信者を訪れ熱心に宣教を続けた．1621年(元和7)*加津佐で終生誓願(→ 修道誓願)を立てた．1625年小倉へ移り1632年(寛永9)の末頃に捕らえられ長崎のクルス町牢に護送される．約10か月に及ぶ取調べの後，1633年10月18日西坂で他の7名の宣教師とともに穴吊りの責めを受け21日*殉教を遂げた．現在，ローマで列福調査が進められている．

中浦ジュリアンの殉教
(タンネル『イエズス会殉教録』)

【文献】結城了悟『天正少年使節の中浦ジュリアン』(日本二十六聖人記念館1981)；小佐々学「小佐々弾正，甚五郎塚と中浦ジュリアン」『大村史談』48 (1997)．

(結城了悟)

ながえさとし　長江恵 (1913. 8. 11-1998. 2. 11) 浦和教区第3代教区長，*浦和司教区の初代司教．1913年(大正2)東京市で生まれ，神田教会で*幼児洗礼を受ける．洗礼名ラウレンシオ．東京府立園芸中学校卒業後，東京公教大神学校に入学．ローマの*ウルバニアナ大学で哲学と神学を学び，1938年ラテラノ大聖堂で東京教区司祭として叙階される．ウルバニアナ大学で神学博士号，教皇庁立アポリナーリス法科大学(現*ラテラノ大学)で法学博士号を取得．1946年(昭和21)帰国，東京公教大神学校教授に就任．1948年，関口教会主任と同時に*上智大学教授となる．1957年12月，浦和知牧区が*司教区に昇格したのに伴い初代司教に任命され，1958年4月，東京で司教叙階．1979年に引退するまで，浦和教区長として教区内外の宣教司牧に尽力した．

第2*ヴァティカン公会議以前から，日本のようなキリスト者の少ない国において宣教司牧をするためには，典礼の国語化と文化への適応(→ 典礼言語，インカルチュレーション)が不可欠であることを主張し，1958年には第20回北米典礼会議における枢機卿*レルカーロの講演「典礼への参加は共同意識をもたらす」を翻訳して発表(『布教』1961年6月号所収)．「典礼と宣教」をテーマに1959年にネイメーヘン大学で開かれた国際*典礼大会では，「各教会管区に典礼専門家の委員会を設置すべきである．[これ]は……賢明さと権限とをもって，典礼をしだいに各地方の精神に適応させるためである．[それ]までの間は，最も必要であり，同時に簡単なものとみられるところからまず始めなければならない．例えば，典礼暦年をその地方固有の祭りの循環および精神に適応させること，詩編を民族音楽のメロディにのせること，また典礼への実際の参与をすすめるため，民族音楽および儀式を，必要ならば礼拝にふさわしいものに改変したうえで採り入れることなどである」と主張した．国内においても典礼司教委員会創設を働きかけ，1960年の定例司教総会は同司教委員会の設置を決定し，まず祈祷書改訂に取り組んだ．

第2ヴァティカン公会議では第1会期に*典礼について，第3会期に*ユダヤ教および他のキリスト教以外の人々に対する教会の態度について，第4会期に教会の宣教活動について発言したが，特に第3会期中の1964年9月29日，「ユダヤ教および他のキリスト教以外の者に対する教会の態度宣言草案」のなかの不適当な聖書引用箇所を指摘し，より厳密な神学的表現を使うようにと要望しつつ，「先験的な裁きや非難が込められた『偶像崇拝』([ラ] paganismus)という言葉を使用することは避けるべきだ．キリスト教以外の他の宗教に属する人が皆，我々の宗教に敵対する異教徒(paganus)だと考えることはできない．真理を探し求めているキリスト教以外の人々には兄弟として接し，それらの宗教のなかに真理の足跡をみいだすべきではないか」と発言して注目された．

第2会期(1963)には「教役者と信徒の規律に関する委員会」の委員に選ばれ，1964年には教皇から「典礼憲章実施評議会」の評議員を命じられ，その後10年以上，『典礼憲章』で求められた事柄を世界各地で実際に具体化していくために奉仕した．

また国内でも，典礼委員会委員長として指導力を発揮し，『ローマ・ミサ典礼書』をはじめとする種々の*儀式書の翻訳，典礼文の国語化を推進した．

【文献】P. フィステル『第二バチカン公会議』(南窓社1967) 34-35, 106-107, 116-19, 209-10; J. ウマンス「公教会祈祷書改訂の司牧的意味」『布教』16 (1962) 121-32; J. HOFINGER, ed., *Liturgy and Mission: The Nijmegen Papers* (New York 1960); A. ZAMBARBIERI, "I Vescovi del Giappone al Vaticano II," *Colloquium Bologna*, 12 (1996) 12-15.

(小田武彦)

なかえちょうみん　中江兆民 (1847. 11. 1-1901. 12. 13) 本名は中江篤助．土佐藩の高知に生まれ，家は下級士族で，藩校・文武館から長崎，フランスに留学，帰朝後に仏蘭西学舎や『東洋自由新聞』を創設，各種の新聞雑誌に時事・政治に関する評論を発表した．著作に『政理叢談』，*ルソーの『民約訳解』があり，「東洋のルソー」ともいわれ，代表作に『三酔人経綸問答』がある．部落，女性差別の撤廃に腐心し，後に東京を追われ，大阪で『東雲新聞』を創刊，雑誌『自由平等経綸』を発行した．1901年(明治34)春，大阪で喉頭癌で余命1年半と宣言され，『一年有半』を執筆し，身辺，政治を語った．東京に帰り，『続一年有半』で，神の不在，*霊魂否認の*唯物論，無始無終，無辺無限の世界を主張する．その生涯は，終始，民権確立を目的とする藩閥勢力打倒のためで，西欧近代の自由平等の思想と東洋古来の治国平天下の思想とがこれを裏づけていた．政治的実践活動は，直情径行，天真爛漫，名利に恬淡であった．

【文献】日大百科17: 399.

(宗正孝)

ながさき　長崎 長崎県の県庁所在地で県南部に位置する．地名の由来は，長い岬を含む地にあったことにちなむとも，長崎小太郎を祖とする長崎氏が居住したことに由来するともいう．初め，永埼とも書いた．

【キリシタン史】鎌倉期の開発領主長崎氏が戦国時代には*大村氏の家臣となり，長崎村を知行していた：1567

ながさききょうかいりょう

年(永禄10)*イエズス会の司祭C. デ・*トレスは布教のために初めて修道士L. デ・*アルメイダを派遣，翌年司祭*ヴィレラを駐在させた．ベルナルドの*洗礼名をもつ*長崎純景は土地を寄進して*トードス・オス・サントス教会の建設を助けた．1570年(元亀1)イエズス会は*大村純忠と協定を結び，港に突き出す岬に*岬の教会と六ヵ町を建設し，翌年からポルトガル船が定期的に来航，*南蛮貿易の地として発展した．1580年(天正8)この新しい長崎と茂木は大村純忠によってイエズス会に寄進され，名実ともに布教の中心となった．1587年(天正15)*伴天連追放令を出した*豊臣秀吉はポルトガル貿易を手中に収める目的で長崎，茂木の没収を命じて代官支配としたが，*宣教師の存続は黙認した．1592年(文禄1)*長崎奉行が置かれ，長崎は地子免除の内町とそのまわりの外町が飛躍的に拡張していった．1593年教会の地所が返還され，新しい教会が建ち，1596年(慶長1)*マルティンス司教が来日したが，翌年*日本26聖人の殉教後に国外へ退去した．代わって*セルケイラ司教が着任，岬にはイエズス会本部，*コレジョ，セミナリヨ，印刷所，画学舎，司教館，教区神学校が集まり，他修道会も長崎に教会を建て，*ミゼリコルディアの組の福祉事業や各種の*信心会も盛んに活動し，長崎はキリシタン文化最盛期を迎えた．*徳川家康も貿易のために教会の活動を黙認していたが，1614年(慶長19)全国的禁教令を公布し，教会を破壊，信仰弾圧を開始した．キリシタンは潜伏して信仰を伝承し，幕末の開港を機に建立された*大浦天主堂での「信徒発見」(→キリシタンの復活)の歴史的出来事を実現し，カトリック教会の復活を成し遂げた．

【文献】『角川日本地名大辞典42長崎県』(角川書店1987);片岡弥吉『長崎のキリシタン』(聖母の騎士社1989).　　　　　　　　　　　(片岡瑠美子)

ながさききょうかいりょう　**長崎教会領**　天正8年4番目の月26日(1580年6月9日)*大村純忠は1571年(元亀2)に造られた*長崎(内町)とそこに開かれた港を*イエズス会に寄進する記録書に署名した．イエズス会の巡察師*ヴァリニャーノは*布教会議でこの問題を取り上げ(1580年10月豊後会議，1581年7月安土会議，同年12月長崎会議)，その後条件つきで寄進を受け入れ総長C. *アクアヴィーヴァの賛同を願った．アクアヴィーヴァもその条件つきで承認した．主な条件とは日本の社会情勢によって必要があればいつでも大村に返還することができるということであった．領主はあくまでも大村の大名であった．

当時の記録はいろいろあるが江戸時代の後期の記録は信憑性が非常に低い．最も詳しいのはヴァリニャーノが1580年6月9日付で総長に宛てた説明の手紙である．寄進の申し出は大村純忠のほうからで，ヴァリニャーノは茂木港を加えることを願った．純忠を動かした主な理由は龍造寺隆信から長崎を守ること，イエズス会に感謝の意を示し福音宣教に協力すること，危険時の安全な拠り所を準備することであった．イエズス会員が町の統治者を選ぶが，その権威を与えるのは領主の大村純忠であった．町を治めるためヴァリニャーノは純忠と協議のうえ特別な条令を作成した．1584年*有馬晴信が龍造寺を破った後に*浦上の所有地もイエズス会に寄進された．しかし，1587年*豊臣秀吉によってそのすべてが没収された．

【文献】D. PACHECO, "The Founding of the Port of Nagasaki and Its Cession to the Society of Jesus," *Monumenta Nipponica*, 25 (1970).　　(結城了悟)

ながさききんれい　**長崎禁令**　徳川家光(1604-51)政権が1633-39年に発したいわゆる寛永鎖国令．通常(1) 33年令(4月6日，寛永10年2月28日付)，(2) 34年令(6月23日，寛永11年5月28日付)，(3) 35年令(寛永12年欠月日，一説に同年5月28日付)，(4) 36年令(6月22日，寛永13年5月19日付)，(5) 39年令(8月4日，寛永16年7月5日付)等をいう．うち(1)-(4)は老中が連署して*長崎奉行に発給したもので，17-19箇条からなる．内容から①日本船の海外往来，②*キリシタン禁制，③外国船と貿易品の取り扱い，④混血児，に大別．①の日本船については，33年令で奉書船以外の往来を禁止していたが，35年令では日本人を含め出入国を全面的に禁止した．②のキリシタン禁制については同宗門に対する長崎奉行の詮議や*訴人褒賞制を公認したほか，36年令では褒賞銀額を300枚に増額．③の外国船については，主に五か所糸割符仲間による生糸の購入の細則を規定．④の混血児については，36年令で南蛮人の子孫の日本追放を規定．以上36年令はそれまでの規定の完成されたもので，52年にも6月6日(慶安5年5月1日)付で長崎奉行に再達され以降の対外関係を基本的に規定した．39年令は37-38年の*島原の乱後に内外に発布されたもので老中のほか大老らが連署しており，ポルトガル船の来航を禁止し寛永鎖国体制を完成させた．

【文献】国書刊行会編『通航一覧』4(国書刊行会1913);幸田成友「所謂寛永鎖国論につきて」『社会経済史学』1/4(1932)123-32;『幸田成友著作集』4(中央公論社1972);山本博文『寛永時代』(吉川弘文館1989). (清水紘一)

ながさきコレジョ　**長崎コレジョ**　1580年(天正8)，巡察師*ヴァリニャーノにより*イエズス会の*コレジョが*府内に創設されたが，1586年，薩摩軍の豊後侵入により，12月に*臼杵ノヴィシアードとともに*山口へ避難した．その後，コレジョなどの教育施設は政治状勢の変転に伴い移転を余儀なくされるが，コレジョは1597年(慶長2)に一時解散，生徒のみが*長崎の*トードス・オス・サントス教会へ移された．1598年秋，コレジョは長崎の*岬の教会で再開され，1614年11月の禁教令まで存続した．すでに1593年に*マカオに日本と中国のための新しいコレジョが設立されており，司祭候補者の大部分はマカオに送られたため，小規模なものとなっていた．なお，このイエズス会のコレジョとは別に*セルケイラの設立した日本教区の*神学校が隣接していた．　　　　　　　　　　　　　　　　　(尾原悟)

ながさきこんげんき　**『長崎根元記』**　江戸時代に編纂された*長崎の地誌．編者・成立年とも不詳．7巻5冊本．内容は，長崎の地名の由来，在地領主・長崎氏の出自と発展，町の規模など，*鎖国に関わる対外関係，オランダや糸割符など*平戸や長崎における貿易，漂流・漂着関係，五カ所商人，貨物市法関係などの記事で，時代的には1697年(元禄10)頃までを扱っている．*海表叢書の第4巻(更生閣書店1928)に所収．　(尾原悟)

ながさきし　**『長崎志』**　『長崎実録大成』を『長崎志正編』，『続長崎実録大成』を『長崎志続編』という．聖堂書記役だった田辺八右衛門茂啓が当時*長崎に完

全な正史がなかったことから編纂を始め,『長崎実録大成』として1754年(宝暦4)奉行・菅沼下野守に提出.その後,奉行所記録その他の資料を駆使して1767年(明和4)に本文12巻,年表4巻にまとめ,奉行・石谷豊後守はこれを『長崎志正編』と名づけた.内容は長崎建始めのことに始まる政治,宗教,異国人との交渉,異国の物産,渡海,漂流など広い領域にわたっており,それに唐紅毛に関する年表を付加している.八右衛門の死後,事業を引き継いだ小原克紹,野間寿恒,村岡重文が1768年(明和5)から1839年(天保10)にかけて,歴代奉行在任記録,神社,仏閣,紅毛船,唐船入港,魯西亜船入港等を記す『続長崎実録大成』を完成,『長崎志続編』が完成した.
【文献】『長崎実録大成正編』『続長崎実録大成』長崎文献叢書 第1集第2巻,第4巻(長崎文献社1973-74).
（片岡瑠美子）

ながさきじゃきょうしまつ 『長崎邪教始末』
幕末期の*長崎におけるキリスト教の動静と取締りの状況を記した明治初年の報道的*排耶書.『崎陽茶話』と合本(半紙9枚).著者・制作年代を欠くが,本文から1868年(慶応4)西本願寺の僧侶等により作成されたことが推定されている.内容は天主教と耶蘇教を区別し,前者については1867年7-9月の浦上教徒に対する入牢等の状況について記す.後者についてはフルベッキ(Guido Herman Fridolin Verbeck, 1830-98)の妻マリアが乳飲み子を捨て置いて教師招請のため上海に渡航しているとし,京阪への「邪毒」伝播に警鐘を鳴らす.筆者は無記名であるが,同書を入手したフルベッキは洋学習得のため自家に出入りしていた越前の僧・良厳を詰問,絶交した.以上から同書の著刊には,良厳のほか同門の針水・淡雲らが直接・間接に関与しており,彼らの属した西本願寺派の破邪顕正掛の共同作業と推定されている.
【文献】松崎実『耶蘇結末記 附 崎陽茶話・邪教始末』『明治文化全集』22, 吉野作造他編(日本評論社1929); 徳重浅吉『維新政治宗教史研究』(1935; 歴史図書社1974).
（清水紘一）

ながさき16 じゅんきょうしゃ 長崎16殉教者
→ トマス西と15殉教者

ながさきじゅんしんせいぼかい 長崎純心聖母会
[ラ]Congregatio Sororum Cordis Immaculati Mariae ex Nagasaki, [英]The Congregation of the Sisters of the Immaculate Heart of Mary of Nagasaki 女子修道会.日本人最初の司教で初代邦人長崎教区長*早坂久之助が,1934年(昭和9)*大浦天主堂の信徒発見のサンタ・マリア小祭壇で聖母マリアの汚れなきみ心に奉献し「長崎純心聖母会」と命名して創立.初代修道会長に*江角ヤスを任命した.1938年ローマ布教省より長崎教区所属*修道会として認可されていたが,1994年(平成6)奉献・使徒的生活会省より教皇直轄の*修道会として認可された.会員は聖母*マリアの汚れなきみ心に示された神への愛と奉献,隣人への奉仕の精神に生き,教育と社会福祉の*使徒的活動を行う.早坂司教は以前より長崎にカトリック教育理念に基づく女子の高等教育機関を設立することを目指し,その準備として江角にフランスのイエズスの聖心会で4年間の修練,教育と福祉事業の研修を行わせた.1935年純心高等女学校を創立して教育事業を開始したが,1945年8月9日長崎に原爆

が投下され,修道院および校舎は全焼,学徒動員中の生徒213名を失う.1940年には戦時体制強化のなか鹿児島の聖名会(*イエズス・マリア御名修道会)カナダ人修道女から聖名高等女学校を委譲され,鹿児島純心女子学園が誕生する.戦後,純心女子学園再興(→純心女子大学),1960年川内純心女子学園,1964年東京純心女子学園を設置する.1968年の養護老人ホームの設置以来,社会福祉の使徒的活動が本格化し,1970年開設の恵の丘原爆ホームには1981年教皇*ヨアンネス・パウルス2世が訪問,被爆50年目の1995年には天皇・皇后の慰問を受けた.1980年ブラジルのパラナ州(Paraná)における救癩事業と託児所の活動援助に6人の会員が派遣されて以来,海外宣教活動にも従事している.
【現勢】1995年現在,会員数365名(ブラジルに20名).本部は長崎市三ツ山町.修練院も同地.ほかに28支部修道院.ブラジルに修練院ほか4支部修道院.
【文献】日キ歴983;『長崎純心聖母会の五十年』(長崎純心聖母会1984).
（片岡千鶴子）

ながさきじゅんしんだいがく 長崎純心大学
→ 純心女子大学

ながさきすみかげ 長崎純景 (?-1622.1.23)
長崎小太郎重綱を祖とする長崎氏14代当主.甚左衛門,洗礼名ベルナルド.
*長崎の開港当時,*大村純忠の領国長崎村を知行しており,純忠の一字を授けられて純景と改名,その娘とらを妻とした.大村純忠と同じ頃に受洗したと考えられるが,正確な日づけは不明.1567年(永禄10)キリスト教の布教が開始されると居城である鶴城の近くに土地を寄進し,*トードス・オス・サントス教会の建設に協力した.そこに*コレジヨ,*セミナリヨが置かれたときもあった.1605年(慶長10)純景知行地が公領となると,長崎を去って筑後の田中吉政に仕えた.1620年(元和6)田中家が断絶したため*大村に戻り,1621年時津で没した.夫妻の墓碑は時津町小島田郷にある.
【文献】D.パチェコ『長崎を開いた人』(中央出版社1969);『図説長崎県の歴史』(河出書房新社1996).
（片岡瑠美子）

ながさきだいかん 長崎代官
*長崎の在郷地を支配した地下役人.起源は*豊臣秀吉が1592年(文禄1)*村山東安(等安)を肥前国名護屋で引見し*浦上ほか長崎郊外の代官に補任したことに始まる.等安は地子銀25貫を上納し多彩に活動したが,1616年(元和2)*末次平蔵と対立し,*キリシタンとして追訴され失脚.その跡は平蔵が地子銀50貫を上納し,4代(政直・茂貞・茂房・茂朝)にわたり代官職を世襲した.1669年(寛文9)以降,日見村など彼杵・高来2郡の6か村・7,000石余を勘定奉行の配下として所管.1676年(延宝4)禁制の投銀・抜船を犯して失脚した.その後,代官事務は天草代官を経て長崎町年寄に移管.1739年(元文4),御用物方・高木作右衛門が長崎奉行支配の代官を兼ねた.高木氏は支配地を当初長崎・浦上の3,000石余とされ,以降所管地は変遷したが,7代(忠与・忠興・忠任・忠篤・忠顕・忠知)を世襲し幕末に至った.代官職は年貢徴集のほか任地での*キリシタン禁制を本務の一つとしたが,1781年(天明1)には長崎御米方のほか寺方も兼ね,以降長崎の宗門行政にも関与した.
【文献】国書刊行会編『通航一覧』4(国書刊行会1913);

ながさきだいしきょうく

J. L. アルバレス・タラドゥリース「村山等安に関するヨーロッパの史料」佐久間正訳『日本歴史』235 (1967) 80-99; 245 (1968) 77-99; 256 (1969) 43-67; 荒木周道編『幕府時代の長崎』(1903; 名著出版 1973); 丹羽漢吉, 森永種夫校訂『長崎実録大成正編』長崎文献叢書, 第1集 第2巻 (長崎文献社 1973); 長崎県史編集委員会編『長崎県史 対外交渉編』(吉川弘文館 1986). (清水紘一)

ながさきだいしきょうく　長崎大司教区　日本の教区. 現存する16の司教区のうち, 長崎教区は東京に次いで1959年(昭和34)5月に大司教区に昇格. 管轄地域は長崎県. 面積: 4,112km². 総人口: 153万1,990人. カトリック信者数: 6万9,224人(1998年現在). 教区長: フランシスコ・ザビエル島本要.

大浦天主堂
(長崎大司教区)

【歴史】*長崎のキリスト教の歴史は, 我が国のキリスト教の歴史と表裏一体である. *鹿児島に渡来した*イエズス会の*フランシスコ・ザビエルは, 同僚の司祭 C. デ・*トレスらとともに, 1550年(天文19)に長崎の平戸島に入り, 滞在1か月足らずの間に180人の島民に*洗礼を授けた. *平戸で開始されたイエズス会員らによるキリスト教の宣教は, 海外貿易の利益を意図した松浦, 大村, 有馬の諸領主の庇護のもとに著しい進展をみ, 長崎は我が国におけるキリスト教の中心となった. しかし, 1587年(天正15)の*豊臣秀吉の*伴天連追放令に端を発した禁教政策は, 徳川幕府に引き継がれ, 隆盛を誇ったキリストの教会と信徒たちは, 鎖国令の発布も相まって, 280年余に及ぶ禁教と苛酷な迫害の嵐に翻弄される. 近代国家を標榜する明治政府が, *切支丹高札を撤去する1873年(明治6)まで, *信教の自由が享受されることはなかった.

この間, 西坂における*日本26聖人の殉教をはじめ, 日本の各地において信徒の鮮血が流され, *宣教師らと*キリシタンの国外追放, *島原の乱, *絵踏による宗教弾圧, 浦上四番崩れ(→浦上崩れ)など, 250年7世代にわたる長い禁教と迫害が継続し, 一人の宣教師もいない余儀なき潜伏の歴史が長崎を舞台に繰り広げられた. 1865年(慶応1)3月, *パリ外国宣教会の*プティジャンが, 潜伏してひそかに信仰の火種を灯し続けていた信徒の子孫を*大浦天主堂で発見し, 長崎は再び日本におけるキリスト教復活の燭光たる地位を自覚する(→キリシタンの復活).

【教区の設立】1866年(慶応2)にプティジャンは日本代牧区の司教に任命されて長崎に着任した(在職1866-84). 日本代牧区は, 1876年(明治9)に北緯代牧区と南緯代牧区(近畿, 中国, 四国, 九州)に分割され(→北緯聖会, 南緯聖会), さらに1888年には中部代牧区として, 近畿, 中国, 四国が南緯代牧区から分割されたので, 長崎教区は, 九州だけを管轄することになった. この間パリ外国宣教会の*ローケーニュ(在職1884-85), J. A. *クーザン(在職1885-1911), *コンバス(在職1912-26)が教区長職を継承し, 潜伏から復活した信徒たちの宗教的再教育に尽力した. 1927年(昭和2)鹿児島と沖縄が鹿児島知牧区として分割され(→鹿児島司教区), さらに福岡教区が新設されて(→福岡司教区), 長崎教区は長崎県だけを管轄する初の邦人司教区になり, パリ外国宣教会員らは長崎を離れて福岡教区へ移った.

初代邦人司教として, 第5代目の長崎教区長に任命され, 教皇*ピウス11世から司教に叙階されて着任した*早坂久之助(在職1927-37)は, 広報活動の必要性を痛感し, 着任の翌年には教区報『カトリック教報』を発行, 1930年には, *マクシミリアン・マリア・コルベを長とするポーランドの*コンベンツアル聖フランシスコ修道会の修道士たちを招聘して, 長崎修道院の設立と『聖母の騎士』誌の発刊を認可した. また*長崎純心聖母会を創立して教育事業を積極的に推進したが, 1937年病気療養のため教区長を辞任した.

後任には, 鹿児島教区長の*山口愛次郎(在職1937-69)が任命されて, 第6代目の長崎司教に就任した. 山口司教は第2次世界大戦を含む32年間教区長職にあり, 戦前・戦中の難局によく対処した. ことに戦後は, 原子爆弾によって倒壊消滅した*浦上天主堂と中町教会を再建し, 被災した大浦天主堂を補修, 公教神学校を改築し, さらに20の*小教区を新設して新教会を祝別した. 1950年には, コルベの愛の精神に生きることを目的とする7人の会員たちが, コルベの愛弟子ミロハナ(Mieccislaus Maria Mirochana, 1908-89)の指導のもとに, 長崎教区立の*汚れなき聖母の騎士フランシスコ修道女会として認可された. 山口司教は在任中に74人の司祭を叙階し, *神言修道会, *アウグスチノ会, イエズス会, *フランシスコ病院修道女会, *善きサマリア人修道会など, 18の男女修道会を招聘して, 教育, 医療, 福祉, 社会事業の拡充を推進した. この間, 1949年にはザビエル渡来400年祭, 1963年には日本26聖人列聖100年祭, 1965年には信徒発見100周年記念祭を主催して教区民の信仰の高揚に努めた.

長崎教区は1959年5月に大司教区に昇格し, 山口司教は初代の長崎教会管区大司教に任命された. 1962年には*司教座を大浦天主堂から浦上天主堂に移し, 教会の定年制導入に従って1969年に教区長を辞して引退した.

後任には, 鹿児島教区長*里脇浅次郎司教(在職1969-90)が長崎大司教に任命され, 1969年3月に着座し, 第7代目の長崎教区長に就任した. 1877年から

1956年までの間，各小教区において設立され，孤児の養育，要理教育，保育，医療などの各分野で活躍していた十字会，愛苦会，あるいは *女部屋と呼ばれていた姉妹たちの共同体は，前教区長によって在俗修道会の聖婢姉妹会として統合されていたが，1975年3月に，長崎教区立の *お告げのマリア修道会として正式に認可された．里脇大司教は1979年5月に，同郷外海町の出津小教区出身の先輩である *田口芳五郎に続いて，日本で3人目の *枢機卿に指名された．1977年に，松永久次郎(1930-)が *補佐司教に任命された．

里脇枢機卿はカトリック・センターの建設，長崎神学院の改築，浦上天主堂の内装と外装の改修工事を行って，1981年2月25日，26日の教皇 *ヨアンネス・パウルス2世の初来日と長崎訪問を積極的に推進し，長い間 *潜伏キリシタンの子孫たちが夢見ていた，「パパさま」との歓喜の出会いを実現した．教皇は，司教座聖堂浦上教会内での司祭叙階式と修道女の集い，吹雪の松山陸上競技場で捧げられた殉教者記念ミサを司式し，4万7,000人の信徒が参加した．里脇枢機卿は，1990年に教区長職を辞して引退した．後任の長崎大司教として，浦和教区長の島本要(1932-)が任命され，同年5月に着座，第8代目の教区長に就任した．松永司教は1991年1月に福岡教区へ教区長として転出した．

【現勢】1998年現在，小教区：72．教区司祭：95．修道司祭：46．助祭：4．信徒修道士：21．修道女：882．コレジオ：1．小神学校：1．大学：1．短期大学：1．高等学校：5．中学校：9．社会福祉施設：61．

【文献】カトリック長崎大司教区編『旅する教会 — 邦人司教区創立50年史』(カトリック長崎大司教区 1977)；片岡弥吉『日本キリシタン殉教史』(時事通信社 1979)．

(川原義和)

ながさきのマグダレナ　長崎のマグダレナ
(1610-1634.10.15)　ドミニコ会第三会修道女，*トマス西と15殉教者の一人．*長崎の近くで生まれ，22歳のとき両親が殉教すると信仰を守るために山に逃れ，そこで他の *キリシタンとともに豊かな信仰生活を送った．1633年(寛永10) *ドミニコ会の管区長代理 *ホルダン・デ・サン・エステバンの *霊的指導を受けドミニコ会 *第三会に入会．1634年8月初めホルダン・デ・サン・エステバンは捕縛され，翌9月初めマグダレナは牢獄に行き，自分もキリシタンであり，この司祭の霊的弟子であるので捕縛してほしいと訴えた．牢役人は甘言・約束等で説得を試みたが，マグダレナは棄教を望まず投獄され，種々の拷問を受けた．10月1日から穴吊りの拷問を受け14日間も苦しみに耐えながら生存したが，死の前日の大雨で穴に水が満ち窒息死した．1987年(昭和62)教皇 *ヨアンネス・パウルス2世により *列聖．

【文献】佐々木利昭『長崎16殉教者』(聖母の騎士社 1981)；D. アドゥアルテ『日本の聖ドミニコ』佐久間正，安藤弥生訳(ロザリオ聖母管区本部 1990)：D. ADUARTE, *Historia de la Provincia del Santo Rosario, O.P.* (Manila 1640).

(J. デルガード)

ながさきぶぎょう　長崎奉行
肥前 *長崎に置かれた江戸幕府の遠国奉行の一つ．1588年(天正16) *豊臣秀吉が鍋島直茂(1538-1618)を長崎の代官に補任したことに始まる．1592年(文禄1) *寺沢広高が襲職．

【職制】江戸幕府は長崎を直轄領とし1603年(慶長8) *小笠原一庵を同地の奉行とした．以降少数の外様大名を除き，多くは1,000石級の旗本が起用され，幕末に及んだ．1633年(寛永10)以降，定員は2-4名．江戸期の総数は125名．長崎における行政・司法をはじめ，外交・貿易を管轄し，周辺地域の *キリシタン禁制や，異国船に対する警備を指揮した．行政・司法面では江戸初期，奉行が常駐せず多くを町年寄に任置したが，幕府は1715年(正徳5)の海舶互市新例で奉行所による公事・訴訟の裁断を命じ長崎支配を強化した．貿易面では，当初から先買権の確立に努め，統制を強化した．

【キリシタン禁制】長崎は1580-87年 *イエズス会領であり，*南蛮船の主要な来航地であったことから，キリシタン宗門の密度は濃厚で，禁教発令後の歴代奉行は同宗徒の摘発や棄教の強制などを主たる業務とした．*訴人褒賞制や *絵踏・宗門改帳の作成(→宗門改)など諸種の禁教策を全国に先駆けて施行し，特に1630年代を頂点として宣教師以下棄教を肯じない者に残酷な拷問を課し，幕府の決裁を得て逆吊しなどの惨刑に処した．また *長崎禁令(寛永鎖国令)により，周辺の大名領における信徒探索の権限を付与され，西国大名領への監視を強めた．

【長崎警衛】1640年(寛永17)ポルトガル使節斬首に対する報復を警戒するため，翌41年以降幕府は黒田・鍋島両藩に長崎出兵と隔年常駐を命じ，有事の際には隣接する諸大名を動員して即応する権限を与えた．

【文献】神宮司庁編刊『古事類苑』官位部3(1908；吉川弘文館 1978)；長崎市役所編『長崎市史 風俗編』(1937；清文堂 1981)；満井録郎，土井進一郎『新長崎年表』上(長崎文献社 1974)；清水紘一「長崎奉行の一考察」『中央史学』1(1977)；長崎県史編集委員会編『長崎県 対外交渉編』(吉川弘文館 1986)；外山幹夫『長崎奉行』(中央公論社 1988).

(清水紘一)

ながさきふきょうかいぎ　長崎布教会議　→ 布教会議

なかじまあつし　中島敦 (1909.5.5-1942.12.4)
小説家．東京市四谷区に生まれる．代々儒者の家系で祖父は漢学者・中島撫山(慶太郎)，父・田人(たび)は中学校漢文教師，母・千代は小学校教員であった．生母と10か月で生き別れた敦は第二，第三の義母とも折り合いが悪くこのことは中島文学を解く重要な鍵でもある．京城中学，第一高等学校文科を経て1930年(昭和5)東京帝国大学国文科入学．翌年橋本たかと結婚．1933年大学院入学と同時に横浜高等女学校に国漢と英語の教師として就職した．1942年『文学界』5月号の「光と風と夢」が芥川賞候補作品になり，これが作家としての出発点となった．1941年3月横浜高女を辞職して南洋パラオに国語書記官として勤務したが喘息が悪化，1942年南洋庁を辞職した．この間，彼の名作である「名人伝」「弟子」「李陵」などが次々と書かれたが宿痾の喘息が悪化し「書きたい書きたい」という言葉を残して同年12月4日死去した．中島文学で見逃されていたのは撫山の四男，闘翊(たすく)の存在である．翊は1909年(明治42)牧師となり1928年(昭和3)から53年まで芝白金の聖十字教会の牧師としてその生涯を終えた．敦はこの叔父を父の兄弟のなかで最も尊敬しており，1936年に書かれた「北方行」にはキリスト教の影響が濃厚にみられる．主人公・黒木三造と折毛伝吉は敦の分身といってよく，陽と陰の存在として描かれ，クリスチャンである女主人公・白夫人と麗美は，伝吉をめぐって三角関係にある．

なかじまマグダレナ

日中戦争，革命，スパイ，不倫，人種差別などが描かれ中島文学の最大長編となるはずであったが未完に終わっている．
【文献】『中島敦全集』全3巻（筑摩書房1976）および第2巻増補版（筑摩書房1982）; 中村光夫編『中島敦研究』（筑摩書房1978）.　　　　　　　　　　（西谷博之）

なかじまマグダレナ　中島マグダレナ（1577頃-1622.5.15）　キリシタン時代の修道女．*内藤ジュリアの従姉妹で1603年（慶長8）頃ジュリアが*都で*モレホン，*オルガンティーノ両司祭の指導下でキリシタン比丘尼（→都の比丘尼）と呼ばれた女子修道会（*ベアタス会）を創立した際に最初に入会したうちの一人．ジュリアが都を離れるときには代理を務め熱心に活躍した．1612年都で迫害が始まったときにはジュリアとともに苦難のときを過ごし，1614年*徳川家康の命によってルソン（Luzon）へ追放された．11月8日*高山右近，*内藤如安などと同じ船で*長崎を出帆して12月21日*マニラに到着．サン・ミゲル村で観想的な*修道生活を送り，1622年に死去．
【文献】片岡瑠美子『キリシタン時代の女子修道会』（キリシタン文化研究会1976）.　　　　　　　（結城了悟）

なかじまミゲル　中島ミゲル（1583.4-1628.12.25）　*日本205福者の一人．三郎衛門．南肥後の町合に生まれ1594年（文禄3）頃家族とともに*バエサより*洗礼を受けた．青年になってから*長崎へ行き，そこで1614年（慶長19）から1626年（寛永3）までバエサに宿を提供．バエサが亡くなったときには遺体をひそかに埋葬した．その後，*ボルジェス神父にも宿を与えていた．生涯独身を通して貞潔（→純潔）の誓願を立て，もし信仰のために死ぬことがあれば*イエズス会に受け入れられるように願い，

中島ミゲルの殉教
（タンネル『イエズス会殉教録』）

管区長*コウロスはその希望を受け入れた．1627年自宅で捕らえられ山に追放されたが1628年*島原に呼び出され，同年12月19日投獄された．25日*雲仙の熱湯責めで殉教を遂げた．兄弟である中島九兵衛ヤコボと母マリアも1630年10月29日殉教した．
【文献】L. パジェス『日本切支丹宗門史』全3巻，吉田小五郎訳（岩波書店1940）.　　　　　　　　（結城了悟）

ながたシゲ　長田シゲ（1900.7.31-1979.4.16）　熊本県隈府，菊池神社宮司の家系に生まれる．父は東京の細川家の御殿医．*サン・モール修道会の四谷雙葉女子校卒業．数年後，東京の関口教会主任司祭*フロージャクより受洗．洗礼名はエリザベート．同教会女子青年信者による聖母会会長として師の奉仕活動に専念．1926年（大正15），函館教区長 A. *ベルリオーズ司教と出会い，邦人女子修道会設立の使命を与えられるが，1年後，同司教が病で教区長を辞し日本を去ったため断念．1930年（昭和5），フロージャク設立のベタニアの家にて結核療養事業に携わる．1936年，同師と訣別し8人の同志とともに大分県別府市にて結核診療所・光の園病院を設立．同時に福音の光修道会という「日本婦道のよい習慣伝統などの自然徳を通じて，イエズスの福音を伝えるための修道会」設立に向けて歩み始める．1959年，紆余曲折の後，修道会を退会．別府，広島，大阪，福岡などで推進・拡大してきた社会福祉事業のうち，別府の事業である児童養護施設・光の園白菊寮のみを引き継ぎ一信徒として，特に児童福祉の分野で輝かしい功績を残し，1970年に勲五等宝冠章を授与される．長田との出会いにより受洗，聖職者の道を歩んだ者は多い．
　　　　　　　　　　　　　　　　　　（濱田多衛子）

なかだじゅうじ　中田重治（1870.10.27-1939.9.24）　日本*ホーリネス教会の創設者．青森県弘前市に生まれる．アメリカ合衆国のムーディ聖書学院に留学中，*聖霊による清めを経験．帰国後，*メソジスト教会の巡回宣道者として活躍したが，1917年東洋宣教会日本ホーリネス教会を組織し，初代監督に就任．「新生・聖化・神癒・再臨」の「四重の福音」を強調．*内村鑑三らとともに*再臨運動を展開．東京柏木にて没す．
【文献】キ人1008; キ大769-70; 日キ歴990; 米田勇『中田重治伝』（中田重治伝刊行会1959）.　　　（平松良夫）

なかはらちゅうや　中原中也（1907.4.29-1937.10.22）　詩人．山口県吉敷郡山口町大字下宇野令村（現，山口市湯田温泉）の生まれ．*ヴェルレーヌ，*ランボーらの強い影響のもと独自の詩的世界を形成し，『山羊の歌』（1934），『在りし日の歌』（1938）という二つの詩集を生む．

中原中也とキリスト教との結びつきは，まず，幼少期の環境面において指摘できる．養祖母コマは熱心なカトリック信者であり，その影響力は母フクが「中也のキリスト教好きは，やっぱりコマおばあさんが強く影響していたと思う」と語るごとくである．コマとその夫・政熊は，当時山口カトリック教会主任司祭であった*ヴィリオンによって受洗した．また，フクの叔父・政四郎は妻ツナがカトリックの*カテキスタであり，クリスチャン一家を形成していたが，そのなかでも特に長女マリエは「中也をカトリック信者にしようとした」とフクが伝えているように，中也に強い感化をもたらしたと思われる．さらに，中也が父・謙助の転任先の広島，金沢でプロテスタント系の幼稚園に入園したことも，彼のキリスト教に関わる精神形成の一つの基礎をなしたといえる．

このように，キリスト教なかんずく*カトリシズムが中也の資質を育み，それが彼の詩の独自性を生み出す大きな要因になっていることは疑いえないが，中也自身が受洗していないこととも関連して，彼の詩作が護教的なものでないことは明らかであり，したがって，詩において彼のカトリシズムを検証することは必ずしも容易なことではない．おそらく，中也のカトリシズムなるものは，河上徹太郎がいうように，「ヴェルレーヌを発見するに至って，そのカトリックへの改宗が中原の創造過程の中で彼を自ずとその方向へ導いた」という，主にヴェルレーヌの宗教性と，中也の資質との交感のなかにその本質がみいだされるものであろう．

【著作】『中原中也全集』全5巻，別巻1（角川書店1967-71）．
【文献】北川透『中原中也の世界』（紀伊國屋書店1968）; 大岡昇平『中原中也』（角川書店1974）; 吉田凞生『評伝

なかむらちょうはち　中村長八（1865.9.21-1940.3.14）　司祭，ブラジル宣教師．洗礼名ドミニコ．長崎県南松浦郡奥浦村で生まれた．1897年(明治30)司祭叙階後，奄美大島で司牧．*教皇庁からの依頼で，1923年(大正12)6月，58歳で宣教師としてブラジルに渡る．8月，サントス港に到着してまもなく，サンパウロ州の日本人の多い地域で宣教活動を始めた．1938年(昭和13)にはアルヴァレス・マシャド(Alvarez-Machado)に移り，宣教活動を継続した．同年7月，その功績により，教皇*ピウス11世から有功章を授与された．1940年アルヴァレス・マシャドで死去．

日本の教会から海外に派遣された最初の日本人宣教師であり，日本人移民の宗教的・精神的司牧のみならず，可能なかぎりの文化的・社会的・経済的な援助も行った．その活動は日本人移民に限られることなく，ブラジル人を含むすべての人々に神の道と人の道を教え，「生ける聖者」と皆から尊敬を受けた．業績を記念し，日本人とブラジル人の協力のもとアルヴァレス・マシャド市に記念館が設立された．　　　　　　　　（V. ローシャイター）

ながよよしろう　長与善郎（1888.8.6-1961.10.29）小説家，戯曲家．父・専斎，母・園子の4男3女の末子として生まれる．父は大坂の緒方洪庵塾で西洋医学を学び，維新後は明治新政府に仕え，衛生局長，元老院議員，貴族院議員，宮中顧問官等を歴任した．長与善郎は学習院に入学し，高等科1年のとき，*武者小路実篤の『荒野』(1908)を読んで共鳴した．この頃*トルストイ，*徳冨蘆花，*内村鑑三，*ニーチェの書に親しむ．1910年(明治43)4月，雑誌『白樺』が創刊され，翌年，長与も同人に加わる．この年9月，東京帝国大学に入学したが1年余で退学，主として『白樺』に創作を発表．戯曲「項羽と劉邦」(1916-17)によって文壇的地位を確立した．個性尊重の白樺派的イデオロギーによって両英雄の葛藤を主題化したというべき作品である．この頃，評論「『人道主義』の質問に答ふ」(『白樺』1916.11)を発表．1923年1月，代表作の一つ「青銅の基督」を『改造』に掲載，吉利支丹物のなかに芸術に殉ずる主人公を描く．この芸術態度に白樺派の自我意識の反映がある．その後，長与の思想は東洋思想に傾斜し，「竹沢先生と言ふ人」(『不二』1924-25)，「わが心の遍歴」(『大方輪』1957-59)などの代表作を生む．

【文献】岩渕兵七郎「長与善郎 — 人と作品」『アニネウム』(1956.6-1969.10)；本多秋五「長与善郎覚え書」『白樺派の文学』(新潮社1960)；川口朗「『青銅の基督』と長与善郎」『明治大正文学研究』1月号(1956)．

（笹渕友一）

ナーガールジュナ　Nāgārjuna（150頃-250頃）漢訳では龍樹．大乗仏教の哲学者，思想家．南インドのアンダラ州(Andhara)出身という説もあるが明らかではない．カーストではバラモンに属しており(→ヒンドゥー教)，両親はヒンドゥー教徒であったが，後に改宗して仏教徒となる．一説によると彼は*錬金術の秘法に精通しており，『ラサラトナカーラ』(Rasaratnakara)という錬金術に関する論文の著者とされているが，それ以上に彼は偉大な形而上学者，弁証法の大家であるとともに大乗仏教の中観派(Mādhyamika)の創始者であった(→仏教，仏教哲学)．仏教の多くの宗派では，彼を仏教の祖師(日本では「八宗の祖」といわれる)と仰いでいた．ナーガールジュナが書いたとされる著書には，『中論』(Madhyamikaśāstra)，『大智度論』(Mahāprajñāpāramitaupadésa)などがある．

ナーガールジュナの哲学は優れた弟子の一人であるアーリヤデーバ(Āryadeva, 漢名・提婆，3世紀前半)に受け継がれ，後世に伝えられた．

【文献】平大百科15: 646-47；廣松渉他編『岩波哲学・思想事典』(岩波書店1998) 1197．（C. ヴェリアート）

なぐさめ　慰め〔ギ〕paraklēsis, paramuthia, anapsuxis,〔ラ〕solacium, solatium, consolatio,〔英・仏〕consolation,〔独〕Trost　*霊魂のうちに起こる，創造主である神に対する信仰・希望・愛に燃え立つ感動であり，霊魂に静けさ，明るさ，安らぎを与えて，人々を*超自然的な事柄と各自の命の*救いへと招き寄せる内心の*喜びのすべてを指す．

旧約聖書は*神の民に「慰め」を与え，*メシア(救世主，解放者)の訪れを約束する(イザ40:1; 49:13; 57:18; 61:2; 66:13; エレ31:9)．新約聖書において，メシアは「イスラエルの慰め」(ルカ2:25)，「キリスト」は*貧しい者，捕らわれ人，目の見えない人，圧迫されている人を慰めるために世に派遣され(マタ9:2, 22; 11:28-30; ルカ4:18-30)，復活の主は世に「慰め主(＝弁護者)」(*パラクレートス)として愛の霊である*聖霊を送った(ヨハ14:16, 26; 15:26; 16:7)．*教会は聖霊の慰めのもとに成長し(使9:31)，キリスト者は慰めの神によってキリストとの一致へと導かれる(ロマ15:5)．霊においてキリストと結ばれた者は皆互いに慰め合う(新共同訳では「励まし合う」．2コリ13:11; 1テサ4:18; 5:14)．

霊的慰めは人間の霊魂内における神の*恩恵の現存と働きの体験を通して味わわれ，意識のなかに愛の火(〔ラ〕fervor caritatis)，喜び，*信頼，*平和として現れる「霊の結ぶ実」(ガラ5:22-23)である．霊的慰めは霊魂内に働き，神に対する愛を燃え上がらせる．その結果，霊魂は地上のいかなる*被造物も被造物としては愛せなくなり，ただ万物においてのみ愛し，ひたすらキリストの十字架にあずかることを熱望する．このように神のみが与えることのできる霊的慰めは，十字架につけられたキリストに従うよう霊魂を強め，キリストの愛において神と人を愛するよう促す．

【文献】DSp 2: 1611-34; LThK² 10: 376-78; NCE 4: 217-18; J. DE GUIBERT, *Theologia Spiritualis ascetica et mystica* (Roma 1939)．（鈴木宣明）

ナグ・ハマディもんじょ　ナグ・ハマディ文書〔英〕Nag Hammadi Manuscripts,〔独〕Nag Hammadi Schriften,〔仏〕Texte de Nag Hammadi　1945年12月，下エジプトのナイル川畔の町ナグ・ハマディ付近で，一農夫によって発見された，13の古写本(codex)に含まれる52のコプト語文書．この文書の公刊は，古物商による転売，エジプトの政変，学者たちの独占欲などにより，大幅に遅れていた．しかし，とりわけアメリカのクレアンモント大学大学院の古代とキリスト教研究所所長ロビンソン(James McConkey Robinson, 1924–)の努力とユネスコの援助により，1977年に，写本IからXIIIまで，つまり古写本の全文書を含むファクシミリ版全10巻の公刊が完結し，同年に，このファクシミリ版

に基づく暫定的英訳1巻本が出版された．現在，クレアモント大学，カナダのラヴァル大学，ドイツの*ベルリン大学から，それぞれ，英語，フランス語，ドイツ語で，ナグ・ハマディ文書の学術的校訂本の公刊が進行中である(英語版は1996年に完結)．

カートナジ([仏] cartonnage，各写本のカバーを補強するためにその裏側に貼られている厚紙表装)に用いられている手紙や穀物の領収書の日づけから，当写本は紀元後4世紀の中頃に筆写されたと推定される．また，ここに言及されている地名，特に「父パコミオス」という名前は，当写本が，ナグ・ハマディ付近で筆写されたことを暗示している．この町の対岸，南東に広がる「ケノボスキオン」(Chenoboskion)と呼ばれる地域の北側に，4世紀の初め，修道士*パコミオスがエジプトにおける最初・最大の自給自足による修道院を創設したことが知られており，当写本発見後にこの地域で行われた発掘調査により同修道院の遺跡が発見されているからである．ただし，当写本がどこで，誰によって作成・収集されたものか，正確に特定することはできない．パコミオス修道院に所属する修道士が，当文書の大半を占めるいわゆる新約外典の異端性を反駁する目的で(→外典・偽典)，あるいは，その内容の禁欲的性格のゆえに，これらを収集したが，367年アレクサンドリアの*アタナシオスがエジプトの諸教会宛に『復活祭書簡』を送付し，そのなかで正典としての新約27書以外の「外典」を呪詛したとき，これらをナグ・ハマディ付近に隠匿した，などと想定されている．

ナグ・ハマディ文書は，内容上，以下の3種類に分類される．第一は，新約外典．これに属する諸文書のなかには，*『トマス福音書』『フィリピ福音書』など，グノーシス派(→グノーシス主義)に由来するものが多いが，『ペテロと十二使徒の行伝』など，とりわけグノーシス的とはいえない文書も存在する．第二は，いわゆる*ヘルメス文書の一部をなすもので，『第八のもの(オグドアス)と第九のもの(エンネアス)に関する講話』『感謝の祈り』『アスクレピオス』がそれである．第三は，特にキリスト教とは関係のない，ヘレニズム時代の生活訓を集めた『セクストスの金言』や*プラトンの『国家』の一部などである．

上記第1グループに属する各グノーシス諸文書の出自を，反異端論者などによって名指されている特定の分派に特定することは困難である．ただし，『ヨハネのアポクリュフォン』『アダム黙示録』『イエスの知恵』*『エジプト人福音書』はセツ派に，『真理の福音』『復活に関する教え』『三部の教え』『フィリピ福音書』，とりわけ『ウァレンティノス派の解説』は*ウァレンティノス派に由来することは間違いないであろう．

いずれにしても，ナグ・ハマディ文書の発見により，グノーシス主義は歴史的には必ずしもキリスト教の異端的分派ではなく，元来キリスト教とは無関係に，むしろ*ユダヤ教の周辺に成立し，それがキリスト教の諸要素を自らに取り入れてキリスト教グノーシス主義となったことが明らかとなった．

【文献】E. ペイゲルス『ナグ・ハマディ写本』荒井献，湯本和子訳(白水社 1982 ²1996): E. PAGELS, *The Gnostic Gospels* (New York 1979); 荒井献『新約聖書とグノーシス主義』(岩波書店 1986); 同『トマスによる福音書』(講談社 1994); 荒井献，大貫隆編訳『ナグ・ハマディ文書』全4巻(岩波書店 1997-98); J. M. ROBINSON, ed., *The Nag Hammadi Library* (Leiden 1977 ²1988). (荒井献)

なげきのかべ　嘆きの壁　〔ヘ〕kōter hamma'aarābî, 〔英〕western wall, wailing wall, 〔独〕Westmauer, Klagemauer, 〔仏〕mur occidental, mur des Lamentations

*エルサレムの(「岩のドーム」ともいわれる)ウマイヤの

嘆きの壁での祈り

モスクの聖域を囲む「西壁」をいう．モスクがある位置に，前10世紀イスラエルの王*ソロモンは壮麗な*神殿を建立した．神殿は前6世紀に破壊され，*ゼルバベルによって再建，さらにイエス時代には*ヘロデ大王によって大々的に増築されたが，西暦70年にローマ軍によって徹底的に破壊された．破壊を免れ今日まで残っているのが，この西壁である．その後，この地域は異国人が占拠することになったが，*ユダヤ人はこの壁の前に来て祈るようになった．もっとも，この西壁付近には*アラブ人の住居が密集していて，近づくことができた西壁はモグレブ門(バークレイ門)から北の幅約28 mだけであった．1947年イスラエル独立戦争勃発後そこにも行けなくなったが，1967年6月に解放され，住居は取り払われ，*聖地として整備された．壁はヘロデ時代の典型的な石造りを示している．ユダヤ人にとって，ここはかつての神殿の*至聖所に最も近い場所として神の現存の象徴であり，単に輝かしかった神殿の破壊を嘆くのではなく，その復興を希望して祈る，最も聖なる場所である．

【文献】EJ 16: 467-72.　　　　　　　　(和田幹男)

なごやしきょうく　名古屋司教区　日本の司教区．

管轄地域は愛知県，岐阜県，福井県，石川県，富山県の5県．面積: 2万6,498 km². 総人口: 1,203万3,464人．カトリック信者数: 2万4,503人(1997年現在)．教区長: アウグスチノ野村純一．

【歴史】長い迫害時代の後，愛知・岐阜における宣教は，1878年(明治11)*パリ外国宣教会のF.-P.ヴィグルーが岐阜県出身の医師・井上秀斉(1854-1942. 後に*カテキスタとして働く)とともに浜松から岐阜を訪れたことで始まった．主税町教会の洗礼台帳の初めには1881年11月20日*エヴラールにより2名が受洗したと記されているが，この洗礼式が行われたのは南呉服町の仮教会においてであった．1887年*テュルパンは名古屋市主税町の武家屋敷を最初の教会とした．この年の*北緯聖会の信徒統計表によると名古屋(岐阜を含む)の信徒数は97人となっている．教会敷地内に1888年啓蒙小学校，1890年救老院が設立された．

北陸における宣教は，新潟から訪れた*ドルアール・ド・レゼーがカテキスタの大江雄松(1850-1917)とともに1880年(明治13)富山，石川，福井地方を巡回宣教をし

司教座聖堂
（名古屋司教区）

たことに始まる．金沢教会は1888年片町に開設された講義所に始まる．初代主任司祭クレマン（Augustin Delphin-Marie Clément, 1854-1914）の署名がある洗礼台帳には，1888年8月12日にテュルパンによる7人の受洗者名が記されている．教会は1896年広坂通りの現在地に移転した．クレマンは1894年，富山市鹿島町に巡回教会を設立した．福井県へは京都からも1884年以来 *ヴィリオンが巡回宣教をし，その後1888年ルラーヴ（J. Louis Relave, 1857-1941）が小浜に，1894年クレマンが福井に巡回教会を設立した．

このように始められた5県の宣教は，金沢教会をはじめとして1909年以後しだいにパリ外国宣教会から *神言修道会に受け継がれていった．1912年新潟知牧区（→新潟司教区）の設立とともに教区長となった *ライネルスは金沢教会に在住し，1914年（大正3）金沢市長町に聖霊病院を開設して *聖霊奉侍布教修道女会に委ねた．

1922年2月 *東京大司教区の一部の愛知，岐阜，新潟知牧区の一部の福井，石川，富山の5県からなる名古屋知牧区が設立されて，4月にライネルスが知牧区臨時管理者に任命された．この時点で主税町，金沢，富山に司祭定住の3教会があり，神言修道会の司祭4人，聖霊奉侍布教修道女会の修道女6人，信徒約185人がいた．新潟教区長を辞任したライネルスは1925年7月名古屋教区長に就任した．1926年 *聖心の布教姉妹会が幼児施設を名古屋で始めている．戦時体制に入って1940年（昭和15）ライネルスは教区長を辞任．1941年1月長崎教区の *松岡孫四郎が *知牧区の臨時管理者に任命され，終戦後の1945年12月正式に教区長となった．

戦後の宣教の再出発にあたって，男女の多くの *宣教会・*修道会が宣教活動に加わり，1954年 *在俗会の *聖母カテキスタ会が神言修道会の *ゲマインダーによって名古屋に創立された．1962年3月司教座の布池教会聖堂が献堂され，同年4月知牧区は *司教区となり，松岡教区長は初代司教に叙階された．1969年6月東京大司教区の *相馬信夫が後任の司教に任命された．第2 *ヴァティカン公会議の後，信徒の活動は一層活発になり，教会の活動の分野も飛躍的に広がった．1993年には後任教区長として野村純一（1937- ）が司教叙階された．

【現勢】1997年現在，小教区：50．教区司祭：19．修道司祭：118．信徒修道士：7．修道女：214．女子在俗会員：47．大神学校：1．大学：1．短期大学：2．高等学校：7．中学校：5．社会福祉施設：16．

【文献】『素顔の名古屋教区』（名古屋教区 1968）；カトリック金沢教会百周年記念誌『時のしるし』（カトリック金沢教会 1988）． （野村純一）

ナザリウスとケルスス → ケルススとナザリウス

ナザレ 〔ギ〕Nazara, Nazaret, Nazareth, 〔ラ〕Nazareth

【地理】エズレル平原にあるナザレは，海抜350m, *ガリラヤ湖の西南約24km，地中海へは約32kmの丘の上（ルカ4: 29-30 参照）に位置する．北西約5kmには，*ヘロデ大王時代に建設された，古代 *ガリラヤの中心都市セッフォリス（Sephoris）があった．この南には，後にセッフォリスに替わる中心地として，*ヘロデ・アンティパスが建設し，ローマの皇帝の名にちなんで命名した *ティベリアスと，*フェニキアの港湾都市 *プトレマイス（*アッコ）を結ぶ幹線路が通っていた．またナザレの近くには，エジプトと *ダマスコを結ぶ *ローマ帝国の重要な商業路「海の道」も通っていた．したがってナザレは，一般に推測されるほど（ヨハ1: 46 参照），周辺から隔離された寒村ではなかったようである．*旧約聖書，外典（→ 外典・偽典），*ラビ文学，また *ヨセフスにおいて，ナザレの名は一度も言及されず，その名が登場するのは後代になってからである（*ユリウス・アフリカヌス）．そのため，新約時代におけるナザレの存在に疑問を呈する見方が一部にはあったが，考古学的発掘による当時の井戸や貯蔵庫の発見によって，この疑問は払拭された．ナザレは現在のエン・ナシラ（En-Naṣira）にあたるとされている．

【歴史】「ナザレ」という地名は，nēṣer（若枝，イザ11: 1）との関係が考えられる．おそらく *バビロンあるいはダマスコ近郊からのダビデ家の一員が，*ヘレニズム時代にここに定着し，メシア的名をつけたと思われる．新約時代に遡る水槽，岩をくり抜いたサイロ，墓などが発掘されているが，最盛期のナザレには2,000人の居住者がいたとされる．*コンスタンティヌス大帝の時代にはキリスト教の教会が建設されるが，これはイスラム支配下の迫害によって，破壊される（8世紀）．後に *十字軍によって解放され，*司教座となったあとも，種々の勢力による占領と解放を体験し，1263年，スルタン・バイバルス（Sultan Baibars, 1223-77）による破壊によって，ナザレは廃墟となる．1620年，*フランシスコ会がここに教会を建設し，ナザレは再びキリスト教の地としてよみがえり，現在ではイスラエル最大のキリスト教都市となっている．

【聖書】福音書は一様に，イエスの幼年時代に関する伝承をナザレと結びつけている．ルカによれば，ナザレはマリアに *受胎告知が行われ（1: 26-38），イエスが少年時代を過ごした地である（2: 39）．またナザレを，エジプトから帰還後のイエスとその家族の居住地として記すマタイは（2: 23），この地でのイエスの居住と，「ナザレの人」（→ ナザレ人）というイエスの呼称を関連づけ，それを聖書の成就としている（2: 23）．マタイ（4: 13），マルコ（1: 21）が，*カファルナウムをイエスの公的活動の出発点とするのに対して，ルカはナザレをその出発点とする（4: 16-30）．またルカは，*ザカリア，*エリサベ

ナザレじん

トの由緒ある*祭司の家系と*マリアの無名性を，エルサレムとナザレという地名によって対比しながら（1: 5-6, 27），このナザレから「神の子」（1: 35）が出ることを強調し，「身分の低い者を高く上げる」（1: 52）神の*救いの働きを浮かび上がらせている．

公的活動の種々の場面において，「ナザレの」人イエスが言及され（マコ 1: 24; 10: 47; 14: 67; 16: 6; ヨハ 18: 5, 7; 19: 19），*原始教団の*使徒も，イエスの救いの活動全体を，「ナザレの人」イエスと関連づけて説明する（使 2; 22: 6; 14: 10; 38）．イエスの十字架と復活による普遍的な救いの出発点として，ナザレは，新約聖書において重要な神学的位置を占めている．

【文献】聖書考大 704-707; J. B. GREEN, ed., *Dictionary of Jesus and the Gospels* (Leicester 1992) 36-37.

（泉安宏）

ナザレじん　ナザレ人　〔ギ〕Nazarēnos, Nazōraios

【用法】「ナザレ人」は，Nazarēnos, Nazōraios というギリシア語の邦訳（ただし，新共同訳聖書は大半が「ナザレの」）．前者はマルコ（1: 24; 10: 47; 14: 67; 16: 6），ルカ（4: 34; 24: 19）でのみ，後者はマタイ（2: 23; 26: 71），ルカ（18: 37），ヨハネ（18: 5, 7; 19: 19）の各福音書，そして使徒言行録（2: 22; 3: 6; 4: 10; 6: 14; 22: 8; 26: 9．参照 24: 5 ではキリスト者の呼称）でみられ，いずれもイエスの呼称として用いられている．

統計をみれば，Nazōraios のほうがより一般的だといえる．しかしルカ福音書での用法，また二つのギリシア語に同じ訳語（Natsraja）をあて，キリスト者の呼称としたシリア語での用法をみるならば，二つの言葉には本質的な差異がないといえる．

【背景】「ナザレ人」の言語的背景を探るうえで，特に問題になるのはマタイ書 2 章 23 節である．この箇所でマタイは，エジプトから帰還した*ヨセフが「*ナザレ」（Nazaret, 参照 4: 13 Nazara, 21: 11 Nazareth）に居住したことを述べ，それは，イエスが「ナザレの人（Nazōraios）と呼ばれる」という*預言者たちの言葉が成就するためであるとしている．ここでの「預言者たち」が誰を指すのか不明だが，マタイは明らかに「ナザレ人」というイエスの呼称を，「ナザレ」という地名と関係づけている．しかしここには，「ナザレ」および「ナザレ人」の第 2 音節にある za と zō の相違を，どのように説明するかという問題がつきまとう．この相違を*死海文書（特にイザヤ書 1 QIsaᵃ）の例に基づいて，第 3 音節冒頭の子音 r が，za を zō へと変える音声上の可能性を指摘し，「ナザレ」との関係を強調する意見もある．

これとは別に，他の観点からこの問題を解決しようとする試みもみられる．第一は，特別な*誓いを立て，種々の禁忌の遵守に生きた旧約の「*ナジル人」（Nazîr, 民 6: 1-21; 士 13: 5, 7）との関連を指摘する意見．しかしこの解釈は聖書が描くイエス像（例えば，マタ 9: 18-25; 26: 26-29），また*七十人訳聖書の訳語（Naziraios）とは合致しない．

第二は，イザヤ書 11 章 1 節での「若枝」（nēṣer）にその背景をみる解釈．しかしイザヤ書本文で，「若枝」は*メシアの名を意味するのではない．同じ「若枝」という訳語があてられ，メシアの名を示す ṣemâ（イザ 4: 2; ゼカ 3: 8; 6: 12）との関係も指摘されるが，これには音声上の問題が残る．

さらに*グノーシス主義の一派で，キリスト教時代に南バビロニアに現れ，自らを*アラム語の方言で Naṣraja と称した*マンダ教との関係，また使徒言行録 24: 5 で言及され，ユダヤ人が唱えた 18 の祈願（→シュモネー・エスレー）の第 12 頌詞で，呪いの対象となっている「ナザレ人の分派」との関係を指摘する意見もあるが，これらはいずれもイエスより後代のグループに属する．

言語的・音声論的問題とは別に，神学的見地からは異なる解釈が可能である．*ダビデの子（1: 1）によって王的・民族的位置を，また*聖霊による誕生（1: 20）によって神との特別な関係を強調するマタイは，「ナザレ人」という呼称で，「若枝」「ナジル人」としてのイエスを暗示したとも考えられる．また誕生物語の最初と最後での，「その名はインマヌエルと呼ばれる」（1: 23）と「ナザレの人と呼ばれる」（2: 23）の並行的記述は，イエスの神的本質とその救いの活動との関係を浮き彫りにする，文学的技巧だという可能性も排除できない．

【文献】TDNT 4: 874-79; J. B. GREEN, ed., *Dictionary of Jesus and the Gospels* (Leicester 1992) 571-74.

（泉安宏）

ナザレじんふくいんしょ　『ナザレ人福音書』

新約聖書外典の一書．原本はなく，主にサラミスの*エピファニオスや*ヒエロニムスらの一貫性を欠く不明瞭な証言から，その存在や名称，著作年代や場所，言語や内容を推測できるにすぎない．全文を再構成することはできないが，本書が『*ヘブライ人福音書』とは別の一福音書であるなら，おそらく 2 世紀前半にシリアに在住して*ナザレ人と称したユダヤ人キリスト者の間で（使 24: 5 参照），イエスの誕生から受難までの内容を含むマタイ福音書の敷衍版として*アラム語あるいはシリア語によって著され，また使用されたものとなろう．異端的性格の文書ではない．→外典・偽典

【文献】ABD 4: 1051-52; 荒井献「ナザレ人福音書」外・偽典，別巻 2: 19-29; H. ケスター『新しい新約聖書概説』下，永田竹司訳（新地書房 1990）269-70; H. KOESTER, *Introduction to The New Testament*, v. 2 (Philadelphia 1982); W. SCHNEEMELCHER, ed., *Neuestestamentliche Apokryphen*, v. 1 (Tübingen ⁶1990) 114-38.

（清水宏）

ナザレトあいとくしゅうどうじょかい　ナザレト愛徳修道女会　〔英〕Sisters of Charity of Nazareth, 〔略号〕S.C.N.　教皇庁立女子修道会．*聖スルピス会の会員デイヴィッド（John Baptiste Mary David, 1761-1841）によって 1812 年米国ケンタッキー州バーズタウン（Bardstown）で青少年教育，病人看護，孤児たちの世話を目的として創立された．1947 年インドに最初の布教所を開設し，病院，ハンセン病患者らの世話に貢献している．1921 年*会憲の最終認可を受けた．1997 年現在の施設 286，会員数 784 名．総本部，米国ケンタッキー州ナザレト（Nazareth）．

【文献】AnPont (1999) 1529; DIP 2: 321-22; NCE 3: 476-77.

（和田誠）

ナザレは　ナザレ派　→　使徒キリスト教会

ナザレは　ナザレ派　Nazoraei

この語は次の三つの意味で使われている．（1）新約聖書ではイエスが「*ナザレの人」（Nazōraios, マタ 2: 23），「ナザレのイエス」（Iēsous Nazarēnos, マコ 1: 24; ルカ 4: 34），「ナザ

レのイエス」(Iēsous ho Nazōraios, ヨハ19：9) と呼ばれているが，初代キリスト者を *ユダヤ人たちはナザレ派と呼んだ(「ナザレ人の分派」tōn Nazōraiōn haireseōs, 使24：5). この呼称はユダヤ人の間でしばらく続いたが，他方教会は使徒言行録11：26にあるように「キリスト教」(Christianos) の呼称を採用した．(2) *マンダ教の教徒が自らを「ナザレ派」と呼んでいたことが彼らの文献から知られる．(3) シリア地方に最初期から起こった *ユダヤ人キリスト者の集団の呼称．彼らは *ユダヤ教の *律法に厳格に従い続け固執するが，他方で *イエス・キリストを信じている．旧約聖書のほかに *『ヘブライ人福音書』および *『ナザレ人福音書』と呼ばれる福音書を自派の正典として用いる．サラミスの *エピファニオス，*ヒエロニムス，*アウグスティヌス等が言及しているが，*教父たちは彼らを *エビオン派の穏健な一派と考えている．→ナザレ人
【文献】キ大 771；LThK² 7：854-55；RGG³ 4：1385.
（手塚奈々子）

ナザレは　ナザレ派　〔独〕Nazarener　19世紀前半に *ローマで活動したドイツやオーストリアの画家たちのグループ．1809年に *ウィーンの美術アカデミーの学生 J. F. *オーヴェルベック，プフォル (Franz Pforr, 1788-1812) らがアカデミズムに反発して形成した聖ルカ同盟 (Lukasbund) に始まる．このグループは1810年ローマに移り，P. フォン・*コルネリウスらの新メンバーを得た．彼らが「ナザレ派」とあだ名されたのは，旧修道院の建物で共同生活をしながら聖書の主題を描き，*デューラーや初期の *ラファエロの芸術を手本として，芸術に真摯な宗教性を回復させようとしたことによる．すっきりした輪郭線の強調や明快な構図，フレスコ技法復活の試みも，初期ルネサンスないし「中世」回帰の意図に由来していた．グループは1818年に解散するが，画風と理念は世紀半ばのイギリスの *ラファエル前派に影響を及ぼした．
（高橋裕子）

ナザレンきょうかい　ナザレン教会　Church of the Nazarene　19世紀の終わり頃アメリカ合衆国各地で J. *ウェスリの精神に戻り，聖潔(ホーリネス)の教理を広めようとする運動が起こり(→聖潔派諸教会)，その一環として1907年ペンテコスタル・ナザレン教会 (Pentecostal Church of the Nazarene) が設立され，1919年ナザレン教会 (Church of the Nazaren) と改称．日本への伝道は1905年(明治38)テキサス州のキリストのホーリネス教会 (Holiness Church of Christ) から二人の女性宣教師が来日したことに始まり，1908年この教団がナザレン教会と合同したことから彼女たちがナザレン教会の最初の宣教師となった．その後も数名の宣教師が来日したが，日本人としては1913年(大正2)，パサデナ大学学生であった永松幾五郎(1880-1961)が帰国，京都と福知山でしばらく伝道した後，再び渡米した．しかし本格的伝道は，1915年パサデナ大学を卒業した喜田川広(1887-1974)がステイプルズ夫妻 (I. B. Staples, 1947 没; Minnie L. Staples, 1948 没) とともに故郷熊本で伝道を開始したのに始まる．彼は帰国4か月にして18名の受洗者をもって最初のナザレン教会を組織し，かつ聖書学校を開設して伝道者養成を始めた．1916年には諫山修身(1882-1969)が，エコール (William Andrew Eckel, 1892-1976) とともに京都で伝道を開始した．喜田川広は1922年京都に移り，本町教会を設立，ここを教団本部かつ聖書学校とし，盛んな伝道を始め，また全国に教会を広げていった．昭和初頭のいわゆるリバイバル時代ホーリネス各派と提携して教勢を飛躍させたが，温和にして寛容な喜田川広の性格のゆえに，ナザレン教団は *中田重治の東洋宣教会日本ホーリネス教会と比較すると過激な活動に走ることがなかった．第2次世界大戦後に教団が再建された後，今日に至るまで，ホーリネス・グループのなかでは比較的自由にして健全な教団として成長しつつある．1998年現在，全国に70の教会と約5,900名の信徒がいる．
【文献】キ大 771；日キ歴 1065．
（喜田川信）

ナショナリズム　〔英〕nationalism, 〔独〕Nationalismus, 〔仏〕nationalisme　ナショナリズム(民族主義あるいは国民主義)は，中世ヨーロッパの普遍的な帝国および教会の解体過程で，主権国家によって独自性を主張する社会集団(国民＝国家をもつ民族)の形成とともに現れ始めた政治的・社会的・文化的現象であり，その典型は *フランス革命から生まれた．ブルボン絶対王政(→ブルボン家)を倒して国家を自らのものとした平民たちは，新たに強い仲間意識とフランス国家に対する帰属意識を抱くようになったのである．さらに革命に続くナポレオン戦争は，王の傭兵に代わって登場した国民軍の圧倒的な強さを通じて，ナショナリズムの福音を世界的に伝播する役割を果たした．その後今日に至るまで2世紀の間，時代的環境，あるいは政治的・経済的・社会的・文化的環境の違いによって，ナショナリズムの表現や運動の性質は大きな違いをみせている．したがって，あらゆる種類と形態のナショナリズムを包含できるような定義はありえないが，共通項を取り出すとすれば，ナショナリズムは「ある社会集団に固有の利益と伝統的価値を確保・増進するための政治的運動あるいはそれを支える政治的主張や思想」を意味し，その制度的手段としての国家を重視する，といえるだろう．*国家の枠組みが古くから存在し，そのなかで長い時間をかけて領土的統合と社会的同化が進行した場合には，その内部に住む人々の帰属意識は既存国家を前提として徐々に形成されうる．またアメリカ合衆国の例にみられる通り，ナショナリズムは，成員の民族的出身や文化的伝統ではなく，基本的政治理念を共有することによっても成立しうる．しかし，多くの場合，宗教，言語，伝統，生活習慣などの文化的要素が民族としての自覚形成の重要な要因となってきた．19世紀後半に近代的国民国家の創出に成功したドイツやイタリアの場合には，文化的要因の共有が民族統合に積極的役割を果たしたが，帝国の支配や植民地支配(→植民地主義)のもとにあった多くの民族の場合には，従属からの解放と国家的独立が民族主義の目標となってきた．つまり，統合への動機とも，分離・独立への動機ともなるのが「独自の文化をもつ民族は，独立国家を建設し，自らの望む政体を選択する権利をもつ」という思想である．これは，第1次世界大戦の戦後処理の過程で「民族自決の原則」として認められ，さらに第2次世界大戦後，国際政治の動かし難い基本原則ならびに *国際法の基本概念として植民地の解放・独立の促進に貢献した．しかしその理念的美しさとは裏腹に，民族自決原則は現代国際政治に大きなジレンマを突きつけている．冷戦の終焉によって崩壊した旧ソ連邦内での民族紛争や，旧ユーゴスラヴィア連邦のボスニア・ヘルツェゴヴィナでの凄惨な民族対立がいわゆる「民族浄化」を指向してきたように，ナショナリズムの存在理由としての

ナジルびと

独自性の主張は，しばしば偏狭，不寛容，独善，非合理に陥りやすい．しかも，近代国家の物理的基盤が領土にあるため，ナショナリズムの対立は，領土をめぐる利害対立から武力紛争へと発展する．つまり，独立の確保と，国際政治秩序の維持という二つの重要な価値は，二律背反の関係にあるのであり，人類はまだこの矛盾を解決する知恵を充分身につけていない．現代においては教育やマスコミの発達により，政治指導者による*大衆の政治動員が容易になったことも問題を複雑化している．
【文献】E. H. カー『ナショナリズムの發展』大窪愿二訳（みすず書房 1952）; E. H. Carr, *Nationalism and After* (London 1945); 山内昌之編『21世紀の民族と国家—新しい地域像を探る』（日本経済新聞社 1993）; J. Hutchinson, A. D. Smith, eds., *Nationalism* (Oxford 1994).　　　　　　　　　　　　　　　（蝋山道雄）

ナジルびと　ナジル人〔ヘ〕nazir　ある規定に従って生活し，神に献身する人．ナジル人の制度の起源と歴史的変遷は詳らかではないが，旧約聖書には大別すれば，2種のナジル人が認められる．① 誕生のときから生涯神に献げられ，頭に剃刀をあてず，飲酒を避ける．*預言者と同様に，主が「ナジル人を立てた」ともいわれる（アモ2: 11-12）．サムソン（士 13-16章）とサムエル（サム上1: 11）にはこのような性格が認められる（ただしサムエルのナジル人的性格は，*マソラ本文では明確ではない．*七十人訳聖書，*死海文書4 QSam^a，シラ46: 13 参照）．② 女あるいは男が自ら立てた誓願に従って，一定期間，頭に剃刀をあてず，ぶどう酒などの飲食を避け，死体に近づかないという義務を果たす．期間満了時には献げ物一式を供え，頭髪を剃り，それを献げ物を焼く火で燃やす．（民 6: 1-21）.

第二神殿時代後期の*ユダヤ教では，上記 ② のような一時的ナジル人の誓願が多様な動機から行われ（1 マカ 3: 49; 使 18: 18; ヨセフス『ユダヤ戦記』II, 313, 『ユダヤ古代誌』IV, 72），また，ナジル人の献げ物の代価弁済は敬虔な行為の一つであった（使 21: 23-24; ヨセフス『ユダヤ古代誌』XIX, 294; ミシュナー・ナズィール 2, 5-6）．第二神殿破壊以後，ナジル誓願はしだいに行われなくなった．

ルカ書1章15節で洗礼者*ヨハネはナジル人として描かれているとする説があるが，異論が多い．また，「ナザレの人」（〔ギ〕nazōraios，マタ 2: 23）には，ナジル人が暗示されているといわれる．→ナザレ人
【文献】旧新約聖書大 850; EJ 12: 905-10; NBL 2: 901-902, 908-909; ThWAT 5: 329-34; 土岐健治『初期ユダヤ教と聖書』（日本基督教団出版局 1994）87-91; 三好迪監修『タルムード ナズィール篇』3, 倉内ユリ子訳（三貴 1996）.　　　　　　　　　　　　（加藤久美子）

ナタナエル　Nathanael　*ガリラヤの*カナ出身で（ヨハ 21: 2），イエスの*弟子の一人．イエスによって*フィリポとともに弟子とされる（1: 43-51）．ヘブライ語で「神の賜物」の意．ナタナエルをめぐっては*共観福音書のなかでは全く語られてはいない．*十二使徒の名が列挙された箇所（マタ 10: 1-4; マコ 3: 13-19; ルカ 6: 12-16）や使徒言行録1章13節にも当然みられず，9世紀以降そこにあげられている熱心党の*シモン，ないしフィリポの次にあげられている*バルトロマイと同一視されるようになる．しかし，その歴史的論拠はない.

【文献】ABD 4: 1030-31; NBL 2: 903.　　　　（清水宏）

ナタリス　Natalis, Alexander（1639. 1. 19-1724. 8. 21）　17世紀フランスのカトリック神学者．ノエル・アレクサンドル（Noël Alexandre）ともいう．ルーアン（Rouen）に生まれ，*パリに没する．1655年*ドミニコ会に入会．1675年に*ソルボンヌ大学の神学教授．聖ヤコブ修道院でも哲学と神学を教え，1704-1708年にはドミニコ会のパリ管区長を務めた．多くの著作を著したが，とりわけ教会史の分野で優れた業績を残している．彼の著作は*ガリカニスムの嫌疑を受け，当時，再三にわたって禁書扱いにされはしたものの，今日では，近代に書かれた最も包括的なカトリック教会史の書として，評価されている．一方*イエズス会とは，*蓋然説，*モリナ主義，*中国の典礼問題などをめぐって，しばしば論争し，そのために*ジャンセニスムの嫌疑を受けたこともある．1713年の教皇*クレメンス 11世による教理憲章*『ウニゲニトゥス』に対し，教皇自身の手によるものではなく，*トマス学派に敵対する者の作と考え，控訴したが，死の直前にはこれを取り下げた.
【主著】*Selecta historiae ecclesiasticae capita*, 23 v., 1676-86; *Thelogia dogmatica et moralis secundum ordinem Catechismi Tridentini*, 1694.
【文献】キ人 1010; LThK^2 7: 797-98; NCE 10: 217-18.
　　　　　　　　　　　　　　　　　　　　　（坂田俊也）

ナダル　Nadal, Jerónimo（1507. 8. 11-1580. 4. 3）　神学者，イエズス会員．マヨルカ島のパルマ（Palma）に生まれる．*イグナティウス・デ・ロヨラとともに*アルカラ大学（1526）や*パリ大学（1532-35）で学ぶ．*アヴィニョンで司祭叙階，神学博士号を得て，マヨルカ島に戻り（1538），神学を教える．この頃，ロヨラにより*イエズス会が創設されたが，その際には加わらず，*フランシスコ・ザビエルのインドからの手紙を読み（1542），ようやく*ローマに出て会員となる（1545. 11. 29）．ロヨラの重要な協力者として，彼の「片腕」「分身」と称せられる．シチリア島メッシーナ（Messina）の*イエズス会学院総長に就任（1548）．1552年以降精力的にヨーロッパ中を回り，イエズス会の理念の普及に努める．総長代理等の要職を歴任．*トリエント公会議に教皇側神学者として参加．著作の多くは未刊行．ローマで死去．
【主著】*Epistolae*, 4 v., 1905.
【文献】LThK^2 7: 774; NCE 10: 194-95.　　（相原優子）

ナタン　Nathan〔ヘ〕nātān　旧約聖書の人名（n^{e}tanyāh「*ヤハウェは与えた」の短縮形）．
（1）8名の同一人名中，最も重要な人物は，*ダビデと*ソロモンに仕えた宮廷預言者．ダビデがエルサレムにヤハウェのために神殿を建設する計画を立てたとき，「あなたが私のために家（神殿）を建てるのではなく，私があなたのために家（王朝）を建てる」という神の言葉をダビデに伝えた（サム下 7: 1-17）．ナタン預言が，神殿そのものを否定しているかどうか，必ずしも明白ではないが，ダビデ王朝の永続を神が約束したという，ダビデ契約思想の出発点として重要な文書である．その後，ウリヤを謀殺してその妻*バト・シェバを奪ったダビデを，ヤハウェの正義に基づいて叱責したナタンの姿は（サム下 12: 1-15），彼もまた王権から独立した古代イスラエ

ルの預言者であったことを示す．バト・シェバが生んだソロモンの養育係となり(サム下 12: 24-25)，彼女とともに，老衰したダビデに直訴して，ソロモンを王位継承者に任命させた(王上 1 章).

（2）アミエルの娘バト・シュアが産んだダビデの三男，ソロモンの兄(代上 3: 5; サム下 5: 14参照)．イエスの系図のなかで，マタイ福音書がソロモンをダビデの直系とするのに対して(マタ 1: 6)，ルカ福音書は，このナタンをあげる(ルカ 3: 31).

【文献】平大百科 1: 120-21; 旧新約聖書大 851-52; ABD 4: 1029-30; 石田友雄「ソロモンの王位継承: 歴史と歴史記述をめぐる諸問題」『聖書学論集』19 (山本書店 1985) 5-43; T. ISHIDA, *The Royal Dynasties in Ancient Israel* (Berlin, New York 1977) 80-117; ID., "The Role of Nathan the Prophet in the Episode of Solomon's Birth," *Near Eastern Studies: Dedicated to H. I. H. Prince Takahito Mikasa on the Occasion of His Seventy-Fifth Birthday*, ed., M. MORI (Wiesbaden 1991) 133-38; G. HENTSCHEL, *Königtum und Tempel, Beobachtungen zu 2 Sam 7. 1-17.* (Leipzig 1992).

(石田友雄)

ナチズム 〔独〕Nationalsozialismus, 〔英〕Nazi(i)sm, national socialism, 〔仏〕nazisme, national-socialisme
【概要】1933 年から 1945 年までドイツを支配したナチ党の思想．国家社会主義ともいう．極端な人種論に基づいてドイツ民族を代表とする北方ゲルマン人種が，「支配民族」となって「劣等民族」を支配すること，ヒトラー(Adolf Hitler, 1889-1945)を党首とするナチ党がドイツの唯一の支配権力であること，人生の本質を人種間の絶えざる闘争とし，個人の民族共同体への絶対的献身を要求し，この闘争にあたっては，敵は徹底的に絶滅することを使命とした．ユダヤ人殺害はその結果であった．

【キリスト教との関係】ナチズムとその運動は，ヒトラーに対する「指導者崇拝」にみられるように擬似宗教的色彩を帯びていた．その「世界観」は絶対視されたから*キリスト教とは対立し，その全体主義的国家の要求は国家内のあらゆる団体を強制的に同質化しようとしたから，独立する教会の存在は認められない．それゆえナチズムとキリスト教および教会との対立は必然的であるように思われるが，ヒトラー自身は初めからそれを予期してはいなかった．

ナチ党が 1920 年に公表した党綱領の第 24 条では*信教の自由が約束された．だがこれには「それが国家の存立を危くしないかぎり，またゲルマン人種の倫理・感情に反しないかぎり」という制限が付されていた．ナチ党はその意味で「積極的キリスト教の立場」をとるというのであった．その文言は，ナチの反ユダヤ主義的性格，およびキリスト教，ことに*旧約聖書の起源からみると，すこぶる危険な内容であった．とはいえ，さしあたってナチとキリスト教との対立は隠されていた．

ナチ党はキリスト教徒対策を進める際にプロテスタントの諸教会に働きかけ，かなりの数の信者はナチの民族主義的なみせかけのキリスト教的立場に同調していった．1932 年には，最もナチに協力的なドイツ・キリスト者運動(Deutsch-christliche Bewegung)が生まれた．一方，ナチズムに大きな危険を認めた牧師*ニーメラーは牧師緊急同盟(Pfarrernotbund)，次いで*告白教会に拠ってナチズムを痛烈に批判して教会闘争を行うとともに激しい迫害をこうむることになる．

ナチと*カトリック教会との関係ははるかに複雑かつ困難な経過をたどった．ドイツ司教団はナチズムをその*反ユダヤ主義と「新ゲルマン的異教」のゆえに原則的に否定しており，ナチ党もカトリック教会とローマとの結びつきを国際主義・反民族主義の立場として攻撃するとともに，ナチ党独裁の意図から，カトリック教徒の支持する*中央党の存在も全く認めようとしなかった．

1933 年 1 月 30 日，ヒトラーが政権の座につくと「キリスト教を我々の倫理全体の基礎とする」との政府声明が出された．また 3 月 23 日，授権法によってナチ党独裁を達成する際にも，ヒトラーは「帝国は双方のキリスト教信仰を我が国民を保持するための重要な要素としてみる」と演説している．中央党は 3 月 5 日の選挙戦では，ナチ党に反対して闘ったのであったが，授権法の成立にあたっては賛成票を投じた．そして 5 日後，ドイツ司教団は，ナチズムを「宗教的・倫理的誤り」とする認定を取り下げている．

同年 7 月 20 日，ナチ政府とローマの*教皇庁との*政教条約が締結された．33 箇条からなるこの条約によって，カトリックの信仰とその活動の自由は保証され，ローマ教皇庁はドイツ・カトリック教会との間の交渉，通信の自由を保つなど，ドイツ国内での教会の存在と活動が法的に守られることになった．しかしヒトラーは，彼が結んだ二か国条約を後に無視ないし破棄したのと同様に，政教条約を忠実に履行しようとは全く考えていなかった．その違反は 1933 年の秋にすでに訴えられたし，1935 年にはカトリック系学校も干渉を受け，青少年運動も禁止，カリタス運動(→カリタス・インテルナツィオナーリス)も国家による公的福祉政策から除外された．そこで教皇*ピウス 11 世は 1937 年*『ミト・ブレネンダー・ゾルゲ』(「燃ゆる憂慮をもって」)と題する*回勅を発し，ナチズムを厳しく批判するとともに，ドイツの信者に向けてキリスト教信仰を正しく保つよう呼びかけた．これ以後，ナチ官憲による教会への介入は一層厳しくなった．第 2 次世界大戦の激化とともに，ナチ政権は「非生産的」と称して精神障害者などに*安楽死を強制した．これにはミュンスターの司教*ガレンらの激しい抗議が生じ，ヒトラーもついにはこの措置を撤回している．そのほかユダヤ人迫害に反対したり，反戦的行動によって逮捕，処刑される聖職者も多く出た．とはいえカトリック教会は全面的に禁止されはしなかった．ヒトラーは教会の清算を「戦争の勝利のあと」に考えていたからである．教会は全体としてはナチ体制に順応を強いられていた．だがナチの全体主義的要求がキリスト教の教義と明らかに矛盾したとき，人々は「人に従うべきか神に従うべきか」に苦しんだ．教会はこのとき闘う権力手段は何一つもっていなかったが，信者のなかには，ナチ政権から離反した国防軍など他の機関とも連帯して反ナチ抵抗に決起する者も現れたのである．

【文献】K. SCHOLDER, *Die Kirchen und das Dritte Reich*, 2 v. (Frankfurt, Berlin, Wien 1977-85); K. GOTTO, K. REPGEN, eds., *Kirche, Katholiken und Nationalsozialismus* (Mainz 1980); U. VON HEHL, ed., *Priester unter Hitlers Terror* (Mainz 1985).

(中井晶夫)

ナッシュ Nash, Thomas (1567-1601 頃) イングランドの詩人，劇作家，小冊子・物語作者．サフォークのローストフト(Lowestoft)の生まれ．*ケン

なつめそうせき

ブリッジ大学で学んだ後，ヨーロッパ大陸を旅し，1588年頃から*ロンドンで作家活動に入る．戯曲や時事的な文章を書くかたわら，イングランド国教会（→聖公会）に雇われて反ピューリタンの小冊子を多く書いた．代表作『文なしピアスの悪魔への嘆願』(Pierce Pennilesse His Supplication to the Divell, 1592)は，当時の社会状況への批判に満ちた作品で，作者の諷刺的な才能がよく発揮されている．また『悲運の旅人』(The Unfortunate Traveller, 1594)は，ジャック・ウィルトン(Jack Wilton)という悪漢がドイツ，イタリアを旅する物語で，ピカレスク小説の嚆矢といわれる．1601年頃亡くなったと思われるが，死の経緯は知られていない．

〈山本浩〉

なつめそうせき　夏目漱石 (1867.2.9-1916.12.9)

本名，夏目金之助．近代日本を代表する文学者の一人で，啓蒙的内容の講演論文でも知られる．形式的には*心理主義的作法をとり，他者との関係性においてそのつど意識される対象や問題性あるいは理想を軸にして各個別の生命が形成される様相を叙述しつつ，人間の有限的生命の意味を深く考えさせる作品を多く発表している．具体的には，西洋を模倣して近代化を性急に進める社会状況のなかにみられる多様な不均衡を活写し，それを個人の精神的不均衡や葛藤と対比させて叙述した．

1867年(慶応3)に東京(当時の江戸)の牛込で名主の五男三女の末子として生まれる．幼児期から少年期にかけて2度も養子に出されており，10歳で養父母離婚のため生家に戻るが，この経験が感受性の鋭い少年の心に深い傷を与え，その後の内面形成に影を落としていることが考えられる．

漢学の好きな少年時代を経て，中学・高校で英語を学ぶことになり，大学予備門(後の第一高等学校)時代に正岡子規(1867-1902)をはじめとする友人たちに恵まれたが，この間の漢学と洋学の間を揺れ動く青春彷徨の時期はその生涯を決する一時期であり，あえて漢学を捨てたことはその生涯に深い傷痕を残し，その文明批判の文脈にも微妙な影を落とすこととなる．「漱石」という号は学生時代以来，作句の際に用いられているが，出典は中国唐時代の児童用啓蒙書『蒙求』中の頑固者，変わり者にまつわる話である．

東京帝国大学で英文学を専門とするものの「英文学に欺かれたるが如き不安」(『文学論』序，1907)を抱き，その不安と葛藤のなかで*ケーベルや*井上哲次郎などの哲学関係の授業をむしろ学んだ．その結果，学友とともに，当時の代表的な学術団体であった哲学会の機関誌『哲学雑誌』の編集に携わりながら，同誌に「英国詩人の天地山川に対する観念」(1893.3-6)と「文壇に於ける平等主義の代表者『ウォルト・ホイットマン』Walt Whitman の詩について」(1892.10)を発表している．この経験および大学生活全般は漱石にとって広義の哲学的知識を増す機会ともなり，彼は終生哲学的関心を失うことはなかった．後に文学者として活躍する漱石の思想面の基礎は，ほとんどすべて大学時代のそうした経験のなかで培われたものといえる．

大学院修了後，まず四国松山の尋常中学校で，次いで九州熊本の第五高等学校で英語を教えた．熊本で3年間過ごすうちに結婚し，やがて文部省から英国留学を命じられた．

*ロンドンで生活した2年間(1900-1902)には，一時期*シェイクスピア研究家のクレイグ(William James Craig, 1843-1906)について学んだほかは，自らの文学観，人間観と世界観を新たに作るために文学，哲学，宗教学，歴史，心理学，社会学等の研究に没頭した．その成果は後になって，『漱石史料—文学論ノート』(1976)の題で刊行された．本書において漱石は，人間的生命の中核として*意識の働きを最重視し，人間の自己形成に果たす意識の持ち方を個別的事例を通して記述することが文学であると規定していく．

帰国後1903年(明治36)，東京帝国大学で哲学的心理学に基づく文学論などを教えつつ，子規が創刊した俳句雑誌『ホトトギス』(創刊1897)に『吾輩は猫である』を連載して好評を博した(1905-1906)．引き続き，『坊ちゃん』(1906)，『草枕』(1906)，『野分』(1907)等の作品を発表して小説家としての地位を確立してから，大学教師を辞めて朝日新聞社に小説担当者として入社した(1907)．この時期に漱石の作風は定まるが，小説家としての彼の見地は『文芸の哲学的基礎』(1907)にまとめられていると考えられる．それと関連してまたこの頃から，漱石は道徳的見地に立って*自然主義的文学に対する批判を強めていく．

以後，『虞美人草』(1907)，『三四郎』(1908)，『それから』(1909)，『門』(1910)等の中期の秀作群を立て続けに発表するが，その創作活動の根底にあるのは「開化は無価値なり」(初期『断片』)と知りつつ，しかもこれを免れえぬとすれば，我々はこの文明社会をどう生きるべきかという問題であり，しかも形而上の観念，また宗教的世界に安易に逃れてはなるまいという，強い知的，認識的志向である．また「吾人の心中には底なき三角形あり．二辺並行せる三角形あるを奈辺せん」(『人生』1896)という，すべての問題は二辺並行して，容易に交わりえぬものだという認識は，少年時の洋学と漢学，また長じては「信」と「認識」をめぐる課題とも関わり，漱石と*キリスト教という問題もまたこれと無縁ではない．同時に『それから』に続く『門』では，友人の妻と結ばれるという不倫の罪を犯しながら，その罪と不安の根源から眼をそらそうとする主人公・野中宗助の在り方を描きつつ，問われるべき「神」をもたぬ近代日本という土壌の負性を問い，この課題は最後の『明暗』(1916)に至るまでつながっていく．その後，大患を得て修善寺に休養する(1910)．この時期に W.*ジェイムズと*ベルグソンなどに親しみ，両哲学者の思想と自らの考えとが重なるのを喜んでいる．漱石は以前にもジェイムズの『宗教的経験の諸相』を読んでおり，その影響は漱石の文学論などにすでにかいまみえている．大患後に人生に対する洞察を深め，『思い出す事など』(1910-11)を発表して，晩年の境地を吐露している．

1907年以後，漱石は文学作品を書くほかに数多くの学問的性格の濃い講演を行っている．「文芸と道徳」「現代日本の開化」「中味と形式」(いずれも『社会と自分』1913年刊に収録)などがそれにあたり，西欧に遅れまいとして外面的な近代化を急ぐ日本の現状を批判しつつ，内面性の充実こそが緊急課題であることを力説した．そうした時期に，文部省は漱石に文学博士号を贈ろうとするが，漱石がそれを拒否する事件が起こった．

その後，『彼岸過迄』(1912)，『行人』(1912-13)の連載を開始しながら，講演集『社会と自分』を出版し，また講演「模倣と独立」(1913)を行い，社会的存在者でもある人間の個性とその尊厳を高揚した．その延長線上で『こゝろ』(1914)を発表し，また「自己本位」の立場を宣言する講演「私の個人主義」(1913)を行っている．以

後は健康に留意しつつ，私的感慨を込めた随筆集『硝子戸の中』(1914)と小説『道草』(1915)などを発表した後，最後の作品『明暗』を執筆中に死を迎えた．

漱石晩年の問題として「則天去私」発言がある．これについては従来さまざまな解釈があり，いまだに定説はない．しかし，漱石の多くの哲学的発言を分析するならば，納得のいく解答を引き出すことができるように思われる．この問題の解決の鍵は，意識の働きが人間的生命の核をなしているという彼の根本的主張にある．すなわち，「則天去私」とは漱石の哲学的信仰と同時に文筆家の精神態度の表明でもある．「天」とは宇宙万物の根源たる宇宙的意識，いわゆる大我であり，この地上的生命の一分子である私(人間的意識，小我)はその絶対的な大我につねに依存し，その相関を深く自覚して生きなければならない．そうした天(大我)との意識的な結びつきにおいて図られる，各人の自覚的な生命努力と自己実現の様相を自然に表明することが文学者の使命であると説いたのである．そこでは例えば自伝的作品『道草』におけるように，東洋的「天」また「自然」ならぬ，*人格神としての「神」の介在というテーマ，また漱石作品に底流する「神」の不在を問い，そのゆえにこそ「神」に問われる，優れて宗教的倫理の所在を願う「漱石的主題」のありようをみることもできよう．

漱石が作家として活動した年数は『吾輩は猫である』から『明暗』までのわずか10年余にすぎない．しかし明治維新後，無数の小説家が輩出したとはいえ，夏目漱石ほど思想面の深さを数々の名作のうちに結晶させ，同時に，現在もなお真摯に傾聴すべき多くの講演を通して，日本人の精神的成長を促し，人間的生命の中核として意識の在り方を説いた人物はいないのである．

【著作集】『漱石全集』(新書版)全35巻(岩波書店 1978-80)；『漱石全集』全28巻，別巻1(岩波書店 1993-96)．
【文献】髙木文雄『漱石の道程』(審美社 1966)；岡崎義恵『漱石と則天去私』(宝文館出版 1968)；滝沢克己『夏目漱石の思想』(新教出版社 1968)；江藤淳『漱石とその時代』全5巻(新潮社 1970-99)；水谷昭夫『漱石文芸の世界』(桜楓社 1974)；村岡勇編『漱石資料—文学論ノート』(岩波書店 1976)；佐藤泰正『夏目漱石論』(筑摩書房 1986)；大岡昇平『小説家夏目漱石』(筑摩書房 1988)；今西順吉『漱石文学の思想』全2巻(筑摩書房 1988-92)；小林三郎『夏目漱石の研究』(至文堂 1989)；佐古純一郎『漱石論究』(朝文社 1990)；平川祐弘『夏目漱石』(講談社 1991)；江藤淳『漱石論集』(新潮社 1992)；島田雅彦『漱石を書く』(岩波書店 1993)；小森陽一『漱石を読みなおす』(筑摩書房 1995)． 〔渡部清，佐藤泰正〕

ナトルプ　Natorp, Paul　(1854. 1. 24-1924. 8. 17) ドイツの*新カント学派を代表する哲学者，教育学者．*マールブルクのカント学派を基礎づけた*コーエンを継承し，歴史的研究を通じてカントの*批判哲学の捉え直しを行うとともに，教育学の分野でも*ペスタロッツィの影響のもと活躍した．しかし後の*神秘主義的な*形而上学への指向は，マールブルク学派の解体をも意味していた．
【主著】*Sozialpädagogik*, 1899; *Platos Ideenlehre*, 1903, ²1921; *Die Philosophie, ihr Problem und ihre Probleme*, 1911; *Die logischen Grundlagen der exakten Wissenschaften*, 1910, ³1923. 〔開龍美〕

ナーナク　Nānak　(1469. 4. 15-1539)　*シーク教の開祖．パンジャブ(現パキスタン領)のラホール(Lahore)近郊に生まれ，宗教改革者として，*ヒンドゥー教と*イスラム教とを融合して*一神教を唱えたカビール(Kabīr, 1440-1518頃)の教説に傾倒．ヒンドゥー教，イスラム教の聖地を遍歴したがそのいずれにも偏らず，最高神ハリ(Hari, イスラム教では*アッラーにあたる)を唯一神として崇拝する一神教を唱えた．彼はカビールの後継者をもって任じ，神を讃美する自作の讃歌を歌いつつ北インド各地を巡回して多くの信徒を集めた．これらの讃歌を集めた『ジャプジー』は，弟子たちの日々の礼拝のための書となった．彼は一宗派を創設する意志はなく，ヒンドゥー教を改革し，イスラム教の一神崇拝と強固な団結に範をとり，両宗教を融合調和しようとしたのであるが，彼の死後信者たちは彼を第一のグル([サンスク リット] Guru, 師)として尊敬し，自分たちはその弟子(サンスクリット語 śiṣya，パンジャビー語 sikkh から由来したシーク Sikh)の集団であるとして，シーク教が成立した．
【文献】EBritMi 12: 821-22; EI 7: 956-57; RGG³ 6: 31-34; 『世界宗教大事典』(平凡社 1991) 1404; W. H. McLeod, *Guru Nanak and the Sikh Religion* (Oxford 1968). 〔田中於菟彌〕

ななしゅうさい　七週祭　→　五旬祭

ななじゅうにんやくせいしょ　七十人訳聖書　→　七十(しちじゅう)人訳聖書

ななつのかなしみ　七つの悲しみ　→　マリア

ななつのざいげん　七つの罪源　〔英〕seven deadly sins, 〔独〕Sieben Hauptsünden, 〔仏〕sept péchés capitaux　七つの罪源とは，*高慢，*妬み，怒り(〔ラ〕ira)，怠惰(*アケディア)，貪欲(avaritia)，*貪食，色欲(luxuria)を指す．これらはポントスの*エウァグリオス，*カッシアヌス，教皇*グレゴリウス1世の著作に述べられているが，中世のキリスト教社会はこれら七つをすべての人間的悪の根源として捉えて配列した．1ヨハネ書5: 16と1コリント書6: 9-10はある罪を*霊魂を死に導く罪とすでに規定しているが，そのように死に至らしめる主要な罪の概念のもとに一定の数の罪を集め，相互の結びつきを考えたのが中世であった．ラ・ロシェルの*ヨアンネス，*アルベルトゥス・マグヌスらはそれらの相互関係を人間心理に結びつけ，*グローステストはそれを宇宙論的象徴によって表現した．一般向けの書物で七つの罪源がしばしば悪徳や誘惑と混同されたため，*トマス・アクィナスらはそれらの分析のために別の方法をとるようになったが，*ダンテ，*チョーサー，*ラングランド，E.*スペンサーの作品ではこれら七つが擬人化され，諷刺の対象となっている．
【文献】DSp 12: 853-62; LThK² 9: 1169-83; W. Bloomfield, *The Seven Deadly Sins* (Ann Arbor 1952, ³1967). 〔高柳俊一〕

ななのさからめんと　『七のさからめんと』　筑波大学所蔵の写本で，33丁からなる．*洗礼・*堅信・*聖体・悔悛(→ゆるしの秘跡)・病油(→病者の塗油)・*叙階・*婚姻など，七つの*秘跡を略説したもの．『どちりいなきりしたん』をはじめとする各種の教義書には，必ず秘跡については触れられているので，この部分だけを書

ナニーノ　**Nanino, Giovanni Maria**　(1543/44-1607.3.11)　イタリアの作曲家．*ローマ楽派に属し，おそらく*パレストリーナに師事したといわれ，その作風を受け継ぐ．ローマの*サンタ・マリア・マッジョーレ大聖堂などの楽長を歴任した後，教皇礼拝堂の歌手として活躍．弟ジョヴァンニ・ベルナルディーノ(Giovanni Bernardino Nanino, 1560頃-1623)もまた教会音楽の作曲家であった．
【文献】R. J. SCHULER, ed., *G. M. Nanino: Fourteen Liturgical Works* (Madison, Wis. 1969).　　(金澤正剛)

なはしきょうく　**那覇司教区**　沖縄県を管轄地域とする日本の司教区．面積: 2,267 km²．総人口: 129万5,546人．カトリック信者数: 6,307人(1997年現在)．教区長: ベラルド押川壽夫．

司教座聖堂(那覇司教区)

【歴史】1549年(天文18)*イエズス会の*フランシスコ・ザビエルが初めて日本に宣教して以来，日本に派遣された多くの宣教師たちが琉球に寄港していたが，継続的な宣教活動をするには至らなかった．1844年(天保15)*パリ外国宣教会の*フォルカードが鎖国日本の開国を前に，日本の宣教復活のために琉球に上陸，宣教を再開しようとしたが，幕府のキリスト教弾圧はこの遠い琉球にも及び，宣教の自由はなかった．フォルカードに続く6人の宣教師たちの18年間にわたる忍耐強い犠牲も外見的には実を結ばなかった．やがて日本の開国，宣教再開となり，全国的には新しい時代を迎えたが，沖縄の宣教は約70年間も中断され，1930年(昭和5)12月鹿児島からの*フランシスコ会(カナダ管区)M. J. *シーラーらの来沖を待たねばならなかった．これに先立ち1927年3月沖縄県は鹿児島県とともに長崎教区(→長崎大司教区)から分離して鹿児島知牧区となった．

第2次世界大戦の結果，琉球列島はアメリカ軍の占領下となり，*教皇庁は1947年1月13日付聖座決定書を発布し，沖縄および奄美大島の琉球列島を鹿児島知牧区から分離して教皇庁直轄の*使徒座管理区とした．同時にこの地区の宣教が*カプチン・フランシスコ修道会(ニューヨーク管区)に委託されたため，同修道会の宣教地であったグアム代理区の司教バウムガルトナー(Apollinaris William Walter Baumgartner)が教区長を兼任した．1947年9月グアム島からカプチン・フランシスコ会のF.*レイとバルトルダス(Alban Bartoldus)が戦後初めての宣教師として来島し，主に奄美大島の教会復興に着手した．1949年1月レイが教区長に任命され，教区本部を沖縄県那覇市に設置して戦後の沖縄の宣教を本格的に開始した．実にフランシスコ・ザビエルが日本に宣教を開始してから400年目であった．その後1955年5月8日奄美大島などの南西諸島は日本に返還され，*鹿児島司教区に帰属した．ちなみに奄美大島の宣教は1891年(明治24)に遡るが，特に昭和初期の軍部や右翼団体による激しい迫害を乗り越えてきた信仰の遺産は，戦後の沖縄の教会に大きな恵みをもたらした．初代那覇司教区長・石神忠眞郎司教をはじめ，奄美大島出身の司祭・修道者・信徒が数多く沖縄の教会で現在も活躍している．

1968年6月レイ教区長は司教に叙階され，日本司教協議会の正式なメンバーとなったが，1972年1月急逝し，自らが創立した*マリアの汚れなき御心のフランシスコ姉妹会本部・与那原修道院の敷地の一隅に永眠している．1972年12月琉球使徒座管理区は那覇司教区に昇格，1973年2月初代司教にカプチン・フランシスコ会の石神忠眞郎が叙階された．1997年5月，石神忠眞郎の教区長退任に伴い，*コンベンツアル聖フランシスコ修道会の会員・押川壽夫が司教に叙階，教区長に就任し，今日に至っている．

1947年9月5日レイが沖縄に上陸したときにみいだした信者は二人だけであったが，沖縄の宣教はカプチン・フランシスコ会が中心となって再開され，1991年沖縄県の対人口比0.486%となった．これは長崎教区の4.433%，鹿児島教区の0.519%に次いで日本の教会の16教区中で3番目に高い比率であり，注目に値する．
【現勢】1997年現在，信徒数: 6,307．小教区: 13．教区司祭: 6．修道司祭: 11．信徒修道士: 14．修道女: 71．中学校: 1．小学校: 2．幼稚園: 10．保育所: 2．
(大城清正)

ナバタイじん　**ナバタイ人**　ナバタイ人自身が書き残した文書記録は存在しないが，彼らの使用した*アラム語(「ナバタイ人のアラム語」として知られる)で書き残された碑文などの断片は数多く発見されている．ただし，その大半は歴史を復元できるに充分な情報を提供するものではない．

アラブの部族の一つ，*イシュマエルの子孫(創25: 13のネバヨト)と同定されたこともあるが，それは歴史的には支持されない．ナバタイ人はセム名のナバトゥ(Nabati, Nabtaya)で知られるが，*ヘレニズム時代にはナバタイオイ([ギ] Nabataioi)で知られた(1マカ5: 25; 9: 35; ヨセフス『ユダヤ古代誌』XII, 3353等)．ローマ時代その王国はナバテーネー(Nabatēnē)の名で知られた(ヨセフス，前掲書I, 221)．

ナバタイ人が最初に住み着いた場所はアラビア半島とされるが，半島のどの部分であったかに関して研究者の間で一致をみない．彼らは前6世紀より前に他のアラブ

の部族の者たちとともに半島に入り込み，ペルシア時代や*アレクサンドロスの時代には*パレスチナの南部やトランスヨルダンの地域に住み着く．ローマ時代の首都は*ペトラである．この時代のナバタイ人は，*ネゲブや，*シナイ，エジプト，南シリア（ハウラン），トランスヨルダン（*エドムとモアブ），北シリアの一部にも住み着いていた．ナバタイ人は最初牧畜の民だったが，やがて定住の農耕の民となり，ヘレニズム・ローマ時代になると，その定住地が交易ルート沿いにあったために，アラビアと西方の交易に従事した．我々が現在もつナバタイ人の王朝の王名リストは完全なものではないが，それはアレタス1世（前169頃．1マカ5:25, 2マカ5:8）に始まり，アレタス2世・オボダス（前98頃），ラベル1世（前88-86），アレタス3世・フィルヘレネ（前87頃-62），マリクス1世（前62-30），オボダス2世（前30-9），アレタス4世（前9頃-後40），マリクス2世（40-70），ラベル2世（70-106）と続くが，このうちのマリクス1世がユリウス・*カエサルと同盟し，東方に来た*ポンペイウスを敵にまわしたことや，*ヘロデ大王との関係が好ましいものでなかったことなどが知られ，またアレタス4世が歴代の王のなかで最も強力で，その治世時は経済的な繁栄を謳歌した．アレタス4世の娘はヘロデの息子アンティパスに嫁ぐが，後に離婚した（→ヘロデ家）．この王の時代にはその支配の影響力は*ダマスコまで及ぶが，それは*パウロが記すダマスコの町からの脱出記事で「アレタ王の代官」が言及されていることから知られる（2コリ11:32）．*トラヤヌス帝の時代，ナバタイ人の領地はコルネリウス・パルマ（Aulus Cornelius Palma Frontonianus, 117没）に征服され，ボストラ（Boṣrā）が新しい首都となり，ペトラは交易ルートが変わったこともあってしだいにその勢いを失っていく．1812年に*ブルクハルトがペトラを発見して以来，西欧ではペトラの遺跡やナバタイ人の歴史への関心が高まる．ナバタイ人の多神教の世界では神のドゥシャラ（Dushara），女神のアラット（Allat）ほかが知られている．

【文献】古代：ヨセフス『ユダヤ戦記』全3巻，新見宏，秦剛平訳（山本書店1981-83）；同『ユダヤ古代誌』全13巻，秦剛平訳（山本書店1979-84）；プリニウス『博物誌』中野定雄他訳（雄山閣出版1986）；ストラボン『ギリシア・ローマ世界地誌』飯尾都人訳（竜渓書舎1994）；Diodoros, *Bibliotheca historiae* (*lib. 1-20*), 5 v. (1888-1906) Leipzig 1964); Id., *Bibliotheca historiae* (*lib. 21-40*), 2 v. (Cambridge, Mass. 1957-67).
研究：N. Glueck, *The Other Side of the Jordan* (New Haven 1940); Id., *Rivers in the Desert* (New York 1959); Id., *Deities and Dolphins: The Story of the Nabateans* (New York 1965); Id., *The River Jordan* (New York 1968); P. C. Hammond, *The Nabateans: Their History, Culture and Archaeology* (Gotherburg 1973); I. Browning, *Petra* (London 1973 ³1989); P. C. Hammond, "New Light on the Nabateans," *Biblical Archaeologist Review*, 712 (1981) 22-41; R. Wenning, *Die Nabatäer* (Fribourg 1987). (秦剛平)

ナバレテ **Navarrete, Alonso (Alfonso)** （1571. 9. 21-1617. 6. 1）

ドミニコ会員，司祭，*日本205福者の一人．スペイン北部ログローニョ（Logroño）の出身で，1585年*ドミニコ会に入会．メキシコを経て，1596年フィリピンに到着し，北部のカガヤン県に派遣されたが1602年病気のためスペインに帰国．1611年（慶長16）*マニラを経て京都（*都）に，そして1613年*長崎に赴任，1615年（元和1）管区長代理に任命された．同年教区司祭*村山フランシスコ・アントニオの死去に伴い村山が組織した「十字架の組」の指導を引き受け，自らが組織していた「イエズスの御名の組」と「ロザリオの御名の組」とを合併させ有名な「ヌメロのロザリオの組」を組織した．それによって1616年の春から長崎とその周辺で始まった*ロザリオの信心を広める大運動を促進させた（→ロザリョの組）．また，*フランシスコ会，*アウグスチノ会とともに病人，孤児や捨て子，長崎市外に住む被差別民を世話するために「愛徳の組」を設立した．一方，迫害の激化とともに*キリシタンたちは信仰を公然と表すのを憚るようになり，宣教師を家に隠すのも難しくなってきた．ナバレテは信徒を励ますためアウグスチノ会の管区長代理*アヤラとともに*大村へ向かい，4日間にわたり公然と宣教司牧活動を行った．5月29日捕縛され，大村湾の*鷹島で斬首された．教皇*ピウス9世により1867年に列福．

【文献】D. アドゥアルテ『日本の聖ドミニコ』佐久間正，安藤弥生訳（ロザリオ聖母管区本部1990）: D. Aduarte, *Historia de la Provincia del Santo Rosario, O. P.* (Manila 1640). (J. デルガード)

ナバレテ **Navarrete, Domingo Fernández** （1618-1686. 2. 16）

スペインの*ドミニコ会宣教師，大司教．スペインのカストロヘリス（Castrogeriz）に生まれる．1635年に入会し，バリャドリード大学卒業後，1648年フィリピンに宣教師として渡る．10年後中国に渡り*マカオを皮切りに宣教活動を行う．広東で宣教師弾圧事件に遭い（1666），中国宣教および*中国の典礼問題に関して*イエズス会と論争．その著『古きものと近代的なものとの論争』（Controversias antiguas y modernas, 1679）は痛烈なイエズス会批判を含む内容ゆえに禁書処分となる（1679）．後にサント・ドミンゴ（Santo Domingo）の大司教に任命され渡航，同地で死去．

【主著】『中国王朝の歴史・政治・民族・宗教』*Tratados históricos, politicos, ethicos y religiosos*, 1676.
【文献】LThK³ 7: 707; NCE 10: 283-84. (相原優子)

ナバレテ・ファハルド **Navarrete Fajardo, Luis** （?-1597. 11. 30）

スペイン人の来日フィリピン使節．*日本26聖人の殉教を聞きつけたフィリピン総督グスマン（Francisco Tello de Guzman, 生没年不詳）に派遣され，M. デ・ソーザらとともに*平戸に入港（1597）．*サン・フェリペ号事件の詳細や*ペドロ・バウティスタ・ブラスケスら宣教師処刑の釈明を求め，大坂城に赴き*豊臣秀吉との交渉にあたった．しかし秀吉は*キリシタン布教に関して強硬な態度を崩さず，来日の目的は果たされないまま，*長崎で病死した．

【文献】日キ歴1003. (相原優子)

ナビは ナビ派 〔仏〕les Nabis 19世紀末のフランスの画派．「ナビ」とは「預言者」を意味するヘブライ語．メンバーにはセリュジエ（Paul Sérusier, 1863-1927），*ドニ，マイヨール（Aristide Maillol, 1861-1944），ヴュイヤール（Edouard Vuillard, 1868-1940），ボナール（Pierre Bonnard, 1867-1947），ヴァロットン（Félix Vallotton, 1865-1925），ランソン（Paul Ramson, 1861-1909），および象徴主義の美術批評家オーリエ（Albert Aurier, 1865-1892）らがいた．彼らは若い頃アカデ

ミー・ジュリアンで知り合い，セリュジエがポンタヴェン（Pont-Aven）で *ゴーギャンの指導を受けて描いた『護符』（1888，パリのオルセー美術館）に共鳴し，グループを結成した．装飾的な絵画形態を求めた彼らを支えたのは，雑誌『ルヴュ・ブランシュ』（Revue blanche）だった．1891-99 年には定期的に展覧会を開催する一方，家具や壁紙，装飾画，ポスター，*ステンドグラスなどの応用美術の分野でも活躍したが，20 世紀に入り，グループのメンバーはしだいに離れていった．グループの主な傾向の一つにカトリック的 *神秘主義があり，メンバーの一人 *フェルカーデは 1894 年 *ベネディクト会に入っている．
【文献】DA 22: 421-22; NCE 10: 192-93; C. FRÈCHES-THORY, A. TERRASSE, *Les Nabis* (Paris, 1990).

（賀川恭子）

ナボコフ　Navokov, Vladimir　（1899. 4. 23-1977. 7. 2）　アメリカの小説家，詩人．*サンクト・ペテルブルグのロシア貴族の家庭に生まれ，1919 年，革命の勃発で祖国を離れた．*ケンブリッジ大学を卒業後，欧州各地を転々とし，1940 年，アメリカに亡命（45 年帰化）．コーネル大学ほかで教鞭をとるかたわら，性的に早熟な少女と中年男の情熱を描いた『ロリータ』（Lolita, 1955）で一躍有名になった．短編集，詩集，評論など多方面にわたり活躍，昆虫学の権威でもあった．スイスのモントルー（Montreux）にて死去．
【文献】T. タナー『言語の都市』佐伯彰一，武藤脩二訳（白水社 1980）: T. TANNER, *City of Words* (London 1971).

（山口和彦）

ナホム（書）　ナホム（書）　Naum　〔ヘ〕naḥûm
【著者】ナホムは「エルコシュの人」とされているが（ナホ 1: 1），エルコシュがどこの町であるか明らかではない．16 世紀頃からの伝説によれば，エルコシュは *ニネベ近郊の町の名で，そこにナホムの墓があるとされるが，確かではない．また *ヒエロニムスはエルコシュを *ガリラヤ北部の町とする伝承を伝えているが，これも伝承の域を出ない．結局のところ，ナホム書の言葉を語った *預言者ということ以外のことは，彼についてはほとんどわからない．
【構成と内容】ナホム書は 3 章からなる小さな *預言書で，*旧約聖書中の 12 小預言書の一つである．内容的にみれば，大きく二つの部分に分けることができる．前半部（1: 1-14）は「主は熱情の神，報復を行われる方．主は報復し，激しく怒られる」で始まっていることからもわかるように，狂暴な征服者に対する主である *神の怒りと裁きをテーマとしている（→ 主の日）．また，1 章 2-10 節は不完全な形ではあるが，詩行の冒頭の言葉がヘブライ語のアルファベット順になるように配置されたアルファベット詩の形をとっている．これに対して後半部（2: 1-3: 19）では，ニネベの陥落と *アッシリア帝国の滅亡が予告されている．したがって，ナホム書全体としては，主の怒りの成就としてのアッシリア帝国の崩壊を歌い上げていることになる．特に 3 章 8-10 節では，*テーベの陥落を引き合いに出して，ニネベの陥落を必然的なものとして述べている．

このようなナホム書の内容から考えると，ナホムの活動時期はテーベの陥落よりもあとであり，ニネベの陥落よりも前になる．テーベがアッシリアの王アッシュルバニパル（Aššurbanipal, 在位前 668-627）によって征服されるのは前 663 年であり，ニネベが *メディアや *バビロニアなどの連合軍に滅ぼされるのは紀元前 612 年であるから，ナホムは前 612 年の直前に *預言の言葉を語ったと思われる．事実，アッシリアは前 630 年頃から，特にアッシュルバニパル王の死後，急速に弱体化し，前 625 年頃には版図を狭め，昔日の面影がないほどに弱っている．一方，南 *ユダ王国では，アッシリアの衰退に乗じて，*ヨシヤ王は前 622 年にアッシリアの神々などを神殿から排除する祭儀改革（申命記改革，→ 申命記）を行い，さらにアッシリアが支配していた北 *イスラエル領を取り戻し，北へと支配を広げていたが，このような政治的潮流はアッシリアの滅亡を説くナホム書と無縁ではないであろう．このような事情を考慮するなら，ナホムは前 610 年代の中頃に活動しているとみるのが最も自然であろう．

前 610 年代にはすでに *エレミヤも預言活動を行っているが，両者の預言内容を比べると大きな違いがある．エレミヤはイスラエルとユダの罪深さを指摘し，その滅びを予告するが，ナホムは彼らの罪に触れることは一度もなく，アッシリアの崩壊を説くことに専念している．このようなことから，ナホムを偏狭な愛国主義者とみる人もいる．しかし，ユダの罪に触れることがないのは事実であるが，同時にまた，ユダを手放しで賛美する言葉も全くない．むしろ，歴史の潮流のなかでナホムが聞き取った神の介入を述べることに集中している．今，神は歴史に介入しようとしているのであり，それはアッシリアの滅びとイスラエルの誇りの回復として現実になる．ナホムの言葉は神がアッシリアを滅ぼすという局面だけに限定されている，とみるのが公平な見方だと思われる．いずれにしても，ナホムの活動期間は短いものであったに違いない．
【文献】ABD 4: 998-1000.

（雨宮慧）

ナポリ　Napoli　イタリア南部カンペーニア州の州都およびナポリ県の県都．ティレニア海に面した港湾都市．面積 117 km², 人口 105 万 4,601 人（1996 年現在）．*ローマ，*ミラノに次ぐイタリア第三の都市．東方にはヴェズーヴィオ火山があり，紀元 79 年の噴火によって灰に埋もれたポンペイ（Pompei），ヘルクラネウム（Herculaneum, 現エルコラーノ Ercolano）は発掘されて以来，現在も多くの観光客でにぎわっている．
【歴史】古くはパルテノペ（Parthenope）と呼ばれていたが，前 7 世紀にギリシア人の植民市となり，Neapolis（新都市）と名づけられた．*ローマ帝国時代には，イタリアにおけるギリシア文化の中心地であり，皇帝や富裕階級の人々の保養地として愛された．東ゴート（→ 東ゴート人）に征服され，*ビザンティン帝国，*ノルマン人，フランス，スペイン，オーストリアなどの他国の支配を繰り返し受けながら，波乱の歴史をたどった．ナポリ王国および *シチリア王国の首都が置かれ，南イタリアで中心的な役割を果たした．1860 年に *ガリバルディにより征服され，後にイタリア王国に編入された．

カトリック教会としては大司教区で，アチェラ（Acerra），イスキア（Ischia），ノーラ（Nola），ポッツオーリ（Pozzuoli）の四つの属司教区をもつ．キリスト教の伝来時期を示すものは *カタコンベのみであり，2 世紀頃と思われる．ナポリの *守護の聖人である *ヤヌアリウスはベネヴェント（Benevento）の司教であったが，*ディオクレティアヌス帝時代の迫害によって殉教した．彼の凝固した血が入った瓶が今日まで保存されており，年に

数回決まった日に溶け出すといわれている．修道院は5世紀初頭からみられるようになった．1254年には教皇*インノケンティウス4世の死によって*アレクサンデル4世が，1294年には*ケレスティヌス5世の退位を受けて，*ボニファティウス8世がこの地において選出された．*教会大分裂のときにはアンジュー家の支配下で*対立教皇を支持した．*枢機卿や*大司教など数多くの*高位聖職者を輩出したカラッチョロ家 (L. *カラッチョロ等の生家) およびカラッファ家(*パウルス4世の生家) はナポリの古くからの名門貴族である．1998年末現在の大司教区の人口160万人，うち信徒数159万2,235人，小教区287．
【文献】AnPont (2000) 514; LThK² 7: 856-59; NCE 10: 208-209; V. GLEIJESES, La storia di Napoli (Napoli 1990). (秋山有紀)

ナポリがくは　ナポリ楽派　〔英〕Neapolitan school, 〔独〕neapolitanische Schule, 〔仏〕école napolitaine　17世紀後半から18世紀にかけて*ナポリを中心に活躍したオペラ作曲家たちの総称．プロヴェンツァーレ (Francesco Provenzale, 1627頃-1704), A. *スカルラッティ，ポルポラ (Nicola Porpora, 1686-1768), *ドゥランテ，ヴィンチ (Leonardo Vinci, 1690/96頃-1730), レオ (Leonardo Leo, 1694-1744), *ハッセ(独), *ペルゴレージ，ヨンメリ (Nicolò Jommeli, 1714-74), ピッチンニ (Nicola Piccinni, 1728-1800), パイジェロ (Giovanni Paisiello, 1740-1816), *チマローザらがこれに属し，その様式は，ヨーロッパに広く影響を与えた．*ヴェネツィアの*オペラを受け継いだ彼らは，*レチタティーヴォからアリアを分離し，アリアでは独唱の技巧を発揮しつつ情念の表現を目指した．その最も完成された形態は，1720年代から世紀半ばにかけて*メタスタジオの台本によって書かれたオペラ・セリアにみられる．*カストラート芸術の頂点が築かれたのも，彼らのオペラにおいてである．こうしてオペラ風の書法は*教会音楽にも導入され，アリア風の独唱を合唱にはさんでいく「ナポリ風」*ミサ曲や，独唱中心の*モテット，*オラトリオが生み出された． (礒山雅)

ナポリだいがく　ナポリ大学　Università di Napoli　イタリア南部最古の大学で，1224年に神聖ローマ皇帝*フリードリヒ2世により創立される．世俗君主が創立した大学としてはヨーロッパ最古で，当初はイタリア南部を包含するシチリア王国のために君主に忠実な官吏・法律家を養成することが主目的であった．アンジュー家のシャルル (Charles d'Anjou, 1220-85), アラゴン家のアルフォンソ(ナポリ王としてはアルフォンソ1世 Alfonso I, 在位1443-58)など，統治者の変遷につれて抑圧と復興の歴史を繰り返すが，18世紀には*啓蒙思想の拠点の一つとして隆盛を誇る．1860年の国家統一とともに国立大学として，文芸批評家で文部大臣のデ・サンクティス (Francesco De Sanctis) の指導のもと再編成された．*トマス・アクイナスは*パリ大学で学ぶ前の1239年に在籍し，そのほか卒業生には*ヴィーコ，*ガリアーニ，*ジェノヴェーシなどがいる． (G. デサンティス)

ナボルとフェリクス　Nabor, Félix　(?-303. 7. 12)　聖人(祝日7月12日)，殉教者．伝承によればアフリカ出身の軍人であったが，キリスト教徒となるに及んで，*マクシミアヌス帝による303年の迫害でローディ (Lodi) で処刑された．ミラノの司教*マテルヌスによって遺体は*ミラノに移され，彼らを記念した*バシリカが建造されたが，その堂内で1世紀の殉教者である*ゲルウァシウスとプロタシウスの遺体が386年に発見されるまでは，*アンブロシオ聖歌にあるようにミラノにおける最初期の*殉教者として考えられていた．1959年にベルギーのナミュール (Namur) で二人の頭蓋骨が再発見され，ミラノ大司教モンティーニ(後の教皇*パウルス6世)に返された．1960年8月に遺骨の返還を祝ってミラノとローディで記念ミサが捧げられた．
【文献】BSS 9: 689-93; Cath. 9: 981-92; LThK² 7: 755; B. NÖEL, ed., Dictionnaire historique des saints (Paris 1964) 281. (富田裕)

ナポレオン3世　Napoléon III, Charles Louis Napoléon Bonaparte　(1808. 4. 20-1873. 1. 9)　フランス皇帝(在位1852-70)．オランダ王ルイ・ボナパルト (Louis Bonaparte, 在位1806-10) の子，皇帝ナポレオン1世(*ナポレオン・ボナパルト)の甥．*パリに生まれ，亡命先のイギリスのチズルハースト (Chislehurst) で没す．1815年ナポレオン1世の失脚と王政復古の後，イギリス，アメリカなどに亡命．ボナパルト家正統の継承者として帝政の復興を計り，1836-40年に2度にわたる七月王政に対する陰謀に失敗するが，ボナパルティズムを背景に1848年の二月革命に際し帰国．立憲議会議員，さらに同年12月に大統領に選出され，1851年のクーデター成功を経て翌年2月ナポレオン3世と称して帝位に就き，第2帝政を開始する．パリの都市改造をはじめ，産業革命の推進，農業の振興，保証制度や慈善事業の充実に力を注ぎ，市民および労働者階級の支持を得るほか，公教育への進出などにカトリック教会を優遇した彼は，特に*ローマを追放された教皇*ピウス9世を保護したことからも信者および聖職者から歓迎され，教会との緊密な結びつきをもつ．1855年よりクリミア戦争に介入しロシアを抑えたが，1859年のイタリア統一戦争(→イタリア統一運動)に際しイタリアに援軍を派遣したため，国内のカトリック勢力と対立．1864年九月協定を結び軍を撤退させたものの，1863-67年のメキシコ遠征，1870年対プロイセン戦争と対外的な失敗が続き，退位．第2帝政は崩壊に至った．
【文献】カ大 3: 830-31; キ人 1012; Cath. 9: 1027-33; NCE 10: 213-14. (森本由子)

ナポレオン・ボナパルト　Napoléon Bonaparte　(1769. 8. 15-1821. 5. 5)　フランスの皇帝(在位1804-14, 1815)．ボナパルト家の第2子として*コルシカ島のアジャクシオ (Ajaccio) で誕生．1778年12月にフランスのブリエンヌ (Brienne) の幼年学校給費生になる．孤独のなかで勉強に打ち込み，1785年10月にヴァランス (Valence) の連隊に入隊．孤独癖と厭世観から読書と空想にふけり，論文や小説を書き自殺も思う文学青年だった．この将校が1793年のトゥーロン (Toulon) 砲撃で頭角を現し，1796-97年のイタリア遠征でその名をとどろかす．1798年エジプト遠征．1799年11月9日のクーデターで執政政府を樹立，第1執政となる．1804年5月18日に皇帝位に就き，軍事独裁の道を歩む．幾多の戦争の後，12月6日ロシアに遠征するが大敗走．1814年3月31連合軍パリ入城．エルバ島に渡り，脱出し百日天下をとるが，1815年6月18日にワーテル

ロー（Waterloo）で決定的に敗北．8月7日にセント・ヘレナ島へ流刑．同島にて死去．

1801年7月15日に教皇 *ピウス7世と *政教条約を結び，1804年12月2日にパリのノートルダム寺院で *聖別を受けるが，それは彼が敬虔なカトリック教徒だったからではない．現実主義者・経験主義者の彼は，人心の掌握と社会の安寧のための宗教の必要性を熟知しており，統治安定の具として宗教を利用したにすぎない．

ナポレオンの評価は大きく割れるが，このフランスのカトリックへの回帰，立法・行政・司法ならびに学問・文化等への彼の及ぼした影響は，広範にして絶大である．
【文献】井上幸治『ナポレオン』（岩波書店1957）；西川長夫『フランスの近代とボナパルティズム』（岩波書店1984）；J. TULARD, *Dictionnaire Napoléon* (Paris 1987).

（瀧川好庸）

なまぬるさ　〔ラ〕tepiditas，〔英〕tepidity，〔独〕Lauheit，〔仏〕tiédeur　陽春の冷たくも暖かくもない自然の趣でなまぬるい風・水のイメージで語り表される *霊的生活の微温な心の状態．自己の *救い，神と人への奉仕，福音的 *完徳への道にあって前進しようと努めない，柔弱な態度，不決断，不実行，不熱心をいう．
【聖書】「わたしはあなたの行いを知っている．……熱くも冷たくもなく，なまぬるい」（〔ギ〕Chliaros,〔ラ〕tepidus, 黙 3: 15-16）．聖書におけるなまぬるさの概念は怠惰（→アケディア），怠け者（出 5: 8; 箴 6: 6; マタ 25: 26; 2 テサ 3: 6-7）を意味する．このようななまぬるさの人に対し，イエスは厳しく迫る．「わたしについて来たい者は，自分を捨て，自分の十字架を背負って，わたしに従いなさい」（マタ 16: 24）．
【霊性神学】教会の *霊性の伝統に従って，人は皆「霊的 *慰め」(consolatio spiritualis) と「霊的すさみ」(disolatio spiritualis) を体験する．特に *霊魂が神への *信仰・*希望・*愛に無感動となる霊的すさみの状態のときこそ，怠惰になる，微温に流れる，悲嘆に沈む生活を克服すべきである．霊魂がすさみになる主要原因の一つは，その人自身が霊的生活においてなまぬるい状態にあり，怠惰で不熱心だからである．己のなまぬるさのために，霊的慰めが，その人から離れ去っていくのである．
【文献】DSp 3: 631-45; 十字架の聖ヨハネ『カルメル山登攀』奥村一郎訳（ドン・ボスコ社 1989）; O. ZIMMERMANN, *Lehrbuch der Aszetik* (Freiburg 1929).

（鈴木宣明）

なみだのたまもの　涙の賜物　〔ラ〕donum lacrimarum,〔英〕gift of tears,〔独〕Gabe der Tränen,〔仏〕don des larmes　*愛と *聖性の高い段階に達した人に特有な心理的状態で，泣く人の至福（マタ 5: 4）に連なっていく賜物．イエスが，神の救いの *恩恵を拒絶した *エルサレムのために泣いたように（ルカ 19: 41），この賜物を受ける人は，*罪が神の善良さを侮辱すること，特にその恵みを拒絶することに心を痛めながら泣く．真の涙の賜物は，ヒステリックで感傷的なものではない．また *霊性の進歩のために必ずしも必要な現象ではない．涙の賜物は，心の目を清め，人間存在を照らし出すことを望む，神よりの光を，*ゆるしの確かな *希望のうちによりよくみえるようにするものである．
【文献】イエズスの聖テレジア『霊魂の城』東京女子カルメル会訳（ドン・ボスコ社 1984 *1991）: SANTA TERESA DE JESUS, *Castillo interior o las moradas* (Barcelona 1972).

（中川博道）

ナミビア　正式国名：ナミビア共和国，〔英〕Republic of Namibia. 面積：82万4,292 km². 人口：158万人（1996年現在）．言語：英語（公用語），アフリカーンス語，バントゥー諸語．宗教：キリスト教（80%），民族固有の宗教．

【概要】アフリカ南西部に位置するこの国は，海岸沿いに延びるナミブ砂漠にちなんで名づけられている．長い間，隣国 *アンゴラと同様，政治的・軍事的対立が支配していたが，1989年の終わりに新しい国会議員が選出され *南アフリカ共和国の軍隊が撤退し，1990年3月，独立を果たした．最初の選挙で勝利を収めたのは南西アフリカ人民機構 SWAPO (South West Africa People's Organisation) で，何十年もの間，独立のための闘いを指揮してきた組織である．指導者サム・ヌジョマ (Sam Nusoma, 1929–) は融和政治を宣言したが，それはこの国の多様な民族事情から必要なことであった．アフリカーンス語，英語，ドイツ語を話す白人（約10%）のほか，多様な言語をもつ24の部族やさまざまな混血の人々がいるからである．

【キリスト教の歴史】1485年に，すでにポルトガル人がこの土地の沿岸部に到来していたが，宣教が本来の目的ではなかった．1805年にプロテスタントのロンドン伝道協会 (London Missionary Society) の南西アフリカ伝道が始まり，コイ族などこの地の部族が初めてキリスト教に出会った．ロンドン伝道協会は，1842年にドイツ・*ルター教会のライン伝道協会 (Rheinische Missionsgesellschaft) をこの土地に呼び，1870年には，フィンランドのルター教会の宣教師も到来した．ドイツ植民局が南西アフリカ植民地に対してカトリック教会の宣教を許可したのは後のことである．南西アフリカは，ポルトガル領アンゴラの *知牧区シンベバシア (Cimbebasia) に属していた．1896年にドイツの *オブレート会の宣教

師が到来し，ウィントフーク（Windhoek）をはじめ，特にアンゴラとの国境で宣教活動を行った．後には，*フランソア・ド・サル奉献修道会の宣教師も到来し，ケートマンスフープ（Keetmanshoop）で活動した．1926年，ウィントフーク代牧区創設．ナミビアのカトリック教会は学校や病院の経営によって国の発展に充分に寄与するとともに，南アフリカのアパルトヘイトには絶えず反対の態度を表明してきた．1994年，ウィントフーク大司教区の創設とともに位階組織が成立した．
【現勢】1994年現在，カトリック信者数：26万7,000．大司教区：1．司教区：1．使徒座代理区（代牧区）：1．小教区：67．教区司祭：7．修道司祭：65．終身助祭：36．信徒修道士：34．修道女：304．
【文献】世キ百 598-601; LThK³ 7: 632; WCE² 1: 521-24; *Catholic Almanac 1997* (Huntington, Ind. 1996) 354. (W. ホフマン)

ナミュール・ノートルダムしゅうどうじょかい
ナミュール・ノートルダム修道女会 〔仏〕Sœurs de Notre-Dame de Namur, 〔英〕Sisters of Notre Dame de Namur, 〔略号〕S.N.D.　女子修道会．

1804年，*ジュリー・ビリヤールによって，貧しい子女にキリスト教教育を施すことを目的として，フランスの *アミアンに創立された．1809年ベルギーのナミュール（Namur）に移転する．創立者が，病苦や迫害等の苦難の多い一生を通じて絶えず口にした「善き神のいかに善きことよ」を会の精神とし，すべてに神の計らいと慈しみをみる「単純さ」（Simplicity）を会の特徴としている．教皇庁直轄の修道会．

日本には，広島教区長 *デーリングの招請により1924年（大正13）に6名の宣教師が北米から来日し，岡山市において清心高等女学校の運営を継承した．以後，広島，倉敷，新潟に，幼・小・中・高・短大・大学の計10校を設置して今日に至っている（→ ノートルダム清心女子大学）．教区の仕事に携わる会員も多く，外国宣教としては2名がアフリカのジンバブエに，1名が南米のボリビアに派遣されている．
【現勢】1998年現在，会員数：約2,200名．活動地域：ヨーロッパ，南米，北米，アフリカ，日本．総本部：ローマ．在日会員数：60名．日本管区本部：東京．
【文献】日キ歴 1004; AnPont (1999) 1620; DIP 6: 345-47; NCE 10: 529-30. (渡辺和子)

ナルキッスス〔ジェローナの〕 **Narcissus**
（4世紀初頭）　ジェローナ（Gerona）の司教．聖人としての崇敬は現在はないが，「アウグスブルクの使徒」といわれる．ローマ皇帝 *ディオクレティアヌスの時代のアウグスブルクの *アフラの回心記で言及されているが，歴史的な信憑性は少ない．それによると助祭であるジェローナのフェリクス（Felix）とともに *アウグスブルクを訪れ，アフラに *洗礼を授け，彼女の叔父ディオニュシウス（Dionysius）を同地初の司教に叙階した．9か月後にジェローナに戻り，その3年後にフェリクスとともに殉教したといわれる．
【文献】LThK² 7: 791-92; LThK³ 7: 638. (久野暁子)

ナルキッソス〔エルサレムの〕 **Narcissos**
（?-212以降）　聖人（祝日10月29日），エルサレムの司教（在職180/92以降）．195年にパレスチナで開かれた *教会会議を主催し，*復活祭論争におけるローマの立場を支持した．一時荒野に退いたが，*エルサレムに戻って再び司教になり，晩年にはエルサレムの *アレクサンドロスを *協働司教にした．
【文献】BSS 9: 719-21; LThK² 7: 792. (久野暁子)

ナルシェヴィチ **Naruszewicz, Adam Stanisław**
（1733.10.20-1796.7.8）　ポーランドの詩人，歴史家，翻訳家．ピンスク（Pinsk）近郊に生まれる．1748年に *イエズス会入会．スタニスワフ・アウグスト王（Stanisław August, 在位1764-95）の側近として，啓蒙精神（→ 啓蒙思想）に基づいた社会改革・文化事業に貢献する．1773年イエズス会の解散後も国王の庇護を受け続け，1788年にはスモレンスク（Smolensk）の *司教となった．現在のポーランド南西部ルブリンのヤーノ・ポドラスキー（Janów Podlaski）にて死去．
【文献】J. Krzyzanowski, et al., eds., *Literatura polska: przewodnik encyklopedyczny*, v. 2 (Warszawa 1985) 14. (沼野充義)

ナルセス〔ニシビスの〕 **Narses**
（399-502）　ペルシアの *ネストリオス派の神学者，詩人．*エフェソス公会議後，ネストリオス派の大多数は *エデッサへ逃れ，後に皇帝の迫害のため *ニシビスに移動した．教師だったナルセスも共に移動し，司教 *バルスマスの要請により，以後200年以上にわたりペルシアのネストリオス派神学の中心的存在になる神学校を設立し，約40年間，そこで教え続けた．コンスタンティノポリスの *ネストリオスの神学に基づき，特にモプスエスティアの *テオドロスの聖書注解を基礎にして，膨大な旧約聖書注解を書いたといわれるが，現存していない．彼の著作のなかでは，*シリア典礼の歴史を知るために価値ある *賛美歌が現存している．そのため彼は「聖霊の琴」と呼ばれていた．
【文献】キ人1013; DThC 11: 26-30; LThK² 7: 794-95; RGG³ 4: 1308. (英隆一朗)

ナルテクス 〔英〕narthex, galilee, 〔独〕Narthex, Vorhalle, 〔仏〕narthex
玄関間．教会堂の正面入り口の間．壁で囲われており，外気に対して閉鎖された空間である．吹き放しのものはポーチと呼ばれ，厳密には区別される．一般に幅に対して奥行きは小さい．この形式の配置は，初期キリスト教時代に遡り，本来，*洗礼志願者と悔悛者にあてられた場所であった．*洗礼をいまだ受けていない者は，*信徒とともに教会内部に入り *ミサに参加することが許可されていなかったためである．
【文献】新潮美術辞典1079; 馬杉宗弘『大聖堂のコスモロジー』（講談社1992）． (守山実花)

ナルド **Nardos** 〔ヘ〕nērd
ヒマラヤ原産のオミナエシ科に属する植物（〔ラ〕Nardostachys Jatamansi D. C.）．甘松香ともいう．高さ70cmほどで，この根を原料に極めて高価な「ナルドの香油」が作られる．旧約では *雅歌において歌われ（1:12; 4:13-14），新約では *ベタニアで一人の女がイエスの頭に注いだのがこの香油である（マコ14:3; ヨハ12:3. ヨハネ福音書ではこの女はマリアとされる）．葬送の際にも用いられた．
【文献】NBL 2: 899-900. (金井美彦)

なんいせいかい　南緯聖会
日本におけるカトリック教会の南緯代牧区のこと．幕末に *宣教が再開さ

ナンキン

れた日本のカトリック教会には，1846年(弘化3)日本代牧区が設置された．その後，教勢の発展とともに1876年(明治9)5月22日，南緯と北緯(→北緯聖会)の二つの *代牧区に分けられ，南緯は近畿以西を管轄し，従来通り，司教 *プティジャンが司牧を統括し，*長崎に *司教座を置いたが，関西地方における宣教の重要性を考え，1880年までに一時大阪に司教座を移したことがあった．1888年3月20日，関西地方が独立し，大阪に司教座を置く中部代牧区が設置されると，南緯代牧区は，九州のみを管轄することになり，さらに1891年6月15日，日本に教会 *位階制が実施され，四つの各代牧区は *司教区に昇格し，南緯代牧区は長崎司教区(現 *長崎大司教区)となった．　　　　　　(尾原悟)

ナンキン　南京　Nánjīng　中国江蘇省南西部に位置する都市．古くから江南の一大中心地であった．1599年マテオ・*リッチがこの地に宣教の拠点を築き，1611年には *イエズス会の会員 *ヴァニョーニによって教会が建設された．順調に信徒数を増やしていったが，まもなく，迫害に遭う．1660年 *代牧区となる．中国人初のカトリック司祭である *羅文藻が南京の *代牧に就任することに決定したが，就任前に没した．1690年 *ゴアの属司教区として *司教区に昇格(1856-1946年一時代牧区に戻る)．1853-65年，太平天国の乱の際，*洪秀全の率いる軍がこの地を占拠して天京と改称した．また1912年中華民国の臨時政府がこの地で成立，1927年以降首都となる．日中戦争(1937-45)では，カトリック教会やカトリック系教育施設が大きな被害を受けた．【文献】カ大2: 498; NCE 10: 206.　　(高橋佳代子)

なんざんだいがく　南山大学　名古屋に設立されているカトリック文系総合大学．同大学を擁する南山学園は *神言修道会を設立母体とし，キリスト教精神を建学の理念として，Hominis Dignitati(人間の尊厳のために)というモットーを掲げる．1995年(平成7)には *聖霊奉侍布教修道女会を設立母体とする名古屋聖霊学園と法人合併を行い，現在の南山学園に至っている．

それぞれの学園の設立母体となっている神言修道会と聖霊奉侍布教修道女会の創立者は，共に A. *ヤンセンであり，師は *学校教育を通して福音宣教することの重要性を強調していた．日本での学校開設は聖霊奉侍布教修道女会のほうが早く，1908年(明治41)に秋田市に幼稚園を設立し，翌年に女子職業学校を設立した．南山学園は，1909年(明治42)に宣教師として来日した J. *ライネルスによって1932年(昭和7)に創立され，「人間の尊厳のために」を建学の理念として数多くの学園関係者が結集し今日に至った．

南山大学では，この理念のもと，(1) 学究的探求の精神，(2) キリスト教精神に基づく価値志向，(3) 普遍的価値を希求する国際性の涵養，(4) 地域社会への奉仕，という四つの教育信条を達成することを目標としてきた．1949年(昭和24)に文学部のみで出発した南山大学は，その後学部および大学院を増設し，現在では5学部15学科および大学院の5研究科10専攻をもつ文系総合大学へと発展してきている．

1996年現在，学部は文学部(神学科・哲学科・人類学科・教育学科・英語学英文学科・仏語学仏文学科・独語学独文学科・国語学国文学科)，外国語学部(英米科・イスパニヤ科・日本語学科)，経済学部(経済学科)，経営学部(経営学科・情報管理学科)，法学部(法律学科)を擁し，また大学院は文学研究科(神学専攻・文化人類学専攻・英文学専攻・仏文学専攻・独文学専攻の各博士課程)，外国語学研究科(英語教育専攻・日本語教育専攻の各修士課程)，経済学研究科(経済学専攻博士課程)，経営学研究科(経営学専攻博士課程)，法学研究科(法学専攻修士課程)を擁している．さらに附属研究機関として人類学研究所・宗教文化研究所・社会倫理研究所の3研究所のほか，アメリカ研究センター・ラテンアメリカ研究センター・オーストラリア研究センター・ヨーロッパ研究センターの4地域研究センター，そして経営研究センターがあり，活発な活動をしている．

南山大学の特色の一つは活発な国際交流にあり，国際交流協定を結ぶ33大学ほか世界各地の大学に毎年100名前後の学部生を短期留学生として送り，同時に世界各地から150名以上の留学生を外国人留学生別科(日本研究センター)に受け入れている．外国人留学生別科では，外国人留学生を対象に日本語および日本文化の教育を20年以上にわたり提供してきた．このほか，毎年学部に50名以上の，大学院には10名以上の外国人留学生が学んでいる．　　　　　　(H.J. マルクス)

なんじ　汝　→　我と汝

なんどがみ　納戸神　元来は納戸に祀られる神のことであるが，*かくれキリシタンの場合は，お掛絵(軸物)といわれる *聖母子像などを御番役の家の納戸に隠し，*崇敬の対象とした．主に長崎県 *平戸の一部と *生月にみられる．納戸神には，ほかにキリシタン時代から伝承のメダイ類(→メダイユ)もある．

生月の納戸神『聖母子と二聖人』

【文献】片岡弥吉『かくれキリシタン』(日本放送出版協会 1967). (尾原悟)

ナントちょくれい　ナント勅令　Edit de Nantes

*アンリ4世が1598年4月13日に発した, *改革派に宗教上の*自由を認めた勅令で,「ナント王令」ともいう. 92箇条の一般条項と56箇条の特別条項および3箇条のブレヴェ (brevet 勅許状) からなる. ブレヴェでは, 第1条で改革派の聖職者と教会への支援金, 第2条で城塞都市の守備隊の維持費, 第3条で*ユグノー教徒の指導者への分配金が規定された. カトリックは, 以前存在していたところで再建され, 改革派による礼拝への干渉は禁止された. 改革派には, *信教の自由と, *パリ (および幾つかの司教都市) を除くほぼフランス全土での公的礼拝が認められた. カトリックとユグノー教徒との間の係争を調停する特別裁判所も高等法院内に組織された. ユグノー教徒には, 200か所を超える安全保障地域 (place de sûreté) が当初8年間認められた. これは1611年に更新され1624年まで延長されたが, 1610年のアンリ4世の暗殺後は遵守されなかった. ラ・ロッシェル (La Rochelle) の陥落後, *ルイ13世は, アレの勅令 (Edit d'Alais, 1629) で改革派の政治的諸特権を奪った. *ルイ14世は, 1685年10月18日にナント勅令を廃止し, フランスの商業を担っていた40万人以上のユグノー教徒がイギリス, プロイセン, オランダ, アメリカ合衆国に逃れた.

【文献】J. FAUREY, L'Edit de Nantes et la question de la tolérance (Paris 1929). (宮岡孝尚)

なんばらしげる　南原繁　(1889. 9. 5–1974. 5. 19)

政治学者. 香川県出身. 1914年(大正3)東京帝国大学卒業. 内務省を経て, 1921年東京帝国大学助教授, 1925年教授. 戦後, 東京大学総長(1945–51), 日本政治学会初代理事長(1948–60), 日本学士院長(1970–74)を歴任. *新カント学派の理論枠組みを批判的に摂取し, J. G. *フィヒテの研究(『フィヒテの政治哲学』1959)とヨーロッパ精神史の解明(『国家と宗教』1942)に努め, *ナチズムを原理的に批判した. *新渡戸稲造, *内村鑑三の影響を受けた. 歌集『形相』(1948)は, ヒューマニズムと*福音主義に貫かれた精神の告白録である. 戦後復興期には, 日本の進むべき方向について, 多くの指針を示し, 学術・教育・文化の再建に貢献した.

【著作】『南原繁著作集』全10巻(岩波書店 1972–73).
【文献】丸山真男, 福田歓一編『回想の南原繁』(岩波書店 1975); 福田歓一編『南原繁書簡集』(岩波書店 1987); 丸山真男, 福田歓一編『聞き書南原繁回顧録』(東京大学出版会 1989). (杉田孝夫)

なんばん　南蛮

元来中国の中華思想に基づく四囲の異民族に対する蔑称の一つである. 我が国では, 南蛮の賊徒が九州各地で略奪を働いたことを記す『日本紀略』の997年(長徳3)11月1日の条に現れるのを嚆矢とし, その後は中世を通じて薩南諸島からスマトラ, ジャワなど東南アジアの諸地方を指す呼称として用いられた. 1543年(天文12)にポルトガル人が渡来すると, 彼らを「南蛮人」と呼び, その後, *宣教師や商人の往来が盛んになると, 彼らが*ゴアや*マカオ, ルソン (Luzon) などを経由して渡来したこともあって, 南蛮人と呼び, 彼らの国を南蛮と指すようになった. 江戸時代になって, オランダ人やイギリス人が渡来すると, 彼らを紅毛人と呼んで, 南蛮人とは区別し, 南蛮はポルトガル, スペイン, イタリアの南欧を指した.

【文献】森克己「欧舶来航以前の所謂『南蛮』」『中央大学文学部紀要・史学科』7 (1961) 37–50. (尾原悟)

なんばんがくとう　南蛮学統

キリシタン時代に宣教師らによって伝えられた西欧科学の受容とその影響によって生じた南蛮流の諸学術を, 後の蘭学に対して南蛮学という. 海老澤有道が1958年(昭和33)に『南蛮学統の研究』を刊行したことから「南蛮学統」という呼称が定着した. 西欧の学術・知識の吸収と研究は, 禁教と鎖国政策, それに伴う迫害と弾圧とにより消滅したかに捉えられることがあるが, 天文学, 暦学, 地理学, 医学などが命脈を保ち, 加えて, *寛永禁書令によって制限されていたにもかかわらず流入した中国天主教系の漢籍などによって知見を広げ, *鎖国が続いている間にも発展し, 蘭学発展の下地的役割を果たすとともに, 人間観や世界観の新しい展開をもたらした.

【文献】海老澤有道『南蛮学統の研究』(創文社 1958 ²1978). (尾原悟)

なんばんじ　南蛮寺

キリシタン時代の教会の俗称であるが, 一般には, *都(京都)にあった教会を指して用いられる. 教会を*キリシタンの間ではラテン語でエケレジヤ (ecclesia) と呼んだが, 日本で最初の教会となった*山口の*大道寺, *平戸の天門寺など寺と称した例が多数ある. 京都の南蛮寺は, 四条坊門通室町姥柳町に建立された和風の三階建で, 『洛中洛外名所扇面図』に「なんばんだうの図」と描かれているほど評判が高かったが, 1587年(天正15)の*伴天連追放令に伴い破壊された. その後, 慶長期に再興された南蛮寺は*都のアカデミアとも呼ばれ, *林羅山が訪れて日本人*イルマンの*ファビアンと論争を繰り広げたことが知られている. (尾原悟)

なんばんじこうはいき　『南蛮寺興廃記』

江戸時代の読本的*排耶書. 著者・成立年代共に不詳. ただし末尾に『切支丹根元記』を抄録し, 南蛮・キリシタン国の地理は西川如見(1648–1724)の説に依拠したなどと記す. 如見の『華夷通商考』(初版 1695, 増訂版 1708)を参照したことは確かで, 1700年以降に作成されたと推定されている. 内容は, 永禄年間のウルガン(*オルガンティーノか)の来日と上洛に始まり, *織田信長の*南蛮寺建立支援, *豊臣秀吉の禁圧, 江戸初期のキリシタン政策と*島原の乱などを略述. 本文中でキリシタン教義にも言及するが, 安土その他の宗論で破斥されたと伝える. 実録の体裁をとるが, 幽霊などを興味本位に登場させており, キリシタン宗門に対する魔術・妖術観を培った. 写本は九州大学などで所蔵. 1868年(慶応4)攘夷の視点から浄土宗の僧・養鸕徹定(1814–91)が杞憂道人の名で同書を翻刻し, 明治初期の人々に反耶蘇, 排耶蘇を訴えた.

【文献】近藤瓶城, 近藤圭蔵編『改定史籍集覧』12 (1902; 臨川書店 1984); 『日本歴史文庫』6 (集英館 1912); 『吉利支丹文庫』2 (警醒社 1926); 鷲尾順敬編『日本思想闘諍史料』10 (1931; 名著刊行会 1969); 海老澤有道「排耶書の読本的展開」『切支丹史の研究』(1942; 新人物往来社 1971); 同訳『南蛮寺興廃記・邪教大意・妙貞問答・破提宇子』東洋文庫 14 (平凡社 1964). (清水紘一)

なんばんじものがたり 『南蛮寺物語』　江戸時代の読本的 *排耶書．著者・成立年代共に不詳．内容的には *『南蛮寺興廃記』と共通するところが多く同系統のもの．両書に以下のような相違点もある．(1) 南蛮国・切支丹国・その他の地理的位置づけが曖昧で，西川如見(1648-1724)著作の『華夷通商考』が参照されていないこと．(2) うるがん(*オルガンティーノか)など来日宣教師が空中飛行も自在な魔法使いとされ，著しく興味本位であること．(3) *織田信長のキリシタン保護策は，信長自身がその誤りを認めたと記して信長の仏教弾圧策の非を間接的に指摘していること．(4) *豊臣秀吉の *伴天連追放令に附会し，はくおう居士がはびあん(*ファビアン)を論破し，次いで釈迦の神秘譚を説いたとしてその内容を克明に記していること，などである．キリシタン宗門＝邪法・仏法＝正法の弁証を目的としているが，興味本位に堕し他の排耶書同様，読者にキリシタン宗門を著しく誤認させる著作となった．
【文献】国書刊行会編『文明源流叢書』1 (国書刊行会 1913)；鷲尾順敬編『日本思想闘諍史料』10 (1931；名著刊行会 1969)；海老澤有道「排耶書の読本的展開」『切支丹史の研究』(1942；新人物往来社 1971)；海老澤有道，H. チースリク他校注『キリシタン書・排耶書』日本思想大系 (岩波書店 1970)．　　　　　　　　(清水紘一)

なんばんせいし　南蛮誓詞　きりしたんころび書物．きりしたん転者(→転び)には立帰らない旨を(→立帰り)，一般住民には妄念を起こさない旨を，デウス等の名にかけて誓わせた起請文．キリシタン誓詞([ラ]ju-ramentum)の一つ．1635年(寛永12)京都で始まり各地で多様な体裁のものが作られ，幕末から明治初年まで施行された．神文の範例から，以下の4種に大別される．(1) 1635年11月禁裡を含め京都で実施されたもの．デウス・サンタマリア・諸々のアンジョに起請し，背いた場合は病と地獄の責苦を受けるとする．(2) 1636年8月熊本で実施されたもの．デウス・ヒイリョ・スピリツサントほかに起請し，背いた場合は頓死と地獄の苦患を受けるとする．(3) 1639年5月熊本で案文とされたもの．デウス・キリスト・サンタマリアほかに起請し，背いた場合は病と地獄の責苦を受けるとする．(4) 1635年12月 *豊後で実施されたもの．デウス・キリスト・サンタマリア等のほか日本国中の大小神祇に起請し，背いた場合は地獄に落ち神罰を受けるとする．同形式のものでは，梵天などを付加した事例がある．*絵踏と同様 *キリシタンの嫌がるもので，隠れた信者を検出するために採用され，威力を発揮した．
【文献】岡田章雄「いわゆる南蛮誓詞についての一考察」『基督教史学』4 (1953) 156-68，『岡田章雄著作集』1 (思文閣 1983) 所収；海老澤有道「南蛮誓詞の下限」『日本歴史』146 (1960) 29-35，「南蛮誓詞・絵踏の下限」と改題『維新変革期とキリスト教』(新生社 1968) 所収；同「南蛮誓詞の補足的ノート」『キリスト教史学』37 (1983) 1-13．　　　　　　　　　　　　　　　　(清水紘一)

なんばんせん　南蛮船　広くは東南アジアの諸地方から来航した異国船の通称であるが，一般には，16世紀中頃から来日したポルトガルをはじめとする貿易船を指すことが多い．*コロンブスの西インド諸島到達後，南北大陸に植民地を広げ，さらに西を目指していたスペインは，フィリピンの *マニラに達し，一方，アフリカ大陸南端を回ってインド西海岸に達したポルトガルは *ゴアを根拠地とし，さらに東に進んで中国の *マカオに港を開いて貿易の拠点とし，極東での貿易活動に参入した．南蛮船は，当初はジャンクであったが，やがてナウ(カラック船)，ガレアン(武装した高速船)，ガレウタ(小型の高速船)と変遷し，*南蛮貿易ではガレウタが主流を占め，転じてガレウタが南蛮船を指すようになった．そのため，1639年(寛永16)のポルトガル船の来航を禁止する鎖国令に「かれうた渡海の儀之を停止せられ訖」とある(→ ガレウタ船渡海禁令)．そのほかに，九州平定中の *豊臣秀吉を驚かせたことで有名なフスタ(小型高速の帆船)があった．
【文献】岡本良知『16世紀日欧交通史の研究』(弘文荘 1936)；C. R. BOXER, *The Great Ship from Amacon* (Lisboa 1963).　　　　　　　　　　　　　(尾原悟)

なんばんびょうぶ　南蛮屏風　日本の港におけるスペイン・ポルトガル人，いわゆる南蛮人の上陸や交易を主題に描いた桃山・江戸初期の屏風．イエズス会画派による初期洋風画の屏風を俗に「南蛮屏風」という例を見受けるが，誤りであり，あくまで狩野派など伝統的な画人の作になるものを指す．もっとも「南蛮屏風」は元来略称で，正しくは「南蛮人渡来図屏風」または「南蛮人交易図屏風」と呼ぶこともある．明治末のキリシタン研究の勃興期に存在が注目され始めたが，当時は「葡萄牙人上陸図」と名づけられていた．「南蛮屏風」の名称は，南蛮趣味文芸(→ 南蛮文学)のブームが一般化した，昭和初めの展覧会や文献においてようやく定着した，比較的新しい美術用語といえる．
【美術史上の位置づけ】日本美術史では，桃山時代から江戸初期の近世初期風俗画の重要なテーマの一つを占める意義をもつ．歴史的には16世紀末の欧亜交渉風景を大画面に描いた世界でも極めて珍しい一級資料である．スペイン・ポルトガル人の極東における活躍ぶりや衣装風俗を描いた絵画は，彼らの本国にもほとんど例をみないので，当地での展覧会に出品するたびに必ず人気の中心となっている．またキリシタン史，服飾史の上でも教会建築や *ミサの様子，*宣教師や南蛮人の服装など，克明に描写されたものも多く，貴重な視覚的情報をもたらしている．今日 *リスボンには南蛮屏風専門の複製制作工房があり，現地で「ビョンボ・ナンバン」と呼ばれ，主に輸出用の高級インテリア美術品として親しまれている．

南蛮屏風の元のかたちは六曲一双の対の大構図だが，改装されて四曲や二曲になったり，片双だけ遺ったものもある．絹本は使われず，紙本で伝統的な大和絵の絵の具を用い，背景は金地や金雲をめぐらす絢爛豪華な画面となる．海外に輸出・流出したものを含め70数点が現存しており，近世初期風俗画のなかでも最も多く遺る洛中洛外図屏風と，数量的には並ぶほどである．当時の南蛮文化流行がいかに盛んであったかがよくわかる．多くは近畿地方を中心とした西日本の廻船問屋など海運業を営んだ商家に伝来し，福井や新潟などの日本海側の港町，東北地方から北海道松前にも発見される．ただ太平洋沿岸には伝来していないのが特徴である．いずれにせよ南蛮屏風を愛好した商人の間では，海上の安全や商売繁盛をもたらす，七福神を乗せた宝船のようなめでたい図柄であったことが推測できる．南蛮屏風は純粋に民間で流行した異国趣味の風俗画であり，政治的に贈答用として使用されたイエズス会画派の洋風画屏風が，大名家やその菩提寺で多く発見され，内容に寓意性や教化性をもつ

ことと好対照である．
【画面構成】作者としては狩野内膳(1570-1616)の落款のある神戸市立博物館本や狩野山楽(1559-1635)の様式をもつサントリー美術館本が示す通り，優れた作例は狩野派の手になるもので，以後その他の画派や町絵師が先例を転写，模倣また変形して量産され，流行していったと考えられる．画面構成上3種類に分類できる．第1類は，向かって左隻に，日本の港に停泊して荷揚げをする*南蛮船，右隻には港に上陸して右側の教会(*南蛮寺)に向かって町並みを行進するカピタン一行と，それを出迎える宣教師たちを描く．数量的にはこの第1類が最も多く，伝狩野光信の大阪・南蛮文化館本や御物（宮内庁）本がこれにあたる．第2類は向かって左隻に出航する南蛮船と外国の港町，右隻に第1類の構図をまとめて描く．狩野内膳筆と認められる神戸市立博物館本がその代表的な作品．第3類は右隻は第2類と同じ構図で，左隻に南蛮船のない外国風景（中国風だが明確にどことはいえない空想の異国）を描く．この第3類を代表する狩野山楽系のサントリー美術館本の左隻には，南蛮人男女の集いと，手前に競馬の情景を描き，東京国立博物館本では競馬の人数を増した構図が表される．

これら3類のうちでは制作順序はほとんどなく，同時発生的におのおのの成立をみたとする説，また1，2，3の順に成立したとする説，また第1類が先にでき，2・3類が同時期に分かれた，またその逆に，先にあった2・3類の外国風景を取り除いてできたのが第1類とする説など，さまざまに考えられている．それにしても極めて短期間のうちに大量制作され始めたと思われるため，明確な順序立ては不可能である．

【制作時期】制作時期の上限については，主に3説に分かれる．1591年（天正19）から1593年（文禄2）にかけて*豊臣秀吉が，肥前名護屋城装飾のため狩野光信一門を下向させた史実を重視し，彼ら画人が*長崎で町並みや南蛮人の生活を実際に見て京都に帰り，その記憶や写生，資料をもとに制作を開始したとする説が一つ．それは伝狩野光信の南蛮文化館本を最も古式とし，南蛮屏風全体の起源ともする．もう一つは御物本に描かれた*イエズス会の会員の服装が色彩と模様入りであることに着目し，それは1582年（天正10）に巡察師*ヴァリニャーノが服装はすべて黒と決定する以前の風習であり，御物本の屏風，またはその原型となった屏風は当時に遡れる，とする説．さらには，狩野内膳落款の神戸市立博物館本に描かれている象は，スペイン使節が太閤秀吉に1597年（慶長2）に献呈した黒象「ドン・ペドロ」であり，豊臣家の御用絵師であった内膳がそれをここに写したと考え，制作はそれ以降の数年とする説．またこの神戸市立博物館本よりも古い例は稀少なので，これが粉本の一つとなって後の作品が派生したとする説．どの説も確証材料は完全ではなく，また画中の描写の情報も正確な部分と空想による部分との極端な落差があるため，決定には至らない．とにかく現存する南蛮屏風の代表作例と慶長期の他の風俗画との比較によれば，ほぼ同時期の制作になることは確かであり，南蛮屏風だけが特殊な成立期をもつわけではない．しかし少なくとも16世紀末期には充分成立していたとみるのが現実的である．制作の下限は17世紀半ばのすでに鎖国下に入った作例まであり，一般に南蛮船は非現実的に誇張され，教会内の描写は金雲に隠されるか，そもそも構図の対象外となる．南蛮人の風貌も東洋的に曖昧になって，そのかわり日本の都市庶民風俗だけははっきりと描き出される．つまり末期の南蛮屏風は江戸初期の都市風俗画のうちに解消されていくことになる．なかには19世紀，幕末期から明治初期の回顧的模写作品もある．筆者の知るかぎりでは絹本の小屏風が多いのが特徴であった．もちろん資料的にも贋作に近く問題であるし，美術的価値も乏しい．

近年南蛮屏風の構図，モチーフの原型を探る試みがなされており，狩野派による中国宮廷風俗図や洛中洛外図また室町時代に遡る唐船屏風などが候補にあげられている．しかし明確にそのうちの一つのみが原型であると判断するには無理があり，むしろ実際の視覚体験を含む複数のイメージが屏風に合体したと考えたほうがよい．
【文献】岡本良知，高見澤忠雄『南蛮屏風』（鹿島出版会1970）；坂本満『南蛮屏風』（至文堂1977）；坂本満，G. フラム，井出洋一郎『南蛮風俗』日本屏風絵集成15（講談社1979）；『永徳と障屏画』日本美術全集15（講談社1991）；奥平俊六『洛中洛外図と南蛮屏風』新編名宝日本の美術25（小学館1991）；成澤勝嗣「南蛮屏風の展開」『古美術』101（1992）10-43．　　　（井出洋一郎）

なんばんふうぞく　南蛮風俗　16世紀ポルトガル船の我が国への来航とキリスト教の布教によってもたらされた西欧の風俗文化，およびポルトガル船が南方海域の諸国より運んできた品々により，我が国の衣食住全般に大きな影響を与えた，その習俗文化を南蛮風俗と呼ぶ．衣の方面ではラシャ，猩々緋など毛織物で作られたカッパ，陣羽織，火事装束などがあり，一般に普及した衣類にはジュバン，カルサン，メリヤスなどがある．食の部では牛肉，油，砂糖，香料などを使用して作られたテンプラ，ヒロウズなど南蛮料理があり，オーブンの使用によって作られたカステラ，丸ボウロなどの南蛮菓子がある．家具建築としてテーブル，バンコ（椅子）が使用され漆喰の土間があり洋風を加味した教会建築があった．美術工芸の面ではキリスト教的必需品や西欧のデザインを巧みに取り入れた工芸品（金工，青貝漆器），西欧の風景や世界地図，武人像を油彩風に描いた屏風，障壁画が作られている．1577年（天正5）*フロイスは当時日本人が大いに興味を示しているものとして次の品々をあげている．「南蛮帽子，時計，ビイドロ，眼鏡，コルドバの皮，ビロード，伽羅，沈香，中国製食籠，砂糖菓子……」．
【文献】岡田章雄『南蛮宗俗考』（地人書館1932）；同『キリシタン風俗と南蛮文化』岡田章雄著作集2（思文閣出版1983）．　　　　　　　　　　　（越中哲也）

なんばんぶんか　南蛮文化　→　キリシタン文化

なんばんぶんがく　南蛮文学　→　キリシタン文学

なんばんぶんがく〔たいしょうの〕　南蛮文学〔大正の〕
【概要】吉利支丹文学とも呼ぶ．もっともこの言葉は室町時代末期に*イエズス会の宣教師によって刊行されたキリスト教（カトリック）関係の教義書，修養書(*信心書)，*聖人伝などをはじめ，直接キリスト教に関係のない『伊曽保物語』（*『イソポのハブラス』），*『平家の物語』などをも含めたキリシタン文献の総称としても用いられている（→キリシタン版）．しかし，ここにいう南蛮文学はその意味ではなく，近代文学思潮の一要素として明治40年代(1907-12)に成立した耽美主義の流派に属

なんばんぶんがく〔たいしょうの〕

し，特にキリシタン史あるいはキリシタン文献などを培養土として成立したものを指す．明治40年代にこの思潮の成立を印象づけたのは，主として *北原白秋，*木下杢太郎であるが，彼らはいずれも *上田敏の影響下にあった．したがって南蛮文学の史的展望は上田敏まで遡る必要がある．

【上田敏】上田敏は第一高等中学，東京帝国大学英文科に学び，東大講師，京大教授となったが，一高時代に書いた「春の夕に基督を憶ふ」の「吾等末法の世に生れて人世の帰趣を知らず，恋しき信仰の空を眺めては，徒に理性のつれなきを歎ず．時に諸行の常なきを観てかげろうの命をかなしみ，あるは塵の世の罪にえ堪えで天道の是非を疑う．懐疑又懐疑，底止する所を知らず，手を伸して信仰の実を捉えんとすれば唯に塵埃の一掬を得るのみ．……惜むらくは神人の間昔の如く密ならず，敬慕渇仰の情のみたすに由なければ，去て身を美術の界に投じ，夢幻想像の世に大悟せんとす．花に笑い月に泣く風雅の裏には，宿命の Weltschmerz なしとせんや」という美的憧憬は後年のディレッタントとしての耽美的資質を予告するもので，彼のキリスト教に対する美的姿勢は後に北原白秋，木下杢太郎らから先達として尊敬された．没後出版の『牧羊神』(1920)所収の創作詩「踏絵」一編は南蛮文学開祖としての上田敏の位置を証明するものといってよい．なお上田敏が 1912 年(大正1)，明治7年版の *『聖教日課』の翻刻を行ったことは，以上の事実に関連して記憶に値しよう．

【北原白秋と木下杢太郎】白秋，杢太郎らの南蛮文学に関連して，1907 年(明治 40)夏，与謝野鉄幹(1886-1935)，北原白秋，木下杢太郎，吉井勇(1886-1960)，平野万里(1885-1947)の明星社中が九州の博多，柳川，佐賀，唐津，名護屋，平戸，島原，天草，霧島，阿蘇などを巡遊したこと，特にキリシタン遺跡歴訪がキリシタン趣味を刺激し，南蛮文学熱の導火線になったことが知られている．白秋，杢太郎，勇らは翌 1908 年 1 月に明星を脱退したが，同年12月石井柏亭(1882-1958)，山本鼎(1882-1946)，高村光太郎(1883-1956)などの美術家とともに「パンの会」を起こして，自然主義文学勃興の機運に対して耽美派の勢力を結集し，さらに 1909 年(明治 42)1月には森鷗外(1862-1922)を顧問として雑誌『スバル』を創刊した．このように彼らの活動の舞台ができたことは南蛮文学のよき刺激剤となった．

〔北原白秋〕北原白秋の『邪宗門』(明治 43)は白秋の代表作であるばかりでなく，南蛮文学の代表作の一つである．キリシタンは邪宗，異端として禁圧され，信者は苛酷な迫害を加えられた．それにもかかわらず容易に改宗しようとしなかった信仰の秘密は，神秘・不可思議に憧れる白秋にとって何ものにも代え難い魅力であった．ただ彼は神秘の中身を開いてみようとしたのではなく，神秘そのものに憧れたのである．「ここ過ぎて曲節(ふし)の悩みのむれに，ここ過ぎて官能の愉楽のむれに，ここ過ぎて神経のにがき魔睡に」という「邪宗門扉銘」は，*ダンテの『神曲』地獄編第 3 歌冒頭のパロディであり，『邪宗門』の頽廃の詩情を予告する．白秋はさらに「予が詩を読まんとする人にして，之に理知の闡明を尋ね，幻想なき思想の骨格を求めむとするは謬れり」と読者の関心を方向づけた．その詩風の特質は以下の批評に尽されている．「その基盤と成れるものは官能の開放と想像の恋なる飛躍とであった．斯くして外光と陰影とは，おそらく彼によってはじめて詩に強調されると共に神経のふるえと皮膚の痛みとが印象の重要な構成要素として取り上げられるに至った」．「外光と陰影に対する深い興味は，全身を官能として世界に直面せんとする白秋の態度を，いよいよ向外的ならしめた．加うるに，彼の豊麗にして奔放な想像は，次から次へと聯想を追うて，底止する所を知らなかった．彼の詩が豪奢絢爛たる所以である」(矢野峰人)．ただ，遠心力だけが優れ，求心力を欠いた想像が一編としての完結性には欠ける傾きがあることも見逃せない．それは「邪宗門秘曲」第 1 聯「われは思ふ，末世の邪宗，切支丹でうすの魔法．黒船の加比丹を，紅毛の不可思議国を，色赤きびいどろを，匂鋭きあんじやべいいる，南蛮の棧留縞を，はた，阿剌吉，珍酡の酒を」だけについてもいいうる．「切支丹でうすの魔法」との連想の糸を保っているのは「黒船の加比丹を」までで，そのあとは連想の糸が断たれている．終聯の「いざさらばわれらに賜へ，幻惑の伴天連尊者」の一句によって再び「邪宗門秘曲」の主題に立ち戻るが，その間の天馬空を行くごとき想像は，散漫でトランプのカードを蒔き散らした印象に似ている．このような白秋詩の特色は豊饒の感覚にあるが，その反面，求心性に乏しいことは否めない．

〔木下杢太郎〕杢太郎は白秋とともに耽美派の詩人として知られる．しかし，彼は白秋のように知性を無視して感覚に惑溺する人間ではなく，耽美的欲求の反面にはつねに知性が存在していた．白秋の「世にも奇怪なるはわが友木下杢太郎の若き日の行跡であった．彼はまことに極秘境の憧憬者であり，最も進んだ美の探検者であったが，逆に彼自身は邪宗の法皇に六年の長年月を奉仕して遂に清浄な個の童貞として老いて了った支倉六右衛門の如く，結局謹厳なる浄身の童貞として，彼は彼自らの青春の初期を空にして了った」(「食後の唄」序)という批評は，よく彼の資質を伝えている．彼の南蛮詩の発表はむしろ白秋に一歩先んじていたが，白秋の自由奔放がないのは，新詩形にまだ習熟していなかったためだけでなく，知性の制約が影響していたためであろう．「長崎ぶり」の「袖にのこりし花手拭よ，染めた模様の唐草は，誰がうつり香を，にほひあらせいとう．蘆会，蛮紅花，天南星，平戸，出島の港ぐさ，たはれ乙女の花言葉．いざ赤き実を吸ひたまへ．口はただれて血をはかむ．牛胆，南星，めるくうる．南無波羅葦増雲善主麌」の一編にも，たはれ乙女の誘惑に対する童貞青年の恐れが主題化された点が目をひく．「邪宗僧侶刑罰図を眺むる女」(明治 43)も殉教者の伝記と「毒の如く赤く記されたる異国の淫詩」との間に引き裂かれた自我の苦悩を主題化しているが，「長崎ぶり」のたどたどしさはない．しかし，杢太郎の南蛮文学は戯曲，小説により，その本質の多くを確保しているようである．楽劇「南蛮寺門前」(明治 42)の主題は，キリシタン伝来当時の異端的印象を主にした風俗描写のなかに具象化された「不可思議」への憧憬にある．主人公・長順は失意の結果仏門に入ったが，彼の願いは「彼の『不可思議』，解けがたき命の謎，一たび捨てたる無明煩悩」にあって，仏法の枯寂の教えに甘んじえない．たまたま南蛮寺門内に起こった「沈痛悲壮なるゐおろんちえろのそろ」の楽声とともに出現した「金色燦爛たる不可思議の邪宗礼拝堂の広間」と端厳美麗なる神女の姿を目のあたりにして，昔の恋人・鶴，今の白萩に「あの響ぢや．あの姿ぢや．白萩．あれは其方の昔の姿ぢや．もう今は無い姿ぢや」と叫ぶ．それは杢太郎の耽美主義が，失われた人間の本然の姿に対する郷愁にあることを示唆する．杢太郎はその後も大正・昭和にかけて戯曲，小説を書いているが，耽美

主義の夢はすでに醒めている．戯曲「常長」(昭和3)に登場する旅人の「わたくしも年が四十をくだちました．夢は夢で終らせましょう．わかい時に見た不可思議国の空想は，ただ時々の追憶の料に取っとくだけにしましょう」という言葉が杢太郎自身の感想であることはいうまでもない．ただ杢太郎のキリシタンに対する関心がそれで終わったわけではなく，西側資料に基づく宣教史の研究に努力したことは，上田敏の『聖教日課』翻刻とともに記憶されるべきである．

【芥川龍之介の南蛮物】以上の南蛮文学の伝統を継承して，さらに多彩な発展ぶりを示したのが*芥川龍之介である．芥川龍之介は絶筆「西方の人」の冒頭において，彼が「彼是十年ばかり前に芸術的にクリスト教を愛していた」こと，そういう彼は北原白秋，木下杢太郎の「播いた種をせっせと拾っていた鴉」にほかならなかったこと，さらにその後の彼の関心は「殉教者の心理」に対する「病的な興味」に転じたことを語っている．これは南蛮物が芥川の文学的想像にとって豊かな淵叢であったことを証明したものといってよい．

芥川の南蛮物の初作「煙草と悪魔」(大正5)は，キリシタンの伝来とともに煙草も悪魔も日本に入ってきたという，一種の文明批評に軽い諷刺をこめたものである．次作「緒方了斎覚え書」(大正5)は，病気のためいったん死んだ里という娘が伴天連の加持によって蘇生した事実をみた医師・了斎が「切支丹宗門の邪法たる儀此一事にても分明致す可く」と判断して，その仔細を認めたものという形をとっている．この邪宗認識の根拠に諷刺的興味があるにちがいない．それは「煙草と悪魔」より一歩進んだ文明批評といってよい．この作品の興味は主題にだけあるのではなく，半ばはその内容にふさわしい古風な候文体にあると思われる．しかしそれは芥川の創造ではなく，森鷗外の「興津弥五右衛門の遺書」(大正1)を手本にしたと考えられる．いずれにせよ芥川の技功派としての資質を証明したものといえる．芥川作品の興味の一つは，その換骨奪胎にある．「奉教人の死」(大正7)は，*『黄金伝説』のなかの聖マリヌス伝に拠りながら，マリヌス伝の素朴，単純な構想を複雑にし，マリヌス伝にはない謎解きの興味を設けたのは，その功罪はともかく，芥川の物語作者としての才能を示したものにはちがいない．それは天草本『伊曽保物語』の文体に倣った文体上にも現れている．ただ同じく『黄金伝説』に拠り，天草本『伊曽保物語』の文体を模したものだが，「きりしとほろ上人伝」(大正8)は，原作の*クリストフォロスの伝記を大筋において踏まえている．芥川の才智が閃かないだけに，古伝らしい簡古素朴の風致はむしろこのほうが勝っている．芥川の資質の限界というべきであろう．「奉教人の死」の主題は，『黄金伝説』の意図を超えて「なべて人の世の尊さは，何ものにも換え難い．殺那の感動に極るものぢや．暗夜の海にも譬えようず煩悩心の空に一波をあげて未出ぬ月の先を，水沫の中に捕えてこそ，生きて甲斐ある命とも申そうず」という感想にある．それはいうまでもなく芥川自身のものである．初め南蛮物は芥川にとって彼の耽美的嗜好や文明批評の欲求を満足させる手段にほかならなかった．それはある意味で遊びであった．しかし，この遊びの間に徐々に彼自身の素顔がみえてきた．あるいは自分の顔をつきつけられてきたというべきかもしれない．「奉教人の死」の主題意識はそれを示唆する．この時点に到達したとき，芥川はもはや南蛮文学の世界に安住することはできなかった．それを明確にしたのは「西方の人」である．

【文献】日夏耿之介『明治大正詩史』(新潮社 1929)；野田宇太郎『パンの会』(六興出版社 1949)；同『日本耽美派の誕生』(河出書房 1951)；佐藤泰正「切支丹物 ― その主題と文体」『国文学』5月号 (1977) 70-77.

(笹渕友一)

なんばんぼうえき　南蛮貿易　16世紀中頃から約1世紀にわたって展開された日本とポルトガルやスペインとの貿易．*大航海時代の新大陸の発見，新航路の開拓によって貿易の拡大を目指した．

1543年(天文12)，ポルトガル人を乗せた中国船が九州南方の種子島に漂着し，鉄砲を伝えた．これをきっかけにポルトガル人は毎年のように九州の諸港に来港し，日本との貿易を始めた．1570年(元亀1)にはポルトガル船のために*長崎が開港され，以後，長崎はポルトガル船の寄港地としての地位を固める．やや遅れてスペイン人も1584年(天正12)，肥前の*平戸に来港して貿易を行った．当時の日本人はポルトガル人やスペイン人を南蛮人と呼んだので，この貿易を南蛮貿易といった．貿易は豊後の*府内(大分市)などでも盛んに行われ，南蛮人は鉄砲・火薬や中国産の生糸などをもたらし，日本の銀などと交易した．

南蛮貿易はキリスト教の宣教と一体化して行われ，九州の諸大名もポルトガル船を積極的に自領内の港に招致して貿易の利を得るため，キリスト教の*宣教を許すということもあった．*豊臣秀吉は，1587年*伴天連追放令を出して*宣教師の国外追放を命じたが，長崎・京都(*都)・*堺などの商人の海外渡航を保護するなど貿易を奨励したので，キリスト教の取締りは不徹底に終わっている．

その頃ヨーロッパではイギリスとオランダが台頭し，国家の保護のもとに相次いで東インド会社を設立してアジアへの進出を図っていたが，1600年(慶長5)，オランダ船*リーフデ号が*豊後に漂着した．*徳川家康は，リーフデ号の航海士*ヤン・ヨーステンと水先案内人のイギリス人W.*アダムズ(三浦按針)とを招いて外交・貿易の顧問とし，その後，オランダは1609年に，イギリスは1613年に幕府から自由貿易の許可を受け，それぞれ平戸に商館を開いた．イギリス人，オランダ人は紅毛人と呼ばれた．

当時，ポルトガル船は*マカオを根拠地に広東などで仕入れた中国産の生糸(白糸)を長崎に運んで巨利を得ていたが，幕府は1604年に糸割符制度を設け，糸割符仲間と呼ばれる京都・堺・長崎の特定の商人に輸入生糸を一括購入させ，ポルトガル船の利益独占を排除し，彼らに大きな打撃を与えた．また，貿易に関係している西国の大名が巨利を独占することを恐れて，幕府は貿易を自らの統制下に置き，貿易の利潤を独占しようと企てた．そのため，1616年(元和2)，ヨーロッパ船の寄港地を平戸と長崎に制限し，次いで1624年(寛永1)にはスペイン船の来港を禁じた．その後，1637年から翌年にかけて*島原の乱が起こると，幕府はますますキリスト教を恐れるようになり，1639年，鎖国令を発してポルトガル船の来港を禁止し，南蛮貿易は終焉を迎えた．

【文献】岡本良知『16世紀日欧交通史の研究』(弘文荘 1936)；C. R. BOXER, *The Great Ship from Amacon* (Lisboa 1963).

(尾原悟)

なんばんりゅうげか　南蛮流外科　キリシタン時代に伝わった西欧医学とその流れを南蛮医学と呼ぶが，

医学のなかでも特に外科に優れていたので，これを南蛮流外科と称する．1555年(弘治1)*イエズス会に入会したL. デ・*アルメイダをもって嚆矢とする．アルメイダは，1557年に*府内(大分)に病院を開設し，鉄砲伝来によって急増した銃創などを治療し，日本人に医術を教えた．1560年(永禄3)以降は宣教に専念したが，彼の教えは日本人医師によって伝えられた．1614年(慶長19)の禁教令とその後の鎖国令で南蛮流外科は姿を消したかにみえたが，ひそかに継承されていた．『南蛮流外科秘伝書』の著者で転びバテレンの沢野忠庵(*フェレイラ)の流れは，杉本忠恵(1618-89)，西玄甫(?-1684)などに伝えられ，命脈を保った．
【文献】古賀十二郎『西洋医術伝来史』(日新書院1942)；服部敏良『室町安土桃山時代医学史の研究』(吉川弘文館1971)．　　　　　　　　　　　　　　　(尾原悟)

なんぼくもんだい　南北問題　〔英〕North-South problem, 〔独〕Nord-Süd Fragen, 〔仏〕problème nord-sud　北半球にある先進資本主義工業諸国と，多くは南半球にある発展途上諸国(アジア，アフリカ，ラテン・アメリカ)との間の，経済発展格差などから生まれる諸問題をいう．南北問題という言葉自体は，1959年末に元外交官でロイド銀行会長のフランクス(Baron Oliver Shewell Franks, 1905-92)が使い始めたとされる．彼は，東西問題と並んで，これからの世界にとっては南北問題も最重要課題の一つであると述べ，南の貧困，南への北からの援助が大事であるという脈絡でこの言葉を使ったのである．フランクスのいう「南」とは，「北」である資本主義国の政策・戦略課題のターゲットとして位置づけられた言葉である．

南北問題が南北問題として認識されるのは南の国々が植民地支配から脱し，自らの政治的独立を達成する第2次世界大戦後のことである．それ以前にも，当然のことながら南北の格差，北による南の搾取等の問題はあったが，それは植民地問題，植民地政策として認識されてきたにすぎない(→植民地主義)．

では，南北問題，あるいは南北格差はなぜ生まれたのか．南の貧困を南の人々の地理的，人種的な要因で説明しようとの考えがあるが，これは明らかな偏見である．南の貧困，南北格差は明らかに歴史・政治・社会・経済的な要因によって説明できるからである．歴史的には*コロンブスのアメリカ大陸「発見」により「北」による「南」の支配が始まったと考えるべきだろう．とりわけ，18世紀以降，産業革命を成し遂げたヨーロッパ諸国は工業技術と武力によって南の地域を植民地支配し，経済的利益を吸い上げる世界システムができあがるのである．南の国々はコーヒー，紅茶，カカオ，砂糖，パーム・オイルなど熱帯農産物の産地に特化させられ，北の原料・食料供給地にさせられていった．

南の国々が政治的独立を達成した後も，南の国々は引き続いて特定の農産物や鉱産物を生産し(モノカルチャー)，輸出する(モノエクスポート)経済構造を強いられ，北の国々から割高な工業製品を買わなければならず，その経済的自立はなかなか達成されないままに今日に至っている．貧富の南北格差も1980-90年代には1対10にもなっており，絶対貧困層は10億人を超えるに至っている(→貧困)．

このような格差を是正し貧困問題を解消するさまざまな試みがこれまでになされてきたのは事実である．古くは，1961年に，アメリカの大統領J. F. *ケネディが，1960年代を「国連開発の10年」として開発のための国際協力を進めることを提唱した．しかし，北の資本主義国による南の開発援助は，冷戦時代にあって自陣営の利益を優先する政治的意図が先行したことは否めず，多くの開発独裁国家を容認することにつながっていった．むしろ，より重要な試みは南の国々が結束して，北に強いられた不利な経済構造を変革しようとしたことである．1964年にジュネーヴで開かれた*国際連合の貿易開発会議は，発展途上の77か国(略称Group 77)が団結し，北との間の不利な交易条件の改善を求めた．そして，1974年の国連資源特別総会，同年末の国連第29回総会では『新国際経済秩序樹立に関する宣言』『諸国家の経済的権利義務憲章』が採択され，「新国際経済秩序」の考えのもと，南北構造変革がなければ南北問題の解決はありえないとの立場が明確に打ち出された．

1980年代にはアジアの一部の国々が急速な工業化を遂げ，それらの国はNIES (〔英〕newly industrializing economies，新興工業経済地域)と呼ばれ，途上国の未来に希望を投げかけたが，現在では冷戦後のグローバルな市場経済化の前に新たな困難を抱えつつある．また南の内部にも格差が広がりつつあったり(南南問題)，*人口問題，*環境，*難民，エイズなど大きな問題群が横たわっており，南北問題の解決は容易ではないことが明らかになってきている．　　　　　　　　　(村井吉敬)

なんみん　難民　〔英〕refugee, 〔独〕Flüchtling, 〔仏〕réfugié　難民という言葉はさまざまな意味で使われているが，一般的には生命や自由が危険にさらされるがゆえにやむをえず国外に流出し，他所に滞在せざるをえない人々を指す．

【難民条約】難民は古来から存在したといえるが，*国際社会が難民を保護の対象と捉えるようになるのは，ロシア革命後のロシア難民に対してであった．現在の国連難民高等弁務官の前身は1921年に設けられた「ヨーロッパにいるロシア難民の問題に関して*国際連盟を代理する高等弁務官」であった．1951年ジュネーヴ会議において採択された，「難民の地位に関する条約」では，人種，宗教，国籍や政治的意見を理由に迫害を受けるおそれがあるため国籍国の外にいる者を難民とした．この意味の難民は条約難民あるいは狭い意味の難民と呼ばれる．その後，アフリカ統一機構によるアフリカ難民条約が1969年に成立した．そこでは，条約難民のほかに，外部からの侵略，占領，外国による支配などにより避難した人々をも難民とした．この定義は広義の難民といわれている．

【難民の多様化】1970年代に入ると政治的・経済的混乱や*飢餓のために国外に流出する人々が急増した．こうした人々にも保護の手が差し伸べられるべきだとの意見が強くなった．現在は大量難民の時代を迎えることになったが，難民の生じる地域は主にアジア・アフリカなど一般に貧しい国々である．大量難民の発生は人々が戦災や飢餓により国内を移動することから生じる．それゆえ，国境をいまだ越えてはいないが，難民と同様危険な状況に置かれて国内を移動している人々を国内避難民と呼ぶようになった．国連難民高等弁務官事務所は現在彼らをも援助の対象としている．冷戦終結後は経済的に貧しい国から豊かな国へ移動しようとする人々が急増した．従来の難民とは異なるが，より良い生活を求めることを基本的な動機とするこうした人々に対しては，経済難民という言葉も用いられている．

【難民への対応】冷戦時代の難民への関心は，政治的迫害から自由を求めて逃れてくる人々の保護に向けられ，(1) 難民の身体的・法的保護，(2) 第一次庇護国での定住・永住，または第三国定住をめぐる対応を主としていた．したがって難民の帰還ということは考慮されなかった．しかし現在では帰還を可能にする環境を整えることが重視されるようになっている．さらに難民発生を予防する必要性が認識されるようになった．難民認定は各国が行うため，国益の観点から認定が左右され，冷戦時代はイデオロギー的な判断にも左右された．今日では難民申請の激増，申請を却下された人々の不法滞在化，受け入れ社会の人々による難民敵視など課題が多い．日本は1981年(昭和56)に難民条約に加入した．現在日本は難民に関する拠出金など財政的な貢献をしているが，受け入れについての貢献度はその人口規模，経済力に比して著しく低い．

【難民と国家】難民は政治的意図によって引き起こされるという場合もある．例えば文化的同質性を高めようと少数民族を追い出すいわゆる「民族浄化」がある．政治的な反対勢力・階層を追い出す手段として用いられる場合もある．難民の受け入れ国にとっては，受け入れにより難民の出身国と対立が生じる場合や，国内で新たな政治勢力を抱えることになる場合がある．また総人口に対する難民人口，一人あたりのGNPに対する難民人口などの指標で高いのはアフリカ諸国である．すなわち貧しい国々に難民発生による負担が大きく，国内の混乱や貧困化をもたらす要因になっている．

【文献】本間浩『難民問題とは何か』(岩波書店 1990); 栗野鳳編『難民―移動を強いられた人々』(アジア経済研究所 1992); 加藤節，宮島喬編『難民』(東京大学出版会 1994). 　　　　　　　　　　　　　　(小倉充夫)

に

にあばらルイス（1564頃-1618）　キリシタン時代の最初の日本人司祭の一人．*平戸の出身でイエズス会員．*有馬の *セミナリヨに学び，1586年（天正14）9月，*イエズス会に入会した．*臼杵での修練を済ませた後，*コレジョで哲学と神学を修得，1594年（文禄3）10月 *マカオへ移って *倫理神学を学び，1598年（慶長3）*副助祭に叙された．1600年8月，日本に戻り，9月に *山田ジュリアンや *木村セバスティアンとともに助祭，1601年9月木村とともに最初の日本人司祭となった（山田は7月に死亡）．その後，肥後と薩摩で司牧にあたった．1614年11月の禁教令でマカオへ追放．1618年（元和4）日本へ戻る途中，台風のため船が難破して溺死した．
【文献】H. チースリク『キリシタン時代の邦人司祭』（キリシタン文化研究会 1981）; J. F. SCHÜTTE, *Monumenta Historica Japoniae*, 1 (Roma 1975).　　　（尾原悟）

にいいったいせつ　二位一体説　〔ラ〕binitarianismus,〔英〕Binitarianism,〔独〕Binitarianismus,〔仏〕binitarianisme　正統的な教理の *三位一体論を否定する異端説．神的な位格を父と子にのみ認め，*聖霊の位格を否定する．4世紀の *マケドニオス派（聖霊派）が主張していた．初期の *テルトゥリアヌスは *三位一体の不完全な理解から，二位一体的な用語を使用している．
【文献】EEC 1: 121.　　　（英隆一朗）

にいがたしきょうく　新潟司教区　1912年（明治45）8月に *知牧区として創立され，1962年（昭和37）に *司教区となった日本のカトリック教会の教区．管轄地域は，新潟，山形，秋田の3県．面積：2万9,059 km².総人口：496万2,925人．カトリック信者数：7,603人（1997年現在）．教区長：フランシスコ佐藤敬一．
【歴史】新潟教区は，1912年（明治45）8月13日，当時函館教区（→札幌司教区）の一部であった秋田，山形，新潟の3県と東京教区（→東京大司教区）の一部であった富山，石川，福井の3県とを合わせて新設され，ドイツ系の *神言修道会に委託された．初代教区長は *ライネルス（在任 1912-26）である．
　神言会に委託される以前の宣教活動は，*パリ外国宣教会によって行われた．1870年（明治3）の *アルンブリュステによる新潟視察の翌年 *エヴラールが新潟に着任し，1875年に着任した *ドルアール・ド・レゼーにより宣教活動が発展した．山形県では，1879年 *テュルパンが鶴岡で宣教を開始したが，ダリベール（Pierre Désiré Frédéric Dalibert, 1860-1935）によって礎石が置かれ，秋田県には1883年に A. *ベルリオーズが巡回宣教を試みた後，翌年テュルパンが秋田へ着任して秋田宣教の基礎を築いた．
　1922年2月18日名古屋教区（→名古屋司教区）が新設され，富山，石川，福井の北陸3県を新潟教区から，愛知，岐阜の2県を東京教区から委譲された．このときより新潟教区は今日の規模になる．1926年（大正15）6月

司教座聖堂
（新潟司教区）

より神言会員 *チェスカ（在任 1926-41）が教区長となる．1941年（昭和16）より名古屋教区長 *松岡孫四郎が新潟教区長代理を兼任し，1945年から両教区兼任の教区長となった（在任 1941-53）．1953年，東京大神学校長 *野田時助が教区長に就任した（在任 1953-61）．野田教区長は1959年に初代の広島司教に任命されたが病気のため辞退，1961年に死去した．その後教区長職はしばらく空位であったが，1962年4月新潟知牧区は司教区に昇格し，同年6月 *伊藤庄治郎が初代司教として新潟教区長に就任した（在任 1962-85）．1985年3月伊藤司教の教区長辞任に伴い，同年6月 *フランシスコ会の佐藤敬一（1928-　）が司教に叙階されて教区長に就任し，現在に至っている．
【現勢】1997年現在，小教区：33．教区司祭：16．修道司祭：20．助祭：0．信徒修道士：0．修道女：103．短期大学：2．高等学校：2．中学校：2．社会福祉施設：7．　　　（鎌田耕一郎）

にいじまじょう　新島襄（1843. 2. 12-1890. 1. 23）同志社の創立者．組合教会（→会衆派）牧師．群馬県安中藩士祐筆・新島民治（1807-87），とみの長男として江戸藩邸で生まれる．幼名は七五三太．諱は敬幹．蘭学，英語を学び，箱館（現函館）から海外へ脱出（1864），1865

年 *ボストンに到着. 熱心な組合教会信徒で, 米国伝道会の有力者ハーディ (Alpheus Hardy, 1815-84) の助力を得て, アマースト大学, アンドーヴァー神学校に学ぶ. *按手礼を受け (1874), アメリカン・ボード (組合教会伝道会) の宣教師となる. 日本にキリスト教主義学校の設立を訴え, その支持を得て, 1874 年 (明治 7) 帰国. 翌 75 年 11 月 29 日, 京都府顧問の山本覚馬 (1828-92), アメリカン・ボード宣教師デイヴィス (Jerome Dean Davis, 1838-1910) の協力で同志社英学校を創設, キリスト教信仰に基づく *自由教育を目指した. 1876 年, 山本の妹・八重子 (1845-1932) と結婚. 77 年, 女学校を開校, 続いて 87 年同志社病院を開院. 88 年「同志社大学設立の旨意」を発表, 私立同志社大学の設立を訴えたが, その途中病のため神奈川県大磯で客死した. 日本の *キリスト教教育の基礎を築いた功績は高く評価されている.
【主著】『新島襄全集』全 10 巻 (同朋舎出版 1983-85).
【文献】キ人 1014; キ大 774; 日キ歴 1017-18; J. D. デイヴィス『新島襄の生涯』北垣宗治訳 (小学館 1977); 吉田曠二『新島襄—自由への戦略』(新教出版社 1988); 森中章光『新島襄先生の生涯』(不二出版 1990). (茂洋)

にいろやすひさ　新納康久（生没年不詳）　*フランシスコ・ザビエルが 1549 年 (天文 18) 市来(いちき)の鶴丸城を訪れたときの城主, 伊勢守. 系図は 13 世紀の島津忠宗の四男時久に遡る. 島津豊久の親戚, 有力な家臣で伊集院城を守る鶴丸城が与えられた. ザビエルは *キリシタンになった新納の家臣ミゲルの仲介により康久から受け入れられ, 城内で宣教, 奥方のマグダレナと当時 5 歳と 4 歳の二人の子どもに *洗礼を授けた. 康久も喜んで信仰の話を聞いたが大名の許可がなかったため受洗は延期した. 1562 年 (永禄 5) にはイルマンの L. デ・*アルメイダの訪問を受けている.
【文献】茂野幽考『薩摩切支丹史料集成』(南日本出版文化協会 1966); G. SCHURHAMMER, Francis Xavier, v. 4, tr. J. COSTELLOE (Roma 1982). (結城了悟)

ニウエとう　ニウエ島　Niue Island　*ニュージーランドの自治領. 首都はアロフィ (Alofi). 面積: 258 km². 人口: 2,300 人 (1994 年現在). 言語: 英語 (公用語), ニウエ語, 中国語.
1774 年, キャプテン・クック (James Cook, 1728-79) が来島. 1900 年にイギリスの保護領となり, 1901 年ニュージーランドに併合された. キリスト教の宣教は 1830 年にロンドン伝道協会 (London Missionary Society) のウィリアムズ (John Williams, 1796-1839) により始められた. カトリック教会はアロフィに *マリスト修道会の司祭が司牧する小規模なものがある. 1972 年, ニウエは *トンガ司教区から分離し, *クック諸島に *司教座のあるラロトンガ (Rarotonga) 司教区に属するようになった.
【現勢】1993 年現在, カトリック信者数: 100. 小教区: 1. 教区司祭: 1. 修道女: 2. (A. ネブレダ)

ニエーヴォ　Nievo, Ippolito（1831. 11. 30-1861. 3. 4/5)　イタリアの詩人, 小説家. *パドヴァの自由主義的な家庭に育ち, パドヴァと *パヴィアで法律を学ぶ. その後, マッツィーニ (Giuseppe Mazzini, 1805-72) らの救国運動に共鳴, 1860 年 *ガリバルディの「千人部隊」に加わりシチリア遠征に赴くが (→イタリア統一運動), 帰途 *パレルモから *ナポリに向かう船が難破, ティレニア海の藻くずと消えた. わずか 30 年の人生が残した作品には, フリウリ地方 (Friuli) の民衆生活に取材した『田園短編集』(Novelliere campagnuolo, 1855-56) や『山だし侯爵』(Il conte pecoraio, 1857) などがある. 代表作は, 1857-58 年に執筆され死後出版された自伝的歴史小説『あるイタリア人の告白』(Le confessioni d'un italiano, 1867). 主人公の精神的成長の過程が 19 世紀前半のイタリア史を背景に展開し, *マンゾーニに代表されるロマン主義的歴史小説から, *ヴェルガらのヴェリズモ文学へ移行する時代の, 最も精彩ある散文作品とみなされている.
【主著】Le confessioni d'un italiano (Milano 1981 ³1994). (白崎容子)

ニエト　Nieto, Claudio（1886. 10. 3-1978. 4. 9)　ドミニコ会員. スペイン北部パレンシア県フエンテス・デ・ナバ (Fuentes de Nava) で生まれる. 1904 年オカニャ (Ocaña) の *ドミニコ会に入会. その後アビラ (Avila), アメリカで学び 1912 年 *マニラで司祭叙階. 1913 年 (大正 2) 日本の四国に派遣される. 徳島, 松山で働き, 松山では教会, 司祭館を建設. *ドミニコ宣教修道女会による美善女学校 (聖カタリナ女子短期大学の前身) の創設に協力, 1925 年からは理事長を務める. 1928 年 (昭和 3) 今治に派遣されたが 1931 年にマニラに行き, 1933 年まで滞在. その後, 徳島の主任司祭として特に山間地での宣教活動に尽力したが, 1938 年スペインに帰国. 終戦後に来日し, 新居浜, 松山で宣教司牧にあたる. 1963 年スペイン政府よりベネラ勲章を受ける. 1972 年スペインに帰国. マニラ滞在中, 日本関係の資料を読み種々の方法によりキリシタン研究を始め, その成果は日本におけるロザリオ管区の歴史『ドミニコ会の愛と受難』として 1972 年出版された.
【文献】V. アリバス, C. プエブラ編『日本のドミニコ会 75 周年記念』桝谷節子, 端史江訳 (ドミニコ会ロザリオの聖母管区日本地区 1979). (J. デルガード)

ニカイア　Nikaia　古代にビテュニア (Bithynia) と呼ばれた小アジア西北部のイズニク湖東岸に位置する. 貿易と軍事の主要道路上に位置し, 周囲に肥沃な地帯を控えていたので, 諸時代を通じて繁栄した. 現トルコ北西部イズニク (Iznik).
マケドニア王アンティゴノス 1 世 (Antigonos I, 前 382 頃-301) によってアンティゴネイア (Antigoneia) として建設され, その後ここを支配したリュシマコス (Lysimachos, 前 360 頃-281) が, 妻の名をとってニカイアと改めた. 市は都市計画に従って正方形の城郭に囲まれ, そこに開けられた四つの門からの主要道路が中央で十字に交差し, 中央にはギュムナシオン (gymnasion) があった. 前 74 年 *ローマ帝国に併合され, *ユリアヌス帝はここで短期の異教復活を試みた. 1081 年に *セルジュク・トルコが占領し, 1097 年に第 1 回 *十字軍が奪回するまでその支配下にあった. 第 4 回十字軍の *コンスタンティノポリス占領後ニカイア帝国の首都となったが, *ビザンティン帝国の復活後その重要性と繁栄は失われ, 1331 年に *オスマン帝国に征服された. 16 世紀にオスマン帝国が東方から連れてきた職人によって, 200 年以上にわたって陶器生産の中心となった.
二つの *公会議がここで開かれ, 最初は *アレイオスを破門した第 1 *ニカイア公会議で, *ニカイア信条が出

ニカイアこうかいぎ，だい1

された．次は*聖画像破壊論争を中止した第7回公会議である第2*ニカイア公会議である．ローマ皇帝*ウァレンスはここを*ニコメデイアから独立した府主教座とし，ニカイア帝国の時代には総主教座となった．

【文献】A. M. SCHNEIDER, *Die römischen und byzantinischen Denkmäler von Iznik-Nicaea* (Berlin 1943); C. FOSS, J. TULCHIN, *Nicaea: A Byzantine Capital and Its Praises* (Brookline, Mass. 1990).　　（尚樹啓太郎）

ニカイアこうかいぎ，だい1　ニカイア公会議，第1

〔ラ〕concilium Oecumenicum Nicaenum I, 〔英〕Council of Nicaea I, 〔独〕I. Konzil von Nikaia, 〔仏〕premier Concile de Nicée．　第1回エキュメニカル*公会議．*アレイオス派を排斥し，独自の信条(*ニカイア信条)を採択した．

【背景】324年9月，*コンスタンティヌス大帝は*リキニウスを破って*ニコメデイアに入城したとき，東方のキリスト教徒の間の分裂を聞き，調停のためニカイアへ全帝国教会会議を召集した．

〔アレイオスの破門〕アレクサンドリアの司教*アレクサンドロスは313年に*アレイオスを司祭に叙階したが，まもなく，その説教に疑問を抱き，信徒も列席した聖職者会議において*三位一体の秘義を説いたときには，アレイオスから*サベリオス派として非難された．不和が広まるなかで，アレクサンドロスはエジプト，リビアのおよそ100人の司教と会議を開き(318または323)，キリストが神と*同一本質であることの承認をアレイオスに迫った．アレイオスはそれを拒否したため排斥されてニコメデイアに逃れ，その地で活発な文筆活動を開始した．特に『タレイア』(饗宴歌)の影響で諸説は東方各地に広まった．

〔同一本質の問題〕アレイオスが「同一本質」をサベリオス派の概念として拒否した一因は，サモサタの*パウロスがこの概念を使用したために268年の*アンティオケイア教会会議により排斥されたという事実であった．もとよりそれは*グノーシス主義特有の概念であったが，すでにアレクサンドリアの*クレメンスにより同地の神学用語に導入され，キリストがただ神の養子(→キリスト養子説)ではなく，その永遠のひとり子であるとの意味で用いられた．

2世紀半ば以来，多くの*教父は中期*プラトン主義の助けを借りて，従来の単一神論(*モナルキアニスムス)に対してキリストと神との関係を説き明かした．中期プラトン主義によれば，万有は三つの領域に分かれており，絶対超越領域には「父」とも呼ばれる唯一の神が位置し，神から満ちあふれたものがみえない精神的領域であり，最初に生まれたものが*ロゴスなので「第二の神」と呼ばれる．その働きによりみえる世界とそのなかにある万物が存在し，とりわけ人間の*霊魂はロゴスの似姿なので自由にその働きに応答できる．教父によれば，万物を存在たらしめ統御するロゴスがキリストのうちに*受肉したので(ヨハ1: 1-18参照)，キリストは神の本質を共有する一方，そのひとり子として神自身と区別されている．アレイオスは以上の説明を継承し，ロゴスに与えられた仲介領域は神的であっても絶対超越ではないので，子が父と「同一本質」であるとは言い難いと結論づけた．しかも聖書は創造者か*被造物かの二者択一を迫るので，ロゴスは被造物であるということになる(箴8: 22参照)．さらに，万物に先立って神から生まれたものとはいえ，ロゴスには「存在しなかったときが

あった」．そのうえ，受肉により，種々の変化を被ることになったので，*アパテイア(不動心)を本質とする神とは異なる本質を有する．アレイオスの以上のような結論は，アンティオケイアでも賛同を得られなかった．そして324-25年の冬に開かれた教会会議は，「同一本質」こそ用いないもののアレイオスの諸説をことごとく拒否する信条を採択した．

〔メリティオス派〕*メリティオスは迫害期にエジプトのリュコポリス(Lykopolis)の司教を務めていたが，国神にいけにえを捧げたのでアレクサンドリアの司教*ペトロス1世から破門された．後者が迫害を回避するためアレクサンドリアから逃れたとき，メリティオスは同地で指導権をとり，数人の司祭を叙階し，結果的に独自の分派教会を組織した．当初はアレイオスを支持したが，*異端と判明したときに反対に回った．

〔復活祭の日づけ〕*初代教会はユダヤ教暦に従い，ニサンの月14日にキリストの復活を記念しており，同じ習慣はアンティオケイアをはじめシリア，メソポタミア，キリキアで4世紀まで続いた．他の地域では，早くもニサンの月14日の次の日曜日に移された(→復活祭論争)．設定法の進歩に伴い，アレクサンドリアとローマとの間にずれが生じたものの，地理的距離のため大きな問題にはならなかった．他方，小アジアはアレクサンドリアの設定法に従ったので，隣接する諸教会との不和が生じた．

【経過】公会議の経過については，議事録が現存していないので詳細は不明である．通説によれば，公会議は325年5月20日に開会され，翌年8月25日に閉会された．しかし，これは教会史家*ソクラテスの情報に基づく誤りで，325年6月15日を開会日とみるのが有力である．ニコメデイアで閉会されたが，日づけはわからない．

〔参加者〕カイサレイアの*エウセビオスによれば，参加した司教の数は250名を超えた．また，*アタナシオスによれば300名以上であった．教皇*リベリウスと*ダマスス1世は318名としているが，おそらく*アブラハムの「318人の奴隷」(創14: 14)から刺激された情報であろう．参加者は，東方出身者が圧倒的多数を占めていた．教皇*シルヴェステル1世は欠席したが，その代理として2名の司教が派遣された．西方からは久しく皇帝の顧問を務めていたコルドバの司教*ホシウスのほか4名の司教しか参加しなかったようである．

〔アレイオス派の弾劾〕おそらく開会式の直後，アレイオス派から提示された信条が拒否され，かわりにエウセビオスはカイサレイア教会の*洗礼信条を調停案として出した(DS 40参照)．アレイオス派もこれには同意できたので，一層明確な表現が追加されることになった．エウセビオスによれば，コンスタンティヌス大帝自ら「同一本質」の追加を提案した．また，アタナシオスによれば，審議が進むにつれて参加者の間から徐々に追加が提案された．最終案について可否が諮られたとき，反対を表明したのは17名だけであった．以後，コンスタンティヌス大帝は流罪の脅しをもって反対派に圧力をかけ，その結果，アレイオス自身と祖国リビア出身の2名の司教を除いて満場一致で採択された．アレイオスと二人の賛同者は流罪となった．

〔規律〕教理に続いて，教会制度，*聖職者の身分，離教者，背教者，異端者の扱いが審議され，決議は20条の規定にまとめられた．復活祭の日づけの設定法については規定こそ採択されなかったが，公会議の名において

エジプト教会に送られた書簡によれば，全教会がローマ，アレクサンドリアの慣習を受け入れることで合意された．コンスタンティヌス大帝も全教会宛の書簡で同様の合意を示し，もはやユダヤ教暦に従ってはならないと力説した．*メリティオス派は穏やかな待遇を受けた．メリティオス自身は司教の身分を保ったが，司教，司祭に叙階する権限は失った．同派の聖職者もおのおの資格を保ったが，アレクサンドロスによって叙階された者の監督のもとでその務めを果たすことになった．

【規定】信憑性のある規定は20条に限られており，順序に体系性はない．

〔教会制度〕聖職について，*司教・*司祭・*助祭の序列が再確認され，任地の変更が禁じられる(15-16, 18条)．帝国行政区分に準じて，各州首都の司教に他の司教に対する明確な管轄権が与えられ(4-5条)，古くからの慣習を根拠としてローマ，アレクサンドリア，アンティオケイアの司教に，各周辺の教会に対する首位権が認められる(→総主教)．その内実は明らかにされていないが，エルサレムの司教にも「名誉における優位」が認められる一方，カッパドキアの*カイサレイアの首都大司教の管轄権が力説されるので，ローマ，アレクサンドリア，アンティオケイアの各権限は単なる名誉以上のものであろう(6-7条)．

〔聖職者の資格〕男子のみが聖職者になり(19条)，強制・治癒以外の理由で去勢された男子は聖職者にならない(1条, DS 128a)．迫害期に信仰を捨てた者も失格であり(10条)，新受洗者はとりわけ司教になれない(2条)．身分調査なしの司祭叙階は無効である(9条)．聖職者は*独身を守る義務はないが，親戚以外の女性と同居してはならない(3条)．*大罪を証明された聖職者は休職に処せられる(2条)．利子をむさぼる聖職者は除名に処せられる(17条)．

〔教会への帰還〕迫害期に信仰を捨てた者は，12-13年にわたる償いをしてから再び*聖体にあずかることができる(11-12条)．臨終に際しての，彼らの*聖体拝領は拒否されるべきでない(13条)．*ノウァティアヌス派は規律の問題だけで教会から離れたので，背教者・再婚者との交わりを承認することを条件におのおのの身分のまま受け入れられる(8条)．サモサタのパウロスに従う一派は*洗礼の定式(マタ28:19)を曲解しているので，再び洗礼を受けなければならず，聖職者は新たな叙階を必要とする(16条)．

【意義】この公会議とともに*政教一致の時代が始まる．古代のエキュメニカル公会議は皇帝により召集され，決議も彼の名において公布された．厳密な意味における*教理の展開もここに始まる．*信条は従来の告白形式をとっているが，伝統的信仰箇条を誤解から守るため，初めて哲学的用語を用いている．概念の面で*ヘレニズムの影響は明らかであるが，思想の面で聖書の二者択一的思考が再確認され，従来の*従属説とともに中期プラトン主義の路線が断たれた．アレイオス派はコンスタンティヌス大帝の死(337)の後，初めて信条を批判した．これに対して教皇*ユリウス1世，リベリウス，ダマス1世はその有効性を力説し，第1*コンスタンティノポリス公会議もこれを再確認した．*エフェソス公会議はニカイア信条の修正および新しい信条の作成を禁じ(DS 265参照)，*カルケドン公会議はこれに*ニカイア・コンスタンティノポリス信条を加えて，いずれもの修正を禁じた(DS 303参照)．なお，元来のニカイア信条は*典礼のために用いられたことはない．

【史料】Mansi 2: 635-1028; *Urkunden zur Geschichte des arianischen Streites*, Athanasius Werke 3/1, ed. H. G. OPITZ (Berlin 1934); H. JEDIN, ed., *Conciliorum oecumenicorum decreta* (Freiburg 1962) 5-19.

【文献】カ大 3: 836-37; キ大 775; DThC 11: 399-417; RGG³ 4: 1453-54; LThK² 7: 966-69; LThK³ 7: 884-85; TRE 24: 429-41; Hefele-Leclercq 1: 386-632; HKG(J) 2: 23-30; E. SEEBERG, *Die Synode von Antiochien im Jahre 324-325* (Berlin 1913); J. N. D. KELLY, *Early Christian Creeds* (London 1950 ³1972) 205-62; E. SCHWARTZ, *Zur Geschichte des Athanasius*, Gesammelte Schriften 3 (Berlin 1959) 78-81, 134-55; A. DE ALÈS, *Le dogme de Nicée* (Paris 1926) 15-136; I. ORTIZ DE URBINA, *El símbolo niceno* (Madrid 1947); G. C. STEAD, "The Significance of the Homoousios," TU 78 (1961) 46-66; I. ORTIZ DE URBINA, *Nicée et Constantinopel* (Paris 1963) 15-136; A. GRILLMEIER, *Christ in Christian Tradition* (London 1965 ²1975) 219-73; F. RICKEN, "Das Homoousios von Nikaia als Krise des altkirchlichen Platonismus," ThPh 44 (1969) 321-51; E. BOULARAND, *L'Hérésie d'Arius et la foi de Nicée* (Paris 1972); C. LUIBHEID, *The Council of Nicaea* (Galway 1982).

(H. J. マルクス)

ニカイアこうかいぎ，だい2　ニカイア公会議，第2　〔ラ〕Concilium Oecumenicum Nicaenum II，〔英〕Council of Nicaea II，〔独〕II. Konzil von Nikaia，〔仏〕deuxième Concile de Nicée．　787年に開催された第7回エキュメニカル*公会議．*聖画像崇敬を公認した．

【背景】8世紀前半に生じた*聖画像破壊論争において，730年の勅令で聖画像破壊を命じたビザンティン皇帝*レオ3世の息子コンスタンティヌス5世(Constantinus V, 在位743-75)は，自ら筆をとり，*聖画像はキリストの人間的姿しか表せないので，コンスタンティノポリスの*ネストリオスのように人性を神性より分離するか，*キリスト単性説のように両性を混合するかの*異端にほかならないとし，キリストを適切に表すしるしは*エウカリスティアのみであると結論づけた．その骨子はヒエレイア宮殿で開催された教会会議(754)により承認され，第7回エキュメニカル公会議の決議として公布された．コンスタンティヌス5世は修道院の閉鎖，拷問，死刑などの措置をとったが，その死(775)の後に弾圧は終わった．次の皇帝レオ4世(Leo IV, 在位775-80)が780年に死去すると，摂政皇后*エイレネはヒエレイア会議の無効宣言と聖画像崇敬の復活に向けて新たなエキュメニカル公会議を計画，その実現を新任の総主教*タラシオスに委ねた．首都で開かれた会議は軍隊の干渉で解散されたので(786.8.1)，新たに*ニカイアへの召集となった．

【経過】会議は787年9月4日に開会され，教理の審議終了後，*コンスタンティノポリスに移され，摂政皇后と皇太子の臨席のもと，10月23日に閉会された．参加者数は250名から365名の間で流動的であった．ローマ教皇*ハドリアヌス1世は司祭，修道院長を各1名派遣した．アレクサンドリア，アンティオケイア，エルサレム各総主教の総代理として修道士2名が送られた．議長はタラシオスが務めた．最初の3回の総会では主に手続きの問題が審議され，第4回総会において聖画像崇敬の裏づけとして，まず一連の聖書箇所(特に出25:17-21; 民7:89; エゼ41:18-20)と教父文献が紹介され，次いで

*教理宣言の草案が可決された．第5回総会では，聖画像破壊論者により引用された教父文献が検討され，第6回総会で，ヒエレイア会議の決議文が1項目ずつ反論とともに朗読され，無効と宣言された．教理宣言の最終案は第7回総会において決議され，閉会にあたって20条の規定が追加された．

【決議】*カルケドン公会議以来の慣例に従い，教理宣言は教書の形をとっている（DS 600-603）．それは論争の経緯を述べたうえで*ニカイア・コンスタンティノポリス信条を再録し，その後の教理を再確認してから，聖画像に示される*崇敬は，神の本性のみに捧げる真の礼拝とは異なる行為であると力説する一方，聖画像に対する崇敬によって，その原型になっている対象に至り，聖画像を崇敬する者は，そのなかで描写されている実在を崇敬すると結論づける．規定第7条は教会における聖画像の再展示，第9条は聖画像破壊論者の全著作の没収を命じ，第8条は*ユダヤ教からの*改宗の条件を厳格にする．残る全規定は*聖職者の身分，規律などに関するものである．

【受容】聖画像破壊論者の寛大な待遇に対する修道士の不満と帝国内外情勢の悪化は，新たな紛争を引き起こした．813年以降，皇帝*レオ5世は軍隊の要請に応じ，まず聖画像崇敬を制限し，815年に開かれた教会会議において，第2ニカイア公会議の無効とヒエレイア会議の有効を宣言させた．個人，家庭用の*イコンは禁じられたが，教会内の*モザイク，フレスコは問題にならず，イコンは信徒の手の届かない高さに上げられた．後継のミカエル2世（Michael II，在位820-29）は一層緩やかな姿勢をとったが，その子テオフィロス（Theophilos，在位829-42）により弾圧は厳しくなった．しかし，その死後，摂政皇后テオドラ（Theodora，在位842-56）は総主教交代を待って，843年5月11日の式典において聖画像崇敬の復活を宣言させた．翌年以降，*東方正教会は*四旬節第1主日に正統信仰保持の記念祭を祝うようになった．

教皇ハドリアヌス1世は公会議の議事録，決議文を稚拙なラテン語訳のままフランク国王*シャルルマーニュに送ったが，その神学顧問によりまとめられた85命題の反論が返ってきた．教皇は各命題に対し公会議の正統性を弁明する返答を送ったが，シャルルマーニュの神学顧問は納得せず，一層詳細な意見書を王に提出した（791）．これはシャルルマーニュ自身の意見を反映させる形で再編集され，1549年の公刊以来，*カロリング文書として知られている．シャルルマーニュの主宰でフランクフルトで開かれた教会会議（794）はこの文書を基礎に聖画像の「礼拝」（[ラ] adoratio）のゆえに第2ニカイア公会議を拒否し，*ルートヴィヒ1世の主宰でパリで開かれた教会会議（825）もハドリアヌス1世の弁明書を批判しつつ，再度，同会議を拒否した．その後，*礼拝と崇敬との区別がしだいに認められ，司書官アナスタシウス（Anastasius Bibliothecarius，810頃-880）による議事録・決議文の正確なラテン語訳が現れてから（871，873），フランク王国においても第2ニカイア公会議に対する抵抗はついに消えた．

【史料】Mansi 12: 951-1154, 13: 759-820; H. JEDIN, ed., *Conciliorum oecumenicorum decreta* (Freiburg 1962) 131-56.

【文献】カ大 3: 837; キ大 775; DThC 11: 417-41; Hefele-Leclercq 3: 601-798; HKG(J) 3/1: 31-61; LThK² 7: 964-65; LThK³ 7: 885; RGG³ 4: 1453-54; 森安達也『東方キリスト教』キリスト教史 3（山川出版社 1979）; G. OSTROGORSKY, *Geschichte des byzantinischen Staates* (München 1940) 97-146; H. SCHADE, "Die Libri Carolini und ihre Stellung zum Bild," ZKTh 79 (1957) 69-78; F. DE' MAFFEI, *Icona, pittore e arte al Concilio Niceno II* (Roma 1974); P. HENRY, "Initial Eastern Assessments of the Seventh Oecumenical Council," JThS 25 (1974) 75-92; J. DARROUZES, "Listes épiscopales du concile de *Nicée* (787)," REByz 33 (1975) 5-76; G. DUMEIGE, *Nicée II* (Paris 1978); H. J. SIEBEN, *Die Konzilsidee der Alten Kirche* (Paderborn 1979) 306-42; F. BOESFLUG, N. LOSSKY, eds., *Nicée II 787-1987, douze siècles d'images religieuses* (Paris 1987); M. F. AUZEPY, "La place des moines a Nicée II," Byz. 58 (1988) 5-21.

(H. J. マルクス)

ニカイア・コンスタンティノポリスしんじょう
ニカイア・コンスタンティノポリス信条 〔ラ〕
Symbolum Nicaeno-Constantinopolitanum, 〔英〕Niceno-Constantinopolitan Creed, 〔独〕Nicäno-Konstantinopolitanum, Nicäno-Konstantinopolitanisches Glaubensbekenntnis, 〔仏〕Symbole de Nicée-Constantinople　全キリスト教の合同*信仰宣言．ラテン語の冒頭句に従い，「クレド」（Credo）とも呼ばれる．

【起源】19世紀後半以来，起源について活発な議論が戦わされ，現在では第1*コンスタンティノポリス公会議により採択された*信条とみるのがほぼ定説である．

〔最古の証言〕現存する同公会議の資料は独自の信条採択については言及せず，規定第1条で*ニカイア信条を再確認している（DS 151）．他方，同公会議の途中まで議長を務めたナジアンゾスの*グレゴリオスは，ニカイア信条に曖昧な追加がなされたことを非難し（PG 3: 1147, 1149），もう一人の参加者モプスエスティアの*テオドロスは，追加として「父から発出する唯一の聖霊」「命を与える聖霊」に加えて，「唯一の洗礼，唯一の聖なるカトリック教会，罪のゆるし，肉の復活と永遠の命」を取り上げている（『教理教育講話』StT 145: 237-39, 257, 263, 269, 277; DS 51 参照）．また，著者不明の対話編においては，正統派と*マケドニオス派が*聖霊の神性について論議し，両者とも「最近」これを表明する箇条がニカイア信条に追加されたことを承知している（PG 28: 1204）．

〔カルケドン公会議〕*カルケドン公会議では，宮廷側のたび重なる要請により，第3回総会において，元来のニカイア信条の後に第1コンスタンティノポリス公会議のものとされた信条が朗読された．内容は，わずかな表現上の相異を除けば本信条と一致している．その朗読は列席者から小さな拍手しか得られなかったが，ニカイア信条は熱烈な喝采で迎えられた．反応の違いから明らかなように，列席者の圧倒的多数にとっては初めて本信条の存在が知らされたのである．そして次の総会までに首都司教座書類文庫にある資料に基づき，その信憑性を調べる機会が与えられた．その結果，本信条が，ニカイア信条を補足するために第1コンスタンティノポリス公会議により採択されたことは満場一致で承認された．

本信条はおそらく381年以降，首都教会において*洗礼のために用いられていたが，ニカイア信条は，わずかな例外を除けば，洗礼のために用いられなかった．にもかかわらず，カルケドン公会議においてその朗読は，「これこそ正統信仰であり，……これをもってわたした

ちは洗礼を受け，また授ける」との歓声で迎えられた（ACO 2, 1, 1:79）．このような反応から明らかな通り，当時，それぞれの*地域教会の*洗礼信条はニカイア信条と同一視されていた．実際にアンキュラの*マルケロスは，*ローマ信条すら「ニカイア信条」として引用する（DS 11）．

宮廷側にとって，首都教会の洗礼信条を採択した公会議の権威を高めることは重大な関心事であったに違いない．なぜなら，その規定第3条は初めて*ローマに次いで*コンスタンティノポリスの地位を承認しているからである．これはまた，*アレクサンドリア周辺において本信条が黙殺された理由の一つであったかもしれない．

〔エピファニオス信条〕サラミスの*エピファニオスは374年に著した『錨を下ろした者』の終わりに，本信条をカルケドン公会議議事録とほぼ同じ形で引用している（DS 42）．*ホートや*ハルナックによれば，本信条はエピファニオスの作であり，第1コンスタンティノポリス公会議の権威を高めるため，首都関係者によってその資料に挿入された．E. *シュヴァルツによれば，それは実際に同公会議の作であり，『錨を下ろした者』の写本筆者により元来のニカイア信条に取って代わられた．実際，エピファニオスはそれを「ニカイア信条」として導入するので（PG 43: 232），元来のニカイア信条を引用していたことを必ずしも否定できない．リッター（Adolf Martion Ritter, 1933- ）によれば，エピファニオス自身が本信条の編集者であり，穏やかな表現で聖霊の神性を解き明かしているので，第1コンスタンティノポリス公会議においてマケドニオス派に提示され，後者の拒否にもかかわらず採択された．リッターの説は，上述した最古の証言やカルケドン公会議の議事進行にも合うので，現在ほぼ定説となっている．

〔基本的要素〕エピファニオス信条はニカイア信条をほぼ全面的に含んでいるが，本信条ではキリストにより「天と地において」万物が造られたとの表現が欠落している．本信条ではさらに「すなわち，父の本質から」と「神からの神」も欠落しているが，いずれも他の表現のうちに含まれている．

エピファニオス信条は，キリストが「聖霊と処女マリアから人となり」「ポンティオ・ピラトのもとで十字架につけられ」「葬られ」「復活した」とのいずれの表現をもローマ信条から継承している．

さらに，エピファニオス信条はエルサレム教会の洗礼信条（DS 41）から，まずキリストについて「すべての世に先だって」生まれ，「栄光のうちに」来臨し，「その支配は終わることがない」を継承する．聖霊については，「預言者を通して語った」もエルサレム信条に由来し，さらに教会，洗礼，罪のゆるし，復活，永遠の命に関する宣言も多少訂正された形だがエルサレム信条に由来する．

【教理史的位置づけ】カルケドン公会議後，本信条はまず東方各地に広まり，第3*トレド教会会議（584）以降，しだいに西方にも及び，11世紀以来*ローマ典礼に入っている．

〔キリスト論〕神とキリストに関する箇条はニカイア信条とほぼ一致している．カルケドン公会議において，「聖霊と処女マリアから人となり」は*アポリナリオス派を拒否する箇所として引き合いに出されたが（ACO 2, 1, 1:91），元来はローマ信条に由来するので，反アポリナリオス的意図をみるのは難しい．

エルサレム信条から導入された追加のうち，「その支配は終わることがない」は明らかに論駁的意図を窺わせる．エルサレムの*キュリロスは348-50年頃，「キリストの支配は終わることがある」と主張する者を論駁し，その異端は「最近ガラテヤに現れた竜の別頭にほかならぬ」と指摘する（PG 33: 909）．これはアンキュラのマルケロスとその門弟*フォテイノスのことを指すに違いない．両者は*サベリオス派と同様，キリストを神の救済史的顕現様態の一つとみなし，*神の言葉の*受肉が世の終わりにその目的に達するとき，キリストにおける神性と人性の結合は解消され，神の言葉が父の内面に戻るとした．当時作られたすべての東方信条はキリストの永遠性を力説しており，エルサレム信条は初めてその支配の永遠性を力説するため，*マリアへのお告げ（ルカ1: 33）を引用する．

〔聖霊論〕聖霊に関する箇条は「預言者を通して語った」を除き，エピファニオスの作と思われる．「主であり，命を与える方であり，父から発出し，父と子とともに礼拝され，あがめられる」．父と子との関係について明言されている「*同一本質」がここで聖霊に適用されていないことは，ナジアンゾスのグレゴリオスを怒らせたであろう．他方，カイサレイアの*バシレイオスも一貫して，聖霊について抽象的概念のかわりに，聖書および典礼の用語を用いた．マケドニオス派も，バシレイオスの典型的な用語を再認知できたからこそ，本信条の受理を拒否したのであろう．

この箇条の根本主張は，聖霊が父と子と同等の礼拝に値するということに尽きる．同様に，バシレイオスも，「礼拝においては，聖霊を父と子より区別できない」と力説する（PG 32: 185）．聖霊が「主」と称されるのは，その神性を一層明確に表現するためである．旧約のギリシア語訳において，これは*ヤハウェに代わる*神の名であり，新約においてキリストに転用されている．ここでは形容詞化されているものの（〔ギ〕to kyrion），バシレイオスの聖霊論に精通する者にとって聖霊の神性を明言するものである．バシレイオスによれば，万物は「神性と被造物」ないしは「主と僕」に分類されており（PG 29: 659），聖書において聖霊も「主」と呼ばれているから神性に属する（PG 32: 173）．「命を与える」ことも神に固有の働きであり，バシレイオスが力説するように，聖書（ロマ 8: 10-11；ヨハ 6: 63）はこれを聖霊に帰する（PG 29: 663; 32: 173）．

中世において，聖霊は「父から発出する」（ヨハ 15: 26 参照）との表現は東西両教会対立の種となったが，元来の意図は子と聖霊との区別を示唆することである（→聖霊発出論争）．マケドニオス派によれば，キリストは神から生まれたから子であり，これに加えて聖霊の神性を認めるならば，神にはキリストと聖霊の双子があるとの結論になる．これに答えてナジアンゾスのグレゴリオスは，ヨハネ書 15: 26 を引き合いに出し，神的起源関係を表すには「誕生」のほかに「発出」があると指摘す る．「聖霊は父から発出するかぎり被造物ではない．生み出されないかぎり子でもない」（PG 36: 141）．

〔フィリオクェ〕第3トレド教会会議により引用された形で「聖霊は父から発出する」に「子からも」（*フィリオクェ，〔ラ〕filioque）が追加され，現在まで*東方正教会にとって分離の主要原因となっている．「聖霊が父と子から発出する」との教理自体は問題ではない．少なくとも古代，中世において，それは*西方教会特有の教理として容認されていた．ただし，その教理を合同信条のうちに宣言することは，他の諸教会の教理をけなす行

ニカイアしんじょう

為であるのみならず、*エフェソス公会議以来の公会議により繰り返された信条修正の禁令を犯す行為でもあるとされている。第2*リヨン公会議は再合同の条件として東方正教会に「フィリオクェ」の追加を要請したが、*フィレンツェ公会議は西方教会だけにその保持を許すことを東方正教会に要請した。現在、フィレンツェ公会議の解決を最良とみなす神学者は多く、「フィリオクェ」の削除を求める声もある。第1コンスタンティノポリス公会議の1,600周年にあたって著した書簡において、教皇*ヨアンネス・パウルス2世は「フィリオクェ」を省いた形で本信条を引用している (AAS 73 (1981) 515).

【原文】DS 150.

【文献】カ大 3: 837-38; キ大 775; RE 11: 12-28; RGG³ 4: 1454-55; LThK² 7: 938-40; TRE 19: 518-24; H. J. マルクス「中世期における東西の分裂」『日本の神学』19 (1980) 32-58; 同「聖霊の発出」『エイコーン』4 (1990) 4-14; 5 (1991) 2-14; F. J. A. HORT, *Two Dissertations* (Cambridge 1876); E. SCHWARTZ, "Das Nicaenum und Constantinopolitanum auf der Synode von Chalkedon," ZNW 25 (1926) 38-88; I. ORTIZ DE URBINA, *Nicée et Constantinople* (Paris 1963) 182-205: A. M. RITTER, *Das Konzil von Konstantinopel und sein Symbol* (Göttingen 1965); J. N. D. KELLY, *Early Christian Creeds* (London 1950 ³1972) 296-367; H. J. MARX, *Filioque und Verbot eines anderen Glaubens auf dem Florentinum* (Sankt Augustin 1977); B. M. WEISCHER, "Die Glaubenssymbole des Epiphanios von Salamis und des Gregorios Thaumaturgos im Querellos," OrChr 61 (1977) 20-40; ID., "Die ursprüngliche nizänische Form des ersten Glaubenssymbols im Ankyratos des Epiphanios von Salamis," ThPh 53 (1978) 407-14; A. DE HALLEUX, "La profession de l'Esprit-Saint dans le symbole de Constantinople," RTL 10 (1979) 5-39; R. STAATS, "Die Basilianische Verherrlichung des Heiligen Geistes auf dem Konzil von Konstantinopel 381," KuD 25 (1979) 232-53; ID., "Das Nicaeno-Constantinopolitanum als Fundament für die Einheit der Kirchen?," IThQ 48 (1981) 212-27; A. MEREDITH, "The Pneumatology of the Cappadocian Fathers and the Creed of Constantinople," IThQ 48 (1981) 196-211; B. SCHULTZE, "Die Pneumatologie des Symbols von Konstantinopel als abschließende Formulierung der griechischen Theologie (381-1981)," OrChrP 47 (1981) 5-54; ID., "Das Filioque bei Epiphanius von Cypern (im Ancorotus)," OstKSt 35 (1986) 105-34; K. L. LEHMANN, W. PANNENBERG, eds., *Glaubensbekenntnis und Kirchengemeinschaft* (Freiburg, Göttingen 1982); T. PIFFL-PERCEVIC, A. STIRNEMANN, eds., *Das gemeinsame Credo, 1600 Jahre seit dem Konzil von Konstantinopel* (Innsbruck, Wien 1983).

(H. J. マルクス)

ニカイアしんじょう　ニカイア信条

〔ラ〕Symbolum Nicaenum, 〔英〕Nicene Creed, 〔独〕Nizänum, Nizäisches Glaubensbekenntnis, 〔仏〕Credo de Nicée *コンスタンティヌス大帝が召集した第1*ニカイア公会議で325年6月19日に定められた*信条。最も重要な*信仰告白文書の一つ。信条の本文はカイサレイアの*エウセビオス(『教区の信徒への手紙』PG 20: 1540)、アレクサンドリアの*アタナシオス(『皇帝ヨウィアヌスへの書簡』, PG 26: 817)、カイサレイアの*バシレイオス(書簡 125, PG 32: 548)等が伝えている。ラテン語訳は、例えばポアティエの*ヒラリウスが残している(『会議について』PL 10: 536A)。信条本文の編者は不明だが、皇帝にも助言できる立場にあった議長コルドバの*ホシウスの影響は大きかったであろう。一般に、パレスチナの*カイサレイアで用いられていた*洗礼信条(「神からの神、光からの光」などが特徴的)を基にしたとされ、その*キリスト論的内容が大部を占める古来からの*三位一体的信仰告白に、さらに*アレイオス派の神学を反駁する「父の本質から (〔ギ〕ek tēs ousia tou Patros)……造られず、生まれた (gennēthenta ou poiēthenta) 方」とか「父と同一本質 (homoousion toi patri) の方」などの表現が挿入され、終わりに異端説排斥(*アナテマ)の締めくくり文が続いている。*教理史的にみれば、*教導職による最初の公式的信仰決議文である。本文中、聖書にみいだされない*本質 (ousia) や*同一本質 (homoousios) 等の哲学的表現が用いられているが、それにより、イエス・キリストが*神の子、すなわち、造られずして父(→父なる神)から生まれ、父の神性を受け、父と同一本質の方であることが宣言されている。この信条は4世紀の*教父ばかりでなく、古代の全教会から*正統信仰の試金石のように理解されていた。

【原文】DS 125.

【文献】DH 62-64; LThK² 7: 968-69; カイサレイアのエウセビオス「教区の信徒への手紙」小高毅訳『中世思想原典集成』2 (平凡社 1992) 53-64; J. N. D. KELLY, *Early Christian Creeds* (New York 1950 ³1981) 205-62.

(鳥巣義文)

ニカシウス〔ランスの〕 Nicasius

(?-407 または 451) 殉教聖人(祝日 12月14日)、ランス大司教。400年頃大司教に任命。5世紀初頭に建立された*ランスのマリア大聖堂はニカシウスによる。司教とともに彼の妹エウトロピア (Eutropia)、助祭フロレンティヌス (Florentinus)、朗読者ユクンドゥス (Jucundus) が407年*ヴァンダル族によって、あるいは451年*フン族によって処刑され殉教を遂げた。

【史料】MGH. SS 13: 417-20.

【文献】BSS 9: 853-58; LThK³ 7: 801. (鈴木宣明)

ニカラグア

正式国名：ニカラグア共和国、〔西〕República de Nicaragua,〔英〕Republic of Nicaragua. 面積：13万km². 人口：494万人(1999年現在). 言語：スペイン語(公用語). 宗教：カトリック89％、プロテスタント11％.

【キリスト教の歴史】ニカラグアへの宣教はスペイン人の植民とともに始まり、グラナダ (Granada) やレオン (León) などの都市の建設とともに進められた。1522年、最初の宣教師としてジル・ゴンサレス・ダビラ (Gil González d'Avila) が到来し、1524年にはグラナダに*フランシスコ会の教会が建てられた。続いて*メルセス修道会、*アウグスチノ会、*ドミニコ会、*イエズス会などの宣教師たちが続々と派遣され、初期の宣教は比較的順調に進められた。先住民の部族長たちは好意的にキリスト教を受け入れ、改宗者も多かった。

1700年、フランスの*ブルボン家がスペインの王座に就くと、状況が一変し、教会財産は国有化された。また、1757年にイエズス会がスペイン全領土から国外追

放されると，ニカラグアの教会の力は著しく弱まった．その後も，ナポレオン一族によるスペインへの内政干渉がきっかけとなって宗主国スペインの政局が乱れたため，ニカラグアでは独立への気運が一気に強まった．独立に向け，国内は革新派が主流となり，旧体制の代表格として聖職者は疎まれ，その社会的地位は低下した．

【19-20世紀】1823年の独立宣言調印により，この地に中央アメリカ連邦共和国が成立した．この宣言では，他の宗教を排して，カトリックが連邦共和国の国教であると規定された．しかしこの連邦共和国はわずか15年で解体し，1838年，ニカラグア共和国として完全な独立国家となった．当時，国家の経済的基盤が脆弱だったため，政府はカトリック教会の財産に注目した．教会は，ニカラグアの独立に関して消極的な姿勢をとったので，これが後に教会活動の復興や再建の動きを鈍らせる一因となった．19世紀後半，保守党政権により政治的に平穏な時期が続いたが，1893年には自由党に政権が移り，自由主義者のセラヤ (José Santos Zelaya, 1853-1919) が大統領として権力をふるった．1909年からはアメリカ合衆国が直接介入してセラヤも失脚，保守党政権に移行した．これをきっかけに教会の復権の動きも始まった．1912年，教皇 *ピウス10世は，ニカラグアをグアテマラから分離し，翌年，マナグア (Managua) を大司教区に昇格させて，グラナダ，レオンの各司教区とブルーフィールズ (Bluefields) *代牧区を設けた．組織が整った教会は司牧活動も活発化し，宣教師とともにニカラグア人の司祭たちも精力的に活動した．

アメリカの干渉がたびたび行われるなか，1927年に軍人サンディーノ (Augusto César Sandino, 1895-1934) は反米ゲリラ闘争を開始，1933年のアメリカ軍の撤退後，武装解除したが，翌年，国家警備隊司令官ソモサ (Anastasio Somosa Garcia, 1896-1956) によって暗殺された．ソモサは1937年に大統領に就任し，独裁政治を確立，その後，1979年までソモサ家がニカラグアを支配することになった．これに対して反ソモサ勢力が現れ，なかでも1961年に結成されたサンディニスタ民族解放戦線 (Frente Sandinista de Liberación Nacional, 略称FSLN) は，武装闘争を通じての社会主義革命実現を目指してゲリラ活動を行い，反ソモサの中心勢力となった．

【教会の変化】当時の教会は，貧困に苦しむ人たちや農民が抱える問題を解決する力もなく，また台頭する *マルクス主義への対応も遅れていた．カトリック教会の無力化に反比例するかのように，プロテスタントの各派はニカラグア国内各地，とりわけ北部太平洋地域に進出し，勢力を増していった．新たな社会情勢に対応する必要性をカトリック教会が自覚するきっかけとなったのは，第2*ヴァティカン公会議と何よりも1968年のメデリン (メデジン Medellín) で開催されたラテン・アメリカ司教会議であった．同会議の翌年，マナグアで開かれた司牧研修会では，教会と民衆の間の壁を打ち破っていく司牧計画が検討され，信徒の司牧担当者や共同体の信徒リーダーの役割が認知された．1971年の全国司教会議は『政治体制内での信仰の証しとキリスト教的活動の義務』(Deder del testimonio y de la accion cristiana en el orden politico) と題する教書を発表した．その後，司教会議はニカラグアの社会的・政治的・経済的現状に強い懸念を示し，各種の意見書を発表した．1972年の大地震とその後のソモサ政権崩壊までの間，教会はさまざまな救済活動で指導的な立場をとり，国民の間から信頼を得るようになった．

1979年7月，FSLNによってソモサ政権は打倒され (サンディニスタ革命またはニカラグア革命)，民族再建政府が樹立された．新政権に対して，教会は毅然とした態度を取り続けた．1979年11月に発表された『新ニカラグアの義務』(Compromiso para una Nicaragua Nueva) と題する教書には，階級闘争としての *社会主義を「階級間の憎しみの争いではない」として認めつつも，教会は *民主主義によるニカラグアの再建を強く支持することを明言し，教会が何の制限も受けずに民衆に奉仕できる権利を要求している．教会は人権の尊重，囚人の保護，民主主義国家の建設，そして教会の自由を保護するために機会を逃さず，特別司教教書を次々と発表した．これに対し，政府はマルクス主義を主張したため，双方は激しく対立した．この結果，司教や16人の司祭が国外追放となった．政府には，教会から当時司祭職を停止されていた3人の司祭が大臣として入閣しており，教会内にも進歩派，サンディニスタ派と称する一派が存在していた．彼らは伝統的な教会制度を鋭く批判し，人民教会 (Iglesia Popular) を形成した．

他方，サンディニスタ政権に反対し，アメリカの軍事援助のもと自由と民主主義の奪回を図る反革命勢力コントラ (Contra) が組織され，1982年に内戦が勃発，5万人以上の犠牲者が出た．1983年3月，ニカラグアを訪問した教皇 *ヨアンネス・パウルス2世は，人民教会を否定したうえで，サンディニスタ政権に対して，民主主義に基づいた新ニカラグアの建設のための対話を促したが，好結果は得られず，サンディニスタ派を支持する教会との間にも緊張が高まった．隣国コスタリカの大統領アリアス (Oscar Arias Sánchez, 在職1986-90) の主導による調停委員会の監視のもと，和平交渉が進められる一方，教会も調停に乗り出し，1990年の大統領選挙による中道政権の誕生によって和平交渉は進み，同年，内戦が終結した．しかし，その後も，政治・経済上の問題は多く，左右の対立が続いている．カトリック教会は1990-93年の教会会議において，内戦および独裁政権以後のニカラグアの新しい方向づけを探り，*信徒使徒職，*教会基礎共同体，社会司牧などの促進を打ち出している．

【現勢】1999年現在，カトリック信者数440万2,000．大司教区: 1. 司教区: 6. 使徒座代理区: 1. 小教区: 239. 教

にぎりゃくせつ

区司祭: 258. 修道司祭: 159. 終身助祭: 37. 信徒修道士: 82. 修道女: 932.
【文献】世キ百 603-606; LThK³ 7: 800-801; NCE 10: 435-36; WCE 522-24; E. D. Dussel, *Historia de la Iglesia en América Latina* (Barcelona 1974); J. Suñol, *Insurrección en Nicaragua: la historia no contada* (San José 1981); F. Francou, *L'Eglise au Nicaragua: l'escalade de la violence* (Paris 1988); P. J. Williams, *The Catholic Church and Politics in Nicaragua and Costa Rica* (Pittsburgh 1989). (A. メンドーサ)

にぎりゃくせつ 『二儀略説』 江戸時代初期になった天文・地理書. 写本(上下 2 巻 1 冊, 103 丁)が国立公文書館内閣文庫に伝わる. 巻末の大江意敬の識語(1715)から *小林謙貞の著とされている. これまで沢野忠庵(*フェレイラ)の *『乾坤弁説』の流れを汲む書と紹介されてきたが, キリシタン時代の *コレジョで教科書として使用されたゴメス著 *『コンペンディウム』の第 1 部 *「天球論」をもとにしていることが明らかになった. 上巻は天文学, 下巻は四大説による自然科学と地球物理学, すなわち, 天文・地理の二儀を扱っている.
【文献】『近世科学思想・下』日本思想大系 63 (岩波書店 1971); 尾原悟編注『イエズス会日本コレジヨの講義要綱』1 (教文館 1997). (尾原悟)

にく 肉 → サルクス

にくしみ 憎しみ 〔ヘ〕śin'ā, 〔ギ〕misos, 〔ラ〕odium, 〔英〕hatred, 〔独〕Haß, 〔仏〕haine
【聖書】憎しみは *愛の対極にある心の状態であるが, 人の心はその両極を揺れ動くものである. アムノンのタマルに対する愛情から憎しみへの急激な変化はそうした事情を表している(サム下 13: 15. ほかに申 22: 13; 士 14: 16 参照). また, 憎む(〔ヘ〕Sānē')という動詞が憎しみそのものではなく, それほど愛してはいないという微妙な心のニュアンスを表す用語法(セミティズム)として聖書では用いられることがある. *レアが *ヤコブから「疎んじられている」(「憎む」の受動分詞)と訳されるのは, *ラケルに比較してレアがさほど愛されていないという意味においてである(創 29: 31-33 参照). 同様に「一方は愛され, 他方は疎んじられた(憎まれた)」(申 21: 15)も, また「わたしはヤコブを愛し, エサウを憎んだ」(マラ 1: 2-3; ロマ 9: 13)というのも, 神が *エサウを憎んだというのではなく, ヤコブが選ばれ, エサウよりも好まれたという意味である. この用語法は新約聖書では, 神と富(マタ 6: 21, → マモン), *弟子の条件(ルカ 14: 26 等参照)にもみられる. さらに *十戒のなかで神は, 自分を憎む(否む)者には父祖の罪を子孫に問うが, 愛する者には慈しみを代々に与えるという. それは神の一途な愛, 熱情(→ 妬み)に基づくものである(出 20: 5; 申 5: 9). イエスは「心の中で兄弟を憎んではならない」(レビ 19: 17)という憎しみの禁止を発展させ, 敵を愛せよ(マタ 5: 44), 憎む者に親切にせよ(ルカ 6: 27)と教える. ヨハネ文書では兄弟を憎む者は闇のなかにおり(1 ヨハ 2: 9-11), 人殺しであるという(3: 15). イエスの死は愛に基づくもので(3: 16), その死によって憎しみの敵意を滅ぼしたからである(エフェ 2: 14-16). イエスが人々から憎まれたように(ヨハ 7: 7; ルカ 19: 14 参照), 弟子たちもまた憎まれるという覚悟が求められている(マタ 10:22; 24: 9 等参照). (柊曉生)

【神学】憎しみとは愛に反する行為の一つである. ある対象に対して積極的に憎悪の感情を抱き続け, それに付随する行為に出ることでもある. キリスト者にとって愛は絶対命令であることから, 憎しみは神に対してばかりでなく隣人に対しても敵意を抱くことにもなる. 愛はキリスト者にとって, 他の *徳の基礎となるべき特別の位置を占めている. 愛の徳に反する最大の *罪としてまず, 神への憎しみがあげられる. 本来人間は善に傾き, 不完全であってもその最奥に, 神を感じ, 神を愛するよう方向づけられているのにもかかわらず, 神を憎むことができるとは, 不可解な謎である.

さらに, 憎しみは *真理の霊, 愛の源泉である *聖霊に対する罪とされることもある. 愛の源は神であり, その対象は神の *属性と神が造ったすべての *被造物に向けられるべきものである. 憎しみはそれゆえに, 神とその属性ならびに被造物に対する悪意となって現れる. このような憎悪の根底には, 誤った神の概念や, 受けた教育による反応が働いている場合も多い. しかしながら, 理性と想像力を歪める憎悪が存在することも確かである.

愛に反する憎しみの行為は, 意図的ないし習慣的に人間が本来方向づけられている愛の行為である神と *他者への尊敬に欠ける行為として現れる. それゆえ, ここで注意すべきは, 自由にかつ故意にそのような行為に出るかどうかである. 憎しみと感情のレベルで生じる敵意, 毛嫌いないし不愉快な感情とは区別されるべきである. このような感情は人間につきものであり, 最初から人の *意志と関係して生じるものではないからである.

被造物, 特に他者への憎しみは, 愛の源であり他者をも自己と同じように愛する神への憎しみとなる. 神への愛は具体的な生活のなかで実現されていくのである. 「『神を愛している』と言いながら兄弟を憎む者がいれば, それは偽り者です. 目に見える兄弟を愛さない者は, 目に見えない神を愛することができません. 神を愛する人は兄弟をも愛すべきです」(1 ヨハ 4: 20-21). すべての人がその生において何らかのかたちでキリストの *救いにあずかり, 真理を知るようになることを望んでいるキリスト者は, 自己の個人的な敵ばかりでなく, 教会の敵をも愛するように呼ばれている. 他者を憎む者は, キリストを憎むことにもなるというのが聖書の教えである(マタ 25: 41-46 参照). この場合, 「過ちや罪を憎んで, 人を憎まず」という根本原則は保持されなければならない. 教皇 *ヨアンネス 23 世は「過ちをおかす者はつねに人間であり, どんな場合でも人間の尊厳を保っている」といっている.

他者への愛は自己への愛を前提条件とする(マタ 22: 39 参照). したがって神と人への憎しみは, 自己嫌悪を含む間違った自己愛に基づくことが多い.
【文献】聖書思 658-61; B. ヘーリンク『キリストの掟』3, 渡辺義愛訳(中央出版社 1968) 154-57; B. Häring, *Das Gesetz Christi* (Freiburg 1954). (満留功次)

ニグリツィアせんきょうしゅうどうじょかい ニグリツィア宣教修道女会 〔伊〕Suore Missionarie, Pie Madri della Nigrizia 教皇庁立女子修道会. 司教コンボーニ(Daniele Comboni, 1831-81, 列福 1996)によって, イタリアの *ヴェローナでアフリカ宣教を目的として 1872 年に創立され, 1874 年管轄司教によって認可, 1912 年には *聖座によって *会憲が最終的に認可された. 修道会名からも明らかなように, 宣教を直接

の目的として創立されたイタリアでは最初の女子修道会．創立当時は＊コンボーニ宣教会と同様，アフリカ大陸における宣教が目的であったが，今日では他の地域，中東・中南米諸国にも活動範囲を広げている．1997年現在の施設230，会員数1,873名．総本部はローマ．
【文献】AnPont (1999) 1620; DIP 6: 1678–80; A. GILLI, *Mons. Daniele Comboni e la fondazione delle Pie Madri della Nigrizia* (Verona 1972). （和田誠）

ニーグレン Nygren, Anders Theodor Samuel (1890.11.15–1978.10.20) スウェーデンの組織神学者．イェーテボリ (Göteborg) 生まれ．スウェーデン教会牧師 (1912)，ルンド大学組織神学教授 (1924–48)，＊ルンドの監督 (1949–58)，ルーテル世界連盟の初代議長 (1947–52) を務め，世界教会運動 (→ 教会一致促進運動) に貢献した．＊組織神学の分野では＊アウレンと並び，スウェーデンを代表する神学者．特に，根本動機探究法 ([スェ] Motivforkningen) を用いて，ルンド学派の＊ルター研究を集大成した．『アガペーとエロス』(Den Kristna Kärlekstanken genom tiderna, Eros och Agape, 1930–36) を著し，無条件的な神の＊愛 (＊アガペー) と，下から上へという人間中心的な愛 (＊エロス) との二つのモチーフが歴史上たどった過程を解明した．
【主著】*Religiöst A priori*, 1921; *Den Kristna Kärlekstanken: Eros och Agape*, 2 v., 1930–36: 岸千年，大内引助訳『アガペーとエロス』全3巻 (新教出版社 1954–63); *Pauli brev till Romarna*, 1944: 岸千年訳『ローマ人への手紙講解』(ルーテル社 1959).
【文献】キ人 1015; キ大 776; 哲学事典 1045. （茂洋）

ニケア → ニカイア

ニケタス〔コンスタンティノポリスの〕 → イグナティオス〔コンスタンティノポリスの〕

ニケタス〔殉教者〕 Niketas 聖人 (祝日9月15日)．確実な歴史的証言はなく，完全な伝説的記述に基づく殉教聖人．ギリシア人殉教伝は彼をローマ皇帝＊マクシミアヌスの子，殉教地を＊ニコメデイアと記している．また大殉教者＊ニケタスと同一視されている．300年頃にニコメデイアでニケタスという名の殉教者が実在したことは確かとされる．
【文献】BSS 9: 888; LThK³ 7: 842; H. DELEHAYE, "Saints de Thrace et de Mésie," AnBoll 31 (1912) 286–87. （鈴木宣明）

ニケタス〔大殉教者〕 Niketas (?–370/72) 聖人 (祝日9月15日)．＊西ゴート人の王アタナリック (Athanaric, ?–381) の迫害下に殉教したゴート人カトリック教徒．ギリシア人殉教伝は貴族出身，高位の人と記している．遺体は375年頃モプスエスティア (Mopsuestia) に埋葬され，その上に＊バシリカが建立され，さらに12世紀には＊コンスタンティノポリスの聖ニケタス教会に安置されたといわれるが，これは14世紀に＊ヴェネツィアのサン・ラファエレ教会に移葬されたという．
【文献】LThK³ 7: 843; H. DELEHAYE, "Saints de Thrace et de Mésie," AnBoll 31 (1912) 209–15, 281–86. （鈴木宣明）

ニケタス〔レメシアナの〕 Niketas (340頃–414頃) レメシアナ (Remesiana, 現在のユーゴスラヴィアのベラ・パランカ Bela Palanka) の司教，著作家．名はギリシア的だが，＊西方教会に属す．生涯については，ノラの＊パウリヌスの著作などが伝えるのみである．主要な著作は『洗礼志願者のための洗礼についての教えの六つの書』(Competentibus ad baptismum instructionis libelli sex) で，＊洗礼志願者に対するさまざまな教えを説明している．第1＊ニカイア公会議の教えに基づき，エルサレムの＊キュリロスの教理教育書を使って，＊アレイオス派に対して御子の＊同一本質を擁護した．また信条の説明のために，＊聖徒の交わり ([ラ] communio sanctorum) という用語を初めて使用した．説教集では，土曜日と日曜日の＊徹夜の祈りの行い方についての説教 (De vigiliis) やその祈りにおいて詩編や＊賛歌を歌うことの重要性を説いた『詩編歌の善さについて』(De psalmodiae bono) などが有名．＊テ・デウムの作者という説もある．
【文献】キ人 1016; LThK² 7: 974–75; RGG³ 4: 1484. （英隆一朗）

ニケタス・コニアテース Niketas Choniates (1155/57–1217) ＊ビザンティン帝国の歴史家，神学者．＊フリギアのコナイ (Chonai) に生まれ，＊コンスタンティノポリスで学ぶ．政界に入り，フィリッポポリス (Philippopolis) の総督時代には，皇帝・赤髭王＊フリードリヒ1世の＊十字軍 (第3回) に遭遇した．後に元老院議員にもなる．ビザンティン皇帝イサキウス2世 (Isacius II, 在位 1185–95, 1203–1204) 治世下に皇帝秘書官を務め，1202年第4回十字軍によるコンスタンティノポリス陥落の後，＊ニカイアのテオドロス1世・ラスカリス (Theodoros I, Laskaris, 在位 1205–21) の亡命政権のもとに落ち延び，同地で没した．神学者としては＊エウテュミオス・ジガベノスの異端論駁書『教理の甲冑』を増補する意図で『正統信仰の宝』全27巻 (Thēsauros tēs Orthodoxias) を著し，歴史家としては1118年から1206年までの『年代記』全21巻 (Chronikē Diēgesis) を著している．1185年の＊ノルマン人による帝国領侵略に関する歴史記述のゆえに中世ビザンティン帝国の最高の歴史家と評価されている．
【文献】LThK³ 7: 841; NCE 10: 439. （尾田泰彦）

ニケティウス〔トリールの〕 Nicetius (?–566.12.5) 聖人 (祝日12月5日)．フランク王国のリモージュ (Limoges, 現フランス中西部) に生まれ，＊トリールで没す．＊ベネディクト会の会員，修道院長．525年頃，国王テオドリック1世 (Theodoric I, 在位 511–34) によって，トリールの＊司教座に呼ばれ，熱心に聖職者の綱紀粛正と修道院の秩序回復，および荒廃した教会の再建に努めた．その厳格さゆえに国王クロタール1世 (Chlotar I, 在位 511–61) の恨みを買い560年に追放されたが，翌年ジギベルト1世 (Sigebert I, 在位 561–75) によって復権した．535年＊クレルモン・フェラン，549年＊オルレアン，551年＊パリの各教会会議に出席し，550年＊トゥールの会議を主宰した．東ローマ皇帝＊ユスティニアヌス1世との交通は彼の影響力の大きさを語るものである．
【文献】キ人 1016; NCE 10: 441. （千葉佳子）

ニケティウス〔ブザンソンの〕 Nicetius (?–679

ニケトゥス〔トリールの〕

以前）聖人（祝日2月8日）．フランスの*ブザンソンの司教で，*リュクスーユの大修道院長であったヴァルデベルト（Waldebert, ?-670）と親交を結んだことで知られる．正確な生没年は不明だが，おそらく679年以前に死亡したと思われる．9世紀終わりからブルゴーニュ地方で彼への*崇敬が高まり，*聖人とされた．
【文献】LThK² 7: 941. （伊能哲大）

ニケトゥス〔トリールの〕 → ニケティウス〔トリールの〕

ニケフォロス〔コンスタンティノポリスの〕 Nikephoros

(750/58-828. 4. 5) *コンスタンティノポリスの総主教（在職806-15），*聖画像破壊論争の第2期に破壊に反対した神学者．初め第2*ニカイア公会議に皇帝の秘書として出席し，その後いったん宮廷より退くが，806年皇帝ニケフォルス1世（Nicephorus I, 在位802-11）の要請によりコンスタンティノポリス総主教となる．ただし，このときはまだ信徒だった．その後皇帝*レオ5世が*イコン排斥に回ったため，これに反対し，815年に追放された．プロポンティス（Propontis）の修道院で没す．神学者としてもまた歴史家としても知られ，775年から87年の間に書かれた『歴史要略』（Historia Syntomos）や『年代記要略』（Chronographikon Syntomon）などの著書がある．
【著作校訂版】C. DE BOOR, ed., Opuscula historica, 1880; C. MANGO, ed., Short History, 1990.
【文献】LThK³ 7: 839-40; A. P. KAZHDAN, ET AL., eds., The Oxford Dictionary of Byzantium, v. 3 (New York 1991) 1477. （大森正樹）

ニケフォロス〔ミレトスの〕 Nikephoros

(920頃-1000頃) 聖人（祝日6月2日），ミレトス（Miletos）の司教．*コンスタンティノポリスで教育を受け，同地で*ビザンティン皇帝の宮廷付司祭となる．965年軍に随行してシチリアへ赴く．帰還後，司教叙階．ビザンティン皇帝との教会財産をめぐる争いに抵抗．後に司教職を辞してラトモス（Latmos, またはラトロスLatros）で*修道生活に入り，二つの修道院を創立した．
【文献】BSS 9: 886; LThK² 7: 972. （久野暁子）

ニケフォロス・カリストロス → クサントプロス

ニケフォロス・キュムノス Nikephoros Chymnos

(1250/55-1327. 1. 16) *ビザンティン帝国の政治家，著作家．皇帝アンドロニクス2世（Andronicus II, 在位1282-1328）の宰相を務め，宮廷の高官たちを指導．修辞学・哲学（*プロティノスの霊魂論についてなど）・神学・自然学などの著述を行った．死の床で剃髪し，修道者として死去した．
【文献】LMit 2: 2055; LThK³ 7: 838. （大森正樹）

ニケフォロス・グレゴラス Nikephoros Gregoras

(1293頃-1359/61) *ビザンティン帝国の歴史家，神学者．ポントスのヘラクレイア（Herakleia）に生まれる．20歳のときに*コンスタンティノポリスに上る．人文学者・政治家のテオドロス・メトキテス（Theodoros Metokites, 1270-1332）および，総主教*ヨアンネス13世・グリュキュスのもとで学問を修め，教師として人文学，特に天文学の領域で頭角を現した．彼の業績は，神学・聖人伝・天文学・哲学・歴史学・文法学・文学にまで及び，法曹界でも活躍した．主著『ローマ史』（Rōmaikē historia）は政治史，神学史の上でも意義がある．グレゴラスは，当時台頭しつつあった身体修練を通して神との合一を図ろうとする*ヘシュカスモスに対して*ボゴミール派ないし*メッサリアネ派の異端をみて批判．論戦を重ねるが，1351年の主教会議の論争でヘシュカスモス派に破れて弾劾され，1354年までコラ（Chola）の修道院に幽閉された．
【文献】LThK³ 7: 838-39; NCE 10: 439. （尾田泰彦）

ニケフォロス・ブレミュデース → ブレミュデース

にげんろん 二元論 〔英〕dualism, 〔独〕Dualismus, 〔仏〕dualisme

*善と*悪，心と物など，二つの異なる*原理や*実体から世界を説明しようとする立場のこと．
【歴史】〔古代〕古代ギリシアにおいて，イオニアの自然学者たちは世界を単一の原理に還元しようとしたが，それに対して*ピュタゴラスとその学派は，世界の根本原理を数としながらも，そこにさらに「限定するもの＝善」と「限定されるもの＝悪」という区別を立て，それを現実の構成原理とした．これは後の*形相と*質料の区別という西洋哲学の骨格をなす二元性の萌芽であるともいえる．一方*パルメニデスは*存在の不変性，唯一性を主張したが，そこから導かれたのは日常世界を仮象とし，真なる存在と区別するという二元性であった．*プラトンはこれを*イデア界と現象界の二世界説を立てて説明し，以後この区別は*形而上学としての西洋思想の基本的枠組みとなった．

〔中世〕西欧中世のキリスト教哲学においては，当初新プラトン主義的な統一的世界理解と*三位一体論の折衷が主流をなしていたが，*アリストテレスの著作の受容によって形而上学的，*認識論的な仕方での二元論的枠組みがしだいに比重を増していく．

〔近・現代〕*ルネサンス以後の自然科学の発展は，世界を徹底的に認識の側から合理的に把握する要求を生み，ここに主観と客観的世界の二元論が成立する．*デカルトは思惟する精神と延長する物体とを異なる実体として立てたが，この両者の関係は*心身問題という難問を生み出した．こうした二元的思考を一元的に解決しようとする*スピノザ，*単子の*予定調和によって*多元論的に調停しようとする*ライプニッツなどが出てくる一方で，*カントは現象と物自体を区別する二元論にいきついたが，これはドグマというよりはむしろ，現実を*二律背反から救い出す認識批判の方法的自覚の形式と理解されるべきであろう．それ以後，近代的な思考は二元論という出発点を実践的に乗り越える道を模索することになる．

二元論の克服という主題は，20世紀においては心や*意識といった認識主観の働きを物理的過程に還元しようとする傾向において顕著に現れる．心脳同一説は，心を脳の状態と同一視する考え方であるが，そこでは意識などの心的現象の身分が完全に物理状態へと解消されてしまうという問題が残る．これに対し，*ライルなどの*行動主義は心を観察可能な振る舞いの束として捉えることによって，心的現象を物に還元せずに物理言語と整

合化することを目指し，また＊機能主義は心の働きを機械による計算と捉えて，心の内的状態を物理言語に翻訳可能なものと考えた．しかしながら，我々の日常的な信念においては，いまだ心を物理言語では語れない独自の領域として語ることが自然であると考えられており，最近ではデイヴィドソン (Donald Davidson, 1917-) が心的なものについての言語は非法則論的であり，法則論的な物理言語とは区別されるが，心的出来事と物的出来事は個別的出来事としては同一であるとするトークン同一性 (〔英〕token identity) を考え，非法則的一元論 (anomalous monism) を唱えている．

【現代的意義】現代において二元論は，克服されるべき形而上学的前提とされることが多い．確かに近世の二元論は，認識主観による理性的な世界把握の肥大化の温床となった．しかし我々の思考や認識が，真と偽，有と無などの二値的な形式において成り立っていることは否定し難い．さらには中世における＊信仰と理性の区別に象徴されるように，二元論は人間の能力と限界を認め，それを意識することによって現実に実践的な価値を生み出そうとする態度に通ずる面がある．また心身二元論にしても，人間の立たされている二律背反的状況を適切に表現しうる側面があり，これを一元的に説明しようとすること自体が，極めて近代主義的な万能感に支えられているといっても過言ではないと思われる．二元的な区別を実体化するのではなく，方法的な出発点として認識し，それを現実のなかで問い直していく必要があるだろう．

【文献】デカルト『省察』三木清訳（岩波書店 1950）；カント『純粋理性批判』天野貞祐訳（講談社 1979）；G. ライル『心の概念』坂本百大他訳（みすず書房 1987）: G. RYLE, *The Concept of Mind* (London 1949); D. デイヴィドソン『行為と出来事』服部裕幸，柴田正良訳（勁草書房 1990）: D. DAVIDSON, *Essays on Actions and Events* (Oxford 1980). （崎川修）

ニコデモ　Nikodemos　〔ラ〕Nicodemus

新約聖書のヨハネ福音書に伝えられているユダヤ教の＊ラビ (3: 1-21)，＊最高法院の議員 (7: 50-51)，＊ファリサイ派．アリマタヤの＊ヨセフとともにイエスの遺骸を葬る (19: 39)．ヨハネ福音書の 3 章のイエスとの対話は，事実報告というより，古代ユダヤ教がイエスの語る福音を理解できないことを象徴する物語的報告であろう．ニコデモもイエスを理解できないが，ヨハネ福音書では他のユダヤ人とは異なり，比較的好意的に記述されている (7: 50-52)．

【文献】R. SCHNACKENBURG, *Das Johannesevangelium*, v. 1 (Freiburg 1967) 377-93. （清水宏）

ニコデモス・ハギオリテース　Nicodemos Hagiorites

(1749-1809. 7. 14)　＊ギリシア正教会の聖人（祝日 7 月 14 日），修道者，神秘思想家．名前は「聖山（＊アトス山）のニコデモス」の意．ギリシアのナクソス (Naxos) に生まれ，＊スミュルナでアイオロス (Aiolos) につき＊修道生活に入り，後にアトス山で修道生活を送る．＊ヘシュカスモスの立場にあって伝統の改革に反対する保守的運動に参加し，正教会の奉神礼（＊典礼）と伝統の重要性を訴えた．ラテン語，フランス語，イタリア語に通じ，＊コリントの府主教マカリオス (Makalios, 1731-1805) とともに＊『フィロカリア』を編纂して＊ヴェネツィアより出版 (1782)，後世の修道生活に大きな影響を与えた．また，＊イグナティウス・デ・ロヨラの『霊操』をギリシア語に翻訳するなど，東西教会の＊霊性を両教会相互に紹介した功績も大きい．1955 年に聖人に列せられた．

【文献】LThK³ 7: 845; NCE 10: 458-59. （尾田泰彦）

ニコデモふくいんしょ　『ニコデモ福音書』　〔ラ〕Evangelium Nicodemi

新約聖書外典の一書．「ピラト行伝」（〔ラ〕Acta Pilati) ともいう．ギリシア語やラテン語，シリア語ほかの写本がある．序と 29 章からなる物語で，＊ピラトによるイエス裁判 (1-11 章．この部分のみピラトが登場する)，ユダヤ人によるイエス復活の審議 (12-16 章)，イエスの陰府下り (17-27 章) を主な内容とする．元来，各内容は別途にギリシア語で書かれたと思われるが，断定は不可能である．また部分的には古い口伝も含まれているようだが，ピラトによるイエス裁判の物語に続くかたちで，異なる物語が順次付加され，全体にわたっても改変拡張され，結局は 5 世紀前半に今日に伝えられているかたちに作成されたと考えられる．＊ローマ法に関する知識も乏しく (1-11 章)，文献としての価値と信頼性はあまりない．

【文献】TRE 3: 337;「ニコデモ福音書」外・偽典 6: 161-228, 422-39; C. VON TISCHENDORF, ed., *Evangelia apocrypha* (Leipzig ²1876) 210-486; A. DE SANTOS, "Los evangelios apocrifos," BAC 148 (Madrid ⁴1984) 394-535; W. SCHNEEMELCHER, ed., *Neutestamentliche Apokryphen*, v. 1 (Tübingen ⁶1990) 395-424. （清水宏）

ニコメデイア　Nikomedeia

マルマラ海東岸のイズミット湾奥に，良港とビテュニア (Bithynia) の広い肥沃な土地を擁し，ダニューブ（ドナウ）川流域から東方への幹線道路の通過地点として栄えた．現トルコ北西部イズミット (Izmit)．

メガラ人の植民都市オルビア (Olbia) の跡に，前 265 年頃＊ニコメデスによって建設され，ビテュニア王国の首都となる．前 74 年＊ローマ帝国に遺贈され，3 世紀半ばにはゴート族の略奪で被害を受けたが，歴代の皇帝の恩恵を受け，＊ディオクレティアヌスのときには東方皇帝の居所となる．＊コンスタンティノポリスの建設後も地方的首都として，リバニオス (Libanios, 314-93 頃) の哲学学校や影響力ある学園，武器工場，貧救院，聖堂，修道院などをもつ重要都市であり続け，8-9 世紀には商業的中心として商業管理役人の本拠地だった．しかし 9 世紀には防衛のために市は背後の丘の頂上に後退していた．1081 年＊セルジュク・トルコが＊ニカイアを占領すると，ニコメデイアはビザンティン皇帝アレクシウス 1 世 (Alexius I, 在位 1081-1118) の小アジア西海岸支配確保の根拠地となった．1204 年以後ニカイア帝国，＊ラテン帝国の間で支配が交代し，＊ビザンティン帝国復活後，1337 年に＊オスマン帝国が占領した．

ディオクレティアヌスは 303 年 2 月 24 日に，キリスト教徒がニコメデイアの宮殿を焼いたという理由で，聖堂の破壊と信者の追放を命ずるキリスト教迫害の最初の勅令を出した．府主教座として＊アレイオス派の主教＊エウセビオスのもとで重要な役割を果たすが，後に重要性はニカイアに移った．

【文献】M. ROSTOVTZEFF, *The Social and Economic History of the Hellenistic World*, 3 v. (Oxford 1941 ²1953); R. JANIN, *Les églises et les monastères des grands centres byzantins* (Paris 1975). （尚樹啓太郎）

ニコメデス

ニコメデス　Nikomedes（生没年不詳）　ローマの殉教者，聖人(祝日6月1日，9月15日)．*ローマの司祭で90年頃に殉教したといわれる．また，*ネレウスとアキレウスの殉教伝もニコメデスの殉教を伝えているが，信憑性はない．*ペトロニラとの関連も伝えられる．教皇*ボニファティウス5世はノメンタナ門にニコメデスに捧げる*巡礼所を築いたが，1864年にその*カタコンベが発見されている．
【文献】キ人 1017; BSS 9: 981-82; LThK² 7: 1002; LThK³ 7: 870; B. NÖEL, ed., *Dictionnaire historique des saints* (Paris 1964) 286.　　　　　（山口和彦）

ニコラ　Nicolas, Jean Jacques Auguste（1807. 1. 6.-1888. 1. 17）　フランスのカトリック護教家．*ボルドーに生まれ，ヴェルサイユ(Versailles)で没す．1867-77年*パリで宮廷顧問官を務めた．『イエス・キリストの神性』(La Divinité de Jésus-Christ, 1864)をはじめ，護教的な著作を数多く著し，広範な影響を及ぼした．
【文献】キ人 1018; LThK² 7: 948; NCE 10: 459-60.
　　　　　（坂田俊也）

ニコラ〔トレンティーノの〕　Nicola（1245頃-1305. 9. 10）　聖人(祝日9月10日)，イタリアの*アウグスチノ会会員．サンタンジェロ(Sant'Angelo)で生まれる．1271年司祭に叙階された後，イタリア中部のトレンティーノ(Tolentino)に赴き，以後約30年間同地で働く．路地，病院，牢獄など，あらゆる場所で熱心に説教をし，信者の厚い信頼を得ていたという．没後，同地の教会に残された遺体の一部は，しばしば*奇跡を起こしたと伝えられている．*ラファエロなど複数の画家による肖像画が残されているが，パンの入ったかごを手にしている姿で描かれることが多い．1446年，教皇*エウゲニウス4世により*列聖される．水夫の*守護の聖人．
【文献】キ人 1021; LThK² 7: 999; NCE 10: 456-57; ODCC² 1151; R. P. McBRIEN, ed., *Encyclopedia of Catholicism* (New York 1995) 918.　　　（高橋佳代子）

ニコラ・ド・ヴェルダン　Nicolas de Verdun（12世紀末-13世紀初頭活動）　ヴェルダン(Verdun, 現フランスのロレーヌ地方)出身のモザン派〔英〕Mosan School, ベルギー東部のムーズ川流域に11世紀末から13世紀初頭にかけて栄えた美術工芸の流派)の金工細工師(→貴金属工芸，金属工芸)．トゥールネ(Tournai)で没したと伝えられる．署名入り作品に，ウィーン近郊の*クロスターノイブルクの祭壇衝立(1181)，トゥールネ大聖堂の聖母マリア聖遺物匣(1205)がある．前者は，3列に配された板に複雑なタイポロジー的図像配置により，旧約場面とキリストの生涯が並べられている(→予型論)．これらの作品では，人体表現に自然主義的傾向と形態に対する感覚的なアプローチが感じられ，生命力と彫塑性をもった人間の描写がなされている．加えて人物の表情，動作や衣紋の動きの再現に注意が向けられている．こうしたニコラの作品は以降の造形表現に大きな影響力をもつことになる．
【文献】DA 23: 97-100; 小学館美術全集，ゴシック 2.
　　　　　（守山実花）

ニコライ　Nikolaj（1836. 8. 13-1912. 2. 16）　聖人(祝日，旧暦2月3日，新暦2月16日)．*ロシア正教会の宣教師，*日本ハリストス正教会の創立者．
【生涯】スモレンスク県ベリョーザ村(Beryoza)に輔祭の子として生まれる．本名はイヴァン・ディミートリエヴィチ・カサートキン(Ivan Dimitrievich Kasatkin)．ペテルブルク神学大学在学中にゴロヴニン(Vasilii Mikhailovich Golovnin, 1776-1831)の『日本幽囚記』(Zapiski o priklyucheniyakh v prenu u japontsev v 1811-13 godakh, 1816)を読み日本に関心をもつ．函館のロシア領事館付司祭として，1861年(文久元)に来日．*キリシタン禁制のもと，最初の約7年間は主に日本語の習得，日本史・日本文学の研究に従事し，伝道に備える．そして1868年(慶応4)澤辺琢磨(1833-1913)ら日本人3名にひそかに最初の洗礼を授ける．翌年いったん帰国し，日本伝道会社(宣教団)設立のために奔走する．1871年(明治4)に再び来日，拠点を東京神田の駿河台に移す．伝道学校(後の正教神学校)，露語学校，翻訳局を設置し，教育と聖書・各種奉神礼書(典礼書)の翻訳に取り組む．1901年にはニコライ訳新約聖書を刊行するなど心血を注いで伝道活動を行う．1891年には東京復活大聖堂(ニコライ堂)落成．『正教新報』(創刊1880)，『心海』(1893-99)などの雑誌も創刊する．また三井道郎(1858-1940)など神学校出身者をロシアに留学させ，次代の指導者を養成する．日露戦争時には苦境に陥ったが，日本に正教を根づかせ，東京で没す．
1870年に掌院，1880年に主教，1906年に大主教．1970年(昭和45)モスクワ総主教座から「日本国の光照者・亜使徒」として*列聖された．
【著作】"Yaponiya s tochki zreniya khris tianskoi missii," *Russkii Vestnik* (1869): 中村健之介訳『ニコライの見た幕末日本』(講談社1979).
【文献】キ人 1018; キ大 777; 日キ歴 1019-20; 牛丸康夫『明治文化とニコライ』(教文館1969); 長縄光男『ニコライ堂の人びと』(現代企画室1989); 中村健之介『宣教師ニコライと明治日本』(岩波書店1996).　　（安村仁志）

ニコラウス1世　Nicolaus I（820-867. 11. 13）　聖人(祝日11月13日)，教皇(在位858-67)．フランク王国が分裂，弱体化しつつある時期に*教皇に登位し，教会の世俗権力からの自立と中央集権的な教皇権力の強化に努め，キリスト教的モラルに反する君主を*破門するなど教皇をキリスト教世界の中心に位置づける政策を進めた．またビザンティン教会(→東方教会)の総主教*フォティオスの就任をめぐる問題では*ビザンティン皇帝と対立した．
【教皇登位とその政策】*教皇庁の役人テオドーレ(Theodore)の子として生まれた．教皇*セルギウス2世から*副助祭の*叙階を受け，教皇*レオ4世から*助祭の叙階を受けた．教皇*ベネディクトゥス3世の側近となり，その死去に伴い教皇に選出され，*戴冠式は皇帝ルートヴィヒ2世(Ludwig II, 在位855-75)の列席のもとで行われた．教皇に登位すると，世俗権力に対する教会の自由，全教会に対する教皇の監督権を全面に打ち出す政策を展開した．
【対世俗】ロレーヌ王*ロタール2世の離婚問題について，ニコラウスはこれに強く介入し，*婚姻を教会の監督下に置いて世俗社会を管理する中世教皇権の方向性を定めた．862年にロタール2世は王妃トイトベルガ(Theutberga, ?-869以降)を離婚し，愛人ヴァルトラーダ(Waldrada)と再婚した．863年6月*メッスの教会

会議はロタールの再婚を認める議決を行ったが，ニコラウスはこれを認めず，同年末に議決を破棄するとともに，*ケルン大司教グンター (Gunthar, 在職 850-63) と*トリール大司教ティートガウト (Thiedgaud, 在職 847-63) を，結婚の不解消を定めた教理を無視したとして解任した．865 年にはロタールはトイトベルガと和解し，ニコラウスは教皇が世俗の最高権力に対しても指導力を発揮しうることを示した．

【対司教】ロタールの離婚問題で，教皇の政策と対立した大司教を解任したように，ニコラウスは各地の司教権を教皇の権力の傘下に置こうと努めた．世俗権力を後ろ楯として教皇庁の財産権を侵害した *ラヴェンナ大司教ヨアンネス7世 (Johannes VII) を解任した．また 862 年にランス大司教 *ヒンクマルスが属司教たちとともにソアソン (Soissons) の司教ロタード2世 (Rothad II, 在職 832-62, 865-69) を解任するとニコラウスはこれに介入し，調査を行った結果 865 年にロタードを司教に復職させ，ヒンクマルスに教皇への服従を誓わせた．この件でニコラウスは教皇至上権の根拠として *『擬イシドルス文書』を利用したが，これが同擬書が使われた初めての事例であった．

【対ビザンティン】東方教会で 858 年にコンスタンティノポリスの総主教 *イグナティオスが解任され，フォティオスが総主教職に就いたが，ニコラウスはこれを不当として 863 年にフォティオスを破門した．ビザンティン皇帝ミカエル3世 (Michael III, 在位 842-67) は書簡を教皇に送ってこの破門を拒絶したが，ニコラウスは教皇の *首位権に基づいて譲らなかった (865)．おりしもブルガリアが 864 年にビザンティン教会から離脱し，866 年にブルガリア公 *ボリス1世がローマに宣教師派遣を要請し，*キュリロスとメトディオスもニコラウスと接触を求めたため，ビザンティンはローマに対する態度を硬化させた．ついには 867 年のコンスタンティノポリス教会会議は，ニコラウスに *教皇退位と破門を宣言した．ニコラウスはこの宣言を知る前に他界したが，東西教会の溝は一層深まっていった (→ 東西教会の断絶と分離)．

【文献】キ人 1019; DMA 9: 120-21; Jaffé 1: 341-68; 2: 703; LP 2: 151-1721; LThK³ 7: 861-62; MGH. Ep 6: 257-690. 　　　　　　　　　　　　　　(杉崎泰一郎)

ニコラウス2世　Nicolaus II　(?-1061. 7. 19 / 26)

教皇 (在位 1058/59-61)．フランス出身．1058 年にローマの有力者トゥスクルム (Tusculum) 家が *ベネディクトゥス10世を選出したが，枢機卿ヒルデブラント (後の *グレゴリウス7世) はドイツ王の了解のもとにニコラウス2世を選出し，対立教皇を屈伏させた．ニコラウスはラテラノ教会会議 (1059) で司祭の婚姻と俗人による聖職叙任を禁じ，教皇の自由選挙 (→ 教皇選挙) を求め，さらに *聖職売買廃止に尽力するなど，*グレゴリウス改革の先駆者の役割を果たした．*ペトルス・ダミアニは彼の特使として改革に貢献した．しかし *叙任権闘争やニコラウスの親ノルマン政策によって，ドイツ皇帝との関係が悪化することになった．

【文献】キ人 1019; LP 2: 280, 335-36; LThK² 7: 977-78; NCE 10: 441-42. 　　　　　　　　　(杉崎泰一郎)

ニコラウス3世　Nicolaus III　(1210/20-1280. 8. 22)

教皇 (在位 1277-80)．ローマ貴族のオルシーニ (Orsini) 家出身．教皇権の独立に尽力し，シャルル・ダンジュー (ナポリ王カルロ1世 Carlo I, 在位 1266-85) や皇帝 *ルドルフ1世を譲歩させた．また，*フランシスコ会の *清貧論争を調停したほか，*ヴァティカンや *ラテラノの教会や宮殿を修復した．

【文献】キ人 1019; LP 2: 458-59; LThK² 7: 978; NCE 10: 422-43. 　　　　　　　　　　　　　(杉崎泰一郎)

ニコラウス4世　Nicolaus IV　(1227. 9. 30-1292. 4. 4)

教皇 (在位 1288-92)．アスコリ (Ascoli) 近郊の貧しい家に生まれる．*フランシスコ会修道士となり，1274 年には同会総長に就任．78 年に *枢機卿に任ぜられる．教皇即位後，89 年にアンジュー家のシャルル2世 (カルロ2世 Carlo II) を *ナポリおよび *シチリアの王としたが，アラゴン家のシチリア支配は続いた．アッコ (Akko) の陥落 (1291) 前後に *十字軍を派遣しようとしたが，*ルドルフ1世の皇帝戴冠をめぐる折衝に忙殺されるなどして果たせなかった．宣教に積極的で，モンテ・コルヴィーノの *ジョヴァンニをモンゴルに派遣したほか，ペルシアやエチオピアにも宣教師を送った．内政面では *教皇領の統治に熱心で，コロンナ (Colonna) 家を優遇した．

【文献】キ人 1019; LP 2: 466-67; LThK² 7: 978-79; NCE 10: 433. 　　　　　　　　　　　　　(杉崎泰一郎)

ニコラウス5世　Nicolaus V　(1397. 11. 15-1455. 3. 24)

教皇 (在位 1447-55)．*ルネサンス運動を積極的に保護した最初の教皇で「偉大な人文主義者」と呼ばれた．前名はトマゾ・パレントゥチェリ (Tommaso Parentucelli)．サルツァ (Sarza) で医師の子として生まれ，*フィレンツェと *ボローニャで学んだ．1444 年ボローニャ司教，46 年 *枢機卿に就任した．教皇即位後，*対立教皇フェリクス5世 (Felix V, 1383-1451, 在位 1439/40-45) を平和裡に退位せしめ (1449)，*バーゼル公会議後の混乱を収拾した．*フリードリヒ3世に皇帝加冠したが (1452)，これはローマにおける最後の皇帝加冠となった．教会改革のために *ニコラウス・クザーヌスらを特使としてドイツなどに派遣した．学問と芸術を愛し，ロレンツォ・*ヴァラなどの学者やフラ・*アンジェリコなどの画家を招くとともに，ギリシア人亡命者を保護してギリシア語の古典や *教父の著作をラテン語に翻訳させた．*ヴァティカン図書館に約 1,200 冊の貴重な写本を収集したが，これは *教皇庁における文化財収集の第一歩となった．*サン・ピエトロ大聖堂とローマ市全体の壮大な再建を計画した．しかし，イタリアの諸勢力調停の試みと，*ビザンティン帝国滅亡に伴う *十字軍派遣の試みは失敗．

【文献】キ人 1019-20; LThK² 7: 979-80; NCE 10: 443-45; K. PLEYER, *Die Politik Nikolaus V* (Stuttgart 1927); H. MARC-BONNET, *Les Papes de la Renaissance* (Paris 1953). 　　　　　　　　　(杉崎泰一郎)

ニコラウス〔アミアンの〕 Nicolaus （12世紀）
フランスの*アミアン出身の神学者．生涯についてはほとんど知られていない．数学的な方法によって，信仰の弁証を試みた『普遍的信仰論』(Ars catholicae fidei, PL 210: 595-618) の著者とされるが，現在は信憑性が疑われている．
【文献】キ人 1020; DThC 11: 555-58; LThK² 7: 980-81．　　　　　　　　　　　　　　　（英隆一朗）

ニコラウス〔オトルクールの〕 Nicolaus （1300頃-1350以降）
14世紀フランスのスコラ神学者．フランス北東部オトルクール (Autrecourt) の出身．*パリ大学で神学を学ぶ．ウィリアム・*オッカムの影響を受け，経験主義に徹し，自然理性による神の認識に否定的見解をとった．その*懐疑主義的傾向により「中世のヒューム」と評される．1340年に教皇*ベネディクトゥス12世により*アヴィニョンに召換されその学説の正統性について審問され，1346年，次の教皇*クレメンス6世により*異端の宣言を受けるに至った．教職資格を剥奪され，著作の大半は焼き払われたが，神聖ローマ皇帝*ルートヴィヒ4世の保護を受け，1350年に*メッスの司教座聖堂の主任司祭に就任した．同地で没す．
【著作校訂版】MS 1(1939)179-280．
【文献】キ人 1020; Cath. 9: 1250-51; DThC 11: 561-87; EDR 2: 2533; LMiT 6: 1177; LThK² 7: 981; NCE 10: 447-48．　　　　　　　　　　　　　　　（高松誠）

ニコラウス〔バーゼルの〕 Nicolaus （?-1395頃）
スイスの異端者．*ベガルドの動きに加わる．*バーゼルをはじめライン地方で説教した．自分は*霊感を受けており，司教や司祭を叙階する*権能を有すると主張．人は教会の権威に従わなくとも，彼の教えに従うことによりあらゆる悪から救われるとした．1395年頃*ウィーンで焚刑に処される．
【文献】キ人 1021; EDR 2: 2533; LThK² 7: 981-82; NCE 10: 448; ODCC³ 1149．　　　　　（高松誠）

ニコラウス〔フリューエの〕 Nicolaus （1417. 3. 24-1487. 3. 21）
スイスの隠修士，聖人(祝日9月25日)．裕福な農民の子としてスイス中部*ルツェルンに近いフリューエ (Flüe, 現フリュエリ Flüeli) に生まれる．幼いときから信仰心篤く，16歳でランフト (Ranft) に塔が立つ*幻視を体験する．長じて家業を継ぐかたわら裁判官，市参事会会員，軍人として人々の尊敬を集める．50歳を過ぎた1467年，家族の同意のもと，妻と10人の子どもたちと別れ，隠棲生活を目指して旅立つが，その途上幻視を得て生家に近いランフトの荒涼たる渓谷に居を定める．19年間にわたる*隠修士としての生活において，*聖体以外の食物を一切とらなかったという．ニコラウスのもとには，家族を含む近在の人々をはじめ，ヨーロッパ各地から多くの人々が訪れ，助言を求めた．政治的影響も絶大で，1481年，シュタンス (Stans) で開かれたスイス盟約者団会議が決裂寸前になった際には，都市邦とラント邦の仲裁にあたり，盟約者団の統一の維持，シュタンス協定締結に決定的な役割を果たし，内戦の危機を回避した．「隠修士クラウス」(Bruder Klaus) として生前から慕われ，死後はスイスの*守護の聖人とされる．*宗教改革後の宗派対立からスイスが分裂の危機を迎えたときも，クラウスを主人公とする演劇が上演され愛国心をかきたてた．1947年5月10日に*列聖．
【文献】LThK³ 7: 850-51; R. DURRER, Bruder Klaus, 2 v. (Sarnen 1917-21 ²1981); A. SPICHTIG, M. SPICHTIG, Nikolaus von Flüe (Freiburg 1981); R. AMSCHWAND, ed., Bruder Klaus: Ergänzungsband zum Quellenwerk von Robert Durrer (Sarnen 1987)．　　（室井俊通）

ニコラウス〔リールの〕 Nicolaus （1270-1349. 10. 16）
フランシスコ会員，神学者，聖書釈義家．「明晰なる博士」(Doctor planus) あるいは「有益なる博士」(Doctor utilis) と称される．
【生涯】フランス，ノルマンディーのリール (Lyre) に生まれ，1300年頃郷里に近いヴェルヌイユ (Verneuil) の*フランシスコ会に入会，*パリ大学で神学を学び，博士号取得．1309-11年パリ大学で神学教授を務める．1319-24年，フランシスコ会パリ管区の管区長，1324-30年ブルゴーニュ管区の管区長を務めた後，1333年より死の年までパリ大学で教えている．1333年12月に，*至福直観について討議するためにフランス国王フィリップ6世 (Philippe VI, 在位1328-50) によってヴァンセンヌ (Vincennes) の森に召集された29人の神学者のうちに名を連ねている．パリで没す．
【著作】主著『全聖書の文字通りの注解』(Postilla litteralis super totam Bibliam) は，1322年の*創世記の注解を皮切りに正典を終えた後，*第二正典の注解にとりかかり，1331年に完結している．また，これを補足するものとして『道徳的あるいは神秘的注解』(Postilla moralis seu mystica) を著述．さらに学生のために，自らこれを1巻本に要約している (Tractatus de differentia translationis nostrae ab hebraica littera in Veteri Testamento)．ほかに，『ユダヤ人駁論』(Plobatio adventus Christi contra Iudeos)，『至福直観について』(De visione divinae essentiae)，清貧(→貧しさ)について論じた小著 (De usu paupere)，*ペトルス・ロンバルドゥスの命題集の注解，約259の説教がある．聖書注解とユダヤ人駁論以外の著書は刊行されていない．
【位置づけ】ニコラウスは，*ヘブライ語に精通しており，*ヒエロニムスに次ぐヘブライ語に通じた優れた聖書解釈家と評された．ユダヤ人の著名な聖書釈義家*ラシを高く評価し，その多くを取り入れているほか，*ミドラシュや*タルムード，*マイモニデスの著作にも精通している．ラテン教父やスコラ神学者たちの聖書解釈にも通じていた．なかでもヒエロニムスを好み，*アウグスティヌスの比喩的な解釈は彼の気に入るものではなかった．その釈義は穏健なものであるが，*字義通りの意味を神秘的な意味に優先させ，あまりにも神秘的な解釈に走りすぎた当時の聖書解釈や*教父の解釈を通して聖書に接するという解釈法を批判した．しかし，神秘的な意味を全面的に否定するのではなく，字義通りの意味の二重性を認め，旧約聖書には表象([ラ] figura) を通してキリストが示されており，文字通りにキリストに十全にあてはまる箇所があることも指摘している．『全聖書の文字通りの注解』は最初に印刷された聖書注解書であり(ローマ，1471-72)，その後も版を重ね広く流布し，*ルターもしばしば用いている．「リラ(リールのニコラウス)がリラを弾かなかったなら，学者は誰一人として聖書で踊らなかったであろう」(Nisi Lyra lyrasset nemo doctorum in Bibliam saltasset) といわれ，それをもじって「リラがリラを弾かなかったなら，ルターは踊

らなかったであろう」(Si Lyra non lyrasset Lutherus non saltasset) ともいわれるが，教理上でのルターとのつながりはない．また，*ミケランジェロの*システィナ礼拝堂のフレスコ画にも霊感を与えていることが指摘されている．

【文献】キ人 1021; DMA 9: 126; DThC 9: 1410-22; DSp 11: 291-92; LThK² 7: 992-93; NCE 10: 453-54; TRE 24: 564-66; 出村彰，宮谷宣史編『聖書解釈の歴史』（日本基督教団出版局 1986）240-45; H. LABROSSE, "Sources de la Biographie de Nicolas de Lyre," EtFr 16 (1906) 404; ID., "Biographie de Nicolas de Lyre," EtFr 17 (1907) 489-505, 593-605; ID., "Œuvres de Nicolas de Lyre," EtFr 19 (1909) 41-52, 153-75, 368-79; 35 (1923) 171-87, 400-32. （小高毅）

ニコラウス・エイメリクス　Nicolaus Eymericus　(1320頃-1399.1.4)　スペインの*ドミニコ会の会員，司祭．生没地ヘローナ (Gerona)．異端審問官として著名．スペインで*異端審問が始まった際，審問所の長官として，*錬金術を行う者などの異端者に対して厳しい弾圧を実行した．1376年に有名な『異端審問規定書』(Directorium inquisitorum) を著した．
【文献】LThK² 7: 985.　　　　　　（英隆一朗）

ニコラウス・オレスミウス　→ オレーム

ニコラウス・クザーヌス　Nicolaus Cusanus
(1401-1464.8.11)　ドイツの哲学者，神学者，教会政治家，枢機卿．
【生涯】モーゼル川河畔の町，ベルンカステル・クース (Bernkastel-Kues, 「クザーヌス」は「クースの人」の意) に，上流市民であり船主であったヨハン・クレプス (Johann Krebs, 生没年不詳) の子として生まれる．領主マンデルシャイト (Mandelscheid) 伯爵家から援助を受け，デーヴェンター (Deventer) の*共同生活兄弟会のもとで初等教育を受けたといわれるが，証明史料はない．1416年，*唯名論が盛んであった*ハイデルベルク大学に入学．翌1417年より*パドヴァ大学に移籍して法学を学び，23年に法学博士号を取得．この間人文主義的教養，数学，天文学，医学など広範な知識を修得，さらに*プラトンの原典に接する．1425年より*ケルン大学で*教会法を教え，法制史的研究の導入により名声を得る．また諸学にわたる原典史料収集から数多くの古典の*写本を発見し，古典文芸研究に貢献した．同時期，本格的に神学と哲学を研究．*プロクロス，*ディオニュシオス・アレオパギテース，*ボエティウス，*エリウゲナ，シャルトルのティエリー (Thierry de Chartres, ?-1150頃)，*アルベルトゥス・マグヌス，*ボナヴェントゥラ，*トマス・アクィナス，ライムンドゥス・*ルルス，J.*エックハルトらの思想を積極的に吸収する．

1432年より，前年から開催されていた*バーゼル公会議に出席．公会議派と教皇派の対立が顕著であった同会議にクザーヌスは当初公会議派として出席したが，教会一致の理念の深まりとともに教皇派に転身，以後教皇のもとで教会政治家として活躍する．1437年，東西教会の一致を図るべく，教皇使節団の一員として*コンスタンティノポリスに派遣され，東方の神学者と交流，また多数のギリシア語写本を入手．その帰途「*反対の一致」の着想を得，それをもとに1440年に代表作『知ある無知』(De docta ignorantia) を執筆する．この時期より，*神聖ローマ帝国と*教皇庁の関係の緊密化に尽力．その努力は1448年にウィーン政教条約として結実，その功績のゆえに1448年枢機卿に，50年には*ブリクセンの司教に叙任される．同年末から1452年にかけて，教会改革を推進すべくオーストリア，ドイツ，ネーデルラントを*教皇特使として旅行．その後1458年までブリクセンにとどまり，同司教区の改革を断行．1459年，教皇特使兼臨時ローマ*司教総代理に任命され，*教皇領の管理にあたると同時に，全教会の改革案「全面改革」(ラ Reformatio generalis) を作成．同年，対トルコ政策を討議していたマントヴァ諸侯会議に参加．教皇*ピウス2世の*十字軍の計画には苦言を呈しつつも支援．1464年，十字軍騎士を出帆地アンコーナ (Ancona) に導く途上，ウンブリアのトーディ (Todi) にて病没した．

【思想】クザーヌスの政治活動を導いた教会一致と改革の理念，また宗教的寛容の姿勢は，*神と*世界との関係を一と多ないし一とその現れの関係として捉える，透徹した，体系的な形而上学的考察に基づいたものである．

体系の出発点は*認識の分析にある．認識とは*真理の把握であり，その把握は*精神の自己反省から始まる．認識は精神の自己遂行である．それゆえ精神はそれ自体として第一のものではなく，真理である神との関わりにおいてのみ存在する．だが，そのものの真理は悟性認識では把握されえない．精神にとって，認識対象が他であることは前提であるが，真理そのものは精神にとって他ではなくその存在根拠だからである．さらに精神は，既知なものとの比較で未知なものを知ろうとするが，そのような「推測」(coniectura) によっては事物の真理である「何性」(quiditas) は知られえない．精神は自らの構造によるこの本質的無知を知るに至って初めて自らの認識の仕方を超えるようになり，この自己認識から真理認識ないし*神認識へと進む．

対象領域には数多くの有限者(→ 有限)がある．これらは相互に異なり，対立し合う．しかし神は，*無限であるかぎり，一切の有限者の*完全性を相違なく一なるものとして自らのうちに「包含」(complicatio) する．それゆえ精神に対立してみえる一切は，神においては一致する．無限な神はまずは「反対の一致」として精神に現れ，これを目安に精神は対立関係を前提とした認識の仕方を超克する．だが神は「反対の一致」に尽きる存在ではなく，その一致を超えた純粋な一性そのものである．この一性は「一性は一性である」という様相で，すなわち自己同一的なものとして精神に現象する．自己同一性は一性とそれの相等性とこの両者の結合からなるので，神の一性の解明は，*三位一体の哲学的解釈として展開される．

他方，有限*被造物の多数性と多様性は，神の一性に包含される充溢した完全性の「展開」(explicatio) である．それゆえ*宇宙は神によって限界づけられるが，それ自体においては無際限である．神は被造物を無限に超越すると同時に，限定を受けぬ仕方で個々の被造物に内在する．一切の被造物は根源としての神なしには*無であるが，存在しているかぎりでは神をおのおのの仕方で映現する．また神が宇宙を一つの全体として創造するかぎりで，個々の被造物は他の一切の被造物と宇宙全体を自らのうちに映現する．ここに宇宙は，相違した個々のものよりなる有機的一性として成立している．また神

ニコラオ

がその善性に基づいて創造したので，この一なる宇宙は可能なかぎりで善いもの(→善)として存在している．

被造的諸本性は段階秩序をもって存在するが，そのなかで人間性は中間にあるものとして，上下にあるすべての本性を包含する．それゆえ *人間は「小宇宙」(microcosmos) である．ところで，いかなる個体も自らの属する種の完全性を実現し尽くしていない．だが人間性を完全に実現するある人間が存在すると仮定すれば，彼はおのおのの被造物の本性をすべて完全な形で体現する．しかし万物は御言葉(→ロゴス)を原型として創造されているので，その人間は人間本性と御言葉の結合において初めて存在するであろう．ここで仮定された人間こそ *イエス・キリストであることが信仰によって確実である．それゆえ，対立や比例・比較関係を認識基盤とする精神は，人間本性と神性という無限な差異の一致であるキリストの受容によりその無知の自覚を深められ，神との観照的な一致へと高められるのである．

【思想史的位置づけ】クザーヌスの思想における人間性への評価，数学また自然科学への関心はルネサンス期の時代精神の反映である．さらに彼の精神観には *シェリングや *ヘーゲルのそれとの親近性がみられ，また彼の宇宙観は *ライプニッツのモナド論(→単子)の先駆とみなされる． *プラトン主義および *新プラトン主義的背景をもつキリスト教的 *神秘主義が，近代ドイツ哲学に流れ込む重要な契機をクザーヌスにおいて認めることは可能であろう．

【伝記資料】Acta Cusana, Quellen zur Lebensgeschichte des Nikolaus von Kues, im Auftrag der Heidelberger Akademie der Wissenschaften, ed. E. MEUTHEN, H. HALLAUER (Hamburg 1976-).

【著作校訂版】Nicolai de Cusa Opera Omnia, iussu et auctoritate Academiae Litterarum Heidelbergensis ad codicum fidem edita, 1932- ; Cusanus-Texte 1927- .

【主著】De docta ignorantia, 1440: 岩崎允胤，大出哲訳『知ある無知』(創文社 1966); De dato patris luminum, 1445: 大出哲，高岡尚訳『光の父の贈りもの』(国文社 1993); Dialogus de genesi, 1446:「創造についての対話」上智大学中世思想研究所編訳『中世末期の神秘思想』中世思想原典集成 17 (平凡社 1992) 493-535; Idiota de sapientia, 1450:「知恵に関する無学者の対話」同 537-75; De pace fidei, 1453:「信仰の平和」同 577-644; De possest, 1460: 大出哲，八巻和彦訳『可能・現実・存在』(国文社 1987); De non aliud, 1462: 松山康國，塩路憲一訳『非他なるもの』ドイツ神秘主義叢書 7 (創文社 1992); De apice theoriae, 1463:「テオリアの最高段階について」上智大学中世思想研究所編訳『中世末期の神秘思想』中世思想原典集成 17 (平凡社 1992) 645-65.

【文献】キ人 1020; キ大 778; 平大百科 21: 279-80; LMit 6: 1181-84; LThK² 7: 988-91; NCE 10: 449-52; TRE 24: 554-64; K. ヤスパース『ニコラウス・クザーヌス』ヤスパース選集 27, 薗田坦訳 (理想社 1970); K. JASPERS, Nikolaus Cusanus (München 1964); E. モイテン『ニコラウス・クザーヌス』酒井修訳 (法律文化社 1974); E. MEUTHEN, Nikolaus von Kues 1401-1464 (Münster 1967); 日本クザーヌス学会編『クザーヌス研究序説』(国文社 1986); 坂本堯『クザーヌス，宇宙精神の先駆』(春秋社 1986); 薗田坦『〈無限〉の思惟』(創文社 1987); Mitteilungen und Forschungsbeiträge der Cusanus-Gesellschaft (Mainz 1961-89, Trier 1990). (佐藤直子)

ニコラオ **Nicolao, Giovanni** (1559-1626. 3. 16)　イエズス会宣教師，画家．*ナポリの出身．1580年 *イエズス会に入会．1581年インドへ出発し，1583年(天正 11) 7 月 25 日，日本に着き，直ちに日本の西九州および五畿内などで画業に携わった．1587年 7 月，迫害のために西九州に戻り，1591年から司祭になるために神学，特に倫理神学を修めた．1593年(文禄 2)から，*八良尾，*有家で過ごし，次いで *長崎，*志岐，*有馬の *セミナリヨで画学舎を開き，絵画・銅版画・工芸などの指導にあたった．1603年(慶長 8) 6 月 4 日にはすでに司祭に叙されており，終生誓願(→修道誓願)を立てた．1614年 11 月に *マカオに追放され，同地で 1626年 3 月 16 日に死去した．彼自身の描いた作品は残っていないが，*丹羽ヤコボ，*木村レオナルドなど，長崎を中心とする洋画に受け継がれた．

【文献】岡本良知『吉利支丹洋画史序説』(昭森社 1953); J. F. SCHÜTTE, Monumenta Historica Japoniae, 1 (Roma 1975).　　　　　　　　　　(尾原悟)

ニコラオス **Nikolaos** (?-850 頃)　聖人(祝日 12 月 24 日)，軍人．811 年 7 月にビザンティン皇帝ニケフォルス 1 世 (Nicephorus I, 在位 802-11) のブルガリア出兵に同行．夜に受けた幻が指示する通りに *修道生活に入った．生涯についての詳細は不明．

【文献】LThK² 7: 998.　　　　　　　　　　(久野暁子)

ニコラオス〔ストゥディオスの〕 **Nikolaos** (793-868. 2. 4)　聖人(祝日 2 月 4 日)，修道士，修道院長．クレタ島に生まれ，*ストゥディオスの修道院で 10 歳の頃から学ぶ．*聖画像破壊論争の際，当時ストゥディオスの修道院長であった *テオドロスとともに，聖画像破壊令に対して不服従運動を行ったため捕われ (815)，獄中生活を送る．821年に解放され修道院に戻るが，その後もたびたび追放と復職を繰り返した．同修道院の修道士によって書かれた彼の伝記は，彼の偉業を記しているにとどまらず，聖画像破壊論争にまつわる諸事情(コンスタンティノポリスの *イグナティオスと *フォティオスとの争いなど)を知るうえで，貴重な資料となっている．

【文献】LThK² 7: 998-99; NCE 10: 446; A. P. KAZHDAN, ET AL., eds., Oxford Dictionary of Byzantium, v. 2 (Oxford 1991) 1471.　　　(相原優子)

ニコラオス〔ミュラの〕 **Nikolaos** (270 頃-342/47)　聖人(祝日 12 月 6 日，第 2 祝日 5 月 9 日)．小アジア南部のミュラ (Myra) の司教．*ディオクレティアヌス帝によるキリスト教迫害の際に投獄されたが，司教となり，*ニカイア公会議に出席し，342年から 347 年の間に没したということ以外，確実なことは知られていない．伝説は数多く，最古のものは 500 年頃に記された奇跡物語で，*コンスタンティヌス大帝の統治下で 3 人の軍指揮官が不当にも死刑を命じられたが，ニコラオスが皇帝の夢に現れることによって救われたとするものである．800 年頃にストゥディオスの *テオドロスが書いたとされる『ミカエルによる伝記』(Vita per Michaelem) があるが，これは，10 世紀にはミュラ近くのシオン修道院院長である別のニコラオス(後にピナラ Pinara の司教．564 没)の伝記と合体して，ビザンティンの聖人伝著述家 *シメオン・メタフラステスによってまとめ直された．ニコラオスの伝承はビザンティンから南イタ

リアに伝わり，*ナポリのヨアンネス・ディアコヌス (Joannes Diaconus, 906 以後没) がラテン語の伝記を著した．ニコラオスの古典的な姿を決定づけたのは *『黄金伝説』所収の伝記で，貧しい人や弱者に対する慈悲深い助け手であり，3 人の貧しい娘に金銭を与えて幸福な結婚をさせ，殺された 3 人の若者をよみがえらせ，水夫を難破から救い，飢饉の際には穀物を与え，3 人の罪のない商人を死から救ったなどの逸話が収められている．

当初ミュラに葬られていたニコラオスの遺骸は 1087 年 5 月 8 日にイタリアのバーリ (Bari) に運ばれたため，その翌日 (5 月 9 日) が第 2 祝日となった．その後，彼の*崇敬は全西方教会に広まった (→ サンタクロース)．ロシア，ギリシア，シチリアなどの *守護の聖人．また，船乗りやそれに類する職業の守護の聖人である．図像では，ニコラオスは司教の法衣をまとい，書物を携えた白髪の老人として描かれる．*アトリビュートは，三つの金の珠やリンゴ (しばしば書物の上に置かれている)，または足元に立っている 3 人の若者ないし娘たちなどである．

【文献】BSS 9: 923-48; Cath. 9: 1225-29; LCI 8: 45-58; LThK² 7: 994-95; LThK³ 7: 859-60; G. ANRICH, *Hagios Nikolaos*, 2 v. (Leipzig 1913-17); L. HEISER, *Nikolaus von Myra* (Trier 1978); P. MÜLLER, H. N. LOOSE, *Sankt Nikolaus* (Freiburg 1982).

(J. フィルハウス)

ニコラオス・カバシラス　Nikolaos Kabasilas

(1320 頃-1391 以前)　東方正教会の聖人 (祝日 6 月 20 日)，ビザンティン神学者，神秘思想家．本来の姓はカマエトス (Chamaetos) でカバシラスは母方の姓にあたる．ギリシア正教のテサロニケ府主教 *ネイロス・カバシラスの甥として *テサロニケに生まれる．聖職には就かなかったといわれるが，詳細は不明．

東ローマ皇帝 *ヨアンネス 6 世・カンタクゼノスと近しく，特に廷臣デメトリオス・キュドネス (Demetrios Kydones) の親友だったが，キュドネスが東西教会の再合同に努力したのに対して，カバシラスは *パラマスに従って東方正教会の教父神学を強く擁護し，西方教会に理解を示すには至らなかった．多数の著作を残したが，なかでも『キリストのうちなる生』(Peri tēs en Christō zōēs) は，東方教会の神秘神学を最もよく表したものであり，*秘跡に関する広範な解説である．本書には，パラマスのほかに *ヨアンネス・クリュソストモスとアレクサンドリアの *キュリロスの思想の影響がみられ，洗礼・堅信・聖体の秘跡が行われる際に，人間の救いのために神がいかに働くかについて述べている．他の重要な著作として聖体祭儀の注解書『神聖な典礼の解説』(Hermēneia tēs theias leitourgias) がある．本書は，キリスト教典礼の説明に関して *ディオニュシオス・アレオパギテースの象徴主義に従うところもみられるが，中世の他のビザンティン神学者に比べると，古代教会の現実的な秘跡理解に近く，秘跡に関する神学解釈と霊性を語っている．他の主要な著作としては，三つの『マリアについての説教』がある．

【著作校訂版】PG 150: 368-725; POr 19/3: 456-510; SC 1-4.

【文献】キ人 372; DHGE 11: 14-21; LThK² 7: 988; NCE 2: 1036; M. LOT-BORODINE, *Un maître de la spiritualité byzantine au XVIe siècle: Nicolas Cabasilas* (Paris 1958); G. GHARIB, "Nicolas Cabasilas et l'explication symbolique de la liturgie," *Proche-Orient chrétien*, 10 (1960) 114-33; J. MEYENDORFF, *Byzantine Theology* (New York 1974); W. VÖLKER, *Die Sakramentsmystik des Nikolaus Kabasilas* (Wiesbaden 1977).

(J. マディ)

ニコラオスは　ニコラオス派　Nikolaitae

1 世紀から 2 世紀にかけての *初代教会において *小アジアで派生した異端的一派．*ニコラオスという者とその追随者たちによるもので，*異教の慣習を重んじ，特に性的放縦と *偶像に捧げたものを食しても良しとしたことで知られている．この派について *ヨハネの黙示録に言及があり，非難されているが (2: 6, 15)，詳細は不明である．しかし，2 世紀にシリアで起こった同名の *グノーシス主義の流れに属す *異端については *エイレナイオス，アレクサンドリアの *クレメンス，*テルトゥリアヌスが言及している．エイレナイオスによれば，使徒言行録 6 章 5 節で言及されたアンティオケイア出身の改宗者ニコラオに由来するとされる．2 世紀末にはこの派は消滅したといわれている．中世，特に 11 世紀中頃以降，この言葉は司祭でありながらも妻帯している者たちに対する非難の言葉としてしばしば使用された．

【文献】キ大 777; DThC 11/1: 499-506; LThK² 7: 976; RGG³ 4: 1485-86.

(手塚奈々子)

ニコラス・タヴェリッチ　Nicolas Tavelich

(?-1391. 11. 14)　聖人 (祝日 12 月 5 日)，殉教者．ダルマティアのシベニク (Šibenik, 現クロアチア) で生まれる．*フランシスコ会に入会．ボスニアで宣教師として 20 年間働き，次いでパレスチナに赴き，3 人の同胞とともに，*イスラム教の裁判官の前で説教したが，イスラム教徒により *エルサレムで惨殺され殉教．教皇 *レオ 13 世により崇敬が認められ，1970 年教皇 *パウルス 6 世により列聖．

【文献】LThK² 7: 999.

(宮崎正美)

ニコル　Nicole, Pierre

(1625. 10. 19-1695. 11. 16)　*ジャンセニスム論争に関わったフランスの神学者．*シャルトルに生まれ，*パリ大学で学び，*ポール・ロワイヤルに隠棲し，「小さな学校」で教育に携わる．ジャンセニスムの指導者 A. *アルノーと深い親交をもち，著作や行動を共にする．1658 年，詳細な注釈を付して *パスカルの書簡『プロヴァンシアル』のラテン語版を出した．主著は 4 巻からなる『道徳論集』(Essais de morale, 1671-78) であるが，*エウカリスティアにおける全 *実体変化を主張して *カルヴィニズムとも論争した．*神秘主義や *静寂主義に対する論集もある．晩年ジャンセニストと呼ばれたグループと袂を別った．

【文献】キ人 1022; キ大 778; RGG³ 4: 1457.　(後藤憲正)

ニーコン　Nikon

(925-998. 11. 26)　聖人 (祝日 11 月 26 日)，修道者．小アジアのポントス (Pontos) の生まれ．クリュソペトラ (Chrysopetra) の修道院で 12 年間 *修道生活を送った．その後 3 年間は *隠修士として生活．後に巡回説教師として小アジアを巡り，クレタ島を経て，ペロポネソス半島へ赴き，スパルタで修道院を創立し，死ぬまで同地にとどまった．キリスト教への *回心を強く説いてまわったことから，「回心せよ」(〔ギ〕metanoeite) のニーコンとも呼ばれた．彼の生涯の伝記は 10 世紀のギリシア史研究の重要な史料である．

【文献】BSS 9: 987–88; LThK² 7: 1002. （久野暁子）

ニーコン **Nikon** (1605. 5. 24–1681. 8. 17) モスクワ*総主教(在位 1652–66). 本名ニキータ・ミーノフ (Nikita Minov). 「ニーコンの改革」の名で知られる*ロシア正教会内の改革の推進者.
【生涯】ニジニー・ノヴゴロド県ヴェリデマノヴォ(Vel'demanovo)村に生まれる. 継母にいじめられ修道院に逃れ, そこで読み書きなどを学んだ. 家に戻ったあと結婚し, 叙聖(→叙階)を受けた. その後*モスクワの教区(→司教区)に転任になったが, 子どもが亡くなったのを機に妻を説得して修道士になる(1635). 1646 年極北の修道院の院長としてモスクワで皇帝アレクセイ1世・ミハイロヴィチ(Aleksei Mikhailovich, 在位 1645–76)に接見したとき, 敬虔な信仰と情熱的な言動により皇帝の注目を得, モスクワのノヴォスパースキィ修道院の院長に任命される. 1649 年*ノヴゴロドの府主教. 1652 年総主教. 当時取り組まれていた教会文書・*典礼の改革運動にも加わった. 改革の路線にはギリシアの伝統に倣うか, ロシアの伝統に倣うかの二つの方法があったが, ニーコンは前者の立場に立って改革を進め, 1654 年に教会会議を開いて全教会にそれを強制した. 内容的には 2 本の指を組んで十字を切っていたものを 3 本の指を組んで行うようにする(→十字架のしるし)ということに代表されるように, 外面的なことに映るが, ロシアで保持されてきた慣行が否定されることになり, それを支持するグループの強い反発を招いた. 彼らは破門され, ロシア正教はこれにより分裂して古儀式派が生まれた(→アヴァクーム, ラスコールニキ). 一方, ニーコンは*教会と国家の関係に関して, 俗権に対する教権の優位性を主張して皇帝の反発を買った. 1666–67 年の教会会議で改革は最終的に承認されたが, 総主教を罷免され, フェラポントフ修道院に追放された. 1681 年赦されて追放先から戻る途上ヤロスラヴリ(Yaroslavl')で死去.
【著作】*Vozrazhenie*, 1664: V. A. TUMINS, G. VERNADSKII, ed., *Patriarch Nikon on Church and State: Nikon's "Refutation"*, 1982.
【文献】キ人 1023; キ大 778; LThK³ 7: 871–72; NCE 10: 469. （安村仁志）

にしあまね 西周 (1829. 2. 3–1897. 1. 31) 明治初期の代表的な啓蒙思想家, 哲学者. 石見国(現在の鳥取県)津和野に藩医の子として生まれる. 蘭学と英学を修め, 幕府の蛮書調所の教官となる. 1863 年(文久 3)に津田真道(1829–1903)らとともに幕府留学生としてオランダに派遣され, 法律学, 経済学, 哲学などを学び帰国. 維新後は, 近代的軍事制度の確立に努める一方, 欧米の諸学問の普及に尽力した. 西洋文化の総合的な紹介者として philosophy を「哲学」と訳したのをはじめ, 外国語の学術用語の翻訳でも知られる. 明六社の運動に森有礼(1847–89)や*福沢諭吉らとともに参加し, *神道が国教化されるなかで, 自らは*政教分離および*信教の自由を主張した(特に『教行論』を参照のこと). 東京師範学校校長, 東京学士会院長などを歴任.
【著作】大久保利謙編『西周全集』全 4 巻(宗高書房 ²1981).
【文献】船山信一『明治哲学史研究』増補版(ミネルヴァ書房 1965); 麻生義輝『近世日本哲学史』(宗高書房 1974). （渡部清）

にしインドしょとう 西インド諸島 → アンティル諸島

ニジェール 正式国名: ニジェール共和国, 〔仏〕République du Niger, 〔英〕Republic of Niger. 面積: 126 万 7,000 km². 人口: 100 万 8,000 人(1998 年現在). 言語: フランス語(公用語), ハウサ語, トゥアレグ語等の民族語. 宗教: イスラム教(85%).
【概要】ニジェールは, しだいに南方へ移動しているサハラ砂漠の南のサヘル地方に位置する, 世界で最も貧しい国の一つである. 最近では, 1983 年から 84 年にかけて起こった干魃によって深刻な状況に置かれた. 1987 年 11 月 10 日に死去した総統クンチェ(Seyni Kountché)の後継者アリ・セブ(Ali Saibu)国家元首にとっては, 事態はより深刻なものとなった. 主要な輸出品であるウランの価格暴落によって大打撃を被ったのである. 彼の政策の多くが中止に追い込まれざるをえなくなり, 失業者が増加した. 仕事と糧を求めて, 多くの人々が首都ニアメ(Niamey)にやってきた.
原始林地帯の北側のアフリカの国々と同様に, ニジェールでは大部分が*イスラム教を奉じ, キリスト者は 1% にも満たない. 残りの国民は伝統宗教の信奉者である. この伝統宗教とイスラム教との境界線は曖昧である. キリスト者のほとんどは外国人であるが, そのなかには, *ベニン, *トーゴ, *ブルキナファソ, *マリなどのアフリカ諸国出身者も含まれる.
【カトリック教会の歴史】カトリックの宣教活動は 1931 年にダホメ(Dahomey, 現ベニン)から来た*白衣宣教会の宣教によって始まる. 1942 年にニジェール全体を管轄する*知牧区がニアメに設置され, 1961 年にニアメ司教区に昇格. 初代教区長は*レデンプトール会のフランス人会員ベルリエ(Hippolyt Berlier)であった. ベルリエは, 1972 年 7 月 2 日に初めてアフリカ人を司祭に叙階したが, このアフリカ人は司祭職を放棄した. ベルリエは 1984 年に教区長の職を退き, 同じくレデンプトール会のフランス人会員ロマーノ(Guy Romano, 1937–)が後を継いでいる. 同司教区で働くのは, レデンプトール会や白衣宣教会などの宣教師および修道女である. 教会は, 小学校や中・高等学校や診療所を運営している. カトリック教会は, 前述の干魃の際には政府と緊密な連絡をとり有効な働きをした. 政府との良好な関係はその後も続いている. 民衆のなかでは, 教会はその働きとキリスト教徒の生活の地道な証しによって評価されている.
【現勢】1998 年現在, カトリック信者数: 1 万 8,000. 司教区: 1. 小教区: 21. 教区司祭: 4. 修道司祭: 37. 信徒修道士: 9. 修道女: 91.
【文献】世キ百 606–608; NCE 10: 465–66; WCE 525–26. （W. ホフマン）

にしげんか　西玄可（1555頃-1609.11.14）　キリシタン時代の殉教者．肥前*生月の籠手田氏の家老で，山田や館ノ浜を知行していた．籠手田氏一族とともに*キリシタンとなり，洗礼名をガスパルという．1599年（慶長4），松浦鎮信の迫害で籠手田一族が追放された後も生月に残り，キリシタンの中心的人物となっていたが，妻子とともに殉教した．生月での最初の殉教者で，彼の名は「黒瀬のガスパル様」として，彼の墓（黒瀬の辻）とともに *潜伏キリシタンたちの間で崇敬され，伝承された．
【文献】片岡弥吉『長崎の殉教者』（角川書店 1957）．
（尾原悟）

にしゴートじん　西ゴート人〔英〕Visigoths,〔独〕Westgoten,〔仏〕Wisigoths　*ゲルマン人の大移動（→民族大移動）により中世ヨーロッパの諸王国を創始した部族の一つ．スウェーデン南部を原住地とし，2世紀に南ロシアに移り，3世紀末東西2集団に分裂後，ドニエストル川西岸に定住したが，376年 *フン族の侵入を避け王フリティゲルン（Fritigern, ?-380）に率いられてローマ帝国領のモエシア（Moesia），トラキア（Thracia）に「同盟者」（Foederati）として入植した．その後継者*アラリック1世はイタリア征服を開始，410年 *ローマを荒らし，次の2代の王たちは南ガリアを制圧して415年トロサ（Tolosa）王国を創設，さらにイベリア半島に勢力を拡張，418年西ゴート王国が成立した（711年まで存続）．*アラリック2世はイベリアへの植民を進め，『西ゴート人のローマ法』（『アラリック抄典』Breviarium Alaricianum）を編纂してローマ人社会との共存を図った（506）．アラリック2世は507年フランク王*クロヴィスに敗れ，その後，王国の中心はイベリア半島に移った．ゴート人は3世紀以来 *アレイオス派のローマ人宣教師によりキリスト教を受容，4世紀の司教*ウルフィラスの名が知られるが，概してカトリック信徒は迫害されていた．6世紀末の王 *レカレドはセビリャの *レアンデルの勧めを受けてカトリックに改宗した．
【文献】LThK² 10: 1072-73.
（橋口倫介）

にしゴートてんれい　西ゴート典礼　→　イスパニア典礼

にしサハラ　西サハラ〔英〕Western Sahara　面積：26万6,000 km²．人口：27万人（1994年現在）．言語：アラビア語．宗教：イスラム教．西サハラは旧スペイン植民地であるが，1975年にスペイン人が引き揚げると，領土は *モーリタニアと *モロッコに譲渡された（モーリタニアは1979年に領有権を放棄）．しかし1976年に樹立宣言されたサハラ・アラブ民主共和国が領有権を要求している．宗教の面では，1631年に *フランシスコ会がキリスト教の宣教をした記録はあるものの，国全体は *イスラム教に属し，その多くはスンナ派イスラム教徒である．1884年に始まったスペイン人による植民地化に伴い，カトリック教徒が同地に定住した．この植民地時代の終わり頃には，その数は約3万人を数え，そのうちの1万5,000人は軍人であった．当時 *小教区が六つあり，20人ほどの司祭が *知牧のもとで務めを果たしていた．1976年に西サハラ知牧区が設置されたが，今日ではカトリック教徒はごくわずかしか残っていない．

【現勢】1999年現在，カトリック信者数：150．知牧区：1．小教区：2．修道司祭：2．　　　（P. ドルー）

にしシリア・カトリックきょうかい　西シリア・カトリック教会　→　シリア・カトリック教会

にしシリアきょうかい　西シリア教会〔英〕West Syrian Church　シリアの教会のうちで，*エデッサに由来する *東シリア教会に対して，西の *アンティオケイアを中心として発展した教会を指す．特にかつては *ヤコブ教会と呼ばれたシリア正教会をいう（→シリア教会）．インド南部のヤコブ教会も西シリア教会に含まれる．
　シリア正教会（西シリア教会）のなかからローマと合同した人々によって誕生したのが *シリア・カトリック教会で，*カトリック東方教会の一つとして厳密には西シリア・カトリック教会と呼ばれる．　　　（橋爪由美子）

にしだきたろう　西田幾多郎（1870.5.19-1945.6.7）　我が国において，初めて独自の理論的体系（西田哲学）の樹立を試み，自分の周辺に一つの哲学的学派（京都学派）を形成した近代日本の代表的哲学者．「内在的*超越」の方向に *神をみる彼の *万有内在神論の思想と彼の後継学派は，現代の日本のキリスト教思想界にも影響力をもつ．
【生涯】西田得登の長男として，石川県河北郡宇ノ気に生まれる．幼い頃から書物が好きだったが，環境に恵まれ，自然のなかでの感性も深められる少年時代を過ごした．
　1883年石川県師範学校に入学したが，翌年，病気退学．1886年第四高等学校（当時の石川県専門学校）に入学するも，病気を理由に友人数名とともに自主退学．その根本には，当時進歩的自由主義思想や合理的な唯物世界観に憧れていた西田の，国家主義的教育政策への反発があった．その後，眼を患い，1891年に東京文科大学哲学科選科に入学するが，選科生としての差別待遇に屈辱感を味わう．1894年同選科を卒業し，翌年石川県尋常中学七尾分校に就職，従妹の寿美と結婚．1895年母校第四高等学校の講師に赴任したが，家庭内の不和や学校の紛争などの背景もあってか，1896年雪門禅師の門を叩き，以後しだいに参禅への関心が深まっていった．
　その後，1897年山口高等学校，1899年第四高等学校の教授としてドイツ語・哲学・倫理学などを教えていたが，その間，禅体験を踏まえた孤独な思索と読書に明け暮れ，「純粋経験」や「真の *実在」の思想を培っていった．1909年学習院教授，1910年京都大学文学部助教授就任を経て，11年には『善の研究』が著される．しかし次女・五女が相次いで没するなど，実生活には苦難がつきまとう．1913年（大正2）京都大学教授就任後，退官（1928）まで教壇に立ちながら，自己の *意識と自覚の根底にある現実の探究に徹し，『働くものから見るものへ』（1927）などの「場所の論理」へと集結させた．この頃から「西田哲学」という名称が人々の口に上り始める．退官後は自分の哲学思想の集約的体系化を試み，『一般者の自覚的体系』（1930），『無の自覚的限定』（1932），『場所的論理と宗教的世界観』（1945）などを著す．1945年，鎌倉にて尿毒症のため急逝．
【思想】明治の初頭，日本に西洋哲学が紹介され始めたが，単なる解説の域にとどまり，東洋思想との関わりの

にしだきたろう

研究も折衷的援用の域を脱していなかった．しかし，西田の独創的哲学によって，日本の哲学は初めて独自の体系をもち，東洋思想と西洋思想の橋渡しの道が開かれたといわれる．その思想は禅体験に裏づけされた根源的意識と自覚に由来し，その根底には日本的・東洋的絶対無がある．西田は，この形而上学的根本原理あるいは真の現実・実在の徹底的追求を独自の思索形態をもって論理化しようとし，ある意味で，有の原理に立つギリシア的西洋哲学（→ ギリシア哲学）と一線を画する絶対無の原理に立つ日本的哲学体系を樹立した．

〔初期：『善の研究』(1911)−『芸術と道徳』(1923)〕初期の『善の研究』は，主客未分の純粋経験の立場から出発し，実在全体の論理をその純粋意識の根底に求め，「真の実在」を論理的に解明しようとする．この頃の西田には，心理学的あるいは *経験論の次元での W. *ジェイムズや *ベルグソンの影響がみられるが，それは後に純粋意識の根源にある *自由意志そして意識される意識の根源への探究へと深められていく．この立場はやがて『思索と体験』(1915)，『自覚に於ける直観と反省』(1917)，『意識の問題』(1920)，『芸術と道徳』(1923) など，倫理学の次元を巻き込み，*カント，J. G. *フィヒテ，*リッケルト，ベルグソンなどを援用しつつ自覚の先験的論理の体系化へ向かいながらも，自己実現の完成を目指す宗教的要求へと深められていく．

〔中期：『働くものから見るものへ』(1927)−『無の自覚的限定』(1932)〕1926 年『哲学研究』に発表した「場所」に至り，初期の心理学的・先験的・観念論的な *主観主義を乗り越え，フィヒテ的 *主意主義を経て無の自覚的限定の体系が論理化され（『一般者の自覚的体系』1930，『無の自覚的限定』1932），「西田哲学」の名称が聞かれ始める．すなわち『働くものから見るものへ』にも収められている「場所」の思想への転機である．有の *弁証法に対する絶対無の弁証法である場所の論理は，『善の研究』以来，一貫してとられている「現実の世界をありのまま見る」という姿勢を基本とする．「真の実在」「真の自己」は日本人的発想法によって徹底的に追求され，「個と一般」「時間と空間」という世界の矛盾的存在は，矛盾が矛盾そのままに現存する絶対無の世界として統一されることで，「絶対矛盾的自己同一」の論理が打ち出されたのである．

〔後期：『哲学の根本問題』(1933)−『場所的論理と宗教的世界観』(1945)〕判断的一般者そして *知的直観の一般者をも包含する「自覚的一般者」という術語で表現された矛盾の弁証法的世界の論理は，さらに叡智的世界，場所の論理そして絶対無の論理を経て，唯一の実在世界の原理としての「絶対矛盾的自己同一的世界」へと収斂される．これは，あくまでも「絶対現在の世界であり，どこまでも自己の中に自己を映し，自己の中に自己焦点を持つ」．このような動的焦点を中軸とする自己自身の形成を，西田はキリスト教神学の用語を援用して「父なる神と子と聖霊との三位一体的関係」と表現している（「場所的論理と宗教的世界観」『全集』第 11 巻，403 頁）．

〔キリスト教との関連性〕山口高等学校で教えていた頃に初めて聖書に接し，特にマタイ 6 章に感銘を受けた西田は，その後も特にドイツ系のキリスト教思想家の影響を受け（例えば *ニコラウス・クザーヌス，マイスター・*エックハルト，*エリウゲナ，K. *バルト），彼らによる *否定神学の概念を用いて，東洋的「絶対無としての神」との架け橋作りを試みている．『善の研究』で宗教を「神と人との関係」と定義する彼は，フッサールの *範疇を用い，意識作用のノエマ的内容の神を対象論的神として否定し，自覚の根底にあるノエシス的方向に神をみる（→ ノエシスとノエマ）．前述した絶対矛盾的自己同一なるものは，この世界に内在すると同時に，矛盾的にあるいは逆対応的にこの世界を超越し，彼はそれを「神」と呼ぶ．そして晩年の著作で，日本におけるキリスト教の発展の可能性を，「超越的内在」ではなく，「内在的超越」の神の方向性にみる．彼の神概念は単なる *汎神論ではなく *万有内在神論の立場にあることは，彼自身記している．しかし同時に，自ら認めていたように，神という名辞を使用したり，キリスト教神学の概念や用語（K. バルトなど）を駆使して論じているとはいえ，その終局的意図は，あくまでも東洋的発想法による独自の体系を作ることにあり，超越的人格神への信仰を前提とするキリスト教思想とは立場を異にする．

西田にとっては，ノエシスの方向（内在的）に超越する神からの啓示しかありえず，ノエマ的方向に超越する神からの啓示は認められない．さらに，彼の基本的姿勢は「現実から出発して現実へ帰る」，日本人的「現実即実在」の立場であり，キリスト教の立場からみれば日本人独特の社会現象としての宗教的 *無神論の分類に入る可能性すらある（*松本正夫）．それを踏まえたうえで，なおかつキリスト教が西田の思想に啓発されてしかるべきだとして西田哲学を研究する動きは，カトリック思想界でもみられる．例えば，「体験の場」としての「絶対無の神秘の前にぬかずく東洋的瞑想の姿勢」である．その場合，キリスト教あるいはキリスト教神学においては，絶対無としての神が「非」人格神ではなく，「超」人格神であること，また，その「絶対無」としての神について，前提となるのは，信仰の決断が *存在論的にも意識化されることである（例えば否定神学）．第二の動きは，「思想的対話の場」としての「内在的超越の方向に神を見る姿勢」である．西洋諸国の哲学と神学の「場の設定」を明確化することにより，超越的内在の神と内在的超越の神という対話が開かれる可能性がある．第三の動きは，「宗教間の対話の場」としての「内在的超越の方向からの啓示にも開かれた姿勢」である．意識化された信仰内容としては，超越的内在の方向からの啓示を前提とするキリスト教としても，世界と人間の内にある「神的種子」（→ ロゴス・スペルマティコス）や「生得的前理解」（〔独〕Vorverständnis）といったような神学的探究の場があるからである（第 2 ヴァティカン公会議『現代世界憲章』3, 14, 15；『教会憲章』16；『諸宗教宣言』2, 3；『信教自由宣言』3 参照）．

【主著】『西田幾多郎全集』全 19 巻（岩波書店 1965-66）．
【文献】高山岩男『西田哲学』（岩波書店 1935）；滝沢克己『西田哲学の根本問題』（刀江書院 1936）；高山岩男『続西田哲学』（岩波書店 1940）；務台理作他編『西田幾多郎 — その人と学』（大東出版社 1948）；務台理作『西田哲学』（弘文堂 1949）；下村寅太郎『西田幾多郎 — 人と思想』（東海大学出版会 1965）；『高坂正顕著作集』第 8 巻（理想社 1965）；松本正夫「現代思想における無神論の三つの形態」『世紀』239 (1970) 53-59；柳田謙十郎『西田幾多郎と唯物論』（青木書店 1972）；上多久『祖父西田幾多郎』（南窓社 1978）；南山宗教文化研究所『絶対無と神—西田・田辺哲学の伝統とキリスト教』（春秋社 1981）；福田勤編『キリスト教神学への道』マウルス・ハインリッヒ講演集 2（中央出版社 1981）21-269；小野寺功『大地の哲学』（三一書房 1983）；福田勤編『神の秘義 — 唯

一三位の神』マウルス・ハインリッヒ講義集5（中央出版社 1985) 40-50, 132-66, 314-48; 小野寺功『大地の神学』(行路社 1992); K. NISHIDA, *Intelligibility and the Philosophy of Nothingness*, tr. R. SCHINZINGER (Tokyo 1958); M. HEINRICHS, *Katholische Theologie und Asiatisches Denken* (Mainz 1963); G. K. PIOVESANA, "The Philosophy of Nishida Kitaro," *Recent Japanese Philosophical Thought* (Tokyo 1968) 85-122; A. T. FUKUDA, "Das Suchen nach Gott in Japan," *Franziskanische Studien* (Werl 1974) 358-69.

(福田勤)

にしたにけいじ　西谷啓治　(1900. 2. 27-1990. 11. 24)　京都学派を代表する宗教哲学者．石川県に生まれる．早稲田中学，第一高等学校を経て1921年（大正10)京都帝国大学文学部哲学科入学，*西田幾多郎，*田辺元の薫陶を受ける．1924年同大学卒業後，1932年（昭和7)同大講師，1935年助教授を経て，1943年教授．その間 1937-39年ドイツ，フライブルクの*ハイデガーのもとに留学．1947年戦後一時京大教授の職を退き，1952年復職．1963年定年退官後，1971年まで大谷大学教授．1965年学士院会員，1982年文化功労者．相国寺に参禅，居士号・渓声．

主な著書に『根源的主体性の哲学』(1940), 『神と絶対無』(1948), 『ニヒリズム』(1949), 『宗教とは何か─宗教論集 I』(1961. 独訳 Was ist Religion? , 1982), 『禅の立場─宗教論集 II』(1986)がある．西谷はギリシア以来の西洋哲学史とキリスト教の深い理解のうえに，師西田の哲学と自らの*ニヒリズム体験と禅の実践とを通じて，大乗*仏教の「空」（スニャータ）の立場から，世界と自己の存在の根底を揺るがすニヒリズムの超克を目指した．彼によって東洋から現代社会に向かって，初めて世界哲学の地平が開かれたといえる．

【著作集】『西谷啓治著作集』全26巻（創文社1986-95).

(長澤邦彦)

にしトマス　西トマス　→　トマス・デ・サン・ハシント

にしのまるどの　西の丸殿　秋田のキリシタン．織豊期から江戸初期の大名で，秋田藩政の基礎確立に尽力した佐竹義宣(1570-1633)の側室．久保田城中の西の丸に住居していたことから，西の丸殿，また，おにしさまとも呼ばれた．キリスト教を知り，*洗礼を望んだが長い間，義宣の許可が得られなかった．義宣の強要する*偶像礼拝を拒絶したため追放され，ようやく洗礼を受け素志を遂げることができたという．
【文献】L. パジェス『日本切支丹宗門史』全3巻，吉田小五郎訳（岩波書店 1938-40): L. PAGÈS, *Histoire de la Religion Chrétienne au Japon depuis 1598 jusqu'à 1651* (Paris 1869).

(尾原悟)

ニシビス　Nisibis　トルコ東南部，マルディン州南部に位置する町，ヌサイビン(Nusaybin)の古称．古くから東西交通の要衝で貿易都市として栄えていた．115年，ローマ皇帝*トラヤヌスがパルティア(Parthia)からこの地を奪い，一時植民地となったが，まもなく反乱が起き失う．297年，*セプティミウス・セウェルス帝のとき，再び*ローマ帝国がこの地を手中に収めた．しかしその後，*シャープール2世いるペルシア軍の攻撃をたびたび受け(338, 346, 350)，最終的に皇帝*ユリアヌス（背教者）は戦死，363年ニシビスはペルシアに割譲された．

この地のキリスト教の起源は定かではないが，*アベルキオスの碑文には，ニシビスと同定できる町の記述がある．それによると2世紀末から3世紀初めにはキリスト教が浸透していたらしい．4世紀には，ニシビスの*ヤコブが同地の司教になった．また，ヤコブから教えを受けたシリアの*エフラエムは，当地の要理教育学校の教師であった．しかしニシビス陥落後，エフラエムを含むキリスト教徒はローマ帝国内の*エデッサに移住を余儀なくされた．

5世紀後半からローマ帝国の弾圧を逃れた*ネストリオス派の信者が次々にニシビスに移住した．ネストリオス派の拠点であったエデッサの神学校が東ローマ皇帝*ゼノによって閉鎖されると，教師だった*ナルセスもニシビスに移動した．ニシビス司教*バルスマスの要請により，ナルセスはネストリオス派の神学校を建設し，そこで教えた．以後200年余，この地はペルシアのネストリオス派の一大拠点となった．
【文献】キ史² 2: 132-33; NCE 10: 473-74.

(高橋佳代子)

にじゅうけっかのげんそく　二重結果の原則　〔ラ〕 principium duplicis effectus, 〔英〕 principle of double effect, 〔独〕 Prinzip der Doppelwirkung, 〔仏〕 principe du double effet

【概念】「善を為せ」「悪を避けよ」．これは万人にとっての倫理(→道徳)の最も基本的な要求である．だが現実においてこの要求を同時に完全に満たすことは極めて難しい．なぜならそこでは*善と*悪が複雑にからまりあっているからである．ある善を目指している行為が副産物として悪を引き起こさざるをえないとか，ある悪を避けようとしたらどうしてもある善を犠牲にしなければならないとか，ある善を目指すにはどうしてもそのための手段としてある悪を行わなければならないということが稀ではなく，良心的に生きようとする者はしばしば苦しむ．しかし自然法・倫理学の伝統においては，一般にこのような一見*道徳律間の衝突と思われるものも，より高い視点から問題をみると，すなわち，より掘り下げて考察するとそこには何の矛盾も対立もなく，人は正しい行為を選択できるとされる．葛藤の一つである，ある善の実現を目指したものでありながら同時に別のある悪をも引き起こすという二重の結果を生み出す行為について，そのような場合に人はどう行為すればよいか，を教えるのが「二重結果の原則」と呼ばれる具体的・行為論的原則である．「二重効果の原則」ともいう．

【内容】この原則によれば以下の条件を同時に満たすとき，そこに生み出される悪は倫理的にはやむをえないものとして容認される．すなわちそのような悪があるにもかかわらず，主体は意図している善の実現の行為に踏み切ってかまわない．*自然法はその悪について主体に倫理的責任ありとはしない．条件は四つで普通は大体次のような形で表現される．(1) 行為そのものが倫理的に善いものか，無記すなわち価値的に中立のものであること．(2) 行為者が悪い結果ではなく善い結果のほうを本心から意図していること．(3) その行為によって悪い結果が善い結果と「同じ程度に直接的」には生み出されないこと．そうでなければ，悪い結果は善いほうの結果を入手するために必要な手段となり，客観的にはそのようなものとして目指されることになってしまうからであ

る．(4) 悪いほうの結果が生じるのを黙許するに足るだけの相応の重大な理由があること．

これはすでに思想的には*トマス・アクィナスにまで遡るとされるほど歴史は長いが，少なくとも顕現的には近世以降の数世紀にわたる倫理学者たちの思索と討論によって徐々に形成され，19世紀に最終的な形をとるに至った倫理原則である．一般倫理学やカトリック*倫理神学，そして医療倫理学(→ 医の倫理)などで重要な役割を果たしてきている．例えば，妊婦に子宮癌を発見し，癌の他の臓器への転移を防ぎこの妊婦の生命を救うため子宮摘出手術を行う医師は，手術の結果引き起こされる胎児の死に対し倫理的には非難されない．すなわちこの医師は道徳的に人の道を外れたことはしていない．

なお1960年代半ば頃からこの原則に対する批判が出始め，不要な部分を削ってより厳密な表現にしようとする試みも散見されるようになっている．

【文献】DETM 293-308; LThK² 3: 516-17; NCE 4: 1020-22; WDCE 162-63; H. ROTTER, G. VIRT, eds., Neues Lexikon der christlichen Moral (Wien 1990) 95-98; 宮川俊行「二重結果の原則」『純心女子短期大学紀要』19 (1983) 1-9; 同『安楽死と宗教 ― カトリック倫理の現状』(春秋社 1983) 114-24; P. KNAUER, "La détermination du bien et du mal moral par le principe du double effet," NRTh 87 (1965) 356-76; C. E. CURRAN, Ongoing Revision: Studies in Moral Theology (Notre Dame 1975) 173-209; R. A. MCCORMICK, How Brave a New World? (Garden City 1981) 413-29; L. I. UGORJI, The Principle of Double Effect: A Critical Appraisal of Its Traditional Understanding and Its Modern Reinterpretation (Frankfurt 1985); O. N. GRIESE, Catholic Identity in Health Care: Principles and Practice (Braintree, Mass. 1987) 246-99; K. H. PESCHKE, "Tragfähigkeit und Grenzen des Prinzips der Doppelwirkung," Studia Moralia, 26 (1988) 101-17; J. F. KEENAN, "The Function of the Principle of Double Effect," ThSt 54 (1993) 294-315; T. A. CAVANAUGH, "Aquinas's Account of Double Effect," Thomist 61 (1997) 107-21. (宮川俊行)

にじゅうこうか　二重効果　→ 二重結果の原則

にじゅうしんりせつ　二重真理説　〔英〕double truth theory, 〔独〕Theorie von der doppelten Wahrheit, 〔仏〕théorie de la vérité double　*啓示による*信仰の*真理と*理性による*哲学の真理は区別され，信仰の立場から真とされるものであっても，哲学の立場からは偽とされることもあり，またその逆の場合もありうる，とする説．12世紀頃よりキリスト教世界に徐々に知られるようになった*アリストテレスの哲学の受容の過程で，この二重真理説はアヴェロエス主義者たちによって主張されたといわれるが，実際のところこのような形で二重真理説を唱えた著述家は特定し難い．

西欧世界に流入したアリストテレスの哲学の影響が大きなものになるにつれ，これを危険視する聖職者・神学者たちも出てきた．しかし幾度かの禁止にもかかわらず，*パリ大学などではアリストテレス哲学が熱心に教えられた．この動きの中心にあったのがブラバンの*シゲルスたちで，彼らは教会の教理に縛られることなく，*アヴェロエスに即したアリストテレス解釈を展開した．13世紀後半，世界の永遠性や知性の単一性に関するアヴェロエスの学説がキリスト教界に大きな脅威と感じられるに及び，パリ司教*タンピエが1270年，1277年の2度にわたりアヴェロエス主義者たちを糾弾した．二重真理説の問題は，「信仰と理性の総合と分離」という中世から近代・現代へと至る大きな問題のなかの一つの挿話であり，その大きな問題を象徴するものである．

【文献】稲垣良典『信仰と理性』(第三文明社 1979); ブラバンのシゲルス「世界の永遠性について」, E. タンピエ「1270年の非難宣告 / 1277年の禁止」八木雄二, 矢玉俊彦訳『盛期スコラ哲学』中世思想原典集成13 (平凡社 1993) 614-41, 643-78. (開龍美)

にじゅうどうとく　二重道徳　〔英〕double morality, 〔独〕Doppelmoral, 〔仏〕morale double

【概念】自分自身や自己の属する*共同体に求められる道徳的要求と*他者や他者の属する共同体に向けられる要求との間に，意図的か否かにかかわらず原理的区分を容認する実践のこと．異なる二つの道徳規準の正当性を同時に認める論理的矛盾を含蓄することがしばしば指摘される．ある人々(特権階級，種族など)，もしくはある状況(経済的，政治的，文化的など)が，通常の道徳規準の命令や禁止から免除されていることを指摘する表現としても用いられる．例えば，*国家や*教会などの公職にあり，権限を得ている者が，一般人に適用される罰則などからある程度免除され，その権限下にある者と自分たち自身にそれぞれ別々の道徳規準を適用しようとする態度などを指す．ひいては，ある人々やある状況においては悪いことが，善いこととなることさえ生じさせる．こうした理論や実践は，人間の自由な道徳的行為を識別するための共通で一致した尺度が存在しないことになり，人間や社会の本性法則や神の*救いの計画の統一的で普遍的な価値やその一性を否定することにつながる．

【思想史】二重道徳の考えは，古代から為政者の在り方を問いながら，個人と国家，個別と普遍，個人の*善と*共通善などの倫理哲学の問題のなかで論じられてきた．しだいに個人から切り離された国家が，国家独自の理性(国家理性もしくは国家理由，〔仏〕raison d'État)をもつものとして捉えられ，国家に要求される道徳も，個人のそれと分離されていく．これは国家の生存のために悪い手段も正当化しうるとする*マキャヴェリ的政治学思想へと展開していく．そこでは，国家が自己の存在理由をもち，法や道徳，宗教に優越すると主張しながら，国家の必要を盾に権力政治を擁護する原理にすり替えられていた．これが*ファシズムや*ナチズムを招く理論的根拠の一因ともなっていく．同様に*聖職者の生活，経済的分野における商人(マンチェスター自由主義)，芸術のための芸術(〔仏〕l'art pour l'art), 恋愛時の男女などにおける道徳的二重原理の存在が指摘されてきた．二重道徳の原因を，*パスカルは人間性の*矛盾，人間の自己矛盾に求めている．彼は，人間は*認識における誤謬，社交生活における欺瞞，政治権力の根本的不正にみられるような「みじめさ」をもちながら，一方では*真理と善を求め続ける「考える」「偉大さ」をもつ矛盾のなかにあると捉える．この矛盾を指摘し，そこから救うものとしてのキリスト教を提示する．しかし，*ショーペンハウアーや*ニーチェにあっては，*隣人愛の倫理さえも，自己の弱さ，望み，権力意志を偽装した二重道徳であるとされる．彼らにとって，自己譲与による*幸福は人間が無意識のうちに感じる嫉妬や羨望(→ 妬み)という不幸感を排除できないものとされる．*フロイトは

*精神分析の立場から，人間はこの無意識を何らかの新しい倫理的真実に巻き込むことなくして二重道徳から解放されることは不可能であるとする．
【現状】現代人もこれに準ずる多種多様な現象を体験する．言行不一致，本音と建前を使い分ける言動から，公生活と私生活の分離，対外的と対内的な態度の差異，男女差別や人種差別などのあらゆる種類の*差別，職業倫理（〔英〕deontology），社会，経済あるいは文化倫理やあらゆる種類の*状況倫理のなかにも，さらには倫理学派間の価値対立もしくは倫理思想の時代的変遷や進歩に至るまで，自覚するしないにかかわらず道徳的領域における二重性を体験している．これら道徳的二重構造は自分自身のなかに，他者のなかに，自己と他者の関係のなかに，あるいは社会のなかに絶えず倫理的緊張を引き起こしている．
【倫理神学的解明】二重道徳は，方向を等しくする二つの道によって光をあてられる．第一は，道徳的諸規準を人間の本性法則（*自然法）に秩序づけていく道である．人間の置かれた政治的，経済的，文化的などの特別な領域には，それらに固有の諸価値や諸目的があり，ある種の固有の道徳的規準が認められうる．しかし，これらの規準は，この領域に生きる人間の本性法則とそこから導き出される普遍的な道徳的規準から独立させられるものではなく，かえって本性法則の目的秩序に従属すべきなのである．そうでないなら諸領域に固有な規準は，それ自体の目的を誤ることになる．政治家が民の*尊厳を放棄するときその目的を果たせないのと同じである．第二に，神の超自然的*啓示によって明白に語られた言葉によって与えられる道徳的法則への追従の道である．この実定神法（→ 神法）が，道徳的認識に関して，人間の*良心に明確さと確実さをもたらし，自己の本性の明確な理解を保証する．キリスト者は，キリストによって示される*愛（アガペー）が人間本性の唯一無二の目的であり，そこに自己と社会，あらゆる領域のすべての道徳的規準を秩序づけていく．
【文献】カ大 3: 851-52; B. パスカル『プロヴァンシアル』パスカル全集 2, 中村雄二郎訳（人文書院 1959）; J. メスナー『自然法』水波朗他訳（創文社 1995）: J. Messner, Das Naturrecht: Handbuch der Gesellschaftsethik, Staatsethik und Wirtschaftsethik (Innsbruck 1950).　　　　　　　　　　　　　（牧山強美）

20せいきのキリストきょうびじゅつとけんちく
20世紀のキリスト教美術と建築

【モダン・アートとカトリック教会】19世紀から20世紀初頭にかけて，教会内で用いられた絵画や彫刻は様式・主題とも伝統主義的で，1917年発布の旧『教会法典』に，教会には「品位と道義に欠け，……誤りの危険となるような」絵を展示してはならない（1279条3項）とあるように，16世紀の*トリエント公会議当時の方針が維持されていた．教会の許可なく「新奇な絵」を展示することはできず，教会の美術は「モダン・アート」，つまり同時代の革新的美術とはかけ離れて存在し，これを拒否する傾向があった．

しかし，19世紀末，象徴主義の立場をとる画家たちの多くは，キリスト教に個人的な霊感源をみいだしており，やがてそのなかから教会の注文を受ける者も現れる．特にフランスの*ドニは，1899年以降，数々の教会堂のために壁画装飾や*ステンドグラスのデザインを行って，単純化された形態や平面的構成を特徴とする革新的な様式を公的な教会美術に導入した．ドニは教会のための美術の振興を図って，1919年，友人の画家*デヴァリエールとともに「宗教芸術工房」(Atelier d'art sacré)を創設して後進の指導にあたった．

ドニと同世代の*ルオーは，黒く太い輪郭線と暗く輝く色彩という，ステンドグラス職人としての修業のあとを窺わせる独特の様式で，受難のキリスト，あるいは現代の日常生活のなかに静かにたたずむキリストを描いた．ルオーは1939年，フランス東部アッシー(Assy)のノートルダム聖堂のためのステンドグラスの注文を受けるが，この教会堂は，教会芸術の刷新を目指す*ドミニコ会の「アール・サクレ」（聖なる芸術）運動の一環として建設され，ルオーに加え，ボナール(Pierre Bonnard, 1867-1947)，*マティス，ブラック(Georges Braque, 1882-1963)，レジェ(Fernand Léger, 1881-1955)，*シャガール，バゼーヌ(Jean Bazaine, 1904-2001)その他，当時のフランス美術界の代表的芸術家が装飾に参加した．

しかし，その献堂式が行われた1950年，カトリック内部の保守派は，装飾に関わった芸術家の多くが教会の仕事に不適任である（無神論者，共産主義者，ユダヤ教徒などが含まれる）として，ドミニコ会を激しく非難した．それに対して，雑誌『アール・サクレ』(L'art sacré)の主幹クテュリエ神父(Marie-Alain Couturier, 1897-1954)らは，キリスト教美術の復興には天才的芸術家の力が必要であり，すべての偉大な芸術には，作家の信仰の有無にかかわらず，崇高な精神が宿る，として反論した．

「才能なき信仰者より，信仰なき天才たちの作品を！」という『アール・サクレ』誌のスローガンは過激に響いたかもしれないが，この頃からモダン・アートに対するカトリック教会の態度が変化したことは，1947年の教皇*ピウス12世の回勅*『メディアトール・デイ』に示されている．現代の材料により適した現代の絵や彫刻は直ちに非難されるべきではないとし，モダン・アートが「単なる『写実主義』や極端な『象徴主義』に陥ることなく中庸の正しい秩序を保ち，芸術家の個人的な判断や好みよりもキリスト者の共同体の必要性を重視するならば」，モダン・アートの担い手たちも教会のために活動することが認められる，というものである(193項)．

【聖なる空間の刷新】教会堂建築に関しては，新しい様式や材料が比較的早くから積極的に取り入れられた．ペレ(Auguste Perret, 1874-1954)設計の，パリ近郊ル・ランシー(Le Raincy)のノートルダム聖堂(1922-23)は，20世紀初頭以来，鉄筋コンクリートを用いた機能性と新しい美を追求してきた建築家ペレが，シェル（皮膜）構造の曲面天井やガラスとプレキャスト（既成）・コンクリートの壁によって，ゴシック教会の空間のイメージを現代によみがえらせたもので，代表的ゴシック聖堂にちなんで「鉄筋コンクリートのサント・シャペル」と呼ばれた．ペレに学んで，20世紀の直線的な機能主義建築の主導者の一人となった*ル・コルビュジェも，第2次世界大戦後，*ブザンソン近傍のロンシャン(Ronchamp)の巡礼教会堂(1950-55)で，鉄筋コンクリートによる曲面からなる，彫塑的で表出性豊かな教会建築を生み出した．小さな窓が切り込まれた重厚な壁体は，巡礼路教会（→ 巡礼路様式）が盛んに建てられた中世前半のロマネスク様式を思わせ，その外形に「ノアの箱舟」や「組み合わせた手」など，象徴的意味を読み取ることもできる．

にしゅばいさん

20世紀絵画を代表する一人マティスも，晩年，ニース郊外ヴァンス(Vence)のドミニコ会女子修道院ロザリオ礼拝堂の装飾に携わった(1948-51)．ドミニコ会修道士による建物の設計の段階から関わり，ステンドグラス，壁画装飾，祭壇十字架(→十字架)や司祭の*祭服まで，すべてのデザインを担当した．植物を思わせる抽象的な黄色や青の色面で構成されたステンドグラスを通して，南仏の日差しが白い堂内に浄福に満ちた空間を作り出す．なお，ロンシャンの教会でもヴァンスの礼拝堂でも，モダニストに聖空間の創出を委ねるにあたって，『アール・サクレ』のクテュリエ神父が大きな役割を果たした．

【第2ヴァティカン公会議以後の教会と美術】カトリック教会の現代化と諸教会の一致を目指して第2*ヴァティカン公会議を召集した教皇*ヨアンネス23世と，これを受け継いだ*パウルス6世は，教会美術に関しても「現代」を受け入れることに積極的だった．ヨアンネス23世は，1960年，*ヴァティカン博物館の一部門である絵画館に現代美術のセクションを設けた．1964年，パウルス6世は*システィナ礼拝堂で芸術家のための特別なミサを行い，教会美術の停滞の現状に触れ，教会と芸術家の協力の成果が芸術的にも霊的にも人類の財産となった過去を振り返って，両者の新たな協力の必要を説いた．と同時に，芸術家がその力を発揮するためには，教会美術の機能や目的による制限はあるにしても，創造活動が芸術家の自由に委ねられなければならないことも認めた．教会のこうした姿勢に対する反響の一端が，教皇庁に対する芸術家やコレクターからの多くの現代美術作品の寄贈である．1973年にはヴァティカン博物館内部に，絵画館からは独立した現代宗教美術コレクションが開設された．ヴァンスの礼拝堂装飾のためのマティスの下絵の多くも，そこに含まれている．

モダン・アートを受け入れたのはカトリック教会だけではない．第2次世界大戦後，ライト(Frank Lloyd Wright, 1867-1959)，サーリネン(Eero Saarinen, 1910-61)，ミース・ファン・デル・ローエ(Ludwig Mies van der Rohe, 1886-1969)，アールト(Alvar Aalto, 1898-1976)など，そうそうたる建築家たちがプロテスタント教会を設計した．現代建築の形態の単純さ，簡素さは，宗派を超えて，祈りの場にふさわしいことが認められたのである．また，モダン・アートの抽象性や象徴性は，教会内を装飾する美術に否定的だったプロテスタントにとっても許容しうるものとなり，一部のプロテスタント教会では，抽象的な図柄のステンドグラスなどが採用された．

20世紀の建築と美術が宗派や宗教をも超えた聖なる空間を生み出しうる可能性は，テキサス州ヒューストン(Houston)のロスコー・チャペル(1964-70)に示されている．煉瓦造りの簡素な箱型の建物内部に八角形の部屋があり，アメリカの抽象表現主義の画家*ロスコーによる壁画14枚が白い壁面に並ぶ．壁画の数は「十字架の道行き」にちなんだものであるが，具象的な画像はない．微妙な色調の変化を含む暗色の色面の広がりが，彼方の無限の世界を暗示する．実業家夫妻が地元の大学構内のカトリックの礼拝堂として，ロスコーに委嘱したものだが，最終的には超宗派の祈りの場として献堂され，今日世界中から多くの「巡礼」を集めている．

【文献】DA 7: 212-33; EWA 3: 587-95; NCE 8: 857-89; 高野禎子「アール・サクレ—現代に蘇る聖空間」『独歩する色とかたち』名画への旅 22, 高階秀爾他編 (講談社 1993) 72-75; G. MASCHERPA, ET AL., *Collezione Vaticana d'Arte Religiosa Moderna* (Milano 1974); H. MATISSE, M. A. COUTURIER, L. B. RAYSSIGUIER, *The Vence Chapel: The Archive of a Creation* (Milano 1999).

(高橋裕子)

にしゅばいさん 二種陪餐 → 聖体拝領

にりょうせつ 二資料説 〔英〕Two-Source Theory, 〔独〕Zwei-Quellen-Theorie, 〔仏〕théorie des Deux Sources

マタイ，マルコ，ルカのいわゆる*共観福音書の成立事情を説明する，現在最も有力な説(→共観福音書問題)．大部分の新約聖書学者によって，基本的には受容されている．その要点は，(1) 3福音書のなかでは，マルコが最も古く，マタイとルカはそれぞれの福音書を執筆するにあたり，マルコ福音書をその基本資料として使用した．(2) マタイとルカは，マルコ以外に，マルコとは基本的に無関係なある資料集(ドイツ語で「資料」を意味するQuelleの頭文字をとって*Q資料あるいはQ文書といわれる)を用いた．(3) なお，マタイとルカは，上記二つの資料のほかに，おのおの独自の「特殊資料」をも使用した．(4) マタイとルカの相互の間には，文献的依存関係は存在しない．

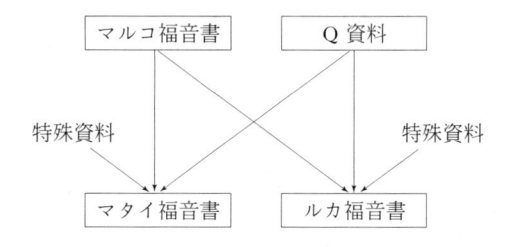

```
    マルコ福音書         Q 資料
         ＼  ／＼  ／
          ＼／  ＼／
          ／＼  ／＼
特殊資料 ／  ＼／  ＼ 特殊資料
       ／   ／＼   ＼
    マタイ福音書      ルカ福音書
```

二資料説

この結論は，誰かある学者が突然自説として提示したというものではなく，18世紀の終わり頃から19世紀の末まで，100年を超える，主としてドイツの学者たちの研究討論がこの結論へ向けて流れ込んだ感が強い．1778年に*レッシングが，1794年に*アイヒホルンが，1835年には*マーシュと*ラハマンが，さらに1863年には*ヴァイセと*ホルツマンが自説を発表するという経過の後，ヴェルンレ(Paul Wernle, 1872-1939. 1899年にQの略号を彼が初めて公に使用)に至って，ほぼ上に掲げた定式が姿を現した．

この説を支持する論拠としては，主に次の点が考慮されよう．(1) マルコ福音書の素材はほぼすべて，マタイとルカの双方に出てくるが，どちらの福音書においても，マルコ素材は元来の順序をほぼそのまま保持している(上記ラハマンの指摘)．(2) マルコの洗練さに欠けるギリシア語法は，そのマタイとルカにおける並行記事において，ほぼつねに，より良い文体や語法に改良された形になっている(以上マルコ優先説の主要根拠)．さらにQ資料の存在に関しては，(3) マタイとルカの双方に，マルコを飛び越えて，逐語的にほぼ完全に同一か，あるいは同一性の相当に高い記事がみられる．これは，マタイとルカが，おのおのある共通の文書資料をもっていたと想定するとき，最も自然に説明がつく．(4) この共通の資料層は，マタイとルカにおいて決して細部に至るま

で共通の順序にはなっていないものの，大きなブロックごとの順序は両者に等しく保たれている(洗礼者ヨハネの登場と説教[マタ 3:7 以下；ルカ 3:7 以下]，イエスの綱領的説教[マタ 5:3 以下；ルカ 6:20 以下]，弟子派遣説教[マタ 10 章；ルカ 10 章]，終末的説教[マタ 24-25 章；ルカ 17:23 以下]など)．これも文書的形態の共通資料を示唆する．(5) マタイとルカのなかに，マルコとは文面の異なった，しかし内容的にマルコと共通の記事が散見される(いわゆる「重複記事」，例えば「隠れているもので，あらわにならないものはない」＝マコ 4:22；マタ 10:26；ルカ 8:17；12:2，「妻を離縁して……姦淫の罪を犯すことになる」＝マコ 10:11-12；マタ 19:9；5:32；ルカ 16:18)．これらの重複は，マタイ，ルカのおのおのが，マルコ以外のほかの資料(この場合 Q 資料)にも従った結果と思われる．

もっとも，この説にもまだ未解決の部分はある．例えば，マタイとルカがマルコに従っているとき，共通してマルコの文面とは若干異なる言葉遣いをすることがある(いわゆる「小一致」，〔英〕minor agreements)．その最たるものの一つは，ペトロの否みの記事の最後で，マルコ書 14:72 には「いきなり泣きだした」とあるものを，マタイ書 26:75 とルカ書 22:62 は共通して，「そして外に出て，激しく泣いた」としている．偶然の一致にしては奇妙すぎよう．また他方，Q 資料にしても，マタイとルカの Q 相当部分には，場合によると余りに文面が異なり，本当に同一の文書なのか否か疑わしくなる場合がある(例えば，マタ 5:3-12 とルカ 6:20-26 の「幸い」章句群を比較)．そこで第一の点に関しては，今我々が手にしているマルコ福音書は，マタイとルカが手にした版とは細部において若干異なっていた可能性が最近は考慮されている．また第二の点については，マタイとルカのそれぞれが，原 Q 資料とは若干異なって発展していった版(「Q マタイ」「Q ルカ」などと呼ばれる)を所持していた可能性があると考えられている．すなわち二資料説は，細部に至っては修正しなければならない可能性が高いものの，それ全体を原則的に否定するような論拠は今のところ存在しないと考えられよう．

【文献】旧新約聖書大 380-83；橋本滋男「共観福音書」『総説新約聖書』(日本基督教団出版局 1981) 74-89；B. H. STREETER, *The Four Gospels* (London 1924)；W. G. KÜMMEL, *Einleitung in das Neue Testament* (Heidelberg ²¹1983) 13-53；W. SCHMITHALS, *Einleitung in die drei ersten Evangelien* (Berlin, New York 1985).

(佐藤研)

にしロマノ　西ロマノ　(1570 頃-1639)　キリシタン時代のイエズス会員．キリシタン武将・西ジョアンの子として *有馬に生まれる．1581 年(天正 9)有馬の *セミナリヨに入学，1590 年 *イエズス会に入会した．当時 *大村にあった修練院で修練を受け，1592 年には *コレジヨに入ってラテン語や神学を学んだ．その後，*大村，*浦上，*長崎，*志岐などの九州各地で説教師として働いた．1614 年 11 月の禁教令で *マカオへ追放され，同地で倫理神学を修めた．1625 年には *モレホンや *カルディムらとともにシャムの宣教に派遣されてアユタヤの *日本町で働き，また，カンボジアにも赴いた．その後，マカオへ戻り，1630 年または 31 年に司祭に叙された．1632 年に再びカンボジアへ派遣され，同地で死去した．

【文献】J. F. SCHÜTTE, *Monumenta Historica Japoniae*, 1 (Roma 1975).

(尾原悟)

ニーダーアルタイヒ　Niederaltaich　ドイツ南部のニーダーバイエルンの *パッサウ司教区にある *ベネディクト会の大修道院．8 世紀中頃にバイエルン公アギロルフィンガー家 (Agilolfinger) によって創立され，最初の修道士は *ライヘナウの修道院から来た．この大修道院はボヘミア，モラヴィア，ハンガリーの開拓と宣教を行い，777 年には *クレムスミュンスターに入植する．10 世紀末にはハンガリー戦争により衰退するが，*ゴルツェ，*トリール，*レーゲンスブルクの修道院改革に組み込まれ，*ゴーデハルトのもとで，テーゲルンゼー (Tegernsee)，ヘルスフェルト (Hersfeld)，オシアック (Ossiach)，バコニュベル (Bokonybel)，オストロウ (Ostrow)，ブレブノフ (Brevnov)，*オロモウツなどの修道院の改革・創立・復興の中心となる．*叙任権闘争の際には教会側に立ったため，帝国からの諸権利を失うが，『ニーダーアルタイヒ年代記』(Annales Altahenes) の編者でもあった院長ヘルマヌス (Hermanus, 1200 頃-1275，在職 1242-73) がそれらを取り戻す．その後しだいに衰退し，*三十年戦争の後，火災 (1659, 1671) により建物は崩壊するが，大修道院長ヨスキオ (Joscio Hamberger, 在職 1700-39) がこれを再建する．1803 年には世俗化されるが，1918 年，メッテン (Metten) の修道院がこれを復興，1930 年には再び大修道院となる．そのエキュメニズム研究所(創立 1962)によって *教会一致促進運動にも貢献している．

【文献】LThK² 7: 950-51；LThK³ 7: 818；NCE 10: 462.

(矢内義顕)

ニーチェ　Nietzsche, Friedrich Wilhelm　(1844.10.15-1900.8.25)　ドイツの哲学者．
【生涯】プロイセンのザクセン州リュッツェン郊外レッケン (Röcken) にて，牧師の長男として生まれる．*人文主義的陶冶の理想を掲げる厳格なプフォルタ校で学び，1864 年に卒業後，ボン大学で神学，哲学，文献学を学ぶが，まもなく神学研究を断念，ライプツィヒ大学で古典文献学の研鑽を積む．*ショーペンハウアーの *意志の哲学に心酔する一方，R.*ヴァーグナーの芸術改革の理念に共鳴し，個人的にも親交を結ぶ．1869 年にバーゼル大学の員外教授，翌年正教授に就任，教鞭をとるかたわら，普仏戦争後のドイツの文化的状況を厳しく批判する著作を公表するが，1879 年，健康悪化を理由に大学を辞職する．退職後のほぼ 10 年間は，ジルス・マリーア (Sils Maria)，*ジェノヴァなど，スイスとイタリアで著述活動を続ける．1888 年後半から精神錯乱の兆候が顕著になり，翌 1889 年 *トリノにて昏倒，進行性麻痺と診断され，母親の看護のもとで病床での生活を送り，知的活動に復帰することなく 1900 年に没する．
【著作】古典的な文献学の枠組みを越える『悲劇の誕生』(Die Geburt der Tragödie, 1872) は学界からは冷遇されたが，生命の原初的混沌を表すディオニュソスにギリシア悲劇の起源をみたその思想は，哲学者ニーチェの出発点をなしている．その後，『反時代的考察』(Unzeitgemäße Betrachtungen, 1873-76)，『人間的な，あまりに人間的な』全 2 巻 (Menschliches, Allzumenschliches, 1878-80) において，哲学的・文化批判的思索を展開し，その傾向は市民社会の道徳を攻撃する『曙光』(Morgenröte, 1881)，伝統的価値の転換を目指した『楽しい知識』(Die fröhliche Wissenschaft, 1882) に

も継承される.「神の死」を宣言し,「超人」([独]Übermensch) の理想を具象的に伝える『ツァラトゥストラはこう語った』全4巻 (Also sprach Zarathustra, 1883-85) を思想の頂点として,『善悪の彼岸』(Jenseits von Gut und Böse, 1886),『道徳の系譜学』(Zur Genealogie der Moral, 1887) においてはヨーロッパの哲学・文化・宗教, 特に*キリスト教に対する全面的批判が繰り広げられることになる. 著述活動の最後の時期には, キリスト教および教会をイエスからの離反とみる『反キリスト者』(Der Antichrist, 1888),『偶像の黄昏』(Götzendämmerung, 1889), さらに R. ヴァーグナーとの対決を行った『ヴァーグナーの場合』(Der Fall Wagner, 1888) と『ニーチェ対ヴァーグナー』(Nietzsche contra Wagner, 1895), 死後出版された自伝『この人を見よ』(Ecce homo, 1908) がある. これらと並行して「主著」の計画が立てられていたが完成には至らず, その準備のための断章は膨大な遺稿として残された. 妹エリーザベト (Elisabeth Förster-Nietzsche, 1846-1935) がニーチェの計画に基づいて遺稿を編纂したとされる『権力への意志』(Der Wille zur Macht, 1901 1911) は, その編集の恣意性と杜撰さが明らかになると同時に,『権力への意志』という著作計画そのものもニーチェ自身によって廃棄されていたことが判明した.

【思想】ニーチェの思想は, 生の根源的活動に貫かれた流動的現実を強調し, 身体的・感覚的世界を復権することを哲学上の課題としている. 現実の多元性を反映して, 断片的なアフォリズム形式をとるその思索は, 超越的・理念的世界の永遠性を根幹とする*プラトン以来の*形而上学に逆らって,*存在に対して*生成の根源性を認め,*同一性に対する非同一性の優位を主張する. そのために, 不断の創造という生の実相を抑圧し, 萎縮と硬直化をもたらす阻害要因がことごとく糾弾の対象となる. その批判は哲学的・原理的次元にとどまらず文化現象全般にまで及び, 特に新興資本主義国家たるドイツの政治的・文化的状況への不信と軽蔑のなかで,*文明の平準化とそれに伴う人間の均質化に対して仮借のない論難がなされた. 最初期の「芸術家形而上学」においては, 理論知を偏重する客観的学問観が拒絶され, 芸術こそが生の肯定の場とみなされていたが, ヴァーグナーのバイロイト祝祭劇場の開設を機に, 芸術の内にさえ含まれる制度化と平板化の傾向を見て取って以降は, 芸術をも含めたヨーロッパ文化全体の徹底した批判的考察が展開される.

生の多義的で力動的な活動は,『ツァラトゥストラはこう語った』において芽生えた「権力への意志」の思想においてさらに深められた. 権力への意志は不断の自己拡張と自己保存の緊張を本質とするものである. そこからあらゆる*認識と*価値は, 権力への意志の自己保存のために産み出される*仮象ないし解釈とみなされ, 従来の真理観・道徳観の変換が図られるばかりか, 世界の超越的な中心としての*理念や神さえも, 虚構として暴露される. 権力への意志による多様な解釈の抗争として世界を捉えるこうした思想は, もろもろの価値観を解釈の歴史的生起として究明する「系譜学」の基礎となり, 思想史・哲学史全体を通覧する歴史的展望を開く. そこにおいては, 近代の平等主義の理念や*キリスト教倫理もまた, 権力への意志の自己欺瞞としてのルサンチマンに基づくものと理解され, さらにはヨーロッパの歴史全体がデカダンスまたは*ニヒリズムとして捉えられる. 超越的価値を欠きながらも, 中心的価値の欠如を隠蔽するニヒリズムの由来を批判的に反省することによって, ニーチェは権力への意志がもつ自己肯定の積極性を救い出そうとするのである. その拠り所は「最高の肯定の表現」である等しきものの*永遠回帰の内に求められる. 瞬間と永遠の統一であるこの思想は, 偶然性と一回性の全面的肯定として, 存在を生成の相のもとに捉えるニーチェ哲学を集約するものとなっている.

【影響】ニーチェの著作は, 生の根源性の理解によって, 20世紀の*生の哲学や*実存主義の淵源となると同時に, ユーゲントシュティールの芸術家 (→ ドイツ美術) による熱狂的受容をはじめとして, 文学・芸術にも多大な影響を及ぼした. 第2次世界大戦中には, 反主知主義と反民主主義といったその一面のみを肥大させる形で,*ナチズムによって政治的イデオロギーとして利用されたが, キリスト教を含むヨーロッパ思想全体に対する徹底した反省を展開するニーチェの思想は, 近代そのものへの批判を課題とする*現代哲学の着想源となっている.

【著作集】『ニーチェ全集』第1期全12巻, 第2期全12巻, 別巻1, 浅井真男他訳 (白水社 1979-87);『ニーチェ全集』全15巻, 別巻4, 信太正三他訳 (筑摩書房 1993-94); Werke, ed. K. SCHLECHTA, 3 v., 1954-56, ⁹1982; Sämtliche Werke, 12 v., 1964-65; Werke. Kritische Gesamtausgabe, ed. G. COLLI, M. MONTINARI, 1967- ; Briefwechsel. Kritische Gesamtausgabe, ed. G. COLLI, M. MONTINARI, 1975; Sämtliche Werke. Kritische Studienausgabe, 15 v., ed. G. COLLI, M. MONTINARI, 1988, ²1990.

【文献】K. レーヴィット『ニーチェの哲学』柴田治三郎訳 (岩波書店 1960): K. LÖWITH, Nietzsches Philosophie der ewigen Wiederkunft des Gleichen (Berlin 1935); K. ヤスパース『ニーチェ』ヤスパース選集18-19, 草薙正夫訳 (理想社 1966): K. JASPERS, Nietzsche (Berlin, Leipzig 1936); G. ドゥルーズ『ニーチェと哲学』足立和浩訳 (国文社 1974); G. DELEUZE, Nietzsche et la philosophie (Paris 1962); M. ハイデガー『ニーチェ』全3巻, 薗田宗人訳 (白水社 1976-77): M. HEIDEGGER, Nietzsche, 2 v. (Pfullingen 1961); 山崎庸祐『ニーチェ』(講談社 1978); 高松敏男, 西尾幹二編『日本人のニーチェ研究譜』(白水社 1982); 大石紀一郎他編『ニーチェ事典』(弘文堂 1995); E. BEHLER, ET AL., eds., Nietzsche-Studien (Berlin 1972-); Nietzsche aujourd'hui? Actes du colloque international de Cérisy-La-Salle (Juillet 1972), 2 v. (Paris 1973); R. F. KRUMMEL, Nietzsche und der deutsche Geist, 2 v. (Berlin 1974-83); C. P. JANZ, Friedrich Nietzsche. Biographie, 3 v. (München 1981); G. ABEL, Nietzsche (Berlin 1984 ²1998). 〔村井則夫〕

にちおうぶんかひかく　『日欧文化比較』　*イエズス会の宣教師*フロイスの著作. 原題は, Tratado em que se contem muito susintae abreviadamente algumas contradições e diferenças de custumes antre a gente de Europa e esta provincia de Japāo. 著者自身の多年の宣教経験と多方面にわたる豊富な知識をもとに,*宣教にあたって*宣教師の心得るべき日本の社会, 生活, 風俗の歴史を西欧と対比して著したもので, 1585年 (天正13) に*加津佐でまとめられた. この種の記録としては最も古いものの一つで, 安土・桃山時代を知るうえでの貴重な史料でもある. 40葉からなる草稿は*マドリードの王立史学院に所蔵されていたが, 1946年

に *シュッテが発見し，原文のポルトガル文にドイツ語の訳文と注を付し，1955年(昭和30)に Kulturgegensätze Europa-Japan と題して上智大学から刊行された．岡田章雄による翻訳『日欧文化比較』(岩波書店 1965. 後に『ヨーロッパ文化と日本文化』と改題)がある．
【文献】松田毅一，E. ヨリッセン『フロイスの日本覚書』(中央公論社 1983).　　　　　　　　(尾原悟)

にちじょうげんごがくは　日常言語学派〔英〕Ordinary Language Philosophy　*ウィーン学団などによる理想言語哲学を批判することによって成立した *言語分析哲学の学派．1930 年頃から英国で発生し，アングロ・サクソンの *言語哲学に多大な影響を与えた．*ヴィトゲンシュタインの死後，とりわけ 1940 年代から 50 年代にかけて *オックスフォード大学を中心に盛んになったので，オックスフォード学派ともいう．

この学派の起源としては，G. E *ムアの哲学，後期ヴィトゲンシュタインとケンブリッジ学派の言語哲学，またオックスフォード学派があげられる．これらの哲学に共通しているのは，日常言語を記述分析することによって，*哲学や *科学の言語とその誤解に対する批判を遂行したことである．理想言語哲学が，厳密な科学言語である理想言語を構築することによって，日常言語の欠陥を排除できるとしているのに対して，日常言語学派は，その欠陥が果たして日常言語自身の欠陥なのかを問い，むしろ日常言語自体の働きを分析した．

ヴィトゲンシュタインは，前期の『論理哲学論考』から後期の『哲学探求』に至るにあたって，大きく立場を変更している．『論理哲学論考』においては，自然科学の命題となりうる記述言語がその分析の課題であったのに対して，『哲学探求』においては，日常言語がその分析の対象となった．日常言語の分析は言語ゲームの分析として遂行されるが，言語ゲームの可能の制約は生活形式とされる．このような立場が，日常言語学派に大きな影響を与えた．

オックスフォード学派として発展した段階では，*ライルと J. L. *オースティンが代表的存在となっていた．ライルは，最初は理想言語哲学の支持者であったが，*フッサールと *ハイデガーの *現象学を研究し，形而上学批判へと接近した．1931 年以降彼は，日常言語の分析を体系的に行う．その主著『心の概念』において，日常言語の分析の方法を反デカルト的な意図で，哲学の根本問題に適応したことは，多大な影響を与えた．オースティンの哲学は，「言語論的現象学」と呼ばれている．彼の哲学は，ライルやヴィトゲンシュタインと比べて，伝統的な哲学上の問題を扱っておらず，さまざまな細かい言語の分析への言語学的関心に貫かれていた．

オックスフォード学派の哲学は，しだいに *形而上学，*倫理学，*宗教哲学などの古典的な哲学上の主題に広がっていった．狭義の言語哲学の基礎は，現象学や *解釈学の生活世界的分析，あるいは，*超越論哲学の分析とともに増強された．日常言語学派は，すでに *現代哲学の古典に属する哲学となっている．
【文献】HWP 6: 1246-49; 竹市明弘，常俊宗三郎編『哲学とはなにか』(勁草書房 1988).　　　　(茂牧人)

にちじょうせい　日常性〔独〕Alltäglichkeit　*フッサールの *現象学，*ハイデガーの哲学(→ 実存哲学)において「生活世界」(〔独〕Lebenswelt) の特徴の一つとされる概念．

日常 (Alltag) とは理論的考察に先立って存在している領域であり，さらに通常の自明的現実として典型的で，深く考えられることのない，当然の事柄，推移とみなされている．したがって，まだ明確に対象化されたり，はっきりと言語化されてもいない．しかし，それは意識的な認知，すなわち対象にまなざしを向けて主題化し，知識体系を形成しようとする精神活動の下地であり，拠り所となるものである．他方，近代における日常性は非実存的であり，究極的意義を感じたり，探究しても発見できないような現実である．*信仰の立場からは，日常性の精神活動の下地としての側面はいわゆる共同体的信仰の意識として教理の発展を可能にするものであるが，他方，その非実存的現実としての側面は根本的に超越的実在(→ 超越)への接近を不可能にする．K. *ラーナーはこのような日常性の状況について，これは現代における *神認識を不可能にするものではなく，むしろ否定的 *神秘体験を一般化したものであるとみなし，神が人間の思いの枠組みでは捉えることのできない「最も遠い者でありながら最も近く，親しい者」であることを示していると考えた．
【文献】HWP 1: 194-95; LThK² 1: 355-56; LThK³ 1: 417-20; K. Rahner, Glaube, der die Erde liebt: christliche Besinnung im Alltag der Welt (Freiburg 1966).
　　　　　　　　　　　　　　　　　　(高柳俊一)

にちようがっこう　日曜学校〔英〕sunday school, 〔独〕Sonntagsschule, 〔仏〕école du dimanche　日曜日に開かれる小学生を対象にした教会学校で，主に要理教育(→ 要理と要理教育)を行う．信者に対する信仰教育は中世以来教会によって行われてきた．日曜日には *典礼と *説教とは別に，要理に基づく教育がなされたが，これを格別日曜学校とは称さず，教会の行う多面的な教育活動の一つとして行ってきた．日曜学校という名称は 18 世紀末にイギリスのグロスター (Gloucester) で *レイクスが行った，労働者子女に対しての日曜ごとの宗教的教育と読み書きの初歩的な教育に冠せられた言葉が始まりであり，これが広がって教会の一つの学校として位置づけられることになった．我が国では，明治初年にプロテスタント教会を中心にして導入され，その後各教会に広がって，カトリック教会でも日曜日の教会学校を日曜学校と称するようになった．

日曜学校の教師は主には司祭であるが，修道者や信徒も担当する場合があり，その内容は主に *カトリック要理や聖書物語である．児童の興味を保つために，*宗教劇や紙芝居，映画，行事も催されることがある．オリエンス宗教研究所(→ 宣教司牧研究機関)発行の雑誌『こじか』(創刊 1958) は教会の日曜学校の教材として発行されている．生涯にわたる信仰教育という観点からみると，児童を対象にしたこの種の日曜学校は，信仰の基礎を築く初期養成にあたり，この次の段階に中高生会が位置づけられる．*堅信が済めば，青年会・婦人会・成人会などの組織での成人の信仰講座へと連続していくもので，今後は生涯にわたる信仰養成を生涯の段階ごとに整えていくことが重要である．
【文献】カ大 3: 858-60; LThK² 9: 884-85; NCE 13: 806-807; T. Kelly, A History of Adult Education in Great Britain (Liverpool 1962); A. M. Boylan, Sunday School (New Haven, Conn. 1988).　　(香川正弘)

にちようび　日曜日〔英〕Sunday, 〔独〕Sonntag, 〔仏〕

にっせいじしょ

dimanche　今日，週の始まりかつ終わりをなす休日とされる日曜日という制度は，キリスト教に由来する．古代ヘブライ暦における「週の初めの日」に復活したキリストを記念するために，初期の共同体はこの日に集い，感謝の祭儀を行い(使 20: 7 参照)，やがて「主の日」(*主日)と呼んだ．この日がヘレニズム文化圏の呼称では，「太陽の日」にあたることも意味をもつようになり，「正義の太陽」であるキリストの日，創造の日(第一の日)として尊ばれるようになった(殉教者 *ユスティノス『第1弁明』67, 7参照)．321年，*コンスタンティヌス大帝によって日曜日は公休日とされ，休息日であり礼拝日であるという性格が決定づけられた．現代の社会は，日曜日を休みとしない産業も多く，労働，消費，レジャーなど過ごし方も多様化し，古典的な日曜日の性格が脅かされる一方，根源的な休日(人間的回復の日，社会活動の日)としてなど，新たな可能性をも示しつつある．キリスト教における根源的な礼拝集会日としての復興を呼びかけた現代の典礼刷新(『典礼憲章』106項，『新教会法典』1246-48 条参照)以降，日曜日は，再び実践神学上の重要なテーマとなりつつある．
【文献】LThK³ 9: 726-31; 土屋吉正『暦とキリスト教』(オリエンス宗教研究所 1987); 教皇ヨハネ・パウロ 2 世使徒的書簡『主の日―日曜日の重要性』宮越俊光訳(カトリック中央協議会 1999): IOANNES PAULUS II, "Dies Domini," AAS 90 (1998) 713-66.　　　(石井祥裕)

にっせいじしょ　『日西辞書』　1630 年 *マニラで刊行された日本語・スペイン語辞書．原題は Vocabulario de Iapon, declarado primero en Portugues por los Padres de la Compañia de Iesus de aquel reyno, y agora en Castellano. 原題に「最初はポルトガル語で説明された」とあるように，1603年(慶長8)から1604年にかけて *長崎の *コレジヨから刊行された *『日葡辞書』のポルトガル語をスペイン語にしたものである．1614年の禁教令によって日本での *宣教は禁止されてしまったが，その後も潜入を試みるスペイン人宣教師は少なくなく，マニラが基地になっていた．こうした宣教師の日本語学習のために本書は編まれたと思われる．
【文献】J. LAURES, Kirishitan Bunko (Tokyo 1957).
(尾原悟)

ニッチ　Nitzsch, Friedrich August Berthold (1832. 2. 19-1898. 12. 21)　ドイツの *ルター教会の神学者．カール・イマヌエル・*ニッチの子として *ボンに生まれる．ギーセン大学，キール大学教授．その教義学の著作は，19世紀の神学的傾向に関する優れた概観を示す．また，*教理史の発展史的叙述を試みた．キール(Kiel)にて没す．
【文献】キ人 1025; キ大 781; RGG³ 4: 1499-1500.
(平松良夫)

ニッチ　Nitzsch, Karl Immanuel (1787. 9. 21-1868. 8. 21)　ドイツ・*ルター教会の神学者．F. A. B. *ニッチの父．ボルナ(Borna)に生まれる．ボン大学，*ベルリン大学教授．*シュライエルマッハーの信仰論と思弁的神学とを結びつける，典型的な *調停神学の立場をとる．また『実践神学体系』全3巻(System der praktischen Theologie, 1847-67) によって *実践神学を最初に体系づけた．さらに *合同教会の形成にも尽力．*ベルリンにて没す．

【文献】キ人 1025; キ大 781; RGG³ 4: 1500.
(平松良夫)

にっぽじしょ　『日葡辞書』　Vocabulario da lingoa Japam　キリシタン時代のポルトガル語で説明を加えた日本語辞書．2巻1冊．1603 年(慶長8) 本編，1604 年補遺が，共に *長崎にあった *コレジヨから刊行された．当時の標準的な口語を中心に文章語・詩歌語・仏教語・女房詞・方言など，約3万2,800語を収録する．日本語を *イエズス会の方式によりローマ字でアルファベット順に表記し，ポルトガル語で説明を加えている．当時の発音や語義などが豊富な用例をあげて説かれており，室町時代語の研究に不可欠の貴重な史料となっている．日本語から西欧の言葉を引くことのできる初めての近代的辞書であり，構成・内容の面からも高く評価されている．本書のポルトガル語をスペイン語にした *『日西辞書』は，1630 年に *マニラで，ポルトガル語をフランス語にした『日仏辞書』は *パジェスにより1862-68 年に *パリで刊行されている．伝本は，*オックスフォード大学ボードリアン文庫本その他にある．影印本にボードリアン文庫本の2種とパリ国立図書館本があり，土井忠生らによる翻訳の『邦訳日葡辞書』(岩波書店 1980)がある．
【文献】土井忠生『吉利支丹語学の研究』(三省堂 1971); 森田武『日葡辞書提要』(清文堂 1993).　(尾原悟)

にっぽん…　日本…　→　日本(にほん)…

にっぽんかんくじじょうていよう　『日本管区事情提要』　*イエズス会の巡察師 *ヴァリニャーノが総会長宛に記した日本宣教の報告書『日本管区およびその統轄に関する要録』(Sumario de las cosas de Japón)と，その『補遺』(Adiciones del Sumario de Japón) のこと．ヴァリニャーノは *巡察師として 1579 年(天正7)から 1582 年，1590 年から 1592 年(文禄1)，1597 年(慶長2)から 1603 年の3回，日本宣教の視察を行ったが，その第1次と第2次の巡察の際の報告書である．日本宣教の最高責任者としての責務が与えられている巡察師としての立場から，*宣教に関わる諸問題と，意見や指導，解決策などが述べられているので，キリシタン史研究に不可欠の貴重な資料となっている．原文がローマのイエズス会古文書館に所蔵されており，原文文書の校注本(J. L. Alvarez-Taladriz, ed., Sumario de las cosas de Japón, 1954) および翻訳(松田毅一他訳『日本巡察記』平凡社 1973)がある．　(尾原悟)

にっぽんきょうこうたいし　日本教皇大使　→　駐日教皇庁大使

にっぽんきりしたんしゅうもんし　『日本切支丹宗門史』　*パジェスの著作．原題は，Histoire de la Religion Chrétienne au Japon depuis 1598 jusqu'à 1651, comprenant les faits relatifs aux deux cent cinq martyrs béatifiés le 7 juillet 1867. 1869-70 年に *パリで刊行された．本書は4編からなり，第1編で *徳川家康の時代(1598-1616)，第2編で秀忠の時代(1616-31)，第3編で家光の時代(1632-52)が扱われ，第4編として史料編がついている．*『イエズス会日本年報』や同会宣教師の報告類を駆使し，キリシタン史を編年史的に叙述しており，キリシタン宗門史ばかりでなく，近世初期の日

欧交流史研究の貴重な文献となっている．第3編までが吉田小五郎によって訳され，『日本切支丹宗門史』全3巻として岩波文庫（初版1938-40）に収められている．

（尾原悟）

にっぽんし 『日本史』 Historia de Japam

*フロイスの著作．*フランシスコ・ザビエルの来日(1549)から1593年(文禄21)頃まで40年余の日本の*イエズス会の*宣教を扱った歴史書．文筆の才のあったフロイスは1583年(天正11)に上長のG.*コエリョから編年史体の日本宣教史の執筆を命ぜられ，1597年7月に死去する直前までの晩年の十数年をその執筆に傾けた．しかし余りにも詳細であったため厖大なものとなり，*ヴァリニャーノはその原稿を長文にして冗漫とみなしてヨーロッパに送らず，草稿は*マカオのイエズス会の文書館に埋もれたままになり，1835年には火災で焼失した．幸い，これより以前の1742-45年に謄写した写本が残っていたが，これら写本もその後のイエズス会への弾圧と同会の解散などもあって，各地を転々とした．1895年，当時ザビエルの伝記を執筆中の*クロによって*アジュダ図書館で第1部が発見されて以来，最近になって写本の全体がまとまった．1926年に第1部のみが*シュールハンマーによってドイツ語訳され，また，1980年(昭和55)までに松田毅一らによって日本語にも完訳された．本書はキリシタン宣教史に関する記事だけでなく，長く日本に滞在した著者自身が直接に接した*織田信長・*豊臣秀吉から一般庶民に至る各階層の人々との体験が盛り込まれており，近世初期の第一級の史料とされている．

【邦訳】松田毅一他訳『フロイス日本史』全12巻（中央公論社1977-80）．

（尾原悟）

にっぽんしきょうくしこう 『日本司教区史稿』

フロイスの『日本史』は，草稿のまま*マカオのイエズス会文書館に埋もれていたが，1742-45年に写本が作成され，その後，草稿は火災のため消滅した．*イエズス会の会員*モンターニャなどの指導のもと，この謄写作業に携わった人々は，厖大な『日本史』を五つのグループに分け，それぞれに表題をつけた．その一つのグループが『日本司教区史稿』(Apparatos para a história do bispado de Japão)で，年代的には『日本史』第2部第3巻後半の1588年(この年，*モライスが日本司教に任ぜられて日本司教区が創設された)から第3部(1590-93)を含む．1924年(大正13)，後の駐日ドイツ大使*フォーレッチと*シュールハンマーによって*アジュダ図書館で発見された．*天正遣欧使節の帰国や文禄・慶長の役などに関する記事が中心をなし，294葉からなる．

【文献】J. F. シュッテ「ジョセフ・モンターニャ師の『アパラートス』，並びに王立史学士院の発議によるイエズス会極東文書館写本」『キリシタン研究』9（吉川弘文館1964）274-336．

（尾原悟）

にっぽんてんしゅこうきょうかい 日本天主公教会 → 天主公教会，日本（にっぽん）天主公教団

にっぽんてんしゅこうきょうきょうだん 日本天主公教教団

戦時下の宗教団体法施行に伴い設立を認可された，宗教団体としての日本カトリック教会の名称．

【経緯】日本政府は，1931年(昭和6)の満州事変以来，長引く戦争を堅持していく必要から，1937年に国民精神総動員実施要綱を決定し，1939年4月8日には宗教団体法を公布して天皇を現人神とする神道国家体制を強化した．

法律上は宗教結社であった日本のカトリック教会は，この宗教団体法の施行によって解散させられるのを回避するため，たび重なる全国教区長会議で対応を審議し，その対応策として，(1) ローマ教皇直轄で宣教・司牧活動をしている各教区は，教団規則に従って邦人教団統理者のもとに行動すること，(2) 教区長は外国人から日本人に交代し，司祭を養成する神学校校長にも日本人司祭を任命すること，(3) 経済的自給自足の確立を図ること，(4) 公教要理，祈祷書，聖歌集などを改訂すること，などを決定した．それらを具体化しつつ，1941年4月10日，日本天主公教教団の設立認可申請を文部大臣に提出し，同年5月3日に文部省から日本天主公教教団の設立が認可されたことにより，カトリック教会は日本政府から法的に公認された宗教団体となった．また同日，日本天主公教教団統理者に東京教区大司教*土井辰雄の就任が認可され，教団総務院は東京都小石川区関口台町（現在の文京区関口）の東京大司教館内に設置された．

日本のカトリック教会が文部大臣に提出した「日本天主公教教団規則」には日本国内15教区だけしか記されていない．しかし日本の侵略によって，台湾（現在の中華民国台湾省），樺太（現在の南サハリン），朝鮮半島，南洋諸島（現在のマリアナ諸島，マーシャル諸島，カロリン諸島）などで働いていた外国人宣教師が抑留・追放されたため，それらの地域の各教区長にも日本人（当時）が任命された．つまり日本政府は，日本天主公教教団のなかに内地12万人だけでなく，外地の20万人の信者をも包含させ，教会活動を統制したのである．

1941年8月10日，陸軍参謀本部は日本天主公教教団に南方への宗教宣撫班派遣を要請した．これを受けて日本天主公教教団は，8月13日に時局奉仕局を設置し，第1次宗教宣撫班が同年11月22日に広島県宇品港を出発した．日本が対英米宣戦布告をした直後の12月24日にはフィリピンのルソン島に敵前上陸し，フィリピン人向けのミサや住民の帰村工作に従事した．

文部省の指導のもと，日本天主公教教団は1943年9月28日に「日本天主公教戦時活動指針」を発表．1944年4月30日には，教団統理者・土井辰雄大司教以下各区長・各修道院長らが，明治神宮と靖国神社を参拝し，7月16日には全教会，全修道院が一斉に必勝祈願祭を挙行した．

1945年8月14日，日本政府はポツダム宣言を受諾．日本のカトリック教会は全国臨時教区長会議を11月28日から30日まで開催し，宗教団体法の廃止を待たずに，日本天主公教教団の解散と天主公教区連盟の結成を決定した．同年12月1日付で日本天主公教教団は解散し，天主公教区連盟が設立された．

【文献】高木一雄『大正・昭和カトリック教会史』2（聖母の騎士社1985）；同『大正・昭和カトリック教会史』4（聖母の騎士社1985）；カトリック中央協議会事務局編『カトペディア'92』（カトリック中央協議会1992）137-40．

（小田武彦）

にとべいなぞう 新渡戸稲造 (1862.9.1-1933.10.15)

農学者，教育者．盛岡の南部藩士の家に生まれ

る．幼名稲之助．叔父太田時敬の養子となり，1877年（明治10）札幌農学校第2期生として入学，クラーク（William Smith Clark, 1826-86）の残した「イエスを信ずる者の契約」に署名．翌年アメリカ・メソジスト監督教会のハリス（Merriman Colbert Harris, 1846-1921）より受洗．1883年東京大学に入学．翌年退学し，アメリカのジョンズ・ホプキンズ大学に学ぶ．その間に*キリスト友会の会員となる．1887年札幌学校助教授となりドイツに留学，1891年エルキントン（Mary Patterson Elkinton, 日本名・新渡戸まり子，1857-1938）と結婚，帰国，教授となる．1897年病気により辞職，静養のためアメリカに渡る．『武士道』（英文 Bushido, the Soul of Japan, 1899）を刊行．その後台湾総督府技師を経て，第一高等学校校長（1906）に就任．倫理の講義を通して，学生に大きな影響を与えた．特に学生の読書会を指導し，*内村鑑三にも紹介した．東京帝国大学法科大学教授を兼任．1918年（大正7）東京女子大学学長に就任．1920年国際連盟事務局次長として26年の辞任まで，国際間の平和協調，相互理解の促進に努めた．1933年（昭和8）太平洋会議出席中カナダで死去．

【主著】『新渡戸稲造全集』全23巻（教文館 1969-87）．
【文献】キ人 1026-27；キ大 782；日キ歴 1030．　（茂 洋）

ニトリアさばく　ニトリア砂漠　〔ア〕Wādi-al-Naṭrūn, 〔英〕Nitrian Valley　エジプトの*アレクサンドリア南方約70kmに位置する砂漠渓谷．4世紀に初期修道制が栄えた地．ニトリアと呼ばれるようになったのは，15世紀にアラブ人の支配下に置かれてからのことで，それ以前はコプト語でシエト（Shiet），ラテン語およびギリシア語でスケティス（Scetis），スケテ（Scete），スキティウム（Scitium）と呼ばれていた．320年頃に*隠修士アムン（Ammoun, 288頃-350頃）がこの地に修道院を建て，エジプトの*アントニオスの弟子たちに次ぐ第二の隠修士集団を形成するまでに発展した．*アタナシオスの『アントニオス伝』には，彼とアントニオスとの間に親交があったことが記されている．また330年頃にエジプトの*マカリオスがニトリア砂漠の南方に隠修士の集落を創設した．ニトリア砂漠はギリシアの影響を受け，ポントスの*エウァグリオスが滞在したこともあって，4世紀末には学問活動を営む修道院が栄え，5-6世紀には3,000から4,000の修道院が存在していた．
【文献】LThK² 7: 1011-12；LThK³ 7: 881-82；NCE 10: 475；E. WHITE, *The Monasteries of Wādi-n-Naturūm*, 3 v. (New York 1926-33). 　（杉崎泰一郎）

ニニアン　Ninian　（360頃-432頃）　聖人（祝日8月26日または9月16日）．スコットランドのギャロウェイ（Galloway）の初代司教．現地に住むピクト人に布教を行った．生涯の詳細は不明だが，キリスト教徒のブリトン人を親として生まれ，ローマ巡礼の際，司教に任じられたとされる．トゥールの*マルティヌスと親交があったらしく，マルティヌスに献じてギャロウェイに建てられた礼拝堂を含む石造修道院は白い家（Whithorn, 〔ラ〕Candida Casa）と呼ばれた．死後の6世紀にはこの修道院に多くのアイルランド人修道士たちが修行に訪れた．*アトリビュートは鎖．
【文献】DMA 9: 139；NCE 10: 471．　（小林糸子）

ニネベ　Nineweh, Nineveh　〔アッカ〕Ninuwa　メソポタミア北部，チグリス河の支流コスル川の両岸にまたがる高台テル・クユンジク（Tell-Kuyunjik）に築かれた都市．*アッシリア最盛期の都．チグリス河の対岸には今日の*モスールの町がある．
【歴史】前7000年紀以来，人が住み，前2000年紀には女神イシュタルの神殿のある有力な都市となっていた．*アッシリアの王*センナケリブ（在位前704-681）はニネベに壮大な都を築き，宮殿を建設した．その孫のアッシュルバニパル（Aššurbanipal, 在位前668-627）も新たに宮殿を建てたが，その壁面を飾ったレリーフのなかには多くの有名なライオン狩りの場面もある．またアッシュルバニパルは文学，宗教その他のさまざまな文書を収める書庫を設けた．ニネベは15の門をもつ全長12kmの内壁に囲まれ，全盛期には十数万の人々が居住していた．しかし前612年には，侵攻した*バビロニア人と*メディア人によって火がかけられ，陥落し，アッシリア帝国も終焉を迎えた．

19世紀にニネベを発掘したイギリス隊によって宮殿址と多くのレリーフのほかに，アッシュルバニパルの書庫跡からおびただしい数の粘土板に書かれた楔形文字文書が発見され，大英博物館に納められた．これらの文書の研究によって今日のアッシリア学の基礎が築かれた．
【聖書】*ナホムはニネベについての託宣のなかでニネベの陥落について述べている（1:1; 2:9; 3:7）．*ゼファニアもアッシリアの滅亡とニネベの荒廃に言及している（2:13）．*ヨナは，12万余の人々が暮らすニネベに行って，悔い改めるように告げよという託宣を受ける（1:2; 3:2-6; 4:11. さらにマタ12:41）．ニネベの一角にはヨナの墓とされるテル・ネビ・ユヌス（Tell-Nebi-Yunus, 預言者ヨナの丘の意）と呼ばれる丘が残っている．
【文献】旧新約聖書大 861；渡辺和子「ニネヴェ」『事典イスラームの都市性』板垣雄三，後藤明編（亜紀書房 1992）140-41；M. ローフ『古代のメソポタミア』松谷敏雄監訳（朝倉書店 1994）：M. ROAF, *Cultural Atlas of Mesopotamia and the Ancient Near East* (New York 1990). 　（渡辺和子）

ニーバー　Niebuhr, Helmut Richard　（1894. 9. 3-1962. 7. 5）　ドイツ移民の牧師の息子で，エルムハースト大学，イーデン神学校を卒業の後，イェール大学神学部で「エルンスト・トレルチの宗教哲学」（Ernst Troeltsch's philosophy of Religion）により博士号を取得．数年牧会の後，イーデン神学校で教え，1938年よりイェール大学神学部教授として死去まで教え続ける．学問的影響力は兄ラインホールド・*ニーバーよりもアメリカ神学界において多大である．彼の神学的思索は，K. *バルトと E. *トレルチから影響を受け，歴史的*啓示を強調しつつ，*信仰が文化的および歴史的相対性・多様性に制限されることを重要視する．彼は*社会学，*言語哲学，文学批評などと学際的対話を豊かにするが，その神学的倫理には最後まで，神中心的相対主義と*キリスト論の間の緊張があった．1932年に行ったラインホールドとの兄弟論争は，今日でも神学界に刺激を与えている．
【主著】*The Social Sources of Denominationalism*, 1929: 柴田史子訳『アメリカ型キリスト教の社会的起源』（ヨルダン社 1984）；*The Kingdom of God in America*, 1937；*The Meaning of Revelation*, 1941: 佐柳文男訳『啓示の意味』（教文館 1975）；*Christ and Culture*, 1951: 赤城泰訳『キリストと文化』（日本基督教団出版局 1967）；

Radical Monotheism and Western Culture, 1960: 東方敬信訳『近代文化の崩壊と唯一神信仰』(ヨルダン社 1984); *The Responsible Self*, 1963: 小原信訳『責任を負う自己』(新教出版社 1967).
【文献】キ人 1027; TRE 24: 468-70.　　　　(東方敬信)

ニーバー　**Niebuhr, Reinhold**　(1892. 6. 21-1971. 6. 1)　ミズーリ州ライト・シティー(Wright City)で、プロイセン合同教会の流れを汲む北米福音主義教会の牧師グスタフ・ニーバー(Gustave Niebuhr)の家庭に生まれる. 同教派のエルムハースト大学、イーデン神学校を卒業後、1915年イェール大学神学部で修士号を取得. その後、自動車産業最盛期にあるデトロイト市のベテル(ベセル)教会で13年間牧会し、信仰の平静さを確信すると同時に産業社会の矛盾に直面し、積極的に社会活動を展開する. 1928年に*ニューヨークのユニオン神学校に招聘され、1960年の定年までキリスト教倫理学(Applied Christianity)の教授として活躍し、後にコロンビア大学院の教員を兼ねる. 1932年に『道徳的人間と非道徳的社会』(Moral Man and Immoral Society)を著し、社会的福音の楽観的人間観ををを批判し独自の神学的立場に立つ. 1932年には「生活と労働」のオックスフォード会議に加わり、1939年エディンバラ大学のギッフォード講演(Gifford Lectures)に招かれ世界的な神学者となる. 第2次世界大戦後ジョージ・ケナン(George Kennan, 1904-　)の指揮する政策集団の顧問として社会的影響力を行使する. 1948年の*アムステルダム世界教会協議会総会では発題者として活躍、1952年に脳卒中の発作が起こり、以後病気との闘いのなかで静かな研究教育とともに著作に励む. 1964年には大統領ジョンソン(Lyndon Baines Johnson, 1908-73)から「自由の勲章」を与えられる.

彼のキリスト教倫理思想は、K.*バルトやとりわけE.*ブルンナーの影響を受け、*聖書の*啓示をその思索に生かし、*原罪をもつ人間についての深刻な考え方を表明するとともに預言者的キリスト教の活力を社会に生かそうとした. 彼の「キリスト教的リアリズム」は、社会的福音を批判しつつ、*マルクス主義と対話し、*アウグスティヌスの人間観、歴史観の洞察を生かし、*キルケゴールの実存の深みも取り入れている. 彼によれば、キリスト教信仰の中心であるキリストの*十字架は、赦しの愛であると同時に*社会正義の追求に謙虚さを与える倫理的規範でもある.

【主著】*Does Civilization Need Religion?*, 1927; *Moral Man and Immoral Society*, 1932: 大木英夫訳「道徳的人間と非道徳的社会」『現代キリスト教思想叢書』8 (白水社 1974) 195-482; *An Interpretation of Christian Ethics*, 1935: 上與二朗訳『基督教倫理』(新教出版社 1949); *Beyond Tragedy*, 1938; *The Nature and Destiny of Man*, 1941-43: 武田清子訳『人間の本性』(新教出版社 1951); *Faith and History*, 1949: 飯野紀元訳『信仰と歴史』(新教出版社 1950); *The Irony of American History*, 1952: O. ケーリ訳『アメリカ史の皮肉』(社会思想研究会出版部 1954); *Realism and Political Problems*, 1954; *The Self and the Dramas of History*, 1955: O. ケーリ訳『自我と歴史の対話』(未来社 1964); *The Structure of Nations and Empires*, 1959; *Man's Nature and His Communities*, 1965.
【文献】キ人 1027; TRE 24: 470-73.　　　　(東方敬信)

ニヒリズム　〔英〕nihilism,〔独〕Nihilismus,〔仏〕nihilisme　*真理や*価値、あるいは社会的規範を*無(〔ラ〕nihil)とみなす主張を総称し、「虚無主義」とも訳す. 真理や*存在や*善といった基本的事象の成立を疑問視し、それらの認識を不可能とする主張であるため、哲学的には*不可知論ないし*懐疑主義や*相対主義とも関係する. 神学的には、究極的な神的次元の存立を承認しない*無神論や、神性そのものは承認しながらも*人格神を認めない*汎神論も、キリスト教の教理の否定としてしばしばニヒリズムとみなされる. 実践的次元においては、社会的に共有される行動規範を受け容れない立場であるため、極端な場合には*無政府主義という形をとる. こうした積極的なニヒリズムと並んで、現在ではむしろ否定的ないし消極的な意味合いを込めて、精神的支柱を失った危機的精神状況を指す. この場合のニヒリズムは、精神的な支えを欠く不安定な個人的・社会的状態を意味し、心理的浮遊感および虚脱感を意味する*アノミー(*デュルケム)や、人間の物象化をもたらす*疎外(K. H.*マルクス)といった社会現象とも密接に関わってくる.

最も広義のニヒリズムは、「何ものも存在しない、存在したとしても人間はそれを認識することができない. 認識できたとしても、それを他人に伝えることはできない」というゴルギアス(Gorgias, 前485頃-380頃)の存在論的・認識論的主張『非存在について』(Peri tū mē ontos ē peri physeōs)にまで遡るが、歴史的にいって、「ニヒリズム」の語そのものが用いられるようになったのは18世紀以降のことである. その最初の用例の一つとしては、ゲツィウス(F. L. Goetzius)の『神学における虚無主義とニヒリズム』(De nonismo et nihilismo in theologia, 1733)が知られており、フランス語では「虚無主義者」(rienniste)という語もみられる. 18世紀後半においてニヒリズムは一般的に、*カントおよび*観念論の思想への批判として用いられた. 観念論的な思想は、*自我および思考の自立性を強調することで客観的*実在を「無効化」してしまうという意味で、ニヒリズムとして非難されたのである. それと並んで18世紀初頭には、中世(主に12世紀)の*キリスト論の*異端であるニヒリアニズム(キリスト人性否定説、〔英〕nihilianism)が、*ヤコービやK. W. F. フォン・*シュレーゲルといった哲学者・文学者に知られていたため、人間としてのキリストの実在性をめぐるニヒリアニズムの問題が、ニヒリズム理解の背景ともなっている.

ヤコービは、主観の構成の内に解消しえない*啓示による信仰を強調する立場から、J. G.*フィヒテの観念論を、実在的世界を主観の内に取り込み無化するニヒリズムと呼ぶ. ヤコービのこの用法に倣って、ジャン・パウル(Jean Paul, 1763-1825)も『美学入門』全3巻(Vorschule der Ästhetik, 1804)において、自然の世界をないがしろにする「詩的ニヒリズム」について語っている. こうした否定的理解に対して、フィヒテは1812年の『知識学』において、哲学における*反省は確かに実在を失墜させはするが、その意味でのニヒリズムは哲学においては避けることができないとしている. *ヘーゲルもまたその『信仰と知』(1802)において、「純粋思惟におけるニヒリズムの課題」を積極的に捉え、哲学の目標を「絶対的無を認識すること」の内にみてとっている.

時代の精神状況としてニヒリズムが問題になったのは、とりわけ19世紀以降である. 文学作品において、匿名著者による『ボナヴェントゥーラの夜警』(Die

にほん…

Nachtwachen des Bonaventura, 1804) が厭世主義的世界観を描いたのをはじめとして，グツコー (Karl Gutzkow, 1811-78) の『ニヒリストたち』(Die Nihilisten, 1853) やツルゲーネフ (Iwan Turgenjew, 1818-83) の『父と子』(Ottsy i deti, 1862)，さらに *ドストエフスキーの『悪霊』などが，デカダンスをも含む，社会的・政治的問題，あるいは実存的問題としてのニヒリズムを扱っている．現代のニヒリズム理解に関しては，特にニヒリズムをヨーロッパ文化の根底に関わる問題として捉えた *ニーチェの思想が大きな役割を果たした．ニーチェにおいて「最も無気味な客」「危険のなかの危険」とされるニヒリズムは，ヨーロッパ思想の根幹をなす歴史的現象として理解される．その際ニヒリズムの語には，時代診断からその原因確定，さらにはその克服までもが含まれる．まず，生の昂揚を強調するニーチェにとって，*キリスト教や *プラトン主義は，超越的・彼岸的価値を絶対化することで現実の生の姿をおとしめるものであるため，生を無とするという意味でニヒリズムと呼ばれる．これは最終的には伝統的な諸価値の自己解体，および「至高の諸価値がその価値を剥奪されている」状態という意味でのニヒリズムに至る．その一方で，このような根源的価値の崩壊としての *神の死を直視し，「権力への意志」および「等しきものの *永遠回帰」の思想に基づく「諸価値の価値転換」によって新たな価値の肯定を目指す克服の試みそのものも，積極的意味でニヒリズムと呼ばれる．

*ハイデガーは，人間の営為に先立つ *存在論の次元でニヒリズムを捉え直した．その後期思想においてハイデガーは，ヨーロッパ *形而上学全体との対決を行い，形而上学における存在への問いの忘却をニヒリズムとして捉え，ニーチェをその完成形態とみなしている．現代世界の技術化による人間性の喪失なども，このような存在忘却からの必然的帰結として理解される．「存在そのものが無であるような歴史こそがニヒリズムの本質である」とするハイデガーは，現代においてはこのようなニヒリズムそのものが忘却されるという二重の忘却が起こっていると考え，ニヒリズムの根底にある「存在離去」(〔独〕Seinsverlassenheit) あるいは「神々の逃走」(Flucht der Götter) を洞察することによって，存在の新たな歴史の準備を果たそうとする．ここにおいては，克服されるべき否定的現象としてのニヒリズムだけでなく，ニヒリズムという危機の内にこそ芽生える真の再生への期待が語られている．

【文献】HWP 6: 846-54; TRE 24: 524-35; 西谷啓治『ニヒリズム』（創文社 1966）; H. ラウシュニング『ニヒリズムの仮面と変貌』岩波行雄訳（福村出版 1973）: H. RAUSCHNINNG, Masken und Metamorphosen des Nihilismus (Frankfurt 1954); M. ハイデガー『ニーチェ』全3巻，薗田宗人訳（白水社 1976-77）: M. HEIDEGGER, Nietzsche, 2 v. (Pfullingen 1961); 川原栄峰『ニヒリズム』（講談社 1977）; D. ARENDT, Der Nihilismus als Phänomen der Geistesgeschichte in der wissenschaftlichen Diskussion unseres Jahrhunderts (Darmstadt 1974); M. RIEDEL, "Nihilismus," Geschichtliche Grundbegriffe. Historisches Lexikon zur politisch-sozialen Sprache in Deutschland, v. 4, ed. O. BRUNNER, W. KONZE, R. KOSELLECK (Stuttgart 1978) 371-411; H.-U. GAWOLL, Nihilismus und Metaphysik. (Stuttgart-Bad Cannstatt 1989). （村井則夫）

にほん… 日本… → 日本（にっぽん）…

にほんカトリック・ジャーナリスト・クラブ 日本カトリック・ジャーナリスト・クラブ 1950年（昭和25）6月30日，上智大学新聞学研究室を事務所に発足した日本のカトリック・ジャーナリストのクラブ（通称CJC）．*カトリック中央協議会が発行していた『東星ニュース』の編集者 *カシュミッター，朝日新聞論説委員の永島寛一，時事通信社の塚原嘉平次，上智大学新聞学科教授の粕谷源蔵，ジャパン・タイムズ論説委員の黒田和雄，上智大学英文科教授 *ロゲンドルフが中心となり，戦争のため休会となっていたカトリック・ペン・クラブ（創設1938）の流れを汲むカトリック記者クラブ（創設1947）の精神を引き継ぐものである．

同クラブは，日本全国の新聞，通信，放送，映画，出版など幅広く活躍しているカトリック信者のマスコミ関係者に呼びかけ，初代会長に永島寛一，指導司祭にロゲンドルフを置き，「会員相互のカトリック的知識の向上と親睦をはかり，海外のカトリック・ジャーナリスト団体と緊密な関係を保って，その使徒的使命をまっとうする」ことを目的とし，発足当時会員数は約40名であったが，1970年代から会員数が増加してきた．

原則として毎月例会を開き，例えば，「ベトナム難民をめぐる諸問題」(77年10月，徳岡孝夫)，「東欧と西欧の共産党」(78年1月，酒井新二) など時宜を得たテーマが毎月提供された．また，講師に犬養道子を迎え「ドイツ・フランスの今日の教会」(78年11月)，「祈りの小共同体のために」(82年1月) の講話を聞き勉強したこともあった．

主な活動としては，1969年11月に開催された第1回広報総会に全面協力し，「広報とは何か」「日本におけるカトリック広報はいかにあるべきか」の講師を会員が務めたことをはじめ，日本のカトリック教会の広報活動，とりわけ *『カトリック新聞』のための支援，協力に力を注いだ．そのほか *『コミュニケーションと進歩』の研究・翻訳や，*ヴァティカンで教皇 *ヨアンネス・パウルス2世に謁見し，訪日要請をしたこと，さらに訪日に際しての具体的活動，マザー・*テレサとの CJC 記者会見，「連帯」議長ワレサ (Lech Wałęsa, 1943-) との CJC 記者会見などで活躍している． （長谷川昌子）

にほんカトリックじょせいだんたいれんめい 日本カトリック女性団体連盟 〔英〕National League of Catholic Women's Organizations of Japan *世界カトリック女性団体連合の呼びかけに応え，*東京大司教区・*横浜司教区のカトリック婦人同志会を母体として1974年（昭和49）に設立された全国的なカトリック女性使徒職団体．略称，全力連，1999年現在，加盟団体数14司教区の16団体．会員数約5万人．目的は，全国のカトリック女性が信仰を通して結ばれ，連帯によって霊的刷新を図ることを支援すること，および，女性が女性の特性を活かし，教会と社会，世界に貢献することである．

すべての女性が共有する特性は神に由来し，これは，一人ひとりの内にある女性固有の能力，すなわち人間のいのちを宿し，いのちの芽生えから自立のときまで共生し，慈しみ育む能力にあること，また，女性の特性は各人が固有の召命を生きることによって生かされるとの考えを基本理念としている．

「召命」「神のみ旨に基づく家庭づくり」「いのちの尊

厳一芽生えから自然死まで」の三つを活動の中心に据え，運動として全国的に継続展開する．1999年(平成11)の設立25周年記念沖縄大会の決議に基づき，4月25日を「いのちの日」と定め，毎年この日を記念，年次総会・全国大会等を行う．また，世界カトリック女性団体連合加盟団体として世界，特にアジア諸国のカトリック女性と交流，連帯して活動し，グローバル化時代の国際的カトリック女性使徒職団体としての使命を遂行する．

組織としては役員会，理事会(各加盟団体の代表からなる)により運営し，顧問司教を置く．すべてのカトリック女性に開かれた団体である．本部は東京都江東区潮見の日本カトリック会館内．　　　　　(浜野房江)

にほんきょういくがっかい　日本教育学会　〔英〕The Japan Society for the Study of Education　教育学研究の全領域を包括する我が国最大の教育学会．1941年(昭和16)6月に石山脩平(1899-1960)，入沢宗寿(1885-1945)，長田新(1887-1961)，小林澄兄(1886-1971)，寺沢厳男(1880生)の5氏により，日本で最初の民間の教育学会として設立を決定し，長田新会長のもとに188名の会員により発足．同年12月に第1回大会を東京帝国大学で開催した．機関誌『教育学研究』は1944年10月に東京文理科大学教育学会刊行の『教育学研究』誌を引き継いで13巻1号として創刊され，現在は季刊誌として発行されている．時代に応じた教育問題を研究する委員会を設置するなど，独自の活動も行っている．会員数は2,959名(1996年現在)．　(増渕幸男)

にほんキリストきょうかい　日本基督教会
【沿革】アメリカ・オランダ改革派教会，アメリカ長老教会から送られた宣教師たちによって1872年(明治5)以降に創立された諸教会により，1877年に日本基督一致教会と名づけられた*長老派教会(→長老制)が創立された．1886年，日本基督一致教会と日本組合教会との合同が図られ，合同草案が審議されたが，1889年になって組合教会側から延期論が出て合同は実現しなかった．1890年，日本基督一致教会は福音的信仰箇条と*使徒信条からなる独自の*信仰告白を制定し，憲法規則を改正し，同時に教会名を日本基督教会とした．同教会を構成したミッションはアメリカ長老教会，アメリカ・オランダ改革派教会以外に*カンバーランド長老教会，アメリカ南部長老教会，アメリカ・ドイツ改革派教会，スコットランド一致長老教会，カナダ長老教会，アメリカ婦人一致外国伝道協会(Woman's Union Missionary Society of America for Heathen Land)の7教会1団体であった．

1897年の大会で朝鮮伝道を決議し，1904年秋元茂雄(1873-1944)を送り，現地ミッションと提携して朝鮮人伝道を進めようとしたが調整できず，在韓日本人伝道のみを行った．1905年には独立決議を行い，ミッションからの独立と，独立不可能な教会は伝道教会となり中会，大会での議席をもてないことを決議し，自給独立を達成した．

同教会の教会政治は小会(各教会)，中会(地域)，大会(全国)をもつ代議制度の長老制で，信仰は*カルヴィニズムに基づく信仰告白を基本として，規則を重んじ，社会問題よりは内省的な*信仰への姿勢を優先させる．教勢は1939年(昭和14)で信徒5万5,372人，教師279人，教会数489であった．宣教師は学校教育にも力を入れ，フェリス，共立，新栄(現，女子学院)，梅香崎および光城(現，梅光女学院)，ウイルミナ(現，大阪女学院)，北陸，金城，北星等の女学校，明治学院，東北学院等の学校を創立した．牧師育成は明治学院神学部，東山学院神学部，東北学院神学部，共立女子神学校，大阪神学院，東京神学社，中央神学校(大阪神学院を吸収)で行われた．指導者としては押川方義(1850-1928)，*植村正久，*井深梶之助等が有名である．植村正久によって同教会の機関誌として1890年『福音週報』が刊行され，1891年『福音新報』と改題して1942年まで刊行された．

1941年宗教団体法によって*日本基督教団を形成し，日本基督教会は解散した．

【新日基】1945年第2次世界大戦の終結により宗教団体法も廃止されたが，ほとんどのプロテスタント教会は日本基督教団にとどまった．しかし一部の旧日本基督教会系の諸教会は1951年，信仰告白的教会の形成と長老制の採用を主張して日本基督教団から離脱し，新しい日本基督教会を起こした．通称，新日基といわれる．信仰告白は旧日本基督教会のものに近く，憲法・規則もほぼ同じものが採用された．靖国神社国家護持への反対等，国家と宗教の諸問題に積極的に関わっている．1998年度統計では信徒数1万3,254人，教師145人，教会数138である．

【文献】五十嵐喜和『日本基督教会史の諸問題』(改革社1983);同「日本基督教会史」『日本プロテスタント諸教派史の研究』同志社大学人文科学研究所編(教文館1997) 75-120.　　　　　　　　　(茂義樹)

にほんキリストきょうがっかい　日本基督教学会
1952年(昭和27)10月24日青山学院大学において発会した「広くキリスト教を学問的に研究する者相互の連絡を図ると共に基督教学の発達を期する」ことを目的とする学会．*有賀鉄太郎，松村克己，高柳伊三郎，鈴木光武，秋元徹，田島信之，小嶋潤の7名を準備委員とし，*石原謙，魚木忠一ら16名が発起人となった．初代理事長は石原謙，さらに有賀鉄太郎，岸千年，中川秀恭，城崎進，ネメシェギ(Peter Nemeshegyi)を経て，佐藤敏夫に至る．専務理事は小嶋潤，山本和，今井晋，八木誠一，高森昭，高柳俊一，近藤勝彦と受け継がれてきた．会員数664名(2000年現在)．全国的な学術大会が年1回開催され，キリスト教の学問分野別に研究発表と共通のテーマでのシンポジウムや講演などが開かれている．研究領域は，旧約聖書学，新約聖書学，歴史神学，組織神学，宗教哲学，実践神学，宗教学をはじめ文学，芸術などに分かれている．1962年以来学会誌 *『日本の神学』(年1回)が発刊され，各年度ごとに発表される業績の評価が行われている．また新進の注目すべき論文なども掲載されている．なお，日本の各地域に支部が置かれており，北海道，東北，関西，九州の各支部でそれぞれ年1回研究発表などが行われている．(佐藤敏夫)

にほんキリストきょうきょうぎかい　日本キリスト教協議会　〔英〕National Christian Council in (1984年までは of) Japan, 〔略称〕NCC
【沿革】プロテスタント各派，各団体の連絡機関として，1923年(大正12)以来存在していた*日本基督教連盟(英語は同じNCC of Japan)は，1941年*日本基督教団成立とともに解消した．第2次世界大戦後，この教団から離脱した教派やその他の各派，またプロテスタント系諸団体の協力機関の必要性が感じられ，*国際宣教協議

にほんキリストきょうだん

会の勧めと支援のもとに，1948年5月17日の組織総会をもって再発足した．「連盟」に代わって「協議会」の名称が採用されたが，内容は戦前とほとんど変わらず，役職者の顔ぶれもだいたい元のままだった．

【会員】諸外国の大多数のNCCが，教会協議会(Council of Churches)であるのに対して，日本では創立以来，キリスト教協議会(Christian Council)である点が特色である．キリスト者が少数者である社会での宣教には，教会だけでなく，キリスト教諸団体も含めた大きな協力体制が望ましいとの考えに立ったものである．

設立時の加盟教団は，日本基督教団，*日本聖公会，ルーテル教会(→ルター教会)，日本バプテスト連盟，日本ナザレン教団(→ナザレン教会)．加盟団体は，YMCA(*ワイ・エム・シー・エー)同盟，日本YWCA(→ワイ・ダブリュー・シー・エー)，日本キリスト教教育同盟会，キリスト教婦人矯風会，*日本聖書協会，キリスト教文化協会，キリスト教社会事業連盟，キリスト教保育連盟，連合共励会，基督教教育協議会の10団体．1998年(平成10)現在の加盟団体は，上記のうち，ルーテル，ナザレン，教育同盟，社会事業，共励会，教育協議会が欠け，*日本福音ルーテル教会，日本バプテスト同盟，在日大韓基督教会，キリスト者医科連盟，キリスト教視聴覚センター(*アバコ)が加わり，さらに，18教会・団体が準加盟している．この加盟教団の信徒数は日本の約150のプロテスタント諸教派の信徒総数のほぼ半数にあたる．

【組織】総会(1970年までは年1回，以後は3年に1回)は各団体の規模に応じた数の代議員によって構成され，議長・副議長・書記・総幹事のほか常議員が選出される．宣教奉仕・教育・文書事業の3部門とNCC宗教研究所(京都)およびキリスト教アジア資料センター(CCRAI)の2センターがあり，それぞれの理事会また，それらのもとの各種委員会に加盟団体が人を送って協力事業を進めている．総幹事のもとに数名の専任幹事と職員が日常業務にあたっている．事業に要する経費は，1960年代まではその相当部分を海外からの支援金に依存していたが，1970年代からは，すべて加盟団体からの負担金および諸献金によっている．

【活動】一致を目指す運動としては次の機関や活動がある．教派間の対話を目指す信仰職制委員会と諸宗教の対話を目指すNCC宗教研究所．アジア・キリスト教協議会(Christian Conference of Asia，略称CCA)と*世界教会協議会(略称WCC)の両エキュメニカル機関の諸活動への参加による国際運動や朝鮮民主主義人民共和国，大韓民国，中国，フィリピン，ロシア，ドイツ，アメリカ合衆国のキリスト教団体との二国間関係などである．

また，第2*ヴァティカン公会議後の1966年3月のNCC第19回総会以来，カトリック教会からの代表派遣が慣行となった．共同活動としては，1970年の万博キリスト教館出展，同年東京でのWCC・ローマ教皇庁共催の社会・開発・平和会議(SODEPAX)，キリスト教一致祈祷会，日韓連帯運動，エキュメニカル文書の共同翻訳等などがある．

このほか，国際関係，女性，滞日外国人の人権，*靖国神社問題，部落問題，障害者と教会，核問題，平和等の諸問題を扱う共同活動のための委員会がある．

【文献】キ大 783-84；日キ歴 1040；『キリスト教年鑑 1999』(キリスト新聞社 1999) 338；C. W. IGLEHART, *A Century of Protestant Christianity in Japan* (Tokyo 1959 ²1960); Y. KUMAZAWA, D. L. SWAIN, eds., *Christianity in Japan, 1971-90* (Tokyo 1991).

NCC発行雑誌：月刊『協調時報』1 (1950.1)-162 (1963.9)，改称『NCCニュース』163 (1963.10)-293 (1974.10).

〔中嶋正昭〕

にほんキリストきょうだん　日本基督教団　〔英〕United Church of Christ in Japan　日本における最大のプロテスタント教会(以下「教団」と略称する)．

【成立の要因】1941年6月24日，当時日本にあったプロテスタント諸教派のほとんどの教会の合同により成立した．*聖公会の一部も加わっている．この合同教会の成立にはさまざまな要因があったが，主なものは次の通りである．(1) 日本において明治時代初期に成立したプロテスタント教会は海外からの*宣教師の伝道によるものであったが，当初から教派的主張は比較的弱く，合同的性格をもっていたこと．(2) 教団成立以前にも合同的な精神は存続し，教会合同運動が存在したこと．(3) 20世紀に盛んになった海外のエキュメニカル運動(*教会一致促進運動)の影響を受けたこと．(4) 1939年に成立，翌年より施行された宗教団体法の強い圧力のもとで，当時の軍国主義的政府が諸宗教を戦争に協力させるためにプロテスタント教会の合同を強力に迫り，諸教派はこれに抵抗することなく合同を決意したこと．この第四の要因が教団成立の直接的原因である．

【現在までの歩み】教団成立時は30余の教派が11の部に分かれる，いわゆる部制をとり，14の教区よりなっていて，統理者が教団を代表し，これを管理統制した．1年余を経て部制は解消された．戦時下に教団は政府により戦争協力を強要され，教団もさまざまな形でこれに協力した．1942年6月，ホーリネス系統の教職96名が治安維持法違反の理由で検挙され，そのうち実刑を受けた者19名，うち獄死者3名，保釈後死亡者4名を出した．201教会と63伝道所が解散処分を受けた(→聖潔派諸教会，ホーリネス教会)．

戦後，宗教団体法が廃止されるとともに宗教法人令が公布され，1946年に日本基督教団の教憲，教規が新たに制定された．その際，統理者制を改め，総会議長を最高責任者とした．成立に内発性に基づく必然性が弱かったため，戦後に宗教団体法が廃止されるに伴い，多くの比較的小さな教派が教団を離脱した．また教団内に旧部制の復活を求める動きもあり，それらを契機に1954年に「日本基督教団信仰告白」を定めた．さらに戦時下における戦争協力や教会の使命を果たさなかったことを反省し，罪の懺悔を表明し，1967年に総会議長の名によって「第2次大戦下における日本基督教団の責任についての告白」を発表した．これは日本キリスト教会における公式の罪責告白としては最初のものであった．この「告白」は賛否両論教団のなかに引き起こしたが，全般的には妥当なものと認められている．

1969年には沖縄キリスト教団との合同がなされた．沖縄のプロテスタント諸教会は戦時下に教団に加入したが，戦後は独自に沖縄キリスト教団を作っていたが，「戦責告白」が一つの契機となり合同が実現した．しかし，沖縄の諸教会からはこの合同の可否をめぐり疑問が出され，真の合同を求めて今日に至るまで合同の実質化が課題となっている．1970年に大阪で開催された日本万国博覧会にキリスト教館を建設することをめぐり，教団は大きな試練を受けた．これまでの教団の歩が総体的に問われ，教団と社会との関わりを中心に，教団の信仰

の在り方，教職制，神学校，教会政治などが全教団の問題となり，教団総会や教区総会の開催中止がしばらく続いた．1992年(平成4)にようやく全教区そろっての総会が開催され，1970年以後の諸問題を担う態勢が整いつつある．

【信条】教団は成立時に充分に諸教派の信仰と職制を検討して成立をしたわけではなかったため，宗教団体法に規定された「教義の大要」を掲げて出発した．それは「イエス・キリストニ因リテ啓示セラレ聖書ニ於イテ証セラルル父・子・聖霊ナル三位一体ノ神ハ世ノ罪ト其ノ救ヒノ為人トナリ死ニテ甦リ給ヘル御子ノ贖ヒニ因リ信ズル者ノ罪ヲ赦シテ之ヲ義トシ之ヲ潔メ永遠ノ生命ヲ与ヘ給フ教会ハキリストノ体ニシテ恩寵ニ依リテ召サレタル者礼拝ヲ守リ聖礼典ヲ行ヒ福音ヲ宣ベ伝ヘ主ノ来リ給フヲ待チ望ムモノナリ」という極めて簡略なものであった．また教団規則には「本教団ハ旧新約聖書ヲ以テ所依ノ経典トシ使徒信条其ノ他ノ信仰ノ告白ニ準拠ス」と定められていた．

戦後に諸教派が離脱し，また「会派問題」といわれる旧教派への復帰的動きがあり，1954年(昭和29)に以下のような「日本基督教団信仰告白」を定めた．「我らは信じかつ告白す．旧新約聖書は，神の霊感によりて成り，キリストを証し，福音の真理を示し，教会の拠るべき唯一の正典なり，されば聖職は聖霊によりて，神につき，救ひにつきて，全き知識を我らに与ふる神の言にして，信仰と生活との誤りなき規範なり．主イエス・キリストによりて啓示せられ，聖書において証せらるる唯一の神は，父・子・聖霊なる，三位一体の神にていましたまふ．御子は我ら罪人の救ひのために人と成り，十字架にかかり，ひとたび己を全き犠牲として神にささげ，我らの贖ひとなりたまへり，神は恵みをもて我らを選び，ただキリストを信ずる信仰により，我らの罪を赦して義としたまう．この変らざる恵みのうちに，聖霊は我らを潔めて義の果を結ばしめ，その御業を成就したまふ．教会は主キリストの体にして，恵みにより召されたる者の集ひなり．教会は公の礼拝を守り，福音を正しく宣べ伝へ，バプテスマと主の晩餐との聖礼典を執り行ひ，愛のわざに励みつつ，主の再び来りたまうを待ち望む．我らはかく信じ，代々の聖徒と共に，使徒信条を告白す．(以下使徒信条は省略する)」．

またこの告白と同時に「生活綱領」を定めた．教団は合同教会であることや，旧教派における信条の位置づけがかなり異なっていたという事情もあり，固い信条によって一致することを目指す教会ではない．またこの「信仰告白」がいわゆる「信仰告白状況」を反映しておらず，特に教団が苦しんできた教会と国家の関係に触れていないことなどから，教団のなかで確固とした位置づけがなされていない恨みもある．そのため，新たな信仰告白をなすべきであるという意見も教団のなかにかなり存在する．上の「信仰告白」とともに「基本信条」および「福音的信仰告白」を尊重することは当然のこととして認められており，「基本信条」は古代教会の諸信条を指し，「福音的信仰告白」は宗教改革以来のプロテスタント諸教会の諸信仰告白を指しているが，その範囲は特定されていない．

【政治】本教団は教憲および教規の定めるところに従って「会議制」によってその「政治」を行うことが教憲に規定されている．会議制とは，監督制・長老制・会衆制とは区別された独自の政治形態であり，教団総会を最高決議機関とするもので16教区より選出された400名の議員により構成され，総会で選出された総会議長が教団を代表する．総会閉会中は，30名により構成される「常議員会」が総会の権限に属する常例の事項を処理する．全国に16教区を「地域共同体」として置く．各教区は，教区にあるすべての各個教会からなり，教区総会を開き，協議・議決する．各個教会は教会としてのかなりの独立性をもち，教会総会を最高決議機関とし，牧師の招聘，予算その他重要事項を決める．

【教勢】1998年(平成10)における所属教会は1724，信徒総数は20万4,942名，そのうち現住陪餐会員数は10万1,304名，教師総数は2,202である．主日礼拝出席者平均は5万9,785，教会学校出席者は2万2,679名，1年間の受洗者は1,518名である．教会数，教師数，信徒数，礼拝出席者数はこの10年間ほとんど変化していない．しかし，受洗者数はやや減少の傾向にある．

【特徴・課題】(1) 多種の教派による合同教会であること．主要な旧教派は *日本基督教会(長老派)と *日本組合基督教会(会衆派)と *日本メソジスト教会の三大教派であるが，その他 *バプテスト教会，ホーリネス教会，*救世軍などの一部も属している．成立時に充分信仰・職制が検討されなかったこと，外圧による成立事情などにより，合同教会としてのアイデンティティと教派性を充分確立できずに今日に至っている．

(2) 日本全国の主なる都市のほとんどですべてに教会をもち，最も多くの信徒と教会を有する教会であること．しかし，都市に属する教会と農村や小都市に属する教会との規模や財政の格差がかなりあり，また教区間の格差もあり，互助態勢を充実させる努力がなされている．

(3) エキュメニカルな交わりを重んじる性格があること．*日本キリスト教協議会(NCC)の主要メンバーであることはもちろん，海外の諸教会と交わり，宣教協力を行っており，海外からの宣教師はアメリカ合衆国，イギリス，ドイツ，スイス，韓国，台湾，カナダ等から迎えているが，財政的に海外教会に依存することはない．在日大韓基督教会，韓国三教会(大韓イエス教長老会，基督教大韓監理会，韓国基督教長老会)，北米，ドイツ，スイスのプロテスタント諸教会，台湾長老教会などと宣教協約が締結され，または深い協力関係にある．

(4) 明治初期以来キリスト教による教育および社会事業に教会が力を入れてきたこと．本教団の関係学校は全国に多数存在する．また教団立神学校として東京神学大学，認可神学校として関西学院大学神学部，同志社大学学神学部，東京聖書神学校，日本聖書神学校，農村伝道神学校がある．

(5) 社会的政治的問題に関心をもつ傾向にあること．本教団が戦時中に軍や政府の圧力に充分批判的に関わらなかった反省もあり，教会と社会との関わりを重んじてきたが，その具体的な表現として「戦責告白」がある．またそれぞれの時局に応じて総会，総会議長，各委員会などが声明を出してきた．しかし，明治以来信仰と政治を区別し，敬虔主義的信仰によって政治・社会と距離を置く傾向も同時に存在する．1970年代以後のいわゆる「教団問題」はこの二つの傾向の間にあって苦悩してきた教団の姿であり，これからの課題でもある．

(6) 信仰と職制の確立が不十分であり，今後の重大課題であること．特に教職制度として正教師・補教師の二重教職が存在するが，これは宗教団体法による規制の残滓としての性格として批判されている．1969年の沖縄キリスト教団との合同により教憲，名称，創立記念日の

にほんキリストきょうぶんがくかい

改訂を含め，信仰告白を検討する動きがあり，これらのことをめぐって教団のなかに多様な意見がある．
【文献】日キ歴 1044-47; 日本基督教団史編纂委員会編『日本基督教団史』（日本基督教団出版局 1967）; 土肥昭夫『日本プロテスタント教会の成立と展開』（日本基督教団出版局 1975）; 雨宮栄一，森岡巌編『日本基督教団50年史の諸問題』（新教出版社 1992）．　　（小淵康而）

にほんキリストきょうぶんがくかい　日本キリスト教文学会　キリスト教と文学の関係をいろいろな角度から研究するため，1965年（昭和40）4月 *笹淵友一を会長，小泉一郎，伊東一夫の両名が副会長，事務局長・小玉晃一で「キリスト教と文学研究会」が会員14名で発足した．最初の会の名称が示すように中間の「と」の意味は重い．この会は1977年まで続き78年からは「日本キリスト教文学会」となり今日に至っている．つまり「と」がなくなったのだが，あくまでも創立当時のこの会の理念である，日本近代文学や西欧文学に *キリスト教がどのように関わっているのかという点を中心にプロテスタント信者，カトリック信者，非キリスト者の区別なく研究に携わっている．つまり特定のキリスト教文学を擁護したり，キリスト教を宣伝するのが目的ではない．創立後は1965年，辻橋三郎を中心に関西支部発足，1976年に佐藤泰正を中心として九州支部が開設された．1979年には渡辺和子を支部長に中国支部，1988年には下館和巳を中心に東北支部，1997年（平成9）島根国士を中心に中部支部が誕生した．会員数も1999年現在で400名を数え，ますます旺盛な研究活動が行われている．これまでの活動は月例研究会（1997年末で300回を記録），年1回の全国大会，機関誌『キリスト教文学研究』（1999年に16号を発刊）等であるが，支部機関誌としては九州支部が『キリスト教文学』，関西支部が『キリスト教文芸』をそれぞれ発刊している．1985年に会長交替があり，斎藤和明が2代目会長となり，後に山形和美に継承された．事務局は青山学院大学，上智大学，国際基督教大学，フェリス女学院大学等に置かれ，2000年現在は恵泉女学園大学にある．　　（西谷博之）

にほんキリストきょうほうしだん　日本キリスト教奉仕団　キリスト教精神に基づく超教派の社会福祉事業団体．第2次世界大戦後アメリカ合衆国で組織された *チャーチ・ワールド・サービスが日本に支部を設置したのが始まりで，1958年（昭和33）に社会福祉法人の設立を機に，旧来の名称・日本国際基督教奉仕団を変え独立した．人種，国籍，宗教の如何を問わず，援護，育成または更生の措置を要する者に対し，その独立心を損なうことなく，正常な社会人として生活できるよう支援することを目的としている．身体障害者のために授産施設を経営し，生活困難者の支援，農業の指導，さらには社会福祉事業に就こうとする学生に奨学金を貸与するなどの事業をしてきた．
【文献】キ大 786; 日キ歴 1048．　　（白川徹）

にほんキリストきょうれんめい　日本基督教連盟　〔英〕National Christian Council of Japan　1923年（大正12）に創立された，日本プロテスタント諸教会・諸団体の協力機関であり，プロテスタント諸教会の合同運動を推進し，1941年（昭和16）に *日本基督教団の設立を果たし，この設立をもって発展的に解消した団体．明治初期においては日本の諸教会は教派ごとに分立していた．公会主義が唱えられたが，欧米で行われている教派主義の壁を破ることはできず，教会合同は実現を阻まれていた．そのような状況のなかで，1878年以来数回にわたって「信徒大親睦会」が開かれた．これは教会合同を念願する信徒の運動であったが，1883年には「日本基督教徒福音同盟会」との名称のもとに組織化され，各派の連絡・協力機関となった．1911年になるとこの同盟は，8教派の代議員らによる「日本基督教会同盟」となり，これが発展することによって生まれたのが「日本基督教連盟」である．したがってこの連盟は，明治以来の教会合同への意向を発展させ，現在の日本基督教団が生まれるまでの約20年間，各派の協調を図り合同を促進させた過渡的機関であった．機関紙『連盟時報』の発行，農村伝道，また神の国運動の推進も行った．加盟団体は，14教派，11団体（*ワイ・エム・シー・エーなど）および19のミッションであった．
【文献】キ大 786; 日キ歴 1048-49．　　（白川徹）

にほんキリストこうかい　日本基督公会　〔英〕Church of Christ in Japan　1872年（明治5）3月10日，アメリカ・オランダ改革派教会の宣教師バラ（James Hamilton Ballagh, 1832-1920）から受洗した9名を中心に日本最初のプロテスタント教会が横浜に創立されたが（現，日本基督教会横浜海岸教会），初めその名はなかった．同年9月横浜で開催されたプロテスタント宣教師会議（Convention of Protestant Missionaries in Japan）で，今後形成される日本の諸教会の名称はできるだけ同一名称と同一組織とすることが決議された．その際つけられた名が日本基督公会であり，横浜，東京，信州上田，長崎の諸教会がそのように名のったが，それらはアメリカ・オランダ改革派教会に属していた．またアメリカン・ボード（American Board of Commissioners for Foreign Missions）の伝道によって阪神で創立された諸教会も当初は「公会」を名のっていた．弘前公会はまもなく *メソジスト教会に所属した．
　日本基督公会が1874年作成した「日本基督公会条例」は，阪神の諸公会との合同を想定し，*聖書主義と *福音主義を説き，超教派主義と長老主義の採用という矛盾する内容をもっていたが，結局合同は実現しなかった．一方アメリカ長老教会が横浜，東京に公会を創設し日本中会を形成した．そこで *長老制に立ち，長老公会とアメリカ・オランダ改革派教会に属していた日本基督公会は1877年に日本基督一致教会（後の *日本基督教会）を形成した．この頃から各個の教会も公会から教会と名のるようになった．このように日本基督公会はその性格の曖昧なまま5年で姿を消した．「日本基督公会条例」の第2条例で「我輩の公会は宗派に属せず」とあるので，これが超教派主義の理念を示すと主張する説もあるが，事実は各宣教師の所属するミッションに属しているので，正しい理解とはいえない．
【文献】五十嵐喜和『日本基督教会史の諸問題』（改革社 1983）; 同「日本基督教会史」『日本プロテスタント諸教派史の研究』同志社大学人文科学研究所編（教文館 1997）309-29．　　（茂義樹）

にほんくみあいキリストきょうかい　日本組合基督教会　主としてアメリカの *会衆派教会（Congregational Churches）によって構成された海外伝道機関であるアメリカン・ボード（American Board of Commissioners for Foreign Missions アメリカ外国伝道協会）か

ら派遣された最初の宣教師グリーン (Daniel Crosby Greene, 1843-1913) らの伝道により 1874 年(明治 7)神戸公会(摂津第一公会, 現在の日本基督教団神戸教会)が最初の教会として設立された. 同年ゴードン (Marquis Lafayette Gordon, 1843-1900) らの伝道によって大阪で梅本町公会(現, 日本基督教団大阪教会)が, デイヴィス (Jerome Dean Davis, 1838-1910), 同ボードの準宣教師*新島襄らによって 1876 年京都に西京第一, 第二, 第三の諸公会(現, 日本基督教団京都, 同志社, 平安教会)が創立された. アメリカン・ボードの宣教師は初めは関西を中心に伝道を展開した.

1877 年創立の浪花公会(現在の日本基督教団浪花教会)は日本最初の自給独立の教会としてボードの支援を受けず, 同時に日本人最初の牧師として澤山保羅(1852-87)を招聘した. 1878 年相互交流と協力伝道のために日本基督伝道会社を設立し, 全国に伝道者を派遣し成果を上げた. 同伝道会社を支えた諸教会は独立教会であり, 統括する教会組織をもたなかったが, 1886 年に日本組合教会(1897 年以降は日本組合基督教会)を設立し, 信仰職制を定め, 諸教会を統括する団体となった.

新島襄, 澤山保羅に続いてこの教会を指導したのは*熊本バンド出身で同志社卒業生である *小崎弘道(霊南坂教会牧師), *海老名弾正(弓町本郷教会牧師), *宮川経輝(大阪教会牧師)らであった.

文書活動も活発で日本最初の週刊新聞『七一雑報』(1875-83)を発行し, キリスト教伝道と文明開化に貢献した. 一方 1883 年東京, 警醒社より『東京毎週新報』を創刊, 1903 年からは大阪に発行地を移して『基督教世界』(基督教世界社)と改題して日本組合基督教会の援助のもとに刊行を続けた.

同教会に関わる諸学校として同志社, 神戸女学院, 梅花学園, 彰栄学園, 松山学院, 松山東雲学園, 共愛社, 神戸女子伝道学校(現在の聖和大学)等がある. 牧師の育成は同志社大学神学部を中心に行われた.

1939 年(昭和 14)の日本組合基督教会の教会総数は 197 教会, 教師 178 名, 教会員総数は 3 万 3,523 名, 現住陪餐会員 1 万 6,963 名であった. 1941 年宗教団体法によって成立した *日本基督教団を形成し, 日本組合基督教会は解散した.

【文献】湯浅与三『基督にある自由を求めて』(私家版) (創文社 1958); 土肥昭夫『日本プロテスタントキリスト教史』(新教出版社 1980); 同志社大学人文科学研究所編『日本プロテスタント諸教派史の研究』(教文館 1997).

(茂義樹)

にほんこうきょうざっし 『日本公教雑誌』　明治期のカトリック雑誌. 1889 年(明治 22)11 月創刊の *公教雑誌を巻次継承した『公教学術雑誌』をさらに 1898 年 4 月の 57 号から巻次継承し, 『日本公教雑誌』と改題した. 93 号(1893 年 4 月)まで刊行. *リギョールが編集にあたり, *前田長太が補佐した. *シャトーブリアンや*シェンキェヴィチなどの著作が邦訳されて掲載されている.

(尾原悟)

にほんごぶんてん　日本語文典　→『コリヤード日本文典』, 『日本小文典』, 『日本大文典』

にほんごやくせいしょ　日本語訳聖書　→ 聖書の翻訳: 日本語

にほんしゅうぞくときしつにかんするちゅういとけいこく 『日本習俗と気質に関する注意と警告』 Advertimentos e avisos acerca dos costumes e catangues de Jappão　*ヴァリニャーノの著作で, ローマのイエズス会古文書館に蔵されている. 1579 年(天正 7)7 月に来察して第 1 次巡察中のヴァリニャーノは, 半年にわたる五畿内の巡察を終え, 1581 年 10 月, *豊後に帰着した. かねてより *大友義鎮(宗麟)などから *イエズス会の会員の日本社会への適応の仕方などについて注意を受けており, また, 巡察中にも改善を痛感したヴァリニャーノが, *宣教師たちのために日本の風習などに関する心得書を早急にまとめあげる必要に迫られ, 執筆したものである. 日本人の社会で宣教師としての権威を保つために宣教師の外出の仕方, *キリシタンとの交わり, 教会外の者との挨拶から贈り物, 書状の交換, 教会や修道院の建築方法などについてまで詳細な指示が加えられ, 日本の風習にいかに順応し, *宣教の成果をあげるべきかが説かれている. 教会が日本社会の秩序のなかにいかに溶け込んでいったか, また, 安土桃山時代の日本人の風習を研究するにも貴重な史料である. 1946 年に *シュッテがイタリア語訳と校注を添えて出版し, 邦訳に矢沢利彦他による『日本イエズス会士礼法指針』(キリシタン文化研究会 1970)がある.

【文献】J. F. SCHÜTTE, *Valignanos Missionsgrundsätze für Japan* (Roma 1951).

(尾原悟)

にほんしょうぶんてん 『日本小文典』　Arte breve da lingoa Iapoa　ジョアン・*ロドリゲスの著した日本語の文法書で, *マカオに移ってからの 1620 年に同地で刊行した. 3 巻 1 冊. 先に日本で刊行した *『日本大文典』を簡約にし, 若干訂正したものである. 影印本にロンドン大学所蔵本(笠間書房刊)と *アジュダ図書館の所蔵本(新人物往来社刊), 翻訳は池上岑夫訳『日本語小文典』(岩波書店 1993)と日埜博司訳『日本小文典』(新人物往来社 1993)がある. 『大文典』とともに国語学のために広く利用されている.

【文献】土井忠生『吉利支丹語学の研究』(三省堂 1971).

(尾原悟)

にほんじんまち　日本人町　→　日本町

にほんせいえい 『日本聖詠』　明治時代のカトリック聖歌集. 1883 年(明治 16), *ルマレシャルによって出版され, 以後, 1889, 1893, 1907, 1922 年と版を重ねた. 初めは歌詞(短歌形式)のみであるが, 1907, 1922 年版は *聖歌の旋律とローマ字による歌詞からなる. いずれもカトリックの教義をわかりやすく, また, 親しみやすいものとするために編まれたものと思われる. 1883 年版が盛岡の塩の会から 1971 年(昭和 46)に, 1883, 1889, 1893 年版が『明治期讃美歌・聖歌集成』6 (大空社 1996), 1907 年版が『明治期讃美歌・聖歌集成』8 (大空社 1996)として影印されている.

(尾原悟)

にほんせいきょうし 『日本西教史』　*パリで刊行された *クラッセの『日本教会史』(Histoire de l'Eglise du Japon, 1689)を太政官翻訳局が訳し, 1878 年(明治 11)から 80 年にかけて刊行したときにつけた日本語書名. 原著者自身が日本の事情に通じていないうえに, 史的考証もなく編纂した, 一般向けの修徳的な記述

にほんせいこうかい

の書であり，また，フランス人宣教師 *エヴラールが翻訳の補助を行ったとはいえ，誤訳を重ねているので，現在では歴史書としては評価されていない．しかし，幾度か版を重ね，『大日本史料』にも収載され，初期のキリシタン研究者には多く利用された．　　　　（尾原悟）

にほんせいこうかい　日本聖公会〔英〕The Holy Catholic Church of Japan, Anglican Church in Japan　日本聖公会は全聖公会(*アングリカン・コミュニオン)を構成している 32 の *聖公会(管区)の一つで，1859 年(安政6)にアメリカ合衆国聖公会から派遣されたリギンズ (John Liggins, 1829-1912) と C. M. *ウィリアムズの宣教活動によって始められた教会である．アメリカ聖公会に続いて，英国聖公会も福音宣布協会 (United Society for the Propagation of the Gospel) と教会宣教協会 (Church Missionary Society) から宣教師を送り込み，アメリカ系の宣教師とは別個に宣教活動を進めていたが，1887 年(明治20) 2 月 11 日，ウィリアムズは英国聖公会主教ビカステス (Edward Bikersteth, 1850-97) に諮って大阪で第 1 回総会を開き，日本における聖公会系諸教会を，同一の『法憲法規』(Canons and Constitutions) と『祈祷書』(Book of Common Prayer)(→英国教会祈祷書)をもつ独立した自治管区にまとめ上げた．新管区の名称に選ばれたのが，漢文の *使徒信条中の「聖公会」であり，その英語の表現である The Holy Catholic Church は現在でも公式名称となっている．その後，カナダ聖公会からの宣教師も来日し，主として中京・長野，新潟地区で活動した．

独立自治管区になったとはいえ，教会の監督指導はもっぱらイギリス・アメリカ・カナダの宣教師によって行われてきたが，第 2 次世界大戦の勃発によって宣教師が帰国し，教会も関係施設も日本人によって管理されるようになった．1939 年(昭和14)に成立し，翌年から発効した宗教団体法によって，運営責任を負うようになった日本人聖職者および信徒は大きな試練に直面した．文部省により独立教団設置を許可されなかった日本聖公会は，法的には解体を余儀なくされ，約 3 分の 1 の聖職者とその教会が *日本基督教団に参加したが，非合同派は主教職(→主教)，サクラメント(→秘跡)，*信条を曖昧にしたままでの教会合同に反対を表明して参加を拒否したため，官憲の厳しい取り扱いを受けた．

戦後の日本聖公会は，合同派の日本基督教団からの復帰により一応戦前の状態を回復し，空襲で消失した各地の教会堂も再建された．1970 年代からは，イギリス・アメリカ・カナダの母教会から財政的に独立し，宣教・教育も自らの責任ですべてを行うこととなり，*ランベス会議，主座主教会議，全聖公会中央協議会などを通して，全世界の聖公会にその一員として貢献することを期待されている．現在，日本聖公会を悩ませている問題としては，再び教会分裂を生じかねない女性司祭按手(→叙階)問題がある．

聖公会‐ローマ・カトリック教会国際委員会 (Anglican-Roman Catholic International Commission) の発足(1970)以来，*教会一致促進運動の一環として日本でも聖公会，カトリック教会双方の合意に基づいて日本委員会が設けられ，「*聖餐」「奉仕職と聖職叙任」「教会における *権威」「教会と救い」「交わりとしての教会」などの合意文書の翻訳出版と相互理解の深化に努めている．プロテスタント諸教会とは，*日本キリスト教協議会を通して協力を続けている．

教会数 282，信徒数 5 万 7,108，現役聖職者数 324 (1998 年現在)を擁する日本聖公会は，教会行政上それぞれが教区主教の監督のもとに独立した 11 の単位(教区)によって構成されているが，管区全体は主座主教のもとで 2 年に 1 度開催される総会においてすべてを決議し，総主事の指揮下にある管区事務所が業務を執行している．聖職者の養成は東京の聖公会神学院と京都のウィリアムズ神学校が行っている．関係学校，施設としては，東京では立教学院，立教女学院，香蘭女学校，聖路加国際病院など，中京・関西では柳城女子短期大学，桃山学院，平安女学院，プール学院，松蔭女学院，八代学院，聖バルナバ病院などがある．
【文献】塚本理『日本聖公会の形成と課題』(聖公会出版 1978)．　　　　　　　　　　　　　　　（八代崇）

にほんせいしょきょうかい　日本聖書協会〔英〕Japan Bible Society　日本で聖書事業が組織的に始まったのは，1875 年(明治8)のことである．米，英，そしてスコットランドの *聖書協会が協力して，聖書事業が組織的に始められた．直ちに日本語への全聖書の翻訳が始まり，1887 年に全翻訳が完成した．これは1917 年(大正6)，新約聖書が改訳され，明治訳の旧約聖書とともに『文語訳聖書』として今でも用いられている．戦後，1955 年(昭和30)の『口語訳聖書』，そして 1987 年には，カトリック，プロテスタント両教会の協力により，歴史的な『聖書新共同訳』が誕生した．

聖書協会では，聖書の翻訳，出版，頒布も重要な働きであるが，聖書への関心の高揚，聖書知識の普及も大切である．その一つである「聖書展」などを各地で開催し，すべての教会の参加により，エキュメニカルな教会の宣教の働きが実現している．

聖書協会は，聖書に関わる「教会の機能」だと自らを位置づけている．したがって，国内のすべての人に聖書が，できるだけ購入しやすい価格で届けられ，読まれるよう，また，海外諸国の聖書需要に応えられるよう，募金や聖書事業への理解を，教会や教職，信徒に働きかけ，聖書協会運動への参加や，財政的にも聖書事業を安定させ，宣教の業をすべてのキリスト者が果たしていけるような支援を呼びかけている．

聖書協会の政策決定は理事会が行うが，日本カトリック教会からも，1996 年度から理事が送られている．
　　　　　　　　　　　　　　　　　　　　　（佐藤邦宏）

にほんせいとアンデレどうほうかい　日本聖徒アンデレ同胞会〔英〕Brotherhood of St. Andrew in Japan　*日本聖公会の男子信徒によって構成された伝道団体．1883 年 *シカゴでアメリカ *聖公会の青年らが，「祈りと奉仕」をモットーに掲げた運動を起こしたのが始まりで，世界的に伝わった．日本には最初 1894 年(明治27)頃に伝えられ，奈良の教会を中心に活動が始まり，いったんは全国組織を作ったが成果を上げることなく消滅した．1927 年(昭和2)になると今度は立教大学を中心に学生主体の同胞会が組織され活動が再開された．やはり「祈りと奉仕」を掲げ，*神の国の拡張と同胞会の諸事業のために祈ることと，「男子，特に男子青年の間にキリストの御国を拡張する」ために奉仕をすることが定められた．1947 年には社団法人に改組され，日本各地に支部をもつほどになった．しかし 90 年代になると指導者を失い，資金にも不足が生じ減少し，7 支部 250 名位の規模となった．機関紙『ヴィジョン』

を発行している．名称は*ペトロの兄弟*アンデレに由来する．
【文献】キ大792；日キ歴1062． （白川徹）

にほんだいぶんてん 『日本大文典』 Arte da lingoa de Iapam ジョアン・*ロドリゲスの著した日本語の文法書で，1604年(慶長9)から1608年にかけて*長崎の*コレジヨから刊行された．3巻1冊．第1巻は動詞などの屈折論，品詞論，第2巻は文章論，修辞論，第3巻は文体論，人名論，計数論で，文法を中心に各種の文章語などを説く．影印本に*オックスフォード大学ボードリアン文庫本(勉誠社刊)，翻訳に土井忠生訳『日本大文典』(三省堂刊)がある．室町時代の国語学の研究に貴重な史料である．
【文献】土井忠生『吉利支丹語学の研究』(三省堂 1971)． （尾原悟）

にほんてんしゅこうきょうかい 日本天主公教会 → 天主公教会，日本(にっぽん)天主公教教団

にほんにおけるカトリックきょうかい 日本におけるカトリック教会 配列は以下の順である．
    司教区概要
    第2ヴァティカン公会議以後
    神学校
    男子修道会
    女子修道会
    教育事業
    出版事業
    福祉事業

にほんにおけるカトリックきょうかい 日本におけるカトリック教会：司教区概要 本項では近代日本への再宣教後の司教区の成立の概要を扱う．キリシタン時代のキリスト教についてはキリシタン布教などの関連項目を，現在の教勢は別表を，また各司教区の詳細はそれぞれの項を参照されたい．
【司教区の成立】19世紀半ば，*パリ外国宣教会は日本再宣教を目指し，1844年末に会員の*フォルカードが那覇への上陸を果たした．ローマの教皇庁は日本宣教の可能性と重要性を考慮し，禁教令下で途絶えていた教区復活を決定，1846年(弘化3)に日本を*代牧区とした．鎖国令のため教区長以下，宣教師は日本に渡れないまま教区長館は1846-50年に*香港，次いで1853-54年には奉天に置かれた．1858年(安政5)の修好通商条約締結を経て1859年に4代目教区長 P. S. B. *ジラールが*江戸に到着，また*メルメは函館に渡り再宣教が始まった．

1865年(慶応1)の*潜伏キリシタンの発見(→キリシタンの復活)の後も弾圧は続いたが，*切支丹高札撤廃後には信徒の数も急増し，1876年(明治9)日本の教会は南緯代牧区(近畿地方以西の南日本)と北緯代牧区(中部地方以北の北日本)に二分され，それぞれ*南緯聖会と*北緯聖会と呼ばれた．1888年には南緯代牧区が分割され新たに近畿・中国・四国を含む中部代牧区が設立，教区長館を大阪に置き，九州以南の南緯代牧区は長崎に教区長館を置いた．さらに1891年に北緯代牧区も二分され，同時に司教位階制も確立，*管区大司教を東京に置き，函館司教区，大阪司教区，長崎司教区を東京の属司教区とする教会行政上の区分も明確になった．1904年，四国が*知牧区として大阪司教区から分離する．1905年，明治政府により各教区の法人資格が認可され，日本の教会の位置は民法上でも確立された．1912年(大正1)新潟知牧区が分離したのに続き，1915年には札幌代牧区も函館司教区から分離した．

以後，大正から昭和にかけて教区の分離と成立は続き，1972年(昭和47)に那覇司教区が設立されたことで現在の16司教区が揃った．各教区の成立は別掲の図の通りである．なお，教会行政上の区分として，札幌・仙台・新潟・浦和・横浜は東京大司教区の，名古屋・京都・広島・高松は大阪大司教区の，福岡・大分・鹿児島・那覇は長崎大司教区の属司教区となっている．

以下，日本の16司教区を北から順に紹介する．
【札幌司教区】1915年(大正4)2月に函館教区から分かれ，渡島地方(函館地区)を除く北海道全土，および樺太南部を管轄区域とする知牧区として新設され，ドイツのフルダ管区*フランシスコ会に委託された．1929年(昭和4)3月代牧区に昇格，1932年7月に樺太教区が分離してポーランドのフランシスコ会に委譲された．1952年12月，それまで仙台教区であった函館地区を併合し全北海道が札幌司教区に昇格した．
【仙台司教区】北緯代牧区のうち北海道(後に樺太も含む)と，青森・岩手・宮城・福島・新潟・山形・秋田の7県を管轄区域として1891年(明治24)に設立された函館司教区を母体とする．当初，函館司教区はパリ外国宣教会に委託されたが，1912年(大正1)に新潟・山形・秋田の3県が新設の新潟知牧区に含まれるため分離，1915年に函館地区を除く北海道が札幌知牧区となったのに伴い管轄区域は縮小された．1931年(昭和6)以降は*ドミニコ会が宣教司牧を担当．1936年3月付で教皇庁の裁可を得て司教座を函館から仙台に移し仙台司教区と改称する．1952年，函館地区が札幌司教区に編入された結果，管轄範囲は青森・岩手・宮城・福島の4県となった．
【新潟司教区】1912年(大正1)8月に当時，函館司教区に含まれていた秋田・山形・新潟の3県と，東京大司教区に含まれていた富山・石川・福井の3県を合わせ，新潟知牧区として新設され，*神言修道会に委託された．1922年に名古屋知牧区が新設されると富山・石川・福井の3県を委譲し，1962年に司教区に昇格した．
【浦和司教区】1939年(昭和14)1月，横浜司教区の一部であった埼玉・栃木・群馬・茨城の4県をもって浦和知牧区として新設され，カナダのフランシスコ会に委託された．1957年に司教区に昇格．
【東京大司教区】1876年(明治9)5月，日本代牧区は南緯代牧区と北緯代牧区に分けられる．横浜を中心として中部・関東・奥羽・北海道の各地方を管轄区域とする北緯代牧区は1891年に函館と東京の2教区に分割され，同年6月に東京大司教区が成立した．当時の管轄区域は関東地方7県と中部地方9県で，函館・大阪・長崎を属司教区とする管区大司教区であった．1912年(大正1)8月の新潟知牧区新設により富山・石川・福井の3県を，また1922年2月の名古屋知牧区新設により愛知・岐阜の2県を神言修道会に委託．1937年(昭和12)に東京大司教区が邦人教区としてパリ外国宣教会から独立するに及んで，東京および千葉を除くすべてを新設の横浜司教区に委譲した．
【横浜司教区】東京大司教区が邦人教区になったのに伴い1937年(昭和12)11月に司教区として新設され，従来，東京大司教区の管轄区域であった神奈川・静岡・山梨・長野・埼玉・群馬・栃木・茨城の8県をもって成立，パ

にほんにおけるカトリックきょうかい

日本の教会管区と小教区の分布

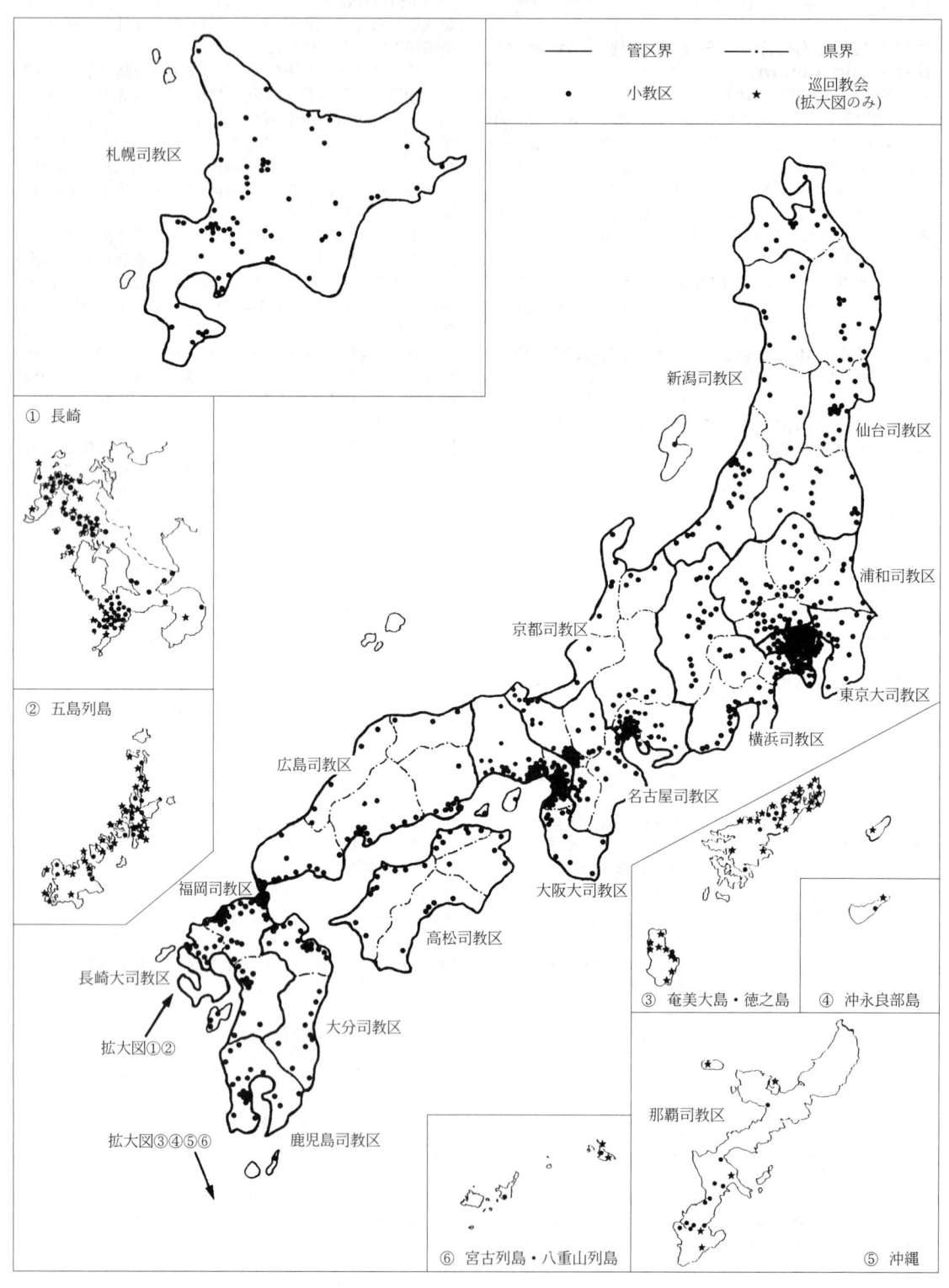

凡例:
― 管区界　-・-・- 県界
・ 小教区　★ 巡回教会（拡大図のみ）

札幌司教区
新潟司教区
仙台司教区
浦和司教区
東京大司教区
横浜司教区
京都司教区
名古屋司教区
大阪大司教区
広島司教区
高松司教区
福岡司教区
大分司教区
長崎大司教区
鹿児島司教区
那覇司教区

拡大図①② 拡大図③④⑤⑥

① 長崎
② 五島列島
③ 奄美大島・徳之島
④ 沖永良部島
⑤ 沖縄
⑥ 宮古列島・八重山列島

にほんにおけるカトリックきょうかい

```
日本代牧区
(香港 1846–50), (奉天 1853–54), (横浜 1863–66), (長崎 1866–76)
├─ 日本南緯代牧区 (長崎 1876)
│   ├─ 日本南緯代牧区 (長崎 1888)
│   │   └─ 長崎司教区 (1891)
│   │       ├─ 鹿児島知牧区 (1927)
│   │       │   ├─ 沖縄南西諸島
│   │       │   ├─ 鹿児島司教区 (1955)
│   │       │   └─ 那覇司教区 (1972)
│   │       ├─ 福岡司教区 (1927)
│   │       │   └─ 長崎大司教区 (1959)
│   │       └─ 宮崎知牧区 (1935)
│   │           └─ 大分司教区 (1961)
│   └─ 日本中部代牧区 (大阪 1888)
│       └─ 大阪司教区 (1891)
│           ├─ 四国知牧区 (1904)
│           │   └─ 高松司教区 (1963)
│           ├─ 広島代牧区 (1923)
│           │   └─ 広島司教区 (1959)
│           ├─ 京都知牧区 (1937)
│           │   └─ 京都司教区 (1951)
│           └─ 大阪大司教区 (1969)
└─ 日本北緯代牧区 (横浜 1876)
    ├─ 東京大司教区 (1891)
    │   ├─ 名古屋知牧区 (1922)
    │   │   └─ 名古屋司教区 (1962)
    │   ├─ 横浜司教区 (1937)
    │   └─ 浦和知牧区 (1939)
    │       └─ 浦和司教区 (1957)
    ├─ 新潟知牧区 (1912)
    │   └─ 新潟司教区 (1962)
    └─ 函館司教区 (1891)
        ├─ 札幌知牧区 (1915)
        │   └─ 札幌代牧区 (1929)
        │       └─ 札幌司教区 (1952)
        └─ 仙台司教区 (1936)
```

日本の教区の成立　　　　　　　　現在の教区

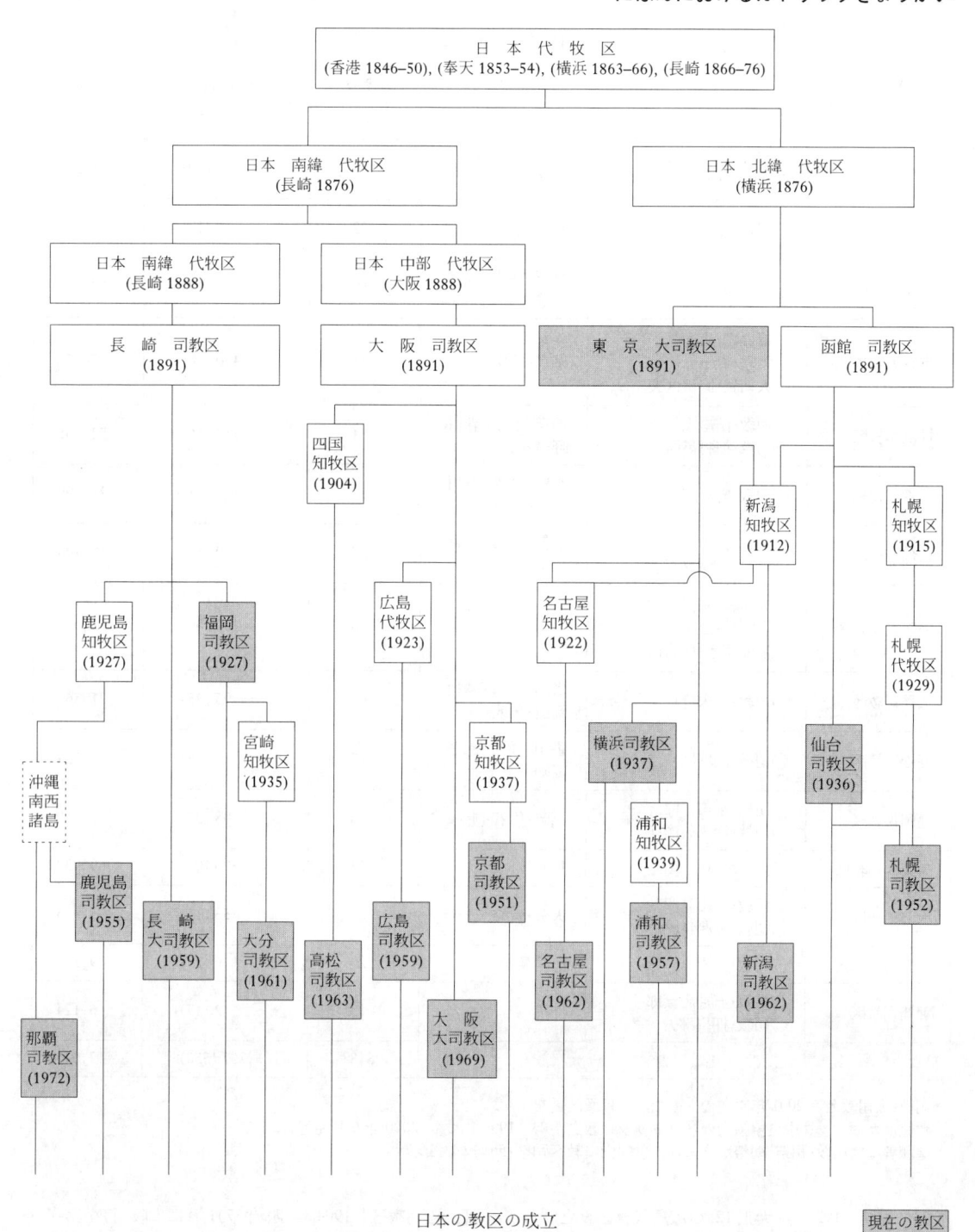

リ外国宣教会に委託された．1939年には新設の浦和知牧区に埼玉・群馬・栃木・茨城を委譲した．
【名古屋司教区】東京大司教区に含まれていた愛知・岐阜の2県と新潟知牧区の一部であった福井・石川・富山の3県を合わせ，1922年(大正11)2月に名古屋知牧区として設立，神言修道会に委託された．1962年(昭和37)に司教区に昇格．
【京都司教区】1937年(昭和12)6月に大阪司教区に含まれていた京都・奈良・三重・滋賀の1府3県をもって京都知牧区として設立され，アメリカの*メリノール宣教会に委託された．1951年に司教区に昇格．
【大阪大司教区】1888年(明治21)南緯代牧区より分かれ，近畿・中国・四国の3地方を含む中部代牧区として設立され，パリ外国宣教会に委託された．1891年6月に司教区に昇格し大阪司教区と改称．1904年の四国知牧区設立により四国全土をスペインのドミニコ会ロザリオ

にほんにおけるカトリックきょうかい

日本の教区

教区	司教・大司教	管轄地域	小教区	聖職者（教区）	信者
札幌司教区	○司教・地主敏夫	北海道	64	84 (33)	17,961
仙台司教区	司教・佐藤千敬 ○司教・溝部脩	青森・岩手・宮城・福島	57	67 (30)	11,256
新潟司教区	○司教・佐藤敬一	秋田・山形・新潟	32	35 (17)	7,502
浦和司教区	○司教・谷大二	埼玉・栃木・群馬・茨城	52	70 (17)	19,129
東京大司教区	枢機卿・白柳誠一 司教・森一弘 ○大司教・岡田武夫	東京・千葉	74	430 (88)	85,375
横浜司教区	司教・濱尾文郎 ○司教・梅村昌弘	神奈川・山梨・長野・静岡	84	150 (46)	52,865
名古屋司教区	○司教・野村純一	愛知・岐阜・石川・福井・富山	50	139 (21)	24,899
京都司教区	司教・田中健一 ○司教・大塚喜直	京都・滋賀・奈良・三重	55	70 (19)	19,704
大阪大司教区	大司教・安田久雄 ○大司教・池永潤 補佐司教・松浦悟郎	大阪・兵庫・和歌山	86	190 (60)	55,915
広島司教区	○司教・三末篤實	広島・山口・島根・岡山・鳥取	41	95 (25)	21,560
高松司教区	○司教・深堀敏	香川・愛媛・徳島・高知	27	53 (18)	5,524
福岡司教区	司教・平田三郎 ○司教・松永久次郎	福岡・佐賀・熊本	55	98 (37)	31,540
長崎大司教区	○大司教・島本要	長崎	72	157 (101)	69,033
大分司教区	司教・平山高明 ○司教・宮原良治	大分・宮崎	27	53 (11)	5,925
鹿児島司教区	○司教・糸永真一	鹿児島	29	46 (23)	9,332
那覇司教区	司教・石神忠真郎 ○司教・押川壽夫	沖縄	13	20 (7)	6,124
合計			818	1,757 (553)	443,644

司教・大司教名は2001年現在のもので，○は教区長を示す．
数値はカトリック中央協議会の『カトリック教会現勢　1999年度』（2000年6月発行）による．
聖職者には司教・司祭・助祭が含まれ，（　）内に教区司祭・助祭の数を示す．

管区に委託．1923年（大正12）の広島代牧区設立により岡山・広島・山口・島根・鳥取の5県をドイツの*イエズス会に委託．さらに1937年の京都知牧区設立に際しては，京都・奈良・三重・滋賀の1府3県をメリノール宣教会に委託し，以後，兵庫・大阪・和歌山の1府2県を管轄範囲とする．1969年6月に大司教区に昇格．
【広島司教区】1923年（大正12）5月に大阪司教区から分離した岡山・広島・山口・島根・鳥取の5県をもって広島知牧区として設立，ドイツのイエズス会に委託された．当初，教区長館を岡山に置いたが1939年（昭和14）に広島に移す．1959年に司教区に昇格．

【高松司教区】1904年（明治37）1月に大阪司教区から分離した徳島・高知・香川・愛媛の四国4県をもって四国知牧区として設立され，スペインのドミニコ会ロザリオ管区に委託された．徳島市に置かれた教区長館は1949年（昭和24）に香川県高松市に移転．1963年9月に司教区に昇格し高松司教区と改称した．
【福岡司教区】1927年（昭和2）7月に長崎司教区から分離し福岡司教区として設立される．福岡・佐賀・熊本・宮崎・大分の5県からなっており，当初はすべてパリ外国宣教会に委託されたが，翌1928年からは*サレジオ会が宮崎・大分の2県を担当，1935年設立の宮崎知牧区の

日本におけるカトリック教会

教区	面積 km²	A 人口	B 信徒	C 聖職者	修道者	神学生	修練者	D 信者総数	D÷A 信者率	B÷C
札幌	83,452	5,691,737	17,484	84	370 (17)	0	6	17,961	0.316%	208
仙台	45,157	7,411,095	10,872	67	300 (8)	5	4	11,256	0.152%	162
新潟	29,767	4,946,341	7,358	35	97 (11)	1	0	7,502	0.152%	210
浦和	22,634	13,840,575	18,860	70	179 (5)	4	11	19,129	0.138%	269
東京	7,098	17,543,672	83,077	430	1,679 (68)	63	58	85,375	0.487%	193
横浜	26,543	15,163,428	52,019	150	651 (14)	5 (10)	16	52,865	0.349%	346
名古屋	26,502	12,114,633	24,455	139	218 (50)	24	13	24,899	0.206%	175
京都	17,920	7,181,547	19,332	70	267 (20)	4	11	19,704	0.274%	276
大阪	15,009	15,291,007	54,946	190	740 (17)	9	13	55,915	0.367%	289
広島	31,809	7,759,992	21,166	95	277 (13)	1 (1)	7	21,560	0.278%	222
高松	18,787	4,209,749	5,346	53	95	30	0	5,524	0.131%	100
福岡	14,185	7,709,872	30,968	98	429 (26)	3 (2)	14	31,540	0.409%	316
長崎	4,092	1,537,280	67,733	157	900 (2)	39 (98)	104	69,033	4.491%	431
大分	12,488	2,426,837	5,577	53	244 (15)	8 (1)	27	5,925	0.244%	105
鹿児島	9,132	1,790,437	9,063	46	217 (2)	2 (1)	1	9,332	0.521%	197
那覇	2,269	1,313,804	6,030	20	73	0	1	6,124	0.466%	301
合計	377,864	125,860,006	434,286	1,757	6,736 (268)	198	286	443,644	0.352%	237

数値はカトリック中央協議会の『カトリック教会現勢　1999年度』(2000年6月発行)による.
聖職者には司教,司祭,助祭を含む.
修道者の数は修道士と修道女の合計で,それに加えて(　)内に在俗会員数を示した.
神学生は大神学生数に加えて(　)内に小神学生数を示した.
信者率の合計欄は全国平均である.

基礎を築いた.

【長崎大司教区】1866年(慶応2)日本代牧に任命された*プティジャンは長崎に教区長館を置き,教区はパリ外国宣教会に委ねられた. 1876年(明治9)に日本代牧区は南北に分かれ,長崎の教区は南緯代牧区として九州・四国・中国・近畿地方を管轄. 1888年に中部代牧区が新設されると,四国・中国・近畿の3地方を委譲し,1891年6月に九州全土を所轄する長崎司教区となった. 1927年(昭和2)パリ外国宣教会の手を離れて日本初の邦人教区となり,長崎県を除く地域をすべて福岡司教区と鹿児島知牧区に委譲した. 1959年5月に大司教区に昇格.

【大分司教区】1928年(昭和3)3月宮崎,大分の2県が福岡教区から分離して,イタリアのサレジオ会に委託された. 1935年1月に宮崎知牧区となり,初代教区長にはサレジオ会の*チマッティが任命された. 1961年12月に司教区に昇格し大分教区となる.

【鹿児島司教区】1927年(昭和2)3月に鹿児島・沖縄の2県が長崎司教区から分離し,新設の鹿児島知牧区としてカナダのフランシスコ会に委託された. 第2次世界大戦終結後,アメリカ合衆国の占領下となった沖縄および南西諸島をアメリカの*カプチン・フランシスコ修道会ニューヨーク管区に委託. 1955年2月に司教区に昇格,同年5月の南西諸島(奄美大島地区)の本土復帰によりこれを併合した.

【那覇司教区】沖縄県は1927年(昭和2)3月に鹿児島県とともに長崎司教区から分離し,鹿児島知牧区となった. 第2次世界大戦の結果,サンフランシスコ平和条約によりアメリカ合衆国が沖縄県と鹿児島県南西諸島を占領したため,沖縄および南西諸島は鹿児島知牧区から離れて教皇庁直轄となり,琉球代牧区としてアメリカのカプチン・フランシスコ修道会ニューヨーク管区に委託された. 1955年5月に南西諸島は日本に返還され,鹿児島司教区に編入された. 1968年に琉球代牧となったF.*レイは日本司教協議会の正会員となり,1972年に沖縄が本土に復帰すると同年末には琉球代牧区も那覇司教区となった.

【文献】カトリック中央協議会編『カトペディア'92』(カトリック中央協議会1992). （小田武彦）

にほんにおけるカトリックきょうかい　日本におけるカトリック教会：第2ヴァティカン公会議以後　第2*ヴァティカン公会議(1962-65)による改革は,神学的理解の刷新をはじめ,機構,典礼,法制,現代世界や諸宗教に対する態度や行動の刷新に至るまで,カトリック教会のあらゆる領域に影響を及ぼした. これらの改革の実施は,日本のカトリック教会にとって,現

にほんにおけるカトリックきょうかい

カトリック教会関係施設: 教会
1999年現在

教区	小教区	準小教区	巡回教会	集会所	合計
札幌	64	0	5	2	71
仙台	57	0	10	2	69
新潟	32	0	3	7	42
浦和	52	2	4	2	60
東京	74	5	0	3	82
横浜	84	2	10	3	99
名古屋	50	3	10	1	64
京都	55	0	3	0	58
大阪	86	0	2	1	89
広島	41	1	5	6	53
高松	27	0	4	1	32
福岡	55	0	9	4	68
長崎	72	2	56	6	136
大分	27	0	3	1	31
鹿児島	29	0	41	1	71
那覇	13	0	7	0	20
合計	818	15	172	40	1,045

準小教区: 小教区に属し, 常設の聖堂があり, 担当司祭に委任されているもの.

カトリック教会関係施設: 修道院
1999年現在

教区	宣教会修道院	修道院		在俗会	合計
		男子	女子		
札幌	2	8	32	2	44
仙台	3	1	33	1	38
新潟	0	3	10	1	14
浦和	4	6	25	1	36
東京	10	54	167	5	236
横浜	4	15	68	2	89
名古屋	4	16	27	1	48
京都	4	11	41	1	57
大阪	5	27	74	1	107
広島	1	5	40	1	47
高松	2	2	11	0	15
福岡	4	14	48	3	69
長崎	0	12	91	1	104
大分	1	7	27	1	36
鹿児島	3	6	29	1	39
那覇	0	1	14	0	15
合計	47	188	737	22	994

在に至るまで重要課題となっている.

【地方教会としての意識】各司教区の *司教は *教皇から部分教会（〔ラ〕ecclesia particularis）の世話を委託され, 自教区を統治する任務を有している. しかし近隣の司教たちと一致協力して働かなければ, 司教は自己の司牧任務を実り豊かに果たすことがほとんどできないことから, 公会議は各国に *司教協議会を設置することを定め, *共通善のために教区の枠を越えて力を合わせるよう強く勧めた（『司教司牧教令』11, 37項参照）.

公会議の決定を受けて, 1966年（昭和41）, 日本におけるカトリック教会の最高議決機関としての日本カトリック司教協議会が創設された. 以後, 日本カトリック司教協議会は, *典礼書の翻訳や *教会一致促進運動など, 公会議による刷新を具体化する責任を担うようになる.

1972年には *アジア司教協議会連盟が設立され, アジア諸国の教会が互いに交流する場が増えるに伴い, 「インドの教会」「フィリピンの教会」「日本の教会」といった文化圏の枠組みをもった地方教会（ecclesia localis）が意識されるようになってきた.

1970年代後半には日本国内でもカトリック教会内部のいろいろな団体が全国的な組織をもつようになり, 頻繁に全国大会を催し, 教区の枠を越えた交流や連携が珍しくなくなってきた. 特に1981年の教皇 *ヨアンネス・パウルス2世の訪日は, 日本のカトリック信者一人ひとりに, 地方教会としての「日本の教会」という意識を鮮明にさせるきっかけとなった.

司教協議会は, 教皇訪日を契機に日本におけるカトリック教会の使命と役割を問い直し, 福音宣教こそが最も重要な使命だと確認, 日本の教会としてこの福音宣教の使命を果たしていくために, 司教団の *団体性や一致を具体的に実現していく方法を検討し始めた. そして, 1982年12月の臨時司教総会で, *信徒も *司祭も *修道者も, 視点を自分の教区や自分が直接属している信仰共同体だけに限ることなく, 日本の教会全体を視野に収め, 各教区の独自性を保ちつつ, 日本の教会全体の成長のために共同で責任を負い, 共同の作業に参与できるように, 中央機構の改革と福音宣教推進全国会議の設置を決定した.

【日本の教会の基本方針と優先課題】日本の総人口の0.4%に満たない少数のカトリック信者が16教区に分散し, 協力態勢もできていないという現状を打破するために, 司教協議会は1984年6月, 「日本の教会の基本方針と優先課題」を発表した. これは日本におけるカトリック教会が, 福音宣教の強化と社会・文化の福音化という使命を果たしていくために, 教区の壁を越えて, 全国の司教, 司祭, 修道者, 信徒の共同責任を明らかにし, 協力態勢を作ることを目指したものである. 優先すべき課題としては, (1) *司教区, *小教区を宣教共同体に育成すること, (2) 教区が *修道会, *宣教会, カトリック諸事業体と具体的な協力態勢を作ること, (3) 1987年に, 司教, 司祭, 修道者, 信徒による福音宣教

宣教会・修道会・在俗会会員数

1999年現在

教区	男子修道会，宣教会				女子修道会	在俗会	合計
	司祭	助祭	修道士	合計			
札幌	51	0	31	82	339	17	438
仙台	37	0	4	41	296	8	345
新潟	18	0	0	18	97	11	126
浦和	51	2	8	61	171	5	237
東京	337	5	100	442	1,579	68	2,089
横浜	103	1	17	121	634	14	769
名古屋	118	0	8	126	210	50	386
京都	50	1	7	58	260	20	338
大阪	130	0	26	156	714	17	887
広島	70	0	9	79	268	13	360
高松	35	0	0	35	95	0	130
福岡	61	0	3	64	426	26	516
長崎	56	0	21	77	879	2	958
大分	42	0	19	61	225	15	301
鹿児島	23	0	4	27	213	2	242
那覇	13	0	3	16	70	0	86
合計	1,195	9	260	1,464	6,476	268	8,208

司祭数には司教も含む．

推進全国会議を開催することをあげた．

【福音宣教推進全国会議】司教協議会は，福音宣教推進全国会議（National Incentive Convention for Evangelization，略称 NICE）を準備するにあたり，「聞き，吸い上げ，生かす」ことを司教団の基本姿勢とすることを決定，全国3教会管区（東京管区，大阪管区，長崎管区）での信徒公聴会をはじめ，教区，地区，小教区，さまざまなグループで，研修会，討論会，会議が開かれた．それらの集会の報告は，教区ごとにまとめられ司教協議会に提出された．16教区から出された課題案が提起した共通の問題は，生活と信仰の遊離，教会の日本社会からの遊離であった．そこで司教協議会は，1986年12月，第1回福音宣教推進全国会議の課題を「開かれた教会づくり」とし，社会とともに歩む教会，生活を通して育てられる信仰，福音宣教する小教区という3点を軸に，この課題に取り組むことを呼びかけた．

1987年11月20日から23日にかけて京都で開かれた第1回福音宣教推進全国会議には，16教区の代表を中心にした290名（司教17，司祭127，修道者53，信徒93）が参加し，活発な討論が繰り広げられた．この全国会議から14項目の答申を受けた司教協議会は，同年12月の臨時司教総会で，答申の底に流れる教会の閉鎖性打破を求める声を受け止め，特に弱い立場に置かれた人々と共に「喜び」をもって歩むために，「思い切った転換を図る」ことを宣言した．またこの方向転換を推進していくために，NICE推進委員会を設置し，これまでの委員会では対応できない提案については，新たにプロジェクト・チームを作って取り組むことにした．

1993年（平成5）10月21日から24日にかけて長崎で開かれた第2回福音宣教推進全国会議には，教区を母体とする代表者を中心に204名（司教17，司祭51，修道者34，信徒102）とオブザーバーが参加．この全国会議では，第1回福音宣教推進全国会議の精神を継承しつつも，信仰と生活の接点である「家庭の現実から」出発して，「福音宣教のあり方を探る」ことに的が絞られた．教会共同体がそれぞれの人の境遇や家庭の現実からくる喜びや苦しみに共感し，それらを共有できる仲間となることこそが，キリストの期待に応えることだと理解されたからである．今後，一人ひとりが生きる現実のなかで，その人とともに十字架を背負っているキリスト，赦しや喜び，和解を実現する復活したキリストをみいだすための分かち合いが，全国的に継続される予定である．分かち合いが重視されるのは，「聞き，吸い上げ，生かす」という姿勢が，司教団の基本姿勢であるのみならず，*神の民全体の相互の基本姿勢であるという理解が深まってきたからにほかならない．

信徒が，公式に教会の意思決定の過程に参加し，司教，司祭と対等の立場で討論し，日本におけるカトリック教会の共同責任を担う福音宣教推進全国会議は，第2ヴァティカン公会議の精神を日本において具体化してい

く重要な歩みだといえよう．

【文献】カトリック中央協議会編『開かれた教会をめざして―第1回福音宣教推進全国会議公式記録集』（カトリック中央協議会 1989）；同編『カトペディア'92』（カトリック中央協議会 1992）． 　　　　　　（小田武彦）

にほんにおけるカトリックきょうかい　日本におけるカトリック教会：神学校

日本カトリック教会再宣教後，ローマ教皇庁布教聖省（福音宣教省の前身）から日本宣教を委任された *パリ外国宣教会の重要な目的の一つは，邦人司祭の養成であった．本項では *キリシタンの復活を経て，明治の再宣教以後に誕生した各神学校の歴史の概略を扱う．キリシタンの時代の *神学校と神学教育に関してはキリシタン教育活動，コレジヨ，セミナリヨの項をそれぞれ参照されたい．

【伝道神学校】*長崎で信徒が発見されてから *プティジャンは信徒の子弟から選抜した3名を神学生として *大浦天主堂の司教館で養成した．しかし *浦上崩れを代表とする迫害を憂慮したプティジャンは，1868年（明治1）に神学生をペナン（Penang, 現マレーシアのピナン Pinang）の神学校に送り，同年に *浦上キリシタン流配事件が始まると *ローケーニュも10余名の神学生を *上海に避難させた．1871年，プティジャンは *横浜に帰任して後，2名をペナン神学校に送り，数名を横浜天主堂内において *アルンブリュステのもとで養成した．同年，プティジャンは伝道学校を九段濠端一番町に設立，校長にアルンブリュステ，教授には F. P. *ヴィグルー，*ドルアール・ド・レゼー，*エヴラール，*ブロートランが任ぜられた．ペナンに送られた神学生のうち数名は健康上の理由で横浜に戻り，上級生は東京の九段濠端一番町の伝道学校に入学した．伝道学校は1873年末には東京神田猿楽町に移転，ヴィグルーが校長に就任する．当時の伝道学校は司祭だけでなく，同時に伝道士（*カテキスタ）をも養成する教育機関であった．1873年に *切支丹高札が撤去されるまで「教会」の名を付すことはできなかったが，実際には教会があり，典礼も行われていた．しかし，教育内容は後の小神学校から中神学校に等しいもので，本格的な神学教育の開始は後に関口台町に公教神学校が置かれてからのことである．

【長崎神学校】1874年（明治7），大浦天主堂内に伝道学校があり，9月には神学予備校ができている．翌1875年10月，大浦に新築の長崎公教神学校が完成，東京で勉強中の長崎の神学生は長崎に戻り，*ルマレシャルらが司牧のかたわら教鞭をとった．学生は夜間の授業を受けるだけで，それ以外は教会における宣教や浦上教会付属の私立学校の手伝いをさせられていた．

1877年，パリ外国宣教会の司祭で日本文化にも造詣の深いルノー（Jules-Alfred Renaut, 1852-80）が専任教授となり，さらに病気で退職したルノーの後任として *フレーノーが就任した頃から本格的な大神学校としての教育が行われるようになる．1879年，プティジャンは活動の拠点を大阪から長崎に移し，各地で宣教にあたっていた神学生を呼び戻して就学させた．1882年には *ボンヌが校長に任命され，*コンバスが教授として招聘された．同年12月31日には *深堀達右衛門，*高木源太郎，有安秀之進（1855-1934）の3名が最初の邦人司祭として叙階される．この頃から長崎神学校独自の伝統が作り上げられた．すなわち *聖職者のために必要とされていたラテン語，哲学，修辞学，また当時の知識層に要求された漢学，さらにフランス語の習得である．ボンヌは校長として29年間勤務し，1911年には東京大司教に任命される．コンバスも長崎司教に就任するまでの32年間，神学生養成に努めた．ボンヌの後任であるグラシー（Léon Gracy, 1875-1945）は種々の改革を行い，学生の気風の刷新を図った．その在任中の1925年（大正14），浦上の新校舎が完成し移転，以後，大浦に再度移転するまでの期間，浦上神学校と呼ばれる．ボンヌ自身は病気のため翌年 *香港のパリ外国宣教会サナトリウムに退き，後任として *ドルエが着任した．

1927年（昭和2），初の邦人司教として *早坂久之助が長崎司教に叙階され日本人司教区が誕生したため，神学教育も日本人の手で行われることになり，校長には *浦川和三郎が就任する．1941年に仙台司教に着任するまで浦川校長は神学生の *信仰生活に重点を置く教育を目指し，また1929年からは神学生を *マリア会経営の海星中学に通わせ一般の学生とともに学ばせるなど，当時としては画期的な養成方法を採用，神学教育の刷新を図った．1932年に東京石神井の大神学校が日本全土の司祭養成を担う神学校になると，長崎の神学校は小神学校として存続することになり，哲学を学ぶ大神学校予科も1936年まで存続した．

1933年，早坂司教は浦上神学校を *フランシスコ会に譲渡，大浦の東山学院を購入し神学校にあてたが，1940年の東陵中学校設立に伴い，神学校は大浦に戻ることになった．原爆被爆後の長崎から1947年，大村市葛城に神学科・哲学科の学生は一時移る．同年，日本司教団は沖縄・九州地区のための大神学校創立を決定し，これを *聖スルピス会に委託した．この決定によって1948年に当地区の大神学生は福岡サン・スルピス神学院編入のため転出した．

【東京カトリック神学院】1871年（明治4）にプティジャンが東京市九段濠端一番町に設立した伝道学校が発展したもので，禁教令撤廃後，東京神学校あるいは東京公教神学校と呼ばれるようになった．この神学校は1873年に神田猿楽町に移転，1877年には浅草へ，1879年には *築地天主堂へと移転し，*リギョールが校長に就任する．リギョールは1887年まで勤務したが，病気療養のため代理として *シュタイシェンが校長を務めた．1890年リギョールが校長職に復帰．この間，神学校ではラテン語と哲学のみの授業で，本格的な神学教育のために神学生はしばしば香港やペナンに送られたが，1890年に本城昌平（1864-1945）がペナンから築地に転校したのを最後に，ペナンへの留学生はなくなり，その後はローマの教皇庁布教聖省直属の布教学院（現 *ウルバニアナ大学）に留学するようになった．

1894年，東京大司教区初の邦人司祭として *前田長太，外岡金声（1866-1933）が築地天主堂で大司教 *オズーフにより叙階された．同年，5名の神学生が長崎に転校，他は退学し，東京の学校は一時閉鎖された．1896年には長崎よりの帰還神学生を迎えて学校が再開，1899年に国定弥平（1909没），本城昌平の両名が叙階された．その後，1905年に早坂久之助がローマの布教学院への初の留学生として出発，他は退学したため，再度，学校は閉鎖された．

1913年（大正2）シュタイシェンを校長として再び開校され，1918年には大司教館とともに関口台町に移転した．このときの校長は *フロージャク，神学生23名が在籍していた．1926年に *カンドーが校長に就任．1929年（昭和4）にはパリ外国宣教会員全員の協力と寄付によって資金もできたため，東京大司教 *シャンボンは

板橋区石神井関町(現在の練馬区関町東)に5,000坪の土地を購入し校舎を新築，各種学校の認可を受け聖フランシスコ・ザベリオ神学校と命名，カンドー校長のもとに教員も増員して大神学校と呼んだ(関口台町の神学校は小神学校として存続). 1932年には駐日教皇使節 *ムーニの努力により日本中の司祭養成のための神学校，すなわち日本地方大神学校([ラ] Seminarium regionale pro Japonica)に昇格したため，邦人司祭養成機関の一元化がなされ教授内容も充実，日本で唯一の正規神学校として，すべての教区の大神学生を日本司教団の宣教方針に基づいて教育するようになった.

石神井の神学生は旧制中学卒業後，ラテン語，哲学を3年，神学を4年修め，卒業と同時に司祭に叙階された. 講義科目には聖書学，教会法，典礼学をはじめ，国文学，漢文学，西洋古典，美術論等も含まれ，外部からの教授招聘も盛んで，教育の質の向上が重視された. 日本地方大神学校として認可された後も，若干の神学生を海外へ留学させる方針に変わりはなく，特にローマの布教学院では各教区からの留学生が絶えなかった. カンドー校長は，自らの念願でもある「日本をよく知り，愛すること」を大神学校の教育理念の基盤に置き，充実した教授陣のほかに一般社会でも著名であった *岩下壮一，*戸塚文卿，あるいは信徒で辞典編集者の小倉虞人(1889-1965)や *山口鹿三を講師として招聘した.

1939年，第2次世界大戦勃発とともにカンドーは召集され，かつて関口小神学校校長であった *ドシエが校長代理となるが，1年余にして日本にも戦争の影響が出始める. 日本の教会は校長に邦人司祭を置くことを決定，当時，すでに教授として勤めていた *野田時助を校長に任命した. 戦時下の要請によるものではあったが，司祭を養成する大神学校が邦人司祭に完全に任されるまでに育ったことで，パリ外国宣教会が着手した計画はその目的を達成したともいえよう. 後年，教皇 *ヨアンネス23世も現地人の司教団・司祭・神学校指導者の必要性を強調したが，当時の日本においても日本人による日本人司祭の養成は切望されていたのである.

1941年，火災によって校舎の大半が焼失したが，日本全国からの援助によって翌年には復興した. 戦中，大神学校を専門学校にしようとする案もあったが，実現しないまま神学生は次々と召集され，残るは教授陣とごく少数の神学生のみとなった. 学徒動員令により神学生は学校近辺にある航空機材製造の軍需工場で作業に従事したが，学業も一応は続けられていた. 1945年4月，校舎の一部に陸軍通信隊が駐留したため米軍の空爆目標となり，2回にわたる爆撃により神学生2名が死亡，校舎も使用不能となる. 大神学校は一時，関口台町の司教座聖堂敷地内に移転するが，5月の空襲により司教座聖堂，司祭館，小神学校および付属聖堂も焼失したため，野田校長は数名の神学生とともに北海道当別の *厳律シトー会(トラピスト)の修道院に疎開，授業を継続した. シトー会員は授業にも協力，神学生は修道士と寝食を共にするかたわら授業のほかに歌隊修士と労働作業に従事した. このような状況下での神学教育にはおのずと限界があり，司祭養成は各教区に任せられることになった. 大阪教区では新たに小神学校を設立した.

1945年10月，戦争終結後の司祭養成を目指して石神井の残存校舎を改築，12月には一応の授業を再開した. 神学生は3名，教授はパリ外国宣教会のY. *コッサールら3名であった. 翌1946年3月には北海道に疎開していた神学生の一部が帰京，軍務に服していた神学生も戻り，司祭養成の具体的方針を協議することが司教団の急務となった. 同年5月の司教会議において大神学校を福岡にも新設することが決議され，東京は *イエズス会に，福岡は聖スルピス会に委託する原案がまとまった. 一方，11月には北海道に残っていた神学生も野田校長とともに帰京，修築を終えた神学校で本格的な授業が再開され，哲学科生と予科生は東京麹町の寮に移りイエズス会の *フィステルの指導のもとに置かれた. 1947年1月にフィステルはローマの布教聖省により東京大神学校校長に任命される. 4月から大神学校の運営は正式にイエズス会に移管され，九州地区の大神学生は福岡のサン・スルピス大神学院において養成されることとなった.

新たに発足した東京大神学校は，戦後の混乱期に教科書・参考書の不足，帰還神学生の順応の問題，財政面等で苦難を味わうが，イエズス会が世界的規模の修道会であったため，さまざまな問題も徐々に解決，教授陣の増員，教科書・参考書の収集が進んだ. 教育方針も定まり，1948年には新たに東京カトリック神学院の名称のもと，布教聖省から複数の教区の司祭養成にあたる諸教区共立神学校(Seminarium interdioecesanum)としての認可を受ける. フィステルは前任者の野田時助の協力を得て戦前にも勝る体制を整え，教授陣にはイエズス会の会員だけでなく後の浦和教区司教 *長江恵らも加わった. 1949年，フィステルの退任に伴いライフ(Karl Reiff, 1906-82)が東京カトリック神学院院長に就任. 同年10月には *上智大学に教皇庁立神学部が設置される. 1953年に哲学1年以下の神学生は千代田区四番町に竣工した東京カトリック神学院哲学部に移動，同年，石神井の神学院の向かいにイエズス会神学院の建設が始まり，翌年まで神学院内で教区の神学生とイエズス会の神学生が同居して神学の講義を受けた. 1958年には大神学校の最初の4年にあたる課程が上智大学神学部として文部省から認可された. 石神井では1960年に神学院新校舎が完成，司祭養成も軌道にのった.

1970年，東京カトリック神学院はイエズス会から日本司教団に移管され，神学院司教委員会が運営の直接責任を負うことになった. 院長には札幌教区の田村忠義(1914-)，また千代田区四番町の哲学部担当者には仙台教区の安井光雄(1929-92)が就任した. 1973年，日本司教団は駐日教皇大使を通じてローマの布教聖省に司祭養成方針の報告書を提出，1974年には千代田区四番町の神学院哲学部を閉鎖，哲学課程の神学生も石神井の神学院に移った.

1976年，神学院予科として「使徒ヨハネの家」が横浜教区菊名教会内に誕生する. 学制改正により哲学2年，神学4年の養成課程となる. この時期，神学校の財政問題が起こり，敷地の3分の2を売却することが決定される. 1988年，一貫教育による司祭養成が望ましいとの意見から，司教団常任委員長，東京カトリック神学院院長，イエズス会管区長，上智大学神学部学部長の四者会談を経て，1990年に東京カトリック神学院関連司教団(九州地区を除く11教区で構成)の承認のもと，神学院の抜本的改革が始まった. 以後，教区大神学生に関して，霊的指導，生活指導をはじめ，従来はイエズス会が担当していた学問的教育もすべて教区が担当することになり，新入生は大神学生初年度養成施設として栃木県那須に設置された「ガリラヤの家」での1年を終え，次いで東京石神井の本院で5年間の養成を受けるようになった.

【福岡サン・スルピス大神学院】1932年(昭和7)，福岡の

にほんにおけるカトリックきょうかい

司教 A.*ブルトンは聖スルピス会を招聘し、同会は翌年来日した。1937 年、大牟田に E.*レジェを校長として神学校を設立したが、翌年福岡市に移り、ローマ布教聖省の認可を受けて予科（哲学科）神学校として開校した。1946 年、日本司教団は将来の司祭養成を考慮して、九州地区のために大神学校を創立することを決定、その運営をそれまで予科神学校を経営していた聖スルピス会に委託した。1948 年 4 月、福岡サン・スルピス大神学院が地方神学校（Seminarium regionale）として布教聖省により認可され創立、初代院長にロビヤール（Henri Robillard, 1899-1965）が就任、ツルデル（Jacque Trudel, 1906-99）、*平田三郎らを教授陣として一歩を踏み出した。1951 年、現在の福岡市城南区松山に新校舎が落成、同年 5 月、駐日教皇庁公使*フルステンベルクにより祝別された。1968 年、初の邦人院長として高木善行（1935- ）が 4 代目院長に任命される。1971 年、九州地区司教団と大神学院教授との協議により教区司祭の協力が必要であることを確認し、後の福岡教区司教・松永久次郎（1930- ）、後の高松教区司教・深堀敏（1924- ）ら多くの協力者を得ている。

1972 年に九州地区司祭養成評議会が発足、1975 年には山内清海（1935- ）が院長となり、1982 年 1 月から大神学院神学科は正式に教皇庁立ウルバニアナ大学分校となった。また 1992 年（平成 4）には神学院の経済面を支援するため、九州・沖縄地区の教会によって福岡サン・スルピス大神学院後援会が発足している。

【小神学校】大神学校と異なり小神学校、すなわち神学生志願者に中等教育を受けさせるかたわらラテン語を教え、聖職者的精神を培うことを目的とする施設の設立・運営は各教区に任されていた。1932 年（昭和 7）に大神学生の教育が東京で行われるようになると、長崎の神学校は小神学校として存続し、また東京では大神学校から独立した小神学校が司教座聖堂敷地内に引き続き置かれた。

戦前から多くの教区で小神学校が設立されたが、1946 年以降、司祭召命と養成に関する考え方が変化する一方で神学生希望者も減少、わずかな小神学校を残し、多くは存続が困難になり閉鎖された。1999 年（平成 11）の時点で、存続している小神学校は福岡カトリック神学院（後に閉鎖）、長崎カトリック神学院、大分の南九州小神学院と長崎にある修道会付属小神学校 6 校のみである。原則として司祭を目指す中学生、高校生が学び、在籍者数は 103 名、信徒を含む教員 35 名が指導にあたる。

以下、主な小神学校を北からあげ、概略を述べる。

〔札幌小神学校〕1915 年（大正 4）札幌知牧区が新設されると、初代知牧*キノルトは邦人司祭養成を目指し、それまでの寄宿舎を小神学校に改組、校長にフランシスコ会の会員*ミーバハを任命した。1919 年にラング（Wolfgang Lang, 1883-1958）が校長となり神学生も増加、1926 年 9 月には札幌市北 11 条に校舎を新築して移転した。1950 年（昭和 25）、同市中央区北 1 条に教区長館とともに移転、1970 年に在籍者がなく閉校となった。

〔仙台小神学校〕長崎、東京に次いで 1910 年（明治 43）、函館教区司教 A.*ベルリオーズにより教区の小神学校として仙台市清水小路に設立される。神学生にラテン語を学ばせてからローマに送る方針を立て、後の東京大司教シャンボンが教授として就任した。同市角五郎丁に移転した後、1924 年（大正 13）まで存続。その後、カナダから渡来した*ドミニコ会により仙台市原町小田原光ヶ丘に聖トマス仙台教区小神学校が新設されたが、第 2 次世界大戦中に廃校となった。

〔新潟小神学校〕新潟教区長館が教区長*チェスカによって新築された際に、邦人司祭養成の一端として開設された青年寮・聖ヴィアンネ館を前身とし、1953 年（昭和 28）、新潟知牧に就任した野田時助によって正式な小神学校として発足する。新潟知牧区司祭・三森泰三（1917- ）が小神学校担当として任命され、野田時助の後任である*伊藤庄治郎も養成に力を入れたが、1966 年には在籍者もなく閉校となった。

〔東京小神学校〕関口台町の神学校は 1929 年（昭和 4）に石神井に大神学校が成立したため、東京大司教区の小神学校として引き続き関口台町の司教座聖堂敷地内に存続し、神学生はマリア会経営の暁星中学に委託されていた。小神学校の歴代の校長はパリ外国宣教会のフロージャク、ドシエ、*井手口三代市、*荒井勝三郎らが務めた。また旧制中学卒業後、ラテン語を中心に大神学校入学準備をする予備科（中神学校。2 年課程で現在の高等学校にあたる）が併設され、歴代の校長には日本人司祭が任命された。第 2 次世界大戦中、1945 年の空襲により校舎が焼失、神学生は疎開し、学校も閉鎖された。

〔横浜小神学校〕1962 年（昭和 37）5 月、横浜において開催された日本カトリック教会再建 100 周年記念祭を機に横浜市中区池袋に校舎を新築して創設。それまで数名を大阪小神学校に委託していたが、以後の小神学生は横浜小神学校で養成することになった。1980 年、暁星学園に通学していた生徒の通学の便を考え、また開校当時とは環境が変わったために、横浜市緑区に移転、生徒は通学に便利な川崎市の*サレジオ会のサレジオ学園に通うことになった。1990 年（平成 2）、司教団によって東京カトリック神学院の組織が改正され、それまで小神学校を卒業し審査に合格すると大神学校に直接入学できたのが、大学卒業後の入学になったため、卒業生は大神学校入学までに 4 年間の空白を置くという事態になった。同時に神学生希望者も減少、財政問題等も考慮され、1992 年 3 月をもって閉校となった。

〔大阪小神学校〕1945 年（昭和 20）、大阪教区司教*田口芳五郎により、復員してきた大神学生のために大阪仮神学校が大阪関目に設立されたが、1946 年に東京カトリック神学院が再開されると小神学校として改組、初代校長にドミニコ会のグティエレス（Antonio Gutierrez）が任命された。1951 年に大阪阿波堀に、さらに 1954 年に玉造の司教座聖堂敷地内に移転した。運営は*淳心会に委託された。1967 年、教育上の観点から高校生のみの受け入れに限定したが、1972 年まで大阪のみならず横浜、仙台、高松の学生をも受け入れていた。その後、*召命の減少から 1973 年に閉校、併設の壮年神学校も閉鎖された。

〔福岡カトリック神学院〕1932 年（昭和 7）4 月、福岡市大名町教会内に福岡公教神学校を開設、当時来日したパリ外国宣教会総長の名を冠して、通称ゲブリアン小神学校と呼ばれた。後に御所谷に移転しカトリック学院と改称する。1933 年、その土地を*サン・モール修道会が経営する福岡雙葉学園に売却し、平尾に校舎を新築して移転、1934 年には各種学校の認可を受け平尾学院と改称した。当時の神学生は 70 名を超えていた。同年 11 月 5 年制の学校に昇格、1936 年には中学校として認可され泰星中学として発足した。1944 年、軍の命令により拓殖大学に校舎が転用されたため浄水通に移転するが、1945 年には校舎が接収されたため浄水通教会司祭館に移動した。1946 年に泰星中学は小神学校と分離して一

般学生に開放され，マリア会が経営する泰星中学校となる．小神学校は学生数は1974年頃から減少，2000年に閉鎖された．

〔長崎カトリック神学院〕戦後，南山学園に通学する小神学生のために小神学校を大浦から橋口町に移し，1952年(昭和27)校舎を新築．1956年から1966年まで淳心会が教育と運営にあたった．経営は長崎教区が行い，学生は*神言修道会が経営する長崎南山中学・高校に通う．1966年以降，経営・運営を長崎教区が行い，今日に至る．

〔南九州小神学院〕1985年(昭和60)11月，大分教区司教・平山高明(1924-)と鹿児島教区司教・糸永真一(1928-)は独自の教区間神学校設立を協議，従来長崎教区に委託していた両教区の小神学生養成のために小神学校を共同設立・経営することで合意した．同年12月，両教区合同の運営委員会が設置され，1987年に宮崎市吉村町に校舎が落成，南九州小神学院が開校した．両教区の神学生のみならず，広島，高松，那覇の各教区からの神学生も在籍して今日に至る．

【その他の神学校】教区立の神学校のほかに男子修道会は*修学修士，*助修士，*信徒修道士を養成するために神学校を設けていた．例えば函館の厳律シトー会，*コンベンツアル聖フランシスコ修道会(長崎，東京)，サレジオ会(宮崎，東京)，ドミニコ会(仙台)，神言修道会(名古屋)，フランシスコ会，イエズス会等がそれぞれ独自の神学教育を行っていた．戦後は各修道会とも整理したが，フランシスコ会，イエズス会，サレジオ会，神言修道会など独自の養成を続けている会もある．また，神学の講義を受講するため他の神学院や大学神学部に通わせている修道会もある．

現在では東京カトリック神学院，福岡サン・スルピス大神学院のほかに，フランシスコ会の聖アントニオ神学院，イエズス会が経営する上智大学神学部・大学院神学研究科，神言修道会の神言神学院，高松教区立国際宣教神学院に司祭養成課程が置かれ，あわせて修練者の教育，修道者の再教育などにも尽力している．

【文献】中島政利『福音伝道者の苗床—長崎公教神学校史』(聖母の騎士社1977)；カトリック福岡教区編『福岡教区50年の歩み』(カトリック福岡教区1978)；東京カトリック神学院『あゆみ』東京カトリック神学院50周年記念誌(東京カトリック神学院1978)；福岡聖スルピス会『日本における聖スルピス会50年の歩み』(福岡聖スルピス会1983)；松村菅和『横浜カトリック小神学院沿革史』(中央出版社1993)．　　(松村菅和，高柳俊一)

にほんにおけるカトリックきょうかい　日本におけるカトリック教会：男子修道会　*修道会や*宣教会の特性は，それぞれの会が創立された時代の思潮やその国の国民性等とも関係していると思われるので，本項では，いつ，どこで創立された会であるかについて言及しつつ，日本における男子会の最も主要な事業や活動について述べることにする．特殊な場合を除き，ごく一般的に小教区担当，出版・慈善事業等と書くにとどめ，例えば小教区担当にしばしば含まれる幼稚園・保育園経営や学校での教授活動，滞日外国人の世話等は割愛する．なお，教育事業については，その会が経営している高校以上の学校名を付記し，大学等に所属する各種研究機関・社会活動機関等は省略する．また各会の名称は項目名として立てられている形を使用し，正式名称は省略するので，各会の詳細，*修道誓願の有無，会員の構成等については各会の項目を参照されたい．

歴史的に第2次世界大戦以前に最初の会員が来日した会，次いで戦後まもなく来日した会，さらに1950年以降に来日した会に分け，原則として来日順に紹介する．

【第2次世界大戦以前に来日した会】*キリシタンの時代には1549年(天文18)にイエズス会，1593年(文禄2)にフランシスコ会，1602年(慶長7)にドミニコ会とアウグスチノ会が来日しているが，ここでは19世紀半ば以降を扱う．

(1) パリ外国宣教会．1660年にフランスで創立され，琉球には1844年(天保15)，日本本土には1859年(安政6)に渡来．幕末・明治期に日本宣教の基礎を確立し，1876年(明治9)の日本南緯教区(*南緯聖会)と日本北緯教区(*北緯聖会)の設立，ならびにそれらが1891年に整理されて新たに東京・長崎・大阪・函館の各教区として発展し始めるのに尽力．日本に他の修道会を招致して，担当宣教地域を次々と割譲し，独立させた．小教区担当．

(2) マリア会．1817年にフランスで創立．1887年(明治20)に来日し，暁星，海星をはじめ男子中等学校を6校経営，現在でも北から札幌光星，暁星，聖ヨゼフ学園，明星，海星の五つの中学・高校を経営する．

(3) 厳律シトー会(トラピスト)．1098年にフランスで創立された*シトー会の改革派．1896年(明治29)に函館の司教の招きで来日し，函館郊外の当別に修道院を建設．日本にカトリックの修道的*観想生活を初めて紹介．祈りと労働に努め，農産・畜産事業を推進するかたわら，宣教司牧，教育・慈善事業を援助．1927年(昭和2)に福岡県新田原に分院を開設したが後に大分県日出町南畑に移転．

(4) ドミニコ会．1216年にフランスで創立．1904年(明治37)にフィリピンのロザリオ管区から四国に渡来し，同年の四国教区(1963年に高松司教区と改称)設立に貢献．1928年にはカナダ管区からも渡来．小教区担当．愛光中学・高校を経営し，*英知大学での教授活動にも従事．中世思想研究のためには京都で聖トマス学院を運営する．

(5) フランシスコ会．1210年頃にイタリアで創立．1907年(明治40)にドイツのチューリンゲン管区から札幌に渡来．1915年(大正4)の札幌教区設立に貢献．1921年以降カナダやその他の管区からも渡来し，今日では日本管区を形成．日本の10教区で小教区を担当．教育事業としては神学校等の会員養成機関のほか，札幌で光星商業学校を設立したが，第2次世界大戦中にマリア会に移管された．東京に聖アントニオ神学院を擁す．慈善事業や黙想指導等にも従事し，出版事業としては札幌で*光明社を経営する．

(6) 神言修道会．1875年にオランダでドイツ人により創立．1907年(明治40)に来日．1912年(大正1)の新潟教区設立と，1922年の名古屋教区設立に貢献．小教区担当．1932年(昭和7)創立の南山中学を戦後に大きく発展させて1949年*南山大学を創立．名古屋教区内ではほかに南山短期大学，男女の南山中学・高校，南山国際中学・高校，神言神学院を，長崎では長崎南山中学・高校を設立し，経営．慈善事業，学術研究等にも従事．

(7) イエズス会．1540年にイタリアで創立．1908年(明治41)にドイツの管区から来日し，1913年(大正2)*上智大学を創立．1922年以来，広島の宣教司牧に従事し，1923年の広島教区設立に貢献．小教区担当．戦後の一時期は東京カトリック大神学校の講義・運営にも大きく貢献．首都圏ではほかに上智短期大学，上智社会福

にほんにおけるカトリックきょうかい

祉専門学校, 栄光学園中学・高校, 神戸では六甲中学・高校, 広島では *エリザベト音楽大学と広島学院中学・高校, 福岡では泰星中学・高校を経営. 学術研究, 各種社会活動, 黙想指導等にも従事しており, 長崎では *日本26聖人記念館を運営する.

(8) サレジオ会. 1859年にイタリアで創立(認可1874). 1926年(大正15)に来日し, 宮崎, 大分の宣教司牧に従事. 1935年(昭和10)の宮崎教区(1961年に大分司教区と改称)設立に貢献. 1933年以来, 東京にも進出. 小教区担当. 育英工業高等専門学校, サレジオ学院中学・高校, 大阪星光学院中学・高校, 日向学院中学・高校を経営. 出版・慈善事業にも従事し, 出版社ドン・ボスコ社を経営.

(9) コンベンツアル聖フランシスコ修道会. フランシスコ会の一派で, 独自の組織となったのは1517年. 1930年(昭和5)ポーランドから *マクシミリアン・マリア・コルベ等4名が来日して, 長崎で月刊誌『聖母の騎士』を発刊. 1940年に日本管区として独立. 6教区で小教区を担当し, 長崎で出版社の聖母の騎士社を, 西宮では仁川学院中学・高校を経営する.

(10) ベネディクト会. 6世紀にイタリアで創立. 1931年(昭和6)に会員10余名が来日. 1940年まで神奈川県茅ヶ崎で *修道生活を送る. 戦後の1947年に修道生活を再開. 東京の目黒教会司牧等に従事. 1999年(平成11)長野県富士見町に移転.

(11) ラ・サール会. 1680年にフランスで創立. 1932年(昭和7)にカナダ管区から函館に渡来. 1936年に仙台に移転. 外国語専門学校を開設したが戦争により閉鎖. 戦後は仙台で児童養護施設を, 次いで鹿児島ラ・サール中学・高校と函館ラ・サール高校を創立し経営.

(12) メリノール宣教会. 1911年に米国で創立. 1933年(昭和8)に大阪の司教の招きで来日し, 1937年の京都教区設立に尽力. 小教区担当. 各種依存症対策にも従事.

(13) 聖スルピス会. 1642年にフランスで創立. 1933年(昭和8)にカナダのモントリオールより来日し, 1936年より神学校教育に着手, 今日では福岡聖スルピス大神学院と福岡カトリック神学院とを運営する.

(14) パウロ修道会. 1914年にイタリアで創立. 1934年(昭和9)に来日. マス・メディアを活用した幅広い活動(サンパウロ)による使徒職に従事. その活動には出版・制作, 版元営業, 販売の3部門があり, 月刊誌『家庭の友』やオーディオ・テープ, ビデオ・テープの編集・発行, 東京および京都のサンパウロ書店(→中央出版社)経営に携わる.

【第2次世界大戦直後に来日した会】1940年代後半に来日した会を以下にあげる.

(1) カプチン・フランシスコ修道会. フランシスコ会の一派で, 独立した組織となるのは1528年. 1947年(昭和22)にニューヨーク管区から当時米国領であった沖縄に渡来し, 那覇教区設立に貢献. 小教区担当. 黙想指導等にも従事.

(2) オブレート会. 1816年にフランスで創立. 1948年(昭和23)に米国から来日. 日本の5教区で小教区担当. 最も見捨てられている人に福音を伝えるという創立者の精神に従い, 慈善活動にも尽力している.

(3) アトンメント会. 1898年に米国で創立. 1948年(昭和23)に来日した会員は小教区担当のかたわら *教会一致促進運動と教育活動にも尽力.

(4) レデンプトール会. 1732年にイタリアで創立. 1948年(昭和23)に来日. 日本では東京準管区と鹿児島準管区に分かれ, 6教区で小教区を担当. 黙想指導にも従事.

(5) ヴィアトール修道会. 1831年にフランスで創立. 1948年(昭和23)にカナダ管区から来日. 小教区担当. 1952年に京都で洛星中学・高校を創立し経営する.

(6) 淳心会. 1862年にベルギーで創立. 1948年(昭和23)に来日. 小教区担当. 姫路に淳心学院中学・高校を創立し経営. 学術研究, 出版活動にも従事し, オリエンス宗教研究所を運営する.

(7) コロンバン会. 1916年にアイルランドで創立. 会員は1934年(昭和9)から来日し, 朝鮮半島宣教に従事するため日本語を学習してから朝鮮に渡っていたが, 1948年からは日本で働くために来日. 同年, 会員が35名と多かったこともあって, 東京・横浜・大阪・福岡教区で小教区を担当. 今日でも5教区で小教区を担当する. 現在, 修道士会員は皆無で, すべて司祭会員.

(8) スカボロ外国宣教会. 1918年にカナダで創立. 1948年(昭和23)に東京に渡来. 1950年に島原半島で小教区を担当したり, 長崎市西中町の殉教者の聖母聖堂再建にあたったが, 1951年より名古屋教区に移り小教区を担当. 後に横浜教区の小教区も担当した.

(9) ケベック外国宣教会. 1921年にカナダのケベック州で創立. 1948年(昭和23)に来日. 翌年, 東京都世田谷区で小教区を担当したが, 青森県宣教を担当することになり, 1951年から本部を青森に移す. 今日では青森県と横浜教区で小教区を担当.

(10) マリスト修道会. 1836年にフランスで創立. 1949年(昭和24)にオーストラリア管区から来日し, 奈良県の宣教を引き受け, 同県の全小教区を担当する.

(11) イエズス・マリアの聖心会. 1800年にフランスで創立. 1949年(昭和24)に米国管区から来日. 初めに浦和教区の茨城県宣教を, 次いで新潟教区の山形県宣教を引き受け, 両県の全小教区を担当する.

(12) イエズスの聖心布教会. 1854年にフランスで創立. 1946年(昭和24)にオーストラリア管区から来日し, 翌年から福井県宣教を担当, 次いで名古屋市でも小教区を担当. 後に日本管区が組織される.

(13) ザベリオ宣教会. 1895年にイタリアのパルマで創立されたためパルマ外国宣教会と呼ばれたこともある. 1949年(昭和24)に来日し, 大阪・大分・鹿児島教区で小教区を担当する.

(14) ベトレヘム外国宣教会. 1921年にスイスで創立. 1948年(昭和23)に中国から日本に渡来し, 1949年から岩手県宣教を担当. 一部の会員が首都圏の上智大学や聖マリアンナ医科大学で教鞭をとったこともあるが, 現在は岩手県宣教に努める.

(15) ヴィンセンシオの宣教会. 1625年にフランスで黙想指導, 聖職者養成, 外国宣教等を目的として創立される. ラザリスト会とも呼ばれる. 1949年(昭和24)に最初の会員が神戸に渡来して小教区を担当, 今日に至る.

【1950年以降に来日した会】日本に本部を置かなくなったプラド司祭団を除き, 1950年以降に来日し, 2001年の時点で日本に本部を置き活動を続けているのは以下の会である.

(1) エスコラピオス修道会. 1597年にイタリアで創立. 1950年(昭和25)に横浜に渡来. まもなく横浜市と四日市市で小教区を担当し, 青少年教育に従事. 四日市市で海星中学・高校を経営する.

(2) ミラノ外国宣教会．1850年にイタリアで創立．1950年（昭和25）に来日．東京・横浜・大阪・福岡教区で小教区を担当．

(3) カルメル会（男子跣足）．12-13世紀に聖地の *カルメル山で創立．1568年，男子跣足カルメル創立．1951年（昭和26）に中国から追放された会員（主としてベネツィア管区）が来日して，名古屋市内と石川県で小教区を担当．1953年には主としてミラノ管区の会員も来日し，東京の上野毛修道院で *使徒的活動と会員養成に努め，後に宇治と大分にも修道院を設立．黙想指導等に従事．1978年に日本管区が組織される．

(4) クラレチアン宣教会．1849年にスペインで創立．1951年（昭和26）に来日し，大阪・名古屋教区で小教区を担当，教育事業にも従事する．枚方市で啓光学園中学・高校を創立し経営する．

(5) キリスト教教育修士会．1817年にフランスで創立．1951年（昭和26）にカナダのケベック管区から来日．1952年から国際的な聖ヨゼフ学園でマリア会に協力した後，1958年に横浜の聖光学院中学・高校，1969年に静岡聖光学院中学・高校を創立し経営．

(6) マリスト教育修道士会．1817年にフランスで創立．1951年（昭和26）に米国のプーキープシー管区から来日．神戸でマリスト国際学校を，熊本では熊本マリスト学園中学・高校を創立し経営．

(7) ヨハネ病院修道会．1537年にスペインで創立．1951年（昭和26）にドイツのバイエルン管区から来日．神戸市須磨区の修道院で，社会福祉事業とカトリック者を対象とする静養施設運営に携わる．

(8) アウグスチノ会．1256年にイタリアで創立．1952年（昭和27）に米国東部ヴィラノーヴァ管区から来日．福岡・東京・名古屋・長崎教区で小教区担当と *霊的指導等に従事する．

(9) 御受難修道会．1720年にイタリアで創立され，1952年（昭和27）に来日．宝塚の売布修道院を設立して黙想指導に従事し，大阪府池田市で小教区も担当する．

(10) スペイン外国宣教会．1919年にスペインで創立．創立地の名をとってブルゴス外国宣教会と呼ばれていたが改称．1953年（昭和28）に来日し，大阪市，兵庫県，香川県で小教区を担当する．

(11) グアダルペ宣教会．1949年にメキシコで創立．1955年（昭和30）に来日．1958年から福島県会津地方で小教区を担当．後に京都教区の小教区をも担当．

(12) イエスの小さい兄弟会．1933年にアルジェリアで創立．1956年（昭和31）に来日し，名古屋教区内で工場等での労働に服しつつ，わずか数人の小グループに分かれて観想生活に励み，福音の精神を実践的に現代人に伝えることに努めている．

(13) 福音の小さい兄弟会．1956年にフランスで創立．同じ霊性に生きるイエスの小さい兄弟会とは人的交流もある会で，1970年（昭和45）に来日し，浦和教区内の秩父市や大阪教区内の和歌山市で働く．

(14) ペトロ・パウロ労働宣教会．1965年にフランスで創立．1970年（昭和45）に来日．会員はアパート住まいの共同生活をしつつ肉体労働の職業に就き，労働者の宣教司牧に努める．埼玉県戸田市等で小教区の宣教司牧にも協力．

(15) 愛徳修道士会．1807年にベルギーで創立．1970年（昭和45）に来日し，鳥取市で慈善活動に従事する．

(16) 神の愛の宣教者会．1963年にインドで創立．1978年（昭和53）に来日．東京都台東区で慈善活動に従事する．

(17) フィリピン宣教会．1965年にフィリピンのセブ市で創立．1991年（平成3）に来日．京都教区内の奈良県，三重県の小教区を担当する．

【文献】日キ歴1563-653；AnPont (2001)；中央出版社編『日本における男子修道会・宣教会紹介』（中央出版社1987）；カトリック中央協議会編『カトペディア'92』（カトリック中央協議会1992）．　　　　　（青山玄）

にほんにおけるカトリックきょうかい　日本におけるカトリック教会：女子修道会

日本における女子修道会の歴史は，明治初年の *サン・モール修道会（幼きイエス会）の来日をもって初めとされているが，ここでは *キリシタンの時代からその歴史をたどり，あわせて女子修道会が果たした役割を概説する．

【歴史】〔キリシタン時代〕禁教令下の17世紀に京都で *福音的勧告の誓願に生き，俵責めの拷問を受け，1614年（慶長19）に *マニラに追放された16名のキリシタン女性について，『イエズス会フィリピン管区年報』（1616年度，1635-36年度）および『フィリピン諸島におけるイエズス会の布教史』（刊行1663）に詳細な記録が残されている．『年報』は *内藤如安の妹である *内藤ジュリアが *イエズス会の *オルガンティーノと *モレホン両司祭の指導のもとにキリストに自己を奉献する女子修道会を創立したことを伝え，「会の目的は霊魂の救いを第一とし，宗教家であっても男子と会うことを許されなかった当時の上流社会の女性たちに，宣教師に代わって福音を伝えることであった．髪を切り修道女にふさわしい黒い衣を着け，神父たちを証人として清貧・貞潔・従順の三誓願を立て，ジュリアが書いた会則を守り共同生活をしていた．教皇からの認可はまだ得ていなかったが，この点を除いては聖座に認可された他の修道会と何ら異なることがない」と記している．*ベアタス会と呼ばれたこの会は迫害のために短期間かつ少数で終息したが，これが日本における女子修道会史の始まりといえよう．

〔明治の再宣教以降〕鎖国時代を経て19世紀に入ってもなお幕府の弾圧下にあった日本への再宣教を託された *プティジャンは，協力者として幾つかの男女修道会をフランスから招聘した．これに応えて1872年（明治5）6月，サン・モール修道会は横浜に上陸，山手居留地に孤児院と居留外国人子女のための女学校を開設した．次いで1877年に神戸に上陸したショファイユの *幼きイエズス修道会は，孤児院や施療院をこの地に開設．翌1878年には *シャルトル聖パウロ修道女会が来日して，函館に授産所，施療院，孤児院を設立する．この頃，後年 *お告げのマリア修道会として統合される *女部屋が長崎各地の教会の要請に応えて誕生，*修道生活に準じた敬虔な共同生活を始める．1898年には孤独と沈黙のうちに観想に生きる *厳律シトー会が函館に渡来，また救癩事業のために来日した *マリアの宣教者フランシスコ修道会が熊本で活動を開始する．20世紀に入り，1908年に日本に女子高等教育機関を設立する任務を受けた *聖心会と，*神言修道会に協力する *聖霊奉侍布教修道女会が来日．1920年（大正9）に *殉教者聖ゲオルギオのフランシスコ修道会が来日し，次いで1921年に *ヌヴェール愛徳修道会，1924年に *ナミュール・ノートルダム修道女会，1925年に *ドミニコ宣教修道女会，1926年に *無原罪聖母直営女会が来日して教育を通しての宣教活動に着手した．大正末期1926年当時の修道女数は610名であった．

にほんにおけるカトリックきょうかい

〔軍国主義台頭から第2次世界大戦終結まで〕昭和初期，満州事変を機に軍国主義が台頭し，思想統制が敷かれてキリスト教界への厳しい弾圧が始まったが，海外宣教に関する当時の二人の教皇の *回勅 (Maximum illud, 1919; Rerum ecclesiae gestarum, 1926) はキリスト教諸国に宣教熱を燃え立たせ，女子修道会の来日は日中戦争勃発の直前まで続く．若い女性の更生・保護を目指す *礼拝会と *ベリス・メルセス宣教修道女会の1928年 (昭和3) の来日に続き，1929年 *扶助者聖母会 (サレジアン・シスターズ)，1931年に *ドミニコ女子修道会と *イエズス・マリア御名修道女会 (聖名会，離日1940)，1932年には *コングレガシオン・ド・ノートルダムが来日．1933年には祈りと犠牲によって司祭に協力する *カルメル会，また種子島の救癩事業のために *クリスト・ロア宣教修道女会，大阪の釜ヶ崎の隣保事業のために *ヴィンセンシオ・ア・パウロの愛徳姉妹会が来日する．翌1934年にカナダのアンナ会 (離日1942)，同じくカナダのケベック州から *聖母被昇天修道会 (S.A.S.V.) や *聖血礼拝修道女会，スペインから *聖心侍女修道会が来日し，1935年 *煉獄援助修道会と女性の更生に献身する *善き牧者愛徳の聖母修道会が来日．1936年に説教者隠世修道女会 (*ドミニコ会) と *ウルスラ修道会が，また日中戦争勃発直前の1937年6月にアメリカから *メリノール女子修道会 (送還帰国1943，再来日1946)，翌年にメリノール会を助け植民地宣教を目的とする聖家族布教童貞会 (解散1941) が来日した．1937年当時の修道女数は1,161名である．

この時期，多くの修道会が軍部の弾圧，強制収容と送還，疎開，戦災による建物の焼失等，さまざまな苦難を体験する．軍事基地化した奄美大島で1933年に始まった外国人宣教師排斥は教育活動に携わっていた聖名会にも波及し，学校は廃校に追い込まれて同会はカナダに帰国した．1941年12月の太平洋戦争勃発とともに英・米・カナダ等，交戦国の修道女たちは軟禁され，日本各地で収容所生活の苦渋を味わう．また家宅捜索，所持品検査，刑事による絶え間ない監視と尾行は日常茶飯事で，大型の十字架や聖画はとりはずしを命じられ，*修道服の着用も制限される．修道院や学校等の建物は収容所もしくは軍用として接収され，あるいは軍需の集団作業所となったが，戦局の悪化とともに大半は焼失した．1943年末，政府の要請で横浜教区長 *井手口三代市とともに *香港の宣撫に赴いたシャルトル聖パウロ修道女会の西田・荻島両修道女は，赴任の途次，乗船が機雷に触れて沈没し，船客に救命ボートを譲って殉職した．

当時の日本の教会はいまだ小さな共同体にすぎず，しかも苦難の時代にあったが，7邦人修道女会が誕生している．社会事業を目的とする聖心愛子会 (現 *聖心の布教姉妹会) が1920年に設立，*ロサンジェルスで日本人移民のため設立された1920年以降，日本に移転し宣教に従事していた訪問童貞会 (現 *聖母訪問会) は1925年に修道会として認可された．1934年には教育事業を目的とする *長崎純心聖母会，また日中戦争が勃発した1937年に，病気や貧困に苦しむ人々に奉仕する *宮崎カリタス修道女会と貧しい結核患者への施療のために *ベタニア修道女会が，翌1938年には孤児救済のために *お告げのフランシスコ姉妹会，そして戦局たけなわの1944年に東京で，貧しい結核患者の医療救済を目指して *福音史家聖ヨハネ布教修道女会が創立された．

〔信教の自由の時代〕戦乱によって焦土と化し，敗戦による虚脱状態から人々がまだ立ち上がれなかった1946年の秋，さまざまな会の修道女35名が日本の再建を目指して横浜に上陸した．同年，聖心の光の使徒修道会修道院が別府で創設される (閉鎖1952)．1947年カナダからコレット派の観想 *クララ会が，フランスから *援助マリア修道会が来日，また朝鮮半島から引き揚げてきたベネディクト布教修道女会の邦人会員2名が大阪に修道院を開設 (韓国移転1961)．1948年にはマス・メディアを手段として神の愛を広める *パウロ女子修道会，原爆被爆者の施療を目指す *善きサマリア人修道会ならびに *フランシスコ病院修道女会，*聖母奉献修道会，*ノートルダム教育修道女会が来日したほか，*大阪聖ヨゼフ宣教修道女会が創立された．*フランシスコ・ザビエルの来日400周年の1949年には *愛徳カルメル修道女会，オランダ管区の *レデンプトリスチン女子修道会 (離日1970)，*汚れなきマリア修道会，*天使の聖母宣教修道女会，*三位一体聖体宣教女会が来日し，長崎で *けがれなき聖母の騎士聖フランシスコ修道女会が，また兵庫県西宮市では大阪の司教の認可により観想クララ会が創立される．

*聖年にあたる1950年には観想会であるカナダ管区レデンプトリスチン女子修道会 (厳律至聖贖罪主女子修道会)，司祭職の召命と役務に協力する *師イエズス修道女会，*ウィチタ聖ヨゼフ修道会およびベネディクト女子修道会 (→ ベネディクト会) が来日する．サンフランシスコ平和条約が調印された1951年には最多の9修道会，*キリスト・イエズスの宣教会，*エスコラピアス修道女会，ヨゼフ修道会 (離日1957)，*カノッサ修道女会，*パリミッション女子会，汚れなき御孕り修道会 (離日1958)，*イエズス孝女会，*御聖体の宣教クララ修道会，観想会の永久聖体礼拝のクララ修道会 (クララ会に併合1988) が来日した．翌1952年には *聖心のウルスラ宣教女修道会とフランス系の *聖母被昇天修道会 (R.A.) が来日し，ナザレト姉妹会が仙台で創立される (大阪聖ヨゼフ宣教修道女会に併合1957)．1953年には *スピノラ修道女会，*マリアの無原罪修道会，*ケベック・カリタス修道女会，病人の恢復なる聖マリア修道会 (離日1970)が，また1954年には *イエスの小さい姉妹の友愛会，*ベルナルド女子修道会が来日し，福岡に *福音の光修道会，沖縄に *マリアの汚れなき御心のフランシスコ姉妹会が創立される．1955年には *汚れなきマリアのクラレチアン宣教修道会とフランシスコ・ザベリオ修道女会 (閉鎖1977) が来日し，1956年には *守護の天使の姉妹修道会，*カロンデレットの聖ヨゼフ修道会，*聖母宣教修道会 (離日1971) が来日．同年，長崎の32女部屋が合併した聖婢姉妹会 (後にお告げのマリア修道会と改称) が発足する．戦後10年を経たこの時期，教会は目覚しい発展を遂げ，信徒数は1946年当時の倍となって20万を超え，修道女数3,713名，修練女数1,515名であった．

以後，1957年にアトンメントのフランシスコ女子修道会 (→ アトンメント会) と観想会の御受難修道女会 (→ 御受難修道会)，1958年に *アシジの聖フランシスコ宣教修道会，1959年には *マリア修道会，*マリアの御心女会，*マリアの布教修道女会が来日し，1960年に *オタワ愛徳修道女会，1961年に *幼き聖マリア修道会，1965年に *レデンプトール女子宣教会，1967年に在日韓国人司牧のために *韓国殉教福者修女会，1968年に病弱者のための観想会である *十字架のイエズス修道女会が来日する．1970年にヨゼフの小さき姉妹会 (離日1972)，1976年にポーランドから *神の御摂理修道女

会，1981年にインドから*神の愛の宣教者会，1987年に女子*イエズス・マリアの聖心会および東京韓国人共同体の司牧のためにイエズス聖心侍女修道会，1989年に在日韓国人の老後の世話のために韓国隣保聖体修道会が来日し，1990年（平成2）にベルブム・デイ宣教会が来日した．

いわゆる修道会ではないが，世間において福音的勧告の真の完全な意味の誓約を行う*在俗会は，1958年（昭和33）に*王たるキリストの在俗布教会，1963年に*ヴィタ・エト・パックス，1965年に援助在俗会，1971年に*ノートルダム・ド・ヴィ，そして1973年に*いつくしみの聖母会が来日．邦人会としては福岡に1884年（明治17）に*カトリック愛苦会修道会，1941年（昭和16）に*神学校援助姉妹会，戦後の1954年に名古屋で*聖母カテキスタ会，1963年に北海道で*ヴィアンネ会，そして1969年に秋田で*聖体奉仕会が創立された．

こうして1872年（明治5）のサン・モール修道会（幼きイエス会）の来日以来，120年間に海外から渡来した女子修道会・在俗会は99を数え，1992年（平成4）の時点で81の会が日本社会の福音化に励んでいる．そして宣教修道女たちによって培われた豊かな*召命は17の邦人修道女会・在俗会を誕生させ，日本の土壌に福音を受肉させるための大切な役割を果たしている．1999年現在，日本で活動する会の総数は100，修道女は6,476名，修練女は238名，在俗会の会員は268名である．

他方，海外宣教を志した会もある．聖母訪問会は，創立後まもない1937年（昭和12）に満州邦人修道会の日本語学習のために会員を派遣し，聖霊会は台湾に，マリアの宣教者フランシスコ修道会も1941年に青島に日本人会員を派遣している．戦後の1953年にメルセス会は台湾に，翌年には礼拝会がインドに会員を派遣し，他の会でも日本人会員の海外派遣を始めた．その後の日本経済の高度成長や企業の海外進出によって日本の国際的影響力が増大するなか，女子修道会も世界の，特にアジアの多くの国の苦しむ人々に対する日本の責任を自覚し，世界の人々との連帯を目指して会員の海外派遣に積極的に取り組むようになった．海外の54か国で活躍する日本人修道女は1992年の段階で285名を数えている．

【女子修道会の役割】観想修道会は孤独と沈黙のうちに祈りと償いのわざをもって，活動修道会は固有のカリスマに従い，日本の教会と社会の福音化の使命に参与している．

〔福祉活動〕社会福祉活動の分野で女子修道会が担った役割は大きい．海外修道会も邦人会も，共に福祉理念のいまだ乏しかった時代に先駆的な働きをし，乳児・孤児の救済と養育，貧困者への施療，救癩事業，貧しい結核患者の医療等，当時は国家の手が及ばなかった福祉活動に献身した．戦後の混乱期には戦禍の罹災者，とりわけ家庭を失った浮浪児の救済・育成に奔走し，高度経済成長期に入ってからは，繁栄した豊かな社会に潜む搾取・抑圧・差別・生命軽視の風潮がもたらす社会問題に取り組むようになり，苦しんでいる人，孤独な病人・老人，愛に飢えている崩壊家庭の子ども，心身障害者，社会から疎外されている人への奉仕と援助活動に努めている．

〔教育活動〕日本における*カトリック学校の歴史においても，女子修道会は大きな役割を果たしてきた．日本社会に福音の光を伝えるための最も重要な場の一つとしてカトリック教育に最初に着手したのは，明治初年に来日したサン・モール修道会（幼きイエス会）であり，ショファイユの幼きイエズス会，そしてシャルトル聖パウロ修道女会であった．これらの会と以後の幾多の会が開設した教育施設は，今日でもカトリックの世界観，福音の価値観に触れて社会を変革する核となりうる人材を育成している．

〔預言者的使命〕このように女子修道会は，*観想生活によってもたらされる霊的実りと，人々との深い関わりのうちに実現される使徒的奉仕をもって日本の教会と社会への創造的参与を目指しているが，その本質はあくまでも預言者的使命にある．すなわち，この世のただなかにあってこの世に属さず，世が当然とみなし健全とすることに抵抗する生き方を通して「逆らいのしるし」となり，この世の価値観とは異なる価値観を掲げて「来るべき世のしるし」を示すことであり，「貧しさ」を通して貧困と不正を生み出す社会構造への警告となり，「聖別された独身生活」によって終末的な生き方を知らせ，「従順」による自己意志の完全な奉献によってイエスが主であることを宣言して，「神の国のすばらしさの生きたしるし」となるよう努めることである．

【日本女子修道会連盟】〔設立の経過〕1957年（昭和32）3月に全国女子修道会（宣教会）会長会議が開催されたが，これは教皇庁公使*フルステンベルクの意向によるもので，当時の教皇庁律修者聖省（聖職者省の前身）は，*修道誓願による奉献生活に生きる修道者の霊的向上を深く心にかけ，日本における修道会上級上長者協議会の結成を勧告していた．すでに1955年より修練長の啓発・親睦・助け合いを目指した修練長会議が開催されていたが，これは前年の1954年に仙台教区の女子修道会グループにより始められたものを東京に移し，かつ全国的規模にしたものであって，*聖公会の女子修道院の修練長も参加した．以来，毎年開催されるこの会議に同席する院長・管区長たちは修道会責任者の会合の必要性と連盟の結成を要望し，1960年の全国修練長会議の際の決議により翌1961年11月に日本女子修道会連盟が発足，73の修道会・在俗会が加盟した．これは，日本在住の女子修道会が教会への献身的奉仕と教皇に対する愛と尊敬において一致し，使徒的目的の達成を図り，かつ各修道会が固有の精神と目的を保持しつつ相互の理解と親睦を深め，共通の利益の促進を図ることを目的とするもので，1965年3月に律修者聖省の認可を受け，*教会法のもとに社団法人として設立されたものと宣言され，国際女子修道会連盟に加入した．

〔活動〕律修者聖省の認可の教令は，連盟が目指すべきものとして，(1)修道生活の神学的・法的・使徒的原理のより完全な理解，(2)服属者にふさわしい修道的・使徒的教育，(3)諸修道会が自己理解を深め，速やかな相互援助を可能とすることをあげている．この指針をもとに連盟は既存の修練長会議の運営を継承し，主催する神学講座を*上智大学の神学部女子部として発足させ，修道女の霊的ならびに専門的教養を高めるための講習会を毎年開催，機関誌を発行した．その後，教区修道女連盟の設立に伴い，また修道会上級上長者協議会の性格に基づき，1974年に日本女子修道会総長管区長会と改称した．以来，社会の福音化に向けての日本の教会の歩みに沿い，それまでの修道生活刷新の内向きの姿勢から社会との関わりへと視点を転換し，日本における新たな福音宣教ともいうべき福音宣教推進全国会議の実現に協力することとなった．また，男子修道会の日本カトリック管区長協議会と連携して日本の*司教協議会の指導のもと，日本における使徒活動を遂行し，またアジア女子修道会連盟の一員として修道女のアジアに対する意識化を

にほんにおけるカトリックきょうかい

図っている.1991年(平成3)には,現代日本の社会構造のなかでの預言者的役割を再確認し,*司教区や*小教区また*司祭や*信徒との協力態勢のうちに,キリストを知らせるため,日々の絶えざる*回心の歩みのなかで人々,特に弱い立場にある人々と共にあることを決意した声明を発表した.

〔教区修道女連盟〕1965年(昭和40)3月,大阪教区で大司教の要請によって,教区修道女連盟の前身である教区内女子修道院長協議会が全国に先駆けて設立された.1968年1月には東京教区で大司教の要望に応えて修道女連盟が設立され,次いで長崎をはじめとする各教区でも教区司教の要請あるいは女子修道会側からの要望によって教区修道女連盟が設立された.教区内の諸修道女会の相互の一致と教区の宣教活動への積極的参加を目的とするものだが,教区間相互の関連はもたず,研修会,召命促進の集い,親睦会等,各教区独自の活動を行っている.　　　　　　　　　　　　　　　（大平尚子）

にほんにおけるカトリックきょうかい　日本におけるカトリック教会：教育事業

明治の再宣教後,カトリックの特に修道会,宣教会は教育の面でも多大な貢献を果たしてきた.ここでは現在運営されている教育施設を設立順にあげる.日本のカトリックの教育活動の歴史についてはカトリック学校の項を,また個々の学校については,その設立母体である修道会の項も併せて参照されたい.　　　　　　　　　　（高祖敏明）

日本の大神学校,大学,短期大学の分布

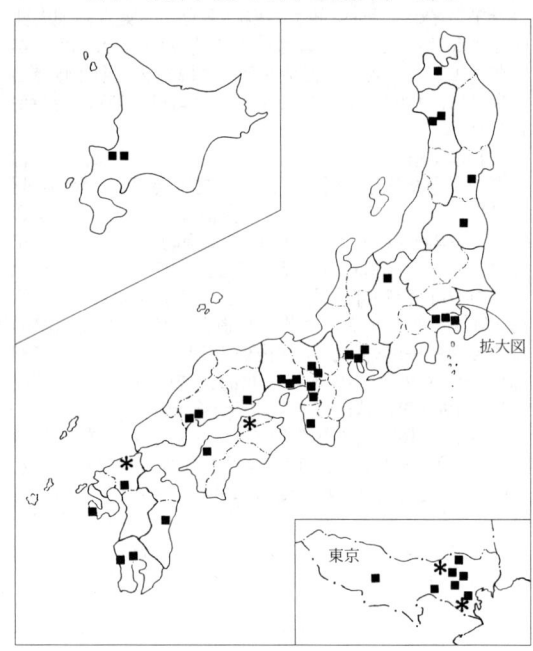

＊ 大神学校　■ 大学・短期大学

日本のカトリック教育施設

1999年現在

教区	大学	短期大学	高等学校	中学校	小学校	幼稚園
札幌司教区	1	2	8	5	0	58
仙台司教区	1	3	8	6	8	50
新潟司教区	0	2	2	2	0	28
浦和司教区	0	1	2	1	0	20
東京大司教区	5	2	13	13	12	59
横浜司教区	1	4	17	15	9	59
名古屋司教区	1	2	7	5	0	29
京都司教区	1	1	9	6	2	23
大阪大司教区	2	5	17	17	10	47
広島司教区	2	1	7	6	3	37
高松司教区	1	1	2	1	0	23
福岡司教区	0	1	9	7	3	47
長崎大司教区	1	1	5	9	5	28
大分司教区	0	1	3	1	0	23
鹿児島司教区	1	1	4	3	0	21
那覇司教区	0	0	0	1	2	10
合計	17	28	113	98	54	562

数値はカトリック中央協議会の『カトリック教会現勢　1999年度』(2000年6月発行)による.

カトリック系大学・短期大学

設立年	教区	所在地	学校名	法人名	経営主体
1913 大正2	東京	東京都	上智大学	上智学院	イエズス会
1948 昭和23	東京	東京都	聖心女子大学	聖心女子学院	聖心会
1949	名古屋	名古屋市	南山大学	南山学園	神言修道会
	広島	岡山市	ノートルダム清心女子大学	ノートルダム清心学園	ナミュール・ノートルダム修道女会
1950	札幌	札幌市	天使女子短期大学（2000年に天使大学に昇格）	天使学園	マリアの宣教者フランシスコ修道会
	札幌	札幌市	藤女子短期大学（2001年に閉校）	藤学園	殉教者聖ゲオルギオのフランシスコ修道会
	東京	東京都	清泉女子大学	同左	聖心侍女修道会
	東京	東京都	聖母女子短期大学（聖母厚生女子学院）	聖母学園	マリアの宣教者フランシスコ修道会
	横浜	大和市	聖セシリア女子短期大学	大和学園	同左
	長崎	長崎市	純心女子短期大学（2000年から長崎純心大学短期大学部に改組）	純心女子学園	長崎純心聖母会
1951	大阪	和歌山市	和歌山信愛女子短期大学	同左	ショファイユの幼きイエズス修道会
1954	新潟	秋田市	聖霊女子短期大学	聖霊学園	聖霊奉侍布教修道女会
1955	仙台	福島市	桜の聖母短期大学	桜の聖母学院	コングレガシオン・ド・ノートルダム
	大阪	神戸市	神戸海星女子学院短期大学（2000年に閉校）	海星女子学院	マリアの宣教者フランシスコ修道会
1957	大阪	姫路市	賢明女子学院短期大学	賢明女子学院	聖母奉献修道会
1959	大阪	大阪市	大阪信愛女学院短期大学	大阪信愛女学院	ショファイユの幼きイエズス修道会
1960	東京	東京都	星美学園短期大学	星美学園	扶助者聖母会
	鹿児島	川内市	鹿児島純心女子短期大学	鹿児島純心女子学園	長崎純心聖母会
1961	札幌	札幌市	藤女子大学	藤学園	殉教者聖ゲオルギオのフランシスコ修道会
	京都	京都市	京都ノートルダム女子大学	ノートルダム女学院	ノートルダム教育修道女会
1962	京都	京都市	聖母女学院短期大学	聖母女学院	ヌヴェール愛徳修道会
1963	仙台	青森市	青森明の星短期大学	明の星学園	聖母被昇天修道会（青森）
	大阪	尼崎市	英知大学	英知学院	大阪大司教区
	広島	広島市	エリザベト音楽大学	同左	イエズス会
1964	広島	広島市	ノートルダム清心女子短期大学	ノートルダム清心学園	ナミュール・ノートルダム修道女会
1965	東京	調布市	白百合女子大学	白百合学園	シャルトル聖パウロ修道女会
	大阪	神戸市	神戸海星女子学院大学	海星女子学院	マリアの宣教者フランシスコ修道会
1966	仙台	仙台市	仙台白百合短期大学	白百合学園	シャルトル聖パウロ修道女会
	新潟	秋田市	聖園学園短期大学		聖心の布教姉妹会
	横浜	横浜市	カリタス女子短期大学	カリタス学園	ケベック・カリタス修道女会
	高松	北条市	聖カタリナ女子短期大学	聖カタリナ学園	ドミニコ宣教修道会
1967	大阪	箕面市	聖母被昇天学院女子短期大学	聖母被昇天学院	聖母被昇天修道会（大阪）
	大分	延岡市	聖心ウルスラ学園短期大学	聖心ウルスラ学園	聖心のウルスラ宣教女修道会
1968	名古屋	名古屋市	南山短期大学	南山学園	神言修道会
	福岡	久留米市	久留米信愛女学院短期大学	久留米信愛女学院	ショファイユの幼きイエズス修道会
1970	名古屋	瀬戸市	名古屋聖霊短期大学	南山学園	聖霊奉侍布教修道女会，神言修道会

にほんにおけるカトリックきょうかい

設立年	教区	所在地	学校名	法人名	経営主体
1971	浦和	浦和市	明の星女子短期大学	明の星学園	聖母被昇天修道会（青森）
1973	横浜	秦野市	上智短期大学	上智学院	イエズス会
1981	横浜	長野市	清泉女学院短期大学	清泉女学院	聖心侍女修道会
1988	高松	北条市	聖カタリナ女子大学	聖カタリナ学園	ドミニコ宣教修道女会
1993 平成5	長崎	長崎市	長崎純心大学	純心女子学園	長崎純心聖母会
1994	鹿児島	川内市	鹿児島純心女子大学	鹿児島純心女子学園	長崎純心聖母会
1996	仙台	仙台市	仙台白百合女子大学	白百合学園	シャルトル聖パウロ修道女会
1996	東京	八王子市	東京純心女子大学	東京純心女子学園	長崎純心聖母会
2000	札幌	札幌市	天使大学	天使学園	マリアの宣教者フランシスコ修道会

2001年現在，カトリック学校連合会加盟の大学・短期大学を設立順に並べた．

カトリック系高等学校・中学校

設立年	教区	所在地	現在の名称	変遷	経営母体
1878 明治11	札幌	函館市	函館白百合学園高等学校・中学校	1878年仏蘭西女学校 → 1886年聖保禄女学校 → 1929年聖保禄高等女学校 → 1946年函館白百合高等女学校 → 1948年新制中学・高校設置	シャルトル聖パウロ修道女会
1881	東京	東京都	白百合学園高等学校・中学校	1881年寄宿舎付き私塾 → 1884年女子仏学校 → 1898年高等女子仏英和学校 → 1910年仏英和女学校 → 1935年白百合高等女学校 → 1947年新制中学, 1948年新制高校設置	シャルトル聖パウロ修道女会
1884	大阪	大阪市	大阪信愛学院高等学校・中学校	1884年信愛女学校（通称：川口二番館女学校）→ 1908年大阪信愛高等女学校 → 1947年新制中学, 1948年新制高校設置	ショファイユの幼きイエズス修道会
1886	広島	倉敷市	清心女子高等学校・中学校	1886年岡山女学校 → 1889年岡山玫瑰女学校 → 1905年玫瑰高等女学校 → 1911年清心高等女学校 → 1947年新制中学・高校設置	ショファイユの幼きイエズス修道会 → ナミュール・ノートルダム修道女会
1888	東京	東京都	雙葉高等学校・中学校	1888年高等仏和女学校 → 1896年女子語学校 → 1909年雙葉高等女学校 → 1947年新制中学, 1948年新制高校設置	幼きイエス会
1892	仙台	盛岡市	盛岡白百合学園高等学校・中学校	1892年私立盛岡女学校 → 1911年私立東北高等女学校 → 1920年東北高等女学校 → 1948年新制中学・高校設置	シャルトル聖パウロ修道女会
1892	長崎	長崎市	海星高等学校・中学校	1892年海星学校 → 1903年海星商業学校 → 1911年海星中学校 → 1948年新制中学・高校設置	マリア会
1893	仙台	仙台市	仙台白百合学園高等学校・中学校	1893年私立仙台女学校 → 1907年私立仙台高等女学校 → 1919年仙台高等女学校 → 1948年新制中学・高校設置	シャルトル聖パウロ修道女会
1898	大阪	大阪市	明星高等学校・中学校	1898年明星学校 → 1903年商業学校に転換 → 1944年工業学校に転換 → 1947年新制中学, 1948年新制高校設置	マリア会
1899	東京	東京都	暁星中学校		マリア会
1900	横浜	横浜市	横浜雙葉高等学校・中学校	1900年横浜紅蘭女学校 → 1933年横浜紅蘭高等女学校 → 1951年新制中学・高校設置	幼きイエス会
1900	福岡	熊本市	熊本信愛女学院高等学校・中学校	1900年熊本玫瑰女学校 → 1947-48年新制中学・高校設置	ショファイユの幼きイエズス修道会
1903	横浜	静岡市	静岡雙葉高等学校・中学校	1903年私立仏英女学校 → 1907年私立和仏英女学校 → 1912年私立不二高等女学校 → 1947年不二中学校（新制), 1948年不二高等学校（新制）→ 1951年現名称	幼きイエス会

にほんにおけるカトリックきょうかい

設立年	教区	所在地	現在の名称	変遷	経営母体
1907	京都	宮津市	暁星女子高等学校	1907年宮津裁縫伝習所 → 1932年暁星実科女学校 → 1948年新制高校設置	パリ外国宣教会 → 聖母訪問会
1909	新潟	秋田市	聖霊女子短期大学付属高等学校・中学校	1909年女子職業学校 → 1915年聖霊学院女子職業学校 → 1923年聖霊女学院 → 1925年聖霊高等女学院 → 1941年聖霊高等女学校 → 1947-48年新制中学・高校設置	聖霊奉侍布教修道女会
1909	福岡	八代市	八代白百合学園高等学校	1909年私立八代女子技芸学校 → 1914年私立八代技芸女学校 → 1921年八代実科高等女学校 → 1926年八代成美高等女学校 → 1948年新制中学・高校設置(1971年中学募集停止)	シャルトル聖パウロ修道女会
1914 大正3	大阪	神戸市	神戸海星女子学院高等学校・中学校	1914年聖家族女学院 → 1943年山手女子商業学校 → 1946年神戸海星女学院 → 1947年新制中学・高校設置	ショファイユの幼きイエズス修道会 → マリアの宣教者フランシスコ修道会
1923	大阪	寝屋川市	聖母女学院高等学校・中学校	1923年聖母女学院 → 1925年聖母女学院高等女学校 → 1947年新制中学, 1948年新制高校設置	ヌヴェール愛徳修道会
1924	大阪	宝塚市	小林聖心女子学院高等学校・中学校		聖心会
1925	札幌	札幌市	藤女子高等学校・中学校	1925年札幌藤高等女学校 → 1948年新制中学・高校設置	殉教者聖ゲオルギオのフランシスコ修道会
1925	高松	松山市	聖カタリナ女子高等学校	1925年松山美善女学校 → 1931年松山商業女学校 → 1942年松山女子商業学校 → 1948年松山女子商業高等学校 → 1968年現名称	ドミニコ宣教修道女会
1926	横浜	清水市	静岡星美高等学校・中学校	1926年静美女学校 → 1929年静岡実科高等女学校 → 1943年静岡城内高等女学校 → 1947年新制中学, 1948年新制高校設置	パリ外国宣教会 → 扶助者聖母会
1928 昭和3	京都	京都市	京都聖カタリナ女子高等学校	1928年菊花高等家政女学校 → 1944年園部菊花女子商業学校 → 1946年園部菊花高等女学校 → 1948年園部菊花女子高等学校 → 1951年聖家族高等学校 → 2000年現名称	個人経営 → 清香学園 → 聖ドミニコ宣教修道女会
1929	京都	舞鶴市	日星高等学校	1929年舞鶴裁縫女学院 → 1940年舞鶴暁星実科女学校 → 1946年聖母女学院 → 1947年日星中学校 → 1948年新制高校設置	パリ外国宣教会 → 聖母訪問会
1930	横浜	大和市	聖セシリア女子高等学校・中学校	1930年大和学園高等女学校 → 1947年大和学園中学校(新制), 1948年大和学園女子高等学校(新制) → 1980年現名称	大和学園
1931	仙台	八戸市	八戸聖ウルスラ学院高等学校	1931年八戸和洋裁縫女塾 → 白菊学園	個人経営 → 日本天主教函館教区教師団 → ウルスラ修道会
1931	東京	東京都	光塩女子学院高等科・中等科	1931年光塩高等女学校 → 1947年新制中学・高校設置	ベリス・メルセス宣教修道女会
1932	名古屋	名古屋市	南山高等学校・中学校(男子部)	1932年南山中学校 → 1947年新制中学, 1948年新制高校設置	名古屋司教区 → 神言修道会
1932	福岡	福岡市	泰星中学校	1932年福岡公教神学校 → 1934年平尾学院 → 1936年泰星中学校 → 1959年閉校 → 1984年再開	福岡司教区 → マリア会 → 一時閉校 → イエズス会
1933	札幌	札幌市	札幌光星高等学校・中学校	1933年札幌光星商業学校 → 1944年札幌光星工業学校 → 1946年札幌光星中学校 → 1947年新制中学・高校設置(1972年中学募集停止, 1994年再開)	フランシスコ会 → マリア会
1933	福岡	福岡市	福岡雙葉高等学校・中学校	1933年福岡女子商業学校 → 1946年福岡雙葉高等女学校 → 1947年新制中学, 1948年新制高校設置	幼きイエス会

にほんにおけるカトリックきょうかい

設立年	教区	所在地	現在の名称	変遷	経営母体
1933	長崎	長崎市	長崎南山高等学校・中学校	1933年長崎公教神学校 → 1940年東陵学園中学校 → 1943新制高校設置 → 1952年現名称	天主教長崎教区宣教社団 → 神言修道会
1933	大分	宮崎市	日向学院中学校	1933年宮崎神学校 → 1946年日向中学校 → 1951年現名称	サレジオ会
1933	鹿児島	鹿児島市	鹿児島純心女子高等学校・中学校	1933年聖名高等女学校 → 1941年鹿児島純心高等女学校 → 1947年新制中学, 1948年新制高校設置	イエズス・マリア御名修道女会 → 長崎純心聖母会
1935	長崎	長崎市	純心女子高等学校・純心中学校	1935年純心女学院 → 1936年長崎純心高等女学校 → 1947年新制中学, 1948年新制高校設置	長崎純心聖母会
1936	長崎	長崎市	聖母の騎士高等学校・中学校	1936年聖母ノ騎士小神学校 → 1947年新制中学, 1949年新制高校設置	コンベンツアル聖フランシスコ修道会
1937	仙台	青森市	青森明の星高等学校	1937年青森技芸学院 → 1941年青森高等技芸学院 → 1944年青森女子商業学校 → 1946年青森明の星高等女学校 → 1947年新制中学(1979年廃校), 1948年新制高校設置	聖母被昇天修道会(青森)
1937	大阪	神戸市	六甲高等学校・中学校	1937年六甲中学校 → 1947-48年新制中学・高校設置	イエズス会
1938	横浜	藤沢市	湘南白百合学園高等学校・中学校	1938年片瀬乃木高等女学校 → 1946年湘南白百合高等女学校 → 1947年新制中学, 1948年新制高校設置	シャルトル聖パウロ修道女会
1943	東京	東京都	聖心女子学院高等科・中等科	1943年聖心女子学院高等女学校 → 1947年新制中学, 1948年新制高校設置	聖心会
1944	横浜	箱根町	函嶺白百合学園高等学校・中学校	1944年強羅疎開学園 → 1949年現名称	シャルトル聖パウロ修道女会
1945	京都	四日市市	海星高等学校	1945年桑名英語塾 → 1946年民生学園高等英学校 → 1948年海星学園 → 1950年南山大学付属第二高等学校, 1952年四日市南山高等学校 → 1955年現名称	個人経営 → 南山学園 → エスコラピオス修道会
1946	横浜	鎌倉市	清泉女学院中学校	1946年清泉女学院高等学校 → 1947年新制中学設置	聖心侍女修道会
1946	横浜	藤沢市	聖園女学院高等学校・中学校	1946年聖園女学院高等学校 → 1948年新制中学, 1949年新制高校設置	聖心の布教姉妹会
1946	大阪	和歌山市	和歌山信愛女子短期大学附属中学校	1946年桜映女学校 → 和歌山女子学院 → 1948年和歌山女子専門学校中学部 → 1955年現名称	ショファイユの幼きイエズス修道会
1947	東京	清瀬市	東星学園中学校		ベタニア修道女会
1947	東京	東京都	星美学園中学校		扶助者聖母会
1947	横浜	鎌倉市	栄光学園中学校	1947年栄光中学校 → 1949年新制中学設置	イエズス会
1947	横浜	裾野市	不二聖心女子学院中学校	1947年聖心温情舎中学校 → 1957年現名称	聖心会
1947	福岡	北九州市	明治学園中学校		個人経営 → コングレガシオン・ド・ノートルダム
1947	長崎	小長井町	椿原中学校		コンベンツアル聖フランシスコ修道会
1948	東京	東京都	暁星高等学校		マリア会
1948	東京	小平市	サレジオ中学校	1948年東京サレジオ学園中学校 → 1963年現名称	サレジオ会
1948	東京	八王子市	聖パウロ学園高等学校	1948年聖パウロ学園工芸高校 → 1956年現名称	パウロ修道会
1948	東京	東京都	星美学園高等学校		扶助者聖母会
1948	横浜	鎌倉市	清泉女学院高等学校		聖心侍女修道会
1948	名古屋	名古屋市	南山中学校(女子部)		神言修道会

設立年	教区	所在地	現在の名称	変遷	経営母体
1948	福岡	福岡市	泰星高等学校		マリア会 → 福岡司教区 → イエズス会
	大分	宮崎市	日向学院高等学校	1948年日向高等学校 → 1951年現名称	サレジオ会
1949	仙台	福島市	桜の聖母学院中学校		コングレガシオン・ド・ノートルダム
	東京	東京都	田園調布雙葉中学校	1949年雙葉第二中学校 → 1964年現名称	幼きイエス会
	横浜	長野市	長野清泉女学院高等学校		聖心侍女修道会
	名古屋	瀬戸市	聖霊中学校		神言修道会
	京都	京都市	聖母学院中学校	1949年京都聖母女学院 → 1960年現名称	ヌヴェール愛徳修道会
	大阪	和歌山市	和歌山信愛女子短期大学附属高等学校	1949年和歌山女子専門学校高等学校 → 1955年現名称	ショファイユの幼きイエズス修道会
	広島	福山市	福山暁の星女子中学校		援助マリア修道会
1950	横浜	鎌倉市	栄光学園高等学校		イエズス会
	大阪	大阪市	大阪星光学院中学校		サレジオ会
	広島	広島市	ノートルダム清心中学校		ナミュール・ノートルダム修道女会
	福岡	北九州市	明治学園高等学校		コングレガシオン・ド・ノートルダム
	鹿児島	鹿児島市	ラ・サール高等学校		ラ・サール会
1951	名古屋	名古屋市	南山高等学校(女子部)		神言修道会
	大阪	大阪市	大阪星光学院高等学校		サレジオ会
		姫路市	賢明女子学院高等学校・中学校		聖母奉献修道会
1952	仙台	福島市	桜の聖母学院高等学校		コングレガシオン・ド・ノートルダム
	東京	東京都	田園調布雙葉高等学校		幼きイエス会
	名古屋	瀬戸市	聖霊高等学校		神言修道会
	京都	京都市	聖母学院高等学校	1952年京都聖母女学院高等学校 → 1960年現名称	ヌヴェール愛徳修道会
			ノートルダム女学院中学校		ノートルダム教育修道女会
			洛星中学校		ヴィアトール修道会
	広島	萩市	萩光塩学院高等学校・中学校		ベリス・メルセス宣教修道女会
		福山市	福山暁の星女子高等学校		援助マリア修道会
	福岡	大牟田市	明光学園高等学校・中学校		カノッサ修道女会
1953	札幌	旭川市	旭川藤女子高等学校		殉教者聖ゲオルギオのフランシスコ修道会
	横浜	裾野市	不二聖心女子学院高等学校	1953年聖心温情舎高等学校 → 1957年現名称	聖心会
	京都	京都市	ノートルダム女学院高等学校		ノートルダム教育修道女会
	広島	広島市	ノートルダム清心高等学校		ナミュール・ノートルダム修道女会
	高松	松山市	愛光中学校		ドミニコ会
	長崎	佐世保市	聖和女子学院高等学校	1953年聖美女子高等学校 → 1956年現名称	善きサマリア人会
1954	浦和	宇都宮市	宇都宮海星女子学院高等学校・中学校	1954年海星女子学院高等部・中等部 → 1971年現名称	マリアの宣教者フランシスコ修道会 → 宇都宮海星学園
	大阪	姫路市	淳心学院中学校		淳心会
	長崎	佐世保市	聖和女子学院中学校	1954年聖和中学校 → 1956年現名称	善きサマリア人修道会
1955	仙台	会津若松市	会津若松ザベリオ学園中学校	1955年ザベリオ学園中学校 → 1969年現名称	無原罪聖母宣教女会
	京都	京都市	洛星高等学校		ヴィアトール修道会
	大分	延岡市	聖心ウルスラ学園高等学校	1955年緑ヶ丘学園高等学校 → 1990年現名称	聖心のウルスラ宣教女修道会

にほんにおけるカトリックきょうかい

設立年	教区	所在地	現在の名称	変遷	経営母体
1956	札幌	北見市	北見藤女子高等学校		殉教者聖ゲオルギオのフランシスコ修道会
	仙台	仙台市	聖ウルスラ学院中学校		聖ウルスラ修道会
	横浜	浜松市	浜松海の星高等学校		ベルナルド女子修道会→スピノラ修道女会
	京都	四日市市	海星中学校		エスコラピオス修道会
	広島	広島市	広島学院中学校		イエズス会
	広島	松江市	松徳女学院中学校		イエズス孝女会
	高松	松山市	愛光高等学校		ドミニコ会
	鹿児島	鹿児島市	ラ・サール中学校		ラ・サール会
1957	横浜	横浜市	聖ヨゼフ学園中学校		シャルトル聖パウロ修道女会, アトンメント会 → アトンメント会（単独）
	大阪	枚方市	啓光学園中学校		クラレチアン宣教会
		姫路市	淳心学院高等学校		淳心会
1958	仙台	会津若松市	会津若松ザベリオ学園高等学校	1958年ザベリオ学園高等学校 → 1969年現名称	無原罪聖母宣教女会
	横浜	横浜市	聖光学院中学校		キリスト教教育修士会
1959	仙台	仙台市	聖ウルスラ学院高等学校		ウルスラ修道会
	京都	津市	セント・ヨゼフ女子学園高等学校		カロンデレットの聖ヨゼフ修道会
	大阪	神戸市	愛徳学園中学校		愛徳カルメル修道女会
	大阪	大阪市	城星学園中学校		扶助者聖母会
	広島	広島市	広島学院高等学校		イエズス会
		松江市	松徳女学院高等学校		イエズス孝女会
1960	札幌	函館市	函館ラ・サール高等学校		ラ・サール会
	仙台	仙台市	聖ドミニコ学院高等学校		ドミニコ女子修道会
	東京	東京都	目黒星美学園中学校		扶助者聖母会
	横浜	横浜市	聖ヨゼフ学園高等学校		シャルトル聖パウロ修道女会, アトンメント会 → アトンメント会（単独）
	大阪	枚方市	啓光学園高等学校		クラレチアン宣教会
	大阪	箕面市	聖母被昇天学院中学校		聖母被昇天会
	長崎	長崎市	聖マリア学院中学校		アウグスチノ会
	鹿児島	川内市	川内純心女子高等学校	1960年鹿児島純心女子学園川内分校 → 1962年現名称	長崎純心聖母会
1961	札幌	室蘭市	聖ベネディクト女子高等学校	1961年室蘭カトリック女子高等学校 → 1991年現名称	女子ベネディクト会
	横浜	川崎市	カリタス女子高等学校・中学校		ケベック・カリタス修道女会
	横浜	横浜市	聖光学院高等学校		キリスト教教育修士会
	京都	津市	セント・ヨゼフ女子学園中学校		カロンデレットの聖ヨゼフ修道会
	大阪	尼崎市	百合学院中学校		大阪聖ヨゼフ宣教修道女会
	福岡	久留米市	久留米信愛女学院高等学校		ショファイユの幼きイエズス修道会
	福岡	熊本市	熊本マリスト学園高等学校		マリスト教育修士会
	鹿児島	大口市	大口明光学園高等学校・中学校		カノッサ修道女会
1962	東京	東京都	聖ドミニコ学園高等学校・中学校		ドミニコ女子修道会
	大阪	大阪市	城星学園高等学校		扶助者聖母会
	大阪	神戸市	愛徳学園高等学校		愛徳カルメル修道女会
	大阪	西宮市	仁川学院高等学校・中学校		コンベンツアル聖フランシスコ修道会

設立年	教区	所在地	現在の名称	変遷	経営母体
1962	広島	小野田市	ザビエル高等学校	1962年ザビエル学園小野田女子学院高等学校 → 1964年現名称	キリスト・イエズスの宣教会
1963	札幌	札幌市	札幌聖心女子学院中学校		聖心会
	東京	調布市	晃華学園高等学校・中学校		汚れなきマリア修道会
		東京都	目黒星美学園高等学校		扶助者聖母会
	横浜	横浜市	サレジオ学院高等学校	1963年サレジオ高等学校 → 1989年現名称	サレジオ会
	名古屋	瀬戸市	聖カピタニオ女子高等学校		幼き聖マリア修道会
		岐阜市	聖マリア女学院高等学校		聖マリアの無原罪修道会
		岡崎市	光ヶ丘女子高等学校		ドミニコ宣教修道女会
	京都	四日市市	メリノール女子学院高等学校		メリノール女子修道会
	大阪	箕面市	聖母被昇天学院高等学校		聖母被昇天修道会
	福岡	熊本市	熊本マリスト学園中学校		マリスト教育修士会
1964	仙台	郡山市	郡山ザベリオ学園中学校		無原罪聖母宣教女会
	新潟	新潟市	新潟清心女子高等学校		ナミュール・ノートルダム修道女会
	東京	八王子市	東京純心女子高等学校		長崎純心聖母会
	京都	四日市市	メリノール女子学院中学校		メリノール女子修道会
	大阪	尼崎市	百合学院高等学校		大阪聖ヨゼフ宣教修道女会
	福岡	福岡市	福岡海星女子学院高等学校		マリアの宣教者フランシスコ修道会
1965	東京	清瀬市	東星学園高等学校		ベタニア修道女会
1966	札幌	札幌市	札幌聖心女子学院高等学校		聖心会
	大阪	堺市	賢明学院中学校		聖母奉献修道会
1967	浦和	浦和市	浦和明の星女子高等学校		聖母被昇天修道会
1969	横浜	静岡市	静岡聖光学院中学校		キリスト教教育修士会
	大阪	堺市	賢明学院高等学校		聖母奉献修道会
	大分	都城市	都城聖ドミニコ学園高等学校		ドミニコ女子修道会 → 宮崎カリタス修道女会
1972	横浜	静岡市	静岡聖光学院高等学校		キリスト教教育修士会
1975	横浜	横浜市	サレジオ学院中学校	1975年川崎サレジオ中学校 → 1989年現名称	サレジオ会
1979	京都	京都市	聖マリア養護学校中学校		ウイチタ聖ヨゼフ会
1986	東京	八王子市	東京純心女子中学校		長崎純心聖母会
1987	名古屋	岐阜市	聖マリア女学院中学校		聖マリアの無原罪修道会
1990 平成2	福岡	久留米市	久留米信愛女学院中学校		ショファイユの幼きイエズス修道会
1993	新潟	新潟市	新潟清心女子中学校		ナミュール・ノートルダム修道女会
	名古屋	豊田市	南山国際高等学校・中学校		神言修道会
1994	那覇	宜野湾市	沖縄カトリック中学校		ドミニコ宣教修道女会
1999	札幌	函館市	函館ラ・サール中学校		ラ・サール会

日本カトリック小中高連盟加盟校のみ示した．名称の変遷に関しては，確認できるもののみ年号を付した．
東京都23区内は東京都と記した．

カトリック系小学校

設立年	教区	所在地	学校名	法人名	経営母体
1888 明治21	東京	東京都	暁星小学校	暁星学園	マリア会
1910	東京	東京都	白百合学園小学校（女子仏学校付属小学校）	白百合学園	シャルトル聖パウロ修道女会

にほんにおけるカトリックきょうかい

設立年	教区	所在地	学校名	法人名	経営母体
1910		東京都	雙葉小学校（新栄女子尋常小学校）	雙葉学園	幼きイエス会
	福岡	北九州市	明治学園小学校（明治専門学校付属小学校）	明治学園	安川敬一郎・松本健次郎 → コングレガシオン・ド・ノートルダム
1931 昭和6	東京	東京都	光塩女子学院初等科（菫女学院）	光塩女子学院	新栄女子学院 → ベリス・メルセス宣教修道女会
1932	横浜	大和市	聖セシリア小学校（大和学園小学校）	大和学園	大和学園
	大阪	寝屋川市	大阪聖母学院小学校（聖母女学院尋常小学校）	聖母女学院	ヌヴェール愛徳修道会
1936	東京	清瀬市	東星学園小学校（東星尋常小学校）	東星学園	ベタニア修道女会
1937	横浜	藤沢市	湘南白百合学園小学校（片瀬乃木小学校）	湘南白百合学園	シャルトル聖パウロ修道女会
1941	東京	東京都	田園調布雙葉小学校（菫女学院尋常小学校，雙葉第二初等学校）	田園調布雙葉学園	幼きイエス会
1943	東京	東京都	聖心女子学院初等科	聖心女子学院	聖心会
1946	仙台	福島市	桜の聖母学院小学校	桜の聖母学院	コングレガシオン・ド・ノートルダム
1947	東京	小平市	サレジオ小学校	育英学院	サレジオ会
		東京都	星美学園小学校	星美学園	扶助者聖母会
	横浜	鎌倉市	清泉小学校	清泉女学院	聖心侍女修道会
	長崎	小長井町	聖母の騎士小学校	小長井聖母の騎士学園	コンベンツアル聖フランシスコ修道会
1948	仙台	八戸市	八戸聖ウルスラ学院小学校	八戸聖ウルスラ学院	ウルスラ修道会
1949	仙台	会津若松市	会津若松ザベリオ学園小学校	無原罪聖母学園	無原罪聖母宣教女会
	横浜	箱根町	函嶺白百合学園小学校（強羅疎開学園）	函嶺白百合学園	シャルトル聖パウロ修道女会
	京都	京都市	聖母学院小学校	聖母女学院	ヌヴェール愛徳修道会
1950	仙台	仙台市	聖ウルスラ学院小学校	聖ウルスラ学院	ウルスラ修道会
1951	横浜	清水市	静岡星美小学校	静岡星美学園	扶助者聖母会
		逗子市	聖マリア小学校	聖トマ学園	横浜司教
		横浜市	横浜雙葉小学校	横浜雙葉学園	幼きイエス会
	大阪	神戸市	神戸海星女子学院小学校	海星女子学院	マリアの宣教者フランシスコ修道会
1952	大阪	大阪市	大阪信愛女学院小学校	大阪信愛女学院	ショファイユの幼きイエズス修道会
1953	仙台	郡山市	郡山ザベリオ学園小学校	無原罪聖母学園	無原罪聖母宣教女会
		仙台市	聖ドミニコ学院小学校	聖ドミニコ学院	ドミニコ女子修道会
	横浜	横浜市	聖ヨゼフ学園小学校	聖ヨゼフ学園	アトンメント会
	大阪	大阪市	城星学園小学校	城星学園	扶助者聖母会
1954	東京	東京都	聖ドミニコ学園小学校	聖ドミニコ学園	ドミニコ女子修道会
		東京都	目黒星美学園小学校	目黒星美学園	扶助者聖母会
	京都	京都市	ノートルダム女学院小学校	ノートルダム女学院	ノートルダム教育修道女会
	大阪	神戸市	愛徳学園小学校	愛徳学園	愛徳カルメル修道女会
		箕面市	聖母被昇天学院小学校	聖母被昇天学院	聖母被昇天修道会（大阪）
	福岡	福岡市	福岡雙葉小学校	福岡雙葉学園	幼きイエス会
1955	大阪	尼崎市	百合学院小学校	百合学院	大阪聖ヨゼフ宣教修道女会
	広島	萩市	萩光塩学院小学校	光塩女子学院	ベリス・メルセス宣教修道女会
1956	仙台	盛岡市	盛岡白百合学園小学校	白百合学園	シャルトル聖パウロ修道女会
	東京	調布市	晃華学園小学校	晃華学園	汚れなきマリア修道会
	大阪	西宮市	仁川学院小学校	仁川学院	コンベンツアル聖フランシスコ修道会
	長崎	長崎市	聖マリア学院小学校	聖マリア学院	アウグスチノ会
1959	長崎	長崎市	長崎南山小学校	長崎南山学園	神言修道会
1960	大阪	堺市	賢明学院小学校	賢明学院	聖母奉献修道会
1961	仙台	仙台市	仙台白百合学園小学校	白百合学園	シャルトル聖パウロ修道女会
1964	横浜	川崎市	カリタス小学校	カリタス学園	ケベック・カリタス修道女会
	広島	福山市	福山暁の星小学校	福山暁の星学院	援助マリア修道会
	那覇	石垣市	海星小学校	カトリック学園	マリアの汚れなき御心のフランシスコ姉妹会

にほんにおけるカトリックきょうかい

設立年	教区	所在地	学校名	法人名	経営母体
1967	広島	岡山市	ノートルダム清心女子大学付属小学校	ノートルダム清心学園	ナミュール・ノートルダム修道女会
1968	福岡	福岡市	福岡海星女子学院付属小学校	福岡海星女子学院	マリアの宣教者フランシスコ修道会
1978	長崎	長崎市	長崎精道小学校	精道学園	オプス・デイ
1979	那覇	宜野湾市	沖縄カトリック小学校（クライスト・ザ・キング・インターナショナル・スクール）	カトリック沖縄学園	ドミニコ宣教修道会
1988	長崎	長崎市	精道三川台小学校	精道学園	オプス・デイ

2001年現在，カトリック学校連合会加盟の小学校を設立順にあげ，（ ）内に旧称を付した．経営母体が変わった場合は → で示した．

日本のカトリック学校分布図（中学校，高等学校）

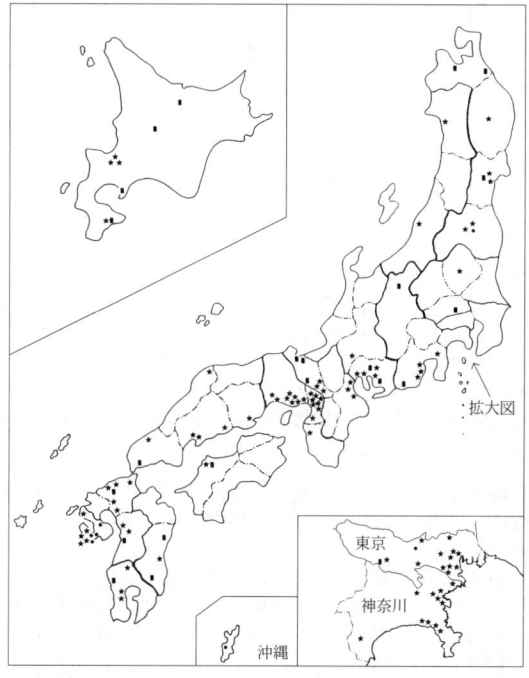

・中学校　・高等学校　・併設校

にほんにおけるカトリックきょうかい　日本におけるカトリック教会：出版事業

本項では明治時代の再宣教後の日本のカトリック出版事業の概略を示す．詳細はカトリック出版物の項を参照されたい．

【明治・大正期】復活したカトリック教会の草創期の出版事業は，宣教の担い手であった *パリ外国宣教会の会員によって運営され，それは昭和初年まで続いた．まず幕末から明治初年にかけては *プティジャン版と *ド・ロによる出版物が主流を占める．*切支丹高札の撤廃によって *信教の自由が認められた明治前半の出版事業は，*リギョールと *ドルアール・ド・レゼーによるところが大きい．前者は『宗教ト国家』(1893)，『日本主義と世界主義』(1898)等を，後者は『*真理之本源』，さらに『解疑』(1901-1902)，『公教要義』(1907)等を刊行した．また，*ルマレシャルが『和仏大辞典』(1904)，*ラゲが『仏和会話大辞典』(1905)や『新約聖書』(1910)を刊行し，そのほか定期刊行物では『*公教万報』が東京で，『聖教雑誌』が京都でそれぞれ1881年(明治14)に創刊されたのを皮切りに，*『聲』(創刊1891)，*『天地人』(創刊1898)，仏文による Mélanges (創刊1904)等がある．

【昭和期】*岩下壮一は1934年(昭和9)にカトリック研究社を開いて青年知識層を対象に講義録や小冊子をもって呼びかけた．すでに1929年に *ルモアーヌ，*カンドー，岩下壮一，*戸塚文卿，*ホイヴェルスらが委員となって東京大司教区のもとにカトリック中央出版委員会が組織されて，中央出版部が誕生しており，『日本カトリック新聞』(旧『カトリック・タイムス』，→カトリック新聞)等の発行が委員会の指導のもとに置かれた．中央出版部は *田口芳五郎を編集局長として発展したが，1941年には宗教団体法に基づき天主公教出版社と改称し，やがて終戦を迎えた．

戦前には，これとは別に岡山(*渋谷治)の *カトリック思想科学研究所，長崎(*浦川和三郎)の長崎教報社，札幌(*ノル)の光明社，長崎(*マキシミリアン・マリア・コルベ)の無原罪の聖母の騎士社，大分のドン・ボスコ社など修道会系の出版活動が顕著である．また，*上智大学は戦前から戦後にかけて *『カトリック大辞典』を編纂・刊行した．

【文献】加藤力「カトリック中央出版部略史」『カトリック中央出版部部報』1-5 (1934-35); J. LAURES, *Kirishitan Bunko* (Tokyo 1957).
（尾原悟）

にほんにおけるカトリックきょうかい　日本におけるカトリック教会：福祉事業

本項では明治以降のカトリック教会の関係諸団体の福祉事業を扱う．

【明治から第1次世界大戦まで】この時期のカトリック慈善事業は，棄児・貧児に対する育児事業，医療，特にハンセン病患者に対する救済事業を特色とし，来日した修道会を中心として進められた．

〔棄児・貧児事業と医療〕日本の近代慈善事業の最初のものは1872年(明治5)，禁教令下に *サン・モール修道会(幼きイエス会)が始めた貧児教育事業であるとされる．仁慈堂あるいは尼寺の孤児院と呼ばれていたが，やがて全寮制で無月謝の菫(すみれ)女学校となり，関東大震災で炎上・崩壊するまで横浜山手の旧外国人居留地にあった．

長崎では浦上四番崩れ(→浦上崩れ)で西日本各地に流罪となっていた *キリシタンが *切支丹高札の撤去に伴い，1873年に浦上に帰ってきた．その翌年 *ド・ロの指導のもとに *岩永マキを中心に *女部屋(浦上十字会)が創立され，孤児救済事業を始める．このとき創設された浦上養育院は養護施設として今日に至る．女部屋は長崎を中心に九州北部各地の教会に作られ，宣教師を援助

にほんにおけるカトリックきょうかい

明治期のカトリック修道会系の主な育児施設

名　称	所在	設立年	設立者	備　考
仁慈堂	横浜	1872	IJ	1902 菫女学校
浦上養育院	長崎	1874	十字会	存続
孤児院	東京	1875	IJ	1909 閉鎖
神戸センタンファンス	神戸	1877	EJ	1950 京都に統合
聖保禄女学校	函館	1878	SPDC	現, 暁の星園, さゆり園
大阪センタンファンス	大阪	1879	EJ	1932 京都に統合
鯛之浦養育院	長崎	1880	十字会	現, 希望の灯学園
奥浦慈恵院	長崎	1880	十字会	存続
長崎センタンファンス	長崎	1881	EJ	現, マリア園
孤児院	東京	1881	SPDC	1944 箱根強羅に移転
孤児院	新潟	1885	SPDC	1908 閉鎖, 1912 東京移転
京都センタンファンス	京都	1886	EJ	現, 京都聖嬰会
熊本センタンファンス	熊本	1889	EJ	現, 熊本天使園
島崎育児院	熊本	1898	FMM	琵琶崎聖母愛児園と改称, 社会福祉法人聖母会に吸収
八代ナザレ園	熊本	1900	SPDC	存続
聖霊学園育児部	秋田	1911	聖霊会	1933 閉鎖

EJ: ショファイユの幼きイエズス会; FMM: マリアの宣教者フランシスコ修道会; IJ: サン・モール会(幼きイエス会); SPDC: シャルトル聖パウロ修道女会; 十字会: 浦上十字会(お告げのマリア修道会); 聖霊会: 聖霊奉侍布教修道女会

する諸活動に従事したほか, 孤児救済や授産事業を始めるものも出てくる. 1880 年, *五島に創立された鯛之浦養育院, 奥浦慈恵院は現在まで続く児童養護施設である. 1881 年にはド・ロにより長崎県出津に授産施設・救助院が創設されている. 長崎県下各地に作られた女部屋は 1956 年に合同して聖婢姉妹会となり, さらに 1975 年 *お告げのマリア修道会となった.

1877 年, ショファイユの *幼きイエズス修道会が来日して神戸に育児施設・センタンファンスを設立した. また 1880 年には長崎の大浦居留地にセンタンファンス (現, 児童養護施設・マリア園) を開設, 1886 年には京都天主教女子学院(現, 児童養護施設・京都聖嬰会), 1894 年には熊本でセンタンファンスと診療所(現, 児童養護施設・熊本天使園とイエズスの聖心病院)を始めている.

1878 年, *シャルトル聖パウロ修道女会が来日, 函館に孤児院(現, 乳児院・さゆり園), 施療院・博愛医院, 授産所を始めた. 1881 年には東京にも施療院・博愛医院を開設, 1892 年には仙台, 盛岡で施療院を始めた. 1900 年, 熊本県 *八代に孤児院(現, 児童養護施設・八代ナザレ園)と施療院・博愛医院を設立した.

1908 年に来日した *聖霊奉侍布教修道女会は, 1910 年に秋田で聖霊学園育児部を開設するが, 1933 年に閉鎖している. 同会は 1914 年に金沢に聖霊病院を設立し, 同時に聖霊病院救済部が設けられ, これが現在の聖霊乳児院と児童養護施設・聖霊愛児園の前身となった.

このほか本多善衛門(1829-1902)は 1877 年に私財を投じて *玫瑰(まいかい)塾を設立, 1879 年には *築地天主堂から移管された男子の育児院の経営を兼務した. 明治期に修道会によって設立された育児施設のうち主なものは別表の通りである.

〔医療福祉事業〕ハンセン病患者に対する救済事業は *テストヴィドが 1887 年(明治 20)に静岡県御殿場郊外に創設した *神山復生病院に始まる. これは我が国最初の救癩事業である.

熊本では *コールが救癩事業に奉仕する修道会の来日を要請, それに応えて修道女を派遣したのが *マリアの宣教者フランシスコ修道会で, 1898 年, 熊本に到着したその日から患者の世話にあたったという. 1900 年には病院を新築, 琵琶崎待労病院とした. これは我が国の救癩事業としては, 神山復生病院, プロテスタントの慰廃園, 回春病院に次ぐ 4 番目のものである. マリアの宣教者フランシスコ修道会は来日と同時に孤児院(後の琵琶崎聖母愛児園)をも開設, さらに 1911 年には札幌で天使病院, 1915 年(大正 4)には熊本で養老院(現, 養護施設・聖母の丘)を設立した.

【両大戦期の社会事業】第 1 次世界大戦末期の 1918 年(大正 7)に起こった米騒動は, 政府の貧困対策に対して大転換を引き起こさせることになり, 社会事業という新しい概念が登場する. 1919 年に結核予防法が制定されると, 全国各地に公立の結核療養所が開設されたが, 療養所の入院定員に対して患者数が圧倒的に多く, 入院患者は半年ないし 1 年で治っていなくても退院させられた. 完治しないまま退院させられた結核患者の窮状に対し, 救済事業を始めた点に当時のカトリック社会事業の

1947-70年に設立された主な老人福祉施設

設立	名称	所在地	設立修道会
1947	カリタスの園紅葉寮	大分県別府市	宮崎カリタス修道女会
1948	カリタスの園松の寮	宮崎県宮崎市	同
1957	カリタスの園聖ヨゼフ寮	山梨県甲府市	同
1958	聖母寮	長野県諏訪市	レデンプトール会
1959	慈生会聖家族ホーム	東京都清瀬市	ベタニア修道女会
1959	藤ホーム	青森県青森市	殉教者聖ゲオルギオのフランシスコ修道会
1960	聖フランシスコ園	長崎県北高来郡	コンベンツアル聖フランシスコ修道会
1962	聖ヨゼフ・ホーム	奈良県御所市	マリスト修道会
1963	聖園老人ホーム	鹿児島県阿久根市	聖心の布教姉妹会
1965	七里ガ浜ホーム	神奈川県鎌倉市	聖母訪問会
1967	ロザリオの園	佐賀県佐賀郡	けがれなき聖母の騎士聖フランシスコ修道女会
1967	聖マルチンの家	愛媛県北条市	ドミニコ宣教修道女会
1968	聖マルチンの園	香川県坂出市	同
1968	寿荘	京都府舞鶴市	聖母訪問会
1969	藤の園	青森県青森市	殉教者聖ゲオルギオのフランシスコ修道会
1969	聖ヨゼフの園	静岡県静岡市	天使の聖母宣教修道女会
1970	恵の丘長崎原爆ホーム	長崎県長崎市	長崎純心聖母会

名称および所在地は2001年現在のものである.

特色をみいだすことができる.

1920年代に我が国で教会法上,正式に認可された最初の邦人女子修道会が登場する. *聖園テレジアを中心として創立された聖心愛子会(現 *聖心の布教姉妹会)と,米国で創立され第1次世界大戦後に帰国して活動を始めた日本訪問童貞会(現 *聖母訪問会)である.いずれも医療事業に携わっており,時代の要請に真摯に応えたものといえる.

聖心の布教姉妹会は1922年(大正11)に秋田で聖心医院を設立し,1941年(昭和16)には新潟で結核療養所・有明静養舎ベタニアの家を継承して聖園静養舎(現,聖園病院)として運営したほか,後の児童養護施設,老人保健施設,保育園,乳児院等を秋田を中心に開設し,後に名古屋に支部を設け,神奈川県藤沢市に本部を移した1938年以降は全国に同様の施設を設けていった.

聖母訪問会は1923年(大正12)に東京の大井町に聖マリア共同医院を設立(閉鎖1938),1929年(昭和4)には鎌倉に聖テレジア・サナトリウム(現,聖テレジア病院),1935年には福岡に新田診療所(現,新田原聖母病院)を開設,さらに1942年には*メリノール女子修道会から草津療養所を継承し,草津サナトリウム(後の草津病院)として運営に着手した.

司祭による事業としては1929年(昭和4)に*フロージャクが後にベタニアの家(現,慈生会病院)となる結核療養所を設立,同年 *戸塚文卿も結核患者の病後のための施設ナザレト・ハウス(後の海上寮)を設立した.フロージャクは1933年に東京の清瀬に療養農園・ベトレヘムの園を開設するが1935年に結核療養所に転換した(現,ベトレヘムの園病院).またフロージャクに協力するため *ベタニア修道女会が創立され,戸塚文卿が1939年に開設した桜町病院で奉仕する婦人たちを中心に *福音史家聖ヨハネ布教修道女会が創立された.一方,1931年,神山復生病院院長になった *岩下壮一は施設改善と入院患者に対する処遇の改革を進めた.

1932年に *カヴォリが宮崎に創設した救護院を中心に1937年には *宮崎カリタス修道女会が創設された.宮崎の救護院は戦後の1948年に養護施設・カリタスの園竹の寮と養老院・カリタスの園松の寮(現,養護・短期入所生活介護施設)となった.また,鹿児島で創立された *お告げのフランシスコ姉妹会は指導司祭の東京地区移動に伴い,東京で修道会としての認可を受け(1938),東京の久が原に1939年育児施設(現,児童養護施設・聖フランシスコ子供寮)を設けた.

男子修道会では *サレジオ会(来日1926)が1933年に大分で中津養生院(現,児童養護施設・聖ヨゼフ寮)を開設し,*イエズス会の会員ラサール(*愛宮真備)は東京の三河島町に上智カトリック・セツルメント(現,町屋の上智厚生病院と上智厚生館保育園)を設立した.

にほんにおけるカトリックきょうかい

日本のカトリック社会事業施設

1999年現在

教区	医療事業				児童福祉事業		老人福祉事業		その他
	病院	診療所	老人保健施設	その他	保育所	その他	老人ホーム	その他	
札幌	1	0	0	0	4	3	5	12	2
仙台	1	1	0	0	9	6	6	3	6
新潟	0	0	0	0	7	6	2	11	1
浦和	0	0	0	0	1	2	2	0	4
東京	6	0	1	1	11	16	7	4	12
横浜	7	0	0	1	14	10	7	13	5
名古屋	2	0	1	0	2	5	0	0	10
京都	0	0	0	0	6	4	8	17	4
大阪	3	1	2	1	7	11	2	5	19
広島	0	0	0	0	7	6	2	1	2
高松	1	0	0	0	2	2	3	2	0
福岡	1	1	0	0	10	7	7	10	0
長崎	2	2	0	0	41	8	8	2	3
大分	1	1	0	0	4	13	2	2	3
鹿児島	0	0	0	0	2	4	4	5	2
那覇	0	0	0	0	2	0	0	0	0
合計	25	6	4	3	129	103	64	92	73

老人ホームは特別養護・養護・軽費・有料施設を含む．

　女子修道会では，1928年マリアの宣教者フランシスコ修道会が札幌郊外の北広島に天使病院分会を開設，1930年には天使之園(現，児童養護施設・天使の園)を併設し，翌年には東京に国際聖母病院(現，聖母病院)を設立した．1929年に来日した *扶助者聖母会は1935年に別府小百合愛児園を開設，1940年には三河島星美学園を創設するが，東京大空襲で全焼，戦後は北区赤羽に児童養護施設・星美ホームを開設し今日に至る．1931年に来日した *ドミニコ女子修道会は1933年に仙台天使園(現，児童養護施設)を開設し，*善き牧者愛徳の聖母修道会は仙台に渡来した翌年の1936年には，女子免囚者保護と託児事業のための愛の聖母園(現，児童養護施設・小百合園とさゆり保育園)を開設した．

　1936年，長崎県五島の奥浦慈恵院に診療所が開設された(現，聖マリア病院)．十字会の会員が精米所を経営するなどして自分たちで医師を養成，診療所を設けるに至ったのである．同年，*長田シゲ等によって光の園病院が別府に設立されたが，1945年に接収され，戦後は児童養護施設・光の園白菊寮が開設された．

　1941年，太平洋戦争開戦とともに宣教師や修道会員の多くが敵性外国人となったため，カトリック社会事業の多くは継続が困難となる．中断・縮小された事業もあったが，多くは日本人司祭や日本人の修道会員によって継続された．

【戦後のカトリック社会福祉事業】戦後の我が国の社会福祉について述べるとき，米国のララ救援物資を除くことはできない．アジア救援公認団体(Licensed Agencies for Relief in Asia, 略称 LARA)は1946年に日本，沖縄，朝鮮半島の救援事業を目的として米国で結成された慈善団体である．当初ララを結成したのはプロテスタント諸派合同の教会世界奉仕団，*キリスト友会のアメリカ・フレンズ奉仕団，カトリック戦時救済奉仕団など13の主としてキリスト教系の団体であったが，後には日系一世・二世を含む在米日系人たちやカナダ，南米の諸団体も参加した．1946年11月末，ララ救援物資を満載した船が横浜に初めて入港，以後1952年3月末まで食料，衣料，医薬品等，全くの民間の援助が続いた．ララ物資は日本全国に配分され，その恩恵を受けた人は1,400万を超えたといわれる．カトリックの福祉関係の諸施設もララ物資の支援を受けながら復興を遂げた．

　カトリックの児童福祉施設は1946年に生活保護法による保護施設の認可を受け，さらに1948年に児童福祉法の児童養護施設・乳児院の認可を受けた結果，児童の措置費を受け取ることができるようになった．また1947年に来日した司祭 *フラナガンの示唆により始められた共同募金も民間社会福祉施設の財政を助けた．

　敗戦時，カトリックの児童養護施設・乳児院は20か所を数えた．1945年に大阪で *ヴィンセンシオ・ア・パウロの愛徳姉妹会により戦災者収容のため創設された聖家族の家に続いて，翌1946年には10以上の施設が各地で

開設され，その後 1950 年までさらに 16 の児童福祉施設が創設された．

次いで多いのは医療施設で，1945 年から 1950 年までに名古屋の聖霊病院（聖霊奉侍布教修道女会），横須賀の聖ヨゼフ病院（聖母訪問会），香川県坂出市の聖マルチン病院（*ドミニコ宣教修道女会），長崎の聖フランシスコ病院（*フランシスコ病院修道女会），姫路聖マリア病院（同前）の五つが設立されている．また 1955 年までに福岡県久留米市の聖マリア病院，大阪府箕面市のガラシア病院，仙台市の光ヶ丘スペルマン病院が設立されたほか，診療所も全国で五つ設けられている．

戦前からカトリックの施設では身寄りのない老人の世話もしていた．1963 年の老人福祉法による養護老人ホーム（従来は生活保護法による養老施設）は 10 に満たないが，1965 年以降，聖母訪問会，*けがれなき聖母の騎士聖フランシスコ修道女会，*天使の聖母宣教修道女会などが各地に施設を開設，1970 年には *長崎純心聖母会が恵みの丘長崎原爆ホームを設立した．戦後から 1970 年までに創設された主な老人福祉施設は別表の通りである．

1965 年以降，知的障害児施設や障害児施設など児童福祉施設の設立も盛んになり，1970 年以降，高齢化社会の要請に応えて老人のための施設も数多く設立された．1999 年現在，カトリックの医療・社会福祉事業の施設は全国に 500 弱あるが，活動の中心を担っていた修道会会員や宣教師の高齢化と減少により，施設の統廃合も少なくない．今日，日本のカトリックの社会福祉事業は変革の時代に直面しているといえよう．

【文献】田代菊雄『日本カトリック社会事業史研究』（法律文化社 1989）． (田代菊雄)

にほんにおけるプロテスタントきょうかい　日本におけるプロテスタント教会　配列は以下の順である．
　　　歴史
　　　教育事業
　　　出版事業
　　　福祉事業

にほんにおけるプロテスタントきょうかい　日本におけるプロテスタント教会：歴史　19 世紀半ば日本の開国以後，米欧プロテスタント諸教派ミッション（→ 宣教会，宣教師）が日本各地に伝道し，そこより生まれた諸教会は，それぞれの *教派の伝統を継承しつつも，独自の展開を遂げていった．

【草創期】日本の教派の多くは，ミッションの指導や援助を受けたので，その本国の教派に準拠した *教理を唱え，教会政治を行った．しかし自主独立を志向した草創期の日本人キリスト者のなかに新しい試みが現れた．

〔基督公会の設立〕1872 年 3 月にアメリカ・オランダ系改革派（→ 改革派教会）宣教師の指導で生まれた横浜教会は「公会」（church の中国語訳）と称した．同年 9 月にアメリカの北部 *長老派教会，オランダ系改革派教会，アメリカン・ボード（American Board of Commissioners for Foreign Missions アメリカ外国伝道協会）などの宣教師たちが大会を開いたとき，彼らは伝道地に教派分立の弊害を避けるため，その援助で設立される教会は「基督公会」（→ 日本基督公会）という同一名称，会員の協賛を得て教師（→ 牧師）と *長老が政治を行うという同一教会政治をとることを決めた．しかし，長老派ミッション本部はこれに反対し，横浜，東京に長老公会を設立していった．横浜，およびその支教会ともいうべき東京の 2 公会の代員は，1874 年にアメリカン・ボードの支援で設立された神戸，大阪の 2 公会の代員と「日本基督公会条例」を採択したが，アメリカン・ボードの宣教師たちの反対のため，4 公会の法的合同は実現しなかった．

その後，1877 年にオランダ系改革派，北部長老派などの諸ミッションとそれらの関係教会は合同し，日本基督一致教会を設立した．しかし，その信条が余りにも教派的であるため，かつて公会に属した日本人キリスト者は反発した．他方，アメリカン・ボードの関係教会は，1886 年に日本組合教会（→ 日本組合基督教会）を結成したが，ミッションよりの独立意識は強く，その規約も簡素であった．そこで両教会は同年より約 4 年間合同運動を進めた．比較的長老主義的色彩の強い「日本基督教会憲法法並細則附録」，それを会衆主義（組合基督教会派）的に修正した「日本連合基督教会憲法並規則」とその附録が両派選出の委員の合意で提出されたが，組合教会側の反対で，この合同も実現しなかった．この合同が会衆主義の破壊になることを憂慮した *新島襄の強引な反対活動が，その口火となった．このようにして異なる教派的伝統に立つ教会の合同は，教派性の未熟な草創期のゆえに唱えられたが，またそのゆえに実現しなかった．

〔諸教派の成立と展開〕ミッションより教会へという世界各地のプロテスタント教会の趨勢は，伝道困難な日本でもみられた．その場合，日本の自立的教会を積極的に具現していく方法とミッションのもとで実力を蓄積したうえでこれを漸進的に実現する方法が現れた．

前者の方法をとったのは，先に述べた 2 教派である．組合教会との合同に見切りをつけた日本基督一致教会は，1890 年に *日本基督教会と改称し，憲法規則の大幅な改正とともに，*使徒信条とプロテスタント教理を簡潔に述べた前文よりなる *信仰告白を制定した．彼らは欧米の改革・長老派の信条を複雑で狭隘な教理として退け，自主的で包容性に富む簡易信条を唱えた．*ウェストミンスター信仰告白に立つ人々はこれに不満であった．彼らは排除されるか，傍流に追いやられた．ミッションよりの独立はこの教派の基本方針であった．ミッションの援助を受けず，独自の伝道を推進する大会伝道局の設置（1894），独立の伝道者養成機関東京神学社の設置（1904），ミッション補助の教会の格下げの処置（1905）などにみる通りである．この教派は，1908-1909 年に北部長老派やドイツ系改革派の諸ミッションと対等の協力規約を結び，1930 年代にオランダ系改革派ミッションとも同様の協調関係に入った．しかし，南部長老派ミッションとは，ミッションが一定の制約のもとに自派の伝道を進める申し合わせ規約を結ぶにとどまった．この教派は豊富な人材と強力な伝道によって日本最大のプロテスタント教派になったが，内部にさまざまな見解の対立を免れなかった．

1886 年に結成された日本組合教会（1897 年に日本組合基督教会と改称）は，会衆教会といわず，福音同盟会の教理的基礎 9 箇条を信仰箇条とした．その後，神の三位一体性やキリストの神・人性を否定するような新神学（後述）が現れたので，1892 年にキリスト教教理を五つの箇条書きにした信仰告白を制定した．この教派の独立志向は，この派の伝道機関・日本基督伝道会社に対するミッションの指定寄付金謝絶（1895），同志社とミッションとの断絶（1896），ミッション補助教会の組合教会への移譲

(1905)にみられる．しかし，両者の協力関係は，すでに1905年の協定にみられ，さらに1921年の伝道事業協定によって具現した．この教派は各個教会の自主独立と相互協力を基調として活動を進めていったが，機構の整備と充実を図るうちに，その会衆主義的特質が危ぶまれる事態が1930年代に生じた．

ミッションと全く無関係に日本独自の行き方をした教会に無教会(→ 無教会主義)がある．その創唱者 *内村鑑三は，キリストの贖罪信仰に生きるならば，現存の教会の教職や *聖礼典はその信仰の妨げになっているとし，1900年代に毎週の聖書研究集会の開催，毎月の聖書雑誌の刊行によって無教会集団を創出した．彼の立場をそれなりに継承した人たちは，同様の活動を展開していった．

もう一つの方法をとったミッションとその関係教会も漸進的に日本独自の教派を設立していった．アメリカ合衆国聖公会(→ 聖公会)国内外伝道局，英国教会宣教協会(Church Missionary Society, 略称 CMS)，英国福音宣布協会(Society for the Propagation of the Gospel, 略称 SPG)の協定により，1887年に *日本聖公会が設立された．その名称をエピスコパル(episcopal *監督・*司教・*主教的の意)とかアポストリック(apostolic *使徒的の意)とせず，使徒信条の古典的表現を採用し，後に *ランベス四綱領(1888)といわれたものの主旨を採択したことは，この教派が日本独自の，開かれた教会であったことを物語る．この教会は1896年に地方部制度を確立し，ミッションの伝道主教がこれを管轄することになった．これは主教制の教会として当然の処置であったが，日本聖公会の独立性，統合性を困難にした．1923年にようやく二つの日本人主教区が出現したが，他の8地方部は従来通りであった．その背後に教会の自給という困難な問題があった．その意味で，戦時下の外国人主教の辞任は，この教会を苦境に追い込んだ．

日本メソヂスト教会(→ 日本メソジスト教会)は，1907年に北米メソジスト3派の合意によって設立された．3派の宣教師や関係教会は長期にわたり合同請願を繰り返したが，その実権をもつ母教会の賛同を得ることができなかった．その主要原因は南北メソジスト監督両教会の監督制，カナダ・メソジスト教会の年会議長制の相違にあった．ようやく発足した日本メソヂスト教会は，監督制(→ 監督教会)をとり，特別の聖別式(→ 聖別)を行うが，任期を8年(後に4年，再選可)とし，その権能もアメリカとカナダの中間のようなものにした．その宗教箇条は J. *ウェスリの定めた25箇条を18箇条に短縮し，「政府に対する義務の事」として *天皇制国家への忠誠を掲げた．このような意味で，日本メソヂスト教会は日本独自の教派であったが，三つのミッションは従来通りの方法で諸事業を経営し，宣教師人事を管理し，教会の伝道に関してだけ，日本側の委員と協議することになっていた．このことは，メソヂスト教会の維持・拡大には有効であったが，教会の自主独立性を困難にした．この教会は強固な中央集権的体制とミッションの援助，組織的伝道と会員の熱心な活動で教勢を伸ばしていったが，さまざまな問題を残すことになった．

このほか，アメリカの北部と南部のバプテスト・ミッションのもとに設立された諸教会はバプテスト主義(→ バプテスト教会)を掲げ，教会政治を行っていたが，教会の自給は容易でなく，それだけにミッションの援助と指導を余儀なくされた．*日本福音ルーテル教会はアメリカの四つのルーテル系ミッションの伝道より生まれ，古典信条とともにルーテル教会固有の信条を信奉し(→ ルター教会)，漸次独立自治の態勢に向かっていったが，なお教会の自給は困難であった．

以上は広義の *福音主義を掲げる教派であるが，このほかに聖書逐語霊感説(→ 聖書の無謬性，聖書の霊感)に立ち，純福音を唱えるという福音派として *ホーリネス教会，自由メソジスト教会(→ 自由メソジスト教会)，*ナザレン教会，アライアンス日本伝道隊，セブンスデー・アドベンチスト(→ セブンスデー・アドヴェンチスト)など多数の教派があった．その典型としてのホーリネス教会は1901年に伝道を開始し，新生(→ 再生)，*聖化，神癒(→ 癒やし)，*再臨を四重の福音として唱え，1917年に東洋宣教会ホーリネス教会を結成した．この教会は特定のミッションとの関係はなく，メソジスト監督政治を行った．その創唱者の一人で，監督に選ばれた *中田重治のカリスマ的指導性がこの教会を支えていた．この教会は1930-31年のリヴァイヴァル(→ 信仰覚醒運動)によって教勢は倍加したが，その後中田の主張に対する反発が生じ，1936年に分裂し，反中田派は日本聖教会，中田派はきよめ教会を結成した．

なお，1917年に日本年会を組織し，独自の礼拝様式を守り，試練に満ちた平和運動を唱えた基督友会(→ キリスト友会)，1895年の英国の *救世軍万国本営の日本宣教開始に始まり，救霊と聖潔の実践を唱えて *廃娼運動や禁酒運動に挺身した救世軍日本本営も，ユニークな伝統に立つ教派であった．

〔神学論争〕草創期に日本に導入されたプロテスタント・キリスト教は，福音主義的キリスト教であった．それは，キリストの救済(→ 救い)と *聖霊の感化による魂の更新を唱えた英米のメソジスト運動，神の *摂理のもとに人間を捉え，その全き堕落(→ 原罪)とキリストによる救済の体得とそれに生きる厳格な倫理を主張した米国の大覚醒運動に根ざしていた．日本人キリスト者は，無邪気に聖書に学び，宣教師やキリスト教的信念に立つ外国人教師への人格的信頼のゆえに彼らの福音主義を受け入れ，その日本の精神的伝統への関わりを求めていった．ところが，1880年代後半に新神学(*自由主義神学)といわれるものが日本に導入された．具体的にいえば，ドイツの普及福音新教伝道会(→ 普及福音教会)の宣教師たちが，*聖書批評学による聖書の歴史的理解を伝え，伝統的教理によらず，宗教の本質概念に基づきキリスト教をその最高の発展段階として捉え直したものである．アメリカ・ユニテリアン協会(→ ユニテリアン)は，伝統的な *三位一体論や *キリスト論を退けて，人間の *宗教意識の普遍的価値の現れとしてのキリスト教を強調した．これらの教派は伸び悩んだが，新神学の影響を受けて，福音主義が拠って立っていた伝統的教理を退けるとか，それに新しい解釈を試みる者たちが，特に組合教会の指導者のなかに現れた．

20世紀の到来を迎え，福音主義の教会や団体の連合組織である日本基督信徒福音同盟会は，諸外国と呼応し，大挙伝道を実施した．ところが伝道者の間に言説の相違があり，聴衆は戸惑った．*植村正久は，福音同盟会が掲げる「福音主義」の内容が曖昧であるから，そういうことになると述べ，そのなかで *海老名弾正のことに触れた．その結果，両者の間に三位一体論，キリスト論について神学論争が始まった．植村は伝統的教理に立脚して海老名の矛盾をつき，海老名は自己の宗教的体験と *儒教的論理をもって伝統的教理に新しい解釈を加えていった．この論争を背景として，1902年の福音同盟

会第11回大会は，福音主義を主イエス・キリストを神と信ずることとする決議をした．確かに，これは植村の立場を認めたことになる．しかし，その決議案は，いったん否決された同種の議案を再審議したものであり，しかもその決議はとっさに行われた．そのために福音同盟会の会長，副会長は決まらず，紛糾した．1906年の第12回大会は教会合同問題を取り上げ，25名の調査委員をあげたが，そのなかの合同基礎案作成委員に植村や海老名が選ばれた．また，1911年に福音同盟会を改組した日本基督教会同盟は，「本同盟は同盟教会の信仰政治其他に対し何等の決議を為すを得ず」(規則第1条)とした．そうなると，海老名が除名されたとか，植村の立場が日本の教会全体に確認されたという観測は，成立しなくなる．

もう一つの神学論争もこのことを裏づける．1908年に植村が『基督教世界』の編集人である加藤直士(1873-1952)の言説を論難したことに端を発し，『福音新報』の大谷虞(1869-1919)たちと『基督教世界』の加藤，渡瀬常吉(1867-1944)，津荷輔(1873-1943)が贖罪論について論争した．図式的にいえば，前者は刑罰代償説，後者は道徳感化説に立っていた．4か月続いた論争は物別れに終わった．前者の背後に植村，後者の背後に海老名がいたことは，明白である．

1930年代に日本のプロテスタント神学者の多くはバルト神学に転換し，それによって確かな神学的根拠を得たとしたが，*ドイツ教会闘争における K.*バルトの*ナチズム批判に学ぶことなく，日本の*ファシズムと軍国主義のなかで言葉を失っていった．

【日本基督教団の設立】日本のプロテスタント教会は少数者集団として反キリスト教的社会に生きてきたので，相互の協力や提携を進めていった．1878年の日本基督教信徒大親睦会，1885年の日本基督教徒同盟会(後に前述の日本基督信徒福音同盟会と改称)，1911年の日本基督教会同盟の結成にみる通りである．さらに，世界各地の諸教派協調の気運に応じて，1923年に諸教派，諸団体，ミッション同盟による*日本基督教連盟が設立された．アジア各地やカナダに合同教会が出現しているので，連盟はミッション同盟の提案を受け，教派合同気運を促進する必要を覚え，諸教派に委員選出を求め，全国基督教協議会で教派合同問題を論じた．委員会は最終的に「日本基督公会規約(試案)」を1937年にまとめ，これを公表した．しかし，*信条主義に立つ日本福音ルーテル教会，教会同盟結成を求める日本基督教会は，この規約案に反対した．そのため，連盟の教派合同運動は停滞した．

すでに戦時体制にあった天皇制国家権力は，戦時目的完遂のため宗教界にも統制と動員を強化する意図のもとに，宗教団体法案を1939年に帝国議会に提出し，これが成立した．諸教派の指導層は，この法によってキリスト教が他宗教と同列に立ち，文部省の保護のもとに置かれると判断し，この法による自派の教団規則作成に着手した．1940年6月に文部省は教団設立最低基準を教会数50，信徒数5,000としたので，それに満たない教派はそれを満たしている教派に合同するか，類似教派と合同してこの基準を超えようとした．ところが，同年7月末に救世軍幹部スパイ容疑取調事件，8月初めに宣教師スパイ視報道があり，これらに困惑した指導者たちは，この際ミッションとの関係を絶つこと，自給できない教会のためにも全プロテスタント教派の合同を実現することによってこの苦境を乗り切ることを決めた．10月の

「皇紀二千六百年奉祝」全国基督教信徒大会は新体制に即応し，教派の別を棄て，「全基督教会合同の完成を期す」と宣言した．1940年10月より1941年3月まで各派選出の教会合同準備委員は信仰職制上の問題を論議したが，信条問題で破綻した．結局，諸教派は宗教団体法のいう統理者制をとるが，暫定的に部制をしき，自派の信条や機構を保持しつつ，その連合体として *日本基督教団(以下，教団としばしば略記)を設立することで合意に達した．

1941年6月に日本基督教団創立総会が開催されたが，その教団規則は文部省の認可をまだ得ていなかった．教団機構の一元化を求めていた文部官僚は，部制に難色を示した．教団幹部はその早急な廃止を誓約した．1942年6月の第6部・第9部(ホーリネス系)教師一斉検挙事件により，教団関係者は，部制を廃止しないと各個撃破に遭うのではないか，と憂慮した．同年11月の第1回教団総会は，信仰告白をもたないままに部制を廃止し，単一機構をとることを決めた．従来の教派関係の神学校の統合が進められ，最終的に男女各1校の教団神学校が設置された．合同教団に参加せず，自派の教団設立認可を得なかった日本聖公会では，教団との合同問題で見解が対立し，結局約3分の1の教会が教団に加入した．教団は，戦時目的完遂のため，物心両面にわたり国策に奉仕する宗教報国団体となって，国の内外で活動した．

【戦後の再編と再建】1945年8月に日本は連合国に無条件降伏をした．アメリカ占領軍は日本の非軍事化，民主化を進め，それに応じて戦後改革が行われた．

教団当局は，敗戦を自己の忠誠心の不足，報国の念の乏しさによるとし，天皇の「聖旨ヲ奉戴シ」，新日本建設に貢献しなければならない，と表明した．そして，戦争責任を問われたとき，自分はそうではない，と答えた．そして，新時代の到来に合わせて役職の交替(辞任，新任でなく)を行い，キリスト教ブームに乗じて新日本建設キリスト運動を進めていった．教団は戦後改革に応じて制度の再編を行った．1945年12月に宗教団体法が沖縄を除き廃され，宗教法人令(→宗教法人)が公布・施行されたので，宗教団体法に準拠して作られた「日本基督教団教団規則」は用をなさなくなった．1946年10月に制定された「日本基督教団教憲教規」は，教理部分では教団規則をほぼ踏襲し，教団規則の統理者制を廃止して会議制を教会政治の基本とし，教団規則の行政・事業機関は戦後の状況に応じて再編し，教団規則の旧植民地の2教区，北海教区樺太支教区，中国の3布教区，九州教区沖縄支教区を削除した．もとより，これでは不十分であるというので，1950年に機構改革を行った．それは教団機構の民主化，中央機構の簡素化，教区権限の強化を柱とした機構の再編であったが，かえって煩雑な委員会制度となり，所期の目的を果たすことにならなかった．信仰告白の制定は教団創立以来の懸案であった．1954年の第8回教団総会は使徒信条とプロテスタント教理を簡潔に述べた前文よりなる信仰告白を制定した．その成立過程において，信仰告白のある語句に関して「度外れた解釈」は認められないという答弁があり，信仰告白の自発性と拘束性を巧みに両立させる見解が報告された．このように多くの問題を残した教団であったが，それが分解しなかったのは，教団を合同教会として再建しようとする教職・信徒の熱意と努力に加えて，北米の8教派ミッションが教団の存在理由を認め，その支援協力のために連合委員会を結成し，これに呼応して教団，諸団体，連合委員会の代表が内外協力会を組織した

ためであった.

しかし、教団が宗教団体法の廃止によってその法的根拠を失ったとき、またその再編によって合同教会の再建に着手したとき、多数の教会が教団を離脱した. 彼らの多くは旧教派に復帰するか、あるいは新教派を設立した. 幾つかの事例を取り上げる.

日本聖公会は戦時中、法的に解消を余儀なくされた. 1945年10月に主教会は法憲法規への復帰と教団に加わった教会と聖職に聖職復帰式文による復帰を勧告し、同年12月に再建臨時総会を開催した. 1948年には大部分の聖職と教会は復帰した. さらに、同年に主教会は1943年に教団に加わった3主教によって不正規に按手された7人の主教(1名死去)を管轄権(主教区)をもたない主教として認めることとし、同年の第8回*ランベス会議において全管区の了承を得た. 法憲法規や祈祷書の改正が行われ、特に1965年の第28回総会は日本聖公会を世界の聖公会の一管区とし、首座主教を設置することを決めた. これによって、日本聖公会の統合性、他の管区との平等な関係性が生まれることになった.

宗教団体法のために日本基督教会に併合・吸収され、日本語使用さえ求められた(在日)朝鮮基督教会は、1945年11月に在日本朝鮮基督教連合会を結成し、翌月教団に脱退を通告した. 彼らは1947年に憲法を制定し、翌年名称を在日大韓基督教会と改めた. 1946年に創立大会を開催した日本基督改革派教会は旧日本基督教会で保守的カルヴァン主義(→カルヴィニズム)を唱えた人たちによって新たに結成された. その創立宣言は、聖書の無謬性、ウェストミンスター信仰基準の信奉、長老制の採用を明確に掲げた. この教会は南部長老派ミッションとの協力関係を結び、伝道を進めていった. 旧日本バプテスト西部組合の諸教会はバプテスト主義に生き、南部バプテスト・ミッションとの協力も勘案して教団を離脱し、1947年に日本バプテスト連盟を結成した. 戦後この教派の教勢は著しく伸張した. 旧日本福音ルーテル教会関係者は教団を教会連盟とすることを提唱し、教団当局と折衝したが合意に達せず、世界のルーテル教会一致信条よりみれば、教団が曖昧な内容の信仰告白のうえに単一機構をつくろうとしていることに飽き足らず、1947年に臨時総会を開き、教団離脱を決めた. 日本福音ルーテル教会は乱立傾向にあるルーテル諸ミッションとその関係教会との合同を漸次進め、1963年の東海福音ルーテル教会との合同でひとまず終止符を打った.

旧日本基督教会の一部の人たちは、教団の現状に不満を覚え、1948年に各地の協力伝道会を結集して日本基督教協力伝道会を結成し、使徒信条のみならず*ニカイア信条を告白し、独自の伝道活動を展開し、これを教団内の一会派として公認するように求めた. 教団はこれを教会のなかに教会をつくることになるとして退けた. 彼らは1951年に日本基督教会創立大会を開催した(1995年に日本キリスト教会と改称). この教会は、旧日本基督教会の伝統を継承しつつも、より徹底した信仰告白(制定1953)の信奉、長老制の確守を唱え、自主独立の教会として1956年に世界長老主義教会連盟に加わった. 旧日本バプテスト東部組合関係者は1948年に日本基督教新生会(1953年に基督教新生会と改称)を結成し、相互の連携を強化、1951年に教団当局に会派の公認と教憲中の公同教会条項の削除を求めて折衝したが合意に達せず、会談を打ち切った. そのため一部の人々は教団を離脱した. 1954年の教団信仰告白の制定もその拘束性を認めない人たちに離脱を促した. 1958年の第10回基督教新生会大会で教団残留教会と離脱教会の間に合意が生まれ、後者は日本バプテスト同盟を結成した.

このほか、旧ホーリネス教会の一部を除く福音派の諸教会、基督友会、救世軍も教団を離脱し、自派の伝統に立つ活動を進めた. 特に福音派の諸教会は、国内外の大衆伝道者を迎えて華々しい集会を開催し、日本福音連盟(設立1951)、日本プロテスタント聖書信仰同盟(設立1960)、日本福音主義宣教師団(設立1968)、そして三者の協力組織としての日本福音同盟を結成(1968)して相互の結集を図った. 日本基督教団は諸教派と並び立つ一つの教派として合同教会の特質を内実化することを求めていった.

その日本基督教団と合同した沖縄キリスト教団について述べる. 1945年の沖縄戦、米軍統治のなかで沖縄の教会は本土の教団より分断された. 生き残ったわずかの信徒と帰郷した数名の教職は、1946年に沖縄キリスト(教)連盟を結成し、米軍チャプレンの支援を得て教会の創設と再建に着手した. 1950年に連盟は沖縄キリスト教会と改称し、組織づくりを始めた. 1953年より日本基督教団との交流が生じ、1956年にその信仰告白を採択し、翌年沖縄キリスト教団と改称し、1962年にその教憲教規に準拠した自派の教憲教規を制定した. 1966年より両者は合同を協議し、1968年にそれを決議したが、これは日本基督教団の沖縄キリスト教団併合・吸収に等しかったので、1978年以後、合同の捉え直しと実質化が進められることになった.

戦後日本のプロテスタント諸教派はさまざまな方法で宣教活動を行っていった. しかし、どのような宣教活動に携わるにしても、その主体である教会が自己を省み、自己の過ちをみいだしたとき、これを心に刻み、信仰によって自己を新たにしてその使命に生きるのでなければ、その活動は福音にふさわしい生き方とはいえない. プロテスタント教会は「つねに改革されるべき教会」であろうとするからである. 近来日本のプロテスタント諸教派はアジアの民衆や教会と出会い、また日本の軍事大国化と右傾化に関わるさまざまな問題に取り組むなかで、戦争そして戦後責任を表明するようになった. その教派・団体名とその表明の年月日を列挙する.

日本基督教団(1967.3.26)、日本福音ルーテル教会(1969.2.28; 1993.8.8)、日本基督改革派教会(1976.4.28)、日本バプテスト連盟(1988.8.26; 1994.11.18)、日本基督教会(1990.10.19)、日本バプテスト同盟(1992.8.26)、日本ナザレン教団(1993.3.15)、*日本キリスト教協議会(1995.1.5; 1995.4.13)、沖縄バプテスト連盟(1995.3.21)、日本福音キリスト教会連合(1995.4.27)、日本福音同盟(1995.6.14)、カンバーランド長老キリスト教会日本中会(1995.8.15 → カンバーランド長老教会)、日本聖公会(1995.8.31; 1996.5)、キリスト友会日本年会・社会平和委員会(1995.12.8)、日本キリスト教婦人矯風会(1996.5.23)、日本ホーリネス教団(1997.3.20).

これらの告白あるいは宣言、声明は、具体的な問題を取り上げ、その過ちを指摘する. そして、その歴史を信仰において捉えるがゆえに、神のゆるしと導きのもとにその罪を悔い改め、その負い目を担い、明日に向かって前進する決意と方向性を明らかにしている. それはまさしく日本におけるプロテスタント教会の歴史を捉える視点を提供したものといえよう.

【文献】日キ歴701; 土肥昭夫『日本プロテスタント・キリスト教史』(新教出版社 1980 ⁺1997); 同志社大学人文

科学研究所編『日本プロテスタント諸教派史の研究』(教文館1997); 日本基督教団宣教研究所教団史料編纂室編『日本基督教団史資料集』全4巻 (日本基督教団宣教研究所 1997-98).　　　　　　　　　　　　(土肥昭夫)

にほんにおけるプロテスタントきょうかい　日本におけるプロテスタント教会: 教育事業　我が国ではプロテスタントの＊キリスト教教育は, 教会の＊日曜学校の教育, キリスト教学校の教育, キリスト教幼稚園の教育として展開されてきた. これらは共通して北米のキリスト教や宣教師の影響下に進められてきた. ここでは主に日曜学校(教会学校)について述べる.

【日曜学校の歴史】〔初期の安息日学校〕最初のプロテスタント宣教師が来日して4年後の1863年(文久3)2月17日, 横浜居留地39番館の＊ヘボン邸で, 第1日曜学校(The First Sunday School)が開かれた. アメリカで日曜学校の経験があるヘボン夫人(Clara Leete Hepburn, 1818-1906)の発意で始められ, バラ(James Hamilton Ballagh, 1832-1920)が居留地在住の外国人子女に教えたとされている.

1873年(明治6), ＊切支丹高札の撤廃後, 各地で日本人のための安息日学校(Sabbath School)が始められた. これは, 当時のアメリカでの呼び方に倣ったものであるが, 日曜安息の厳守を意識したものであった(→安息). また日本では従来, 陰暦が用いられており, 一・六の日休暇(毎月1と6のつく日が休日)であった. したがって＊日曜日の観念がなく「日曜学校」ではなく「安息日学校」と呼ばれた理由はここにもあった. 1876年, 一・六の日休暇を廃し, 日曜全休・土曜半休となり, 翌年頃から東京の各地にキリスト教の講義所ができ, それらが教会となり, 安息日学校や日曜学校が開かれた. 宣教師から日曜学校のことを聞いて, 子ども好きの信者が子どもを集めて講話をしていた.

当時の社会には反キリスト教感情があり, 子ども集めのためにカードを用いた. カードはアメリカで聖句暗誦を励まし, 聖書物語を絵図でわかりやすくするために用いられていたものを宣教師が取り寄せ, 原胤昭(1853-1942)が1874年, 銀座3丁目に開店した十字屋書店が印刷し発売した. 日曜学校用カード「教への札」である. 教材として重要だったのは問答書で, アメリカで作られた＊教理問答書の翻訳である. 1871-72年頃のものと推定される『さいはひのおとづれ, わらべてびきのとひこたへ』は, 当時最も広く用いられた.

子どものキリスト教雑誌『喜ばしき音』が1876年マクニール(S. B. McNeal)によって創刊された. 初め＊植村正久が手伝い, 1882年『喜の音』と改題して三浦徹(1850-1925)が編集にあたり, ミラー夫人(Mary Eddy Miller, 1834-1910, 旧姓キダー Kidder)が協力した. これは安息日学校生徒の間に広く読まれた.

1880年4月, 築地新栄町教会でロバート・レイクス日曜学校創設百年記念集会が開催され, 参会者は500名を超えた(→レイクス). 大部分は青年や大人であったが市内の生徒も参加した. 外国人代表フルベッキ(Guido Herman Fridolin Verbeck, 1830-98), 日本人代表・田村直臣(1858-1934)が演説をした. これを契機に安息日学校はさらに進展の方向をたどった.

〔日曜学校の発展〕明治初頭の政府の欧化政策によりキリスト教会は急激に発展し, 1882年には教会数168であったのが, 1888年には212となり, 日曜学校数は272校, 生徒数は1万2,559名と報告された. 1880年代末になって安息日学校から日曜学校へと改称された.

日曜学校の教案は, アメリカで広く使われていた統一教案(Uniform Lessons, 大人も子どもも同じ聖句, 同じ主題で学ぶ教案)が1872年に宣教医ベリー(John Cuting Berry, 1847-1936)により紹介されたが, 一般には1880年代以後に使用された. 植村正久は1890年に, これを翻訳して『福音週報』誌上に発表し(1890-91), 田村直臣は万国日曜学課注釈として『基督教新聞』(1883年発刊の『東京毎週新報』を前身として1885年75号よりこの名になり, 1903年には『基督教世界』と改名)に連載した. これにより日曜学校間の協同的機運が始まった. 1887年, 『基督教新聞』に「日曜学校工人会」の案内が出た. 1893年, 京都市安息日学校生徒大奨励会を同志社で開催し, 翌年, 大阪で連合日曜学校生徒大会, その翌年, 同志社で京都市内安息日学校連合親睦会を開催した.

日曜学校の全国的発展に伴い, 教師の資質向上が求められ教師養成が問題とされた. 1899年7月, 各教派牧師の発起で, 5日連続の第1回日曜学校教授法講話会が霊南坂教会で開かれた. これまでも日曜学校教師講習会は各地で随時開かれていたが, 教師の学的研究を目的とし, 各教派を網羅した大規模なものはなかった. この講話会は引き続き関東・関西で行われたが, 研究熱はますます強まり, 1906年には鎌倉で日曜学校夏期講習会を開催した. 閉会後の特別集会で全国日曜学校を網羅する全国組織を結成すべしとの議がまとまり, 世界日曜学校協会実行委員会より派遣されたフランク・ブラウン(Frank L. Brown)を迎えて, 翌年5月芝教会で開かれた第1回全国日曜学校大会において日本日曜学校協会が成立した. これにはハインツ(Henry John Heintz, 1844-1919)の援助が大きかった.

その後日曜学校は順調に発展し, 1920年(大正9)には第8回世界日曜学校大会が東京で開催された. 32か国から外国人代議員1,212名を迎え, 日本人代議員786名, その他の参加者を加えて2,378名を数えた. 10月5日の開会直前に東京駅前の大会会場が火災で全焼したがYMCA会館(→ワイ・エム・シー・エー)と＊救世軍本営で開会式を開き, 第3日より開演中の帝国劇場は興行を中止し大会会場に提供された. これはアジアにおける最初の世界大会であった.

日本日曜学校協会は1914年に『日曜学校』を発刊した. 各教派でも組合教会(→会衆派)教育部は『宗教教育』, ＊日本メソジスト教会日曜学校局は『教師の友』, 日本基督教会日曜学校局は『日曜学校の友』をそれぞれ出している.

日曜学校会館の建設は, 世界大会の頃から懸案事項であったが, 1923年, 協会が財団法人の認可を受け, 1931年(昭和6), 東京神田錦町に日曜学校会館を建設し, 同時に協会創立25周年を祝っている. これらは日本の日曜学校運動の目覚ましい発展と充実の現れであり結実であった.

日曜学校事業は, 教案の出版, 教師講習会, 生徒大会など諸集会開催, 世界大会への多数の代議員派遣など, 目覚ましい活動を展開した. この時期, 特に＊宗教教育への関心が高まり, 『基督教宗教々育講座』(全10冊)をはじめとする宗教教育の講座・講義録・研究書の出版のほか, 児童説教や童話の刊行が相次いだ.

【福音主義による宗教教育】上述した日本日曜学校協会を中心とする日本の日曜学校運動は, 理論的にも実践的にもアメリカの日曜学校, とりわけ20世紀初めの「宗

教教育運動」(Religious Education Movement) から大きな影響を受けてきた．神学的には*自由主義神学，教育的には進歩主義教育理論に負うところが多かった．その代表者コー (George Albert Coe, 1862-1951) は，*ドイツ観念論を背景とするプロテスタント教育学を継承し，イエスの福音が人間の精神的価値に最高の体系を提供するものとした．

これに対して 1930 年代に*弁証法神学 (→ K. バルト) の立場から，宗教教育は聖書的なキリスト教的人間観に立脚すべしと主張された．1935 年，桑田秀延 (1895-1975) の講演「福音主義より見たる宗教教育―キリスト教宗教教育の原理を求めて」はその代表である．人間の*人格は自律的なものでなく神の賜物 (→ 恩恵) である．人間の*主体性はギリシア的な永遠のものではなく，神に依存した応答性なのである．宗教教育では神から離れて自律的な人間形成を考えるのではない．自らの可能性に基礎を置く*自我の実現ではなく，神に従い神を愛することを目標とすべしと桑田は論じた．これに対して 1933 年 7 月，雑誌『日曜学校』は「危機神学と宗教教育の問題」を特集し，田村直臣は「バルト神学と宗教教育」を寄稿したが，当時の日曜学校指導者たちは，理論的にこれに対応することはなかった．彼らの多くは*牧師，教師として純粋に子どもに福音を伝えることに情熱をもち，実践的に日曜学校教育に専念していた．善意をもって児童中心的でしかも神への信仰に根ざした宗教教育の活動を続けていたのである．

桑田講演の問題提起を受け止め，福音と教育の関係の問題として*神学や*教育学の立場から解明が行われた．1930 年代のドイツの福音主義教育学 (evangelische Pädagogik) の動向を検討し，神学者の宗教教育批判を，福音と教育の*アポリアとしてでなく両者の緊張関係において捉え，弁証法神学が強調した神の絶対性と福音と*文化の断絶というモチーフを教育というすぐれて人間的・文化的営みのなかでいかに受け止めるべきかが議論された．まもなく戦時下となり，問題の進展は見送られた．

1939 年，宗教団体法が制定され，教会合同の議が起こった．1941 年*日本基督教団の成立とともに日本日曜学校協会はこれに合同し，その日曜学校局として活動を継続した．その際，日本日曜学校協会の全財産を新教団に無償で提供し，財団法人を解消した．大戦中，休校や廃校を余儀なくされた日曜学校が多かったが，教師の機関誌『教師の友』は謄写版刷りで継続され，疎開学童には「ハガキ日曜学校」が送られた．

【戦後の日曜学校事業】〔再開〕戦後の混乱と虚脱から教会は再建に踏み出し，北米諸教会の援助を受けて日曜学校も活動を再開した．東京はじめ全国各地で，教師修養会・講習会が盛んに行われ，同時に日曜学校生徒の集会も開かれた．

日本基督教団日曜学校局が中心となって日本日曜学校協会の再興が計られ，日本基督教教育協議会 (Japan Council of Christian Education, 略称 JCCE) が超教派の日曜学校団体として再発足した．JCCE は*日本キリスト教協議会 (NCC) 教会学校部，NCC 教育部へと継承されながら世界のキリスト教教育の動向と深く関連し，世界日曜学校協会 (World Sunday School Association, 略称 WSSA) が*世界キリスト教教育協議会 (WCCE) となりこれが*世界教会協議会 (WCC) 第 2 局 (宣教・教育・証し) として今日に至っているのと軌を一にしている．

1947 年にはヴィース (Paul Herman Vieth, 1895-1978) が連合軍総司令部宗教顧問として来日し，ワークショップや研究会を開催し，戦後のキリスト教教育再建に貢献した．とりわけそのカリキュラム研究会では「キリスト教教育の定義と目的」について以下の結論が出された．

「定義．キリスト教教育とは福音に基づき，教会がキリスト者を形成することである．

キリスト教教育とは福音に基づき，教育的過程を通してキリスト教信仰及び生活にあずからしめ，且つこれを完成せんとする努力である．」

「目的．キリスト教教育の目的は，信仰告白に至らしめる備えをなし，且つキリスト者としての生活を全うせしめることにある．

即ち，罪を悔い改め，イエス・キリストを救主と信じ，神を畏れ人を愛する生活に至らしめることである．」

この結論はキリスト教教育を「信仰と生活」(Faith and Life) の二本柱で考えるアメリカのキリスト教教育の考え方を反映する一方，戦前の福音主義教育論争が強く意識し，それに答えたものとなっている．これにより戦後の混乱のなかにあってキリスト教教育関係者は共通の問題意識をもつことができ，キリスト教教育の再建が始められた．

1950 年の*トロントの WCCE 世界大会は世界の日曜学校運動に新時期を画した．従来の友誼的・親睦的性格から研究課題を解決する性格の大会となり，これを機に日本の日曜学校界にも研究の気運が高まり，指導者研究集会を開催して新しい教会教育の理念を模索し，日本社会におけるキリスト教教育の役割を検討することで，理論面のみならず実践面においても重要な貢献をした．

〔戦後の日曜学校の理念〕1953 年 7 月 JCCE が創刊した月刊『教会教育』は，教会教育の理論と実践に重要な働きをした．キリスト教教育とは教育的方法をもってする福音の伝達であると定義し，福音のもとでの人間の教育活動の意味づけをした．キリスト教教育は，一般の教育で考える人間に内在するものを「引き出す」ことではなく，福音によって新しい人間が形成されることである．それは神が主体的にその業として人間を悔い改めと新生に至らせ，人間を新しく形成することであり，ここにキリスト教教育をキリスト教的人間形成である，とする新しい見解が現れている．

1955 年，日本基督教団宣教研究所は共同研究「現代日本におけるキリスト教的人間像」を行い，「教会教育」について「教会が神から委託された宣教の業を教育的に行うことを意味する．即ち，被教育対象を配慮しつつ，キリスト教的人間を形成する過程」と定義し，さらに「現代日本におけるキリスト教的人間像」に関しては，「今日のいかなる事態にも，キリストに従って，動的・主体的に決断し，行動する人間」とした．その人間とは次のようなキリスト教的個性をもった「キリスト教的実存者」と要約し，(1) キリスト教的抵抗者，(2) キリスト教的革新者，(3) キリスト教的連帯者，とした．

1958 年，プロテスタント宣教百年を記念し，世界基督教教育協議会第 14 回大会が日本で開催された．大会に先立ち第 2 回キリスト教教育インスティテュートが関西で開かれた．大会は東京都体育館，青山学院で開催され，海外 62 か国から代議員 846 名，宣教師 300 名，国内から代議員と一般参加者合計 8,000 名が参加した．このことは，戦後のキリスト教教育再建の結実であると同時に，宣教第 2 世紀に向かっての新しい教会教育の幕開

けであった．この世界大会を記念して『キリスト教教育講座』(全4巻)が出版された．

教会学校のカリキュラムについてはすでに1951年にJCCEカリキュラム委員会が「キリスト教教育の目的及び指針」を定めている．すなわち目的は，「教会におけるキリスト教教育の目的は，イエスを救主と信じ，父なる神との交わりに入らせ，聖書に示された神の意志に従って生活させることである」とされ，神，イエス・キリスト，聖霊，人間，教会，社会生活，聖書が指針として示された．

これに基づいて教会学校カリキュラムが作成され，各教派では教案を編纂し実施していたが，宣教百年を記念してNCC教会学校部では各教派の総力を結集して教会教育カリキュラム「神とその民」を編纂し，世界大会会場で献呈した．教会が繰り返し教えなければならないのは「まことの神を教えること」「ただ教えるだけでなく，その神と交わり，そのみむねに従って生きるものとなること」である点が強調された．

戦後キリスト教教育の動きで注目すべきことは，従来の「日曜学校」に代わって「教会学校」という名称が一般化したことである．日本基督教団では小学生・中学生には教育的アプローチを，高校生以上には伝道的アプローチを基本としてきたので，教団の教育委員会が担当する「日曜学校」では幼児・小・中学生を教育し，高校生以上の教育・伝道には伝道委員会があたるとされていた．教団の教育委員会では，全年齢層への教育の観点から「日曜学校」の名称を「教会学校」と改める提案をし，まず1954年に規則が「日曜学校(教会学校)」となり，1960年に「教会学校(日曜学校)」と改められた．教会の教育的使命の自覚に基づき，キリスト教教育を全教会の営みとし，人々の誕生から死までの全生涯と，生活の全領域を覆う働きとして自覚したからである．キリスト教教育の中心に教会を置き，教育の主体は教会であり，教会はそこで教育が行われる場所である以上に「教会が教育する」と考えた．

1970年に日本基督教団教育委員会は下記の教会教育の目標を定め，「総主題 恵みによって生きる」カリキュラムを編纂し，今日に至っている．「教会教育の目標は，神から委託された宣教の業として教会がひとびとを，キリスト者の交わり(→コイノニア)へと招き入れ，彼らがイエスを主と告白し，生活の全領域で隣り人とともに生きるものとなるように育てることである．

この働きによってひとびとは，主イエス・キリストに出会い，神の恵みを知り，感謝をもって主に服従し，この世における神のみわざに参与する者として，生涯にわたって成長しつづけるのである．」

ここには，カリキュラムの中心を「イエス・キリストに従う」ことに置き，教会が文化の諸領域においてその信仰を証しするものであること，全年齢・全領域を教育対象とすること，教会は教育の主体であり，人々を教えるのではなく育てるものであること，さらに生徒を教育の対象や客体としてではなく生涯にわたって発達し成長する主体としてみる，といったキリスト教教育についての新しい理解がみられる．

実践面では，教会教育の機能を担う専門職としてはキリスト教教育主事(Director of Christian Education, 略称DCE)がある．これは1920年代にアメリカで始められたもので，日本では1950年に聖和女子短期大学(現・聖和大学)で，1961年には青山学院大学文学部神学科Bコースで養成が始められ，1962年，日本基督教団の正規の職制と認定された．「キリスト教教育主事とは，教団の信徒であって教会教育への召命を受け，規定の学科を修得し，教団の定めるキリスト教教育主事認定試験に合格し，教会の招聘を受け，その教会の担任教師のもとに教会教育に関する教務を担当するものとする」(「日本基督教団教規」140条の2)．また1988年には「キリスト教教育主事の会」が組織された．

〔今後の課題〕1960年前後から教会学校の生徒減少が始まり，以後全国的に減少が続いている．これには少子化傾向をはじめとして，子どもを取り巻く生活環境の変化，青少年の興味・関心の多様化などさまざまな原因があげられている．これまで教会学校では教会の聖日礼拝の前に約1時間，礼拝と分級を行ってきた．教会学校の活性化は，「学校」というより「子どもの教会」として交わりの共同体を目指そうとする方向，あるいは，「揺りかごから墓場まで」の生涯教育として全年齢層を対象とするプログラムのなかで子どもを取り扱うという方向などで試みられている．また，1987年カトリックとプロテスタントの聖書学者によって翻訳された『聖書新共同訳』(→聖書の翻訳：共同訳)の刊行は，*教会一致促進運動(→エキュメニズム)の点から意義深いだけでなく教会教育にとっても重要なものとなろう．

【文献】高崎毅他編『キリスト教教育辞典』(日本基督教団出版部 1969); 山本忠興『日本日曜学校史』日本日曜学校協会編(日曜世界社 1941); 日本基督教団日曜学校部編『教案要目』『教師の友』付録(1951.4); 高崎毅「日本の教会学校写真ものがたり」『教師の友』(1954.10) 23-28; (1954.11) 25-30; (1954.12) 23-28; (1955.1) 25-30; (1955.2) 23-28; (1955.3) 23-28; 高崎毅，太田俊雄監修『キリスト教教育講座』全4巻(新教出版社 1958);『(綜合制)教会学校カリキュラム』(日本基督教協議会教会学校部 1960); 田村直臣「我が知れる日本の日曜学校」『植村正久と其の時代』第3巻(教文館 1966) 369-89; 日本基督教団教育委員会編『教会学校教師ハンドブック』改訂版(日本基督教団出版局 1968); 日本基督教団教育委員会「『恵みによって生きる』教案ガイドブック」『教師の友』(1971.2); 桑田秀延「福音主義より見たる宗教教育—キリスト教宗教教育の原理を求めて」『桑田秀延全集』4(キリスト新聞社 1975) 242-56; 片子沢千代松他編『日本における教会学校の歩み』(日本キリスト教協議会 1977).

(松川成夫)

にほんにおけるプロテスタントきょうかい　日本におけるプロテスタント教会：出版事業　我が国における*カトリック出版物は遡れば1590年代に*キリシタン版が*長崎で出版されているが，これに比してプロテスタントの出版は，1859年開港条約締結により宣教師*ヘボン，S. R. *ブラウンらの来日によって開始されたといえる．しかし*切支丹高札が撤去されるまではいわば秘密出版で，その多くは中国より流入した伝道文書の和訳本で木版刷りのものであった．その最古のものといわれているマッカーティ(Divie Bethune McCartee, 1820-1900)による『真理易知』(ヘボン訳 1864)，*十戒・*主の祈り・*使徒信条の『三要文』(ヘボン，奥野昌綱訳 1870)などである．また宣教師たちは禁教下にあってまず聖書の和訳の作業にとりかかった(→聖書の翻訳：日本語)．

【聖書】聖書の和訳と出版は日本のプロテスタントの出版事業の歴史の中核をなしている．最初の和訳聖書は，*ギュツラフ訳『約翰福音之伝』『約翰上中下書』(シン

ガポール 1837)，*ベッテルハイムによる琉球語訳『路加伝福音書』(香港 1855)であるが，いずれも国外であって，国内最初のものはゴーブル (Jonathan Goble, 1827-96)による口語訳『摩太福音書』(横浜 1871)である．1872 年宣教師団と日本側教師とで翻訳委員社中が設立され，S. R. ブラウン委員長のもとで和訳の作業が始まり，1880 年『新約聖書』，1888 年『旧約聖書』を刊行，ここに明治元訳と俗称される『旧新約全書』が完成した．その後 1917 年新約聖書の大正改訳版(文語訳)を経て，1954-55 年『口語訳聖書』(新約 1954，完訳 1955)が刊行された．次いでカトリック・プロテスタント両教会の共同事業の成果として 1978 年『新約聖書共同訳』が出版され，1987 年『聖書新共同訳』が完成した．以上の聖書の出版事業は 1875-76 年スコットランド聖書協会，米国聖書協会，英国聖書協会によって開始され，1937 年に*日本聖書協会に受け継がれて今日に至っている．

このほか特記すべきものとして，上記ゴーブルの系列でバプテスト派(→バプテスト教会)のブラウン (Nathan Brown, 1807-86)の『志無也久世無与』(しんやくぜんしょ) (横浜 1879)，永井直治(1864-1945)による個人訳『新契約聖書』(1928)がある．また福音派諸教会の『詳訳聖書新約』(1962)，『聖書新改訳』(新約 1965，旧約 1970)，*関根正雄の個人訳『新訳旧約聖書』(1994-95)をあげておく．

【讃美歌】聖書に次いで讃美歌は，1874 年教派別の 6 種が横浜，神戸，長崎で刊行された．それらが改訂・増補されて『新撰讃美歌』(歌詞のみ 1888，楽譜付 1890)となった．さらに 1903 年に各派共通の『讃美歌』ができた．この文語体の明治版は，戦後 1954 年に現代仮名遣いの改定版となり，1967 年『讃美歌第二編』が加わり，久しく使用されてきた．しかしさらに現代に適した歌詞，典礼用などの検討の結果，1997 年『讃美歌 21』が完成し日本基督教団出版局から刊行された．このほか*日本聖公会による『古今聖歌集』(初版 1902，改訂 1959)，日本福音連盟による『聖歌』(1958)，『新聖歌』(2001)が現在頒布されている．

【キリスト教書籍】〔明治期〕上述したように米・英聖書協会の事業は*聖書の出版・頒布に限定されているので，聖書以外の信仰書などを横浜・神戸の米国遣伝教師事務局(アメリカン・ボード)が出版し始めた．これに応ずるため 1874 年に米国聖教書類会社 (American Tract Society)，1876 年に倫敦聖教書類会社 (London Religious Tract Society)が横浜に設立され(後に東京築地に移転)，伝道用トラクト，信仰入門書，聖書講解，神学書を出版した．この 2 社は 1891 年合同し，1898 年に出版事業を築地の基督教書類会社 (Japan Book and Tract Society)に譲渡した(1907 年の書籍目録によれば，書籍 154 点，トラクト 280 点のほか，取次書籍・小冊子 119 点)．このほか，横浜にはメソジスト系(→メソジスト教会)の児童・婦人向けの常盤社(設立 1897)，バプテスト系の横浜バイブルプレス(設立 1874)があった．また 1875 年アメリカ・メソジスト監督教会が横浜に美以美教会雑書会社を設立した．1883 年東京銀座に移転してメソジスト出版舎となり，書籍の出版のほか聖書・讃美歌集の販売，洋書の輸入など幅広い商いをし，1896 年に教文館と改称した．また 1913 年に 22 ミッションの協力により日本基督教興文協会 (Christian Literature Society of Japan)が創設され，総幹事ウェンライト (Samuel Hayman Wainwright, 1863-1950)によりキリスト教

書の出版・普及活動が行われた．これが 1926 年教文館と合同して現在に至っている．

以上の宣教師によるミッション系に対して，原胤昭(1853-1942)が 1874 年東京銀座に日本最初のキリスト教書店十字屋を開業し，聖書・書籍の販売と出版を兼業した．『和漢対照新約聖書上』(1878)，*日本基督教会による『讃美歌』(再版 1882)のほか本邦初訳の*バニヤンの『意訳天路歴程』(佐藤喜峯訳 1878)を刊行した．また，福永文之助(1862-1939)は 1888 年大阪・福音社の東京店を開業したが，経営不振に陥った警醒社(*小崎弘道，*植村正久らにより 1883 年に設立)を引き受け，1891 年に警醒社書店と改称し，以後明治・大正期におけるキリスト教出版の主流として，*高木壬太郎編『基督教大辞典』(1911)はじめ 1,000 点以上の書籍を出版した．しかし 1923 年の関東大震災の被災により廃業となった．

一方関西では，今村謙吉(1842-98)が 1875 年神戸で『七一雑報』を創刊，1883 年廃刊後大阪に移転し，大阪・福音社と改称，主として関西地区の宣教師の協力でキリスト教出版を専業とした．ラーネッド (Dwight Whitney Learned, 1848-1943)の聖書注釈はその代表的なものである．1896 年今村が病に倒れ，矢island外次郎(1865-1948)に受け継がれた(これが現在の大阪創元社の源流となる)．また 1907 年西阪保治(1883-1970)が大阪で日曜世界社を創業し，児童書・日曜学校用書籍を専門として活動を始めた．

〔大正・昭和前期〕明治期に創業した教文館，日曜世界社に次いで，1910 年に河本哲夫(1887-1979)が神田に新生堂を，1924 年に横井憲太郎(1898-1946)が名古屋で一粒社を，1925 年に長崎次郎(1895-1954)が早稲田で長崎書店を，1930 年に斎藤敏夫(1892-1969)が堺でともしび社を創業した．新生堂は中山昌樹(1886-1944)の翻訳『カルヴィン基督教網要』(1934)，*熊野義孝の個人誌『プロテスタント研究』(創刊 1935)など，一粒社は*無教会主義系の書籍，長崎書店は*高倉徳太郎『福音的基督教』(1927)などの神学書，ともしび社は『キリスト教大衆新聞』(1930)や伝道書を主として出版した．日曜世界社は『聖書大辞典』(1934)，教文館は佐波亘(1881-1958)による『植村正久と其の時代』(1937-41)が代表的出版物である．またこの時代は，植村正久，*内村鑑三，*賀川豊彦，*山室軍平の出版活動の最高期であった．

しかし 1931 年満州事変に始まる戦時体制に傾斜していくなか，1937 年の*矢内原忠雄の東京帝国大学追放，1939 年の宗教団体法成立を経て，1941 年には出版の検閲・言論統制によるキリスト教出版の弾圧となり，さらに出版企業令により 1944 年プロテスタントの出版社(長崎書店，新生堂，日曜世界社，教文館出版部，日本聖書協会，YMCA 同盟の基督教思想叢書刊行会，一粒社，愛之事業社，基督教出版社，警醒社)が統合されて，新教出版社が創立された．しかし出版事業は停止状態のまま敗戦を迎えた．

〔戦後期〕1945 年 8 月敗戦によって出版・言論・*信教の自由が回復して，統合体の新教出版社から日本聖書協会が 1946 年に，教文館出版部，YMCA 同盟出版部が 1948 年に分かれ，それぞれ事業を再開した．また戦時中 1941 年に成立した*日本基督教団の出版部は，戦後実質的な出版活動を始め，1967 年日本基督教団出版局となった．戦後新しく創業したのは，1946 年キリスト新聞社(→『キリスト新聞』)，1947 年待晨堂，1949 年ヨルダン社(バプテスト系)，1950 年コンコーディア社

（ルーテル派），いのちのことば社，クリスチャン文書伝道団（福音派），1951年ルーテル文書協会（聖文舎）などであり，キリスト教出版事業は活気づいた．しかし敗戦直後は用紙不足，印刷能力の低下，資金難などのため，上記教派系の出版社以外は自立し難い状況にあった．そこで*日本キリスト教協議会（NCC）に文書事業部が設けられ，米国からの資金援助を受けて出版事業を推進させた．

一方，出版活動が活発になるに伴い，キリスト教専門書店が全国各地に開店し，書籍・雑誌の頒布・販売が拡大された．1951年に設立されたキリスト教出版協会は，1959年に書店を含めてキリスト教出版販売協会と改称，版元と書店の協力体制を確立した．さらに日本の出版業界のなかにあって，キリスト教書の全国的な流通機構の合理化を図る独自の卸センター，日本キリスト教書販売会社（日キ販）が1968年創業した．現在，プロテスタント・キリスト教専門出版社は12社，専門書店は全国に約70店がある．

敗戦後約半世紀にわたるプロテスタントの出版事業には幾多の浮沈はあったが，年間約200点以上の新刊が発行され，その内容は辞典・全集・聖書学・神学・宗教・思想・社会・教育・文学・児童・美術・音楽など広範囲にわたっている．ここでは主な辞典類のみをあげるにとどめる．『聖書語句大辞典』（教文館1959），『キリスト教大事典』（同1963），『新聖書大辞典』（キリスト新聞社1971），『キリスト教人名辞典』（日本基督教団出版局1986），『日本キリスト教歴史大事典』（教文館1988），『旧約新約聖書大辞典』（同1989），『カラー版聖書大事典』（新教出版社1991），『新共同訳聖書大辞典』（キリスト新聞社1995），『新共同訳コンコルダンス』（新教出版社1997），『新共同訳聖書辞典』（新教出版社2001）．

【雑誌・新聞】プロテスタントにとってキリスト教ジャーナリズムは教界のみならず，この世の政治・社会における*平和・*正義・*基本的人権などに対する発言を重視するものである．明治以来のものに植村正久の『福音新報』（1891-1942），柏木義円（1860-1938）の『上毛教界月報』（1898-1936），内村鑑三の『聖書之研究』（1900-30），矢内原忠雄の『嘉信』（1938-45），『開拓者』（YMCA同盟1906-56）がある．現在は『キリスト新聞』（1946- ），『福音と世界』（新教出版社1952- ）などがある．また信徒向けには戦後に『ニュー・エイジ』（1949-59），『月刊キリスト』（1959-73）があったが，現在は『信徒の友』（日本基督教団出版局1964- ），『百万人の福音』（いのちのことば社1954- ）が発行されている．なおキリスト教の書評誌として1937年に創刊された『興文』（英題 The Intelligencer）は戦時中休刊したが，1956年再刊し，1975年『本のひろば』と改題，続刊されている（キリスト教文書センター）．

以上プロテスタントの出版事業の歴史を簡略に記したが，明治以来福音の宣教と教会の形成，信仰の育成と神学の質的向上にキリスト教出版が果たした役割，また，キリスト教文化と思想の分野に与えた影響は実に大きなものがあった．そしてこのキリスト教出版の担い手は三つの類型に分けられる．第一は，聖書の出版である．明治以来の聖書の和訳と出版については最初に記したように，日本聖書協会の独占事業である．第二は，ミッション・教派の出版である．これは海外の資金援助によってその時代ごとに必要な伝道文書を刊行し，その目的を果たしたことは確かである．しかしその出版物の大部分は今日その生命を失っており，現在はほとんど活動していない．第三は，信徒による出版である．キリスト教出版の意義と価値を自覚し，神の言葉の宣教に参与する志をもって献身した先人たちは牧師・教職でなく，信徒であった．我が国のプロテスタントの出版事業は，これら信徒によって担われてきた．すなわち，信徒運動としての出版事業であったし，現在もそのような出版社・書店が文書伝道の使命を遂行している．

【文献】日キ歴 661-62; ザ・バイブルキャンペーン冊子：『和訳聖書の歴史』（日本聖書協会1993）． （秋山憲兄）

にほんにおけるプロテスタントきょうかい　日本におけるプロテスタント教会：福祉事業　明治維新以前より，プロテスタントの宣教師は，安政五か国条約（1858）に基づき，自国民のための宣教師として来日が認められた．日本人への宣教が禁止されているなか，宣教師たちは教育事業と慈善事業を通して日本人に働きかけていた．

【幕末・明治初期】〔外国人宣教師による医療・救済事業〕1859年（安政6），初めて宣教師が来日するが，そのなかには*ヘボンやシモンズ（Duane Simmons, 1834-89）のような宣教医がいた．その後も来日する宣教医は，医療およびその他の慈善・救済事業に著しい貢献をしている．ヘボンは福音書を和訳（→ 聖書の翻訳：日本語），和英辞書の編集にあたったほか，ヘボン式ローマ字でよく知られている．また，明治学院の最初の総理（院長）となるなど教育者としても有名である．しかし，彼は宣教医として来日したのであり，神奈川の成仏寺に住んで施療院を始めた．3年後，住まいを横浜に移し，そこに施療所を設け，その後15年，合わせて18年間，数万の人々を治療した．

明治新政府のもとで，日本各地に病院が設立され，欧米の近代医術導入のため，外国人医師が招かれる．外国人医師の年俸が高すぎて，よい医師が求められない場合もあったようである．1869年（明治2）に設立された神戸県立病院に，無給のベリー（John Cuting Berry, 1847-1936）が招かれるのは，来日した翌年の1873年であった．就任にあたり，ベリーは施療部を開くことなどを条件とした．1877年一時帰米，翌年再来日して，岡山県立病院の顧問，さらに京都で同志社病院と京都看護婦養成所を設立した．

ベリーの最も偉大な功績は監獄改良事業である．1873年，神戸県立病院の医師に依頼されて兵庫監獄を訪れたのを機に，ベリーは監獄改良を志した．内務卿・大久保利通（1830-78）の許可を受け，関西の監獄を実地調査して「獄舎報告書」を大久保に提出した．この報告書の写しは，実際に行えるものは改良実施せよとの行刑局長の訓示を添えて全国の監獄に送付され，監獄改良に大いに貢献した．

1876年，イギリスよりバチェラー（John Batchelor, 1854-1944）が宣教師として来日し，函館に居を定めた．そこで，先住民のアイヌが虐待され，悲惨な状態に置かれていることを知る．バチェラーは1879年よりアイヌ部落に住み込んで，彼らの福祉のために働くとともにアイヌの研究をした．1882年，一時帰国，翌年再来日して，自来40年余，アイヌ民族の教化，伝道，救済，教育などに全力を注いだ．また，アイヌ語，アイヌ文化の研究でも優れた業績を残した．

以上のように，明治の初め20年までは，外国人宣教師が医療その他の救済事業を行っている．この時期，プロテスタント宣教師や日本人信徒によって華々しい成果

を上げたのは，教育事業においてであった．この点は，カトリックと対照的で，特に*女子教育においてプロテスタントは優れた業績を残している．

【明治中期・後期】〔児童救済事業〕1887年，石井十次(1865-1914)が岡山孤児院を設けた．宮崎出身で，当時，岡山医学校の医学生であった石井は，1889年，6年間学んできた医師への道を敢然とやめ，孤児の救済に専念することにした．一人の巡礼の子を救済することから始まった岡山孤児院は，1891年の濃尾地震で孤児93名となり，1905年の東北の大飢饉に際しては貧児・孤児823名を救済し，入所児童1,200名になったという．1914年(大正3)，石井は急逝するが，それまでの27年間に彼に育てられた児童は2,089名にも及び，逝去当時も439名の児童が岡山孤児院にいたという．石井は1894年，郷里・宮崎県の茶臼原に分院を設け，一部を移していた．岡山の本院は，院長を引き継いだ大原孫三郎(1880-1943)によって，1926年に解散した．1917年に大原は，石井とその事業を記念するため，私財を投じて財団法人・石井記念愛染園(隣保事業，現在は社会福祉法人，病院，保育所，隣保館など経営)を創設した．また，茶臼原の施設は，現在，児童養護施設・石井記念友愛社として存続している．

岡山孤児院の名声は，多くのプロテスタント信徒の心を揺り動かした．また，濃尾地震，三陸大津波，東北大飢饉などに遭った児童の悲惨な状態に直面して，各地に孤児院が造られた．1890年，小橋勝之助(1863-93)によって，大阪で育児事業・博愛社(現在は児童養護施設)が設立された．翌年の濃尾地震では，岡山孤児院と提携して孤児40名を引き受け，名古屋では震災孤児院を50余日開設し，児童の救済にあたった．その後，林歌子(1865-1946)を社母として迎え，勝之助が1893年に30歳で夭折すると，弟の小橋実之助(1873-1933)が受け継いだ．林歌子は，ほかに大阪婦人ホームを運営するなど，矯風会の活動でもよく知られている(→廃娼運動)．同じ1890年に凶作のため神戸に流入した多数の窮民の救済を目的として，神戸貧民救済義会が設立された．この救済義会は1893年に土地を借用して，神戸孤児院(現，児童養護施設・神戸真生塾)を開設した．

1891年の濃尾地震の惨状を知った群馬県下の信徒有志は前橋に上尾孤児院を設立し，その責任者となる金子尚雄(1861-1941)は，岡山孤児院に育児事業の実際を学びにいっている．東京孤児院(現，児童養護施設・東京育成園)は，1896年の三陸大津波で両親や親戚を失った子どもたち26名を救済したのに始まった．また，仙台基督教育児院は，東北の大飢饉後の1906年，フェルプス(Frances Phelps)が飢えに苦しむ7名の子どもを仙台郊外より救ったことから始まった．児童養護施設・鎌倉保育園は，1896年に，佐竹音次郎(1864-1940)が医院内に設けた小児保育園に始まっている．

我が国の知的障害児の養護・教育の父ともいわれる石井亮一(1867-1937)も濃尾地震で誘拐されたり，売られたりする少女20余名を救済したところ，そのなかに重度の知的障害児が2名いたことから知的障害児教育を志した．これが知的障害児施設・滝野川学園の出発点である．石井は，1889年と1896年に渡米して，知的障害児教育を研究している．

〔免囚保護事業，感化事業，廃娼運動など〕監獄改良事業に日本人プロテスタントとして最初に関わるのは，原胤昭(1853-1942)である．1884年，原は兵庫仮留監が設置されるとそこの教戒にあたった．そして1888年，請われて釧路集治監の教戒師として釧路に赴任する．1891年には留岡幸助(1864-1934)が空知集治監の教戒師として赴任するのをはじめとして北海道の集治監の本監(樺戸)，分監のすべてにキリスト教徒の教戒師が赴任することになった．しかし，1895年，集治監の典獄が代わり，キリスト教徒教戒師と囚人の処遇をめぐって対立し，やむなく全員辞職した．辞職したキリスト教徒によって免囚保護事業が各地でなされ，大いに成果を上げた．

留岡幸助は，すでに1894年に監獄改良事業と感化事業の研究のため辞職し，渡米していた．1896年帰国，翌年，巣鴨監獄教戒師，警察監獄学校教授，さらに1900年には，内務省地方局および宗教局の嘱託を命ぜられ，1914年(大正3)までの15年間，全国の感化事業，融和事業その他の社会事業の指導にあたった．これより先の1898年(明治31)には巣鴨に家庭学校を設置しており，我が国，感化事業の改善に大きな影響を与えた．内務省を辞任した1914年には，北海道紋別に広大な土地の払い下げを受けて，家庭学校の分校を設置した．これが，現在の児童自立支援施設・北海道家庭学校である．また，『不良少年感化事業』(1902)，『社会と人道』(1910)などの著書のほか，機関誌『人道』(1905.5-32.8)を発行するなど，感化事業に残した業績は量り知れない．

*救世軍が我が国で伝道を開始するのは1895年である．この伝道に早くから参加していた*山室軍平は1896年に中尉となり，以後，救世軍の諸活動に献身し，司令官となった．救世軍の最初期の活動としてあげられるのは1896年に始められた釈放者保護事業，後の労作館である．しかし，救世軍の活動で最も目覚ましいのは，廓清運動(廃娼運動)であった．すなわち公娼制度の廃止と自由廃業者の救済である．1900年，娼妓営業を目的とする契約を無効とする判決が裁判所で出された．これは，名古屋の宣教師マーフィ(Ulysees Grant Murphy, 1869-1967. 通称モルフィ)が訴えていた事件に対する判決であり，娼妓の自由廃業運動に弾みがついた．救世軍は同年，機関誌『ときのこえ』(創刊1895)で自由廃業を報道し，同時に，自由廃業者の救済のための婦人ホームを築地に設置した．その最初の主任となったのは山室軍兵の妻・機恵子(1874-1916)であった．救世軍の慈善鍋(現在の社会鍋)が初めて街頭に現れるのは，1909年である．

1911年に吉原遊廓が全焼，多数の娼妓が逃げ場を失って焼死した．この事件をきっかけに，キリスト教の有志により廓清会が組織された(1911)．機関誌『廓清』を発行し，廃娼運動を全国的に展開した．幾つかの県会で廃娼決議が可決され，埼玉県では廃娼が実行された．全国的な廃娼決議は，これが最初ではない．同志社の創立者*新島襄の出身地である群馬県では，クリスチャンの議員が中心になって1882年に県会が「娼妓廃絶の議」を決議した．貸座敷業者の猛烈な巻き返しもあったが，1893年には群馬県で廃娼が実施された．同年，全国基督教婦人矯風会が結成され，廃娼運動は全国で盛り上がり，数県の県会で廃娼決議がなされた．矯風会の会頭は，女子学院の校長・矢島楫子(1833-1925)であった．

救癩事業でも，1894年に東京府下で慰廃園が，米国宣教師ヤングマン(Kate Youngman, 1841-1910)らの発起により設立された．翌年，英国人リデル(Hanna Riddell, 1855-1932)は熊本で回春病院を設立し，ハンセン病患者の救済にあたった．カトリックの*神山復生病院

に次ぐ，我が国のハンセン病療養所である．

医療事業では，東京の聖路加国際病院(前身は1883-84年頃の創立とされるが，1902年に現称となる)，大阪聖バルナバ病院(創立1883)，岡山博愛会(現，岡山博愛病院)などがある．岡山博愛会は，1891年にアダムズ(Alice Pettee Adams, 1866-1937)によって設けられた日本初のセツルメント([英]settlement, 隣保事業)である．20世紀前半，最も恐れられていた病気は結核であった．プロテスタントの結核療養所としては，報恩会(1909年創立の結核患者慰問事業)，東京の白十字会(創立1911.現，白十字病院，東京白十字病院など)，ヴォーリズ(William Merrell Vories, 1880-1964)らが結成した近江兄弟社が1918年に設立した近江療養院(現，ヴォーリズ記念病院)，東京のガーデン・ホーム(創立1924)，救世軍結核療養所(創立1916．現，救世軍ブース記念病院)などがある．

【第1次世界大戦後の社会事業】*賀川豊彦は，労働運動の指導者，農民組合運動の創設者，消費生活協同組合運動の創立者・育成者でもあったが，彼の活動の出発点は神戸新川スラムでの隣保事業であった．日本人による最初の隣保事業は，片山潜(1859-1933)が神田三崎町に創立したキングスレー館であるが，数年で閉鎖された．1908年，大阪でミード社会館，東京では1919年に興望館，1920年に愛隣団などの隣保館が作られている．日本人によるものとしては前述の石井記念愛染園，賀川豊彦による神戸友愛救済所，東京の本所基督教青年会，大阪の四貫島セツルメント(現，四貫島友隣館)がある．

1919年には，ルーテル教会(→日本福音ルーテル教会)が救済事業を熊本で開始した．それが，現在の慈愛園子供ホーム，慈愛園乳児ホームである．また，関東大震災後の1923年に，被災母子を保護・救済して始まったのが，現在の母子生活支援施設・ベタニヤホームである．同じく，震災直後の1923年，クリスチャンの婦人有志が被災母子を救済するために巣鴨に仮小屋を設けたのが，現在の母子生活支援施設・愛の家母子寮である．

1920年代になると新しい概念として「*社会事業」が登場する．これは欧米から輸入された概念であり，*貧困を*社会問題として捉えようとするものであった．この時期，プロテスタント教会では社会問題に実践的に関与する「神の国運動」(賀川が提唱し，1929年開始)と「社会的基督教」の活動が盛んだった．

しかし，1931年(昭和6)，日中戦争が始まり，戦争は拡大して，ついに1941年，太平洋戦争・第2次世界大戦に突入した．そのためキリスト教社会事業は困難に直面するが，多くは困難ななか，事業を継続していく．

【戦後の社会福祉事業】敗戦後，戦災孤児，引き揚げ孤児あるいは浮浪児などの救済に戦前からのプロテスタントの諸施設は乗り出している．また，新たに創設される施設もあった．敗戦直後から5年間に新設された児童養護施設・乳児院には，以下のものがある．

敗戦の年である1945年には愛泉寮，愛泉乳児園(埼玉県加須)，同仁学院(埼玉県入間郡)，福音寮(東京世田谷)，松山信望愛の家(松山，1948年に現在名，1953年に松山乳児院を併設)，1946年には恩寵園(船橋)，目黒若葉寮，舞鶴双葉寮，三光塾(西宮)，青葉学園(福島)，1947年にはチルドレンズ・ホーム(茨城県那珂郡)，子どもの園(ボーイズホーム，1948年に茅ケ崎へ移転，1971年に現在名)，聖ヨハネ学園(高槻)，惠泉寮(神戸)，広安愛児園(別府)，1948年には北光社ふくじゅ園(北海道北広島)，砂町友愛園(東京青梅，1933年より託児，育児，相談など)，神戸実業学院が設立された．1948年には混血児の母といわれた澤田美喜(1901-80)によって，エリザベスサンダースホームが大磯に設立されている．1949年には，ホザナ園(浦和)，救世軍世光寮(東京杉並区)，子供の家(東京清瀬)，加茂藍育園(徳島)が設立された．

留岡幸助によって1899年(明治32)に設立された東京家庭学校，1900年設立の救世軍による機恵子寮，同年に野口幽香(1866-1950)らによってスラムの幼児教育・保育事業として始められた二葉幼稚園(後，二葉保育園)，そして1923年(大正12)設立の武蔵野児童学院(武蔵野会の運営)などは，戦後，児童養護施設となった．

軍都・横須賀に，米軍司令官デッカー(Benton W. Decker)の依頼と後援によって，1947年に横須賀基督教社会館(隣保事業，保育所など)と衣笠病院が設立されている(ちなみに，カトリックの聖ヨゼフ病院もデッカーによっている)．米軍兵士による社会福祉施設への援助もみられるが，敗戦直後，最も大きな援助はララ物資であった．

現在のプロテスタント社会福祉施設は，『キリスト教年鑑1998-1999年版』(キリスト新聞社)によれば，次のようになる．児童福祉施設では，児童養護施設72，乳児院6，心身障害児等施設72，児童自立支援施設2，母子生活支援施設10である．婦人保護施設は10，心身障害者施設は105である．老人福祉施設では，養護老人ホームは19(種類分け未記入も含む)，軽費老人ホームは15，特別養護老人ホーム67，老人保健施設10である．医療施設は，病院57，診療所などが23となっている．

明治中期よりの伝統である養護施設が統計的にも多いことがわかるが，数字上ではそれほど多くないもののプロテスタント男女信徒が献身した廃娼運動に伴う婦人保護施設に，プロテスタント社会福祉の意義をみいだすことができる．老人福祉施設では，特別養護老人ホーム(介護老人福祉施設)が圧倒的に多いことが注目される．高齢社会における最も深刻な問題は高齢者の心身障害である．また，医学の進歩，医療技術の画期的な発達により，終末期医療が問題になってきた．我が国の*ホスピス設立に先駆的に取り組んだのはキリスト教病院であった．浜松の聖隷三方原病院では1982年に，ホスピス病棟が作られた．大阪の淀川キリスト教病院のホスピスも指導的役割を果たしている．1920年代から40年代まで，確実な死に至る病は結核であった．近代のホスピスは，半世紀前に*ダブリンの修道女が結核患者の看護をしたことから始まったが，聖隷福祉事業団の活動も，1930年に肺結核患者を数名のクリスチャン青年が救済したのに始まっている．結核療養所から始まった多くのキリスト教病院が，現代の時代的要請に応えるのがホスピスといえる．

特別養護老人ホームや重度の心身障害児・者のための福祉施設でも，末期医療が重要になってきている．この面でも，今後キリスト教社会福祉事業が果たすべき役割は大きい．

【文献】生江孝之『日本基督教社会事業史』(教文館1931)；真崎頌也編『全国児童福祉施設要覧』(SBB福祉綜合研究所1987)；『キリスト教社会福祉の証言』(日本基督教社会福祉学会1992)．　　　　(田代菊雄)

にほん26せいじん　日本26聖人

1597年2月5日(慶長1年12月19日)，*長崎の西坂の丘で殉教した

にほん26せいじんきねんかん

日本26聖人

	聖人名	身分	出身地
1	ペドロ・バウティスタ・ブラスケス	OFM 司祭	スペイン
2	フランシスコ・ブランコ	OFM 司祭	スペイン
3	マルティン・デ・ラ・アセンシオン	OFM 司祭	スペイン
4	フランシスコ・デ・サン・ミゲル	OFM 修道士	スペイン
5	ゴンサロ・ガルシア	OFM 修道士	インド
6	フェリペ・デ・ヘスス	OFM 修道士	メキシコ
7	五島ジョアン	SJ 同宿	福江/奥浦
8	喜斎ディエゴ	SJ 同宿	備前岡山
9	三木パウロ	SJ イルマン	尾張
10	烏丸レオン	信徒	尾張
11	茨木パウロ	信徒	尾張
12	茨木ルドヴィコ	信徒	尾張
13	竹屋コスメ	伝道士	尾張
14	鈴木パウロ	伝道士	尾張
15	小崎ミゲル	信徒	伊勢
16	小崎トマス	同宿	伊勢
17	ガブリエル	同宿	伊勢
18	フランシスコ	伝道士(医師)	京都
19	トマス	伝道士(薬屋)	京都
20	絹屋フアン	信徒	京都
21	ボナベントゥラ	同宿	京都
22	アントニオ	同宿	長崎
23	榊原ホアキン	信徒	大坂
24	マティアス	信徒	不明
25	フランシスコ	信徒(大工)	京都
26	ペドロ助四郎	信徒	京都

各聖人についてはそれぞれ独立した項目を参照.
OFM: フランシスコ会; SJ: イエズス会.

26名の聖人(祝日2月5日).
　1587年(天正15)に *伴天連追放令を発布した後, *豊臣秀吉はフィリピン総督ペレス・ダスマリニャス(Gómez Pérez Dasmariñas, ?-1593)に入貢を求める威嚇的な書簡を送った. 総督により派遣された *フランシスコ会の会員 *ペドロ・バウティスタ・ブラスケスは1593年(文禄2)に肥前名護屋において秀吉に謁見した後, 秀吉の許可を得て京都(*都)に居住した. 1596年(慶長1)に起こった *サン・フェリペ号事件を機に秀吉は宣教師の捕縛に乗り出し, 京都と *大坂にあったフランシスコ会員と, 大坂の *小笠原アンドレの家にあった *イエズス会の会員が12月8日に捕らえられた. 12月31日, 秀吉は捕らえた宣教師と信徒全員を長崎で磔刑に処することを決定した.
　1597年1月1日と2日に全員が京都の牢獄に移され, 3日に上京戻橋近くで左耳を削がれ, 荷車に載せられて市中引き回しとされた. 以後, 数日にわたって伏見, 大坂, *堺で引き回しが行われ, 次いで大坂に戻って長崎への道を歩き始めた. この時点で縛についていたのは24名, すなわちフランシスコ会員6名, 日本人イエズス会員・協力者(*カテキスタ, *同宿)3名, 信徒15名(うち子ども3名)である. さらに彼らを援助していた京都の大工 *フランシスコと司祭 *オルガンティーノに遣わされた *ペドロ助四郎が捕らえられ26名となった.
　これら26名は播磨, 備前, 安芸と山陽道をたどり, 赤穂城では *明石掃部の世話により手紙を書くことを許された. *下関から船で *小倉に渡り, 小倉からは陸路で志賀島まで行った. 1月31日, 志賀島から名護屋に渡ろうと乗船したが悪天候のため博多に入港, 唐津で *寺沢広高に身柄を引き渡された. 武雄を経て2月4日に *彼杵に到着, 大村湾を渡り, 同日夕刻に時津に着いた. 5日朝, *浦上まで進み, *サン・ラザロ病院の傍らで小休止の後, 病院の小聖堂で *五島ジョアンと *喜斎ディエゴがイエズス会に入会して *修道誓願を宣立した.
　殉教地は時津街道と海の間に挟まれた小高い丘で, 港からも町からもみえ, 裏には刑場があった. 殉教者は十字架に磔けられて一列に並んで丘の端にあげられた. 昼頃, 聖歌を歌うなか, 殉教者は槍で貫かれた. 丘の裾では信徒約4,000名が殉教を見守り, 司祭 *フロイスが詳細を記録, 司教 *マルティンスが報告書をまとめた.
　1627年に列福, 1862年6月8日 *聖霊降臨の祝日に *列聖.
【文献】P. ディエゴ『長崎への道』(日本二十六聖人記念館 1987); L. Frois, *Los Martires de Nagasaki, 15 Marzo 1597*, ed. R. Galdos (Roma 1935); J. L. Alvarez-Taladriz, "Primera Informacion Autentica de los 26 Santos de Japon,"『大阪外国語大学学報』17 (1967).
（結城了悟）

にほん26せいじんきねんかん　日本26聖人記念館　1962年(昭和37)6月10日, *日本26聖人の *列聖100年にあたって殉教地の長崎市西坂公園に記念碑とともに建造された. 設計者は今井兼次(1895-1987). 鉄筋コンクリート4階建ての建物で, 外壁はフェニックス・モザイクで覆われている. 1階と中2階には *キリシタンの関係資料が展示され, 2階は会議室, 3階がキリシタン文庫となっている. コレクションは1549年(天文18)の *フランシスコ・ザビエルの来日から1873年(明治6)信仰の自由が与えられるまでの歴史を伝えるもので, 殉教者たちの美徳をたたえ, *潜伏キリシタンと宣教師の英雄的な活躍を物語る. その歴史は, (1) 宣教と文化交流の時代, (2) 迫害と殉教の時代, (3) 潜伏時代, の三つに区分されており, 歴史の流れと殉教者の道が,「栄光の間」という美しい建築様式によって *復活の考えと結ばれている. 資料のなかには, フランシスコ・ザビエルがポルトガル国王 *ジョアン3世に宛てた書簡, *天正遣欧使節の *中浦ジュリアンの書簡, *切支丹高札, *島原の乱の資料, 17-19世紀の木彫, 油絵, 書物, また現代の優れた作品, 沢田政広(1894-1985)作の *三木パウロの木彫, *長谷川路可作のフレスコ『長崎への道』などがある. また県文化財として指定された作品も3点収蔵されている.
（結城了悟）

にほん205ふくしゃ　日本205福者　日本の殉教福者(祝日9月10日).

1869年(明治2)*日本26聖人の列聖の5年後，信徒発見(*キリシタンの復活)の2年後に教皇*ピウス9世は日本の殉教者205名を列福した．彼らは徳川幕府の禁教令下の1617-30年に迫害を受けて殉教した宣教師と信徒である．*元和大殉教(1622)，*江戸の大殉教(1623)を経て1630年(寛永7)以降，迫害はさらに過酷なものとなっていくが，その後の殉教者についてはさまざまな事情から列福調査開始には至らなかった．各修道会が会員の殉教を記念すべく調査を進めたため，主として外国人宣教師とその協力者(*カテキスタ，*同宿など)が列福されたが，その背後に多数の一般信徒の殉教があったことを忘れてはならない．205福者は別掲の表の通りである．

【文献】BSS 6: 434-42；姉崎正治『切支丹宗門の迫害と潜伏』(同文館 1926); D. パチェコ『鈴田の囚人』佐久間正訳(日本26聖人記念館 1967); 片岡弥吉『日本キリシタン殉教史』(時事通信社 1979). (結城了悟)

日本205福者

	福者名	身分	殉教日	刑種	殉教地
1	*ペドロ・デ・ラ・アセンシオン	OFM 司祭	1617. 5.22	斬首	長崎
2	*マシャド	SJ 司祭	1617. 5.22	斬首	長崎
3	A.*ナバレテ	OP 司祭	1617. 6. 1	斬首	大村
4	*アヤラ	OSA 司祭	1617. 6. 1	斬首	大村
5	田中レオ Leo Tanaka	SJ 伝道士	1617. 6. 1	斬首	大村
6	ガスパル彦次郎 Gaspar Hikojiro	R	1617.10. 1	斬首	長崎
7	吉田アンドレア Andreas Yoshida	R	1617.10. 1	斬首	長崎
8	*フアン・デ・サンタ・マルタ	OFM 司祭	1618. 8.16	斬首	京都
9	*フアン・デ・サント・ドミンゴ	OP 司祭	1619. 5.19	牢死	鈴田
10	*木村レオナルド	SJ 司祭	1619.11.18	火刑	長崎
11	ドミンゴス・ジョルジ Dominicus Jorge	R	1619.11.18	火刑	長崎
12	村山徳庵アンドレア Andreas	R	1619.11.18	火刑	長崎
13	吉田ジョアン Joannes Yoshida Choun	R	1619.11.18	火刑	長崎
14	竹屋コスメ Cosmas Takeya	R	1619.11.18	火刑	長崎
15	関バルトロメオ Bartholomeus Seki	R	1619.11.27	斬首	長崎
16	*木村アントニオ	R	1619.11.27	斬首	長崎
17	岩永ヨハネ Joannes Iwanaga	R	1619.11.27	斬首	長崎
18	中西レオ Leo Nakanishi	R	1619.11.27	斬首	長崎
19	竹下ミカエル Michael Takeshita Sacanghei	R	1619.11.27	斬首	長崎
20	マティアス・コザカ Matthias Cazaka (Kozaka?)	R	1619.11.27	斬首	長崎
21	松岡ローマノ Romanus Matsuwoka Miota	R	1619.11.27	斬首	長崎
22	中野マティアス Matthias Nakano Miota	R	1619.11.27	斬首	長崎
23	本山ヨハネ Joannes Motoyama	R	1619.11.27	斬首	長崎
24	*籠手田トマス・キウニ	R	1619.11.27	斬首	長崎
25	中村アレクシオ Alexis Nakamura	R	1619.11.27	斬首	長崎
26	A.*フェルナンデス	SJ 修道士	1620. 1. 7	牢死	鈴田
27	マティアス Matthias	SJ 伝道士	1620. 5.22	拷問死	長崎
28	*清田シモン(ト斎)	R	1620. 8.16	磔刑	小倉
29	清田マグダレナ Magdalena	R (28の妻)	1620. 8.16	磔刑	小倉
30	トマス・ゲンゴロウ Thomas Gengoro	R	1620. 8.16	磔刑	小倉
31	マリア Maria	R (30の妻)	1620. 8.16	磔刑	小倉
32	ヤコボ Jacobus	R (30の子)	1620. 8.16	磔刑	小倉
33	小田アウグスティノ Augustinus Ota	SJ 修道士	1622. 8.10	斬首	壱岐ノ島
34	L.*フロレス	OP 司祭	1622. 8.19	火刑	長崎
35	*スニガ	OSA 司祭	1622. 8.19	火刑	長崎
36	*平山常陳	R	1622. 8.19	火刑	長崎
37	レオ助右衛門 Leo Sukeyemon	R	1622. 8.19	斬首	長崎
38	宮崎ヨハネ Joannes Miyasaki Soyemon	R	1622. 8.19	斬首	長崎
39	ミカエル・ディアス Michael Diaz	R	1622. 8.19	斬首	長崎
40	マルコ・タケノシタ Marcus Takenoshita Shinyemon(Vieyra)	R	1622. 8.19	斬首	長崎
41	小柳トマス Thomas Koyanagi	R	1622. 8.19	斬首	長崎
42	山田アントニオ Antonius Yamada	R	1622. 8.19	斬首	長崎
43	松尾ディオゴ Jacobus Matsuwo Denshi(chi)	R	1622. 8.19	斬首	長崎
44	ロレンソ六右衛門 Laurentius Rokuyemon	R	1622. 8.19	斬首	長崎
45	ヨハネ・ヤゴ Joannes Yago	R	1622. 8.19	斬首	長崎
46	バルトロメオ・モヒョエ Bartholomeus Mohioye	R	1622. 8.19	斬首	長崎

にほん 205 ふくしゃ

	福者名	身分	殉教日	刑種	殉教地
47	永田ヨハネ Joannes Nagata Matakichi	R	1622. 8.19	斬首	長崎
48	パウロ・サンキチ Paulus Sankichi	R	1622. 8.19	斬首	長崎
49	F.*モラレス	OP 司祭	1622. 9.10	火刑	長崎
50	*オルスッチ	OP 司祭	1622. 9.10	火刑	長崎
51	*メニャ	OP 司祭	1622. 9.10	火刑	長崎
52	*ホセ・デ・サン・ハシント	OP 司祭	1622. 9.10	火刑	長崎
53	*オルファネル	OP 司祭	1622. 9.10	火刑	長崎
54	アレクシオ Alexis	OP 修道士	1622. 9.10	火刑	長崎
55	*リカルド・デ・サンタ・アンナ	OFM 司祭	1622. 9.10	火刑	長崎
56	*ペドロ・デ・アビラ	OFM 司祭	1622. 9.10	火刑	長崎
57	*ビセンテ・デ・サン・ホセ	OFM 修道士	1622. 9.10	火刑	長崎
58	C.*スピノラ	SJ 司祭	1622. 9.10	火刑	長崎
59	*木村セバスティアン	SJ 司祭	1622. 9.10	火刑	長崎
60	ゴンサロ・フサイ Gonsalves Fusai	SJ 修道士	1622. 9.10	火刑	長崎
61	アントニオ・キウニ Antonius Kiuni	SJ 修道士	1622. 9.10	火刑	長崎
62	ペドロ・サンポ Petrus Sampo	SJ 修道士	1622. 9.10	火刑	長崎
63	ミカエル・シュンポ Michael Shumpo	SJ 修道士	1622. 9.10	火刑	長崎
64	*赤星トマス	SJ 修道士	1622. 9.10	火刑	長崎
65	ルドビコ・カワラ Ludovicus Kawara	SJ 修道士	1622. 9.10	火刑	長崎
66	レオ・デ・薩摩 Leo	OFM 修道士	1622. 9.10	火刑	長崎
67	ルシア・デ・フレイタス Lucia de Freitas	OFM 第三会	1622. 9.10	火刑	長崎
68	*三箇アントニオ	伝道士	1622. 9.10	火刑	長崎
69	アントニオ Antonius	R	1622. 9.10	火刑	長崎
70	田中パウロ Paulus Tanaka	R	1622. 9.10	火刑	長崎
71	永石パウロ Paulus Nagaishi	R	1622. 9.10	火刑	長崎
72	*トマス・デル・ロザリオ	OP 修道士	1622. 9.10	斬首	長崎
73	永田ドミンゴ Dominicus de Rosario	OP 修道士	1622. 9.10	斬首	長崎
74	中国ヨハネ Joannes Chugoku	SJ 修道士	1622. 9.10	斬首	長崎
75	三箇マグダレナ Magdalena Sanga	(68の妻)	1622. 9.10	斬首	長崎
76	マリア Maria	(69の妻)	1622. 9.10	斬首	長崎
77	ヨハネ Joannes	(69の子)	1622. 9.10	斬首	長崎
78	ペドロ Petrus	(69の子)	1622. 9.10	斬首	長崎
79	永石テクラ Thecla Nagaishi	R (71の妻)	1622. 9.10	斬首	長崎
80	永石ペドロ Petrus Nagaishi	(71の子)	1622. 9.10	斬首	長崎
81	田中マリア Maria Tanaka	R (70の妻)	1622. 9.10	斬首	長崎
82	イサベル・フェルナンデス Isabella Fernandez	R (11の寡婦)	1622. 9.10	斬首	長崎
83	イグナシオ Ignatius	(11の子)	1622. 9.10	斬首	長崎
84	アポロニア Apollonia	R (101の伯母)	1622. 9.10	斬首	長崎
85	山田ドミンゴ Dominicus Yamada	R	1622. 9.10	斬首	長崎
86	山田クララ Clara Yamada	R (85の妻)	1622. 9.10	斬首	長崎
87	*村山マリア	R (12の寡婦)	1622. 9.10	斬首	長崎
88	竹屋アグネス Agnes Takeya	R (14の妻)	1622. 9.10	斬首	長崎
89	中野ドミンゴ Dominicus Nakano	OP 献身者	1622. 9.10	斬首	長崎
90	バルトロメオ・シチエモン Bartholomeus Kawano Shichiyemon	R	1622. 9.10	斬首	長崎
91	ダミアン・ヤミチ Damianus Yamichi Tanda	R	1622. 9.10	斬首	長崎
92	ミカエル・ヤミチ Michael	(91の子)	1622. 9.10	斬首	長崎
93	トマス七郎 Thomas Shichiro	R	1622. 9.10	斬首	長崎
94	吉本ルホ Rufus Yoshimoto	R	1622. 9.10	斬首	長崎
95	吉田マリア Maria Yoshida	R (13の寡婦)	1622. 9.10	斬首	長崎
96	クレメンテ Clemens Bono (Ono?)	R	1622. 9.10	斬首	長崎
97	アントニオ Antonius	(96の子)	1622. 9.10	斬首	長崎
98	緒方ドミンガ Dominica Ogata	R	1622. 9.10	斬首	長崎
99	カタリナ Catharina	R	1622. 9.10	斬首	長崎
100	マリア・タナウラ Maria Tanaura	R	1622. 9.10	斬首	長崎
101	*籠手田ガスパル	OP 第三会	1622. 9.11	斬首	長崎
102	竹屋フランシスコ Franciscus	(14の子)	1622. 9.11	斬首	長崎
103	ペドロ Petrus	(90の子)	1622. 9.11	斬首	長崎
104	T.*スマラガ	OP 司祭	1622. 9.12	火刑	大村

	福者名	身分	殉教日	刑種	殉教地
105	*マンシオ・デ・サント・トマス	OP 修道士	1622. 9.12	火刑	大村
106	ドミンゴ孫七　Dominicus Magoshichi	OP 修道士	1622. 9.12	火刑	大村
107	A.*フランコ	OFM 司祭	1622. 9.12	火刑	大村
108	フランシスコ・デ・サン・ブエナベントゥラ　Francisco de S. Bonaventura	OFM 修道士	1622. 9.12	火刑	大村
109	パウロ・デ・サンタ・クララ　Paulus a S. Clara	OFM 修道士	1622. 9.12	火刑	大村
110	*コスタンツォ	SJ 司祭	1622. 9.15	火刑	平戸
111	ルドビコ・ヤキチ　Ludovicus Yakichi	R/OP 第三会	1622.10. 2	火刑	長崎
112	ルシア　Lucia	(111の妻)	1622.10. 2	火刑	長崎
113	アンドレア　Andreas	(111の子)	1622.10. 2	斬首	長崎
114	フランシスコ　Franciscus	(111の子)	1622.10. 2	斬首	長崎
115	*ナヴァロ	SJ 司祭	1622.11. 1	火刑	島原
116	藤島ディオニシオ　Dionysius Fujishima Aiku	SJ 修道士	1622.11. 1	火刑	島原
117	*鬼塚ペドロ	SJ 修道士	1622.11. 1	火刑	島原
118	クレメンテ・キュウエモン　Clemens Kiuyemon		1622.11. 1	火刑	島原
119	*ガルベス	OFM 司祭	1623.12. 4	火刑	江戸
120	*アンジェリス	SJ 司祭	1623.12. 4	火刑	江戸
121	*シモン・えんぽ	SJ 修道士	1623.12. 4	火刑	江戸
122	D.*カルヴァリョ	SJ 司祭	1624. 2.22	氷責	仙台
123	M.*カルヴァリョ	SJ 司祭	1624. 8.25	火刑	島原
124	P.*バスケス	OP 司祭	1624. 8.25	火刑	島原
125	*ソテロ	OFM 司祭	1624. 8.25	火刑	島原
126	*笹田ルイス	OFM 司祭	1624. 8.25	火刑	島原
127	*馬場ルイス	OFM 第三会	1624. 8.25	火刑	島原
128	カイヨ　Caius	SJ 伝道士	1624.11.15	火刑	長崎
129	*パシェコ	SJ 司祭	1626. 6.20	火刑	長崎
130	B.*トレス	SJ 司祭	1626. 6.20	火刑	長崎
131	*ゾラ	SJ 司祭	1626. 6.20	火刑	長崎
132	ペドロ・リンセイ　Petrus Rinsei	SJ 修道士	1626. 6.20	火刑	長崎
133	*ヴィセンテ・カウン	SJ 修道士	1626. 6.20	火刑	長崎
134	ヨハネ・キサク　Joannes Kisaku	SJ 修道士	1626. 6.20	火刑	長崎
135	ミカエル・トゾ　Michael Tozo	SJ 修道士	1626. 6.20	火刑	長崎
136	パウロ・シンスケ　Paulus Kinsuke (Shinsuke)	SJ 修道士	1626. 6.20	火刑	長崎
137	*さだまつガスパル	SJ 修道士	1626. 6.20	火刑	長崎
138	荒木マンショ　Mancius Araki Hirozayemon		1626. 7.12	火刑	長崎
139	荒木マティアス　Matthias Araki Kizayemon		1626. 7.12	火刑	長崎
140	荒木ペドロ　Petrus Araki Chobioye		1626. 7.12	火刑	長崎
141	荒木スサンナ　Susanna	(140の妻)	1626. 7.12	火刑	長崎
142	田中ヨハネ　Joannes Tanaka Mino		1626. 7.12	火刑	長崎
143	田中カタリナ　Catharina	(142の妻)	1626. 7.12	火刑	長崎
144	長井内膳ジョアン　Joannes		1626. 7.12	火刑	長崎
145	長井モニカ　Monica	(144の妻)	1626. 7.12	火刑	長崎
146	長井ルドビコ　Ludovicus	(144の子)	1626. 7.12	火刑	長崎
147	L.*ベルトラン	OP 司祭	1627. 7.29	火刑	大村
148	*マンシオ・デ・サンタ・クルス	OP 修道士	1627. 7.29	火刑	大村
149	*ペドロ・デ・サンタ・マリア	OP 修道士	1627. 7.29	火刑	大村
150	フランシスコ・クロビョウエ　Franciscus Kurobioye	OP 第三会	1627. 8.16	火刑	長崎
151	カヨ・ジエモン　Caius Jiyemon	R/OP 第三会	1627. 8.16	火刑	長崎
152	清田マグダレナ　Magdalena Kiyota	OP 第三会	1627. 8.16	火刑	長崎
153	フランシスカ　Francisca	OP 第三会	1627. 8.16	火刑	長崎
154	*フランシスコ・デ・サンタ・マリア	OFM 司祭	1627. 8.16	火刑	長崎
155	バルトロメオ・ラウレル　Bartholomeus Laurel	OFM 修道士	1627. 8.16	火刑	長崎
156	*アントニオ・デ・サン・フランシスコ	OFM 修道士	1627. 8.16	火刑	長崎
157	ガスパル・バス　Gaspar Vaz	OFM 第三会	1627. 8.16	火刑	長崎
158	トマス・オ　Thomas O Jinyemon	OFM 第三会	1627. 8.16	火刑	長崎
159	フランシスコ・クロビョウエ　Franciscus Kurobioye	OFM 第三会	1627. 8.16	火刑	長崎
160	ルカス・キエモン　Lucas Kiyemon	OFM 第三会	1627. 8.16	火刑	長崎
161	ミカエル・ギザエモン　Michael Kizayemon	OFM 第三会	1627. 8.16	火刑	長崎
162	松尾ルドビコ　Ludovicus Matsuo Soyemon	OFM 第三会	1627. 8.16	火刑	長崎

にほんのカテキズモ

	福者名	身分	殉教日	刑種	殉教地
163	マルティノ・ゴメス　Martinus Gomez	OFM 第三会	1627. 8.16	火刑	長崎
164	マリア・バス　Maria	OFM 第三会(157の妻)	1627. 8.16	火刑	長崎
165	*辻トマス	SJ 司祭	1627. 9. 7	火刑	長崎
166	牧ルイス　Aloisius Maki		1627. 9. 7	火刑	長崎
167	ヨハネ　Joannes	(166の子)	1627. 9. 7	火刑	長崎
168	*アントニオ・デ・サン・ブエナベントゥラ	OFM 司祭	1628. 9. 8	火刑	長崎
169	ドミンゴ　Franciscus Dominicus	OFM 修道士	1628. 9. 8	火刑	長崎
170	*カステリェト	OP 司祭	1628. 9. 8	火刑	長崎
171	*トマス・デ・サン・ハシント	OP 修道士	1628. 9. 8	火刑	長崎
172	*アントニオ・デ・サント・ドミンゴ	OP 修道士	1628. 9. 8	火刑	長崎
173	戸町ヨハネ　Joannes Tomachi	OP 第三会	1628. 9. 8	火刑	長崎
174	ドミンゴ　Dominicus	OP 第三会(173の子)	1628. 9. 8	火刑	長崎
175	ミカエル　Michael	OP 第三会(173の子)	1628. 9. 8	火刑	長崎
176	トマス　Thomas	(173の子)	1628. 9. 8	火刑	長崎
177	パウロ　Paulus	(173の子)	1628. 9. 8	火刑	長崎
178	今村ヨハネ　Joannes Imamura	OP 第三会	1628. 9. 8	火刑	長崎
179	パウロ・アイバラ　Paulus Aibara Sandayu	OP 第三会	1628. 9. 8	火刑	長崎
180	ロマノ　Romanus	OP 第三会	1628. 9. 8	火刑	長崎
181	レオ　Leo	(180の子)	1628. 9. 8	火刑	長崎
182	林田ヤコボ　Jacobus Hayashida	OP 第三会	1628. 9. 8	火刑	長崎
183	マテオ・アルバレス　Mattheus Alvarez	OP 第三会	1628. 9. 8	火刑	長崎
184	山田ミカエル　Michael Yamada Kara (Kyu?)-hachi	OP 第三会	1628. 9. 8	火刑	長崎
185	ロレンソ　Laurentius	(184の子)	1628. 9. 8	火刑	長崎
186	東ルドビコ　Ludvicus Higashi (Nifachi?)	OP 第三会	1628. 9. 8	火刑	長崎
187	フランシスコ　Franciscus	(186の子)	1628. 9. 8	火刑	長崎
188	ドミンゴ　Dominicus	(186の子)	1628. 9. 8	火刑	長崎
189	ルイサ　Lucia	OP 第三会	1628. 9. 8	火刑	長崎
190	ミゲル・ティモノイア　Michael Fimonoya/Simon (Nameshi)	OP 第三会	1628. 9.16	火刑	長崎
191	パウロ・ティモノイア　Paulus	(190の子)	1628. 9.16	火刑	長崎
192	ドミンゴ・ショビョウエ　Dominicus Chobioye/Andreas (Yenoshima)	OP 第三会伝道士	1628. 9.16	火刑	長崎
193	*中島ミゲル	SJ 修道士	1628.12.25	地獄責	長崎
194	ヨハネ・ショウザブロ　Joannes Shozaburo	OSA 修道士	1630. 9.28	斬首	長崎
195	マンシオ市　Mancius Seizayemon	OSA 修道士	1630. 9.28	斬首	長崎
196	ミカエル・キワチ　Michael Kiuchi (Chivochi/Tchivochi) Tayemon	OSA 献身者	1630. 9.28	斬首	長崎
197	ロレンソ八蔵　Laurentius Hachizo/Laurentius a S. Nicolao	OSA 献身者	1630. 9.28	斬首	長崎
198	ペドロ九兵衛　Petrus Kuhioye/Petrus a Matre Dei	OSA 献身者	1630. 9.28	斬首	長崎
199	寺井トマス　Thomas Terai Kahioye	OSA 修道士	1630. 9.28	斬首	長崎
200	B.*グティエレス	OSA 司祭	1632. 9. 3	火刑	長崎
201	V.*カルヴァリョ	OSA 司祭	1632. 9. 3	火刑	長崎
202	*フランシスコ・デ・ヘスス	OSA 司祭	1632. 9. 3	火刑	長崎
203	*石田アントニオ	SJ 司祭	1632. 9. 3	火刑	長崎
204	*城ジェロニモ	OFM 司祭	1632. 9. 3	火刑	長崎
205	*ガブリエル・デ・ラ・マグダレナ	OFM 修道士	1632. 9. 3	火刑	長崎

OFM: *フランシスコ会; OP: *ドミニコ会; OSA: *アウグスチノ会; R: *ロザリヨの組; SJ: *イエズス会.

にほんのカテキズモ　『日本のカテキズモ』巡察師 *ヴァリニャーノが編纂し，1586年に *リスボンでラテン語により刊行された書．原題を『キリスト教徒の信仰の教義書，我らの宗教の真理を現し，日本の諸宗を論破するもの』(Catechismi christianae fidei, in quo veritas nostrae religionis ostenditur, et sectas Iaponenses confutantur) という．*養方パウロら日本人 *イルマンの協力を得，第1次巡察中の1580年(天正8)から翌年にかけて *府内の *コレジヨで「日本人イルマンが聖なる信仰に関し，よりよく知るため，また，この教義書を用いることにより，新たな信徒によりよく教えるため」にまとめたもので，上下2巻からなる．上巻では，日本の諸宗教に批判を加えながら創造主デウスを証明して *三位一体論などキリスト教教義を示し，下巻では，*十戒，*秘跡，*恩恵，永遠性と *審判などを説く．ヴァリニャーノは *天正遣欧使節を伴って1582年に日本を出るときに本書の原稿を携え，総会長 *アクアヴィーヴァに贈呈するようインドから使節らにこの原稿を託した．総会長はこれをポルトガルで印刷させ，その1本が *ゴアにいたヴァリニャーノに届けられた．日本語にも訳され，その邦文写本の一部がポルトガルの *エヴォラ屏風文書のなかから発見されている．影印本(雄松堂書店1972)，また，家入敏光による訳(天理図書館1969)がある．

【文献】海老澤有道，松田毅一『エヴォラ屏風文書の研究』(ナツメ社1963); J. F. SCHÜTTE, *Valignanos Mis-*

sionsgrundsätze für Japan (Roma 1951). 　　（尾原悟）

にほんのキリストきょうおんがく　日本のキリスト教音楽：明治以降

【カトリック】江戸時代末期にカトリック教会は復興されるが，音楽上の最古の記録としては1863年（文久3）10月5日に横浜天主堂で行われた鐘の祝別式でのフランス軍楽隊の演奏をあげることができる．長崎の *大浦天主堂では1865年（元治2）2月19日，*献堂式が行われ，ロシア軍楽隊がミサのなかで2,3の曲を演奏，同年10月9日には *プティジャンの依頼による *ハルモニウム（リードオルガン）がフランスから届いた．しかし，いずれにしても復興当初の *典礼は，音楽を含めてすべて外国人を対象にしたものであった．日本人に関する最も古い記録は，1872年（明治5）2月5日のことで，横浜において「聖母マリアの連祷」などが日本語で歌われている．この記録はプロテスタント教会の記録とほぼ同時期である．1873年，ようやく *切支丹高札が撤去され，本格的に宣教が開始される．1876年にはカトリック教会は北緯・南緯の二つの *代牧区に分けられ，その2年後にはそれぞれの地区で *聖歌集が編纂されるのである．

カトリック教会の典礼をみると，第2 *ヴァティカン公会議（1962-65）までのミサは，音楽を伴う歌ミサ，または音楽を伴わない読誦ミサのどちらかの形態で執り行われることが多く，言葉はラテン語であった．そのうえ，歌うのは *司祭および *歌隊など決められた人々であり，会衆は大抵は祈りを唱えたりするのみであった．しかし，明治期以来多くの聖歌集の編纂が行われている．聖歌集をみると，ミサに必要なグレゴリオ聖歌集はもちろんのこと，日本語聖歌集も1878年には編纂されている．日本語聖歌は，ミサの前後や *聖体行列などにおいて歌われ，この場合，会衆も共に歌うのである．聖歌集の一部（歌詞聖歌集，グレゴリオ聖歌集を含む）については，歌うことを目的に作られたものではなく，手にとってそれをみて，祈るために作られたと考えられるものも存在している．

ここでは明治期以降の音楽について，三つに分けて述べてみたい．

〔日本語聖歌〕南緯代牧区で編纂された最も古い聖歌集は，1878年に長崎で出版された祈祷書 *『オラショ並ニヲシヘ』の付録として出された歌詞聖歌集『きりしたんのうたひ』で，1878年版および2種の1879年版の計3版が現存している．この聖歌集は23の日本語聖歌と6の *グレゴリオ聖歌を含む（平仮名書き）．日本語聖歌の歌詞には *キリシタン用語が用いられており，例えば「神」を意味する「天主」という語句は，16-17世紀，日本で宣教に従事した *イエズス会の伝統に従って「デウス」（Deus）と発音する．旋律は楽譜がないために不明であったが，近年の研究の成果により，日本語聖歌は当時フランスで歌われていた聖歌からとられ，歌詞もその翻訳であることが判明してきた．このほか，手書き聖歌集（1880，*サルモン編）や，手書き聖歌集の一部（1880頃）が残されているが，これら一連の聖歌集はキリシタン用語などの問題から廃れてしまう．

北緯代牧区でも『きりしたんのうたひ』が出版されたのと同じ頃，*ルマレシャルによって聖歌集の編纂が行われた．この歌詞聖歌集は手書きのものとその出版本があり，ラテン語聖歌22曲と日本語聖歌30曲からなっている（1878頃，タイトル・編者名の記載なし）．1883年には，このうち日本語聖歌の部分が『聖詠』という名で出版され（30曲，漢字・平仮名書き），同時にローマ字書きのメロディー版も印刷された（31曲，タイトルはフランス語で Recueil de Cantiques Japonais avec musique，1889年版から *『日本聖詠』に改称）．これは最初の楽譜付聖歌集である．この二つの聖歌集は，それぞれ1889年版（74曲），1893年版（154曲）という増補改訂版が出されている．そして1907年には『日本聖詠』のハルモニウム伴奏譜つきの版も出版された．この伴奏譜は，パリ外国宣教会の司祭 *パピノによって作曲されたもので，日本で初めて出された聖歌伴奏譜である（再版1922）．『聖詠』の歌詞はフランスの聖歌から旋律と同時に借用され翻訳されたものであるが，数回に及ぶ改訂を経た結果，歌詞に次のような変化が認められる．初めてこの聖歌集が編纂されたとき，日本の伝統的な音節構成五・七が使用されると同時に，キリシタン用語が用いられた．ところが，1883年に出版された『聖詠』ではキリシタン用語は取り除かれている．そして1893年版からは五・七の音節構成によらない歌詞が現れるのである．

『聖詠』関連の聖歌集としては，長崎の神学校の編集によるもの（『カントゥス・サクリ』Cantus Sacri, 1896），『天主公教会聖歌』（1910，*マルモニエ編），『公教聖歌』（1911，*ドマンジェル編）などがあげられる．これらは，*日曜学校や *ミッション・スクールなど，ある特定の場所で用いるために作られたことから，それぞれ独立性をもっている．

明治期に発行された聖歌集は18種を数えることができる（ラテン語聖歌集を含む．再版・出版年不詳の聖歌集は除く）．明治期の日本語聖歌は，総計200曲以上の異なる聖歌（旋律）の存在が認められ，そこには，当時の宣教がフランス人によって行われていたことから，フランスの聖歌の影響が色濃く現れている．

大正期に入ると，札幌でドイツの *フランシスコ会の司祭たちによって，新たな聖歌集の編纂が始まる．この聖歌集は1918年（大正7）『公教会聖歌集』として出版された．数字譜つきで，日本語聖歌79曲，ラテン語聖歌18曲を含み，伴奏譜（ハルモニスタ用）も別に出版された．これは歌詞・旋律はもとより，聖歌集の構成も当時のドイツの聖歌集に基づき *典礼暦に従い編纂されている．編集者は *シリング（第1次世界大戦の関連から「植竹一平」の名で編集）で，札幌版・新潟版の2種が存在する．

1928年（昭和3），東京で開かれた司教会議は統一聖歌集の編纂を決定し，*ティリー，*チマッティ，*ノルを委員に任命したが，ティリーはまもなく死去，チマッティも日本を去る．そのため，ノルはアノージュ（Antoine Anoge, 1900-91），ディートリヒ（Joseph Dietrich, 1891-1970），フレック（Zeno Fleck, 1899-1979）らの協力を得て，この作業にあたった．歌詞は主に東京の神学校教諭の小倉虜人（1889-1965）と，司祭で医学博士であった *戸塚文卿が担当．新しい聖歌集の構成と旋律の選択法は『公教会聖歌集』と同様であったが，それに加えて新たなドイツの聖歌のほか，フランスの聖歌，特にルマレシャルによる聖歌が採用され，1933年，『公教聖歌集』というタイトルで出版（232曲，1940年第5版），1948年，改訂版が出された（279曲）．

1957年，日本カトリック司教協議会により組織された聖歌集改訂委員会（委員長 *古屋義之）は，1948年版『公教聖歌集』の再改訂に着手した．その中心的な役割を果たしたのは，イエズス会司祭でエリザベト音楽短期

にほんのキリストきょうおんがく

大学学長の*ゴーセンスであった．既存の聖歌の大部分がヨーロッパの聖歌に基づくものであったことから，日本人による聖歌の採用が検討され，委嘱や公募，作曲コンクールによって作品が募られた．しかしごく少数しか採用されなかった．1966年に『カトリック聖歌集』というタイトルで刊行されるが，付録を除く285曲中，日本人の作品は山本直忠(1904-65)の6曲を筆頭に16曲しか含まれていない．また，委員会は別の問題にぶつかった．改訂の作業が行われている間に第2ヴァティカン公会議が開かれ，新しい典礼の規則が定められたからである．したがって，日本語の典礼文に基づく作品は『カトリック聖歌集』にはほとんどみられない．例外的に*髙田三郎のミサ曲「やまとのささげうた」が取り入れられた．

第2ヴァティカン公会議によって『典礼憲章』(1963)が，また後に，その第6章に基づき『典礼音楽についての指針』(Musicam sacram, 1967)が出されたことによって，典礼音楽も大きく変化した．これによって新しい道が開かれ，続々と日本語による新たな典礼音楽が誕生する．例えば，東京大司教区典礼委員会編『典礼聖歌集』，高橋朝信『歌唱ミサ通常文』，山下種繁『日本語典礼文によるミサ曲』，石川和子『国語典礼歌唱ミサ試作』，R. ジャルシー『教会のうた』，チマッティ，伏木幹育『典礼賛美歌集』，松本三朗『詩編をうたう』，永井主憲『やさしいミサ曲』，国本静三『キリストのうた』などをあげることができる．そして，1968年典礼委員会(委員長＊長江恵)編『典礼聖歌』が出版されるが，それ以降，新しい曲はしだいにみられなくなっていく．『典礼聖歌』は1978年までに分冊形式で9編発行され，1980年に合本して出版された．詩編の歌，ミサ曲，*アレルヤ唱など七つの部分からなるこの聖歌集の半数以上は髙田三郎の作品である．現在，教会では主に『カトリック聖歌集』と『典礼聖歌』が併用されているが，再び新作の日本語聖歌がみられるようになってきた．

〔グレゴリオ聖歌〕今日，グレゴリオ聖歌が歌われる機会は非常に少なくなってしまったが，日本においても長い歴史をもっている．日本で初めて編纂されたグレゴリオ聖歌集は，1878年頃編纂された二つの聖歌集に含まれている(前出)．一つは『きりしたんのうたひ』で，六つのグレゴリオ聖歌が載せられ，もう一つは手書き歌詞聖歌集で，前半部分にグレゴリオ聖歌が掲載されている(片仮名書き)．後者は所在不明なため詳細について知ることはできないが，その出版本が残存している．1885年頃，この聖歌集のうちグレゴリオ聖歌の部分が『天主公教会拉丁聖歌』として独立して出版される(64曲，異版は67曲)．そして，1906年にはルマレシャルの名で『公教会羅甸歌集』(87曲)と改名して刊行され，1908年には『聖詠』と合本されて『天主公教会聖歌』(表紙のタイトルは「公教会聖歌」)として出された(1923年再版)．

1886年には『天主公教会拉丁之聖歌』と題する聖歌集も出版された．これは北緯中央公教会天主堂(築地教会)の編纂によるもので，約200曲のラテン語歌詞(ローマ字書き)を含む．若翰(ヨハネ)菅克家という神学生による序文が冒頭に置かれ，続いてラテン語の発音についての詳しい説明が載せられている．1891年，この聖歌集と同じタイトルをもつ聖歌集『TENSHU KŌ-KYŌKWAI LATIN NO SEIKA』(152曲)が出版されたが，構成や掲載曲目が『天主公教会拉丁之聖歌』と類似しており，この聖歌集の再版である可能性が強い．

前掲の『カントゥス・サクリ』ではルマレシャルの聖歌，ラテン語聖歌のほか30曲のグレゴリオ聖歌が原語で書かれている．また，*ラゲは1903年に『公教会羅甸歌集』を編纂した．93曲のラテン語聖歌を含む初の完全日本語対訳つきの聖歌集である(上段はラテン語片仮名書き，下段はその和訳)．

グレゴリオ聖歌に象徴される四線譜は，『カントゥス・サクリ』と1912年頃出された『カトリック聖歌集』(97曲，ガリ版，編者名等なし)にみられる．『カトリック聖歌集』は，その凡例に「ワチカン版の新グレゴリア式譜読方下り如し」と述べられているように，教皇*ピウス10世によって採用された*ソレーム唱法に基づいている．これはティリーによって改訂され，1916年，『公教会羅甸聖歌集』(67曲，1923年第2版)として発行された．その後，1931年には長崎で『カトリック羅典聖歌集』(107曲，四線譜，1954年第5版)が，1943年には札幌で『公教典礼聖歌集』(81曲，五線譜，1965年第5版)が出版されている．

このように多くのグレゴリオ聖歌集が出版されたのは，当時の典礼がラテン語で行われていたことによる．しかし，グレゴリオ聖歌はミサのなかで司祭および歌隊によって歌われ，一般の信者が歌う機会はほとんどなく，信者たちが歌うにしてもなじみのない旋律とラテン語という厚い壁に阻まれていた．そこから，ドイツ人宣教師によってグレゴリオ聖歌が邦訳され，日本語で歌うという試みがなされる．これは，1903年にピウス10世によって出された自発教令『トラ・レ・ソレキトゥディニ』(Tra le Sollecitudini)によって誘発された*典礼運動が発端となったもので，信者の*行動参加を目的に，日本では1930年代にようやく取り組まれるようになる．しかし，戦後，日本が国際的宣教国になり，各国から宣教師が訪れるようになると，この運動は突然消え去ってしまった．

〔その他の音楽〕明治・大正期には，聖歌集の編纂を除けば特に大きな動きはみられなかった．しかし昭和に入り，さまざまな活動が現れる．例えば，1935年に札幌に作曲家の早坂文雄(1914-55)を中心にカトリック音楽協会が，1940年には広島にカトリック文化協会が誕生し，地方の教会でも音楽に関心が高まる．また，1939年，*田中耕太郎を会長にグレゴリアン音楽学会が設立され，アヌイ(Paul Anouilh, 1909-83)，堀内敬三(1897-1983)，野村良雄(1908-94)，白井保男(1899-1961)，山本直忠らがそのメンバーとして名を連ね，『グレゴリオ聖歌教本』および『グレゴリオ聖歌の研究』の編集や講習会や宗教音楽の演奏会を通じてその普及に尽力した．1960年代に自然消滅するが，1980年，このあとを担い日本グレゴリオ聖歌研究協会が結成される．グレゴリオ聖歌研究で著名な水嶋良雄(1930-)を会長に，現在では日本グレゴリオ聖歌学会に発展，学会誌『グレゴリオ聖歌研究』を発行し，グレゴリオ聖歌の研究・発表に努めている．

また，1959年10月9-11日，日本初のカトリック・プロテスタント・正教合同の宗教音楽大会がエリザベト音楽短期大学(現エリザベト音楽大学)を会場に開催された．この大会では小泉文夫(1927-83)，野村良雄，皆川達夫(1927-)をはじめとする音楽学者による研究発表のほか，日本人作曲家の作品を含む宗教音楽の演奏会などが催された．

教育機関では，カトリック系の音楽大学としては我が国唯一の*エリザベト音楽大学(広島市)があり，ここで

は宗教音楽の研究・教授に力を注いでいる.

作曲家としては，まず前出の山本直忠があげられよう. 彼の「なべての民よ」は日本人による最初の聖歌として『公教聖歌集』(1933)に収められ，戦後は聖楽劇『受難』(1950)を作曲. チマッティは聖歌のほか歌劇『細川ガラシャ』を作曲し，1940年山本直忠の編曲・指揮で初演された. 市場幸介(1910-)は山本直忠, 髙田三郎と並んで『カトリック聖歌集』の編纂に協力，髙田三郎は『典礼聖歌』をはじめ数々の宗教音楽作品を残している. 若手作曲家としては細川俊夫(1955-)があげられ，現在，ヨーロッパを中心に国際的な活躍をみせており, 代表作として『ヒロシマ・レクイエム』(1989-92)がある. 近年では, 新垣壬敏(1938-)のオペラ『二十六人の殉教者』(1997)がある.

【文献】手代木俊一監修『明治期讃美歌・聖歌集成』6-11 (大空社 1996); 安足磨由美「グレゴリアン音楽学会の設立過程と終戦までの活動状況」『グレゴリオ聖歌研究』18 (1998) 1-16; E. HENSELER, *Katholische Kirchenmusik in Japan* (St. Ottilien 1994).

(安足磨由美, E. ヘンゼラー)

【プロテスタント】〔草創期・19世紀後半〕日本における, 通称プロテスタントと呼ばれるキリスト教の音楽は, 19世紀半ば以降に限られる. そこで *キリスト教音楽としてあげるには，教会の *礼拝および *聖礼典(サクラメント)で歌われる会衆歌としての讃美歌(→賛美歌)を中心に, *オルガンを主とした奏楽曲のことになる(さらに, 教会内でも礼拝以外や, 教会外で演奏される *オラトリオなどもあるが, それらについては, 各項目を参照のこと).

讃美歌についてたどるとき, 19世紀半ば以前の *鎖国の時期にも, 当時唯一の開港地長崎の *出島にいたオランダ人が, *改革派の伝統の *詩編歌を歌っていた記録があり(1659), その流れのなかから, 19世紀半ばに勝海舟(1823-99)が詩編歌(詩103)の替え歌を作ったという実績もある. それと相前後して1853年(嘉永6), 浦賀沖にやってきた黒船の甲板上で, *日曜日に讃美歌が歌われたのが, 岸辺で見張る人の耳に聞こえてきたという. それは現在の『讃美歌21』148番の「全地よ, 主に向かい」であったとされている. その後なお20年ほど続く *キリシタン禁制のもと幾つかの讃美歌が邦訳され, ひそかに歌われていた事実がある(同上484番「主われを愛す」など).

キリシタン禁制の高札撤去を待って, 1874年(明治7)には, 神戸, 横浜, *長崎などの開港地を中心に, 讃美歌集が発刊されるようになり, 日本におけるプロテスタント教会音楽の幕が実質的に開かれた. その年7種の歌集が発刊された(その前年に作られた歌集がほかに一つあるとされる). これらはすべて宣教師を派遣した教派を背景にして出されたものであり, その後, 四半世紀余は, 幾つかの教派共同の版も作られるが, ほとんど教派的な歌集として改訂・増補されつつ受け継がれていた.

一般にいわれるプロテスタントすなわち「抗議する者」という意味は, 少なくとも日本の教会の歴史の現実には直接結びつかない. 日本に数多くの宣教師を送ってきたアメリカを主とした教会においても, ヨーロッパの場合以外, それは教派的な違いとして受け継がれてきた. さらにそこで自覚されていたのは, むしろピューリタン(清教徒)的なもので, その特色は教会政治や礼拝形式にみられる伝統的なものを否定する生き方であった. それが日本におけるプロテスタント教会音楽を特徴づけている.

いわゆるプロテスタント音楽は, 会衆歌としての讃美歌である衆讃歌(教会の歌, 〔独〕Kirchenlied, Kirchengesang. これは通常, 合唱を意味する *コラールと呼ばれる), 詩編歌(〔英〕psalmody)を基本とする教会の礼拝および集会で歌われる歌を中心に, それらをもとにした大衆的な信仰の歌として総称的にも用いられる讃美歌(hymn)が基盤になる. これらは, 16世紀の *宗教改革の時代から18世紀にかけての, ドイツおよびドイツ語圏スイス, フランス語圏スイス, イギリス(スコットランドを含む)などを中心に展開された, 教会を中心とする大衆歌である.

それに加えて, *ピューリタンの開拓精神, 植民運動が展開されるなかでアメリカにおいて発生したのが, 福音唱歌(*ゴスペル・ソング), 聖書唱歌(Bible song), また黒人, 白人の霊歌(Negro or White spirituals)などである. これらアメリカを経由してのヨーロッパの讃美歌, またアメリカで発生した福音唱歌などのほとんどが, 19世紀半ばの日本に紹介, 移入され, 教会のなかに普及するとともに, *学校教育の分野にも影響を与えた. 一般にも「讃美歌」と呼ばれる大衆歌が文明開化の動きのなかでその影響力を発揮した.

〔歌集としての讃美歌の続刊〕当初10年ほどの間に出された歌集は, 無題で8編の歌を収めるにすぎないものに始まり, 多くても50編前後の歌を収めるものであった. 歌集の名称も『教の歌』『聖書之抄書』『讃美のうた』『三びのうた』などさまざまであり, 『讃美歌』とあってもそのふりがなが「さんびのうた」「たたへのうた」となっている.

*詩編を唱和ないし歌唱することも当初から導入されており, 少なくとも, 1874年12月刊の無題の歌集をはじめ幾つかの歌集に数曲みることができる.

初めの頃の讃美歌集は歌詞のみで, ときどき讃美歌の曲名が指示されている程度である. 数曲の楽譜が折り込みの形などで挿入されているものが, 1877年の『讃美歌(たたへうた)一』にみられる.

*十戒(かみのとうのおきて), *主の祈り(きみのをしへたるいのり)や *使徒信条による *信仰宣言などは, 1874年の『讃美のうた』, その他の歌集にすでに載せられている. このことは, 讃美歌集が公同の礼拝において用いられるべきものであったことを示している.

しかし10年もたたないうちに, *長老派教会, *改革派教会系の教会が委員会を組織して『讃美歌』(1881)を, 翌年には *会衆派(組合派)教会が四部合唱譜の『讃美歌並楽譜』を刊行した. また10年経た1884年には *メソジスト教会が『譜付基督教聖歌集』を出すようになってくる. さらに上記二つの歌集を合流させた『新撰讃美歌』(歌詞版1888, 譜付版1890)は画期的な歌集であり, 総数263編の歌のうち, 3分の1以上が日本人創作のものである. この『新撰讃美歌』は当時の一般文壇, ことに新しい詩歌の道に影響を与えた.

また, 『基督教聖歌集』は1895年に増補改訂され, 収録数422に約倍増された. また当初『聖書之抄書』として始められた *バプテスト教会の歌集は, 『宇太登不止』(うたとふし, 1876)を経て『基督教讃美歌』(1889)となり, 1896年には増補された. この歌集のその後の改訂作業を通しても, その特色である叙情性の豊かさが, 当時隆盛になりつつあった国粋主義と相まって, 日本の讃美歌の優雅さを支えることになったようである.

このようにして, 日本における讃美歌の草創期の四半

にほんのキリストきょうおんがく

世紀余を経た1900年春，大阪で開かれた第10回日本基督教福音同盟会においては「二十世紀大挙伝道計画」も決議されたが，プロテスタント主要教派の共通讃美歌を編集刊行することが満場一致で決議され，直ちに讃美歌委員会が組織された．これによって，最初の共通『讃美歌』が1903年に世に出るに至った．

これと並行して，イングランド国教会（→聖公会）の流れの*日本聖公会の歌集は『使徒公会之歌』(1876)に始まり，『真神讃美頌』(1878)，『聖公会歌集』(1883)を経て，『古今聖歌集』(1901)となり，その後3度の改訂を経て，現在に至る．また子ども用の歌集は，『日曜学校うたあつめ』(1890)，『童蒙讃美歌』(同)に始まり，『わらべうた』『ゆきびら』『日曜学校讃美歌』（第2版），『こどもさんびか』（第4版）などと続いてきている．

さらに『救世軍軍歌』(1895)，『キリストの福音・救のうた』(1898)，『リバイバル聖歌』(1909)，『リヴィヴル唱歌』（第2版），『聖歌』など純福音派と呼ばれる教会のものもある．これらは，イングランドおよびスコットランドの民謡や軍歌調の歌や，アメリカ合衆国の福音唱歌を多く含んでおり，日本の国粋主義傾向の一面と相まって受け入れられたものとみられる．

〔共通讃美歌を中心にした推移〕日本のプロテスタント教会の音楽は，20世紀の夜明けとともに現れた『讃美歌』1903年版以降の共通讃美歌を中心に歩むことになる．最初の共通『讃美歌』1903年版の編集にあたっては，それまでの『新撰讃美歌』『基督教讃美歌』『基督教聖歌集』が三つの有力な資料となったが，ことに最後のものは，ある意味で最も強い影響力をもったとみられる．またそれは20世紀の日本の讃美歌を基本的に特徴づけるものとなった．

『讃美歌』1903年版は，それまでの歌集を資料としているため，欧米ことにアメリカの讃美歌からとられたものがほとんどである．この発刊後まもなく，*日曜学校などで用いるためにと，『讃美歌第二編』の編集に取りかかり1910年に刊行された．その後，1910年代から1930年にかけては，上記の『讃美歌』および『同第二編』が30年近く用いられるなか，『古今聖歌集』との共通所載讃美歌の折衝，讃美歌委員会委員の大幅交替，関東大震災(1923)などに遭遇しつつ，讃美歌と教会音楽に関する研究が進められた．1926年秋には基督教音楽連盟の発足，個人的な讃美歌集として，由木康(1896-1985)の『聖歌』(1927)，三宅総太郎の『新聖歌』(1929)などの発刊が相次いだ．

その間，讃美歌改訂の動きも盛んで，促進委員会および準備委員会を経て，改訂『讃美歌』1931年版が完成した．これはそれまでの研究成果，ことにイギリス，ドイツを中心として，ヨーロッパ諸国の讃美歌を加え，また，詩編を主体とする「礼拝に必要な交読文」をつけるなど，あらゆる面での改善も含めた改訂版となった．日本人創作の歌詞，また曲も数多くはないが，かなり補強された．当時の傾向として，一般音楽界でポピュラーになっていたオラトリオや歌劇，交響曲などから引かれたものがみられ，日本人作曲のもののなかにも，器楽的な傾向ともいうべき，一般会衆には音域の広すぎるものが目立つ．

他方，この頃には，軍事色の深まる時勢に乗った幻の所産として『青年讃美歌』『興亜讃美歌』などもある．敗戦後の混乱のなかでは，アメリカで印刷された讃美歌集の援助を受けることもあったが，内容としては，軍国主義，国粋主義的な表現の強いものを取り除くなど，緊急，かつ徹底的な改訂を迫られることになった．

〔第三の共通『讃美歌』1954年版以降〕『讃美歌』1931年版は「徹底的な改善補強」が求められた．しかし，当用漢字，新仮名遣いの採用，学制変更による義務教育修了者の理解できる表現，楽典理解などを枠に，資料の充分でない戦後の混乱期に改訂事業を実施することは極めて困難で，限界があり，矛盾を抱えることになった．ほとんどの歌詞がいわゆる「大和言葉」調であるものを，新仮名遣いで表記したための文法的矛盾，また時代的な曲の表記についても，単旋律の旋法による曲，その他の曲に無理な和声的伴奏譜や拍子づけをするような縦線割りなどをしたことなど，幾多の問題を含んだ．

とはいえ，積極的に評価されるべきことは，この改訂『讃美歌』1954年版の普及と教会音楽の啓蒙のため，『讃美歌』発刊と同時に『讃美歌略解―歌詞の部』が，翌年(1955)にはその『曲の部』が出されることによって，讃美歌集に所載のすべての歌詞と曲の解説書が揃ったことである．さらに，同じく1955年(昭和30)春から『礼拝と音楽』誌が編集発行され（当初は月刊，1976年から季刊），現在に至ることである．この機関誌は，キリスト教界内では教派の枠を越えて読者を獲得し，一般音楽界では音楽大学や文化会館の図書に収められ，キリスト教音楽の研究者に利用されてきている．そのことがまた，その後の讃美歌改訂への道を開くことにも大きな力となった．

*日本基督教団讃美歌委員会としては，その後の情報収集を経て，1963年に初めての英語讃美歌集(Hymns of the Church)を編集発行した．これには，諸外国の新しい情報に基づく讃美歌を紹介するとともに，日本の讃美歌の代表的なものを英訳して諸外国の教会に紹介する目的があった．この歌集が実際に用いられたのは，国内では宣教師の集会やキリスト教主義大学の一部のみであった．資料としては，幾つかの日本原作の讃美歌が世界各国の讃美歌集に収録されることになり，日本では，この後の『讃美歌第二編』(1967)編集のための主要な資料となり，相当数が邦訳され，実際に収録された．

他方，この時期はカトリック教会の典礼刷新の実施により，『典礼聖歌』が作り始められた頃である．また，プロテスタント教会のなかでも，本来，*ミサを保持する伝統にある*ルター教会系の『教会讃美歌』の編集が進められていた．これが実際に刊行されたのは1974年のことである．並行して，1968年に東京で始められた超教派の教会音楽祭は，カトリック教会，ルーテル教会，聖公会，日本基督教団を中核に，ときに*日本ハリストス正教会やバプテスト教会も加わり，それぞれの教会によい刺激と一致の希望への喜びを与えた．東京以外の各地でも，この種の集会が試みられてきた．

1974年は，日本におけるプロテスタント教会関係の歌集としての讃美歌史100年目にあたり，それを記念するためにエキュメニカルな共同作業による讃美歌集の編集が企画され，その結果，1976年に『ともにうたおう新しいさんびか―50曲』が生み出された．

日本国内ばかりでなく，1960年代からは東アジア諸国の教会との合同会議による交流が盛んになり，その結実として『竹を鳴らせ』Sound the Bambooと題されたアジアの讃美歌集も1990年に発行されている．

その間の，世界的な「讃美歌爆発期」や礼拝復興，改革運動（典礼刷新）にも啓発され，約四半世紀にも及ぶ準備を重ねて，共通『讃美歌』の第4改訂版が生み出されることになる．それに先立って，『改訂讃美歌―試用

版』(1992)が出され，現代に生き，新しい時代を目指す讃美歌の在り方について，広く意見，批判が求められた．

〔21世紀に備える『讃美歌21』発刊〕1997年（平成9）2月に刊行された『讃美歌21』の特徴は，讃美歌の本来あるべき公同礼拝と聖礼典，信仰共同体としての教会生活のための歌を収集することに力点を置いたことである（個人の信仰生活のためには，従来の『讃美歌』1954年版の発行が続けられることになった）．またこの新歌集には，アジア諸国をはじめ，中南米，アフリカ諸国，またフランスの*テゼ共同体，スコットランドのアイオーナ会の讃美歌も採録された．日本で，かつて1958年に開かれた第14回キリスト教教育世界大会の主題に基づいて作詞，作曲されていた歌「世界の友と」（原題 Tokyo）も採用された(415番)．この歌はすでに英語讃美歌(1963)を通して諸外国の数多くの歌集に収められていながら，日本では一般に知られていなかったものである．なお，1998年には『讃美歌21』の略解も刊行されている．

〔オルガンを主とした教会の音楽・奏楽〕19世紀末から20世紀前半にかけての教会は，リードオルガンを主としたBGM的な奏楽が大勢を占めていた．時折，他のオラトリオ，歌劇，交響曲の一部からとられたものも聞かれた．『讃美歌』1931年版が普及し，衆讃歌（コラール）がしだいに親しまれるようになると，曲の主題と内容を提示することのできる前奏曲，変奏曲などより適切な奏楽曲を選ぶよう演奏者たちも啓発されるようになった．近年は，パイプオルガンの設置数が急増するなかで，その傾向はますます強くなり，ことに『讃美歌21』の出現によって，礼拝において歌われる讃美歌と奏楽との関連が強化される道が広く開かれてきている．

【文献】由木康『讃美歌委員会史』（日本基督教団讃美歌委員会1965); 原恵『讃美歌―その歴史と背景』（日本基督教団出版局1980).
(北村宗次)

にほんのキリストきょうびじゅつ　日本のキリスト教美術：明治以降

【日本近代美術の疑似モダニズム】日本の近代美術の発足の原点は，制度上は1876年（明治9）に東京に設立された工部美術学校の西洋画教育にあるといってよい．イタリアから招聘された画家フォンタネージ(Antonio Fontanesi, 1818–82)は2年間の短期であったが，浅井忠(1856–1907)，小山正太郎(1857–1916)，五姓田義松(1855–1915)，*山下りん等，明治の洋画の先駆者たちを育成した．その教育方法はデッサンや遠近法など，西洋のアカデミック絵画の伝統的なものであった．しかし日本人が西洋近代美術を芸術体験として受容し始めるのは，1896年，東京美術学校に西洋画科が設置された頃であろう．ただし明治中期の西洋美術受容の中心人物，画家・黒田清輝(1866–1924)がパリから導入したのは，フランス印象主義絵画を踏まえた穏健なアカデミズム様式と文化官僚制であって，彼の絵画には風俗的な主題はあっても，哲学思想性はまずみられないし，ひいては宗教性など皆無である．確かに西洋近代美術は，美術から文学，*神話，*宗教を切り離して，美術の造形性を自立させる過程で成立した．ところが日本人は戦わずしてその近代美術の成果だけを輸入し，伝統に接ぎ木したゆえに，大方が思想信条の表現を避けて通り，造形の器用さのみを追求する疑似モダニズムに満足してしまったのが，ここ1世紀の日本近代美術の負の歴史といえる．

【日本のカトリック教会の芸術教育】このように根の浅い日本近代美術において，優れたキリスト教美術作品，特にその中心たるべきカトリックの美術家による優品を求めることは不可能であろうか．筆者は可能であると考えるが，その前にまず苦言を呈しておく．

というのも，近代の新しい宗教画を日本にもたらすべく，本来なら先頭を切って美術教育に邁進して当然のカトリック教会が，明治からこのかた，美術教育に決して熱心とはいえないのである．なぜなら，最も大切な草創期である明治時代におけるカトリック・ミッション系中学の大方の美術教師が，かたや美術学校卒の専任を揃えた当時の公立中学に比べ，非常勤か，他教科との掛け持ち教師が圧倒的に多い実状が明白となったからである．この事実は，明治期の中学美術教師の履歴を網羅して調査した，金子一夫の労作『近代日本美術教育の研究―明治時代』(1992)を丹念に読んでみるとわかる．

数少ない例外は，*シャルトル聖パウロ修道女会が創立した盛岡女学校（現在の盛岡白百合学園高校）くらいで，ここでは工部美術学校卒で1882年『画学模範』という教科書を著した太田七郎(1863–1944)が，盛岡師範学校から移って長く指導にあたっていた．そのほかはみなプロテスタント系の学校で，フェリス和英女学校の林薫，明治学院中学校の上杉熊松，藤田文蔵，同志社普通学校の守住勇魚らは工部美術学校卒で，確かに明治美術史に残る人材であった．また青山学院中学と同女学院では，後の東京美術学校教授・岩村透(1870–1917)が6年間だが教鞭をとっていた．また明治期に美術科らしき学科を置いたのも，長崎の活水女学院（正確には技術科で，木彫や家具製作を教えた）のみであった．

その一方で，カトリック系学校の*聖歌の導入による音楽教育は，美術とは大違いに熱心といえる．美術教育のみ経費が特にかかるとも思えないので，これは方針の問題であろう．ゆえにカトリック美術家も輩出しにくいのは当然で，関係者が文句のいえた義理ではない．この美術軽視路線は，美術の学科・講座が極端に少ない現代日本のカトリック系大学まで尾を引いていると指摘しておこう．

【日本の近代キリスト教美術】日本近代の広い意味でのキリスト教美術として，筆者は以下の20名ほどならば国際舞台に上れると信じる．確かに近代美術は自己実現と美術の自立こそが第一義である．しかし美術とは畢竟人間の魂を映す鏡であってみれば，信仰の表現もまた造形によってなしうることは時代にかかわらず自明であろう．ただしその場合，我々が忘れてはならないのは，内容（信仰）は形式（造形性）に支えられてこそ，普遍的な表現となる点である．桃山・江戸初期のキリシタン時代（→キリシタン美術）はさておき，明治以降の近代キリスト教美術においては，特にこの造形性の水準が特に厳しく問われるべきである．

したがってここにあげた美術家たちは，宗派の別や信仰の年数，度合いなどよりも，作品第一主義で選ばれている．彼らはほとんどまず美術家として成長し，青年期に制作上，または精神的な悩みの果てにそれぞれの教会をみいだした者が多い．なかには青年期のみの信者や，むしろ後年は*仏教に帰依したとみるべき者もいるが，カトリックか否かはともかく，みなすぐれてキリスト教美術たりうる成果，すなわち祈りと神の恩寵による癒しの表現を生み出していることには変わりがない．

〔明治期〕まず日本人初の職業的イコン画家・山下りん(1857–1939)から始める．彼女は茨城の笠間に生まれ，

にほんのキリストきょうびじゅつ

1876年工部美術学校でフォンタネージの指導を受け，女子学生中最優等生であった．1878年に *日本ハリストス正教会で洗礼を受け，1880年に *サンクト・ペテルブルグにイコン画の研究のため留学．同地の女子修道院で彼女曰く「ギリシアのお化け絵」と取り組んで2年の苦労を味わう．体をこわして1883年に帰国後は神田駿河台教会内に住み，同教会や日本各地，函館，一関，盛岡等のハリストス正教会のために聖画を描く．晩年は故郷の笠間に引きこもり1939年（昭和14）に没す．山下の聖画は *イコンの伝統様式をそのまま模倣したものでは決してなく，デッサンは師フォンタネージ譲りの本格的イタリア古典主義であり，人物表現は10代に学んでいた浮世絵の柔軟な感受性を基盤にしている．聖母像を例にとってもビザンティンの厳格な形式主義は姿を消し，*ラファエロから *レーニ，*ムリリョに至るルネサンス，バロックの巨匠たちの情愛溢れるカトリック図像の影響が濃い（例『聖母子と聖ヨハネ』1882，笠間日動美術館）．

荻原守衛（碌山，1879-1910）は滞欧留学中，*ロダンにも教えを受けた近代日本彫刻のパイオニアであるが，1897年，故郷信州の安曇野から上京して一気にプロテスタントへの傾斜をみせた．渡米前に受洗し，後の短い半生の制作のうちに，宗教的な強いストイシズムとエロスの芸術への昇華を表現して燃え尽きた感がある．1909年の『デスペア（絶望）』（碌山美術館），最晩年の『女』（1910，東京国立近代美術館）との間には，信仰と肉体との間で苦悩し解放されようとするマグダラの *マリアのイメージが重なる．もし荻原が早世しなければ，昭和の舟越保武をはるかに先駆する聖像彫刻の原点となったであろう．

そのほか二世中丸精十郎（1873-1943）がパリに留学し，教会モザイクの技術を日本に伝えている．また白馬会の洋画家・青木繁（1882-1911）も，初期に旧約聖書の挿絵を試みているが，これは聖画というより明治浪漫主義，19世紀末ヨーロッパ絵画との関連においてみるべきものかと思う．

日本美術院を創立した横山大観（1868-1958）や西郷孤月（1873-1912）らも明治30年代中頃にキリスト教的テーマに取り組んだが，大観の『迷児』（1902，永青文庫），孤月の『主の救い』（1901頃，長野県信濃美術館）も聖画というよりはヨーロッパ風の構想画であり，彼らの実験していた色彩中心の朦朧体の格好の対象物という感が強い．

〔大正期〕中村彝（なかむらつね，1887-1924）は10代で結核を患い，20年にわたる闘病生活と悲劇的な恋愛のなかでの自己凝視は，すぐれて精神的な人物表現を生み出した．1907年20歳のときに市ヶ谷教会で *植村正久から受洗．新宿中村屋での芸術サロンにおいて荻原守衛を知り，その環境のなかで『エロシェンコ氏の像』（1911，水府明徳会彰考館）などを描き，才能を開花した．病床での手紙に「もしも僕の心に病と貧困と無力とを賛美したあの基督の福音を思う心がなく，苦悩と病と飢餓との中に充実した生を送り得た *ミレーや *レンブラントを思う心がなかったら，僕はとうに自棄して世を呪いつくして死んで終わったに違いない」と述懐している．聖画としても『キリスト磔刑』（1923）などが遺るが，同年未完に終わった『髑髏を持てる自画像』（大原美術館）は，*セザンヌの感化というよりも日本で初めての本格的ヴァニタス画であり，ゴシック教会の「神秘と無限感」を表現せんとした画家の遺言ともいえよう．

岸田劉生（1891-1929）の後半生は浮世絵と宋元画三昧の一種東洋的衒学趣味に迷い込んでしまうが，少なくとも1920年（大正9）頃までの劉生は，10代半ばで受洗し，牧師・田村直臣（1858-1934）の導きにより数寄屋橋教会の日曜学校で教師のかわりまでした使徒画家の姿勢を保っていた．1912年，雑誌『現代の洋画』に寄稿した彼の文に「祈り祈りて一歩一歩神に近づく如くに自分の製作は一歩一歩，自然に肉迫せねばならない」とあるように，当時の劉生は絵筆によって自然の奥に潜む不知の力に触れることこそが「美への奉仕」つまり「人類と神への奉仕」と捉えていた．*ブレイクや，*デューラーの影響が明らかないわゆる「クラシックの感化」時代の始まりである．1914年の旧約聖書の挿絵のペン画や，『人類の意志』『エターナル・アイドル』は彼の素朴な信仰心の表れだが，翌年の油絵『画家の妻』（大原美術館）や『人差し指たてたる自画像』ではポーズや様式そのものに，初期ネーデルラント絵画の聖人図の暗示を与えている．それは以後の「麗子像」に至る「唯心的美感」「内なる美」の志向を予感させるに充分であった．

河野通勢（1895-1950）の父はハリストス正教会の信者で長野市に写真館を営む．画家でもあった父と，通勢の上京後親しくなった岸田劉生の影響で聖書画をよくし，1918年，草土社同人となった第6回展には『放蕩息子』を出品．1920年の第8回草土社展には聖書の挿絵54点を出品し注目されている．

関根正二（1899-1919）は早熟，夭逝の画家の代表であるが，早くも14歳のとき，長野市で三つ年上の河野通勢に出会い，彼のデッサンと *ミケランジェロやデューラーの画集をみせられて本格的に画家を志す．フランスから帰国後の安井曾太郎（1888-1955）の影響を受け，二科会で活躍するも恋人との別れや孤独感に苛まれ，身体も病んで幻覚症状を呈する．1918年に二科展に出品して樗牛賞を得た『信仰の悲しみ』（大原美術館）は，常に神と罪悪，芸術とデカダンとの間を揺れ動いていた関根の赤裸々な告白といえよう．妊婦のような5人の女たちの鬼気迫る行列はさまざまに解釈可能だが，本質的には彼女たちは男と罪を共有する一人のイヴであり，男＝画家本人は描かれていないが，図像表現としては「楽園追放」に属すると思われる．翌1919年，死の年の『神の祈り』（福島県立美術館）は彼にとっての天使像である．同じく『三星』（東京国立近代美術館）は，耳に包帯をした中央の自画像が，おそらく耳を切った *ゴッホの自画像に倣ったものであり，ゴッホと同じく自らをキリスト像と同一視するものであろう．両側の女性は受難のキリストを支え，慰める天使の役となる．最近の調査でも3人の頭部にはわずかに円光の線が認められた．関根本人は結局信者とはならずに20歳で病没．しかし残された彼の作品のほとんどに「神の眼」の存在を実感できる．キリスト教芸術には幻視的な性格が必ずついてまわるが，日本近代美術においては関根がその役割を見事に果たしたといえよう．

大正期に活躍した院展の日本画家・富田渓仙（1879-1936）は，京都でキリスト教に触れて画風を深化させるきっかけを作っている．またカトリック詩人で在日フランス大使 *クローデルに請われて1921年から二人で詩画集を合作した．同じく日本画家の落合朗風（1896-1937）は幼い頃に母を亡くし，キリスト教信者の父に育てられた．その影響あって，1919年第6回院展出品の屏風の大画面に楽園の『エバ』を描き，そのゴーギャン風のプリミティヴィズムが満場の注目を浴びた．なお雑

誌『白樺』同人として美術評論をよくし，民芸運動の指導者として日本民芸館を創設，日本の近代美術発展に多大な功労があった柳宗悦(1889-1961)が，本業は宗教学者で，キリスト教賛美とも研究ともつかない著書が多いこと，また大原美術館(開館1930)の創立者・大原孫三郎(1880-1943)がプロテスタントの信者で，当時の芸術支援事業家としては規模・発想共に群を抜いていたことをここに記しておく．

〔昭和期〕*長谷川路可は東京美術学校で松岡映丘(1881-1938)に師事した日本画家であるが，同時に我が国随一のフレスコ技法による聖画の専門家であった．暁星中学時代に受洗し，美術学校在学時の第2回帝展(1920)に『ジェロニモ次郎祐信』が入選，翌年の卒業制作『流さるる教徒』とともに，キリシタン歴史画の分野に新風を送る．卒業後は渡欧し，フランスでフレスコ画を学んだ後，日本政府の命によってルーヴルや大英博物館，ベルリン民族学博物館などで敦煌，西域仏教壁画を模写(東京国立博物館)．1927年(昭和2)帰国し，翌年師の松岡映丘主宰の新興大和絵会に属して，帝展に日本画を出品するとともに喜多見カトリック教会に我が国初の聖堂フレスコ壁画『失楽園』を描く．1930年にカトリック美術協会の結成に加わり，中心作家として活躍する．

カトリック美術協会については『カトリック大辞典』「日本」「藝術」「美術」の項の木村太郎による解説に詳しい．会員として日本画の長谷川路可のほかに岡山聖虚，小倉和一郎，小関君子らがいる．1932年*上智大学で開いた第1回協会展には，日本画の三兄弟家として知られ，文展で人物画を得意とした尾竹越堂(1861-1931)が，参考品として『復活のキリスト』を出品しているのが興味深い．洋画では木村圭三，佐々木松次郎，近藤啓二らが活躍，全国のカトリック教会に作品を遺す．

戦後の長谷川路可は1949年(昭和24)鹿児島市ザビエル記念聖堂壁画を制作後，イタリアに渡り，1951年からチヴィタヴェッキオ市の日本殉教者聖堂に新たにフレスコ画『日本26聖人殉教図』を制作，1955年に完成し，ローマ市名誉市民となる．1965年長崎の*日本26聖人記念館にフレスコ画『説教する聖フランシスコ・ザビエル』，続いて1967年，26殉教者の道行きを描く『長崎の道』を完成，これが遺作となった．

帝展，日展の日本画家・堂本印象(1891-1975)の画業は，戦前からの仏画，戦後の抽象画，装飾画と幅が広い．しかし，彼の青年期からの数多い社寺仏閣の天井画や襖絵制作の業績によって，一貫してモニュメンタルで精神的なテーマの構想画を目指していたことがわかる．キリスト教美術の影響は早くからあり，1922年(大正11)第4回帝展の出品作『訶梨帝母』は，印象が以降，帝展無鑑査となったいわば出世作であるが，そこには15世紀イタリア・ルネサンス絵画の「授乳の聖母」(→聖母子像)の図像が基本となっている．本格的なキリスト教絵画は1950年(昭和25)，日本カトリック教会からローマ教皇に献上された『高山右近』(ヴァティカン近代美術館)から始まり，1952年の滞欧期を経て，1954年一双の金屏風に描かれた『受胎告知』と『刑架』は戦後の日本画によるこの分野の傑作となる．『受胎告知』は図像と様式にビザンティンからロマネスクを選んでアルカイックな美を，『刑架』はゴシック末期の表現主義を取り入れて受難の悲劇を直裁に表す．1963年には大阪の司教座聖堂・聖マリア大聖堂に壁画『栄光の聖母マリア』ほかを完成，その功によって教皇*ヨアンネス23世よりシルヴェステル勲章を授与される．晩年も1973年，82歳で教皇*パウルス6世の依頼による『母と子』を制作，翌年完成してシルヴェステル大十字架騎士勲章を贈られた．印象の近代的造形力が国際的に評価された例である．

日本画家による聖画の傑作には，ほかに樫山南風(1887-1980)の第62回院展出品の『追おく』がある．ロシアのイコンに霊感を得た聖母子図であるが，花との組み合わせの妙や淡い色彩など，麻紙と日本画の利点を充分活かしている．ほかに聖画ではないが，小倉遊亀(1895-2000)が，若い女性の受洗の情景を爽やかに描く『受洗を謳う』(滋賀県立近代美術館)を1936年の第23回院展に出品している．

藤田嗣治(1886-1968)はいうまでもなくエコール・ド・パリの画家であって，1955年にフランス国籍を取得しているが，ここでは日本人画家として扱う．聖母子の画題は初期から描いており，1919年のサロン・ドートンヌには数点出品．カトリックとの具体的な関係は1921年，藤田のパトロンのスイス人弁護士ゼーホルツァーが，藤田をヴァティカンで教皇*ベネディクトゥス15世に謁見できるように取り計らった．その結果，教皇からは*フランシスコ・ザビエルの肖像画制作の依頼があったが，翌年教皇の逝去によって制作は頓挫した．1927年の『受胎告知』など大作3点が現在ひろしま美術館に所蔵される．戦後フランスに帰化した藤田は1959年，73歳でランス大聖堂において夫人とともに受洗，レオナール・フジタとなる．羊皮紙に『黙示録』三部作(1959-60，山梨県立美術館)を描き，その『七つのトランペット』の騎士のなかには自画像も描き込む熱心さであった．以後数々のキリスト教絵画を発表，1961年のトリエステ宗教美術展において金賞を得る．最晩年はランスの礼拝堂ノートルダム・ド・ラ・ぺのフレスコ壁画に取り組み，1966年，80歳で完成，「シャペル・フジタ」として記念されている．

田中忠雄(1903-1995)は牧師を父にもち，17歳で受洗，京都高等工芸学校図案科を卒業後，上京し本郷絵画研究所に学ぶ．戦前は前田寛治(1896-1930)に影響を受けた労働画を描き主に二科会で活躍したが，戦後は行動美術協会に属し，一貫して聖書を主題に現代の時事問題も交えて制作．*ステンドグラスのような逞しい表現的様式が特徴である．1960年『トマスの疑い』で第4回現代日本美術展優秀賞を受賞．出版活動も盛んで『田中忠雄聖書画集』のほか，『名画に見るキリスト』など数多い．

小磯良平(1903-1988)には『口語聖書　聖画集』(1971)のための水彩画挿絵(旧約15点，新約17点，笠間日動美術館)があり，小磯らしい明確な構図と端正な線描が特徴である．神戸教会の信徒であったが，聖画は描かなかった小磯にとってほとんど唯一の信仰告白の機会となった．

舟越保武(1912-2002)は世界的な評価をもつ現代彫刻家で，1938年(昭和13)東京美術学校彫刻科卒業，翌年新制作派協会彫刻部創設に参加し会員となる．大理石の直彫りを得意とし，戦後1950年にカトリックの洗礼を受ける．1962年に『長崎26殉教者記念像』を西坂公園に完成し第5回高村光太郎賞を受賞．1972年の『原の城』で中原悌二郎賞を受け，ヴァティカンに寄贈された当作品によって教皇から大グレゴリウス騎士団長勲章が授与された．1968年から1980年まで東京芸術大学教授

を務める．ほかに幾つもの聖女像や『病醜のダミアン』など，真摯な信仰に裏打ちされた鋭い造形力は余人の及ばないところである．晩年右手が不自由になり，左手1本でなお彫刻制作に励む．1997年(平成9)，長崎県立美術博物館で26聖人殉教400年記念の大規模な回顧展が開かれた．ほかに現代彫刻家としては，京都河原町カトリック教会のブロンズ聖母像を制作した木内克(1892-1977)がいる．

現代絵画では特異なカトリック画家・横尾龍彦(1928-)が，日本人には稀な洗練された幻想性豊かな画風で，19世紀末フランスのモロー(Gustave Moreau, 1826-98)にも比肩される．

【南蛮趣味の画家たち】1907年(明治40)の夏，*北原白秋らが新詩社同人と*木下杢太郎の九州旅行以降，雑誌『明星』『スバル』を中心ににわかに勃興したのが文芸上の南蛮趣味である(→南蛮文学)．同時期に盛んとなった*村上直次郎，*新村出らのキリシタン史学，南蛮学の進展とともに大正期に全盛を迎え，*芥川龍之介の16編の小説等に結晶したことは周知の通りである．ここでは美術，特に日本画においてこの南蛮趣味の展開がどうあったのかを要約したい．

先駆者としてあげられるのは今村紫紅(1880-1916)である．歴史人物画の傑作『伊達政宗像』(東京国立博物館)は1910年(明治43)の作であるが，すでに彼は1902年の絵画共進会に，*エルサレムを背景とする『十字軍』を出品して西洋歴史画への興味を早くも示している．

その紫紅の着想のあとを受け継ぎ，近代日本画として芸術的完成へと導いたのが小林古径(1883-1957)である．1911年の第16回紅児会展に出品した『踏絵』は以後流行する同主題の嚆矢となったが，近世風俗としてよりも*絵踏が迫る心理描写を主眼とした点が成功であった．以後，古径は1912年第6回文展に出世作『極楽井』(東京国立近代美術館)を発表し，その一人の少女の衣装にイエズス会紋章(IHS)を描き入れ，南蛮趣味全盛期の風俗の描写を目指す．ただし現実には世俗服の文字散らし意匠にまでIHSを入れた例はないので，もちろん画家の独創である．翌年古径は紅児会最終展に『耶蘇降誕』を発表．勉強家であった古径は西洋美術史にも詳しく，外遊の際に同行した前田青邨(1885-1977)は彼からその知識を授かったと述懐している．古径の代表作の1点にあげられる大作『異端』(東京国立博物館)が1914年(大正3)，再興第1回院展に出品され，古径は同人に推挙される．やはり主題は絵踏だが，3人の女の三様のポーズや表情が緊張感とリズムを生み出して，類例中最高の出来映えとなった．

もう一人の先駆者，中村岳陵(1890-1969)は早熟の才能を示し，すでに1909年(明治42)『天草四郎時貞』，翌年に『山田長政像』を発表，木下杢太郎の戯曲『南蛮寺門前』や北原白秋の詩集『邪宗門』と完全に同時代の情緒を共有している．1913年(大正2)には文展に落選したが，その『南蛮人渡来図』は，当時再評価の途上にあった南蛮屏風を近代に再創造したものとして特筆される．

前田青邨は歴史画家として，*キリシタンと日本人という東西文明の邂逅のテーマを真正面から捉えた．1917年の第4回院展出品作『切支丹と仏徒』(東京国立博物館)は，小林古径との長崎旅行の成果であり，*浦上天主堂での感動体験が見事に生かされている．右幅のキリシタンの少年の背後には，当時浦上天主堂に所蔵された『長崎大殉教図』模写(原図ローマの*イル・ジェズ聖堂)

が描かれており，青邨の本作にかけた熱意が充分わかる．彼が再びこのテーマに取り組んだのは2年間の欧州留学から帰国後，満を持して1927年(昭和2)第14回院展に出品した大作『羅馬使節』(早稲田大学)においてであった．ここに描かれたヴァティカン宮殿へと馬を進める*天正遣欧使節の少年の姿は，決して華美でも典雅でもない．むしろ少年の表情には，世界の都に到達したカルチャー・ショックによる畏怖と躊躇の念，またそれに抗しようとする激しい意志が顕著にみえる．青邨の生涯の画業において，画家のアイデンティティを強く確認させる画期的な作品である．

文展では鏑木清方(1878-1972)が1918年(大正7)に『ためさるゝ日』を出品，一躍画家の代表作となった．本人の回顧に「『日本西教史』『長崎地史』などをひもといて，毎年1月15日長崎丸山の遊女の宗門改めの行事に惹かれてその構想は纏まった」とあるように，本作は絵踏を全くの風俗として捉え，新美人画のためのモチーフとした点で，4年前の古径の『異端』などよりも強烈な官能的インパクトを与えた．

竹久夢二(1884-1934)は大正浪漫の代表画家であり，南蛮趣味においても独自のスタイルをもっていた．特に1914年の『切支丹波天連渡来之図』にあるように，明治初期の長崎丸山の遊女と外国人宣教師という，時代や状況を無視した荒唐無稽な組み合わせが大衆の興味を呼ぶことになる．以後1918年，夢二の長崎旅行時に世話をした美術史家・永見徳太郎の影響で，それからは極端にちぐはぐな絵はなくなるが，夢二画のファンタスティックな南蛮趣味は終生変わることがなかった．

川上澄生(1895-1972)が版画を始めるきっかけは，彼が青山学院高等科在学時の1912年(明治45)，木下杢太郎の第1戯曲集『和泉屋染物店』の伊上凡骨による挿絵版画の影響であった．以後米国移民期などの遍歴を経て，川上は1918年(大正7)に帰国し，新村出の『南蛮広記』(1925)などに刺激されて，翌年名作版画『絵ノ上ノ静物』が生まれる．以後彼は戦中戦後を越えて，延々と昭和の晩年まで，木版画による南蛮情緒表現を極めることとなる．彼の得意とした南蛮船やカピタン，長崎風俗などのほかに，キリスト像，マリア像などの聖画もあるが，いずれも信仰画というよりも，キリシタン時代の初期洋風画を様式化した審美的な作風である．川上は自身の詩において「我は永遠を信ぜず，人工も亦滅ぶべし」と詠ったように特に信者ではないが，日本の*キリシタン(南蛮)文化そのものを自らの詩的幻想の拠り所とし続けた稀有な芸術家というべきであろう．

【文献】井出洋一郎「明治末年から昭和初期までの文芸・美術に見る南蛮趣味」『山梨県立美術館研究紀要 3』(1981)；『聖書美術館 4 近代美術編』(毎日新聞社 1985)；『絵伝 イエス・キリスト』(小学館 1988)；阿野露団『長崎を描いた画家たち』全2巻(形文社 1988)；金子一夫『近代日本美術教育の研究 — 明治時代』(中央公論美術出版 1992)．　　　　　　　　　　　　　　(井出洋一郎)

にほんのキリストきょうぶんがく　日本のキリスト教文学　本項では明治以降の日本の文学を扱い，*キリシタン文学は別項とする．

【近代日本文学と横浜・熊本・札幌バンド】近代日本文学の軌跡は*キリスト教を除外して論じることはできない．*フランシスコ・ザビエル以来のカトリック(旧教)の布教は，*鎖国の禁令とともに終息せしめられていたが，明治維新期のプロテスタント(新教)の渡来によって再び

よみがえることとなった．1859年(安政6)神奈川条約の批准とともに S. R. *ブラウン，*ヘボン，フルベッキ (Guido Hermann Fridolin Verbeck, 1830-98) などの宣教師らが相次いで来日，キリスト教禁令下ながらも伝道の準備を始め，1873年(明治6)*キリシタン禁制の解除とともに，西欧近代文化の流入と相伍して，広く布教の展開をみることとなった．この間，1872年にはブラウン，バラ (John Craig Ballagh, 1842-1920) などの宣教師によって横浜公会が設立され，*植村正久，*本多庸一などの優れた指導者を生み出した．これがいわゆる*横浜バンドである．1876年にはジェインズ (Leroy Lansing Janes, 1837-1907) の指導を受けた熊本洋学校の *海老名弾正，*宮川経輝らを中心とする*熊本バンドまた77年にはクラーク (William Smith Clark, 1826-86) の指導を受けた*内村鑑三，*新渡戸稲造ら，いわゆる*札幌バンドの形成があった．プロテスタント諸派の流れとは異なり，この横浜バンド以下の三つのバンドの系脈に，近代日本の文学は最も深く相関わったといいうるであろう．

まず横浜バンドにより生まれた日本基督一致教会につながるものとしては，*北村透谷，*島崎藤村，星野天知 (1862-1950)，平田禿木 (1873-1943) など『文学界』の面々があり，また植村正久の優れた *詩編・*雅歌などの翻訳，さらには『新撰讃美歌』(1888) にみる流麗な訳語などは，明治の新体詩に深い影響を与えた．また，*ワーズワース，A. *テニスン，R. *ブラウニングをはじめ，数々の外国文学の紹介，批評を貫く「文学上の理想主義」が，当時の卑俗な写実性，戯作性への痛烈な批判とともに，これら『文学界』一流の浪漫主義運動(→ロマン主義)を生み出す優れた媒介たりえたことは注目すべきところである．内村鑑三の影響下には，周知のごとく *有島武郎をはじめ『白樺』同人の *志賀直哉，*武者小路実篤，*長与善郎，小山内薫 (1881-1928)，植村より受洗しながらより深く内村に傾倒した *正宗白鳥，さらには詩人 *八木重吉，*太宰治などがあり，これらはその一部にすぎないが，内村の近代文学に投げかけた影響はまことに深いものがある．植村とは違い，文学の異教性，その異教的美に対して毫末の妥協をも許さなかった内村の，その否定の鞭の前にこそ，むしろ文学の自律性は鮮やかに対置されえたといえる．さらに熊本バンドにつながる系脈としては徳富蘇峰 (1863-1957) と『国民之友』(発刊1887) の存在が核となり，*徳冨蘆花，*宮崎湖処子，*岩野泡鳴，*木下尚江などがあるが，その民族主義，国家主義(→ナショナリズム)への傾斜，蘆花，泡鳴などにみる一種独自の生命主義，自我主義ともいうべきものへの傾きなどに，この系脈の一特質を窺うことができる．

【キリスト教と日本の風土】〔北村透谷と湯浅半月〕今，上記の3派の系脈をたどってみたが，すでに近代文学とキリスト教をめぐる課題は，ここにも鮮やかに読み取れる．文学の自立，新たな思想性，形而上性への志向，しかもキリスト教思想と土着の心性との対峙相剋あるいは渾融の課題，これらすべては以後のキリスト教と近代文学をめぐる根底の課題だが，これらをその草創期において一身に具現したのは北村透谷である．キリスト教思想を目して「遁世を教へずして世にうち勝つことを教へ」たるがゆえに寂滅的，不生命思想ならぬ「生命の思想」とし，現実への熱い「濃情」と現実変革への「沈痛なる批判」をこそ宗教の本義とした彼の劇詩の試みや批評活動は，多くの先駆的意義をはらむものであったが，その矛盾もまた深い．

透谷の劇詩『蓬莱曲』(1891) は近代詩初期における画期的試みともいうべきものだが，本来一編の東洋的神仙譚として語らんとしたこの劇詩を，我が風土のもたざる真の「トラジディ」に昇華せしめんとしたとき，彼が持ち込んだものは，いや持ち込まざるをえなかったものはキリスト教的発想である．蓬莱山中に踏み入った修行者・柳田素雄と大魔王の対決は，明らかに聖書のキリストと *悪魔の対決，*荒野の試みに想を得たものであり，また人間を「塵の子」と呼ぶ聖書的被造物観，「神性(カミ)」と「人性(ひと)」との「小休(ぷ)なき戦ひ」という霊肉二元の葛藤など，優れて近代的な内面性を表現しえたその機軸として，聖書的発想との深い関わりを見逃すことはできない．対照的に聖書自体を素材とし，その日本的風土への移植，あるいは文学的肉化を試みたものとして湯浅半月 (1858-1943) の長詩『十二の石塚』(1885) がある．半月は旧約の *士師記より異族モアブの王エグロンを討って，*イスラエルを救った士師伝承中のエフドの物語を取り上げ，これを父ゲラの恨みをはらして同族の危機を救うという忠臣孝子の仇討譚に仕立て上げた．これは原話のはらむイスラエル民族の神の *契約への忠誠という，民族的エートスの欠落の代償として作者の強いられた必然の方法ともいうべきもので，ここに聖書的世界のこの風土への肉化という問題をめぐる一つの範例を読み取ることができる．

〔山村暮鳥と金子光晴〕半月，透谷の試み，すなわち一つは聖書的世界の異なる風土への移植，あるいは文学的肉化という課題において，また一つはこの風土そのものを掘り起こし，新たな地平を切り開かんとする試行の挺子，あるいは媒介としての聖書的発想の介在という点において，両者の貴重な試みは以後の聖書と文学をめぐる二つの側面を代表し，その先駆的意義を担うものとして注目すべきものがある．詩人にして *聖公会の伝道者であった *山村暮鳥は『荘厳なる苦悩者の頌栄』(1920) と題した1,281行にも及ぶ壮大な長詩のなかで，*創世記の楽園追放以来の神の冷酷さを糾問しつつ，キリスト教的リゴリズム(→厳格主義)と相対峙する日本的心性の所在を示した．また金子光晴 (1895-1975) の戦後詩上最高の詩編の一つとも呼ぶべき長詩『IL』(1965) は，いわゆる西欧文明の象徴としてのキリストと東洋的世界を対峙せしめることで，一切を無化する東洋の，あるいは日本の，風土的心性のありかを鮮やかに浮き彫りにした．これら半月以来の優れた長詩の試みの多くが，聖書的世界あるいはキリストを題材として，日本的心性と聖書的世界の対峙相反，あるいは渾融の課題を展開してきたことは興味深い．

〔日本の風土変革の試み〕山村暮鳥や金子光晴の長詩にもみられる東洋的・日本的心性に発する聖書的世界，あるいはキリスト教的リゴリズムへの違和，批判の伏在は，近代日本におけるキリスト教文学なるものを考えるときの重要な一課題といえる．これに対して，この風土自体の変革を強く訴えたのが透谷であり，その最初期の一文に「余も亦国粋を好めり，然れども耕やさざる可からざるの地を充分耕やされたりとして，鋤と鍬とを用ひざらんとするを好まず」(『『日本の言語』を読む』1899) という．その前年キリスト教に入信した透谷にあって鋤と鍬ならぬ，聖書をこそ基軸としてこの風土を変革すべしとは彼の熱い思いであり，この風土を目して「耕やさざる可からざるの地」と断ずるところに真の近代文学の出発はあり，その根底にキリスト教思想が深く介在して

いることは明らかである．
　さらに透谷は「明治文学管見」(1893)と題した一文に，人間とは「有限と無限の中間に彷徨するもの」にして，文学とは，「人間と無限とを研究する一種の事業なり」と述べている．ここでも彼のいう「地平線的思想」に覆われたこの風土的感性を，より深い形而上的世界へ解き放っていこうとする変革の思想は明らかである．しかしその彼の晩期の作品に汎神論的思想への帰着をみ，これこそは後の多くの文学者たちの思想的帰趣の「源流」「先型」であるとは，しばしば評されるところだが，果たしてそうであろうか．汎神論的回帰をいうとき，しばしば引かれるのは晩期の一文「一夕観」(1893)であり，次の一節である．「手を拱ねきて蒼穹を察すれば，我れ『我』を遺(わす)れて，飄然として，襤褸の如き『時』を脱するに似たり」．ここに「自然や天地悠久への没入を救い」（勝本清一郎）とする究極の志向をみるという．しかし『『我』を遺れ』『『時』を脱する』というとき，この「我」と「時」とは「自然や天地悠久」に「没入」しさり，解消されるそれではなく，再び還り来たるべき「我」または「時」であり，すべては思想，認識ならぬ生理の発現であり，一夕の感慨にすぎない．

〔キリスト教に対する違和感と離脱〕むしろ「先型」「源流」は，「吾心山水と吾人情」のゆえに「とつくにの神」のキリスト教を脱した島崎藤村にあったというべきであり，そこにはキリスト教がしばしば開明期の*啓蒙思想の一斑として受け止められ，青年期のロマンティシズムや倫理観による入信のゆえに，やがて文学や実人生への開眼とともに脱していく，離教の鮮やかな一典型をみることができよう．あえていえば藤村をはじめとして，そこには*背教あるいは棄教(→信仰離反)ともいうべき主体の苦悩，相剋は乏しく，霊肉二元の思想的刻印を残しつつも，文学と宗教をめぐる離反葛藤の激しいドラマは，ついに展開されえなかったというべきである．藤村のいう「とつくにの神」への違和とは，また多くの作家のものでもあった．若くしてキリスト教に入信した作家の多くが先にも触れたように日本的生命主義や自我主義に陥り，さらには*仏教（木下尚江）や古神道（岩野泡鳴）の世界に傾いていく必然もまた，この風土，自然のもたらす即自の体感への素朴な肯定に発するものであろう．しかしまた終生「信」をめぐる課題を負い目として苦悩した作家もある．ついに「余は祷ることを能はず」と晩期の病床に嘆じ，「霊性問題」こそは今もなお「処決しえぬ唯一の問題」なりとした*国木田独歩には，「抜出したる抽斗(ひきだし)を其儘にして置くさヽへ心苦しきものなり．況や，一度抜出したる心の抽斗の永生その儘なるは吾の堪へ得る所なるべしや」(『病牀録』)という言葉がある．「抜出したる抽斗」とはいかにも象徴的だが，この開かれたままの「抽斗」とはまた正宗白鳥のものであり，有島武郎のものでもあった．

　ついに一人の「主」に逢うことなしと嘆じた森鷗外(1862-1922)の洞察は，開かれた「抽斗」を所詮妄妄なりとし，すべては一片の形而上的抒情詩にすぎぬと断じた．二葉亭四迷(1864-1909)はそこに宗教的ドグマの驕傲を読み取り，島村藤村はついにこの風土と心性との違和を語って「抽斗」を閉じた．その最後の未完の作『東方の門』(1943)の末尾に近く，自らの育った明治の動乱期を回顧し，キリスト教の「めざましい活動」も所詮は「この国のもの」が「おのれの伝統と天性とに随ってその導くままに歩み行くことの出来るまで」の一里程にすぎぬとしている．この風土的心性の吸引に抗し，この土壌こそあえて耕やさざるべからずとして独立無援の戦いを貫こうとしたのは北村透谷であったが，その戦いは時代と情況の外発的流態を目しつつ，ついに「革命にあらず，移動なり」(『漫罵』1893)という嘆声をもって終わるほかなかった．この透谷が残そうとしたもの，その開かれた断面，彼が我々の前に突きつけてみせた，その抜き出された「抽斗」の問いかけるものとは何か．

〔キリスト教文学の定着へ〕〔夏目漱石〕北村透谷の『漫罵』からほぼ20年後，一人の作家が「空虚の感」なくして生きえぬ「移動」の流態，「外発的」開化の矛盾を嘆じてみせた．いうまでもなく*夏目漱石の「現代日本の開化」(1911)であり，これを第二の「漫罵」と呼ぶこともできよう．

　この外発的「移動」の時代にあって「移動の激浪に投じて，自から殺さざるもの稀なり」とは透谷の認識であり，この「外発的開化」の流れを「空虚の感」「不満と不安の念」を抱きつつ，ただ「涙を呑んで上滑りに滑って」(「現代日本の開化」)いくほかはないとは漱石の認識であった．しかも「開化」は無価値にして人間を救わずというこの認識者漱石の眼は同時に，その救いを願う求道者漱石の眼を含んでいた．例えば『それから』はどうか．文明に病む主人公・代助の錯乱に終わる終末を評して，物語は最後に「飛瀑」となって落ちるが，作者はその「滝壺」のありかを明らかにしていないと武者小路実篤(「『それから』に就て」)は述べた．しかし漱石はこれを書き終わったあと，「あの結末は本当は宗教に持って行くべきだろうが，今の俺がそれをするとそになる．ああするより外なかった」と，弟子の林原耕三(1887-1975)に語ったという．ここにもひそかに開かれた「抽斗」をみることができよう．漱石もまた「有限」と「無限」の半ばを彷徨する人間を問いつつ，あえて「有限」の側に眼を据え，「有限」を「有限」のままに開示し，そのひそかな救抜を願ったのである．

〔日本のキリスト教文学の成立〕「鷗外に於て何かが終り，漱石に於いて何かが始まった」（高橋義孝『森鷗外』）と評家はいうが，確かに鷗外のあえて抜き出そうとしなかった「抽斗」を漱石は抜き出してみせた．したがって近代文学におけるキリスト教的系脈とは単に受洗や離教の有無，また主題の明示そのものにあるのではなく，まさにその秘められた「滝壺」，また引き出されんとした「抽斗」の所在を含めて問うべきものである．この意味において，この項の題目となる「日本キリスト教文学」とは，単にキリスト者の文学のみを指すものではなく，聖書との，あるいはキリスト教との出会いを軸とし，キリスト教を問い，またキリスト教に問われることを通してさらに深く，さらに新たな課題をどう担い，またどう切り開きえたかを問われるところに，事の核心はあるというべきであろう．この意味において北村透谷以後，島崎藤村，田山花袋(1872-1930)らの自然主義文学の展開によって封殺されていたこの課題は漱石を通過し，大正期の*芥川龍之介に至ってようやく，文学における*実存の課題として内実化しえたということができる．「神よ，我を罰したまへ．怒り給ふこと勿れ．恐らくは我れ滅びん」とは，芥川晩期の苦悩を赤裸々に語った遺稿『歯車』(1927)の一節であり，その草稿初題が『ソドムの夜』であったことをみれば，いわんとするところは明らかである．

〔芥川龍之介と太宰治〕今の自分にとってキリストはもはや「行路の人」ならぬ切実な存在であるとし，自身の芸術家としての苦悩をキリストに重ねて語らんとした

芥川が,『続西方の人』の最後に記した一句は「我々はエマヲの旅びとたちのやうに我々の心を燃え上らせるクリストを求めずにはゐられないのであらう」という言葉であった．ここにもキリストとの出会いを終生の課題とし，これに問われるところに新たな文学の出発を願った芥川の思いは鮮やかだが，この願いは昭和文学の初頭に立つ堀辰雄(1904-53)や太宰治らによって受け継がれたとみることができる．

『西方の人』の言葉の「一つ一つが私の心に迫」り,あの最後の一句は「私たちの心をふしぎに動かす」といった弟子・堀辰雄には，フランスのカトリック作家 F.*モーリアックの影響があるといわれる『菜穂子』(1941)や『風立ちぬ』(1936-38),『曠野』(1941)などの作品があるが，そのいずれにも彼自身のいう「神的なるものの人間性のなかへの突然の訪れ」という基底のモチーフが伏在していることに注目すべきである．芥川の死の床からその開かれた聖書を取り上げて歩み出したのは太宰だといわれる．その言葉通り太宰の芥川への思いは深く,『人間失格』(1948)とともにその文学的遺書ともみられる評論『如是我聞』(1948)にあっては，既存の文壇の権威を激しく批判しつつ，おまえたちには芥川の苦悩がわかっていないといい,「日蔭者の苦悶／弱さ／聖書／生活の恐怖／敗者の祈り」とあげているが，これはまた芥川以上に太宰自身のものであり，その苦悩，恐怖，祈りを日蔭者の，敗者のそれとして描いたのが『人間失格』である．

彼はこのなかで，信仰とは「ただ神の笞を受けるためにうなだれて審判の台に向ふ事」ではないかという．また罪のアントニム(対義語)をあげて「悔い」も「告白」もシノニム(同義語)ではないかと問い，祈りや懺悔(→告白)では片づかぬ「罪」の根源を問おうとしている．『HUMAN LOST』(1937)の「聖書一巻によりて，日本文学史は，かつてなき程の鮮明さを以て，はっきりと二分されてゐる」という基底の認識は，ここにも鮮やかに生きる．内村の弟子，塚本虎二(1885-1973)に傾倒し，その『聖書知識』を愛読していた太宰に，敗戦を迎えて「西洋の哲学，科学を研究するより先に，まず聖書一巻の研究」をすべきであり,「日本が聖書の研究をせずに，ただやたらに西洋文明の表面だけを勉強したところに，日本の大敗北の真因があったと思ふ」(『パンドラの匣』1945-47)という言葉のあることも注目してよい．

【近代詩とキリスト教】〔キリスト教的情緒〕さて，ここで眼を転じて近代詩の流れはどうか．北村透谷，島崎藤村らの活動に始まった浪漫詩の展開も明治末年に至ってその衰退とともに象徴詩の台頭を促し，*上田敏の訳詩集『海潮音』(1905)や蒲原有明(1875-1952)の『春鳥集』(1905)はその画期的成果ともいうべきものだが，共にキリスト教的詩操の深い投影がみられる．この象徴詩運動をくぐって登場した *北原白秋や *木下杢太郎, *三木露風らにもキリスト教的情緒の蕩揺はみられるが，これらの多くは時代の頽唐趣味につながる宗教的エキゾチシズムに終わっている．三木露風の場合はトラピスト修道院(→厳律シトー会)の講師となり，受洗にまで至るが，その宗教的傾斜とともにその詩の独自の生彩や詩的戦慄を失っていくところに，近代詩と宗教をめぐる一つの課題は残されよう．同時にこれと対極をなすものに *萩原朔太郎がある．その第1詩集『月に吠える』(1917)の出現は近代詩を一躍，現代詩へと変換せしめたともいうべき宗教性と詩法の新たな戦慄を示したものであり，その一部をなす「浄罪詩篇」と名づけられた詩編は，その言

葉通り深い宗教感覚とこの時期のキリスト教への深い接近を示すものである．しかし，その彼もやがて後期の詩集『宿命』(1939)などにみられる日本的宿命観へと傾いていくところに，前述のこの国の風土的心性とキリスト教の問題を読み取ることができ，これはまた先にも触れた山村暮鳥晩期の東洋的世界への回帰などにもつながるものといえる．

〔八木重吉と中原中也〕このほか大正期から昭和にかけて観想的作風のうちに宗教的情操を含む詩人として生田春月(1892-1930)，竹友藻風(1891-1954)，その近代的頽唐趣味とともに詩的荘厳と宗教的薫気をにじませる日夏耿之介(1890-1971)や大手拓次(1887-1934)などがあるが，その宗教的倫理の純一性において最も優れた求道的詩人として八木重吉をあげることができる．「日本の基督に関する詩は，八木重吉の詩をもって私は最高としたい」(草野心平)といわれ，彼にあって「初めて，信仰告白が日本の詩といわず，日本の文学的言葉となった」(井上良雄)とも評せられる彼は,「きりすとを おもいたい／いっぽんの木のようにおもいたい／ながれのようにおもいたい」とその「信」のありかを純一にうたいつつ,「わが詩いよいよ拙くあれ／キリストの栄 日毎に大きくなれ」ともいう．彼をプロテスタントにおける最も純一な詩人とすれば，カトリックにおけるそれは *中原中也であろう．故郷山口のザビエル教会に幼少時から通っていた彼は受洗こそしていなかったが，その友人をして「中原は恐らく，日本の近代詩人のなかで最も形而上的要求が強かった人」(河上徹太郎)といわしめるものがあり，また「それよ，私は私が感じ得なかったことのために，／罰されて，死は来たるものと思ふゆゑ．／あゝ，その時私の仰向かんことを！／せめてその時，私も，すべてを感ずる者であらんことを！」(「祈り」)とうたうところにも，その詩を貫く純一なる「信」のありかは明らかである．

〔戦後詩人〕戦後詩人の仔細に触れる余裕はないが，苛烈な戦争体験を踏まえたキリスト教詩人として石原吉郎(1915-77)がある．入信後兵役に服し7年間のシベリア俘虜生活を送って帰国，その処女詩集『サンチョ・パンサの帰郷』(1963)などにみられる凝縮した堅固な詩法は，シベリア体験を踏まえて人間存在の不条理そのものに迫る詩的思想性を示す．晩期に近づくにつれ削ぎ落とされた簡潔な詩法のなかに日本的心情の基層ともいうべきものが表されていくところにも，石原と並ぶ今一人のキリスト教詩人・安西均(1919-94)のいう「叙情詩というのは，私たちの民族の伝統では汎神論的感受性の陶冶しかないのだ」という「詩」と「信」をめぐる問題の所在は明らかである．

【戦後のキリスト教作家たち】ここには「人間が絶対者と対決する神学，あるいは民族の精神史を持た」ぬ「汎神論的民族の宿命」があるとは，また安西均のいうところだが，だとすれば戦後文学におけるキリスト教作家の輩出とは何か．しかもその多くがカトリック作家であったことが注目される．1859年(安政6)，フランス人の司祭 P. S.*ジラールの渡来によりカトリックの宣教も再開された．当初,「儒教的な厳しい訓練を身につけた当時の知識層とピューリタン的で実践的な英米の宣教師とのあいだに，ある種の共通の紐帯があった」(J.*ロゲンドルフ)といわれるプロテスタントに比べてカトリックの基盤は弱かったが，戦後に至って多くのカトリック作家が輩出したことは，現代文学における「ヒロシマ」以後,「アウシュヴィッツ」以後ともいうべき一種存在

にほんのコンヘシヨン

論的な状況とも無縁ではない．また一面，ピューリタニズム（→ピューリタン）につながる明治期以来のプロテスタントの，厳格主義的なある種の偏狭さと文学との不幸な関係を微妙に反映しているともいえよう．同時に先にも触れたように文学と宗教をめぐる課題は，作家の入信の有無のみに拘束されるものではない．例えば，戦後文学の代表作ともいうべき大岡昇平(1909-88)の『野火』(1952)が，一見狂人の手記というアリバイを用意しつつも，少年時よりのキリスト教との関わりの屈折した微妙な志向の刻印を残しているところにも，また戦後の焼跡の混乱に潜む初発の熱気とエネルギーを焼跡の浮浪児とイエスを重ねて描いた石川淳(1899-1987)の『焼跡のイエス』(1946)，あるいは戦後の家族の崩壊と日常の底に潜む不安と亀裂を描いた小島信夫(1915-)の『抱擁家族』(1965)が，作者をしてその秘められた主題は『死に至る病』つまり神のない心の病気が主題」といわしめているところにも，これらキリスト教作家ならぬ彼らのうちに潜む宗教的モチーフの深い潜熱ともいうべきものを読み取ることができる．

【現代日本のキリスト教文学】〔大江健三郎と遠藤周作〕現代にあって真の宗教的主題は *ドストエフスキーの『罪と罰』におけるソーニャならぬ，ラスコーリニコフの苦悩自体のなかにあるとは大岡昇平のいうところだが，我々が「キリスト教文学」というとき，キリスト者ならぬ作家たちの誠実な戦後時代への熱い探究の眼を見逃すことはできない．これはまた現代を代表する作家の一人，大江健三郎(1935-)にもみられることである．「最後の小説」と銘打った三部作『燃えあがる緑の木』(1993-95)は，一つの教会の成立と崩壊を描きつつ，現代における宗教の可能性を問わんとした作者の真摯な問いに貫かれたものである．「小説とは回心（コンバージョン）の物語である」という大江の信条を具象化したこの作品が，いわば宗教の外における真摯な試みであったとすれば，*遠藤周作の「最後の小説」ともいうべき『深い河』(1993)は逆に，宗教の内側から現代における宗教とは何かを問おうとしたものである．共に現代におけるありうべき宗教の形，このグローバルな時代における真に「開かれた教会」「開かれた宗教」とは何かを問おうとするものだが，まず大江は日本の小説には水平的志向はあっても，垂直的志向はない．その倫理は上昇的ではあってもそれが一度打ち砕かれ，さらに大きな倫理のなかで生き返るところがないという．また形としての教会は解体しようとも「おのおのが辿りつく場所で，一滴の水のように地面にしみこむことを目指そう! そのような教会になることにしよう」という．この作中人物の終末の声はまた大江自身のものでもあろう．これは先にも触れた透谷の，文学とは「人間と無限とを研究する一種の事業なり」といい，「人類に対する濃厚なる同情は以て宗教の一部分と名づく可からざるか」「人類の為に沈痛な批判を下して反省を促すは以て宗教の一部分と名づく可からざるか」(『情熱』)という透谷の志向とつながるものでもある．ただ大江には遠藤のいう日本人とキリスト教，日本人的心性と西欧的キリスト教における深い乖離の意識は乏しい．これはプロテスタントの作家 *椎名麟三の場合も同様である．現代における *ニヒリズムを「信」によってどう超えるかをその生涯の課題とし『邂逅』(1952)，『美しい女』(1955)等の優れた作品を残した椎名を遠藤は同じキリスト者，苦悶者として敬事しつつも，その椎名における「日本人とキリスト教」という問題意識の稀薄さに対してはあえてこれを強く難じている

る．

〔その他の作家たち〕遠藤の周囲には *三浦朱門，*矢代静一，*高橋たか子，*加賀乙彦，安岡章太郎(1920-)など多くのカトリック作家が生まれた．プロテスタントの *三浦綾子とともに優れたカトリック女流作家としては *曾野綾子，大原富枝(1912-2000)，*田中澄江などがある．神の名によって問われる真の倫理の書ともいうべき名作『死の棘』(1977)の作者 *島尾敏雄，旧約的カオスから新約的ロゴスへという両者の重層的世界を優れた文体と密度をもって描いた『或る聖書』(1973)の作者 *小川国夫，さらには『骨の火』(1986)などを代表作とする *森内俊雄など，いずれも優れたカトリック作家だが，彼らにキリスト教思想の宣明などという強い姿勢はない．これに対してキリスト教作家としての強い使命感を示したのは椎名，遠藤の両者だが，わけてもキリスト教思想のこの風土への受肉という課題に対し，さらには今日の東西思想また宗教の新たな対話，交流という時代の要請にも応えんとして最後の小説『深い河』に至った遠藤文学の意義は大きい．大江に「ヒロシマ」以後という課題をみるとすれば，遠藤には「アウシュヴィッツ」以後という留学時以来の重い課題がある．

「日本のキリスト教文学」というとき，この近代日本という「耕やさざる可からざるの地」に対して椎名に始まり遠藤，大江に至る作家，詩人たちのキリスト者としての信の内外を問わぬ，その誠実な営みが果たさんとした意義は改めて問い直されねばならぬところであろう．→日本文学とキリスト教

【文献】久山康編『近代日本とキリスト教』全3巻(創文社1956)；笹淵友一『「文学界」とその時代』全2巻(明治書院1959-60)；佐古純一郎『近代日本文学の倫理的探究』(審美社1966)；佐藤泰正『日本近代詩とキリスト教』(新教出版社1968)；同編『シンポジウム近代日本文学の軌跡』(聖文舎1980)． (佐藤泰正)

にほんのコンヘシヨン　『日本のコンヘシヨン』 Niffon no cotoba ni iō confession 告白書，告解書．*ローマにおいて1632年6月20日 *ドミニコ会の司祭 *コリャドにより出版された書．本の表題は『日本の言葉にようコンフェシオン』(〔ラ〕Modus confitedi et examinadi poenitentem Japonensem Lingua Japonica)．形式はラテン語とローマ字邦文の対照本で，ラテン語の部分は，司祭が *告白の表現を理解できるよう司祭の質問とそれに対する答えを示す．ローマ字邦文の部分は，信徒に告白のやり方を教えるためのもので，質問する者は師，答える者は弟子である．まず *使徒信条の主な教えを取り上げ，それによって *十戒や *七つの罪源などについて解説している．*『サルバトール・ムンヂ』を参考にしてまとめられたと思われる．コリャド自身が序文で述べたように，3年間日本に滞在しただけでこれほどのものを著すことができたのは驚異であるが，当時のドミニコ会宣教師の日本語能力を示すとともに，*キリシタンの告解(→ゆるしの秘跡)の様子を伝えるうえで重要である．1866年 *パリで再版．1957年(昭和32)，1972年に日本で影印本が出版され，1986年には岩波文庫版が出されている． (J.デルガード)

にほんのしんがく　日本の神学

【キリシタン時代】日本にキリスト教がはっきりとした姿を現すのは，1549年 *フランシスコ・ザビエルが *鹿児島に上陸したあとの *宣教師の活動による．このとき

伝えられたキリスト教(カトリック)は *トリエント公会議と, 主として新しく設立された *イエズス会が代表する *霊性によって活性化されていた. *『コンペンディウム』はキリシタン時代に日本で発行された唯一の本格的な神学書である. *天文学, *アリストテレスの『魂論』, *『ローマ・カトリック要理問答』の要約という形での神学を含む教科書として, イエズス会員 P. *ゴメスにより当時の日本の事情に合わせて編纂されたもので, *コレジョの学生を対象とするラテン語本であった. その神学的特徴は *十字架におけるキリストの贖罪(*贖い)の死を強調している点である.

【禁教時代から宣教再開へ】キリシタン時代の文化は, 当時の日本にキリスト教信仰と日本文化を統合する潜在力がかなりあったことを暗示する. *宣教の成果の目覚ましい時期は 17 世紀初めまで続いたが, 徳川幕府の確立とともに, たび重なる禁教令(→キリシタン禁教と迫害)と *鎖国政策によって, キリスト教の拡大は阻止され, 残された信徒は地下に潜伏せざるをえなくなった. 鎖国政策の結果, 宣教師が日本に渡来することは不可能となり, 迫害によりキリスト教はほとんど根絶され, 日本文化との関わりは失われてしまった. その後, 例外的な接触は数例あるが, 単発的なものにとどまる. 有名なものは *新井白石が鎖国下日本に渡来した宣教師 *シドッティを尋問し, キリスト教について好意的記述を残していることと(1717), 急進的な国学者・平田篤胤(1657-1725)が禁書となっている中国語のキリスト教書を読み, 仏教と *儒教を論破する手がかりとして使ったことである. 禁教令下に信仰を保持した *潜伏キリシタンはマリア信心(→マリア)を主な特徴とし, *マリア観音を拝むことで表面的には仏教徒のようにふるまった.

黒船到来を機に, 日本が開国すると, 1865 年(明治 1)にはまだ 6 万人のキリスト教信者が残っていることが判明した(→キリシタンの復活). これは信仰の奇跡として欧米に広く伝えられたが, カトリック教会に復帰した者はそのうちの約半数で, 残りは 200 年の間, 外部との接触を断たれたなかで土着宗教のさまざまな要素と混交して成立した信心形態にとどまることを選んだ. 開国後名のり出たキリシタンたちを明治政府が新たに流刑等によって迫害したとき(→浦上崩れ), 政府は列強の強い抗議にあい, *信教の自由を保証せざるをえなくなった(1871). 信教の自由は, やがて明治憲法に盛り込まれることになる.

【明治期】開国によって日本は国際社会に否応なく参加させられることになった. 徳川幕府の崩壊とともに *天皇制が復活し, 京都から東京への遷都が行われた. この体制一新は日本が西欧諸国の歩んだ路線を踏襲する近代化を採用したことを意味する.

*切支丹高札撤廃後の数十年間, キリスト教は再び多くの信者を獲得した. それは, 開国直後西欧の文物を導入することに熱中した日本人にとって, キリスト教が新鮮なものに映ったからである. ここで重要なのは, 近代日本文化において *プロテスタンティズムが特に知識階級に対して大きな影響をもつ勢力として浮かび上がり, 今日に至っていることである. これは, 当時アメリカ人宣教師によってもたらされたプロテスタンティズムが, *教理よりも道徳と社会奉仕を中心にしており, 儒教的倫理観をもつ元下層武士階級の知識人にとって受け入れやすいものだったからと思われる.

宣教師の多くは教壇に立ち, 教え子に絶大な影響を与えた. グリフス (William Elliot Griffs, 1843-1928), クラーク (William Smith Clark, 1826-86) らは強烈な人格によって後々まで学生たちに強い印象を残した. クラークの学生の一人である *新渡戸稲造は, 明治期を代表するクリスチャンの最初の世代に属する. ジェインズ (Leroy Lansing Janes, 1837-1909) は *熊本バンドとして知られる若者のキリスト者グループを発足させ, 指導した. 彼の弟子の一人 *新島襄は後に同志社大学となる同志社英語学校を京都に設立し, 日本で最初のキリスト教主義大学の創立者となった. このように日本のキリスト教諸教派は当初外国人宣教師の活動に大きく依存しながらも, しだいに国内の人材に指導者を求めるようになっていった.

プロテスタント教会は日本の近代化に大きく貢献し, 近代日本文化における重要な勢力となった. 女性の地位が顧みられなかった時代, キリスト教の宣教師は *女子教育の分野を開拓し, 津田梅子(1864-1929)のような指導者を生み出した. しかし, 日本の知識人たちは, 近代西欧諸国が *世俗化の道をたどり, 西欧諸教会が社会で指導的地位を失い, 創造的活力をなくしつつあることにしだいに気づくことになる. その結果, 彼らは *マルクス主義を含む, キリスト教以外の世界観に関心を示すようになった. 明治期のキリスト教は近代日本文学(→日本文学とキリスト教)の勃興に大きく寄与したものの, 日本固有の「自然的超自然主義」に対する関心にその地位を譲らざるをえなくなった. こうして *島崎藤村や *北村透谷のように一時キリスト教徒になった有名な小説家は, *自然を神的なものとみるようになった.

このような雰囲気に対して *内村鑑三, *植村正久のような指導者は敢然と挑戦した. 内村はアメリカに留学して神学を学んだが, 教会の状態に失望し, その体験に部分的に基づいて *無教会主義の運動を始めた. 内村は二つの J すなわち日本人であることと *イエス・キリストへの *信仰が一致することを力説したが, それを神学的には単純すぎるとみる人々もいた. それは内村がイエス, *パウロ, *アウグスティヌス, *ルター, *カルヴァンを一括して捉え, 区別しなかったためである. 植村は内村とは異なり神学的により成熟していたが, 成熟度において植村をも凌ぐのは *海老名弾正であり, さらに注目すべきは *小崎弘道の幅広い神学である.

1880 年代後半は欧米の *合理主義や *自由主義の傾向を導入した「新神学」が現れたが, この時期キリストの贖罪への信仰を神学の中心に置く植村らに影響を与えたのは「バルト以前にバルト的」だったスコットランドの *長老派教会の神学者 *フォーサイスであった. 植村と海老名とのイエス・キリストの神性をめぐる *キリスト論の論争は日本における本格的な神学論争であった. 海老名は最初の独創的な日本人神学者と考えられており, ときには「日本のオリゲネス」とさえ呼ばれる. 1893 年シカゴで開かれた万国宗教大会 (World's Parliament of Religion) には日本からもキリスト教, 仏教, *神道の代表者が出席して発言し, その後日本でも宗教間対話(→宗教間の対話と協力)がもたれ, キリスト教神学者の目が他宗教に向けられるようになった. しかしこれは先駆的出来事ではあったが, その一部の流れは *ナチズムの時代の「ドイツ・キリスト者」の運動(→ドイツ教会闘争)に似た金森通倫(1857-1945), 横井時雄(1857-1927)らの「日本的キリスト教」に向かい, 海老名も「神道的キリスト教」を提唱するようになる. 海老名, 金森がいずれも「新神学」に共鳴した進歩派であったことは何か奇妙な感じを与えるが, このことは, 状況

はともかくキリスト教の土着化論（→インカルチュレーション）が越えてはならない一線を暗示しているようでもある．

【大正期から昭和の国家主義の時代へ】 大正期の到来とともに，政治と知識人の間の違和・対立はますます広がった．知識人は社会不安の高まりに危惧を覚え，日本社会の欠陥の解決策としてマルクス主義に傾斜するようになる．社会変革の原動力としてのキリスト教の魅力は薄れ，多くのキリスト者はマルクス主義に活路をみいだし，棄教していった．このような状況のなかで片山潜（1859-1933），安部磯雄（1865-1949），*賀川豊彦らによって「キリスト教社会主義」が形成され，彼らの思想は後の日本社会党設立時に影響を及ぼし，キリスト教的社会運動・平和運動につながった．

大戦間の時代には，多くの重要な展開がみられた．日本の社会，文化は多元的様相を呈し，それゆえに多くの宗教が提供される市場の一つであることが明らかになり，キリスト教は文化的には日本に適合していった．神学の面ではプロテスタント，カトリック双方の神学の分野で重要な展開があった．プロテスタンティズムにおいては，バルト神学への新しい関心が海老名弾正にみられた自由神学的テーマに取って代わった．*高倉徳太郎はその新しい波の代表例である．彼は初め聖書的，福音的な神学を推進していたが，後にバルトの著作に依存するようになる．カトリシズムにおいては世界的に新スコラ主義隆盛の時代であり，中世*スコラ学，特に*トマス・アクィナスの著作に新しい関心が注がれた．内村鑑三の無教会主義からカトリックに改宗した*岩下壮一と*吉満義彦がこのような関心を抱いた．

第1次世界大戦によって日本国内に反キリスト教の世論が起こったわけではないにせよ，その後，国家主義の気運がしだいに高まり，キリスト教の諸教派はますます圧力を感じることになった．政府の圧力によって幾つかの教派が合同して*日本基督教団が形成され，外国人宣教師の活動は種々の制約を受けるようになった．一部の教会指導者は，キリスト教信仰を保守主義的天皇崇拝に調和させようと試みるほどになった．

【第2次世界大戦終結以降】 第2次世界大戦における日本の敗北とともに，キリスト教の諸教派は自由を獲得し，それまで体験したことのない宣教活動拡大の機会に遭遇した．外国からの援助が日本に注ぎ込まれ，キリスト教は尊敬される宗教となり，学制改革とともに多くのキリスト教大学が新設された．しかし戦争の記憶が薄れ始め，日本が経済的繁栄を味わうようになると，キリスト教の諸教会は一種のアイデンティティの危機に直面した．

神学の専門研究の面では日本のキリスト教界は今や世界的水準に達し，西欧諸国に劣らないものになっている．*シュライエルマッハー，K.*バルト，*ブルトマン，*ティリヒ，*パンネンベルク，*モルトマンの神学が本格的，組織的に研究され，多くの研究書が書かれている．研究者の数も増え，専門分化が進み，幾多の学会に組織されている．主要なものに旧約学会，新約学会，組織神学会があり，それらの上部組織である*日本基督教学会は機関誌『日本の神学』によりキリスト教神学界の動向を伝えている．現在では海外の*女性神学，*解放の神学，物語の神学等のさまざまな傾向が紹介・研究され，それらを日本的仏教思想と結びつける研究なども行われている．とりわけ「*無」の思想はキリスト教神学者と仏教学者との対話を通して，*十字架の神学における*ケノーシスの理解を深めるために使われている．また，主要な神学的著作（K.バルトの『教会教義学』，アウグスティヌスの著作集，トマス・アクィナスの*『神学大全』，ブルトマンの著作集，宗教改革全集，その他*教父や*霊性神学の重要な著作など）の翻訳がなされている．*組織神学と*聖書学の分野での世界の学界への貢献も枚挙にいとまがない．旧約聖書学界における*関根正雄の業績と影響力の大きさは他を圧倒している．*北森嘉蔵の『神の痛みの神学』（1946）はキリスト教世界以外でも話題となり，「日本的神学」の始まりとなった．そのほか荒井献（1930- ）の*トマス福音書と*グノーシス主義の研究，田川建三（1935- ）のマルコ福音書研究も一例にすぎない．田川は先に『イエスという男』を上梓してキリスト論の議論に一石を投じ，さらに大部の『聖書という書物』を完成させた．独自のバルト主義者*滝沢克己と，元来は新約聖書学者である宗教哲学者・八木誠一（1932- ）との間のキリスト論論争は，長期にわたり続行された日本神学史に残る論争であろう．この論争は仏教への対応（→仏教とキリスト教）を背景にしており，史的イエスの問題をめぐるものであった．栗林輝夫（1948- ）の『荊冠の神学』（1991）は解放の神学との関連で日本的神学として注目すべきであろう．小田垣雅也（1929- ）は野呂芳男（1925- ）の実存論的神学の流れを引き継ぎ，脱構築の神学までのアメリカ合衆国の神学思潮に詳しく，解釈学的神学（→解釈学）を日本的概念によって表現しようとしている．

日本におけるカトリック神学の本格化は比較的最近の出来事であり，第2*ヴァティカン公会議後の展開である．おそらくこの事実は，日本のカトリック教会が日本文化との対応によって生じる神学的問題に直面することなく，実際的な適応方法をとる傾向があったことを示している．

対照的にプロテスタント神学，特に圧倒的にバルト神学の影響を受けた神学者は，キリスト教信仰を異教的文化状況に直面させるときの困難に敏感であるといえるかもしれない．プロテスタント神学者の間からは，バルトの影響力を意味する「ドイツ神学の捕囚」からの解放を求める声が上がり，解釈学的神学をはじめさまざまな傾向への模索が始まっている．第2ヴァティカン公会議以後，日本国内では超教派の協力が推進され，それは新共同訳聖書の完成に結実した（→聖書の翻訳：共同訳）．この新共同訳はベストセラーとなり，教派間の一致の感覚を強めた．一方，諸宗教に関する日本的キリスト教神学は展開の途上にある（→諸宗教に関する神学）．

伝統的日本文化の本質を神学的考察の対象にしようとする，注目すべき試みもある．例えば古屋安雄（1926- ）は天皇制という土壌を直視しつつ神学的批判の対象にし，「伝道論」（→宣教学）を確立することを提唱している．カトリックの伝統からは門脇佳吉（1926- ）の「道の形而上学／神学」のような諸宗教の神学ないし対話の実践を代表とする傾向が現れているが，それはかつての神学校的スコラ主義神学に対する反動でもある．百瀬文晃（1940- ），高柳俊一（1932- ）らはキリスト論を中心とし，K.*ラーナーの神学思想を基軸にしつつ組織神学的試みを行っている．

非公式の神学ともいうべき文学者の試み（→日本のキリスト教文学）も興味深い．*遠藤周作は『沈黙』『死海のほとり』『イエスの生涯』『キリストの誕生』等の作品によって日本人以外の多くの日本文学研究者，宣教師，神学者の間に議論を引き起こしたが，最後の作品『深い

河』では一種の「諸宗教の神学」が完成されている.

　目まぐるしく変化しつつある日本の多様な知的状況のなかで，キリスト教神学が圧倒的な影響力をもつことはできないかもしれないが，それでも重要な要素であり続けることは可能だろう．海外の神学界では第三の「千年期」([ラ] millennium)を意識し，近代の終焉とポスト・モダンの始まりをキリスト教神学の視野に入れようとする試みがある．日本の神学界にもそのような流れが芽生えていることは確かである．主な特徴は，非中心化，周縁化，辺境・非文明地域と目されてきたものの復権，多元化現象で，21世紀の神学は否応なしにこれらの潮流から生じる雰囲気のなかで生きていかなければならないだろう．

【文献】日キ歴693-94; 古屋昭夫他『日本神学史』(ヨルダン社 1992); C. MICHALSON, *Japanese Contributions to Christian Theology* (Philadelphia 1960); K. OGAWA, *Die Aufgabe der neueren evangelischen Theologie in Japan* (Basel 1965); S. YAGI, U. LUZ, eds., *Gott in Japan* (München 1973).　　　　　　　　　　　(高柳俊一)

にほんのしんがく　『日本の神学』 Theological Studies in Japan　　*日本基督教学会の年刊の学会誌．日本基督教学会は日本の神学およびキリスト教学研究者の学会でプロテスタント研究者によって1953年(昭和28)に発足したが，その後カトリックの研究者はもちろん，キリスト者でない研究者も含めた学会となっている．当初からの念願であった学会誌の発行をようやく1962年に果たして『日本の神学』と題した．第1号は第9回学術大会の研究発表と1945-62年の旧約学，新約学，キリスト教史，教義学の4分野における業績の評価で始まったが，これは以後今日に至るまでの学会誌の基本方針となった．学術大会における特別講演と大会や支部会における優れた研究発表，さらに主として前年の，旧約学，新約学，歴史神学，組織神学，宗教哲学，実践神学，宗教学，キリスト教芸術の分野での主な業績の紹介と書評，また全会員の業績リスト等を収める．学会が選出する編集委員長のもとで，各分野の編集委員が協力して編集にあたり，2001年(平成13)で第40号に及んでいる．　　　　　　　　　　　　　　　　(徳善義和)

にほんのてつがく　日本の哲学　　歴史的にみて，日本人は自らの精神的成長を，大別して3種類の外来思想を受容しながら実現してきた．*儒教を中心とする中国思想，インド起源の*仏教そして西洋的思考法の三者である．中国思想の特徴は宇宙論的世界観と倫理学にあり，仏教は世界の変転きわまりないすべての存在を空なるものとみて，それらに対する一切の執着を棄てて清浄な心をもつことを人生修行の目標に置く．中国思想と仏教を長い間学んできた日本人は一般的にすでに古来から，アジア的仕方ではあるが，「哲学的」思考力を育ててきたといえる．そうであるがゆえに，長期にわたって育ててきた精神的能力をいわば下地として，19世紀の後半に初めて我が国に，従来のものとは異質な西洋の思考法が伝えられたときに，当時の人々は容易に「西洋哲学」を吸収できたのである．その意味で，東西両文化が邂逅した明治時代は我が国の歴史上最も哲学的な時代であったといえる．

【明治初期】日本の近代化は実質的には明治維新(1868)に先立つ「日米修好通商条約」(1858)を契機として小規模ながら開始された．すなわち，*鎖国の廃止により，幕府と諸藩は開国を促進するために，諸外国の知識を求めて若者たちを海外に派遣し始めただけでなく，特に幕府は諸外国に関する研究機関(蛮書調所)を設けて西洋文化を研究するようになった．そうした幕府による諸外国研究の一環として，蛮書調所の若い教員であった*西周と津田真道(1829-1903)らは1862年(文久2)にオランダに派遣されて1865年(慶応1)に帰国した．彼らは近代ヨーロッパの社会科学と哲学を主として学んだが，内容はフランス人*コントの*実証主義やイギリス人*ミルの*功利主義，さらにドイツ人*カントの哲学思想などであった．彼らは持ち帰った知識および書物の内容を日本語に翻訳したが，その際，「哲学」をはじめとする多くの学術語を造り，現代に至る学問研究の道を整えた．

　維新前から英米仏との外交関係があったことから，明治になっても主にこれら3国の近代思想(実証主義，功利主義，*プラグマティズム，*進化論等)が熱心に移植された．西と津田以外にも，幕末期から西洋の哲学思想を紹介することに努めた人物に西村茂樹(1828-1902)，中村正直(1832-91)，*福沢諭吉，*加藤弘之，森有礼(1847-89)らがおり，なかでも福沢の『学問のすすめ』と中村の『西国立志編』(スマイルズ S. Smiles 著 "Self-Help" の訳書)および『自由之理』(ミルの "On liberty" の訳書)は明治期のベストセラーとなった．その中村と森の両名は日本初のキリスト教的哲学者，教育者といえる．上記の思想家たちは日本で最初の学術団体である明六社を組織し，機関誌『明六雑誌』を発刊して西洋(哲学)的思考法の普及に努めた．またフランスに留学した*中江兆民は帰国後，*ルソーの*社会契約説を『民約訳解』と題して翻訳し，当時高まりつつあった自由民権論に大きな影響を与えた．

【ドイツ哲学の重視】東京大学が1877年(明治10)に創設されると，外国人教師(「御雇い学者」)が中心になって哲学を教え始めた．後に東洋美術を世界に紹介することに努めたフェノロサ(Ernest F. Fenollosa, 1853-1908)はその一人である．彼は特に H.*スペンサー，カント，*ヘーゲルなどの講義に熱心で，また進化論的な考え方の普及にも努めた．やがて，英米仏の近代思想偏重の態度が改められ西洋哲学史全体の研究が促進されるに従い，ドイツ哲学の重要性が認識されるようになった．この時期には，幕末期以来の西洋的思考法に対する偏重を是正する動きも生まれた．東京大学哲学科の初期の卒業者のなかからは後に活躍する人材が多く輩出したが，なかでも*井上哲次郎と井上円了(1858-1919)は重要である．

　井上哲次郎はドイツ留学後，ドイツ哲学(特にカント，*ショーペンハウアー，K. R. E. V.*ハルトマン，ヘーゲルなど)の紹介に努め，以後，我が国の哲学研究の主流はドイツ系になった．当時の思想界においては，東洋的要素を含むショーペンハウアーやハルトマンの哲学，またアメリカの超絶主義を代表する*エマソン，ドイツの*理想主義の世界観を代表する R.*オイケンなどの宗教的・哲学的諸思想が流行し，それに刺激を受けた日本人も仏教の教義を西洋哲学的に見直すようになった．その結果，井上哲次郎や井上円了らは日本的な形而上学といえる「現象即実在論」を提唱し，井上哲次郎はその後半世紀にわたりアカデミズムの代表者として，また井上円了は在野の仏教哲学者の代表として，それぞれ精力的な活動を広く行い，哲学的思考の普及に貢献した．この時期の外国人教師として重要なのはドイツ系ロシア人の*ケーベル(東京大学在任1893-1914)であり，ドイツ

の近代哲学に力点を置きつつも *ギリシア哲学，*中世哲学，*美学，キリスト教学などの研究，さらには音楽教育をも促進することに尽力した．ショーペンハウアーとの関係から，*ニーチェの実存思想，特に「超人」や「価値の転倒」などの考え方も広く受け入れられ，その影響を受けた思想家として審美主義的保守主義者の *高山樗牛がいる．時代的に西洋思想の浸透に対抗して国家主義的考え方がしだいに強くなったが，そうした傾向に対して *大西祝はカント的な批判主義の立場から，同時にキリスト者として，*自由主義を擁護したことで知られる．その思想は倫理学関係の著作，特に『良心起源論』にまとめられている．

【京都学派の哲学】明治 20 年代の東京大学哲学科卒業者のなかに *西田幾多郎がいる．彼は大学で主に倫理学を学んだ後，禅的体験と西洋哲学，なかでも観念論的傾向の強い思想を合体させた論文『善の研究』を発表した (1911)．その後，京都大学に招かれてから次々と労作を発表し，「西田哲学」および京都学派を生み出すとともに多くの優れた人材を養成した．通常，近代日本を代表する哲学体系として西田哲学がしばしばあげられるが，初期の思想内容は井上哲次郎らの唱えた現象即実在論の延長線上において理解されるべき面をもつ．すなわち，西田哲学の基本は仏教教義に含まれる哲学的要素である「有即無」「有と無との絶対矛盾的自己同一」という形而上学的直観（「純粋経験」）であり，彼は生涯を通じてその基本線を保った．同時にその主観的な形而上学的立場を克服することに努め，形而上学以外の問題領域への考察を積極的に行い，倫理，芸術，自然科学，生命の哲学，宗教等に関する考察を深め，自己の哲学の体系化に邁進した．

京都大学における西田の後継者であった *田辺元は科学批判から自らの哲学的努力を開始し，やがて主観性を中軸とする西田哲学に対立して社会性，他者との媒介性を前面に押し出す哲学を展開した．その結果は国家哲学に堕し，戦後に過去を反省して『懺悔道としての哲学』を発表した．また高橋里美(1886-1964)なども西田を超えるべく自説を展開した．西田門下の *西谷啓治は，自ら仏教的立場に立ちつつも独自の宗教哲学を提起し，また西洋中世の神秘思想関係においても優れた業績を残した．現在活躍中の哲学者，思想家のうちに西田・西谷の系譜を継ぐ者は多く，彼らに共通している点は仏教ならびに日本思想に特に造詣が深いことである．

そのほか，明治期後半から大正にかけて活躍した哲学者たちの幾人かは *夏目漱石の門下生ともいうべき人物たちである．例えば，人格主義者の *阿部次郎，理想主義的倫理学者の *安倍能成，独自の倫理学で知られる *和辻哲郎などがそうである．

【人格主義の哲学】明治末から昭和の半ばにかけて，理想主義的・人格主義的哲学が流行した．その好例が新カント主義の紹介であり，特に *人生論の方面で人格主義者オイケンの思想が広められた．*新カント学派の影響は強く，そうした環境のなかから桑木厳翼(1874-1946)は独自の哲学概論を発表し，朝永三十郎(1871-1951)は近代的人間の主観性を分析し，キリスト者であった *波多野精一は哲学史と宗教哲学において功績を残した．特に波多野の『西洋哲学史要』と宗教哲学三部作『宗教哲学』『宗教哲学序論』『時と永遠』では，人間の精神性と宗教性が人間的生命の最高の全体的統一性を生み出すものであることが高らかに唱えられている．

和辻哲郎はニーチェや *キルケゴール，さらには *ハイデガーの *実存哲学にいち早く着目する一方で，日本精神史に独特の分析と解釈を加えて一種の日本主義的哲学を提示した．生来，審美的・直観的資質に恵まれた彼は『倫理学』『人間の学としての倫理学』などにおいて直観的な根拠づけによって西洋的な個人主義的人間観と東洋的，日本的な相互連関的な人間観を対比させた．しかしその倫理的主張の結論は仏教教義の応用を通して国家主義的立場を擁護するものとなり，日本主義的道徳論の域を出るものとはいえない．また『風土』において気候風土が文化と人間性を形成するのに大きな影響を及ぼすことを論じたが，ここにも彼の独断的解釈が顕著にみられる．

和辻以外にも実存哲学，特にハイデガーから影響を受けつつ，独自の思想を展開したのは *九鬼周造と *三木清である．実存哲学的な人間解釈を日本の審美的生活領域に応用した九鬼の『「いき」の構造』，実存思想を通して *ニヒリズムに関心を寄せたが，実践的立場における人間の解放を「ヒューマニズム」の名で主張した三木の『パスカルにおける人間の研究』『人生論ノート』は注目に値する．

【20世紀のカトリック界における哲学的傾向と日本】今世紀になると，欧米を中心にして *アリストテレス研究の復興とともに *アウグスティヌスや *トマス・アクィナスを代表者とする中世 *スコラ学の復興(*新スコラ哲学)がみられ，その影響は我が国にも及んだ．新スコラ哲学の立場から，第2次世界大戦前後にかけて日本のカトリック界で論陣を張ったのは *岩下壮一と *吉満義彦であった．彼らは共にフランス留学の経験者であり，我が国の中世哲学研究の興隆に貢献した．彼らの後を継ぐカトリック系の哲学者としては，*松本正夫，加藤信朗(1926-)等の古代・中世哲学の専門家たち，またイスラム思想の研究者として国際的に活躍した井筒俊彦(1914-93)などの名をあげることができる．

【現代の哲学的課題】明治維新から今日まで130年以上を経過しているが，いまだに西洋哲学は日本の精神風土と充分に融和してはいないと思われる．その理由は，日本では哲学が大学と知識人の一部に受け入れられたのみで，広く深く社会に浸透しているとは言い難いからである．哲学的思考の社会的機能を促進することが求められている．そのほか，現代における哲学の新しい課題として，*生命倫理，医療倫理，環境倫理，経済倫理など，地球規模における人類の未来を指向した生き方の諸相の学際的研究が緊急課題となってきている．従来，文献研究に重点が置かれた哲学的思考は今後一層地球規模における人類の生存に関わる諸問題に向けられるべきであろう．

【文献】船山信一『増補明治哲学史研究』（ミネルヴァ書房 1965); G. ピォヴェザーナ『近代日本の哲学と思想』宮川透，田崎哲郎訳（紀伊國屋書店 1965): G. PIOVESANA, *Recent Japanese Philosophical Thought, 1862-1962* (Tokyo 1963); ID., *Recent Japanese Philosophical Thought, 1862-1996* (Richmond 1997). （渡部清）

にほんのぶっきょう　日本の仏教

【基本的特徴】『上宮聖徳法王帝説』には，538年，百済の聖明王が朝廷に仏像や経典を贈ったとの記事があり，これが日本への仏教伝来のときとされる．当時，日本と朝鮮半島との間にはかなり活発な物的・人的な交流があり，*仏教もそのルートによって導入されたのである．この仏教はいうまでもなく中国に由来するから，日本の

仏教は，その伝播の経路からは中央アジア経由で東アジアに広がった北方仏教に属し，内容の面からは大乗仏教ということになる．そして，このような導入の事情が，今日に至るまでの展開の方向に少なからぬ影響を及ぼしたことは明らかである．

日本はその頃，政治的にはようやく統一的な古代国家の形成途上にあり，文化的にもまだ独自の文字や記録を有しない民族の揺籃期にあった．仏教はそのような状況のなかで，漢字文化・律令制度・*儒教などとともに，すでに早くから高度の発達を遂げていた中国文化の一環として受容されたのである．それは単に宗教であるばかりでなく，また当時では最新の知識であり，技術でもあった．こうして大幅に中国化された仏教を範として受け止め，これを吸収しようとする態度は，上代とりわけ奈良時代の末期頃までを通じて際立っていた．

このように仏教は日本にとって，もともと外来の宗教であるが，その当初の文化的な優位にもかかわらず，土着の民族的な信仰である*神道を排除せず，むしろそれと共存し融合してきたことは注目に値する．これは，原則的には他の宗教に寛容な仏教の性格によるものであり，また一般に東アジア社会にみられる現象でもある．それゆえ，日本における仏教の展開をみるにあたっては，高度な宗教・文化的媒体としての仏教が，日本人の生活の形成にいかに寄与したかとともに，またそれが日本的な心性によっていかに変容されたかをも捉えるという，二重の視点が必要とされる．

伝来以来，今日まで約1,500年ほどの歴史は，この視点からすれば，基本的に仏教の日本社会への浸透の過程とみてよいであろう．それは，比喩的に上層から下層への動きということもできる．ただこの過程は，当然ながら日本の社会の構造的な展開と密接に関わっており，それぞれの時期の仏教が示す著しい特徴やその変遷も，このような基盤との関連でのみ初めて充分に理解しうるのである．

概していえば，奈良時代の末頃までを通じて，仏教の受容に中心的な役割を果たしたのは，朝廷やそれをめぐる有力氏族であった．その時代の仏教が示す濃厚な国家的色彩は，その反映にほかならない．古代統一国家の体制が少しずつ崩れ始める平安時代でも，貴族たちは熱心に仏教を信奉し続けるが，やがて中世に入り，社会の主導権が新しい階層としての武士に移ると，彼らや庶民たちがしだいに前面に出るようになる．そして，このようにして始まった仏教の庶民化は，中世末の室町時代から江戸時代にかけてほぼ完了したとみられる．次に制度と思想という両面から，この流れの幾つかの局面を概観してみよう．

【上代：導入と定着】仏教が伝えられたとき，日本はまだ幾つかの有力氏族が分立する状態にあった．それがまず崇仏か排仏かの抗争を生んだことは，周知のごとくである．その実態は，対外関係を重んじる蘇我氏が仏を自らの*氏神として取り入れ，国神を奉じる物部氏と対立したということであるが，いずれにせよ，この段階では仏教の地歩はまだ固まったものではなかった．事態を大きく前進させ，日本仏教の基礎を築いたともいえるのが聖徳太子(574-622)である．没後早くからその遺業を渇仰する太子信仰が興り，やがて「和国の教主」（親鸞）と尊称されるに至ったのも，決して偶然ではない．

太子は仏教本来の思想に深い理解を示しつつも，とりわけ『十七条憲法』(604)では，それを巧みに儒教・法家の思想と結びつけ，統一国家の基本的な理念として掲げた．この理念は後継者たちに受け継がれ，以来，上代の前半を通じて，仏教の興隆はいわば国策として推進されたのである．奈良時代における国分寺の建設および東大寺の大仏開眼(752)は，その頂点ともいえるものであった．その際，仏教に期待される唯一ではないが主なる役割は鎮護国家，除災招福であった．これは古代ではほかにも類例があり，宗教の一つの典型的な形といってよいであろう．

仏教は，このように国家の思想的な柱として尊重される一方，またその統制のもとに置かれたことも事実である．僧尼の身分は国の定める僧官によって管理され，その行状も厳しく監督された．出家という元来の姿とは異なり，彼らはいわば官吏に準ずるような扱いを受けたともいえる．この時期，仏教の主なる拠点となったのは奈良の諸大寺など，相次いで建てられた官寺であった．それらは単に*儀礼の場であるだけでなく，例えば法隆学問寺などのように，海外からもたらされた知識を学習する場でもあり，また一部は医療・福祉などの設備をも備えたセンターとしても機能したと考えられる．

【平安時代：日本化の前進】上代の後半にあたる平安時代は，国内では古代の律令国家の体制が緩み始め，徐々に封建制へと移行する時期であるとともに，対外的には遣唐使の廃止(894)に象徴されるように，数世紀にわたって続けられてきた大陸文化の摂取が一段落し，日本特有の文化の醸成が始まった時期でもある．このことは，仏教についてもあてはまる．すなわち，もともと外来のものであった仏教は，ほぼこの頃から固有の信仰・*習俗と深く融合し，明らかに日本的な様相を示すようになるのである．

この方向の基礎を作ったのは，最澄(767-822)ならびに空海(774-835)である．この二人は同時に入唐し，当時の最新の仏教をもたらしたという点で，なお従来の路線の上にあるといえなくはない．しかし，帰朝後，彼らが活動の拠点として選んだのは，比叡山であり高野山であった．それは政治の中心からやや離れることで，国家の統制からの自由を得るとともに，また山岳信仰など，古くからの伝統との接触をも促進したと思われる．なおこの頃になると，かつての官寺をも含めて多くの有力寺院が，自ら荘園を経営する封建領主となっていったことも注目される．

最澄と空海は，それぞれ天台法華と真言密教に立脚したが，これらは共に，インド以来展開してきた大乗仏教の内容を独自の仕方で体系化したものであった．またそれらは，高遠な哲学的思想と禅定・念仏・修法などの実践の要素とを合わせ含んでおり，極めて総合的な性格が強い．この総合性が山王神道や両部神道など，神仏習合の基礎づけを可能にしたことは明らかである．とりわけ比叡山は，やがて南都と並ぶ仏教の学業の中心として，自らのなかから次の時期のさまざまな運動を生み出す母胎ともなった．

【鎌倉時代：新しい展開】中世になると地方を本拠とする武士が進出し，日本の社会は大きな変化に直面する．それが朝廷や貴族の地位と影響力を弱め，一部に悲観的な末法思想が流行したことは事実である．だが他方，それは仏教にも新しい活力が導入され，今日まで続く独自の教えが生み出された時期でもあった．中心となったのが法然(1133-1212)，親鸞(1173-1262)，道元(1200-53)，日蓮(1222-82)，一遍(1239-89)などの祖師たちであり，彼らは皆それぞれの体験から仏教を解釈し，実践した第一級の思想家でもあった．この時代が日本仏教の最も創

造的な時期とされるのも，決して理由なしとしない．
　彼らは前代の総合的な教えに含まれる一つの契機を取り出し，それを中心に据えることで自らの方向を切り拓いた．つまり，総合的であるよりは選択的であった．法然，親鸞ならびに一遍は，すでにインド以来大乗仏教に組み込まれた阿弥陀仏と浄土の信仰をとり，称名念仏という行じやすい実践によって，教えを庶民にも身近なものとした．道元は座禅こそが悟りへの道であるとの立場から，他の修行を退けてひたすら座の行に集中した．日蓮は正しい教えの実現こそ国家の安泰をもたらすとの確信から，法華経への信仰を力説した．これらはそれぞれ信仰敬虔主義，瞑想神秘主義，そして預言者的行動主義と特徴づけることもできるであろう．

　このようにして，すでに確立していた天台・真言とともに，日本仏教の大半を占める浄土・禅・日蓮の諸流派が成立したのである．やがて進行する庶民化の過程で，それら相互の違いはさして目立たなくなったとはいえ，こうした多様な展開が可能であったという事実は，宗教としての仏教の内包する豊かさの印として，特筆すべきものと思われる．なお，これらに比肩しうるほど基本的に新しい流派は，これ以後再び現れていない．

【江戸時代：庶民化と制度化】15-16世紀にかけて，日本の社会は再び大きな転換を経験した．封建制はついに戦国の混乱に導いたが，それを契機として天下の再統一がなされ，やがて近代国家に至る道が開かれたのである．他方，*キリシタンの伝来(1549)は未知の西欧文化と宗教とをもたらした．*島原の乱(1637-38)などを経て固まった幕府の*鎖国・禁教政策により，その大規模な流入は阻止されたものの，それが与えた衝撃は小さいものではなかった．

　この近世を通じての仏教の著しい特徴は，その庶民生活への浸透である．住民や地域の自発的な組織は，すでに中世の終わり頃から現れ，それがやがて郷村制となっていくのであるが，その流れはまた寺院の建設をも促した．このことは，今日，全国に分布する7万余の寺院の大多数が，室町末期から江戸初期の創建であることからも知られる．こうして寺院は，神社とともに地域共同体のなかに置かれ，とりわけ家をめぐる死者祭祀のための菩提寺の役割を担うことになった．この庶民と寺院との結びつきは，さらに幕府がキリシタンの詮議のために導入した*寺請制度や*宗門改により強められ，いわゆる檀家制度となったのである．

　総じて江戸時代には国民生活の組織化が進められたのであり，寺院や宗派をめぐる諸制度の整備もまたその一環であった．その目的はもっぱら寺院の統制にあり，もはやかつてのように仏教に国家の理念的な支えを期待したわけではない．また，社会の不安定をもたらすとの理由で新しい教えを説くことも禁じられた．これらの施策の結果，仏教は制度的には安定したものの宗教的な創造の芽を摘み取られ，わずかに伝統的な教学の洗練や寺子屋などでの庶民教育に力を注ぐほかなかったのである．

【近・現代の状況】明治維新から今日まで1世紀余の間，仏教はさらに幾つかの大きな変動に遭遇した．維新の神仏分離はその一つであり，それは1,000年以上続いてきた神道との混淆に終止符を打った．また第2次世界大戦やその後の制度改革などによって，一部の寺院が大きな打撃を受けたのも確かである．しかし，総体としてみれば，全国にわたり宗派ごとに組織された寺院を擁する伝統的な諸教団は，なお重要な機能を果たしているとみて差し支えないであろう．さらに，仏教系の*新宗教運動が庶民の膨大なエネルギーを吸収し活発に活動していること，またそれほど目立たないにしても，仏教思想の伝統が一部の知識人に根強い影響を持ち続けていることも，忘れてはならない．

【文献】EncRel 2: 426-35, 487-93; 辻善之助『日本仏教史』全10巻(岩波書店 1945-55); 田村芳朗『日本仏教史入門』(角川書店 1968); 石田瑞麿『日本仏教史』(岩波書店 1984); 日本仏教研究会編『日本の仏教』1-6 (法蔵館 1994-96).
(田丸徳善)

にほんのマス・メディア　日本のマス・メディア

【メディア】メディア([英] media)はミーディアム(medium)の複数形であるが，集合的な単数として扱われるときもある．人間が*コミュニケーションを行う場合，自分の意志や考えを他者に伝えるには何らかの媒体が必要である．対面的なコミュニケーションを行う場合，空気という媒体があるために，口から発した音声が音波になって相手の聴覚器官に入っていくことができる．発するメッセージが多く，受け取る相手も不特定多数であるマス・コミュニケーションの場合は，さまざまな*マス・メディアが存在する．一般に新聞，テレビ，ラジオ，雑誌，書籍などであるが，最近は技術革新によってCD-ROMなど新しいメディアも登場している．日本におけるマス・メディアの発展は世界的にみて高い水準を保っている．しかし，マス・メディアが子どもたちに与える影響力や人権侵害の報道などの問題点を抱えているのも事実である．

　日本のマス・メディアが世界のなかでトップ・クラスに発達している事例は特に新聞の場合にみられる．日刊紙の普及率は人口1,000人あたり580部(1997年現在，日本新聞協会調べ)で，世界でトップ・クラスである．新聞の発達の度合いは部数だけで判断できるものではなく，質の問題もあるが，日本の日刊紙は，一部スポーツ紙を除くと，必ずしも高級紙とはいえないにしても平均的には高い水準を保っているといえよう．

　日本でマス・メディアが発達している理由の社会的背景としては，少なくとも次のようなことが考えられる．(1)日本の経済力が世界的にみて高い，(2)教育レベルが比較的高く，特に識字率が100％に近い，(3)国語が単一言語である，(4)特に新聞は総発行部数の約93％が自宅配達で，読者が固定化されている，(5)アメリカや中国などと比べると国土が狭く，道路・鉄道など輸送網が整備されている，(6)紙面1頁大を電送する新聞ファクシミリやテレビのハイビジョン(高品質画像テレビ)などマス・メディアの技術革新が進んでいる，などである．

【新聞の歴史】日本の新聞の歴史は欧米諸国と比べると浅い．それは日本が長い鎖国政策をとっていたために欧米の新聞と出逢うのが19世紀後半になってからであったことや，欧米的な市民社会が育っていなかったことなど，いろいろな理由が考えられよう．例えば日本とアメリカを比較した場合，国家として歴史の浅いアメリカは新聞に関しては日本よりも約180年も古い．つまり，アメリカにおける最初の新聞は1690年ハリス(Benjamin Harris, 1716没)がボストンで発行した『パブリック・オカランシズ』(Publick Occurrences, Both Foreign and Domestick)である．これに対して日本で最初に発行された日本語の新聞は1862年(文久2)徳川幕府の蕃書調所(蘭学書などの翻訳・出版所)が発行した『官板バタヒヤ新聞』である．アメリカの新聞はイギリスの新聞の伝

統がそのまま横すべり的に受け継がれたために古い歴史をもっているのに対して，日本ではようやく幕末になって初めて欧米の新聞の機能を知ったため，当初の新聞は欧米記事を翻訳することから始まった．

幕末時代には江戸，横浜を中心に徳川幕府寄りの新聞が発行され，京都，大坂を中心に尊皇派の新聞が存在した．官軍の江戸入りで幕府寄りの新聞は発行停止処分になった．明治になった当初，新政府は新聞育成の政策をとり，1869年(明治2)，新聞紙印行条例が発布され，『中外新聞』『内外新報』などが再刊，『明治新聞』や『六合新聞』などが創刊された．新政府にはまだ官報がなく，政府の決定事項を国民に伝えるのに新聞を利用する必要があったといえよう．1870年，当時の神奈川県令(現在の知事)の勧めによって，日本初の鉛活字による日刊新聞『横浜毎日新聞』が創刊された．一般に明治の初期には2種類の新聞が存在した．自由民権運動などを中心に政治を論じた大(おお)新聞と，サイズも小型で，市井の話題を中心とした小(こ)新聞である．自由民権運動が高まり，新聞が政府批判を強めると，政府は言論弾圧へと政策を転換，1875年新聞紙条例を改正し，外国人の新聞所有を禁じるなど新聞の取締りを強めた．さらに同年，讒謗律という一種のプライバシー法も制定され，皇族や官吏への批判は名誉を棄損するとして記者が投獄されるようになった．政府の言論抑圧の基本政策は1945年(昭和20)の第2次世界大戦終了まで続くことになる．

国会開設の主張を中心テーマにした自由民権運動は政党の成立，政党機関紙・政論新聞の誕生をもたらした．主権在民で民約憲法を主張した板垣退助(1837-1919)らの自由党には『自由新聞』や『日本立憲政党新聞』があった．主権は君民両者にあるとし，欽定憲法を唱えた大隈重信(1838-1922)らの立憲改進党は『郵便報知』や『朝野新聞』『改進新聞』などを発行していた．また主権在君，欽定憲法で政府と同じ路線の福地源一郎(1841-1906)らの立憲帝政党派の新聞としては『東京日日新聞』や『明治日報』『東洋新報』『大東日報』などが存在した．この時代に異色の新聞が誕生した．1882年に創刊された*福沢諭吉の『時事新報』であり，同紙は自主独立の論誌を目指した．

明治20年代になると日本精神を柱とした新聞が登場する．陸羯南(1857-1907)の『日本』(明治22)や徳富蘇峰(1863-1957)の『国民新聞』(明治23)がそれであり，その主張は欧化主義への反動であった．大阪で創刊された『大阪朝日』『大阪毎日』が東京に進出，『萬朝報』や『二六新報』など大衆受けする新聞が生まれた．また政論新聞から報道第一主義の新聞へ変わっていった．特に『萬朝報』の黒岩涙香(1862-1920)は政・財界人の私生活を暴くなど読者受けする紙面作りに力を注いだ．また日清戦争(1894-95)と日露戦争(1904-05)は新聞の速報性を促すことになり，朝刊のほかに夕刊が登場するようになった．

大正になると普選運動などで一時的に*民主主義の雰囲気が漂うようになったが，新聞界に大きな打撃を与えたのは1923年(大正12)9月1日に起きた関東大震災で，ほとんどの新聞社の社屋が倒壊するなど大損害が生じた．そのなかにあって『朝日』『毎日』の大阪系の新聞は大阪本社からの機械や人的支援があり，東京の新聞界での指導権を握るきっかけになった．これに対して『報知』『時事新報』『読売』など東京系の新聞は厳しい状況に立たされた．

昭和の時代に入り，日本の政治は軍事色を強め，報道の自由がそれまで以上に狭められるようになった1936年(昭和11)には主要な通信社が一本化され，同盟通信社が誕生，第2次世界大戦中は満州国通信社の創設に協力するなど日本政府の対外的な宣伝・広報の役割を担った．『福岡日日新聞』の菊竹六鼓(1880-1937)や『信濃毎日新聞』の桐生悠々(1873-1941)ら反政府的な言論人は弾圧の対象になった．

第2次世界大戦中は一県一紙主義の合併が進められ，国家総動員法や新聞事業令，言論出版集会結社等臨時取締法など新聞を統制する法律が15ないし16もあった．記事は検閲され，戦争関係ニュースは大本営本部の発表に従う以外になく，新聞経営者は軍事政権に従わざるをえない状況であった．

1945年8月15日の終戦を機に日本の新聞界は大きく変わった．連合軍総司令部(GHQ)の実質的な命令によって*言論の自由は復活し，多くの新しい新聞の発行が可能になった．同時に『読売新聞』社長・正力松太郎(1885-1969)ら戦時中の新聞社幹部の公職追放が実施された．『読売』『北海道新聞』などを中心に新聞の改革運動が強まり，労働争議が激化した．一方，戦時中の検閲から解かれた日本の新聞は再びGHQによる検閲下に置かれた．また，冷戦の激化に伴い共産党幹部の追放(レッドパージ)が行われた．

1951年にはサンフランシスコ講和条約が調印され，日本の新聞も独立の立場を回復，1960年前後からの経済成長期にはファクシミリの導入などで各種の技術革新が進み，新聞社間の競争は激化した．さらに1970年前後から従来の鉛版のホットタイプ製法から合成樹脂版のコールドタイプ製法に変化し，コンピュータの導入による紙面製作が進んだ．

【新聞の現状】日本新聞協会加盟の日刊新聞は約110社で，日本の日刊紙は3種類に分類できる．第一は全国紙で，『朝日』『毎日』『読売』『産経』『日経』の5紙ある．第二はブロック紙で『北海道』『中日』『西日本』の3紙，第三は各県レベルで出ている県紙(地方紙)である．日刊紙全体の総発行部数は1997年10月現在で7,270万部(国際的な統計に従って朝・夕刊を各1部と計算)，日本式に朝・夕刊セットを1部として計算すると5,377万部になる．日本のように同じ新聞社が同じ題号で朝・夕刊発行しているところは世界的にみて例外である．そこで国際的慣行によって朝・夕刊を別々に計算した7,270万部を基本的な部数とすると，人口1,000人あたりの発行部数は580部で，ノルウェーを除くとトップ・クラスの普及率になる．

全部数の93％は家庭配達されており，この宅配率は韓国に次いで世界的に最上位陣に属する．駅などでの立ち売りは6.5％，郵送その他が0.5％で，圧倒的に宅配が多い．この点は世界的にみて，日本の新聞が大発行部数(例えば『読売』が1,020万部，『朝日』が840万部)をもちえている理由の一つといえよう．日本におけるすべての広告費は総額5兆9,901億円(1997)で，そのうちテレビが33.5％，新聞が21.1％，雑誌が7.3％，ラジオが3.8％．新聞社の総売上高は2兆5,352億円(1997)で販売収入が51.0％，広告収入が36.2％，その他収入が12.8％である．新聞社の従業員総数は6万人(1997)．そのうち編集部門が40.0％，製作・印刷・実送部門が24.8％，営業14.4％，総務6.7％，出版6.5％，その他7.6％である．全国の新聞販売店は約2万3,000店で，約48万3,000人の従業員が働いている．特に18歳未満

の新聞配達少年は全国で約6万8,000人いる.

日本の新聞は今日憲法(特に第21条)によって言論の自由が保障されている. しかし, この権利が日常のジャーナリズム活動に充分生かされているかは別問題である. 調和を尊び, 対決を好まない国民性を反映してか, 公権力への批判精神はアメリカと比べると必ずしも強くはない. 特に1955年から93年まで38年間続いた自民党一党体制下での政治ジャーナリズムについては, 批判性の欠如に対して一部の政治記者から反省の声が起きた. 一方, 弱い立場の人々の人権への配慮が欠けるなど, 倫理上の問題(例えば1994年の松本サリン事件)には改善の余地がある.

【通信】日本に通信社が登場したのは明治20年代, 経済通信社や政党色の強い通信社で, いずれも小規模だった. 大正, 昭和にかけて国際通信社, 東方通信社など中規模な通信社が登場するが, 国際的な先発通信社のロイターが日本を独占的な営業圏内に入れていたために, 日本独自の国際的な通信社は誕生しなかった. しかし, 日本が軍事色を強め, 日本からの情報発信の必要性が高まると, 政府からの働きかけもあり1936年(昭和11)には同盟通信社が誕生し, さらに戦時中は満州国通信社の創設など大陸進出への協力を余儀なくされた.

第2次世界大戦後は同社は直ちに解散し, 現在の共同通信社と時事通信社が発足した. 前者は地方紙などが中心になって設立母体ができた社団法人で, ニュースの配信先は会員社が中心, 後者は株式会社で, 希望するメディアにニュースを配信する形態である. 両社とも国内の通信網のほか40以上の海外支局をもっている. さらに両社ともAPなど国際通信社や地域, 国単位の海外通信社との提携関係があり, 世界各地からのニュースの収集と配信にあたっている. また両社とも写真の配信や英文ニュースなどのサービスも行っている.

【放送】日本のラジオ放送は1925年(大正14)3月22日に始まった. アメリカでラジオ放送が開始されてから5年後のことである. 最初, 東京, 大阪, 名古屋に放送局ができたが1926年には合併され, 現在の日本放送協会(NHK)の前身になった. 戦前の放送は逓信省の監督下に置かれ, 中波が1チャンネルとハワイ向けの短波が1チャンネルあっただけである.

1950年(昭和25)に放送法が制定されると, NHKは公共企業体として位置づけられ, 同時に民間放送も認められるようになった. 最初の民放ラジオは名古屋の中部日本放送と大阪の新日本放送(毎日放送の前身)であり, 1951年に開局した. 一方, テレビも登場し, NHKが1953年2月に放送を開始し, 続いて同年8月には日本テレビ放送網が民放テレビ第1号として開局した. 1957年になると郵政省は地方の民放34局の放送事業免許を認め, 1959年にはNHKの教育テレビ放送が始まった.

1963年11月には日本とアメリカとの間で衛星放送による生中継が行われたが, その第一報はJ. F. *ケネディ大統領の暗殺という衝撃的なニュースだった. 1964年の東京オリンピックは多くの視聴者にテレビをモノクロからカラーに買い替えるきっかけを与えることになった. 1969年にはUHF放送が始まり, FM局も開局した. 技術革新は年々進み, 直接衛星放送やハイビジョン(HDTV)が登場, さらに放送衛星と地上波放送のデジタル化が進められている. 1998年の時点で日本における放送事業体はNHKのほかに民放では190社(日本民間放送連盟・会員社)ある.

一方, テレビ番組をめぐる倫理上の問題が多発するようになり, 1997年にはNHKと民放1局が協力して「放送と人権委員会」という放送番組による人権被害を救済する第三者機関を発足させた.

【出版】日本の出版界は講談社や小学館という大手出版社が数社ある以外は, ほとんど中・小規模の出版社であり, 最近の傾向としては, 雑誌など軽い出版物はよく売れるが, 単行本など「かたい」内容の本はあまり売れないという状況が続いている. これを「雑高書低」と呼んだり「軽薄短小」の傾向という. 特に後者の意味は軽く薄い雑誌とか短く小型のペーパーバックものが出版界の中心商品になっているという意味である. 最近の書店には雑誌類は各種山積みされているが, 単行本はあまり置かれていないところが多い. 客も雑誌コーナーには人だかりしているが, 単行本の書棚付近にはあまりいない, といった風景がみられる.

1996年度の日本出版界の売上高は2兆6,564億円(出版科学研究所調べ)で, そのうち書籍が41%, 雑誌が59%. 書籍の売れ行きは振るわなくとも, 新刊の出版点数自体は伸びており, 例えば1986年には新刊が3万3,616点だったのが, 1996年には6万3,054点で10年間で約2倍に増えている.

週刊誌は今では多くの日本人にとって主要な情報源の一つになっている. 日本ABC協会の調べ(1997年1-6月平均)によると, 発行部数のトップは『週刊ポスト』で85万4,833部, 続いて『週刊現代』が71万2,712部, 『週刊文春』が63万7,429部である. 一方, 女性誌も人気が高く『女性自身』が57万7,957部, 『女性セブン』が54万6,094部, 『週刊女性』が54万7,891部である.

ただし, 日本の一部の週刊誌やスポーツ紙はイギリスにおけるタブロイド紙のような大衆メディアと似た機能を演じている. つまり, 一般の日刊紙は一定の質の高さを保っているが, 一部の週刊誌やスポーツ紙のなかには, ときにはセンセーショナルな記事や性的に刺激の強い写真が掲載され, 報道倫理の問題が生じる場合がある. 現行少年法では犯罪を犯した未成年者の氏名や顔写真が報道されることは禁じられているが, 一部の週刊誌にはあえてこれを犯しているところもある.

【結び】新聞であれ, 放送, 出版であれ日本のマス・メディアは過熱した報道合戦によって, ときには本来の報道の使命を忘れがちなところがあるといえよう. 強い権力機構に対しては鋭い批判性を発揮しながらも弱い個人に対しては *基本的人権の侵害を起こさないための充分な配慮が必要であろう. さらに各種の新たなメディアが登場する今日, 各メディアがいたずらに競合することなく, 各メディアの特徴を生かした活躍をすることが今以上に強く求められていくことになろう.

【文献】桂敬一『現代の新聞』(岩波書店1990); 春原昭彦『日本新聞通史』(新泉社1991); 藤竹暁他『図説 日本のマス・コミュニケーション』(日本放送出版協会1994); 新井直之他編『新聞学』(日本評論社1995); 服部孝章他『21世紀のマスコミ 放送』(大月書店1997); 伊藤洋子他編『21世紀のマスコミ 出版』(大月書店1997); 春原昭彦他『ゼミナール 日本のマス・メディア』(日本評論社1998). (武市英雄)

にほんハリストスせいきょうかい 日本ハリストス正教会 1859年(安政6)箱館(函館)にロシア領事館が設置され, *ロシア正教会から司祭マーホフ(Ivan Vasilievich Makhov), 次いで修道司祭 *ニコライが派

遣された．以来ニコライは約半世紀にわたって日本伝道に携わり，日本ハリストス正教会を設立，定着させた．永眠時には教会266，信徒数3万3,000人に及んだ．ハリストスとは，ロシア語のフリストス（キリスト）がなまったもの．ニコライのあとは1908年（明治41）に来日した主教セールギイ（Sergii Stragorodskii, 1871-1945）が受け継いだ．この時代は，1917年（大正6）にロシア革命が起こり，日本への派遣が中止になって大打撃を受けたり，1923年の関東大震災で東京復活大聖堂（ニコライ堂）が焼失したほか，軍国主義の戦時下宗教団体法等に基づく政府の干渉を受けるなど苦難が続いた．第2次世界大戦後は，連合軍司令部の斡旋で在米ロシア正教会からヴェニアミン（Veniamin, 1877-1963），イリネイ（Irinei, 1892-1981）などの主教が派遣された（これに対しロシアとの親交継続を求める信徒の一部が日本正教会，現ロシア正教会モスクワ総主教庁駐日ポドヴォリエを設立）．1970年（昭和45）ロシアの教会との関係が正常化し，自治独立教会（全日本および東京府主教座）となった．

【文献】日キ歴1069-70． （安村仁志）

にほんふきょうちょうきてい 『**日本布教長規程**』
第1次巡察中の*ヴァリニャーノが発令した二つの文書（Regimento pera el Superior le Japón, Regimento pera o Superior das partes do Ximo）を指す．1580年（天正8）6月24日付で発令し，後に補足し，1582年2月12日付の署名がある．この規程書において，布教長は*下（西九州），*豊後，*都の三つに分けた宣教区域を3年ごとに巡察し，各地区長は担当教区を毎年巡回するよう義務づけた．また，布教長には日本人の*イエズス会への入会を認めさせるよう勧め，ヨーロッパ人とは異なる日本人の性格や習慣に留意するよう促している．

【文献】J. F. SCHÜTTE, *Valignanos Missionsgrundsätze für Japan* (Roma 1951). （尾原悟）

にほんふくいんルーテルきょうかい **日本福音ルーテル教会** 〔英〕Japan Evangelical Lutheran Church 世界各地に展開しているルーテル教会（→ルター教会）の一つとして，日本に成立した教会．

1892年（明治25）末に相次いで，若い宣教師二人がアメリカのルーテル教会南部一致シノッドから来日したことに始まる．このアメリカ南部のルーテル教会は主としてドイツ移民が北米南部に定着して成立した教会で，南北戦争によって北と分かれて，独自の組織をもっていたが，自らの海外伝道を日本で始めることとして宣教師派遣を開始したものである．二人の宣教師は来日翌年のイースター（*復活祭）から，九州の佐賀で伝道を開始したが，やがて熊本，久留米へと伝道を広げ，福音伝道に加えて，牧師養成を始め（1909），幼稚園教育，学校教育（熊本の九州学院，九州女学院），さらには社会事業へと働きを拡大した．早くから日本福音ルーテル（最初は路帖と表記）教会を組織し，伝道の拡大，邦人指導者の出現に伴って，組織を宣教師主導から邦人主導へと改めた．その間，東京や大阪などでも伝道を始めた．

こうした経過の間も，まず1900年にはフィンランドから宣教師が来日，初めは協力して働いたが後には独自に信州，北海道，東京で伝道を進めた．第2次世界大戦後アメリカから，主としてスウェーデン系のアウガスタナ・ルーテル教会が，さらに主としてノルウェー系の福音ルーテル教会が加わってそれぞれ山陽地方，東海地方を中心に協力して伝道し，これらは最終的には1963年（昭和38）に現在の日本福音ルーテル教会となっている．全国に約2万人の信徒が，140の教会で信仰生活を守っている．東京と熊本に小さい2大学を，熊本に二つの中学，高校をもち，全国各地に社会福祉施設をそれぞれ独立の法人として擁し，多面の働きをしている．

この教会の信仰的立場は，聖書を第一とし（*ソーラ・スクリプトゥーラ），この聖書に依拠するものとしての*使徒信条，*ニカイア信条，アタナシオス信条のいわゆる古典信条によって*初代教会以来の使徒的福音信仰に連なることを明らかにしながら，宗教改革期に成立した，*アウグスブルク信仰告白，*ルターの大小教理問答など6信仰告白文書を基礎とする．*監督（〔ラ〕episcopus）の制度をとらず，会議制をとって，聖職制は牧師一職であり，教会の代表，また指導者としては任期制の議長を置くというのが特徴である．さらに各個教会にも教区にも全体教会にも教会性を認める点で，各個教会主義とは異なる．

世界の各地に存在し，信仰を同じくする諸ルーテル教会とは，ルーテル世界連盟（本部ジュネーヴ，総信徒数7,000万）を通してつながりをもち，現代世界における宣教と奉仕の責任を共に負っている．また国内ではプロテスタント諸派とともに*日本キリスト教協議会を組織し，また，ローマ*カトリック教会とも神学的にも，実践的にも対話と協力を深め，教会の一致へも貢献している．

日本にはこのほか，アメリカの保守的なルーテル教会につながる日本ルーテル教団，ノルウェーからの伝道による近畿福音ルーテル教会，西日本福音ルーテル教会がある．

【資料】日本福音ルーテル教会機関紙（マイクロフィルム）『近代日本キリスト教新聞集成』第2期，第25-32巻（日本図書センター 1993）．
【文献】『日本福音ルーテル教会史（60年史）』（ルーテル社 1954）；『宣教百年の歩み—日本福音ルーテル教会宣教百年略史』（日本福音ルーテル教会 1993）；『日本福音ルーテル教会百年史論集』1-6（日本福音ルーテル教会 1989-93）． （徳善義和）

にほんぶんがくとキリストきょう **日本文学とキリスト教：カトリシズム**
【カトリシズム】〔カトリシズムと近・現代日本文学〕*カトリシズムとの交渉という視点からは明治期はほとんど空白であり，大正期にようやくその萌芽期を迎える．その理由の第一は文明開化をモットーに日本の近代化を志向した明治期において，その志向にふさわしいキリスト教は新教（*プロテスタンティズム）であって，旧教と呼ばれたカトリックは時代に適さないという印象を一般に与えたことであり，第二はプロテスタント各派が日本の新時代を担うべき青年の育成に意欲的であったのに対して，カトリックは比較的冷淡であったことが指摘される（J. *ロゲンドルフ）．しかし楽天的な近代主義，ヒューマニズムは大正期にその頂点に達すると同時に懐疑のかげりが見え始めた．そこにカトリックへの関心が芽生えた根拠がある．

昭和期に入ると日本文学への影響力という点では，カトリックはプロテスタントを凌駕する．それは作家・作品の量的相違に端的に現れている．その原因は楽天的ヒューマニズムの退潮にあるばかりでなく，プロテスタントが「信仰によってのみ義とされる」（*ソーラ・フィ

にほんぶんがくとキリストきょう

デ)という信条によって厳しい自己検閲を要求されるのに対して，カトリックが＊秘跡の信仰の上に立っているという相違も影響を及ぼしているだろう．明治・大正期の＊キリスト教文学のキリスト教からヒューマニズムへという傾向に対して，この時期にはヒューマニズムからキリスト教へという傾向がみられる(→日本のキリスト教文学)．主としてそれを代表するのがカトリック作家の文学である．以下ジャンル別に主要な作家・作品について述べる．

【詩】〔三木露風〕＊三木露風は，近代日本最初のカトリック文学者であり，詩人である．彼は初め＊北原白秋と並称されたが，彼の個性は白秋にない静思，内視の資質にあった．第3詩集『寂しき曙』(1910)には，自然の静寂のなかに神をみる神秘的感覚があり，後年のカトリック詩人たるべき資質を予告した感がある．1915年(大正4)函館のトラピスト修道院(→厳律シトー会)を訪問した露風は滞在中の体験に基づく詩集『良心』(1915)を出版し，これは修道院長によってイタリア，フランスの伝道博覧会に出品され，その名を世界に紹介された．さらに1920年，修道士の文学講師として招聘を受け，妻とともに修道院に寄留した．この修道院生活は彼の内観的資質を深め，『蘆間の幻影』(1920)を生んだ．「われは贋造の詩人」「言葉の錬金士」(「自画像」)という自己批判はこの新しい宗教体験によって生まれた詩情革新の欲求の証しである．『蘆間の幻影』に次ぐ『信仰の曙』(1922)は露風の信仰詩の頂点といってよい．「我が感動はすなはち我が血／我が言葉は肉／これを書かしむる心と力とは／神のたまものなりと信ぜんとす」(「我が詩」)の自覚は彼の詩情を解説している．ただ彼の信仰詩は，その観念の比重が大きくなるとともに観念象徴になじまない詩壇からは孤立を余儀なくされていった．

〔中原中也と野村英夫〕＊中原中也は昭和初期の詩人である．祖父母はカトリックであったが，少年期の中也はダダイズムの感化を受けた．彼がカトリックに導かれたのは＊ヴェルレーヌ，＊ランボーの感化に負うところが大きく，彼らが背徳のなかから神を求めたように，中也も自我崩壊の廃墟のなかから神の憐れみを乞い求めた．『山羊の歌』(1934)の「寒い夜の自画像其二」の「神よ私をお憐れみ下さい！ 私は弱いので！」という表白はその詩情を端的に示している．

＊野村英夫の詩にはロマンティックな雰囲気がある．しかし，＊洗礼を受けてカトリック教徒になった1943年(昭和18)以降の詩には単純な抒情以上のものがある．それは中原中也のように自我崩壊の痛みを伴うものではない．「至高なるものへと」の詩編が象徴するように，清冽な抒情が至高なるものへ昇化を遂げようとする志向である．彼のカトリック詩人としての特質は，例えば「地に落ちた聖体」にみることができよう．聖体盆(＊パテナ)から＊聖体が地に落ちることなど絶対にあるべからざることである．司祭も修道女たちも信徒も恐慄しておののいていたにちがいない．詩人もその例外ではない．だが彼はやがて塵にまみれに覆われた聖体を通じて十字架上から地上に降ろされたキリストをみ，彼自身のために聖体が地に落ちたと感じたのである．カトリックのみに可能な神秘的体験がそこにある．

【小説とエッセイ】昭和のカトリック文学の主要な様式は小説であり，エッセイはこれに随伴する．多くの作家が輩出したなかで，多くの問題作を公にしてカトリック文学の存在を印象づけたのは＊遠藤周作である．さらに聖書的信仰において遠藤と立場を異にする＊島尾敏雄，＊小川国夫もまた作品の文学的達成において遠藤に劣らぬ重要な位置を占めている．

〔遠藤周作〕遠藤周作は，芥川賞受賞作品となった「白い人」(『近代文学』1955)をはじめ「黄色い人」(『群像』同),「海と毒薬」(『文学界』1957)等の作品を相次いで発表，キリスト教信仰における白人コンプレックス，日本人の罪と宿命感との癒着，弱者の信仰等の問題を主題化した．特に「白い人」は遠藤文学の一切のモチーフを内包しているといってよい．第2次世界大戦下においてナチス(→ナチズム)の秘密警察の手先となった主人公「私」はかねてキリスト教徒の偽善，英雄主義に反感を抱く立場から神学生ジャックの拷問に協力して抵抗運動の秘密を告白させようとするが，ジャックは結局舌を嚙み切って死ぬ．カトリック教徒にとって＊自殺は絶対に行ってはならぬ＊大罪だと信じていた「私」の予想外の結果だった．それは，ジャックを偽善者として迫害する「私」がその常識下において彼の信仰をあてにしていたことを示唆するばかりでなく，「私」の悪魔性の陰にも＊神が生きていたことを裏書きするものといってよい．この認識の背後には明らかに遠藤の，弱者の信仰，罪と宿命との癒着という日本の精神風土への問題意識がある．

しかし，『沈黙』(1966)において遠藤の認識はさらに発展する．日本潜入当時＊転びキリシタンのキチジローを「信仰は決して一人の人間をこのような弱虫にする筈はない」と軽蔑していたロドリゴが，穴吊りの刑を受け，＊絵踏をあえてしたことで，彼は＊キリシタンたちの生命を助けるという大義名分により自分の弱さを正当化したという自己批判から逃れられなくなる．これは遠藤の意識が「白い人」当時の白人コンプレックスから大きく解放されたことを示唆するもので，同時に「私は聖職者たちが教会で教えている神と私の主は別のものだと知っている」というロドリゴの証言は遠藤文学の新しい方向を示唆する．それは『死海のほとり』(1973)の「同伴者イエス」の予告にほかならない．

『侍』(1980)は，一方において宣教者の世俗的野心に照明をあて，白人コンプレックスを脱却すると同時に，他方においてこの同伴者イエスのモチーフを継承する．侍は，藩主の貿易上の利益を獲得するために＊教皇庁に派遣され，その目的達成の手段として形式的に洗礼を受けたが，幕府の＊キリシタン禁制が厳しくなったため帰国後キリシタン信者として死を命ぜられる．侍が処刑を予告された日，下男の与蔵は「ここからは……あの方がお供なされます」と引きしぼるような声でいう．「あの方」とは，侍が長い旅の間，行く先々の町で眼にした「あの両手をひろげた痩せて醜い男の姿」を指す．帰藩後「もとよりあの男を信じたことはない．あの男を敬う気持になったこともない」と自覚していた侍が，果たして「あの方がお供なされます」という与蔵の言葉を実感として受け取ることができたのか，というより，この虚構の心理にどれだけのリアリティが与えられているのかという芸術的達成が作品の評価を左右することになろう．

〔島尾敏雄〕島尾敏雄の『死の棘』(講談社1960)は，彼の代表作であるだけでなく，現代日本文学の最高傑作の一つとして評価されている．夫トシオの女性関係の秘密を発見した妻ミホは不信，怒り，絶望感の虜となって，幼い子ども二人を抱えた家庭は崩壊の危機に見舞われる．精神の変調を来した妻は治療のために千葉県下のK病院に入院し，付き添いとして夫も病院に入る．『死

の棘』全12章の内容は島尾年譜によれば，1954年10月から55年3月頃までに相当する．K病院においては妻の病気はやや快方に向かう．そこで夫妻は55年10月退院と同時に奄美大島の名瀬市に転住した．転住後「魂病める妻への祈り」（『婦人公論』1956.5）に書かれた妻の健康は，その後「蘇った妻の魂」（『婦人公論』臨時増刊1956）を書くまでに回復した．この間，島尾は1956年12月カトリックの洗礼を受けた．「蘇った妻の魂」において島尾は「妻は私にとって神のこころみであった」と記し，さらに「精神病者とみまちがえられた，幻聴と妄想になやむ妻が，むしろ正気のはずの私を導いた．それも不思議なことであった」とも書いた．これは島尾が妻の病気の背後に彼の病気をみ，妻の病気は彼の病気を癒やそうとする神の試みだったという認識に到達したことを示唆する．それは題名からも明らかである．「死の棘」は「罪」を意味するが（1コリ15: 56），その「罪」が夫の姦淫（→姦通）の罪を意味することはいうをまたない．この認識は文体の上にも現れている．奄美以前の「病妻物」では，妻の夫に対する疑問，批判はすべて「質問」と表現されたが，『死の棘』では，糾問，尋問，審き，試み，ためし等の語彙が用いられる．島尾が『死の棘』の構造に神と妻との二重性を与えた証明である．いうまでもなく日本文学として未曾有の構造であり，その独自の価値もこの構造をもたらす感銘の深さにある．

〔小川国夫〕小川国夫のカトリック作家としての代表作が『或る聖書』（1973）であることは疑問の余地がない．作品を構成する重要な視点（言・神・光・闇等）はすべてヨハネ書（1: 1-5）にある．小川の「ことばのファナティズム」（渡辺広士）もこれに関係がある．主要人物は「あの人」，ユニア，アシニリロムゾの3人で，イエス，使徒 *ヨハネ，*ユダ・イスカリオテをモデルとしている．聖書をモデルにしながらその造型に変像の自由を確保しようとするもので，「あの人」に固有名詞を与えなかったのは，人よりも「言」に重きを置いたからであろう．ユニアは冒頭の鍛冶屋の場面が示唆するように，荒野衆会に心をひかれているが，*荒野に行く途上で急に眼がみえなくなり，召命を受ける．その後路上で「あの人」に出会ったとき，弟子にしてくださいと願って許された．彼は「光の子」として祝福された人間である．以上の構想は *パウロのダマスコの途上の *召命（使9: 1-8）によったにちがいない．第2部のアシニリロムゾが汚鬼と同時に現れるのは，両者の本質が同じだからである．彼によれば，「汚鬼」は「あの人」にみられなければ胸騒ぎも痛みも感じないですむ．だから「あの人」は「人間分裂の原因」である．彼が「私たちの畑に，ひそかに伸びた毒麦」と呼ばれて，「あの人」を売る決心をしたのもこの論理による．「ユニアよりアシニリロムゾの存在のほうが読む者に迫ってくる」（遠藤周作）のは，その闇が人間に普遍的だからにちがいない．「あの人」が殺された後，ユニアの関心は他の弟子たちと同様に再び荒野に移る．その時点で復活した「あの人」のメッセージがユニアにもたらされる．その伝達者は一老女であるが，「その見開かれた眼は濡れて繊細に耀いていた」．そして荒野に行くなというあの人の言を伝える．このフィナーレは *エマオ途上における復活のイエス（ルカ24: 13-32）によったもので，その典雅な抒情的な文体は主部の硬質の文体と対照的だが，矛盾というよりむしろ補完の役割を果たしたものというべきである．

「試みの岸」（『文芸』1970.10）は，「黒馬に新しい日を」（『文学界』1969.4），「静南村」（『文芸』1972.3）と合わせて三部作となっている．1972年6月河出書房新社版『試みの岸』は三部作の総題としているが，ここに取り上げるのは三部作の一編としての「試みの岸」である．その成立は『或る聖書』成立のときと一部重なり合っている．主人公・法月十吉は馬方だが，一儲けしようと思って手に入れた廃船の金物を浜の人間たちに剝ぎ取られ，希望を失ったばかりでなく，思いがけぬ成り行きで盗んだ人間ばかりでなく罪のない老婆まで殺してしまう．彼は「この土地で試されている」「逃げるわけにゃあ行かん．ここを漕ぎ抜けなきゃあ，運命に勝てぬように思えるもん」と考える．彼の心には「とことんまでだれかが苦しんでくれなきゃあ，わしらの苦しみも行き所がありゃあせんに」「お前が，その，とことんまで苦しんでくれるお人じゃあないのかえ」というロクの声が聞こえる．十吉の人生苦は「すべての重荷を負う者はわれに来れ」という贖罪者イエスの影を宿しており，したがって彼は大井川のほとりに降ったイエスの転生だという読み取り方が可能だろう．

〔三浦朱門〕*三浦朱門は，父のキリスト教趣味による朱門という名のために，少年時代からコンプレックスをもたされ，かえってキリスト教への抵抗感を刺激され，ユダ意識に傾いたことがあるらしい．1963年（昭和38）にカトリックの洗礼を受けたが，その後の作品に認められるエゴイズム批判はこのユダ意識超克の時点において成立したと思われる．代表作の一つ，長編『箱庭』（『文学界』1967. 2-3，文芸春秋社1967）はその典型といってよい．大家族の複雑な人間関係を描いた家庭小説だが，「そこには一片の相互信頼も，そして生活することの共感もない」「あるのはエゴイスティックな自己意識」（武田友寿）だけであり，その自己意識を特徴づけるのは物欲と色欲である．しかし，この作品はそういう現代世相の認識に終わっているのではなく，その描写の背後に現代人への痛烈な批判を秘めている．その批判の視点は黒衣を被った作者のものであり，さらに正確には作者の内部にある神の眼にあるというべきである．

〔有吉佐和子〕*有吉佐和子はプロテスタント系の東京女子大学に学んだが，その宗教的関心はカトリックにあった．それは処女作『処女連祷』（三笠書房1957）の題名に現れている．もっとも処女連祷というのはR女子大学の学生たちがその将来にかけた世俗的な願望の比喩であって，カトリック的意味はない．カトリック作家としての有吉の個性は「江口の里」（『文芸春秋』1958.10），「祈禱」（『文学界』1959. 2）等に認めるべきだろう．「江口の里」はカトリック教会の信者気質を諷刺的に描いた一種の諷刺小説だが，その批判は主人公グノー神父を通じて表される．信仰に熱心であるあまり，美人芸者・坂井さと子のミサ出席を拒もうとする教会員たちを神父は抑えて，彼女に公教要理（→カトリック要理）を勉強させ，また，さと子の舞踏をも鑑賞する．「江口の里」の題名は彼女の踊る「時雨西行」の素材である謡曲「江口」によっているが，その構想には精神的・道徳的価値や真・美とされるものは異教的なものでも包容しようとするカトリシズムの寛容性が具体化されており，同時に作者の古典芸能への嗜好も示唆されている．また，「祈禱」は原爆被災者の結婚という社会性を含むもので，長崎の原爆のために白血病にかかった道子が宮田輝一と結婚して懐妊したとき，期待と懐疑とが宮田家を訪れる．その「不安を搔き消そうとする努力は，言いかえれば祈りに他ならなかった．道子も輝一も，たかも，政二も，四人が一つ祈りによって結ばれていた．嫁と姑の微

妙な関係などは，まるで嘘だったように忘れられた」という認識に主題の重さがある．

〔曾野綾子〕*曾野綾子は幼稚園から大学まで一貫してカトリックの教育を受け，高校時代に受洗した．しかしその意識には無信仰の社会に対する後ろめたさがつねにつきまとっていた．曾野の作品の「一つの側面としてのニヒリズム」（日沼倫太郎）の印象はおそらくこのコンプレックスと関係があろう．このひけ目から曾野を完全に解放したのがポーランド人司祭 *マクシミリアン・マリア・コルベであったことは自ら語るところであり，したがって，その殉教的生涯を調査研究した『奇蹟』（毎日新聞社1973）はカトリック作家としての曾野の貴重な指標である．しかし，この転機は当時すでにその内部にきざしていたと想像される．それを示唆するのは『傷ついた葦』（中央公論社1970）である．題名および主題がイザヤ書の「見よ，わたしの僕，わたしが支える者を．わたしが選び，喜び迎える者を．彼の上にわたしの霊は置かれ，彼は国々の裁きを導き出す．……傷ついた葦を折ることなく，暗くなってゆく灯心を消すことなく，裁きを導き出して，確かなものとする」（42: 1-3）に着想の根拠をもつことは「[神父たち]は傷ついた葦をさらにいためつけるようなことも，煙っている燈心をさらに暗くすることも許されない．予言者イザヤによれば『傷ついた葦』と『煙った灯心』が一般の信者たちの有様なのである」という叙述から明らかだ．ただ作品の『傷ついた葦』の独創性は，神父自身が「自分こそ傷ついた葦」であり「煙った灯心」の自覚をもっていることである．主人公・光森神父は「不細工で，平凡で，ごく普通な程度に通俗的で，常に体制のなかにいることを望みながら，しかも反体制に立てる人々に人並み以上の嫉妬心を持つ典型的な一田舎司祭」である．しかもそういう凡庸な人間が「積極的善をなし得ないとしても，積極的悪をなさないだけでも，ここにいることには意義がある」と信じている，というより「俺は今いる所へ引き据えられている」と感じている．完全に神の摂理のなかにあるという自覚である．このような人物のリアリティを教会，修道院等の具体的環境において確立したところにこの作品の価値がある．

〔森内俊雄〕*森内俊雄の「幼き者は驢馬に乗って」（『文学界』1969.12, 後に作品集『幼き者は驢馬に乗って』文芸春秋社1971）は，島尾敏雄の『夢の中での日常』『死の棘』を連想させるが，幻想と現実とは交錯してその境目は定かではない．主人公「私」と勤め先の会社の女との関係に悩まされた妻は2歳の子を連れて3年前に郷里に帰ってしまった．「私」が会社を辞めると女も辞めた．「私」の生は呪われ完全な廃墟と化しているのだが，「私」は単純な闇の子ではなかった．彼は「暗闇に神の光り輝く指があった．指先から乳白色の滴が虚無に落ち，私が生まれた」ことを知っている．彼はいわば「石地に落ちた種」（マタ 13: 5）である．呪われ虚無に閉ざされた「私」の生も完全に希望から見棄てられているのではない．それを示すのは孤独な「私」の生の扉をたたくように「パパ」と呼ぶ子どもの声の訪れである．その声は無邪気な愛情に満ちている．作者がこの子どものイメージをマタイ書21章のロバの子に乗った*エルサレム入城のイエスに重ね合わせていることは，その題名から明らかであろう．

〔井上ひさし〕*井上ひさしは中間小説家として優れた才能の持ち主だが，「モッキンポット師の後始末」（『小説現代』1971.1）以降のモッキンポット師シリーズ5編は彼の作品としても独自の魅力を発揮している．モッキンポット師はフランス人神父で，S大学仏文学科教授だが，カトリック大学生の霊的・生活的指導者の責任を負っている．神父の特徴の一つはその関西弁にある．これは神父が過去に関西で宣教したことを裏書きするものだろう．神父が方言を使うことは庶民層への宣教を重視するカトリック宣教精神の現れで，それ自体滑稽ではない．しかしこの精神に無関心の者にとってはカトリックの聖性と関西弁の卑俗性とがアンバランスとして滑稽と映るにちがいない（東北生まれの作者がこれを喜劇化したことは不思議ではない）．のみならず学生たちは神父の好人物と日本の事情に暗いことを利用してさまざまな迷惑をかけ，それがシリーズ5編を生む結果になった．しかし作者はこれを単なる笑い物に終わらせなかった．終編「モッキンポット師の三度笠」（1972）は，結末において師が単なる好人物ではなかったことを示している．

〔高橋たか子〕*高橋たか子は，遠藤周作と親しいカトリック司祭井上洋治（1927- ）によって受洗したという意味で信仰者として遠藤に近いばかりでなく，悪の創造という作家的視点においても遠藤に近いといってよい．この観念的で異常な悪の追求は，『空の果てまで』（1973），『没落風景』（1974）など受洗以前の長編小説の顕著な特徴である．しかし前者の，他者の存立そのものを否定する悪，憎悪は構想的に不自然を含んでおり，後者の悪の世界の人物たちは皆芸術あるいは芸術家に対して憧憬を抱いているが，その心理機構が全く明らかにされていないため構想的に問題がある．受洗以後の長編『天の湖』（1977）は，女流画家の唯子の環に対する愛を構想の中心に据えた点でこの限界を乗り越えている．唯子は母子ほど違う環との年齢差のために近親相姦に近い罪意識を感じており，その背後には彼女がパリで触れえたカトリック世界の永遠の感覚が作用している．このカトリック的視点は環に嫉妬心を抱く兄の勲平にも批判的に作用している．しかし官能から自由になりえない唯子は，彼女がパリから帰国の飛行機上でみた荘厳な「天の湖」もついには「赤錆の色になって」しまうことを見届けており，勲平も結局嫉妬に負けて環を撃つ．唯子のカトリック感覚が，作者が自覚しているように「浪漫主義的」傾向をもつこと，それが勲平の場合も同様であることは注目すべきだろう．『装いせよ，わが魂よ』（新潮社1982）の題名はJ.S. *バッハの *コラールのタイトルからとったものという．主人公は10歳年下の愛人を東京に残してパリに来ている作曲家・山川波子．彼女はつねに男を愛し，男から愛されたという経験の持ち主だが，「それにもかかわらず何という不幸を生きてきたことか」と感ずるのは，彼女の欲望が満たされたという実感をもたないからだ．彼女が版画商オリヴィエの誘いに応じてノルマンディーへの旅に出たのも，この不幸感を癒やしたいという欲求があったからにちがいない．しかし，波子は一方ではカトリックの信者であり，その信仰生活の極みはアルプス山中の修道院での修練生活の叙述である．情欲の炎のなかの男女の対比とアルプス山中での霊性の修練とは，この作品では完全に対極化されたままである．「装いせよ，わが魂よ」という課題は将来に残されている．

【戯曲】〔田中千禾夫〕*田中千禾夫は洗礼を受けてはいないが，その作品が「完全にクリスチャンの作品のような感じがする」（上総英郎）ことを田中も否定しない．『肥前風土記』（『新劇』1956.11），『マリアの首』（『新劇』1959.11），特に後者にその感が深い．4幕9場のこ

の作品は原爆被害都市の長崎を舞台として構想される．その中心の鹿・忍という二人の女の目的は，長崎が観光地化して原爆の悲惨な体験が風化されることを防ぐことにある．そのために*浦上天主堂のケロイド状になったマリア像を原爆の証人としてこれを盗み出し，彼女らの秘密の家に移そうとする．「秘密の部屋にお移りば願うて，うちたちの憎しみの焔，常夜の燈を搔きたてて下さらねばならんとです」という鹿の祈りに対して「早う連れてゆかんね，うちば」「皆さんに，うちの乳ばたっぷりのましてあぐっけんな．とっても甘か，甘かとば」と答えるマリアの首は，母性と聖性と庶民性とを融合した，長崎の風土にふさわしい傑作である．

〔田中澄江〕*田中澄江の「細川がらしあ夫人」(『新劇』1959. 3) は，キリシタン史に名高い，細川忠興 (1563-1645) の妻玉，洗礼名がらしあ (*細川ガラシア) の悲劇を扱う．がらしあは主君信長の弑逆者という父光秀の汚名を一身に負うとともに，父をそこまで追いつめた運命への怨念を抱いていた．だが，キリストへの信仰によって「このおん方の前にわたくしなど，本当に小さい貧しい心と知りました．このおん方を父にも母にも叔母にもお会わせ申したかった」の心境に達し，嗚咽する．ただ彼女の辞世の和歌「散りぬべき時知りてこそ世の中の花も花なれ人も人なれ」は信仰者よりも武人の妻の覚悟とみえる．そこにキリシタン信仰のリアリティがあろう．「細川がらしあ夫人」は素材的には南蛮物の範疇に入るが，作者が耽美趣味・好奇心の対象としてこの対象を選んでいるのではないという意味で*南蛮文学とは異質である．

〔矢代静一〕*矢代静一は戯曲『夜明けに消えた』(『新劇』1968. 9) 発表後まもなくカトリックに入信し洗礼を受けた．この作品はその予告といってよい．その主題を担うのは主としてノッポとぐずの二人の男女である．ノッポは「女を抱くために生まれてきたような男」だが，ぐずの信仰に刺激されて「愛」に目覚めていく．彼の「主よ，私は，人として，よこしまな心をもち，……いま思い出しても，ぞっとするようなことをしてまいりました」「主よ，私は，永久に，あなたの私をみつめる，やさしく，また，きびしい，まなざしを受けとめて生きて行くでありましょう」という告白の背後に作者がいることは容易に想像できる．矢代は代表作『写楽考』(『文芸』1971. 11，河出書房新社 1972) の「私と写楽について」(前口上) において，「『信仰とドラマ』については，べつに信仰者でなくても，いくらでも語れる性質のものである．そして逆説的に言うと，私のように神に向かいあった者にとっては，まったく語りにくい性質のものなのである．ことに私のような作家にはむずかしい．なぜかというと，無条件に，ひたすら神，もしくは仏を讃美する所謂護教文学者には，さらさらなるつもりはないからである」と述べている．ここに信仰と文学との矛盾を生き抜こうとする姿勢がある．

【文献】岩下壮一『信仰の遺産』(岩波書店 1941); J. ロゲンドルフ「現代日本とカトリシズム」『現代思潮とカトリシズム』(創文社 1959) 471-95; 饗庭孝男「カトリックと日本文学」『国文学解釈と鑑賞』32/6 (1967) 24-28; 上田哲『新考・近代日本文学とキリスト教』(宮入書店 1973); 武田友寿『日本のキリスト者作家たち』(教文館 1974); 笹淵友一「現代文学とカトリシズム」『ノートルダム清心女子大学キリスト教文科研究所年報』2 (1980) 53-69.
(笹淵友一)

にほんぶんがくとキリストきょう　日本文学とキリスト教：プロテスタンティズム　明治維新以後，日本は徳川幕府の鎖国政策を捨て，海外諸国に門戸を開放したばかりでなく，欧米先進諸国に範を求めて，文明開化，いわば近代化の道を選びとった．この近代化とは*福沢諭吉の「天は人の上に人を造らず，人の下に人を造らず」(『学問のすゝめ』) という認識が示唆するように，個人の自由平等を重視するデモクラシー，また広くヒューマニズムを意味していたといってよい．そしてキリスト教もまたこの啓蒙運動の一翼を担わねばならなかった．当時のキリスト教は一般に新教と呼ばれたプロテスタントによって代表されており，文明開化の宗教という印象を与え，欧化主義の時代に目覚ましい発展を遂げた．しかし，国粋主義の台頭とともにキリスト教は*天皇制を頂点とする絶対主義的国家機構のために，陰に陽に圧迫を受けるに至った．のみならずキリスト教とヒューマニズムの矛盾もまた徐々に明確になるにつれて，教会に集まった青年たちの多くは教会に背を向けヒューマニズムの道を歩み始めた．近代日本のキリスト教 (プロテスタント) 文学の主潮をなすものは，このキリスト教からヒューマニズムへの移行という傾向である．

しかしこのヒューマニズムへの信頼も，第1次世界大戦への参加を機縁とする*資本主義の発展に伴う社会の階級的矛盾の露呈と，西欧の前衛芸術の刺激によるプロレタリア文学の出現，同じく前衛芸術の影響下にありながら芸術重視の視点から政治優先のプロレタリア文学に批判的な新感覚派の登場とによって，ヒューマニズムの統一的目標が見失われた．「将来に対するぼんやりとした不安」(1927) のために自殺した*芥川龍之介はこの時代の象徴といってよい．しかし芥川の不安も，第2次世界大戦と敗戦の現実によって日本人が経験したヒューマニズムへの信頼喪失の深刻さにははるかに及ばない．そしてこの傾向は世界的に一層深刻さの度合いを増しつつある．この情況のもとで昭和のキリスト教文学が，明治・大正期の傾向に逆行して「ヒューマニズムからキリスト教へ」の傾向を生んだことは，不思議ではない．そして明治・大正期の文学に主として影響を及ぼしたのが*プロテスタンティズムであったのに対して，昭和文学には*カトリシズムの比重が大きい．それはプロテスタントが個人の信仰によってのみ*義とされるのに対して，*秘跡を重視するカトリック教会がプロテスタント教会より広く門戸を開いているという印象を与えることと無関係ではあるまい．以下，近代・現代プロテスタント文学についてジャンル別ではなく，文学思潮の展開を基準に概説することにする．その理由はプロテスタント文学が一般文学史とともに展開しており，文学ジャンルを基準にすれば，文学思潮の展開を中断して，その有機性を損うことを免れないからである．

〔草創期〕湯浅半月 (1858-1943) はプロテスタント文学史の冒頭を飾る詩人である．史詩『十二の石塚』(1885) はその最初の成果である．同志社の卒業式にあたって半月はこの詩を披露した．ユダヤの英雄エフドを主人公とする叙事詩であり，素材を*士師記，*ヨシュア記に仰いでいる．その構想には聖書的信仰と武士道的感覚とが無自覚のうちに癒着している．*植村正久は「日本ニハ未ダ其類ヲ見ザル史詩」(『十二の石塚』序) であることをも指摘した．さらに『天地初発』(1893) も，*創世記の天地創造と年頭の日本的感覚とを複合した抒情的叙事詩として独自の風格をもつ．

半月に次いでは矢崎嵯峨の屋，*宮崎湖処子の名をあ

げるべきであろう．矢崎嵯峨の屋(1863-1947)の小説はキリスト教の徳性に憧れる倫理的傾向が強く，宮崎湖処子の代表作『帰省』(1889)の田園趣味には*詩編の影響が目立つ．以上の三者にはまだヒューマニズムへの偏向はみられない．

〔浪漫主義〕明治20-30年代(1887-1906)の浪漫主義にはプロテスタントの影響があるが，そのなかでも特に重要なのは*北村透谷と*島崎藤村である．

北村透谷は浪漫人として強い個性の持ち主であり，キリスト者としての意識を持ち続けた点で特筆される．劇詩『蓬莱曲』(1891)は，霊肉二元分裂に悩まされる主人公・柳田素雄が，霊性の無限の自由を実現するために肉の拘束から脱出しようとする苦悶を主題としている．評論「人生に相渉るとは何の謂ぞ」「内部生命論」(いずれも1893)は功利主義的文学観から霊性の尊厳を護持しようとする視点において，透谷の個性を示すものである．島崎藤村は透谷の影響を受けたが，その資質は出世間的な透谷に対して内世間的である．処女詩集『若菜集』(1897)の一編「流星」の「門に立ち出でたゞひとり/人待ち顔のさみしさに/ゆふべの空をながむれば/雲の宿りも捨てはてゝ/何をかこひし人の世に/流れて落つる星一つ」の想像は，天上への思慕から再び地上への愛着に回帰しようとする藤村の資質を反映している．また「逃げ水」は新撰讃美歌第四の清教徒的情緒のパロディとして「きみよりほかには/しるものなき/花かけにゆきて/こひを泣きぬ」の恋愛賛歌を成立させた．小説『桜の実の熟する時』(1918)はその散文的達成である．徳富蘇峰(1863-1957)が主宰する民友社もキリスト教文人を擁していた．矢崎嵯峨の屋，宮崎湖処子もそのグループに属するが，特に重要なのは*国木田独歩，*徳冨蘆花である．

国木田独歩の入信はキリスト教会を中心に推進された社会改良運動や文明開化的雰囲気に影響された点が大きい．したがって入信後まもなくその関心は汎神論的自然観に移行した．その思想には*カーライル，*ワーズワースの感化も大きい．彼は*霊魂の自由，*自我の確立を求めたが，この影響は透谷，藤村と共通するところがある．ただ独歩のいわゆる小民の生活に関心をもち，彼らの存在に象徴的意義を認めたところに民友社的個性がある．

徳冨蘆花の文学は小品集『自然と人生』(1900)，小説『思出の記』(1900)，『黒潮』(1902)等によって代表されるが，『自然と人生』の自然観にはキリスト教的情緒が揺曳しており，『思出の記』『黒潮』にはキリスト教的倫理の影がある．彼は1885年(明治18)受洗したが，その動機には幼少期以来の性欲の圧迫，兄蘇峰へのコンプレックスから解放されたいという欲求が潜んでいた．晩年の彼は，文壇に独自の位置を占めるにつれて，自己の生涯を「世の罪を負う神の羊」(キリスト)に擬する妄想に陥ったが，それもこの心理的モチーフが潜んでいたからである．自然主義作家*岩野泡鳴，*正宗白鳥も初めキリスト教徒であった．

岩野泡鳴は自伝によれば，「二十歳頃までは熱心な信者であった」が，その後*エマソンの自然論の感化を受けて信仰から遠ざかった．処女詩集『露じも』(1901)所収の「十字架のかげ」序において，「われ一たび懐疑のとりことなりてより，未だその束縛を脱したりと云ふ能はず」と告白しており，『悲恋悲歌』(1905)の三界独白も神人の隔絶と救われえない罪の観念を軸として成立している．代表的評論「神秘的半獣主義」(1906)を霊肉融合の新境地と自ら称したが，その実体は二元の折衷であり，二元分裂を長く引きずっていたところに彼の個性があった．

正宗白鳥がキリスト教に関心をもった動機は死の恐怖からの解放にあった．彼は植村正久によって受洗したが，彼が心酔した伝道者は*内村鑑三であった．彼の強烈な個性が白鳥を魅了したのである．しかし白鳥は，『東京独立雑誌』(廃刊1900)の頃から内村からも遠ざかった．非凡な信仰の強者と信じていた内村のうちに弱者を発見したからである．それとともに植村からも遠ざかった．その原因は，キリスト教徒は自分も十字架を負えと強要されるし，永遠の生命を受けるためには幸福と感ずる現世を捨てねばならぬと考えたからである．ただ彼は同時代の多くの青年たちのように文明開化に憧れたり，自我の確立を信仰に求めたりしたのではなかった．それは幼稚ながら彼の実存の問題を解決するためであった．しかしその解決を得ることはできなかった．白鳥の文学が与える*ニヒリズムの印象は，この信仰喪失に負うところが大きい．『何処へ』(1908)，『生まざりしならば』(1923)などはその作風を代表する．

〔社会主義〕キリスト教の人類愛の思想は*社会主義への可能性を秘めていた．この傾向を代表するのは明治期の*木下尚江，大正期の*賀川豊彦である．彼らは蘆花の心情的社会主義から進んで，社会主義の実践，あるいは労働運動にまで発展した．木下尚江は，松本中学時代に英国王*チャールズ1世を死刑に処して共和政治を実現したO.*クロムウェルに心酔して，「クロムウェルの木下」と呼ばれたという．東京専門学校卒業後，郷里松本で新聞記者，代言人となった．この頃キリスト教に入信した．その後上京，社会主義運動，反戦運動の中枢に参与した．小説『火の柱』(1904)，『良人の自白』(1904-06)はこの経験から生まれた．前者はキリスト教的社会主義者を主人公とする社会小説であり，その認識には*理想主義的傾向が強い．後者は4巻からなる長編だが，その構想は作者自身をモデルとした主人公の女性関係に対する道徳的批判に深入りし，社会小説としての枠組みを逸脱している．ただ彼が*幸徳秋水らの唯物論的社会主義者と訣別した必然性を示唆している点で興味深い．

賀川豊彦は徳島中学時代に宣教師から受洗した．その後，明治学院，神戸神学校，プリンストン神学校に学び，1916年(大正5)帰国後は神戸新川でスラム街の伝道を行い，さらに労働組合運動，神の国運動などに挺身した聖職者，社会実業家である．しかしその間，自伝的社会小説『死線を越えて』(1920)，『太陽を射るもの』(1921)，『壁の声きく時』(1924)を公にした．この三部作は「自己確立の書」「貧民問題との対決の書」「資本主義との賀川的対決の書」(辻橋三郎)と評される．特に文学的意義に富むのは『死線を越えて』であり，明治学院の先輩島崎藤村の『桜の実の熟する時』を模した痕跡があるが，主人公を福音書のキリストに模していることも察知できる．そこに賀川の自己確立の独自な性格がある．

〔白樺派〕雑誌『白樺』の同人はキリスト教との親縁関係において『文学界』同人に近い．主な作家は*武者小路実篤，*志賀直哉，*有島武郎である．

武者小路実篤は，学習院時代に叔父・勘解由小路資承を介して聖書と*トルストイを知り，彼のトルストイ熱は級友の間で評判だった．しかしやがてトルストイの自己否定に耐えられなくなった彼は，もっと自己本位に

生きようと決心する．そして「自己を生かす」という白樺派の信条に到達した．ただこの「自己」は単なる自己ではなく，自然，人類，地球の意志に根ざしているという自覚をもった自己である．武者小路の戯曲『二十八歳の耶蘇』(1914) は，荒野に導かれたイエスに対する悪魔の試み (マタ 4: 1-11; ルカ 4: 1-13) の翻案といういうものだが，武者小路の悪魔は精霊，地霊ともいうべきもので神に対抗する巨大な力の持ち主ではなく，耶蘇の奇跡の能力も神（自然）に支えられた単なる個人的能力と考えられているようである．したがって武者小路の自然，人類に根ざす偉大な人間存在という観念に引きつけられた耶蘇というべきである．彼の小説『耶蘇』(1920) はこの延長線上に成立した．武者小路によれば，キリストは救い主というより偉大な先駆者というにふさわしく，「われは葡萄の樹，汝等は枝」というキリストの言葉に対して「君のつるに自分を結びつけずに，神へすぐ根をはろうとする我等の運動を厚意をもって見ていてくれ」という注文を出す．キリストの福音は完全にヒューマニズムに化したというべきである．

志賀直哉は内村鑑三門下の時代があり，彼のキリスト教は内村を介してのものであった．しかし「私は何よりも彼よりも，先生の浅黒い，総て造作の大きい，何となく恐ろしいようで親しみ易い其顔が好きだった」(『大津順吉』1912) という U 先生（内村）への感想は，彼の感覚的資質の証明であり，「先生にとって最大事である教の事は余り身につけず」「不正虚偽を憎む気持ちを先生によってひき出された」(「内村鑑三先生の憶ひ出」1941) にとどまると書いている．もっとも『濁った頭』(1910-11) によれば，志賀はキリスト教との関係で性欲に苦しみ，復活の可能性について悩んだが，個人の力ではどうにもならない *原罪を問題にして罪を深刻化させるより，むしろ自然にふるまうほうがましだという一種の「謀反気」を刺激された．内村門を去った後の彼が一時陥った放蕩はこの謀反気の結果と想像される．

有島武郎ほどキリスト教信仰によって苦悩した作家は白樺派はもとより，近代日本の作家にもいないといってよかろう．彼も札幌農学校時代に内村鑑三を知り，その影響を受けた．彼は内村を "great" と尊敬した．しかし同時に自己の人間性を "perfect" に，言い換えれば全面的に生きたいという欲求が彼にはあった．この矛盾のために結局彼は教会を脱し，信仰を棄てた．しかしキリスト教から解放されたわけではない．長編『或る女』(1911-19) の女主人公・葉子はこの分裂苦を負って破滅の道を辿る．完全に知性を閉ざされた自然人を主人公にした『カインの末裔』(1917)，アッシジの *クララを描いた『クララの出家』(1917) という対極的な作品が同月に書かれたことも彼の内部の分裂を象徴する．代表的評論『惜みなく愛は奪ふ』(1920) はこの分裂苦を脱するために「奪ふ愛」をもって「与ふる愛」の実体を領略しようとし，かつそれに成功したと信じたために書かれたものだが，その論旨には独断がある．有島も後にそれに気づいた．同じく白樺派の一人である *長与善郎の『青銅の基督』(1923) についてもここで触れておこう．素材はいうまでもなく切支丹探索に関するものであるが，作品の主題は主人公 *萩原祐佐のあくまで自己を生かそうとする芸術的欲求にあった．青銅の基督のできばえの見事なために切支丹と誤解され処刑されたことは彼にとって奇禍であったが，それも彼の芸術の達成を裏書きするものと考えられているのである．そこに白樺派的イデオロギーが生きているといってよい．

〔芥川龍之介〕芥川龍之介は南蛮物を書いたが（→南蛮文学），後年それを悔いた．それは彼の意図が「基督教を軽んずる為に却って基督教を愛した」からで，この冒瀆のために「罪を受けたと信じ」た（『ある鞭』）．そういう反省のもとで彼は死の直前に『西方の人』（正・続 1927) を書いた．死を決意している彼にとってキリストの生涯は「行路の人のように見ることは出来な」かったからである．『西方の人』はキリストの母 *マリアを「美しいマリア」と呼ぶ．この感覚はいうまでもなくルネサンス芸術の感覚であり，カトリック教会はこれを受け容れている．その点で芥川はカトリックのマリア観に追随しているようだが，それより『西方の人』が「無原罪の聖母」（→無原罪の御宿り）というカトリックのマリア観を斥け，「マリアは唯の女人だった」という認識に立っていることを重視すべきである．このマリア観はプロテスタントのものだが，「唯の女人」としてのマリアの視点から『西方の人』の構想の一半は成立しているからである．したがって，『西方の人』の構想はプロテスタントに近い地点に成立しているといってよかろう．『西方の人』は，マリアを「永遠に女性なるもの」ではなく，「永遠に守らんとするもの」だと規定した．それは「マリアの一生は〈涙の谷〉の中を通っていた」が，マリアは忍耐を重ねてこの一生を歩いて行ったことを意味している．このマリア像規定に対して芥川は *聖霊を必ずしも「聖なるもの」ではない，ただ「永遠に超えんとするもの」だと規定した．キリストはこの聖霊とマリアとの子であって，キリストは「母のマリアよりも父の聖霊の支配を受けていた．彼の十字架の上の悲劇は実にそこに存していた」とみる．ここに『西方の人』の論理構造の骨格がある．そして芥川が彼自身の悲劇をキリストの悲劇と重ね合わせようとした下心も察知できる．しかし「聖なるもの」ではなく「永遠に超えんとするもの」である聖霊が，どうしてキリストの「天国に対する愷悦」を呼び起こしえたのか，『西方の人』はこの疑問を曖昧なまま残している．しかしこの曖昧さは芥川の悲劇をキリストの悲劇と重ね合わせるために必要だったといってよい．「厳しい日本のクリスト教徒も売文の徒の書いたクリストだけは恐らく大目に見てくれるだろう」と芥川は前置きしたが，彼が大目にみてもらいたいと思った最大の弱点はここにあったにちがいない．なお『西方の人』には，「クリストの一生」について，「それは天上から地上へ登るために無惨にも折れた梯子である」という叙述があるが，「地上から天上へ登る梯子」の単なる書き間違いとみるべきことはかつて論証した．

〔山村暮鳥と八木重吉〕*山村暮鳥は貧困のうちに成人し，幼くして辛酸をなめたが，米人女性宣教師ウォール (A. T. Wall) に導かれて入信，受洗した (1902)．翌年東京築地聖三一神学校に学び，卒後 *聖公会の伝道師として各地に赴任，1919 年結核のため退職した．『三人の処女』(1913)，『聖三稜玻璃』(1915)，『風は草木にささやいた』(1918) 等の詩集のほか，小説『十字架』(1922) がある．没後『雲』(1925) が出版された．彼は神学校時代にすでに文学と信仰（伝道）との二筋道の選択に迷いに迷った．それは単純な二者択一の苦悩ではなく，「二元葛藤の一極限を示すもの」（佐藤泰正）と評される．伝道者の姦淫を主題とした小説『十字架』はこの葛藤の所産である．ただ『雲』の時代にはこの葛藤も，汎神論的調和の世界に辿りついたといってよい．

*八木重吉は 1919 年（大正 8）駒込基督会で富永徳磨牧師から受洗した．まもなく教会を離れたのは内村鑑三の

*無教会主義の感化とみられている．1925年に詩集『秋の瞳』刊行．1927年（昭和2）結核のため没した．没後第2詩集『貧しき信徒』（1928）が刊行された．『八木重吉詩集』は3回にわたって増補刊行された．八木重吉は暮鳥の『雲』の詩風の影響を受けたとされているが，平明真率の作風において共通するものがある．ただ八木の作風は「詩人の心のいちばん奥の，ほんとの中核のものだけが捉えられ，抒べられている」「よほど素直な心と，微を見る感覚との優れているものでなければ此の境にまでは至り得ない」（高村光太郎）という批評が的確にその特質を捉えている．彼の詩にはもはや暮鳥のような詩と信仰との葛藤はない．大正末年の彼の詩は明らかにヒューマニズムを超え，神への途上にあったことを示している．

〔太宰治〕*太宰治の「聖書一巻によりて，日本の文学史は，かつてなき程の鮮明さを以て，はっきり二分されている」（「HUMAN LOST」）という言葉は，彼がヒューマニズムとキリスト教との分水嶺に立っているという認識，そして彼は後者に属するという自覚を語ったものとみられる．「神は在るか」という問いに対して，「若し神がいなかったら，僕達が人知れずした悪事は一体誰が見ているのだ」と語った彼は，自分の罪過は神にみられていると信じた．しかし，「自分は神にさえおびえていました．神の愛は信ぜられず，神の罰だけを信じているのでした」「地獄は信ぜられても，天国の存在は，どうしても信ぜられなかったのです」（『人間失格』1948）という告白が示唆するように，それはもっぱら自己否定の契機としてのみ作用した（彼は最後の自殺以前にも3回の自殺未遂を経験している）．単なる信仰の誤解というより，自己否定の欲求の根深さのためというべきであろう．彼は救われるためではなくむしろ自己否定のため，自己否定の大義名分を神の審きに求めていたというべきだろう．彼もまたヒューマニズムからキリスト教への一つの分水嶺である．

〔戦後派〕第2次世界大戦における日本の敗北が文学に与えた影響は太宰とも無関係ではなかったが，特に密接な関係をもつのはいわゆる戦後派の文学である．

大岡昇平（1909-88）の『野火』がその最高傑作であるという評価は確定しているといってよい．『野火』には発想の機縁となった事実はあるが，その構想は創作である．題詞の「たとひわれ死のかげの谷を歩むとも」（詩編23）はこの作の意図を示唆する．レイテ島の敗戦で部隊からも野戦病院からも見放されて，絶望的状況のなかで山野を彷徨する田村一等兵が遭遇するさまざまな事件とその心理が描かれる．彼は麓の部落に十字架がみえるのを発見して，それが日本人に敵意を抱く部落の教会であることを知りながら，十字架に惹かれて山を降りる．会堂のなかで彼は「われ深き渕より主を呼べり」という高らかな声を聞く．実はそれは彼自身の声であった．ここで彼は誤って若い女を射殺して，再び山野に戻る．そこで彼が経験するのは，飢えを免れるために同胞の肉を食べようとする誘惑，そして，これに対する抵抗である．彼は神の実在を意識し，神の恩寵の世界から堕ちていないことを感ずる．この経験は戦後日本の精神病院に入院している精神分裂病者の記憶とされている．この作品のリアリティを護ろうとする設定である．

*椎名麟三は，戦後文学におけるキリスト教信仰の主題的意義を印象づけた最大の功労者の一人といってよい．彼は日本共産党員として1931年（昭和6）に検挙され未決拘留中に転向上申書を出して執行猶予つきの判決を受けて出所した．それは彼が社会主義ヒューマニズムの限界を自覚する機縁であった．『深夜の酒宴』『重き流れのなかに』（いずれも1947）はその虚無感が生んだ実存主義的作品として反響を呼んだが，1950年*日本基督教団上原教会の牧師・赤岩栄牧師（1903-66）によって受洗した．このキリスト教による虚無からの解放を記念する作品が『邂逅』（1952）である．主人公・古里安志の「人間の不幸の原因は意識をもっていることであるが，その不幸も絶対的なものではない．それがおれの知っている福音だ」という思想は，作品『邂逅』の主題が「福音との邂逅」（佐古純一郎）にほかならないことを示唆している．この福音の体験の前には他の一切の社会的・人間的関係は絶対性を喪った．この後の椎名の作品はすべてこの視点から書かれているが，作品としての完成度は長編よりもむしろ短編が高く『美しい女』（1955）はその代表といってよい．ヒューマニズムからキリスト教へという性格は，椎名作品において完全に定着したというべきである．

阪田寛夫（1925-2001）の『音楽入門』（1966），『土の器』（1974）はプロテスタント文学として独自の個性をもっている．前者は父の，後者は母の生涯を書いた作品だが，ピューリタンの流れを汲む行動的，奉仕的な教会人の典型的人間像を如実に描き出した傑作である（『音楽入門』という題名は教会音楽に対する興味が父母の結婚の機縁になったことによるらしい）．彼らは日本の異教的精神風土において少数者としてのひけ目などは全く感じていない，むしろそれを顕示する自信満々たる信仰者である．ただそういう人間像を正面からではなく，両親ほど熱心な信仰者でない作者の眼によっていわば斜めから映し出し，戯画化したところに独自の魅力がある．しかもそういう典型的信仰者も結局は『土の器』にほかならないという感慨（それは父の場合にもあてはまる）に作者の深い思いが込められている．

高堂要（1932-2001）は椎名麟三が主宰した「たねの会」の主要作家（戯曲）である．その代表作『よいやさのよいやさ』（1968）は，*ベケットの『ゴドーを待ちながら』（1953）を連想させる．両者に共通する心理のパターンは「何かを待つこと」であり，ベケットの場合がゴドー（God）であるのに対し，高堂の何かは「死」である．荒涼とした焼野原を背景に焼けただれた高層ビルの残骸があるだけという舞台に登場した盲目の老爺と脚の不自由な老婆の二人は完全に生の可能性を喪った人間を印象づけ，死以外のものには関心がなくなっている．その空しさを紛らわそうとして彼らは芝居を演ずる．その最も魅力的なテーマは自分自身の死である．「恥ずかしいのう……．一ぺん死んだのにまた，生きるちゅうことは……」という老爺に対して「ひょっとしたら……新しゅう，生れかわって，なんかはじめられるかも……」という老婆の言葉に，作者の生の認識が示唆されていよう．この認識はベケットからさして遠くはあるまい．

【文献】笹渕友一『浪漫主義文学の誕生』（明治書院1958）; 同『「文学界」とその時代』全2巻（創文社1963）; 辻橋三郎，高道基『近代日本文化とキリスト教』（教文社1967）; 笹渕友一編『キリスト教と文学』1-3集（笠間書院1975）; 笹渕友一「明治大正期のキリスト教文学と有島武郎」上・下『文学』（1979.3-4）; 寺園司『近代文学者の宗教意識』（桜楓社1983）; K. BARTH, *Humanismus* (Zürich 1950). 〔笹渕友一〕

スト教　日本文化とキリスト教の関係を考えるとき，まず考慮しなければならないのは，日本の宗教・文化状況においてキリスト教は 16 世紀と 19 世紀末の 2 度にわたって渡来した宗教であり，「西洋の宗教」という一般的印象が払拭されきっていないという点である．しかしキリスト者は少数派でありながらも，近代性を体現する者として，一定の影響を「地の塩」的に与えてきた．

【キリスト教文化の成立と宣教】*キリスト教は，パレスチナ地方のユダヤ人の *民族宗教のなかから *イエス・キリストによって引き起こされた宗教運動に始まり，より広く，普遍的な *ローマ帝国・ヘレニズム世界に進出し，その文化を継承しつつ変容させることで確立されたキリスト教文化（圏）を基盤として *世界宗教への道を歩み始めた．キリスト教文化圏は東西に分かれ，西方（ラテン）キリスト教文化圏は，ゲルマン民族によるローマ帝国の継承と *「コンスタンティヌス寄進状」を根拠とするローマ教会の支配により成立し，西欧中世キリスト教社会を形成した．例外的に 12-13 世紀に *十字軍の運動を契機としてアラブ文化に接触したが，持続的な異文化との接触はなかった．しかし 15-16 世紀の *大航海時代以後，各国は植民地獲得により拡大・膨張し，それに伴ってキリスト教は組織的な *宣教を行い，信仰とともに文明をもたらしていった．例外はあるが 20 世紀前半まで，キリスト教宣教は諸民族の精神的暗黒に信仰とともに文明の恩恵をもたらすものと考えられ，信仰と文化が切り離して考えられることはなかった．確かに，ギリシアの *教父には異教にも神の *知恵は作用したとする考え方（→ ロゴス・スペルマティコス）があり，信仰はそれぞれの文化に受肉し，キリスト教信仰の表現として異なった文化をもつ可能性があるとの意識はあった．しかし，キリスト教と西欧近代が実際には必ずしも一つではなく，対立・緊張の関係にあったにもかかわらず，一般的な傾向としては一体と思われていた．*宣教師たちは信仰を広めるだけでなく，文明の使徒という意識をもち，「進んだ」文明を伝えようとしてさまざまな教育・福祉事業を行い，影響を残したのである．

【日本とキリスト教の接触】ヨーロッパ人にとって日本とは黄金の国であった．*フランシスコ・ザビエルは通訳・協力者の *ヤジロウから日本人が優れた素質をもっていることを聞き，渡来後の経験によってそれは確信となった．以後，渡来した宣教師たちも日本人の優秀な素質を認めたが，同時に長らく日本人改宗者に対しては *司祭への道を閉ざした．この宣教方針を変更したのは巡察師 *ヴァリニャーノである．宣教の拠点として各地に開設された *セミナリヨは新しい文化を伝える場所でもあり，*キリシタン禁教と迫害，さらに *鎖国がなかったならば，日本においてバロック的近代文化が成立した可能性もあった．

鎖国によってこの可能性は実現されず，朱子学を中心にした *儒教が鎖国体制を支える武士階級のエートスを形成し，*仏教は檀家制度を通じて国民を規制する手段ともなった．しかし，国学と儒教のなかでも在野的な陽明学が幕末に現れ，*天皇制への復帰を促し，開国と幕府崩壊，明治新政権の発足に至る思想的原動力となった．国学は尊皇攘夷の偏狭な排他主義であり，それによって旧政権を打倒し，薩長新政権の樹立に成功した勢力が突然，欧化政策をとるようになった変わり身の速さは現実主義的冷徹だけでは説明できない．サンソム (George Bailey Sansom, 1883-1965) は，渡来宗教であった仏教の日本化の過程と合わせて，このような傾向は日本人が実利によって動き，現世的利益しか視野にないことの例証だとしている．

開国による西洋文化の受容政策の当初の意図はキリスト教を除外して西欧の文物を導入することであり，このために「お雇い外人」が採用された．彼らは居留地内に住み，一般の日本人には宗教生活を含む外国人の生活様式が伝わらないような政策がとられた．旧政権の禁教令は当初は存続しており，外国人宣教師は居留地外での布教・伝道を禁じられていた．*信教の自由（具体的にはキリスト教を宣教し，信じる自由）が保証されたのは欧米列国の圧力によるものだが，これは長崎の *潜伏キリシタンが信仰を表明したことで *浦上崩れが起き，あらためて禁教令の存在が明らかになったためである．

【近代化とキリスト教】外圧による禁教令の撤廃によって宣教は公認され，知識階級にキリスト教が入っていくようになった．幕末期，英米が支援した薩長の勝利により新政権が成立したため，近代日本のキリスト教受容の主流はプロテスタントのキリスト教となった．この傾向は長く続き，キリスト教といえばプロテスタントのことであり，カトリックは耶蘇教と称された．近代化へのカトリック側の貢献については，明治憲法起草の際の *レースラー，哲学における *ケーベル等の影響がすでに知られているが，近代日本精神史の面からさらなる研究と体系化が必要である．*ロシア正教会による宣教活動は北海道から南下する経路をたどり，その文化的影響の痕跡は今日でも思わぬところに残されている．日露戦争の結果，正教的キリスト教は日本人の意識のなかで薄れてしまったが，大黒屋光大夫 (1751-1828) のように最近その影響の歴史が発掘されつつある例もある．

今日，西欧近代の終焉・破綻が西欧内部でも指摘されているが，日本の近代化とはすなわち先進西洋諸国，特に当時プロテスタント国であった英米，*プロイセンの諸制度・文化・思想をできるだけ早急に摂取し，追いつくことを目指す西欧化によって達成されたものである．英米的 *プロテスタンティズムがあらゆる側面で日本の近代化に大きく貢献し，特に教育・出版事業において今日でもその足跡が残されていることは否定できない．日本の近代化はプロテスタント的キリスト教，倫理主義化された形のピューリタニズム（→ ピューリタン）なしには語れないのである．当時の英米のキリスト教は契約神学を背景にしながらも，教義を深めるよりは倫理主義的であり，同じように倫理を中心とした儒教を支えとしてきた元武士階級の知識人に受け入れられ，明治に始まる近代日本のキリスト教の性格を決定づけるカリスマ的指導者も現れた．その多くはクラーク (William Smith Clark, 1826-86)，ジェインズ (Leroy Lansing Janes, 1837-1909) 等の感化を受けた若者であり，彼らが参加した *横浜バンド，*熊本バンド，*札幌バンドに契約神学の影響を認めることができる．明治初期，欧米の宣教師たちはキリスト教とともに近代文化を持ち込んだ．以後の長い年月の間に，漠然とではあるが近代日本人の理念世界を構成していくことになる重要な概念に神と人格がある．宣教師たちはまた女子教育を通じて女性に人間としての平等意識を植えつけ，津田梅子 (1864-1929) をはじめ指導的役割を果たす女性が現れた．

【定着化への道および国粋主義との対応】*植村正久，*内村鑑三，*新島襄，*新渡戸稲造などは少数のキリスト者の枠を越えて広く一般に思想的指導者と目され，その評論は人々の注目を浴び，多大な影響を与えた．なかでも，米国のキリスト教徒の信仰生活に失望した内村鑑

にほんぶんかとキリストきょう

三は日本の＊無教会主義の創始者となり「二つのJ」(JesusとJapan)を一つのものと捉えたが，それは儒教倫理を背景とする元武士階級のエートスとピューリタニズムが結びついた，日本の近代化過程でのキリスト教受容の一つの形態であった．内村の『私はいかにして基督信徒と成ったか』は新渡戸稲造の『武士道』同様，もともと英語で書かれ，欧米のキリスト教徒に向けられたものであったが，期せずして彼らの儒教的武士階級のエートスを示している．同時にキリスト教に惹かれた士族たちが，明治新政権を樹立することで体制派となった薩長以外の出身であったことは指摘されなければならない．キリスト教信仰を受け入れ，＊洗礼を受けたとき，彼らは儒教的エートスの根幹であった「家」(→家制度)と絶縁し，新しい生き方を選んだのである．しかし，同時に彼らは新しい信仰に立ちながらも，過去を捨てるのではなく，誇りをもち，日本の土壌のうちにも信仰へと導くものをみた．文明開化の先駆けとしてキリスト教を関心と好意をもって受け入れたのである．このように当初は，キリスト教は日本的なものではなく，外来，西洋の宗教であるとみなすのが一般的であり，キリスト者自身もそう考え，そこに魅力をみいだし，またアイデンティティの拠り所ともしたのであった．

しかし，開国時の新政府と知識階級とが一体であった蜜月は，政権指導者が＊ナショナリズムの傾向を強め，日本本来の文化を尊重する雰囲気のなかで終わりを告げた．政権に不満をもち，社会の歪みに目を向けた知識人は反体制側にまわり，天皇神権化の波のなかで反対の声を上げ始める．すでに政権側でキリスト教に好意的であった森有礼(1847-89)はおらず，啓蒙主義的であったが反キリスト教的ではなかった＊福沢諭吉は在野にとどまっていた．＊ルソーの影響を受けた＊中江兆民の弟子で＊無政府主義の思想家＊幸徳秋水は内村，安部磯雄(1865-1949)らと親密であり，日露戦争に反対したが，このような雰囲気のなかで，キリスト者は自身のなかの日本人性とキリスト教の外来性との間の矛盾に直面せざるをえなかった．すでに教育勅語の問題を契機として教職にあったキリスト者は天皇制の問題に直面し，やがて明治天皇の葬儀の際に政治と宗教の問題に直面する．大正・昭和初期の一時的・表面的な自由主義的風潮にもかかわらず，時流は国粋主義となり，キリスト者は内村がしたように簡単に二つのJを結びつけるわけにはいかなくなった．福音的「神の国」と「神国日本」は相容れない理念となり，一方では同時代の多くの知識人がキリスト教よりは＊マルクス主義に魅力を感じるようになるなかで，ある者は「社会的福音」に傾き，他の者はキリスト教に国家神道的な衣を着せて体制に順応しようとした．しかしいわゆる「日本的キリスト教」は第2次世界大戦敗戦によってその軽薄さが暴露されたのである．

【第2次世界大戦後の文化的状況】第二の開国といわれる第2次世界大戦後のキリスト教にとって，信教の自由が保証されることで宗教的市場と化した状況は，またとない教勢拡大の機会であり，事実，小泉信三(1888-1966)，＊安倍能成のような教育者とともに，＊南原繁，＊矢内原忠雄，＊田中耕太郎などのキリスト教文化人が言論界で影響力をもった．彼らの影響力は大正の自由主義的教養文化のなかで確立された「教養としてのキリスト教」なしには考えられない側面がある．この「教養としてのキリスト教」とは，内村以来の知識人キリスト教徒に根づいていた無教会主義の伝統を継承するものである．興味深いのは，＊岩下壮一とともにカトリック近代思想が思想界で市民権を得るために大きな役割を果たした＊吉満義彦や田中耕太郎が，いずれも内村の教えを受けたことがあるという点である．J.＊マリタン，＊ジルソンが知られるようになったのも「教養としてのキリスト教」を受け入れた知識層があったからである．しかし，知識人の多くは戦後長い間，心情的にマルクス主義に傾いており，1970年代は正統的マルクス主義，毛沢東主義から新左翼が論壇で力を得た．1980年代以降，全国民が中流意識をもつようになると思想の影響は影を潜め，いわんや「教養としてのキリスト教」を支える代表的知識人もいなくなった．

【展望】「日本文化」は多層的現象である．それは＊柳田国男らがいうような縄文文化以来，日本人の意識の最古層に生き続けたものであり，さらにその上に複雑に重なる要素がある．それらが日本の伝統文化と日本人の感受性を構成している．近代日本にキリスト教は確かに分不相応な貢献をしてきた．日本人にとってそれが近代的であったからである．しかし，その近代が世界中で問題視されている．日本に「近代」をもたらした一つの力としてキリスト教をあげることはできるが，キリスト教と近代は一つではない．近代日本史においてもキリスト教と近代化との関係には近代国家確立とキリスト教の相克の図式を読み取ることができる．特に，天皇制との問題をどう解決するのかは単純な土着化思想によっては解消できない．プロテスタント論者は政治と宗教の問題を＊アウグスティヌスの『神の国』が示す思想によって切り抜けようとするが，吉満がすでに指摘したように，アウグスティヌスは世俗的政治体制に妥協せず，しかも独自性を維持しつつ信仰を生き続けるための「賢明な」生き方を教えたのである．

全体的視点でいえば，思想や知識は「情報」に取って代わられているが，日本ほど価値中立的な文化(無価値論的雰囲気)が抵抗なしに浸透してしまった社会は世界に類例がない．現在の日本文化のなかで宗教は人々の最大の関心事ではなく，ごく限られた領域で発生する宗教的エネルギーは，歪められた形で「新宗教」あるいは「新々宗教」に向けられることが多い(→新宗教運動)．世界的な規模でキリスト教はさまざまな問題に直面し，地域それぞれの文化のなかでさまざまな対応がなされ，西欧的キリスト教からの脱皮が図られている．キリスト教の諸教会は地球的意識を忘れず，「地の塩」であることに徹し，一致して，日本文化にいかなる貢献ができるかを真剣に考え，実行に移す時期にきている．

【文献】日キ歴 1063; G. B. サンソム『世界史における日本』(岩波書店 1951); 高坂正顕他『近代日本とキリスト教』全3巻(基督教学徒兄弟団 1956-61); 和辻哲郎『日本倫理思想史』和辻哲郎全集12-13(岩波書店 1962); 武田清子『日本プロテスタント人間形成論』(明治図書出版 1963); J. ジーメス『日本国家の近代化とロェスラー』本間英世訳(未来社 1970); 武田清子『土着と背教』(新教出版社 1974); 高瀬弘一郎『キリシタン時代の研究』(岩波書店 1977); 鈴木範久『明治宗教思潮の研究・宗教学事始』(東京大学出版会 1979); 小田信士『幕末キリスト教経済思想史』(教文館 1982); 丸山真男『日本政治思想史研究』(東京大学出版会 1983); 吉満義彦『近代超克の神学的根底』吉満義彦全集1(講談社 1984) 182-205; 同『ヒューマニズムの問題』吉満義彦全集5(講談社 1985)401-25; 高木一雄『大正昭和カトリック教会史』全4巻(聖母の騎士社1985); 高柳俊一「教会の公式文書に見られる『文化の神学』」『上智大学キリスト教

文化研究所紀要』4 (1985) 39-61; 柳父章『ゴッドと上帝』(筑摩書房 1986); 古屋安雄他『日本神学史』(ヨルダン社 1992); 半澤孝麿『近代日本のカトリシズム』(みすず書房 1993); 鹿野政直「日本文化論と歴史意識」『岩波講座日本通史』別巻 1 (岩波書店 1995) 187-213.

(高柳俊一)

にほんまち　日本町　17-18 世紀，東南アジアの各地に点在した日本人の集団居住地．
【形成】17 世紀初頭 *徳川家康により朱印船制度が創設され，以降 1636 年(寛永 13)まで 360 隻ほどの貿易船が渡航したが，その前後に商取引上の利便や相互扶助を期して形成された．建設された日本町は多くが政権所在地近郊の港町で，フィリピンの *マニラ郊外(現在はマニラ市内)のディラオ (Dilao, 現パコ Paco) やサンミゲル (San Miguel)，ヴェトナムのダナン (Danang) やファイフォー (Faifo, 現ホイアン Hoian)，カンボジアのプノンペン (Pnompenh) とピニャル (Pinhalu)，シャム(タイ)のアユタヤ (Ayutthaya) 等がある．治外法権を認められ，同町の有力者を中心として行政や司法，商事等で自治制が敷かれた．アユタヤの山田長政(1590 頃-1630)は著名で，同国王の傭兵隊長としても活躍し，マレー半島中部東岸のリゴール (Ligor 六昆．現ナコーンシータマラート Nakhon Si Thammarat) の太守に任じられている．各町の住民は 3,000 人から 300 人前後の規模で，大部分は貿易商であった．*キリシタンの移住者も多く教会堂がファイフォーやダナンなどで建設された．特にマニラのサンミゲルでは *イエズス会が教化を担当し，ディラオでは *フランシスコ会の信徒らが多数を占めた．1614 年には *キリシタン禁制の後の大追放により，*高山右近の家族らがサンミゲルに移住した．1632 年(寛永 9)には，京坂のハンセン病の信徒ら 130 名が放逐され，ディラオの病院に収容された．
【消滅】1633 年 *長崎禁令(寛永鎖国令)を下達した江戸幕府は異国で住宅をもつ者に対し，5 年未満の者を除く帰国者を死罪と規定した．これは，幕府が日本町をキリシタンの活動源と想定していたことを示すもので，各町に打撃を与えた．特に 1635 年以降，邦人の出国が禁止されると，内外の交通を断たれた日本町はしだいに衰微し，現地社会との同化を余儀なくされて，18 世紀の初期には消滅したとみられる．
【文献】村上直次郎『六昆王山田長政』(朝日新聞社 1942); 岩生成一『朱印船と日本町』(至文堂 1962); 同『南洋日本町の研究』(岩波書店 1966); 同『続南洋日本町の研究』(岩波書店 1987).

(清水紘一)

にほんメソジストきょうかい　日本メソジスト教会　1784 年アメリカ合衆国で設立されたメソジスト監督教会 (Methodist Episcopal Church) は，1873 年(明治 6)にマクレー (Robert Samuel Maclay, 1824-1907) らを横浜，東京などに送って伝道を開始した．1884 年に日本年会を設立し，この教会は「美以教会」(または美以美教会)と呼ばれた．1899 年には九州に南日本年会を設置した．

一方，カナダ・ウェスレアン・メソジスト教会 (Wesleyan Methodist Church of Canada) から日本に派遣されたコクラン (George Cochran, 1834-1901)，マクドナルド (Davidson MacDonald, 1836-1905) は 1873 年に横浜に到着，コクランは東京，マクドナルドは静岡で伝道した．1876 年，第 2 陣の宣教師が到着した際，トロント年会のもとにある日本部会を設立し，「日本メソヂスト教会」とした．東海に加えて信州，北陸，新潟などを主たる伝道地とした．

アメリカ南メソジスト監督教会 (Methodist Episcopal Church, [South]) は 1886 年 J. W. ランバス (James William Lambuth, 1830-1892)，その子 W. R. ランバス (Walter Russel Lambuth, 1854-1921) らを神戸に送り，「南美以教会」を設立し，関西と四国，九州を中心に伝道した．

在日の *メソジスト教会は 1883 年来合同運動を展開したが，1907 年に至り 3 派の合同年会が開催され「日本メソヂスト教会」が成立した．監督制が採られ，*本田庸一が初代監督に選ばれ，以降，平岩愃保(1857-1933)，鵜崎庚午郎(1870-1930)，赤沢元造(1875-1936)，釘宮辰生(1872-1947)，阿部義宗(1886-1980)と続いた．同教会の信仰の特徴は *再生と *聖化であり，*聖霊の働きによる救いの確証と，愛における完全を強調した．同時に社会での証しを重んじ，社会活動も活発に展開した．1939 年(昭和 14)の信徒数は 5 万 505 人，1940 年の教会数は 595 であった．

同教会は出版事業にも力を入れたが，活動は教文館に統合された．山路愛山(1865-1917)によって『護教』が 1891 年(明治 24)刊行され，同教会の機関誌となった(後に『教界時報』，その後『日本メソヂスト時報』と改題)．主筆は別所梅之介(1872-1945)，*高木壬太郎に引き継がれた．

教育にも力を注ぎ，アメリカ監督教会系が起こした教育機関は青山学院，活水女学校，鎮西学院，福岡女学院，遺愛女学校，東奥義塾，弘前学院など，またカナダ・メソジスト教会系は東洋英和女学院，静岡英和女学院，山梨英和女学院など，南メソジスト系は広島女学院，ランバス女学院(現，聖和大学)，啓明女学院，関西学院などを起こした．

1941 年(昭和 16)宗教団体法によって *日本基督教団を形成し，日本メソジスト教会は解散した．

【文献】M. ハルバーソン編『キリスト教神学辞典』野呂芳男訳 (日本基督教団出版部 1960) 329-33: M. HALVERSON, ed., *A Handbook of Christian Theology* (New York 1958); 澤田泰紳「日本メソヂスト教会史」『日本プロテスタント諸教派史の研究』同志社大学人文科学研究所編 (教文館 1997) 153-90.

(茂義樹)

にまいおりきろくばん　二枚折記録板　→ ディプテュコン

ニーメラー　Niemöller, Martin　(1892. 1. 14-1984. 3. 6)　ドイツ・*ルター教会の神学者．*ドイツ教会闘争の指導者．リップシュタット (Lippstadt) に生まれる．牧師緊急同盟を組織して，ナチス政府の教会支配に抵抗(→ナチズム)，強制収容所に送られる．戦後，平和運動を指導．*世界教会協議会中央委員，*ドイツ福音主義教会外務局長などを務める．

【文献】キ人 1029; キ大 795; RGG³ 4: 1473-74.

(平松良夫)

ニュー・イングランドしんがく　ニュー・イングランド神学　〔英〕New England Theology　18-19 世紀にアメリカ合衆国東部の *会衆派や *長老派教会において興隆をみたカルヴァン派の神学(→カルヴィニズム)．代表的神学者にベラミー (Joseph Bellamy, 1719-

にゅうかいきん〔しゅうどうかいへの〕

90), S. *ホプキンズ, 子エドワーズ (Jonathan Edwards, Jr., 1745-1801), エモンズ (Nathanael Emmons, 1745-1840), *ドワイト, テイラー (Nathaniel William Taylor, 1786-1858), パーク (Edwards Amasa Park, 1808-1900) などがいる. これらの人々の共通目的が父*エドワーズの神学の継承であったことから, しばしば彼が創始者とされるが, 実際には神学の質が非常に異なるので, ニュー・イングランド神学はその弟子ベラミーとホプキンズに始まると考えたほうがよい.

内容的にはおおむね*改革派神学の流れを汲むが, これを倫理的・道徳的に再解釈して人間の*自由と*責任を強調し, 人間の自律的*主体性という新しい時代の要請に調和させようとした. このことは特に, 贖罪論において神を宇宙の道徳的秩序の維持者として理解する統治説をとり, 伝統的な限定贖罪論を放棄したことなどに表れている.

ニュー・イングランド神学は, エドワーズ以来「ニュー・ディヴィニティ」(New Divinity) とも, また, ドワイトやテイラーらがニュー・ヘイヴン (New Haven) のイェール大学で教えていたことから「ニュー・ヘイヴン神学」とも呼ばれたが, *ダーウィン以降の*自由主義神学「ニューセオロジー」(New Theology) とは別物である. 神学思想の面だけでなく, *奴隷制に早くから反対し, 幾つもの大学や神学校を創設・運営し, 外国伝道のためにアメリカン・ボード (American Board) を組織し, *信仰覚醒運動を導いたことなど, 実践面で特筆すべき点も多い.

【文献】S. オールストローム『アメリカ神学思想史入門』児玉佳與子訳 (教文館 1990); S. AHLSTORM, "Theology in America: A Historical Survey," *The Shaping of American Religion*, ed. J. W. SMITH, A. JAMISON (Princeton 1961) 232-321; F. H. FOSTER, *A Genetic History of the New England Theology* (Chicago 1907); R. C. WHITTEMORE, *The Transformation of the New England Theology* (New York 1987). （森本あんり）

にゅうかいきん〔しゅうどうかいへの〕 入会金〔修道会への〕〔ラ〕dos (religiosarum) 女子の*修道会への志願者(*修道志願者)が*修練期の前に会に提出する金銭であり, *会憲において規定することが義務づけられていた. 持参金ともいう. 当初は*聖職売買にもつながるとして禁じられたが, *修道院の生計維持と退会者への保証とするため, 16 世紀に合法化された制度であった. 会は会員の修練期中は入会金を預かるだけであり, 初誓願(→ 修道誓願)宣立後に確実で適法な証券に投資し, 利子を受け取ることができる. しかし会の財産となるのは会員が死亡したあとだけであり, 会員が退会する場合には, たとえ終生誓願宣立後であっても, 利子を除き, 入会金を全額返却しなければならない (1917 年公布の旧『教会法典』547-51 条). 団体的な清貧への証しを強調する現行の『教会法典』には, 入会金の規定はない.

【文献】DIP 3: 968-72; LThK² 7: 488; B. PRIMETSHOFER, *Ordensrecht* (Freiburg ²1979) 161. （濱田了）

にゅうかいしき〔しゅうどうかいへの〕 入会式〔修道会への〕〔ラ〕ritus initiationis vitae religiosae *修道生活の準備として, 志願者を*修練期に迎え入れる式. 1970 年に公布された『修道誓願式』(Ordo professionis religiosae) の儀式書を規範として, 各修道会はそれぞれの伝統や精神を盛り込んだ式を新しく作ることになった. 入会式は以前は*着衣式と呼ばれ, *修道服が与えられたが, これは本来奉献の生活を表すシンボルとして, 誓願のときに与えられることが明確化された. 入会式はごく簡素な形で行われるよう定められており, (1) *ミサのなかで行ってはならず, (2) 修道会の会員だけの参加のなかで, そして (3) 聖堂よりは集会室で行うことが勧められている. 式次第は極めて簡単で (1) 志願者の入会の意志の表明, (2) 長上の励ましのことばと祈願, (3) 短いみことばの祭儀, (4) 結びの祈願, の順序で行われる. （国井健宏）

にゅうこう 乳香 → 香

にゅうさい 入祭

【入祭行列】*ミサのなかで開会式にあたる開祭の場面で行われる*行列 (〔ラ〕processio ad introitum). *会衆が集まると, 司式司祭は奉仕者を伴って*祭壇に向かう (『ミサ典礼書』の典礼注記). この行列は, なるべく聖堂中央の通路を通って行われることが望ましい. その点, 建築上の配慮も必要となる. *バシリカのように聖堂入口付近に*祭具室が設けられている聖堂では, ごく自然な動きが生まれる. 祭具室が祭壇付近に設けられている聖堂では工夫が求められる. この行列では, 十字架捧持者, 香炉捧持者, *祭壇奉仕者, 朗読者, *司祭の順に進む. 朗読者が行列に加わる場合, 朗読聖書や朗読福音書を捧持することができる. 祭壇に着くと祭壇に向かって一礼し, 朗読福音書を運んだ場合は祭壇の上に置く. 共同司式ミサでは, 共同司式する司祭たちが式司祭の前を進む. 入信式(→ 洗礼)などがミサ中に行われる場合, 洗礼志願者も行列に加わることができる. 行列の間, 入祭の歌が歌われる.

【文献】『ミサ典礼書』総則 25, 82 項. （福地幹男）

【入祭の歌】ミサの入祭のときに歌われる歌 (〔ラ〕Cantus ad Introitum). 奉納の歌(→ 奉納), 拝領の歌(→ 聖体拝領)とともに, 行列の際に歌われることから, 行列の歌, *行動参加の歌とされる. 入祭の歌の起源は比較的新しく, 文献に現れるのは 7 世紀であるが, 5 世紀頃から歌われ始めていたと推測される. 入祭の歌は, 元来*アンティフォナ形式のもので, 主にそこで歌われる*詩編の一節が交唱として用いられていたが, 詩編以外の聖書の本文による交唱や自由な詩による交唱も用いられている. しかし, ルネサンス期以降, ミサの私的奉挙が多くなり, 入堂の際に行列が行われなくなると, 入祭の歌も交唱を挟んで詩編が一節と*栄唱だけが歌われるようになった. さらに司祭が唱えるだけに形骸化し, これが現在の入祭唱となった. 一方, 会衆のためには他の*賛美歌形式の歌が福音の内容に関係なく歌われるようにもなった. 第 2 *ヴァティカン公会議は入祭の歌のこのような形骸化を刷新し, 本来の行列の歌としての役割を復活させた.

入祭の歌は会衆が集まってから司祭が奉仕者とともに入堂するときに始められる. その目的は, *祭儀を開始し, 会衆の一致を促し, 会衆の思いを典礼季節と祝祭の神秘に導入し, 司祭と奉仕者の行列を飾ることにある. 司祭と奉仕者の入堂行列の間に歌われることから, 行列の長さに応じて歌えるように, *『ローマ聖歌集』では交唱詩編の形式の歌が用いられている. 性格上, 全会衆で通して歌うことには無理があるので, 交唱の部分は会衆が歌い, 詩編の部分を*先唱者あるいは*歌隊が歌うと

いう方法が望ましい．一方，季節に合った歌や種々の機会のミサに合った内容の歌も勧められている．入祭の歌の選択の基準は，やはりその日のミサのテーマである福音の内容にふさわしいことが第一であり，また典礼季節に従って決めることがふさわしい．

【文献】『ミサ典礼書』総則25-26項；土屋吉正『ミサその意味と歴史』（あかし書房1977）；同『ミサがわかる仕え合う喜び』（オリエンス宗教研究所1989）；J. ジェリノー『わたしたちのミサ』島野たか子訳（新世社1993）．
（齋藤克弘）

【入祭の挨拶】司祭は，祭壇に表敬したあと会衆に向かい，両手を広げて入祭の挨拶（［ラ］salutatio initialis）をする．このときの言葉には，「主は皆さんとともに」（Dominus vobiscum）という伝統的な形のほかに，パウロの手紙からとられた「主イエス・キリストの恵み，神の愛，聖霊の交わりが皆さんとともに」または「主イエス・キリストによって，神である父からの恵みと平和が皆さんとともに」といった，より豊かな内容のものがある．挨拶のあとに，その日のミサについての短い導入や，会衆の理解と参加を促す言葉を述べることが勧められる．

【文献】『ミサ典礼書』総則27-28, 86項．　（国井健宏）

にゅうしんしき　入信式　→　洗礼

にゅうしんのひせき　入信の秘跡　*洗礼，*堅信，*聖体，（初聖体）の*秘跡にあずかることを通して十全な意味での*キリスト者となり，教会共同体の一員となること，ないしその過程の総体を入信の秘跡（［ラ］sacramenta initiationis christianae）という．*カトリック教会では，第2*ヴァティカン公会議以後の*典礼の刷新によって，現在では洗礼前の求道期（［ラ］catechumenatus）と入信の秘跡直後の導き（→ミュスタゴギア）を含めて用いる．

【聖書】新約聖書の時代には，全教会に対して統一的かつ権威的な洗礼に関する儀式はみいだされない．入信の過程に関する規定も同様である．しかしキリスト者になろうとする者が洗礼を受けて入信したことは明白であり，*使徒たちとその協力者の*按手によって*聖霊の注ぎを伴うものであったことも疑いない（使2, 8, 18, 22章；ガラ3章；ロマ6章；マタ28章等参照）．新約聖書に散見される記述から，入信に際しての四つの要素を指摘できよう．*福音の*宣教，それに対する初歩的*信仰，*回心およびキリスト者としての生き方（倫理）の受容である．こうして*水と聖霊による洗礼を受けた者は*パンを裂く式にあずかり，キリスト者たちとの相互の交わりに加わった．

【歴史】*『十二使徒の教訓』（1世紀末）の簡単な規定を別にすれば，入信過程に関する最初の重要な証言は2世紀半ばの殉教者*ユスティノスにみいだされる．彼は詳述しないが，洗礼の準備として二つの要素を説く．すなわち*教理・*道徳面での教えと*共同体も含めた*祈りと*断食の実践である（『第1弁明』）．3世紀初頭，ローマで実践されていた入信過程についてローマの*ヒッポリュトスの*『使徒伝承』が詳しく伝えており，すでに遠い準備と近い準備の2段階の過程が確立していた．前者はいわゆる求道期に相応し，後者は洗礼志願期にあたる（洗礼の項の入信準備制度を参照）．

この入信準備制度の詳しい歴史に不明な点はあるものの，3世紀初頭から6世紀末までさまざまな変化を伴いながらも存続したことは確かである．変化の原因の主なものは，313年の*コンスタンティヌス大帝によるキリスト教公認に起因する教会環境の変化（迫害の消滅，集団改宗など）と，6世紀から*幼児洗礼がほとんどで成人洗礼が稀になったことなどがあげられる．4世紀半ばエルサレムの*キュリロスの時代，洗礼志願者の本格的な準備は*四旬節に典礼と深く結ばれたものとなる．4世紀から5世紀にかけて*アウグスティヌスの頃には，集団的になった求道者の怠惰のために組織だった秩序ある教理教授が困難になり，そのために長い，詳しい入門教話が必要になっている．6世紀の初め頃には事実上，求道期がなくなり，6世紀末には，幼児洗礼の一般化に伴い準備の教育や集いも稀になった．13世紀までには洗礼前のすべての式は洗礼時の式と一緒に行われるようになった．これは*西方教会では20世紀の第2ヴァティカン公会議による改革まで，基本的には変わることなく続いてきた．

この間，*東方教会では洗礼，*聖香油による*塗油（堅信）および聖体拝領の三秘跡による入信が守られ，幼児の場合も同じであった．しかし西方教会では13世紀からしだいに堅信が洗礼との関連から引き離される傾向が生じた．洗礼が幼児洗礼のみとなって初めての*聖体拝領を物心がつく年齢まで延ばす習慣が生じ，やがて堅信を理性を働かせる年齢（初聖体拝領後）まで待つようになる．神学者たちも堅信が洗礼とは独立した秘跡であり，独自の恵みを与えるものであることを強調した．幼児洗礼の一般化による司牧上，教育上の理由に加えて，*宗教改革によるプロテスタント側からの非難に対処する必要などのためである．しかしその結果，キリスト教入信式は事実上，三秘跡の有機的統合によるものではなくなってしまった．

第2ヴァティカン公会議後，広範囲にわたる典礼の改革が実施され，成人のキリスト教入信式の総合的な改革も実現した．それは大筋において古代教会の制度を踏襲している．成人の入信は信者の共同体のなかで段階的に進められるものとなったのである（洗礼の項の入信準備制度の各段階を参照）．

【評価】キリスト教入信は単なる儀式ではない．キリストを信じた人がその死と*復活にあずかり，聖霊に満たされた共同体に加わり，*神の国の完成の先取りである宴に連なることによって十全なキリスト者となることである．当然，洗礼・堅信・聖体の有機的つながりの総体を通して入信を行うことがふさわしい．その意味では第2ヴァティカン公会議による改革は進歩である．遅れている堅信の神学的解明にも，*エキュメニズムの面でも徐々にその影響が出てきている．ただし問題も残されている．かつてのキリスト教国においてさえ著しい「非キリスト教化」現象は，入門を望む人々への信仰教育の質の問題を生み出した．その教育内容はまだ確立されていない．さらに3段階からなる入信式の実施経験は，極端な場合には入信者が堅信を受けた自覚すらもたないという，解決すべき問題をも明らかにした．これは単に準備の仕方の問題にとどまらず，*霊に満たされた共同体としての成熟の問題でもある．

【文献】NCE 3: 238-40; A. リチャードソン，J. ボウデン編『キリスト教神学事典』佐柳文男訳，古屋安雄監修（教文館1995）166-70; G. ネラン編『洗礼式』ロゴス12（紀伊國屋書店1963）；日本カトリック典礼司教委員会編『成人のキリスト教入信式』（カトリック中央協議会1976); B. NEUNHEUSER, *Taufe und Firmung*, HDG 4/2

にゅうもんしき

(Freiburg 1956); T. MAERTENS, *Histoire et pastorale du rituel du catéchuménat et du baptême* (Bruges 1962); C. DAVIS, *The Making of a Christian* (London 1963); R. HOVDA, ed., *Made, Not Born* (Notre Dame, Ind. 1976); W. J. REEDY, ed., *Becoming a Catholic Christian* (New York 1978); R. DUGGAN, ed., *Conversion and the Catechumenate* (New York 1984).　　　　　（竹山昭）

にゅうもんしき　入門式　→　洗礼

にゅうわ　柔和　〔ラ〕mansuetudo,〔英・仏〕mansuetude,〔独〕Sanftmut　　生けるもの，特に人間の性質が優しく，おとなしいこと．怒りとその荒れ乱れた状態を心の平和のうちに整える *徳．他人の性格・態度・言動に対する過度の不快感を慎む自己抑制の徳（〔ラ〕virtus temperantiae）で，キリスト教的諸徳の一つである．

　イエスは形容詞「柔和な」（〔ギ〕praus,〔ラ〕mitis）をもって（マタ 5: 5; 11: 29; 21: 5）語る．*パウロは名詞「柔和」（〔ギ〕praupathia,〔ラ〕mansuetudo, 1 テモ 6: 11.〔ギ〕prautēs,〔ラ〕mansuetudo, 1 コリ 4: 21; ガラ 5: 23; エフェ 4: 2; コロ 3: 12; 2 テモ 2: 25; テト 3: 2）をもって語る．

　新約聖書によると，柔和な人は *謙遜で慎ましい．その反対の人は怒り，そして *高慢である．柔和な人は「幸い」（マタ 5: 5）であり，「地を継ぎ豊かな平和に自らをゆだねる」（詩 37: 11）．「愛と柔和」（1 コリ 4: 21），「憐れみの心，慈愛，謙遜，柔和，寛容」（コロ 3: 12），「正義，信心，信仰，愛，忍耐，柔和」（1 テモ 6: 11）と語られるキリスト教的徳としての柔和は「霊の結ぶ実」（ガラ 5: 22-23），*聖霊の賜物であり，「霊に導かれて生きている」（ガラ 6: 1）ことの証しとして，人々の命と生活に現れる神の賜物である．

【文献】Strack-B. 1; E. KAMLAH, *Die Form der katalogischen Paranese im Neuen Testament* (Tübingen 1964).　　　　　（鈴木宣明）

にゅうオリンズ　New Orleans　アメリカ合衆国ルイジアナ州の都市でミシシッピ川河口に位置する．カトリック教会の教区としては 1793 年に *司教区が設立され，1850 年に大司教区に昇格，1998 年現在，ルイジアナ州内の 6 司教区を管轄する．

　1699 年にフランスのカトリック教徒が植民を開始，スペインから派遣された *フランシスコ会の宣教師が活動を始めた．1718 年にニューオリンズの町が建設され，1725 年には *カプチン・フランシスコ修道会が男子校を開設，2 年後には *ウルスラ修道会が修道院を設置（合衆国内最古の修道院で今日まで存続），学校，病院，孤児院をはじめ，*イエズス会，*カルメル会も到来した．1795 年に初代司教として着座したペニャルベル・イ・カルデナス（Luis Ignacio Peñalver y Cárdenas, 1749-1810）は教区民の信仰教育，貧困層の救済に尽力した．1840 年代にはニューオリンズは商業都市として発展，人口の急増とともに黒人女性の聖家族修道会が設立されるなど，カトリック信仰も定着していった．南北戦争後の復興期に大司教オディン（John Mary Odin, 1801-70）は，母国フランスをはじめヨーロッパからの人的・経済的援助を要請，多数の修道会が渡米した．大恐慌の時代には教会関係の事業も停滞を余儀なくされたが，1935 年に就任した大司教ラメル（Joseph Rummel, 1897-1964）は教区の再建と信仰の組織化を精力的に推進，新公民権法（制定 1964）に先立つ 1962 年には教区内カトリック学校における差別撤廃を指示し，反対者 3 名を *破門とするなど 30 年間にわたる指導で教区の体制を固めた．

　1999 年現在，ニューオリンズ大司教区内の信者数は，46 万 8,798．小教区 146．司祭 411．

【文献】NCE 10: 383-89; J. J. DELANEY, *Dictionary of American Catholic Biography* (New York 1984) 439-40, 461, 497-98.　　　　　（橋爪由美子）

ニューカレドニア　New Caledonia　〔仏〕Nouvelle Calédonie　オセアニアの諸島からなるフランスの海外領．首都はヌメア（Nouméa）．面積：1 万 8,576 km²．人口：18 万人（1995 年現在）．言語：フランス語（公用語），ほかにメラネシア系の部族語．宗教：カトリックが 65% を占める．

　1843 年カトリックの宣教が開始．1847 年 *代牧区ヌヴェル・カレドニー（Nouvelle Calédonie）が設立され，1966 年ヌメア大司教区となる．また，プロテスタントの伝道は 1852 年に開始された．→ オセアニア

【現勢】1998 年末現在，カトリック信者数：11 万．大司教区：1．小教区：27．教区司祭：13．修道司祭：26．終身助祭：3．信徒修道士：56．修道女：115.

　　　　　（A. ネブレダ）

ニュージーランド　正式国名：ニュージーランド,〔英〕New Zealand．面積：27 万 0,534 km²．人口：381 万人（2000 年現在）．言語：主に英語，ほかにマオリ語（以上公用語）．宗教：キリスト教（聖公会，長老派教会，カトリック，メソディスト教会など）．

【カトリック教会の歴史】ニュージーランドでカトリックの宣教が始まったのは，ヨーロッパ諸国の領土拡張が太平洋諸島にまで及んだ 19 世紀前半のことである．1836 年，教皇 *グレゴリウス 16 世は，西オセアニア代牧区を創設．司教ポンパリエ（Jean Baptiste François Pompallier, 1801-71）が *代牧となり，創立まもない *マリスト修道会のフランス人司祭・修道士に宣教が委任された．ポンパリエは 1838 年 10 月に司祭と修道士各 1 名とともにニュージーランドに到着，貿易商として在住していた少数のアイルランド人カトリック信徒からは歓迎されたが，1814 年以来宣教を行っていたイギリス人のプロテスタント宣教師たちの敵意を買った．

　当時，ニュージーランドは未開発の無法地帯で，先住民であるマオリ人の部族間抗争も絶えなかった．マオリ人の人口は約 10 万人と推定され，ヨーロッパ人は 2,000 人にすぎなかった．そのため，ポンパリエらの活動も，プロテスタントの宣教と同様，第一にマオリ人を対象とすることになった．カトリック宣教に対するプロテスタントの反感には三つの側面があった．第一に，カトリックの宣教師がフランス人であること，第二に，彼らの存在によって，フランスがニュージーランドを併合

するのではないかと懸念されたこと，第三に，カトリックに対抗することがプロテスタントの存在理由であったことである．

結局，ニュージーランドはイギリスが植民地として領有し，1840年2月に，北島マオリ諸部族の酋長たちとイギリス政府の間でワイタンギ条約が締結された．この領有は南太平洋諸島への領土拡張を目指すイギリスの政策上の大転換からきており，以来オーストラリアとニュージーランドは貿易の拠点のみならず入植地ともなり，両国は今日，国民の大部分がイギリス系で占められることになったのである．

1860年頃にはニュージーランドの教会は，キリスト教徒となったマオリ人の司牧だけではなく，ヨーロッパ各地から押し寄せ，増加し続ける移民の司牧にもあたるようになった．1860年までにマオリ人の人口が6万以下に減少したのに対して，ヨーロッパ人の数は10万を超えていた．土地を奪われ，生命への脅威を感じたマオリ人は，キリスト教の宣教活動にも反発し反乱を起こした(1845-48，1860-72)．また，マオリ諸部族を統一し，民族独立国家を興す企てもあった．

19世紀末までに絶滅すると予測されていたマオリ人は，20世紀に入るとニュージーランドの人口の10％を占めるまでになり，自分たちの伝統と民族としての誇りを取り戻し，文化・政治・社会生活において重要な一翼を担うようになった．マオリ人のほかにも，ニュージーランドにはかなりの数のポリネシア人や少数のアジア人が生活しており，そのため文化的に著しい多様性がみられる．この多文化社会は今日，新たな国民統合を目指しつつあり，カトリックを含めて教会はその統合に役立つよう，援助や仲介の労を果たしている．1973年に*教皇大使の駐在が定められたのも，そのためである．

【カトリック教会の現在】〔組織と民族〕ニュージーランドには現在六つの教区がある．北島では1848年にウェリントン(Wellington)とオークランド(Auckland)の司教区が設立，南島では1869年にダニーディン(Dunedin)，1887年にクライストチャーチ(Christchurch)の司教区が設立された．1887年にウェリントン司教区は大司教区となり，そのもとに1896年，全土が一つの教会管区となった．1980年に最後の2教区，ハミルトン(Hamilton)とパーマストン・ノース(Palmerston North)が分離・設立されている．*小教区の教会員は人口比に従い，ヨーロッパ人が多くを占め，*典礼では英語が使われている．マオリ人のうちカトリック教徒は約18％である．

20世紀半ばまで，マオリ人への宣教活動は主に地方でなされたが，現在では都市に流入するマオリ人の増加に伴い，宣教の重点も変わってきている．また，大都市ではマオリ人だけでなく，サモア人，トンガ人，クック島やニウエ島の人々，ポーランド人，クロアティア人，オランダ人，ヴェトナム人などのためにも礼拝所が設けられ，典礼は通常，各民族の言語で行われる．

〔教育問題〕ニョージーランドのように，イギリスの領土拡張とともに宣教が始まり，アイルランド系カトリック信徒の移民団を基盤に発展してきたカトリック教会の特徴は，プロテスタントが支配的な本国と同様に，教育問題をめぐる緊張関係にある．これはアメリカ合衆国，カナダ，オーストラリアでも同様である．1877年にニュージーランド政府は，カトリック系の学校を接収し，宗教と無関係で無料の義務教育制度を導入，教会系の*私立学校への国庫補助を打ち切った．存続の危機に直面した*カトリック学校は100年間にわたり，政府に国庫補助を陳情し続け，同時に，教区付属学校や地方中等教育など，カトリック独自の組織を拡充させ，教育への熱意を示した．こうした活動が財政的に可能だったのは，教職員の大部分が修道者で，父母からの学費を学校の維持に回すことができたからである．1975年に条件つきながら可決された学校統合法により，私立学校は，希望すれば公立学校組織への編入を認められることになり，私立学校が国の規定に見合った土地と施設を提供すれば，教職員の給料や施設の維持費は国庫から支払われるようになった．1983年にはすべてのカトリック学校が公立学校組織に統合された．その結果，多くの修道者たちが教育事業から身を引き，社会奉仕活動を行うようになった．今日，カトリック学校の教員は主に信徒であり，多くはカトリック信徒であるが，ほかの教派の信徒も若干含まれている．

〔教派間の相互協力〕カトリック学校における他教派の教師の存在は，20世紀中頃からの社会風潮の変化を反映するものである．教派間の対立感情は，第2*ヴァティカン公会議により促進された*教会一致促進運動によって緩和されてきた．ニュージーランドでは*人種問題や社会経済上の問題に取り組む福祉活動において超教派の協力が顕著で，カトリック系の病院，老人福祉施設，障害者学校，教区所在の社会奉仕センターなどは，諸教派の教会やさまざまな慈善団体，とりわけ政府による病院や貧困者のための支援活動に貢献している．

〔教会運営と信徒〕各司教区には宣教，正義，開発のための委員会が置かれ，社会正義や世界平和，国内外の人権尊重を促進するための活動をしている．さらにこれらの委員会は，*第三世界における発展や，災害時における援助にも携わっている．教会一致促進運動の一貫として，カトリック教会と主要教派の教会との間では*教理や典礼についての理解を深めるための諸委員会が設けられており，カトリックとプロテスタントの間の不和を解消し，和解することを最終的な目標としている．

これらの委員会には*司教，*司祭，*修道者とともに*信徒も加わっているが，これも第2ヴァティカン公会議がニュージーランドの教会に与えた成果の一つで，公会議以前には，教会運営上の諸問題に信徒の意見が反映されることはほとんどなかった．教育や財務関係の責任ある立場に就く信徒も少なくない．

各小教区には小教区司牧協議会が設けられ，*主任司祭や修道者たちと信徒の代表が定期的に会合をもち，地域単位の活動方針と運営について討議している．また，各教区の運営方針についても，教区司牧協議会やマオリ司牧協議会において，司教，修道会代表，信徒代表が討議するようになっており，それらの議論は国内外の教会関係の記事とともに，週刊のカトリック新聞2紙によって報道されている．教会運営上の権限をこのように分散させるのは，各自にキリスト者としての責任の自覚を深めさせ，共同体意識を高め，生活に結びついた礼拝を捧げるためである．

今日，教会内にも世界においても変化が訪れていることは誰もが意識しており，自分たちが過去に例のない問題に直面していることにも，ほとんどの信者が気づいている．ニュージーランドの地理的条件，また，貿易や文化の様式の変化により，現在，国においても教会においても，人々のヨーロッパとの結びつきが弱まる一方で，太平洋やアジアの国々との結びつきは強められている．歴史的・文化的変化をたびたび経験し，それらを乗り越

えてきた，長い伝統をもつカトリック教会の存在は，ニュージーランドの将来の発展に希望を与えるものとなるだろう．
【現勢】2000 年現在，カトリック信者数：46 万 7,000. 大司教区：1. 司教区：5. 小教区：272. 教区司祭：347. 修道司祭：251. 終身助祭：2. 信徒修道士：186. 修道女：1,110.
【文献】世キ百 636-41; NCE 10: 406-08; WCE 518-22; L. G. Keys, *The Life and Times of Bishop Pompallier* (Christchurch 1957); Id., *Philip Viard: Bishop of Wellington* (Christchurch 1968); W. H. Oliver, B. R. Williams, eds., *The Oxford History of New Zealand* (Wellington 1981); E. R. Simmons, *A Brief History of the Catholic Church in New Zealand* (Auckland 1982).

(J. マッキー)

ニュタン　Nuttin, Joseph Remi　(1909. 11. 7-1988. 12. 23)　ベルギーの心理学者．ズヴェヴゲン(Zwevegem) に生まれ，*ルーヴァンで没す．*ルーヴァン大学で心理学，ならびに哲学，文学を学び，*ブルッヘで神学を修める．効果の法則に関する実験に基づく論文で 1941 年博士号取得．*精神分析，特に*フロイトの影響を強く受け，深層心理学の研究に取り組み，やがて人格論，動機論などに関して広い視野のもと独自の立場を展開することになる．精神分析学の洗礼を浴びた多くの学者が本能論に執着したのに対し，彼は生命維持の基本にある「要求」（〔英〕need）という生理学的な概念を取り込んだが，「要求」によって表出する行動はあくまで内的状態と外的刺激の相互作用によって決定されると主張した．それゆえ，彼の理論は動機づけの関係モデル論と呼ばれる．彼の意味する「要求」は単に生理学的な枠にとどまらず，*他者と社会的な関係を結ぼうとする要求であったり，*認知機能の向上を目指そうとする要求であったり力動的である．彼の著書は広く世界中で読まれ，英訳されたものも多い．
【主著】*La structure de la personnalité*, 1965; *Théorie de la motivation humaine*, 1980.
【文献】R. J. Corsini, *Encyclopedia of Psychology*, v. 4 (New York ²1994) 126.

(山中祥男)

ニューデリーせかいきょうかいきょうぎかいそうかい　ニューデリー世界教会協議会総会　〔英〕New Delhi Assembly of the World Council of Churches, 〔独〕Vollversammlung des ökumenischen Rates der Kirchen in Neu-Delhi, 〔仏〕Assemblée générale du conseil œcuménique des Eglises à Neu-Delhi　1961 年 11 月 19 日から 12 月 5 日までインドのニューデリーで開催された*世界教会協議会（略称 WCC）の第 3 回総会で，世界の 197 の加盟教会の 577 名の代議員が参加した．
【背景】今日の*教会一致促進運動の背景には，その出発点となった*エディンバラ世界宣教会議(1910)以来，世界の非キリスト教地域における*宣教の課題があり，その中心的主題である教会の一致の要求も，その宣教活動の体験のなかから生まれてきた．1948 年の第 1 回創立総会(*アムステルダム世界教会協議会総会)と，1954 年の北アメリカの第 2 回総会(*エヴァンストン世界教会協議会総会)を経て，この第 3 回総会は，初めて*第三世界，特にアジアの国を会場として開かれた．その総主題「イエス・キリスト―世の光」からもわかるように，前 2 回の総会を貫いてきた*キリスト中心主義の基調は保持しながら，この世に照り輝く光として，諸宗教との出会いと対話へと一歩踏み出す会議となった．
【経過】この総主題のもとに副題として「証し」（〔英〕witness），「奉仕」(service)，「一致」(unity) の 3 項目が掲げられ，それぞれ三つの部会に分かれて研究と討論が進められた．アジアの国が会場となったこともあって，日本代表の竹中正夫(1925-　)が基調講演の担当者の一人となり，アジア的視点からの問題提起を行った．またシカゴ・ルーテル神学校教授シットラー (Joseph Sittler, 1904-87) が委員長となった「世界的キリスト論」の委員会では世界への強い関心の扉が開かれ，その成果は，さらに 1963 年のモントリオール*信仰と職制世界会議や同年のメキシコ市*世界宣教会議に受け継がれて展開されていった．アジアなどの代表から提起された他宗教との対話の主題は，「神の言葉と現代の非キリスト教信仰」という研究テーマにまとめられた．教会の宣教活動の新しい形態については，「教会の宣教的構造」という研究テーマにまとめられた．WCC が創立以来，教会と国際問題委員会 (The Commission of Churches on International Affairs, 略称 CCIA) によって追求してきた教会の社会的・政治的行動の領域が確認され，その成果は 1966 年の*ジュネーヴにおける教会と社会世界会議において集約されることになった．それとともに，自然科学と技術の急速な発展と社会の急激な変化に対しての「より活発な，より決断的な行動への呼びかけ」が会議のアピールのなかに盛り込まれた．
【成果】この会議によって，教会の一致とは地域における一致 (local unity) であって，国際的な教派別の一致に優先すべきであることが確認された．また組織上の成果としては，創立以来課題となっていた*国際宣教協議会（略称 IMC）との組織合同が決議され，WCC 内の世界宣教部となった．さらにこの会議で 23 教会が新しく加盟したが，そのなかには，これまで世界の教会の交わりに加わっていなかった東欧圏のロシア，ルーマニア，ブルガリア，ポーランドの四つの*東方正教会が含まれており，WCC の運動が東西の対立を越える第一歩を踏み出していたといえる．また WCC の信仰の基礎を明確にする改訂綱領も採択された．
【文献】キ大 796; LThK³ 7: 1031-33; ODCC³ 1765-66; ÖL 896; L. Lossky, et al., eds., *Dictionary of Ecumenical Movement* (Geneva 1991) 1092-93; WCC『世の光キリスト―WCC 第 3 回大会報告書』竹中正夫他訳 (新教出版社 1962).

(小川圭治)

ニュートン　Newton, Isaac　(1642. 12. 25-1727. 3. 31)　イギリスの自然哲学者．*ケンブリッジ大学のトリニティ・コレッジで神学者バロウ (Isaac Barrow, 1630-77) に学び，バロウを継いでルーカス教授職の第 2 代教授となる(1669)．

学生の頃から取り組んでいた天体の運動に関する課題を，フック (Robert Hooke, 1635-1703) の示唆もあって数学的に解決し，それを発表したのが『自然哲学の数学的原理』(Philosophiae naturalis principia mathematica, 1687) である．このなかで，いわゆるニュートンの運動法則の概念と万有引力の定式化が示されたために，18 世紀フランスの数学者たちによるそうした概念の数学的定式化に伴って，機械論的な決定論的宇宙観の創始者のごとく理解されるが，ニュートンの宇宙観は，そうしたものからはほど遠く，むしろ*機械論には

敵意をもっていた．数学では微分・積分の概念を提案，光学の分野でも幾つかの発見をしているほか，*錬金術，考古学，*聖書学などにも耽溺した．こうした学問的な仕事を支え，かつそれらの中核にあったニュートンの神学的な世界観は，当時のイングランド国教会(→聖公会)の教義から離れた独特のプロテスタンティズムであった．とりわけ*三位一体の教理を明確に否定する立場をとり，したがってキリストに関する解釈もまた，独特なものがあった．彼は神の*偏在を重視し，重力も神の働きそのものであり，その偏在を示すものと解した．こうした彼の立場は，やや薄められた形で，イギリスの一部の聖職者たちに受け入れられ，後には，*理神論の一つとして考えられるようになった．晩年は造幣局に勤め，また1703年には王立協会の会長にもなった．

(村上陽一郎)

ニューヘブリデス　　→　ヴァヌアトゥ

ニューマン, J. N.　　→　ジョン・ネポマシーン・ニューマン

ニューマン　Newman, John Henry（1801.2.21-1890.8.11）　イギリスの宗教思想家．イングランド国教会司祭，後にカトリック司祭，枢機卿．*オックスフォード大学の教官，司祭，説教師として甚大な影響力をもっていたが，*オックスフォード運動のさなかにイングランド国教会(→聖公会)の古代性，*使徒継承，普遍性に疑念を抱き，ローマ・カトリック教会に転向した．以後*バーミンガムで著作，教育，宗教活動を展開，教会に貢献する．

【イングランド国教会時代】銀行員の父と*ユグノー教徒の名家出身の母がもうけた3男3女の第1子として*ロンドンに生まれた．ジョゼフ・*ミルナーなどの影響を受けて15歳で最初の回心を体験．16歳でオックスフォード大学のトリニティ・コレッジに入学，

ニューマン
(NCP)

1822年に当時学問的に最高とされていたオリアル・コレッジの研究員となり，論理学者*フェイトリなどの*自由主義の影響を受けた．1825年イングランド国教会の司祭に叙階され，1828年オックスフォード大学のセント・メアリ聖堂の主任司祭となる．

当時イギリスではさまざまな大学改革が進められていたが，1829年以降ニューマンは個別指導に関して学寮長と意見が合わず個別指導の担当を離れ，説教と初期東方教父研究に打ち込む．オリアルの研究員*フルードと親交をもち，彼の仲介で*キーブルとも知り合う．1829年にはトーリー党員ピール(Robert Peel, 1788-1850)再選に反対して，フェイトリと訣別．1832年オリアル・コレッジ退職．愛する妹メアリ(Mary)の急死もあり，同年12月，病身のフルードに同行して南欧旅行に出る．

1833年7月，シチリアから帰国．イギリスでの使命を予期したニューマンを迎えたのはオックスフォードでのキーブルの説教「国家的背教」であった．直ちにニューマンを筆頭に数人が教会の古代性，使徒継承への覚醒運動のために全国に向けて小冊子『トラクト』(Tracts for the Times)を配布するオックスフォード運動を展開した．それは全教会を揺るがす大きな運動となったが，やがて内容が余りにもローマ・カトリック教会寄りであるとして主教が中止命令を出し，1841年，『トラクト』90号を最後に運動は終焉した．

この運動のなかでニューマンは「中庸の道」(Via Media)という論文を書いたが，やがて*アウグスティヌスの言葉「世界の判断は誤りなし」に触れて，イングランド国教会の中庸の道(*ヴィア・メディア)に疑念を抱くようになる．1843年ローマ・カトリック教会に対する批判文を撤回し，セント・メアリ聖堂の司祭職を辞す．1845年の年頭から*教理の展開の概念を導入した『キリスト教教理発展論』(Essay on the Development of Christian Doctrine)を執筆，10月には*御受難修道会の*バルベーリにカトリック教会への受け入れを願い，オックスフォード郊外のリトルモア(Littlemore)の修道院で祈りの生活を始めた．1846年オリアル・コレッジの研究員を辞職．このとき多くの者が彼に続いて転向した．

1834-45年には，霊性豊かな著作が多数執筆された．1834年に『4世紀のアレイオス派』(The Arians of the Fourth Century)，1836年に『リラ・アポストリカ』(Lyra Apostolica)を著し，「教父叢書」(Library of the Fathers)を編集刊行したほか，中庸の道を歩むイングランド国教会の正当性を示そうとした『教会の預言的任務について』(Lectures on the Prophetical Office of the Church, 1837)および『成義論』(Lectures on Justification, 1838)を発表．特に前者の第3版(1870)の序文は教会の任務について，カトリック教会にも重要な提言となっている．1826年から続けた説教は『教区説教集』全6巻(Parochial sermons, 1837-42)，『大学説教集』(Fifteen sermons preached before the University of Oxford, 1843)としてまとめられた．『教区説教集』は聖霊内在論など重要なものを含む．また『大学説教集』では信仰と理性の関係を扱い，後年の『承認の原理』(An Essay in Aid of a Grammar of Assent)を示唆するものや『キリスト教教理発展論』の原型となったものなどが入っている．『英国批評』(British Critic)の主筆は1841年まで務めた．

【カトリック改宗以後】1846年，カトリックの司祭になる決意をして*ローマの神学校に入る．1847年司祭叙階，神学博士号取得．イギリスに*フィリッポ・ネリの*オラトリオ会を導入するようにとの教皇*ピウス9世の命を受けて帰国し，1848年，司祭18名と多くの修練者とともにバーミンガムにオラトリオ会を創立，1849年にはロンドンに支部を創設した．その間に小説『損と得』(Loss and Gain, 1848)などを著し，1850年には連続講演『イングランド国教徒の困難』(Lectures on Certain Difficulties Felt by Anglicans in Submitting to the Catholic Church)を出版する．同年，*宗教改革により断絶していたイングランドのカトリックの*司教区が復活する．

1851年，アイルランドに設立されるカトリック大学の総長就任要請を受諾する．就任に先立ち*ダブリンで行った大学の理念についての連続講演(1854)は，後に加筆され不朽の著『大学の理念』(Idea of a University,

1873)となった．しかし，ダブリン大司教 *カレンと大学の理念・運営・人事の面で意見が合わず，総長を辞任(1857)．ローマ・カトリック教会への転向以降，この総長辞任が象徴するように多くの挫折と確執を経験することになる．その一つは枢機卿 *ワイズマンから委嘱された聖書の翻訳で，ダブリンからバーミンガムに戻ると直ちにとりかかったが司教たちの支持が得られず断念せざるをえなかった．またオックスフォードでオラトリオ会の修道院建設を図るが失敗，ロンドンのオラトリオ会修道院長 *フェイバーとの確執もあり，1859年バーミンガムのオラトリオ会が学校を開設したときにも，教授陣との意見の相違から彼らの辞表を受理している．知的信徒の自由を過激に主張する雑誌『ランブラー』(The Rambler)の主筆を一時務めるが，司教の勧めですぐに廃刊にした．最終号に載せた『教義に関して信徒に聞く』(On Consulting the Faithful in Matters of Doctrine, 1859)は，信徒の意義を述べたもので，当時のカトリック教会にとっては余りに革新的なものであったため，以後100年にわたって再版を禁じられた．転向者であり，信徒の知的成長を望んだニューマンは，教会当局から危険視されたのである．

1863年の『アポロギア』(Apologia pro vita sua)は，ニューマンを誹謗する *キングズリに対して反論するかたちで，カトリック教会への転向がいかに真摯なものであったかを披瀝したものである．その反響はニューマンの誠実さに対する圧倒的な支持となり，彼はかつての名声を取り戻した．1865年には『ゲロンシアスの夢』(The Dream of Gerontius)，翌年には『ピュージ博士に宛てた書簡』(Letter to the Rev. E. B. Pusey on His Recent "Eirenicon")を刊行．1870年には *認識論の分野で近年注目されるようになった労作『承認の原理』が出版された．

1878年オックスフォード大学のトリニティ・カレッジの名誉研究員となる．同年即位した教皇 *レオ13世はニューマンの著作を高く評価し枢機卿に任命，枢機卿親任式は1879年に執り行われた．以後はバーミンガム郊外のエジバストン(Edgbaston)のオラトリオ会修道院で生涯を過ごす．1889年のクリスマスにミサを捧げたのを最後とし，翌夏エジバストンで死去．1991年1月22日，*尊者に列せられる．

【主著邦訳】内館忠蔵訳『ゲロンシアスの夢』(聖公会出版社 1931); 増野正衛訳『大学の理念』(弘文堂 1949); 中村己喜人訳『損と得』(ドン・ボスコ社 1951); 巽豊彦訳『アポロギア』全2巻(エンデルレ書店 1958); 田中秀人訳『大学で何を学ぶか』(大修館書店 1983); 日本ニューマン協会訳『心が心に語りかける: ニューマン説教選』(中央出版社 1992); 阿久根政子訳『ニューマンの思想と活動: 神からの呼びかけ』(中央出版社 1994)．

【文献】O. チャドウィック『ニューマン』川中なほ子訳(教文館 1995): O. CHADWICK, *Newman* (Oxford 1983); W. WARD, *Life of John Henry Cardinal Newman*, 2 v. (London 1912); O. CHADWICK, *The Mind of the Oxford Movement* (London 1960); C. S. DESSAIN, *Newman's Spiritual Themes* (Dublin 1977); I. KER, *Newman and the Fullness of Christianity* (Edinburgh 1993).

(川中なほ子，高柳俊一)

ニュー・モラリティ 〔英〕New Morality

【概要】これまでの伝統的な *道徳は，主として *律法や *規範に基づいたものであり，「キリスト不在のキリスト教倫理」と第2 *ヴァティカン公会議の後に批判されたように *法律や *掟中心の道徳であった．このような道徳に対して，第1次世界大戦後のドイツ語圏において，道徳行為を考察する際に，その人の置かれていた状況を重視する傾向が現れ始めた．そして1950年代のアメリカ大陸で，伝統的な道徳観を批判するものとしてプロテスタントの神学者によって新しいタイプの *倫理学が登場した．この倫理学は実用主義と世俗主義の強い影響のもとに展開されたもので，規則や掟ではない新しい基準，すなわち行為の状況や *愛に基づく倫理学，いわゆる *状況倫理や，行為の文脈を重視する立場を採用するコンテクステュアリズム(〔英〕contextualism)を総称して，ニューモラリティと呼ぶ．

いずれも道徳行為における特定の状況そのものが含む重要性を指摘する立場である．道徳についてのこの新しい傾向は，当時の社会に大きな影響を与えた．同時にカトリックの伝統的な倫理にとっても大きな示唆を与えるものであったが，行き過ぎもみられ，行為の状況だけがその人の道徳を判断できる唯一の基準であると考える極端な説に対しては，1956年に当時の教皇であった *ピウス12世によってカトリック教会の伝統的な倫理体系に反対するものと判断され，公にこの倫理学説を支持したり，またカトリックの学校で教えたりしてはならないとされた．現代の倫理は，掟や規則の価値を充分に認めながらも，以前のような掟中心主義には陥らず，人間の行為の状況やその行為の文脈そのものをも考慮する幅広いものとなってきている．

【主な神学者と著作】ニュー・モラリティに関する1950年代ないし60年代の代表的な神学者としては，ジルマン(Gérard Gilleman)，オレゾン(Marc Oraison, 1914-79), J. A. T. *ロビンソン，レーマン(Paul Louis Lehmann, 1906-94), H. *コックス，フレッチャー(Joseph Francis Fletcher, 1905-)などがいる．

【由来】ニュー・モラリティの由来についてモレイ(José Morell, 1927-78)は，四つに分けて述べている．(1)生活状況の変化．現代の生活状況が以前に比べ一層複雑になり，昔はむしろ例外的であった異常で困難な諸状況が，今日では普通にみられるようになった．したがって，具体的状況のなかで何を行うべきかを知るのは，以前に比べてより困難になり，一般的規範と具体的生活状況との間の避けえない距離が出現したこと．(2)文学の影響．G. *グリーン，*ル・フォール，F. *モーリアックなどの小説中の登場人物における倫理上の形式主義者や律法主義者の偽善と，罪人ではあるが謙虚で正直に生きる人々の姿の対比などを通して，状況のなかに置かれた人間への理解が深まったこと．(3)哲学の影響．特に，人間は本来，何ものからも自由であるとする *実存主義哲学は，普遍的な倫理法に対して人々に不信の念を起こさせた．(4)プロテスタントの神学者の主張する状況倫理の考え方の影響．

これらを踏まえていえることは，現代人の人間として深まっていく自覚が，従来の *権威や伝統に単純に基づいていた道徳的諸法則を無反省には受け入れさせないということである．しかしこのことは単なる拒絶を意味するものではなく，かえって真の権威や真の *道徳律の創造的な受容にとって必要なことであると思われる．

【教会の教え】当時，ピウス12世は，「伝統的な客観的倫理の教えによれば，個人の最終的決定は，賢明の徳によって具体的な『状況』を十分に考慮した上で，客観的法則を個々の場合に適用することである」(DS 3918)と

し，ニュー・モラリティに対して，「大部分が客観的真理と常識に反する考え方であり，相対主義と近代主義の影響によるものである」(DS 3921) と批判した．しかしここで注意しなければばならないことは，禁止されたのがニュー・モラリティすべてではなく，善悪の最終的規範が，客観的秩序にあるのではなく，具体的状況にある各個人の単なる主観的判断としての *良心にあるとする説だったことである．

【状況を偏重するニュー・モラリティの危険性】マッコーリー (John Macquarrie, 1919-) は極端な状況倫理の危険性について指摘している．(1) 個別の行為とその状況の独自性を強調するあまり，他の行為との共通性が忘れられてしまうこと．(2) 道徳生活を別々の行為として分解して生きることによって，連続的経験を通して成長し深まっていく統一的な人格としての自我の実体を否定してしまうこと．(3) 社会道徳の視野を忘れた個人主義的倫理となってしまう危険．(4) 状況を完全に読み取り，それに全くふさわしく対処することのできる人間がいるかは疑わしく，その点で *主観主義に陥る危険．(5) 状況を判断するに際して，人間としての弱さがあり，また良心でさえ間違いを犯すという事実から目を背けてしまうこと．禁止規則は保護的でもありうるのである．(6) 状況をどのように規定するのか，特定の状況の境界線をどこに設定するのかという点に関し，個人的感情に基づいて判断する危険，などである．

【評価】しかしながら極端な状況主義を除いて，ニュー・モラリティは伝統的なカトリック道徳と対立し矛盾するものとしてではなく，J. A. T. ロビンソンが指摘するように，補完的なもの，互いに補足し合うものとして理解できるだろう．律法主義にとらわれた硬直した道徳ではなく，規則や掟に対して開かれていると同時に，状況と現実の諸状況にも開かれた道徳の立場は，人間がもっとダイナミックで，時代とともに創造的に変化していく存在者としてあることを，人間自身に思い出させるに違いない．

【文献】J. A. T. ロビンソン『神への誠実』小田垣雅也訳（日本基督教団出版部 1964）: J. A. T. ROBINSON, *Honest to God* (Philadelphia 1963); B. ヘーリング『キリストの掟』全4巻，渡辺秀他訳（中央出版社 1966-74）: B. HÄRING, *Das Gesetz Christi* (Freiburg 1954); J. モレイ「状況倫理の神学的背景」カ研 9 (1970) 197-218; J. マッコーリー『現代倫理の争点』古屋安雄訳（ヨルダン社 1973）: J. MACQUARRIE, *Three Issues in Ethics* (New York 1970); J. フレッチャー『状況倫理 — 新しい道徳』小原信訳（新教出版社 1985）: J. FLETCHER, *Situation Ethics: The New Morality* (Philadelphia 1966); D. ボンヘッファー『現代キリスト教倫理』ボンヘッファー選集 4, 森野善右衛門訳（新教出版社 1985）: D. BONHOEFFER, *Ethik* (München 1949); B. ヘーリング「倫理にのぞむ根本姿勢」『キリストの自由』（中央出版社 1987）: B. HÄRING, *Frei in Christus*, v. 1 (Freiburg 1979); H. コックス『世俗都市』塩月賢太郎訳（新教出版社 1987）: H. COX, *The Secular City* (New York 1965); G. GILLEMAN, *Le primat de la charité en théologie morale* (Louvain 1952); M. ORAISON, *Amour ou contrainte* (Paris 1957); P. L. LEHMAN, *Ethics in a Christian Context* (London 1963); C. E. CURRAN, *A New Look at Christian Morality* (Notre Dame, Ind. 1968); H. MCCABE, *What Is Ethics All About?* (Washington, D. C. 1969); J. G. MILHAVEN, *Toward a New Catholic Morality* (Garden City 1970); R. A. MCCORMICK, *Notes on Moral Theology 1965 through 1980* (Lanham, Md. 1981); J. P. HANIGAN, *What Are They Saying about Sexual Morality?* (New York 1982). （清永俊一）

ニューヨーク　New York　アメリカ合衆国東海岸に位置する州（州都オルバニ Albany）およびマンハッタン島を中心とする商業都市（旧称ニュー・アムステルダム New Amsterdam）．カトリック教会の教区としては 1808 年に *司教区として設立され，1850 年に大司教区に昇格，1998 年現在，ニューヨーク州内の 7 司教区を管轄する．

1524 年に最初のヨーロッパ人が訪れ，1624 年からオランダ人が入植を開始．植民地の主流は *改革派教会だったが，カトリック教会に対する反感は強くなく，モホーク族に捕らえられた *イエズス会の宣教師 *イザク・ジョーグを救出したのも改革派教会の宣教師であった．

1664 年イングランドの植民地となり，イングランドからのイエズス会員が本格的な宣教を開始する．植民地議会はキリスト教徒に対する寛容令を発布したがカトリックは処罰の対象とされ，1700 年すべての司祭は退去を命じられる．独立戦争を経て *信教の自由が保証されるとカトリック教会も順調な発展を遂げ，1834 年にニューヨーク出身者として初めて *マクロスキが司祭叙階，1836 年には *ジョン・ネポマシーン・ニューマンがボヘミアから到着し司祭に叙階された．1875 年に大司教マクロスキがアメリカ人として初の *枢機卿となり，1879 年には現在の聖パトリック司教座聖堂が完成，スラヴ系・イタリア系移民を中心に信徒は激増した．1917 年，新たに設立された合衆国軍のための教区（[英] military ordinariate) の本部が置かれる（1985 年首都 *ワシントンに移転）．また，1981 年にはアルメニア典礼の *カトリック東方教会の主教座も置かれた．

1999 年現在，ニューヨーク大司教区内の信者数は 240 万 7,393．小教区 412．司祭約 2,000 名が司牧にあたっている．

【文献】NCE 10: 394-406; M. GLAZIER, T. J. SHELLY, eds., *The Encyclopedia of American Catholic History* (Collegeville, Minn. 1997) 1044-49. （橋爪由美子）

ニューランド　Nieuwland, Julius Arthur (1878. 2. 14-1936. 6. 11)　アメリカの化学者，司祭．ベルギー生まれで 1891 年アメリカに渡り，化学を学び，1903 年カトリック司祭となる．1904 年から *ノートルダム大学で植物学・化学の教鞭をとる．工業化学の領域で幾つかの成果をあげるが，そのなかには，アセチレンを原料に人造ゴムを造る方法や，毒ガスの一種の製法も含まれていたという．（村上陽一郎）

ニュルンベルク　Nürnberg　ドイツのフランケン地方の都市．ペグニッツ川に臨み，ヨーロッパの南部と中部を結ぶ要地にある．

1050 年頃史料に登場し，*バンベルク司教区に所属した．商業都市として発展し，1219 年から 1806 年まで帝国直属の *自由都市の地位を保持した．市民は 13 世紀中葉に聖ゼーバルト教会と聖ロレンツ教会の建築を開始し，周囲にも諸教会を寄進した．1477 年に両教会は首席教会となり，*司教座に大きな影響力をもつようになった．また市民は *フランシスコ会，*ドミニコ会，

ニュルンベルクせんげん

*カルメル会, *カルトゥジア修道会などの修道院を建立し, 慈善施設として聖霊病院を建てた. *宗教改革が始まると *シュタウピッツやハンス・ザクス (Hans Sachs, 1494-1576) らを軸に *ルター教会の教えが広まり, プロテスタント都市となった. 同時にドイツ・ルネサンス美術の第一人者である *デューラーが活躍した. *三十年戦争, *フランス革命によって没落し, 1806 年以降 *バイエルンの支配下に置かれた. 第 2 次世界大戦では爆撃を受けて多くの文化財が失われた. 戦後に国際軍事裁判が開かれたことでも知られる.
【文献】LThK² 7: 1073-74.　　　　(杉崎泰一郎)

ニュルンベルクせんげん　ニュルンベルク宣言
〔独〕Nürnberger Deklaration　第1*ヴァティカン公会議の教皇に関する教令 (DS 3050-75) に反対して, 1870 年 8 月 25-26 日, *ニュルンベルクに集まったドイツのカトリックの教授や教師 14 人が発表した声明. *教皇の *不可謬性の教理に反対し, 同公会議の真正性を否定した. そのメンバーには, *デリンガー, フリードリヒ (Johann Friedrich, 1836-1917), ライシュル (Wilhelm Karl Reischl, 1818-73), *ロイシュ, *シュルテ等がいる. この宣言に署名した 33 名の教授・教師・司祭・信徒等は *復古カトリック教会形成の中心となった.
【文献】ODCC³ 1168; J. F. VON SCHULTE, Der Altkatholizismus (Gießen 1887).　　(石井祥裕)

ニュルンベルクわやく　ニュルンベルク和約
〔独〕Nürnberger Anstand　*宗教改革の時代, 1530 年の *アウグスブルク帝国議会でも, 目的の一つであった「宗教問題の解決」がみられず, 皇帝 *カール 5 世のもとでカトリック諸侯からの攻撃を懸念したプロテスタント諸侯は *シュマルカルデン同盟を結成した. これによって生じた宗教戦争の危機を避けるために両陣営からの努力が 1532 年 3 月から精力的に続けられ, 折衝の末, 同年 7 月 24 日にニュルンベルク和約として締結された. 当初の意図と異なり, 教理的な問題を棚上げするばかりでなく, 暫定的な休戦状態を定めるに終わった.
　　　　(徳善義和)

にりつはいはん　二律背反　〔英〕antinomy, 〔独〕Antinomie, 〔仏〕antinomie　二つの相反する *命題が, それぞれ同程度の *根拠によって同時に成立する事態のこと. 原語を片仮名表記して「アンチノミー」ともいう. 同じ二律背反をなす肯定命題を定立 (テーゼ), その反対命題を反定立 (アンチテーゼ) という. *カントの『純粋理性批判』によって哲学の主導概念となる. その際, カントは特に *理性の相反する主張間の対立を二律背反と呼んだ. カントの理性批判は理性能力の限界規定を試みることであるが, それをカントは, 理性が伝統的形而上学のテーマに直面して, 一見, 自己矛盾に陥る, すなわち二律背反に陥るさまを示すことによって行った. 『純粋理性批判』においてはそのような二律背反が 4 組提出されているが, そのなかでも *自由 (定立) と自然必然 (反定立) をめぐるそれは, 自由そのものの保証のためにも, *道徳の可能根拠を確保するうえでも重要である. これらの二律背反をカントは, *空間・*時間が *主観 (*感性) の形式であるとする「超越論的観念論」によって解決した. 『実践理性批判』においては, *最高善の実現をめぐって *徳の研鑽と *幸福の追求との間に二律背反が生じる. そのため, 理性の自己矛盾を回避すべ

く, *霊魂の不滅と *神の存在が要請される. なお『判断力批判』においても, 趣味判断と目的論的 *判断力のそれぞれに二律背反が成立する.
【文献】I. カント『実践理性批判』カント全集 7, 深作守文訳 (理想社 1965); 同『判断力批判』カント全集 8, 原佑訳 (理想社 1965) 129-371; 同『純粋理性批判』カント全集 4-6, 原佑訳 (理想社 1966-73).　(石川文康)

ニルヴァーナ nirvāṇa　ニルヴァーナとは, サンスクリット語源の言葉で, パーリ語「ニッバーナ」(nibbāna) も同じ意味をもつ. これは *ヒンドゥー教の聖典 *『ウパニシャッド』のなかで使われている言葉だが, 今日では主に *仏教と関連の深い言葉となっている. ニルヴァーナとは,「敬虔な信者の精神の行き着く究極的終着点」といえる. 仏教の現実観によれば, 人間は悲しみに満ちた世界に存在している. この悲しみは人間の傲慢と欲望によって引き起こされる. その結果, 人は肉体をもってこの世界に生きなければならなくなり, また終わることのない苦しみを, 生から死へ, 死から生へと引き継がなければならない. これがいわゆる *輪廻である. ニルヴァーナとは, この輪廻の循環から脱した状態つまり涅槃(ねはん)のことをいう.

　ニルヴァーナは大乗仏教の教理では幾つかの異なった翻訳がなされてきた. 例えば,「消滅する」「吹き消される」「我の消滅」と表されたこともある. 仏教の各宗派のなかでも解釈はいろいろで, 統一のとれた意味は存在しない. インド, 中国, チベット, 日本と, それぞれ微妙に異なった解釈がなされている.

　一般的には, ニルヴァーナは人間が全くの *無に帰することではない. 何らかの神秘的な存在形式が自分自身にとって続いていて, たとえその人がニルヴァーナの境地に達しても, その存在は途絶えることがないからである. また, 輪廻からの解放がそのまま肉体の死と定義されるわけではない. 完全なる人間, すなわち自身のエゴイズム (→ 利己主義) と欲とを完全に滅した人間は, 肉体的な死を迎えるまで, このニルヴァーナという完成された状態でこの世に存在し続けるのである.
【文献】高崎直道他編『仏教・インド思想辞典』(春秋社 1987) 347-48;『世界宗教大事典』(平凡社 1991) 1460.
　　　　(C. ヴェリアート)

ニール・ソルスキー　Nil Sorskii (1433 頃-1508. 5.7)　*ロシア正教会の聖人 (祝日 5 月 7 日), 修道者. 本名ニコライ・マイコフ (Nikolai Maikov). モスクワ北方のベロジェロスク (Berojersok) のキュリロス (Kyrillos, 1337-1427) の創立による修道院で修道生活に入る. *アトス山に学び, *ヘシュカスモスの影響を受ける. 帰国後, ボルガ西北部のソラ河地方に創立した修道院で, 長老 (*スターレツ) の指導下に少人数が修道生活をするスキティ制を導入し, 以後ロシア修道制に影響を与える. また, 修道院の財産所有に関して批判的であり, 1503 年のモスクワ主教会議でヴォロツキイ (Josiv Volockii, 1439-1515) と論争, 破れて後ニール派は弾圧を受ける. 彼の修道観は修道者の独居, 清貧 (→ 貧しさ) と手仕事を重視するものであった.
【文献】キ人 1031; LMit 6: 1193.　　　　(尾田泰彦)

ニーレンベルク　Nieremberg y Ottin, Juan Eusebio (1595.9.9-1658.4.7)　イエズス会員, 散文家. *マドリードに生まれマドリードで没す. *カール

5世の娘ドニャ・マリア・デ・アウストリア（Doñā Maria d'Austria）の随員としてマドリードに来たドイツ人の両親の間に生まれる．アルカラ，およびサラマンカで学び，1614年4月2日，父の反対を押してサラマンカの*イエズス会に入る．フェリペ4世（Felipe IV, 1621-65）によって創設された帝国学院の教育に携わり，文法・聖書・自然史の教鞭をとり，晩年はその院長を務めた．著作は膨大で73点（そのうち53点はラテン語による）に及び，あらゆる分野での博識が際立っていた．その文体は内容以上に文飾に凝って言葉が過剰になるきらいはあったものの，自由闊達で洗練されていた．主著である『神の美および無限の神の完成に対する思いやりについて』（Tratado de la Hermosura de Dios y su amabilidad por las infinitas perfecciones del ser divino）は，キリスト教神学のもとで*プラトンと*アリストテレスを調和させようとするもので，神の美と理性との本質的一致を説いている．彼によれば美と思いやりの本質は神にあり，美なるものと快適なるものは最高の理性たる神より派生する．それは美と完全さをもたらすものが至高美たる理性だからである．ニーレンベルクは形体的美や道徳的美を超えて，神の*恩恵の美という，超越的存在を*徳そのものに引き上げようとした．その独創性は美に関する理論を，神の完全さの教理に適用しようとすることにあったといえよう．

【文献】M. MENÉNDEZ PELAYO, *Historia de las ideas estéticas en España* (Madrid 1974).　　　　（本田誠二）

にわヤコボ　丹羽ヤコボ (1579-1638. 10. 25)

イエズス会員，*イルマン，画家．中国人を父，日本人を母として日本に生まれる．漢名，倪一誠．天草支岐画学舎にて*ニコラオに洋画を学ぶ．優れた才能のために*ヴァリニャーノにより1601年（慶長6）中国宣教の一助となるべく画家として派遣される．当時，前年焼失した*マカオの聖パウロ教会が再建中であり，多くの日本人がそれに関わっていたが，ヤコボも内部のために2-3枚の絵画を制作した．1603年8月巡察師M. *ディアスに同行して*北京に赴く．このとき北京の修道院長はM. *リッチであった．布教用に聖画，祭壇画を作成，なかでも皇帝に献上された『ルカの聖母子像』は北京市民の賛嘆の的となった．1606年マカオで修練院に入り，2年後に*修道誓願を宣立，*イエズス会の会員となる．北京にて再び芸術活動に従事．1611年にはリッチの廟堂の壁面を『救い主キリスト』の絵で飾った．10余年北京で働きマカオに移る．同所でも創作を続行．マカオにて死去．

【文献】西村貞『日本初期洋画の研究』（全国書房1945）; J. SCHÜTTE, *Monumenta Historica Japoniae*, 1 (Roma 1975).　　　　（溝部脩）

にんか　認可 〔ラ〕approbatio,〔英・仏〕approbation,〔独〕Approbation

教会の*裁治権に関する重要な法律用語だが，特に，*典礼書や*典礼法規に関する事柄として今日では身近になっている．典礼は，教会の公的礼拝行為として，そのなかに教会の信仰や奉仕の秩序が正しく表されるべきものであるため，その規範となる典礼書に関しては，*トリエント公会議後，その認可権は使徒座に留保された（旧『教会法典』1257条）．これに対して，第2*ヴァティカン公会議は，典礼の国語化（→典礼言語）の道を開き，国語による典礼の執行やその方法に関する決定や典礼文の翻訳に関する権限を地域所轄の教会権限所持者（通常は司教団）に与えた（『典礼憲章』36項参照）．これにより，教皇庁が発行する典礼書の規範版に準拠する各国語版の典礼書が各司教団によって認可されるが，正式なものとなるには，使徒座の*認証・確認を必要とする．このような制度は，*ローマ典礼としての実質的な一致を守りつつ，当該地域の社会文化状況に即応した典礼の形態や典礼法規の発展を促進しようとするものである（同38項参照）．

【文献】土屋吉正『典礼の刷新』（オリエンス宗教研究所1985）451-70.　　　　（石井祥裕）

ニンク　Nink, Caspar (1885. 1. 31-1975. 11. 17)

ドイツの新スコラ哲学者，イエズス会員．ヘッセン州モルスベルク（Molsberg）に生まれ，*フランクフルト・アム・マインにて没す．1905年*イエズス会入会．オランダのファルケンブルク（Valkenburg）およびフランクフルトのザンクト・ゲオルゲン神学大学教授を歴任．*スコトゥス学派と*トマス学派の形而上学の伝統に基づいて人間存在についての認識論的考察を深めた．

【文献】LThK^3 7: 877.　　　　（富田裕）

にんげん　人間 〔ギ〕anthrōpos,〔ラ〕homo,〔英〕man, human-being,〔独〕Mensch,〔仏〕homme

【生物学的にみた人間】生物学的には人間はヒトという．ヒトはヒト科（〔ラ〕Hominidae）のヒト亜科（Homininae）に属する動物の総称である．現生のヒトと類人猿は，形態学的に容易に区別できるが，DNAの塩基配列などで調べると酷似している．ヒトは直立二足歩行で，ヒト特有の文化をもっていることから類人猿とは区別される．現生のヒトは分類学ではホモ・サピエンスに分類され，これには旧人類のネアンデルタール人も含まれている．ホモ・サピエンスの特徴は二足歩行に伴う上肢の自由を得たこと，そして道具の製作・使用や身振り言語，さらに音節言語などがあげられる．これによりヒト特有の文化活動が可能となって脳の発達，それに伴う頭蓋骨の発達が生じたと考えられている．脳の容積は約1,400-1,500 mlである．これを大脳化といい，チンパンジーの約3倍である．肥大化した大脳の新皮質では，手の運動や言語に関連した運動領域や感覚領域，および連合領域が大きな部分を占めている．このことが*言語を発達させることにもなった．言語は有節音声言語が特徴的で，個体間の*コミュニケーションの発達をもたらした．これによりヒト特有の*文化をもつことが可能となり，地球上で最も広く分布する生物種となった．この文化をもったヒトを一般に人間と呼んでいる．

ヒトに関する特徴としての（1）道具製作と使用，（2）ヒト社会形成，（3）言語とコミュニケーションを説明することにより，ヒトと類人猿との違いを明確に示すことができる．

（1）道具製作と使用．ヒトの道具使用と製作行動について，チンパンジーとの決定的な相違が二つある．一つはヒトのみが生存に関して絶えず道具に依存していること，二つは道具を作るための道具をもっているのはヒトだけである．

ヒトの祖先が生存のために依存した最初の道具でこれまでにわかっているものは，約300万年前の礫石器である．しかし，それ以前にも道具が使われていることは予測される．それは約300万年前頃にはヒトの祖先はすでに直立二足歩行をし，犬歯も突出していないことが知られているからである．道具の化石として石器は残るが，

にんげん

木は残らない．おそらく木が加工しやすいことを考えると，当時ヒトは石器より木を使った可能性が高い．最初の道具は，武器であったとか，食物獲得あるいは調理の道具などが考えられるが，むしろ両方を兼ねたような多目的道具であると推測される．それは先端の尖ったような棒で，植物の地下茎を掘ったり，小動物を捕らえたりするのに有効だったと考えられるからである．

(2) ヒト社会形成．社会として，現存するヒトすべてに「家族」という経済的・社会的単位が認められている．ヒトの家族の形態は，単婚家族，一夫多妻家族，一妻多夫家族，拡大家族など多様である．しかし，① インセストタブー（近親相姦の禁止）の存在，② エクソガミー（異系交配）の存在，③ コミュニティーの存在，④ 配偶者間に労働の分業が存在すること，などの条件はヒトの家族に普遍的にみられる．

ヒトの社会構造の特徴は，生計の基本単位としての家族があり，さらにそれを核として，より大きな社会的・経済的交流のある集団を形成することである．このような社会構造を地域共同体（コミュニティー）という．ヒトにインセスト回避の傾向があるかぎり，成長した男女は家族のほかに配偶者を求めなければならないので，コミュニティーの存在は家族の起源とともに古いと考えられている．

コミュニティーはヒトの祖先の群れにおいて，単位集団のなかから安定した単雄群（一人の男と一人ないし複数の女性，そして子どもからなる集団）が分かれたことからできてきたと考えられる．それは彼らの生存する社会で，単雄集団同士によって一定の社会関係を維持することが生存にとって有益であったためと思われる．

ヒトの労働の分業の起源は，ヒトの性的差異を生み出し，近親者間の相互依存を不可欠にしたことにある．それは家族のなかでの赤ん坊の存在による．ヒトの赤ん坊の頼りなさと母親への長期の依存が家族に影響を与えている．さらに女性の出産と育児である．これらによる生計活動の制約がヒトの家族での分業の起源に不可欠であったと考えられている．このことは，家族内の分業によって構成されているメンバーが異なる生計活動を分担することによって，家族全員の生存を確保するという機能をもったと予測されるからである．例えば狩猟採集民では，一般に男性が狩猟や武器などの製作に専念し，女性は水汲みや料理，子どもの世話などを行っている．また，農耕牧畜民でも同じように男女の分業がみられる．何を男性の仕事として，何を女性の仕事とするかは文化によって異なるが，一般には男女の生物学的特性と矛盾しない形で分業体制が決定されている．

(3). 言語とコミュニケーション．ヒトの音声言語の特徴は，ヒトの音声言語が霊長類の音声伝達とは全く違うことである．霊長類と異なりヒトは時間的，空間的に遠い事象について話すことができる．さらにヒトは音を結合させて以前にいわれたことも聞かれたこともないようなことを話すことができる．それはすでに自分で知っている発音から幾つかの部分を取り出し，すでに知られている配置パターンに基づいて配列して，新しい表現の言葉を作ることができるからである．このことはヒトが基本的な単語を知ると，それらの組み合わせを変えるだけで，無限の表現を行うことができることによる．

次にヒトが社会での伝統に基づく伝達をもっていることである．ヒトは音声言語を獲得する能力と，この獲得に対する強力な動機づけの機構を生得的にもっている．しかし，個々の言語の習得は，学習によるもので後天的に獲得される．

ヒトが音声言語をもっていることは明らかにヒトと動物の最大の不連続点である．このことがヒトに文化をもたらして人間化したのである． (青木清)

【哲学】〔語源論〕人間を意味する英語の man は「考える」を意味するサンスクリット語から派生したといわれる．この説が正しいとすれば，古代から思考が人間の決定的な特徴と考えられていたことになる．ギリシア語の anthrōpos は下から上（神々）をみる人との解釈があるが，説得力があるとはいえない．この解釈によれば，人間は神々と異なってはいるが，関係があるものだということになる．ラテン語の homo の語源はより確かである．土地あるいは地面を意味する humus からきており，人間は土から生まれた，言い換えれば，人間の本質が土に近いことを示している．同様にヘブライ語の 'ādām も地面あるいは耕地を意味している．

これらの考察から導き出されることは，人間が土地と本質的な関わりをもち，地上の領域に属している一方，たとえ神々と異なった存在ではあっても，神々と関係を保ち，思考する存在だということである．これはパラドックスでもある．人間は自然と関係をもつと同時にその知力をもって自然を超えるからである．頭脳と身体，心と身体の区別によって表されるこの種の二元性は，人間を考察するうえで最も難しい問題の一つである．

〔ギリシア哲学における人間の概念〕*ギリシア哲学では，人間は *理性ある生き物，すなわち，*ロゴスを有する動物と理解される．プロタゴラス (Protagoras, 前5世紀) がいったように，動物は敵に対して備えを忘れず，寒さを自らの皮で防ぎ，必要な食料をみつけるが，人間はこれらの利点すべてを欠いている．にもかかわらず，人間には自然が彼に与えなかったことを準備する知を与えられている．アポロニア (Apollonia) のディオゲネス (Diogenes, 前5世紀) は人間を，特別な身体的・頭脳的利点を与えられている特権的な生き物と描写した．その直立した身体は，他の動物から抜きんで，視野は広く自由で，手は道具を使用でき，口と舌は言葉を話す．しかし，より重要なのは頭脳の資質である．人間は，神々を知り，病気に対する治療をみいだし，新たな知を獲得し，社会を作る能力をもっている．*プラトンは，人間が *イデアつまり真実在をみる存在，*真理に参加するという特徴をもつ存在であると考えた．そして，*霊魂は不滅であり，真理を認識するためには霊魂を純化することが必要であるとする．*アリストテレスは人間を，話をする生き物と捉える．話すということは社会的な機能であり，他者にある事実，それが正しいか否かを述べることである．そのために人間は生きる共同体を必要とする．人間の共同体の政治的な性質は，人間が話す存在であることに基づいている．ギリシア思想では人間は，宇宙の静的な特徴と異なり，本質的に動的な存在である．人間，より具体的には霊魂は，高く昇ることも低く下ることもありうる．自らを神々に似せる可能性もあれば，神々を失う可能性もあるのである．

〔聖書的人間観〕旧約聖書は人間を身体と精神に二分せず，全体・総合として捉えている．創世記では，人間が神の似姿であるという事実，そして神によって生命を与えられ，塵から造られたという事実が述べられる．もし，第一のことが人間の偉大さの根拠であるとするなら，第二のことはその小ささと惨めさを説明する．

(1) 神の似姿．聖書における人間のイメージを理解するために非常に重要な，「神の姿であり，神と似ている」

との言葉には，知と意志という形で人間自体のなかに創造主が刻印されていることを意味するという解釈と，人間が地上における神の代理者であり，それゆえに全地上，動物界を支配することを意味するという，二つの解釈がある．これらの解釈は基本的には同じこと，すなわち人間における神の *恩恵，人間に付与された特別な力を指しているのである．人間は *神の像であり似姿であるとの理由によって，高度な理解力と卓越する意志をもち，動物や地上の支配権を享受するのみならず，不滅でもある．人間は何よりも理性ある本質をもった *人格であり，自らの行為に責任をもつ生き物である．また無限なる神の前で自らを無にするのが人間の運命ではない．人間としての尊厳のうちに，自分らしく自己を確立するように求められている生き物なのである．同時に，他者・隣人が胸襟を開いたとき，争いによって自らを認めさせようとすることなく，奉仕の姿勢と自分を委ねる態度で接しなければならない．

（2）人間と被造物．人間は地上の主であり，すべての *被造物は人間に奉仕するために置かれている．しかし，造られたものすべてをみて，神が良しとした（創1:31）がゆえに，すべてのものはそれ自身で価値をもつ．そのため人間は，他の被造物を耕し，世話しなければならず，それらを虐げたり，悪影響を及ぼしたりしてはならない．他の被造物に対する人間の支配は，自然に対する真の尊敬をもって行われなければならない．一方，人間はものの奴隷になったり，精神をものによって麻痺させられたりしてはならない．人間と世界の関係は支配だけによるのではない．聖書に，人は地を耕すものとされたとあるが，これは，自然，人生そして世界を変えるための人間の努力を示唆する．*労働は基本的には罰ではなく，神が人間に委託した仕事である．労働を通じて人間は自己を形成し，完成させ，そして周囲をも完成させる．労働は特別に人間的なもので，自然界を人間化し，自然界は人間に適応する．といっても，それは近代における世界や人間の技術偏重を無差別に是認するものではない．それは，多くの場合人間の尊厳や個人の価値の喪失の危険さえはらんでいるからである．

（3）反省能力と自由意志．人間活動の精神的特徴は反省したり，自身や自身の行為を顧みる能力により明確に現れる．この反省は，ある行為が *自由意志によるものか，あるいは他者や状況に強いられたものかを区別するのに役立つ．人間は誰でも，さまざまな行為のなかから選択したり，また，ある行為を行うか行わないかという選択の経験があるはずである．選択は理由を伴う．妥当な理由があるがゆえに意志によって決定する．そして自由に正しく決定するには，自己の外側にある障害のみならず，何よりも自己の内なる *利己主義（エゴイズム）や強要，偽りの規範という形をとる内的な投影に対して戦わなければならない．

（4）神の子としての人間．新約聖書に繰り返し出てくる教えに，人間が *神の子であるという表現がある．イエスは人々に神を父と呼ぶことを教えた．イエスが *山上の説教で説いた幸福は，人々に幸福を得るための条件を示し，また，いかにすれば神の子と呼ばれるかを明らかにした．神の子の条件は，死者の復活において完成され，成就される．福音記者のなかで，神との親子関係の事実に関してより明確に述べたのは *ヨハネである．ヨハネは，この世に来た神の言葉を受け，彼の名によって信じる人々に，神の子となる力が存在するとする．しかし，この条件は血，肉，また人間の意志によるのではなく，神の意志から出ると述べる．*パウロは，*聖霊に導かれているすべての人は神の子であると断言する．恐れの心ではなく，父を意味する「アッバ」と叫ばせる信頼の心である（ロマ8:15; ガラ4:6）．このように，人間は自らの心において，神の子の証明である聖霊自体を受けるのである．

〔近代の人間像〕*ルネサンスと近代の初めに新しい世界観や社会思想が現れ，人間についても新しい思想が現れてきた．一方で人間の彼岸性が，他方で此岸性が強調される．天動説において，人間は中心の位置を占めるが，同時に腐敗と変化を特徴とする劣った位置にいた．地動説では，人間は周辺の位置を占めるが，同時に高められている．また，人間が自然の弟子であり，師でもあるとの考えも重要性をもっている．科学や技術によって人間は自然の支配者となる．同時に，人間は文化と歴史の所産である．近代の多くの思想家は，人間がすべての知識の形式の中心であり，世界への接近は人間を通してのみであると自認している．今日，人間に関する知識は，哲学的人間学と呼ばれる方法といわゆる人間諸科学により総合されつつある．

20世紀に登場した人間に関する種々の理論を要約するのは困難だが，ロメロ（Francisco Romero）やフェラテール・モラ（Jose Ferrater Mora）に従って概括すると次のようなものがある．

（1）精神のなかに人間の本質があるとする理論（M. *シェーラー，N. *ハルトマン）．（2）象徴化の果たす役割を主張し，人間をシンボル的な動物と定義する理論（*カッシーラー）．（3）歴史から出発し，*歴史主義を特徴とする理論（*ディルタイ）．（4）基本的に人間が社会的であるという特性を強調する理論（*デュルケム，*レヴィ・ブリュール）．（5）人間を，つねに自分を作り，絶え間なく自分を選択している何かとする理論（*オルテガ・イ・ガセット）．（6）*実存主義の多様な表現に現れる理論（*サルトル，*ヤスパース，G. *マルセル）．（7）人間をある精神生物学の性格によって定義する理論（*フロイト）．（8）人間を人格として定義する理論（キリスト教的人格主義）．（9）人間を本質的に判断する能力をもつものと捉える理論．（10）人間を，*弁証法の過程を通して *疎外から自由へ変わっていくとする理論（K. *マルクス，*マルクス主義）．

〔キリスト教的理解〕人間は物質的な身体と精神的な霊魂をもった生き物である．霊魂は物質的な身体と結びついている．こうして霊魂と身体は，理性的で自由な個人すなわち人格的存在を形成している．人間の霊魂は個々人のものであるが，不死であり，直接神によって創造されたものである．人間は神の似姿であり，神の被造物である．そして神は地上のすべての被造物の主である．人間は社会的な存在であり，他者との関わりなしには生きることもできず，また完全にその特性を発展させることもできない．人間の人格は神聖なものである．ここから人間の権利と義務が生まれてくる．そして，性別，人種，社会，文化などの枠を超えて，すべての人間の平等，友愛が理解される．人間は究極の終わり，来世における永遠の幸福へと運命づけられているのである．

【文献】V. フランクル『精神医学的人間像』フランクル著作集6, 宮本忠雄, 小田晋訳（みすず書房1961）: V. E. FRANKL, *Das Menschenbild der Seelenheilkunde* (Stuttgart 1959); M. ブーバー『人間とは何か』児島洋訳（理想社1961）: M. BUBER, *Das Problem des Menschen* (Heidelberg 1948); P. テイヤール・ド・シャルダン『現象と

しての人間』新装版, 美田稔訳 (みすず書房 1985): P. TEILHARD DE CHARDIN, *Le phénomène humain* (Paris 1955); A. カレル『人間―この未知なるもの』渡部昇一訳 (三笠書房 1994): A. CARREL, *L'homme, cet inconnu* (Paris 1935); F. ROMERO, *Teoría del hombre* (Buenos Aires 1952); ID., *Ubicacion del hombre* (Buenos Aires 1954); A. DELP, *Der Mensch und die Geschichte* (Colmar 1955); J. MARIAS, *El tema del hombre* (Buenos Aires 1960); J. E. ROYCE, *Man and His Nature* (New York 1961); J. FERRATER MORA, *The Idea of Man* (Lawrence 1961); R. GARAUDY, *Perspectives de l'homme* (Paris 1969); J. PIVETEAU, *L'origine de l'homme* (Paris 1982).

(M. アモロス)

【聖書の基本的人間理解】聖書は確かに「*霊」とか「*霊魂」、「肉」(*サルクス)とか「*体」について語るが、人間を二つの部分、つまり悪魔的で地上的な部分と神的で天上的な部分とから成り立つものとする*霊と肉の*二元論は全くみられないといえる。人間は神の*被造物として統一性をもっており、「霊」とか「肉」といっても、この統一性のもとでの概念にすぎない。例えば、*パウロは*回心以前の生き方を「肉を誇る」と表現しているが、それは具体的にいえば「律法の義については非のうちどころのない者」という生き方のことである(フィリ 3: 4-6)。このことが示すように、聖書が述べる「肉」とは、人間を形成する一部分というよりは、神からの援助に目を向けず、自力に頼って*救いを手に入れようとする生き方のことである。

神との関わりを重視するこのような人間観は詩編 103 にも明確に表明されている。この詩編は、8節で「主は憐れみ深く、恵みに富み、忍耐強く、慈しみは大きい」と信仰を告白した後、9-13節では否定文(9-10節)と比較文(11-13節)を用いてこの告白を敷衍し、恵み(*恩恵)と憐れみ(*慈しみ)とが神の本質だと説いている。14節を挟んだ 15-16節では、同じく比較文(15節)と否定文(16節)を用いて人間の本質を述べ、それは「弱さとはかなさ」にあるとしている。こうして、14節「主はわたしたちをどのように造るべきか知っておられた」を挟んで、神の本質と人間の本質が対峙する構成をとっている(14節の訳については問題があるが、新共同訳がよいと思われる)。そこで9節から16節までの論旨を追えば、憐れみ深く恵みに満ちている神は(9-13節)、どのように造るべきか知っていて(14節)、弱くはかなく人間を造った(15-16節)ということになる。ここでは弱さを人間の本質と捉えており、したがって絶対的な憐れみに出会わないかぎり、人間は無意味な存在にすぎないと主張されている。人間の弱さは神と出会うための欠けなのであり、神が人間を意図的に弱く造ったのは人を憐れむためだとされる。

同じ捉え方は、詩編8と詩編23にもみられる。詩編 8: 6 に「神は人を神よりも少し欠けさせた」(直訳)とあるので、欠けは人間にとって付随的な現象なのではなく、まさに本質である。しかし、詩編 23: 1 が「私の牧者は主。私は欠けることがない」(直訳)と歌うように、神を牧者とするときに、欠けが満たされる。欠けは神と出会うための開きなのである。このような理解からもわかるように、人間を表すために「霊」が使われるとき、神に身を開いて、その力を受けている人間存在を表し、「肉」とは欠けを自力で埋め合わせようとする人間存在を指す。いずれにしても、聖書が人間について語るとき、神と切り離したところで語りはしない。人間についての聖書の発言は神学的な意味をもっており、逆に神についての発言は人間論的な意味をもっている。

このように人間は神と関わるべき存在であるが、このような自覚を生じさせるのは、人間は神の被造物であるという信仰である。神はイザヤ書1章3節で「牛は飼い主を知り、ろばは主人の飼い葉桶を知っている。しかし、イスラエルは知らず、わたしの民は見分けない」と述べ、人間の背きを嘆いている。牛やろばが背くことがないのは、主人との関わりに生きるようにと仕組まれているからだろう。神が人間を造るときにも、つねに主人である神との関わりのなかで生きるようにと仕組むことも可能であったに違いない。しかし、仕組まれて反応するのではなく、自らの*自由意志によって神との関わりに生きることを神は望み、自由意志をもった被造物として人間を創造した。イザヤ書1章3節で神を嘆かせた人たちは、意識して神に背いた人だけではない。むしろ、神との関わりに生き、神に仕えようとした人たちも含まれている。熱心に仕えようと望んではいるのに、その熱心さが誤まった方向に走り、背く結果となることがあるからだ。パウロが回心以前の自分を振り返って「熱心さの点では教会の迫害者」(フィリ 3: 6)と述懐したのは、神に不熱心だったからではない。むしろ、神に熱心に仕えようとして、*キリスト者を迫害したということである。彼には背いたという自覚はない。しかし、真の生を獲得するかわりに、自力に頼った生き方に陥っている。確かに人間は自由であるが、それを用いて自力で生き始め、神のようになろう(創 3: 5)とするとき、あるべき本来の姿から逸脱したものとなる。ここに人間の*罪の本質がある。人間にとって自由とは、何でもできるという自由ではなく、「後を追うべきもの」(エレ 2: 1-8)を間違えずに選択するための自由なのである。その意味で「縛られる自由」ともいえる。

このような罪は、神との関わりに生きるべき者として造られた人間の本質を否定する傾きであるが、それは*律法への不従順という形でのみ現れるのではない。むしろ、律法遵守を神と人の前に示すことにより*救いの権利を確保しようとする姿勢にこそ罪の根深さがある。*ファリサイ派に代表される敬虔な者は、「律法の義については非のうちどころのない者」(フィリ 3: 6)と生きたい回心以前のパウロのように、自分が罪にあることに気づいていない。むしろ、天を見上げようともせず、胸を打ちながら「神様、罪人のわたしを憐れんでください」と祈った*徴税人のほうが自分の罪に気づいており、結局は*義とされることになる(ルカ 18: 10-14)。なぜなら、どのような罪であれ、罪からの解放は神による*贖いの業によってのみ可能だからである。パウロが「キリストに代わってお願いします。神と和解させていただきなさい」と語りかけるのは、罪と何の関わりもないイエス・キリストを十字架に上らせて、罪として処罰した神の贖いの業を受け入れるとき、初めて罪から解放されるからである(2 コリ 5: 20-21)。

*アダムはその後の人間に決定的な影響を与えた「最初の人間」であり、彼によって死が人間にもたらされた。キリストもその後の人間に決定的な影響を与えており、「最後のアダム」と呼ぶことができるが、キリストがもたらした決定的な影響とは命という恵みである(ロマ 5: 15-21; 1 コリ 15: 45-47)。こうして、神の贖いの業であるキリストのうちに人が生きるとき、「新たな創造」が起こり(2 コリ 5: 17)、人は新しく生まれた者とされ(ヨハ 3: 3)、天に本国をもつ者となる(フィリ 3:

20).キリストとともに罪に死んだ者は,その *復活にもあずかる(ロマ 6: 3-10; 1 コリ 15 章).こうして,罪から解放された者は,自由意志を用いてキリストの「後を追う」ことを選ぶ.こうすることによって,人は未来を取り戻す.

キリストを信じる者は新たな現実を生きる者となるが,だからといって,この世から即座に切り離され,天に昇るわけではない.天に属する者として,その生き方を世に向かって示し,神の業を証ししなければならない.そのような生き方は,神から受けた愛に対する返礼として「隣人」を愛するという姿をとる(ロマ 13: 8-10).こうして *救済史は完成する.　　　(雨宮慧)

【神学】人間はつねに人間自身にとって問いであり,人間は自分が何かを問い続ける存在である.現代カトリック神学において「人間」は神学的 *人間学の対象である.キリスト教は人間が神の *創造の計画の中心として霊魂と肉体から一つの固有な神の似姿(神の像)としての人格存在(→ 人格)に造られ,堕罪(→ 原罪)にもかかわらず,神からの絶え間ない恩恵の働きかけと呼びかけを受け,キリストによる *救いの提供に自由に答え,キリストとともに「新しい人間」となり,神との完全な超自然的交わりに到達することができることを教えてきた.

それゆえ人間の意味はキリストによって最終的,終末論的に明らかにされたといえる.したがって人間は創造の目的であり,救いの業による被造界の再生において宇宙を代表する存在である.人間は神と世界に対して特別な使命を負っている.この使命を人間は孤独な存在としてではなく,初めから社会的連帯性をもつ者として遂行するよう決定づけられている.かつてこの考え方は,キリスト教に対するギリシア哲学の影響によって「霊魂の不滅性」のテーマに限定されて論じられていた.

現代神学は,聖書の考え方に立ち返って人間の人格的存在における身体性を重視し,人間における霊魂と肉体の結びつきを肉体における霊魂の *受肉とみる.このような肉体における受肉としての人格的存在は,神の特別な愛の対象であり,神の似姿,かたどりであるが,人間の存在様式は,霊魂と肉体に代表される *精神と自然との両方の領域の依存と対立の緊張関係によって規定されるばかりでなく,さらに超自然(恩恵)と,救済論的現実として *罪の影響下にある自然との避けられない相互影響と緊張によって規定されている(→ 自然・本性と恩恵).ただ,ここでいう「自然」が精神と超自然につねに対立するわけではなく,それらを補完する要素であることを同時にみておかなければならない.

人間の身体性は決して偶然に付け加えられたものではなく,人間の定義の一部である.人間における神の似姿は身体において身体を通して具現され,身体をより一層崇高なものに高めることによって完全なものとなる.身体性は物質から成り立ち,不透明性を本質からもっているが,それは時間における不透明性である.この不透明性のゆえに,人間は現実の秩序において時間のなかでその救いを全うするか,挫折するかの岐路につねに立たされ,いまだ決定されずに歩む「旅する人間」([ラ] homo viator)なのである.このことは各自について妥当するばかりでなく,社会,人類共同体についても妥当する.このように人間は聖霊に導かれ,促されて,いわば「人間になる」道程を歩みながら,未来の暗黒からの父である神の呼びかけに答える存在であり,その雛型は完全な「新しい人」「最後のアダム」であるキリストによって示されている.「人間の秘義」([ラ] mysterium hominis,

『現代世界憲章』22 項)は,キリストによって解き明かされているのである.
【文献】HWP 5: 1059-105; SM(E) 3: 358-70; W. BEINERT, ed., *Lexikon der katholischen Dogmatik* (Freiburg 1987) 366-68.　　　(高柳俊一)

にんげんがく　人間学　[英] philosophical anthropology, [独] philosophische Anthropologie, [仏] anthropologie philosophique

【人間学と人類学】広い意味で人間学([英] anthropology)とは,「*人間とは何か」という問いに答えようとする学問分野である.人間は一生物種であるかぎりは,自然的存在者である.そしてまた,精神を有し社会を形成し,*文化を創造するという意味で,文化的存在者である.つまり人間は *自然と文化の二つの領域に属している点で,二重の存在性格をもっている.生物としての人間を動物学・人種学をはじめ自然科学の観点から取り上げ,人間の本性に迫ろうとする分野を自然人類学(natural anthropology)という.これに対して文化的存在者としての人間を,*民族学・民俗学・*宗教学などの成果を活用し,諸文化のもつ形態・様式の理解を通して解明しようとする分野が *文化人類学(cultural anthropology)である.そして現代における人間科学の発展に伴い提示される膨大な事実とそれに基づく多種多様な人間像に対し,人間の二重の性格に起因する人間像の分裂・混乱を解消するような統一的人間観を理論的に作り上げようとする分野が,狭義の人間学,つまり哲学的人間学(philosophical anthropology)である.日本語では,初めの二つの学問分野には用語として「人類学」を用いているので,「人間学」といえば通例,哲学的人間学を指す.

【歴史的展開】哲学的人間学が体系的な学として成立したのは,20 世紀に入ってからであるにせよ,人間を問うという意味での人間論は哲学の歴史とともに古い.古代ギリシアの *ソクラテスは,「汝自身を知れ」というデルフォイの神殿にある箴言を自らの課題として担い,*無知の知を念頭に置く問答法を通じての「知の愛求」の活動に従事した.こうして「魂の発見」により,哲学の主題は自然から人間へと転換したのである.古代ギリシアでは魂と肉体の *二元論が人間論の基本をなす.

*キリスト教が決定的な影響力をもっていた中世において,「人間への問い」は神論・終末論(→ 終末)と並び人間論として *神学の一分野に位置づけられる.ゆえに,ここでの人間学は神学的人間学と呼ぶべき性格のものである.人間はあくまで *神との関係において理解され,*被造物という概念が本質的規定となっている.例えば *アウグスティヌスは神と魂に自らの思索を集中し,「人間そのものが大きな深淵である」と述べ,人間の矛盾に満ちた実存的次元に着目し,それを通して創造者としての神を問い求める.

近代における人間学の試みとしては,*カントをあげなければならない.カントには『人間学』という著書がある.しかしこれは自然人類学の要素をも含んだ経験的側面に限定された人間学である.ゆえに実生活における人間知・世間知を扱っており,人間の全体的本質を根本的に問うような問題設定はない.それに対して,『形而上学講義』(K. H. L. Pölitz, ed., *Vorlesungen über die Metaphysik*, 1821)では,知恵の教えとしての哲学(世界概念における哲学)に関わる問題とその分野を次のように示している.(1) 私は何を知りうるか(*形而上学).

(2) 私は何をなすべきか(*道徳). (3) 私は何を希望してよいか(*宗教). (4) 人間とは何か(人間学). そして初めの三つの問題はすべて第四の問題に収斂するのであるから, これらすべてをまとめて人間学と呼ぶことができる, とカントは述べている. つまりカントは自らの*批判哲学の全体が人間学に根づくような体系構成を考えている. しかしながらカントは自分が提起した人間学の問題性を徹底しないままにとどまっている.

カントらによって提唱された近代の人間学が, 厳密な意味で体系的な学として成立したのは, *シェーラーの『宇宙における人間の位置』(1928)が出版されたことによる.「人間とは何か. 人間は存在全体・世界においていかなる形而上学的位置を占めるのか」という問いを哲学の中心的問題とみたシェーラーは, キリスト教では, 世界(宇宙)は人間と同様に被造物にほかならないので,「神と人間の関わり」の問題設定の陰に隠れ,「宇宙における人間の位置」は主題化されてはいないと考えた. 従来の心身二元論に立つ人間学を批判したうえで, 彼は人間を動植物と比較する生物学的考察と, 存在全体における人間の特殊な地位に対する形而上学的解明との二つのアプローチに基づく人間学を構想した. つまり生物学の観点から生体における心的機能の発達を捉え, 精神としての人間の特殊な位置を主張したのであった. 進展する生物学の成果を活用し人間存在を統一的に解明しようとする傾向は, その後*プレスナー, *ゲーレン等の人間学へと批判的に継承されていった.

*カッシーラーは著書『人間』の第1章を「人間の, 自己自身への認識の危機」とし,「今日の時代ほど, 人間が人間自身にとって疑問となったことはない. ……我我はもはや何ら, 明確で統一した人間の観念をもっていない」というシェーラーの言葉を引用している. 人間に関する近代の思想は知的中心を失い, 完全な思想的無政府状態に陥っている. 現代ほど人間性に関する事実が豊かな時代はないにもかかわらず, この豊富な知識を体系的に組織する方法をみいだしていない. *デカルトの主観‐客観の図式に基づき近代の諸学問は成立し, *生物学, *医学, *心理学, *社会学などが発展したが, これらの学問が示すものは人間の一側面に限定されており, 特殊な人間像にすぎない. 特殊なものを寄せ集めても決して全体的な人間理解には至らない. それらを総合・統一する視点が必要とされている. 人間の自己認識が人間学の定義であり, 課題であったとすれば, 人間の自己認識が危機に瀕している現代こそ, 人間学が求められている時代なのである.

【人間学の基本問題】人間学の歴史において, それぞれの人間学の前提に据えられていた人間観の類型をみると, その人間学にとって何が主題であるのかが理解される. よく知られている人間観としては, 英知人(〔ラ〕homo sapiens), 宗教的人間(homo religiosus), 言語的人間(homo loquens), 工作人(働く人, homo faber)などがある. 英知人であること, つまり*理性を有することにより, 人間は地上において最高の地位に置かれる. しかし, 人間に関わるすべてのものが理性的であるわけではない. *精神には身体が抵抗し, 思惟には*感情が対立する. ここに, 心身二元論をはじめとする人間の内的分裂の問題が浮上する. 例えば, デカルトは有限な存在を思惟実体としての*心と延長実体としての物体に分け, 両者は全く相容れないものであるとした. しかし人間は, これら相互に無関係な心と身体で構成される, 一つの統一ある存在である. では無関係な二つの要素がいったいどのように作用しあえるのか. デカルトは身体のなかの脳髄に松果腺という器官を想定し, ここに精神が位置するとした. そして心臓で熱せられた血液が気化した動物精気(spiritus animalis)が精神と身体を媒介するとみた. しかしこれでは*心身問題の整合的な説明は不可能であった. これを批判した*スピノザは心身並行論を主張し, また*ライプニッツは心身の*予定調和の説を立てた. そして現代の生命科学の進歩のなかでこの心身問題の枠組みの変更を迫るような新たな視点が提示されつつあり, 人間学に大きな刺激となっている.

宗教的人間という概念によって, 自然に属しつつも, これを超えた次元から自己を捉えることができる人間の超越性・関係性が意味されている. 人間はそれ自体で自足し完結する存在ではなく, 関係性・相互性を生きるものである. その意味で, 産業社会における人間の非人間化・断片化という現代的状況では, 宗教との関わりによる人間の全体性の回復の可能性をめぐる問題は, 人間学の課題である.

言語的人間の類型は人間性そのものを可能にしている*言語の問題性を踏まえている. 人間は理性的動物(animal rationale)である, という定義があるが, それが古代ギリシアに遡ると「言葉(ロゴス)をもった動物」という定義に行き着くことからしても, 言語と理性は同義的なものとして不可分な関係にあることがわかる. 人間と言語の問題は, 人間の規定に深く関わる問題であり, 現代では言語学・*言語哲学の隆盛のなか大きな意味をもっている.

【文献】I. カント『人間学』坂田徳男訳(岩波書店 1952): I. KANT, *Anthropologie in pragmatischer Hinsicht* (Königsberg 1798 ⁷1980); E. カッシーラー『人間』宮城音弥訳(岩波書店 1953): E. CASSIRER, *An Essay on Man* (New Haven 1944); 藤田健治『哲学的人間学』(紀伊國屋書店 1970); M. シェーラー『宇宙における人間の位置』亀井裕, 山本達訳, シェーラー著作集13(白水社 1977): M. SCHELER, *Die Stellung des Menschen im Kosmos* (Bern ⁸1975); 九鬼周造「人間学とは何か」『人間と実存』九鬼周造全集3(岩波書店 1981); E. ロータッカー『人間学のすすめ』谷口茂訳(思索社 1983): E. ROTHACKER, *Philosophische Anthropologie* (Bonn 1964); H. プレスナー『人間の条件を求めて』谷口茂訳(思索社 1985): H. PLESSNER, *Die Fragen nach der Conditio Humana* (Frankfurt 1976); A. ゲーレン『人間—その本性および世界における位置』平野具男訳(法政大学出版局 1985): A. GEHLEN, *Der Mensch, Seine Natur und seine Stellung in der Welt* (Frankfurt ⁸1966); M. ラントマン『哲学的人間学』谷口茂訳(思索社 1991): M. LANDMANN, *Philosophische Anthropologie* (Berlin 1982); 金子晴勇『人間学としての哲学』(世界思想社 1995); 金子晴勇編『人間学—その歴史と展開』(創文社 1995); W. KAMLAH, *Philosophische Anthropologie* (Mannheim 1973); G. HAEFFNER, *Philosophische Anthropologie* (Stuttgart 1982). (開龍美)

にんげんがくてきしょうめい　人間学的証明
→ 人生論的証明

にんげんきかいろん　人間機械論〔英〕theory of human-machine　すべての事象は物理的で必然的な因果関係によって説明できるとする*機械論に基づき, *人間を機械を*モデルにして解明する立場. *デカルト

は，*精神と物体の*二元論の帰結として，人間の精神を除き，人間以外の生物(人間の身体を含む)はすべて機械であると結論した．さらに*ラ・メトリは，『人間機械論』(1748)で，人間(の精神)も例外ではなく，機械にほかならないと主張した．そして現代に至り*生命科学や人工知能などの科学技術の著しい進歩により，人間と機械との境界は曖昧なものとなりつつある．

【文献】J. O. ド・ラ・メトリ『人間機械論』杉捷夫訳(岩波書店 1932): J. O. DE LA METTRIE, *L'homme machine* (Leiden 1748); N. ウィーナー『人間機械論—人間の人間的な利用』鎮目恭夫, 池原止戈夫訳(みすず書房 1979): N. WIENER, *The Human Use of Human Beings* (Boston 1950). (開 龍美)

にんげんせい　人間性　→ 人間

にんげんちゅうしんしゅぎ　人間中心主義　〔英〕anthropocentrism, 〔独〕Anthropozentrismus, 〔仏〕anthropocentrisme　19世紀後半，地球中心説(〔独〕Geozentrismus), *太陽中心説との類比から人間を世界の中心に置く世界観あるいは姿勢を指す．今日では宇宙中心主義(Kosmozentrismus)との対比で使われる．巨視的見方では，人間中心主義は神話的世界像と究極的にはそれに基づく位階的階級社会という神話から*ロゴスへの人間解放の歴史として，近代を位置づける*非神話化の一表現であるといえる．

【神学史における意義】19世紀ドイツ・プロテスタント神学のなかでフンデスハーゲン(Karl Bernhard Hundeshagen, 1810-72)は，「ルソー主義的人間中心主義」に対して「キリスト教の神中心主義的世界観」を強調したが，*ヴィンデルバントは，キリスト教的世界観がギリシア的人間観とは異なり，人間を宇宙の中心に位置づける「人間中心主義的な性格」をもつと述べた．K. *バルトは*自由主義神学の*近代主義に対して徹底した神中心主義を掲げたが，20世紀ドイツ・プロテスタント神学においては「人間中心主義」と「神中心主義」との対比から神学が展開してきた．

20世紀カトリック神学においては，K. *ラーナーの影響下にあった*メッツの「キリスト教的人間中心主義」にみられるように，いわゆる超越論的トマス主義神学・哲学におけるそれまでのアプローチから転じ，人間の主体性に立ち戻って再出発することが提唱され，特に第2*ヴァティカン公会議後には，「人間中心主義」がそれまでの神学との訣別の要請の一環として強く叫ばれるようになった．この人間中心主義は神の*創造と*救いを軽視するものではなく，キリスト教が神について語るとき，神の働きかけと呼びかけに応答し，神の付託によって被造世界の中心に位置づけられ，*宇宙の終わりの充満である完成のために奉仕する者としての人間を同時に語るという意識に基づいたものである．後に，メッツにおいてはこの考え方が世界史を人間の*自由の歴史とみる見方との関連で*啓蒙思想のキリスト教的読み直しになり，自由と解放の歴史の終末論的・批判的媒介の考え方になっていく．

【宇宙論との関連】世俗的人間中心主義はルネサンス期の*フィチーノ，*ピコ・デラ・ミランドラにみられるが，啓蒙思想において人間は*理性によってすべての中心となった．しかし，人間中心主義が実現した途端に人間は自己理解を求めて不安に悩み，世界における自己の立場がわからなくなり，それが*実存主義の世界観の登場につながっていった．

*テイヤール・ド・シャルダンは「宇宙(世界)は人間のため，人間はキリストのため，キリストは神のため」という標語によって人間中心主義と神中心主義をキリスト中心論によって結びつけている．この考え方の根拠はコロサイ書1章19節以下のキリスト賛歌で，そこでは創造された宇宙のなかで人間が支配と搾取ではなく，被造界への奉仕を通して神への奉仕に召されており，被造界の*贖いと解放により(ロマ8: 18-25 参照)，「新しい天と地」(黙 21: 1)の実現に召されていることが示されている．1970年代以後の環境問題への対応において近代的人間中心主義がもたらした弊害が明らかになると，神学においても例えば*モルトマンの場合のように，過度の人間中心主義への反発としてバルト的な神中心主義を主張するのではなく，キリスト教的人間中心主義を踏まえたうえで宇宙論的視点を回復することが意図されるようになった．

【文献】HWP 1: 380; LThK³ 1: 741-43; K. RAHNER, *Hörer des Wortes* (München 1941 ³1963); J. B. METZ, *Christliche Anthropozentrik* (München 1962); H. U. VON BALTHASAR, *Glaubhaft ist nur Liebe* (Einsiedeln 1963); W. PANNENBERG, *Anthropologie in theologischer Perspektive* (Göttingen 1983). (高柳俊一)

にんしき　認識　〔ギ〕epistēmē, 〔英〕knowledge, 〔独〕Wissen, Erkenntnis, 〔仏〕savoir　しかるべき根拠に基づいて知られた事柄あるいはその知的活動を指す．意欲や*感情と並び，世界へと関わる人間の根本的な存在様式の一つ．

【古代】古代では，認識は，知る主体である人間の何であるかを形づくるものであり，知るとは，知られるものと存在において等しきものになることにほかならない．だがその際，自らの知的態度についての思いなしが伴うため，知らないのに知っていると思うという錯誤が生じることにもなる．この錯誤が人間としてよく生きることの妨げになるとみなした*ソクラテスは*無知の知という知の形を唱えた．また，その弟子*プラトンは，単なる思いなしと認識とを区別する尺度を探求し，認識であるための最低条件として，*ロゴスを伴う正しい思いなしであることを要求した．*アリストテレスは，*判断という形態をもつ認識のほかに，真偽分化以前の直接知を認めながらも，科学的知識の本質やその分類根拠を提示し，その後の学問論に多大な影響を与えた．学問はいかなる種類の存在者や事柄に関わるかによっておのずから独自の分野を形成し，そこに属するものの類に関する第一原理からの演繹によって，その分野の知識体系が獲得される．ただし*形而上学・*自然学・数学など理論知については，必然的な知識が成立するが，個々の具体的な行為の選択や評価に関わる*倫理学や政治学などの実践知に関しては，人々の思いなすところから出発して考察するほかになく，蓋然的な知識しか望めないとした．

【中世】中世では，認識の形而上学が特に*信仰との関係の吟味という形で企てられ，*理性による信仰内容の解明の可能性が積極的に認められる一方，人間による概念把握を超えた*神への志向を認識論的に基礎づけようとする*否定神学の伝統が形成された．あらゆる*存在者は神の*存在を有限的な仕方で分けもつという論理を提起した*トマス・アクィナスによれば，認識とは志向的作用の一つであるが，意欲とは異なり，知られるものは知る者のうちに，知る者の在り方に従ってあるとされ

た．ところが，*ドゥンス・スコトゥスによる存在の一義性や*オッカムによる*唯名論の主張によって，*分有の論理が失墜し，理性知と信仰とが峻別されるようになり，知る者の，知による内的形成という思想もしだいに後退していく．事物の本質認識に代わって，個体間の因果関係の自然的探求が優勢になるのも中世後期以降のことである．

【近代】自然観や社会秩序の根本的な変動に伴い，新たな認識の基礎づけが求められた近代では，伝統の権威や習慣による信念などから脱却して無前提の立場に立ち，主観にとっての明証性のみを根拠として，そこから学問を統一的に構築し直そうという機運が高まってくる．*主観にとっての確実性が唯一の真理の尺度となり，認識の必然性もそこに還元される．認識の起源や認識能力に関する合理論と*経験論との対立は，すべての認識はそれ自身で自明な観念によって基礎づけられねばならないとする正当化理論を共通の基盤にしているのである．

他方，こうした方法的な知の構築という姿勢は，技術的合理性への信頼に結びつく．いわゆる三大発明が社会を大きく改変させることに注目したF．*ベーコンは，自然の法則性に関する認識が自然支配のための行為規則の認識になると主張した．この場合，自然のうちに働く原因結果の法則を知るためには，*実験によって自然に介入せばならないため，認識の尺度は仮設（→ 仮説）を立てる人間の認識関心の側にあるといえる．*カントは，実験的方法に基づく思惟態度を，「理性が洞察するところのものは理性自ら自己の計画に従って産出したもののみである」と看破し，*認識論におけるコペルニクス的転回を促した．かつては実践や自然に目的論的に従属させられていた技術知は知全体のモデルにまで高められ，特に19世紀以降のテクノロジーを典型として，認識は認識主観によって技術的に構成され，その認識が自然支配の技術的手段として用いられるという循環が加速度的に推し進められる．

しかしそれと同度に，こうした認識観を形成する視点や，また一般に知の視点拘束性に対する反省が近代において精力的に企てられたことを忘れてはならない．理性能力の自己批判を企てたカントの*超越論哲学や，近代的認識観のうちに転倒した力への意志を読み取り，あらゆる価値の価値転換を企てた*ニーチェにその典型をみることができる．

【現代】*実証主義の興隆や，理性的原理から独立したシステムを対象とする諸学問の成立に伴い，近代的認識観を支えてきた理性の自立への信頼が失われるようになると，学問的認識の価値があらためて問われ，近代的な認識主観の身分そのものが激しい批判にさらされるようになる．認識論の言語論的転回や*現象学の*解釈学的展開，それに*論理実証主義の自己批判の運動などを通して，直接的な所与に関する無謬の知に基づいてあらゆる知識を構築するという認識観が批判され，認識は生活世界的な先行理解によって条件づけられたものとみなされるようになる．認識のプロセスは先行理解の内部にとどまりつつ先行理解を修正していくという形で捉えられ，対応説から整合説・全体論へのシフトが推し進められている．もとよりその根底にある*プラグマティズムや*相対主義的傾向は，決して認識の絶対的な原理になりうるものではないが，他方，近代的な批判意識は安易な*独断論への傾斜を許さない．今日求められているのは，暗黙知や世界地平の開示といったレベルを含む多様な認識および認識主体そのものの生成を批判的に問う新たな認識の理論であろう．

【文献】平大百科 9: 627-28; HWP 643-81; HPG 97-408; 廣松渉他編『岩波哲学・思想事典』（岩波書店 1998）1059-63; W. BRUGGER, ed., *Philosophisches Wörterbuch* (Freiburg 1976) 90-91; プラトン『テアイテトス』田中美知太郎訳（岩波書店 1966）; アリストテレス『形而上学』出隆訳（岩波書店 1959）; トマス・アクィナス『神学大全』第 2, 4, 6 巻，高田三郎他訳（創文社 1961-73）; F. ベーコン『ノヴム・オルガヌム』桂寿一訳（岩波書店 1978）; R. デカルト『省察』三木清訳（岩波書店 1949）; J. ロック『人間知性論』全 4 巻，大槻春彦訳（岩波書店 1972-77）; I. カント『純粋理性批判』全 3 巻，篠田英雄訳（岩波書店 1961-62）; M. ハイデッガー『存在と時間』全 2 巻，細谷貞雄訳（筑摩書房 1994）; 黒田亘『知識と行為』（東京大学出版局 1983）; 加藤信朗『初期プラトン哲学』（東京大学出版局 1988）; 稲垣良典『抽象と直観』（創文社 1990）; 野家啓一『無根拠からの出発』（勁草書房 1993）; 新田義弘『現象学と近代哲学』（岩波書店 1995）．

〔丹木博一〕

にんしきろん　認識論　〔英〕epistemology, theory of knowledge, 〔独〕Erkenntnistheorie, Gnoseologie, 〔仏〕épistémologie, théorie de la connaissance　「*認識」の語は，*ソクラテスが求めた*無知の知に知られるように，単に独断的な「思いこみ」や主観的でしかない「信」に対して，主観的にも客観的にも認められる「真知」（エピステーメー）という概念に基づく．広義には「存在すること，あること」や「行為すること，すること」に対して「知ること」一般に関わるものといえる．西洋哲学史においては，古代の存在論的世界観，中世の神学的世界観がいずれも後退し，世俗的で人間中心の世界観が重視された近代初頭の*人文主義的傾向以降において，世界を認識する人間知性の能力やその限界，またそれによって認識される世界の性格などが哲学思想の中心課題となった．認識論的転回といわれるこうした世界観の交替以来，「認識論」の語は「近世哲学」とほぼ同義に用いられることになった．このような転回が歴史的に意識されるようになったのは 18 世紀以降のことであり，「認識論」という語はようやく 19 世紀中葉になって哲学史家が用いることにより，広く使われるようになったものである．

認識論が基本的に人間知性をめぐる議論であることから，その具体的な内容としては，(1)*知性の形式や作用仕方について論じる*論理学，言語論，認知科学，心の哲学など，(2) 知性的認識の妥当性と正しさを論じる，対応説，反映説，整合説，構成説，妥当説，有用説，全体論などの真理論など，(3) 知性的認識の起源とその範囲について論じる，*経験論，合理論，超越論などの認識批判など，さまざまな区分がなされうる．とりわけ 20 世紀後半以降は，人間知性の問題についても*情報理論や認知科学の側面からの科学的解明が進んでおり，理性的存在者という特権的地位ではなく，遺伝子プログラム論や大脳生理学などによって，他の生物と同様のレベルでの「自然化された認識論」が大きな位置を占めるようになってきている．

このように認識が問題とされ，認識論的な哲学が評価される基本的な背景には，人間の*理性によって世界を把握したいという欲求と，*カントが『純粋理性批判』の冒頭で喝破しているように，それが人間にとって本質的な関心事であるにもかかわらず，つねに不完全にしか

満たされないという限界性とがある．そこには，人間の欲求をつねに肯定的に評価する一方で，科学的根拠を欠くとして，「信」の問題を主観的でしかないものとして切り捨ててきた，西洋および近代日本の *主知主義の限界が露呈しているとも考えられる．今日では科学理論や科学的根拠の設定自身が，特定の「信」に基づくものであり，その点では，認識の「知」は「信」において成立しているものであることも了解されるようになっている．また，*アリストテレスによれば，「知らんがために知る」純粋に観照的な知は，技術的な実践知よりも高次の知恵であるとされた．この点が拡大解釈され，自然科学的知識に転用されることによって，認識が人間の側からの一方的な世界への関わりであるとみなされて，人間を超越するものや世界の側からの人間への働きかけや，それによって人間が認識を「受け取る」存在であることについてはしばしば閑却されてきた．しかし現代においては，生態学的な認識や生命論においても，そうした観点の重要性が再認識されるようになってきている．またこれまで主流であった知性的認識の偏重は，人間における欲求の感情的で本能的な面や無意識的な面を直視しないという，偏った態度であることもしだいに理解されるようになってきており，現代の社会理論や文芸理論では，知性的認識と欲望，*関心，*感情などとの関係が批判的に取り上げられることも多い．
【文献】J. ハーバーマス『認識と関心』奥山次良他訳 (未来社 1981): J. HABERMAS, *Erkenntnis und Interesse* (Frankfurt 1968); G. フォルマー『認識の進化論』入江重吉訳 (新思索社 1995): G. VOLLMER, *Evolutionäre Erkenntnistheorie* (Stuttgart 1975); A. KELLER, *Allgemeine Erkenntnistheorie* (Stuttgart 1982).

(大橋容一郎)

にんしきろんてきしょうめい　認識論的証明
〔ラ〕argumentum epistemologicum, 〔英〕epistemological argument, 〔独〕epistemologisches Argument, 〔仏〕argument épistémologique　*神の存在証明の一方法で，*知性・*認識の構造に基づくさまざまな形をとる．人間は *真理を時代・地域や個々の相対的な *主観や社会に依存しない絶対的なものとして認識する(→絶対)．真理の絶対性は何らかの絶対的存在にしか充足根拠をもてず，それは，人間を存在せしめ，その知性を照らす絶対的存在にほかならない．こうして人間の知性が結ばれている *神の存在が知られる．また知性は *無限である存在の *概念を有する．*有限である存在の有限性の *意識も，無限無欠のものの意識を前提とする．有限な主観はその概念を作りえないので，その概念は無限の存在に由来しなければ存在しえない．さらに知性の本性的指向性から次のように論証できる．
知性は特定の認識を獲得するやいなや，それを相対的で不完全なものとして乗り越え，一切を究極的に説明する絶対的なものの認識を絶え間なく求め，それに憩おうとする．知性がその絶対的なもの(神)に結ばれ，それを知ろうとして引き寄せられなければ，その指向性は充足根拠をもてない．だから，知性についての省察によって，知性がそれへと開かれている神の存在が知られるのである．
【文献】R. ロペス・シロニス『旅する人間と神』(中央出版社 1993); H. DE LUBAC, *Sur les chemins de Dieu* (Paris 1956); J. DELANGLADE, *Le problème de Dieu* (Paris 1960).

(R. ロペス・シロニス)

にんしょう・かくにん　認証・確認　〔ラ〕probatio, confirmatio, 〔英・仏〕confirmation, 〔独〕Billigung, Bestätigung　今日の典礼に関する制度において，各国語版の *典礼書は各地域所轄の教会権限所持者による *認可によってその地域で効力のあるものとなるが，その際，*使徒座による認証・確認が必要とされる(『典礼憲章』36 項参照)．第 2 *ヴァティカン公会議以前には，典礼書の認可権は使徒座に留保されていた(旧『教会法典』1257 条参照)のに対して，同公会議は，このような方式を打ち出すことにより，各民族の社会文化，宣教司牧状況に適した典礼生活の促進を図り，典礼書や *典礼法規に関する各国の *司教協議会の主導性を認めると同時に，*ローマ典礼の実質的統一性を保つうえでの使徒座の役割を明らかにしている(『典礼憲章』38 項参照)．
【文献】土屋吉正『典礼の刷新』(オリエンス宗教研究所 1985) 451-70.

(石井祥裕)

にんしょく　任職　〔ラ〕investitura, 〔英・仏〕investiture, 〔独〕Investitur　任職(あるいは叙任)とは封建制度下において，君主が俸禄，特に封土を臣下に授与することを，いろいろな象徴の譲渡をもって表し，臣下側が忠誠の誓いを立てることによって主従関係が定まる盛式行為を指す．教会職の場合，象徴としては，*牧杖や *指輪などが司教職に，また，*祭壇布や教会帳簿，*鐘楼の引き綱などが下級教会職に使用された．9 世紀末頃から，私有教会(→ 私有教会制度)の管理者が有する霊的領域(職務，〔ラ〕officium)と物的領域(*聖職禄 beneficium)での支配権が混同され，世俗の君主が司教職や修道院長職などの教会職についても，任意に *聖職者や一般の *信徒を任職していった．11 世紀中頃からの *叙任権闘争を通して，世俗君主が教会の俸禄を授与することと，教会権威者が当該職務に任命することとが区別されるようになった．13 世紀以来，任職は教会職授与の最終段階として，管轄権を有する *司教が下級聖職禄を授与することだけを意味した．この意味で 1917 年公布の *教会法典では「有体物による任命」(institutio corporalis, 1443 条参照)とされ，「任職」の語はもはや使用されなくなった．現行教会法典では聖職禄の制度も廃止され，教会職への任命から俸禄の授与という側面が消失した．しかし司教職への任命には，任職儀式の名残として，正式就任式あるいは *着座式 (possessio canonica, 新『教会法典』382 条参照)があり，*使徒座への忠誠を誓うことも規定されている(同 380 条参照)．また，1990 年発布の東方カトリック教会法典では，総大司教(77 条 1 項)や大司教(156 条 1 項)，司教(189 条)の着座式 (inthronizatio) が規定されている.
【文献】LThK³ 5: 569-70; Plöchl 1: 189, 368; G. KÖBLER, *Juristisches Wörterbuch* (München 1983) 151.

(濱田了)

にんしんちゅうぜつ　妊娠中絶　→ 堕胎

にんたい　忍耐　〔ラ〕patientia, 〔英・仏〕patience, 〔独〕Geduld　耐え忍ぶこと．
【聖書】聖書における忍耐とは哲学的徳でなく，イスラエルの *救済史とイエスの宣教における個人的および共同体的神体験である．神の *寛容(出 34: 6; 民 14: 18; ネヘ 9: 17; 詩 103: 8; 知 15: 1; ヨエ 2: 13; ヨナ 4: 2)の体験に始まり，怒りを静める思想としての忍耐(箴 14: 29; 15: 18; 16: 32)は，新約聖書で特に *パウロによっ

にんち

て語られ，救済史的に用いられている (makrothymia, ロマ 2: 4; 9: 22; ヘブ 6: 12. hypomonē, ロマ 5: 3-4; 8: 25; 15: 4-5; 2 コリ 12: 12; 2 テサ 1: 4; 3: 5; 1 テモ 6: 11; 2 テモ 3: 10; テト 2: 2; ヘブ 10: 36).
【キリスト教の霊性】忍耐は，神についていえば，神が罪人または *罪に生きている *神の民を耐え忍ぶところの *慈しみ，人間にあっては *苦しみに耐えることであり，新約聖書ではしばしば神を愛し，人を愛し，*善業を真剣に行うことと同一視されている．キリスト教的徳として，忍耐は *聖霊の賜物の一つである *剛毅の一形態であり，この徳は悲しみや苦しみを神意に合わせて耐え忍び，「み旨の行われますように」（*主の祈り）という *信仰・*希望・愛に生きることである．*聖人伝にみられる苦しみを喜び，苦しみに憧れることこそが，義務ではないが，より高い忍耐の霊性である．
【文献】LThK¹ 4: 339-40; H. SCHLIER, *Der Römerbrief* (Freiburg 1977); D. LANG-HINRICHSEN, "Die Lehre von der Geduld in der Patristik und bei Thomas von Aquin," GuL 24 (1951) 209-22, 284-99. (鈴木宣明)

にんち　認知〔英・仏〕cognition, 〔独〕Kognition
生体を取り巻く内外の物理的事象，環境世界への心の主体的・能動的な認識機能，作用を指す包括的な概念．その大きな特色は，絶えず変化する物質やエネルギーで構成される物理世界に対し，心のもつ認識作用に照らしそこに何らかの一定の秩序をみいだしたり，それらを組織化ないし体制化し，何らかの意味を紡ぎだし生成する営みである．それは物理事象と直接結びついているにせよ，生体自身による内的な再構成の結果である．この再構成の過程は，受動的で自動的な機能にとどまるものではなく，より動的で能動的な作用である．この観点からは，認知という言葉は基本的には心と同義である．なお，認知という言葉の由来は，哲学者 *デカルトの主張する心身二元論での心の定義に求められよう．彼の「心観」は，「私は考える，それゆえに私は存在する」（〔ラ〕ego cogito, ergo sum）にある．*コギト，つまり，思惟（考えること）を心の概念の中心に据える．そして彼の定義によると，これは意識（いわゆる知意意を包括する概念）と同義である．そのコギトが，認知（〔仏〕cognition）の語源であるといってよい．

さて，当の心の認識機能，作用は，心を構成するさまざまな下位基本機構によって担われている．これらは，感覚貯蔵機構，パターン認識機構，記憶（短期記憶，長期記憶，作業記憶）機構，処理・制御機構，そして運動・動作機構に区分される．感覚貯蔵機構は，内・外界からの物理事象を生体に備わる機構をもとに生のまま取り入れる入力過程である．これを担っているのが目，耳などの五つの受容器である．その機能に応じ，五感といわれる視覚，聴覚，嗅覚，味覚，体性感覚（温覚，冷覚，圧覚，痛覚，身体の平衡感覚）が成立する．しかも取り入れた物理事象は膨大な分量に上るものの，おのおのの感覚持続時間はたかだか 1 秒であるので次々と消失してしまう．しかも，あくまでも生の物理事象であってそれの

もつ意味や内容はまだ未処理のままである．それを実現する機構がパターン認識（図形認識）機構である．この機能はまず各感覚内容の取捨選択から始まる．それを左右するのは単に物理事象のもつ要因だけではなく心の主体的な関与が欠かせない．心にあらかじめ用意されたもの，意図，目的，期待，注意，関心，価値，美意識，知識，そして問題意識などを図式（ないし予期図式）という．この図式に照らして，生の事象を何らかの形あるものとして認識できるようになる．この心の機構と機能を情報処理・制御機構ならびに情報処理過程という．なお，処理のもつ方向性からトップ・ダウン処理（図式に導かれて，上から下へ）とボトム・アップ処理（感覚から，下から上へ）が区別される．また処理過程は，さらに当の事態へいかに対処するかを計画し，その結果どのような展開になるか予測し，これらを勘案し判断して，何を実行するかなどの意思決定にも重要な役割を担っている．その結果が運動機構によって出力される．また，こうした処理や制御を遂行するうえで過去の経験や培った知識を有効に活用できるために各種の記憶機構との共同作業が欠かせない．長期記憶機構は，基本的な図式の生涯にわたる保持機能として欠かせない．生の情報をパターン認識に受け渡すまでの間，保持するのに短期記憶機構も欠かせない．さらにこの両者の中間に，ある事態に対応するため，今生じていることを保持すると同時に過去のさまざまな記憶事項のなかから有効な事項を一時的にこの作業状況に保持するための作業記憶機構も欠かせない．以上のような仕組みをもとに，生体に固有な動的で創造的な世界の再構築，意味や秩序の生成，認識が可能になる．
【文献】西川泰夫『心の科学のフロンティア―心はコンピュータ』（培風館 1994）; 同「3 つの記号レベルにおける心的計算―心の科学の論理地図 '94」『科学基礎論研究』22 (1995) 49-54; 同編『現代のエスプリ』362 (1997).
(西川泰夫)

にんち　認知〔ラ〕legitimatio, 〔英〕legitimation, 〔独〕Legitimation, 〔仏〕légitimation　婚外の出生によって生じた不適格性（〔ラ〕irregularitas）の除去．*教会法における非嫡出子の準正には次の四つの方法がある．(1) *聖座の答書によって（『教会法典』1139 条）．(2) 婚姻の無効障害（→ 婚姻障害）の免除によって（1078-79 条）．(3) 両親のその後の婚姻によって（1139 条）．(4) 根本的有効化（1161-65 条）によって．準正された子女は，教会法上の効果に関して，法に別段の定めがある場合を除いて，すべての点で嫡出子と等しい取り扱いを受ける（1140 条）．
【文献】DMC 3: 37-39; H. ZAPP, *Kanonisches Eherecht* (Freiburg 1983) 226-27; J. PRADER, *Das kirchliche Eherecht* (Würzburg 1983) 145-46; B. A. SIEGLE, *Marriage According to the New Code of Canon Law* (New York 1986) 167. (枝村茂)

ニンブス　→ 後光

ぬ

ヌヴェールあいとくしゅうどうかい　ヌヴェール愛徳修道会
〔仏〕Sœurs de la Charité et de l'Instruction Chrétienne de Nevers,〔ラ〕Congregatio Sororum Caritatis Niverensio,〔英〕Congregation of the Sisters of Charity of Nevers　　女子修道会．正式名称はヌヴェール愛徳およびキリスト教的教育修道会．1680年，フランスのヌヴェール(Nevers)教区の一寒村において，*ベネディクト会の司祭ラヴェーヌ(Jean-Baptiste de Laveyne, 1653-1719)により創立された．創立者は，貧しい人々，疎外されている人々の叫びに耳を傾け，十字架の極みまで自分を与え尽くした僕イエスの跡に従って生きる使徒的 *奉献生活を通して，「神の愛を世に告げ知らせる」ことを，会の唯一の使命とした．*フランス革命の激動の時代を経て，1866年に *ベルナデット・スビルーを迎えた．20世紀後半，ヨーロッパ諸国およびチュニジアにおいて福音宣教を開始．富める国と貧しい国の格差がますます著しくなってきた20世紀後半には，会員は象牙海岸，チリ，カリブ諸島，ブルンジ，タイ，ギニアにも派遣され，会の唯一の使命を生き続けている．総本部の所在地は *パリ．会員数596名(1997年現在)．

1921年(大正10)来日．日本人会員数60名．大阪，京都，川崎，小田原，東京において，教育，福祉の分野で働くとともに，同和地区の人々，在日外国人，日雇い労働者，外国人出稼ぎ労働者と連帯して，彼らの抱える諸問題に取り組んでいる．管区本部は京都市伏見区．
【文献】日キ歴1081; AnPont (1999) 1601; DIP 2: 343.
(安藤敬子)

ヌヴェル・テオロジー　Nouvelle Théologie
第2次世界大戦中から戦後のフランスにおいて *近代主義以降の神学の停滞の克服を目指し，神学の新しい展開を試みた神学的潮流を指す言葉．

【論争】「ヌヴェル・テオロジー」という呼称は，1942年2月に *『オッセルヴァトーレ・ロマーノ』紙上で，当時 *ウルバニアナ大学教理学教授で検邪聖省(現教理省)顧問であったパレンテ(Pietro Parente, 1891-1986)が *ドミニコ会の *シェニュらの神学的傾向を非難するために使ったのが最初とされる．1946年には *ガリグー・ラグランジュによって，フランスの *イエズス会の会員の近代主義的傾向(*教理の不変性，*教理の展開，*創造と *進化論，人類起源単一説，*原罪，*聖餐に関するもの)を批判するために使われた．同年，教皇 *ピウス12世がイエズス会総会に宛てたメッセージのなかで，この呼称をもって，新しい神学的傾向について警告し，やがてドミニコ会の総会に対しても同じような警告を行った．こうして神学を近代化しようとする立場と *トマス・アクイナスの神学を維持しようとする *新トマス主義が衝突して激しい論争が起こった．

一般に，ヌヴェル・テオロジーを代表する神学者に，ドミニコ会ではシェニュのほかに *コンガール，イエズス会では *ブイヤール，*ダニエルー，*リュバックらがいるが，1950年，ピウス12世の回勅 *『フマニ・ゲネリス』の発布によって，ヌヴェル・テオロジーに属しているか，あるいはひそかに共鳴しているとみなされた神学者に対する公式，非公式の圧力は頂点に達し，彼らは著作の発表を禁じられ，沈黙を余儀なくされた．今日では信じられないような密告，秘密調査などが行われるなか，ダニエルーは北アフリカに赴いて *仏教に関する研究を発表した．また，直接このグループには属していなかったが，K. *ラーナーも自分の原稿を検邪聖省の検閲のもとに置かれることになった．

【評価】ヌヴェル・テオロジーの神学者は，トマス・アクイナスの権威を否定したわけではなく，むしろ歴史的感覚によって理解しなくてはならないと考えたのであり，同様に *トリエント公会議も歴史的感覚によって読めば，豊かな洞察を発見でき，現代にとって有益となると考えた．このことはより一層，聖書解釈についてもあてはまり，教理の展開には伝統の多様性の認識が欠かせないとした．神学の源泉としての聖書や *教父の原典への回帰，*西方教会の伝統の背後にある *東方教会の伝統の重視は，やがて第2*ヴァティカン公会議の原動力となり，この公会議でコンガール，リュバック，ダニエルーは，K. ラーナーとともに顧問神学者に任命されて復権を果たした．ヌヴェル・テオロジーをめぐる緊張は，第2次世界大戦をはさむ神学者間の世代差，二つの世代の現代世界に対する感覚の大きな違いによって引き起こされたとみることができる．
【文献】LThK² 7: 1060-61; LThK³ 7: 935-37; SM (D) 3: 816-20; TRE 24: 668-75; D. BERTRAND, ed., Les pères de l'Eglise au XXᵉ siècle (Paris 1997). (高柳俊一)

ヌサイルは　ヌサイル派　Nuṣayriyya 〔英〕
'Alawites,〔独〕Nusairier,〔仏〕Nusayris　　シリア北西部の山岳地帯に住む *シーア派の一派．彼ら自身はアラウィー派('Alawīs, 'Alawiyya)と呼ぶ．9世紀に神の顕れとみなされた11代目イマーム(imām 宗主)，ハサン・アル・アスカリー(al-Ḥasan al-'Askarī, 844/47-74)の啓示の解き明かしをする「門」(bāb)であると自称したシーア派の過激派ムハンマド・イブン・ヌサイル・ナミーリー(Muḥammad ibn Nuṣayr al-Namīrī)によって創始され，初期にはナミーリー派(al-Namīriyya)として知られる．10世紀前半，ハシービー(Abū 'Abd Allāh al-Ḥusayn ibn Ḥamdān al-Khaṣībī, ?-957)によって教義が整えられる．無生物や動植物を含めての *輪廻転生，*天体崇拝，シーア派初代イマーム，アリー('Alī ibn Abī Ṭālib, 600頃-61)の神格化，*ムハンマドの教友サルマーン・ファーリシー(Salmān al-Fārisī, 生没年不詳)の重要な位置などが特徴的な教義で，南に隣接して居住する *イスマーイール派の教義との共通性も多くみられる．スンナ派(→スンナとスンナ派)による長い弾圧の歴史のため秘密主義が守られているので，この派の教典は現在も入手しにくく詳しい教義は不明の点が多い．
【文献】EI 8: 145-48; 嶋田襄平他監修『イスラム事典』

ヌース

(平凡社 1982) 60; 黒田壽朗編『イスラーム辞典』(東京堂 1983) 161-62; H. A. R. GIBB, J. H. KRAMERS, eds., *Shorter Encyclopaedia of Islam* (Leiden 1961) 453-56.

(竹下政孝)

ヌース nous *理性または*知性を意味するギリシア語．元来は猟犬が獲物の匂いを「嗅ぎ分ける」直感的な知覚を意味し，転じて意識，思考，判断，洞察，感情を含む広義の精神的作用，能力を指すようになった．機能と実体の両面をもつ概念である(*アリストテレス『霊魂論』第1巻2章).

初期ギリシア哲学において，この「知性」はしばしば宇宙全体，神とも呼ばれる(クセノファネス Xenophanes, 前 560 頃-470 頃, 断片 23-25). 法則的合理性に貫かれた大宇宙の原理と，人間の知性とを同心円的な構造で捉える自然哲学の文脈でこうした語が使われた. *ヘラクレイトスはもはや常識や博学によっては捉ええぬ「隠れた自然」への超人的洞察に究極の知の在り方を求めた(断片 40, 104, 114). またアナクサゴラス (Anaxagoras, 前 500 頃-428 頃) は物質とは原理的に独立な知性の自律性，純粋性，無限性を語る一方，物質界に働きかけて(回転)運動を惹起し，要素間の分離を促進して全宇宙を源初の混沌から現在の秩序へともたらす力動的役割を強調して(断片 12)，自然学の中心概念に据えた. しかし*プラトンは，こうした素朴な思弁では個々の自然現象の必然性や人間行為の意味を充分説明できないと考え(『ファイドン』97c)，晩年に至って*イデア論や数論を導入してさらに精緻な有機体的宇宙論を構想する(『ティマイオス』30b).

アリストテレスは，こうした先行思想が提起した多様な論点を踏まえた集約的な知性論を展開する. ヌースとは推論に基づく学問知識(〔ギ〕epistēmē)とは異なり，むしろ知識の前提となる(論証されない)公理を一種の帰納(epagōgē)によって把握する直観的な知であるとする(『分析論後書』第2巻19章). 自然学的には，人間を動物から区別する「思考し判断する魂の部分」の機能は感覚との類比で究明される. すなわち知性は感覚と違って，特定の身体部位に定位される器官をもたず，しかも*形相を受容することであらゆる思考対象に同化する受動的性格をもつ. だがもう一方で，色が実際にみえるためには*光が必要なように，可能性にとどまる*質料的な知性を現実にもたらす能動的な知性が要請され，これだけが身体から分離される不死で永遠な存在であるとされる(『霊魂論』第3巻4-5章). 神とは知性が自己を対象とする純粋永遠の活動(noēsis noēseōs)なのである(『形而上学』第12巻9章). このようにヌースには思考作用(noein, noēsis)と思考対象(noēma, noēta)の両極が区別されることから，*新プラトン主義では根源的な「一者」から流出する第2格の「実在」(hypostasis)で，魂を産み出すとされる(*プロティノス『エネアデス』6. 9. 2; 5. 1. 5).

*能動理性(〔ラ〕intellectus agens)をめぐるアリストテレスの記述はごく簡潔であり，*霊魂の不死性や個別性に関する幾多の論争が生じた. 特にアラビアの*アヴェロエスの解釈が流入した12世紀以降の西欧中世で，アリストテレス自然学とキリスト教神学の調停をめぐってブラバンの*シゲルス，*トマス・アクィナスなどを巻き込んだ大規模な論争が知られている.

【文献】アリストテレス『霊魂論』アリストテレス全集 6，山本光雄訳 (岩波書店 1968); プラトン『ティマイオス』プラトン全集12，種山恭子訳 (岩波書店 1975);『プロティノス全集』全4巻，水地宗明，田之頭安彦訳 (中央公論社 1986-88); トマス・アクィナス「知性の単一性について」『トマス・アクィナス』中世思想原典集成14，水田英実訳 (平凡社 1993) 504-83; K. リーゼンフーバー『中世哲学の源流』村井則夫他訳 (創文社 1995); 内山勝利編『ソクラテス以前哲学者断片集』全6冊，国方栄二他訳 (岩波書店 1996-98): H. DIELS, W. KRANZ, eds., *Die Fragmente der Vorsokratiker*, 3 v. (Berlin⁶1952).

(荻野弘之)

【新約聖書】新約聖書では，ギリシア思想におけるほどヌースという語が頻繁に使用されているわけではない. わずか24回，うち*パウロの手紙に引用を含めて21回みられる. 使用頻度が低いのは*七十人訳聖書でも同様である(31回). それはヌースという語が，精神的諸活動・作用を司るヘブライ語の*心(レーブ)に充分に対応せず，人間の心身を二元的に捉えない，またその諸活動・作用を峻別しないヘブライ的な思想の特質のためであろう. これについては新共同訳聖書の多様な訳語をみるだけでも推測できよう. ヌースとは，人間の「思い」(ロマ1: 28; コロ2: 18)，「考え」(エフェ4: 17)，「精神」(1テモ6: 5)，「知性」(テト1: 15)，「心」(ロマ12: 2; 1コリ1: 10. さらにロマ7: 23, 25参照)，「理性」(1コリ14: 14-15, 19)，「人知」(フィリ4: 7)，「分別」(2テサ2: 2)，賢さや知解 (ルカ24: 45; 黙13: 18; 17: 9参照)や「心の確信」(ロマ14: 5)であり，そして神やキリストの「心」「思い」(ロマ11: 34; 1コリ2: 16)となる. また，ヌースという語がパウロの手紙に集中するのは，*原始教団とギリシア思想の相克の反映，ないしはパウロによる信仰と知識の調和の試みといえよう.

【文献】NIDNTT 3: 122-30; TDNT 4: 948-60.

(石川康輔)

ヌスバウム Nußbaum, Otto (1923. 7. 1-) ドイツのカトリック典礼学者. *ケルンに生まれる. 1957年学位取得. 1963年，ボン大学教授資格取得，1965年よりボン大学教授. 典礼史研究および，共同司式，手による*聖体拝領，新しいミサの*奉献文など典礼刷新に伴う典礼神学上の諸問題に精力的に取り組んでいる.

【主著】*Kloster, Priestermönch und Privatmesse*, 1961; *Liturgiereform und Konzelebration*, 1966; *Die Handkommunion*, 1969; *Lektorat und Akolythat*, 1974; *Die Aufbewahrung der Eucharistie*, 1979.

【文献】キ人 1034.

(石井祥裕)

ぬすみ 盗み 〔英〕theft, 〔独〕Diebstahl, 〔仏〕vol 他人が所有するものを奪い取ること. 私有の観念の発生とともに古くからあった行為で，法的権限なしに，他人の財産や事物を不法に(ひそかに，相手の意図に反して)自己のものとすることであり，他人に不正義を働く悪の行為である. このような行為が実力行使，また威嚇のもとでなされる場合，それは強盗である. 単なる盗み，着服，売買の際のごまかし，窃盗などはすべてこの範疇のなかの犯罪行為である.

盗みの行為がどう扱われるかは，その社会の所有観念と深く関わっている. *トマス・アクィナスはそれゆえ，盗みが成立することの前提として，所有権の確立が重要なものであるとするのである(→所有制度).

盗みは本来重い罪とされてきた. *十戒の掟のなかで

「汝盗むなかれ」(出20:15)という掟が，神からの掟とされているように，この行為は人間に対する不正であるばかりか，神に対する不正行為ともされる．新約のなかでも盗みは，神との関係のなかで捉えられている．パウロはこの犯罪を「神の国を受け継ぐことのできない」(1コリ6:10)罪，また「神の聖霊を悲しませる」(エフェ4:30)ことに数えており，さらにペトロは「人殺し」と同じ(1ペト4:15)罪とみなしている．

盗みの罪が重いのは，それが一方的に他人の権利を侵すことであり，交換的 *正義の侵犯でもあり，さらに公共の *福祉を棄損するからである．盗みにより人間の信頼と安全は危険にさらされ，国家は防御施設や法的施設を増やすために多額の金を費やすことになる．また，無数の争い，対立，不信，疑惑，悲惨，*自殺などの問題も生じてくるのである．トマス・アクィナスがいっているように，他人の財産に対する不正の罪は，*愛に反する罪ゆえに重いものである．

盗みに関する倫理神学上の問題点は，量的にみて *大罪か *小罪か，さらに正義という観点からみて，他人の権利だけでなく自己の権利を守るために行われる盗みに匹敵する行為をどのように解釈するかという問いである．*戦争や *飢餓，*貧困という社会状況のなかでこのような問題が生じてくる．そのためには，被害者，または社会の妥当な意思が，所有権の侵害を絶対的に拒否すべきことであるという共通理解をもっているか，あるいはその行為を重大でなく，完全に非難されるべき侵害行為と考えていないかを考慮すべきであろう．

また，財産侵害一般の罪の軽重の評価のためには，次のことを考慮すべきともいわれる．(1)隣人に対する損害の大きさ．(2)起こりうる精神的損害(被害者の被害意識)．(3)見越される結果(激高，不信，誹謗，敵対)．(4)公共の福祉に対する損害(法的安全性の侵害，公的信頼の失墜，治安機関や法的機関の動員の必要，家宅捜査の必要)．(5)動機(所有欲，怠慢，故意，嫉妬，憎悪など)．

【文献】NCE 14:8; トマス・アクィナス『神学大全』(II, 2, q. 66) 18, 稲垣良典訳(創文社 1985) 201-29; B. ヘーリンク『キリストの掟』4, 岳野慶作他訳(中央出版社 1974) 378-80: B. HÄRING, *Das Gesetz Christi* (Freiburg 1957); O. VON NELL-BREUNING, "Wo Diebstahl salonfähig wird," *Die neue Ordnung*, 16 (1962) 98-103.

(満留功次)

ヌタン → ニュタン

ヌーディズム 〔英〕nudism, 〔独〕Nudismus, 〔仏〕nudisme 一般に健康や快適さを理由に衣服を着用せずに全裸になって歩行すること．通常では，異性同士が自由に，性的な活動には入らずに，相互に関わる社会的な実践を意味する．20世紀初頭のドイツで起こったこの実践の起源(裸体主義，〔独〕Nacktkultur)は，19世紀終わりのとりわけ性的なことに関して厳格な道徳的態度への反抗と符合するものであった．

*創世記の *人祖誕生の物語では，*蛇の誘惑による *原罪以前の *アダムとエバは互いの裸を恥ずかしがらなかった．また，古代ギリシア世界にあっては，健康で均整のとれた，理想化された裸体の積極的な表現への志向がみられた．そこで裸体表現を忌避するキリスト教中世においても，罪深い性的欲望の克服を意図して，自らの楽園的完全性を誇示すべく裸で礼拝に集まった *アダム派と呼ばれる分派もあったことが想起される．しかし一般には，あえて裸体表出する者は異端的なものと結びつけられがちであった．

ところで近代のヌーディズムは，都市生活の煩わしさから離れた環境で，全裸になって野外生活を享受しようとする自然回帰運動として現れた．これは，第1次世界大戦後にヨーロッパ中に広まり，1930年代の北米で体制化されたが，アメリカ合衆国とカナダにおいては，その実践は人目を避けたわずかな野営地や海浜に限定されていた．そしてこれらの野営地などの雰囲気は，一般に故意に非官能的で，たいていは厳しい行為規則によって管理されている．

20世紀の後半には，さまざまな度合いの公然とした裸体の露出がますます一般的になってきたが，ヌーディズムはいまだに，広くは受け入れられていない．家族ぐるみの参加も時折みられるが，たいていの裸体主義者は成人である．ヌーディズムを実践する成人たちは，心理的に健全であると思われてきたが，子どもたちへのヌーディズムの衝撃は，心理学者たちの間で論議の主題になっている．

(中村友太郎)

ヌニロとアロディア Nunilo, Alodia (?-851. 10. 21/22) 聖人(祝日10月22日，モサラベ典礼暦では10月21日)，おとめ殉教者(姉妹)．イスラム政権下のスペインのウェスカ(Huesca)またはラ・リオハ(La Rioja, 現ログローニョ Logroño)の出身．イスラム教徒の父とキリスト教徒の母の間に生まれ，ウェスカのアラビア人総督から棄教を命じられつつも従わなかったため同地で斬首された．*聖遺物はサングエサ(Sangüesa)に納められている．ログローニョでは古い伝承に基づき10月27日に二人を記念する盛大な祭りが祝われる．

【文献】BSS 9: 1081-82; LThK² 7: 1070. (久野暁子)

ヌネシュ・バレト Nunes Barreto, Melchior (1520頃-1571. 8. 10) キリシタン時代のイエズス会東インド管区長．ポルトガル北西部ポルト(Porto)の出身．1536-38年 *コインブラ大学で法律を学び，博士号を取得．1543年に *イエズス会に入会し，説教師として働いた．1551年インドへ派遣され，*フランシスコ・ザビエルによりバセイン(Bassein)のイエズス会学院長に任ぜられた．1553年東インド管区長となり，1554年4月から57年2月にかけて東インドに属する極東の視察を行った．1556年(弘治2)7月初旬から11月中旬まで *府内に滞在し，その間，*ガゴの行った宗教用語改革を承認し，自ら教義書『二十五箇条』の編集を行った．1557年11月にインドに戻り，*コーチンの院長を務め，1558年以降は *ゴアに移った．

【文献】J. F. SCHÜTTE, *Monumenta Historica Japoniae*, 1 (Roma 1975). (尾原悟)

ぬまざわきいち 沼沢喜市 (1907. 6. 1-1980. 2. 18) 民族学者，*南山大学第2代学長．

山形県東村山郡豊栄村(現在の天童市)に生まれ，1926年(大正15)に *上智大学哲学科に入学し，同年受洗．3年次に中退して，金沢に移り *神言修道会の神学生となる．1931年(昭和6)8月ドイツの *ボン郊外の神言会聖アウグスティノ大神学院に入学．1938年9月に司祭叙階．同年10月ローマの *グレゴリアナ大学神学部修士課程に進学．翌年6月神学修士号取得後，スイスの *フリブール大学に移って，W. *シュミット博士らの指導

のもとに *民族学, 先史学, 近代哲学史を研究. 1946年12月, 哲学博士号を取得. 引き続きフリブールのアントロポス研究所員として研究に従事した.

戦後の名古屋に南山大学設立の動きが始まると, 1948年に神言会日本管区に任命され, 同年秋に英国に移って英会話を学ぶ. 1949年6月, 18年ぶりに帰国して南山大学教授, 同時に文学部長に就任. 1952年まで哲学史を, その後は1965年まで民族学を教えた. 1945年9月に南山大学人類民族学研究所が設立されると, その初代所長(1954まで)にも就任した. 1951年5月, 日本神話の研究でカトリック文化賞を受賞し, 同年9月文学部長を辞して副学長に, 1957年4月第2代学長に就任したが, 1959年神言会総長の命令により, 文学部の中国語中国文学科の学生募集を停止し, 1962年3月で同学科の廃止を余儀なくさせられたことにひどく苦しむ. 学長在任中に南山大学は経済, 外国語, 経営の3学部を増設して大きく発展し, 1964年3月に山里町の現在地に移転した. 1966年東ニューギニアを学術調査, 1972年3月, 5期15年間務めた学長を退任. 翌年定年退職して大阪学院大学教授に就任. 著書に博士論文であった『日本神話における世界の始まり』(Die Weltanfange in der Japanischen Mythologie, 1946), 共著『キリストと世界の宗教』(Christus und die Religionen der Erde, 1951), 『ニューギニア・ピグミー探検』(大陸書房 1969)があり, その他, ドイツ語, 日本語で学術論文を発表した.

(青山玄)

ヌミノーゼ Numinose

【用語】R. *オットーが主著『聖なるもの』(1917)のなかで宗教経験の特質を記述するために用いたドイツ語の術語. ラテン語で神々やその力を意味する numen に基づき, その形容詞形をさらに名詞化したもの. すでに*ヘルンフート派の宗教家 *ツィンツェンドルフは, 宗教の特質を sensus numinis (ヌーメンの感覚)にみたが, オットーはこれを受け, さらに宗教の本質を「絶対依存の感情」とした*シュライエルマッハーの思想とも結びつけながら, 独自の形で展開した. 特にこうした感覚を構成するさまざまな契機を, 単に*キリスト教や*ユダヤ教のみならず, インドの諸宗教などをも含めた幅広い宗教史の資料に目を配りつつ, 詳細に分析したことはその功績といえる. 彼はこれにより, 道徳や思弁などの人間精神のその他の領域に還元されえない宗教の独自性をはっきりと打ち立てることに成功し, 宗教をめぐるその後の理論的な考察に大きな影響を与えた.

【ヌミノーゼの内容】「神の理念における非合理的なものとその合理的なものとの関係」という上記の書の副題が示すように, ヌミノーゼは何よりも非合理性を特徴とする. 例えばキリスト教で神を「聖」と呼ぶとき, それは普通 *全知・*全能・*最高善・*慈しみの充溢など, 精神的ないし倫理的な価値の総体と解されることが多い. しかし, オットーによれば, これは歴史の展開のなかで起こった合理化のためであり, もともと人が神に対してもつのは名状し難い神秘の感情だったのである. 神=聖に二次的に付け加えられた, これらの合理的な賓辞を取り去ったとき残る, その核心ともいうべきものがヌミノーゼにほかならない. つまり, それは合理的要素を差し引いたところの聖と定義することができる. この非合理的なヌミノーゼに対して人が感じるのは, その圧倒的な力に比してほとんど無に等しいという自らの無力なのである.

このように, ヌミノーゼは何にもまして神秘(mysterium)と感じられるが, 少し立ち入ってみると, この神秘感にはさらに幾つかの契機が含まれていることがわかる. それは, 一方では人を寄せつけず, 畏怖を引き起こさずにはおかない恐るべきもの(tremendum)であるとともに, また他方では, 限りなくひきつけ魅惑するもの(fascinans)でもある. 畏怖の感情は, さらにぞっとするような気味悪さや, 溢れるばかりの圧倒的な力などの要素からなり, 例えば*神の怒りの観念となって結晶する. 他方, 魅惑の要素は, 未開の宗教の素朴な宥和儀礼から高度の救済宗教にみられる神の恩寵(→恩恵)の観念などのなかに, つねに底流として流れている. これらの相反する反応を呼び起こす「対立調和」こそ, ヌミノーゼの最も著しい特徴である, という.

【解釈の問題】オットーは, 天才的とも評される鋭い直観によってヌミノーゼの内容を鮮やかに描き出したが, その論述がときに誤解に導いたのも事実である. とりわけ, 神体験における非合理的な面を強調したことから, その立場はしばしば非合理主義とみなされてきた. 確かに彼が取り上げたヌミノーゼの要素は, 高度の文明社会の宗教では覆い隠されがちな宗教体験の基層を掘り起こしたものともいえる. しかし彼は, 単にこの面のみを重視して倫理的・合理的な面を無視したのではなく, むしろ両方が有機的に結びついているところに, キリスト教の優越性があるとする. このことは, 彼が基本的には近代の合理主義の流れにつながるキリスト教神学に立脚していたことを示すものであろう.

【文献】宗教学辞典 593-95; RGG[3] 5: 1543-45; R. オットー『聖なるもの』山谷省吾訳(岩波書店 1968): R. OTTO, *Das Heilige* (Leipzig 1917).

(田丸徳善)

ね

ネアンダー Neander, Johann August Wilhelm (1789. 1. 17-1850. 7. 14) ドイツのプロテスタント教会史家．ゲッティンゲン（Göttingen）に生まれる．ユダヤ人で，元の名はダヴィド・メンデル（David Mendel）．*シュライエルマッハーの感化を受けて1806年にキリスト教に改宗し，改名．最初は思弁神学に関心をもったが，やがて教会史を専攻，G. J. *プランクのもとで学ぶ．1813年からは終生*ベルリン大学教授として教会史を教えた．教会史は*信仰心の歴史であり，教会史叙述は信仰を純粋にすることを目指すとした．また「神学するのは心である」（［ラ］Pectus est, quod theologum facit）と主張し，そこから神学を構成した．彼の教会史の著述は豊かな史料を含み，判断力に欠けるとの評価も受けたが，後世に大きな影響を与えた．
【主著】*Über den Kayser Julianus und sein Zeitalter*, 1812; *Bernhard von Clairvaux*, 1813; *Johannes Chrysostomus*, 1822; *Tertullian*, 1824; *Allgemeine Geschichte der christlichen Religion und Kirche*, 4 v., 1825-36; *Werke*, 14 v., 1862-75.
【文献】キ人1035; RGG³ 3: 1388-89; LThK³ 7: 713-14; TRE 24: 238-42. （高橋章）

ネイヴ ［英］nave, ［独］Langhaus, ［仏］nef
（1）身廊部，外陣．広義には聖堂の扉口から*内陣あるいは*トランセプトに至るまでの，原則として一般*信徒に開放された部分を指す．船を意味するラテン語のナーウィス（navis）を語源とし，これはキリスト教会を*神の国に導く船に譬えたことに由来するといわれる．
（2）身廊．狭義には身廊部・外陣中央の特に天井が高く，幅の広い空間のみを，その両側の部分（*側廊）と区別するために用いられる．ドイツ語では，ミッテルシッフ（Mittelschiff）．
【文献】新潮美術辞典749-50. （守山実花）
【典礼との関係】初期の*バシリカでは，*祭壇は身廊の前方の2本の柱の間に置かれていた．後方にある内陣と身廊（両脇に翼廊がつくこともある）とで，祭壇を囲む奉仕者と*会衆（一般信徒）からなる*神の民の姿が表現された．ところが，代表的なバシリカの一つである*サン・ピエトロ大聖堂では，教皇*グレゴリウス1世によって改築された際に，*ペトロの墓の真上に祭壇が築かれ，祭壇の置かれる*アプスも高くなり，*信徒席である身廊との間には距離が生じた．この形態が後の中世以降の教会堂建築のモデルとなり，一般にアプスと身廊との間は隔たり，その中間域に聖職者・修道者の席が設けられたり，アプスと身廊とを分ける*内陣前仕切りや柵が造られるようになった．現代では，このような形式は，典礼の刷新とともに変化し，克服されつつある．→教会堂建築
【文献】土屋吉正『典礼の刷新』（オリエンス宗教研究所 1985）399-450. （石井祥裕）

ネイロス〔アンキュラの〕 Neilos (?-430頃) 聖人（祝日11月2日），アンキュラの修道士，神学者．ビザンティン皇帝*テオドシウス1世治下で*コンスタンティノポリスの総督を務めていたが，*ヨアンネス・クリュソストモスと出会い弟子となり，*アンキュラ郊外に修道院を設立，院長を務める．彼の名のもとに残されている作品は数多くあるが，ポントスの*エウァグリオスの異端的著作がネイロスのものと誤認されたり，同名の人物と混同されたりしたため，彼自身の作と特定できるものは少ない．
【文献】キ人1032; A. P. KAZHDAN, ET AL., eds., *Oxford Dictionary of Byzantium*, v. 2 (New York 1991) 1450. （高橋佳代子）

ネイロス〔グロッタフェラータの〕 Neilos (910-1004) 聖人（祝日9月26日），大修道院長．イタリア南部カラブリアの町ロッサノ（Rossano）の貴族出身．優れた教育を受け，恵まれた結婚をしたが，まもなくロッサノ司教区の聖職者の道に進み，メルクリオン（Mercurion）近くの聖バシレイオス修道院に入る．修道士たちとともにアラブ人の侵入の嵐を避けてロッサノに帰り，町の北にサン・アドリアノ修道院を創立した．やがて高位聖職への就任要請を固辞して*モンテ・カッシーノに身を隠しつつ，諸修道院の*霊的指導に献身した．
　晩年，ローマの南東20km離れた幽寂の丘*グロッタフェラータにビザンティン典礼をもって祈るサンタ・マリア修道院を創建した．同修道院聖堂は1024年12月17日教皇*ヨアンネス19世によって献堂された．教皇*ピウス11世は1937年9月26日にこれを名義大修道院に昇格させた．ネイロスは，ヌルシアの*ベネディクトゥス，アンキュラの*ネイロスや使徒*パウロに捧げた賛歌，イタリア・ギリシア書体の書簡を世に残し，修道生活の知恵を告げ続け，フラスカティ（Frascati）で没した．グロッタフェラータの*バルトロマエウスによるネイロスの伝記は中世イタリアの霊性文化史上の貴重な史料であり，また皇帝*オットー3世の歴史像を示す文献となっている．
【文献】LThK² 7: 871-72; LThK³ 2: 57-59; 4: 1066-67; PL 120: 15-165; ActaSS, Sept. 7 (1867) 259-320. （鈴木宣明）

ネイロス〔ロッサノの〕 → ネイロス〔グロッタフェラータの〕

ネイロス・カバシラス Neilos Kabasilas (1298頃-1361) 東方教会の神学者．テサロニケの司教*パラマスとともに*ヘシュカスモス（静寂主義）の立場をとり，ヘシュカスモスを認める教会会議(1351)の教令を作成し，反対する*ニケフォロス・グレゴラスに対して反駁書を書く．西方教会に対しても論戦をはり，*トマス・アクィナスの神学を反駁する書を書く．彼の聖霊発出論

ネウマ

(→ 聖霊発出論争) は *フィレンツェ公会議に影響を与えた.
【文献】LThK² 7: 872. (英隆一朗)

ネウマ 〔ラ・伊〕neuma, 〔英・仏〕neume, 〔独〕Neume
ネウマとは旋律の動きが直線, 曲線などで書き記されていた記譜法上の記号である. これは, *グレゴリオ聖歌や *ギリシア正教会聖歌等の記譜法として使用された記号を指すが, 広義にはインド, 中国および日本の声明等の音楽記号を含める場合もある.

【総論】〔語源〕最初はギリシア語に由来する意図仲介の「合図」として使用(4世紀)されたが, 8世紀から特定の「旋律」を意味するようになり, さらに 9 世紀頃から音符を書き記す用語となった. さらに 10 世紀には, 現在知られているような, 旋律を示す図形的記号として用いられ, また, そうしたネウマの一覧表を含む著作も現れるようになった. 普通にいうネウマとは, これである.

初期のネウマは, 歌詞の上へ書き加えられ, 旋律の相対的な高さやリズムを示していたが, その後, 水平線の上下に書くことで旋律を一層明確に示す方法が支配的となり, しだいに近代的な記譜法へと変化していった.

〔起源〕ネウマの起源には諸説があるが, *スニョルやユグロ (Michael Huglo, 1921-) によると, (1)ビザンツ音楽の記譜法から生じた, (2)タアミンやティロの記号から, (3)アクセント記号から, (4)発音弁別記号から, (5)指揮する手の動きから生じた, 等の諸説が示されている. ともあれ, アクセントなど文法的な記号を基礎とし, 指揮する手の動きなどが互いに作用し合って起こったものかもしれない.

〔ネウマの意義〕グレゴリオ聖歌の旋律がネウマで書き留められた聖歌集は 10 世紀頃から登場する. それらは最も古い音楽資料であるため, 聖歌の源泉状態を探る貴重な資料である. とりわけリズムの解明にあたって, 重要な役割を演じる. 旋律事情を解き明かすには, 12 世紀頃から登場する音高明示(〔英〕diastematic) システム・ネウマの写本が重要な手だてとなる.

グレゴリオ聖歌の本源的な姿を探るには, 10 世紀頃からの最古ネウマ資料による研究が主であり, 12 世紀頃から始まった音高明示システム・ネウマの資料による研究がそれを補っている.

【種類, 分布と特徴】〔種類〕ネウマ記譜法は, ローマ時代のガリア地方行政区を考慮して設けられた司教区の境

図 1 ネウマの種類

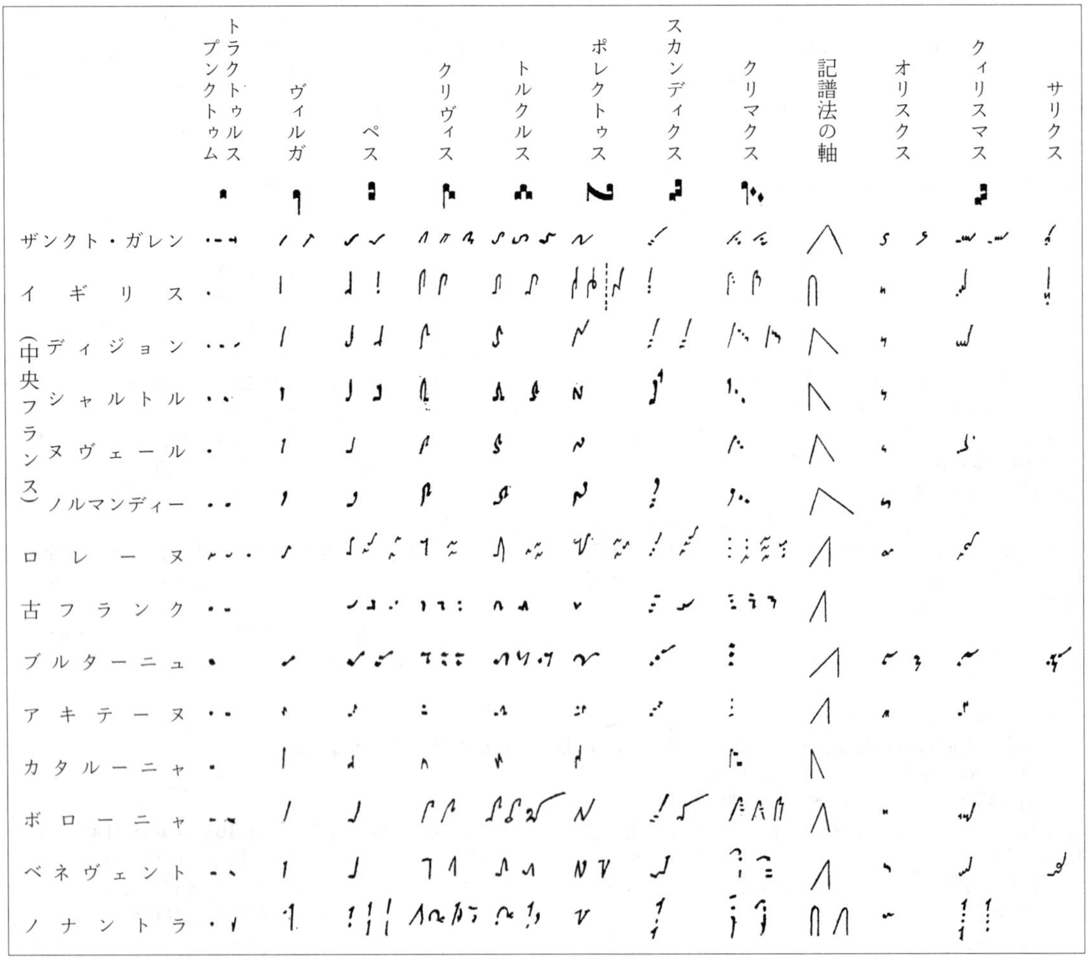

S. コルバン『ネウマ』(Die Neumen, 1997) による.

界，したがって民族区分の境界が，類別の基礎となっている．

ネウマの種類を，コルバン（Solange Corbin de Mangoux, 1903-73）は著書『ネウマ』で図1のように分類している．

〔分布〕ネウマ記譜法の分布を *ソレームの研究所は図2のように示している．

図2　ネウマ記譜法の分布

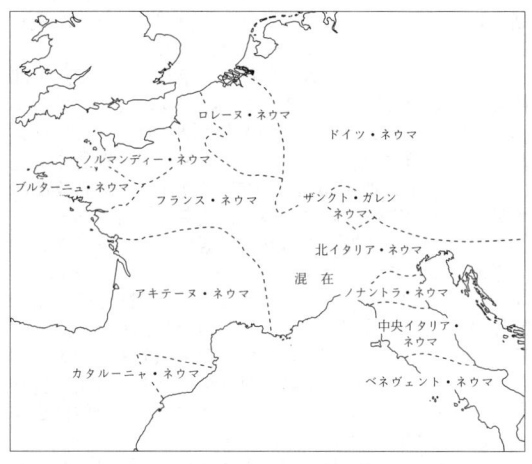

サン・ピエール・ド・ソレーム大修道院編『ローマ典礼聖歌集』(Abbaye Saint-Pierre de Solesmes, La Graduel romain, 1957-).

〔各ネウマの特徴〕聖歌の本源的な姿を探る研究は図1にみられるような各種のネウマで記譜された，あらゆる資料の比較研究の上に成り立っている．

*ザンクト・ガレン初期のネウマ写本は精密に記譜されており，「ザンクト・ガレン359」（Sankt Gallen 359）および「アインジーデルン121」（Einsiedeln 121）両写本は，最も重要な資料である．ドイツ語圏および東欧諸国は，それらを受け継ぎゴシック化が進んだ．フランス各地には古フランクの流れを汲むブルターニュ，最も重要視されている写本「ラン239」（Laon 239）を代表とするロレーヌ系の諸資料，音高明示の先駆的な *アキテーヌ，そして中央部のフランス系ネウマの4種に大別される．

イタリアでは各地のネウマが混在しているが，南イタリアのベネヴェント・ネウマは旋律を確かめるうえで最も重要な資料である『ベネヴェント参事会図書館VI-34』（Benevento, Bibl. Cap. VI-34）などを擁している．イタリア中部・北部のネウマはフランスの影響を受けており，ノナントラ（Nonantla）は他に類例のない独特のネウマとなっている．イギリスではコルビー（Corbie）との交流のうちに作られたネウマが独自性を保っている．イベリア半島には *モサラベ聖歌のための独特のトレド・ネウマがある．*カタルーニャはアキテーヌ，フランス両ネウマと西ゴートの3種の混合である．

〔ネウマ研究の将来〕第2*ヴァティカン公会議の『典礼憲章』が聖歌の規範版を待望している通り，より一層源泉に基づく本源的な姿が望まれている．そのため，資料批判が示す重要写本である「ザンクト・ガレン359」と「ラン239」の両ネウマが，現行聖歌集に書き込まれた『ミサ聖歌集　三古楽譜併記版』（Graduale Triplex）が1979年に刊行され，教会音楽関係者必携の聖歌集となっている．

【文献】E. カルディーヌ『グレゴリオ聖歌セミオロジー』水嶋良雄訳（音楽之友社 1979）: E. CARDINE, Semiologia Gregoriana (Roma 1968); P. WAGNER, Neumenkunde. Paläographie des liturgischen Gesanges (Leipzig 1912); G. SUÑOL, Introduction à la paléographie musicale grégorienne (Paris 1935); LES MOINES DE SOLESMES (J. HOURLIER), La Notation Musicale des Chants Liturgiques Latins (Solesmes 1960); C. FLOROS, Universale Neumenkunde (Kassel 1970); S. CORBIN, Die Neumen, Paläographie der Musik (Köln 1977).

(水嶋良雄)

ネオ・オーソドクシー　Neo-Orthodoxy 1920年代にプロテスタントを中心にヨーロッパで起こった神学運動は K. *バルト，*ブルンナー等に率いられ，*弁証法神学，「神の言葉の神学」あるいは「危機神学」とも呼ばれるが，これが英米圏において受容され，しばしばネオ・オーソドクシー（新正統主義）と呼ばれた．R. *ニーバー，*ティリヒ，ベネット（John Coleman Bennett, 1902-95）等が代表的である．こう呼ばれるときは特に神学的 *自由主義との関係が意識されている．19世紀の *自由主義神学においてはキリスト教はヨーロッパの進歩的楽天主義，政治的発展，理想主義的思想と結びついた文化的宗教であったが，第1次世界大戦によって起こった西欧文化に対する危機意識と *悲観主義はキリスト教と *文化との結合を疑わせ，文化を超越したところにキリスト教の基盤を求めさせることになった．これに応じてネオ・オーソドクシーの神学的傾向は福音と文化の断絶，社会や歴史や文化における神の内在の否定に置かれ，神の超越性や絶対性，人間の罪性が強調された．人間の歴史を切断し，神の危機をもたらす神の特別な上からの時（カイロス）が神の *恩恵の時である．神の恵みに応じるのは自然的人間の *理性ではなく，人間の *信仰である．宗教的人間ではなく，*神の言葉の *受肉（*イエス・キリスト）が，自然ではなく恩恵が，理性ではなく信仰が再発見され，強調される．これは神学的な動機からいって，*宗教改革の源泉への立ち帰りでもあって，ここに新正統主義の呼び名が与えられた理由がある．この神学運動はしかし反動的なファンダメンタリズム（*根本主義）と同一ではなく，聖書の研究や教義の理解において歴史学の成果を取り入れ，教会と政治や社会への関心において自己保存の壁を越えようとしている．

【文献】R. ニーバー『キリスト教人間観』武田清子訳（新教出版社 1951）: R. NIEBUHR, The Nature and Destiny of Man, 2 v. (New York 1941-43); P. ティリッヒ『ティリッヒ著作集』全10巻，別巻3巻，古屋安雄他訳（白水社 1978-80）: R. ニーバー『道徳的人間と非道徳的社会』大木英夫訳（白水社 1998）: R. NIEBUHR, Moral Man and Immoral Society (New York 1932).

(寺園喜基)

ネオ・カイサレイアきょうかいかいぎ　ネオ・カイサレイア教会会議　〔ラ〕Synodus neocaesarensis 古代小アジア北部の海岸地帯ポントス地方のネオ・カイサレイア（Neo Kaisareia）で314-25年に開催された *教会会議．アンティオケイアの司教ヴィタリス（Vitalis, 在職313-318/19）を議長に17人の司教たちによって開かれ，ラテン語とギリシア語による記録が現存する．聖職者の倫理，結婚と性の倫理，*洗礼志願者の指導等に関して取り扱い，15の規定を定めた．ネオ・カイ

ネオカテクメナート

サレイア教会会議の規定の一部は *東方教会の *教会法のなかに取り入れられている．
【原典】Mansi 2: 539.
【文献】LThK² 7: 876; NCE 10: 320. （高松誠）

ネオカテクメナート → 新求道期間の道

ネオ・カルヴィニズム 〔英〕Neo-Calvinism, 〔独〕Neo-calvinismus, 〔仏〕néo-calvinisme 19世紀オランダで *カイパーによって唱えられた主張．17世紀に *カルヴァンの *予定論を中心に論理を構成した旧 *カルヴィニズムと違い，これは政治や文化一般を包む世界観的原理であろうとし，近代 *自由主義の克服を目指す．カイパー自身イングランド国教会（→ 聖公会）から分離した牧師であるが，政党を率いて一時期オランダ国首相を務め，自由大学を創設して学問の全分野にカルヴィニズムの原理を具現しようとした．文化の神学的基礎づけとして一般 *恩恵が重視されるが，それを批判して *キリスト論を基礎としようとする人もある．アメリカ合衆国ではキリスト改革派に共鳴者が多い．
【文献】RGG³ 4: 1399-1400; A. カイパア『カルヴィニズム』上田丈夫訳（長崎書店 1940）: A. KUYPER, Calvinism (Amsterdam 1899); K. スキルダー『キリストと文化』山中良知訳（すぐ書房 1974）: K. SCHILDER, Christus en Cultuur (Franeker 1948); H. DOOYEWEERD, A New Critique of Theoretical Thought, 4 v., tr. D. FREEMAN, W. S. YOUNG (Amsterdam 1953-58); J. D. BRATT, Dutch Calvinism in Modern America (Grand Rapids 1984). （渡辺信夫）

ネオト Neot （?-900頃） イングランドの聖人（祝日7月31日）．叙階後，イングランド南西部のグラストンベリ修道院から西部のコーンウォール（Cornwall）へ移り *隠修士として暮らす．*アルフレッド大王の友人であるとの伝説もある．ハンティンドンシャー（Hantingdonshire）の聖ネオト修道院で崇敬されるネオトと同一人物かどうかは争われている．同名の聖人が二人おり，一方がコーンウォール出身のケルト人，他方はアングロ・サクソン人だったことも考えられる．
【文献】LThK² 7: 877; NCE 10: 337-38; ODCC³ 1137. （相原優子）

ネオ・トミズム → 新トマス主義

ネオ・プラトニズム → 新プラトン主義

ネオ・プロテスタンティズム → 新プロテスタント主義

ネオ・マルキシズム 〔英〕Neo-Marxism *マルクス主義は第1次世界大戦終結時から新しい方向へと広がり始め，特に第2次世界大戦以後は西側諸国からさらに全世界へと浸透した．現在では次のような四つのマルクス主義が存在している．(1) 中国，朝鮮民主主義人民共和国，ヴェトナム，キューバなど，*社会主義社会の強制的マルクス主義正統派．(2) ラテン・アメリカ，アフリカ，東南アジアの大部分において，経済的搾取に立ち向かうための精神的支柱および社会分析の道具として使われているマルクス主義．(3) グラムシ（Antonio Gramsci, 1891-1937）の考えを利用して，議会における多数派への妥協を正当化する，日本および西欧の共産党の実用的マルクス主義．(4) 政治からはかけ離れた場所で，哲学的疑問や問題に没頭する西欧のマルクス理論家やマルクス評論家．ある意味では，最初のグループを除いたすべてがネオ・マルキシズムといえる．

厳密にいえば，*ルカーチの『歴史と階級意識』(1923) がネオ・マルキシズムの始まりである．*メルロ・ポンティの『弁証法の冒険』(1955) によると，歴史的唯物論の *科学主義および客観主義的解釈とは対照的に，新しい西洋のマルクス主義は歴史の付帯現象として扱われない主観性を含むものとなった．1921年にイタリア共産党を創始したグラムシは獄中の手記のなかで，上部構造の役割を分析し，知識階級および支配文化の果たすべき決定権と労働者の意識変化を強調した．そこに含まれる宗教，特に歴史上のローマ・カトリック教会の支配的役割，および彼が探し求めていた知識・道徳的改革の雛型である *宗教改革についての論考は独特である．

このマルクス主義にみられる主観性は *フランクフルト学派によって受け継がれた．*アドルノ，*ホルクハイマー，*マルクーゼ，*フロムなどは，*精神分析に深く影響され，正統的なマルクス主義の政治経済観から，K. *マルクスの『経済学・哲学草稿』(1844) に基づいた，ブルジョア文化の全般的な批判やマルクス主義哲学の人間中心主義的解釈に移行し，孤立・自由・物体化を中心に論考を展開した．

一方，フランスにおいてマルクス主義は科学として捉えられ，また *構造主義の影響を受けている．*アルチュセールは科学の相対的自律性を強調し，成熟したマルクス主義はイデオロギーではなく科学であるべきだとしている．

この変わりつつある思潮のなか，*実存主義と *人間中心主義および第2 *ヴァティカン公会議によって打ち出された新しい方向性の影響下に，その神学がより開かれたものとなったキリスト教と，人間主義や哲学にも関心を示す新しいマルクス主義との間で対話がなされた．この対話はガロディ（Roger Garaudy, 1913- ）等によって取り上げられたが，残念ながら，あくまでも観念的なものに終始し実践に移されることはなかった．

近年では，決定権を相当に分散化し，市場を基底とする新しいマルクス主義的な経済体系は，シク（Ota Sik, 1919- ）およびウッツ（Arthur Utz, 1908- ）等により徹底的に吟味されている．
【文献】R. A. GORMAN, ed., Bibliographical Dictionary of Neo-Marxism (Westport, Conn. 1985); H. マルクーゼ『エロス的文明』南博訳（紀伊國屋書店 1958）: H. MARCUSE, Eros and Civilization (Boston 1955); R. ガロディ『対話の価値—新しい社会主義のために』（サイマル出版会 1968）: R. GARAUDY, De l'anathema au dialogue (Paris 1965); E. フロム『マルクスの人間観』樺俊雄，石川康子訳（合同出版 1970）: E. FROMM, Marx's Concept of Man (New York 1961); R. ガロディ，C. グレイマン『マルクス主義の新しい展開』竹内良知訳（番町書房 1973）: R. GARAUDY, C. GLAYMAN, Garaudy par Garaudy (Paris 1970); A. フォン・ヴァイス他『新（ネオ）マルクス主義の根本問題』現代哲学の根本問題 11，磯江景孜訳（晃洋書房 1978）: A. VON WEISS, ET AL., Neomarxismus (Freiburg 1970); A. ウッツ『第三の道の哲学—新自由主義と新マルクス主義の間』野尻武敏訳（新評論 1978）: A. UTZ, Zwischen Neoliberalismus und Neomarxismus (Köln 1975); V. ジェルラターナ編

『グラムシ獄中ノート』獄中ノート翻訳委員会訳 (大月書店 1981): V. GERRATANA, ed., *Quaderni del carcere* (Torino 1975); O. SIK, *Plan und Markt im Sozialismus* (Wien 1967); R. GARAUDY, Q. LAUER, *A Christian-Communist Dialogue* (Garden City, N.Y. 1968).

(J. カスタニエダ)

ネオ・リベラリズム　Neo-Liberalism

アメリカ合衆国における一つの神学的傾向の名称．K. *バルトを中心にした *ネオ・オーソドクシーに対して，それまであったリベラリズム (→ 自由主義神学) がその影響を受けつつネオ・リベラリズムと名づけられたことからなる．その輪郭を明らかにするのは難しいが，上からの *啓示を受けとめる人間の立場に重点を置き，特に人間の *人格の重要性や人間 *理性の必要性を主張する．人格主義をとるボストン学派のデ・ヴォルフ (Lotan Harold De Wolf, 1905-86)，オベリン大学教授の会衆派神学者ホートン (Walter Marshall Horton, 1895-1966)，来日したこともある *メソジスト教会の女性神学者ハークネス (Georgia Elma Harkness, 1891-1974) などがこの傾向に数えられる．

【文献】キ大 801; W. M. HORTON, *Liberalism Old and New* (Sweet Briar 1952); G. E. HARKNESS, *Christian Ethics* (New York 1957); L. H. DE WOLF, *Responsible Freedom: Guidelines to Christian Action* (New York 1971).

(茂洋)

ネクタリオス　Nektarios Konstantinoupoleos

(?-397.9.27)　*コンスタンティノポリスの総主教 (在職 381-97)．*キリキアのタルソス (Tarsus) 生まれ．初めは *コンスタンティノポリスで法務官 (Praetor) として活躍していたが，381 年皇帝 *テオドシウス 1 世の命により，ナジアンゾスの *グレゴリオスの後任として，コンスタンティノポリス総主教に任命された．同年，第 1 *コンスタンティノポリス公会議の最終会期の司会を務め，三位一体論争に終止符を打ち，*ニカイア・コンスタンティノポリス信条の定式化に貢献した．公会議後の彼の活動についてはほとんど知られていないが，エウカイタの *テオドロスについての説教が現存する．その後任のコンスタンティノポリス総主教には *ヨアンネス・クリュソストモスが就任した．

【文献】キ人 1036; LThK² 7: 874; PG 39: 1821-40; RGG³ 4: 1398-99; A. DI BERARDINO, ed., *Encyclopedia of the Early Church*, v. 2, tr. A. WALFORD (Cambridge 1992) 584; T. BAUTZ, ed., *Bibliographisches Kirchen Lexikon*, v. 6 (Herzberg 1993) 585-89.

(高松誠)

ネゲブ　Negeb〔ヘ〕negeb

パレスチナ南部の乾燥地帯．「乾いた地」の意だが，聖書では，この語は「南」を意味する語としてもしばしば使われる．黄土に覆われ，年間降水量は 200 mm ほどの半砂漠気候．ベソル川上流沿いの *ベエル・シェバから *アラドにかけてが主な居住地域．旧約聖書では *アブラハムがこの地に寄留し (創 12:9; 20:1)，*イサクが住んだ (創 24:62) とされ，土地取得後はユダ族の領土とされたが，ケニ人 (士 1:16)，エラフメエル人 (サム上 27:10)，クレタ人 (サム上 30:14)，*カレブ人 (サム上 30:14) など種々の部族が混在していた．ケニ人は東ネゲブ，エラフメエル人は南東ネゲブ，クレタ人は西ネゲブ，カレブ人は北東ネゲブに存在した．この地域は，この地を挟んで南側の砂漠およびシナイ半島と，北側のイスラエルの主要な居住地との陸橋ないし緩衝地帯として，戦略上重要な地域であった．ペルシア時代にすでにこの地に北西アラビアの遊牧民族である *ナバタイ人が移住し始めた．彼らはやがて死海はるか南方の *ペトラを中心とした大王国を形成し，この地域の主要勢力となった．

【文献】旧新約聖書大 869; ABD 4: 1061-68.

(金井美彦)

ネストリオス〔コンスタンティノポリスの〕　Nestorios

(381 頃-451 頃)　*コンスタンティノポリスの総主教 (在職 428-31)．*アンティオケイア学派の神学者の一人．異端 *ネストリオス派の祖．381 年頃シリアのゲルマニキア (Germanicia) に生まれ，後 *アンティオケイアでモプスエスティアの *テオドロスの弟子になったといわれる．高名な説教者となり，*テオドシウス 2 世によって 428 年コンスタンティノポリスの総主教に任ぜられた．しかし，*マリアに対する称号「*テオトコス」(神の母) はふさわしくなく，むしろ「キリストトコス」(〔ギ〕Christotokos, キリストの母) と呼ぶべきだと主張したため，論敵であったアレクサンドリアの *キュリロスから攻撃され，430 年ローマ教会会議，431 年 *エフェソス公会議で異端として斥けられた．ネストリオスはアンティオケイアの修道院に帰るように命じられ，次いで上エジプトに追放され，451 年頃没した．しかし，死後，彼の追随者は *ローマ帝国から *ペルシアに逃れ，東に宣教し，その活動はアラビア，インド，さらに中国にも及び，*景教と呼ばれた (→ ネストリオス派教会の布教)．今日でもイラン，イラクに存続しているが，彼らはマリアを「神の母」と呼ぶことを拒絶し，ネストリオスを *聖人としている．

【文献】キ大 801-802; LThK² 7: 885-89; DThC 11: 76-157; RGG³ 4: 1404-406; H. F. カンペンハウゼン『古代キリスト教思想家』三小田俊雄訳 (新教出版社 1963): H. F. CAMPENHAUSEN, *Die Griechischen Kirchenväter* (Stuttgart 1955); A. アマン『教父たち』家入敏光訳 (エンデルレ書店 1972): A. HAMMAN, *Die Kirchenväter* (Freiburg 1967).

(手塚奈々子)

ネストリオス派　〔ラ〕Nestoriani, 〔英〕Nestorians, 〔独〕Nestorianer, 〔仏〕nestoriens

コンスタンティノポリスの *ネストリオスの唱導したとされる教説を信奉するキリスト者のグループをいう．*エフェソス公会議でネストリオスが断罪された後，ペルシアで公認のものとなり，その布教活動によって，アラビア，インド，中央アジア，モンゴル，中国へと広がる．唐と元の時代に栄えた *景教はこれに属する．

【起源と歴史的経過】ネストリオスがコンスタンティノポリスの司教に就任後まもなく生じた「*テオトコス」(神の母，生神女) というマリアの称号をめぐる論争は，アレクサンドリアの *キュリロスとの論争に発展する．ネストリオスの教説は *アレイオス派，*アポリナリオス派に対抗して展開されたアンティオケイアの *キリスト論に立脚しており，エフェソス公会議ではアンティオケイアの司教 *ヨアンネスをはじめとするシリアの司教たちの支持を受ける．キュロスの *テオドレトスも彼を支持したが，433 年の「合同声明」によってアンティオケイア教会とキュリロスは合意に達するとともに，ネストリオスの断罪でも合意をみる．これによって，ネストリオス支持者たちはペルシアに逃れる．

ネストリオスはきょうかいのふきょう

エデッサの司教 *ラブラはキュリロスを支持したが、その後任の *イバスは *アンティオケイア学派の代表的神学者モプスエスティアの *テオドロスの流れを汲み、ネストリオスを支持した．しかし、*カルケドン公会議でネストリオスの断罪が宣告されると、エデッサの神学校では *キリスト単性説が主流となる．このため、イバスの後継者 *ナルセスはエデッサを追われ、*ニシビスに移り、そこに学校を設立し、テオドロスとネストリオスの教説を継承した．ニシビスの首都主教 *バルスマスはそれを承認、後任のアカキオス (Akakios, 在職484–96) は、486年 *セレウケイア・クテシフォンで教会会議を開催し、ネストリオスの教説を公認した．6世紀になると分裂と迫害に苦しむが、*カトリコスであるマル・アバ (Mar Aba, 531–79) の時代に刷新と復興を遂げ、*バーバイの主宰した教会会議の頃 (612) には大いに進展した．この教会会議では、「テオトコス」の称号の使用は禁止されたものの、そのキリスト論的表式はカルケドン公会議のそれに近いものとなっている．

7世紀半ばからのイスラム教支配下でもネストリオス派の存続は許され、外国での布教に力を注ぎ、*アブディショー・バル・ベリカ (1318 没) の時代に全盛期を迎える．これによってネストリオス派の教会はアラビア、インド、中央アジア、モンゴル、中国にまで及ぶことになる (→ ネストリオス派教会の布教)．しかし、ティムール (Timūr, 在位 1370–1405) が台頭、広大なイスラム帝国を築き上げると、キリスト教に対する迫害が始まり、ペルシア北部、ウルミア湖辺、アルメニア、メソポタミアに小さな団体が残ったほかは、ネストリオス派の教会は消滅した (→ カルデア教会、カルデア教会の布教、トマス・キリスト教徒)．

【教理】553年の第2 *コンスタンティノポリス公会議において、ネストリオス派としてモプスエスティアのテオドロスの全著作、キュロスのテオドレトスがアレクサンドリアのキュリロスを論駁した書、エデッサのイバスが小アジアのセレウケイア (Seleukeia) のマリ (Mari) に宛てた書簡が断罪された (→ 三章論争)．

その異端宣告文には次のように述べられている．

「奇跡を行った神の言(ﾗﾃ)と、苦しみを受けたキリストは別々の方であるという者、あるいは神である言が女から生まれたキリストと共存する (〔ギ〕syneinai) とか、他者の内にある他者のように [神の言はキリストの] 内におられるとかいって、受肉し、人間となり、奇跡を行い、自発的に肉において耐え忍ばれた苦しみを受けられた神の言、我らの主イエス・キリストは唯一の同じ方であるといわない者があれば、そのような者は排斥される」(第3条, DS 423. 筆者訳、以下同様)．

「神である言の人間との合一 (henōsis) が実現されたのは恩恵によるとか、働き (energeia) によるとか、栄誉の同等性によるとか、権威とか高挙 (anaphora) とか適応とか能力とかによるという者、あるいは好意、すなわち、神である言が [一個の] 人間を気に入り、彼を好ましく思ったことによる——このように常軌を逸したテオドロスはいう——という者、あるいは同名異義 (homōnymia) による——これによってネストリオス派は、神の言をイエスならびにキリストと呼び、[一個の] 人間をキリストならびに御子と別に名づけ、明らかに二つの *ペルソナ (prosōpa) を主張していながら、一つの名称と栄誉と威光と礼拝の点で、一つのペルソナならびに一人のキリストを主張するかのように偽装している——という者、また、神の言の、理性的知性的魂によって生かされた肉との合一が、結合 (synthesis) によって、すなわち *ヒュポスタシスに則して (kath'hypostasin) 実現した……それゆえ、その唯一のヒュポスタシス、つまり主イエス・キリスト、聖なる三位の一つを信仰告白しない者があれば、そのような者は排斥される」(第4条, DS 424)．「聖なる栄えある終生処女なるマリアが神の母 (theotokos) [であるのは] 不適当な表現であり、真実ではないとか、彼女から生まれたのは単なる人間であり、受肉した神の言ではないかのように、[彼女が神の母であるのは] 高挙によるという者……、あるいは、キリストは神ではないかのように、彼女を人間の母 (anthrōpotokos) とかキリストの母 (christotokos) とかいって、彼女を正当かつ現実に神の母である……と信仰告白しない者があれば、そのような者は排斥される」(第6条, DS 427)．

ここにみられるように、ネストリオス派の *異端とみなされるのは、キリストにおける神性と人間性とを強調し、その結合を存在論的・位格的なものとしてではなく、精神的、心理的、道徳的なものとみなすところにある．

近年になって、ネストリオスが果たしてネストリオス派の異端を唱導したのか否かが論議されている．*ハルナック、*ローフスらはネストリオスの教説を正統なものとみなした．特に晩年に匿名で書かれた『ヘラクレイデスのバザール』の発見以降、彼をキュリロスの教会政治的野心による犠牲者として捉える傾向もある．

確かに、同書のなかでネストリオスはローマ教皇 *レオ1世の『トムス』(DS 290–95) におけるキリスト論に同意しており、タルソスの *ディオドロスのように、神の子と人の子という「二人の子」を主張することも、サモサタの *パウロスのようにキリストを「単なる人間」と呼ぶこともなかった．彼はキリストの神性と人間性とを区別するとともに、その一致を主張した．彼によれば、その一致を示すものがキリストのペルソナ (prosopon) であった．この一致を表現するためにさまざまな表現を用いるが、フュシス (physis) とプロソーポン (prosōpon) の使用においては形而上学的にみて欠陥があり、それが不充分なものであったことは否めない．

【文献】カ大 4: 141–42；キ大 801–802；DThC 11: 76–157；DPAC 2390–94；LThK² 7: 885–88；LThK³ 7: 745–49；NCE 10: 343–48；TRE 24: 264–89；F. LOOFS, *Nestorius and His Place in the History of the Christian Doctrine* (Cambridge 1914); G. L. PRESTIGE, *Fathers and Heretics* (London 1940) 120–79; R. V. SELLERS, *Two Ancient Christologies* (London 1940); A. R. VINE, *An Approach to Christology* (London 1948); T. CAMELOT, "De Nestorius Eutychs," *Das Konzil von Chalkedon I*, ed. A. GRILLMEIER, H. BACHT (Würzburg 1951) 213–42; L. I. SCIPIONI, *Ricerche sulla Cristologia del "Libro di Eraclide" di Nestorio* (Freiburg 1956); A. GRILLMEIER, "Das Scandalum oecumenicum des Nestorius in kirchlich-dogmatischer und theologiegeschichtlicher Sicht," Schol. 36 (1961) 321–56; L. I. SCIPIONI, *Nestorio e il concilio di Efeso* (Milano 1974); B. SESBOÜÉ, "Christologie et Sotériologie. Ephèse et Chalcédoine," *Le Dieu du Salut*, Histoire des Dogmes, 1, ed. B. SESBOÜÉ (Paris 1994) 341–416. (小高毅)

ネストリオスはきょうかいのふきょう　ネストリオス派教会の布教

【ネストリオス派教会の始まり】431年の *エフェソス

公会議で非難され，433 年のアレクサンドリア総主教 *キュリロス(在職 412-44)とアンティオケイア総主教 *ヨアンネス(在職 429-41 頃)との間の和解の受け入れを拒否した *ネストリオス派の人々は，しだいに分離してネストリオス派教会を設立した．ローマ帝国内では *エデッサで，主教 *イバス(在職 439-49, 451-57)の指導下に有力なネストリオス派神学が発展した．しかし *カルケドン公会議(451)以後 *キリスト単性説派の敵意を受けて，大勢のネストリオス派の人々がペルシアに移住し，さらに 489 年に皇帝 *ゼノがエデッサの神学校を閉鎖し，ネストリオス派は最終的にエデッサから追放された．

【ササン朝ペルシアのネストリオス派教会】エデッサとは国境を挟んでペルシア側にあった *ニシビスには，イバスの弟子で 457 年以来ニシビスの府主教であった *バルスマスがいた．彼はペルシア王の助力を得てネストリオス説の熱烈な宣伝者となり，ここに神学校を建設した．彼はエデッサから追放された人々を受け入れ，学園は多数の学生を擁して聖職者教育の中心となり，その名は西方にまで聞こえ，繁栄は 7 世紀まで続いた．ここの教師たちはギリシア語の書物をシリア語に翻訳し，ニシビスは文化の中心となった．ネストリオス派教会の典礼用語はシリア語で，その首長は *カトリコス(公主教)と称し，その座を *セレウケイア・クテシフォンに置き，そこを中心としてペルシア国内のみならず，国境を越えて活発な布教活動を行った．5 世紀末にはペルシア国内に 7 府主教座があり，アラビアやインドなどにも主教座をもつようになった．ペルシア諸帝，特に *ペーローズ(在位 459-84)はネストリオス派を積極的に支持し，6 世紀前半の教会分裂と迫害は，*ゾロアスター教からの改宗者でカトリコスとなったマル・アバ 1 世 (Mar Aba I, 在職 540-52)の指導と，ニシビス近くのイザラ山修道院の建設者カスカル(Kaskar, 501-86)とアブラハム(Abraham, 491-586)の修道院運動の革新とによって克服した．541 年にはセレウケイア・クテシフォンにも神学校が建設され，やがてここがニシビスの神学校を凌駕することになる．6 世紀はネストリオス派の布教が活発で，アラビア東海岸，ソマリア東北端のソコトラ(Socotra)，アフガニスタンのヘラト(Herat)，中央アジアのメルヴ(Merv, 現マリー Mary)，サマルカンド，セイロン島(スリランカ)，南インドにネストリオス派の共同体ができ，635 年には中国に達した．このような発展のなかで，ネストリオス派教義の最終的総合が神学者 *バーバイによって達成された．

【カリフ統治下の教会】651 年に *イスラム教アラブ軍のペルシア征服が完了したが，ウマヤド朝カリフ政府のもとでキリスト教徒は保護民として寛容に扱われ，カリフ国の国境の拡大によりネストリオス派の共同体はダマスカス(→ダマスコ)，*アレクサンドリア，キプロス島にも成立した．一時的な迫害はあったが，支持者に影響を与えたカトリコスや，アラブ文化の形成に貢献したネストリオス派の学者たちが出て教会は繁栄し，対外的にも発展した．*アッバース朝はネストリオス派の黄金時代であった．775 年頃カトリコスの所在地が *バグダードへ移り，ネストリオス派の人物がしばしば政府の権威ある地位につき，フセイン・イブン・イシャク(Husein ibn Ishaq, ?-877)のような学者が出て，ギリシアの学問をアラブ世界に伝達した．10 世紀末にはネストリオス派教会はカリフ支配地内に 15 府主教座をもち，国境外にはインド，中国を含めて 5 府主教座があった．1055 年に *セルジュク・トルコがバグダードを占領すると政治的混乱と文化的衰退が起こり，ネストリオス派の学園も影響を受け，シリア語やアラビア語の神学的著作は事実上消滅した．しかし 13 世紀にモンゴル族が侵入するとネストリオス派は彼らに布教を行い，1282 年にはフビライ(元の世祖, 忽必烈汗, 在位 1260-94)によって派遣されたモンゴル人修道士がヤハバラーハー 3 世 (Yahbalāhā, 在職 1280/81-1317)としてカトリコスに叙任されている．しかし 1295 年にモンゴル族がイスラム教に改宗すると状況は変わり，14 世紀にはティムール(Timur, 在位 1370 頃-1405)の侵略でネストリオス派教会は事実上絶滅した．

【アッシリア教会】ティムールの侵略後もメソポタミアの幾つかの都市にはネストリオス派の共同体があったが，多くの人々はクルディスタン(Kurdistan)の山岳地帯に逃れ，この地方の自治勢力として存続した．1551 年にこの地のかなりの人々がローマ教会と合同して *カルデア・カトリック教会と呼ばれ，残った人々はアッシリア教会(または *カルデア教会)と呼ばれるようになった．アッシリア教会の人々は第 1 次世界大戦のとき，イギリスやロシアの側について戦ってトルコから追われ，一時クルディスタンに復帰したが，再び 1918 年以後トルコから追われ，シリア，レバノン，イラク，アメリカに亡命した．

【インドのネストリオス派】インド西南部のケララ(Kerala)にはマラバル(Malabar)のキリスト教徒(→マラバル教会)と呼ばれる人々が住み，彼らの教会は *マドラスの近くで殉教した使徒 *トマスによって建設されたと信じている．しかしアレクサンドリアの商人でネストリオス派のインド航海者 *コスマス(6 世紀前半)が，彼の著『キリスト教地誌』のなかで記している以前に，インドにキリスト教徒がいたという明白な証拠はない．インドの初期のキリスト教はシリアから伝えられたネストリオス派で，彼らはバグダードのカトリコスと接触を保ち，彼らの主教はバグダードの教会から来て，典礼にはシリア語が用いられた．1599 年にマラバルのキリスト教徒はディアンペル(Diamper, 現地読みでウディアンペルール Udiyampērur)の教会会議でネストリオス派を捨て，ローマ教会と合同し，彼らと分かれた人々は，1653 年に *アンティオケイアのシリア正教(単性説派)総主教に従い，19 世紀には小集団が英国国教会(→聖公会)に入った．

【中国の景教】6 世紀に中央アジアのトルコ系諸部族に広まったネストリオス派は，西シベリアのバイカル湖にまで達し，中国にも布教された(→景教)．1625 年に西北中国の西安で発見された *大秦景教流行中国碑は，ネストリオス派のキリスト教が 635 年に阿羅本によって唐に伝えられたことを示している．初め波斯経教と呼ばれていたが，キリスト教の起源の地がローマ帝国(大秦国)であることが知られると，大秦景教と呼ばれるようになり，長安をはじめとして寧夏省や四川省に普及した．845 年の武宗(在位 840-46)の弾圧で衰微したが，元朝が 1289 年に布教を許可したので復活し，明朝の禁止によって消滅した．→カルデア教会の布教

【文献】ODCC² 99-100, 961-63; 佐伯好郎『支那基督教の研究』(春秋社松柏館 1945); J. Joseph, *The Nestorians and Their Muslim Neighbors* (Princeton, N. J. 1961); W. Wolska, *La topographie chrétienne de Cosmas Indicopleustès Théologie et Science au VIe siècle* (Paris 1962); J. M. Fiey, *Jalons pour une histoire de*

ネストル〔ペルゲの〕

l'église en Iraq (Louvain 1970); ID., *Chrétiens syriaques sous les Mongols* (Louvain 1975); ID., *Chrétiens sous les Abassides surtout à Bagdad* (Louvain 1980).

（尚樹啓太郎）

ネストル〔ペルゲの〕 Nestor (?-251) 聖人（祝日，ローマ教会2月26日，ギリシア教会2月28日），殉教者．ペルゲ（Perge, 現トルコ南西部アンタリヤ Antalya 近郊）の司教であったが *デキウスの時代に *十字架刑に処せられたと伝えられる．

【文献】LThK² 7: 885; LThK³ 7: 745; B. NÖEL, ed., *Dictionnaire historique des saints* (Paris 1964) 283.

（高橋佳代子）

ネストレ Nestle, Eberhard (1851. 5. 1-1913. 3. 9) ドイツのルター派聖書学者，オリエント学者．シュトゥットガルト（Stuttgart）に生まれ，同地で没す．1883-90年および1893-98年ウルム（Ulm），1890-92年テュービンゲン（Tübingen）の各大学で教鞭をとる．1898年マウルブロン神学校教授，1912年同校長に就任．信頼できる聖書，特に新約聖書本文の確立に努め，1898年ギリシア語新約聖書の批判的校訂版（Novum Testamentum Graece）を出版する．同版は1904年以降，いわば新しい *公認聖書として広範に受け入れられ，さらに息子ネストレ（Erwin Nestle, 1883-1972）や *アーラントらによる校訂を加えられて今日に至っている．

【文献】キ人 1037; DBS 6: 424-26; LThK² 7: 884.

（清水宏）

ねたみ 妬み 〔ラ〕zelus, 〔英〕jealousy, 〔独〕Neid, Eifersucht, 〔仏〕jalousie

【神の妬み】旧約聖書には擬人的な表現で，イスラエルの神が「妬みの神」（エル・カナー 'el qannā, 出 20: 5; 34: 14; 申 4: 24; 5: 9; 6: 15; エル・カノー 'el qannô, ヨシュ 24: 19; ナホ 1: 2)であるといわれ，*神の名は「妬み」（カナー qannā', 出 34: 14)であるとされている．また，名詞「妬み」（キヌアー qinᵉâ），動詞「妬む」（カナー qānā'）などで神の妬みが表されている．ただ注意すべきことは，「妬み」と訳されるヘブライ語キヌアーやカナーは熱心，熱情，激情，憤怒，疑怒などをも意味するもので，他を切り捨てて一つのものをのみ愛する独占的な激しい熱情を表す（この意味で日本語の新共同訳聖書は「妬みの神」を「熱情の神」と訳す）．元来，人間関係の情念を表現する妬みが神に適用される場合は，イスラエルの神と民との関係で，他の神々，*偶像を排斥し，ただ主なる神のみを愛するようにとの非妥協的な性格をもつものである．*十戒の第一戒には「あなたはそれら（偶像）に向かってひれ伏したり，それらに仕えたりしてはならない．わたしは主，あなたの神．わたしは熱情（妬み）の神である」（出 20: 5; 申 5: 9)とある．神の妬みはその聖性に基づくもので（ヨシュ 24: 19; エゼ 39: 25），主は「焼き尽くす火」（申 4: 24)であるゆえに，不従順に対しては怒りの火が燃え上がる（詩 79: 5; イザ 26: 11; ゼファ 1: 18; 3: 8）．しかし，慈しみとまことに満ちる神（出 34: 6)は，その民を深く憐れむ（ヨエ 2: 18）．イエスが *神殿から商人を追い出すのは，神殿に対する「熱情（熱意）」（〔ギ〕ゼーロス zēlos, ヨハ 2: 17; 〔ヘ〕キヌアー qinᵉâ, 詩 69: 10)によるものである．

【文献】聖書思 671-73; IDB 2: 806-807; THAT 2: 647-50; ThWAT 7: 51-62.

（柊曉生）

【倫理】妬み（嫉妬）は，自分の *愛の対象が，第三者の存在によって喪失することに対する一つの感情的な反応である．妬みはまず，自尊に関する一つの要求である．その意味では，自分への *他者の尊敬とつながっているようにみえるが，それは第二次的な特徴として考えなければならない．妬みの中心は，自分の愛の対象の喪失であるがゆえに「自分」への尊敬というより，「我々」の *完全性を守ろうとする要求であると思われる．換言すれば，ある種の安定（我々の安定）なしに妬みを考えることは不可能である．そしてその「我々の安定，または完全」を脅かすのが第三者である．その第三者の存在が現実的であるか否かによって妬みの倫理的評価は変わる．すなわち大別すると，妬みには (1) 現実的妬み，(2) 非現実的妬みの2種類がある．感情としての妬みをみるかぎりでは，両方とも現実的であるが，妬みの対象の存在・非存在によって評価および対応の仕方が変わるのである．

〔妬みと羨望〕たびたび混同しやすい妬みと羨望との区別の明確化によって妬みの本質を究めることができる．妬みは，第三者の存在（現実的または非現実的な存在）による，愛している者の喪失から生じる感情であるのに対して，羨望は，相手のもっているある価値によって自分の価値の喪失（または減少）から生じる破壊的な感情である．「自分が脅かされる」という点に関しては，妬みも羨望も同じであるが，その自分の広さまたは深さは，それぞれの感情によって違うだけではない．羨望の場合には，脅かされているのが「我々」ではなく「私」であるがゆえに，その「敵」は第三者ではなく，第二者である．したがって，妬みの前提となるある種の「愛」は羨望においては存在しえないのである．

〔妬み（嫉妬）の構造〕妬みの「基本モデル」はおそらく母親と，長男または長女，次男または次女の構造であろう．このモデルには次の普遍的な特徴が表れる．(1) 愛の対象（母親），(2) 年齢差，(3) その愛を脅かす第三者（次男または次女）．この構造は，あらゆる妬み（親子間，友人間，男女間，夫婦間等）に必然的に含まれているし，そしてその対応の仕方にあたって最も重要な要素になるのである．

〔倫理的評価および対応の仕方〕妬みは「三角型」（愛するまたは愛される者，あるいはまた，愛し合う者と，その愛を脅かしていると思われる第三者）であるため，その関係の現実性・非現実性を精密かつ客観的に観察しなければならない．羨望と違って，妬みは，ある種の（正しいとはいえなくとも）愛に基づいているので，それを広げることが目的となる．倫理学は，人を裁くのではなく，人の完全な成長，または真の意味での「らしさ」を目標としているので，妬みをより完全な愛への一つの段階としてみなければ，その人自身の成長へ導くことはできない．嫉妬を力学的にみているかぎりでは，その嫉妬の基本モデルと思われる母子関係に触れずに解決することはできない．

【文献】DSp 8: 69-78; P. LERSCH, *Aufbau der Person* (München ⁸1962).

（理部良保行）

ねつい 熱意 〔ギ〕enthousiasmos, 〔ラ〕enthusiasmus, 〔英〕enthusiasm, 〔独〕Enthusiasmus, 〔仏〕enthousiasme 熱意の意の名詞は近代において用いられ，古代のギリシア語形容詞エンテオス（entheos 神に満たされた），さらにエンテウス（〔ラ〕entheus, 熱狂的な）あるいはエントゥジアスタエ（enthusiastae *異端の一派）に

由来する．神の霊あるいは神的な力または超人間的な力に満たされた熱意(の人)，熱中(者)，熱狂(者)，狂信(者)，神がかり(の人)などを意味している．

【霊性史】エクスタシス([ギ] ekstasis, *脱魂)を人間が通常の状態から神へ自己超越していくこととするなら，それに対してエントゥジアスムス([ラ] enthusiasmus)は人間が神へ自己内入すること，または神の霊が人間へ内入することである．しかし，古代においてエンテオスあるいはエンテウスは心霊的・病的・悪霊的諸体験について用いられている．聖書では，シラ書(31:7)以外にみられないが，若干の*教父たちが「神のロゴスに満たされて」と語っている．このような概念は，キリスト教霊性史のさまざまな状況において，古代教会の*モンタノス派や*ペラギウス派，*ドナトゥス派などから，中世教会のフィオーレの*ヨアキムの思想，*共同生活兄弟会や*ベガルドと*ベギンなど，また近代教会の*アルンブラドスと呼ばれる照明主義者(イルミナーティ)，*ジャンセニスムや*静寂主義，さらには今日の*聖霊降臨運動や*カリスマ刷新運動に至るまで用いられている．

*パウロは*霊の識別(1 コリ 12:10 参照)を告げ，「すべてを吟味して，良いものを大事にしなさい」(1 テサ 5:21)と諭し，また*ヨハネは「どの霊も信じるのではなく，神から出てきた霊かどうかを確かめなさい」(1 ヨハ 4:1-6)と識別を勧めている．初代教会以来のキリスト教霊性史において，神の霊に生かされて生きる熱意の人々は自分の霊魂内の霊の動きを深くみつめつつ，それが「真に神からの霊の動きかどうか」を絶えず問い続け，信仰・希望・愛を実践してきた．

【一般的しるし】カトリック教会史のすべての時代を通じて，*聖霊の賜物，預言の賜物や*カリスマに関する教会の教えを自己の霊的体験の確信のために極めて主観的に解釈した熱意の人々が出現し，集団を形成した．彼らは神に選ばれた霊的エリートとしての誇りをもって行動し，教会の内外に重大な影響を及ぼした．神からの特別な*照明や*霊感を享受しているという確信のもとに，熱意の人々は多くの形態を示したが，しかし，共通するしるしとして，(1) 教会の*司牧・教導・*裁治権への不従順，(2) 一切の人間的手段への不信，(3) 厳格な*伝統主義，(4) 教会の*秘跡の無視，(5) 傲慢な感情主義，(6) *千年至福説などがみられる．

【識別】神に生かされて生きる人々は，自分の「霊魂内の霊動」をみつめ，それが真に神から来ているかどうか絶えず問い，真の霊動に従ってきた．この「霊の識別」は「熱意識別」と呼ぶべきものである．霊の識別の教会的伝統によれば，善霊は「内心の平和」「霊的な喜び」「神への信仰・希望・愛」「神への感謝と希願」「神への精神の高揚」などを与える．それに対し，*悪霊は「内心の平和を乱し」「信仰・希望・愛なき悲嘆に沈め」「地上の空しいものを望ませ」「精神を弱らせ」「心を迷わす」のである．真の熱意の人は*キリストの神秘体である教会を愛し，教会の授ける救いの秘跡にあずかり，教会の*位階制，特に*教皇と*司教に従いつつ地上を旅する教会に奉仕する．真の熱意の人は*イエス・キリストの生涯と秘義に照らされ，導かれて神のみに従っているからである．

【不偏心】悪霊による熱意は*自我にとらわれて熱狂的かつ狂信的である．それに対し，善霊による熱意は信仰・希望・愛であるイエス・キリストにおいて一切を現実のままに受け取る．その熱意は*不偏心，すなわち病気よりも健康を，貧困よりも富貴を，侮辱よりも栄誉を，短命よりも長寿を望むというようなことをせず，すべてにおいて，ただ人間が創造された最高目的に一層よく導くものだけを望み，選定する．真の熱意は「ただイエス・キリストのみにとらわれている」からである．

【文献】HTT 2: 126-28; 鈴木宣明「霊魂内の神秘」『恵みに生きる』(聖母の騎士社 1995) 13-31; E. R. DODDS, *The Greeks and Irrational* (Berkeley 1951); R. A. KNOX, *Enthusiasm* (Oxford 1950); W. HOLLENWEGER, *Enthusiastisches Christentum* (Zürich 1969); J. HITCHCOCK, *The New Enthusiasts* (Chicago 1982); D. LOVEJOY, *Religious Enthusiasm in the New World* (Cambridge, Mass. 1985).

(鈴木宣明)

ねっしんとう　熱心党　便宜的にギリシア語のゼーロータイ Zēlōtai (単数形ゼーローテース Zēlōtēs)を「熱心党」あるいは「ゼロテ党」と訳し，さらにその存在概念を紀元1世紀のパレスチナ・ユダヤ人の対ローマ抵抗運動の闘士たち(武闘派)全般に用いることは必ずしも適切とはいえない．このような用い方はその時代の武闘派に言及した研究者が，すなわちシューラー(Emil Schürer, 1844-1910)の『イエス・キリスト時代のユダヤ民族史』(Geschichte des jüdischen Volkes im Zeitalter Jesu Christi, 1898-1901)以来，ファーマー(William Rueben Farmer, 1921-)，ヘンゲル(Martin Hengel, 1924-)，ヤディン(Yigael Yadin, 1917-84)，ブランドン(Samuel George Fredrick Brandon, 1907-71)などが武闘派を一般的にゼーロータイ([独] Zeloten, [英] Zealots)と呼んだことにも起因している(下記の文献欄参照)．ただしシューラーは英語版の改訂版(Schürer-Vermes)で，ヘンゲルは第2版で武闘派を第四哲学，シカリ派，ゼーロータイに区分して論じている．*ヤハウェと*律法に熱心な立場を武装蜂起の形で表した武闘派の全容を知るためには，個々の要素の厳密な分析が要求される．

【語源と精神基盤】ゼーロータイという用語はこの時代の基本的な史料である*ヨセフスによれば，第1次*ユダヤ戦争(66-70)勃発後に登場する．ユダヤの反乱状態の鎮圧のためにやってきたシリア総督ケスティウス・ガルス(Cestius Gallus, ?-67)を敗走させたユダヤ人グループの一団に祭司出身のエレアザル・ベン・シメオン(Eleazar ben Simeon)またはギオン(Gion)を指導者とする一群があった．この武闘派がゼーロータイである(『ユダヤ戦記』II, 564; IV, 225)．このグループの指導者にはエレアザルのほかにも祭司出身者がおり，*大祭司をくじで選出したり，聖所を占拠・要塞化するなど*神殿と関連が深い(同 IV, 152, 162, 225)ので，おそらく*祭司(特に下級祭司)たちを中心にした党派であったと考えられる．彼らの精神的基盤には紀元前2世紀半ばに，同じように異教勢力に抵抗した祭司グループの*ハスモン家の蜂起があったであろうし(→マカバイ記)，さらに律法的基盤として(ハスモン家もその抵抗の精神的基盤としていた)ヤハウェとその律法の遵守に熱心であった祭司ピネハスの物語(民 25:1-18; 1 マカ 2:23-28)があったであろう．

ハスモン家の*マタティアが前167年にシリア・セレウコス朝の*アンティオコス4世の宗教政策に反対して蜂起したのは，ユダヤの宗教上の慣習である安息日(→安息)，*割礼，*犠牲が禁止され，各地に*異教の*祭壇が築かれ，ヤハウェの地が全土にわたって汚されたた

めである(→汚れ). 冒瀆されたヤハウェの主権と律法の回復のためにマタティアは立ち上がり，死後息子たちが継承し，やがては異教勢力を排除して独立主権を勝ち得た. 彼らのヤハウェと律法に熱心な行動が2世紀後のゼーロータイの抵抗精神の基盤を形成させたことは間違いない.

【ゼーロータイと他の武闘派グループ】紀元後1世紀のヤハウェと律法に熱心な武闘派の源はガリラヤ人ユダ(Judas)の蜂起(ヨセフスは彼の抵抗集団を第四哲学と呼んだ)である. 6年に民族指導者([ギ]ethnarchēs)*アルケラオが追放され，ユダヤなど彼の領土はローマ皇帝直属の属州になった. これに伴って住民の税額査定の目的で*人口調査が実施された. ユダはこの調査に応じ，納税することになれば，皇帝を主人とすることになり，ヤハウェへの背信行為となるとして調査に反対し，ヤハウェはその主権を守るために民が熱心であれば(→権威)，その行為を成功に導くであろうと主張して蜂起した(『ユダヤ戦記』II, 117-18;『ユダヤ古代誌』XVIII, 1-10). ユダの蜂起はその後の対ローマ抵抗運動の基本精神として，彼の家系的継承者によって指導されたシカリ派([ギ]sikarioi)のみならず，すべての律法に熱心な抵抗運動の指導精神となった. このために先にあげた研究者によって「律法に熱心な」武闘派全体が「ゼーロータイ」と通称的に呼ばれた. しかしヨセフスが紀元後1世紀の武闘派全般に用いているのはギリシア語のレーステース，レースタイ(lēstēs, lēstai, 盗賊, 盗賊たちの意)という呼称である. ユダヤはハスモン家のアグリッパ1世のとき独立(41-44)したが，彼の死後再びローマの直接支配に戻った. ヨセフスのテクストではこれ以降レーステース, レースタイが頻繁に現れるが，第1次ユダヤ戦争(66-70, 73/74)の武闘派グループ全般にも用いられている. ゼーロータイ(『ユダヤ戦記』IV, 160-61, 199)はもちろん，シカリ派(同II, 425, 434, 653; IV, 504, 555),「叛徒たち」(stasiastai, 同II, 431, 441, 538, 541等)，メナヘム(Menahem)の部下(同II, 434)，ギスカラ(Gischala)のヨハネと部下たち(同II, 587, 593; VI, 129, 324, 593)，シモン・バル・ギオラ(Simeon bar Giora)(同VI, 324)などにも用いられている.

ユダヤ戦争の担い手がヨセフスの用語のように(ローマ側にはそうみえたとしても)文字通りの盗賊ではないことは，彼らが戦争の間発行し続けた*貨幣に刻銘された宗教的・民族的銘文・意匠から理解できる.

【新約聖書の「熱心党」】福音書記者ルカはイエスの十二弟子のなかに「熱心党の*シモン」の存在を伝えている(ルカ6: 15; 使1: 13). ただしここでの「熱心党」は単数形の「ゼーローテース」である. マルコとマタイは*アラム語に由来する「カナナイオス」([ギ]Kananaios)を用いているが(マコ3: 18; マタ10: 4), マルコの「カナナイオス」を「ゼーローテース」に言い換えたルカの意図は不明である. ユダヤ戦争終結後にルカがシモンを戦争の担い手のゼーロータイと同じ武闘派的行動をとる一人として理解してこのように呼んだのか(これは危険な使用だが)，単にヤハウェと律法に熱心であったことから呼んだのか，それともイエスの「熱心な追従者」(『ユダヤ戦記』II, 444参照)であったことから呼んだのか，結論は出しにくい. ただ「熱心党」と呼ばれるようなまとまった党派はイエスの時代にはなかった.

【文献】Schürer-Vermes 2: 598-606; Y. ヤディン『マサダ』田丸徳善訳(山本書店1975): Y. YADIN, Massada (New York 1966); 新井佑造「貨幣にみる第一次ユダヤ戦争の指導精神」『基督教研究』45 (1982) 87-110; M. ヘンゲル『ゼーロータイ』大庭昭博訳(新地書房1986): M. HENGEL, Die Zeloten (Leiden 1961 ²1976); 新井佑造「紀元一世紀のユダヤ武闘派の形成」『瓜生』(京都芸術短期大学研究紀要) 9 (1986) 112-22; 同「ローマ時代のユダヤ教」『聖書の風土・歴史・社会』現代聖書講座1, 木田献一, 荒井献監修(日本基督教団出版局1996) 203-41; S. G. F. BRANDON, Jesus and the Zealots (Manchester 1967); S. APPLEBAUM, "The Zealots," Journal of Roman Studies, 61 (1971) 155-70; M. SMITH, "Zealots and Sicarii," HThR 64 (1971) 1-19; M. STERN, "Zealots," EJ Year Book (1973) 135-52; D. M. RHOADS, Israel in Revolution: 6-74 C.E. (Philadelphia 1976); R. A. HORSLEY, "The Sicarii," JR 59 (1979) 435-58; ID., "Josephus and the Bandits," Journal of Jewish Studies, 10 (1979) 37-63; ID., "Ancient Jewish Banditry and the Revolt against Rome, A.D. 66-70," CBQ 43 (1981) 409-32; M. GOODMAN, "The First Jewish Revolt," Journal of Jewish Studies, 33 (1982) 417-27. 〔新井佑造〕

ネッター Netter, Thomas (1372頃-1430. 11. 2) ウォルデン(Walden)のトマス・ネッターとして一般に知られている，イングランドのカルメル会神学者.

【生涯】イングランドのエセックス州サフロン・ウォルデン(Saffron Walden)で生まれた. 若いうちに*ロンドンの*カルメル会に入り，1396年頃に司祭叙階. 1409年，*ピサ教会会議に修道会の代表として出席し，その後，*オックスフォード大学に学び，神学博士となる. 1414年からは，イングランド管区の*管区長を務めた. 1415年，*コンスタンツ公会議ではイングランドの代表として出席し，*ウィクリフの説を糾弾した. 1419年，イングランド国王ヘンリ5世(Henry V, 在位1413-22)の使節として，ポーランド王のヴラディスラフ2世(*ヤギェロ)等のもとを訪れた. 1422年，ヘンリ5世が死去した際は，葬儀で説教を行い，その遺児である幼い*ヘンリ6世の教育係となる. 王の戴冠式のために随行して訪れたフランスのルーアン(Rouen)で死亡し，同地に埋葬された.

【思想】ネッターは，オックスフォード大学在学中，ウィクリフの説を知り，「ウィクリフは聖書の公然たる偽造者である」としてその説を論駁し，教会の頭や*キリストの神秘体等に関して詳しく論じた. ネッターによると，ウィクリフは神の*全能性を制限し，神の*予定と事物の必然性を曲解しているのである.

主著にヘンリ5世の求めで，1421年頃書いた『ウィクリフとフスに対するカトリックの権威ある信仰』(Doctrinale antiquitatum fidei catholicae contra Wiclevistas et Hussitas)という大著がある. 国王の信頼のもとに多くの業績をあげ，カルメル会でも有数の学者として知られた. 15世紀を代表する神学者の一人である.

【文献】LMit 8: 725-26; LThK³ 9: 1533; NIDChC² 700; J. A. ROBSON, Wyclif and the Oxford Schools (Cambridge 1961); J. SMET, The Carmelites, 3 v. (Rome 1975-82). 〔佐々木亘〕

ネッチャー Nötscher, Friedrich (1890. 7. 19-1966. 5. 17) ドイツのカトリック旧約聖書学者，アッシリア学者，司祭. ヒンメルシュタット(Himmelstadt)に生まれ，*ボンに没す. 1912年司祭叙階後，*ヴュルツブルクで神学(1914), *ベルリンでアッシリア学の学

位取得(1922)．1929年ウィーン大学教授，1935年からはボン大学教授を務め，1958年の退職後も終生ボンでアッカド語を講じた．アッシリア学での研究成果はもとより，旧約聖書の研究に古代中東の諸文献が重要であることを強調，またドイツ語圏の聖書学の興隆，特に注解付ドイツ語聖書(Echter Bibel, Bonner Bibel)や研究叢書(BBB)の編集刊行，専門誌(BZ)の復刊に尽力した．【文献】NCE 16: 320.　　　　　　　　　　　　(清水宏)

ネーデルラントがくは　ネーデルラント楽派
〔英〕Netherlands School, 〔独〕Niederländische Schule, 〔仏〕Ecole franco-flamande, Ecole franco-néerlandaise
15-16世紀に活躍したネーデルラント出身の音楽家を総括してこの名で呼ぶが，事実上フランドル地方出身の音楽家が大部分を占めているため，現在では*フランドル楽派と呼ぶほうが一般化している．また初期のグループを*ブルゴーニュ楽派と呼ぶことも多い．ただし*オーブレクトのような純粋にネーデルラント出身の作曲家については，フランドル楽派には入れないとする説もある．
【文献】田辺尚雄他編『音楽大事典』4 (平凡社 1982) 1761-62.　　　　　　　　　　　　(金澤正剛)

ネーデルラントびじゅつ　ネーデルラント美術
「ネーデルラント」という呼称は二つの微妙に異なった地理的概念の訳語として用いられる．一つは今日のベルギー，オランダ(およびフランスとドイツの一部)にほぼ該当する地域，すなわち*低地諸国のオランダ独立以前における総称であり，もう一つは17世紀初頭におけるオランダ(ネーデルラント連邦共和国)独立以後の同国の名称であって，この場合は19世紀初頭以降現在に至るネーデルラント王国時代も含む．この国が共和国時代も王国時代でも我が国では「オランダ」(Olanda)というポルトガル語の名称(政治・経済・文化のすべての面で主導的存在だったホラント Holland 州の名にちなむ)で知られていることもあって，一般には独立に関しては「オランダ」，独立してスペインの支配にとどまった南ネーデルラント(フランドル Flandres)と分裂する以前には「ネーデルラント」と呼ぶことが多いが，ここでは慣例に反して17世紀以降のオランダの美術を中心に述べることにする．独立以前の低地諸国の美術に関しては，フランドル美術の項を参照されたい．

八十年戦争(1568-1648)が終結し，オランダが旧宗主国のスペインから正式な独立の承認を得るのは1648年(ミュンスターの和約)だが，事実上の独立はスペインとの間に12年間の休戦条約が締結された1609年にすでに達成されていた．南ネーデルラント経済の中心地だった*アントヴェルペンの陥落(1585)以後，裕福な貿易商や織物職人を中心とする熟練工たちが大量に北部に流入し，*アムステルダム，ハルレム(Haarlem)，*ライデンなどホラント州の都市は貿易と産業で潤っていた．絵画もその例外ではなく相次ぐ南ネーデルラントからの移民たちによって16世紀フランドル絵画，特に*ブリューゲル1世(大ブリューゲル)の流れをひく農民俗画や風景画の伝統が北部にも根づいた．しかし真の意味でオランダ独自の美術が開花したのは，1610年代末から1620年代にかけてである．オランダはプロテスタント，特に美術や音楽には極めて厳格な立場をとる*カルヴィニズムの国家だったので，教会堂内からは聖像が一掃され，また宮廷や貴族たちの後援活動も絶対王政を敷くフランスやイギリスとは比較にならぬ規模にとどまったが，経済の主導権を握った新興市民階層が代わって最大の支持層となり，彼らの好みに合致した風景画，静物画，風俗画などの親しみやすい新分野が台頭し，各分野において極めて自然主義的，もしくは写実的な様式が普及することになった．本格的な絵画市場が形成されたのもこの時代で，従来通りの注文形態が残存した肖像画や一部の物語画(歴史画)を除く新興諸分野の絵画の多くは，不特定多数の購買者を前提に描かれ，画商を通じて販売された．支持層の人口が一気に拡大したのに伴い，総人口における画家の比率も飛躍的に増大する．西欧他国において身近な主題を扱った絵画が台頭するのは*フランス革命以後であるから，オランダは絵画芸術の市民化を2世紀も前に達成したことになる．

このことの意義の大きさは否定できないものの，17世紀のオランダ絵画を近代市民絵画の先駆とする見方には幾つかの保留が必要である．第一には礼拝堂内の聖像が公的に禁止されたとはいっても宗教美術全般が不振に陥ったわけでは全くなく，従来は聖書挿絵以外ではほとんど美術の対象とされなかった珍しい主題，特に旧約聖書のさまざまな物語が，*予型論の枠を超えて次々と描かれるようになって宗教主題の幅が逆に広まったことがあげられる．*レンブラントの一連の物語画はその最大の証だが，こうした傾向は彼一人に限られたものではなく，師匠のラストマン(Pieter Lastman, 1583-1633)や数々の弟子たちにも共有されていた．こうした傾向は聖書の記述を重視するカルヴァン派にふさわしいものとも思われるが，実際にはイタリアでも17世紀には宗教主題の多様化が進んでおり共通点も数々あるので，過度の単純化は危険である．第二には旧大聖堂所在地(→ユトレヒト)でカトリック信仰の中心地だったユトレヒト派の画家たちに限らず，上記のラストマンをはじめ，画家のなかにはカトリックを信奉する者の比率がかなり高かったことである．レンブラントと双璧をなす巨匠フェルメール(Jan Vermeer, 1632-75)も結婚に際してカトリックに改宗した可能性が高い．

オランダ絵画の絶頂期は短く，1672年以降の第3次英蘭戦争とフランスの侵攻で経済状況が悪化し国内の美術市場が急速にしぼんでからは再び活況が戻ることはなかった．不振は18世紀に極まり，花の静物画と都市景観図および肖像画を除くほぼすべての分野が消滅に瀕してしまう．しかし逆にこの18世紀にフランス，イギリス，そしてドイツの諸邦を中心に17世紀オランダ絵画収集熱が高まり，各地で充実したコレクションが形成されたことも忘れられてはならない．19世紀に入ると経済と文化の黄金時代だった17世紀に対する郷愁と憧憬を示す風景画と風俗画が栄えるが，これら復古様式の絵画が西欧全体をリードすることはありえなかった．ようやく独自の動きが生まれたのは19世紀後半に入ってからで，外光派の風景画家たちを中心とするハーグ派の活動が端緒となった(→ハーグ)．この世紀最大の巨匠*ゴッホもハーグ派の風景画と風俗画から出発しているが，原色の荒いタッチを特色とする画風は1886年の渡仏以後，印象派の影響下に形成されたものである．同時代のほかの代表者にはアムステルダムの都市風景や女性像を叙情豊かに描いたブレイトネル(George Hendrik Breitner, 1857-1923)と故郷ジャワ島の影絵芝居人形に霊感を得た痩身の人物像を多用した象徴主義的宗教画やアール・ヌーヴォー的装飾美術で名高いトーロップ(Jan Toorop, 1858-1928)があげられる．これら3人はいず

れもオランダにおけるジャポニスム運動の代表者でもあった．20世紀の画家としては幾何学的抽象絵画の創始者である＊モンドリアンと，後に袂は分かったものの「デ・ステイル」（De Stijl）運動の同志であり，ドイツのバウハウス運動（→ドイツ美術）にも多大の影響を及ぼしたドゥースブルフ（Theo van Doesburg, 本名クリスティアーン・エミール・マリー・キュッペル Christiaan Emil Marie Küpper, 1883-1931），超現実主義のヴィリンク（Carel Willink, 1900-83），第2次世界大戦後の表現主義的前衛美術グループ「コブラ」（Cobra）のアペル（Karel Appel, 1921- ）が代表格にあげられる．なおオランダは石材，木材とも資源に恵まれないこともあって彫刻は一貫して不振であり，国際的に名声を博した巨匠はどの時代にも出ていない．

【文献】H. L. C. JAFFE, ET AL., *150 jaar Nederlandsche Kunst 1813-1963* (exh. cat. Amsterdam, Stedelijk Museum 1963); R. H. FUCHS, *Dutch Painting* (London, New York 1978); G. IMANSE, ET AL., *Van Gogh bis Cobra. Holländische Malerei 1880-1950* (Amsterdam 1981); B. HAAK, *The Golden Age: Dutch Painters of the Seventeenth Century* (New York 1984); S. SLIVE, *Dutch Painting 1600-1800* (New Haven 1995); M. WESTERMANN, *The Art of the Dutch Republic 1585-1718* (London 1996); S.D. MULLER, ed., *Dutch Art: An Encyclopedia* (New York, London 1997). （高橋達史）

ネドンセル　Nédoncelle, Maurice　(1905. 10. 30-1976. 11. 27)　フランスの神学者，哲学者．＊人格に関して，記述と内省，＊現象学と＊形而上学の統一を試みる．彼によれば，「＊我と汝」の関係は原初的事実であり相互的である．この相互性は＊愛であり，愛において基礎的関係は「我々」である．＊神は優れた意味で「汝」である．「我」が神と形成する「我々」は全体の一部であり，この対は無限に拡張しうる．

【主著】*La réciprocité des consciences*, 1942; *Intersubjectivité et ontologie*, 1974. （湯沢民夫）

ネパール　正式国名：ネパール王国，〔ネパール〕Nepāl Adhirājya, 〔英〕Kingdom of Nepal. 中央アジアのヒマラヤ山脈の南，＊インド，＊チベットの間に位置する立憲君主国．面積：14万797 km². 人口：2,237万人（2000年現在）．言語：ネパール語（公用語），マイティリー語，タマン語，ネワール語．宗教：ヒンドゥー教90％，＊ラマ教7％，イスラム教．

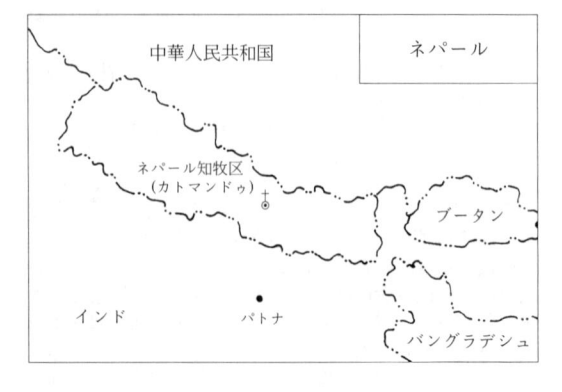

【歴史】1324年アヨーディーヤー（Ayodya）王朝の始祖シムラウン（Simraun）により征服される．1386年より1429年までジャヤスティティ（Jahyastithi）の統治下となる．このときカースト制度を導入した．1429年一国をバネパ（Banepa），バードガオン（Bhadgaon, 現バクタプール Bhaktapur），カトマンドゥ（Kathmandu），パタン（Patan）の四つの地域に区分．1790年グルカ族がチベットを侵略し，1791年同じくチベットを侵略した中国軍と衝突するが，宗主権を強要した．1814年国境でイギリス軍と衝突，同軍より宣戦布告される．1815年セゴウリエ条約締結，イギリス軍のカトマンドゥ駐屯を許可する．1854年チベットと交戦，和平が求められる．1923年＊イギリスと友好条約を締結，これによりイギリスはネパールの独立を完全に認める．1950年立憲君主国として再建，世界で唯一の＊ヒンドゥー教の王国となる．1956年チベット問題で＊中国との間に和解が成立．1959年民主主義憲法が発布される．1962年国境問題に関して中国との間に和解が成立．1972年マヘンドラ（Mahendra, 在位1955-72）が没し，1975年ビレンドラ（Virendra Bir Bikaram Shah Dev, 1945- ）の治世に入る．1981年5月の国民投票の結果，僅差で現政治体制が選定され，国王が国会の援助を受けて統治し，政党は存在しないと制定される．翌82年5月，選挙によりタパ（Surya Bahadur Thapa）が首相に選出されるが，同年国会はタパ政権を評価するための国会総会を要求，1983年にタパ首相は不信任票の責任をとり辞任し，非合法政党が民主的権利の回復を求めた．ブッダ（→シッダールタ）の生誕の地であるルンビニー（Lumbini）を平和・瞑想・文化交流の中心地として開発する7年計画が創案される．1990年の春の民主化運動で，複数政党制の復活が国王によって約束され，11月に西欧型立憲君主性を定めた憲法が制定される．1991年5月，32年ぶりに政党参加で総選挙が実施され，ネパール会議派のコイララ（Girija Prasad Koirala）政権が発足した．経済発展を目指す同政権と野党は対立し，1994年に入ると会議派内部の分裂も表面化，7月に首相が辞任．同年11月の総選挙で，統一共産党が第1党に躍進するが，1995年下院が内閣不信任案を可決，国王は会議派の下院議員団長デウパ（Sher Bahadur Deupa）を新首相に任命，ここに会議派，国民民主党，友愛党の3党連立政権が発足し，現在に至る．

【カトリック教会の歴史】＊イエズス会の会員の足跡は，早くも1638年よりみられる．1679年当時の国王プラタップ・マッラ（Pratap Malla）がイエズス会員を招聘．18世紀初頭＊カプチン・フランシスコ修道会の会員が東部および中央部で宣教する．しかしグルカ族による征服のため，宣教活動は中断，国は鎖国状態に入る．

1951年インド人およびアメリカ人のイエズス会員が教育事業を目的とする入国を許可されたが，宣教活動をする権利は認められなかった．彼らはカトマンドゥに男子中等学校を設立した．次いで1963年＊ロレトの＊ノートルダム教育修道女会の修道女がカトマンドゥに女子中学校を設立．1968年イエズス会員シャルマ（Anthony Sharma）が，ネパール人最初の司祭として叙階され，1951年から81年までの30年間に上述の学校を卒業した約150名ものネパール人カトリック信徒とともに活動を続けた．1972年にはアメリカの＊メリノール宣教会の会員2名が身体障害児のための施設で活動を開始．一方で1973年政府によりキリスト教への改宗を妨げる厳しい措置がとられ，聖書を読んでいるところを捕まった者に対して3年から6年の服役が課せられることになった．投獄されたキリスト教徒は数十人にも上った

が，イエズス会員は首都カトマンドゥにそれぞれ二つの男子校と孤児院を堅持した．

1977年宣教者の活動は地方にも広がり，またその年，*上智大学の卒業生でイエズス会員の大木章次郎が派遣され，ネパールのイエズス会員とともに，身体障害児のために献身する．その影響で他の日本人キリスト教徒も協力するために来訪．目下，日本のノートルダム教育修道女会の修道女などが働いている．1982年にはインド人のイエズス会員2名も地方の活動に参加した．

1983年ネパールは*ヴァティカンとの国交関係を樹立．その翌年4月9日，*教皇庁は前述の司祭シャルマを，インドのパトナ（Patna）司教区から独立したネパールの伝道団スイ・ユリス（Sui Iuris）の長上に任命した．

今日，教会の活動は社会上および教育上の奉仕に限られている．*信教の自由は認められているが，国教であるヒンドゥー教から他の宗教への改宗だけでなく改宗の勧誘までもが，法により罰せられる可能性がある．

【現勢】2000年現在，カトリック信者数：6,000．知牧区：1．小教区：44．教区司祭：7．修道司祭：39．信徒修道士：1．修道女：98． （A. ネブレダ）

ねはん　涅槃　→　ニルヴァーナ

ネブカドネツァル　Nebukadnetstsar 〔アッカド〕 Nabû-kudurri-uṣur　新バビロニア帝国の王，ネブカドネツァル2世（在位前604-562）．
【歴史】前612年に*ニネベを陥落させ，*アッシリアを滅ぼしたナボポラッサル（Nabopolassar, 在位前625-605）が率いる勢力は*バビロニアに新バビロニア王朝を確立した．ナボポラッサルを継いだネブカドネツァル2世は，エジプト勢力を一掃して，シリア・パレスチナの覇権をも掌握した（王下24：7）．
【捕囚】前597年，*エルサレムに攻め入ってユダ王*ヨヤキンと有力者を*バビロンに連行した（王下24：14-16；エレ52：28）．これが第1回バビロン捕囚である．その後ネブカドネツァルによってゼデキヤがユダ王とされたが，ゼデキヤはバビロニアに反逆を企てた．前587年，バビロニア軍は再びエルサレムを包囲し，陥落させ，ゼデキヤとユダの人々をバビロンに連行したが，これが第2回バビロン捕囚である．これによってユダ王国は滅亡し，バビロニアの一属州となった（王下25：1-2）．多くの民族を混交させるアッシリアによる捕囚とは異なり，バビロニアによる捕囚では一つの民族がまとまって移住させられたため，民族の結合力を保つことができた．
【建築事業】ネブカドネツァルはバビロンの大規模な改造を行った．絢爛豪華なイシュタル門（現在ベルリン古代近東美術館蔵）もこのとき建造された．そのほか「空中庭園」や「*バベルの塔」（ジッグラト）も建造したとされる．
【文献】旧新約聖書大 872-73；渡辺和子「前1千年紀のメソポタミア」『聖書の風土・歴史・社会』現代聖書講座1，月本昭男，小林稔編（日本基督教団出版局 1996）109-20；M. ローフ『古代のメソポタミア』松谷敏雄監訳（朝倉書店 1994）：M. ROAF, *Cultural Atlas of Mesopotamia and the Ancient Near East* (New York 1990); D. J. WISEMAN, *Nebuchadnezzar and Babylon* (Oxford 1985); R. H. SACK, *Images of Nebuchadnezzar* (London 1991). （渡辺和子）

ネヘミヤ　Nehemiah 〔ヘ〕 neḥemeyâ　ハカルヤの子．名前の意味は「主は慰める」．ペルシア王，アルタクセルクセスの献酌官（ネヘ1：11）として*スサで仕えていたユダヤ人．ユダの地の長官（同5：14）あるいは総督（同8：9）として任命され，*捕囚後のパレスチナのユダヤ人共同体を組織し，指導する．彼の*エルサレムへの派遣は2回にわたり，第1回は前445-433年の12年間（同5：14）．エルサレムの荒廃を聞き，彼は王に許可を願って城壁の修復のためエルサレムに向かう．城壁を調査し，民を組織して工事にとりかかるが，純粋なユダヤ人でないサンバラトやトビヤたちの中傷，妨害，脅迫を受ける．ネヘミヤはそれらに対し，神に祈り，防御態勢を整えながら，工事を継続し修復を52日間で完成させる．他方，ユダヤ人内部での社会的不正義（抵当，奴隷など）の問題があり，その解消に尽力する．ネヘミヤの2度目の滞在期間は明白ではないが（同13：7），彼は内部の宗教的改革に取り組み，混血者の排斥，*神殿の浄化，安息日（→安息．）の遵守，異民族との結婚の禁止などを敢行する．ネヘミヤ記のほか，2マカバイ記1章18-36節，2章13節，シラ書49章13節等参照．
【文献】ABD 4: 1069-71. （柊暁生）

ネヘミヤき　ネヘミヤ記 〔ヘ〕 ('ezrā-) neḥemeyâ, 〔ギ〕 Esdra B'（エズラ記とともに）　ネヘミヤ記は元来*エズラ記とともに1巻の書物であったが，2書への分割の最初の言及が*オリゲネスにあり，これを*ヒエロニムスは受け継ぎ，15-16世紀に2書の分割が普及し，以降それが一般化する．「ネヘミヤ記」という表記は，本書の「ネヘミヤの記録」（1：1），または欄外の「ネヘミヤの書」という語によるものと考えられる．ネヘミヤ記はつねにエズラ記のあとにあって，*マソラ本文では第3部の*諸書のなか，ダニエル書と歴代誌の間に（→旧約聖書），*七十人訳聖書では歴史書のなか，歴代誌とエステル記の間に，*ウルガタ訳聖書では歴代誌とトビト記の間に置かれている．

ネヘミヤ記の構成はそれほど明確ではないが，*エルサレムの城壁を修復する1章から7章までの外的再建の記述と，ユダヤ人共同体の改革に関わる8章から13章までの内的再建の記述に大別されるとみてよいであろう．ネヘミヤ記はエルサレムの悲惨な状態を聞いたネヘミヤの祈りから始まるが，ペルシア王の献酌官であった彼は，「アルタクセルクセス王の第二十年」（ネヘ2：1，つまり前445年）にエルサレムの再建を願い出て許され，エルサレムに赴く．これはエズラのエルサレム到着（エズ7：8）から13年後のことであり，彼はユダの長官として12年間エルサレムで活動する．ネヘミヤは城壁の調査をなし，その修理を決定して修復作業に着工する．反対者の妨害という困難にも直面するが，守備を固めながら工事を続行し，内部の問題としての社会的不正義の解消を図りながら，敵の脅迫にも打ち勝って城壁を完成させる．そして，帰還した*捕囚の民の名簿が記されて7章が終わる．8章から10章にかけてはモーセの*律法の朗読，*仮庵祭，民の*罪の告白，神に対する誓約という宗教的な行為が述べられ，11章から12章にかけてはエルサレムの町に住む人々，帰還した*祭司と*レビ人の名簿の記載，城壁の奉献の記事がある．最後の13章では，ネヘミヤの第2次エルサレム滞在の時期における神殿の浄化，安息日（→安息．）の遵守，異民族との結婚の禁止というネヘミヤの改革が記されている．

ネヘミヤ記は諸種の資料を編集してでき上がったもの

ネポティズム

と考えられているが，そのうちの主要なものは，ネヘミヤの覚書(1: 1-7: 72 前半; 11: 1-2; 12: 27-43; 13: 4-31)，リスト(3: 1-32; 7: 6-72 前半; 10: 1-28; 11: 3-24, 25-36; 12: 1-26)である．その他，祈り(1: 5-11)，書簡(6: 6-7)，返書(6: 8)，律法朗読式(7: 72 後半-8: 18)，祈り(9: 6-37)，法典(10: 31-40)なども資料として用いられたと推測される．こうした資料を用いてネヘミヤ記は紀元前 4 世紀末頃編集されたと考えられ，議論されているところではあるが歴代誌史家によるものではないかといわれている．

編集上の問題に関しては，帰還した捕囚の民の名簿があるネヘミヤ記 7 章 5 節前半あるいは同 72 節前半の続きは，8 章(律法の朗読)ではなく，エルサレムや他の町と村に住んだ人々の名簿がある 11 章であるとするのが妥当であろう．8-10 章は後に挿入されたものと推測され，エズラによる律法の朗読と罪の告白を述べる 8-9 章は，エズラのエルサレム到着の記事があるエズラ記 8 章 31-36 節のあと，9 章 1 節の前に置かれるのがふさわしいと考えられる．また，ネヘミヤ記 10 章は 13 章のあと，すなわちネヘミヤの改革のあとに民の誓約が続くのが論理的であると思われる．

ネヘミヤ記は捕囚後のユダヤ人にとって，*神殿の再建後に聖なる都エルサレムの城壁を修復することと，律法に基づく宗教的共同体の再建がいかに重要であったかを記すものであり，以後のユダヤ教世界に多大の影響を及ぼすものとなる．

【文献】ABD 2: 731-42; F. MICHAELI, *Les livres des Chroniques d'Esdras et de Néhémie* (Neuchâtel 1967) 7-24, 36-37, 307-64. (柊曉生)

ネポティズム 〔ラ〕nepotismus, 〔英〕nepotism, 〔独〕Nepotismus, 〔仏〕népotisme

【概要】宗教的および世俗的な権力者が親族や利害関係者グループの一員に対して，正当な限度を超えて官職や庇護を与えようとする志向，あるいは慣行．門閥主義や親族推挙主義と訳されることもある．名称は，ラテン語で孫・甥・子孫などを意味するネポス (nepos) に由来する．

教会史においては，この語は一般に*教皇のそれを指して用いられることが普通であるが，もちろん地方教会の首長レベルにおいても同様の慣行は多くみられる．そのため，中世から近世にかけてヨーロッパの各地に*司教や*大修道院長などの高位聖職禄(→ 高位聖職者)の受益者を輩出する特定の家系がしばしば生まれることになった．

【教皇によるネポティズムの歴史】〔起源〕この慣行はすでに 8 世紀の *ハドリアヌス 1 世にみられる．彼は甥を*教皇庁の高官に就けたが，この人物は次の教皇*レオ 3 世の即位の際に頑強な反対者となった．10 世紀から 11 世紀半ばまで，教皇座がローマ市の貴族党派の権力争いの対象と化していくなかで，同様の例は増加した．貴族たちは自派の代表を教皇に就けるかわりに，教皇国家(*教皇庁および*教皇領)の宗教的および世俗的な官職を自派の利益のために確保しようとしたからである．その動きは 11 世紀後半からの*グレゴリウス改革以来しばらく抑制されたかにみえたが，13 世紀以降再び増加をきたし，特に*ボニファティウス 8 世の治世から本来的な意味でのネポティズムが出現するに至った．彼は 3 人の甥と親族一人を*枢機卿に任命し，出身家系のカエタニ家の勢力拡大を図る一方で，対立するコロンナ家を厳しく抑圧した．

〔発展〕ネポティズムは *アヴィニョン教皇の時代 (1309-77) に入ると，ますます不吉な高まりを示した．その最初の教皇*クレメンス 5 世は枢機卿だけで 5 人の親族を任命し，教会制度の組織化に大きな功績を残した*ヨアンネス 22 世は自らは簡素な生活を送ったが，親族と同郷人に対しては多額の金品と空位の聖職禄とを与えた．*教会大分裂の時代 (1378-1417) の教皇たちも，多くがその例に洩れなかった．

〔最盛期〕この慣行は 15-17 世紀に最盛期を迎えた．特に*ルネサンス教皇はそれを最高度に利用した．これ以後，教皇は親族を高位の聖職に就けるだけでなく，教皇国家内の領地を封土として与えることも行い，さらにそれを独立の公国化することさえもしばしば試みた．スペイン人の*カリストゥス 3 世は出身のボルジア家と同郷人を好遇し，*ピウス 2 世は出身の*ピッコローミニ家を，*シクストゥス 4 世は出身のロヴェレ家を引き立てた．ボルジア家出身で息子のチェーザレ*ボルジアを枢機卿と教皇庁尚書院 (Cancellaria Apostolica) の長に任命し，彼のために教皇国家を分割して世襲の独立国家を設けようとした*アレクサンデル 6 世や，*メディチ家出身の*レオ 10 世と*クレメンス 7 世らも有名である．また 14 歳と 16 歳の二人の孫を枢機卿とした*パウルス 3 世と，15 歳の自己の寵童を枢機卿とした*ユリウス 3 世の名もよく知られている．この間ネポティズムは，一方では教皇制の普遍的性格に打撃を与えるとともに，他方では頻繁な政争と戦争を引き起こす原因ともなった．

〔抑制と衰退〕このような過度のネポティズムの盛行と*トリエント公会議による教会改革の機運を背景に，*ピウス 5 世は初めてその抑制に乗り出し，*大勅書『アドモネト・ノス』(Admonet nos) によって，教皇国家の領域と都市を封土として与えたことを禁じた．以後この禁令は幾人かの教皇によって繰り返されたが，教皇のネポティズムはなおも 17 世紀を通じて止まなかった．この慣行に終止符を打ったのは，1692 年の*インノケンティウス 12 世の大勅書『ロマヌム・デケト・ポンティフィケム』(Romanum decet pontificem) である．これにより，教皇が所領・官職・収入のいかなるものをも親族に与えることが厳禁され，以後教皇のネポティズムは終息することになった．

〔歴史的背景〕この慣行の背後には，中世以来教皇は単に全教会の頭であっただけでなく，封建的な構造をもった教皇国家の君主でもあり，他の世俗君主と同様に統治と権力保持のため，血族のつながりを重視せざるをえなかった面があったことが指摘されうる．また*教皇選挙に際して投票権を有する枢機卿が，当選した教皇にその支持の代償を求めがちであったことも認めなければならない．なおネポティズムによって登用された高位聖職者には多くの不適格者や無能な人物が含まれていたが，*ピウス 4 世の甥の*カルロ・ボロメオのごとく優秀な人材もいたことを忘れてはならない．

【文献】カ大 5: 181-2; Cath. 9: 1159-60; LMit. 6: 1093-94; NCE 10: 338-39; P. LEVILLAIN, *Dictionnaire historique de la Papauté* (Paris 1994) 283-84. (河井田研朗)

ネボやま ネボ山 〔ヘ〕nebô

*モーセが約束の地を展望し，そこで死んで葬られた，モアブの山．申命記 32 章 49-50 節には「エリコの向かいにあるモアブ領のアバリム山地のネボ山に登り，わたしがイスラエルの

人々に所有地として与えるカナンの土地を見渡しなさい．あなたは登って行くその山で死に，先祖の列に加えられる」とある（34: 1-8 も参照）．*死海の北端から 10 km 東，アバリム山地の北部，北のワディ・アユン・ムーサ（Wadi Ayoun Mousa），南のワディ・アフリト（Wadi Afrit）に挟まれた連山の一つと考えられ，一般にジェベル・エン・ネバ（Jebel en-Nebā，標高 803 m）がネボ山とされる．ただし，旧約聖書の古い伝承ではネボ山はピスガとされる．これは現在のキルベト・シャーガ（Khirbet Siyagha，標高 710 m）である．この付近の山は天然の展望台で，死海とヨルダン渓谷，ユダの荒れ野全体，それに *サマリアの山々まで一望できる．
【文献】旧新約聖書大 875; ABD 4: 1056-58.

（金井美彦）

ネメシオス　Nemesios（4-5 世紀）　古代キリスト教哲学者，シリアのエメサ（Emesa）の司教．生涯については不明．*東方教会において，キリスト教的人間論を初めて体系化した『人間本性論』(peri physeōs Anthrōpou) を書く．当時のギリシア哲学を背景にし，*プラトンや *アリストテレスを援用しながら独自のキリスト教的哲学体系を構築した．人間を神の *創造の計画のなかに位置づけ，霊的世界と物質的な世界を結びつける特殊な存在とする．また人間の *霊魂は非物質的で，自存し，不滅であるが，肉体と結合しているとし，その結合の特異性を *受肉におけるみ言葉と人間本性との結合に譬えている．霊魂の諸能力の解説を通して，キリスト教的人間論の根本概念である *自由意志と人間的行為を基礎づけ，自由意志は *理性に付随するものと考えた．人間の行為に関する彼の哲学は証聖者 *マクシモスによって完成され，ダマスコの *ヨアンネスなどを通じて，中世 *スコラ学の神学的人間論の発展にも大きな影響を与えた．
【著作校訂版】PG 40: 504-817.
【文献】キ人 1039; LThK² 7: 875; NCE 10: 317; RGG³ 4: 1399.

（英隆一朗）

ネリ　→　フィリッポ・ネリ

ネルウァ　Nerva, Marcus Cocceius（30. 11. 8-98. 1. 25）　ローマ皇帝（在位 96-98）．イタリア，ナルニア（Narnia，現ナルニ Narni）生まれ．祖父の代から続く法学者の家系であり，彼もその才で評判を得る．96 年9月に皇帝 *ドミティアヌスが暗殺されると，元老院により皇帝に推挙され即位．先帝の悪政を改め，穀物配給や水道建設，そして先帝に追放された人々の召還（キリスト教徒も含まれたと伝えられる）等を実施．97 年，親衛隊の騒擾を抑えるべく *トラヤヌスを養子とし，後継者に定めて翌年，ローマで没す．実子ではなく有能な人物を養子にして皇位継承をなす原則を確立．五賢帝最初の皇帝であった．
【文献】MEL 17: 73-74; M. BUNSON, *Encyclopedia of the Roman Empire* (New York 1994) 293-94; スエトニウス『ローマ皇帝伝』全 2 巻，国原吉之助訳（岩波書店 1986）.

（長谷川岳男）

ネルセス　Nerses（?-372/73）　4 世紀の *アルメニア教会の *カトリコス，聖人（祝日 11 月 19 日）．一般に同名の総主教たちと区別して大ネルセスと呼ばれる．アルメニア教会の伝承によれば照明者 *グレゴリオスの曾孫にあたる．カッパドキアの *カイサレイアで教育を受け，宮廷に仕える．妻は息子のアルメニアの *イサクを出産してまもなく死去した．その後聖職者となり，353 年カイサレイアの総主教に就任し，教会の諸改革に着手した．365 年頃アシュティシャット（Ashtishat）に教会会議を招集し，近親婚の禁止，断食の規定，*修道生活の規定などを定めた．また数多くの学校，孤児院，病院，修道院，教会堂を建立した．アルシャク 3 世（Arshak III）および宮廷内の不道徳を批判したため役職を罷免され，360 年から 2 年間 *コンスタンティノポリスに亡命．364 年ないし 368 年帰国．次王パップ（Pap）政権下に総主教に復権したが，372 年王の不道徳を批判したため毒殺された．その生涯についてはアルメニア教会の歴史家ビザンティンの *ファウストスの書物（425 頃）に詳しく記されている．
【文献】キ人 1039-40; DHGE 4: 297; LThK² 7: 882-83; NCE 10: 342.

（阿部仲麻呂）

ネル・ブロイニング　Nell-Breuning, Oswald von（1890. 3. 8-1991. 8. 21）　ドイツの倫理神学者，カトリック社会問題を取り上げた先駆者，イエズス会員．*トリールに生まれる．1911 年に *イエズス会に入り，1921 年司祭叙階．1928 年よりイエズス会の経営する *フランクフルト・アム・マインのザンクト・ゲオルゲン神学院で倫理神学を教える．1965 年よりフランクフルト大学教授を兼ねる．第 2 次世界大戦時には外国為替法違反の罪で 1943 年に公開裁判において懲役刑の判決を受ける．1948 年から 65 年まで経済省直属の学術顧問団の一員として働く．ドイツ労働組合総同盟（Deutscher Gewerkschaftsbund）にとっても無視することのできないカトリックの論客であった．*ピウス 11 世の社会問題に関する回勅 *『クアドラゲシモ・アンノ』が書かれる際には大きな貢献をした．経済倫理，経済政策，社会政策に関する問題を扱った多くの著書がある．フランクフルトにて死去．
【主著】*Grundzüge der Börsenmoral*, 1928; *Aktienreform und Moral*, 1930; *Die soziale Enzyklika*, 1932; *Einzelmensch und Gesellschaft*, 1950; *Wirtschaft und Gesellschaft heute*, 3 v., 1956-60; *Kapitalismus und gerechter Lohn*, 1960; *Mitbestimmung*, 1968; *Baugesetze der Gesellschaft*, 1968; *Streit und Mitbestimmung*, 1968; *Aktuelle Fragen der Gesellschaftspolitik*, 1970; *Kapitalismus — kritisch betrachtet*, 1974; *Grundsätzliches zur Politik*, 1975; *Soziallehre der Kirche*, 1977; *Soziale Sicherheit?*, 1979; *Gerechtigkeit und Freiheit*, 1980; *Arbeit vor Kapital*, 1983; *Arbeitet der Mensch zuviel?*, 1985; *Unsere Verantwortung*, 1987.
【全集】F. HENGSBACH, ed., *Den Kapitalismus umbiegen. Schriften zu Kirche, Wirtschaft und Gesellschaft*, 1990.
【文献】H. KLEIN, ed., *Oswald von Nell-Breuning* (Freiburg 1989).

（J. マウツ）

ネルボ　Nervo, Amado（1870. 8. 27-1919. 5. 24）　メキシコの詩人．ナヤリト州テピク（Tepic）に生まれる．法律と神学を学び，聖職者を志すがジャーナリストに転向し，『ウニベルサル』(Universal) 紙に自然主義的な小説『学士』(El bachiller, 1895) や詩集『黒真珠』(Perlas negras, 1898)，『神秘学』(Místicas, 1898) を発表した．1900 年，パリ万国博覧会に関する記事を書く

ねるまえのいのり

ためにヨーロッパに発つが，*パリでダリーオ (Rubén Darío, 1867-1916) とともに暮らすこととなる．この出会いが彼をモデルニスモ（[西] modernismo）と決定的に結びつけるきっかけとなる．彼は恩師の詩人グティエレス・ナヘラ (Manuel Gutiérrez Nájera, 1859-95) の影響を多分に受けた『詩集』(Poemas, 1901) や，詩と散文を交えた『移民と路傍の花』(El éxodo y las flores del camino, 1902) を次々と刊行し，モダニストとしての地位を確立すると同時に，文芸誌『近代誌』(Revista moderna, 1898-1911) の編集にも携わり，その運動の指導的役割も果たした．かつての神学生は『神秘学』にみられるように宗教的問題を自らの中心テーマに据えてそれに最後までこだわった．『内側の庭』(Los jardines interiores, 1905) や『静穏』(Serenidad, 1912) には，メキシコ的な死の観念と宇宙的な宿命観が強く漂っている．モンテヴィデオ (Montevideo) にて没す．
【文献】M. DURÁN, Genio y figura de Amado Nervo (Buenos Aires 1968). （本田誠二）

ねるまえのいのり　寝る前の祈り　〔ラ〕completorium, 〔英〕compline, 〔独〕Komplet, 〔仏〕complies　*教会の祈りのなかで，一日のうち最後に行う祈りで終課とも呼ばれる．寝る前の祈りは，共同で晩の祈りを祈った後，幾つかの*詩編を寝室で祈る*修道者の日課に端を発している．ヌルシアの*ベネディクトゥスの『戒律』(17, 9-10; 18, 19) は，毎日，三つの詩編 (4, 91, 134) を朗唱し，賛歌，*聖書朗読，*答唱，*祝福を行うこととしている．修道者たちは，詩編唱和の前にその日の罪を告白し，ゆるしを受けることが慣習となった．結びの*聖母賛歌は*シトー会の女子修道院から広まったとされる．

現在は，初めの唱句に続いて良心の糾明と*回心の祈りを行い，賛歌の後，*主日の前晩には詩編4と134を，主日の晩には詩編91を唱え，他の日には神への信頼を呼び起こす詩編を唱える．詩編唱和の後，短い聖書朗読と固有の答唱を唱え，*シメオンの歌を交唱 (→アンティフォナ) とともに唱えるが，これは寝る前の祈りの頂点といえる．結びの祈願の後，一人で唱える場合も祝福のことばを唱える．結びの聖母賛歌は，復活節に「天の元后喜びたまえ，アレルヤ」(*レジナ・チェリ・レタレ) を唱える以外，教会の祈りまたは*司教協議会が決めたものを随時選ぶことができる．なお，寝る前の祈りは，真夜中を過ぎても就寝前の祈りとして唱え，*復活徹夜祭や主の*降誕の夜半のミサなど，*徹夜の祭儀に参加する場合には唱えない．
【文献】『教会の祈り』総則84-92項; LThK³ 6: 231. （齊藤克弘）

ネレウスとアキレウス　Nereus, Achilleus　(1-2世紀)　ローマの殉教者，聖人（祝日5月12日）．アルデアティナ街道 (Via Ardeatina) のドミティラ (Domitilla) の*カタコンベにおいて9世紀前半まで崇敬されていた．*ダマス1世によると，彼らは兵士であったが，後にキリスト教に改宗し迫害に遭い，処刑された．遺体は*シクストゥス5世のときにサン・アドリアーノ・ネル・フォロ (San Adriano nel Foro) に移され，*バロニウスによってさらに彼らの名を冠したサンティ・ネレオ・エ・アキレオ (Santi Nereo e Achilleo) に安置された．
【文献】キ人 1040; BSS 9: 813-20; DACL 1111-23; LThK² 7: 880; LThK³ 7: 740. （山口和彦）

ネロ　Nero, Lucius Domitius Ahenobarbus　(37.12.15-68.6.9)　ローマ皇帝（在位54-68）．イタリア中部，アンティウム (Antium, 現アンツィオ Anzio) 生まれ．皇帝*クラウディウスの実子ではなかったが，母の小アグリッピナ (Julia Agrippina, 15-59) が皇帝の最後の妻となったため，皇位継承の権利を得て，54年に即位．当初，母や側近の助言に従いその支配は穏当であったが，59年には母を殺害し，それに続きほかの有能な側近たちも退くと独裁的傾向が強まった．64年，*ローマに大火が生じ，広範囲に及ぶ都市が焼失すると，さまざまな噂が流れ，彼が犯人との風評が流布したため，当時，有害な迷信にとらわれているとみなされ，民衆の嫌悪の対象であったキリスト教徒を犯人に仕立て，彼らへの*迫害を実施した．そのため残忍な拷問で多くの信者が処刑され，この際*ペトロや*パウロも殉教したという伝承もある．しかしこの迫害は宗教的な問題からなされたわけではなく，一時的なものにとどまった．65年，ピソ (Gaius Calpurnius Piso, ?-65) を頭目とするネロの独裁に対する陰謀が発覚して未然に防がれたが，68年に各地で反乱が発生し，特にヒスパニア（スペイン）の反乱に呼応して親衛隊が彼を見限ったため，ローマ郊外で自殺しユリウス・クラウディウス朝は断絶した．死後伝説化し，*ヨハネの黙示録第13章に現れる獣は新たなネロと考えられた．
【文献】秀村欣二『ネロ』（中央公論社 1967）; G. ヴァルテル『ネロ』山崎庸一郎訳（みすず書房 1967）; タキトゥス『年代記』全2巻，国原吉之助訳（岩波書店 1981）; スエトニウス「ネロ伝」『ローマ皇帝伝』下，国原吉之助訳（岩波書店 1986) 133-98. （長谷川岳男）

ねんかん　年間　→ 典礼暦

ねんだいき　年代記　〔ラ〕chronica, 〔英〕chronicle, 〔独〕Chronik, 〔仏〕chronique　西洋中世の歴史記述の一形式．中世の原典に多用されている標題語にはクロニカ（〔ラ〕chronica）のほかにアンナレス (annales), ゲスタ (gesta), ヒストリア (historia) などがみられ，それらの使い分けはほとんど無原則に近いので，題名にとらわれずクロニカを中世歴史記述の総称として用いるのが妥当である．邦訳語も同じく混用や不統一を免れず，年代記，編年史，年誌等と訳され，アンナレスの訳語（年譜，年史）との区別も曖昧である．

キリスト教史としての年代記はカイサレイアの*エウセビオスや*ヒエロニムスの著作を祖述するギリシア語・ラテン語の編年史的史料として記録され始め，*民族大移動以後の西欧諸国で*司教区・*修道院の事跡を中心とする地域史からキリスト教諸王国の歴史に視野を広げて発達した．その編者（著者）の大部分は修道士や在俗聖職者で，トゥールの*グレゴリウスの『フランク史』や*ベダ・ヴェネラビリスの『イングランド教会史』などの大作が生まれた．9世紀末から編纂された『アングロ・サクソン年代記』(→イギリス文学) は古英語で書かれたもので，12世紀半ばまで継続されて中世年代記の典型とされる．12世紀以降，北欧や東欧・中近東へのキリスト教圏の拡大につれて，年代記は海外宣教活動の記録を伝承し世界史記述の手段となった．その用語も西欧諸国語に及び，フランスの『フランス大年代記』(Grandes Chroniques de France) に代表される国家的

歴史編纂事業の水準に達し，他方百年戦争(1337-1453)の時代のフロアサール(Jean Froissart, 1337頃-1410頃)の4巻本『年代記』(Chroniques)のような優れた文学作品も生まれた．

【文献】上智大学中世思想研究所編『中世の歴史観と歴史記述』(創文社 1986)． (橋口倫介)

ねんとう　念祷　→　祈り，観想，黙想

ねんれい　年齢　〔ラ〕aetas, 〔英〕age, 〔独〕Alter, 〔仏〕âge

〔年齢上の区別〕教会法上，満18歳以上は成年者であり，その年齢に達しない者は未成年者である．成年者は自己の*権利を完全に行使することができるが，未成年者は，*神法または*教会法により，親または後見人の権限から除外される事項を除き，自己の権利の行使については親または後見人の権限に服する．なお満7歳以上の者は，理性を働かせるに至った者と推定され，かつカトリック受洗者は教会法に服する．満7歳未満の未成年者は，幼児と呼ばれ，かつ意思能力を欠く者とみなされる(『教会法典』11条，97-98条)．

〔教会法上の義務と年齢〕*小斎の掟を遵守する義務を有するのは，満14歳に達した者である．*大斎の掟に拘束される者は，満18歳から60歳に達するまでのすべての成年者である(同1252条)．すべての信者は，分別の年齢に至った後は，重大な*罪を少なくとも1年に1回告白する義務を有する(同989条)．

〔年齢と引責性〕満16歳未満の者は法令または命令に違反した場合にも，いかなる*刑罰の対象ともならない(同1323条1号)．

〔年齢と婚姻障害〕男子は満16歳，女子は満14歳にならなければ有効な*婚姻を締結することができない．(同1083条1項)．

〔教会職と定年〕*教会職は法の規定する定年によって喪失する(同184条)．*教皇庁および*ヴァティカン市国の諸省または他の常設機関の長を務める*枢機卿は，満75歳をもってローマ教皇に辞職を申し出るよう要請される(同354条)．*教区司教は，満75歳に達したとき教皇に対して退任の意思表示を行うよう求められる(同401条1項)．*主任司祭は満75歳になったとき，教区司教にその職務の辞任を申し出るよう求められる(同538条3項)．

〔叙階と年齢〕*司祭職に予定されている者の*助祭叙階の許可は満23歳以上，終身助祭の助祭叙階の許可は満25歳以上でなければ与えられない．*司祭叙階は満25歳に達し成熟した者でなければ授与されない(同1031条1項)．

〔年齢と修道誓願，在俗会入会〕有期の*修道誓願を有効に宣立するには満18歳以上であることが，また終生誓願宣立が有効であるためには少なくとも満21歳に達していることが要求される(同656条1号，658条1号)．*在俗会の最初の試練期への許可が有効であるためには成年に達していることが必要である(同721条1項1号)．

【文献】L. CHIAPPETA, *Dizionario del Nuovo Codice di Diritto Canonico* (Napoli 1985) 365-68． (枝村茂)

の

ノー　Nau, François Nicolas　(1864. 5. 13-1931. 9. 2)　20世紀初めに活躍したフランスのカトリックの東方教会史家，教父学者．1887-94年，*パリのサン・スルピス神学校(→ 聖スルピス会)，*アンスティテュ・カトリックで神学と教会法を学ぶ．1887年司祭叙階．*ソルボンヌ大学で1889年に数学の，1890年に物理学の学位を取得し，1890-1930年にアンスティテュ・カトリックで数学と天文学を講ずる．1889年よりシリア語，ヘブライ語とアラム語を習得．1895年には*バルヘブラエウス著のシリア語の天文学書『霊の上昇の書』を仏訳し，出版した．その後も精力的にシリア語文献の研究と翻訳に携わり，宗教，歴史から天文学に至る広範な分野の成果を，主に*グラファンとともに刊行した『東方教父全集』(Patrologia orientalis)および雑誌『東方キリスト教』(Revue de l'Orient Chrétien)に発表した．1903年にはアンティオケイアの*マロン教会の主教から名誉司祭の称号を贈られた．
【文献】NCE 10: 281; JA 223 (1933) 149-80.
(坂田俊也)

ノア　Noe　〔ヘ〕nōaḥ,〔ギ・ラ〕Noe　レメクの子ノアは*アダムから10代目にあたり，洪水以前と以後に分けられる創世記1-11章の「原初史」の中間に位置し，神の恵みおよび本人の正しさゆえに洪水より箱舟によって救われ(→ 洪水物語，ノアの箱舟)，セム，ハム，ヤフェトの父である．ノア(nḥ)という名前の由来について聖書は動詞「慰む」(nhm, 創5: 29 = *ヤーウィスト資料 = J)と結びつけ，これはぶどう酒(創9: 21)との関係が推測されるが，一般には動詞「休む」(nwḥ)との結びつきが指摘されている．洪水の前，地上には人の悪が増していたが，ノア(nḥ)は神の恵み(ḥn)を得(創6: 8 = J. 知4: 10 参照)，神と共に歩む正しい，全き人物であった(創6: 9 = *祭司文書 = P)．沈黙の人で，義人(エゼ14: 14, 20; シラ44: 17)，信仰の人である(ヘブ11: 7)．洪水はノアの600歳のときに起こるが，彼とその家族(1ペト3: 20 等によれば8人)および動物は箱舟によって救われる．洪水の後，ノアは神に犠牲をささげ，神はノアを祝福する．「産めよ，増えよ」(創9: 1 等)という神の祝福の言葉は新しい*創造を意味し，肉食の導入(創9: 3)は歴史が新しい段階に入ったことを表している．また，神はノアと*契約を立て，二度と洪水によって肉なるものが滅ぼされることはないと約束し，虹(「弓」)を契約のしるしとして雲のなかに置く(創9: 8-17 = P)．ノアは水と関係する一方，アダムや*カインと同様に土に関係し，農夫(「土の男」)であって，最初のぶどう栽培者となる(創9: 20 = J)．彼はぶどう酒に酔って裸になるが，その後*カナンに対する*呪いの言葉が発せられる(創9: 24-27)．新約聖書では，*人の子の到来がノアの時代と比較され(マタ24: 37 等)，洪水は*洗礼の前表(1ペト3: 21)とされている．聖書のノアは，メソポタミアの洪水伝説の英雄，シュメールのジウスドラ，*『ギルガメシュ叙事詩』のウトナピシュティムに比較される．ただし，ノアは彼らのように洪水後，不死のいのちを得るのではない．
(柊曉生)

ノアイユ　Noailles, Louis-Antoine de　(1651. 5. 27-1729. 5. 4)　枢機卿，パリ大司教．オーヴェルニュのカンタル(Cantal)に生まれ，*パリで死去．プレシ学寮で学び，1676年*ソルボンヌ大学で学位を取得．1679年カオール(Cahors)の司教となり，翌年*シャロン・シュール・マルヌへ移る．1695年マントノン夫人(Françoise d'Aubigné, marquise de Maintenon, 1635-1719)の評価を得て，急死したパリ大司教アルレー(François de Harlay, 1625-95)の後任となり，さらに1700年教皇*インノケンティウス12世より*枢機卿に任命．聖職者の学校や公開講義の開設，*ノートルダム大聖堂の修復など良き指導者として積極的に活動する．しかし*静寂主義論争において*ボシュエや*聖スルピス会の司祭トロンソン(Louis Tronson, 1622-1700)らとともに介入するが失敗．また*ジャンセニスムをめぐって*オラトリオ会に賛同し，対立する*イエズス会の諸権利を剥奪．さらに18世紀に入ると教皇*クレメンス11世の勅書受諾における朝令暮改的な態度に支持者は離反し，司教たちや国王の反発を招いたため一時は国外追放を余儀なくされた．1720年和解が成立，剥奪されたイエズス会の諸権利も1728年には回復に至り，30年にわたる争いはようやく終わりを告げた．ボシュエは，司教としては穏やかで信心深く己の義務に忠実であるが，幾多の論争における無謀さにみられるように心理的もろさを合わせもつ人物である，とノアイユを分析している．
【文献】キ人 1041; Cath. 9: 1296-98.
(森本由子)

ノアのはこぶね　ノアの箱舟　〔ヘ〕tēbâ,〔ギ〕kibōtos,〔ラ〕arca　*ノアが神に命じられて造った木の舟．これによってノアとその家族，動物は洪水より救われる(→ 洪水物語)．ヘブライ語テバー(エジプト語からの借用語)は，*モーセがそのなかに入れられて*ナイル川に流される*パピルスの「籠」をも意味する(出2: 3, 5)．神は人間の悪ゆえに人類を洪水で滅ぼそうとするが，神に従う無垢な人ノア(創6: 9)に箱舟を造ることを命じる．箱舟はゴフェルの木で，タールを塗ったもの，また長さ300アンマ，幅50アンマ，高さ30アンマの長方形である(→ 聖書の度量衡)．そして明かりとりがあり，3階建てであった(創6: 14-16)．ノアは命じられた通りに箱舟を造り(創6: 22)，それに乗り込む(創7: 7)．洪水の間，箱舟は水面を漂うが，水が引いて*アララト山にとまる．ノアは箱舟の窓を開き，鳥，鳩を飛ばす．その後，箱舟から出たノアの息子，ハム，セム，ヤフェトから人類が広まっていく(創9: 18-19)．箱舟が長方形，3階建てなどという構造上の類似，および危険からの避難所，救いの空間であるという神学上の意味連関から，箱舟は*神殿(*アウグスティヌスは教会とする)を象徴していると考えられる．箱舟と比較される*『ギルガメ

シュ叙事詩』(第11書板24-144行)の舟は一辺が約60ｍの立方体である．　　　　　　　　　　　　　　（柊曉生）

ノイエ・ムジーク　Neue Musik　邦訳では「新音楽」といわれるが，20世紀におけるドイツでの専門語としては，1920年代に用いられ始めたもので，当時におけるヨーロッパの新しい傾向の芸術音楽を意味した．それは1900年以後，ロマン派的表現主義の強調に始まり，同時代の大勢に反抗し，1920年代に*シェーンベルクと*ストラヴィンスキーの2方向の対立となる．狭義でも世紀半ばの前衛たけなわの時代までが包括される．シェーンベルクは12音音楽，ストラヴィンスキーは新古典主義的方向を促進したが，後者も55年以後は，12音技法も用いるに至る．フランスでは30年頃，*メシアンの主導のもとにサティ（Erik Satie, 1866-1925）や「六人組」の明るい音楽に対抗して，異国的要素，宗教的熱情，数の神秘主義を交え，新しい語法を開拓した．50年以後は*ヴェーベルンの遺産がセリー音楽として，ブーレーズ（Pierre Boulez, 1925- ），ノーノ（Luigi Nono, 1924-90），シュトックハウゼン（Karlheinz Stockhausen, 1928- ）らによって展開されるとともに，具体音楽，電子音楽なども生まれ，他方ケイジ（John Cage, 1912-92）による偶然性の導入などにより，従前には予想もできなかった「音楽」が続々と生まれる．日本では「新音楽」と「現代音楽」が同義語のように用いられることも多い．
【文献】田辺尚雄他編『音楽大事典』3（平凡社 1982）1259.　　　　　　　　　　　　　　　　　（野村良雄）

ノイス　Neuß, Wilhelm　（1880. 7. 24-1965. 12. 31）　ドイツのカトリック教会史家．モンタバウアー（Montabaur）に生まれ*ボンにて死去．1903年司祭に叙階．*シュレールスの高弟として，1922年からボン大学教授（中世・近世教会史）となる．ことにスペインやラインラントの教会史，美術史を専門とした．*ナチズムに反対したことでも知られる．
【文献】キ人 1042; LThK³ 7: 786-87.　　　（山口和彦）

ノイズ　Noyes, Alfred　（1880. 9. 16-1958. 6. 28）イギリスの詩人，劇作家，小説家．ウォルバーハンプトン（Wolverhampton）に生まれる．信条的には伝統主義者で同時代のモダニズム作家らに対しては否定的であった．*オックスフォード大学在学中の1902年に処女詩集『時を織りなす』（The Loom of Years）を出版．海に材をとることも多く『ドレイク』（Drake, 1906-1908）は野心的な作品．1914年から23年にかけてプリンストン大学で英文学を講じた．叙事詩三部作『松明を掲げる人々』（The Torchbearers, 1922-30）執筆中の1925年にカトリックに転じ，以後は宗教性の強い作品を書いた．1953年には自伝『思い出の世界ふたつ』（Two Worlds of Memory）を発表した．ワイト島のライド（Ryde）で死去．
【文献】キ人 1042; EBritMi 7: 428;『英米文学辞典』(研究社 ⁵1985) 949; M. Drabble, ed., The Oxford Companion to English Literature (Oxford 1932 ⁵1985) 706; D. Stanford, ed., Dictionary of Literary Biography, v. 20 (Detroit 1983) 250-57.　　　　　　（杉木良明）

ノイマン　Neumann, Balthasar　（1687. 1. 27-1753. 8. 19）　ドイツの後期バロックの代表的建築家．エーガー（Eger, 現チェコ共和国のヘプ Cheb）で誕生，*ヴュルツブルクで没す．生地で鋳造技術を学び，ヴュルツブルクで軍事技術者として働くかたわら，建築学を学んだ．ヴュルツブルクの*領主司教の庇護のもと，1723年には建築研究のためナンシー（Nancy）と*パリに派遣された．

ノイマンは聖俗の多数の建物を設計しているが，世俗建築で名高いのは，ヴュルツブルクの司教館で，美術庇護に熱心な領主シェーンボルン司教（Johann Philipp Franz von Schönborn, 在職1719-24）の注文で1719年に着手，建設はその弟で後継者のフリードリヒ・カール（Friedrich Karl von Schönborn, 在職1729-46）のもとで続行され，ウィーンの建築家 J. L. フォン・*ヒルデブラントらの協力も得て，1744年に一応の完成をみた．内部の豪壮華麗な階段室は，ドイツにおける世俗の*バロック建築の最高傑作とされる．

宗教建築では，*バンベルクの近くのフィアツェーンハイリゲン（十四聖人）巡礼教会堂（着工1742）を代表作とする．この教会は，楕円形プランの空間を幾つか組み合わせてダイナミックな動きを感じさせる複雑なインテリアを生み出すノイマンの特色を，典型的に表している．波打つ天井面や壁面，部分空間を区切る柱は，繊細な装飾を施され，白，金色，バラ色の洗練された色調で彩られており，天窓から豊かに注ぎ込む光の効果と相まって，祝祭的な華やぎを示している．
【文献】DA 23: 2-7.　　　　　　　　　（髙橋裕子）

ノイマン　Neumann, Therese　（1898. 4. 9-1962. 9. 18）　ドイツの神秘家．バイエルン地方のコンネルスロイト（Konnersreuth）出身で，1918年，20歳のとき火事に遭った折に失明し両脚が不自由になったが，リジューの*テレジアの姿を*幻視でみて全快した．1926年の*四旬節に初めてキリストの*受難を体験し，キリストの*聖痕をその身に帯びた．その後，毎金曜日この聖痕が繰り返し現れた．1927年以降，日々拝領する*聖体以外には食物を一切口にせず，種々の*奇跡を行ったとされ，巷間では聖人として崇敬された．実際中世後期にはこの種の*断食は女性聖人の特徴の一つとみなされていたが，ノイマンの事例により，19世紀後半から再燃し始めていたこの議論が再び活発化した．キリストの受難を追体験する聖痕の出現と，聖体のみで生きる徹底した断食は，女性の神秘家や幻視家に顕著な特徴である．慎ましい階層の出身であったノイマンの治癒不可能と思われた障害が，1925年に列聖されたばかりの「小さな人々の守護者」聖テレジアの示現によって癒やされた点は興味深い．死後，*レーゲンスブルクの司教により*列聖のための調査開始が検討されている．
【文献】Cath. 9: 1175-76; LThK³ 7: 765-66; NCE 10: 365-66.　　　　　　　　　　　　　（冨原眞弓）

ノイラート　Neurath, Otto　（1882. 12. 10-1945. 12. 22）　オーストリアの社会学者，哲学者，経済学者．哲学の分野では，*ウィーン学団の顔となった．基礎観察に基づくプロトコル命題（[英] protocol sentence）も修正可能で拒否可能なものとし，海上で自分の船を修理する水夫の譬え，いわゆる「ノイラートの船」と呼ばれる譬えを用いてこれを説明，科学の言語の外にある現実などないと批判した．その後その批判は形而上学批判へと展開された．

【文献】E. CRAIG, ed., *Routledge Encyclopedia of Philosophy*, v. 6 (New York 1988) 813-16; 野家啓一『無根拠からの出発』(勁草書房 1993). （茂牧人）

ノインホイザー　Neunheuser, Burkhard
(1903. 12. 12-) 典礼学者，ベネディクト会員．エッセン(Essen)に生まれる(本名 Gottfried. Burkhardは修道名)．1922年 *ベネディクト会入会．1939年 *ローマで神学博士号取得．1939-62年に *マリア・ラーハの教授．1962年よりローマの聖アンセルモ大学および *ウルバニアナ大学などで教授を務める．*秘儀神学で知られる *カーゼルの主著『秘儀と秘義』の第4版(1960)と『キリストの奉献と教会の奉献』(Opfer Christi und Opfer der Kirche, 1960)の編集，また *ヴァルナハの『キリスト秘義と救いの歴史』(1977)の校訂や多数の論文を通して典礼刷新の神学的基礎を深めることに尽くす．*洗礼や *堅信，*エウカリスティアの秘跡に関する教理史的著作でも知られる．
【主著】*Taufe und Firmung*, HDG 4/2, 1956; *Eucharistie in Mittelalter und Neuzeit*, HDG 4/4b, 1963.
【文献】キ人 1043; LThK³ 7: 768; O. カーゼル『秘儀と秘義』小柳義夫訳 (みすず書房 1975); O. CASEL, *Das christliche Kultmysterium* (Regensburg ⁴1960); V. ワルナッハ『キリスト秘義と救いの歴史』土屋吉正，福地幹男訳 (あかし書房 1984); V. WARNACH, *Christusmysterium* (Graz 1977). （石井祥裕）

ノウァティアヌス　Novatianus
(200頃-258頃) 3世紀中葉にローマに広まった禁欲的な *ノウァティアヌス派の創始者．おそらく *ローマの生まれ．彼の神学や哲学，ラテン語の教養を評価していた教皇 *ファビアヌスによって叙階されたが，ローマ教会の司祭団と多くの信徒は，彼が重病で死の危険にあったときに受洗しただけであるという理由で彼が聖職に就くことに反対した(カイサレイアの *エウセビオス『教会史』6, 43, 13-17)．*デキウス帝の迫害が始まるまでは，おそらく *隠修士であったが，ファビアヌスの殉教(250)の後，ローマ教会内で指導的立場に就いた．*キプリアヌスの書簡集には2通の書簡(Epistula 30, 36)が収められ，デキウス帝の迫害時に背教した者を教会に再受容することを支持していたことがわかる．ところが，キプリアヌスと同様に棄教者に柔軟な態度の *コルネリウスが教皇に選ばれると，厳格派を組織し *対立教皇に選ばれた．「清い者」([ギ] katharoi)の教会を要請し *洗礼によって罪を清められた後の堕落は癒やされないとした．この思想傾向は *ストア学派的な背景をもつ．教会史家 *ソクラテスによれば，*ウァレリアヌスの迫害下に死亡した(『教会史』4, 28)．

主著『三位一体論』(De trinitate)は240年頃に書かれ，当時の神学論争を反映している．その第1部では，創造神と父なる神の同一性を弁明し(対 *グノーシス主義)，第2部では，イエスが創造神の子であること(対 *マルキオン派)，その人性が真であること(対 *キリスト仮現説)，その神性が真であること(対 *キリスト養子説)，また父とは異なる存在者であること(対 *モナルキアニスムス)などを論じ，*聖霊に簡単に言及した後，父と子の二つの神的位格における神の唯一性の主張で締めくくっている．彼は，incarnari (*受肉)や praedestinatio (*予定)などの表現を導入した．
【文献】キ人 1043; LThK² 7: 1062-64. （鳥巣義文）

ノウァティアヌス派　Novatiani
迫害時の背教者の教会への受け入れをめぐって，3世紀半ばに生じたローマ教会の司祭 *ノウァティアヌスに由来する分派．*厳格主義に立って，当初は背教者の受け入れを拒否したが，しだいに他の *大罪にもそれを適用していき，その *ゆるしを拒否した．東方では「清浄派」([ギ] katharoi)とも呼ばれた．

【起源と経過】ローマにおいて251年 *コルネリウスが教皇に選任された後，その温情的な背教者の受け入れに反対したグループは，ノウァティアヌスを *対立教皇として立てた．当初，彼はカルタゴの *キプリアヌスの見解に同意していたが，コルネリウスの選出とキプリアヌスに反対して *カルタゴから移住してきた *ノウァトゥスに煽られ，しだいに厳格な態度をとるようになり，251年のローマでの教会会議によって排斥された．しかし，多くの追従者を有していたノウァティアヌスは，カルタゴに自派の司祭，助祭，信徒を送り込み，自派の教会を起こさせている．キプリアヌスの『カトリック教会の一致について』は初めこの動きに対して著述されたものと思われる．北アフリカのほか，ガリア，スペイン，フリギアと，瞬く間に各地に多くの追従者を獲得し，急速に独自の司教を有する教会を形成していった．

第1 *ニカイア公会議(325)には *コンスタンティノポリスのノウァティアヌス派の司教アケシオス(Akesios)が出席しており，そこで宣言された信条を受け入れたこともあって好意的に扱われたが(ソクラテス『教会史』1, 10)，書面をもってカトリック教会の教理を受け入れることを表明したうえで，*按手によって復帰を認めることを宣言している(DS 127)．

326年 *コンスタンティヌス大帝はノウァティアヌス派に教会堂と墓地の所有を認めたが，*テオドシウス2世は同派を *異端と宣告する(*『テオドシウス法典』)．390年頃 *アンブロシウスは *ミラノならびに北イタリアのノウァティアヌス派に反論して，『悔い改めについて』(De paenitentia)を著し，同じ頃バルセロナの司教 *パキアヌスも駁論を著述，*アウグスティヌスも『キリスト者の戦い』(De agone christiano, 396)などで反論している．ローマでは教皇 *インノケンティウス1世，*ケレスティヌス1世が彼らに対抗したが，*レオ1世は一人の司教が全信徒を連れて戻ってきたことを伝えている(『書簡』12, 6)．*アレクサンドリアにおいては *キュリロスが彼らに反撃しているが(ソクラテス『教会史』7, 7)，6世紀になっても *エウロギオスが駁論(Kata Novatinōn logoi)を著している．東西において7世紀末には完全に消滅した．

【教説】ノウァティアヌスにとって，教会は救われた者らの団体であり，*聖霊の導きのもとにあり，いわば *預言者，*殉教者，汚れのない処女らからなる選ばれた者の団体である．したがって，背教者には，たとえその *回心が本物であり，そのために何をなそうと救いの希望はなく，彼らを教会に再度受け入れることは冒瀆であり，許されることではない．こうして，背教者を受け入れた教会に属する者らは「不潔な者ら」であるのに対して，自分たちは「清浄な者ら」([ラ] mundi)であると自称した(キプリアヌス『ノウァティアヌスへ』1，カイサレイアのエウセビオス『教会史』6, 43)．

彼の死後，*背教だけでなく，あらゆる大罪にまでそれは拡大された．*アッティコスがコンスタンティノポリスの司教時代(406-25)，*ニカイアでの叙階式に出席したノウァティアヌス派の司教アスクレピアデス(Ask-

lepiades）はあらゆる大罪がゆるしを受けることはできないと表明している（ソクラテス『教会史』7, 25）．→ 贖罪制度
【文献】 カ大 4: 152-53; DPAC 2434-36; DThC 11: 829-49; EC 8: 1976-80; LThK² 7: 1062-64; NCE 10: 534-35; エウセビオス『教会史』第2巻，秦剛平訳（山本書店 1987）215-25． （小高 毅）

ノウァトゥス　Novatus　（3世紀）

*カルタゴ出身の異端者．カルタゴ司教 *キプリアヌスの敵対者として知られる．彼の司教選のときも反対し，また，迫害下の棄教者問題（→信仰離反）の際もことごとく反対した．キプリアヌスは教皇 *コルネリウスを支持し，ひとたび棄教した者が教会に戻ってきた場合に長期にわたる厳重な回心期間の後に受け入れるべきとした．これに対しノウァトゥスは最初カルタゴのフェリキシムス（Felicissimus）と結び，極端に寛大な態度をとっていたが，キプリアヌスに咎められると一変し，今度は対立教皇 *ノウァティアヌスの厳格派に加わった（→ノウァティアヌス派）．
【文献】キ人 1043． （手塚奈々子）

ノヴァーリス　Novalis　（1772. 5. 2-1801. 3. 25）

ドイツの詩人．初期ドイツ・ロマン派の思想家であり，ドイツだけでなく後世のヨーロッパ文学全般にわたって汲み尽くすことのできない詩的源泉となった．
【生涯】本名はゲオルク・フィリップ・フリードリヒ・フライヘア・フォン・ハルデンベルク（Georg Philipp Friedrich Freiherr von Hardenberg）．マンスフェルト伯爵領のオーバーヴィーダーシュテット（Oberwiederstedt）で製塩所監督を務める旧家に生まれる．*ヘルンフート派に属していた父エラスムス（Heinrich Ulrich Erasmus Freiherr von Hardenberg, 1738-1814）の厳格を極める *敬虔主義的な宗教教育を受けて育ったが，家庭内での聖書研究をはじめとするこうした禁欲的な倫理を前提とした修練が彼の詩的創作に消し難い痕跡を残したことはいうまでもない．イエナ大学では法律を学び，さらに *ライプツィヒでは J. C. F. *シラーの講義を聴き，また後にドイツ・ロマン派文学の中心的な存在となる *シュレーゲルとの実り多い親交の始まりがあった．なかでも J. G. *フィヒテの哲学に触れたことはノヴァーリスの思想を辿るうえでは無視できない．1794年にゾフィー・フォン・キューン（Sophie von Kühn, 1782-97）と出会い，婚約するが，彼女の早世がノヴァーリスの文学を開花させる契機となった．ヴァイセンフェルス（Weißenfels）にて没す．
【作品とその位置づけ】婚約者ゾフィーを失った痛手から彼は「死」に対する思いを強くする．その体験は『夜への讃歌』（Hymnen an die Nacht, 1800）としてまとめられたが，この詩と散文とからなる作品では，夭逝の婚約者という限定された人格への思いを遥かに超えて，ロマン派の特徴の一つでもある「女性的な本質」（das Weibliche）の秘める永遠性への憧憬が認められる．「キリストとゾフィー」（Xstus und Sophie）という彼女の死後に書き込まれた日記のなかの表現にはすでに，女性的存在として顕れる神の叡智（〔ギ〕Sophia）と救世主とを同一視する独特な彼の神学が暗示されている．未完の教養小説『青い花』（『ハインリヒ・フォン・オフテルディンゲン』Heinrich von Ofterdingen, 1802）で明示された詩人の「使徒」的役割は，文学による普遍的価値の創造という，宗教的なまでの使命感を語っている．フィヒテが理性で把握できない聖書の *啓示を批判し，人間の自我を倫理的規範に定めようとしたように，その影響を受けていたノヴァーリスは，詩の言葉がもつエネルギーをもって *被造物に隠された神の言語を読み解こうとするいわゆる「魔術的」（〔独〕magisch）な詩的精神の自律性を説いた．失楽園以前の完全な世界を獲得するには「メルヒェン」（Märchen）の素朴な言語こそが不可欠であるとした彼の思想はキリストの支配する千年王国（→千年至福説）ではなく，詩人が *祭司となる「新たな黄金時代」を準備するものであった．確かに *ベーメらの *ドイツ神秘主義を集中的に研究したものの，十字架による血の贖罪が霊的変容へ導く，という聖書の真理は，彼の考える人間の有機的な感覚，すなわち「自然」（Natur）が詩的自律性によって初めて変容させられる，という立場からは到底受容できないものだった．それゆえ中世カトリシズムの調和した普遍的世界への回帰を説いた『キリスト教世界またはヨーロッパ』（Die Christenheit oder Europa, 1799）では必然的に詩的想像力の絶対化が求められ，新たな「福音」がキリスト教神学に対置されることとなった．その余りにも主観的な宗教観にもかかわらず彼の『聖歌』（Geistliche Lieder, 1802）は *ルター教会の賛美歌集に収められた．
【全集】P. Kluckhohn, R. Samuel, eds., Schriften, 5 v., 1977-88.
【文献】RGG³ 4: 1537-39; Der Literatur Brockhaus, v. 2 (Mannheim 1988) 723-24; 今泉文子「日本におけるノヴァーリス研究文献」『ドイツ文学』70 (1983) 180-93; 富田裕「キリスト教と初期ドイツ・ロマン主義」『キリスト教文学研究』11 (1994) 27-39; G. Schulz, Novalis (Hamburg 1969); W. Haug, ed., Religiöse Erfahrung (München 1992) 361-93． （富田 裕）

ノヴィシアード　noviciado

第1次巡察中の *ヴァリニャーノが，将来の日本人聖職者の必要性を踏まえて教育制度の編成を行い，*セミナリヨ，*コレジョと並んで設立を決めた教育機関．*イエズス会に入会した者が修練長の指導のもとに修練をする，*修道会の最初の養成機関である（→修練期）．1580年（天正8）12月24日に *臼杵に開設され，修練長に *ラモンが就任した（→臼杵ノヴィシアード）．ヴァリニャーノ自身も *修練者に対し，*修道生活の精神やイエズス会の *会憲など，また執筆中であった *『日本のカテキズモ』を使っての講義を2か月間にわたって行い，*フロイスが通訳し，さらに日本人が筆記したとある．ノヴィシアードは，その後，*山口（1586），*平戸（1587），*長崎・*有家・天草の *河内浦（1588），*大村（1589），長崎（1597）と転々と移動するが，1614年（慶長19）11月の禁教令で閉鎖された．臼杵時代の修練者には，後に通事として活躍するジョアン・*ロドリゲス，最初の邦人司祭となった *木村セバスティアンと *にあばらルイス，後に *『妙貞問答』を著す不干斎 *ファビアン，*三木パウロなどの名がみえる．
【文献】H. チースリク「臼杵の修練院」『キリシタン研究』18（吉川弘文館 1998）143-255． （尾原 悟）

のうこうぎれい　農耕儀礼　〔英〕agricultural ceremonies

作物は発芽，成長，病災，成熟，枯死，種子化の過程を繰り返すが，これは人間の一生の妊娠と誕生，成育，病気，成人，死亡，霊魂化の過程と類似す

る．種子による作物の継承は *死と *復活の観念の形成に大きな役割を果たしたと思われ，農耕儀礼には人間の一生が色濃くみられる．さらに人間に *霊魂があるのと同様に，作物にも霊が宿る（穀霊）とか，母（穀母）が子どもを産むという擬人化の観念も生じた．また豊作は神の恵み，凶作は神の怒り，人間の落ち度のしるしと解されたので，儀式によって豊作を願い，あるいは神の怒りを鎮めて凶作を避けようとする農耕儀礼が発達した．

地域や時代によって農耕儀礼の主たる対象となる作物は異なる．麦作儀礼はオリエントやヨーロッパなど旧大陸に広く分布する．稲作儀礼は東アジアと東南アジアの大陸部と島部に，粟作儀礼は東アジア，南アジア，アフリカに，トウモロコシの儀礼は北米や中南米に分布している．こうした穀物に対する儀礼のほかに，ミクロネシア，メラネシア，ポリネシアなどオセアニアの初期栽培民のもとではタロイモ，ヤムイモなど芋類の儀礼が行われる．

イスラエル人は *カナンにおいて農業の技術とともに儀礼も受容した．古代イスラエルの三大巡礼祭（出 23: 14-16; 34: 18, 22-23; 申 16: 1-17）である *種なしパンの祭り（除酵祭），七週の祭り（*五旬祭），*仮庵祭は，イスラエル以前のカナンの収穫祭に由来すると思われる．これらの祭りはそれぞれ特定の作物と結びつき，種なしパンの祭りは大麦の収穫時期に，七週の祭りは小麦の収穫時期に，そして仮庵祭はぶどう摘みの時期に祝われた．

【文献】RGG³ 1: 84-88; J. G. フレイザー『金枝篇』全 5 巻，永橋卓介訳（岩波書店 1971）: J. G. FRAZER, *The Golden Bough*, 12 v. (London ³1930-1936); A. E. イェンゼン『殺された女神』大林太良他訳（弘文堂 1977）: A. E. JENSEN, *Die getötete Gottheit* (Stuttgart 1966); W. MANNHARDT, *Wald- und Feldkulte* (Berlin 1875-77); T. GASTER, *Thespis* (New York 1950). （松村一男）

のうこつどう　納骨堂　〔ラ〕ossarium, ossuarium, carnarium, 〔英〕charnel-house, 〔独〕Beinhaus, 〔仏〕ossuaire, charnier

日本では *火葬が一般化しているので現代では，遺体を埋葬する *墓と同じ意味で納骨堂に遺骨を納める（→ 埋葬）．しかし，キリスト者は主の過越（→ 過越の秘義）に死を重ねて捉え，肉体の *復活を宣言する信仰から遺体の火葬を避け，通常は土葬をもって埋葬する．したがって，本来日本人が意味する納骨堂のようなものはない．だが，これとは異なる意味で遺骨を納める場を設け，大切に保管する慣習は 2 世紀頃からあった．特にそれが直接キリストの証人となった *殉教者の遺骨（→ 聖遺物）の場合は，宝石よりも価値あるものとして丁重に収拾され，崇敬の対象になった（*『ポリュカルポス殉教記』18 参照）．やがてその場所に壮麗な聖堂が建立され，*巡礼の場となった．中世に墓地の整理から収拾された遺骨を納める場所が聖堂や墓地内に造られた．この意味での納骨堂はヨーロッパ全域にわたってみられる．日本では火葬が一般的なため，墓地以外に聖堂内，あるいは教会墓地内に設けられた共同の納骨堂に遺骨を納めることが一般的となっている．

【文献】キ史 2: 171-76．　　　　　　（南雲正晴）

ノヴゴロド　Novgorod

12 世紀から 15 世紀までロシアの北東にあった国およびその首都．政治の最高機関はヴェーチェ（Veche）と呼ばれる民会で，これには町の住民だけでなく自由農民も参加し，公の任免，市長，千人長，*大主教などの選出をするほか，戦争・講和，条約の締結，法律の採択なども行った．したがってこの国を公国とみなさずに共和国と呼ぶことがある．しかしこのヴェーチェをもって民主的な機関とみなすには問題がある．なぜなら実際の権力はボヤーレ（boyare）と呼ばれる大貴族が掌握し，行政権は大主教が行使していたからである．ヴェーチェによって招聘された公は，ヴェーチェとの間に契約を結び，その権能は軍事的指揮などに限られていた．

この国の繁栄はその貿易によるところが大きかった．商人は *キエフ・ロシア（10-11 世紀）の諸都市だけでなく，北はゴトランド島，スウェーデン，ドイツ，デンマークから南は黒海，中央アジア方面まで進出し，毛皮，蠟，蜂蜜，亜麻，ホップ，獣脂などを輸出し，織物，貴金属，食塩，香辛料，非鉄金属，陶器，武器などを輸入していた．

ノヴゴロドではボヤーレと並んで修道院も大地主であった．このほかに中小の世襲地主も存在した．農民をはじめノヴゴロドの住民は国に租税を納めるほか，キプチャク・ハン国（1243-1502）にも納税しなければならなかったし，モスクワ大公国にも臨時の税金を徴収され，農民の一揆や逃亡が頻繁に起こった．12 世紀半ばから 15 世紀半ばに至るまでノヴゴロドは何回もスウェーデンやリヴォニア騎士団（→ テュートン騎士団）と戦ったが，特に *アレクサンドル・ネフスキーが勝利をもたらした 1240 年と 1242 年の戦闘は有名である．その後ノヴゴロドの公を兼ねるようになった *モスクワの公は，この国の独立を制限するようになり，ついに 1478 年 *イヴァン 3 世がノヴゴロドを滅ぼし，その独立と自由の象徴だったヴェーチェの鐘をモスクワに持ち去った．

【文献】平大百科 11: 822; MEL 17: 474-75．

（外川継男）

のうし　脳死　〔英〕brain death, 〔独〕Hirntod, 〔仏〕mort cérébrale

【死とその判定】伝統的にカトリック神学では *死すなわち個体死を *霊魂の肉体からの分離と捉え，人のこの世における存在の終点で決定的で各人にとって一回きりの出来事と解してきた．死において，人の生涯は決定的に完結し，その個人は不可逆的に時空の世界を去って永久の世界に入る，というのである（『カトリック教会のカテキズム』1005, 1007, 1013）．このように解される死は厳密に瞬間的なもので，一般には人間によるその瞬間の確実な認識は不可能である．人にできることは，死が客観的にすでに起こっていること，すなわち眼前にあるのは死体であって生きている個人ではないことを，感覚で確かめられる現象を手がかりに可能なかぎり誤りなく，またできるだけ早い時点で推定・結論することで，これがいわゆる「死の判定」である．カトリック教会は，専門的知識に基づき一般社会よりも正しく判断しうると考えられる医学にこの認定が委ねられるのがふさわしいと考え，用いられる判定基準が合理的と判断される場合，特別の事情がないかぎりこれを受け入れる立場をとっている．こうして，自発呼吸と心拍の不可逆的停止，および瞳孔散大の三つを確認したうえで個体死を結論する，いわゆる三徴候判定方式を一般社会とともに受け入れてきた．

【脳死】医療技術の進歩の結果，死の判定における三徴候方式の普遍的妥当性が疑問視されるようになった．この方式はすべての場合に適用できず，別の基準でなければ生死を判定できない場合もあるのではないかというの

である．そのような場合，脳死の生起を確認することによって個体死を結論すればよいとするのが脳死説である．脳死が脳幹部分を含む脳全体の「臓器としての器質死」すなわち「全脳器質死」を意味している場合，哲学的には，個体の統一性は完全不可逆的に失われており個体死はすでに生起していると考えられるので，この事実を含意しているかぎりこの説には同意できる．三徴候による死の判定に代えて，あるいは，これと併用して，脳全体の器質死による個体の死の判定をすることにはカトリックの信仰の立場から原理上の特別な異論はないと思われる．事実カトリックの *倫理神学では，全脳器質死の生起をもって個体死の生起とみる見解に対しての重大な異議は提出されていない．

だが現状における死の判定は，三徴候による場合であれ，全脳死の確認をもってする場合であれ，ある臓器の「機能」の決定的・不可逆的停止を感覚をもって捉え，それを基にそれらの臓器の「器質死」を，そしてさらにそれを基に「個体の死」を結論するのであるから，誤謬の可能性が完全には排除されえないことは念頭に置いておかなければならない．なお「脳死」の判定は現代医学の水準ではまだ誤りの危険が大きすぎるとか，悪用の可能性への対策も確立していないという理由から，脳死による個体死判定の導入に対して消極的な神学者もいる．

【文献】宮川俊行「脳死の哲学的考察」カ研 48 (1985) 55-89；金沢文雄「脳死と臓器移植についての法的考察」『現代法学の諸相』岡山商科大学法経学部創設記念論集 (法律文化社 1992) 62-92；PONTIFICIA ACADEMIA SCIENTIARUM, ed., *Working Group on the Artificial Prolongation of Life and the Determination of the Exact Moment of Death* (Città del Vaticano 1986); ID., ed., *Working Group on the Determination of Brain Death and Its Relationship to Human Death* (Città del Vaticano 1992); A. SONNENFELD, "Wer oder was ist tot beim Hirntod? Der Hirntod in ethischer Perspektive," *Forum Katholische Theologie*, 10 (1994) 30-59; G. HAEFFNER, "Hirntod und Organtransplantation. Anthropologisch-ethische Überlegungen," *StdZ* 121 (1996) 807-17; H. J. TÜRK, "Der Hirntod in philosophischer Sicht," *Zeitschrift für medizinische Ethik*, 43 (1997) 17-29; W. WAGNER, "Zur Bedeutung des Hirntodes als Todeszeichen des Menschen," *Zeitschrift für medizinische Ethik*, 44 (1998) 57-65; J. PIEGSA, *Der Mensch - das moralische Lebewesen*, v. 3 (St. Ottilien 1998) 299-308. (宮川俊行)

のうそんでんどう　農村伝道　広い意味で農村地域住民への伝道を指す．日本における最初の農村伝道は，明治初期の 1871 年から 81 年の約 10 年間に展開され，農村地域におけるプロテスタント教会の形勢と発展に密接な関係がある（→日本おけるプロテスタント教会）．農村伝道の推進役となったのは豪農の子弟であり，職業訓練のために横浜や大阪の外国人居留地や東京などの大都会で宣教師に接し，キリスト教を知り帰村した人々によって積極的に農村伝道が行われた．さらに東京や横浜に居住した外国人宣教師や日本人牧師が伝道の対象地としたのが，東京近県の関東地方 6 県の農村や都市であった．1920 年代は，欧米の *社会的福音運動の影響を受けて，小作争議の頻発，農民組合運動の激化などに伴って社会的関心が強まった．1922 年（大正 11），杉山元治郎(1885-1964)は *賀川豊彦の協力を得て，神戸に日本農民組合を創立した．第 1 次世界大戦後の農村の荒廃をキリスト教的 *人道主義の視点から捉え，農民を経済的困窮から解放しようとしたのである．日本農民組合はキリスト教の信仰に基づき，その創立大会で日本農民組合宣言が採択された．しかし，*マルクス主義の強い影響で日本農民組合は急速に左傾化していった．杉山と賀川は，それぞれ日本農民組合の中央委員長と労働農民党の中央執行委員長を辞任し，1927 年（昭和 2）に協力して日本農村伝道団を作った．1931 年にバターフィールド (Kenyon L. Butterfield, 1868-1935) が来日，福岡地方をはじめ岡山県など日本各地を視察することで広域農村共同体を伝道圏とする農村伝道方策をまとめた．彼は同年の農村伝道協議会に出席し，その報告は『農村伝道指針』第 1 編として刊行された．

第 2 次世界大戦後は *日本基督教団による中央農村教化研究所の復興，農村大地区センターと県センターの建設，広域農村経済共同体を伝道圏とする伝道方策の研究などが推進されてきたが，今後は文化的視点から農村地域におけるキリスト教の土着化が課題となる．

【文献】キ大 806; 日キ歴 1086; 隅谷三喜男『近代日本の形成とキリスト教』（新教出版社 1961）; 飯沼二郎『日本農村伝道史研究』（日本基督教団出版局 1988）. (高橋章)

のうそんようりきょういくしゅうどうかい　農村要理教育修道会　〔伊〕Pii Operai Catechisti Rurali (Missionari Ardorini), 〔ラ〕Congregatio Piorum Operariorum Catechistarum Ruralium, 〔略号〕P.O.C.R. 教皇庁立男子修道会．既存の二つの修道会 (Pii Operai, Catechistirurali) が 1943 年に *聖座の認可を得て合併し，新たに一つの修道会として創立された．会の目的は母体となった二つの修道会の精神を踏襲し，主として農村地帯における青少年のキリスト教的教育に従事すること，さらに一般の青少年たちのための職業学校などで教育にあたることである．会員は *聖体ならびに無原罪の聖母に対する信心を通して，苦しみの救済的意義を深めることに努める．そのため 12 月 8 日の *無原罪の聖マリアの祭日が会の公式祝日として祝われる．1997 年現在，施設 7，会員数 34 名（うち，司祭 27 名）．総本部ローマ．

【文献】AnPont (1999) 1460; DIP 6: 1718-19; D. VIZZARI, *I missionari Ardorini Cenni Storici di un cinquantesimo* (Montalto Uffugo 1979). (和田誠)

のうどうりせい　能動理性　〔ギ〕nous poiētikos, 〔ラ〕intellectus agens, 〔英〕active intellect, 〔独〕tätige Vernunft, 〔仏〕intellect actif (agent)　*アリストテレスに由来する理性概念の一つで，受動理性に働きかけて，それを *可能態から *現実態へと移行させる原因となる理性をいう．

アリストテレスは『霊魂論』において，「すべてのものになる」ことで *質料に比定される *理性と，「すべてのものにする」ことで *動力因に比定される理性とを区別する．前者を受動理性または可能理性といい，後者を能動理性という．両者は共に固有の身体器官をもっていないが，思考し，認識する以前の受動理性は白板に譬えられ，可能的には理性の対象である *形相と同じであるが，現実的には無記で何ものでもないとされる．他方，能動理性は可能的にある色を現実的にある色へと転化させる光に譬えられ，その本質において現実態である．また能動理性は不死で永遠であるが，受動理性は可

滅的であるとされる．このように両理性は規定されるが，これらの規定に基づいて，古代よりさまざまな解釈が提起されるに至った．能動理性を『形而上学』第12巻の神的理性と同一視するという，アフロディシアスのアレクサンドロス（Alexandros, 2世紀後半-3世紀前半）の解釈はその一例であるが，*新プラトン主義のもとで捉えられたアリストテレス哲学が9世紀にはイスラム教圏のアラビアに，12世紀にはキリスト教圏の西欧に伝えられると，両理性の解釈は一層多様化し，13世紀にはついに論争にまで発展した．それは，両理性は人類を通じて一つであり，不死であるとする*アヴェロエス主義が，個人の霊魂とその不死を説く教会の教えに抵触したからである．そして教会の側にあって，反論の一書をものし，独自の理性論を展開したのが*トマス・アクィナスである．能動理性は*自然の光として感覚的表象を照明し，表象から可知的形象を抽象して，それを可能理性に刻印し，よって可能理性を能力態としての第一現実態にもたらすという，いわゆる抽象による概念形成の働きに能動理性の役割をみたのである．
【文献】トマス・アクィナス『神学大全』第6巻，大鹿一正訳（創文社1962）；アリストテレス『霊魂論』アリストテレス全集6，山本光雄訳（岩波書店1968）1-163．

〔今井知正〕

のうびきりしたんいっけん　　濃尾切支丹一件
1660年代に美濃・尾張地方で3,000人ほどの*キリシタンが検挙・処刑された事件をいう．
【歴史的背景】1560年代（永禄年間）に上方で受洗した濃尾出身者の一部は，その後郷里の村々で自主的にキリシタン信仰を広めたので，濃尾諸地方では*宣教師が常駐していなくても，キリシタン信仰を子孫に伝える風習が定着し，1630年代（寛永年間）には特に美濃で，非常に多くのキリシタンが検挙・処刑された．しかし，幕府の政治姿勢に批判的であった尾張藩では，他藩に比べるとキリシタン検挙にも多少の寛容さがみられた．そこで，尾張北部の農民のなかには，ひそかに美濃に宣教した者までいた．1661年（寛文1）春，これが美濃で発覚し，尾張に飛び火してキリシタン大量検挙となった．
【事件の結末】1665年春の「吉利支丹出候村之覚帳」によると，このときキリシタンを出した村は尾張で113か村，キリシタンは2,200余人に上り，尾張藩では余りにも多い被検挙者のうち200余人を1665年2月に処刑しただけでとどめたかったが，幕府は許さず，ついに1667年11月，残りの受洗者をも全員処刑させた．同年，高田村（現在の名古屋市瑞穂区）でもキリシタン759人が処刑された．

〔青山玄〕

のうみんかいそう　　農民階層　〔英〕peasant(ry), 〔独〕Bauer(ntum), 〔仏〕paysan(nerie)
【中世から近代まで】ドイツの中世史家ヴェンスクス（Reinhard Wenskus, 1916- ）は理念型としての農民を次のように説明している．① 食糧の生産者で農耕や牧畜を営み，② 独立の経済単位の枠内で生産活動を行い，③ 農耕には犂（からすき）を使い，④ 経営を自分の手で営み，⑤ 家族や奉公人が農民の労働を助けるが，それはあくまで補助労働力である．農民は ① の点で狩猟・採集民や遊牧民と異なり，② の点で古代のギリシアやローマの大農場で働く奴隷および近代の農業賃労働者から区別される．③ があげられたのは，近代の農業革命以前では重量有輪犂（〔ラ〕carca）を牽引する必要から農民たちが犂耕のための共同体を作ったからである．農民は ④ の点で中世の領主や近代の大地主から区別され，⑤ の点で農民の家族は現代の核家族とは異なる構成をとった．

ヨーロッパで農民身分が成立するのは中世盛期である．10世紀末にフランスの中・南部に起こった*神の平和の運動や*クリュニー改革を経て，祈る人（聖職者）・戦う人（騎士＝俗界貴族）・働く人（農民や商工業者）の3身分を中核とする身分制社会が成立した（→ 封建制度）．農民が「身分」として成立する11-12世紀は，農民たちの生産と生活の組織である村落共同体が作られ，商工業者からなる中世都市が出現する時期でもある．

中世ヨーロッパでは村落が*小教区の基礎となっている事例が多く，両者が地域的に重なり合うことも珍しくない．実際多くの村落で11-12世紀に小教区教会や礼拝堂が誕生し，村落が信徒である農民たちの祭祀団体となり，一方小教区教会が彼らの交流や結集の場となり，*典礼暦が農事暦のなかに組み入れられていった．

近代に入り身分制社会が解体し，領主の支配から独立した自営農民が成立するが，自分の土地を耕作する自作農民のほか，地主から借地する小作農民が生まれた．小作には収益を地主と一定比率で分け合う分益小作（定率小作）と，一定額の地代を支払う定額小作がある．18世紀のイギリスを先頭に農業の*資本主義化が進み，多くの賃労働者を抱える農業経営が生まれた．このような「大農」に対し，家族労働力を中心とする経営体を「小農」といい，家族労働力だけで充分耕作できるが，その収入だけでは家族を扶養できず，家族労働力の一部を他の仕事に振り向けざるをえない農業経営体を「過小農」という．
【19-20世紀】大型機械の導入と化学肥料の使用を特徴とする19-20世紀の農業の技術革命は，旧来の村落を消滅させただけでなく，欧米や日本などの先進工業国では環境の破壊や地球温暖化による森林の荒廃などをもたらし，その結果，人間と自然の共生の回復を目指すエコロジー運動が起こり，農業生産と環境保全を保障する景観保護者としての農民への期待が高まった．こうした状況のもとで，旧来の農民中心の村落共同体と小教区が地域的に重なり合う事例の多いヨーロッパでは，地域に生きる教会の新しい役割が自覚され，エコロジー運動を取り込んださまざまなプログラムが実施されている．

農業が圧倒的な重要性をもつアジア，アフリカ，ラテン・アメリカなどの発展途上国（→ 第三世界）でも，第2次世界大戦後，人口の急増（→ 人口問題），土地不足，凶作，*飢餓などの危機を克服するための国家的・世界的規模の大型プロジェクトによる農業開発が進み，その結果，森林破壊，土地の劣化，砂漠化などが進み，発展途上国では小農経営が大農経営よりも生産的に有利であることが明らかになった．そのため農業開発政策が小農経営を確立し維持する政策と並行して進められることとなった．

旧ソ連および東欧諸国では，社会主義政権によって国有農場（ソフホーズ）と生産協同組合（コルホーズ）などの集団化と機械化・化学化とが同時に強行された結果，生産力が停滞し，農業労働者の労働意欲が減退し，ここでも土地の劣化が進み，しばしば農業危機に見舞われた．1991年のソ連邦の解体と東欧諸国の自由化・自立化は，小農経営の再生に道を開きつつある．

早くから世界市場と深く結びついた近代的大農経営を特徴とするアメリカでも，機械化・化学化による土地の

劣化を免れることはできなかった．アメリカではヨーロッパのような村落共同体を欠き，それに代わり農民は各農場経営者間の社会的コミュニケーションのシステムと地縁的な隣人網のシステムを作り上げたが，これと並んで教会も重要な相互扶助的機能を果たした．教会は単なる宗教活動の場ではなく，農民たちの経験や情報を交換する場でもあった．

近来，大農や小農などの農地制度の諸類型と直系家族や核家族などの家族の構造の諸類型との間にみられる相関性を明らかにし，さらに農地制度および家族構造と社会の非宗教化，*世俗化との関係を分析し，それをもとにカトリック教会およびプロテスタント教会の地理的分布を説明しようとする*宗教社会学的，*文化人類学的研究が進んでいる．例えば トッド（Emmanuel Todd, 1951- ）によれば，ヨーロッパではカトリック教徒が相対的に多い地域は，独立自営の自作農が多く，しかも多世代夫婦からなる直系家族が多い地域であり，さらに教会が家族の規律を補強する役割を維持している地域でもあるという．

【文献】B. H. スリッヘル・ファン・バート『西ヨーロッパ農業発達史』速水融訳（日本評論社 1969）; B. H. SLICHER VAN BATH, *The Agrarian History of Western Europe, A. D. 500-1850* (London 1960); E. トッド『新ヨーロッパ大全』全 2 巻，石橋晴巳，東松秀雄訳（藤原書店 1992-93）; E. TODD, *L'Invention de L'Europe* (Paris 1990); W. レーゼナー『農民のヨーロッパ』藤田幸一郎訳（平凡社 1995）; W. RÖSENER, *Die Bauern in der europäischen Geschichte* (München 1993); T. SHANIN, ed., *Peasants and Peasant Societies* (Harmondsworth 1971); R. WENSKUS, ET AL., eds., *Wort und Begriff "Bauer"*, ed. (Göttingen 1975).

〈渡部治雄〉

のうみんせんそう　農民戦争　〔独〕Bauernkrieg

【概要】*ルターの*宗教改革を契機に 1524-25 年にドイツ各地に展開した大規模な農民反乱．大ドイツ農民戦争（Großer deutscher Bauernkrieg）とも呼ばれる．

1517 年 10 月 31 日，ほとんど無名の大学教授であったルターが，贖宥状（→免罪符）の販売を批判する*九十五箇条提題を*ヴィッテンベルク城教会の扉に貼付したといわれている．「提題」は学問的な討論を期待して*ラテン語で書かれたが，彼の意図を越えてたちまちドイツ各地のさまざまな階層に大きな反響を呼んだ．1521 年，*ヴォルムス帝国議会に召喚され，皇帝*カール 5 世によって帝国からの追放処分を受け，一切の反ローマ教会的な書物の印刷を禁止されたルターが，*ヴォルムスからの帰途，ザクセン侯*フリードリヒ 3 世の派遣する騎士の一団によってひそかに連れ去られ，*チューリンゲンのアイゼナハ（Eisenach）近郊のヴァルトブルク城で偽名のまま逃亡生活を送るようになって以来，ドイツの宗教改革はルター個人対ローマ*教皇庁という宗教的対立から，領邦諸侯と神聖ローマ皇帝（→神聖ローマ帝国）の政治闘争の性格を強め，さらに広範な階層を巻き込んだ社会運動の様相を呈するようになった．1524-25 年の農民戦争は，ルターの*ヴィッテンベルク大学の同僚*カールシュタットの扇動による 1521-22 年のヴィッテンベルク騒動や，1522-23 年に*ジッキンゲンが指導した対*トリール大司教の騎士戦争などと違い，農民だけでなく都市の下層市民などの平民層が中心となった社会変革運動であり，急進的な改革派の指導者*ミュンツァーの影響を受けて急速に過激化し，各地で蜂起した農民軍は農村の領主階級や都市参事会を構成する上層市民を中心とする支配秩序を崩壊の危機に追い込む勢いを示した．

宗教改革以前の農民運動がそれまでの社会の枠組みのなかで*農民階層の経済的・社会的地位の保全や*慣習法的権利の回復を求める運動であったのに対し，宗教改革，すなわちローマ教会とその保護者である皇帝を頂点とする支配者層に対して聖書の*福音に基づいたルターの「抗議」（プロテスト）に触発された農民戦争は，既存の政治的・経済的・社会的秩序に対する根本的な否定へと急進化する性質をもっていた．

しかしドイツの宗教改革は，一面では，領邦諸侯と皇帝，地方権力と中央権力の対立を激化させ，ルターを支持し宗教改革を領邦主権の確立に利用した諸侯たちは，自分たちの政治的・経済的支配権そのものを解体させかねない反乱農民に対しては，徹底した弾圧的態度で臨んだ．一方，シュヴァーベン（Schwaben），フランケン（Franken），エルザス（*アルザス），チューリンゲン，アルプス地方など広い範囲にわたって頻発した農民反乱は，領邦という枠を越えた政治的まとまりや広域的連帯を欠き，1525 年 6 月，ヴュルテンベルク（Württemberg）やフランケンでの戦闘で，西南ドイツの諸侯・貴族・帝国都市が結集したシュヴァーベン同盟（1488-1534）を中核とする諸侯の傭兵軍によって鎮圧されて急速に勢力を失い，再起することはできなかった．

【経過】農民戦争は次の五つの段階に分けられる．

（1）15 世紀末から 16 世紀初めに西南ドイツで起こった「ブントシュー（Bundschuh）の一揆」，ヴュルテンベルクの「哀れなコンラート（Armer Konrad）の一揆」を経て 1524 年に至る前史．ブントシューとは長い革紐のついた農民用の靴のことで，かつてそれを図柄にした旗を掲げたエルザスの農民がフランス軍を撃退した（1439, 1444）ところから一揆軍が旗印とするようになった．エルザス地方のシュレットシュタット（Schlettstadt, 1493），ブライスガウ（→フライブルク・イム・ブライスガウ）のレーエン（Lehen, 1513），オーベルライン地方（1517）での一揆はいずれも本格化する前に鎮圧されたが，農民中心の組織形態や要求の内容からみて農民戦争の先駆として位置づけられる．「哀れなコンラートの一揆」は北部のレームスタール（Remstal）に始まり，ヴュルテンベルク全域に広がったが，3 か月で鎮圧され，指導者の大部分は逃亡し，以後，他地方の一揆の指導にあたった事例が多い．

（2）1524 年 6 月のシュヴァルツヴァルト（Schwarzwald）のシュテューリンゲン（Stühlingen）伯領の一揆から，1525 年 4 月にボーデン湖畔農民軍とシュヴァーベン同盟の休戦を定めたヴァインガルテン協定までの高揚期．一揆の中心舞台はシュテューリンゲン，バルトリンゲン（Baltringen），アルゴイ（Allgäu），ボーデン湖地方などの西南ドイツ，特にオーベルシュヴァーベン（Oberschwaben）で，それらの統一綱領となったのが 1525 年 2 月作成の「12 箇条」である．この地方に広大な領地をもつ*ハプスブルク家が 1521 年からフランスと交戦中で，フランス王*フランソア 1 世の北イタリア侵入に対応するため兵力，特に傭兵軍をイタリアに差し向けざるをえず，武器や装備の上ではるかに有利なシュヴァーベン同盟軍は数的劣勢を挽回できなかった．ミュラー（Hans Müller von Bulgenbach, ?-1525）指揮下のシュテューリンゲン農民軍は，福音説教の自由を支持す

るヴァルズフート(Waldshut)の中・下層市民と提携し，近隣の村々にも同調者を広げ，1525年3月には大規模な反乱軍を組織することができた．農民が都市民を巻き込んだ強力な一揆が各地に普及するのが，この段階である．

(3) シュヴァルツヴァルト・ヘーガウ(Heagu)合同農民軍の蜂起(1525年4月)とフライブルク市占拠(5月)，エルザスのモルスハイム(Molsheim)農民集会での「11箇条」の採択とツァーベルン(Zabern)の激戦(5月)，オーデンヴァルト(Odenwald)，タウバータール(Taubertal)，ヴュルツブルク合同農民軍によるヴュルツブルク・フラウエンベルク城の包囲(5月)，ネッカー川中流域のハイルブロン(Heilbronn)での農民集会開催に向けた「帝国改造」を内容とする綱領の作成(5月)，ミュンツァー指揮のチューリンゲン地方の一揆の激化(4-5月)から，ミュンツァーの捕縛に至る農民戦争の絶頂期．

(4) シュヴァルツヴァルトとチューリンゲンの農民軍の敗北以後，南北から挟撃されたフランケン農民軍の敗退・壊滅とシュヴァーベン農民軍の決定的敗北(6月)，西南ドイツのアルゴイ，クレットガウ(Klettgau)，ズントガウ(Sundgau)で再発した一揆の鎮圧(6-11月)に至る農民戦争の実質的な終結期．

(5) オーストリアとアルプス地方の遅咲きの農民戦争．チロル一揆の綱領(メラン箇条書)の作成とオーストリア大公フェルディナント(在位1519/22-64, 皇帝カール5世の弟)による承認(1525年6月)，*ザルツブルク大司教区のシュラットミンク(Schladming)の一揆と農民の勝利(6月)，農民と鉱夫合同の「全ザルツブルク領民の24箇条」の要求(6月)，ドイツからの逃亡者ガイスマイル(Michael Gaismair)による「チロル領邦綱領」の作成(1526年2-3月)，ザルツブルク大司教領の最後の一揆とその敗北(3-7月)という経過をたどった「遅咲きの農民戦争」．農民と鉱夫との連携，ドイツからの逃亡者による指導，山岳地帯での散発性，地域的広がりの欠如，*ユートピア的共和国樹立の理想などを特徴とするものであった．

【思想と主張】*神の言葉である聖書が一切の社会秩序を基礎づける基準であり，既存の制度や機構は聖書に照らして再検討・改善されなければならない，これが神の正義(→神の義，義)である，という考え方が「ブントシューの一揆」以後の農民軍に共通した思想であった．これを具体的な要求とどう関係させたかは，農民軍によって，また農民戦争の発展段階によってまちまちで，そこには過重な貢租・地代・*十分の一税の軽減や農奴制の廃止から，神以外の*被造物の*権威やこの世を支配するすべての世俗的権力(→力)の否定まで，大きな隔たりがあった．しかし農民軍の多くの要求書，箇条書，綱領に共通していたのは「神の正義」の思想であり，聖書だけを法の根拠とし，行動規範とし，社会変革の目標とした点で，農民戦争はルターに始まる宗教改革の申し子であった(→ソーラ・スクリプトゥーラ)．

このような農民の運動を促した背景には次のような宗教的事情があった．(1)印刷技術の進歩によって点火された「聖書熱」．すなわち高地ドイツ語訳，低地ドイツ語訳聖書の普及(→聖書の翻訳：ドイツ語)，俗人信徒の聖書研究熱．(2)治癒(→癒やし)・*奇跡を起こす*説教，生活指針を与える道徳的説教への期待と，農民・都市民の教会への説教禄寄進(→献金)．(3)*修道院などによる教会保護(*主任司祭の推薦や直接叙任，教会財産の自由な利用，維持費用負担など)と主任司祭代行・*助任司祭・修道士への司牧職委任，司牧者の教区内居住義務(→定住義務)の欠如あるいは不履行，無牧状況に対する信徒の不満．(4)司牧改革のための村落共同体・都市共同体による教会への司祭職寄進と，共同体による司祭選挙権の獲得．

一方神聖ローマ帝国を支えたドイツでは，教皇庁が国内のほとんどの教会官職の任命に影響力をもち，司教叙任・*聖式謝礼・贖宥状による収入でも教皇庁にとってドイツは大きな比重を占めていた．聖職身分についていえば，複数の*聖職禄が特定の*聖職者に集積された結果，過分な収入を保証されながら一人で複数の聖職を同時には遂行できず，そのため司牧義務を怠る聖職者が増え，また*独身制の違反者も多く，聖職身分に対する社会的信望も著しく低下した．教会法的秩序は教会裁判所が，世俗法的秩序については世俗裁判所が所轄したが，*姦通などの罪のほか，十分の一税や宣誓違反も*教会法に関わる違法行為とされたため，十分の一税の支払いや債務の返済不履行は教会裁判所に提訴された．貧困に陥った債務者の「正しい」裁判を求める要求が，しばしば教会裁判そのものの否認へと発展したのはそのためである．

1525年2月末に作成されたオーベルシュヴァーベン農民の「12箇条」は同年3月から5月までに25版を重ね，ドイツ各地の一揆農民の要求の基準書となった綱領的な抗議書でもあった．そのなかには，十分の一税を含む農民の経済的負担の軽減や狩猟権・漁獲権・森林用益権などの領主の封建的諸権利の否認，農奴制の廃止などの世俗的要求とともに，神の言葉の告知と聖書解釈に基づく「純粋な福音」の説教，それらを確実に獲得するための農民共同体による司祭任免権，司祭の定住と忠実な司牧などの宗教的要求を記載し，最後にこれらの具体的な諸要求事項に加えて，「聖書に基づき，真理に照らして，神に背き隣人を苦しめる苦情の種がさらに発見されれば，我々はこれらを箇条書にまとめていつでも提出する権利を留保する」と主張する．農民戦争が展開する過程で農民の要求が次々と拡大し，行動が過激化していったのはそのためである．ルターは小冊子『シュヴァーベン農民の12箇条に対する平和勧告』(1525年4月)のなかで，農民団が要求するすべてを「神の法」や「純粋な福音」によって根拠づけ，蜂起を理由づけることを禁じ，「12箇条」が潜在的にもっている革命的暴力の危険性を指摘した．ほとんどの農民が「神の正義の福音」の実現のためには「暴力」をも辞さないと主張したのに対して，宗教改革者ルターと彼を信奉した神学者の多くは「福音」と「暴力」の両立を原理的に否定した．にもかかわらず人文主義者*エラスムスのように，ルターの「言葉による暴力」には農民たちの「剣の暴力」を誘発した直接の責任があると激しく糾弾する改革者が存在したし，また逆に，農民「戦争」という表現はあくまで支配者の側からみた言葉であって，農民の側に立てば，農民戦争は新しい秩序を創造するための選択可能な唯一の「純粋な福音」に基づいた正義の「闘争」であると主張するミュンツァーに代表される改革者も存在した．

【文献】エラスムス『平和の訴え』箕輪三郎訳(岩波書店 1961); M. ベンジンク, S. ホイヤー『ドイツ農民戦争—1524-1526年』瀬原義生訳(未来社 1969): M. BENSING, S. HOYER, *Der deutsche Bauernkrieg 1524-1526* (Leipzig 1965); M. ベンジング『トーマス・ミュンツァー — ドイツ農民戦争と革命の神学』田中真造訳(未来社 1970, 改訳版 1981): M. BENSING, *Thomas*

Müntzer (Leipzig 1965); 倉塚平, 田中真造他編『宗教改革急進派 — ラディカル・リフォメーションの思想と行動』(ヨルダン社 1972); E. ブロッホ『トーマス・ミュンツァー — 革命の神学者』樋口大介, 今泉文子訳 (国文社 1982): E. BLOCH, *Thomas Müntzer als Theologe der Revolution* (Berlin ²1960); 二宮敬編『エラスムス』人類の知的遺産 23 (講談社 1984); P. ブリックレ『1525年の革命 — ドイツ農民戦争の社会構造史的研究』前間良爾, 田中真造訳 (刀水書房 1988): P. BLICKLE, *Die Revolution von 1525* (München ²1981); G. フランツ『ドイツ農民戦争』寺尾誠他訳 (未来社 1989): G. FRANZ, *Der deutsche Bauernkrieg* (München 1933); H.-J. ゲルツ『トーマス・ミュンツァー — 神秘主義者・黙示録の終末預言者・革命家』田中真造, 藤井潤訳 (教文館 1995): H.-J. GOERTZ, *Innere und äußere Ordnung in der Theologie Thomas Müntzers* (Leiden 1967); ID., "Die zwölf Artikel der Bauern 1525," *Historische Vierteljahrsschrift*, 5 (1902) 1-33; G. FRANZ, ed., *Quellen zur Geschichte des Bauernkrieges* (Darmstadt 1963); J. MACEK, *Der Tiroler Bauernkrieg und Michael Gaismair* (Berlin 1965); H. WOPFNER, ed., *Quellen zur Geschichte des Bauernkriegs in Deutschtirol 1525* (1908; Aalen 1973); G. FRANZ, *Der deutsche Bauernkrieg. Aktenband* (Darmstadt ¹⁰1975); P. BLICKLE, ed., *Revolte und Revolution in Europa* (München 1975) 2-63; J. MAURER, *Prediger im Bauernkrieg* (Stuttgart 1979); P. BLICKLE, "Das göttliche Recht der Bauern und die göttliche Gerechtigkeit der Reformatoren," *Archiv für Kulturgeschichte*, 68 (1986) 351-69. (渡部治雄)

ノエシスとノエマ 〔独〕Noesis, Noema

*フッサールの *現象学の用語で, 意識志向性の二つの構成要素を示す. 「〜についての意識」という構造をもつ意識志向性の作用的側面がノエシスであり, 対象の側面がノエマである. ギリシア語のノエオー (noeō 見る, 考える) に由来する語が採用されたのは, 心理学的概念と区別するためである. ノエシスは狭義の思惟にとどまらず, 知覚, 判断, 心情, 意志など, およそ意味と関わるあらゆる作用を含む. 知覚的意識を構成するのはヒュレー (hȳlē 感覚的素材, → 質料) および, これを生気づけて意味として統握するノエシスである. 他方, 統握された「意味」(〔独〕Sinn) であるノエマ的側面のほうは, 対象の規定内容をなす核の部分 (諸規定を受ける対象 X がその統一点) と, 「現実にある」「可能である」などの存在様相の部分とからなる. こうした構造は, 「あるものを〜として」さまざまに意味規定していく志向性の静態的分析の所産である. ノエマは志向性の構成要素であるが, 生きられる体験の流れを超えており, また実在的対象でもない. 対象の存在定立を括弧に入れること (→ 還元) によってみいだされる「意味」であり, 理念的な性格をもつ. このノエマ的「意味」の解釈をめぐり, 知覚論や言語論の観点からの議論がある.

【文献】木田元他編『現象学事典』(弘文堂 1994) 383-84; 廣松渉他編『岩波哲学・思想事典』(岩波書店 1998) 1253; E. フッサール『イデーン』I・2, 渡辺二郎訳 (みすず書房 1984): E. HUSSERL, *Ideen zu einer reinen Phänomenologie und phänomenologischen Philosophie*, v. 1, ed. W. BIEMEL (Den Haag 1950). (塩川千夏)

ノエトス Noetos (2世紀)

*スミュルナの出身の異端者. *御父受難説を最初に唱えたといわれる. ローマの *ヒッポリュトスによれば, ノエトスは, キリストが *父なる神であり, 父なる神が受肉し, 受難し, 死んだと主張, 父と子は神の自己 *啓示の異なった様態にすぎないとした. ヨハネ福音書序章部の *ロゴス賛歌を比喩的に解釈し, *ロゴス・キリスト論を否定, 反対者を二神論者として非難した. 200年頃のスミュルナ教会会議で *異端と宣告される. その教えは彼の弟子エピゴノス (Epigonos, 200頃) によってローマに伝えられたとされている.

【文献】キ人 1044; DThC 10: 2195-96; LThK² 7: 1018; RGG³ 4: 1503. (手塚奈々子)

ノエル Noël, François (1651.8.18-1729.9.12)

ベルギーのイエズス会員, 中国への宣教師. 漢名, 衛方済. 1685年 *マカオに到着, 1687年には中国に入り, 江西省の南昌, 建昌, 南豊などで宣教活動をする. 中国語に精通しており, 中国の古典を翻訳してヨーロッパに紹介する一方で, 中国語での著作も残している. 1702年, ヨーロッパに戻り, *南京やマカオに派遣されていた *イエズス会の宣教師の代理を務めた. 1729年リール (Lille) で没す.

【主著】『人罪至重』全3巻, 1698; *Observationes mathematicae et physicae in India et China factae ab anno 1684 usaque ad ann. 1708*, 1710.

【文献】キ人 1044-45; P. L. PFISTER, *Notices biographiques et bibliographiques sur les Jésuites de l'ancienne mission de Chine* (Chang-hai 1932) 414-19. (高橋佳代子)

ノエル Noël, Marie (1883.2.16-1967.12.23)

フランスのカトリック女流詩人. 本名はマリ・ルジェ (Marie Rouget). *オセールに生まれ, 同地で没す. 芸術的, 宗教的な雰囲気のなかで育ち, 生涯故郷の地を離れることなく独身で過ごした. 1920年自費出版で処女詩集『歌と時祷』(*Les chansons et les heures*) を出版する. 少女時代よりピアノと声楽を学び, 古典的な韻律法を用いて, 伝統的な俗謡の手法も取り入れ, アッシジの *フランチェスコを思わせる感性のみなぎるキリスト教信仰を歌った. 素朴な優雅さ, 熱情, 慎ましさによって, 彼女の詩は人の心を打ちその美しさはしばしば聖歌にも比較され, 曲をつけて公開されたりもした. ほかに, 信仰心に溢れた小話も数多く残しているが, 特に *クリスマス (〔仏〕Noël) に関するものが多い. 一見静かで平穏な一生にみえるが, その内面は必ずしも安らかなものではなく, ときとして信仰の危機が訪れたことは, *聴罪司祭の勧めにより発表された『内面の記録』(*Notes intimes*, 1959) に記されている.

【主著】*Le Rosaire des joies*, 1930; *Contes*, 1945.
【文献】A. ブランシェ『マリー・ノエル』田辺保訳 (思潮社 1970): A. BLANCHET, *Marie Noël* (Paris 1962). (二川佳巳)

ノガレ Nogaret, Guillaume de (1260頃-1313)

フランスの法曹 (レジスト légiste). *トゥールーズ近郊に生まれ, *パリで没したとされる. 1295年 *フィリップ4世の宮廷に顧問官として仕え, 1302年宰相フロット (Pierre Flotte, ?-1302) の没後その地位を継ぎ, 王権強化の目的から反教皇主義の急先鋒となり, 翌年教皇 *ボニファティウス8世をアナーニ (Anagni) の

事件で窮地に陥れた．その罪で*破門に処されたがなお教皇に敵対し，1307年国璽尚書（Chancelier）の権限で*テンプル騎士団を異端罪で告発，同僚のマリニー（Enguerrand de Marigny, 1260頃-1315）らとともに追及し，教皇*クレメンス5世に同修道会の廃絶を迫った．【文献】Cath. 9: 1332-35．
（橋口倫介）

のがれのまち　逃れの町　〔ヘ〕'ārê miqlāṭ，〔英〕asylum, cities of refuge，〔独〕Asylstädte，〔仏〕villes de refuge　旧約聖書で，過失により人を殺してしまった者が，「血の復讐者」の追求を免れるために逃げ込んで保護を求めることができたとされる六つの町（民35: 9-28；申4: 41-43；19: 1-13；ヨシュ20: 1-9）．それらはいずれも，*レビ人の町でもある（民35: 6-7．ヨシュ21章および代上6: 39-55も参照）．古代イスラエルでは，肉親を殺された者が復讐を行うことは神聖な義務であったが，他方で意図的な殺人と過失致死とは区別される必要があった．古くは聖所の*祭壇が，そのような意図せざる殺害者を保護する機能をもっていたらしい（出21: 13-14；王上1: 50-53；2: 28-34）．逃れの町に保護を求めようとする者は，故意の殺人犯でないことを証明するための査問を受けねばならず（民35: 24；ヨシュ20: 4），受け入れられた場合には*大祭司が死ぬまでその町にとどまっていなければならなかった（民35: 28；ヨシュ20: 6）．逃れの町が歴史上実際に機能していた制度であるのか，架空のユートピア的な構想にすぎないのかについては，議論が分かれている．一部の研究者は，*ヨシヤ王の宗教改革に伴う*エルサレムへの祭儀集中によって地方諸聖所が廃止されたので，従来の諸聖所の保護機能を補填するために逃れの町の制度が設けられたと考えている．

【文献】旧新約聖書大890；吉田泰「古代イスラエルにおけるアジュール法」『聖書とオリエント世界』（山本書店 1985）7-55；M. Löhr, *Das Asylwesen im Alten Testament* (Halle 1930); F. Horst, "Recht und Religion im Bereich des Alten Testaments," EvTh 16 (1956) 49-75; M. Greenberg, "The Biblical Conception of Asylum," JBL 78 (1959) 125-32; A. G. Auld, "Cities of Refuge in Israelite Tradition," *Journal for the Study of the Old Testament*, 10 (1978) 26-40; J. Milgrom, "Sancta Contagion and Altar / City Asylum," VT Suppl. 32 (1981) 278-310.
（山我哲雄）

のぐちよしまつ　野口由松　（1909. 10. 31-1997. 11. 9）　第4代広島教区長，広島司教区初代司教．長崎市で生まれ，*幼児洗礼を受ける．洗礼名ドミニコ．暁星中学校卒業後，東京公教大神学校に入学．1937年（昭和12），関口教会で東京教区司祭として叙階される．東京公教大神学校でラテン語教授を務めた後，高円寺教会主任．1953年から東京教区顧問，1958年から東京教区会計を兼務．

1959年6月，広島代牧区は司教区に昇格し（→広島司教区），初代司教に*野田時助新潟教区長が任命されたが病気を理由に辞退したため，かわりに任命される．1960年5月，ローマの*サン・ピエトロ大聖堂で教皇*ヨアンネス23世によって司教叙階．1985年6月に*教区司教を辞任するまで，広島教区長として教区内の宣教・司牧に精力を傾けた．また，1974年から1983年まで，*カリタス・ジャパンの担当司教を務める．1975年に日本に初めて上陸したヴェトナム難民を引き受け，1979年にはカンボジア難民救援のため医療班を派遣するなど，日本のカトリック教会の社会福祉部門の責任者として，国内外への援助活動や社会福祉活動の促進のための啓発活動に尽力した．香川県坂出市にて死去．

【文献】カトリック高円寺教会『高円寺教会50年史』（みずほ企画1979）64-80；カトリック中央協議会事務局編『カトペディア'92』（カトリック中央協議会1992）143-56, 199-200, 384．
（小田武彦）

のこりのもの　残りの者　〔英〕remnant，〔独〕Rest (Israels)，〔仏〕Reste d'Israel　残りの者の思想的背後には自然や歴史の猛威に余りにも無力で脆い人間の現実がある．その猛威に翻弄され民族や国家が滅され，わずかな人が辛うじて生き残ることがある．これが問題として自覚され，思案されてきた．この問題は古代*バビロニアの洪水伝説にもあるように（→『ギルガメシュ叙事詩』，洪水物語），普遍的である．イスラエルも民族，国家として全滅の危機に繰り返しさらされ，生き残ってきた．この歴史の体験をその神との関係で理解しようとし，これを宗教伝承として受け継いできた．それが多様で複雑だが，豊かな内容をもって旧約新約全聖書のなかに書きとどめられている．その用語として，旧約ではヘブライ語の語根 ytr, plṭ, śrd, š'r をもつ動詞と名詞があり，新約ではギリシア語 leimma, hypoleimma という名詞があり，日本語で「残る」とか「残りの者」と訳される．ここではいろいろな残りの者のなかで，滅ぶイスラエルに対して生き残る者に限って，その神学的意味を宿した聖書の主な箇所を幾つか紹介する．しかし，まずここでその語の用法にあたり，二つの意味を区別するドレフュス（François-Georges Dreyfus, 1928-　）の説を参考として指摘する．それによると残りの者は大部分が滅んでしまうのにその災いを逃れる「生き残り」を意味する場合と，大部分が物理的に生きていても神の目には生きていない民全体のなかにあって神に忠実な「選ばれた残りの者」のみを意味する場合がある．前者が旧約における意味であり，後者は旧約にもあるが，新約では*パウロの手紙でしか残りの者といわれない．この両者は「終末の」残りの者をいうとき，その意味を共有する．「終末の」残りの者は*終末の日に生き残る者のこと，「選ばれた残りの者」は現実の民のなかにあって，ある日「終末の」残りの者となるように定められた者のことである．豊かな意味をもつ両者だが，そこには違いがある．

生き残りとしての残りの者は，*アッシリアによる脅威がのしかかってきた頃からいわれ出す．その最初が*エリヤ物語にある．ここで7,000人が残され（王上19: 18），神の計画実現の新しい一歩となる．次に預言者*アモスは徹底して北王国イスラエルの全滅を告げたが，回心する残りの者への言及もある（アモ5: 15；9: 8-10, 11-15）．これがアモス自身の言葉かどうかについて意見が分かれている．*イザヤ書にも残りの者がよく出るが，イザヤ自身の言葉として最も重要なのはシェアル・ヤシュブ（〔ヘ〕šĕ' ar yašūb），「残りの者が帰る」という名をつけた息子に込められた意味であろう（イザ7: 3）．これは*シオンにいる神への信仰を拒む*アハズ王と*エルサレム住民に対するしるしである（イザ8: 18）．この「帰る」は，神に立ち帰る，つまり*回心を意味していて，イザヤは神への信仰をもった残りの者が現れることを告げたものと思われる．*ゼファニヤは，「その日憤りの日」（〔ラ〕dies irae）を生き延びる残りの者を考えてい

る(ゼファ3:12-13).*エレミヤは,イスラエルが残りの者だけにされ(エレ6:9;24:8;39:9),この残りの者も滅ぼされる(15:9)という.異国に追いやられた悪い残りの者にとって生は死より辛い(8:3).エレミヤ以前には残りの者とはイスラエルの地で生き残る者のことで,エレミヤもこれに従う.エレミヤ以前ではこの残りの者が希望の担い手であるが,この残りの者に対して新たにエレミヤは,*捕囚の民となった者が希望の担い手になり,その内面的変化は神の業によってなされるとする(24:5-7).エレミヤ書において捕囚の民が残りの者となっているところもあるが,それは加筆らしい(23:3;31:7;50:20).*エゼキエルは,捕囚の民にも残りの者という用語をあてる(6:8-9参照).ただし,*救いの責任が人間個人にあると説くエゼキエルは(3:16-21;18:1-32;33:10-20),生き残る者とはその義人たちのこととみていたが,あとで回心が神の*恩恵として与えられるということで(36:24-32),罪人も含めて考えるようになったらしい.これは*申命記でも考えられている(申30:6).バビロン捕囚期以後の著作のなかにはその難関を生き残った者への言及が多い.*エズラ記と*ネヘミヤ記でも,特に自分たちが生き残っているという事実そのもののなかに神の憐れみの現れをみて(エズ9:8,15),イスラエルの復興と*神殿の再建のために働く動機を与えられた(9:9).預言者*ハガイも同様で,大祭司ヨシュアと*ゼルバベルも残りの者に含めて考えているようである(ハガ1:12-14;2:3).これら捕囚期後の預言者は,現実に生き残った者を残りの者とし,それは罪の結果であると同時に神の*慈しみの現れと考える.彼らは罪人であり,回心しなければ滅ぼされる(エズ9:14).しかし,彼らの心がけ次第で(ゼカ8:16-17),神は彼らを顧みられる(8:11-15).この現実の残りの者と並んで,神の支配の終末的展望のなかで未来の残りの者もいわれる(オバ17-21;ヨエル3:5;イザ65:8,またはイザ4:2およびエレ23:3など捕囚期以前の預言者の言葉への加筆部).

選ばれた残りの者は,パウロの手紙における「残りの者」の意味である.パウロによるとイスラエルから出た者がすべてイスラエルではない(ロマ9:6-7).肉による子らのなかに約束の子らがおり(9:8),これがイエスを信じるわずかの数のイスラエルの子らのことであり,また「恵みの選びによる残りの者」(11:5参照)なのである.ここにはイスラエルの民は滅びるのに対し,この残りの者は救われるという対立はなく,神の計画により最終的にイスラエルのすべての民も救いにあずかると考えられている(11:25-31).このようにパウロにおける残りの者は,最終的にただ神の*選びと*契約により,ひたすら神の恩恵の実りとして,神の目の前にすべての民を代表し,イスラエルと世界に赦しと救いをもたらすためにその神の名において,神の思いをもって活動するのである.このパウロの考えは,排他的に「残りの者」を自分たちにあてはめ(*ダマスコ文書II,11,*死海文書の『戦いの書』XIII,8および『感謝の詩編』VI,8),自分たちの救いしか考えない*クムラン教団とは対照的である.

【文献】旧新約聖書大891;新聖書大1048-49;聖書思676-79;ABD 5:669-71;DBS 10:414-37;IDB 4:32-33;NBL 12:348-50;THAT 2:844-55;ThWAT 7:934-49;ThWNT 4:198-221;*Encyclopedia of Biblical Theology*, v. 2 (London 1970) 741-43.　　　　　(和田幹男)

ノストラ・シニョーラしゅうどうじょかい　ノストラ・シニョーラ修道女会 → マリア修道女会

のぞみのせんれい　望みの洗礼 〔ラ〕baptismus in voto,〔英〕baptism of desire,〔独〕Begierdetaufe,〔仏〕baptême de désir　望みの洗礼とは,キリストや洗礼のことを聞いたなら,洗礼を受けたいと望んだに違いない善意の人々が,神の普遍的救済意志(1テモ2:4参照)とキリストの救いの業のゆえに,キリストによって水の洗礼へと方向づけられ,恵みを受けることを意味する.水による*洗礼,*血の洗礼(*殉教)とともに,望みの洗礼もキリストの*過越の秘義に我々を参与させ,*神の民の交わりに加えさせる.この概念において問題なのは,「だれでも水と霊とによって生まれなければ,神の国に入ることはできない」(ヨハ3:5)という洗礼の必要性と洗礼を受けていない無数の人々がいる現実とをどう調和させるかということである.

洗礼を受けていない人々にも*聖霊が降ったことがあるように(使10:44-47),神を求める善意の人々に対して,神は救いの道を閉ざすことはない.彼らのうちにある真・善・美などの諸価値はすべて福音への準備になっている(『教会憲章』16項参照).キリストはすべての人のために死んだので(ロマ8:32参照),「心の中に恩恵が目に見えない方法で働きかけているすべての善意の人」もキリストの復活へと招かれている(『現代世界憲章』22項).「*教会の外に救いなし」という*キプリアヌスの言葉は,救いがキリストからキリストの体である教会を通して与えられることを逆説的に表現したものである.現代の我々もまた,「新しい待降節」のなかで唯一の救い主キリストを待望している(教皇ヨアンネス・パウルス2世回勅『レデンプトール・ホミニス』1項,同使徒的書簡『紀元2000年の到来』23項参照).

【文献】*Catechismus Catholicae Ecclesiae* (Città del Vaticano 1997) n. 846-48, 1257-61, 1281.　(荒木関巧)

のだときすけ　野田時助 (1896.6.9-1961.10.11) 東京公教神学校校長,新潟教区長.洗礼名,洗者ヨハネ.札幌に生まれる.1915年(大正4)函館中学校卒業.1917年*上智大学入学.1920年同大学を中退し,同年,ローマの*ウルバニアナ大学入学,1926年(大正15)神学博士号取得,司祭叙階.日本に帰国後,函館教区盛岡教会に赴任.1929年(昭和4)郡山教会を司牧.同年9月,東京に司祭養成のための東京公教神学校が設立され,同校の教授として招聘される.1953年まで勤務.その間1940年,当時の国策に従い邦人司祭の校長就任が要望され,10月28日付で東京公教神学校校長に任命される.1945年,神学校も第2次世界大戦末期に米軍機による爆撃を受け,校長として数人の大神学生とともに,函館のトラピスト修道院に疎開,神学生養成と勉学を続行する.1946年,修復された公教神学校に戻る.1947年,神学校の教育・管理・経営が日本司教団によって*イエズス会に委託され,イエズス会員の*フィステルが校長に就任.野田はそのまま上智大学教授として残留するが,1953年8月,新潟教区長に就任する.その間も多くの著述を残し学界に貢献した.　(松村菅和)

のだゆきやす　野田如安 (1899.1.21-1977.3.13) 北海道にある,厳律シトー会(トラピスト会)燈台の聖母大修道院の第2代大修道院長.野田雄二,さだの三男として札幌で生まれる.次兄は東京の公教大神学院の教授

を経て，新潟教区長に就任した *野田時助．

1915年(大正4)16歳で *厳律シトー会に入会，アレキシオの修道名のもとに修練着衣，1922年に初誓願，1927年(昭和2)盛式誓願(→修道誓願)．1928年大司教 *シャンボンにより司祭叙階．叙階後は院内の種々の係と函館上湯川や兵庫県加古川(後に西宮に移転)のトラピスチヌ修道院の *チャプレンなどを務めた．第2次世界大戦中から一時燈台の聖母の仮院長職を務めた(1944-48)．1954年同院初の邦人大修道院長に選出され，温和な人柄で人々から愛されたが，1962年辞任，1977年同院にて死去．　　　　　　　　　　　　(高橋重幸)

のつ　野津　大分県大野郡最東部に位置する町．大分県と宮崎県を結ぶ国道10号線沿いにある．1578年(天正6)豊薩戦争の際に *大友義統が同地に陣を敷いたことからキリスト教との関わりが生まれた．父 *大友義鎮(宗麟)が入信した直後，義統もキリスト教に傾倒し，陣地において教理を学び，家臣にも学ばせた．同地方の有力者・柴田麟清夫妻はレアン，マリアの洗礼名で受洗(→野津のレアン)，一帯をキリスト教化した．1580年 *イエズス会が修道院を設立，*小教区が開設，司祭が常駐した．3年後には聖堂落成，キリスト教は隆盛を極めた．1586年島津軍の侵入により聖堂と修道院は焼失．1611年(慶長16)イエズス会は再度修道院を開設，教会活動を再開．しかし1614年禁教令発布とともに宣教師は豊後を去った．磨崖クルスなどの残存する遺跡は往時のキリスト教隆盛を思わせる．
【文献】J. SCHÜTTE, *Introductio ad Historiam Societatis Jesu in Japonia, 1549-1650* (Roma 1968) 569-71.
　　　　　　　　　　　　　　　　　　(溝部脩)

ノックス　Knox, John　(1514頃-1572.11.24) *スコットランド教会の中心的な宗教改革者．ハディントン(Hadington)郊外で生まれ，*セント・アンドリューズ大学で学んだ後，ローマ・カトリック教会の司祭となったが，1545年12月，この地の宗教改革者 *ウィシャートと出会い，プロテスタントの信仰をもつに至り，説教者への召命を確信する．1549年，イングランドへ渡りイングランド国教会(→聖公会)の信条(聖公会大綱)の作成に参加したり，*英国教会祈祷書の改定に協力し，教理と礼拝に対して *宗教改革の原理をさらに厳密に適用するなど，イングランド国教会の改革運動を前進させた．1553年にカトリックの *メアリ・テューダーが即位すると大陸に逃れ，主に *ジュネーヴで英国人教会を指導した．ここで *カルヴァンの強い影響のもと，長老主義的教会理念(→長老制)，*予定の教説，民衆の専制君主への *抵抗権などの思想を深め，後のスコットランド教会改革の準備をする．1559年，故国に帰り，改革運動に指導的な役割を果たす．翌年，スコットランド議会が召集され，彼が中心となって書き上げたスコットランド信仰告白(Scottish Confession)と『規律の書』(Book of Discipline)が採用され，ここにローマの *教皇の支配から離れた新しいスコットランド教会が設立された．この『規律の書』には *ミサを否定した「共同礼拝式文」のほか，大胆な教育改革案や，貧しい人々への配慮などが含まれている．主著に『スコットランド宗教改革史』(*History of the Reformation in Scotland*)がある(完全初版1644)．
【文献】キ史5: 214-18; キ人1046-47; キ大808; E. BritMi 5: 860; TRE 19: 281-87; 飯島啓二『ノックスとスコットランド宗教改革』(日本基督教団出版局 1976); 小嶋潤『イギリス教会史』(刀水書房 1988) 83-94.
　　　　　　　　　　　　　　　　　(小島一郎)

ノックス　Knox, Ronald Arbuthnott　(1888. 2. 17-1957. 8. 24)　イギリスのカトリック司祭，護教家．キブワース(Kibworth)にイングランド国教会(→聖公会)の *主教の子として生まれ，メルズ(Mells)で死去．イートンとオックスフォードで学び，1910年イングランド国教会の聖職者となったが，1917年にはカトリックに改宗．1919年に司祭叙階．1926年より *オックスフォード大学で学生指導に従事したが，1939年にはこの職を辞して聖書の英訳に専念し，1945年に新約，1949年に旧約を完訳．文体の優れた傑作と評価されている．このほか，講話，随筆，小説などさまざまな分野の著作を通じて，カトリック思想の擁護に努めた．

R. A. ノックス
(NPG)

【主著】*A Spiritual Aeneid*, 1918; *Enthusiasm*, 1950.
【文献】キ人1047; LThK^2 6: 361-62; NCE 8: 243.
　　　　　　　　　　　　　　　　　(坂田俊也)

ノッサ・セニョーラ・ダ・グラサごうじけん　ノッサ・セニョーラ・ダ・グラサ号事件　ノッサ・セニョーラ・ダ・グラサ号(Nossa Senhora da Graça)とは，1610年(慶長15)1月6日，長崎湾内に沈んだポルトガルのナウ船の名で，ときには「マードレ・デ・デウス号」(Madre de Deus)とも呼ばれている．1608年 *有馬晴信の朱印船はタイ国からの帰路 *マカオに寄港し冬を越したが，停泊中に乗組員が騒動を起こしたため，マカオ司令官 *ペッソアは厳しい措置をとり数名の死者が出た．1609年6月29日ペッソア自身がノッサ・セニョーラ・ダ・グラサ号に乗り，長崎に到着，*徳川家康に船員たちの態度に対して不満を表したので，家康は日本人の船が直接マカオとの貿易をしないよう命じた．この貿易から利益を得ていた長崎奉行・長谷川左兵衛(*長谷川藤広)は事態を憂慮し，有馬船の乗組員が戻ると，有馬晴信とともに徳川家康に日本側の状況を報告した．ペッソアは家康に自らの立場を弁明するため *江戸へ上ろうとしたが長谷川はこれを阻止し，家康はペッソアの船を拿捕するように命じた．有馬晴信は長谷川と共謀してペッソアを捕らえようとしたが，知らせを受けたペッソアは急ぎ船に退き，数人のポルトガル人とともに1610年1月3日長崎港を出帆しようとした．しかし，船は逆風のため湾内の戸町の入江までしか進むことができなかった．その夜，有馬の者が海中より碇綱を切断しようとしたが及ばなかった．同じ海上で翌日も攻撃が続きナウ船に放火しようとしたが失敗した．ナウ船は港の反対側まで進むことに成功し，神ノ島，*高鉾島，香焼島の間に投錨した．長谷川は大きな団平船の上に三層の櫓を造り，そこからも攻撃した．同月6日少し風が出てペッソアは福田港まで逃れようとしたが，そのとき一人のポル

トガル人が有馬側の船に火をつけるため火薬を投げようとして手に被弾，燃える芯が甲板の火薬に引火したため，手の施しようがないと判断したペッソアは船内に入り火薬庫に火をつけた．船は大爆音とともに真二つに割れ，島と島の間，35 ブラサ（約 70 m）の深さの海底に沈没した．泳いで逃げようとしたポルトガル人は日本人によって殺害された．そのとき乗船していた *アウグスチノ会の司祭ジョアン・デ・モリン（Joān de Morim）も殺された．その遺体は後に *イエズス会の墓地に葬られた．ペッソアの遺体は発見できなかった．

この船の沈没はポルトガル人にとって大きな損害であった．また長崎の商人や一年分の資金を託していたイエズス会にとっても大打撃であった．当時，浮かんだ積荷や銀貨の数箱が引き揚げられたが，多くは海底に沈んだ．昭和の初期に引き揚げられたものもある．引き揚げ作業などにより船体は壊れ，現在では沈没した位置さえ不確かになっている．

このノッサ・セニョーラ・ダ・グラサ号事件は多くの好ましくない結果をもたらした．戦いに勝った有馬晴信は徳川家康から恩賞を賜わり，*有馬直純には妻として家康の曽孫の国姫（1595-?）が与えられた．直純は正妻を離別して国姫と再婚した結果，教会から離れ，父・晴信としだいに不仲になった．晴信は長谷川左兵衛とも争い，長谷川は以後，宣教師の滅亡を企て始めた．また交易の場では，ポルトガル人の立場がしだいに弱くなっていく．ノッサ・セニョーラ・ダ・グラサ号の事件はこのように有馬晴信の悲劇，宣教師の追放，ポルトガル人との貿易の終息とある程度までつながっている．

【文献】大日本史料，第 12 編之 6: 802-808; ARSI, Jap. Sin. 56, ff. 226-31; A. ヒロン『日本王国記』大航海時代叢書 11，佐久間正訳（岩波書店 1965）; 五野井隆史「1610 年長崎沖におけるマードレ・デ・デウス号焼打に関する報告書」『キリシタン研究』16（吉川弘文館 1976）301-64; J. L. ALVAREZ, "Don Rodrigo de Vivero et la destruction de la Nao 'Madre de Deos' (1609 a 1610)," *Monumenta Nipponica*, 2 (Tokyo 1939) 479-511; C. R. BOXER, *The Great Ship from Amacon* (Lisboa 1959).

（結城了悟）

のつのレアン　野津のレアン（生没年不詳）　豊後地方 *野津の有力者であり，*大友義鎮の家臣・柴田麟清を指す．1578 年（天正 6）豊薩戦争の際に *大友義統が同地に陣を敷いたことからキリスト教と接触した．同地方の有力者麟清夫妻はキリスト教に改宗，レアン，マリアの洗礼名で受洗した．夫妻は自宅を解放して集会所となし，一帯をキリスト教化した．1580 年 *イエズス会は修道院を設立，*小教区が発足，司祭が常駐した．3 年に新聖堂が落成，信者数は爆発的に増加した．レアン夫妻は野津地方一帯に十字架を建立，同地方の教会の中心人物であった．1586 年島津軍侵入の際に聖堂も修道院も焼失．レアンは鍋田城に籠城して島津軍に抵抗．それもかなわず大友義鎮の居城 *臼杵に逃れた．大友氏滅亡後もレアンは野津の *キリシタンの支柱であり，1596 年頃焼失した聖堂を再建した．その後のことは不明．

【文献】J. SCHÜTTE, *Introductio ad Historiam Societatis Jesu in Japonia, 1549-1650* (Roma 1968) 569-71.

（溝部脩）

ノート　Noth, Martin（1902. 8. 3-1968. 5. 30）ドイツ・プロテスタントの旧約学・イスラエル史学者．20世紀最大の古代イスラエル史家の一人であるとともに，その聖書学的業績は，*ヴェルハウゼン以来のドイツの批判的・歴史的研究の伝統を一つの頂点にまで押し上げたと評価されてよい（→旧約聖書学，聖書の伝承史的研究）．ドレスデン（Dresden）で生まれ，エルランゲン（Erlangen），ロストク（Rostock），*ライプツィヒ，グライフスヴァルト（Greifswald）で R. *キッテル，*アルト，ヘンペル（Johannes Hempel, 1891-1964）らに学ぶ．グライフスヴァルト，ライプツィヒで講師を務めた後，1929-45 年ケーニヒスベルク大学教授．第 2 次世界大戦後は 1945-67 年ボン大学教授．この間，ボン大学学長を 2 度にわたり務めたほか，ドイツ・パレスチナ研究協会会長，主要な学術雑誌の編集委員，国際旧約学会長などの要職を歴任し，1965-68 年にはエルサレムのドイツ福音主義聖地古代学研究所の所長を務めたが，*ネゲブ地方の遺跡調査中に血栓症で急死し，*ベツレヘムのドイツ人墓地に埋葬された．

歴史学者としては，師アルトとともにいわゆる「アルト・ノート学派」を率い，初期イスラエル史研究に領土史的方法や伝承史的方法を導入して，後代に伝えられた「伝承」である旧約の歴史記述とはかなり性格を異にする歴史経過を再構成し，聖書の歴史記述の基本的信憑性を考古学によって裏づけようとするアメリカの *オールブライトの学派と対決した．特に，王国成立以前のパレスチナにおける *イスラエル民族の存在形態を，古代ギリシアやイタリアの「隣保同盟」（アンフィクティオニー，〔独〕Amphiktyonie）との類比で，共通の聖所を中心に結合した宗教的部族連合として説明したことで知られる（Das System der zwölf Stämme Israels, 1930; Geschichte Israels, 1950）．聖書学者としては，*モーセ五書研究に伝承史的方法を導入し，五書の諸主題の独立した起源を突き止めるとともに，それらが今日あるテクストの形に至るまでの発展経過をあとづけた（Überlieferungsgeschichte des Pentateuch, 1948）ほか，ヨシュア記から列王記までの歴史書が，申命記の思想的・用語的影響のもとに *捕囚時代に書かれた単一の歴史書（*申命記史書）であることを論証した（Überlieferungsgeschichtliche Studien I, 1943）．これらの著作はいずれも，その後の各分野の研究に多大な影響を与え，その展開の方向を決定づけたといってよい．注解者としても優れ，ヨシュア記（Das Buch Josua, 1938），モーセ五書中の 3 書（Das zweite Buch Mose / Exodus, 1959; Das dritte Buch Mose / Leviticus, 1962; Das vierte Buch Mose / Numeri, 1966. 邦訳刊行予定）の注解を担当しているほか，様式史的視点（→聖書の様式史的研究）を強調した旧約注解叢書（略号表 BK. AT 参照）の刊行を提唱，編集にあたるとともに自ら列王記注解の執筆に取り組んだが，突然の死により列王記上 16 章までで未完に終わった（Könige I. 1-16, 1968）．

【主著】*Die israelitischen Personnamen im Rahmen der gemeinsemitischen Namengebung*, 1928; *Welt der Alten Testament*, 1940; *Überlieferungsgeschichtliche Studien I*, 1943: 山我哲雄訳『旧約聖書の歴史文学—伝承史的研究』（日本基督教団出版局 1988）; *Überlieferungsgeschichte des Pentateuch*, 1948: 山我哲雄訳『モーセ五書伝承史』（日本基督教団出版局 1986）; *Geschichte Israels*, 1950: 樋口進訳『イスラエル史』（日本基督教団出版局 1983）; *Gesammelte Studien zum Alten Testament*, 1957: 柏井宜夫訳『契約の民—その法と歴史』（日本基督教団出版局 1969）; *Gesammelte Studien zum Alten*

ノートカー・バルブルス

Testament 2, 1969; *Aufsätze zur biblischen Landes- und Altertumskunde*, 3 v., ed. H. H. WOLFF, 1971. 【文献】キ人 1047; キ大 808; ThLZ 90 (1965) 229-38; VT 43 (1968) 408-13; *Zeitschrift des Deutscher Palästina-Vereins*, 84 (1968) 100-103; S. L. MACKENZIE, M. P. GRAHAM, eds., *The History of Israel's Traditions: The Heritage of Martin Noth* (Sheffield 1994). （山我哲雄）

ノートカー・バルブルス　　Notker Balbulus
(840-912.4.6)　聖人（祝日 5 月 19 日），スイスの *ザンクト・ガレン修道院に属した *ベネディクト会の会員．ヨンシュヴィル (Jonschwil) に生まれる．ドイツ語でノートカー・デア・シュタムラー (Notker der Stammler) と呼ばれているが，この名前は彼が吃音であったことに由来している．時代を代表する学者，詩人の一人であり，この修道院に司書，教師として奉仕した．彼のラテン語詩人としての優れた才能を示すゼクヴェンツ（*続唱）の創作 (Liber hymnorum, 880) は典礼文学だけでなく，さらに中世ドイツ文学にも少なからず影響を与えている．歴史家としても『カール大帝逸話集』(Gesta Karoli Magni, 883) などの叙述に従事しており，*殉教録 (Martyrologium, 896) 編纂をはじめとする神学的・教育的貢献も注目される．ザンクト・ガレンにて没す．
【著作校訂版】W. VON DEN STEINEN, ed., *Notker, der Dichter und seine geistige Welt*, Editionsband (Bern 1948 ²1978).
　翻訳：岩本潤一，平林冬樹「ノートケル讃歌集」『カロリング・ルネサンス』中世思想原典集成 6（平凡社 1992) 634-715.
【文献】LMit 6: 1289-90; LThK² 7: 1052; RGG³ 4: 1532; *Der Literatur Brockhaus*, v. 2 (Mannheim 1988) 721; J. WERNER, *Notkers Sequenzen* (Aarau 1901); W. VON DEN STEINEN, *Notker, der Dichter und seine geistige Welt*, Darstellungsband (Bern 1948 ²1978); H. F. HAEFELE, "Studien zu Notkers Gesta Karoli," *Deutsches Archiv für Geschichte des Mittelalters*, 15 (1959) 358-92. （富田裕）

ノートカー・ラベオ　　Notker Labeo　(950 頃-1022.6.29)　スイスの *ザンクト・ガレン修道院に属した *ベネディクト会の会員．「ラベオ」は「唇が厚い」の意．ノートカー・トイトニクス (Notker Teutonicus ドイツ人ノートカー) とも呼ばれている．修道院付属学校の教師として *自由学芸の教材とするために，*ボエティウスがラテン語に訳した *アリストテレスの『カテゴリー論』やボエティウスの名著『哲学の慰め』をはじめとする古典を古高ドイツ語に翻訳しただけでなく，詳細な注解を付し，高度に発展したラテン語の神学的・哲学的表現のドイツ語圏における定着に貢献することになった．その独創的な言語創造力は彼のラテン語ならびにドイツ語に対する傑出した知識からきている．ザンクト・ガレンにて没す．
【著作校訂版】P. PIPER, ed., *Die Schriften Notkers und seiner Schule*, 3 v., 1882-83, ²1895; E. H. SEHRT, ET AL., eds., *Die Werke Notkers des Deutschen*, 1973- .
【文献】LMit 6: 1291-92; RGG³ 4: 1532; *Der Literatur Brockhaus*, v. 2 (Mannheim 1988) 721; K. リーゼンフーバー『中世哲学の源流』（創文社 1995); A. K. DOLCH, *Notker-Studien* (New York 1950-53); J. JAEHRLING, *Die philosophische Terminologie Notkers des Deutschen in seiner Übersetzung der Aristotelischen "Kategorien"* (Berlin 1969). （富田裕）

ノトブルガ　　Notburga　(1265 頃-1313.9.14)　オーストリアの聖人（祝日 9 月 14 日）．伝説によればロッテンブルク城の料理番で，自分よりもさらに貧しい者への施しを自らの義務としていたという．*チロル，シュヴァーベン地方では使用人の *守護の聖人としてバロック期以降盛んに崇敬されるようになる．遺体はエーベン (Eben) の教会に安置されている．
【文献】キ人 1048; LThK³ 7: 921-22; NCE 10: 522. （相原直美）

ノートルダムがくは　ノートルダム楽派　〔仏〕Ecole de Notre-Dame, 〔英〕school of Notre-Dame, 〔独〕Notre-Dame-Schule　12 世紀中頃から約 1 世紀にかけて栄えた *ポリフォニーを主とする音楽の一派．パリ楽派と呼ぶこともある．パリの *ノートルダム大聖堂を中心に活躍した音楽家たちの手によって発展したためこの名称で呼ばれるが，その活動は大聖堂のみに限られず，サン・ヴィクトル修道院など，周辺の教会や修道院をも含んでいたものと思われる．この時代はちょうど，現在なおその偉容を誇る *ゴシック建築様式による教会堂が建設されつつあった時期とも一致するところから，この楽派の作品をゴシック音楽（→ 中世音楽）の代表と考える学者もいる．主要な曲種としてはオルガヌム，*クラウスラ，*モテット，多声の *コンドゥクトゥス（行列歌）などが知られているが，ほかに単声のコンドゥクトゥスやラテン語歌曲なども残されていることは，ともすると忘れられがちとなっている．
　代表的な作曲家としては，今日「第四の無名著者」の名で一般に知られる 13 世紀後半のパリで学んだイングランドの学生の証言から，*レオニヌスと *ペロティヌスの名前が知られている．レオニヌスは，12 世紀後半に活躍し，2 声のオルガヌムの曲集を完成し，ペロティヌスは世紀の変わり目に活躍して 3-4 声のオルガヌム，数多くのクラウスラ，コンドゥクトゥスなどを作曲したといわれる．ほかにラテン語歌曲の作者フィリップ・ル・シャンスリエ (Phillippe le Chancelier, ?-1136) を含めることもある.
　ノートルダム楽派による音楽史上の最大の貢献は，それまで不明瞭であった音符の長短を理論づけることによって，リズムの表示を明確化したことにある．リズム・モードによる 6 種類のリズム定型は 3 分割のリズムに基づいており，そのため現代人の耳には 6 拍子，ないしは 3 連音符の連続のように聞こえる．その強烈なリズムは一部の現代作曲家にも影響を与え，カール・*オルフの『カルミナ・ブラーナ』のような作品を生み出した.
【文献】NGDM 13: 429; 田辺尚雄他編『音楽大百科事典』4（平凡社 1982) 1796; 金澤正剛『中世音楽の精神史』（講談社 1998). （金澤正剛）

ノートルダムきょういくしゅうどうじょかい　ノートルダム教育修道女会　〔ラ〕Scholarum Sorores Nostrae Dominae, 〔英〕School Sisters of Notre Dame, 〔略号〕S.S.N.D.　女子修道会．1833 年，ドイツのバイエルン州ノインブルク (Neunburg) で，*ゲルハルディンガー（列福 1985）により創立された．*アウグスティヌスの霊性に基づき，*三位一体を理想とする共同体を築く．神の似姿に創られた人間一人ひとりの可能性

を最大限に開花させ，創造の御業へのよりよい参与を助けることを理念とし，教育を志向する使徒職に携わる．助けを必要とする誰をも除外しないが特に貧しい人，抑圧されている人，無力な子どもと青年を優先する．貧しい人との関わりを深めることによって，会員自らが福音化されることを信じ，その呼びかけに，より真実に応えられるよう努力する．また，人間の成長と社会の変革に及ぼす女性の積極的役割を認識し，女性の教育に力を尽くす．創立以来，希望のないときに主に希望を置く清貧の精神が会の土台であり，分裂のときに国際的一致を生きることが会の柱であった．創立後，年を経ずして，会員は教育の要請に応えるため，北米・欧州各地に赴き，そこからさらに新しい宣教地へと広がり，今日に至っている．

【日本での活動】1948年(昭和23)，アメリカのミズーリ州*セントルイス管区より来日した会員により，使徒的奉仕の基礎が築かれた．1992年(平成4)現在，京都を中心に東京・名古屋・大津・名護で幼稚園から大学(→ノートルダム女子大学)までの学校教育のほか，黙想指導，霊的助言，司牧活動などを行っている．1983年，ネパールに会員を派遣，現在はバンディプール(Bandipur)の山村で学校教育その他の活動に携わっている．

【現勢】1997年現在5,151名の会員が欧州・北米・南米・アジア・オセアニア・アフリカの35か国に在住し，さまざまな活動を行っている．総本部，ローマ．日本本部，京都市左京区．日本地区会員88名．

【文献】日キ歴1089-90; AnPont (1999) 1621.

(鎌田論珠)

ノートルダムじょしだいがく　ノートルダム女子大学　世界の30数か国で教育に携わっている*ノートルダム教育修道女会を設立母体とする4年制の女子大学．同会系の小中高からの進学希望とカトリック女子教育を支持する地元の人々の要請に応え，京都市左京区に1961年(昭和36)文学部英語英文学科を創設，1963年生活文化学科を増設した．「徳と智」を建学の精神とし，各人に賦与された可能性を開花させ，知情意を調和させた全人教育を目標とする．キリスト教的価値観，国際的視野をもつ円熟した女性として，将来，家庭や社会で活躍し，ひいては地球的共同体を築くのに貢献できる女性の育成を目指している．

(松本佳子)

ノートルダムせいしんじょしだいがく　ノートルダム清心女子大学　*ナミュール・ノートルダム修道女会を設立母体として1949年(昭和24)岡山市に創立された女子大学．*キリスト教教育の理念に基づきリベラルな教育を行い，神と人々に仕える豊かな宗教的情操をもち，社会に貢献できる女性を育てることを志向している．現在は，文学部に英語英文学科・国語国文学科を，人間生活学部に人間生活学科・児童学科・食品栄養学科を有し，さらに2研究科4専攻の大学院を開設．ノートルダム清心学園は，附属小学校・幼稚園，短期大学，中学，高等学校を擁する総合学園である．

(雑賀美枝)

ノートルダムだいがく　ノートルダム大学　University of Notre Dame du Lac　アメリカ・インディアナ州サウスベンド(South Bend)にある合衆国有数のカトリック系大学．全寮制を採用．1842年，フランスの聖十字架会(Congregation of the Holy Cross)の宣教師たちにより創立された．名称は，この地に二つの湖([仏]lac)があったことに由来する．*ヘスバーグをはじめ，代々の卓越した司祭学長の指導のもと，研究大学として現在の名声を獲得するに至った．文芸(経済，数学を含む)，経営学，工学，理学の4学部学科があり，国際法，平和研究のプログラムは特に有名．第2次世界大戦中，アメリカ社会における法の精神に適うよう軍事教育が重視され，現在でも多くの学生が予備役将校訓練(ROTC)プログラムに参加している．平和研究とROTCが学究的に共存している点で，アメリカでは独特な大学である．1960年代までは男子のみを受け入れてきたが(大学院は当初から共学)，1972年，最初の女子学部生が入学し，現在では全学部生の3分の1を占める．聖十字架会の修道女らが経営するセント・メアリーズ・カレッジ(St. Mary's College)とは元来密接な協力関係にあり，ほとんどの教科課程や留学制度を共有している．また，ノートルダム大学のアメリカン・フットボールのチームは世界的に有名である．

【文献】NCE 10: 530-33. (S. ハウエル)

ノートルダムだいせいどう　ノートルダム大聖堂　Notre-Dame de Paris　*パリのシテ島にある初期*ゴシック建築を代表する大聖堂．12世紀前半に起工され，聖母*マリアに捧げられた現在の建物は，第3番目の建造にあたり，1182年に奉献される．身廊(*ネ

ノートルダム大聖堂

イヴ)は1180年から1200年の間に，西正面は1200年頃から1250年の間に完成された．北側袖廊(1235-50)は建築家ジャン・ド・シェル(Jean de Chelles)，南側袖廊(1258-70頃)はピエール・ド・モントルイユ(Pierre de Montreuil)が建造に携わったことが知られている．全体は五廊式*バシリカ形式をとり(全長130m)，天井は初期ゴシック建築の特徴を示す六分肋骨穹窿(→ヴォールト)にされ，35mの高さを築いている．西正面では，三つの扉口彫刻が*フランス革命の際の破壊を免れた．それらは，向かって右側(聖母子)が初期ゴシック時代，左側(聖母戴冠)が盛期ゴシック時代前半，中央(最後の審判)が盛期ゴシック時代後半と，ゴシック彫刻の変遷を示している．

(馬杉宗夫)

ノートルダム・ド・ヴィ　[仏] Institut Notre-Dame de Vie　*カルメル会の霊性を汲む女子在俗会．通称はカルメル在俗会．1932年，跣足カルメル会司祭ユジェーヌ(Marie-Eugène de l'Enfant Jésu, 1894-1967)によりフランスのヴォークリューズ県ヴェナスク(Vénasque)に創立された．1962年*聖座により認可され

ノビリ

る．会員たちは，アビラの*テレサや*フアン・デ・ラ・クルス，リジューの*テレーズなどカルメル会の聖人の生き方に倣って生活している．在俗会であるので，世間にとどまりさまざまな仕事に従事しながら，聖母の恵みと誓願に忠実に，観想と活動を一体として生きるよう努めている．1971年（昭和46）来日．総本部はヴェナスク．
【文献】日キ歴1090; AnPont (1999) 1713; Cath. 5: 1789-90; DIP 6: 436-37. （P. プラニョル）

ノビリ　Nobili, Roberto de　(1577.9-1656.1.16) イエズス会宣教師．イタリア中部トスカーナのモンテプルチアーノ（Montepulciano）に生まれる．*ロベルト・ベラルミーノの甥にあたる．1597年*ナポリの*イエズス会修練院に入り，1600年から*ローマで神学を修め，1603年司祭に叙階された．1604年インド宣教に派遣され，1605年*ゴアに到着．1606年12月からインド南東海岸の町マドゥライ（Madurai）で活躍した．
インドの最下層カーストの不可触民（パーリア Paria）と交流することを理由にキリスト教宣教師を遠ざけていたバラモンと上層カーストの人々をキリスト教に迎え入れるために，ノビリは*教区司祭の許可を得て厳格なインドの苦行者の生活様式に従って小屋に独居し，バラモンの祭司服に身を包み，頭を剃ってターバンを巻き，一日一食の菜食主義の隠遁生活を送った．そしてパーリアとの交流を断ち，聖典の言語と民衆の3言語を習い，バラモンの教師のように行動した．キリスト教信仰を*ヴェーダの成熟・開花と説き，1609年に50人，1611年に150人のバラモンに*洗礼を授けた．その際，受洗者は属するカーストの生活習慣を保持してもよいが，一夫多妻と偶像崇拝は捨てなければならないとした．
インド文化に順応したノビリの宣教方法はポルトガル宣教師団の非難の的となり，宣教中止が命じられた．彼は自らの宣教方法を解説した弁明書をゴア大司教とローマのイエズス会本部に送り，これに対しては1616年両者から宣教継続が認可され，かつ大いに推奨された．しかしポルトガルのリスボン宮廷の政治的圧迫のもと，教皇*パウルス5世は1618年，ゴアの新大司教デ・サ（Cristóvão de Sa）にノビリの宣教方法に関する再審査を命じ，翌年ノビリはデ・サ大司教とゴア地方教会会議に召喚され弁明を余儀なくされた．1623年，教皇*グレゴリウス15世は大勅書『ロマナエ・セーディス・アンティステス』（Romanae sedis antistes）をもって，ノビリの生活方法や宣教方法の継続を公認した．この文書はベラルミーノ枢機卿の宣教神学に支えられたものであった．
ノビリは宣教活動を拡大し，パーリアのキリスト教徒共同体を設立した．これによって上層のカーストに対する彼の宣教力が損なわれないように，1640年バラモンに対する宣教師とは別にパンダーラム（Pandâram）と呼ばれるパーリアに対する専任宣教師を採用すべき宣教方法を提案した．こうしてすべてのカーストに宣教の道が開かれ，その順応的宣教方法はインド宣教の基礎となった．バラモンでキリスト教に改宗する者はわずかだったが，キリスト教を下層民衆の宗教とする先入観は打ち消され，上層および下層のカーストからも多くの改宗者が現れていった．1666年にはマドゥライ宣教地におけるキリスト教徒は4万人に増大した．1645年ノビリは失明してジャフナ（Jaffna），最後にマイラプール（Maylapore）に転任し，そこで生涯を終えた．ノビリはヨーロッパ人最初のサンスクリット学者として，タミール語，テルグ語，サンスクリット語に通じ，バラモンの間でも偉大な学者として知られていた．彼がこれらの言語で著した著作は20に上る．主なものに『霊的教説』（Gnanopadesam, 1673），『霊魂について』（Āttuma Nirunayam, 1889），『無知への反論』（Agnāna Nivāranam, 1891），『神的模範』（Tivviya Mādirigai, 1886）がある．
【文献】カ大4: 168; LThK² 7: 1015-16; P. DAHMEN, Roberto de Nobili SJ. Ein Beitrag zur Geschichte der Missionsmethode und der Indologie (Münster 1924); ID., Apologie de Nobili (Paris 1930); V. CRONIN, A Pearl to India (London 1959). （鈴木宣明）

ノブレガ　Nóbrega, Manuel da　(1517.10.18-1570.10.18) イエズス会員，イエズス会ブラジル宣教団の初代管区長．ポルトガルに生まれ，リオデジャネイロで没す．*サラマンカ大学や*コインブラ大学で学び，1544年*イエズス会に入会．1549年にブラジルにおけるイエズス会の宣教活動開始を目的として5人の会員とともにブラジルのバイア（Bahia）に着いた．彼がヨーロッパの友人に送った最初の言葉は，「この土地こそ私たちの使徒的事業の大地である」であった．1553年から1559年にかけてブラジルおよびラテン・アメリカ全土の管区長を務めた．1554年サンパウロ学院を創設し，1567年にはリオデジャネイロ学院を創設した．植民地ブラジルに影響を及ぼした福音的業績は量り知れないが，宣教師としては先住民（*インディオ）が奴隷化されることに反対し，彼らの自由を望んでいた．ノブレガは現代もなおブラジル人に敬愛されている．
【全集】S. LEITE, ed., Cartas do Brasil e mais Escritos do Padre Manuel da Nóbrega (Coimbra 1955).
【文献】キ人1049; LThK³ 7: 888-89; J. カトレット『イエズス会の歴史』高橋敦子訳（新世社1991) 13-15, 49-52; P. レクリヴァン『イエズス会―世界宣教の旅』垂水洋子訳（創文社1996); P. LECRIVAIN, Pour une plus grande gloire de Dieu: les missions jésuites (Paris 1991).
（鈴木宣明）

のまアンドレ　野間アンドレ　（生没年不詳）キリシタン時代のイエズス会員．美濃の出身．1607年（慶長12）2月頃*イエズス会に入会．5-6年間ラテン語を学んだ後，*セミナリヨで日本文学の教授や，話術に優れていたこともあって説教などの宣教活動に加わった．1614年11月の禁教令で*マカオに追放されたが，1617年同地でイエズス会を退会した．
【文献】J. F. SCHÜTTE, Monumenta Historica Japoniae, 1 (Roma 1975). （尾原悟）

のむらひでお　野村英夫　(1917.7.3-1948.11.21) 昭和期の詩人．東京の青山高樹町に生まれる．早稲田大学仏法科卒．堀辰雄（1904-53）のもとで『四季』派の詩人として出発した．1943年（昭和18），*吉満義彦を代父に，カトリック高円寺教会で受洗．洗礼名アシジのフランチェスコ．以後の代表作が詩集『司祭館』（1946.12成立）である．同教会のフランス人司祭をモチーフにした10の連作詩編からなる．肺患のため死と背中合わせに生きてきた野村の胸中で，病苦といかに取り組むか，という命題が重みを増していった．そのとき，病を秘して慈愛に努める司祭の姿は，先立った吉満の姿ともども，病苦の聖化と奉献への道標となるものであった．やがて，愛と犠牲を主旋律とする優しくも悲しい詩編が生

まれ，詩集『司祭館』を構成した．「心のなかの石段を一段一段昇つてゆかう」．『司祭館』の成立は，この詩句に明らかな決意の具現であり，野村の感情に新たな生の次元が開けたことを示すものである．それは，戦後まもない日本カトリック文学の早生であり，今日への試金石でもあった．
【文献】『世界・日本キリスト教文学事典』(教文館 1994) 442; 猿渡重達『野村英夫』(沖積舎 1979); 同編『追憶の野村英夫』(教育出版センター 1981).　　　　　（猿渡重達）

ノリス　Noris, Enrico　(1631. 8. 29–1704. 2. 22/27) イタリアの教理史家．*ヴェローナに生まれ，*ローマに没する．1646年*アウグスチノ会に入会．1674年*ピサで教会史の教授．1692年に教皇*インノケンティウス12世にローマに招かれ，*ヴァティカン図書館の司書，1695年には*枢機卿となる．その著『ペラギウス派史』(Historia Pelagiana, 1673)と『アウグスティヌス弁証』(Vindiciae augustinianae, 1673)における*恩恵論の理解は論争を巻き起こし，*ジャンセニスムと非難されたが，教皇*ベネディクトゥス14世によって名誉を回復し，今日ではアウグスチノ会学派の父とみなされている．
【主著】*Opera omnia*, 4 v., 1729–32.
【文献】キ人 1051; LThK^2 7: 1036; NCE 10: 496.
（坂田俊也）

ノル　Noll, Hugolin　(1891. 9. 30–1957. 12. 18) フランシスコ会員．ドイツのマルドルフ(Mardorf)に生まれ，1910年*フランシスコ会に入会，翌年誓願宣立．1920年5月司祭叙階，翌年(大正10)来日．札幌，東京，大阪で宣教活動に従事，特に文筆活動と霊的指導に努める．その間，週刊誌『光明』や『カトリック新聞』の編集，『公教聖歌集』の編纂に携わり，教皇使節*マレラ大司教のもとで布教委員会の秘書を務めたほか，邦語の信心書を数多く著した．1948年(昭和23)には邦人による聖クララ会修道院を西宮市仁川に開設，またアッシジの*フランチェスコの霊性普及に尽力した．悪性の腫瘍に侵されるなか，各地で霊的指導，黙想会の講師を務める．1957年9月に倒れ，その3か月後，姫路の聖マリア病院で死去．大阪司教区のカトリック墓地に埋葬された．　　　　　（石井健吾）

ノルウェー　正式国名：ノルウェー王国，〔ﾉﾙｳｪｰ〕Kongeriket Norge, 〔英〕Kingdom of Norway. 面積: 38万6,641 km^2. 人口: 436万人(1995年現在). 言語: ノルウェー語(公用語). 宗教: ルター教会(国教) 96%.
【キリスト教の歴史】〔伝来〕キリスト教が初めてノルウェーに伝来したのは9世紀である．それから1世紀半の間にこの国はキリスト教化されるに至った．

改宗を導いたのは代々の王たちで，最初は困難に直面したが，10世紀末から11世紀初めにかけて*オーラフ1世と*オーラフ2世のもと初めてキリスト教化が達成された．もっとも，それは実は説得よりも力によるものであった．オーラフ2世は自国から追われ，その再征服を試みたが1030年スティクレスタ(Sticklestad)の戦いで戦死した．

オーラフ2世の死は，異教の復活を誘発することにはならず，むしろキリスト教化を決定づけるものとなった．死んだ王は*聖人，*殉教者として崇敬され，その遺物をめぐって*奇跡がしばしば起こった．

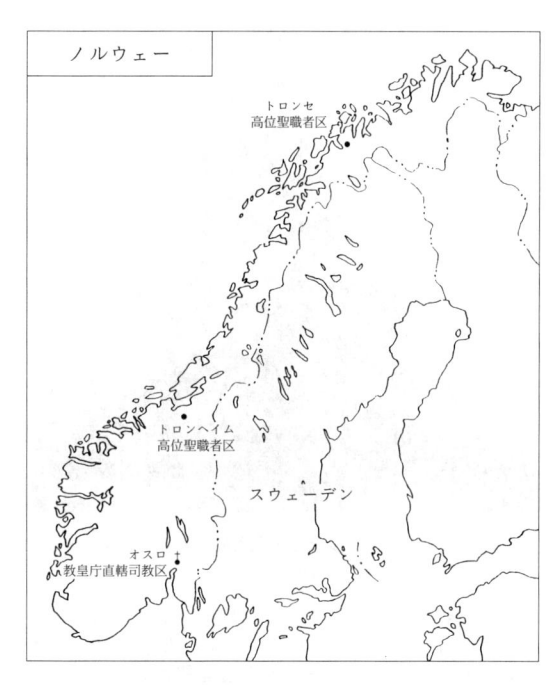

〔中世〕キリスト教国となったノルウェーは，当時の西欧キリスト教世界に組み込まれ，ローマ教皇との緊密な関係はもとより，当時の学問の諸中心地とも接触を保った．*大修道院が設立され，多くが繁栄をみた．1152-53年，後に教皇*ハドリアヌス4世となる*教皇使節がニダロス(Nidaros, 現トロンヘイム Trondheim)の聖オーラフの墓の近辺に大司教座を設置したが，その*裁治権は海外のノルウェー領土(グリーンランド，アイスランド，フエロー，オーカディズ，ヘブリディーズ，マン)にも及んだ．

中世ノルウェー美術の至宝である「柾目(まさめ)板」の教会のあとには，威風堂々たる教会が特に聖オーラフの墓に対する*巡礼と結びついて出現した．例えばニダロスのゴシック様式の司教座大聖堂で，これは大司教*エイステインによる着工である．中世は文芸作品も数多く，その一部は宗教的な霊感によっている．

中世末期のノルウェーは*ペストの流行(1349)や，隣国より資源の少ないこの国を著しく弱体化させたスカンディナヴィア三国の連合政策(カルマン会盟，1397)のために衰弱し，教会の力も衰えた．

〔ルターの改革と国教会〕ノルウェー国民は*デンマークの王が強制したような教会改革の必要性を感じてはいなかった．王はこの遠方の国での自己の権勢を固めたかったので，1537年に布告したルター的な改革も極めてゆっくりとした形で全土に行き渡ったのである．

*宗教改革はもちろん人々のキリスト教信仰を弱めるものではなかった．*ルター教会の教職者たちは真剣で，熱意に溢れていた．しかしながら，ルター派が支配した最初の数世紀は，特にデンマークの役人による支配があるなど，ノルウェーに停滞をもたらしたことは事実である．カトリックは禁制となり，*司祭は居住を禁じられた．国家機構は全面的に政治権力のもとに置かれ，ルター教会は抵抗するものもなく独占を享受していた．

〔カトリックの復興〕1814年デンマークからの分離を機に採択された自由憲法にもかかわらず，カトリック(および他の「離教派」)が信仰の自由を獲得したのはよ

ビグデの木造聖堂
(Herder)

うやく1845年のことである．実際は，すでに1843年，国王（スウェーデンとノルウェーの同君連合）は*オスロにカトリックの*小教区一つの設立を許可していた．カトリック教会はノルウェーで徐々に復興の兆しをみせ，1892年にはノルウェー*代牧区が設置された．教会，病院，学校など多くの施設も開設された．しかし，しだいに自由化していく立法にもかかわらず，復興はなかなかはかどらなかった．

20世紀の両大戦間に転機の若干の要因が生ずるが，本格的な変化は第2次世界大戦後にようやく訪れる．まず国際関係が急速に展開し，ノルウェーでは全くの少数派であるカトリック信者たちは自分たちが世界的なカトリック教会に属する者であることを自覚した．フランスなどのカトリック文学が盛んになると，ノルウェー語に翻訳され，出版された．他方，ノルウェーでは，三部作『クリスティン・ラヴランスダッテル』で名をなしていた女性作家*ウンセットがカトリックに入信した．彼女の作品がノーベル文学賞を受けることにより，その名声は世界的なものとなった．依然としてカトリックへの転向は例外的なものではあったが，カトリック教会はしだいに孤立から抜け出すことになった．

1945年以降は新しい要因が加わった．特に「戦争難民」の受け入れ，次いで移住労働者および政治的亡命者の受け入れがあげられる．これらの新来者の多くはカトリックであった（近年のヴェトナム人の多くも教会に忠実である）．テレビなどでの報道により，ノルウェー人にもカトリック教会が世界中で占める地位が明らかにされるようになった．第2*ヴァティカン公会議によってカトリック教会は*教会一致促進運動を推し進めるようになり，ノルウェーのカトリック・ジャーナリストは，これを世間的な根強い偏見を打破する*時のしるしとみなした．

【カトリック教会の現状と展望】オスロの代牧区は1953年に*司教区となった．ノルウェーの中部地方はトロンヘイムの代牧区，ノルウェー北部はトロンセ（Tromsø）の代牧区に属している（いずれも1979年より高位聖職者区）．

諸教区，特にオスロ教区は第2ヴァティカン公会議の精神のもとに堅固に組織されている．信仰教育はカトリック信者の住居の分散から生じる障害にもかかわらず順調に行われており，*典礼書は全面的にノルウェー語に翻訳され，発行されている．

国際化が進展していくかぎり，ノルウェーのカトリック教会は着々とその地歩を占めていくものと考えてよい．しかし，ここで大きな問題に直面する．すなわち，脱キリスト教化現象で，これはノルウェー社会全体として非常に顕著な問題となってきている．

【現勢】1998年現在，カトリック信者数：4万5,000．司教区：1．高位聖職者区：2．小教区：32．教区司祭：24．修道司祭：36．終身助祭：3．信徒修道士：4．修道女：207．　　　　　　　　　　　　　　　　　（J. W. グラン）

ノールズ　Knowles, David（Michael Clive）（1896. 9. 29–1974. 11. 21）　イギリスの歴史学者．ウォリックシャー（Warwickshire）に生まれる．ダウンサイド（Downside）のベネディクト会付属神学校で学び，1914年*ベネディクト会に入会．*ケンブリッジ大学で学び，1922年司祭叙階．その後*ローマのサン・アンセルモ学院で神学を学んだ．修道制の歴史，中世から近代にかけての教会史が主要な研究テーマで，多数の著作がある．1944年からケンブリッジ大学で教鞭をとるほか，イギリス王立歴史学会会長，王立アカデミー副会長などを歴任した．

【主著】*Christian Monasticism*, 1969：朝倉文市訳『修道院』（平凡社1972）．

共著：D. OBOLENSKI, *The Christian Centuries*, v. 2, 1969：『中世キリスト教の成立』『中世キリスト教の発展』キ史3–4．

【文献】NCE 17：322–23；ODCC³ 933．　（高橋佳代子）

ノルデ　Nolde, Emil（1867. 8. 7–1956. 4. 13）ドイツの画家，版画家．本名エミール・ハンセン（Emil Hansen）．シュレスヴィヒ地方のノルデ（Nolde）に生まれ，ホルシュタイン地方のゼービュル（Seebüll）で没す．1906年，表現主義のグループ「ブリュッケ」に参加したが，ドイツ美術の独自性をさらに追求し，翌年脱退する．激しい色彩を用いた大胆な画面分割，その色彩に担われた人間の情念と深い精神性は，風景画，人物画を通じた特徴である．超越的なものを志向する北方ドイツの精神が，キリスト教信仰への情熱と結びつき，1909年以降，多数の宗教画を制作した．1911–12年の巨大な多翼式祭壇画『キリストの生涯』（ゼービュルのノルデ財団）は，その代表作である．

【文献】DA 23：185–87；小学館美術全集26；W. ハフトマン解説『エミール・ノルデ』世界の巨匠シリーズ，宝木範義，大高保二郎訳（美術出版社1970）：W. HAFT-MANN, *Emile Nolde*（Köln 1958）；図録『エミール・ノルデ展』（国立西洋美術館1981）．　（柿沼万里江）

ノルディン　Noldin, Hieronymus（1838. 1. 30–1922. 11. 7）　オーストリアの倫理神学者，イエズス会司祭．南*チロルのザルルン（Salurn）に生まれ，*ウィーンで没す．1861年に叙階され，65年に*イエズス会入会．90年には*インスブルック大学の*倫理神学・*司牧神学の教授となり，1909年から18年まで*リンツのフラインベルク神学院長であった．

【主著】G. HEINZEL, ed., *Summa Theologiae maralis*, 3 v., 1902, ¹⁶1922, ³³1961.

【文献】LThK² 7：1019；NCE 10：481–82．　（清永俊一）

ノルベルト〔クサンテンの〕 Norbert （1080-1134.6.6） 聖人(祝日6月6日)，*プレモントレ会の創始者，マクデブルク大司教(在職1126-34).

ドイツの*ケルン近郊のクサンテン(Xanten)に貴族の子として生まれる．1115年にケルン近郊ジークブルク(Siegburg)の*ベネディクト会修道院に隠遁し，同年に司祭に叙階された．その後クサンテンの聖ヴィクトル聖堂参事会に赴任し，同*参事会を改革しようとしたが失敗に終わり，遍歴説教を始めた．1118年にフリッツラー(Fritzlar)の教会会議が彼の説教活動を批判したため，教皇*ゲラシウス2世を南仏の*サン・ジルに訪ね，活動の認可を得た．北仏の*ラン近郊で説教活動を続け，従う人々も増えていった．ラン司教から*ランス近郊のプレモントレ(Prémontré)の土地を得，1120年同地に修道院を建ててプレモントレ会の礎を築いた．アウグスティヌスの会則(→アウグスチノ会)に従って司牧活動を行いつつ，観想生活においては*シトー会を模範とし，修道者は白い*修道服をまとった．1126年に*ローマへ行き，教皇*ホノリウス2世から正式な*修道会としての認可を受けた．その帰途*シュパイアー帝国議会で*マクデブルクの大司教に任ぜられ，ドイツ東部からポーランドの地域における司牧活動に尽力した．1130年代の*アナクレトゥス2世の離教事件の際には教皇*インノケンティウス2世を援助した．マクデブルクで没す．

【文献】ActaSS Jun. 1 (1695) 819-58; MGH. SS 12: 663-703; PL 170: 1253-344; F. PETIT, *Norbert et l'origine des Prémontrés* (Paris 1981); J. フィルハウス「最初の律修参事会—プレモントレ会の創立をめぐって」『中世の修道制』(創元社1991) 185-209; D.-M. DAUZET, *Petite vie de Saint Norbert* (Paris 1995). （杉崎泰一郎）

ノルマンじん ノルマン人〔英〕Normans, 〔独〕Normannen, 〔仏〕Normands *ゲルマン人のうちスカンディナヴィア，デンマークを原住地とし，8-11世紀に第2次*民族大移動を行った部族．北方の人を意味し，入江の人(ヴァイキング，〔英〕Viking, 〔独〕Wikinger)とも呼ばれ，進出先によってデーン(Dane)，ヴァリヤーギ(Varyagi, Varangian)，ルーシ(Rus)など異なった名称がある．7世紀以前のノルマン人社会は北欧神話・英雄伝説を題材とする『エッダ』(Edda)や*サガによって伝えられ，原始ゲルマン民族の全貌を知る史料とされる．

【移動・定住】先進地域への移動には，(1)デンマークから東西両フランク王国(→フランク族)，イングランド北東部へ，(2)ノルウェーからイングランド北西部，アイルランドを経てアイスランド，グリーンランドや北米沿岸へ，(3)スウェーデンからロシアへの3系統があり，それぞれ政治的・文化的に重要な役割を果たした．海洋の集団移動は高度の造船技術と航海術に支えられ，強力な戦士団を主体とし，随時交易と海賊行為を繰り返した．西欧諸国に対して9世紀前半までは季節的侵入と河口の島での冬営に限られたが，9世紀後半から10世紀初めにかけて定住傾向を示し，各地に入植地が建設され，やがてキリスト教受容を契機としてヨーロッパ化の融合現象が進展した．

【イングランド】8世紀末ノルウェー系の最初の侵入があり，ノーサンブリア海岸のリンディスファーン(Lindisfarne)など多くの修道院が襲撃された．9世紀のデンマーク系の侵入は835年から断続的に長期化し，860年以降定住傾向を強め，ウェセックス(Wessex)を除くイングランドの大半が征服された．878年*アルフレッド大王が反撃に成功，デーン人の王グートルム(Guthrum, ?-890)は降伏後受洗したが，民族単位の改宗には至らなかった．この後もイングランド北東部は「デーン・ロー」(Dane-law)地方として王国の外に立ち，しばしばイングランド領に襲来，王国側は巨額の賠償金「デーンゲルド」(danegeld)を支払ったにもかかわらず，1016年*クヌード1(2)世に王位を奪われた．デンマーク，ノルウェー，イングランドの3王国を支配するクヌードはローマで*戴冠式をあげ，キリスト教徒を保護してイングランドに繁栄をもたらした．

【ノルマンディー侯領】西フランク王国では9世紀半ばからノルウェー系ノルマンの侵入が激しくなり，885年ルーアン(Rouen)が占領され，翌年*パリも攻囲を受け，10世紀初めにはセーヌ川下流一帯に定住地が作られた．シャルル3世(Charles III, 在位893-923)は911年サン・クレール・シュール・エプト(Saint-Claire-sur-Epte)協定により，キリスト教受容を条件としてノルマン人首長ロロ(Rollo, 860頃-932頃)にノルマンディー侯領の設置を許した．10世紀半ばまでに，同侯領は領地の拡大，住民の増加が続き，ノルマン騎士はキリスト教徒の姓名を称し，フランス語を使い，封建制社会(→封建制度)を築くことになった．ノルマンディー侯*ウィリアム(征服王)は1066年「ノルマン・コンクエスト」(Norman Conquest)によってイングランドのノルマン王朝を創始した．11世紀以後の西欧文化の開花におけるノルマン人の貢献を見逃すことはできない．

【キエフ大公国】スウェーデン系のルーシは半ば伝説的な指導者リューリック(Ryurik, ?-879)に従って北ロシアに移動し，9世紀末*ノヴゴロドと*キエフに大公国を創立，*ビザンティン帝国と交流して*ギリシア正教会の信仰を受け入れた．10世紀末までにノルマン人のスラヴ化が進み，大公*ウラジーミル1世の改宗によってキリスト教化が完遂された．同じ頃，原住地の北欧3国もキリスト教国となった．

【文献】R. プェルトナー『ヴァイキング・サガ』木村寿夫訳(法政大学出版局1981): R. PÖRTNER, *Die Wikinger-Saga* (Düsseldorf 1971); R. H. C. デーヴィス『ノルマン人』柴田忠作訳(刀水書房1981): R. H. C. DAVIS, *The Normans and Their Myth* (London 1976); G. ジョーンズ『ヴァイキングの歴史』笹田公明訳(恒文社1987): G. JONES, *A History of the Vikings* (Oxford 1968); B. アルムグレン『図説・ヴァイキングの歴史』蔵持不三也訳(原書房1990); B. ALMGREN, *The Viking* (New York 1975). （橋口倫介）

のろい 呪い〔英〕curse, 〔独〕Fluch, 〔仏〕malédiction 「呪う」と訳される語は聖書では豊富である(〔ヘ〕'ārar, qālal, 'ālâ, heḥerîm, nāqab, qābab, 〔ギ〕kataraomai, katalaleō, anathematizō, katanathematizō. 名詞としては〔ヘ〕'alah, ḥerem, me'ērāh, ta'alah, 〔ギ〕katara, epikataratos, anathema, katathema 等)．「呪う」とは，人物や物の上に不幸や災難が振りかかることを予告，願望，祈願，あるいは，引き起こしたりすることである．したがって，名詞としては，不幸や災難の予告，願望，祈願，原因，結果の表現を意味し，ときには，呪われた人物や物そのものを指す．呪いは*祝福の対極にある概念である．旧約聖書によれば，万物を創造した神は，生ける方にして命の源であるから，生きとし生ける

ものを祝福し(創1: 22, 28),命の糧を約束する(創1: 29-30).万物は神に祝福されるためにこそ創造されている.*神の言葉はいったん発せられると効力をもつ.すなわち,神にとっては言葉は行為である.したがって,祝福は神の言葉に従って生きるものにとっては恵み(*恩恵)であり,また同時に,それは神に逆らって生きるものにとっては不幸であり,呪いである.すなわち,神からの祝福を人間の*自由意思によって拒否することが呪いであり,すでに裁きである(申11: 26-28).したがって,呪いは命ではなく*死と結ばれている.*エデンの園の物語では,人をだまし,神の言葉を無視させたものは永久に呪われたものになり(創3: 14),人の神の言葉への不従順のために地は呪われ不毛の地となる(創3: 17).そこで人は神から引き離され,追放の生活を余儀なくされる(創3: 23-24).また,神の忠告を聴かず,*アベルを殺した*カインは呪われたものになり(創4: 11),ついに*ノアの時代に至って,人々は洪水によって滅ぼされるほどに堕落する(創6: 5-12).神に従ったノアと彼の家族だけが創造の神の祝福を受け継ぐ(創9: 1).その後,神の意志に反して神によって散らされた人類に対して(創11: 1-9),神は*アブラハムを選び,彼を通して祝福の道を開く.彼を祝福するものは神に祝福され,彼を呪うものは神に呪われる(創12: 1-3).*ファラオ(出12: 29-32)やバラク(民24: 9-10)はこれを体験する.モーセの*律法においては,呪いはイスラエルに課せられた*契約の掟を遵守させるための一手段であった.レビ記26章や申命記27-28章には,祝福とともに呪いも列挙されているが,これらの呪いはイスラエルが罪を犯し,契約を破ったときに,民が被る不幸と災難の警告である.価値の創始者である神が,神に逆らう者を呪うのは自由であったが,人間にはそのような特権はなかった.人が誰を,あるいは,何を呪うかによって重大な結果を招いた.両親(出21: 17.さらにレビ20: 19参照),障害者(レビ19: 14),王(サム下16: 5-14),あるいは,神(レビ24: 11-23)を呪うことはすべて死刑に値する罪であった.無実な者を呪うことは禁じられていたが,*悪を呪うことは適当とみなされていた.

この意味で*預言者たちは呪いの言葉を発することができた.ただし,呪いが,天地の主である*神の意志に反しているならば,いかなる呪いも効力を発揮できなかった(民23: 8).神が呪い手にその呪いを返したり(創12: 3; 27: 29),呪いを祝福に変えること(申23: 6)もできた.後者の意味で,キリストは「わたしたちのために呪いとなった」(ガラ3: 13)のである.人間同士の契約の場合も,両者を拘束する*誓いの一部として,契約破棄の呪いの条項がつけられた(士21: 18; ネヘ10: 29).婚姻契約も不貞を働いた場合の呪いが伴っていた(民5: 18-27).個人も他者の不幸を願って呪いの言葉を吐いたり(ヨブ31: 30),また,呪いの言葉を用いて,約束(創24: 41)や法廷証言(王上8: 31)を強調することもあった.

新約になると,キリストは人間の罪と呪いの苦悩を一身に引き受けて,人間を律法の呪いから贖い出し(ガラ3: 13),祝福して神の*霊を与える.もはや,彼にあるものは罪に定められることはない(ロマ8: 1).いまや,キリストがエデンの園で失ったものを取り戻して新しい時代を開始する.したがって,キリストは彼に従う人々に,自分たちを呪う人々を祝福するようにと教える(ルカ6: 28).*再臨して*最後の審判を行うとき,キリストは「呪われた者ども,わたしから離れ去り,悪魔とその手下のために用意してある永遠の火に入れ」(マタ25: 41)というが,「わたしを拒み,わたしの言葉を受け入れない者に対しては,裁くものがある.わたしの語った言葉が,終わりの日にその者を裁く」(ヨハ12: 48)ともいって,人を呪わない態度を堅持している.

【文献】新聖書大 1050-51; 聖書思 679-82; ABD 1: 1218-19.　　　　　　　　　　　　　　(円谷勝子)

ノン・エクスペディト　Non-Expedit　ラテン語で「不都合,不適宜」の意.この表現は,*ウルガタ訳聖書の1コリント書10章22節の non omnia expediunt に由来し,*教皇庁に寄せられた質問に対して機宜を理由に否定的回答,つまり禁止あるいは不許可を婉曲的に表すために同庁によって長く使用されてきた.この処置は後に撤回される場合もある.19世紀の*イタリア統一運動における適用,すなわちカトリック教徒のイタリア総選挙や地方選挙での投票禁止,その後の撤回の事例は余りにも有名である.→イタリア,キリスト教政党
【文献】キ史 9: 302; NCE 8: 486-87.　　　　(清水宏)

ノンナ　Nonna　(?-374)　聖人(祝日8月5日).ナジアンゾスの*カイサリオスおよび*グレゴリオスの母.*ヒュプシストス派の一派に属していた夫グレゴリオス (Gregorios, 280頃-374) をキリスト教に回心させ,息子たちにも大きな感化を与えた.気高く強烈な個性の持ち主で,深い信仰のうちに生涯を送ったといわれる (PG 38: 44-62).
【文献】BSS 9: 1044-45; LThK² 7: 1026.　(久野暁子)

ノンノス〔パノポリスの〕　Nonnos　(400頃-450以降)　エジプトのパノポリス (Panopolis) 出身の叙事詩人.生涯および学歴の詳細は不明.その著『ディオニュソス物語』(Dionysiaka) と『ヨハネ福音書パラフレーズ』(Metabolē) が残されているが,前者はギリシア叙事をキリスト教的に展開し,後者はヨハネ書を異教的な直喩を使用しながら解釈している.
【文献】キ人 1051; LThK² 7: 1028; NCE 10: 492.
　　　　　　　　　　　　　　　　　　(阿部仲麻呂)

は

ば　場〔英〕field,〔独〕Feld,〔仏〕champ　この概念は*空間と密接に結びついている．空間は虚無の何の性質ももたない物質の存在の場所を定める枠として考えられていたのであるが，自然科学の発達，特に物理学の発達に伴い，空間そのものに，ある物理学的な性質を与えることが必要になり，また空間が種々の物理学的な性質に従って電場あるいは磁場，また一般的に物理的な場という概念が成立することになった．

もともと*デカルト，*ニュートン的な考え方のなかには物質の力が二つの質点間に働く遠隔論的な考え，すなわち，空間は単に位置を定める枠としての役割をするだけで，*力そのものは空間に何の変化も与えないとする考え方があり，これによって，古典的な力学は組み立てられていた．しかし，電気および磁気の物理的な現象の解明に伴い，この遠隔作用的な力の伝達は物質の存在する空間そのものが作用の伝達の役割をするという考え方に変わってきた．空間がある物理的媒質で満たされている場合には，例えば，水面に落とされた石による影響が波紋となって周囲の水面を通って伝わっていくこと，また音が空気の振動によって伝えられているという事実によってわかりやすく理解されるが，それが電気力，磁気力，さらにその総合としての電磁波，そして結局は光も電磁波であるという確証がなされるに至って，電磁場という考え方が確定されることになる．ただし，この場合，音波や水面の波と違って，電磁場の媒体としての場が水や空気のような物質的なものであるとする考えによってはこの現象の解明は不可能であるということが示された．すなわち，マクスウェル (James Clerk Maxwell, 1831-79) の電磁場の方程式から光の電磁波の到達速度が有限であること，それが光の速度と同一であることから，光が電波であるということの確証が得られ，さらに力学的な考察から電磁現象の解明に至る際，従来の力学的な*時間，空間の考えでは不十分であることがみいだされたことによって，場の物理学的概念が飛躍的に発展することになった．また 20 世紀以降の物質観の発展に伴い，物質が素粒子からなるということが確定され，素粒子にはそれぞれ粒子性，すなわち，空間の一点に性質が集中しているふるまいと，空間に電磁波と同様に波として存在しているふるまいとの両面があり，これを理解しなければ素粒子は解明できないということが明らかにされた．したがって，現在，場という概念は*物質の概念と密接に結びつけられているだけでなく，その考え方は*宇宙の解明と同時にその歴史の探求にも不可欠の概念として基本的な役割を占めている．

今日，場の概念の発展によって力を場の相互作用として記述することが一般に行われている．素粒子間の伝達の作用は場の重なりおよび波動の伝播の組み合わせによって表記される．そして，その場のもつ粒子の生成と消滅がこの相互作用に関わっており，これらを整合的に記述する理論形式が相対論的な場の*量子論と呼ばれる．この際，場において特殊な立場を占めるのが重力場である．すなわち，ニュートン以来，重力が一つの力として重要な力学的な作用と考えられ，*アインシュタインの一般*相対性理論によって初めて場の理論としての定式化がなされた．重力場が存在するということは，場の一般論からいえば，それに対応する粒子が存在することを意味し，この粒子が重力という場の物質的な粒子的描像として考えられることになる．ただし，重力場は電磁場のような，あるいは素粒子のもつ場とは異なった複雑な様相をもっている．また重力場が物理的な意味をもつほどの大きな作用を及ぼすのは，通常のミクロな場，あるいはマクロな世界ではなく，宇宙論的なスケールで初めてその作用が認められるほどの，他の相互作用に比較しては小さなものであることが特徴であり，また重力場による電磁波に相当する波動，すなわち重力波の存在もこの理論の帰結として考えられているが，それを実験的に検知するのは困難を伴い，現在もその努力が続けられている．

電磁場，あるいは重力場，また素粒子の場は，現在，大きく 4 種類に統一されている．第一は重力場，第二は電磁場，第三は素粒子の間の強い相互作用といわれる場，そして素粒子間の弱い相互作用が第四の場として確認されている．現在はこれらをさらに統一的に一つの立場から議論しようとする研究が行われており，それは*宇宙論のなかで初めて意味をもつような種類の理論である．それによれば，ビッグ・バンと呼ばれる宇宙の始まりは約百数十億年前に爆発的に創出され，その時点ではこの 4 種類の相互作用の場は一つの統一的な場であったとされる．宇宙創出の当初，極めて高い*エネルギーの世界であったため，1 種類の場であったものが，時間の経過に伴い，宇宙のエネルギーの密度が下がり，それに従って 4 種類の場に分化したという説である．

統一場の理論は今日のような形をとる以前に，1930 年代以後のアインシュタインやヴァイル (Hermann Weyl, 1885-1955) による統一場の理論，また 1950 年代におけるハイゼンベルク (Werner Karl Heisenberg, 1901-76) による統一場の理論があったが，いずれも当時の実験的な知見の不足，あるいは理論的な場の知識の不足のために実を結ばなかった．しかし，これらの種々の試みは，宇宙への人間の理解が統一的な理論によって解明されるべきであるという願望，あるいは思考がその指導原理となっている．

量子力学の発展と相対性理論の総合を機とした場の量子論は，場が物質の一つの様相であるということを示すと同時に，哲学的な意味での物質観，従来の延長をもったもの，ある性質をもつものという考え方をさらに精密化する必要を要求するものである．

【文献】中西襄『場の量子論』(培風館 1975); L. D. ランダウ, E. M. リフシッツ『場の古典論』恒藤敏彦，広重徹訳 (東京図書 1978); L. D. LANDAU, E. M. LIFSHITS, *Teoriia polia* (Moscow ⁶1900); 日本物理学会編『物質の窮極を探る』(培風館 1982)． 　　　　　（柳瀬睦男）

バー　Barr, James　(1924. 3. 20-　)　英国の言

バアル

語学者，聖書学者，牧師．*グラスゴーに生まれる．エディンバラ大学に学び，軍務や牧師職に従事した後，欧米の諸大学の教授を経て，1989年以降アメリカのナッシュヴィル（Nashville）にあるヴァンダービルト大学教授を務める．1961年刊行の『聖書言語の意味論』（The Semantics of Biblical Language）で，当時，一般的であった聖書の語源的（etymological）な研究法に対して，言語学的・文献学的（philological）な研究方法を提唱，その先鞭をつける．聖書の言語学的研究に加え，現代の聖書解釈の在り方や*根本主義に関する鋭い論評も著す．
【著作】 *Biblical Words for Time*, 1962; *Old and New in Interpretation*, 1966; *Comparative Philology and the Text of the Old Testament*, 1968; *The Bible in the Modern World*, 1973; *Fundamentalism*, 1977; 喜田川信他訳『ファンダメンタリズム』（ヨルダン社 1982）; *Holy Scripture*, 1983; 宇都宮秀和訳『聖なる書物』（教文館 1992）; *The Variable Spellings of the Hebrew Bible*, 1988; *Biblical Faith and Natural Theology*, 1993.
【文献】キ人 1052.　　　　　　　　　　　　（清水宏）

バアル Baal　バアルという語は基本的には「主，主人，所有者」を意味するセム語の普通名詞である．バアルはまた旧約聖書のなかに，二人の人物の固有名詞として出てくる（代上 5:5; 8:30）．旧約聖書中，神の名として約90回，新約聖書では1回（ロマ 11:4）出てくる．
【聖書以外の文書中のバアル】 ラス・シャムラ（Ras Shamra）の*ウガリト神話資料によれば，バアルは，至高の神*エルより下位に属するが，カナン人の神々のなかで最も活動的で，卓越した神である．バアルは荒れ狂う海と川の神ヤムとの戦いに勝利し，海や川を，地を潤し肥沃にする露，雨，雪に変える．これらは乾燥した気候の*カナンの地では，必要欠くべからざるものである．バアルはまた死の神モトと戦い，夏の乾期が始まると死ぬが，秋の雨とともに再びよみがえる．
【旧約聖書】 旧約聖書において，バアルに対しては一般に否定的な見方がされている．複数形 beʿalîm 一般には「神々」を意味する（士 2:11-12 参照）か，あるいは同じ一つの神バアルを各地域において礼拝することを意味するようである．ときには地名によって（バアル・ペオル＝「ペオルのバアル」申 4:3）あるいは機能（バアル・ベリト＝「契約のバアル」士 8:33）によって特徴づけられている．至高の神としてのエルが*ヤハウェと同一視される（創 14:22）のに対して，バアルはつねにヤハウェに対立するものとして示される（士 6:25-32. ホセ 2:18 ではバアル＝「主人」）．この対立は列王記上18章での雨の神バアルとその預言者たちの礼拝とヤハウェの預言者*エリヤとの対決のなかで劇的に描かれている．この対立はまた，ヘブライ語のテクストが固有名詞バアルをしばしばボシェト（「屈辱」）に置き換えていることにもみられる（サム下 2:8 のなかで，イシュバアルのかわりにイシュ・ボシェト．なお王下 1:2-3 のバアル・ゼブブ＝マタ 10:25; 12:24, 27 等のベルゼブルも参照）．*七十人訳聖書は時折，バアルのかわりに，hē aischynē（「恥」）と読むことを前提に，バアルに女性冠詞を用いている（王下 21:3）．パウロもローマ書（11:4）で同様の見方をしている．
【文献】新聖書大 1052-53; ABD 1:545-49; ANEP 168, 307, 490; ANET³ 129-55; DDD 249-64; IDB 1:328-29; TDOT 2:181-200; ThWAT 1:706-27.
　　　　　　　　　　　　　　　　　　（B. シュナイダー）

バアル・シェム・トーヴ　→ イスラエル・ベン・エリエゼル

はい 灰　〔ラ〕cineres, 〔英〕ashes, 〔独〕Asche, 〔仏〕cendre　一般にはかなさ，空虚，死などの無常なるものの*象徴で，運命に対する嘆きや悔い改めの象徴にも使用される．インドの宗教観では純粋さの象徴でもある．ユダヤ・キリスト教では清め（→浄化）や悔い改めの象徴である．
　清めの象徴は，以前の*ローマ典礼の*献堂式にみられる．*塗油による*祭壇と建物の*聖別の前に，*ぶどう酒・*塩・灰を混ぜたグレゴリオ聖水と呼ばれる水を，祭壇や壁に撒いて清めた．これは1977年の献堂式の儀式書で廃止され，祝福された水だけで清めることになった．中世においては，死者は土の上に置かれ，その上から灰をかけられた（→埋葬）．*回心の象徴としては，教会は*ユダヤ教の伝統を受け継いだ（ユディ 9:1; ヨナ 3:6; マタ 11:21）．初期には公の回心式（→ゆるしの秘跡）で，回心者は頭に灰をかけられたり，司教から灰のかかった粗衣を受け取った．その後，11世紀頃からは*灰の水曜日が慣習となった．
【文献】LThK³ 1:1058; J. G. Davies, ed., *A New Dictionary of Liturgy and Worship* (London 1986) 52; M. Walsh, *Dictionary of Catholic Devotions* (New York 1993) 32.　　　　　　　　　　　　（福地幹男）

パイヴァ Paiva, Francisco　（?-1609. 12）　キリシタン時代のイエズス会宣教師．ポルトガル東部カベソ・デ・ヴィデ（Cabeço de Vide）の出身．1586年の初めに*イエズス会に入会．1594年極東に派遣され，インドで神学を修得して司祭に叙され，1600年（慶長5）8月13日来日．五畿内や*長崎で司牧活動に携わり，*大坂で死去した．
【文献】J. F. Schütte, *Monumenta Historica Japoniae*, 1 (Roma 1975).　　　　　　　　　　（尾原悟）

バイウス　→ バーユス

ハイエク Hayek, Friedrich August von　（1899. 5. 8-1992. 3. 23）　オーストリア生まれの経済学者，社会学者．*ウィーン大学で学んだ後，経済学者として*ロンドンに渡り，イギリス国籍を取得．第2次世界大戦後は，アメリカ合衆国のシカゴ大学とドイツの*フライブルク大学で教鞭をとり，1974年には，ノーベル経済学賞を授与された．
　*経済学のみならず法思想や社会思想など広範な分野にわたるハイエクの業績は，*社会主義的計画経済に反対し，*自由主義的市場経済（→市場）を擁護する根本思想で貫かれている．ハイエクによれば，ルールに基づく自由競争によって営まれる市場経済こそ，人類の文化の進化における最高の所産としての「自制的秩序」であり，それに反対する設計的合理主義や官僚主導の計画経済は必ずや行き詰まる．このような見解のもと，彼は，旧ソヴィエト型・東欧型の社会主義はもとより，北欧・西欧型の*社会民主主義にも反対する．そしてまた，私法と刑法レベルでの交換的正義（→正義）のみを認め，所得格差を政府の介入によって是正する分配的正義を拒否し，さらに社会主義という考え方を読み違えのゆえに捨て去るべきと主張した．
【著作集】西山千明他編『ハイエク全集』全10巻（春秋

社 1986-90).　　　　　　　　　　　（山脇直司）

バイエルン　Bayern　ドイツ連邦共和国東南端の州．人口 1,208 万 6,548（1998 年現在）．州都 *ミュンヘン．カトリック教会は，ミュンヘン = *フライジングと *バンベルクの二つの教会管区（大司教区．それぞれ *アウグスブルク，*パッサウ，*レーゲンスブルク，および *アイヒシュテット，*ヴュルツブルクを属司教区とする）からなり，信徒数は 743 万人で，総人口の 62% にあたる（1999 年現在）．保守的な気風と連邦体制主義の伝統が強く，1946 年から 2001 年までキリスト教社会同盟（Christlich-Soziale Union, 略称 CSU, → キリスト教政党）がほぼ一貫して政権の座にある（1954-57 年には野党，1962 年以降は単独政権）．

【歴史】6 世紀に成立したバイエルン大公領（Stammesherzogtum Bajuvarii）は，9 世紀以降，東フランク王国（→ フランク族），ドイツ王国，*神聖ローマ帝国に属し，1623 年に選帝侯国（Kurfürstentum），1806 年に王国となる．1871 年にドイツ帝国に参加し，第 1 次世界大戦後はバイエルン自由国（Freistaat）としてヴァイマール共和国（Weimarer Republik）の一員となった．第 2 次世界大戦後はアメリカの占領下に置かれ，ドイツ連邦共和国（旧西ドイツ）の州となる．

すでに *ローマ帝国時代にキリスト教が根づき，8 世紀にはフライジングなど 4 *司教座からなるバイエルン教会の組織が確立．*宗教改革はバイエルンに根づかなかった．19 世紀初頭に教会と修道院が世俗化され，国家の教会支配が強まったが，1817 年の *政教条約でカトリック勢力復興に道が開かれた．第 1 *ヴァティカン公会議の教皇 *不可謬性をめぐる論議では，バイエルンの司教の多くが少数派に属した（*デリンガーは公会議後も不可謬性の教理に異議を唱え続けた）．1924 年，*国家教会的要素を排した新しい政教条約が結ばれた（1966 年以後，幾つかの改定が加えられた）．

【文献】AnPont (2001) 54, 66, 192, 404, 457, 499, 667-68; DHGE 6: 1524-626; LMit 1: 1696-1710; LThK² 2: 77-81; LThK³ 2: 99-104; NCE 2: 174-79; RGG³ 1: 939-47; TRE 5: 361-87; M. SPINDLER, ed., *Handbuch der bayerischen Geschichte*, 4 v. (München 1967-75).

　　　　　　　　　　　　　　　　　（出崎澄男）

バイオエシックス　　→　生命倫理

ばいかい　媒介　〔英〕mediation, 〔独〕Vermittlung, 〔仏〕médiation　他のものとの関わりを通じて，そのものの本来の在り方を発揮させ顕在化させるような仲立ち．*ヘーゲルによると，人間は孤独な状態ではその真実を著さず，むしろ *友情によって他者と媒介されて本領を発揮する．また詩人は作品を通じて自分の内面を発露させる．他のものとの関係を絶って孤立した状態のほうが物事の本当の姿が直接ありのままにみえると信じるのは過ちであり，他のものとの媒介関係のなかにこそ物事の真実が現れるので，隠れた媒介を明らかにすることが *哲学の使命である．

この考え方の原型は *スピノザが『エティカ』で「二つの属性が実在的に区別されて理解されるとしても，そこから二つの存在，二つの違った実体を構成すると結論できない」（定理 10 の注解）と述べた *実体の不可分性にある．あらゆるものは相互に関係し合って，それらの全体が唯一の実体を形づくる．

他のものとの媒介関係が真実を覆い隠してしまうと考えられることもある．例えば，*ニュートンはプリズムを通過した *光が七色に分かれることから，白色光は本当に七色の要素から成り立つ混合物だと主張した．これに対して *ゲーテは，プリズムを媒介とすることによって光が外的に分解された結果，七色に分かれるということは，白色光が混合物であることの証明にならないと批判した．

すべてのものには，他のものとの連関から切り離してありのままに *直観的に理解できる側面（直接性）と他のものとの連関によってしか真実が現れないような側面（媒介性）とがある．「天上でも，自然のなかでも，精神のなかでも，他のどこでも直接性とともに媒介を含まないものはない」（ヘーゲル『小論理学』66 節）．普通に人が直観的に捉えていると思い込んでいるものが，実は先行する経験の媒介の結果である．他のものとの関係のなかで認識された事柄が，*概念に凝集し純粋化されると，単独で理解できるようになる．リンゴという概念には，ナシでない，モモでない，等々という他のものとの差異が凝集されているが，リンゴという概念はそれだけで単独に直観的に理解することができる．それは直接性が *真理の源泉だからではなくて，媒介の結果だからである．

このような媒介の考え方は，*ソシュールの言語学にもあり，直接にヘーゲルからも影響を受ける形で *レヴィ・ストロースの *構造主義の一つの構成要因となっている．あるトーテムの *記号論的な意味は，他のトーテムとの差異を潜在的に含む点にある．

*ヤコービは『スピノザ書簡』(1785) で，必然的な論証の過程とは，物事が他との媒介関係に置かれるということを意味するので，スピノザのような必然的な論証によって捉えられるものは媒介されたものにすぎず，絶対者はこのような媒介知によっては捉えられず，直観的な直接知によってしか捉えられないと主張した．論証の体系を展開して絶対的なものを理性的に展開すると主張していたヘーゲルは，このヤコービの論証知への批判を跳ね返すために，絶対者は媒介を経ることによって自己を隠すのではなくて，自己を顕在化すると主張した．哲学的にいえば，真なるものは隠れた実体ではなくて，体系知に自己を動的に展開する主体であるという主張となり，宗教の在り方としては神が世界を媒介として自己を顕在化させ，そのことによって積極的に自己を *啓示している点に，他の宗教とは異なるキリスト教の特徴があるという宗教論を展開した．

【文献】G. W. F. ヘーゲル『大論理学』改訳ヘーゲル全集 6-8 武市健人訳（岩波書店 1956-61）；加藤尚武『ヘーゲル哲学の形成と原理』（未来社 1980）．　　（加藤尚武）

はいきょう　背教　〔ラ〕apostasia, 〔英〕apostasy, 〔独〕Apostasie, 〔仏〕apostasie　*洗礼を受けた者が一度公に告白したキリスト教信仰を全面的に放棄すること，もしくはキリスト教の信仰内容として不可欠の基本的真理（例えばキリストの神性，*復活）を否認すること．ギリシア語のアポスタスィア (apostasia, 背反・離反の意) を語源とする．

*原始キリスト教の時代から，背教は重大な *罪とみなされてきた．背教に関する *教会法は，一般的に教会の福音宣教職に関する規定においてみられるが，より詳細には，教会の *教導職と信仰における従順に関する規定および刑罰法において条文化されている．背教が外的

はいきりしたんぶん

に明白である場合，および故意または過失のために重大な有責性のあるとき，初めて犯罪行為が存立する（『教会法典』1321条1項）．背教は*異端および*離教と並んで信仰および教会の一体性に反する犯罪行為であり，『教会法典』1364条1項および2項に従って破門制裁（→破門）の対象となり，かつ1331条1項に列挙されている法的結果を伴う（1184条1項1参照）．各信者は神的かつカトリック的信仰の真理に対する信仰の同意が要求され（749, 750条），また教会の適法な権威が提示する信仰・道徳上の教理，謬説を禁ずる教令等に対する恭順が要求される（752-54条）．ただし，当人が自己の背教のもつ意義や影響についての明白な自覚を有している必要はない．また無神論的・非キリスト教的宗教団体もしくは結社に実際に加入していることが要件ではない．背教の罪を犯した*聖職者には，場合によって一定の場所または区域における居住の禁止または命令，職務の剥奪，教会法所定事項の行使の禁止といった刑罰の付加，さらに*聖職者身分の喪失の可能性もある（1336条）．

【文献】DMC 1: 267-69; LThK³ 4: 696-98; 枝村茂「新教会法典における十全な交わりおよび破門制裁」『南山神学』13 (1990) 117-36; A. STRIGI, *Die einzelnen Straftaten: Handbuch des katholischen Kirchenrechts* (Regensburg 1983) 941-50; I. RIEDEL-SPANGENBERGER, *Grundbegriffe des Kirchenrechts* (Paderborn 1992) 33-34. （枝村茂）

はいきりしたんぶん　「排吉利支丹文」　慶長18年蠟月日付（12月. 1614年1月10日から2月8日）で*徳川家康が金地院*崇伝に作成させ，将軍・徳川秀忠の名で発令したいわゆる伴天連追放文のこと．崇伝筆録の*『異国日記』によれば，家康は1月31日（12月22日）夜，本文の下書きを崇伝に命じ，翌2月1日草稿を領掌．清書に秀忠の朱印を捺し，「日本国中諸人此旨を存ずべし」との但し書きを付して京都に送り公布させた．日本は*神道，*仏教，儒教の三教一致の国であるが，*キリシタンの徒党が来日し邪教を広め正宗を惑わそうとしていること，日本の政治を改めて自己のものとしようとしていること，ゆえに*伴天連の徒党は神敵・仏敵であり，すみやかに掃攘しなければならないと説く．同文は慶長17年8月6日（1612.9.1）幕府が発布した「伴天連門徒制禁」を理由づけたほか，幕府が以降継続した*キリシタン禁制の基本法的位置を占めた．京都にもたらされた本文は所司代・板倉勝重（1545-1624）により写しが作成され，関係者に告知された．また小田原城主・大久保忠憐（1553-1628）が追放の総奉行として上洛し，同地の*宣教師らに九州への退去を迫り，信者を捕らえて棄教を強要した．

【文献】大日本史料，第12編之13; 村上直次郎訳註『異国往復書簡集・増訂異国日記抄』(1929; 雄松堂書店1966); 海老澤有道校注『キリシタン書・排耶書』日本思想大系25（岩波書店1970）; 中村質解説『影印本異国日記 — 金地院崇伝外交文書集成』（東京美術1989）; 高木昭作「秀吉・家康の神国観とその系譜 — 慶長18年「伴天連追放之文」を手がかりとして」『史学雑誌』101/10 (1992) 1-26. （清水紘一）

ばいさん　陪餐　→　聖餐

はいし〔ほうりつの〕　廃止〔法律の〕　〔ラ〕derogatio，〔英〕derogation，〔独〕Derogation，〔仏〕dérogation *法律を後の法律で部分的に廃止または修正すること．これに対して*アブロガティオは法律の全面的廃止について用いられる．『教会法典』20条に従って後法が前法を廃止（デロガティオ）する，すなわち部分廃止する効力を有するのは，それを明白に宣言する場合である．ただし，普遍法はそれ自体に明文による別段の定めがないかぎり，局地法または特別法を廃止しない．また法律は一般的行政決定および訓令によって廃止されない（『教会法典』33条1項，34条2項）． （枝村茂）

ばい（ばい）しゅん　売（買）春　〔ヘ〕zônâ，〔ギ〕pornē，〔ラ〕prostitutio，〔英・仏〕prostitution，〔独〕Prostitution　性的快楽のため金銭または他の財の支払いを条件に自分の肉体を提供する，あるいは提供される性的関係．すべての社会で売買春は行われており，性行為を目的として顧客を集め，無差別な性的関係を売買する便宜的なサービス業務になっている．通常は性的快楽は合法的な*結婚の絆の内だけに期待されるが，売買春は婚前性交や婚外性交を容認するものである．組織的また職業的売春，半職業的売春や一時的な生活費をまかなうための売春などさまざまな形態がある．一般的に女性の性の売買が大多数である．

【聖書】〔旧約聖書〕旧約聖書によれば，*モーセの*律法は売春には否定的であり*イスラエルの社会では禁じられていた．遊女になること（レビ19: 29），*祭司が遊女と結婚すること（同21: 7-15）は禁じられ，古代*バビロニアや*カナンの影響のもとに普及していたと思われる神殿娼婦も禁じられている（申23: 18-19）．イスラエルにはタマル（創38: 21-26）やラハブ（ヨシュ2章）などの遊女もいたが，彼女らは救い主の系図に名を連ねることになる（マタ1: 3-5）．神殿娼婦は豊饒を願う礼拝儀式でもあったが，*神殿の収入源として永続的な職業として雇用されたり，結婚前に処女を神に捧げるという中近東の性的儀式でもあり，恒常的な世俗的売春と明確に区別することは困難である．*アテネや*コリントなどでは供儀として饗宴と性的儀式が結合していたようである．*預言者たちはそのような儀式を「恥ずべき事」（エゼ22: 9）として戒めている（ほかにイザ57: 5-7; エゼ23章; ホセ4: 12-14参照）．また神殿娼婦の行為は王たちの政策でも反対された（王上15: 12; 22: 47; 王下23: 7）．

このような売春は主なる*神に対するイスラエルの民の背信行為の象徴となる．特に預言者たちは神の*愛を拒否し不忠実なイスラエルを「淫行の女」また「遊女」と呼び（ホセ1-3章; 6: 10; イザ1: 21; 57: 3; エレ3: 2-9; エゼ16: 15），背信の子であるイスラエルの民に排他的な愛の絆である*契約を想い起こさせ，神への忠実な関係が回復されるようにと訴えている．遊女になることは不名誉なだけでなく，死ぬべきことであり（アモ7: 17），犬と同じであると戒める（王上22: 38）．それは姦淫（*姦通）の行為であって*偶像礼拝の比喩的表現でもある（出34: 15-16）．

またイスラエルが売春に不寛容であるのは，血統や系図を重視する社会であるにもかかわらず，父権の所在が不明瞭になるからでもある．イスラエルは聖なる民であるから動物との性交（レビ18: 23; 20: 16），既婚者との性交（出20: 14; レビ18: 20; 20: 10; 申22: 22），売春の稼ぎや遊女の報酬の奉納（申23: 19; イザ23: 15-18; エゼ16: 23-31; ミカ1: 7）も禁じられている．*知恵文学でも遊女を友とすることや遊女への支払いは戒められている（箴2: 16-19; 6: 24-35; 7: 6-27; 23: 27-28; 29: 3)．

〔新約聖書〕新約聖書はこのような旧約聖書の考えを受け継いでいるが，*神の国の到来と*回心の呼びかけのなかにそれを包含する．「放蕩息子のたとえ」（ルカ15：11-32）では娼婦たちと一緒に暮らした弟は死んでいたのに，倫理的な死を経て生き返ったことが福音として告げられる．また洗礼者*ヨハネの悔い改めのメッセージを信じた娼婦は，*ファリサイ派や律法学者たちよりも先に神の国に入るといわれる（マタ21：31-32）．公的な罪人とされていた女がイエスに触れることをゆるされたり（ルカ7：37-39），姦通の女の罪がゆるされる場面（ヨハ8：1-11）から，*救いの福音がこの人たちにも告知されていることがわかる．

*パウロによれば，「ポルネイア」（〔ギ〕porneia）はすべての性的な不倫行為を示す多義的な語であるが，売春を意味するとも解される．彼はキリストの体の一部となった者が「娼婦の体の一部となる」ことを強く戒めるが（1コリ6：13-20），これはキリスト者が聖霊の神殿であり，キリストが代価を払って買い取ったものだからである．この考えの中心にあるのは*新しい契約と神への忠実な愛である．ヨハネの黙示録によれば，神の愛を拒否することは「みだらな行い」であり，悔い改めないことを示す（黙2：21；14：8；17：2-4；18：3；19：2）．

【法的規制】売春は一般にみだらな行為，わいせつ行為とされながらも，社会的，文化的また心理的背景をもつ複雑で普遍的な現象である．いつの時代にも公娼婦や売春宿は存在したが，どのような社会制度でもその法的規制は試みられるが効果はあがらない．戦争などの異常な状況下で従軍慰安婦などが公認されたような事態もあった．また貧困な家庭環境や社会階級の貧富の差が大きい社会環境にあっては，生活難から身を売ったり，家出少年少女を対象とした売買春も多発する．こうして売春は風俗産業として，麻薬などとともに日本では暴力団の収入源ともなっている．性病，特に梅毒の流行などにより売春宿は閉鎖されもしたが，売春はある種の必要悪として黙認されてきた．特に19世紀以降，産業革命による工業化に伴う都市化現象によって都市が繁栄すると，コールガールやナイトクラブ，少女売春も増加したが，子どもの性的乱用や女性が性的快楽の対象物になることは容認できないことである．

日本の場合，江戸時代には公認の遊郭が置かれ，売春目的の店が集まる赤線地帯やその周辺で許可なく営業する店の多い青線地帯は，1957年（昭和32）まで存続していた（公娼制度全廃1958）．1956年に制定され翌年施行された売春防止法によれば，売春とは対価を受けまたは受ける約束で不特定の相手方と性交することとなっている．資本主義社会での経済発展に伴い，極端な商業主義と貧困とが結びついた結果，性の商品化が進展し，性的退廃が現れたのである．男女同権や女性の地位向上，人間の*尊厳の思想を踏まえて，明治以降はキリスト教会側からの*廃娼運動も盛んになり，人間性を踏みにじるような公娼制度の廃止を目指し，*救世軍などが運動を展開した．また，1886年（明治19）に創立された日本基督教婦人矯風会は，市民の人権擁護や社会救済，婦人解放を求めた．このような背景から制定された売春防止法の目的は，売春の反社会性を明確にし，防止対策として売春を行うおそれのある子女に対して補導処分および更生保護の措置を講じるところにある．また売春行為それ自体は処罰の対象としないが，売春を助長する各種の行為を刑罰をもって取り締まるものである．さらにはそれによって性病の蔓延を防ぐことにもなる．

【倫理】人間の性交は合法的な結婚における相手に対する忠実な関係では全人格的な自己贈与行為であるが，売春にはそれが欠けている．キリスト教倫理はつねに売春を不道徳なものと判断し，断罪してきた．その理由は，性交が夫婦の人格的な愛情関係の外で行われ，生殖を除外して身体を売買することによって生理的欲求の充足を求めるからである．それは人格を低下させる姦通罪であるだけでなく，避妊（→計画産児）や*堕胎の罪を犯すことにもなる．しかし政府も売春が悪いことだと認めはするが，法律がすべての倫理的*悪を消去または除外しえない以上，社会的な寛容が求められる．*人定法は*自然法が禁じるすべてを禁止することはできないから，よい社会を築くためには健全な*良心と賢明な判断が必要である．

*トマス・アクイナスによれば，「有徳な人々が避けるようなすべての悪徳が人定法によって禁止されるのではなく，人民の大部分が避けうるようなより重大な悪徳のみを，特にそれを禁止することなしには人間社会が保持されないような，他人に対する害悪を及ぼすごとき悪徳を禁止するのである」（『神学大全』II, 1, q. 96, a. 2）．売春は社会悪であり，少年少女の保護のために人間の性の在り方を教育し，健全な家庭生活を築くことが肝要である．キリスト教は売春の不道徳性を認めるが，イエスの態度に倣い，売買春に関わる者に対しては慈悲の態度をとり，犠牲者の救済と社会的矯正のために援助してきた．特に少女たちは社会の被害者であり，修道会などは彼女たちの更生施設も造ってきた．売春は自分の身体で金銭を稼ぐという人間性を無視した性行為であるが，心理的また精神的に割り切れず良心の呵責に悩んでいる人もいる．キリスト教倫理もその社会悪をある程度必要悪として黙許せざるをえないが，人格的交わりとしての結婚の意義とその性生活を重視し，人格の尊厳にふさわしい性教育を求める．性の快楽への逃避は人間の虚無的実存を体験させるとともに，家庭生活の崩壊を招き，子どもの成長や教育に悪影響を及ぼす．今日の「援助交際」はまた新しい現代の少女売春の形態である．

【文献】カ大 4: 172-73; ABD 5: 505-13; LThK² 8: 812-14; WDCE 512-14; 社会科学大事典編集委員会編『社会科学大事典』15（鹿島出版会 1970）54-55; D. L. Sills, ed., *International Encyclopedia of the Social Sciences*, v. 12 (New York 1968) 592-98; F. Compagnoni, G. Piana, S. Privitera, *Nuovo Dizionario di Teologia Morale* (Milano 1990) 1040-48. 　（浜口吉隆）

はいしょううんどう　廃娼運動　日本における廃娼運動は，米沢城主・上杉鷹山（1751-1822）が湯野村の遊女をことごとく解放したことに始まるといえよう．桜田門外の変で暗殺された大老・井伊直弼（1815-60）がまだ彦根にいた頃，佐野の遊女を解放したことや，明治維新の際，佐賀藩が芸娼妓自由廃業を断行したこと，および越後長岡の河井継之助（1827-68）が，自ら娼妓の悲惨な生活を調査し，解放運動を起こして成功したことなどを忘れてはならない．しかし，日本全国，津々浦々に存在した遊廓に対し徹底した本格的な廃娼運動には発展しなかった．

1872年（明治5），ペルー船マリア・ルース号事件との関連で娼妓解放令が公布されたが，実効はなく，貸座敷業の名称で全国に拡散した．これに対し，純潔運動などとともに広義の廃娼運動が明治初期からキリスト教団体や自由民権家等によって進められた．特に同志社の創立

者 *新島襄の影響によって，1882年，群馬県会が廃娼令を決議し，1892年に県下12か所の遊廓が廃止された．このために湯浅治郎(1827-68)が尽力した．群馬は日本最初の廃娼県の名誉を得た．

1886年，世界基督教婦人矯風会のレヴィット女史(Mary Clement Leavitt)が来日，12月6日には我が国最初の婦人団体・基督教婦人矯風会が結成され，矢島楫子(1833-1925)が会頭となる．会員は40余名であったが，キリスト教が生んだ新しい女性の運動である．1899-1900年には宣教師マーフィ(Ulysees Grant Murphy, 1867-1967)による名古屋の自由廃業活動があり，1907年4月，*救世軍の創立者*ブースが来日，日本救世軍の*山室軍平らの社会廓清運動が活発になる．救世軍の「自由廃業のすすめ」は，実に懸命な文字通り命懸けの廃娼運動であった．

1911年4月7日，吉原遊廓が全焼した．廓は火事が多く，吉原では明暦以来22回目で，「ヨシワラ」が焼けたとのニュースは，世界に伝えられ，イギリスの廃娼同盟会は幹事を日本に派遣した．矢島楫子はまだ灰も温もる9日に早くも反対運動を起こし，公娼廃止の陳情書をもち，内務大臣・警視総監・東京市長等に訴えた．キリスト者を中心とした有志の廃娼演説会が各地で行われ，署名が多く集まった．7月8日，廓清会が結成され，会長に島田三郎(1852-1923)，副会長に安部磯雄(1865-1949)，矢島楫子が就き，機関誌『廓清』が発行され，言論による活動が活発となった．関西では林歌子(1864-1946)の働きで，飛田遊廓反対運動が盛んに展開された．久布白落実(1882-1972)，ガントレット恒子(1873-1954)，市川房枝(1893-1981)，守屋東(1884-1975)，神近市子(1888-1981)等が有名な活動家である．ちなみに，廃娼運動の先駆者として，イギリスのバトラー(Josephine Elisabeth Butler, 1828-1906)，アメリカ合衆国のアダムズ(Jane Adams, 1860-1935)が著名であるが，林歌子は「大阪のジェイン・アダムズ」と称された．

救世軍では洲崎遊廓で負傷した山室軍平，デュース少佐(Charnes Duce, ?-1928)，矢吹幸太郎(1872-1952)，伊藤富士雄(?-1923)等の勇敢な決死的活動があり，江原素六(1842-1922)，益富政助(1879-1976)，島貫兵太夫(1866-1913)，田中正造(1841-1913)，山本邦之助(1869-1955)などのキリスト者廓清家の働きに支えられ，本格的な廃娼運動は力強く前進した．さらに小橋三四子(1883-1922)，大沢豊子(1873-1937)，竹中繁(1875-1968)等，矢島楫子を支援する婦人の文筆啓蒙活動により喚起された，全国の心ある人々の共鳴も忘れてはならない．この頃，ガントレット恒子，久布白落実らの婦人参政権運動も盛んになり，1920年(大正9)12月久布白を代表として世界婦人参政権協会に加盟した．その後，川崎正子著『公娼制度撤廃の是非』(婦人新報社1926)を国会に提出，戦争で中断したが戦後，1946年(昭和21)，勅令第9号によって公娼制度はついに廃止され，1956年には売春防止法が制定された．しかし，実態的には売春は根強く残り，キリスト教社会倫理の立場からの新しい現代の純潔意識の徹底と清新な社会浄化が望まれる．

【文献】山室軍平『社会廓清論』(警醒社書店1914); 沖野岩三郎『娼妓解放哀話』(中央公論社1930); 久布白落実『廃娼ひとすじ』(中央公論社1973);『買売春問題資料集成戦前編』3 (不二出版1997). (秋山昇)

ハイゼ　Heyse, Hans　(1891.3.8-1976.10.19)

ドイツの哲学者．ブレーメン(Bremen)に生まれ，ゲッティンゲン(Göttingen)にて没す．1935年にゲッティンゲン大学教授就任．著書『観念と存在』(Idee und Existenz, 1935)において西欧精神史をゲルマン精神，キリスト教，そしてギリシア・ローマ古典古代の思想の三者の相剋の過程であると捉え，その葛藤のなかで人間がゲルマン的精神世界を新たに実現することで初めて本来の生き方を獲得することができると説き，*ナチズム的な傾向を強めた．戦後に教授職を追放となる．

【文献】W. KILLY, R. VIERHAUS, eds., *Deutsche Biographische Enzyklopädie*, v. 5 (München 1997) 27. (富田裕)

はいせきじょうこう　排斥条項　→　アナテマ

ハイゼラー　Heiseler, Bernt von　(1907.6.14-1969.8.24)

ドイツの詩人．ローゼンハイムのグロースブランネンベルク(Großbrannenberg)に生まれる．ロシア系ドイツ人作家ヘンリ・フォン・ハイゼラー(Henry von Heiseler, 1875-1928)の息子．*ゲオルゲに師事した父の影響もあり，洗練された言語感覚を駆使して，キリスト教的ヨーロッパの教養世界を精神的背景とした作品を残した．*ナチズムの犯罪を目撃したことにより，キリストの福音なしには，いかなる人間の行為，功績も空虚である，との認識に目覚めた．父ヘンリの作品集の編纂刊行にも尽力した．グロースブランネンベルクにて没す.

【主著】*Des Königs Schatten*, 1936; *Cäsar*, 1941; *Hohenstaufentrilogie*, 1945; *Versöhnung*, 1953; *Stefan George*, 1936; *Ahnung und Aussage*, 1939; *Henry von Heiseler. Gesammelte Werke*, 1937-38.

【文献】RGG³ 3: 206; *Der Literatur Brockhaus*, v. 2 (Mannheim 1988) 172. (富田裕)

ハイチ

正式国名：ハイチ共和国，〔仏〕République d'Haïti, 〔英〕Republic of Haiti. 面積：2万7,750 km². 人口：780万人(2000年現在). 言語：クレオール語，フランス語．宗教：カトリック(国教)85%，プロテスタント10%，農村部にはブードゥー(カトリックとアフリカ原始宗教との混合宗教)が分布．カリブ海に浮かぶイスパニオラ島の西側に位置する国．1804年，フランスから独立したラテン・アメリカ最初の独立国である．

【スペイン植民下の宣教】1492年イスパニオラ島に*コロンブスが到達して以後，この島はスペイン領となり，1500年に，特に*フランシスコ会の宣教師が島に常駐するようになった．主に児童の宗教教育を主眼とした方法をとり，1502年には最初の学校が建てられている．

フランシスコ会に続いて *ドミニコ会, *メルセス修道会, *アウグスチノ会, *ヒエロニムス修道会, さらに *イエズス会の宣教師が加わった.

1521年にメキシコが発見されると, 宗主国スペインのイスパニオラ島への関心は薄らぎ始めた. 特に経営の困難だった西部とトルチュ島は, 1659年にフランスが占領し, フランス人はコーヒーと砂糖の生産に黒人奴隷を使って経済の組織化を図った. 1697年のリスウィック条約で, 正式に西部地域がフランスに割譲された. スペイン人支配者が島から撤退した後, 聖職者も島から離れ, 教会活動には支障が生じるようになった.

やがて, *フランス革命の影響がこの地にまで及び, 奴隷解放を目指す革命運動が起こり, 混乱と分裂が生じた. *ナポレオン・ボナパルトが派遣した軍隊によって一時革命は鎮圧されたが, 1804年にはハイチ人将軍デサリーヌ (Jean Jacques Dessalines, 1758-1806) らがフランス軍を打破し, ハイチの独立が宣言された. しかし, この一方的な宣言をフランスは認めず, これに対しデサリーヌは島に滞在していた全ヨーロッパ人を追放し, 聖職者も全員国外に退去させた. 1843年には *聖霊宣教会の宣教師が来島, 彼らの仲介により *教皇庁との関係も回復し, 1860年に結ばれた *政教条約により, ハイチは国家として世界に認められることになった.

19世紀半ばから20世紀初頭まで, ハイチの政情は不安定で政権抗争が激しく行われた. 情勢は1915年の大統領ギョーム・サム (Vilbrun Guillaume Sam, 在職1915.3-7) の暗殺事件によって頂点に達すると, 国内の秩序と国家の再建のために, 同年の7月にはアメリカ合衆国が介入し, 占領状態が1934年まで続いた. 第2次世界大戦中に就任した大統領レスコ (Élie Lescot, 在職1941-46) のもとで一時的好況を迎えたが, 戦後は再び社会的にも政治的にも混乱が続いた. 1957年に大統領となったフランソワ・デュヴァリエ (François Duvalier, 在職1957-71) 政権のもとでようやく混迷に終止符が打たれた.

【不安定な政情と教会】デュヴァリエ大統領の独裁政権に抗議して起こった学生ストライキを支援したため, 1960年にフランス人の大司教ポアリエ (François Poirier, 在職1955-66) が追放された. 1964年には他のフランス人司教と28人のイエズス会員が追放され, 彼らの運営していた大神学校は閉鎖された. アメリカ人司教と聖霊会員のグループも国政に干渉したというかどで同じ運命をたどった. 同年に発布された新憲法は, カトリック教会に批判的なものであった. デュヴァリエ大統領は, ポアリエ追放後にハイチ人聖職者を代表していた司教アンジェノール (Claudius Angénor) を国外追放すると, これに対して教皇庁は大統領を *破門. この一件から政府の教会に対する態度は軟化し, 教会活動を制限した幾つかの規制は撤廃された.

1971年デュヴァリエが死去, 息子のジャン・クロード (Jean Claude Duvalier, 在職1971-86) が大統領に就任した. ハイチの司教団は1972年に *司教教書を発表し, 国民の日常生活のなかに根づいた教会を目指す姿勢を表明した. この時期には, 第2*ヴァティカン公会議の新しい展望のもとで教会活動の刷新が進んだ. 典礼や信仰教育においてクレオール語が使われ, *教会基礎共同体の運動 (Ti Legliz) が進展した. 教会は国民の保健面や識字教育, 開発, 農村指導者の養成などに重点を置き, 貧しい人々の側に立つ活動を目指した.

1980年代に入るとハイチは新たな局面を迎え, 1982年には大統領に反対する勢力が強まった. 1983年, 教皇 *ヨアンネス・パウルス2世はハイチ訪問の際, 大統領の面前で, 教会はいかなる社会的不正にも立ち向かい, 社会を変革していくべきであると明言した. これを機に, 国民の反政府運動が活発化し, 1986年2月にはジャン・クロード・デュヴァリエは大統領を辞任し, 国外脱出を余儀なくされた. しかし, その後もデュヴァリエ体制は存続し, 教会は教育改革と土地制度の改善を強く主張したが, 1987年7月, 自分の土地を求めて抗議運動を起こした230人の農民が当局によって殺害されるという事件が起こり, 8月には, この農民のための追悼ミサに集まった150人の司祭も襲撃される. 司教団は声明を発表して, 国民に武力による抗議運動の中止を訴えた. この頃, *サレジオ会の若き司祭アリスティド (Jean-Bertrand Aristide) が民衆の代弁者として頭角を現した (サレジオ会は除名される). 1990年, アリスティドは初の民主的選挙で大統領に選ばれた. 在職中, 1991年, 軍のクーデターにより亡命を余儀なくされ, この間, 教会の民衆と連帯する教会関係者も弾圧された. しかし, アメリカ合衆国主体の他国籍軍の介入により1994年10月アリスティドは大統領に復帰した. その後も, ハイチでは政治的にも経済的にも不安定な状態が続いているが, 現場の司祭や修道者, 信徒たちは, 社会再建に向けて活躍している.

【現勢】2000年現在, カトリック信者数: 663万8,000. 大司教区: 2. 司教区: 7. 小教区: 257. 教区司祭: 361. 修道司祭: 271. 終身助祭: 4. 信徒修道士: 315. 修道女: 1,048.

【文献】世キ百 649-53; LThK³ 4: 1151-52; NCE 6: 899-901; 19: 155-57; WCE 348-51; G. BREATHETT, ed., *The Catholic Church in Haiti (1704-85): Selected Letters, Memoirs and Documents* (Salisbury, N.C. 1982); J. BARROS, *Haiti: De 1804 à nos jours*, 2 v. (Paris 1984); J. B. ARISTIDE, *In the Parish of the Poor* (Maryknoll, N.Y. 1990); L. PETIT-MONSIEUR, *La coexistence de types religieux différents dans l'Haïtien contemporain* (Immensee 1992).

(A. メンドーサ)

ハイデガー　Heidegger, Martin (1889.9.26-1976.5.26) ドイツの哲学者. ドイツ南部の小都市メスキルヒ (Messkirch) の敬虔なカトリック家庭に生まれた. 少年時代は司祭を志し, まず *イエズス会の修練院に入ったが, 健康上の理由で去り (1909), その後入り直したフライブルク教区神学院も結局は去った (1911). やがて *フライブルク大学で哲学, 数学および物理学を学び, 1913年に心理主義における判断論に関する論文で哲学博士号を, 次いで1915年に「ドゥンス・スコトゥスのカテゴリー論と意味論」(Die Kategorien- und Bedeutungslehre des Johannes Duns Scotus) と題する論文で大学教授資格を得た.

ハイデガー

【『存在と時間』に至るまで】ハイデガーは，*新カント学派と*現象学および*生の哲学から影響を受け，より根源的な哲学的思索の在り方を模索した．彼にとって重要な課題は内面から生を明らかにすることであり，特に自己の世界，*アウグスティヌスの表現を借りれば「内的人間」（[ラ] homo interior）の心情の劇的な様相を明らかにすることに関心が注がれた．一方で，古代ギリシア人が存在しているもの（*存在者）を考える際のモデルが身の回りの道具と宇宙という環境世界であったことに気づかされた．ギリシア的思考にとって，共存する人々の世界と自分の世界は存在者の概念から外されているのであり，これが彼によると*疎外である．キリスト教的な思考法と生き方の両方が，今日まで*ギリシア哲学の影響を強く受け続けてきたことはまさしく疎外のプロセスである．このことを批判的に透視できるようにするため，ハイデガーはまず第一に*パウロ，アウグスティヌスおよび若き*ルターの著作などから人間的生の構造と生の表現様式を把握しようと試み，他方で，*アリストテレスの諸著作を，実践的生活領域における哲学的思索の根源を示すものとして読んでいった．その結果，人間的生命の活気（[独] Lebendigkeit）とその活気のうちに明らかになる現実のありさまを主題とする新しい思索の方向をみいだした．

この関連で，彼はフライブルク大学での私講師時代（1917-23）に「キリスト教的に神を論じる者（Theologen＝神学者）」の言語表現に対して言語批判的な研究を発表した．その中心的な問いは，理論的理解が実践的理解の可能性を閉ざすことにならず，むしろ実践的理解こそが理論的解釈の基礎と目標であり続けることができるためには，どのような哲学的範疇を用いれば「神に先立つ存在」（das Sein-vor-Gott）といった現象が考察されるようになるかであった．ハイデガーは生活実践に関わる範疇が存在するはずであるとし，第一に時間性，第二に人間の生自体が備えている「光明」（Licht）を指摘する．ハイデガーは生の事実性（内実）と顕在性（現象面）という両側面に注目して，生を以後*現存在と呼ぶが，現存在のあらゆる自発性は，受動性すなわち未来に向けて存在に投げ込まれているということを特徴とする．そして未来もそのつど異なるものとして現れるが，しかし死によって画定されていることから有限的である．さらにまた，生に備わる理解力は，すべての合理的な自己理解に先立って，世界があるという理解をそもそも成り立たせる基盤としての有意性の全体を形成する仕方によって制約されているのである．

ギリシア起源の哲学において，*存在はもっぱら，「つねに同じものとして我々の手元にあるもの」（das immer gleiche Vorhandensein），つまり言語的にふさわしく表出されて初めて現実性をもつ恒常的な在り方と理解されていた．このような仕方で存在の意味を規定しようとしてきた伝統に対して，ハイデガーは，すべての規定が可能になるには，規定する働きに先立っておのおのの独自の存在がまず実現されていなければならないとする．存在者に関するすべての理論，いわゆる「範域的存在論」（regionale Ontologie 自然，数，歴史等々についての理論）は，生身の生とその世界の理解に基づかなければならず，この解明が従来の存在論の基礎，つまり「基礎的存在論」（Fundamentalontologie）と呼ばれるべきであると考えた．これを展開したものが最初の大著『存在と時間』（Sein und Zeit, 1927）である．したがって，ハイデガーの基礎的存在論は，解釈学と生の哲学から影響を受けながら，現象学的方法に従って記述された*超越論哲学である．

【形而上学批判】このように，あらゆる理論（ならびにすべての客観的「存在」）を生（とその理解の仕方）に還元するという観点から，ハイデガーがまず指摘するのは，ヨーロッパの伝統における哲学と神学との間の構造的癒着関係，つまり，*存在論と*神学が形而上学的思考において緊密に結び合っているという構造上の問題であり，第二に，*形而上学が「存在・神・学」（Onto-Theo-Logie 存在そのものを神と等しいものとして論じる学）になっているという点である．それゆえ，存在そのものの真理に迫るべく「形而上学とは何か」（Was ist Metaphysik?，フライブルク大学就任講演 1928）を改めて問い直す方途以外になかった．彼はそこで明確に，形而上学のいう*神をキリスト教信仰の一なる神および諸宗教の神々から区別する．形而上学の神は根本的に，単なる仮定的理念にすぎず，本質的な充実さを備えているにもかかわらず，我々に対して現実の性格をもちえない．神の現実性は基本的にある種の直接的体験のうちに表れるものであり，形而上学的な神は思索する精神が自らを高めていった末に出現するものである．それゆえ，哲学的神学（→自然神学）を宗教的信仰における神体験の解釈手段として受け入れてきたことは，自らを誤解すること甚だしいのである．

【ナチズムへの傾斜と離脱】このように考えたハイデガーはカトリック神学の伝統からはるかに離れ，プロテスタントのいわゆる*弁証法神学の立場に接近したかにみえる．事実彼は*マールブルク大学での教授時代（1923-28）にプロテスタントの神学者*ブルトマンと親しく学問的に交流した．しかし実際は，それを通して1920年代の終わり頃にはキリスト教から完全に離れていた．キリスト教は彼にとってもはや文化的創造力をもたないもののようにみえたのである．彼は，少なからず*ニーチェの影響を受けながら，自らキリスト教に代わるものを設立しようと試み，新しい哲学を提示することによって諸科学に基盤を，そして大学改革を通して全国民に新しい信仰を示す使命を自らに課した．この試みの協力者を求めたとき，彼は，第1次世界大戦後，共同生活のより一層真正かつ根源的な形態を渇望していた*青少年運動と出会い，国家社会主義（*ナチズム）の新しい政治運動を歓迎すべきものと考えた．かくして1933年に，ハイデガーはフライブルク大学においてナチス党員として最初に学長に選出され，党の宣伝演説を行うに至った．とはいえ，ハイデガー自身はナチス党の人種主義や帝国主義などとは無関係であり，実際に，数年後，彼は自分の夢と国家社会主義の現実とがかけ離れたものであることに気づいた．組織と技術の可能性に対する無制限な信頼を伴った，その政治運動に潜む*ニヒリズムをみたからである．

【ニヒリズムの克服】ハイデガーの第二の主著『哲学への寄与』（Beiträge zur Philosophie, 1936-38）の重要課題は，「歴史的人間に再度，存在の真理の創設者にして保持者となる目標を与えること」である．「存在とは存在そのものから生じた根拠として，全体における存在者の存在のためにのみ，現にあるものである」．存在の真理の反対は存在の非真理，つまり作りごと・作為（Machenschaft）である．この非真理を，ハイデガーはあらためて存在の真理の一形式として解釈する．技術主義の宿命的な力とその技術主義につきまとう虚無主義的な根本気分のうちに，彼は，意味をもつかぎりの存在と人間

の現存在(生)とが互いに不可分の関係にあることのしるしをみる．彼によれば，真理とみなされていることや意味を過度に強く受け入れることなく，さりとて真理や意味の像を見逃さないようにすることで，人間は神の現出を把握できるということを知れば，ニヒリズムは克服できる．なぜなら，存在そのものが現存性を必要とするのと同様に，神は自らの現出のために存在を必要とするからである．『哲学への寄与』の最後のまとめの部分は「究極の神」と題されているが，この神の神性は従来知られていた神々の性質とは別のものであり，特にキリスト教の神とは異なっている．「究極の神」が現出するか否かは，彼とても決しえない．いずれにしても大切なのは，その神の可能な現出の時間遊空間 (Zeit-Spiel-Raum) のうちに自らを維持し続けることであり，これを実行することが人間の現存在(生)の最高にして究極の能力なのである．

第 2 次世界大戦後の数年間，ハイデガーは大学で教えることを許されなかった．その後，彼は論文集やかつての講義の出版物を通して多くの読者を獲得し，また技術と芸術の本質，人間的に解釈された *世界内存在の様態である言語と詩作などに関する講演や新しい講義などにおいて，その後も優れた思索の成果を示した．彼が 20 世紀を代表する，最も根源的な思索を遂行した哲学者の一人であったことは確かである．

【全集】 *Gesamtausgabe*, 1975- ：辻村公一他編『ハイデッガー全集』(創文社 1985-)．
【文献】 O. ペゲラー『ハイデッガーの根本問題』大橋良介，溝口宏平訳 (晃洋書房 1979)：O. PÖGGELER, *Der Denkweg Martin Heideggers* (Pfullingen 1963 ³1990 ⁴1994); H. オット『マルティン・ハイデガー』北川東子他訳 (未来社 1995): H. OTT, *Martin Heidegger* (Frankfurt 1988 ²1992); K. ヤスパース『ハイデガーとの対決』H. ザーナー編，渡邊二郎他訳 (紀伊國屋書店 1999): K. JASPERS, *Notizen zu Martin Heidegger*, ed. H. SANER (München 1978); R. KEARNEY, J. S. O'LEARY, eds., *Heidegger et la question de Dieu* (Paris 1980); O. HÖFFE, ed., *Klassiker der Philosophie*, 2 v. (München 1981 ³1994-95); H.-M. SASS, *Martin Heidegger* (Bowling Green, Ohio 1982); H.-G. GADAMER, *Heideggers Wege* (Tübingen 1983); D. PAPENFUSS, O. PÖGGELER, eds., *Zur philosophischen Aktualität Heideggers*, 3 v. (Frankfurt 1990-92); O. PÖGGELER, *Neue Wege mit Heidegger* (Freiburg 1992); T. KISIEL, *The Genesis of Heidegger's Being and Time* (Berkeley 1993). (G. ヘフナー)

ハイデルベルク　Heidelberg

ドイツ南西部，バーデン・ヴュルテンベルク州 (Baden-Württemberg) の都市．ネッカー河畔に位置する大学町 (→ハイデルベルク大学) として知られる．人口 14 万 7,366 (1997 年 4 月現在)．記録として初めて町の名前が挙げられたのは 1196 年である．15 世紀にプファルツ伯 (Pfalzgraf) の居城と大学を中心に政治的・文化的重要性を増した．*宗教改革以降，プファルツ選帝侯 *フリードリヒ 3 世が *カルヴィニズムに帰依することで 16 世紀には「ドイツのジュネーヴ」とまでいわれるカルヴァン派の牙城となった．文学史ではハイデルベルク・ロマン派の拠点であった (→ドイツ文学)．
【文献】 LThK³ 4: 1249-51; MEL 11: 604-06; LMit 4: 2009-10; M. BUSELMEIER, ed., *Heidelberg-Lesebuch* (Frankfurt 1986); 生松敬三『ハイデルベルク――ある大学都市の精神史』(TBS ブリタニカ 1980). (富田裕)

ハイデルベルクきょうりもんどう　ハイデルベルク教理問答　Heidelberger Katechismus

プファルツ選帝侯 *フリードリヒ 3 世の命によって，*ウルジヌスと *オレヴィアヌスにより，*ハイデルベルクで執筆された *教理問答書．*カルヴァンの *ジュネーヴ教理問答 (1536) をはじめとする *改革派の信条を参考にしたため，改革派神学を基本とするが，執筆の中心となったウルジヌスは *ヴィッテンベルクで *メランヒトンのもとで学んだので，その影響も示している．初版発行は 1563 年 1 月で，以後も改訂や付加が行われた．今日に至るまで改革派系の教会で世界的に広く用いられている．
【原文】 E. F. K. MÜLLER, ed., *Die Bekenntnisschriften der reformierten Kirche* (Leipzig 1903 ²1987) 682-719.
【邦訳】 吉田隆訳『ハイデルベルク信仰問答』(新教出版社 1993).
【文献】 加藤常昭『ハイデルベルク信仰問答講話』全 2 巻 (教文館 1992); 登家勝也『ハイデルベルク教理問答講解』全 2 巻 (教文館 1997). (徳善義和)

ハイデルベルクだいがく　ハイデルベルク大学　Ruprecht-Karls-Universität Heidelberg

1386 年，プファルツ侯ループレヒト 1 世 (Ruprecht I, 1309-90) が *パリ大学をモデルに創設したドイツ最古の大学．15 世紀末に「ドイツのペトラルカ」とまでいわれた R. *アグリコラが教鞭をとると，*人文主義の拠点として発展した．*宗教改革の時代には，*メランヒトンの助言により *ルター主義に傾いたが，1560 年代からいわゆる *三十年戦争の勃発 (1618) に至るまでは，*カルヴィニズムのプロテスタント神学の中心地となり，神学部の協力によって 1563 年には *ハイデルベルク教理問答が編まれた．戦乱による一時閉鎖 (1633-52, 1689, 1694) を経て 1700 年代に入ると，哲学や神学部門は *イエズス会に委ねられ，カトリック的傾向を強くした．イエズス会解散後の 1803 年には，バーデン伯カール・フリードリヒ (Karl Friedrich, 1728-81) によって *ロマン主義，*自由主義を掲げる大学へと改革され，その後の発展の基礎が据えられた．M. *ヴェーバーや *トレルチ，*ヤスパースなども教壇に立ち，ドイツの学問研究の一大拠点となった．マイアー・フェルスター (Wilhelm Meyer-Förster, 1862-1934) による小説『カール・ハインリヒ』(Karl Heinrich, 1899) を土台とするここを舞台とした戯曲『アルト・ハイデルベルク』(Alt-Heidelberg, 1903) でも有名である．現在は，(1) 神学，(2) 法学，(3) 経済学，(4) 社会・行動科学，(5) 東洋学・古代学，(6) 新文献学，(7) 哲学・歴史学，(8) 自然科学の 8 学部を擁する．
【文献】 LThK² 5: 65-67; LThK³ 4: 1249-51.
(鈴木晶子)

ハイドリヒ　Heidrich, Peter

(1901. 9. 16-1990. 11. 9) ドイツ人イエズス会司祭，上智大学教授，社会福祉事業家．*ケルン近郊ディッケンドルフ (Dickendorf) で生まれ，*トリールの国立フリードリヒ・ヴィルヘルム・ギムナジウムを卒業後，*イエズス会のドイツ北管区に入会 (1922)．哲学の 3 年はファルケンブルク (Valkenburg)，神学の 4 年はアイルランドの *ダブリンで学び，1930 年司祭叙階．1932 年 (昭和 7) 来日．当

ハイドン

初は広島教区で宣教活動に従事し，1953年から＊上智大学文学部教授として社会倫理・宗教学を担当．1964年，上智大学構内に上智福祉専門学校（夜間）を創設した．1965年，東京都足立区梅田に日本初の＊モンテッソーリ教育の施設・うめだ「子供の家」を開設．1977年，就学前の子どもで精神発達遅滞児の早期発見と治療教育を目的とするあけぼの学園を建設するとともに，治療教育の職員養成所を併設した．1987年には梅田カトリック教会を建設．来日以来，貧しい人，障害のある人に対して救いの手を差し伸べて，その精神的な飢えを癒やしたいとの信念をもって生涯を捧げ，日本に骨を埋めた．　　　　　　　　　　　　　　　　（K. ルーメル）

ハイドン　Haydn, Franz Joseph　(1732. 3. 31-1809. 5. 31)　オーストリアの作曲家．ウィーン古典派（→古典派音楽）の中心的作曲家で，交響曲，弦楽四重奏曲の確立に大きく寄与すると同時に，＊教会音楽にも貢献した．
【生涯】自らハープを演奏したという車大工の父マティアス (Mathias, 1699-1763) と，民謡を好んだという母マリア・アンナ (Maria Anna Koller, 1707-54) の第2子長男に生まれる．5歳から音楽教育を受け，6歳で少年聖歌隊員として教会で歌い，才能を認められて，8歳のときウィーンの＊ザンクト・シュテファン大聖堂の聖歌隊員となり，カペルハウスでの生活を始める．ここでは本格的な音楽教育を受けつつ，独唱歌手として活躍し，教会のほか，宮廷や貴族の館での演奏会にも出演した．やがて変声期を迎えると，もはや聖歌隊で歌うことができなくなり，1749-50年頃，カペルハウスを出る．その後しばらくは，作曲や町楽師などの仕事を転々とした後，1758年頃に，ボヘミアのモルツィン伯爵の楽長となり，交響曲の作曲を始める．しかし，財政上の理由からモルツィン伯の楽団は解散され，ハイドンは再び，定職を失う．1761年，侯爵エステルハージ (Paul Anton Esterházy, 1711-62) に副楽長として採用される．1762年，侯爵が死去し，やはり音楽好きの弟ニコラウス・ヨーゼフ (Nikolaus Josef, 1714-90) が侯爵家を継ぐ．副楽長時代のハイドンは教会音楽以外の演奏と，管弦楽団の指導を職務とし，協奏曲，交響曲，＊カンタータを作曲した．1766年，楽長に昇進し，教会音楽と＊オペラの作曲も行うようになる．1790年，ニコラウス侯が死去．後継者アントン (Anton, 1738-94) は音楽に関心がなかったため，エステルハージ家の楽団は縮小され，ハイドンはウィーンに移住する．その後，2度イギリスに渡り，交響曲を作曲，また＊ヘンデルの作品に触発されて後に＊オラトリオ『天地創造』『四季』を作曲することになる．1794年，アントン侯死去．跡を継いだニコラウス2世 (Nikolaus II, 1765-1833) は音楽を好み，夏以外は主にウィーンに住んだため，ハイドンは再びエステルハージ家に仕え，＊ミサ曲や前述のオラトリオを作曲し，晩年はウィーンで過ごした．
【宗教作品】ハイドンの宗教作品の中核をなすのは，14曲のミサ曲で，その大半は独唱，合唱，管弦楽，オルガンによる．ニコラウス2世侯夫人のために作曲された後期の『戦時のミサ』(1796)，『ハイリヒ・ミサ』(1796)，『ネルソン・ミサ』(1798)，『テレジア・ミサ』(1799)，『天地創造ミサ』(1801)，『ハルモニー・ミサ』(1802) が重要である．ウィーンでは，伝統的にイタリア語によるオラトリオが演奏されていたが，ロンドンでヘンデルの英語によるオラトリオに接したハイドンは，新たにドイツ語オラトリオの作曲を試みる．有名な『天地創造』は，もともとヘンデルのために作られた英語台本をハイドンがウィーンに持ち帰り，ドイツ語に改編させて作曲したもので，大反響を呼んだと伝えられる．またドイツ語による『十字架上のキリストの最後の七つの言葉』(1795-96)，ラテン語による『悲しみの聖母』(1767, →スタバト・マーテル) もオラトリオに準ずる大作である．このほか，ハイドンは＊『テ・デウム』『聖なる十戒』など，多数の宗教作品を書いている．しかし，＊啓蒙思想の影響から全般的に教会の権威が弱まり，音楽の面でも教会音楽が音楽の主導的地位から後退し，世俗器楽が大きく発展する時代にあって，ハイドンの教会音楽も，その宗教的意義は18世紀以前のそれとは微妙に異なっている．彼の教会音楽の多くは雇主の特定の目的のために作曲されたもので，音楽がしばしば壮大，華麗であるのは，神を賛美するためというよりは，まず第一に雇主の催す祝祭行事を演出することを目的としていたからであるといえよう．
【文献】大宮真琴『ハイドン』（音楽之友社 1962 ²1981）．
　　　　　　　　　　　　　　　　　　　　　（坂崎紀）

ハイドン　Haydn, Michael　(1737. 9. 14-1806. 8. 10)　オーストリアの作曲家．F. J. ＊ハイドンの弟．兄と同様，ウィーンの＊ザンクト・シュテファン大聖堂の少年聖歌隊員となり，独唱歌手として活躍，またヴァイオリンとオルガンも演奏し，作曲では，17歳のときに書いた＊ミサ曲が最初の作品といわれる．1762年＊ザルツブルクの大司教で侯爵ジギスムント (Sigismund von Schrattenbach) の宮廷楽団の主席奏者となり，1771年，同侯爵の死去に際して，＊レクイエムを作曲している．＊教会音楽に力を注ぎ，レクイエム2曲，ミサ曲24曲をはじめ，約360曲の教会音楽を書いた．また，兄と同様，交響曲，協奏曲，各種室内楽，＊オペラも書いている．
【文献】NGDM 8: 407-12; 田辺尚雄他編『音楽大事典』4（平凡社 1982) 1833-34．　　　　（坂崎紀）

ハイネ　Heine, Heinrich　(1797. 12. 13-1856. 2. 17)　ドイツの作家，ジャーナリスト．進歩的なユダヤ系商人の息子としてデュッセルドルフ (Düsseldorf) に生まれ，1825年にプロテスタントに改宗する．ゲッティンゲン (Göttingen) で法律の学位を取得してから，1831年には新聞社の通信員として＊パリに渡り，永住する．旅行記『旅の絵』(Reisebilder, 1826-27)，詩集『歌の本』(Buch der Lieder, 1827) によって詩人としての名声を確立したが，彼の詩がもつ民謡風の調子は人々に親しまれ，その多くが作曲された．日本でも彼の詩は明治期にすでに翻訳され，『歌の本』に収められた詩「ローレライ」(Lorerei) は今日でも愛唱されている．しかし初期のロマン主義的な詩風はしだいに社会や政治を批判する諷刺と機知を縦横に駆使したものへと変貌していった．一貫しているのは＊バイロンを思わせる世界苦 (Weltschmerz) と懐疑的な精神であり，それがユダヤ人である彼の主体性を堅固なものにしている．ドイツとフランスとの仲介役を意識して書かれた論考集『サロン』全4巻 (Der Salon, 1834-40) や叙事詩『ドイツ冬物語』(Deutschland. Ein Wintermärchen, 1844) では保守反動の権化としてのキリスト教会に対する呵責のない批判がみられるが，それは一方でハイネの宗教的本質への尽きぬ関心からきたものである．＊ドイツ観念論の汎神論的

傾向を超越しようとする思想は教義にとらわれない信仰形態への憧憬を示しており，晩年の詩集『ロマンツェーロ』(Romanzero, 1851)には異国でその生涯を閉じようとしている詩人の宗教的意識が信仰告白として吐露されている．パリにて没す．

【全集】*Sämtliche Werke*, 1973- ．
　翻訳：*Zur Geschichte der Religion und Philosophie in Deutschland*, 1834: 伊東勉訳『ドイツ古典哲学の本質』(岩波書店 1951)．
【文献】RGG³ 3: 200-201; *Der Literatur Brockhaus*, v. 2 (Mannheim 1988) 165-67; 鈴木和子，深井人詩「日本におけるハイネ研究文献」『ドイツ文学』57 (1976) 129-34, 58 (1977) 126-32; K.-J. KUSCHEL, *Vielleicht hält Gott sich einige Dichter* (Mainz 1991) 35-69．(富田裕)

はいのすいようび　灰の水曜日　〔ラ〕feria quarta cinerum,〔英〕Ash Wednesday,〔独〕Aschermittwoch,〔仏〕mercredi des Cendres　*ローマ典礼の*四旬節の最初の日．*回心のしるしとして信者の額か頭に*灰をかける式が行われることからこの名がある．新しい『教会法典』では，灰の水曜日は*大斎と*小斎を守る日とされている(1251条)．ローマ教会では*復活祭前の6週間を四旬節とすることが定着していたが，6-7世紀頃から，四旬節の日数を，*断食をしない六つの主日を除いて正確に復活祭前の40日とするようになり，それまで主日から始まっていた四旬節を4日遡って水曜日から開始するようになった．また，同じ6-7世紀頃には，灰の式が四旬節の初日にあたる水曜日に行われるようになり，この日は灰の水曜日として西方教会全域に定着した．

【灰の式】キリスト者は，早くから旧約の実践に倣い，回心や嘆きのしるしとして個人的に灰をかぶることを行っていたが，やがて，罪を犯した者が回心のしるしとして灰をかけられる式が始まった．『ゲラシウス秘跡書』(→サクラメンタリウム)には，四旬節第1主日直前の水曜日に行われる回心の典礼として灰の式(〔ラ〕impositio cinerum)が記されている．罪のゆるしを願う回心者は麻や木綿などでできた粗末な服(cilicium)を身に着け，公の回心のしるしとして灰をかけられた．また10世紀頃には灰を祝福する祈りが作られた．この時代まで，灰を受けるのは公の回心者に限られていたが，11世紀末になると，参加するすべての信者が灰を受けるようになった．ベネヴェント教会会議(1091)では，教皇*ウルバヌス2世によって灰の水曜日にすべての信者が灰を受けるよう定められ，また，12世紀には，前年の*受難の主日(枝の主日)に祝福された枝を燃やして灰を作るようになった．*ピウス5世による『ローマ・ミサ典礼書』(1570)でも灰の式が採用され，灰の水曜日のミサの前に行われた．

現行の典礼では，灰の式はミサの福音朗読と説教に続いて行われる．祈りへの招きの後，司式者は，四旬節をふさわしく過ごし復活祭を迎えることができるよう祈り，前年の受難の主日(枝の主日)に祝福された枝を燃やしてできた灰に*聖水をかけて祝福する．続いて「回心して福音を信じなさい」あるいは「あなたはちりであり，ちりに帰って行くのです」という言葉を述べながら信者一人ひとりの額か頭に灰をかける．続いて，一同は*共同祈願を唱えてミサの感謝の典礼に入る．灰の式はミサと切り離して行うこともできる．その場合は，灰の水曜日のミサの朗読を用いた*ことばの祭儀とともに行うことが勧められている．

【文献】カ大 4: 177; LThK³ 1: 1058-59; NCE 1: 948-49; NDSW 684; A. ADAM, *Das Kirchenjahr mitfeiern* (Freiburg 1979) 87-88; H. AUF DER MAUR, *Feiern im Rhythmus der Zeit I*, GDK 5: 150; A. G. MARTIMORT, ed., *The Church at Prayer*, v. 4 (Collegeville, Minn. 1986) 68-69．(宮越俊光)

バイブル・クリスチャンは　バイブル・クリスチャン派　Bible Christians　イギリスのメソジスト系の教派．*メソジスト教会の定住伝道師オブライアン (William O'Bryan, 1778-1868)によって，1815年デヴォン州シェベア(Shebbear)で創設された．女性の役割の重視などクエーカー(*キリスト友会)の影響がみられ，クエーカー・メソジストとも呼ばれた．1907年合同メソジスト自由教会，後に合同メソジスト教会に加わった．

【文献】キ大 812; NIDChC² 129．(平松良夫)

ハイム　Heim, Karl　(1874. 1. 20-1958. 8. 30)　ドイツのプロテスタントの神学者．ヴュルテンベルク州のフラウエンツィンメルン(Frauenzimmern)に生まれ，*敬虔主義の影響下に育つ．テュービンゲン大学で学び，1907年よりハレ大学の私講師，1914年よりミュンスター大学，1920年よりテュービンゲン大学で教鞭をとる．第2次世界大戦後のドイツにおける指導的神学者の一人であり，世俗的科学主義や*ナチズムによるキリスト教の曲解を批判し，正統的キリスト教を擁護した．主著として『信仰の確信』(Glaubensgewissheit, 1916)，『信仰と生活』(Glaube und Leben, 1926)，『福音的信仰と現代の思考』全6巻(Der evangelische Glaube und das Denken der Gegenwart, 1931-51)などがある．

【文献】キ人 1057; NIDChC 458; RGG³ 3: 198-99．(高橋章)

ハイメラート　Heimerad　(?-1019. 6. 28)　聖人(祝日6月28日)．ドイツ出身の司祭，隠修士．農奴から司祭となり，領主に解放されると巡回説教師として活躍．*ローマ，*エルサレムへも巡礼した．*マインツ近くの*ベネディクト会のヘルスフェルト修道院に短期間いたが，*修道誓願は立てずに去る．ヘッセン(Hessen)の村々を巡った後，放浪の末，1017年より*ヴェストファーレンのハーズンゲン(Hasungen)の山に居を定め，晩年を過ごす．皇后*クニグンデとも親交があったらしく彼の禁欲主義と独特な言動は多くの関心と尊敬を集めた．

【文献】LThK³ 4: 1366; NCE 6: 997．(相原優子)

ハイモ〔オセールの〕　Haimo　(?-865頃)　フランスの*ベネディクト会修道士，聖書学者．Haymonとも記す．860-65年セシー・レ・ボア(Cessy-les-Bois)の修道院院長を務める．また*オセールの修道院で聖書釈義を教授．15世紀以来ハルベルシュタットの*ハイモの作とされていた著作のうち，パウロの手紙，黙示録，雅歌，イザヤ書の注解は，今日，彼の著作とみなされている．

【文献】キ人 1058; DThC 6: 2068-69; LThK³ 4: 1150; NCE 6: 898．(坂田俊也)

ハイモ〔ハルベルシュタットの〕　Haimo　(778

ハイモ〔ヒルサウの〕

頃-853.3.28）　ドイツの*ハルベルシュタットの司教，神学者．生地は不詳．*フルダで*ベネディクト会に入会し，*トゥールのサン・マルタン大修道院で*アルクインのもとで学ぶ．*フラバヌス・マウルスは学友であった．フルダに戻り，しばらく修道院学校の神学生指導を務めたが，839年頃ヘルスフェルト(Hersfeld)の修道院長となる．840年にハルベルシュタットの司教に任命され，847年と852年マインツ教会会議に出席した．これまで彼の名に帰されてきた聖書注解，講話（PL 116-18）のうち12預言書，パウロの手紙，雅歌，ヨハネの黙示録の各注解書は同名のオセールの*ハイモの作とされ，残りの著作も，9世紀から12世紀にかけての著述家たち(詳細は不明)によって書かれたと推定されている．
【文献】キ人1058; DThC 6: 2068-69; LThK³ 4: 1151.
(坂田俊也)

ハイモ〔ヒルサウの〕 Haimo

（11世紀）　ドイツの神学者．ヒルサウ(Hirsau)で*グイレルムスに学び，1091年より師の後継として修道院長となる．著作は，これまでしばしばハルベルシュタットの*ハイモの作と誤認されてきたが，『主の体と血についての書簡』(Epistola de corpore et sanguine Domini, PL 118: 815-18)は，彼の真作とされる．
【文献】Cath. 5: 540.
(坂田俊也)

はいやしょ　排耶書

キリスト教書非公認の体制下で，主に伝統的思想に立脚し著刊された江戸・明治期における耶蘇教排撃書の一般的呼称．
【江戸時代の排耶書】幕府は神儒仏三教一致思想を体制の思想的支柱とし*キリシタン禁制を徹底したが，その体制下で① 教理的，② 物語的，③ その他，に大別される多数の排耶書が著された．① の教理的排耶書としては，儒学者*林羅山の『*排耶蘇』(1606)が最初．次いで背教者の立場から*ファビアンの『*破提宇子』(1620)，仏教者の立場からは鈴木正三の『破吉利支丹』(1642頃)など多数がある．② の物語的排耶書は著者不明の*『伴天連記』(1610頃)が最初．次いで*『吉利支丹物語』(1639)が書かれ，江戸中・後期に流布した通俗的な排耶書の種本的存在となった．この段階では物語的排耶書に一層の虚実が付加され新たな題名が付されて広く流布したが，大きく物語系と根元記系に二分されている．物語系には，伏見城での玄術譚その他が加筆された*『切支丹宗門来朝実記』，根元記系には，*キリシタンの伝承等を取材した『耶蘇宗門根元記』など多数がある．③ のその他の排耶書としては，*島原の乱を題材とした*『耶蘇征伐記』など多くの戦記物がある．② と③ の排耶類は娯楽物として人々に転読され，*キリシタン邪宗門観を深めた．江戸後期には「内憂外患」により危機感が高められ，伝統と体制の護持を意識した排耶書が著された．尊王攘夷運動を展開した水戸藩では*『息距篇』(1860)を編集したほか，漢籍の排耶書を復刻し諸大名に頒布した．また浄土宗の僧・養鸕徹定(ようう/てつじょう，1814-91)は*『闢邪管見録』(1861)その他を編刊している．
【明治時代の排耶書】明治新政府は王政復古宣言から出発し，欧米文明の摂取による近代化を推進したが，その過程で神仏分離や廃仏毀釈などを断行した．このため仏教者・国粋主義者ら危機感に駆られた人々により多数の排耶書が著刊された．① 反駁型，② 護法型，③ その他，に大別される．① の反駁型排耶書では，*宣教師や伝道士(*カテキスタ)らの刊行物への反論を企図したもので，養鸕徹定の『釈교正謬初破』(1868)等がある．② の護法型排耶書には西本願寺の破邪顕正御用掛が来日宣教師の動静を内偵して警鐘を鳴らそうとした『崎陽茶話』(1867)等の冊子物や，義道の『護法建策』(1867)など多数，③ のその他の排耶書には*『教育と宗教の衝突』事件や「公認教」をめぐる問題の一連の論説がある．明治期の排耶論は多岐にわたるが，*創造，*復活などの教理に対する批判，五倫五常に反し国体に有害なものとする主張等が中心的で，多くは江戸期に通説視された耶蘇教＝魔法観を凌駕する内容となっており，キリスト教への偏見を継続させた．
【文献】海老澤有道『南蛮寺興廃記・妙貞問答』(平凡社1964); 海老澤有道他校注『キリシタン書・排耶書』日本思想大系25(岩波書店1970); 海老澤有道「排耶書の読本的展開」『増訂切支丹史の研究』(新人物往来社1971); 姉崎正治『切支丹伝道の興廃』姉崎正治著作集3(国書刊行会1976); 山本幸規「邪教をみる眼 — 幕末仏教界における破邪論の形成と『闢邪護法策』」『季刊日本思想史』15(1980); 同志社大学人文科学研究所編『排耶論の研究』(教文館1989); 京篤二郎編『耶蘇根元記』(名古屋キリシタン文化研究会1994).
(清水紘一)

はいやそ　『排耶蘇』

1606年7月19日(慶長11.6.15)京都の*南蛮寺で，*イルマンの*ファビアン(不干斎)と儒学者*林羅山の間で行われた宗論に関する羅山の記録．羅山には俳諧師の松永貞徳(1571-1653)と，弟の信澄(?-1638)が同行．内容は，前半がファビアンの側からのもので，会堂で所持していた絵地図・器具の説明や，自著の*『妙貞問答』に関する解説が中心．後半は羅山の側からの*教理に関する質疑が中心で，共に議論の応酬がなされている．本書で羅山は，教会側が保持していた17世紀初頭の南蛮文化の成果をすべて否定的に論難し，儒教説が天主教説に優ることを力説している．前半でなされた主要な論点は世界像に関することで，天円地円の理を説くファビアンに対し，羅山は動円静方の理を説き地方説を再三主張している．後半では天主と理(宇宙の本体)の前後関係について，体用(本体の天主とその作用)論から天主を前と主張するファビアンに対し，羅山は面前の器を指して「器者体也，所以作器者理」であるゆえに理が前と主張，議論応酬のまま暴雨で中断している．本書は伝統宗教の側からなされた最初の排耶論となった．京都史跡会編『羅山文集』巻の56(1930)に収録．
【文献】新村出「林道春及び松永貞徳と耶蘇会者不干ハビアン」『新村出全集』6(筑摩書房1973); 海老澤有道『南蛮学統の研究』(創文社1958); 海老澤有道他校注『キリシタン書・排耶書』日本思想大系25(岩波書店1970).
(清水紘一)

バイユー　Bayeux

フランスのノルマンディー地方カルヴァドス県(Colvados)の司教座都市．古代ガリアのバイオカッス族(Bajocasses)の主邑でローマ名はアウグストドゥルム(Augustodurum)．4世紀末司教管区が設置され，*ノルマン人侵入時被災．*ウィリアム征服王の弟で司教のオド(Odo, 1036頃-97)が復興に努め，彼の命令で有名なバイユー・タピストリーが製作された(同市の美術館蔵)．中世末期以降*フランス革命にかけて衰微したが，1997年末現在621小教区に信徒47万5,000人を擁し，ノルマンディー派ゴシック様式の壮麗

な*司教座聖堂をもつ都市として繁栄している．1944年ノルマンディー上陸作戦後，最初に解放された都市である．
【文献】AnPont (1999) 89; DHGE 7: 25-40.
（橋口倫介）

バイヨンヌ　Bayonne　フランス南西部，ピレネー・ザトランティク県の河港都市．ローマ時代の城郭町が起源で，交通・軍事の要衝であった．中世にはイングランドの支配下にあったが，18世紀に港として繁栄し，この地方の行政，商業，金融の中心地となった．バイヨンヌ司教区はオーシュ (Auch) 教会管区に所属．1995年現在，教区人口58万1,000，カトリック信者数55万．小教区は523．420名の教区司祭，131名の修道司祭，211名の信徒修道士，1,153名の修道女がいる．
【文献】平大百科 11: 945; AnPont (1997) 87; Cath. 1: 1331-34; DHGE 7: 54-59.
（山口和彦）

ハイラー　Heiler, Friedrich　(1892.1.30-1967.4.28)　ドイツの宗教学者，神学者．*ミュンヘンに生まれ，初めはカトリックとして，ミュンヘンで神学，哲学，オリエント語学を学ぶ．まもなくスウェーデンの神学者*ゼーデルブロムと親交を結び，1919年*ウプサラで*ルター教会に転向する．1922年*マールブルク大学神学部教授として*比較宗教学，*宗教哲学を教える．1934年ナチス政権（→ナチズム）により追放されるが，1935年哲学教授として復職し，1948年より再び神学教授となる．*ヒューゲルなどの影響により，カトリックの立場に歩み寄り，*教会一致促進運動の指導者として活躍した．著書『祈り』(Das Gebet, 1918) は有名．
【文献】キ人 1058-59; ODCC³ 747; RGG³ 3: 145; TRE 14: 638-41.
（高橋章）

はいりょうきがん　拝領祈願　→聖体拝領

はいりょうしょう　拝領唱　→聖体拝領

バイロン　Byron, George Gordon Noel　(1788.1.22-1824.4.19)　イギリスの詩人．放蕩無頼で知られた貴族を父とし，癇の強いスコットランド人を母として*ロンドンに生まれたが，幼少時から父と別れ，母の故郷アバディーン (Aberdeen) で育てられた．1798年に大伯父の第5代バイロン男爵が死んだので，名跡を継いでノッティンガムシャーのニューステッド・アビー (Newstead Abbey) に移った．ハロウ校と*ケンブリッジ大学のトリニティ・コレッジに学び，借金をつくるなど放埒な気風を発揮し始める．在学中に出版した最初の詩集『無為の時』(Hours of Idleness, 1807) が『エディンバラ・リヴュー』(Edinburgh Review) に酷評されたので，『イングランドの詩人とスコットランドの批評家』(English Bards and Scottish Reviewers, 1809) で反撃するとともに諷刺詩の才を示した．1809年，貴族院議員となる．同年から2年間，ポルトガル，スペイン，マルタ，ギリシア等を旅行．その旅行記である『若殿ハロルドの遍歴』(Childe Harold's Pilgrimage) の最初の2巻を1812年に出版したところ爆発的な人気を博し，ロンドン社交界の花形としてもてはやされた．多くの物語詩や，旧約聖書に取材した諸編を含む短詩集『ヘブライ調』(Hebrew Melodies, 1815) を出版．この間，数々の女性と浮き名を流し，1815年には結婚するも長続きせず，あまりの乱脈な生活ぶりに上流社会からも愛想を尽かされ，1816年，追われるようにイギリスを出て大陸に渡った．以後，スイスとイタリアを放浪し，『マンフレッド』(Manfred, 1817)，『ドン・ジュアン』(Don Juan, 1817-22) 等の大作を書いた．ギリシア独立運動に熱狂的に関わり，1823年には独立戦争に参戦したが，翌年，戦地メゾロンギオン (Mesolongion) で熱病にかかり死んだ．彼は多くの作品のなかで，自身に似た多感で自由奔放で叛逆的な人物を描き出したが，「バイロン的英雄」(Byronic hero) とも呼ばれるこの類型的な人物像は*ロマン主義の風潮のなかで偶像崇拝的な人気を得，作者の名を全ヨーロッパ的に高めるのに一役買った．しかし，いうまでもなく，このような精神は当時の体制的宗教の立場や一般人の倫理意識と相いれるものではなかった．
【文献】L. A. MARCHAND, Byron, 3 v. (New York 1957); F. M. DOHERTY, Byron (London 1968).
（舟川一彦）

バインヴェル　→バンヴェル

ハインリヒ　Heinrich, Johann Baptist　(1816.4.15-1891.2.9)　19世紀ドイツのカトリック神学者．生没地は*マインツ．1842-44年テュービンゲン (Tübingen)，*フライブルク大学で神学を学び，1845年司祭に叙階．51年マインツの神学院の教理学教授に就任．その後，マインツ司教座聖堂の主任司祭などを歴任．司牧神学の雑誌『カトリック』(Der Katholik) の編集に携わる．著作に『教理神学』全6巻 (Dogmatische Theologie, 1873-87) がある．
【文献】キ人 1062; DThC 6: 2124-25; LThK³ 4: 1400; NCE 6: 998.
（坂田俊也）

ハインリヒ1世　Heinrich I　(876頃-936.7.2)　ザクセン朝の最初のドイツ国王 (在位919-36)．912年にザクセン大公となり，918年に初代ドイツ国王*コンラート1世の指名を受け，919年にフランクと*ザクセンの豪族によって国王に選出された．*バイエルンとシュヴァーベン (Schwaben) の豪族は新国王を承認しなかったが，ハインリヒは彼らを屈伏させ，さらにロートリンゲン (Lothringen) を征服して権力基盤を固めた．また，東方から侵入するマジャール人に対抗し，王国の東北部に領土拡張を進めて，被征服者や同盟者をキリスト教化した．教会との関係では，登位にあたって*マインツ大司教による*塗油と*聖別を拒否し，*聖職者を側近から排除することでその影響力を抑えた．その一方で，トゥール (Toul) の司教に伯としての世俗権力 (Grafschaft) を与えることにより，教会を王国の統治に利用する政策を開始した．*司教や*大修道院長に領地と不入権 (→インムニタス) を与えることで王権との関係を強め，豪族の支配を弱める政策は，彼の子である*オットー1世に継承され，ザクセン朝の基本的な統治政策の一つとなった．メムレーベン (Memleben) にて死去．また，ハインリヒの妻*マティルデは幾つかの*修道院を創建し，貧しい人々を援助したことから後に*列聖された．
【文献】キ史 3: 95-96; キ人 1060; DMA 5: 474-75; LMit 4: 2036-37; LThK³ 4: 1374-75.
（池田健二）

ハインリヒ2世　Heinrich II　(973.5.6-1024.7.

ハインリヒ3世

13) 聖人(祝日7月13日), ドイツ皇帝(在位 1002-24). *ヒルデスハイムの生まれともいわれ, 深い信仰と政治力を備えた皇帝. *千年至福説の影響を受け, 終末の皇帝として現世の秩序を回復すべく努力した. レーゲンスブルク司教の*ヴォルフガングなどから教育を受け, 1002年にザクセン朝最後のドイツ王となった. ブルグンド王国に対する相続権を確保し, イタリア遠征でイヴレアのアルドゥイン(Arduin d'Ivrea, 995-1015) を破ってイタリア王となる(1004)など外交面で成功を収めた. 1014年にローマで教皇*ベネディクトゥス8世から皇帝加冠された. 帝国教会の設立に尽力し, メルゼブルク(Merseburg)司教座を復興し(1004), *バンベルク司教座を設立した(1007). 後者は宣教の拠点かつ皇帝権の中心となった. さらに*バーゼルや*ストラスブールの司教座などに多大な援助を与えた. 修道院改革にも熱心で, *ゴルツェの修道院, *トリールのザンクト・マクシミン修道院の改革運動に対する支援も行った. 写本や祭壇をはじめ多くの芸術品を教会に寄進した. 妃*クニグンデとの間には子どもがなかったが, 教皇*エウゲニウス3世がハインリヒを列聖した際(1146)に書かれた伝記には, 結婚生活において純潔を守ったことを讃える記述がある. 没後バンベルクの大聖堂に埋葬された.

【文献】LThK³ 4: 1375-76; W. VON DEN STEINEN, *Kaiser Heinrich II der Heilige* (Bamberg 1924); R. HOLTZMANN, *Geschichte der sächsischen Kaiserzeit, 900-1024* (München ³1955) 381-487. (杉崎泰一郎)

ハインリヒ3世　Heinrich III

(1017.10.28-1056.10.5) ザリエル朝コンラート2世(Konrad II, 在位1024-39)の子. 1028年よりドイツ王(在位 1028-56. 統治は1039年より). 1039年*神聖ローマ帝国皇帝に即位した(在位1046-56). 広大な直轄領のほかドイツ以外にも広く封建的宗主権を行使した(→封建制度). 神によって*聖別された皇帝として(→王権神授説), 俗権と教権の協調による教会改革を自ら指導しようとした. これは*グレゴリウス改革以前の教会改革理念といえる. 彼はこの立場から, *教皇庁を*ローマ周辺の貴族の支配から解放すべく, 1046年ストリ(Sutri)およびローマの*教会会議で対立する3教皇を廃位し, 以後4代にわたりドイツ出身の教皇を任命した. そのなかには*レオ9世のような偉大な改革教皇が含まれる. ボトフェルト(Bodfeld)にて死去.

【文献】LMit 4: 1592-93, 2039-41; LThK³ 4: 1376; MEL 11: 638; A. HAUCK, *Kirchengeschichte Deutschlands*, v. 3 (Berlin ⁶1952) 571-623. (坂口昂吉)

ハインリヒ4世　Heinrich IV

(1050.11.11-1106.8.7) ドイツのザリエル朝のドイツ王(在位1056-1105). *神聖ローマ帝国皇帝(在位1084-1105). *ハインリヒ3世の子. ゴスラー(Goslar)に生まれたとされる. 1053年父の命により王位に選ばれ, 父の死後1062年まで母后アグネス(Agnes, 1025頃-77)を摂政とし, 1065年3月29日成人宣言(Mündigkeitserklärung)をした. 母后のあとで摂政を務めた大司教(ケルンの*アンノ2世, ブレーメンの*アダルベルト)の影響を受け, 教養に富む人物であった. ハインリヒの幼年時代に勢力を得て分裂割拠した*ザクセンを中心とする諸侯に対しては新興の家士(Ministerialen)と都市民を重用して諸侯を抑えることで中央集権を目指そうとした. また, *司教と*大修道院を叙任する権利を固守して帝国教会(Reichskirche)の支配を求めたので, 教会改革を目指す教皇*グレゴリウス7世および*ウルバヌス2世と対立することになった. だが当初彼は教皇に敬意を表し, 教会改革に協調的であった. しかし1073年, ザクセンを中心とする諸侯が反乱を起こし, 教皇側と結んだとき, 情勢は一変した. 1075年末, *ミラノの大司教に, ハインリヒが教皇の意向を無視して, 自らの宮廷司祭テダルド(Thedald, 在職1075-85)を任命したことから*叙任権闘争が勃発した. グレゴリウス7世の非難を受けたハインリヒは, 1076年1月24日*ヴォルムス教会会議で*教皇退位を宣言し, 王位の神授と不可侵を主張した(→王権神授説). これに対しグレゴリウス7世は彼を*破門とし, 皇帝に対する臣下の忠誠の誓い(Treueide)を解いた. 皇帝はこのため窮地に陥り, 1077年1月28日*カノッサで教皇に痛悔を示して*赦免を受けた. その後勢力を回復した彼は, 1080年対立王シュヴァーベンのルドルフ(Rudolf von Schwaben)つまりルドルフ・フォン・ラインフェルデン(Rudolf von Rheinfelden, 1020/30-1080)を敗死せしめ, *対立教皇クレメンス3世(Clemens III, 在位1084-1100)を擁立して, その手から皇帝戴冠を得, グレゴリウス7世をローマから追い*サレルノで客死せしめた. しかし次代*ヴィクトル3世の後継として1088年教皇となったウルバヌス2世は, 外交的手腕を駆使して叙任権闘争を継続した. またハインリヒ4世は1105年, 息子*ハインリヒ5世の謀反にあい, 権力を喪失し, 世俗面でも中央集権政策を貫徹できなかったのである. リュッティヒ(Lüttich)にて死去.

【文献】LMit 4: 2041-43; LThK³ 4: 1377; MEL 11: 638-39; A. HAUCK, *Kirchengeschichte Deutschlands*, v. 3 (Berlin ⁶1952) 724-886. (坂口昂吉)

ハインリヒ5世　Heinrich V

(1086.8.11-1125.5.23) ドイツのザリエル朝*ハインリヒ4世の子, ドイツ王(在位1098-1125), *神聖ローマ帝国皇帝(在位1111-25). 当初, 父帝に反抗し, 諸侯と*教皇を支持していたが, 自らドイツ王・神聖ローマ帝国皇帝となるや, 父帝以上に諸侯を抑え, 教皇権に敵対するようになった. 1110年イタリアへ遠征し, 当地の皇帝権復活と聖職叙任権獲得を目指した(→叙任権闘争). 1111年, 教皇*パスカリス2世を捕らえ, ポンテ・マンモロ(Ponte Mammolo)の協約により, 叙任権を奪取し, 皇帝戴冠を強要した. しかし帰国後, 1112年の*ラテラノにおける*教会会議はこれを承認せず, *ヴィエンヌの大司教グイド(後の教皇*カリストゥス2世)のもとで開催された教会会議は彼を*破門に処した. 1116年, 再度イタリアへ遠征. トスカーナ辺境伯夫人*マティルデの遺領を獲得し, 1118年*ローマに入り*ブラガの大司教マウリティウス(Mauritius)をグレゴリウス8世(Gregorius VIII, 在位1118-21)として*対立教皇に擁立したが, 叙任権の問題をめぐる交渉は進展しなかった. 1122年, 教皇カリストゥス2世との間に成立した*ヴォルムス協約は, 叙任権闘争を解決した. そしてこの結果, ドイツにおける聖職叙任は皇帝に有利となった. しかしこれは, ハインリヒの功績というより, 諸侯の主導で行われた教皇との交渉の結果である. また世俗統治の面でも, 彼は諸侯の台頭を抑えきれなかったのである.

【文献】HKG(J)III/1: 450-61; LMit 4: 2043-45; LThK³ 4: 1377-78; A. HAUCK, *Kirchengeschichte Deutschlands*, v. 3 (Berlin ⁶1952) 885-923. (坂口昂吉)

ハインリヒ6世　Heinrich VI（1165-1197. 9. 28）　ホーエンシュタウフェン朝の第3代のドイツ国王（在位 1169-97）．ネイメーヘン（Nijmegen, 現オランダ東部）に生まれる．1186年には*シチリア王国の王位継承者であったコンスタンツェ（Konstanze, ?-1198）と結婚し，1191年には父*フリードリヒ1世の跡を継いで*神聖ローマ帝国皇帝（在位 1191-97）となった．1189年にシチリア王が死ぬと王位継承を求めて南イタリアに軍を進めたが，シチリアではタンクレディ（Tancredi, ?-1194）が王位を継ぎ，皇帝による南北イタリアの支配を恐れる教皇*クレメンス3世はタンクレディを支持した．しかし1194年にタンクレディは病死し，ハインリヒはついにシチリア王位を手に入れ，帝国の拡大に成功した．皇帝としてハインリヒが父から引き継いだ政治的課題は，ホーエンシュタウフェン家の永続的な皇位継承権をドイツ諸侯に認めさせること，教皇権との間で争われていた領土問題（→教皇領）を解決すること，*エルサレム・ラテン王国をイスラム支配から解放することであった．しかしドイツ国内では諸侯との対立が続き，シチリアでも反乱が起きるなかで，1197年，幼い皇子*フリードリヒ2世を残して遠征先シチリアのメッシーナ（Messina）で病死した．
【文献】キ人 1060-61; DMA 6: 164; LMit 4: 2045-47; LThK³ 4: 1378-79; NCE 6: 1034.　　　（池田健二）

ハインリヒ7世　Heinrich VII（1275頃-1313. 8. 24）　ルクセンブルク家の神聖ローマ皇帝（在位 1312-13）．1288年ルクセンブルク伯．1308年，*マインツの大司教らの支持を受けてドイツ王となる．婚姻政策によって息子のヨハン（Johann, 1296-1346）をボヘミアの王位に就け，東に勢力を伸ばした後，1310年にイタリアに遠征，1312年ローマで帝冠を受ける．イタリア支配の拡大を目指したが，教皇を支持するアンジュー家のナポリ王ロベール（Robert d'Anjou, 在位 1309-43）と対立．企図半ばにして，*シエナの南，ブオンコンヴェント（Buonconvento）で病死した．
【文献】LThK³ 4: 1379; LMit 4: 1047-49.　（石井祥裕）

ハインリヒ〔ウプサラの〕　Heinrich（?-1155/56頃）　聖人（祝日1月19日），殉教者．フィンランドの教会の*守護の聖人．イングランドに生まれ，1152年に後の教皇*ハドリアヌス4世とともにスウェーデンに行き，*ウプサラの司教となったといわれる．1156年頃，*エリク9世の宣教十字軍とともにフィンランドへ赴き宣教に努めたが，*破門とした農夫により氷の湖で殺された．1158年に*列聖．スウェーデン，デンマーク，ノルウェーと，17世紀からはポーランドでも*聖人崇敬が広まった．
【文献】LThK² 5: 202; LThK³ 4: 1384.　　（久野暁子）

ハインリヒ・ハインブヘ〔ランゲンシュタインの〕　Heinrich Heinbuche（1325-1397. 2. 11）　ドイツの神学者，説教家，教会政治家．ヘッセン地方のランゲンシュタイン（Langenstein）に生まれ，*ウィーンで没す．「良心博士」（Doctor conscientiosus）あるいは「ヘッセンの長老ハインリヒ」（Heinrich von Hessen der Ältere）とも呼ばれる．*パリで学び，学位取得後，1363年より同地で*唯名論哲学を講じる．1375年神学博士．*パリ大学で聖書学を教授する．1378年に*教会大分裂が起こったとき，教皇*ウルバヌス6世を支持したためパリを去り，ライン地方のエーベルバハ（Eberbach）と*ヴォルムスに赴いた．バイエルン選帝侯アルブレヒト3世（Albrecht III, 1365-95）によってウィーンに招かれ，1384年*ウィーン大学再建に力を尽くし，1393年学長に就任した．哲学と神学をはじめ自然科学，経済学，政治学など多方面にわたる著作活動を展開した．主な著作に『平和の書簡』（Epistola pacis, 1379），『教会危機の行方に関して』（De futuris periculis ecclesiae, 1383）などがある．
【文献】キ人 1061; LThK² 5: 190-91.　　（阿部仲麻呂）

ハインリヒ・ヘルプ　→　ハルピウス・ファン・エルプ

ハウ　Howe, John（1630. 5. 17-1705. 4. 2）　イングランドの*ピューリタンの牧師，著述家．レスターシャーのラフバラ（Loughborough）に生まれ，*ケンブリッジ大学，*オックスフォード大学で学ぶ．O. *クロムウェルの私的*チャプレン（1657），アイルランドのアントリム城のチャプレン（1670），*ロンドンの非国教会牧師（1676），亡命先の*ユトレヒトでのイングランド人教会牧師などを歴任した後（1687），名誉革命の際ウィリアム3世（William III, 在位 1689-1702）を迎えた非国教徒牧師代表団の首席を務めた（1688）．ピューリタン諸教派の一致のために尽力した．
【文献】キ人 1063; NIDChC 486; ODCC² 671.
　　　　　　　　　　　　　　　　（秋山昇）

バウア　Baur, Ferdinand Christian（1792. 6. 21-1860. 12. 2）　ドイツのプロテスタント神学者，初代教会史家．シュトゥットガルト近くのシュミーデン（Schmiden）に生まれる．テュービンゲン大学で学んだ後，1817年よりブラウボイレン（Blaubeuren）の神学校で哲学と神学を教え，1826年よりテュービンゲン大学の神学教授となる．最初は*シュライエルマッハーの影響下にあったが，*ヘーゲルとの出会いにより，ヘーゲル哲学右派として原始キリスト教史論を展開した．彼は正・反・合の*弁証法の理論を使い，*ペトロに代表されるヘレニズム的キリスト教をアンチテーゼとし，それを統合する形で初期キリスト教が成立したと説明した．また*新約聖書の各書に対しても批判的分析を展開し，*ヨハネによる福音書を初期カトリック教会の神学が反映しているゆえに2世紀の半ばのものとし，*パウロの真正の書簡は，ガラテヤ書，ローマ書，1, 2コリント書のみであると論じた．彼はいわゆる*テュービンゲン学派の創始者であり，*自由主義神学の唱導者の一人となった．
　主著として『教会史』全5巻（Geschichte der christlichen Kirche, 5 v., 1853-63），『パウロ』（Paulus, der Apostel Jesu Christi, 1845），『正典としての福音書に関する批判的研究』（Kritische Untersuchungen über die Kanonischen Evangelien, 1847）などがある．
【文献】キ人 1064; LThK³ 2: 95-97; ODCC² 144; NIDChC² 111-12; RGG³ 1: 935-38; TRE5: 352-59.
　　　　　　　　　　　　　　　　（髙橋章）

バウアー　Bauer, Bruno（1809. 9. 6-1882. 4. 15）　ドイツの神学者，哲学者，歴史学者．チューリンゲンのアイゼンベルク（Eisenberg）に生まれ，*ベルリンで*ヘーゲルのもとに学ぶ．ヘーゲル右派から左派へ転じ，D. F. *シュトラウス以上に過激な聖書批判の書を執筆

し，新約聖書を*福音記者の自己意識の視点から捉える研究を推し進め，1842年には教職を追われた．しかし，その後もベルリンで歴史研究を続け，『キリストと皇帝たち』(Christus und die Cäsaren, 1877)において，ギリシア・ローマ哲学にキリスト教の起源があることを論証しようと試みた．この著書はヘーゲル左派思想史の変遷のなかで，K.*マルクスや*エンゲルスにも影響を与えた．
【主著】*Kritik der evangelischen Geschichte des Johannes*, 1849; *Kritik der evangelischen Geschichte der Synoptiker*, 3 v., 1841-42.
【文献】キ人 1064; LThK² 2: 57-58; NIDChC 111; ODCC² 143; RGG³ 1: 922-24; TRE 5: 314-17.
(高橋章)

バウアー **Bauer, Walter** (1877. 8. 8-1960. 11. 17) ドイツのプロテスタント新約聖書学者，初代教会史家．ケーニヒスベルク(現*カリニングラード)に生まれ，ゲッティンゲン(Göttingen)で没す．1902年*マールブルク大学の私講師となったのを皮切りに，1913年ブレスラウ大学講師．1919年よりゲッティンゲン大学教授．以後1945年まで新約聖書学を講じた．著作に『新約外典時代におけるイエスの生涯』(Das Leben Jesu im Zeitalter der neutestamentlichen Apokryphen, 1909)と『初期キリスト教における正統と異端』(Rechtgläubigkeit und Ketzerei im ältesten Christentum, 1934)がある．後者では，初期キリスト教において，*異端とされたほうがむしろ*正統信仰よりも優位に立っていたと主張し，波紋を投げた．さらに『ギリシア語-ドイツ語大辞典』(略号 Bauer)は，彼の記念碑的な著作で，新約聖書の最も標準的な辞典として国際的に高い評価を得ている．
【文献】キ人 1063; LThK³ 2: 87; NCE 2: 171.
(坂田俊也)

ハーヴァードだいがく ハーヴァード大学 **Harvard University** 1636年にアメリカ合衆国最古の高等教育機関としてマサチューセッツ州ケンブリッジ(Cambridge)に創立された私立大学．設立基金を提供した*ケンブリッジ大学出身の*ピューリタンの牧師ハーヴァード(John Harvard, 1607-38)の名を冠し，牧師養成を主目的として創立される．以来ピューリタニズムの影響が強かったが，公式には特定の宗派に属さなかった．一般大学としての躍進は，1708年，初の非聖職者学長レヴェレット(John Leverett, 1662-1724)の時代に始まる．エリオット(Charles William Eliot, 1834-1926)の学長時代(1869-1909)，近代大学への変貌を遂げた．この期間に法学部と医学部を再編・強化し，さらに経営学部，歯学部，人文・科学部を創設．歴代大統領6名，ノーベル賞受賞者34名を輩出している．アメリカを代表するのみでなく，世界有数の大学として評価されている．
(川村信三)

ハーヴィ **Harvey, William** (1578. 4. 1-1657. 6. 3) イングランドの医師．*ケンブリッジ大学で医学を修め，後に*パドヴァ大学の医学校に留学，ファブリキウス(Fabricius ab Aquapendente, 1533-1619)のもとで研鑽を積む．イングランドに戻って，*ロンドンの医学校で教鞭をとる．1623年*ジェイムズ1世の侍医となる．1628年に「動物における心臓と血液の運動に関する解剖学的研究」(Exercitatio anatomica de motu cordis et sanguinis in animalibus)と題する冊子を発表，そのなかで，初めて血液の大循環と小循環についての記述を行った．この時期，太陽を中心とする天界(マクロコスモス)の循環運動が定着し始め，これとの対比で，人体(ミクロコスモス)にも「循環」があるべきである，というプラトン的な着想が広まりつつあったので，そうした傾向の人々に歓迎された．1632年*チャールズ1世の侍医となったが，革命によって王は処刑され，自らも打撃を被った．血液循環論のほか昆虫や生殖に関する仕事もある．
(村上陽一郎)

パヴィア **Pavia** イタリア北部，ロンバルディア(Lombardia)州の都市．古代からの町でティキヌム(Ticinum)と呼ばれた．前2世紀頃より*ローマ帝国の支配．*テオドリクスのもとで東ゴート王国(→東ゴート人)の首都となる．また，パピア(Papia)という名で，ランゴバルド王国(→ランゴバルド族)の首都にもなった．12世紀半ばからは*神聖ローマ帝国のイタリア進出の足がかりとなった．内部抗争が続いた後，1359年にヴィスコンティ家(Visconti)のミラノ公国(→ミラノ)に併合される．その後，スフォルツァ家(Sforza)によって自治権が与えられたが，スペイン，オーストリア，フランスに次々に支配される．7世紀後半より*教会会議が開かれた．郊外にある*カルトゥジア修道会の修道院チェルトーザ・ディ・パヴィア(Certosa di Pavia, 創建1396)が有名．1997年現在，教区人口14万2,532，うちカトリック信徒数14万2,097．教区司祭133．修道司祭36．信徒修道士49．修道女273．
【文献】AnPont (1999) 535-36; A. ADDEO, *Pavia e S. Agostino* (Pavia 1950).
(秋山有紀)

パヴィアだいがく パヴィア大学 **Università di Pavia** イタリアのロンバルディア州南部パヴィアにある世界最古の大学の一つ．
825年，*ロタール1世の勅命により，同市に開設された高等教育専門学校が大学の前身．約5世紀の後，ミラノ公ジャン・ガレアッツォ・ヴィスコンティ(Gian Galeazzo Visconti, 1351-1402)がこの学校を公国の大学と制定．1361年皇帝*カール4世が，教養教育を行う大学としてこれを承認，今日に至る．イタリアおよびヨーロッパ各国にその名を広め，ハプスブルク家がロンバルディアを支配していた時代には，L.*ヴァラ等の人文学者をはじめ，特に18世紀後半には*フォスコロ等の著名な作家，科学者(アレッサンドロ・ヴォルタ Alessandro Volta, 1745-1827)等が教授を務め，さらに大学の名を高めた．多数の学生寮をもち，早くから全寮制による独特の教育システムを打ち出し高く評価されている．なかでも1561年，*カルロ・ボロメオによって創設されたボロメオ学寮(Collegio Borromeo)と，教皇*ピウス5世によって1567年に創立されたギスリエーリ学寮(Collegio Ghislieri)は，今日に至るまで二雄と称され，ライバル意識も強い．現在国立パヴィア大学は，数学科学，自然物理，政治科学，医学(パヴィアのほかヴァレーゼ Varese に分校)，文学哲学，工学，法学，薬学，経済(パヴィアとヴァレーゼ)，そして古文書学と音楽理論(所在地クレモナ Cremona)の11学部からなり，医学部付属病院を併せもつ．ほかに語学センター，コンピュータ・ティーチングルームなど最新技術を駆使したテクノロジー・インフォメーション・システムも注目され

ている．諸外国との交換教授，交換学生も盛んに行われている．ルネサンス期の天才，*レオナルド・ダ・ヴィンチがここの解剖学研究所で人体解剖を見学したエピソードや，後年 *アインシュタインが1年間の滞在中，詩人フォスコロの家に住んでいたことがよく知られている．

(A. ザンバルピエリ)

パヴェーゼ Pavese, Cesare (1908. 9. 9–1950. 8. 27) イタリアの小説家，詩人．ピエモンテ州の田園地帯に生まれる．トリノ大学でアメリカ文学を専攻．雑誌『クルトゥーラ』(Cultura) の編集長時代に，ファシスト当局によりイタリア半島南端の辺鄙な村に追放の身となる(1935–36)．日記『生きるという仕事』(Il mestiere di vivere, 1952) はこの頃書き始められた．この間の体験に基づく小説『流刑』(Il carcere, 執筆 1938–39) はネオレアリズモ文学(→イタリア文学)の原点ともされ，作家活動が円熟期を迎える 1949 年，『丘の上の家』(La casa in collina) とともに，『雄鶏が鳴く前に』(Prima che il gallo canti) として発表された．また幼年時代が一つの神話的世界を形成しており，それは詩集『働き疲れて』(Lavorare stanca, 1936)，『異神との対話』(Dialoghi con Leucò, 1947) に集約されている．三部作『美しい夏』(La bella estate)，『丘の上の悪魔』(Il diavolo sulle colline)，『女だけの世界』(Tra donne sole, いずれも 1949) では，農村世界に戻ることのできない都会の知識人の孤独と苦悩が追求される．小説『月とかがり火』(La luna e i falò, 1950) 発表直後に *トリノで自殺．遺詩集『まもなく死が，君と同じ眼をしてやってくるだろう』(Verrà la morte e avrà i tuoi occhi, 1951)．
【邦訳全集】河島英昭他訳『チェーザレ・パヴェーゼ全集』全 17 巻(晶文社 1969–)．　(白崎容子)

パウエル Powell, Edward (1478–1540. 7. 30) 殉教者，福者(祝日 7 月 30 日)．ウェールズ(Wales)生まれ．*ロンドンに没す．*オックスフォード大学で神学を学び，1509 年から *ヘンリ 8 世の宮廷付説教師．大陸では *ルターに対する種々の反論を発表したことで著名．ヘンリ 8 世とアラゴンのキャサリン(Catherine of Aragon, 1485–1536) の結婚の合法性を強調したため 1534 年にロンドン塔に監禁され，禁固と財産没収の判決を受けた．国王のイングランド国教会(→聖公会)における首長権(→首長令)を否認し，スミスフィールド(Smithfield)で大逆罪により首吊り・四つ裂きの刑に処される．1886 年列福．
【文献】LThK² 8: 651.　(相原直美)

ハウエルズ Howells, William Dean (1837. 3. 1–1920. 5. 11) アメリカの小説家，編集者，批評家．オハイオ州マーティンズ・フェリ(Martins Ferry)に生まれる．新聞発行者の父のもと，オハイオ州内を転々とし，15 歳のときに作家活動を始める．*リンカーンの大統領選挙用の伝記 (Lives and Speeches of Abraham Lincoln, 1860) を書いたことから *ヴェネツィアの領事(1861–65)を命じられ，ヨーロッパ文化に触れる．*ボストンの文学サークルにも認められ，帰国後は雑誌の編集長を歴任するとともに，*ロマン主義に抗してアメリカ人の平凡な生活を忠実に描く *リアリズム文学論を提唱し，自らも『サイラス・ラパムの向上』(The Rise of Silas Lapham, 1885) ほか多数の小説を書いた．*ニューヨークにて死去．

【文献】EBritMi 5: 162；『世界文学大事典』3 (集英社 1997) 368.　(飯野友幸)

パヴォーニしゅうどうかい パヴォーニ修道会 〔伊〕Figli di Maria Immacolata (Pavoniani), 〔ラ〕Congregatio Filiorum Mariae Immaculatae, 〔略号〕F.M.I. 教皇庁立男子修道会．パヴォーニ(Lodovico Pavoni, 1784–1849) によって，彼自身が 1818 年頃から抱いていた，疎外された貧しい青少年たちのための新しい形の教育，および印刷物・良書の配布による福音宣教という理想を実現するために，1847 年イタリアのブレッシア(Brescia)で創立された．パヴォーニは 1818–21 年に貧しい青少年たちのために斬新な高等職業訓練校を創設．さらに視聴覚障害児のための教育にも深い理解を示し，彼らのために教育施設を開設した．会員たちはこの分野でのパイオニアとして活躍．会は 1892 年 *聖座によって認可された．1997 年現在の施設 35，会員数 221 名(うち，司祭 119 名)．総本部，ローマ．
【文献】AnPont (1999) 1464–65; DIP 3: 1507–13; A. VILLA, "I Pavoniani," *Ordini e Congregazioni religiose*, ed. M. ESCOBAR, v. 2 (Torino 1953) 1203–208.

(和田誠)

パウカパレア Paucapalea (生没年不詳) 12 世紀の *カマルドリ修道会の会員で *グラティアヌスの弟子，協力者，*『グラティアヌス法令集』の最初の注解者．*ボローニャで教え 1148 年頃に注解書を出し，後に *枢機卿となる．Pauca-palea (ラテン語で少ない，わらの意)の名前から，わらは実に勝るものでないとして，グラティアヌス後に付加された教令や注釈をすべて「パレア」(Palea わら) と呼ぶようになった．
【文献】LThK² 8: 197; Plöchl 2: 476; A. M. STICKLER, *Historia iuris canonici latini*, v. 1 (Torino 1950) 203–10.　(濱田了)

ハウスマン Hausmann, Manfred (1898. 9. 10–1986. 8. 6) ドイツの作家．ドイツ西部カッセル(Kassel)に生まれる．当初は浪漫的で陰鬱な描写によってその作風は彩られていたが，1937 年の小説『青春への別れ』(Abschied von der Jugend) によってキリスト教信仰への決定的な転回を宣言することになった．それは *キルケゴールおよび K. *バルトの影響を受けた結果である．またイヌイット(*エスキモー)，ギリシア，中国そして日本の文学の翻訳者としても知られる．ブレーメン(Bremen)にて没す．
【著作集】*Gesammelte Werke*, 12 v., 1983.
【主著】*Lilofee*, 1929; *Abel mit der Mundharmonika*, 1932; *Jahre des Lebens*, 1938; *Das Worpsweder Hirtenspiel*, 1946; *Der dunkle Reigen*, 1951; *Der Fischbecker Wandteppich*, 1955; *Liebe, Tod und Vollmondnächte*, 1980.
【文献】LThK³ 4: 1219; MEL 11: 533; *Der Literatur Brockhaus*, v. 2 (Mannheim 1988) 154–55.　(富田裕)

ハウスマン Housman, Alfred Edward (1859. 3. 26–1936. 4. 30) イギリスの古典学者，詩人．ウースターシャーのフォックベリ(Fockbury)に生まれる．*オックスフォード大学に学んだ後，1882 年から 10 年間特許庁に勤務，そのかたわら夜は大英博物館に通い，古典研究を深めた．学術誌 (Journal of Philology)

などに掲載された論文が認められロンドン大学でラテン語を教授し，1911年には*ケンブリッジ大学に移る．第一にラテン学者であることを自認し，30年以上かけてローマの詩人マルクス・マニリウス（Marcus Manilius, 1世紀初頭）の長詩編纂に心血を注いだが（1903-30），詩作にも優れ，『シュロプシャーの若者』（A Shropshire Lad, 1896）は息の長い支持を得た．ほかに文学論集として『詩の形態と本質』（The Name and Nature of Poetry, 1933）がある．ケンブリッジで没す．
【文献】EBritMi 5: 155-56; 齋藤勇監修『英米文学辞典』（研究社 ³1985）607.　　　　　　（杉木良明）

バウツ Bouts, Dirk（1420頃-1475）ハルレム（Haarlem）で生まれ，*ルーヴァンで活躍したフランドルの画家．1468年に，「市の画家」の称号を得る．初期にはファン・*エイク，ファン・デル・*ウェイデンの双方の様式から強い影響を受けた．オランダ出身の画家に特有の自然に対する鋭い感覚が，北方絵画では前例のない正確な空間表現と結びついて，『最後の晩餐の祭壇画』（1464-67，ルーヴァンのシント・ピーテルス教会），『オットー3世の裁判』（ブリュッセルの王立美術館）など後期の代表作が生まれた．背後に風景を含み込む*聖母子像・肖像画を創出した点も注目に値する．
【文献】DA 4: 590-96.　　　　　　（荒木成子）

ハウプトマン Hauptmann, Gerhart（1862.11.15-1946.6.6）ドイツの劇作家．バート・ザルツブルン（Bad Salzbrunn, 現ポーランドの*ヴロツワーフ近郊）に生まれる．『織工』（Die Weber, 1892）で知られる*自然主義の代表的存在であり，明治時代にすでに『沈鐘』（Die versunkene Glocke, 1897）の邦訳が出されている．1912年，ノーベル文学賞を受ける．青年時代に触れたプロテスタンティズム（*ヘルンフート派）にその源流を認める彼の文体にはルター訳ドイツ語聖書（→聖書の翻訳）の明らかな影響がある．*ベーメなどの*ドイツ神秘主義に関心をもち，教会権力による信仰の自由の拘束に批判の目を向けた彼にとって，キリストは個人主義的な宗教意識の代弁者であった．それが最もよく表れているのが悲劇『マグヌス・ガルベ』（Magnus Garbe, 1942）であろう．苦悩の神キリストと恍惚の神ディオニュソスとの対置が招くハウプトマン文学の緊張感は，一種の*グノーシス的な被造物への共感に由来しており，彼が単なる社会派作家ではないことを証明している．アグネーテンドルフ（Agnetendorf）にて没す．
【著作集】Ausgabe letzter Hand, 17 v., 1942.
【邦訳】久保栄訳『織工』（岩波書店 1954）; 泉鏡花他訳『沈鐘』（春陽堂 1908）．
【文献】RGG³ 3: 90-91; Der Literatur Brockhaus, v. 2 (Mannheim 1988) 153.　　　　　　（富田裕）

バウムガルテン Baumgarten, Alexander Gottlieb（1714.7.17-1762.5.27）ドイツの哲学者．*ベルリンに生まれる．C.*ヴォルフに師事し，最初は*ライプニッツの影響下にあったが，後にドイツ啓蒙主義におけるヴォルフ哲学の代表者となる．彼はまた，近代*美学のパイオニア的存在として歴史的に重要である．彼の美学の核心はすでに学位論文「詩についての哲学的考察」（Meditationes Philosophicae de Nonnvillis ad Poema Pertinentibus, 1735）に現れている．これは後に，フランクフルト大学での教職中の作品である全2巻の『感性学』（または『美学』Aesthetica, 1750, 1758）において，体系的に提出された．合理主義哲学において理性的認識に対して下位にある感性的認識を考察し，感性学（美学）を感性的*認識論と規定した．「美は感性的認識の完全性である」から，感性的認識論は美学であり，芸術の理論である．他面，推論によらない直観的認識について趣味を中心に論じたため，論理的性格が後退し，彼に続く美学者たちによって，認識から区別された感情の主観性の領域に移されることとなった．
【主著】Metaphysica, 1739; Ethica philosophica, 1740; Philosophia generalis, 1769.
【文献】Centro di Studi Filosofici di Gallarate, ed., Dizionario dei filosofi (Firenze 1976) 111.
　　　　　　（湯沢民夫）

バウムガルトナー Baumgartner, Alexander（1841.6.27-1910.10.5）スイスの文学史家，イエズス会員．*ザンクト・ガレンに生まれる．父は政治家でジャーナリストであったガルス・ヤーコプ・バウムガルトナー（Gallus Jakob Baumgartner, 1797-1869）．1860年*イエズス会入会．カトリックの世界観に基づいた文学研究の主唱者である．1873年には英国の*イエズス会学院ストーニーハースト（Stonyhurst）の教授になる．詩人，歴史家，旅行作家でもあり，近代ドイツ文学研究者として最も著名．ルクセンブルクにて没す．
【主著】Goethe. Sein Leben und seine Werke, 3 v., 1879-82, ⁴1923-25; Die Lauretanische Litanei, 1883, ³1904; Geschichte der Weltliteratur, 6 v., 1897-1911; Die Stellung der Katholiken zur neueren Literatur, 1910.
【文献】BBKL 1: 424; K. Muth, "A. Baumgartner S. J.," Hochland, 8. Jahrgang (1910-11) 237-39.
　　　　　　（富田裕）

バウムガルトナー Baumgartner, Walter（1887.11.24-1970.1.31）スイスのプロテスタント旧約聖書学者．ヴィンタートゥア（Winterthur）に生まれる．*チューリヒ，ドイツの*マールブルクやギーセン（Giessen）の各大学で歴史学やセム語，旧約聖書を研究．1913年哲学，16年神学，さらに26年テュービンゲン大学で神学博士号取得．1915-27年マールブルク，28年ギーセン，29-58年*バーゼルの各大学でヘブライ語や旧約聖書学を教え，専門誌（ThR, ThZ）の共同編集者も歴任．ケーラー（Ludwig Hugo Köhler, 1880-1956）との共著『旧約聖書ヘブライ語アラム語辞典』（Lexicon in veteris testamenti libros, 1953）のアラム語部分を執筆担当．同辞典の改訂3版（KB³）準備中にバーゼルで没す．
【主著】Die Klagegedichte des Jeremia, BZAW 32, 1917; Das Buch Daniel, 1926; Israelitische und altorientalische Weisheit, 1933.
論文集・業績: Zum Alten Testament und seiner Umwelt, 1959.
【文献】NCE 16: 22-23.　　　　　　（清水宏）

バウムシュタルク Baumstark, Anton（1872.8.4-1948.5.31）典礼学者，セム語学者．ドイツ南西部コンスタンツ（Konstanz）に生まれる．1899年より6年間ローマの*カンポ・サント・テウトニコで研究生活を送った．その学院長であったA.*ヴァールとともに，1901年学術雑誌『オリエンス・クリスティアヌス』（Ori-

ens Christianus)を創刊，1941年まで36巻を刊行し，東方キリスト教の研究に大きく貢献した．また，比較典礼学の第一人者として，キリスト教典礼の歴史的な発展に関する数々の優れた業績を残した．ボン大学をはじめ，多くの大学で東洋学を教えた．
【主著】*Geschichte der syrischen Literatur*, 1922; *Vom geschichtlichen Werden der Liturgie*, 1923; *Liturgie comparée*, 1940.
【文献】LThK³ 2: 94–95; NCE 2: 172–73; ODCC³ 171.
（高橋佳代子）

パウラ〔ローマの〕 Paula (347.5.5–404.1.26)
聖人(祝日1月26日). *ローマの貴族出身. 寡婦となって後, *ヒエロニムスに導かれ, 385年娘*エウストキウムらと*パレスチナやエジプトの修道士を訪問後, 東方に移住し, *ベツレヘムに修道院を建てた. 同地にて没す. *マルケラとも交流があった.
【文献】LThK³ 7: 1487.
（秋山有紀）

パウリキアヌスはパウリキアヌス派 Paulikianoi
7世紀に現れた二元論的異端分派. パウロス派ともいう.
【史料状況】パウリキアヌス派についてはアルメニア史料とビザンティン史料とでは内容が異なり, その起源, 教義, 初期の歴史については確立した定説はない. アルメニア史料ではパウリキアヌス派はサモサタの*パウロス(3世紀)の*キリスト養子説を受け継ぎ, *ネストリオス派や聖画像破壊主義者と同一視された. 彼らは*シリアからアルメニア(→アルメニア教会)にもたらされた初期シリア的形式を保つ「古信者」で, 後のトンドラク派(T'ondrakec'i)に引き継がれたと考えられる. ビザンティン史料ではその名は*マニ教の女性信徒の子サモサタのパウロスに由来するが, 真の創設者は7世紀のアルメニア人コンスタンティノス(Konstantinos, ?–689)で, *キリスト仮現説とマニ教的*二元論を抱いて小アジアに広がり, 9世紀にはテフリケ(Tephrikē)を都とする国家をつくった. *バシリウス1世に滅ぼされたが, イスラム教徒になったり, シリア, バルカン, 南イタリアに移住したりして存続, 12世紀には消滅した.
【一つの推論】アルメニア史料の語るパウリキアヌス派は, *聖画像破壊論争の時代に皇帝*レオ3世とコンスタンティヌス5世(Konstantinus V, 在位741, 743–75)によって歓迎され, おそらく極端な聖画像破壊の集団の影響のもとで, 9世紀前半にしだいにキリスト仮現説を受け入れ, 結局二元論になり, ビザンティン史料が語るパウリキアヌス派になり, 彼らが古代東方の信仰を, バルカンの*ボゴミール派やイタリア, 南フランスの*カタリ派に引き継いだと考えられる.
【文献】DMA 9: 468–70; P. Lemerle, "L'histoire des Pauliciens d'Asie Mineure d'après les sources grecques," *Travaux et mémoires* 5 (1973) 1–11; F. C. Conybear, *The Key of Truth: Manual of the Paulician Church of Armenia* (Oxford 1989).
（尚樹啓太郎）

パウリヌス〔アクイレイアの〕 Paulinus (750頃–802.1.11)
イタリアの*アクイレイアの総大司教. フリアウル(Friaul)生まれ. 文法学者として*シャルルマーニュの宮廷に招かれ, *アルクインと親交を結ぶ. 787年同大帝からアクイレイア総大司教に任命され, スペインの*キリスト養子説論者と論争し, *ニカイア・コンスタンティノポリス信条に*フィリオクェを加えるべきだと主張した.
【文献】キ人 1071; LThK³ 7: 1489–90; NCE 11: 28.
（相原直美）

パウリヌス〔聖バルトロマイの〕 Paulinus (1748.4.25–1806.2.7)
カルメル会員, 宣教師, 言語学者, 著述家. 本名フィリップ・ヴェツディン(Philipp Weszdin). オーストリアのホーフ(Hof)に生まれる. 1768年に*カルメル会に入会.
ローマ(1773), インド(1774–76)を旅行した後, 宣教師としてインド南西部マラバル(Malabar)に派遣され(1776–89), 王にも認められて成果を収める. その後, ローマのサン・パンクラツィオ宣教師養成学校教授(1790), *ウルバニアナ大学学長(1803)を務めた.
【主著】*Sidhārubam seu Grammatica Samscrdamica*, 1790; *India orientalis Christiana*, 1794.
【文献】LThK² 8: 208.
（久野暁子）

パウリヌス〔トリールの〕 Paulinus (?–358)
聖人(祝日8月31日). アレクサンドリアの*アタナシオスを支持し, *アレイオスの教説に反対した*トリールの司教. 347年頃*マクシミヌスの後任としてトリールの司教となる. 353年の*アルル教会会議でアタナシオスが断罪され, それに賛同しなかったパウリヌスは司教職を解任され, 皇帝*コンスタンティウス2世により*フリギアに追放, 困窮のうちに死亡した.
【文献】LThK² 8: 210; LThK³ 7: 1491–92.（伊能哲大）

パウリヌス〔ノラの〕 Paulinus (353/54–431.6.22)
聖人(祝日6月22日), イタリア南部カンパーニア, ノラ(Nola)の司教(在職409–31). *プルデンティウスと並ぶ*教父時代の最も重要なキリスト教ラテン詩人. *ボルドーの裕福な家に生まれ, 長じてカンパーニアの総督となり, 390年頃受洗した. 結婚し*バルセロナに在住したが, 生後まもない息子の死を契機に妻テラジア(Therasia)とともに禁欲生活を始め, 資産を貧しい人々に施した. 394年にバルセロナで司祭に叙階. 395年頃妻とともにノラに移住, 同地の*フェリクス崇敬を促進し, 厳格な修徳生活を送り, 慈善事業を続けた. ノラの水道, *バシリカを造営. 409年ノラの司教となる. パウリヌスはその高徳により生前から誉れ高く, トゥールの*マルティヌス, *アンブロシウス, *アウグスティヌス, *ヒエロニムス, アクイレイアの*ルフィヌス, 教皇*アナスタシウス1世等との広い交友関係をもつ. 現存する49の書簡と33の詩には, *聖人崇敬, *典礼および聖堂装飾, 典礼外の祈りの生活, 民衆生活等の描写がある. また, 詩において古典形式を用いながらも, それらを*希望と*愛という新しいキリスト教精神で満たしており, この古さと新しさの組み合わせが彼の最大の魅力の一つとなっている.
【著作校訂版】CSEL 29, 30; PL 61.
【文献】キ人 1072; LThK² 8: 208–209; RGG³ 5: 165.
（手塚奈々子）

パウリヌス〔ペリグーの〕 Paulinus (生没年不詳)
5世紀のガリアの詩人. ペリグー(Périgueux)の司祭であったと推定されるが, その生涯は不詳. 460年頃に叙事詩『司教聖マルティヌス伝』全6巻(*De vita sancti Martini episcopi*)を著した. このほかにもトゥー

パウリヌス〔ヨークの〕

ルの *マルティヌスにまつわる二つの小編を著し，トゥールの司教 *ペルペトゥウスに献呈した．
【文献】キ人 1072; DThC 12: 72; LThK² 8: 210.
(坂田俊也)

パウリヌス〔ヨークの〕 Paulinus (?-644.10.10)
聖人(祝日 10月10日)．イングランドの北ノーサンブリア (Northumbria) への最初の宣教者，*ヨークの初代司教．*ベネディクト会の会員で，教皇 *グレゴリウス 1 世によりカンタベリの *アウグスティヌスの宣教活動を補佐すべくイングランドに派遣された(601)．625 年ヨーク司教に叙階，ノーサンブリアに赴きノーサンブリア王 *エドウィンを，ケント王 *エセルベルトの娘でキリスト教徒の *エデルブルガとの結婚を機に改宗させた．王の死後はケントのロチェスター (Rochester) で司教を務めた．
【文献】LThK² 8: 211; NCE 11: 29.
(相原優子)

パウリヌス〔ルッカの〕 Paulinus (1世紀)
聖人(祝日 7 月 12 日)．イタリア中部ルッカ (Lucca) の最初の司教とされる．使徒 *ペトロの弟子で，ローマ皇帝 *ネロのもとで殉教したと伝えられる．最古の史料は 1197 年の碑文で，司教殉教者として言及するもの．1261 年に彼の墓とされるものが発見されたが，真偽のほどは不明．
【文献】BSS 10: 151-56; LThK² 8: 208.
(久野暁子)

パウリノス〔アンティオケイアの〕 Paulinos (?-388 頃)
*アンティオケイアの司教．361-415 年にアンティオケイアの教会内に分裂が生じ，*メレティオスが正統派の司教として 360 年に就任したのに対してアンティオケイアの *エウスタティオスを支持する人々は独自にパウリノスを対立司教に立てた．カイサレイアの *エウセビオスにより調停が図られたが成功せず，メレティオスの死後ローマ教会会議(382)により初めてパウリノスは司教として公認された．
【文献】キ人 1072; LThK³ 7: 1489; NCE 9: 631.
(相原直美)

パウリノス〔ペラの〕 Paulinos (376 頃-460 頃)
キリスト教詩人．マケドニアのペラ (Pella) で生まれる．詩人 *アウソニウスの孫．南仏で没す．彼の詩は風俗史および時代史的に貴重．*ウェルギリウスを多々用いながら，彼の主なる神に対する感謝の祈りの形式で自己の生涯を謳っている．
【著作校訂版】CSEL 16: 263-334.
【文献】キ人 1072; LThK² 8: 209-10.
(手塚奈々子)

パウルス Paulus, Heinrich Eberhard Gottlob (1761.9.1-1851.8.10)
ドイツの神学者，オリエント学者，言語学者．シュトゥットガルトの西レーオンベルク (Leonberg) に生まれる．広汎な領域の学問を修得し，旧新約聖書釈義，教会史，教義学などを教授した．1789 年イエナ大学のオリエント語教授となり，1793 年からは聖書釈義を担当．1803 年ヴュルツブルク大学に転任．1811-44 年には *ハイデルベルク大学の解釈学および教会史教授を務め，ハイデルベルクで没す．*ゼムラーやミヒャエーリス (Johann David Michaelis, 1717-91) らの影響を受け，合理主義的キリスト教を唱え，福音書の *奇跡物語の合理的解釈を試みた．
【主著】Leben Jesu als Grundlage einer reinen Geschichte des Urchristentums, 2 v., 1828.
【文献】キ人 1074; ODCC² 1055; RGG³ 5: 192.
(秋山昇)

パウルス 1 世 Paulus I (?-767.6.28)
聖人(祝日 6 月 28 日)，教皇(在位 757-67)．兄にあたる教皇 *ステファヌス 2 世の政策を受け継ぎ，親ビザンツ派を抑えて，フランクの *ペパン(ピピン短躯王)と連携した．*教皇領を脅かしたランゴバルド王デシデリウス (Desiderius, 在位 757-74) に対し，ペパンに出兵を求めた．またフランク教会の改革においてペパンを指導した．*教皇の権威の明確化にも尽力した．
【文献】キ人 1073; LP 1: 463-67; LThK² 8: 197-98; NCE 11: 12.
(杉崎泰一郎)

パウルス 2 世 Paulus II (1417.2.23-1471.7.26)
教皇(在位 1464-71)．ルネサンス教皇．*ヴェネツィアの出身で前名ピエトロ・バルボ (Pietro Barbo)．教皇 *エウゲニウス 4 世の甥．1440 年枢機卿となる．美術を愛し，ヴェネツィア宮殿を建てた．ドイツから印刷技術をもつ聖職者を招いて *スビアコで出版を始め，これをローマに移して(1467)ヴァティカン出版局の基礎を作った．一方で彼は人文主義者のポンポニウス・ラエトゥス (Pomponius Laetus, 1425 頃-1497) らを弾圧し，ローマ・アカデミアを閉鎖した．1470 年に *聖年に関する勅書を出し，1475 年以降は 25 年ごとに聖年を祝うことを定めた．
【文献】キ人 1073; LThK² 8: 198; NCE 11:12-13; H. MARC-BONNET, Les Papes de la Renaissance (Paris 1953).
(杉崎泰一郎)

パウルス 2 世
(ÖN)

パウルス 3 世 Paulus III (1468.2.28 頃-1549.11.10)
教皇(在位 1534.10.13-1549.11.10)．本名アレッサンドロ・ファルネーゼ (Alessandro Farnese)．父ピエルルイジ・ファルネーゼ (Pierluigi Farnese) と母ジョヴァネラ・ガエターニ (Giovanella Gaetani) の子としてイタリア中西部カニノ (Canino) に生まれる．*ローマではポンポニウス・レートゥス (Pomponius Laetus, 1428-97) のもとで，*フィレンツェでは *メディチ家でジョヴァンニ・デ・メディチ (Giovanni de' Medici, 後の教皇 *レオ 10 世) と親交を結び，また *ピサでは *人文主義の豊かな教養を身につけた．卓越した政治力を備え，教皇 *アレクサンデル 6 世によって教皇庁財政長に任命され，1493 年枢機卿に親任された．4 人の教皇，*ユリウス 2 世，レオ 10 世，*ハドリアヌス 6 世，クレメンス 7 世に仕え，1524 年よりオスティア (Ostia) の司教枢機卿，レオ 10 世在位中は *枢機卿会議首席，その没後，教皇候補者となり，クレメンス 7 世の信頼を受けて，その不在中の 1524 年および 33 年にローマ在留 *教皇特使となった．

ルネサンス時代人として，この教皇はそれまでの倫理的におおらかな面においては多くのローマの *高位聖職者と異ならず，ルネサンス期教皇から教会改革期教皇への移行期にあって二重の人物像を示している．前半生は人間的弱さを示し，4人の庶子（子息3人ピエルルイジ Pierluigi, パオロ Paolo, ラヌッチョ Ranuccio と娘コンスタンツァ Constanza）がいたこと，奢侈を喜び，現世を楽しむ生活や孫二人，アレッサンドロ・*ファルネーゼとアスカニオ・スフォルツァ (Ascanio Sforza, 1455-1505) を枢機卿に親任した *ネポティズムの点で，ルネサンス期教皇の悪習を示している．

パウルス3世
(ÖN)

【学芸の保護者】すでに枢機卿時代より芸術と学問を愛好し，教皇としてもこれらを奨励した．*ミケランジェロは *サン・ピエトロ大聖堂建築続行のために招かれ，パウルス3世在位中，*システィナ礼拝堂の「最後の審判」とパウルス小聖堂 (Capella Paolina) の壁画とを描いた．サン・ピエトロ大聖堂内の教皇の墓はミケランジェロの弟子ジャコモ・デラ・ポルタ (Giacomo della Porta, 1537-1602) の華麗な傑作である．

【教会改革の奨励者】パウルス3世は教会の改革に熱意を燃やした教皇であった．現代の歴史家たちは彼を「最初の改革教皇」と呼ぶ．歴史的にみてカトリック教会改革の力強い指導者ではなかったが，その奨励者または先駆者ではあった．すでに67歳になり，1521年と23年にも教皇候補者となっていた彼は，コロンナ家 (Colonna) 家とメディチ家の反対にもかかわらず，1534年10月13日の枢機卿会議において全員一致で教皇に選出された．

新教皇の基本課題は，(1) *異端に対する戦い，(2) 教会改革，(3) キリスト教世界の平和であった．キリスト教世界の平和を願いつつ，初めに新教皇は枢機卿会議の刷新に着手し，主として学識と *霊性において優れた人々，例えば *ジョン・フィッシャー，カラッファ（後の教皇 *パウルス4世），*コンタリーニ，*サドレート，*ポール，チェルヴィーニ（後の教皇 *マルケルス2世），*モローネなどを枢機卿に親任した．1536年，教皇は勅書『スブリミス・デウス』(Sublimis Deus) をもってこれらの枢機卿からなる教会改革委員会を召集し，『教会改革勧告書』(Consilium de emendanda ecclesia) を作成した．この答申書は *トリエント公会議の議題の基礎となった．

さらに教皇は教会改革を推進するために使徒的宣教に奉仕する聖職者諸修道会，*テアティニ修道会，*バルナバ修道会，*ソマスカ修道会，存続が危機的状況にあった *カプチン・フランシスコ修道会を強く支持し，特に1540年9月27日 *大勅書『レギミニ・ミリタンティス・エクレジアエ』(Regimini militantis ecclesiae) をもって *イエズス会を公認した．イエズス会員は特別な教皇への従順の誓願によって教皇の決定のままに地球上のどこであろうとも人類の住むところに赴く義務を負うこととされた．さらにまた同教皇のもとで，教皇庁による *異端審問の制度が再組織された．こうして1542年7月大勅書『リケト・アブ・イニティオ』(Licet ab initio) をもって「検邪聖省」(Congregatio sancti officii) の名で知られた *教皇庁の異端審問所が設置された．その初代異端審問所長官に就任したのは，後に教皇パウルス4世となるカラッファとスペイン人の *トレドであった．異端審問はカトリック信仰の純粋維持を指導し，かつ異端者および嫌疑者に対して処置をとるべき主旨を宣言した．教皇の大勅書によって，この異端審問所は全教会の謬説やその疑いのあるところに介入すべきこととされた．この異端審問所の判決は厳しいものになっていったが，他方ではカトリック教会の自己改革の主張でもあった．

【ヨーロッパの教会分離】ドイツ，フランス，スイスその他の諸国において，またイングランドでもテューダー朝のもとで *宗教改革が行われた．イングランドでは教理上の問題ではなく，国王 *ヘンリ8世が王妃との離婚問題を起因に教皇と争うという，政治的動機から始まった．これに対し，パウルス3世は *破門および王位喪失を宣言したが，その1535年の破門大勅書が公表されたのは1538年であった．皇帝 *カール5世の提案によるハーゲナウ宗教会談，*ヴォルムス宗教会談および *レーゲンスブルク宗教会談には教皇特使を派遣したが，それらは和解を実現することなく，むしろ分離という結末をもたらした．

【トリエント公会議の開催】パウルス3世がカトリック教会の刷新のために尽くした最大の貢献はトリエント公会議の召集である．1544年11月19日の大勅書『ラエタレ・エルサレム』(Laetare Jerusalem) は，1545年3月15日，トリエントで公会議が開催される旨を告げた．諸事情から開会は延び，公会議開催ミサが献げられたのは同年12月13日であった．同公会議の重要な会期はパウルス3世の在位中のことであった．

【文献】カ大 4: 187-88; キ人 1073; LThK³ 7: 1521-22; Pastor 5; Seppelt 5: 12-57, 504-10; TRE 26: 118-21; P. S. PALLAVICINO, *Istoria del concilio di Trento*, 3 v. (Roma 1656-57); W. FRIEDENSBURG, *Kaiser Karl V und Papst Paul III* (Leipzig 1932); L. DOREZ, *La Cour du Pape Paul III*, 2 v. (Paris 1932); H. LUTZ, *Christianitas afflicta* (Göttingen 1964). 　　(鈴木宣明)

パウルス4世　Paulus IV (1476. 6. 28-1559. 8. 18) 教皇(在位 1555. 5. 23-1559. 8. 18). 本名ジャンピエトロ・カラッファ (Giampietro Caraffa). イタリアのカプリリオ (Capriglio) に生まれる．ナポリの貴族出身で，枢機卿オリヴィエロ・カラッファ (Oliviero Caraffa, 1430-1511) の甥．彼の推薦により *教皇庁に入り，教会改革の最も熱心な指導者となった．1505-24年，キエティ (Chieti) の司教として同教区で教会改革を断行．1512年 第5 *ラテラノ公会議では委員長を務め，1513年 *教皇特使としてイングランドへ派遣される．1518年 *ブリンディシの大司教となり，次いで1520年までスペイン宮廷に滞在．ここで冷遇され，スペイン人や青年カルロス1世（後の神聖ローマ皇帝 *カール5世）の *ハプスブルク家およびスペインの覇権に対し不信感を強く抱くに至った．1520年以来，再び *ローマにあってルター事件に関する調査委員会の一員となり，

パウルス5世

*ルターの義認論（→義認）に対し未刊行の論文「義化について」(De justitutione) を書いた．1524年，ティエネの*ガエターノとともに*テアティニ修道会を創立，自らの*聖職禄を放棄して，同会に参加した．その後*ヴェネツィアで教会改革のために活動，1532年に教会改革のための意見書を教皇*クレメンス7世に献呈した．1536年教皇*パウルス3世によって*枢機卿に親任され，教会改革委員会に招かれた．1542年ローマ異端審問所の新制度に従ってその先頭に立ち，*異端の根絶，特にイタリアにおけるプロテスタントをカトリックに復帰させるために厳しい手段をもって努力した（→異端審問）．1549-55年，*ナポリの大司教職に献身．教皇に選出されたときすでに79歳の高齢であったが，教会改革を熱望する同時代人に歓迎された．彼は教皇職の使命と責任を深く認識し，教会改革と改革諸修道会の推進，カトリック信仰の純粋堅持と異端および*不信仰に対する戦いを基本課題とした．しかし，彼の在位は異常な*厳格主義と*ネポティズムで覆われ，多くの人々の心に大きな失望として映った．彼自身は敬虔にして教会改革に熱心であったにもかかわらず，民の期待に応えることはできなかった．

パウルス4世 (ÖN)

【文献】カ大 4: 188-89; キ人 1073; LThK² 8: 200-202; LThK³ 7: 1522-23; NCE 11: 14-16; Pastor 4-5; Seppelt 5; TRE 26: 121-24; G. M. MONTI, *Ricerche su Papa Paolo IV Caraffa* (Benevento 1925); G. GAROCCI, *Lo Stato della Chiesa nella seconda metà del sec. XVI* (Milano 1961); K. REPGEN, *Die Römische Kurie und der Westfälische Friede*, 1/1 (Tübingen 1962); H. LUTZ, *Christianitas afflicta* (Göttingen 1964). （鈴木宣明）

パウルス5世　Paulus V

(1552. 9. 17-1621. 1. 28) 教皇（在位 1605. 5. 16-1621. 1. 28). 本名カミロ・ボルゲーゼ (Camillo Borghese). *ローマで*シエナ出身の家庭に生まれる．*ペルージアと*パドヴァで法律学を修め，ローマで教区聖省の弁護士，1588年*ボローニャ駐在の特使代理，教皇*クレメンス8世在位中にはスペイン駐在の特使，1596年*枢機卿，1597-1600年イエジ (Jesi) の司教．1603年からは教皇代理枢機卿および*異端審問の審問官を兼任した．1605年5月16日教皇に選出され，5月29日に戴冠．

教皇としては，ヨーロッパ諸侯および諸国民に対する教皇職の全権を中世盛期の諸教皇のように主張ないしは樹立しようと努めた．その結果，*聖職者の国法治外特権を軽視し，その他の教会諸権利を侵害したヴェネツィア共和国の国家教会主義と深刻な紛争を引き起こすに至った．1606年4月17日から1607年4月21日までパウルス5世は同共和国の総督および元老院の*破門と同国の全地域における刑罰的制裁として*インテルディクトゥムを宣言した．ただし後者は実施されなかった．*テアティニ修道会，*カプチン・フランシスコ修道会と*イエズス会はヴェネツィア共和国から追放された．こうして文書による激しい論争が行われ，枢機卿*ロベルト・ベラルミーノと枢機卿*バロニウスは教皇側に，*サルピはヴェネツィア側に立った．この争いはついにフランス（*アンリ4世）とスペイン（フェリペ3世 Felipe III, 在位 1598-1621）の仲介によって調停されたが，パウルス5世は自らの教皇権限を主張できなかった．

*三十年戦争勃発に際しては教皇は多大な支援金をもって皇帝*フェルディナント2世と*カトリック同盟とを支持した．教皇は1606年および1609年イングランド国王*ジェイムズ1世の臣下に対し，*火薬陰謀事件後に要求された忠誠の宣誓を禁止した．この宣誓は王を罷免し，臣下を国王に対する忠誠の宣誓から自由にする教皇権限を否定するものであったからである．

1607年，パウルス5世は*助力の恩恵に関する委員会 (Congregatio de auxiliis) を解散したが，神の*恩恵と人間の*自由意志との関係についての*ドミニコ会会員とイエズス会会員との論争に対しては何ら決定することはなかった．また在位中，*コペルニクスの地動説（→太陽中心説）が再び*ガリレイによって提唱された．ガリレイは，第一に*太陽は*宇宙の中心にあって不動である，第二に地球は宇宙の中心でもなく，また不動でもなく日々自転すると説いた．これに対し，ローマの異端審問所は1616年3月5日全員一致で，第一について，不条理にして哲学的には虚偽，神学的には*異端である，第二について，哲学的には虚偽，神学的には少なくとも信仰上誤謬であるという歴史的判決を下した．

1614年6月20日教皇は『ローマ儀式書』（→儀式書）を公刊し，1615年には中国宣教において中国語でミサを挙行することを許可した．三十年戦争が起こるなどヨーロッパの不幸な混乱状況のなかで，パウルス5世は積極的に世界宣教を指導した．教皇はインド，中国，日本やカナダへの宣教の促進に尽力し，ラテン・アメリカにおける教会の発展，特にイエズス会によるパラグアイの新しい共同体制度に強い関心を示した．1615年11月伊達政宗 (1567-1636) の家臣*支倉常長をローマに迎えたのは同教皇であった．

教皇は1612年2月24日*フィリッポ・ネリによって創立された*オラトリオ会，1613年5月10日*ベリュルによって創立されたイエス・キリストのオラトリオ会を公認し，また教皇の激励のもとに1618年*サン・モール修道会が組織された．1610年11月1日イタリアの民衆的聖人*カルロ・ボロメオを*列聖し，さらに*イグナティウス・デ・ロヨラ，アビラの*テレサ，フィリッポ・ネリ，*フランシスコ・ザビエルを列福，全教会にキリストと教会を愛する輝く信仰の模範を告げた．同教皇のもと，*サン・ピエトロ大聖堂が完成し，*ヴァティカン図書館の拡張も行われている．

パウルス5世 (ÖN)

【文献】カ大 4: 189; LThK² 8: 202-203; LThK³ 7: 1523-24; NCE 11: 16; Pastor 12: 22-680; Seppelt 5:

243-62; J. SEMMLER, "Beiträge zum Aufbau des Staatssekretariates unter Paul V," TQ 54 (1959) 40-80.

（鈴木宣明）

パウルス6世　Paulus VI

(1897. 9. 26-1978. 8. 6)　教皇(在位 1963-1978). 本名ジョヴァンニ・バッティスタ・エンリコ・アントニオ・マリア・モンティニ (Giovanni Battista Enrico Antonio Maria Montini). イタリア・ロンバルディア州ブレッシア近郊の小村コンチェシオ(Concesio)に生まれる. 父ジョルジオ (Giorgio, 1860-1943) は富裕な土地所有者, 弁護士で, 日刊紙の編集主幹 (1881-1912), 現キリスト教民主党の前身の人民党の議員を務めた. 母ジュディッタ・アルギシ (Giuditta Alghisi) はブレッシアの女性による*アクティオ・カトリカの中心的存在であった.

パウルス6世
(ÖN)

*イエズス会学院を経て1916年ブレッシア教区の神学校に進学, 1920年司祭に叙階された.

【司祭時代】同年, ミラノ神学校神学部から*教会法の博士号を授与され, 1921年には*グレゴリアナ大学で神学博士号を取得. さらに当時の国務長官代理ピッツァルド (Giuseppe Pizzardo) の勧めにより教会外交官養成所の教会貴族学院 (Accademia Dei Nobili Ecclesiastici) で学び, 1922年に教皇庁国務省に入省, 国務長官 *ガスパリ枢機卿, 少壮の司祭で後に枢機卿となるタルディニ (Domenico Tardini, 1889-1961), *オッタヴィアーニ, *スペルマンなどと出会う. 1923年, 有能な助手を求めていたポーランドの*教皇大使ラウリ (Lorenzo Lauri, 1864-1941) の事務官として半年間*ワルシャワで勤務, これが唯一の外国での職務経験となった. 1924年10月に国務省内の事務官, 1925年4月には書記官となる. また1924年にはカトリック大学連盟ローマ支部の指導司祭も務めた.

【カトリック学生運動の指導】さらに1925年教皇*ピウス11世によりイタリア・カトリック大学連盟の総指導司祭に任命され(1925-32), 次のような活動を行った.

(1) 典礼運動. 大学生とともに*ベネディクト会の修道院, サピエンツァ教会や*サン・ピエトロ大聖堂で集会をしてミサをささげ, 彼らに『ローマ・ミサ典礼書』の黙想的解説を行った. (2) 社会奉仕活動. 学生とともにローマの貧民地区を訪れ, 飢餓と病気, 道徳的退廃と家庭崩壊に苦しむ人々に接した. (3) 国際体験. 夏期休暇ごとにカトリック大学連盟主催の外国旅行を企画し, 大学生をキリスト教的ヨーロッパ主義および国際主義へと導いた. (4) 出版司牧宣教. 文化・芸術叢書を出版し, 連盟週刊誌『ラ・サピエンツァ』(La Sapienza) と連盟会報『アツィオネ・フチナ』(Azione Fucina) を創刊, カトリック大学連盟出版部を設立し自ら学生向けの著作『大学の自覚』(Conscienza universitaria, 1930), 『キリストの道』(La via del Cristo, 1931), 『キリストの研究入門』(Introduzione allo studio di Cristo, 1934) を発表した.

【国務長官代理】1930年代は後に教皇*ピウス12世となる枢機卿パチェリ国務長官(在職 1930-39)に仕えた. 1931年国務省の職務に加えて教会貴族学院の教皇外交史担当教授を兼任し始め, 同年7月には国務長官秘書, さらに1937年12月には国務長官代理に就任した. パチェリの教皇登位後も国務長官代理にとどまり, 新国務長官マリオネ (Luigi Maglione, 在任 1939-44) に仕え, 1944年にマリオネが没すると国務長官職を代行した. 第2次世界大戦中は, 捕虜・追放者についてのヴァティカン・ラジオ情報, 避難民救済委員会などの最高責任者となった. また諸外国の使節と交流, 諸問題を公平かつ誠実に処理し, 特にアメリカ大統領ローズヴェルト (Franklin Delano Roosevelt, 在任 1933-45) から敬愛された.

大戦後, 世界平和再建に向けて種々の事業を担当した. 1950年*聖年の宣言, 1951年秋*信徒使徒職に関する第1回大会の開催, 1952年映画委員会設置(1954年映画・ラジオ・テレビ委員会に改組), 1953年教皇庁立イタリア救援事業の組織および史学委員会の設置, 1954年聖母マリア年の宣言などである.

モンティニとタルディニは1952年に*枢機卿に親任される予定だったが, 彼らはこれを辞退し, モンティニは国務省通常事務局担当副長官, タルディニは同臨時事務局担当副長官に任命された.

【ミラノ大司教時代】1954年, 病床のピウス12世はミラノ大司教シュステル枢機卿(Ildefonso Schuster, 在職 1929-54) の後任としてモンティニを任命, 12月12日 E. G. *ティスランの司式によりサン・ピエトロ大聖堂で叙階式が行われた. ミラノの教会は, 大戦中, 特に1943年の空襲によって多くが破壊されたが, 終戦後イタリア各地からの移住によって人口は増大していた. モンティニは大司教区の組織を再編し, 教会の修復, 再建に努めた. ミラノでの主要な活動は次のようなものである.

(1) 社会的使徒職. アンブロジオ社会研究所の活性化を図り, 信徒および聖職者のための社会養成学校を設置してこれらを聖心カトリック大学社会研究所の付設機関とした. ミラノ大神学校のカリキュラムで*社会学を重視し, 小新聞『社会関係』(Relazione Sociale) を創刊した. また移住民救援事務局, 無料医療センターや法律相談センターを創設し, 貧者保護住宅を建設した. 「労働者の大司教」を自任, ミラノの労働者が教会へ復帰できるよう献身したほか, イタリア・キリスト教労働者協会を激励し, 雇用者の倫理的義務を説き, 労働者の生活改善への協力を要請した. (2) 大宣教事業. カトリック要理教育に力を注ぎ, 1957年11月には3週間にわたって, 小教区の信者共同体, 研究会, 各種団体, さらに企業, ロータリークラブや商品見本市などを通じて大宣教事業を展開し, 自ら毎日ラジオ放送を行った. (3) 福音宣教事務局. 典礼書および*要理書の出版等を統合する福音宣教事務局を設置し, 福音宣教誌『アンブロシウス』(Ambrosius) を充実させた. (4) カトリック教育. 聖心カトリック大学に奨学基金を設置した. 1963年には聖カルロ・アカデミーを創立した. (5) 世界宣教. 1962年7月19日から8月10日までアフリカを視察. アフリカにおけるカトリック宣教事業について具体的認識をもつ最初の教皇となる下地となった.

パウルス6世

【枢機卿時代】1958年にピウス12世が逝去すると，モンティニは枢機卿でないにもかかわらず，しばしば教皇候補者として報道された．新教皇 *ヨアンネス23世は12月15日にモンティニを枢機卿に親任し，名義教会としてローマの聖シルヴェストロ，聖マルティノ両教会を与えた．モンティニはしばしば海外旅行をし，スラムを訪問するなど，世界宣教の認識を深める多くの体験を積んだ．第2*ヴァティカン公会議が始まると技術・運営委員として公会議完遂に努めた．

【教皇登位】1963年6月3日ヨアンネス23世が逝去．6月21日，おそらく5回目の投票で，モンティニが教皇に選出されパウルス6世となった．翌22日に新教皇は全世界に最初のラジオ声明を発表し，先任諸教皇の目標・計画・原則の継承，公会議の続行，教会法の改定，キリスト教徒一致の促進，世界平和と社会正義の推進に着手する旨を公約した．新教皇は直ちに国務長官チコニャニ枢機卿 (Amleto Giovanni Cicognani, 在職1961-69) およびキリスト教徒一致推進事務局長 *ベア枢機卿(在職1960-68)の留任を決め，27日には第2ヴァティカン公会議続行の公式声明および再開を1963年9月29日とする宣言を発表，30日に教皇戴冠式が行われた．

【教皇在位中の主な活動】(1) 第2ヴァティカン公会議の続行と完了．ヨアンネス23世は人類社会に奉仕する教会の刷新を念願し，パウルス6世もこの基本的姿勢を公会議を通して推進した．1965年12月8日パウルス6世は公会議の完了を告げ，その閉会演説において「私たちの心に神に対する愛の火を新しく燃え上がらせますように」と公会議の真の実践と成果を願った．

(2) キリストの平和を求める旅．パウルス6世は航空機で福音を告げた最初の教皇，また近東に *巡礼の旅をした最初の教皇である．1964年1月4-6日 *聖地を訪れ，エルサレムの *ギリシア正教会の総主教ベネディクトス (Benediktos) とアルメニア正教会総主教デルデリアン (Yeghishe Derderian)，および *コンスタンティノポリスのエキュメニカル総主教アテナゴラス (Athenagoras, 1886-1972) と平和的に会見したことは歴史上，特筆すべき快挙であった．さらに *ベツレヘムから全キリスト教徒に向けて教会一致のために祈りかつ働くように訴え，また諸国民間の平和を促進するようにその協働を願った．1964年12月インドのボンベイで開催された国際 *聖体大会に出席．1965年10月ニューヨークを訪れ，*国際連合創立20周年を記念する総会で演説を行い，その世界平和推進事業に賛意を示した．

(3) 教皇庁の改革．国務省改革はパウルス6世による改革の主要なものの一つで，国務長官は教会の内務を扱う国務省長官と教皇庁の外交を扱う教会外務評議会(現在の国務省外務局)の長官を兼任することになった．

(4) 世界代表司教会議．1963年以来言及されてきた教皇直属の諸問機関として，*世界代表司教会議の設立が1965年の *教皇自発教令『アポストリカ・ソリキトゥード』(Apostolica sollicitudo) により公式に宣言され，その第1回会議が1967年に開催された．

(5) 世界との対話．キリスト教徒一致推進事務局(設立1960，現在の *キリスト教一致推進評議会)を通してカトリック以外の教会に属するすべてのキリスト教徒との調整を行い，*教会一致促進運動の適正な推進を図った．また非キリスト教徒連絡事務局(設立1964, 現在の *諸宗教評議会)を通して，キリスト教以外の宗教を信奉する人々との対話を促進し，さらに無信仰者連絡事務局(設立1965, 現在の *文化評議会)を通して，現代の *無神論をより深く研究し，善意の人々との協力の進展に努めた．その対話的姿勢は1965年12月7日の第2ヴァティカン公会議最終公開会議で歴史的かつ劇的な成果をもたらした．この日，ローマ教皇と *コンスタンティノポリスの総主教が1054年互いに *破門しあった教会破門状を撤回する決定文がローマとイスタンブール(コンスタンティノポリス)の双方で同時に読み上げられたのである．

(6) 全教会と全世界へのメッセージ．1963年のクリスマス・メッセージにおいて現代世界の緊急課題を列挙してその第一に人口増加による飢饉を憂慮し(→ 人口問題)，国際的援助協力事業を称賛しつつ発展途上国，特にアフリカとアジアの諸国民を激励した．翌年のクリスマスには全人類の平和実現の妨げとなっている *ナショナリズム，人種主義(→ 人種問題)，軍国主義を厳しく非難し，国際主義と地球主義を力説した．

最初の *回勅である1964年の *『エクレシアム・スアム』は現代と未来の人類世界のために教会刷新の教理的・実践的諸基本方針を公表し，1965年の回勅『ミステリウム・フィデイ』(Mysterium Fidei) は聖体の秘義(→ エウカリスティア)についての教会の教えを説き，同年の教皇書簡『メンセ・マイオ』(Mense Maio) は聖母崇敬を勧めてその取り次ぎにより神に世界平和の賜物を願うよう呼びかけた．

1966年3月の教皇自発教令『マトリモニイ・サクラメントゥム』(Matrimonii Sacramentum) は非キリスト者の婚姻規定について，1966年6月14日には *禁書目録規定に関する改革について，1966年6月15日には『デ・エピスコポルム・ムーネリブス』(De episcoporum muneribus) において司教の *免除の権能の拡大について告げ，さらに1966年9月の回勅『クリスティ・マトゥリ』(Christi Maturi) は聖母マリアへの平和嘆願を訴えつつ，1967年1月の教皇自発教令『カトリカム・クリスティ・エクレシアム』(Catholicam Christi Ecclesiam) では，地球上における正義と平和のより大いなる実現を説いた．1967年3月の回勅 *『ポプロールム・プログレッシオ』は，20世紀後半の輝かしい物質的・技術的発展にもかかわらず発生する貧困・悲惨・絶望という全人類の難問に対して愛の連帯をもって対処するよう求め，同年6月の回勅『サケルドターリス・カエリバートゥス』(Sacerdotalis caelibatus) においてカトリック司祭の *独身制の意義を再確認し，さらに8月の教皇自発教令『サクルム・ディアコナートゥス・オルディネム』(Sacrum Diaconatus ordinem) において *神の民に奉仕する *助祭職の復活を決定した．1967年はペトロとパウロの殉教1,900周年として1月22日の教皇書簡により「信仰の年」(Annus Fidei) と宣言され，これは翌年6月29日に『クレド・ポプリ・デイ』(Credo populi Dei) といわれる信仰宣言によって閉じられた．一方，人工的な *計画産児を排する1968年の回勅 *『フマナエ・ヴィタエ』の公布は賛否両論を巻き起こした．1971年の教皇書簡 *『オクドゲシマ・アドヴェニエンス』は回勅 *『レルム・ノヴァールム』公布80周年を記念しつつ社会における正義・愛・平和を説き，同年6月29日の教皇書簡『エヴァンゲリカ・テスティフィカティオ』(Evangelica testificatio) は修道者の福音的証しを激励した．1974年2月の *使徒的勧告『マリアーリス・クルトゥス』(Marialis cultus) をもって聖母 *マリアに対する信心について諭し，同年5月の使徒的勧告『ガウデーテ・イン・ドミノ』(Gaudete in Domino) は信仰の喜びの源泉に立ち帰

るよう呼びかけ，1975年の使徒的勧告*『エヴァンゲリイ・ヌンティアンディ』では現代世界への福音宣教を訴えた．

(7) その他．*レオナルド・ムリアルド，*ウガンダの殉教者，*ジョン・ネポマシーン・ニューマン，*イギリス40聖人殉教者，*ジュスティーノ・デ・ヤコビス，*ベアトリス・ダ・シルヴァなどの*列聖を祝い，*テレサとシエナの*カテリーナの二人に女性としては初めて*教会博士の称号を贈った．第2次世界大戦中の教皇ピウス12世の全行動を数度にわたって全世界の前に弁護し，1965年にはピウス12世とヨアンネス23世の列福・列聖調査の手続き開始を公式に告げた．

パウルス6世は世界を旅する福音の使者の霊性に満ち輝いている．1975年を聖年と宣言し，何よりもまず「愛による和解と刷新」を全世界に要請した．「彼らのために，わたしは自分自身をささげます」（ヨハ17:19）という主の祈りのごとく神の民に奉仕した偉大な現代的教皇である．

【教皇文書】AAS 55-70 (1963-78); *Insegnamenti di Paolo VI*, 16 v. (Città del Vaticano 1963-78).

【回勅邦訳】東門陽二郎訳『エクレジアム・スアム』（中央出版社1967）；熊谷賢二訳『サチェルドターリス・チェリバートゥス：司祭の独身制について』（中央出版社1967）；上智大学神学部訳『ポプロールム・プログレシオ：諸民族の進歩推進について』（中央出版社1968）；沢田和夫訳『ミステリウム・フィデイ：聖体の教義と崇敬について』（中央出版社1968）；熊谷賢二訳『神の民のクレド：「信仰の年」を閉じるにあたっての教皇宣言』（中央出版社1968）；小林珍雄訳『現代人への教書：キリストと現代良心のドラマ』（エンデルレ書店1969）；神林宏和訳『フマーネ・ヴィテ：適正な産児の調整について』（中央出版社1969）；聖心会訳『ガウデーテ・イン・ドミノ：喜びの源に立ち帰れ』（中央出版社1969）；浜寛五郎訳『オクトジェジマ・アドヴェニエンス：回勅「レールム・ノヴァールム」公布80周年を迎えて』（中央出版社1975）；井上博嗣訳『マリアーリス・クルトゥス：聖マリアの信心について』（中央出版社1976）；富沢孝彦訳『福音宣教』（カトリック中央協議会1977 *1986）．

【文献】DSp 12: 522-36; LThK² 8: 203-204; LThK³ 7: 1524-26; NCE 11: 16-23; 16: 333-35; A. ラッツァリニ『パウロ6世』小林珍雄訳（エンデルレ書店1963）: A. LAZZARINI, *Paolo VI: Profil di Montini* (Roma 1963); A. マタイス『地上の平和論』（理想社1965）；同『平和の建設』粕谷友介編訳（勁草書房1966）；J. ギトン『法王パウロ6世との対話』小林珍雄訳（エンデルレ書店1968）: J. GUITTON, *Dialogues avec Paul VI* (Paris 1967); E. STERPA, *Paolo VI, Un Papa diverso* (Milano 1963); G. HUBER, *Paul VI, Esquisse biographique et psychologique* (Paris 1963); J. G. CLANCY, *Apostle for Our Time* (New York 1963); G. E. NOEL, *The Montini Story* (London 1963); C. PALLENBERG, *Paul VI. Schlüsselgestalt eines neuen Papsttums* (München 1965); A. FAPPANI, F. MOLINARI, *Giovannibattista Montini givane, 1897-1944* (Torino 1979). （鈴木宣明）

パウルス〔ヴェルダンの〕 **Paulus** (?-648/49) 聖人（祝日2月8日）．ヴェルダン（Verdun）の司教．名家の出身でクロタール2世 (Chlothar II, 在位613-29) の宮廷に仕えた後，*トリールの近くで*隠修士として暮らす．その後*ベネディクト会の修道院に入るが630年頃ダゴベルト1世 (Dagobert I, 在位628-39) によりヴェルダンの司教とされる．死後は自らがヴェルダンに建てたサトゥルニヌス教会に埋葬された．*崇敬は9世紀に始まり，*聖遺物はヴェルダンの*司教座聖堂に納められている．

【文献】LThK² 8: 234. （久野暁子）

パウルス〔助祭〕 **Paulus Diaconus** (720/24-795/99頃) *ベネディクト会の修道者，歴史家，神学者，文法学者．*ランゴバルド族の貴族の家に生まれる．ラテン語，ギリシア語に通じ，ランゴバルド王女の教師となる．774年のランゴバルド王国滅亡とともに，*モンテ・カッシーノの修道院に入る．*シャルルマーニュから宮廷学者として招かれた．主著『ランゴバルド人の歴史』(Historia Langobardorum) のほかにも歴史書，賛歌，*ベネディクトゥスの修道会則注釈集などを残した．

【主著】*Historia Langobardorum*, MGH. SRL 2 (1879) 12-187; *Homiliarium*, PL 95: 1159-1566.

【文献】Cath. 10: 941-42; LThK² 8: 230-31. （杉崎泰一郎）

パウルス〔ナルボンヌの〕 **Paulus** (3世紀) 聖人（祝日3月22日または11月11日），フランス南部ナルボンヌ (Narbonne) の司教．トゥールの*グレゴリウスによれば3世紀半ばにローマからガリア地方に派遣された7人の使節の一人で，ナルボンヌの初代司教となった．アウレリウス・クレメンス・*プルデンティウスによれば殉教者である．リヨンの*フロルスとヴィエンヌの*アドはナルボンヌの教会の創立者として記録しているが，フロルスは使徒*パウロと，アドはセルギウス・パウルス (Sergius Paulus, 使13: 7-12参照) と誤認している．

【文献】BSS 10: 261-62; LThK² 8: 233. （久野暁子）

パウルス・アウレリアヌス **Paulus Aurelianus** (?-572/75) 聖人（祝日3月12日）．ウェールズ (Wales) に生まれる．*イルトゥートの弟子で，512年頃，西部ブルターニュ (Bretagne) へ宣教に派遣される．同地の修道院や教会を数多く建設．530年頃からオッシスモルム (Ossismorum, 現在のサン・ポル・デ・レオン Saint-Pol-de-Léon) の初代司教となり，バーツ (Batz) で没す．*崇敬は9世紀に始まり，フランス西部を中心とする広い範囲に広まった．カンペール (Quimper) 司教区の*守護の聖人．

【文献】LThK² 8: 229-30; LThK³ 7: 1514. （久野暁子）

パウルゼン **Paulsen, Friedrich** (1846. 6. 16-1908. 8. 14) ドイツの教育学者，哲学者．ドイツ北部フーズム近郊ランゲンホルン (Langenhorn) に生まれ，*ベルリンにて没す．ベルリン大学の*トレンデレンベルクのもとで教授資格論文を書き1894年同大学教授となる．*スピノザ，*カントなどに影響を受け，哲学的根本問題を扱った彼の著作は特にアメリカで英訳され好評を博すが1920年代には影響力を失う．教育学者としては保守的な傾向をもち，ギムナジウム (Gymnasium) の構造改革について炯眼をもちながらも，第1次世界大戦後の教育改革の波のなかでその名はほとんど忘れ去られた．

【文献】廣松渉他編『岩波哲学・思想事典』（岩波書店1998）1263-64; W. KILLY, R. VIERHAUS, eds., *Deutsche*

パウロ

Biographische Enzyklopädie, v. 7 (München 1998) 579.

（富田裕）

パウロ　Paulus　〔ギ〕Paulos

【資料】パウロの生涯については，新約聖書正典内の*使徒言行録とパウロ自身の手紙（→パウロの手紙）における記述の二つの資料がある．使徒言行録のパウロについての記述は7章58節から最後に至るものであるが，パウロの生涯の資料としてその正確さを全面的に信頼することについては疑問をもつ学者もいる．なるほど使徒言行録のパウロについての記述は，キリスト教の全世界への広がりというこの文書の全体的な物語のなかでのパウロの役割を語ったもので，神学的な意図をもっている．使徒言行録の記述と手紙におけるパウロ自身の言葉との間に食い違いがあることも事実である．しかし，直ちに矛盾点が解明できなくとも，パウロ自身の言葉に使徒言行録の記述を合わせて検討することは穏当な方法であろう．また基本的には，使徒言行録の記述はおおよそ手紙におけるパウロの自伝的言明と一致しているといえるだろう．そして以下の年代には異説もあることは事実である（→聖書年代学）．

使徒パウロ
(BSS)

【生い立ち】パウロとはギリシア・ローマ人名パウロス(Paulos)に由来する．使徒言行録ではパウロがユダヤ人名サウル（〔ヘ〕šā'ūl）と呼ばれている箇所があるが，彼自身は手紙において一貫して自分をパウロと呼んでいる．およそ紀元5-10年頃に生まれたパウロは*ディアスポラのユダヤ人であり，彼自身は言及していないが，使徒言行録（22: 3）によれば，大きなユダヤ人社会が存在し，*キリキア地方の商業で繁栄していた主要都市*タルソスで生まれ育った（使9: 11; 21: 39; 22: 3等）．*ベニヤミン族に属し（フィリ3: 5; ロマ11: 1; 使13: 21），彼がローマ市民権をもっていたことは使徒言行録で強調されている（16: 37; 22: 25-29; 23: 27; 25: 8-12, 21; 26: 32; 27: 24; 28: 19）．使徒言行録の記者ルカがパウロの生い立ちについて直接知っていたかどうかは不明だが，とにかくパウロはローマへの護送の際に市民権をうまく行使したようである．

【ヘレニズム教育と教養】パウロ，サウルの両方の名前をもっていたことは彼の背景を象徴する．彼の家庭は正統派*ユダヤ教に属していた（フィリ3: 5; 2コリ11: 22; ロマ11: 1）．当時のタルソスは文化活動の中心地の一つであり，その地の学校は有名であった．パウロはそこでローマ市民権をもつユダヤ教徒の子弟にも門戸が開かれていた，ギリシア語の読み書き，修辞学，弁証学の基本的訓練を受け，異邦人社会で社会的地位を獲得するのに充分な教育を受けたことであろう．こうして，彼はローマ市民のなかで解放奴隷よりは上だが，低い社会的地位にありながら（使徒言行録18: 3によればテント職人で，1テサロニケ書2: 9, 1コリント書9: 14-15, 2コリント書11: 7によれば，この職業ゆえに宣教活動に際して経済的自立が可能になった），立派なギリシア語で文章を書くことができ，ギリシア語の*七十人訳聖書を読み，引用しながら文書を記すことができた．周囲の異教文化，*ギリシア神話，国家的宗教行事，*密儀，*ストア学派，キニク学派（犬儒学派），*エピクロス学派の哲学，文学作品をある程度知っており，当時の一般人の生活・願望・意識を理解していたことは間違いない．

【ユダヤ教教育】他方，使徒言行録は，パウロが理想的なユダヤ教教育をエルサレムの*ガマエリエル1世（20-50年に活躍）のもとで「先祖の律法について厳しい教育を受けた」と集まった聴衆に弁明している様子を語っている（22: 1-5）．しかしこのパウロがエルサレムの事情に精通していたことを暗示する記述はガラテヤ書1章22節と矛盾するようである．それはおそらく記者ルカが，パウロがユダヤ教的伝統を重視したことを強調し（使13: 14以下; 14: 1; 15: 23-29; 16: 1-3等），パウロとユダヤ教の中心エルサレムを結びつけようとした試みだったのかもしれない（7: 58-8: 3; 9: 1-2, 26-29等）．いずれにせよ，パウロの手紙は彼がイエスの宣教や十字架刑を目撃したことを暗示せず，むしろ26-30年あるいは30年にエルサレムにいなかったのではないかと暗示する．しかし彼がヘブライ語（とアラム語）ができたことは確かなようである．当時，ディアスポラでは*ファリサイ派の教師は通常みられなかったが，ファリサイ派だと自負している点を考慮するならば，パウロがタルソスですでにユダヤ教の基礎教育を受け，*ステファノの殉教以前の30年代初め，*律法を学ぶためにエルサレムに滞在していたことが推測される．

【迫害者】ファリサイ派パウロのキリスト教徒の迫害（ガラ1: 13; 1コリ15: 9; フィリ3: 6）における動機は明らかでない．使徒言行録はエルサレムと周辺のキリスト教徒への迫害が起こったことを記している（8: 1-3; 9: 1-2; 22: 3-5, 19; 26: 9-11. さらに1テサ2: 14）．この迫害をパウロは是認し，積極的に迫害に加わった（ガラ1: 13, 23; フィリ3: 6; 1コリ15: 9）．使徒言行録26章9節はパウロが改宗前「イエスの名に大いに反対すべきだと考えていた」，すなわち，イエスを*メシアとみなすことに徹底的に反対であったと述べている．また，彼の矛先は特に*ダマスコのキリスト教徒に向けられた．その理由はおそらく彼らがモーセの律法の変更を提唱したり，エルサレム神殿の破壊を企てていると考えたからであろう（使6: 11-14; 8: 1）．

【回心とその直後】キリスト教徒迫害のためにダマスコに向かう途中でパウロは復活したイエスに出会って回心し，十字架死によってイエスのすべてが終わったのではないことを悟る（ガラ1: 13-17; 使9: 1-9）．これが彼の生涯に劇的転回をもたらす（ガラ1: 12, 16; 使9: 3-8; 22: 6-11; 26: 12-19）．この出来事は36年頃に起きたものであろう．1コリント書（9: 1. さらに15: 8）でパウロは「イエスを見た」と証言している．これらの記述は一様にパウロが光をみたことになっている．使徒言行録9

1630

章の記述で，彼は光に打たれ，倒れ，目がみえなくなり，人に手を引かれてダマスコに入っている．そして主によって遣わされたアナニアの世話を受け，視力を回復し，洗礼を受け，イエスこそ *神の子であると説き始め，ユダヤ教徒を驚かせる(使9: 20)．彼はキリストをみて直ちにダマスコを離れ，エルサレムに戻って *使徒たちに会うことはせず，アラビアに宣教し，再びダマスコに戻り，3年後 *ペトロに会おうとしてエルサレムに上り，15日間滞在したが，主の兄弟 *ヤコブに会えただけであった．パウロはしばしば手紙のなかで述べるように，このときイエスに関する *伝承を受けた(1コリ11: 23; 15: 3)．そこから彼はパレスチナの *カイサレイアに下り，さらに生まれ故郷のタルソスに戻った(使9: 30)．やがて *バルナバが彼をオロンテス川の *アンティオケイアから呼びにいき(使11: 26)，パウロはバルナバと二人で丸1年間教えを説いた．こうして，このローマ帝国第三の都市が彼の異邦人宣教の出発点となった．アンティオケイアでの教勢拡大については使徒言行録(11: 19-26)で語られ，パウロの異邦人宣教以前に異邦人に対して福音が宣教されていたことが述べられている．使徒言行録11章26節は，「このアンティオキアで，弟子たちが初めてキリスト者と呼ばれるようになった」と述べている(→ 異邦人宣教と異邦人改宗，キリスト者)．

【3回の宣教旅行】パウロによる「3回の宣教」(第1回: 46-49年頃，使13: 1-14: 28; 第2回: 50/51-52年頃，使15: 36-18: 22; 第3回: 54-57/58年頃，使18: 23-21: 14)は使徒言行録に基づいて推定される図式である．

第1回の宣教旅行はバルナバとともにアンティオケイア教会の負託を受けて，ヨハネ・マルコを伴ってキプロス島に渡り，さらにそこからパンフィリア，イコニオン，リストラなどの *小アジアの宣教を行いアンティオケイアに戻るものであった(使13-14章)．

使徒言行録11章27-30節では *クラウディウス帝の統治時代に飢饉が起こり，アンティオケイア教会はパウロとバルナバに寄付金を託してエルサレムへ派遣したと記されている．この飢饉は45年頃に起こったものである．このときの訪問と同書15章2節で述べられているエルサレム訪問の関連は，使徒言行録の記述からははっきりしない．使徒言行録の記者が飢饉の預言に関する伝承と援助品を贈るためのパウロとバルナバの派遣に関する伝承を結びつけたのであろう．また，パウロはバルナバとともに，14年間訪れていなかったエルサレムに *異邦人キリスト者 *テトスを伴って赴いた(ガラ2: 1-2)．その目的は，異邦人キリスト者にユダヤ教の習慣を義務づけるかどうかの論争に決着をつけるためのものであった．そして *使徒会議の決議によって自分たちの立場の承認を獲得した(使15: 1-35)．

この決議が第2回の宣教旅行への発端となる．その開始にあたって第1回の宣教旅行のとき随行したヨハネ・マルコを再び伴うかどうかの問題でパウロとバルナバの間に意見の相違が生じた．前回の宣教旅行ではピシディア州のペルゲに着いたとき，ヨハネ・マルコがエルサレムに帰ってしまったからである(使13: 13)．しかしガラテヤ書(2: 13)はパウロとバルナバの間に異邦人宣教の基本理念をめぐって，根本的な意見の相違が起きたことを暗示している．彼らはそれぞれ別に宣教旅行をすることになり，パウロは以後アンティオケイアではなく，エルサレムに戻るようになる．第2回の宣教旅行はパウロ自身の自由なイニシアティブによってなされる．今回はシラスとともにアンティオケイアを出発し，シリアやキリキア地方を回り，リストラで *テモテを弟子にし，さらに，幻のなかでマケドニア人の要請を受けてトロアスからマケドニア州に入り，フィリピ，テサロニケ，ベレア，アテネ，次いでコリントに1年半とどまった後，海路エフェソスに渡り，さらにカイサレイアに向かい，エルサレムに上った．そこからアンティオケイアに帰った．この間，コリント滞在中に彼の最初の手紙である1テサロニケ書が書かれたが，ほかの5都市のうち三つは後に彼の手紙の宛先となる重要な都市である(フィリピ，コリント，エフェソス)．またコリントではイタリアから追放された *ユダヤ人キリスト者夫婦 *アキラとプリスカの家に住み，テント作りの仕事をした．彼らはパウロのエフェソスへの海路に同行した．コリントに滞在中，パウロがユダヤ教徒によって地方総督 *ガリオンに訴えられたことが記されているが(使18: 12-17)，ガリオンはクラウディウス帝によって任命され，52年の終わりまで *総督であったので，パウロのコリント滞在は50/51-52年頃までであっただろう．

第3回の宣教旅行はアンティオケイアにしばらく滞在後，ガラテヤとフリギア地方を巡回し，小アジアの最重要都市エフェソスに行くことから始まる．エフェソスには54年から57年の春までとどまることになる(使20: 31．さらに19: 8, 10; 1コリ16: 8)．57年 *五旬祭後のある日，パウロはエフェソスを去って，トロアスであらかじめ派遣したテトスに会えないままマケドニアに渡り(2コリ2: 12-13)，トロアスに戻ってテトスらに出会いコリントの教会での不和に終止符が打たれたことを聞き，2コリント書を書く．またアカイアとコリントに行き，エルサレム教会のために献金を集め(例えば，ロマ15: 25-27)，マケドニアを通ってフィリピで除酵祭を祝い，エルサレムへの帰路についた(使20: 2-17)．パウロは小アジアの海岸沿いに船でミレトスまでたどり，エフェソスから来た長老たちに別れの説教をし，海路カイサレイアに着き，数日後エルサレムに到着した．

【逮捕・ローマへの護送・殉教．61-64年頃，使21: 17-28: 31】清めの7日間の後，パウロはエルサレム神殿の境内で捕らえられてカイサレイアに護送され，2年間監禁，次いで海路ローマに向けて護送されることになった．しかし，その間に暴風雨に襲われて船は難破し，マルタ島で冬を過ごし，3か月後にあらためてローマへ向けて出発し，ローマに到着する．以後2年間，軟禁状態のパウロは訪れたユダヤ人指導者に教えを説いたが，受け入れられなかった．しかし，彼は訪ねてきたすべての人々に分け隔てなく自由に教え続けたという．使徒言行録にもほかの文書にも彼の最後についての言及はない．しかしカイサレイアの *エウセビオスの『教会史』(2, 25, 4-8)は，パウロが皇帝 *ネロの迫害のときペトロと同時に64年あるいは67年に殉教し，ローマの後に *サン・パオロ・フオリ・レ・ムーラ聖堂が建てられた場所に埋葬されたと述べている．

【殉教までの動向】ローマ到着の63年と殉教の64年から67年頃の間のパウロの行動については，断片的で暗示的な情報しか残されていない．皇帝による裁判のためローマへ護送されることはパウロの申し出であった．しかしもともとスペイン宣教旅行の途中でローマに立ち寄ることを彼は計画していた．ローマ書(15: 24)でパウロはスペインに向かう途中でローマの信徒の世話になりたいと述べている．*クレメンス1世の『コリント人への手紙』(5, 7)はパウロが西方に宣教旅行をしたと記して

パウロ

いる．180-200年頃の*ムラトリ断片は使徒言行録について語りながら、パウロがローマからスペインに行ったことを暗示している．1-2テモテ書、テトス書、すなわち*司牧書簡はパウロが殉教の前にエフェソス、マケドニア、ギリシアを訪れたことを暗示し、パウロの人脈についても述べているが、この最後の旅行が事実だったのか、あるいは意図的な創作であったのかはにわかに決定し難い．現在のところ、カトリック聖書学者も否定的である．

【宣教の原動力】ローマ書1章1-5節(使22:21参照)でパウロは自分が異邦人宣教のために選ばれた使徒であると主張している．使徒言行録が語るダマスコへの途上の出来事は彼が光をみて、キリストの言葉を聞いたことを示し、彼についての3度の証言(9: 3-9; 22: 6-11; 26: 13-18)はいずれもこのことを裏書きしている．もっとも、26章では、イエスとの出会いの証人として異邦人に福音を伝える使命を与えるというイエスの言葉が語られている．自分が使徒であるというパウロの主張は*十二使徒をはじめ弟子たちと同じく、復活した主キリストをみたという目撃証言に基づく．2コリント書11章16節以下で宣教において受けた危険と苦難について語った後、パウロは12章1-6節において主から与えられた神秘的ヴィジョンについてあえて触れている．しかしこのような神秘体験は「受け取った」根本的*ケリュグマ(1コリ11: 23-26; 15: 1-11)の宣教によって裏づけられていた．異邦人への使徒としての権威の確信と宣教の熱意によって、彼はあえて福音の真理のためにユダヤ人の使徒(ガラ2: 8)、それゆえペトロの逸脱を遠慮なく批判したのである(2: 11-14)．つまり、彼には使徒としての権威が「キリストの力」によって与えられたとする確信があったのである(2コリ4: 7以下; 6: 3以下; 11: 23以下参照)．

【文献】旧新約聖書大 897-902; BL 1328-43; LThK³ 7: 1494-514; NCE 11: 1-12; G. ボルンカム『パウロ』佐竹明訳（新教出版社 ²1970）; G. BORNKAMM, *Paulus* (Stuttgart 1969); 八木誠一『パウロ』（清水書院 1980）; 佐竹明『使徒パウロ』（日本放送出版協会 1981）; R. F. ホック『天幕づくりパウロ』笠原義久訳（日本基督教団出版局 1990）; R. F. HOCK, *The Social Context of Paul's Ministry* (Philadelphia 1980); E. P. サンダース『パウロ』土岐健治、太田修司訳（教文館 1994）; E. P. SANDERS, *Paul* (Oxford 1991); 和田幹男『聖パウロ』（女子パウロ会 1996）; G. LÜDEMANN, *Paulus der Heidenapostel*, v. 1 (Göttingen 1980); K. H. SCHELKLE, *Paulus* (Darmstadt 1981); S. LÉGASSE, *Paul apôtre: essai de biographie critique* (Paris 1991); J. GNILKA, *Paulus von Tarsus* (Freiburg 1996); R. E. BROWN, *An Introduction to the New Testament* (New York 1997) 442-36; G. FABER, *Auf den Spuren des Paulus* (Freiburg ²1998); M. HENGEL, A. M. SCHWEMER, *Paulus zwischen Damaskus und Antiochien* (Tübingen 1998). (高柳俊一)

【キリスト教伝承におけるパウロ】聖人．祝日(6月29日)は、3世紀中頃以前に使徒*ペトロとともに、また、8世紀頃から回心の記念日(1月25日)を祝うようになった．

〔崇敬〕パウロほど教会史のなかで古くから崇敬の念を集めてきた人物はあまりないと思われている．確かにパウロは天幕作り、機織り、籠作りなどの手工業者、さらに騎士や神学者らの*守護の聖人として崇敬されてきた．彼の名は*洗礼名としても使用され、特に雷や雹、熱病に襲われたり蛇にかまれた際の祈りで唱えられたことがあった．しかし、パウロがペトロとは別に単独に崇敬されるような慣習は、その祝日が示しているように一般に広く浸透することはなかった．例えば、パウロにゆかりのある教会堂やその名を冠した司教座聖堂の数は、聖母マリアやペトロ、ヨハネなどと比較するとはるかに少なく、「聖パウロ聖堂」などない地方さえもある．またローマには、*カタコンベ(サン・セバスティアノ聖堂地下のトラクリア Traclia の文字)をはじめ、パウロの墓のある*サン・パオロ・フォリ・レ・ムーラ聖堂、刑場であったというトレ・フォンターネ (Tre Fontane) など、パウロにゆかりのある古くからの巡礼地があるが、それらは通常、ペトロの墓(→サン・ピエトロ大聖堂)や他のキリスト教に関係の深い場所や施設を巡礼する際に立ち寄る場所にすぎなかった．*聖遺物については、パウロの墓には遺骨、また9世紀以降*ラテラノ聖堂に遺骨(頭部の一部)が安置されているという．

〔ローマ帝国内各地の記念物〕パウロはイエス・キリストの福音を伝えるためにローマ帝国の各地に出かけていった．このため今日、ローマ以外の各地にもパウロの足跡を記念する事物が残されている．しかし大半は、考古学上の所見によれば4世紀後半以降のものである．それでも*フィリピ、*エフェソス、*コリント、*マルタの記念物は比較的古い．また*ダマスコ、*テサロニケや*アテネにおける記念物は、はるかに新しい．

〔美術〕上述したようにパウロを単独で崇敬する慣習は、他の聖人ほどには広く一般に浸透して隆盛することはなかった．そのためもあってか、消失したものもあるにしてもパウロだけの4世紀以降の造形作品はほとんどない．しばしばパウロは、ペトロとともに他の使徒とは区別して個性的に、つまりローマ風の短衣(トゥニカ)や長上衣(パリウム)を着用し、古代の哲学者のように面長で痩せこけた容貌、禿頭、髯などの特徴を有する人物として表現された．*アトリビュートとしては、巻物や書物、これに中世以降は剣が加わった．後に着衣の色を通してパウロを他の人物と区別するようなことはなくなる．中世になると、キリストの右にペトロ、左にパウロという構図が確立するが、やはりパウロの生涯を題材とした造形作品はわずかしかみられない．しかし15世紀以降、こうした事情に変化が生じた．*ルネサンス、また*宗教改革の思潮の影響もあって、パウロだけが取り上げられるようになった．パウロの生涯を扱った連作はもとより、種々のエピソード、特に16-17世紀には回心の場面を題材にした絵画が好んで描かれるまでになった．以来、パウロをめぐっての作品は、美術全般に及び、その数も増大した．

〔外典・偽典〕パウロの活動の一端を伝える文書、またパウロの名を冠した文書や書簡などが2-4世紀にかけて著された．例えば、*『パウロ行伝』や『ペトロとパウロ行伝』(Acta Petri et Pauli)、『パウロとアンドレア行伝』(Acta Pauli et Andreae)、『パウロの黙示録』(Apocalypsis Pauli; Visio Sancti Pauli)、『セネカとパウロの往復書簡』(Epistolae Senecae ad Paulum et Pauli ad Senecam 〈Quae Vocantur〉)、『パウロの祈り』(Oratio Pauli)などがある．

【思想の受容】パウロは、3回の宣教旅行を通してローマ帝国内の各地でイエス・キリストの福音を伝え、教会共同体を誕生させ、ときには手紙を通してそれを育成した(→使徒言行録，パウロの手紙)．こうした彼の活動と思想は、主に新約聖書を通して伝えられたこともあっ

て，これまでにも論題となってきた（→パウロ研究，パウロ神学）．ところが，パウロの思想をめぐってキリスト教内で総合的な評価がつねに下され，それが均質に受容されてきたわけではない．むしろ，逆である．宣教者ないし苦しみを甘受する使徒パウロという共通認識を除くなら，例えば，古代の*使徒教父や同時代の文書の間での評価はみな異なっているし，*バルナバの手紙や*擬クレメンス文書，そして*護教家教父や*パピアスなどに至っては，多分*マルキオンの極端な*パウロ主義の悪影響を警戒ないし排除する意味もあってか，ほとんどないしは全くパウロに言及していない．また，*グノーシス主義もパウロの思想を当然受容することはなかった．こうした均衡を欠いた傾向は中世でも変わらない．東方教会では1-2コリント書やエフェソ書，コロサイ書からパウロの秘義的思想が，他方，西方教会ではローマ書とガラテヤ書から*義認に関する思想が取り上げられて論議された．宗教改革の時代には，この義認こそパウロの思想的核心であると*ルターによって主張された（ロマ1: 17. → ソーラ・フィデ）．近代になると，*バウアによってパウロ思想の弁証法的理解が提示され，また，*宗教史学派によるパウロの思想的背景をめぐっての比較研究が盛んとなる．そして今日，パウロの思想を個別的側面（例えば，パウロのキリスト理解，教会理解など）から扱うほど詳細になり，ユダヤ教の立場からの異なった論述もみられるようになってきたが，その結果パウロの思想が総合的に評価されるようになったわけではない．やはり，義認にパウロ思想の中心的位置が与えられていることに変わりはない．
【文献】外・偽典 6-7; 小学館美術事典 4: 201; BSS 10: 164-288; LThK³ 7: 1505-13; S. DÖPP, W. GEERLINGS, eds., *Lexikon der antiken christlichen Literatur* (Freiburg 1998) 484-86.
　　　　　　　　　　　　　　　　　（清水宏）

パウロ〔ようほう〕　パウロ〔養方〕　→　養方パウロ

パウロ・ドス・サントス　Paulo dos Santos（?-1636）　出身地，生年月日，日本名は不詳．日本教区司祭．*セミナリヨに学び，1601年（慶長6）司教*セルケイラにより開校された教区神学校に入学．1605年助祭叙階，翌1606年セルケイラ司教により司祭叙階．当時*長崎の信徒は*聖職禄を確保して*教区司祭を招聘した．そのうちの一つが筑後町のサン・ジョアン・バプティスタ教会（現在の本蓮寺）であり，パウロ・ドス・サントスは同教会の主任司祭として赴任した．1614年セルケイラ司教が死去したことで教区管理者（*司祭代理）選任にあたり，*フランシスコ会，*ドミニコ会も含めて教区司祭と*イエズス会との間に対立が起きた．騒ぎは破門騒動に及んだ．パウロは中立を保ち，1614年宣教師追放時に他の教区司祭は日本に残るか，*マニラに渡ったがパウロ・ドス・サントスは*マカオに渡った．同地で神学研鑽のときを過ごし，さらに帰国も不可能になるなかマカオ教区に移籍．母国日本との文通が原因でマカオ当局より退去を命じられ，カンボジアに渡った．1636年カンボジアにて死去．マカオにおいては日本殉教者列聖調査の証人となった．その遺言は遺産を日本人神学生に配ることにあった．
【文献】H. チースリク『キリシタン時代の邦人司祭』キリシタン文化研究シリーズ22（キリシタン文化研究会1981）．
　　　　　　　　　　　　　　　　　（溝部脩）

パウロぎょうでん　『パウロ行伝』〔ラ〕Acta Pauli　新約聖書外典の一書（→外典・偽典）．185-95年頃に*小アジアにある教会の一長老によって著された*パウロの宣教旅行記．冒頭と中間部分を欠き，約3分の2にあたる部分が『パウロとテクラの行伝』（Acta Pauli et Theclae），『パウロとコリント人の往復書簡』（『コリントへの第三の手紙』Epistola Pauli ad Corinthios III ともいう），『パウロ殉教』（Martyrium Pauli）などを含む断片的形式で，ギリシア語やコプト語のパピルス写本を通して伝わる．旅行の叙述には，パウロは各訪問先で復活と貞潔を語り，それが激しい騒擾を引き起こして迫害されるものの，奇跡的に救出されて宣教旅行を続ける，という極めて紋切り型の傾向がみられる．また『パウロとテクラの行伝』では*テクラを中心にして，『パウロとコリント人の往復書簡』では*グノーシス主義への反論が，さらに『パウロの殉教』ではパウロのローマでの殉教が語られている．歴史的で神学的というより教化慰籍を目的にした文書で，*使徒言行録やパウロの思想との直接的な関連はない．『パウロとテクラの行伝』3にあるパウロの風貌の描写は，古代キリスト教美術におけるパウロ像形成に少なからぬ影響を与えた．
【文献】ABD 5: 202-205; 青野太潮「パウロとコリント人の往復書簡」外・偽典 6: 241-51; 同「パウロ行伝」外・偽典 7: 113; H. ケスター『新しい新約聖書概説』下，永田竹司訳（新地書房1990）415-20: H. KOESTER, *Introduction to The New Testament*, v. 2 (Philadelphia 1982); W. SCHNEEMELCHER, ed., *Neutestamentliche Apokryphen*, v. 2 (Tübingen ⁵1989) 71-93, 193-243; H. R. DROBNER, *Lehrbuch der Patrologie* (Freiburg 1994) 26-28.
　　　　　　　　　　　　　　　　　（清水宏）

パウロけんきゅう　パウロ研究　*神の国の到来に関するイエスの使信と生涯に関しては，彼の信奉者たちの多層な伝承によって構成された*福音書からのみ人は知りうるのに比べて，そのイエスを神によって派遣された*メシア・キリストとして*福音の中心に据えて宣教した使徒*パウロの使信と生涯に関しては，彼の神学思想を明示している彼自身の真正の手紙が，我々の手元にある（→パウロの手紙）．彼はそのなかで厳密に*原始教団の信仰証言を伝えているので，我々がその手紙を通して彼をどう理解するかによって，原始キリスト教の理解も決定されるともいえよう．このように，使徒パウロが原始キリスト教とその後のキリスト教史的発展に対して重要な位置を占めるゆえに，彼への関心と研究は，今日もなお一層深まり，研究の方法論・視点と解釈における進展をみせている．

そこでパウロ研究の基礎となる資料選択の問題を手始めに，年代記の問題と最近の新たな視点・方法論の試みについて述べることにする．

【資料問題】利用できる資料として，パウロの名による13の正典化された手紙と*使徒言行録，それに*使徒の殉教を記した*クレメンス1世の『コリント人への手紙』（5: 5-6: 1. ただし『クレメンスの第1書簡』ともいう）が一応あげられる．しかし史的に再構成するための資料として役立たせるためには，これらの文書を一つひとつ充分に吟味しなければならない．例えばそこには，パウロ自身による手紙だけでなく，彼の学派の手紙あるいはいわゆる「第2パウロ書簡」も含まれているからである．使徒言行録に関しても，著者*ルカの神学的歴史描写がパウロと符号する部分を確かに含んではいるが，多

くの点でパウロから相当離れた視点から把握しているので、それをそのまま役立たせるわけにはいかない。したがってまず第一に、パウロの自己証言に重点を置きつつ、それにルカ的なパウロ像を批判的に関連づける、という方法をとる必要がある。また、96-98年頃に執筆されたクレメンス1世の『コリント人への手紙』にみられるパウロの殉教に関する記録は、すでにパウロ書簡の収録を前提としており、またローマ教会に関する報告にとどまっている。

今述べた資料上の問題に加えて、今日の我々に知られていないパウロ書簡の存在についても、1コリント書5:9、あるいは2コリント書2:4（コロ4:16も参照）などが明らかに言及している。すなわち、今日の読者が彼の手紙から知りうること以上の事柄を、パウロは書簡を通しても語り教えたに違いないということになる。その関連で考慮すべきことは、正典化されたパウロ書簡について、分割仮説（本来、数次にわたって同一教会に宛てた手紙が、後に一つの手紙として編集された。例えば、フィリピ書、2コリント書）、および構成仮説（紛失した手紙の断片が現存のパウロ書簡のなかに挿入され、そこに含まれている。例えば2コリント書10-13章は、2コリント書2:3と7:12で言及する「涙の手紙」であろう）が考えられる。

〔真正のパウロの手紙〕そこで、真正のパウロ書簡を「第2パウロ書簡」から区別する基準として、(1) 年代的・時代史的基準（第2パウロ書簡のなかに前提された状況がパウロの生存中に収めきれないことなど）、(2) 言語的基準（第2パウロ書簡の表現方法が明らかに一貫してより古い真正のパウロ書簡の言語と文体からそれていること）、(3) 神学的基準（神学の内容上の差異がみられ、またほとんど真正のパウロ書簡の言表によっては要約されず、別種の言語で内容も伝達される）がある。

以上の三つの基準を適用するとき、第2パウロ書簡として、*司牧書簡（1-2テモテ書、テトス書）、エフェソ書、コロサイ書、2テサロニケ書をあげることができよう。ただし、そのうちの最後の2書に関しては、今日もなお真正のパウロ書簡への接近を説得的に試みる学者も少なくないが、一応方法論的には真正の書簡（1テサロニケ書、1-2コリント書、フィリピ書、フィレモン書、ガラテヤ書、ローマ書の七つ）から区別し、ときにはそれに準ずるものとして取り扱うのがよいであろう。これらの文書はすべて、エルサレムの*使徒会議（48頃）後の使徒の活動期間に属し、しかも6年から8年の間に順次書き宛てられたと思われる（→各書の項目参照）。

〔神学的一貫性の問題〕比較的に短い時間の間隔で執筆された七つ（または九つ）のパウロ書簡は、相互に関連づけられつつ解釈されることが多いが、相互補完的に解釈しえないほどに、手紙相互間に内容的な差異や変化がみられる場合がある。この問題を解く一つの方法として、諸書簡内においてパウロの思想的発展があったとの命題が主張されることになる。例えば、主の*再臨（パルーシア）がパウロの死の前後のどちらに実現すると期待されているかについて、1テサロニケ書4:13-5:11とフィリピ書1:21-26（2テサ2:3-12参照）で異なる。さらに、パウロは初期の*キリスト論的救済説（1テサ1:10; 4:14; 5:9-10）を後の時期に至ってようやく*義認の教説へと先鋭化した（ガラテヤ書、ローマ書、フィリピ書）のではないか、との解釈も提示される。

今指摘した二つの変化の問題は、必然的に7書簡の執筆時期の順序の問題と関連している。50年頃に書かれた1テサロニケ書を最初とみなし、56年頃書かれたローマ書、もしくはまずローマで執筆されたとされるフィリピ書でもってパウロ書簡を締めくくることに、ほとんど異論は出されていない。そして、この初期と最後の手紙の間に、ガラテヤ書と1-2コリント書、フィレモン書が位置づけられる。ただガラテヤ書に収録された使徒のガラテヤ宣教時の義認教説を、第2宣教旅行において語られたものとみなすか（「北方ガラテヤ説」に従う）、すでに第1宣教旅行時のものと位置づけるか（「南方ガラテヤ説」に従う）によって、ガラテヤ書を前者の見解に沿って1-2コリント書のあとに位置づけるか、あるいは後者の見解に沿って1-2コリント書の前に、そして1テサロニケ書のあとに位置づけるかが決まる。最近再び注目されている「南方ガラテヤ説」をとるとすれば、*パウロ神学の中心的テーマである義認教説が使徒の福音宣教の初期から一貫して特徴的に跡づけられることになる。しかしこの点が確認されたとしても、パウロの神学思想上の発展と厳密化がおのおのの状況や課題のなかで起こったという側面は、無視されてはならない（例えば、イスラエルの将来的運命の問題に関して、1テサ2:14-16を2コリ3:4-18およびロマ9-11章と比較）。その意味においてパウロは、最初から不変の一体系的神学を構想していたのではない。しかしそうとはいえ、使徒の神学的思索がその義認教説を含めて、飛躍が多く不徹底であり、状況の変化に即応して派生したものである、と規定する見解は退けるべきであろう。むしろ、神学的相対主義ではなく、多様性における神学的一貫性が主張されてよい。

【年代記の問題】真正のパウロ書簡と第2パウロ書簡とルカの報告（使徒言行録）との批判的結合から、使徒の生と活動の年代が定められるが、何といっても彼自身の最も重要な自伝的報告がある（ガラ1:10-2:21; 2コリ2:14-6:10; 10:1-12:21; ロマ1:1-7; 15:14-33; フィリ3:2-11）。そこから得られるパウロの活動の相異なる局面や個々の出来事相互の時間的間隔を推定して順序づける「相対年代」というものを、一般に検討し通用しうる西暦年である「絶対年代」の年月日に関連づけ、それによって原始キリスト教史として厳密に位置づけることが研究者に求められる。推定を含みはするが、パウロの青年期以後の生涯は年代的にほぼ確定しうるし、それは史的にも神学的にも重要である。その初期と最期に関しても少し触れるならば、次のように言及しうる。使徒言行録7:58に登場するサウロは若者（ネアニアス、〔ギ〕neanias、26-40歳）として特徴づけられる。そこでイエスの死を紀元27年または30年に位置づけるとすると、パウロはイエスの死後わずか数年後に、つまり32年頃に*ダマスコにおけるキリスト者迫害の途上で回心し、使徒に召された。その後、その実り多い宣教活動と生涯の終わりに、彼はエルサレムの原始教団を訪れて募金を手渡した後（ガラ2:10; ロマ15:26参照）、ローマへの宣教旅行に立つ前の56-57年頃、神殿でユダヤ人敵対者たちに捕らえられた。しかしローマ人による保護・拘留の後、2年間未決囚としてパレスチナの*カイサレイアで勾留された。そして59年に彼自身の権利請求で皇帝に上訴し、ローマに送検されたが、そこで60年頃に皇帝*ネロ（在位54-68）のもとで殉教した。

パウロの生涯を二分した*復活のキリストとの出会いと*回心以前の彼の生い立ちは、彼の後半生の宣教活動と神学に少なからぬ影響と関連をもつゆえに、彼の前半

生への研究が活発になっている．例えば，彼は1世紀の最初の10年間に *タルソスで，厳格な *ユダヤ教信仰の家庭で生まれ育ち，父の代からローマとタルソスの市民権を得ていたが，ではいったい彼は青少年期にどこでどのような教育を受けたのかという問いが出され，使徒言行録 22: 3 その他をめぐる義論がなされている．おそらく彼は，比較的若い時期にすでにエルサレムに移り，ユダヤ教学校で良き教養を身につけた *ディアスポラの *ファリサイ派であった（フィリ 3: 4-6; ガラ 1: 13-14 参照．M. Hengel, U. Heckel, eds., Paulus und das antike Judentum, 1991 所収の論文 M. Hengel, "Der vorchristliche Paul" はこのよき考察である）．

【社会史的研究】最近のパウロ研究は，使徒パウロの神学思想の中心を，彼の手紙のテクスト釈義から明らかにするという方向から，彼の思想と活動の特性を社会学的，社会史的な側面から解明する方向へと移る傾向にある（→ 聖書の文学社会学）．それは，イエスの始めた運動に関する *福音書研究の新たな視点と方法論と呼応している．確かにパウロ研究も，今日，精神史的問題設定だけに限定しえないのであって，具体的で歴史的な関連を描くことを助ける *社会学の分析を必要とする．*聖書学と社会学の関係に立ち入る研究の試みは，すでに 20 世紀前半になされたが，世紀後半に至って原始キリスト教の社会史的研究は，ドイツではヘンゲル（Martin Hengel, 1926- ）とタイセン（Gerd Theißen, 1943- ）によって，アメリカではスクロッグス（Robin Jerome Scroggs, 1930- ）とミークス（Wayne Atherton Meeks, 1932- ）等によって豊富な専門知識をもって再び取り組まれている．初期キリスト教会の社会史的背景を知ることだけが問題なのではなく，ここではその社会史がもつ神学的な意味合いを問うことが適切な課題となる．福音とそれによって生きる群れが歴史に深く関わる以上，この新たな分野の研究方向は大いに期待されるべきであろう．その場合に，社会の分析は歴史の精神史的な次元とどのように関係するのかを当然考察することに仕えるべきであろう．その関連で注目されるのは，先に言及したように，歴史的，客観的な順序立てとしての年代記的方法である（例えば，J. Becker, Paulus. Der Apostel der Völker, 1989, ²1992 参照）．

だがその場合に留意すべきことは，パウロ書簡が述べる神学的主張を副次的な関心に置き換えてしまう危険に陥らないよう，聖書テクストの世界が保持されなければならないということ，また社会学的な解釈の範疇は，価値の上で中立的であるとの解釈学的幻想に陥ってはならないということである．

【解釈学的問題】従来よりパウロ神学の中心に義認教説があると考えられているが，それはドイツのプロテスタント的な伝統のなかでは固有の仕方で強調されてきた．しかし近年，*ブルトマンや *ケーゼマンに代表される *ルターの義認神学的なパウロ解釈に対する厳しい反論が英米の神学者たちから起こされている．

その代表者の一人であるサンダース（Ed Parish Sanders, 1937- ）によれば，パウロは特殊な歴史状況から，パレスチナ・ユダヤ教とその律法理解の戯画化された像だけを伝達した．したがって初期ユダヤ教の正当な評価は，使徒の判断する「業による義」という教説にあるのでなく，「契約的律法遵守主義」〔英〕covenantal nomism）にある．そこでは，神の *律法と *契約における *選びと最後の *救いが，人間の業としてではなく，神の憐れみと *恩恵の行為として理解されている．

だがこういった反論への批判もあとを断たず，パウロを新たに規定し直す必要に迫られている．

【文献】W. G. キュンメル『新約聖書神学』山内真訳（日本基督教団出版局 1981）: W. G. KÜMMEL, Die Theologie des Neuen Testaments nach seinen Hauptzeugen Jesus, Paulus, Johannes (Göttingen 1969); 朴憲郁「パウロ研究」『現代聖書講座』2（日本基督教団出版局 1996）323-47.
（朴憲郁）

パウロしゅうどうかい　パウロ修道会　〔ラ〕Pia Societas a Sancto Paulo, Apostolo, 〔伊〕Pia Società di San Paolo, 〔略号〕S.S.P.　男子修道会.

【歴史】19 世紀後半から 20 世紀初頭にかけて，カトリック教会の教えに反する出版物が社会に溢れている状況を懸念した司祭 *アルベリオーネは，それに対抗するために良い出版物を普及するグループの必要を感じた．最初は，カトリック信徒の著者，技術者，セールスマンなどからなる組織を考えていたが，しだいに *修道者による組織をとの考えを固めていった．こうして 1914 年，出版，ラジオ，テレビ，視聴覚メディアなどのマス・メディアによって人々に神のみことばを伝えるパウロ修道会を，北イタリアのアルバ（Alba）に創立した．さらに彼は，*パウロ女子修道会，*師イエズス修道女会，*在俗会，協力者会などの，共通の原点，共通の精神，同一の目的をもつ「パウロ家族」を創立した．パウロ修道会独自の霊性として，道・真理・いのちである師イエス，使徒の女王聖マリア，使徒 *パウロへの信心がある．これらは創立者によって生き抜かれ，後継者である会員たちに伝えられた霊的富である．パウロ修道会の各聖堂には，創立者がキリストから霊感を受けた次の言葉が掲げられている．「恐れることはない．私はあなたたちと共にいる．ここから照らそう．悔い改めなさい」．会員はこの言葉を信頼し，自分の貧しさを自覚しながら，*聖体のキリストによって照らされた道を歩み，福音の教えを他の人に伝えるために生きる．

【日本での活動】1934 年（昭和 9）にイタリアから 2 名の会員が来日し，活動を開始した．現在，日本では社会的コミュニケーションの手段による活動（サンパウロ，旧称 *中央出版社）と教育手段による活動（聖パウロ学園高等学校）の使徒職（→ 使徒的活動）を行っている．

【現勢】1997 年現在，ローマ総本部および世界各地に 28 管区・地区．会員数: 1,127 名．日本本部: 東京．八王子，大阪，福岡に支部をもつ．在日会員数: 49 名．

【文献】日キ歴 763; AnPont (1999) 1477; DIP 6: 1548-66; G. ALBERIONE, Abundantes divitiae gratiae suae (Roma 1971).
（山内堅治）

パウロしゅぎ　パウロ主義　〔ラ〕Paulinismus

*パウロの神学思想そのものというよりも，その継承者たちの思想を指す．パウロ思想の中心は，*律法によらない信仰のみによる *救い（*義認）を特色とするが，それは無律法主義ではなく，むしろ信仰者は，*聖霊による信仰の実としての *愛の倫理を生むことによって，*神の義を成就するキリストの恵み（*恩恵）を証しする生き方が求められる．その意味において律法は，キリスト者がこの世で具体的に信仰を貫く場合の導き手として有効である．

しかしパウロの *救済論の後継者の間で，上述した律法の位置づけが保持され難くなり，① 再び律法がキリストの恵みに並ぶ救いの条件または同等の価値とされ

て，道徳主義的になるか（例，*司牧書簡，ヤコブ書），それとは反対に，② 律法が排除されて無律法主義的恩恵論（例，*グノーシス主義，*マルキオン派）へと傾斜する．そもそも使徒パウロ自身がこれら両者，すなわち当時の律法主義と霊的熱狂主義のキリスト者に反対し，彼らを戒めたのであるが，*使徒教父とその後の*初期カトリシズムの歴史的経過は，使徒的継承を堅持しつつも，上述の②の意味のパウロ主義に対する反パウロ主義を招く性格を帯びて展開された．

【文献】H. M. SCHENKE, K. M. FISCHER, *Einleitung in die Schriften des Neuen Testaments*, v. 1 (Gütersloh 1978); G. LÜDEMANN, *Paulus, der Heidenapostel*, v. 2 (Göttingen 1983).　　　　　　　　　　　　（朴憲郁）

パウロじょししゅうどうかい　パウロ女子修道会

〔ラ〕Pia Societas Filiarum Sancti Pauli, 〔伊〕Pia Società Figlie di San Paolo, 〔略〕F.S.P.　女子修道会．通称女子パウロ会．1915 年，イタリア北部ピエモンテ州アルバ（Alba）において，*パウロ修道会の司祭*アルベリオーネによって，『広報機関教令』の発布に先立つことおよそ 50 年，*マス・メディアすなわち時代の進歩が提供するより迅速で効果的な手段をもって，大衆にキリストを宣べ伝えることを目的として創立された．1943 年*聖座の認可を得る．使徒*パウロの名と保護のもとに，その精神に生き，道・真理・生命である師イエスおよび使徒の女王*マリアに対する信心を公にする．共同創立者でもある初代総長メルロ（Tecla Merlo, 1894-1964）は 1991 年に*尊者の位に上げられている．

【日本での活動】1948 年（昭和 23）来日．単行本・雑誌・視聴覚作品の製作を東京で行い，札幌，仙台，東京，平塚，名古屋，尼崎，広島，福岡，長崎，鹿児島の各支部修道院を拠点としてそれらの普及活動を行っている．

【現勢】会員数 2,699 名（1997 年現在）．1992 年の時点での活動地域はヨーロッパ，アフリカ，南北アメリカ，オセアニア，アジア．在日会員数：155 名．総本部：ローマ．日本本部：東京都港区．

【文献】日キ歴 763-64; AnPont (1999) 1692; DIP 6: 1539-46; G. アルベリオーネ『IO SONO CON VOI』今道瑤子訳（女子パウロ会 1979）: G. ALBERIONE, *IO SONO CON VOI: Abundantes divitiae sue* (Roma 1954); O. アンブロージ『よいたよりの使者』A. レト訳（女子パウロ会 1987）: O. AMBROSI, *Tecla Merlo* (Roma 1983).　　　　　　　　　　　　（福岡光）

パウロしんがく　パウロ神学

〔英〕Pauline Theology, 〔独〕Paulinische Theologie, 〔仏〕théologie paulinienne　著者名が**パウロである書簡は，27 書からなる*新約聖書の約半分を占める．このことがすでに，彼が原始キリスト教において最も重要かつ影響力のある思想家であったことを，読者に示唆している．事実パウロの無比の人格と神学的思索ゆえに，彼の書簡は新約聖書のなかの他の文書から区別できる（→パウロの手紙）．その神学思想は，単に分量的に新約聖書の中心をなすばかりでなく，原始キリスト教思想と後代の教会の発展を決定的に支配している．そのような彼の神学の特徴と意義を，数項目に分けて明らかにしたい．

【歴史的位置】パウロを正しく理解するためには，彼の神学思想のもつ歴史的位置について，次の二つの視点から考慮しておく必要がある．

〔ヘレニズムとヘブライズム〕パウロは元来，*ベニヤミン族出身の*イスラエルの民の者で，*ヘブライ人であり，しかも*律法に関しては確信に満ちた*ファリサイ派に属す人として，*エルサレムでの著名な*ラビの門下生であった（フィリ 3: 5；ガラ 1: 14；使 22: 3）．しかし同時に彼は，*ディアスポラの*ユダヤ人であり，*ヘレニズムの都市における非ユダヤ人との交流を通して，少なくとも例えば，*メナンドロスからの引用を記し（1 コリ 15: 33），競技習慣について言及しうるヘレニズム的教養に通じていた（1 コリ 9: 24-25）．事実，読者はパウロの神学的表現と論述において，*パレスチナの*ユダヤ教だけでなく，ヘレニズムのユダヤ教およびヘレニズム異教の諸概念を用いていることを感知しうる．しかし，当時のパレスチナのユダヤ教とヘレニズムのそれとは，時代的にも地理的にも厳格に分離していなかったので，パウロ神学の歴史的背景からあるものだけを重視し，一方的に説明するのは誤りであろう．しかし個々の文脈において，彼がどのような宗教史的前提から議論を進めているか，それを釈義的に確定するのは必ずしも容易ではない．

〔イエス，および原始教団との関係〕パウロの神学は，*神の国の到来を伝えたイエスの説教の反復ではない．*イエス・キリスト自身と，その*十字架と*復活および*高挙の出来事によって基礎づけられ，開始された神の*救いの業とが，パウロの宣べ伝える*福音の内容である．したがって，19 世紀における史的イエスの研究者たちは（→イエス伝研究），イエスの説教とパウロ神学との重要な相違を明らかにしつつ，イエスの告知が*原始教団のキリスト信仰へと改変されるに際して，パウロが決定的役割を演じた，との苦情を述べるに至った．こうしてパウロはキリスト教の「創始者」という不評を買い，さらにイエスの喜びの使信を，ユダヤ教的諸表象とヘレニズム的神話という産物を伴う救済教説に仕上げた，といわれるまでになった．

だがこれらの批判に対して同時に確認されてきたことは，パウロ思想の本質的な諸前提は，すでにパレスチナとヘレニズムの原始教団において形成されていたということ，そしてこのことに対応する事柄として，パウロ書簡のなかで原始教団の定型伝承を用い，それを拠り所として神学思想を深めている，ということである．そこで次に，キリストの歴史に対する原始キリスト教の理解は何であったのかを概観したい．

〔原始キリスト教のイエス理解〕それは，根本的にイエスの「復活」に基礎づけられている．その復活は，復活後の教会の多様な証言のなかで，特にイエスに対して*メシア，キリスト，主（→キュリオス），*人の子，*神の子といった称号を付与しながら（→イエスの称号），空間と時間の出来事として把握され，しかも歴史内的事象を越え出る意味をもつ出来事として記述されている．つまりそれは，地上の歴史におけるこの世的人間の構造を，神がその絶大な力をもって打ち破り，その歴史に*終末をもたらした出来事であり，神の救いをもたらす本来のキリストの歴史の開始である．今や原始キリスト教の信仰にとって，イエスは単なる過ぎ去った歴史の流れのなかの一人物ではなく，むしろ時間と永遠にとって決定的な，世界と人間に対する神の*和解の行為という新たな地平に置かれる．しかしその場合も，地上のイエスは放棄されるのではなく，むしろその彼こそが神が世界のために完成した救いの担い手であって，他の誰も彼に取って代わりえないと考える．すなわち，イエスへの称号は歴史の放棄ではなく，*ナザレのイエスの歴史が

救いの出来事であるとの理解を述べている．

　今述べた事柄によって，地上のイエスの説教と復活後の教会の使信(*ケリュグマ)との相違は，むしろ必要とされ，かつ基礎づけられている．その相違の内容は，イエスが自分の言葉と行為においてすでに生起しつつある神の国を宣教するのに対し，復活後の使信にとっては，イエスの死・復活・高挙によって，この世から来たるべき世への転換，救いの開始，神の国の到来がすでに出来事となった，ということである．したがって，イエスの*弟子たちを中心とする原始教団の使信は，ラビや哲学者の弟子のようにイエスの説教を遺言として大切に守りかつそれを反復するのではなく，イエス自身をその内容とするものになった．そこでは，彼において実現した神の新たな言葉，行為，歴史にとどまり続ける忠実さが問題となる．この使信は，すでに最古の教会の間で，信仰定型，*告白，*賛歌，*典礼的発言，*礼拝での*祈り，さらに*律法学者のような*旧約聖書の釈義を通して成長した形をとって，多様に表現され，固定した伝承となった．

　パウロの手紙は，実にこのことについての生きた証言を与えている(例えば，1コリ11: 23以下，15: 3以下)．もちろんパウロの*キリスト論や*教会論は独自の展開を示しているが，それをもってパウロの独創性，宗教的天才性を彼の個人的体験とも結合させて一方的に持ち出すことは，明らかにその神学の根本的誤解を招くことになる．むしろ彼の使信と神学とは，原始キリスト教のケリュグマ伝承の解釈と展開なのである．

【神学的特徴】原始キリスト教のケリュグマ伝承に依拠して深められたパウロの福音理解と宣教が，先に述べたような意味において，地上のイエスの宣教との根本的な相違を示すのであるが，そのことはパウロに限ったことではない．例えば，イエスの生涯を物語った*福音書が，イエスの説教と活動を，その死と復活に至る地上の時間的経緯に沿って報告するのに対して，使徒的な使信(手紙形式の諸書簡，使徒言行録，ヨハネ黙示録)にとっては，むしろイエスの生涯の終着点の出来事がすべての出発点にして基礎であり，そこから逆に復活後の証人たちは新たに考え行動する．神の国の到来の宣教者であるイエスは，今や被宣教者となり，彼の地上の歴史のもつ限界は打破される．そしてイエスの言葉に代わって，イエス・キリスト，その十字架の死・復活，終末における彼の到来についての言葉が登場する．それゆえに，このようなキリスト使信の理解者の一人にパウロがいるということなのであるが，それでもやはり何といっても，パウロの手紙は特別の鋭さをもって，読者をこの大いなる事実の前に立たせる．彼はイエス伝承について相当の認識をもちこれを受容したと思われるが，地上のイエスの説教の業を伝記的に伝えるという努力を全く示さない．むしろ復活し高挙したキリストの*霊の現存的働きによって福音を理解し，語る．そして自分がこの福音の宣教へと召し出され，派遣されたと自覚するパウロにとって(ロマ1: 1; ガラ1: 15)この使徒的務めを果たすということは，もはやイエスの歴史を物語りその神的な事柄を教えることではなく，また宗教的真理や体験を伝えることでもなかった．むしろそれは，神がキリストにおいて世界と人間の救いのために行ったことを報告し，それを現在化することであった．

　パウロがローマ書の初めの部分において，「神の義が福音において啓示される」(1: 17参照)と*黙示文学的表現をもって語り，さらに福音それ自体が「信じる者すべてを救う神の力である」(1: 16参照)と現在的に語りきるとき，原始キリスト教のケリュグマに対する彼独自の認識と要約がそこにみられる．その独自性とは，キリストの使信を*信仰のみによる*義認の使信として解釈し，展開する点にある．*使徒のこのような福音理解は，律法にすべてをかけるユダヤ教徒たちに激しい敵意を抱かせ，当時のキリスト教会のなかにも誤解を招いた．しかし彼は，この福音理解によって諸国民の使徒となり，キリスト教のユダヤ教からの離脱をもたらし，さらにユダヤ人と異邦人とからなる教会の一致と設立を初めて神学的に基礎づけた(→異邦人宣教と異邦人改宗)．

　通常は，パウロの神学を一定のテーマごとに(例えば，神，キリスト，人間，救い，典礼，教会，終末)列挙して理解する方法を避けるわけにはいかないが，彼の神学思想を一つの完結的で秩序づけられた体系，すなわち*神学大全として再構成することは不当な試みであろう．むしろその点では，パウロの神学的，司牧的な発言は，諸教会との論争に規定され，特定の読者と状況のなかで限定的に，しかもつねに他の要素と混ざり合って出てくることを，正しく認めるべきであろう(パウロ研究の項を参照)．彼は机上の神学者ではなく，むしろ宣教活動上の神学者として思索を深め展開したのである．

【宣教とその使信】使徒は，その宣教活動によっても，原始キリスト教の発展に極めて重要な役割を演じた．確かに，シリア，エジプト，あるいはローマなど，ローマ帝国の多くの地域に，パウロとは独立してキリスト教が進展したのは事実であるが，パウロは明確な異邦人のための使徒としての*召命を受けてこれを実行し，この任務から神学的・実践的結論を引き出した原始教団の唯一の宣教者であった(ロマ15: 20)．彼は，最初に*小アジア，マケドニア，ギリシアにキリスト教会を設立し，さらに彼が立ち去ったあとでも書簡や同労者をそれらの教会に送って，教会の健全な成長のために多大な労をとった．

　では彼の異邦人宣教への取り組みはどのようなものであったであろうか．放浪の福音宣教者としてのパウロが諸都市に入って，イスラエルの*神の名で異教徒たちに語りかけ，神が御子をユダヤ人と異邦人を問わず全人類の救いのために遣わしたことを信じさせることは，かなり困難であったと思われる．確かに，使徒言行録17章に記されているように，公共の広場でギリシアの哲学者たちをも論駁するほどの弁術をもって，人々の心に説得的に訴えたことも充分ありうる．しかし自他共に認めるように(2コリ10: 10; 11: 6)，パウロはさほど雄弁家ではなかったであろう．実際のところは，彼が新しい町に入ると，直ちに天幕造りの皮革作業を自らの手仕事とするために部屋を借り，そこを訪れる人や通行人と一対一で，あるいは少人数を相手に，人の躓きとなる十字架の福音(1コリ1章)を一筋に力強く語るという仕方で，本領を発揮したと思われる．その意味において，彼の語る福音の告知の排他的性格そのものが狭い道であり，宣教を困難にしている．1コリント書によれば，*コリントの改宗者のなかには，周囲の異教的慣習や神々への礼拝を全面的に排除しようとは思わない者もいて，そのことを使徒は厳しく戒めている．したがって，そのことを理由にキリスト教会への参加を拒否した者も少なくない．しかし他方において，キリストにおける*永遠の命を語る使信に耳を傾け，キリストへの信仰を公言して*聖徒の交わりに加わり，神の救いの業にあずかる者も大勢いたのである．

〔神の恵み〕使徒は，「罪を償う供え物」としてのキリストの死（ロマ3: 21以下）によってすべての人に *神の義を与え，キリストなきときに陥っていた *罪からの救出のために，信仰者をその義のなかへと取り入れる，そのような神の *恩恵について，または神の *愛について随所で語る．それゆえに，そこでは神の一般的な心持ちではなく，弱き者，神なき者，罪人と敵対者のためのキリストの死において出来事となった神の行動が問題となっている（ロマ5: 6-8）．この逆説的な愛は，人間の理解にとっては無意味なものであるが，隠された神の勝利を示す．この恩恵は善悪の区別と法の秩序を脅かすのではなく，むしろ新しい秩序と *新しい契約を基礎づけるのである．

【文献】G. ボルンカム『パウロ』佐竹明訳（新教出版社 1970）: G. BORNKAMM, *Paulus* (Stuttgart 1969); R. シュナッケンブルク『新約聖書の教会』石沢幸子訳（南窓社 1972）: R. SCHNACKENBURG, *Die Kirche im Neuen Testament* (Freiburg 1961); E. P. サンダース『パウロ』土岐健治，太田修司訳（教文館 1994）: E. P. SANDERS, *Paul* (Oxford 1991); H. HÜBNER, *Biblische Theologie des Neuen Testaments*, v. 2 (Göttingen 1993). （朴憲郁）

パウロス　Paulos（?-339頃）　聖人（祝日，ローマ教会3月7日，ギリシア教会9月5日，アルメニア教会12月7日），*テーベの *隠修士．農民だったが妻の姦通を知ったことからエジプトの *アントニオスの弟子として60歳で隠遁生活を始める．純真で信仰心篤く，従順であったことから「清純なパウロス」（Paulos Simplex）と呼ばれる．アクイレイアの *ルフィヌス，*パラディオスらによる伝記が残されている．

【文献】LThK² 8: 214. （久野暁子）

パウロス1世〔コンスタンティノポリスの〕　Paulos I（?-351以降）　聖人（祝日，ローマ教会6月7日，ギリシア教会11月6日），コンスタンティノポリスの司教．*テサロニケの生まれで，*コンスタンティノポリスの司教 *アレクサンドロスによって司祭叙階を受け，彼の死後（337）*アレイオス派の対立候補を制して後継司教となる．339年に司教を解任されメソポタミアのシンガラ（Singara）に追放される．この間アレイオス派のニコメデイアの *エウセビオスが司教を務めたが，彼の死後再び司教として迎えられる（341）．これに対し，アレイオス派は *マケドニオスを司教候補として擁立したことから紛糾し，ついに皇帝 *コンスタンティウス2世がパウロスを追放（342），マケドニオスを司教に任命した．皇帝 *コンスタンス1世の後ろ盾により，346年再度司教座を取り戻すものの，皇帝の死後，再び亡命を余儀なくされ（351），*キリキアのククスス（Kukusus）で客死．暗殺説もある．

【文献】キ人1075; LThK² 8: 212. （久野暁子）

パウロス〔サモサタの〕　Paulos（?-272以後）　アンティオケイアの司教．

ユーフラテス川流域のサモサタ（Samosata）に生まれた．260年頃に *アンティオケイアの司教になり，おそらく同時に，シリア・ゼノビア王朝のパルミュラ宮殿で財務官として仕えた．神学的には *マルキオンとの論争があり，268年の *アンティオケイア教会会議でパウロスは *異端として排斥された．しかし，彼の支持者はパウロス派を組織し，少なくとも第1 *ニカイア公会議（325）の頃まで活躍していた．神学的な思想は，彼の著作が残存しないので確定できない．カイサレイアの *エウセビオスは，268年の会議の文書に言及するが曖昧である（『教会史』7, 27-30）．

一般に，パウロスは神について *モナルキアニスムスを主張していたとされる．「神の *ロゴス（知恵）」は，彼にとって人格的ではなく，また，自立存在（*ヒュポスタシス）ではない．それはただ勢力（［ギ］dynamis），神の働きである．したがって，彼は「*神の子」という呼称を「ロゴス」に適用しない．このロゴスは，イエスのなかに，ちょうど神殿のなかに *内在するようにある．このためイエスは *族長や *預言者のような地位を授けられている．しかし，イエスは死すべき人間にすぎない．ここにはモナルキアニスムス，*キリスト養子説などの類型にあてはまる異端的思想傾向が確認できる．「*同一本質」の用語との関連では，彼にとって，ロゴスは非人格的に理解されているのであるから，その内に父と同じ *本質」はないという主張であったろう．このパウロスの異端排斥後50年を経ても，アンティオケイアでは *エウスタティオスなどによって，依然としてモナルキアニスムスは存続していた．

【文献】キ人1075; EEC 2: 663; LThK² 8: 213. （鳥巣義文）

パウロス〔テーベの〕　Paulos（288頃-341頃）　聖人（祝日1月15日），エジプトの *隠修士の祖．

*ヒエロニムスが4世紀末に記した伝記（Vita Pauli）が唯一の記録．それによると，パウロスは下テーベの豊かなキリスト教徒の家に生まれ，*デキウス帝による迫害の際（249-51），紅海付近の荒野に逃れた．密告を恐れて辺地の岩穴に移り，迫害が終わったあともとどまって修行生活を続けた．彼に従う弟子が増え，エジプトの *アントニオスも彼の教えを受けた．113歳で他界し，アントニオスが2匹のライオンの助けを借りて遺体を埋葬した．この伝記は史実を記述したものではなく，隠修士生活を称賛するために書かれたものであるため，パウロスの史的生涯は不明である．

【文献】ActaSS Ian. 1: 602-607; BHO 909-16; Cath. 10: 922-23; DACL 13: 2700-706; LThK² 8: 214; H. DELEHAYE, "La personalité historique de saint Paul de Thébes," AnBoll 44 (1926) 64-69. （杉崎泰一郎）

パウロス〔ラトロスの〕　Paulos（?-955. 12. 15）　聖人（祝日12月15日）．*ミレトス近郊ラトロス（Latros）の修道者，*隠修士．賢明な助言者として多くの人々の尊敬を集め，ビザンティン皇帝 *コンスタンティヌス7世にも一目おかれる．助言を求める人が殺到したため，一時期サモス島に身を隠した．遺書の一部が *修道会々則となっている．

【文献】LThK² 8: 212; A. P. KAZHDAN, ET AL., eds., *The Oxford Dictionary of Byzantium*, v. 3 (Oxford 1991) 1608. （久野暁子）

パウロスしゅうどうかい　パウロス修道会〔ポーランド〕Zakon Świętego Pawła Pierwszego Pustelnika, 〔ラ〕Ordo Fratrum Sancti Pauli Primi Eremitae, 〔英〕Hermits of St. Paul, Paulists, 〔略号〕O.S.P.P.E.　最初の *隠修士とされるエジプト，テーベの *パウロスの名を冠して創設された男子修道会．正式名称は，最初の隠修士聖パウロスの兄弟会．本来は隠修制的な会であった

が，ヨーロッパ諸国のさまざまな運動を傘下に収めたため，時代と地域によっては共住修道制的傾向や*修道祭式者会的傾向，*托鉢修道会の傾向も有する．時代の激変に翻弄され，会の発展には有為転変がみられる．

伝承によれば，その起源はテーベのパウロスに遡るとされるが，実際には10世紀ハンガリーの隠修士運動に起源を有する．この運動が組織を形成し始めるのは，ペーチュ (Pécs) の司教バルトロメウス (Bartolomeus, 生没年不詳) の指導を受けて1225年に創設された隠修士集団と，その少しあとにエステルゴム (Esztergom) の聖堂 *参事会の会員エウセビウス (Eusebius, ?-1270) が建てた隠修士集団が，13世紀中葉に合同して共通の上長を選出したときからである．この集団はバルトロメウスが定めた規則に従い，共同生活，*祈り，*断食，手労働を重視した．

1262年頃エウセビウスはヴェスプラム (Veszprém) の司教パウルス (Paulus, 生没年不詳) から暫定的な認可を得て修道会を結成，最初の隠修士パウロスを*守護の聖人として選び，パウロス修道会と名のった．その際パウルスはバルトロメウスの規則に変更を加え，*アウグスチノ修道祭式者会の生活様式に近い形態を採用した．13世紀には多くの*修道院が建設されたが，会は全体としてなお司教の*裁治権に服していた．

しかし，1308年*聖座から*アウグスチノ会の修道会会則を許され，翌年司教権からの*免除を得ると，会の状況は一変した．多くの特権を獲得し，これらは教皇*ヨアンネス22世の承認を受けた．修道院はスロヴァキア，ダルマチア (Dalmacija)，イストラ (Istra)，さらに*パレスチナにも建設され，1340年にはドイツの隠修士たちも加わり，14世紀後半にはポーランドにも及んだ．このような勢力の拡大とともに，1371年パウロス会は教皇*グレゴリウス11世から最終的な認可を得て，絶頂期を迎えた．管区は八つを数え，その影響は中欧を越え，ポルトガルにまでも達した．

その後，トルコ人の侵入と*宗教改革の結果，会の勢力は大きく傾くが，17世紀に改革と復興がなされ，ハンガリーとポーランドなどで力を取り戻した．

だが，1786年神聖ローマ皇帝*ヨーゼフ2世がハプスブルク領内の同会修道院を廃止，財産を没収したことによってこの繁栄も終わり，さらにポーランド分割 (1795) の結果，19世紀後半には旧ポーランド領に修道院が二つ残るだけとなった．

ポーランド再建国 (1918) の後，この残った二つの修道院から会は再度息を吹き返したが，ハンガリーで共産党が政権を握ると，同国内の修道院が廃止されるという打撃を再び受けた (1952)．

1997年末の時点で，ポーランド，アメリカ合衆国などに48の修道院を擁し，432名の会員 (うち256名が司祭) がいる．黒い聖母で有名なポーランドの*チェンストホーヴァに本部が置かれている．
【文献】AnPont (1999) 1449; DIP 6: 25-43; LThK² 8: 206-207; NCE 6: 1077-78． (神崎忠昭)

パウロスは　パウロス派　→ パウリキアヌス派

パウロせんきょうかい　パウロ宣教会　〔ラ〕Societas Sacerdotum Missionariorum a Paulo Apostolo, 〔英〕Society of Missionary Priests of St. Paul the Apostle, Paulists, 〔略号〕C.S.P.　1858年*ニューヨークにおいて司祭 I. T. *ヘッカーによって*レデンプトール会から分かれて設立される．一般信徒向け月刊誌 (The Catholic World) を刊行し，出版社 (Paulist Press) を母体としてカトリック・ジャーナリズムによりカトリック以外の人々に対する*使徒的活動を行う．総本部はニューヨーク．活動地域は主にアメリカ合衆国．1997年現在の会員数202名．
【文献】AnPont (1999) 1502; NCE 11: 29-30．

(高柳俊一)

パウロのてがみ　パウロの手紙　〔英〕Pauline Letters, 〔独〕Paulinische Briefe, 〔仏〕Lettres de Paul　新約聖書正典に属する27の文書のなかで，少なくとも13が使徒*パウロの名で書かれている．そのなかには，最近の批判的研究によれば，彼自身の筆によらず，彼の少しあとの時代において，その使徒的遺産を保持するために，彼の手紙を模範としてその名を用いて記されたものが幾つかある．パウロの真正の手紙 (→ パウロ研究) については種々の議論があるが，一応執筆順に次の手紙を列挙することができる．1テサロニケ書，ガラテヤ書，1-2コリント書，フィリピ書，フィレモン書，ローマ書 (さらにその間に，2テサロニケ書とコロサイ書を含む可能性もある)．

これらの手紙は，歴史資料として最古にして信頼できるものであり，イエスの告知と物語とを伝える福音書よりも，さらに，20-30年も古い原始キリスト教の第一級の資料そのものである．これらは，特定の読者と状況に向けて宛てられたとはいえ，パウロの使信，宣教の活動と戦い，体験と思想を，あらゆる時代の読者にも生き生きと提供する．彼の手紙は，すでに1世紀末に収集され，まだ形成途上にあったキリスト教会の正典 (→ 聖書の聖典) に最初から含まれたほどに，キリスト教の発展に規範的影響を与えた．
【文献】RGG³ 5: 166-90; W. G. キュンメル『新約聖書神学 ― イエス・パウロ・ヨハネ』山内真訳 (日本基督教団出版局 1981): W. G. KÜMMEL, Die Theologie des Neuen Testaments nach seinen Hauptzeugen Jesus, Paulus, Johannes (Göttingen 1969). (朴憲郁)

パウロのとっけん　パウロの特権　〔ラ〕privilegium paulinum, 〔英〕Pauline privilege, 〔独〕Paulinisches Privileg, 〔仏〕privilège Paulin　「信仰の護持」という*神法の要請に基づく婚姻解消制度の一つ．配偶者の一方が*洗礼を受け，それとの関連で他方が離れ去る場合，信仰を擁護するため，受洗者が信者と再婚することができる権利．

【沿革】「パウロの特権」による*婚姻の解消制度は，使徒*パウロが「信者でない相手が離れていくなら，去るにまかせなさい．こうした場合に信者は，夫であろうと妻であろうと，結婚に縛られてはいません．平和な生活を送るようにと，神はあなたがたを召されたのです」と述べた1コリント書7章12-15節に由来する．古代においては，この特権が実際に用いられることはごく稀であった．若干の*教父たちが，この特権について言及しているが，その意味内容や適用範囲は必ずしも明確ではなかった．教会の*教導職では，教皇*インノケンティウス3世の*教皇教令をはじめ，*教皇庁から出された判例や多くの訓令によってしだいに明確化され，制度化されるに至った．しかし，本特権が比較的よく実際にも問題になったのは，新大陸発見後，異教地へのキリスト教宣教が推進されるに至ってからである．

【パウロの特権行使の要件】(1) 本特権は，非受洗者間の有効婚（神法上も，民法上も）のみに適用することができ，受洗者と非キリスト者との間の有効婚には適用できない（『教会法典』1143条1項）．ただしその婚姻が夫婦行為によって完成されているか否かは問わない．客観的に無効な婚姻であれば，「パウロの特権」を適用せず，法的手続きに従って＊無効宣言を行う．また婚姻の有効性に疑義がある場合は，パウロの特権を使用せず，『教会法典』1150条に従って＊信仰の特権の原則を適用し，信仰上の観点から当事者に有利になるようその婚姻を有効もしくは無効と判定する．

(2) 配偶者の一方が受洗し，他方が非受洗者としてとどまるかぎり，受洗した配偶者のみがこの特権を行使できる（同1143条）．もし両配偶者が受洗すれば，その婚姻は認証婚（〔ラ〕matrimonium ratum, 教会法上，適法かつ有効で＊秘跡となった婚姻）となりパウロの特権によって解消することはできなくなる．

(3) 本特権行使の第三の要件は，非キリスト者としてとどまる配偶者が離れ去ることである．非受洗者が離別したとみなされるのは，この者が受洗した配偶者との同居を欲しない場合，または創造主を侮辱せずに平和裡に同居することを欲しない場合である．ただし，受洗者たる当事者が受洗後，非受洗者たる当事者に離別の正当な理由を与えた場合はこの限りではない（同1143条）．受洗者たる当事者は配偶者の離別を確認するために，新たな婚姻締結に先立って非受洗者たる当事者に以下のことを質問しなければならない．(a) 自らも受洗する意志があるか．(b) 受洗しないとしても，少なくとも創造主を侮辱せずに平和裡に同居する意志があるか．この質問は原則として受洗後に行われるべきであるが，重大な理由がある場合，地区＊裁治権者の許可があれば受洗前であっても行うことができる．さらに質問が不可能または無益であることが確認される場合は，裁治権者はこの質問を免除することができる（同1144条）．

(4) 受洗者たる当事者がカトリック信者と新たな婚姻契約を締結する権利を有するのは，次の場合である．(a) 前婚の相手が質問に対して否定的な回答をした場合，もしくは規定に従って質問が適法に省略された場合．(b) 非受洗者たる前婚の相手が，質問を受けたか否かを問わず，当初は創造主を侮辱せず平和裡に同居を続けていたにもかかわらず，あとになって正当な理由なく離別した場合（同1146条）．なお再婚前に非キリスト者である配偶者が回心して，洗礼を受けるならばこの権利は消滅する．

(5) 本特権を用いて受洗者が再婚する相手は原則としてはカトリック信者に限られるが，重大な理由がある場合，地区裁治権者は非カトリックのキリスト者もしくは非キリスト者との婚姻を許可することができる．ただしその際には，＊異宗婚・＊混宗婚に関する教会法の規定を遵守しなければならない（同1147条，また1124-29条ならびに「日本における教会法施行細則」19-20参照）．

【パウロの特権行使の結果】非受洗者であったときに締結された前婚の絆は，信者となった配偶者が実際に新たな婚姻を有効に締結する時点で解消される（同1143条）．したがって，パウロの特権による再婚以前に，非キリスト者の配偶者が婚姻を試みてもその婚姻は教会法上は無効である．

【文献】DMC 3: 803-807; 久保正幡, 阿南成一『教会婚姻法：新比較婚姻法Ⅲ』(勁草書房 1962) 58-62; T. オーブォンク『あなたに愛と忠実を』(中央出版社 1984) 142-46; L. CHIAPPETTA, *Dizionario del Nuovo Codice di Diritto Canonico* (Napoli 1986) 840; H. FLATTEN, *Nichtigerklärung. Auflösung und Trennung der Ehe: Handbuch des katholischen Kirchenrechts* (Regensburg 1983) 822-24, 826.　　　　　　　　　　(枝村茂)

パウンド　Pound, Ezra Loomis (1885. 10. 30-1972. 11. 1)　アメリカの詩人．アイダホ州ヘイリ(Hailey)に生まれる．1908年以後はヨーロッパで旺盛な文学活動を展開，文芸復興をもくろみ，多くの才能を育てた．初め擬古調の詩を書いていたが，能や俳句などを含めた東洋の詩の影響のもとに，1910年代初頭に詩におけるイメージの明確化を重視するイマジズム(Imagism)運動を主唱，そのあとは膨大かつ難解な『キャントーズ』(Cantos, 1919-69)を生涯にわたって書きついだ．第2次世界大戦中ムッソリーニ(Benito Mussolini, 1883-1945)の宣伝放送に関わり，逮捕，精神病院に収容される．＊ヴェネツィアにて没す．

【邦訳】新倉俊一編訳『エズラ・パウンド詩集』(小沢書店 1993).　　　　　　　　　　　　(飯野友幸)

バエサ　Baeza, Juan Bautista de (1558頃-1626. 5. 7)　キリシタン時代のイエズス会員．スペイン南部ハエン司教区ウベダ(Úbeda)の出身．1579年5月14日＊イエズス会に入会．1586年極東に派遣され，1588年7月28日＊マカオへ，1590年(天正18)7月21日来日した．1612年(慶長17)まで＊有馬を中心に九州各地で，その後は＊大坂で司牧活動に携わった．1614年11月の禁教令に伴う宣教師の追放に際して潜伏し，＊長崎および＊大村地区の上長として働いたが，過労のため長崎で没した．

【文献】J. F. SCHÜTTE, *Monumenta Historica Japoniae*, 1 (Roma 1975).　　　　　　　　　　(尾原悟)

パエス・パシェコ　Paes Pacheco, Luis (?-1640. 8. 3)　交易再開嘆願のため特使として＊長崎に派遣された＊マカオ市の代表．＊島原の乱の後の1639年(寛永16)，徳川幕府はポルトガル船の来航を禁止する鎖国令を発布した．貿易の停止はマカオ市にとって死活問題であったため，同市は貿易再開を懇願する使節の派遣を決め，1640年，パエス・パシェコ以下4名の特使を派遣した．7月6日一行は長崎に到着したが，全員＊出島に拘禁された．8月2日，加々爪忠澄らが上使として長崎に到着，水夫13名を除く使節ら61名の死刑を宣告し，翌日西坂で斬首した．日葡交易再開の嘆願はならず，約1世紀にわたった両国の通交は断絶した．

【文献】東京大学史料編纂所編『オランダ商館長日記』原文篇之4 (東京大学 1981); C. R. BOXER, *The Great Ship from Amacon* (Lisboa 1959).　　(尾原悟)

パオラ・フラッシネッティ　Paola Frassinetti (1809. 3. 3-1882. 6. 11)　聖人(祝日6月12日)．フラッシネッティのドロテア修道女会(Suore di Santa Dorotea della Frassinetti)の創立者．＊ジェノヴァの生まれ．ジェノヴァの教区司祭ジュゼッペ・フラッシネッティ(Giuseppe Frassinetti, 1804-68)の妹．1830年から兄とともに暮らす．病弱で修道会に入ることもままならなかったが，1834年自らあらゆる階級の女子を教育するための修道会を設立．何年も苦労した後，1863年にはローマ教皇の承認を得，終生，修道会長を務める．

1841年以降 *ローマに住む．1882年同地に没す．1930年列福，1984年 *列聖．
【文献】DIP 4: 587-90; LThK³ 4: 61; NCE 6: 81.
（相原直美）

パオロ〔十字架の〕Paolo della Croce（1694. 1. 3-1775. 10. 18）　聖人（祝日4月28日，1969年以降10月19日），御受難修道会および御受難修道女会の創立者．イタリア北部のピエモンテ州オヴァダ（Ovada）で没落貴族の家庭に生まれる．本名パオロ・フランチェスコ・ダネイ（Paolo Francesco Danei）．1716年，福音的完徳の道を歩み始め，1720年からカステラッツォ（Castellazzo）で *隠修士となる．ここで御受難修道会会則の原点となる『イエスの貧者の修道規則』（Regole）を著した．1727年，弟ジョヴァンニ・バッティスタ（Giovanni Battista, 1695-1765）とともに教皇 *ベネディクトゥス13世によって司祭に叙階された．

パオロは，18世紀ヨーロッパの状況のなかで，キリストの *受難の秘義を観想し，社会の苦難・災害・生活苦などの現実の十字架を我が身に背負いつつ受難を通しての栄光を追求した．こうして「十字架のパオロ」と人々に親しまれるようになった．1728年，トスカーナ州オルベテロ（Orbetello）近くのアルジェンタロ山で隠遁生活を始め，1737年ここに最初の修道院を創立．*御受難修道会は1741年5月15日教皇 *ベネディクトゥス14世によって公式に認可された．1769年からパオロは同会総長として *ローマに住み，1773年以降は教皇クレメンス14世から贈られたサンティ・ジョヴァンニ・エ・パオロ聖堂に居住，教会奉仕に献身した．以来御受難修道会本部となったこの修道院教会に彼は埋葬されている．教皇 *ピウス9世により，1852年10月1日列福，1867年6月29日 *列聖．18世紀の最も優れた説教家の一人であった彼の霊性は，*聖書と *教父によって導かれ，自己体験と教会博士たち（アビラの *テレサ，*ファン・デ・ラ・クルス，*フランソア・ド・サルなど）の霊的著作から源泉を汲んでおり，その『修道規則』のほか『心霊修行日記』（Diario spirituale, 1720）や約2,000通の書簡に結晶している．

【著作】Amedea della Madre del Buon Pastore, ed., *Lettere di San Paolo della Croce*, 4 v., 1924; C. Chiari, ed., *Scritti spirituali*, 3 v., 1974-75.
【文献】BSS 10: 232-57; DIP 6: 1101-105; LThK³ 7: 1518; C. Brovetto, *Introduzione alla spiritualità di S. Paolo della Croce* (Teramo 1955); C. Almeras, *St. Paul de la croix* (Bruges 1957); S. Breton, *La mystique de la passion* (Paris 1962); E. Zoffoli, *S. Paolo della Croce. Storia critica*, 3 v. (Roma 1963-68).　（鈴木宣明）

はか　墓〔英〕tomb, grave,〔独〕Grab,〔仏〕tombe
【概要】墓とは死者の追憶や祭祀・供養のために建てられた施設をいい，遺体や焼骨を埋葬，埋蔵する墓は墳墓と呼ばれる．死者を葬るのはあらゆる文化に共通する普遍的な行為であるが，墓を設けるのは，必ずしも人類に共通する文化ではない．*ヒンドゥー教の巡礼地ベナレス（Benares）ではガート（屋外火葬場）で火葬した遺骨をガンジス川に流したり，現在では違法になっているが，遺体をそのまま流したりする．これは死生観が異なるため墓を造る習俗がないからである．

キリスト教の伝統では，地下墓地の *カタコンベが墓地としての最初の形態で，1850年発見されたローマの

プリスキラのカタコンベ

サン・カリスト・カタコンベが代表的である．これは *ローマ帝国の *迫害を逃れて秘密に礼拝するための地下の洞窟状の集会所や礼拝所を結ぶ通路の両側の壁に龕（がん）を掘り，信者の棺を埋葬して墓地としたものである．キリスト教の *教会堂建築は，*殉教者の墓地の上に，4世紀以降，聖堂が建てられていったことに始まる．*サン・ピエトロ大聖堂は *ペトロの墓所として有名である．中世には国王や貴族の棺が教会の壁面や地下墓地（→クリプタ）に埋葬される宗教習俗が成立した．ロンドンの *ウェストミンスター・アベイには，建立者である証聖王 *エドワードが祭壇裏に埋葬され，その後多くの歴代の王，王妃の墓所となっている．歴史的に古い教会はこのように教会堂内部に墓が造られてきたが，新しい教会では，土葬を主とした墓地が教会堂に隣接して設けられるようになった．現代の日本では，原則として *火葬が義務づけられているために，*復活のために遺体をそのまま埋葬する西欧キリスト教の宗教習俗との相違が問題となるが，一般信者は火葬に対してあまりこだわらないようである．これは教理上の問題というよりは，火葬率が世界で最も高い日本の文化的特性といえるかもしれない．現在では，祭壇裏や地下に焼骨納骨堂を備える教会が増え続けている．
（武田道生）

【古代イスラエル】古代地中海周辺地域では死者は通常土葬にされ，遺体が埋葬されるのが習慣であった．この習慣は古く有史以前からあったが，埋葬方法は時代と地域により多様であった．また，墓には埋葬者の人間的感情や死生観，宗教思想も表現されており，古代史の研究においては最も重要で，しばしば唯一の物証ともなった．古代イスラエルの宗教およびキリスト教においても，その信奉者はそれぞれの民族と時代の習慣に従い，固有の信仰を表現しながら死者を埋葬してきた．聖書や宗教的文書の埋葬記事は，こうした事柄を前提に記されている．

パレスチナにおけるイスラエルの先住民も極めて多様な埋葬習慣をもっていた．*エリコにおける新石器時代の家屋下に埋められていた家長ないし族長の頭蓋骨から，各地の竪穴または岩穴におけるさまざまな副葬品を

はか

伴った個人または集団の埋葬に至るまで，いずれも人間が死後も生き続けるという確信を表している．副葬品としては死者が生前使用していたと思われる生活用品や武具，また家畜などもあり，それらの出土品から当時の生活を復元することも不可能ではない．彼らは死者はまだ何らかのかたちで生きていて，この世界に力を及ぼすと信じており，そのため死者に供え物を捧げて供養した．こうした死者を弔う習慣はエジプトで巨大な権力と結びついて驚くべき規模で表現されたが，小規模な都市または国家しかなかったパレスチナでは比較的貧弱な墓しか残ってはいない．

イスラエルの宗教伝承は，アブラハムが妻サラの埋葬のために *ヘブロンの *マクペラの洞窟を獲得し，自分もそこに葬られたことを伝え（創 23: 19; 25: 9），またイサクとリベカも，ヤコブもレアも葬られた（創 49: 31; 50: 13）．ヨセフは *シケムの野に葬られ（ヨシュ 24: 32．また創 33: 19; 47: 30; 50: 5 参照），ヨシュア（ヨシュ 24: 30），サムエル（サム上 25: 1; 28: 3），ヨアブ（王上 2: 34），マナセ（王下 21: 18; 代下 33: 20）の埋葬場所も伝えられている．他方，預言者イザヤは墓を準備した役人シェブナをとがめる（イザ 22: 16）．死体は *汚れたものとみなされ，墓は町の外に設けられたが（エゼ 43: 6, 9 参照），これはローマなどの他民族でも同様である．イエスの墓（詳細は下記参照）も町の外，アリマタヤのヨセフの園にあった岩の穴であった（ヨハ 19: 38-42）．もっとも，町の拡張に伴い，古い墓が町のなかにみつかることも稀ではない．

ヨシャファトの谷の墓

パレスチナ考古学はその初期から墓を調査対象としてきたが（→聖書考古学），特にこの数十年 *エルサレム市内および周辺の数々の墓を発掘し調査した．これらの結果は聖書の埋葬記述を理解する助けにもなる．エリコで発見された青銅器中期時代の自然の岩穴を利用した家族ないし同族の墓は，アブラハムなどの *族長の墓を思わせる．キドロン（Qidron）の谷（→ヨシャファトの谷）の東斜面の村落シルワン（Silwan）にある数基の墓はユダ王国時代の習慣を物語る．*聖墳墓聖堂の付近の墓も同時代のものである．また，イエス時代の墓，特に納骨器（[英] ossuary）も多数発見され，岩を掘り削って造った墓の出入口に大きな丸い石を置く方法などとともに，イエスの墓（マコ 16: 3 参照）や初期ユダヤ人キリスト教徒の墓を類推するのが容易になる．

他方，キリスト教徒の墓で最古のものが最も多く残っているのはローマである．ペトロの墓は *サン・ピエトロ大聖堂の主祭壇下，パウロの墓も *サン・パオロ・フオリ・レ・ムーラ聖堂の主祭壇下にある．初期キリスト教

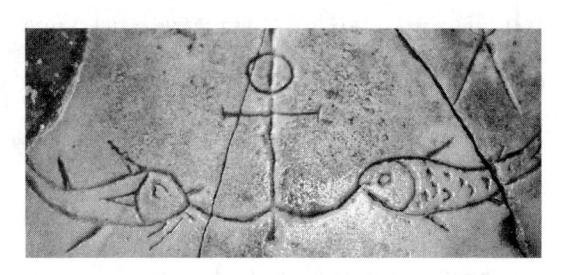

ドラティラのカタコンベの
魚とかぎ針

ドミティラのカタコンベの
善き羊飼い
（教皇庁考古学委員会）

徒の墓である *カタコンベの地下墓地は，シチリアのシラクーザ（Siracusa）などほかにもあるが，ローマのそれは桁違いに大規模なものである．ここに埋葬された大半のキリスト教徒はあまり豊かではなかった．そこに書き記されている碑文，そして *魚や錨，*鳩，さらに 4 世紀以降は *十字架などのシンボル，聖書を題材にした絵画，*石棺彫刻は，イエス・キリストによって与えられる *永遠の命への彼らの信仰を素朴だが力強く表現している．このような彼らの信仰がその後のキリスト教徒の墓の基調となっている（→キリスト教美術，キリスト教碑文）．

【文献】聖書考大 181-93, 274-93; EJ 15: 1215-22; Y. YADIN, ed., *Jerusalem Revealed* (Jerusalem 1975) 63-74; H. M. ORLINSKY, ed., *Israel Exploration Journal Reader*, v. 2 (New York 1981) 1209-96; R. GONEN, *Burial Patterns and Cultural Diversity in Late Bronze Age Canaan* (Winona Lake 1992); D. USSISHKIN, *The Village of Silwan* (Jerusalem 1993); H. GEVA, ed., *Ancient Jerusalem Revealed* (Jerusalem 1994) 82-127.

古代ローマ，ならびにペトロとパウロの墓について: B. M. A. GHETTI, ET AL., eds., *Esplorazioni sotto la Confessione di San Pietro in Vaticano*, 2 v. (Città del Vaticano 1951); P. TESTINI, *Le catacombe e gli antichi cimiteri cristiani in Roma* (Bologna 1966); ID., *Archeologia Cristiana* (Bari 1980); U. M. FASOLA, *Pietro e Paolo a Roma* (Roma 1980).

【イエスの墓】福音書にはイエスの埋葬記事がある（マタ 27: 57-66 と並行記事参照）．それによるとイエスは，当時のエルサレムの城壁外（ヘブ 13: 12 参照），*ゴルゴタと呼ばれる岩肌のみえる突起した場所で *十字架刑に処せられて死に，彼の遺体は岩をうがって造られ，大きな石を転がして出入口を塞ぐような新しい墓に移された．この墓はゴルゴタ近くのアリマタヤのヨセフの所有地であった園のなかにあった．しかし，実際にイエスの墓がどこにあったかという歴史的事実と，この福音書の記事とは区別しなければならない．

〔歴史的事実〕伝統的には，現在の聖墳墓聖堂の中央にある「聖墳墓」（[英] Holy Sepulchre, [独] Heiliges Grab, [仏] Saint-Sépulchre）がイエスの墓と考えられて

きた．この聖墳墓と近くのいわゆるゴルゴタは，特に1960年以降聖堂崩壊のおそれがあったため，その修復・補強を目的に諸教会が協力して考古学的に調査し，福音書が伝えるようにイエス時代に町の外の岩場であったことがほぼ推定されるようになった．もっとも，4世紀，ここに＊コンスタンティヌス大帝が聖堂を建立する以前のことは，あまり明らかではない．イエスの死からローマ人によるカピトリウム（Capitolium）神殿建造まで約100年，それから聖堂建立まで約200年，この場所に関する文献資料は皆無に等しく，その間，ここが何であったのかという詳細は考古学的調査によっても解明されていない．ましてイエスが死んだ場所と墓だと断定するにはほど遠い．ただし，他に候補地がなく，またゴルゴタと考えられてきたところの下には＊ハドリアヌス帝以前にキリスト教徒から「アダムの岩穴」と敬われていた場所があったのではないかということを手がかりに継続して調査されている．なお，今日ダマスコ門を出てナブルス通りを北へ行くと，すぐ右に「庭の墓」（[英] Garden Tomb）と呼ばれるところがある．ここをイエスの墓としたのはゴードン（Charles George Gordon, 1833–85）であるが，彼の見解は形象に基づき，歴史的根拠に欠ける．

〔福音書におけるイエスの墓の記事〕マルコ福音書は，イエスの埋葬に続き(15: 42–47)，空になった墓について語り(16; 1–8)，これでもって終わる(16: 9–20 は後代の加筆)．このイエスの墓をめぐる記事をマタイ(28: 1–8)，ルカ(24: 1–12)，ヨハネ(20: 1–10)の各福音書も取り上げるが，3福音書はさらに復活したイエスに関する記述を加える．このうちでマルコの記事が最古と考えられるが，しかしマルコのものも創作ではなく，イエスの墓についての伝承をマルコが編集したものであろう．その伝承によれば，マグダラのマリアなど婦人たちが週の初めの日に墓に来て入ると白い衣を着た若者がいて，イエスは復活してここにはいないと告げ，遺体のあった場所をみるように命じ，彼女たちは恐れて逃げ帰ったということになろう（マコ 16: 1 前半, 2, 5–6, 8 前半参照）．この告知の核心は「復活した」（[ギ] ēgerthē）にあり，これは最古の信仰告白(1コリ 15: 3 後半–5 前半)の「復活した」に，また「週の初めの日」もその「三日目」に符合する．したがってこのイエスの墓をめぐる物語は，最古の信仰告白にある＊ケリュグマとしてのイエスの＊復活を物語形式で表現したものであろう．なお，当時証言力を認められていなかった婦人の名を具体的にあげ，イエスの墓が空であったことの証言者としていることから，この物語が単なる想像の産物ではありえないということもできよう．ただし，その空の墓の発見もイエスの復活そのものの証明にはならない．イエスの復活は信仰の対象であり，空の墓の発見が事実だとしても，この信仰を喚起する証しにすぎないからである．

マルコはこの伝承を受けて，復活したイエスと出会うために＊弟子たちを＊ガリラヤに向かわせる（マコ 16: 7）．マタイはこの物語の＊顕現としての性格を強調し，ルカは復活者イエスを空の墓に捜し求めることの無意味さを説く．ヨハネは空の墓をみて信じたのが＊ペトロであったという物語にする．

【文献】イエスの墓の位置については，聖墳墓聖堂の項文献を参照．

福音書における空の墓の物語について：U. ヴィルケンス『復活』中野健一訳（新教出版社 1971）: U. WILCKENS, Auferstehung (Stuttgart, Berlin 1970); X. レオン・デュフール『イエスの復活とその福音』三保元訳（新教出版社 1974）: X. LEON-DUFOUR, Résurrection de Jésus et message pascal (Paris 1971); W. マルクセン他『イエスの復活の意味』村上伸訳（新教出版社 1974）: W. MARXSEN, ET AL., Die Bedeutung der Auferstehungsbotschaft für den Glauben an Jesus Christus (Gütersloh 1966); 山内眞『復活』（日本基督教団出版局 1979）; J. KREMER, Die Osterbotschaft der vier Evangelien (Stuttgart 1966); L. SCHENKE, Auferstehungsverkündigung und leeres Grab (Stuttgart 1968); E. DHANIS, ed., Resurrexit (Città del Vaticano 1974); H. VERWEYEN, ed., Osterglaube ohne Auferstehung? (Freiburg 1995).

(和田幹男)

バーガー **Berger, Peter Ludwig** (1929. 3. 17–) アメリカのプロテスタント宗教社会学者．＊ウィーンに生まれる．1946年に渡米した後，ヴァグナー大学で哲学を学び，さらにニューヨークの新社会科学大学院(New School for Social Research)で，現象学者シュッツ(Alfred Schutz, 1899–1959)に師事．1954年に社会学の博士号を取得．1963–70年に母校の教授となる．1970–76年にニュージャージー州のラトガース大学の社会学教授を務めた後，ボストン大学教授となる．＊ルックマンとの共著『日常世界の構成』(The Social Construction of Reality, 1966)や『聖なる天蓋』(The Sacred Canopy, 1967)にみられるように，社会科学を＊現象学を通して再構築するという方法に立脚し，これを基礎として，共著『故郷喪失者たち』(The Homeless Mind, 1973)，『犠牲のピラミッド』(Pyramid of Sacrifice, 1974)等の著作において，宗教を知識社会学的な観点から捉え直し，とりわけ近代性の問題に焦点をあてて論じている．『異端の時代』(The Heretical Imperative, 1979)では，諸宗教の対話を呼びかけ，これからの宗教の歩むべき方向について積極的に提言している．1975年には，合理主義的なキリスト教理解を告発した，いわゆる「ハートフォード宣言」(Hartford Appeal)に，神学者として参加している．

【邦訳】加茂雄三，山田睦男訳『犠牲のピラミッド—第三世界の現状が問いかけるもの』（紀伊國屋書店 1976）; 高山真知子他訳『故郷喪失者たち—近代化と日常意識』（新曜社 1977）; 山口節郎訳『日常世界の構成—アイデンティティと社会の弁証法』（新曜社 1979）; 薗田稔訳『聖なる天蓋—神聖世界の社会学』（新曜社 1979）; 薗田稔, 金井新二訳『異端の時代—現代における宗教の可能性』（新曜社 1987）．

【文献】キ人 1077; 見田宗介他編『社会学事典』（弘文堂 1988) 710.

(坂田俊也)

パーカー **Parker, Matthew** (1504. 8. 6–1575. 5. 17) イングランド国教会（→聖公会）カンタベリ大主教．ノリッジ（Norwich）に生まれる．＊エリザベス1世の登位に続いて＊カンタベリの大主教に選任される．その聖別式の有効性に関しては後に論争が起こった．＊ブーツァーなど改革者たちと交わるが，彼自身はカトリック教会と＊ピューリタンとの中間を行く＊ヴィア・メディアの立場をとった．歴史学者としての功績もある．＊ロンドンにて没す．

【文献】キ人 1077; キ大 821; LThK² 8: 105–106; NEC 10: 1023; RGG³ 5: 114–15.

(平松良夫)

パーカー　Parker, Theodore
(1810.8.24–1860.5.10)　アメリカ合衆国の*ユニテリアン派牧師．マサチューセッツ州レキシントン(Lexington)に生まれる．自然や人間の心における神の*内在を強調し，キリスト教の伝統的な教説の多くを否定した．社会改革運動に積極的に関わり，特に*奴隷制の廃止のために活発に働いた．イタリアの*フィレンツェにて没す．
【文献】キ人 1076; キ大 821; EncRel (E) 15: 144–45; NEC 10: 1024; RGG³ 5: 115.　　　　　（平松良夫）

ハガイ(しょ)　ハガイ(書) Aggaeus　〔ヘ〕
ḥaggay　旧約聖書中の1書．ハガイ書はわずか2章からなる小さな*預言書であるが，ここの*預言の冒頭には日付が付されている．その日付のうち最も古いのは「ダレイオス王の第2年6月1日」(1:1)であり，最も新しい日付は「ダレイオスの第2年9月24日」(2:10, 20)である．ダレイオス王は前522年にカンビュセス王の跡を継いでペルシア帝国の王となっているから，ハガイの言葉は前520年の「6月1日」(8月29日)から「9月24日」(12月18日)までのほぼ3か月半に語られたことになる．

【時代的背景】前522年にダレイオスが王位に就いたとき，帝国東部に反乱が起こり，それを平定するのに手間どり，前520年もその余燼はまだくすぶっていたと思われる．一方，前539年に*バビロンが*キュロスによって征服されると，シェシュバツァルに率いられた第1陣がバビロンから戻り(→捕囚)，その後も，前522年頃に第1陣よりも数の多い捕囚民が*ゼルバベルに導かれて*エルサレムに戻っている．シェシュバツァルによる*神殿の再建は人員や資材の不足，そして*サマリアの妨害によって頓挫したが，ゼルバベルが戻ったことが神殿再建への情熱を再びかきたてたのである．

というのは，ダレイオスが国内の反乱のゆえに外部に力をふるえない今，しかも前597年の第1回捕囚でバビロンに捕らえ移された*ヨヤキン王の孫にあたるゼルバベルが帰国した今こそ，人々の心を神殿再建へと向ける好機であるからだ．しかも，2章3節の問いの立て方からみて，ハガイは*ソロモンの神殿を目にしている可能性があり，そうであれば，70歳は超えていたことになる．彼にとっては，ゼルバベルの帰国は神殿再建の最後の機会と思えたに違いない．

【神殿再建の希望】シェシュバツァルが失敗した後，民の心は神殿再建から離れ，「板ではった自分の家のために走り回る」生活(1: 4, 9 参照)に戻っている．帰国者の多くは自分たちの生活基盤を固めるために時間を割かざるをえないし，恒常的といってもよい飢饉は彼らを一層自己中心的な生き方に追い込んでいく．そこで飢饉に苦しむ民は今は「主の神殿を再建する時」ではないと考える(1:2)．しかし，ハガイは自己中心的な生き方が欲望の肥大を招き，飢饉を必要以上にひどいものに変えていると説き，むしろ神の「家」のために与えられた時間を用いるときに，事態は変貌すると教える．

2章23節で神はゼルバベルを「わが僕」と呼び，「わたしはあなたをわたしの印章とする」と述べている．これがエレミヤ書22章24節のヨヤキン王に対する「もはやわたしの右手の指輪(＝印章)ではない．わたしはあなたを指から抜き取る」を踏まえた言葉であるとすれば，神は一度は断ち切ったダビデ王朝との関わりをゼルバベルによって再開するとハガイは考えていたことになる．しかも，2章23節に使われた言葉が詩編78の70節の*ダビデを表す表現と関係しているなら，ゼルバベルのうちに「新たなダビデ」をみて，メシア的な希望を彼に託していた可能性を考慮することもできるが，ハガイが神殿再建を政治的な運動の一環として捉えていたかどうかはわからない．いずれにしても，神殿再建を神による新たな介入の端緒と理解していたのは確かであろう(2: 6–9; 2: 21–22)．ハガイは神の差し迫った介入を信じ，力強い言葉で神殿の再建を説き続け，その仕事を完成に導いた信念の人である．彼の言葉は「ダレイオス王の第2年9月24日」で終わっている．5年後の神殿再建をみることなく，この世を去っているのかもしれない．
【文献】ABD 3: 20–23.　　　　　（雨宮慧）

『バガヴァット・ギーター』　Bhagavadgītā
「バガヴァット・ギーター」とはサンスクリット語源の言葉で，「神聖なる歌」「神の歌」と訳される．300年頃に現在の形式に整えられたと考えられている．しかし実際は，おそらくその数世紀前に，より簡潔な形で存在していたと考えられ，現代インドにおける最も偉大な*ヒンドゥー教の聖典とみなされている．著者は不明だが，一人または複数の人物の手によるものと考えられる．作品全体を通してみると，長期間にわたって書かれた，複数の人物による作品であるとも考えられる．いずれにせよ，これがインドの宗教的作品のなかで最高傑作の一つだということに議論の余地はない．

『バガヴァット・ギーター』は，700節からなっており，18章に分かれている．さらに，この18章は，6章ずつ3部に分けられる．この文書はインドの初期の歴史書や宗教書ではあまり言及されていない．最初に大々的に登場するのは，8世紀の哲学者*シャンカラによって書かれた注釈書であった．何世紀もの間，『バガヴァット・ギーター』は元来『マハーバーラタ』(Mahābhārata)の一部分をなすものだと考えられていたが，今日では独立した一つの作品だという説が有力である．その学説によれば，ある時期に『バガヴァット・ギーター』が『マハーバーラタ』第6巻のなかに組み込まれ，そのために長い間『バガヴァット・ギーター』が『マハーバーラタ』の一部であると考えられてきたという．しかしながらこの作品が『マハーバーラタ』と密接な関連があるのは確実である．なぜならこの作品の内容全体に『マハーバーラタ』の二人の主人公，パーンダヴァ(Pandava)の王子アルジュナ(Arjuna)とそのいとこであるクリシュナ(Krishna)の対話が含まれているからである．アルジュナには4人の兄弟があり，彼らは「善」の力を象徴している．一方でクリシュナは宇宙の保護者である最高神ヴィシュヌの化身である(→ヴィシュヌ教)．

『バガヴァット・ギーター』はこれまで著名な思想家によって広範囲にわたって研究され，注釈書が書かれてきた．過去においては，ラーマーヌジャ(Rāmānuja, 1017頃–1137)，マドヴァ(Madhva, 14世紀)，*ヴァッラバなどが，また現代インドにおいても*オーロビンド，*ティラク，*ラダクリシュナン，*ガンディーなどがいる．『バガヴァット・ギーター』の主な教訓は，「ニシュカーマ・カルマ」(Nishkama Karma 無欲な行動)である．これは，行為とは純粋に各人の義務として行うのであって，利益や快楽，栄誉のために起こすものではない，という意味である．
【文献】EBritMi 1: 1039;『世界文学大事典』3 (集英社 1997) 382–83.　　　　　（C. ヴェリアート）

はかた 博多

現在の福岡県福岡市で東は博多川，西は那珂川，南は博多駅，北は博多湾に挟まれた一帯を指す．古代より東アジアへの玄関口として対外交渉の要地であった．中世には大内氏の対明貿易の拠点として栄え，大内氏の滅亡後は豊後の *大友氏が博多を支配した．1587年（天正15）には *豊臣秀吉が博多を復興して町割りを行い，やがて朝鮮出兵のための基地とした．

【キリシタン史】*キリシタンとの結びつきは，1550年（天文19）10月に *フランシスコ・ザビエルが *平戸から *都へ行く途中，博多に上陸したことに始まるが，聖福寺で宗論をしただけにとどまる．1557年（弘治3）*大友義鎮（宗麟）が教会のための地所を与えたが，1559年（永禄2），筑紫惟門が博多を占領して教会を破壊し，*ガゴは *豊後に脱出した．1575年（天正3），教会は再開されて M.デ・*フィゲイレドや *モラ（1577以降）が宣教活動にあたったが，1581年には龍造寺隆信の筑前進出に伴い，再び破壊された．1587年7月には，九州征伐で島津氏を抑えて凱旋した秀吉が，博多滞在中に *伴天連追放令を発布した．1602年（慶長7）になって *黒田孝高と弟 *黒田直之によって博多に教会が設立され，かなりの信徒もできて博多の教会は隆盛期を迎える．しかし，藩主 *黒田長政は信徒ではあったが，1613年幕府の圧力に屈して教会を破壊し，*宣教師を追放した．1614年の禁教令に際しては，智福寺の広場で最初の *宗門改が行われ，殉教したキリシタンもあった．

【文献】J. ラウレス「筑前・筑後のキリシタン」『キリシタン研究』6（吉川弘文館 1961）; H. チースリク「慶長年間における博多のキリシタン」『キリシタン研究』19（吉川弘文館 1979）; J. F. SCHÜTTE, Introductio ad Historiam Societatis Jesu in Japonia 1549–1650 (Roma 1968). 〔尾原悟〕

ハガダー Haggadah

〔ヘ〕haggādâ 語り，寓話の意．アガダー（aggādâ）ともいう．紀元1–7世紀にユダヤ教の律法の賢者（ハハーミーム，〔ヘ〕ḥakāmîm, 〔英〕sages, *ラビ）によって作られた口伝律法のうち，規範的な教えであるハラハーを除いた宗教文学的創作の総称であり，譬え話，神学的言説，寓話的・教訓的物語，ラビの逸話などの非規範的教えを指す．ハガダーは *タルムードに散見されるほか，イスラエルの地では，聖書，特に *モーセ五書の掟と物語の内容にちなんだハガダーを聖書の配列に従って編集したミドラシュ・アガダー（*ミドラシュ）という文学ジャンルが生まれた．しかし，*福音書のように，特定の賢者の生涯をハガダーで編纂することはなかった．独特の編集としては，*過越祭の晩餐の儀式に読まれる『過越のハガダー』（Passover Haggadah）がある．*出エジプトを記念してその意義を子に語り継ぐために工夫された書物で，今日まで伝え守られてきた．これは聖書と *ミシュナーからの抜粋を中心に，*パンと *ぶどう酒の *祝福，自由と解放の歓喜，詩編の *賛歌（ハレル）の詠唱などからなり，イエスの *受難の記事と類似する項目が多くみられる．近代に，詩人ビアリク（Hayyim Nahaman Bialik, 1873–1934）らにより『アガダーの本』（Sefer ha-Aggadah, 1908–11）が体系的に編纂された．

【文献】R. C. ムーサフ・アンドリーセ『ユダヤ教聖典入門』市川裕訳（教文館 1990）; R. C. MUSAPH-ANDRIESSE, Wat na de Tora kwam. Rabbijnse Literatuur van Tora tot Kabbala (Baarn 1973); L. GINZBURG, Legends of the Bible (Philadelphia 1970). 〔市川裕〕

ハガル Hagar

*創世記のアブラハム物語中（創 16: 1–16，ならびに 21: 9–21）に登場する女奴隷．資料分析的には，*ヤーウィスト資料（16: 1 後半–2, 4–14）と *祭司文書（16: 1 前半, 3, 15–16），*エロヒスト資料（21: 9–21）からなる．古代アラビアでは女性の名として一般的に用いられていたようである．通常，ハガルの意味を「逃亡」というマイナス・イメージで説明しているが，おそらくエチオピア語での「養うもの，市，町」（hagar）がその原意を表していると考えられる．

創世記 16: 1 では，ハガルはエジプト出身となっているが（さらに，創 25: 12 参照），おそらく，これは同 12: 10–20 のエピソードと関連づけるための文学的手法であろう．このような形でのエジプトへの言及は，編集者の時代にダビデ王朝が行ったエジプトとの外交政策に対する批判が込められていると解する者もいる．ハガルは，*アブラハムとの間に *イシュマエルをもうけたことになっているが，これはイスラエル人がアラビア地方に住む部族との関係をこのように捉えていたことを示すものであろう．イシュマエルは北アラビア地方で結成された部族同盟を代表する大きな部族と考えられるので，歴代誌上 5: 19 で言及されている「ハガル人」とは関連がないとされる．

【文献】ABD 3: 18–19. 〔岡崎才蔵〕

ハギア・ソフィアだいせいどう ハギア・ソフィア大聖堂

〔ギ〕Hagia Sophia, 〔トル〕Aya Sofya イスタンブール（→コンスタンティノポリス）に残る *ビザンティン建築の大聖堂．325年，*コンスタンティヌス大帝の遷都により建築が始まり，360年に献堂される（再建 537）．*バシリカ様式と集中方形様式（マルティリア様式）を結合した独特の構造をもち，三身廊結合の中央上部に円蓋（*ドーム）を設けている．間口約70 m，奥行約75 m の聖堂は内部が大理石，*モザイク等で装飾され，外部は石造をレンガで被い堅固に造られている．ビザンティン教会聖堂の範型として，*東方正教会聖堂の建築様式の範とされ，*西方教会の聖堂建築様式に与えた影響も少なくない．内部構造は奥陣に *至聖所として *祭壇をしつらえ，会衆席上部の円蓋はビザンティン教会の *宇宙論を象徴的かつ効果的に表している．

ハギア・ソフィア大聖堂外観
(AKG)

【文献】NCE 6: 890–94; A. P. KAZHDAN, ET AL., eds., The Oxford Dictionary of Byzantium, v. 2 (New York 1991) 892–95. 〔尾田泰彦〕

パキアヌス

ハギア・ソフィア大聖堂内部
(AKG)

【美術】「ハギア・ソフィア」は「聖なる知恵」の意味で，*パウロによって「神の知恵」と呼ばれたキリストを指し(1 コリ 1: 24)，教父たちにおいては「受肉したロゴス」と同意語であった．*ビザンティン帝国およびその影響下において，多くの聖堂が「聖なる知恵」に献堂された．コンスタンティノポリス，*テサロニケ，トラブゾン (Trabzon)，そしてセルビアのオフリド (Ohrid)，ウクライナの *キエフなどの聖堂が著名である．

　コンスタンティノポリスのハギア・ソフィア大聖堂は *コンスタンティウス 2 世によって宮廷に隣接して建設され，360 年に完成．焼失の後，415 年に *テオドシウス 2 世によって再建され，その部分は前室の *ファサードに現存すると考えられる．532 年にニカの乱によって再び焼失したが，*ユスティニアヌス 1 世は，建築家のアンテミオス (Anthemios) とイシドロス (Isidoros) に依頼して全く新しい大建築として 537 年に再建させた．詳しい記述は同時代のカイサレイアの *プロコピオスが『建築論』のなかに残しており，ユスティニアヌス 1 世は「ソロモン王を凌駕した」といったと伝える．直径 31 m の円蓋をもつほぼ正方形のプランの聖堂で，その後の集中式の聖堂の手本となった．ヴェネツィアの *サン・マルコ大聖堂やペリグー (Périgueux) などの南フランスの聖堂にも影響を及ぼしている．558 年に円蓋が倒壊し，562 年に 7 m ほど高めて再建された．その後も部分的な倒壊，修理がなされ，現在の聖堂に至る．1453 年のコンスタンティノポリスの陥落によってイスラム支配下でモスクに流用され，周囲に 4 本のミナレットが建てられたが，1934 年に非宗教化され，学術的な調査も可能となった．現在はアヤ・ソフィア美術館として一般に公開されている．内部の壁の大理石装飾は比較的保存もよく，*ナルテクスや側廊の穹窿(*ヴォールト)にもユスティニアヌス時代のモザイクの幾何学的装飾が残る．843 年のイコノクラスム(→聖画像破壊論争)以降の具象的なモザイクは断片的にしか残らないが，なかでも *アプスの 9 世紀の聖母子のほか，2 階のギャラリーで発見された 13 世紀の *デイシスなど，いずれも重要なモザイクである．　　　　　　　　　　　　　(鐸木道剛)

パキアヌス　Pacianus (310 頃-392 以前)　聖人(祝日 3 月 9 日)，*バルセロナの司教．現存の 3 作品のうち『洗礼について』(De baptismo) は，*洗礼による霊的刷新と *聖化に関して語り，すでに *アウグスティヌスに先立って *原罪の働きを明確に説明している．また『ノウァティアヌス駁論』(Contra Novatianos) は，*ノウァティアヌスの教説を信奉する厳格主義者シンプロニアヌス (Sympronianus) に宛てた 3 通の書簡からなり，*罪の *ゆるしに関するカトリック教会の教えを擁護している．『回心についての勧告もしくは奨励』(Paraenesis sive exhortatorius libellus ad paenitentiam) は聖書，*テルトゥリアヌス，*キプリアヌスの伝統にのっとって *回心の教理を理解し，教会は洗礼後に犯したすべての罪をゆるす力を神から与えられていることを強調．カトリック教会全体の一致と権威の保持に貢献した．シンプロニアヌス宛の第 1 書簡中の一句「私の名はキリスト者ですが，姓はカトリックです」は名言として後世に伝えられている．*ヒエロニムスは『著名者列伝』のなかでパキアヌスの博識，聖性，司牧的熱意を絶賛した．

【文献】キ人 1078; LThK² 7: 1332-33; NCE 10: 854.
(阿部仲麻呂)

バキアリウス　Bachiarius (350 頃-?)　スペイン出身の *隠修士，神学者．380 年，*異端の疑いをかけられて故国を追われ，*ローマで『小信仰論』(Libellus de fide) を著し，*正統信仰を告白した．もう一つの著作『堕落からの回復について』(Libellus de reparatione lapsi) は，罪を悔い改めた隠修士を弁護するもので，スペインの *贖罪制度の確立に貢献した．

【文献】キ人 1078; LThK² 1: 1180; NCE 2: 8-9.
(阿部仲麻呂)

バギオ　Baguio　フィリピンのルソン島 (Luzon) 北部に位置する多民族都市．1907 年，*淳心会の会員によりカトリックの宣教が開始され，カトリック学校，病院，診療所などが設立された．1992 年，副州ベンゲット (Benguet) を包含する *代牧区となった．

　1998 年現在，教区人口 77 万 8,897，カトリック信徒 50 万 9,766，小教区 21，教区司祭 30，修道司祭 33，修道士 153，修道女 222．

【文献】AnPont (2000) 1126.　　　　　　　　(山口和彦)

ハギオス・ホ・テオス　→　トリスアギオン

ハギオポリテース　→　コスマス〔エルサレムの〕

パキスタン　正式名称：パキスタン・イスラム共和国，〔ｳﾙﾄﾞｩｰ〕Islami Jamhuriae-Pakistan, 〔英〕Islamic Republic of Pakistan. 面積：80 万 3,943 km²(ジャンムー・カシミールなどを除く)．人口：1 億 3,451 万人(2000 年現在．ジャンムー・カシミールなどを除く)．言語：ウルドゥー語(公用語)，シンディー語，パジャービー語，パシュト語，バルーチ語，英語など．宗教：イスラム教(国教)．

　インド亜大陸北西部に位置するイスラム国家．首都イスラマバード (Islamabad)

【歴史】この地の歴史は古く，紀元前 3000 年に遡る．世界四大文明の一つ，インダス文明が起こったのがこの地である．その後，前 10 世紀に *アーリア人が浸入，続いてスキタイ族，トルコ人，イラン人などが入り，混合民族による独自の文化を築いた．イスラム勢力が進出したのは 8 世紀で，インド亜大陸北部一帯を支配した．

　19 世紀イギリスがインド亜大陸を植民地化した．こ

の時代に*ヒンドゥー教と*イスラム教の間には深刻な確執が生じた．特に人口的に圧倒的多数を占めるヒンドゥー教徒に対して少数派のイスラム教徒は，宗教だけでなく文化・政治的にも少数派に追いやられるという危機感を募らせ，1906年インド・ムスリム同盟を結成した．この同盟がパキスタン建国への第一歩である．1940年ラホール大会でパキスタン国家建国要求を宣言，*インドの統一独立を要求する*ガンディーの率いる全インド国民会議派と対立した．1946年8月16日，ムスリム同盟が直接行動に出た．ヒンドゥー教徒と衝突し，死傷者2万，難民15万を出す大惨事となった．1947年8月14日，イスラム教徒の多数が住む北西部と東ベンガルがパキスタンとして分離・独立，1956年共和制に移行した．しかし独立後まもなくパキスタンは困難に直面する．インドを介して1,800 kmも離れた飛地国家であったパキスタンは，イスラム教という共通の宗教をもっていながら，東と西では言語も民族も異なっていた．経済格差も大きく，自治権問題などで，東パキスタンの西パキスタンに対する不満が高まった．1970年東パキスタンは*バングラデシュとして分離・独立を果たした．

【カトリック宣教】5世紀頃までにはこの地に*キリスト教が伝えられたことが確認できるが，本格的な宣教は16世紀に始まる．*イエズス会はラホール(Lahore)を拠点に宣教活動を始め，*アウグスチノ会と*ドミニコ会はハイデラバード(Hyderabad)を中心とするシンド地方で宣教をした．この時代の活動はほとんどがこの地に在住する外国の貿易商人たちに対するものであった．地元民への宣教は19世紀中葉になってからである．1886年ラホールとダッカ(Dacca, 現バングラデシュ)に*司教区が設立される．1950年*カラチが大司教区となる．

【現勢】2000年現在，カトリック信者数：114万6,000．大司教区：2．司教区：4．小教区：113．教区司祭：136．修道司祭：140．信徒修道士：51．修道女：739．

【文献】平大百科 11: 986-90; NCE 10: 869.

（高橋佳代子）

パキフィコ〔サン・セヴェリーノの〕 → パシフィコ〔サン・セヴェリーノの〕

はきりしたん 『破吉利支丹』　江戸初期に著刊された教理的*排耶書．著作は，江戸幕府の大番衆を辞して禅宗に帰依した鈴木正三(重三，1579-1655)．1641年(寛永18)*島原の乱の後，最初の天草代官となった弟・重成(1594-1653)に随行し，1642年頃本書を執筆．復興した寺院等に頒布し住民の再教化に努めた．内容は多岐にわたるが，*神道や*仏教，天道などの思想からキリシタン宗門を批判し，デウスの救世が西洋中心でその余国への出世は遅れたこと，凡夫に磔にされた十字架のキリストは天地の主ではありえず，教説は拙劣であると論難する．他方，仏は衆生の病を癒やす大医王であるとその功徳を説き，日本のキリシタン宗は，天道のたたりにより自滅すると結ぶ．本書は正三没後に注目され，寛文年間*キリシタン禁制が強化されると，1662年(寛文2)発刊．その後門人の浅井了意(1612-91)により*『鬼利至端破却論伝』が刊行された際，同書の下巻に収録された．また幕末に丁子屋から『新刻破鬼利死端』が板行されたほか，水戸藩編集の*『息距篇』巻14にも収録されている．

【文献】神崎一作編『破邪叢書』1 (哲学書院1893); 鷲尾順敬編『日本思想闘争史料』10 (1930; 名著刊行会1969); 新村出編『海表叢書』1 (更生閣1927), 改題『南蛮紅毛史料』1 (更生閣1930); 鈴木鉄心編『鈴木正三道人全集』(山喜房仏書林1962).

（清水紘一）

はぎわらさくたろう 萩原朔太郎　(1886.11.6-1942.5.11)　詩人．群馬県前橋の生まれ．旧制五高・六高などで学ぶがいずれも中退．1916年(大正5)室生犀星(1889-1962)と創刊した『感情』により詩壇に進出．処女詩集『月に吠える』(1917)は近代詩のエポックとなる．その後『青猫』(1923)，『氷島』(1934)等で新詩境を開く．その他詩論，アフォリズム集など広範囲にわたる著作を残した．中学校時代に熱心なキリスト者であった従兄・萩原栄次(1878-1936)の薫陶のもとにプロテスタント教会の礼拝に参加し聖書を読み信仰を求めるが，禁欲的教えに従えず入信を諦める．その後も求道と背信の間を揺れ動く内的生活が続く．1914年末から約3年間にわたるドストエフスキー体験は彼の文学的開眼のみならず，実存的苦悩からの自己救済を促した．『月に吠える』冒頭部の「浄罪詩篇」(「竹」〈I〉，「天上縊死」など浄罪のモチーフによる諸詩篇)は旧約聖書の詩編51(ダビデの*悔罪詩編)に擬した朔太郎の悔罪詩であり，近代詩史上稀有な「詩と信仰との一元的把握」(佐藤泰正)がみられる．さらに1916年4月突然彼を襲った「新生」体験は，*ドストエフスキーによる「愛」なる神の発見として信仰の道を開示した．1916-17年頃の高橋元吉(1893-1965．同郷のキリスト者詩人)に宛てた書簡は朔太郎の求道をめぐる内的生活の赤裸々な記録である．彼のカトリックへの親炙は，存在の原郷としての「母」への思慕が聖母崇敬と結びついた詩的形象として示されている．朔太郎にとってキリスト教とは永遠の実在への憧れを満たす糧であり，若き日に全実存を傾けて希求した「真理」であったが，ついに生涯「虹を追ふ人」(朔太郎の作品名)に終始したのであった．

【文献】佐藤泰正『日本近代詩とキリスト教』(新教出版社 1968); 萩原隆『若き日の萩原朔太郎』(筑摩書房1979); 長野隆編『萩原朔太郎の世界』(砂子屋書房1987).

（三木サニア）

はぎわらゆうさ 萩原祐佐　(?-1677.11.22)　長

はぎわらゆうさ

崎の本古川町の仏具師，または鋳物師．『長崎港草』の記述によると，絵像が破れ，銅像不足のため，萩原祐佐は *長崎奉行・河野権右衛門の命により，「唐銅」すなわち真鍮で20枚の *踏絵を作った．東京国立博物館所蔵の箱にも「踏絵弐拾枚之内」と記すが，実際には，「*エッケ・ホモ」「十字架上のキリスト」「ロザリオの聖母」の図柄各5枚，「*ピエタ」4枚の19枚が現存している．その彫像の凸部が揃って丸く消滅しているのは長い年月踏まれ続けたからではなく，凹部の彫刻も粗雑であることから，最初からそのように作られたものと考えられている．また同じ図柄のものでも細部に違いがあることから，真鍮踏絵は祐佐を中心とする複数の職人によって制作されたと考えられる．『長崎港草』も，「一説ニ銀屋町ヨリ細工人ヲ呼ヒ誓詞ヲ出サセ西役所ノ前ニ仮屋ヲ構ヘ廿枚一日ニ鋳造ルト云ヘリ」と付記している．没年については，皓台寺過去帳，延宝5丁巳年10月27日の条に「本古川町萩原祐佐　一言祐佐信士」とある．踏絵鋳造より8年後である．

【文献】片岡弥吉『踏絵』(日本放送出版協会 1969);「長崎港草」『長崎文献叢書』1/1 (長崎文献社 1973).

（片岡瑠美子）

上智大学
　編集委員会事務局　　山田美智代
　図版作成　　本多裕美　橋爪由美子
　校正協力　　株式会社 開窓社
　編集協力者　　高橋佳代子　茂 典子　浜田ゆり子　山口和彦　滝沢ゆみ子　本多裕美　脇田直子
　　　　　　　　内山美木　金子洋一　安谷史野　中野智子　堀内康史　井村聡子　岩政裕美子

研 究 社
　辞書編集部　　岡田穣介　早川真一　千葉由美
　製　　作　　比留間浩
　デザイン／装丁　　佐々木重紀
　校正協力　　株式会社 日本レキシコ

研究社印刷
　組　　版　　小酒井英一郎　橋本一郎　宮原直也　長谷川功子　米川由理　佐藤千恵　高村健一
　　　　　　　平野佳子　田中絵子　鈴木隆志

新カトリック大事典　第3巻
New Catholic Encyclopedia　Volume 3

初版　第1刷　2002年8月
　　　第2刷　2017年3月

編　　集　学校法人 上智学院
　　　　　新カトリック大事典編纂委員会（代表　高柳俊一）
　　　　　　〒102-8554　東京都千代田区紀尾井町7-1
　　　　　　電話　03（3238）3598

発 行 者　関戸雅男
発 行 所　株式会社　研究社
　　　　　　〒102-8152　東京都千代田区富士見2-11-3
　　　　　　電話　編集 03（3288）7711
　　　　　　　　　営業 03（3288）7777
　　　　　　振替　00190-9-26710

組　　版　研究社印刷株式会社
写真製版　株式会社　近藤写真製版所
印　　刷　研究社印刷株式会社
製　　本　株式会社　星共社

© ACADEMIC CORPORATION: SOPHIA UNIVERSITY　　　ISBN 4-7674-9013-8 C3516
PRINTED IN JAPAN